NOUVEAU

DICTIONNAIRE ENCYCLOPÉDIQUE

UNIVERSEL ILLUSTRÉ

———

TROISIÈME VOLUME

———

FRAN.-MÉCO

LE NOUVEAU
DICTIONNAIRE ENCYCLOPÉDIQUE
UNIVERSEL ILLUSTRÉ

COMPREND :

LA LINGUISTIQUE

Étymologies, alphabets comparés, grammaire, prononciation, définitions. — Langues, dialectes, argot, jargons, idiotismes, locutions, synonymie, conjugaison des verbes irréguliers. — Rhétorique, poésie, versification, théâtre. — Philologie, polygraphie, etc.

L'HISTOIRE ET LA GÉOGRAPHIE ANCIENNES ET MODERNES

Description du globe, voyages, États, provinces, rivières, montagnes, villes, etc. — Chronologie, dynasties, batailles, sièges, traités. Archéologie, blason, biographie, géographie physique et politique, statistique, etc.

LA THÉOLOGIE

Liturgie, conciles, mythologie, religions, sectes et opinions singulières.

LA JURISPRUDENCE

Droit naturel, droit des gens, droit politique, droit civil, droit criminel, droit commercial, droit maritime, droit canonique, administration, etc.

LES SCIENCES ET LES ARTS

Philosophie, logique, métaphysique, morale. — Physique et chimie, géologie, paléontologie, botanique, zoologie. — Agriculture, économie rurale, économie domestique. — Anatomie, physiologie, médecine, chirurgie, hygiène. — Pharmacie. Médecine vétérinaire et hippiatrique. — Musique. — Mathématiques pures et appliquées. — Astronomie, météorologie. Art militaire, marine. — Beaux-arts, métiers, inventions, découvertes, industrie, commerce, finances. — Gymnastique, escrime, danses, natation, équitation, chasse, pêche, jeux.

D'APRÈS LES DERNIERS TRAVAUX DES SAVANTS ET DES ÉCRIVAINS FRANÇAIS ET ÉTRANGERS, PARMI LESQUELS NOUS CITERONS MM. :

J.-C. Adams, Agassiz, Ampère, Arago, d'Avezac, Babinet, F. Bastiat, Bardin, J.-R. Barri, Bazin, E. de Beaumont, A.-C., L.-A. et A.-E. Becquerel, Belloguet, Cl. Bernard, Berthelot, Beudant, Beulé, L. Blanc, Ch. Blanc, Ad. Blanqui, M. Block, Ch. Bonaparte, Bouchardat, Bouley, Broca, Brongniart, Burnouf, Caro, Chabas, Champollion, Ph. Chasles, Chenu, de Chesnel, M. Chevalier, Chevreul, A. Cochut, Cohen, A. Comte, A. Cournot, V. Cousin, Crapelet, Cuvier, Daguin, Damiron, C.-A. Dana, Delécluze, Taxile Delord, Deyrolle, Drouyn de Lhuys, du Chaillu, Dufrénoy, Dumas, Duméril, C. Dupasquier, Duvergier, Edison, Escudier, Faucher, Faye, A. Franck, A. de Franqueville, Fremy, E. et J. Geoffroy Saint-Hilaire, Gougeard, Gouffé, A. Guillemin, Guizot, Hamel, J. Haydn, Heis, Hemholtz, G. et J. Herschell, Th. de Heuglin, Hervey de Saint-Denis, d'Hozier, Huggins, A. Von Humboldt, A. Jacquet, P. Janet, P. Joigneaux, Jouffroy, A. Jubinal, S. Julien, de Jussieu, de La Blanchère, P. Lacroix (Bibliophile Jacob), Lanfrey, Lartet, Letronne, Lenormand, Leverrier, Linné, Littré, Lorédan Larchey, Mariette, H. Martin, Ménaut, Mayer, Fr. Michel, Michelet, A.-L. Monet, Nordenskjœld, Oppert, Al. et Ch. d'Orbigny, Mme Pape-Carpentier, Pasteur, Pelouze, Proudhon, Quatrefages, Quetelet, Raoul-Rochette, Elisée et Elie Reclus, A. et C. de Rémusat, Renan, G. Ripley, de Rivière, de Rosny, Rossi, de Rougé, Rumkhorf, Sainte-Beuve, Ch. et H. Sainte-Claire Deville, Saint-Marc Girardin, E. Saisset, de Saulcy, Scudo, Secchi, J. Simon, Smiths, Soubeiran, Stanley, Taine, A. Thierry, Tripier, John Tyndall, Vacherot, B. Vincent, Viollet-Leduc, Wolowski, Wurtz, etc., etc.

L'ouvrage est complet en six volumes.

ÉVREUX, IMPRIMERIE DE CHARLES HÉRISSEY

NOUVEAU
DICTIONNAIRE
ENCYCLOPÉDIQUE
UNIVERSEL ILLUSTRÉ
RÉPERTOIRE DES CONNAISSANCES HUMAINES

Ouvrage illustré d'environ 3,000 magnifiques Gravures

ET DE 23 CARTES EN COULEUR

ET RÉDIGÉ

PAR UNE SOCIÉTÉ DE LITTÉRATEURS, DE SAVANTS ET D'HOMMES SPÉCIAUX

SOUS LA DIRECTION

DE JULES TROUSSET

Auteur de l'Atlas national, de l'Encyclopédie d'économie domestique, ouvrages couronnés par les Sociétés savantes

D'APRÈS LES DERNIERS TRAVAUX
DES SAVANTS ET DES ÉCRIVAINS FRANÇAIS ET ÉTRANGERS

TROISIÈME VOLUME

—

FRAN.-MÉCO.

—

PARIS
A LA LIBRAIRIE ILLUSTRÉE
8, RUE SAINT-JOSEPH, 8

PRINCIPALES ABRÉVIATIONS

EMPLOYÉES DANS CET OUVRAGE

A...... Actif.
Abl...... Ablatif.
Abrév...... Abréviation.
Absol...... Absolu, absolument.
Abusiv...... Abusivement.
Accus...... Accusatif.
Acoust...... Acoustique.
Activ...... Activement.
Adj...... Adjectif.
Adjectiv...... Adjectivement.
Adm...... Administration.
Adv...... Adverbe, adverbial.
Adverbial... Adverbialement
Affl...... Affluent.
Agric...... Agriculture.
Alchim...... Alchimie.
Algéb...... Algèbre.
Allem...... Allemand.
Allus...... Allusion.
Anal...... Analogie.
Analyt...... Analytique.
Anat...... Anatomie.
Anc...... Ancien, ancienne
Ancienn...... Anciennement.
Anthrop...... Anthropologie.
Angl...... Anglais.
Annél...... Annélides.
Antiq...... Antiquités.
Aph...... Aphorisme.
Arach...... Arachnides.
Arbor...... Arboriculture.
Archéol...... Archéologie.
Archit...... Architecture.
Arithm...... Arithmétique.
Armur...... Armurerie.
Arqueb...... Arquebuserie.
Arr...... Arrondissement.
Art...... Article.
Artill...... Artillerie.
Ascét...... Ascétique.
Astrol...... Astrologie.
Astron...... Astronomie.
Augment...... Augmentatif.
Auj...... Aujourd'hui.
Autref...... Autrefois
Auxil...... Auxiliaire.
Banq...... Banque.
B.-arts...... Beaux-arts.
Bibliogr...... Bibliographie.
Bijout...... Bijouterie.
Blas...... Blason.
Bonnet...... Bonneterie.
Bot...... Botanique.
C...... Code.
Can...... Canon, canonique.
Canot...... Canotage.
Cant...... Canton.
Cap...... Capitale.
Cathol...... Catholique.
Celt...... Celtique.
Cent...... Centime.
Chamois...... Chamoiserie.
Chancell...... Chancellerie.
Chapell...... Chapellerie.
Charcut...... Charcuterie.
Charpent...... Charpenterie.
Charron...... Charronnerie.
Chem. de fer... Chemin de fer.
Cheval...... Chevalerie.
Chim...... Chimie.
Chir...... Chirurgie.
Ch.-l...... Chef-lieu.
Chorégr...... Chorégraphie.
Chronol...... Chronologie.
Civ...... Civil.
Coll...... Collectif.
Collectiv...... Collectivement.
Comm...... Commerce.
Compar...... Comparatif.
Comparativ...... Comparativement.
Comptab...... Comptabilité.
Conchyl...... Conchyliologie.
Cond...... Conditionnel.

Conj...... Conjonction, conjonctif.
Conjug...... Conjugaison.
Constr...... Construction.
Contract...... Contraction.
Corroier...... Corroierie.
Corrupt...... Corruption.
Cost...... Costume.
Cout...... Coutume, coutumier.
Crim...... Criminel.
Cristall...... Cristallographie.
Crust...... Crustacés.
Cuis...... Cuisine.
Culin...... Culinaire.
Dat...... Datif.
Déf...... Défectif.
Dém...... Démonstratif.
Dénigr...... Dénigrement.
Dép...... Département.
Dess...... Dessin.
Déterm...... Déterminatif.
Dialect...... Dialectique.
Didact...... Didactique.
Dimin...... Diminutif.
Diplom...... Diplomatie.
Divin...... Divinatoire.
Dogmat...... Dogmatique.
Dom...... Domestique.
Dout...... Douteux.
Dramat...... Dramatique.
Dr...... Droit.
Dynam...... Dynamique.
E...... Est.
Ébénist...... Ébénisterie.
Ecclés...... Ecclésiastique.
Échin...... Échinodermes.
Écon...... Économie.
Écrit...... Écriture.
Égypt...... Égyptien.
Ellipt...... Elliptique.
Elliptiquem...... Elliptiquement.
Encycl...... Encyclopédie.
Entom...... Entomologie.
Équit...... Équitation.
Erpét...... Erpétologie.
Escr...... Escrime.
Esp...... Espagnol.
Esthét...... Esthétique.
Ethnogr...... Ethnographie.
Étym...... Étymologie.
Ex...... Exemple.
Exag...... Exagération.
Explét...... Explétif.
Ext...... Extension.
F...... Féminin.
Fabr...... Fabrique.
Fam...... Familier.
Fauconn...... Fauconnerie.
Féod...... Féodal, féodalité.
Fig...... Figuré, figurément.
Fin...... Finances.
Fl...... Fleuve.
For...... Forêt.
Forest...... Forestier.
Fortif...... Fortifications.
Foss...... Fossiles.
Fr...... Français. — Franc.
Fut...... Futur.
G...... Genre.
Généal...... Généalogie.
Génit...... Génitif.
Géod...... Géodésie.
Géogn...... Géognesie.
Géogr...... Géographie.
Géol...... Géologie.
Géom...... Géométrie.
Gnomon...... Gnomonique.
Gr...... Grec. — Gramme.
Gramm...... Grammaire.
Grav...... Gravure.
Gymn...... Gymnastique.
Hab...... Habitants.
Hébr...... Hébreu, hébraïque.
Helminth...... Helminthologie.

Hippiatr...... Hippiatrique.
Hist...... Histoire, historique
Horlog...... Horlogerie.
Hortic...... Horticulture.
Hydraul...... Hydraulique.
Hyg...... Hygiène.
Hyperboliq...... Hyperboliquement.
Ibid...... Ibidem.
Icht...... Ichtyologie.
Iconol...... Iconologie.
Id...... Idem.
Imp...... Imparfait.
Impérat...... Impératif.
Impers...... Impersonnel.
Impr...... Imprimerie.
Ind...... Indicatif.
Indéf...... Indéfini.
Inf...... Infinitif.
Infus...... Infusoires.
Interj...... Interjection, interjectif.
Interjectiv...... Interjectivement.
Interrog...... Interrogation.
Inus...... Inusité.
Inv...... Invariable.
Iron...... Ironiquement.
Irrég...... Irrégulier.
Ital...... Italien.
Jard...... Jardinage.
Jud...... Judiciaire.
Jurispr...... Jurisprudence.
Kil...... Kilomètre.
Kilog...... Kilogramme.
L...... Loi.
Lat...... Latin. — Latitude.
Lég...... Légal.
Législ...... Législation.
Libr...... Librairie.
Ling...... Lingerie.
Linguist...... Linguistique.
Littér...... Littérature littéraire.
Littéral...... Littéralement.
Liturg...... Liturgie.
Loc...... Locution.
Log...... Logique.
Long...... Longitude.
M...... Masculin.
Maçonn...... Maçonnerie.
Magnét...... Magnétisme.
Mamm...... Mammalogie.
Manuf...... Manufacture.
Mar...... Marine.
Maréch...... Maréchallerie.
Mécan...... Mécanique.
Méd...... Médecine.
Mégiss...... Mégisserie.
Menuis...... Menuiserie.
Métall...... Métallurgie.
Météor...... Météorologie.
Métr...... Métrologie.
Milit...... Militaire.
Minér...... Minéralogie.
Mll...... Mouillé.
Moll...... Mollusques.
Mus...... Musique.
Myth...... Mythologie.
N...... Nom. — Nord. — Neutre.
Nap...... Napoléon.
Nat...... Naturel.
Nav...... Naval.
Navig...... Navigation.
N. B...... Nota bene.
Néol...... Néologisme.
Neutral...... Neutralement.
N°...... Numéro.
Num...... Numéral.
Numism...... Numismatique.
O...... Ouest.
Observ...... Observation.
Oisell...... Oisellerie.
Opt...... Optique.
Orfév...... Orfévrerie.
Orient...... Oriental.
Ornith...... Ornithologie.

Paléogr...... Paléographie.
Paléont...... Paléontologie.
Papet...... Papeterie.
Parf...... Parfait.
Parfum...... Parfumerie.
Part...... Participe.
Partic...... Particule.
Pathol...... Pathologie.
Pâtiss...... Pâtisserie.
Peint...... Peinture.
Pén...... Pénal.
Pers...... Persan. — Personne, personnel
Perspect...... Perspective.
P. et Ch...... Ponts et chaussées.
Pharm...... Pharmacie.
Philol...... Philologie.
Philos...... Philosophie.
Photogr...... Photographie.
Phrénol...... Phrénologie.
Phys...... Physique.
Physiol...... Physiologie
Plur...... Pluriel.
Poétiq...... Poétiquement.
Polit...... Politique.
Polyp...... Polypes.
Pop...... Population. — Populaire.
Portug...... Portugais.
Poss...... Possessif.
Pr...... Propre. — Pronom.
Prat...... Pratique.
Prép...... Préposition.
Prépositif...... Prépositif.
Prés...... Présent.
Priv...... Privatif.
Procéd...... Procédure.
Pron...... Pronom.
Prosod...... Prosodie.
Prov...... Proverbialement, proverbial.
Psychol...... Psychologie.
Pyrotech...... Pyrotechnie.
Radic...... Radical.
Récipr...... Réciproque, réciproquement.
Réfl...... Réfléchi.
Relat...... Relation, relatif.
Relig...... Religion.
Rem...... Remarque.
Rhét...... Rhétorique.
Riv...... Rivière.
Rom...... Romain.
Rur...... Rural.
S...... Singulier. — Substantif. — Sud
Sanscr...... Sanscrit.
Sc...... Science.
Scolast...... Scolastique.
Sculpt...... Sculpture.
Serrur...... Serrurerie.
Subj...... Subjonctif.
Substantiv...... Substantivement.
Symb...... Symbolique.
Syn...... Synonyme.
Syr...... Syrien, syriaque.
Tact...... Tactique.
Tann...... Tannerie.
Techn...... Technologie.
Teint...... Teinturerie.
Tératol...... Tératologie.
Théol...... Théologie.
Thérap...... Thérapeutique.
Toxic...... Toxicologie.
Trigon...... Trigonométrie.
Triv...... Trivial.
Typogr...... Typographie.
Unipers...... Unipersonnel.
Us...... Usité.
V...... Verbe.
Vétér...... Vétérinaire.
Voy...... Voyez.
Vulg...... Vulgaire, vulgairement.
Zool...... Zoologie.
Zooph...... Zoophytes.
Zootechn...... Zootechnie.

L'astérisque (*) marque les mots admis dans le Dictionnaire de l'Académie. — Le signe (⌄⌄) indique que l'orthographe ou les définitions qui suivent cessent d'être académiques.

NOUVEAU

DICTIONNAIRE ENCYCLOPÉDIQUE

UNIVERSEL ILLUSTRÉ

F

FRANCE (lat. *Gallia* ou *Francia;* all. *Frankreich*, empire des Francs), nom de notre patrie, l'une des principales contrées de l'Europe, occupant l'extrémité occidentale et la partie centrale de ce continent, entre 7° 7' long. O. et 5° 20' long. E. et entre 51° 5' 30'' et 42° 20' 25'' lat. N. Lorsqu'il est midi à Paris, il est 11 heures 32' à Brest et midi 20' dans les Vosges : différence, 48 minutes, entre les extrémités occidentale et orientale. Par sa situation centrale, par son admirable position entre les mers principales de l'Europe, la France semble avoir pour mission de servir de trait d'union aux diverses civilisations modernes. C'est avec raison que Strabon a écrit : « Il semble qu'une divinité tutélaire éleva ces chaînes de montagnes, traça et dirigea le cours de tant de fleuves pour faire un jour de la Gaule le lieu le plus florissant de la terre ». — **Limites.** Les limites de la France, telles que les a marquées la nature, sont la mer d'Allemagne et la Manche au nord, l'océan Atlantique à l'ouest, les Pyrénées et la Méditerranée au midi, et les Alpes et le Rhin à l'est. Mais les révolutions et les guerres ont créé pour notre pays des frontières factices et brisées, qui sont aujourd'hui : au N. la mer d'Allemagne et la Manche, depuis Zuydcoote près Dunkerque jusqu'au cap Saint-Mathieu ; à l'O., le golfe de Gascogne jusqu'à l'embouchure de la Bidassoa ; au S.-O., une ligne qui, partant de l'embouchure de la Bidassoa, suit à peu près les crêtes des Pyrénées et se termine au cap Cerbera ; au S.-E., la Méditerranée depuis le cap Cerbera jusqu'à l'embouchure de la Roya ; à l'E., une ligne qui va joindre les Alpes au col de Tende et qui en suit la crête jusqu'au grand Saint-Bernard ; de là, une autre ligne va rejoindre le lac de Genève, dont le bord méridional forme la limite de la France ; puis une ligne tortueuse entoure le canton de Genève, coupe le Rhône et court sur le revers occidental du Jura jusqu'au col des Rousses; la crête du Jura sert de limite jusqu'à Jougne; la frontière suit alors le cours du Doubs, qu'elle coupe deux fois. A partir de ce moment, elle n'a plus rien de naturel jusqu'aux Vosges ; elle est tracée par une ligne conventionnelle qui passe entre Delle et Porentruy, tourne à gauche et

vient rejoindre le ballon d'Alsace. Les Vosges servent un moment de frontière, mais la limite les quitte bientôt pour courir au N.-O. vers le Luxembourg et revenir ensuite à la mer d'Allemagne. — Les peuples qui nous avoisinent sont les Espagnols, les Italiens, les Suisses, les Allemands, les Belges et les Anglais. — La France a la forme d'un hexagone irrégulier dont le périmètre est d'environ 4,520 kil.; 2,460 en côtes et 2,060 en limites terrestres. Si l'on y ajoute les côtes de Corse, on obtient un périmètre total de 4,970 kil. En résumé, les frontières sont partout *naturelles*, excepté au N.-E. — **Superficie.** La superficie totale de la France n'est plus que de 52,857,199 hectares ou 528,571 kil. carr., le traité de 1871 ayant enlevé à notre territoire 1,447,466 hectares. Comme étendue, la France est la cinquième parmi les nations européennes, les quatre plus grandes étant la Russie, la Suède et la Norvège, l'Autriche et l'Allemagne. La surface totale de ses colonies en Afrique, en Amérique et en Océanie est évaluée à 1,500,000 kil. carr. — **Mers.** Quatre mers baignent la France, la *mer d'Allemagne* ou *mer du Nord*, la *Manche* au nord ; l'*Océan Atlantique* à l'ouest, et la *Méditerranée* au sud. — **Côtes.** Les côtes de la France sont assez bien découpées, et se prêtent d'une manière satisfaisante aux besoins de notre navigation. Leur étendue est évaluée à 2,910 kil. dont 920 sur la mer du Nord et la Manche, 940 sur l'Atlantique, 600 sur la Méditerranée. Le périmètre des côtes de Corse est de 450 kil. Les côtes de la mer du Nord sont en général basses, sablonneuses, et peu découpées; jusqu'à l'embouchure de la Somme elles offrent de nombreuses *dunes* ou collines de sable ; elles s'élèvent ensuite en falaises escarpées, dont la hauteur atteint jusqu'à 225 m. Au cap de la Hève, commence le vaste estuaire de la Seine, plein de bancs de sables mouvants et dangereux pour la navigation. De l'embouchure de la Seine à celle de la Vire, la côte tantôt s'élève en falaises à pic, tantôt présente des dunes; cette partie menace d'être engloutie comme semble déjà l'avoir été le banc de rochers qui la longe sous le nom de *rochers du Calvados.* La côte remonte ensuite au nord et forme la presqu'île du Co-

tentin; elle est alors couverte de dunes. Du Mont-Saint-Michel à la pointe Saint-Mathieu, elle devient rocheuse, basse et marécageuse. L'Océan commence à la pointe Saint-Mathieu; une mer profonde et inclémente déferle sur des falaises de granit fortement déchirées, qui offrent de nombreux abris. A la pointe du Croisic, l'aspect change; le sable, les marécages reparaissent jusqu'à l'embouchure de la Gironde. De celle-ci à celle de l'Adour, la côte, couverte de dunes et de landes sablonneuses, n'offre au navigateur qu'un seul abri, la baie d'Arcachon. Les rivages de la Méditerranée sont bas, sablonneux, bordés de lagunes; on n'y trouve de rochers qu'à Port-Vendres et dans le voisinage de cette ville. Au cap Couronne, elle devient escarpée, rocheuse, découpée en caps, en rades et en ports profonds et bien abrités, qui offrent d'excellentes positions maritimes. La côte occidentale de la Corse est élevée, très sinueuse et forme d'excellentes rades, tandis que la côte orientale n'est guère découpée que vers le midi, où elle offre la belle rade de Porto-Vecchio, l'une des meilleures de la Méditerranée; elle est basse dans la partie centrale, avec de nombreuses lagunes. — **Golfes, baies, ports, caps, presqu'îles.** Les côtes de Flandre, d'Artois et de Picardie n'offrent presque aucun asile naturel aux navires; les ports de Dunkerque et de Calais ont été formés par des canaux. Les caps Blanc-Nez, Griz-Nez et d'Alprech se trouvent à l'extrémité des collines de l'Artois ; la côte court ensuite directement vers le sud le long d'un dangereux banc de sable nommé Bassure de Bass. Elle se découpe un peu plus en Normandie; on y rencontre le Tréport, Dieppe, Saint-Valery-en-Caux et Fécamp. Après Etretat, la côte court dans une direction S. jusqu'au cap de la Hève. En cet endroit s'ouvre l'estuaire de la Seine; à gauche de l'embouchure de ce fleuve se trouve le port de Honfleur et à droite, celui du Havre. La baie de la Seine est ce vaste enfoncement qui s'étend du cap d'Antifer à la pointe de Barfleur. Les navires d'un faible tirant remontent l'Orne jusqu'à Caen. De nombreux baigneurs se rendent pendant l'été sur cette côte, à Trouville, à Villers-sur-Mer, à Lion-sur-Mer, à Courseulles, à Beuzeval, à

Dives, etc. La Vire, la Taute et la Douve forment un estuaire sablonneux et marécageux abritant les ports d'Isigny et de Carentan. La côte remonte ensuite vers le N. ; on y trouve les ports de la Hougue et de Barfleur. — Le Cotentin est une presqu'île qui s'avance vers l'Angleterre; il projette à son extrémité N.-E. la pointe de Barfleur et à son extrémité N.-O. le cap de la Hague entre lesquels se trouve le port de Cherbourg. Au delà du cap de la Hague, s'ouvre le golfe du Mont-Saint-Michel ou de Cancale. La côte descend ensuite vers le S. et n'offre aucun port jusqu'à Granville. La presqu'île de Bretagne commence à la pointe du Grouin. Après avoir passé les rochers de Cancale, on trouve l'embouchure de la Rance avec les ports de Saint-Malo, de Saint-Servan et de Dinan, le golfe de Saint-Brieuc, entre le cap Frehel et la pointe du Sillon, la rivière et le port de Morlaix, la pointe de Corsen. La côte descend ensuite vers le midi jusqu'au cap Saint-Mathieu où commence la rade de Brest, au fond de laquelle se trouvent les ports de Brest et de Landerneau. Au N., s'étend la baie de Douarnenez, beaucoup moins sûre; elle est formée par le cap de la Chèvre et le raz de Sein. La baie d'Audierne prend place entre le raz de Sein et la pointe de Penmarch. La presqu'île de Bretagne sépare le golfe de Cancale de la mer de France ou golfe de Gascogne. Sur la côte méridionale de la Bretagne, la mer découpe de nombreuses baies et presqu'îles : embouchure de l'Odet, baie de Concarneau, embouchure du Blavet (Morbihan), rade de Penerf, formée par l'embouchure de la Vilaine, ports de Quimper, de Concarneau, de Quimperlé, de Vannes, de Lorient, de Port-Louis, presqu'île de Quiberon et de Sarzeau, pointe du Croisic. La Loire vient se jeter dans l'Océan entre la pointe de Chemoulin et celle de Saint-Gildas; les ports de Saint-Nazaire, de Paimbœuf et de Nantes sont situés à l'embouchure de ce fleuve. La côte sud-ouest commence ensuite; on y trouve la baie de Bourgneuf, le bas Poitou, le marais Vendéen et la Saintonge. C'est sur cette côte que sont l'anse de Saint-Gilles, les Sables-d'Olonne, le port de la Rochelle, Rochefort sur la Charente, la pointe du Coubre et l'estuaire de la Gironde fermé au midi par la pointe de Grave. La côte est, après cette embouchure, droite et unie; on n'y rencontre que le bassin d'Arcachon, l'embouchure de l'Adour, le port de Bayonne et la baie de Saint-Jean-de-Luz. Sur la Méditerranée, la côte française commence au cap Cerbère, près de Port-Vendres; elle est découpée par l'embouchure du Tech, la pointe de Leucate, l'embouchure de l'Aude, le port de Cette, les bouches et le delta du Rhône, le golfe de Fos, les ports de Bouc, de Marseille, la baie de la Ciotat, le cap Sicié, la presqu'île Cépet, la rade de Toulon, la presqu'île de Giens, le cap Bénat, le cap Taillat. La côte se replie ensuite au N.-E. vers le golfe de Gênes en dessinant les golfes de Fréjus, de Napoule, de Jouan, le cap de la Garoupe, le petit port d'Antibes, l'embouchure du Var, le cap et le cap de Nice, le port de Villefranche, les caps Saint-Hospice et Saint-Martin. — Iles et détroits. Les îles situées sur les côtes de France sont généralement peu importantes. En partant du N.-E., nous trouvons les rochers du Calvados, les îles Saint-Marcouf, l'île Pelée, les îles anglo-normandes, le Mont-Saint-Michel, l'île d'Ouessant, les îles Molène, Beniguet, de Sein, de Glenaus, de Groix, Belle-Isle, Noirmoutier, de Bouin, d'Yeu et de Ré séparées l'une de l'autre par le pertuis Breton, Oléron séparée de l'île de Ré par le pertuis d'Antioche, l'île d'Aix et la tour de Cordouan près de la pointe de Grave. Dans la Méditerranée, les îles Pomègue, Ratonneau, Tiboutes, le château d'If abritent le port de Marseille. L'île d'Embiez défend celui de Toulon. Les autres îles sont

les îles d'Hyères et de Lérins. — Orographie. Considérées dans l'ensemble de la configuration européenne, les montagnes de la France appartiennent à cette longue chaîne qui partage notre continent du S.-O. au N.-E., depuis le détroit de Gibraltar jusqu'aux monts Ourals. Cette chaîne, après avoir séparé notre territoire de celui de l'Espagne (Pyrénées) se continue sans interruption depuis les Pyrénées orientales jusqu'au Jura, en divisant la France en deux versants bien distincts, l'un du S.-O. au N.-E., c'est-à-dire des Pyrénées, des Cévennes et des Vosges à l'Océan, l'autre du S. c'est-à-dire des Cévennes et des Alpes à la Méditerranée. Prise dans son ensemble, la France ne présente pas un aspect grandiose, sauf dans les Pyrénées et dans les Alpes, qui contiennent de hauts sommets. Au centre se trouvent des montagnes assez élevées, quoique de moindre hauteur. En résumé, l'orographie de la France appartient à quatre systèmes distincts : 1° le système hespérique ou pyrénéen (voy. PYRÉNÉES); 2° le système des Alpes (voy. ALPES et JURA); 3° le système cévenno-vosgien (voy. CÉVENNES et VOSGES); 4° le système sardo-corse (voy. CORSE). Des chaînes principales se détachent les chaînes d'embranchements : Montagnes Noires, Côte-d'Or, plateau de Langres, monts Faucilles, Ardennes orientales, Ardennes occidentales, monts du Morvan, collines de la forêt d'Orléans, collines de la basse Normandie, monts d'Arrée, monts d'Auvergne, collines du Limousin, etc. — Le point culminant de la France (si l'on excepte le mont Blanc, qui se trouve sur la frontière) est la pointe des Ecrins, dans le massif du Pelvoux, groupe des Alpes du Dauphiné (3,954 m.); d'après quelques géographes, la plus haute sommité de la France serait le mont Olan, entre les dép. de l'Isère et des Hautes-Alpes; cette montagne mesurerait 4.102 m. de hauteur. — Hydrographie. La France se trouve divisée en deux versants principaux, celui de la Méditerranée, au N. au S., et celui de l'Océan et de la Manche du S.-E. au N.-O. Chacun de ces versants est subdivisé en un certain nombre de bassins. La Moselle, la Meuse et l'Escaut portent leurs eaux vers la mer du Nord; la Somme, la Seine, l'Orne, la Vire, la Rance se jettent dans la Manche; l'Aulne, le Blavet, la Vilaine, la Loire, la Sèvre Niortaise, la Charente, la Gironde et l'Adour affluent dans l'Atlantique; le Tet, l'Aude, le Rhône et le Var arrosent le versant de la Méditerranée. Les lacs, peu nombreux, n'ont que peu d'étendue; parmi les principaux, il faut citer : le lac du Bourget (Savoie), qui a 20 kil. de long sur 4 de large; le lac de Grandlieu (Loire-Inférieure), qui mesure 10 kil. de long. sur 8 de large, puis les lacs de Saint-Point (Jura), de Palladru (Isère), de Nantua (Ain), d'Annecy (Haute-Savoie), etc. — Les étangs salés sont nombreux sur les côtes du Languedoc, du Roussillon et de la Gascogne; les plus connus sont ceux de Carcans, de la Canau, de Bis-Arosse, de Cazau, de Sanguinet, sur les côtes de l'Océan; ceux de Leucate, de Sijean, de Thau, de Maguelonne, de Perols, de Mauguès, de Valcarès et de Berre sur la Méditerranée. — Les étangs d'eau douce se trouvent dans les pays de plaines, tels que les Dombes (Ain) et la Sologne. Les bassins de la Somme, de l'Escaut, de l'Aisne, de la Sèvre Niortaise, des Landes de Gascogne et de la Loire contiennent quelques marais dont le nombre diminue chaque jour à cause des travaux de desséchement. On en rencontre aussi quelques-uns dans les Bouches-du-Rhône. Une partie du bas Poitou en renferme tellement qu'elle a reçu le nom de Marais. — Géologie. Le territoire français renferme à peu près la succession complète de tous les terrains, mais il les contient dans une proportion très variable : 1° les terrains volcaniques, qui couvrent 520,000 hectares; 2° les terrains primitifs (granit, gneiss, micaschiste,

etc.), comme on en trouve en Vendée, en Auvergne, et en Bretagne; ils couvrent 10,600,000 hectares; 3° les terrains de transition, provenant du soulèvement des terres, et dont sont formés les Pyrénées, la Bretagne, les ballons des Vosges; ils ont 5,400,000 hectares d'étendue; 4° les terrains carbonifères, qui contiennent, outre de la houille, des grès, des schistes, du carbonate de fer et du calcaire; ils couvrent 620,000 hectares; 5° les terrains triasiques et les terrains permiens, où l'on trouve de l'argile, de la marne, du sel gemme, du calcaire coquillier, du calcaire magnésien et du calcaire argileux; ils ont 2,600,000 hectares d'étendue; 6° les terrains jurassiques tels que ceux de la Franche-Comté, du Nivernais, d'une partie de la Bourgogne, du reste de la Lorraine, du Poitou, de la Normandie, du Maine, de la Savoie, du Dauphiné, du Quercy et des Causses; ils couvrent 10,600,000 hectares; 7° les terrains crétacés, qui comprennent la craie, de la craie-tuffeau, des calcaires, des marnes, des grès, du sable, de l'argile; ils couvrent la bas Languedoc, le Béarn, une partie du Poitou, la Saintonge, une partie du Périgord et des Alpes, le bas Maine, le Saumurois, une portion de l'Anjou, l'Artois et la portion de Picardie située à la source de la Somme; soit une étendue de 6,340,000 hectares; 8° les terrains tertiaires qui couvrent 15,600,000 hectares et 9° les terrains d'alluvions, qui se composent d'alluvions, de sables, de graviers et de vases calcaires; ils se trouvent en Alsace, dans le delta du Rhône, dans les dépôts entre Dunkerque et Calais et dans ceux de la Sèvre Niortaise; leur étendue est de 500,000 hectares. — La France est entourée d'une ceinture de roches granitiques formée par les Vosges, les Alpes, les Pyrénées et la péninsule de Bretagne; vers le milieu de l'espèce de bassin géologique ainsi constitué s'élève le plateau central, de même formation et portant les traces de l'ancienne activité volcanique des monts d'Auvergne. — La région la plus remarquable des formations tertiaires porte le nom de bassin de Paris. — Le sol de la France est presque partout d'une qualité supérieure; c'est à peine si les 7 centièmes sont impropres à toute culture et complètement improductifs. On estime que la portion productive comprend 50 0/0 de terres arables et de terres de jardins; 4 0/0 de vignobles; 28 0/0 de prairies et de pâturages et 18 0/0 de forêts. — Climat. La température moyenne de la France est de 12° 1/2 centigrade, mais les variations suivant les latitudes, la proximité de la mer, l'altitude, les vents, etc., sont assez considérables pour que le territoire ait été divisé en cinq régions climatériques : 1° le climat séquanier ou de la Seine, dont la température est douce, modérée, chaude en été et rigoureuse en hiver et dont la moyenne est de 10° 9; 2° le climat vosgien, dont la température est chaude en été, avec des pluies abondantes et froide en hiver avec des pluies peu fréquentes et dont la température moyenne est de 9° 30; 3° le climat rhodanien ou du Rhône, dont le vent brûlant et desséché du S.-E. alterne avec le vent froid du N. et cause de brusques changements; la température moyenne est de 11°; 4° le climat méditerranéen, dont les étés sont secs et chauds, les pluies peu fréquentes, mais longues et abondantes; le vent impétueux et glacial du N.-O. y porte le nom de mistral et le vent du Sahara, qui apporte la sécheresse et la chaleur étouffante, y est appelé siroco; la température moyenne est de 14° 8'; 5° le climat girondin, (température moyenne 12°), où les vents du S.-O. dominent, avec les pluies sont abondantes dans les Pyrénées et plus abondantes encore dans les hautes terres du centre de la France, terres qu'on pourrait classer dans un climat particulier appelé le climat du massif central. — En résumé, le climat de la France st tempéré, et l'un des plus agréables de l'Europe; il ne devient rigoureux que dans les régions montagneuses; partout l'air est sain, même sur le littoral de la Méditerranée, qui est le plus chaud. La partie la plus renommée pour la douceur de son climat est située au S.-E. et participe du climat de l'Italie; la partie la moins salubre est formée par les côtes sablonneuses des Landes. La chute moyenne de l'eau de pluie, qui est d'environ 88 cent. dans la vallée du Rhône, ne dépasse guère 55 cent. sur le versant de l'Atlantique. — **Flore**. La flore française comprend plus de 800 genres et plus de 6,000 espèces de plantes. — Les principales essences forestières sont : le châtaignier dans les montagnes du centre, le chêne dans les Pyrénées et dans l'O., le sapin en Gascogne. Parmi les forêts les plus importantes, nous citerons celles de Compiègne, de Fontainebleau, de l'Esterel, de Rambouillet, de Villers-Cotteret et d'Orléans. — **Faune**. *Animaux sauvages*. On trouve des lynx dans les Alpes, des ours dans les Pyrénées et les Alpes, des loups, des sangliers et des renards dans presque toutes nos forêts; des putois, des belettes, des fouines, des blaireaux, des hérissons, des mulots, des rats et des loirs. Les lièvres et les perdrix se rencontrent surtout dans les plaines, les canards, les sarcelles et les bécasses dans les marais, les chevreuils, les faisans, les cerfs dans les forêts, le lapin partout.— *Animaux domestiques*. On évalue à 3 millions et demi le nombre des chevaux qui vivent sur notre territoire, à 400,000 le nombre des ânes, à 400,000 celui des mulets, à 12 millions celui des bêtes bovines, à 30 millions celui des bêtes ovines, à 1 million et demi celui des chèvres et à 5 millions et demi celui des porcs. Il y a plusieurs races de chevaux : la race flamande, la race boulonnaise, la race normande, la race bretonne, la race percheronne, la race poitevine, la race comtoise, la race landaise, la race pyrénéenne, la race de la Camargue, la race corse. Les races bovines de trait se trouvent principalement dans les parties du N.-E., du centre et du S.; les races laitières ou de boucherie dans les régions du N.-O. et du N. La France est assez riche en races ovines : flamande, bonne pour la boucherie; mérinos à laine fine et les races du Poitou, du Larzac, d'Auvergne, de Sologne, du Berri, etc. Les chèvres se rencontrent en Corse, dans les Alpes, dans le Vivarais, et au Mont-Dore : ces dernières fournissent un fromage renommé. On élève des porcs dans la Corrèze, l'Aveyron, les Côtes-du-Nord, la Dordogne, le Finistère, le Gers, le Maine-et-Loire et l'Ille-et-Vilaine. On estime à 55 millions la valeur annuelle de la volaille vendue en France, et à une somme presque égale la valeur des œufs et des plumes réunis. On prise beaucoup les poules de Crèvecœur, de Houdan, du Maine, de la Bresse, les dindes, les canards et les oies de Normandie (Orne), du Maine et de Toulouse. Il y a en France trois millions de ruches d'abeilles qui fournissent le miel blanc et grenu de Narbonne, les miels du Jura, de la Savoie, du Gâtinais, les miels jaunâtres de Bretagne, de Normandie, de Champagne et de Brie. Ces produits sont estimés à 24 millions de francs par an. Les vers à soie se trouvent dans le bassin du Rhône, dans la Lozère et en Corse. Leur production annuelle est d'environ 18,000,000 de kilog. — *Reptiles*. Ils sont peu nombreux; les principaux sont la vipère et les couleuvres. — *Pêche*. Les eaux douces nous fournissent des carpes, des anguilles, des brochets, des saumons, des truites et des écrevisses. Sur les côtes, on pêche des raies, des maquereaux, des harengs, des merlans, des congres, des soles, des sardines, des crevettes, des homards, des langoustes, des huîtres et des moules. Les pêcheries produisent environ 359,000 quintaux métriques de morue et 220,000 quintaux métriques de hareng. — **Mines, carrières et sources.** On exploite le *bitume* et les schistes argileux dans le Nord, le Puy-de-Dôme, les Basses-Pyrénées, l'Ardèche, l'Ain, l'Allier, la Saône-et-Loire et près d'Autun; le *feldspath* à Bayonne; le *mica* et l'*amiante* en Corse, dans les Alpes et les Pyrénées; l'*ardoise* dans l'Anjou, le Finistère, les Ardennes, en Savoie et dans les Pyrénées; le *porphyre* en Corse, dans le Var et à Epinal; les *basaltes* en Auvergne; le *jaspe* à Saint-Gervais; le *granit* dans le Cotentin (Vire), dans les îles Chausey, en Bretagne, en Vendée, dans le Limousin, les Alpes et les Vosges. L'Aude fournit des *marbres incarnats*, le Gers des *marbres jaunes*, les Pyrénées le *marbre campan* et des marbres blancs comparés au carrare, la Côte-d'Or le *marbre blanc teinté de rose*, la Sarthe des *marbres noirs, veinés, rouges* et *roses;* le Pas-de-Calais des *marbres gris*, le Nord des *lumachelles grises*; il y a en outre des carrières dans la Manche, le Lot, le Lot-et-Garonne, l'Ardèche, la Nièvre, l'Allier et des gisements dans les Alpes, le Jura, les Vosges et en Corse. On trouve du *plâtre* dans les bassins de la Seine, de l'Oise, de l'Aisne, de la Marne, de l'*albâtre* dans les Pyrénées et en Seine-et-Marne, du *sable* presque partout, des *galets* à Dieppe, du *grès* en Seine-et-Oise, en Seine-et-Marne, dans le Gâtinais, les Vosges, la Charente, la Haute-Loire; de la *pierre à fusil* dans le Loir-et-Cher, des *meulières* à la Ferté-sous-Jouarre, à Meulan, à Lonjumeau, dans l'Yonne, la Creuse, la Dordogne, la Garonne; de la *craie-tuffeau* en Touraine, de la *pierre de taille* presque partout, des *pierres lithographiques* dans le Gard, l'Ardèche, l'Ain et l'Yonne. Les *ciments* les plus renommés sont ceux du Pas-de-Calais, d'Eure-et-Loir, de l'Yonne, de la Haute-Marne, de la Côte-d'Or, de Grenoble, de l'Ardèche, des Bouches-du-Rhône et du Tarn. Il y a de l'*argile* partout, de l'*argile à foulon* dans le Calvados, de l'*argile plastique* presque partout, du *kaolin* à Saint-Yrieix, dans l'Allier, la Manche, en Bretagne, et près de Bayonne; du *phosphate de chaux* dans les Ardennes, la Meuse, la Marne, l'Aube, de la *bauxite* près d'Arles, du *sel gemme* dans la Lorraine, à Salins et à Lons-le-Saulnier; du *sel marin* sur les côtes depuis la Loire-Inférieure jusqu'à la Gironde et sur les côtes du Languedoc et de la Provence. La France possède près de 900 sources d'*eaux minérales et thermales;* plus de 150 stations minérales ont des établissements hospitaliers. Le Finistère, le Puy-de-Dôme, la Lozère et les Hautes-Alpes produisent environ 160,000 quintaux métriques de *plomb* par an. Le *cuivre* a de nombreux gisements; le Rhône, seul département où il est exploité, en fournit annuellement 100,000 kil. Le *zinc* vient de Pontpéan, le *manganèse* de la Romanèche, l'*antimoine* de la Haute-Loire, de la Corse et du Cantal, le *nickel* de l'Isère. Dans les eaux du Rhône, on trouve de la *poudre d'or* et dans le Gard, l'Ardèche, le Rhône et les Vosges. 260 mines, comprises dans 46 bassins et dans 33 départements fournissent 12,000,000 de tonnes de *houille*, 35,000,000 de quintaux métriques de *fer* sont produits par 72 départements. On se procure de la *lignite* dans la Nièvre, le bassin du Rhône, la Haute-Savoie; de l'*anthracite* dans le Nord, le Calvados, l'Isère, la Sarthe, la Mayenne, de la *tourbe* dans la Somme, l'Oise et la Seine-Inférieure. L'Hérault produit du *pétrole*. — **Divisions administratives.** Avant 1790, la France était divisée en 34 provinces, savoir : Flandre, Artois, Picardie, Normandie, Ile-de-France, Champagne, Lorraine, Orléanais, Touraine, Berry, Bourbonnais, Marche, Auvergne, Nivernais, Limousin, Alsace (territoire de Belfort), Franche-Comté, Bourgogne, Lyonnais, Bretagne, Maine, Anjou, Poitou, Aunis et Saintonge, Angoumois, Guienne, Gascogne, Béarn, Foix, Roussillon, Languedoc, Dauphiné, Provence, Corse, on y a ajouté les comtats, la Savoie et le comté de Nice. Les 36 provinces de l'ancienne France ne formaient que 33 gouvernements, la Guienne et la Gascogne étant réunies en un seul. On comptait en outre, sept petits gouvernements : ville, prévôté et vicomté de Paris, Boulonnais, le Havre, principauté de Sedan, Toulois, pays Messin et Verdunois, Saumurois. En 1790, le territoire fut divisé en départements, subdivisés en districts (arrondissements), cantons et communes. La France actuelle comprend 87 départements (y compris le territoire de Belfort), 362 arrondissements, 2,865 cantons et 35,989 communes. Voici la liste des départements :

DÉPARTEMENTS

DÉPARTEMENTS.	KIL. CARR.	HABITANTS 1881.	PAR KIL. C.
Ain	5.798,97	363.472	62
Aisne	7.352,00	556.891	76
Allier	7.308,37	416.759	57
Alpes (Basses-)	6.954,18	131.918	19
Alpes (Hautes-)	5.589,61	121.787	22
Alpes-Maritimes	[illegible]	226.621	58
Ardèche	5.526,65	376.867	68
Ardennes	5.232,89	333.675	64
Ariége	4.893,87	240.601	49
Aube	6.001,39	255.326	42
Aude	6.313,24	327.942	52
Aveyron	8.743,33	415.075	48
Bouches-du-Rhône	5.104,87	589.028	116
Calvados	5.520,72	439.830	80
Cantal	5.741,47	236.190	41
Charente	5.942,38	370.822	62
Charente-Inférieure	6.825,69	466.416	68
Cher	7.199,34	351.405	49
Corrèze	5.866,09	317.066	54
Corse	8.747,10	272.639	31
Côte-d'Or	8.761,16	382.819	44
Côtes-du-Nord	6.885,62	627.585	91
Creuse	5.568,30	278.782	50
Dordogne	9.182,56	495.037	54
Doubs	5.227,55	310.827	60
Drôme	6.521,55	313.763	48
Eure	5.957,65	364.291	61
Eure-et-Loir	6.074,00	280.097	48
Finistère	6.721,67	681.564	101
Gard	5.835,56	415.629	71
Garonne (Haute-)	6.289,88	478.009	76
Gers	6.280,31	281.532	45
Gironde	9.740,32	748.703	77
Hérault	6.197,99	441.527	71
Ille-et-Vilaine	6.725,83	615.480	92
Indre	6.795,30	287.705	42
Indre-et-Loire	6.113,70	329.160	54
Isère	8.289,34	580.271	70
Jura	4.994,01	285.263	57
Landes	9.321,31	301.143	32
Loir-et-Cher	6.350,92	275.713	43
Loire	4.759,62	599.836	126
Loire (Haute-)	4.962,25	316.461	64
Loire-Inférieure	6.874,56	625.625	91
Loiret	6.771,19	368.526	54
Lot	5.211,74	280.269	54
Lot-et-Garonne	5.353,96	312.081	58
Lozère	5.169,73	143.565	28
Maine-et-Loire	7.120,93	523.491	73
Manche	5.928,38	526.377	89
Marne	8.180,44	421.800	52
Marne (Haute-)	6.219,68	254.876	41
Mayenne	5.170,63	344.881	67
Meurthe-et-Moselle	5.232,36	419.317	80
Meuse	6.227,87	289.861	47
Morbihan	6.797,81	521.614	77
Nièvre	6.816,56	347.576	51
Nord	5.680,87	1.603.259	282
Oise	5.855,06	404.555	69
Orne	6.097,29	376.126	62
Pas-de-Calais	6.605,63	819.022	124
Puy-de-Dôme	7.950,51	566.064	71
Pyrénées (Basses-)	7.622,66	434.366	57
Pyrénées (Hautes-)	4.529,45	236.474	52
Pyrénées-orientales	4.122,11	208.855	51
Rhin (Haut-)	610,14	74.244	121
Rhône	2.790,39	741.470	265
Saône (Haute-)	5.339,92	295.905	55
Saône-et-Loire	8.551,74	625.589	73
Sarthe	6.206,68	438.917	71
Savoie	5.759,50	266.438	46
Savoie (Haute-)	4.314,72	274.087	64
Seine	478,75	2.799.329	5.841
Seine-Inférieure	6.035,50	814.068	135
Seine-et-Marne	5.736,35	348.991	61
Seine-et-Oise	5.603,64	577.798	103
Sèvres (Deux-)	5.999,88	350.103	58
Somme	6.161,20	550.837	89
Tarn	5.742,16	359.223	63
Tarn-et-Garonne	3.720,16	217.056	58
Var	6.027,53	288.577	48
Vaucluse	3.547,71	244.149	69
Vendée	6.703,50	421.642	63
Vienne	6.970,37	340.295	49
Vienne (Haute-)	5.516,58	349.332	63
Vosges	5.852,65	406.862	70
Yonne	7.428,04	357.029	48
Total	528.571,99	37.672.048	71

— Le nombre des départements a varié; il n'était que de 83 en 1790. Trois ans plus tard, il fut porté à 86, par suite du dédoublement de la Corse (dép. du Golo et du Liamone, réunis de nouveau en 1811), et de Rhône-et-Loire (dép. du Rhône et de la Loire) et par la formation du dép. de Vaucluse, aux dépens des Bouches-du-Rhône. En 1808, le Tarn-et-Garonne fut constitué au moyen de cantons détachés des dép. voisins. Sous la République, la France comprenait 112 dép., savoir : 86 dont nous avons déjà parlé, 9 en Belgique (1793), 8 en Hollande (1796), 1 en Savoie, 3 en Suisse, 3 dans la Prusse Rhénane, 1 dans la Hesse-Darmstadt, 1 dans le comté de Nice. La France avait alors acquis ses limites naturelles, que l'Empire devait lui faire perdre. Il est vrai que, lors de son apogée (1811), Napoléon régnait sur 130 dép.; mais son empire, formé de provinces allemandes et italiennes, n'avait plus rien de vraiment national : ce n'était plus la France; c'était un assemblage de peuples sans affinité. L'orgueil, l'aveuglement et le despotisme de Napoléon ayant soulevé les nations de l'Europe, la vraie France fut démembrée et réduite à des frontières moins étendues que celles qu'elle avait avant la Révolution, puisqu'elle ne possède plus que 86 dép. Le second Empire y annexa la Savoie et le comté de Nice (2 dép. et demi); mais il perdit les territoires beaucoup plus importants de l'Alsace et de la Lorraine allemande (3 dép.). — **Population.** Sous le rapport de la population, la France tient le 4e rang parmi les grandes·puissances européennes, étant inférieure seulement à la Russie, à l'empire d'Allemagne et à l'empire austro-hongrois; mais l'accroissement de la population est beaucoup plus lent chez nous que chez la plupart des autres peuples. L'augmentation n'est guère que de 0-69 pour cent. La période de 1866 à 1872 a même vu diminuer le nombre des habitants, indépendamment de ceux qui furent cédés à l'Allemagne. La diminution, causée par la guerre de l'impératrice, par la guerre civile, par les épidémies et les maux de toute sorte qui en furent la suite, fut de 366,935 hab. pour le territoire actuel de la France.

STATISTIQUE HISTORIQUE

ÉPOQUES.	Superficie en KIL. CARR.	HABITANTS.	HABITANTS par kil. carr.
50 av. J.-C. (Gaule)	650,000	8,000,000	13 ¤
1326 après J.-C.	320,000	10,000,000	30 ¤
1515	457,000	14,000,000	30 ¤
1575	467,000	13,000,000	27 ¤
1599	473,000	16,000,000	34 ¤
1696	500,000	19,669,000	38 ¤
1748	5252000	20,900,000	40 ¤
1780	525,000	24,625,000	46 ¤
1796	525,000	26,541,000	50 ¤
1831	530,280	30,461,875	61 ¤
1841	530,280	34,230,178	64 ¤
1851	530,280	35,783,170	67 ¤
1861	543,051	37,382,225	68,8
1866	»	38,067,064	70,1
1872 (sans l'Alsace-Lorraine)	528,571	36,102,900	68,3
1876	»	36,905,788	69,8
1881	»	37,672,050	71 ¤

Comparée à la superficie du territoire, la population de la France est en moyenne de 71 hab. par kil. carr. Plusieurs départements dépassent cette moyenne : ce sont les départements de : Seine-et-Oise, Seine-Inférieure, Seine, Saône-et-Loire, Rhône, Haut-Rhin, Pas-de-Calais, Nord, Morbihan, Meurthe-et-Moselle, Manche, Maine-et-Loire, Loire-Inférieure, Loire, Gironde, Finistère, Côtes-du-Nord, Calvados, Bouches-du-Rhône et Aisne. Prise en chiffre rond de 37,000,000 d'hab., la population se subdivise ainsi qu'il suit, sous le rapport des professions :

Agriculteurs	20,000,000
Manufacturiers	2,500,000
Artisans	8,500,000
Professions libérales	4,200,000
Domestiques	800,000
Divers	1,000,000
Total	**37,000,000**

Le nombre total des naissances est évalué à 1,000,000 par an, dont 20 garçons pour 19 filles. Tandis que la population totale augmente, celle de certains dép. diminue : 26 dép., de 1836 à 1881, ont vu leur pop. part.elle décroître de 648,027 hab., soit 7,05 p. 100. Ce sont les dép. des Basses-Alpes, de l'Orne, de l'Eure, de la Haute-Saône, du Calvados, de la Manche, du Tarn-et-Garonne, du Gers, du Lot-et-Garonne, du Cantal, du Jura, de la Meuse, de l'Ariège, des Hautes-Alpes, de la Sarthe, de la Mayenne, du Puy-de-Dôme, des Hautes-Pyrénées, des Basses-Pyrénées, du Lot, de la Côte-d'Or, de la Haute-Marne et de la Somme. Sur ces 26 dép., 8 seulement, ceux de l'Eure, de Lot-et-Garonne, du Calvados, du Gers, de l'Orne, de Tarn-et-Garonne, des Basses-Alpes et de la Manche avaient présenté un excédent plus ou moins grand de morts sur les naissances. 25 présentaient un excédent plus ou moins considérable de l'émigration sur l'immigration. En compensation, la capitale, les centres industriels et les grandes villes profitent de l'émigration, et leur population augmente dans de grandes proportions. — Les économistes et les moralistes, jugeant chacun à son point de vue, ont attribué à des causes fort diverses le peu d'accroissement de la population française; les uns y ont vu l'un des effets du célibat des prêtres et des religieux des deux sexes; d'autres ont accusé la loi du 7 mars 1793, qui a aboli la liberté testamentaire et obligé les parents à partager également leurs biens entre tous leurs enfants, d'avoir augmenté le nombre des mariages stériles. — Au point de vue de l'origine et de la nationalité, la population de la France se subdivise ainsi qu'il suit :

1. Français (97,74 p. 100)	36,069,524
Étrangers naturalisés Français	34,510
2. Étrangers (2,17 p. 100)	801,754

Belges	374,498	Suédois, Norvégiens	1,622
Allemands	59,028	Danois	1,032
Austro-Hongrois	7,498	Grecs	893
Italiens	165,313	Turcs, Égyp.	1,174
Espagnols	52,487	Roum. Serbes	702
Suisses	50,103	Chinois, Indiens	
Anglais	30,077	et autres Asiat.	417
Néerlandais	18,099	Autres étrang.	6,168
Américains	9,855	De nationalité	
Portugais	1,237	inconnue	4,542
Russes, Polon.	7,992	**Total**	**36,905,788**

Quant aux étrangers, il y en a 249,719 dans le département du Nord, 135,642 dans le département de la Seine, 67,164 dans le département des Bouches-du-Rhône, 30,732 dans le département des Ardennes, 21,993 dans le département du Var et 18,236 dans le département de Meurthe-et-Moselle, etc.

Le fond de la nation se compose d'éléments *celtiques* ou *gaulois*, auxquels se sont jointes des immigrations *grecques* sur les bords du Rhône, *latines* dans le midi et le centre, *ibères* et *arabes* au midi, *germaniques* et *normandes* au N., *bretonnes* au N.-O.

Wallons	1,800,000
Bretons	1,100,000
Basques (ibères)	200,000
Juifs	50,000
Bohémiens	7,000
Cagots (dans les Pyrénées)	5,000
Flamands	100,000
Italiens	400,000
Espagnols	100,000
Français (mélange des races celte, ibère, gréco-latine, germanique et normande)	33,238,000
	37,000,000

Communes de plus de 30,000 habitants en 1861 :

Paris	2,269,023	Limoges	63,765
Lyon	376,613	Nîmes	63,552
Marseille	360,099	Reims	60,974
Bordeaux	221,305	Orléans	57,264
Lille	178,144	Montpellier	56,005
Toulouse	140,289	Besançon	55,453
Nantes	124,319	Le Mans	55,357
Saint-Étienne	123,813	Tours	52,209
Rouen	105,906	Tourcoing	51,895
Le Havre	105,867	Grenoble	51,371
Reims	93,823	Versailles	48,324
Roubaix	91,757	Nevers	46,067
Amiens	74,170	Saint-Quentin	45,538
Nancy	73,225	Saint-Denis	44,842
Toulon	70,103	Saint-Denis	43,895
Angers	68,049	Clermont	43,023
Nice	66,279		
Brest	66,110	Béziers	42,918

— **Agriculture.** Plus de la moitié des habitants et les trois quarts du sol appartiennent à l'agriculture, et si le territoire était bien cultivé, il n'aurait point de rival. Mais les méthodes agricoles sont encore primitives et aussi intelligentes que peut l'être la routine. Les petits propriétaires, qui sont en majorité, cultivent comme faisaient leurs pères, sans se préoccuper en aucune façon des progrès modernes. Les grands propriétaires et les grands fermiers ont seuls adopté un système plus en rapport avec la science. Le territoire français est divisé en cinq zones de culture qui le coupent obliquement du S.-O. au N.-E. — 1° La *zone de l'oranger*, qui comprend une partie des côtes du Var et des Alpes-Maritimes; 2° la *zone de l'olivier*, dont la limite septentrionale est figurée à peu près par une ligne allant du pied des Corbières aux Alpes du Dauphiné; 3° la *zone du maïs*, dont la limite septentrionale est figurée par une ligne qui va de l'embouchure de la Charente à la source de la Sarre; elle comprend la *zone du mûrier*; 4° la zone de la vigne, de l'embouchure de la Loire à la source de l'Oise; 5° la *zone du pommier*, qui n'a pas de limite en France. — D'après les données du climat, du sol et de la culture, on divise la France en neuf *régions agricoles*, dont chacune contient 6 millions d'hectares;

RÉGIONS.	PROVINCES.
I. du N.-O.	Basse Normandie, Bretagne (moins la Loire-Inférieure, Maine (9 départ.).
II. du N.	Flandre, Artois, Picardie, Haute Normandie, Ile-de-France et départ. d'Eure-et-Loir (11 départ.).
III. du N.-E.	Champagne et Lorraine (8 départ.).
IV. de l'E.	Franche-Comté, Bourgogne, Lyonnais.
V. du S.-E.	Savoie et départ. de l'Isère (11 départ.). Corse, Dauphiné, Comtat, Provence, Nice et départ. de la Haute-Loire, de l'Ardèche et du Gard (11 départ.).
VI. du S.	Languedoc, Roussillon, Quercy, Albigeois, Rouergue, Gévaudan et départ. de la Corrèze (10 départ.).
VII. du S.-O.	Guyenne, Gascogne, comté de Foix et Béarn (9 dép.).
VIII. de l'O.	Saintonge, Angoumois, Haut Limousin, Poitou, Touraine, Anjou et départ. de la Loire-Inférieure (9 départ.).
IX. du Centre	Marche, Auvergne, Bourbonnais, Nivernais, Basse-Bourgogne, Berri et départ. du Loiret et du Loir-et-Cher (9 départ.).

Le sol cultivable appartient aux particuliers comprend 33,337,451 hectares divisés en 3,997,781 parcelles. Sur ce nombre, 2,826,388 parcelles sont cultivées par leurs propriétaires, 831,943 par des fermiers, et 319,450 par des métayers. La moyenne se trouve être de 8 H. par parcelles. — Les plantes les plus généralement cultivées sont : le blé, le seigle, le maïs, le sarrasin, l'avoine, l'orge, la pomme de terre, la navette, l'œillette, etc. Les plus belles prairies et les plus gras pâturages se rencontrent en Normandie. — **Vins de France.** Plus de 70 départements renferment des vignobles, et la France n'a de rivales ni pour la quantité, ni pour la qualité de ses vins. C'est avec raison que les étrangers l'ont surnommée le *vignoble du globe*. A l'exception des terrains situés aux extrémités septentrionales, la vigne prospère partout; elle produit de 6 à 8 millions de litres de vin chaque année (environ 1 milliard 750 millions de fr.). Les crus renommés sont presque innombrables, et il serait difficile de dire quelle est la région qui donne les meilleurs vins. Les *bordeaux*, sont les plus connus à l'étranger comme vins de table (voy. BORDEAUX), mais les *bourgognes* rivalisent avec eux (voy. BOURGO-

Caen............ 41,508   Cherbourg..... 35,501
Bourges......... 40,217   Cette........... 35,517
Lorient......... 37,812   Saint-Pierre-lez
Avignon......... 37,657   Calais.......... 33,290
Dunkerque....... 37,328   Angoulême...... 32,567
Poitiers........ 36,210   Perpignan...... 31,735

ALGÉRIE

Alger........... 64,714   Constantine (1876) 39,823
Oran............ 59,420

gne). Parmi les crus qui appartiennent au Bordelais ou qui avoisinent cette région et qui fournissent des vins dits de Bordeaux, nous citerons ceux du Médoc, de Graves, des Côtes, des Palus et d'Entre-Deux-Mers. — Le district de Sauternes, prolongation de celui de Graves donne exclusivement des vins blancs. Les meilleurs *barsacs* proviennent du Château-Coutet; les *bommes* les plus renommés se trouvent au vignoble de Château-la-Tour-Blanche; le territoire de *Sauternes* comprend le vignoble universellement connu de Château-Yquem, dont le produit se vend de 12,000 à 15,000 fr. le tonneau de 800 litres. Le vin de Château-Suduirant, du cru de Preignac, vaut de 4,000 à 5,000 fr. le tonneau. Le Roussillon renferme plus de 50,000 hectares de vignes, dont les produits appelés malvoisie, muscat et maccabéo, sont ordinairement doux, mais pleins de feu et d'arome. Nous avons, dans l'Aude, le Gard et l'Hérault plus de 250,000 hectares de territoire planté en vignes. Les vins de cette région sont riches en couleur, spiritueux, pleins de corps, mais moins fins et moins riches en bouquet que ceux de la Gironde; ce sont les *vins du Midi*, que l'on mélange surtout avec les bordeaux et les bourgognes. Les vins de Saint-Gilles (Gard) possèdent une brillante couleur pourpre, de la force, du corps, toutes qualités recherchées dans le commerce pour améliorer des vins faibles; ce qui a valu aux vins de Saint-Gilles les noms de *vins fermes* et de *vins de remède*. Une grande partie des produits que les Anglais consomment sous les noms de *sherry* et de *port wine* sont fabriqués à Saint-Gilles. — Le département des Basses-Pyrénées donne une moyenne de 40 millions de litres de vins rouges et blancs, parmi lesquels on estime particulièrement les crus de Jurançon et de Gran. — Si nous passons dans la vallée du Rhône, nous trouvons des coteaux couverts de vignobles dignes d'une haute réputation. La côte du Rhône (Gard), rivale de Saint-Gilles, donne des vins pleins de finesse. Dans le département de Vaucluse, nous avons *Châteauneuf-du-Pape*, dont les vins spiritueux et foncés sont expédiés à Bordeaux et en Bourgogne pour être mélangés avec des produits moins riches. En remontant le Rhône, nous arrivons à *Saint-Péray* (Ardèche), dont les vins blancs sont à la fois secs et effervescents. Près de Tain (Drôme), s'étendent les fameux vignobles de l'*Hermitage* dont les neuf dixièmes sont plantés en cépages rouges; les meilleurs crus, envoyés à Bordeaux, y subissent un mélange avant d'être expédiés en Angleterre sous l'étiquette de *clarets*; les seconds crus seuls sont vendus comme vins de l'Hermitage; les blancs surtout sont d'une exquise délicatesse. Les vignobles de *Condrieu* (Rhône) donnent un vin blanc effervescent auquel le commerce a quelquefois appliqué l'étiquette de champagne. Non loin de là, dans la commune d'Ampuis, se trouve Côte-Rôtie, dont les premières qualités de vins rouges tiennent un rang distingué parmi les meilleurs de France. Au nord de Lyon et le long de la Saône et des autres tributaires du Rhône s'étendent les districts du Beaujolais, du Mâconnais et de la côte de Châlons qui forment une région intermédiaire entre la Bourgogne et la vallée du Rhône. Nous y trouvons les crus renommés de Chénas, de Fleury, de Lancié et de Saint-Etienne-la-Varenne, aux vins légèrement colorés, et celui de Juliénas qui donne, au contraire, des produits très foncés. Dans le Mâconnais, nous avons Thorins, Romanèche, Saint-Amour et Davayé; les meilleurs vins blancs proviennent de Pouilly et de Fuissé; dans les bonnes années, le Pouilly n'a pas de supérieur. Les meilleurs produits de la côte de Châlons servent à faire des mélanges avec les bourgognes. Les vins mousseux proviennent de la Champagne (voy. CHAMPAGNE). Parmi les autres vignobles de France, nous citerons ceux du département de la Dordogne donnant des vins rouges et des vins blancs très estimés. Le département de la Vienne produit près de 50 millions de litres d'un vin assez médiocre. Les Charentes renferment quelques bons crus; mais les vins de cette région sont ordinairement convertis en eau-de-vie. Les départements du Lot et de Lot-et-Garonne forment une vaste région vinicole dont Cahors est le point central. — **Industrie.** Comme nation industrielle, la France vient immédiatement après l'Angleterre; pour les produits qui exigent du goût, de la grâce et de l'élégance, elle lui est même supérieure. L'industrie de la *soie*, produit pour 1 milliard et demi de tissus chaque année. Celle du *coton* occupe près d'un million d'ouvriers et donne pour 600 millions de produits. Les *articles de Paris* exportés dans toutes les parties du monde, sont évalués à 5 millions de francs chaque année. La Flandre, la Normandie et la Bretagne fournissent des *toiles*. Pour la joaillerie et les bronzes d'art, aucune nation ne possède des ouvriers capables de rivaliser avec les nôtres. Paris, métropole politique et littéraire, est le grand centre de production des livres, des publications périodiques, des objets de luxe et de mode, des instruments de chirurgie et de précision, etc. Les industries les plus importantes sont celles de la dentelle, du tulle, des broderies, de la porcelaine, de la quincaillerie, de l'horlogerie, des éventails et des miroirs. La France tient le premier rang pour l'exportation des cuirs. L'industrie des lainages emploie environ 2,500,000 broches; celle des cotonnades, 4,500,000 broches; celles des batistes et de la mousseline sont également importantes. La construction des navires a lieu principalement à Cherbourg, à Brest, à Rochefort, à Marseille, à Toulon et à Bordeaux. Les manufactures de tabac, au nombre de 16, appartiennent à l'Etat. La France fabrique 1 million de tonnes de *fonte*, dont 800,000 sont converties en *fer* et 40,000 en *acier*. Le total des *machines* fixes et de transport est de 24,500; ces machines ont une force nominale de 650,000 chevaux-vapeur, et produisent à peu près le travail de 2 millions de chevaux de trait ou de 14 millions de manœuvres. Il faut citer les *machines* pour la *filature* et le *tissage*, les *machines à coudre*, les *machines agricoles*, les *moulins à vent*, les machines *outils*. La France fabrique des *armes*, des *faïences*, de la *chaudronnerie*, des *cristaux*, de la *verrerie*, des *produits chimiques*, des *papiers*, des *huiles*, des *graisses*, des *pâtes alimentaires*, des *fromages*, des *conserves*, des *sucres*, des *alcools*, de l'*eau-de-vie*, des *gants*, de la *confiserie*, de la *chaussure*, de la *tapisserie*, de la *carrosserie*, de la *sellerie*, des *papiers peints*, etc. — Il se prend une moyenne de six mille brevets d'invention chaque année. — **Commerce.** On évalue à 25 milliards la somme annuelle sur laquelle roule le commerce intérieur et à plus de 8 milliards, celle du commerce extérieur. L'importation comprend les *matières premières* (soie, laine, lin, coton, minerais, etc.), les *denrées coloniales*, les *métaux*, les *bois*, les *peaux*, les *grains*, etc., les *tissus*. Les grands articles d'exportation sont : les soieries, les lainages, les cotonnades et autres marchandises manufacturées, les vins, les eaux-de-vie, les objets d'ameublement, les cuirs, les bronzes, l'acier, le fer, etc.

Extension du commerce dans les dernières années.

Années	Commerce général Import.	Commerce général Export.	Commerce spécial Import.	Commerce spécial Export.	Numéraire. Import.	Numéraire. Export.
1881	—	—	4946,4	3612,4	363,2	302.2
1880	—	—	5033,2	3467,9	205,9	470,2
1879	5570,3	4260,6	4595,2	3231,3	332	424
1878	5008,9	4111,7	4176,2	3179,7	543	189
1877	4560,9	4370,8	3369,8	3436,3	683	142
1876	4908,8	4547,5	3988,4	3575,6	804	159
1875	4461,8	4807,7	3536,7	3873,6	875	219

Valeur en millions de francs du commerce spécial de la France durant les années 1876, 1877 et 1878.

	Importation 1877.	Importation 1878.	Importation 1879.	Exportation 1877.	Exportation 1878.	Exportation 1879.
Angleterre	574,3	580,3	599,0	1059,0	915,4	830,2
Belgique	408,9	411,0	415,0	446,4	409,7	429,4
Italie	341,8	348,5	357,8	185,5	169,7	180,4
Allemagne	372,8	418,5	413,0	395,1	343,7	343,5
Suisse	96,1	110,4	103,2	237,2	229,4	246,5
Espagne	109,2	148,9	182,8	132,5	137,6	149,6
Russie	202,2	349,6	343,0	15,9	30,0	34,2
Etats scandin	83,8	107,3	116,9	28,5	19,3	16,0
Pays-Bas	34,2	30,3	42,4	35,2	31,2	44,7
Portugal	11,5	7,8	7,0	23,6	20,4	18,3
Autriche	53,8	61,0	90,5	20,4	25,5	21,3
Turquie	157,6	127,8	155,4	36,6	57,2	59,2
Grèce	6.4	7,6	16,7	20,1	18,4	12,7
1. Europe, etc.	2452,6	2709,0	2842,7	2636,0	2407,5	2386,0
Etats-Unis	257,8	487,5	715,9	216,6	207,4	276,2
Argentine	112,0	136,5	134,6	75,7	67,2	73,1
Brésil	56,2	56,8	55,1	77,3	69,1	70,9
Pérou	61,5	39,2	51,5	19,7	22,3	13,5
Uruguay	32,6	30,8	32,3	20,7	18,4	21,2
Chili	15,1	15,7	21,6	23,3	17,3	14,7
Mexique	5,9	5,3	7,5	18,4	17,6	13,8
Autres pays	80,9	53,1	79,8	77,5	57,7	81,6
2. Amérique	622,0	824,9	1098,3	529,2	477,0	562,0
Indes anglaises	149,5	136,7	126,2	8,4	8,2	7,1
Chine	36,6	93,4	95.4	3,1	2,8	3,5
Japon	13,6	30,0	30,6	7,6	7,6	8,8
Cochinch. et Siam	2,8	1,1	3,9	4,4	4,1	4,3
Indes holland.	35,9	22,0	10,6	3,1	3,0	4,2
3. Asie	238,4	283,2	275,7	26,6	25,7	27,9
4. Afrique	124,2	104,5	138,8	49,8	54,6	54,0
5. Autres pays	3,5	33,9	12,6	5,7	33,5	11,0
I. Pays étrang.	3440,7	2955,5	4368,1	3247,3	2998,3	3040,9
Algérie	122,1	120,2	122,3	138,1	128,9	139,3
Sénégal	11,2	11,8	12,7	4,9	4,9	6,2
Martinique	20,0	18,2	24,0	14,0	14,1	13,7
Guadeloupe	20,8	18,9	19,0	11,3	11,8	12,0
Saint-Pierre, etc.	27,3	26,6	23,1	5,8	5,8	5,5
Réunion	22,3	21,9	17,9	8,1	9,7	7,4
Guyane franç.	0,3	0,3	0,3	5,4	5,1	5,1
Etablis. de l'Inde	1,4	0,8	5,1	1,1	0,9	0,8
Autres possess.	3,7	2,0	2,7	0,3	0,2	0,4
II. Colon. franç.	229,1	220,7	227,1	189,0	181,4	190,4
Total	3669,8	4176,2	4595,2	3436,3	3179,7	3231,3

— La marine marchande comprend, outre les bâtiments exclusivement employés à la pêche, environ 15,000 navires à voiles, jaugeant 883,000 tonnes, et 520 navires à vapeur jaugeant 190,000 tonnes. Le commerce de cabotage est très important. — ROUTES. Les routes sont divisées en routes nationales, départementales et chemins vicinaux, d'après leur largeur et leur mode d'entretien. (Voy. ROUTES.) — CHEMINS DE FER. Pour les voies ferrées (voy. CHEMIN DE FER). — **Constitution.** La constitution actuelle de la France, votée par l'Assemblée nationale, élue en 1871, porte la date du 25 février 1875. Le pouvoir législatif est exercé par deux assemblées, la Chambre des députés et le Sénat; le pouvoir exécutif appartient à un magistrat qu'on appelle le Président de la République. La Chambre des députés est élue par le suffrage universel, au scrutin d'arrondissement. (Voy. DÉPUTÉ.) En 1881, il y avait 10,179,345 électeurs politiques ou personnes capables de voter. Les seules qualités requises pour être électeur sont de jouir de ses droits de citoyen et d'avoir au moins vingt et un ans; pour être député, il faut être citoyen et avoir vingt-cinq ans accomplis. La Chambre des députés comprend 557 membres. Le Sénat se compose de 300 membres, dont 75 élus à vie. (Voy. SÉNAT.) Le Sénat et la Chambre des députés se réunissent chaque année, le second mardi de janvier (à moins que le président de la République ne fasse une convocation antérieure), ils doivent rester réunis pendant au moins cinq mois chaque année. — Les députés sont élus pour une période de quatre ans. Le président de la République a le droit de convoquer extraordinairement les Chambres. Il est tenu de le faire si une moitié au moins de la Chambre demande cette convocation. Le président peut ajourner la réunion des Chambres, sans toutefois que cet ajournement puisse excéder le terme d'un mois et sans que cela se présente plus de deux fois pendant la même session. Le Sénat a, de même que la Chambre des députés, le droit de projeter et de faire les lois. Cependant, les lois financières ne peuvent être présentées et votées que par la Chambre des députés. Le président de la République est élu, à la majorité des votes, par le Sénat et la Chambre des députés, réunis en Assemblée nationale. Il est nommé pour sept ans·et peut être réélu. Il promulgue les lois qui ont été votées par les deux Chambres. Il a le droit de grâce individuelle, mais ne peut accorder une amnistie générale. ·Il dispose de la force armée et nomme·à tous les emplois civils et militaires, et aux postes de ministre. Chaque acte du président de la République doit être contresigné par un ministre. Le président de la République peut, avec l'assentiment du Sénat, dissoudre la Chambre des députés avant l'expiration légale de son mandat, mais, dans ce cas, les collèges·électoraux doivent être convoqués pour de nouvelles élections dans les trois mois. Les ministres en corps sont responsables aux Chambres de la politique générale du gouvernement, et individuellement de leurs actes personnels. Le président de la République n'est responsable que dans le cas de haute trahison. Un article spécial, ajouté à la constitution de 1875, décide que le président de la République ne peut pas déclarer la guerre sans l'assentiment préalable des deux Chambres. Dans le cas de vacance par décès ou autre cause, les deux Chambres réunies procèdent immédiatement à l'élection d'un nouveau président de la République. Le président de la République reçoit 600,000 francs par an, plus 300,000 francs de frais de représentation. Le ministère se compose de onze membres (21 février 1883); le président du conseil, ministre de l'instruction publique, le ministre des affaires étrangères, le ministre de l'intérieur, le ministre des finances, le ministre de la justice, le ministre du commerce, le ministre de l'agriculture, le ministre de la guerre, le ministre de la marine et des colonies, le ministre des postes et des télégraphes et le ministre des travaux publics. — **Justice.** La justice se divise en trois juridictions : civile, criminelle et spéciales. Chaque canton possède une justice de paix; chaque arrondissement a un tribunal de première instance; ces tribunaux ressortissant aux cours d'appel; la cour suprême ou cour de cassation siège à Paris. — **Administration.** La *commune*, unité élémentaire de l'administration de la France, est administrée par un *conseil municipal*, et par un maire assisté de ses adjoints. La commune fait partie d'un *canton*, qui sert de base aux élections et au recrutement. Puis vient l'*arrondissement*, composé de plusieurs cantons et administré par un conseil d'arrondissement et un sous-préfet. Plusieurs arrondissements forment un *département*, unité générale placée entre l'Etat et la commune et administrée par un préfet assisté d'un conseil de préfecture. — Paris, capitale de la France, est la seule commune placée dans une situation politique extralégale. — TRAVAUX PUBLICS. Plusieurs administrations ont été créées pour la direction des services d'utilité générale; ce sont les *ponts et chaussées*, les *mines*, le *service médical*, les *eaux et forêts*, les *télégraphes*, les *postes* et les *bureaux de garantie*. — INSTITUTION PÉNITENTIAIRE. Les institutions pénitentiaires comprennent 23 prisons centrales, outre les colonies pénitentiaires et les colonies pénales. (Voy. COLONIES.) — AGRICULTURE, INDUSTRIE, COMMERCE. Il y a des *concours régionaux* pour l'agriculture et des *expositions* pour l'industrie, des *chambres consultatives d'agriculture* et des *chambres consultatives des arts et manufactures*, des *chambres de commerce*. Bordeaux et Paris possèdent chacune un *hôtel des monnaies*. — Religion. La population de la France, d'a-

près le recensement de décembre 1881, comprend 29,201,703 catholiques romains, soit 78,50 p. 100 de la population totale; 692,800 protestants (470,000 calvinistes, 90,000 luthériens, 130,000 appartenant à d'autres sectes), ou 1, 8 p. 100; 53,436 juifs et 7,684,906 personnes qui n'ont fait aucune déclaration de religion. C'est le premier recensement où ceux qui ne professent aucune religion ont été enregistrés comme tels. Dans les anciens recensements, on avait l'habitude de classer comme catholiques romains tous ceux qui refusaient de dire quelle était leur religion ou ceux qui prétendaient n'en avoir aucune. Le nombre des· personnes appartenant à d'autres croyances est de 33,042. Toutes les religions sont protégées par la loi; mais les catholiques romains, les protestants et les juifs, sont seuls reconnus (comme ayant plus de 100,000 adhérents), l'Etat subvient aux frais de leur culte. Dans le budget de 1882, cette allocation était établie·ainsi qu'il suit :

Prélats et clergé catholique romain...   40,304,500 fr.
Eglises, séminaires, etc., catholiques romains   10,250,000
Clergé protestant   1,750,000
Rabbins juifs   200,000
Edifices religieux protestants et juifs..   125,000

       Total.......   52,629,500 fr.

Elle a atteint en 1883 le chiffre de 52,929,306 francs. Il y a quatre-vingt-sept prélats de l'Eglise catholique romaine : dix-sept archevêques et soixante-dix évêques. (Voy. ÉVÊQUE.) —Les protestants de la confession d'Augsbourg ou luthériens sont, pour leurs affaires religieuses, gouvernés par un consistoire général, tandis que les membres de l'église réformée ou calviniste sont sous la direction d'un conseil d'administration dont le siège est à Paris. Lors du recensement de 1881, il y avait en France 159,744 prêtres de toute dénomination. Un rapport, présenté à la Chambre des députés pendant la session de 1881 par le ministre des travaux publics, établissait qu'à la fin de 1880, il y avait en France 200,000 personnes ayant prononcé des vœux, sans compter les 45,000 ecclésiastiques salariés par l'Etat. Il existe en France deux sortes de corps religieux : les congrégations qui sont sous le contrôle d'une autorité centrale, et les communautés qui sont indépendantes les unes des autres, quoiqu'elles soient soumises aux mêmes règles. — Les départements où l'on rencontre le plus de protestants sont ceux du Gard, de la Lozère, de l'Ardèche, des Deux-Sèvres, du Doubs, de la Drôme, de la Charente (arrond. de Cognac), etc. — **Institutions charitables.** Il existe 40 hôpitaux militaires établis dans les principales places fortes; le plus célèbre asile d'invalides militaires est l'*hôtel des Invalides*, création unique en son genre. — **Education.** L'Etat s'est réservé exclusivement le contrôle direct et suprême de l'instruction publique; c'est dans ce but qu'il a créé l'*université de France*. (Voy. UNIVERSITÉ.) Le ministre de l'instruction publique, chef de toute l'organisation scolaire, est assisté par un conseil et par un corps de 18 inspecteurs généraux (Voy. ÉDUCATION, FACULTÉ, etc.) Les écoles comprennent 78 lycées, 238 collèges communaux, 49 écoles professionnelles, un grand nombre d'institutions privées, 70,000 écoles primaires. Les principales institutions d'instruction supérieure sont l'école Polytechnique, les écoles militaires de Saint-Cyr, de la Flèche et de Saumur, les écoles d'artillerie et du génie, placées sous la surveillance du ministre de la guerre; l'école centrale des arts et manufactures, dépendant du ministre des travaux publics; les écoles de droit, de médecine,·de pharmacie, de théologie, le collège de France, les écoles de langues orientales (à la Bibliothèque Nationale), etc. Au-dessus de toutes les sociétés savantes, si nombreuses dans notre pays, se trouve l'Institut. Pendant l'année scolaire 1879-'80, le nombre des inscriptions dans les 15 facultés

était de 44,485; il y avait 15,885 étudiants en droit, 14,269 en philosophie et en lettres, 9,648 en médecine et 1,413 en sciences. La faculté de Paris comprenait à elle seule 20,167 élèves, soit plus de la moitié du nombre total. Après elle, venait celle de Bordeaux avec 3,507 étudiants. Plusieurs des facultés de l'Etat ne possèdent que très peu d'élèves; comme celles de Clermont qui n'en comptait que 46 et celle de Besançon qui n'en eut que 38 pendant l'année scolaire 1879-'80. Lors du recensement général de 1872, on fit une investigation officielle sur le degré d'instruction de la nation. La population fut divisée en trois groupes, basés sur l'âge : le premier comprenait les enfants au-dessous de six ans, le second les jeunes gens de six à vingt ans, et le troisième les adultes au-dessus de 20 ans. Le tableau suivant donne les résultats de ce recensement :

DEGRÉ D'ÉDUCATION.	GROUPES PAR AGE		
	AVANT 6 ans.	de 6 à 20.	APRÈS 20 ans.
Ne sachant ni lire ni écrire	3,540.101	2,082,338	7.708,362
Sachant seulement lire...	292.348	1,175,425	2,305,130
Sachant lire et écrire...	151.595	5,458,097	13,073.057
Douteux	38.042	70,721	214,005
Total.........	4,022.086	8.786,751	23,294,554
Population totale.........		36.102,921	

— **Finances.** Pour subvenir aux services publics, on a institué le *budget* de l'Etat, voté chaque année par la Chambre des députés. Lorsque les recettes sont inférieures aux dépenses, on est forcé d'avoir recours aux emprunts. (Voy. DETTE.) — **Armée.** L'armée française a été complètement réorganisée d'après la loi sur le recrutement votée par l'Assemblée nationale le 27 juillet 1872 et les lois du 24 juillet 1873, du 13 mars 1875 et de mars 1882. (Voy. RECRUTEMENT.) Pour sa composition sur le pied de paix et le pied de guerre, voy. ARMÉE. Elle est divisée en corps d'armée et en divisions militaires :

CORPS D'ARMÉE.

Ier (Nord, Pas-de-Calais). Ch.-l. Lille.
   1re division. Lille.
   2e division. Arras.
IIe (Aisne, Oise, Somme, Seine-et-Oise [arr. de Pontoise], Seine [cant. de Saint-Denis et de Pantin, 10e, 19e et 20e arr. de Paris]). Ch.-l. Amiens.
   3e division. Amiens.
   4e division. Compiègne.
IIIe (Calvados, Eure, Seine-Inférieure, Seine-et-Oise [arr. de Mantes et Versailles], Seine [cant. de Courbevoie et de Neuilly, 1er, 7e, 8e, 9e, 15e, 16e, 17e et 18e arr. de Paris]). Ch.-l. Rouen.
   5e division. Rouen.
   6e division. Le Havre.
IVe (Eure-et-Loire, Mayenne, Orne, Sarthe, Seine-et-Oise [arr. de Rambouillet], Seine [cant. de Villejuif et de Sceaux, 6e, 5e, 6e, 13e et 14e arr. de Paris]). Ch.-l. le Mans.
   7e division. Le Mans.
   8e division. Versailles.
Ve (Loiret, Loir-et-Cher, Seine-et-Marne, Yonne, Seine-et-Oise [arr. d'Etampes et de Corbeil], Seine [cant. de Charenton et de Vincennes, 2e, 3e, 11e et 12e arr. de Paris]). Ch.-l. Orléans.
   9e division. Paris.
   10e division. Orléans.
VIe (Ardennes, Aube, Marne, Meurthe-et-Moselle, Meuse, Vosges). Ch.-l. Châlons-sur-Marne.
   11e division. Nancy.
   12e division. Reims.
VIIe (Ain, Doubs, Jura, Haute-Marne [arr. de Belfort], Haute-Saône, Rhône [cant. de Neuville, 4e et 5e arr. de Lyon]). Ch.-l. Besançon.
   13e division. Chaumont.
   14e division. Besançon.

VIII° (Cher Côte-d'Or, Nièvre, Saône-et-Loire et Rhône [arr. de Villefranche]). Ch.-l. Bourges.
15° division. Dijon.
16° division. Bourges.
IX° (Maine-et-Loire, Indre-et-Loire, Indre, Deux-Sèvres, Vienne). Ch.-l. Tours.
17° division. Châteauroux.
X° (Côtes-du-Nord, Manche, Ille-et-Vilaine). Ch.-l. Rennes.
19° division. Rennes.
20° division. Saint-Servan.
XI° (Finistère, Loire-Inférieure, Morbihan, Vendée). Ch.-l. Nantes.
21° division. Nantes.
22° division. Vannes.
XII° (Charente, Corrèze, Creuse, Dordogne, Haute-Vienne). Ch.-l. Limoges.
23° division. Limoges.
24° division. Périgueux.
XIII° (Allier, Loire, Puy-de-Dôme, Haute-Loire, Cantal, Rhône [sauf de l'Arbresle, Condrieu, Limonest, Mornant, Saint-Symphorien, Saint-Laurent, Vaugneray]). Ch.-l. Clermont-Ferrand.
25° division. Lyon.
26° division. Saint-Étienne.
XIV° (Hautes-Alpes, Drôme, Isère, Savoie, Haute-Savoie, Rhône [cant. de Givors, Saint-Genis-Laval, Villeurbanne, 1°, 2°, 3° et 6° arr. de Lyon]). Ch.-l. Lyon.
27° division. Grenoble.
28° division. Lyon.
XV° (Basses-Alpes, Alpes-Maritimes, Ardèche, Bouches-du-Rhône, Corse, Gard, Var, Vaucluse). Ch.-l. Marseille.
29° division. Nice.
30° division. Avignon.
XVI° (Aude, Aveyron, Hérault, Lozère, Tarn, Pyrénées-Orientales). Ch.-l. Montpellier.
31° division. Montpellier.
32° division. Perpignan.
XVII° (Ariège, Haute-Gar., Gers, Lot, Lot-et-Gar., Tarn-et-Gar.). Ch.-l. Toulouse.
33° division. Montauban.
34° division. Toulouse.
XVIII° (Charente-Inf., Gironde, Landes, Basses et Hautes-Pyrénées). Ch.-l. Bordeaux.
35° division. Bordeaux.
36° division. Bayonne.
XIX° (Algérie). Ch.-l. Alger.
Divisions. Alger, Oran, Constantine.
Corps d'occupation en Tunisie. Ch.-l. Tunis.
Il y a de plus un gouverneur militaire et un commandant de la place de Paris. — Les divisions de cavalerie font, en cas de guerre, partie des corps d'armée dans la circonscription desquels elles se trouvent placées. Au tableau de la cavalerie française (voy. CAVALERIE), il faut ajouter 19 escadrons d'éclaireurs volontaires qui sont formés en temps de guerre ou de manœuvre. — L'artillerie est répartie dans les différents corps d'armée. Elle se compose ainsi qu'il suit :

ARTILLERIE DE L'ARMÉE FRANÇAISE
1° Pied de paix.

	BATTERIES				Officiers	Hommes de cadre	Soldats dans les rangs	Chevaux	Hommes	Chevaux
	à pied	montées	à cheval	montées de dépôt	PAR RÉGIMENT OU COMPAGNIE					
19 régim. d'artill. divisions., à 3 batt. à pied, 8 batt. montées, plus 2 batt. de dépôt. . . .	55	152	....	38	65	435	916	635	27.939	13.262
19 régim. d'artill. de corps à 8 batt. montées, 3 batt. à cheval, plus 2 batt. de dépôt. . . .	....	152	57	38	68	453	916	878	27.303	16.682
Total : 437 batteries.	57	304	57	76						
Musiciens de 19 écoles d'artillerie.								762		
2 régiments de pontonniers à 14 compagnies.					68	458	980	104	3.012	208
10 compagnies d'ouvriers (1 en Algérie).					4	32	150	..	1.860	4
3 compagnies d'artificiers					4	28	73	..	315	
57 compagnies du train d'artillerie (19 pour l'artillerie divisionnaire et 38 pour l'artillerie de corps).					4	23	63	44	5.142	2.533
Totaux.									66.331	32.690

2° Pied de guerre.

	Hommes.
212 batteries de campagne (y compris 8 batteries du régiment d'artillerie de la marine).	
57 batteries à cheval.	124.000
76 batteries de dépôt (attelées en temps de paix).	
57 batteries à pied (de position).	
38 batteries de campagne de l'armée territoriale.	56.000
440 batteries, avec 2.898 canons	180.000

— Outre l'infanterie, l'artillerie, etc. (voy. ARMÉE), l'armée française comprend aussi :

Corps de l'intendance militaire...	342 hommes
Corps des officiers de santé......	556
Corps des pharmaciens..........	
50 sections d'administration......	15.840
20 sections de secrétaires........	2.184
Aumôniers militaires............	42
Vétérinaires principaux..........	10
Interprètes militaires............	75
Personnel de la justice militaire....	649
Personnel des dépôts de remonte...	25
Affaires indigènes en Algérie.... .	84
Corps forestier. (Voy. FORÊT.)	

Quant à l'armement, l'infanterie est armée de fusils Gras (espèce de fusil Chassepot à cartouche de métal dans lequel l'aiguille est remplacée par un percuteur), les 6 régiments de cuirassiers, qui ont gardé la cuirasse, portent des revolvers et 60 mousquetons par régiment, les autres régiments de cavalerie ont tous des mousquetons. L'artillerie de campagne a des canons de 80 à 90 millimètres en acier fondu se chargeant par la culasse. L'organisation actuelle de l'armée permettrait de mettre sur pied, en première ligne, 24 corps d'armée complets (n°° 1 à 24), dont 5 seraient à former à neuf, 8 divisions de cavalerie, 36 bataillons d'infanterie pour le service d'éclaireurs, 24 batteries de position et les troupes techniques pour le service des chemins de fer et des télégraphes. Chacun des 24 corps d'armée compterait 25 bataillons d'infanterie (y compris 1 bat. de chasseurs), 8 escadrons de cavalerie, 18 batteries d'artillerie, 3 compagnies du génie, 1 compagnie de pontonniers et des détachements de train et de troupes de santé. Ces 24 corps d'armée formeraient, probablement, de 4 à 5 armées. En deuxième ligne pourraient être formés encore 8 corps d'armée (n°° 25 à 32) dans lesquels entreraient des régiments de marche d'infanterie, de la cavalerie et de l'artillerie de l'armée territoriale et quelques parties d'autres troupes. Il faut y ajouter 20 classes d'hommes dispensés ou se trouvant au service auxiliaire et dont le total monte à environ 1,330,000 hommes sans instruction militaire, ce qui donne un total de 3,723,164 hommes. Pour l'armée de mer et la flotte, voy. MARINE. — **Langues.** La langue officielle des Français est la langue académique enseignée dans toutes nos écoles. C'est la plus importante des six langues romaniques issues du latin, sous l'influence d'autres idiomes. L'italien, le roumanique ou valaque, le provençal, l'espagnol et le portugais sont des langues sœurs de la même. Au IV° siècle, la lingua rustica (latin dégénéré, teinté d'éléments celtiques) était parlée du Rhin aux Pyrénées. Le jargon latin, corrompu par le mélange d'expressions germaniques, et appelé lingua romana, coexista pendant quelque temps avec le frenkiska ou franc. Tandis que le dernier de ces langages prédominait dans le Nord et dans l'Est du pays, la lingua rus-

tica ou romana était employée au sud de la Loire, quoique l'on s'en servit aussi dans les régions franques. D'après l'hypothèse de Raynouard, la lingua romana était divisée en deux dialectes. Les Visigoths et les Burgondes du sud de la Loire disaient oc (latin ac, allemand auch, aussi) pour oui; tandis que les Francs et les Normands des bords de la Seine faisaient usage du mot oil dans le même sens; ce qui fit que le dialecte du sud ou provençal prit le nom de langue d'oc, tandis que le dialecte du nord ou roman-wallon fut appelé langue d'oïl. Le monument le plus ancien de ce dernier dialecte est le serment prononcé en 842 à Strasbourg par Louis le Germanique : « Pro Deo amor et pro christian poblo, etc. » (Pour l'amour de Dieu et pour le peuple chrétien.) Mais le véritable français ne se développa pas avant le commencement du XIII° siècle. La Chronique de Froissart (XIV° siècle) en est le premier exemple. François I° substitua cette langue au latin pour les actes publics. Le français fut, pour la première fois, employé comme langue diplomatique aux conférences de Nimègue (1678). La langue française comprend les 26 lettres dont nous avons parlé à notre article ALPHABET; le k et le w ne se trouvent que dans les noms bretons, normands et flamands incorporés au français et dans quelques autres mots d'origine étrangère. — Pendant la période de sept ou huit siècles qui compose l'histoire de notre langue, depuis sa formation jusqu'à nos jours, elle a subi de nombreuses transformations. Grossière et naïve sous la plume de nos premiers chroniqueurs, elle s'est épurée peu à peu et a atteint un haut degré de perfection au XVII° siècle, qui fut, en quelque sorte, son âge d'or. Sa concision, sa clarté, sa simplicité, la régularité de sa construction, son incomparable fixité en ont fait la langue de la diplomatie, des sciences, de la politique et de la discussion; elle est à peu près universelle; on la parle en Europe et surtout en Russie, dans les hautes classes de la société; mais en Amérique elle est moins répandue que l'anglais, l'allemand et l'espagnol. On lui reproche d'être pauvre. — A côté de la langue académique subsistent une foule de dialectes et de patois que parlent encore plus de 5 millions de Français. Les patois wallons ou de la langue d'oïl règnent depuis Liège (en Belgique) jusqu'à l'embouchure de la Gironde. Ils comprennent : le wallon proprement dit, le franco-flamand, l'artésien, le bourguignon, le franc-comtois, le lorrain, le picard, le poitevin, le saintongeais, le berrichon, etc.; quelques-uns ne sont que des jargons. On parle aussi des jargons dans les colonies françaises. — Au sud de la France, la langue officielle n'est parlée que dans les villes avec un accent plus ou moins prononcé, plus ou moins agréable; les campagnards ont conservé différents dialectes de la langue d'oc: languedocien, provençal, dauphinois, lyonnais, auvergnat, limousin, gascon, savoisien. Les Basques et les Bretons ont également leurs langages particuliers. — Histoire. La France, qui comprend la plus grande partie de l'ancienne Gaule transalpine (voy. GAULE), doit son nom aux Francs (voy. FRANC), l'une des confédérations de tribus germaniques qui démembrèrent l'empire romain entre le III° siècle et la fin du V° siècle. Les Francs, ayant traversé le Rhin, s'établirent dans la partie septentrionale de la Belgique, et des conquêtes successives les amenèrent graduellement sur les rives de la Somme. Déjà plusieurs autres nations barbares avaient pris possession de diverses provinces de Gaule: les Burgundes avaient partagé pacifiquement, avec les Gallo-Romains, la portion orientale de la Gaule, pendant que les Visigoths avaient étendu leur empire militaire sur la population de l'Aquitaine. Les villes armoricaines s'étaient formées en confédération, et la partie centrale de la Gaule, de la Somme à la Loire, était seule restée aux Romains. La première dynastie des rois francs, celle des Mérovingiens, paraît remonter à Pharamond, prince dont l'existence a été mise en doute et dont les domaines (*Franken ric*), royaume des Francs, agrandis par ses successeurs, Clodion (428-'47), Mérovée (447-'58), Childéric (458-'81), et Clovis (481-511), s'étendirent peu à peu jusqu'aux Pyrénées. Clovis, s'étant fait baptiser, obtint l'appui moral des prêtres catholiques qui facilitèrent la conquête du centre et du sud de la Gaule; on le considère comme le véritable fondateur de la monarchie franque. Ses quatre fils se partagèrent son empire. Childebert eut Paris; Clodomir régna à Orléans, Thierry à Metz, et Clotaire à Soissons. La Gaule était alors divisée confusément en quatre parties principales : la *Neustrie*, l'*Austrasie*, la *Bourgogne* et l'*Aquitaine*. Ces deux dernières divisions restèrent seules distinctes, mais la Neustrie disparut après la bataille de Testry (687), et le nom d'Austrasie cessa d'exister au ixe siècle. A Metz régnèrent successivement Théodebert (534) et Théodebald (548). Clotaire Ier, le plus jeune des fils de Clovis, réunit toute la monarchie en 558. Un nouveau partage entre les fils de ce souverain (561), fit naître une longue suite de guerres civiles (567-613) entre les Francs orientaux ou Austrasiens et les Francs occidentaux ou Neustriens, les premiers dirigés par Brunehaut, les seconds par Frédégonde Voici la liste des rois de cette période et de celle qui suivit :

561. Caribert eut Paris.
« Gontran, Orléans et la Bourgogne.
« Sigebert, Metz.
« Chilpéric, Soissons.
575. Childebert II.
584. Clotaire II.
596. Thierry II.
« Théodebert II.
613. Clotaire II, seul roi, après la défaite des Austrasiens.
628. Dagobert Ier partagea son royaume entre ses deux fils, qui commencèrent la série des *rois fainéants*.
638. Clovis II.
« Sigebert II.
656. Clotaire III.
670. Childéric II, assassiné.
670. Thierry III.
674. Dagobert II, assassiné (679).
691. Clovis III.
695. Childebert III.
711. Dagobert III.
715. Chilpéric II, déposé.
720. Clotaire IV.
720. Chilpéric II, restauré.
« Thierry IV, mort en 737.
737. Interrègne jusqu'à la mort de Charles Martel (741).
742. Childéric III.

Pendant le règne nominal des rois fainéants, le pouvoir fut exercé par les maires du palais, devenus premiers ministres dans chacun des trois royaumes d'Austrasie, de Neustrie et de Bourgogne. Les maires d'Austrasie finirent par s'emparer du pouvoir absolu dans les royaumes francs. Le plus illustre, Pépin d'Héristal, fut remplacé en 714 par son fils naturel, Karl, bien célèbre sous le nom de Charles Martel, chef de la dynastie des Carlovingiens. Ses successeurs furent :

752. Pépin le Bref.
768. Charles le Grand (Charlemagne) et Carloman.

Charlemagne devenu seul souverain des Gaules, après avoir usurpé les domaines de ses neveux, fonda un immense empire qui comprit, outre l'ancienne Gaule Transalpine, toute la Gaule Cisalpine (Italie septentrionale), le nord de l'Espagne et une grande partie de la Germanie. Il donna à ses vastes possessions le nom de *nouvel empire d'Occident* et fut couronné empereur à Rome même, par le pape,

dont il était le protecteur (800). Pépin le Bref avait fait de la papauté une puissance temporelle, et Charlemagne, complétant son œuvre, édifia cette alliance du clergé et de l'Etat, qui existe encore dans la plupart des nations européennes. La Sainte-Vehme qu'il institua pour mettre le bras séculier au service de l'Eglise, servit plus tard de modèle à l'Inquisition. Il ne créa pas la féodalité, qui s'établit seulement sous ses successeurs, mais il divisa son empire en royaumes, marches, comtés, etc., qui formèrent ensuite autant de parties indépendantes, lorsque les offices politiques et militaires devinrent héréditaires. Son fils, Louis le Débonnaire (814-'40), hâta, par sa faiblesse et par sa superstition, le démembrement de l'empire franc, auquel les invasions normandes portèrent des coups terribles. Les provinces, abandonnées à leurs propres ressources, durent se défendre elles-mêmes, eurent des armées particulières, et devinrent à peu près indépendantes. Moins de trente ans après la mort de Charlemagne, ses vastes possessions furent divisées en trois royaumes, par le traité de Verdun (843), et, en 848, ses fragments formèrent l'empire germanique, les royaumes de France et d'Italie, avec les Etats secondaires de Lorraine, de Bourgogne et de Navarre. Les successeurs de Charlemagne furent :

814. Louis Ier, le Débonnaire.
840. Charles le Chauve.
877. Louis II, le Bègue.
879. Louis III et Carloman; le premier mourut en 882, et Carloman régna seul.
884. Charles III, le Gros.
898. Charles IV, le Simple, mort en prison (929).
923. Rodolphe ou Raoul.
936. Louis IV, d'Outre-Mer.
954. Lothaire.
986. Louis V, l'Indolent.

Le nom de *France* apparaît pour la première fois dans l'histoire vers le ixe siècle, pour désigner la contrée située entre l'Escaut, la Meuse, la Saône et les Cévennes; mais le royaume de France proprement dit ne comprenait guère que l'Ile-de-France et l'Orléanais. Pendant le même siècle, les Normands s'établirent au N.-O. de la France, dans la province qui a conservé le nom de Normandie; ils y fondèrent un duché qui ne tarda pas à devenir le plus puissant du royaume. Au sud, l'Aquitaine avait rompu toute subordination; la Provence formait un royaume; la Bretagne, restée celtique, conservait son indépendance; partout les comtes et les ducs se riaient de la faiblesse des derniers Carlovingiens dont le pouvoir ne dépassait même plus les bornes de la ville de Laon. C'est dans ces circonstances, que l'un des grands vassaux, Hugues Capet, duc de France, se fit proclamer roi en 987 et fonda la dynastie des Capétiens, qui gouverna la pays pendant plus de huit siècles, soit par elle-même, soit par des branches collatérales, et qui est encore représentée par la famille des Bourbons. C'est aux Capétiens que commence en réalité l'histoire de France. Leur petit royaume, dont la capitale était Paris, ne se composait que de l'Ile-de-France et de l'Orléanais. Les ducs, comtes, vicomtes, barons, seigneurs de toute sorte, ayant divisé en une multitude de fiefs l'empire de Charlemagne, après le traité de Verdun, s'étaient fortifiés dans leurs domaines et, protégés par de formidables forteresses, méprisaient les ordres des rois. Voici la liste des Capétiens directs :

987. Hugues Capet, comte de Paris, mort le 24 octobre 996.
996. Robert II, mort le 20 juillet 1031.
1031. Henri Ier, mort le 29 août 1060.
1060. Philippe Ier, mort le 3 août 1108.
1108. Louis VI, le Gros, mort le 1er août 1137.
1137. Louis VII, le Jeune, mort le 18 septembre 1180.

1180. Philippe II (-Auguste), mort le 14 juillet 1223.
1223. Louis VIII (Cœur de Lion), mort le 8 novembre 1226.
1226. Louis IX (saint), mort devant Tunis, le 25 août 1270.
1270. Philippe III, le Hardi, mort le 6 octobre 1285.
1285. Philippe IV, le Bel, mort le 29 novembre 1314.
1314. Louis X, le Hutin, mort le 5 juin 1316.
1316. Jean Ier, mort le 19 novembre 1316.
« Philippe V, le Long, mort le 3 janvier 1322.
1322. Charles IV, le Bel, mort le 31 janvier 1328.

Pendant le règne de ces princes, le domaine royal s'augmenta de la Picardie (1183), de la Touraine, de l'Anjou, du Maine, du Poitou, de la Saintonge et de la Normandie, provinces qui furent confisquées sur les Anglais en 1203; du Languedoc (1229-'70), de la Champagne, de la Brie et du Lyonnais (1285). Les croisades, si coûteuses et si sanglantes, épuisèrent la grande féodalité et aidèrent puissamment au travail d'unification poursuivi par les Capétiens. La rivalité entre la France et l'Angleterre, conséquence de la conquête du duc Guillaume de Normandie au trône de ce dernier pays, allait amener des guerres longues et périlleuses qui faillirent plusieurs fois faire sombrer la monarchie française. Charles IV étant mort sans héritier mâle, la couronne passa, en vertu de la loi salique, à Philippe de Valois, son plus proche héritier mâle du trône; mais Edouard III, roi d'Angleterre, refusa de reconnaître l'autorité de la loi salique, et revendiqua la couronne, comme petit-fils de Charles IV, par sa mère Isabelle de France; cette prétention fit naître la guerre de Cent ans (1337-1453). Nous donnons ci-dessous la liste des Valois :

1328. Philippe VI, mort le 23 août 1350.
1350. Jean II, le Bon, mort le 8 avril 1364.
1364. Charles V, le Sage, mort le 16 septembre 1380.
1380. Charles VI, mort le 21 octobre 1422.
1422. Charles VII, mort le 22 juillet 1461.
1461. Louis XI, mort le 30 août 1483.
1483. Charles VIII, mort le 7 avril 1498.
1498. Louis XII, duc d'Orléans, mort le 1er janvier 1515.
1515. François Ier, d'Angoulême, mort le 31 mars 1547.
1547. Henri II, tué dans un tournoi par le comte de Montgomery le 10 juillet 1559.
1559. François II, mort le 5 décembre 1560.
1560. Charles IX, mort le 30 mai 1574.
1574. Henri III, assassiné par Jacques Clément, le 2 août 1589.

Les règnes des premiers de ces princes furent troublés par les désastres de la guerre de Cent ans. En 1340, la flotte anglaise anéantit les forces navales de France à l'Ecluse, sur la côte de Flandre; en 1346, les archers anglais détruisirent à Crécy la fleur de la chevalerie française et en 1356, le prince Noir s'empara, à Poitiers, de la personne même du roi (Jean le Bon). L'esprit communaliste, protégé par les premiers Capétiens, avait fait naître dans les villes de vagues aspirations démocratiques et républicaines contre lesquelles dut réagir le régent (Charles V); les paysans, poussés au désespoir par des maux de toute sorte, formèrent la *Jacquerie*, insurrection qui fut accompagnée de toutes les horreurs d'une guerre sociale. Charles V, aidé de son connétable du Guesclin parvint à rétablir la paix intérieure et à chasser l'étranger ; mais, après lui, les troubles renaquirent. Des factions rivales, ayant à leur tête les ducs d'Orléans et de Bourgogne, plongèrent le pays dans la désolation. Les Anglais reparurent. La chevalerie française subit sa troisième défaite à Azincourt (1415).

presque toute la France tomba au pouvoir des vainqueurs ; Paris même resta en leur possession pendant quinze années. Tout semblait perdu, lorsque parut Jeanne d'Arc : à la voix de cette jeune inspirée, le parti national tenta un effort suprême : Orléans fut délivré et l'ennemi fut chassé. (Voy. CHARLES VII, JEANNE D'ARC, etc.) Débarrassée de la guerre civile et de l'invasion, la France put reprendre son œuvre de réédification. Déjà le *Dauphiné* avait été acquis en 1349; le *Limousin*, la *Guienne* et la *Gascogne* furent définitivement enlevés aux Anglais en 1453. Louis XI soutint presque toute sa vie contre les grands vassaux une lutte dans laquelle il usa de ruse et de perfidie, et qui lui rapporta la *Marche*, la *Bourgogne* (1479), la *Provence*, le *Maine* et l'*Anjou* (1487), avec les comtés de *Roussillon* et de *Cerdagne*; la France devint ainsi l'une des puissances prépondérantes sur la Méditerranée. Le mariage de Charles VIII avec Anne de Bretagne prépara l'annexion de la *Bretagne*; mais Charles VIII, détourné de la véritable politique nationale, commença, en envisageant l'Italie, la France longue série de folles expéditions qui épuisèrent le pays pendant plus d'un demi-siècle. Avec ce prince la ligne directe des Valois s'éteignit. Louis, duc d'Orléans, petit-fils d'un frère de Charles VI, devint roi sous le nom de Louis XII. Occupé de ses prétentions sur l'Italie, il n'augmenta pas le royaume. A son arrivée au trône, François Ier apporta à la couronne son domaine particulier : *Angoumois*, *Forey* et *Beaujolais*; il confisqua sur le connétable de Bourbon le *Bourbonnais* et le *Dauphiné d'Auvergne*, et, en épousant l'héritière de *Bretagne*, il réunit définitivement cette province au domaine national. Mais, encore moins sage que ses prédécesseurs, il ne se contenta pas de tenter la conquête de l'Italie ; il aspira à la couronne impériale, qui lui échappa. Vaincu et fait prisonnier à Pavie (1525), il dut, l'année suivante, signer le traité de Madrid, qui démembrait la France. Heureusement que les Bourguignons, plus patriotes que le roi, refusèrent de devenir Allemands; la guerre ne se termina qu'à la paix de Cambrai (1529). Bientôt parut Calvin, et le roi, qui prêtait assistance aux protestants allemands, essaya vainement d'étouffer le calvinisme dans son propre domaine. La lutte contre les Hapsbourgs ne se termina que sous le règne de Henri II, lors de la paix de Cateau-Cambrésis (1559). L'intolérance de François Ier et de Henri II poussa au désespoir les calvinistes (huguenots), qui se soulevèrent en 1559. Les guerres du religion ensanglantèrent la France pendant près de 40 ans. Ce fut en vain que les catholiques, ayant attiré leurs adversaires dans un guet-apens, les assassinèrent traîtreusement pendant la nuit de la Saint-Barthélemy, 1572; (cet égorgement ne fit qu'exaspérer la résistance. La discorde se mit au camp des catholiques. Le duc de Guise, chef de la Ligue, avait de secrètes prétentions à la couronne et le roi Henri III ne se débarrassa d'un tel rival qu'en le faisant assassiner (1588); peu de mois après, il tomba lui-même victime d'un moine. Par sa blessure coula le sang du dernier descendant de François Ier et du dernier des Valois. — La *Lorraine française* et le *Calaisis* avaient été conquis en 1558. — L'héritier du trône était le chef même des huguenots, Henri de Bourbon, roi de Navarre (Henri IV); qui ne put faire valoir ses droits qu'en abjurant le protestantisme, après avoir conquis par la force des armes la plus grande partie de son royaume (1593). Il apporta au domaine royal son patrimoine, composé du *Béarn*, du *Bigorre*, de la *basse Navarre*, du comté de *Foix* et de l'*Armagnac*. En 1601, il échangea avec le duc de Savoie le marquisat de Saluces contre la *Bresse*, le *Bugey* et le pays de *Gex*. Par le célèbre *édit de Nantes* (1598), il accorda à ses

anciens coreligionnaires une liberté religieuse pleine et entière. Il méditait d'humilier la maison d'Autriche lorsqu'il fut assassiné par un fanatique nommé Ravaillac, le 14 mai 1610. Pendant la régence de sa veuve, Marie de Médicis, mère de Louis XIII, le royaume fut désolé par la guerre civile; mais le grand Richelieu ayant pris les rênes du gouvernement, comme premier ministre, en 1624, consolida le pouvoir royal à l'intérieur, et tout en détruisant la puissance politique des protestants français, il soutint énergiquement les protestants allemands contre la maison d'Autriche. Louis XIII mourut le 14 mai 1643. Pendant la minorité de Louis XIV, le cardinal Mazarin, premier ministre, continua, avec moins de grandeur, la politique de Richelieu. Le traité de Westphalie (1648) assura la liberté politique et religieuse des Allemands et ajouta à la France une grande partie de l'*Alsace*. Les troubles de la Fronde ne purent diminuer l'influence prépondérante que le gouvernement avait acquise à l'extérieur, et Mazarin conclut avec l'Espagne en 1659 le traité des Pyrénées, qui ajouta aux autres provinces l'*Artois* et le *Roussillon*. Sous le gouvernement personnel de Louis XIV, la France s'éleva d'abord à un degré de gloire qui la plaça au premier rang parmi les puissances européennes. A partir de la mort de Mazarin (1661), le roi prit la direction des affaires, avec l'assistance de ministres tels que Colbert et Louvois. Les succès militaires remportés par Turenne, Condé, Luxembourg et autres grands capitaines nous assurèrent la *Flandre française* (1668), la *Franche-Comté* (1678), la ville impériale de *Strasbourg* et plusieurs autres territoires importants. Les lettres et les arts, généreusement encouragés, jetèrent sur cette partie du règne de Louis XIV un éclat vraiment incomparable. Mais après la mort des hommes de génie qui inspirait. le souffle puissant de Richelieu, le roi, conseillé par les jésuites et entraîné à la bigoterie par Mme de Maintenon, ne commit plus que des fautes et abandonna la politique traditionnelle de ses devanciers. La révocation de l'édit de Nantes (1685) chassa du royaume la partie la plus intelligente de la noblesse et de la bourgeoisie, et porta un coup funeste à plusieurs branches de l'industrie. La guerre de 1689-'97, contre la ligue d'Augsbourg, épuisa la nation, qui guerre de la succession d'Espagne réduisit à la dernière extrémité, et ce fut avec des cris de joie que le peuple apprit la mort de son souverain (1er septembre 1715), qui avait régné 72 ans. La France était presque tombée au rang de puissance du second ordre. La régence de Philippe d'Orléans ne fut pas de nature à la relever et le règne de Louis XV la fit déchoir encore plus bas. Elle fit néanmoins l'acquisition de la *Lorraine* (1766) et du *Bar* (1766) et de la *Corse* (1768). Lors de la mort de Louis XV (20 mai 1774), son successeur Louis XVI trouva le royaume dans un état presque désespéré. Les fautes et les crimes des Bourbons avaient enlevé tout prestige à leur race pour laquelle le peuple opprimé ne pouvait avoir aucune affection. Les banqueroutes successives, suivies d'emprunts exagérés, destinés à subvenir aux folles dépenses de la cour, avaient détruit toute confiance. Les insuccès maritimes et militaires du dernier règne avaient humilié la nation, qui possédait pourtant le sentiment de sa force et qui se considérait comme mal dirigée. Cette situation désastreuse, conséquence de la ruine financière et de la décadence politique, ne pouvait être évitée que si une main ferme et habile s'emparait du pouvoir. Malheureusement cette tâche était trop lourde pour Louis XVI, prince honnête, doué de beaucoup de bonne volonté, mais d'une grande faiblesse et dominé par l'influence de la reine Marie-Antoinette. Pour donner satisfaction à l'opinion publique, il commença par restaurer

le parlement de Paris, et ce corps, au lieu de demander les réformes nécessaires, se montra, au contraire, le plus opposé aux vœux de la nation. Les ministres Turgot, Malesherbes et Maurepas, associant leurs efforts, éloignèrent l'instant fatal de la crise, et auraient peut-être remis quelque ordre dans les affaires si le parti de la cour ne les eût fait déposer. Necker, qui devint ministre des finances en 1777, vit tomber ses sages projets devant l'opposition des nobles et des prêtres, qui ne voulaient pas participer aux charges de l'Etat. Calonne, son successeur, se heurta à la même opposition des deux classes privilégiées. Le roi, au lieu d'agir avec énergie en créant l'égalité des charges, se laissa entraîner dans la voie qui devait fatalement aboutir à une révolution et non à une réforme. En mai 1787, il fit appel aux lumières d'une assemblée des notables; cette assemblée, exclusivement composée de privilégiés, voulait bien augmenter les impôts pour remplir les caisses de l'Etat; mais elle prétendit que le peuple seul était sujet aux taxes. Les notables se séparèrent en mai 1787, sans avoir voulu appliquer l'unique remède que l'on pût trouver aux maux de la France : la répartition équitable des impôts. A bout de ressources, le roi se décida à réunir les états généraux, qui n'avaient pas été convoqués depuis plus d'un siècle et demi. Il espérait que cette assemblée serait aussi soumise que ses devancières; mais la France de la fin du xviiie siècle n'était plus celle des Valois : la bourgeoisie s'était fortifiée, elle était devenue riche, instruite, influente, sans cesser d'être honnête et active. Digne de posséder le pouvoir, elle n'allait pas tarder à l'arracher à la noblesse. Ce fut en vain que, lors de la réunion des trois états, à Versailles, le 5 mai 1789, les 308 députés du clergé réunis aux 285 députés de la noblesse, voulurent humilier les 621 députés du tiers état. Ces derniers, munis des cahiers de doléances rédigés par leurs commettants, et résolus à revendiquer hardiment les droits du peuple que les deux classes privilégiées méconnaissaient depuis le commencement de la féodalité, demandèrent à voter par tête et non par ordre. Le roi, aveuglé par de maladroits conseillers, ne sut pas se mettre du côté de la nation qui, toute frémissante, dans l'attente de grands événements, lui décernait d'avance le titre de restaurateur de la liberté. Il crut qu'il y allait de la dignité même de la couronne de soutenir la cause du passé. Le tiers état, sûr d'être soutenu par le peuple et par une partie de l'armée, se déclara le seul corps ayant le droit de donner des lois au pays, et le 17 juin, se constitua solennellement en *Assemblée nationale constituante*. Le roi espéra arrêter le cours des événements en faisant fermer la salle de réunion des députés. Ceux-ci s'assemblèrent dans la salle du jeu de paume, et jurèrent de ne se séparer qu'après avoir voté et solidement établi une constitution basée sur le droit politique des peuples modernes. La cour, poussée à la résistance, voulut prendre l'air menaçant; elle réunit des troupes à Paris et exila Necker. Ces mesures soulevèrent le peuple (12 juillet). La garde nationale, formée spontanément, se plaça sous les ordres de La Fayette; des armes et des munitions furent arrachées aux arsenaux publics, et le 14 juillet, la *Révolution* commença par la prise de la Bastille. Le 4 août, l'Assemblée abolit les droits féodaux et tous les privilèges séculaires des nobles et des prêtres; elle proclama la célèbre déclaration des droits de l'homme. La disette et le manque d'argent, les discussions relatives au veto, la fuite d'une foule de seigneurs tenaient les esprits dans un état continuel de surexcitation lorsque l'on apprit que, dans une soirée donnée à Versailles par la reine, les officiers de la garde royale avaient insulté les couleurs nationales et avaient proféré des menaces à l'adresse du peuple. Le 5 octobre, une multitude, comprenant un grand nombre de femmes et plusieurs milliers de gardes françaises et de gardes nationaux, partit de Paris, arriva à Versailles, envahit le palais et obtint que le roi se transporterait dans la capitale, ainsi que l'Assemblée. Celle-ci décréta, le 16 oct., que le titre de roi de France serait remplacé par celui de roi des Français. Le 2 nov., les propriétés du clergé furent confisquées. L'émigration des prêtres commença aussitôt; celle des nobles prit un caractère inquiétant; une armée de ces mécontents se forma à la frontière. Le 14 juillet 1790, lors de la fédération du champ de Mars, le roi prêta le serment de soutenir la nouvelle constitution; l'espoir renaquit aussitôt et il sembla qu'une monarchie constitutionnelle était fondée sur les ruines du despotisme personnel. Mais les émigrés, dont cet apaisement contrariait les projets réactionnaires, ne se lassèrent pas de conspirer avec leurs amis de l'intérieur. D'un autre côté, l'Assemblée se divisa en partis de plus en plus acharnés, et le peuple, excité par les incessantes harangues d'orateurs tels que Marat, Desmoulins, Danton et autres membres des clubs, devenait plus exigeant, à mesure qu'on lui accordait davantage. Mirabeau, que l'on considérait comme le seul homme capable de maintenir la cour, le peuple et l'Assemblée, mourut le 2 avril 1791, et le roi, regrettant d'être devenu un prince constitutionnel, mais n'osant se mettre à la tête des conspirations fomentées autour de lui, commit une dernière faute qui allait déchaîner la tempête finale. Le 20 juin 1791, il s'enfuit pour aller se réfugier au milieu des troupes allemandes, auxquelles les émigrés promettaient le pillage de la France. Arrêté à Varennes, il fut ramené à Paris, non comme un souverain, mais comme un prisonnier accusé d'une trahison inouïe dans nos annales. L'Assemblée, restée seule maîtresse, se hâta de voter la constitution du 3 sept. 1791, donnant le pouvoir législatif à une Assemblée élue tous les deux ans, et l'autorité exécutive nominale au roi, qui sanctionna cette loi le 15 sept. Avant de se dissoudre, l'Assemblée constituante décréta qu'aucun de ses membres ne pourrait être élu à l'Assemblée législative qui allait être formée. Cette mesure désintéressée eut pour résultat d'amener au pouvoir des hommes nouveaux, imbus de principes politiques beaucoup plus démocratiques. La majorité des 745 membres de la nouvelle Assemblée dut son élection à l'influence des clubs. Presque chaque nuance de l'opinion démocratique était représentée à la Législative, qui ouvrit ses sessions le 1er oct. 1791. Les républicains les plus modérés devinrent plus tard les Girondins; les plus violents eurent pour chefs et pour principaux orateurs des hommes tels que Lacroix, Chabot et Couthon. Parmi les premières mesures de cette session, on cite celle qui déclara les émigrés atteints de haute trahison et celle qui condamna comme agitateurs les prêtres réfractaires. Louis opposa son veto à ces deux mesures et augmenta ainsi son impopularité. Néanmoins, poussé par Dumouriez, il consentit, le 20 avril 1792, à déclarer la guerre à l'Autriche, qui avait formé avec la Prusse, l'Espagne, la Sardaigne et plusieurs autres États une ligue pour envahir la France et y rétablir le despotisme. Ainsi commença, entre la Révolution et toutes les monarchies de l'Europe, cette longue lutte qui se termina en 1804 par la proclamation de l'Empire. La nation, entièrement occupée des événements intérieurs, ne s'était pas préparée à la guerre; aussi les hostilités débutèrent-elles avec mollesse; et d'ailleurs, les nobles qui n'avaient pas déserté leurs troupes savaient que la cour comptait sur une défaite des armées françaises. Des bruits de trahison circulaient dans la foule; le club des jacobins se déclara en permanence le 18 juin 1792. Le

lendemain, l'Assemblée fut officiellement informée que le roi opposait son veto aux mesures prises pour le bannissement des prêtres et pour la formation d'une armée de 20,000 hommes sous les murs de Paris. Relevant le gant, l'Assemblée porta, le 7 juillet, le dernier coup à la puissance royale en se déclarant le seul corps permanent ayant pouvoir de gouverner, et en appelant le peuple aux armes. Paris se souleva le 20 juin et promena triomphalement dans les rues le bonnet rouge de la liberté; le 10 août, le peuple, obéissant aux injonctions des chefs de la Commune, attaqua les Tuileries, massacra la plus grande partie des Suisses, et menaça la famille royale, qui se réfugia à l'Assemblée et qui fut enfermée au Temple le 13 août. Le terrible tribunal révolutionnaire fut créé le 19; l'Assemblée décréta le bannissement des prêtres non assermentés le 26. Tout à coup, la nouvelle se répandit que les Prussiens avaient envahi la France et qu'ils étaient entrés à Verdun; la fureur des révolutionnaires ne connut plus de bornes; de toutes parts on accusa les nobles de trahison; les prisons furent envahies et 4,400 suspects (dont 100 prêtres) furent égorgés (2-5 sept.). C'est dans ces circonstances et au milieu de cette inexprimable agitation que s'assembla, le 17 sept., la Convention nouvellement élue pour remplacer l'Assemblée législative. Dans la Convention, les plus violents agitateurs formaient l'immense majorité, et leur parti se nommait la Montagne, parce qu'ils occupaient les sièges les plus élevés de la salle où ils se réunissaient, entra de suite en lutte avec le parti de la Gironde, devenu conservateur. Dès le 20 sept., la Convention établit la république, et le 25, ce gouvernement est proclamé avec un enthousiasme indescriptible d'un bout à l'autre du territoire. Des nuées de volontaires courent à la défense des frontières; les armées françaises, commandées par Dumouriez, Custine et autres vaillants capitaines, prennent vigoureusement l'offensive. Le duc de Brunswick est vaincu à Valmy (20 sept.) et les étrangers subissent un échec non moins humiliant à Jemmapes (6 nov.). Les révolutionnaires séparent la cause des peuples de celle des rois en déclarant, par une adroite proclamation du 19 nov., que la France se considère comme sœur de toutes les autres nations, et que, loin de vouloir les opprimer, elle marche à leur délivrance; les soldats républicains, reçus comme des libérateurs, se rendent maîtres des Flandres pendant le mois de déc.; en réponse aux injures et aux menaces des émigrés, la République jette aux rois, comme un sanglant défi, la tête de Louis XVI, guillotiné le 21 janv. 1793. Tous les monarques, se sentant attaqués, se liguent pour étouffer cette insurrection des peuples; l'Angleterre se joint à l'Espagne, à l'Allemagne, à la Hollande, à l'Italie; la France est entourée d'un cercle de fer et de feu (janv. 1793). A l'intérieur, les efforts des adversaires de la Révolution ne sont pas impuissants; la Vendée se soulève à la voix des prêtres et des nobles (mars); des troubles éclatent sur plusieurs points du territoire. Mais la Convention fait face à tous les dangers; elle soulève quatorze armées, les électrise et les jette sur l'ennemi; elle organise le terrorisme pour épouvanter la réaction et la noyer dans le sang (10 mars); elle forme un comité de salut public, auquel elle accorde un pouvoir absolu sur les personnes et sur les propriétés (6 avril); elle proscrit les Girondins accusés de conspirer (31 mai), les écrase en Normandie et les débarrasse par la guillotine (34 oct.). L'assassinat de Marat (13 juill.) n'eut d'autre résultat que de fortifier le parti terroriste, dont Robespierre resta le chef incontesté. L'insurrection de la Vendée ne put être étouffée et se répandit en Bretagne; la lutte se continua avec une cruauté égale des deux côtés. Des révoltes à Bordeaux, à Nantes, à Lyon, à Marseille et à Toulon furent écrasées et noyées

dans le sang. Barère déclara ouvertement, dans une adresse, que la Terreur était à l'ordre du jour. Le 16 oct., la tête de la reine tomba. Déjà, par un décret du 5 oct., le calendrier grégorien avait été remplacé par le calendrier républicain; Hébert, Anacharsis Clootz et autres enragés avaient fait abolir formellement la religion chrétienne, à laquelle on substitua le culte de la Raison (10 nov.). Au sein de la Convention s'était formé un noyau de modérés ou indulgents; Robespierre parvint à s'en défaire en envoyant à la guillotine Danton et ses amis (5 avril 1794). A partir de ce moment, le triumvirat formé par Robespierre, Saint-Just et Couthon n'eut plus aucun contrepoids; le règne de la Terreur redoubla d'horreur et de cruauté; la guillotine, établie en permanence, coupa une moyenne de 60 à 70 têtes chaque jour; à Paris seulement, il y eut 4,500 exécutions en sept semaines. Mais peu à peu les esprits se révoltèrent; l'opposition au triumvirat naquit dans le comité de salut public lui-même, et le 9 thermidor an II (27 juillet 1794) les terroristes furent décrétés d'accusation; on les guillotina, au nombre de 72, le 28 juillet. Le tribunal révolutionnaire fut aboli le 15 déc. La constitution de l'an III (1795) institua deux corps législatifs : le conseil des Cinq-Cents, et le conseil des Anciens (250 membres); le pouvoir exécutif fut confié à un Directoire de cinq membres. Une insurrection royaliste fut vaincue par Barras, sous la Convention, par le général Bonaparte, le 5 oct. 1795. Pendant ces sessions se passaient en France, les armées républicaines s'étaient couvertes de gloire, en face des insurgés vendéens, des émigrés et des étrangers. La Belgique avait été envahie, l'Autriche rejetée au delà du Rhin, l'Angleterre et la Hollande avaient subi des défaites, la Prusse et l'Espagne avaient dû signer la paix. La Convention termina ses sessions le 26 oct. et le nouveau gouvernement entra en fonctions le 28. (Voy. DIRECTOIRE.) Une nouvelle coalition de l'Angleterre, de la Russie et de l'Autriche mit à l'épreuve la haute intelligence stratégique de Carnot. Les victoires de Bonaparte (voy. NAPOLÉON) firent dominer notre influence en Italie; celles de Hoche, de Jourdan, de Masséna et de Moreau (voy. ces différents noms) assurèrent à la France ses frontières naturelles du Rhin; le traité de Léoben ayant mis fin à la lutte continentale (18 avril 1797), le Directoire, désireux d'atteindre l'Angleterre, prépara l'expédition d'Irlande, qui n'aboutit à aucun résultat, et celle d'Égypte, qui fut désastreuse. A partir du 18 brumaire (voy. BRUMAIRE), l'histoire de notre pays s'identifie tellement avec celle de Napoléon que nous renvoyons, pour les détails, à la biographie de ce grand homme de guerre. Donnons ici quelques dates: Bonaparte fut nommé premier consul pour dix ans le 13 déc. 1799; consul à vie, le 2 août 1802; empereur, le 18 mai 1804. Il enleva, chaque fois qu'il en trouva l'occasion, le commandement des troupes aux officiers républicains, pour le donner aux émigrés; il proscrivit toute liberté, détruisit l'égalité par la création d'une nouvelle noblesse et poussa à l'extrême, par l'organisation des préfectures et des sous-préfectures, la centralisation politique et administrative. Des triomphes militaires inouïs, suivis de traités glorieux (Presbourg, 1805, Tilsitt, 1807, et Vienne, 1809) établirent sa domination sur la moitié de l'Europe. En 1811, son empire comprenait 130 départements et s'étendait au nord jusqu'à Lubeck (sur la Baltique), englobait la Hollande et les villes hanséatiques, s'arrêtait, à l'E., à la source du Rhône (Suisse) et au S., à Terracine, par suite de l'annexion de Gênes, du Piémont, de la Toscane et des États pontificaux. A tant de nationalités antipathiques, il rêva de joindre la nation espagnole et rencontra, de l'autre côté des Pyrénées, une résistance inattendue qui tint ses armées en échec (1808-13).

son prestige fut ruiné par l'expédition de Russie (1812); l'Allemagne entière, qu'il avait opprimée, se souleva contre son despotisme; les peuples s'unirent aux rois, et il fut écrasé à Leipzig, où sa puissance reçut un coup dont elle ne se releva pas (15-19 oct. 1843). Une première invasion (avril 1814) nous imposa le roi Louis XVIII, frère de Louis XVI; la France fut réduite à peu près à ses limites de 1789; l'Empire avait donc détruit l'œuvre de la Révolution. Cette *première Restauration* prit fin lors de l'arrivée soudaine de Napoléon échappé de l'Ile d'Elbe; elle fut remplacée par la période connue sous le nom de *Cent-Jours* (du 20 mars au 20 juin 1815). Après Waterloo (18 juin 1815), une deuxième invasion amena la *seconde Restauration* et nous enleva Philippeville, Marienbourg, Sarrelouis, Landau et la Savoie. Louis XVIII mourut en 1824 et son frère et successeur, Charles X, ayant violé la charte, dut abdiquer, après une lutte de trois jours dans les rues de Paris. (Voy. CHARLES X.) Le 9 août, Louis-Philippe, duc d'Orléans, fut nommé roi des Français par la Chambre des députés; son règne pacifique marqua le triomphe de la bourgeoisie. Une manifestation politique en faveur d'une réforme parlementaire amena la révolution du 24 Février (voy. FÉVRIER), suivie de la proclamation de la République démocratique, avec un gouvernement provisoire dans lequel domina Lamartine. Au bout de quelques mois, la majorité de l'Assemblée constituante, effrayée des mouvements socialistes qui aboutirent à la terrible guerre civile du 23 au 26 juin, se montra hostile à la nouvelle forme de gouvernement et conspira le rétablissement d'une monarchie constitutionnelle. Le prince Louis-Napoléon, qui avait obtenu de rentrer en France, fut élu président de la République, pour un terme de quatre ans (10 déc. 1848), par 5,434,226 voix, contre environ 1,450,000 suffrages accordés au général Cavaignac, chef du pouvoir exécutif depuis les affaires de Juin. Le prince président laissa l'Assemblée législative se compromettre par les mesures les plus réactionnaires; quand elle eut perdu toute popularité, il s'en débarrassa au moyen du coup d'État du 2 déc. 1851 (voy. DÉCEMBRE), après lequel, le peuple, appelé à se prononcer, le réélut président pour dix années. Une nouvelle constitution établit un Sénat, que le prince composa de ses créatures; et le 7 nov. 1852, cette Chambre haute proposa le rétablissement de l'Empire. La question ayant été soumise au peuple, celui-ci donna son adhésion par 7,824,429 suffrages, et l'Empire fut proclamé le 2 déc. 1852. Louis-Napoléon prit, en montant sur le trône, le nom de Napoléon III. Le principal événement de la première partie de son règne fut la guerre de Crimée, qui éleva le prestige militaire de la nation et augmenta la force et la popularité du gouvernement impérial. L'expédition d'Italie (1859) posa la France comme puissance prépondérante en Europe. Le traité de Turin (1860) nous rendit la *Savoie* et le *comté de Nice*, dont nos frontières jusqu'à la crête des Alpes. Mais l'aventure du Mexique paralysa nos forces, au moment où la Prusse, victorieuse de l'Autriche, apparaissait, menaçante et formidable, sur notre frontière de l'Est (1866). L'expédition romaine (1867) irrita la partie libérale de la nation, sans satisfaire le parti ultramontain. L'opposition irréconciliable prit des forces en 1869, lorsque des orateurs de la Chambre des députés eurent exposé la confusion des affaires financières. En 1870, des troubles populaires, fomentés par Rochefort, faillirent dégénérer en guerre civile, au sujet de l'acquittement de Pierre Bonaparte, meurtrier de Victor Noir. Une nouvelle constitution, octroyée par l'empereur, fut confirmée par le sénatus-consulte du 20 avril 1870 et par le plébiscite du 8 mai. Lors de ce plébiscite, l'administration

obtint, au moyen d'une pression extraordinaire, 7,527,379 votes affirmatifs; mais dans les villes, l'empire n'eut que la minorité, malgré les manœuvres de ses agents. Peu après, commença la guerre franco-allemande (voy. FRANCO-ALLEMANDE), accompagnée d'une troisième invasion (1870-'71) et terminée par un troisième démembrement de la France. Il fallut céder au vainqueur le N.-E. de la *Lorraine*, l'*Alsace* (moins l'arrondissement de Belfort) et un canton des *Vosges*. Le 3 sept. 1870, en apprenant la capitulation de Sedan, plusieurs villes se soulevèrent et proclamèrent la République. Le 4 sept., un gouvernement provisoire de *Défense nationale* (voy. DÉFENSE) se forma à Paris. Le 28 janv. 1871, intervint la capitulation de Paris et la signature de l'armistice. Une Assemblée nationale, élue pour se prononcer sur la question de paix ou de guerre, se réunit à Bordeaux le 12 févr. Elle choisit M. Thiers comme président du pouvoir exécutif le 17 févr. Le traité préliminaire de paix fut signé à Versailles le 26, il avous coûtait, outre les territoires dont nous avons parlé, cinq milliards d'indemnité de guerre; il fut confirmé le 1er mars par un vote de l'Assemblée (546 voix pour; 107 contre). Le 1er mars, les Allemands firent une entrée triomphale à Paris qu'ils évacuèrent le 3. Leur départ fut presque immédiatement suivi du soulèvement de la garde nationale et du règne de la COMMUNE. (Voy. ce mot.) Le traité définitif avec l'Allemagne fut signé à Francfort le 10 mai. La victoire du gouvernement de Versailles sur les républicains parisiens avait été obtenue grâce à la neutralité des villes de province, auxquelles M. Thiers avait promis le maintien de la République. L'Assemblée, bien qu'elle n'eût reçu des électeurs aucun pouvoir constituant, consentit à prolonger de trois ans la présidence de M. Thiers, qui eut le titre officiel de président de la République française (31 août 1871). Mais les partis monarchiques, en majorité dans l'Assemblée, ne tardèrent pas à se liguer contre les républicains et à former ce qu'ils appelaient le parti conservateur. M. Thiers offrit plusieurs fois sa démission, qui ne pouvait être acceptée. La mort de l'ex-empereur, le 9 janv. 1873, n'abattit pas le courage des bonapartistes, qui reportèrent leurs espérances sur l'ex-prince impérial et firent de bruyantes manifestations à Chiselhurst (Angleterre). L'Assemblée vota le 29 mars, une loi qui exila tous les membres de la famille Bonaparte. Pendant que royalistes et bonapartistes se disputaient un trône imaginaire, l'idée républicaine faisait de grands progrès et pénétrait même dans les campagnes. Pour arrêter ce mouvement d'opinion, l'Assemblée ne vit d'autre moyen que de renverser M. Thiers, qui fut remplacé par le maréchal de Mac-Mahon (24 mai). Ce nouveau président de la République inaugura le gouvernement dit de l'*ordre moral*, qui eût été un acheminement vers une restauration légitimiste, si le pays ne se fût catégoriquement prononcé pour la République, dans la plupart des élections partielles. La *fusion* des légitimistes et des orléanistes, sanctionnée par l'entrevue du comte de Paris avec le comte de Chambord (5 août) ne convertit personne; et le discours du prince impérial sur la devise politique de sa famille est: «Tout pour le peuple, tout par le peuple» (15 août) ne produisit pas plus d'effet que la lettre du comte de Chambord annonçant au vicomte de Rodez-Bénavent qu'il ferait des concessions à l'esprit moderne (19 sept). La condamnation de Ranc (13 oct.), comparée à la manière dont était traité Bazaine, montra de suite de quel côté le gouvernement du maréchal entendait faire pencher la balance de la justice. Les idées de M. de Mac-Mahon s'identifiaient avec celles qui dominaient dans l'Assemblée; aussi, celle-ci lui octroya-t-elle le pouvoir exécutif

pour sept années (19-20 nov.). Avec la création du *septennat* coïncida un voyage *incognito* du comte de Chambord à Paris (20 nov.). Pendant que les débats de l'Assemblée agitaient le pays, une imposante manifestation financière montra la confiance que le monde avait dans la fortune de la France. Un emprunt de 4 milliards avait été couvert douze fois (juillet 1872); les Allemands finirent d'évacuer le territoire le 16 sept. 1873, après qu'on leur eut payé les derniers 250 millions restant dus sur l'indemnité de cinq milliards accordée par le traité de Francfort. La lutte entre les partis monarchiques menaçait de s'éterniser, au détriment de la prospérité du pays, lorsque les orléanistes modérés, rompant avec le maréchal, s'associèrent aux républicains et votèrent la constitution de 1875, qui reconnaît la République comme gouvernement définitif. Dans le nouveau Sénat, élu en vertu de cette constitution, l'élément monarchique domina, et le maréchal put espérer trouver dans cette Assemblée l'appui nécessaire à la réalisation de ses projets de restauration légitimiste. Mais l'Assemblée s'étant dissoute le 31 déc. 1875, les élections nouvelles donnèrent une écrasante majorité aux républicains. Le président, décontenancé par ce résultat, passa du ministère Dutaure au ministère Simon et finit par rompre avec les républicains de toute nuance (Seize-Mai). Un ministère de Broglie-Decazes-de Fourtou, prorogea la Chambre et finit par la dissoudre, avec l'assentiment du Sénat (25 juin). Les procès de presse, les injures aux républicains, la pression administrative, ne purent influencer les électeurs, qui réélurent presque tous les 363 membres de l'ancienne majorité républicaine et refusèrent leurs votes aux principaux chefs de la coalition monarchique (14 oct.). Le résultat final des élections fut le suivant: 325 républicains, 112 bonapartistes et 96 monarchistes. Le maréchal, averti par Gambetta (discours de Lille, 29 juillet 1877), qu'il lui faudrait se *soumettre ou se démettre*, voulut d'abord résister; la Chambre ayant refusé de discuter le budget, il prit le parti désespéré de recourir à un coup d'État. Des ordres en conséquence, envoyés aux généraux (12 déc.), ne purent être exécutés, en raison de la résistance des soldats et de plusieurs officiers, parmi lesquels se distingua le major Labordère. Le président fut donc forcé de se soumettre sans conditions, le 13 déc., de former un cabinet non légitimiste le 14, de revenir sur les décisions prises précédemment contre la liberté de la presse et de remplacer les préfets qui s'étaient le plus compromis pendant la période électorale; après quoi, le budget fut voté, le 18 déc. Les élections sénatoriales du 44 janvier 1879 ayant donné 44 nouveaux sièges aux républicains, le président dut renoncer à trouver un appui dans la Chambre haute. Le 30, il adressa aux présidents des deux Chambres une lettre dans laquelle il exposait que la décision prise par la majorité d'introduire dans les commandements militaires des mesures qui lui semblaient préjudiciables, lui faisait un devoir de se démettre. Les Chambres, réunies en congrès, élurent immédiatement M. Jules Grévy (30 janv.). Le 1er juin 1879, la mort de l'ex-prince impérial, tué par les Zoulous, porta un coup funeste au parti bonapartiste; celle du comte de Chambord, le 24 août 1883, fut encore plus fatale pour le parti légitimiste qui vit évanouir ses espérances. Le 24 mars 1879, la Chambre des députés prit la résolution de rentrer à Paris pour y siéger; le Sénat prit la même détermination le 15 juin, et les deux Chambres, réunies en Assemblée nationale le 19 juin, décidèrent, par 526 voix contre 249, que le calme des esprits permettait aux représentants de la nation de siéger dans la capitale. Le 9 juillet, la Chambre vota la loi Ferry, contre l'enseignement de certains membres des ordres religieux (362 voix contre 159). Le ministère Freycinet, nommé le 28 déc. entreprit de mettre à exécution un plan gigantesque de travaux, dont la réalisation dut être différée, vu l'état des finances. Les principaux événements furent, sous la présidence de M. Grévy furent: l'amnistie (14 juillet 1879), la rentrée des amnistiés; l'expulsion ou la dispersion des congrégations religieuses non autorisées(4880), l'occupation de la Tunisie (juin-octobre 1881), la formation (14 nov. 1881) et la démission (26 janv. 1882) du ministère Gambetta; et les expéditions du Tonkin et de Madagascar(1883).

— Littérature. La plus ancienne littérature de France fut celle des *trouvères* et des *troubadours*. Ces derniers, qui écrivaient en *langue d'oc*, ont produit de petites effusions lyriques sur l'amour ou sur d'autres sujets frivoles; ils fleurirent surtout aux XIe et XIIIe siècles. Les *trouvères*, dans leurs *chansons de geste*, écrites en *langue d'oïl*, célébrèrent les actions héroïques des rois et des chevaliers illustres. Ces *chansons de geste*, appelées aussi *romans*, sont très nombreuses. La *Chanson de Roland ou de Roncevaux*, le *Roman de Brut* et le *Roman de Rou* sont les plus connus. Un peu plus tard, on composa des poèmes satiriques et allégoriques, comme le *Roman du Renard* et le *Roman de la Rose*, qui fut imité en anglais par Chaucer dans son *Romaunt of the Rose*. Parmi les poètes du XIIe siècle fut Abélard, et parmi ses successeurs, on cite Audefroy le Bastard, Quesnes de Béthune, le castillan de Coucy, et Thibaut, comte de Champagne et roi de Navarre. Les principaux ouvrages en prose du XIIIe siècle sont: la *Chronique de la conquête de Constantinople*, par Villehardouin (1207) et les *Mémoires de Louis IX*, par Joinville. La littérature du XIVe siècle nous offre les *Chroniques* de Froissart, ouvrage qui est resté le modèle de son genre. Le XVe siècle produisit les *Mémoires* de Commines et les poèmes de Villon et du duc Charles d'Orléans. Parmi les écrivains du XVIe siècle, Rabelais et Montaigne tiennent le premier rang sous le rapport de l'originalité. Les *Essais* de Montaigne, écrits dans un style facile et attrayants, sont cyniques et sceptiques. L'*Institution de la religion chrétienne* de Calvin prouva que la langue française avait acquis assez de force pour se prêter à l'éloquence religieuse et la *Satire Ménippée* montra que sa flexibilité lui permettait de se plier aux exigences des luttes politiques. Déjà Marguerite de Navarre dans ses *Contes*, s'était servie d'une langue fine, spirituelle, bien faite pour des sujets légers. Amyot mit en œuvre tout ce qu'elle possédait de grâce, dans sa traduction des *Vies* de Plutarque. Cette période ne fut pas trop féconde en poètes, quoique Clément Marot et Ronsard se soient illustrés.

Enfin Malherbe vint, et le premier en France, BOILAU, *Art poét.*

réforma la poésie. Mathurin Régnier (1573-1613) est le plus ancien de nos poètes satiriques. Balzac donna tous ses soins à perfectionner la prose; ses épîtres sont des modèles de rhétorique claire et harmonieuse. Il faut citer aussi les lettres frivoles mais spirituelles de Voiture. Pierre Corneille éleva la tragédie à un tel degré de grandeur qu'il n'a jamais été surpassé: le *Cid, Horace, Cinna,* et *Polyeucte* sont encore aujourd'hui l'objet de l'admiration universelle. Descartes, dans son *Discours sur la Méthode*, montra que la langue française n'avait pas d'égale pour traiter les sujets philosophiques les plus élevés, et Pascal, dans ses *Lettres provinciales*, établit le premier véritable modèle de prose française. C'est alors que s'ouvrit cette magnifique époque littéraire, connue sous le nom de siècle de Louis XIV. L'éloquence de la chaire produisit des œuvres telles que les oraisons funèbres de Bossuet et de Fléchier, et les sermons de Bourdaloue, de Fénelon et de

Massillon. Racine porta la tragédie à son apogée: *Andromaque, Iphigénie* et *Phèdre* rappellent les plus belles productions de l'antiquité grecque. La comédie atteignit son point culminant avec Molière dont les chefs-d'œuvre sont: le *Misanthrope, Tartufe, l'Avare* et les *Femmes savantes*. Sous la plume de La Fontaine, la fable devint une véritable comédie sur une petite échelle. La poésie didactique, philosophique et satirique brilla avec Boileau, qui acheva l'œuvre de Malherbe: son *Art poétique*, ses *Epîtres*, ses *Satires*, ainsi que son poème héroï-comique le *Lutrin*, sont autant de chefs-d'œuvre de bon sens, de concision, d'ordre et de symétrie. La philosophie morale fut représentée par des hommes tels que Pascal, Malebranche, Bossuet, Fénelon, La Rochefoucauld et La Bruyère. L'histoire fut cultivée par Mézeray dans son *Histoire de France*, par Fleury dans son *Histoire de l'Eglise* et par Bossuet dans son *Discours sur l'histoire universelle*. Les *Mémoires* personnels du cardinal de Retz sont classés parmi les chefs-d'œuvre de l'histoire familière et les *Lettres* de Mme de Sévigné sont des modèles de style épistolaire. Le *Télémaque* de Fénelon marque le couronnement d'une période littéraire remarquable. Le XVIIIe siècle fut éminemment le siècle du scepticisme. Quatre hommes de génie: Montesquieu, Voltaire, J.-J. Rousseau et Buffon exercèrent une influence considérable sur leurs contemporains. Les *Lettres persanes* de Montesquieu sont une satire des mœurs, du gouvernement et de la religion des Français; ses *Considérations sur la grandeur et la décadence des Romains* ont fait progresser la philosophie de l'histoire; et son *Esprit des lois* est une investigation profonde dans le domaine de la législation générale. Voltaire, véritable personnification de son époque, fut, en quelque sorte, le roi de l'opinion publique pendant un demi-siècle. *Mérope, Zaïre, Mahomet, Alzire*, etc., l'ont classé comme poète tragique immédiatement après Corneille et Racine: il a aussi excellé en philosophie, dans les romans, dans les poésies épiques et en histoire. Le passionné Rousseau n'a jamais été surpassé; à peine même a-t-il été égalé par ses modèles les plus parfaits. La grande *Histoire naturelle* de Buffon est un chef-d'œuvre littéraire, quoique sa réputation ait diminué au point de vue scientifique. Diderot, écrivain passionné et incorrect, et le géomètre d'Alembert fondèrent l'*Encyclopédie*. Helvétius dans son traité *De l'Esprit*, d'Holbach dans son *Système de la nature*, Lamettrie dans son *Homme-machine* et Raynal dans son *Histoire philosophique des deux Indes* dépassèrent de beaucoup les doctrines radicales des encyclopédistes, pendant que d'autres écrivains, tels que Vauvenargues, Fontenelle, Condillac, Mably et Condorcet, usèrent de plus de modération. Parmi les autres écrivains connus, il faut citer: Crébillon et Ducis, poètes tragiques; Marivaux, dont les romans et les comédies eurent beaucoup de célébrité à leur époque; Gilbert, poète satirique d'une puissance peu commune; Le Sage, auteur de *Gil Blas*; Beaumarchais, auteur du *Barbier de Séville*; Bernardin de Saint-Pierre, auteur de *Paul et Virginie*; La Harpe, dont le *Cours de littérature* fut classique; Duclos, Mlle Delaunay, et Saint-Simon dont les *Mémoires* obtinrent une célébrité méritée; Barthélemy, qui écrivit le *Voyage du jeune Anacharsis en Grèce*; l'essayiste anglomane Rublière; Prévost, l'auteur de *Manon Lescaut*; Marmontel, auteur de *Bélisaire*; Gresset, l'auteur de *Vert-Vert*; Florian qui écrivit des contes et des fables; Delille, poète didactique; J.-B. Rousseau, Lebrun et André Chénier, poètes lyriques. Au commencement du XIXe siècle, Mme de Staël et Chateaubriand furent les précurseurs de la renaissance qui suivit la stagnation momentanée produite par la période révolution-

naire; ce réveil littéraire fut dû aussi à l'influence des chefs-d'œuvre des littératures anglaise et allemande. L'école romantique inaugura une nouvelle ère; Alexandre Dumas, Victor Hugo, Alfred de Vigny, Frédéric Soulié et quelques autres, nous donnèrent des drames dont la représentation fut ordinairement accompagnée de scènes de pugilat et même de batailles en règle, entre les membres des partis littéraires opposés. Ce ne fut qu'au bout de plusieurs années que la victoire resta aux jeunes, à ceux qui défendaient les nouvelles doctrines. Parmi les pièces qui excitèrent surtout l'enthousiasme et la critique, on peut citer: *Henri III et sa cour, Antony, Térésa* et *Angèle*, de Dumas; *Ruy Blas, Hernani, Marion Delorme, Lucrèce Borgia* et *Le Roi s'amuse* de Victor Hugo. Un mouvement de réaction se produisit pourtant lorsque Rachel commença à interpréter les tragédies de Corneille et de Racine; mais la *Lucrèce* de Ponsard et la *Virginie* de Latour Saint-Ybars n'obtinrent qu'un succès éphémère. Casimir Delavigne tenta de concilier les systèmes romantique et classique dans *Marino Faliero*, dans les *Enfants d'Edouard* et dans *Louis XI*. Pendant ce temps, Eugène Scribe augmentait chaque jour l'énorme recueil de ses comédies ou, pour mieux dire, de ses vaudevilles. Les meilleurs romanciers de ce siècle sont: Victor Hugo, George Sand (Mme Dudevant), Alexandre Dumas, Eugène Sue et Honoré de Balzac. Immédiatement après, viennent: Frédéric Soulié, Alphonse Karr, Alfred de Musset et Prosper Mérimée; comme auteur de romans comiques, nous avons l'inimitable Paul de Kock. Outre ces maîtres dans l'art du roman, nous devons mentionner leurs contemporains: Mme Charles Reybaud, Mme Emile de Girardin, Théophile Gautier, Charles de Bernard, Elie Berthet, Ponson du Terrail, Jules Sandeau, Emile Souvestre, Paul Féval et Méry; plus tard, Henri Mürger, Alexandre Dumas *fils*, Léon Gozlan, Arsène Houssaye, Champfleury, Ernest Feydeau, Gustave Flaubert, Emile Gaboriau, Octave Feuillet, Hector Malot, Edmont About, Cherbuliez, Erckmann-Chatrian (deux collaborateurs), Adolphe Belot, Catulle Mendès; et comme écrivains dits naturalistes: Gustave Flaubert, Edmond et Jules de Goncourt, Emile Zola. Jules Verne est l'auteur de remarquables romans scientifiques, qui ont été lus par toutes les classes de la société. En France, la poésie est loin d'être aussi goûtée que le roman; cependant quatre poètes contemporains ont obtenu une popularité égale à celle de n'importe quel prosateur; ce sont: Béranger, Lamartine, Victor Hugo et Alfred de Musset. Parmi les autres poètes dignes de mention, citons: Casimir Delavigne, Auguste Barbier, Victor de la Prade, Théophile Gautier, Jasmin (le barbier, poète que ses écrits en langue d'oc ont rendu populaire dans le midi de la France et fameux partout ailleurs), et l'écrivain provençal Frédéric Mistral. Parmi les historiens français, Guizot et Augustin Thierry sont les plus connus. L'*Histoire générale de la civilisation en Europe* et les autres ouvrages du premier sont les monuments d'histoire philosophique, tandis que l'*Histoire de la conquête de l'Angleterre par les Normands* de Thierry est un modèle de narration dramatique. Sismondi, Michelet et Henri Martin ont écrit les histoires générales de France les plus estimées. La période révolutionnaire a attiré l'attention de plusieurs historiens dont les plus éminents sont: Thiers, Mignet, Michelet et Louis Blanc. Les autres écrivains les plus célèbres qui ont cultivé le genre historique sont: Lamartine, Villemain, Amédée Thierry, Vaulabelle, Garnier-Pagès, Lanfrey et Taxile Delord. En archéologie, notre siècle brille par les travaux de Letronne, de Raoul-Rochette, de Beulé, de Belloguet, de Rivière, de Lartet et de Quatrefages.

Champollion, en trouvant la manière de déchiffrer les hiéroglyphes, jeta une vive lumière sur l'antique Egypte. L'étude des langues orientales, à laquelle Sylvestre de Sacy a donné une grande impulsion, a été ensuite continuée avec succès par de Saulcy, Renan, Oppert et Ménant pour les langues sémitiques. Lenormant, Mariette, Chabas et de Rougé se sont fait une renommée comme égyptologues. Les ouvrages d'Abel de Rémusat, de Stanislas Julien, de Burnouf, de Rosny et d'Hervey de Saint-Denis n'ont pas peu contribué à propager en occident l'étude des langues chinoise, japonaise et sanscrite. En philosophie, Victor Cousin, l'avocat de l'éclectisme et du spiritualisme, a été suivi par Jouffroy, Damiron, Emile Saisset, Amédée Jacques, Vacherot, Paul Janet, Adolphe Franck et Jules Simon. En dehors de l'école éclectique, quatre philosophes d'une grande originalité et d'une puissance extraordinaire, ont brillé chacun dans sa sphère propre, ce sont Joseph de Maistre, apologiste du pouvoir absolu ; de Bonald, champion de la monarchie et de l'Eglise ; Ballanche, un rêveur mystique ; et Lamennais, qui, après avoir été un défenseur hardi et indépendant de la papauté, fit ensuite l'avocat de la démocratie pure. Le *Cours de philosophie positive* d'Auguste Comte expose un système philosophique, qui fut adopté par de nombreux adeptes dans les pays étrangers. Les plus remarquables des écrivains qui se sont occupés des sciences sociales sont, sans contredit, Saint-Simon et Fourier. Pierre Leroux, Louis Blanc et Proudhon sont en quelque sorte leurs disciples. Les diverses branches des sciences naturelles ont eu le sujet à dos écrivains de talent, tels que Lamarck, Jussieu, Cuvier, Lacépède, de Candolle, Latreille, Etienne et Isidore Geoffroy Saint-Hilaire, Duméril et Alcide d'Orbigny. Elie de Beaumont, Beudant et Dufrénoy se sont occupés de minéralogie ; Lavoisier a traité la chimie ; Thénard, Gay-Lussac, Berthollet, Despretz, Pasteur, Berthelot, Chevreul et Dumas se sont adonnés à la physique et à la chimie. La littérature médicale a été enrichie par les ouvrages de Bichat, de Broussais, de Corvisart, de Magendie, de Trousseau, de Claude Bernard, de Broca et de beaucoup d'autres. Les sciences mathématiques furent brillamment cultivées par Lagrange, par Laplace, par Ampère, par Biot, par Leverrier et surtout par Arago. L'économie politique et la philosophie ont eu aussi leurs écrivains estimables : Michel Chevalier, Léon Faucher, Rossi, Adolphe Blanqui, Frédéric Bastiat, André Cochut, de Beaumont et de Tocqueville. Comme écrivains politiques, il faut citer : Armand Carrel, Courrier et Cormenin ; comme essayistes et critiques littéraires : Sylvestre de Sacy, Saint-Marc Girardin, Philarète Chasles, Prévost-Paradol, Cuvillier-Fleury, Renan, Hippolyte Rigaud, Edmond Schérer, Caro, Jules Janin, Gustave Planche et Sainte-Beuve. Charles de Rémusat et Albert de Broglie ont traité des sujets historiques en se plaçant à leur point de vue philosophique et religieux. Charles Blanc, Théophile Gautier, Edmond About, Paul de Saint-Victor, Léon Delaborde, Vitet et Delécluze se sont particulièrement occupés de critique de beaux-arts ; Delécluze, Fétiz, Hector Berlioz, Fiorentino et Scudo, de matières musicales. Parmi les écrivains contemporains, Renan par sa *Vie de Jésus* et Taine par son *Histoire de la littérature anglaise* ainsi que par ses ouvrages sur les arts, sont ceux qui ont le plus attiré l'attention du monde civilisé. — **Bibliogr.** I. PUBLICATIONS OFFICIELLES. — Annuaire de la Marine et des Colonies, 1882 ; in-8°, Paris, 1882. — Annuaire statistique de la France, 1882 ; in-8°, Paris, 1882. — Budget des recettes et des dépenses de l'exercice 1883 (*Journal officiel*) ; in-4°, Paris, 1882. — Bulletin des Lois de la République française ; in-8°, Paris, 1882.

— Bulletin officiel du Ministère de l'Intérieur ; Paris, 1882. — Compte général de l'administration de la justice civile et commerciale en France pendant l'année 1880 ; in-4°, Paris, 1882. — Compte général de l'Administration de la justice criminelle en France, par le garde des sceaux, ministre de la justice ; in-4°. Paris, 1882. — Dénombrement de la population de la France et d'Algérie, 1876 ; in-8°, Paris, 1878. — Rapport sur le recensement de décembre 1881, dans le *Journal officiel*, 10 août et 31 déc. 1882. — Documents statistiques réunis par l'administration des douanes sur le commerce de la France ; in-4°, Paris, 1882. — Enquête sur la marine marchande ; in-4°. Paris, 1878. — Ministère des Finances : Comptes généraux de l'administration des finances ; Paris, 1882. — Ministère de l'Agriculture, du Commerce et des Travaux publics : Archives statistiques ; Paris, 1882. — Rapport fait au nom de la commission de la réorganisation de l'armée, par M. le général Chareton ; in-4°, Versailles, 1875. — Situation économique et commerciale de la France : Exposé comparatif pour les quinze années de la période 1865-1879 ; Paris, 1881. — Statistique de la France. Mouvement de la population pendant les années 1875-79 ; in-4°, Paris, 1881. — Tableau du commerce général de la France, avec ses colonies et les puissances étrangères, pendant l'année 1881 ; in-4°, Paris, 1882. — Tableau général des mouvements du cabotage pendant l'année 1881. Direction générale des douanes et des contributions indirectes ; in-4°, Paris, 1882. — II. PUBLICATIONS NON OFFICIELLES. — *Audiffret* (marquis d'), Etat de la fortune nationale et du crédit public de 1789 à 1873 ; in-8°, Paris, 1875. — *Bloch* (Maurice), Annuaire de l'économie politique et de la statistique 1882 ; in-16, Paris, 1882. — Carnet de l'officier de marine, 4e année, 1882 ; Paris, 1882. — *Colle* (E.). La France et ses colonies au XIXe siècle ; in-8°, Paris, 1878. — *Crisenoy* (de). Mémoire de l'inscription maritime ; in-8°, Paris, 1872. — *Cucheval-Clarigny*. Instruction publique en France ; in-8°, Paris, 1883. — *David* (J.). Le Crédit national ; in-8°, Paris, 1872. — *Delarbre* (J.). La Marine militaire de la France ; in-8°, Paris, 1881. — *Dufour* (Gabriel). Traité général du droit administratif ; 8 vol., in-8°, Paris, 1882. — *Dupont* (P.). Annuaire de la marine pour 1881 ; in-8°, Paris, 1881. — *Germain* (Félix). Dictionnaire du budget ; in-8°, Paris, 1878. — *Hélie* (F.-A.). Les Constitutions de la France ; in-8°, Paris, 1878. — *Ingouf* (J.). L'Avenir de la marine et du commerce extérieur de la France ; in-8°, Paris, 1877. — *Kleine* (E.). Les Richesses de la France ; in-12, Paris, 1872. — *Laugel* (Auguste). La France politique et sociale ; in-8°, Paris, 1878. — *Lavergne* (Léonce de). Economie rurale de la France, 4e éd. ; in-18. Paris, 1878. — *Léon* (M.). De l'Accroissement de la population en France et de la doctrine de Malthus ; in-8°, Paris, 1866. — *Moussy* (N.). Tableau des finances de la France ; in-8°, 1879. — *Prat* (Th. de). Annuaire protestant : statistique générale des diverses branches du protestantisme français ; in-8°, Paris, 1882. — *Reclus* (Elisée). La France. Vol. II de la Nouvelle Géographie Universelle ; in-8°, Paris, 1877. — *Roussan* (A.). L'Armée territoriale et la réserve de l'armée ; in-8°, Paris, 1874. —

Statistique centrale des chemins de fer ; in-4°, Paris, 1879. — *Vraye* (M.-G.). Le Budget de l'Etat ; in-8°, Paris, 1875. — *Vuitry* (Adolphe), Etude sur le régime financier de la France ; in-8°, Paris, 1879.

FRANCE (Ile de). Voy. MAURICE (*île*).

FRANCE (Ile-de-). Voy. ILE-DE-FRANCE.

FRANC-ÉCHEVIN s. m. Autre nom des francs-juges. Au plur. : *des francs-échevins* (Voy. FRANC-JUGE.)

FRANCESCA DE RIMINI. Voy. RIMINI.

FRANCESCAS, ch.-l. de cant., arr. et à 13 kil. S.-E. de Nérac (Lot-et-Garonne) ; 1,000 hab.

• **FRANC-ÉTABLE (DE)** loc. adv. Mar. Se dit lorsque deux bâtiments se portent l'un sur l'autre de manière que leurs étraves ou éperons s'entre-choquent avec violence : *les deux navires s'abordèrent de franc-étable.*

FRANC-FIEF s. m. Fief possédé par un roturier, avec concession et dispense du roi, contre la règle commune, qui ne permettait pas aux roturiers de tenir des fiefs. — DROITS, TAXE DE FRANCS-FIEFS, droit domanial qui se levait de temps en temps sur les roturiers possesseurs de terres nobles.

FRANC-FILEUR s. m. Voy. FILEUR.

FRANC-FILIN s. m. Voy. FRANC-FUNIN.

FRANCFORT-SUR-LE-MEIN (all. *Frankfurt am Main*), ville d'Allemagne de la province prussienne de Hesse-Nassau, autrefois ville libre et siège de la diète germanique, sur la rive droite du Mein, à 390 kil. S.-O de Berlin ; 136,800 hab., tous protestants, sauf 45,000 catholiques et 7,500 Juifs. Sa délicieuse ceinture de promenades et de charmants villages, de jardins, de villes d'eau, ses places, ses sociétés historiques et sa situation centrale font de cette ville un point d'attraction des plus fréquentés. C'est à Francfort que naquit Gœthe ; une place portant le nom de ce poëte, renferme sa statue par Schwanthaler. La statue de Schiller se trouve sur la place Schiller. La place Römerberg tire son nom du Römer, maison du conseil, où les empereurs allemands étaient élus et reçus dans la salle impériale (*Kaisersaal*). Le Zeil est la rue la plus brillante. Les avenues voisines des portes et des promenades, et le Shone Aussicht, qui longe le quai, contiennent de fort beaux hôtels. Dans la principale église protestante, Sainte-Catherine, fut prononcé le premier sermon luthérien, en 1522. Nombreux

Le Römer à Francfort-sur-le-Mein.

établissements de bienfaisance et d'éducation. Bibliothèque publique, qui possède plus de 100,000 volumes. Le musée Senkenberg contient les collections abyssines de Rüppell. Le commerce de librairie a été éclipsé par celui de Leipzig. Important commerce de vins, de cidre, de bière et de grains. Cartes à jouer, joaillerie, manufactures de tabac à fumer et à priser. Les fonderies de caractères et les manufactures de machines à coudre et de produits chimiques sont d'origine récente. Marché de fruits et de légumes qui se tient dans le faubourg de Sachsenhausen, au S. du Mein. Francfort, berceau de la famille Rothschild, est l'un des plus importants marchés financiers de l'Europe. Cette ville fut mentionnée pour la première fois sous le nom de Palatium Franconenford en 794, époque où Charlemagne y tint une convention impériale et un concile religieux. Elle devint cité indépendante et reçut de nombreux privilèges au XIVᵉ siècle. L'élection et les cérémonies du couronnement des empereurs la rendit fameuse. Francfort fut prise par les Français en 1759, 1762 et 1796. Elle devint, en 1806, la résidence du prince-primat de la confédération du Rhin; en 1810 la capitale du grand-duché, en 1815 une ville libre, en 1816 le siège de la diète germanique et en 1836 membre du Zollverein. Le parlement italien s'assembla en 1848-'49 dans la Pauls-Kirche. Le prince Lichnowsky et le général Auerswald y furent tués par une émeute au sujet de la guerre du Schleswig-Holstein (18 sept. 1848). Francfort se mit du côté de l'Autriche pendant la guerre de 1866 et fut annexée à la Prusse. C'est dans cette ville que fut signé le 10 mai 1871, le traité qui suivit la guerre franco-allemande.

FRANCFORT-SUR-L'ODER, ville du Brandebourg (Prusse) à 70 kil. S.-E. de Berlin; 51,150 hab. L'Oder y devient navigable et est uni par des canaux à la Vistule et à l'Elbe. Francfort possède trois faubourgs, de belles rues, des places, des jardins et un gymnase. Le commerce des foires annuelles y décroît.

FRANCFORTOIS, OISE s. et adj. De Francfort; qui a rapport à cette ville ou à ses habitants.

* **FRANC-FUNIN** s. m. Mar. Nom générique des cordages, blancs ou faits de fil non goudronné, qui servent aux grands appareils employés dans les opérations des ports : *les francs-funins sont de trois, quatre ou cinq torons*. On dit aussi, mais moins souvent, Funin. — ⸺ On dit aussi Franc-filin.

FRANCHE-COMTÉ, ancienne province de France, aujourd'hui comprise dans les départ. du Jura, du Doubs et de la Haute-Saône. Sa capitale était Besançon. Elle fut primitivement occupée par les Sequani (les Romains l'appelaient alors *Maxima Sequanorum*); les Burgundes s'en emparèrent ensuite. Elle passa à l'empire d'Allemagne, fut gouvernée par des comtes particuliers, appartint de nouveau à la Bourgogne, puis à la maison d'Autriche et à la couronne d'Espagne. Le nom de Franche-Comté ne lui fut donné que vers le milieu du XIIᵉ siècle : il tire son origine, pense-t-on, de la franchise d'impôts et de taxes que possédait le pays, moyennant une certaine somme annuelle accordée au souverain sous le nom de présent libre. Louis XIV conquit la Franche-Comté en 1674 et obtint la possession définitive de cette province par le traité de Nimègue (1678).

* **FRANCHEMENT** adv. Avec exemption de toutes charges, de toutes dettes. Dans ce sens, est terme de Pratique, et ne s'emploie qu'avec le mot Quittement : *il lui a vendu sa terre franchement et quittement*. — Sincèrement, ingénûment : *à parler franchement, je crois que vous avez tort*. — Librement, avec hardiesse et précision, sans se retenir ni hésiter : *ces mouvements doivent être exécutés vivement et franchement*. — S'emploie quelquefois dans ce dernier sens : *se prononcer franchement pour une opinion*.

FRANCHIPANE, espèce de toile peinte. — Synon. de Frangipane.

* **FRANCHIR** v. a. Sauter franc, passer en sautant par dessus quelque chose : *franchir une barrière*. — Franchir les limites, franchir les bornes, passer au delà des bornes. Franchir les bornes du devoir, de la pudeur, de la modestie, etc., ne pas se contenir dans les bornes du devoir, de la pudeur, de la modestie, etc. — Fig. et fam. Franchir le pas, se décider à faire une chose, après avoir longtemps hésité. On dit aussi, Franchir le saut, mais plus ordinairement, Faire le saut. — Mar. Franchir la lame, s'élever sur la lame et la descendre facilement. Franchir une barre, un récif, un écueil, etc., passer par dessus sans y rester échoué, après avoir touché par quelque endroit de la carène. — Passer, traverser vigoureusement, hardiment des lieux, des endroits difficiles, de grands espaces, etc.: *après avoir franchi les Alpes avec ses troupes, il entra en Italie*. Fig. *L'imagination franchit sans peine cet immense intervalle*. — Franchir toutes sortes de difficultés, d'obstacles, n'être retenu par la considération d'aucune difficulté, surmonter toutes sortes d'obstacles. — Franchir le mot, exprimer en propres termes une chose que la bienséance et l'honnêteté empêchaient de dire ouvertement. Dire le mot essentiel, prononcer enfin une chose à laquelle on avait eu de la peine à se résoudre. — ⸺ Se franchir v. pr. Être franchi : *cet obstacle ne peut se franchir*.

* **FRANCHISE** s. f. Exemption, immunité : *jouir de certaines franchises*. — Entrer en franchise, entrer sans payer de droits. Franchise des lettres, de port, exemption des droits de poste accordée à certaines personnes. — Autref. Faculté accordée aux ouvriers qui n'étaient point passés maîtres, de travailler pour leur propre compte en certains lieux ou quartiers déterminés : *il n'est pas maître, mais il travaille dans un lieu de franchise*. — Il a gagné sa franchise, se disait de celui qui, ayant terminé son apprentissage, pouvait s'établir comme ouvrier dans un lieu de franchise. — Droit d'asile attaché à certains lieux : *à Rome, l'hôtel d'un ambassadeur est un lieu de franchise; les franchises des églises ne sont point admises en France*. — En parlant du lieu même de franchise. Asile : *on ne saurait le prendre en ce lieu-là, c'est une franchise*. — Sincérité, loyauté, candeur : *parler avec franchise, avec une trop grande franchise*. — Peint., Sculpt., etc. Qualité de ce qui est franc, hardi : *la franchise du crayon, du pinceau, du ciseau*.

FRANCHISSABLE adj. Qui peut être franchi.

FRANCIA (Francesco) [frann'-tcha], peintre de l'école bolonaise, dont le vrai nom était Francesco Raibolini, né vers 1450, mort en 1517 ou (selon les Lanzi) en 1533. Il peignit plusieurs beaux ouvrages pour la chapelle de Bentivoglio, à Bologne; il s'essaya plus tard dans la peinture sur fresques et fit en ce genre une série de tableaux, aujourd'hui fort délabrés, sur la vie de sainte Cécile.

FRANCIA (José-Gaspar-Rodriguez) [frann'-si-a], plus connu sous le nom de *Dictateur Francia*, dictateur du Paraguay, né vers 1757, mort le 20 sept. 1840. Il fut destiné à l'état ecclésiastique, professa la théologie pendant quelque temps, devint plus tard jurisconsulte et occupa plusieurs emplois publics. Lorsque les Paraguayens proclamèrent leur indépendance en 1811, Francia fut nommé secrétaire de la junte révolutionnaire, et en 1813, l'un des deux consuls chargés du pouvoir exécutif; en 1814, il devint dictateur pour trois ans, et ensuite dictateur à vie. Il protégea l'industrie et l'éducation, promulgua un code de loi, réprima les abus du clergé, et assura au Paraguay une tranquillité relative. Il se montra cruel contre ses adversaires et exerça le pouvoir avec tyrannie.

FRANCIADE s. f. Période du calendrier républicain, composée de quatre années.

FRANCIADE (La), poème épique de Ronsard, célébrant les exploits du héros mythique Francus, fils d'Hector et fondateur de la nation franque, selon les romanciers du moyen âge. — M. Viennet a également donné (1860) une *Franciade* traitant le même sujet.

FRANCILLON, ONE s. et adj. Jargon. Français, Française.

FRANCIQUE adj. Qui appartient, qui a rapport aux Francs : *langue francique*.

* **FRANCISATION** s. f. Jurispr. comm. Acte qui constate qu'un navire est français : *acte de francisation*. — ⸺ Action de franciser : *la francisation d'un Italien*.

* **FRANCISCAIN** s. m. (lat. *Franciscus*, François). Religieux de l'ordre de Saint-François d'Assise. — L'ordre des Franciscains ou Minorites (lat. *Fratres minores*) a été fondé en 1209 par saint François d'Assise. En 1210, lorsque ses disciples arrivèrent au nombre de 10, il les soumit à une règle, dont la pauvreté absolue et une existence tout à la fois active et contemplative étaient les principaux points. En 1223 Honorius III promulgua une bulle qui confirmait les franciscains comme le premier des ordres mendiants. Quarante-deux ans après la mort de saint François d'Assise, les franciscains étaient plus de 200,000 et possédaient 8,000 couvents, en 23 provinces. La règle ne fut pas d'abord bien établie, ce qui donna naissance à plusieurs partis, les uns tenant pour la pauvreté absolue, les autres voulant une règle moins dure. Ces dissensions, accompagnées même de sécessions, durèrent jusqu'en 1368, époque où Paoletto di Foligno remit en vigueur la stricte observance de la règle. Ses adeptes furent nommés observantins et ses adversaires conventuels. Les observantins furent appelés alcantarins en Espagne (du nom de saint Pierre d'Alcantara), réformés en Italie et en Allemagne, et récollets en France, en Angleterre, en Irlande, en Belgique et en Hollande. Les capucins, qui furent primitivement une congrégation de franciscains réformés, devinrent ensuite un ordre indépendant. (Voy. Capucin.) Les franciscains furent les premiers missionnaires qui catéchisèrent l'Amérique; ils accompagnèrent Colomb dans son second voyage en 1493. Le célèbre explorateur Hennepin était un missionnaire de cet ordre. Les franciscains ont soutenu contre les dominicains diverses controverses philosophiques et théologiques; ils étaient réalistes, antiaugustiniens et partisans de l'immaculée conception; les dominicains au contraire étaient nominalistes, augustiniens et ne voulaient pas admettre la doctrine de l'immaculée conception. — Saint François a également fondé un ordre de nonnes appelées Clarisses, du nom de Claire d'Assise, leur première abbesse. — Les observantins sont vêtus d'une robe à capuchon; ils ont une corde comme ceinture, portent des sandales et laissent pousser leur barbe. La couleur de leur vêtement diffère selon les localités. Les conventuels sont vêtus d'une robe noire à capuchon; ils ont des souliers et ne portent jamais la barbe.

* **FRANCISER** v. a. Donner une terminaison, une inflexion française à un mot d'une autre langue : *l'usage a francisé beaucoup de noms propres latins ou grecs*. — Se dit d'une personne qui prend l'air, le maintien, les manières françaises : *cet étranger s'est bien francisé depuis trois mois qu'il est à Paris*. Ce sens est familier et peu usité. — Se franciser v. pr. Être francisé : *ce mot a fini par se franciser*. — ⸺ Prendre des habitudes françaises.

* **FRANCISQUE** s. f. Arme des anciens Francs, sorte de hache d'armes à deux tranchants.

FRANC-JUGE s. m. Nom que portaient les membres d'un ancien tribunal secret. (Voy.

SAINTE-VEHME.) Au plur. : *des francs-juges*. On lisait aussi FRANC-ÉCHEVIN.

* **FRANC-MAÇON** s. m. Celui qui est initié à la franc-maçonnerie : *loge de francs-maçons*.

* **FRANC-MAÇONNERIE** s. f. Association secrète qui fait un emploi symbolique des instruments à l'usage de l'architecte et du maçon, et dont les membres se réunissent dans des lieux qu'ils appellent LOGES. Se dit aussi des pratiques de cette association : *l'origine de la franc-maçonnerie est fort incertaine*. — ENCYCL. Les francs-maçons prétendent avoir une origine très ancienne; ils tiennent que leur ordre existait à Tyr lorsque Salomon reconstruisit le temple avec l'aide d'ouvriers tyriens. D'autres francs-maçons se contentent de supposer que leur association tire son origine des sociétés formées au moyen âge par des maçons et des constructeurs. Les associations maçonniques rendirent de grands services pour la construction des églises : elles furent dites francs-maçonniques, parce que leurs membres avaient été exemptés par le pape des impôts que payaient les autres ouvriers. La franc-maçonnerie, telle qu'elle existe de nos jours, n'a aucun rapport avec l'art de l'architecture. Les écrivains maçonniques l'appellent maçonnerie spéculative pour la distinguer de la maçonnerie opérative ou art de la construction. Quelle que soit son origine, il est certain qu'un ordre de francs-maçons existait à Londres, lors du grand incendie de 1666 et que Christopher Wren était le grand-maître de cet ordre. En 1702, la loge de Saint-Paul, la principale ou peut-être la seule d'Angleterre, étendit les privilèges de la maçonnerie aux hommes de toutes les professions, pourvu qu'ils eussent préalablement été initiés à cet ordre. En 1723, les loges anglaises adoptèrent une constitution qui devint la loi organique de leur ordre. Cette constitution fut introduite en France en 1725. En janvier 1873, il existait dans l'univers environ 10,000 loges et un million de francs-maçons. — La franc-maçonnerie est organisée en loges. Le grade le moins élevé est celui d'apprenti, le second celui de compagnon, le troisième celui de maître-maçon. A la tête de l'association se trouve un grand-maître. Les membres se reconnaissent par des signes, des attouchements et des paroles symboliques. — Les francs-maçons, qui ne forment plus, en France du moins, qu'une société de bienfaisance, ont joué un rôle politique assez important au XVIIIe siècle et sous la Restauration. Ils furent excommuniés par le pape Pie IX.

FRANC-MAÇONNIQUE adj. Qui appartient à la franc-maçonnerie.

FRANC-MITOU s. m. Nom donné, au XVIIe siècle, à des mendiants dont la spécialité consistait à contrefaire les malades et à simuler des attaques de nerfs. — Au plur. DES FRANCS-MITOUS.

* **FRANCO** adv. (ital. *franco*, libre). Comm. Sans frais : *vous recevrez ce paquet franco*.

FRANCO. Préfixe exprimant l'association ou le rapport des Français ou de la France avec un autre peuple ou un autre pays : *franco-allemand, franco-anglais, franco-espagnol*, etc. — Guerre franco-allemande, guerre de 1870-71, entre la France et l'Allemagne; en voici le résumé historique. Depuis les guerres du prem.er Empire, la Prusse, agrandie par les traités de 1815, prenait ses mesures pour rétablir l'unité allemande, brisée par la Révolution. Dans ce but, elle porta, pendant 50 années et avec une persévérance qui n'a peut-être pas d'égale dans l'histoire, tous ses efforts vers l'organisation d'une armée nationale, comprenant l'universalité des hommes en état de porter les armes. En même temps, la haine de la France était entretenue dans les écoles, dans l'administration et dans le peuple, par des moyens qu'il serait trop

long d'énumérer ici. La révolution de 1848 faillit faire évanouir les projets de la Prusse, en tournant les idées de l'Allemagne vers la fédération républicaine; mais, après la réaction, la France, qui avait donné le signal du soulèvement populaire, et qui ne l'avait pas soutenu, devint le bouc émissaire que tous les partis accusèrent d'avoir causé les maux de l'Allemagne. La guerre d'Italie (1859), creusa encore plus profondément entre les deux nations l'abîme qui les sépare depuis 1806. L'empereur Napoléon III, au lieu de porter incessamment ses regards vers nos frontières du Rhin, données à la Prusse en 1815, se laissa détourner de la politique nationale, et entreprit des expéditions lointaines, ruineuses et injustes. Pendant la guerre du Mexique, qui nous fit perdre nos derniers alliés, la Prusse profita de l'impossibilité où nous étions d'intervenir en Europe, pour entreprendre la réalisation de ses plans. La conquête du Schleswig-Holstein (1864) et la défaite de l'Autriche (1866) furent les premiers actes du drame qui devait avoir son dénoûment sous les murs de Paris. L'empereur ayant fait remettre au roi de Prusse une note pour lui demander une rectification de frontières et la restitution des territoires enlevés à la France après la deuxième invasion, et le roi de Prusse ayant déclaré inadmissible cette réclamation (août 1866), une guerre devint inévitable. L'Allemagne était prête; la France croyait l'être, mais M. Drouyn de Lhuys, ne voulant pas s'associer davantage à la politique impériale, abandonna le ministère des affaires étrangères le 2 sept. — L'empereur, renonçant à demander une restitution de territoire à la Prusse, lui proposa secrètement un traité par lequel : 1° il approuvait les acquisitions faites par la Prusse dans la guerre précédente; 2° le roi de Prusse promettait d'aider la France à soumettre le Luxembourg; 3° l'empereur s'engageait à ne pas s'opposer à l'union fédérale des provinces septentrionales et méridionales de l'Allemagne, l'Autriche exceptée; 4° le roi Guillaume, dans le cas où l'empereur voudrait entrer en Belgique pour conquérir ce pays, s'engageait à le secourir en armes contre toute puissance hostile; 5° les deux souverains formaient une alliance défensive et offensive. — Ce traité fut rédigé et écrit par notre ambassadeur en Allemagne, le comte de Benedetti, qui eut la naïveté de laisser cette pièce compromettante entre les mains de M. de Bismarck, après que le roi Guillaume eut refusé d'accéder au traité proposé. Le gouvernement français, quoique aveuglé par l'éclat de ses victoires passées, voulut néanmoins prendre quelques mesures militaires qui pussent le mettre à même de soutenir une lutte armée, dont l'heureuse issue ne faisait pas de doute à ses yeux. Le 30 oct., une commission fut nommée pour s'occuper des modifications à apporter à l'organisation de l'armée, et, dans les premiers jours de déc., les troupes françaises quittèrent Rome, qu'elles réoccupèrent l'année suivante. — En mars 1867, une discussion s'éleva au sujet de la proposition qu'avait faite Napoléon au roi de Hollande de lui acheter le Luxembourg. Le roi de Prusse s'opposa formellement à ce projet, en prétextant que le Luxembourg avait jadis fait partie de la Confédération germanique. Le différend fut porté devant une assemblée de représentants des grandes nations, réunis à Londres. Ils déclarèrent la neutralité du Luxembourg et décidèrent l'évacuation de ce pays par la garnison allemande et la destruction des fortifications (7-11 mai 1867). Au commencement de 1868, les Chambres votèrent une loi autorisant le gouvernement à lever 400,000 hommes par an et à former une garde mobile. Après le plébiscite (8 mai 1870), l'empereur se crut assez fort pour entreprendre la guerre. Le prince Léopold de Hohenzollern-Sigmaringen

(de la dynastie prussienne, frère de Charles, prince de Roumanie, ayant consenti à se laisser porter comme candidat au trône d'Espagne (4 juillet 1870), le duc de Gramont, ministre des affaires étrangères, demanda des explications et prononça des discours effrayants à la Chambre; après quelques négociations et grâce à l'intervention de la Grande-Bretagne, le prince Léopold se désista de ses prétentions à la couronne qu'on lui offrait (12 juillet). Cette soumission ne satisfit pas nos gouvernants, et le comte Benedetti insista auprès du roi Guillaume en le priant de prendre l'engagement qu'une pareille acceptation ne se renouvellerait pas. Le roi refusa d'accéder à cette demande et ne voulut même plus recevoir l'ambassadeur (13 juillet). Le 15 juillet, l'empereur fit connaître au pays qu'il déclarait la guerre au roi de Prusse. Cette communication fut portée au Sénat par M. de Gramont, et au Corps législatif par M. Emile Ollivier. Les sages paroles que voulut faire entendre M. Thiers ayant été couvertes par les clameurs et par les injures de la majorité gouvernementale, la politique impériale obtint l'approbation des Chambres. Pour enlever les suffrages, M. Ollivier s'écria : « Nous acceptons *d'un cœur léger* la responsabilité de cette lutte »; et le ministre de la guerre, M. Leboeuf, ajouta dans les couloirs : « Nos soldats sont prêts *jusqu'au dernier bouton de guêtre* ». Le lendemain, le Sénat se rendit en masse à Saint-Cloud et fit lire par M. Rouher une plate déclaration dans laquelle se trouvaient les phrases dans le genre de celle-ci : « L'heure de la victoire est proche... la France le sait et le génie de l'empereur le lui garantit ». M. Paul de Cassagnac révéla dans le *Pays* le véritable mobile de cette entreprise prématurée, lorsqu'il écrivit : « Pour nous, la guerre est impérieusement réclamée par les besoins de la dynastie »; et l'impératrice disait à ses courtisans : « C'est ma guerre; il me la faut » Pendant que des mouchards habillés de blouses blanches parcouraient les boulevards en hurlant : « A Berlin ! » les troupes se réunissaient à la hâte ; mais il n'y avait pas d'armes pour la garde mobile. L'armée active manquait de cartouches, de vivres, d'objets de campement, de moyens de transport; l'incurie régnait partout, le général Michel cherchait sa brigade ; d'autres officiers ne purent trouver leurs régiments ; le désordre était à son comble, surtout dans le service de l'intendance. L'armée française comptait à peine 300,000 hommes répartis en huit corps d'armée :

1er corps (maréchal Mac-Mahon), à Strasbourg.

2e	—	(général Frossard), à Saint-Avold.
3e	—	(maréchal Bazaine), sous les murs de Metz.
4e	—	(général Ladmirault), à Thionville.
5e	—	(général de Failly), à Bitche, entre Frossard et Mac-Mahon.
6e	—	(maréchal Canrobert), formait la réserve; il devait se porter de Chalons à Nancy.
7e	—	(Félix Douay), gardait la trouée de Belfort.
8e	—	(général Bourbaki), formé de la garde impériale, manœuvrait avec le corps de Bazaine.

Dès le 20 juillet, chacun de ces huit corps d'armée se trouvait à son poste, mais ce fut le 28 seulement que l'empereur se décida à quitter Saint-Cloud pour se rendre à Metz.

L'armée prussienne, commandée par le roi Guillaume et par le comte de Moltke, se composait de 646,000 hommes, divisés en quatre armées :

1° L'armée du Nord (220,000 h.), commandée par le général Vogel de Falkenstein, défendait l'Elbe et le Hanovre.

2° L'armée de droite (180,000 h.), commandée par le prince Frédéric-Charles,

3° L'armée du centre (80,000 h.), commandée par les généraux de Bittenfeld et de Steinmetz.
4° L'armée de gauche (166,000 h.), sous les ordres du prince royal de Prusse.

Renforcées par les Bavarois, les Wurtembergeois et les Badois, ces armées comptaient 1,124,000 hommes en août 1870.

Les Allemands ne possédaient pas seulement l'avantage du nombre; il est triste de dire qu'ils avaient en leur faveur tous les genres de supériorité, sauf pourtant celle du courage. Pendant que nos officiers restèrent livrés à leur propre initiative, les Allemands furent invariablement guidés par un plan bien mûri. De Saarbrück à Sedan, M. de Moltke n'abandonna rien au hasard, et tous ses ordres furent exécutés avec une précision mathématique. Le trait caractéristique de sa tactique est la rapidité avec laquelle des masses énormes se portèrent sur les points où il avait résolu de remporter un succès. Les causes du triomphe des Allemands furent donc, outre leur écrasante supériorité numérique : l'unité absolue de leur commandement, le concert de leurs opérations; la supériorité de leur armement et de leur équipement; la discipline, l'intelligence et l'instruction de leurs soldats; l'éducation militaire de leurs officiers, la hardiesse de leur cavalerie. Pendant que leurs troupes agissaient avec un ensemble admirable, nos généraux donnèrent trop souvent l'exemple de la jalousie qu'ils se portaient entre eux. — La déclaration de guerre ayant été notifiée à Berlin le 19, le parlement de l'Allemagne du Nord s'assembla et s'engagea à soutenir la Prusse dans la guerre qui allait commencer. Le 20, le Wurtemberg, la Bavière, Bade et la Hesse-Darmstadt déclarèrent la guerre à la France et envoyèrent leurs troupes renforcer l'armée prussienne. Le 23, les Prussiens firent sauter le pont de Kehl, le 25, un journal anglais, le *Times*, publia le traité proposé par Napoléon au roi de Prusse, en 1866. Son authenticité fut d'abord mise en doute; mais il fallut bientôt se rendre à l'évidence. La publication de cette pièce indisposa contre nous presque toutes les nations, et particulièrement la Belgique. Le 26, un tien à Niederbronn, une escarmouche pendant laquelle un officier bavarois fut tué. Le 25, Napoléon, suivi d'immenses *impedimenta*, arrivait à Metz et adressait aux troupes une proclamation dans laquelle il déclarait que *la guerre devait être longue et pénible*. Après quelques engagements sans importance à Sarrebrück, à Sarreguemines et à Volkingen, l'empereur se décida à prendre l'offensive et Frossard reçut l'ordre de s'emparer de Sarrebrück; le 2 août au matin, l'ennemi évacuait la position après une courte bataille à laquelle assistèrent Napoléon et son fils; ce dernier ramassa une balle sur le champ du combat. Le 4 août, le prince royal de Prusse passa la Lauter et s'avança sur le Geisberg, près de Wissembourg, alors occupé par une division du 1er corps, commandée par le général Abel Douay. Celui-ci, quoique surpris, organisa rapidement son plan de bataille sous le feu même de l'ennemi. Malgré l'héroïque courage des turcos, l'armée française fut obligée de se replier par la route de Soulz, sous les ordres du général Pellé qui avait pris le commandement, en remplacement du général Douay, mortellement blessé d'un éclat d'obus; elle laissait à l'ennemi un canon et environ 300 prisonniers. Cette défaite livrait aux Allemands l'entrée de l'Alsace et les routes de Strasbourg et de Metz : les désastres commençaient pour nous. Pendant que le corps du maréchal Mac-Mahon était battu à Reichshoffen (voy. ce mot), après une bataille longue et désespérée, les généraux prussiens de Gœben et de Steinmetz reprenaient Sarrebrück et nous infligeaient une défaite à Forbach (voy. ce mot), dans la même

journée (6 août). Malgré ces revers et l'occupation de Forbach, de Haguenau et de Sarreguemines, l'empereur disait toujours : « Tout peut se rétablir ». Après Reichshoffen, Mac-Mahon se retira à Saverne pour couvrir Nancy; il avait alors sous ses ordres 50,000 hommes. Canrobert se trouvait à Nancy, avec un nombre égal de combattants, et Bazaine venait de recevoir le commandement en chef de l'armée française de Metz comptant 130,000 hommes (8 août). Le 9 août, une escadre de neuf cuirassés français, commandée par l'amiral la Roncière le Noury, alla croiser dans la Baltique. Le même jour, les Prussiens occupèrent Saint-Avold et le ministère Ollivier tomba aux applaudissements de la France; il fut remplacé par un nouveau cabinet formé par le général Cousin-Montauban, qui prit pour lui le portefeuille de la guerre. Le 10 août, Lichtembourg capitula devant les Allemands; Strasbourg fut investi par eux; toutes nos troupes se replièrent sur Metz, à l'exception du corps d'armée de Mac-Mahon et de celui du général de Failly, qui se rabattirent sur Châlons. Le 11, les communications avec Strasbourg étaient coupées. Le 12, Nancy tombait sans résistance aux mains des Allemands, et les Bavarois passaient les Vosges. Le 13, Bazaine prit le commandement de l'armée du Rhin. Le 14, commença le bombardement de Strasbourg, pendant que Toul refusait de se rendre et que Napoléon se retirait à Verdun. Le même jour, le corps de Bazaine livrait à Courcelles et à Borny (voy. ces mots) une immense bataille sanglante et sans résultat contre le général de Steinmetz et la 1re armée. Deux jours après (16 août), ce même corps se faisait battre à Vionville ou Mars-la-Tour par le prince Frédéric-Charles. Le 18 août, les armées allemandes remportaient un nouveau succès sur nos troupes à la journée de Gravelotte. (Voy. GRAVELOTTE.) Napoléon avait à ce moment quitté l'armée de Bazaine pour se rendre à Châlons. Les Allemands, laissant une partie de leurs troupes devant Metz, se mirent à la poursuite de l'empereur. Pendant que ces événements se déroulaient sous Metz, les Français tentaient une sortie malheureuse à Strasbourg et les Allemands attaquaient Phalsbourg sans succès. Le 16 août, Mac-Mahon arrivait à Châlons, où il était le lendemain rejoint par Napoléon; son armée comptait de 130,000 à 150,000 combattants. Le 18 août, le général Trochu, gouverneur de Paris, mit cette ville en état de siège. L'armée du Rhin, sous les ordres de Mac-Mahon, battait en retraite devant les troupes du roi Guillaume et du prince royal, pendant que Bazaine était bloqué à Metz par le prince Frédéric-Charles. Il y avait en ce moment (20 août) en France 500,000 Allemands, tandis que les soldats français étaient au nombre de 300,000 seulement. Mac-Mahon déploya son armée le long de la Marne, puis, sur l'ordre de Palikao, il abandonna cette position (où il pouvait arrêter l'ennemi), pour aller au secours de Bazaine, alors complètement isolé à Metz. L'avant-garde de l'armée allemande passa de ce mouvement et s'avança de Pont-à-Mousson à Bar-le-Duc, elle était alors à 180 kil. de Paris. Les Allemands tentèrent, mais sans résultat, une attaque contre Verdun. Le 25 août, ils occupèrent Châlons; le même jour, la petite ville fortifiée de Vitry capitula. Bazaine tenta une sortie (voy. METZ), mais fut repoussé; Phalsbourg se défendit héroïquement. Le 28, Thionville tombait au pouvoir des Allemands et un régiment de chasseurs français était complètement décimé dans un engagement à Busancy, entre Vouziers et Stenay. Le 27, deux armées allemandes, comptant 220,000 hommes, marchèrent sur Paris. Mac-Mahon, suivi pas à pas par les ennemis, continuait son mouvement de retraite vers le Nord pour secourir Bazaine en livrant des combats à Dun, à Stenay, à Mouzon; une partie de son

armée, commandée par de Failly, fut surprise et battue à Beaumont, entre Mouzon et Moulins, et cette défaite la jeta au delà de la Meuse. Le lendemain, les Allemands entraient à Carignan; les Français, attaqués dans la plaine de Douzy, remportèrent d'abord un léger succès; vaincus ensuite, ils se replièrent sur Sedan, où ils furent aussitôt enveloppés, sans vivres, sans provisions, sans espoir de secours. Le 31, une armée de 100,000 anciens soldats français fut refusa d'accepter les conditions offertes par le roi de Prusse. Le lendemain (2 sept.), eurent lieu la honteuse capitulation de Sedan (voy. ce mot), et la reddition de l'armée de Mac-Mahon et de Napoléon (150,000 h.). Lorsque cette nouvelle arriva à Paris, u e révolution éclata (voy. SEPTEMBRE). Le Corps législatif et la députation parisienne, réunis à l'hôtel de ville, proclama la république et forma le gouvernement de la Défense nationale. La présidence fut donnée au général Trochu, qui avait été nommé par Napoléon gouverneur de Paris. L'impératrice partit pour l'exil. L'armée prussienne s'avançait toujours sur Paris; le 6, Reims était occupé par le roi Guillaume; le 7, Vinoy qui, à la tête d'un corps d'armée, avait été envoyé au secours de Mac-Mahon, rentra à Paris; le même jour Saint-Dizier tomba au pouvoir des Allemands; le lendemain, Strasbourg était investi par 60,000 Prussiens, pendant que Verdun se défendait héroïquement. Cinq armées allemandes marchaient contre la capitale : Laon fut obligé de se rendre pour éviter une destruction totale (9 sept.); une explosion accidentelle ou préméditée causa la mort de plusieurs Français. Le 10, les communications avec Metz, Thionville, Phalsbourg, Toul et Bitche étaient coupées pour nous. Le même jour, les Allemands tentaient une attaque infructueuse contre Toul. Le 12, le pont de Creil sautait. Le 13, six corps d'armée allemands comptant 300,000 hommes arrivèrent sous les murs de Paris. (Voy. PARIS, *siège de*.) Le 25 septembre, Verdun fut investi par les Allemands; les 23, 24 et 27, Bazaine fit de vaines tentatives pour sortir de Metz; le 27, Clermont fut occupé par les Prussiens après une courte, mais énergique résistance, pendant que Strasbourg (voy. ce mot) capitulait. Le 30, Beauvais tomba au pouvoir des Allemands, et le lendemain, Mantes subit le même sort; le 4 octobre, ce fut le tour d'Epernon et de la Ferté. Depuis le 16 septembre on organisait sur la Loire une nouvelle armée, formée de troupes rappelées d'Afrique; elle ne tarda pas à compter environ 30,000 hommes qui furent placés sous le commandement du général La Motte-Rouge. Le 5 octobre, le général Reyan, à la tête de l'avant-garde de cette armée, remporta sur les Allemands un léger succès entre Chaussy et Thoury et fit quelques prisonniers. Le 7 octobre, Bazaine tenta une grande sortie; il fut repoussé et perdit environ 2,000 hommes sur 40,000 qu'il avait engagés; l'ennemi ne perdit guère plus de 600 hommes. Le 8, Neu-Brisach fut bombardé et les Allemands, qui avaient attaqué Saint-Quentin, furent vigoureusement repoussés. Le 9, Garibaldi arriva à Tours, où il fut accueilli avec enthousiasme, en même temps que Gambetta, parti de Paris en ballon; dans une proclamation lancée dès son arrivée, celui-ci établissait que Paris contenait 560,000 défenseurs, que les canons ne manquaient pas et que les femmes faisaient des cartouches.

Cependant l'ennemi, effrayé de la formation de l'armée de la Loire, envahissait le centre et l'ouest de la France; le 10, le premier corps bavarois, sous les ordres du baron Von der Tann, rencontra nos troupes à Artenay et les força à se replier après un engagement assez vif dans lequel nous perdîmes près de 2,000 prisonniers. Le même jour, les Prussiens étaient moins heureux à Chérizy, d'où ils furent repoussés. Von der Tann brûla une vingtaine de villages, et fit fusiller 150 paysans; il s'empara ensuite d'Orléans et l'armée de la Loire, vaincue, se retira derrière le fleuve (11 oct.). Bourbaki prit le commandement de Tours et d'Aurelle de Paladines remplaça La Motte-Rouge à la tête de l'armée de la Loire. Le 12, Garibaldi fut nommé commandant d'un corps de garibaldiens. Dans les Vosges, il n'y avait plus d'armée française régulière, mais les défilés étaient gardés par des francs-tireurs. Le 16, Soissons se rendait après un siège de trois semaines et un bombardement de quatre jours. Gambetta partit alors pour l'armée des Vosges, Bourbaki fut nommé commandant en chef de l'armée du Nord et remplacé à l'armée de la Loire par le général Mazière. Le 17, les Allemands attaquèrent Montdidier; le 18, 4,000 Français furent assaillis et vaincus près de Chateaudun, après dix heures de combat. Le 21, Vesoul et Chartres furent occupés par l'ennemi; le 22, Schelestadt fut bombardé, pendant que l'armée de l'Est essuyait des revers à Vouray et à Cussey dans les Vosges. Le même jour, le général Cambriels repoussa les Allemands, qui assiégeaient Chatillon-le-Duc. Le 23, Saint-Quentin tombait aux mains de l'ennemi. Le 24, Gambetta envoya aux maires des pays envahis l'ordre de résister jusqu'à la dernière extrémité, et Schelestadt capitula. Les négociations pour la reddition de Metz recommencèrent et Thiers reçut la mission de proposer un armistice (24 oct.). Le 27, Bazaine rendit Metz (voy. ce mot), pendant que nous essuyions une défaite près de Gray (Haute-Saône). Deux jours après, Dijon tombait au pouvoir de l'ennemi. Le lendemain, Gambetta lançait la fameuse proclamation dans laquelle il accusait Bazaine de trahison et suppliait les Français de tenter un suprême effort. Le 1er novembre, Thionville était investi; le 7, cette ville était bombardée, le 8, Verdun capitula. Toutes les forces ennemies marchaient alors sur Paris, car la capitulation de Metz avait permis au prince Frédéric-Charles d'accourir contre notre armée de la Loire avec 200,000 hommes. Le 9 novembre, le 16e corps français, commandé par Chanzy, rencontra à Coulmiers les Allemands, sous les ordres du général Von der Tann. Les ennemis furent vaincus et forcés d'évacuer Orléans, ainsi que toutes les positions qu'ils occupaient autour de cette ville et de se retirer à Thoury, laissant entre nos mains plus de 2,000 prisonniers. Pendant ce temps, l'armée du prince Frédéric-Charles arrivait sur la Loire par petits détachements et bientôt le Mans fut menacé. Néanmoins, les 27 et 28 novembre, nous remportâmes quelques légers succès à Ladon, à Maizières, à Juranville et à Beaune-la-Rolande, sur les colonnes du duc de Mecklembourg, qui durent revenir sur leurs pas. Quand arriva la nouvelle que les Parisiens voulaient tenter une grande sortie, les 15e, 16e, 18e et 20e corps se mirent en marche sur Paris; en même temps, le général Faidherbe, qui commandait à Lille un corps assez considérable, recevait l'ordre de concentrer aussi ses troupes autour de la capitale. Malheureusement, le général Chanzy se trouva isolé du général d'Aurelle; Chanzy fut forcé de battre en retraite, après les batailles de Bazoches-des-Hauts (2 déc.) et de Chevilly (3 déc.). Cette retraite amena une nouvelle occupation d'Orléans par les Prussiens, auxquels nous laissions 10,000 prisonniers et 77 canons (4 déc.). On

forma alors deux armées, l'une (15e, 18e et 20e corps), sous les ordres de Bourbaki, l'autre (16e, 17e, 21e) sous ceux de Chanzy et, au moment où ce dernier luttait avec plus de courage que de bonheur contre le prince Frédéric-Charles, le gouvernement français se transporta de Tours à Bordeaux. Chanzy établit son quartier général au Mans où, un mois plus tard (10 janvier), il fut attaqué par le prince Frédéric-Charles et forcé, malgré des prodiges de valeur, de se replier sur Laval. Dans le Nord, l'armée française (27 nov.) fut battue entre Villers-Bretonneux et Saleux près d'Amiens par le général de Manteuffel, qui profita de cette victoire pour entrer dans Amiens (28 nov.) et dans Rouen (6 déc.). Plus au nord, Bourbaki fut remplacé par Faidherbe. Celui-ci organisa le 22e et 23e corps, à la tête desquels il soutint à Pont-Noyelles (23 déc.) l'attaque des troupes de Manteuffel; les deux armées s'attribuèrent la victoire. Faidherbe se retira alors derrière la Scarpe jusqu'au 9 janvier, où il livra une seconde bataille indécise à Manteuffel, près de Bapaume. Le 19 il fut complètement défait à Saint-Quentin par le général von Gœben et laissa aux mains des ennemis 4,000 prisonniers. Dans l'Est, nos opérations ne furent pas couronnées de beaucoup plus de succès et finirent par un désastre. Bourbaki fut d'abord vaincu à Villarais, au sud de Vesoul, par le baron de Verder (9 et 10 janv.); il livra ensuite (15 et 16 janv.) une bataille indécise à même général, entre Héricourt et Villersexel, près de Belfort, et fut forcé de battre en retraite vers le Sud, pendant que Garibaldi repoussait victorieusement à Dijon une attaque des Prussiens. Le 30 janvier, l'armée de Bourbaki, commandée par Clinchant, fut obligée, par suite de l'armistice, de se réfugier en Suisse près de Pontarlier, laissant à l'ennemi 6,000 prisonniers. Depuis le 22, des négociations avaient été entamées entre Thiers et Bismarck, et le 28 février, un armistice fut signé pour 21 jours. Le 1er mars, Thiers, Jules Favre et 15 délégués de l'Assemblée nationale acceptèrent les préliminaires d'un traité, qui fut conclu à Francfort, le 10 mai et ratifié par l'Assemblée nationale le 18 mai 1871. La France avait perdu pendant cette guerre 500,000 hommes, tant tués que blessés et prisonniers; les pertes des Prussiens s'élevaient à 127,867 tués et blessés. (Voy. FRANCE.)

FRANCO-GALLIQUE adj. Qui appartient aux Francs et aux Gaulois. — ÉCRITURE FRANCO-GALLIQUE, nom donné à l'écriture des diplômes des rois de la première race. On dit aussi ÉCRITURE MÉROVINGIENNE.

FRANÇOIS, nom porté par plusieurs souverains et par des personnages célèbres

I. ALLEMAGNE ET AUTRICHE.

FRANÇOIS Ier (Étienne), empereur d'Allemagne, né à Nancy le 8 déc. 1708, mort à Inspruck le 18 août 1765. Il était fils de Léopold, duc de Lorraine, et d'une nièce de Louis XIV, et était arrière-petit-fils de l'empereur Ferdinand I. En 1735, son duché de Lorraine fut échangé pour la reversion de celui de Toscane, qu'il reçut en 1737. En 1736, il épousa Marie-Thérèse, fille et héritière de l'empereur Charles VI. A la mort de l'empereur, en 1740, il partagea, avec sa femme, la souveraineté des États autrichiens, et fut élu empereur d'Allemagne en 1745. Doux et pacifique, il laissa sa femme gouverner l'empire. Deux ans après la fin de la guerre de Sept ans, il mourut et légua la couronne d'Allemagne à son fils Joseph II.

FRANÇOIS Ier (FRANÇOIS Ier d'Autriche), empereur d'Allemagne, né le 12 février 1768, mort le 2 mars 1835. Il était fils de l'empereur Léopold II et de Marie-Louise, fille de Charles III, roi d'Espagne. Léopold mourut en 1792, et François fut successivement cou-

ronné roi de Hongrie, empereur d'Allemagne et roi de Bohême. Voulant étouffer la Révolution, il entreprit contre la France une guerre dans laquelle les armées françaises, commandées en dernier lieu par Bonaparte, s'emparèrent de tout le nord de l'Italie; François fut alors forcé de conclure le traité de Campo-Formio (17 oct. 1797); par lequel il cédait la Belgique, Milan et la province rhénane en échange de Venise. En 1799, il entra dans la coalition de la Russie et de l'Angleterre contre la France, et, après de nombreux désastres, fut obligé de signer la paix de Lunéville (1801), par laquelle il abandonnait une partie de l'Allemagne et acquérait une partie de l'Italie. Une seconde coalition entre la Russie et l'Angleterre amena la bataille d'Austerlitz (2 déc. 1805), suivie de la paix de Presbourg (26 déc.), en vertu de laquelle François abandonna le Tyrol, Venise, trois millions de ses sujets et ne reçut d'autre compensation que Salzbourg. En 1806, François, qui avait pris en 1804 le titre d'empereur héréditaire d'Autriche, abandonna solennellement celui d'empereur d'Allemagne. En 1809, il déclara encore la guerre à Napoléon, fut défait à Wagram et forcé de signer la paix de Schœnbrünn (14 oct.), qui lui coûta plusieurs riches provinces et plus de trois millions et demi de sujets. Il consentit à donner en mariage à Napoléon sa fille, Marie-Louise. En 1813, François déclara sa neutralité, mais, sur le refus de Napoléon d'accepter sa médiation avec la Russie, il se joignit aux alliés et contribua pour une bonne part à leur victoire de Leipzig. Après la signature de la paix qui suivit la bataille de Waterloo, François qui avait acquis la Lombardie et Venise, posséda un empire plus grand que celui qu'il avait avant la Révolution. Il entra dans la Sainte-Alliance en 1816, et sa politique d'absolutisme, développée par Metternich, devint la politique européenne. En 1820-'21, ses armées réprimèrent en Italie les mouvements révolutionnaires. Il eut pour successeur son fils Ferdinand I.

FRANÇOIS-CHARLES, archiduc d'Autriche, fils de l'empereur François Ier et de Marie-Thérèse, né le 7 décembre 1802, mort en mars 1878. Appelé au trône d'Autriche en 1848, mais n'ayant aucun goût pour le pouvoir, il abdiqua en faveur de son fils aîné François-Joseph, empereur actuel.

II. ANJOU.

FRANÇOIS, duc d'Anjou (1554-'84), frère de Henri III. (Voy. ANJOU.)

III. BRETAGNE.

FRANÇOIS Ier, le Bien-aimé, duc, né à Vannes en 1414, mort en 1450, succéda à son père Jean V en 1442. Il institua l'ordre de l'Épi et bâtit la chartreuse de Nantes..

FRANÇOIS II, dernier duc de Bretagne (1459-'88), entra dans la Ligue du Bien public contre Louis XI, prit part au traité de Conflans, fut attaqué par le roi et forcé de signer la paix humiliante d'Ancenis, s'associa à la coalition du duc d'Orléans contre Anne de Beaujeu et mourut de chagrin à la défaite de ses troupes à Saint-Aubin-du-Cormier. Sa fille, Anne, devint reine de France.

IV. DEUX-SICILES.

FRANÇOIS Ier, fils de Ferdinand I et de Caroline-Marie, né le 19 août 1777, mort le 8 nov. 1830. Il épousa une fille de l'empereur Léopold II, après la mort de laquelle en 1801, il se remaria avec une fille de Charles IV d'Espagne. Héritier du trône, il favorisa les partis réformés, comme gouverneur de Sicile et comme régent de Naples. Roi en 1825, il eut un règne court mais fameux par sa corruption et sa cruauté. Sa seconde femme lui donna sept filles et cinq fils dont l'aîné, Ferdinand II, lui succéda.

V. FRANCE.

FRANÇOIS I, roi de France, chef de la branche des Valois-Angoulême, né près de Cognac, sous un chêne, où sa mère, Louise de Savoie, surprise par les douleurs de l'enfantement, au milieu d'une partie de chasse, le mit au monde le 12 sept. 1494; mort à Rambouillet, le 31 mars 1547. Fils de Charles, comte d'Angoulême, il était l'héritier présomptif de Louis XII, qui n'avait pas d'enfant mâle. « Il fut élevé, dit Gaillard, au collège de Navarre, et fit assez de progrès dans les lettres pour les aimer toute sa vie. Il apprit peu de latin, mais la réflexion lui fit sentir l'utilité des langues; aussi en favorisait-il toujours l'étude, comme la base de toute littérature... » Ses précepteurs, Gouffier et Gaston de Foix, lui inspirèrent le goût des armes, que la lecture des romans de chevalerie développa jusqu'à la passion. Beau, brave, brillant, de haute taille, il annonça de bonne heure par sa conduite qu'il serait un jour le prince le plus chevaleresque et le plus écervelé de son siècle. Louis XII s'écria plusieurs fois : « Ce gros garçon gâtera tout ». Ces tristes pressentiments n'empêchèrent pas le roi de lui accorder sa fille, Claude de France. Devenu roi (1er janv. 1515), François se donna de suite le titre de duc du Milanais, et voulut faire valoir ses droits sur son duché italien, dont il était héritier par Valentine Visconti, grand'mère de Louis XII. Il passa immédiatement les Alpes, à la tête de 40,000 hommes, défit l'armée suisse du duc de Milan à Marignan (Melegnano), les 13 et 14 septembre 1515, reçut les mains de Bayard, sur le champ même de ce *combat des géants*, l'ordre de la chevalerie, entra à Milan, dépouilla Maximilien Sforza de ses États, acheta les Suisses, qui firent avec lui un traité de *paix perpétuelle*, signa un concordat avec le pape Léon X, auquel il rendit l'immense revenu des annates, et revint triomphalement à Paris. Le traité de Noyon mit fin à cette guerre. La mort de Maximilien, empereur d'Allemagne (1519), ouvrit la carrière à la vaste ambition du roi chevalier, qui posa sa candidature au trône impérial en même temps que Charles Ier d'Espagne et Henri VIII d'Angleterre. Le conseil électoral choisit le roi d'Espagne, qui devint Charles-Quint. Aussitôt François Ier, désappointé, se laissa entraîner par la violence de son caractère à ces guerres acharnées qui désolèrent l'Europe pendant tout son règne. Les deux adversaires commencèrent par rechercher l'alliance du roi d'Angleterre. Charles alla rendre une visite à ce monarque à Douvres, et en même temps, s'assura du concours du cardinal Wolsey, en lui promettant virtuellement la tiare. François invita Henri à venir en France et le reçut somptueusement dans une plaine située entre Guines et Ardres, au Camp du Drap-d'Or (4-24 juin 1520). Wolsey fomenta contre le roi de France une ligue dans laquelle entrèrent le roi d'Angleterre, l'empereur et le pape. La France fut attaquée de tous les côtés à la fois: au nord, l'héroïque Bayard sauva Mézières (1521); dans les Pyrénées, le général français Lesparre fut battu; en Italie, Lautrec perdit la bataille de la Bicoque (29 avril 1522) et évacua le Milanais, où nous ne possédions plus que Crémone. Les intrigues de la reine-mère finirent par pousser au désespoir le connétable de Bourbon, qui se joignit à l'empereur; les prodigalités de la cour ruinèrent les finances de l'État et les troupes restèrent sans argent. Le connétable de Bourbon défit une armée française à Biagrasso, où périt Bayard (1524) et le présomptueux Bonnivet repassa les Alpes. Les Impériaux, commandés par Bourbon et Pescaire, se précipitèrent sur la Provence, soumirent Aix et Toulon et assiégèrent Marseille. Le roi, se décidant à quitter sa cour voluptueuse, endossa l'armure et accourut avec de nouvelles forces, à la déli-

vrance du pays envahi. Les ennemis se retirèrent à son approche ; François, les poursuivant au delà des Alpes, entra en Piémont, commit la faute de disséminer ses forces, entreprit le siège de Pavie et livra, près de cette ville une grande bataille (24 février 1525), pendant laquelle il montra autant de vaillance comme chevalier que d'incapacité comme général. Vaincu et fait prisonnier, il écrivit à sa mère la fameuse lettre dans laquelle se trouve cette phrase : « De toutes choses ne m'est demouré que l'honneur et la vie, qui est sauve », phrase que les historiens ont traduite par cette autre, plus fière et plus concise : « Tout est perdu fors l'honneur ». Transféré à Madrid et tenu dans une étroite captivité, il s'abandonna au désespoir ; et vraisemblablement il aurait succombé à son découragement, si sa sœur, la moins chevaleresque mais plus énergique Marguerite de Valois, ne fût accourue pour apporter des consolations à son chagrin. François eut la pusillanimité de souscrire aux dures conditions de son vainqueur (14 janv. 1526). En échange de sa liberté, il livra ses deux fils (François et Henri) en otage jusqu'au paiement de sa rançon et abandonna ses prétentions sur l'Italie; de plus, il promit de donner à Charles-Quint, la Bourgogne, la Flandre, l'Artois, l'Auxonnois, le Charolais, etc., c'est-à-dire le quart de la France. Heureusement que les états de Bourgogne refusèrent de souscrire à ce démembrement de notre nationalité. Aussitôt libre, François, dégagé de sa promesse par le pape, ne crut point déroger aux lois de la chevalerie et de l'honneur en mettant autant de mauvaise foi à violer sa parole qu'il avait montré de faiblesse à la donner. La guerre se ralluma. François avait pour lui Henri VIII, Gênes et le pape Clément VII ; mais ses armées, aussi mal dirigées que précédemment, n'obtinrent aucun succès ; le pape tomba entre les mains de l'empereur ; les Génois, dégoûtés de l'alliance française, se tournèrent contre nous. Par le traité de Cambrai (1529), François abandonna ses prétentions sur l'Italie et promit d'épouser la reine Éléonore ; mais il n'accomplit que cette dernière clause. Dès que les circonstances lui parurent favorables, il passa en Italie pendant que son rival, menacé par les Turcs, guerroyait en Afrique. Il conquit la Savoie (1535) et Turin ; mais l'empereur, à son retour de Tunis, envahit la Provence, d'où le chassa presque aussitôt une famine causée par la dévastation de cette malheureuse province, dévastation opérée par l'ordre du roi, par le connétable de Montmorency. La trève de Nice (1538), signée pour dix ans, amena une alliance momentanée entre les deux rivaux. L'année suivante, Charles obtint, pour lui et pour son armée, l'autorisation de traverser la France, sous la vague promesse de rendre le duché des Milanais. Pour le fêter, François épuisa son trésor. L'empereur, ayant exterminé les Gantois révoltés, ne voulut pas entendre parler de céder le Milanais et la guerre recommença en 1542. Les Turcs, alliés naturels des Français, bombardèrent Nice, ravagèrent les côtes d'Italie et menacèrent l'Allemagne, les Impériaux échouèrent devant Landrecies, les Français soumirent le Piémont et François remporta la victoire de Cérisoles (1544). Mais pendant que le roi se trouvait en Italie, Henri VIII envahit la Picardie et Charles-Quint poussa jusqu'à Soissons. François n'arrêta leur marche qu'en vertu duquel il abandonna ses prétentions sur le Milanais. Ses jours furent abrégés par une maladie que lui communiqua la belle Ferronnière, la dernière de ses nombreuses maîtresses. — L'histoire, pleine de mansuétude pour les souverains, a beaucoup pardonné à ce prince galant jusqu'à la débauche ; elle a coloré d'un brillant vernis ses

actes violents, sa prodigalité, son favoritisme capricieux, l'absolutisme de son administration, la perfidie de plusieurs de ses actes; elle passe légèrement sur l'atrocité des mesures qu'il prit contre les hérétiques et particulièrement contre les Vaudois ; sur la dégradation des corps politiques et judiciaires; sur la vénalité des charges ; sur l'extrême misère du peuple qu'il accabla d'impôts et dont il étouffa les réclamations par d'impitoyables massacres. C'est que ce roi sut se faire pardonner ses défauts et même ses vices par sa générosité et par la protection qu'il accorda aux arts, aux sciences, aux lettres et à l'industrie. Il appela d'Italie des artistes tels que Léonard de Vinci, le Primatice, le Rosso, André del Sarto, Benvenuto Cellini, pour lui bâtir des châteaux ou pour décorer ses palais de Fontainebleau, de Saint-Germain, de Madrid, de Chambord, et pour former des élèves, dont la plupart devinrent illustres. Sous son règne, Chenonceaux fut commencé et Amboise fut achevé ; la première pierre de l'hôtel de ville de Paris fut posée en 1533. Le Primatice acheva en Italie, pour le roi de France, plus de cent statues, parmi lesquelles le *Laocoon* et la *Vénus de Médicis*. Pierre Lescot, l'un des fondateurs de l'école française, commença le Louvre. Le Havre-de-Grâce devint une petite ville maritime importante, sous le nom de *Francisco-polis*. Jaloux de mériter le titre de *Protecteur des lettres*, François Ier confirma d'abord tous les privilèges et immunités accordés par ses prédécesseurs aux imprimeurs et aux libraires (1515-16), résista seul contre la Sorbonne qui voulait « plutôt employer les flammes que le raisonnement contre les sectaires ». Du fond de sa prison de Madrid, il ordonna au parlement de suspendre les procédures contre les hérétiques, soutint l'illustre Erasme, contre les accusations de Noël Beda. Il accueillit à sa cour un grand nombre de savants et d'artistes proscrits ou réfugiés d'Italie, et leur donna des emplois, des travaux ou des pensions. Il accorda des lettres de naturalité à J.-C. Scaliger, admit dans sa familiarité des érudits tels que Poncher, Cop, Duchâtel, Pelissier, Colin, les trois du Bellay, Danès, Budé et d'autres encore qui s'asseyaient à sa table et composaient son conseil des lettres. A la sollicitation de Budé, de Duchâtel et de Jean du Bellay, il fonda le *Collège des trois langues*, qui devint le collège de France. Tout en accordant une bienveillance marquée aux lettres grecques et latines, il ne négligea pas la culture de la langue nationale, « qu'il sçavoit et parloit mieux que homme qui fust vivant en son royaume », nous apprend Duchâtel, dans son Oraison funèbre. Par son ordonnance du mois d'août 1539 (art. 110 et 111), donnée à Villers-Cotterets, il supprima l'usage du latin dans les tribunaux et dans les actes publics. — Sensible au charme des vers, il en composa parfois d'assez jolis, qui ont été réunis en 1846, par Champollion-Figeac. Tout le monde connaît cette boutade :

> Souvent femme varie,
> Bien fol est qui s'y fie.

Plus tard, des sacrilèges commis par les réformés et des placards contre la messe, mystérieusement affichés dans Paris et jusqu'à la porte de la chambre du roi (18 oct. 1534), irritèrent François au point qu'il n'écouta plus les conseils d'indulgence et qu'il prêta l'oreille aux suggestions de son entourage, de la Sorbonne, du Parlement et de la Faculté de théologie. Il fit défense aux imprimeurs d'imprimer, *sur peine de la hart* (13 janv. 1534). Tel est l'acte inconsidéré dicté par une colère impuissante, qui, de nos jours, a fait donner à ce roi le surnom de *Proscripteur de l'imprimerie*. Et pourtant c'est lui qui fonda l'Imprimerie nationale et réorganisa la Bibliothèque nationale; et c'est sous son règne que Rabelais osa écrire et publier ses audacieuses satires. — BIBLIOGR. L'histoire de François Ier a été écrite par Varillas (1685) et par Gaillard (1768). En 1825, P.-L. Rœderer a publié contre ce prince une diatribe dans laquelle il cherche à démontrer que François Ier, bien loin de mériter le titre de *Père des lettres*, fut le tyran forcené des consciences, le proscripteur de l'imprimerie et l'oppresseur de la raison humaine. — Le successeur de François Ier fut son fils Henri II.

FRANÇOIS II, né à Fontainebleau le 19 janvier 1543, mort le 5 décembre 1560. Fils aîné de Henri II et de Catherine de Médicis, il n'avait que 16 ans lorsqu'il monta sur le trône; il était, depuis un an (1558), l'époux de Marie Stuart, fille de Jacques V, roi d'Ecosse. Faible de corps et d'esprit, il laissa le gouvernement à François, duc de Guise, et au cardinal de Lorraine, ses oncles, dont l'arrogance irrita les princes du sang, Antoine, roi de Navarre et son frère, Louis de Condé. Une grande conspiration fut organisée par ce dernier prince et par les principaux seigneurs du royaume. Les Guises, ayant découvert le secret du complot, de nombreuses arrestations et des exécutions eurent lieu; l'inquisition fut établie pour réprimer le calvinisme. Condé fut arrêté, jugé et condamné à mort comme traître. Le décès de François lui sauva la vie.

SAINTS.

FRANÇOIS D'ASSISE (Saint), saint de l'Église catholique romaine et fondateur de l'ordre des Franciscains, né à Assise en 1182, mort le 4 octobre 1226. Il était fils d'un riche marchand nommé Pietro Bernardone. François mena joyeuse vie jusqu'au moment où, pendant une guerre civile entre Assise et Pérouse, il fut fait prisonnier et détenu un an. Pendant sa captivité, il forma le dessein de renoncer au monde, et ni la menace que lui fit son père de le déshériter, ni les sarcasmes populaires ne purent le faire renoncer à son projet. Il avait alors 24 ans (1206). Dès lors, il se consacra exclusivement à des œuvres charitables et pieuses. Le riche marchand, Bernardo de Quintavale, dans la maison duquel François avait reçu l'hospitalité, vendit tous ses biens en donnant aux pauvres le produit de la vente, et se joignit à lui pour prier. Pietro di Catana, chanoine de la cathédrale, imita cet exemple. Ces frères en J.-C. reçurent de François, le 16 août 1209, un uniforme qui se composait d'une robe grossière de serge attachée avec une corde. De ce jour fut véritablement fondé l'ordre des Franciscains. François pratiqua ainsi que ses compagnons l'ascétisme le plus sévère. Il prêcha partout où il put trouver des auditeurs, évita les disputes et les controverses, fut un zélé missionnaire et fit de grands voyages pour propager la religion catholique. Il rejoignit, en 1219, les croisés à Damiette, mais arriva au moment de la défaite de l'armée chrétienne. Jusqu'à la fin de sa vie, il se livra ardemment à la prière et aux exercices religieux. Il fut canonisé le 16 juillet 1228, par Grégoire IX. Fête le 4 octobre.

FRANÇOIS DE PAULE (Saint), fondateur de l'ordre des Minimes, né en 1416, mort le 2 avril 1507. Il était moine franciscain et, en 1428, se retira dans une grotte, près de sa ville natale, Paula, en Calabre. Il eut bientôt beaucoup d'adeptes, qui se construisirent des cellules. En 1436, une église et un couvent furent élevés et les minimes établis sous le nom d'ermites de saint François. Ils pratiquaient l'ascétisme le plus complet et firent vœu d'abstinence perpétuelle de viande. Louis XI de France, effrayé des approches de la mort, envoya chercher du saint dans l'espérance que les prières du saint obtiendraient la prolongation de sa vie. Sur l'ordre du pape, François se rendit à la cour du monarque qu'il assista dans ses derniers moments. Il fut

retenu en France par Charles VIII, qui le consulta souvent sur les affaires d'Etat. François de Paule fut canonisé par Léon X en 1519. Fête le 2 avril.

FRANÇOIS DE SALES (Saint), saint de l'Eglise catholique romaine, né en 1567, mort le 28 décembre 1622. Il appartenait à une noble famille de Savoie, étudia d'abord le droit à Padoue et entra finalement dans les ordres. Il se rendit célèbre par son éloquence religieuse, et, en 1593, dès qu'il fut ordonné prêtre, se consacra à des travaux de charité et à des missions. Accompagné de son cousin, Louis de Sales, il entreprit de convertir les protestants du Chablais et, en 1598, réussit à rétablir définitivement dans ce pays la religion catholique. En 1599, il fut nommé coadjuteur de l'évêque de Genève, auquel il succéda en 1602. Sa carrière épiscopale fut caractérisée par son zèle constant, par sa vigueur et par sa dévotion. Il établit des règles très sévères pour son clergé et pour lui-même, renonça au luxe, multiplia les fêtes et réforma les monastères. Son *Introduction à la vie dévote* (1608) est son ouvrage le plus renommé. Il fonda, conjointement avec la baronne de Chantal (1610), l'ordre de la Visitation. Ses *Œuvres complètes* ont été publiées à Paris (14 vol. in-8°, 1857-'59, et 5 vol., 1855 et 1864). Fête le 29 janvier.

FRANÇOIS RÉGIS (Saint), Voy. RÉGIS.

FRANÇOIS-XAVIER (Saint), Voy. XAVIER.

FRANÇOIS DE BORGIA (Saint), Voy. BORGIA.

PERSONNAGES CÉLÈBRES.

FRANÇOIS (Jean-Charles), graveur français, né à Nancy en 1717, mort à Paris en 1769. Il fit dans son art des découvertes utiles et perfectionna les procédés déjà connus. Il fut l'un des premiers à introduire en France la gravure *fac-simile* imitant le dessin au crayon.

FRANÇOIS DE NEUFCHÂTEAU (Nicolas-Louis, COMTE), écrivain et homme d'Etat, né à Sassay (Lorraine), en 1750, mort le 10 janvier 1828; fut élevé dans la ville de Neufchâteau, d'où il prit son surnom, se fit connaître, dès l'âge de 14 ans, par un *Recueil de poésies* qui lui ouvrit les portes de plusieurs académies de province; Voltaire encouragea sa muse naissante. Après avoir occupé différents emplois publics, François de Neufchâteau fut nommé procureur général au conseil du Cap français (1783). Pendant son retour de Saint-Domingue, en 1787, il fit naufrage et perdit tous ses manuscrits, parmi lesquels se trouvait une traduction de l'Arioste, qu'il regretta toute sa vie. Membre de l'Assemblée législative, il se signala par son zèle pour les réformes; mais il parut blâmer les actes de la Convention et devint suspect. Sa comédie de *Paméla ou la vertu récompensée*, jouée au Théâtre-Français en 1793, obtint un certain succès, mais le fit emprisonner jusqu'au 9 thermidor. Il écrivit, le 20 septembre 1793, aux administrateurs du département de Paris : « La pièce et l'auteur ont été calomniés; j'avais droit à des récompenses, et j'ai reçu des fers. » (François de Neufchâteau, malade, en état d'arrestation, sous la garde d'un gendarme, rue d'Enfer Saint-Michel, n° 60). Sous le Directoire, il devint ministre de l'intérieur (1797), puis directeur, à la place de Carnot. (Voy. DIRECTOIRE.) Il eut de nouveau le portefeuille de l'intérieur de 1798 à 1799. Sa carrière ministérielle fut marquée par la création de l'exposition des produits de l'industrie française (1er vendémiaire, an VII, 22 septembre 1798) et par plusieurs institutions utiles. En quittant son second ministère, il versa, dit-on, au trésor public une somme de 15 millions de francs, provenant de fonds secrets, laissés à sa disposition, et dont il ne devait compte qu'à sa conscience. Sénateur (1801), puis président du Sénat (1804), il devint

l'organe officiel des plates adulations de cette servile assemblée. A partir de 1814, il ne s'occupa plus de politique active; mais en 1816, il entra à l'Académie par ordonnance royale. Il a laissé, outre les ouvrages déjà cités: *Les Vosges*, poème (1796, in-8°); *Le Conservateur* (1800, 2 vol., in-8°), recueil de morceaux d'histoire et de littérature; *Fables et Contes en vers* (1814, 2 vol., in-12); *Les Tropes* en quatre chants (1817, in-12); *Trois Nuits d'un goutteux*, en trois chants (1819, in-8°).

FRANÇOISE (Sainte), fondatrice de la congrégation des Oblates ou Collatines, née à Rome en 1384, morte en 1448. Elle fut canonisée en 1608. Fête le 9 mars.

FRANÇOISE DE RIMINI. Voy. RIMINI.

FRANCOLIN s. m. (de *franc*, et de *colin*, sorte de perdrix). Ornith. Section du genre perdrix. On connaît environ 30 espèces de ce sous-genre, répandues dans les parties chaudes de l'hémisphère oriental, particulièrement en Afrique. Le francolin se nourrit de racines bulbeuses, de graines et d'insectes; ses repas ont lieu dès l'aube et à la nuit

Francolinus vulgaris

tombante. Le *francolin d'Europe* (*francolinus vulgaris*) se trouve dans les parties méridionales du continent que nous habitons; on le rencontre aussi dans d'autres pays de l'Afrique septentrionale et dans la plus grande partie de l'Asie. Sa chair délicate est des plus estimées.

FRANCONI, nom d'une famille d'écuyers célèbres. — Antoine (1738-1836), appartenait à une noble famille vénitienne. Forcé de fuir sa patrie, par suite de la condamnation à mort de son père, qui avait tué dans un duel un sénateur (1758), il se réfugia à Paris, où il ouvrit un manège, voyagea en province comme montreur d'animaux savants et revint à Paris en 1792, avec sa famille, qui composait sa troupe d'écuyers et d'écuyères. Ses deux fils, Laurent et Minette, qui obtinrent une vogue immense sous l'Empire et sous la Restauration, imaginèrent le travail équestre sans selle. — Adolphe, fils adoptif de Minette, n'obtint pas moins de succès sous le règne de Louis-Philippe.

FRANCONIE, Franconia (all. Franken ou Frankenland), terre des Francs), ancien duché plus tard cercle de l'empire germanique. Plusieurs de ses ducs furent élus empereurs (Conrad I et Conrad II, Henri III, Henri IV et Henri V). Pendant et après les guerres de Napoléon, ce duché fut réparti entre le Wurtemberg, Bade, Hesse-Cassel, la Saxe et la Bavière; ce dernier Etat en possède la plus grande partie, comprenant la vallée du Mein (Inns), haute et moyenne Franconie). — La HAUTE-FRANCONIE, all. Oberfranken, gît au N.-E. du royaume de Bavière, le long de la Saxe et la Bavière; 6,999 kil. carr.; 575,357 hab. Contrée montagneuse et riche en minéraux. Cap. Bayreuth. — La MOYENNE-FRANCONIE, all. Mittelfranken, est formée du margraviat d'Anspach, de l'évêché d'Eichstædt et d'une partie de Baireuth ; 7.572 kil. carr.; 643,817 hab. Elle confine le Wurtemberg à l'O. Contrée agricole; peu de minéraux, mais des manufactures importantes. Cap. *Nuremberg*. — La BASSE-FRANCONIE, all. *Unterfranken*, comprend l'ancien évêché de Würzbourg et une partie de celui de Fulda, ainsi que plusieurs petits territoires; 8,399 kil. carr.; 626,305 hab. La partie septentrionale est traversée par les monts Rhœn et au S.-O. par le Spessart. Cap. *Wurzbourg*.

FRANCONIEN, IENNE s. et adj. Habitant de la Franconie; qui appartient à la Franconie ou à ses habitants.

* FRANC-QUARTIER s. m. Blas. Premier quartier de l'écu, qui est à la droite du côté du chef, et qui est moins grand qu'un vrai quartier d'écartelure, et d'un émail différent du reste de l'écu: *d'azur à deux mains d'or, au franc-quartier échiqueté d'argent et d'azur.* — Au plur : *des francs-quartiers.*

* FRANC-RÉAL s. m. Sorte de poire, dont il y a deux espèces, l'une et l'autre peu estimées, le *Franc-réal d'hiver* et le *Franc-réal d'été*. — Au plur.: *des francs-réals.*

* FRANC-SALÉ s. m. Droit de prendre à la gabelle certaine quantité de sel sans payer : *il avait tant de minots de sel pour son franc-salé; des francs-salés.*

FRANC-TAUPIN s. m. Surnom que l'on donnait, par dérision, aux francs-archers, parce qu'on les employait souvent à creuser des mines. Au plur. : *des francs-taupins.* — Nom que se donnèrent les révoltés de 1440.

* FRANC-TILLAC s. m. Mar. Pont, tillac de plain-pied, sans interruption. Ne se dit que du pont des bâtiments de commerce: *le capitaine du navire répond des objets chargés sous le franc-tillac, sous franc-tillac.* Au plur.: *des francs-tillacs.*

* FRANC-TIREUR s. m. Eclaireur ne faisant pas partie de l'armée et ne recevant une commission que pour la durée de la guerre : *les francs-tireurs de la Marne.* — Il y eut des francs-tireurs en 1792, en 1815 et en 1870.

FRANCUS ou Francion, fils d'Hector et, suivant quelques chroniqueurs, père des Français.

FRANEKER, ville de la Frise (Hollande), sur le canal Trekschuyten, à 16 kil. O. de Leeuwarden; 6,300 hab. L'université, établie en 1585, fut longtemps l'une des plus célèbres d'Europe. Napoléon la ferma en 1811, et les bâtiments sont aujourd'hui occupés par un asile d'aliénés.

* FRANGE s. f. (ital. *frangia*, morceau, bande d'étoffe). Tissu de quelque fil que ce soit, d'où pendent des filets, et dont on se sert pour orner les vêtements, les meubles, les draperies, etc.: *rideaux à franges.*

* FRANGÉ, ÉE part. passé de FRANGER. — Blas. Se dit des gonfanons qui ont des franges d'un autre émail : *d'or au gonfanon de gueules, frangé de sinople.* — Hist. nat. Se dit de ce qui a un bord découpé en manière de frange: *les ailes de ce papillon sont frangées.*

* FRANGER v. a. (lat. *frangere*, diviser). Garnir de frange: *franger une jupe.*

* FRANGER ou Frangier s. m. Artisan qui fait de la frange.

FRANGIN, INE s. Argot. Frère, sœur. — FRANGIN DABE, oncle, frère de père. — FRANGINE DABESSE OU FRANGINE DABUSCHE, tante, sœur de mère.

* FRANGIPANE s. f. (de *Frangipani*, qui, dit-on, en fut l'inventeur). Pièce de pâtisserie contenant une crème où il entre des amandes et d'autres ingrédients : *servir une*

frangipane. On dit de même : *tourte à la frangipane* ou *de frangipane; crème de frangipane.* — Espèce de parfum : *pommade à la frangipane.*

FRANGIPANI, nom d'une célèbre famille gibeline de Rome.

* FRANGIPANIER s. m. Bot. Arbuste des îles d'Amérique, qui a des rapports avec le laurier-rose, et qui donne un suc laiteux, épais et très caustique.

FRANGY, ch.-l. de cant., arr. et à 22 kil., S.-O. de St-Julien (Haute-Savoie); 1,500 hab.

FRANKENHAUSEN [frænk-ènn-haou-zènn] ville de la principauté de Schwarzbourg-Rudolstadt (Allemagne), à 50 kil. N, d'Erfurt; environ 5,000 hab.

FRANKENSTEIN [frannk-ènn-staïne] ville de la Silésie prussienne, à 56 kil S.-O. de Breslau; 7,300 hab. Salpêtre, eaux-fortes et chaussures.

FRANKFORT, capitale du Kentucky (Etats-Unis), sur la rivière de Kentucky; à 135 kil. E. de Louisville; 6,000 hab., dont 2,500 noirs. Belle maison de ville en marbre.

FRANKLIN. — I. Bourg de la Pennsylvanie (Etats-Unis), sur la rivière Venango, à 195 kil. N. de Pittsburgh; 6,000 hab. — II. Ville du Tennessee, sur l'Harpeth river, à 33 kil. S. de Nashville; 1,500 hab. Une bataille y fut livrée le 30 novembre 1864, entre les forces de l'Union commandées par le général Schofield et les confédérés sous le général Hood. Les confédérés, battus, perdirent de 4,500 à 6,000 hommes; l'armée de l'Union 2,325. — III. Ville maritime de la Louisiane; sur le Bayou Teche, à 128 kil. S.-O. de la Nouvelle-Orléans; 1,300 hab. — IV. Ville de l'Indiana, sur le Young's Kreek, à 32 kil. S.-E. d'Indianapolis; 2,800 hab. Collège Franklin (baptistes).

FRANKLIN (Benjamin), philosophe et homme d'Etat américain, né à Boston le 17 janvier 1706, mort à Philadelphie le 17 avril 1790. Dès son bas âge, il fut employé dans la manufacture de savon et de chandelle de son père et entra ensuite comme apprenti dans l'atelier d'imprimerie de son frère James. Il passa peu de temps à l'école, mais acquit quelque savoir par ses lectures. Il collabora, sous le voile de l'anonyme, au journal de son frère le *New England Courant*, dont il fut quelque temps le gérant responsable. S'étant séparé de son frère, il vint secrètement, à l'âge de 17 ans, à Philadelphie, où il obtint un emploi comme imprimeur. Le gouverneur William Keith lui ayant promis assistance, il se rendit, l'année suivante, à Londres, pour y acheter le matériel d'une imprimerie; mais, s'apercevant qu'il n'avait reçu du gouverneur que de vaines promesses, il resta à Londres, où il travailla comme ouvrier imprimeur. Dix-huit mois après, il retourna à Philadelphie et épousa, en 1730, miss Read; il y forma une association, établit la *Pennsylvania Gazette* et publia, dans un autre journal, une série de croquis amusants intitulés le *Busybody*. Il devint bientôt célèbre pour son intelligence, son activité et son talent à décrire les meilleurs systèmes d'économie et d'éducation. En 1732, il publia, sous le nom de Richard Saunders, son premier almanach, qui fut ensuite popularisé appelé *Poor Richard's Almanac* et qui parut pendant 25 années. Nommé membre de l'assemblée de Pennsylvanie, en 1736, il devint, l'année suivante, directeur des postes, apporta de grandes améliorations dans la garde de la ville et établit une compagnie d'assurances contre l'incendie. Il fonda l'université de Pennsylvanie et la société philosophique américaine (1744), prit une part active aux préparatifs faits contre l'invasion menaçante des Espagnols et des Français, et inventa le poêle qui porte son nom. En 1746, il com-

mença, sur l'électricité, des recherches qui le conduisirent à l'invention du paratonnerre. En 1750, il fut élu à l'assemblée, reçut la mission de conclure un traité avec les Indiens, et, en 1753, devint directeur général des postes pour toute l'Amérique anglaise. En 1754, au moment où la guerre avec la France allait éclater, Franklin fut nommé député au congrès général. Il proposa un plan d'union pour les colonies, plan qui fut adopté à l'unanimité par la convention, mais rejeté ensuite par l'administration anglaise comme étant trop démocratique. Après la défaite de Braddock, Franklin prit l'initiative d'établir une milice de volontaires, dont il fut le commandant. Résumant ses travaux sur l'électricité, il écrivit le récit de ses expériences, récit qui fut publié en Angleterre et en France et qui lui valut la médaille d'or de Copley et son admission à la Société royale de Londres. En 1757, il vint à Londres porter une pétition au gouvernement contre certaines mesures contraires aux privilèges des habitants, et, à son retour, il fut chargé des affaires du Massachusetts, du Maryland et de la Géorgie. En 1759, il publia l'*Historical Review*. Il inventa ensuite un instrument de musique, l'harmonica, et retourna à Philadelphie en 1762. Il revint encore à Londres, en 1764, supplier le roi de prendre en mains les affaires de la Pennsylvanie et lui faire des remontrances sur les taxes des colonies. En 1766, ses sages réponses aux questions posées par la chambre des communes motivèrent le rappel de la loi sur le timbre. Il visita ensuite la Hollande, l'Allemagne et la France. En 1774, il présenta au conseil privé une pétition du Massachusetts tendant à faire révoquer le gouverneur Hutchinson et le lieutenant-gouverneur Oliver. La pétition fut rejetée et Franklin perdit son emploi de directeur général des postes. Il retourna à Philadelphie en 1775, siégea au congrès, devint membre des comités de salut et de correspondance étrangère, et signa la déclaration de l'Indépendance. On l'envoya peu après à Paris, en qualité de ministre plénipotentiaire. Ce fut lui qui, le premier, fit des recherches sur le Gulf stream, pendant son voyage, et le titre qu'il dressa à ce sujet est encore aujourd'hui en usage. Après que fut arrivée en France la nouvelle de la capitulation de Burgoyne, Franklin conclut le traité du 6 février 1778. Il fut aussi l'un des commissaires qui négocièrent la paix avec l'Angleterre et signèrent un traité le 30 novembre 1782. Après avoir conclu des traités avec la Suède et avec la Prusse, traités qui donnèrent naissance à plusieurs des grands principes internationaux, il retourna en Amérique (1785) et fut élu président de la Pennsylvanie. A l'âge de 82 ans, il fut délégué à la convention pour former la constitution fédérale. Il fut enterré dans le cimetière de Christchurch, à Philadelphie. Le dernier descendant mâle de Franklin fut son petit-fils, WILLIAM TEMPLE FRANKLIN, qui vint avec lui en France, et auquel Voltaire donna sa bénédiction, en prononçant les mots *God and Liberty.* Il apprit les premières leçons de l'imprimerie dans la maison Didot, où il resta six mois. « Il avait, nous apprend Crapelet, une ressemblance frappante avec son grand-père, et cette ressemblance ne fit qu'augmenter avec les années. Quant à ses amis, ils diminuèrent peu à peu avec sa fortune, et je restai troisième, avec le consul des Etats-Unis et un autre étranger, pour conduire à sa dernière demeure (le cimetière du Père-Lachaise) le petit-fils du grand Franklin. » William Temple édita les *Mémoires* de son grand-père (1817), et mourut à Paris le 25 mai 1823. Les œuvres complètes de Benjamin Franklin ont été publiées par Jared Sparks (12 vol. in-8°, Boston, 1836-'60); l'autobiographie de ce grand homme a paru en français à Paris en 1791; elle ne comprend que la première partie de sa vie. — Voy. Parton : *Life and Times of Franklin* (2 vol., 1864).

FRANKLIN. I. (sir John), contre-amiral et explorateur anglais, né en 1786, mort dans les régions arctiques, par environ 69° 37' lat. N., et 100° 24' long. O., le 11 juin 1847. Il entra dans la marine à l'âge de 14 ans, prit part à la bataille de Copenhague et, en 1803, fit naufrage sur les côtes d'Australie, à son retour d'une exploration de deux années. En 1805, il assista à la bataille de Trafalgar en qualité de midshipman et, pendant plusieurs années, servit dans différentes stations, dont la dernière fut celle de la côte des Etats-Unis, pendant la guerre de 1812-'15. Il fut blessé dans un engagement à la Nouvelle-Orléans et nommé lieutenant. En 1818, il commanda le *Trent* qui atteignit 80° de lat. N., en essayant de gagner l'Inde par la mer Polaire, au N. du Spitzberg. En 1819-'22, il commanda une expédition par voie de terre, qui, partant de la côte O. de la baie d'Hudson s'avança le long de la côte arctique, à partir de la rivière Coppermine jusqu'au cap Turnagain, à 825 kil. E. En 1823, il publia *Narrative of a Journey to the Shores of the Polar sea in 1819-'22*. En 1825, il fut nommé au commandement d'une autre expédition par voie de terre à la mer Arctique. Après avoir descendu la rivière Mackenzie jusqu'à la mer et fait un relevé de la côte sur une longueur de 570 kil., il revint en 1827, et publia *Narrative of a second expedition to the Shores of the Polar sea in 1825-'27*. En 1827, on le fit chevalier. En 1830, il fut envoyé dans la Méditerranée comme commandant du *Rainbow*, et, de 1836 à 1843, il fut gouverneur de la Tasmanie, ou Terre de Van Diemen. En mai 1845, sir John Franklin, à la tête de l'*Erebus* et de la *Terror*, bâtiments à vapeur et à hélice portant chacun 129 hommes et des provisions pour trois ans, entreprit sa dernière expédition à la découverte d'un passage au N.-O. Ses instructions étaient de traverser la baie de Baffin et le détroit de Lancastre, de courir ensuite à l'O., vers 74° 15' de lat., jusqu'à environ 100° de long. O.; de prendre au S.-O. dans le détroit de Behring. Ses navires furent aperçus pour la dernière fois, vers le milieu de la baie de Baffin par 74° 48' lat. N. et 68° 35' long. O. En 1848, le gouvernement anglais envoya à la recherche de Franklin trois expéditions qui furent suivies de plusieurs autres, équipées aux frais du gouvernement ou de lady Franklin. En 1850, il n'y en eut pas moins de huit. En 1851, le lieutenant Mac Clintock atteignit 116° 40', long. O. et 74° 38', lat. N., point le plus occidental que les explorateurs eussent encore atteint. On découvrit, en 1850, des traces de l'expédition de Franklin, au cap Riley et à l'île Beechey, et des effets appartenant aux officiers de Franklin furent trouvés en la possession des Esquimaux de la baie de Pelby, en 1854, par le docteur Rae; mais ce fut seulement en 1859 que l'on connut, avec certitude, le sort de Franklin. Une expédition équipée par lady Franklin, sous les ordres du capitaine Francis Mac Clintock, partit en 1857, traversa la baie de Baffin, le détroit de Lancastre et passa du détroit du Prince-Régent au détroit de Bellot. De là, l'un des voyages en traîneaux jusqu'à la Terre du roi Guillaume, où l'on découvrit, en 1859, les restes de l'expédition de Franklin. On trouva, à Point-Victory, une boîte en fer-blanc, contenant un récit succinct, daté du 28 mai 1847, par lequel on apprit que l'expédition avait passé l'hiver 1846-'47, sous 70° 5' lat. N. et 100° 43' long. O., et celui de 1845-'47 (c'était évidemment par erreur pour 1845-'46) à l'île de Beechey, sous 74° 63' 28" lat. et 91° 39' 15" long., après avoir remonté le canal Wellington, jusqu'à 77° lat. et avoir retourné par la côte occidentale de l'île Cornwallis. Tous les membres de l'expédition étaient alors en bonne

santé. En marge se trouvait un autre récit, daté du 25 avril 1848, apprenant que 105 hommes, sous le commandement du capitaine Crosier, étaient débarqués en cet endroit (lat. 69° 37' 42", long. 100° 24' 41"); qu'ils avaient abandonné les deux navires le 22 avril, à cinq lieues de là, au N.-N.-O.; que sir John Franklin était décédé le 11 juin 1847 et que le total des morts était de 9 officiers et de 15 hommes. On trouva de grandes quantités d'effets et d'objets divers, mais aucune trace des navires naufragés. Il était évident que l'expédition tout entière avait péri. Suivant le rapport de Mac Clintock, Franklin aurait passé par le détroit de Lancastre, et aurait exploré le canal Wellington (alors mer inconnue). Au printemps et pendant l'été de 1846, il aurait navigué dans le détroit de Bellot; ou, plus probablement, il aurait traversé le détroit de Peel, et atteint le détroit de Victoria où il fut entouré de glaces. — II. (Elenor Ann Pordean), femme du précédent, née en 1795, morte en 1825. Avant son mariage (1823), elle avait publié le poème *The Veils*, *or the Thriumphs of Constancy*, *The Artic Expedition*, un poème et *Cœur de Lion*, *or the Third Crusade*. — III. (Jane Griffin), seconde femme de sir John Franklin, née vers 1805, morte en 1875. Elle épousa le capitaine Franklin en 1828, après la disparition duquel elle dépensa presque toute sa fortune à le faire rechercher. Elle fut la protectrice d'un grand nombre d'œuvres charitables en Angleterre.

FRANKLINITE s. f. Minér. Ferro-manganite de zinc et fer naturel. C'est un minerai analogue en composition à la magnétite ; mais une partie du fer y est remplacée par le manganèse et par le zinc. Formule (Fe, Mn, Zn) O, (Fe, Mn)³ O³. La franklinite se cristallise dans le système isométrique, sa gravité spécifique est d'environ 5 ; sa dureté de 5,5 à 6,5 ; elle a des raies d'un brun rougeâtre profond. Elle contient environ 46 p. 100 de fer, 17 de manganèse et 13,5 de zinc. On la trouve à Franklin Furnace et à Stirling Hill, New-Jersey (Etats-Unis).

* **FRANQUE** s. et adj. f. Voy. Franc.

* **FRANQUETTE** s. f. N'est usité que dans cette locution populaire, A LA BONNE FRANQUETTE, franchement, ingénument.

FRANQUEVILLE (Alfred-Charles-Ernest Franquet de), ingénieur, né à Cherbourg, le 9 mai 1800, mort à Aix-les-Bains, le 29 août 1876. Sorti le premier de sa promotion de l'Ecole polytechnique, en 1827, il entra aux ponts et chaussées, fut chargé de postes importants et resta, depuis 1855 jusqu'à la fin de sa vie, directeur général des ponts et chaussées et des chemins de fer. Il a publié une traduction du *Traité pratique des chemins de fer*, de Nicolas Wood.

* **FRAPPANT, ANTE** adj. Qui fait une impression vive sur les sens, sur l'esprit, sur l'âme : *portrait frappant de ressemblance*.

FRAPPART adj. m. Argot. Qui frappe. Frère FRAPPART, moine débauché. — Frère ou Père FRAPPART, marteau.

* **FRAPPE** s. f. Empreinte que le balancier fait sur la monnaie. — Assortiment complet de matrices pour fondre des caractères d'imprimerie : *frappe de romain*, *d'italique*.

* **FRAPPÉ, ÉE** part. passé de Frapper. — Drap bien frappé, drap fort et serré. — Ouvrage frappé au bon coin, bon ouvrage. Dans un sens analogue, Cet ouvrage est frappé au coin du génie. — Vers, passage, endroit bien frappé, etc., vers, passage, etc., où il y a beaucoup de force et d'énergie. — Être frappé de quelque chose, en être atteint, attaqué, saisi. — Être frappé à mort, être malade à n'en pouvoir réchapper. — Avoir

l'imagination frappée de quelque chose, ou simpl., avoir l'imagination frappée, et même, fam., Être frappé, avoir l'imagination remplie de quelque appréhension, de quelque idée sinistre. — Avoir l'esprit frappé d'une idée, être frappé d'une idée, être obsédé, préoccupé de cette idée, ne pouvoir l'écarter. — s. m. Mus. Temps de la mesure où l'on baisse le pied ou la main, pour la marquer : *le levé et le frappé*. Adjectiv. : *temps frappé*.

FRAPPE-DEVANT s. m. Argot. Marteau de forgeron : *les frappe-devant allaient leur train.*

* **FRAPPEMENT** s. m. Action de frapper. Ne se dit guère que de l'action de Moïse, frappant le rocher pour en faire sortir de l'eau : *le Frappement du rocher est un des beaux tableaux du Poussin.*

* **FRAPPER** v. a. (all. *flappen*, souffleter). Donner un ou plusieurs coups : *cette pièce de bois, en tombant, l'a frappé à la tête.* — Frapper quelqu'un d'un poignard, d'un couteau, etc., ou simp., Frapper quelqu'un, le percer d'un ou de plusieurs coups de poignard, etc. — Frapper l'air de cris, de clameurs, etc., pousser des cris, des clameurs qui retentissent au loin. — Frapper un coup, faire quelque tentative grave, périlleuse, décisive. — Frapper les grands coups, se servir de moyens décisifs pour le succès d'une affaire. — Frapper a toutes les portes, s'adresser à toutes sortes de personnes pour en obtenir du secours, de l'assistance. — Chasse. Frapper a route, faire retourner les chiens, pour qu'ils relancent le cerf. — Donner une empreinte à quelque chose, au moyen d'une matrice ou autrement : *frapper de la monnaie.* — Par ext., parlant de la lumière Se diriger vers, tomber sur : *les parties d'un objet que frappe la lumière, où la lumière frappe.* — Fig. Se dit de l'impression qui se fait sur les sens, sur l'esprit, sur l'âme : *cet endroit de son discours m'a frappé.* — Frapper d'étonnement, d'admiration, etc., causer tout à coup un grand étonnement, etc. En des sens analogues : Frapper d'aveuglement, de mort, etc. — Frapper d'anathème, de réprobation, etc., anathématiser, réprouver, etc. — Frapper de glace, ou simpl., frapper, rafraîchir, rendre extrêmement frais par le moyen de la glace. — Absol., dans le style élevé. Faire périr, exterminer ; affliger par quelque grand malheur, par une calamité : *la mort nous frappe quelquefois au milieu des plaisirs.* — Jurispr. Être établi, assigné sur : *hypothèque qui frappe tous les biens du débiteur.* — Mar. Attacher fortement et à demeure : *frapper une poulie, une manœuvre.* — v. n. Donner un ou plusieurs coups : *frapper dans la main pour conclure un marché ; l'heure a frappé* (a sonné). — ~~ Argot. Frapper au monument, mourir. — * Se frapper v. pr. Frapper soi : *se frapper contre un meuble.* — Absol. et fam. Se remplir l'imagination de quelque pensée sinistre : *c'est un homme qui se frappe aisément.* — v. récipr. Se frapper mutuellement : *ils se sont frappés l'un l'autre.* — ~~ Être frappé.

* **FRAPPEUR, EUSE** s. Fam. Celui, celle qui frappe. — ~~ Adjectiv. Esprits frappeurs, nom que les spirites donnent aux soi-disant esprits, qui frappent les meubles pour faire connaître leur volonté.

FRASAGE s. m. Action de fraser la pâte.

FRASCATI (*Tusculum*, ital. *frasca*, branche feuillue), ville d'Italie, sur le penchant du mont Tusculum, à 8 kil. E.-S.-E. de Rome ; 7,045 habitants. Ce fut la résidence favorite d'été de la noblesse romaine et des cardinaux pendant plusieurs siècles ; il y existe encore un grand nombre de leurs magnifiques villas. La plus célèbre est la villa Aldobrandini. Sur le sommet de la montagne, à environ 4 kil. de Frascati, se trouvent les ruines de

Tusculum où un grand nombre des plus illustres Romains avaient leurs résidences.

FRASE s. f. Boulang. Deuxième opération du pétrissage; elle consiste à ajouter à la délayure la quantité de farine nécessaire pour former une pâte de consistance convenable.

FRASER v. a. Soumettre à l'opération de la frase.

* **FRASQUE** s. f. [fra-ske] (ital. *frasca*, baliverne). Fam. Action extravagante, imprévue, et faite avec éclat: *la jeunesse est bien sujette à faire des frasques.*

* **FRATER** s. m. [fra-tèrr] (lat. *frère*). Mot transporté du latin dans notre langue sans aucun changement. — Autref. Garçon chirurgien. — En plaisantant et iron. Mauvais chirurgien. — Dans les troupes et sur les vaisseaux. Celui qui est chargé de raser les hommes d'une compagnie ou de l'équipage.

* **FRATERNEL, ELLE** adj. (lat. *fraternus*). Qui est propre à des frères, tel qu'il convient entre des frères: *il y a entre ces deux hommes une amitié fraternelle.* — CHARITÉ FRATERNELLE, charité que les chrétiens, comme enfants du même père par le baptême, doivent avoir les uns pour les autres. — CORRECTION FRATERNELLE, correction qui se fait en secret et avec l'esprit de charité que l'on doit avoir pour ses frères.

FRATERNELLADOS s. m. pl. Argot. Surnom donné aux *esquichados* de la régie, cigares que l'on vend 15 cent. les deux.

* **FRATERNELLEMENT** adv. En frère, d'une manière fraternelle: *ils ont toujours vécu fraternellement.*

FRATERNISATION s. f. Action de fraterniser.

* **FRATERNISER** v. n. Vivre d'une manière fraternelle avec quelqu'un; se promettre mutuellement une amitié fraternelle: *les partis réconciliés fraternisèrent ensemble.*

* **FRATERNITÉ** s. f. (lat. *fraternitas*). Relation de frère à frère. En ce sens, n'est guère usité que dans le didactique: *vous avez beau le renoncer pour votre frère, vous ne ne détruirez pas la fraternité qui est entre vous.* — Union fraternelle, amitié fraternelle: *il n'a point de sentiment de fraternité pour ses cadets.* — La liaison étroite que contractent ensemble ceux qui, sans être frères, ne laissent pas de se traiter comme frères: *il y a fraternité entre ces deux hommes, entre ces deux républiques.* — FRATERNITÉ D'ARMES, alliance, association d'armes de deux chevaliers qui s'étaient juré réciproquement d'être toujours unis, et de s'entr'aider envers et contre tous: *du Guesclin et Clisson s'étaient par fraternité d'armes, en touchant les saints Évangiles.*

FRATICELLI s. m. pl. Nom populaire d'une société de religieux pénitents du tiers ordre de Saint-François de la congrégation de Zepperen, fondée dans le diocèse de Liège avant 1223. Les fraticelli étaient presque tous des frères séculiers, vivant en communauté et exerçant une industrie quelconque. Il y eut des maisons semblables dans d'autres parties des Pays-Bas. (Voy. BÉGARD.) — Au XIIIe siècle, dans les Pays-Bas, une réunion de fanatiques prit le costume et le nom de Franciscains du tiers ordre, mais refusa d'obéir à toute autorité ecclésiastique. On les appelait aussi Béguins et Béguines.

* **FRATRICIDE** s. m. (lat. *fratrem cædere*, tuer son frère). Celui qui tue son frère ou sa sœur: *Caïn fut le premier fratricide.* — Crime que commet celui qui tue son frère ou sa sœur.

* **FRAUDE** s. f. [frô-de] (lat. *fraus, fraudis*). Tromperie, action faite de mauvaise foi:

faire un contrat en fraude de ses créanciers. — Action de soustraire des marchandises ou des denrées aux droits de douanes, d'octroi, etc.: *fraude à main armée* — EN FRAUDE loc. adv. Frauduleusement: *vin entré, introduit en fraude dans Paris.*

* **FRAUDER** v. a. Tromper, décevoir: *frauder quelqu'un.* Dans ce sens, vieillit. — Frustrer par quelque fraude: *il a fraudé ses créanciers, ses cohéritiers.* — FRAUDER LES DROITS, ou absol., FRAUDER, éluder par quelque ruse le payement des droits imposés sur une marchandise, sur une denrée. Autref. dans un sens analogue, FRAUDER LA GABELLE.

* **FRAUDEUR, EUSE** s. Celui, celle qui fraude. — Celui, celle qui fait la fraude, la contrebande: *c'est un fraudeur de profession.*

* **FRAUDULEUSEMENT** adv. Avec fraude: *il a contracté frauduleusement, pour tromper ses créanciers.*

* **FRAUDULEUX, EUSE** adj. Enclin à la fraude: *c'est un esprit frauduleux.* — Fait avec fraude: *banqueroute frauduleuse.* — BANQUEROUTIER FRAUDULEUX, celui qui fait une banqueroute frauduleuse.

FRAUENBURG [fraou'-ènn-bourg], ville de Prusse, sur les Frisches Hoff, à 60 kil. S.-O. de Kœnigsberg; 2,552 hab. L'évêque catholique d'Ermeland y réside. La cathédrale, avec les constructions environnantes, forme une espèce de forteresse. Elle renferme le tombeau de Copernic.

FRAUENFELD [fraou'-ènn-fèld], ville de Suisse, ch.-l. du canton de Thurgau, sur la Murg, affluent du Thar, à 35 kil. N.-E. de Zurich; 5,138 hab. L'école cantonale possède un gymnase et un établissement industriel.

FRAUNHOFER, (Joseph von) [fraounn'-hofer], opticien allemand, né en 1787, mort en 1826. Il était vitrier; pendant les rares instants de loisir que lui laissait son travail, il étudia l'optique, les mathématiques et l'astronomie; en 1806, il devint directeur technique de l'institution mathématique de Munich et, plus tard, fabriqua des instruments dioptriques et les plus beaux crown-glass, pour les télescopes et pour les prismes achromatiques. En se servant de beaux prismes exempts de veines, il découvrit environ 590 lignes noires qui traversent le spectre solaire et qui sont appelées lignes de Fraunhofer. (Voy. SPECTRE.)

FRAUSTADT [fraou'-stätt] ville du duché de Posen (Prusse), à 20 kil. N.-E. de Glogau; 6,620 hab. Manufactures d'étoffes de laine et de toile. En 1706, les Suédois y battirent les Saxons et les Russes.

FRAXINÉ, ÉE (lat. *fraxinus*, frêne). Bot. Qui ressemble ou qui se rapporte au frêne. — s. f. pl. Tribu d'oléinées, ayant pour type le genre frêne.

* **FRAXINELLE** s. f. [fra-ksi-nè-le]. Bot. Plante du genre dictame, ainsi nommée parce que ses feuilles approchent de celles du frêne (*fraxinus*), et qui a la propriété, lorsqu'elle est en pleine fleur, de rendre l'air environnant inflammable: *la racine de fraxinelle est employée en médecine comme stimulante*, etc.

* **FRAYÉ, ÉE** part. passé de FRAYER. — N'est guère usité que dans ces locutions: *chemin, sentier frayé; route frayée.* — Art vétér. CHEVAL FRAYÉ AUX ARS, qui a une inflammation, des gerçures au pli formé par la réunion des membres antérieurs et de la poitrine.

FRAYEMENT s. m. Etat du cheval frayé aux ars.

* **FRAYER** v. a. [frè-ié] (lat. *fricare*, frotter). Se conjugue comme PAYER. Marquer, tracer, pratiquer. — Se dit, en parlant d'un che-

min, d'une route: *frayer un sentier, une voie* — FRAYER LA ROUTE, LE CHEMIN, LA VOIE A QUELQU'UN, lui donner les moyens ou l'exemple de faire quelque chose: *les travaux des anciens nous ont frayé le chemin des grandes découvertes, aux grandes découvertes.* — Frôler, frotter contre quelque chose, toucher légèrement quelque chose en passant: *le cerf fraye sa tête aux arbres; le coup n'a fait que lui frayer la botte; la roue m'a frayé la cuisse.* Dans ces deux derniers exemples, on dit plus communément FRÔLE. — v. n. Se dit alors des choses qui s'usent, qui diminuent de volume par le frottement: *il faut que cet écu ait beaucoup frayé.* — En parlant des poissons. Accomplir l'acte de la ponte et de la fécondation: *certains poissons de mer, tels que le saumon, l'alose,* etc., remontent les fleuves pour frayer. — Fig. Avoir habituellement des relations, se convenir, s'accorder: *c'est un homme avec lequel je ne fraye point, avec lequel je ne veux point frayer.* — **Se frayer** v. pr. Frayer pour soi. — SE FRAYER UN PASSAGE, s'ouvrir un passage. — Fig. SE FRAYER LE CHEMIN A UNE DIGNITÉ, A UN EMPLOI, disposer les choses, se préparer les voies pour parvenir à une dignité, à un emploi. On dit de même: SE FRAYER LE CHEMIN DES HONNEURS, UN CHEMIN AU TRÔNE, etc.

* **FRAYÈRE** s. f. [frè-iè-re]. Lieu où frayent les poissons: *frayères artificielles.*

* **FRAYEUR** s. f. [fre-ieurr]. Peur, crainte, émotion, agitation véhémente de l'âme, causée par l'image d'un mal véritable ou apparent: *la frayeur lui troubla l'esprit.*

* **FRAYOIR** s. m. [frè-iou-ar] Chasse. Marques qui restent sur les baliveaux contre lesquels le cerf a bruni son bois nouveau, pour en détacher la peau velue qui le couvre.

FRAYSSINOUS (Denis-Luc) [frèsi-noû], prédicateur français (né en 1765, mort en 1841. Ultramontain et légitimiste, il se rendit célèbre par ses éloquentes conférences, qui, sous le titre de *Défense du christianisme*, eurent de nombreuses éditions. Sous la Restauration, il fut successivement prédicateur royal, évêque titulaire d'Hermopolis, grand-maître de l'Université, pair de France et ministre des affaires ecclésiastiques, et c'est en cette qualité qu'il réinstalla les jésuites.

FRAZIL s. m. [fra-zil] Mélange de terre et de charbon qui entoure une charbonnière.

* **FREDAINE** s. f. [fre-dè-ne] (anc. all. *frewida*, joie). Trait de libertinage, folie de jeunesse: *faire une fredaine, des fredaines.*

FRÉDÉGAIRE (dit le *Scolastique*), chroniqueur latin, né en Bourgogne, mort vers 660. Auteur d'une *Chronique* en 5 livres, dont le dernier continue l'*Histoire ecclésiastique* de Grégoire de Tours. Cette chronique a été traduite en français par Guizot.

FRÉDÉGONDE, reine des Francs, née d'une famille obscure, à Montdidier, vers l'an 545, morte à Paris en 597. Attachée au service de la femme de Chilpéric Ier, roi de Neustrie, elle s'y prit de façon à faire répudier la reine; mais, désapprouvée par le mariage subséquent de Chilpéric avec Galsuinthe, sœur de Brunehaut, elle se débarrassa de cette nouvelle rivale en la faisant assassiner; après quoi, elle arriva au trône, but de ses intrigues et de ses crimes. Mais Brunehaut, désireuse de venger la mort de sa sœur, poussa son époux, Sigebert, roi d'Austrasie, à déclarer la guerre aux Neustriens, qui furent vaincus. Frédégonde fit assassiner Sigebert (575), puis le fils de son mari, puis Chilpéric lui-même (584). Brunehaut resta un instant sa prisonnière et parvint à s'échapper. S'étant débarrassée de tous ses ennemis par une série de crimes atroces, elle régna paisiblement sous le nom de son fils Clotaire II, encore enfant.

FRÉDÉRIC (all. *Friedrich*, angl. *Frederick*), nom de plusieurs monarques et de plusieurs princes.

I. ALLEMAGNE.

FRÉDÉRIC Ier, empereur d'Allemagne, surnommé *Barberousse*, fils du duc Frédéric de Souabe, né en 1121, mort en Asie Mineure, le 10 juin 1190. En 1152, il fut élu successeur de son oncle Conrad III, premier empereur de la maison de Hohenstaufen. Il restaura le pouvoir du pape à Rome, pouvoir qui avait été ébranlé par Arnould de Brescia, rétablit la tranquillité dans l'empire en mettant un terme aux disputes entre les princes et réduisit Boleslas de Pologne à la condition de vassal. Milan ayant opprimé les petites villes lombardes, Frédéric la força en 1158, avec une armée de 115,000 hommes, de se soumettre. La ville se révolta de nouveau; il en fit raser les fortifications et en exila les habitants. Quand Alexandre III fut élu pape en 1159, Frédéric soutint l'antipape Victor V ou (IV) et Alexandre se sauva en France. Après la mort de Victor, en 1164, l'empereur fit élire un autre antipape, Pascal III. En 1167, la peste et la ligue des villes lombardes le forcèrent de retourner en Allemagne. Pendant qu'il affermissait son pouvoir dans ce pays, les Italiens rétablirent les fortifications de Milan. Le 29 mai 1176, dans une bataille près de Legnano, non loin du lac de Côme, Frédéric fut battu et perdit presque toute son armée; il reconnut alors Alexandre comme pape et en juillet 1177, il s'humilia aux pieds du souverain pontife. Il fit la paix avec les Lombards, soumit le duc Henri le Lion, et la tranquillité régnait dans tous les États quand la chute de Jérusalem, en 1187, poussa le pape à proclamer une nouvelle croisade. Le vieil empereur leva une armée, et en juin 1190, il atteignit les bords du Seleph ou Calycadnus en Cilicie. Impatient de traverser ce cours d'eau, il s'y plongea avec son cheval bardé de fer et sans quitter lui-même sa pesante armure. Entraîné par le courant, il se noya.

FRÉDÉRIC II, empereur allemand, roi de Naples et de Sicile, petit-fils du précédent et fils de Henri VI, né en 1194, mort le 13 décembre 1250. Il fut soigneusement élevé par sa mère Constance de Sicile, sous la tutelle du pape Innocent III et fut couronné roi de Naples et de Sicile en 1209; lors de la déposition d'Othon IV en 1212, le pape l'aida à gagner le trône impérial. Il fut bien accueilli par les Gibelins d'Allemagne, couronné à Aix-la-Chapelle en 1215 et à Rome en 1220. De retour dans son royaume héréditaire, il s'entoura de poètes, d'artistes, et de savants. En même temps qu'il préparait une croisade, il rêvait l'union des divers peuples d'Allemagne et d'Italie en un empire héréditaire. Les croisés, retardés jusqu'en 1227, par la ligue des villes lombardes contre l'autorité impériale, atteignirent à peine la Morée par suite d'une peste; le pape Grégoire IX excommunia et interdit l'empereur. L'année suivante le prince fut plus heureux. Ayant pris possession des villes saintes et de toute la côte de Judée, il fut couronné roi de Jérusalem et reçut l'absolution en 1230. Les villes lombardes furent alors soutenues par la révolte de Henri, fils de l'empereur, auquel ce dernier avait laissé le gouvernement de l'Allemagne. Frédéric revint après une absence de quinze ans, détruisit toute opposition, emprisonna Henri pour le restant de ses jours et marcha ensuite contre les Lombards. La plupart des villes se rendirent. Un différend qui s'éleva avec le pape Grégoire, parce que Frédéric avait fait roi de Sardaigne son fils naturel Enzio, amena une seconde excommunication (1239). Grégoire mourut peu après. Innocent IV confirma l'excommunication, déposa Frédéric et reconnut successivement

les nouveaux empereurs Henri Raspe et Guillaume de Hollande. Quoique abandonné par ses alliés, Frédéric continua la lutte jusqu'à sa mort.

FRÉDÉRIC III, roi d'Allemagne. Voy. Louis IV, le Bavarois.

FRÉDÉRIC III ou IV, surnommé *le Pacifique*, quatrième empereur d'Allemagne de la maison d'Autriche, né en 1415, mort le 19 août 1493. Il devint empereur en 1440 et son long règne fut presque continuellement troublé par des guerres dans lesquelles il remplit généralement un rôle passif. Habile diplomate, il favorisa les intérêts particuliers de la maison d'Autriche dont il peut être regardé comme le second fondateur. Son frère, Albert, duc de la haute Autriche, l'attaqua souvent; les Hongrois, sous Jean Hunyade, envahirent l'Autriche et, commandés par Matthias Corvin, battirent les forces impériales, ainsi que Georges Podiebrad de Bohême; les Turcs ravagèrent la Carniole et les armes de Frédéric furent humiliées en Hollande, en Italie et par les Suisses. Il eut, en outre, à résister aux empiétements des papes. Ses dernières années furent réjouies par les succès de son fils Maximilien. En 1490, il confia à ce prince le soin du gouvernement, et se retira à Linz pour se consacrer à ses études favorites : l'alchimie, l'astrologie et la botanique.

II. BOHÊME.

FRÉDÉRIC, électeur palatin (sous le nom de Frédéric V) et roi de Bohême, né en 1596, mort en 1632. Il épousa Élisabeth, fille de Jacques Ier d'Angleterre, devint le chef de l'union protestante et fut élu roi en 1619. Il perdit la couronne et tous ses États à la suite de la bataille de Prague (8 nov. 1620), et mourut en exil.

III. DANEMARK.

FRÉDÉRIC VI, roi de Danemark, fils de Christian VII et de la princesse Caroline Mathilde, né le 28 janvier 1768, mort le 3 décembre 1839. En 1784, il déclara régent en raison de l'incapacité de son père. Avec l'aide de son ministre, le comte Bernstorff, il abolit le servage, réforma le code criminel, rendit aux juifs tous leurs droits et abolit le commerce des esclaves. D'après les conseils de Bernstorff, il s'efforça de maintenir une stricte neutralité pendant les guerres de son époque. Mais il repoussa les exigences de l'Angleterre; la flotte danoise fut presque détruite en 1801; et en 1807, Copenhague fut bombardée et la flotte danoise fut emmenée en Angleterre. Le Danemark devint alors l'allié de Napoléon et partagea sa fortune. Frédéric monta sur le trône, à la mort de son père, le 13 mars 1808. En 1814, on le dépouilla de la Norvège et il fut ensuite forcé d'envoyer un contingent de 10,000 hommes contre les Français. Il fit banqueroute en 1813, mais, par les sages mesures financières du roi, l'ordre fut enfin rétabli. Une constitution fut accordée aux Danois en 1831.

FRÉDÉRIC VII, fils et successeur de Christian VIII, né le 8 oct. 1808, mort le 15 novembre 1863. Il monta sur le trône en 1848. Les principaux événements de son règne furent la révolte du Schleswig-Holstein en 1848, la guerre qui en fut la conséquence et l'abolition des droits perçus sur les navires pour le passage du Sund (1857). Il publia plusieurs ouvrages archéologiques. Avec lui s'éteignit la branche aînée de la maison royale d'Oldenbourg.

IV. HESSE-CASSEL.

FRÉDÉRIC-GUILLAUME, électeur de Hesse-Cassel, né le 20 août 1802, mort à Prague le 6 janv. 1875. Il succéda à l'électorat en 1847. En 1866, il se joignit à l'Autriche dans la guerre contre la Prusse et, après sa défaite, son État fut annexé à cette dernière puis-

sance. Il abdiqua le 17 sept. 1867, et vécut depuis dans ses propriétés en Bohême et à Prague.

V. PRUSSE (Y COMPRIS LE BRANDEBOURG).

FRÉDÉRIC-GUILLAUME, électeur de Brandebourg, appelé habituellement le *Grand Électeur* et le fondateur de la monarchie prussienne, né en 1620, mort le 29 avril 1688. En montant sur le trône (1640), il trouva ses États presque dépeuplés par les ravages de la guerre de Trente ans et une partie même de ses possessions confisquée par les Suédois. Il régularisa les finances et par des négociations il regagna ses provinces perdues. Le traité de Westphalie (1648) lui donna la Poméranie orientale, le comté de Hohenstein, les évêchés de Minden, d'Halberstadt et de Kamin comme principautés laïques et la réversion de l'archevêché de Magdebourg. Déjà il avait acquis Clèves. Ayant organisé une armée bien disciplinée de 25,000 hommes il forma en 1655 une alliance avec la Suède, contre la Pologne et obtint l'indépendance de son duché de Prusse jusqu'alors fief polonais. Il souleva les autres princes allemands contre les empiétements de Louis XIV dans les Pays-Bas, il fut défait par suite de la trahison du conseiller impérial Lobkowitz (1673). Les Suédois, marchant sur Berlin pour soutenir les intérêts de Louis, furent battus par la seule cavalerie de Frédéric à Fehrbellin, le 18 juin 1675. D'après le traité de Saint-Germain (1679), l'Électeur rendit presque toutes ses conquêtes et reçut de la France 300,000 couronnes. A partir de cette époque, Frédéric-Guillaume se consacra au développement de la prospérité intérieure de ses États. Il fit bon accueil à 20,000 protestants français exilés qu'il réunit dans la ville de Berlin. (Voy. BERLIN.)

FRÉDÉRIC Ier, premier roi de Prusse (Frédéric III, de Brandebourg), fils et successeur du précédent, né en 1657, mort le 25 février 1713. Il se blessa en tombant des bras de sa nourrice et resta difforme; son éducation fut négligée. Sa cour rivalisa en splendeur avec celle de Louis XIV et il continua la politique d'agrandissement, commencée par son père. Il acquit l'alliance de princes influents en leur prêtant ses troupes, qui se distinguèrent en Angleterre sous Guillaume d'Orange, dans le Palatinat, sur le Rhin contre les Français et sous les ordres de l'empereur contre les Turcs. Ces services procurèrent à Frédéric, lors de la paix de Ryswick (1697), la confirmation de ses premières acquisitions. Au moyen de négociations particulières, il obtint plusieurs territoires. Le titre de roi lui fut difficilement accordé par l'empereur. Il se couronna lui-même et il couronna sa femme, sœur de George d'Angleterre, à Kœnisberg, le 18 janvier 1701. Il aida l'empereur dans sa lutte contre Louis XIV, et ses troupes prirent part à la victoire de Blenheim. La mémoire de Frédéric est vénérée, à cause de la bonté qu'il montra envers ses sujets et à cause de sa loyauté à l'égard de ses alliés; mais sa vanité et son amour pour le faste furent excessifs.

FRÉDÉRIC-GUILLAUME Ier, fils du précédent, né en 1688, mort le 31 mai 1740. Il conçut de bonne heure le projet de donner, au nouveau royaume de Prusse, un rang prépondérant parmi les puissances, à l'aide d'une puissante armée. Son règne commença le 25 février 1713; par une stricte économie, il se mit à même d'entretenir en temps de paix une armée de 60,000 hommes et plus tard de 72,000 hommes, ce qui lui faisait environ un soldat pour trente de ses sujets. Des sommes immenses furent dépensées pour satisfaire sa manie des soldats gigantesques. Pendant un règne de vingt-sept ans, il conserva la paix presque sans interruption.

Un léger malentendu avec Charles XII de Suède amena l'acquisition de la Poméranie suédoise jusqu'à la Peene, avec Stettin, moyennant le paiement de deux millions de thalers. Frédéric-Guillaume fut à la fois juste et cruel, parcimonieux et généreux, père attentif et brutal. Il établit des manufactures et fonda des institutions charitables. Il laissa à son fils un trésor de trente millions de francs, 72,000 soldats, 2,260,000 sujets et un territoire de 115,000 kil. carr.

FRÉDÉRIC II, dit le Grand, fils aîné du précédent et de Sophie Dorothée, fille de George Ier d'Angleterre, né le 24 janvier 1712, mort le 27 août 1786. Jusqu'à l'âge de vingt ans, il fut soumis à la cruelle tyrannie d'un père brutal, qui eut même l'intention de le faire mettre à mort, pour le punir d'avoir essayé de s'enfuir et de se rendre chez son oncle, George II d'Angleterre: condamné comme déserteur, le jeune Frédéric subit un long emprisonnement et ne fut sauvé que par l'intervention de l'empereur et de plusieurs souverains. En 1733, son père le força d'épouser Elizabeth-Christine de Brunswick-Bevern; et, en 1734, il lui permit d'établir sa résidence au château de Rheinsberg, où le futur roi fut libre de se livrer à ses études favorites. Il y écrivit plusieurs de ses ouvrages, y compris l'*Anti-Machiavel*. A son avènement au trône (1740), Frédéric, renversant tous les pronostics que l'on avait faits, à cause de son caractère, se révéla tout à coup despote militaire, n'écoutant aucun conseil et n'ayant confiance en aucun ami. Rempli d'une seule idée, l'élévation de la Prusse, il commença par vouloir agrandir ses Etats. Au mépris de la pragmatique sanction signée par la Prusse, Frédéric fit revivre, immédiatement après la mort de Charles VI, une vieille prétention de sa famille sur les duchés de Glogau et de Sagan. Marie-Thérèse ayant refusé d'accéder à sa demande, il envahit la basse Silésie (déc. 1740). Le 10 avril 1741, il livra sa première bataille à Mollwitz. L'armée prussienne fut victorieuse, mais le roi se sauva. La Silésie tomba au pouvoir de Frédéric et la guerre de la succession d'Autriche commença. A Chotusitz, le 17 mai 1742, Frédéric gagna une seconde victoire et, par sa bravoure personnelle, effaça le souvenir de sa fuite de la bataille de Mollwitz. Marie-Thérèse, acceptant la médiation anglaise, céda à la Prusse, par le traité de Breslau, le 11 juin, la Silésie et le comté de Glatz. En août 1744, Frédéric, qui craignait d'être dépossédé de la Silésie à la suite des victoires continuelles de l'Autriche sur les armées franco-bavaroises, entra en Bohême à la tête de 100,000 hommes, prit Prague et menaça Vienne. Le seul résultat de cette campagne fut de lui apprendre l'art de la guerre. A Hohenfriedberg, le 4 juin 1745, il battit les forces autrichiennes et saxonnes combinées, et montra une habileté qui le fit considérer comme le premier capitaine de son époque. La victoire de Kesselsdorf (15 déc.) et la prise de Dresde amenèrent le traité de Dresde (25 décembre), par lequel la possession de la Silésie lui fut assurée. Ayant doublé le nombre de ses sujets, et ayant établi la prépondérance de la Prusse en Allemagne, Frédéric accorda à son peuple une paix de onze ans. Il réorganisa l'Etat et l'armée; protégea les arts, l'agriculture et l'industrie, qui firent de grands progrès. C'est à cette époque qu'il écrivit en français ses *Mémoires pour servir à l'histoire de Brandebourg*, son poème l'*Art de guerre* et un grand nombre d'autres productions en prose et en vers. En 1756, un espion lui apprit qu'une nouvelle coalition se formait contre lui, entre la Russie et la France, son ancienne alliée. Les puissances continentales étaient déterminées à l'écraser. L'An-

gleterre restait seule alliée. Il résolut de frapper le premier coup, et, en août 1756, il entra en Saxe avec une armée de 70,000 hommes et commença ainsi la guerre de Sept ans. Le général autrichien Braun fut battu à Lowositz, le 1er oct., l'armée saxonne sous les ordres de Rutowski se rendit bientôt après; toute la Saxe fut promptement soumise, et forcée de se tourner contre la confédération. Les Prussiens furent victorieux à la grande bataille de Prague, le 6 mai 1857; mais, après la défaite de Kolin (18 juin), les Etats de Frédéric furent occupés par les Français, les Suédois et les Russes; ses affaires lui semblèrent tellement désespérées qu'il conçut le projet de se suicider. Encouragé par sa victoire sur les Français à Rossbach (5 nov.), il s'empara de nouveau de Breslau, fut victorieux à Leuthen, (5 déc.) et battit les Russes à Zorndorf (25 août 1758), la plus sanglante des batailles livrées pendant cette guerre. Défait par Daun à Hochkirch (14 oct.), Frédéric prit ses quartiers d'hiver à Breslau. — L'année 1759 vit les alliés envelopper le roi de Prusse qui fut battu à Kunersdorf (12 août) et Berlin ne fut sauvé que grâce à son incroyable énergie. La cinquième année de la guerre vit Berlin tomber aux mains des Russes, pendant que Frédéric gagnait les grandes batailles de Liegnitz (15 août 1760) et de Torgau (3 nov.) remportées l'une sur Laudon et l'autre sur Daun. La sixième année s'annonça mal; mais Frédéric continua la lutte malgré tout. L'Angleterre l'abandonna à la mort de George II; en compensation, la Russie, à la mort d'Elizabeth (1762), se retira de la coalition. La France se déclara pour la neutralité; les Autrichiens et les Prussiens se trouvèrent donc seuls en présence. L'impératrice céda et la paix de Hubertsbourg (février 1763) laissa de nouveau Frédéric en possession de la Silésie. Satisfait d'avoir mérité d'être considéré comme le plus grand général de son siècle, il consacra le reste de sa vie à réparer les pertes que son royaume avait éprouvées pendant ses guerres. Son premier soin fut la réorganisation de l'armée; il tourna ensuite son énergie vers le rétablissement de l'agriculture et du commerce; les impôts furent diminués et des sommes immenses furent dépensées pour les améliorations agricoles et industrielles. Il ne put faire face à ces dépenses qu'en établissant partout la plus stricte économie. Il se montra particulièrement laborieux, consacrant vingt heures sur vingt-quatre à ses occupations. La persécution religieuse fut inconnue dans ses Etats; un ordre parfait y régnait; la propriété fut protégée; la tribune et la presse devinrent libres. Dans le domaine de la politique commerciale et internationale, Frédéric devança son époque. De concert avec Catherine de Russie, il prépara, en 1772, le démembrement de la Pologne; Marie-Thérèse se laissa persuader de se joindre à eux. Frédéric prit sans délai possession de sa part. Il n'eut point d'enfants de sa femme avec laquelle il ne cohabita jamais. Il eut pour successeur son neveu Frédéric-Guillaume II auquel il laissa un trésor de deux cent cinquante millions de francs, une armée de 220,000 hommes, un territoire augmenté de près de 75,000 kil. carr. et une population de 6 millions d'habitants. La collection de ses ouvrages a été publiée par ordre de Frédéric-Guillaume IV (30 vol., 1846-'57).

FRÉDÉRIC-GUILLAUME II, né le 25 sept. 1744, mort le 16 nov. 1797. Il était le petit-fils de Frédéric-Guillaume Ier et neveu de Frédéric le Grand. Il reçut une éducation austère, et servit dans la guerre de Sept ans. Après son avènement au trône (1786), les maîtresses et les favoris régnèrent à la cour et dissipèrent le trésor royal. A l'égard de ses sujets, il montrait une douceur pleine

d'ostentation et la discipline de l'armée se relâcha. En conséquence de la coalition formée à Pillnitz contre la Révolution française, les hostilités commencèrent au printemps de 1792, et l'armée, sous les ordres du duc de Brunswick, entra en France pendant l'été. Frédéric-Guillaume fut obligé de se tenir sur la défensive, et, lors du traité de Bâle (1795), il dut céder les possessions situées au delà du Rhin. Il fut le promoteur des deuxième et troisième démembrements de la Pologne. Sa part s'étendait jusqu'au Niémen et comprit Varsovie. Le trésor fut bientôt épuisé; des édits intolérants et de sévères restrictions de la liberté de la presse rendirent son règne impopulaire.

FRÉDÉRIC-GUILLAUME III, fils et successeur du précédent, né le 3 août 1770, mort le 7 juin 1840. Il servit dans l'armée de la première coalition contre la France et en 1793, épousa la belle princesse Louise de Mecklembourg-Strelitz. Après son avènement au trône (16 nov. 1797), la cour et l'administration furent purgés des abus du dernier règne. Les restrictions impopulaires sur la liberté de la presse et sur l'instruction religieuse furent abrogées, et l'ordre et l'économie furent rétablis dans le gouvernement. Par le traité de Lunéville (1801), la Prusse abandonna la rive gauche du Rhin, et reçut, en compensation, plusieurs petits Etats allemands. Satisfait de ces acquisitions, Frédéric-Guillaume refusa de se joindre à la troisième coalition contre la France. Après Austerlitz, un nouveau traité avec Napoléon (déc. 1805), lui enleva Anspach, Clèves et Neufchâtel; il reçut le Hanovre en échange. Aussitôt, l'Angleterre lui déclara la guerre et il eut aussi des difficultés avec la Suède; mais il fit bientôt la paix avec ces deux puissances. Ayant demandé à Napoléon de rester neutre, il fut attaqué par l'empereur des Français et fut écrasé à Iéna (14 oct. 1806) Par le traité de Tilsitt (juillet 1807) il perdit la moitié de son territoire. La sombre période qui suivit commença des réformes, entreprises et exécutées par les ministres Stein et Hardenberg. Le servage fut aboli, les finances furent améliorées, l'éducation publique fut organisée et on créa un nouveau système militaire. En 1812, Frédéric-Guillaume fut forcé de fournir un contingent à l'armée française pour l'invasion de la Russie. En mars 1813, le traité de Kalisz, conclu le mois précédent, entre la Russie et la Prusse, fut rendu public par proclamation faite au peuple et, le 17, la guerre fut déclarée à la France. Les Prussiens se battirent bravement sous les ordres de Blücher et plusieurs autres généraux; en 1814, le roi entra dans Paris avec les alliés. A Waterloo, Blücher porta le coup final à Napoléon. Le congrès de Vienne rendit la Prusse plus forte qu'elle n'était avant les guerres de la Révolution. La dernière partie du règne de Frédéric-Guillaume ne fut pas troublée; ce prince continua sa politique conservatrice et fut le fondateur du Zollverein. La reine Louise mourut en 1810, et en 1824, le roi contracta un mariage morganatique avec la comtesse Augusta de Harrach, qu'il fit princesse de Liegnitz, et il mourut en 1873, à l'âge de 72 ans.

FRÉDÉRIC-GUILLAUME IV, fils et successeur du précédent, né le 15 octobre 1795, mort le 2 janvier 1861. Il servit dans les dernières campagnes contre Napoléon, et développa son goût pour les beaux-arts pendant son séjour à Paris et son voyage en Italie. Admis dans les conseils de son père, il y manifesta une grande indépendance. Les espérances que firent concevoir ses premières mesures, lors de son avènement (7 juin 1840). furent renversées par sa déclaration qu'il serait seulement permis aux représentants des états provinciaux de donner leurs avis au souverain, mais que celui-ci ne voudrait jamais s'engager par une constitution écrite. A la même époque, le commerce fut encouragé par des améliorations intérieures, par l'extension du Zollverein et par l'établissement d'une banque nationale à Berlin. La conspiration polonaise de 1846 fut promptement et sévèrement réprimée. L'esprit public était encore surexcité par le procès des révoltés de Posen et de Mieroslawski, quand la nouvelle qu'une révolution venait d'éclater en France (février 1848) courut comme un feu follet d'un bout à l'autre de l'Allemagne. Des troubles populaires eurent lieu à Berlin en mars, le sang fut répandu par les troupes royales et Frédéric-Guillaume finit par être forcé de faire des concessions. Il déclara hautement son intention de s'emparer du gouvernement de l'Allemagne. Des troupes prussiennes furent envoyées au secours du Schleswig-Holstein, des délégués prussiens se rendirent au parlement de Francfort et le roi réunit une assemblée constituante à Berlin (22 mai). Enhardi par des succès réactionnaires, il dispersa l'assemblée (5 déc.) après l'avoir transférée à Brandebourg, et promulgua une constitution en rapport avec ses intentions. Quand les deux chambres se réunirent (26 février 1849), il trouva la chambre basse trop révolutionnaire et toutes deux furent dissoutes le 27 avril. La cause du Schleswig-Holstein fut abandonnée, à la suite de l'armistice de Malmö, et la couronne impériale d'Allemagne, offerte par le parlement de Francfort, fut refusée. L'armée prussienne fut envoyée à Dresde et à Bade pour anéantir la révolution. Le seul résultat du mouvement révolutionnaire fut la cession de Neufchâtel à la Suisse, cession qui fut confirmée en 1857. La constitution fut modifiée, la liberté de la presse et celle du culte furent restreintes. En 1857, la santé du roi s'altéra, ce prince tomba en démence et, l'année suivante, son frère Guillaume devint régent. Frédéric-Guillaume étant sans enfants, son frère lui succéda.

FRÉDÉRIC-CHARLES-NICOLAS, PRINCE DE PRUSSE, général allemand, né le 20 mars 1828, mort en février 1883. Il était fils unique du prince Charles, frère cadet de l'empereur Guillaume. Il montra de véritables talents militaires pendant les guerres du Schleswig-Holstein (1864), d'Autriche (1866) et de France (1870-71). A la tête de la seconde armée, il assiégea Metz et fut nommé feld-maréchal après la capitulation de cette ville. Il opéra ensuite contre l'armée de la Loire, repoussa Chanzy et s'empara du Mans, le 12 janvier 1871.

VI. SAXE.

FRÉDÉRIC III, le Sage, électeur de Saxe, né en 1463, mort le 5 mai 1525. Il succéda à son père Ernest en 1486 et partagea le gouvernement avec son frère Jean le Constant. Il fonda l'université de Wittemberg et, quoiqu'il n'adhérât pas ouvertement à la réforme, il protégea Luther à Worms(1521) et au Wartbourg. Il refusa la couronne impériale en 1519 et favorisa l'élection de Charles-Quint. La guerre des paysans remplit d'amertume ses derniers jours.

FRÉDÉRIC-AUGUSTE Ier, premier roi de Saxe, né en 1750, mort le 5 mai 1827. Il succéda à son père Frédéric-Christian comme électeur en 1763 et fut émancipé en 1766. Il améliora les finances, encouragea l'industrie, abolit la torture et réforma la justice. Il refusa de faire partie de la première coalition contre la France en 1791, mais il fournit un contingent comme membre de l'empire d'Allemagne. De 1796 à 1805, il maintint sa neutralité; ensuite il se joignit à la Prusse. La Saxe fut conquise et sévèrement punie par les Français; Frédéric fut forcé de devenir l'allié de Napoléon, prit le titre de roi et

fit partie de la confédération du Rhin. Après la paix de Tilsitt (1807), il fut récompensé par la donation du duché de Varsovie, et fut fidèle à Napoléon pendant les guerres de 1809, 1812 et 1813. Après la bataille de Leipzig, il fut retenu prisonnier, dépouillé du duché de Varsovie et de la moitié de ses États allemands par le congrès de Vienne. Ses sujets l'ont surnommé le Juste.

FRÉDÉRIC-AUGUSTE II, roi de Saxe, né en 1797, mort le 9 août 1854. Il était le fils aîné de Maximilien, frère des rois Frédéric-Auguste Ier et Antoine; dans sa jeunesse il étudia avec ardeur, particulièrement la botanique. En 1836, il monta sur le trône. Pendant les loisirs que lui laissèrent les affaires administratives, il fit des voyages pour étudier la botanique. En mai 1849, une révolution éclata à Dresde, elle fut étouffée par l'intervention de la Prusse. Le roi mourut des suites d'une chute de voiture et son frère Jean lui succéda.

VII WURTEMBERG.

FRÉDÉRIC I (WILHELM-KARL), premier roi de Wurtemberg, fils du duc Frédéric-Eugène, né en 1754, mort le 30 octobre 1816. Il fut pendant quelques années gouverneur général de la Finlande russe. En 1797, il succéda à son père au trône ducal. Par le traité de Lunéville (1801), il devint électeur. En 1806, il se joignit à la confédération du Rhin et prit le titre de roi. Comme il avait abandonné Napoléon après les revers de celui-ci, le congrès de Vienne lui laissa son royaume.

FREDERICIA. Voy. FRIDERICIA.

FREDERICK, ville du Maryland (Etats-Unis), à 100 kil. N.-O. de Baltimore; 9,000 hab.

FREDERICKSBURG, ville de la Virginie, (Etats-Unis), sur la rive droite de la rivière le Rappahannock, à 90 kil. N. de Richmond et à 170 kil. au-dessus de la baie de Chesapeake; 4,050 hab. — Fameuse bataille, livrée le 13 décembre 1862, entre les forces de l'Union, commandées par le général Burnside, et les confédérés sous le général Lee. L'intention du général unioniste était de traverser le Rappahannock et de s'emparer des hauteurs de Fredericksburg. Le 12 décembre le passage fut effectué; on se prépara à la bataille du lendemain. Mais la position des confédérés sur les hauteurs était inexpugnable; il fallut renoncer à s'en emparer.

FREDERICTON, capitale du Nouveau-Bruns-

Cathédrale de Fredericton.

wick (Canada), sur la rivière Saint-Jean, à 100 kil. N.-N.-O de Saint-Jean; 6.500 hab. En-

trepôt principal du commerce intérieur. Dans son voisinage, se trouvent d'importantes scieries mécaniques. Siège de l'université du New-Brunswick. Christ-church, la cathédrale épiscopale, est construite en pierres; c'est un beau spécimen d'architecture. Autrefois la ville s'appelait Sainte-Anne.

FREDERICKSBORG, palais royal bâti par Christian IV, de Danemark en 1606-'20, d'après un plan d'Inigo Jones, près de la ville de Hillerod, dans l'île de Seeland, à 35 kil. N.-N.-O. de Copenhague. C'est un château gothique en briques rouges; il couvre trois petites îles qui se trouvent dans un lac de peu d'étendue. Les derniers rois de Danemark ont été couronnés dans la chapelle de ce palais.

FREDERIKSHALD ou Frederikshall [frèd'er-iks-hâl] (autrefois Halden), ville de Norvège, sur le Iddefiord, à 80 kil. S.-E. de Christiania, près de la frontière de Suède; 9,500 hab. Cette ville se trouve autour de la base d'un rocher gigantesque, sur le sommet duquel se dresse, à 150 mètres au-dessus du niveau de la mer, la forteresse historique de Frederiksteen. Charles XII y fut tué pendant qu'il en faisait le siège, le 11 décembre 1718. Les cascades voisines sont les plus pittoresques de la Norvège.

FREDERIKSHAMN [frèd'-err-iks-haounn] (finnois, Hamina), ville et forteresse de Finlande (Russie), sur le golfe de Finlande, à 183 kil. N.-N.-O. de Saint-Pétersbourg; 2,630 hab. Le traité par lequel la Suède céda la Finlande à la Russie, fut signé dans cette ville en 1809.

FREDERIK3TAD, ville et forteresse de Norvège, à l'embouchure du Glommen, à 75 kil. S.-E. de Christiania; environ 8,500 hab. Le port est spacieux et sûr. Fabriques de clous, de poteries, de tuiles et d'eaux-de-vie.

* **FREDON** s. m. Espèce de roulement et de tremblement de voix dans le chant : faire un fredon, des fredons (vieux.)

FREDONIA, village de l'état de New-York (Etats-Unis), à 5 kil. de Dunkirk; 2,550 hab. École normale de l'État; moulins à farine, fabriques de voitures, fonderie, etc.

* **FREDONNEMENT** s. m. Chant de celui qui fredonne : ce fredonnement continuel est insupportable.

* **FREDONNER** v. n. Faire des fredons. Dans ce sens, est vieux. — Chanter entre ses dents, et sans articuler d'une manière distincte : elle aime à fredonner. — v. a. S'emploie dans le dernier sens du verbe neutre : fredonner un air.

FREDONNEUR, EUSE s. Celui, celle qui fredonne, qui chante à demi-voix.

FREEPORT, ville de l'Illinois, sur la rivière Pekatonica, à 160 kil. O.-N.-O. de Chicago 7,890 hab. Le collège de Freeport (presbytérien) fut établi en 1872.

FREETOWN, capitale de la colonie anglaise de Sierra-Leone et de toutes les possessions anglaises de l'Afrique occidentale, sur la côtière Sierra - Leone, à environ 8 kil. de la mer; lat. 8°29' N., long. 11° 7' O.; environ 20,000 hab. Rues larges et bien distribuées; belles maisons. La résidence du gouverneur, les casernes et les bureaux du gouvernement sont sur des collines, qui dominent la ville. L'entrée navigable de la rivière est étroite, par ce qu'un bas-fond de grande étendue se trouve au milieu.

* **FRÉGATE.** s. f. (lat. fragata). Bâtiment de guerre qui n'a qu'une seule batterie couverte, et qui porte moins de soixante bouches à feu : frégate de trente-six canons. — Argot. Surnom que les marins donnent au bicorne, allusion à la ressemblance de ce chapeau avec un vaisseau, lorsqu'il est renversé. — *Ornith. Genre de palmipèdes totipalmes, voisin des cormorans, dont la seule espèce bien connue (la grande frégate ou frégate pélican) est composée d'oiseaux d'une très grande envergure et

Grande frégate (Tachypetes aquilus).

d'un vol très puissant. Outre la grande frégate (tachypetes aquilus, Vicill.) qui se trouve sur nos côtes et dans la plus grande partie de notre hémisphère, on a décrit une espèce australienne (tachypetes ariel, Gould). Ces oiseaux ne pèsent guère que 2 kilog., et seraient de la grosseur d'une poule, si leur queue ne mesurait 4 m. de long et si leur envergure n'était de 2 m. 60 au moins. Gray en a décrit seulement deux espèces, le T. aquilus (Vicill.), qui se trouve généralement dans les parties tropicales du globe, et l'espèce australienne, T. ariel (Gould). En raison de la grandeur de leurs ailes, qui sont plus longues que celles de tout autre oiseau, le vol de ces oiseaux est si puissant qu'on les rencontre quelquefois à 1,500 kil. de la terre; ils volent souvent par bandes et s'élèvent si haut qu'ils sont à peine visibles. Leur nourriture consiste principalement en poisson. Quand les hirondelles de mer et les mouettes ont pris un poisson, les frégates les poursuivent en le frappant des ailes et du bec, pour les forcer à laisser tomber leur proie, ou à la dégorger; alors, descendant avec une rapidité vertigineuse, les frégates s'emparent de cette proie avant qu'elle soit tombée dans l'eau.

FRÉGOSE, nom d'une famille plébéienne de Gênes, qui a fourni sept doges à cette république (XIVe et XVe siècles).

FREIBERG [fraï-bèrg], ville de Saxe, sur le versant N. de l'Erzgebirge et sur la rivière Münzbach, à 30 kil. S.-O. de Dresde; 25,500 hab. Son école des mines, fondée en 1765, est une des meilleures du globe; elle attire les étudiants de presque tous les pays. Freiberg possède de vastes manufactures de métaux, de tissus, etc. Le district possède 150 mines d'argent, de plomb, etc. Les filons les plus riches des mines d'argent sont suivis jusqu'à de grandes profondeurs. Freiberg fut pendant longtemps la résidence des princes saxons.

FREIBURG Voy. FRIBOURG.

FREIBURG UNTERM FÜRSTENSTEIN [fraï-bourg-ounn-derm-fur-stéen-staïnn] (ainsi appelée des châteaux voisins de Fürstenstein), ville de la Silésie prussienne, sur la Polsnitz, à 65 kil. O.-S.-O. de Breslau; 6,790 hab., en y comprenant trois faubourgs. La ville est entourée de murailles, elle possède des filatures de lin et de laine, des moulins à coton, des fabriques de tuile, etc.

FREIN. s. m. [frain] (lat. frenum). Mors, partie de la bride qu'on met dans la bouche du cheval pour le gouverner : cheval qui se joue de son frein, qui mâche son frein, qui ronge son frein; un cheval qui s'emporte, et qui prend le frein aux dents. Dans cette dernière phrase, on dit plus ordinairement LE MORS. — RONGER SON FREIN, retenir son dépit, son

ressentiment en soi-même, et n'en rien laisser éclater au dehors. — METTRE UN FREIN A SA LANGUE, la contenir, ménager ses paroles. — A VIEILLE MULE, FREIN DORÉ, on pare une vieille bête pour le mieux vendre. Fig. et fam. Se dit en parlant d'une vieille femme qui aime à se parer. — Anat. Ce qui bride ou retient quelque partie : le frein ou filet de la langue. —Fig. Tout ce qui retient dans les bornes du devoir, de la raison : l'honneur, les lois, les bienséances, sont autant de freins qui retiennent les hommes, qui les empêchent de mal faire.

> ...... Pour être heureux, pour être sage,
> Il faut savoir donner un frein à ses désirs.
>   DESMOULIÈRES, L'Hiver, idylle.

> Celui qui met un frein à la fureur des flots,
> Sait aussi des méchants arrêter les complots.
>   RACINE, Athalie, act. I, sc. I.

— Mécan. Appareil destiné à modérer la vitesse d'un mécanisme, à enrayer des roues de voiture, etc. Le frein ordinaire des voitures se compose d'un épais morceau de fer pour le frottement, d'un levier, d'une chaîne et d'une tringle pour faire mouvoir le levier et d'un petit cabestan à manivelle placé à proximité du conducteur. On adopta d'abord des appareils semblables pour les wagons de chemins de fer; mais il fallut les modifier pour obtenir un arrêt plus rapide. Les divers freins de sûreté que l'on a proposés, essayés ou appliqués peuvent se diviser en trois catégories : 1° ceux dans lesquels la puissance dérive d'un ressort ou d'un levier, comme dans le frein de Creamer; 2° ceux chez lesquels la puissance provient de l'air comprimé dans un cylindre, comme pour le frein Westinghouse; on peut aussi employer la vapeur au lieu d'air comprimé; 3° ceux dans lesquels l'électro-magnétisme est employé comme puissance motrice, comme dans l'appareil imaginé par M. Achard, de Paris, et remarqué à l'exposition de 1867.

FREISCHÜTZ (Der), le Franc-Tireur, opéra allemand en 3 actes, représenté à Dresde en 1819; paroles de Kind, musique de Weber. Traduit par Pacini et arrangé pour la scène française par H. Berlioz, le Freischütz fut représenté à l'Académie de musique le 7 juin 1841.

FREISING ou **Freisingen** [fraï-zign; fraï-zign-ènn], ville de Bavière, sur l'Isar, à 30 kil. N.-E. de Munich; 7,780 hab. Elle possède une faculté de théologie, un gymnase et une école normale. Aux environs se trouve l'ancienne abbaye de Weihenstephan, aujourd'hui château royal, et (depuis 1852) célèbre école d'agriculture. De 724 à 1802, Freising fut le siège d'un évêché.

FRÉJUS [fré-juss] (anc. Forum Julii), ch.-l. de cant., arr. et à 30 kil. S.-E. de Draguignan (Var), sur une éminence qui domine la mer et près de l'embouchure de l'Argens, dans le golfe de Fréjus; 3,500 hab. Évêché. Bouchons de liège, savon, huile, vin. Nombreuses ruines romaines. L'ancien port a été comblé par les dépôts de l'Argens.

FRELAMPIER s. m. Homme de peu et qui n'est bon à rien : ce n'est qu'un frelampier. — Argot. (Voy. FERLAMPIER.)

FRELATAGE s. m., ou **Frelaterie** s. f. Altération des liqueurs ou dans les drogues, pour les faire paraître meilleures ou plus agréables.

FRELATÉ, ÉE part. passé de FRELATER. — CELA N'EST POINT FRELATÉ, se dit d'une chose qu'on n'a point cherché à rendre plus belle en apparence qu'elle ne l'est en effet.

FRELATER v. a. (holland. verlaten, transvaser). Mêler quelque drogue dans une boisson, pour en déguiser les mauvaises qualités, pour la faire paraître plus agréable à la vue et au goût : les cabaretiers sont sujets à frelater le vin.

FRELATERIE s. f. Voy. FRELATAGE.

FRELATEUR s. m. Celui qui frelate : frelateur de vin.

FRÊLE adj. (lat. fragilis). Fragile, aisé à casser, à rompre : frêle comme un roseau. — C'EST UN FRÊLE APPUI QUE LE SIEN, c'est une bien faible protection que la sienne. — SANTÉ, CORPS FRÊLE, santé, corps faible.

FRELOCHE s. f. (vieux franç. freloque, chiffon). Poche de gaze ou de toile, qui sert à prendre des insectes.

FRELON s. m. (rad. frêle, à cause des formes grêles de l'insecte). Entom. Genre d'hyménoptères de la tribu des guêpes. Le frelon d'Europe (vespa crabro, Linn.) mesure environ 2 cent. et demi de long; il est plus gros que la guêpe commune; le thorax est noir au milieu et brun partout ailleurs; les anneaux de l'abdomen sont noirs et bordés de jaune; le ventre est jaune en dessous avec

Frelon et son nid.

des taches noires; les mandibules sont fortes et dentées. Les frelons, comme les guêpes, vivent en société, dans des nids qui renferment les mâles, les femelles et les neutres; ces deux derniers, qui accomplissent tous les travaux, sont armés de dards venimeux. Ils forment une société républicaine, plusieurs femelles et leur couvée vivant et travaillant ensemble en bonne intelligence. Leur nid est bâti sur de vieux arbres, sur de vieux poteaux et dans presque tous les endroits abrités (granges, galeries, etc.); il est d'une forme arrondie, construit de matériaux grossiers, et de la couleur de feuilles fanées; les matières dont il est composé sont préparées, les mandibules des insectes, de parcelles de vieux bois ou d'écorce, réduites en une espèce de papier mâché ou de carton; quand l'intérieur du nid a été enduit d'une couche épaisse de cette composition, les frelons font, avec la même matière, des rayons horizontaux suspendus par de fortes colonnes; les cellules sont hexagonales, avec les ouvertures en bas. Un nid renferme environ 150 individus. Les frelons se nourrissent d'autres insectes (particulièrement de mouches), de viande, de fruits mûrs et sucrés; ils volent aussi le miel des abeilles; si un nid de frelons est suspendu dans un endroit infesté de mouches, on verra bientôt diminuer sensiblement le nombre de celles-ci. Si leur nid est attaqué, les frelons se précipitent avec fureur sur l'assaillant, le piquent et lui font des blessures douloureuses, souvent dangereuses. Les frelons, de même que les autres guêpes, ne produisent pas de miel. Les grosses guêpes variées de noir et de jaune sont quelquefois nommées frelons. — Par ext. Plagiaire :

> Que des frelons vont pillant les abeilles!
>   VOLTAIRE.

FRELUCHE s. f. Petite houppe de soie, sortant d'un bouton, du bout d'une ganse, ou de quelque autre ouvrage : *ganse à freluche.* — ~ Au plur. Choses frivoles et badines.

* **FRELUQUET** s. m. Fam. Homme léger, frivole, et. sans mérite : *ce n'est qu'un petit freluquet.*

FRÉMILLANTE s. f. Argot. Foule, nombreuse réunion d'individus. C'est une autre forme de FOURMILLANTE.

* **FRÉMIR** v. n. (lat. *fremere*). Être ému avec quelque espèce de tremblement, par l'effet de la crainte, de l'horreur, de la colère ou de quelque autre passion : *coursier qui frémit au bruit du canon.* — CELA FAIT FRÉMIR LA NATURE, se dit de ce qui inspire une horreur profonde. — Par anal., se dit d'une chose qui vibre, qui tremble rapidement et légèrement ; et de ce qui produit, en s'agitant, un bruissement léger, un faible murmure. S'emploie souvent, en ce sens, dans le style poétique : *une cloche frémit encore après qu'elle a cessé de se faire entendre.* — Se dit de l'eau et de toute autre liqueur, lorsqu'elle chauffe, et qu'elle est près de bouillir : *cette eau ne bout pas encore, elle ne fait que frémir.* Dans un sens analogue, LA MER FRÉMIT, elle commence à s'agiter.

* **FRÉMISSANT, ANTE** adj. Qui frémit : *frémissant de courroux, de rage.* S'emploie surtout en poésie et dans le style élevé.

* **FRÉMISSEMENT** s. m. Espèce d'émotion, de tremblement qui vient de quelque passion violente : *un long frémissement d'horreur agita l'assemblée.* — Tremblement dans les membres, qui précède ou accompagne une indisposition : *son mal a commencé par un léger frémissement.* — Commencement d'agitation dans les corps naturels ; agitation accompagnée d'un bruissement léger : *frémissement de la mer, des vagues.* — Suite de vibrations rapides, surtout en parlant des corps sonores : *lorsqu'une corde est tendue subitement, elle éprouve une sorte de frémissement.*

FREMONT, ville de l'Ohio (États-Unis), sur la rivière Sandusky, qui y devient navigable ; 6,000 habitants. Autrefois elle s'appelait Lower Sandusky.

FRÉNAIE s. f. Lieu planté de frênes.

FRENCH BROAD RIVER [fraintch-brâd-ri-veur] (angl. Grande rivière française), rivière d'une longueur d'environ 300 kil., qui prend sa source au haut des montagnes Bleues, dans la Caroline du N., coule dans le Tennessee, se dirige vers le S.-O. et se jette dans la rivière Holston, à 6 kil. au-dessus de Knoxville. Elle est navigable pour les bateaux à vapeur jusqu'à Dandridge.

* **FRÊNE** s. m. (lat. *fraxinus*). Bot. Genre d'oléinées, type de la tribu des fraxinées.

Drône à fleurs (Fraxinus ornus).

comprenant des arbres forestiers dont les deux espèces principales sont : le *frêne commun*, qui s'élève à une grande hauteur, et qui fournit un bois sans nœuds propre au charronnage ; et le *frêne de Calabre* ou *frêne à manne*, dont on tire la manne par incision. — On a décrit 29 espèces de ce genre d'arbres. Le *frêne à fleurs* (*fraxinus ornus*), haut d'environ 10 m., croît dans l'Europe méridionale et produit de la manne. Le *frêne élevé* (*fraxinus excelsior*), grand arbre à écorce cendrée, donne un bois blanc, souple, veiné et produit le *broussin*, excroissance employée dans l'ébénisterie. Le *frêne à feuilles rondes* (*fraxinus rotundifolia*), originaire de Turquie, produit lui aussi de la manne. La plus importante espèce américaine est le *frêne blanc* (*fraxinus americana*), que l'on trouve dans presque tous les états à l'E. du Mississipi et dans le N. Ce grand arbre donne un bois élastique et fort, excellent pour la menuiserie et pour le chauffage.

Frêne à feuille de chêne.

* **FRÉNÉSIE** s. f. [-zi] (gr. *phrenêsis*). Égarement, aliénation d'esprit, fureur violente : *entrer en frénésie.* — Fig. Toutes sortes d'extrémités où l'on s'abandonne par l'emportement de quelque passion que ce soit : *la passion qu'il a pour le jeu est une frénésie.*

* **FRÉNÉTIQUE** adj. Atteint de frénésie, furieux : *elle devint frénétique.* — Substantiv. Personne frénétique : *ils se portent à toutes sortes d'extrémités comme des frénétiques.*

FRÉNÉTIQUEMENT adv. D'une manière frénétique.

* **FRÉQUEMMENT** adv. [-ka-man] Souvent : *cela arrive fréquemment.*

* **FRÉQUENCE** s. f. [-kan-se] Réitération, répétition fréquente : *la fréquence de ses visites importune.* — Méd. LA FRÉQUENCE DU POULS, la vitesse des battements du pouls. — LA FRÉQUENCE DE LA RESPIRATION, la succession rapide des mouvements nécessaires à la respiration.

* **FRÉQUENT, ENTE** adj. [-kan] (lat. *frequens*). Qui arrive souvent : *les fréquentes rechutes sont dangereuses.* — Méd. POULS FRÉQUENT, pouls qui bat plus vite qu'à l'ordinaire. RESPIRATION FRÉQUENTE, respiration courte et rapide.

* **FRÉQUENTATIF, IVE** adj. Gramm. Se dit d'un mot qui exprime, outre l'idée primitive, l'idée accessoire de répétition, de fréquence : *criailler et criaillerie sont des mots fréquentatifs.* — s. m? Mot fréquentatif : *clignoter est le fréquentatif de* cligner.

* **FRÉQUENTATION** s. f. [-kan-ta-si-on] Communication habituelle avec d'autres personnes : *la fréquentation des gens de bien.* — LA FRÉQUENTATION DES SACREMENTS, l'usage fréquent du sacrement de pénitence et de celui de l'eucharistie.

* **FRÉQUENTÉ, ÉE** part. passé de FRÉQUENTER. Ne se dit guère que des lieux où il y a, où il va ordinairement beaucoup de monde : *ce spectacle est le plus fréquenté.* — PORT FRÉQUENTÉ, port où il vient d'ordinaire beaucoup de navires. Dans le même sens, PARAGES FRÉQUENTÉS, etc.

* **FRÉQUENTER** v. a. [-kan-té] (lat. *frequentare*). Hanter, avoir un fréquent commerce, de fréquentes relations, voir souvent ; aller souvent dans un lieu : *on prend les mœurs, les* habitudes de ceux qu'on fréquente. — FRÉQUENTER LES SACREMENTS, aller souvent à confesse, et communier souvent. — v. n. S'emploie dans le même sens que l'actif : *il fréquente chez un tel, dans la maison d'un tel.*

* **FRÈRE** s. m. (lat. *frater*). Celui qui est né de même père et de même mère, ou de l'un des deux seulement : *les rois de la chrétienté se donnent le titre de Frère en s'écrivant.*

Un frère est un ami donné par la nature.
LACOUVÉ.

— FRÈRE DE PÈRE ET DE MÈRE, ou FRÈRE GERMAIN, celui qui est né de même père et de même mère qu'une autre personne. FRÈRE DE PÈRE, ou FRÈRE CONSANGUIN, celui qui n'est frère que du côté paternel. FRÈRE DE MÈRE, ou FRÈRE UTÉRIN, celui qui n'est frère que du côté maternel. Les expressions *frère germain, frère consanguin* et *frère utérin,* ne sont guère usitées qu'en Jurispr. — DEMI-FRÈRE, celui qui n'est frère que du côté paternel ou du côté maternel. — FRÈRE NATUREL, FRÈRE BÂTARD, celui qui est né du même père ou de la même mère, mais non en légitime mariage. Dans le même sens et fam. FRÈRE DU CÔTÉ GAUCHE. — FRÈRES JUMEAUX, ceux qui sont nés d'un même accouchement. — FRÈRE PAR ADOPTION, ou FRÈRE ADOPTIF, celui qui a été adopté par le père naturel et légitime d'un autre enfant : *Néron était le frère adoptif de Britannicus.* — FRÈRE DE LAIT, enfant de la nourrice et celui qu'elle a nourri du même lait : *Clitus était frère de lait d'Alexandre.* — BEAU-FRÈRE. (Voyez ce mot composé, à son rang alphabétique.) — Autref. FRÈRES D'ARMES, chevaliers qui avaient contracté une alliance d'armes, se promettant une mutuelle assistance, et qui se donnaient réciproquement le nom de *Frère.* — Se dit de tous les hommes en général, comme étant tous sortis d'un même père, comme étant tous de la même espèce : *tous les hommes sont frères en Adam.* — Se dit plus particulièrement de tous les chrétiens, comme étant tous enfants de Dieu par le baptême : *tous les chrétiens sont frères en Jésus-Christ.* C'est dans ce sens que les prédicateurs, en parlant de leurs auditeurs, disent : *Mes frères, mes chers frères.* — FRÈRES MORAVES. (Voy. HERNUTES.) — Fig. Se dit des choses qui ont entre elles une certaine communauté : *les anciens poètes disaient que le sommeil est le frère de la mort.* — Titre que tout religieux prend dans les actes publics ; nom que l'on donne ordinairement à tout religieux qui n'est pas prêtre : *le frère Antoine.* — Au plur. Titre que l'on joint au nom de certains ordres religieux : *les frères de la charité.* — FRÈRE LAI, FRÈRE CONVERS, religieux qui n'est point dans la cléricature, et qui n'a été reçu dans un monastère que pour y vaquer aux œuvres serviles. On dit aussi, dans quelques ordres religieux, FRÈRE SERVANT. — Dans l'ordre de Malte, FRÈRE SERVANT, celui qui entre dans l'ordre sans faire preuve de noblesse, et qui est d'un rang inférieur aux autres chevaliers. On l'appelle aussi CHEVALIER SERVANT. — FAUX-FRÈRE, celui qui trahit ou qui nuit à une société, ou quelqu'un de cette société. — ~ Argot. Typographe faisant partie d'une société typographique. — ~ FRÈRE ET AMI, démocrate. — Les FRÈRES ENNEMIS, nom par lequel on désigne souvent Étéocle et Polynice. — Les FRÈRES SIAMOIS. (Voy. MONSTRE.)

FRÉRET (Nicolas), critique et érudit, né et mort à Paris (1688-1749). Il fut jeté à la Bastille et y resta quatre mois, pour avoir, dans un ouvrage *Sur l'origine des Français,* osé dire la vérité au sujet des anciens Francs. Ses *Mémoires sur* les anciennes annales orientales, sur la cosmogonie, sur la théogonie, sur l'histoire et sur la géographie, ont été incomplètement réunis en 20 vol. (1796-'99) ; un vol. d'une édition plus parfaite, par Champollion-Figeac, parut en 1825. Il combattit les idées de Newton sur la chronologie et repoussa l'évhémérisme. Il entra à l'Académie des inscriptions en 1714.

FRÉRON. I. (Elie-**Catherine**), critique français, né à Quimper en 1719, mort en 1776. Après plusieurs entreprises littéraires, il devint fameux comme rédacteur du journal hebdomadaire l'*Année littéraire*, fondé en 1754. La sévérité de ses critiques contre les philosophes lui suscita de violentes inimitiés; Voltaire, qu'il attaquait constamment, appelait son journal l'*Ane littéraire*. — II.(**Louis-Stanislas**), conventionnel, fils du précédent, né à Paris en 1765, mort à Saint-Domingue en 1802. Il acquit une notoriété bruyante comme rédacteur de l'*Orateur du Peuple*, et comme membre du club des Cordeliers. Ancien condisciple de Robespierre et de Desmoulins au collège Louis-le-Grand, il entra dans le mouvement révolutionnaire, prit part à l'insurrection du 10 août et aux massacres de Septembre 1792, vota à la Convention la mort du roi, précipita la chute des Girondins et fut même censuré par le comité de Salut public pour les atrocités qu'il commit en qualité de commissaire de l'armée à Marseille et à Toulon. Il contribua plus tard à l'arrestation de Robespierre et devint un des chefs les plus violents de la bande réactionnaire, connue sous le nom de *Jeunesse dorée*. Le Directoire l'envoya en mission conciliatrice dans le Midi, mais ses terribles antécédents le rendirent odieux. Il mourut sous-préfet à Haïti.

FRÉROT s. m. (dimin. de *frère*). Argot. Terme d'amitié qu'on emploie entre camarades. — FRÉROT DE LA CUQUE, frère en vol.

FRESAIE s. f. [fre-zè] (corrupt. du lat. *præsaga*, avis, présage). Espèce d'oiseau nocturne, que le peuple croit de mauvais augure, et qu'on appelle autrement EFFRAIE. (Voy. ce mot.)

FRESNAY-LE-VICOMTE, ch.-l. de cant., arr. et à 32 kil. de Mamers (Sarthe), sur un coteau de la rive gauche de la Sarthe; 3,000 hab.

FRESNAYE (La), ch.-l. de cant., arr. et à 16 kil. de Mamers (Sarthe); 1,500 hab.

FRESNEL (**Augustin-Jean**) [fré-nèl], physicien, né à Broglie (Eure), en 1788, mort en 1827. Au sortir de l'Ecole des ponts et chaussées, il dirigea les travaux du génie dans le dép. de la Vendée, pendant huit ans. En 1815, il fit des recherches remarquables sur la polarisation de la lumière et en 1819 gagna le prix offert par l'Académie des sciences pour un ouvrage sur la diffraction. Partisan enthousiaste et intelligent de la théorie des ondes lumineuses, il combattit celle de l'émission ou des émanations matérielles. En 1819, on l'adjoignit à Arago et Mathieu, pour faire des recherches relatives au perfectionnement des appareils éclairants des phares. Fresnel consacra toute la force de son intelligence à la résolution de cette question, et le résultat de ses savantes recherches fut l'invention du système lenticulaire, connu sous le nom de système de Fresnel, qui a modifié dans l'univers entier la méthode d'éclairage des phares. En mai 1824, Fresnel fut nommé secrétaire de la commission des phares. Le plus parfait des systèmes connus avant Fresnel était celui de réflecteurs paraboliques; il conçut l'idée de substituer les lentilles aux réflecteurs. Une lentille convexe possède la propriété de rendre parallèles, après déviation, tous les rayons provenant de son principal foyer. Elle produit, par réfraction, les effets que les réflecteurs paraboliques produisent par réflexion. En conséquence, si on pouvait faire une lentille plano-convexe, qui n'excéderait pas en épaisseur le verre en feuille ordinaire, la quantité de lumière perdue par l'absorption en passant à travers cette lentille, serait beaucoup moindre que dans le cas de réflexion; une pareille lentille peut

être divisée en minces anneaux concentriques d'une largeur convenable et ayant presque la même courbe que la lentille. Ces anneaux absorberaient peu de lumière et enverraient en même temps les rayons parallèlement les uns aux autres; si on les ajuste convenablement, ils enverront des rayons parallèles à l'horizon. Condorcet, en 1773, suggéra l'idée que les anneaux pourraient être faits de pièces séparées, et sir David Brewster eut la même inspiration en 1811. Fresnel, sans connaître les intuitions de Condorcet ni celles de Brewster, conçut l'idée de former les lentilles avec des pièces séparées et de disposer ces pièces progressivement, suivant leur diamètre; il employa ces lentilles dans les appareils d'éclairage des phares. Le premier appareil lenticulaire fut érigé en 1823 au phare de Cordouan, (embouchure de la Gironde). Les lentilles auxiliaires et les réflecteurs qui utilisaient les rayons au-dessus et au-dessous de la zone centrale, sont remplacés maintenant par des cercles prismatiques. En 1825, le système lenticulaire fut adopté sur les côtes de France, ensuite sur celles de Hollande et, en 1834, sur celles d'Ecosse. Il est aujourd'hui universel.

FRESNES-SAINT-MAMÈS, ch.-l. de cant., arr. et à 31 kil. N.-E. de Gray (Haute-Saône), sur la rive droite de la Romaine; 550 hab.

FRESNES-EN-WOËVRE, ch.-l. de cant., arr. et à 20 kil. S.-E. de Verdun (Meuse); 900 hab.

FRESNILLO [frèss-nil'-io], ville du Mexique, état de Zacatecas, à 450 kil. N.-O. de Mexico; à 2,600 mètres au-dessus du niveau de la mer; environ 15,000 hab. Les riches mines d'argent des environs ont été découvertes en 1569, année même de la fondation de la ville.

FRESNOY-LE-GRAND, comm. de l'arr. et à 16 kil. N.-N.-E. de Saint-Quentin (Aisne); 3,959 hab. Importantes fabr. de gazes et de batistes.

FRESQUE s. f. [frè-ske] (ital. *fresco*, frais). Manière de peindre avec des couleurs détrempées dans de l'eau de chaux, sur une muraille fraîchement enduite : *la fresque exige une grande sûreté de pinceau*. — Toute peinture, tout tableau à fresque : *dans les lieux humides la fresque ne dure pas longtemps*. — ENCYCL. La fresque est la manière d'orner les murs et les plafonds des édifices, en peignant, sur les plâtres fraîchement posés, avec des couleurs broyées dans l'eau et mêlées de chaux. Les contours des dessins sont d'abord tracés sur un papier; celui-ci est placé sur le mur en portions de grandeur convenable; le contour est transmis au plâtre mouillé en passant sur les lignes un instrument aigu. La préparation des murs est l'objet d'un soin particulier. Avant que la dernière couche (appelée par les Italiens *intonaco*) ne soit sèche, le dessin doit y être placé et la peinture doit être achevée. C'est pourquoi de petites parties de fresques seulement peuvent être exécutées à la fois. Les jonctions entre le travail d'un jour et celui du lendemain doivent être calculées de façon à être dissimulées dans les lignes ou les ombres de la composition; les couleurs minérales sont presque exclusivement employées. Outre ce procédé, appelé par les Italiens *buon fresco*, ou fresque véritable, les anciens maîtres possédaient d'autres méthodes, dont la plus importante était la *fresco secco*, ou fresque sèche, ainsi appelée, parce qu'on mouillait de nouveau le plâtre avant d'appliquer la couleur, ce qui permettait à l'artiste de quitter son travail quand bon lui semblait. C'est probablement de cette manière que furent exécutées toutes les anciennes fresques. D'après une nouvelle méthode, introduite en Allemagne par le professeur Von Fuchs, et appelé stéréochrome, la peinture est

fixée au moyen d'une solution de silice, de sorte qu'elle devient aussi dure que de la pierre. Le travail peut également être abandonné et repris en tout temps. — L'histoire de la fresque, pendant les deux premiers siècles qui suivirent la renaissance de l'art, est l'histoire de la peinture elle-même, parce que la plupart des ouvrages considérables furent exécutés par ce procédé. Parmi les premières peintures à fresque, on distingue celles de l'église de Saint-François d'Assise, qui furent commencées par Giunta de Pise, et continuées pendant un siècle et demi par Cimabue, Giotto, Giottino, Le Gaddi, Simone di Martino, et autres peintres de talent. On remarque ensuite les décorations du Campo Santo, de Pise, dont les murs occupèrent les premiers maîtres des XIVe et XVe siècles. Les grands noms du XVe siècle sont ceux de Pietro della Francesca, Masolino, Filippo Lippi, Fra Angelico da Fiesole, Masaccio et Ghirlandaio. — Luca Signorelli, Andrea Montegna, Francesco Francia, Perugino (qui fut le maître de Raphaël), Fra Bartolommeo et quelques autres appartiennent en partie à ce siècle et en partie au suivant, qui fut témoin de l'apogée de la peinture à fresque, de sa corruption et de sa décadence. Les trois plus illustres peintres de cette dernière époque, sont Léonard de Vinci, Raphaël et Michel-Ange. Le chef-d'œuvre de Léonard à la fresque si connue sous le nom de *Dernier Souper*, exécutée pour le réfectoire du couvent de Santa-Maria delle Grazie, à Milan, et dont quelques vestiges moisis restent seuls visibles aujourd'hui. Les plus fameuses fresques de Michel-Ange sont les séries de ciels de la chapelle Sixtine. Celles de Raphaël couvrent les murailles et les ciels des chambres du Vatican; on les appelle *Stanze de Raphaël*. Les Zuccheri, Andrea del Sarto, Sébastian del Piombo, Vasari et presque tous les autres peintres distingués de l'époque pratiquèrent la peinture à fresque; mais l'art dégénéra rapidement et, après la première moitié du XVIIe siècle, sauf quelques exceptions, aucune œuvre à fresque, au-dessus du médiocre, ne fut exécutée en Italie. Le siècle actuel a été témoin de la renaissance de la peinture à fresque, en Europe, et particulièrement en Allemagne. Parmi les premiers qui pratiquèrent cet art, nous citerons : Cornelius, Overbeck, Schnorr, Schadow, Veit et Koch. Par l'influence de Cornelius, une école de peinture à fresque prit naissance à Munich; elle compta parmi ses élèves : Kaulbach, Zimmermann, Hess et beaucoup d'autres. Les décorations murales firent peu de progrès en France jusqu'au siècle actuel; mais pendant le second Empire, un grand nombre d'églises de Paris furent embellies par Amaury-Duval, Motez, Brémond et autres. En Angleterre, Cope, Dyce, Ward, Maclisse, Herbert, Watts, etc., exécutèrent de grandes fresques dans les nouveaux palais du parlement; mais, d'après l'opinion d'artistes éminents de ce pays, le procédé ne convient pas au génie de l'école anglaise, et il n'existe en Angleterre aucune fresque entière, comparable aux travaux exécutés à l'huile par les mêmes peintres.

FRESSURE s. f. coll. [frè-su-re] (lat. *frixura*). Parties intérieures de quelques animaux prises ensemble, comme sont le foie, le cœur, la rate et le poumon : *fressure de veau*, etc.

FRET s. m. [frè] (lat. *fretum*). Mar. marchande. Louage d'un bâtiment, soit en totalité, soit en partie : *prendre un navire à fret*. — Prix du fret : *le capitaine a touché son fret*. — PAYER LE FRET D'UNE MARCHANDISE, etc., en payer le port. — Cargaison, chargement d'un navire de commerce : *débarquer son fret*.

*FRÉTER v. a. Mar. marchande. Donner

un bâtiment à loyer, en totalité ou en partie : *fréter au mois, au voyage, au tonneau.* — Charger, équiper : *il fréta des vaisseaux à ses frais pour aller à la découverte de nouvelles terres.* — Abusiv. Prendre à louage. (Voy. Affréter et Noliser.)

* FRÉTEUR s. m. Mar. marchande. Celui qui donne un bâtiment à loyer. — ~ Celui qui prend un bâtiment à loyer.

FRÉTEVAL, village du cant. de Morée (Loir-et-Cher); 800 hab. Défaite de Philippe-Auguste, qui y perdit ses bagages et le trésor de l'armée (1194).

* FRÉTILLANT, ANTE adj. Qui frétille : *poisson tout frétillant.* — ~ s. f. Argot. Queue; allusion à ses frétillements.— Danse.

FRÉTILLE s. f. Argot. Paille.

* FRÉTILLEMENT s. m. Mouvement de ce qui frétille : *être dans un frétillement continuel.*

* FRÉTILLER v. n. (lat. *fritillus*, cornet à dés). Se remuer, s'agiter par des mouvements vifs et courts : *le chien frétille de la queue.* — Prov. et pop. Les pieds lui frétillent, il a impatience d'aller. La langue lui frétille, il a grande envie de parler. — ~ Argot. Danser.

FRÉTILLON s. f. Surnom que l'on donne à une grisette leste, pimpante et d'humeur gaie.   o

* FRETIN s. m. (angl. *farthing*, pièce de menue monnaie). Menu poisson : *il n'y a que du fretin dans cet étang.*

> Un carpeau, qui n'était encore que fretin,
> Fut pris par un pêcheur au bord d'une rivière.
>   La Fontaine.

— Fig. et fam. Se dit des choses de rebut, et qui sont de nulle valeur, de nulle considération : *tout ce qu'il avait de bons livres est vendu, ce qui lui reste n'est que du fretin.* — ~ Se dit des personnes de peu de considération.

* FRETTE s. f. [frè-te] (lat. *fretus*). Lien ou cercle de fer dont on entoure l'extrémité du moyeu des roues, la tête des pilotis, etc., pour empêcher qu'ils n'éclatent, qu'ils ne se fendent : *la frette de ce moyeu est rompue.*

FRETTE (La), comm. du cant. de Saint-Etienne-de-Saint-Geoirs (Isère); 1,300 hab. Ruines du vieux château habité par le baron des Adrets.

* FRETTÉ, ÉE adj. Blas. Se dit des pièces couvertes de bâtons en sautoir, qui forment des losanges.

* FRETTER v. a. Mettre une frette : *fretter le manche d'un outil.*

* FREUX s. m. (lat. *crocio*). Oiseau qui ressemble beaucoup à la corneille, et qu'on nomme aussi *grolle*. — Le freux (*corvus frugilegus*, Linn.), est plus petit que la corneille;

Freux (Corvus frugilegus).

son bec est plus droit et plus pointu. Le mâle mesure 50 cent. de long. ; la femelle, moins grande et moins brillante, pond de trois à cinq œufs d'un bleu verdâtre, ordinairement tachetés. Les freux se trouvent dans presque toute l'Europe ; ils vivent en société pendant

l'année entière. Ils se nourrissent de vers, de coquillages, de crustacés, de chairs en décomposition, de grains, d'insectes, de noix, de lézards, etc. On peut leur apprendre à imiter la voix des animaux ; mais ils sont moins intelligents et moins dociles que les corbeaux, les corneilles et les choucas.

FREYA, seconde épouse d'Odin.

FREYCINET (Louis - Claude desaulses de) [frè-si-nè], navigateur français, né à Montélimar en 1779, mort en 1842. Il accompagna en 1800 l'expédition de Baudin en Australie, et consacra dix ans à préparer la partie nautique et géographique du récit qui fut fait de cette expédition. En 1817-'20, il commanda une circumnavigation, ayant pour but principal d'étudier la configuration du globe, les éléments du magnétisme terrestre et les phénomènes météorologiques de l'hémisphère du Sud. Le récit de ses voyages forme 13 vol. in-4° (1824-'44).

FREYTAG (Georg-Wilhem-Friedrich) [frai'-tàg], orientaliste allemand, né en 1788, mort en 1861. Il fut précepteur à Gottingue (1811-'13), aumônier des armées alliées, à Paris, en 1815, étudia l'arabe, le persan et le turc sous Sylvestre de Sacy et fut professeur à Bonn en 1819. Il publia d'anciens textes arabes, et des traductions d'ouvrages arabes, fit paraître le *Lexicon arabico-latinum* (4 vol., 1830-'37 ; abrégé, 1837).

* FRIABILITÉ s. f. Didact. Qualité de ce qui est friable.

* FRIABLE adj. (lat. *friabilis*; de *friare*, réduire en morceaux). Didact. Qui peut aisément être réduit en poudre : *les pierres calcinées sont friables.*

* FRIAND, ANDE adj. Qui aime la chère fine et délicate, et qui s'y connaît : *il n'est pas gourmand, mais il est friand.* — Avoir le goût friand, avoir le goût délicat, et savoir bien juger des bons morceaux. — Morceau, mets friand, etc., morceau, mets délicat, etc.

> Il se réjouissait à l'odeur de la viande,
> En des menus morceaux et qu'il croyait friande.
>   La Fontaine.

— Etre friand de quelque chose, en aimer le goût, aimer à en manger. — Fig. et fam. Etre friand de nouveautés, de louanges, de musique, etc., les aimer beaucoup, les rechercher avec empressement. — Substantiv. Personne friande : *vous êtes une petite friande.*

* FRIANDISE s. f. Goût pour la chère fine et délicate : *il y a des personnes qui se vantent de leur friandise.* — Au plur. Certaines choses délicates à manger, comme des sucreries et de la pâtisserie : *donner des friandises à des enfants.* — Elle a le nez tourné à la friandise, se dit d'une jeune femme qui a l'air coquet et éveillé, l'air d'aimer le plaisir. Cette manière de parler a vieilli.

FRIAUCHE s. m. Argot. Condamné à mort qui s'est pourvu en cassation.

FRIBOURG ou Freyburg [fri-bour; fralbourg] 1. Canton de Suisse, le neuvième en étendue et dans l'ordre d'admission dans la confédération, borné par les cantons de Berne et de Vaud et par le lac de Neufchâtel ; 1,669 kil. carr. ; 140,832 hab. (dont 93,951 catholiques romains). Trois parties détachées sont enclavées dans le canton de Vaud. La surface est montagneuse, les pics principaux mesurent plus de 2,300 m. de haut. Les principales rivières sont : la Sarine (Saane), la Broye et la Sense. La moitié du lac de Morat et une partie considérable du lac de Neufchâtel appartiennent à ce canton. Les articles d'exportation sont : le fromage de Gruyère, le lait condensé et le bois de construction. La langue allemande domine autour du ch.-l. et dans le district de Morat, mais le langage officiel est le français. Villes principales : Fribourg, Romont, Bulle et Morat. S'étant joint au Sonderbund, ce canton fut occupé en 1847

par le général Dufour. — II. Capitale de ce canton, sur la Sarine, à 30 kil. S.-O. de Berne; 10,900 hab. La ville haute (française) s'élève en terrasse sur une suite de roches de

Fribourg.

grès. Le pont suspendu qui traverse la Sarine à une hauteur de 58 m., mesure 300 m. de long, 8 m. de large. L'église de Saint-Nicolas possède la flèche la plus élevée de la Suisse et un orgue célèbre. Il existe à Fribourg quatre places publiques, un hôtel des monnaies, un arsenal, une bibliothèque, un lycée, un théâtre et plusieurs autres établissements publics. On y fabrique des chapeaux de paille, de la poterie, des instruments en fer ; manufactures de laine filée, de cuirs, de tabac, de chicorée, etc.

FRIBOURG-EN-BRISGAU (all. *Freiburg im Breisgau*, frai-bourg-imm-braiss-gaou), ville

Cathédrale de Fribourg.

du grand-duché de Bade (Allemagne) dans l'ancien district de Breisgau, sur le Dreisam, à

30 kil. N.-E. de Bâle ; 25,600 hab. **La cathédrale** est célèbre par la pureté de son style gothique. L'université, fondée en 1457, possède une faculté de théologie catholique et une bibliothèque de 170,000 volumes. Fribourg est le siège de l'archevêché de la province ecclésiastique du Haut-Rhin. Manufactures de cuirs, de papiers, d'amidon, de tabac, de savon, de cloches, d'instruments de musique et de produits chimiques.

FRIBOURGEOIS, OISE s. et adj. De Fribourg ; qui a rapport à ce canton et à ses habitants.

FRIBURGER (Michel), l'un des associés de Gering, dans la création de l'imprimerie à Paris (1469).

FRICADELLE s. f. Art culin. Boulettes de hachis frites à la casserole.

* **FRICANDEAU** s. m. Morceau de veau lardé, qu'on sert en entrée de table : *plat de fricandeux.* — FRICANDEAU DE BŒUF, de LAPIN, etc., bœuf, lapin accommodé en fricandeau.

* **FRICASSÉ, ÉE** part. passé. de FRICASSER.
— CET ARGENT EST FRICASSÉ, C'EST AUTANT DE FRICASSÉ, cet argent est perdu, c'est autant d'argent de perdu.

* **FRICASSÉE** s. f. Viande fricassée : *manger d'une fricassée de poulets.* — UNE BONNE FRICASSÉE DE PAIN SEC, se dit, par plaisanterie, d'un morceau de pain sec. — ~ Argot. FRICASSÉE DE MUSEAUX, ou simpl., FRICASSÉE, embrassade.

* **FRICASSER** v. a. [fri-ka-sé] (lat. *frigere*). Faire cuire dans la poêle, dans une casserole, etc., quelque chose, après l'avoir coupé par morceaux : *fricasser des poulets, des tanches,* etc. — Fig. et pop. Dissiper en débauches et en bonne chère : *il a fricassé tout son bien.* — ~ Se fricasser v. pr. Etre fricassé.

* **FRICASSEUR** s. m. Celui qui fait des fricassées. Ne se dit que d'un mauvais cuisinier. — ~ Argot. Celui qui dépense son argent, son patrimoine en bonne chère et en débauches.

FRIC-FRAC s. m. Argot. Effraction. Onomatopée qui exprime le bruit d'une serrure qui est fracturée.

* **FRICHE** s. f. (bas lat. *friscum*) Terrain qui ne rapporte point, soit que la culture en ait été négligée depuis longtemps, soit qu'on ne l'ait jamais cultivé : *il y a trois ans qu'il n'a fait travailler à sa vigne, ce n'est plus qu'une friche.* — En friche loc. adv. Sans culture : *laisser une terre en friche.*

FRICHTI s. m. Argot. Ragoût. — Par ext. Toute espèce de mets.

* **FRICOT** s. m. Pop. Ragoût, viande fricassée ; en général, toute sorte de mets.

* **FRICOTER** v. n. Faire bonne chère. — Dépenser en bonne chère : *il a fricoté tout son bien.* Dans les deux sens, est populaire. — ~ Jargon. Tripoter à la Bourse, dans le commerce. — Argot typogr. Prendre des sortes dans la case des camarades.

* **FRICOTEUR** s. m. Celui qui aime à faire bonne chère. — Dans l'armée. Mauvais soldat, maraudeur. — ~ Argot. Typographe qui fricote.

* **FRICTION** s. f. [fri-ksi-on] (lat. *frictio*). Chir. Frottement que l'on fait sur quelque partie du corps, à sec ou autrement, avec les mains, avec une brosse, avec de la flanelle, etc.: *les frictions dissipent l'humeur et ouvrent les pores.*

* **FRICTIONNER** v. a. Chir. Faire une friction, des frictions : *frictionner une partie malade.* — Se frictionner v. pr. Frictionner soi, son corps : *se frictionner avec une pommade, avec un liniment.*

FRIDERICA ou Fredericia, ville et forteresse du Jutland (Danemark), à l'entrée septentrionale du Petit Belt ; 7,190 hab. Elle renferme plusieurs raffineries de sucre, des fonderies, etc. Jusqu'en 1857, on y paya les impôts pour les navires passant le Petit Belt.

FRIEDLAND [franç. fried-lan ; all. frid'-lânnt]. I. Ville de la Prusse orientale, sur l'Alle, à 40 kil. S.-O. de Kœnisberg ; 3,490 hab. Elle est mémorable par la victoire que remporta Napoléon sur les Russes, commandés par Bennigsen, le 14 juin 1807, et qui amena le traité de Tilsitt. — II. Ville fortifiée de Bohème, sur les rivières Wittich et Rasnitz, à 100 kil. N.-N.-E. de Prague ; 4,330 hab. Fabriques de tissus de laine, de toile et de coton. Le château de Friedland, sur une hauteur, au S. de la ville, appartint à Wallenstein, qui prit le titre de duc de Friedland. — III. Ville fortifiée du Mecklembourg-Strelitz, à 70 kil. N.-O. de Stettin ; 5,040 hab. Manufactures d'étoffes de laine, de toiles, d'articles de cuivre, de tuiles ; trois foires annuelles.

FRIGGA, divinité scandinave, femme d'Odin. Voy. ODIN.

FRIGIDARIUM s. m. [-ri-omm]. Antiq. Partie des thermes romains, où l'on prenait des bains froids.

* **FRIGIDITÉ** s. f. (lat. *frigidus,* froid). Méd. lég. Etat d'un homme impuissant. — Pathol. Sensation de froid. — ~ Etat d'un corps dont la température est fort abaissée. — Qualité de ce qui est froid.

FRIGORIFIQUE adj. (lat. *frigus, oris,* froid ; *facere,* faire) Phys. Qui cause le froid : *mélange frigorifique.*

FRIGOUSSE s. f. Argot. Ragoût. — Par ext. Toute espèce de mets.

FRIGOUSSER v. a. Argot. Apprêter un ragoût, faire la cuisine. — Par ext. Manger.

* **FRILEUX, EUSE** adj. (lat. *frigidulus*). Fort sensible au froid : *les vieillards sont frileux.* — ~ Argot. Poltron, poltronne.

FRIMAGE s. m. (fr. *frime*). Argot. Confrontation.

* **FRIMAIRE** s. m. Troisième mois du calendrier républicain.

* **FRIMAS** s. m. [fri-mâ] (vieux fr. *frimer,* geler). Grésil, brouillard froid et épais qui glace en tombant : *le frimas s'attache aux cheveux, aux crins des chevaux.* — ~ Poétiq. Tout signe de l'hiver, comme la neige, la gelée.

* **FRIME** s. f. Pop. Démonstration qui n'est que pour l'apparence : *ce n'est que pour la frime.* — ~ Ce que l'on fait par frime. — Argot. Visage. — FRIME A LA MANQUE, figure contrefaite, figure de borgne.

FRIMER v. a. Faire semblant, contrefaire. — Argot. Regarder. — Figurer. — FAIRE FRIMER, confronter.

* **FRIMOUSSE** s. f. Pop. Visage.

FRIMOUSSER v. n. Argot. Tricher ; allusion aux cartes à figures (*frimousses*) que l'on a soin de garder pour soi.

FRIMOUSSEUR, EUSE s. Argot. Celui, celle qui frimousse, qui triche.

* **FRINGALE** s. f. (corrupt. de *faim-valle*). Faim subite et inopinée, dont on est saisi quelquefois hors de l'heure accoutumée des repas : *quand la fringale le prend.*

* **FRINGANT, ANTE** adj. Qui est fort alerte, fort éveillé, fort vif, et dont la vivacité se manifeste par des mouvements rapides et fréquents : *il a épousé une femme bien fringante.* — CE JEUNE HOMME FAIT BIEN LE FRINGANT, il se donne des airs pétulants, avantageux.

FRINGILLAIRE s. f. [-jil-lè-re] Ornith.

Genre de passereaux, voisin des moineaux, et dont une espèce, la fringillaire *cendrillarde,* habite le midi de la France.

FRINGILLE s. m. [frain-ji-le](lat. *fringilla,* pinson). Ornith. Nom donné par Linné à un grand genre de l'ordre des *insessores,* sous-ordre des *oscines,* tribu des *conirostres,* famille des *fringillidés,* comprenant une nombreuse série de petits oiseaux aux couleurs brillantes, avec un bec court, épais et plus ou moins conique. Le *pinson à bec de cire,* ou bengali (*estrelda,* Linn.), mesure environ 10 cent. de long ; son bec est d'un rouge vif, ainsi que sa poitrine ; sa couleur générale est brune en dessus et d'un gris rougeâtre en dessous avec des ondulations noirâtres. Ce charmant oiseau habite l'Afrique depuis le Sénégal jusqu'au cap de Bonne-Espérance. — Le *pinson de Java,* communément appelé moineau de Java (*amadina oryzivora,* Linn.), padda, ou oiseau du riz, mesure environ 10 cent. de long ; son bec est fort et rouge, ses paupières sont de la même couleur, sa tête et sa gorge sont noires, les côtés de sa tête sous les yeux sont blancs, ses parties supérieures sont d'une couleur cendrée, son ventre et ses cuisses d'un rose pâle ; il a le derrière blanc, la queue noire ; il habite Java, la Chine et l'Inde. — Au groupe des fringilles appartiennent les *pinsons,* les *tisserins,* les *veuves,* les *linottes,* les *chardonnerets,* les *serins,* les *tarins,* les *gros-becs,* les *bruants,* les *bouvreuils,* les *becs-croisés,* etc. Ces oiseaux sont répandus dans le monde entier, et vivent par troupes, parmi lesquelles se trouvent souvent associées d'autres espèces. Leur nourriture consiste en graines pendant l'hiver, en larves, en vers et en grains pendant l'été. On en a décrit plus de 80 espèces. Le pinson de montagne (*fringilla montifringilla,* Linn.) mesure environ 14 cent. de long.

Fringilles — 1. Pinson de montagne (Fringilla montifringilla). 2. Verdier (F. chloris).

Il vit dans la Grande-Bretagne pendant l'hiver, disparait à la fin du printemps et se dirige vers le Nord où a lieu sa ponte ; il est fort et hardi, se nourrit de graines et de ce qu'il peut ramasser dans les champs ; son vol est rapide. Le verdier (*fringilla chloris,* Linn.), espèce européenne, a environ 14 cent. de long et 20 d'envergure ; le bec est très fort, la queue courte et le corps gros. Il est indigène et n'émigre pas ; il est robuste, familier, docile et vit par bandes. En cage, il imite le chant des autres oiseaux ; le sien consiste en trois ou quatre notes courtes et mélodieuses. Le pinson des pins (*fringilla pinus,* Wils.; *chrysomitris,* Boie) se trouve dans l'Amérique du Nord, depuis l'Atlantique jusqu'au Pacifique. Son vol et son chant ressemblent à ceux du chardonneret ; comme ce dernier, il fend l'air en décrivant de longues et gracieuses courbes. — Les fringilles américains forment le genre *zonotrichia* (Swains.), on les appelle communément pinsons ; leur bec est parfaitement conique, leurs ailes d'une grandeur médiocre, leur queue est ongue et large. Le pinson d'herbe (zonotrichia raminea, Gmel.; genre poöcætes, Baird) se trouve au nord des États-Unis depuis l'Atlantique jusqu'au Pacifique; son chant est doux et prolongé; c'est un oiseau timide et solitaire, qui court à travers les herbes dans lesquelles il bâtit son nid; sa nourriture consiste en diverses sortes de graines et d'insectes et sa chair est tendre et d'un bon goût. Le pinson de Lincoln (zonotrichia Lincolnii, Aud.; melospiza, Baird) de l'Amérique du Nord possède un chant très doux et sonore; son vol

Fringilles. 1. Pinson de Lincoln (Zonotrichia Lincolnii). 2. Pinson maritime (Ammodromus maritimus).

est rapide et bas, sa nourriture consiste en insectes et en baies; les mâles, comme presque tous les pinsons, sont batailleurs. — Le genre ammodromus (Swains.) se distingue par des ailes courtes, la queue allongée, les plumes latérales, terminées chacunes en pointe; ses espèces comprennent des oiseaux qui habitent généralement les rivages, courent le long des roseaux, s'élancent rapidement au milieu des touffes d'herbes; et mangent des crevettes, les petits mollusques et les petits crustacés et d'autres animaux marins. Le pinson à queue pointue (Ammodromus caudacutus, Gmel.) se trouve sur toute la côte de

Fringilles. Pinson à queue pointue (Ammodromus.

l'Atlantique des États-Unis et en grande abondance dans les marais salants de la Caroline du Sud. — Dans le genre spiza (Bonap.) ou cyanospiza (Baird), les ailes et la queue sont d'une grandeur moyenne. Le nonpareil ou pinson peint (spiza ciris, Bonap.) est un habitant du Texas et du Mexique; son vol est court et rapide; son chant est sonore et agréable. Un grand nombre de ces magnifiques oiseaux étaient autrefois emportés en Europe, où ils coûtaient des prix presque fabuleux; l'un d'eux acheté huit sous à la Nouvelle-Orléans, se vendit 80 fr. à Londres.

FRINGILLIDÉ, ÉE adj. (jil-li-dé). Ornith. Qui ressemble ou se rapporte aux fringilles. — s. f. pl. Famille de passereaux conirostres granivores, ayant pour type le genre fringille.

FRINGUE s. f. Argot. Toilette, habillement riche.

FRINGUER v. n. (lat. fringultire, frétiller). Danser, sautiller en dansant (vieux). — Se dit encore des chevaux fringants : ce cheval fringue continuellement. — Argot. v. a. Habiller. — Se fringuer v. pr. Argot. S'habiller.

FRIO (Cap), promontoire du Brésil, à 125 kil. E. de Rio de Janeiro, et à 380 m. au-dessus de la mer. Le port de Cabo Frio se trouve à 13 kil. N.-N.-O. de ce cap.

FRION s. m. Lame de fer placée au côté de la charrue.

FRIOUL (lat. Forum Julii; all. Friaul), ancienne province du nord de l'Italie, autrefois divisée entre l'Autriche et la Vénitie et ensuite abandonnée à l'Autriche; elle formait le cercle de Görz et la délégation de Frioul ou Udine en Vénitie. La partie continentale ou portion vénitienne fut réunie au royaume d'Italie en 1866 et s'appelle maintenant province d'Udine. (Voy. UDINE.) Pendant les premiers siècles du moyen âge, le Frioul forma un duché sous le gouvernement lombard.

FRIPE s. f. (vieux franç. ferpe, chiffon). Argot. Mets quelconque; je vais chercher ma fripe. — FAIRE LA FRIPE, faire la cuisine. — Au plur. Nippes : ces fripes sont bonnes à jeter au feu.

FRIPER v. a. Chiffonner : vous avez fripé votre collerette. — Par ext. Gâter, user : cet enfant fripe ses hardes en peu de temps. — Fig. et pop. Consumer, dissiper en débauches : cet homme a fripé tout son bien. — Argot. Manger. — Se friper v. pr. Fam. Être fripé. S'emploie dans les deux premiers sens du verbe actif : ma robe s'est toute fripée; cette étoffe se fripe facilement.

FRIPERIE s. f. Fam. Se dit des habits, des meubles qui ont servi à d'autres personnes, et qui sont fripés et usés : marchand de friperie. — SE JETER, SE RUER, SE METTRE, TOMBER SUR LA FRIPERIE DE QUELQU'UN, se jeter sur quelqu'un pour le maltraiter, pour le battre. — Dans une acception plus fig. Se moquer de quelqu'un, en dire du mal : il ne fut pas épargné dans la conversation, on se jeta sur sa friperie. — Fig. et fam. FRIPERIE LITTÉRAIRE, vieilleries, lieux communs, assemblage d'idées, d'images surannées, usées. — Métier d'acheter, de raccommoder et de revendre de vieux habits et de vieux meubles : il ne se mêle plus de friperie. — Lieu où logent ceux qui font ce métier : il ne s'habille jamais qu'à la friperie.

FRIPE-SAUCE s. m. Goinfre, goulu. Mauvais cuisinier : c'est un vrai fripe-sauce.

FRIPIER, IÈRE. s. Celui, celle qui fait le métier d'acheter, de raccommoder et de revendre de vieux habits et de vieux meubles : boutique d'un fripier. — FRIPIER D'ÉCRITS, plagiaire, compilateur maladroit et sans goût.

FRIPON, ONNE s. Celui, celle qui vole adroitement : ce domestique est un fripon. — Personne fourbe, sans bonne foi, qui ne se fait aucun scrupule de tromper : il ne fait pas bon avoir affaire à lui, c'est un vrai fripon. — Par badinage. Enfant vif et malin : c'est un petit fripon. Jeune homme léger et étourdi : c'est un fripon qui se dérange. Femme coquette, adroite et fine : la friponne lui fait croire tout ce qu'elle veut. — s. m. Homme trompeur et inconstant en amour : c'est un grand fripon. — Adjectiv. : cet homme-là est bien fripon. — En parlant de la mine, du regard, etc. Coquet, éveillé : cette jeune personne a le minois fripon.

FRIPONNEAU s. m. (dimin. de fripon). Fam. Petit fripon.

FRIPONNER v. a. Escroquer, dérober, attraper quelque chose par adresse : il m'a

friponné deux cents francs. Se dit aussi en parlant des personnes : il a friponné cinq ou six personnes de ma connaissance. — Absol. Faire des tours, des actions de fripon : c'est un homme qui ne fait que friponner, qui passe sa vie à friponner.

FRIPONNERIE s. f. Action de fripon : il y a de la friponnerie à cela.

FRIQUET s. m. (anc. franç. frisque, éveillé). Moineau de la plus petite espèce. — Argot. Mouchard.

FRIRE v. a. (lat. frigere). Faire cuire dans une poêle avec du beurre roux, ou du saindoux, ou de l'huile bouillante : frire des soles. Outre l'infinitif, il n'est usité qu'au singul. du présent de l'indicatif, Je fris, tu fris, il frit; au futur, Je frirai, tu friras, il frira, nous frirons, vous frirez, ils friront; au conditionnel présent, Je frirais, tu frirais, il frirait, nous fririons, vous fririez, ils friraient; à la deuxième personne du sing. de l'impératif, Fris; et aux temps formés du participe passé. — Prov. IL N'Y A RIEN A FRIRE, IL N'Y A PAS DE QUOI FRIRE DANS CETTE MAISON, il ne s'y trouve rien à manger. Dans le sens contraire. VOILA DE QUOI FRIRE, voilà de quoi manger. — N'AVOIR PLUS DE QUOI FRIRE, être ruiné. IL N'Y A RIEN A FRIRE DANS CETTE AFFAIRE, il n'y a rien à gagner dans cette affaire. — v. n. Cuire dans la friture : la cuisinière a fait frire une carpe. — Argot. FAIRE UN RIGOLO, voler quelqu'un en lui donnant l'accolade, en ayant l'air de le reconnaître. — Se frire v. pr. Être frit.

FRISE. s. f. [fri-ze] (bas lat. fresium, broderie). Archit. Partie de l'entablement qui est entre l'architrave et la corniche : frise enrichie de sculptures. — Par anal., dans d'autres Arts, surface plate et continue formant un bandeau dans la décoration, les frises sont peintes ou sculptées; dans la menuiserie, elles encadrent les parquets et les panneaux; dans la serrurerie, elles font partie des grilles et des rampes d'escalier.

FRISE. s. f. Sorte d'étoffe de laine à poil frisé : manteau doublé de frise. — Sorte de toile venant de Frise en Hollande. — Art milit. CHEVAL DE FRISE. (Voy. CHEVAL.) — Au plur. Théâtre. Bandes de toile, placées au cintre de la scène et figurant des nuages ou un plafond. — Argot. TOUCHER LES FRISES, ALLER AUX FRISES, atteindre le sublime sur une scène.

FRISE [fri-ze] (holland. Vriesland). I. Province septentrionale des Pays-Bas, appelée quelquefois Frise occidentale, bornée au N., à l'O. et au S.-O. par la mer du Nord et par le Zuyderzée; 3,275 kil. carr.; 313,804 hab. Elle est coupée par le Grand Canal, renferme un grand nombre de petits lacs et est protégée par des digues. Les principales occupations des habitants sont l'agriculture, l'extraction de la tourbe, la pêche, etc. Ch.-l. Leeuwarden. — II. Frise orientale, ancienne principauté du Hanovre, faisant maintenant partie du Prusse, dans le district d'Aurich; 25,900 hab. Elle était jadis comprise dans le territoire frison. (Voy. FRISONS.) La Prusse en prit possession au XVIIIe siècle. La Frise fut occupée par les Français de 1806 à 1814, et fut bientôt après cédée par la Prusse au royaume de Hanovre, auquel elle appartint jusqu'en 1866.

FRISÉ, ÉE part. passé de FRISER. — DRAP D'OR ou D'ARGENT FRISÉ, celui qui est crêpé et inégal du côté qu'on appelle l'endroit. — CHOU FRISÉ, sorte de chou dont la feuille est toute crêpée. — s. m. Ce qui est frisé. — Substantiv. Argot. Juif, juive; allusion à la frisure des cheveux, qui est un signe particulier de la race.

FRISER v. a. [fri-zé] Crêper, anneler, boucler. Se dit principalement en parlant des cheveux : friser ses cheveux aux fers au fer.

avec des fers, avec le fer. — Se dit aussi en parlant du poil des étoffes : *friser de la ratine.* — Friser quelqu'un, lui friser les cheveux. — Fig. et fam. Raser, effleurer, ne faire que toucher superficiellement : *le vent frisait l'eau et en ridait légèrement la surface.* — Il a frisé la corde, se disait autrefois pour faire entendre qu'un homme avait été bien près d'être condamné à être pendu, ou que c'était un fripon qui avait mérité la corde. (Voyez plus bas un autre sens de cette phrase.) — Jeu de la paume. Friser la corde, se dit de la balle quand elle passe à fleur de corde, c'est-à-dire très peu au-dessus de la corde, et qu'ainsi il s'en faut de très peu qu'elle ne soit arrêtée par le filet, et que le coup ne soit perdu. — Il a frisé la corde, se dit, par une comparaison prise du jeu de paume, de quelqu'un qui a été bien près de perdre son procès, de succomber à une maladie, ou, en général, de tomber dans quelque malheur. — Friser la quarantaine, la cinquantaine, etc., être fort près d'atteindre l'âge de quarante ans, de cinquante ans, etc. — Friser l'impertinent, le fat, etc., faire des actions, tenir des discours qui sentent l'impertinence, la fatuité, etc. — v. n. Se dit des cheveux, des poils qui se crêpent, qui se mettent en boucles : *ses cheveux frisent naturellement.* — Impr. Se dit des caractères qui doublent, qui papillotent, c'est-à-dire qui paraissent doublement imprimés sur la feuille, par le défaut de la presse ou par quelque autre cause : *cette presse frise considérablement.* — ↪ Argot. Friser a plat, avoir les cheveux plats. Se dit dans un sens ironique. — ↪ Se friser v. pr. Friser soi, ses cheveux : *elle perd bien du temps à se friser.* — ↪ Être frisé.

FRISETTE s. f. Boucle frisée.

FRISON s. m. Chacune des boucles d'une frisure.

FRISON, ONNE s. et adj. De la Frise; qui a rapport à cette province ou à ses habitants.

FRISONS, peuple germanique, habitant les côtes N.-O. de l'Allemagne, une partie des Pays-Bas et quelques îles voisines. César n'en fait pas mention, mais Pline savait qu'ils habitaient au delà des Bataves. Ils furent conquis par Drusus, mais regagnèrent bientôt leur liberté; la marche des Francs les repoussa jusque sur les rivages de la mer du Nord. Pépin d'Héristal remporta sur eux une victoire décisive en 689. Dans le siècle suivant, ils furent convertis au christianisme. Les Frisons du S.-O. furent les premiers qui perdirent leur type caractéristique, ainsi que les lois et le langage de leur race. Au XIIIe siècle, le nom de Frise appartenait seulement au district situé à l'E. du Zuyderzée. Les Frisons, qui habitaient entre le Lauwerzée et le Zuyderzée, opposèrent une résistance obstinée aux comtes de Hollande et finirent par être annexés à l'empire de Charles-Quint. Ceux qui habitaient entre l'Ems et le Jade devinrent sujets des comtes d'Oldenbourg en 1234. Ceux qui résidaient entre la Jade et le Weser furent subjugués par l'Oldenbourg en 1514. — Le peu de Frisons qui conservent encore leurs anciennes coutumes et leurs dialectes sont divisés en trois branches. Les Frisons de l'ouest habitent la côte E. des Pays-Bas; ceux de l'est vivent dans les marais et les marécages du Saterland et dans l'île de Wangeroog; les Frisons du nord occupent la partie occidentale du Schleswig, ainsi que les îles voisines de Sylt, de Föhr, d'Amrum et d'Helgoland. Il y a une grande différence entre les dialectes de ces trois branches. Le Frison du nord possède, à lui seul, 10 dialectes différents. Les dialectes frisons ont beaucoup d'analogie avec l'anglo-saxon. Dans la littérature du vieux frison se trouvent les plus anciennes sources de la jurisprudence allemande.

* **FRISOTTER** v. a. Friser souvent et par menues boucles : *elle est toujours à frisotter sa fille.* — ↪ Se mettre en petites boucles. — * Se frisotter v. pr. Frisotter soi, ses cheveux. Ne se dit guère que par plaisanterie ou par dénigrement.

FRISQUE adj. Vif et pimpant (vieux.)

FRISQUET, ETTE adj. fam. Qui est froid, et piquant : *il fait un temps frisquet.*—Adverbial.: *il fait frisquet.*

* **FRISQUETTE** s. f. Typogr. Châssis découpé à jour qui, dans la presse à bras, s'abat sur la feuille blanche, lorsque celle-ci est étendue sur le tympan, et empêche que les marges ne soient maculées, ainsi que tout ce qui doit demeurer blanc. L'action d'abattre ce châssis sur la feuille se dit *abaisser la frisquette.* L'action d'abaisser successivement la frisquette et le tympan s'appelle *moulinet.*

* **FRISSON** s. m. (gr. *phrissô*, avoir froid). Tremblement causé par le froid qui précède la fièvre : *la fièvre est ordinairement précédée par le frisson, d'un frisson.* — Fig. Saisissement qui naît de la peur, de l'horreur, ou de quelque autre émotion violente : *cette mauvaise nouvelle lui a causé des frissons.* — Émotion légère et même agréable : *sentir un doux frisson, de doux frissons.*

* **FRISSONNANT, ANTE** adj. Qui frissonne : *feuille frissonnante.*

.* **FRISSONNEMENT** s. m. Léger tremblement causé par les approches de la fièvre : *il va avoir la fièvre, il sent déjà un frissonnement.* — Fig. Frémissement soudain, trouble causé par quelque émotion très-vive : *quand je pense à cela, il me prend un frissonnement.*

* **FRISSONNER** v. n. Avoir le frisson : *la fièvre va le prendre, il commence à frissonner.* — Fig. Se dit, en parlant du frémissement soudain que cause une émotion très vive : *quand je songe au péril où je me suis trouvé, je frissonne encore.* — Par anal. Se dit d'une chose qui tremble, qui frémit légèrement : *les feuilles frissonnent.*

* **FRISURE** s. f. [-zu-]. Façon de friser : *cette frisure est belle.* — État de ce qui est frisé : *le vent a dérangé sa frisure.* — Sorte de petits grains que l'on forme sur les étoffes de laine, sur les draps, sur les ratines, etc., en frisant le poil.

* **FRIT, ITE** part. passé de Frire. — Pop. et fig. Cet homme est frit, il est ruiné, perdu. Tout est frit, tout a été mangé, dissipé, il ne reste plus rien. — ↪ s. f. pl. Argot. Pommes de terre frites.

FRITEAU ou **Fritot** ou **Fritot** s. m. Façon d'apprêter certains mets en les faisant frire après les avoir saupoudrés de farine ou entourés de pâte.

* **FRITILLAIRE** s. f. [fri-til-lère] (lat. *fritillus*, cornet à jouer aux dés). Bot. Genre de liliacées comprenant plusieurs espèces de plantes bulbeuses, dont la fleur, semblable par sa forme à celle de la tulipe, est parsemée de petits carreaux blancs et rouges imitant les cases d'un échiquier.

FRITSCH (Ahasver), savant allemand (1629-1704), auteur de plus de 200 écrits ascétiques, de morale et de jurisprudence et commentateur de 9 volumineuses collections. Ses ouvrages les moins oubliés sont un *Traité* concernant les imprimeurs et un *Discours* sur la répression des abus de l'imprimerie. « Ce qu'il y a de plus remarquable dans ce discours, dit Crapelet, c'est que l'auteur, qui a plus contribué que vingt auteurs à multiplier les livres, gémit sur leur accroissement rapide et demande en conséquence la réduction des imprimeries. Heureusement que le bon docteur, ses doctrines et ses deux cents ouvrages dorment en paix dans le lexicon de Jocher, tandis que la presse travaille

incessamment au bien-être et à l'amélioration de la société, qui n'a plus rien à redouter de ses écarts passagers. »

FRITTAGE s. m. Action de fritter; résultat de cette action.

* **FRITTE** s. f. (rad. *frire*). Verrerie. Mélange de substances terreuses et de substances salines, auquel on a fait éprouver un commencement de fusion pour en former le verre. — Action de cuire ce mélange.

FRITTER v. a. Faire chauffer les matières, employées à la fabrication du verre et de l'émail, pour obtenir un commencement de vitrification.

* **FRITURE** s. f. Action ou manière de frire : *l'huile est bonne pour la friture.* — Beurre, huile ou graisse qui sert à frire, et qu'on garde ensuite pour le même usage : *friture trop vieille.* — Par ext. Poisson frit : *il ne mange point de friture.*

FRITURIER, ÈRE s. Celui, celle qui fait la friture, ou qui en vend.

* **FRIVOLE** adj. (lat. *frivolus*). Vain et léger, qui n'a nulle importance, nulle solidité : s'occuper sérieusement d'objets frivoles. — Se dit aussi des personnes : *tête frivole.* — s. m. En parlant des choses. Ce qui est frivole : *il donne dans le frivole.*

FRIVOLEMENT adv. D'une manière frivole, légère.

* **FRIVOLITÉ** s. f. Caractère de ce qui est frivole : *il y a bien de la frivolité dans cet ouvrage.* — Chose frivole : *ne s'occuper que de frivolités.* — Petite dentelle de coton.

PROBEN (Jean), Frobenius, célèbre imprimeur, mort en 1527 à Bâle, où il s'était établi en 1491, se distingua par la correction, la beauté et le grand nombre de ses éditions; fut intimement lié avec Érasme qui demeura longtemps dans sa maison et qui dédia à l'un de ses fils son livre des *Colloques* (1524).

FROBISHER (sir Martin) [fro'-bi-cheur], explorateur anglais, mort en 1594. En juin 1576, il partit avec trois navires, à la recherche du passage du nord-ouest; il atteignit le Labrador et le Groënland, découvrit la baie qui porte son nom et revint en octobre. En 1577 commanda une nouvelle expédition pour les mêmes régions, et en 1578 en dirigea une autre, composée de 15 navires qui furent dispersés par les tempêtes. En 1588, il fut fait chevalier pour ses services contre l'Armada espagnole. Il commanda ensuite une flotte sur la côte d'Espagne et, en 1594, soutint Henri IV contre les ligueurs et les Espagnols.

FROBISHER BAY, bras de mer de l'Amérique anglaise du nord, sur l'Atlantique; long de 360 kil. et large de 56 kil. La baie de Frobisher se trouve au N. du détroit d'Hudson.

* **FROC** s. m. [frok] (lat. *froccus*, corrupt. de *floccus*, flocon de laine). Partie de l'habit monacal qui couvre la tête et tombe sur l'estomac et sur les épaules. Tout l'habit. — Profession monacale : *cet empereur voulut mourir dans le froc.* — Prendre le froc, se faire moine. Porter le froc, être moine. — Quitter le froc, sortir d'un monastère avant d'être profès. — Jeter le froc aux orties, renoncer à la profession monacale. Par ext. Renoncer à l'état ecclésiastique. — Se dit aussi de toute personne qui, par inconstance, renonce à quelque profession que ce soit.

FROCAILLE s. f. [ll mll.]. Par dénigr. Gens de froc.

.* **FROCARD** s. m. Fam. et par mépris. Moine.

FROCHOT (Nicolas-Thérèse-Benoît, comte), constituant, né à Aignay-le-Duc (Côte-d'Or) en 1761, mort à Étuf (Côte-d'Or) en 1828. Il se distingua surtout par son amitié pour Mirabeau, dont il fut l'exécuteur testamentaire. Il reparut sur la scène politique après le 18 brumaire. Nommé préfet de la Seine, il organisa l'administration préfectorale. Destitué après la conspiration de Malet, qui surprit sa bonne foi, il servit la Restauration, fut nommé préfet pendant les Cent-Jours et abandonna la vie politique en 1815.

FRODOARD. Voy. FLODOARD.

FROEBEL [freu'-bèl] (Friedrich), professeur allemand, fondateur du système appelé le *Kindergarten*, jardin d'enfants, né en 1782, mort en 1852. Il publia le premier volume de son ouvrage sur l'éducation en 1826 et ensuite dirigea un journal hebdomadaire. En 1837, il fonda une école modèle pour les petits enfants à Blankenburg (Thuringe), et, plus tard, une école normale pour les institutrices à Marienthal, près de Liebenstein, dans la Saxe-Meiningen. La grande liberté accordée aux enfants fit naître contre le système Froebel des accusations d'athéisme et de socialisme et, en 1851, les *Kindergarten* furent prohibés en Prusse.

FROHSDORF ou Froschdorf, bourg et château de la basse Autriche, sur la rive droite de la Leithe, à 45 kil. S.-E. de Vienne ; 400 hab. Le magnifique château de Frohsdorf, entouré d'un vaste parc, appartient au moyen âge à la famille Crottendorif; il fut acheté en 1822 par la reine Caroline, veuve de Murat, et, en 1844, par la duchesse d'Angoulême, qui s'y fixa. A la mort de cette princesse, son neveu, le comte de Chambord, en prit possession, en fit sa résidence habituelle et y mourut le 25 août 1883.

* **FROID, OIDE** adj. (lat. *frigidus*). Qui est privé de chaleur, qui communique ou qui ressent le froid : *le cadavre était déjà froid.*

L'autre, plus *froid* que n'est un marbre,
Se couche sur le nez...
    LA FONTAINE.

En des sens analogues : *tempérament, cerveau froid*, etc.

— VÊTEMENT FROID, vêtement qui ne garantit pas assez du froid. — LA CUISINE DE CETTE MAISON EST BIEN FROIDE; IL N'Y A RIEN DE SI FROID, DE PLUS FROID QUE L'ATRE DE CETTE MAISON, se dit d'une maison où l'on ne fait qu'un très petit ordinaire, qu'une fort mauvaise cuisine. — IL NE TROUVE RIEN DE TROP CHAUD NI DE TROP FROID, IL N'Y A RIEN DE TROP CHAUD NI DE TROP FROID POUR LUI, se dit d'un homme avide qui veut tout avoir, qui prend de toutes mains. — HUMEURS FROIDES, scrofules ou écrouelles. — SANG-FROID, (voy. ce mot dans la lettre S). — Refroidi : *si nous attendons encore, le dîner sera tout froid.* — DÉJEUNER FROID, déjeuner composé de mets froids. — VIANDES FROIDES, viandes préparées pour être mangées froides : *les jambons, les langues fourrées, les daubes, etc., sont des viandes froides.* — Qui sert à corriger l'excès de la chaleur animale ; qui la détruit : *les quatre semences froides.* — Fig. Flegmatique, indifférent, qui ne s'émeut point : *il croyait nous faire rire, mais tout le monde demeura froid.* — C'EST UNE TÊTE FROIDE, se dit d'un homme sage et calme qui ne s'échauffe pas facilement ni sans motif. Dans le même sens, ESPRIT FROID. — FAIRE LE FROID, faire le réservé, l'indifférent, ne témoigner nul empressement. — AMI FROID, celui qui ne se porte pas avec chaleur à secourir son ami. — ORATEUR FROID, orateur dont l'action n'est point animée, qui ne touche point ses auditeurs, et qui ne paraît pas lui-même touché. — IMAGINATION FROIDE, imagination dépourvue de chaleur, d'activité, d'énergie. — Se dit de l'air, du ton, des discours, dans un sens analogue à celui qui précède : *faire froide mine à quelqu'un.* Se dit même des sentiments et des actions qui marquent de l'insensibilité : *haine*

froide *et réfléchie.* — BATTRE FROID, recevoir une proposition d'une manière qui fait voir qu'on n'est pas disposé à l'accepter. — FAIRE FROID, et plus souvent, BATTRE FROID A QUELQU'UN, le recevoir avec moins d'empressement, avec un visage moins ouvert qu'à l'ordinaire. — Fig. En parlant des ouvrages ou des traits d'esprit ; qui n'a rien d'animé, de touchant, d'intéressant, de piquant : *cette tragédie est froide.* Dans un sens analogue, ÉCRIVAIN, AUTEUR FROID, dont le style est froid ; les ouvrages sont froids. — Peint., Sculpt., etc. Qui manque de feu, d'âme, d'expression : *ce dessin est correct, mais il est froid.* — Se dit également du manque d'éclat et de vivacité dans les tons, dans les couleurs, dans le coloris : *coloris froid et monotone.* — A froid loc. adv. Sans mettre au feu: *forger un fer à froid.* — Fig. S'emploie pour exprimer l'absence de verve ou de passion : *faire de l'enthousiasme, de la colère à froid.*

* **FROID** s. m. (troi] (lat. *frigus*). Privation, absence de chaleur; sensation que fait éprouver l'absence, la perte, la diminution de la chaleur : *éprouver une sensation de froid.* Poétiq., *le froid des ans, des années, de la vieillesse.* — PRENDRE FROID, éprouver un refroidissement. — SOUFFLER LE CHAUD ET LE FROID, louer et blâmer une même chose, parler pour et contre une personne, être tour à tour d'avis contraires. — CELA NE LUI FAIT NI FROID NI CHAUD, se dit d'un homme qui reste indifférent sur une affaire. — CELA NE FAIT NI NE NUIT À une affaire. — FAIRE FROID, BATTRE FROID, etc. (Voy. FROID, adj.) — Pop. IL N'A PAS FROID AUX YEUX, il est brave, résolu. — Froid de l'air, état de la température quand elle est froide; alors se mel quelquefois au pluriel : *les premiers froids sont les plus sensibles.* — Fig. Air sérieux et composé, et qui ne marque nulle émotion : *cet homme est d'un froid qui glace tout le monde.* — IL Y A DU FROID ENTRE EUX, se dit en parlant de deux personnes dont l'amitié a souffert quelque altération. — Fig. Manque de chaleur, de mouvement, d'intérêt dans les ouvrages d'esprit : *il y a un peu de langueur et de froid dans le quatrième acte de ce drame.* — Asphyxie par le froid. Le froid produit l'asphyxie par arrêt de la circulation pulmonaire. On doit mettre le malade dans un bain d'eau froide; on verse ensuite peu à peu de l'eau chaude dans ce bain pour en élever graduellement la température; on porte ensuite l'asphyxié dans un lit et on lui donne des soins appropriés. (Voy. ASPHYXIE.)

* **FROIDEMENT** adv. De telle sorte qu'on est exposé au froid : *nous êtes logé, nous êtes froidement.* — Fig. D'une manière sérieuse et réservée : *il m'a répondu froidement.* — Sans aucun empressement, avec insensibilité : *il calcule froidement ce qui peut lui rester de vie.*

* **FROIDEUR** s. f. Qualité de ce qui est froid : *la froideur du marbre.* — Fig. Se dit au sens moral : *la froideur de l'imagination.* — Fig. Froid accueil, air froid, indifférence; dans ce sens, peut s'employer au pluriel : *les froideurs d'une maîtresse.* Dans un sens anal. *La froideur d'un accueil, d'une réception, d'une réponse*, etc. — IL Y A DE LA FROIDEUR ENTRE EUX, se dit en parlant de deux personnes qui ne vivent plus ensemble avec la même amitié qu'auparavant.

* **FROIDIR** v. n. Devenir froid après avoir été chaud : *ne laissez pas froidir le dîner.* — Se froidir v. pr. S'emploie dans le même sens que le verbe neutre: *les viandes se froidissent.* Le mot a vieilli ; on dit, REFROIDIR, SE REFROIDIR.

* **FROIDURE** s. f. Froid répandu dans l'air :

la froidure d'un climat. — Hiver; dans ce sens n'est guère usité qu'en poésie.

Le temps a laissié son manteau
De vent, de *froidure* et de pluye,
Et s'est vestu de broderye
De soleil luisant clair et beau.
Il n'y a beste ne oyseau
Qu'en son jargon ne chante ou crye:
Le temps a laissié son manteau
De vent, de *froidure* et de pluye.
   CHARLES D'ORLÉANS.

* **FROIDUREUX, EUSE** adj. Qui amène la froidure : *la saison froidureuse* (vieux). — Sujet à avoir froid : *vous voilà bien vêtu pour la saison, vous êtes bien froidureux.* — A vieilli : on dit, plus communément, FRILEUX.

FROISSABLE adj. Qui peut se gâter par le froissement. — Fig. Qui est facile à froisser, à offenser.

FROISSAGE s. m. (rad. *froisser*). Action de froisser. — HUILE DE FROISSAGE, huile obtenue par le premier pressurage des graines, et sans exercer une action mécanique bien violente.

FROISSART (Jehan ou Jean), chroniqueur français, né à Valenciennes en 1337, mort vers 1410. Il avait à peine 20 ans lorsque Robert de Namur l'engagea à écrire des chroniques. Il embrassa la prêtrise et devint, en 1362, chapelain et secrétaire de Philippa de Hainau, femme d'Edouard III d'Angleterre; il fut ensuite successivement attaché à plusieurs princes et à des seigneurs, et fit de longs voyages en Europe. Sans prédilection pour son pays et sans aucune tendance politique, il décrivit exactement les spectacles, les fêtes et les exploits individuels, dont il était témoin. Ses chroniques présentent un tableau fidèle de son époque, il les compléta dans les dernières années de sa vie; il était alors chanoine de Chimay. Ces chroniques s'étendent de 1325 à 1400; elles parurent d'abord à Paris vers 1498, sous le titre de *Chroniques de France, d'Angleterre, d'Ecosse, d'Espagne, de Bretagne, de Gascogne, Flandres et lieux d'alentour.* Henry VIII les fit traduire en anglais sous le titre de *Chronicles of England* (2 vol. in-fol., 1523-'25). Une traduction plus exacte et plus savante fut faite par Thomas Johnes (4 vol. in-4°, 1803-'5, réimprimés plusieurs fois). La meilleure édition française reste celle de Buchon (15 vol., 1824); elle fut augmentée, sous un nouveau titre, dans le *Panthéon littéraire* (1835-'36).

* **FROISSEMENT** s. m. Action de froisser; effet, résultat de cette action: *cette étoffe a perdu sa fraîcheur par le froissement.* — Fig. En parlant des intérêts, des opinions. Ce qui heurte, ce qui blesse: *il éprouva beaucoup de froissements dans cette société.*

* **FROISSER** v. a. (lat. *fressus*, brisé). Meurtrir par une pression violente: *ce cabriolet l'a pressé contre la muraille, et l'a tout froissé.* — Frotter fortement : *froisser des cailloux l'un contre l'autre.* — Chiffonner : *froisser du drap, du satin, à force de le manier.* En un sens anal. : *froisser des épis, des fleurs dans sa main.* — Fig. Blesser, heurter, choquer, surtout en parlant d'intérêts, d'opinions, etc.: *il ne faut pas froisser les opinions de ceux qu'on veut persuader.* — Se froisser v. pr. Se piquer, prendre de l'humeur: *cet homme se froisse d'un rien.*

FROISSEUR, EUSE adj. Qui froisse, qui sert à froisser : *cylindre froisseur.*

FROISSIS s. m. Bruit de choses qui se froissent.

* **FROISSURE** s. f. Impression qui demeure à un corps qui a été froissé : *la froissure de cette étoffe ne disparaîtra pas sous le fer.*

FROISSY, ch.-l. de cant., arr. et à 3 kil. de Clermont (Oise) ; 600 hab.

* **FRÔLEMENT** s. m. Action de frôler; effet

d'une chose qui frôle : *le frôlement de la langue contre le palais.*

* **FRÔLER** v. a. Toucher légèrement en passant : *la langue frôle le palais quand on prononce l'L ou l'R.*

* **FROMAGE** s. m. (vieux franc. *formage*; du lat. *forma*, forme). Sorte d'aliment qui se fait de lait séparé de sa sérosité, qu'on appelle petit-lait : *le fromage ne se sert ordinairement qu'à la fin du repas.*

> On a senti de loin cet énorme *fromage*,
> Qui doit tout son mérite aux outrages du temps.
> BERCHOUX. *La Gastronomie,* chant IV, 1803.

— Pain, masse de fromage : *faire égoutter des fromages.* — ENTRE LA POIRE ET LE FROMAGE, sur la fin du repas, lorsque la gaieté que donne la bonne chère fait qu'on parle librement. — FROMAGE A LA CRÈME, fromage fraîchement fait qu'on délaye avec de la crème de lait, et auquel on mêle ordinairement du sucre pulvérisé. — FROMAGE A LA GLACE, ou FROMAGE GLACÉ, mets composé de crème et de sucre, auquel on joint ordinairement quelque autre substance agréable au goût, et dont le mélange est fortement frappé de glace. — Charcut. FROMAGE DE COCHON, chair de porc hachée, accommodée d'une certaine manière, et à laquelle on donne ordinairement la forme d'un fromage. — ENCYCL. Le fromage se compose de caillebotte, séparée du petit-lait et comprimée en une masse solide. La caillebote consiste en caséine, en beurre et en une portion d'eau et de constituants salins du lait, auxquels on ajoute souvent un peu de sel pendant la fabrication. La proportion du beurre est sujette aux plus grands changements. Analysé par Scherer, le fromage consiste (déduction faite des cendres), en 52,7 de carbone, 7,2 d'hydrogène et 15,6 d'azote. Walther et Verdeil y ont trouvé une partie de soufre. Mulder y découvrit 6 p. 100 de phosphate de calcium, lequel est précipité par l'addition d'un acide. C'est pourquoi on a conclu que la caséine pure ne peut exister que sous une condition soluble, et que, lorsqu'elle est précipitée par coagulation, elle se dépouille d'une partie de ses constituants. Dans la fabrication du fromage, la coagulation du lait peut être effectuée soit en ajoutant un acide, comme cela a lieu en Hollande, soit en soumettant la caséine à une fermentation particulière activée par l'action de la présure, ce qui est le mode ordinairement employé. La présure est préparée avec le quatrième estomac du veau; on essuye cet estomac avec un linge, on le saupoudre de sel et on le fait sécher en plein air à une température modérée; quand on veut s'en servir, on le trempe dans du petit-lait ou dans de la saumure. La théorie de l'action de la présure n'est pas considérée comme étant bien établie. Pasteur regarde le procédé comme le résultat d'un développement constant de très petits champignons. La fabrication du fromage au moyen de présure est aujourd'hui adoptée presque partout. Mais la coagulation du lait à l'aide de l'acide hydrochlorique, telle qu'elle est pratiquée en Hollande, mérite plus d'attention qu'on ne lui en accorde. Ce procédé offre beaucoup moins de difficulté que l'emploi de la présure. La coagulation, plus complète, donne une augmentation de produit. Tout le beurre est conservé dans le lait caillé et le danger d'une nouvelle fermentation est de beaucoup diminué. On peut classer les fromages en : *fromages à la crème, fromages fabriqués avec tout le lait, fromages de lait écrémé* et *fromages de lait aigre.* A la première classe appartiennent le neufchâtel, le vaschrein, le brie, le cheddar et le cathers-tone. Le neufchâtel est fait avec de la crème pure épaissie par la chaleu et comprimée dans un moule. On le fabrique à Neufchâtel-en-Bray, petite ville du dép. de la Seine-inférieure, à 40 kil. N.-E. de Rouen. On affine les fromages de Neufchâtel en les plaçant, quand

ils sont secs, sur des couches de paille où on les retourne tous les jours. Le brie s'affine, une fois desséché, dans des tonneaux, par couches que sépare de la paille. D'ailleurs, le principe est toujours le même, qu'il s'agisse des fromages susnommés, ou du livarot, du camembert, du marolles, du fromage d'Epoisse ou de Langres, du fromage de Montpellier (lait de brebis) ou de celui du Mont-Dore (lait de chèvre) : on fait rapidement cailler le lait, on l'égoutte, et on l'affine en le desséchant et en déterminant un commencement de fermentation putride. A la seconde classe (fromages tout lait), appartiennent le cheddar, le cheshire, le meilleur gloucester et le wiltshire d'Angleterre, le gouda et l'edam de Hollande, le gruyère, le cantal, le parmesan et la plupart des fromages américains; ce sont des fromages à la fois secs et cuits. Le fameux gruyère est fabriqué dans le canton de Fribourg (Suisse). Le fromage du Jura, fait dans les Alpes, ressemble au gruyère; on les connaît tous deux en Allemagne sous le nom de *schweitzerkäse.* Le gruyère et le parmesan se fabriquent sur le feu. Le roquefort est fabriqué avec du lait de chèvre et de brebis. Dans le Limbourg (Belgique) on fabrique un fromage que l'on mange lorsqu'il est arrivé à un haut degré de putréfaction. — Les cas d'empoisonnement par le fromage ne sont pas rares; ils présentent une analogie avec les exemples d'empoisonnement par la saucisse et la viande salée. Les accidents ont lieu quand on mange des fromages hâtivement préparés, très salés et très chauffés. L'empoisonnement par le fromage est rarement fatal.

* **FROMAGER** s. m. Petit vaisseau percé de plusieurs trous, dans lequel on dresse le lait caillé pour en faire des fromages frais ou mous.

* **FROMAGER, ÈRE** s. f. Celui, celle qui fait ou qui vend des fromages.

* **FROMAGER** s. m. Bot. Genre de bombacées comprenant une dizaine d'espèces d'arbres exotiques, qui portent des fruits très gros, et dont plusieurs s'élèvent à une hauteur prodigieuse : *on trouve des fromagers dans les Indes, en Afrique, au Brésil et aux Antilles.*

* **FROMAGERIE** s. f. Manufacture de fromages : *on a établi des fromageries dans cette province.*

FROMAGEUX, EUSE adj. Qui tient de la nature du fromage.

FROME, ville du Somersetshire (Angleterre), à 30 kil. S.-E. de Bristol ; 9,960 hab. Ecoles et institutions charitables; vastes brasseries; manufactures de tissus de laine, de soie et de chapeaux.

* **FROMENT** s. m. [fro-man] (lat. *frumentum*). La meilleure espèce de blé. Se dit tant de la plante que du grain : *farine de pur froment.* (Voy. BLÉ.)

* **FROMENTACÉ, ÉE** adj. Bot. Qui ressemble au froment, ou qui se rapporte au froment. — * adj. f. Se dit des plantes qui ont du rapport avec le froment par leur fructification, et par la disposition de leurs feuilles et de leurs épis : *les orges, les chiendents, sont des plantes fromentacées.* — ᴧᴧ s. f. pl. Groupes de plantes ayant pour type le genre froment.

FROMENTAL, ALE adj. Qui contient des froments; qui a rapport aux froments : *plaine fromentale.* — s. m. Genre de graminées, tribu des avenacées, comprenant des herbes vivaces d'Europe. Le *fromental commun* ou *élevé* (arrhenatherum avenaceum; avena elatior Linn.), haut de 1 m. 50, se trouve dans nos prés et nos bois; le *Fr. bulbeux ou à chapelet* (A. *precatorium*) se distingue par une tige renflée en petits tubercules. Ces plantes sont employées comme fourrage.

FROMENTIN (Eugène), peintre, né à la

Rochelle en 1820, mort à Saint-Maurice, près de la même ville, le 25 août 1876; élève de Cabat; visita l'Orient et l'Algérie de 1842 à 1846, et débuta au Salon, en 1847, par le tableau des *Gorges de la Chiffa,* qui le fit de suite remarquer. Depuis lors, il voua son talent, qui ne fit que grandir, à peindre l'Algérie, et la vie arabe, dans ses tableaux et dans ses livres. Parmi ses toiles, citons : *Place de la brèche à Constantine* (1849); *Enterrement maure* (1853); *Bateleurs nègres*; sa fameuse *Chasse aux gazelles,* acquise par le gouvernement; *Audience chez un kalifat* (1859); *Fauconnier arabe, Chasse au faucon,* l'une et l'autre achetées par le gouvernement; *la Curée; Coup de vent dans les plaines d'Alfa* (1864); *Chasse au héron; Voleurs de nuit* (1865); *Tribu en marche dans les pâturages du Tell; Etang dans les oasis* (1866); *Arabes attaqués par une lionne; Centaures* (1868); *Fantasia; Halte de muletiers* (1869); *Souvenir d'Alger; Ravin en Algérie* (1874). Sa palette, chaude et brillante, possède une transparence qui s'accorde merveilleusement avec les ciels, les horizons et les eaux d'Afrique. La même force de coloris, la même harmonie et le même sentiment règnent dans ses livres : *Un Eté dans le Sahara* (1857); *une Année dans le Sahel* (1858), etc. Il a écrit un roman très remarquable : *Dominique* (1863), et un livre de critique et d'esthétique tout à fait supérieur : *les Maîtres d'autrefois* (1876, in-8°).

FROMGI. Argot. Fromage.

* **FRONCE** s. f. Sorte de pli que l'on fait à une étoffe pour la froncer.

* **FRONCÉ, ÉE** part. passé de FRONCER. — ROBE FRONCÉE, sorte de robe que portent les docteurs, et qui est extrêmement froncée au haut des manches.

* **FRONCEMENT** s. m. Action de froncer; état de ce qui est froncé. Se dit principalement en parlant des sourcils : *le froncement des sourcils.*

* **FRONCER** v. a. (lat. *frons*, front). Rider en contractant, en resserrant : *il en fronça le sourcil de chagrin, de colère.* — Plisser; se dit de certains plis menus et serrés que l'on fait à du linge, à des étoffes : *cette chemise n'est pas assez froncée par le collet.* — Se froncer v. pr. Etre froncé. — S'emploie surtout dans le sens propre : *la peau de ce fruit commence à se froncer.*

* **FRONCIS** s. m. Pli que l'on fait à une robe, à une chemise, etc., en les fronçant : *faire un froncis à une robe d'enfant.*

FRONÇURE s. f. Action de froncer, de se froncer ; état de ce qui est froncé.

FRONDE s. f. (lat. *frons, frondis,* feuillage). Bot. Nom donné aux organes qui simulent des feuilles chez certains cryptogames, et particulièrement aux organes foliacés des fougères.

* **FRONDE** s. f. (lat. *funda*). Instrument, fait de corde et de cuir, avec lequel on lance des pierres, et même des balles : *David tua Goliath d'un coup de fronde.* — Chir. Bandage à quatre chefs, qui ressemble par sa forme à une fronde. — Nom du parti qui prit les armes contre la cour, sous la minorité de Louis XIV : *du temps de la Fronde.* — Le nom de fronde fut donné à la faction politique qui fit naître un mouvement insurrectionnel pendant la minorité de Louis XIV. Le nom ironique de frondeurs s'appliquait aux membres de ce parti, parce que, dans leurs attaques moqueuses et inconsidérées contre le cardinal Mazarin, ils ressemblaient, disait-on, à des écoliers qui lancent des pierres avec une fronde. En 1648, le mouvement prit une attitude belliqueuse, quand Mazarin arrêta le président et l'un des membres du parlement de Paris, à cause des agissements politiques de ce corps. Le jour suivant le peuple se souleva en armes, la cour effrayée fit plusieurs concessions et se retira à Saint-Germain (6 janv. 1649). Paris tomba alors entre les mains des insurgés. Des femmes spirituelles et belles, parmi lesquelles on distinguait la duchesse de Longueville, enflammaient les courages ; les frondeurs attendaient un secours des Pays-Bas ; mais les chefs, au nombre desquels se trouvaient le prince de Conti, les ducs de Beaufort, d'Orléans et de Nemours et le populaire cardinal de Retz, furent effrayés des conséquences que pouvait avoir leur victoire et s'empressèrent de conclure, le 11 mars, un traité avec la cour à Rueil. La Fronde dégénéra ensuite en intrigues et en disputes entre les princes du sang et le cardinal-ministre. Mazarin fit arrêter, le 18 janvier 1650, le duc de Longueville et les princes de Condé et de Conti. Turenne accourut à leur secours, mais après plusieurs avantages, il fut mis en déroute à Rethel, le 18 décembre. L'opposition de tous les partis obligea la reine Anne de rendre la liberté aux princes et de sacrifier Mazarin, qui se retira à Cologne en février 1651 ; la reine le rappela ensuite. Condé se rendit alors à Bordeaux, arma ses adhérents et marcha sur la capitale ; mais Turenne avait changé de parti et commandait les forces de la cour. Condé aurait été mis en déroute près de Paris (2 juillet 1652) si les portes de la ville ne lui avaient pas été ouvertes. Néanmoins Paris, fatigué de tant de commotions, traita avec la cour, et Condé passa finalement aux Espagnols dans les Pays-Bas, fut proscrit par Louis XIV et Mazarin revint triomphant à son poste (3 février 1653). Un grand nombre de frondeurs furent bannis et les esprits s'apaisèrent peu à peu.

* **FRONDER** v. a. Jeter, lancer avec une fronde : *fronder des pierres.* — Absol. *De petits garçons qui s'amusent à fronder.* — Par ext. Se dit, en parlant de tout ce qu'on jette avec violence : *il lui fronda une assiette à la tête.* Dans ce sens il a vieilli. — Fig. Blâmer, condamner, critiquer : *il n'eut pas sitôt ouvert la bouche, que tout le monde le fronda.* — Absol. Parler contre le gouvernement ; en général, montrer une humeur morose, chagrine, désapprouver, blâmer tout : *c'est un homme qui passe sa vie à fronder.*

* **FRONDEUR** s. m. Celui qui lance des pierres, des balles, avec une fronde : *les anciens avaient des frondeurs dans leurs armées ; les habitants des îles Baléares passaient pour être les plus habiles frondeurs.* — Fig. Celui qui parle contre le gouvernement ; celui qui montre une humeur morose, chagrine, qui désapprouve, qui blâme tout : *c'est un frondeur éternel.* — Celui qui contredit, qui critique, qui blâme : *cet ouvrage a eu presque autant de frondeurs que d'approbateurs.* — Adjectiv. S'emploie dans les deux derniers sens et dans ce cas a un fém. **FRONDEUSE** : *jeunesse frondeuse.*

FRONDIBALE s. m. (de *fronde,* et du gr. *ballein,* lancer). Ancienne machine de guerre qui lançait des pierres.

FRONDICOLE adj. (lat. *frons, frondis,* feuillage ; *colo,* j'habite). Bot. Qui vit ou croît sur les feuilles.

FRONDICULÉ, ÉE adj. Zooph. Qui est rameux, qui a la forme d'une branche d'arbre.

FRONDIFÈRE adj. (lat. *frons, frondis,* feuillage ; *fero,* je porte). Qui porte des feuilles ou des expansions foliacées.

FRONDIFORME adj. Qui a la forme d'une feuille.

FRONDIPARE adj. (lat. *frons, frondis,* feuillage ; *pario,* j'enfante). Bot. Se dit des fleurs et des fruits que produisent un rameau.

FRONDU, UE adj. Garni de branches et de feuilles.

FRONSAC, ch.-l. de cant., arr. et à 2 kil. N.-O. de Libourne (Gironde), sur la rive droite de la Dordogne ; 1,500 hab. Ancienne seigneurie, érigée en comté (1551), en marquisat (1555) et en duché-pairie (1608). Le duché de Fronsac fut acquis par Richelieu, qui le donna à l'amiral de Brézé.

FRONSADOIS ou **Fronsaguez,** *Frontiacénsis ager,* ancien pays du Bordelais, aujourd'hui compris dans l'arr. de Libourne ; ch.-l. Fronsac.

* **FRONT** s. m. [fron] (lat. *frons, frontis*). Partie du visage qui est comprise entre la racine des cheveux et les sourcils : *avoir des rides au front, sur le front.*—Fig. N'AVOIR POINT DE FRONT, n'avoir ni honte ni pudeur. — Par ext. Tout le visage : *la jeunesse au front riant.* — Tête, surtout en poésie et dans le style élevé : *courber, humilier son front ; lever, relever le front.* Ne s'emploie guère que dans ces sortes de phrases, pour exprimer l'humiliation, l'abaissement, la servitude, ou la fierté, la révolte, etc. — IL MARCHE, IL PEUT MARCHER LE FRONT LEVÉ, il n'a pas à craindre de reproches.— Fig. Trop grande hardiesse, impudence : *aura-t-il le front de soutenir ce qu'il a dit ?* — Fig. UN FRONT D'AIRAIN, une extrême impudence : *cet homme a un front d'airain ;* ou, dans le même sens, *c'est un front d'airain.*— N'AVOIR POINT DE FRONT, n'avoir ni honte ni pudeur. — Devant de la tête de quelques animaux : *cheval qui a une étoile au milieu du front.* — Fig. Étendue que présente la face d'une armée, d'une troupe, d'un bâtiment : *l'armée présentait un grand front.* — PASSER SUR LE FRONT D'UNE TROUPE, passer devant le front d'une troupe rangée en bataille. — FAIRE FRONT, se dit d'une troupe qui était par le flanc, et dont les hommes se tournent de manière à présenter le front : *on fait toujours front par le premier rang.* Par ellipse, en termes de commandement : *à gauche, à droite, front.* — FRONT DE BANDIÈRE, ligne des étendards et des drapeaux à la tête des corps campés : *les grand'gardes et les faisceaux d'armes sont placés en avant du front de bandière.* — Poétiq. Cime, sommet : *ces rochers qui cachent leur front dans les nues.*

> Cependant que mon **front,** au Caucase pareil.
>   La Fontaine.

— De Front. loc. adv. Par devant : *attaquer l'ennemi de front.* — HEURTER DE FRONT LES PRÉJUGÉS, les attaquer sans ménagement. — Côte à côte : *cette rue est assez large pour que deux carrosses y puissent passer de front.* — Fig. FAIRE MARCHER, MENER DEUX AFFAIRES, DEUX INTRIGUES DE FRONT, s'occuper de deux affaires, de deux intrigues en même temps.

* **FRONTAL, AUX** s. m. Chir. Bandeau ou topique qu'on applique sur le front : *mettre un frontal pour apaiser le mal de tête.* — Instrument de torture, fait d'une corde à plusieurs nœuds, dont on serrait le front de la personne à laquelle on voulait arracher quelque aveu. — ɔɔ Ant. gr. Pièce de métal qui, dans le casque, descendait entre les yeux jusqu'au-dessous du nez.

* **FRONTAL, ALE, AUX** adj. T. d'Anat. Qui a rapport ou qui appartient au front : *os frontal ou coronal.*

* **FRONTEAU** s. m. Sorte de bandeau appliqué sur le front. N'est guère usité qu'en parlant des Juifs, qui avaient coutume de porter des bandeaux sur lesquels le nom de Dieu, ou quelque passage de l'Écriture sainte, était écrit : *quand les juifs prient Dieu dans leurs synagogues, ils se mettent le fronteau.* — Partie de la têtière qui passe au-dessus des yeux du cheval. — Morceau de drap noir dont on couvre le front d'un cheval, quand on l'enharnache de deuil. — ɔɔ Sorte de bandeau que portent les religieuses.

FRONTENAC (Louis DE BUADE, *comte de*), gouverneur français du Canada, né vers 1620, mort en 1698. Nommé gouverneur général du Canada par Louis XIV, en 1672, il fit construire de suite le fort Cataroconi ou Frontenac, sur le lac Ontario. Il envoya Marquette et Joliet explorer le Mississipi et fut le protecteur fidèle de La Salle, mais il fut compromis dans des intrigues avec l'intendant Duchesnau et avec les autorités ecclésiastiques et fut rappelé en 1682. Il devint de nouveau gouverneur en 1689 et termina une vigoureuse campagne contre les colonies anglaises en repoussant leurs armées de terre et de mer commandées par sir William Phips, devant Québec, en 1690. Il envoya ensuite des troupes sur le territoire Mohawk, restaura le fort Frontenac et rétablit l'influence française parmi les Indiens. En 1696, il conduisit une armée au milieu de la colonie de New-York et ravagea l'Onondaga et l'Onéida. Par ses exploits militaires, il rétablit la fortune chancelante de la France en Amérique ; malheureusement il mourut peu après.

FRONTENAY, ch.-l. de cant., arr. et à 10 kil. S.-O. de Niort (Deux-Sèvres) ; 2,000 hab. La seigneurie de Frontenay fut érigée en duché-pairie en 1744, sous le nom de Rohan-Rohan.

* **FRONTIÈRE** s. f. (rad. *front*). Limites, confins d'un pays, d'un État, en tant qu'ils le séparent d'un autre pays, d'un autre État : *la frontière est bien garnie, bien défendue.* — Adjectiv. Qui est limitrophe, qui est sur les limites d'un autre pays : *province frontière.*

FRONTIGNAN s. m. Vin muscat liquoreux, d'une qualité supérieure, que l'on récolte près de Frontignan.

FRONTIGNAN, *Forum Domitii,* ch.-l. de cant., arr. et à 22 kil. S.-O. de Montpellier (Hérault), sur l'étang d'Ingril ; 3,500 hab. Salines produisant annuellement 200,000 quintaux métriques de sel marin. Vignoble de 230 hectares produisant 230 hectolitres d'un vin muscat liquoreux, universellement connu sous le nom de *vin de Frontignan.* Remarquable hôtel de ville.

FRONTIN (Sextus-Julius FRONTINUS), écrivain latin, né vers 40 ap. J.-C., mort vers 106. Il fut préteur de Rome, trois fois consul et proconsul en Bretagne. On a de lui : *Stratagematicon,* recueil de faits de guerre en 4 livres, traduit en français par Ch. Bailly (Paris, 1848, in-8°), et *De aquæductibus urbis Romæ,* statistique des aqueducs de Rome sous Nerva ; traduit en français par Ch. Bailly (Paris, 1848). On lui attribue aussi, mais à tort, le *De re agraria* et quelques fragments de *De Coloniis* et de *Limitibus.*

FRONTIN s. m. Personnage de l'ancienne comédie, type du valet effronté, spirituel et propre à l'intrigue.

* **FRONTISPICE** s. m. (lat. *frons, frontis,* façade ; *inspicere,* regarder). Face principale d'un grand bâtiment : *le frontispice du Louvre.* — Typogr. Titre d'un livre, placé à la première page et accompagné de vignettes ou d'une gravure représentant, d'une manière symbolique, le sujet de l'ouvrage. — Gravure placée en regard du titre et dont le sujet est analogue au but et à l'esprit du livre. Le premier ouvrage où il y ait un frontispice est le *Calendarium,* de Regiomontanus (Venise, 1766, in-4°).

* **FRONTON** s. m. Ornement d'architecture qui est fait ordinairement en triangle, et qui se met en haut de l'entrée d'un bâtiment, au-dessus des portes, des croisées, etc. : *fronton orné de figures, de bas-reliefs.* — Mar. Partie sculptée du couronnement d'un vaisseau, au-dessus de sa galerie. Dans ce sens, on dit plus ordinairement, TABLEAU.

FRONTON, ch.-l. de cant., arr. et à 28 kil. N. de Toulouse (Haute-Garonne); 2,500 hab. 1,800 hectares de vignes produisant les vins les plus estimés du département.

FROQUER v. a. Revêtir d'un froc : faire moine.

FROSINONE [fro-zi-no'-né] (anc. *Frusino*). ville d'Italie, à 80 kil. E.-S.-E. de Rome; 10,460 hab. C'est le rendez-vous favori des artistes, à cause du costume pittoresque des femmes. Les environs produisent de bons vins. Elle était autrefois la capitale d'une légation papale du même nom.

FROSSARD (Charles-Auguste), général français, né le 26 avril 1807, mort à Château-Vilain, le 2 sept. 1875. Il servit plusieurs années, en Algérie, commanda le corps du génie en Crimée, fut aide de camp de Napoléon en Italie (1859) et ensuite gouverneur du prince impérial. Nommé commandant du 2ᵉ corps de l'armée du Rhin, avec l'espoir de devenir maréchal, il ouvrit la guerre de 1870 en attaquant Sarrebrück, le 2 août, mais il fut battu sur les hauteurs de Spicheren (Forbach), le 6 août, se retira à Metz, assista aux batailles de Courcelles, de Mars-la-Tour et de Gravelotte et souscrivit à la capitulation de Metz. Il écrivit, pour sa justification, un *Rapport sur les opérations du 2ᵉ corps en 1870* (2 vol. 1872).

FROTTADE s. f. Se dit surtout d'une tartine de pain frottée d'ail : *une frottade d'ail*, *une frottade*.

* **FROTTAGE** s. m. Travail de celui qui frotte : *prix du frottage*.

FROTTE s. f. Argot. Traitement que suivent les galeux dans les hôpitaux, où on les frotte avec de la pommade soufrée.

* **FROTTÉ, ÉE** part. passé de FROTTER. — Fig. Qui a reçu une légère teinte de quelque chose : *il est frotté de grec et de latin*.

* **FROTTÉE** s. f. Pop. Volée de coups : *il a reçu une bonne frottée*.

* **FROTTEMENT** s. m. Action de frotter, action de deux choses qui se frottent : *électriser un corps par le frottement*. — Fig. et fam. Commerce, fréquentation : *le frottement du monde, de la société*. — MÉCAN. Le frottement est la résistance qui s'oppose au mouvement ou au glissement de deux corps en contact. Il est de deux espèces : le frottement par *glissement* et le frottement par *roulement*. Le frottement dépend essentiellement du poids du corps, ou mieux de sa pression sur le plan, et il varie suivant la nature des pièces en contact. Les roues sont généralement montées sur des arbres ou essieux dont les extrémités amincies et cylindriques, appelées tourillons, reposent sur et prennent leur mouvement de rotation dans des boîtes et des coussinets. Les tourillons absorbent un frottement qui nécessite un graissage fréquemment renouvelé. Les premières expériences sur le frottement de glissement furent faites par Coulomb à Rochefort vers 1780. Les conclusions générales auxquelles il arriva sont les suivantes : 1° le frottement le plus grand est celui qui a lieu entre deux corps rugueux; 2° il est encore plus grand entre les corps de matières semblables qu'entre les corps de matière différente; 3° les surfaces frottantes restant les mêmes, le frottement est proportionnel à la pression et il n'est ni augmenté, ni diminué par l'augmentation ou la diminution des surfaces. Des expériences faites par Morin en 1831-'34, quoique ayant produit quelques résultats différents, confirment les conclusions générales de Coulomb. Le frottement développe toujours la chaleur proportionnellement à sa force, ainsi qu'il a été démontré par les expériences du comte Rumford, de Davy, de Thomson, de Mayer et de Joule.

* **FROTTER** v. a. (lat. *frictum*). Passer une chose sur une autre à plusieurs reprises, et en appuyant, en pressant : *se faire frotter après avoir joué à la paume, ou après avoir fait quelque autre exercice violent*. — Oindre, enduire, en frottant : *frotter des meubles, un parquet avec de la cire, pour les rendre luisants*. — Frotter avec de la cire ou avec quelque autre chose semblable : *frotter le parquet d'un appartement* ou *frotter un appartement*. Employé sans régime, s'entend toujours des jours de parquets, des planchers : *ce domestique sait frotter*. — Peint. Appliquer une légère couche de couleur sur celle qui fait le fond d'un tableau. — Fig. et fam. Battre, frapper, maltraiter : *les ennemis ont été bien frottés dans cette rencontre*. On dit de même, FROTTER LES OREILLES A QUELQU'UN. — Se dit d'une chose qui passe, qui glisse sur une autre ou contre une autre, en exerçant quelque pression : *une des roues frottait contre la caisse de la voiture*. — Se frotter v. pr. Frotter soi : *se frotter avec la main; les athlètes se frottaient d'huile avant que de lutter*. — Fig. et fam. SE FROTTER A QUELQU'UN, avoir commerce, communication avec quelqu'un : *il fait bon se frotter aux savants, on apprend toujours quelque chose*. S'attaquer à quelqu'un, le provoquer, le défier : *c'est un homme auquel il est dangereux de se frotter*. — Vous y FROTTEZ PAS, JE NE VOUS CONSEILLE PAS DE VOUS Y FROTTER, etc., se dit lorsqu'on veut dissuader quelqu'un de faire une chose que l'on croit dangereuse pour lui. — Prov. et fig. QUI S'Y FROTTE, S'Y PIQUE, se dit en parlant d'un homme qui ne se laisse pas attaquer impunément. — v. récipr. Se frotter mutuellement : *se frotter l'un contre l'autre; se frotter l'un à l'autre*.

* **FROTTEUR** s. m. Celui qui frotte les planchers, les parquets. — ⁓ Phys. Se dit des coussins contre lesquels frotte le plateau d'une machine électrique.

* **FROTTIS** s. m. Peint. Couleur légère et transparente qu'on étend sur une peinture pour imiter certaines nuances de la nature : *on ne trouve dans ce tableau ni glacis, ni frottis*.

* **FROTTOIR** s. m. Linge dont on se sert pour se frotter la tête et le corps : *chauffer un frottoir*. — Linge dont les barbiers se servent pour essuyer leur rasoir en faisant la barbe. — ⁓ Brosse pour frotter les parquets.

FROUEMENT s. m. Action de frouer.

* **FROUER** v. n. (Onomat. du cri de la chouette). Chasse. Faire une espèce de sifflement à la pipée, pour attirer les oiseaux.

* **FROU-FROU** s. m. Fam. Onomatopée qui sert à exprimer le froissement des étoffes, particulièrement des étoffes de soie : *le frou-frou d'une robe*. — Fig. et fam. FAIRE DU FROU-FROU, faire de l'étalage.

FROU-FROU, comédie de MM. Meilhac et Halévy, jouée en 1869 au Gymnase, par Mᵐᵉ Desclée, et reprise plus tard par Mᵐᵉ Sarah Bernhardt.

FROUSSE. Argot. Peur : *avoir la frousse*.

* **FRUCTIDOR** s. m. (lat. *fructus*, fruit). Onzième mois du calendrier républicain. — JOURNÉE DU DIX-HUIT FRUCTIDOR (4 sept. 1797), journée pendant laquelle trois des membres du Directoire, Barras, Rewbell et le Réveillière firent un coup d'État. A 3 heures du matin, Augereau investit le Corps législatif et envahit le palais et le jardin des Tuileries à la tête de 12,000 hommes et de 40 pièces d'artillerie. Ramel, qui commandait le palais, tenta une vaine résistance; il fut déployé et envoyé au Temple et les députés furent arrêtés ou dispersés par un détachement de chasseurs. Le Directoire, victorieux sans peine, fit condamner deux de ses membres, Car-

not et Barthélemy, à la déportation, ainsi que 65 députés et de nombreux journalistes, écrivains, agents politiques, etc. Ce fut là que commença l'ère des déportations politiques.

FRUCTIDORISER v. a. Éliminer par la violence ou un plusieurs membres d'une assemblée délibérante.

FRUCTIFÈRE adj. Bot. Qui porte des fruits ou des organes reproducteurs.

FRUCTIFIANT, ANTE adj. Qui fructifie.

FRUCTIFICATEUR, TRICE adj. Qui fait fructifier.

* **FRUCTIFICATION** s. f. (lat. *fructificatio*). Bot. Formation, production des fruits; résultat, produit de cette formation : *la fructification des algues est peu apparente*.

* **FRUCTIFIER** v. n. (lat. *fructus*, fruit; *facere*, faire). Rapporter du fruit : *quand les terres sont bien fumées, elles en fructifient davantage*. — Fig. Produire en effet, un résultat avantageux : *les bons exemples fructifient*. — Produire des bénéfices : *faire fructifier son argent*. — Bot. Se dit d'un végétal qui produit son fruit, qui est en fructification : *cette plante ne fructifie qu'à telle époque*.

* **FRUCTUEUSEMENT** adv. Avec fruit, utilement, avec progrès : *les missionnaires ont travaillé fructueusement en ce pays*.

* **FRUCTUEUX, EUSE** adj. Qui produit du fruit : *rameaux fructueux*. Dans ce sens, est poétique. — Fig. Utile, profitable, lucratif : *charge utile et fructueuse*.

* **FRUGAL, ALE** adj. (lat. *frugalis*). Qui se contente de peu pour sa nourriture, qui vit de choses communes : *il est extrêmement frugal*. Dans un sens analogue : *une vie frugale*. Ce mot n'a point de pluriel au masculin. — REPAS FRUGAL, TABLE FRUGALE, repas, table où l'on ne sert que des mets simples et communs, et que ce qu'il en faut pour se nourrir.

* **FRUGALEMENT** adv. Avec frugalité : *vivre frugalement*.

* **FRUGALITÉ** s. f. Qualité de ce qui est frugal : *la frugalité rend le corps plus sain et plus robuste*.

FRUGES, ch.-l. de cant., arr. et à 33 kil. de Montreuil-sur-Mer (Pas-de-Calais), sur la Lys; 3,000 hab.

FRUGIFÈRE adj. (lat. *fruges*, fruits; *fero*, je porte). Qui porte ou produit des fruits.

* **FRUGIVORE** adj. (lat. *fruges*, fruits; *voro*, je dévore). Qui se nourrit de fruits, de végétaux : *animaux frugivores*. — s. m. Animal frugivore : *les frugivores*.

* **FRUIT** s. m. (lat. *fructus*). Production des végétaux qui succède à la fleur, et qui sert à leur propagation : *les fruits d'un grand nombre de plantes servent à la nourriture des hommes ou à celle des animaux*. — Fruit charnu ou pulpeux qui vient sur des arbres ou sur des arbrisseaux, tel que poire, pomme, prune cerise, etc. : *il faut cueillir le fruit en sa saison*. — FRUITS D'ÉTÉ, D'AUTOMNE, D'HIVER, fruits qui se mangent en été, en automne, en hiver. FRUITS ROUGES, petits fruits de cette couleur qui viennent au printemps et en été, comme fraises, framboises, cerises, groseilles. — Fig. ON CONNAIT L'ARBRE A SON FRUIT, PAR SON FRUIT, on connaît les personnes à leurs œuvres, et les choses à leurs résultats. — LE FRUIT DÉFENDU, se dit par allusion à la désobéissance du premier homme. ON A DU GOUT POUR LE FRUIT DÉFENDU, nous avons du penchant à désirer ce qui nous est défendu. — FRUIT SEC, élève des écoles du gouvernement, particulièrement des écoles militaires, qui, n'ayant pas satisfait à leurs examens de sortie, ne profitent pas des avantages que leur

séjour à l'école aurait dû leur assurer : *un fruit sec de l'École polytechnique de Saint-Cyr* Jeune homme qui, s'étant destiné aux carrières libérales, n'y a pas réussi. — Dessert, tout ce qu'on sert au dernier service de table, après les viandes et entremets ; et, dans ce sens, n'a point de pluriel : *on en est au fruit.* — FRUIT MONTÉ, fruit décoré avec des cristaux, des figures de sucre ou de porcelaine, posées sur un ou plusieurs plateaux. — Au plur. Tout ce que la terre produit pour la nourriture des hommes et des animaux : *on fait des prières à Dieu pour la conservation des fruits de la terre, des fruits qui sont sur terre.* — Jurisp. Produits, revenus d'une terre, d'un immeuble, d'un fonds quelconque, d'une charge, etc. : *c'est une maxime de droit, que tout possesseur de bonne foi fait les fruits siens.* — FRUITS NATURELS, productions spontanées d'une terre, d'un fonds, comme le foin, le bois, le croît des animaux. FRUITS INDUSTRIELS, productions qu'on obtient au moyen de la culture, comme le blé, le vin, etc. FRUITS CIVILS, loyer des maisons, baux à ferme, intérêts des sommes exigibles, etc. FRUITS PENDANTS PAR LES RACINES, PAR RACINES, blés, raisins, et généralement tous fruits, lorsqu'ils sont encore sur pied. — Par ext. Enfant qu'une femme porte dans ses flancs, ou qu'elle vient de mettre au monde. Dans ce sens, n'a point de pluriel : *on condamne à mort une femme qui fait périr, qui défait son fruit.* — Dans le style élevé. Enfant déjà né ; dans ce sens, reçoit le pluriel : *les fruits de ces hymen.*

Enghien, de son hymen le seul et digne *fruit.*
BOILEAU. Epitre IV.

— Fig. Utilité, profit, avantage que l'on retire de quelque chose : *tirer un ouvrage avec fruit.*

Quel *fruit* de ce labeur pouvez-vous recueillir ?
LA FONTAINE.

— Au pluriel, dans un sens analogue : *les fruits d'un travail, d'une industrie*, etc. — Effet, résultat d'une cause, soit bonne, soit mauvaise : *la tranquillité d'esprit est un fruit de la bonne conscience ; les grandes découvertes sont le fruit d'une longue application.* — FAIRE DU FRUIT, produire des effets avantageux par des exhortations, par de bons exemples : *cet évêque a fait beaucoup de fruit dans son diocèse.* Cette phrase vieillit. — Législ. « Les fruits et récoltes appartiennent au propriétaire de la terre par droit d'accession (C. civ. 547 ; ils sont immeubles jusqu'au moment où ils sont recueillis (id. 520) ; mais, dans certains cas, ils sont considérés comme meubles avant la récolte, et ils peuvent être l'objet d'une saisie-brandon dans les six semaines qui précèdent l'époque de leur complète maturité (C. pr. 626). Les fruits de l'année sont frappés d'un privilège au profit du propriétaire, pour la garantie des fermages (C. civ. 2102). L'usufruitier a le droit de jouir de toute espèce de fruits, soit naturels, soit industriels, soit civils, que peut produire l'objet dont il a l'usufruit. Les *fruits naturels* ne s'acquièrent que par la récolte ; il en est de même des *fruits industriels* qui sont ceux que la terre produit par le travail de l'homme. Au contraire, les *fruits civils*, c'est-à-dire les loyers ou fermages, les intérêts des créances, les arrérages de rentes, etc., s'acquièrent jour par jour. Il en résulte que les fruits naturels ou industriels qui n'étaient pas récoltés au moment où l'usufruit s'est ouvert, appartiennent à l'usufruitier ; et que ceux qui se trouvaient dans le même état à l'instant où l'usufruit a cessé appartiennent au propriétaire du fonds ; et ce, sans qu'il y ait lieu à aucune indemnité ou récompense, de part ni d'autre, pour les labours, semences, etc. (id. 582 et s.). Aux termes de l'article 670 du Code civil, modifié par la loi du 20 août 1881, les fruits des arbres plantés dans une haie mitoyenne doivent être recueillis à frais communs et partagés par

moitié, soit qu'ils tombent naturellement, soit que la chute en ait été provoquée, soit qu'ils aient été cueillis. Et suivant l'article 673 du même code, également modifié par ladite loi, les fruits qui tombent naturellement des arbres du voisin appartiennent au propriétaire du terrain sur lequel ils tombent. Le vol de fruits et récoltes entraîne des peines correctionnelles plus ou moins sévères, selon les circonstances (C. pén. 388). Ceux qui ont cueilli et mangé sur le lieu même des fruits appartenant à autrui sont punis seulement d'une amende d'un à cinq francs (id. 471, 9°) ; et ceux qui, sans droit, ont passé sur un terrain chargé de fruits mûrs ou voisins de la maturité, encourent une amende de six à dix francs (id. 475, 9°) ». (CH. Y.)

* **FRUIT** s. m. Maçonn. Retraite ou diminution d'épaisseur qu'on donne à une muraille à mesure qu'on l'élève : *il ne faut pas élever le mur tout à fait à plomb, il faut lui donner un peu de fruit.*

* **FRUITÉ, ÉE** adj. Blas. Se dit des arbres chargés de fruits d'un émail différent : *d'argent à l'oranger de sinople fruité d'or.*

FRUITER v. n. Produire du fruit : *cet arbre fruite mal.*

* **FRUITERIE** s. f. Lieu où l'on garde, où l'on conserve le fruit : *serrer du fruit dans la fruiterie.* En ce sens, on dit plus ordinairement, FRUITIER. — Dans la maison du roi. Office qui fournissait le fruit aux tables de la maison, et aussi la bougie et la chandelle : *les officiers de la fruiterie.* — Commerce du marchand fruitier : *quitter la fruiterie.*

* **FRUITIER, IÈRE** adj. Qui porte du fruit. N'est guère usité que dans les locutions : *arbre fruitier, jardin fruitier.*

* **FRUITIER, IÈRE** s. Celui, celle qui fait métier et profession de vendre du fruit, des légumes, etc. : *boutique d'un fruitier.* — s. m. Jardin rempli uniquement d'arbres à fruits. Dans ce sens, VERGER est plus usité. — Lieu où l'on conserve le fruit pour l'hiver : *aller au fruitier.*

FRUMENTACÉ, ÉE adj. Se dit des plantes graminées que l'on cultive à cause de la farine qu'elles fournissent.

FRUSQUE Argot. Vêtement. — VENDRE SES FRUSQUES POUR AVOIR DE LA BRAISE, vendre ses vêtements pour avoir de l'argent.

* **FRUSQUIN** s. m. Pop. Ce qu'un homme a d'argent et de nippes : *il a perdu tout son frusquin, son saint-frusquin.*

* **FRUSTE** adj. (lat. *frustum*, morceau, pièce). Se dit d'une médaille, d'une monnaie effacée, altérée, ou défectueuse dans sa forme. Se dit également d'une pierre, d'un débris antique dont le temps a dépoli ou corrodé la surface ; et, en Hist. nat., d'une coquille dont les pointes et les cannelures sont usées : *marbre fruste ; coquille fruste.*

FRUSTRATION s. f. Action de frustrer.

* **FRUSTRATOIRE** adj. (lat. *frustra*, en vain). Prat. Fait pour frustrer, pour tromper, ou pour éluder, pour gagner du temps : *appel frustratoire.* — S'emploie d'une manière plus générale en parlant de mesures et d'actes de nature à tromper les espérances : *mesure frustratoire.*

FRUSTRER v. a. (lat. *frustrari*). Priver quelqu'un de ce qui lui est dû, de ce qui doit lui revenir, ou à quoi il s'attend : *on l'a frustré de son salaire. Frustrer l'attente, l'espoir, les espérances de quelqu'un.*

FRUTESCENT, ENTE adj. (lat. *frutex*, arbrisseau). Bot. Qui est de la nature de l'arbrisseau : *le jasmin frutescent.*

FRYKEN [fru-kènn], série de petits lacs de la Suède, à environ 20 kil. N.-O. du lac

Wener, dans le magnifique pays de Frykedal ; ces lacs forment trois parties distinctes, unies par des canaux étroits ; ils ressemblent ainsi à une grande rivière.

FUAD PASHA, homme d'État turc, né vers 1814, mort le 11 février 1869. Il devint médecin de l'amirauté en 1834, attaché de l'ambassade turque à Londres en 1840, second drogman de la Porte en 1843, premier drogman en 1845 et ministre des affaires étrangères en 1852. Il donna sa démission en 1853, mais il rentra en fonctions en 1855 et prit part aux conférences de Paris. En 1861, il fut fait grand vizir, démissionna en 1863 et fut ministre de la guerre à partir de ce moment jusqu'en 1866, et de nouveau en 1867. On le considère comme l'homme d'État turc le plus habile de son époque. Il publia une grammaire turque (1852) et *La vérité sur la question des saints lieux* (1853).

FUALDÈS (Antoine-Bernardin), magistrat français, né en 1761, assassiné à Hodez (19 mars 1817) dans une maison mal famée où l'avaient attiré deux de ses amis, Jaussion et Bastide, qui lui devaient chacun 26,000 fr. Son cadavre fut jeté dans l'Aveyron. Les meurtriers furent guillotinés le 3 juin 1848. Cette affaire eut un grand retentissement et donna lieu à la célèbre *Complainte de Fualdès*, par le dentiste Catalan.

FUCACÉ, ÉE adj. (lat. *fucus*, varech). Bot. Qui ressemble à un fucus.

FUCHS (Johann-Nepomuk von) [foukss], chimiste allemand, né en 1774, mort en 1856. Il était professeur de minéralogie et de chimie à Landshut et à Munich, fit différentes découvertes en chimie et fut l'inventeur du verre soluble et de son application à la stéréochromie. Ses ouvrages renferment un traité remarquable sur la minéralogie.

FUCHS ou Fuchsius (Leonhard von), botaniste allemand, né en 1501, mort en 1566. Il était professeur de médecine à Ingolstadt et à Tübingen ; Charles-Quint le créa chevalier. Il aida à renverser l'autorité médicale des écrivains arabes, et à rétablir celle des Grecs ; et corrigea de nombreuses erreurs dans la nomenclature botanique. Il a laissé des ouvrages de médecine et de botanique. Une plante américaine, le fuschia, porte son nom.

* **FUCHSIA** s. m. [fu-ksi-a] (de *Fuchs*, n. pr.) Bot. Genre d'onagrariées, type de la tribu des

Fuchsia coccinea.

fuchsiées, comprenant une cinquantaine d'espèces d'arbrisseaux ou de sous-arbrisseaux. et une infinité de variétés d'ornement recherchées par les horticulteurs. A l'exception de deux espèces trouvées en Nouvelle-Zélande, le genre est entièrement américain, la plupart des espèces étant indigènes du Mexique et des montagnes du Brésil. Les fuchsias cultivés peuvent se diviser en trois sections : fuchsias à fleurs courtes, fuchsias à fleurs longues et fuchsias à fleurs en panicules. Parmi les fuchsias à fleurs courtes est le *fuchsia coccinea* du Chili, appelé aussi *fuchsia glabosa*

Fuchsia fulgens.

par quelques fleuristes. Ce fut pendant bien des années la seule espèce connue aux Etats-Unis. Il est remarquable par ses fleurs axillaires et tombantes, avec un calice écarlate et des pétales violets. Dans la section à fleurs longues, le tube du calice est allongé de 4 à 6 cent. Le *fuchsia fulgens*, brillante espèce du Mexique, appartient à l'Amérique, aussi bien que le fuchsia à corymbes (*fuchsia corymbiflora*, Ruiz et Savon); les fleurs de celui-ci, longues

Fuchsia corymbiflora.

de 5 cent., sont écarlates, et pendent en magnifiques corymbes. Nous pouvons citer comme exemple des fuchsias à panicule ou en grappes, le fuchsia arborescent (*fuchsia arborescens*), originaire du Mexique, qui atteint fréquemment une hauteur de 5 m. — Chez nous, on cultive une dizaine d'espèces de ces plantes élégantes, qui ont produit un grand nombre d'hybrides et de variétés. Les fuchsias exigent de l'humidité et une terre légère. Ces plantes furent introduites en Europe vers 1830.

FUCHSIÉ, ÉE adj. Bot. Qui ressemble ou se rapporte aux fuchsias — s. f. pl. Tribu d'onagrariées, ayant pour type le genre fuchsia.

* **FUCHSINE** s. f. [fuk-si-ne]. Chim. Substance colorante, d'un rouge vineux, que l'on fabrique avec l'aniline.

FUCHSITE s. f. Variété de micachromifère, de couleur vert émeraude.

FUCCIOLE adj. Qui vit sur les fucus ou parmi les fucus.

FUCIFORME adj. Qui a la forme d'un fucus.

FUCIN (Lac), *Fucinus lacus*, lac situé dans les Abruzzes et aujourd'hui appelé *lac de Ce-*

lano. Claude et César employèrent 30,000 hommes à percer une montagne pour creuser un canal destiné à le dessécher; mais ils ne purent y parvenir. En 1852, cette œuvre fut reprise; l'aqueduc fut déblayé et terminé le 9 août 1862.

FUCOÏDE adj. (de *fucus*, et du gr. *eidos*, apparence). Bot. Qui ressemble au fucus.

FUCOÏDÉ, ÉE adj. Qui ressemble ou se rapporte aux fucus.

* **FUCUS** s. m. [fu-kuss] (gr. *phukos*, herbe marine). Bot. Nom scientifique du genre varech.

FUENTERRABIA, ou **Fontarabie** [fouèn-tèr-ra-bi-a; franç. fon-ta-ra-bi], ville et port de Guipuzcoa (Espagne), à l'embouchure de la Bidassoa, sur la frontière française; environ 3,000 hab. Elle était autrefois bien fortifiée et a soutenu plusieurs sièges.

FUENTÈS (DON Pedro-Henriquez D'AZEVEDO, comte de), général espagnol, né en 1560, mort en 1643. Il fit ses premières armes en Portugal et commanda, à l'âge de 80 ans, l'infanterie espagnole à la bataille de Rocroy. Dans l'oraison funèbre de Condé, Bossuet désigne ce général sous le nom de *comte de Fontaines*.

FUERO s. m. [foué-ro] (lat. *forum*, place publique). Loi, statut, privilège d'un état, d'une ville en Espagne. — Au pl., les *fueros*. — Le terme *fuero* est appliqué par la loi espagnole aux douanes, aux codes, aux chartes, aux privilèges, aux cours et à leur juridiction. Les fueros ou privilèges constitutionnels des provinces basques se plaçaient en dehors de l'administration ordinaire du royaume. Le gouvernement de ces provinces était essentiellement républicain, et ses habitants étaient exempts de tout impôt, excepté de ceux qu'ils avaient eux-mêmes votés. Soumis à beaucoup de changements, d'abrogations et de restaurations, les fueros furent enfin abolis vers la fin de 1876. (Voy. BASQUES.)

* **FUGACE** adj. (lat. *fugax*; de *fugere*, fuir). Méd. Se dit des symptômes qui disparaissent aussitôt après s'être montrés: *frissons fugaces.* — Bot. Se dit des parties qui n'adhèrent pas longtemps à la plante, qui s'en détachent promptement: *stipules fugaces.* — Se dit, d'une manière plus générale, de ce qui fuit, échappe, ou de ce qui laisse échapper: *sensation fugace; mémoire fugace.*

FUGACITÉ s. f. Caractère de ce qui est fugace.

FUGALIES s. f. pl. Fête qu'on célébrait à Rome en mémoire de l'expulsion des rois.

FUGATO s. m. [foug-ga-to] (mot ital. formé de *fuga*, fugue). Mus. Morceau dans le genre de la fugue.

FUGGER [fou-guer], nom d'une riche famille de négociants d'Augsbourg, fondée au XIVe siècle, par un tisserand, Johannes Fugger, dont le fils continua le commerce des toiles, et dont le petit-fils, Andreas, fut surnommé « Fugger le Riche ». Ce dernier eut trois neveux, ULRICH, GEORG et JAKOB, qui se rendirent célèbres, au XVe siècle, par leurs vastes entreprises. Ils s'allièrent aux plus nobles familles; rendirent des services pécuniaires aux princes et indirectement à l'empire, ce qui leur valut des titres de noblesse, accordés par l'empereur Maximilien. — ULRICH (1528-'84) fut d'abord caméiser du pape Paul III; mais, ayant adopté la Réformation, il se retira à Augsbourg, où il donna l'exemple du noble emploi de sa grande fortune. Protecteur éclairé des lettres, il mit à la disposition de Henri II Estienne des sommes considérables pour qu'il ne ralentît pas ses publications d'auteurs grecs et latins. Pendant neuf ans (1558-'67), l'imprimeur mit sur le titre des éditions : *Excudebat Henricus*

Stephanus illustri viri Huldrici Fuggeri typographus. Ulrich reçut de l'empereur Maximilien, en nantissement d'avances qu'il lui avait faites, le comté de Kirchberg et la seigneurie de Weissenhorn, qui sont encore la propriété de ses descendants. — JAKOB a laissé en allemand, sur la maison d'Habsbourg et d'Autriche, un manuscrit enrichi de plus de 30,000 figures (1555, 2 vol. in-fol.) — GEORG laissa deux fils, RAIMUND (1489-1535) et AUTON (1493-1560), qui réunirent sur leurs têtes les biens immenses de leurs oncles. Ils firent en partie les frais de l'expédition de Charles-Quint contre Alger, et reçurent de ce prince les titres de comtes et princes de l'empire, avec le droit de battre monnaie. Ils se firent bâtir de magnifiques palais, encouragèrent les arts, embellirent Augsbourg et enrichirent cette ville de plusieurs institutions. « Riche comme un Fugger » passa en proverbe dans toute l'Allemagne. Un jour, Auton recevant la visite de Charles-Quint, brûla devant lui, pour le fêter dignement, tous les titres de créance qu'il avait sur ce prince. Les Fugger élevèrent le superbe château de *Fuggerau* dans le Tyrol. Parmi les nombreuses branches de cette famille, nous citerons les princes de Fugger-Richberg et de Fugger-Babenhausen.

* **FUGITIF, IVE**, adj. (lat. *fugitivus*). Qui fuit ou qui s'est enfui, qui a pris la fuite: *esclave errant et fugitif; on eut bientôt arrêté les deux fugitifs.* — Fig. Qui court, passe ou se dérobe avec quelque rapidité. Ce sens et le suivant ne sont guère usités qu'en poésie et dans le style soutenu: *ombre fugitive.* — Fig. Passager, peu durable: *de fugitifs plaisirs.* — PIÈCES, POÉSIES FUGITIVES, pièces de poésie légère sur divers sujets.

FUGIT IRREPARABILE TEMPUS [fu-gitt-irr-ré-pa-ra-bi-lé-tain-puss] Loc. lat. qui signifie: *le temps fuit irréparable.* Le proverbe français : « Le temps perdu ne se rattrape pas » est une sorte de traduction de cette phrase de Virgile (*Géorgiques*, liv. III). La Fontaine a cherché à démontrer la vérité de cette pensée dans sa fable, *Le Lièvre et la Tortue.*

FUGITIVEMENT adv. D'une manière fugitive.

* **FUGUE** s. f. [fu-ghe] (ital. *fuga*; du lat. *fugere*, fuir). Morceau de musique, ou passage d'un morceau de musique, dans lequel différentes parties se suivent, se succèdent et se répétant le même sujet d'après des règles établies: *faire une fugue, une double fugue.* — FAIRE UNE FUGUE, s'enfuir, prendre la fuite.

FUGUÉ, ÉE adj. Qui est dans le style, dans la forme d'une fugue.

FÜHRICH (Joseph von) [fu-rich], peintre allemand, né en Bohême en 1800, mort en 1876. En 1834, il s'établit à Vienne où il devint professeur des beaux-arts. Il peignit particulièrement des sujets religieux.

* **FUIE** s. f. Espèce de petit colombier. *il n'a point de colombier, mais il a une fuie.*

* **FUIR** v. n. (lat. *fugere*). Je fuis, tu fuis, il fuit; nous fuyons, vous fuyez, ils fuient Je fuyais. Je fuis. J'ai fui. Je fuirai. Je fuirais. Puis, qu'il fuie. Que je fuisse. Fuyant. Fui, ie. S'éloigner avec vitesse, par un motif de crainte: *on ne lui reprochera jamais d'avoir fui du son pays, hors de son pays.*

Elle *fuit,* mais en Parthe, en me perçant le cœur.

CORNEILLE.

— Fig. Différer, éluder, empêcher qu'une chose ne se fasse, ne puisse terminer avec cet homme, il fuit toujours, il ne fait que fuir. — Par anal. se dit des choses qui courent ou se meuvent avec quelque rapidité, qui s'éloignent ou semblent s'éloigner. Ce sens est employé surtout en poésie et dans le style soutenu : *le rivage semblait fuir loin de nous, fuyait* loin de nous. — Se dit aussi fig.: *Adtons-nous, le temps fuit.* — Fam. CELA NE PEUT, NE SAU-RAIT LUI FUIR, cela doit lui échoir, lui arriver infailliblement. — Se dit encore de ce qui se dérobe sous les pas: *le terrain fuit sous eux.* — Peint. Se dit des parties d'un tableau qui paraissent s'enfoncer et s'éloigner de la vue du spectateur: *on fait fuir les objets en diminuant les proportions, en affaiblissant la couleur,* etc. — Par anal.; *le front du nègre fuit.* — Se dit encore d'un vase, d'un pot, d'un tonneau, etc., qui a quelque fêlure, quelque fente par où le liquide s'en va: *il faut étancher ce baquet pour l'empêcher de fuir.* — v. a. Tant au pr. qu'au fig. S'éloigner de quelqu'un ou de quelque chose, l'éviter, par crainte, par aversion, etc.: *fuir les mauvaises compagnies.*

Cependant le sommeil avait fui ses paupières.
     V. Ducanol. *Léonide ou la Vieille de Suresnes.*

— Se fuir v. récipr. Se fuir mutuellement: *ils se fuient l'un l'autre.* — v. pr. Fig. SE FUIR SOI-MÊME, chercher à éviter le remords, l'ennui, etc.: *un criminel cherche vainement à se fuir lui-même.*

° FUITE s. f. Action de fuir: *la fuite en Egypte.* — Fig. Action par laquelle on se retire, on s'éloigne d'une chose dangereuse, ou qui peut déplaire: *la fuite de l'occasion.* — Fig. Délai, échappatoire, retardement artificieux: *vous ne répondez point précisément, c'est une fuite.* — Fig. et poétiq. Se dit en parlant de choses qui passent, qui s'éloignent, qui s'écoulent avec quelque rapidité: *la fuite des années.*

FULDA [foul'-da], ville de Hesse-Nassau (Prusse), sur la rivière Fulda, à 80 kil. N.-E. de Francfort; 9,500 hab. L'abbaye de Fulda, fondée vers 750, devint célèbre dans le siècle suivant sous Rabanus Maurus et, en 968, elle obtint la suprématie sur toutes les autres abbayes allemandes. Elle devint évêché en 1752. Le palais et les jardins du prince-évêque sont encore attrayants. Le siège, sécularisé en 1803, appartint au prince d'Orange-Nassau (1803-'6), au grand-duché de Berg (1806-'9) et à la principauté de Francfort (1809-'15). La plus grande partie de son territoire fut incorporée en 1815 à Hesse-Cassel et en 1866 à la Prusse. Fulda a des manufactures de coton, de toile et de laine.

FULGENT (Saint-), ch.-l. de cant., arr. et à 17 kil. de la Roche-sur-Yon (Vendée); 2,000 hab.

FULGORE s. f. (lat. *fulgor*, éclat). Entom. Genre d'hémiptères homoptères, famille des cicadaires muettes, comprenant des insectes dont le front est avancé en forme de museau. L'espèce type est la *fulgore porte-lanterne* (*fulgora lanternaria*), de l'Amérique méridionale. Elle est longue de 10 cent. et répand par sa tête une forte lumière dans l'obscurité.

FULGORIEN, IENNE adj. Entom. Qui ressemble ou qui se rapporte aux fulgores. — s. m. pl. Tribu d'hyménoptères homoptères ayant pour type le genre fulgore.

FULGURAL, ALE adj. (lat. *fulgur*, foudre). Qui concerne la foudre.

° FULGURANT, ANTE adj. (lat. *fulgurare*; de *fulgur*, foudre). Accompagné, environné d'éclairs: *trombe fulgurante.* — Méd. Dou-LEURS FULGURANTES, douleurs très intenses et très rapides.

° FULGURATION s. f. (lat. *fulguratio*; de *fulgurare*, lancer des éclairs). Chim. Synonyme d'ÉCLAIR, dans la coupellation de l'argent et d'or.

° FULGURITE s. m. Phys. Vitrification produite par la foudre, lorsqu'elle traverse des couches de sable, pour s'enfoncer dans la terre.

FULHAM [foul' - eumm], faubourg de Londres, sur la rive gauche de la Tamise, à environ 9 kil. S.-O. de la cathédrale de Saint-Paul; 23,400 hab. Le palais de Fulham a été la résidence d'été de l'évêque de Londres depuis l'époque de Henri VII.

FULIGINE s. f. (lat. *fuligo, fuliginis*, suie). Anc. méd. Vapeur noirâtre que l'on croyait exister dans l'organisme.

° FULIGINEUX, EUSE adj. Didact. Qui ressemble à de la suie, qui est couleur de suie. Ne se dit guère que de certaines vapeurs grossières chargées d'une espèce de crasse ou de suie; et des lèvres, de la langue, des dents, lorsqu'elles sont devenues brunâtres par l'effet de quelque maladie: *vapeurs fuligineuses.*

FULIGINOSITÉ s. f. Pathol. Enduit muqueux, qui se dépose sur la langue et sur les gencives dans certaines maladies graves. — Matière fuligineuse qui couvre les dents et la langue, dans les affections typhoïdes.

FULIGULE s. f. (diminut. du lat. *fuligo*, suie). Ornith. Genre de palmipèdes, formé aux dépens des canards et ayant pour type le genre morillon.

FULIGULINÉ, ÉE adj. Qui se rapporte ou ressemble à la fuligule. — s. f. pl. Section de canards comprenant les genres fuligules, eider, garrot et millouins.

FULMAR s. m. (lat. *fulica*, foulque; *mare*, mer). Ornith. Synon. de PÉTREL.

° FULMICOTON s. m. (lat. *fulmen*, foudre; franç. *coton*). Une des noms de la substance explosive, plus connue sous les noms de CO-TON-POUDRE et de POUDRE-COTON.

° FULMINANT, ANTE adj. Qui lance la foudre, qui est armé de la foudre: *Jupiter fulminant.* — Phys. Qui produit la foudre: *nuage fulminant.* — Chim. Se dit de certaines compositions ou préparations qui détonnent ou éclatent avec bruit lorsqu'on les chauffe légèrement ou qu'on les soumet à une pression pour qu'on moins vive: *or, argent fulminant.* — LÉGION FULMINANTE, une des légions romaines du temps de Marc-Aurèle. — Fig. Qui éclate en menaces, qui se livre à de grands emportements de colère: *c'est un homme qui se met en colère pour la moindre chose, il est toujours fulminant.* — Qui exprime ou dénote une violente colère: *lancer un regard fulminant.*

° FULMINATE s. m. Chim. Sel produit par la combinaison de l'acide fulminique avec une base. — FULMINATE DE MERCURE, sel dont on se sert pour la composition de la poudre fulminante. Le fulminate de mercure (formule empirique, $C^4 N^2 O^2 Hg^2$) est préparé en dissolvant, à une chaleur modérée, dans 12 parties d'acide nitrique d'une gravité spécifique de 1,3, 4 partie de mercure et en y ajoutant 11 parties d'alcool. Mis en contact avec un mélange des matières explosives solidement enfermées, sa détonation enflamme le mélange plus rapidement et plus complètement que par toute autre méthode; c'est pourquoi il est employé universellement dans les manufactures de capsules et de fusées détonantes. — FULMINATE D'ARGENT, sel qui détone au plus léger frottement: ($C^4 NO^2$) Ag N.

° FULMINATION s. f. Chim. Détonation subite, explosion d'une matière fulminante. — Droit canon. Action par laquelle on publie quelque chose avec certaines formalités: *la fulmination des bulles, d'une sentence ecclésiastique, d'un monitoire.*

FULMINATOIRE adj. Théol. Qui fulmine: *sentence fulminatoire.*

° FULMINER v. n. (lat. *fulmen*, foudre). Chim. Se dit des matières fulminantes lorsqu'elles font explosion · *cette composition, cette poudre fulmine au moindre choc.* — Fig.

S'emporter, invectiver contre quelqu'un avec menaces: *il est en colère, il fulmine, il tempête.* — v. a. Droit canon. Publier quelque acte avec certaines formalités: *fulminer une sentence d'excommunication.*

° FULMINIQUE adj. Chim. Se dit d'un acide qui forme certaines combinaisons métalliques, propres à produire de violentes explosions. — L'acide fulminique est une des modifications isomériques de l'acide cyanique: Formule, $Cy^2 H^2 O^2$. Ses composés se distinguent par leurs facultés explosives, ce qui le fait différer de l'acide cyanique. On n'a jamais pu l'obtenir isolé à cause de sa tendance à se décomposer instantanément avec explosion. L'acide fulminique est, d'après les plus récentes formules, un composé du groupe $C^4 H^2 N$. Un des atomes d'hydrogène est remplacé par un atome de NO^4, donnant pour l'acide $C^4 (NO^4) H^2 N$.

FULTON [feul'-t'n]. I. Village de l'état de New-York (Etats-Unis), sur la rivière et au canal Oswégo, à 18 kil. S.-S.-E. d'Oswégo; 3,510 hab. — II. Ville du Missouri (Etats-Unis), à 50 kil. N.-E de Jefferson City; 1,390 hab. Ecole de l'Etat pour les sourds et muets; asile pour les aliénés; collège de Westminster (presbytérien); fabrique de poteries.

FULTON (Robert), inventeur américain, né en 1765, mort en 1815. D'abord peintre en miniature à Philadelphie, il vint à Londres en 1786 et fut pendant plusieurs années l'élève et l'hôte de Benjamin West. Il devint ensuite ingénieur civil et pendant son séjour en Angleterre, inventa un moulin pour scier le marbre, des machines pour filer le chanvre et faire des cordes et un excavateur pour creuser le conduit des canaux et des aqueducs. En 1796, il publia un traité sur l'amélioration de la navigation des canaux. En 1797, il vint habiter Paris, où il projeta le bateau sous-marin, appelé ensuite nautilus, auquel étaient reliées les bombes sous-marines connues plus tard sous le nom de torpilles. Fulton introduisit à Paris les tableaux circulaires nommés panoramas (1799). (Voy. PANORAMA.) On a prétendu que Napoléon, ayant appris que l'inventeur américain avait fait naviguer un bateau à vapeur sur la Seine, chargea l'Académie des sciences de lui présenter un rapport sur cette merveilleuse innovation, et ce rapport fut défavorable à Fulton. Malheureusement pour la mémoire de l'empereur, cette anecdote n'existe que dans l'imagination populaire. Napoléon prit sur lui d'éconduire, sans y mettre tant de façons, l'inventeur du bateau à vapeur, considéré par lui comme un idéologue. Ayant échoué près des gouvernements français et anglais, Fulton retourna aux Etats-Unis. Divers rapports furent présentés au congrès par les commissaires; mais l'amiral Rodgers déclara que le système de Fulton était impraticable. En 1803, Fulton construisit le modèle d'un bateau à vapeur et, bientôt après, il termina un navire, dont la marche fut satisfaisante. En 1807, il fit fabriquer le bateau appelé le Clermont. (Voy. BATEAU A VAPEUR.) L'utilité de cette invention fut si complètement démontrée, que le pouvoir législatif augmenta la durée du privilège exclusif de naviguer dans les eaux de l'Etat avec des navires à vapeur, privilège qui avait été accordé en 1798 à Robert Livingston, et ensuite à Livingston et à Fulton conjointement. Fulton lança bientôt un autre grand bateau sur l'Hudson. En 1809, il obtint son premier brevet pour les Etats-Unis en 1811, il en prit un second pour quelques améliorations dans ses bateaux et dans ses machines. L'Etat garantille le monopole des bateaux à vapeur qui fut mis en question devant les cours de justice; les eaux de l'Etat restèrent la possession exclusive de Fulton et de son associé pendant la vie de ce premier. Fulton construisit aussi plusieurs bateaux à vapeur dans d'autres parties du pays et un bateau à vapeur de guerre pour le gouvernement.

FULVIE, dame romaine, née vers 80 av. J.-C. et morte vers l'an 40. Elle épousa successivement Clodius, Curion et Marc-Antoine, et engagea ce dernier à accomplir des actes de proscription. Pour le chasser d'Egypte et se venger d'Octave, qui avait répudié sa fille Clodia, elle excita son beau-frère Lucius Antonius à déclarer la guerre à Octave. Cette guerre ne fut pas heureuse, et Fulvie se sauva en Grèce et mourut à Sicyone.

FUMADES, station thermale de l'arr., et à 40 kil. d'Alais (Gard). Sources sulfurées calciques bitumineuses. Maladies de la peau, catarrhe pulmonaire, phthisie au début, angines, ophthalmies granuleuses, ulcères, plaies d'armes à feu. Trois petits établissements avec 50 baignoires, douches, inhalation, buvettes.

* **FUMAGE** s. m. Opération par laquelle on donne une fausse couleur d'or à l'argent filé, en l'exposant à la fumée de certaines compositions : *défendre le fumage.*

* **FUMAGE** s. m. Agric. Action de fumer une terre; résultat de cette action.

FUMAISON s. f. Exposition à la fumée de viandes ou de poissons préalablement salés.

FUMANT, ANTE adj. Qui fume, qui jette de la fumée ou quelque vapeur : *viandes fumantes.* — FUMANT DE SANG, plein, couvert d'un sang qui fume encore. Dans un sens analogue, FUMANT DE CARNAGE. — Fig. FUMANT DE COURROUX, DE COLÈRE, transporté de courroux, de colère.

FUMARIACÉ, ÉE adj. (lat. *fumaria*, fumeterre). Bot. Qui ressemble ou se rapporte à la fumeterre. — s. f. pl. Famille de dicotylédones dialypétales hypogynes, ayant pour type le genre fumeterre.

FUMARIQUE adj. (lat. *fumaria*, fumeterre). Chim. Se dit d'un acide obtenu de la fumeterre : $C^4 H^4 O^4 = (C^4 H^2 O^2)'' (O H)^2$.

FUMAY, *Fumacum*, ch.-l. de cant., arr. et à 17 kil. N.-E. de Rocroy (Ardennes), sur la rive gauche de la Meuse; 4,000 hab. Vastes carrières d'ardoises.

FUMBINA [foumm-bi'-na]. Voy. ADAMAOUÉ.

* **FUMÉ** s. m. Grav. en caractères. Epreuve d'un poinçon; empreinte que l'on fait sur une carte avec le poinçon d'une lettre, noirci à la flamme d'une bougie, pour voir s'il est bien gravé.

* **FUMÉ, ÉE** part. passé de FUMER. Qui a été exposé à la fumée : *hareng fumé.*

* **FUMÉE** s. f. (lat. *fumus*). Vapeur plus ou moins épaisse qui sort des choses brûlées, ou extrêmement échauffées par le feu : *le bois vert fait beaucoup de fumée.* — NOIR DE FUMÉE, suie très noire et légère que donne la poix-résine, et que l'on recueille pour l'employer dans les arts : *le noir de fumée sert à faire de l'encre d'imprimerie, le cirage*, etc. — IL N'Y A POINT DE FUMÉE SANS FEU, en général il ne se court point de bruit qui n'ait quelque fondement. — IL N'Y A POINT DE FEU SANS FUMÉE, quelque soin qu'on prenne pour cacher une passion vive, on ne peut s'empêcher de la laisser paraître. — S'EN ALLER EN FUMÉE, se dit des choses qui ne produisent point l'effet attendu ou désiré. — IL VEND DE LA FUMÉE, C'EST UN VENDEUR DE FUMÉE, se dit de celui qui n'a qu'un crédit apparent, dont il fait parade pour en tirer quelque utilité, quelque avantage. — Vapeur qui s'exhale des viandes chaudes : *la fumée du rôt.* — MANGER SON PAIN A LA FUMÉE DU RÔT, être témoin, spectateur d'un divertissement, d'un plaisir auquel on ne peut avoir part. — Vapeurs qui s'exhalent des corps humides, lorsqu'ils viennent à être échauffés par quelque cause que ce soit : *il se leva une fumée de*

la rivière, des marécages. — Fig., dans le style soutenu. Choses vaines, frivoles, périssables, ou que l'on regarde commes telles : *toutes les choses du monde ne sont que fumée.* — SE REPAITRE, S'ENIVRER DE FUMÉE, se repaître de vaines espérances, ou de vains honneurs, d'une vaine gloire, etc. — Au plur. Effet produit par l'ingestion des liqueurs spiritueuses, parce qu'on l'attribuait à des vapeurs qui montent de l'estomac ou des entrailles au cerveau : *les fumées du vin montent au cerveau, offusquent le cerveau.* Dans un sens analogue : *les fumées noires qui lui troublent le cerveau.* — LES FUMÉES DE L'ORGUEIL, DE L'AMBITION, etc., les mouvements d'orgueil, les désirs ambitieux, etc. — Chasse. Fiente des cerfs et des autres bêtes fauves : *les fumées de la bête.*

FUMEL, ch.-l. de cant., arr. et à 28 kil. de Villeneuve-sur-Lot (Lot-et-Garonne) ; 3,800 hab.

* **FUMER** v. n. (lat. *fumare*). Jeter de la fumée : *l'encens fumait sur les autels.* — CETTE CHAMBRE, CETTE CHEMINÉE FUME, se dit lorsque la fumée, au lieu de sortir par le tuyau de la cheminée, se rabat et entre dans la chambre. — Impers. IL FUME DANS CETTE CHAMBRE. — FAIRE FUMER LES AUTELS, y brûler de l'encens, y offrir des sacrifices à la divinité. Ne se dit guère qu'en parlant du culte païen. — Se dit aussi en parlant des vapeurs que la chaleur fait exhaler d'un corps humide : *au printemps, on voit les marécages fumer, les prés fumer.* On dit de même, LA TERRE FUMAIT ENCORE DE LEUR SANG. — Fig. et dans le style relevé, SON SANG FUME ENCORE, se dit de quelqu'un qui est mort récemment d'une mort violente. — LA TÊTE LUI FUME, se dit d'une personne qui est fort en colère : *il fume, mais il n'ose rien dire.* Fig. Avoir de la colère, du dépit, de l'impatience, etc. : *il fume, mais il n'ose rien dire.* Ce sens est très populaire. — v. a. Exposer des viandes à la fumée plus ou moins longtemps, pour les sécher et les conserver : *fumer des langues, des jambons; mettre un jambon dans la cheminée pour qu'il se fume.* — Prendre en fumée, par la bouche, du tabac ou quelque autre substance: *fumer de la sauge.* Prendre du tabac en fumée : *les marins fument beaucoup.* — Epandre du fumier sur une terre cultivée, pour l'engraisser, pour l'amender : *fumer une vigne.*

* **FUMEROLLE** s. f. Crevasse d'un terrain volcanique d'où s'échappe de la fumée.

* **FUMERON** s. m. Morceau de charbon de bois qui, n'étant pas assez cuit, jette encore de la flamme et beaucoup de fumée. — ᴠᴠ s. m. pl. Argot. Jambes : *ne pas tenir sur ses fumerons.*

FUMET s. m. [fu-mè]. Vapeur qui s'exhale des vins et de certaines viandes, et qui frappe agréablement l'odorat et le goût : *faisan qui a un grand fumet.*

FUMETERRE s. f. (lat. *fumaria*). Bot. Genre de fumariacées, comprenant plusieurs espèces de plantes annuelles, presque toutes indigènes. La fumeterre officinale (*fumaria officinalis*), commune dans nos champs, a les feuilles pétiolées, glabres, glauques, avec les divisions cunéiformes. Toutes ses parties, particulièrement ses tiges et ses feuilles, possèdent une saveur amère qui augmente par la dessiccation. La fumeterre est un dépuratif employé surtout dans les maladies de la peau. De 15 à 30 gr. en tisane, ou 100 gr. par jour de suc frais.

* **FUMEUR** s. m. Celui qui a l'habitude de prendre du tabac en fumée : *réunion de fumeurs.* — qui fume de l'opium : *fumeur d'opium.* — ᴠᴠ Au fém. FUMEUSE.

* **FUMEUX, EUSE** adj. Qui exhale, qui répand de la fumée : *lampe fumeuse.* — Fig. Se dit des liqueurs capiteuses, qu'on supposait

envoyer des vapeurs à la tête : *la bière de ce pays est extrêmement fumeuse.*

> Le falerne *fumeux* aiguillonne l'amour.
> L. BOUILHET.

* **FUMIER** s. m. (bas lat. *fumarium*). Paille qui a servi de litière aux chevaux, aux bestiaux, et qui est mêlée avec leur fiente : *le fumier engraisse les terres.* — Par ext. Toute sorte d'engrais, comme les excréments d'animaux, les matières animales ou végétales en putréfaction, etc. — CE N'EST QUE DU FUMIER, se dit de toute chose dont on ne fait nul cas, ou pour laquelle on veut témoigner un grand mépris. — Amas de fumier que l'on forme dans une mare, dans une fosse : *il avait caché son argent dans un fumier.* — HARDI COMME UN COQ SUR SON FUMIER, se dit d'un homme qui se prévaut de ce qu'il est dans un lieu où il a de l'avantage. IL NE FAUT PAS L'ATTAQUER SUR SON FUMIER. — MOURIR SUR UN FUMIER, mourir misérable, après avoir perdu tout son bien. — ETRE COMME JOB SUR SON FUMIER, être réduit à un état excessif de misère et de souffrance.

FUMIFUGE adj. (lat. *fumus, fumi*, fumée; *fugare*, chasser). Qui chasse la fumée.

FUMIGATEUR s. m. Méd. Celui qui donne des fumigations. — Papier que l'on fume en guise de cigares.

* **FUMIGATION** s. f. [-si-on] Chim. et Méd. Action de répandre dans un lieu la fumée d'une substance odorante, la vapeur d'un liquide, ou un gaz quelconque : *faire des fumigations de chlore pour purifier l'air.* — Action d'appliquer un médicament, sous forme de fumée, de vapeur ou de gaz, à quelque partie du corps : *les fumigations sont quelquefois très salutaires.* — Action d'exposer un corps à la fumée.

* **FUMIGATOIRE** adj. Méd. S'emploie dans cette locution, BOITE FUMIGATOIRE, boîte où sont les objets nécessaires pour secourir, au moyen de fumigations, les noyés et les asphyxiés.

* **FUMIGER** v. a. (lat. *fumigare*). Chim. Exposer un corps à la fumée d'un ou de plusieurs autres corps qui brûlent.

* **FUMISTE** s. m. Ouvrier qui s'occupe de la pose et de la réparation des appareils de chauffage.— Jargon. Mauvais plaisant: *farce de fumiste.* — Dans l'argot des écoles polytechnique et de Saint-Cyr. Tout civil ou militaire en tenue bourgeoise.

FUMISTERIE s. f. Art, travail du fumiste. — Jargon. Mauvaise farce, plaisanterie d'un goût peu délicat.

* **FUMIVORE** adj. Qui consume la fumée : *cheminée fumivore.* — s. m. Appareil fumivore.

* **FUMOIR** s. m. Bâtiment destiné à fumer les viandes et les poissons. — Pièce qui, dans les maisons particulières ou dans les cercles, est réservée aux fumeurs.

* **FUMURE** s. f. Agric. Action de fumer une terre; résultat de cette action. — Engrais produit par les bêtes enfermées dans un parc.

* **FUNAMBULE** s. (lat. *funis*, corde; *ambulo*, je marche). Danseur, danseuse de corde : *théâtre de funambules.*

FUNAMBULES (Théâtre des), théâtre créé vers 1815 pour exhiber des danseurs de corde, des équilibristes. En 1825, le directeur obtint l'autorisation de représenter des pantomimes et, en 1830, il fut autorisé à jouer des vaudevilles. Ce fut alors que Deburau y fit ses premières armes en même temps que Frédérick-Lemaître. A sa mort, son fils lui succéda et partagea la faveur du public avec Paul Legrand. Ce théâtre n'existe plus.

FUNAMBULESQUE adj. Qui a rapport aux funambules.

FUNCHAL [founn-chàl], capitale de l'île de Madère, sur la côte S.-E.; 25,000 hab. Elle est bâtie sur une large baie peu profonde, embrassée par les promontoires escarpés de

Funchal.

Punta da Cruz à l'O. et du cap Carajão à l'E., et enveloppée de collines volcaniques accidentées. Le port est médiocre. Le principal article d'exportation est le vin.

FUNDY (baie de) [feunn'-di], détroit de l'Atlantique, qui sépare la Nouvelle-Ecosse et le Nouveau-Brunswick; il est long d'environ 200 kil. et large de 48 à 78 kil. Il se divise en deux détroits, la baie de Chignecto au N. qui a 45 kil. de long sur 12 de large, et le canal Mines au S. qui s'ouvre dans le bassin de Mines (Nouvelle-Ecosse).

' FUNÈBRE adj. (lat. *funebris*). Qui appartient aux funérailles : *oraison funèbre.* — Fig. Sombre, triste, lugubre, effrayant : *image funèbre.* — OISEAUX FUNÈBRES, se dit de certains oiseaux nocturnes, dont le cri a quelque chose de sinistre : *le hibou, le chat-huant, l'orfraie sont des oiseaux funèbres.*

FUNÈBREMENT adv. D'une manière funèbre.

FÜNEN (dan. *Fyen*), [fû'-ènn] île du Danemark, entre le Grand-Belt et le Petit-Belt; 3,140 kil. carr.; 245,900 hab., y compris ceux des petites îles voisines. Elle forme avec Langeland, Arrô et d'autres îles un cercle du royaume. Cap. Odensée.

' FUNÉRAILLES s. f. pl. [*ll* mll.] (lat. *funera*). Obsèques et cérémonies qui se font aux enterrements : *assister à des funérailles.* —
ENCYCL. On a employé trois méthodes principales pour disposer des corps morts : la momification, l'incinération ou crémation et l'enterrement ou inhumation. Les Egyptiens pratiquèrent la momification depuis les temps les plus reculés jusqu'au VIᵉ siècle ap. J.-C. Les Hébreux enterraient leurs morts dans des cimetières situés en dehors des murs des villes. Chez les Grecs, les cadavres étaient enterrés ou brûlés; quand on ne les brûlait pas, le corps était placé dans un cercueil de terre cuite et enterré en dehors de la ville. Si on le brûlait, les ossements et les cendres étaient ensuite placés dans des urnes construites dans des tombes habituellement construites sur les bas côtés des routes en dehors de la ville. Au temps de la république, les Romains enterraient généralement leurs morts, quoique la crémation fût également pratiquée. Sous l'empire, l'incinération devint d'usage ordinaire jusqu'à ce qu'elle fût détruite par la propagation graduelle du christianisme; à la fin du IVᵉ siècle, on avait cessé d'employer

cette méthode. Dans les derniers jours de la république et sous les premiers empereurs, les restes des riches étaient lavés, oints d'huile et parfumés par les esclaves de l'entrepreneur. Les funérailles avaient lieu pendant la nuit. Les plus proches parents allumaient le bûcher funèbre; les ossements et les cendres étaient soigneusement ramassés et placés dans une urne. Ces urnes (*ollæ*) étant scellées, on les déposait, par paires dans des niches construites le long des murs des chambres ou quelquefois sur les bas côtés de la route; ces niches étaient appelées *columbaria* à cause de leur ressemblance avec un colombier. Pour des motifs sanitaires, le rétablissement de la crémation a été vivement recommandé dans ces derniers temps. Dans quelques pays, des sociétés se sont formées pour propager cette idée, on a fait des expériences, et l'emploi du four à gaz de Siemens ou d'autres moyens de combustion rapides ont été proposés. Certaines tribus sauvages suspendent leurs morts à des arbres, ou les placent sur des plates-formes. Cette dernière coutume était en usage chez un grand nombre

Urne funéraire grecque. — Urne funéraire romaine.

d'Indiens de l'Amérique du N. — On éprouve quelquefois une grande anxiété au sujet des personnes que l'on croit mortes et que l'on peut enterrer vivantes. L'enterrement prématuré d'une personne vivante est improbable au plus haut degré, quand les précautions ordinaires ont été prises. De tous les signes observés immédiatement après la mort, le seul absolument certain est la cessation des battements du cœur. Cette cessation peut être certifiée par un examen de la poitrine et

par l'auscultation. Afin de prévenir les accidents d'enterrements prématurés, des maisons mortuaires ont été construites en Allemagne et dans plusieurs autres pays; les morts y sont déposés pendant un certain temps avant l'enterrement, une cloche est mise en rapport avec le corps, de manière qu'au moindre mouvement elle sonne et appelle l'attention du gardien.

' FUNÉRAIRE adj. (lat. *funerarius*). Qui concerne les funérailles : *frais funéraires.*

FUNÈRE s. f. La plus proche parente d'un mort qui, chez les Romains, se renfermait et faisait les lamentations d'usage.

' FUNESTE adj. (lat. *funestus*). Malheureux, sinistre, qui porte la calamité et la désolation avec soi : *cela peut avoir des suites funestes.*

' FUNESTEMENT adv. D'une manière funeste : *cela arriva le plus funestement du monde.* Peu usité.

FÜNFKIRCHEN [fuuuf-kir-chenn] (cinq églises; hongr. *Pécs*), ville de Hongrie, cap. du comté de Baranja, à 160 kil. S.-S.-O. de Bude; 17,550 hab. Elle est environnée de riches plantations de vigne, et elle est le siège d'un évêque catholique romain. Grand commerce de charbon, d'alun, de vitriol, de vins, de grains, de laine, etc. On suppose qu'elle est la *Colonia Serbinum* des Romains; elle resta au pouvoir des musulmans de 1543 à 1686.

FUNGIBLE, Fungicole etc. Voy. FONGIBLE, etc.

FUNGINÉ, ÉE adj. Qui ressemble ou se rapporte au fungus. — s. f. pl. Tribu de champignons proprement dits, caractérisés par un hymenium limité et bien distinct et divisée en trois sous-tribus.

' FUNGUS s. m. Voy. FONGUS.

FUNICULAIRE adj. (lat. *funiculus*, petite corde). Qui est composé de cordes : *chemin de fer funiculaire.* — Le chemin de fer funiculaire du Vésuve, inauguré en 1880, franchit le cône de cette montagne, jusqu'à 70 m. plus bas que le sommet. Son développement total est de 800 m. Sa pente moyenne est de 50 p. 100. Il est à double voie, et un train descendant correspond toujours à un train montant, qu'il contribue à élever par son propre poids. Une machine fixe commande un treuil sur lequel est enroulé un double câble sans fin qui est attelé directement sur les wagons. — Le système de tramways funiculaires a été adopté pour le service des rues principales de San Francisco. Les tramways empruntent la force motrice d'un câble sans fin installé à demeure dans l'axe de la voie et qui est mis en mouvement sous l'action d'une machine fixe. Les voitures saisissent ce câble au moyen d'une sorte de mâchoire à griffes et se trouvent entraînées avec lui. Le câble est placé dans un tube souterrain qui est placé au milieu de la voie et qui est fendu longitudinalement à la partie supérieure pour permettre l'introduction des mâchoires. — En France, le chemin de fer funiculaire le plus remarquable est établi sur les plans inclinés de Saint-Just et de la Croix-Rousse, à Lyon. Le plan incliné de la Croix-Rousse possède une pente uniforme de 165 millim. par mètre; celui de Saint-Just est de 183 millim. de Lyon à Fourvières et de 61 millim. de Fourvières à Saint-Just. La traction a lieu au moyen de machines fixes et de câbles. Les trains se composent d'un ou deux wagons de voyageurs, suivis d'un truck pour les voitures avec tous leurs attelages.

' FUNIN s. m. (lat. *funis*, corde). Voy. FRANC-FUNIN.

' FUR s. m. N'est usité que dans la locution AU FUR ET À MESURE OU À FUR ET MESURE, qui s'emploie en termes de Prat. et d'Adm., comme conj., comme prép. et comme adv qui signifie à mesure que, à mesure de, à mesure : *nous vous ferons passer les marchandises au fur et à mesure qu'elles arriveront.*

FUREEDPOOR ou **Dacca Jelalpoos**, district du commissariat de Dacca, Bengale (Inde anglaise) ; 5,000 kil. carr. ; 4,012,590 hab., contenant plusieurs milliers d'indigènes chrétiens d'origine portugaise. La terre, souvent inondée par le Gange et par ses branches, est d'une fertilité extraordinaire. Le district fut accordé à la compagnie des Indes Orientales en 1765 par Shah Alum. — Fureedpoor, la capitale, est une ville mal bâtie sur les bords du Gange, à 180 kil. N.-E. de Calcutta.

* **FURET** s. m. [fu-rè] (bas lat. *furo, furonis*). Mamm. Espèce de putois dont on se sert pour poursuivre les lapins dans leurs terriers : *chasser avec le furet, au furet.* — Fig. et fam. Homme qui a beaucoup d'habileté, de sagacité pour découvrir certaines choses, ou qui enquiert de tout, et qui s'applique à savoir tout ce qui se passe de plus particulier dans les familles : *c'est un furet, un vrai furet, il est impossible de rien lui cacher.* — ENCYCL. Le furet (*putorius furo*, Linn.), originaire d'Espagne et de Berbérie, ne se trouve chez nous qu'à l'état domestique et il redoute le froid. C'est un putois jaunâtre, avec des yeux roses. Il mesure environ 60 cent. de long. Il porte au lapin une haine innée que savent exploiter les chasseurs. A cet effet, on l'élève dans une cage contenant de la filasse au milieu de laquelle il aime à s'enfoncer et à dormir. On le

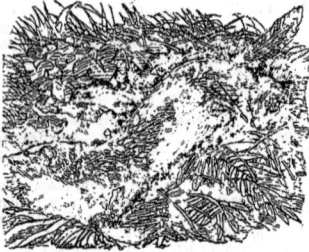

Furet (Putorius furo).

nourrit de lait, de pain, d'œufs, rarement de viande. Pour l'employer à la chasse, on le muselle et on lui attache un grelot au cou. Il pénètre dans le terrier et force les lapins à s'échapper par les issues au-devant desquelles le chasseur a tendu ses lacets. Le furet non muselé égorge les lapins et s'endort, ivre de sang ; on ne peut plus le faire sortir du trou qu'en l'enfumant ou en tirant des coups de fusil à l'entrée du terrier. C'est, du reste, un animal intelligent, infidèle et irritable ; dans ses moments de colère, il répand une odeur fétide. La femelle, un peu plus petite que le mâle, porte six semaines et met bas, deux ou trois fois par an, cinq ou six petits.

FURETAGE s. m. Action de fureter. — Chasse au lapin avec le furet.

* **FURETER** v. n. Chasser au furet : *fureter dans une garenne.* Activ. *fureter une garenne, un bois, un terrier.* — Fig. Fouiller, chercher partout avec soin, curieusement : *qu'allez-vous fureter dans ce cabinet, dans cette bibliothèque ?* — S'empresser à savoir des nouvelles de tout, chercher à satisfaire sa curiosité sur tout : *il ne fait que fureter partout pour savoir ce qui se passe.* Activ. : *fureter des nouvelles.* Ce sens et le précédent sont familiers.

* **FURETEUR** s. m. Celui qui chasse aux lapins avec un furet. — Fig. et fam. Celui qui fouille, qui cherche partout : *quel ennuyeux fureteur !* — Celui qui s'enquiert de tout, qui cherche à tout savoir, soit par curiosité, soit pour son profit : *cachez-vous de lui, c'est un*

indiscret *fureteur.* — FURETEUR DE NOUVELLES, celui qui va furetant des nouvelles partout.

FURETIÈRE (Antoine), lexicographe, né à Paris en 1620, mort en 1688. Il étudia d'abord le droit, fut procureur fiscal, entra dans les ordres et devint abbé de Chalivoy. En 1662, il fut nommé membre de l'Académie et en fut exclu comme plagiaire en 1686, pour avoir fait un dictionnaire pendant que ses collègues travaillaient au leur. Il entreprit une guerre de libelles contre l'Académie et lui intenta un procès. Son excellent ouvrage fut publié deux ans après sa mort : *Dictionnaire universel, contenant généralement tous les mots français, tant vieux que modernes et les termes des sciences et des arts* (Rotterdam 1690. 2 vol. in-fol. ou 3 vol. in-4°). Basnage en donna une nouvelle édition (La Haye, 1701, 3 vol. in-fol.) qui passa tout entière dans le dictionnaire de Trévoux. On a aussi de Furetière : le *Voyage de Mercure* (1659), le *Roman bourgeois* (1666), des *Poésies* et le *Chapelain décoiffé* qui se trouve à la suite des œuvres de Boileau.

* **FUREUR** s. f. (lat. *furor*). Rage, manie, frénésie : *la fureur est une cause d'interdiction.* Par exag. : *c'est un homme extrême en toutes choses, il aime et il hait jusqu'à la fureur, avec fureur,* etc. — Méd. FUREUR UTÉRINE, maladie des femmes, qui consiste en un penchant insatiable et irrésistible à l'acte vénérien. — Extrême colère : *la patience irritée, lassée, poussée à bout, se tourne, se change en fureur.* — Écrit. sainte. Colère de Dieu : *Seigneur, ne me reprenez pas dans votre fureur.* — Agitation et émotion qui paraît dans un animal irrité : *mettre un taureau en fureur.* — Agitation violente de certaines choses inanimées : *la fureur de l'orage.* — Passion excessive, démesurée pour une personne ou pour une chose : *il avait une fureur étrange pour les tulipes.* — Par exag. et fam. FAIRE FUREUR, se dit d'une personne ou d'une chose qui est fort en vogue, qui excite, dans le public, un grand empressement, une vive curiosité. — Par exag. et par dépit. Habitude importune, nuisible, etc., que quelqu'un a de faire une certaine chose : *cet enfant a la fureur de porter à sa bouche tout ce qu'il tient.* Dans ce sens est familier. — Transport qui élève l'esprit au-dessus de lui-même, qui fait faire ou dire des choses extraordinaires : *il fut saisi d'une fureur divine.* — Au plur. Transports frénétiques, emportements, excès auxquels on se livre dans la fureur, dans la colère ; mouvements d'exaltation, etc : *les fureurs de la Ligue.*

* **FURFURACÉ, ÉE** adj. (lat. *furfur,* son). Qui ressemble à du son : *dartre furfuracée.*

FURIA FRANCESE [fou-ria-fran-tché-zé]. Loc. ital. qui signifie : *furie française.* Les Italiens caractérisent par ces mots l'impétuosité des Français dans les batailles.

* **FURIBOND, ONDE** adj. (lat. *furibundus*). Qui est sujet à de grands emportements de fureur, de colère : *femme furibonde.* — Dont les traits, les gestes, etc., annoncent une grande fureur : *il vint à nous tout furibond.* Dans le même sens : *yeux furibonds ; visage, air furibond,* etc. — Substantiv. Personne furibonde : *cet enfant est un petit furibond.*

* **FURIE** s. f. Fureur qui éclate avec violence, grand emportement de colère : *quand sa furie sera passée.* — Mouvement violent et impétueux d'un animal irrité : *le lion en furie se lança sur lui.* — Action impétueuse de certaines choses inanimées : *la furie des vents.* — Ardeur, impétuosité de courage : *les troupes donnèrent avec furie sur l'ennemi.* — LA FURIE FRANÇAISE, expression proverbiale qui exprime l'ardeur impétueuse avec laquelle les troupes françaises se portent à l'attaque. — État le plus violent d'une chose, sa plus grande intensité : *dans la furie du combat, de la mêlée.* — Myth. Se dit des trois divinités infernales

(Alecton, Mégère et Tisiphone), qui étaient chargées de tourmenter les méchants, les criminels, soit dans les enfers, soit sur la terre. Les Romains les appelaient *Furiæ* et les Grecs *Erinnyes* (vengeresses) et *Euménides* (bienveillantes). (Voy. EUMÉNIDES). — Par allusion au sens qui précède. Femme extrêmement méchante et emportée : *ce n'est pas une femme, c'est une furie.*

* **FURIEUSEMENT** adv. Avec furie. N'est guère usité dans ce sens. — Fig. Prodigieusement, extrêmement, excessivement : *elle est furieusement laide.* Dans ce sens, est familier.

* **FURIEUX, EUSE** adj. Qui est en fureur, en furie : *un peuple furieux demandait leur tête.* — Qui dénote ou exprime la fureur ; se dit tant des personnes que des choses : *il est furieux dans le combat ; charge furieuse.* On dit de même, au sens moral : *passion furieuse ; ambition aveugle et furieuse,* etc. — Fig. et fam. Prodigieux, qui est excessif, extraordinaire dans son genre ; qui cède toujours le substantif : *il fait une furieuse dépense.* — Blas. Se dit d'un taureau élevé sur ses pieds : *d'azur au taureau furieux et levé en pieds d'or.* — Substantiv. Personne furieuse : *prononcer l'interdiction d'un furieux.*

FURIOSO adj. m. (ital. *furieux*). Mus. Qui a un caractère violent, un mouvement très accéléré.

FURNE (Charles), éditeur, né à Paris en 1794, mort en 1859. Il fut élève de Villemain, entra dans les douanes, où il resta de 1812 à 1826, acheta, en 1828, le fonds de librairie de Desor et fit paraître, en 1829, les *Œuvres complètes de Walter Scott*, ouvrage qui commença sa réputation. Il édita aussi un *Don Quichotte* illustré, une *Bible*, l'*Histoire de la Révolution* de M. Thiers, etc.

FURNES (flam. *Veurne*), ville de la Flandre occidentale (Belgique), à 4 kil. de la mer du Nord et à 41 kil. O.-S.-O. de Bruges ; 5,000 hab. Ville malsaine. Grains, bestiaux, beurre. Églises gothiques. — Furnes fut ruinée par les Vandales et par les Normands, rétablie en 870 par Baudoin Bras-de-Fer, prise par les Français en 1297, en 1744, en 1792-'93-'94 et fut, jusqu'en 1814, comprise dans le département français de la Lys.

* **FUROLLES** s. f. pl. (all. *feuer*, feu). Exhalaisons enflammées qui paraissent quelquefois sur terre et sur mer.

* **FURONCLE** s. m. (lat. *furunculus*). Petite tumeur inflammatoire, dure, douloureuse, circonscrite, ayant son siège dans le tissu cellulaire sous-cutané, et présentant, au centre de l'élévation qu'elle forme à la surface de la peau, une saillie pointue qui lui a valu le nom populaire de *clou.* Le furoncle se distingue des autres tumeurs gangréneuses par son peu de volume, sa couleur rouge, sa forme conique et son peu de gravité. Il se termine ordinairement par la suppuration du *bourbillon.* Quand l'inflammation affecte plusieurs paquets graisseux, on la nomme *anthrax.* — On calme la douleur en appliquant des cataplasmes narcotiques et émollients ; on provoque la suppuration par des maturatifs (onguent de la mère, onguent divin, ou savon râpé). Il est rare que les furoncles ne se renouvellent pas. On prévient leur fréquente reproduction par des bains, des lotions de goudron et de légers purgatifs souvent répétés.

FURRUCKABAD, ville fortifiée de l'Inde anglaise, capitale du district du même nom, dans la division d'Agra, à 5 kil. E. de Futtehghur et à 140 kil. N.-O. de Lucknow ; 65,000 hab. En 1802, elle fut annexée à la Compagnie des Indes.

FÜRST (Julius), orientaliste allemand,

d'origine juive, né en 1805, mort en 1873. En 1839, il devint lecteur de l'université de Leipzig et, en 1864, professeur. Ses ouvrages historiques, critiques, bibliographiques et lexicographiques sont nombreux et recherchés au loin. Son *Lexicon hébreu et chaldéen* a été traduit en anglais par Davidson (1865-'66). De 1840 à 1851, il publia l'*Orient*.

FURTH, ville de Bavière, sur les rivières Rednitz et Pegnitz, à 6 kil. N.-O. de Nuremberg; 24,570 hab. Elle est célèbre par ses importantes fabriques de miroirs, de feuilles d'or et d'articles de Nuremberg. Le chemin de fer de Nuremberg, ouvert en 1835, fut la première voie ferrée allemande sur laquelle on se servit de locomotives.

* **FURTIF, IVE** adj. (lat. *furtum*, vol). Qui se fait à la dérobée, en cachette : *entrer d'un pas furtif*. Dans un sens analogue : *main furtive*, etc.

* **FURTIVEMENT** adv. A la dérobée : *s'en aller furtivement*.

* **FUSAIN** s. m. [fu-zain] (rad. *fuseau*). Bot. Genre de célastrinées, comprenant une douzaine d'espèces d'arbrisseaux assez élevés qui habitent les régions tempérées de notre hémisphère. Le *fusain d'Europe* (*evonymus europæus*), très abondant dans nos forêts, atteint 5 m. de haut. Son bois jaunâtre sert à faire des fuseaux, des lardoires, etc., ou s'emploie, réduit en charbon, pour tracer des esquisses légères. Son charbon entre aussi dans la composition de la poudre à canon. Cet arbrisseau se nomme vulgairement Bonnet a prêtre, parce que son fruit, qui est rouge, a quatre angles comme un bonnet carré : *le fruit du fusain est purgatif, crayon de fusain*, ou simplement, *fusain*.

* **FUSANT, ANTE** adj. Qui s'étend, qui se répand. Ne se dit guère qu'en parlant de la matière qui sert à faire des fusées ou d'autres compositions incendiaires.

* **FUSAROLLE** s. f. (diminut. de *fuseau*). Archit. Petit ornement taillé en forme de collier sous l'ove des chapiteaux.

* **FUSEAU** s. m. [fu-zô] (lat. *fusus*). Petit instrument de bois de la longueur d'environ un demi-pied, qui est arrondi partout, renflé à son milieu, fort menu par les bouts, et dont les femmes se servent pour filer et tordre le fil : *tourner, remplir, vider le fuseau*. — Poétiq. Le fuseau des Parques, parce que, selon la Fable, les Parques filaient la vie des hommes. — Avoir des jambes de fuseau, avoir les jambes extrêmement menues. — Petit instrument dont on se sert pour faire les dentelles et les passements de fil et de soie : *passement au fuseau*. — Arts et Métiers. Chose qui a, ou à peu près, la forme, la figure d'un fuseau, telle que les broches ou dents d'un pignon à lanterne, les pièces d'une carte géographique ou astronomique destinées à être appliquées sur une boule pour former un globe terrestre ou céleste, etc. — Conchyl. Nom d'un genre de coquilles univalves.

* **FUSÉE** s. f. [fu-zé] (rad. *fuseau*). Fil qui est autour du fuseau, quand la filasse est filée : *sa fusée est bien embrouillée*. — Prov. et fig. Démêler une fusée, débrouiller une intrigue, une affaire. — Pièce de feu d'artifice faite avec du carton ou du papier rempli de poudre à canon. Il y en a de deux sortes : les unes très petites, qui se jettent à la main; les autres très grandes, qui sont attachées à une baguette, et qui s'élèvent d'elles-mêmes en l'air dès qu'on y met le feu : *fusée à serpenteaux*. — Fusée a la Congrève, sorte de fusée très meurtrière, qui est employée surtout dans les sièges. — Horlog. Petit cône, cannelé en spirale, autour duquel se roule la chaîne d'une montre, quand on la monte. — Art vétér. Plusieurs suros contigus. — Chir. Fusée purulente, conduit, trajet fistuleux que forme le pus d'un abcès, lorsqu'il tend à s'échapper au dehors. — Typogr. Trait de plume qui relie, sur une épreuve, une faute typographique à sa correction faite dans la marge. — ∾ Jargon. Vomissement.

* **FUSÉEN** s. m. [fu-zé-ain]. Soldat d'artillerie chargé de lancer des fusées de guerre.

* **FUSELÉ, ÉE** adj. En forme de fuseau. Ne s'emploie guère que dans ces locutions : Colonne fuselée, colonne dont le fût est un peu renflé vers le tiers de sa hauteur. Doigt fuselé, doigt très mince par son extrémité. — Blas. Se dit d'un écu chargé de fusées : *fuselé d'or et de sinople*.

FUSELI (Jean-Henri) [fu-zé-li] (dans l'origine Füssli), peintre suisse, né en 1741, mort en 1825. D'abord ecclésiastique et écrivain à Zurich, il visita l'Angleterre, étudia l'art en Italie, retourna à Londres en 1778 et exécuta les peintures de la galerie de Shakspeare pour Boydell. En 1799, il exposa une série de 4 grands dessins tirés des ouvrages de Milton et devint professeur de peinture à l'académie. Parmi ses œuvres littéraires, se trouvent : *Lectures sur la peinture* et une traduction de Lavater, *Aphorismes sur l'homme*.

* **FUSER** v. n. (lat. *fundere*, fondre). Didact. S'étendre, se repandre : *la cire fuse*. — Se dit particulièrement des sels qui se liquéfient par l'action de la chaleur : *le salpêtre fuse lorsqu'il est sur les charbons*.

* **FUSIBILITÉ** s. f. Didact. Qualité de ce qui est fusible; disposition à se fondre. — Phys. Propriété que possèdent les corps solides de se liquéfier sous l'action de la chaleur.

POINTS DE FUSIBILITÉ DE DIVERS CORPS :

Potassium	+ 58.
Sodium	+ 90.
Etain	+ 230.
Bismuth	+ 246.
Plomb	+ 312.
Zinc	+ 370.
Argent	+ 1022.
Cuivre	+ 1092.
Or	+ 1180.
Fonte grise	+ 1587.
Fer forgé	+ 2118.
Acier	de + 1300 à 1400.
Cire blanche	+ 67.
Glace	0.
Mercure	— 39.

* **FUSIBLE** adj. Qui peut être fondu, liquéfié : *tous les métaux sont fusibles*. — Métaux fusibles. (Voy. *Alliage* et *Bismuth*.)

* **FUSIFORME** adj. (lat. *fusus*, fuseau; *forma*, forme). Bot. Qui a la forme d'un fuseau, c'est-à-dire qui est allongé, renflé au milieu, et aminci aux deux extrémités : *le follicule du laurier-rose est fusiforme*.

* **FUSIL** s. m. [fu-zi] (ital. *focile, fucile*; du lat. *focus*, feu, foyer). Petite pièce d'acier avec laquelle on bat un caillou pour en tirer du feu : *battre le fusil; mèche à fusil*. Dans ce sens, a veilli; n'est plus usité que dans cette locution : *pierre à fusil*. — Pièce d'acier qui couvre le bassinet de certaines armes à feu, et contre laquelle donne la pierre qui est au chien : *arquebuse, pistolet à fusil*. Dans ce sens, a vieilli : on dit plus communément, Batterie. — Par ext. Arme à feu portative, longue de plusieurs pieds, et munie d'une batterie : *le canon, le bois* ou *le fût, la crosse, la platine, la baguette*, etc., *d'un fusil*. — Morceau de fer ou d'acier qui sert à aiguiser les couteaux. — ∾ Gosier, bouche, estomac : *se rincer le fusil*. — N'avoir rien dans le fusil, avoir faim. — Repousser du fusil, sentir mauvais de la bouche. — Encycl. Le terme fusil comprend toutes les armes à feu portatives, depuis l'ancienne *arquebuse* du xvie siècle. On donne le nom particulier de *mousquet* au fusil à mèche et celui de *fusil carabiné* au fusil dont le canon porte intérieurement des stries longitudinales. Le *mousqueton*, est un fusil plus court et d'une portée moins grande que celle du fusil. Le *tromblon* est une arme à feu courte, dont l'âme est évasée à la bouche en forme d'entonnoir. La *carabine* est aussi une sorte de fusil. — Le mot *fusil* ne parut guère qu'au xviie siècle, pour désigner le fusil à silex : auparavant, on disait arquebuse, mousquet, etc. — Au xvie siècle, on introduisit dans toutes les armées des mousquets munis de platines à roue, mais l'infanterie conserva longtemps l'usage des piques; la proportion des fusils aux piques fut d'abord de 1 à 3. Le mousquet à pierre fut inventé en Espagne au xvie siècle. Il resta inconnu dans le reste de l'Europe pendant près de cent ans (Voy. Mousquet.) Pendant la seconde partie du xviie siècle le mousquet fut tellement amélioré qu'il devint l'arme principale de l'infanterie dès le commencement du xviiie siècle. Jusqu'en 1730, la baguette du mousquet était en bois, elle se cassait facilement; à cette époque, la baguette de fer fut adoptée par Frédéric-Guillaume Ier, père de Frédéric le Grand. La défaite des Autrichiens à Mollwitz (1741) peut être attribuée à la rapidité du feu des Prussiens, rapidité due entièrement à l'usage de baguettes de fer. En 1818, la capsule à percussion fut inventée, et son usage remplaça graduellement celui du silex et de l'acier; de sorte que, vers 1850, presque toutes les armées du monde civilisé étaient munies de fusils à percussion qui ont fait place aux *fusils à aiguille*. — **Fusil à aiguille**, fusil se chargeant par la culasse, et dans lequel l'explosion est déterminée par une pointe d'acier qui perce la cartouche et enflamme par frottement la poudre fulminante. — En 1841, le gouvernement prussien prit la résolution d'armer ses troupes avec le zündnadelgewehr ou fusil à aiguille, et dans l'espace de peu d'années, toute l'armée prussienne se servait de cette arme. Le fusil à aiguille montra sa supériorité lors de l'écrasement de la révolution de 1848 et dans la première guerre du Schleswig-Holstein. La victoire décisive de Sadowa (1866), lui fut presque exclusivement due. Aussitôt les différents gouvernements s'empressèrent d'adopter des armes semblables. La France eut le *chassepot*, perfectionnement du *Dreyse* ou fusil prussien. Le chassepot lui-même a été remplacé par le *fusil Gras*. L'Angleterre adopta le *Sniders* et le *Martini-Henri*; le Danemark, le *Remington*; la Suisse, le *Peabody* et le *Wateley*; l'Autriche, le *Wœnzl-et-Werndt*; les Etats-Unis, le *Winchester*; la Russie le *Berdan*; l'Allemagne, le *Werder* (perfectionnement du *Dreyse*). — **Fusil brisé**, fusil dont la crosse se brise pour permettre d'introduire la charge par la culasse. — **Fusil à mèche** arme à feu qui remplaça l'arquebuse et qui fit place au fusil à rouet. Dans ce fusil, la batterie était munie d'un chien portant une mèche et s'abattant sur le bassinet. (Voy. Mousquet.) — **Fusil de munition**, fusil de gros calibre, qui est l'arme ordinaire des soldats d'infanterie, et auquel s'adapte une baïonnette. — **Fusil à percussion**, ou Fusil percutant, fusil dans lequel l'explosion est déter-

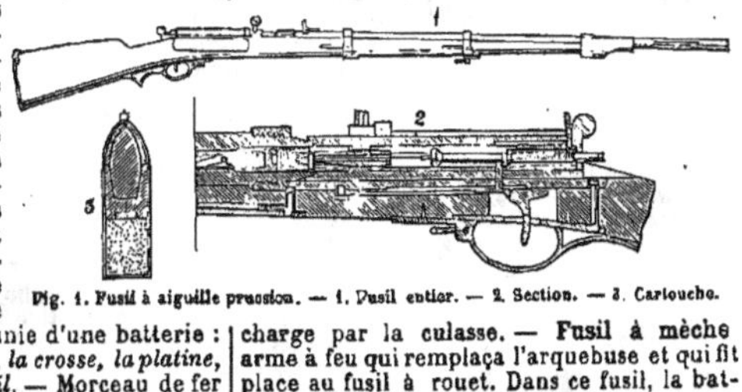

Fig. 1. Fusil à aiguille prussien. — 1. Fusil entier. — 2. Section. — 3. Cartouche.

minée par le choc d'un chien, sur une capsule ou sur un grain de poudre fulminante qui enflamme la charge. Le fusil à percussion fut inventé vers 1800 par l'Écossais

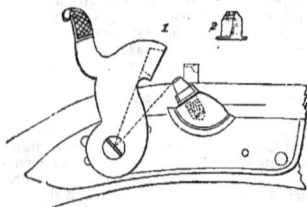

Fig. 1 — 1. Fusil à percussion. — 2. Capsule du fusil à percussion.

Forsyth. Un modèle imaginé par Julien Leroy en 1817 fut essayé en France en 1821, mais il fut repoussé; néanmoins la carabine Delvigne fut adoptée en 1827. Le fusil à percussion ne fut pas donné aux troupes avant 1840. — **Fusil à piston**, ancien fusil à percussion, dans lequel un chien, fait en forme de marteau, frappait sur un grain de poudre fulminante. — **Fusil rayé** ou RIFLE, arme à feu de petit calibre dont l'âme est creusée de cannelures en spirales destinées à imprimer à la balle un mouvement de rotation qui accroît sa vitesse. On suppose que les fusils rayés ont été inventés vers la fin du xve siècle, par Gaspard Zollner, de Vienne. On en fit usage lors d'un tir à la cible, à Leipzig, en 1498. Les premiers fusils rayés portaient des rainures parallèles à l'axe de l'âme, pour diminuer l'évent et former des réceptacles pour le résidu qui, dans les âmes lisses, se logeait à la surface et causait un tir irrégulier, après quelques décharges. Les effets de la cannelure en spirale furent probablement découverts accidentellement, à une époque que l'on ne peut déterminer. Les avantages du fusil rayé furent discutés scientifiquement dans les *Nouveaux principes d'artillerie* (1742) de Benjamin Robins, un mathématicien anglais, mort en 1751. Divers systèmes ont été employés pour la fabrication des armes rayées, la différence étant dans le nombre et dans la forme des rayures et dans les longueurs des tours. Mais, en général, les rayures sont plates, au nombre de trois à sept. Dans les fusils qui se chargent par la bouche, la profondeur des rayures diminue, de la culasse à la bouche; mais dans ceux qui se chargent par la culasse, la profondeur reste la même. Par ordre de Napoléon Ier, le col. Pauly s'occupa de l'amélioration du fusil. En 1812, il prit un brevet pour l'arme connue depuis sous le nom de fusil de Pauly. La cartouche de cette arme contenait la poudre. C'est dans la fabrique de Pauly que Dreyse travailla. Le fusil de Pauly ayant été rejeté à cause de son prétendu manque de simplicité, Dreyse perfectionna cette arme et en fit le fusil à aiguille (1836). En 1826, le lieutenant d'artillerie Delvigne, inventa un fusil ayant une chambre plus petite que l'âme. La chambre était réunie à l'âme au moyen d'une surface sphérique du même rayon que celui de la balle. Quand la poudre avait été versée dans la chambre par la bouche, la balle était glissée dans l'âme et restait à la surface de la chambre. Quelques coups d'une baguette dont la tête était creusée de manière à s'ajuster à la balle, forçait le plomb dans les rayures sans déranger la poudre; la portée et la précision étaient ainsi augmentées, par l'effet de la rayure. Cette idée de Delvigne, c'est-à-dire l'idée de mettre la balle à sa place, à la surface de la poudre, dans la chambre sans autre force que son propre poids, et de la forcer à entrer dans les rayures en la bourrant, fut le premier pas dans la

voie des perfectionnements modernes du fusil rayé. Vers 1849, le capitaine Minié inventa une balle qui avait à sa partie inférieure un retrait conique tronqué, doublé d'un godet d'étain assez semblable à un petit dé de couturière. Les parois de la balle ont peu d'épaisseur, de sorte que lorsqu'on fait feu, l'explosion presse le godet d'étain dans la balle, et force le plomb dans les rayures. Cette invention amena l'introduction des fusils rayés dans les armées européennes

Fig. 3. Première balle de Minié. — Fig. 2 Balle de Minié en 1849.

(1855). — **Fusil de rempart**, gros fusil à percussion, qui se charge par la culasse, se meut sur un pivot à charnière; il est employé pour la défense des places. — **Fusil à répétition**, fusil dont le canon reçoit plusieurs charges superposées, qui s'enflamment l'une après l'autre par le moyen d'un mécanisme approprié. — **Fusil revolver** ou FUSIL TOURNANT, fusil dans lequel un tambour ou barillet, servant de culasse, porte plusieurs chambres-tonnerres sur sa circonférence. Nous lisons dans la collection intitulée : *Histoire de l'Académie royale des sciences* (année 1768, page 186), sous la rubrique : *Machines ou inventions approuvées par l'Académie* en 1767, le passage suivant : « Un fusil inventé par les sieurs Bouillet père et fils, arquebusiers à Saint-Étienne en Forez. Ce fusil a la propriété de pouvoir tirer vingt-quatre coups de suite, *se chargeant, s'amorçant et s'armant par le seul mouvement circulaire du canon* sur un axe disposé à cet effet. Il a paru très ingénieusement imaginé, parfaitement exécuté et n'être sujet à aucun danger, n'étant pas possible qu'il y ait jamais de communication entre la poudre enflammée dans le tonnerre du fusil et celle du magasin. Dans les épreuves qui en ont été faites, il a été tiré dix-huit coups de suite en une minute et demie. Le canon alors s'est échauffé assez pour ne pouvoir être tenu qu'avec quelque peine; les six autres ont été tirés dix minutes après; mais il a paru qu'avec un gant on aurait pu tirer les vingt-quatre coups sans interruption. L'utilité de cette arme pour le service n'a pas paru répondre au mérite de l'invention. On a cru cependant qu'une douzaine de fusils de cette espèce feraient un grand effet dans un abordage. Le fusil ne pèse que sept livres, tandis qu'un fusil de soldat en pèse huit. Il n'a aucun inconvénient et remplit parfaitement les fonctions auxquelles il est destiné. » — **Fusil à rouet**, fusil qui remplaça le fusil à mèche et qui fut lui-même remplacé par le fusil à silex. Il était muni d'une platine à rouet dont les cannelures frottaient le long d'un chien garni d'un alliage d'antimoine et de fer. Les étincelles qui jaillissaient en raison du frottement, communiquaient le feu à la poudre. La platine à rouet fut inventée à Nuremberg en 1547. — **Fusil à silex** ou A PIERRE ou *à batterie*, fusil dans lequel le feu est mis à la charge par les étincelles qui jaillissent quand un morceau d'acier frappé par un silex ou *pierre à fusil*. Le fusil à silex ou *fusil* proprement dit date du commencement du xviie siècle; mais il ne fut pas adopté dans l'armée française avant 1670. — **Fusil à tige**, fusil rayé dans lequel le bouton de culasse porte une petite tige d'acier sur laquelle la balle vient s'appuyer. — **Fusil à vapeur**, machine de guerre d'invention américaine, qui lance des projectiles par la force d'expansion de la vapeur. — **Fusil à vent**, fusil dont la crosse est creusée d'une cavité ou réservoir dans laquelle on comprime de l'air au moyen d'une pompe foulante. Lorsque l'on presse la détente, une soupape s'ouvre, l'air se dilate subitement et chasse la balle placée

dans le canon. Ces armes ne produisent pas de détonation ; leur usage est défendu.

*** FUSILIER** s. m. Soldat qui a pour arme un fusil. — Se disait principalement des simples soldats qui formaient les compagnies du centre, par opposition aux grenadiers et aux voltigeurs : *compagnie de fusiliers.*

*** FUSILLADE** s. f.[ll mll]. Décharge de plusieurs fusils, dans un combat, dans un exercice militaire, etc. : *le bruit de la fusillade.*

*** FUSILLER** v. a. [ll mll]. Tuer à coups de fusil. Ne se dit guère qu'en parlant d'une personne condamnée à être passée par les armes : *on a fusillé trois déserteurs.* — Se fusiller v. pr. Se dit de deux troupes qui se tirent mutuellement des coups de fusil : *ces deux troupes se sont fusillées longtemps.*

*** FUSION** s. f. [fu-zi-on] (lat. *fusus*, fondu). Fonte, liquéfaction : *mettre de l'or en fusion.* — Fig. Alliance et mélange : *la fusion de deux systèmes, de deux partis.*

FUSIONNEMENT s. m. Action de fusionner.

*** FUSIONNER** v. a. Opérer une fusion, entre des partis, entre des compagnies industrielles. — Neutral. *Ces deux compagnies de chemins de fer ont fusionné.*

FUSIONNISTE adj. Qui est partisan d'une fusion, d'une réunion de deux ou plusieurs partis politiques : *ministère fusionniste.* — Subtantiv. : *un fusionniste.*

FUSIYAMA [fou-zi-iâ'-ma], volcan du Japon, près de Yokohama, et montagne la plus élevée de l'empire (4,700 m.). Il est couvert de

Volcan de Fusiyama.

neiges perpétuelles. C'était autrefois le volcan le plus actif du Japon, mais il n'y a pas eu d'éruption depuis 1707. Les Japonais entourent cette montagne d'une vénération religieuse.

FUST ou **Faust (Johann)** [foust], riche orfèvre de Mayence, l'un des trois personnages auxquels on attribue l'invention de l'imprimerie ; mais il est probable qu'il aida Gutenberg plutôt de sa bourse que de ses lumières. Leur société commença en 1450 et se termina en 1455, époque où Fust, s'emparant du matériel que Gutenberg était forcé de lui abandonner en remboursement de ses avances, s'associa avec son gendre Peter Schöffer. L'invention de Gutenberg reçut des perfectionnements qui la rendirent pratique. Fust et Schöffer gravèrent isolément sur le métal, et multiplièrent à l'infini les caractères qui, dans les premiers essais, avaient été sculptés sur des morceaux de bois. La taille des poinçons et la frappe des matrices opérèrent cet effet merveilleux ; l'art typographique rompit le dernier obstacle qui retenait son essor. Alors fut publié le *Psalmorium codex*, premier livre rimé avec date (1457). Le sac de Mayence, n 1462, eut pour résultat de disperser les ouvriers de Fust et de répandre en Allemagne des procédés qui avaient été tenus dans le plus profond secret. Fust reprit ientôt son travail et fit plusieurs voyages à aris pour l'écoulement de ses ouvrages. 'histoire de son arrestation comme magicien dans cette capitale, à cause de la correction des exemplaires de la Bible qu'il y ffrait au public, a fait l'objet de plusieurs ontroverses; mais l'opinion générale est u'il y mourut de la peste en 1466.

FUSTANELLE s. f. (turc, *fystan*, vêtement le femme). Jupon plissé que portent les Albanais et beaucoup de Grecs.

* **FUSTE** s. f. lat. *fustis*, bâton). Mar. Sorte le bâtiment long et de bas bord, qui va à oiles et à rames: *fuste légère* (vieux).

FUSTÉ, ÉE adj. (lat. *fustis*, bâton). Blas. Se it d'une flèche, d'une lance, d'une pique ont le bois est d'un autre émail que le fer; 'un arbre qui a le tronc d'un émail particu-er.

* **FUSTET** s. m. Bot. Espèce de sumac dont bois, jaunâtre et veiné, sert en médecine pour la teinture.

FUSTIBALE ou Fustiballe s. m. (lat. *fustibalus*; de *fustis*, bâton; gr. *ballô*, je lance). rt milit. anc. Fronde attachée au bout d'un âton.

* **FUSTIGATION** s. f. Action de fustiger: a *fustigation était autrefois le supplice des* oupeurs de bourses.

* **FUSTIGER** v. a. (lat. *fustigare*; de *fustis*, âton.) Battre, frapper à coups de fouet: *faisait fustiger ses esclaves.* — Se fustiger pr. Se frapper avec une verge.

FUSTINE s. f. Chim. Principe colorant du ustet.

* **FÛT** s. m. (lat. *fustis*, bâton). Bois sur equel est monté le canon d'un fusil, d'une rquebuse, d'un pistolet, etc.: *le fût d'une rquebuse, d'un pistolet*, etc. Dans un sens nalogue: *le fût d'un rabot de menuisier.* — rchit. Tige de la colonne, partie qui est ntre la base et le chapiteau: *le fût de cette olonne a sept diamètres.* Dans un sens analoue, LE FUT D'UN CANDÉLABRE, etc. — Tonneau à l'on met le vin: *on rendra les vieux fûts.* — VIN QUI SENT LE FUT, qui a un mauvais oût qu'il a contracté du tonneau.

* **FUTAIE** s. f. Bois, forêt composée de rands arbres: *laisser monter un bois en taie.* — DEMI-FUTAIE, futaie qui n'est parenue qu'à la moitié de sa hauteur. HAUTE UTAIE, futaie qui est parvenue à toute sa

hauteur. Dans le même sens, BOIS DE HAUTE FUTAIE.

* **FUTAILLE** s. f. [*Il* mll]. Vaisseau de bois à mettre le vin ou d'autres liqueurs: *futaille vide.* — FUTAILLE EN BOTTE, douves et fonds préparés et non assemblés; FUTAILLE MONTÉE, celle qui est reliée. — DOUBLE FUTAILLE, futaille renfermée dans une autre qui est ordinairement d'un bois plus léger. — Collectiv. Grande quantité de tonneaux: *voilà bien de la futaille.*

* **FUTAINE** s. f. (de *Fostat*, faubourg du Caire). Étoffe de fil et de coton: *camisole de futaine.*

* **FUTÉ, ÉE** adj. Fam. Fin, rusé, adroit: *c'est un futé matois.* — Blas. Se dit d'une javeline ou autre arme dont le fer et le bois sont de deux émaux différents: *d'or à trois javelines de gueules, futées de sable.*

* **FUTÉE** s. f. Espèce de mastic composé de sciure de bois et de colle forte, propre à boucher les fentes et les trous des pièces de bois.

* **F-UT-FA** Ancien terme de Musique, par lequel on désignait le ton de FA: *cet air est en f-ut-fa.*

* **FUTILE** adj. (lat. *futilis*, frivole). Frivole, qui est de peu de conséquence, de peu de considération: *écrits futiles.* — Se dit quelquefois des personnes: *vains et futiles esprits.*

* **FUTILITÉ** s. f. Caractère de ce qui est futile: *la futilité de ce raisonnement.* — Chose futile: *nos journées se perdaient en futilités.*

FUTTEHGHUR, Futtygurh ou FATAGHUR, ville de l'Inde anglaise, division d'Agra, sur le Gange, dans le district et à 5 kil. E. de Furruckabad. Autrefois établissement militaire important, elle est aujourd'hui tombée en décadence.

FUTTEHPOOR, ville de l'Inde anglaise, cap. du district du même nom, dans la division d'Allahabad, à 110 kil. N.-O. d'Allahabad; 20,000 hab. C'est une ville spacieuse et prospère.

FUTTEHPOOR SIKRA, ville de l'Inde anglaise, à 33 kil. O. d'Agra; environ 5,000 hab.; elle fut entourée d'une haute muraille en pierres de 8 kil. de circuit, par l'empereur Akbar, dont elle était la résidence favorite; mais elle ne renferme presque plus maintenant que des ruines.

* **FUTUR, URE** adj. (lat. *futurus*). Qui est à venir: *l'incertitude des choses futures.* — En style de Notaire, LE FUTUR MARIAGE, se dit du mariage dont on dresse le contrat. LES FUTURS ÉPOUX, LES FUTURS CONJOINTS, les deux personnes qui contractent ensemble, pour se marier ensuite. On dit de même, LE FUTUR ÉPOUX,

LA FUTURE ÉPOUSE; SON FUTUR ÉPOUX, SA FUTURE ÉPOUSE, etc. On dit aussi, dans le langage ordinaire: SON BEAU-PÈRE FUTUR; SA BELLE-MÈRE FUTURE; SON GENDRE FUTUR, etc. — Substantiv. Personne qui doit se marier avec une autre: *c'est son futur, sa future.* — Jurisp. EPOUSER PAR PAROLES DE FUTUR, fiancer; à la différence d'EPOUSER PAR PAROLES DE PRÉSENT. — s. m. Ce qui sera: *il ne s'inquiète pas du futur.* — Gramm. Temps du verbe qui marque un état, une action à venir: *il y a trois temps dans les verbes: le présent, le passé et le futur;* en français, les futurs de la plupart des verbes se forment de l'infinitif, en ajoutant à ce mode la terminaison ai: j'aimerai est le futur du verbe aimer; bénir fait à la première personne du futur, je bénirai; le futur du participe, ou adjectiv., le participe futur. — FUTUR ANTÉRIEUR, temps du verbe par lequel on exprime une action à venir qui doit précéder une autre action également à venir: dans j'aurai fini quand il arrivera, l'expression j'aurai fini est un futur antérieur. On dit aussi, FUTUR PASSÉ. — Log. FUTUR CONTINGENT, ce qui peut arriver ou n'arriver pas. Cette locution s'emploie aussi quelquefois dans le langage ordinaire.

* **FUTURITION** s. f. Didact. Qualité d'une chose future, en tant que future.

* **FUYANT, ANTE** adj. Peint. Se dit de tout ce qui, comparé à un autre objet, paraît s'enfoncer dans le tableau: *les parties fuyantes d'un tableau.* — Perspect. ÉCHELLE FUYANTE, celle qu'on trace pour trouver la diminution des objets, relativement à leur enfoncement — Par anal. FRONT FUYANT, front déprimé qui semble fuir en arrière.

* **FUYARD, ARDE** adj. Qui s'enfuit, qui a coutume de s'enfuir: *troupes fuyardes.* s. m. Se dit principalement, au plur., de gens de guerre qui s'enfuient du combat: *rallier les fuyards.* — Homme qui évitait de tirer à la milice: *quand un fuyard était arrêté, il était milicien de plein droit.*

FUZELIER (Louis), auteur dramatique très fécond, né à Paris vers 1672, mort en 1752. Il composa, pour l'Opéra, le Théâtre-Italien, l'Opéra-Comique et le théâtre de la Foire, un grand nombre de pièces dont les meilleures sont *Momus Fabuliste, les Romains, Arlequin grand-vizir*, etc. De 1744 à 1752, il rédigea le *Mercure de France.*

FYZABAD ou Bangla, ville d'Oude (Inde anglaise) sur la Gogra, à 120 kil. E., de Lucknow; environ 100,000 hab. Sous Surajah Doulah, elle devint la capitale de l'Oude, à la place de l'ancienne ville d'Oude ou Ayodha, qui la touche au S.-E. En 1775, la capitale fut transférée à Lucknow. Fabriques d'étoffes, de poteries et d'armes.

G

G   G   G

* **G** s. m. [jé ou je). Cinquième consonne septième lettre de l'alphabet latin et des érivés de l'alphabet latin: *un grand G.* — evant A, O et U, il se prononce dur; devant et I, il s'amollit et se prononce comme J. a différence de ces deux prononciations remarque dans le mot *gage*. — G avec N rme une prononciation mouillée, comme ans ces mots; *digne, signal, agneau.* Il faut

en excepter quelques mots dérivés du grec ou du latin, où la prononciation est plus dure et plus sèche, comme *gnomonique, gnostiques, Progné.* — G final, suivi d'un mot qui commence par une voyelle, se prononce ordinairement comme un C dur: *un sang aduste.* — A la fin de certains mots, tels que *seing, étang*, il ne se prononce point, même devant une voyelle. — Dans les alphabets hébreu, grec et autres

alphabets d'origine phénicienne, le G est la troisième lettre. Dans les langues grecque, hébraïque, allemande, etc., le G est dur partout où il est placé. Dans les langues romanes, les règles pour le son diffèrent de caractères, chez les Français, les Portugais et les Espagnols. En anglais, cette lettre a deux sons entièrement distincts: le son dur, comme dans *get*, et le doux (représenté aussi par J), comme dans *gens*. Il n'est jamais entièrement muet dans aucun langage, excepté dans l'anglais. — Dans le calendrier, G est la dernière lettre dominicale. ~ Sur les anciennes monnaies françaises, il indique qu'elles ont été frappées à Poitiers. — Argot. Objets insignifiants qu'un clerc de notaire s'approprie pendant les inventaires.

GABALES, *Gabali*, peuple de la Gallia aquitanica, dont le territoire (nommé plus tard *Gévaudan*) possédait des mines d'argent et de gras pâturages. Leurs principales villes étaient *Anderitum* (Antérieur) et *Mimate* (Mende).

GABAON, ancienne ville de Palestine, dans le pays de Chanaan, à 16 kil. N.-O. de Jérusalem.

GABAONITE s. et adj. De Gabaon; qui se rapporte à cette ville ou à ses habitants : *les Gabaonites furent vaincus par Josué.*

* **GABARE** s. f. (bas bret. *gòbar*). Embarcation qui va à voile et à rames, et qui sert à naviguer sur les rivières, à charger et à décharger les bâtiments, etc. : *la plupart des gabares sont des bateaux plats.* — Mar. Certain bâtiment de charge ou de transport : *les gabares sont à trois mâts, et du port de trois à quatre cents tonneaux.* — Pêche. Espèce de filet qui ne diffère de la seine que par la grandeur.

GABARER v. n. Syn. de GODILLER.

GABARET ou Gabarret, ch.-l. de cant., arr. et à 46 kil. N.-E. de Mont-de-Marsan (Landes); 1,250 hab. Commerce de porcs, de grains. On y voit une maison de Jeanne d'Albret et d'Henri IV. Anc. abbaye de Templiers convertie en église paroissiale.

GABARI (Passer au). Argot. Etre vaincu, perdre au jeu.

* **GABARIER** s. m. Maître ou patron d'une gabare. — Se dit aussi, quelquefois, des portefaix qui chargent et déchargent les gabares.

GABARIER v. a. Mar. Construire une pièce selon son gabarit.

* **GABARIT** ou Gabari s. m. (ar. *gclib*, moule). Mar. Modèle de construction sur lequel les charpentiers travaillent, en donnant, aux pièces de bois qui doivent entrer dans la composition du bâtiment, la même forme, les mêmes contours et les mêmes proportions en grand, que ces pièces ont en petit dans le modèle : *le gabarit d'un vaisseau.* — Patron de ce qui, dans les ateliers d'artillerie, sert pour la construction de diverses pièces, notamment des affûts.

GABATINE s. f. (ital. *gabba*, plaisanterie). Ne s'emploie que dans cette locution fam. et peu usitée : *donner de la gabatine à quelqu'un*, le tromper, lui en faire accroire. (Pop.)

* **GABEGIE** s. f. (ar. *gabana*, frauder). Fraude, tromperie : *il y a de la gabegie dans cette affaire.* (Pop.)

* **GABELAGE** s. m. Espace de temps que le sel doit demeurer dans le grenier avant que d'être mis en vente. — Certaine marque que les commis des greniers mettent parmi le sel, pour reconnaître le sel sec est sel de grenier ou sel de faux-saunage.

GABELENTZ (Hans CONON VON DER) [gâ-bélènnts], philologue allemand, né à Altembourg en 1807, mort en 1874. Ses travaux comprennent les *Eléments de la grammaire mandchoue* et des traductions du mandchou et du chinois.

* **GABELER** v. a. Faire sécher du sel dans les greniers de la gabelle pendant un temps convenable : *gabeler du sel.*

* **GABELEUR** s. m. Homme employé dans la gabelle. — Pop. et dans le même sens,

on disait GABELOU, qui se dit encore vulgairement et par dénigrement des employés des contributions indirectes.

* **GABELLE** s. f. (angl. sax. *gaful*, impôt). Autref. Impôt sur le sel : *ferme des gabelles.* — Le grenier où l'on vendait le sel : *aller à la gabelle.* — PAYS DE GABELLE, provinces où l'impôt de la gabelle était établi. — FRAUDER LA GABELLE, faire quelque fraude pour ne point payer les droits du sel. Se dit, par ext., en parlant de toutes les fraudes que l'on fait pour ne pas payer quelque autre droit. — FRAUDER LA GABELLE, se dispenser par adresse d'une chose qu'on est obligé de faire, et que tous les autres font : *vous étiez obligé d'aller là comme les autres, vous avez fraudé la gabelle.* — Hist. « Le mot gabelle, qui, dans l'origine, était synonyme d'impôt, fut ensuite employé exclusivement pour désigner l'impôt sur le sel. On taxa d'abord, vers le XIIIe siècle, les sels qui étaient transportés sur les barques pour alimenter les provinces du centre de la France. Le roi Jean, à son retour de captivité, s'attribua le monopole de la vente du sel et fit construire des greniers d'approvisionnement. Tout habitant était tenu d'acheter, chaque année, une certaine quantité de sel ; et cette sorte d'impôt de capitation était déterminée à l'avance pour la circonscription du grenier. La répartition était faite entre les paroisses ; puis les collecteurs établissaient les rôles suivant le nombre de personnes composant chaque famille. Pendant un certain temps, la quantité de sel à livrer fut d'un *minot* ou cent livres pour quatorze personnes, non compris le sel destiné aux grosses salaisons et qui devait être acheté à part. Le prix du minot variait alors de 8 à 62 livres, selon les provinces. Les pays de *grandes gabelles*, comprenant les douze généralités de Caen, Rouen, Alençon, Amiens, Soissons, Paris, Orléans, Bourges, Tours, Châlons-sur-Marne, Moulins et Dijon, étaient compris dans la ferme générale. Les prix y étaient très élevés, et la contrebande sévèrement réprimée. Les fermes particulières du Lyonnais, du Dauphiné, de la Provence et du Languedoc étaient nommées *petites gabelles*; et le sel y était payé moins cher. Dans les pays dits de *quart-bouillon*, c'est-à-dire dans quelques élections de la basse Normandie, on pouvait acheter le sel provenant d'exploitations particulières, et ne le payait seulement un quart en sus du prix de revient. Certaines provinces : le Poitou, l'Angoumois, le Limousin, la Marche, l'Aunis, la Saintonge, la Guyenne, ainsi qu'une partie de l'Auvergne étaient *rédimées* sous Henri II ; elles payaient une somme fixe, dont un tiers à la charge de la noblesse et du clergé, et les deux tiers supportés par le tiers-état. Il y avait aussi des provinces *exemptes* qui s'étaient réservé ce privilège au moment de leur union à la France; telles étaient la Flandre, l'Artois, la Bretagne, le Béarn, la Navarre, l'Alsace. Enfin on appelait *franc-salé* la franchise de gabelle attachée à certaines fonctions et celle accordée au clergé, à des communautés, à des hôpitaux, etc. Les fermiers-généraux qui exploitaient le monopole de la gabelle avaient à leurs ordres une armée de commis, que secondaient des tribunaux spéciaux et la juridiction prévôtale. Les fraudeurs ou *faux-sauniers* étaient condamnés à servir sur les galères du roi ; en cas de récidive, ils étaient punis de mort. Pour les femmes, les peines étaient l'amende et le fouet. La gabelle fut supprimée par la loi des 21-30 mars 1790 ; mais l'impôt du sel a été ensuite rétabli par le premier Empire (L. 24 avril 1806). Voy. SEL. »   (CH. Y.)

GABELOU s. m. Voy. GABELEUR.

GABER v. a. Moquer, railler (Vieux).

GABÈS Voy. CABÈS.

GABIE s. f. (ital. *gabbia*, cage). Mar. Espèce de demi-hune placée au sommet des mâts à antennes.

* **GABIER** s. m. (rad. *gabie*). Mar. Matelot qui se tient dans les hunes, et qui est chargé spécialement de visiter et d'entretenir le gréement : *on prend pour gabiers les matelots les plus habiles.*

GABIES (lat. *Gabii*, aujourd'hui *Castiglione*), ville du Latium, sur le lac Gabinus (*Lago di Gavi*), entre Rome et Préneste. C'était une colonie d'Albe la Longue, et, suivant la tradition, le lieu ou fut élevé Romulus. Elle était en ruine du temps d'Auguste (*Gabiis desertior vicus*, Hor. Ep. i, 11,7).

* **GABION** s. m. (ital. *gabbione*, grande cage). Espèce de panier en forme de tonneau, qu'on remplit de terre, et dont on se sert dans les sièges pour couvrir les travailleurs, les soldats, etc. : *faire des gabions.*

* **GABIONNADE** s. m. Guerre. Ouvrage de campagne exécuté avec des gabions.

* **GABIONNER** v. a. Couvrir avec des gabions : *gabionner une batterie.*

GABIONNEUR s. m. Celui qui fait ou pose des gabions.

GABIROL Voy. SALOMON BEN GABIROL.

GABON. I. Fleuve de la Guinée supérieure (Afrique), affluent du golfe de Guinée. Sa source est inconnue. Il reçoit plusieurs rivières dont les plus considérables sont le Como, le Lobié et le Rhamboé, et sert de voie de communication entre les naturels de l'intérieur et les Européens établis sur la côte. Son estuaire forme une magnifique rade de 23 milles de longueur sur une largeur moyenne de 8 à 10 milles, qui peut fournir un abri sûr à bon nombre de navires. — II. (Côte du), appelée aussi *Mpongo* ou *Mpongwe*; nom donné à une partie de la côte occidentale d'Afrique dans la Guinée supérieure, au S. du golfe de Biafra, entre 3° 30' lat. N. et 1° lat. S. Elle est arrosée par le Gabon l'Ogovaï, le Como, la rivière Mondah, le Lobié, et le Cohon. Quatre tribus, parlant chacune une langue différente, habitent cette côte : les *Mpongives* ou Gabonais proprement dits, les *Snekionis* ou Boulous (hommes des bois), les *Bakalais* et les *Pahouins-Fans*, qui sont les plus remarquables de tous les peuples du Gabon. — III (Le). Etablissement français situé à l'extrémité du golfe de Biafra, par 0° 30' lat. N. et 7° 18' long. E., sur la rive droite du fleuve Gabon, dans un terrain cédé à la France par le chef Louis, le 18 mars 1842. Il s'est augmenté de territoires cédés en 1844, en 1862 et, tout récemment encore, par le roi Denis et par les chefs de Sangatang, d'Isambey, de la rivière Danger et des Iles Elobey. On n'a pas encore pu évaluer le chiffre de la population indigène. Sur le littoral occupé par l'élément européen, la population s'élève à 200 âmes. Evêque in partibus, non secondé du gouvernement et missionnaires catholiques et protestants. Manioc, riz, maïs, palmier à huile, ivoire, miel. La colonie est administrée par un commandant, assisté d'un chef de service de l'intérieur et d'un chef de service judiciaire. La garnison est composée d'une section de tirailleurs sénégalais et des équipages des petits navires de la station. Les communications avec la métropole sont assurées mensuellement par les services anglais et portugais, et deux fois par an par les transports de l'Etat.

GABONAIS, AISE s. et adj. Du Gabon; qui appartient à ce pays ou à ses habitants.

GABORIAU (Emile), romancier, né à Saujeon vers 1834, mort à Paris en septembre 1873. La plupart de ses meilleurs romans traitent du fonctionnement de la justice et de la police secrète. Ses intrigues, qui peuvent être comparées à celles de de Poe, sont nouées et dénouées avec une grande habileté et produisent un effet dramatique empoignant. Ses meilleurs romans sont le *Dossier n° 113*, *Le Crime d'Orcival*, et *l'Affaire Lerouge*, qui établit sa réputation.

GABOURD (Amédée), historien français, né vers 1805, mort en 1867. Il fut d'abord journaliste, devint chef du bureau au ministère de l'intérieur et écrivit, au point de vue ultramontain et royaliste, de volumineuses histoires de *la Révolution* et de *l'Empire*, de *France* et de *Paris*; et une *Histoire contemporaine*.

GABRIEL (héb. *force de Dieu*), ange envoyé à Daniel pour interpréter la vision du bélier et du bouc (Dan., viii) et pour communiquer la prophétie des 70 semaines (ix, 24-27); il fut employé aussi comme messager pour annoncer à Zacharie la naissance de Jean-Baptiste (Luc, i, 11) et celle du Messie à la Vierge-Marie (i. 26). Il est classé parmi les archanges. Dans les légendes rabbiniques, il est le prince du feu. D'après les musulmans, il dicta le Koran à Mahomet.

GABRIEL (Détroit de), détroit de la Patagonie entre l'île Dawson et la Terre de Feu, par 54°20' lat. S., et 70° 40' long. O., 40 kil. de long; de 1 à 3 kil. de larg. Les côtes sont formées d'une roche ardoisière; elles sont élevées et escarpées. Au sud, entre les monts Buckland et Sarmiento, se trouve un immense glacier. Il s'y forme de violents ouragans.

GACÉ, ch.-l. de cant., arr. et à 27 kil. E.-N.-E, d'Argentan (Orne); 1,650 hab. Commerce de bestiaux. Ruines d'une antique forteresse où naquit le maréchal de Matignon.

GÂCHAGE s. m. Jargon. Gaspillage, désordre.

* **GÂCHE** s. f. Pièce de fer percée, dans laquelle entre le pêne de la serrure d'une porte: *attacher une gâche.* — Se dit aussi des anneaux de fer qui sont scellés dans un mur pour soutenir et attacher un tuyau de descente, une boîte de lanterne, etc.

* **GÂCHER** v. a. (anc. haut all. *waskan*, mouiller). Détremper, délayer. Ne se dit qu'en parlant du mortier ou du plâtre que l'on délaye pour maçonner: *gâcher du plâtre.* — Fig. Faire un ouvrage grossièrement, négligemment, sans goût: *vous avez gâché cet ouvrage.* (Très familier.)

* **GÂCHETTE** s. f. Armur. Morceau de fer que la détente d'un fusil fait partir. — Petite pièce d'une serrure qui se met sous le pêne.

* **GÂCHEUR** s. m. Ouvrier qui gâche le mortier, le plâtre. — Fig. et pop. Homme qui travaille mal, imparfaitement, sans goût: *cet ouvrier n'est qu'un gâcheur.* — Au fém. **GÂCHEUSE**.

* **GÂCHEUX, EUSE** adj. Détrempé d'eau, bourbeux: *chemin gâcheux.*

* **GÂCHIS** s. m. Ordure, saleté causée par de l'eau, ou par quelque autre chose liquide: *un grand gâchis.* — Fig. et fam. Affaire désagréable dont il est difficile de se tirer: *nous voilà dans un beau gâchis.*

GACILLY (La) ch.-l. de cant., arr. et à 60 kil. de Vannes (Morbihan), sur l'Aff; 4,560 hab.

GACON (François), poète satirique, né à Lyon en 1667, mort en 1725 Il attaqua les écrivains les plus célèbres de son temps: Boileau, J.-B. Rousseau, Lamotte, etc. On a de lui: *Le Poète sans fard* (Paris, 1696, 1701), *l'Anti-Rousseau* (Paris, 1712), *l'Homère vengé* (Paris, 1715). On a surnommé Gacon le poète *sans Fard*.

GAD (héb. *fortune*), septième fils de Jacob et fils aîné de Zilpah. L'histoire ne parle pas de sa jeunesse. Les Gadites eurent la permission de s'établir à l'E. du Jourdain, devinrent

à moitié nomades et furent emmenés en captivité par Téglath-Phalasar, environ 760 ans av. J.-C.

GADAMÈS. Voy. **GHADAMÈS.**

GADARA ou **Gazer**, ancienne ville de Palestine, cap. du Pérée et l'une des dix villes qui constituaient le Décapole, à environ 12 kil. S.-E. du lac de Tibériade, elle donna son nom aux Gadarites ou pays des Gadarènes. Elle était fortifiée et célèbre pour ses bains; Vespasien s'en empara et la brûla; elle devint le siège d'un évêque, mais fut abandonnée après la conquête musulmane. On y trouve des ruines très considérables.

GADDI. I. (Taddeo), peintre florentin, né vers 1300, mort vers 1360. Il était le fils de Gaddo Gaddi (1249-1312), le prétendu fondateur de l'art mosaïque moderne. Il produisit les fameuses décorations de la chapelle espagnole de Santa Maria Novella. — II (Angelo), fils du précédent (mort vers 1390); il imita son père et Le Giotto. Il s'engagea dans le commerce à Venise. On le considère comme le fondateur de l'Ecole vénitienne de peinture.

* **GADE** s. m. (gr. *gados*, merlan). Icht. Genre de gadoïdes, qui renferme plusieurs espèces estimées pour la délicatesse et la saveur de leur chair. — Les gades ont généralement le corps allongé, comprimé, atténué vers la queue, et couvert de petites écailles. Leurs ventrales, attachées sous la gorge et aiguisées en pointe, sont plus en avant que les pectorales. Ce genre comprend les sous-genres: *morues, merlans, merluches, lottes, motelles, brosmes, brotules, phycis et ramiceps.*

GADELLE s. f. (rad. *gade*). Nom pop. de la groseille rouge.

GADELLIER s. m. Groseiller à fruits rouges.

GADÈS. Voy. **CADIX.**

GADITAIN, AINE s. et adj. Habitant de Gadès, qui appartient à ce pays ou à ses habitants.

GADOÏDE adj. (de *gade* et du gr. *eidos*, aspect). Qui ressemble ou qui se rapporte aux gades. — s. m. pl. Famille de poissons malacoptérygiens subbrachiens, comprenant les genres *gades* et *grenadiers* ou *macroures*.

* **GADOUARD** s. m. Celui qui tire la gadoue et la transporte. (Voy. **VIDANGEUR**.)

GADOUE s. f. (wall. *godau*, jus de fumier). Matière fécale qu'on tire des fosses d'aisances: *la gadoue est un engrais.* — ⁓ Pop. Fille ou femme de mœurs suspectes.

GADWALL s. m. [ga-doual], nom anglais d'une espèce de canard d'eau douce, dont la

Gadwall (Chaulelasmus streperus). — 1. Mâle. 2. Femelle.

seule variété décrite, le *chaulelasmus streperus*, vit en Amérique.

GAËL ou **Gail** (Gaélique, *Gaedhil*, *Gadhel* ou *Gaoidheal*, plur. de *Gal* ou *Gul*), nom de la

branche septentrionale et occidentale de la famille celtique. Les Gaëls habitent les hautes terres de l'Ecosse et de l'Irlande; on les distingue sous le nom de Gaël Albinach, ou Gaël d'Albion et de Gaël Erinnach ou Gaël d'Erin. On les appelle aussi Erse. (Voy. **CELTES**.)

* **GAÉLIQUE** adj. Se dit d'un des deux principaux dialectes de la langue celtique: *le dialecte gaélique.* — s. m. *Le gaélique se parle en Irlande.* (Voy. **CELTES**.)

GAERTNER (Joseph), [ghèr-tneur], botaniste allemand, né en 1732, mort en 1791. Il fut professeur d'anatomie à Tubingue (1761-'68) et de botanique à Saint-Pétersbourg (1768-'70); il s'établit ensuite à Caln et entreprit de longs voyages pour l'étude de la botanique. Il fut le premier qui observa que les plantes sont distribuées naturellement en classes par la forme de leurs fruits. Son principal ouvrage est *De fructibus et Seminibus plantarum* (2 vol. 1789-'94).

GAETAN (Saint), né à Vicence en 1480, mort en 1547. Il fut d'abord jurisconsulte, vint à Rome sous le pontificat de Jules II, entra dans les ordres et fonda, en 1524, l'ordre des *Théatins*, ainsi nommés du leur premier supérieur Pierre Caraffa, archevêque de Chieti (Theate). Gaëtan fut béatifié en 1629, et canonisé en 1674. Fête le 7 août.

GAÈTE (anc. *Caieta*), ville d'Italie, province de Caserte, sur le golfe de Gaète, à 130 kil. S.-E. de Rome; environ 8,000 habit. (commune 18,390). La forteresse, l'une des plus fortes citadelles de l'Italie, était autrefois la clé du royaume de Naples. Elle possède une cathédrale célèbre et diverses antiquités plus anciennes que Rome. Enée est regardé comme son fondateur et on prétend que son nom lui a été donné en l'honneur de Cajeta, nourrice de ce prince troyen. C'était une république du temps de Charlemagne. Elle fut ensuite gouvernée par des ducs; les Normands s'en emparèrent au XIᵉ siècle. Alphonse V d'Aragon la prit en 1435 et la fortifia; elle appartint au royaume de Naples et soutint plusieurs sièges. Pie IX, après s'être échappé de Rome, y résida du 24 nov. 1848, jusqu'en avril 1850. François II s'enferma dans la citadelle en 1860, et la rendit après avoir été assiégé pendant trois mois par l'armée de Victor Emmanuel, commandée par Cialdini. Ce dernier fut nommé duc de Gaëte.

GAFFE s. f. (bas bret. *gwdf*, crochu). Perche munie d'un croc de fer à deux branches, dont l'une est droite et l'autre courbe: *pousser un bateau au large avec la gaffe.* — ⁓ Argot. Patrouille. — Bêtise; impair. — **FAIRE UNE GAFFE**, faire un impair.

* **GAFFER** v. a. Accrocher quelque chose avec une gaffe.

GAFSA ou **Gafsa** I. Oasis tunisienne, à environ 60 kil. au N. des Chotts, à 250 kil. S.-O. de Tunis, et à 250 kil. S.-E. de Bone. Cette oasis, la plus belle de tout le Sahara tunisien, est d'une fertilité extraordinaire. On l'a comparée à une immense serre chaude, dont la toiture de palmes ondoyantes protège, à cent pieds de hauteur les cultures les plus diverses. Sous leur ombre protectrice, la plupart des arbres fruitiers de l'Europe peuvent atteindre des proportions gigantesques. La vigne s'élance au sommet des oliviers; l'amandier, le pêcher, l'abricotier, le prunier, le pommier, le cognassier croissent à côté des figuiers, des jujubiers, des grenadiers et des orangers. Les dattes de Gafsa s'exportent jusqu'en Egypte. — Commerce de laines; grande fabrication de burnous. — II. Ville de cette oasis, sur un plateau entouré de trois côtés par des montagnes assez élevées. Kasbah irrégulière, flanquée de tours; ruines d'anciennes murailles. La grande mosquée est ornée d'un élégant campanile de style mauresque. Beaux *réservoirs* de construction romaine; 5,000 hab., dont 1,500 juifs. Gafsa fut occupée par les troupes du général Saussier le 20 novembre 1881.

GAGA s. Argot. Gâteux, crétin.

GAGARIN [gâ-gâ-rinn], nom d'une famille princière russe qui réside à Moscou. Matfei Petrovitch, gouverneur général de Sibérie sous Pierre I, fut exécuté en 1721, sous l'inculpation d'avoir conspiré pour se faire nommer roi. Alexandre Ivanovitch, officier général dans l'armée russe, se distingua au Caucase et en Crimée et fut assassiné en 1857 pendant qu'il était gouverneur de Kutais. Pavel Pavlovitch (mort en 1872) fut un membre influent du conseil de l'émancipation et présida le conseil des ministres de l'empire (1864-'69). Jean (Ivan), jésuite missionnaire et écrivain (né en 1814), fut secrétaire de l'ambassade russe à Paris, entra dans la société de Jésus en 1843 et reçut les ordres sacrés. Il fut professeur à Laval et fondateur (1857) de la revue périodique : *Etudes de Théologie*, etc. Il passa plusieurs années à Constantinople où il fonda la société de Saint-Denys l'Aréopagite, qui tend à réunir les Eglises grecque et latine. Il a publié un grand nombre de pamphlets, relatifs principalement à l'histoire de l'Eglise gréco-russe et ayant pour but sa réunion à l'église de Rome.

GAGE s. m. (bas lat. *vadium*). Nantissement, ce que l'on met entre les mains de quelqu'un pour sûreté d'une dette : *mettre des pierreries en gage*. — Par ext. Tout objet meuble ou immeuble qui assure le payement d'une dette : *les meubles qui garnissent une maison louée sont le gage du propriétaire*. — Se dit, à certains petits jeux, des objets que les joueurs déposent chaque fois qu'ils se trompent, et qu'ils ne peuvent retirer, à la fin du jeu, qu'après avoir subi une pénitence : *donner un gage*. — Fig. et fam. DEMEURER POUR LES GAGES, se dit de ceux qui sont pris ou tués dans quelque combat d'où les autres se sauvent : *la moitié des siens sont demeurés pour les gages*. Cela se dit aussi dans quelques occasions moins importantes, par exemple si dans une hôtellerie, dans un cabaret, on retient quelques gens d'une compagnie, afin qu'ils payent pour les autres qui se sont échappés. On le dit quelquefois en parlant d'une chose qu'on a perdue : *j'eus peine à me tirer de cette foule, mon manteau, mon chapeau y demeura pour les gages*. Ces phrases sont maintenant peu usitées. — GAGE DU COMBAT, ou GAGE DE BATAILLE, gantelet ou gant que l'on jetait autrefois par manière de défi à celui contre qui l'on voulait combattre. — Ce que l'on consigne, ce que l'on met en main tierce, lorsque, dans une contestation entre deux ou plusieurs personnes, on est convenu que celui qui sera condamné, payera à l'autre une somme ou quelque autre chose : *mettons les gages entre les mains de quelqu'un*. — Fig. Toute sorte de garantie, d'assurance, de preuve, de témoignage : *il m'a laissé un gage de sa foi*. — Fig. DONNER DES GAGES A UN PARTI, se lier par quelque acte avec un parti. — s. pl. Salaire, appointements; se dit principalement de ce que l'on donne aux domestiques par an pour payement de leurs services : *les gages d'un laquais, d'une servante*. On dit cependant quelquefois : *les gages d'un capitaine de navire*. — A GAGES, s'emploie comme une sorte d'épithète signifiant, qui est gagé, payé pour faire une chose : *un homme à gages*. Se prend quelquefois en mauvaise part : *des applaudisseurs à gages*. — CASSER AUX GAGES, ôter à quelqu'un son emploi et les appointements qui y sont attachés : *cet homme a été cassé aux gages*. Se dit aussi, fig., d'un supérieur dont on a cessé de faire cas : *il avait beaucoup d'accès auprès du prince, mais depuis quelque temps il est cassé aux gages*. — Se disait de même, autrefois, du payement que le roi ordonnait par an aux

officiers de sa maison, aux officiers de justice et de finance, etc. : *le grand chambellan avait tant de gages*. — Législ. « Le gage est un contrat par lequel un débiteur remet à son créancier une chose mobilière, à titre de nantissement, c'est-à-dire en garantie de la dette. Ce contrat confère au créancier un privilège sur le prix de la chose; mais si la créance excède 150 fr., il faut qu'il y ait un acte enregistré qui constate le nantissement, que cet acte indique la somme due et la nature des objets, titres ou créances remis en gage, et en outre que le gage soit resté entre les mains du créancier ou d'un tiers convenu entre les parties. Le débiteur conserve la propriété du gage et le créancier ne peut en disposer; toute stipulation contraire est nulle. Si le créancier n'est pas payé à l'échéance de la dette, il peut faire ordonner par justice que le gage lui restera en paiement, sur une estimation faite par experts, ou que l'objet sera vendu aux enchères (C. civ. 2071 à 2084). En matière commerciale, le contrat de gage peut être constaté par la correspondance, les livres de commerce, etc.; et les effets de commerce donnés en gage peuvent être recouvrés par le créancier gagiste (C. comm. 91 et s.). Les magasins généraux qui reçoivent des marchandises en dépôt peuvent délivrer, sous le nom de *warrants*, des bulletins de gage transmissibles par endossement, et suivant les formes prescrites par la loi du 28 mai 1858. Les maisons de prêts sur gages ou *monts de piété* sont soumises à des règlements particuliers. (V. L., 24 juin 1851, etc.). On nomme *gages* les salaires des domestiques. Le paiement des gages est garanti par un droit de préférence qui est classé au quatrième rang des privilèges généraux sur les meubles (C. civ. 2101); mais l'action en recouvrement se prescrit par un an pour les domestiques qui se louent à l'année (id. 2272). Voy. DOMESTIQUE. »   (CH. Y.)

GAGE-MORT s. m. Voy. MORT-GAGE.

GAGER v. a. Parier; convenir avec quelqu'un, sur une contestation, que celui des deux qui aura tort, ou qui sera condamné, payera à l'autre une somme ou quelque autre chose : *je gagerais cent francs que cela n'est pas*. — Elliptiq. et fam. GAGE QUE SI, GAGE QUE NON, je gage que si, je gage que non.—Donner des gages, des appointements à quelqu'un : *c'est un homme que j'ai gagé pour cela*. — Fam. IL SEMBLE QU'IL SOIT GAGÉ POUR FAIRE TELLE CHOSE, il semble qu'il soit payé pour cela.

GAGERIE s. f. Prat. On appelle SAISIE-GAGERIE, une simple saisie de meubles sans transport, qui se fait sans condamnation, sans permission du juge, et même sans obligation par écrit, à l'effet que la chose ainsi arrêtée devienne le gage du créancier : *la saisie-gagerie a lieu surtout pour les loyers*.

GAGEUR, EUSE s. Celui, celle qui gage, ou qui est dans l'habitude de gager souvent : *un grand gageur*.

GAGEURE s. f. [ga-ju-re]. Promesse que les personnes qui gagent se font réciproquement de payer ce dont elles conviennent en gageant : *faire une gageure*. — SOUTENIR LA GAGEURE, persister, persévérer dans une entreprise, dans une opinion où l'on s'est une fois engagé. : *cet homme a commencé à faire une grande dépense, il aura de la peine à soutenir la gageure*. — GAGER SA TÊTE A COUPER, C'EST LA GAGEURE D'UN FOU. — CELA RESSEMBLE A UNE GAGEURE, se dit d'une action singulière, étrange, et dont on ne conçoit pas le motif. — Quelquef. Chose gagée : *voilà la gageure que je vous dois*.

GAGISTE s. m. Celui qui est gagé de quelqu'un pour rendre certains services, sans être domestique : *gagiste de théâtre*.

GAGNABLE adj. Qu'on peut gagner : *la partie est gagnable*.

GAGNAGE s. m. Pâtis, pâturage, lieu où vont paître les troupeaux et les bêtes fauves : *il y a de beaux gagnages dans ce pays*. — Se dit des animaux sauvages et particul. des faisans qui ont l'habitude, le matin et le soir, d'aller chasser dans les champs voisins : *les faisans vont au gagnage*.

GAGNANT s. m. Celui qui gagne au jeu, à la loterie : *il est du nombre des gagnants*. — Adj. : *billet, numéro gagnant*.

GAGNE (Paulin), toqué célèbre et avocat, né à Montoiron (Drôme) en 1808, mort en 1876. Il fit ses études à Valence, son droit à Grenoble et à Paris et se fit inscrire au barreau de Montélimar, puis à celui de Paris. Il ne plaida qu'une fois et abandonna la toge pour se livrer à la poésie. Il ne doit sa célébrité qu'à son originalité. Après avoir publié quelques ouvrages excentriques : le *Monopanglotte* (1843), l'*Unitéide* ou la *Femme-Messie*, le *Calvaire des Rois* (1863), il s'occupa de journalisme et fonda le *Théâtre du monde*, le *Journalophage*, etc. Il n'omettait jamais, au commencement de ses ouvrages, de récapituler ses titres de : poète, avocat des fous, candidat universel, surnaturel et perpétuel à l'Académie. Après avoir divagué dans le champ des lettres, Gagne se tourna vers la politique. Il se mit à pérorer dans les clubs et proposa, pendant l'invasion allemande, de manger tous les hommes au-dessus de 60 ans pour sauver Paris de la famine. Voulant (1874) concilier les partis, il proposa l'appel au peuple, y compris les femmes, la proclamation du comte de Chambord en entente avec le comte de Paris, et la nomination de Napoléon III comme archi-monarque des peuples unis en un seul peuple. Il voulait des *républicains-impériaux-royaux*. En 1873, il se mit sur les rangs comme *candidat évacuateur* au Corps législatif. De ses nombreuses élucubrations comico-politiques, la plus excentrique est la dernière : l'*Archi-monarquéide* ou *Gagne I*er, archimonarque de la France et du monde par la grâce de Dieu et la volonté nationale, poème-tragédie-comédie-drame-opéra épique en cinq actes et douze chants, avec chœurs, joué sur tous les théâtres du monde, précédé d'une préface et d'un prologue et suivi d'un épilogue* (1875, in-12). Il avait épousé, en 1853, Mlle Elise Moreau, jeune femme auteur qui, avant son mariage, avait déjà fait preuve d'un certain talent littéraire.

GAGNÉ, ÉE part. passé de GAGNER. — DONNER GAGNÉ, se dit d'une personne qui reconnaît que son adversaire l'emporte, qu'il a gagné : *je vous donne gagné*. On dit aussi, *Donner cause gagnée* et, dans un sens analogue, *Avoir cause gagnée*. — AVOIR VILLE GAGNÉE, avoir remporté l'avantage qu'on se promettait. CRIER VILLE GAGNÉE, crier qu'on a remporté le prix, l'avantage.

GAGNE-DENIER s. m. On appelle ainsi ceux qui gagnent leur vie par le travail de leur corps, sans savoir de métier : *dans les actes publics, on comprenait autrefois, sous le nom de gagne-deniers, les porte-faix, les porteurs d'eau*, etc.

GAGNE-PAIN s. m. Ce qui fait subsister quelqu'un, ce dont il se sert principalement pour gagner sa vie, son pain : *le rabot d'un menuisier est son gagne-pain*. — Plur. : *des gagne-pain*.

GAGNE-PETIT s. m. Rémouleur, celui dont le métier est d'aller par les rues pour aiguiser des couteaux, des ciseaux, etc : *c'es. un gagne-petit, des gagne-petit*.

GAGNER v. a [gn mll] (anc. all. *winner*, *wannen*, vaincre, remporter l'avantage). Faire un gain, tirer un profit : *un bon ouvrier peut gagner tant par jour*. Absol. : *il a beaucoup gagné dans le commerce*. — GAGNER SA VIE A FLER, A CHANTER, etc., gagner de quoi vivre en filant, en chantant, etc. — Absol. GAGNER SA VIE, gagner de quoi vivre en travaillant : *il gagne bien sa vie.* On dit dans le même sens, *Gagner son pain à la sueur de son front.* — N'EST PAS MARCHAND QUI TOUJOURS GAGNE, on doit s'attendre à des contrariétés, à des vicissitudes dans les affaires de la vie. — Se dit aussi en parlant du gain que l'on fait au jeu ou aux loteries : *il a gagné deux cents francs à l'écarté.* — GAGNER QUELQU'UN, lui gagner son argent au jeu : *cet homme-là me gagne toujours.* — JOUER A QUI PERD GAGNE, jouer à un jeu où l'on convient que celui qui perdra, selon les règles ordinaires, gagnera la partie. Cela se dit, fig. et fam., lorsqu'un désavantage apparent procure un avantage réel. — Jeu de paume. AU DERNIER LA BALLE LA GAGNE, pour gagner la chasse, il faut mettre la balle au dernier, ou plus près du fond du jeu. — A certains jeux. TELLE CARTE GAGNE, signifie que celui qui a cette carte gagne ce qu'on y a mis — Loterie TEL BILLET, TEL NUMÉRO GAGNE, il est échu un lot à tel billet, à tel numéro. — Obtenir, remporter quelque chose que l'on désire : *il a gagné le prix de la course, de la lutte.* — Se dit particul. de l'avantage que l'on remporte dans une lutte ou un débat quelconque ; et alors le régime indique l'espèce de lutte ou de débat : *gagner une bataille, la bataille.* — Par ext. GAGNER SON PROCÈS, avoir gain de cause, même quand il ne s'agit pas d'une affaire portée devant les juges. — Se joint quelquefois avec la préposition Sur, pour marquer sur qui l'on remporte l'avantage : *il a gagné le prix sur un tel.* — GAGNER QUELQUE CHOSE SUR QUELQU'UN, SUR L'ESPRIT DE QUELQU'UN, lui persuader quelque chose, en obtenir quelque chose : *je n'ai jamais pu gagner cela sur lui.* On dit de même, *Tâchez de gagner cela sur vous, faites cet effort sur vous, faites-vous violence en cela, obtenez cela de vous.* — GAGNER TEMPS, GAGNER DU TEMPS, ménager le temps, employer le temps pour avancer ou pour différer : *écrivez par ce courrier pour gagner temps.* — Fig. Mériter : *il l'a bien gagné.* — Iron. IL L'A BIEN GAGNÉ, se dit de quelqu'un qui s'est exposé volontairement à un affront, à une déconvenue, etc. : *il n'a pas à se plaindre, il l'a bien gagné.* — GAGNER LE CIEL, GAGNER LE PARADIS, mériter d'aller dans le ciel, d'aller en paradis. — GAGNER LE JUBILÉ, LES INDULGENCES, mériter les grâces qui y sont attachées. — GAGNER LES ŒUVRES DE MISÉRICORDE, faire des œuvres de charité, gagner les récompenses que Dieu a promises : *servir les malades, visiter les prisonniers, c'est gagner les œuvres de miséricorde.* — Fig. Acquérir, en parlant des cœurs, des esprits, etc. : *gagner le cœur de quelqu'un.*

On gagne les esprits par beaucoup de douceur.
MOLIÈRE.

— Attirer quelqu'un à son parti, se le rendre favorable : *il faut gagner cet homme-là, à quelque prix que ce soit.* — Se prend souvent en mauvaise part, dans le sens de corrompre : *il avait gagné le geôlier.* — SE LAISSER GAGNER, céder à des promesses, à de l'argent. — Se dit aussi en parlant des avantages, des qualités qu'une personne ou qu'une chose acquiert : *ce jeune homme gagne en modestie ce qu'il perd en vivacité.* Absol.: *ce jeune homme a beaucoup gagné depuis que je ne l'ai vu.* — IL GAGNE BEAUCOUP A ÊTRE CONNU, plus on le connaît, plus on l'estime. On dit dans le sens contraire : *il ne gagne pas à être connu.* — Prendre quelque mal, tomber dans un inconvénient : *je dois bien me souvenir de ce voyage-là, j'y ai gagné un bon rhume.* — S'emparer, se rendre maître : *gagner la contrescarpe.* — Fam. GAGNER CHEMIN, GAGNER PAYS, avancer, faire du chemin : *il est tard, gagnons chemin.* On dit aussi, GAGNER DU CHEMIN, GAGNER DU PAYS. — Mar. GAGNER LE VENT, LE DESSUS DU VENT, prendre le dessus du vent. — GAGNER LE DESSUS, prendre l'avantage, avoir

l'avantage, surmonter. — Se diriger vers quelque endroit, et y arriver, y parvenir : *gagner le rivage, la haute mer.* — GAGNER AU PIED ; GAGNER LA GUÉRITE, LE HAUT ; GAGNER LES CHAMPS, LE TAILLIS ; GAGNER LE LARGE, s'enfuir. — GAGNER LA PORTE, se diriger vers la porte pour s'enfuir. — GAGNER LE DEVANT, GAGNER LES DEVANTS, partir avant quelqu'un, le dépasser en allant plus vite. — GAGNER QUELQU'UN DE VITESSE, arriver avant lui, parce qu'on est allé plus vite. — GAGNER L'ENNEMI, GAGNER UN VAISSEAU, etc., le joindre, l'atteindre, ou même le dépasser. On dit, en des sens analogues : *la nuit nous gagne ; hâtons-nous, le temps nous gagne.* — GAGNER QUELQU'UN DE VITESSE, le prévenir : *je voulais avoir cette place, mais il m'a gagné de vitesse.* — Se dit encore, tant activ. que neut., des choses qui font du progrès, qui s'étendent, se propagent : *le feu gagnait déjà la maison voisine.* — Se dit quelquefois des besoins, des maux qui se font sentir par degrés : *la faim me gagne.* — GAGNER L'ÉPAULE D'UN CHEVAL, sur riger par le secours de l'art quelque défaut dans cette partie. GAGNER LA VOLONTÉ D'UN CHEVAL, triompher, par la patience et par la douceur, de la résistance de l'animal. VOTRE CHEVAL VOUS GAGNE, vous n'en êtes plus le maître. — Typogr. Obtenir un nombre de lignes ou de pages moindre que la copie ou les évaluations le faisaient prévoir.

• GAGNEUR s. m. Celui qui gagne. N'est guère employé que dans cette expression : *un gagneur de batailles.* — ⁓ Au fém. GAGNEUSE.

GAGUI s. f. [ga-ghi]. Fille ou femme qui a beaucoup d'embonpoint et qui est fort enjouée : *c'est une grosse gagui.* (Pop.)

GAGUIN (Robert), chroniqueur et diplomate, né à Calonne-sur-la-Lys (Artois), vers 1425, mort en 1502. Il entra dans l'ordre des Trinitaires dont il devint ministre général en 1473, fut envoyé comme ambassadeur en Allemagne par Louis XI, à Florence et en Angleterre par Charles VIII. On a de lui : une traduction des *Commentaires* de César ; *Annales rerum Gallicarum* (1386) ; *Chroniques et histoires faites par Turpin* (1527), etc.

GAHNITE s. f. [ga-ni-te] (de *Gahn*, nom d'un minéralogiste suédois). Minér. Aluminate de zinc naturel, que l'on trouve dans plusieurs mines de Suède et des États-Unis.

GAHR-EL-MILAH, ville tunisienne autrefois très importante, qui se trouve sur la lagune de Port-Forina.

• GAI, GAIE adj. (anc. haut all. *gâhi*, prompt). Qui a de la gaieté : *un homme gai.* — Se dit aussi de ce qui inspire la gaieté : *un air gai.* — LA GAIE SCIENCE, nom que l'on donnait autrefois à la poésie des troubadours. — CHAMBRE GAIE, APPARTEMENT GAI, chambre, appartement qui reçoit bien le jour et qui est en bel aspect. — TEMPS GAI, temps serein et frais. — VERT GAI, vert qui n'est pas foncé. — AVOIR LE VIN GAI, être ordinairement de belle humeur quand on a un peu bu : *cet homme a le vin très gai.* — ÊTRE UN PEU GAI, être en pointe de vin. — PROPOS, CONTE GAI, se dit quelquefois de propos, de contes un peu libres. — Blas. CHEVAL GAI, cheval qui n'a ni selle ni bride. — Mus. Se dit du mouvement d'un air, et répond au mot italien *Allegro.* — S'emploie aussi, adverb., pour exciter à la gaieté, au plaisir ; et alors on peut le répéter, surtout dans les refrains de chansons : *Allons gai.*

Et gai, gai, gai, gai, gai,
Et don, don, don, don, don,
Le mariage est gai,
Le mariage est bon.

— ⁓ Jargon. Légèrement mis en gaieté par la boisson : *au sortir du souper, ils étaient tous gais.*

• GAÏAC ou ⁓ Gayac s. m. [ga-iak] (caraïbe, *guaiacan*). Bot. Genre de zygophyllées, comprenant plusieurs espèces d'arbres d'Amérique, dont le bois est dur, pesant et résineux : *le bois de gaïac est un bon sudorifique.* — Bois du gaïac officinal : *le gaïac est employé en médecine.* — Résine du gaïac officinal.

Gaïac officinal (Guaiacum officinale).

— ENCYCL. L'espèce principale du genre gaïac est le *gaïac officinal* (*gaiacum officinale*), qui croît dans les Antilles et dans l'Amérique centrale et dont le tronc atteint quelquefois un mètre de circonférence. Son bois, connu sous le nom de *lignum vitæ*, est remarquable par sa pesanteur et sa dureté. On l'emploie pour la fabrication des poulies et des objets qui demandent de la force et de la solidité. Il renferme environ 26 p. cent de résine, que l'on obtient par exsudation spontanée au moyen d'incisions que l'on fait à l'arbre ; on l'obtient aussi en chauffant des quartiers de bois qui laissent couler le liquide par des trous percés avec une tarière dans la direction du grain du bois ; on peut encore faire bouillir le bois dans de l'eau salée. — Méd. Le gaïac est un sudorifique stimulant préconisé dans la goutte, dans le rhumatisme chronique et dans certaines affections de la peau. De 30 à 120 gr. de bois que l'on fait bouillir dans un litre d'eau, jusqu'à réduction de moitié.

GAÏACÈNE s. m. Chim. Substance huileuse obtenue par la distillation sèche de la racine de gaïac.

GAÏACINE s. f. Principe actif de la racine de gaïac.

GAÏACIQUE adj. Chim. Se dit d'un acide extrait du gaïac.

• GAIEMENT ou Gaiment adv. Avec gaieté, joyeusement : *vivre gaiement.* — Signifie aussi, de bon cœur : *faire gaiement quelque chose.* — Fam. ALLER GAIEMENT, aller bon train. — Pop. *Allons-y gaiement.*

• GAIETÉ ou Gaité s. f. Joie, allégresse, belle humeur : *avoir de la gaieté.* — AVOIR DE LA GAIETÉ DANS SON STYLE, écrire d'une manière agréable et enjouée. — Fam. DE GAIETÉ DE CŒUR, de propos délibéré et sans sujet : *il l'a offensé de gaieté de cœur.* — Se dit aussi des paroles ou des actions folâtres que font ou que font les jeunes personnes : *ce sont de petites gaietés.* — Manège. *Ce cheval a de la gaieté,* il a de la vivacité.

GAIETÉ (Théâtre de la), théâtre fondé par Nicolet en 1760 sur le boulevard du Temple. Vers 1800, on commença à y jouer des mélodrames ; c'est là que fut créé en 1806 la grotesque féerie du *Pied-de-Mouton.* En 1835, ce théâtre brûla et fut reconstruit neuf mois plus tard. Exproprié en 1862, le directeur transporta la salle place des Arts-et-Métiers. On y représente des drames, des mélodrames, des féeries, des vaudevilles, des opéras comiques.

GAIKWAR [gaïk-ouar]. Voy. Guicowar.

GAIL [gaï; *l* mll.], I. (Jean-Baptiste), helléniste français, né à Paris en 1755, mort en 1829. Il fut professeur de littérature grecque au collège de France, traduisit et publia des classiques et des grammaires grecques ; le *Philologue* (22 vol., 1814-'28), la *Géographie* d'Hérodote. etc. — II. (Edme-Sophie GARRE), sa femme, compositeur de musique, née à Melun en 1776, morte en 1819. Elle se sépara de son mari peu après son mariage (1794), donna des concerts en France et en Espagne et composa des ballades et des opéras comiques dont les plus populaires sont : *Les Deux Jaloux* et *La Sérénade*.

GAILLAC, *Galliacum*, ch.-l. d'arr., à 21 kil. O. d'Albi (Tarn), sur la rive droite du Tarn ; par 43° 54' lat. N. et 0° 26' 24" long. O. ; 8,120 hab. Beau pont de fil de fer. Ville formée autour d'une abbaye de bénédictins fondée en 960 par Raymond, comte de Toulouse. Patrie de Portal. Vins blancs et rouges ; ceux-ci peuvent faire de longs voyages sur mer. Toiles dites *tiels*.

* GAILLARD, ARDE adj. [*ll* mll.] (lat. *Gallus*, Gaulois). Gai, joyeux avec démonstration : *il est toujours gaillard.* — Se dit quelquefois des discours, des propos un peu libres : *chanson gaillarde.* — Sain et délibéré : *un jeune homme gaillard et dispos.* — Evaporé : *il est un peu gaillard.* — Se dit aussi d'un homme qui est entre deux vins : *il sortit de ce festin, bien gaillard.* — Se dit encore des choses hardies, périlleuses, nouvelles, extraordinaires : *il attaqua lui seul trois hommes l'épée à la main, cela est gaillard.* — VENT GAILLARD, AIR GAILLARD, le vent, l'air lorsqu'il est un peu froid : *nous fîmes route par un vent frais et gaillard.* — Substantiv., en parlant des personnes : *c'est un gaillard.* — Fém. Ne se dit guère que d'une femme peu scrupuleuse, trop libre.

* GAILLARD s. m. Mar. Se disait anciennement de deux planchers qui recouvraient, à une hauteur de cinq à six pieds, les parties extrêmes du pont supérieur d'un bâtiment. — Se dit aujourd'hui des parties extrêmes du pont supérieur. LE GAILLARD D'AVANT, la partie qui est en avant du mât de misaine et de plus une portion en arrière du même mât. GAILLARD D'ARRIÈRE, toute la partie du mât située en arrière du mât d'artimon : *les gaillards sont parfois élevés au-dessus du pont.*

GAILLARD (Antoine), sieur DE LA PORTE-NEILLE, poète français du XVIIᵉ siècle, auteur d'*Œuvres mêlées* (Paris, 1834, in-8°), pleines de verve railleuse.

GAILLARD [*ll* mll]. (Gabriel-Henri), historien, né à Ostel (près de Soissons), en 1726, mort en 1806. Il resta toute sa vie l'ami intime de Malesherbes. Ses ouvrages comprennent les histoires de François Iᵉʳ (8 vol.), de Charlemagne (4 vol.), de la rivalité entre la France et l'Angleterre (11 vol.) et entre la France et l'Espagne (8 vol.), un *Dictionnaire historique* et des *Mélanges littéraires.*

* GAILLARDE s. f. Espèce de danse qui n'est plus en usage depuis longtemps : *danser une gaillarde.* — Se dit aussi des airs sur lesquels on dansait la gaillarde : *jouer une gaillarde.*

* GAILLARDE s. f. Typogr. Caractère qui a une forme de corps d'environ 8 points et qui est entre le petit romain et le petit texte.

* GAILLARDEMENT adv. Joyeusement, gaiement : *vivre gaillardement.* — Légèrement, hardiment, témérairement : *il a fait cela gaillardement, un peu gaillardement.*

* GAILLARDISE s. f. Gaieté. Il n'est guère usité que dans ces phrases familières : *il a fait cela par gaillardise, par pure gaillardise.* — Se dit aussi des discours, des propos un peu libres : *dire des gaillardises.* (Fam.).

* GAILLET s. m. [*ll* mll.] (altér du lat. *galium*). Bot. Voy. CAILLE-LAIT.

GAILLETTE s. f. Voy. GAYETTE.

GAILLON [ga-ion; *ll* mll.] Cartilio, ch.-l. de cant., arr. et à 15 kil. E.-S.-E. de Louviers (Eure) ; 3,500 hab. Antique forteresse romaine, reconstruite au moyen âge, souvent assiégée, démantelée en 1424 et rétablie en 1515 par le cardinal d'Amboise. Le château construit par ce cardinal est l'un des chefs-d'œuvre de la Renaissance à son début ; il servit de maison de plaisance aux archevêques de Rouen, fut déclaré propriété nationale lors de la Révolution, et devint prison centrale pour 1,200 détenus en 1812. On a établi, en 1880, une colonie pénitentiaire au domaine des Douaires.

GAIMAR (Geffroi), trouvère anglo-normand qui vivait au commencement du XIIᵉ siècle. Son *Hist. des rois Saxons*, écrite en vers français, est pleine de renseignements précieux et va jusqu'au règne de Guillaume le Roux.

* GAIMENT adv. Voy. GAIEMENT.

* GAIN s. m. Profit, bénéfice, lucre : *gain considérable, médiocre, illicite.* — SE RETIRER SUR SON GAIN, quitter le jeu lorsqu'on a gagné. — Heureux succès, victoire, avantage que l'on a dans une entreprise, dans la poursuite d'une affaire : *le gain de la bataille.* Au jeu : *le gain d'une partie.* — GAIN DE CAUSE, avantage que l'on obtient dans un procès, et par ext. dans un débat quelconque : *il a eu, on lui a donné, il a obtenu gain de cause.* — Jurispr. GAINS NUPTIAUX, ou mieux, GAINS DE SURVIE, avantages qui se font entre époux en faveur du survivant.

* GAINE s. f. (lat. *vagina*, étui). Etui de couteau, ou de quelque autre instrument servant à couper, à percer, etc. : *tirer un couteau de la gaine, hors de la gaine.* — Archit. Espèce de support à hauteur d'appui, plus large du haut que du bas, sur lequel on pose des bustes : *placer une suite de bustes sur des gaines.* Quand la gaine et le buste sont d'une seule pièce, on leur donne le nom de TERME. — Bot. Espèce de tuyau que la base de certaines feuilles forme autour de la tige ; tube que les étamines ou anthères de certaines plantes forment autour du pistil, et en se soudant les unes aux autres. — Anat. Parties qui servent d'enveloppe à d'autres.

GAINERIE s. f. Se dit de toutes sortes d'ouvrages de chagrin, de cuir, etc., tels que : étuis, gaines, boîtes, etc.

* GAINIER s. m. Ouvrier qui fait des gaines, des étuis.

* GAINIER s. m. Bot. Genre de césalpiniées, dont une espèce, le *gainier commun* (*cercis siliquastrum*), est un arbre de 6 à 7 m., origi-

Gainier du Canada (Cercis Canadensis).

naire de l'Europe méridionale. Il doit son nom à la ressemblance que sa gousse offre avec une gaine. On le nomme aussi *arbre de*

Judée ou *arbre d'amour.* On le cultive dans les jardins à cause de l'éclat de ses fleurs rouges et parfumées qui s'épanouissent au printemps et sont remplacées au bout de 3 semaines par de grandes et belles feuilles glabres, arrondies et échancrées en cœur à leur base. Le bois du gainier est veiné de brun et de jaune ; on l'emploie dans la tabletterie. En Amérique, on trouve le *gainier du Canada* (*cercis Canadensis*), qui porte aussi le nom populaire de *bouton rouge* ; c'est un arbre qui atteint 10 m. Ses fleurs sont rose pâle et s'épanouissent, elles aussi, avant l'apparition des feuilles ; elles forment de petites ombelles en grappes et en telle profusion qu'elles couvrent entièrement l'arbre. Le bois du gainier du Canada est dur et susceptible d'un beau poli.

GAINSBOROUGH, ville du Lincolnshire (Angleterre), sur la Trent, à 25 kil. N.-N.-O. de Lincoln ; 7,570 hab. Elle partage avec Hull le commerce de la Baltique ; la rivière la Trent y est navigable pour les vaisseaux de 200 tonneaux ; le nombre des navires à l'entrée et à la sortie y est annuellement d'environ 500. Fabriques d'huile de lin ; construction de navires.

GAIRDNER (Guillaume), médecin anglais, né en 1793, mort en 1867. Il a publié un traité sur l'emploi médical de l'iode, sur la *goutte* (son histoire, ses causes et sa guérison ; 1849), œuvre modèle.

* GAITÉ s. f. Voy. GAIETÉ.

GAIUS ou Caius, juriste romain du IIᵉ siècle de notre ère. Il composa une quinzaine d'ouvrages dont les *Institutes* sont les plus important. On suppose que ces Institutes furent en premier lieu un manuel populaire de la loi romaine semblable à nos livres élémentaires modernes. Elles ont été incorporées presque entièrement dans les célèbres Institutes préparées par l'ordre de Justinien. L'ouvrage fut longtemps égaré, mais une grande partie en fut retrouvée, en 1816-17, par Niebuhr, dans un palimpseste très effacé de la bibliothèque de la cathédrale de Vérone.

GAL s. m. (lat. *gallus*, coq). Icht. Genre de scombéroïdes vomers, dont l'espèce la mieux observée est le *gal de la mer des Indes* (*zeus gallus*), long de 18 à 20 centim.

* GALA s. m. (ital. *gala*, réjouissance). Terme qui signifie, dans plusieurs cours, fête, réjouissance : *un jour de gala.* — Fam. Repas splendide : *il y a eu gala chez votre père.*

GALAAD, pays montagneux (anc. Palestine), dans la Batanée et la Pérée. On y trouvait les monts de Galaad, et les villes de Jabès-Galaad et de Ramoth-Galaad.

GALACTIE s. f. [ga-la-ktî] (gr. *gala, galaktos*, lait). Bot. Genre de légumineuses phaséolées, comprenant une trentaine d'espèces qui croissent dans les régions tropicales. On en cultive quelques-unes dans nos jardins et dans nos serres.

GALACTIRRHÉE s. f. (gr. *gala, galaktos*, lait ; *rhéô*, je coule). Méd. Ecoulement trop abondant du lait.

GALACTITE s. f. (gr. *gala, galaktos*, lait). Bot. Genre de composées carduacées, voisin des centaurées et comprenant une seule espèce, la *galactite cotonneuse* (*galactites tomentosa*), élégante plante herbacée qui vient abondamment dans les régions méditerranéennes.

GALACTOCÈLE s. f. (gr. *gala, gulaktos*, lait ; *kélé*, tumeur). Chir. Tumeur produite par un épanchement de lait.

GALACTODENDRON s. m. [ga-la-kto-daindron] (gr. *gala, galaktos*, lait ; *dendron*, arbre). Bot. Genre d'artocarpées comprenant des espèces d'arbres dont le suc est analogue au lait. Le *galactodendron utile* (*brosimum galactodendron*), appelé aussi *arbre à vache*, *palo de vaca*, est un grand arbre toujours vert qui atteint 30 m. de haut et qui croît au milieu des rochers les plus arides des Cordillères de Caracas. Sa sève nourrissante, agréable, presque exactement semblable à du lait, coule abondamment des incisions faites à son écorce.

GALACTOGRAPHIE s. f. (gr. *gala, galaktos*, lait ; *graphein*, écrire). Description du lait.

GALACTOLOGIE s. f. (gr. *gala, galaktos*, lait ; *logos*, discours). Traité sur le lait.

* **GALACTOMÈTRE** s. m. (gr. *gala, galaktos*, lait ; *metron*, mesure). Instrument qui sert à apprécier la qualité du lait. — Le galactomètre proprement dit sert à déterminer la gravité spécifique du lait. On peut employer à cet usage l'hydromètre ordinaire ; mais le meilleur instrument est celui que l'on appelle le *galactomètre centésimal*, inventé par M. Dinocourt. C'est un tube de verre qui flotte verticalement dans le liquide et qui est surmonté d'une tige à laquelle sont attachées deux échelles, l'une pour peser le lait écrémé et l'autre pour le lait dont la crème n'a pas été enlevée. Néanmoins, comme la gravité spécifique du lait est un témoignage douteux de sa pureté, l'instrument devrait être employé de concert avec un autre, appelé *lactomètre*, dont l'objet est de déterminer la proportion de la crème.

GALACTOMÉTRIE s. f. Art ou manière de déterminer la richesse du lait.

GALACTOPHAGE adj. et s. (gr. *gala, galaktos*, lait ; *metron*, mesure). Qui se nourrit de lait.

GALACTOPHAGIE s. f. Habitude de se nourrir de lait.

GALACTOPHANIE s. f. (gr. *gala galaktos*, lait ; *phainô*, je me montre). Méd. Métastase laiteuse.

GALACTOPHLÉBITE s. f. [-flé-bi-] (gr. *gala, galaktos*, lait ; *phlebs*, veine). Pathol. Inflammation des veines chez les nouvelles accouchées.

GALACTOPHOBE adj. et s. (gr. *phobos*, crainte). Qui déteste le lait.

GALACTOPHORE adj. (gr. *phoros*, qui porte). Qui conduit le lait : *vaisseau galactophore*. — Qui active la sécrétion du lait : *potion galactophore*. — s. m. Bout de sein artificiel.

GALACTOPHORITE s. f. Inflammation des vaisseaux galactophores.

GALACTOPOIÈSE s. f. (gr. *gala, galaktos*, lait ; *poieô*, je fais). Faculté que possèdent les glandes mammaires de sécréter le lait.

GALACTOPOSIE s. f. [-po-zî] (gr. *posis*, boisson). Méd. Traitement, régime dont le lait forme la base.

GALACTOPOTE adj. et s. Méd. Qui est soumis au régime du lait.

GALACTOPYRE s. f. (gr. *pur*, feu, fièvre). Fièvre de lait.

GALACTORRHÉE s. f. Syn. de GALACTIRRHÉE.

GALACTOSCOPE s. m. (gr. *skopeô*, j'examine). Galactomètre inventé vers 1843, par M. Donné, pour faire connaître le degré d'opacité du lait et indirectement la qualité butyreuse de ce liquide.

GALACTOSE s. f. Méd. Élaboration et sécrétion du lait. — Chim. Sorte de glucose qui se produit quand on fait bouillir le sucre de lait avec des acides minéraux étendus : 2C⁶ O¹¹ H⁴

GALACTURIE s. f. (gr. *oureô*, j'urine). Méd. Émission d'urine contenant de la graisse, ce qui lui donne une apparence laiteuse.

GALAGO s. m. Nom sénégalais du Lémur. Voy. LÉMUR.

GALAM [ga-lamm] ou Kayaga. pays de la Sénégambie, sur les deux rives de la Falémé ; cap. *Galam*, petite ville sur la rive gauche du Sénégal, à 580 kil. E. de Saint-Louis. Ivoire, gomme, poudre d'or ; matière grasse appelée *beurre de Galam*.

* **GALAMMENT** adv. [ga-la-man]. De bonne grâce : *il a fait galamment toutes les choses dont on l'a prié*. — D'une manière galante : *il s'est conduit galamment envers toutes les dames*. — Quelquef. Avec goût, élégamment : *s'habiller galamment*. — Habilement, adroitement, finement : *il s'est tiré galamment d'intrigue*.

GALAN, ch.-l. de cant., arr. et à 36 kil. S.-E. de Tarbes (Hautes-Pyrénées), entre la Baysolle et la Bayse ; 1,300 hab. Vieille église (Mon. hist.).

GALANDAGE s. m. Cloison de briques posées de champ.

* **GALANGA** s. m. (malabar, *kelengu*). Genre de zingibéracées comprenant plusieurs espèces de plantes tuberculeuses qui croissent dans les Indes orientales et dont on a fait quelque usage en médecine. Il y en a deux variétés : le *grand galanga* et le *petit galanga*. — La racine de galanga est de la grosseur des doigts et présente des nœuds ; elle est colorée de brun en dehors et de rouge en dedans ; son odeur est aromatique ; sa saveur est âcre et piquante. Son action est stimulante et stomachique ; mais la médecine en abandonne l'usage.

* **GALANT, ANTE** adj. (lat. *Gallus*, Gaulois). Qui a de la probité, d'esprit, sociable ; qui a des procédés nobles : *c'est un galant homme, vous pouvez lui confier vos intérêts*. Dans ce sens, on ne le dit jamais des femmes. — VOUS ÊTES UN GALANT HOMME, se dit pour témoigner à un homme la satisfaction qu'on éprouve de ce qu'il a fait : *vous êtes un galant homme d'être venu exprès pour nous voir*. — Se dit aussi d'un homme qui cherche à plaire aux femmes. Dans ce sens, on le met ordinairement après le substantif : *c'est un homme galant, fort galant*. On dit à peu près dans la même acception : *avoir l'esprit galant, l'humeur galante*. — FEMME GALANTE, femme qui est dans l'habitude d'avoir des commerces de galanterie. — INTRIGUE GALANTE, commerce de galanterie. — Se dit de diverses choses, lorsqu'on les considère comme agréables et bien entendues dans leur genre : *un habit galant ; une mascarade galante*. — Substantiv. Amant, amoureux : *il fait toujours le galant auprès des dames*. — Fam. Homme éveillé, et à qui il ne faut pas trop se fier :

> Le galant, pour toute besogne,
> Avait un brouet clair ; il vivait chichement.
>
> La Fontaine.

— Dans ce sens qui vieillit, on a dit au féminin, *Galande* : *la galande fit chère lie*. — C'EST UN VERT GALANT, se dit d'un homme vif, alerte, qui aime beaucoup les femmes, et qui s'empresse de leur plaire.

GALANTEMENT adv. D'une façon galante.

* **GALANTERIE** s. f. Qualité de celui qui est galant ; agrément, politesse dans l'esprit et dans les manières : *cet homme a de la galanterie dans l'esprit*. Dans ce sens, il vieillit. — Se dit plus ordinairement des respects, des soins, des empressements pour les femmes, qu'inspire l'envie de leur plaire : *il fait profession de galanterie*. — Propos flatteurs qu'on tient à une femme : *dire des galanteries*. — Commerce amoureux et illicite : *cette femme a une galanterie avec un tel*. — Petits présents qu'on se fait dans la société : *il fait tous les jours des galanteries à ses amis*. — Ironiq. LA GALANTERIE EST UN PEU FORTE, se dit d'une action peu honnête, mais que l'on est disposé à pardonner.

* **GALANTIN** s. m. Homme ridiculement galant auprès des femmes : *il fait le galant et n'est qu'un galantin*.

* **GALANTINE** s. f. Charcut. Sorte de mets fait avec de la chair de dindon désossée et lardée, ou avec de la chair de veau qu'on assaisonne de fines herbes et d'autres ingrédients et que l'on recouvre d'une couche de gelée : *manger de la galantine*.

* **GALANTISER** v. a. Être ridiculement galant auprès des femmes : *galantiser des dames*. (Vieux et fam.). — ◡◡ Se galantiser v. pr. Être amoureux des agréments de sa propre personne.

GALAOR, ancien héros des romans de chevalerie, considéré comme le type accompli du paladin courtois et galant.

GALAPAGOS (esp. *terres des tortues*), groupe d'îles de l'océan Pacifique, sous l'Équateur, à environ 900 kil. de la côte de la république de l'Équateur, à laquelle il appartient. Ce groupe était autrefois un rendez-vous de boucaniers ; les îles séparées ont reçu des noms anglais. Il se compose de six îles principales, de neuf petites îles et de beaucoup d'îlots dont quelques uns sont de simples rochers. La plus grande île, *Albemale*, mesure environ 90 kil. de long et 25 kil. de large ; c'est aussi la plus élevée ; elle atteint une hauteur de 1,600 m. Celle qui vient ensuite comme grandeur est l'île *Indéfatigable*, après laquelle on cite *Narborough, James, Chatham* et *Charles*. Toutes ces îles sont volcaniques, mais les volcans sont presque entièrement éteints. Les parties les plus basses des îles sont arides et manquent d'eau, mais les sommets des montagnes reçoivent des nuages une humidité suffisante pour entretenir une abondante végétation et pour les rendre propres à la culture. Jusqu'en 1832, les Galapagos n'eurent pas d'habitants permanents ; quelques exilés y furent amenés de la république de l'Equateur. L'établissement le plus important se trouve dans l'île Charles. La faune et la flore des Galapagos présentent un intérêt particulier. Les phoques et les oiseaux y sont abondants, ces derniers se font remarquer par leur familiarité. Les tortues de terre (*testudo nigra*), qui ont donné leur nom à ce groupe, pèsent quelquefois plusieurs centaines de kilog., elles ont beaucoup diminué de nombre. Les tortues de mer sont encore très nombreuses.

GALAPIAT s. m. Pop. Vaurien.

GALASHIELS [gal-a-chilz'], bourg du Selkirkshire et du Roxburghshire (Ecosse), sur la Gala, à 45 kil. S.-E. d'Edimbourg ; 6,440 hab.; il est d'une haute antiquité.

GALATA, faubourg de Constantinople. Voy. CONSTANTINOPLE.

GALATE s. et adj. De Galatie ; qui appartient à ce pays ou à ses habitants. — ÉPITRE AUX GALATES, lettre adressée par l'apôtre saint Paul aux églises de Galatie, et l'un des livres canoniques du Nouveau Testament. La partie doctrinale justifie la mission apostolique de saint Paul, avance la doctrine du salut par la grâce et explique le rapport de l'Eglise chrétienne avec l'Eglise juive. D'après la plupart des écrivains, cette épître date d'Ephèse, vers l'an 56.

GALATÉE I. Belle néréide aimée par le cyclope Polyphème et qui lui préféra le berger Acis. (Voy. ce dernier mot.) Cet épisode mythologique a été retracé par Ovide dans ses *Métamorphoses* (liv. XIII). — II. Nom de la statue dont le sculpteur Pygmalion devint épris et qui fut animée par Vénus. — III. Opéra comique en 2 actes, représenté à l'Opéra-Comique, le 14 nov. 1852 ; paroles de Jules Barbier et Michel Carré ; musique de Victor Massé. La statue de Galatée, chef-d'œuvre de l'artiste Pygmalion, inspire une ardeur insensée à cet artiste, qui supplie Vénus d'animer son idole. Galatée, devenue *femme, préfère à son amant l'imbécile* Ganymède et le vieux Midas lui-même. Cette pièce dut son immense succès à quelques charmants couplets, tels que la chanson bachique :

> Ah ! verse encore !
> Vidons l'amphore!

et celle de la paresse :

> Ah ! qu'il est doux
> De ne rien faire.
> Quand tout s'agite autour de nous.

GALATIE (*Galatia, Gallo-Græcia*), ancienne province de l'Asie Mineure, à l'E. de la Phrygie dont elle fit d'abord partie. Elle était traversée du N. au S. par la rivière Halys; elle fut appelée Gallo-Grèce ou Galatie parce que les Gaulois s'en emparèrent et s'y établirent dans la dernière partie du IIIe siècle av. J.-C. Les habitants conservèrent le langage gallique jusqu'au IVe siècle ap. J.-C. Elle fut gouvernée par des tétrarques, dont l'un, Daiotarus, fut nommé roi par les Romains à cause des services qu'il leur rendit contre Mithridate; il reçut aussi le Pont et l'Arménie Mineure. A la mort de son successeur Amyntas, le pays fut annexé à l'empire romain, 25 ans av. J.-C. Saint Paul y prêcha le premier et y organisa des églises.

GALATZ ou **Galacz** [gâilâtss ; — làtch] (*Axiopolis*), ville de la Roumanie (Moldavie), sur le Danube, entre les embouchures de la Sereth et du Pruth, à 180 kil. S.-E. de Jassy; près de 80,000 hab. (augmentation de 8,000 en 1835), comprenant des Grecs, des Juifs, des Arméniens et presque toutes les nationalités européennes. La partie ancienne de la ville est formée de rues malpropres et étroites,

Galatz.

mais la partie neuve renferme des maisons construites en pierre. Le quai sert de rue principale; il s'y trouve de vastes magasins, des greniers et des docks. En vertu du traité de Paris de 1856, Galatz est un port franc, il est un des entrepôts les plus importants du Danube. Les principaux articles d'exportation sont les céréales et les bois de construction.

GALAXIE s. f. [ga-la-ksî] (gr. *gala*, lait). Astr. Nom de la voie lactée, bande irrégulière de lumière visible dans les cieux par une nuit claire. Sa course à travers les cieux forme presque un grand cercle incliné à un angle de 63° sur l'équateur, coupant ce cercle sur deux points, dont les ascensions droites sont respectivement 0 h. 47 m. et 12 h. 47 m. Cependant la couche la plus condensée ne forme pas exactement un plan; elle gît dans deux plans différents, inclinés à un angle d'environ 10°; le grand cercle qu'elle forme fut appelé par sir John Herschel, le cercle galactique. Sur plusieurs points, elle jette des embranchements, tels que Persée et Argo, en face duquel elle s'ouvre en une large expansion en forme d'éventail, d'environ 20° de large. A Υ du Sagittaire, il y a une masse ovale de 4° sur 6° contenant plus de 100,000 étoiles. On remarque souvent dans la voie lactée des espaces entièrement dépourvus d'étoiles et parfaitement noirs; le plus remarquable, dans la Croix du sud, est appelé par les navigateurs *Sac à charbon*. Les anciens avaient différentes opinions au sujet de la voie lactée : Aristote la considérait comme étant de la même substance que les comètes; Démocrite seul émit la juste opinion que la voie lactée se compose d'une multitude d'étoiles. Ce n'est que par suite de l'invention du télescope que sa nature réelle put être démontrée. Galilée avec son petit télescope y découvrit plusieurs étoiles, mais les Herschel eurent les premiers une idée bien exacte de sa constitution. Struve développa la pensée que la distribution des étoiles dans le plan médian de la voie lactée est sans limite; mais Herschel le Jeune, raisonnant d'après l'existence du fond noir sur lequel la voie lactée est projetée, contredit cette hypothèse. Sir W. Herschel conclut que la galaxie est composée de couches d'étoiles dont l'épaisseur est peu considérable en comparaison de sa longueur et de sa largeur, et que le soleil est placé à peu de distance de la couche médiane, un peu plus près de sa face septentrionale que de sa face méridionale. Des recherches récentes ont amené à la conclusion que la structure de la galaxie n'était pas aussi simple que les théories d'Herschel ou de Struve l'avaient fait croire, mais que c'est une spirale infiniment compliquée, avec des branches s'étendant hors de la portée des plus puissants télescopes.

GALBA (Servius Sulpicius), empereur romain, né 3 ans av. J.-C. mort en 69 de notre ère. Il fut préteur en l'an 20 et consul en l'an 33, fut chargé de l'administration de l'Afrique et de celle de l'Hispania Tarraconensis en 61. Quand Néron complota de le faire assassiner en 68, il marcha sur Rome. après la mort de Néron, reçut la dignité impériale et fut assassiné au bout de sept mois de règne.

GALBANUM s. m. [gal-ba-nomm] (mot lat.). Espèce de gomme tirée d'une plante du même nom. — Fig. DONNER DU GALBANUM, VENDRE DU GALBANUM, donner à quelqu'un de fausses espérances, l'amuser de vaines promesses : *c'est un donneur de galbanum.* — Encycl. Le galbanum est une gomme résine qui vient de l'Inde et du Levant. La plante qui la produit est probablement une espèce de férule. On emploie rarement le galbanum en médecine comme remède interne, quoiqu'il ait des propriétés stimulantes, expectorantes et antispasmodiques; on le recommande quelquefois dans les catarrhes, les rhumatismes chroniques, etc.

GALBE s. m. (anc. all. *garwi*, ornement). Archit. Contour que l'on donne ordinairement au fût d'une colonne, à une feuille d'ornement, à un vase, à un balustre, etc.: *le galbe de la colonne est agréable.* — Par ext. Contour d'une figure: *le galbe d'une figure.* — Jargon. Chic: *cette femme a du galbe, elle porte bien la toilette.*

GALBEUX, EUSE adj. Jargon. Qui a du galbe.

GALE s. m. (lat. *galla*). Maladie cutanée et contagieuse, caractérisée par une éruption de vésicules transparentes à leur sommet, qui se développent principalement au pli des articulations, et qui sont toujours accompagnées de démangeaison : *grosse gale.* — IL N'A PAS LA GALE AUX DENTS, se dit d'un grand mangeur. — Pop. ÊTRE MÉCHANT COMME LA GALE, être fort méchant. — Maladie des végétaux, caractérisée par des rugosités qui s'élèvent sur l'écorce des branches, sur les feuilles et sur les fruits. — Encycl. La gale est causée par la présence du sarcopte, animalcule du genre acarus (voy. SARCOPTE), qui se cache non dans les vésicules, mais dans les galeries ou sillons qu'il creuse sous l'épiderme. La gale est contagieuse, elle se transmet par le contact d'une personne galeuse ou par celui des linges qui lui ont appartenu. Elle est caractérisée: 1° par une éruption *prurigineuse* de petites vésicules plus ou moins multipliées, rondes, souvent confluentes, dures à leur base, cristallines à leur sommet, qui contiennent une sérosité d'abord limpide, puis légèrement visqueuse et purulente; 2° par une vive démangeaison qui augmente le soir, la nuit ou à la chaleur. La gale affecte de préférence l'intervalle des doigts et les faces internes des membres. Il ne faut pas confondre la gale avec d'autres maladies de la peau, également accompagnées de démangeaisons, par exemple avec le lichen et le prurigo qui n'ont pas de vésicules, mais des papules (boutons pleins et secs), ou avec l'eczéma et l'ecthyma qui offrent des vésicules ou des pustules groupées et enflammées, mais qui n'affectent pas les mêmes parties que la gale. Le traitement consiste dans l'usage du soufre (ordinairement employé sous forme de pommade soufrée). On peut aussi avoir recours à une friction d'une demi-heure au savon noir ; on prend ensuite un bain, d'une demi-heure en se frottant encore, et on termine par une friction d'une demi-heure avec la pommade d'Helmerich.

GALE s. m. (gr. *galé*). Bot. Genre d'amentacées, dont les espèces les plus remarquables sont le *galé odorant*, qui croît en Europe dans les endroits marécageux, et *l'arbre à cire* (*gale cerifera*), de la Caroline, dont on retire une cire qui sert à faire des bougies odorantes. (Voy. CIRIER.)

GALÉASSE ou **Galéace** s. f. (ital. *galeazza*) Mar. anc. Vaisseau d'une construction particulière, qui allait à voiles et à rames comme une galère, mais qui était beaucoup plus grand : *on ne construit plus de galéasses.*

GALÉAZZO [gâ-lé-âl'-so] Voy. SFORZA ET VISCONTI.

GALÉE s. f. Espèce de planche carrée avec rebords dans laquelle l'ouvrier met les lignes à mesure qu'il les retire du compositeur. — Mar. Galère en usage au XIIe siècle.

GALÉGA s. m. (gr. *gala*, lait; *aix, aigos*, chèvre). Bot. Genre de légumineuses, qui renferme un grand nombre d'espèces, toutes exotiques, à l'exception d'une seule, le galéga officinal (*galega officinalis*) ou *rue de chèvre*, qui croît principalement en France et en Italie. — Les feuilles du galéga ont été employées comme sudorifiques, diurétiques et vermifuges.

GALEN (Christoph Bernhard von), [fonn-gâ-lènn], prélat allemand, né vers 1600, mort en 1678. Évêque de Münster en 1650, il rétablit de suite la discipline, chassa les envahisseurs étrangers, et, avec l'aide des troupes envoyées par l'empereur, étouffa l'insurrection de la ville de Münster (1664), qu'il gouverna dès lors d'une main de fer. En 1664, il combattit dans la guerre contre les Turcs et acquit un grand renom. Il fit ensuite la guerre à la république hollandaise, à cause de l'assistance qu'elle avait prêtée aux révoltés de

Münster, et la paix fut signée en 1666. En 1672, il se joignit à la France contre la Hollande, fut battu à Coevorden, et accepta avec empressement les articles de la paix en 1674. En 1675, ce belliqueux prélat prit le parti de l'empereur contre la France et celui du Danemark et du Brandebourg contre les Suédois. Il conduisit en personne les opérations contre ces derniers, s'empara de Stade, capitale du duché de Brême, appartenant alors à la Suède, et la garda en sa possession. Il augmenta alors ses forces militaires et en 1677 envoya un contingent de 9,000 hommes contre la France et un autre de 5,000 contre la Suède. Il fut de nouveau entraîné à la guerre au sujet de la Frise orientale qu'il voulut annexer à ses États; mais les habitants payèrent leur rançon.Il souscrivit à la paix de Nimègue.

GALENA, ville de l'Illinois (Etats-Unis), sur les deux rives de la rivière Galena, à 30 kil. de Dubuque (Iowa) ; 7,000 hab.

* **GALÈNE** s. f. (gr. *galéné*). Minér. Combinaison naturelle du soufre et de plomb, qui se divise en cubes, lorsqu'on la casse. On l'appelle, en chimie : *sulfure de plomb; la galène sert à vernir les poteries communes.* — Encycl. La galène est le minerai qui fournit la plus grande partie du plomb du commerce. Elle se présente en masses cristallines, ou en masses granulaires et fibreuses. Son éclat d'acier poli se change en une couleur sombre gris de plomb quand elle est exposée à l'air. Sa dureté est de 2.5 à 2.75; gravité spécifique, 7.25 à 7.7 ; symbole, Pb S. Elle est composée de plomb, 86.6, de soufre 13.4 ; mais elle contient souvent d'autres métaux, tels que l'antimoine, l'argent, le zinc, le fer et le cuivre, aussi bien que du sélénium. (Voy. Plomb et Métallurgie.)

* **GALÉNIQUE** adj. (de *Galien*, n. pr.). Méd. Se dit de la manière de traiter les maladies suivant les principes de Galien : *la méthode, la doctrine galénique.*

* **GALÉNISME** s. m. Méd. Doctrine de Galien.

* **GALÉNISTE** s. m. Méd. Sectateur de Galien : *la secte des galénistes.* — Adjectiv. : *médecin galéniste.*

* **GALÉODE** s. f. (gr. *galé*, chat; *eidos*, apparence). Arachn. Genre d'arachnides trachéennes comprenant une quinzaine d'espèces qui habitent les pays chauds.

GALÉOPITHÈQUE s. m. (gr. *galea*, belette; *pithekos*, singe). Mamm. Tribu de chéiroptères qui se distingue des chauves-souris par des ongles tranchants. On dit aussi *singe volant, chat volant* ou *colugo.* Le galéopithèque

Galéopithèque volant (Galeopithecus volans).

forme, d'après certains naturalistes, l'ordre des *pteropleures* ou *dermoptères*, qui sert de trait d'union entre les singes et les chauves-

souris. Il est nocturne et reste pendant le jour, suspendu à un arbre par les ongles des membres postérieurs, comme les chauves-souris. Très actif pendant la nuit, il grimpe avec facilité et saute d'arbre en arbre à une distance de 100 mètres; les femelles portent leurs petits dans une poche abdominale. La nourriture de ces animaux consiste principalement en fruits, en insectes, en petits oiseaux et en œufs. Toutes les espèces vivent dans l'archipel des Indes orientales. Quoique leur chair exhale une odeur désagréable, les indigènes la trouvent de bon goût.

* **GALÉOPSIS** s. m. [ga-lé-op-siss] (gr. *galé*, chat; *opsis*, œil; allusion à la forme de la corolle). Bot. Genre de labiées, comprenant une douzaine d'espèces de plantes herbacées, annuelles et indigènes. Le *galéopsis piquant (geopsis tetrahit)*, ainsi nommé à cause de sa tige à 4 angles très prononcés, croît dans nos bois humides; on l'appelle aussi *ortie royale* et *chanvre bâtard.*

GALÉOTE s. m. (gr. *galeotês*, sorte de lézard). Erpét. Genre d'iguaniens dont la tête est garnie d'écailles et qui habitent l'Inde.

GALER (SE) v. pr. Se gratter : *il ne fait que se galer.*

* **GALÈRE** s. f. (gr. *galea*, casque). Mar et Antiq. Bâtiment à rames et à voiles qui était le vaisseau de guerre des anciens : *galère à trois rangs de rames* ou *trirème.* — Sorte de bâtiment long et de bas bord, qui va ordinairement à rames et quelquefois à voiles avec des antennes, et dont on se servait beaucoup autrefois sur la Méditerranée : *construire une galère.* — Ordre de Malte. Tenir galère, armer une galère à ses dépens. — Prov. et fig. Qu'allait-il faire dans cette galère ? Pourquoi se mêlait-il de cette affaire? Pourquoi se trouvait-il en pareille compagnie? Cette exclamation comique est répétée plusieurs fois dans l'acte II, sc. ix, des *Fourberies de Scapin.* — Fig. Vogue la galère, arrive ce qui pourra. — Peine de ceux qui sont condamnés à ramer sur les galères. En ce sens, il n'est usité qu'au pluriel : *il fut condamné aux galères pour cinq ans, à perpétuité.* — C'est une galère, une vraie galère, c'est être en galère, se dit d'un lieu, d'un état, d'une condition où l'on a beaucoup à travailler, à souffrir. — Encycl. On donne le nom de galère à un navire de guerre, long, bas et étroit, mû par des rames et par des voiles. Ce nom fut d'abord appliqué, sous l'empire byzantin, à cette classe de navires que les anciens désignaient, suivant le nombre des bancs de rameurs, sous les noms de birèmes, de trirèmes, de quadrirèmes, etc. La birème ou galère à deux bancs de rameurs fut inventée, dit-on, par les Erythréens; la trirème, à trois bancs, par les Corinthiens; la quadrirème, à quatre bancs, par les Carthaginois et la quinquérème, à cinq bancs, par les habitants de Salamine. Au temps d'Alexandre le Grand et des Ptolémées, il existait, d'après d'anciens écrivains, des galères de 12, 15, 20 et même de 40 bancs. Peu à peu la trirème supplanta les autres formes et on la considéra comme le meilleur type de la galère de guerre. Dans les anciennes galères chaque rame était mue par un seul homme. Les rameurs étaient guidés par le mot de commandement ou par le son d'une trompette; des cris convenables furent adoptés pour chaque manœuvre. Les galères des croisés, longues et basses, avec deux ponts et deux bancs de rameurs étaient armées d'un éperon de bois garni de fer. Au XIVe siècle et plus tard, les galères furent divisées en trois classes : les plus grandes avaient trois mâts et 32 rames d'un côté; chaque rame était mue par six ou sept hommes; les demi-galères avaient deux mâts et 25 rames d'un côté; les quarts de galère avaient seulement de 12 à 16 rames

d'un côté. Après l'invention de la poudre, l'éperon devint hors d'usage et les galères furent armées de canons. La galéasse vénitienne (*galeazza*) était d'un tiers plus grande que les galères ordinaires et elle était mûe par 300 esclaves. Le galion de cette époque était un navire à voile. Une petite galère s'appelait galiote ou galéotte. Les innovations dans les constructions navales et l'amélioration des canons, mirent fin à l'emploi de cette classe de navires de guerre qui avaient régné sur le monde maritime pendant plus de 3,000 ans. — Dans les temps les plus anciens, ramer à bord d'une galère était considéré comme un honneur. A une période plus récente, on y employait les prisonniers de guerre et les esclaves. Au moyen âge, les rameurs étaient des condamnés et des prisonniers musulmans qui étaient enchaînés à leurs bancs. Les Turcs et les corsaires de Barbarie soumettaient les prisonniers chrétiens au même travail. Aux XVIe et XVIIe siècles, la France, l'Espagne et les républiques italiennes, se servirent des galères comme lieu de punition pour les criminels condamnés ; ces derniers furent appelés *galériens* par les Français et esclaves de galères par les Anglais. Après 1748 les condamnés en France furent employés dans les arsenaux et aux travaux publics, mais ce ne fut qu'à partir de 1791 que le nom détesté de *galérien* devint hors d'usage dans la loi française.

GALÈRE (Galerius, Caius-Valerius Maximianus), empereur romain, qui régna de 305 à 311 ap. J.-C. Fils d'un paysan de la Dacie, il se distingua par son courage et fut nommé César en 292 par Dioclétien dont il épousa la fille ; il reçut le gouvernement de la Thrace et de la Macédoine. Après l'abdication de Dioclétien, en 305, il régna en Orient sous le nom de Maximianus II. Quand l'Italie reconnut Maxence, il marcha contre Rome pour l'assiéger, mais il fut défait par Maxence (307).

GALÉRICULE s. m. (lat. *galerus*, bonnet). Antiq. Tour de cheveux, sorte de perruque que portaient les dames romaines.

* **GALERIE** s. f. Pièce d'un bâtiment beaucoup plus longue que large, où l'on peut se promener à couvert : *la grande galerie du Louvre.* — Ce sont ses galeries, se dit d'un chemin qu'une personne a coutume de faire souvent : *aller de Paris à Saint-Cloud, ce sont ses galeries.* — Galerie de tableaux, de peintures, galerie où l'on a réuni des tableaux. Collection même de tableaux que la galerie renferme : *la galerie du Louvre.* — Fig. Suite, collection de portraits représentant des personnages célèbres qui appartiennent à une même époque, à une même pays, à une même profession : *galerie de portraits.* — Corridor ou allée qui sert à faire communiquer des appartements et à les dégager : *cette galerie règne tout le long des appartements.* — Jeu de paume. Espèce d'allée longue et couverte d'où l'on regarde les joueurs; et, par ext., spectateurs mêmes qui s'y trouvent : *faire juger un coup sous la galerie, par la galerie.* — Toute réunion de personnes qui en regardent d'autres jouer à quelque jeu que ce soit : *la galerie qui entoure une table d'écarté.* — Fig. et fam. Monde, hommes considérés comme jugeant les actions de leurs semblables : *je ne me soucie point d'amuser la galerie.* — Théâtre. Se dit de ces espèces de balcons en encorbellement qui sont destinés à recevoir chacun deux ou plusieurs rangs de spectateurs. Dans ce sens, il se met ordinairement au pluriel : *premières galeries.* — Galerie d'église, espèce de tribune continue, avec balustrade, dans le pourtour de l'église. — Mar. Sorte de balcon découvert qui est autour de la poupe d'un vaisseau : *les vaisseaux à trois ponts ont deux galeries.* — Fortific. Le travail que font les assiégeants dans le fossé d'une place assiégée, pour aller à couvert de la mousqueterie au pied de la muraille, et y attacher le mineur : *faire une galerie dans le fossé*. — Mines. Route que les ouvriers pratiquent sous terre pour découvrir des filons et en détacher le minerai.

*GALÉRIEN s. m. Celui qui est condamné aux galères, forçat : *conduire les galériens*. — SOUFFRIR COMME UN GALÉRIEN, MENER UNE VIE DE GALÉRIEN, avoir beaucoup à souffrir dans son état. On dit aussi, TRAVAILLER COMME UN GALÉRIEN, se livrer à un travail pénible.

* GALERNE s. f. (celt. *gwalarn*; de *gâl*, vent). Vent entre le nord et l'ouest; nord-ouest : *un vent de galerne*. Ne s'emploie guère que dans certaines parties de la France.

GALÉRUCITE adj. Entom. Qui ressemble ou qui se rapporte aux galéruques. — s. f. pl. Tribu de coléoptères tétramères cycliques, ayant pour type le genre galéruque et comprenant, en outre, les genres altise, lupère, etc.

GALÉRUQUE s. f. (altér. du lat. *galerus*, sorte de bonnet). Entom. Genre de galérucites, voisin des altises et comprenant une cinquantaine d'espèces de coléoptères qui marchent avec lenteur, se servent rarement de leurs ailes et se laissent tomber ou restent sans mouvement dès qu'ils se croient menacés. La *galéruque de l'orme* (*galeruca calmariensis*), d'un jaune verdâtre en dessus, avec 3 taches noires sur le corselet, et d'une longueur de 7 millim., vit, ainsi que sa larve, sur les feuilles de l'orme, qu'elles criblent de morsures. La *galéruque du nénuphar* (*galeruca nymphææ*) est brune en dessus, plus pâle en dessous.

GALESBURG, ville de l'Illinois (États-Unis), à 240 kil. O.-S.-O. de Chicago; 10,160 hab. Fonderies, fabriques de machines à vapeur, d'instruments d'agriculture, de voitures et de wagons. C'est le siège de l'université Lombard (universalistes) et du collège Knox (congrégationalistes).

GALESVILLE, ville du Wisconsin (États-Unis), sur le Beaver Creek, à 10 kil. du Mississipi, et à 180 kil. N.-O. de Madison; 1,070 hab. Université de Galesville (méthodistes).

* GALET s. m. (ga-lè) (vieux franc. *gal*, caillou). Se dit de certains cailloux polis et ronds, qui se trouvent en plusieurs endroits sur le bord de la mer : *une plage couverte de galets*. — Sing. dans un sens collectif, en parlant d'un amas de galets : *se promener sur le galet*. — Jeu où l'on pousse une espèce de caillou plat sur une longue table : *jouer au galet*. — Mécan. Petit disque de bois, d'ivoire ou de métal qui porte entre deux surfaces qui se meuvent l'une sur l'autre, afin de diminuer le frottement.

* GALETAS s. m. [ga-le-ta] (lat. *valetas*, valet; *stasium*, du gr. *stasion*, demeure). Logement pratiqué sous les combles et ordinairement lambrissé de plâtre : *petit galetas*. — Tout logement pauvre et mal en ordre : *ce n'est pas une chambre, c'est un vrai galetas*.

GALÈTE s. f. Entom. Appendice mobile et articulé qui est appliqué sur la partie externe de la mâchoire, chez les orthoptères, chez quelques névroptères et probablement chez la plupart des coléoptères.

* GALETTE s. f. (ga-lè-te) (rad. *galet*). Espèce de gâteau plat, que l'on fait ordinairement quand on cuit le pain : *manger de la galette*. — GALETTE DE PLOMB, gâteau de plomb non feuilleté, pétri à la main et cuit au four de campagne. — Mar. Pains de biscuit, durs et plats, dont on fait provision pour les voyages de long cours : *une galette de six onces*. — ᐧᐧ Argot. Argent : *il a dépensé tout sa galette*.

GALETTOIRE s. f. Poêle sur laquelle on fait cuire les galettes en bouillie de sarrasin.

* GALEUX, EUSE adj. Qui a de la gale, qui

a la gale : *cet enfant est si galeux, qu'il fait peur*. — IL NE FAUT QU'UNE BREBIS GALEUSE POUR GATER TOUT UN TROUPEAU, un homme vicieux est capable de corrompre toute une société. — ÉVITER, FUIR UNE PERSONNE COMME UNE BREBIS GALEUSE, éviter, fuir une personne dont le commerce est dangereux ou désagréable. — QUI SE SENT GALEUX SE GRATTE, celui qui se sent coupable de la chose qu'on blâme, peut ou doit s'appliquer ce qu'on en a dit. — Se dit aussi, par ext., des arbres et des plantes : *arbre galeux*. — Substantiv., en parlant des personnes : *c'est un galeux, une galeuse*.

> Ce pelé, ce *galeux*, d'où venait tout leur mal.
> LA FONTAINE.

GALGACUS, chef des Calédoniens qui défendit longtemps son pays contre l'invasion romaine; il périt avec 10,000 de ses soldats dans une grande bataille livrée à Stone-Haven, l'an 84 ap. J.-C.

GALGAL s. m. (gaél. *gal*, caillou). Archéol. Tumulus celtique, composé de terre ou de cailloux, et renfermant une crypte. Les principaux galgals se trouvent à Tumiac, au mont Héleu, près de Locmariaker (Morbihan), à Pornic (Loire-Inférieure) et aux Rousses (Isère).

* GALHAUBAN s. m. Mar. Longs cordages qui servent à étayer latéralement les mâts de hune et de perroquet, et qui descendent de la tête de ces mâts jusqu'au pied du bâtiment, où ils sont fixés : *galhaubans de hune*.

GALICE (*Galicia*), ancienne province, aujourd'hui capitainerie générale du N.-O. de l'Espagne, comprenant les provinces modernes de la Corogne, de Lugo, d'Orensé et de Pontevedra, bornée par le Portugal et l'Atlantique; 29,379 kil. carr.; 1,990,000 hab. Elle est presque entièrement montagneuse et arrosée par de nombreux cours d'eau, dont le plus remarquable est le Mino ou Minho. Parmi les excellents ports, on cite ceux de Ferrol qui passe pour être le meilleur de l'Europe, et Vigo sur la côte occidentale. Le sol produit le chanvre, le maïs, l'orge, le blé et quantité de fruits. Les habitants appelés *Gallegos*, parlent un dialecte qui diffère beaucoup de l'espagnol ordinaire. Les principales villes sont : Corunna (la Corogne), qui est la capitale; Ferral, Pontevedra, Vigo, Lago, Saint-Jacques de Compostelle et Orensé.

GALICIE (all. *Galizien*; pol. *Galicya*), terre de la couronne ou province de la division cisleithane de la monarchie austro-hongroise, bornée par la Pologne russe, la Russie, la Bukowine, la Hongrie et la Silésie autrichienne et prussienne; 78,497 kil. carr.; 6,888,509 hab. La partie S. est couverte par les rameaux septentrionaux des monts Carpathes, qui s'élèvent sur quelques points à une hauteur de 2,000 mètres, et quelques pics à plus de 2,500 mètres. La région centrale est montagneuse, la région du nord appartient à la grande plaine de la Pologne. Les principales rivières sont : la Vistule, le San, le Pruth et le Dniester. Le climat est salubre mais froid. Le sol est varié, les régions basses sont souvent peu productives; les montagnes sont rocailleuses et stériles ou boisées. Principales productions minérales : le fer, le sel (provenant des célèbres mines de sel gemme de Wieliczka et de Bochnia), le soufre, le charbon et la naphte. On y trouve aussi du plomb, du cuivre, du zinc, de l'argent et de l'or. Les habitants appartiennent pour la plupart à deux tribus slaves, les Polonais et les Ruthènes, les premiers prédominant dans l'ouest (86 contre 4 p. 100), les derniers dans l'est (67 contre 20 p. 100), le surplus consiste principalement en Allemands et en Juifs. L'éducation, l'agriculture et l'industrie sont en retard; les grandes fortunes y sont rares et l'excessive misère y est fréquente. Les articles principaux d'exportation sont les bestiaux et les chevaux, le blé, le sel, le bois de cons-

truction, la potasse, les peaux et la laine. Les catholiques romains sont au nombre d'environ 2,700,000; les membres de l'Eglise grecque unie, au nombre d'environ 2,400,000, presque tous Ruthènes; les Juifs y sont au nombre d'environ 600,000. C'est à peine si 30 p. 100 des enfants fréquentent les écoles. Il y a deux universités (Lemberg et Cracovie). A la tête de l'administration est un gouverneur, auquel sont soumis les magistrats politiques de Lemberg et de Cracovie et 74 *Bezirkshauptmannschaften*. Il y a des cours suprêmes de justice à Lemberg et à Cracovie. Lemberg est la capitale et le siège de la diète provinciale. La Galicie fut d'abord colonisée par des Ruthènes (pol. *Rusini*) dont les descendants occupent maintenant la division orientale (à l'E. du San), division appelée aussi Russie Rouge. Le pays fut soumis à différentes puissances; il forma plusieurs principautés dont la principale fut Halicz (d'où vient son nom actuel). La Galicie appartint à la Pologne, du 4340 jusqu'à l'époque du premier partage de ce pays en 1772; alors l'impératrice Marie-Thérèse s'en empara pour faire valoir de vieilles prétentions de la couronne de Hongrie. La Galicie reçut son droit de représentation au Reichstadt de Vienne en vertu de la constitution de 1864 et, plus tard, en vertu de celle de 1867. Les Polonais forment aujourd'hui l'élément dominant, mais les Ruthènes leur font une vive opposition. Le Reichstadt, par la loi de réforme électorale de 1873, substitua les élections directes par districts à l'assemblée de Vienne, aux élections des diètes provinciales.

GALICIEN, IENNE s. et adj. [ga-li-si-ain]. Habitant de la Galice, qui appartient à ce pays ou à ses habitants. — s. m. Dialecte espagnol parlé dans la Galice.

GALIEN (Claudius), *Galenus*, célèbre médecin grec, né à Pergame en 130 et mort entre 200 et 220 ap. J.-C. Il voyagea pendant de longues années pour augmenter son savoir, resta quatre ans à Rome où il acquit une grande réputation et donna ses soins aux empereurs Marc-Aurèle et Vérus. Dans sa seconde visite à Rome il ajouta à sa renommée par ses conférences, ses écrits et ses cures. Il fut un écrivain très prolifique et plus de 1,000 ans après sa mort son autorité faisait loi. Il existe encore 83 de ses traités et 15 de ses commentaires sur différents ouvrages d'Hippocrate. Ce qui nous reste de ses œuvres a été publié en grec, à Venise (1525, 5 vol. in-fol.); en latin, à Bâle (1562, 5 vol. in-fol.); en grec-latin, à Paris (1639-79, 13 vol. in-fol.). Une partie de ses ouvrages a été traduite en français, par Daremberg (Paris, 1854 et suiv., 4 vol. in-8°).

GALIETTE s. f. Voy. GAYETTE.

GALIFARD, ARDE s. Argot. Commis qui porte la marchandise chez la pratique.

GALIGAÏ (Éléonore ou Léonora DORI ou *Dosi*, dite), femme de Concini, née à Florence vers 1580, décapitée puis brûlée, en place de Grève, le 9 juillet 1617. Elle était fille d'un menuisier et d'une blanchisseuse, et eut pour sœur de lait Marie de Médicis, qu'elle accompagna en France, et dont elle épousa l'amant, Concini. Après la mort de celui-ci, Léonora fut arrêtée et accusée de crimes imaginaires; elle se défendit avec énergie et fierté et subit son arrêt avec courage et dignité.

GALIGNANI I. Editeur français, né à Brescia, il se fixa à Paris et y fonda, en 1800, une librairie anglaise. En 1808, il commença la publication d'une très importante revue mensuelle : *Monthly Repertory of english literature, and sciences*, etc.; il mourut en 1821. — II. Ses fils, Jean-Antoine (1796) et William (1798) continuèrent son entreprise et fondèrent, en 1814, *The Galignani's Messenger*, journal anglais qui devint quotidien en 1821 et qui paraît encore à Paris.

GALILÉE, la plus septentrionale des trois principales divisions de l'ouest de la Palestine, au temps des Romains, subdivisée en haute et en basse Galilée. Elle était bornée au N. et à l'O. par le mont Liban, la Cœlo-Syrie, la Phénicie et la Méditerranée; à l'E. par le Jourdain, le lac de Tibériade ou Gennésareth et au S. par la Samarie. Elle contenait les anciens territoires de Naphtalie, de Zébulon et d'Asher et une partie du territoire d'Issachar. La division supérieure ou du N. était appelée Galilée des Gentils. Les habitants étaient de sang mêlé, parlaient un dialecte corrompu et étaient d'un caractère turbulent. La Galilée renfermait Nazareth, Cana et Capharnaüm. Les apôtres étaient tous Galiléens de naissance ou ils l'étaient devenus par résidence.

GALILÉE (Mer de) Voy. GENNÉSARETH.

GALILÉE (ital. GALILEO, GALILEI), (connu ordinairement sous le nom de Galiléo, son nom de baptême), philosophe et astronome italien, né à Pise en février 1564, mort le 8 janvier 1642. Il appartenait à une noble famille florentine et reçut une bonne éducation. Il étudia la peinture, et son amour pour le dessin le conduisit à l'étude de la géométrie. Vers 1583, il découvrit l'isochronisme de la vibration du pendule en observant le balancement d'une lampe. En 1589, il devint professeur de mathématiques à Pise, où il démontra la fausseté de la théorie que la vélocité des corps tombants est proportionnelle à leurs poids, en laissant tomber des poids inégaux du sommet de l'une des tours inclinées. En 1592, il fut nommé professeur de mathématiques pour six ans à l'université de Padoue. Bientôt après il se convertit à la théorie de Copernic sur la révolution de la terre autour du soleil. En 1598, il fut encore nommé professeur pour un autre terme de six années, et, en 1604, pour un troisième terme. En 1609, il fabriqua son premier télescope, sur quoi le sénat de Venise le maintint dans sa chaire pour le reste de sa vie. Il publia un exposé des merveilleuses découvertes faites avec son instrument en 1610 dans son *Sidereus nuncius* (Messager sidéral), ce qui lui attira l'inimitié des astronomes de la vieille école. Vers 1611, il vint habiter Florence où le grand-duc le nomma philosophe et son mathématicien avec des appointements élevés et une sinécure. En 1612, il combattit, dans son ouvrage sur les lois des corps flottants, l'opinion commune que la tendance qu'ont les substances de couler ou de surnager dépend de leur forme. La méchanceté de ses ennemis commença à prendre alors des proportions dangereuses. En 1616, il fut appelé devant l'inquisition de Rome, accusé d'avoir interprété les Écritures pour les accorder avec ses propres théories; et il lui fut défendu pour toujours d'enseigner que la terre tourne et que le soleil reste immobile. En 1632, il publia son *Dialogue sur les deux principaux systèmes du monde, le système de Ptolémée et le système de Copernic*, dans lequel il résume les arguments pour et contre sa théorie, ce qui fut regardé comme une violation de la défense qui lui avait été faite; Galilée fut appelé à Rome, jugé en 1633 et on exigea de lui l'abjuration de ses erreurs et de ses théories. (Voy. E PUR SI MUOVE.) Il fut condamné à être emprisonné pendant le temps qu'il plairait à l'inquisition à réciter, une fois par semaine, pendant trois ans, les sept psaumes de la pénitence. On le relâcha quatre jours après, mais il fut soumis à la surveillance pendant le reste de sa vie. Galilée s'adonna alors à d'autres branches de la philosophie naturelle et son livre des *Dialogues sur la motion locale*, terminé en 1636, fut imprimé à Amsterdam en 1638. En 1636,

il découvrit la libration diurne de la lune. En 1637, une maladie, qui avait attaqué son œil droit depuis quelques années, attaqua aussi son œil gauche et il resta complètement aveugle; peu de temps après, il devint sourd. Il préparait la continuation de ses *Dialogues sur la motion*, quand il mourut d'une fièvre et de palpitations du cœur. Ses œuvres ont été publiées à Florence (1843-'46; 20 vol. in-8°).

GALILÉEN, ÉENNE adj. Qui est de la Galilée. — s. m. Nom donné à J.-C. parce qu'il fut élevé à Nazareth, ville de Galilée.

GALIMAFRÉ ou Galimafrée, pitre fameux vers la fin de l'Empire et au commencement de la Restauration. Il était apprenti menuisier lorsqu'il se lia avec un enfant de son âge, qui devait devenir bien célèbre sous le nom de *Bobèche*. Leurs parades à la porte de divers théâtres du boulevard du Temple attirèrent longtemps la foule. Vers 1820, Galimafré quitta les tréteaux et entra à l'Opéra comme machiniste.

*GALIMAFRÉE s. f. Espèce de fricassée composée de restes de viande : *faire une galimafrée*.

GALIMARD (Nicolas-Auguste), peintre français, né à Paris le 25 mars 1813, mort en janvier 1880. Il étudia avec Ingres, et excella principalement dans les cartons pour vitraux d'église. En 1837, Napoléon III acheta sa *Léda*, qui en 1855 avait été exclue de l'exposition en raison de son indécence. Galimard a beaucoup écrit sur l'art et sur les artistes contemporains et a donné un traité de peinture sur verre.

*GALIMATIAS s. m. [ga-li-ma-ti-a]. (Huet pense que ce mot est la réunion des deux mots latins *Galli Mathias*, dont un avocat qui s'embrouillait, se servit au lieu de *Gallus Mathiæ*, au sujet d'un coq appartenant à un nommé Mathias). Discours embrouillé et confus, qui semble dire quelque chose et ne dit rien : *tout son discours n'est que galimatias*. — Fam. GALIMATIAS DOUBLE, galimatias que ne comprend ni celui qui le fait, ni celui qui l'écoute ou qui le lit.

GALIN (Pierre), musicien français, né à Bordeaux en 1786, mort à Paris vers 1822. Étant professeur de mathématique à Bordeaux, il inventa une nouvelle méthode d'instruction musicale qu'il appela le *méloplaste* et il en donna une explication dans un ouvrage publié en 1818. Cette méthode, qui consiste principalement à séparer l'étude du ton d'avec l'étude de la mesure, a été employée en Europe et aux États-Unis, sous le nom de méthode Galin-Chevé-Pâris. (Voy. CHEVÉ.)

*GALION s. m. (lat. *galea*, galère). Mar. Grand bâtiment de charge que l'Espagne employait autrefois pour les voyages aux colonies d'Amérique, et qui servait principalement à transporter en Europe les produits des mines du Pérou, du Mexique, etc. : *les galions de Vigo*.

*GALIOTE s. f. Bâtiment de transport à formes rondes dont se servaient les Hollandais : *galiote hollandaise*. — Petite galère : *une galiote de Tunis, du Maroc*. — GALIOTE A BOMBES, bâtiment de moyenne grandeur, très fort en bois, dont on se sert pour porter des mortiers et pour tirer des bombes sur mer. — Autref. Long bateau couvert dont on se servait pour voyager sur les rivières : *la galiote de Saint-Cloud*.

*GALIPOT s. m. Résine solide qu'on tire par incision du pin de Bordeaux.

GALITZIN. Voy. GALLITZIN.

GALIUM s. m. [ga-li-omm] (mot lat. formé du gr. *gala*, lait). Bot. Nom scientifique du genre caille-lait ou gaillet. Ce genre appartient à la tribu des aspérulées et comprend de nombreuses espèces d'herbes à tiges an-

guleuses et à feuilles verticillées. Le *gaillet jaune* (*galium verum*), commun dans nos bois et dans nos prés, sert à colorer et à aromatiser le fromage.

GALL (Franz-Joseph) [all. gâl], créateur de la phrénologie, né à Bade en 1758, mort en 1828. Il pratiqua la médecine à Vienne, et de bonne heure il commença à examiner les têtes de ceux qui montraient quelques particularités mentales remarquables, dans les asiles des aliénés, dans les prisons, dans les réunions scientifiques, etc. Il étendit ses observations jusqu'aux animaux, et il en chercha une confirmation dans l'anatomie de la cervelle dont il fut le premier à concevoir la véritable structure. Après 20 ans d'études, il crut avoir déterminé les dispositions intellectuelles correspondant à environ 20 organes qu'il avait trouvé les sièges de ces facultés originelles dans la cervelle; il pensa que ces facultés forment sur le crâne des proéminences ou protubérances, proportionnées à leur degré d'activité. En 1796, il commença, sur sa théorie particulière, des conférences qu'il renouvela dans différentes parties de l'Europe, en compagnie de Spurzheim. S'établit à Paris en 1807. Son œuvre la plus remarquable est l'*Anatomie et physiologie du système nerveux* (4 vol., 1810-'19).

GALL (Saint), saint de l'Église catholique romaine, appelé l'apôtre de la Suisse, né en Irlande vers 551, mort à Saint-Gall, le 16 oct. 646. Il appartenait à une famille noble, fut élevé dans le monastère de Bangor par Columbanus qu'il suivit dans les Gaules. Refusant ensuite de l'accompagner en Italie, Gall et ses moines choisirent un emplacement pour un nouveau monastère sur les rives rapides du Steinach, non loin des bords méridionaux du lac de Constance. Par son éloquence et sa connaissance de la langue allemande, il fut à même de répandre le christianisme parmi les Alemani et les Helveti. Autour de l'humble monastère s'éleva la ville de Saint-Gall. A sa mort, le territoire des Alemani était une province chrétienne.

GALL (Saint-) - (all. *Sanct-Gallen*). I. Canton du N.-E. de la Suisse, borné par le Rhin et par les lacs de Constance et de Zürich et enveloppant le canton d'Appenzell; 2,019 kil. carr.; 210,491 hab., presque tous Allemands (deux tiers des habitants sont catholiques romains). Ce canton est arrosé par les tributaires du Rhin, y compris le Thur, le Sitter et le Necker. Le lac Wallen se trouve presque entièrement dans le canton de Saint-Gall. La partie méridionale est l'une des régions alpines suisses les plus élevées. Manufactures de coton. Gouvernement démocratique. Le canton fut admis dans la confédération en 1803. — II. Capitale du canton ci-dessus, sur le Steinach, à 65 kil. E. de Zürich; 21,500 hab. Elle est le centre de la fabrication des mousselines et du commerce du N.-E. de la Suisse. Elle entra dans la confédération helvétique en 1454. L'abbaye, noyau primitif de la ville, fut construite au VIIe siècle par saint Gall, et sécularisée en 1805.

GALLAIS (Jean-Pierre), journaliste et historien, né à Doué près Saumur, en 1756, mort en 1820. D'abord bénédictin, il jeta le froc lors de la Révolution et combattit les idées nouvelles. En 1793, il rédigea en faveur de Louis XVI, un mémoire, l'*Appel à la postérité*, qui causa son arrestation. Relâché l'année suivante, il rédigea la *Quotidienne*, puis le *Censeur des journaux*. Proscrit au 18 fructidor, il publia en 1799, l'*Histoire du 18 fructidor*, rédigea sous l'Empire le *Journal de Paris*; attaqua Napoléon en 1814 et publia alors une *Histoire du 18 brumaire*, et, plus tard, l'*Histoire de la révolution du 20 mars*. Ces ouvrages passionnés fourmillent d'inexactitudes. On a aussi de Gallais un *Cours de littérature, d'his-*

toire, etc., et une *Histoire de France de la mort de Louis XVI jusqu'au traité du 20 nov.* 1815.

GALLAMIQUE adj. [gal-la-mi-ke] (rad. *galle*). Se dit d'un acide dérivé du tannin.

GALLAND (Antoine), orientaliste, né à Rollot, près de Mont-Didier (Picardie), en 1646, mort en 1715. Attaché à l'ambassade française à Constantinople en 1670, il fit des explorations archéologiques et numismatiques en Orient, fut nommé antiquaire du roi et professeur d'arabe. Il donna la première traduction française des *Mille et une Nuits* (Paris, 12 vol., 1704-'17), traduction qui servit ensuite de modèle à toutes celles qui furent faites en Europe. Il a laissé, en outre : *Paroles remarquables, bons mots et maximes des Orientaux* (Paris, 1694) ; *Contes et fables indiennes de Bidpaï et de Lokman* (Paris, 1724, 2 vol.), et plusieurs autres ouvrages.

GALLAS, race africaine, classée généralement dans la division éthiopienne de la famille sémitique et habitant les portions de l'Abyssinie et les régions qui s'étendent de ce pays jusqu'à l'équateur. Le teint des Gallas varie du brun clair au brun noir ; leur chevelure est frisottante ; leur face est ronde, leurs yeux sont petits, leur stature est élevée et puissante. Karl Tutschek a publié un *Dictionnaire du langage galla* (Munich, 1844).

GALLATE s. m. [gal-la-te]. Chim. Sel produit par la combinaison de l'acide gallique avec une base.

GALLATIN (Albert), homme d'État américain, né à Genève (Suisse), en 1761, mort en 1849. De 1795 à 1801, il fut membre du congrès, où il devint le leader du parti républicain. Il fut l'un des commissaires qui négocièrent le traité de paix avec l'Angleterre, à Gand, en 1814, et il signa la convention commerciale de Londres en 1815. De 1815 à 1823, il fut ministre plénipotentiaire en France. En 1826-'27, il fut envoyé extraordinaire en Angleterre et ensuite habita New-York.

GALLAUDET (Thomas-Hopkins), fondateur de la première institution américaine de sourds-muets, né à Philadelphie en 1787, mort en 1851. Après avoir étudié les institutions d'Europe, il ouvrit l'asile d'Hartford, en 1817. Il publia plusieurs ouvrages parmi lesquels on cite les *Annals of the Deaf and Dumb.*

GALLE s. m. (lat. *gallus*; gr. *gallos*). Antiq. Prêtre de Cybèle.

* **GALLE** s. f. (lat. *gallus*; gr. *gallos*). Bot. Excroissance qui vient sur les tiges et les feuilles de plusieurs plantes, par l'extravasation de leurs sucs, ce qui arrive lorsqu'elles ont été piquées par quelque insecte. Se dit surtout des galles d'un chêne de l'Asie Mineure, qui sont appelées aussi *Noix de galle*, et qui servent à teindre en noir et à faire de

Galle du quercus infectoria.

l'encre : *une teinture passée en galle.* — ENCYCL. Les meilleures noix de galle sont celles qui croissent sur le *quercus infectoria* et qui pro-

viennent de l'Asie Mineure. Elles sont produites par la piqûre d'une mouche qui dépose son œuf sur les jeunes branches ; l'œuf et ensuite la larve se trouvant renfermés dans le centre de la galle. Les galles recueillies avant l'éclosion des œufs sont dites bleues, vertes ou noires et sont les plus estimées. Leur grosseur varie de celle d'un pois à celle d'une grosse cerise. Formées principalement d'acide tannique, elles sont fortement astringentes et peuvent être employées dans la médecine, en teinture, etc. La galle du chêne d'Europe est de la grosseur d'une pomme ordinaire ; on la

Galle du chêne, coupée de façon a montrer ses parties internes, le ver, dans la cellule centrale, et, sur le côté, le trou par lequel s'échappe l'insecte parfait.

trouve fréquemment, vers Pâques, sur les tendres rejetons et sur les brindilles du chêne commun d'Europe. La galle du chêne d'Amérique, analogue à celle d'Europe, est produite sur le chêne noir (*quercus tinctoria*) par le cynips quercus spongifica. Avec sa tarière admirablement disposée pour cet objet, la femelle du cynips perce le tissu de la plante et y dépose un œuf avec une petite quantité d'un fluide venimeux particulier. Sous l'influence de ce fluide, la galle se développe rapidement et, en général, elle est complètement formée avant l'éclosion de l'œuf. La larve est blanchâtre et très douce ; elle a une tête peu prononcée et pas de pattes. Elle atteint graduellement l'état de chrysalide, puis l'état parfait et reste dans sa cellule pendant quelque temps avant de dévorer l'intérieur de la galle, pour s'y creuser une galerie qui la mène à la paroi, d'où elle s'échappe.

GALLÉRIE s. f. Entom. Genre de lépidoptères nocturnes, tribu des tinéites, comprenant plusieurs espèces dont les chenilles vivent aux dépens des hyménoptères. La *gallérie de la cire* (galleria cereana ou cerella), animal nuisible au premier chef, est un petit papillon gris cendré, qui court avec rapidité dans les ruches et sait échapper au dard des abeilles. Sa chenille, appelée *fausse teigne de la cire*, s'établit dans les alvéoles et se met à l'abri des piqûres, en construisant à mesure qu'elle avance, un tuyau de soie recouvert de ses excréments. Quand une ruche est infestée de lépidoptères, les abeilles finissent par se chercher une autre retraite. La *gallérie des ruches* (galleria alvearia) est plus petite, mais non moins dangereuse.

GALLES (Pays de), (gal. *Cumrie*, la terre des *Cymri*; angl. *Wales*) principauté de l'empire britannique, occupant une vaste péninsule sur le côté O. de l'île de Grande-Bretagne, bornée par la mer d'Irlande, par le canal de Bristol et par celui de Saint-Georges ; sa longueur du N. au S. est de 240 kil., sa plus grande largeur d'environ 130 kil. ; 19,069 kil. carr.; 1,360,513 hab. La longueur des côtes est d'environ 540 kil. Les principales échancrures sont les estuaires du Dee et de la Severn au N. et au S. et les baies de Beaumaris, de Carnarvon, de Cardigan, de Carmarthen et de Swansea. La surface est presque entièrement montagneuse. Les principales chaînes

sont les montagnes du Snowdon au N. (de l'embouchure de la rivière Connway à la baie de Cardigan) ; elles ont plusieurs pics d'une hauteur de plus de 1,000 mètres ; le plus élevé, le Moelly-Wyddfa, s'élève à 1,200 mètres ; le Berwyn au S. du Snowdon ; le Hinlimmon, frontière naturelle entre la Galles méridionale et la Galles septentrionale ; les montagnes Noires, ou Forest Fawr, dans la Galles du S. Les paysages des montagnes du pays de Galles sont remarquables par leur beauté pittoresque et attirent de nombreux visiteurs. La Dee, la Severn, le Wye et l'Usk, rivières qui naissent dans le pays de Galles, coulent en Angleterre. Le pays renferme en abondance des minéraux industriels. On y trouve d'immenses quantités de charbon, d'ardoises et de pierres calcaires ; les houillères occupent 10,000 personnes. Le climat est modéré et uniforme, quoique un peu froid et excessivement humide ; la moyenne annuelle de pluie est de 1 m. 15 cent. Le sol est fertile dans les vallées, mais stérile sur beaucoup de collines. Les principales productions végétales sont : les céréales, les herbes et quelques fruits. L'agriculture est en retard ; mais elle progresse graduellement. Le pays de Galles est divisé en 12 comtés politiques : Anglesea, Brecknock, Carmarthen, Carnarvon, Cardigan, Denbigh, Flint, Glamorgan, Merioneth, Montgomery, Pembroke et Radnor. La plus grande partie des habitants est d'origine celtique. La langue anglaise se parle dans presque toutes les villes, mais les habitants de la campagne ont conservé le dialecte gallois. Cardiff, Swansea, Carmarthen, Pembroke, Milford, Cardigan, Holyhead, Beaumaris, Carnarvon et Flint, sont des ports d'une importance considérable. La plupart des villes principales sont reliées par des chemins de fer; le pays est sillonné de bons canaux et de routes parfaitement entretenues. L'éducation est de beaucoup inférieure à celle de l'Angleterre et d'Écosse; il y a neuf institutions ou collèges. La population est presque toute protestante, la majorité appartient aux Églises dissidentes. — Quand les Romains envahirent la Bretagne, en 43 ap. J.-C., le pays de Galles était habité par un peuple d'origine celtique, divisé en trois tribus, les Ordovices, les Démètes et les Silures. Ces derniers étaient les plus nombreux et les plus puissants. Quoique plusieurs fois envahie, la Galles ne fut pas soumise, et resta un lieu de refuge pour les Bretons qui voulurent échapper à la domination romaine et ensuite à celle des envahisseurs saxons. Après que les Romains eurent abandonné la Bretagne au ve siècle, les Gallois furent en lutte continuelle avec les Saxons. Leurs petits royaumes furent réunis au ixe siècle sous Roderick le Grand, qui les divisa en trois principautés pour ses trois fils. Vers 930, Athelstan, roi d'Angleterre, réduisit le pays et l'obligea de payer un tribut annuel. Les Gallois refusèrent le tribut à Guillaume le Conquérant, qui les soumit. A partir de ce moment les rois anglais réclamèrent la Galles comme faisant partie de leur royaume; mais leurs prétentions furent constamment repoussées. En 1267, Llewellyn ap Gryffyth fut reconnu par Henri III comme prince de Galles; mais il fut battu et tué en 1282, et en 1284, la Galles fut réunie à l'Angleterre par le statut de Rhuddlan (12 Edouard Ier, c. 5). Le titre de prince de Galles fut donné par Edouard à son fils, le futur Edouard II, qui était né au château de Carnarvon, le 25 avril 1284 et, depuis lors, ce titre a toujours été porté par le fils aîné des souverains anglais. Des révoltes contre les Anglais, éclatèrent en 1287, en 1294 et en 1315, mais elles furent réprimées et leurs chefs furent exécutés. En 1400, les Gallois, conduits par Owen Glendower, firent un dernier effort pour recouvrer leur indépendance. (Voy. GLENDOWER.) Les lois d'Angleterre furent étendues au pays de Galles, par le statut de 1536. Sous les règnes de George IV et de Guillaume IV, les dernières traces de distinction politique furent abolies. — **Langue et Littérature.** (Voy. CELTE.).

GALLES DU SUD (Nouvelle-) (angl. *New-South-Wales*), colonie anglaise de la partie S.-E. de l'Australie, bornée au N. par Queensland, à l'E. par l'océan Pacifique, au S. par Victoria et à l'O. par l'Australie occidentale, entre 28° et 37° 30' lat. S., et entre 139° et 152° long. E.; 800,730 kil. carr.; 585,280 hab. La côte présente en général des falaises perpendiculaires de grès, interrompues parfois par des rives basses sablonneuses. Les baies et les ports les plus importants sont : port Stephens, port Hunter, port Jackson, les baies de Botany, de Jervis et celle de Twofold. Les principales chaînes de montagnes sont : les chaînes intérieures, la grande chaîne de division et la chaîne des côtes. Le sommet le plus élevé de la chaîne intérieure est le Arrowsmith, qui a 800 mètres. La grande chaîne de division consiste en sept branches principales : la chaîne du New-England, dont le point le plus élevé est le Ben Lomond, 1,660 mètres; la chaîne de Liverpool, dont le point culminant est le pic Oxley, 1,800 mètres; les montagnes Bleues, les chaînes de Cullarin, Gourock et Maneroo, et la chaîne Warrangog ou Muniong, dont le point culminant, Kosciusko, a 2,500 m. Le pic le plus élevé de la chaîne des côtes est le mont Seaview, 2,000 m. Plusieurs rivières considérables de la pente occidentale des montagnes ont seulement une partie de leur cours dans la Nouvelle-Galles du Sud. Les plus importants sont : le Murray, le Murrumbidgee, le Lachlan, le Darling, le Bogan et le Macquarie. Les principales rivières à l'E. de la chaîne de division, sont: Hawkesbury, Hunter, Macleay, Shoalhaven, Clarence et Richmond. La roche dominante sur le côté E. est le grès et, dans l'O., la roche granitique; une grande partie des grès appartient au système carbonifère et on y trouve des veines inépuisables de charbons. Parmi les minéraux, on trouve de l'or, de l'argent, du cuivre, de l'étain, du fer, du plomb, de l'antimoine, de la plombagine, du platine, du cinabre, de l'arsenic, de la kérosine argileuse et une grande quantité de pierres de taille. On a trouvé des diamants dans plusieurs endroits. On découvrit l'or en 1851 et jusqu'en 1872, on en a exporté 9,903,946 onces, en outre de la quantité frappée à la monnaie. La chaleur moyenne en été (décembre, janvier et février) est d'environ + 27°, à midi ; elle est tempérée par la brise de mer qui souffle de 9 heures du matin jusqu'au soir. Toute la colonie est sujette aux vents chauds du N.-O., qui élèvent quelquefois le thermomètre à + 52°. Ces vents sont suivis de violents grains qui rafraîchissent immédiatement l'atmosphère. A Sydney la moyenne de la température annuelle est de + 18°. Les sécheresses sont fréquentes, mais le climat est sain et agréable. Jusqu'à 5 ou 6 kil. de la mer, la côte est généralement aride, mais plus loin le terrain est fertile et bien boisé. Le blé, l'orge, l'avoine, le seigle, les foins, le maïs, le tabac et de petites quantités de coton sont cultivés avec profit, et la plupart des végétaux et des fruits des régions tempérées et tropicales y poussent bien. On a introduit pour l'agriculture des machines perfectionnées, mais l'attention des colons se tourne principalement vers le commerce des laines, des peaux et du suif. On récolte des vins de qualité supérieure, ressemblant au sauterne, au barsac, au hock et au claret. Manufactures de cuirs et d'articles de laine appelé *colonial tweed*. On exporte les laines, les peaux, les suifs, et aussi de la gomme, de l'écorce, du minerai de cuivre et du bois de construction. Sydney

est la capitale; les autres villes principales sont : E. et O. Maitland, Liverpool, Bathurst, Goulburn, Windsor, Newcastle, Penrith et Paramatta. Il y a une université à Sydney; une succursale de la monnaie de Londres émet des pièces d'or. Le gouvernement consiste en un gouverneur nommé par la couronne, un conseil exécutif choisi par le gouverneur, et en deux chambres législatives, l'une nommée par le gouverneur et appelée conseil législatif, et l'autre, choisie par le peuple, nommée assemblée législative. La population renferme un grand nombre de Chinois, beaucoup d'Américains et des colons de presque toutes les nationalités d'Europe. La colonie fut établie en 1787-'88 et servit d'établissement pénitentiaire jusqu'en 1840; le nombre des condamnés envoyés jusqu'à cette époque était de 54,383. (Voy. AUSTRALIE.)

GALLES (Cap du Prince de), promontoire de la mer de Bering, à l'extrémité N. O. de l'Amérique; lat. N. 66°; long. O. 170°.

GALLET, chansonnier et auteur dramatique, né à Paris vers 1700, mort en 1757. Epicier à Paris, rue des Lombards, il se lia avec Piron, Favart, Panard et négligea bientôt son commerce pour composer, soit seul, soit avec ses amis, des comédies et des chansons. Il fit banqueroute en 1734 et mourut pauvre. On a de lui quelques parodies : *la Ramée et Dondon* sur la *Didon* de Pompignan et *Marotte* sur la *Mérope* de Voltaire. Il donna aussi à l'Opéra-Comique plusieurs pièces qui n'ont pas été imprimées.

GALLETTI (Johann-Georg-August), historien et géographe allemand, né en 1750, mort en 1828. Il fut professeur du gymnase de Gotha (1783-1819) et publia plusieurs manuels d'histoire, *Kleine Weltgeschichte* (27 vol. et *Allgemeine Weltkunde*.

GALLIA CHRISTIANA (La Gaule chrétienne), ouvrage commencé par les frères Gaucher et Louis de Sainte-Marthe (1656, Paris, 4 vol. in-fol.) et continué au XVIII° siècle par les bénédictins de Saint-Maur (1710-'85, 13 vol. in-fol.) et par Hauréau (1858 et suiv., 2 vol.).

GALLIAMBE s. m. Vers de six pieds que chantaient les galles ou prêtres de Cybèle.

GALLIAMBIQUE adj. Qui appartient au galliambe.

* **GALLICAN, ANE** adj. [gal-li-] (lat. *Gallia*, Gaule). Français. N'est guère usité que dans ces locutions : *le rit gallican*. — Substantiv. Partisan des libertés de l'Eglise gallicane : *c'est un gallican*. — **Eglise gallicane**, nom employé quelquefois pour désigner simplement l'Eglise catholique en France, mais plus communément appliqué à cette Eglise seulement en ce qui concerne certains privilèges nationaux, certaines doctrines et certains usages. Ceux qui ont été les défenseurs de ces privilèges forment le parti gallican, tandis que leurs adversaires étaient connus sous les noms de romains, de papistes ou (dans les temps modernes) d'ultramontains. Le gallicanisme proprement dit date de la pragmatique sanction de Louis XI (1269), qui limita les prérogatives ecclésiastiques. L'événement le plus important de son histoire est la *Déclaration du clergé français* (*Declarationes cleri gallicani*), qui, en 1682, par ordre de Louis XIV, fut rédigée par Bossuet ; celui-ci délimita les libertés et les doctrines de l'Eglise gallicane dans les quatre articles suivants: 1° rois et princes ne sont pas, en matière spirituelle, soumis au pouvoir spirituel et ce dernier ne peut jamais relever les sujets du serment d'obéissance; 2° le pape est soumis aux décisions d'un concile œcuménique; 3° le pouvoir du pape est en outre limité, en ce qui concerne la France, par les prescriptions établies et les usages de l'Eglise gallicane; 4° également en matière de foi,

les décisions du pape ne sont pas infaillibles quand elles ne sont pas confirmées par le consentement de l'Eglise entière. — Ces propositions furent publiquement brûlées à Rome de la main du bourreau, mais elles furent acceptées au nombre des lois de l'Etat français ou de l'Eglise de France, et forma le palladium légal du parti gallican. Napoléon ajouta arbitrairement certains articles organiques à ceux du Concordat qui rétablissait le catholicisme en France. Ces articles furent rejetés par le saint siège et par un synode convoqué à Paris en 1811. L'établissement de la république en 1848 donna à l'Eglise, dans les affaires ecclésiastiques et d'éducation, une liberté dont elle n'avait pas joui depuis des siècles. L'ancien parti gallican était alors presque éteint, et depuis lors, l'union entre Rome et la France n'a fait que se fortifier d'année en année. Quelques théologiens éminents protestèrent, il est vrai, au nom de l'Eglise gallicane, contre la définition de l'infaillibilité officielle du pape; mais, après la proclamation des décrets du concile du Vatican, les prélats français dissidents durent se soumettre.

GALLICANISER v. a. [gal-li-] Rendre conforme aux usages de l'Eglise gallicane.

* **GALLICANISME** s. m. Doctrine de l'Eglise gallicane et attachement à cette doctrine.

* **GALLICISME** s. m. [gal-li-] (lat. *gallicus*, gaulois). Construction propre et particulière à la langue française, contraire aux règles ordinaires de la grammaire, mais autorisée par l'usage: *les bonnes gens sont aisés à tromper*, est un gallicisme. — Façon de parler de la langue française, transportée dans une autre langue: *cet ouvrage latin est plein de gallicismes*.

GALLICOLE adj. [gal-li-] (franç. *galle*; lat. *collo*, j'habite). Entom. Qui vit dans les excroissances du chêne appelées galles.

GALLIEN (Publius-Licinius-Egnatius GALLIENUS), empereur romain, fils de Valérien, né vers 235 ap. J.-C., mort en 268. A l'avènement de Valérien, en 253, Gallien fut associé au pouvoir avec le titre de César. En apprenant la défaite de son père et sa capture par Sapor, roi de Perse (260), il ne fit aucun effort pour lui faire rendre la liberté; il s'empara du trône et s'adonna à la débauche. Les Francks, les Alemani, les Gotha et les Perses envahirent l'empire, et près de 30 armées romaines, répandues dans différents pays, élurent chacune leur général comme empereur, de sorte que l'anarchie militaire qui s'établit fut appelée l'âge des 30 tyrans. Gallien fut assassiné à Milan par des conspirateurs.

GALLIFÈRE adj. [gal-li-]. Bot. Qui porte des excroissances nommées galles.

GALLIFORME adj. [gal-li-]. Ornith. Qui ressemble au coq, qui a la forme d'un coq.

GALLIN, INE adj. [gal-lain] (lat. *gallus*). Ornith. Qui appartient à la poule: *race galline.*

GALLINACÉ, ÉE adj. [gal-li-] (lat. *gallinaceus*, de *gallina*, poule). Ornith. Qui ressemble ou qui se rapporte à la poule. — * s. m. pl. Ordre d'oiseaux ayant pour type le genre coq. — « Parmi les oiseaux vraiment terrestres, les *gallinacés* ont, comme notre coq domestique, le pas lourd, le vol court, le bec médiocre, à mandibule supérieure voûtée, les narines en partie recouvertes par une écaille molle et renflée, et presque toujours les doigts dentelés au bord et de courtes membranes entre les bases de ceux de devant. Ils vivent principalement de grains. Ainsi nommés de leur affinité avec le coq domestique, les gallinacés ont généralement comme lui les doigts antérieurs réunis à leur base par une courte membrane et dentelés le long de leur bord, le bec supérieur voûté, les narines percées dans un large espace membraneux de la base du bec, recouvertes par une écaille cartilagineuse, le port lourd, les ailes courtes, le sternum osseux, diminué par deux échancrures si larges et si profondes, qu'elles occupent presque tous ses côtés, sa crête tronquée obliquement en avant, en sorte que la pointe aiguë de la fourchette ne s'y joint que par un ligament : toutes circonstances qui, en affaiblissant beaucoup leurs muscles pectoraux, rendent leur vol difficile. Leur queue a le plus souvent quatorze et quelquefois jusqu'à dix-huit pennes, à l'exception de celle des alectors. Leur larynx inférieur est très simple; aussi n'en est-il aucun qui chante agréablement : ils ont un jabot très large et un gésier fort vigoureux. Si l'on excepte les alectors, ils pondent et couvent leurs œufs à terre sur quelques brins de paille ou d'herbe grossièrement étalés. Chaque mâle a ordinairement plusieurs femelles et ne se mêle point du nid ni du soin des petits, qui sont généralement nombreux et qui, le plus souvent, sont en état de courir au sortir de l'œuf. Cette famille, très naturelle, remarquable pour nous avoir donné la plupart de nos oiseaux de basse-cour, et pour nous fournir beaucoup d'excellent gibier, n'a pu être divisée en genres que sur des caractères peu importants, tirés de quelques appendices de la tête. Cuv. » Les gallinacés comprennent les genres: 1° paon (paons, éperonniers, lophophores); 2° dindon: 3° alector (hoccos, pauxis, guans, parraquas, hoazins); 4° faisan (coqs, faisans, argus, tragopans, cryptonyx); 5° pintade; 6° tétras (coqs de bruyère, lagopèdes, gangas, gelinottes, grouses, perdrix, francolins, bartavelles, cailles, colins); 7° tridactyles (turnix, syrrhaptes); 8° tinamou (pesus, tinamus, rhyncholus); 9° pigeon (colombi-gallines, colombes, colombars, gouras).

GALLINOGRALLES s. m. pl. [gal-li-] (lat. gallina, poule; grallus, espèce d'échassier). Ornith. Famille d'échassiers, comprenant les genres qui ressemblent extérieurement aux gallinacés: outarde, agami et kamichi.

GALLINSECTES s. m. pl. [gal-lain-]. Petite famille d'hémiptères homoptères ayant pour type le genre cochenille.

GALLINULE s. f. (diminut. du lat. gallina, poule). Ornith. Nom scientifique des poules d'eau, qui forment un genre d'échassiers dont on a décrit plus d'une douzaine d'espèces, ornées de riches couleurs et habitant par paires ou en petites bandes, sur le bord des lacs, des rivières et les marais. La nourriture des gallinules consiste principalement en fruits, en graines, en racines aquatiques, en petits poissons et en mollusques. Les poules

Gallinula galeata.

d'eau se distinguent des rales de terre par la plaque du front et par des doigts fort longs, munis d'une bordure très étroite. La poule d'eau commune (gallinula chloropus), brun foncé dessus, gris d'ardoise dessous, avec du blanc aux cuisses, le long du milieu du bas-ventre et au bord extérieur de l'aile, reçoit le nom de poulette d'eau (gallinula fusca) lorsqu'elle est jeune ; son plumage est alors plus clair et sa plaque frontale plus grande. Gibier médiocre, elle constitue un aliment maigre. Elle vit sur le bord de ruisseaux lents et profonds, garnis de roseaux; elle vole lourdement, plonge bien, et nage sous l'eau au moyen de ses ailes. Elle se nourrit de vers, d'insectes, de graines, etc. L'espèce américaine est le gallinule de la Floride (gallinula galeata).

GALLINULINÉ, ÉE adj. Ornith. Qui ressemble ou qui se rapporte à la gallinule. — s. f. pl. Tribu de rallidées comprenant les genres gallinule, foulque, talève, etc.

GALLIO (Junius), frère du philosophe Sénèque, adopté par le rhéteur Junius Gallio dont il prit le nom, mort en 65 ap. J.-C. En 53 et 54, il fut proconsul de l'Achaïe et habita Corinthe où il refusa d'écouter les accusations portées par les juifs contre l'apôtre saint Paul (actes XVIII, 12-17). Le nom de gallionisme a été appliqué à l'indifférence en matière de diversité de religions.

GALLIONISME s. m. Voy. GALLIO.

GALLIPOLI [gal-lip-'o-li] (anc. Calliopolis), ville de la Turquie d'Europe (vilayet d'Edirneh), sur une péninsule à l'extrémité N.-E. des Dardanelles, à 180 kil. O.-S.-O. de Constantinople; environ 30,000 hab. Elle fut prise en 1357 par les Turcs et devint l'une des

Gallipoli.

clefs des Dardanelles, mais ses fortifications ont été négligées et le commerce a décliné, quoiqu'il y ait deux ports et une station pour les vapeurs et les navires de l'Etat. Les grains, le vin, la soie et l'huile sont les principaux articles de commerce.

GALLIPOLI (anc. Callipolis ou Anxa), ville d'Italie, sur une île, dans le golfe de Tarente, à 45 kil. O.-S.-O. d'Otrante ; 9,950 hab., y compris un faubourg sur la terre ferme. Elle est fortifiée et possède un bon port dont l'accès n'est pas facile, une belle cathédrale, des pêcheries de thon et différentes manufactures. L'huile de Gallipoli est un article de qualité inférieure.

GALLIPOLIS [gal-li-po-liss'], ville de l'Ohio (Etats-Unis), sur la rivière Ohio, à 120 kil. S.-S.-E. de Columbus ; 3,710 hab. Manufactures de cuirs, de laine ; moulins à farine.

* **GALLIQUE** adj. m. Chim. Se dit d'un acide particulier qu'on prépare en exposant l'infusion de noix de galle à l'air : l'acide gallique produit un précipité d'un beau bleu dans les dissolutions de peroxyde de fer. — L'acide gallique est le produit de la décomposition de l'acide tannique ou tannin, obtenu en aiguilles minces et soyeuses et en cristaux; à l'état pur, ces cristaux sont sans couleur, sans odeur, acides et astringents; ils sont solubles dans 100 parties d'eau froide et dans 3 parties d'eau bouillante; ils sont très solubles dans l'alcool et moins dans l'éther. On suppose que la composition des cristaux séchés à 100° C. est

représentée par la formule $C^7 H^6 O^5$. Quand l'acide gallique est chauffé à 210° C., il est entièrement volatilisé et converti en acide pyro-gallique et en anhydrure carbonique. Quand on l'avale, l'acide gallique est rapidement absorbé et passe de l'estomac dans le sang ; il reste sans subir aucun changement dans ce dernier. On peut le donner à fortes doses et à doses fréquemment répétées, pour arrêter les hémorrhagies. Il a été employé aussi dans les maladies du foie et de la vessie.

* **GALLIQUE** adj. Qui appartient aux anciens Gaulois ou Galls : poésies galliques.

GALLISME s. m. [gal-liss-me]. Système du docteur Gall.

GALLISSONNIÈRE (La). Voy. LA GALLISSONNIÈRE.

GALLISTE s. m. Partisan du gallisme.

GALLITZIN, Golitzin ou GALITZIN, nom d'une famille princière russe. Mikhaïl, qui commanda en 1544 une armée russe contre les Polonais, fut battu et retenu prisonnier pendant 38 ans. Vasili défendit Novogorod contre le premier pseudo-Démétrius, mais bientôt après il épousa la cause de ce prétendant (1605), et s'associa ensuite à des conspirations heureuses contre lui et contre son successeur. Vasili, surnommé le Grand (né en 1633), se battit contre les Turcs, contre les Tartares de Crimée et contre les Cosaques; il fut nommé hetman de ces derniers; il prit une part active aux grandes réformes entreprises par le czar Féodor Alexeyevitch, conclut en 1686 un traité avec la Pologne, favorisa les projets ambitieux de Sophia contre son frère Pierre le Grand et mourut en exil. Mikhaïl (1674-1730) servit dans les gardes de Pierre le Grand qu'il accompagna dans diverses campagnes, et il se distingua en plusieurs occasions, il fut nommé feld-maréchal par Catherine première. Alexandre, fils du précédent (1718-'83), servit sous les ordres du prince Eugène sur le Rhin (1733), prit part à la guerre de Sept ans, commanda une armée russe sur le Dniester (1768) et prit Kholin. Dimitri (1721-'93) fut ambassadeur à Vienne et fonda par son testament un magnifique hôpital à Moscou. Un autre Dimitri (né en 1803), fut ambassadeur en France et à la Haye et écrivit sur les sciences naturelles. Amalia, femme du précédent (née à Berlin en 1748, morte en 1806) fut célèbre par ses productions littéraires et par ses attraits personnels. Elle vécut pendant quelque temps, séparée de son mari, près de la Haye et à Münster. Sergei (né en 1810) se battit contre les Turcs sous Potemkin, contre les Polonais en 1794 et contre les Autrichiens en Galicie en 1809. Emanuel (né à Paris en 1804, mort en 1853) entra dans l'armée russe, se distingua à la prise de Varna, retourna en France, voyagea en Russie et dans d'autres pays, écrivit, traduisit et publia en français plusieurs ouvrages sur la Russie et sur la littérature de ce pays.

GALLO [gal-lo]. Préfixe qui entre dans certains noms composés de peuples, pour exprimer une association des Gaulois avec une autre nation : gallo-belge; les Gallo-Romains ; écriture gallo-romaine.

GALLOCHE (Louis), peintre, né à Paris en 1670, mort en 1761. Il quitta l'atelier de Louis Boullongne, son maître, pour se rendre en Italie, où il séjourna plusieurs années. A son retour à Paris, il obtint un logement du

Louvre, une pension du roi et un fauteuil à l'Académie de peinture (1744), dont il fut plus tard recteur et chancelier. Parmi ses tableaux, qui manquent complètement d'originalité, nous citerons : *Hercule et Alceste*, la *Résurrection de Lazare*, la *Translation des reliques de saint Augustin*, etc.

GALLO-GREC, GRECQUE s. et adj. Galate; habitant de la Gallo-Grèce.

GALLO-GRÈCE. Synon. de GALATIE.

GALLOIS, OISE s. et adj. [ga-louâ]. Du pays de Galles; qui appartient à ce pays ou à ses habitants.

GALLOIS (L'ABBÉ Jean), critique et académicien, né à Paris en 1632, mort en 1707. Il donna des leçons de latin à Colbert. On a de lui quelques opuscules.

GALLOIS (Jean-Antoine GAUVAIN), homme politique, né à Paris vers 1755, mort en 1823. Il fut en relation avec Cabanis et avec les philosophes de son temps. Il entra en 1818 à la cour des comptes, comme conseiller-maître. On a de lui : le *Retour de l'Age d'or*, poème (1774, in-12) ; la *Science de la législation* (Paris, 1786-'91), ouvrage qui lui valut le titre de membre correspondant de l'Institut.

GALLOIS (Charles-André-Gustave-Léonard), historien et publiciste, né à Monaco en 1789, mort en 1851. Il prit part à la rédaction de plusieurs journaux libéraux, entra au *Constitutionnel* (1818) et publia des pamphlets très vigoureux. Bonapartiste sous la Restauration, Gallois embrassa la cause de la république dès 1830. On a de lui : *Histoire abrégée de l'Inquisition d'Espagne* (1828) ; *Histoire pittoresque de la Révolution française* (1830, 4 vol. in-8°), etc.

GALLOMANE adj. [gal-lo-] (lat. *Gallus*, Gaulois; gr. *mania*, fureur). Qui aime passionnément la nation française.

GALLOMANIE s. f. Admiration passionnée pour la nation française.

* **GALLON** s. m. (lat. *gaulus*, vase à boire). Mesure anglaise, de capacité, pour les liquides : *le gallon vaut à peu près quatre litres et demi.*

GALLO-PAVO s. m. [gal-lo] (lat. *gallus*, coq ; *pavo*, paon). Ornith. Ancien nom scientifique du genre dindon.

GALLOPHOBE adj. [gal-lo-fo-be] (lat. *Gallus*, Gaulois; *phobos*, crainte). Qui déteste les Français. — Substantiv. : *les gallophobes.*

GALLOPHOBIE s. f. Horreur des Français.

GALLO-ROMAIN, AINE adj. Qui appartient en même temps aux Gaulois et aux Romains. — Qui se rapporte à la période pendant laquelle les Gaulois furent administrés par les Romains : *repas gallo-romain.* — ÉCRITURE GALLO-ROMAINE, écriture introduite en Angleterre, par Alfred le Grand. — Substantiv. Habitant des Gaules, issu du mélange des Romains et des Gaulois et qui parlait la langue latine corrompue. Les Gallo-Romains furent dépossédés de tout pouvoir politique après l'invasion des barbares ; de leur mélange avec les envahisseurs naquit la race française.

GALLUS (Cornelius), poète et homme de guerre latin, né à Fréjus, l'an 66 av. J.-C. Il vint tout jeune à Rome, se fit connaître comme poète et, en 41, fut nommé triumvir. Il commanda un corps à la bataille d'Actium (34), et s'empara de Parétonium, ce qui ruina définitivement le parti d'Antoine en Égypte. Il se tua, dit-on, de désespoir, parce qu'Auguste, son ancien ami, l'avait condamné à l'exil et avait confisqué ses biens.

GALLUS (Udalricus), imprimeur. Voy. HAN (Ulric).

GALMIER (Saint-), *Aquæ Segestæ*, station minérale et ch.-l. de cant., arr. et à 24 kil. de Montbrison (Loire), sur la Coise; 2,900 hab. Quatre sources bicarbonatées calciques gazeuses, froides. Eaux employées, comme boisson de table, contre les dyspepsies, l'inappétence des convalescents, les embarras gastriques, etc.

* **GALOCHE** s. f. (bas lat. *galochia*; du lat. *gallicæ*, chaussure gauloise). Chaussure dont le dessus est de cuir, et la semelle de bois. — MENTON DE GALOCHE, menton long, pointu et recourbé.

GALOCHIER s. m. Ouvrier qui fait des galoches.

* **GALON** s. m. (anglo-sax. *gal, garin, gai*). Tissu d'or, d'argent, de soie, de fil, de laine, etc., qui a plus de corps qu'un simple ruban, et que l'on met au bord ou sur les coutures des vêtements, des meubles, etc., soit pour les empêcher de s'effiler, soit pour servir d'ornement : *un galon d'or, d'argent, de soie.* — Prov. :

Quand on prend du galon, on n'en saurait trop prendre.

Parodie d'un vers du Roland *de Quinault, acte II, sc. v.*

Cette phrase s'emploie pour dire que l'on ne saurait trop profiter d'une chose avantageuse, trop se procurer d'une chose utile ou agréable. — Bandes de galon que portent en France les officiers, sous-officiers, caporaux et clairons pour distinguer les grades. — ARROSER SES GALONS, payer à boire à ses camarades lorsqu'on est nommé caporal ou sous-officier.

* **GALONNÉ, ÉE** part. passé de GALONNER. — IL EST TOUT GALONNÉ, se dit d'un homme dont l'habit est couvert de galon.

* **GALONNER** v. a. Orner ou border de galon : *galonner un habit.*

GALONNIER s. m. Ouvrier qui fabrique des galons.

* **GALOP** s. m. [ga-lo] (germ. *gahlaupan*, s'élancer). La plus élevée et la plus diligente des allures du cheval, qui n'est proprement qu'une suite de sauts en avant : *un cheval qui va au galop*; *qui va bien le galop.* — UN TEMPS DE GALOP, un court espace parcouru au galop. — S'EN ALLER LE GRAND GALOP A L'HÔPITAL, faire tout ce qu'il faut pour se ruiner promptement. — EN VA LE GRAND GALOP, il tire à sa fin, il se meurt. — ALLER, COURIR LE GALOP, LE GRAND GALOP, se dit d'une personne qui marche, qui lit ou qui parle avec précipitation : *si vous courez ainsi le galop, je ne pourrai vous suivre.* — Fig. et pop. DONNER, RECEVOIR UN GALOP, donner, recevoir une réprimande. — Danse hongroise à deux temps et d'un mouvement vif. — Air sur lequel on danse le galop : *composer un galop.*

* **GALOPADE** s. f. Action de galoper : *ce cheval a la galopade fort belle.* — Certain espace qu'on parcourt en galopant : *d'ici là il n'y a qu'une petite galopade.* — FAIRE UNE GALOPADE, faire une petite course au galop.

* **GALOPANT, ANTE** adj. Ne s'emploie guère que dans cette expression : PHTISIE GALOPANTE, phtisie dont la marche est très rapide.

* **GALOPER** v. n. Aller le galop, on le dit également du cheval et du cavalier : *un cheval qui galope bien, qui galope sur le bon pied.* — Fig. et fam. Faire beaucoup de démarches, courir beaucoup pour quelque affaire : *il galope jour et nuit.* — Se dit quelquefois, très fam., d'une personne qui marche, qui parle ou qui lit avec précipitation : *comme vous galopez! c'est à peine si je peux vous suivre.* —v. a. Mettre au galop, faire aller au galop : *galoper un cheval.* — Fig. et fam. Poursuivre quelqu'un : *il l'a galopé longtemps.* — Se rendre assidu dans tous les lieux où l'on peut voir quelqu'un, où l'on peut lui parler : *il le galope depuis longtemps sans pouvoir le joindre.* — Fig. et pop. LA PEUR LE GALOPE,

il est saisi d'une grande peur : *la fièvre le galope*, il a un violent accès de fièvre.

GALOPEUR, EUSE s. Personne qui aime à galoper.

* **GALOPIN** s. m. Petit garçon que l'on envoie çà et là pour différentes commissions : *il m'a envoyé un galopin.* Il est familier. — Se disait, dans les maisons royales, de petits marmitons qui tournaient les broches, et qui servaient à courir çà et là pour les besoins de la cuisine. — Petit garçon quelconque : *ce petit galopin a l'air bien effronté.* —ᴠᴠ Au fém. GALOPINE.

GALOPPE D'ONQUAIRE (Cléon), littérateur, né à Montdidier en 1810, mort en 1867. Il fut quelque temps militaire et abandonna cette carrière pour s'adonner à la littérature. On a de lui des romans, des poésies et des comédies : la *Femme de quarante ans* (1844) ; *Fumée* (1838) ; le *Siège de la Sorbonne* (1844), poème héroï-comique en six chants, l'*Amour pris aux cheveux.*

* **GALOUBET** s. m. Mus. Petite flûte à trois trous, et de deux octaves plus élevée que la flûte traversière.

GALSUINTHE ou **Galswinthe**, femme de Chilpéric, roi de Neustrie, née vers 541, morte en 568. Elle était fille d'Athanagilde, roi des Wisigoths. Ses noces furent célébrées à Rouen avec une grande magnificence ; mais son bonheur fut de courte durée. Chilpéric la délaissa bientôt pour retourner dans les bras de Frédégonde et la fit même étrangler pendant son sommeil. (Voy. FRÉDÉGONDE.)

GALT [gâlt], ville de l'Ontario (Canada), sur les deux rives de la Grande rivière, à 80 kil. O.-S.-O. de Toronto; 3,830 hab. Moulins à farine, scieries mécaniques, fonderies, ateliers de construction de machines à vapeur, etc.

GALTOUSE s. f. Jargon militaire. Gamelle : *manger une galtouse de rata.*

* **GALUCHAT** s. m. (nom de GALUCHAT, l'inventeur). Peau de squale et de raie, qu'on emploie pour couvrir des boîtes, des étuis, des fourreaux d'épée, etc. : *galuchat à gros grains.*

GALUPPI (Baldassare), musicien vénitien, surnommé BURANELLO, né en 1703, mort en 1785. Son opéra *La Fede nell' inconstanza*, joué en 1729, le rendit célèbre. Il composa plus de 70 opéras et fut appelé le père de l'opéra comique italien ; il composa aussi plusieurs messes, des oratorios, etc.

GALUPPI ou **Galuppi**, (Pasquale), philosophe italien, né en 1770, mort en 1846. Il fut professeur de philosophie à Naples pendant plusieurs années, et fut le premier des philosophes modernes de l'Italie qui s'accorda avec Kant pour considérer les inspirations de la loi morale comme souveraines en psychologie éthique. Ses ouvrages sont nombreux.

GALURIN s. m. Jargon. Chapeau.

GALVANI (Aloisio ou Luigi), médecin italien, né à Bologne en 1737, mort en 1798. Il fut professeur à Bologne. En 1786, le hasard le conduisit à sa grande découverte dans la science physique, dans les circonstances qui méritent d'être rappelées. Mme Galvani étant malade, prenait des bouillons de grenouille. On avait posé sur une table, près d'une machine électrique, quelques-uns de ces batraciens écorchés. L'un des aides de Galvani approcha par hasard la pointe d'un scalpel des nerfs cruraux internes de l'un de ces animaux dont les muscles se mirent en mouvement. Mme Galvani crut s'apercevoir que ce mouvement concourait avec le dégagement de l'étincelle électrique. Elle prévint son mari, qui répéta l'expérience et qui en tira cette déduction que les animaux sont doués d'une électricité particulière, inhérente à leur économie. (Voy. ÉLECTRICITÉ ANIMALE.) En 1791, Galvani publia *De viribus electricitalis in motu musculari commentarius.*

* GALVANIQUE adj. Phys. Qui appartient, qui a rapport au galvanisme : *fluide galvanique.*

GALVANISATION s. f. Phys. Action de galvaniser, manière de galvaniser.

GALVANISÉ (Fer), nom du fer revêtu d'une couche de zinc ou d'une couche de zinc et d'étain. La méthode de Cranfurd consistait à plonger les feuilles de fer nettoyées dans un bain de zinc fondu couvert de sel ammoniac et de remuer ces feuilles quelque temps. Par le procédé de Mallet, les feuilles sont d'abord nettoyées dans un bain chaud comprenant, par parties égales, de l'acide sulfurique ou de l'acide hydro-chlorique et de l'eau ; on les écure ensuite et les place dans un bain préparatoire composé d'une solution saturée d'hydrochlorate de zinc et de sulfate d'ammoniaque et enfin dans un bain de zinc et de mercure, contenant du potassium ou du sodium.

* GALVANISER v. a. Electriser au moyen de la pile galvanique ou de Volta. — Part. Mettre les muscles en mouvement soit pendant la vie, soit peu de temps après la mort, au moyen de la pile galvanique. — Fig. Donner une vie apparente ou momentanée à une chose inerte ou qui a cessé de vivre.

GALVANISEUR s. m. Celui qui galvanise.

* GALVANISME s. m. (de *Galvani*, n. pr.). Phys. Nom donné à une classe de phénomènes électriques qui consistent en des excitations musculaires produites, dans les substances animales, par le contact mutuel des muscles et des nerfs, ou par l'électricité qui se développe quand on met ces substances en communication, soit avec des métaux, soit entre elles, au moyen de conducteurs métalliques : *le galvanisme fut découvert par Galvani.* — Agent invisible qui produit les phénomènes galvaniques, et que l'on a tout lieu de croire être l'électricité en mouvement : *mesurer la force du galvanisme.* — ENCYCL. Le galvanisme ou électricité voltaïque est cette forme d'électricité dynamique qui se développe par une action chimique. La théorie de Volta, que le courant électrique était produit par le contact de deux métaux dissemblables, fut combattue par Fabroni de Florence, qui, le premier, suggéra l'idée que l'action chimique agit comme cause principale. Cette dernière opinion fut soutenue par sir Humphry Davy. On peut observer le phénomène ordinaire de galvanisme dans les expériences simples qui suivent si une feuille ou lame de zinc est placée dans un vase en verre contenant de l'acide hydrochlorique étendu, une action chimique aura lieu, accompagnée d'évolution de bulles de gaz hydrogène et, en examinant, on trouvera du chlorure de zinc dans la solution. Si une lame de cuivre est placée dans le liquide près du zinc et qu'elle soit mise en contact avec lui ou reliée à lui au moyen d'un fil de métal, au-dessus du liquide, l'évolution d'hydrogène sur la surface de la feuille de zinc cessera et se transportera à la surface de la feuille de cuivre. Mais le chlore continuera de s'unir avec le zinc, et si on pèse ce métal, on trouvera qu'il a perdu de son poids, tandis que le cuivre n'aura ni perdu ni gagné. Si un fil très mince de platine forme une partie de la liaison, sa température s'élèvera et si l'appareil agit énergiquement, ce fil peut devenir incandescent ; il peut même fondre. Si le courant est rompu dans quelque partie du fil de rattachement, une très petite étincelle peut s'observer au point de séparation ; elle ressemble à l'étincelle d'une machine électrique ordinaire et elle possède des propriétés identiques. Si les extrémités rom-

pues des fils sont trempées l'une à côté de l'autre dans un petit vase contenant une solution d'iodure de potassium, le sel se décomposera. Si, dans les expériences ci-dessus, on emploie de l'acide sulfurique à la place d'acide hydrochlorique, les mêmes phénomènes auront lieu ; mais au lieu de chlorure, on trouvera du sulfate de zinc dans la solution. Un appareil consistant en deux métaux plongés dans un fluide qui agit chimiquement sur l'un d'eux, est appelé couple simple ou élément galvanique ou voltaïque. Quand les lames ne sont pas réunies, on dit que le couple est ouvert, et quand elles sont réunies par un conducteur, on dit que le couple est fermé, et qu'il forme un circuit. Quand le circuit est fermé, on suppose que le courant d'électricité positive le traverse du zinc au cuivre dans le liquide, et du cuivre au zinc en dehors du liquide. On suppose que le courant passe dans cette direction, parce que, en examinant, avec l'électroscope, l'extrémité du fil qui est relié avec la feuille de cuivre, on trouve de l'électricité positive sur cette extrémité. On peut supposer, de plus, qu'un courant d'électricité négative passe en même temps dans la direction opposée ; mais, pour la commodité des explications, cette action présumée n'est pas prise en considération. L'emploi du mot courant a ses avantages, et il sert à rendre des idées qui sont en accord avec les effets observés ; mais le passage réel d'un fluide dans l'une ou l'autre direction est une matière de doute et, d'après l'opinion de Faraday, elle n'a pas lieu. Ce chimiste croit que les phénomènes sont causés par une polarisation des molécules. La force produite par une batterie galvanique s'appelle force électro-motrice. Le métal qui a la plus forte affinité pour l'oxygène est généralement le plus électro-positif, et c'est pourquoi un métal peut être électro-positif relativement à un second, tandis qu'il est électro-négatif, quand il est comparé à un troisième. Le potassium est le plus électro-positif de tous les corps ; mais son attraction pour l'oxygène est si violente qu'elle le rend sans usage pratique comme élément dans le circuit galvanique. Parmi les corps que l'on peut utilement employer comme éléments électro-positifs, le zinc occupe le premier rang, tandis que le platine est le métal le plus fortement électro-négatif. Mais la condition électrique relative de plusieurs métaux change quand il sont plongés dans différents liquides ; de sorte que, si une plaque de fer ou de cuivre est réunie aux électrodes d'un galvanomètre et plongée dans l'acide sulfurique étendu, l'aiguille déviera dans une direction, tandis que si l'une de ces mêmes plaques est plongée dans une solution de sulfure de potassium, la déviation s'opèrera dans une direction opposée. Le tableau suivant fait connaître quelques-uns des résultats obtenus par Faraday :

COMPARAISON DE DIFFÉRENTS MÉTAUX EN PRÉSENCE DE DIFFÉRENTS LIQUIDES.

ACIDE SULFURIQUE ÉTENDU.	ACIDE HYDROCHLORIQUE.	SOLUTION DU POTASSE.	SOLUTION DE SULFURE DE POTASS.
Argent.	Antimoine.	Argent.	Fer.
Cuivre.	Argent.	Nickel.	Nickel.
Antimoine.	Nickel.	Cuivre.	Bismuth.
Bismuth.	Bismuth.	Fer.	Plomb.
Nickel.	Cuivre.	Bismuth.	Argent.
Fer.	Fer.	Plomb.	Antimoine.
Plomb.	Plomb.	Antimoine.	Etain.
Etain.	Etain.	Cadmium.	Cuivre.
Cadmium.	Cadmium.	Etain.	Zinc.
Zinc.	Zinc.	Zinc.	Cadmium.

Dans chaque colonne du tableau ci-dessus, on a placé en haut le métal le plus électro-négatif (eu égard au liquide) et on est arrivé graduellement en bas au métal le plus positif. — La théorie de la production du courant galvanique est la suivante : quand une

lame de zinc et une lame de cuivre sont plongées dans de l'acide étendu, elles deviennent immédiatement polarisées, et prennent des conditions électriques opposées ; l'extrémité d'un fil de fer (ainsi qu'il a été observé), relié avec la plaque de cuivre, se charge d'électricité positive, et celle que l'on met en rapport avec le zinc prend de l'électricité négative, tandis que les parties des lames de cuivre et de zinc qui se trouvent dans le liquide sont relativement dans un état négatif et dans un état positif. On présume aussi que les molécules composées de liquide acquièrent une condition puissamment polarisée, un constituant devenant négatif et étant attiré vers le zinc, l'autre devenant positif et étant attiré par la feuille de cuivre. Supposons que le liquide soit de l'acide hydrochlorique, la condition électrique et l'action chimique qui auront lieu peuvent être représentées comme il suit :

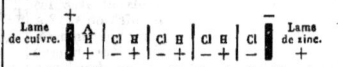

La polarisation des molécules de l'acide devient plus intense par la présence de deux métaux électrisés d'une manière opposée ; et réciproquement, la différence dans les conditions électriques de deux métaux devient plus intense par l'action des molécules acides. Quand les plaques de zinc et de cuivre sont mises en communication par un fil de métal en dehors du fluide, leur polarité devient si intense que les constituants des molécules de l'acide hydrochlorique sont séparés, le chlore négatif étant attiré par le zinc positif, et l'hydrogène positif par la plaque négative de cuivre. L'union a lieu entre le chlore et le zinc, formant le chlorure de zi c qui se dissout dans l'eau. L'hydrogène, qui est attiré par la plaque de cuivre, ne s'unit pas avec elle, mais s'élève en bulles sur sa surface jusqu'au haut du liquide. Cette évolution de l'hydrogène le long de la plaque de cuivre, et non pas au point où le chlore quitte l'acide et s'unit avec le zinc, ne peut s'expliquer qu'en supposant que, lorsque l'action a lieu, il y a en même temps un échange de constituants dans la chaîne intermédiaire de molécules qui se trouvent entre les deux plaques, comme on l'a représenté par le diagramme ci-dessus. En 1762, Sulzer constata une sensation particulière à la langue, lorsque le plomb et l'argent étaient mis en contact avec elle, et en contact l'un avec l'autre. — En 1786, Galvani découvrit accidentellement l'électricité animale, et bientôt, Volta construisit sa première pile. En 1800, à l'aide de la pile voltaïque, Nicholson et Carlisle décomposèrent l'eau, puis le Dr Henry décomposa l'acide nitrique et l'ammoniaque. En 1803, Behrens forma une pile sèche de 80 couples composés de zinc, de cuivre et de papier doré. Le 6 octobre 1807, à l'aide de la grande batterie voltaïque de l'Institution royale de Londres, Davy décomposa la potasse et découvrit le métal nommé potassium, puis, peu après, la soude et d'autres substances. En 1809, Lamboni construisit une pile sèche de disques de papier recouverts d'étain d'un côté et de peroxyde de manganèse de l'autre. La même année, la batterie de Children fit fondre la platine. En 1813, Davy produisit l'arc voltaïque. Des améliorations furent apportées dans la construction de la batterie voltaïque, en 1815 par Wollaston, en 1829 par Becquerel, en 1830 par Surgeon, en 1836 par Daniell, en 1839 par Grove, en 1840 par Jacobi et par Smee, en 1842 par Bunsen et par Grove. En 1878, parut la pile au bichromate de potasse, modifiée par le Dr Leeson ; elle est fort puissante et aujourd'hui la plus employée. BATTERIES VOLTAÏQUES. Une batterie consiste en une combinaison de deux ou plusieurs couples, ayant pour but d'augmenter la force électromotrice ; chaque couple additionnel ajoutant sa force à celle de la batterie. La pile de Volta fut la première forme de batterie. On peut la construire en plaçant sur un morceau de bois un disque de cuivre et sur celui-ci un disque d'étoffe mouillée avec de l'acide dilué ou avec une solution de sel ; et sur l'étoffe on place un disque de zinc et on continue dans le même ordre jusqu'à ce que l'on ait établi ainsi 15 ou 20 couples ou davantage. Une extrémité de la pile doit se terminer par un disque en cuivre et l'autre par un disque en zinc, ces deux extrémités sont reliées par un fil de cuivre. Bientôt après la construction du disque de cuivre, Volta conçut un arrangement différent que l'on appelle *couronne de tasses.* Chaque tasse ou coupe contient de l'acide dilué ou une solution de sel, plus une plaque de cuivre et une de zinc, séparées par une petite distance, le cuivre d'une tasse étant mis en connexion au moyen d'un fil de métal avec la plaque de zinc de la tasse suivante. Cruikshank, en 1802, modifia la forme de la pile en se servant d'une *auge* et en supprimant les pièces d'étoffes de séparation ; d'utiles modifications de la *pile à auges* ont été faites depuis lors. Le zinc du commerce étant mélangé d'autres métaux, on l'amalgame en appliquant du mercure métallique à la surface des plaques de zinc. Par ce moyen, le zinc pur se dissout et est amené à la surface où est confinée l'action de l'acide. La polarisation qui a lieu dans le zinc impur qui n'est pas amalgamé, forme des courants locaux qui diminuent ou annulent la force électromotrice. Toutes les piles qui emploient deux éléments métalliques et un fluide deviennent défectueuses quand on s'en sert longtemps à cause de l'affaiblissement du courant, affaiblissement que l'on peut attribuer à plusieurs causes ; les principales sont : la diminution d'action chimique en conséquence de la séparation graduelle de l'acide par le zinc et de l'accumulation du sel qui en résulte ; la production de courants secondaires allant en sens inverse du courant général ; et le dépôt du zinc sur la plaque négative. C'est pourquoi, les électriciens, dans le but de remédier à ces difficultés ont inventé différentes autres piles qui, en raison de leur action plus continue et plus égale ont été appelées piles constantes. La première de ces batteries fut construite par Becquerel. Notre figure 1 représente la batterie de Daniell, modification de celle de Becquerel. Un récipient

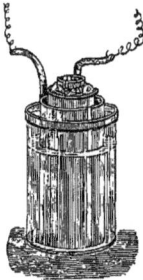

Fig. 1.
Élément de Daniell.

le verre contient de l'acide sulfurique étendu, dans lequel on place un morceau de zinc coulé en forme de cylindre et, dans celui-ci, un vase cylindrique de faïence poreuse, et dans cette dernière on place un morceau de cuivre coulé également en forme de cylindre. Le vase poreux contient une solution saturée de sulfate de cuivre, et des cristaux de ce sel plongent dans la dissolution, sur les tablettes ou dans un panier en fil de cuivre. L'acide sulfurique pénètre tous les pores; mais la cloison poreuse présente un grand obstacle à la transfusion des solutions salines. L'hydrogène naissant, qui est développé à la surface de la plaque de cuivre décompose le sulfate de cuivre de la même manière qu'il le fait pour le sulfate de zinc dans le couple ordinaire de zinc et de cuivre. La pile de Grove est une modification decelle de Daniell; l'acide nitrique y remplace le sulfate de cuivre, et une plaque de platine remplace la plaque

de cuivre. Dans la pile de Bunsen, modification de celle de Grove, l'élément de platine est remplacé par du charbon, excellent conducteur qui est plus électro-négatif que le platine. — La pile de Bunsen (fig. **2**), se composait, à l'origine (1843) : 1° d'un vase en verre, en faïence ou en grès, contenant de l'acide azotique ; 2° d'un cylindre creux de charbon, plongeant dans l'acide azotique ; 3° d'un vase de terre poreuse, contenant de l'acide sulfurique étendu d'eau et plongeant dans l'acide azotique ; 4° d'un cylindre de zinc amalgamé, plongeant dans l'eau acidulée. En 1849, M. Archereau modifia la pile de Bunsen, en mettant l'acide azotique et le charbon dans

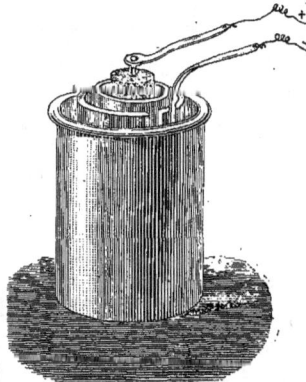

Fig 2.— Élément de Bunsen à charbon intérieur.

le vase poreux et l'eau acidulée, ainsi que le zinc, dans le vase extérieur ; puis, pour charbon, il adopta le charbon de cornue à gaz, qui est à la fois très dur et très poreux. C'est à cette nouvelle disposition que l'on donne aujourd'hui, mais très improprement, le nom de pile de Bunsen. Elle fournit d'autant plus d'électricité que le zinc est plus fortement attaqué par l'eau acidulée. Le zinc dégage l'électricité négative (—), le charbon l'électricité positive (+). — Dans les diverses piles humides, les liquides électrolytiques peuvent être les mêmes que dans la pile de Grove, mais on en emploie souvent d'autres, tels que le bichromate de potasse, l'acide sulfurique et le sel commun.— *Piles sèches.* La pile sèche, construite en 1812 par Zamboni, se compose de disques de papier étamé, dont le côté non étamé a été enduit de bioxyde de manganèse broyé très fin, délayé dans du lait ou dans de la mélasse. Il faut que ces disques soient légèrement humides. On arme les deux extrémités de la pile de plaques métalliques que l'on compriment et lui servent de pôles. Les plaques sont assujetties par des fils de soie. — Il y a aussi la pile de Nobili, composée de barreaux de bismuth et d'antimoine soudés par leurs extrémités. — Pour les principales applications des courants, voy. ÉLECTRICITÉ DYNAMIQUE, GALVANOTHÉRAPIE, GALVANOPLASTIE, etc.

GALVANOCAUSTIE s. f. Synon. de GALVANOCAUSTIQUE.

GALVANOCAUSTIQUE adj. (gr. *kaustikos*, caustique). Qui a rapport à l'emploi de la chaleur électrique dans les opérations chirurgicales. — s. f. Emploi de la chaleur électrique dans les opérations chirurgicales. — La propriété calorifique de l'électricité fut découverte par Fourcroy en 1800. Récamier et Pravaz eurent les premiers l'idée d'utiliser la chaleur électrique en chirurgie (1821). En juillet 1845, le dentiste viennois Moritz Heider

employa le fil de platine rougi à blanc par un courant électrique, pour cautériser la pulpe dentaire. L'année suivante, le médecin russe G. Crusel, en 1849 le docteur Sédillot, en 1850 le chirurgien anglais J. Marshall firent des expériences sur l'emploi d'un fil de platine rougi pour l'enlèvement ou la destruction de certaines parties et pour la cautérisation des plaies. A la fin de 1854, Middeldorpf, chirurgien à Breslau, publia sur la galvanocaustique un travail important qui résuma les connaissances de l'époque. (Voy. AMUSSAT.)

GALVANOCAUTÈRE s. m. Instrument qui sert à pratiquer la galvanocaustie.

GALVANOCÉRAME s. m. (gr. *keramos*, vase de terre). Techn. Vase de porcelaine ou de faïence sur le fond duquel on a fait déposer une couche de cuivre par le procédé de la galvanoplastie : *les galvanocérames sont à peu près incassables.*

GALVANOGRAPHE s. m. (gr. *graphein*, écrire). Écrivain qui traite du galvanisme.

GALVANOGRAPHIE s. f. Traité sur le galvanisme. — Grav. Procédé électrographique qui consiste à surcharger avec du cuivre précipité, des dessins, des images au pinceau, de manière à constituer des planches qui imitent tous les genres de gravure (aqua-tinta, pointillé, etc.). La galvanographie a été imaginée par le professeur Kobell, de Munich.

GALVANOMAGNÉTIQUE adj. Qui a rapport au galvanomagnétisme.

GALVANOMAGNÉTISME s. m. Synon. d'électro-magnétisme.

GALVANOMÉTALLURGIE s. f. Synon. de GALVANOPLASTIE.

GALVANOMÈTRE s. m. Phys. Instrument destiné à découvrir les moindres traces de l'électricité en mouvement et à mesurer l'intensité des effets galvaniques. Si une aiguille magnétique est placée près d'un fil dans lequel passe un courant électrique, elle défléchira ; la direction dépendant de la position relative du fil et de l'aiguille, et de la direction du courant. Sur cette action particulière est basée la construction d'un instrument qui employé pour mesurer la force d'un courant galvanique, et qui est appelé *galvanomètre*. Si le fil est tenu au-dessus de l'aiguille magnétique et parallèlement à celle-ci et si un courant passe dans la direction de son extrémité nord, cette extrémité déviera à gauche, comme le représente la figure 1, en

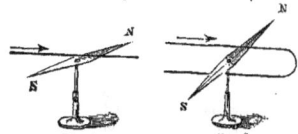

Fig. 1.   Fig. 2.
Galvanomètre à une aiguille.

supposant que l'observateur regarde en bas et au nord. Si le fil est tenu en dessous de l'aiguille et que le courant soit dirigé dans la même direction, l'extrémité nord déviera à droite ; mais si le courant va du nord au sud, l'aiguille défléchira dans la même direction que si le courant passait au-dessus, du sud au nord. En conséquence, si le fil est retourné sur lui-même, comme dans la figure 2, deux forces agiront sur l'aiguille, tendant à la faire dévier dans la même direction et si le fil est replié en forme de rouleau plat, la force de déviation agissant sur l'aiguille sera multipliée presque autant de fois que le fil passe en arrière et en avant. La sensibilité de l'instrument est augmentée en se servant de ce que l'on appelle une aiguille astatique, que l'on construit en plaçant deux aiguilles magnétiques sur le même axe, mais avec leurs extrémités nord et sud dans des directions opposées et en les suspendant horizontalement par un petit fil de soie. Néanmoins, il est d'habitude, excepté pour les plus délicates opérations, que l'une des aiguilles soit un peu plus forte que l'autre, de façon que l'appareil ait une légère tendance à se diriger au nord et au sud. Le galvanomètre astatique ne peut s'employer pour mesurer des courants d'une très grande force à cause de sa trop grande délicatesse ; à cet effet le galvanomètre des tangentes et le galvanomètre des sinus sont employés. Le galvanomètre des tangentes ou boussole des tangentes, consiste en un cercle vertical, formé d'une lame de cuivre dont les deux extrémités sont réunies aux pôles d'une batterie. Au centre de ce cercle vertical on place une petite aiguille magnétique longue d'environ $\frac{1}{15}$ du diamètre du cercle. Quand l'aiguille n'est pas plus longue que cela, la tangente de l'angle de déflexion sera proportionnelle à la force du courant. Si la force d'une série de courants passant dans un fil et mesurée par le galvanomètre, est représentée par les nombres 1, 2, 3, la quantité de chaleur développée en même temps sera exprimée par les nombres 1, 4, 9 ; la chaleur produite par un courant galvanique est donc proportionnelle au carré de la force du courant. — Pour les principales applications du galvanomètre, voy. Électricité dynamique. — En 1820, Ampère et Schweigger inventèrent des rhéomètres ou multiplieurs, populairement appelés *galvanomètres* : d'autres ont été inventés en 1821 par Cumming, en 1824 par de la Rive, en 1830 par Ritchie (torsion) et en 1843 par Joule (magnétique).

GALVANOMÉTRIQUE adj. Qui a rapport au galvanomètre.

GALVANOPLASTE s. m. (gr. *plassein*, former). Celui dont la galvanoplastie forme l'industrie.

* GALVANOPLASTIE s. f. Art qui consiste à précipiter par l'action d'un courant galvanique, un métal en dissolution dans un liquide sur une matière quelconque, soit pour l'orner ou le préserver des influences atmosphériques, soit pour en prendre l'empreinte : *la galvanoplastie est employée pour dorer ou argenter divers objets et aussi pour bronzer.* Spencer, en Angleterre, et le professeur Jacobi, en Russie, firent sur cette partie de la science les premières expériences fructueuses en 1837-'38. Depuis lors, A. Smee et autres ont perfectionné leur procédé. En 1840, Rob. Murray appliqua la plombagine aux corps non métalliques comme surface conductrice. En la même année, Ruolz et Elkington employèrent la galvanoplastie pour la dorure et pour l'argenture. Depuis 1850, les caractères d'imprimerie, les gravures sur bois sont clichés en cuivre par *l'électrotypie*. La galvanoplastie ou électro-métallurgie est l'art de séparer les métaux de leurs composés chimiques et de la faire déposer dans leur condition élémentaire sur des surfaces de différentes formes, au moyen de l'électricité dynamique. Les principales divisions de cet art sont la galvanoplastie proprement dite et le clichage ou galvanotypie. Dans la galvanoplastie proprement dite, le métal déposé est habituellement adhérent à la surface sur laquelle il est placé, tandis que dans le clichage il est subséquemment enlevé de cette surface ; celle-ci est une empreinte ou moule que l'on a pris sur l'objet à reproduire et qui forme une copie à l'en-

vers. On faisait autrefois la dorure en couvrant le métal qui devait être doré d'un amalgame d'or et de mercure et en volatilisant le dernier métal ; le même procédé était employé pour l'argenture. On dit que Brugnatelli, élève de Volta, fut, en 1803, le premier qui, au moyen du courant galvanique, dora des métaux de mauvais aloi ; mais de la Rive fut le premier qui employa ce procédé avec succès ; son état actuel de perfection est dû à Elkington, à Ruolz et à d'autres. Les procédés d'argenture et de dorure sont presque identiques ; ils reposent sur le pouvoir d'induire une condition électro-négative sur une surface métallique, laquelle condition fait que cette surface attire le constituant électro-positif ou constituant métallique d'un sel ; et d'induire aussi une condition électro-positive sur une surface voisine, l'obligeant à attirer le constituant électro-négatif ou non métallique. La lame positive d'une batterie ou celle sur laquelle a lieu l'action chimique et qui est en communication avec l'électrode négatif, doit donc être réunie par ce dernier à la lame sur laquelle on désire faire déposer le métal, l'autre lame ou lame négative, étant reliée à celle du bain sur laquelle on doit induire une condition électro-positive. La tendance dans le *bain* (on appelle ainsi le liquide qui contient le sel métallique dont le métal est déposé par électrolyse) crée ordinairement une force électro-motrice agissant dans une direction opposée à celle du courant de la batterie ; c'est pourquoi la force électro-motrice de ce dernier courant doit être assez puissante pour vaincre la première, et aussi pour opérer la décomposition. Il est donc désirable que la solution du bain crée une force électro-motrice aussi faible que possible, et l'on choisit de préférence une solution alcaline au lieu d'une solution acide. Il faut une puissante batterie pour obtenir qu'un dépôt d'or métallique se forme d'une solution de chlorure d'or sur la surface métallique d'une plaque de fer ; mais en employant un cyanure d'or dissous dans du cyanure de potassium, le dépôt est facile, même en employant une petite pile ou un simple élément. Si un morceau de fer bien décapé est trempé dans une solution de sulfate de cuivre, il se recouvre d'une couche légère de ce dernier métal ; mais ce n'est pas là un exemple du cuivrage véritable, le cuivre n'étant pas déposé sur la surface métallique unie du fer, mais sur une couche légère de l'oxyde ou du sulfate de ce métal, qui est formée par l'action de l'acide sulfurique contenu dans le sulfate de cuivre. Il ne faut qu'aucune action chimique n'ait lieu sur la plaque de fer ; mais maintenant qu'elle est nette, on doit y amener en quantité suffisante l'électricité négative qui, au lieu d'attirer l'acide, attire le constituant métallique de la solution. Dans la pratique, il est d'habitude, pour l'argenture ou la dorure du fer, de déposer d'abord une couche légère de cuivre qui s'attache au fer plus facilement que les métaux précieux et qui forme une meilleure surface pour leur dépôt. La galvanoplastie ne se borne pas au dépôt d'un métal sur un autre ; elle permet de couvrir des alliages avec un métal ou de revêtir d'alliage un métal simple. L'airain et le bronze peuvent, lorsque l'on choisit avec soin et quand on fait usage des électrodes positifs de l'alliage, être déposés sur des plaques de cuivre. (Voy. Galvanotypie.) — La galvanoplastie est aujourd'hui très employée pour le nickelage. — L'intensité du courant n'est pas indifférente pendant l'opération de la galvanoplastie. Un courant trop intense produit un dépôt pulvérulent ; un courant trop faible donne un dépôt cristallin et cassant.

GALVANOPLASTIQUE adj. Qui a rapport à la galvanoplastie.

GALVANOPUNCTURE s. f. Synon. d'Électropuncture.

GALVANOSCOPE s. m. (gr. *skopeô*, j'examine). Instrument qui rend sensibles à la vue les effets galvaniques.

GALVANOTHÉRAPIE s. f. Application du galvanisme à la thérapeutique, comme stimulant général agissant particulièrement sur le système nerveux, dans les cas de paralysie, de rhumatisme, de goutte, de sciatique, d'amaurose et de névralgie. — L'emploi thérapeutique de l'électricité remonte aux temps les plus anciens. Les Grecs, les Étrusques, et, après eux, les Romains étudièrent les phénomènes de l'électricité atmosphérique, dont ils ignoraient la cause, mais dont ils constataient les effets mécaniques, physiques et physiologiques. Les éclairs, le tonnerre, la foudre, le feu Saint-Elme, la puissance attractive de l'ambre jaune et de certaines tourmalines, lorsqu'on les chauffe, avaient vivement éveillé leur attention ; enfin, les médecins utilisaient une machine électrique toute faite, *la torpille*, dont parlent Scribonius Largus (au temps de Claude) et le célèbre Galien (2e siècle ap. J.-C.) comme d'un remède contre la goutte et les maux de tête. (Voy. Torpille.) Le père Hell, qui pratiquait la médecine des aimants à Vienne (Autriche), pendant le xviiie siècle, et Mesmer, qui fut, pendant quelque temps, son collaborateur, paraissent être les premiers qui aient appliqué l'électricité à la thérapeutique, dans les temps modernes.

GALVANOTYPIE s. f. (gr. *tupos*, caractère). Cuivrage des clichés ou des caractères d'imprimerie au moyen de puissantes machines électro-magnétiques. Le procédé est le même que pour la galvanoplastie ordinaire. Seulement on prend l'empreinte de l'objet à reproduire, soit par le clichage (voy. ce mot), soit au moyen d'une matière très fusible, telle que de la cire. On passe, sur la surface à recouvrir de cuivre, une brosse qui y étend une très légère couche de plombagine. Cette surface étant rendue métallique, on plonge l'objet dans un bain de cyanure de cuivre et on décompose la dissolution au moyen de la pile. Pour cela, on relie au pôle négatif de la pile l'objet que l'on veut recouvrir de cuivre. Le pôle positif communique avec une lame de cuivre également plongée dans le bain. Cette lame, dite *électrode soluble*, se dissout en quantité égale à celle déposée dans le moule. Quand le dépôt est suffisamment épais, on lave la pièce à grande eau et on la détache du moule.

GALVAUDAGE s. m. Jargon. Flânerie dans de mauvais lieux.

* GALVAUDER v. a. Maltraiter quelqu'un de paroles, le réprimander avec aigreur ou avec hauteur. (Vieux.) — Déranger, mettre en désordre, gâter : *il a galvaudé tout mon linge, tous mes habits.* — ~ Vagabonder, s'encanailler, courir de mauvais lieux : *galvauder avec dans des promiscuités de mauvais aloi* (Montépin). — ~ Se galvauder v. pr. Argot. Compromettre sa réputation par des galvaudages. — Se traîner moralement dans la boue.

GALVAUDEUSE s. f. Jargon. Femme de mauvaise vie.

GALVAUDEUX s. m. Vagabond. Mauvais sujet. — Homme qui laisse à désirer sous le rapport des mœurs.

GALVÈSE (La), nom que l'on donne quelquefois à la *Brie pouilleuse* (Champagne). La Galvèse fut réunie à la couronne par Philippe le Bel.

GALVESTON, ville principale du Texas, sous le rapport de la population et du commerce, à l'extrémité N.-E. de l'île Galveston, sur la baie du même nom. Plusieurs institutions charitables (y compris trois hôpitaux), collège catholique romain (université de Sainte-Marie), collège médical, plusieurs académies

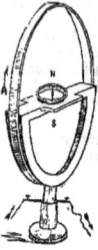

Fig. 3.
Galvanomètre
tangent.

et écoles publiques. — Pendant la guerre civile, Galveston fut occupée par les forces fédérales le 8 octobre 1862; les confédérés s'en emparèrent de nouveau le 1er janvier 1863.

GALVEZ (Bernardo, COMTE DE) [gâl-'vèss], général espagnol, né en 1756, mort en 1786. Il fut nommé gouverneur de la Louisiane en 1776. Lorsque l'Espagne eut déclaré la guerre à la Grande-Bretagne, il prit aux Anglais, en 1779, le fort Manchac, Baton-Rouge, le fort Sanamure à Natchez. En 1780, il s'empara de Mobile et en 1781, de Pensacola. Il fut créé comte, et, en 1784, nommé capitaine général de Cuba, de la Louisiane et des deux Florides. La même année, il succéda à son père comme vice-roi du Mexique.

GALWAY, [gâl'-ouè] I. Comté du Connaught (Irlande), borné par l'Atlantique et la baie de Galway ; 6,067 kil. carr. ; 248,257 hab. ; il est séparé en deux divisions par le Lough Corrib. La division de l'E. est en général unie et fertile. Celle de l'O. est stérile et montagneuse, mais elle renferme d'importantes mines de cuivre, de plomb, de manganèse, des carrières de marbre, etc. L'agriculture est très en retard. Élevage des bestiaux. Les cromlechs celtiques et les châteaux anglo-normands y sont très nombreux. Villes principales : Galway, Tuam, Loughrea et Ballinasloe. — II. Capitale de ce comté, près de l'extrémité de la baie de Galway, à 170 kil. O. de Dublin ; 13,190 hab. Les principaux édifices publics sont : le collège de la Reine, l'église collégiale de Saint-Nicolas et le couvent franciscain. Le port possède une ligne de quais très étendus et un dock flottable. Exportation de marbre, de laines, de grains, etc.

GAMA (José-Basilio da), poète brésilien, né en 1740, mort en 1795. Il publia, en 1769, un poème intitulé l'*Uruguay*, décrivant le renversement des missions des Jésuites ; il reçut un emploi au ministère d'État à Lisbonne et fut anobli en 1774.

GAMA (Vasco da), navigateur portugais, mort à Cochin (Inde) le 26 décembre 1524. Gentilhomme de la maison du roi et marin habile et expérimenté, il fut envoyé avec quatre vaisseaux pour explorer les pays situés au delà du cap des Tempêtes, que Barthélemy Dias avait déjà découverts. Il doubla le Cap que le roi avait nommé cap de Bonne-Espérance ; le 20 ou le 22 novembre, il découvrit Mozambique, et visita Mélinda, d'où, avec l'aide d'un pilote, il atteignit la côte de Malabar en 23 jours. Le 20 mai 1498, il arriva à Calicut. Il avait donc ouvert une nouvelle route pour l'Orient. Gama atteignit Lisbonne, le 29 août 1499, après une absence de 26 mois. Le roi Emmanuel envoya une seconde flotte, de 13 navires, sous les ordres de Pedro Alvarez Cabral, qui établit un comptoir à Calicut ; mais, après le départ de la flotte, les habitants massacrèrent tous les Portugais qui étaient restés. En 1502, Gama y revint à la tête de 20 navires, brûla Calicut, détruisit la marine de cette ville, et étant entré en relations amicales avec Cochin, retourna dans sa patrie. Il fut nommé amiral de l'océan Indien et comte de Vidigueira, mais il vécut dans la retraite pendant 21 ans. En 1524, il fut nommé vice-roi des Indes et se rendit dans son gouvernement, où il mourut peu après.

GAMACHE (Noces de), épisode du roman de don Quichotte. Le chevalier, accompagné de son fidèle écuyer Sancho, arrive dans un village où un paysan, nommé Gamache, offre, à l'occasion de son mariage, un banquet gargantuesque. — Les *Noces de Gamache* ont passé en proverbe pour désigner un repas où tout se trouve en profusion.

GAMACHES I. *Gamapium*, ch.-l. de cant., arr. et à 26 kil. S.-O. d'Abbeville (Somme),

sur la Vineuse, près de son embouchure dans la Bresle ; 2,000 hab. Autref. place forte. Église du XIIe siècle (mon. hist.) — II. Comm. du cant. d'Étrépagny (Eure), sur la Bonde et des sources intermittentes ; 425 hab. Ruines d'un château qui joua un rôle important dans les guerres du XIIe siècle.

GAMAIN (François), maître de serrurerie de Louis XVI, né à Versailles en 1751, mort vers 1795. Ce fut lui qui apprit la serrurerie au roi et qui posa la porte de la fameuse *armoire de fer* des Tuileries. Il révéla l'existence de cette armoire au ministre Roland. Son mobile était la vengeance. Il avait été, disait-il, empoisonné par Louis XVI ou par la reine, le jour de la pose de la porte de fer, au moyen d'un verre de vin et d'une brioche saturés l'un et l'autre de sublimé corrosif. Le 28 avril 1794, la Convention accorda une pension annuelle et viagère de 1,200 livres à *François Gamain, empoisonné par Louis Capet le 22 mai 1792*. Le poison, quoique combattu par des remèdes, agit avec assez d'énergie pour faire languir le serrurier, paralyser une partie de son corps et abréger ses jours. Pendant la Restauration, les héritiers de Gamain enlevèrent des Archives les pièces manuscrites de cette ténébreuse affaire.

GAMALIEL, docteur juif de la loi, membre du sanhédrin et professeur de Saül, le futur apôtre saint Paul, mort vers 52 ap. J.-C. Dans le *Talmud*, il est surnommé Hazzaken, *l'Ancien*, pour le distinguer de son petit-fils. Il se fit remarquer par son humanité et sa tolérance, en appuyant l'acquittement qu'il saint Pierre et les autres apôtres amenés devant le conseil. (Actes V.)

GAMAY s. m. Raisin noir de qualité inférieure. Charles IX défendit de planter « l'infâme » gamay dans les vignes qui produisent des vins fins.

GAMBA (Jacques-François), explorateur, né à Dunkerque en 1763, mort en Géorgie en 1833. Il termina ses études en Allemagne et vint se fixer à Dunkerque où il prit la direction de la maison de commerce fondée par son père. Il fut envoyé dans la Russie méridionale (1817) par le duc de Richelieu. Revenu à Paris en 1818, il partit en 1819 pour la Géorgie, visita le Chirvan, le Daghestan et mourut à Tiflis, où un poste de consul avait été créé pour lui. On a de Gamba : *Voyage dans la Russie méridionale et particulièrement dans les provinces et au delà du Caucase* (1824, 2 vol. in-8°), avec atlas et cartes.

°GAMBADE s. f. (ital. *gamba*, jambe). Espèce de saut sans art et sans cadence : *faire une gambade* (fam.). — PAYER EN GAMBADES, se dit lorsque à des demandes légitimes on ne répond que par des défaites, par des plaisanteries de mauvaise foi, sans donner aucune satisfaction : *je lui ai demandé l'argent qu'il me doit, il m'a payé en gambades*. On dit de même, PAYER EN MONNAIE DE SINGE. — Ces manières de parler proverbiales viennent de ce que les jongleurs s'exemplaient du droit de péage, en faisant danser leur singe devant le péager.

°GAMBADER v. n. Faire des gambades : *il gambade sans cesse.*

GAMBADEUR, EUSE s. Celui, celle qui gambade.

GAMBETTA (Léon), avocat et homme politique, né à Cahors le 30 oct. 1838, mort aux Jardies (Ville-d'Avray), à onze heures, dans la nuit du 31 déc. 1882 au 1er janv. 1883. Son père, négociant génois, avait épousé une Israélite et s'était fixé, quelque temps avant la naissance de Léon, à Cahors, où il avait fondé le *bazar génois*, pour le commerce des fruits et de la poterie. Léon Gambetta s'étant fait inscrire

au barreau de Paris en 1859, entra de suite dans le cercle encore peu étendu d'orateurs libéraux opposés à l'Empire. L'affaire Baudin (voy. BAUDIN) lui donna l'occasion désirée de plaider une cause retentissante et de se distinguer dans l'arène politique, où il n'avait jusqu'alors brillé qu'au second rang (1868). Une jeunesse ardente, passionnée, cherchait un chef irréconciliable ; elle acclama le véhément défenseur de Delescluze, comme un nouveau Mirabeau destiné à terrasser le césarisme. Lors des élections générales de 1869, Gambetta fut élu à Paris, contre Carnot, et à Marseille contre Ferdinand de Lesseps, Thiers et le marquis de Barthélemy ; il opta pour Marseille, et fit ainsi arriver Rochefort. À la tribune du Corps législatif, où les éclats de sa voix tonnante couvrirent souvent les clameurs de ses adversaires, il protesta contre l'arrestation de son collègue Rochefort (7 févr. 1870) et contre le plébiscite (5 avril). Lors des premiers désastres de l'armée française en 1870, il refusa de s'associer à un mouvement projeté par l'Internationale. La révolution du Quatre-Septembre le porta au pouvoir : il fut nommé ministre de l'intérieur, et c'est en cette qualité qu'il signa le décret du 8 sept., convoquant les électeurs pour le 18 oct., à l'effet de nommer une Constituante ; il voulut ensuite avancer les élections au 2 oct. ; mais la marche rapide des Allemands et l'investissement de Paris (17 sept.) ne permirent pas d'exécuter cette partie du programme du gouvernement de la Défense nationale. Le soulèvement contre l'étranger paraissant manquer d'enthousiasme, Gambetta pensa que sa présence était indispensable en province pour électriser le peuple et lui communiquer l'ardent patriotisme dont il était animé. Il ne craignit pas d'exposer sa vie dans un ballon (7 oct.), prit terre près de Montdidier, et lança de suite une proclamation dans laquelle il déclara qu'il fallait faire un pacte avec la victoire ou avec la mort (8 oct.). Arrivé à Tours, au milieu de la délégation de la Défense nationale, il prit le portefeuille de la guerre sans abandonner celui de l'intérieur ; c'est-à-dire qu'il s'empara de la dictature. Accueilli par la méfiance des chefs militaires, par la malveillance des chefs politiques, il parvint, sans aucun titre légal, à s'imposer aux uns comme aux autres, et à électriser, pour un instant, la province décapitalisée. La garde nationale fut mobilisée ; l'armée de la Loire, réorganisée, rentra en ligne et remporta la victoire de Coulmiers. Mais la capitulation de Metz, flétrie par une éloquente proclamation du dictateur (27 oct.), brisa jusqu'à la garde le tronçon d'épée dont la France se servait pour parer les coups des ennemis. — Gambetta, qui semble se retremper dans le malheur, cherche de nouvelles armes ; il appelle la nation à venger le déshonneur de Metz (proclamation du 1er nov.), il organise et équipe des armées dans le Nord, dans l'Est et dans l'Ouest ; il court lui-même sur les points les plus extrêmes du territoire, afin d'y exalter les courages : on le voit à Besançon, où Garibaldi le reçoit et lui dit : « Vous êtes le dictateur de fait ; ayez en toutes les audaces, comme vous en aurez toutes les responsabilités et tous les déboires». Il revient à Tours pour diriger les opérations de l'armée de la Loire ; puis à Bourges, après la défaite de cette armée ; ensuite à Lyon, pour y activer la défense ; enfin à Bordeaux, où s'était transportée la délégation de Tours (27 janv.). Il se procure des fonds par un emprunt de 250 millions, contracté avec des spéculateurs anglais (emprunt Morgan) ; il trouve des armes et des munitions ; il ranime à chaque instant la lutte, au moment où on le croit abattu. La capitulation de Paris et l'abandon de l'armée de l'Est (son suprême espoir) firent tomber ses dernières illusions ; il n'abandonna pas la partie sans faire entendre une douloureuse protestation. — Sous l'impulsion de la colère, Gambetta signa son décret du 4 févr., par lequel il frappait d'inéligibilité les anciens fonctionnaires de l'Empire. Sur les réclamations de M. de Bismarck, ce décret fut annulé par le gouvernement de Paris, et Gambetta démissionna, ainsi que son ministère, dès que M. Jules Simon arriva à Bordeaux (6 févr.). Le 8 févr., il fut élu dans neuf départements, opta pour Strasbourg et essaya de faire entendre, en faveur de la continuation de la guerre, des paroles qui furent étouffées sous les clameurs. Son mandat ayant pris fin par le fait que le département qu'il représentait cessait d'être français, il quitta la France où sa vie n'était pas en sécurité plus que celle de Victor Hugo et des partisans de la lutte à outrance ; il se retira un instant en Espagne. Elu dans trois départements lors des élections complémentaires du 2 juillet, il opta pour celui de la Seine et fut accueilli, à l'Assemblée de Versailles, par les invectives de la majorité. Pour mettre fin aux calomnies de toutes sortes dont ses ennemis essayaient de le noircir, il réclama lui-même une enquête sur les actes de la délégation de Tours et de Bordeaux, et cette enquête montra que, s'il avait commis des erreurs et que si les hommes qui avaient capté sa confiance ne s'en étaient pas toujours montrés dignes, son intégrité personnelle n'en était pas moins restée à l'abri de tout soupçon. En 1872, il prit rarement la parole à l'Assemblée, mais il fit des tournées politiques dans le Midi, dans l'Est et dans l'Ouest et prononça, à Angers, au Havre, à la Ferté-sous-Jouarre, à Annecy et à Grenoble des discours de propagande qui eurent un grand retentissement. Ayant acclamé à Grenoble (26 sept. 1872), l'arrivée au pouvoir d'une *nouvelle couche sociale,* il irrita au dernier point les chefs des *classes dirigeantes,* et fut traité de *fou furieux* par M. Thiers, et de *factieux prêt à tout bouleverser* par le général Changarnier (18 nov.). Déjà, le 5 nov. 1871, Gambetta avait fondé, par actions, le journal la *République française,* organe radical dont il était le directeur politique. En 1873, il se rapprocha de M. Thiers, auquel il prêta plusieurs fois son concours ; il combattit néanmoins la candidature Rémusat. La chute de M. Thiers amena un rapprochement complet entre Gambetta et l'ex-président de la République. M. Thiers admit la république avec les républicains et non contre eux ; Gambetta abandonna pour des temps plus opportuns son programme radical de 1869 ; et de l'alliance de ces deux hommes d'État naquit l'*opportunisme.* Tant que dura le gouvernement du maréchal, Gambetta, bien qu'il laissât la place d'honneur à M. Thiers, fut le véritable chef de l'opposition républicaine. Sa seule présence à la tribune, où il couvrait le tumulte par sa voix de stentor, et d'où son regard de cyclope semblait foudroyer les ennemis de la République, suffisait pour attirer dans l'enceinte de l'Assemblée une foule de spectateurs envieux de l'entendre. Le plus célèbre de ses discours pendant cette période est le réquisitoire qu'il prononça, le 13 juin 1874, contre M. Rouher et contre « les misérables qui ont perdu la France », paroles flétrissantes après lesquelles un individu attendit l'orateur à la gare Saint-Lazare, l'insulta, se jeta sur lui et le frappa. En 1875, Gambetta, chef dirigeant de l'Union républicaine, entraîna ce groupe à voter la Constitution du 25 févr. et à accepter la création d'un Sénat, qu'il appelait le *grand conseil des communes.* Sa conversion au centre lui ayant attiré les éloges ironiques de ses anciens adversaires, qui le félicitèrent d'avoir *coupé sa queue,* il se défendit devant les électeurs de Belleville (14 févr. 1876) d'abandonner complètement son programme ; mais il se déclara partisan de la *politique des résultats.* Elu dans quatre circonscriptions (20 févr. 1876), il opta pour celle de Belleville. Chef de la majorité républicaine, il vit se dresser devant lui un parti nouveau, celui des *intransigeants* ou *républicains* qui

ne voulaient rien abandonner du programme de 1869. Il détourna un instant les esprits par des discours anticléricaux, fut nommé président de la commission du budget (1877) et retrouva sa popularité après le Seize-Mai. Il fut l'un des auteurs de la protestation des 363 et, d'accord avec M. Thiers, il entreprit cette campagne qui devait aboutir à la consolidation de la République. Son discours de Lille (15 août 1877), dans lequel il s'écria : « Lorsque la France aura fait entendre sa voix souveraine, il faudra *se soumettre ou se démettre* », lui valut une condamnation par défaut, à 3 mois de prison et à 1,000 fr. d'amende (10e chambre du tribunal de la Seine, 11 sept.) ; mais ce jugement, confirmé en appel, fut annulé par une amnistie subséquente. Réélu le 14 oct. par les électeurs de Belleville, Gambetta prononça un violent réquisitoire contre M. de Broglie, le 15 nov. Il visita l'Italie ; l'Allemagne et l'Autriche au commencement de 1878. La démission du maréchal et l'élection de M. Grévy à la présidence de la République aplanirent pour Gambetta la route du pouvoir. Il fut élu président de la Chambre des députés le 1er févr. 1879 et dut, presque aussitôt, combattre les intransigeants, devenus ses adversaires les plus redoutables. Une visite à ses électeurs de Belleville lui fit penser que, pour rompre la glace qui s'épaississait entre les Bellevillois et leur mandataire, il suffirait de faire voter l'amnistie ; et il obtint la réalisation de ce vœu général des Parisiens. Comme chef des radicaux opportunistes, il se montra plein de modération et chercha à prouver qu'il était mûr pour le pouvoir. Mais subissant une influence fatale aux hommes politiques français, il devint centralisateur à mesure qu'il se rapprocha du gouvernement, c'est-à-dire du centre, et sa queue se détacha spontanément de lui, sans qu'il eût la volonté de la couper. Lors des élections générales de juillet 1881, il se présenta de nouveau dans le XXe arrondissement (Belleville), où le parti intransigeant avait pris des forces extraordinaires. Ne pouvant composer de ses amis le bureau de la réunion publique où il devait prendre la parole, il se laissa entraîner par la violence de son caractère à insulter ses adversaires, auxquels il annonça qu'il saurait les retrouver jusqu'au fond de leurs repaires. Il fut élu néanmoins, mais à son élection, vivement discutée, fut considérée comme un échec. M. Grévy lui ayant confié, le 10 nov., la présidence du conseil, il forma, le 14, ce que ses amis appelaient le *grand ministère.* Pour bien accentuer sa rupture avec ses anciens amis les radicaux, il nomma à plusieurs emplois publics des personnages qui s'étaient compromis comme chauds partisans du Seize-Mai. Le 14 janv. 1882, il lut devant la Chambre son projet de révision de la Constitution, contenant le principe du scrutin de liste comme mode d'élection parlementaire. Le 26, la Chambre, après discussion, rejeta ce projet, par 305 voix contre 117. A la suite de ce vote, le grand ministère donna sa démission. — Le 27 nov., Gambetta se trouvait dans sa propriété des Jardies (Ville-d'Avray), lorsqu'il se blessa à la main et au bras en chargeant un revolver nouveau modèle, qu'on lui avait soumis le matin même. Cette blessure se guérit en quelques jours ; mais une grave maladie intestinale (pérityphlite) se déclara le 8 décembre et emporta Gambetta en quelques semaines (31 déc.). Le 6, eurent lieu à Paris, aux frais de l'État, les funérailles pompeuses et solennelles de cet homme politique dont le corps, transporté à Nice, repose dans un caveau de famille.

GAMBETTE s. f. Ornith. Nom vulgaire du *chevalier aux pieds rouges,* à cause de ses longs pieds.

GAMBETTISTE s. m. Partisan de la politique de Gambetta. — Fonctionnaire nommé par Gambetta lors de l'organisation de la défense en province (1870-71).

GAMBIE (la *Stachir* des anciens), rivière de l'Afrique occidentale. Elle naît dans l'intérieur et se jette dans l'Atlantique à Bathurst après un cours de plus de 900 kil. Elle a 8 kil. de large à son embouchure et est navigable pendant 450 kil. pour les navires de 300 tonneaux.

GAMBIE, colonie anglaise de l'Afrique occidentale, sur la rivière Gambie, comprenant l'île de Sainte-Marie, un mille de territoire concédé sur le Barra Shere, et l'île de Mac Carthy, à 270 kil. en remontant la rivière : 55 kil. carr. ; 14,190 hab. Les établissements principaux sont : Bathurst et fort James sur l'île de Sainte-Marie, et le fort George sur l'île Mac Carthy. Le climat est insalubre. Les exportations principales sont l'arachide, la cire et les peaux.

GAMBIER (James, BARON), amiral anglais, né en 1756, mort en 1833. Commandant de la frégate *Raleigh,* il coopéra à la réduction de Charleston en 1780, et en 1781, repoussa les Français, lors de leur attaque contre Jersey. Il devint vice-amiral en 1799, eut un commandement dans la flotte de la Manche en 1801, et en 1802, fut chargé du gouvernement et de la défense de Terre-Neuve. En 1807, à la tête de la flotte envoyée contre Copenhague, il bombarda cette ville (sept. 2-5), captura la flotte danoise et fut nommé pair. En 1808, il commanda la flotte de la Manche et en 1809, attaqua l'escadre française dans la rade des Basques et brûla nos navires.

GAMBIER (Archipel), groupe d'îles volcaniques de la Polynésie (Océanie), par 23° 12' lat. S. et 137° 45' long. O. Les îles Gambier furent découvertes en 1797 par le capitaine Wilson et reconnues plus tard par le capitaine Gambier. Elles sont placées sous le protectorat français et rattachées aux îles Touamotou (anc. Pomotou). 30 kil. carr. ; 1,500 hab.

GAMBILLARD, ARDE adj. Pop. Boiteux.

** **GAMBILLER** v. n. (il mil) Remuer les jambes du côté et d'autre, lorsqu'on est assis ou couché. Ne se dit guère que des enfants : *ce petit garçon ne peut rester tranquille, il ne fait que gambiller* (très fam.).

GAMBIR ou **Gambier,** s. m. Extrait astringent d'un arbre du genre nauclea, famille des *rubiacées.* Cet arbre, indigène de l'archipel Indien est cultivé sur une grande échelle. On obtient le gambir en faisant bouillir dans l'eau les feuilles écrasées et les jeunes pousses de l'arbre, et en faisant ensuite évaporer la décoction. Le gambir peut remplacer le cachou.

** **GAMBIT** s. m. (ital. *gambetto,* croc-en-jambe). Jeu d'échecs. On dit, JOUER LE GAMBIT, lorsque, après avoir poussé le pion du roi ou celui de la reine deux pas, on pousse encore celui de leurs fous deux pas.

GAMBRINUS, Gambrivius ou **CAMBRINUS,** roi légendaire de Flandre et de Brabant, regardé en Allemagne et dans les autres pays de l'Europe, où la bière est d'un usage habituel, comme l'inventeur de cette boisson. Suivant les *Annales Bojorum* d'Aventinus, ce roi, qui jouit aujourd'hui d'une si grande popularité, aurait vécu 1730 ans av. J.-C. Son portrait imaginaire fait partie du mobilier de toutes les brasseries et de tous les estaminets de l'Europe septentrionale et des États-Unis. On le représente sous la figure d'un roi flamand du moyen âge ; il tient dans ses mains une chope mousseuse.

GAMÉLION s. m. Mois du calendrier athénien correspondant à une partie de janvier et de février.

** **GAMELLE** s. f. (lat. *camella,* vase de bois). Sorte de grande écuelle de bois ou de fer-blanc qui est en usage sur les vaisseaux et dans les armées et dans laquelle plusieurs

matelots ou plusieurs soldats mangent en-semble. — Ecuelle de fer-blanc dans laquelle on met aujourd'hui la portion de chaque soldat. — ÊTRE A LA GAMELLE, MANGER A LA GAMELLE, être à l'ordinaire des matelots ou des soldats.

GAMET. Voy. GAMAY.

* **GAMIN** s. m. (angl. *to game*, jouer; *gaming*, jouant, jeu). Petit garçon. (Pop.) — Se dit ordinairement, par mépris, des petits garçons qui passent leur temps à jouer et à polissonner dans les rues. — **Gamine** s. f. Fam. Petite fille espiègle et hardie : *petite gamine*. — Le *Gamin de Paris*, comédie-vaudeville en 2 actes, par Bayard et Vanderburch, représentée sur le théâtre du Gymnase-Dramatique le 30 janv. 1836. *Le Gamin de Paris* eut plusieurs centaines de représentations.

GAMINER v. n. Faire le gamin. (Pop.)

GAMINERIE s. f. Action, espièglerie de gamin.

GAMMA s. m. Troisième lettre et deuxième consonne de l'alphabet grec qui s'écrit γ et correspond au *g* français.

GAMMAROGRAPHE s. m. [gamm-ma-ro-gra-fe] (gr. *gammaros*, écrevisse : *graphein*, écrire). Auteur spécial qui a écrit sur les crustacés.

GAMMAROGRAPHIE s. f. Description des crustacés.

GAMMAROLOGIE s. f. Traité sur les crustacés.

* **GAMME** s. f. [ga-me] (du gr. *gamma*, parce que l'on se servait au xie siècle des lettres de l'alphabet grec pour marquer les notes de l'échelle des sons, la lettre *alpha*, répondant au *la* et le *gamma* au *sol*). La suite des sept notes principales de la musique, disposées selon leur ordre naturel, dans l'intervalle d'une octave : *les sept notes de la gamme.* — GAMME DIATONIQUE, expression par laquelle on désigne quelquefois la gamme : *la gamme diatonique comprend deux modes.* — GAMME CHROMATIQUE, gamme dans laquelle on procède par semitons, et qui a par conséquent douze notes.— CHANTER A QUELQU'UN SA GAMME, lui faire une forte réprimande, ou lui dire ses vérités : *je lui chanterai sa gamme.* — CHANGER DE GAMME, changer de ton, de langage, de conduite : *je lui ferai changer de gamme.* — ÊTRE HORS DE GAMME, ne savoir plus où l'on en est, ne savoir plus ce qu'on doit faire. — METTRE QUELQU'UN HORS DE GAMME, le déconcerter, lui rompre ses mesures, le réduire à ne savoir plus que répondre. — ∾ Par anal. Suite d'objets classés par nuances successives, par gradation naturelle : *gamme des couleurs; gamme des saveurs.* — MONTER UNE GAMME, administrer une correction à un enfant jusqu'à ce qu'il crie.

GAMMOGRAPHIE s. f. [gamm-mo-gra-fi] (franç. *gamme*; gr. *graphein*, écrire). Techn. Art de rayer les papiers.

GAMOLOGIE s. f. (gr. *gamos*, mariage ; *logos*, discours). Littér. Traité sur le mariage.

GAMOPÉTALE adj. (gr. *gamos*, union ; franç. *pétale*). Bot. Se dit des corolles dont les pétales sont soudés en un seul corps. On dit plus ordinairement MONOPÉTALE.

GAMOPÉTALIE s. f. Caractère des corolles gamopétales.

GAMOPHYLLE adj. [-fi-le] (gr. *gamos*, union; *phullon*, feuille). Bot. Se dit des involucres et des calices formés de plusieurs folioles soudées en un seul corps. On dit ordinairement MONOPHYLLE.

GAMOSÉPALE adj. (gr. *gamos*, union; franç. *sépale*). Bot. Se dit des calices formés de plusieurs sépales soudés en un seul corps. On dit ordinairement MONOSÉPALE.

GAMOSÉPALIE s. f. Caractère des calices gamosépales.

GAMOSTYLE adj. (gr. *gamos*, union ; franç. *style*). Bot. Se dit des fleurs dont les styles sont soudés en un seul corps. On dit ordinairement MONOSTYLE.

* **GANACHE** s. f. (ital. *ganascia;* du lat. *gana*, joue). Mâchoire inférieure du cheval.— CE CHEVAL EST CHARGÉ DE GANACHE, IL A LA GANACHE LOURDE, PESANTE, se dit d'un cheval qui a l'os de la mâchoire inférieure fort gros, et garni de beaucoup de chair. — ÊTRE CHARGÉ DE GANACHE, AVOIR LA GANACHE PESANTE, ÉPAISSE, avoir l'esprit lourd. — Fig. et pop. Personne qui est dépourvue de talent, de capacité : *cet homme n'est qu'une ganache.* — ∾ Sorte de grand fauteuil.

GANCHES s. f. pl. Genre de supplice employé chez les musulmans, et qui consistait à précipiter, après l'avoir déshabillé, le condamné sur des crampons de fer plantés dans les murailles des villes.

GAND (flam. *Gend;* allem. *Gent;* angl. *Ghent*), ville de Belgique, ch.-l. de la province de Flandre orientale, à la jonction de l'Escaut et de la Lys, à 45 kil. N.-O. de Bruxelles; 133,755 hab. Elle est coupée par un grand nombre de canaux, formant 26 îles reliées par environ 80 ponts. Gand est remarquable par son originalité, son aspect pittoresque, ses belles places publiques, ses promenades et par les chefs-d'œuvre de Jan et Hubert van

révolte recommença sous son fils Philippe, en 1382, mais peu après la ville fut annexée aux possessions du duc de Bourgogne. Elle se révolta de nouveau en 1550, mais sans succès. A la fin du xve siècle, elle était sans rivales dans la chrétienté, par sa puissance, les libertés dont elle jouissait et le degré de civilisation de ses habitants. La population était évaluée à plus de 200,000 hab. et plusieurs grandes villes appartenaient à sa juridiction. Grâce à sa constitution, de la république il ne lui manquait que le nom. L'insurrection de 1539 changea tout cela. Cette révolte résulta de la résistance des citoyens qui regardaient comme anticonstitutionnelle la tentative de faire payer aux Flandres le tiers des subsides accordés par les Pays-Bas à Charles-Quint. Ce dernier (voy. CHARLES-QUINT) dépouilla Gand de tous ses privilèges et de ses institutions libérales, fit exécuter des milliers de citoyens éminents, confisqua des quantités énormes de propriétés, imposa de fortes amendes et fit construire une forte citadelle pour maintenir ses habitants. Un congrès s'assembla à Gand, en 1576, pour former une confédération ayant pour but l'expulsion des Espagnols, et le 8 nov. le traité connu sous le nom de *Pacification de Gand* y fut conclu. Pendant la période de révolte qui suivit, les dissensions, les émeutes et l'anarchie prédominèrent. Au commencement du printemps de 1584, on ouvrit des négociations avec l'Espagne, et trois mois après le meurtre du prince d'Orange, dont la politique avait plusieurs fois sauvé la

Gand. — Place Saint-Pharaïlde et porte de l'ancien château des comtes de Flandre.

Eyck, dans la cathédrale de Saint-Bavon. La mairie, le fameux beffroi et le *Vrydags markt*, où Jacob van Artevelde excita la guerre civile et où le duc d'Albe institua l'inquisition, présentent un intérêt historique tout particulier. Les églises, les écoles, les institutions charitables, scientifiques et artistiques y abondent. L'université compte environ 400 étudiants. Plus de 30,000 personnes sont employées dans les manufactures de coton, et il y a des raffineries de sucre considérables. Le commerce en général y est très actif. Gand fut pour la première fois mentionnée comme ville au viie siècle. Vers la fin du xiie siècle, elle devint la capitale des Flandres. Elle se joignit à la ligue hanséatique, assura la libre navigation du Rhin et, à la fin du xiiie siècle, elle surpassait Paris en richesse et en puissance. Un siècle après, Froissart estimait à 80,000 le nombre de ses habitants en état de porter les armes. Elle se révolta sous Jacob van Artevelde, contre le comte de Flandre, et de concert avec toutes les Flandres, elle maintint son indépendance de 1338 à 1345; la

ville, Gand fut prise par le duc de Parme (17 sept.). La citadelle, qui avait été démolie en 1577, fut rebâtie et environ un tiers de la population quitta la ville. Louis XIV prit Gand en 1678, mais il la rendit bientôt à l'Espagne. A la fin de la guerre de la succession d'Espagne, pendant laquelle Gand tomba alternativement aux mains des partis en lutte, elle fut donnée à l'Autriche. Les Français s'en emparèrent lors de la guerre de la succession d'Autriche, et deux fois pendant la Révolution, elle devint ch.-l. du département français de l'Escaut. Louis XVIII habita Gand pendant les Cent-Jours. Un traité qui y fut conclu, le 24 déc. 1814, mit fin à la seconde guerre anglo-américaine.

GAND (Jean de), JOHN OF GAUNT, duc de Lancastre, quatrième fils d'Édouard III d'Angleterre, né à Gand en 1340, mort en 1399. Il défendit Wycliffe et fut soupçonné de prétendre à la couronne. Le fils, qu'il eut de Blanche Plantagenet, devint roi sous le nom d'Henri IV, en 1399; un autre fils, Jean de Beaufort, comte de Somerset, qu'il eut de

Catherine Swynford, sa maîtresse (plus tard sa troisième femme), fut l'ancêtre des Tudors.

GANDIN s. m. Dandy dégénéré. Cette expression a fait place en 1867 à celle de *petit-creve* qui, en 1873, a été remplacée par le mot *gommeux*, et plus tard par les épithètes de *pschutteux*, de *cataputlueux*, de *nif*, etc.

GANDINISME s. m. Habitudes, tournure de gandin.

GANDIOLLE, village de la Sénégambie, à 18 ou 20 kil. de Saint-Louis (Sénégal). Célèbre par les étangs salins qui se trouvent dans les environs. Marché important.

GANDO I. Royaume d'Afrique, sur les deux rives de la principale branche du Niger, comprenant la moitié O. de Kebbi, Mauri ou Arewa, Zaberma, Dendina et des portions de Goorma, Borgoo, Yoruba, Yauri et Nufi. Les habitants sont de la race Foulah et presque tous mahométans. — II. Ville, résidence du roi, dans une vallée étroite entourée de montagnes, à 920 kil. N.-E. de Cape Coast Castle. On y fabrique d'excellentes étoffes de coton.

GANDOURA s. f. Longue blouse d'étoffe légère que l'on porte en Orient et en Afrique.

GANELON, célèbre personnage des épopées carlovingiennes où il personnifie la trahison et la félonie. Selon les uns, Ganelon ne serait autre que le duc de Gascogne, Lope, qui trahit Charlemagne à Roncevaux et qui fut pendu. Selon d'autres, ce serait un évêque de Lens, qui trahit Charles le Chauve et mourut en 865, après s'être réconcilié avec ce roi. D'autres en font un conseiller de Charlemagne et un ami de Roland qu'il trahit pour obéir à une passion amoureuse.

* **GANER** v. n. Jeu de l'hombre. Laisser aller la main.

GANESCO (Grégory), publiciste français, né en Roumanie vers 1830, mort du typhus à Montmorency, le 7 avril 1877. Il se fixa de bonne heure en France, et en 1860 devint rédacteur en chef du *Courrier du Dimanche*, journal d'opposition libérale. Expulsé de France par le ministre Persigny, Ganesco se rendit en Allemagne et fonda, à Francfort, un journal français, l'*Europe*, qui fut supprimée par les Prussiens vers la fin de 1867. Il revint en France, se fit naturaliser et entra comme rédacteur en chef au *Nain jaune*, journal littéraire, qu'il transforma en journal politique, puis il se rapprocha de M. Rouher et se plaça par lui à la tête du *Parlement*, journal bonapartiste dont il quitta la rédaction le 3 janv. 1870. Après la chute de l'Empire, Ganesco, qui était entré à la *Liberté*, suivit ce journal à Tours et à Bordeaux et fut, dit-on, attaché au cabinet de M. Thiers. Il coopéra à la fondation du *Républicain*, journal à 5 cent. (1872) et fonda ensuite les *Tablettes d'un Spectateur*, correspondance autographiée qu'il rédigeait encore au moment de sa mort. Il avait échoué aux élections législatives de 1869-74-76.

GANGA s. m. Ornith. Genre de gallinacés, voisin des tétras. — Les ganga ou grousses

Ganga (Pterocles arenarius).

des sables (*ptérocles*, Temm.), représentent la famille des *tetraonidés* dans les déserts sablon-

neux de l'Asie et de l'Afrique et dans quelques plaines rocailleuses de la Russie occidentale. Leur vol est élevé et rapide. Leur queue est large et en forme de coin. La *grouse des sables à bandes* (*pterocles arenarius*, Gall.), se trouve parfois en Europe; elle a le ventre d'un noir brunâtre, avec une tache de la même couleur sur la gorge et une bande sur la poitrine; la femelle est d'une teinte plus pâle et sans tache à la gorge.

GANGE (ind. *ganga*, courant; angl. *Ganges*), le plus grand fleuve de l'Inde anglaise. Il naît sur le versant méridional de l'Himalaya et se jette dans le golfe du Bengale. Le Bhagirathi, regardé comme sa véritable source, naît dans le Gurhwal, non loin du 30°.54' lat. N, et 76° 53' long. E., à 4,900 mètres au-dessus du niveau de la mer. Le torrent n'est appelé Gange qu'à sa jonction avec l'Alukunanda, à 480 kil. de la source. A Hurdwar, à 75 kil. plus loin, le fleuve atteint la grande plaine de l'Inde, (400 mètres au-dessus de l'Océan). Delà, jusqu'à Allahabad où il se joint à la Jumna (720 kil.), le fleuve court au S.-S.-E. avec une pente moyenne de 40 cent. par kil. A partir de son confluent avec la Jumna, le Gange coule vers l'orient pendant 900 kil. jusqu'à son delta. Dans cette partie, la pente est d'environ 12 cent. par kil. La formation du Delta est à 420 kil. du golfe du Bengale. Trois bras occidentaux du cours principal s'unissent près des vapeurs peu chargés. D'Allahabad au Delta, le fleuve est navigable pendant toute l'année, mais seulement pour les bateaux qui n'excèdent pas 45 cent. de tirant d'eau. L'Hoogly est le seul bras qui puisse être remonté sur une distance considérable par de grands navires. Le district du delta entier est sujet aux inondations pendant la crue annuelle du fleuve. Lyell estime que la quantité de limon charrié dans le golfe du Bengale en une année par le Gange et le Brahmapoutre mesure 40 millions de pieds cubes. Des 19 ou 20 affluents que reçoit le Gange après avoir quitté les montagnes, 12 sont, dit-on, plus larges que le Rhin. Il y a, en connexion avec le Gange, un grand système d'irrigation artificielle, dont le canal du Gange long de 475 kil. est leché-d'œuvre. Le Gange est révéré par les Indous comme le plus sacré des fleuves. Les plus grandes villes construites sur sesbords sont Cawnpore, Allahabad, Benares, Patna et Calcutta sur l'Hoogly.

GANGES, ch.-l. de cant., arr. et à 46 kil. de Montpellier (Hérault); 4,450 hab. Gange calviniste. Dans les environs, se trouve une belle grotte à stalactites appelée *Grotte des Fées ou des Demoiselles*.

GANGÉTIQUE adj. Qui appartient, qui a rapport au Gange.

GANGLIFORME adj. Qui a la forme d'un ganglion.

GANGLIOCARCINIE s. f. Cancer des ganglions lymphatiques.

* **GANGLIOLEUCIE** s. f. (gr. *leukos*, blanc). Maladie particulière des ganglions lymphatiques.

* **GANGLION** s. m. (gr. *gagglion*). Anat. Nom donné à divers organes qui ont l'apparence de petits pelotons, de glandes ou de nœuds, et dont on ignore en général les fonctions : *ganglions lymphatiques*, *nerveux*. — Chir. Tumeur

ronde ou oblongue, dure, indolente, et qui ne cause aucun changement de couleur à la peau. — Encycl. Les ganglions sont composés de deux substances : l'une blanche comme la substance médullaire de la cervelle, l'autre d'un gris rougeâtre, ressemblant un peu à la substance cérébrale corticale; les filaments médullaires internes sont la continuation des nerfs sur lesquels sont placés les ganglions. — Les *ganglions nerveux* qui constituent le *système nerveux ganglionnaire ou grand sympathique*, sont de petits corps rougeâtres ou grisâtres, nerveux, *renflés*, placés dans les différentes parties du tronc et surtout aux deux côtés de la colonne vertébrale, mais jamais aux membres. Ils sont reliés les uns aux autres et au système nerveux cérébral par de petits filets nerveux. Ils envoient aussi des filets au cœur, au foie, aux poumons et aux intestins. — On donne le nom de *ganglions lymphatiques* aux petits corps arrondis, mous, qui paraissent formés de l'entrelacement des vaisseaux lymphatiques. Leur grosseur varie depuis celle d'une lentille jusqu'à celle d'une amande; ils sont agglomérés surtout au mésentère (de 120 à 150), aux côtés du cou, aux plis de l'aine et de l'aisselle. Leur engorgement est l'une des manifestations de la scrofule. — Engorgement des ganglions, embarras des ganglions lymphatiques du cou et de la mâchoire, auquelsont sujets un grand nombre d'enfants lymphatiques ou débiles, surtout ceux qui sont mal soignés ou qui ont des croûtes à la tête. Les ganglions sont d'abord petits, ronds et roulent sous le doigt; ils acquièrent quelquefois un volume considérable et peuvent finir par se résoudre en abcès froids (adénies). On combat ces engorgements par des toniques et des préparations iodurées à l'intérieur et en frictions, et l'on entoure l'enfant de toutes les précautions hygiéniques possibles (matelas de crin, chambre aérée, exercice au grand air). On lui fait suivre un régime nourrissant (viande, œufs, lait, etc.), et on lui donne de l'huile de foie de morue, des ferrugineux (iodure de fer), des pastilles Lavie (lacto-phosphate de chaux) ainsique des tisanes de houblon ou de feuilles de noyer additionnées de quelques gouttes d'une solution iodurée (iodure de potassium 10 gr., teinture d'iode 15 gr., eau 130 gr.). Cette solution doit se donner matin et soir (5 à 15 gouttes par demi-verre d'eau sucrée). — Chez les adultes, l'engorgement des ganglions de l'aine se lie à une plaie du pied ou de la jambe, ou est causé par la fatigue. On le traite par les cataplasmes émollients et par le repos.

GANGLIONEVRIE s. f. (gr. *neuron*, nerf.) Maladie des ganglions de la peau.

GANGLIONIQUE adj. Qui a rapport aux ganglions.

GANGLIONITE s. f. Inflammation des ganglions.

* **GANGLIONNAIRE** adj. Méd. et Chir. Qui a rapport aux ganglions nerveux : *système ganglionnaire*.

GANGLIONNÉ, ÉE adj. Qui a des renflements semblables à des ganglions.

GANGRÈNE s. f. (autrefois *kan-grè-ne*, aujourd'hui *gan-grè-ne*) (gr. *gaggraina*). Mortification de quelque partie du corps, qui s'étend quelquefois avec rapidité : *il a une blessure à la jambe, on craint que la gangrène ne s'y mette*. — Se dit quelquefois fig. en parlant des doctrines pernicieuses, de la corruption des mœurs, etc. — Pathol. La gangrène est l'abolition de l'action vitale dans une partie limitée du corps; elle est dite *humide ou sèche*, suivant que la partie gangrenée renferme des liquides ou se putréfie complètement, ou que leschairs sont coriaces, déprimées et difficiles à couper. Les parties mortifiées se nomment *escarre*. Cette mortification des tissus est produite soit par l'ergotisme ou le virus charbonneux, soit par une inflammation intense, lorsque les parties phlegmasiées ne peuvent pas se distendre suffisamment(étranglement), soit par la destruction complète et instantanée des tissus par un agent physique ou chimique, tel que l'action du feu ou du froid, soit par interruption de la circulation (embolie, gangrène sénile, compression ou ligature), La gangrène extérieure se manifeste par la décoloration, par l'insensibilité des tissus, et par une odeur particulière. Elle est accompagnée d'une diminution de chaleur, d'un calme trompeur, d'une grande prostration et de phlyctènes remplies de sérosité sanguinolente. La gangrène d'un viscère intérieur est indiquée par le froid des extrémités, l'aspect cadavéreux, l'état misérable du pouls et une rémission subite des symptômes inflammatoires Quand la gangrène s'arrête, il s'établit sur ses limites, un cercle qui tranche avec les parties mortifiées et élimine peu à peu l'escarre. Le traitement consiste à arrêter les progrès du mal par l'amputation, le débridement ou les antiphlogistiques ; à favoriser la chute des escarres, par les toniques et les excitants ; à cicatriser la plaie par un pansement ordinaire fait avec un linge fenêtré enduit de cérat ou de glycérine qui renferme un dixième de teinture de quinquina. Le pansement se fait trois fois par jour ; on lave la plaie avec de l'alcool pur ou étendu d'eau, on la panse et on recouvre le pansement avec de la charpie imbibée de liqueur Labarraque. — Gangrène de la bouche, ulcération des gencives ou de la face interne des joues, accompagnée de pâleur, de bouffissure, de diarrhée, avec une haleine fétide et souvent d'amaigrissement. Les enfants de 3 à 10 ans, affaiblis par la maladie ou par le manque de soins, sont surtout sujets à cette affection. On la traite en touchant deux fois par jour les points gangrénés avec la pierre infernale ou avec le chlorure de chaux solide, (3 gr. pour 20 gr. d'eau miellée), et de temps en temps avec de la teinture de quinquina, en lavant souvent la bouche, avec une solution de permanganate de potasse (2 gr. pour 250 gr. d'eau sucrée); en prenant chaque jour une potion contenant de 2 à 4 gr. de chlorate de potasse ; on soutient l'état général par les toniques (quinquina et jus de viande).

* GANGRENÉ, ÉE part. passé de GANGRENER. Où la gangrène s'est mise : bras gangrené. — AVOIR LA CONSCIENCE, L'AME GANGRENÉE, être tout à fait corrompu.

* GANGRENER v. a. Causer la gangrène : la congélation gangrena sa jambe. — Fig. Corrompre entièrement : ces mauvais exemples avaient gangrené sa jeunesse. Se gangrener v. pr. Se corrompre en sorte que la gangrène se forme.

* GANGRENEUX, EUSE adj. Qui est de la nature de la gangrène : sang gangreneux.

* GANGUE s. f. (all. gang, filon,) Minéral. Se dit des substances pierreuses ou autres qui accompagnent ou enveloppent les métaux dans le sein de la terre : une mine avec sa gangue.

GANIVET s. m. Canif. (Vieux),

GANJAM, ville de la province de Madras (Inde), sur la rivière Rosikoila, à 275 kil. N.-E. de Vizagapatam. Elle était autrefois capitale du district du même nom, mais elle est maintenant tombée en décadence.

GANNAL (Jean-Nicolas), chimiste français, né à Sarrelouis en 1791, mort en 1852. Il fut pharmacien dans l'armée en 1808. En 1816, il assista Thénard dans ses conférences, et ensuite il s'occupa d'entreprises industrielles. Il inventa une nouvelle cheminée, le borax raffiné, et reçut le prix Montyon pour son procédé d'embaumement et pour son système d'inhalation chlorique dans le ca-

tarrhe. L'imprimerie lui doit l'invention de la matière gélatineuse, dont on fait les rouleaux et qui a remplacé la peau que l'on employait jusqu'alors.

GANNAT Gannatum ou Gannapum, ch.-l. d'arr., à 58 kil. S. de Moulins (Allier), sur l'Andelot, dans une vallée agréable et fertile, par 46° 6' 4" lat. N. et 0° 51' 43" long. E.; 5,600 hab. Blé et vins. Ruines de l'ancien château qui servit longtemps de prison. Aux environs, se trouve la chapelle de Sainte-Procule, lieu de pèlerinage.

* GANO interj. (mot espagn. qui signifie je gagne). Jeu de l'hombre. Laissez-moi venir la main. — » Action d'avoir la main :

Se plaindre d'un gano qu'on n'a point écouté.
BOILEAU.

GANOÏDE adj. (gr. ganos, brillant, eidos, aspect). Icht. Se dit des poissons à écailles brillantes. — s. m. pl. Ordre de poissons de la classification de Müller, caractérisé par des écailles brillantes et comme émaillées. Parmi les poissons vivants de cet ordre, on cite l'anguille de mer, la limande et l'esturgeon. Le genre fossile le plus intéressant est le dipterus, dont l'espèce appelée dipterus macrolepidotus du grès rouge primitif, ressemble à un poisson sculpté dans l'ivoire, couvert d'une couche d'émail, marqué de points serrés avec des points plus petits encore.

* GANSE s. f. Cordonnet de soie, d'or, d'argent, etc., qui sert ordinairement à attacher un bouton : une aune de ganse de soie. — On le dit plus souvent de ce cordonnet, quand il sert de boutonnière : la ganse est trop étroite, le bouton n'y saurait entrer. — GANSE DE DIAMANTS, D'ACIER, boutonnière faite en forme de ganse, et garnie de diamants ou de grains d'acier.

GANSER v. a. Fixer une ganse sur une étoffe.

* GANT s. m. [gan] (anc. haut, all. want). Partie de l'habillement qui couvre la main, et chaque doigt séparément : gants d'homme, de femme. — Prend divers compléments, qui servent à indiquer, soit la matière dont les gants sont faits : gants de peau, de daim, de chamois ; soit les lieux où ils sont faits : gants de Grenoble, d'Espagne ; soit enfin l'odeur qui domine dans l'apprêt qu'on leur donne : gants d'ambre, de jasmin. — GANTS FOURNIS, ceux qui sont faits de peaux auxquelles on a laissé, dans l'intérieur, le poil ou la laine de l'animal. On dit mieux, GANTS FOURRÉS. — GANT D'OISEAU, le gant que le fauconnier met à la main dont il porte l'oiseau. — ETRE SOUPLE COMME UN GANT, être d'une humeur facile et accommodante. Presque toujours cela se dit en mauvaise part, pour signifier une complaisance servile. On dit aussi, RENDRE QUELQU'UN SOUPLE COMME UN GANT, le rendre traitable, de difficile qu'il était. — Prov. et fig. VOUS N'EN AVEZ PAS LES GANTS, se dit pour faire entendre à quelqu'un qu'il n'est pas le premier à donner l'avis, à dire quelque chose, ou à faire la découverte dont il parle. On dit de même, quelquefois, SE DONNER LES GANTS D'UNE CHOSE, s'en attribuer mal à propos l'honneur, le mérite. — CETTE FILLE A PERDU SES GANTS, elle a déjà eu quelque commerce de galanterie. — JETER LE GANT, défier quelqu'un au combat. RAMASSER LE GANT, RELEVER LE GANT, accepter le défi. Ces phrases s'emploient par allusion à la coutume des anciens chevaliers, qui jetaient leur gant ou gantelet, par manière de défi, à ceux contre qui ils voulaient combattre. On dit aujourd'hui DONNER SA CARTE. — JETER LE GANT, se dit aussi dans un sens galant et à une même acception que jeter le mouchoir. — DONNER LES GANTS, DONNER POUR DES GANTS, donner un pourboire.— * Fig.

et fam. METTRE OU PRENDRE DES GANTS, prendre beaucoup de précautions pour faire une chose. On dit aussi plus souvent, PRENDRE DES MITAINES. — ENCYL. La coutume de donner un gant comme gage pour la conclusion d'un contrat est très ancienne et on suppose que c'est d'elle qu'est venue l'habitude plus récente de jeter à terre un gant en signe de défi. Au moyen âge on se servait de gants dans les cérémonies où l'on accordait des terres et des dignités; la privation des gants était un signe de dégradation. Les gants brodés furent fabriqués en Angleterre dès 1580, et l'habitude de les présenter aux juges aux nouvelles assises existe encore. L'art de fabriquer les gants est porté à son point le plus élevé de perfection par les Français dans leurs manufactures de gants de peau. Les Anglais font d'excellents gants d'une espèce de cuir plus épais. La plupart des espèces à bon marché des prétendus gants de chevreau sont faites de peaux d'agneaux, de rats, etc. Grâce aux innovations introduites par M. Jouvin, la pièce du pouce, ainsi que celle des doigts, sont du même morceau que le reste du gant, et la coupe se fait en grande partie par des emporte-pièces. Les coutures sont faites avec une régularité parfaite en plaçant les extrémités qui doivent être unies dans la mâchoire d'un étau qui se termine en minces dents de cuivre, semblables à celles d'un peigne. Entre ces dents, l'aiguille passe et forme des points successifs. L'Allemagne fabrique beaucoup de gants de cuir, de coton et de fil. Aux États-Unis, la fabrication la plus importante est celle des gants de peaux de daims.

GANTEAUME (Honoré - Joseph - Antonin, COMTE), vice-amiral et pair de France, né à la Ciotat (Bouches-du-Rhône) en 1755, mort en 1848. En 1789, il fut nommé capitaine du Mont-Blanc, accompagna plus tard Brueys en Égypte, ramena Bonaparte en France et fut nommé vice-amiral, comte et commandant de la flotte de Brest. Il eut plusieurs fois l'intérim du ministère de la marine, adhéra à la déchéance de Napoléon et fut créé pair de France par la Restauration.

* GANTELÉE s. f. Bot. Espèce de campanule qui est assez commune dans les bois.

* GANTELET s. m. Espèce de gant couvert de lames de fer par le dehors de la main, qui faisait autrefois partie de l'armure d'un homme armé de toutes pièces : frapper avec le gantelet. — Chir. Espèce de bandage qui enveloppe la main et les doigts comme un gant. — Morceau de cuir dont certains artisans, tels que les bourreliers et les reliuers, se couvrent la paume de la main, quand ils travaillent.

* GANTER v. n. Mettre des gants. Se dit en parlant d'une personne à qui l'on met, à qui l'on essaye des gants : vous êtes bien difficile à ganter, votre main est fort grande. — CES GANTS GANTENT BIEN, ils sont bien justes à la main. — Se ganter v. pr. Mettre ses gants.

* GANTERIE s. f. Art, métier, ou commerce du gantier. — Fabrique de gants. — Commerce de gants.

* GANTIER. IÈRE s. Celui, celle qui fait ou qui vend des gants : la boutique d'un gantier.

GANT-JAUNE s. m. Dandy, jeune homme à la mode, pendant le règne de Louis-Philippe : les soldats du coup d'État du deux Décembre se félicitaient d'avoir tué beaucoup de gants-jaunes.

GANTOIS, OISE adj. et s. Habitant de Gand; qui appartient à la ville de Gand.

GANYMÈDE (mythol.), prince troyen, fils de Tros et frère d'Ilus. Il était le plus beau des mortels et fut enlevé par l'aigle de Jupiter, pour succéder à Hébé comme échanson des dieux.

GAP, *Vap, Vapincum*, ch.-l. du départ. des Hautes-Alpes, sur la Luye, par 44° 33' 30" lat. N. et 3° 44' 31" long. E., à 672 kil. S.-E. de Paris et à 70 kil. S.-E. de Grenoble ; 9,300 hab. Evêché. Belle cathédrale qui renfermait autrefois un magnifique tombeau de Lesdiguières, par Jacob Richier. Musée d'histoire naturelle. Chapeaux, toiles, soieries et lainages. — Ancienne capitale des Tricorii, conquise par les Romains, Gap fit partie de la 2ᵉ Narbonnaise sous Honorius, de la 4ᵉ Viennoise depuis Dioclétien et devint ville épiscopale au iᵛᵉ siècle. Au xiiᵉ siècle, elle fut réunie au Dauphiné, tomba entre les mains de Lesdiguières en 1575, appartint aux protestants jusqu'en 1582 et fut, en 1692, saccagée par Victor-Amédée, duc de Savoie. Sa position, à 800 m. au-dessus du niveau de la mer, entre de hautes montagnes, à une distance presque égale de Lyon, de Genève, de Turin et de Marseille, lui donne une grande importance stratégique.

GAPENÇAIS (Le), *Vapincensis ager*, anc. pays de France (haut Dauphiné), ch.-l. Gap. Habité par les Caturiges et les Tricorii, il passa aux Burgundes, aux rois d'Arles, aux comtes de Provence, fut conquis par Charles VII en 1448, et réuni définitivement à la couronne de France sous Louis XI.

GAPENÇOIS, OISE s. et adj. [ga-pan-soua]. De Gap ; qui appartient à cette ville ou à ses habitants.

* **GARAGE** s. m. Action de faire entrer des bateaux dans une gare. — Action de mettre des wagons à l'abri ou en réserve sur une partie de la voie disposée à cet effet. — VOIE DE GARAGE, voie de chemin de fer sur laquelle se placent les trains qui veulent se garer pour laisser passer d'autres trains.

GARAGOUSSE, personnage burlesque du théâtre arabe. Il correspond au Polichinelle de nos théâtres de marionnettes.

GARAKONTHIE (Daniel), chef onondaga, mort à Onondaga (Etats-Unis) en 1675. Il fut le principal négociateur de la ligue des cinq nations et pendant bien des années engagea les Indiens à maintenir la paix. Il fut baptisé à Québec en 1670.

GARAMANTES, ancien peuple d'Afrique, au S. de la Numidie dont il était séparé par l'Atlas. Ville principale, Garama (auj. Gherma). L'an 732 de Rome (21 av. J.-C.), Cornélius Balbus fit contre les Garamantes une célèbre expédition.

GARAMOND (Claude), célèbre graveur et fondeur de caractères, né à Paris vers la fin du xvᵉ siècle, mort en 1561. Il substitua la lettre romaine au caractère gothique et grava pour François Iᵉʳ, d'après les dessins d'Ange Vergen, les trois sortes de caractères grecs qui portent le nom de Garamond et qui furent employés par Robert Estienne.

GARANÇAGE s. m. Teinture à la garance. — Action de garancer.

* **GARANCE** s. f. (bas lat. *varancia*). Bot. Genre de rubiacées, tribu des aspérulées, dont l'espèce commune est cultivée en grand dans le midi de la France, à cause de ses racines, qui fournissent une belle teinture rouge : *la garance colore en rouge les os des animaux qui s'en nourrissent.* — Couleur rouge qu'on tire de cette plante : *une étoffe teinte en garance.* —Adjectiv. Se dit des étoffes qui sont teintes en garance ; et alors il est des deux genres : *drap garance.*—ENCYCL. Le genre *garance* comprend une vingtaine d'espèces d'herbes qui habitent en général les régions tempérées de l'Europe et de l'Amérique. La plus importante, la *garance tinctoriale* (*ruba tinctoria*), originaire

d'Orient et aujourd'hui naturalisée en Europe, est une herbe qui peut atteindre 2 m. de haut. Ses racines, appelées *lizari*, produisent les précieuses matières colorantes nommées *garance, alizarine purpurine* et *xanthène.* La garance est cultivée sur une large échelle en France (Vaucluse et Provence), en Allemagne (Alsace), en Asie Mineure et en Hollande. La culture de cette plante, abandonnée depuis

Garance tinctoriale (Rubia tinctorum).

des siècles en France, fut réintroduite par Jean Althen (voy. ce nom). Les meilleures racines proviennent de Bakir et des environs de Sinope. — Le rouge de garance est une poudre obtenue en desséchant les racines de la garance et en les broyant sous des meules ; cette poudre doit être emballée dans des tonneaux et conservée pendant plusieurs années avant de servir. Elle constitue une couleur rouge très solide. Employée avec différents mordants, elle donne toutes les nuances du violet et du brun. — La garance passe pour diurétique et emménagogue.

GARANCÈNE s. f. Garancine formée avec les résidus de la garance qui a servi à la teinture.

* **GARANCER** v. a Teindre en garance : *garancer une étoffe, de la laine.*

GARANCERIE s. f. Action de garancer. — Lieu où s'opère le garançage.

GARANCEUR s. m. Ouvrier chargé de garancer.

GARANCEUX s. m. Matière colorante que l'on extrait des résidus des teintures de garance.

GARANCIÈRE s. f. Champ de garance. — Lieu où l'on teint avec de la garance.

GARANCINE s. f. Matière colorante essentielle, extraite de la racine de garance, par Robiquet et Colin en 1827, et aujourd'hui d'un usage général en France.

* **GARANT, ANTE** s. (bas lat. *warens* de l'anc. haut all. *weren*, cautionner). Celui, celle qui répond de son propre fait ou du fait d'autrui : *tout homme est garant de ses faits et promesses.* — Jurispr. Se dit particul. de celui qui est caution d'un autre, qui répond de sa dette : *vous. rendez-vous garant de cet homme, de cette dette ?* On dit d'un créancier, qu'*il a un bon, un mauvais garant.* — Se dit également de celui qui est obligé de faire jouir un acheteur de la chose qu'il lui a vendue ou transportée à titre onéreux ou gratuit : *le vendeur est garant envers l'acquéreur de la propriété de la chose qu'il lui a vendue.* — Fig. Se dit d'un auteur dont on a tiré un fait, un principe qu'on avance, un passage que l'on cite ; ou d'une personne de qui on tient une nouvelle : *il cite pour garant tel historien, tel*

philosophe. — JE VOUS SUIS GARANT, JE VOUS SUIS GARANTE QUE CELA EST VRAI, je vous l'assure, je vous en réponds : *c'est un très honnête homme, je vous en suis garant.* — Se dit quelquefois des choses, et signifie, sûreté, garantie : *sa conduite passée vous est un sûr garant de sa fidélité pour l'avenir.*

* **GARANTI, IE** part. passé de GARANTIR. Dont on s'est porté garant : *créance garantie.* — Jurispr. Se dit substantiv. de celui qu'on est obligé de garantir : *le garanti exerce son recours contre le garant.*

* **GARANTIE** s. f. Engagement par lequel on garantit. Ne se dit guère qu'en matière de procès, d'affaires, et de négociation : *il lui a passé un acte de garantie.* — Se dit aussi du dédommagement auquel on s'oblige : *s'obliger à garantie.* — GARANTIE FORMELLE, celle qui a lieu en matière réelle ou hypothécaire. — GARANTIE SIMPLE, celle qui a lieu en matière personnelle, et surtout entre la caution et le débiteur cautionné. — Sûreté, ce qui garantit une chose, ce qui la rend sûre, indubitable : *je lui offre toutes les garanties possibles.* — BUREAU DE GARANTIE, lieu où l'on constate le titre des matières, des ouvrages d'or et d'argent. — GARANTIE INDIVIDUELLE, la protection que les lois doivent à tout citoyen : *traité des garanties individuelles.* — SANS GARANTIE DU GOUVERNEMENT, formule qui est placée sur les brevets d'invention ; on l'écrit de cette manière abrégée s. g. d. g. — Législ. « La loi nomme *garantie* l'obligation légale ou conventionnelle d'assurer à quelqu'un la jouissance d'un droit ou la possession d'une chose. Ainsi la garantie de la dot est due par toute personne qui l'a constituée (C. civ. 1440, 4547) ; le vendeur doit garantir à l'acquéreur la possession paisible de la chose vendue, ainsi que ses défauts cachés ou vices rédhibitoires (id. 1625 à 1648) ; le bailleur doit garantie au preneur pour les vices qui empêchent l'usage de la chose louée (id. 1721). On nomme *garantie formelle* celle qui est due en matière réelle, notamment par suite de vente ; et *garantie simple* celle résultant d'une obligation personnelle et qui est due par une caution, un débiteur solidaire, etc. (Voy. CAUTION.) Lorsque, dans une instance judiciaire, le détendeur demande à mettre le garant en cause, le juge devant lequel l'affaire est pendante ordonne cette mise en cause, si elle est réclamée dès la première comparution. Le garant peut aussi être poursuivi directement devant le juge de son domicile, après qu'il a été statué sur la demande originaire (C. pr. 32, 33, 59, 175 et s.) — Garantie des matières d'or et d'argent. On appelle ainsi le contrôle légal du titre des ouvrages d'or et d'argent. Ce contrôle qui donne lieu à la perception d'un impôt, existait déjà au xviiᵉ siècle. Il fut aboli en 1791, et il a été rétabli par la loi du 19 brumaire an VI. Tout ouvrage d'or ou d'argent, mis dans le commerce, doit être poinçonné dans les bureaux de l'administration, et les poinçons indiquent, par la figure qu'ils représentent, le titre de l'alliage d'or ou d'argent. Il y a trois titres pour les ouvrages en or : 920, 840 et 750 millièmes ; et deux pour les ouvrages en argent : 950 et 800 millièmes. Un titre spécial a été autorisé en 1883 pour les objets à exporter. Le droit à payer pour le poinçonnage de garantie est de 30 fr. par hectog. d'or et de 1 fr. 60 par hectog. d'argent, non compris les frais d'essai au touchau ou à la coupelle. (L. 30 mars 1872). L'or affiné en lingot est aussi soumis au poinçonnage ; le droit est de 8 fr. 18 par kilog. d'or et de 2 fr. 24 par kilog. d'argent. Les objets fabriqués à l'étranger et importés en France reçoivent une marque particulière ; le droit à payer pour les objets est seulement de 0 fr. 20 par hectog., mais le

titre n'est pas garanti. Lorsque des ouvrages fabriqués en France sont exportés à l'étranger ou aux colonies, les droits payés sont restitués (L. 19 brumaire an VI). Aucun ouvrage ancien ne peut être vendu publiquement et livré, s'il ne porte l'empreinte des poinçons légalement en cours. La mise en vente d'ouvrages d'or ou d'argent non poinçonnés entraîne la confiscation des objets et une amende qui, pour les diverses contraventions à la loi sur la garantie, est : la première fois, de 200 fr. ; la seconde fois, de 500 fr. avec affiche de la condamnation ; et pour la troisième fois, 1,000 fr. avec interdiction de faire le commerce de l'orfèvrerie. Ces peines ne peuvent être modérées par voie de transaction (Décr. 28 floréal an XIII). — Garantie des marques de fabrique ou de commerce. En exécution de la loi du 26 novembre 1873, les fabricants et commerçants peuvent faire cortifier somme authentiques par l'administration les marques ou empreintes qu'ils apposent sur les objets mis en vente. Le droit perçu pour le poinçonnage ou timbrage varie d'un centime à cinq francs, et il est calculé d'après la classe des objets et selon le prix de vente. Les bureaux ouverts pour le poinçonnage sont situés dans les villes ci-après : Amiens, Avignon, Besançon, Bordeaux ; le Havre, Lille, Lyon, Marseille, Nancy, Nantes, Nîmes, Paris, Rouen, Saumur, Toulouse et Valence (Décr. 25 juin 1874). La vente des objets poinçonnés, faite à un prix supérieur à celui déclaré, est punie d'une amende de 100 à 5,000 fr.; aussi, jusqu'à présent, les fabricants et commerçants ont usé en bien petit nombre de la faculté qui leur est accordée à tous. »   (Ch. Y.)

* GARANTIR v. a. Se rendre garant, répondre d'une chose, du maintien, de l'exécution d'une chose. Ne se dit guère qu'en matière de procès, d'affaires, de négociation : *garantir une créance, la propriété d'une maison.* — Assurer la bonté, la qualité d'une marchandise pour un certain temps, sous peine de dédommagement, ou de nullité de la vente : *je vous garantis cette montre pour six mois.* — Par ext. Rendre sûr, certain, indubitable : *le contrôle garantit le titre des pièces d'or et d'argent.* — Affirmer, certifier : *je vous garantis que ce passage est de tel auteur.* — Défendre quelqu'un contre une demande, ou l'indemniser du tort qu'il souffre par une éviction, une condamnation, etc. : *garantir quelqu'un de toutes poursuites.* — Mettre à l'abri, préserver de : *garantir quelqu'un du froid en le couvrant.* — Se garantir v. pr. Se mettre à l'abri, se préserver : *se garantir du froid; se garantir du châtiment; se garantir des invasions de l'ennemi; se garantir des préjugés.*

GARASSE (Le Père François), jésuite et pamphlétaire, né à Angoulème en 1585, mort à Poitiers, victime de son dévouement pendant une épidémie dangereuse, en 1631. Il s'attaqua à Charron, à Théophile, à Pasquier, et à Vanini, qu'il accabla d'injures, aussi grotesques que cyniques. On a de lui : *Doctrine curieuse des beaux esprits de ce temps* (Paris, 1623), *Somme théologique des vérités capitales de la religion chrétienne* (Paris, 1625), ouvrage qui fut censuré par la Sorbonne ; *Banquet des sept sages* (1607, in-8°), libelle diffamatoire ; *Rabelais réformé par les ministres* (1649, in-12) ; *Poésies latines* (in-4°), etc. Jusqu'au temps de Fréron, le nom de Garasse fut employé comme synonyme de critique sans frein et sans bonne foi.

GARAT (Dominique-Joseph) [ga-ra], philosophe et homme politique, né à Bayonne en 1749, mort en 1833. Il fut membre de l'Assemblée constituante et de la Convention, devint ministre de la justice après le procès de Louis XVI ; il donna lecture à Danton et ensuite ministre de l'intérieur ; il se retira en août 1793. Plus tard, il remplit plusieurs missions diplomatiques. En 1816, il fut exclu de

l'Institut comme révolutionnaire. Ses ouvrages comprennent *Mémoires de M. Suard.*

GARAY (Janos) [gor'-â-i], poète hongrois, né en 1812, mort en 1853. Ses ballades historiques sont très populaires. Il produisit aussi des poèmes épiques, des drames, etc.

GARBIN s. m. (ar. *garbi*, occidental). Vent du sud-ouest.

* GARBURE s. f. (esp. *garbias*, ragoût). Cuis. Espèce de potage épais fait de pain de seigle, de choux, de lard et autres ingrédients : *la garbure est un mets des provinces du midi de la France.*

GARÇAILLE s. f. [ll mll]. Garçon. (Fam.)

* GARCE s. f. (rad. *gars*). Fille ou femme débauchée et publique. (Libre et bas.)

* GARCETTE s. f. Mar. Tresse de bitord ou de fil de caret, plate, plus ou moins large, et terminée en pointe : *garcettes de ris.*

GARCHES, *Garziachus*, comm. du cant. de Sèvres, arr. et à 9 kil. N.-E. de Versailles (Seine-et-Oise), sur un plateau élevé ; 4,500 hab. Vignes, fruits, miel. Église du XIIIe siècle. Au hameau du Petit-l'Étang se trouve l'hospice de la Reconnaissance, créé pour les ouvriers fondeurs par le fondeur Michel Brézin, qui avait acquis dans son industrie une fortune de 4 à 5 millions. — Ce village fut incendié par les Allemands en janvier 1871.

GARCIA, nom de cinq rois de Navarre. — I. Garcia Ier Ximenès, succéda en 857 à son père Sanche, comme comte de Navarre. En 860, il prit le titre de roi et régna jusqu'en 880. — II (926-'70). — III, *Le Trembleur* (994-1001), ainsi nommé parce qu'il tremblait, non de peur, mais par l'effet d'une agitation nerveuse. Il se distingua contre les Mores et fut, en 998, vainqueur à Calatanazor, d'Almanzor, vizir du calife de Cordoue. — IV (1035-'54). — V (1134-'58).

GARCIA, nom de deux comtes de Castille. — I. Fernandez (970-990), battit Almanzor à Osma (984) et, en 990, dans un deuxième combat fut blessé et fait prisonnier. — II. (1022-1032) fut assassiné par un membre de la famille de Velez.

GARCIA I. (Manuel-de-Populo-Vicente), compositeur espagnol, né en 1775, mort en 1832. Il se distingua comme ténor et écrivit des opéras. Le *Calife de Bagdad* est celui qui obtint le plus de succès. Il s'établit à Paris en 1808, et, après un voyage en Amérique en 1825, y fonda une école. Mme Malibran et Mme Viardot étaient ses filles. — II (Manuel) musicien, fils du précédent, né en 1805. Il fut professeur au Conservatoire de Paris de 1835 à 1850 et ensuite à Londres. Il a écrit : *Ecole de Garcia, traité complet de l'art du chant; Observations physiologiques sur la voix humaine,* etc. (Voy. MALIBRAN et VIARDOT.)

GARCILASO (Garcias Laso de la Vega) I. Poète lyrique et pastoral espagnol, né en 1503, mort en 1536. Il se distingua à la bataille de Pavie en 1525, et en 1532 il suivit Charles-Quint en Hongrie lors de la campagne contre les Turcs; en 1535, il fit partie de l'expédition de Tunis, et en 1536, il était encore avec l'empereur lors de la désastreuse invasion du midi de la France. Il fut mortellement blessé près de Fréjus. Les poèmes de Garcilaso consistent en 37 sonnets, 5 canciones, 2 élégies, 1 épître en *versi sciolti* et 3 pastorales. Ils ont été traduits en plusieurs langues. Garcilaso est considéré comme un des meilleurs poètes de sa nation. — II (Sebastian), général espagnol, l'un des conquérants du Pérou, mort en 1559. Il s'attacha à la fortune de Francesco Pizarro, prit part à la mort de celui-ci à celle de son frère Gonzalo. Depuis 1548 jusqu'à sa mort, il fut gouverneur de Cuzco. — III. Surnommé l'INCA, historien espagnol, fils du précé-

dent et d'une princesse indienne, nièce de Huayna-Capac, né vers 1540, mort vers 1620. A partir de 1560, il vécut en Espagne. Il écrivit *La Florida del Ynca* (1605), consacrée principalement aux aventures de Soto, et *Comentarios reales que tretan del origen de los Ynca reyes, que fueron del Peru* (nouv. édit. 17 vol. 1800-'3), histoire du Pérou sous les Incas.

GARCIN DE TASSY (Joseph-Héliodore-Sagesse-Vertu), orientaliste, né à Marseille en 1794, mort en septembre 1878. Il enseigna à Paris les langues orientales vivantes et particulièrement l'hindoustani, fut membre de l'Académie des inscriptions et belles-lettres, président de la Société asiatique et l'un des principaux rédacteurs du *Journal asiatique.* Son ouvrage principal est une *Histoire de la littérature hindoue et hindoustani* (nouv. édit. 4 vol.).

* GARÇON s. m. (rad. *gars*). Enfant mâle, par opposition à fille : *il a des filles et des garçons de son mariage.* — Fam. Jeune homme, celui qui n'est garçon brave et déterminé. — Les garçons de la noce, de la fête, les jeunes garçons qui sont chargés de faire les honneurs de la noce. — Déjeuner, dîner de garçons, déjeuner, dîner où il n'y a que des hommes. — Brave garçon, se dit, par éloge, de celui qui a fait une chose dont on est satisfait : *c'est un brave garçon, je suis fort content de sa conduite.* — Faire le mauvais garçon, faire le brave, faire le méchant. — Beau garçon, joli garçon, se disent d'un homme que la débauche, le jeu ou une trop grande dépense ont jeté dans quelque excès honteux : *il s'est fait beau garçon.* On le dit aussi d'un homme qui s'est enivré : *il était hier beau garçon, joli garçon.* — Etre bien petit garçon auprès de quelqu'un, lui être fort inférieur : *il se croit un peintre fort habile, et n'est encore qu'un bien petit garçon auprès des grands maîtres de notre école.* — Celui qui demeure dans le célibat, qui ne se marie point : *il veut mourir garçon.* — Faire vie de garçon, mener une vie de garçon, mener la vie d'un homme indépendant, qui n'est assujeti à aucun devoir. — Se dit encore des ouvriers qui travaillent chez les maîtres : *garçon menuisier.* — Se dit également de ceux qui servent les acheteurs chez certains marchands, des domestiques de collège, de restaurant, de café, etc. ; et des employés subalternes de certains établissements, de certaines administrations : *il est garçon chez un marchand de vin.* — Ancien. Garçons de la chambre, garçons de la garde-robe, valets qui font les bas offices dans la chambre et dans la garderobe.

GARÇONNAILLE s. f. [ll mll.] Ramassis de garçons, de mauvais drôles.

GARÇONNER v. n. Se conduire en garçon ou fréquenter les garçons en parlant des filles.

GARÇONNET s. m. Petit garçon. (Fam.)

* GARÇONNIÈRE s. f. Jeune fille qui aime à hanter les garçons : *c'est une petite garçonnière.* (Fam.)

GARD [gar]. — I, *Vardo*, riv. de France formée du *Gardon d'Alais* et du *Gardon d'Anduze.* Le premier vient de la Lozère, court pendant 65 kil., dont 59 dans le départ. du Gard et baigne Alais. Le second vient aussi de la Lozère et mesure 65 kil. de longueur, dont 58 dans le Gard. Ces deux cours d'eau réunis forment le Gard qui traverse le départ. de ce nom, passe à Lascours, Moursac, Remoulin et se jette dans le Rhône, après un cours de 62 kil. Le Gard et les Gardons roulent des sables aurifères. — II. Départ. maritime de France, entre ceux de l'Hérault, de l'Aveyron, de la Lozère, de l'Ardèche, de Vaucluse, des Bouches-du-Rhône et la Méditerranée ; 5,835 kil. carr., 415,629 hab. ; ch.-l. Nîmes. — Département formé des diocèses de Nîmes et d'Uzès (bas Languedoc), arrosé par la Dourbie, la Jonte, le Rhône, l'Ardèche, la Cèze, le Gard, le Vistre, la Vidourle, l'Hérault. Étangs de Scamandre, de la Ville, du Repeausset. Production de houille à Bessèges et à la Grand'Combe. Tourbières, mines de lignite, de fer, de manganèse. Carrières de pierre de taille. Salines produisant plus de 630,000 hectolitres de sel. Sources minérales de Cauvalat, de Ponsanges, d'Euzet, de Meynes et de Vergères. Céréales insuffisantes; flore riche en plantes tinctoriales et médicinales. Nombreux gibier. 1,000,000 d'hectolitres de vin, les meilleurs du Languedoc, servant à fortifier les vins légers du Nord. Le cru de Saint-Gilles produit un tokai exclusivement obtenu avec des plants de Hongrie. Riche industrie minière et métallurgique. Foire de Beaucaire, une des plus importantes d'Europe; elle commence le 15 juillet et dure une semaine; il s'y traite pour plus de 25,000,000 d'affaires. — Diocèse de Nîmes, suffragant d'Avignon.— 4 arrondissements, 39 cantons, 347 communes. Arr. de Nîmes, d'Alais, d'Uzès, du Vigan.

GARD (Pont du), aqueduc construit par les Romains, à 18 kil. N.-E. de Nîmes, pour amener à cette ville les eaux des sources d'Aire et d'Airone. Sa longueur est de 272 m., sa hauteur de 49 m.; il se compose de trois rangs d'arches superposées; le premier rang n'a que 6 arches, le deuxième en a 11, et le troisième 37. Ces arches sont construites d'énormes pierres sans ciment.

GARDABLE adj. Qui peut être gardé.

GARDAGE s. m. Droit de garde.

GARDAIA, ou Ghardéia [gar-da-ia; gar-déia], ville fortifiée de l'Algérie, province d'Alger, dans l'oasis de Béni-M'zab, sur l'Oued-M'zab (Sahara); environ 12,000 hab. Grand commerce de grains, de beurre, d'épicerie, d'huile, de poterie et d'esclaves nègres. L'oasis fut soumise au gouvernement français en 1853.

GARDANE ou Gardanne, ch.-l. de cant., arr. et à 11 kil. S. d'Aix (Bouches-du-Rhône); 2,700 hab. Houille.

* **GARDE** s. f. (all. *wahren*, garder). Action ou commission de garder, de conserver, de défendre, de soigner, de surveiller quelqu'un ou quelque chose : *il m'a confié la garde de sa maison.* — Protection, ne se dit guère que dans ces phrases : *la garde de Dieu.* — Prendre de bonne garde, garder longtemps ce qu'on possède : *il y a dix ans que vous avez ce bijou : vous êtes de bonne garde.* — Etre de bonne garde, ou simplement Etre de garde, se dit plus ordinairement du vin, des fruits, etc., qui se conservent longtemps sans se gâter : *ces fruits, ce vin, sont de garde, de bonne garde, ne sont pas de garde.* — Par ext. Corps de troupes spécialement chargé de garder, de défendre un souverain, un prince, etc. : *il se fit donner une garde.* — Guet, action par laquelle on observe ce qui se passe, afin de n'être pas surpris, de prévenir quelque danger, etc. : *faire la garde.* — Se dit surtout en parlant des gens de guerre : *monter, descendre la garde.* — Il se dit encore du service des pages, des gentilshommes, des valets de pieds, des laquais, etc., qui, afin de se soulager entre eux, se tiennent tour à tour les uns après les autres auprès du roi et des princes, pour les servir et faire ce qu'ils commandent : *ce page était de garde.* — Ce chien est de bonne garde, il garde bien, il avertit bien. — Les filles sont de difficile garde, on a une grande surveillance à exercer pour les garantir de la séduction. — Prendre garde, faire attention à quelqu'un, à quelque chose : *je pris garde qu'il parlait d'un ton fort poli.* — Prendre garde, avoir soin, avoir attention, avoir l'œil sur quelqu'un, sur quelque chose : *prenez garde qu'on ne vous trompe, qu'on ne vous sur-*

prenne. — Elliptiq. Garde a vous, se dit, dans les commandements militaires, pour prenez garde à vous, faites attention. — Prendre garde a un sou, a un denier, faire attention aux plus petits articles dans un compte de dépense; ou être d'une grande parcimonie. — Se donner de garde, se donner garde, se défier, se précautionner, éviter : *donnez-vous de garde qu'on ne vous trompe.* — N'avoir garde de faire une chose, n'avoir pas la volonté ou le pouvoir de la faire, en être bien éloigné : *il n'a garde de tromper, il est trop honnête homme.* — N'avoir garde, ne pouvoir pas, se dit quelquefois des choses: *cette permission n'avait garde de lui être refusée.* — Se dit également des gens de guerre qui montent la garde : *la garde des portes.* — Elliptiq. A la garde! Exclamation dont on se sert pour appeler la garde, dans un moment de danger : *crier à la garde.* — Corps de garde, certain nombre de soldats placés en un lieu pour monter la garde : *corps de garde avancé.* — On dit plus ordinairement Poste, en termes militaires. — Corps de garde, se dit aussi du lieu où se tiennent les soldats qui montent la garde : *bâtir un corps de garde.* — Grand'garde, corps de cavalerie placé à la tête d'un camp, pour empêcher que l'armée ne soit surprise. — Garde avancée, autre corps que l'on met encore au delà de la grand'garde pour plus de sûreté. — Escr. Manière de tenir le corps et l'épée ou le fleuret, telle que l'on soit à couvert de l'épée ou du fleuret de son adversaire, et que l'on puisse aisément le frapper ou lui porter une botte : *la garde haute, basse.* — Elliptiq. A la garde! Mettez-vous en garde. — Fig. Se mettre en garde, se tenir en garde, être en garde, se défier, être si attentif qu'on ne soit point surpris: *être en garde, se mettre en garde contre la séduction.* — Avec le pluriel. Etre sur ses gardes, se mettre, se tenir sur ses gardes, se dit de celui qui fait attention à ne pas se laisser surprendre, qui se tient prêt à empêcher qu'on ne prenne sur lui quelque avantage, qu'on ne lui fasse quelque tort. — Fig. Etre hors de garde, ne savoir où l'on en est dans quelque affaire, dans quelque occasion. — Partie d'une épée, d'un sabre ou d'un poignard, qui est entre la poignée et la lame, et qui sert à couvrir la main : *la garde d'épée.* — Fig. et fam. Monter une garde a quelqu'un, le réprimander vivement. — Prov. et fig. S'en donner jusqu'aux gardes, faire un grand excès. — Jeux de cartes, se dit d'une ou de plusieurs basses cartes de la même couleur que la carte principale qu'on veut garder : *un bon joueur porte toujours ses gardes.* — Avoir toujours garde a carreau, être prêt à répondre à toute objection, à parer à tout événement. — Pluriel. Serrur. Se dit de la garniture qu'on met dans une serrure, pour empêcher que toutes sortes de clefs ne l'ouvrent : *il faut changer les gardes de la serrure, on a perdu la clef.* — Libr. Feuillet blanc que l'on met au commencement et à la fin d'un livre. — Garde constitutionnelle, garde créée par l'Assemblée constituante le 30 septembre 1791, pour veiller à la sûreté de Louis XVI dont la maison militaire avait été supprimée. Elle fut licenciée le 29 mai 1792. Plusieurs de ses membres restèrent cependant aux Tuileries et sous les ordres du maréchal de Mailly, défendirent le roi les 20 juin et 10 août. — Garde consulaire, garde formée par Bonaparte, après le 18 brumaire. Elle était sous les ordres de Soult, de Davoust, de Bessière et de Mortier et fut le noyau de la garde impériale. — Garde de la Convention, garde formée par la Convention après la déchéance de Louis XVI. Ses membres portaient le nom de grenadiers-gendarmes près la représentation nationale. En 1795, cette garde prit le nom de *Garde du Corps législatif.* Elle fut supprimée par la constitution de l'an III. — Garde du Direc-

toire, corps institué par la constitution de l'an III, et qui forma le noyau de la garde consulaire après le 18 brumaire. — Gardes françaises (Régiment des), régiment d'infanterie française destiné à garder les avenues des lieux où le roi était logé. Capitaine, lieutenant, sergent aux gardes, capitaine, lieutenant, etc., dans les gardes françaises. Ce régiment fut créé par Charles IX en 1563. Licencié en 1573 pour complaire aux huguenots, il fut rétabli l'année suivante et son effectif fut successivement augmenté par Louis XIII, Louis XIV, Louis XV, Louis XVI. Le régiment des gardes françaises passa du côté du peuple en 1789, contribua à la prise de la Bastille et fut cassé par Louis XVI le 31 août. — Garde d'honneur, troupe offerte à des personnages éminents, auxquels on rend les honneurs militaires. C'est quelquefois une réunion de citoyens qui, volontairement, servent de gardes à un souverain, à un prince, etc., pendant son séjour dans la ville, dans le pays : *on offrit au prince, à la princesse, une garde d'honneur.* S'est dit aussi d'un corps de cavalerie formé en 1813 de jeunes gens de bonne famille qui s'étaient déjà rachetés de la conscription. Les gardes d'honneur furent versés peu de temps après dans la garde impériale et se distinguèrent à Dresde, à Hanau, à Reims, etc. — Garde impériale, nom que prit la garde consulaire à l'avènement de Napoléon Ier (1804). Elle s'accrut en 1805, en 1806, en 1807 par l'adjonction de nouveaux corps, ce qui la fit distinguer en *vieille garde* et en *jeune garde.* De nouveaux régiments lui furent encore ajoutés, ce qui porta, en 1814, son effectif à 102,708 hommes au lieu de 12,475 qu'elle comptait en 1805. Pendant la première Restauration, l'infanterie de la vieille garde forma deux régiments sous le nom de *corps royal des grenadiers et des chasseurs de France*, la cavalerie fut réduite à quatre régiments, sous le nom de *corps royal des grenadiers, des dragons, des chasseurs à cheval, des chevau-légers-lanciers de France.* Les régiments de la jeune garde furent versés dans les troupes de ligne. Pendant les Cent-Jours, Napoléon rétablit la garde impériale à l'effectif de 25,850 hommes. (Voy. Cambronne.) Lors de la deuxième Restauration, cette garde fut dispersée dans les nouveaux corps de la garde royale. La garde impériale fut rétablie le 4 mai 1854 par Napoléon III. Elle combattit en Crimée, s'illustra en Italie, défendit Metz et capitula sous les murs de cette ville. — Garde nationale mobile, s'est dit en 1848 d'une troupe mercenaire destinée à la garde de Paris, et composée de jeunes gens que la révolution laissait sans travail. On disait aussi simplement *la garde mobile.* Sous le régime de la loi militaire de 1868, on a appelé *garde nationale mobile* une partie de la classe, laissée dans ses foyers à l'époque du recrutement, mais soumise au service militaire en temps de guerre. — Garde municipale, troupe sédentaire et soldée, qui est chargée d'une partie du service militaire et de police dans certaines villes : *garde municipale à pied, à cheval.* S'est dit d'un corps formé pour la ville de Paris le 12 vendémiaire an XI (4 oct. 1802). Le 10 avril 1813, ce corps prit le nom de *gendarmerie de Paris.* Nommé *garde royale* sous la première Restauration, il subsista sous ce nom jusqu'à la chute de Charles X. Une nouvelle *garde municipale* fut créée le 16 août 1830; son effectif était de 3,244 hommes. Elle fut supprimée par la révolution de 1848, et devint la *garde républicaine*, puis la *garde de Paris.* — Garde nationale, troupe non soldée, composée de citoyens, et qui sert au maintien du bon ordre, ainsi qu'à la défense intérieure du pays : *la garde nationale sédentaire.* — La milice populaire nommée *garde nationale* fut instituée en France en 1789, lorsque le conseil municipal eut décrété la formation d'une milice de 48,000 hommes distribués en 60 bataillons et placés sous les ordres de La Fayette. La garde nationale se forma spontanément la veille de la prise de la Bastille et adopta les couleurs tricolores, qui devinrent celles de la nation. Les autres villes suivirent immédiatement l'exemple de la capitale et eurent des nationaux prêtèrent serment au roi, à la loi et à la commune. En vertu de la loi du 14 octobre 1791, qui organisa les gardes nationales, tous les citoyens actifs et leurs enfants âgés de 18 ans faisaient partie de cette milice. Le 5 octobre 1795 eut lieu le soulèvement de 30,000 gardes nationaux contre l'Assemblée; les Tuileries furent attaquées; mais 6,000 soldats, commandés par Bonaparte repoussèrent les assaillants. La garde nationale fut alors placée sous les ordres du commandant en chef de l'armée. En 1813, Napoléon appela 90,000 gardes nationaux à la défense des côtes. Une ordonnance du 17 juillet 1816 soumit au service tous les Français de 20 à 60 ans, imposés ou fils d'imposés. Licenciée en 1827, la garde nationale fut rétablie après la révolution de 1830, avec La Fayette comme commandant en chef. En 1848, elle fut augmentée de l'élément démocratique, et lors du coup d'État, elle était organisée d'un bout à l'autre du territoire. Dissoute par le prince président, elle ne fut rétablie que le 14 janvier 1852, sur un plan restreint qui la composait d'une classe d'individus seulement avec des chefs nommés par le pouvoir central. Elle fut réorganisée, en 1870, pour le gouvernement de la Défense, et elle comprit l'universalité des citoyens en état de porter les armes; les chefs furent nommés à l'élection. Les bataillons de la garde nationale de Paris prirent part aux batailles de Champigny, de Buzenval, etc. Après la chute de la Commune, l'Assemblée nationale vota le désarmement de toutes les gardes nationales de France. — Garde de Paris, créée en 1851 pour remplacer la garde républicaine. — Garde républicaine, corps formé après la révolution de 1848 pour remplacer la garde municipale de Paris. La garde républicaine, remplacée en 1851 par la garde de Paris, a été rétablie depuis 1870. Elle se compose de trois bataillons d'infanterie à 8 compagnies, et d'un escadron de cavalerie. — Garde royale, corps créé le 1er septembre 1815 par Louis XVIII et dissous le 11 août 1830. — Garde de la marine, GARDES-MARINE, s'est dit autrefois d'un corps composé de trois compagnies de 200 jeunes gentilshommes nommés par le roi pour la garde de l'amiral, et pour s'instruire dans le service de mer. La garde de la marine fut établie par Colbert en 1670, à Brest, à Rochefort et à Toulon. Il y a eu, plus anciennement, des GARDES DE L'ÉTENDARD qui étaient, dans le corps des galères, ce que furent les gardes-marine dans celui de la marine.

' GARDE s. m. (celt. gward, gardien). Gardien, surveillant, conservateur. Quand il est immédiatement suivi du nom qui désigne la chose donnée en garde, on le joint à ce nom par un tiret : garde de la bibliothèque. En parlant d'une surveillance qui exige du savoir ou qui entraîne une grande responsabilité, on dit plus ordinairement aujourd'hui. Conservateur. — s. f. Femme dont la profession est de garder et de soigner les malades : il est malade, il lui faut une garde. On dit dans le même sens, UNE GARDE-MALADE. — s. m. Se dit en outre de ceux que l'on charge de garder, de surveiller une personne qu'on ne veut pas laisser échapper : il n'est pas prisonnier, mais il a des gardes. — Homme armé, qui fait partie de la garde d'un roi, d'un prince, d'un gouverneur, d'un officier général, etc. : il n'avait avec lui qu'un de ses gardes. — Garde

royal, garde municipal, soldat de la garde royale, de la garde municipale. On a dit, dans un sens analogue, UN GARDE-FRANÇAISE, un soldat des gardes françaises, un soldat aux gardes. — Garde national, citoyen qui faisait partie de la garde nationale. — Garde des bois, garde forestier, agent préposé pour veiller à la conservation des forêts. — Garde champêtre, agent préposé à la garde des récoltes et des propriétés rurales de toute espèce : le garde champêtre dressa procès-verbal. — Garde du commerce, officier qui avait le droit exclusif de mettre à exécution les contraintes par corps. Les gardes du commerce furent institués en 1807 et supprimés par la loi du 22 juillet 1867. — Gardes du corps, ceux qui gardaient la personne du roi : capitaine, lieutenant des gardes du corps. Louis XI institua deux compagnies de gardes du corps en 1475 et en 1477. François 1er en forma une troisième en 1515. Un repas des gardes du corps à Versailles, le 1er octobre 1789, amena les journées des 5 et 6 octobre. Un décret de l'Assemblée (25 juin 1791) licencia les gardes du corps. Ils furent rétablis en 1814 par Louis XVIII et licenciés par ordonnance du 11 août 1830. — Gardes du dedans, nom donné dans la maison militaire de Louis XIV aux gardes du corps, aux cent-suisses, aux gardes de la porte et aux gardes de la prévôté de l'hôtel. — Gardes du dehors, nom donné à la maison militaire de Louis XIV aux gendarmes, aux chevau-légers, aux mousquetaires, aux gardes françaises, aux gardes suisses et aux gentilshommes à bec de corbin. — Gardes écossais, gardes institués vers 1445 par Charles VII et qui étaient tous Ecossais. A partir du XVIIe siècle, les officiers de ces corps furent français, et, à dater de la Révolution, ces gardes furent complètement recrutés dans les rangs de l'armée. La Restauration, en rétablissant les gardes du corps, conserva à la 1re compagnie la dénomination de compagnie de gardes écossais.—Gardes de l'étendard. (Voy. GARDE DE LA MARINE.)—Gardes de la manche, ceux des gardes du corps qui, en certaines occasions, étaient debout aux deux côtés du roi, vêtus de hoquetons et armés de pertuisanes. Il y en avait 24. — Gardes des métiers, ceux qui étaient élus dans les corps de métiers pour avoir soin qu'il ne s'y fit rien contre les règlements et les statuts, et pour veiller à la conservation de leurs privilèges. — Gardes des monnaies, premiers juges des monnaies, dont les appellations ressortissaient aux cours des monnaies.—Gardes de la porte, ceux qui montaient la garde aux portes de l'intérieur du palais où était le roi pendant le jour. — Corps de la maison militaire des rois de France, créé en 1261 par Louis IX. Le nom de ces gardes fut d'abord celui de PORTIERS. Ils furent supprimés en 1787, rétablis en 1814 et disparurent définitivement en 1815. — Gardes de la prévôté de l'hôtel, force armée à la disposition du grand prévôt, créée par Louis IX. Réorganisé en 1778, ce corps fut réduit à 67 membres en 1780, supprimé en 1787, rétabli en 1815 et aboli en 1817. Ces gardes s'opposaient aux querelles dans le palais, et arrêtaient ou expulsaient les perturbateurs ou les personnes d'apparence suspecte.—Gardes des privilèges des universités, juges qui étaient spécialement chargés de veiller à la conservation des droits d'une université, et devant lesquels les membres de cette université avaient leurs causes commises : le Châtelet de Paris était garde et conservateur des privilèges de l'université de Paris. — Gardes suisses, régiment d'infanterie suisse qui faisait le même service que le régiment des gardes françaises. Créés en 1573 par Charles IX, les gardes suisses furent organisés en régiment en 1616. Ils furent licenciés en 1792. Chaque compagnie était recrutée dans un canton suisse particulier. On ne pouvait obliger ces gardes à servir au delà du Rhin, des Alpes et des Pyrénées. — Gardes du trésor

royal, officiers créés en 1689 au nombre de trois, pour administrer alternativement le trésor. — Garde des sceaux, ministre auquel sont confiés les sceaux de l'État : le garde des sceaux, ministre de la justice. La fonction de garde des sceaux fut créée en 1551. — Cent gardes, corps chargé, sous le second Empire de la garde personnelle du souverain : un cent garde. — Législ. «Nous ne pouvons donner ici qu'une énumération restreinte des différentes fonctions auxquelles s'appliquent le mot garde et ses composés. Les gardes champêtres sont chargés de veiller à la conservation des récoltes et des propriétés rurales (L. 28. sept. — 6 oct. 1791). Toute commune rurale doit en avoir au moins un (L. 20 mess. an III). Cette dépense est obligatoire (L. 18 juillet 1837) et il y est pourvu au moyen de centimes additionnels aux quatre contributions directes (L. de finances 30 juillet 1867, art. 16). Les gardes champêtres sont nommés par le préfet sur la présentation du maire (Décr. 25 mars 1852, art. 5, n° 21). Ils doivent être agés de 25 ans, et, autant que possible, savoir lire et écrire. Avant d'entrer en fonctions, ils prêtent serment devant le juge de paix, et ils sont tenus de se présenter, dans les huit jours de leur installation, devant le brigadier de gendarmerie du canton. Les gardes champêtres sont placés directement sous les ordres du maire; mais ils sont, comme officiers de police judiciaire, soumis à la surveillance du procureur de la République. Ils sont chargés de rechercher, chacun dans le territoire pour lequel il est assermenté, les délits qui ont porté atteinte aux propriétés rurales (C. inst. crim. 20) et les contraventions aux règlements de police municipale (L. 24 juillet 1867, art. 20). Ils doivent aussi rechercher et constater un certain nombre d'infractions à la loi ou aux règlements et prêter leur concours aux autres agents de la force publique, lorsqu'ils en sont requis. Les procès-verbaux qu'ils dressent doivent être faits le jour même du délit, et affirmés dans les 24 heures devant le juge de paix, le commissaire de police ou le maire. Les procès-verbaux sont, dans les trois jours, remis au ministère public du tribunal correctionnel ou de la justice de paix, suivant qu'ils constatent un délit ou une contravention. (Voy. CONTRAVENTION et DÉLIT.) Les gardes champêtres doivent arrêter et conduire devant le juge de paix ou devant le maire, tout individu surpris en flagrant délit ou désigné par la clameur publique, lorsque le fait commis entraîne la peine de l'emprisonnement ou une peine plus grave. (Voy. CLAMEUR.) (C. inst. crim. 9, 16 et s.) Le garde champêtre qui néglige de remplir ses fonctions est responsable des délits qu'il a laissé commettre, et, s'il a failli à son devoir par suite de corruption, il peut être puni de la dégradation civique et d'une amende de 200 fr. au moins. S'il a commis lui-même un délit contre les propriétés, il est puni d'un emprisonnement qui est au moins d'un mois. Les gardes du commerce étaient des officiers ministériels institués dans le département de la Seine exclusivement et qui étaient chargés de mettre à exécution les jugements des tribunaux civils ou de commerce emportant la contrainte par corps. Cette fonction a nécessairement cessé d'exister par suite de la loi du 22 juillet 1867. (Voy. CONTRAINTE.) Les gardes forestiers sont les agents inférieurs de l'administration des forêts. (Voy. FORÊT.) Les gardes du génie sont d'anciens sous-officiers de cette arme, auxquels est donnée la mission de veiller à la conservation du domaine militaire, à la garde et à l'entretien des fortifications. Ils ont le droit de dresser des procès-verbaux, en ce qui concerne leur service (L. 29 mars 1810). Les gardes particuliers sont des gardes champêtres choisis par un propriétaire ou un fermier pour défendre ses biens ruraux, ses forêts ou ses récoltes (L. 20 messidor an III, art. 4). Tout garde particulier doit avoir été agréé par le

sous-préfet et avoir prêté serment devant le juge de paix, avant d'entrer en fonctions. Sans être fonctionnaire, il a les mêmes droits et les mêmes obligations qu'un garde champêtre; mais il peut, de plus que ce dernier, obtenir un permis de chasse. Les *gardes-rivières* ne sont autre chose que des gardes champêtres ayant une mission spéciale. Ils sont chargés, au nom d'un syndicat, des propriétés riveraines d'un cours d'eau, de veiller, sous l'autorité du préfet, à l'exécution des règlements administratifs concernant la distribution des eaux, l'arrosage, le curage, etc. »
(Ch. Y.)

GARDE (Lac de), anc. *Benacus lacus*, le plus grand lac d'Italie, compris entre les provinces de Brescia et de Vérone, et entrant dans le Tyrol par sa partie septentrionale la plus étroite. Il a 45 kil. de long du N. au S. et de 5 à 16 kil. de large; il est à 78 m. au-dessus du niveau de la mer; en plusieurs endroits, il mesure 350 m. de profondeur. Peschiera se trouve à son extrémité S.-E., d'où sort le Mincio. Abondance de poissons, particulièrement de saumon, de truites et de sardines.

* GARDÉ, ÉE part. passé de Garder. — Aux jeux de cartes. Roi gardé, dame gardée, roi, dame pour lesquels on a une ou plusieurs gardes. On dit de même que le joueur est gardé quand il a une ou plusieurs cartes gardées : *être gardé à carreau*.

* GARDE-BARRIÈRE s. m. Agent préposé à la garde d'une barrière, établie à l'intersection d'une voie ferrée et d'un chemin ordinaire : *des gardes-barrière* ou *des gardes-barrières*.

* GARDE-BOURGEOISE s. f. Jurispr. C'était, à l'égard des bourgeois, le même droit que celui de garde-noble à l'égard des nobles : *des gardes-bourgeoises*. (Voy. Garde-noble.)

* GARDE-BOUTIQUE s. m. Tout objet que le marchand a depuis longtemps dans sa boutique, et qu'il ne peut vendre : *cette étoffe est un garde-boutique, des garde-boutique*. (Fam.)

GARDE-CANAL s. m. Employé des ponts et chaussées, préposé à la surveillance et à la conservation des canaux et des propriétés qui en dépendent : *les attributions des gardes-canaux ont été déterminées par la loi du 15 avril 1829*.

GARDE-CENDRES s. m. Appareil que l'on met devant un foyer pour retenir les cendres : *des garde-cendres*.

* GARDE-CHASSE s. m. Celui qui est commis pour veiller à la conservation du gibier dans une terre, dans un parc, etc.— Au plur. *des gardes-chasse*.

* GARDE-CHIOURME s. m. Gardien d'une chiourme : *des gardes-chiourme* ou *des gardes-chiourmes*.

* GARDE-CORPS s. m. Est synonyme de garde-fou, et s'emploie surtout en termes de marine : *des gardes-corps*.

* GARDE-CÔTE adj. Chargé de la surveillance des côtes : *des vaisseaux garde-côte*. — s. m. Militaire appartenant à la milice particulièrement chargée de la garde des côtes. — Vaisseau armé pour défendre les côtes : *des garde-côte* ou *des gardes-côtes*.

GARDE-CROTTE s. m. Bande de cuir placée en avant d'une voiture pour garantir de la crotte les personnes qui s'y trouvent : *des garde-crotte*.

* GARDE-ÉTALON s. m. Celui qui a la garde de l'étalon que l'État donne pour les haras : *des gardes-étalons*.

* GARDE-FEU s. m. Grille de fer, ou plaque de fer-blanc, de tôle, etc., qu'on met devant une cheminée pour prévenir les inconvénients du feu : *des garde-feux*.

*GARDE-FOU s. m. Balustrade, parapet ou barrière qu'on met au bord des ponts, des quais, des terrasses, etc., pour empêcher de tomber en bas :

Faites donc mettre au moins de ces *garde-fou* là-haut.
Jean Racine.

GARDE-FREIN s. m. Employé de chemin de fer qui est chargé de manœuvrer le frein d'un convoi : *des gardes-frein* ou *des gardes-freins*.

GARDE-LAIT s. m. Appareil au moyen duquel on fait bouillir le lait sans qu'il puisse se répandre en montant : *des garde-lait*.

GARDE-LIGNE s. m. Surveillant d'une ligne de chemin de fer : *des gardes-ligne*.

* GARDE-MAGASIN s. m. Officier comptable, qui reçoit et délivre les munitions de l'armée et de la marine. — Employé chargé de la garde d'un magasin : *des gardes-magasin* ou *des gardes-magasins*.

GARDE-MAIN s. m. Objet qui sert à préserver un ouvrage du contact de la main : *des garde-main* ou *des garde-mains*.

* GARDE-MALADE s. f. ou simplement GARDE. Femme dont la profession est de garder et de soigner les malades : *des gardes-malades*. — ~ Au masc. : *un garde-malade*.

* GARDE-MANCHE s. m. Fausse manche que l'on met par-dessus la manche de l'habit, ou même de la chemise, quand on fait un travail qui peut les salir : *des garde-manche* ou *des garde-manches*.

* GARDE-MANGER s. m. Lieu pour garder ou serrer de la viande et autres choses servant à la nourriture. — Petite armoire formée ordinairement de châssis garnis de toile, et destinée au même usage : *des garde-manger*.

* GARDE-MARINE s. m. Jeune gentilhomme qui faisait partie des gardes de la marine : *les gardes-marines*.

* GARDE-MARTEAU s. m. Officier d'une maîtrise des eaux et forêts, qui gardait le marteau avec lequel on marque le bois destiné à être coupé : *des garde-marteaux* ou *des gardes-marteaux*.

* GARDE-MEUBLE s. m. Lieu où l'on garde des meubles : *des garde-meubles*. — ~ Officier autrefois préposé à la garde des meubles du roi. — Le garde-meuble, édifice dans lequel on conservait des objets historiques : armures de rois, diamants de la couronne, ornements. — Le garde-meuble construit en 1760, se trouvait à l'angle de la rue Royale et de la rue de Rivoli, dans le monument occupé aujourd'hui par le ministère de la marine.

GARDE-MINE s. m. Agent du service des mines, chargé de la surveillance des exploitations minérales, des sources d'eaux minérales, des appareils à vapeur, et de contrôler l'exploitation technique et le matériel des chemins de fer. Les attributions des *gardes-mines* ont été établies par décret du 24 décembre 1851, art. 30. Il y a six classes de gardes-mines (Décr. 17 juillet 1856). Les agents, placés sous les ordres des ingénieurs des mines, sont choisis, autant que possible, parmi les maîtres mineurs, les directeurs de mines, les contre-maîtres d'usines et les élèves des écoles professionnelles.

GARDE-MÔLE s. m. Officier préposé à la garde d'un môle : *des gardes-môle* ou *des gardes-môles*.

GARDE-NAPPE s. m. Rond d'osier que l'on met sous les plats pour les empêcher de salir la nappe : *des garde-nappe* ou *des garde-nappes*.

GARDEN (Alexandre), médecin anglais, né en Ecosse en 1728, mort en 1792. Il émigra dans la Caroline du Sud en 1752, et acquit une fortune à Charleston en exerçant sa profession; on confisqua sa fortune pour le punir de s'être rendu en Angleterre en 1783 comme loyaliste. Il publia des exposés sur nombre de plantes et d'animaux, particulièrement sur l'œillet d'Inde et sur l'insecte de la cochenille.

GARDÉNIACÉ, ÉE adj. Qui ressemble à une gardénie. — s. f. pl. Tribu de rubiacées ayant pour type le genre gardénie.

GARDÉNIE s. f. (de *Garden*, n. pr.). Bot. Genre de gardéniacées comprenant une quarantaine d'espèces d'arbres ou d'arbrisseaux souvent épineux, qui habitent les régions chaudes de l'ancien continent. La *gardénie à grandes fleurs* (gardenia jasminoïdes), ou *jas-*

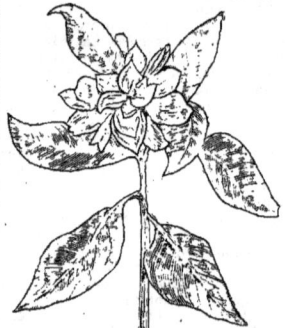
Gardénie à grandes fleurs.

min du Cap, porte de grandes fleurs terminales blanches très odorantes. On ne peut la cultiver en pleine terre, en France, que dans le Midi.

* GARDE-NOBLE s. f. Jurispr. Droit qu'avait le survivant de deux époux nobles de jouir du bien des enfants, venant de la succession du prédécédé, jusqu'à ce qu'ils eussent atteint un certain âge, à la charge de les nourrir, de les entretenir et de payer toutes les dettes, sans être tenu de rendre aucun compte : *avoir le droit de garde-noble*.

* GARDE-NOTE s. m. Qualité qui se joignait autrefois à celle de notaire : *par-devant les conseillers du roi, notaires, gardes-notes du roi au Châtelet de Paris*. Ne se dit plus que par plaisanterie.

* GARDE-PÊCHE s. m. Celui qui est chargé de veiller à l'exécution des ordonnances sur la police des fleuves, des rivières, etc., en ce qui concerne la pêche et la navigation : *des gardes-pêche*.

GARDE-PLATINE s. m. Morceau d'étoffe ou de cuir qui protège la platine d'un fusil.

GARDE-PORT s. m. Agent chargé de surveiller, dans les ports des rivières, l'amarrage, le garage, le tirant d'eau des bateaux ou des trains, de recevoir et de placer les marchandises : *les gardes-ports ont été établis en 1644*.

* GARDER v. a. (anc. haut. all. *wartan, warten*, prendre garde). Conserver une chose, l'empêcher de se perdre, de se gâter, etc. : *ce vin-là est si délicat, qu'on ne pourra le garder*. — Retenir quelque chose, ne pas s'en dessaisir; rester en possession de quelque chose : *garder copie d'une lettre, d'un acte, garder un double*. — Se dit quelquefois en parlant des personnes : *garder ses deux enfants auprès d'elle*. — Garder la chambre, garder le lit, se tenir dans sa chambre, dans son lit, pour cause de quelque incommodité : *garder la maison*, ne pas sortir, rester chez soi. — Garder prison, garder les arrêts, rester en prison, rester aux arrêts. — Garder

LA FIÈVRE, GARDER UN RHUME, l'avoir longtemps sans discontinuation. — GARDER UNE MÉDECINE, ne pas la vomir. GARDER UN LAVEMENT, ne pas le rendre promptement. — Chasse. CES CHIENS GARDENT LE CHANGE, ils ne prennent pas le change. — Conserver, retenir ; se dit aussi en parlant des choses morales :

Seul roi de qui le pauvre ait *gardé* la mémoire.
GUDIN DE LA BRENELLERIE. *Œuvres complètes*. 1809.

— GARDER SON RANG, soutenir avec dignité son rang, son état. — GARDER UN SECRET, ne pas le révéler. — Observer : *garder la chasteté.* — GARDER SON BAN, accomplir le temps du bannissement auquel on a été condamné. — PROPORTION GARDÉE, TOUTE PROPORTION GARDÉE, en tenant compte de l'inégalité, de la différence relative des deux personnes, des deux choses dont il s'agit : *proportion gardée, cette petite fille a plus d'intelligence que sa sœur aînée.* — Se dit quelquefois en parlant des personnes que l'on continue d'employer pour les choses de leur profession : *je veux garder ce médecin, il m'a paru très habile.* — Réserver : *il faut garder cela pour demain.* — Retirer près de soi : *je l'ai gardé huit jours à la campagne.* — GARDER UNE POIRE POUR LA SOIF, ménager, réserver quelque chose pour les besoins à venir. — VOUS NE SAVEZ PAS CE QUE DIEU VOUS GARDE, CE QUE LA FORTUNE VOUS GARDE, se dit à une personne qui est dans l'affliction, dans le malheur, pour faire entendre qu'il peut lui arriver des consolations, que sa condition peut devenir meilleure. — LA GARDER A QUEL-QU'UN, LA LUI GARDER BONNE, conserver du ressentiment contre quelqu'un, et attendre l'occasion de se venger. — Se dit souvent en parlant des personnes ou des choses à la conservation, au soin, à la surveillance desquelles on est commis : *garder un enfant.* — GARDER LES GAGES, LES ENJEUX, en être le dépositaire. — GARDER LE MULET, être longtemps à attendre quelqu'un pendant qu'il est occupé à quelque affaire, à quelque divertissement. — GARDER LES MANTEAUX, faire le guet, ou demeurer à ne rien faire, pendant que ceux avec qui l'on est venu se divertissent, ou commettent quelque délit. — EN DONNER A GARDER A QUELQU'UN, lui en faire accroire. — Se dit particulièrement d'une personne qui se tient assidûment auprès d'un malade, auprès d'une femme en couche, pour les soigner et les servir : *elle le garda jour et nuit.* — Prendre garde que des prisonniers ne s'évadent : *garder des prisonniers à vue.* — Se dit également du soin qu'on prend des troupeaux, lorsqu'on les mène paître : *garder les moutons.* — BON-HOMME, GARDE TA VACHE, se dit pour avertir quelqu'un de prendre garde qu'on ne le trompe. — QUAND CHACUN FAIT SON MÉTIER, SE MÊLE DE SON MÉTIER, LES VACHES SONT BIEN GAR-DÉES, EN SONT MIEUX GARDÉES, toutes choses vont bien lorsque chacun ne se mêle que de ce qu'il doit faire. — Défendre, protéger : *ce que Dieu garde est bien gardé.* — Préserver, garantir : *Dieu vous garde de pareils amis ; Dieu vous garde.* — DIEU VOUS GARDE, se disait autrefois, par forme de salutation, à des inférieurs, lorsqu'on les abordait ou qu'on en était abordé. Il se disait aussi quelquefois, en riant, d'égal à égal. — Veiller à la sûreté d'un roi, d'un prince : *les troupes qui gardent le roi.* — Se dit également en parlant d'un lieu, d'un poste que l'on est chargé de défendre : *garder un retranchement, des lignes.* — **Se garder** v. pr. Prendre garde, se préserver de quelque chose : *gardez-vous bien de tomber.*

Gardez-vous de rien dédaigner.
LA FONTAINE.

GARDERIE s. f. Etendue de bois sous la surveillance d'un garde. — Lieu où l'on reçoit les petits enfants en garde pendant la journée.

210

* **GARDE-ROBE** s. f. Chambre destinée à renfermer les habits, le linge, et toutes les hardes de jour et de nuit : *des garde-robes.* — Par ext. Tous les habits et toutes les autres hardes qui sont à l'usage d'une personne : *c'est un homme qui a une garde-robe très riche.* — On dit dans un sens analogue, LA GARDE-ROBE D'UN ACTEUR. — Chez le Roi. GRAND-MAITRE DE LA GARDE-ROBE, grand officier qui avait soin de tout ce qui regardait les habits et le linge du roi, et qui avait sous lui divers officiers. — Lieu où l'on met la chaise percée : *la garde-robe de cet appartement est bien commode.* — ALLER A LA GARDE-ROBE, aller à la chaise percée.

* **GARDE-ROBE** s. m. Tablier de toile que mettent quelques femmes pour conserver leurs vêtements.

* **GARDE-ROBE** s. f. Nom donné vulgairement à diverses plantes odorantes, telles que certaines armoises, qui éloignent ou font périr les insectes, et qu'on met, pour cette raison, parmi les habits et les autres hardes.

* **GARDE-RÔLE** s. m. Celui qui gardait les rôles des offices de France, qui en tenait registre, et qui en faisait sceller les provisions : *des garde-rôle* ou *des gardes-rôles.*

* **GARDE-ROUE** s. m. Tambour qui entoure en partie les roues à palettes d'un bateau à vapeur : *des garde-roue* ou *des garde-roues.*

* **GARDE-SACS** s. m. Officier qui était chargé de garder les sacs des procès.

* **GARDE-SCEL** s. m. Officier préposé, dans les anciennes juridictions, pour sceller les expéditions, etc.

* **GARDEUR, EUSE** s. Celui, celle qui garde des animaux : *gardeuse de dindons ; gardeur de cochons.*

* **GARDE-VAISSELLE** s. m. Celui qui avait la vaisselle du roi en sa garde.

* **GARDE-VENTE** ou **Facteur** s. m. Celui qu'un marchand de bois prépose à la garde et à l'exploitation des bois dont il s'est rendu adjudicataire.

* **GARDE-VUE** s. m. Sorte de visière, ordinairement garnie ou doublée de taffetas vert, qu'on place au-dessus des yeux, pour garantir la vue du trop grand éclat de la lumière : *porter un garde-vue.*

* **GARDIEN, IENNE** s. [gar-di-ain]. Celui, celle qui protège ou qui est commis pour protéger quelqu'un ou quelque chose : *vous êtes le gardien de nos droits, de nos libertés.* Adjectiv. en ce sens, ANGE GARDIEN. — Fig. ANGE GARDIEN, se dit d'une personne qui veille sur une même affection, et qui vient toujours la secourir dans les circonstances difficiles. — GARDIENS DE LA PAIX, nom d'agents de police armés et chargés de maintenir le bon ordre dans les lieux publics : on les appelle aussi SERGENTS DE VILLE. — Celui qui garde quelque chose, qui est chargé de veiller à sa conservation : *le gardien d'un monument public.* — Prat. Celui qui est commis par justice pour garder des meubles saisis, des scellés, etc. : *on l'a établi gardien, on l'a établie gardienne des meubles, des scellés.* — GARDIEN NOBLE, celui qui avait la garde-noble. — Adjectiv. LETTRES DE GARDE GARDIENNE, lettres par lesquelles le roi accordait à certaines communautés, à certains particuliers, le privilège d'avoir leurs causes commises devant certains juges. — Titre qu'on donne au supérieur d'un couvent de religieux de Saint-François : *le gardien des cordeliers, des capucins.*

GARDIENNAGE s. m. Emploi, office de gardien.

GARDINER, ville du Maine (Etats-Unis), sur la rive occidentale de la rivière de Kennebec (qui y devient navigable), et sur les deux rives du Cobbossecontee, à 12 kil. S. d'Augusta ; 4,490 hab.

GARDINER (James), officier écossais, né en 1688, mort le 21 sept. 1745. En 1730, il devint lieutenant-colonel dans l'armée anglaise et en 1745, il commanda un régiment à la bataille de Prestonpans où il fut tué. Sa mort a été décrit dans le *Waverley* de Scott. Sa vie, écrite par le docteur Doddrige, est un exemple de piété.

GARDOIR s. m. Lieu où l'on garde quelque chose.

* **GARDON** s. m. (rad. *garder*, parce que ces poissons se gardent longtemps en vie). Petit poisson blanc d'eau douce, du genre leucisque. *pêcher du gardon.* — Prov. ÊTRE FRAIS COMME UN GARDON, avoir un air de fraîcheur et de santé.

GARDON (Le), nom de plusieurs torrents qui se réunissent pour former le GARD.

* **GARE**. Impératif du verbe GARER, qui s'emploie par manière d'interjection, lorsqu'on avertit de se ranger, de se détourner pour laisser passer quelqu'un ou quelque chose : *crier gare.* Il est familier. — Chasse. Celui qui entend le cerf bondir de sa reposée, doit crier : *gare.* — Se dit aussi pour avertir quelqu'un du châtiment qu'il éprouvera s'il ne prend garde à lui, s'il ne fait pas mieux son devoir, etc. : *gare le fouet.* — FRAPPER SANS DIRE GARE, frapper sans avoir menacé auparavant. — Se dit également en parlant pour ce qu'on appréhende pour soi ou pour les autres : *vous faites cela, gare les conséquences.*

* **GARE** s. f. Lieu d'abri disposé sur les rivières, pour y retirer les bateaux : *les gares de Charenton.* — Station de chemin de fer où l'on prend des voyageurs et des bagages : *chef de gare.* — GARE D'ÉVITEMENT, celle qui reçoit un convoi pendant qu'un autre passe.

GARENGEOT (René-Jacques CROISSANT DE), chirurgien, né à Vitré (Bretagne) en 1688, mort en 1759. Il étudia à Paris sous Winslow et Méry, obtint, par l'entremise de Maréchal, le grade de maître en chirurgie et fit plusieurs campagnes comme chirurgien du régiment du roi. Il fut membre de la Société royale de Londres en 1737, chirurgien du roi et membre de l'Académie royale. On lui doit plusieurs perfectionnements dans les procédés chirurgicaux et dans les instruments. Il n'a pas inventé la *clef* qui porte son nom, il l'a seulement perfectionnée. On a de lui plusieurs ouvrages : *Traité des opérations de chirurgie* (Paris, 1720, 3 vol. in-12) ; *Traité des instruments de chirurgie* (1723, in-12 ; et 1727, 2 vol. in-12) ; etc.

* **GARENNE** s. f. [ga-rè-ne] (haut. all. *waren*, garder). La campagne, où il y a des lapins, et où l'on prend soin des les conserver : *lapin de garenne.* — GARENNE FORCÉE, ou GARENNE PRIVÉE, petit lieu clos de murailles, ou de fossés pleins d'eau, où l'on met et où l'on élève des lapins. — Lieu particulier près du château, que le seigneur faisait pour prendre des soin : *dans certaines provinces, l'aîné n'avait pour tout avantage que le château, le vol du chapon et la garenne.*

* **GARENNIER** s. m. Celui qui a soin d'une garenne, qui a une garenne en garde : *un bon garennier.*

* **GARER** v. a. (haut. all. *waren*, garantir). Rivière. Faire entrer dans une gare : *garer un bateau, un convoi.* — GARER UN TRAIN DE BOIS, le lier. — **Se garer** v. pr. Se ranger de côté en parlant des bateaux ou des trains de chemins de fer : *les bateaux qui montent doivent se garer vers la terre pour laisser passer ceux qui descendent.* — Par ext. et fam. Se préserver, se défendre de quelqu'un, de quelque chose, l'éviter : *il faut se garer d'un fou.*

III.

GARFIELD (James-Abraham) [găr-fîld], vingtième président des États-Unis d'Amérique, né en 1831, à Orange (Ohio), de pauvres pionniers, mort le 19 sept. 1881. Au sortir de l'école primaire, il fut successivement bûcheron, batelier et finit par entrer en qualité d'é-colier, dans un établissement d'enseignement secondaire, où de rapides progrès le mirent à même de devenir précepteur et plus tard maître. En 1856, il prit ses grades à Williams Collège (Massachusetts), l'une des plus anciennes et des meilleures institutions des États-Unis, et fut ensuite nommé professeur de langues anciennes au collège d'Hiram (Ohio). Quelques discours antiesclavagistes l'ayant fait connaître comme orateur, les électeurs l'envoyèrent au sén: t de l'Ohio en 1859, et deux ans plus tard, au début de la révolte des états esclavagistes, il fut nommé colonel des milices de l'état de l'Ohio. Réalisant le proverbe que les bons citoyens font les bons soldats, il se distingua brillamment et devint général en 1863. Dès la même année, il fut élu au congrès de Washington et y prit une place considérée parmi les orateurs les plus écoutés. Resté intègre au milieu de la corruption générale, que le président Grant introduisit dans l'administration de la république, il put, mieux que tout autre, combattre les effets du népotisme. Délégué de l'Ohio à la convention électorale républicaine de Chicago, en 1880, il s'opposa à Grant et choisi, après une longue lutte, comme candidat définitif, grâce à l'appoint de voix que lui fournit la portion saine du parti républicain. Le bon sens populaire ratifia le choix de la convention. Élu président, Garfield devint un chef aussi populaire que Washington, aussi respecté que Lincoln. Ennemi du faste, il vécut à la Maison-Blanche, d'une façon patriarcale, entouré de sa femme et de ses enfants, comme il avait vécu auparavant dans sa ferme de Mentor (Ohio). Prenant le contre-pied de ce qu'avait fait Grant, il épura l'administration et se montra animé des meilleures dispositions envers la France. Le 2 juillet 1881, un Canadien nommé Guitteau, qui n'avait pu obtenir un emploi public, lui tira un coup de fusil à bout portant et le blessa mortellement. Il mourut le 19 sept. à 10 heures 35 minutes du soir, après soixante-dix-neuf jours d'indicibles souffrances et après avoir, jusqu'au dernier moment, lutté contre son mal avec une énergie héroïque.

GARGAMELLE s. f. Argot. Bouche, gosier : *se rincer la gargamelle.*

GARGAMELLE, femme de Grandgousier et mère de Gargantua.

GARGANO (Monte) (anc. *Garganus Mons*). Voy. APENNINS.

GARGANTUA, principal personnage du fameux ouvrage satirique de Rabelais, *La vie de Gargantua et de Pantagruel* (1532). Gargantua est le type du souverain aux appétits sensuels insatiables. Plusieurs commentateurs ont voulu voir en lui une caricature de François Ier.

GARGANTUESQUE adj. Qui se rapporte à Gargantua : *appétit gargantuesque.*

* **GARGARISER** (Se) v. pr. (gr. *gargarizein*). Se laver la gorge avec de l'eau, ou avec quelque autre liqueur, en la faisant entrer le plus avant qu'il se peut, et en la repoussant à diverses reprises pour s'empêcher de l'avaler : *gargarisez-vous la gorge.*

* **GARGARISME** s. m. Liqueur faite exprès pour guérir le mal de gorge, en s'en gargarisant : *faire un gargarisme.* — Action de se gargariser : *il a été guéri de son mal de gorge après cinq ou six gargarismes.* — Gargarisme *émollient*, décoction composée d'une demi-cuillerée de graine de lin, d'une tête de pavot et de 200 gr. d'ean On passe et on ajoute

deux cuillerées de miel blanc. Un autre gargarisme consiste en une tisane de figues, coupée avec moitié de lait sucré. — Gargarisme *de Bennati*, contre l'enrouement, l'aphonie. Sulfate d'alumine, 5 gr.; sirop diacode, 20 gr.; décoction d'orge, 300 gr.

* **GARGOTAGE** s. m. Repas malpropre, et viande mal apprêtée : *tout ce qu'on mange ici n'est que gargotage.* (Pop.)

* **GARGOTE** s. f. (all. *gar-küche*, cuisine prête). Petit cabaret où l'on donne à manger à bas prix : *petite gargote.* — Se dit aussi, par mépris, de tous les méchants petits cabarets, et de tous les lieux où l'on mange malpropre-ment : *on mange mal dans ce cabaret, c'est une vraie gargote.*

* **GARGOTER** v. n. Hanter les méchants petits cabarets, les gargotes : *il ne fait que gargoter.* — Boire et manger malproprement : *ils sont là à gargoter.*

* **GARGOTIER, IÈRE** s. Celui, celle qui tient une gargote : *prendre ses repas chez un gargotier.* — Se dit aussi, par mépris, de tous les mauvais cabaretiers ou traiteurs, et de tous les cuisiniers qui apprêtent mal à manger : *ce n'est qu'un gargotier.*

GARGOUILLADE s. f. [*ll* mll.] Pas de danse.

GARGOUILLE, dragon ou serpent ailé qui désolait les environs de Rouen, et qui fut détruit par saint Romain. A donné son nom aux gouttières de pierre en forme de bêtes hideuses.

* **GARGOUILLE** s. f. [*ll* mll.] (bas lat. *gar-gula*, gosier; ou *gargouille*, dragon). Endroit d'une gouttière ou d'un tuyau par où l'eau tombe, et qui est souvent orné d'une figure de dragon, de lion ou de quelque autre animal : *la gargouille d'une gouttière.* — Se dit par anal. de quelques autres canaux ou tuyaux destinés à l'écoulement des eaux.

* **GARGOUILLEMENT** s. m. Bruit que fait quelquefois l'eau dans la gorge, dans l'estomac et dans les entrailles.

* **GARGOUILLER** v. n. Ce terme n'est usité qu'en parlant de ce que font de petits garçons lorsqu'ils s'amusent à barboter dans l'eau : *des petits garçons qui ne font que gargouiller.* (Pop.) — ∿ Faire du bruit dans l'estomac.

* **GARGOUILLIS** s. m. Bruit que fait l'eau en tombant d'une gargouille. (Fam.)

* **GARGOUSSE** s. f. (corrupt. de *cartouche*). Artill. Charge pour un canon, enveloppée de papier fort ou de serge, etc. : *charger à gargousse.*

GARIBALDI (Giuseppe), patriote et général italien, né à Nice le 4 juillet 1807, mort à Caprera le 2 juin 1882. Destiné à la marine marchande, il fit quelques voyages dans le Levant, entra, en 1832, dans le parti de la *Jeune Italie*, fondé par Mazzini, dont il fut banni d'Italie en 1834. Réfugié à Marseille, il commanda un instant un navire marchand de cette ville, servit ensuite dans les troupes du bey de Tunis, passa dans l'Amérique du Sud en 1836, soutint pendant plusieurs années en qualité de corsaire, la province révoltée de Rio-Grande dans sa guerre contre le Brésil, et gagna le grade de général pendant la lutte de l'Uruguay contre Buenos-Ayres. En 1848, il se rendit dans le Piémont et offrit ses services à Charles-Albert, qui le reçut froidement. Néanmoins, il l'autorisa à former une légion qui prolongea la résistance contre l'Autriche et fut la dernière à poser les armes après la capitulation de Milan. L'année suivante, il se jeta dans Rome, que les Franco-Napolitains se disposaient à assiéger. A la tête d'une légion, il défendit héroï-quement cette ville et n'en sortit que le 3 juil-

let. Il essaya ensuite, à la tête de 4,000 hommes, de pénétrer sur le territoire véni-tien, mais ses troupes furent dispersées. Pendant sa retraite, sa femme, Anita, une Amé-ricaine qu'il avait épousée à Rio-Grande et qui avait partagé tous ses périls, mou-rut de fatigue et de privations. Arrêté à Gênes et condamné au bannissement, Garibaldi se retira à New-York en 1850 et gagna sa vie dans une fabrique de chandelles. Il fit ensuite plusieurs voyages sur le Pacifique, passa en Chine en 1852, rentra en Italie, vécut pendant quelque temps à Nice et, dès le commence-ment de 1859, forma, avec le grade de ma-jor général, son célèbre corps de *Cacciatori delle Alpi* (chasseurs des Alpes), à la tête des quels, il chargea hardiment sur le territoire lombard et s'empara de Varèse et de Côme. Il protesta contre l'annexion de la Savoie et de Nice. En mai 1860, avec environ 1,000 vo-lontaires, il partit de Gênes pour la Sicile, débarqua à Marsala, s'empara de Palerme et, après la sanglante journée de Milazzo, entra dans Messine. Devenu dictateur de la Sicile, il passa le détroit, marcha sur Naples, où il entra sans rencontre de résistance, le 7 sept. au soir, remporta la victoire du Volturne et ne résigna la dictature que lorsqu'il eut fait voter (21 oct.) le plébiscite qui réunissait les Deux-Siciles au royaume d'Italie. Il se retira dans la petite île de Caprera. L'année sui-vante, il fut élu à la chambre des députés. En 1862, il fut nommé général en chef de la garde nationale, mais il se brouilla avec le gouvernement, qui refusait de prendre pour devise le cri des exaltés: « Rome ou la mort !» De son rocher de Caprera, il organisa une expédition contre Rome. Entré à Catane avec une poignée d'hommes, le 18 août 1862, il y fut mal reçu et vint se faire battre, blesser et capturer à Aspromonte, par le général Pal-lavicini, le 18 août. Transporté à la Spezzia avec son fils Menotti, puis à Pise, il fut soigné par le docteur Nélaton, qui opéra l'extrac-tion d'une balle logée dans son pied. On lui permit de se retirer à Caprera. Il ne prit qu'une part sans importance à la guerre de l'Italie contre l'Autriche, en 1866; à la tête d'un bataillon de volontaires, il entra dans le Tyrol, mais fut repoussé chaque fois qu'il attaqua les Autrichiens. L'année suivante, il parvint, malgré la surveillance dont il était l'objet dans son île de Caprera, à rejoindre les insurgés qui s'étaient réunis sur la fron-tière romaine. Il remporta un succès sur les troupes pontificales à Monte-Rotondo, mar-cha sur Rome et fut arrêté à Mentana par les troupes franco-pontificales, qui lui infligèrent une sanglante défaite. Il retourna dans son île. En 1870, il offrit ses services au gouverne-ment de la Défense nationale, débarqua à Marseille, reçut à Tours le grade de général de division dans l'armée française, installa le 21 oct. son quartier général à Dôle, orga-nisa le corps des *garibaldiens*, qui livrèrent aux Allemands les combats de Châtillon, d'Autun et de Beaune. Garibaldi défendit victorieusement Dijon (21 et 23 janv. 1871); il dut évacuer cette ville le 1er février, par suite de l'armistice. Cette campagne, dite des *Vosges*, ne fut pas sans gloire, bien qu'elle ait été vivement critiquée. Garibaldi avait eu pour principaux collaborateurs ses deux fils, *Menotti* et *Ricciotti*; c'est ce dernier qui chassa la garnison allemande de Châtillon-sur-Seine, le 19 nov. 1870. Élu représentant à l'Assem-blée nationale par la Seine, la Côte-d'Or, les Alpes-Maritimes et Alger, Garibaldi fut mal accueilli par l'Assemblée réunie à Bordeaux; il donna sa démission et voulut la lire à la tribune, mais il en fut empêché par les cris et les insultes de la droite (14 févr.). Élu au par-lement italien en nov. 1874, il fit, le 24 jan-vier 1875, une entrée vraiment triomphale dans la ville de Rome, fut reçu, le 28, de la façon la plus cordiale par le roi Victor-Emmanuel, et s'occupa surtout d'améliorer le cours inférieur du Tibre, au moyen de digues et de dérivations. Sur ses derniers jours, son corps fut presque entièrement immobilisé par des rhumatismes. Aussitôt que la nouvelle de son décès parvint à Paris, la Chambre des députés décida, au milieu du tumulte, qu'elle réparerait, en levant la séance, l'injure faite à ce grand patriote par l'Assemblée de Bordeaux.

GARIBALDIEN, IENNE adj. Qui a rapport à Garibaldi : *opinion garibaldienne.* — s. m. Volontaire servant sous les ordres de Garibaldi : *les garibaldiens portaient la chemise rouge.*

GARIGLIANO [ga-ri-lia-no] (anc. *Liris*), rivière de l'Italie centrale. Elle se jette dans le golfe de Gaète, à 17 kil. E. de Gaète. Sur ses bords, les Français furent vaincus par les Espagnols en 1503.

* **GARIGUE** s. f. Se dit, en quelques provinces, des landes ou terres incultes.

GARIN (François), poète, né à Lyon vers 1413. Il composa, pour son fils, la *Complainte de François Garin, marchant de Lyon* (in-4°), dans laquelle se trouvent quelques passages satiriques.

GARITES, peuple de l'Aquitaine, voisin des Azsci, dans le départ. moderne du Gers.

GARLANDE (Jean de), grammairien et poète du XIᵉ siècle. Il suivit Guillaume le Conquérant en Angleterre. On a de lui un poème *De contemptu mundi* (Caen, in-4°); un poème sur les devoirs de l'homme, *Facetus* (Deventer, 1494, in-4°), et quelques autres ouvrages, entre autres un vocabulaire assez intéressant.

GARLIN, ch.-l. de cant., arr. et à 33 kil. N.-E. de Pau (Basses-Pyrénées); 1,300 hab.

GARNACHE (La), comm. de l'arr. et à 47 kil. N. des Sables d'Olonne (Vendée); 3,000 hab. Bestiaux et chevaux.

GARNEAU (François-Xavier), historien canadien, né en 1809, mort en 1866. Il fut commis aux écritures de la ville de Québec depuis environ 1843 jusqu'à sa mort. Son *Histoire du Canada depuis sa découverte jusqu'à nos jours* (3 vol. in-8°) a été traduite en anglais.

* **GARNEMENT** s. m. Mauvais sujet, libertin, vaurien : *c'est un franc garnement.* (Fam.)

GARNERAY. I. (Jean François), peintre, né à Paris en 1755, mort à Auteuil en 1837. Il était élève de David. Ses œuvres les plus connues sont les portraits de *Charlotte Corday*, de *Louis XVI* et de *Louis-Philippe.* — II. (Ambroise-Louis), fils du précédent et peintre de marines, né à Paris en 1783, mort vers 1858. Mousse à 13 ans, il assista à de nombreux combats dans l'Inde, tomba entre les mains des Anglais en 1806 et resta sur un ponton de Portsmouth jusqu'en 1814. Il a laissé une *Vue du port de Londres* (1816), la *Bataille de Navarin* (à Versailles), la *Prise du Kent* (à la Rochelle), la *Pêche à la morue* (à Rouen), etc. Il ne savait pas dessiner les hommes et ses œuvres se distinguent par l'absence de toute figure. Le récit de ses aventures maritimes, publié en feuilleton dans la *Patrie*, a été réuni en volumes illustrés.

GARNERIN. I. (André-Jacques), aéronaute, né en 1770, mort en 1823. Pris en Belgique par les Autrichiens, pendant que, monté dans un aérostat, il surveillait les mouvements des ennemis, il resta trois ans captif à Bade (1794-1797) et s'occupa de perfectionner l'aérostation et la construction des parachutes. Après sa mise en liberté, il fit de nombreuses descentes en parachute à Paris, à Saint-Pétersbourg. — II (Jean-Baptiste-Olivier), né en 1766, ne s'occupa d'aérostation qu'en

1815. Sa fille Elisa fut la première femme qui tenta une descente en parachute.

* **GARNI, IE** part. passé de GARNIR. — IL EST GARNI, se dit d'un homme qui, par poltronnerie, s'est muni de quelque vêtement propre à le garantir des coups d'épée dans un combat singulier. — CHAMBRE GARNIE, MAISON GARNIE, etc., chambre, maison, etc., qu'on loue fournie de toutes les choses nécessaires. — HÔTEL GARNI, hôtel, établissement public où les voyageurs, les étrangers, etc., trouvent des chambres garnies à louer, et qui est sous la surveillance de l'autorité : *elle tient un hôtel garni dans cette rue.* On dit quelquefois dans le même sens, MAISON GARNIE. — Prat. PLAIDER MAIN GARNIE, PLAIDER LA MAIN GARNIE, LES MAINS GARNIES, jouir, pendant le procès, de ce qui est en contestation. — LA COUR SUFFISAMMENT GARNIE DE PAIRS, la cour ayant un nombre depairs suffisant pour délibérer. — ÉPÉE FORT GARNIE, épée dont la garde est d'un autre émail que la lame.

* **GARNI** s. m. Hôtel garni : *il loge en garni.*

GARNIER (Adolphe), psychologue, né à Paris en 1801, mort en 1864. Après avoir enseigné à Versailles et à Paris, il remplaça en 1838, à la Sorbonne, Jouffroy (qu'il avait aidé dans la traduction des ouvrages de Thomas Reid). Il a édité tous les écrits philosophiques de Descartes et a écrit sur la psychologie et sur l'éthique. Ses ouvrages comprennent un traité sur les facultés de l'âme, pour lequel il gagna un prix en 1833, et un traité sur les mœurs dans l'antiquité (1865).

GARNIER (Charles-Georges-Thomas), littérateur, né à Auxerre en 1746, mort en 1795. En 1770, il publia des proverbes dramatiques dans le *Mercure de France.* Il écrivit ensuite des romans, rassembla et édita le *Cabinet des fées* (41 vol.) et les *Voyages imaginaires*, etc., (39 vol.) En 1793, il fut nommé commissaire du gouvernement révolutionnaire à Auxerre.

GARNIER (Jean-Jacques), historiographe de France, né à Goron (Maine) en 1729, mort en 1805. Il entra en 1762 à l'Académie des inscriptions et, à la mort de Villaret (1766), fut chargé de continuer l'histoire de France commencée par Velly. C'est un écrivain froid et sans couleur. On a de lui, outre sept volumes d'histoire de France (de 1469 à 1563), un *Traité de l'éducation civile* (1765); *Origine du gouvernement français* (1765, in-18), etc.

GARNIER (Marie-Joseph-François, dit FRANCIS), marin, né à Saint-Étienne (Loire) en 1839, mort à Ha-noï (Tonkin) le 21 décembre 1873. Il entra à 16 ans à l'école navale et fut, en 1860, promu enseigne de vaisseau et fit partie de l'état-major de l'amiral Charner qu'il suivit en Cochinchine. Nommé, en 1863, inspecteur des affaires indigènes et chargé d'administrer la ville et le territoire de Cholen, il fit paraître une brochure, la *Cochinchine française* (1864), sur l'état de la colonie et sur les moyens de lui donner tout le développement nécessaire. Le ministre de la marine de Chasseloup-Laubat, ayant lu cet ouvrage, chargea, en 1866, une commission scientifique d'explorer l'intérieur de l'Indo-Chine. Cette commission, sous les ordres de M. Doudart de Lagrée, partit de Saïgon le 5 juin 1866, remonta le Cambodge, pénétra dans le Laos, entra en Birmanie et arriva dans le Yun-nan (octobre 1867). Au mois de mars, M. de Lagrée mourut à Tong-Tchouan. Garnier, qui était alors dans le royaume de Taly, prit à son retour le commandement de l'expédition et la ramena à Saïgon en descendant le Yang-tse-Kiang, jusqu'à Chang-haï (juin 1868). Il reçut, en 1869, la grande médaille d'or de la Société de géographie de

Paris, la *Patron's medal* de la Société de géographie de Londres et une médaille hors concours du Congrès international de géographie tenu à Anvers (août 1874). En 1870, Garnier fut attaché au 8ᵉ secteur comme chef d'état-major pendant le siège de Paris et obtint, au scrutin du 8 février, 27,362 voix. Le 26 janvier 1872, il fut promu officier de la Légion d'honneur. Il s'occupait alors de publier la relation de son voyage : *Voyage d'exploration en Indo-Chine, effectué pendant les années 1866, 1867 et 1868 par une commission française présidée par M. le capitaine de frégate Doudart de Lagrée, et publié par les ordres du ministre de la marine, sous la direction de M. Francis Garnier, avec le concours de M. Delaporte et de MM. Joubert et Thorel* (Paris 1873, 2 vol. in-4°). Garnier partit ensuite pour la Cochinchine avec le dessein d'explorer le Thibet pour y découvrir une communication fluviale entre ce pays et la Chine. N'ayant pu mettre son projet à exécution, il remonta à ses frais le cours supérieur du Yang-tse-Kiang, jusqu'aux rapides et à son retour, fut appelé à Saïgon par l'amiral Dupré. Cet officier général lui confia la mission de négocier avec le vice-roi du Tonkin un traité de commerce ouvrant l'Annam aux Européens. Arrivé à Tourane, Garnier expédia au vice-roi une lettre de l'amiral Dupré demandant un plénipotentiaire pour traiter à Ha-noï. Le vice-roi envoya un diplomate annamite, refusa de traiter et enjoignit à Garnier de quitter le pays à bref délai. Garnier répondit en s'emparant, à la tête de 120 hommes, de la citadelle d'Ha-noï défendue par 7,000 Annamites (21 nov.) et, quelques jours après (10 déc.), de la citadelle de Phu-haï. Le 21 décembre, une bande de pirates vint attaquer les Français dans Ha-noï; Garnier fit une sortie, s'engagea avec quelques malelots dans un sentier, tomba et fut criblé de coups de lances. On a de Garnier plusieurs ouvrages économiques et géographiques.

GARNIER (Robert), poète tragique, né en 1545 à la Ferté-Bernard (Sarthe), mort en 1601. Il remporta l'églantine d'or aux Jeux floraux, à Toulouse, où il le faisait son droit. Avocat et conseiller au grand conseil d'Henri IV, il cultiva la poésie dramatique, sans négliger les devoirs de sa profession. On a de lui huit tragédies : *Porcie* (1568); *Hippolyte* (1573), *Bradamante* (1580), etc. Ces pièces comptent parmi les plus remarquables essais dans le genre dramatique.

GARNIER DE L'AUBE, conventionnel, né vers 1759, mort vers 1812. Envoyé à la Convention, il prit place sur les bancs de la Montagne et vota la mort du roi. Ce fut lui qui dit à Robespierre, le 9 thermidor : « C'est le sang de Danton qui t'étouffe ! » Il fut ensuite nommé membre du comité de sûreté générale.

GARNIER-PAGÈS (Louis-Antoine), [gar-nié-pa-jèss], homme politique, né à Marseille en 1803, mort le 30 oct. 1878. Il fut d'abord courtier en marchandises à Paris, et fut affilié par son frère Etienne-Joseph-Louis (1801-'41) aux associations secrètes qui favorisèrent la révolution de 1830; comme député (1842-'48), il prépara celle du 24 Février 1848, et fut alors successivement membre du gouvernement provisoire, maire de Paris, ministre des finances (jusqu'en mai) et membre de la commission exécutive (jusqu'à l'insurrection de Juin). En même temps il était membre de l'Assemblée constituante. L'impôt additionnel des 45 centimes qu'il avait décrété comme ministre des finances fut fatal à la République et à sa propre carrière politique. En 1864, il fut nommé de nouveau député et en 1870 membre du gouvernement de la Défense nationale. Son *Histoire de la commission exécutive* (1869-'73) est la continuation de son *Histoire de la Révolution de 1848* (8 vol. 1860-'62).

GARNIER DE SAINTES (Jean), conventionnel montagnard, né à Saintes en 1754, mort aux Etats-Unis en 1820. Il vota l'*extermination du roi*, déclara Pitt ennemi du genre humain, déploya une grande énergie contre les Vendéens, lutta contre toutes les réactions, devint président du tribunal de Saintes pendant l'Empire et fut banni par la Restauration.

* **GARNIR** v. a. (anc. haut all. *warnôn*, garnir). Fournir, pourvoir des choses nécessaires; *garnir une boutique, une maison*. — GARNIR UNE PLACE DE GUERRE, la munir de tout ce qui est nécessaire pour la défendre. — Se dit souvent en parlant des choses que l'on joint à une autre comme ornement, comme accessoire, etc. ; *garnir une robe de dentelle*. — GARNIR UNE ÉPÉE, y mettre une garde. — GARNIR DES FAUTEUILS, UN CANAPÉ, etc., les rembourrer de crin, de laine, etc. — Se dit également des choses mêmes qui sont le complément nécessaire ou l'ornement, l'accessoire d'une autre : *les meubles qui garnissent un appartement*. — Remplir, occuper un certain espace : *une foule de curieux garnissaient les deux côtés de la route*. — Se dit encore en parlant des choses qu'on double, qu'on renforce avec d'autres, pour les faire durer plus longtemps : *garnir des bas*. — ~~ Typogr. Mettre, autour des pages, les différentes pièces de plomb et de bois nécessaires pour serrer le caractère dans le châssis : *garnir une forme, une feuille*. — Techn. Faire venir le poil d'une étoffe de laine au moyen du chardon. — * Se garnir v. pr. Se munir, se pourvoir : *il se garnit de tout ce qu'il lui faut*. Dans ce sens, il est familier. — SE GARNIR CONTRE LE FROID, se couvrir, se vêtir de manière à se préserver du froid. — Se remplir : *la salle se garnit, commence à se garnir de monde*.

* **GARNISAIRE** s. m. [gar-ni-zè-re]. Celui qu'on établit en garnison chez les contribuables en retard, pour les obliger à payer : *envoyer, établir des garnisaires chez quelqu'un*.

* **GARNISON** s. f. [-zon] (rad. *garni*) Coll. Se dit des troupes qu'on met dans une place, dans une forteresse pour la défendre contre l'ennemi, pour tenir le pays en respect, ou simplement pour y faire un séjour de longue durée : *garnison forte, faible*. — VILLE DE GARNISON, ville où l'on met ordinairement des troupes en garnison. — Ville de garnison, lieu où les troupes sont en garnison : *les troupes rentrèrent dans les garnisons*. — Fam. MARIAGE DE GARNISON, mariage mal assorti. — Se dit aussi d'un ou de plusieurs hommes qu'on établit en quelque maison, pour contraindre un débiteur à payer, et pour y demeurer à ses frais jusqu'à ce qu'il ait payé, ou pour veiller à la conservation des meubles saisis sur lui, etc. : *mettre garnison chez un contribuable*. — ~~ Réunion de parasites sur une seule et même tête. — Législ. « Naguère, lorsqu'un contribuable tardait à payer ses contributions, on employait successivement comme moyens de contrainte : la sommation sans frais, la *garnison collective*, la *garnison individuelle*, le commandement, la saisie et la vente. La garnison, c'est-à-dire l'installation chez l'habitant ou à ses frais d'un ou de plusieurs soldats ou agents, était d'un usage fréquent, sous l'ancienne monarchie et au commencement de ce siècle, envers les parents des conscrits réfractaires et les contribuables en retard de paiement. En matière de contribution, le nom de garnison fut conservé à des actes de procédure, dont le coût était fixé par un tarif. La loi du 9 février 1877 a supprimé le mode de poursuite du garnison individuelle, et elle a décidé en outre que l'exploit, jusqu'alors nommé garnison collective, prendrait le nom de garnison avec frais. »   (CH. Y.)

GARNISSAGE s. m. Action de garnir.

GARNISSEUR, EUSE s. Celui, celle qui garnit.

GARNISSEUSE s. f. Cylindre dans lequel sont implantés des chardons et qui sert à garnir les étoffes.

* **GARNITURE** s. f. Ce qui est mis à une chose pour la garnir, la compléter, l'orner : *la garniture d'une chambre, d'une toilette*. — Se disait particulièrement, autrefois, des rubans que l'on mettait en certains endroits des habits, ou à la coiffure, pour les orner : *une belle garniture de rubans d'or, de rubans d'argent*. — Cuis. Accessoires que l'on ajoute à certains mets, pour les assaisonner ou les orner : *garniture de champignons, de jaunes d'œufs*. — Ce qui se met à une chose pour la renforcer, pour la faire durer plus longtemps : *mettre une garniture à des bas*. — Assortiment complet de quelque chose que ce soit : *une garniture de dentelles*. — Typogr. Ce mot désigne les divers morceaux de bois ou de métal qui servent à maintenir les pages dans le châssis et à former les marges.

GAROCÈLES, *Garoceli*, peuple de la Gallia Narbonensis, près du mont Cenis et dans le voisinage de Saint-Jean-de-Maurienne.

GARONNE, anc. *Garumna*, grand fleuve qui doit son nom aux deux torrents dont elle est formée : le *Gar*, né dans la vallée espagnole d'Aran, et l'*Onne*, qui descend des glaciers d'Aô (Pyrénées). La Garonne entre en France par le défilé de Pont-du-Roi (Haute-Garonne), arrose Saint-Béat, Saint-Bertrand-de-Comminges, Montréjeau, Saint-Gaudens, Muret, Toulouse, incline au N.-O., traverse le Tarn-et-Garonne, le Lot-et-Garonne, la Gironde, forme le port de Bordeaux et se réunit à la Dordogne au bec d'Ambez pour former la Gironde. Elle est flottable à Pont-du-Roi et navigable à Cazères (75 kil. plus loin). Sa longueur de sa source au bec d'Ambez, est d'environ 500 kil., dont 140 sur le territoire de la Haute-Garonne. Les principaux affluents sont : l'Ariège, le Salat, le Tarn, la Louge, la Save, et de nombreux torrents plus ou moins importants. — II. (Haute.) Départ. frontière de France entre ceux des Hautes-Pyrénées, du Gers, du Tarn-et-Garonne, du Tarn, de l'Aude, de l'Ariège et les Pyrénées; 6,289 kil. carr.; 478,000 hab. Ch.-l. Toulouse. — Départ. formé en 1790 d'une partie du Haut-Languedoc et d'une partie de la Gascogne. Territoire presque uni au N. ; couvert au S. de hauts contreforts pyrénéens. Nombreux lacs très pittoresques dont les plus étendus sont ceux du port d'Oo, presque toujours glacé, d'Espingou, de Sécaléjo, d'Engoulier. Les principales rivières sont : la Garonne, l'Ariège et le Tarn. Granit, calcaire ; riches mines de fer, de cuivre, de plomb argentifère, de zinc, d'antimoine, de manganèse, de jais. Sources minérales de Bagnères-de-Luchon, d'Encausse, de Sainte-Madeleine-de-Flourens, etc. Céréales abondantes. Flore d'une extrême richesse. Les vallées et les plaines sont d'une grande fertilité. Beaucoup de gibier et de poisson : ours, isards, aigles bruns, oiseaux de proie, truites, écrevisses. Fabrication de draps, exploitation de marbre, filatures, distilleries, etc. Grand commerce de bois de construction, de céréales, de vins, d'ail, de truffes, de pâtés. Foires importantes à Toulouse quatre fois par an. Importation de houille. — 4 arrondissements, 39 cantons, 584 communes. Ch.-l. d'arr. : Toulouse, Muret, Saint-Gaudens, Villefranche. Archevêché de Toulouse.

GARONNE (Canal latéral à la), canal long de 200 kil. qui fait suite au canal du Languedoc, à partir de Toulouse. Jusqu'à Agen, il longe la rive droite du fleuve et passe ensuite sur la rive gauche jusqu'à Castets où il se termine. Le canal fut commencé en 1838. Il a coûté près de 6,000,000 de francs.

* **GAROU** s. m. Il n'est guère usité que dans l'expression LOUP-GAROU. (Voy. LOUP-GAROU.)

* **GAROU** s. m. Bot. Espèce de lauréole, appelée aussi BOIS GENTIL, qui porte de petites baies rouges très purgatives, et dont l'écorce, trempée dans le vinaigre, sert à faire des vésicatoires. (Voy. SAINBOIS.)

GAROUAGE s. m. Ne s'emploie que dans ces phrases familières et peu usitées : *aller en garouage, être en garouage*, aller en partie de plaisir dans des lieux suspects.

GARRAN DE COULON (Jean-Philippe), conventionnel, né à Saint-Maixent (Deux-Sèvres) en 1748, mort en 1816. Envoyé à la Convention par le Loiret, il vota, lors du procès du roi, pour la réclusion. Élu au conseil des Cinq-Cents, il fut ensuite nommé commissaire du Directoire, devint comte et sénateur sous l'Empire, vota la déchéance de l'empereur et fut fait pair de France par Louis XVIII.

GARRICK (David), acteur anglais, né le 20 février 1716, mort le 20 janvier 1779. A l'âge de 18 ans, il fut l'un des trois élèves de l'académie du Dr Johnson, et en 1736, il partit pour Londres avec son professeur ; et il commença par étudier les lois et fut ensuite marchand de vins pendant quelque temps. Il fit sa première apparition sur la scène, à Ipswich, en 1741, et à Londres, sur un petit théâtre, dans *Goodman's fields* (19 octobre), où il remplit le rôle de Richard III avec un grand effet. Sa renommée s'étendit rapidement et il devint bientôt le premier acteur anglais pour la comédie, la farce, la tragédie et la pantomime. En 1742, il se rendit à Dublin et fut reçu avec enthousiasme. En 1745, il visita de nouveau Dublin, et fut pendant quelque temps directeur associé avec Shéridan. En 1747, il acheta comme commanditaire la moitié du théâtre de Drury-Lane et le 20 septembre, il ouvrit sa direction avec le fameux prologue écrit par Johnson. En 1749, Garrick épousa une danseuse allemande, Mlle Violette, qui mourut en 1822 à l'âge de 98 ans. En 1763, il visita le continent. En 1769, il arrangea un jubilé en l'honneur de Shàkspeare à Stratford-sur-Avon. Le 10 juin 1776, il fit ses adieux au théâtre en remplissant le rôle de don Félix dans la comédie *The Wonder*.

GARRIGUES (Monts), montagnes de France qui font partie des Cévennes et dont le point culminant est le pic de Montant (1,040 m.).

* **GARROT** s. m. (celt. *gâr*, jambe). Partie du corps de certains quadrupèdes, et principalement du cheval, qui est située au-dessus des épaules, et qui termine le cou, l'encolure : *le garrot d'un cheval doit être haut et tranchant*. — CET HOMME EST BLESSÉ SUR LE GARROT, son crédit, sa réputation a reçu quelque atteinte, on lui a rendu de mauvais offices qui l'empêchent de s'avancer.

* **GARROT** s. m. Morceau de bois court que l'on passe dans une corde, dans un lien quelconque, pour le serrer en tordant : *serrez davantage le garrot de cette malle, de cette scie*. — LE SUPPLICE DU GARROT ou simplem. LE GARROT, supplice de la strangulation usité en Espagne (Voy. GARROTTE.)

GARROTTAGE s. m. Action de garrotter.

GARROTTE s. f. Supplice usité en Espagne et dans les colonies espagnoles. La gorge du criminel est entourée d'un collier de fer, et l'exécuteur tourne une vis dont la pointe pénètre la moelle épinière à l'endroit où elle s'unit à la cervelle, ce qui produit une mort instantanée. Le terme garrotte s'applique aussi à une manière de strangulation pratiquée par les voleurs.

* **GARROTTER** v. a. Lier, attacher avec de forts liens : *il faut lier et garrotter ce prisonnier*. — GARROTTER QUELQU'UN, prendre

toutes les précautions, tous les moyens imaginables pour l'empêcher de manquer aux engagements qu'il contracte, aux obligations qui lui sont imposées : *je l'ai trop bien garrotté par ce contrat, pour que sa mauvaise foi me donne aucune inquiétude.* — ↝ Appliquer le supplice de la garrotte : *il fut garrotté en punition de ses crimes.*

GARROW ou **Garo**, district élevé de l'Assam (Inde anglaise), sur une courbe du Brahmapootre, entre 25° et 26° lat. N. et entre 88° et 89° long. E. ; 8,500 kil. carr. ; environ 50,000 hab. C'est un territoire carré, bien boisé, bien arrosé et fertile, donnant principalement du coton. Les pluies y sont excessives et le climat est très malsain. Ses habitants forment un peuple actif, à peau noirâtre ; on croit qu'ils sont alliés aux Gonds de l'Asie centrale.

* **GARS** s. m. [gâ] (anc. all. *wer*). Garçon : *un jeune gars.* — Fam. Nom que se donnèrent, en 1793, ceux qui prirent part à l'insurrection de la Vendée. — ↝ Par ext. Vigoureux, résolu : *le gars ira loin.*

GARTEMPE, riv. de France qui naît dans le cant. d'Ahun-le-Moutier (Creuse) et qui afflue dans la Creuse à la Roche-Pozay (Vienne), après avoir passé à Montmorillon. Cours, 200 kil.

GARUM s. m. [ga-romm]. Saumure que les Romains employaient comme assaisonnement.

GARUMNI, peuple aquitain qui habitait le long de la Garonne.

* **GARUS** s. m. [ga-russ]. Elixir dont on fait usage dans certaines affections de l'estomac : *le garus tire son nom de l'inventeur.* On dit aussi, ÉLIXIR DE GARUS.

GARVE (Christian), philosophe allemand, né en 1742, mort en 1798. Il fut professeur à Leipzig de 1769 à 1772, et écrivit beaucoup sur la philosophie de l'histoire ; il a composé des ouvrages sur l'éthique et sur la littérature, a traduit les ouvrages d'Aristote, de Cicéron, de Paley et d'Adam Smith. Ses œuvres comprennent aussi des *Fragments* sur l'histoire de Frédéric le Grand (2 vol. 1798).

GASC (Charles), médecin, né à Cahors en 1780, mort à Paris en 1848. Il entra en 1808 dans le service de santé de l'armée, fut fait prisonnier pendant la retraite de Russie et, à son retour en France, fut nommé médecin en chef de l'hôpital du Gros-Caillou et membre de l'Académie de médecine. On a de lui des mémoires, des notices et des articles de médecine.

GASCOGNE, *Vasconia*, autref. (conjointement avec la Guyenne) l'un des grands gouvernements de la France, bornée à l'O. par l'Atlantique (golfe de Gascogne). Elle est comprise aujourd'hui dans les départements des Hautes-Pyrénées, du Gers et des Landes. Son nom dérive des Vascones, tribu du N. de l'Espagne, qui l'occupaient vers 550. Les premiers habitants étaient de race ibérienne. Les Romains l'appelaient Novempopulana ou Aquitania Tertia. La Gascogne, quoique souvent envahie par les rois mérovingiens, ne fut entièrement soumise qu'au temps de Charlemagne. Ensuite elle fut gouvernée par les ducs d'Aquitaine. Le mariage d'Éléonore d'Aquitaine avec Henri Plantagenet la fit passer à l'Angleterre (de 1152 à 1453) ; depuis cette époque elle a appartenu à la France. — Golfe de Gascogne, *Aquitanicus Sinus*, partie de l'océan Atlantique comprise entre les côtes occidentales de France et les côtes septentrionales de l'Espagne. On le nomme aussi *golfe de Biscaye.*

GASCOIGNE (George), poète anglais, né vers 1537, mort en 1577. Il a laissé une traduction libre de *I Suppositi* d'Arioste, sous le titre de *The Supposes.* C'est la pièce en prose la plus ancienne qui existe en langue anglaise. Il écrivit aussi *The Princelye Pleasures of Kenelworth Castle* (1575), *The Steele Glasse*, une satire en vers blancs (1576), etc.

* **GASCON, ONNE** s. et adj. De la Gascogne ; qui appartient à ce pays ou à ses habitants : *accent gascon.*

Certain renard *gascon*, d'autres disent normand...
LA FONTAINE.

— s. m. Fanfaron, hâbleur : *il se vante de telle et telle chose, mais c'est un gascon.*

GASCON s. m. Patois en usage parmi les habitants de la Gascogne.

GASCONISER v. n. Se servir, en parlant français, de tours empruntés au patois gascon.

* **GASCONISME** s. m. Construction vicieuse usitée en Gascogne : *cela n'est pas français, c'est un gasconisme.*

* **GASCONNADE** s. f. Fanfaronnade, vanterie outrée : *cet homme se vante d'avoir été à trente combats, mais c'est une gasconnade.*

* **GASCONNER** v. n. Parler avec l'accent gascon, ou en imitant l'accent gascon.

GASCOYGNE (William), inventeur du micromètre, né en Angleterre vers 1621, tué à Marston Moor, le 2 juillet 1644, en combattant pour Charles Iᵉʳ. Il se servit de son instrument pour faire des observations astronomiques et pour déterminer la magnitude ou la distance d'objets terrestres.

GASPARIN I (Adrien-Etienne-Pierre, COMTE DE), homme d'Etat français, né à Orange en 1783, mort en 1862. Il fut préfet sous Charles X, devint pair de France en 1834, après la suppression de l'insurrection de Lyon. Ministre de l'intérieur en 1836, il favorisa la réforme des prisons et dirigea l'Institut national d'agriculture de 1848 jusqu'à son abolition en 1852. Il a écrit plusieurs ouvrages sur l'agriculture.—Il (Agénor-Etienne), neveu du précédent, publiciste, né à Orange en 1810, mort à Genève en 1871. Il fut élu à la Chambre des députés en 1842, mais ne fut pas réélu en 1846, à cause de son zèle protestant. Il passa le reste de sa vie près de Genève, où, chaque hiver, il fit des conférences sur l'économie politique, l'histoire et la religion. Sa mort fut hâtée par ses efforts en faveur des réfugiés de l'armée de Bourbaki. Pendant la guerre civile des Etats-Unis il publia deux ouvrages en faveur de l'Union : *Le soulèvement d'un grand peuple* et *L'Amérique devant l'Europe.* Ses autres ouvrages sont : *Christianisme et Paganisme, La Famille, ses devoirs, ses joies et ses peines*, et ses ouvrages posthumes : la *Vie d'Innocent III* et *Le bon vieux temps.*

GASPARINO DE BERGAME, *Gasparini Pergamensis*, surnommé *Barziza*, célèbre professeur de l'université de Padoue, né à Barzizio, près de Bergame, vers 1370, mort en 1431. Il ramena en Italie le goût de la bonne latinité et de la saine littérature, tira de l'oubli les œuvres de Cicéron et de Quintilien et laissa des ouvrages qui jouirent pendant longtemps d'une grande renommée. (Voy. notre article EPISTOLARUM LIBER.)

* **GASPILLAGE** s. m. Action de gaspiller : *tout est au gaspillage dans cette maison.*

* **GASPILLER** v. a. [ll mll] (anc. haut all. *gaspildan*, corrompre). Gâter, mettre en désordre : *gaspiller des papiers.* — Dissiper avec une folle prodigalité : *il a gaspillé son bien en peu de temps.* — Figurément, dans le second sens : *gaspiller son temps.*

* **GASPILLEUR, EUSE** s. Celui, celle qui gaspille. Il est familier.

GASSENDI (Pierre), philosophe et astronome, né à Champtercier, près de Digne (Provence), vers 1592, mort en 1655. A l'âge de 16 ans, il fut nommé professeur de rhétorique à Digne et à 20 ans professeur de philosophie à Aix, où il demeura jusqu'en 1623. Vers 1624, il fut nommé prévôt de la cathédrale de Digne. En correspondance avec Galilée et avec Kepler, il accepta de bonne heure le système de Copernic et fut le premier à observer le passage de Mercure sur le disque du soleil. Lors de la publication du *Discours de la méthode* et des *Méditations* de Descartes, une controverse s'éleva entre les deux philosophes. En 1645, Gassendi fut nommé par Richelieu professeur de mathématiques au collège royal de France et, quelques années plus tard, il publia ses ouvrages qui forment une reconstruction du système philosophique d'Epicure, système qu'il essaya de concilier avec le christianisme. Abandonnant sa chaire en raison de sa mauvaise santé, il se retira à Toulon pour composer son *Syntagma Philosophicum* (publiée après sa mort, 6 vol. 1658), revue encyclopédique de toutes les sciences et exposé complet de sa doctrine, renfermant un système éclectique philosophique plutôt qu'un nouveau système. Sur quelques points, Gassendi semble avoir devancé Locke. Il mérite d'être classé parmi les hommes les plus éminents, non seulement comme métaphysicien, mais aussi comme astronome, géomètre, anatomiste, helléniste et historien. Il fut l'un des premiers disciples de Bacon et le précurseur de Newton. Ses recherches ont porté sur les aurores boréales, sur les parhélies, sur les conjonctions et les occultations des planètes et sur la variété magnétique.

GASSION (Jean de), maréchal de France, né à Pau en 1609, mort en 1647. Il commanda à Rocroi (1643) l'aile droite des Français et décida de la victoire. Blessé au siège de Thionville, il fut nommé maréchal, prit Courtrai, Furnes, Dunkerque et reçut une balle dans la tête, sous les murs de Lens.

GASTEIN, [gàst'-aïnn], *Gastenium*, vallée du duché de Salzbourg (Autriche), fameuse par ses paysages pittoresques et ses sources minérales. Elle mesure environ 45 kil. de long et 3 kil. de large, et est entourée de montagnes ayant jusqu'à 2,800 mètres de haut ; elle est traversée par l'Ache, qui y forme plusieurs cascades. Le village de Hofgastein, à 55 kil. S. de Salzbourg, renferme une population d'environ 1,000 hab. Wildbad Gastein ou Bad Gastein, à 9 kil., au S., est une station balnéaire les plus célèbres de l'Europe ; elle est visitée annuellement par 2,800 personnes. — Convention de Gastein. La longue discussion de l'Autriche et la Prusse, au sujet des duchés conquis sur le Danemark, se termina par une convention provisoire que signèrent à Gastein, le 14 août 1865, Blum et le comte de Bismarck. Cette convention ne reçut pas l'approbation des autres puissances et fut abrogée en 1866. L'Autriche devait avoir le gouvernement temporaire de Holstein, et la Prusse celui du Sleswig : on proposait l'établissement d'une flotte allemande et Kiel était désigné comme port fédéral appartenant à la Prusse. Le Lauenburg était entièrement cédé à la Prusse dont le roi devait payer à l'Autriche, comme compensation, 2,500,000 dollars danois.

* **GASTER** s. m. [gass-tèrr] (gr. *gastér*, ventre) Méd. Le bas-ventre, et quelquefois l'estomac.

GASTÉROPODE adj. (gr. *gastér*, ventre ; *pous, podos*, pied). Moll. Qui a le pied placé sous le ventre. — s. m. pl. Troisième classe des mollusques, dans la classification de Cuvier, comprenant ceux de ces animaux qui rampent à l'aide d'un pied placé sous le ventre. Cette grande classe comprend huit ordres : 1° *nudibranches* (doris, polycères, tritonies, théthys, scyllées, glaucus, éolides, tergipes) ; 2° *inférobranches* (phyllidies, diphyllides) ; 3° *tectibranches* (aplysies, dolabelles, etc.) ; 4° *pulmonés* (limaces, escargots, agathines, etc.); 5° *pectinibranches* (sabots, toupies, etc.); 6° *buccinoïdes* (volutes, buccins, etc.); 7° *scutibranches*; 8° *cyclobranches*.

GASTÉROPTÉRYGIEN, IENNE adj. (gr. *gastér*, ventre; *pterux*, nageoire). Icht. Dont les nageoires ventrales sont situées derrière les pectorales. — s. m. pl. Classe de poissons chez lesquels les nageoires ventrales sont situées derrière les pectorales.

GASTÉROZOAIRE s. m. (gr. *gastér*, ventre; *zoón*, animal). Zool. Animal chez lequel le système digestif a acquis une certaine prédominance.

GASTON DE FOIX, duc de Nemours, général français, né en 1489, mort le 11 avril 1512. Il était le fils de Jean de Foix, comte de Narbonne, et de Marie d'Orléans, sœur de Louis XII. Au commencement de 1512, il fut nommé commandant de l'armée française en Italie, et, après une campagne brillante, il fut tué à la fin de la bataille de Ravennes. Cette perte découragea tellement les Français qu'ils recueillirent peu d'avantages de leur grande victoire. Gaston de Foix avait été surnommé le *Foudre d'Italie*.

* **GASTRALGIE** s. f.(gr. *gastér*, ventre ; *algos*, douleur). Pathol. Douleur nerveuse de l'estomac, occasionnée par l'abus des spiritueux, les travaux sédentaires, le manque d'exercice et surtout par les variations de la température ; plus fréquente chez la femme que chez l'homme, elle se développe principalement chez les sujets nerveux. Elle complique parfois l'hystérie, l'hypocondrie et l'anémie. Elle est caractérisée par une douleur plus ou moins vive, revenant par accès, au niveau du creux de l'estomac, souvent d'une extrême violence, lancinante chez les uns, brûlante, déchirante, constrictive chez les autres, quoique sans fièvre. Quelquefois la douleur, peu vive, fait éprouver seulement un sentiment pénible à la région épigastrique, ou des tiraillements d'estomac, avec des digestions pénibles, ou bien un sentiment de cuisson, d'ardeur qui de l'estomac remonte à la gorge avec des gaz ou des vomituritions de matières très acides (*pyrosis*). Il arrive que la douleur s'irradie vers diverses parties du ventre, en arrière, dans les épaules. La peau conserve sa chaleur et le pouls son rhythme. Une pression exercée sans secousses soulage un peu la douleur ; c'est pour cela que les malades appuyent leur estomac sur un objet qui le comprime. Il ne faut pas confondre la gastralgie avec le cancer de l'estomac, la colique hépatique et la gastrite chronique ; le cancer à l'estomac ne s'observe guère avant l'âge de 45 à 50 ans ; dans cette maladie, les douleurs ne sont pas très vives, les vomissements sont fréquents, les malades dépérissent promptement et prennent une coloration jaune-paille ; à la fin de la maladie, les vomissements deviennent noirâtres. Dans la colique hépatique, la douleur siège spécialement à l'hypocondre droit ; elle est augmentée par la pression. Dans la gastrite chronique, la douleur est *continue* et s'exaspère sous la pression. S'il y a des vomissements dans la gastrite, ils sont formés de liquides, tandis que dans la gastralgie ils sont composés de matières alimentaires ; l'embonpoint et la force se conservent dans la première, mais non dans la dernière. La gastralgie dure de quelques minutes à dix ou douze heures ; elle n'est dangereuse que quand elle est très ancienne. Cette maladie nerveuse doit être traitée par les calmants pendant l'accès et par l'usage des opiacés, des ferrugineux, des toniques, quand la douleur est calmée. Au cours de l'accès, on donne soit 30 gr. de sirop de morphine ou de codéine, soit une potion de 100 gr. de sirop d'éther et de 10 gouttes de laudanum de Sydenham, soit 4 à 6 cent. d'extrait thébaïque. On fait prendre une ou deux infusions

froides de feuilles d'oranger, de thé ou de mélisse et l'on tient une brique chaude sur l'estomac. Après l'accès, on fait usage avant les repas de 15 à 20 centigr. de poudre de Dower ; on conseille aussi les viandes grillées ou rôties, l'eau de Vichy, la pepsine, le sous-nitrate de bismuth, et pour les femmes leucorrhéiques et les personnes anémiques, les toniques et les ferrugineux.

GASTRALGIQUE adj. Méd. Qui a le caractère de la gastralgie.

* **GASTRIQUE** adj. (gr. *gastér*, ventre). Anat. et Méd. Qui appartient, qui a rapport à l'estomac : *artéres, nerfs gastriques*. — *Suc gastrique*, liquide sécrété dans l'estomac et qui est un des principaux agents de la digestion. Il est transparent, acide, presque sans couleur, sans viscosité. Il possède un ferment organique particulier appelé pepsine ; la pepsine change l'albumen en albumine qui, devenue soluble, est propre à l'absorption et à l'assimilation. — Substantiv., au fém. Anat. Artères gastriques : *la gastrique inférieure*.

* **GASTRITE** s. f. (gr. *gastér*, ventre). Pathol. Inflammation de la muqueuse de l'estomac, due parfois à l'ingestion de substances irritantes, telles que les poisons, les alcooliques ou à des coups sur l'estomac. Cette maladie, assez rare, est aiguë ou chronique ; aiguë, elle est caractérisée par une douleur vive, qui s'augmente par la pression, et qui est accompagnée d'une soif ardente, de la perte de l'appétit, de vomissements douloureux, de la non-tolérance des aliments et d'un mouvement fébrile plus ou moins notable ; chronique, elle succède généralement à la forme précédente, avec des symptômes semblables, mais plus persistants et moins intenses. Dans ce cas, on doit recourir aux eaux minérales de Vichy, de Plombières, de Cauterets, de Saint-Alban. Pour combattre l'affection à l'état aigu, il faut observer la diète, donner des bains de siège prolongé, mettre au creux de l'estomac des sangsues, puis des cataplasmes émollients, placer un vésicatoire de chaque côté, administrer des boissons douces, acidules, froides en petite quantité, et, si les douleurs sont vives, faire usage d'opium, à petite dose. On ne doit commencer l'alimentation que lorsque les accidents ne sont plus à craindre, et on ne débute que par des substances très légères.

* **GASTRO**. Mot tiré du grec qui entre dans la composition d'un certain nombre de termes de médecine indiquant des maladies simultanées de l'estomac et d'un autre organe : *gastro-entérite, gastro-hépatite*.

GASTROCÈLE s. f. Hernie de l'estomac.

* **GASTRO-ENTÉRITE** s. f. Méd. Inflammation de l'estomac et des intestins. Cette affection réunit les symptômes de la gastrite et de l'entérite. (Voy. ces mots.)

* **GASTRO-HÉPATITE** s. f. Méd. Inflammation de l'estomac et du foie.

GASTROLÂTRE s. (préf. *gastro*; gr. *latreuô*, j'adore). Qui adore la bonne chère.

GASTROLOGIE s. f. (gr. *gastér*, ventre; *logos*, discours). Traité de l'art culinaire.

* **GASTRO-MÉNINGITE** s. f. Méd. Inflammation de l'estomac et de la méninge.

* **GASTRONOME** s. m. (préf. *gastro*; gr. *nomos*, loi). Celui qui aime la bonne chère, qui connaît l'art de faire bonne chère : *c'est un gastronome*.

* **GASTRONOMIE** s. f. Art de faire bonne chère : *il est très versé dans la gastronomie*. — « Connaissance raisonnée de tout ce qui a rapport à l'homme en tant qu'il se nourrit. » (Brillat-Savarin, *Physiologie du goût*.)

* **GASTRONOMIQUE** adj. Qui appartient, qui a rapport à la gastronomie.

* **GASTRORAPHIE** s. f. (préf. *gastro*; gr. *raphé*, suture). Chir. Suture qu'on fait pour réunir les plaies du bas-ventre.

GASTRORRAGIE s. f. (préf. *gastro*; gr. *rhéô*, je coule). Hémorragie de l'estomac.

GASTRORRHÉE s. f. (préf. *gastro*; gr. *rhéô*, je coule). Pathol. Catarrhe de l'estomac, accompagné de vomissements.

* **GASTROTOMIE** s. f. (préf. *gastro*; gr. *tomé*, incision). Chir. Ouverture que l'on fait au ventre par une incision qui pénètre dans sa capacité : *l'opération césarienne est une espèce de gastrotomie*.

GATA ou **DE GATTE** (Cap), promontoire d'Espagne, sur la côte de Grenade ; ancien rendez-vous de pirates maures.

GATCHINA, ville de Russie, à 40 kil. S.-S. O. de Saint-Pétersbourg, sur un petit lac formé par la rivière d'Izhora ; 8,890 hab. Elle est la propriété particulière de l'empereur ; fameuse par son palais impérial bâti par le prince Gregory Orloff. On y fabrique de la porcelaine, des étoffes et des chapeaux.

* **GÂTÉ, ÉE** part. passé de GATER. — Corrompu, détérioré : *fruit gâté, viande gâtée*. — Cette femme, cette fille est gâtée, c'est une maladie honteuse. — Enfant gâté, jeune enfant que son père et sa mère gâtent par une trop grande indulgence.

* **GÂTEAU** s. m. Espèce de pâtisserie faite ordinairement avec de la farine, du beurre et des œufs : *gâteau d'amandes, de riz*. — Prov. et par allusion à la fève qui se met dans le gâteau des Rois, Trouver la fève au gâteau, faire une bonne découverte, une heureuse rencontre, trouver le nœud d'une affaire, d'une question. — Avoir part au gâteau, avoir part à quelque affaire utile, avantageuse. — Partager le gâteau, partager le profit. Se prend le plus souvent en mauvaise part : *au lieu d'enchérir, ils se sont arrangés pour partager le gâteau*. — Gâteau de miel, gaufre où les mouches d'une ruche font leur miel et leur cire. — Sculpt. Morceau de cire ou de terre dont les sculpteurs remplissent les creux et les pièces d'un moule où ils veulent mouler une figure.

* **GÂTE-BOIS** s. m. Entom. Espèce de cossus dont la larve pénètre l'aubier des arbres dont elle cause la mort : *des gâte-bois*.

* **GÂTE-ENFANT** s. Celui ou celle qui, par excès d'indulgence, gâte un enfant : *c'est un vrai gâte-enfant; des gâte-enfant*.

* **GÂTE-MÉTIER** s. m. Celui qui, en donnant sa marchandise ou sa peine à trop bon marché, diminue le profit de son métier : *il ne se fait pas assez bien payer, c'est un gâte-métier, des gâte-métier*. (Fam.)

* **GÂTE-PAPIER** s. m. Mauvais écrivain : *des gâte-papier*.

* **GÂTE-PÂTE** s. m. Mauvais boulanger, ou mauvais pâtissier : *des gâte-pâte*. — Se dit, fig., de celui qui fait mal ce qui est de son métier, de sa profession. (Fam.)

* **GÂTER** v. a. (lat. *vastare*, détruire). En dommager, mettre en mauvais état, détériorer, donner une mauvaise forme, etc. : *la grêle a gâté les vignes*. — L'âge a gâté la main à cet écrivain, à ce chirurgien, l'âge lui a rendu la main moins légère, moins sûre. — Se gâter la main, s'habituer à négliger les règles de l'art, en faisant des travaux peu soignés : *cet artiste s'est gâté la main*. — Se dit fig. en parlant des choses morales, des productions de l'esprit, des affaires, etc. : *nous étions fort joyeux, quand il vint, par sa présence, gâter notre plaisir*. — Fam. Gâter les affaires, empêcher, par malice ou par gaucherie, qu'un accommodement ait lieu ; détruire le bon accord qui règne entre les personnes : *c'est un homme sans talent qui gâ-*

tera les affaires. — Fig. GATER LE MÉTIER, diminuer le profit de son métier, en donnant sa marchandise ou sa peine à trop bon marché : c'est gâter le métier, que de faire si bon marché de cette étoffe. Se dit aussi fig. : c'est un mari trop complaisant pour sa femme, il gâte le métier. — GATER QUELQU'UN DANS L'ESPRIT D'UN AUTRE, nuire à sa réputation, le desservir : on l'a bien gâté dans l'esprit des honnêtes gens. — Salir, tacher : un cheval m'a éclaboussé, et a gâté mon habit. — Fig. GATER DU PAPIER, écrire beaucoup et mal, ou écrire des choses inutiles : c'est un homme qui a gâté bien du papier dans sa vie. — Etre trop indulgent pour quelqu'un, entretenir ses défauts, ses vices par trop de complaisance, trop de douceur : il ne faut point laisser cet enfant entre les mains de sa mère, elle le gâte. — Corrompre, dépraver l'esprit, les goûts, les mœurs, etc. : la lecture des mauvais livres, des romans, la mauvaise compagnie gâtent les jeunes gens, leur gâtent l'esprit. — Se gâter v. pr. Se corrompre : la viande se gâte dans la chaleur. — Se dit, fig., en parlant des changements de bien en mal, de la dépravation des mœurs, du goût, etc. : ce jeune homme se gâte depuis qu'il fréquente un tel. — IL S'EST BIEN GATÉ, il s'est bien décrié, il a bien perdu de sa réputation par sa faute. — Fig. et Fam. CELA SE GATE, COMMENCE A SE GATER, les choses prennent, commencent à prendre une mauvaise tournure.

GATES (Horatio), général américain, né en Angleterre en 1728, mort en 1806. Il entra de bonne heure dans l'armée anglaise, fut officier sous Braddock, en 1763, il s'établit en Virginie. Il accompagna Washington à Cambridge en juillet 1775, comme adjudant général, et en 1776, reçut le commandement en chef de l'armée qui venait de battre en retraite du Canada. La capitulation de l'armée anglaise à Saratoga lui donna une brillante réputation militaire, et l'hiver suivant, la cabale Conway intrigua pour lui donner le commandement en chef à la place de Washington. En juin 1780, il fut nommé commandant des forces du Sud. Après la désastreuse bataille de Camden (16 août), il fut remplacé par le général Greene. En 1790, après avoir émancipé ses esclaves, il s'établit à New-York.

* **GÂTE-SAUCE** s. m. Marmiton, mauvais cuisinier : des gâte-sauce. (Fam.)

GATESHEAD, bourg du comté de Durham (Angleterre), sur le Tyne, en face de Newcastle ; 48,590 hab. Manufactures importantes, construction de navires, matériaux pour navires et locomotives.

* **GÂTEUX, EUSE** s. Se dit, dans les hôpitaux, d'infirmes ou d'aliénés qui n'obéissent plus aux nécessités naturelles que d'une manière involontaire et qui exigent des soins de propreté particuliers. — ⌣ s. f. Argot. Long pardessus avec patte derrière, usité depuis 1873.

GATH, l'une des cinq principales villes des Philistins. Il en est souvent fait mention dans l'histoire de David et de ses successeurs. Elle fut plusieurs fois soumise aux rois juifs. On suppose qu'elle s'élevait au lieu où se trouve aujourd'hui Tel es-Safieh, à 15 kil. S.-E. d'Ashdod et à 30 kil. S.-O. de Jérusalem.

GATIEN (Saint) [ga-si-in], premier évêque de Tours, né à Rome, mort à Tours en 305. Il fut l'un des apôtres des Gaules. Fête le 18 déc.

GÂTINAIS (rad. gâtine, pays inculte), Vastinensis pagus, anc. pays de France compris dans le duché de l'Orléanais et en partie dans l'Ile-de-France. Il était divisé en : Gâtinais français, ch.-l. Nemours, compris aujourd'hui le dép. de Seine-et-Marne ; Gâtinais orléanais, ch.-l. Montargis, partagé entre les dép. du Loiret, de la Nièvre et de l'Yonne.

Le Gâtinais est renommé pour la qualité de son miel. — Habité, du temps de César, par les Sénones et par quelques Aurétiani, il fit partie plus tard de la Quatrième Lyonnaise, eut des comtes au IXe siècle et fut réuni au domaine royal sous Philippe Ier.

* **GATTILIER** s. m. Bot. Genre de verbénacées comprenant des plantes, dont plusieurs espèces sont des arbrisseaux indigènes ou exotiques : l'agnus-castus est une espèce de gattilier.

GATTINE s. f. Maladie des vers à soie.

* **GAUCHE** adj. (anc. haut all. welk, faible). Qui est opposé à droit. Se dit, dans l'homme, du côté où se font sentir les battements du cœur : le côté, l'œil gauche. — Se dit aussi des animaux, dans la même acception : le pied gauche d'un cheval. — s. f. Main gauche, côté gauche : s'asseoir à la gauche de quelqu'un. — Fig., en termes de l'Ecriture sainte, QUAND ON FAIT L'AUMÔNE, IL NE FAUT PAS QUE LA MAIN GAUCHE SACHE CE QUE FAIT LA DROITE, dans les bonnes œuvres, il faut éviter l'ostentation. — Se dit aussi en parlant d'un bâtiment où l'on distingue deux parties, dont l'une répond au côté droit de l'homme, à la façade du bâtiment, et l'autre au côté gauche : l'aile gauche d'un bâtiment. — Se dit de même en parlant d'une armée, d'une troupe : l'aile gauche d'une armée, d'un bataillon. Dans ce sens, on l'emploie souvent comme substantif féminin : la gauche d'un bataillon, d'une armée. — Se dit encore d'une rive relativement au côté gauche de celui qui en suivrait le cours : la rive gauche du fleuve. — Absol. à Paris. LA RIVE GAUCHE, les quartiers de la ville situés sur la rive gauche de la Seine. — Se dit en outre de la partie, de l'extrémité d'un objet qui répond au côté gauche du spectateur placé en face : les figures qui occupent le côté gauche du tableau. On l'emploie également comme substantif féminin : la gauche d'un tableau. — Se dit particul. dans certaines assemblées délibérantes, de la partie de l'assemblée qui répond au côté gauche du président : le côté gauche de l'assemblée. On l'emploie aussi très souvent comme substantif féminin : un membre de la gauche. — Se dit quelquefois de ce qui est de travers, de ce qui est mal fait et mal tourné : la taille de cette pierre est gauche. — Fig. Gêné, contraint, sans grâce : ce grand garçon est bien gauche. — Maladroit : cet homme est gauche à tout ce qu'il fait. — A gauche loc. adv. Du côté gauche, à main gauche : sa maison est à droite, et la mienne est à gauche. — Fig. et fam. DONNER A GAUCHE, se tromper, se mal conduire. — Fig. et fam. PRENDRE UNE CHOSE A GAUCHE, la prendre de travers, la prendre autrement qu'il ne faut. — A DROITE ET A GAUCHE, de tous côtés, de côté et d'autre : frapper à droite et à gauche. — Fam. PRENDRE A DROITE ET A GAUCHE, recevoir de toutes mains ; prendre, tirer de l'argent de l'un et de l'autre. — ⌣ Argot milit. A LA GAUCHE, à la queue. Ceux qui arrivent en retard, se mettent à la gauche des premiers arrivés.

* **GAUCHEMENT** adv. D'une manière contrainte, gênée ou maladroite : cet homme se présente gauchement.

* **GAUCHER, ÈRE** adj. Qui se sert ordinairement de la main gauche au lieu de la droite : il est gaucher. — s. C'est un gaucher, une gauchère.

GAUCHER DE CHÂTILLON Voy. CHATILLON.

* **GAUCHERIE** s. f. Action d'une personne gauche, maladroite : depuis huit jours que ce domestique est à mon service, il n'a fait que des gaucheries. — Manque d'aisance, de grâce, d'adresse : il a toute la gaucherie d'un nouveau débarqué.

* **GAUCHIR** v. n. Détourner tant soit peu le corps pour éviter quelque coup : il aurait été

blessé de ce coup, s'il n'eût un peu gauchi. — Fig. et fam. Ne pas agir ou ne pas parler avec franchise : on n'aime point à traiter avec les gens qui gauchissent dans les affaires. — Perdre sa forme, se contourner : ce panneau de menuiserie gauchit.

* **GAUCHISSEMENT** s. m. Action de gauchir, ou résultat de cette action.

GAUCHOS [gaou'-tchoss], cavaliers des plaines de l'Amérique du Sud. Ils appartiennent généralement à la race espagnole pure, ou légèrement mêlée au sang aborigène. Ce sont d'admirables cavaliers, très habiles dans l'emploi des bolas et du lasso. Leur occupation est de dompter les chevaux sauvages, de garder les troupeaux, et de chasser les bêtes sauvages. Ils sont polis et hospitaliers, mais indolents et vindicatifs, adonnés au jeu et à l'intempérance. Ils se battent souvent entre eux, et la moindre querelle résulte souvent la perte de la vie. Comme guides à travers les pampas, ils ne peuvent avoir de rivaux. Les gauchos ont joué un rôle important dans les luttes de l'Amérique du Sud et quelques-uns de leurs chefs ont obtenu les honneurs les plus élevés ; d'autres comme Rosas, ont exercé leurs pouvoirs avec une rigueur implacable.

* **GAUDE** s. f. Bot. Espèce de réséda dont les teinturiers se servent pour teindre en jaune.

* **GAUDE** s. f. Espèce de bouillie qu'on fait avec la farine du maïs ou blé de Turquie. On l'emploie souvent au pluriel : un plat de gaudes.

GAUDÉAMUS s. m. [go-dé-a-muss] (lat. réjouissons-nous). Chant religieux de réjouissance : chanter des gaudéamus.

GAUDENS (Saint-), ch.-l. d'arr., à 89 kil. S.-O. de Toulouse (Haute-Garonne), et à 28 kil. de la frontière d'Espagne, par 0° 6' 29" lat. N. et 1° 36' 49" long. O. ; 5,950 hab. Fabriques de faïence, de lainages ; huileries. Cette ville porta, sous la 1re République, le nom de Mont-d'Unité.

GAUDICHAUD-BEAUPRÉ (Charles), botaniste et explorateur, né à Angoulême en 1780, mort en 1854. Il accompagna l'expédition de Freycinet et, en 1820, il fit naufrage aux Iles Falkland ; il perdit plus de 2,500 de ses spécimens, qu'il avait rassemblés. En 1830-'33, il explora les côtes de l'Amérique du Sud ; il fit ensuite le tour du globe et jusqu'à sa mort, il resta attaché au musée d'histoire naturelle. Il a publié les résultats botaniques de ses voyages et plusieurs autres ouvrages.

GAUDICHAUDIE s. f. (de Gaudichaud, n. pr.) Bot. Genre de malpighiacées, comprenant quatre espèces d'arbrisseaux grimpants qui croissent au Mexique et au Brésil.

* **GAUDIR** (Se) v. pr. (lat. gaudere). Se réjouir ; ou se moquer : se gaudir de quelqu'un. (Vieux.)

* **GAUDRIOLE** s. f. (rad. gaudir). Propos gai, plaisanterie sur quelque sujet un peu libre : dire, conter des gaudrioles.

* **GAUFRAGE** s. m. Action de gaufrer les étoffes, les rubans, les papiers et autres objets.

* **GAUFRE** s. f. (bas lat. gafrum). Rayon de miel, gâteau de miel : manger une gaufre de miel. — Espèce de pâtisserie mince et légère, cuite entre deux fers, et dont la surface présente ordinairement de petits carreaux ou des dessins en relief : servir des gaufres.

GAUFRÉ, ÉE adj. Qui est imprimé avec des fers.

* **GAUFRER** v. a. Empreindre, imprimer de certaines figures sur des étoffes, avec des fers faits exprès : gaufrer du drap, du velours. — ⌣ Se gaufrer v. pr. Etre gaufré.

* **GAUFREUR, EUSE** s. Ouvrier, ouvrière qui gaufre les étoffes.

* GAUFRIER s. m. Ustensile de fer dans lequel on fait cuire des gaufres.

GAUFROIR s. m. Instrument pour gaufrer les étoffes.

* GAUFRURE s. f. Empreinte que l'on fait sur une étoffe en la gaufrant : *la gaufrure de ce velours n'est pas agréable.*

GAUGAMÈLE, *Gaugamela*, plaine de l'anc. Assyrie, près d'Arbelles, à l'O. du Tigre. Alexandre y remporta (331 av. J.-C.) une grande victoire sur Darius III.

GAULAGE s. m. Action de gauler : *le gaulage des pommes.*

* GAULE s. f. (lat. *caulis*, tige). Grande perche : *abattre des noix, des amandes, avec la gaule.* — Houssine dont on se sert pour faire aller un cheval : *faire aller un cheval avec une gaule.*

GAULE (lat. *Gallia*, gr. *Keltikè, Galatia*). Nom qui désignait, avant Jules César, tout le pays habité par les Gaulois ou Celtes, et embrassait par conséquent non seulement l'ancienne Gaule et le N. de l'Italie, mais aussi une partie de l'Espagne, la plus grande partie de la Germanie, les Iles Britanniques et plusieurs autres contrées. Pour l'histoire des premiers temps de la race celtique et de ses divers établissements dans les différentes parties de l'Europe (voy. CELTES). — I. La Gaule était aussi appelée **Gallia Transalpina** ou **Gallia Ulterior**, pour la distinguer de la *Gallia Cisalpina*, ou partie septentrionale de l'Italie. On lui donnait encore les noms de **Gallia Braccata** et de **Gallia Comata**, pour ne pas la confondre avec la *Gallia Togata* qui était au N. de l'Italie, mais ces noms ne s'identifiaient pas complètement avec la Gallia Transalpina. La *Gallia Braccata* était la partie d'abord soumise par les Romains, celle qui devint plus tard la *Provincia* (Provence); elle était ainsi nommée parce que ses habitants portaient de larges culottes appelées *braccæ* (braies). La *Gallia Comata* comprenait tout le reste de la contrée (à l'exclusion de la Gallia Braccata); elle était ainsi nommée à cause de la longue chevelure portée par ses habitants. Jusqu'au temps de César, les Romains ne connurent qu'une petite partie de la Gaule Transalpina. Au temps d'Auguste, la Gallia Transalpina était bornée au S. par les Pyrénées et la Méditerranée, à l'E. par le fleuve *Varus* (Var), par les Alpes, qui la séparaient de l'Italie, et par le Rhin qui la séparait de la Germanie; au N., par la mer du Nord et la Manche; à l'O., par l'océan Atlantique. Elle comprenait non seulement la France et la Belgique, mais encore une partie de la Hollande, une grande partie de la Suisse et les provinces de la Germanie situées à l'O. du Rhin. C'était donc un pays parfaitement limité par des frontières naturelles. Ses principales montagnes portaient les noms de monts Cebenna (Cévennes), de Jura à l'E. entre les Séquanais et les Helvètes, et de monts *Vogesus* ou *Vosegus* (Vosges), dans le prolongement du Jura. Sa forêt la plus importante, *Arduenna silva* (forêt des Ardennes) s'étendait du Rhin et du pays des Trévires jusqu'à l'Escaut. Ses principaux cours d'eau étaient : à l'E. et au N., le *Rhenus* (Rhin), avec ses tributaires la *Mosa* (Meuse) et la *Mosella* (Moselle); la *Sequana* (Seine), grossie de la *Matrona* (Marne); au centre la *Ligeris* (Loire), à l'O. la *Garumna* (Garonne) et au S. le *Rhodanus* (Rhône). La Gaule était célèbre par sa fertilité; elle renfermait une population nombreuse et belliqueuse. — A une époque très reculée, les Grecs eurent connaissance de la côte méridionale de la Gaule, où ils fondèrent (l'an 600 av. J.-C.) l'importante cité de *Massilia* (Marseille), dont les habitants créèrent plusieurs colonies et exercèrent une sorte de suprématie sur les districts environnants. Les Romains n'essayèrent pas de faire des conquêtes dans la Gaule

Transalpine, avant d'avoir complètement occupé non seulement l'Afrique, mais aussi la Grèce et une grande partie de l'Asie occidentale. L'an 125 av. J.-C., le consul M. Fulvius Flaccus commença la soumission des Salluvii, au S. de la Gaule. Pendant les 3 années qui suivirent (de 124 à 122), les Salluvii furent complètement subjugués par Sextius Calvinus, et les vainqueurs fondèrent dans le pays conquis la colonie d'*Aquæ Sextiæ* (Aix). L'an 121, les Allobroges furent défaits par le consul Domitius Ahenobarbus, et la même année, Q. Fabius Maximus remporta une grande victoire sur les forces réunies des Arvernes et des Allobroges, au confluent de l'Isère et du Rhône; le S. de la Gaule devint alors une province romaine. En 118, fut fondée la colonie de Narbo Martius (Narbonne), qui devint la ville principale de la province. Dans les *Commentaires* de César, la province romaine porte simplement le nom de *Provincia*, qui la distingue du reste de la contrée ; c'est de là que lui vient son nom actuel de *Provence*. Après une lutte de quelques années (58-50), César subjugua tout le reste du pays. A cette époque la Gaule était divisée en trois parties : l'*Aquitania*, la *Celtica* et la *Belgica*, d'après les trois différentes races qui l'habitaient. Les *Aquitani* (Aquitains) vivaient au S.-O., entre les Pyrénées et la Garonne; les *Celtæ* (Celtes) ou Galli proprement dits étaient fixés, au centre et à l'O., entre la Garumna, la Sequana et la Matrona ; et les *Belgæ* occupaient au N.-E. le pays compris entre la Sequana, la Matrona et le Rhin. Les plus importantes tribus des Celtæ ou Galli étaient : 1° *Entre la Seine et la Loire*, les ARMORICI, nom générique de tous les peuples qui habitaient les côtes, entre les embouchures de ces deux fleuves; les AULERCI, fixés à l'intérieur, près des Armorici; les NAMNETES et les ANDECAVI ou ANDES, sur les bords de la Loire; les CARNUTES à l'E. de ceux-ci; et sur la Seine, les PARISII, les SENONES et les TRICASSES. 2° *Entre la Loire et la Garonne*, les PICTONES et les SANTONES, à l'intérieur, les TURONES; probablement sur les bords de la Loire, les BITURIGES CUBI, les LEMOVICES, les PETROCORII et les CADURCI; à l'E. de ceux-ci, dans les montagnes de Cebenna, habitaient les puissants ARVERNI (dans l'Auvergne moderne); plus au S. étaient les RUTENI. 3° *Sur le Rhône et dans le pays environnant* étaient établis, entre le Rhône et les Pyrénées les *Volcæ*, entre le Rhône et les Alpes les SALYES ou SALLUVII; au N. de ceux-ci, les CAVARES; entre le Rhône, l'Isère et les Alpes, les ALLOBROGES; et au N. des Allobroges, les SEQUANI et les HELVETII, trois des plus puissants peuples de toute la Gaule. — Auguste divisa la Gaule en 4 provinces : 1° La *Gallia Narbonensis*, formée de l'ancienne Provincia. 2° La *Gallia Aquitanica*, qui s'étendait des Pyrénées à la Loire. 3° La *Gallia Lugdunensis*, qui comprenait le pays situé entre la Liger, la Sequana et l'Arar; elle tirait son nom de la colonie de *Lugdunum* (Lyon) fondée par Munatius Plancus. 4° La *Gallia Belgica*, entre la Sequana, l'Arar et le Rhin. Peu de temps après, la partie de la Belgique située sur les bords du Rhin, et qui était habitée par des tribus germaniques, fut divisée en deux nouvelles provinces appelées *Germania prima* et *Germania secunda* ou *Germania superior* et *Germania inferior*. Plus tard, la Gaule fut subdivisée fois subdivisée et, sous le règne de l'empereur Gratien, elle forma 17 provinces. La Gallia Narbonensis appartenait au sénat; elle était gouvernée par un proconsul; les autres provinces appartenaient à l'empereur et étaient gouvernées par un légat impérial. Après le règne de Claude, une formidable insurrection fut réprimée dans les Gaules, qui se romanisèrent alors de plus en plus. La langue latine s'implanta peu à peu dans les Gaules et la civilisation romaine jeta de profondes racines dans toutes les parties de la contrée. Les rhéteurs et les poètes de la Gaule

occupèrent un rang distingué dans la dernière partie de l'histoire de la littérature romaine : Burdigala, Narbo, Lugdunum et plusieurs autres villes possédèrent des écoles dans lesquelles la littérature et la philosophie furent cultivées avec beaucoup d'éclat. Lors de la dissolution de l'empire romain, la Gaule, comme les autres provinces romaines, fut envahie par les barbares : Francs, Alemanni, Burgundes, Wisigoths, Huns, etc. — II. La **Gallia Cisalpina**, aussi appelée Gallia Citerior, ou **Gallia Togata**, province romaine du N. de l'Italie, bornée à l'O. par la Liguria et la Gallia Narbonensis (dont elle était séparée par les Alpes), au N. par la Rhæthia et le Noricum, à l'E. par l'Adriatique et. la Venetia (dont elle était séparée par l'Athesis) et au S. par l'Etruria et l'Umbria (dont elle était séparée par le Rubico). Le Pô la divisait en **Gallia Transpadana**, aussi appelée Italia Transpadana au N., et en **Gallia Cispadana** au S. La plus grande partie de cette contrée était une plaine arrosée par le *Padus* (Pô) et par ses affluents; c'était l'un des plus fertiles pays de l'Europe. Elle fut primitivement habitée par les Liguriens, les Ombriens, les Etrusques et quelques autres peuples, mais sa fertilité tenta les Gaulois, qui plusieurs fois passèrent les Alpes et s'établirent dans cette contrée, après en avoir chassé les premiers habitants. L'histoire fait mention de cinq immigrations distinctes faites par les Gaulois dans le N. de l'Italie. La première eut lieu sous le règne de Tarquinius Priscus ; elle fut dirigée par Bellovesus, qui s'établit avec les siens dans la contrée des Insubres où il bâtit Milan. La deuxième se composa des Cenomani, qui se fixèrent aux environs de Brixia et de Verona. La troisième fut faite par les Salluvii, qui poussèrent jusqu'au Ticinus; la quatrième se composa des Boii et des Lingones qui passèrent le Pô, et prirent possession de tout le pays jusqu'aux Apennins, en chassant devant eux les Etrusques et les Ombriens. La cinquième immigration, la plus importante de toutes, fut faite par la race belliqueuse des Senones, qui envahirent l'Italie en nombre immense sous le commandement de Brennus et s'emparèrent de Rome, l'an 390 av. J.-C. Un certain nombre d'entre eux repassèrent ensuite les Alpes et rentrèrent dans leur pays; mais la plupart se fixèrent dans le N. de l'Italie et, pendant plus d'un siècle, furent la terreur des Romains. Après la première guerre punique, les Romains résolurent de tenter un vigoureux effort pour se débarrasser de ces dangereux voisins. Dans l'espace de quatre ans (225-222), tout le pays fut conquis, et après la fin de la guerre (222) il fut réduit à l'état de province romaine. Néanmoins, les habitants ne supportèrent pas patiemment le joug et ce ne fut qu'après une dernière victoire sur les Boii (191) que les Romains restèrent définitivement maîtres de cette partie de la Gaule. Les plus importantes tribus de la Gallia Transpadana étaient, en allant de l'O. à l'E. : les TAURINI, les SALASSI, les LIBICI, les INSUBRES, les CENOMANI : en suivant la même direction, dans la Gallia Cispadana, on trouvait les BOII, les LINGONES et les SENONES.

* GAULER v. a. Battre un arbre avec une gaule, pour en faire tomber le fruit : *gauler un pommier, un noyer.* — GAULER DES POMMES, DES NOIX, DES CHATAIGNES, etc., abattre des pommes, des noix, des châtaignes, etc., avec la gaule.

GAULETTE s. f. Petite gaule.

* GAULIS s. m. Eaux et For. Se dit des branches d'un taillis qu'on a laissées croître : *lier des gaulis.* — Vén. Se dit des menues branches d'arbre que les veneurs plient ou détournent, quand ils percent dans le fort d'un bois : *détourner des gaulis.*

* GAULOIS. OISE adj. et s. Habitant de la

Gaule; qui appartient à ce pays ou à ses habitants : *la monarchie, en France, n'est pas gauloise, mais franque.* — Fam. C'EST UN VRAI GAULOIS, UN BON GAULOIS, c'est un homme franc et sincère. — PROBITÉ GAULOISE, probité sévère. FRANCHISE GAULOISE, grande franchise. — GAIETÉ GAULOISE, gaieté franche et vive. — ESPRIT GAULOIS, esprit un peu libre et qui n'observe pas toutes les convenances. — AVOIR LES MANIÈRES GAULOISES, avoir les manières du vieux temps. — Fam. C'EST DU GAULOIS, se dit d'un vieux mot, d'une vieille façon de parler : *vous parlez gaulois.* — Adjectiv. dans un sens analogue : *tournure, expression gauloise.*

GAULOIS s. m. Langue parlée par les Gaulois (Voy. CELTE.)

GAULTHÉRIE s. f. (de Gaulthier, nom d'un botaniste français). Genre d'éricinées, comprenant plusieurs espèces qui habitent l'Amérique. La *gaulthérie couchée (gaultheria procumbens),*

Gaulthérie couchée (Gaultheria procumbens), et section de son fruit.

arbuste toujours vert, bas et aromatique, se trouve dans les bois humides, particulièrement à l'ombre des arbres toujours verts, dans le Canada, dans les États du Nord et le long des montagnes de la Caroline du Nord. A mesure que le fruit mûrit, le calice augmente de volume, devient épais, charnu, et enferme presque entièrement le fruit; il ressemble à une baie d'un écarlate brillant. Les fleurs apparaissent en mai et en juillet, les baies mûrissent en automne et restent jusqu'au printemps; elles ont un goût légèrement aromatique. Les feuilles et les tiges sont fortement aromatiques, à cause d'une huile volatile que l'on peut séparer par la distillation, et que l'on emploie pour donner de l'arome aux confiseries et pour masquer le goût de certains médicaments; la plante elle-même est astringente et aromatique, on l'emploie quelquefois en infusion contre la diarrhée.

GAULTIER (Aloïsius-Edouard-Camille, ABBÉ), né en 1746 à Asti (Piémont) de parents français, mort à Paris le 19 sept. 1818. Venu en France vers 1780, il se consacra à l'instruction de l'enfance. Il inventa des *jetons,* des *étiquettes,* des *loteries* qui apprenaient la théorie par la pratique et parlaient aux yeux en même temps qu'à l'intelligence. Il quitta la France lors de la Révolution et se rendit en Hollande et à Londres où il continua son œuvre. On a de lui plusieurs ouvrages sur la géographie, la grammaire, etc. La collection de ses œuvres forme 21 vol. in-18.

GAULTIER (Saint-), ch.-l. de cant., arr. et à 28 kil. E. du Blanc (Indre), sur la Creuse; 2,200 hab. Elevage d'abeilles.

GAUME (Jean-Joseph), auteur français, né à Fuans (Doubs), en 1802, mort en 1869. Il fut professeur de théologie et plus tard directeur du séminaire de Nevers, chanoine, vicaire général et protonotaire apostolique. En 1851 il publia *Le Ver rongeur des sociétés modernes,* traçant les maux sociaux des 4 derniers siècles, depuis la renaissance de l'art païen et de la littérature. Il fit ensuite une collection des classiques chrétiens qu'il regardait comme les seuls inoffensifs pour l'éducation. Dupanloup lui résista avec succès dans la controverse irritée qui s'ensuivit. Son *Catéchisme de persévérance* (8 vol., 1838) a eu de nombreuses éditions.

* **GAUPE** s. f. Terme d'injure et de mépris. Se dit d'une femme malpropre et désagréable : *ô la vilaine gaupe, la sale gaupe!* (Très fam.).

* **GAURE** s. m. Nom synonyme d'*Infidèle,* qu'on donne, dans la Perse et aux Indes, aux restes encore subsistants de la secte de Zoroastre, c'est-à-dire, aux ignicoles ou adorateurs du feu, désignés souvent aussi par le nom de *Guèbres.*

GAUSS (Karl-Friedrich), [gaouss], mathématicien allemand, né dans le Brunswick en 1777, mort en 1855. Ses *Disquisitiones Arithmeticæ* (1801), lui donnèrent de suite une place distinguée parmi les savants. De 1807 jusqu'à sa mort, il resta professeur de mathématiques et directeur de l'observatoire de Gœttingen. Il introduisit des innovations importantes en géodésie, inventa l'héliotrope qui porte son nom et introduisit une méthode pour la correction des erreurs dans les triangulations étendues. Après 1834, il employa principalement ses loisirs à l'investigation du magnétisme et inventa le magnétomètre, pour apprécier la variation de l'aiguille magnétique. Ses œuvres font époque dans l'histoire des sciences. Laplace le déclara le plus grand mathématicien de l'Europe.

GAUSSE s. f. (lat. *gavisus,* qui est en belle humeur). Plaisanterie : *conter des gausses.*

* **GAUSSER** (Se) v. pr. (rad. *gausse*). Se moquer, railler : *il se gausse de tout le monde.* (Pop.)

* **GAUSSERIE** s. f. Moquerie, raillerie : *il l'a dit par gausserie.* (Pop.)

* **GAUSSEUR, EUSE** s, Celui, celle qui a coutume de se gausser des autres : *c'est un gausseur.* — Adjectiv. : *elle est naturellement gausseuse.* (Pop.)

GAUTIER s. m. (de la *Chapelle-Gautier,* village du Perche). Nom que l'on donne à des paysans percherons et normands qui se soulevèrent en 1557 contre les exactions des gens de guerre, et qui furent détruits près d'Argentan, le 22 avril 1589, par le duc de Montpensier.

GAUTIER (Théophile), poète et littérateur, né à Tarbes le 31 août 1811, mort en 1872. Au sortir du collège Charlemagne, il entra dans l'atelier du peintre Rioult, se découragea au bout de deux ans et se voua à la poésie. Présenté par Sainte-Beuve à Victor Hugo, qui lui adressa quelques paroles d'encouragement, il devint l'un des plus fervents disciples, et, pour ainsi dire, l'apôtre de l'école romantique. Sa luxuriante chevelure noire et ses excentricités sont restés légendaires, ainsi que les formidables coups de poing qu'il administrait les jours de *première* aux classiques écrasés sous le poids de cette éloquence peu persuasive. Son premier volume de vers, publié au moment de la révolution de 1830, passa inaperçu. Il rédigea plus tard la revue critique et dramatique du journal la *Presse* (1836-'56), entra comme rédacteur au *Moniteur universel* et, à partir de 1869, au *Journal officiel.* Ses meilleurs articles critiques sont réunis sous le titre de *Histoire de l'art dramatique en France depuis vingt-cinq ans* (6 vol., 1859). Parmi ses romans les plus connus, on cite *Mademoiselle de Maupin, Fortunio, Les Roués innocents, Militona, Le capitaine Fracasse, La peau de tigre, Spirite* et *Ménagerie intime;* parmi ses poèmes: *La comédie de la mort* et *Emaux et camées.* Ses œuvres poétiques complètes furent publiées

en 1876 (2 vol.). Ses libretti comprennent *Giselle* et *Gemma.* Le plus pittoresque de ses récits de voyages est *Constantinople.* Trois fois il visita la Russie à la demande de l'empereur, et il fut l'un des collaborateurs des *Trésors d'art de la Russie ancienne et moderne.*

GAUTHIER-GARGUILLE (Hugues GUÉRET), célèbre acteur de farces, camarade de Turlupin et de Gros-Guillaume, né en Normandie. Il épousa la fille de Tabarin. On a de lui un recueil de chansons grivoises qu'il publia en 1631.

GAUTHIER (Saint), premier abbé de Saint-Martin-de-Pontoise, mort vers 1099. Fête le 8 avril.

GAUTHIER-SANS-AVOIR, gentilhomme bourguignon qui commanda l'avant-garde de la 1re croisade et qui périt, avec tous ses compagnons, sous les coups des Turcs de Nicée.

GAVARD (Hyacinthe), anatomiste et médecin, né à Montpellier en 1753, mort en 1802. Il était élève de Desault. On a de lui plusieurs ouvrages classiques : *Traité d'ostéologie* (Paris, 1791, 2 vol. in-8°) ; *Traité de myologie* (1802, in-8°) ; *Traité de planchnologie* (1802 et 1809, in-8°).

GAVARNI, pseudonyme de SULPICE-GUILLAUME-PAUL *Chevalier,* caricaturiste, né à Paris en 1801, mort en 1866. Employé comme dessinateur du cadastre à Tarbes, il produisit de belles esquisses des costumes et des paysages pyrénéens et il se rendit ensuite célèbre par ses dessins représentant les différents types de la vie excentrique parisienne. Il excellait aussi à caricaturer les scènes de la vie domestique : tout le monde connaît *Les enfants terribles, Les fourberies de femmes* et *Les maris vengés.* Il dessina les illustrations du *Juif errant* et du *Diable à Paris,* de Balzac. Ses œuvres choisies forment 6 vol. Yriarte a publié ses écrits et ses bons mots. Sa biographie, avec un catalogue de ses dessins, parut en 1873.

GAVARNIE, comm. du cant. de Luz, arr. et à 49 kil. S.-S.-E. d'Argelès (Hautes-Pyrénées), sur le gave de Pau ; 350 hab. Aux environs se trouve le *cirque de Gavarnie,* enceinte de rochers à pic où la Gave, se précipitant d'une hauteur de 420 m., forme une magnifique cascade.

* **GAVE** s. f. Se dit, dans les Pyrénées, des cours d'eau qui descendent des montagnes : *le gave de Pau.*

GAVE s. f. Gosier des oiseaux.

* **GAVER** v. a. Faire manger beaucoup et par force des poulets, des pigeons, etc., pour les engraisser. — Se dit aussi des personnes : *gaver un enfant de bonbons.* — **Se gaver** v. pr. Manger avec excès.

GAVEUR s. m. Celui qui gave les oiseaux.

GAVIAL ou **Garrhial** s. m. Erpét. Genre de sauriens, voisin des crocodiles, caractérisé par des mâchoires longues, droites et étroites

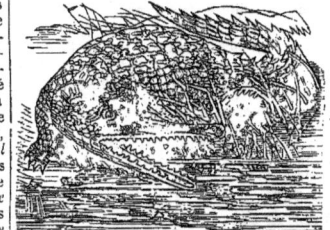

Gavial ou crocodile du Gange.

qui vont en s'élargissant un peu à l'extrémité. L'espèce commune, le *gavial du Gange (gavialis gangeticus* Geoff.) atteint une longueur de plus de 7 mètres. Il est commun dans le Gange et dans les autres rivières de l'Asie. Plusieurs espèces africaines ont été décrites. La structure générale et les habitudes du gavial ne diffèrent pas essentiellement de celles du crocodile.

* **GAVION** s. m. Gosier : *il a mangé comme un loup, il en a jusqu'au gavion.*

GAVOT, OTTE adj. et s. Habitant de Gap ; qui concerne la ville de Gap.

* **GAVOTTE** s. f. Air de danse à deux temps, qui est composé de deux reprises, et dont le mouvement est quelquefois vif et gai, quelquefois tendre et lent : *jouer une gavotte.* — Danse dont les pas sont faits sur cet air : *danser la gavotte.*

GAVRAY, ch.-l. de cant., arr. et à 18 kil. S.-S.-O. de Coutances (Manche) sur la Sienne; 1,700 hab.

GAVROCHE s. m. Personnage des *Misérables* de Victor Hugo. Gavroche est devenu le type du gamin de Paris.

GAY (Claude), naturaliste et ex plorateur, né à Draguignan en 1800, mort en 1873. Il voyagea en Grèce et en Orient, visita en 1828 le Chili, où il étudia la botanique, la zoologie et la météorologie de ce pays et de plusieurs autres parties de l'Amérique du S. A son retour à Paris en 1842, il publia en espagnol, aux frais du gouvernement chilien, une Histoire physique et politique du Chili (24 vol., 1843-'51, avec un atlas en 2 vol. in-4°).

GAY (Delphine) Voy. **GIRARDIN**.

GAY (John), poète anglais, né en 1688, mort en 1732. En 1711, il publia son poème *Rural Sports* et bientôt après, *The Shepherd's Week*, qui obtint un grand succès. En 1713, il fit une comédie appelée *The Wife of Bath*, qui fut suivie de *What d'ye Call it*, et de *Three hours after Marriage* qui ne réussit pas. En 1727 parut son célèbre *Beggar's Opera*, qui eut 62 représentations successives. Cette pièce fut suivie d'un autre opéra, *Polly*, dont le lord chambellan défendit la représentation. Les plus importants de ses autres ouvrages sont: *Trivia* ou *The art of Walking the streets of London* et ses *Fables* ingénieuses et enjouées. Les plus populaires de ses autres poèmes sont les ballades de *Black-eyed Susan* et *'Twas when the Sea was Roaring*.

GAY (Marie-Françoise-Sophie), femme de lettres, née à Paris en 1776, morte en 1852. Elle était fille du financier Nichaull de la Valette. Elle épousa M. Liottier en 1793, divorça en 1799 et devint la femme de M. Gay, receveur général des finances du département de la Roer. Elle habita avec celui-ci pendant 10 ans à Aix-la-Chapelle, en résidence à Paris et à Versailles. Elle réunit autour d'elle une société nombreuse. Ses meilleurs ouvrages sont : *Léonie de Montbreuse*, *Anatole* et *Les Malheurs d'un amant heureux*. Les *Souvenirs d'une vieille femme*, donnent son histoire personnelle. Elle eut pour fille Mme de Girardin.

GAYA, ville du Bengale (Inde anglaise), dans le district de Behar, divisée par le Phalgu tributaire sacré du Gange, à 360 kil. N.-O. de Calcutta ; environ 40,000 hab. La partie ancienne de la ville est habitée par les Brahmanes. Nombreuses pagodes et lieux de pèlerinage visités par les dévots de toutes les parties de l'Inde. Les ruines de Buddha-Gaya, lieu de naissance supposé de Bouddha, sont près de cette ville.

* **GAYAC** s. m. Voy. **GAÏAC**.

GAYETTE s. f. Nom que les briquetiers donnent au menu charbon de terre.

GAY-LUSSAC (Joseph-Louis), chimiste physicien, né à Saint-Léonard-le-Noblat (Limousin), en 1778, mort en 1850. Étant professeur adjoint à l'école polytechnique, il fut

chargé, avec Biot, de faire des expériences relatives à la diminution de la force magnétique à de grandes hauteurs. Il fit deux ascensions en ballon, la première le 23 août 1804 avec Biot, et la deuxième le 15 sept., sans l'assistance de ce dernier. Dans sa deuxième ascension, il atteignit la hauteur extraordinaire de 7,016 mètres. En 1805-'6, Gay-Lussac, de concert avec Humboldt, continua ses recherches scientifiques en France, en Suisse, en Allemagne et en Italie. Il commença, en 1807, ses recherches sur l'expansion de l'air et des gaz à des températures s'élevant graduellement, et il établit la loi que, lorsque ces fluides sont exempts d'humidité, ils se dilatent uniformément et en quantité égale pour tous les accroissements uniformes de température, du moins entre zéro et 100° C. Il démontra aussi que les gaz se combinent en proportions simples de leurs volumes. Associé avec Thénard et ensuite seul, il fit des recherches originales de grande valeur. Il introduisit plusieurs nouvelles méthodes d'analyse et inventa divers instruments importants, parmi lesquels le baromètre à siphon, l'alcoolomètre, le chloromètre et l'alcalimètre. En 1832, il abandonna la chaire de la Sorbonne à laquelle il avait été nommé en 1809 et il accepta celle de chimie générale au *Jardin des plantes*. En 1831, il devint membre de la Chambre des députés et en 1839, pair de France.

* **GAZ** s. m. [gaz] (sax. *gast*, all. *geist*, holl. *geest*, esprit). Chim. Tout fluide aériforme : *l'air atmosphérique se compose de gaz oxygène, de gaz azote, et de gaz acide carbonique.* — GAZ PERMANENTS, ceux qui conservent l'état aériforme à toutes les températures connues. On appelle, par opposition, GAZ NON PERMANENTS, ou VAPEURS, ceux qu'un certain *degré* de froid réduit à l'état liquide. — Se dit absol. du gaz hydrogène carboné que l'on emploie pour l'éclairage, pour le chauffage ou comme moteur : *moteur à gaz; éclairage au gaz.* — BEC DE GAZ, espèce de robinet en forme de bec de lampe, par lequel on donne issue au gaz distribué dans les conduits, lorsqu'on veut l'allumer pour qu'il éclaire : *payer tant par bec de gaz, tant par bec.* — GAZ PORTATIF, gaz d'éclairage que l'on transporte dans une voiture pour le distribuer aux établissements, aux logis où manquent les appareils ordinaires de gaz. — Par ext. Compagnie qui fournit le gaz employé à l'éclairage, au chauffage ou comme moteur : *action du gaz parisien.* — ENCYCL. Le mot gaz, terme générique employé pour désigner tout fluide aériforme qui n'est ni liquéfié, ni solidifié aux températures et aux pressions ordinaires, a été introduit par Van Helmont, au commencement du XVII° siècle. Les anciens connaissaient peu de chose des corps aériformes; mais, sous le nom de *spiritus* ou *flatus*, les écrivains du XIV° au XVII° siècle ont fait allusion au gaz artificiel. Les différents gaz dont décrits dans notre Dictionnaire, sous les noms qui leur appartiennent. — DIFFUSION DES GAZ. Tous les gaz, quand ils sont mélangés mécaniquement dans une proportion quelconque, tendent à se répandre uniformément, sans égard à leur gravité spécifique. Ainsi, si deux bouteilles superposées sont mises en communication par un tube de verre de 25 à 30 cent. de long. et d'environ 1 millimètre de diamètre, et si la bouteille supérieure est remplie avec le plus léger de tous gaz, l'hydrogène, tandis que la bouteille inférieure contient de l'oxygène, dont la gravité spécifique est 16 fois celle de l'hydrogène, ou de l'acide carbonique, qui est 22 fois aussi pesant que ce dernier, on trouvera, au bout de deux ou trois jours, que les deux gaz se sont mélangés dans les bouteilles. La diffusion des gaz les uns à travers les autres était regardée par Dalton comme une conséquence nécessaire de la propriété de répulsion spontanée des *particules* des corps

gazeux, en raison de laquelle chaque gaz se répand dans l'espace occupé par l'autre comme il le ferait dans le vide. — GAZ D'ÉCLAIRAGE. Ce gaz provient, jusqu'à un certain point, de sources naturelles, mais la plus grande partie se tire des substances suivantes : 1° le charbon de terre ; 2° le bois; 3° la tourbe; 4° la résine; 5° le pétrole; 6° les huiles et les graisses ; 7° l'eau et le coke. Il y a beaucoup de localités où l'on a pensé pendant longtemps que le gaz combustible sort de la terre. Le gaz est employé, en Chine, depuis des siècles; on l'enlève dans des tubes en bambou des fissures des mines de sel en exploitation, à une profondeur de 400 à 500 mètres. — Le premier essai pratique de l'éclairage au gaz est généralement attribué à William Murdoch qui, en 1792, se servit du gaz du charbon de terre pour éclairer les boutiques de Redruth dans la Cornouailles. Son invention resta inconnue jusqu'en 1802, époque où elle fut introduite à la fonderie de Boulton et Watt, à Soho, près de Birmingham. — Les charbons bitumineux sont employés à sa fabrication. (Voy. HOUILLE.) Les produits de la distillation destructive de charbon bitumineux se composent d'un grand nombre de gaz, de liquides et de solides, qui peuvent être classés comme suit, d'après une analyse de Bunsen:

Coke............	68.93	Gaz oléfiant.........	0.78
Goudron........	12.23	Hydrogène sulfuré...	0.75
Eau............	7.40	Hydrogène........	0.50
Gaz des marais...	7.04	Ammoniaque......	0.17
Oxyde carbonique..	1.13	Azote............	0.03
Acide carbonique..	1.07		

— Le gaz oléfiant ne représente pas ici l'hydrogène carburé, pesant ou élaïle, mais un mélange en quantités variables, d'acétylène $C^2 H^2$, d'élalyle $C^4 H^4$, de trityle $C^6 H^6$, de ditétryle $C^8 H^8$ et plusieurs vapeurs hydrocarbonées. La manufacture du gaz de charbon de terre, aussi bien que celle du gaz de bois, de pétrole ou de résine, consiste en trois opérations : 1° la distillation du gaz brut; 2° sa séparation du goudron et d'autres matières condensables; 3° sa purification des autres gaz délétères et désagréables. La distillation s'opère dans des cornues d'argile réfractaire, placées dans des fourneaux, dans les grandes usines qui peuvent contenir 100 fourneaux; on place de cinq à dix cornues dans un seul fourneau. Les cornues sont d'abord chauffées au rouge, et ensuite remplies aux deux tiers de charbon de terre. Un couvercle est alors fixé à l'embouchure de la cornue, à l'aide de verrous et d'un mélange de gypse et de limaille de fer, et la chaleur est entretenue pendant neuf heures, à 1,200°. Les constituants du charbon de terre sont ainsi convertis en produits donnés dans la table ci-dessus, et les parties qui sont volatiles passent dans un tube qui monte de l'embouchure de la cornue et qui est inséré dans un autre grand tube, ordinairement demi-cylindrique et de 36 à 48 cent. de diamètre, courant le long d'un rang de fourneaux, par une longueur de 33 à 66 mètres. Quand l'opération de distillation commence, ce dernier tube est en partie rempli d'eau, dans lequel les petits tubes plongent et déchargent tous les gaz et les vapeurs dont une portion considérable, en raison de l'abaissement de la température, est condensée, formant le goudron et un liquide ammoniacal. Un large tuyau conduit les vapeurs et les gaz qui ne sont pas encore condensés à un réfrigérant et à un condenseur, par le moyen desquels ils passent dans une série de tuyaux ainsi formés; et ensuite d'eau courante. Des condensateurs, le gaz passe habituellement dans un épurateur ; boîte renfermant des morceaux de coke et de briques mouillés d'eau. Il reste encore plusieurs gaz délétères qu'il faut expulser; le principal est l'hydrogène sulfuré et l'acide carbonique. Plusieurs méthodes ont été inventées à cet effet; on passe le gaz à travers de la chaux liquide (procédé de la chaux humide), ou à travers des couches mouillées de chaux éteinte, à travers des couches mélangées de protochlorure de fer et de chaux vive ou de sulfate de fer et de chaux éteinte. Dans la table suivante des constituants du gaz de charbon de terre purifié, les deux premières colonnes donnent ceux du gaz de charbon de Chemnitz (Saxe); la troisième et la quatrième, ceux du gaz de Londres :

CONSTITUANTS.	1	2	3	4
Hydrogène	51.29	50.08	46.0	27.7
Gaz des marais	36.45	35.92	39.5	50.0
Oxyde carbonique	4.45	5.02	7.5	6.8
Gaz oléfiant (élaïyle)	4.91	5.33	3.8	13.0
Azote	1.41	1.80	0.5	0.4
Oxygène	0.41	0.54	....	....
Acide carbonique	1.08	1.22	0.7	0.1
Vapeur aqueuse	....	....	2.0	2.0

Le pouvoir éclairant peut donc être estimé par analyse; mais la méthode pratique est de brûler le gaz en le comparant à quelque corps d'un pouvoir connu, produisant la lumière, comme une bougie de spermaceti. L'essai s'opère au moyen du photomètre. — Chaque section des appareils à produire le gaz a un ou plusieurs compteurs pour mesurer le gaz avant qu'il passe dans les réservoirs. Ces compteurs sont en forme cylindrique, d'environ 4 mètres de diamètre et de 2 à 4 mètres de long. Ils consistent en un cylindre extérieur ou tambour, et en un cylindre intérieur, tournant avec quatre chambres en spirale d'une capacité mesurée et une chambre centrale qui reçoit les gaz et les rend aux chambres spirales; celles-ci le font passer à l'espace situé entre les cylindres, d'où il se rend dans les récipients, grandes constructions cylindriques, si remarquables près des usines à gaz. Du réservoir, le gaz est conduit par des tuyaux principaux en fonte dans les rues; au moyen de petits tuyaux en fer ou en plomb, il est distribué aux maisons, où il est mesuré à chaque consommateur au moyen de petits compteurs qui étaient autrefois d'une construction semblable à celle que nous avons décrite ci-dessus. Mais, depuis peu d'années, le compteur à eau est remplacé par le compteur sec inventé, en 1832, par James. Bogardus, de New-York. Il consiste en un double soufflet ayant quatre chambres qui, mues alternativement par la pression du gaz admis sur un côté ou sur l'autre au moyen de soupapes, communiquent le mouvement à une série de bras et de leviers, à l'aide desquels un mouvement rotatoire est donné à un indicateur qui enregistre le nombre de mètres cubes passant dans les différentes chambres du soufflet. — La manufacture du gaz de bois fut perfectionnée, en 1849, par Pettenkofer, qui montra cela, lorsqu'on obtient une chaleur plus élevée que celle que l'on atteignait auparavant, on produit une quantité considérable de gaz hydrocarburé pesant. Ce gaz est fabriqué avec succès en Allemagne; du bois parfaitement sec est d'abord transformé en vapeurs empyreumatiques dans une sorte de cornue et ensuite en gaz permanent dans d'autres cornues. On fait aussi du gaz de bonne qualité près de Munich, avec de la tourbe, au moyen d'un procédé qui ressemble à celui du bois. La résine donne un gaz qui a un grand pouvoir éclairant. On se sert beaucoup, en Allemagne, en Autriche et en Russie, du pétrole pour la fabrication du gaz d'éclairage; il donne environ 33 p. 100 d'hydrocarbures pesants. Le gaz d'huile est tiré d'huiles fixes, telles que les huiles de colza et de chènevis et des matières grasses obtenues des lainages par des lavages au savon. Ce qui est appelé gaz d'eau, se fabrique maintenant par la décomposition de l'eau au moyen de coke rougi ou de charbon de terre également rougi. opé-

ration qui produit de l'hydrogène, de l'oxyde carbonique, de l'acide carbonique et de l'hydrogène carburé léger; ces substances sont imprégnées des vapeurs d'hydrocarbones pesants ou mêlées avec des gaz hydrocarburés permanents. — Asphyxie par les gaz. Les émanations du charbon, des égoûts, des celliers, des fruitiers, des caves, des puits, causent souvent des asphyxies en raison de la grande quantité de gaz acide carbonique ou d'oxyde de carbone qu'elles contiennent. On prévient des accidents de cette nature en s'assurant qu'une chandelle ne s'éteint pas dans l'atmosphère suspecte. Mais si un accident arrive, malgré cette précaution, on doit se hâter d'enlever l'asphyxié, de le transporter dans un lieu bien aéré et de lui asperger le visage avec de l'eau froide. Pour l'asphyxie due au gaz hydrosulfurique et à l'hydrosulfate d'ammoniaque qui se dégagent des fosses d'aisances, il faut employer le traitement général (voy. ASPHYXIE), faire respirer au malade du chlore ou lui placer sous le nez une poignée de chlorure de chaux enveloppée dans une compresse imbibée de vinaigre, qu'on comprime légèrement pour activer le dégagement du chlore et de l'acide acétique.

GAZA (arab. Ghazze ou Ghuzze), ville de Syrie, sur la route qui conduit en Egypte, entre la Méditerranée et le désert, à près de 4 kil. de la mer ; environ 15,000 hab. Entrepôt important pour le trafic des caravanes entre l'Egypte et la Syrie. Gaza possède peu

Gaza.

de restes de l'antiquité; le seul édifice digne d'intérêt est une mosquée, autrefois église catholique, que l'on suppose avoir été bâtie par l'impératrice Hélène. L'ancienne ville de Gaza, que l'on suppose avoir été plus rapprochée de la mer, est connue dans la Bible comme étant la plus septentrionale des cinq villes confédérées des Philistins. Elle fut donnée en partage à la tribu de Juda, qui s'en empara et la perdit ensuite. Etant devenue possession de la Perse, elle fut prise après un siège opiniâtre par Alexandre le Grand (332 av. J.-C.). Constantin en fit un évêché sous le nom de Constantia. Les Arabes la prirent en 634, deux ans après la mort de Mahomet. Les croisés s'en emparèrent en 1100; Saladin la leur arracha. En 1799, elle fut prise par les Français que commandait Kléber.

GAZA (Théodore), l'un des savants grecs qui contribuèrent à la renaissance des lettres en Italie, né vers 1400, mort en 1478. Il écrivit un traité sur les mois ou attêques, un livre sur l'origine des Turcs, une grammaire grecque et traduisit des ouvrages grecs en latin.

GAZAGE s. m. (rad. gaze). Action de gazer.

° GAZE s. f. (de Gaza, ville d'où cette étoffe est originaire). Etoffe fort claire, faite de soie ou de fil d'or et d'argent: gaze de soie, d'argent.

° GAZÉIFIER v. a. Chim. Transformer en gaz. — Se gazéifier v. pr. Se transformer en gaz.

° GAZÉIFORME adj. Chim. Qui est à l'état de gaz, qui ressemble à un gaz.

GAZÉITÉ s. f. Chim. Nature gazeuse; propriété qu'ont certains corps d'exister à l'état gazeux.

GAZEL ou Ghazel, genre de poésie lyrique, populaire parmi les Turcs et les Persans. Cette poésie se compose de 5 à 17 stances de deux lignes chacune ; toutes les secondes lignes riment entre elles. Le sujet est généralement érotique ou allégorique.

° GAZELLE s. f. (ar. ghaza). Mamm. Genre d'antilopidés, comprenant une douzaine d'espèces, caractérisées par des cornes en lyre ou à double courbure, toujours annelées, sans arêtes et existant dans les deux sexes. Les gazelles sont de gracieux petits quadrupèdes aux formes élégantes, au regard doux, au caractère timide, à la course légère et rapide. Elles vont en troupes dans les plaines nues et stériles du N. de l'Afrique et de l'O. de l'Asie; elles se laissent difficilement approcher. La gazelle commune ou antilope de Barbarie (gazella dorcas, H. Smith) est un peu plus petite que le chevreuil; elle a des cornes rondes, noires et en forme de lyre, d'une longueur d'environ 30 cent., ayant 12 ou 13 anneaux et des pointes acérées et redressées. Elle prend généralement sa nourriture au point du jour et le soir, s'abreuvant, dit-on, une fois par 24 heures; sa chair est excellente, et sert de nourriture à un grand nombre d'animaux carnassiers. La kevel (gazella kevella, H. Smith) est considérée par quelques naturalistes comme une simple variété de la gazelle commune; elle est à peu près de la même grosseur, mais sa tête est plus longue, ses cornes sont plus fortes et plus longues, ses yeux sont plus grands; ses

Gazelle commune (Gazella dorcas).

habitudes et la disposition générale de ses couleurs sont les mêmes que dans la gazelle commune. La gazelle de Sœmmering (gazella Soemmeringii, Rüpp.) est une créature délicate

Gazelle de Sœmmering (Gazella Soemmeringii).

eur à l'épaule; elle habite le N.-E. de l'Afrique.

* **GAZER** v. a. Mettre une gaze sur quelque chose. — Fig. et fam. Adoucir, déguiser ce qu'il y aurait de trop libre, d'indécent dans un discours, dans un récit : *gazer un conte, une histoire.*

* **GAZETIER** s. m. Celui qui compose une gazette, qui publie une gazette : *il s'est fait gazetier.* On ne le dit plus guère que par dénigrement, et il a été remplacé, dans l'usage ordinaire, par le mot de *Journaliste.* — Celui qui vendait ou qui donnait à lire les gazettes : *appelez le gazetier.*

GAZETIN s. m. Petite gazette.

* **GAZETTE** s. f. [ga-zè-te] (ital. *gazetta*, petite monnaie vénitienne qui était le prix de chaque numéro du premier journal qui parut à Venise au XVIIᵉ siècle). Journal, écrit périodique, contenant les nouvelles politiques, littéraires ou autres : *Gazette de France.* (Voy. JOURNAL.) Il est aujourd'hui moins usité que *Journal.* — Fig. et par dénigrement. His toire, poème où les événements sont racontés d'une manière sèche et dénuée d'intérêt : *cette histoire est une gazette fort sèche et fort ennuyeuse.* — Fig. et fam. Personne qui rapporte tout ce qu'elle entend dire : *cette femme est la gazette du quartier.*

GAZEUR s. (rad. *gaze*). Qui gaze, qui voile ses expressions.

GAZEUSE s. f. Ouvrière en gaze.

* **GAZEUX, EUSE** adj. Chim. Qui est de la nature du gaz : *fluide gazeux.* — ⤳ EAUX MINÉRALES GAZEUSES, eaux minérales qui contiennent du gaz acide carbonique.

* **GAZIER** s. m. Ouvrier en gaz.

GAZIER, IÈRE s. Ouvrier, ouvrière en gaze.

GAZIFÈRE adj. (franç. *gaz*; lat. *fero*, je porte). Qui sert à la fabrication du gaz : *appareil gazifère.*

GAZILLON s. m. [*ll* mll.]. Léger tissu de gaze.

GAZNA, Ghuzni, Ghiznee ou **GHAZNA**, ville fortifiée de l'Afghanistan, sur la rivière Ghuzni, à 120 kil. S.-S.-O. de Caboul, à 2,500 pieds au-dessus du niveau de la mer; de 3,000 à 10,000 hab. Entrepôt commercial entre le Punjaub et le Caboul. Jadis Ghuzni était une ville magnifique. Vers 970, Alp-Teghin, gouverneur du Khorasan, sous le roi de Bokhara, se révolta et établit à Ghuzni le siège d'un nouvel empire, comprenant le Caboul et le Candahar. Sous Mahmoud, son troisième chef, Ghuzni acquit une grande importance historique. Mahmoud étendit son empire du Tigre au Gange et de l'océan Indien à l'Oxus. Il fonda une université et la dota, patronna la littérature, et fit affluer à sa cour les poètes et les philosophes. Après sa mort (vers 1030), Ghuzni tomba en décadence. En 1152, elle fut prise par le prince de Ghore.

GAZNÉVIDES, dynastie tartare qui tire son nom de la ville de Gazna, sa capitale, et qui étendit sa domination sur une grande partie de la Perse et de l'Indoustan. Ses premiers chefs furent Alp-Teghin (960), Sebek-Teghin (975), Mahmoud (997), Massoud (1028). Ce dernier fut vaincu par les Turcs Seldjoukides à la bataille de Lendékan (1038) et ses successeurs vécurent obscurément. Ils furent chassés de Gazna (1158) par Ala-Eddyn; le dernier d'entre eux fut mis à mort à Lahore (1489).

GAZOGÈNE adj. (franç. *gaz*; gr. *gennaô*, j'engendre). Qui sert à fabriquer l'eau de Seltz artificielle. — s. m. Appareil avec lequel on fait de l'eau de Seltz.

GAZOLYTE s. m. (fr. *gaz*; gr. *lutos*, soluble). Chim. Corps formant des combinaisons gazeuses permanentes avec l'oxygène, l'hydrogène ou le fluor

* **GAZOMÈTRE** s. m. (fr. *gaz*; gr. *metron*, mesure). Chim. Instrument qui sert à mesurer la quantité de gaz employée dans une opération. — Particul. Appareil où l'on prépare le gaz hydrogène destiné à l'éclairage, et d'où il est distribué par des conduits aux divers endroits que l'on veut éclairer : *établir un gazomètre.*

GAZOMÉTRIE s. f. Phys. Art de mesurer et de peser les gaz.

* **GAZON** s. m. (bas lat. *guaso*, *waso*; anc. haut. all. *wazon*). Herbe courte et menue; ou terre qui est couverte de cette herbe : *semer du gazon.* — Au plur. Mottes de terre carrées et couvertes d'herbe courte et menue, dont on se sert pour faire des gazons artificiels : *lever des gazons.*

GAZONNAGE s. m. Action de gazonner.

* **GAZONNANT, ANTE** adj. Hort. Se dit des plantes herbacées grêles, courtes et touffues qui forment un gazon : *plantes gazonnantes.*

* **GAZONNEMENT** s. m. Action de gazonner, ou emploi qu'on fait des gazons pour quelque ouvrage.

* **GAZONNER** v. a. Revêtir de gazon : *gazonner un bastion.*

GAZONNEUX, EUSE adj. Synon. de GAZONNANT.

GAZOST, station minérale du cant. de Lourdes (Hautes-Pyrénées). Deux sources sulfureuses excitantes et résolutives. Ulcères, plaies.

GAZOUILLANT, ANTE adj. Qui gazouille.

* **GAZOUILLEMENT** s. m. Petit bruit agréable que font les oiseaux en chantant, les ruisseaux en coulant : *le gazouillement des oiseaux.*

* **GAZOUILLER** v. n. [*ll* mll.] bret. *geiz*, gazouillement). Faire un petit bruit doux et agréable, tel que celui que font de petits oiseaux en chantant : *on entend le soir les oiseaux qui gazouillent.*

L'hirondelle nous abandonne
Et quitte, en *gazouillant*, ces lieux.
EDMÉNARD. *Le dernier beau jour d'automne*, chanson.

— Se dit aussi du bruit que font les petits ruisseaux en coulant sur les cailloux : *ce ruisseau gazouille agréablement.*

* **GAZOUILLIS** s. m. [*ll* mll.] Gazouillement.

...... Tendrons d'entrer en danse
Au *gazouillis* des ruisseaux de ces bois.
LA FONTAINE.

* **GEAI** s. m. [jè] (bas bret. *gegin*). Ornith. Sous-genre de conirostres corvidés, du grand genre corbeau, comprenant plusieurs espèces d'oiseaux dont le plumage est bigarré. — C'EST LE GEAI PARÉ DES PLUMES DE PAON, se dit, par allusion à une fable de La Fontaine d'une personne qui se fait honneur de ce qui ne lui appartient pas. — ENCYCL. Le *geai d'Europe* (*garrulus glandarius*, Linn.) est un bel oiseau, presque aussi long que le pigeon, mais moins gros, d'un brun vineux, avec le devant de la tête blanchâtre, les couvertures des ailes d'un beau bleu, des taches noires et des moustaches noires. Il est commun en France. Timide et soupçonneux, comme tous les oiseaux de la famille des corvidés, il fréquente les lieux boisés, où il se nourrit principalement de noix, de vers et d'insectes. En été, il visite les jardins pour en dévorer les fruits; il pille aussi les nids des autres espèces et quelquefois même, il se jette sur la souris des champs et sur les petits oiseaux. La captivité ne change rien à son caractère criard et irascible; il manifeste sa colère en redressant les plumes lâches et effilées de son front. Il construit, au milieu des arbres les plus touffus, un nid dans lequel la femelle dépose 5 ou 6 œufs verdâtres tachés de brun. Pris jeune, il se familiarise et apprend même à prononcer quelques paroles; mais il faut se défier de sa propension au vol. L'un des plus beaux oiseaux de ce genre est le *cyanura* (Swains), dont le type (*geai bleu*) et toutes ses espèces, au nombre de 20 environ, appartiennent à l'A-

Geai bleu (Cyanura cristata).

mérique. Le *geai bleu* (*C. cristata*, Swains) se trouve dans presque toute l'Amérique septentrionale. Possédant un talent particulier pour l'imitation, il semble prendre plaisir à pousser le cri de l'épervier pour terrifier les petits oiseaux et les faire se précipiter à la recherche d'un refuge; il est très querelleur et, dans une volière, il détruit les oiseaux de sa grosseur. Quand les œufs et les jeunes oiseaux lui manquent, il mange des noix, des fruits, du grain et des insectes.

* **GÉANT, ANTE** s. (gr. *gigas*, *gigantos*). Celui, celle qui excède de beaucoup la stature ordinaire des hommes : *grand comme un géant.* — ALLER, MARCHER A PAS DE GÉANT, aller fort vite, faire de grands progrès dans quelque chose que ce soit. — Se dit quelquefois, par ext. des animaux qui se distinguent par des proportions colossales : *l'éléphant, ce géant des animaux.* — ENCYCL. On suppose que le mot hébreu *néphilim*, que la version des Septante rend par géants (γίγαντες), désigne des hommes de grande taille ou des hommes supérieurs par leur force physique ou morale. D'autres passages de l'Ancien Testament révèlent l'existence d'hommes aux vastes proportions, tels que Rephaïm, Anakim, Emim, Zuzim, Og et Goliath. D'après Homère, une race de géants occidentaux fut détruite par les dieux. Hésiode représente les géants comme des êtres divins qui prirent naissance du sang d'Uranus quand il tomba sur la terre. La mythologie scandinave et les légendes allemandes sont peuplées de géants (*jötuns*). Toutes les anciennes nations exaltaient la stature de leurs rois et de leurs héros. Le roi Arthur et ses chevaliers, Charlemagne et ses paladins étaient représentés comme

supérieurs en stature aux hommes ordinaires. Roland, le héros de Roncevaux, était dit-on, d'une taille gigantesque, mais quand François 1er ouvrit sa tombe et essaya son armure elle lui allait parfaitement. On dit que Guillaume le Conquérant avait huit pieds de haut; mais lorsque sa tombe fut ouverte à Caen en 1562, on trouva que ses ossements n'avaient rien de remarquable comme grandeur. Tacite décrit les Allemands comme étant d'une forme robuste et d'une stature élevée; Strabon dit qu'il avait vu à Rome des Bretons qui étaient plus grands que les plus grands Italiens. Cependant il n'existe aucune preuve que les hommes de ces nations furent plus grands dans l'ancien temps qu'ils ne sont actuellement. La dimension des armures, des armes, des bagues, l'architecture et d'autres preuves de l'antiquité, montrent que l'espèce humaine n'a pas diminué de taille. La diversité de grosseur et de grandeur qui existe maintenant d'individu à individu a sans doute existé dans tous les âges. Pline parle d'un géant arabe, Gabbara, qui avait plus de 3 mètres de haut; Diemerbrock dit qu'il a vu à Utrecht, en 1665, un homme de 2 mètres 80 cent. On trouve de nos jours de nombreux exemples d'hommes mesurant de 2 mètres 35 à 2 mètres 70 de haut. Les squelettes de 7, 10, 15 et 33 mètres de long, trouvés il y a long-temps et attribués par l'ignorance à l'espèce humaine, étaient des restes fossiles d'animaux du monde primitif. Les progrès de l'anatomie comparée ont aidé à dissiper les erreurs longtemps dominantes au sujet des géants.

GEANNE, ch.-l. de cant., arr. et à 24 kil. 3.-E. de Saint-Sever (Landes); 800 hab.

GÉBELIN (Court de). Voy. Court de Gébelin.

GEBER (Abu Musa Jaffar al-Sofi), fondateur de l'école des chimistes arabes vers la fin du VIIIe siècle, né en Perse ou dans le Harran (Mésopotamie). Il reste seulement quelques fragments de ses ouvrages. Son autorité était sans pareille parmi les alchimistes du moyen âge. Cardan le considère comme un des 12 génies les plus subtils du monde, et on lui attribua pendant longtemps l'invention de l'algèbre (regula Gebri).

* **GECKO** s. m. (jè-ko) (onomatop. du cri de cet animal). Erpét. Famille de sauriens nocturnes, comprenant plus de soixante espèces qui vivent dans les climats chauds et qui présentent des habitudes ainsi que des caractères de forme et de structure aussi distincts que ceux des crocodiles ou des caméléons.

Gecko commun (Platydactylus guttatus.)

Le gecko commun (platydactylus guttatus, Cuv.) du continent de l'Asie et de ses archipels, mesure 25 cent. de long, dont la moitié pour la queue; sa couleur générale est d'un gris noir, avec des taches blanchâtres. Le gecko que l'on trouve dans les murailles des Indes occidentales est l'hemidactylus mabouia, Cuv.) long d'environ 12 cent., grisâtre, marbré de brun avec la moitié postérieure de la queue annelée de noir. Le gecko domestique (ptyodactylus Hasselquistii, Dum. et Bibr.) d'Egypte, d'Arabie et des pays limitrophes de la partie E. de la Méditerranée, mesure environ 12 cent. de long, il est gris

rougeâtre, tacheté de blanc et de brun pâle et blanchâtre en dessous; il est commun dans les parties humides et obscures des maisons; on l'appelle au Caire, le père de la lèpre.

Hemidactylus mabouia.

parce qu'on croit qu'il communique cette maladie aux personnes qui mangeraient de la nourriture sur laquelle cet animal aurait marché; mais il n'est nullement nuisible.

GECKOTIEN, IENNE adj. [-si-ain] Erpét. Qui se rapporte au gecko. — s. m. pl. Famille de sauriens qui a pour type le genre gecko.

GED (William) [ghèd], mécanicien écossais, inventeur de la stéréotypie, né vers 1690, mort en 1749. Il était orfèvre à Edimbourg et on dit qu'il fut le premier qui essaya de stéréotyper en 1725. En 1729, il forma à Londres une association pour la stéréotypie, mais il eut peu de succès et retourna à Edimbourg en 1733.

GÉDÉON ou **Gidéon,** surnommé JERUBBAAL, cinquième juge d'Israël, fils du Joas, de la tribu de Manasses; il habitait Ophrah. Ayant délivré Israël des Madianites et des Amalécites, il refusa la couronne, et pendant quarante ans conserva ses fonctions de juge.

GEEFS (Guillaume) [ghéifss], sculpteur belge, professeur à l'académie d'Anvers, né en 1806, mort en 1860. Parmi ses œuvres on remarque le monument à la mémoire des victimes de la révolution de 1830, une statue colossale en marbre du roi Léopold 1er et une statue monumentale de Charlemagne.

GEELONG [ghi-lòng], ville de la province de Victoria (Australie), sur la baie de Corio ou port de Geelong, branche occidentale de la baie de Port Philippe, à 65 kil. S.-O. de Melbourne; 14,900 hab. Rues larges, bien pavées et bien arrosées. Jardin botanique très vaste; commerce important de laine, de graisse et de poudre d'or.

GEER (Karl de, BARON) [ièrr], naturaliste suédois, né en 1720, mort en 1778. Il fut élève de Linnée et publia : Mémoires pour servir à l'histoire des insectes (8 vol. in-4°, 1752-'78) et d'autres ouvrages zoologiques.

GEERTS (Kurel Hendrick) [ghèirtss], sculpteur belge, professeur à l'académie de Louvain, né en 1808, mort en 1855. Lors de la grande exposition de 1851, il obtint une médaille pour son chef-d'œuvre, le Couronnement de la Vierge.

GEESTERMUNDE [ghèiss'-ter-munn-de], port du Hanovre (Prusse), établi comme rival de Bremerhafen, dont il est séparé par le Weser. Il devint port libre en 1847 et sert maintenant de station à une partie de la flotte allemande.

GÉEZ, ancien nom de l'Abyssinie.

GEFLE [ièv'-lé], ville maritime de Suède, capitale du län de Geflebourg, près du golfe de Bothnie, à l'embouchure de la rivière Gefle, à 420 kil. N.-N.-O. de Stockholm; 16,270 hab. Manufactures de tabac, de coton, de toiles à voile et de cuirs. Exportations de fer, de bois de construction et de goudron.

* **GÉHENNE** s. f. (lat. gehenna, de l'hébreu geia Hinnom, vallée de Hinnom). Mot hébreu, qui se dit quelquefois, dans l'Écriture sainte, pour l'enfer : la géhenne de feu. — La vallée de Hinnom adjacente à Jérusalem, au S. et au S.-O., était appelée aussi Tophet; les rites idolâtres de Moloch y étaient célébrés. Après la captivité, la vallée devint le réceptacle des immondices de la ville, que l'on en faisait consumer par le feu. Par métaphore, son nom devint synonyme d'enfer.

GÉHENNER v. a. Mettre à la géhenne.

GEIGER (Abraham) [gaï-gher], critique biblique allemand, né en 1810, mort en 1874. Il fut successivement rabbin à Wiesbaden, à Breslau, à Frankfort et à Berlin; c'est l'un des théologiens juifs les plus éminents parmi ceux qui appartiennent à l'école réformée d'Europe. Il a publié le Zeitschrift für jüdische Theologie, 1835-'47 et, à partir de 1862, le Jüdische Zeitschrift für Wissenschaft und Leben. Le plus important de ses ouvrages est Urschrift und Uebersetzungen der Bibel (1857).

GEIGNANT, ANTE adj. Qui a l'habitude de geindre.

GEIJER (Eric Gustaf) [aï-ier], auteur suédois, né en 1783, mort en 1847. En 1810, il fut nommé lecteur d'histoire à Upsal et professeur en 1817. En 1811, il fut un des fondateurs de la société gothique. Dans l'Iduna (1811-'24), organe du parti littéraire dirigé par Geijer et Tegner, Geijer publia ses meilleurs poèmes, et il composa la musique de plusieurs de ses chants. Deux fois il représenta l'université d'Upsal à la diète. Son principal ouvrage est une histoire de la Suède Svenska Folkets Historia (3 vol., 1832-'36), une édition complète de ses œuvres a été publiée en 12 vol. 1849-'55.

* **GEINDRE** v. n. [jain-dre] (lat. gemere, gémir). Gémir, ou se plaindre à diverses reprises, et d'une voix languissante et non articulée. — Ne s'emploie guère que pour blâmer ceux qui se plaignent de cette sorte pour la moindre incommodité : il ne fait que geindre. (Fam.)

GEINDRE s. m. Voy. GINDRE.

GEISPOLSHEIM, ville d'Alsace, à 13 kil. S.-O. de Strasbourg; 2,000 hab.

GEISSLER, inventeur, né à Igelshiel (Saxe), en 1814, mort à Bonn, en mars 1879. Habile fondeur et souffleur de verre, il inventa les tubes électriques lumineux qui portent son nom. L'aisance que lui procura le succès de cette belle invention, lui permit d'apprendre à lire. Il étudia la chimie, la physique, plusieurs langues étrangères, se fit recevoir docteur de l'université de Bonn, et perfectionna divers appareils, notamment les pompes pneumatiques.

GEL s. m. [jèl] (lat. gelu). Gelée : le gel et le dégel.

GÉLA, ancienne ville du S. de la Sicile, sur la rivière du même nom, aujourd'hui Fiume di Terranova, fondée vers 690 av. J.-C. Elle doit sa naissance à Agrigente (maintenant Girgenti), qu'elle surpassa bientôt. Sous le tyran Hippocrate (498-491 av. J.-C.), elle domina presque toute la Sicile, mais Gélon, successeur d'Hippocrate, transporta le siège du gouvernement et la moitié de la population à Syracuse, et Phintias vers 280 emmena ses habitants dans une nouvelle ville. Ses ruines sont près de Terranova.

GELABLE adj. Qui est susceptible d'être gelé.

GÉLADA s. m. Espèce particulière de cynocéphale, récemment décrite par le docteur Rüppel, dans son ouvrage sur la faune de l'Abyssinie. Le *gélada* (gelada *Ruppellii*) ressemble au babouin; il est grand et brun; l'a-

Gelada Ruppellii.

dulte se distingue surtout par sa crinière touffue.

GÉLASE I. (Saint), pape (492-'96), combattit les Eutychéens et convoqua, en 494, le concile de Rome qui dressa la liste des livres canoniques. Fête le 21 nov. — II. Né à Gaète, pape en 1118, mort à Cluny en 1119. Il fut, après son élection, accablé d'outrages, fait prisonnier par les Frangipani, contraint de quitter Rome, en cédant la place à un antipape, et se retira en France.

* **GÉLATINE** s. f. (lat. *gelare*, geler). Substance que l'on obtient sous forme de gelée, quand on traite les parties molles et solides des animaux par l'eau bouillante, et qu'on laisse refroidir la solution : *du bouillon de gélatine.* — La gélatine est une substance azotée obtenue des différentes parties du corps des animaux, tels que les tissus blancs fibreux, la peau, les membranes séreuses et les cartilages, en les faisant bouillir dans l'eau. La substance, telle qu'elle existe dans le corps, n'est probablement pas exactement la même que celle que l'on obtient par l'ébullition, quoique l'on ne puisse dire avec certitude que les proportions de ses constituants chimiques aient été changées. Aucune formule précise d'équivalents n'a été établie et en conséquence on a l'habitude d'écrire la composition de la gélatine selon les poids relatif des parties. D'après Mulder, la gélatine se compose, pour 100 parties : de 50,40 de carbone, 6,64 d'hydrogène, 48,34 d'azote et 24,62 d'oxygène et de soufre, dont environ 0,7, est du soufre, selon Verdeil; mais la présence du soufre a été mise en doute. La gélatine du commerce est faite avec les os et les parties de la peau du veau qui ne peuvent servir à d'autre usage. Elle a peu de valeur comme aliment, mais on s'en sert pour clarifier les liqueurs, pour prendre des empreintes délicates, pour faire de la colle, des capsules médicales, et du *papier glacé* pour copier les dessins, des fleurs artificielles, etc. Mélangée avec l'acide chromique et exposée à l'action de la lumière, elle devient insoluble, et cette propriété la rend utile dans la fabrication des imitations d'ivoire. La gélatine obtenue des cartilages des poissons s'appelle colle de poisson et une variété plus impure porte le nom de colle forte. (Voy. COLLE FORTE et COLLE DE POISSON.)

* **GÉLATINEUX, EUSE** adj. Qui est de la nature de la gélatine, ou qui ressemble à la gélatine : *suc gélatineux.*

GÉLATINIFORME adj. Qui ressemble à la gélatine.

GELBOÉ, mont de la Palestine, célèbre par la défaite et la mort de Saül. Auj. *Djilbo.*

GELDERLAND. Voy. GUELDRE.

* **GELDERN,** ville de la Prusse rhénane, sur le Niers, à 40 kil. N.-O. de Dusseldorf; 5,100 hab. Jusqu'en 1343, elle fut la résidence des comtes et des ducs de Geldern (Gelderland). Fabriques d'étoffes de laine, de toile et de soie.

* **GELÉ, ÉE** part. passé de GELER. Qui est glacé. — IL A LE BEC GELÉ, se dit d'un homme qui, affecte de garder le silence. Dans le sens contraire. IL N'A PAS LE BEC GELÉ, il parle beaucoup.

* **GELÉE** s. f. (rad. *gel*). Grand froid qui pénètre les corps et qui glace l'eau : *une forte gelée.* — GELÉE BLANCHE, couche très blanche de glaçons menus, formée par la bruine, et qui paraît le matin sur les herbes, sur les toits, etc. — Suc de viande, ou autre substance animale, qui a pris, en se refroidissant, une consistance molle et tremblante : *gelée de veau, au rhum.* — Jus que l'on tire de quelques fruits cuits avec le sucre, et qui se congèle étant refroidi : *gelée de groseille.*

GELÉE (Claude). Voy. LORRAIN (Claude).

* **GELER** v. a. (lat. *gelare*; de *gelu*, gelée). Glacer, endurcir par le froid, pénétrer par un froid excessif : *le froid a gelé l'eau du bassin, a gelé jusqu'aux pierres.* — Il se dit particul. du dommage que le froid cause aux vignes, aux arbres, etc., surtout lorsqu'ils sont en boutons ou en fleurs : *le froid a gelé mes vignes.* — Causer du froid : *voilà une porte qui nous gèle.* — CET HOMME GÈLE CEUX QUI L'ABORDENT, son accueil est extrêmement froid. — v. n. *La rivière a gelé.* — Avoir extrêmement froid : *cette chambre est si froide, qu'on y gèle.* — v. imp. *Il gèle très fort.* — PLUS IL GÈLE, PLUS IL ÉTREINT, plus il arrive de maux, plus il est difficile de les supporter. — Se geler v. pr. Se glacer : *l'eau se gèle.*

* **GÉLIF, IVE** adj. Eaux et Forêts. Se dit des arbres dont l'aubier a été désorganisé par suite de congélation. Les arbres gélifs doivent être abattus; leur bois est impropre à la charpente. — Se dit aussi des pierres humides qui ne peuvent résister à la gelée : *pierres gélives.*

GÉLIMER ou Gilimer, dernier roi des Vandales (533-4). Il usurpa le trône du roi Hildéric, fut battu par Bélisaire à Tricaméron, se réfugia sur le mont Papuas en Numidie et y fit sa soumission à Justinien, qui lui accorda un domaine en Galatie.

* **GELINE** s. f. (lat. *gallina*). Poule et poularde. (Vieux.)

* **GELINOTTE** s. f. (rad. *geline*). Petite poule engraissée dans une basse-cour. — GELINOTTE DES BOIS, espèce de tétras qui a beaucoup de ressemblance avec la perdrix, et dont la chair est fort délicate. — La *gelinotte proprement dite* (tetras bonasia), ou *poule des coudriers,* un peu plus grosse que la perdrix rouge, se trouve dans les contrées boisées et montagneuses de l'Europe et constitue un gibier des plus estimés. La *gelinotte des Pyrénées* appartient au sous-genre *ganga* ou *attagen.*

* **GÉLIVURE** s. f. Eaux et Forêts. — Affection, maladie des arbres gélifs.

GELLERT (Christian-Fürchtegott) [ghèl'lèrt], poète allemand, né en 1715, mort en 1769. Il était professeur de philosophie à Leipzig et se rendit célèbre par ses fables, ses contes poétiques, etc. Il fut l'un des premiers promoteurs de l'ère brillante de la littérature allemande qui produisit Schiller et Gœthe. Ce dernier, dans sa jeunesse, fut un disciple de Gellert.

GÉLON, tyran de Syracuse, mort vers 478 av. J.-C. Il servit de quartier de commandant de la cavalerie, sous Hippocrate, tyran de Géla, et à la mort de celui-ci, s'empara du pouvoir suprême (491). Vers 485, il devint

maître de Syracuse et gagna l'affection du peuple par sa douceur et en augmentant l'importance de la ville. En 480, il battit les Carthaginois à Himère, le jour même (suivant Hérodote) où les Grecs remportèrent la victoire de Salamine, mais, d'après Diodore, le jour de la bataille des Thermopyles. Il voulut alors abdiquer le pouvoir, mais les habitants de Syracuse le firent roi. A sa mort ils l'honorèrent comme un héros. Son frère, Hiéron, lui succéda.

* **GÉMARA** s. f. Antiq. hébraïque. Deuxième partie du Talmud.

* **GÉMEAU** s. m. (lat. *gemellus*, jumeau). Jumeau. N'est usité qu'au pluriel, pour signifier l'un des douze signes du zodiaque : *le signe des Gémeaux.* — On donne le nom de Gémeaux à la troisième constellation du zodiaque, ainsi nommée de ses deux étoiles les plus brillantes, qui sont appelées Castor et Pollux; elles se trouvent à peu près à michemin entre Aldébaran et Régulus. Le soleil entre dans les Gémeaux au mois de mai.

GÉMINATION s. f. État de ce qui est double, disposé par paires.

* **GÉMINÉ, ÉE** adj. (lat. *geminus*, double). Palais. Réitéré. S'est dit principalement dans ces locutions: *commandements géminés.* — Bot. Se dit des parties qui naissent deux ensemble, ou qui sont rapprochées deux à deux: *feuilles géminées.* — Archit. Se dit des colonnes groupées deux à deux, mais avec un intervalle sensible.

* **GÉMIR** v. n. (lat. *gemere*). Exprimer sa peine, sa douleur, d'une voix plaintive et non articulée : *je l'entendis gémir toute la nuit.* — Se dit fig. des plaintes qu'excitent la tyrannie, l'injustice, le malheur, etc. : *gémir sous la tyrannie, sous le joug.* — Être péniblement affecté d'une chose, en éprouver une vive et profonde peine : *il gémissait de voir triompher l'injustice.* — Se dit aussi pour exprimer le cri languissant et plaintif de certains oiseaux: *la tourterelle gémit.* — Se dit quelquef. fig., surtout en poésie, des choses inanimées, lorsqu'elles font entendre quelque bruit, quelque murmure.

Alors *gémit* la presse, et, foulés avec bruit,
Ces types naissants, que le métal produit,
Gravent d'un seul instant, ouvrage indélébile,
Sur la feuille mouvante, une empreinte immobile.
BIGNAN. *Épître sur la découverte de l'imprimerie,* 1829.

— Se dit, particul., des choses qui s'affaissent sous le poids, sous la pression d'une autre, ou que l'on suppose ne pouvoir la soutenir qu'avec effort: *il fait gémir les coussins, les coussins gémissent sous le poids de son corps.* — Fig. et par plaisant., FAIRE GÉMIR LA PRESSE, faire beaucoup imprimer. Se dit surtout des écrivains qui sont plus remarquables par leur fécondité que par leur talent.

* **GÉMISSANT, ANTE** adj. Qui gémit : *voix gémissante.*

* **GÉMISSEMENT** s. m. Lamentation, plainte douloureuse : *le gémissement des blessés, des mourants.* — Se dit, fig., des plaintes en général: *les gémissements du peuple.* — Dévotion. GÉMISSEMENT DU CŒUR, sentiment de componction, vive et sincère douleur des péchés qu'on a commis. — Se dit quelquefois, en poésie, du bruit, du murmure que certaines choses font entendre : *le sourd gémissement des forêts.*

* **GÉMISTE** (George), surnommé PLÉTHON, savant et philosophe du XVe siècle, né à Constantinople. Il occupa une haute position à la cour des Paléologues, et en 1439, lors du concile de Florence, s'opposa à l'union des Églises d'Orient et d'Occident. Il fut banni de la cour, trouva un asile en Italie, et ayant été admis à la cour des Médicis, décida Cosmo à fonder sa célèbre académie

platonicienne. Son traité en l'honneur du platonisme fut le début de la longue querelle entre les disciples des deux grands maîtres de l'antiquité.

GEMMACÉ, ÉE adj. [jèm-ma-sé] (rad. *gemme*). Hist. nat. Qui a l'apparence d'une pierre gemme ou d'un bouton d'arbre.

GEMMAGE s. m. [jemm-ma-je]. Sylvic. Action de recueillir la sève ou la résine des arbres.

GEMMAIRE adj. [jèmm-mè-re]. Bot. Qui résulte de la prolongation des parties nouvelles sortant de l'intérieur des anciennes.

GEMMATION s. f. [jèmm-ma-si-on] (lat. *gemma*, bourgeon). Développement des bourgeons, dans les plantes ligneuses et vivaces; époque de ce développement.

GEMME adj. [jè-me] (lat. *gemma*, pierre précieuse). Se dit des pierres précieuses, et du *sel qui se tire des mines: des pierres gemmes, du sel gemme*. — S'emploie substantiv. au fém. dans le premier sens : *gemme orientale* (Voy. PIERRE PRÉCIEUSE.). — ~ s. f. Sylvic. Suc résineux qui s'écoule des pins, et particulièrement du pin maritime, par les entailles faites à la tige.

GEMMER v. n. [jèmm-mé]. Pousser des bourgeons. — v. a. GEMMER DES PINS, exploiter la résine en pratiquant des incisions sur les tiges.

GEMMIFLORE adj. [jèmm-mi-] (lat. *gemma*, bourgeon; *flos, floris*, fleur) Bot. Dont les fleurs semblent renfermées dans des bourgeons.

GEMMIFORME adj. [jèmm-mi-]. Bot. Se dit des fleurs entourées de feuilles, de telle sorte qu'elles ressemblent à un bourgeon.

GEMMIPARE adj. [jèmm-mi-] (lat. *gemma*, bourgeon; *pario*, j'enfante). Hist. nat. Se dit des végétaux et de certains animaux, tels que les polypes, qui émettent des bourgeons aptes à les reproduire.

GEMMIPARITÉ s. f. Reproduction par les bourgeons.

GEMMULE s. f. [jèmm-mu-]. Bot. Synon. de *plumule*. Fleur mâle des mousses et des hépatiques; on dit aussi STELLULE. — Premier bourgeon d'une plante qui germe. — Corpuscule reproducteur dans les algues.

GÉMONIES s. f. pl. (lat. *gemoniæ*). Antiq. Lieu qui était destiné, chez les Romains, au supplice des criminels, et principalement à exposer leurs corps après l'exécution : *son cadavre fut traîné aux gémonies.*

GÉMOZAC, ch.-l. de cant., arr. et à 22 kil. S. de Saintes (Charente-Inférieure); 2,700 hab. Eaux-de-vie.

GENABUM ou Cenabum, *Orléans*, ville de la Gallia Lugdunensis, sur la rive N. de la Liger (Loire). C'était la principale ville des Carnutes. Elle fut saccagée et brûlée par César et puis tard rebâtie. Elle fut ensuite appelée Civitas Aurelianorum ou Aurelianensis Urbs, d'où son nom actuel.

GÉNAL, ALE, AUX adj. (lat. *gena*, joue). Anat. Qui appartient aux joues: *les glandes génales.*

GÊNANT, ANTE adj. Qui contraint, qui incommode : *cet homme est fort gênant.*

GENAPPE, ville de Belgique sur la rive gauche de la Dyle, à 28 kil. S.-S.-E de Bruxelles; 1,500 hab. Cette ville, autrefois importante, était comprise dans le duché de la basse Lorraine. Louis XI y résida cinq ans. Les Français y livrèrent deux batailles, l'une aux Anglais avant Waterloo et l'autre aux Prussiens après cette bataille.

GENÇAIS ou Gençay, ch.-l. de cant., arr. et à 27 kil. N.-E. de Civray (Vienne), sur la Clouère; 1,200 hab. Briques et poterie.

GENCIVE s. f. (lat. *gingiva*). Chair qui est autour des dents, et dans laquelle les dents sont comme enchâssées : *gencives vermeilles, saines, fermes*, etc. — PATHOL. L'affection des gencives la plus commune est un gonflement chronique fongueux, rougeâtre, saignant à la moindre pression et donnant une mauvaise haleine. Cette affection existe souvent seule, mais elle est souvent aussi un des symptômes du scorbut. On la traite en frappant les gencives avec un linge dur qui les aplatit et les fait saigner; on emploie ensuite alternativement, pendant plusieurs semaines, les deux collutoires suivants, l'un le matin et l'autre le soir : 1° nitrate d'argent (2 gr.) et eau distillée (30 gr.); 2° teinture de quinquina (60 gr.) et alcoolat de cochléaria (60 gr.). Il faut de plus frictionner souvent les gencives pendant la journée avec de la poudre de borax et traiter l'état général, s'il en est besoin.

GENDARME s. m. [jan-dar-] (contract. de *gens d'armes*). Anc. Homme d'armes d'une compagnie d'ordonnance, qui était armé de toutes pièces, qui avait sous ses ordres un certain nombre d'hommes à cheval. — S'est dit, à partir de 1609, des cavaliers de certaines compagnies d'ordonnance, quoiqu'ils fussent armés à la légère : *les gendarmes de la garde.* — Se dit, depuis le 22 décembre 1790, des soldats d'un corps militaire qui a remplacé la maréchaussée, et qui est spécialement chargé de maintenir la sûreté et la tranquillité publique : *gendarme à pied, gendarme à cheval.* — GENDARMES D'ÉLITE DES CHASSES. (Voy. GENDARMERIE). — C'EST UN GENDARME, UN VRAI GENDARME, se dit d'une grande et puissante femme qui a l'air hardi. — GENDARME, se dit encore, surtout au pluriel, des bluettes qui sortent du feu. — Se dit aussi de certains points qui se trouvent quelquefois dans les diamants, et qui en diminuent l'éclat et le prix : *ce diamant n'est pas parangon, il y a des gendarmes.* — ~ Jargon parisien. Barre de fer qui maintient la porte principale d'une maison, de manière à permettre aux locataires de sortir et d'entrer, mais non de transporter de gros objets. Le gendarme a pour but de prévenir les déménagements clandestins. — Législ. Un décret du 1er octobre 1855 a institué des élèves-gendarmes. Ils sont pris dans les corps d'infanterie et de cavalerie et doivent avoir 23 ans au moins et 18 mois de service. Ils peuvent ensuite passer gendarmes, lorsqu'ils se sont reconnus capables, et qu'ils réunissent les conditions d'âge et de durée de service exigées par le décret du 1er mars 1854.

GENDARMER (Se) v. pr. S'emporter mal à propos pour une cause légère : *pourquoi vous gendarmez-vous pour si peu de chose?*

GENDARMERIE s. f. coll. Autref. Tout le corps des gendarmes et des chevau-légers des compagnies d'ordonnance, autres que les gendarmes et les chevau-légers de la garde du roi : *la gendarmerie de France.*—Aujourd'hui. Corps militaire qui a remplacé la maréchaussée, et qui est spécialement chargé de maintenir la sûreté et la tranquillité publiques : *gendarmerie départementale.* GENDARMERIE D'ÉLITE, troupe d'élite qui était composée de gendarmes à cheval. Dans la garde royale, la gendarmerie d'élite portait aussi le nom de GENDARMERIE DES CHASSES, à cause du genre de service qu'elle était plus particulièrement chargée de faire auprès du roi. — Caserne occupée par les gendarmes : *aller à la gendarmerie.* — ENCYCL. La gendarmerie se compose de légions divisées en compagnies, pour le service départemental (21,387 hommes; 11,540 chevaux). Il y a en Algérie une légion de 4 compagnies (940 h.; 707 chev.). Il existe, en outre, en France, un bataillon de gendarmerie mobile (1,013 h.; 13 chev.), et 3 bataillons, plus un escadron, de garde républicaine de Paris (3,171 b.; 753 chevaux). To-

taux : 26,511 h.; 13,013 chev. — Pour entrer dans la gendarmerie, il faut appartenir ou avoir appartenu à l'armée et remplir cinq conditions : être âgé de 25 à 40 ans au plus, sauf les anciens gendarmes qui seuls peuvent être réadmis jusqu'à 45 ans; savoir lire et écrire correctement; justifier d'une bonne conduite soutenue; avoir servi activement sous les drapeaux pendant 3 ans; avoir 1 m. 72 pour l'arme à cheval et 1 m. 70 pour l'arme à pied. — Législ. « La gendarmerie a été instituée par décret de l'Assemblée nationale du 22 décembre 1790. Le décret réglementaire du 1er mars 1854, modifié sur quelques points par un autre décret du 24 avril 1858, contient toutes les prescriptions relatives au service de la gendarmerie, à ses rapports avec les autorités administratives et judiciaires, aux fonctions de police dont elle est chargée, etc. Les procès-verbaux dressés par les brigadiers de gendarmerie ou par les gendarmes ne sont, dans aucun cas, assujettis à la formalité de l'affirmation (L. 17 juillet 1856) » (C. V.)

GENDRE s. m. [jan-dre] (lat. *gener*). Nom que l'on donne à un homme, par rapport au père et à la mère de la femme qu'il a épousée : *c'est mon gendre.* — Prov. QUAND LA FILLE EST MARIÉE, IL Y A ASSEZ DE GENDRES, il se présente assez de gens qui l'auraient épousée. Cela se dit, fig., de toutes sortes d'affaires, quand, après les avoir faites, on trouve encore de nouvelles occasions de les faire, dont on ne peut plus profiter. — *Les Deux Gendres*, comédie d'Etienne, en 5 actes et en vers, représentée au Théâtre-Français le 11 août 1810. Cette œuvre, bien conçue et bien écrite, est considérée comme l'une des meilleures parmi celles qui furent jouées pendant le premier Empire. L'auteur en avait emprunté le sujet à une comédie de collège intitulée *Conaxa.* (Voy. ce mot.) On cria au plagiat et la représentation des *Deux Gendres* fut un événement littéraire qui détourna un instant les esprits des préoccupations politiques.

GENDREY, ch.-l. de cant., arr. et à 22 kil. N.-E. de Dôle (Jura); 650 hab. Bons vins. Grotte des Sarrasins.

GÊNE s. f. (lat. *gehenna*). Torture, question, peine que l'on fait souffrir à quelqu'un pour l'obliger à confesser la vérité : *il souffrit la gêne sans rien avouer.* — Se dit, par ext., de ce qu'on fait souffrir à quelqu'un injustement et par violence pour lui faire dire quelque chose, ou pour en tirer de l'argent, etc. : *des soldats mirent ce paysan à la gêne pour lui faire avouer où était son argent.* (Vieux.)—Se dit aussi en parlant de ce qui met à l'étroit, mal à l'aise, de ce qui empêche d'agir librement : *ces souliers me mettent à la gêne.* — Embarras que cause le séjour d'une personne chez une autre : *restez chez moi, vous ne me causerez aucune gêne.* — Fig. Contrainte fâcheuse, état pénible où l'on se trouve : *j'éprouve toujours un peu de gêne en sa présence.* — ETRE SANS GÊNE, se dit des personnes qui prennent leurs aises, sans s'inquiéter de l'embarras ou du déplaisir qu'elles peuvent causer. — SE DONNER LA GÊNE, SE METTRE L'ESPRIT À LA GÊNE POUR QUELQUE CHOSE, s'inquiéter, se tourmenter, faire de grands efforts d'esprit. — Quelquef. Pénurie d'argent, état voisin de la pauvreté : *éprouver quelque gêne.*

GÉNÉ, ÉE part. passé de GÊNER. — Fam. et ironiq. VOUS N'ÊTES PAS GÊNÉ, se dit à quelqu'un qui en use trop librement, d'une manière indiscrète.

GÉNÉALOGIE s. f. (lat. *genos*, race; *logos*, traité). Suite énoncée, dénombrement des ancêtres de quelqu'un, ou des autres parents : *longue, grande, ancienne généalogie.* — Fam. ÊTRE TOUJOURS SUR SA GÉNÉALOGIE, parler toujours de sa maison, de sa noblesse.

GÉNÉALOGIQUE adj. Qui appartient à la généalogie : *arbre généalogique.*

GÉNÉALOGIQUEMENT adv. Qui a rapport à la généalogie.

GÉNÉALOGISTE s. m. Celui qui dresse les généalogies, ou qui les fait : *nos plus célèbres généalogistes sont André Duchesne et les d'Hozier.*

GÉNÉPI ou **Génipi** s. m. Plante amère, aromatique et sudorifique du genre armoise, que l'on trouve dans les Alpes. Le *génépi vrai* (artemisia glacialis) vient sur le mont Cenis ; le *génépi blanc* (artemisia mutellina) se trouve, en outre, dans les Alpes dauphinoises ; le *génépi noir* (artemisia spicata), plus grand que les précédents, se rencontre en Savoie. On donne aussi le nom de génépi aux sommités fleuries de diverses autres plantes aromatiques.

GÊNER v. a. Incommoder, contraindre les mouvements du corps : *cette femme a un corset qui la gêne.* — Par ext. Embarrasser, empêcher le libre mouvement de quelque chose que ce soit : *cela gêne la circulation du sang.* — Causer quelque embarras chez une personne : *en restant quelques jours à sa campagne, je craindrais de le gêner.* — Fig. Tenir en contrainte, mettre quelqu'un dans un état pénible en l'obligeant de faire ce qu'il ne veut pas, ou en l'empêchant de faire ce qu'il veut : *gêner le commerce, l'industrie.* — Réduire à une certaine pénurie d'argent : *cette dépense me gêna un peu.* — Se gêner v. pr. Se dit de quelqu'un qui ne prend pas ses aises, qui se contraint par discrétion ou par timidité : *pourquoi vous gêner ? faites ici comme si vous étiez chez vous.* — Ironiq. NE VOUS GÊNEZ PAS, se dit d'une personne qui prend des libertés inconvenantes, ou incommodes pour les autres. — S'incommoder : *en vous gênant un peu, vous pourrez tous vous asseoir sur ce banc.* — Se réduire à une certaine pénurie d'argent : *il est parvenu à payer ses dettes en se gênant beaucoup.*

GÉNÉRAL, ALE, AUX adj. (lat. *generalis*) Universel, ou qui est commun, applicable à un très grand nombre de personnes ou de choses : *assaut général.* — IL N'Y A POINT DE RÈGLE SI GÉNÉRALE QUI N'AIT SON EXCEPTION. — PARLER, RÉPONDRE EN TERMES GÉNÉRAUX, parler, répondre d'une manière vague et indécise, et qui ne satisfait pas précisément à la demande. — Se joint souvent à certains noms de charge, d'office, de dignité : *officier général ; receveur général.* — s. m. Chef, celui qui commande en chef une armée, un corps d'armée : *général de division, de brigade.* — Se dit encore du supérieur général d'un ordre religieux : *le général des dominicains.* — Log. Se dit, substantiv. et absol., des faits, des principes généraux, par opposition aux faits particuliers : *on ne doit pas conclure du particulier au général.* — En général loc. adv. D'une manière générale : *en général et en particulier.* — Ordinairement, communément : *en général, les méchants ne prospèrent pas.*

GÉNÉRALAT s. m. Dignité de général : *être promu au généralat.* — Se dit aussi du temps que dure le généralat : *pendant le généralat d'un tel.* — Emploi de celui qui est supérieur d'un ordre : *le généralat de l'Oratoire ; le généralat des dominicains.*

GÉNÉRALE s. f. Guerre. Batterie de tambour par laquelle on donne l'alarme aux troupes, soit lorsque l'ennemi approche, soit à l'occasion d'un incendie ou d'une révolte : *battre la générale.* — Femme d'un général.

GÉNÉRALEMENT adv. Universellement, en général, communément : *opinion généralement reçue, généralement approuvée.* — GÉNÉRALEMENT PARLANT, à prendre la chose en général.

GÉNÉRALISABLE adj. Qui peut être généralisé.

GÉNÉRALISATEUR, TRICE adj. Qui généralise : *esprit généralisateur*

GÉNÉRALISATION s. f. Action de généraliser.

GÉNÉRALISER v. a. Rendre général : *généraliser une idée, un principe, une méthode.* — Math. et Phys. Donner plus d'étendue à une hypothèse, à une formule : *généraliser une hypothèse.* — Absol. : *notre esprit est naturellement porté à généraliser.* — Se généraliser v. pr. Devenir général : *une idée qui se généralise.*

GÉNÉRALISSIME s. m. Celui qui commande dans une armée, même aux généraux : *tel prince était généralissime des armées du roi.*

GÉNÉRALITÉ s. f. Qualité de ce qui est général : *cette proposition dans sa généralité est fausse.* — Au plur. Se dit des discours qui ne satisfont pas précisément à la demande de quelqu'un, qui n'ont pas un rapport précis au sujet : *il n'a pas voulu entrer en matière, il s'en est tenu à des généralités.* — Avant 1789, étendue de la juridiction d'un bureau de trésoriers de France : *généralité de Paris, de Moulins.*

GÉNÉRATEUR, TRICE adj. Qui engendre, ou qui appartient à la génération : *le principe générateur.* — Fig. PRINCIPE GÉNÉRATEUR, principe d'où découlent un grand nombre de vérités, de conséquences importantes. — Géom. Se dit particul. de ce qui engendre quelque ligne, quelque surface, ou quelque solide, par son mouvement : *point générateur d'une ligne.* — s. m. Mécan. Se dit pour CHAUDIÈRE A VAPEUR.

GÉNÉRATIF, IVE adj. Qui a rapport à la génération : *faculté, vertu générative.*

GÉNÉRATION s. f. (lat. *generare*, engendrer). Action d'engendrer, de produire son semblable : *traité de la génération des animaux.* Théol. On dit : *la génération éternelle du Verbe.* — Par ext. Chose engendrée, postérité, descendants d'une personne : *la génération de Noé.* — Chaque filiation et descendance de père à fils : *il y a une génération du père au fils ; du père au petit-fils, il y en a deux.* — Réunion, collection de tous les hommes du même âge, ou à peu près, qui vivent dans le même temps : *les générations des hommes.* — Se prend quelquefois pour l'espace de 30 ans, qui est regardé comme la durée moyenne de chaque génération d'hommes : *il y a trois générations en cent ans, et quelque chose de plus.* — Production : *génération des plantes.* — Se dit aussi fig., surtout dans le langage didactique, en parlant de certaines choses qui naissent les unes des autres : *la génération des sons.* — Géom. Formation d'une ligne, d'une surface ou d'un solide, par le mouvement d'un point, d'une ligne ou d'une surface : *la génération de la cycloïde, de la spirale, etc.* — Génération spontanée, génération qui aurait lieu, au moyen de la fermentation, sans l'intervention d'êtres organisés et dans la matière non vivante. — La génération spontanée est la production directe d'êtres vivants provenant de matières inanimées ; elle est en contradiction avec le mode ordinaire de génération, mode dans lequel les jeunes animaux ou les jeunes plantes ne sont que la progéniture d'autres organismes vivants. Dès l'origine de la science, les naturalistes grecs reconnurent qu'il existe chez les animaux trois modes différents de générations : 1° la génération vivipare, comme chez l'homme et chez les quadrupèdes ; les jeunes étant produits vivants dans le corps de leurs parents ; 2° la génération ovipare, chez les oiseaux, les reptiles et les poissons ; les jeunes naissant des œufs produits par les femelles ; 3° la génération spontanée, dans laquelle on ne pouvait établir aucun rapport entre les jeunes animaux et leurs parents alors inconnus. Cette dernière était regardée comme un des modes naturels de production des formes vivantes. Les vers blancs, par exemple, étaient formés, pensait-on, par une génération spontanée qui s'accomplissait dans les viandes pu-

trides, parce que l'on ne trouvait alors aucune cause visible à leur production. Les découvertes de Francesco Redi en 1668 introduisirent à ce sujet un grand changement d'opinion. Ce savant exposa, pendant l'été, de la viande fraîche dans des bouteilles à large goulot, les unes couvertes de papier et les autres ouvertes. Dans les premières, il ne se forma pas de vers, quoique la putréfaction eût lieu, tandis que dans les dernières ils fourmillaient. Le microscope fit connaître de nombreuses formes minuscules de vie inconnues jusqu'alors, et leur variation sans fin ainsi que leurs conditions d'existence rendirent impossible, de prime abord, de certifier leur histoire physiologique complète ou leur mode de formation ; et, en raison de ces faits, l'idée de la génération spontanée fut adoptée. Les investigations de Spallanzani en 1775 jetèrent un doute sur l'exactitude de cette théorie. Au commencement et vers le milieu du XIXe siècle, l'opinion des naturalistes lui devint graduellement opposée ; cette opposition fut d'abord affaiblie par d'importantes découvertes relatives aux parasites internes, tels que le *cysticercus* et la *trichina*, dont l'apparition fut attribuée à la génération spontanée. Les recherches de Siebold, de Küchenmeister, de Leuckart et d'autres naturalistes, montrèrent que les parasites sans sexe sont en réalité la jeune progéniture de parents bien développés. Mais on n'a pu se rendre compte d'une manière satisfaisante de la formation des infusoires, et la discussion, quoique généralement regardée comme close, fut ouverte de nouveau en 1858. M. Pouchet de Rouen prétendit que les expériences antérieures, contraires à la génération spontanée des infusoires, avaient été faites d'une manière imparfaite, et son opinion fut soutenue par plusieurs autres expérimentateurs, parmi lesquels se distinguèrent Mantegazza et Bastian. Parmi les adversaires des *hétérogénistes* (partisans de la génération spontanée), on remarquait des hommes d'une grande réputation, tels que Milne-Edwards, Payen, de Quatrefages, Claude Bernard, Dumas, Pasteur, etc. L'apparition de l'*Hétérogénie*, ouvrage capital de Pouchet (1859), fit entrer la discussion dans une phase nouvelle. Les ovariens ou panspermistes cherchèrent à prouver que des masses de germes, disséminés dans l'atmosphère, sont la source de la vie dans les infusions organiques. Les expériences les plus importantes dans ce sens furent celles qu'exécuta Pasteur, de 1860 à 1865. Ce chimiste s'était jusqu'alors occupé spécialement de l'étude de la fermentation, qui est, selon sa démonstration, un changement causé par la présence et l'augmentation de cellules végétales microscopiques. On était en principe d'accord que la température de l'ébullition détruit nécessairement la vitalité des infusoires et de leurs germes ; mais cette opinion fut ensuite mise en doute, particulièrement lorsque l'on crut avoir démontré que la durée de l'ébullition longtemps continuée n'a aucune influence sur les apparitions postérieures d'existence dans l'infusion. Jeffries Wyman montra, en 1867, que dans certaines infusions, les formes microscopiques connues sous le nom de *bacteria* peuvent se montrer en masses molles après l'ébullition ; que, plus celle-ci est prolongée, moins les bactéries se développent ; et que jamais ces êtres minuscules ne se montrent dans les infusions après cinq ou six heures d'ébullition. Les *Beginnings of life* de Bastian (1872) firent renaître la discussion et amenèrent de nouvelles expériences du panspermiste Tyndall, qui publia le résultat de ses recherches en 1876-78. La théorie de la *génération spontanée*, aussi nommée *generatio æquivoca* et épigenèse, a été combattue dans ces dernières années par W.-H. Dallinger, dont les patientes investigations microscopiques (1875-78) ont prouvé que certains germes peuvent supporter, plus impunément que ne font les organismes parfaits, les effets d'une température élevée. A ces éléments de controverse, vint se joindre la théorie de l'évolution. (Voy. ce mot.)

GÉNÉRATIVEMENT adv. Par voie de génération.

* **GÉNÉREUSEMENT** adv. D'une manière noble, généreuse : *en user généreusement.* — Libéralement : *récompenser généreusement.* — Vaillamment, courageusement : *combattre généreusement.*

* **GÉNÉREUX, EUSE** adj. (lat. *generosus*, généreux). Magnanime, de naturel noble : *homme généreux.* — Se dit également des choses qui sont l'indice d'une âme généreuse, qui partent d'une âme généreuse : *action généreuse.* — Libéral : *c'est un homme très généreux, il récompense bien les services qu'on lui rend.* — Substantiv. et fam. FAIRE LE GÉNÉREUX, se montrer magnanime ou libéral, plutôt par ostentation que pour obéir à un mouvement naturel de *générosité.* — DON GÉNÉREUX, don fait par générosité. Ne se dit guère que des dons un peu considérables. — SOL GÉNÉREUX, TERRE GÉNÉREUSE, etc., sol, terre qui produit beaucoup. — VIN GÉNÉREUX, vin agréable, de bonne qualité, et qui a du corps. — Se dit poétiquement de quelques animaux, et signifie, hardi : *un lion généreux.*

* **GÉNÉRIQUE** adj. (lat. *genus*, *generis*, genre). Didact. Qui appartient au genre : *terme générique.*

GÉNÉRIQUEMENT adv. D'une manière générique.

* **GÉNÉROSITÉ** s. f. (lat. *generositas*). Magnanimité, grandeur d'âme : *il agit ainsi par pure générosité.* — Libéralité, disposition à la bienfaisance : *la vraie générosité épargne à un ami l'embarras d'expliquer ses besoins.*

GÊNES (ital. *Genova*; angl. *Genoa*; all. *Genua*; anc. *Genua*). I. Province du N.-O. de l'Italie (Ligurie), consistant en un territoire étroit, appelé Riviera di Levante et Riviera di Ponente, autour du golfe de Gênes, et comprenant l'ancien duché du même nom; 4,144 kil. carr.; 716,759 hab. Les Apennins Liguriens touchent aux Alpes Liguriennes près des sources de la Bormida, les premiers s'étendant le long de la côte du golfe en trois chaînes distinctes séparées par de profondes dépressions. Les Apennins s'élèvent dans différentes directions de 500 à 9,000 mètres; le point culminant est le Monte Penna, au N.-E. de Chiavari. Les péninsules montagneuses de Portofino et de Castellana forment au S.-E. de Gênes les golfes de Rapallo et de Spezia. Un chemin de fer longe toute la côte, parallèlement à la magnifique route de la Corniche. L'agriculture est sans importance, mais les vignes, les olives et les fruits les plus délicats y abondent. On y trouve de l'argent, du cuivre, du plomb, du manganèse, du charbon de terre et de l'ardoise. — II. Capitale de la province ci-dessus, à l'extrémité septentrionale du golfe de Gênes; lat. 44° 24' N.; long. 6° 34' E.; 130, 270 hab. Au-dessus de deux larges ports demi-circulaires, séparés par deux môles convergents, la ville s'élève en amphithéâtre avec ses églises, ses palais de marbre, ses promenades, ses jardins et les fortifications qui l'entourent. Au zénith de sa puissance, Gênes était appelée *la Fière* (*Genova la Superba*), en raison de sa situation grandiose et pittoresque et de ses nombreux palais de marbre, qui disparaissent graduellement. Quelques-unes de ses rues sont larges, surtout celles qui sont modernes, mais la plupart sont étroites et escarpées. Les maisons ont en général six étages. Parmi les églises, Santa Maria di Carignano est remarquable par sa beauté architecturale. La partie la plus riche de la cathédrale, qui a été restaurée à plusieurs reprises, est la chapelle de Saint-

Jean-Baptiste, dont les femmes sont exclues, excepté un jour de l'année, en mémoire de la fille d'Hérode. Le Campo Santo, à 3 kil. de la ville, possède une célèbre chapelle circulaire et de beaux monuments. Gênes a de nombreuses institutions charitables et d'éducation et des sociétés de savants et d'artistes. Il y a une université avec un observatoire et une bibliothèque de 50,000 volumes. Le palais ducal a été dépouillé de ses trésors artistiques, dont quelques-uns appartiennent à la municipalité. La douane est ornée des statues des Génois illustres. Les souvenirs de Christophe Colomb se rencontrent partout; sa statue, avec la figure de l'Amérique agenouillée à ses pieds, s'élève sur la promenade appelée piazza di Acqua. L'un des lieux les plus délicieux du voisinage de Gênes est la villa Pallavicini (à Pegli), entourée d'un vaste parc. Gênes est un port libre, et possède un port pour la marine royale et un arsenal maritime. Environ 7,000 navires à voiles, de 700,000 tonnes, et 3,000 bateaux à vapeur de 600,000 tonnes, y entrent annuellement. La construction des navires s'y accroît rapidement; les premiers cuirassés italiens y ont été lancés. Elle possède de vastes manufactures de soie, de coton, de chapeaux, de meubles, d'ouvrages en filigrane et d'autres articles. Des impôts locaux excessifs ont éloigné une grande quantité de personnes, qui habitent les villages voisins. — Tite Live mentionne Gênes, au commencement de la seconde guerre punique, comme une ville ayant des relations amicales avec les Romains, qui la rebâtirent après sa destruction partielle par une flotte carthaginoise; elle fut dévastée par les Goths, puis gouvernée par les Lombards pendant environ 400 ans, jusqu'en 774, et ensuite par des comtes nommés par Charlemagne. Après le démembrement de l'empire franc, Gênes devint indépendante et prit part aux luttes longues et sanglantes des villes lombardes pour la couronne de fer de Lombardie. En 936, elle fut pillée par les Sarrasins. Après avoir fortifié sa marine, elle chassa, de concert avec Pise, les Mahométans de la Corse, de Capraja et de Sardaigne (1016-'21), se réservant les deux premières de ces îles. On donna aux Génois, en raison des services qu'ils avaient rendus pendant la première croisade, une langue de terre sur la côte de la Palestine. Mais leur prospérité avait déjà excité la jalousie de Pise et de Venise et des guerres s'engagèrent avec la première de ces villes en 1070 et en 1118-'32. Attaquant ensuite les Maures en Espagne, Gênes conquit successivement (1146-'48), Minorque, Alméria et Tortosa (cette dernière, de concert avec les Catalans). Plus heureuse encore dans son voisinage immédiat, elle occupa, avant 1200, Monaco, Nice, Montferrat, Marseille et presque toute la côte de Provence. La troisième lutte avec Pise commença en 1162; après la grande victoire navale près de Meloria (1284), la guerre fut virtuellement terminée par la conquête de l'île d'Elbe et la destruction du port de Pise par Corrado Doria (4290). La lutte avec Venise fut pas moins violente. Des rencontres navales avec cette puissance avaient eu lieu pour la suprématie dans la mer Noire, où les Génois avaient une grande puissance depuis que Michel Paléologue leur avait cédé Pera, Galata et Smyrne. Une trêve fut conclue en 1271, mais après l'anéantissement de la puissance de Pise, les Génois remportèrent une victoire signalée sur les Vénitiens près de Curzola et obtinrent une paix (1299) qui les rendit omnipotents dans la mer Noire. Ils convertirent en entrepôts florissants Féodosie et plusieurs autres villes, et nouèrent un grand commerce avec le Levant et avec l'Inde. Ils battirent les Vénitiens près de Constantinople, lors de la nouvelle guerre de 4346; mais ces derniers ayant été victorieux près des côtes de Sardaigne et des dissensions intestines ayant troublé la répu-

blique, les Génois se placèrent pendant quelque temps sous le joug de Giovani Visconti, gouverneur de Milan. Ils rouvrirent les hostilités en 4377, prirent Chioggia, assiégèrent Venise et étaient sur le point de la réduire, lorsque Pisani et Zeno les forcèrent à se rendre, et la paix de Turin (1384) termina les guerres des deux plus grandes républiques du moyen âge; leur pouvoir déclina par suite de la conquête des Turcs en Orient et des découvertes maritimes des Portugais et des Espagnols. Pendant l'accroissement et la décadence de la république, les compétitions des partis troublèrent l'administration des consuls jusqu'en 1190, celle des podestats (magistrats annuels choisis dans les villes étrangères), jusqu'en 1270, celle des *capitaines de liberté* et des démagogues Oberto Spinola et Oberto Doria jusqu'en 1291, et ensuite celle d'un conseil composé d'abord de 12 membres, plus tard de 24 et dont une moitié était composée de nobles et l'autre moitié de plébéiens Les Dorias et les Spinolas, chefs des nobles ou Gibelins, furent chassés par les Fieschi et les Grimaldi, chefs des démocrates ou Guelfes; mais ils revinrent; et la première moitié du XIVe siècle fut témoin du paroxysme des luttes, qui continuèrent même après l'établissement d'un doge nommé à vie (1339). Les Visconti de Milan s'emparèrent de Gênes, et les rois de France profitèrent également des dissensions qui affaiblissaient la république. François Ier occupa Gênes dès l'ouverture de ses guerres avec Charles-Quint. Andrea Doria délivra sa patrie (1528) et établit un nouveau gouvernement strictement aristocratique. On fit un recensement des familles nobles et plébéiennes; la noblesse fut divisée en ancienne et en nouvelle aristocratie : la première comprit les Grimaldi, les Fieschi, les Dorias, les Spinolas et 24 autres familles distinguées par leur ancienneté ou par leur richesse; et la dernière se composa de 437 familles auxquelles on pouvait en ajouter de nouvelles. Tout noble, à quelque classe qu'il appartînt, était éligible au dogat. Les doges étaient élus pour deux ans. Mais le prestige de Gênes était éclipsé; cette ville perdit successivement ses conquêtes, ses colonies et ses stations maritimes. La dernière de ses possessions, la Corse, se révolta en 4730 et fut cédée à la France en 1768. Les Français s'emparèrent des territoires voisins de Gênes en 4796. En vain cette ville s'efforça de rester neutre : le parti démocratique, dont le mouvement insurrectionnel fut étouffé par les nobles après plusieurs jours de lutte sanglante, trouva un allié dans le directoire français qui envoya une armée à Gênes et donna à cette ville le nom de république Ligurienne en augmentant son territoire Masséna y soutint en 1800, contre les Autrichiens et les Anglais, un siège qui se termina par une capitulation; mais, après la bataille de Marengo, les Autrichiens ne purent conserver la place. A la suite du couronnement de Napoléon à Milan, le dernier des doges, Durazzo, proposa à l'empereur l'annexion de Gênes, qui fut réunie à l'empire le 4 juin 1805. Les Anglais l'occupèrent en 4814. Le congrès de Vienne la donna à la Sardaigne. Les Génois, toujours notés comme de turbulents démocrates, se joignirent aux mouvements révolutionnaires de 1821. Après la défaite de Charles-Albert à Novare en mars 1849, ils proclamèrent la république, mais succombèrent à la suite d'une guerre sanglante contre les troupes sardes commandées par La Marmora, et le 10 avril, Gênes fut désarmée.

GÉNÉSARETH (Lac de). Voy. GENNÉSARETH.

GENÈSE s. f. [je-nè-ze] (gr. *genesis*, naissance). Nom du premier des livres de l'Ancien Testament, dans lequel Moïse a écrit l'histoire de la création du monde et celle des patriarches. — ～ Par ext. Origine des phénomènes successifs dont un fait est le résultat.

— Physiol. Mode de formation des éléments anatomiques.

GENESEE, rivière de l'état de New-York, qui se jette dans le lac Ontario, à 10 kil. N. de Rochester, après un cours d'environ 180 kil. Très belles cataractes. Les chutes de Genesee (30 mètres) sont au milieu de la ville de Rochester.

GÉNÉSIAQUE adj. Qui a rapport à la genèse, à la génération.

GÉNÉSIE s. f. (gr. genesis, naissance). Génération.

GÉNÉSIQUE adj. Physiol. Qui a rapport à la génération : plaisirs génésiques.

GENEST (que l'on écrit habituellement Gᴇɴᴇᴛ), (Edmond Charles), diplomate français, né à Versailles en 1765, mort en 1834. Il était frère de Mᵐᵉ Campan, devint fervent républicain, bien que son père fût attaché à la cour. En 1789, il fut nommé chargé d'affaires près la cour de Saint-Pétersbourg, et en 1792, il fut rappelé. Bientôt après, il devint ministre plénipotentiaire aux États-Unis, où il arriva en 1793. Il accusa le gouvernement américain de manquer de sympathie envers la république française, et il équipa des corsaires à Charleston pour naviguer contre les navires des nations alors en guerre avec la France, mais en paix avec les États-Unis. Washington ayant obtenu son remplacement, Genest s'établit aux États-Unis, et se fit naturaliser Américain.

GENEST-MALIFAUX (Saint-), ch.-l. de cant., arr. et à 14 kil. S.-S.-E. de Saint-Étienne (Loire) ; 2,600 hab. Fabriques de rubans.

* **GENESTROLLE** s. f. Espèce de genêt, plante aussi nommée genêt ou herbe des teinturiers, parce qu'on s'en sert pour teindre en jaune.

* **GENET** s. m. [je-nè] (esp. ginete). Espèce de cheval d'Espagne entier et de petite taille : monté sur un genet d'Espagne.

* **GENÊT** s. m. [je-nè] (lat. genista). Bot. Genre de légumineuses tribu des lotées, sous-tribu des génistées, renfermant une centaine d'espèces d'arbrisseaux et d'arbustes, la plupart à fleurs jaunes. — L'une des espèces les plus intéressantes est la genestrolle ou genêt des teinturiers (genista tinctoria), petit arbrisseau commun dans tous nos bois pendant l'été, qui fournit une couleur jaune moins belle que celle de la gaude, mais plus solide quand on la fixe par l'alun. Le genêt à balais ou genêt commun (genista partium), non moins abondant que le précédent, s'élève jusqu'à 2 mètres de haut et fournit du fourrage et une espèce de filasse. En Belgique, on se sert de ses boutons en guise de câpres. Le genêt d'Espagne (genita juncea) qui croît spontanément dans le midi de l'Europe, est un charmant arbrisseau que l'on cultive dans nos jardins d'agrément, à cause de ses belles grappes de fleurs suaves, d'un jaune d'or ; il se multiplie par le semis et par recépage. — On nomme quelquefois genêt épineux l'ajonc d'Europe. (Voy. Aᴊᴏɴᴄ.)

* **GÉNÉTHLIAQUE** adj. (gr. genethlé, naissance). Se dit des poèmes ou des discours composés sur la naissance d'un enfant : la quatrième églogue de Virgile adressée à Pollion est un poème généthliaque. — Se dit aussi de certains astrologues qui dressaient l'horoscope d'un enfant au moment de sa naissance.

GENETTE s. f. (rad. genet, cheval espagnol). Mors à la turque, dont la gourmette est en forme d'anneau. — * Aʟʟᴇʀ ᴀ ᴄʀᴇᴠᴀʟ ᴀ ʟᴀ ɢᴇɴᴇᴛᴛᴇ, monter à cheval avec des étriers très courts.

* **GENETTE** s. f. (ar. djerneyth ; lat. genetta). Mamm. Genre de carnassiers de la famille des viverridés, comprenant une dizaine d'espèces répandues dans les régions chaudes et tempérées de l'ancien continent. La genette commune de Barbarie (viverra genetta,

Genette commune (Genetta vulgaris).

Linn. ; genetta vulgaris, Cuv.), est d'un gris cendré, avec des taches noirâtres ; la longueur de son corps est d'environ 33 cent. ainsi que celle de sa queue ; elle mesure 13 cent. de hauteur. Elle est seulement demi-carnivore ; à l'état domestique elle se nourrit entièrement de végétaux. Ses griffes sont pointues, demi-rétractiles et parfaitement disposées pour grimper ; sa sécrétion anale possède une odeur musquée. De même que chez les autres animaux nocturnes, sa pupille est verticale. Son pelage est utilisé en pelle-

Genette panthérine (Genetta Senegalensis).

terie. La genette du Sénégal ou genette panthérine (genetta Senegalensis, Fischer) ressemble à la précédente ; elle est d'un gris rougeâtre avec des taches pâles au-dessus des yeux. Ces deux espèces se nourrissent de petits mammifères, d'oiseaux, de reptiles et de fruits.

GENEVA, village de l'état de New-York (États-Unis), à l'extrémité N.-O. du lac de Seneca, à 150 kil. E. de Buffalo ; 5,520 hab. Il renferme le collège d'Hobart ; l'école de Lancey

GENÈVE (all. Genf ; ital. Ginevra ; angl. Genevo). I, canton de la Suisse, borné par le canton de Vaud, le lac de Genève et la France ; 279 kil. carr. ; 101,595 hab., dont 51,000 catholiques et 50,000 protestants. On y parle généralement français. Le canton n'a pas de montagnes, ses collines les plus élevées mesurent environ 160 mètres au-dessus du niveau du lac. Le sol est accidenté et pierreux ; mais, grâce au perfectionnement de l'agriculture, le territoire de ce canton ressemble à un vaste jardin. Le Rhône, qui traverse le lac de Genève, reçoit l'Arve, la Nante de Vernier, l'Avril, le London et la Laire. Le grand conseil législatif se compose d'un représentant par 666 habitants. Genève fut le premier canton suisse qui fut adopté le (1844) et ses délégués exercèrent une influence lors de la promulgation de la constitution fédérale de 1848. — II, capitale du canton ci-dessus,

à l'extrémité O. du lac de Genève ; 51,000 hab., dont 26,000 protestants et 23,000 catholiques (69,000 hab., avec les communes limitrophes). La vieille ville, sur la rive gauche du Rhône, a été agrandie en 1850, lorsque l'on transforma les fortifications en promenades et en quais. La rive droite est plus moderne. Ces deux parties sont reliées par six ponts. Le pont du mont Blanc, près du lac, est magnifique. La cathédrale date du XIIᵉ siècle. La bibliothèque publique contient environ 60,000 volumes et 600 manuscrits. Le musée Rath est consacré aux beaux-arts. Genève possède de célèbres écoles particulières, qui attirent un grand nombre d'élèves étrangers, et des écoles commerciales, industrielles, artistiques et musicales. L'université, fondée en 1368, fut réorganisée par Calvin et par Bèze. Les environs de la ville renferment de nombreuses villas. Genève est renommée pour ses manufactures de montres, de joaillerie et de boîtes à musique. Les autres industries principales sont celles du velours, des articles de soie, des étoffes, de la chapellerie, des cuirs, de la coutellerie, des armes à feu, des chronomètres et des instruments de mathématiques, de musique et de chirurgie. En 1834, Genève devint un port franc. Le commerce de transit est considérable et le voisinage de la France et de l'Italie y donne lieu à une active contrebande. Les affaires de consignation, de commission et de banque y ont une très haute importance. — On suppose que dans l'antiquité le territoire de Genève formait une partie du pays des Allobroges ; il fut soumis aux Romains vers 122 av. J.-C. La ville fut brûlée pendant le règne d'Héliogabale et rebâtie par Aurélien, qui lui accorda de nombreux privilèges et l'appela Aurelianum Allobrogum ; elle appartint ensuite aux Burgundes et aux Francs. Charlemagne lui accorda certains privilèges et la soumit à un évêque. Les comtes du Genevois, qui à une époque plus récente gouvernèrent la province voisine de la Savoie, prétendirent à la possession de Genève. Les ducs de Savoie leur succédèrent ; et les habitants de Genève ne purent s'affranchir que par une lutte de plusieurs siècles, et en s'alliant avec les autres États suisses. Les habitants ayant adopté la réforme, l'évêque de Genève fut chassé en 1354. Calvin fut le gouverneur temporel aussi bien que le chef spirituel de la ville. Une attaque de Charles-Emmanuel de Savoie sur Genève, en décembre 1602, fut vaillamment repoussée. L'indépendance de cette ville fut reconnue par la maison de Savoie en 1754. En 1798, Genève fut incorporée à la France et fit partie du département du Léman. Après la chute de Napoléon, elle se joignit à la Confédération suisse restaurée (20 mars 1815) et plusieurs territoires qui avaient appartenu autrefois à la France et à la Savoie lui furent accordés. En 1847 une constitution plus libérale fut adoptée. La convention de Genève de 1864 amena un accord parmi les puissances européennes à l'effet de protéger les édifices et les membres du département médical comme étant strictement neutres en temps de guerre. La cour d'arbitrage sur la question de l'Alabama y tint ses séances en 1871-72. — Convention de Genève, pour secourir les blessés sur les champs de bataille. Le Suisse Henri Dunant, qui avait assisté à la bataille de Solférino (24 juin 1859), publia ses impressions qui conduisirent la Société genevoise d'utilité publique à discuter, en février 1863, la question de savoir si, des sociétés de secours ne devaient pas se former en temps de paix pour venir, en temps de guerre, en aide aux blessés au moyen de volontaires. Quatorze puissances, parmi lesquelles la Grande-Bretagne, la France, l'Autriche, la Prusse, l'Italie et la Russie, se firent représenter à la conférence internationale du 26 oct. 1863.

Les lois proposées furent acceptées comme lois internationales par un congrès assemblé à Genève, le 8 août 1864, et le 22 août une convention fut signée par douze délégués et adoptée par toutes les puissances civilisées, à l'exception des États-Unis. D'autres conférences internationales eurent lieu à Paris en 1867 et à Berlin en 1869, pour développer par des mesures pratiques l'objet de la conférence de Genève. La société internationale, appelée *Société de la Croix rouge*, qui fut alors établie, secourut avec zèle les blessés pendant la guerre franco-prussienne (1870) et son drapeau fut déclaré neutre. Elle employa près de 13.000 volontaires, en sept.-déc. 1870. Dans une réunion tenue à Londres (6 août 1872), Mᵐᵉ Dunant proposa un plan pour le traitement uniforme des prisonniers de guerre. — *Lac de Genève* ou Lac Léman, le plus grand lac de Suisse, entre la France et es cantons de Genève, de Vaud et du Valais. Sa rive septentrionale forme un arc d'environ 75 kil. de long ; sa rive méridionale mesure 65 kil. ; sa largeur varie de 10 à 12 kil. au milieu ; elle est de 6 kil. près de l'E. et d'un kil. et demi à l'extrémité O. ; 539 kil. carr. ; sa plus grande profondeur est d'environ 330 m., sa profondeur moyenne de 130 m. Sa surface ne gèle jamais. Le Rhône y entre à son extrémité orientale et le quitte près de Genève ; environ 40 petits cours d'eau se jettent dans le lac. Des bateaux à vapeur le sillonnent sans cesse. Le lac est célèbre dans la littérature, comme étant la scène sur laquelle se déroule le roman de la *Nouvelle Héloïse*, et par le grand nombre d'auteurs illustres qui résident dans ses environs.

GENEVIÈVE (Baume de). Baume pharmaceutique, composé de 360 gr. d'huile d'olive, de 60 gr. de cire jaune, de 15 gr. de poudre de santal rouge, de 120 gr. de térébenthine, que l'on fait digérer à une douce chaleur ; on ajoute 2 gr. de camphre. Ce baume est très vanté contre les coups et les contusions et pour hâter la cicatrisation des plaies.

GENEVIÈVE (Sainte), en lat. *Genovefa*, patronne de Paris, née à Nanterre vers 423, morte en 512. Fille de propriétaires aisés, elle garda dans sa jeunesse les troupeaux de son père, et ensuite, devenue orpheline, elle se retira, à l'âge de 15 ans, chez sa marraine, qui habitait Paris. Elle fit vœu de virginité, désirant consacrer sa vie à des œuvres de piété. Lorsque le roi des Huns, le terrible Attila, menaça la ville, en 451, elle rassura les Parisiens en leur prédisant que ses prières à Dieu éloigneraient le danger. L'événement ayant vérifié sa prophétie, elle devint l'objet de la vénération publique. Quelques années plus tard, Clovis arriva sous les murs de Lutèce, qu'il résolut de réduire par la famine. Geneviève encouragea les habitants à la résistance et elle les approvisionna à ses frais, en faisant entrer dans la ville onze bateaux de vivres qu'elle distribua aux assiégés. Paris ayant été forcé de capituler, elle alla trouver le roi franc qu'elle intéressa au sort des vaincus et qu'elle amena à la clémence. Ses exhortations ne furent pas étrangères à la conversion de Clovis, qui avait pour elle la plus grande vénération et qui fit bâtir, à sa prière, la basilique des apôtres saint Pierre et saint Paul où elle fut enterrée à côté de sainte Clotilde et de son époux. Les restes de sainte Geneviève furent plus tard enfermés dans une châsse d'argent, que l'on considéra comme le palladium de la ville de Paris et qui fut envoyée à la Monnaie en 1793 ; les reliques de la sainte furent brûlées publiquement le 23 novembre 1793. Fête le 3 janvier. La basilique de Sainte-Geneviève, où ses restes ont reposé pendant tant de siècles, fut reconstruite en 1757 sur les dessins de Soufflot, un peu à l'O. de l'ancienne église ; elle devint le Panthéon en 1791 et fut rendue au culte en 1852, sous le nom de Sainte-Geneviève.

GENEVIÈVE (Sainte). ch.-l. de cant., arr. et à 44 kil. N. d'Espalion (Aveyron) ; 1,650 hab.

GENEVIÈVE DE BRABANT, fille du duc de Brabant, née vers 680. D'après quelques récits légendaires, elle épousa, vers 700, Sigfrid, comte palatin d'Oftendick (territoire de Trèves). Pendant que son mari combattait les Sarrasins, l'intendant Golo essaya de la séduire, et n'ayant pu y réussir, l'accusa d'adultère, circonvint l'esprit de son mari et obtint de celui-ci un ordre de la mettre à mort ainsi que son enfant ; mais, au lieu de se soumettre à cet ordre, il les exposa dans une forêt où, quelques années plus tard, ils furent découverts par Sigfrid en personne ; l'innocence de Geneviève fut reconnue. On lui donne quelquefois le nom de sainte ; mais il n'a jamais été canonisée.

GENEVISME s. m. Manière de parler ou d'écrire particulière aux Genevois.

GENEVOIS, OISE adj. et s. Habitant de Genève ; qui appartient à Genève. — s. m. Dialecte parlé à Genève concurremment avec le français.

GENEVOIS (Le), petit pays de Savoie qui avait Annecy pour capitale et qui fut érigé en duché.

GENÈVRE (Mont), *Janus Mons*, montagne des Alpes Cottiennes ; 3,686 m. de hauteur. La Doire et la Durance y prennent leur source. On suppose que ce fut par le col du mont Genèvre qu'Annibal passa les Alpes. Le col se trouve à une hauteur de 1,937 m. En 1807, un obélisque y fut élevé pour rappeler que les Français ont rendu plus praticable, en 1802, la route qui le traverse.

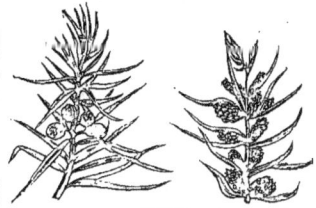

GENÉVRETTE s. f. Boisson fabriquée avec les fruits du genévrier, que l'on pile, que l'on fait macérer dans l'eau et qu'on laisse ensuite fermenter.

GENÉVRIER s. m. Bot. Genre de conifères, famille des cupressinées, qui comprend une vingtaine d'arbres ou d'arbrisseaux toujours verts, résineux, à rameaux alternes, à feuilles persistantes, raides, petites, nombreuses, rapprochées, opposées ou verticillées ou imbri-

Genévrier.

quées. — Le type du genre est le *genévrier commun (juniperus communis)*, arbrisseau indigène, haut de 2 m. à 2 m. 50. On le rencontre dans les lieux arides et pierreux. Son fruit ou *genièvre* est une baie d'un noir bleu, de la grosseur d'un petit pois, contenant deux ou trois noyaux et une pulpe d'un goût douçâtre, d'une saveur chaude, un peu amère et d'un arôme particulier de térébenthine. Le genièvre renferme une huile volatile (huile de genièvre), que l'on obtient par distillation. Les baies de genévrier sont stimulantes et diurétiques ; on s'en est servi dans le traitement des maladies des voies urinaires ; on les emploie dans la fabrication de la genévrette et du *gin*, auquel elles donnent leur parfum et ses propriétés diurétiques. Le bois du genévrier est dur et presque incorruptible ; on l'emploie à différents ouvrages de marqueterie et de boisellerie. — Le *genévrier oxycèdre (juniperus oxycedrus)* est un arbrisseau, nommé *cade* dans le midi de la France. — Les *genévriers sabines* diffèrent des vrais genévriers en ce qu'ils ont des feuilles opposées, et non articulées avec la tige. Un représentant remarquable de cette section est le cèdre rouge *(juniperus virginiana)* que l'on trouve depuis le Canada jusqu'au golfe du Mexique. Le véritable sabine est le *juniperus sabina*, originaire d'Europe ; il diffère du cèdre rouge principalement par la grosseur de ses fruits. On le disait originaire du pays des *Sabins*, d'où son nom. Ses propriétés sont essentiellement emménagogues.

GENÉVRIÈRE s. f. Lieu où croissent des genévriers.

GENGHIS (ou Zingis) KHAN, conquérant asiatique, né vers 1160, mort en 1227. Il se nomma d'abord Temudjin. Agé de 14 ans lorsque mourut son père, il devint chef d'une horde de Tartares et, après avoir éprouvé quelques revers, il parvint à assujettir les tribus voisines qui occupaient une grande partie de la Mongolie. Proclamé grand khan, il adopta le titre de Genghis (le plus grand) et il donna à ses peuples le nom de Mongols (audacieux). Il organisa leur système civil et militaire et promulga un code de lois qui est encore connu en Asie sous son nom. Après avoir terminé la conquête de la Tartarie, il commença celle de la Chine, et s'empara de Pékin qu'il réduisit en cendres (1215). Il marcha ensuite contre Mohammed, sultan de Kharesmie et détruisit Bokhara, Samarcande et plusieurs autres villes. Une de ses armées prit Derbend, sur la côte de la mer Caspienne; une autre réduisit Iran, Astrakhan et la Russie méridionale; une autre encore s'empara de la Corée. Les contrées du N.-O. de l'Inde furent aussi conquises, et la dynastie Tangut fut anéantie. Il méditait de nouvelles conquêtes quand la mort mit fin à sa carrière. Son empire fut divisé entre ses quatre fils.

GENGOUX-LE-ROYAL (Saint-), ch.-l. de cant. arr. et à 46 kil. N.-N.-O. de Mâcon; 1,850 hab. Tanneries, vins.

GÉNI adj. (lat. *genus*, menton). Anat. Ne s'emploie que dans l'expression *apophyse géni*, nom donné à quatre petits tubercules qui se trouvent sur la face postérieure du maxillaire inférieur.

GÉNICULATION s. f. Courbure en forme de genou.

GÉNICULÉ, ÉE adj. (lat. *geniculus*, petit genou). Fléchi; formant un angle: *tige géniculée.*

* **GÉNIE** s. m. (lat. *genius*). Esprit ou démon, soit bon, soit mauvais, qui, selon l'opinion des anciens, accompagnait les hommes depuis leur naissance jusqu'à leur mort: *le génie de Socrate.* (Voy. MYTHOLOGIE.) — Fig. LE BON, LE MAUVAIS GÉNIE DE QUELQU'UN, la personne qui, par ses conseils ou ses exemples, exerce sur lui une bonne ou une mauvaise influence. — Se dit aussi des esprits ou démons qui, selon l'opinion des anciens, présidaient à de certains lieux, à des villes, etc.: *le génie de Rome, du peuple romain.* — LE GÉNIE DE LA PEINTURE, DE LA POÉSIE, DE LA MUSIQUE, etc., le génie qu'on suppose présider à chacun de ces arts. — Se dit également, dans la féerie, des gnomes, des sylphes, des ondins, etc.: *évoquer les génies.* — pl. Se dit, en termes d'iconologie, de figures d'enfants ou d'hommes ailés qui servent à représenter les vertus, les passions, les arts, etc., et auxquelles on donne, pour cet effet, différents attributs. — Talent, disposition naturelle, aptitude pour une chose: *suivre son génie.* — Se dit, particul., de cette qualité des esprits supérieurs qui les rend capables de créer, d'inventer, d'entreprendre des choses extraordinaires, etc.; et, dans ce sens, on l'emploie souvent absolument: *c'est un homme de génie.* — Se joint quelquef. à des épithètes défavorables, pour exprimer le peu de génie ou de capacité d'une personne: *génie étroit, borné.* — TRAVAILLER DE GÉNIE, faire quelque chose de sa propre invention, et quelquef. en s'écartant des règles communes. — Se dit également de celui qui a du génie: *cet homme est un beau génie, un génie supérieur.* — Fam. CE N'EST PAS UN GÉNIE, 'EST UN PAUVRE GÉNIE, etc., se dit d'une personne qui a peu d'imagination, peu d'intelligence. — LE GÉNIE D'UNE LANGUE, le caractère, propre et distinctif d'une langue. — LE GÉNIE D'UNE NATION, D'UN PEUPLE, le caractère, la manière de voir, de penser, qui lui est propre. — L'art de fortifier, d'attaquer, de défendre une place, un camp, un poste: *école d'artillerie et du génie.* On dit souvent, LE GÉNIE MILITAIRE, par opposition au corps des ingénieurs de la marine, qu'on nomme LE GÉNIE MARITIME. — Législ. L'organisation du corps du génie est réglée par la loi du 13 mars 1875 et par les décrets des 20 mars 1861, 17 février 1864 et 15 novembre 1865. Ce corps comprend, outre un état-major particulier: 4 régiments de sapeurs-mineurs à 5 bataillons de 4 compagnies, une compagnie de dépôt, une compagnie d'ouvriers de chemins de fer, une compagnie de sapeurs-conducteurs; en tout, 11,000 hommes et 900 chevaux. Un comité consultatif, dit des fortifications, composé d'officiers généraux de

l'arme, est chargé de l'examen de toutes les questions relatives au service du génie. Les établissements du génie sont: 1° le dépôt des fortifications; 2° l'hôtel des Invalides pour la collection des plans-reliefs des principales places de guerre; 3° la brigade topographique; 4° les écoles régimentaires du génie; 5° les directions des fortifications.

GÉNIEN, IENNE adj. (gr. *geneion*, menton). Anat. Qui appartient au menton: *apophyse génienne.*

* **GENIÈVRE** s. m. (lat. *juniperus*). Nom vulgaire du *genévrier commun.* — Graine même du genièvre: *manger du genièvre.* (Voy. GENÉVRIER.) — Se dit également de la liqueur faite avec du grain de genièvre: *boire du genièvre.* (Voy. GIN.)

GENIÈVRERIE s. f. Lieu où l'on fabrique du genièvre.

GÉNIEZ-D'OLT (Saint-), ch.-l. de cant., arr. et à 24 kil. S.-E d'Espalion (Aveyron); 3,850 hab. Filatures de laine; lainages; tanneries.

GÉNIO-GLOSSE adj. m. (gr. *geneion*, menton; *glôssa*, langue). Anat. Se dit d'un muscle qui va du menton à la langue. — Substantiv.: *le génio-glosse.*

GÉNIOPLASTIE ou **Génoplastie** s. f. (gr. *geneion*, menton; *plassein*, façonner). Opération chirurgicale qui consiste à reformer le menton ou la joue, lorsque l'une de ces parties a été atteinte par la gangrène ou détruite par un cancer. (Voy. AUTOPLASTIE.)

GENIS-LAVAL (Saint-), ch.-l. de cant., arr. et à 8 kil. S.-O de Lyon (Rhône); 2,950 hab. Bons vins dit *des Barolles.* Papiers peints, indiennes, etc. Dans la vallée de Chaponnost, située aux environs, se trouvent de beaux restes d'aqueducs romains.

GENIS-DE-SAINTONGE (Saint-), ch.-l. de cant., arr. et à 14 kil. N.-O. de Jonzac (Charente-Inférieure); 1,250 hab.

* **GÉNISSE** s. f. lat. *junix*). Jeune vache qui n'a point porté:

Deux taureaux combattaient à qui posséderait
Une *génisse* avec l'empire.
LA FONTAINE.

GÉNISSIEU (Jean-Joseph-Victor), conventionnel, né à Chabeuil (Dauphiné), en 1751, mort en 1804. Il vota la mort du roi et demanda, en outre, le bannissement de tous les Bourbons. Il entra au conseil des Cinq-Cents, fut nommé par le Directoire ministre de la justice et quitta le ministère pour exercer la charge de commissaire près le tribunal de cassation, puis celle de juge à la cour d'appel de la Seine.

GÉNISTÉ, ÉE adj. (lat. *genista*, genêt). Bot. Qui se rapporte au genêt. — s. f. pl. Famille de légumineuses ayant pour type le genre genêt.

* **GÉNITAL, ALE, AUX** adj. Didact. Qui sert à la génération: *vertu génitale, organes génitaux.*

* **GÉNITIF** s. m. (lat. *genitivus*). Gramm. Se dit, dans les langues où les noms se déclinent, du cas qui sert principalement à marquer appartenance, dépendance: *génitif singulier.*

GÉNITO-CRURAL, ALE, AUX adj. Anat. Qui appartient en même temps au système génital et à la cuisse.

GÉNITO-URINAIRE adj. Anat. Qui appartient aux parties génitales et au système urinaire.

* **GÉNITOIRES** s. m. pl. Parties qui servent à la génération dans les mâles. (Vieux.)

* **GÉNITURE** (lat. *genitura*). L'enfant, par rapport au père et à la mère: *ce père se complaisait dans sa géniture.* — Se dit aussi des animaux:

Il advint qu'au hibou Dieu donna *géniture.*
LA FONTAINE.

GENIX (Saint-), ch.-l. de cant., arr. et à 16 kil. de Chambéry (Savoie), sur le Guiers; 1,900 hab.

GENLIS, ch.-l. de cant., arr., et à 17 kil. S.-E. de Dijon (Côte-d'Or), sur la Norges; 1,100 hab. Autrefois fortifié.

GENLIS [jan-liss] (Félicité-Stéphanie DUCREST DE SAINT-AUBIN, *comtesse de*), romancière française, née près d'Autun, en 1746, morte en 1830. À peine âgée de 15 ans, elle épousa le comte Brûlart de Genlis. Elle était excellente musicienne et appliquée au travail. Ses romans peuvent être considérés comme des modèles en leur genre; nous citerons: *Mlle de Clermont, La duchesse de La Vallière* et *Mme de Maintenon.* Gouvernante du futur Louis-Philippe et de deux autres fils du duc de Chartres (Philippe-Égalité) plus tard duc d'Orléans, elle écrivit d'excellents livres pour ses élèves; mais ses prétendues relations avec leur père ternirent sa réputation. Bien qu'elle fût regardée comme le principal conseiller révolutionnaire de ce prince, elle fut exilée en 1793. À son retour à Paris en 1800, elle reçut une grasse pension de Bonaparte, qu'elle tint ensuite régulièrement au courant de l'état des esprits; mais l'empereur n'ayant pas goûté son histoire de *Henri le Grand*, lui retira sa pension. Avec l'âge et les déceptions, son caractère s'aigrit; son amertume se tourna contre les philosophes du XVIII° siècle et elle donna cours à son animosité dans les notes critiques qui accompagnent les éditions corrigées de plusieurs ouvrages de Rousseau et de Voltaire. Elle avait la grandeur de l'entreprise, *elle* aurait aussi *corrigé l'Encyclopédie.* Elle avait plus de 80 ans quand elle acheva ses *Mémoires.*

GENNES, ch.-l. de cant., arr. et à 16 kil. N.-O. de Saumur (Maine-et-Loire); 1,800 hab. Restes d'un temple romain.

GENNESARET, ou **Génésareth** (Lac de), appelé aussi mer de Chinnereth, mer de Galilée et mer de Tibériade; lac de la Palestine septentrionale, à 85 kil N. de la mer Morte.

Lac de Gennesaret.

Sa plus grande largeur est de 9 kil. et sa longueur de 20 kil. Le Jourdain, qui le traverse du N. au S., le fait communiquer avec la mer Morte. On trouve dans le bassin du lac plusieurs sources chaudes. Son niveau est de 200 à 230 mètres au-dessous de celui de la Méditerranée. Des vestiges de Thibériade, de Capharnaum et de Magdala se trouvent sur son rivage occidental.

GENNEVILLIERS, commune du canton de Courbevoie, arr. et à 4 kil. O. de Saint-Denis (Seine), à 10 kil. N. de Paris; 2,200 hab. Savons, noir animal.

GÉNOIS, OISE adj. et s. Habitant de Gênes; qui appartient à Gênes.

GÉNOLHAC, ch.-l. de cant., arr. et à 35 kil. N.-O. d'Alais (Gard); 1,400 hab. Coutellerie; mines de plomb argentifère.

* **GENOU** s. m. (lat. *genu*). Partie du corps humain qui joint la cuisse avec la jambe par devant : *l'os du genou.* — A GENOU, les genoux en terre : *être à genoux, se mettre à genoux pour prier.* Elliptiq. A *genoux, monsieur.* — ÊTRE, TOMBER, SE PROSTERNER, etc., AUX GENOUX DE QUELQU'UN, être ou se mettre en posture de suppliant devant quelqu'un. S'emploie au propre et au figuré. — Fig. DEMANDER UNE CHOSE A GENOUX, LA DEMANDER A DEUX GENOUX, la demander avec instance. — Fig. FLÉCHIR LES GENOUX DEVANT LES IDOLES, adorer les idoles. — Fig. FLÉCHIR LE GENOU, LES GENOUX DEVANT QUELQU'UN, s'abaisser, s'humilier devant lui. — Se dit aussi en parlant de quelques animaux : *le genou du cheval, du chameau,* etc. — Mécan. Boule de cuivre ou d'autre matière solide que l'on serre, avec une faible pression, entre deux capsules sphériques de même diamètre, de sorte qu'elle conserve la liberté de tourner en tous sens autour de son centre. — GENOU DE CARDAN, (Voy. *Cardan.*)

GENOUDE (L'ABBÉ Antoine-Eugène de) publiciste, né à Montélimar (Drôme) en 1792, mort en 1849. Il fit revivre la *Gazette de France* en 1821 et fut anobli comme soutien des principes royalistes. Député (1846-48), il proposa de rendre la royauté plus populaire en établissant le suffrage universel. La hardiesse de ses articles dans la *Gazette de France* lui valut de nombreux procès qui lui coûtèrent plus de 100,000 francs. Son ouvrage le plus connu est son *Histoire de France* (16 vol., 1844-47).

* **GENOUILLÈRE** s.f.[il mll]Partie de l'armure qui servait autrefois à couvrir le genou.—Partie de certaines bottes qui couvre le genou : *les écuyers et les postillons portent des bottes à genouillère.*—Se dit également de tout ce qu'on attache sur le genou pour le garantir : *les ramoneurs, les couvreurs se mettent ordinairement des genouillères de feutre ou de cuir.*

* **GÉNOVÉFAIN** s. m. Chanoine régulier de Sainte-Geneviève. Les génovéfains furent institués par Clovis pour desservir l'église qu'il fonda à Paris vers 500. — Adjectiv. : *la bibliothèque génovéfaine a servi de noyau à la bibliothèque Sainte-Geneviève.*

GENOVESI (Antonio), philosophe italien, né en 1712, mort en 1769. Il était prêtre, et devint successivement professeur de rhétorique à Salerne et de métaphysique à Naples. En 1754, on établit pour lui à Naples, la première chaire d'économie publique que l'on vit en Europe. Comme économiste, Genovesi se fit le champion de l'abolition des lois d'usure et de celle des couvents et des monastères; il soutint le libre échange, et, avant Adam Smith, il proclama la suprématie du travail dans la création de la richesse. Ses ouvrages sur la métaphysique sont nombreux.

GÉNOVINE s. f. Monnaie génoise qui était en or et qui valut, suivant les temps, 89 fr. et 80 fr.

..... Connais-tu le son des *génovines*?
V. HUGO.

* **GENRE** s. m. (lat. *genus*). Se dit, en général, de ce qui est commun à diverses espèces, de ce qui renferme plusieurs espèces différentes : *sous le genre d'animal, il y a deux espèces com-*

prises, *celle de l'homme, celle de la bête.* Log. *La définition est composée du genre et de la différence.* — Hist. nat. Collection, groupe d'espèces analogues entre elles, et qui peuvent se réunir par des caractères communs: *dans le système de Linné, les classes se divisent en ordres, les ordres en genres, et les genres en espèces.* — Espèce, dans le langage ordinaire: *il y a divers genres d'animaux, divers genres de plantes,* etc. — LE GENRE HUMAIN, tous les hommes pris ensemble. — Espèce, mais dans une acception plus générale ; et il signifie à peu près, sorte, manière : *ce genre d'ornement me plaît moins que tel autre.* — Mode, goût : *vous ne connaissez pas le bon genre.* — Se dit également en parlant des écrivains, des artistes, et signifie, style, manière d'écrire, de travailler, d'exécuter: *cet écrivain a un genre d'écrire assez bizarre.* — Se dit encore dans les Beaux-Arts, de chacune des leurs parties ou divisions : *cet écrivain a excellé dans plusieurs genres.* Peint. Se dit absolument de tout ce qui n'est pas tableau d'histoire ou paysage, comme les portraits, les représentations d'animaux, d'ustensiles de ménage, de fruits, etc.: *Téniers et Chardin sont des peintres de genre.* — Mus. GENRE DIATONIQUE, GENRE CHROMATIQUE, GENRE ENHARMONIQUE, se dit selon lequel on procède par tons, ou par semi-tons, ou par quarts de ton. — Gramm. Se dit du rapport des noms à ce qui est mâle ou femelle, ou considéré abusivement comme tel : *le genre masculin et le genre féminin.* On appelle quelquefois GENRE COMMUN, celui des mots dont la terminaison est la même au féminin qu'au masculin, poète *est un nom du genre commun.* Fidèle, sage, sont des adjectifs du genre commun. — Physiol. LE GENRE NERVEUX, l'ensemble des nerfs distribués par tout le corps, ou la sensibilité physique en général : *l'irritation du genre nerveux.* On dit plus ordinairement, *le système nerveux.* — Gramm. franç. La langue française n'a que deux genres : le masculin et le féminin. Le genre des êtres animés ne présente aucune difficulté ; tous les êtres animés mâles sont masculins, tous les êtres animés femelles sont féminins. Ce n'est que par la pratique qu'on peut apprendre le genre des objets inanimés ou des animaux dont les noms sont tout à la fois masculins et féminins, comme : *éléphant, buffle, cygne, perdrix, baleine, truite, saumon.* — Il n'est pas possible de fixer des règles générales et précises au moyen desquelles on puisse toujours distinguer le genre des noms d'après leur orthographe. Plusieurs grammairiens ont donné des traités sur ce genre, mais ces traités sont extrêmement incomplets; plusieurs des règles fixées par eux, sont vagues et surtout sujettes à de nombreuses exceptions. Le fait est que la parfaite connaissance du genre des substantifs ne peut s'acquérir que par une longue habitude, par une grande attention et en ayant recours au dictionnaire en cas de doute. Dans ce cas, lorsqu'on n'a pas de dictionnaire, il faut se souvenir que les neuf dixièmes des noms terminés par e muet sont féminins et que la finale e muet est, en français, la marque distinctive du genre féminin ; les autres terminaisons sont masculines. Cette distinction provient probablement de ce que la plupart des noms féminins se terminent par un e muet; exemple : la *table,* la *rue,* la *plante,* la *tête,* la *fenêtre.* — Les noms d'États, d'empires, de royaumes et de provinces sont du genre que leurs terminaisons indiquent; ainsi : *Danemark, Piémont, Tyrol, Portugal* sont masculins, tandis que *Angleterre, Irlande, Ecosse, France, Espagne, Italie, Suisse, Belgique, Hollande, Allemagne, Prusse,* etc., terminés par e muet sont du genre féminin. Le *Hanovre,* le *Bengale,* le *Mexique* et quelques autres font cependant exception. Cette règle s'applique aux villes : les noms de villes terminés par e muet sont généralement féminins, ceux qui se termi-

nent d'une autre façon sont masculins, ainsi *Rome, Mantoue, Toulouse, Marseille* sont du genre féminin et *Paris, Lyon, Rouen, Toulon, Amsterdam* du genre masculin. *Jérusalem* est féminin et *Londres* masculin. Ainsi l'on dit : *Londres est florissant; Marseille est florissante.* Le plus simple, lorsqu'on n'est pas certain du genre d'une ville, consiste à se tourner la difficulté en faisant précéder le nom du mot de *ville* et de dire : *la ville de Bruxelles, la ville de Lisbonne.* Ceux qui connaissent le latin, peuvent remarquer que les noms féminins qui dérivent de cette langue sont généralement féminins en français, les noms masculins ou neutres sont masculins : foi de *fides,* loi de *lex,* fourmi de *formica,* génie de *genius,* collège de *collegium,* poème de *poema,* fleuve de *fluvius,* etc.

GENS s. t. [jainss] (mot lat.). Grande race romaine : *la gens Fabia.*

GENS (jan). Voy. GENT.

GENSÉRIC (de *Gaiserich,* prince de la lance), conquérant vandale, frère bâtard et successeur de Gondéric, mort en 477. En 429, les Vandales, après avoir conquis une grande partie de l'Espagne, furent appelés en Afrique par le gouverneur Boniface, que des intrigues et la jalousie poussaient à trahir son maître, Valentinien III. Genséric s'embarqua avec environ 50,000 hommes, traversa le détroit de Gibraltar et conquit en deux ans toutes les villes de la Mauritanie. Plus tard, Boniface pria Genséric de retourner en Espagne ; mais celui-ci refusa et resta maître du pays. En 439, il prit Carthage et en fit la capitale de l'empire vandale, qui s'étendit sur toute la côte africaine et se répandit dans certaines parties de l'Italie, en Sardaigne et en Corse. En juin 455, sur l'invitation d'Eudoxie, veuve de Valentinien III, Genséric remonta le Tibre, prit Rome et la livra au pillage pendant 14 jours. Il pratiquait l'arianisme et persécuta cruellement les orthodoxes.

GENSONNÉ (Armand), avocat et conventionnel, né à Bordeaux en 1758, mort en 1793. Député à l'Assemblée législative (1791), il y forma, avec Vergniaud et Guadet, l'âme du parti girondin. Il proposa de décréter d'accusation les frères du roi et les émigrés de l'armée de Condé, essaya de faire déclarer la guerre à l'Autriche, attaqua le ministère Feuillant, puis Lafayette, et tenta de se rapprocher de la cour. Réélu à la Convention, il vota la mort du roi, fut accusé de pactiser avec la cour par Danton, Marat et Robespierre, dont il s'était attiré l'inimitié ; devint suspect au peuple après la défection de Dumouriez dont il était l'ami ; fut arrêté avec les autres Girondins (2 juin 1793) et fut exécuté avec eux, le 31 octobre.

* **GENT** s. f. [jan] (lat. *gens, gentis*). Nation, race. En ce sens, il ne s'emploie au sing. que dans la poésie familière. LA GENT QUI PORTE LE TURBAN, les Turcs, la nation des Turcs. LA GENT MOUTONNIÈRE, les moutons; ou, fig., les personnes qui font ce qu'elles voient faire, qui suivent aveuglément l'exemple des autres. Au pl., il n'est usité que dans cette locution : LE DROIT DES GENS, le droit des nations. — Hors de là, il signifie Personnes, et il n'a point de sing.

Le monde est plein de *gens* qui ne sont pas plus sages.
LA FONTAINE.

C'en est fait, je renonce à tous les *gens* de bien ;
J'en aurai désormais une peur effroyable,
Et m'en vais devenir, pour vus, pire qu'un diable.
MOLIÈRE. *Tartufe.*

À *gens* d'honneur promesse vaut serment.
VOLTAIRE.

Il veut au fém. les adjectifs et les participes qui le précèdent, et au masc. ceux qui le suivent. — L'adjectif ou le participe placé en tête du membre de phrase où *gens* est sujet, se met toujours au masculin : *instruits par l'expé-*

rience, les vieilles gens sont toujours soupçonneux. — Lorsque *Gens* est précédé d'un adjectif des deux genres, on met Tous au masculin : *tous les honnêtes gens.* Quant, au contraire, l'adjectif qui précède *Gens* est féminin, on met TOUTES : *toutes les vieilles gens.* — On met aussi TOUS au masculin, lorsque *Gens* est suivi d'une épithète ou de quelque autre mot déterminatif : *tous les gens sensés, raisonnables, pieux,* etc. — LES GENS DU MONDE, les personnes qui vivent dans le monde. Se dit aussi par opposition aux gens qui ont une profession savante : *cet astronome s'efforce de mettre la science à la portée des gens du monde.* — Fam. DES GENS DE SAC ET DE CORDE, des hommes qui sont capables d'actes criminels et dignes de châtiments exemplaires. — IL Y A GENS ET GENS, il y a grande différence entre certaines personnes. — SE CONNAITRE EN GENS, avoir un discernement pour connaître le fort et le faible des hommes, leurs bonnes et leurs mauvaises qualités. — VOUS VOUS MOQUEZ DES GENS, VOUS NOUS PRENEZ POUR DES GENS DE L'AUTRE MONDE, vous nous prenez pour des ignorants, pour des idiots. — IL N'Y A NI BÊTES NI GENS, se dit d'un lieu très solitaire. — BÊTES ET GENS, se dit dans quelques phrases familières : *l'espace était étroit, mais nous trouvâmes le moyen de nous y loger tous, bêtes et gens.* — Ne se dit jamais en parlant d'un nombre déterminé de personnes, à moins qu'il ne soit précédé de certains adjectifs, comme dans ces exemples : *il y a vingt-quatre pauvres gens.* — MILLE GENS, DES MILLIERS DE GENS, etc., beaucoup de gens en nombre indéterminé : *plus de mille gens me l'ont dit.* — Suivi de la préposition de et d'un substantif qui désigne une profession, un état quelconque, signifie, sous ce nom de nation, d'une ville, etc., qui sont de cet état, de cette profession, soit qu'ils forment en effet un corps particulier dans la société générale, soit que l'esprit les rassemble sous une seule et même idée. Dans cette acception et dans celles qui suivent, il ne veut jamais l'adjectif ni le participe au féminin : *les gens de robe, d'église, de guerre.* — Il peut également ne comprendre qu'une partie de ceux qui sont du même état, de la même profession : *on y voyait des gens de robe, des gens d'épée.* — GENS D'ARMES s'écrit quelquefois pour *Gendarmes,* employé dans son acception primitive : *une compagnie de gens d'armes.* — Se dit encore de ceux qui sont d'un parti, par opposition à ceux de l'autre : *nos gens ont battu les ennemis.* — Se dit également des personnes qui sont d'une même partie de promenade, de jeu, de festin, etc. : *tous nos gens sont arrivés; faites servir le dîner.* — S'est dit, dans les ordonnances, dans les édits, etc., des parlements et autres compagnies de justice : *les gens tenants la cour de parlement.* — LES GENS DU ROI, les procureurs et avocats généraux, les procureurs et avocats du roi. — Les domestiques : *tous vos gens vous ont quitté.*

* **GENT, ENTE** adj. Gentil, joli. On ne s'en sert aujourd'hui qu'en imitant le style de nos vieux poètes : *la gente pucelle.*

* **GENTIANE** s. f. [jan-si-a-ne] (lat. *gentiana;* de *Gentius,* roi de l'Illyrie qui, le premier, fît connaître les propriétés médicinales de cette plante, au IIe siècle av. J.-C.). Bot. Genre de gentianées, comprenant un grand nombre d'espèces de plantes vivaces, qui sont la plupart indigènes. — La *gentiane jaune (gentiana lutea),* commune dans presque toutes les contrées montagneuses de France, atteint souvent plus d'un mètre de hauteur. Sa racine très amère possède des propriétés toniques, fébrifuges, vermifuges et stomachiques, qui la font rechercher en médecine, pour relever les forces générales, dans la dyspepsie, le scorbut, la chlorose, et dans les affections qui dépendent de l'atonie du tube digestif. De 8 à 15 gr. en décoction dans un litre d'eau; de 4 à 20 gr. d'extrait. On l'administre aussi en poudre,

en vin, en teinture, en sirop ou en élixir. Les autres espèces, telles que la *gentiane*

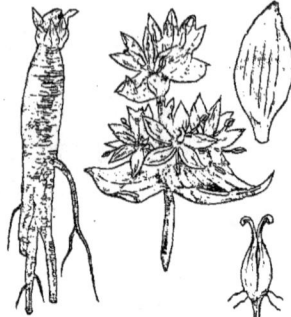

Gentiane jaune (*gentiana lutea*).

purpurine, la *gentiane ponctuée,* la *gentiane croisette,* la *gentiane acaule,* jouissent de propriétés analogues.

GENTIANÉ, ÉE adj. Bot. Qui se rapporte ou qui ressemble aux gentianes. — s. f. pl. Famille d'asclépiadées, ayant pour type le genre gentiane et comprenant, en outre, les genres gentianelle, petite centaurée, etc.

GENTIANELLE s. f. Bot. Genre de gentianées comprenant plusieurs espèces des Indes orientales.

GENTIANINE s. f. Chim. Principe amer extrait de la gentiane. La gentianine est soluble dans l'alcool.

GENTIANIQUE adj. Se dit d'un acide jaune, insipide, inaltérable à l'air, que l'on extrait de la racine de gentiane : C[14] H[10] O[5].

* **GENTIL** adj. m [jan-ti] (hébr. *goyim;* lat. *gentilis*). Païen, idolâtre : *il était fils d'un père gentil et d'une mère chrétienne.* — Plus ordin. substantif. Ne s'emploie guère alors au sing. : *les Juifs appelaient Gentils tous ceux qui n'étaient pas de leur nation.*

* **GENTIL, ILLE** adj. [jan-ti; i-yeu; ll mll.] (lat. *gentilis*). Joli, agréable, mignon, gracieux, qui plaît, qui a de l'agrément, de la délicatesse : *il est gentil.*

> Gentille Annette,
> Tu vas seulette,
> Sous la coudrette
> Chanter le Robin des Bois.
> C'est pour savoir si le printemps s'avance.
>
> GENTILLE ANNETTE.

— Substantiv. FAIRE LE GENTIL, affecter des manières gentilles, agréables. On dit quelquefois de même, en parlant d'une chose grande et belle, *Cela passe le gentil.* (Vieux.) — Se dit quelquefois ironiq. : VOUS FAITES LA UN GENTIL PERSONNAGE, ON GENTIL MÉTIER, vous faites là un vilain personnage, un vilain métier. — Se dit encore ironiq. des gens que l'on veut traiter d'impertinents et de ridicules : *je vous trouve gentil.*

GENTIL-BERNARD (Pierre-Joseph), poète, né à Grenoble en 1710, mort en 1775. Il fut successivement clerc de procureur, secrétaire du maréchal de Coigny, secrétaire général des dragons et obtint, grâce à Mme de Pompadour, la place de bibliothécaire du roi à Choisy. Bernard, qui doit à Voltaire son surnom de *Gentil,* était un charmant poète de société. Il récitait des vers, mais n'en faisait pas imprimer. Le seul ouvrage de lui qui parut de son vivant est le libretto de *Castor et Pollux* (1754), opéra dont Rameau a écrit la musique. Ses autres ouvrages sont l'*Art d'aimer,* poème en 3 chants, *Phrosine et Mélidor,* en 4 chants, des épîtres, des odes anacréontiques, etc. Ses œuvres ont été publiées (1776, 1 vol. in-48e et 1803, 2 vol. in-8[o]).

GENTILESCHI (Orazio) [djènn-ti-lèss'-ki], peintre italien, né en 1563, mort vers 1646. A l'invitation de Charles Ier d'Angleterre, il décora le palais de Greenwich et plusieurs autres monuments.

GENTILHOMMAILLE s. f. [jan-ti-io-ma-ieu; ll mll.] Par dénigr. Caste de gentilshommes.

* **GENTILHOMME** s. m. [jan-ti-io-me; ll mll.] (lat. *gentilis;* de *gens,* race). Celui qui est noble de race : *gentilhomme de bon lieu.* — Au plur. des GENTILSHOMMES [jan-ti-zo-me]. — Se dit quelquefois, particulièrement, des hommes nobles qui s'attachent à quelque prince : *c'est un des gentilshommes de ce prince.* — VIVRE EN GENTILHOMME, vivre sans rien faire. — Par plaisant. GENTILHOMME A LIÈVRE, simple gentilhomme de campagne qui a peu de bien. — Titre de charge : *premier gentilhomme de la chambre.*

* **GENTILHOMMERIE** s. f. La qualité de gentilhomme : *on ne fait pas grand cas de sa gentilhommerie.* (Fam.)

* **GENTILHOMMIÈRE** s. f. Petite maison de gentilhomme à la campagne : *une jolie gentilhommière.* (Fam.)

* **GENTILITÉ** s. f. coll. Les nations païennes : *toute la gentilité.* — Profession d'idolâtrie : *il reste encore des marques de gentilité dans ce pays-là.*

* **GENTILLÂTRE** s. m. [ll mll.] Ne se dit que par plaisanterie et par mépris, d'un petit gentilhomme dont on fait peu de cas.

GENTILLEFEMME s. f. [ll mll.] Ancien fém. de gentilhomme.

* **GENTILLESSE** s. f. [ll mll.] Grâce, agrément : *la gentillesse d'un enfant.* — Se dit aussi de certains tours de souplesse agréables : *il a fait mille gentillesses devant nous.* — Se dit également de certaines saillies agréables, spirituelles : *dire des gentillesses.* — Par iron. Trait de mauvaise conduite, de malice, etc. : *il a fait là une gentillesse dont il pourrait bien se repentir.* — Se dit en outre de certains petits ouvrages délicats, de certaines petites curiosités : *il a mille petites gentillesses dans son cabinet.*

GENTILLET, ETTE adj. Assez gentil. (Fam.)

GENTILLY, *Gentiliacum,* comm. du cant. de Villejuif, arr. et à 6 kil. N.-O. de Sceaux (Seine), sur la Bièvre; 10,400 hab. Saint Eloi y fonda un monastère. Louis le Bègue fit de cette ville une seigneurie, qu'il attacha en 878 à l'évêché de Paris. Blanchisseries, fabriques de cuirs et de cartons vernis.

* **GENTIMENT** adv. Joliment, d'une manière gentille : *cet enfant est gentiment habillé.* — S'emploie plus ordinairement en plaisantant et par une espèce de dérision. Ainsi pour se moquer d'un homme tout éclaboussé, on dit, VOUS VOILA GENTIMENT ACCOMMODÉ; et à une femme mal coiffée, VOUS VOILA GENTIMENT COIFFÉE. Ces manières de parler sont très familières.

GENTIOUX, ch.-l. de cant., arr. et à 28 kil. d'Aubusson (Creuse); 4,400 hab.

GENTLEMAN s. m. [djènn-tl'-mann]. Titre que prend en Angleterre tout homme bien élevé, qui a de bonnes manières. Ce mot est passé dans la langue française pour désigner tout homme de la bonne société : *des gentlemen.* — GENTLEMAN-RIDER [-rai'-deur]. Homme du monde élégant, qui s'occupe de courses, qui aime à monter à cheval : *des gentlemen-riders* [djènn-tl'-mènn-raï'-deurs].

GENTRY s. f. [djènn'-tri]. Classe bourgeoise en Angleterre par opposition à *nobility,* noblesse, et à *people,* peuple.

GENTZ (Friedrich von) [fonn-ghènnts], diplomate allemand, né à Breslau en 1764, mort en 1832. Au sortir de l'université, il mena à Berlin une vie dissipée et aventureuse. En 1799, il visita l'Angleterre et, pendant 20 ans il entretint une correspondance intime avec les ministres anglais. En 1802, il fut attaché au cabinet autrichien et rédigea le manifeste de 1805. Mais l'hostilité de Napoléon lui fit comprendre qu'il était prudent de se retirer en Prusse, où il continua d'écrire contre le gouvernement français. En 1809, il fut rappelé à Vienne par M. de Metternich et rédigea le manifeste autrichien de cette année-là. Il prit une part active au congrès de Vienne, collabora au plan de la Sainte-Alliance et fut secrétaire des congrès d'Aix-la-Chapelle, de Troppau, de Laybach et de Vérone. Sa *Briefe an Pilat*, sur l'histoire contemporaine d'Allemagne, fut publiée avec une biographie en 1868, et ses mémoires complets parurent en 1871.

GÉNUFLECTEUR, TRICE adj. Qui fait des génuflexions.

* **GÉNUFLEXION** s. f. [jé-nu-flè-ksi-on] (lat. *genuflexio*; de *genu*, genou; *flectere*, fléchir). Acte de fléchir le genou en signe d'humilité ou de soumission : *faire une génuflexion devant le saint sacrement.*

GENUS IRRITABILE VATUM [gé-nuss-ir-ri-ta-bi-lé-va-tomm]. Loc. lat. qui signifie : *la race irritable des poètes.* Expression d'Horace qui sert à caractériser l'extrême susceptibilité des gens de lettres.

GÉOBATRACIENS s. m. pl. (gr. *gê*, terre; *batrakos*, grenouille). Zool. Famille de reptiles batraciens qui vivent sur terre.

* **GÉOCENTRIQUE** adj. (gr. *gê*, terre; *kentron*, centre). Astron. Qui appartient à une planète vue de la terre : *lieu géocentrique.*

GÉOCORISE s. f. (gr. *gê*, terre; *koris*, punaise). Nom d'une famille d'insectes dont le type est la punaise.

GÉODE s. f. (gr. *géodès*, terrestre). Petite masse calcaire, creuse en dedans et ordinairement formée de quartz.

* **GÉODÉSIE** s. f. (gr. *gê*, terre; *daiein*, diviser). Science qui a pour objet de mesurer le globe terrestre et ses parties : *instrument de géodésie.*

GÉODÉSIEN s. m. Ingénieur qui s'occupe de géodésie.

* **GÉODÉSIQUE** adj. Qui a rapport à la géodésie : *opérations géodésiques.*

GÉODIQUE adj. Minéral. Qui a la forme d'une géode.

GEOFFREY OF MONMOUTH [jef-fri], vieux chroniqueur anglais, né vers 1100, mort vers 1154. Il dut probablement sa nomination au siège de Saint-Asaph (1152), à son *Chronicon sive Historia Britonum*, qu'il donna comme une traduction d'un manuscrit gallois. Cet ouvrage est tellement rempli de légendes et de fables qu'il ne présente peu de valeur historique.

GEOFFRIN (Marie-Thérèse RODET, **dame),** femme célèbre, née à Paris en 1699, morte en 1777. Son père, M. Rodet, était au service de la Dauphine. A l'âge de 15 ans, elle épousa le riche manufacturier Geoffrin, qui mourut quelques années après. On dit qu'elle contribua pour 100,000 francs à la publication de l'*Encyclopédie*. Diderot, d'Alembert, Horace Walpole, Hume, Gibbon et le comte Stanislas Poniatowski se rencontraient à ses dîners. Elle paya les dettes de Poniatowski pour le faire sortir de prison, et quand celui-ci fut élu roi de Pologne en 1764, il lui écrivit : « *Maman, votre fils est roi* ».

GEOFFROI GAIMAR, poète anglo-normand du XIIᵉ siècle. On a de lui des fragments d'une *Histoire d'Angleterre*, qui s'étend jusqu'au règne d'Henri Iᵉʳ

GEOFFROY (Saint), abbé de Nogent en 1091, évêque d'Amiens en 1104, mort en 1115. Fête le 8 novembre.

GEOFFROY, nom de cinq comtes d'Anjou. I. (Grise-Gonelle) de *gonella*, casaque; comte de 958 à 985. Il prêta main forte au roi Lothaire contre Othon II de Germanie et reçut pour ce service le titre de sénéchal de France. — II **(Martel)**, comte de 1040 à 1060, épousa Agnès de Bourgogne qui lui apporta en dot le Poitou. Il défit les Sarrazins en Sicile et reçut, comme récompense, la relique dite de la Sainte-Larme. — III **(Le Barbu)**, comte de 1060 à 1096. — IV **(Martel)**, de 1098 à 1106. — V (le Bel ou Plantagenet), de 1113 à 1151. A la mort d'Henri Iᵉʳ (1135), il défendit la Normandie et l'Angleterre contre Etienne de Blois. Cette guerre occasionna en Anjou une famine telle que l'on mangea de la chair humaine.

GEOFFROY. I. (Etienne-François), médecin, né à Paris en 1672, mort en 1731. Il fut professeur de chimie au Jardin des plantes (1707), de médecine et de pharmacie au collège de France (1709). On a de lui : *Tractatus de materia medica, sive de medicamentorum simplicium historiâ, virtute, delectu et usu* (Paris, 1741), ouvrage traduit en français par Bergier (1741-'43). — II. **(Claude-Joseph)**, frère du précédent, né à Paris en 1685, mort en 1752. Il a fourni au recueil de l'Académie des sciences, dont il était membre, 64 mémoires sur l'histoire naturelle, la botanique, la pharmacie et la chimie. — III. **(Etienne-Louis)**, naturaliste et médecin praticien, fils d'Etienne-François, né à Paris en 1725, mort en 1810. On a de lui : *Histoire des insectes qui se trouvent aux environs de Paris* (1762 et 1799); *Dissertation sur l'organe de l'ouïe* (1778, in-8°); etc.

GEOFFROY (Julien-Louis), critique, né à Rennes en 1743, mort en 1814. Il fut d'abord précepteur et professeur, prit en 1776 la rédaction de l'*Année littéraire* et fonda pendant la révolution un journal intitulé l'*Ami du roi*, feuille qui le fit proscrire en 1793. Après le 18 brumaire, il revint à Paris et fut chargé (1800) du feuilleton du *Journal des Débats*, qu'il continua jusqu'à sa mort. Les seuls ouvrages qui nous restent de lui sont les feuilletons qu'on a réunis sous divers titres.

GEOFFROY SAINT-HILAIRE. I. (Étienne), naturaliste, né à Etampes en 1772, mort le 19 juin 1844. Il fut, à partir de 1793, professeur de zoologie au musée d'histoire naturelle de Paris, et en 1809 il devint aussi professeur de la faculté des sciences. Par ses soins, les collections zoologiques du musée devinrent les plus riches du monde. Il fut un des membres de la commission scientifique qui accompagna Bonaparte en Egypte en 1798; il y resta jusqu'à la capitulation d'Alexandrie en 1801, et explora entièrement le pays, réunissant des collections importantes qu'il apporta en France. Il fut membre de la Chambre des députés pendant les Cent-Jours. Il s'appliqua à démontrer l'unité de composition organique, dans les différentes espèces d'animaux et fonda ce que l'on appelle *la théorie des analogues*. Ses principes étaient en contradiction directe avec ceux de son protégé Cuvier, ce qui amena entre eux des discussions aigres et prolongées. Malgré la supériorité de Cuvier sous le rapport du talent oratoire et de l'exposition scientifique, la victoire resta incertaine. Les vues de Geoffroy, si on les porte à leurs conclusions légitimes, conduisent à des doctrines directement opposées à la philosophie des causes finales. Vers 1840, il devint aveugle et paralytique. Ses nombreux écrits et ses mémoires embrassent presque toutes les branches de la zoologie. Nous citerons: *Hist. nat. des mammifères* (1820-'42, 4 vol. gr. in-fol.), publiée avec Fr. Cuvier; *Système*

dentaire des mammifères et des oiseaux* (1824, in-8°), *Cours d'hist. nat. des mammifères* (1829, in-8°); *Philosophie anatomique* (1818-'22, 2 vol.). — II **(Isidore)**, fils du précédent et comme lui naturaliste célèbre, né et mort à Paris (16 déc. 1805-10 nov. 1861). Au sortir de l'école de médecine (1829), il fit des conférences zoologiques comme remplaçant de son père. Il fut ensuite nommé assistant de son père à la faculté des sciences, et remplit d'importantes fonctions dans l'université; en 1850, il donna sa démission d'inspecteur général pour reprendre sa chaire de zoologie. Il a écrit sur l'histoire naturelle, a élargi et expliqué les vues de son père. Il s'occupa aussi beaucoup de l'acclimatation des animaux étrangers en France et fut l'un des plus chauds partisans de l'hippophagie. L'un des fondateurs de notre société d'acclimatation, il en fut nommé président (1854). Ses ouvrages les plus estimés sont les suivants: *Traité de tératologie* (1832-'37, 3 vol. in 8° et atlas); *Cours de zoologie générale* (1840, in-8°); *Hist. nat. des insectes et des mollusques* (1841, 2 vol. in-12); *Vie d'Et. Geoffroy Saint-Hilaire* (1847, in-8°); *Domestication et naturalisation des animaux utiles* (1854, in-12).

GÉOGÉNIE s. f. (gr. *gê*, terre; *genos*, naissance). Science qui s'occupe de la formation du globe terrestre.

GÉOGÉNIQUE adj. Qui a rapport à la géogénie.

* **GÉOGNOSIE** s. f. [jé-og-no-zî] (gr. *gê*, terre; *gnosis*, connaissance). Hist. nat. Géologie. — Se prend aussi dans un sens plus restreint et désigne spécialement la partie de la géologie qui traite du mode de formation des minéraux et de leurs modifications.

GÉOGNOSTIQUE adj. [jé-og-noss-ti-ke]. Qui a rapport à la géognosie.

* **GÉOGRAPHE** s. m. [jé-o-gra-fe] (gr. *gê*, terre; *graphô*, je décris). Celui qui sait la géographie, qui écrit sur la géographie: *c'est un grand géographe.* — INGÉNIEUR-GÉOGRAPHE, celui qui dresse des cartes de géographie: *le corps des ingénieurs-géographes.*

* **GÉOGRAPHIE** s. f. (gr. *gê*, terre; *graphein*, décrire). Science qui enseigne la position de toutes les régions de la terre, les unes à l'égard des autres, et par rapport au ciel, avec la description de ce qu'elles contiennent de remarquable: *la géographie est nécessaire pour bien savoir l'histoire.* — Est souvent accompagné de compléments qui indiquent le point de vue particulier sous lequel on considère cette science: *géographie ancienne, du moyen âge, moderne.* — Traité de géographie: *acheter une géographie.* — GÉOGRAPHIE AGRICOLE, étude comparative des productions et des cultures des divers climats. — GÉOGRAPHIE BOTANIQUE, science qui recherche les faits relatifs à la distribution des plantes sur le globe, et les lois qu'on en peut déduire. De Candolle (le jeune) est le savant qui a fait faire le plus de progrès à cette partie de la géographie. (Voy. CANDOLLE.) — GÉOGRAPHIE COMPARÉE OU HISTORIQUE, partie de la géographie qui étudie les changements successifs survenus dans la géographie, les divers limites des Etats, les divers noms des localités, etc. La géographie historique se partage en géographie *ancienne*, géographie du *moyen âge* et géographie *moderne*. — GÉOGRAPHIE MATHÉMATIQUE OU ASTRONOMIQUE, partie de la géographie qui traite de la figure, de la grandeur et du mouvement de la terre, ainsi que des rapports de cette planète avec le soleil et avec le reste de l'univers. (Voy. ASTRONOMIE et TERRE.) Parmi les savants qui ont le plus contribué au progrès de la géographie mathématique, nous citerons Maupertuis, La Condamine et Delambre. — GÉOGRAPHIE MÉDICALE, étude de la distribution des maladies

et de l'influence des climats. — GÉOGRAPHIE PHYSIQUE, description de la terre considérée sous les rapports de sa constitution physique, de sa forme, de ses accidents, de ses divisions naturelles (sans égard à ses divisions politiques), de ses produits, de son atmosphère, des grands courants atmosphériques et océaniques, des météores, du climat particulier de chaque contrée, etc. La géographie physique, fondée en 1745 par Buache, vit agrandir son domaine par Bergmann, de Luc, Saussure, Buffon, Werner, Léopold de Buch, A. de Humboldt, Maury et surtout Reclus. (Voy. TERRE.) — GÉOGRAPHIE POLITIQUE, description des pays et des peuples de la terre, des États, des provinces, des villes, des canaux, des ports creusés par la main de l'homme, des frontières, etc. Les écrivains qui se sont occupés de ce sujet avec le plus de succès sont: Büsching, d'Anville, Malte-Brun, Balbi, Ritter, Reclus, etc. — GÉOGRAPHIE ZOOLOGIQUE, étude de la distribution des animaux sur le globe. Cette partie de la science a été cultivée particulièrement par P. Gervais. — ENCYCL. Dès la plus haute antiquité, les Phéniciens explorèrent les côtes de la Méditerranée, passèrent le détroit de Gibraltar et visitèrent les rivages de l'Atlantique en Europe et en Afrique, jusqu'à la Grande-Bretagne et aux côtes de la Baltique au N., et jusqu'au tropique du Capricorne au S. Vers 600 av. J.-C., Néchao, roi d'Égypte, fit partir, de la mer Rouge pour l'océan Indien, une flotte dirigée par des Phéniciens. En trois ans, cette expédition fit le tour de l'Afrique, atteignit le détroit de Gibraltar et retourna en Égypte par la Méditerranée. Les connaissances géographiques furent augmentées par les Carthaginois; mais la seule de leurs expéditions dont nous ayons un récit authentique est celle de Hannon, vers le Ve siècle av. J.-C. Hannon, suivi de 60 navires, fit voile de Gibraltar, suivit la côte d'Afrique jusqu'à la baie de Bénin ou, suivant les appréciations de quelques auteurs, jusqu'à la rivière de Nun seulement. Vers 320 av. J.-C., Pythéas, marin de Massilia (Marseille), visita la Bretagne (Grande-Bretagne) et découvrit une île qu'il appela Ultima Thule. Dans un second voyage, il visita la Baltique. L'expédition d'Alexandre le Grand, 330 ans av. J.-C., augmenta considérablement les connaissances que l'on avait sur l'Inde. Le premier travail systématique sur la géographie scientifique fut entrepris par Ératosthène, qui vivait à Alexandrie dans la dernière partie du IIIe siècle av. J.-C. Son système était basé sur la connaissance de la forme sphérique de la terre; Ératosthène fut le fondateur de la géodésie. Le Bithynien Hipparque qui habita Rhodes et Alexandrie vers le milieu du IIe siècle av. J.-C., élargit encore le système d'Ératosthène et soumit la science géographique à des principes astronomiques, mais ses découvertes ne reçurent un développement pratique que longtemps plus tard. Environ un siècle et demi après Hipparque, Strabon, Grec du Pont et explorateur célèbre, écrivit une géographie qui embrasse tout ce qui était connu de cette science au commencement de l'ère chrétienne. Les contrées méditerranéennes étaient assez bien connues, mais on savait peu de choses des côtes atlantiques de l'Europe et l'on ignorait complètement ce qui concerne la Scandinavie, la Russie, le nord de l'Allemagne, la Sibérie, la Tartarie, la Chine, le Japon et l'archipel Asiatique. Le premier géographe romain fut Pomponius Mela, qui écrivit vers le temps de l'empereur Claude. Dans son traité De situ orbis, il explique la division du monde en deux hémisphères : l'hémisphère septentrional, partie connue de la terre; et l'hémisphère méridional, partie encore inconnue Plus fameux encore fut Ptolémée, qui vivait à Alexandrie vers le milieu du IIe siècle après J.-C. A cette époque, la notion d'un océan

circumambiant avait été abandonnée, et celle d'une étendue indéfinie de terra incognita lui était substituée comme limites supposées du monde. Au IXe siècle, les Northmen découvrirent le Groënland et, d'après leurs sagas, ils visitèrent le continent de l'Amérique du Nord au Xe siècle. Au XIIIe siècle, des missions furent envoyées par les papes dans les parties extrêmes de l'Asie. En 1271, le Vénitien Marco Polo visita la cour de Kublaï Khan en Chine et, le premier, fit connaître à l'Europe l'existence du Japon et de plusieurs des îles et des contrées des Indes orientales. Au XVe siècle, les Portugais explorèrent les côtes de l'Afrique occidentale. Le cap de Bonne Espérance, atteint en 1486, fut doublé 11 ans plus tard par Vasco de Gama. Mais la plus grande de toutes les découvertes géographiques fut celle du Nouveau-Monde par Christophe Colomb en 1492. Dans les 30 années qui suivirent, toute la côte orientale de l'Amérique, depuis le Groënland jusqu'au cap Horn, fut explorée de des navires espagnols sillonnèrent l'océan Pacifique. En 1520, Magellan passa le détroit qui porte son nom, traversa le Pacifique, et son vaisseau revint en Europe par la route du cap de Bonne-Espérance, après avoir accompli la première circumnavigation. La côte occidentale d'Amérique (sauf la portion qui s'étend au nord de la baie de San-Francisco) fut explorée avant le milieu du XVIe siècle. A la même époque, les découvertes en Orient marchaient à pas de géant. Au XVIe et au XVIIe siècles, les progrès de la science astronomique conduisirent à une révision générale des longitudes et des latitudes des tables de Ptolémée, dont des observations exactes avaient prouvé la fausseté, et au XVIIIe siècle, plusieurs écrivains savants et laborieux, parmi lesquels il faut particulièrement citer d'Anville, s'appliquèrent à la rectification de tout l'ancien système géographique. Au XVIe siècle, les Anglais et les Hollandais firent d'audacieux et de persévérants efforts pour trouver un passage qui permît d'atteindre l'Indoustan par le N.-E. ou par le N.-O. Les expéditions de sir Hug Willoughby et de Richard Chancellor en 1553, de Frobisher en 1576-78, de Davis en 1585-87, de Barentz en 1594-96, à la recherche de cette route, augmentèrent nos connaissances relativement aux régions arctiques. Un résultat semblable fut la conséquence des voyages de Henry Hudson en 1607-11 et de William Baffin en 1612-16. En 1818, la tentative de trouver un passage au N.-O. fut renouvelée par le capitaine Ross. Ce fut le commencement d'une série d'expéditions anglaises et américaines. (Voy. ARCTIQUES.) Au commencement du XVIIe siècle, les Hollandais découvrirent l'Australie, qu'ils appelèrent Nouvelle-Hollande. En 1642, Tasman trouva la terre de Van Diemen ou Tasmanie, et bientôt après, la Nouvelle-Zélande et plusieurs groupes de la Polynésie. Le capitaine Cook dans ses voyages (1768-79) augmenta les connaissances géographiques. En 1862, le lieutenant Wilkes explora dans le cercle antarctique un continent dont une partie avait été entrevue peu de temps auparavant par Dumont d'Urville et par sir James Ross. (Voy. ANTARCTIQUE.) Nos relations avec l'intérieur de l'Asie ont été élargies depuis deux siècles par les conquêtes faites par les Russes, par les Anglais et par les Français. De grands progrès ont été accomplis pendant le siècle actuel; à l'exception des régions polaires et du centre de l'Afrique, presque toutes les parties du globe sont connues; et il ne reste plus de grande terra incognita. — BIBLIOGR. Voy. la Géographie de Strabon; la Géographie de Pomponius Mela; la Géographie ancienne abrégée de d'Anville (1769); le Précis de géographie universelle de Malte-Brun (1810-27; 7 vol. in-8°), refondu par Théophile Lavallée (1855-56; 6 gros vol. in-8°); l'Abrégé de géographie d'Adrien Balbi (1 gros vol. in-8°); la Terre,

de Reclus; et enfin, la Nouvelle géographie universelle d'Elisée Reclus, Paris, gr. in-8°; cartes et gravures; c'est l'œuvre la plus considérable et la plus savante du XIXe siècle. — Sociétés de géographie, associations qui se donnent pour but d'étendre les limites des connaissances géographiques, en faisant exécuter à leurs frais des voyages d'exploration, en publiant des ouvrages, en décernant des récompenses, etc. La plus ancienne société de ce genre est la Société de géographie de Paris, fondée en 1821. Celle de Londres no date que de 1830.

* **GÉOGRAPHIQUE** adj. Qui appartient à la géographie : description géographique.

GÉOGRAPHIQUEMENT adv. Selon la géographie.

GÉOHYDROGRAPHIE s. f. (gr. gé, terre; udôr, eau; graphô, j'écris). Description des eaux terrestres.

GEOIRE (Saint-), ch.-l. de cant., arr. et à 24 kil. S.-E. de la Tour-du-Pin (Isère) sur l'Eynan; 3,650 hab.

* **GÉOLAGE** s, m. [jô-la-je]. Droit qu'on paye au geôlier à l'entrée et à la sortie de chaque prisonnier : droit de geôlage; payer le geôlage.

* **GÉOLE** s. f. [jô-le] (lat. caveola, diminut. de cavea, cage). Prison : les droits de la geôle. — Demeure du geôlier : aller à la geôle.

* **GÉOLIER** s. m. [jô-lié]. Celui qui garde les prisonniers; le concierge de la prison.

* **GÉOLIÈRE** s. f. [jô-liè-re]. La femme du geôlier.

* **GÉOLOGIE** s. f. (gr. gé, terre; logos, discours). Hist. nat. Science qui a pour objet la connaissance de la forme extérieure du globe terrestre, de la nature des matériaux qui le composent, de la manière dont ces matériaux ont été formés et placés dans leur situation actuelle : traité, cours, professeur de géologie. — ENCYCL. On confond sous le nom de géologie deux branches distinctes: l'une comprend l'étude des lois chimiques, physiques et biologiques qui ont présidé à l'histoire du globe, l'autre s'occupe de l'histoire naturelle de notre globe, de la stratigraphie, de la minéralogie et de la paléontologie. Le nom de géognosie, employé par quelques auteurs, peut être appliqué à cette dernière branche de la géologie, tandis que celui de géogénie peut être restreint à la première partie théorique de la géologie. La recherche des agents chimiques qui ont présidé à la formation des différentes espèces de roches et de minéraux appartient à la géologie chimique, tandis que les lois qui ont réglé leur dépôt, leur structure et leur disposition constituent la géologie dynamique. Dans cet article, nous n'essaierons guère que de présenter une esquisse générale de l'histoire et des progrès de la science géologique, une vue du but qu'elle poursuit et un aperçu du système de classification généralement adopté, pour les groupes de roches. De tout temps la structure de la terre a été pour l'homme un sujet d'intérêt. Les anciens firent un grand nombre d'observations géologiques correctes, mais leurs théories cosmogoniques sont généralement mêlées de conceptions extravagantes. Les philosophes italiens de la première partie du XVIe siècle furent les premiers à entreprendre des investigations systématiques concernant la véritable nature des coquilles fossiles. Pendant trois siècles des discussions furent soutenues avec beaucoup d'ardeur sur les questions suivantes : 1° Les restes fossiles ont-ils appartenu à des créatures vivantes? 2° En admettant cette hypothèse, tous les phénomènes ne pourraient-ils pas s'expliquer par le déluge de Noé? En 1580, Palissy fut le premier qui osa affirmer

à Paris, que les restes fossiles de testacés et de poissons avaient appartenu autrefois à des animaux marins. Leibnitz, dans sa *Protogæa* (1680), proposa le premier la théorie que la terre a été originairement une masse lumineuse incandescente qui depuis sa création va toujours en refroidissant, et qui, à mesure qu'elle refroidit, reçoit les vapeurs condensées composant sa croûte. Il pensa qu'à une certaine phase de sa formation elle fut couverte d'un océan universel. D'après cette donnée, Leibnitz traça deux classes de formations primitives : l'une par le refroidissement de la fusion ignée, l'autre par la concrétion de solutions aqueuses. La première connaissance de l'arrangement des matériaux terrestres par couches continues sur de vastes étendues et se ressemblant les uns les autres dans différentes contrées, est due au Dr Lister, qui, en 1683, envoya à la Société royale de Londres un projet de cartes des sols; il croyait aussi que des espèces organiques avaient disparu à des époques antérieures. Le Dr Robert Hooke avança des idées nouvelles et ingénieuses concernant la nature des fossiles et les effets des tremblements de terre qui ont soulevé le lit de la mer. William Wodward conçut que les lignes d'affleurement des couches sont parallèles aux chaînes des montagnes. — La géologie ne commença de prendre le rang de science importante que lorsque son application fut indiquée comme nécessaire aux mines, dans la dernière partie du xviiie siècle, par Werner, professeur de minéralogie à l'école de Freiberg (Saxe). Werner, dans son cours sur l'ordre systématique de l'arrangement des couches, adopta presque les divisions qui avaient été proposées cinquante ans auparavant par le mineur allemand Lehmann. Il soutint la théorie de la production des roches par les seuls dépôts aqueux, tandis que le Dr Hutton, d'Edimbourg, attribuait l'origine d'un grand nombre de celles-ci à l'action du feu. Une controverse animée et pleine d'amertume s'éleva, et les géologues de l'Europe se divisèrent en Werneriens ou Neptuniens et en Huttoniens ou Vulcaniens. Les Vulcaniens furent classés parmi les ennemis de l'Ecriture et la controverse se continua avec une telle animosité que les noms des deux partis devinrent à la fin des termes d'opprobre. En 1793, William Smith, ingénieur civil anglais, prépara un tableau des couches près de Bath et en 1815, il compléta une carte géologique de l'Angleterre. En 1807, la Société géologique de Londres fut établie; ses membres actifs complétèrent la classification et la description des formations secondaires de la Grande-Bretagne, tandis que les formations tertiaires étaient entièrement établies par Cuvier, Brongniart, etc., à Paris. En Allemagne, divers savants étudièrent les roches inférieures stratifiées et cristallisées. Les grands principes graduellement développés par ces observations furent : que les matériaux des roches stratifiées sont des dépôts sédimentaires lentement accumulés dans le lit d'anciennes mers et d'anciens lacs; que, chaque couche représente une certaine période pendant laquelle les matières se sont assemblées et que cette période est caractérisée par son groupe particulier d'êtres organisés dont les vestiges ensevelis se trouvent là comme des témoignages de la condition de cette portion de la terre à cette époque. En raison de ces observations, la géologie perdit son caractère purement spéculatif. En 1819, la société géologique de Londres, à l'aide des travaux de M. Greenough et de ses amis, publia une carte de l'Angleterre bien supérieure à celle de Smith. Vers la même époque, Léopold von Buch prépara une carte pareille pour une grande partie de l'Allemagne. En 1822, le gouvernement français ordonna de commencer le relevé géologique de la France; une carte géologique complète de notre pays

fut terminée en 1841. — Dans la première partie du xixe siècle, William Maclure entreprit seul et à ses frais un relevé géologique des Etats-Unis; ce travail lui valut le titre de père de la géologie américaine. En 1809, il publia dans les *Transactions philosophiques* de Philadelphie, un essai ayant pour titre : *Observations sur la géologie des Etats-Unis, explicatives d'une carte géologique.* Les assises composant la croûte terrestre peuvent être divisées en deux grandes classes : 1° celles qui sont généralement attribuées à l'action de l'eau; 2° celles qui sont attribuées à l'action du feu. On peut les subdiviser ainsi qu'il suit : formations aqueuses, stratifiées, rarement cristallines; roches sédimentaires ou fossilifères; roches métamorphiques ou non fossilifères; formations ignées, non stratifiées, cristallines; volcaniques, telle que la basalte, etc.; plutoniques, telles que le granit, etc. Les roches fossilifères ou sédimentaires sont divisées en trois grandes séries : les roches paléozoïques ou primaires; les mésozoïques ou secondaires; les néozoïques ou caïnozoïques ou tertiaires.

TABLE DES ASSISES
(Principalement d'après Lyell.)

NÉOZOÏQUES :

I. POST-TERTIAIRES :

A. *Post-pliocène ou d'alluvion.*
1. *Récentes* : Tourbe avec squelettes humains, instruments de bronze et de fer; habitations lacustres de Suisse; temple de Sérapis à Puzzuoli.
2. *Anciennes* : Grotte de Brixham, avec couteaux de silex et ossements de quadrupèdes; anciennes vallées de graviers; amas glaciaires; ancienne boue du Nil; restes de mastodonte; breccias australiennes.

II. SÉRIE TERTIAIRE ou CAÏNOZOÏQUE ;

B. *Pliocènes.*
3. *Pliocènes les plus récentes* (ou pleistocènes) : Lits de mammifères; roche de Norwich. *(Coquilles marines).*
4. *Pliocènes les plus anciennes* : Roches rouges et corallines (Suffolk, Anvers).

C. 5. 6. *Miocènes* : Supérieure et inférieure ou molasse; couche de Bordeaux; lits de Touraine; dépôts de Pikermé, près d'Athènes; tuff volcanique et calcaire des Açores, etc.; charbon brun d'Allemagne, etc. *(Mastodonte, élan gigantesque, salamandre, etc.)*

D. 7. 8. 9. *Eocènes* : Supérieure, moyenne et inférieure; quartz d'Agen; argiles de Bartoo; sables de Bracklesham; plâtre de Paris; argiles plastiques de Londres et de Thouet. *(Palmiers, oiseaux, etc.)*

III. SÉRIE SECONDAIRE ou MÉSOZOÏQUE :

E. 10. *Crétacées* : Supérieure; craie anglaise; lits de Maëstricht. — Craie avec un sans silex; craie marnée; sable vert supérieur; sable vert inférieur. *(Nautilus, poissons, mollusques, etc.)*
11. *Inférieure* (ou néocomienne) : argile de Weald; sable d'Hasting. *(Iguanodon, hylæosaure, etc.)*

F. 12. *Oolithique* : supérieure; lits de Purbeck, pierre et sable de Portland; argile de Kimmeridge; pierre lithographique de Solenhofen avec *Archæopteryx*. *(Poissons.)*
13. *Moyenne*; gravier calcaire, corail; argile d'Oxford; roche de Kelloway. *(Belemnites et ammonites.)*
14. *Inférieure*, Cornbrash, argile de Bradford, ardoise de Stonesfield, terres de Fuller, Oolithe inférieur. *(Ichtyosaure, plésiosaure, ptérodactyle.)*

G. 15. *Liasique* : Argile, sable et marne. *(Ammonites, equisetum, sauriens, labyrinthodon.)*
16. *Triasique* : Supérieure. Lias bleus; argile rouge; grès bigarré; marne irisée. *(Poissons, dromatherium, cycopodiacées, equisetate. etc.)*
17. Moyenne ou muschelkalk. *(Encrine; placodus gigas.)*
18. Inférieure : Nouveau grès rouge. *(Labyrinthodon, empreintes d'oiseaux et de reptiles.)*

IV. SÉRIE PRIMAIRE ou PALÉOZOÏQUE :

I. 19. *Permienne* : Calcaire magnésien, marnes ardoisées, nouveau grès rouge et argile schisteuse; dolomite. *(Fougères, poissons, amphibies.)*
J. 20. 21. *Carbonifère* supérieure et inférieure : Houilles; calcaire; cailloux de pierre meulière. *(Fougères, calamites, charbon.)*
K. 22. 23. 24. *Devonienne* supérieure, moyenne et inférieure : marnes, quartz, conglomérés. *(Coquilles, poisson, trilobites.)*
L. 25. 26. 27. *Silurienne* supérieure, moyenne et inférieure : argiles schisteuses, calcaires marins, grès. *(Eponges, coraux, trilobites, coquilles.)*
M. 28. 29. *Cumbrienne* supérieure et inférieure : Schistes argileux ardoisier, mêlés de calcaires marins. *(Zoophytes, lingula, fougères, sigillaria, stigmaria, calamites et cryptogames.)*
N. 30. *Laurentian* : Labradorites.
31. *Inférieur* : Gneiss et quartzites avec pierres calcaires interstratifiées, dont l'une desquelles se trouve un foraminifère, l'*Eozoon canadense*, le plus ancien fossile connu.

* **GÉOLOGIQUE** adj. Hist. nat. Qui a rapport à la géologie : *recherches géologiques.*

GÉOLOGIQUEMENT adv. D'une manière conforme à la géologie.

* **GÉOLOGUE** s. m. Hist. nat. Celui qui est savant en géologie, qui s'occupe de géologie. Les principaux géologues sont : Palissy, Colonna, Leibnitz, Hooker, Swedenborg, Marsili, Targioni, Werner, de Saussure, Dolomieu, Deluc, Cuvier, Brongniart, Cordier, Elie de Beaumont, Dufresnoy, Constant, Prévost, Beudant, Murchison, Humboldt, etc.

* **GÉOMANCIE** s. f. (gr. *gé*, terre; *manteia*, divination). Art prétendu de deviner par des points que l'on marque au hasard sur la terre ou sur du papier, dont on forme des lignes, et dont on observe ensuite le nombre ou la situation, pour en tirer certaines conséquences : *figure de géomancie.*

* **GÉOMANCIEN, IENNE** s. Celui, celle qui pratique la géomancie.

GÉOMANTIQUE adj. Qui a rapport à la géomancie.

* **GÉOMÉTRAL, ALE** adj. Se dit de dessin d'architecture qui donne la position, la dimension et la forme exacte des différentes parties d'un objet, d'un ouvrage, abstraction faite des illusions de la perspective : *plan géométral.*

* **GÉOMÉTRALEMENT** adv. D'une manière géométrale : *un dessin tracé géométralement.*

* **GÉOMÈTRE** s. m. Celui qui sait la géométrie : *excellent géomètre.* — Mathématicien : *Newton fut un grand géomètre.* — Fig. L'ÉTERNEL GÉOMÈTRE, Dieu.

* **GÉOMÉTRIE** s. f. (gr. *gé*, terre; *metron*, mesure). Science qui a pour objet tout ce qui est mesurable, les lignes, les superficies, les corps solides : *la géométrie est le fondement des autres parties des mathématiques.* — Traité par ext., de cette science instinctive des proportions qui nous fait mesurer les grandeurs en les comparant les unes aux autres : *nous avons en nous une géométrie naturelle.* — GÉOMÉTRIE SUBLIME, application du calcul intégral et différentiel à l'étude des courbes et des surfaces. — GÉOMÉTRIE DESCRIPTIVE, science qui a pour but de représenter les corps au moyen de leur projection sur des plans donnés. — ENCYCL. Ainsi que son nom l'indique, la géométrie était jadis l'art de mesurer le sol. On peut la diviser en *géométrie élémentaire* et en *géométrie transcendante.* La géométrie élémentaire traite des angles, des lignes droites, des plans bornés par des lignes droites, des solides limités par des plans, des cercles, des cylindres, des cônes et des sphères. Tout ce qui traite des courbes (sauf le cercle), des surfaces et des solides ayant des relations à une courbe quelconque autre que le cercle, appartient à la géométrie transcendante. La géométrie élémentaire est quelquefois divisée en planimétrie et en stéréométrie, la première traitant seulement des lignes et des figures qui gisent sur un plan; la seconde s'occupant des solides limités par des plans, et de la sphère, du cône et du cylindre, qui sont désignés généralement sous le nom de corps ronds. La partie de la planimétrie qui traite de la mesure des triangles est nommée trigonométrie. La géométrie est aussi divisée en géométrie synthétique et géométrie analytique; en géométrie ancienne et géométrie moderne; et en géométrie spéciale et géométrie générale; divisions qui signifient la même chose et sont basées sur les différences des méthodes employées respectivement par chacune d'elles. La géométrie synthétique, ancienne ou spéciale est basée sur l'observation directe des formes ou figures, et tous ses raisonnements se rapportent directement à ces figures. Cette méthode était la seule connue des anciens Grecs, qui regardaient la géométrie comme occupant le rang le plus élevé parmi les sciences. On dit que Platon avait inscrit sur sa porte : *Que personne n'entre ici, s'il ne connaît la géométrie.* La méthode analytique ou moderne est caractérisée par l'application des procédés algébriques par le calcul des relations des corps linéaires et des surfaces ou des volumes. La géométrie moderne substitue à la considération des grandeurs géométriques, la considération des équations qui les représentent. La géométrie descriptive est la transmutation des figures, réduisant la géométrie *des trois dimensions* à la géométrie sur une surface plane. — On peut diviser l'histoire de la géométrie en cinq périodes. La première, qui s'étend depuis l'origine de cette science jusqu'à l'an 550 ap. J.-C., fut suivie d'une période d'environ 1,000 années pendant lesquelles elle ne fit aucun progrès; la seconde période commence vers 1550, avec la renaissance de l'ancienne géométrie; la troisième débute dans la première moitié du xviie siècle, avec l'invention, par Descartes, de la géométrie analytique ou moderne; la quatrième période commence en 1684 avec l'invention du calcul différentiel, la cinquième arrive avec l'invention de la géométrie descriptive par Monge en 1795. Suivant une tradition qui nous est parvenue par les historiens grecs, la géométrie prit naissance chez les Égyptiens, grâce aux travaux que ceux-ci étaient obligés de faire annuellement pour rétablir les limites des propriétés, après les inondations. Chez les Grecs, cette science fut développée par Pythagore, Apollonius, Euclide et Archimède. Ce dernier introduisit la méthode d'exhaustion, en augmentant le nombre des côtés des polygones circonscrits à un cercle ou inscrits sur le même cercle. Kepler (1571-1630) introduisit l'idée du calcul infinitésimal, perfectionnant ainsi le procédé d'exhaustion d'Archimède. Mais la plus merveilleuse de toutes les inventions géométriques du xviie siècle, fut celle de Descartes, publiée en 1637; elle consiste simplement à considérer chaque ligne comme le foyer d'un point dont la position est déterminée par un rapport entre les distances de ce point à deux lignes fixes formant un angle droit l'une avec l'autre. Le rapport entre ces distances, exprimé en langage algébrique, constitue l'équation de la courbe. Huygens, dont le traité sur le pendule est mis par Chasler au rang des *Principia* de Newton, combina les méthodes de Descartes avec celles de ses prédécesseurs, et ajouta la magnifique théorie des développées, qui s'applique aux pendules et à l'optique. Newton inventa aussi des méthodes par lesquelles la considération de l'ellipse et de la parabole devient indépendant de celle des solides. Les fluxions de Newton et le calcul différentiel de Leibnitz furent bientôt en usage, et Newton, Maclaurin et Cotes s'occupèrent des courbes du troisième degré. — Bibliogr. *Géométrie* de Descartes (Paris, 1644); *Éléments de géométrie*, par Clairaut (Paris 1741); *Cours de géométrie*, par Bezout, plusieurs fois réimprimé; *Éléments de géométrie*, par S.-F. Lacroix (Paris, 1799); *Éléments de géométrie* de Legendre, avec addition et modification par Blanchet, ouvrage classique.

* **GÉOMÉTRIQUE** adj. Qui appartient à la géométrie : *méthode géométrique.* — Esprit géométrique, esprit qui est propre à la géométrie, qui est juste, méthodique, et qui procède géométriquement. Ou dit dans un sens analogue, Exactitude géométrique.

* **GÉOMÉTRIQUEMENT** adv. D'une manière géométrique, d'une manière exacte et rigoureuse : *cela est démontré géométriquement.*

GÉOMYS s. m. (gr. *gê*, terre; *mus.*, rat). Mamm. Genre de rongeurs, voisin du hamster et du thom smys, et comprenant des animaux

munis d'abajoues, à queue ronde et nue, à 5 doigts onguiculés. Les géomys ou rats à poche, comme on les appelle souvent, vivent sous terre et sont nocturnes; on les voit rarement; ils habitent l'Amérique du Nord, et sont très abondants dans certains districts, à l'ouest du Mississipi; leur couleur varie beaucoup suivant l'âge et les saisons. Le

Géomys à bourse. (Geomys bursarius).

géomys à poche (*geomys bursarius*, Shaw.) est long de 20 à 30 cent., sa queue mesure de 5 à 8 cent., il pèse de 250 à 300 gr. Il creuse les terrains sablonneux et se nourrit d'herbes, de racines, de noix, etc. qu'il porte dans son terrier au moyen de sa poche; il se rend nuisible à la végétation en mangeant les racines des arbres, des arbustes, des herbes et des végétaux; il reste inactif pendant le froid.

GÉONOME s. m. (gr. *gê*, terre : *nomos*, loi). Personne qui s'occupe de géonomie.

GÉONOMIE s. f. Partie de la géognosie traitant des lois qui président aux changements opérés dans la forme superficielle de la terre.

GÉONYME s. m. (gr. *gê*, terre; *onoma*, nom). Nom de lieu adopté par un auteur comme nom propre.

GÉOPHAGE adj. [jé-o-fa-je] (gr. *gê*, terre; *phagô*, je mange). Qui mange de la terre: *peuple géophage.* — Substantiv. : *les géophages d'Amérique.*

GÉOPHILE adj. [jé-o-fi-le] (gr. *gê*, terre; *philos*, ami). Qui vit sur la terre.

GÉOPHYTE s. m. [-fi-te] (gr. *gê*, terre; *phuton*, plante). Synon. d'*aérophyle*.

GÉOPITHÈQUE adj. (gr. *gê*, terre; *pitex*, singe). Mamm. Se dit des singes qui ne vivent pas sur les arbres.

GÉORAMA s. m. (gr. *gê*, terre; *orama*, vue). Physiq. Représentation sur une grande échelle de la totalité de la surface terrestre: *des géoramas.* Le géorama de Delanglard (1823) consistait en un tableau peint sur la surface intérieure d'une sphère creuse et transparente, mesurant plus de 30 mètres de circonférence. Le spectateur se plaçait au centre de ce globe et voyait se dérouler sous ses yeux toute l'étendue des continents et des mers. Un géorama analogue fut construit aux Champs-Elysées par A. Guérin en 1844. Le *géorama universel* de Montsouris est un planisphère en relief, établi dans un jardin, par l'instituteur Chardon.

GEORGE (Canal Saint-), *Saint-George's channel*, détroit qui sépare l'Irlande du pays de Galles. Longueur, 168 kil. ; largeur, de 60 à 110 kil.

GEORGE (Lewis) Ier, roi de Grande-Bretagne et d'Irlande, premier souverain de la dynastie hanovrienne, né le 28 mai 1660, à Osnabrück, mort le 10 juin 1727. Il était le fils aîné de l'électeur de Hanovre, Ernest-Augustus, et de Sophie, petite-fille de Jacques Ier. En 1682, il épousa sa cousine Sophie Dorothée, fille du duc de Celle. Cette princesse, soupçonnée d'avoir des intrigues avec le comte

Königsmark, fut divorcée en 1694 et ensuite emprisonnée jusqu'à sa mort (1726). George servit dans les armées impériales contre les Turcs et les Français et hérita de l'électorat en 1698. En 1700, il conduisit une armée au secours du duc de Holstein contre le roi de Danemark et fit lever le siège de Tœnningen. Il resta dans l'alliance anglaise pendant la guerre de la succession d'Espagne et en 1707-9 il commanda les forces impériales contre les Français. Les actes du parlement (1689-1701) assuraient la succession d'Angleterre à Sophie, électrice de Hanovre. Sophie mourut le 28 mai 1714, et son fils, George Lewis, devint héritier présomptif. Il succéda à la reine Anne, le 1er août et fut couronné en octobre. Les ministres de la reine Anne, Bolingbroke, Oxford et leurs associés, furent mis en accusation et vit arriver au pouvoir un ministère whig dont le vicomte Townshend et sir Robert Walpole étaient les membres les plus influents. L'opposition fit naître des révoltes en Ecosse et dans le nord de l'Angleterre, mais elle fut vaincue à la bataille de Preston, les 12-13 nov. 1715. Le prétendant (fils de Jacques II) débarqua en Angleterre en déc 1715, et fut bientôt mis en fuite. En 1717 une triple alliance fut formée avec la France et la Hollande contre la Suède et la Russie, et en 1718, une quadruple alliance fut signée avec la Hollande, la France et l'empereur. Dans la guerre de peu de durée qui suivit, l'amiral Byng anéantit la flotte espagnole au cap Passaro, le 11 août. En 1720, l'affaissement de la compagnie des Mers du Sud, dont le roi avait été élu gouverneur, fut suivie d'une panique générale et du retour de Walpole au pouvoir (celui-ci avait donné sa démission en 1717). La guerre se ralluma en 1725 avec par une alliance entre le roi d'Espagne et l'empereur, et par le traité de Hanovre entre l'Angleterre, la France et la Prusse et ensuite avec la Suède. Des articles préliminaires de paix furent signés à Paris, le 31 mai 1727. George avait eu de la reine un fils, George-Augustus, qui lui succéda, et une fille, Sophie-Dorothée, qui épousa, en 1706, Frédéric Guillaume Ier de Prusse.

GEORGE (Augustus) II, fils du précédent et de Sophie-Dorothée, né à Hanovre le 30 oct. 1683, mort le 25 oct. 1760. En 1705, il épousa Wilhelmine-Dorothée-Caroline, fille du margrave de Brandebourg-Anspach. Il accompagna son père en Angleterre en 1714 et fut proclamé prince de Galles le 22 sept. Son père et lui se haïssaient cordialement, parce que le jeune prince était fortement attaché à sa mère prisonnière, et qu'il avait été préféré à son père par l'électrice Sophie. Après une violente dispute, le prince quitta le palais de Saint-James (1717) et établit au palais de Leicester une cour rivale de celle du roi. Une sorte de réconciliation eut lieu en 1720, par l'influence de Walpole. George II fut couronné le 11 oct. 1727. L'histoire des quatorze premières années de son règne est celle de la lutte de Walpole et de l'opposition. Le traité de Séville, conclu en 1729 entre l'Angleterre, la France, l'Espagne et la Hollande, fut très avantageux à l'Angleterre; l'Espagne adhéra à la perte de Gibraltar. En 1739, la guerre fut déclarée à l'Espagne. Vernon prit Portobello; mais les Anglais échouèrent à Carthagène et à Santiago de Cuba. La guerre de la succession d'Autriche commença bientôt. En 1742, Walpole fut renversé et lord Wilmington prit sa place. Le roi rejoignit l'armée alliée en juin 1743, et quelques jours plus tard les Français furent battus à Dettingen. Mort de lord Wilmington amena au pouvoir Henry Pelham, recommandé par Walpole. En 1745, les alliés, commandés par le comte de Cumberland, furent vaincus par les Français à Fontenoy. Charles-Edward Stuart débarqua en Ecosse, pénétra en Angleterre jusqu'à Derby, fut proclamé à Perth et à Edimbourg et gagna la bataille de Gladsmuir ou de Prestonpans. George II se prépara à fuir. Les rebelles battirent les troupes royales à Falkirk, mais leur armée fut anéantie à Culloden le 16 avril 1746. La guerre continentale se termina par le traité d'Aix-la-Chapelle (1748). Le premier ministre mourut le 6 mars 1754; son frère, le duc de Newcastle, lui succéda. La guerre de Sept ans commença en 1756 et l'Angleterre s'allia à la Prusse, qui était en guerre avec l'Autriche, la France, la Russie, etc. Après la formation du ministère de Pitt-Newcastle, les Anglais triomphèrent partout. On fournit d'amples subsides à Frédéric de Prusse. Les armées anglaises et allemandes battirent les Français en Allemagne, à Crefeld, à Minden, etc. L'Amérique du Nord fut le théâtre de grandes opérations qui se terminèrent par la conquête du Canada. Les succès de Clive fondèrent l'empire britannique dans l'Inde; le Sénégal et Gorée furent conquis, et la victoire de l'amiral Hawke, remportée sur Conflans à la bataille navale des Cardinaux, établit la suprématie anglaise sur l'Océan.

GEORGE (William-Frédérick) III, petit-fils du précédent et fils de Frederick, prince de Galles, et d'Augusta de Saxe-Gotha, né le 4 juin 1738, mort le 29 janv. 1820. Il épousa, le 8 sept. 1761, la sœur du duc de Mecklembourg-Strelitz, Charlotte-Sophie, qui partagea son trône pendant 57 ans et qui lui donna 15 enfants. Il monta sur le trône le 25 oct. 1760. Au commencement de 1762, la guerre fut déclarée à l'Espagne. La Havane fut prise avec une grande partie de l'île de Cuba, les Philippines furent soumises, les galions chargés des immenses trésors espagnols furent capturés et la suprématie navale et coloniale de l'Angleterre fut établie; la paix se signa à Paris en 1763. En 1766, Pitt, créé comte de Chatham, forma un nouveau cabinet, qui voulut créer de nouvelles taxes et qui fit naître l'insurrection des colonies américaines. La guerre commença au printemps de 1775, et pendant sept ans, on fit les efforts les plus désespérés pour soumettre les révoltés. La guerre entre la France et l'Angleterre commença en 1778; l'Espagne et la Hollande se mirent au rang des ennemis de l'Angleterre. Les puissances du Nord formèrent une neutralité armée. Les flottes combinées de France et d'Espagne se rendirent maîtresses de la Manche. Gibraltar fut assiégé par une flotte immense. La fortune de l'Angleterre sembla s'éclipser. L'indépendance de l'Amérique fut reconnue et la paix se rétablit. La guerre, avec la France révolutionnaire commença en 1793; les Anglais purent soutenir leur réputation maritime en battant les Français près de Brest, le 1er juin 1794, et en Egypte les 1er et 2 août 1798; les Espagnols au cap Saint-Vincent le 14 février 1797 et les Hollandais à Camperdown le 11 oct. L'Irlande fut excitée à une révolte que l'on supprima par des mesures cruelles et sanglantes. L'union entre la Grande-Bretagne et l'Irlande fut effectuée en 1800. La paix fut faite avec la France en 1802, mais la guerre recommença en 1803. L'Espagne se joignit à la France; les flottes de ces deux puissances furent anéanties à la bataille de Trafalgar (1805). Pitt mourut en 1806 et le gouvernement passa aux mains d'une coalition à la tête de laquelle se trouvaient lord Granville et M. Fox. En 1807, on forma un ministère tory dont le duc de Portland était le chef; le ministère Percival lui succéda en 1809. Cette même année mourut la princesse Amélia, qui était la plus jeune fille et la favorite du roi; ce prince devint aussitôt fou. Plusieurs fois déjà, il avait eu des accès de folie furieuse. Par acte du parlement (5 févr. 1811), le prince de Galles devint prince régent.

GEORGE (Augustus-Frederick) IV, fils du précédent et de la reine Charlotte, né le 12 août 1762, mort le 26 juin 1830. Il fut élevé avec beaucoup de soin; mais il mena dans sa jeunesse une vie extravagante et débauchée. En 1785, il contracta secrètement un mariage illégal avec Mme Fitzherbert. En 1795, il épousa sa cousine Caroline de Brunswick, dans le but de payer ses dettes. Les deux époux, après avoir vécu ensemble une année, pendant laquelle naquit leur seule enfant, la princesse Charlotte, se séparèrent d'un commun accord. Désireux d'obtenir un divorce complet, le prince essaya de prouver l'infidélité de sa femme; mais après enquête par le parlement, la princesse fut acquittée. L'Europe continentale était sous le contrôle de Napoléon, quoique la Sicile et le Portugal fussent sous la protection de l'Angleterre. En 1811-'12, Wellington prit Badajoz et Ciudad Rodrigo; il gagna la bataille de Salamanque et l'Angleterre repoussa les ouvertures pacifiques de Napoléon. La guerre éclata avec les Etats-Unis; elle se termina par le traité de Gand le 24 déc. 1814. Wellington entra en France en oct. 1813. Les alliés prirent Paris le 31 mars 1814. Dès le retour de l'empereur des Français en mars 1815, les Anglais formèrent dans les Pays-Bas une armée dont Wellington prit le commandement le 5 avril. La victoire de Waterloo, 18 juin, donna à l'Angleterre la prépondérance en Europe. En 1817, on tenta d'assassiner le régent, devenu très impopulaire en raison de ses extravagances et de ses vices. George, nommé roi le 29 janvier 1820, recommença bientôt à persécuter ouvertement sa femme. Le ministère présenta à la chambre des lords une accusation d'adultère contre la reine. Les débats durèrent plusieurs semaines, mais l'opinion publique s'étant prononcée contre l'accusation, celle-ci fut retirée. La guerre de Birmanie commença en 1824, et se termina en 1826 par un accroissement considérable du territoire anglais. Au commencement de 1827, le duc d'York, héritier présomptif de la couronne, mourut sans titre fut transféré au duc de Clarence. Wellington devint premier ministre en janvier 1828. Le retour des tories au pouvoir ranima l'agitation pour l'émancipation des catholiques qui finirent par triompher en 1829. Le roi ne laissa pas d'enfants légitimes, et le duc de Clarence, troisième fils de George III, lui succéda sous le nom de Guillaume IV.

GEORGE (Lac), amas d'eau de l'Etat de New-York, long de 50 kil. du N.-E. au S.-O., large de 1 à 6 kil.; dans quelques endroits il atteint 130 mètres de profondeur; il se jette dans le lac Champlain au N. Il est remarquable par la transparence de ses eaux, la quantité de petites îles qu'il renferme et le magnifique paysage de ses rivages. En été, il est visité par un grand nombre de touristes. Pendant plus d'un siècle, il servit de canal de communication entre le Canada et les établissements de l'Hudson. Souvent occupé par de grandes armées lors des guerres coloniales, il fut le théâtre de puissantes batailles. Le fort Ticonderoga et le fort William Henry se trouvaient à ses extrémités N. et S. Les Français le nommaient *Lac du Sacrement.*

GEORGE DANDIN ou le Mari confondu, comédie de Molière en 3 actes et en prose, représentée à Versailles le 18 juillet 1668. Cette farce presque tragique est imitée de deux nouvelles de Boccace. Molière y tourne en ridicule la sottise d'un roturier qui entre, par un mariage, dans une famille noble. Sa femme le trompe et le fait bafouer. Il ne peut tirer d'autre vengeance que de s'adresser ce reproche, passé en proverbe: « *Vous l'avez voulu, George Dandin* ».

GEORGE DE TRÉBIZONDE, savant grec, né en Crète en 1396, mort en 1486. Fut professeur de littérature et de philosophie grecque à Venise et à Rome, et secrétaire des papes Eu-

gène IV et Nicolas V. Il fit l'éloge d'Aristote et attaqua Platon; ses écrits sont remarquables par les violentes personnalités qu'ils contiennent.

GEORGES (Saint). I. Patron de l'Angleterre, né probablement à Lydda ou à Ramleh en Palestine, dans la dernière moitié du IIIe siècle, mort à Nicomédie, le 23 avril 303. L'opinion prévalente est qu'Eusèbe parle de lui dans son *Histoire ecclésiastique* (B. viii., c. 5), comme étant l'un de ceux qui arrachèrent et mirent en pièce l'édit contre les chrétiens, que Dioclétien avait fait placarder à Nicomédie. Une inscription grecque datée de 346, placée sur une église d'Edhra (Syrie), mentionne George comme un martyr. A Constantinople, à Rome, à Palerme et à Naples, des églises portèrent son nom dès les temps les plus reculés. L'Angleterre, l'Aragon, le Portugal, la Russie et Gênes l'ont choisi comme patron. En 1222, un concile, tenu à Oxford, ordonna que la fête de saint Georges serait considérée comme fête nationale. On le représente généralement au moment où il terrasse un dragon. — II. Surnommé le Foulonnier, l'Arien, et Georges de Cappadoce, né en Cilicie vers 300. mort à Alexandrie en 361. Il était fils d'un foulonnier, acquit de grandes richesses et devint le chef des ariens d'Asie Mineure. En 356, il fut élu évêque d'Alexandrie, Athanase, pasteur légitime de cette ville, étant encore vivant. Il persécuta ses adversaires religieux et pilla les temples païens. Chassé de la ville, il fut réinstallé par la force armée. A l'avènement de Julien, il fut emprisonné et massacré par les païens.

GEORGES, prince de Danemark, né en 1653, mort en 1708. Il était le second fils de Frédérick III et de Sophie de Lunebourg. Le 28 juillet 1683, il épousa la princesse Anne d'Angleterre, seconde fille du duc d'York, depuis Jacques II. Après le triomphe du prince et de la princesse d'Orange, le prince Georges fut naturalisé par acte du parlement et créé, par le nouveau roi, duc de Cumberland. Il accompagna Guillaume en Irlande, où il assista à la bataille de la Boyne. A l'avènement de sa femme, la *Bonne reine Anne,* en 1702, il fut nommé lord grand amiral d'Angleterre. Il était entièrement dépourvu de capacités.

GEORGES V, ex-roi de Hanovre, né à Berlin le 27 mai 1819, mort à Paris le 14 juin 1878. Il était fils du roi Ernest-Auguste et d'une sœur de la reine Louisa de Prusse, et épousa en 1843 la princesse Marie de Saxe-Altenbourg. Aveugle depuis son enfance, il hérita néanmoins de la couronne le 18 nov. 1851. Il ne tarda pas à s'attirer la désaffection de son peuple par l'appui qu'il donna à des courtisans impopulaires, par ses principes ultra-conservateurs et par sa politique sans stabilité. En 1866, il prit, avec ostentation, parti pour l'Autriche contre la Prusse et fut déposédé de ses Etats, le 20 sept., après une défaite où son armée entière se rendit au roi Guillaume. Il se réfugia à Vienne, d'où il entretint pendant quelque temps l'agitation dans son ancien royaume; puis il vint à Paris, où il ne s'occupa plus guère que de cultiver la musique, qu'il aimait avec passion.

GEORGES (Marguerite-Joséphine WEMNER, dite *Mlle*) célèbre actrice, née à Bayeux en 1787, morte à Passy en 1867. Son père, qui avait été maître tailleur au régiment de Lorraine et qui était devenu directeur de spectacle en province, la fit débuter à Amiens vers l'âge de 12 ans. Mlle de Raucourt, en tournée de représentation, remarqua sa beauté, pressentit son brillant avenir et l'emmena à Paris, où elle lui fit obtenir le rôle de Clytemnestre, dans *Iphigénie en Aulide* (1802). L'impression fut profonde dans le public; mais Mlle Georges, ne pouvant éclipser complètement Mlle Duchesnois, quitta furtivement Paris en 1808, joua en Russie et en

Allemagne, eut un parterre de rois à Dresde et à Erfurt (1812), reparut au Théâtre-Français en 1813, perfectionna son talent grâce aux leçons de Talma, voyagea en province, entra à l'Odéon, puis à la Porte-Saint-Martin (1834), se retira en 1849, mais reparut plusieurs fois sur la scène jusqu'en 1865.

GEORGES (Conspiration de), conspiration royaliste dans laquelle furent compromis Moreau, Pichegru et Georges Cadoudal, connu sous son petit nom de *Georges*. (Voy. CADOUDAL.). Douze des conspirateurs, y compris Georges, furent exécutés le 25 juin 1804; plusieurs autres furent emprisonnés. Pichegru, s'étrangla sa prison et Moreau, condamné à deux ans de prison, fut exilé par le premier consul et se retira aux Etats-Unis.

GEORGES (Saint-), ch.-l. de cant., arr. et à 42 kil. N.-E. de Poitiers (Vienne); 1,400 hab.

GEORGES-DU-VIÈVRE (Saint-), ch.-l. de cant., arr. et à 16 kil. S.-E. de Pont-Audemer (Eure); 920 hab. Fabriques de toiles de coton.

GEORGES-EN-COUZAN (Saint), ch.-l. de cant., arr. et à 20 kil. N.-O. de Montbrison (Loire); 1,100 hab.

GEORGES-SUR-LOIRE (Saint-), ch.-l. de cant., arr. et à 17 kil. S.-E. d'Angers (Maine-et-Loire); 2,500 hab.

GEORGETOWN I. Port du district de Colombie, sur le Potomac, à 4 kil. N.-O. du capitole de Washington ; 11,390 hab. Place florissante. Le collège de Georgetown, sous la direction des jésuites, fut fondé en 1789 et fut élevé au rang d'université en 1815. — II. Port de la Caroline du Sud (Etats-Unis), sur la côte O. de la baie de Winyaw, à 20 kil. de la mer et à 145 kil. E-S E. de Colombia ; 2,400 hab. — III. Ville du Kentucky (Etats-Unis), sur la rivière North-Elkhorn, à 25 kil. E. de Frankfort; 1,570 hab. Collège de Georgetown (baptistes); institut théologique baptiste.

GEORGETOWN (holl. *Stabroek*), capitale de la Guyane anglaise, sur la rive E. de la rivière Demerara et à son embouchure; environ 27,000 hab., la plupart gens de couleur. La ville est régulièrement bâtie avec des rues larges et propres et de jolies maisons en bois, construites sur pilotis, et entourées de jardins. Des canaux courent dans presque toutes les rues. Mairie, cathédrale épiscopalienne, collège, deux hôpitaux, asile d'aliénés, deux banques et deux théâtres. La ville est malsaine, à cause de sa situation basse et marécageuse. Elle exporte principalement du café, du sucre et du rhum.

GEORGIE [angl. djor'-dji-a], l'un des treize états primitifs de l'Union américaine, entre 30° 21' et 35° lat. N., et entre 83° 8' et 88° long. O., borné par la Caroline du Nord, le Tennessee, la Caroline du Sud, l'Atlantique, la Floride et l'Alabama, et divisé en 137 comtés. Cap. Atlanta; v. princ. Savannah, Augusta, Macon, Columbus, Athens, Milledgeville (ancienne capitale) et Rome ; 154,034 kil. carr.; 1,542,180 hab., dont 560,000 noirs. Territoire bas et marécageux le long de la mer, élevé au N., où il est traversé par les Appalaches, qui y atteignent une hauteur de 500 à 1,500 m. Ports de Savannah, de Darien, de Brunswick et de Saint-Mary's. Principaux fleuves : Savannah, Ogeechee, Altamaha, Santilla, Saint-Mary's, affluents de l'Atlantique; Chattahoochee, Flint, Ocklockonnee, Withlacoochee, Allapaha et Coosa, qui se jettent dans le golfe du Mexique. Mines d'or, d'argent, de cuivre et de charbon de terre. Climat chaud et malsain dans les régions basses de la côte, où règnent des fièvres malignes. Production de maïs, de coton, de riz, de bois de construction, etc.; procédés agricoles peu perfectionnés. On trouve

près de la côte, le cyprès, les magnoliers, des arbres à gomme, parmi lesquels on distingue l'arbre à liquidambar, des palmiers, etc. Grande exportation de coton, de riz et de pommes de terre. — Le pouvoir législatif appartient à une assemblée générale, consistant en un sénat de 44 membres et une chambre des représentants de 175 membres. Les sénateurs sont élus pour 4 ans, les députés pour 2 ans. Le gouverneur est élu par le peuple pour un terme de 4 ans. Les juges sont nommés par le gouverneur, avec l'assentiment du sénat. La Georgie envoie neuf représentants au congrès de Washington. Recettes: 9 millions et demi de fr.; dépenses: 9 millions ,dettes: 12 millions. — 2,900 écoles publiques, dont 700 pour enfants noirs; 122,000 élèves, dont 38,000 noirs; 700 écoles privées (26,000 élèves); 86 écoles supérieures (5,000 élèves); 11 collèges; université à Athènes.— 1,800 bibliothèques (468,000 vol.), dont 1.200 particulières (305,000 vol.); 110 journaux, dont 15 quotidiens. — 2,900 organisations religieuses, avec 2,700 édifices. Principales dénominations : baptistes, méthodistes, presbytériens, christians, épiscopaliens, catholiques romains, congrégationalistes et luthériens. — La Georgie doit son

Sceau de l'État de Georgie.

nom au roi d'Angleterre Georges II qui y envoya une centaine de colons en 1732. Savannah fut fondée en 1733. Les Espagnols essayèrent vainement de détruire cette colonie naissante, en 1739-'42. Après la guerre de l'Indépendance, les colons eurent plusieurs fois la guerre avec les Creeks et les Cherokees, qui furent chassés définitivement en 1838. Le 19 janv. 1861, une convention réunie à Milledgeville passa une ordonnance de sécession. Le territoire fut envahi par Sherman en 1864 et Savannah fut occupée. La Georgie resta en état de siège jusqu'au 17 juin 1865. Une convention, réunie à Milledgeville, ayant rappelé l'ordonnance de sécession et aboli l'esclavage, le gouvernement militaire fit place peu à peu au gouvernement civil. Une convention, réunie à Atlanta, la nouvelle capitale, vota une nouvelle constitution en 1868.

GÉORGIE (russe *Grusia*; pers. *Gurjistan*; anc. *Iberia*), nom donné autrefois à la partie de l'Asie occidentale qui est comprise aujourd'hui dans la Transcaucasie russe, entre la mer Caspienne, la mer Noire, les montagnes du Caucase et celles de l'Arménie; environ 175,000 kil. carr. La Géorgie comprend : les gouvernements russes de Kutais, de Tiflis, d'Elisabethpol, de Bakou et d'Erivan et les districts de Sakatal, de Sukhum et de Tchernomore. Dans les temps modernes, son nom a été généralement restreint au territoire limité au N. par le Caucase, à l'E. par le Shirvan, au S. par la chaîne des montagnes arméniennes séparant la vallée de Kur de la vallée de l'Aras, et à l'O. par une branche de la chaîne caucasienne. Pour la description de ce pays, voir les articles particuliers de cha-

cune des divisions modernes. — Les Géorgiens ou anciens Ibériens, forment, avec les Suanéthiens, les Mingréliens et les Laziens, la race principale du groupe ethnologique caucasien méridional. On croit que leur nom vient du persan *gurj* (*Gurjistan, la terre des loups*). Les. Géorgiens proprement dits occupent la contrée comprise dans les limites les plus restreintes que nous avons données ci-dessus. A l'O. de ceux-ci sont les Mingréliens, qui occupent la Mingrélie et la Gurie, sur la mer Noire. Les Suanéthiens habitent les pentes méridionales du Caucase, au N.-E, des Mingréliens. Ces trois divisions appartiennent à l'empire russe. Les Laziens, dans le sanjakat de Lazistan, vilayet de Trébizonde, sont soumis à la Turquie. Les Géorgiens sont turbulents, indolents et ignorants. La basse classe se compose presque entièrement de cultivateurs. Les hommes sont remarquables par leurs formes athlétiques, les femmes par leur beauté. Depuis que les Russes ont établi leur domination sur ce pays, le commerce des esclaves a été interdit et les relations entre les classes supérieures et inférieures se sont modifiées. Les Géorgiens font nominalement partie de l'Eglise grecque, mais les prêtres sont généralement aussi ignorants que les gens du peuple. — On ne connaît rien de certain sur l'histoire primitive des Géorgiens. Le premier royaume géorgien paraît avoir été renversé par les Scythes dans le vii⁰ siècle av. J.-C. Il est probable que le pays forma plus tard une partie de l'empire persan ; il fut conquis par Alexandre le Grand, à la mort duquel il recouvra son indépendance. En 65 av. J.-C., Pompée força les Géorgiens ou Ibériens à demander la paix. Dès le commencement du IVᵉ siècle, ils étaient convertis au christianisme. Les Géorgiens, sous la dynastie arménienne des Bagratides, devinrent vassaux des califes et furent subjugués par les Mongols et par Tamerlan. Après deux siècles de troubles intérieurs et de guerres avec la Perse et la Turquie, luttes auxquelles la Russie prit part, la pays fut réuni en un seul Etat, par Vakhtang IV, qui mourut en 1676. En 1783, Irakli (Héraclius) II de Kakhétie, étant menacé par les Perses, se déclara vassal de la Russie. En 1801, le pays devint une province russe et en 1810 l'Imérèthie lui fut ajoutée. — La langue géorgienne tire évidemment son origine de l'aryen ou dravidien primitif; elle s'écrit de droite à gauche, au moyen d'un alphabet composé de 40 lettres, qui varient un peu dans différents manuscrits. Les caractères employés dans la rédaction des écrits ecclésiastiques diffèrent des caractères ordinaires. Quelques-uns des manuscrits écrits avec l'alphabet ecclésiastique appartiennent probablement à une haute antiquité, mais la plupart sont postérieurs à l'introduction du christianisme. Les manuscrits géorgiens les plus importants sont: un volume de 63 traités historiques et biographiques qui ont jeté une grande lumière sur l'histoire des Khazars pendant le VIII° siècle ; une traduction des Évangiles par Droudch, datant du X° siècle ; et un roman ayant pour titre, *Tariel, l'Homme à la peau de tigre* (nom d'un général de la reine Tamar), par Skhotta de Rustvel. Pendant le XVIII° siècle, malgré des guerres continuelles, il y eut abondance de travaux littéraires d'une grande valeur. Le prince Sulkan-Saba-Orbelian publia un dictionnaire de la langue, contenant au moins 25, 000 mots ; et le roi Vakhtang VI fit rédiger une histoire très détaillée du pays. La langue russe a généralement remplacé aujourd'hui le géorgien dans les écoles ; les livres en langue géorgienne sont imprimés en caractères russes.

GÉORGIE (Golfe de), entre l'île Vancouver et le continent de la Colombie anglaise, réuni au S. au détroit de Fuca par les détroits de Haro et de Rosario, et communiquant au N. avec le détroit de la reine Charlotte : sa longueur est d'environ 440 kil., sa plus grande largeur de 40 kil.

GÉORGIE (Baie de). Voy. HURON (*Lac*).

GÉORGIEN, IENNE adj. et s. Habitant de la Géorgie ; qui appartient à la Géorgie.

* **GÉORGIQUE** s. f. (gr. *gé*, terre ; *ergon*, œuvre). Ne se dit qu'au pl., et en parlant des ouvrages qui ont rapport à la culture de la terre : *les Géorgiques de Virgile*.

GÉOTHLYPIS s. m. Ornith. Genre de luscinidés, comprenant plusieurs espèces américaines d'oiseaux chanteurs. Le *gorge-jaune* (*geothlypis trichas*), de l'Amérique du N., mela-

Gorge-jaune (Geothlypis trichas).

sure 13 cent. de long et 18 cent. d'envergure ; sa couleur est vert olive en dessus, pointillée de brun sur la tête ; sa gorge, sa poitrine et le dessous de la queue sont d'un jaune brillant. On le trouve dans toute l'Amérique du Nord, mais il est plus abondant dans les états du centre.

GÉPIDES, *Gepidæ*, peuple germain, de la famille des Goths, qui paraît pour la première fois dans l'histoire au III° siècle ap. J.-C., sur la Baltique, près de la Vistule. Les Gépides s'avancèrent ensuite plus au sud et fondèrent un royaume sur le territoire des Huns, qu'ils avaient chassés. Théodoric, roi des Ostrogoths, les battit en 488, près de Sirmium (aujourd'hui Szerém en Slavonie) ; et Alboin, roi des Lombards, assisté des Avars, détruisit leur nation en 566.

GERA, ville de Reuss-Schleiz (Allemagne), sur l'Elster blanc, à 45 kil. O.-S.-O. de Leipzig ; 27,500 hab., y compris deux faubourgs. Nombreuses manufactures de tissus de laine, de coton, de toile, etc. ; fonderies, vastes brasseries et teintureries.

GERAMB (Ferdinand de, BARON) [jéran], trappiste, né à Lyon en 1772, mort en 1848. Il était d'origine hongroise, fut élevé à Vienne, servit contre la France dans les armées autrichiennes, espagnoles et anglaises. D'un caractère violent, il se rendit fameux comme duelliste. Emprisonné à la Force par Napoléon, il se consacra à la religion et, après avoir été mis en liberté, en 1815, il se retira chez les Trappistes ; plus tard, il devint procureur général de l'ordre. Les récits de ses pèleri-

nages à la Terre-Sainte et à Rome ont eu de nombreuses éditions.

* **GÉRANCE** s. f. Fonctions de gérant : *la gérance d'un journal*.

GÉRANDO (Joseph-Marie de), philosophe, né à Lyon en 1772, mort en 1842. Il se préparait à la prêtrise quand éclata la Révolution. Il s'enfuit après le siège de Lyon, passa plusieurs années en Suisse et en Italie, et rentra en France en 1796. Enrôlé dans l'armée d'Italie, il gagna, pendant qu'il était sous les drapeaux, le prix de l'Institut pour une dissertation métaphysique sur les *signes de l'art de penser* (4 vol. in-8°). En 1799, il entra dans le service civil au ministère de l'intérieur, devint conseiller d'État en 1811 et gouverneur de la Catalogne en 1812. Sous la Restauration, il conserva ses dignités et en 1837 il fut créé pair de France. En 1819, de Gérando commença ses conférences devant la faculté de droit de Paris; son cours fut suspendu en 1822 et ouvert de nouveau en 1828. Ses travaux philosophiques comprennent : *Génération des connaissances humaines* (Berlin, 1802) ; *Histoire comparée des systèmes philosophiques* (3 vol. 1822-'47) ; *Perfectionnement moral* (2 vol. in-8°, 1824). Il publia aussi un célèbre ouvrage sur l'*Éducation des sourds-muets* (1827) et un autre sur le *Droit administratif* (4 vol. in-8°, 1829 et 1845).

GÉRANIACÉ, ÉE adj. Qui ressemble ou qui se rapporte au géranium. — s. f. pl. Famille de dicotylédones gamopétales hypogynes, ayant pour type le genre géranium et comprenant, en outre, les genres érodium, pélargonium, etc.

* **GÉRANIUM** s. m. (jé-ra-ni-omm) (gr. *geranos*, grue). Bot. Genre type des géraniacées, renfermant environ 70 espèces de plantes herbacées, cultivées la plupart dans les jardins d'agrément, et remarquables par la forme de leur capsule, qui figure un bec de grue. — On donne populairement le nom de *géranium* aux plantes du genre pélargonium. — Les principales espèces françaises sont : le *géranium des Pyrénées* (*geranium Pyrenaicum*), à fleurs violettes ou d'un pourpre clair ; le *géranium luisant* (*geranium lucidum*), glabre, à fleurs rosées ; le *géranium à feuilles rondes* (*geranium rotundifolia*), à calice pubescent ; le

Géranium moucheté (Geranium maculatum).

géranium sanguin (*geranium sanguineum*), l'une des plus belles espèces indigènes, à grandes fleurs d'un rouge de sang ; le *géranium herbe à Robert* (*geranium robertianum*), à petites fleurs rouges, commun dans les lieux pierreux ; on l'appelle aussi herbe à l'esquinancie. On cultive particulièrement dans les jardins : le *géranium d'Endresse* (*geranium Endresii*), jolie espèce pyrénéenne à grandes fleurs roses ; le *géranium tubéreux* (*geranium macrorhizum*), originaire d'Italie, à fleurs d'un

beau rose ; le *géranium strié* (*geranium striatum*), d'Italie, à pétales blancs, bilobés, veinés de pourpre ; le *géranium à grandes fleurs* (*geranium Ibericum*), du Caucase, à fleurs qui passent du violet au beau bleu d'azur. L'Amérique du Nord possède le *géranium moucheté* (*geranium maculatum*). Toutes ces plantes viennent en pleine terre ; on les multiplie de semis au printemps et en été ; par l'éclat des pieds en automne.

* **GÉRANT, ANTE** s. (lat. *gerere*, administrer). Celui, celle qui gère, qui administre pour le compte d'autrui : *établir un gérant à l'exploitation d'un domaine dont les animaux et les ustensiles ont été saisis*. — Adjectiv. : *procureur gérant*.

GERAR ou **Gerara**, ville de l'ancienne Palestine, dans la tribu de Siméon. (Voy. ABIMÉLECH.)

GÉRARD le Bienheureux, fondateur de l'ordre des chevaliers hospitaliers de Saint-Jean-de-Jérusalem. (Voy. SAINT-JEAN-DE-JÉRUSALEM.)

GÉRARD (Saint), évêque de Toul, de 963 à 994. Il fonda des écoles et fut le protecteur des savants. Fête le 23 avril.

GÉRARD (Cécile-Jules-Basile), connu sous le nom de Gérard le Tueur de lions, officier français, né à Pignans (Var) en 1817, mort en 1864. A l'âge de 24 ans, il s'engagea dans les spahis et entreprit de faire la chasse aux lions, tâche qu'il accomplit avec tant de succès qu'il acquit une renommée européenne. En 1855, il revint en France comme sous-lieutenant ; il était chevalier de la Légion d'honneur depuis 1847. Il se noya dans le Jong, rivière de l'ouest de l'Afrique, contrée qu'il visitait pour remplir une mission dont l'avait chargé la Société royale géographique de Londres. On a de lui *La Chasse au lion* (1855, in-18) et le *Tueur de lions* (Bibl. des chemins de fer, 1858).

GÉRARD (François-Pascal-Simon, BARON), peintre français, né à l'ambassade de Rome, où son père avait un emploi en 1770, mort en 1837. Élève de David, il obtint le second prix de Rome en 1789. Son *Bélisaire* (1795) le rendit célèbre ; il exécuta entièrement 30 peintures historiques, et environ 300 portraits, y compris celui de Napoléon et ceux de presque tous les membres de la famille impériale, de Hoche, de Foy, de Canning, de Mlle Mars, de Talma, de Ducis, etc. Il entreprit les travaux décoratifs du musée de Versailles et du Panthéon. Son exacte *Bataille d'Austerlitz* reçut des éloges de Napoléon (1810). Sous la Restauration, il donna : *Entrée d'Henri IV à Paris* (1817) ; *Corinne au cap Misène* ; *Thétis portant les armes d'Achille* (1819) ; *Daphnis et Chloé* (1825) : le *Tombeau de Sainte-Hélène* (1826) ; *Louis XIV déclarant son petit-fils roi d'Espagne* (1828) ; *Sacre de Charles X* (1829) ; *Napoléon dans son cabinet* (1831) ; *Louis-Philippe acceptant la lieutenance générale du royaume* ; *la Peste à Marseille* (1832). Ses compositions, pleines d'art et de poésie, sont presque toujours vigoureusement dessinées ; son coloris est brillant et harmonieux.

GÉRARD (Étienne-Maurice, COMTE), maréchal de France, né à Damvillers (Meuse) en 1773, mort en 1855. Volontaire en 1791, il eut un prompt avancement et fut nommé général de brigade et baron en récompense des services qu'il rendit à Austerlitz, à Halle, à Iéna et à Wagram. Il montra une grande énergie comme général de division pendant la retraite de Moscou, fut dangereusement blessé et fut créé comte en 1813. Il opéra avec succès contre les envahisseurs en 1814. Sous les ordres de Grouchy, il opina pour quitter Ligny par une marche forcée sur Waterloo, du côté duquel on entendait la canonnade (1815); mais son avis fut repoussé.

Gérard fut élu député en 1822, 1823 et 1827 ; il coopéra à la révolution de 1830 et reprit son siège de député, après avoir été trois mois ministre de la guerre. Il devint maréchal en 1830 ; en 1832, il commanda l'armée française en Belgique, assiégea Anvers et força cette ville à capituler. Il fut de nouveau ministre de la guerre pendant trois mois en 1834 et devint sénateur en 1852.

GÉRARD DE NERVAL (Gérard Labrunie dit), littérateur, né et mort à Paris (1808-25 janv. 1855). Il publia des poésies, une traduction de Faust, des drames (en collaboration avec Dumas), une traduction métrique d'un drame indien (en collaboration avec Méry). En 1852, il publia Les Illuminés ou les précurseurs du socialisme. On le trouva pendu dans la rue, le matin de l'anniversaire de la mort de Jenny Colon, actrice qu'il avait passionnément aimée.

GÉRARDMER ou Géromé s. m. [jé-rar-mé], fromage qui se fabrique dans les Vosges, aux environs de Gérardmer.

GÉRARDMER ou Géromé, ch.-l.. de cant., arr. et à 19 kil. de Saint-Dié (Vosges), à 34 kil. S.-E. d'Epinal, sur la rive gauche du lac de son nom, qui mesure 2 kil. de long et qui est traversé par la rivière Valogne ; 6,550 hab. Cette ville est renommée pour son fromage vulgairement appelé Géromé. Scieries de planches, boissellerie.

GERASA ou Galasa (aujourd'hui Jerath), ville ruinée de la Palestine, à l'est du Jourdain, dans l'ancienne Décapole, à 80 kil. N.-E. de Jérusalem, divisée par la rivière Keruan. Ses ruines les plus intéressantes sont un temple corinthien, un arc de triomphe, cinq ou six autres temples et deux théâtres, tous en

Le petit théâtre à Gerasa.

marbre ; une naumachie, un petit temple (avec une colonnade ionique demi-circulaire), d'où part une rue, garnie d'un rang de colonnes, qui traverse la ville. A angle droit avec celle-ci courent trois autres rues, toutes remplies des souvenirs de l'ancienne splendeur de Gerasa. Josèphe raconte que le roi Alexandre Jannœus s'empara de cette ville, vers 85 av. J.-C. Elle fut brûlée par les Juifs dans leur guerre avec les Romains et prise de nouveau par Annius, général de Vespasien. En 1122, Baudouin II s'en empara et détruisit la forteresse.

GÉRAUD (Saint), comte d'Aurillac (855-909). Il est le patron de la haute Auvergne. Fête le 13 octobre.

GERBA, île et ville de Tunisie ; 30,000 hab. Importante par son commerce de tissus de laine, de coton et de soie ; poteries.

GERBAGE s. m. Levée des gerbes d'un champ. — S'est dit du droit qui était prélevé sur les gerbes.

GERBE s. f. [jèr-be](anc. haut all. garba). Faisceau de blé coupé : lier en gerbe. — S'est dit absol. des gerbes que l'on prélevait pour la dîme : disputer la gerbe. — Fig. GERBE D'EAU, assemblage de plusieurs jets d'eau, qui, en s'élevant, forment comme une espèce de gerbe. — Fig., dans les Feux d'artifice, GERBE DE FEU, ou simpl., GERBE, assemblage de plusieurs fusées, qui, partant toutes ensemble, représentent une espèce de gerbe.

GERBÉE s. f. Botte de paille où il reste encore quelque grain : gerbée de froment.

GERBER v. a. Mettre en gerbe : il faut gerber ce froment. — Mettre dans une cave, dans un cellier les pièces de vin les unes sur les autres : pour faire tenir toutes les pièces dans la cave, il faudra les gerber.

GERBERGE, reine de France, morte en 968. Elle épousa Louis d'Outre-Mer, roi de France, à la mort duquel (954) elle devint régente. Son fils Lothaire fut le dernier roi carlovingien.

GERBERGE, reine d'Austrasie, née vers 750, morte après 773. Elle épousa en 768 Carloman, frère de Charlemagne. A la mort de son mari, redoutant pour ses fils la tonsure ou la mort, elle s'enfuit à la cour de Didier, roi des Lombards. Didier, pour la défendre, envahit les Etats pontificaux. Charlemagne, à l'appel du pape, vint assiéger Vérone où s'étaient réfugiés Didier, Gerberge et ses fils, et s'empara de cette ville (773). La veuve de Carloman fut emmenée en France par Charlemagne, qui la traita avec les plus grands égards.

GERBEROY, comm. de l'arr., et à 25 kil. N.-O. de Beauvais (Oise) ; 300 hab. Ville importante au moyen âge par ses fortifications, elle fut prise en 1160 par Henri II d'Angleterre, en 1418 par les Bourguignons et les Anglais, et en 1432 par le comte de Clermont qui la ruina. Les Anglais y essuyèrent une défaite (1445) et durent s'enfuir, chassés par Louis de Soyécourt de Mouy, gouverneur du Beauvaisis. Gerberoy fut pillée par les Bourguignons en 1472 et servit de refuge à Henri IV blessé, après le combat d'Aumale. Les ligueurs de Beauvais la saccagèrent en 1593 et 1594.

GERBERT Voy. SYLVESTRE II.

GERBEVILLER, ch.-l.. de cant., arr. et à 13 kil. S. de Lunéville (Meurthe-et-Moselle), sur la Mortagne ; 1,950 hab. Bonneterie, vins ; culture du houblon.

GERBI ou Zerbi, anc. Meninx, Girba, Hirba ou Lotophagitis insula, île de la Méditerranée, située dans la partie méridionale du golfe de Cabès, près de l'Etat de Tunis dont elle fait partie ; 40 kil. carr. ; 40,000 hab. Elle produisait autrefois le lotus. Sol fertile, climat sec ; commerce de toiles, de lainages et de châles. Les Espagnols prirent cette île au XVIe siècle ; ils en furent chassés en 1560, par les Turcs, qui élevèrent, avec les têtes des vaincus, une pyramide encore visible, haute de 10 mètres.

GERBIER s. m. Monceau de gerbes.

GERBIER-DES-JONCS, montagne de France qui fait partie des monts du Vivarais (Ardèche). Elle a 1,562 m. de hauteur. Un éboulement s'y étant produit en 1821, une partie de cette montagne est remplacée par un lac. La Loire y prend sa source.

GERBIERE s. f. Gros gerbier.

GERBILLON s. m. Petite gerbe.

GERBOÏDE adj. Qui ressemble à une gerboise. — s. m. pl. Famille de rongeurs ayant pour type le genre gerboise.

GERBOISE s. f. [jèr-boua-ze] (ar. jerbuali). Mamm. Genre de petits mammifères rongeurs qui ont les pattes de devant fort courtes, et dont la queue est garnie de longs poils à son extrémité. L'espèce la plus connue est la gerboise d'Egypte (dipus Ægyptius, Licht.), dont

Gerboise d'égypte (Dipus Ægyptius).

la conformation extérieure ressemble un peu à celle du kangourou. Son corps est presque aussi gros que celui du rat, fauve en dessus et blanc en dessous ; la touffe noire de la queue est marquée de blanc. Les espèces égyptiennes vivent en troupes dans le nord de l'Afrique, plus abondamment dans les régions sablonneuses et dans les ruines de l'Egypte ; elles se sont répandues en Syrie, en Arabie et jusqu'à la Caspienne au N. Ce sont des animaux très vifs, qui sont sans cesse en mouvement. Ils sont farouches et on ne peut les prendre que par surprise. Les Arabes les prennent vivants dans leurs terriers. — A cette famille appartiennent aussi d'autres rongeurs sauteurs, appelés souvent gerboises. Dans le nord de l'Amérique se trouve la souris sautante (jaculus Hudsonius, Zimm.), longue d'environ 25 cent.

GERCE s. f. L'un des noms vulgaires des teignes qui rongent les étoffes.

GERCEMENT s. m. Action de gercer ou de se gercer.

GERCER v. a. Faire de petites fentes ou crevasses à la peau. Se dit en parlant des lèvres, des mains, du visage et autres parties du corps, dont la peau est fendue par le vent, le froid, la gelée, la fièvre ou par quelque humeur âcre, etc. : gercer le visage. — Se dit, par ext., en parlant de la terre, du bois, des murs, des enduits de plâtre, etc., qui se fendent par l'effet de la chaleur, de la sécheresse, etc. : ces grandes chaleurs ont gercé la terre. — v. n. Les lèvres gercent au grand froid. — Se gercer v. pr, Avoir de petites fentes ; les lèvres se gercent pendant les gelées.

GERÇURE s. f. Se dit des fentes qui se font à certaines parties du corps, et principalement de celles que le froid ou la bise fait aux lèvres et aux mains : pommade bonne pour les gerçures. — Se dit, par ext., des fentes qui se font à la terre, dans le bois, dans les ouvrages de maçonnerie, etc.: le tronc de cet arbre est sillonné de longues gerçures. — Se dit aussi des fentes vives qui se trouvent dans le diamant. — Méd. On traite les gerçures des lèvres par le cérat au cacao ou au calomel, ou bien par une pommade de glycérine additionnée d'un huitième de teinture de quinquina. — On lotionne les gerçures du mamelon avec une solution de tannin et on les recouvre ensuite de taffetas collodion. On emploie aussi la pommade au ratanhia. — Pour les gerçures des mains, on frotte plusieurs fois par jour de cérat frais les parties atteintes, surtout lorsqu'on s'est trempé les mains dans l'eau. On peut aussi employer le collodion liquide. Eviter l'eau chaude. Le tannin et le lycopode sont recommandés pour les gerçures que les petits enfants ont quelquefois aux plis du corps.

GERDIL (Hyacinthe-Sigismond), philosophe savoisien, né en 1718, mort en 1802. Il se fit barnabite et devint professeur de philosophie à Macerata, à Casale et à Turin; puis tuteur du futur Charles-Emmanuel IV; ensuite abbé de Chiusa et cardinal en 1777. Il parvint à des dignités plus élevées à Rome, et sans sa nationalité, il eût succédé à Pie VI. Il a écrit en français, en latin et en italien, des des ouvrages sur la théologie, la philosophie, les sciences et la sociologie (20 vol. 1806-21).

GERDY (Pierre-Nicolas), physiologiste, né à Loches-sur-Ource (Aube) en 1797, mort en 1856. Il fut professeur à la faculté de médecine de Paris, écrivit un grand nombre d'ouvrages et de mémoires, poussa à ses dernières limites la doctrine des prétendues propriétés vitales qui résident dans les différents organes et dans les tissus du corps, et expliqua directement les phénomènes de la vie sans les attribuer à l'action de forces physiques ou chimiques.

GÉRENTE (Jean-François-Olivier, BARON DE), homme politique, né dans le Dauphiné vers 1750, mort en 1837. Envoyé à la Convention par les électeurs de la Drôme, il vota la détention lors du procès du roi, fut arrêté avec les 73 députés qui avaient protesté en faveur des girondins, reprit sa place à la Convention après le 9 thermidor et devint ensuite membre du conseil des Cinq-Cents.

* **GÉRER** v.a. Gouverner, conduire, administrer : *il a géré longtemps les affaires d'un tel.* — Se gérer v. pr. Etre géré.

* **GERFAUT** s. m. (all. *geier*, vautour; *falke*, faucon). Ornith. Espèce d'oiseau de proie du genre faucon, dont on se sert à la volerie: *tiercelet de gerfaut.* — Le *gerfaut commun* ou *faucon de Norvège*, (*falco caudicans*, *falco gyrfalco*) est plus grand d'un quart que le

Gerfaut de Norvège (Falco gyrfalco).

faucon. C'est le plus estimé de tous les oiseaux employés en fauconnerie, à cause de sa hardiesse et de la rapidité de son vol. On le tire du nord de l'Europe (Irlande et Norvège). Il change d'aspect aux différentes époques de sa vie. La longueur de son corps est de 1 m.50; la femelle, quoique plus grosse et plus lourde, a les ailes moins étendues. Le gerfaut parcourt les régions du nord de l'Europe et de l'Amérique; l'Islande est son rendez-vous favori; on le trouve au milieu des terrains calcaristes de la Norvège, de la Suède et du Groënland, dans les régions arctiques et dans les districts de la baie d'Hudson; il est rare en France.

* **GERGOVIE**, *Gergovia*. I. Ville des Arvernes, à 5 kil. S. de Clermont-Ferrand sur une hauteur qui porte aujourd'hui le nom de mont Gergovin et qui se détache des monts Dômes; Vercingétorix y vainquit les Romains. — II. Ville des Boïens à 27 kil. S. de Clamecy, à l'endroit où est aujourd'hui Saint-Révérien; sa forteresse, *Arx in Boïis*, a donné son nom au village d'Arzemboy.

GERHARD (Édouard) [ghèr'-hart], archéologue allemand (1795-1867). Ayant abandonné le professorat à Breslau à cause de la faiblesse de ses yeux, il voyagea en Italie et habita pendant 15 ans à Rome, où il fut directeur de l'institut archéologique. Il fut ensuite nommé archéologue du musée royal de Berlin et professeur à l'université de cette ville. Ses nombreux écrits comprennent des descriptions des antiquités grecques et romaines et un rapport sur l'ancienne topographie de Rome.

GERHARDT (Charles-Frédéric), chimiste, né à Strasbourg le 21 août 1816, mort en 1856. Élève de l'illustre Liebig, il égala bientôt son maître dans l'art de grouper et d'interpréter les faits. Le 5 septembre 1842, il lut à l'Académie un mémoire sur la *Classification chimique des substances organiques*, dans lequel il émet des vues nouvelles et importantes, au sujet des équivalents du carbone, de l'hydrogène et de l'oxygène. Adversaire du système de classification établi par Berzélius, il créa des formules qui ne pouvaient se concilier avec les idées dualistiques. En 1842, entraîné par sa confiance en ses théories unitaires, il en exagéra les conséquences dans son original *Précis de chimie organique*, dans une idée, celle de la *série homologue*, a porté des fruits. De 1844 à 1848, Gerhardt fut professeur à Montpellier; il établit ensuite un laboratoire particulier à Paris et, en 1855, il fut nommé professeur de chimie et de pharmacie à Strasbourg.

GÉRICAULT (Jean-Louis-Théodore-André), peintre, né à Rouen en 1790, mort à Paris en 1824. Élève de Carle Vernet. Ses peintures comprennent: *Guide de la garde impériale en 1812*, le *Cuirassier blessé* et le *Radeau de la Méduse*, un des chefs-d'œuvre de l'Ecole française. Géricault n'obtint pas de son vivant le succès qu'il méritait comme chaud dessinateur et puissant coloriste. Il a laissé d'excellentes études de chevaux.

GERING (Ulric), célèbre imprimeur, né à Constance (Suisse), appelé à Paris par le docteur de Sorbonne, Guillaume Fichet en 1469, et créateur de la première imprimerie parisienne. Il était accompagné de deux associés, Martin Crantz et Michel Friburger, l'un et l'autre Allemands. Gering et ses associés avaient étudié la typographie à Mayence, où Fust, dépouillant Gutenberg, avait établi des ateliers et formé des ouvriers. Au commencement de l'année 1470, la dixième ou treize de Louis XI, Ulric Gering commença d'imprimer dans une des salles de la Sorbonne. Le docteur Jean de la Pierre, Allemand d'origine et protecteur de l'art nouveau, se fit l'éditeur et le correcteur du premier livre imprimé en France, l'*Epistolarum Liber* (voy. ce mot), ainsi que des ouvrages des meilleurs historiens de l'antiquité. Fichet et de la Pierre ayant quitté Paris, les trois imprimeurs abandonnèrent les bâtiments de la Sorbonne en 1473. Martin Crantz et Michel Friburger retournèrent en Allemagne en 1478 et Gering s'associa avec Berthold Rembolt, de Strasbourg. Ils publièrent ensemble trente ou trente-cinq livres de religion et acquirent une grande fortune. Dès l'année 1474, des lettres de naturalité avaient été accordées à Gering et à ses associés par Louis XI, pour leur donner la faculté de disposer de leurs biens qui, autrement, eussent été saisis au profit du roi,

en vertu de son droit d'aubaine. Gering mourut le 23 août 1510, dans sa maison rue de Sorbonne. Il ne s'était pas marié et légua la majeure partie de son bien aux *pauvres maîtres* de la Sorbonne

GERIZIM. Voy. ÉBAL.

GERLE (DOM Christophe-Antoine), chartreux, né en Auvergne en 1740, mort vers 1805. Il était prieur des Chartreux de Port-Sainte-Marie, quand il fut envoyé aux états généraux de 1789 par le clergé de Riom. Il prêta le serment du Jeu de Paume, porta à l'assemblée des motions inconséquentes, souvent ridicules, se lia avec des illuminées telles que Susanne Labrousse et Catherine Théot, fut impliqué avec cette dernière dans un complot théocratique, fut emprisonné, et rendu à la liberté après le 9 thermidor.

* **GERMAIN, AINE** adj. (lat. *germanus*, frère). Se joint ordinairement avec cousin ou cousine; et se dit de deux personnes qui sont sorties des deux frères ou des deux sœurs, ou du frère et de la sœur : *cousin germain.* — IssU DE GERMAIN, se dit de personnes qui sont sorties de deux cousins germains : *cousin issu de germain.* — IL A LE GERMAIN SUR MOI, il est cousin germain de mon père ou de ma mère. — Jurisp. Se dit des frères ou sœurs nés d'un même père et d'une même mère, par opposition à consanguin et à utérin : *frères germains.* — S'emploie aussi substantiv. dans ce dernier sens, surtout au pluriel : *les germains, les utérins, les consanguins.*

GERMAIN, AINE adj. (lat. *germanus;* de l'anc. all. *waer*, guerre; *man*, homme). Se dit de ce qui a rapport aux peuples germaniques : *race germaine.*—Substantiv. : *les Germains.*

GERMAIN (Charles - Antoine - Guillaume), homme politique et écrivain, né à Narbonne, mort en 1835. Il fut lieutenant de hussards et abandonna l'armée pour s'adonner à la fréquentation des clubs, entra dans la conspiration de Babeuf, fut condamné à la déportation perpétuelle et successivement transporté à l'île Pelée, à Ham et à Oléron. Mis en liberté, Germain se fixa dans les environs de Versailles et s'occupa d'agriculture. Il est un des auteurs des *Fastes civils de la France* (1820, 3 vol. in-8°).

GERMAIN (Saint), évêque de Paris, né à Autun en 496, mort en 576. Il fut en crédit auprès des rois Childebert Ier et Clotaire Ier et excommunia Charibert, fils de ce dernier, à cause de ses mœurs scandaleuses. On a de lui une *Explication de l'ancienne liturgie gallicane.* Il fit bâtir l'église de Sainte-Croix, qu'il dédia à saint Vincent (auj. Saint-Germain-des-Prés). Sa vie a été écrite par Fortunat. Fête le 28 mai.

GERMAIN (Saint-) ou SAINT-GERMAIN DU BEL-AIR, ch.-l. de cant., arr. et à 15 kil. de Gourdon (Lot); 1,110 hab. Aux environs du château de Peyrelles que Richard Cœur de Lion prit au chevalier de Gourdon. (Voy. CHA-LUX.)

GERMAIN-L'AUXERROIS (Saint), *Germanus*, saint de l'Eglise catholique romaine, né à Auxerre vers 380, mort en 448 ou 449. Il appartenait à une famille sénatoriale; il se rendit célèbre par son éloquence. L'empereur Honorius le nomma gouverneur militaire de son pays natal en 418, il fut élu évêque d'Auxerre. Il visita l'Angleterre deux fois, à la demande de Célestin Ier, et y supprima le pélagianisme. Sa fête se célèbre le 31 juillet.

GERMAIN-L'AUXERROIS (EGLISE DE Saint-), bâtie dès les premiers âges de la monarchie, soit par Childebert Ier, soit par Chilpéric Ier. Détruite par les Normands, elle fut rebâtie par les soins du roi Robert et reconstruite partiellement depuis lors, de sorte qu'il ne reste plus rien des constructions de Robert.

Elle est située en face de la colonnade du Louvre.

GERMAIN-LES-BELLES (Saint-), ch.-l. de cant., arr. et à 29 kil. E.-N.-E de Saint-Yrieix (Haute-Vienne); 2,100 hab.

GERMAIN-DU-BOIS (Saint-), ch.-l. de cant., arr. et à 17 kil. N.-E. de Louhans (Saône-et-Loire); 2,700 hab.

GERMAIN-DE-CALBERTE (Saint-), ch.-l. de cant., arr. et à 30 kil. S.-E. de Florac (Lozère), sur le Gardon d'Anduze; 1,500 hab.

GERMAIN-LAVAL (Saint-), ch.-l. de cant., arr. et à 31 kil. S. de Roanne (Loire); 2,200 hab. Carrières de pierre à bâtir et de pierre à plâtre; mines de plomb et d'anthracite. Ruines du château des comtes de Forez. Patrie du P. La Chaise.

GERMAIN-EN-LAYE (Saint-), *Sanctus Germanus in Ledia,* ch.-l. de cant., arr. et à 13 kil. N. de Versailles(Seine-et-Oise), à 18 kil. O.-N.-O. de Paris, au sommet d'une colline, et sur la lisière E. de la forêt de Saint-Germain; 23,000 hab. Ville bien bâtie. Ancien château royal. Bonneteries, tanneries, cuirs vernis. — Fondée au xᵉ siècle près d'un couvent dans la forêt de *Ledia.* Dès le règne de Louis VI, les rois y eurent une habitation. Le château actuel, bâti par Charles V en 1370, fut restauré et agrandi par François Iᵉʳ, et fut flanqué de 5 gros pavillons par Louis XIV. Il servit de demeure à Jacques II chassé d'Angleterre, de prison pendant la Révolution, et de 1830 à 1853, de pénitencier militaire. Un autre château fut élevé à 400 m. du précédent par Henri IV : c'est là que naquit Louis XIV. Ce dernier édifice a été démoli pendant la Révolution, sauf un pavillon appelé *pavillon d'Henri IV.* Patrie de Charles IX, d'Henri II et de Noël. — La Forêt de Saint-Germain, l'une des plus belles de France, mesure 4,800 hectares. Elle est close de murs et bordée, du côté de la Seine, par une magnifique terrasse de 3 kil. commencée par Henri IV et terminée par Louis XIV. Le *hameau des Loges,* où l'on a établi une succursale de Saint-Denis, se trouve dans cette forêt. — **Paix de Saint-Germain,** signée le 8 août 1750 entre les catholiques et les protestants. Les calvinistes avaient amnistie entière, liberté de culte dans tout le royaume, sauf à Paris et à la cour, 4 places de sûreté et le droit de récuser la juridiction du parlement de Toulouse. Cette paix ne fut ni sincère, ni durable. Elle est connue dans l'histoire sous le nom de *Paix boiteuse et mal assise.*

GERMAIN-LEMBRON (Saint-), ch.-l. de cant., arr. et à 44 kil. S. d'Issoire (Puy-de-Dôme); 2,100 hab.

GERMAIN-LHERM (Saint-), ch.-l. de cant., arr. et à 20 kil. S.-O. d'Ambert (Puy-de-Dôme); 2,000 hab.

GERMAIN-DU-PLAIN (Saint-), ch.-l. de cant., arr. et à 15 kil. S.-E. de Châlon-sur-Saône (Saône-et-Loire); 1,550 hab.

GERMAIN-DES-PRÉS (Abbaye et église de Saint-), fondée à Paris vers 543, par Childebert Iᵉʳ, à l'O. de la ville (aujourd'hui à l'angle du boulevard Saint-Germain et de la rue des Saints-Pères). Brûlée par les Normands au ixᵉ siècle, l'église fut rebâtie au xiiᵉ siècle. Childebert Iᵉʳ, Chilpéric Iᵉʳ et Chilpéric II y furent enterrés, ainsi que Descartes, Boileau, Mabillon, etc. En 1635, on bâtit la prison de l'abbaye adossée au monastère. La bibliothèque fut en partie détruite par l'explosion d'une poudrière en 1794; les manuscrits, qui s'y trouvaient sont aujourd'hui à la Bibliothèque nationale.

GERMAIN-DU-TEIL (Saint-), ch.-l. de cant., arr. et à 16 kil. S.-O. de Marvejols (Lozère); 1,400 hab.

* GERMANDRÉE s. f. (altérat. du gr. *chamaidrus;* de *chamai,* à terre; *drus,* chêne).

Bot. Genre de labiées ajugoïdées, composé d'un très grand nombre d'espèces, parmi lesquelles on distingue la *germandrée aquatique,* ou *scordium* (*teucrium scordium*), qui passe pour stimulante, et la *germandrée officinale* ou *petit chêne vert* (*teucrium chamædrys*) dont les feuilles amères et aromatiques sont employées comme fébrifuges.

GERMANICUS (César), général romain, né l'an 15 av. J.-C., mort l'an 19 ap. J.-C. Fils de Claudius Néron Drusus et d'Antonia, fille du triumvir Antoine, il fut adopté par son oncle Tibère, conformément au testament d'Auguste. On ne connaît pas ses noms originels. En l'an 7 ap.J.-C., il accompagna Tibère contre les rebelles de la Dalmatie, servit avec distinction dans trois campagnes et, à son retour à Rome, reçut les honneurs d'un triomphe et la main d'Agrippine, petite-fille d'Auguste. A la fin d'une autre campagne, en l'an 11, il fut nommé consul, et l'an 12, il reçut un commandement sur les bords du Rhin. A la mort d'Auguste (14), il réprima une révolte de son armée qui voulait le faire empereur, établit Tibère sur le trône et mit en déroute les Marsi. Nommé aussitôt commandant en chef de toutes les légions de Germanie, il gagna le titre de Germanicus par le succès qu'il remporta sur le héros germain Arminius; en l'an 15, il le battit et fit prisonnière sa femme Thusnelda, pénétra jusqu'à la forêt de Teutoburg et y fit donner la sépulture aux légionnaires de Varus, dont les ossements jonchaient le sol. Il fut forcé de battre en retraite; mais en l'an 16, il retourna en Germanie avec une flotte de 4,000 vaisseaux, débarqua à l'embouchure de l'Ems, traversa le Weser et vainquit deux fois Arminius. Tibère, jaloux de sa renommée, le rappela à Rome où il reçut les honneurs du triomphe. L'empereur l'envoya alors en Orient où il pacifia l'Arménie et réduisit la Cappadoce à l'état de province. En l'an 19, il visita l'Egypte et, à son retour de Syrie, il tomba subitement malade et mourut. On suppose qu'il avait été empoisonné par Cneius Pison, émissaire de Tibère. Agrippine rapporta ses cendres à Rome, où elles furent reçues avec des honneurs sans exemple. Germanicus est le héros des *Annales* de Tacite et l'un des plus nobles caractères de l'histoire de l'empire romain. Il jouissait d'une grande réputation comme orateur et comme poète. Son fils Caligula devint empereur.

GERMANIE, *Germania,* nom donné par les anciens Romains au pays compris entre le Rhin, le Danube, la Vistule et la Baltique. (Voy. Allemagne, Germanique, etc.)

* GERMANIQUE adj. Qui appartient aux Allemands, à l'Allemagne: *constitution germanique.* — Se dit aussi des anciens Germains: *les dialectes germaniques.* — Confédération germanique, confédération de peuples allemands, formée le 8 juin 1815 et comprenant l'Autriche, la Prusse, la Bavière, la Saxe, le Hanovre, le Würtemberg, Bade, l'électorat et le grand-duché de Hesse, le Holstein et le Lauenbourg, le Luxembourg hollandais, la Saxe (Weimar, Cobourg, Meiningen et Altenbourg), l'Oldenbourg, les trois Anhalt, les deux Schwarzbourg, les deux Hohenzollern, Liechtenstein, les deux Reuss, Lippe, Schaumbourg-Lippe, Waldeck et quatre villes libres: Lubeck, Francfort, Brême et Hambourg. La confédération germanique ouvrit sa première diète à Francfort le 16 novembre 1816, et tint la dernière le 24 août 1866. (Voy. Allemagne.) — Races et langages germaniques. Les ethnologues classent quelquefois les peuples germains sous le nom générique de Teutons. Le terme teutonique est souvent employé comme l'équivalent de l'allemand *germanisch* (germanique), par opposition à *deutsch* (Allemand). La branche germanique embrasse trois groupes:

les Scandinaves, les Goths et les Allemands. Les Scandinaves occupent la Norvège et la Suède, les îles danoises et la péninsule du Jutland. Les Goths, disparus maintenant, étaient subdivisés en Ostrogoths et en Visigoths, ou Goths de l'E. et Goths de l'O. Les Allemands sont subdivisés en deux groupes: celui du N. (bas Allemands), celui du S. (hauts Allemands); ils sont répandus principalement en Allemagne, dans les Pays-Bas, en Angleterre, aux Etats-Unis et dans les colonies anglaises. Il existe plusieurs hypothèses relatives à la signification du mot germain. Quelques autorités le font dériver de l'ancien haut allemand *ger,* lance ou javeline et ils considèrent le mot *Germani* des anciens comme l'équivalent de *Germannen* ou hommes armés de cette lance. Il n'y a rien de positif au sujet des races germaniques avant le iiᵉ siècle av. J.-C. Il est évident que les écrivains grecs en parlant des Germains les confondaient avec les Celtes ou Galates. Strabon désigne les Germains comme des Celto-Scythes. Au iiᵉ siècle av. J.-C., les races germaniques devinrent l'élément dominant dans l'Europe occidentale et centrale. Leur première migration historique partit de la péninsule cimbrique : c'est pourquoi leurs tribus furent appelées indistinctement Cimbres. A la même époque, d'autres migrations partirent des régions de la Baltique, et le nom de Teutons fut donné aux tribus qui en faisaient partie. Le torrent des Cimbres et des Teutons, qui traversa les Alpes, faillit détruire la domination romaine dans le N. de l'Italie et en Illyrie. Les tribus germaniques eurent ensuite beaucoup de peine à empêcher la marche vers le N. de leurs ennemis du S. César considérait le Rhin comme la limite générale occidentale de la Germanie. Tacite divise les Germains en trois classes : les Ingævones, près de la mer, les Hermiones au centre et les Istævones partout ailleurs. Des confédérations germaniques furent formées de bonne heure par les Suèves, les Cherusques et les Marcomanni. Les Bataves se fixèrent sur les bords du Rhin, dans la partie la plus basse de son cours; les Ubii s'établirent près de Cologne, et les Treviri près de Trèves. Entre le Rhin et l'Elbe habitaient les Catti (Hessois), les Sigambri, les Teucteri, les Cherusci et les Bructeri. Sur les côtes de la mer du Nord étaient les Frisii et les Chauci et sur les côtes de la Baltique les Heruli et les Rugii. Les Saxons vivaient sur la partie inférieure de l'Elbe, avec les Angles au S.-E ; plus haut, sur la rive occidentale du fleuve, étaient les Longobards. Sur le Danube et plus tard en Bohême se trouvaient les Marcomanni, et à l'E. de ceux-ci les Quadi. Les Burgondes habitaient la Silésie ; entre la Vistule et le Prégel étaient les Goths. Les limites des différentes tribus changeaient constamment. Le mouvement vers le S. des Germains, des Slavs, des Finnois, des Huns et des Avars commença dans le iiⁱᵉ siècle ap. J.-C. La famille entière des Goths, composée des Vandales, des Hérules, des Rugii, des Gépides, des Alani, des Suevi, des Longobards, des Burgondes et des Francs, quitta graduellement presque toute la Germanie; et les Slavs, les Finnois et les Huns prirent possession de leur territoire. Les Visigoths devinrent romanisés en Espagne, les Ostrogoths en Italie et les Burgondes et les Francs en Gaule. Les Vandales se portèrent jusqu'en Afrique. Les Scandinaves restèrent dans un isolement relatif. Les Goths n'habitèrent plus qu'une petite partie de la péninsule scandinave. Des peuples du S. du Jutland, sortit la souche de la race parlant anglais : les Jutes, les Angles et les Saxons. Les pays du Rhin et du Weser devinrent alors le lieu principal de résidence des éléments germaniques purs. Les principales tribus habitant encore leur lieu de naissance furent les Saxons, les Thuringiens, les

Franks et les Bavarois, qui repoussèrent plusieurs invasions des Slaves. Les victoires de Charlemagne éloignèrent.ce péril. La portion que Louis le Germanique reçut, lors de la division de l'empire franc oriental, en 870, comprit presque toutes les races germaniques pures. Peu de temps après un puissant empire germanique se constituait. — LANGAGES. Des nombreuses langues teutoniques de l'ancien temps, cinq seulement sont encore parlées, savoir : l'allemand, le hollandais, l'anglais, le danois et le suédois. Le tableau suivant montre le cours probable du développement des langues teutoniques :

			Scandinave Norse ancien...	*Islandais.*
	Scandinave.		Scandinave oriental......{	*Suédois.*
				Danois.
GERMAIN ou TEUTON PRIMITIF.	DAS ALLEMAND.		Ancien frison............	*Frison*
			Anglo-saxon	*Anglais.*
			Saxon. { Moyen hollandais	*Hollandais et flamand.*
			Ancien saxon....	*Plattdeutsch.*
	HAUT ALLEMAND.	Gothique.		
		Anc. haut allem. — Moyen haut allemand.		*Allemand.*

— Pour de plus amples renseignements, voir nos articles particuliers sur les principales langues; voy. Grimm, *Geschichte der deutschen Sprache;* Heyne, *Grammatik der Altergermainschen Sprachstämme;* et Helfenstein, *A comparative Grammar of the Teutonic Languages* (Londres, 1870).

GERMANISATION s. f. Action de germaniser : *germanisation de l'Alsace.*

GERMANISER v. a. Rendre allemand.

* **GERMANISME** s. m. Façon de parler propre à la langue allemande. — Se dit aussi des façons de parler empruntées à la langue allemande et transportées dans une autre langue : *cet ouvrage est plein de germanismes.*

GERMANO-SAXON, ONNE adj. Qui a rapport aux Germains et aux Saxons.

GERMANT, ANTE adj. Qui est dans un état de germination.

GERMANTOWN [djer'-mann-taônn], bourg de Pennsylvanie (États-Unis), à 17 kil. N. de Philadelphie; 10,000 hab. L'armée américaine, commandée par Washington, y fut battue par les Anglais le 4 oct. 1777.

* **GERME** s. m. (lat. *germen*). Physiol. et Hist. nat. Se dit des rudiments d'un nouvel être, encore adhérent à la mère et non développé par la fécondation : *féconder un germe.* — Abusiv. FAUX GERME, matière informe qui provient d'une conception défectueuse : *cette femme est accouchée d'un faux germe.* — LE GERME D'UN ŒUF, se dit, communément, d'une certaine partie compacte et glaireuse qui se trouve dans l'œuf. — Bot. Ovaire, partie de la fleur qui devient le fruit lorsque la fécondation s'est opérée : *le germe est ordinairement à la partie inférieure du pistil.* — Partie de la semence dont se forme la plante : *le germe du blé.* — Partie d'une racine bulbeuse ou tubéreuse qui produit une nouvelle plante : *le germe d'un oignon.* — Première pointe qui sort d'une graine, d'une bulbe, etc., lorsqu'elle commence à pousser : *les fourmis rongent le germe du blé.* — Ce qui est le principe, la cause, l'origine de quelque chose : *développer les germes de la vie.* — Se dit pareillement des choses morales : *un germe de division, de procès, de querelle.*

* **GERMER** v. n. Se dit des semences, des racines bulbeuses ou tubéreuses qui poussent leur germe au dehors : *le blé commence à germer.* — Fig. Se développer, s'accroître, produire ses effets : *faire germer les vertus dans le cœur d'un jeune homme.*

GERMER (Saint-), comm. de l'arr. à 28 kil. O. de Beauvais (Oise); 1,000 hab. Autrefois célèbre abbaye de bénédictins fondée en 650,

par saint Germer, l'un des patrons du Beauvaisis. L'église, bel édifice du xi° siècle, qui sert aujourd'hui de paroisse, n'a ni portail ni clocher.

GERMERSHEIM [ghèr-mèrss-haïmm], ville de la Bavière rhénane, sur la Queich et sur le Rhin, à 10 kil. S.-O. de Spire; 6,230 hab. Commerce actif de grains, de chanvre, de lin, de fruits; ateliers pour la construction des navires; pêcheries. Ville fondée par Rodolphe de Hapsbourg. En juillet 1793, les Autrichiens y furent battus par les Français. Germersheim forme une forte position stratégique avec la forteresse de Landau.

GERMINAL, ALE adj. (lat. *germen,* germe). Bot. Qui se développe en place de la graine, en parlant de feuilles : *feuille germinale.*

* **GERMINAL** s. m. Septième mois du calendrier républicain. (Voy. CALENDRIER.) — Journée du 12 germinal an III (1er avril 1795), insurrection des faubourgs de Paris contre la Convention, ayant pour but de combattre la réaction thermidorienne, de soutenir les anciens chefs des partis populaires et de protester contre la famine amenée par l'abolition subite du maximum. Les insurgés pénétrèrent dans la salle de l'Assemblée en demandant du pain et le rétablissement de la constitution de 1793, et furent dispersés par la force armée. À la suite de ces scènes tumultueuses, la Convention décréta la déportation de Barère, Collot d'Herbois, Billaut Varennes et Vadier.

* **GERMINATIF, IVE** adj. Bot. et Hist. nat. Qui a le pouvoir de faire germer : *faculté germinative.*

* **GERMINATION** s. f. (lat. *germinatio;* de *germinare,* germer). Bot. Premier développement des parties qui sont contenues dans le germe d'une semence : *la chaleur et l'humidité avancent la germination des semences.*

GERMINIPARE adj. (lat. *germen,* germe; *pario,* j'enfante). Qui se reproduit par des germes.

GERMINIPARIE s. f. Reproduction par germes.

GERMINIPARITÉ s. f. Propriété, faculté de se reproduire par des germes.

GERMOIR s. m. Caisse, pot ou trou dans lequel on met les graines que l'on veut faire germer. — Cellier de brasserie dans lequel on fait germer les grains.

GÉROFLE, Géroflée, Géroflier. Voy. GIROFLE, GIROFLÉE, GIROFLIER.

GÉROLSTEIN, village de la Prusse rhénane, à 55 kil. de Trèves. (Voy. GRANDE-DUCHESSE.)

GÉROMÉ s. m. Nom vulgaire du fromage de Gérardmer (Vosges).

* **GÉRONDIF** s. m. (lat. *gerundus,* devant être fait). Gramm. lat. Cas du participe futur passif, lorsqu'on l'emploie comme cas de l'infinitif : *il y a trois gérondifs : le gérondif en di, le gérondif en do et le gérondif en dum.* — Se dit abusivement, dans notre langue, du participe actif, précédé de la préposition en, exprimée ou sous-entendue : *en allant.*

GÉRONE ou Girone (esp. *hé-ro-na*) I. Province d'Espagne (Catalogne), bornée par la

France et la Méditerranée; 5,883 kil. carr.; 300,086 hab. Pays montagneux, coupé de fertiles vallées. Les rivières principales sont le Ter et la Fluvia. — II. Anc. *Gerunda,* capitale de la province ci-dessus, au confluent du Ter et de l'Oña, à 70 kil. N.-E. de Barcelone; environ 16,000 hab. Toiles, laines, papier, savon, quincaillerie et faïencerie. Gérone a soutenu plusieurs sièges; elle repoussa les Français en juin 1808, mais la famine la fit capituler le 12 déc. 1809.

* **GÉRONTE** s. m. (gr. *gérôn,* vieillard). Personnage de comédie dont le nom est employé pour désigner un vieillard de caractère faible et qui se laisse gouverner : *c'est un géronte.* — ∽ Nom que les Spartiates donnaient à leurs sénateurs. — Nom que l'on donnait ordinairement dans les comédies anciennes au personnage grave de la pièce.

GÉRONTOCRATIE s. f. (gr. *gérôn, gerontos, vieillard* | *kratos, puissance*). Gouvernement confié à des vieillards.

GERS [jèrr]. I. Riv. de France qui naît dans les Landes-de-Pinas (Hautes-Pyrénées), entre dans le dép. qui porte son nom près de Mont-d'Astarac, arrose Auch, Montastruc, Lectoure, entre dans le dép. de Lot-et-Garonne, près d'Astafford, et se jette dans la Garonne à 18 kil. S.-E. d'Agen, après un cours de 168 kil. Cette rivière n'est flottable, ni navigable; elle est sujette à de grands débordements au moment de la fonte des neiges. Ses principaux affluents sont : le Sédou, l'Arçon, l'Auze et l'Auchie. — II. Dép. du S.-O. de la France, entre ceux des Landes, de Lot-et-Garonne, de Tarn-et-Garonne, de la Haute-Garonne, des Hautes-Pyrénées et des Basses-Pyrénées. — Dép. formé en 1790 du Condomois, de l'Astarac, de la Lomagne, de l'Armagnac, et d'une partie du Comminges; 6,280 kil. carr.; 281,532 hab. Ch.-l. Auch. Eaux minérales de Castéra-Verduzan, du Barbotan, de Lavardens, de Ramonzens, de Bassoues, etc. Céréales en quantité suffisante. Bétail; chevaux estimés pour la cavalerie légère; élève de mulets pour l'exportation en Espagne. Peu de gibier. Peu de poisson, sauf, en avril, où l'on pêche une sardine amère, nommée par les habitants *siéjo*; 94,000 hectares de vignes, produisant de bons vins ordinaires, dont une partie est convertie en eau-de-vie d'*Armagnac.* Le commerce intérieur a lieu dans les foires, dont les plus importantes sont celles d'Auch, de Gimont, de Lectoure et de Mirande. — Archevêché à Auch; les tribunaux ressortissent à la cour d'appel d'Agen; l'instruction publique relève de l'Académie de Toulouse. — 5 arrondissements, 29 cantons, 465 communes. Ch.-l. d'arr. Auch, Condom, Lectoure, Lombez, Mirande.

GERSON (Jean CHARLIER, *dit*), célèbre théologien, né à Gerson près de Rethel en 1363, mort à Lyon en 1429. Chancelier de l'Université de Paris vers 1393, il s'efforça de réformer les mœurs, désapprouva les associations des flagellants, essaya de bannir la scolastique des écoles et combattit l'astrologie. Au concile de Constance, il soutint la supériorité des conciles généraux sur les papes et arriva un traité pour justifier la déposition de deux prétendants à la papauté, Jean XXIII et Benoit XII. Les efforts de Gerson, pour réprimer les abus qui régnaient dans l'Église, restèrent sans effet et il passa le reste de sa vie dans la retraite. Il fut le premier qui voulut donner au mysticisme le caractère d'une science, et le substituer à la scolastique. On lui attribue souvent l'*Imitation de Jésus-Christ.* (Voy. KEMPIS, THOMAS A.)

GERSON BEN JUDAH, rabbin de France, né en Allemagne vers 960, mort vers 1030. Il introduisit, parmi les Juifs européens, des réformes (abolition de la polygamie et de la répudiation), qui sont connues sous le nom d'*Institutions (gezeroth)* de Rabbenu Gerson.

GERSTÆCKER (Friedrich) [ghèr'-stèk-er],

voyageur allemand, né à Hambourg en 1846, mort en 1872. En 1827, il partit comme mousse pour New-York et passa presque tout le reste de sa vie à voyager. Il visita l'Amérique du Nord, l'Amérique du Sud et l'Amérique centrale, les îles du Pacifique, l'Australie, Java, la haute Egypte, la Nubie et l'Abyssinie. Il publia des ouvrages illustrés sur les pays qu'il avait parcourus.

GERTRUDE (Sainte), née en 626, morte en 659. Elle était fille de Pépin de Landen, maire du palais d'Austrasie. On lui doit la fondation du monastère de Nivelle en Brabant, dont elle fut la 1re abbesse. Fête le 17 mars.

GÉRUZEZ (Eugène), littérateur, né à Reims en 1799, mort en 1835. Il suppléa pendant dix-neuf ans M. Villemain dans la chaire d'éloquence française. On a de cet écrivain érudit plusieurs ouvrages estimés : *Cours de philosophie* (1833), *Cours de littérature* (1846), *Histoire de la littérature française jusqu'en 1789* (1852, in-8°), etc.

GERVAIS (Paul), naturaliste, né et mort à Paris (26 sept. 1818—février 1879), fut professeur à la faculté des sciences de Montpellier, puis au Muséum d'histoire naturelle de Paris, membre de l'Académie des sciences, auteur d'ouvrages estimés sur l'histoire naturelle : *Insectes aptères* (1844-'47, 2 vol. in-8°); *Mammifères* (1854-'55, 2 vol. in-8°); *Zoologie et paléontologie françaises* (1848-'53); le *Squelette humain* (1856); *Zoologie médicale* (1858, 2 vol. in-8°); *Zoologie et paléontologie générales* (1867, in-4° avec planches), etc.

GERVAIS (Saint-), ch.-l. de cant., arr. et à 45 kil. O.-N.-O. de Béziers (Hérault); 2,000 hab. Houille, fer et granit.

GERVAIS (Saint-), ch.-l. de cant., arr. et à 35 kil. N.-O. de Riom (Puy-de-Dôme); 2,500 hab.

GERVAIS-LE-VILLAGE (Saint-) ou Saint-Gervais-les-Bains, station balnéaire et ch.-l. de cant., arr. et à 40 kil. de Bonneville (Haute-Savoie); 1,950 hab. Quatre sources sulfatées sodiques, salines. Maladies de la peau, gastralgies, scrofules, menstruations difficiles, engorgements des viscères abdominaux, rhumatismes, catarrhes, affections utérines. Etablissement avec cabinets de bains, douches, étuves, inhalation. Installation hydrothérapique complète.

GERVAIS (Saint-), comm. du cant. de Vinay, arr. et à 18 kil. N.-E. de Saint-Marcellin (Isère), sur l'Isère; 700 hab. Fonderie de canons pour la marine.

GERVAIS (Eglise de Saint-), église de Paris, fondée par Louis XIII le 24 juillet 1616. Le portail fut de Jacques de Brosse. Cette église est aujourd'hui enveloppée de maisons. Scarron, du Cange, Crébillon, Michel Le Tellier, etc., y ont été enterrés.

GERVAISE (Nicolas), missionnaire, né à Paris vers 1662, mort en 1729. Dès l'âge de 20 ans, il partit pour prêcher l'Evangile dans le royaume de Siam : à son retour, il fut nommé curé de Vannes, puis curé de Suèvres en Touraine. En 1724, il fut sacré, à Rouen, évêque *in partibus* d'Horren et s'embarqua pour l'Amérique où il fut massacré par les Caraïbes. On a de lui : *Histoire politique et naturelle de Siam* (1688, 1 vol. in-4°); *Vie de saint Martin de Tours* (1699, in-4°); *Histoire de Boèce* (1715, in-12).

GERVAISE (dom François-Armand), carme déchaussé, puis abbé de la Trappe, frère du précédent, né à Paris vers 1660, mort en 1751. On a de lui : les Vies de *saint Cyprien* (1717), *de saint Irénée* (1723), *de saint Paul* (1734), etc., et l'*Histoire de la Réforme de Cîteaux* (Avignon, 1746, in-4°), qui lui attira la haine des Bernardins et le fit enfermer à l'abbaye de Notre-Dame-des-Reclus.

GERVINUS (Georg-Gottfried) [ghèr-vi'-nouss],

historien allemand, né à Darmstadt en 1805, mort en 1871. Après avoir passé plusieurs années en Italie, il fut nommé, en 1836, professeur de littérature et d'histoire à Gœttingen, mais il perdit sa place en 1837 pour avoir signé la fameuse protestation universitaire contre l'abolition de la constitution hanovrienne. Après un autre voyage en Italie, il entra dans la vie politique comme libéral et, en 1848, fut membre du parlement de Francfort. Il a publié des ouvrages sur la littérature allemande, et *Geschichte des 19 ten Jahrhunderts* (8 vol. 1855-'66).

GÉRY (Saint-), ch.-l. de cant., arr. et à 16 kil. N.-E. de Cahors (Lot), sur la rive droite du Lot; 800 hab.

GÉRYON. Myth. Monstre à trois têtes, fils de Chrysaor et de Callirhoé; il régnait dans l'île d'Erythie ou de Gadès, où il possédait de nombreux troupeaux confiés à la garde d'Eurythion et du chien monstrueux Orthros. Hercule tua Orthros, Eurythion et Géryon et emmena les troupeaux. Géryon avait près de Padoue un temple où il rendait des oracles.

GÉRYVILLE, ch.-l. d'un cercle dépendant de la subdivision de Mascara, à 316 kil. d'Oran (Algérie). Marché arabe. Fort renfermant une caserne, un hôpital et des magasins militaires.

GERZEAU s. m. L'un des noms vulgaires de la nielle.

GÉSATES (lat. *gæsum*, gèse, lance), peuple de la Gaule, qui habitait sur les bords du Rhône. Un de leurs rois, Britomar, fut battu et tué dans la Gaule Cisalpine, à Clastidium, par le consul Marcellus (222 av. J.-C.).

GÈSE s. m. [jè-ze] (lat. *gæsum*). Demi-pique dont se servaient les Gaulois et qui fut adoptée dans les armées romaines.

GESENIUS (Friedrich - Heinrich - Wilhelm) [ghè-zè'-ni-ous), orientaliste allemand, né en 1786, mort en 1842. Il fut professeur de théologie à Halle depuis 1811 jusqu'à sa mort. Il fonda une nouvelle école de l'exégèse biblique, basée principalement sur l'étude de la philologie, étude exacte, rationnelle et historico-critique. Ses principaux travaux sont un *Lexicon hébreu et chaldaïque*, une *Grammaire hébraïque*, une traduction d'Isaïe, avec commentaire critique (3 vol.), *Scriptura linguæ Phœnicia monumenta* (3 vol.) et *Thesaurus linguæ hebraicæ*, etc. (3 vol.).

GÉSIER s. m. [jé-zié] (lat. *gigeria*). Le second ventricule de certains oiseaux qui se nourrissent de grains, comme les poules, les pigeons, etc. : *le gésier d'une poule*.

GÉSINE s. f. [jé-zi-ne] (rad. *gésir*). Vieux mot, pour dire, couches d'une femme, ou temps qu'elle est en couche : *être en gésine*. — Palais. *Payer les frais de gésine*.

GÉSIR v. n. [jé-zir] (lat. *jacere*, être étendu). Etre couché; être mort ou malade : être renversé par le temps ou la destruction. Le verbe est peu usité; on dit néanmoins : *il gît, nous gisons, vous gisez, ils gisent; je gisais, tu gisais, il gisait, nous gisions, vous gisiez, ils gisaient. Gisant.* (Voy. Gît.)

GESNER (Konrad von) [ghèss-ner], naturaliste suisse, né en 1516, mort en 1565. Son ouvrage le plus important, *Historia animalium* (1551-'56) est un sommaire de tout ce qui était alors connu en zoologie. Il écrivit aussi sur la botanique, la philologie et la bibliographie.

GESNÉRIE s. f. Bot. Genre de gesnériées, comprenant une trentaine d'espèces qui croissent dans les régions chaudes de l'Amérique.

GESNÉRIÉ, ÉE adj. Bot. Famille de dicotylédones personnées, ayant pour type le genre

gesnérie et comprenant, en outre, les genres gloxinie, besléria, etc.

GESSE s. f. [jè-se] (lat. *vicia*). Bot. Genre de légumineuses, dont quelques espèces sont cultivées comme fourrage, et même comme aliment : *semer des gesses*. — Semences de la gesse domestique : *manger des gesses*. — La *gesse cultivée* (*lathyrus sativus*), originaire d'Espagne et répandue dans toute l'Europe, est une plante annuelle que l'on cultive comme fourrage; ses graines, réduites en purée, servent de nourriture dans certains pays; mais elles sont indigestes et on les accuse d'avoir des propriétés délétères. Il en est de même de la graine de la *gesse chiche* (*lathyrus cicera*), plante indigène appelée *jarosse*. La *gesse sans feuilles* (*lathyrus aphaca*) est commune dans les champs aux environs de Paris. Les racines sucrées et féculentes de la *gesse tubéreuse* (*lathyrus tuberosus*) se mangent quelquefois cuites sous la cendre. On cultive dans les jardins d'ornement : la *gesse odorante* (*lathyrus odoratus*) ou *pois de senteur*, plante originaire de Sicile, à fleurs suaves; la *gesse à larges feuilles* (*lathyrus latifolius*) ou *pois de la Chine*, à racines vivaces, donne la deuxième ou la troisième année, de grandes fleurs pourpre rosé, etc.

GESSNER (Salomon), peintre et poète suisse, né à Zurich en 1730, mort en 1788. Il habita Berlin, Hambourg et Zurich, et publia *Die Nacht* (La Nuit), poème; *Daphnis* (Daphné), pastorale; *Idyllen* (Idylles); *Der Tod Abels* (La mort d'Abel), épopée pastorale en 4 chants et en prose; des contes moraux, des drames, et des *Lettres sur le paysage*. Les ouvrages de Gessner ont été traduits en français par Huber (3 vol. in-4°, Paris 1786-'93).

GESSUR, contrée de l'anc. Palestine, dont le nom, qui signifie *pont*, vient d'un pont de basalte jeté sur le Jourdain. Au temps de David, Gessur avait pour roi Tholmaï, dont la fille Maacha épousa David et fut la mère d'Absalon.

GESTA s. m. pl. [jess-ta] (fr. *choses faites*). Ensemble des mouvements auxquels se livrent les différentes parties du corps.

GESTA FRANCORUM, *Gestes des Francs*, savante histoire des Gaulois et des Francs, de 254 à 752 (Paris, 1646-'58, 3 vol. in.-fol.).

GESTA DEI PER FRANCOS, recueil des œuvres de divers historiens qui ont raconté les expéditions orientales des Francs et l'histoire du royaume établi par eux à Jérusalem. Cette collection est due à Gondarsius, qui la publia en 1611.

GESTA ROMANORUM, curieux ouvrage publié à Louvain (1473, in-fol.) et attribué à Pierre Berthorius, à Hélinand ou à Gérard de Leuw.

GESTATION s. f. [jèss-ta-si-on] (lat. *gestare*, porter). Sorte d'exercice en usage chez les Romains, qui consistait à se faire porter en chaise ou en litière, à se faire traîner rapidement dans un chariot ou dans un bateau, afin de donner au corps un mouvement et des secousses salutaires : *la gestation est très utile à la santé, suivant Celse*. — Etat d'une femelle qui porte son fruit, et temps que dure cet état.

DURÉE DE LA GESTATION

Chez plusieurs femelles de mammifères.

Souris.	25 jours.	Chatte.	56 jours.
Bouslik.	25	Martre.	56
Hamster.	28	Chienne.	63
Ecureuil.	28	Renard.	63
Lapin.	28 à 30	Putois.	63
Lièvre.	28 à 30	Lynx.	63
Rat.	35	Loutre.	63
Marmotte.	35	Louve.	63
Belette.	35	Cochon d'Inde.	65
Furet.	40	Brebis.	65
Hérisson.	42	Lionne.	110

Truie.	419 jours.	Renne.	220 jours.
Glouton.	120	Axis.	230
Castor.	120	Femme.	270
Brebis.	147	Elan.	270
Chamois.	154	Mandrill.	270
Chèvre.	154	Vache.	286
Gazelle.	154	Jument.	300
Chevreuil.	165	Anesse.	300
Bouquetin.	167	Zèbre.	300
Lama.	168	Chamelle.	315
Burs.	210	Rhinocéros.	540
Singe sapajou	210	Eléphant.	620

GESTATOIRE adj. Chaise gestatoire, chaise à porteurs dont le pape fait usage.

* **GESTE** s. f. (lat. *gestus*, fait). L'action et le mouvement du corps, et principalement des bras et des mains dans la déclamation, dans la conversation : *avoir le geste beau, noble, aisé*. — Simple mouvement du bras, de la main, et même de la tête, surtout quand on le fait pour exprimer quelque sentiment : *un geste menaçant*.

* **GESTE** s. f. (lat. *gesta*, choses faites). Hist. litt. Se dit des anciens poèmes français où est racontée d'une manière légendaire l'histoire de personnages héroïques, particulièrement de Charlemagne et de ses preux.

* **GESTES** s. m. pl. Belles, grandes, mémorables actions, principalement des généraux et des princes : *les gestes d'Alexandre, de Scipion*. — Fam. et en plaisantant, Les faits et gestes d'une personne, ses actions, sa conduite : *il n'a rien oublié des faits et gestes de son héros*.

* **GESTICULATEUR** s. m. Celui qui fait trop de gestes : *cet avocat parle assez bien, mais c'est un grand gesticulateur*.

* **GESTICULATION** s. f. Action de gesticuler : *gesticulation ridicule*.

* **GESTICULER** v. n. Faire trop de gestes en parlant : *il parle assez bien, mais il gesticule toujours*.

* **GESTION** s. f. [jè-sti-on] (lat. *gestio*). Action de gérer, administration : *rendre compte de sa gestion*.

GETA (P. Septimius). Voy. Caracalla.

GÈTES, tribu de la Thrace, mentionnée par Hérodote et par Thucydide, comme vivant au S. de l'Ister (Danube), et par des écrivains plus récents, comme établie au N. de ce fleuve. Quelques critiques regardent les Gètes comme identiques avec les Daces ou avec les Goths.

GÉTHSÉMANI (de l'héb. *gathshemen*, presse à huile), jardin ou plant d'oliviers, près de l'ancienne Jérusalem, au delà du torrent de Cédron, probablement sur la pente de la montagne des Oliviers. Le lieu regardé comme le véritable Géthsémani par l'Église latine, renferme huit vieux oliviers et la grotte de l'Agonie, où J.-C. passa une nuit. Les Eglises arménienne et grecque placent ce lieu un peu au N. du précédent.

GÉTIQUE adj. Qui a rapport aux Gètes.

GETTYSBURG, bourg de la Pennsylvanie, à 55 kil. S.-O de Harrisburg ; 3,400 hab. Une sanglante bataille y fut livrée les 1-3 juillet 1863, par l'armée confédérée sous les généraux Lee, Longstreet et Ewell, aux fédéraux commandés par le général George Meade. Les confédérés, d'abord victorieux, furent forcés de se retirer de la Pennsylvanie et du Maryland. On évalue à 45,000 le nombre des hommes tués et blessés tant d'un côté que de l'autre.

GÉTULE s. Habitant de la Gétulie.

GÉTULIE, *Gætulia, Gaitoulia*, région intérieure du N. de l'Afrique ancienne, au S. de la Mauritanie et de la Numidie, bornée par les Syrtes, par l'océan Atlantique à l'O., et s'étendant indéfiniment à l'E. Le peuple qui portait le nom de Gætuli (Gétules), habitait entre les contrées sus-mentionnées et le grand Désert. Il formait plusieurs tribus nomades dont les principales étaient les Autololes ou Pharusii sur la côte O., les Daræ ou Gætuli-Daræ dans les steppes du grand Atlas, et les Melanogætuli, race noire issue du croisement des Gætuli avec leurs voisins du S., les Nigritæ. Les purs Gætuli n'étaient pas de race éthiophique, c'est-à-dire noire, mais de race lybienne ; ils étaient probablement d'origine asiatique. On suppose qu'ils sont les ancêtres des *Berbères*.

GÉTULIQUE adj. Qui a rapport aux Gétules.

GÉVAUDAN, *Gavuldanus, Gavuldensis* ou *Gabalitanus pagus*, ancien pays de France (bas Languedoc), entre le Velay, le Vivarais, le Rouergue et l'Auvergne ; ch.-l. *Javoulx* (ville qui fut détruite pendant le moyen âge), puis *Mende*. Ce pays forme aujourd'hui le département de la Lozère. Il forma après Charlemagne un comté que la maison de Toulouse posséda jusqu'au xie siècle. Cédé en 1095 aux évêques de Mende par Raymond de Saint-Gilles, il fut réuni par Louis IX au domaine royal en 1258. C'est dans le canton de Saint-Flour qu'on tua, en 1787, un énorme lynx qui s'était acquis, sous le nom de *bête du Gévaudan*, une terrible renommée.

GEVREY-CHAMBERTIN, ch.-l. de cant., arr. et à 13 kil. S.-S.-O. de Dijon (Côte-d'Or) ; 1,800 hab. Ruines d'un château du xiiie siècle. Sur le territoire de cette commune se trouvent les crus renommés de Chambertin, du Clos de Bèze, de Mazis, etc.

GEX [jèkss] (*Gesium*), ch.-l. d'arr., à 83 kil. N.-E. de Bourg (Ain) sur le Journand, au pied du Jura, par 46° 20' 9'' lat. N. et 3° 43' 23'' long. E. ; 2,800 hab. Cette ville est entourée de promenades d'où l'on aperçoit le lac de Genève. Tanneries, scieries, fromages ; bois, charbon, vins. Autrefois ville forte, elle dépendit du comté de Genève, fut réunie à la Savoie en 1353, et à la France en 1601.

GEX (Pays de), *Gesiensis pagus*, petit pays de l'ancienne France, sur la frontière de Suisse et de Savoie ; 28 kil. sur 20. Les comtes de Genève le possédèrent jusqu'au xiiie siècle ; il passa alors aux mains d'Amédée V, comte de Savoie, puis d'Henri IV en 1589. Il fut définitivement réuni à la France en 1601. Il fait aujourd'hui partie du dép. de l'Ain.

* **GEYSER** s. m. [ghè-zèr] (island. *geysa*, éclater avec bruit). Géol. Se dit des sources jaillissantes d'eau chaude, les unes continues, les autres intermittentes. Les principaux geysers islandais se trouvent dans la partie S.-O. de l'île, à environ 50 kil. N.-O. de l'Hécla et à 95 kil. de Reykiavik. Dans un circuit d'environ 3 kil. · on trouve plus de cent sources qui jettent de l'eau à + 80° C. Les principales sont le Grand-Geyser et le Grand et le Petit-Strokr. Le Grand-Geyser, quand il est calme, offre l'aspect d'une montagne circulaire d'incrustations siliceuses, haute d'environ 7 mètres et renfermant un large. Le diamètre du bassin varie de 18 à 20 mètres, sa profondeur moyenne est de 1 m. 40. Au centre se trouve un passage vertical d'environ 3 m. de diamètre et de 23 m. de profondeur. Les grandes éruptions ont lieu à des intervalles irréguliers, de 20 à 30 heures ; elles sont accompagnées de fortes explosions. La hauteur des jets varie de 20 à 70 m. Depuis quelques années, les éruptions paraissent diminuer d'intensité et ne se renouveller pas aussi souvent. Elles ne durent guère que cinq minutes. Le Grand-Strokr, qui se trouve à 100 ou à 130 m. du Grand-Geyser, est un puits irrégulier, sans bassin à son embouchure ; son orifice a environ 1 m. de diamètre et 14 m. 50 cent. de profondeur. A des intervalles d'une demi-journée environ, l'eau jaillit et s'élève généralement de 14 à 20 m. En jetant du gazon ou des pierres dans le puits du Strokr, on peut produire une éruption en quelques minutes. — Les geysers de la Nouvelle-Zélande se trouvent dans le Nouveau-Ulster ou île du Nord. Vers le centre de l'île, près du Tongariro, volcan toujours en activité, s'ouvrent des sources thermales, des fontaines de boue et des geysers qui s'élèvent en plus de cent lieux différents, produisant des phénomènes encore plus extraordinaires que ceux d'Islande. A l'extrémité N.-E. du lac Rotomahana, vers 27 m. au-dessus du niveau de celui-ci, on voit le Tetarata (roc Tatoué). C'est une excavation cratériforme de 10 à 13 m. de haut, s'ouvrant seulement du côté du lac. Le bassin de la source a environ 27 m. de long, et 20 de large ; il est empli jusqu'au bord d'une eau claire transparente. D'immenses nuages de vapeur s'élèvent continuellement au-dessus de ce bassin et l'on y entend perpétuellement un bruit d'ébullition. Le dépôt est siliceux et les incrusta-

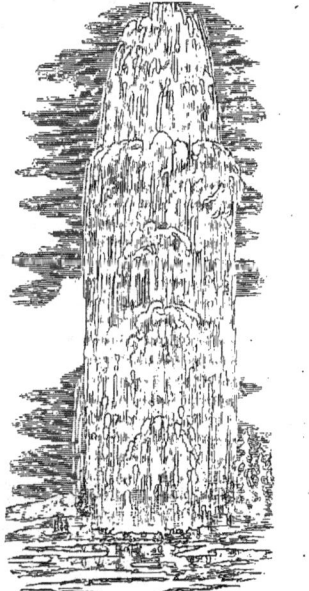

La Giantess (la Géante), geyser du territoire Wyoming (Etats-Unis).

tions produites par le débordement ont formé sur la pente un système de terrasses, hautes de 1 à 2 m., aussi blanches et presque aussi régulières que si on les avait taillées dans le marbre, et sur chacune desquelles s'étendent des bassins circulaires resplendissants d'eau bleue. Ces terrasses qui couvrent une étendue d'environ trois acres, ont l'apparence d'une cataracte étagée qui serait transformée en pierre au fur et à mesure qu'elle tombe. Ordinairement, il y a peu d'eau sur ces terrasses, mais, quelquefois, l'eau est lancée en colonnes énormes qui se vident dans le lac. — Aux Etats-Unis, il existe des sources volcaniques bouillantes, en plusieurs localités, à l'ouest des montagnes Rocheuses. Dans le désert du Colorado, on remarque des sources bouillantes et des volcans de boue. Des sources semblables existent au Nouveau-Mexique et dans quelques autres territoires. Les prétendus geysers de Californie se trouvent dans une gorge de la vallée de Napa, appelée le *Canon du Diable*, près de la rivière Pluton. Des sources chaudes ou froides, bouillantes ou tranquilles, se trouvent à quelques mètres les unes des autres, mais aucune d'elles n'est un geyser proprement dit. Les geysers des sources des rivières Yellowstone et Missouri sont probablement les plus merveilleux du globe. Le pays situé entre 43° et 47° lat. N. et entre 112° et 116° long O., comprenant des portions des territoires de Idaho, Wyoming et de Montana, est couvert de sources minérales bouillantes et de volcans de boue. Les geysers proprement dits se trouvent dans l'angle N.-O. du territoire myowing, sur la rivière Fire-Hole. Ils forment deux grands groupes appelés geysers inférieurs et geysers supérieurs. Le bassin inférieur renferme sept principaux groupes de sources, mais aucune d'elles n'est très remarquable. Le bassin supérieur contient moins de sources; parmi celles-ci on distingue l'*Old Faithful* (le Vieux Fidèle), ainsi appelé à cause de sa régularité à lancer, à des intervalles d'environ une heure, une colonne d'eau de 2 m. de diamètre, à une hauteur maximum de 43 m.; ce jet dure de 4 à 6 minutes. En face se trouvent le *Beehive* et la *Giantess* (la Géante). Le premier est un cône silicieux d'un mètre de haut, de 7 m. de circonférence à la base et de 1 m. à 1 m. 30 de diamètre, avec un orifice ovale de 1 m. sur 66 cent. de diamètre. Quand il est en action, ce qui arrive une fois toutes les 24 heures, il jette une colonne d'eau qui remplit entièrement le cratère à une hauteur de 72 m. A 200 m. du Beehive se trouve la Giantess, vaste geyser ayant une ouverture ovale de 6 à 8 m. de diamètre. La Giantess jette à pleine bouche, une colonne d'eau, haute de 20 m., et dans cette colonne il se produit cinq ou six jets plus petits, ayant de 15 à 25 cent. de diamètre et s'élançant à une hauteur de 90 m. L'éruption, qui se produit à des intervalles irréguliers, dure 20 minutes environ. La seule éruption dont fut témoin le Dr Hayden (1872) dura 47 minutes et la hauteur maximum de l'eau fut de 43 m., la vapeur s'élevant à 23 m. Plus loin, est le geyser Sawmill, qui jette presque sans interruption une petite colonne de 3 à 45 m. de haut. Près de là, se trouvent deux orifices: l'un, oblong, de 70 cent. sur 1 m. 66 cent., est plein d'une eau tranquille et transparente comme du cristal; c'est le Grand-Geyser, l'un des plus merveilleux du groupe. Le second, appelé le geyser Turban est à 7 m. du premier; son bassin, d'une forme irrégulière, mesure 8 m. sur 4 de diamètre et 2 m. de profondeur. Cette source, qui n'a aucune communication apparente avec la première, s'agite au moins une fois toutes les 20 minutes et lance son eau à une hauteur de 5 à 8 m.; elle n'est jamais entièrement tranquille. Une éruption du Grand-Geyser est précédée d'un bruit sourd et d'un tremblement de terre, suivis d'une exhalaison de vapeur; immédiatement l'eau jaillit en colonnes successives de 2 m. de diamètre à la base, et d'une hauteur de 58 à 70 m., et la vapeur s'élève à plus de 330 m. Au bout de 20 minutes, l'eau diminue graduellement et redevient tranquille. Sur le côté opposé de la rivière, est le Castle (Château), ainsi nommé à cause de sa ressemblance avec les ruines d'une tour. En 1872, le professeur Hayden fut témoin de trois éruptions de ce geyser; la hauteur maximum de la première éruption fut de 44 m., celle de la seconde de 31 m., celle de la troisième ne fut pas déterminée. Chacune des éruptions dura environ une heure 20 minutes. Le geyser Giant a un cratère abrupt, ressemblant à une corne brisée, de 3 m. 30 cent. de hauteur; ses éruptions sont irrégulières ainsi que leur durée; ses eaux s'élèvent de 30 à 33 m. Le Grotto (la Grotte), le Punch Bowl (Bol de punch), le Riverside (côté de rivière), le Soda (Soude), le Fan (Éventail) et beaucoup d'autres méritent d'être cités. On trouve aussi des groupes surprenants sur le

côté S.-O. du lac Shoshone et sur la rivière Gardiner. Les geysers du bassin du Fire-Hole (Trou de feu) sont de 2,300 à 2,500 m. au-dessus du niveau de la mer.

GHADAMÈS ou **Gadamès**, ville de la régence de Tripoli (Afrique), dans une oasis, dans l'angle S.-E. de la partie algérienne du désert de Sahara, à environ 450 kil. S.-O. de Tripoli; 7,000 hab. Elle est le point de réunion de quatre routes commerciales. On y fabrique des articles de laine et il s'y fait un grand commerce d'ivoire, de cire, de peaux, de plumes d'autruche, de caoutchouc, etc. Les environs renferment des ruines d'anciennes villes romaines.

GHAUTS ou **Gates**, nom de deux chaînes de montagnes de l'Indoustan méridional. La principale, celle de l'ouest, a une étendue de près de 1,600 kil. du cap Comorin à la rivière Taptee; elle longe la côte de l'océan Indien à une distance de 30 à 55 kil. Son flanc occidental s'élève d'une manière abrupte; mais à l'est il descend graduellement en un plateau ou se continue en longs embranchements à travers le Deccan. La hauteur moyenne des Ghauts occidentales est évaluée à 1,330 m., mais on prétend que le Dodabetta, dans les Neilgherries, atteint près de 3,000 m. Les passes de cette chaîne sont peu nombreuses, d'un accès difficile défendues par des forteresses. Les Ghauts de l'est suivent parallèlement la côte orientale de la péninsule. Leurs sommets atteignent rarement 1,000 m. Les Ghauts sont sujettes à de terribles orages et à des ouragans, pendant la saison des pluies. Il tombe en été plus de pluie dans les Ghauts de l'ouest, que dans aucune autre partie du monde. Parmi les minéraux qui existent dans les Ghauts, on cite: l'or, le cuivre, le fer et une grande quantité de pierres précieuses.

GHAZEPOOR ou **Ghazepoure**, ville de l'Inde anglaise, dans un district du même nom, sur le Gange, à 60 kil. N.-E. de Benarès; environ 40,000 hab. Elle est remarquable située dans un pays salubre; mais la plupart de ses principaux édifices sont en ruine.

GHEEL [ghél], ville et commune de Belgique, sur la Grande-Nèthe, au centre de la Campine, à 31 kil. E.-S.-E. d'Anvers; environ 12,000 hab. Manufactures de cuir, d'étoffes, de bougies, etc. Depuis le vie siècle cette ville et ses environs donnent asile à un grand nombre d'aliénés réputés incurables. Les habitants reçoivent ces malheureux, moyennant une pension, et les guérissent quelquefois en les laissant vivre presque libres et en les occupant aux travaux des champs.

GHERIAH [gheur'-i-a] ou **Viziadroog**, ville et fort de l'Inde anglaise, dans le Concan du Sud, à 230 kil. S. de Bombay. Port abrité, à l'embouchure de la rivière Kunvee dans l'océan Indien. Fort bâti en 1662 sur un promontoire de la côte. Cette ville est appelée Gheriah par les Mahométans et Viziadroog par les Mahrattes. Au xviie siècle, elle devint le centre d'un vaste système de piraterie établi par Conajee Augria, qui infesta les mers adjacentes pendant plus de 50 ans. Après plusieurs tentatives infructueuses faites par les Portugais, les Anglais et les Hollandais pour disperser ces pirates, la place fut prise par la flotte anglaise en 1756. Les Mahrattes l'occupèrent ensuite jusqu'en 1818.

GHIBERTI (Lorenzo) [ghi-bèr'-ti], sculpteur florentin, né vers 1380, mort vers 1455. Il exécuta les admirables portes du baptistère de San Giovanni à Florence, œuvre qui lui demanda quarante années de travail. Ses autres travaux en bronze sont le reliquaire de saint Zenobin et un saint Mathieu. Ce dernier et la seconde porte de San Giovanni sont considérés comme les chefs-d'œuvre du modelage au xve siècle. Ghiberti

était un architecte éminent; il excella aussi dans la peinture sur verre et dans l'orfèvrerie. Il a écrit des traités sur la sculpture et sur l'art italien.

GHIKA (Famille), célèbre maison princière qui a donné de nombreux hospodars à la Moldavie et à la Valachie. Ses membres les plus célèbres sont: GRÉGOIRE II, qui resta sur le trône de Moldavie de 1726 à 1733 et fut alors nommé pour trois ans hospodar de Valachie; et GRÉGOIRE, né en 1807, mort en 1857. Il signala son administration par de sages réformes et se prononça pour l'émancipation des esclaves tziganes.

GHILAN (ghi-lânn'), province de Perse bornée par la Russie et la mer Caspienne; 160 kil. de long et 55 de large; environ 100,000 hab. Sa frontière au S. et à l'O. est formée par la chaîne de l'Elburz (de 2,000 à 2,500 mètres au-dessus du niveau de la mer). Pluies abondantes, climat insalubre. Nombreuses bêtes sauvages. Sol fertile, qui produit de l'orge, du chanvre, du houblon, des fruits, du riz et de la soie. Capitale, Resht Enzeli est le seul port de mer.

GHIRLANDAIO (Domenico del) [ghir-lânndâ'-io], (autrement appelé CORRADI ou BIGORDI), peintre florentin, né en 1451, mort en 1495. Il travailla à la décoration de la chapelle Sixtine à Rome, et exécuta une série de fresques dans la chapelle de Sassetti à l'église de la Santissima Trinita à Florence. Il peignit aussi à l'huile et à la détrempe, mais ses fresques sont sans comparaison ses meilleurs ouvrages. Il fut l'un des premiers créateurs de la perspective aérienne et il perfectionna l'art de la mosaïque. Il fut le maître de Michel-Ange. Ses deux frères, Benedetto et Davide, et son fils Ridolfo furent aussi des peintres remarquables.

GHIZEH Voy. GIZEH.

GHIZONI, ch.-l. de cant., arr. et à 36 kil. de Corte (Corse); 1,700 hab.

GIAC (Pierre de), favori de Charles VII, né vers 1380, mort en 1427. Il servit Jean sans Peur, dont sa femme était la maîtresse, et s'attacha ensuite au parti du dauphin. En 1425, il détourna à son profit, des sommes votées par les états pour faire la guerre contre les Anglais. Le connétable de Richemond le fit arrêter à Issoudun, conduire à Dun-le-Roi, juger par son bailli, enfermer dans un sac et jeter à la rivière.

GIACOMETTI (Paolo) [dcha-ko-mett'-ti], auteur dramatique italien, né à Novi le 19 mars 1816, mort à Gazuollo (prov. de Crémone) en sept. 1882. Il cultiva tous les genres: tragédie, drame historique, drame romantique, comédie. Il débuta en 1836 par un drame, *Rosilde*, qui connut un véritable triomphe. Il fit ensuite représenter successivement: *Il Poeta e la Ballerina*, *Isabella Fiesco*, *Elisabeth d'Angleterre*, qui a fait partie du répertoire de la Ristori, la *Nuit du Vendredi saint*, *Torquato Tasso*. Son ouvrage le plus connu est la *Morte civile*, que M. Vitu a traduit pour l'Odéon de Paris.

GIANNONE (Pierre) historien napolitain, né à Ischitella en 1676, mort en 1748. Il était avocat à Naples quand il fit paraître (1723) une *Histoire civile du royaume de Naples*, ouvrage qui renferme de violentes attaques contre le pouvoir temporel des papes. Il fut excommunié et, forcé de quitter Naples, se réfugia à Vienne, à Venise, à Modène et à Ge nève. S'étant aventuré sur la frontière de Sa voie, il fut arrêté par la police sarde et enfermé au château de Miolans, puis dans la citadelle de Turin, où il mourut.

GIAOUR s. m. (ar. *kiafir*, infidèle). Nom que les Turcs donnent à tous ceux qui ne font pas profession de mahométisme et particulièrement aux chrétiens: *des giaours*. — Le GIAOUR, poème de Byron, publié en 1813.

GIBBAR s. m. Mamm. Espèce de baleine du groupe des balénoptères.

* **GIBBEUX, EUSE** adj. [gibb-beux](lat. gibbosus). Didact. Bossu, élevé : *la partie gibbeuse au foie.*

* **GIBBON** s. m. [ji-bon] (lat. *gibba*, bosse). Mamm. Genre de singes des Indes orientales, voisin des orangs et des chimpanzés. Les gibbons sont souvent appelés les coureurs des

Gibbon (Hylobates).

bois, à cause de leur agilité à s'élancer d'arbre en arbre. Ils ont les bras d'une longueur démesurée, la poitrine large, les jambes courtes, le poil doux et la voix très forte. Ils atteignent quelquefois 1 m. 30 de haut.

GIBBON (Edward) [ghib'-beunn], historien anglais, né le 27 avril 1737, mort le 16 janvier 1794. La lecture des œuvres de Bossuet le conduisit à abjurer le protestantisme. Persécuté dans son pays, il se réfugia à Lausanne (Suisse), où il étudia les auteurs latins et grecs et les classiques français, Crousaz, Locke et Grotius. Redevenu protestant en 1754, il rentra en Angleterre. En 1761, il publia en français son *Essai sur l'étude de la littérature.* Le 15 octobre 1764, se promenant au milieu des ruines du Capitole de Rome, il conçut l'idée de décrire la décadence et la chute de cette ville. Il retourna en Angleterre en 1765 et commença avec un jeune Suisse, M. Deyverdun, la publication d'une histoire de la liberté en Suisse, qui n'obtint aucun succès. Toujours en collaboration avec Deyverdun, il mit au jour *Les Mémoires littéraires de la Grande-Bretagne*, qui devaient se publier annuellement ; deux volumes seulement furent imprimés (1767-68). En 1770, Gibbon s'établit à Londres et commença son *History of the Decline and Fall of the Roman Empire*, dont le premier volume parut en février 1776 et fut reçu par le public avec une faveur sans précédent. Ses vues sur le christianisme lui firent adresser de nombreuses réclamations. Dans sa *Vindication*, il se défend d'avoir fait de fausses citations. Un pamphlet politique en français, en faveur du ministère, lui valut une sinécure qui lui rapporta 20,000 fr. par an. Le second et le troisième volume de son *Histoire de la Décadence de l'Empire romain* furent publiés en 1781. Il finit en 1787 cet ouvrage qui le rendit célèbre et fut traduit dans toutes les langues. Ses bénéfices furent, dit-on, de 130,000 fr., et ceux des éditeurs de 1,500,000. Gibbon retourna à Lausanne en 1788, et écrivit ses *Mémoires* qui, avec ses mélanges, furent publiés après sa mort. En 1793, il retourna en Angleterre. Il souffrait longtemps d'une hydrocèle et mourut après trois douloureuses opérations. Son *Histoire de la Décadence et de la Chute de l'Empire romain* passe pour le plus vaste travail historique dans la langue anglaise. Les meilleures éditions son celles du rév. H.-H. Milman (12 vol., Londres, 1838-'39, avec des notes de l'éditeur,

de Guizot, etc.), et de William Smith (8 vol., 1854-'55), contenant de nouvelles annotations. La plus récente édition de la traduction française est celle de 1828 (13 vol. in-8°).

GIBBONS (Grinling), graveur sur bois et sculpteur anglais, né vers 1650, mort en 1721. Charles II l'employa à la décoration de la chapelle du château de Windsor, dont il grava le feuillage, et à celle de la grande salle de Petworth, qui est son chef-d'œuvre. Son meilleur ouvrage de sculpture est la statue de Jacques II, devant le palais de Whitehall.

* **GIBBOSITÉ** [ji-bo-zi-té] (lat. *gibbus*). Méd. et Hist. nat. Bosse, courbure de l'épine du dos.

* **GIBECIÈRE** s. f. (bas lat. *gibbicaria* ; de *gibbus*, bossu). Espèce de bourse large et plate que l'on portait anciennement à la ceinture. — Aujourd. Grande bourse, ordinairement de cuir, où les chasseurs mettent le plomb, la poudre, et les autres choses dont ils se servent à la chasse : *porter une gibecière.* — Espèce de sac dans lequel les escamoteurs, les joueurs de gobelets mettent leurs instruments, et qu'ils attachent devant eux quand ils font leurs tours. — TOUR DE GIBECIÈRE, escamotage. — Fig. IL A PLUS D'UN TOUR DANS SA GIBECIÈRE, il est rusé et fertile en expédients pour se tirer d'embarras.

GIBEL (Mont), *Gibello*, corrupt. de l'ar. *djebel*, montagne ; nom sicilien de l'Etna.

* **GIBELET** s. m. (norm. *vimblet* ; angl. *gimblet*, tarière). Petit foret dont on se sert pour percer une pièce de vin ou de quelque autre liquide qu'on veut déguster : *les essayeurs de vin ont toujours un gibelet dans leur poche.* — AVOIR UN COUP DE GIBELET, avoir l'esprit léger, la tête un peu éventée.

* **GIBELIN** s. m. (de Conrad *Weibelingen*, empereur d'Allemagne). Partisan de la faction attachée aux empereurs, et opposée aux Guelfes, partisan des papes en Italie, dans les XIIᵉ, XIIIᵉ et XIVᵉ siècles : *la faction des Gibelins.*

GIBELIN, INE adj. Qui appartient aux Gibelins : *les villes gibelines.*

* **GIBELOTTE** s. m. Cuis. Espèce de fricassée de lapins, etc. : *gibelotte de lapereau.*

* **GIBERNE** s. f. (bas lat. *giba*, coffre). Partie de l'équipement d'un soldat, boîte recouverte de cuir dans laquelle sont placées les cartouches et quelques menus objets pour l'entretien des armes. — Depuis l'adoption du fusil Gras, la giberne a été supprimée dans l'infanterie française et remplacée par deux cartouchières.

* **GIBET** s. m. [ji-bè] (all. *gabal*). Potence où l'on exécute ceux qui sont condamnés à être pendus : *attacher à un gibet.* — Se dit aussi des fourches patibulaires, où l'on expose les corps de ceux qui ont été pendus. — Le GIBET N'EST QUE POUR LES MALHEUREUX, les richesses et le crédit sauvent ordinairement les grands criminels. — LE GIBET NE PERD POINT SES DROITS, les criminels sont punis tôt ou tard.

* **GIBIER** s. m. (vieux franç. *gibeier*, chasser, emplir sa gibecière). Se dit de certains animaux sauvages bons à manger, qu'on prend à la chasse : *un pays plein de gibier.* — Gros GIBIER, se dit des cerfs, daims, chevreuils, sangliers, etc. — MENU GIBIER, se dit, par opposition au gros gibier, des lièvres, perdrix, bécasses, etc. ; et, par opposition au gibier ordinaire, des cailles, grives, mauviettes et autres sortes de petits oiseaux. — CELA N'EST PAS DE SON GIBIER, se dit des choses qui passent les connaissances, la capacité d'une personne, qui ne lui conviennent pas, qui ne sont pas de son goût. — GIBIER DE POTENCE, se dit d'un ou de plusieurs hommes

dont les actions semblent mériter d'être punies en justice.

* **GIBOULÉE** s. f. Pluie soudaine, de peu de durée, et quelquefois mêlée de grêle : *giboulée de mars.*

* **GIBOYER** v. n. [ji-boua-ié] (rad. *gibier*). Chasser, prendre du gibier : *aimer à giboyer.* (Fam.) — ARQUEBUSE À GIBOYER, longue arquebuse dont on se servait pour tirer de loin. — POUDRE A GIBOYER, poudre beaucoup plus fine que la poudre ordinaire. On dit maintenant : POUDRE DE CHASSE.

* **GIBOYEUR** s. m. Celui qui chasse beaucoup : *c'est un grand giboyeur.* (Fam. et peu usité). — Celui qui fait des provisions de gibier pour l'expédier aux marchands.

* **GIBOYEUX, EUSE** adj. Qui abonde en gibier : *parc giboyeux.*

GIBRALTAR s. m. Gros pâté de foies gras.

GIBRALTAR (anc. *Calpe*, l'une des colonnes d'Hercule) ; (ar. *Djebel-al-Tarik*, montagne de Tarik), rocher fortifié sur la côte S. de l'Andalousie, appartenant à la Grande-Bretagne, et, donnant son nom à une baie (à l'O.) et à un détroit qui relie l'Atlantique et la Méditerranée. C'est un promontoire long de 4 kil. 1/2 du N. au S. et mesurant environ 11 kil. de circuit ; un isthme bas et sablonneux de 2 kil. de long et d'un kil. de large le réunit à l'Espagne. Les flancs N.-E. et S.-E. du rocher sont à pic et presque inaccessibles. Du côté de l'O., ils descendent en pente jusqu'au rivage. Le point le plus culminant s'élève à environ 500 m. au-dessus du niveau de la mer. Le rocher se compose de calcaire gris et de marbre ; il est creusé de cavernes naturelles dont la plus grande est celle de Saint-Michel ; une salle de cette caverne renferme des stalactites qui descendent de la voûte jusqu'au sol ; l'entrée se trouve à 333 m. au-dessus du niveau de la mer. Les Anglais ont dépensé des sommes immenses pour rendre imprenable cette position, qui commande l'entrée de la Méditerranée. Les plus remarquables des travaux qu'ils y ont exécutés sont les galeries en tunnel, étagées dans le roc, sur la face septentrionale, longues de 3 à 4 kil., assez larges pour permettre le passage d'une voiture et percées de 10 m. en 10 m. d'embrasures par lesquelles des canons passent leurs gueules significatives. Au sommet se trouvent les casernes et les fortifications, et sur toute la pente occidentale on a établi de fortes batteries. Plus de 1,000 canons sont en position. La garnison est habituellement de 6,000 hommes. La ville de Gibraltar s'étend au pied et sur le côté O. du rocher, près de son extrémité septentrionale, à 85 kil. S.-E. de Cadix ; elle renferme 24,000 hab., dont 6,000 militaires. La population se compose d'Anglais, d'Espagnols, de Juifs et de Maures. La ville est formée principalement par la rue Waterport, longue d'environ 4 kil., bien pavée et bien éclairée. Les principaux édifices sont les résidences du gouverneur et du lieutenant gouverneur, l'amirauté, l'hôpital maritime, les casernes et les magasins. Quoique port franc, Gibraltar fait peu de commerce. L'exportation principale est le vin. — La baie de Gibraltar, quelquefois appelée baie d'Algésiras, est formée par le promontoire de Gibraltar à l'E. et par le prolongement continental qui se termine à la pointe Santa-Garcia à l'O. Elle mesure 7 kil. de l'E. à l'O. et environ 9 kil. du N. au S. Vis-à-vis de Gibraltar se trouve la ville espagnole d'Algésiras. — Le détroit de Gibraltar se trouve entre la partie la plus méridionale de l'Espagne (du cap Europa au cap Trafalgar) et la côte africaine (de la pointe de Ceuta à l'O.). Sa long. de l'E. à l'O est d'environ 60 kil. La partie la plus étroite se trouve au S. de Tarifa, où il n'y a pas plus de 44 kil. d'une côte à l'autre. — Les Phéniciens donnaient à Gibraltar le nom d'Alube, corrompu par les Grecs en Calpe. Ceuta, sur la côte opposée de l'Afrique, était l'ancienne Abyla : ces deux rochers constituaient les colonnes d'Hercule. Les Sarrasins, lorsqu'ils envahirent l'Europe pour la première fois, y débarquèrent sous les ordres de Tarik (ou Tarif) ben Zeyad, en avril 711. L'année suivante, Tarik bâtit une fortification sur la hauteur qui reçut depuis lors le nom de Djebel al-Tarik. Après bien des luttes, cette forteresse fut prise par les chrétiens, que commandait le duc de Medina Sidonia, en 1462. Les Espagnols la regardaient comme inexpugnable ; mais elle fut surprise, le 4 août 1704, par les flottes unies anglaise et hollandaise ; elle fut abandonnée à la Grande-Bretagne en 1713. En 1727, les Espagnols l'attaquèrent inutilement avec des forces considérables. Mais le siège le plus mémo-

Gibraltar.

rable de Gibraltar fut celui de 1779-'83, entrepris par les forces combinées de terre et de mer de la France et de l'Espagne. La garnison, composée de 7,000 hommes commandés par sir Gilbert Eliott (depuis lord Heathfield), opposa une résistance héroïque. Vers la fin de 1781, on employa 1,000 pièces d'artillerie contre la forteresse, tandis que 47 vaisseaux de ligne et une multitude de petits navires la menaçaient par mer et qu'une armée de 40,000 hommes prenait part aux opérations du côté de la terre. Cette entreprise colossale était dirigée par le duc de Crillon. En septembre 1782, les alliés essayèrent de réduire au silence les feux anglais, au moyen de 10 énormes batteries flottantes, construites par le chevalier d'Arçon. Le 13, l'une des plus terribles canonnades, dont l'histoire fasse mention, s'ouvrit de part et d'autre. Vers le soir, les effets des boulets rouges envoyés par la garnison devinrent apparents, et un peu après minuit, 9 des batteries étaient en feu ; la plupart des hommes composant leurs équipages se noyèrent ou périrent par les flammes ou par les explosions. (Voy. BATTERIE FLOTTANTE.) En février 1783, le siège fut levé lors de la signature du traité préliminaire de paix.

GIBSON (John), sculpteur anglais (1791-1866). Il étudia sous Canova jusqu'en 1822, et ensuite, pendant peu de temps, sous Thorwaldsen ; il passa une partie de sa vie à Rome. Ses œuvres sont principalement des statues et des sujets d'après les modèles classiques. Parmi les premières et les mieux connues sont les statues de la reine Victoria, au palais de Buckingham, à Osborne et dans le nouveau palais de Westminster, et celles de Huskisson à Liverpool, de sir Robert Peel et

de George Stephenson. Gibson fut le premier sculpteur moderne qui colora ses statues. Sa vie a été écrite par lady Eastlake (1869).

GIBUS adj. [ji-buss], (nom d'un chapelier de Paris). Se dit d'un chapeau cylindrique qui s'a-platit de manière à occuper très peu d'espace : *chapeau gibus*. — Substantiv. : *la mode des gibus date du règne de Louis-Philippe*.

GICQUEL DES TOUCHES I. (Pierre-Guillaume), navigateur, né à Dinard (Ille-et-Vilaine) en 1770, mort à Saint-Malo en 1824. Il fit partie de l'expédition envoyée à la recherche de La Pérouse, donna son nom à une pointe du canal d'Entrecasteaux, fit une campagne dans l'Inde, sauva Buenos-Ayres (1800) des mains des Anglais, fut nommé adjudant général de la marine hollandaise et resta à Batavia jusqu'en 1811. Pris par les Anglais, il recouvra la liberté en 1814. On a de lui des Mémoires sur la marine. — II. (Auguste-Marie), navigateur, frère du précédent, né à Rennes en 1784, mort à Brest en 1835. Il assista sur l'*Intrépide* au combat de Trafalgar (1804) et fut fait prisonnier malgré une brillante résistance. Mis en liberté (1811), il recueillit en 1817 les naufragés de la *Méduse* et fut nommé capitaine de frégate, puis capitaine de vaisseau et directeur des mouvements du port de Brest. — III. (Albert-Auguste), marin, fils du précédent, né à Brest en 1818, mort en 1883. En 1867, il fut nommé contre-amiral, et en 1875, vice-amiral, grand officier de la Légion d'honneur et préfet maritime de l'arrondissement de Lorient. Le maréchal de Mac-Mahon lui confia, le 17 mai 1877, le portefeuille de la marine, qu'il garda jusqu'au 23 novembre.

GIÉ (Pierre DE ROHAN, dit de), maréchal de France, né en Bretagne vers 1450, mort en 1513. Il se distingua en Italie sous Charles VIII et sous Louis XII. Pendant une maladie grave de ce dernier, Anne de Bretagne ayant fait diriger ses effets les plus précieux sur Nantes, de Gié fit arrêter les bateaux qui transportaient ces objets. La reine, irritée, demanda et obtint le renvoi du maréchal devant le parlement de Toulouse et de Gié fut, par sentence du 9 févr. 1505, privé pendant cinq ans de ses grades et honneurs. Il se retira alors à son château du Verger près d'Angers, où il cultiva les arts.

GIEN (jiain) (*Gianum*), ch.-l. d'arr., à 62 kil. S.-E. d'Orléans (Loiret), sur la rive droite de la Loire, et dominé par un ancien château, par 47° 41' 9" lat. N. et 0° 17' 40" long. E. ; 7,550 hab. Tanneries, manufacture de faïence ; laines, serge. — Ville très ancienne, réunie à la couronne sous Philippe-Auguste ; les Anglais

l'occupèrent pendant la guerre de Cent ans ; elle tomba au pouvoir des protestants, puis des ligueurs et servit de refuge à Louis XIV pendant la Fronde.

GIENNOIS, OISE [ji-ènn-nouâ] adj. et s. Habitant de Gien ; qui appartient à cette ville ou à ses habitants.

GIENS (Presqu'île de), presqu'île de la comm. d'Hyères (Var) ; 7 kil. de long sur 1 de large ; 240 hab. Pêche du thon ; salines produisant annuellement 20,000 tonnes de sel. Ruines d'un ancien château et du fortin moderne de la Tour-Fondue.

GIER I. Anc. pays de France, compris auj. dans le dép. du Rhône. — II. Riv. de France qui prend sa source à 1,306 m. d'altitude, dans le dép. de la Loire, arrose Saint-Chamond, Rive-de-Gier et se jette dans le Rhône à Givors, après un cours de 45 kil. Cette rivière alimente le canal de Givors.

GIESSEN [ghiss'-sènn], ville de Hesse-Darmstadt (Allemagne), capitale de la province de la Hesse supérieure, sur le Wieseck et le Lahn, à 40 kil. N. de Francfort ; 12,250 hab. L'université, fondée en 1607, possède environ 60 professeurs, 400 étudiants, une bibliothèque de 40,000 volumes, un observatoire, un jardin botanique et un musée. Elle a été célèbre, principalement par son école de chimie organique que dirigea Liebig. Manufactures, brasseries, moulins à huile.

GIFFARD (Henri), ingénieur et aéronaute, né et mort à Paris (1825 — avril 1882). Pendant plus de 20 ans il essaya de résoudre le problème de la navigation aérienne. (Voy. AÉROSTATION.) Il a inventé l'*injecteur*, qui règle l'introduction de l'eau dans les chaudières à vapeur.

GIFFORD (Helen-Selina, COMTESSE DE), [ghiff'-feurd], poétesse anglaise, (1807-'67). Elle était fille de Richard Brinsley Sheridan. Son premier mari, le baron Dufferin, mourut en 1841 ; et en 1862, elle épousa le comte de Gifford. Elle écrivit plusieurs chants et des ballades y compris, *The Irish Emigrant's Lament* et *The Farewell of Terence*.

* GIFLE s. f. (vieux franç. *giffe*, joue). Coup donné avec la main sur la joue : *donner une gifle*. (Pop.)

* GIFLER v. a. Donner une gifle. (Fam.)

GIFLEUR, EUSE s. Personne qui donne une gifle.

* GIGANTESQUE adj. (gr. *gigas, gigantos*, géant). Qui tient du géant : *taille gigantesque*. — Se dit également des animaux et des choses qui sont remarquables par leur grandeur, par leur élévation : *des animaux gigantesques*. — Se dit, fig., surtout au sens moral : *projet, entreprise gigantesque*. — Substantiv. au masculin. Se dit des choses gigantesques en général : *certains esprits n'aiment que l'extraordinaire et le gigantesque*.

GIGANTESQUEMENT adv. Dans des proportions gigantesques.

* GIGANTOMACHIE s. f. [-ma-chî] (gr. *gigas, gigantos*, géant ; *machestai*, combattre). Antiq. Prétendu combat des géants de la Fable contre les dieux ; descriptions poétiques ou représentations pittoresques de ce combat. Dans cette seconde acception, on dit : *Gigantomachie de Claudien; Gigantomachie de Scarron*.

GIGERY ou Djidgelly, ville et port de la prov. et à 128 kil. N.-O. de Constantine (Algérie) ; 1,100 Européens. Poste militaire, auj. sans commerce. Cette ville fut prise en 1664 par le duc de Beaufort, qui y fit construire le *fort des Français*, et y laissa une garnison de 400 hommes qui ne tarda pas à être chassée par les indigènes.

GIGNAC, ch.-l. de cant., arr. et à 22 kil. S.-E. de Lodève (Hérault) sur l'Hérault ; 2,850 hab. Confiseries d'olives et de câpres, fabriques d'essences, de savons et de verdets. Eglise Notre-Dame-de-Grâce, regardée comme un ancien temple de Vesta.

* **GIGOGNE** s. f. (lat. *gignere*, engendrer). Nom d'un personnage du théâtre des marionnettes. — S'emploie dans cette expression populaire : c'est une mère Gigogne, c'est une femme qui a beaucoup d'enfants. ∾ Bot. Espèce de primevère.

* **GIGOT** s. m. (celt. *kig*, chair). Cuisse de mouton séparée du corps de l'animal, pour être mangée : *un gigot tendre.* — s. m. pl. Se dit des jambes de derrière du cheval : *ce cheval a de bons gigots.* — Se dit quelquefois des jambes d'une personne : *étendre ses gigots.* Dans ce sens, il est populaire et ne s'emploie que par plaisanterie.

GIGOT D'ELBÉE. Voy. ELBÉE.

* **GIGOTÉ, ÉE** part. passé de GIGOTER. — Adjectiv. Man. Un cheval bien gigoté, dont les membres sont bien fournis, et annoncent de la force. — Vén. Un chien bien gigoté, qui a les cuisses rondes et les hanches larges. On dit plus ordinairement, BIEN MEMBRÉ.

* **GIGOTER** v. n. Se dit principalement d'un lièvre, ou d'un autre animal semblable, qui secoue les jarrets en mourant. — Se dit encore des enfants qui remuent continuellement les jambes : *cet enfant ne fait que gigoter.* (Fam.) ∾ Manger du gigot. (Pop.)

* **GIGUE** s. f. [ji-ghe] (celt. *kig*, chair). Pop. Jambe. S'emploie surtout au pluriel : *avec vos grandes gigues, vous empêchez tout le monde de se chauffer.* Ne se dit guère qu'en plaisantant. — Cuisse du chevreuil.

* **GIGUE** s. f. (haut all. *gige*, violon). Mus. Sorte d'air dont le mouvement est vif et gai : *jouer une gigue.* — Danse faite sur cet air : *danser une gigue.* Cette danse, autrefois populaire en France, a passé en Angleterre, où on la danse toujours avec plaisir.

GIJON ['hi-'hònn'], port fortifié des Asturies (Espagne), sur la baie de Biscaye, à 20 kil. N.-N.-E. d'Oviédo ; 40,500 hab. Pêcheries et cabotage. Le port est sûr, quoique d'un accès difficile. En 1810, la ville fut pillée et ses navires furent détruits par les Français.

GILA ['hi-'la], rivière qui prend sa source dans les montagnes de la Sierra Madre, au S.-O. du Nouveau-Mexique (Etats-Unis), et se jette dans le Colorado de l'ouest, à 260 kil. de l'embouchure de ce fleuve. Cours, près de 800 kil.

GILBERT (Saint), évêque de Meaux, mort en 1015. Fête le 13 février.

GILBERT (Gabriel), poète, né à Paris vers 1610, mort vers 1680. Il fut secrétaire de la duchesse de Rohan et, plus tard, de la reine Christine de Suède. Après la mort de cette princesse, Gilbert vécut dans la gène, et fut secouru dans sa détresse par M. d'Hervart. On a de lui des tragédies dont quelques-unes obtinrent du succès : *Téléphonte* (1642), *Rodogune, Hippolyte, Marguerite de France, Sémiramis* (1643), etc.

GILBERT (Nicolas-Joseph-Laurent), poète satirique, né à Fontenay-le-Château (Vosges), en 1751, mort à Paris en 1780. Il fit ses études au collège de l'Arc, à Dôle, et vint à Nancy en 1769, où il donna des leçons pour gagner sa vie. Il partit ensuite pour Paris où il était recommandé à d'Alembert. Celui-ci l'ayant reçu assez froidement, Gilbert en conçut un grand ressentiment et ne cessa depuis lors, de poursuivre de ses traits satiriques les philosophes et les encyclopédistes. En 1772, il présenta au concours académique une pièce, *Le Poëte malheureux*, qui ne lui point couronnée. Il se tourna dès lors vers la satire et publia le *Carnaval des auteurs* (1773) et le *Siècle* (1774), où il s'attaquait aux plus hautes

renommées littéraires du temps, Voltaire, Marmontel, Diderot, d'Alembert, La Harpe, etc. Des odes pleines d'éloges ampoulés et d'adulations lui valurent des pensions et les faveurs de Louis XV, de Louis XVI, alors Monsieur, et du prince de Salm-Salm. Il mourut à Paris d'une chute de cheval, après avoir subi sans succès la difficile opération du trépan faite par le chirurgien Desault. Il écrivit dans ses derniers jours ses *Adieux à la vie* qui commencent par cette strophe si connue :

> Au banquet de la vie, infortuné convive,
> J'apparus un jour et je meurs !
> Je meurs ; et sur la tombe où lentement j'arrive,
> Nul ne viendra verser des pleurs.

Gilbert ne mourut pas dans la gène, comme l'ont prétendu plusieurs historiens. Il avait des pensions qui lui rapportaient près de 2,200 livres, soit 5,000 fr. de notre monnaie actuelle. La meilleure édition de ses œuvres est celle de 1822 (Paris, 1 vol. in-8°).

GILBERT (Sir Humphrey), navigateur anglais, frère utérin de sir Walter Raleigh, né en 1539, perdu en mer vers la fin de 1583. Il fut nommé chevalier en 1570, en récompense de ses services militaires en Irlande. En 1576, il publia *A Discourse of a Discovery for a new passage to Cathay*, afin de démontrer la possibilité de trouver un passage au N.-O. En 1583, il fit voile avec cinq navires et 260 hommes, et fonda une colonie à Terre-Neuve.

GILBERT (Iles de), ou Groupe de Kingsmill, groupe d'îles de corail, dans le Pacifique, entre 3° lat. N. et 3° lat. S. et entre 168° et 174° long. E. ; 60,000 hab. Les îles les plus grandes sont Taraoua ou Drummond, qui a 40 kil. de longueur sur un kil. à un kil. et demi de largeur, et Tarawa ou l'île de Cook, longue de 27 kil. Ces îles produisent le coco, le pandanus, le taro et quelques arbres à pain. Les indigènes ressemblent aux Malais et sont plus habiles que les autres habitants des îles du Pacifique dans la construction des canots et des maisons.

GILBERTIN, INE s. Membre de la communauté de l'ordre de Saint Gilbert. Les gilbertins, ordre religieux qui se trouvait qu'en Angleterre, sont ainsi appelés de saint Gilbert de Sempringham (né en 1083, mort en 1189). On les nommait aussi, *ordre de Sempringham*. Lors de la suppression des monastères sous Henry VIII, l'ordre possédait 24 maisons et 11 couvents d'hommes et de femmes.

GIL BLAS I. Titre et nom du héros d'un célèbre roman de Lesage, *Gil Blas de Santillane*, publié de 1715 à 1735. Gil Blas est le type de l'homme instruit, éveillé, que le besoin pousse à mener une vie d'expédients et d'aventures. — II. Opéra-comique en 5 actes, musique de Semet, paroles de MM. Michel Carré et Jules Barbier, représenté au Théâtre-Lyrique le 23 mars 1860. Le rôle de Gil Blas a été créé avec succès par Mme Ugalde. — III. Petite feuille très vive née en 1825 et qui survécut à 1830. Elle était rédigée par des officiers de l'ancienne armée. — IV. Grand journal quotidien, politique et surtout littéraire, créé à Paris par M. Dumont.

GILDAS (Saint), surnommé *Le Sage*, historien anglais, né en 493 ou en 511, mort en 570 ou 590. Il était le fils de Caw, prince anglais qui émigra dans le pays de Galles, et on croit qu'il est identique avec le barde Aneurin ou qu'il en est son frère. (Voy. ANEURIN.) Son seul ouvrage complet existant est une histoire de la Grande-Bretagne écrite en mauvais latin, *De calamitate, excidio et conquestu Britanniæ.*

GILDAS-DES-BOIS (Saint-), ch.-l. de cant., arr. et à 19 kil. N.-N.-O. de Saint-Nazaire (Loire-Inférieure) ; 2,450 hab.

GILÉAD, nom d'un groupe de montagnes qui s'étendent à l'E. de la Palestine et des districts voisins de ces montagnes. Cette région est renommée par la quantité de simples qu'elle produit et qui servent à préparer un baume dit de *Giléad*. Parmi ses rivières sont le Jabbok et l'Arnon. — Baume de Giléad, *de Galaad, de la Mecque, de Judée, de Syrie, de Constantinople, d'Egypte, du Grand-Caire; baume blanc* ou *opobalsam,* oléo-résine blanchâtre, très odorante, produite par l'arbre nommé *balsamier de Giléad.* C'est une térébenthine semblable à celle du Canada, qui sert à la falsifier ou qui se vend sous le même nom. Le baume de Giléad, très rare en Europe à l'état pur, est d'un prix élevé. Il est liquide, de la consistance d'un sirop, et rappelle par son aspect le sirop d'orgeat, avec une teinte fauve particulière. Sa saveur est amère et âcre.

* **GILET** s. m. (de *Gille*, pître qui portait une sorte de veste sans manche). Sorte de veste courte, sans pans et sans manches, qui se porte sous l'habit ou la redingote : *gilet de piqué, de cachemire.* — Camisole de laine, de coton, etc., que l'on porte ordinairement sur la chemise ou sur la peau : *gilet de flanelle, de coton,* etc.

* **GILETIER, IÈRE** s. Ouvrier, ouvrière qui fait des gilets.

GILIBERT DE MERLHIAC (Marie-Martin-Guillaume de), littérateur, né à Brive-la-Gaillarde en 1789, mort vers 1830. Lieutenant de vaisseau, il quitta la marine pour se livrer à son goût pour les lettres. On a de lui des pièces de théâtre, des essais philosophiques et historiques, etc., le *Siège de Toulon* (1816) le *Retour de saint Louis* (1816), la *France et son roi* (1816), etc.

GILIMER. Voy. GÉLIMER.

* **GILLE** s. m. [gi-le]. Nom d'un personnage du théâtre de la foire. Jouer les roles de Gille, ou ellipt. Jouer les Gilles. — Se dit quelquefois d'un homme qui a l'air du maintien du niais : *c'est un Gille, un vrai Gille.* (Fam.) — Pop. Faire Gille, se retirer, s'en aller, s'enfuir.

GILLE (Charles-Eugène), chansonnier, né à Paris en 1820, mort en 1856. Il composa des chansons et une comédie, le *Barbier de Pézenas,* qui fut refusée au Théâtre-Français. Désespéré de cet insuccès, Gille se suicida. On cite parmi ses chansons les plus connues : le *Vengeur*, la *Trente-deuxième demi-brigade* et le *Bataillon de la Moselle.*

GILLES ou Gille, l'un des types du théâtre de la foire. On ne sait au juste à quelle époque ce personnage a pris naissance. Son introduction au théâtre date du commencement du XVIIIe siècle.

GILLES (Nicole), historien français, mort en 1503. Il était contrôleur du trésor royal sous Charles VIII. Il a laissé un abrégé des chroniques de Saint-Denis, sous le titre d'*Annales des Gaules jusqu'à Loys onzième* (Paris, Galliot-Dupré, 1525, 1 vol. in-fol. gothique.) Cet ouvrage, qui obtint un succès extraordinaire, fut 17 fois réimprimé et fut continué par Denis Sauvage (jusqu'à François II), par Belleforest (jusqu'à Charles IX), par Gabr. Chappuis (jusqu'à Henri III) et par un anonyme jusqu'en 1617.

GILLES (Saint), *Ægidius,* cénobite, né à Athènes, mort vers 550. Il vint en France, et vécut dans une grotte du Languedoc, où une biche venait le nourrir de son lait. Le roi Childebert, étant un jour à la chasse, rencontra le saint et lui fit construire un monastère, autour duquel s'éleva la ville qui porte son nom. Fête le 1er septembre.

GILLES (Saint-) ch.-l. de cant., arr. et à 20 kil. S.-S.-E. de Nîmes (Gard), sur le canal de Beaucaire ; 6,000 hab. Bons vins rouges, eaux-de-vie. Eglise byzantine du IXᵉ siècle, avec une belle façade.

GILLES DE BRETAGNE, seigneur de Chantocé, mort en 1450. Il était fils de Jean V, duc de Bretagne. Il alla en Angleterre à la cour d'Henri VI et entretint avec ce prince des relations qu'on lui reprocha plus tard comme des crimes d'Etat. A la mort de son père, il n'eut qu'un petit apanage, et pria Henri VI d'intervenir en sa faveur auprès de François I, duc de Bretagne. Ce dernier le fit arrêter, et plus tard empoisonner.

GILLES-SUR-VIE (Saint-) ch.-l. de cant., arr. et à 20 kil. N.-O. des Sables-d'Olonne (Vendée), sur l'océan Atlantique, à l'embouchure de la Vie ; 1,450 hab. Chantiers de construction.

GILLIES (John) [ghil'-liz], historien écossais, né en 1747, mort en 1836. En 1793, il fut nommé historiographe royal d'Ecosse, Ses principaux travaux sont : *History of ancient Greece, History of the ancient World from Alexander to Augustus*, et des traductions.

GILLOTAGE s. m. (du nom de l'inventeur *Gillot*, mort en 1871). Procédé de gravure, inventé en 1855, qui consiste à rendre en relief sur une plaque de zinc, un dessin lithographique. Pour obtenir ce résultat, on *reporte* le dessin sur une plaque de zinc bien unie. Une fois le dessin encré, l'encre étant encore fraîche, on laisse tomber sur la plaque de la poudre de colophane extrêmement ténue, qui ne s'attache qu'à l'encre. On plonge cette plaque dans un bain d'acide muriatique étendu ; on agite continuellement le bain pour chasser les bulles d'hydrogène qui se forment à la surface du zinc. L'acide mord le métal, et laisse en relief le trait couvert de colophane, cette substance étant inattaquable à l'acide muriatique. — On dit aussi PANICONOGRAPHIE.

GILLOTT (Joseph), [ghil'-leut] fabricant anglais (1800-1872). Il devint le premier fabricant de plumes métalliques de l'univers. Les usines qu'il établit à Birmingham employaient cinq tonnes d'acier par semaine, et produisaient 150 millions de plumes par an.

GILLRAY (James), graveur anglais (1757-1815.) Né en 1779 à 1811, il publia 1,200 caricatures. Une collection complète de ses œuvres a été publiée en 1874, avec son ouvrage intitulé *Life and Times*.

GILOLO (dji-lo'-lo], ou **Halmahera**, île de l'archipel Indien, dans le groupe des Moluques, entre les Célèbes et la Papouasie ; 46,078 kil. carr. ; environ 27,000 hab. Elle est traversée par l'équateur, et se trouve entre 124° 50' et 126° 50' long. E. Elle se compose de quatre péninsules ; sa longueur est évaluée à 350 kil. Sa formation est volcanique, son territoire est en grande partie montagneux. Vastes forêts dans l'intérieur. Les quatre cinquièmes des habitants sont gouvernés par le sultan de Ternate. L'élément malais prédomine. Les Hollandais occupent une station militaire à Dodingo, village en face de Ternate. Principaux produits : sagou, épices, écailles de tortue et fruits.

GILON DE PARIS, cardinal et poète, né à Toucy, près d'Auxerre, mort vers 1142. Il fut nommé évêque de Tusculum et cardinal par le pape Calixte II, et envoyé par le pape Honoré II dans l'Asie Mineure pour apaiser la querelle entre les patriarches de Tyr et d'Alexandrie. On a de lui plusieurs ouvrages.

GIMBLETTE s. f. Petite pâtisserie dure et sèche, faite en forme d'anneau.

GIMONE, riv. de France qui naît sur la limite des départements de la Haute-Garonne et des Hautes-Pyrénées, traverse le Gers, le Tarn-et-Garonne et se jette dans la Garonne au-dessus du pont de Belleperche, après un cours de 136 kil.

GIMONT (*Gimontum*), ch.-l. de cant., arr. et à 26 kil. E. d'Auch (Gers), sur la Gimone ; 2,950 hab. Belle église gothique en briques, renfermant un magnifique triptyque du XVIᵉ siècle. Restes d'une abbaye du XIIᵉ siècle. Mines de turquoises.

GIN s. m. [djinn] (mot anglais qui est une abréviation et une corruption de notre mot genièvre). Sorte d'eau-de-vie de baies de genièvre dont on fait un grand usage en Angleterre.

Fils du genièvre et frère de la bière,
Bacchus du Nord, obscur empoisonneur,
Ecoute, ô *gin!* un hymne en ton honneur.
A. BARBIER.

— On donne ordinairement le nom de *gin* à une espèce de genièvre provenant de la distillation du seigle et de l'orge et aromatisé avec des baies de genièvre. Cette liqueur fut d'abord fabriquée en Hollande ; d'immenses quantités de ce poison alcoolique sont produites à Scheidam, à Gouda et à Amsterdam. C'est le *genièvre* dont l'usage immodéré arrête, puis sûrement que la peste et les guerres, le rapide développement des populations dans le N. de l'Europe. Le véritable gin anglais, tel qu'on le fabrique à Londres et dans plusieurs autres villes de la Grande-Bretagne, est une affreuse liqueur provenant des produits impurs de la distillation du wiskey, rectifiée par une ou plusieurs distillations subséquentes et aromatisée avec diverses substances, telles que l'huile de térébenthine, l'huile de genièvre, les grains de coriandre, de cardamome, de capsicum, etc. D'après Brand, le gin contient 51,60 p. 100 d'alcool. Grâce aux procédés perfectionnés de sa fabrication « un Anglais peut s'intoxiquer pour un penny ». (Salmon.)

GINDRE s. m. Premier ouvrier d'une boulangerie, celui qui pétrit le pain.

GINESTAS, ch.-l. de cant., arr. et à 18 kil. N.-O. de Narbonne (Aude) sur un affluent de l'Aude ; 1,100 hab. Bons vins rouges. Grains et fourrages.

GINGAS s. m. Toile de fil à carreaux bleus et blancs, que l'on emploie ordinairement pour faire les matelas.

GINGEMBRE s. m. [jain-jan-bre] (gr. *zig-giberis* ; ar, *zanjabil* ; lat. *zinziberis*). Bot. Genre de zingibéracées, dont l'espèce principale, le *gingembre officinal* (*zingiber officinale*), des Indes orientales, donne une racine

Gingembre officinal (Zingiber officinale).

appelée aussi *gingembre*, d'un goût approchant de celui du poivre. — On donne, dans le commerce, le nom de gingembre au rhizome gratté et séché du *zingiber officinale*, plante de l'Indoustan, cultivée dans les Indes orientales et occidentales et à Sierra-Leone. Il y a deux espèces de gingembre : le noir et le blanc ou gingembre de la Jamaïque. Le gingembre est employé en art culinaire et en

médecine. Son odeur est aromatique et caractéristique, son goût est épicé et piquant. C'est un agréable stimulant et un carminatif.

GINGIVAL, ALE adj. Anal. Qui appartient aux gencives.

GINGIVITE s. f. (lat. *gingiva*, gencive). Inflammation des gencives.

GINGKO s. m. (nom japonais). Bot. Genre de conifères, famille des taxinées, voisin des ifs et comprenant de grands arbres à racine pivotante, à tige droite, couverte d'une écorce grisâtre. Le *gingko bilobé* (*salisburia adiantifolia*), gros arbre de la Chine et du Japon,

Gingko bilobé (Salisburia adiantifolia).

atteint d'énormes proportions ; Bunge parle d'un de ces arbres qui mesurait 13 mètres de circonférence. Un spécimen qui se trouve au jardin botanique de Pise s'élève à 25 mètres de haut. On suppose que les Hollandais l'ont apporté du Japon en Europe. Le bois du gingko est d'une couleur jaunâtre ; on l'emploie comme bois de chauffage. Les Chinois cultivent cet arbre à cause de ses noix comestibles quoique insipides ; on attribue à ces fruits des vertus médicinales et on les regarde comme devant forcément paraître, rôties ou bouillies, dans tous les festins.

GINGLYME s. m. (gr. *gigglumos*, charnière). Anat. Genre particulier d'articulations en forme de charnières, dont les mouvements ont lieu en deux sens opposés : coude, genou.

GINGUENÉ (Pierre-Louis), historien, né à Rennes en 1748, mort en 1816. Il fut directeur général de l'instruction publique (1795-7), ministre à Turin (1798) et membre du tribunat (1802). Il fit des conférences sur la littérature italienne et fut membre de la commission chargée de continuer l'*Histoire littéraire de la France*. Son principal ouvrage est l'*Histoire littéraire d'Italie* (9 vol., 1811-'19 ; 2ᵉ éd. 14 vol., 1824-'35). Il eut pour collaborateur Francesco Salbi, mais pour les trois derniers volumes seulement ; Salbi ajouta à son travail un dernier volume allant jusqu'au XVIᵉ siècle.

GINGUET, ETTE, adj. Qui a peu de force, de valeur ; court : *du vin ginguet*. — Fam. ESPRIT GINGUET, esprit médiocre, frivole, qui a peu de fond. — Substantiv. et en parlant du vin : *boire du ginguet.*

GINKEL (Godard VAN), général hollandais, né en 1630, mort en 1703. Il suivit Guillaume d'Orange en Angleterre, se rendit en Irlande, où la France envoya des secours aux partisans de Jacques II, s'empara de Baltimore, d'Athlone (1691) et marcha sur Aghrim, où il remporta une éclatante victoire sur les Jacobites. Il revint alors en Angleterre, où il reçut le grade de feld-maréchal et fut fait baron d'Athlone et comte d'Aghrim.

GINSENG s. m. [jain-sènng] Bot. Arbrisseau du genre azalée, qui croît dans la Tartarie et dans le **Canada**, et dont la racine, appelée du même nom, est tonique et stimulante: *l'expérience n'a point confirmé en Europe les propriétés merveilleuses que les*

Ginseng (Aralia quinquefolia).

Chinois attribuent au ginseng. — Le ginseng était appelé autrefois *panax quinquefolium*, mais aujourd'hui on le place dans le genre aralia. Sa racine émolliente est considérée par les Chinois comme une panacée universelle.

GIOBERTI (Giovanni-Antonio) [djo-bèr'-ti], chimiste italien (1764-1834). Il introduisit en Italie les principes de Lavoisier, et effectua de grandes améliorations dans l'agriculture pendant qu'il était secrétaire de la Société d'agriculture de Turin. La teinture giobertine, qu'il inventa, est une préparation qui sert à restaurer les anciens manuscrits. (Voy. PALIMPSESTE.)

GIOBERTI (Vincenzo), philosophe italien, (1801-1852). Il fut ordonné prêtre et devint professeur de théologie à Turin. A l'avènement de Charles-Albert, il fut nommé chapelain de la cour, mais il donna sa démission en 1833. Devenu suspect, il fut banni, passa la première année de son exil à Paris, fut ensuite professeur à Bruxelles pendant 11 ans, et écrivit dans cette ville son ouvrage philosophique : *Teoria del sovrannaturale* et l'*Introduzione allo studio della filosofia*. Ce dernier travail le fit passer comme l'un des chefs de la philosophie catholique. On loua ses attaques contre les évêques français et italiens, et, quoique fort maltraité par plusieurs journaux catholiques, il fut félicité par le pape Grégoire XVI. Un ouvrage plus populaire encore fut *Del primato morale e civile degli Italiani* (Bruxelles, 1843), écrit dans le but de rétablir en Italie non seulement la philosophie des Pères de l'Eglise, mais aussi la politiqueguelfe de la papauté. Le programme que proposait Gioberti pour la politique immédiate de l'Italie était ceci : une confédération des Etats; l'introduction de réformes; le pape comme chef religieux; le roi de Sardaigne, chef du pouvoir militaire; une capitale, Rome. A partir de la publication du *Primato*, Gioberti fut considéré comme le leader du parti libéral modéré. Lors de la révolution de 1848, il retourna en Italie, après une absence de 15 ans, et Turin fut illuminé en son honneur pendant plusieurs nuits. Il se fit l'avocat de l'union des Etats sous la suprématie de la maison de Savoie, et devint le chef du parti constitutionnel royaliste à la chambre des députés du Piémont dont il fut nommé président par acclamations. En juillet, il fit partie du ministre Casati. Plus tard, chef du cabinet, il se décida à employer les armées piémontaises pour rétablir les trônes italiens renversés par les insurrections populaires. Son intention était d'entourer de garanties constitutionnelles les divers gouvernements restaurés par lui, et de les

rendre aussi libéraux qu'antirépublicains. Le roi lui-même, les autres ministres et les princes italiens s'opposèrent unanimement à ce programme, et Gioberti donna sa démission en février 1849. Après le désastre de Novarre (23 mars), il fut envoyé à Paris comme ministre plénipotentiaire, mais il rentra bientôt dans la vie privée. Dans son *Del rinnovamento civile d'Italia*, il critique la conduite des partis lors du mouvement de 1848 et il déclare que le but de ses efforts est d'*établir en Italie une hégémonie piémontaise et en Europe la suprématie morale de l'Italie*. Gioberti refusa de se soumettre à la condamnation papale de son *Gesuita moderno*, réplique rude et passionnée aux attaques des jésuites; tous ses ouvrages furent alors mis à l'index.

GIOCONDO [djo-konn'-do] ou *Jocundus*, (Fra Giovani), architecte italien, né vers 1450, mort vers 1530. Il était dominicain, et se distingua comme savant, comme philosophe et comme théologien. C'est lui qui a dessiné le plan des fortifications de Trévise. Il sauva Venise de l'inondation en détournant les eaux de la Brenta, et en 1494-'98 il bâtit le palais du conseil et l'église de Santa Maria della Scala à Vérone. En 1500-'07, il fut employé par Louis XII à la construction des ponts de Notre-Dame et de l'Hôtel-Dieu. En 1514, Giocondo succéda à Bramante en qualité d'architecte de Saint-Pierre

GIOIA (djo'-jia), ville de Bari, au S. de l'Italie, à 25 kil. S.-E. d'Altamura; environ 17,000 hab. Grand commerce de grains et d'huile. — Une autre ville appelée Gioja, sur la côte O. de la Calabre, donne son nom à un golfe.

GIOJA (Flavio), navigateur italien dont la vie est complètement inconnue. On lui a attribué l'invention de la boussole.

GIOJA (Melchiorre), économiste italien, né en 1767, mort en 1829. Il reçut les ordres et devint historiographe de la république Cisalpine. Emprisonné à cause de ses opinions républicaines, il fut relâché après la publication de son *Traité sur le divorce*. On lui confia en dernier lieu l'élaboration des statistiques du royaume d'Italie.

GIORDANO (Luca), [djor-dâ'-no], peintre napolitain, né en 1632, mort en 1705. Il travaillait avec une rapidité sans égale. Il visita Parme, Venise, Bologne et Florence, laissant partout des productions de son talent facile. Il passa plusieurs années en Espagne, et exécuta un grand nombre de fresques à l'Escurial, dans les églises et dans les palais de Madrid, de Tolède, etc. Son habileté à imiter le genre des autres artistes lui fit donner le titre de Protée de la peinture.

GIORGIONE [djor-djo'-ne], (GIORGIO BARBARELLI, dit Le), l'un des fondateurs de l'école vénitienne, né en 1477, mort en 1511. Il fut élevé à l'école de Bellini à Venise, mais il créa un genre particulier, remarquable par la hardiesse du dessin, la grâce et l'expression des mouvements, la graduation et la richesse du coloris et les effets du clair obscur. Parmi ses peintures historiques, le *Moïse sauvé du Nil*, au palais Pitti (Florence), est regardé comme un chef-d'œuvre.

GIORNO (A) loc. adv. [a-djor-no] (ital. *à jour*). S'emploie pour désigner un éclairage brillant, donnant une clarté semblable à celle du jour : *illuminer un jardin à giorno*

GIOTTO, [djot'-to], (appelé aussi GIOTTO DI BONDONE ou AMBROGIOTTO), régénérateur de l'art italien, né près de Florence en 1276, mort vers 1337. Il surpassa bientôt son maître Cimabue et fut le premier à abandonner le style byzantin et à ranimer l'art, en imitant exactement la nature. Les portraits du Dante et de plusieurs autres Florentins éminents (murs de la chapelle du Podestat à Florence) sont re-

gardés par Vasari comme les premiers essais réussis dans ce genre. Le pape Boniface VIII appela Giotto à Rome, où ce peintre dessina sa fameuse mosaïque de la *Navicella*, représentant les disciples à la mer pendant une tempête, et le Christ sauvant Pierre de la fureur des flots. Vers 1306, Giotto exécuta dans la chapelle de la Madona dell' Arena, à Padoue, 42 peintures représentant la vie de la Vierge. Il peignit aussi les sacrements pour l'Incoronata à Naples. Giotto excellait aussi comme sculpteur et comme architecte. Le fameux campanile de Florence fut érigé en 1336 d'après ses dessins.

GIOVANNI (San-), ville de la prov. d'Arezzo (Italie): 3,800 hab. Evêché. Cathédrale décorée de fresques du peintre ANGELICO, qui naquit à San-Giovanni.

GIOVIO, peintre italien. Voy. JOVE.

* **GIPSY** s. Nom que l'on donne aux Bohémiens en Angleterre: *des gipsies* (Voy. GYPSY.)

* **GIRAFE** s. f. (ar. *zorafeh*). Mamm. Genre de ruminants à cornes, ne renfermant qu'une seule espèce. La girafe vit dans l'intérieur de l'Afrique; elle a une très grande taille, le cou et les jambes de devant fort longs, la croupe très basse, la tête petite, surmontée de deux espèces de cornes, et le poil ras, tacheté de jaune fauve et de blanc. On lui a donné aussi le nom de *Caméléopard*, à cause de certaine ressemblance qu'elle présente avec le chameau pour les formes, et avec le léopard pour le pelage : *la girafe est d'un natu-*

Girafe (Giraffa camelopardalis).

rel fort doux. — La girafe (*giraffa camelopardalis* de la plupart des auteurs; *cervus camelopardalis* de Linnée) est comparable au chameau pour la longueur de son cou, pour les callosités de sa poitrine et de ses genoux; elle n'a pas de faux sabots; elle ressemble aux autres ruminants par la structure de son estomac, par ses organes digestifs en général et en ce qu'elle ne possède pas de vessie réticulée. Ses yeux magnifiques, largement ou verts, doux et brillants, sont placés de telle sorte que l'animal peut voir ce qui se passe de tous les côtés et même derrière lui. La longueur énorme de ses jambes et la hauteur de son garrot élèvent l'insertion de son col à une telle distance du sol que l'animal ne peut paître le sol uni qu'avec une grande difficulté et seulement en écartant les jambes de devant. La girafe se nourrit surtout des feuilles et des brindilles délicates et succulentes des arbres les plus élevés. Adulte, elle atteint quelquefois une hauteur de 5 mètres et même de 6 mètres. La couleur de la girafe varie de nuances; sa tête est généralement d'un brun rougeâtre uniforme; son cou, son dos, ses côtés, ses épaules et ses cuisses sont marqués de taches carrées, teintées de

BI.

rouille; son ventre et ses jambes sont blanchâtres, légèrement tachetés; la naissance de sa queue est très mince; à l'extrémité de cette partie les poils, très longs, noirs et rudes, forment une grande touffe. A l'état sauvage, comme à l'état domestique, la girafe est douce, timide, défiante et inoffensive; elle devient familière, lèche les mains qui la nourrissent et se montre affectueuse pour ceux qui sont bons pour elle. Sa résidence naturelle semble être toutes les parties boisées de l'Afrique orientale, occidentale et centrale, depuis Sennaar et l'Abyssinie jusqu'aux environs du cap de Bonne-Espérance. — Astron. Nom d'une constellation de l'hémisphère boréal.

GIRALDA, opéra-comique en trois actes; musique d'Adolphe Adam, paroles de Scribe, représenté à l'Opéra-Comique le 20 juillet 1850.

GIRALDUS Cambrensis. Voy. BARRY (Gérald).

* **GIRANDE** s. f. (lat. *gyrus*, cercle). Faisceau de plusieurs jets d'eau. — Pyrotech. Assemblage de fusées volantes qui partent en même temps.

* **GIRANDOLE** s. f. (lat. *gyrus*, cercle). Girande, surtout en termes d'artificier : *la girandole du château Saint-Ange.* — Chandelier à plusieurs branches que l'on met sur une table, sur des guéridons : *girandole de cristal, d'argent*, etc. — Assemblage de diamants ou d'autres pierres précieuses, qui sert à la parure des femmes, et qu'elles portent à leurs oreilles. — Jardin. Se dit de quelques plantes dont les fleurs forment des espèces de bouquet. — Bot. Se dit de certaines plantes aquatiques dont les feuilles sont disposées en verticilles.

GIRARD (Etienne ou Stephen), philanthrope américain, né à Périgueux (France) en 1750, mort en 1831. D'une pauvre famille, il s'embarqua fort jeune et navigua en qualité de matelot. En 1776, il entreprit un petit commerce à Philadelphie, s'enrichit rapidement, devint banquier, se fit connaître par sa bienfaisance, soigna lui-même les malades pendant les épidémies de 1793-'97-'98, prêta environ 5 millions de dollars (25 millions de fr.) au gouvernement américain pendant la guerre de 1812 et laissa aux pauvres presque toute sa fortune, évaluée à 45 millions de fr. La plus célèbre des institutions qui furent fondées avec son héritage, fut le fameux collège Girard à Philadelphie, doté de plus de dix millions et ouvert en 1848. On y admet des orphelins, qui y sont nourris, logés et instruits gratuitement. D'après un article de testament de Girard, il n'est permis à aucun ecclésiastique, missionnaire, curé ou ministre, de quelque secte ou religion que ce soit, de mettre le pied dans cet établissement, même en qualité de visiteur.

GIRARD (Philippe-Henri de), célèbre inventeur, né à Lourmarin (Vaucluse) en 1775, mort à Paris en 1845. Il prit le chemin de l'exil après avoir combattu les républicains pendant les insurrections du Midi (1793). Rentré après le 9 thermidor, il créa une fabrique de produits chimiques à Marseille, se fixa ensuite à Paris. Sa *lampe hydrostatique* à niveau constant (1804), qu'il avait imaginé d'accompagner des globes de verre dépoli aujourd'hui répandus dans le monde entier, sa *lunette achromatique*, dans laquelle le *flintglass* est remplacé par un liquide (1806) et divers perfectionnements apportés à une machine à vapeur, l'avaient déjà fait connaître dans le monde des inventeurs, lorsqu'il résolut de gagner le prix d'un million de francs promis par l'empereur (décr. du 7 mai 1810) à l'inventeur de la meilleure machine à filer le lin. Philippe de Girard résolut le pro

blème en 4 mois; mais, sous divers prétextes, le gouvernement retarda le paiement du million de récompense et, à la chute de l'empereur, l'inventeur, ruiné, alla fonder une filature près de Varsovie. En 1853, le gouvernement accorda une pension de 6,000 fr. à ses héritiers.

GIRARDET, nom d'une famille d'artistes suisses. — I (Charles-Samuel), graveur et lithographe (1780-1855), vint de bonne heure à Paris où il enseigna la gravure à Léopold Robert. — II (Charles ou Karl), peintre, fils du précédent (1810-'71). Il vint avec son père à Paris en 1822, entra dans l'atelier de Léon Cogniet, qu'il quitta bientôt pour parcourir à pied la Suisse, l'Allemagne, l'Italie, l'Algérie, l'Egypte, etc. On a de lui de nombreuses toiles dont la plus belle, les *Protestants surpris au prêche*, lui valut la grande médaille d'or de 1849. Il était doué d'une merveilleuse facilité de travail. — III (Edouard-Henri), peintre et graveur, frère du précédent (1819-'67). Il fit, avec son frère Charles, un voyage en Afrique (1837) et débuta au Salon de 1839 par le *Bain commun*, la *Chèvre blessée* et la *Bénédiction paternelle*. Outre ses nombreux tableaux, on a de lui de très belles gravures, entre autres l'*Evanouissement de la Vierge* et le *Retour au Golgotha*, d'après Paul Delaroche.

GIRARDIN (Émile de). I. Célèbre publiciste, surnommé *le prince des journalistes*, né à Paris vers 1803, mort le 27 avril 1881. Un faux acte de naissance lui donnait pour mère une demoiselle Delamothe, lingère, et le faisait naître en Suisse le 22 juin 1806 ; mais, en réalité, il était fils adultérin de Mme Dupuy, femme d'un conseiller à la cour d'appel de Paris, et du comte Alexandre de Girardin, officier de l'Empire, qui devint plus tard premier veneur de Louis XVIII et de Charles X. Il passa une partie de son enfance chez un palefrenier au haras du Pin (Normandie), et vint en 1823 à Paris, où il subsista d'une modeste rente que son père lui servait. Ses premières productions : *Emile*, autobiographie intime, et *Au hasard, fragments sans suite d'une histoire sans fin* (1827), plainte d'un déclassé, reflètent l'état de mélancolie où se trouvait alors son esprit. Peu après, il fonda deux journaux, le *Voleur* et la *Mode*, qui lui permirent de mettre en relief ses brillantes qualités de journaliste. Au lendemain des journées de juillet 1830, il lança successivement le *Journal des connaissances utiles*, qui atteignit en peu de mois un tirage de 120,000 ; le *Journal des instituteurs primaires*, le *Musée des familles*, l'*Almanach de France*, publication populaire dont il s'est vendu plus d'un million d'exemplaires; un *Atlas de France* et un *Atlas universel* à 5 centimes la carte. Tous ces ouvrages, publiés comme émanant d' « une Société nationale pour la liberté intellectuelle », eurent une influence considérable sur le progrès de l'éducation populaire; mais ils ne suffirent pas à la dévorante activité de Girardin. En 1836, parut la *Presse*, organe quotidien de la politique conservatrice. Dès son apparition, cette feuille, dont le prix d'abonnement fut fixé à 40 fr. seulement par année, opéra une véritable révolution dans le journalisme parisien. Les publications rivales, forcées d'abaisser également leurs prix, se répandirent en insinuations contre le journaliste de la *Presse*, et l'on alla jusqu'à dire qu'il ne faisait point la guerre à ses dépens, mais que les fonds secrets subventionnaient son industrie. L'incident principal de cette polémique fut le duel entre Girardin et Carrel, mortellement blessé d'un coup de pistolet (bois de Vincennes, 22 juillet 1836). Déjà, en 1834, M. de Girardin était entré à la Chambre des députés, où il avait envoyé au collège de Bourganeuf (Creuse), et où il s'était introduit malgré l'accusation de corruption électorale et malgré l'absence

de documents officiels constatant sa nationalité. En 1839, il soutint le ministère Molé, contre la coalition, puis le ministère Guizot, contre M. Thiers. Il fut exclu de la Chambre en 1846, sous prétexte qu'il était citoyen suisse et non sujet français ; et pourtant, depuis plusieurs années, son père et sa mère avaient eux-mêmes déchiré le voile mystérieux qui enveloppait sa naissance, et il avait acquis le droit de signer *de Girardin*. En février 1848, il soutint le roi jusqu'au bout ; et quand tout fut perdu, il fut l'un de ceux qui obtinrent de Louis-Philippe un acte d'abdication en faveur de son petit-fils. Républicain du lendemain (comme on disait alors), il essaya de faire oublier ses anciennes opinions par le radicalisme des nouvelles. Il fonda, avec Victor Hugo, le journal l'*Avénement*. Le tirage de la *Presse*, dont il n'avait pas abandonné la direction, s'éleva jusqu'à 450,000 exemplaires. Arrêté après les journées de Juin, Girardin voua à Cavaignac une haine qu'il épancha avec fiel dans la *Presse*, dès que ce journal, qui avait été suspendu, eut obtenu l'autorisation de reparaître (7 août). Envoyé à l'Assemblée par les électeurs du Bas-Rhin, il siégea à la Montagne, adhéra au socialisme et fonda le *Bienêtre universel*. Il soutint vivement l'élection présidentielle du prince Louis-Napoléon, ce qui ne l'empêcha pas d'être exilé après le coup d'Etat. Rentré au bout de deux mois, il reprit la direction de la *Presse*, et la garda jusqu'en 1856, époque où plusieurs *avertissements* ayant éveillé les craintes des actionnaires, il refusa d'abandonner la voie politique libérale dans laquelle il s'était engagé, se retira de la rédaction et finit par vendre au banquier Millaud, moyennant 800,000 fr., les quarante actions qu'il possédait dans la propriété de la *Presse*. Il rentra néanmoins à ce journal en 1862 et en sortit définitivement en 1866, pour ne pas subir les exigences des actionnaires. Ayant acheté une feuille languissante, la *Liberté*, il la transforma, la mit à 10 centimes et obtint un tirage moyen de 60,000. A la suite d'une condamnation à 5,000 fr. d'amende, il déclara, dans son journal, qu'il rompait toute relation avec la famille impériale; la vente de la *Liberté* fut interdite sur la voie publique. Sa rancune s'étant apaisée, M. de Girardin passa en 1870 dans le camp de M. Emile Ollivier. Lors de la déclaration de guerre à la Prusse, il montra un enthousiasme de *blouse blanche* et offrit de parier 50,000 fr. que les Français seraient à Berlin avant le 15 août ; mais dès que les Allemands menacèrent Paris, il quitta la capitale et se mit en sûreté à Tours (10 sept.), puis à Bordeaux, où la *Liberté* continua de paraître jusqu'à la fin de la guerre, affaiblissant par ses articles violents le pouvoir de la délégation de la Défense. Ayant vendu un million sa part dans la propriété de ce journal, il fonda à Paris, le 5 mai 1871, une feuille républicaine fédérale, l'*Union française*, réclamant le retour vers la division du territoire en provinces et la suppression des préfectures remplacées par des chambres et des sénats provinciaux. Ce journal fut supprimé par la Commune, le 16 mai. En mai 1872, il acheta le *Journal officiel* et le *Petit Journal officiel*; l'année suivante, il devint l'un des principaux propriétaires du *Petit Journal*, qu'il sauva d'un naufrage imminent; le 15 nov. 1874, il prit la direction et la rédaction en chef du journal *la France*, dont il venait de faire l'acquisition et dont le tirage s'éleva en quelques jours de 4,000 à 40,000. Dans cette feuille, il livra un assaut continuel au gouvernement du maréchal et ne fut pas étranger au triomphe de la République, bien qu'il eût soutenu plusieurs fois la thèse paradoxale que la presse n'a point d'influence. Il fut élu député dans le IXe arrondissement (16 déc. 1877). L'une de ses dernières campagnes, entreprise en faveur de Mme Kaula (voy. CISSEY), l'engagea dans une polémique d'où il sortit

amoindri. Ses articles dans la *Presse* (1836-'56), ont été réunis en 12 vol. Ses nombreux pamphlets sont tous plus ou moins remarquables par la hardiesse et l'originalité des idées qu'il y émet. Son *Droit de punir* complète l'ouvrage de Beccaria intitulé : *De delitti et delle pene*. En réponse à *L'Homme et la Femme*, de Dumas fils, il écrivit *L'Homme et la Femme : l'homme suzerain, la femme vassale.* Un de ses derniers ouvrages est *Grandeur et déclin de la France, questions des années 1874 et 1875*. Il avait épousé en 1831 Mˡˡᵉ Delphine Gay (Voy. ci-dessous). Devenu veuf en 1855, il se remaria dix-huit mois plus tard avec Mˡˡᵉ de Tiefenbach, dont il se sépara judiciairement en 1872.
— II (Delphine Gay, Mᵐᵉ Émile de), première femme du précédent, née à Aix-la-Chapelle en 1804, morte à Paris le 29 juin 1855. Fille de Mˡˡᵉ Sophie Gay, elle débuta de bonne heure dans la carrière poétique et se fit remarquer autant par sa beauté sentimentale et rêveuse que par le charme répandu dans ses premiers poèmes religieux et royalistes. Son poème intitulé les *Sœurs de Sainte-Camille* remporta un prix à l'Académie française en 1822 et sa *Vision de Jeanne d'Arc*, allégorie composée à l'occasion du sacre, lui valut, en 1825, une pension que Charles X lui accorda sur sa cassette particulière. Elle épousa Émile de Girardin en 1831 et donna, deux ans plus tard, *Napoline*, l'une de ses plus charmantes productions. Parmi ses autres œuvres, les plus intéressantes furent les *Lettres Parisiennes*, publiées dans la *Presse*, sous le pseudonyme de Vicomte de Launay. Elle composa pour Rachel les tragédies de *Judith* et de *Cléopâtre* (1847) et la comédie *Lady Tartufe*, qui fut un triomphe ; mais, selon nous, son chef-d'œuvre est *La Joie fait peur* (comédie, 1 acte, 1853), qui obtient toujours du succès à la Comédie-Française. Elle n'excella pas moins comme romancière. Tout le monde a lu le *Lorgnon* (1831), le *Marquis de Fontanges* (1835), la *Canne de M. de Balzac* (1836). Les *Œuvres complètes* de Mᵐᵉ de Girardin ont été publiées en 1856 (8 vol. in-18).

GIRARDIN (Saint-Marc). Voy. Saint-Marc Girardin.

GIRARDON (François), sculpteur, né à Troyes en 1628, mort en 1715. Il fut protégé par le chancelier Séguier et par Colbert ; il exécuta des statues pour les palais et les jardins royaux ; il devint inspecteur général de sculpture en 1690. Quelques-unes de ses œuvres les plus célèbres furent détruites pendant la Révolution. Parmi celles qui restent, on distingue le *Mausolée de Richelieu* (à la Sorbonne), le *Bain d'Apollon* et l'*Enlèvement de Proserpine*.

• **GIRASOL** s. m. [ji-ra-sol] (lat. *girare*, tourner; *sol*, soleil). Minér. Variété de quartz hyalin, à fond laiteux, d'où jaillissent des reflets bleuâtres et rougeâtres, quand on fait tourner la pierre au soleil. — ⸬ L'un des noms de l'hélianthe annuel.

GIRATION ou **Gyration** s. f. (lat. *girare*, tourner). Mouvement giratoire.

• **GIRATOIRE** adj. (lat. *girare*, tourner). Didact. Se dit d'un mouvement de rotation, et du point autour duquel ce mouvement s'exécute : *mouvement giratoire*.

GIRAUD (Charles-Joseph-Barthélemy), juriste, né à Pernes (Vaucluse) en 1802, mort le 14 juillet 1881. Il fit ses études de droit à Aix et se fixa à Paris. Il fut nommé membre de l'Académie des sciences morales et politiques, et plus tard professeur de droit romain à la faculté de Paris. On a de lui plusieurs ouvrages estimés : *Hist. du droit romain* (1838) ; *Hist. du droit français au moyen âge* (1845, 2 vol. in-8°) ; *Traité d'Utrecht* (1847, in-8°) ; *Des libertés de l'Église gallicane* (1847, in-8°) ; *Ancien droit coutumier français* (1852, in-8°), etc.

GIRAULT-DUVIVIER (Charles-Pierre), gram-

mairien, né à Paris, en 1765, mort en 1832. Il était avocat, et entra, après la Révolution, dans une maison de banque. On a de lui la *Grammaire des grammaires* (1811, 2 vol. in-8°) ; un *Traité des participes* (1814, in-8°) ; et une bonne *Encyclopédie élémentaire de l'antiquité* (1830, 4 vol. in-8°).

• **GIRAUMONT** ou **Giraumon** s. m. Bot. Espèce de courge, qui porte un fruit délicat et sucré, auquel on donne le même nom ; le *giraumon turban* (*cucurbita citrullus*) paraît originaire du Japon ; son fruit est jaune ou verdâtre, à couronne vert foncé.

GIREY-DUPRÉ (Joseph-Marie), poète, né à Paris, en 1769, guillotiné en 1793. Parmi ses poésies révolutionnaires, celle qui obtint le plus de succès est le chant patriotique : *Veillons au salut de l'empire*. Compromis avec les brissotins, Girey-Dupré fut condamné à mort.

GIRGENTI [djir-djenn'-ti]. I. Province de Sicile, sur la côte S.-O. de cette île ; 3,862 kil. carr.; 289,018 hab. Elle est montagneuse et entrecoupée de nombreuses vallées qui produisent du maïs, du vin et de l'huile ; exportation de gypse, de bitume, de naphte, de sel et de soufre. — II. Ville (anc. *Agrigentum*), capitale de la province ci-dessus, à 70 kil. S.-E. de Palerme ; 20,650 hab. Elle est à 4 kil. et demi de la côte, sur la rivière Girgenti que forme le Drago et le San Briago ; le mont Camicus, haut de plus de 340 mètres, était l'acropole de l'ancienne Agrigente. A part une grande rue, la ville ne renferme que des ruelles à pic et malpropres. La cathédrale, qui date du XIIIᵉ siècle, contient plusieurs monuments artistiques, des reliques et un ancien sarcophage avec des sculptures que l'on suppose représenter l'histoire de Phèdre et d'Hippolyte. Collège important ; bibliothèque Lucchésienne, renfermant environ 100,000 volumes. Le vestige le plus remarquable de l'antiquité est le temple de Zeus Polieus, aujourd'hui l'église de Santa-Maria de' Greci. La source voisine dont parle Pline comme contenant de l'huile, et le volcan de boue décrit par Solinus, volcan auquel les Sarrasins donnèrent le nom de Maccalubba, sont les curiosités les plus remarquables des environs. (Voy. Agrigente.)

GIRIE s. f. Plainte ridicule. (Pop.)

GIROD DE L'AIN I. (Jean-Louis), magistrat et député, baron de l'Empire, né à Gex (Ain) en 1753, mort en 1839. Il fit partie du conseil des Anciens, de celui des Cinq-Cents, fut membre du Corps législatif après le 18 brumaire et député en 1818. — II. (Louis-Gaspard-Amédée, baron), fils du précédent, né à Gex en 1781, mort en 1847. Il devint, pendant les Cent-Jours, président du tribunal de la Seine et membre de la Chambre des représentants. Au commencement de la deuxième Restauration, il donna asile au général Drouot, se fit le défenseur, rentra à la Chambre en 1827 comme député d'Indre-et-Loire, prit une part active à la révolution de 1830, remplit les fonctions de préfet de police à Paris, reçut le portefeuille de l'instruction publique et des cultes en 1832 et entra à la Chambre des pairs.

GIRODET-TRIOSON (Anne-Louis Girodet de Coussy, *dit*), peintre, né à Montargis en 1767, mort en 1824. Son tableau de *Joseph vendu par ses frères*, obtint le grand prix en 1789. Sa célèbre *Scène du Déluge* remporta le prix du Salon en 1806, bien que David eût exposé ses *Sabines*. Les autres toiles les plus remarquables de Girodet sont : le *Sommeil d'Endymion*, *Hippocrate refusant les présents d'Artaxercès*, *Danaé*, les *Saisons*, *Napoléon recevant les clés de Vienne* (1808), la *Révolte du Caire* (1810), *Galatée* (1819), les portraits de *Cathelineau*, de *Bonchamp*, de *Merlin de Douai*, etc.

• **GIROFLE** ou **Gérofle** s. m. (lat. *caryophyllum*; du gr. *karua*, noyer; *phullon*, feuille). Bouton des fleurs du giroflier, qui est à peu près de la figure d'un petit clou à tête. — S'emploie assez ordinairement avec le mot clou : *clou de girofle*. — On distingue, dans le commerce, deux espèces de clous de girofle : les *girofles anglais*, des Moluques, gros, obtus, pesant, d'un noir huileux à la surface, d'une saveur âcre et brûlante ; et les *girofles de Cayenne*, plus grêles, plus aigus, plus secs et moins aromatiques. — Le *girofle* est un excitant dont on fait un grand usage en art culinaire. Distillé avec de l'eau salée, il donne une huile volatile aromatique, d'une saveur âcre et brûlante. L'essence de girofle est fréquemment employée en parfumerie. L'huile de girofle est un corrosif dont on se sert en guise de créosote ou d'acide carbonique pour apaiser les douleurs que causent les dents cariées.

• **GIROFLÉE** adj. f. Ne s'emploie que dans cette locution, Cannelle giroflée, écorce du giroflier, lorsqu'elle est dans le commerce.

• **GIROFLÉE** s. f. (gr. *gurophullon*; de *guros*, cercle; *phullon*, feuille, pétale). Bot. Genre de crucifères herbacées, comprenant une quinzaine d'espèces, dont plusieurs sont cultivées dans les jardins, à cause du parfum et de la beauté de leurs fleurs : *un bouquet de giroflée*. — Se dit également des fleurs de ces plantes : *giroflée blanche, rouge, violette, jaune*. — Gi-

Giroflée des murailles (Cheiranthus cheiri).

roflée a cinq feuilles, soufflet si fortement appliqué que les cinq doigts laissent leur trace sur la joue. — Encycl. Les giroflées croissent

Giroflée des jardins (Mathiola incana).

dans les régions tempérées de l'hémisphère boréal. L'espèce la plus importante, la *giroflée des murailles* (*cheiranthus cheiri*), sans doute originaire d'Espagne, mais répandue en

France depuis très longtemps, se trouve dans les endroits rocailleux et sur les vieilles murailles; elle porte, au printemps, des fleurs d'un jaune brun en grappes terminales et très parfumées. La *giroflée des Alpes* porte des fleurs d'un jaune pâle. La *grande giroflée* ou *giroflée des jardins* appartient au genre mathiole (*mathiola incana*); ses feuilles sont

Giroflée double.

blanchâtres, et ses fleurs sont rouges, violettes, panachées ou blanches; elle a donné une très belle variété double. La *giroflée quarantaine* (*mathiola annua*) présente de nombreuses variétés à fleurs blanches, rouges violettes ou panachées La *giroflée de Mahon* est la malcomie maritime (*malcoma maritima*). En général, les giroflées sont rustiques; elles se propagent par graines ou par boutures.

* **GIROFLIER** s. m. Bot. Genre d'arbres de la famille des myrtes, qui porte le clou de girofle : *le giroflier croît dans les îles Moluques*. — ENCYCL. Le girofle du commerce est produit par le GIROFLIER AROMATIQUE (*caryophyllus aromaticus*; *Eugenia* de quelques botanistes), que l'on considère comme le plus beau, le plus élégant et le plus précieux de tous les arbres connus. Dans son pays natal (les cinq îles qui constituent les Moluques), il croît à une hauteur de 13 mètres. Dès sa septième année, il commence à porter des fleurs à épices, et il peut vivre jusqu'à 200 ans Le clou de girofle n'est pas le fruit,

Giroflier aromatique.

comme on le suppose très communément, mais le bouton des fleurs que l'on recueille avant leur épanouissement. Les Hollandais, maîtres des Moluques, monopolisèrent pendant longtemps le commerce du girofle; en 1623, ils égorgèrent les Anglais répandus dans leur colonie (voy. AMBOINE) et détruisirent de nombreuses plantations de giroflier, pour concentrer la culture de ce précieux végétal dans les îles de Ternate et d'Amboine.

En 1770, notre compatriote Poivre parvint à introduire quelques pieds de giroflier dans les colonies françaises, et aujourd'hui cette plante est cultivée à Cayenne et dans les Antilles.

* **GIROLLE** s. f. Espèce de champignon comestible du genre agaric.

GIROMAGNY, ch.-l. de cant., arr. et à 13 kil. N.-O. de Belfort (Haut-Rhin) sur la Savoureuse; 3,150 hab. Filature de coton qui emploie 310 métiers et 20,000 broches. Briqueterie. Eglise et hôtel de ville remarquables.

* **GIRON** s. m. (gr. *gyros*, cercle). Espace qui est depuis la ceinture jusqu'aux genoux, dans une personne assise : *cacher dans son giron*. — Fig. LE GIRON DE L'ÉGLISE, la communion de l'Eglise catholique. — Archit. Partie de la marche sur laquelle on pose le pied en montant. ou en descendant : *les marches les plus commodes ont quatorze pouces de giron*. — Blas. Espèce de triangle dont la base est aussi large que la moitié de l'écu, et dont la pointe est au centre de l'écu : *il porte d'or au giron d'azur*.

GIROND, ONDE adj. Argot. Joli, jolie : *cette femme est gironde*.

GIRONDE s. f. Parti des girondins.

GIRONDE (lat. *giræ undus*, tournoiement des eaux). I. Fleuve, ou plutôt vaste estuaire, formé au bec d'Ambez, de la réunion de la Garonne et de la Dordogne; son cours est de 80 kil. Une longue suite d'îles partage la Gironde en deux parties à peu près égales. Sa largeur est de 3,500 mètres à Blaye, de 5,000 à Pauillac, de 10,500 entre Mortagne et Goalée, de 14,000 entre Saint-Vivien et Monards, et de 5,000 mètres à l'embouchure, entre Royan et la pointe de Grave. L'entrée de ce fleuve est indiquée par deux phares, l'un construit en 1830, sur la pointe de Grave, l'autre commencé en 1584 et terminé en 1640, sur l'îlot de Cordouan. (Voy. ce mot.) — II. Départ. maritime de France, entre ceux de la Charente-Inférieure, de la Dordogne, du Lot-et-Garonne, des Landes et l'Océan; 9,740 kil. carr.; 748,703 hab. Ch.-l. Bordeaux. — Départ., formé en 1798, de quatre pays de la Guyenne (Bordelais, Périgord, Agénois et Bazadais). Territoire généralement uni et divisé en 6 parties : *Libournais*, entre la Dordogne et l'Isle; *Double*, terre peu féconde qui s'étend de l'Isle à la Dronne; *Fronsadais*, au nord de l'Isle et de la Dordogne; *Marais*, sur la rive droite de la Gironde; *Entre-Deux-Mers*, plaine légèrement ondulée et très fertile, comprise entre la Garonne et la Dordogne; et *Bazadais*, vaste territoire généralement sec et aride qui s'étend sur la rive gauche de la Gironde et de la Dordogne. — Au S.-E. du département, le plateau des *Landes* occupe près de la moitié du territoire girondin, entre l'Océan et le Médoc. Le long de l'Océan, les côtes sont protégées contre les envahissements de la mer par des dunes de 60 à 90 mètres de haut, que l'on a fixées par des plantations de pins, de genêts et d'arbustes vivaces, et derrière lesquelles des eaux sans écoulement croupissent en étangs. Nombreux étangs dont les plus importants sont ceux de Carcans et de la Canau. Bassin d'Arcachon, dont l'entrée est indiquée par un phare (1843); dans le milieu de ce bassin se trouve l'île des Oiseaux, près de laquelle on a construit la principale ferme-école de l'Etat pour l'élevage des huîtres. Sources minérales près des Grignols; fontaine chaude près de la Brède, fontaine pétrifiante du Trou-de-l'Enfer. — Abeilles; gibier abondant, chevreuils, sangliers; bancs d'huîtres qui approvisionnent tout le midi de la France. 133,22 hectares de vignes, produisant les vins de Bordeaux dont les meilleurs sont ceux du Médoc (Château-Margaux, Château-Laffite, Château-Latour); ceux de Saint-Julien, de Saint-Estèphe, de

Château-Rozan, etc., ceux des côtes (Saint-Georges, Pommerol, Saint-Emilion), ceux de Palus, d'Entre-Deux-Mers, de Graves (Sauterne, Barzac, Bommes), etc. (Voy. BORDEAUX.) Marais salants. Chantiers de construction pour les navires. Houilles. — Principaux cours d'eau : Gironde, Garonne, Dropt, Dordogne, Isle, Dronne; Bordeaux est le siège d'une cour d'appel et d'une académie; l'archevêque de Bordeaux reçoit le titre de primat d'Aquitaine. — Points fortifiés : citadelle de Blaye, fort du Pâté (dans une île, au milieu de la Gironde, en face de Blaye) et fort du Médoc. — 6 arr., 48 cant., 55 comm. — Ch.-l. d'arr. : Bordeaux, Bazas, Blaye, Lesparre, Libourne et la Réole.

* **GIRONDIN, INE** adj. Se dit du parti que formèrent, dans les assemblées de 1791 et 1793, les députés de la Gironde et leurs adhérents : *le parti girondin fut accablé par le parti montagnard.* — Substantiv. L'Histoire des girondins. — La gironde ou parti des girondins se forma dans le sein de l'Assemblée législative du groupe des révolutionnaires modérés qui rêvaient une régénération sans l'intervention du peuple. Ces hommes politiques se nommèrent d'abord brissotins, de l'un de leurs principaux orateurs. (Voy. BRISSOT.) Mais l'influence que prit parmi eux la députation du département de la Gironde leur fit, peu après, donner le nom de parti girondin. A l'Assemblée législative, où ils formaient ce que nous appellerions aujourd'hui le *centre*, ils eurent à lutter contre les *feuillants* ou constitutionnels et contre les *montagnards*, encore peu nombreux. On remarquait dans leurs rangs des hommes tels que Vergniaud, Gensonné, Guadet, Brissot, Condorcet, Ducos, Boyer-Fonfrède, Louvet, Pétion, Valazé, Buzot, Barbaroux, Isnard et Lanjuinais. Le 23 mars 1792, ils s'emparèrent du pouvoir et formèrent un cabinet composé de Servan, Clavière, Dumouriez, Duranton et Roland, dont la femme était en quelque sorte l'âme de leur parti. Le roi ayant renversé ce ministère le 13 juin pour ramener les feuillants au pouvoir, les girondins s'unirent momentanément aux jacobins et renversèrent le trône (10 août); mais ensuite, effrayés de leur œuvre, ils voulurent arrêter le torrent révolutionnaire, se désunirent quand il s'agit d'édifier la république, et luttèrent avec plus de talent que de succès contre l'influence grandissante du parti populaire. A la Convention, où ils se trouvèrent en minorité, ils conservèrent d'abord une certaine influence. Ils essayèrent de sauver le roi, tout en le reconnaissant coupable; mais la plupart d'entre eux finirent par voter la mort de ce monarque. Le 8 avril 1793, ils firent rendre le décret qui livrait sur-le-champ au tribunal révolutionnaire les députés convaincus d'un délit national. Pour lutter contre la Montagne, ils firent appel aux aspirations d'indépendance de la province, lancèrent à chaque instant des malédictions contre la capitale, et parurent comploter contre l'unité nationale; mais, en réalité, leur but était d'organiser une république fédérale. Leur projet d'entourer la Convention d'une garde départementale et plusieurs autres motions de colère ou de défiance contre la capitale provoquèrent les journées des 31 mai-2 juin 1793. La salle de la Convention fut envahie par la foule qui fit décréter d'accusation 22 des principaux girondins (2 juin). Brissot, Vergniaud, Gensonné, Lasource, Fonfrède et Ducos furent arrêtés; Pétion, Guadet, Buzot, Barbaroux, Salles, Louvet et plusieurs autres se réfugièrent en Normandie pour y fomenter l'insurrection; une petite armée, formée sous la conduite du général royaliste Wimpfen, se dispersa d'elle-même à Brécourt (voy. ce mot) le 14 juillet. 21 girondins furent condamnés à mort le 30 oct. par le tribunal révolutionnaire; c'étaient :

Dufriche-Valazé (qui se poignarda en entendant son arrêt), Brissot, Boileau, Carra, Ducos, Duprat, Duperret, Antiboult, Lasource, Vergniaud, Gensonné, Lehardy, Gardien, Vigée, Boyer-Fonfrède, Lacaze, Mainvielle, Fauchet, Duchâtel, Lesterpt-Beauvais, Sillery. Ils montèrent sur l'échafaud en acclamant la république (31 oct.). Mᵐᵉ Roland fut guillotinée quelques jours plus tard; son mari se suicida en apprenant sa mort. Condorcet s'empoisonna à Bourg-Egalité (Bourg-la-Reine); d'autres, arrêtés à Paris ou en province, périrent sur l'échafaud. Rebecqui, député de Marseille, se noya. Salle et Guadet, arrêtés près de Saint-Émilion (Gironde), furent exécutés le 18 juin 1794; Buzot, Pétion et Barbaroux se suicidèrent près de Saint-Émilion. Les 75 girondins survivants furent remis en liberté quelque temps après le 9 thermidor et rentrèrent à la Convention. L'*Histoire des girondins*, par Lamartine (Paris 1847 8 vol, in-8°) est un magnifique poème en prose, dans lequel l'auteur, nouveau Virgile, tronque les évènements, change les dates et, sans souci des documents, raconte des faits dont plusieurs n'ont existé que dans son imagination. — Les *Girondins*, chant patriotique intercalé dans le drame *Le Chevalier de Maison-Rouge* (A. Dumas et A. Maquet, 1847). Le refrain est resté populaire :

Mourir pour la patrie, (bis)
C'est le sort le plus beau, le plus digne d'envie.

GIRONE. Voy. Gérone.

*GIRONNÉ adj. Blas. Se dit d'un écu où il y a quatre girons d'un émail, et quatre d'un autre : *il porte gironné d'argent et de gueules.*

GIRONS (Saint-), ch.-l. d'arr., à 44 kil. O. de Foix (Arlège), au point de jonction du Lez et du Salat, par 42° 59' 6'' lat. N. et 1° 41' 37'' long. O ; 4,950 hab. Deux beaux ponts de marbre sur le Lez. Fabriques d'étoffes de laine, de toile, de lin.

GIROT-POUZOL, constituant, né à Issoire (Puy-de-Dôme) en 1794, mort en 1855. Il était avocat à Riom, lorsqu'il fut envoyé à l'Assemblée constituante par la sénéchaussée de Riom et à la Convention par le Puy-de-Dôme. Il vota, lors du procès du roi, pour la détention pendant la guerre et le bannissement à la paix, et fit partie du conseil des Anciens, de celui des Cinq-Cents et du Corps législatif.

*GIROUETTE s. f. (lat. *girare*, tourner). Pièce de fer-blanc ou d'autre matière fort mince, et ordinairement taillée en forme de banderole ou de flèche empennée, mise sur un pivot en un lieu élevé, de manière qu'elle tourne au moindre vent, et que par sa position, elle indique la direction du vent : *girouette de fer-blanc, de tôle,* etc. — Mar. Bande de toile ou d'étamine qu'on place au haut des mâts, pour indiquer la direction du vent, et dont une partie est tendue sur un cadre de bois tournant sur un axe, tandis que l'autre partie est pendante, ou flotte au gré du vent. — Fig. et fam. C'est une girouette, se dit d'un homme qui change souvent d'avis, de sentiment, de parti. On dit dans le même sens, Tourner a tout vent comme une girouette. — Dictionnaire des girouettes, ouvrage satirique attribué à Beuchot, mais dû au comte César de Proisy d'Eppes (Paris, 1845, 1 vol. in-8°). C'est une sorte de répertoire alphabétique très exact des apostasies politiques dont ont donné l'exemple les principaux personnages qui, après avoir joué un rôle pendant la Révolution, portèrent leur inébranlable dévouement aux pieds de l'Empereur, mirent leur zèle au service de la première Restauration, retombèrent, pendant les Cent-Jours, aux pieds de celui qu'ils avaient surnommé le « bandit corse », et devinrent ensuite les agents les plus convaincus de la terreur blanche.

GIROUETTÉ, ÉE adj. Blas. Se dit d'un château, d'une tour, dont le toit est surmonté d'une girouette.

*GISANT, ANTE adj. Couché, étendu : *gisant dans son lit malade.* Voy. Meule.

GISARME s. f. Hache d'armes.

GISCON. I. Fils du Carthaginois Amilcar, qui fut battu et tué à Himère (480 av. J.-C.). Giscon, banni de Carthage, mourut en Sicile. — II. Fils de Hannon; il était exilé de Carthage lorsque ses compatriotes furent battus par Timoléon sur le fleuve Crimissus (339 av. J.-C.). Rappelé de son exil, il assembla une armée de mercenaires et parvint à obtenir de Timoléon un traité avantageux. — III. Officier carthaginois, qui fut envoyé près des mercenaires révoltés (241 av. J.-C.), pour les amener à la soumission. Saisi par les rebelles, il fut torturé et mis à mort.

GISÈLE, Gisla ou Gilda, fille de Charlemagne et d'Hildegarde, née en 781. De mœurs déréglées, elle fut, après la mort de son père, avec lequel on l'accuse d'avoir entretenu des relations coupables, enfermée, ainsi que sa sœur Rotrude, dans le palais des Thermes.

*GISEMENT s. m. [ji-ze-man] Mar. Situation des côtes de la mer : *les bons pilotes doivent connaître le gisement des côtes où ils veulent aborder.* — Minéral. Position des masses de minéraux dans la terre : *ce minéral a tel gisement.* — Se dit aussi des terrains où se trouvent les minéraux : *les gisements aurifères de la Californie.*

GISORS [ji-zor], *Gisortium,* ch.-l. de cant., arr. à 30 kil. E. des Andelys (Eure), sur l'Epte, la Troène et le Reveillon; 4,050 hab. Tanneries, blanchisseries, fabriques d'indiennes. Autrefois fortifiée et cap. du Vexin normand. Église du XIIIᵉ siècle avec de beaux vitraux et des sculptures dues, croit-on, au ciseau de Jean Goujon. La fondation du chœur de l'église paroissiale est attribuée à Blanche de Castille. Ruines importantes d'un château fort, construit ou augmenté, au XIᵉ siècle, par les ducs de Normandie et qui joua un grand rôle pendant les guerres du moyen âge. Les habitants de Gisors essayèrent inutilement de résister aux Allemands le 19 oct. 1870.

GISQUET (Henri), industriel, né à Vezin (Moselle) en 1792, mort en 1866. Il entra tout jeune comme expéditionnaire dans la maison de banque Perier, dont il devint associé gérant. En 1825, il fonda une banque sous son nom, acheta ensuite à Saint-Denis une raffinerie de sucre, qu'il transforma en un établissement d'épuration pour l'huile, fut chargé, comme membre du conseil municipal provisoire de Paris, de négocier avec l'Angleterre un achat de fusils, et fut accusé de concussion. Il fut néanmoins nommé préfet de police en 1831, et plus tard conseiller d'Etat et député de Saint-Denis. L'affaire des fusils revint sur l'eau en 1838 ; le *Messager,* qui s'était fait l'écho des accusations portées contre lui, fut condamné à 1 fr. d'amende, et Gisquet fut, dès le lendemain, destitué de son titre de conseiller d'Etat. Il rentra dans la vie privée et fit en Egypte un voyage dont il a publié la relation : *L'Egypte, les Turcs et les Arabes* (2 vol. in-8°, 1844). Gisquet était membre du Caveau.

*GÎT. Troisième personne du présent de l'indicatif du verbe neutre Gésin. — Ci-gît, formule ordinaire par laquelle on commence les épitaphes : *ci-gît un tel.* — C'est la que gît le lièvre, c'est là le secret, le nœud de l'affaire. Dans le sens contraire, Ce n'est pas la que gît le lièvre. — Mar. La côte gît nord et sud, est et ouest, s'étend du nord au sud, de l'est à l'ouest, etc. — Fig. et fam. Consiste : *tout gît en cela.*

GÎTAGE s. m. Dernière eau que l'on donne aux étoffes foulées dans l'opération du lainage.

*GITANO, ANA s. Nom que les Espagnols donnent aux bohémiens : *des gitanos.*

*GÎTE s. m. (rad. *gésir*). Lieu où l'on demeure, où l'on couche ordinairement : *n'avoir point de gîte assuré.* — Se dit ordinair. du lieu où couchent les voyageurs : *il faut gagner le gîte de bonne heure.* — Partic. Lieu où le lièvre repose, et où il est en forme : *un lièvre au gîte.* — Prov. et fig. Un lièvre va toujours mourir au gîte, après avoir beaucoup voyagé, on est bien aise de retourner dans son pays. On dit dans un sens analogue, *Cet homme ressemble au lièvre, il vient mourir au gîte.* — Celle des deux meules d'un moulin qui est immobile : *la meule tournante et le gîte.* — Minér. Se dit des masses ou couches de minéraux considérées par rapport à leur gisement et aux substances qu'elles renferment.

*GÎTER, v. n. Demeurer, coucher. *Où gîtez-vous ? Nous avons un tel gîte. Il est gîté fort à l'étroit.* — Se gîter v. pr. Prendre gîte, se loger : *j'ignore où il a été se gîter, où elle s'est gitée.*

GITON s. m. (nom d'un personnage de Pétrone). Mignon :

Les Phrynés de Venise et les *gitons* de Rome.
Voltaire.

GITSCHIN [ghitt'-chinn], ville de Bohême, sur la Cydlina, à 70 kil. N.-E. de Prague, 6,570 hab. y compris quatre faubourgs. L'église paroissiale a été bâtie sur le modèle de Santiago de Compostelle (Espagne). Gitschin était un amas de misérables cabanes quand Wallenstein en fit la capitale du duché de Friedland en 1627. En 1630, il y bâtit un magnifique palais. Les Prussiens y vainquirent les Autrichiens le 29 juin 1866.

GIUDICI (Paolo-Emiliani) [djou'-di-tchi], auteur italien, né en Sicile en 1812, mort en 1872. En 1840, il s'établit à Florence et en 1844 il publia *Storia della letteratura italiana* (2 vol.). En 1867, il fut nommé au parlement italien. Il a donné aussi *Storia dei comuni* (3 vol. 1853-'54), et *Storia del teatro italiano* (1860).

GIURGEVO [djour-djè'-vo], ville de Valachie, sur le Danube, vis-à-vis de Rustchuk, à 45 kil. S.-O. de Bucharest; environ 15,000 hab. Citadelle sur une île appelée Slobodze. C'est, après Braïla, le port du Danube le plus important de la Valachie.

GIUSTINIANI (Agostino-Pantaleone) [djouss'-ti-nià'-ni], philologue italien, né à Gênes en 1470, mort en 1536. Il appartenait à l'ordre des Dominicains, et vers 1513 il fut nommé, malgré lui, évêque de Nebbio, en Corse. Après avoir vécu quelques années dans la retraite, il se rendit à Paris sur l'invitation de François Iᵉʳ, qui le nomma son aumônier; il fut pendant cinq ans professeur d'hébreu à l'université de Paris ; il se rendit à Nebbio. Son ouvrage principal est le *Psalterium, hebræum, græcum, arabicum, chaldaicum, cum tribus latinis interpretationibus et glossis* (1516).

GIVET [ji-vè], *Givetum,* ch.-l. de cant., arr. et à 40 kil. N.-E. de Rocroy (Ardennes); 5,600 hab. Tanneries, marbreries, fabrique de cire à cacheter, de crayons. Ville formée du *Grand-Givet* ou *Givet-Notre-Dame* et du *Petit-Givet* ou *Givet-Saint-Hilaire,* réunis par un beau pont construit par Napoléon Iᵉʳ et dominés par le fort de Charlemont. Eglise construite par Vauban. Patrie de Méhul, dont le buste se trouve au milieu d'une des places de la ville.

GIVORS [ji-vor], ch.-l. de cant., arr. et à 21 kil. S. de Lyon (Rhône), sur la rive droite du Rhône; 11,900 hab. Beau pont de fil de fer. Commerce de houille. Teintureries, verreries. Ruinée en 1562 par le baron des Adrets, cette ville fut reconstruite; en 1591, elle tomba entre les mains des Dauphinois du parti d'Henri IV.

* GIVRE s. m. (lat. *gelicidium*). Légère couche de glace, de frimas qui s'attache aux arbres, aux buissons, etc., quand la température devient assez froide pour congeler l'humidité qui est dans l'air : *cette nuit il est tombé du givre.*

* GIVRE ou Guivre s. f. (lat. *vipera*, serpent). Serpent : *les Visconti ducs de Milan portaient une givre dans leurs armes.*

GIVREUX, EUSE adj. Gercé, en parlant d'une pierre précieuse.

GIVRY, ch.-l. de cant., arr. et à 9 kil. O. de Châlon-sur-Saône (Saône-et-Loire); 3,100 hab. Ruines de fortifications. Bons vins blancs dits de *Champ-Poireau.* Patrie de Denon.

GIZÉH ou Jizéh, [jizè ou ghi-zè], ville d'Egypte, capitale de la province du même nom, sur la rive O. du Nil, à 4 kil. S.-O. du Caire, à environ 7 kil. de distance des trois grandes pyramides. On trouve à Gizéh des fours qui datent du temps des Pharaons et dans lesquels les œufs étaient couvés artificiellement. (Voy. PYRAMIDES.)

GLABELLE s. f. (lat. *glabellus*, diminut. de *glaber*, glabre). Anat. Espace nu compris entre les sourcils.

GLABER (Raoul), chroniqueur, ne en Bourgogne vers la fin du x° siècle, mort vers 1050. Revêtu, contre son gré, de l'habit monastique, il mena une vie très déréglée, se fit chasser de plusieurs monastères, mais finit par se repentir. On a de lui une *Chronique* qui va de 900 à 1046.

* GLABRE adj. (lat. *glaber*). Bot Qui est sans poils, sans duvet : *tige, feuille glabre.* — ↳ Fig. Se dit en parlant d'un homme imberbe : *il a la figure glabre.*

GLABRÉITÉ s. f. Etat de ce qui est glabre.

GLABRESCENT, ENTE adj. [gla-brèss-san]. Bot. Qui perd spontanément ses poils.

GLABRISME s. m. Etat d'une plante qui a perdu ses poils.

GLAÇAGE s. m. Impr. Action de glacer. — Le glaçage du papier a lieu après le trempage et avant le tirage. Il a pour but d'écraser le grain du papier, c'est-à-dire d'amoindrir et de faire disparaître les rugosités de la pâte. « On se sert à cet effet d'un laminoir, comprenant une paire de cylindres pleins, en fonte, superposés parallèlement, et entre lesquels on ménage un écartement que détermine à volonté un régulateur dont les vis commandent les coussinets du cylindre supérieur. Le cylindre inférieur reçoit l'impulsion d'une roue engrenant sur un pignon clavelé d'une manière solide sur l'arbre de commande, à l'extrémité duquel est fixée une manivelle ou une poulie, selon que le laminoir se meut à bras ou à la vapeur. Le papier à glacer s'intercale feuille à feuille, au nombre de vingt-cinq environ, entre des plaques de zinc formant ce qu'on appelle un *jeu* qui, pris entre les deux cylindres, est entraîné du côté opposé; on fait passer ainsi en pression deux ou plusieurs fois, selon le degré de glaçage que l'on veut obtenir d'après la nature du papier » (A.-L. Monnet). Depuis 1857, on a inventé différentes machines à glacer.

* GLAÇANT, ANTE adj. Qui glace : *un froid glaçant.* — Se dit aussi au figuré : *abord glaçant.*

* GLACE s. f. (lat. *glacies*). Eau congelée et durcie par le froid : *glace épaisse de deux doigts, d'un pied.* — Se dit particulièrement du degré qui, dans les thermomètres, indique

la température de la glace fondante, et qui est marqué d'un zéro, parce que c'est de ce degré que l'on commence à compter. — FERRER DES CHEVAUX A GLACE, leur mettre des fers suffisamment, pour empêcher qu'ils ne glissent sur la glace. — Fig. et fam. CET HOMME EST FERRÉ A GLACE, il est extrêmement habile dans telle matière, et très capables de s'y bien défendre si on l'attaque. — Prov. et fig. ROMPRE LA GLACE, faire les premiers pas dans une affaire, dans une découverte, etc., en surmonter les premières difficultés. — Fig. AVOIR UN CŒUR DE GLACE, Avoir le cœur insensible. On dit aussi, ETRE DE GLACE, n'être nullement touché de ce qui devrait émouvoir. — Fig. et poétiq. : *les glaces de l'âge, de la vieillesse.* — Fig. Certain air de froideur qui paraît sur le visage et dans les actions de quelques personnes : *recevoir quelqu'un avec un visage de glace, avec un air de glace.* — Se dit aussi de certaines liqueurs, des sucs de certains fruits que l'on fait congeler en les frappant de glace, et qui se prennent comme rafraîchissement : *glace à la crème, à la vanille, au citron, au chocolat,* etc. — Sorte de vernis fait de sucre et de blanc d'œuf dont les pâtissiers couvrent certains gâteaux. — Se dit en outre des plaques de verre ou de cristal dont on fait des miroirs, des vitrages, etc. : *glace fine, de Venise.* — Se dit particul. des miroirs de grande dimension : *cet appartement est orné de glaces.* — Se dit aussi des vitres mobiles d'une voiture : *lever la glace, les glaces d'une voiture.* — Petite tache qui diminue considérablement le prix des diamants. — Sous des circonstances ordinaires l'eau commence à cristalliser à + 0°. Des prismes minces, généralement à six pans, forment la glace et s'arrangent d'eux-même en lignes se traversant l'une à l'autre à des angles de 60° à 120°. La présence des sels en solution retarde la congélation de l'eau, qui n'a plus lieu qu'à une température inférieure à 0°. La plus grande partie des matières étrangères est exclue de la glace, qui se rapproche, par conséquent, de la composition de l'eau pure. L'eau pure contenue dans un vase uni et conservée parfaitement tranquille peut être amenée à plusieurs degrés au-dessous du point de congélation, sans se transformer en glace. Mais l'agitation ou l'introduction de corps étrangers donne lieu à une congélation soudaine, et à mesure que la glace se forme, la chaleur latente se dégage et la température s'élève à 0°. A environ + 4°, l'eau se dilate à mesure que sa température est réduite, et se réduire alors une force prodigieuse. Un globe creux de cuivre, ayant une cavité de 2 cent. étant empli d'eau, fait explosion par la congélation de ce liquide. Cette expansion, estimée par Boyle à un neuvième du volume primitif, donne à la glace une densité moindre que celle de l'eau, de sorte qu'elle flotte. D'après cette estimation, sa gravité spécifique serait de 0,9 ; M. Brunner, dans ses expériences, trouva que la gravité varie de 0,918 (à 0° C.) jusqu'à 0,92025 (à - 20° C.). La recongélation de la glace, phénomène d'abord observé par Faraday, a, depuis peu, attiré l'attention, surtout parce qu'elle concerne particulièrement la formation des glaciers. La recongélation s'opère entre les blocs de glace quand ils sont fortement pressés ensemble, même dans l'eau chaude, en hiver, elle a lieu au simple contact des blocs. Lorsque des morceaux de glace sont soumis à la pression dans un moule, ils peuvent se former en un bloc solide. (Pour les autres propriétés de la glace, voy. GLACIER, NEIGE, etc.) — CONGÉLATION ARTIFICIELLE. Il y a deux méthodes pour obtenir la congélation artificielle, savoir : 1° la liquéfaction ; 2° la vaporisation et l'expansion. La méthode par liquéfaction s'accomplit au moyen d'un mélange réfrigérant, neige, glace pulvérisée et sel commun, qui réduit la température de

+ 10° à - 17° ; ou par un mélange de glace et de chlorure de calcium cristallisé, qui la réduit de 0° à - 47°. La méthode de congélation par vaporisation et par expansion repose sur les principes exposés dans nos articles CHALEUR, etc. Parmi les appareils les plus employés pour la congélation artificielle, nous citerons celui de M. Carré ; il repose sur l'absorption de la chaleur cachée par la vaporisation de l'ammoniaque liquide.

* GLACÉ, ÉE part. passé de GLACER. — Bot. PLANTE GLACÉE, ou substantiv. GLACÉE. (Voy. GLACIALE.) — Très froid : *climat glacé.* — Fig. et poétiq. LA MAIN GLACÉE, LES MAINS GLACÉES DE LA MORT. — Se dit encore, fig., de ce qui déconcerte et refroidit : *abord glacé.* — Couvert d'un vernis ou d'une couleur transparente, luisante, brillante ou lustrée : *gants glacés, papier glacé, taffetas glacé.* — Art culin. Couvert d'un fond de cuisson qui donne un aspect luisant : *volaille glacée.* — Couvert d'un vernis fait de sucre et de blanc d'œuf ou de sucre seulement : *marrons glacés.* — Frappé de glace : *crème glacée.*

* GLACER v. a. Ne se dit proprement que de l'action par laquelle le froid fait congeler l'eau ou d'autres liquides : *le grand froid glace les rivières, glace le vin même.* — v. n. Les fontaines d'eau vive ne glacent jamais. — Fig. GLACER LE SANG, causer une émotion désagréable et si forte, que le mouvement en est comme suspendu : *la peur me glaça le sang dans les veines.* — Se dit, par ext., des choses qui causent une sensation de froid très vive : *ce vent glace le visage.* — Se dit quelquefois, surtout en poésie, pour exprimer la diminution, la perte de la chaleur naturelle, causée par la vieillesse, la mort, etc. : *la vieillesse glace le sang.* — Fig. UN CŒUR QUE LES ANS ONT GLACÉ, UN CŒUR GLACÉ PAR L'AGE, etc., un cœur auquel la vieillesse a fait perdre de sa sensibilité. — Fig. Déconcerter, décourager, abattre, frapper de stupeur : *il a un abord, un sérieux qui glace.* — CET ORATEUR A UN DÉBIT QUI GLACE, il a un débit monotone et sans chaleur, qui fatigue et qui ennuie. — Peint. Appliquer une couleur brillante et transparente sur une autre qui est déjà sèche et à laquelle on veut donner ainsi plus d'éclat, de vigueur, etc. : *il est difficile d'atteindre au ton des velours d'un beau bleu, ou de couleur de rubis, sans les glacer.* — GLACER DES CONFITURES, GLACER DES PATES, DES MASSEPAINS, DES CERISES, DES MARRONS, etc., les couvrir d'une croûle de sucre qui est lissée comme de la glace. — GLACER DES VIANDES, les couvrir d'une gelée de viande lisse et transparente. — GLACER UNE DOUBLURE DE TAFFETAS SUR UNE ÉTOFFE, la coudre de telle manière qu'elle soit entièrement jointe, et qu'elle paraisse unie comme de la glace. — GLACER DES ÉTOFFES, leur donner un apprêt, un lustre. — Se glacer v. pr. Se congeler : *la mer se glaça en quelques jours.* — Se refroidir :

Et mes tremblante main se glace.
                                        BOILEAU.

— Ressentir un vif sentiment de froid ou une stupeur subite, à la suite d'une violente émotion :

Juste ciel ! Tout mon sang dans mes veines *se glace.*
                                        RACINE.

GLACERIE s. f. Lieu où se fabriquent les glaces et cristaux. — Art et commerce du glacier-limonadier.

GLACEUR s. m. Ouvrier qui glace les étoffes, les papiers.

* GLACEUX, EUSE adj. Joaill. Se dit des pierreries qui ont des glaces, ou qui ne sont pas absolument nettes : *diamants glaceux.*

* GLACIAIRE adj. Géol. Qui appartient aux glaciers. — PÉRIODE GLACIAIRE, période pendant laquelle la température de plusieurs contrées a été beaucoup plus basse qu'elle n'est présentement.

*GLACIAL, ALE, ALS adj. Glacé, qui est extrêmement froid : *vent, air glacial.* — N'a point de pluriel au masculin. — MER GLACIALE, mer qui est vers le pôle et qui est pleine de glaces. — ZONE GLACIALE, la zone qui enferme le pôle arctique et le pôle antarctique. — Fig. : *air, style glacial.*

* GLACIALE s. f. Bot. Espèce de ficoïde dont les feuilles sont parsemées de vésicules transparentes. On l'appelle aussi PLANTE GLACÉE, ou simplement GLACÉE.

* GLACIER s. m. Limonadier qui prépare et vend des glaces.

* GLACIER s. m. Grand amas de glace, qui se rencontre dans les hautes vallées des montagnes : *un vaste glacier.* — Amas considérable de glace qui se forme aux embouchures des fleuves situés dans les régions polaires. — ENCYCL. Les plus vastes glaciers occupent les hautes vallées des Alpes et de l'Himalaya, ou des lieux moins élevés des cercles polaires. Les mieux connus sont les glaciers des Alpes, qui couvrent une étendue d'environ 4,000 kil. carr., dont 1,000 du mont Blanc jusqu'aux frontières du Tyrol. Dans l'Himalaya, il y a d'immenses glaciers à une hauteur prodigieuse. Le Dʳ Hooker parle de l'un de ces amas de glace, qui se trouve à 5,000 mètres de haut ; sa source est le grand Kinchinjunga, dont le sommet se dresse à 7,000 mètres au-dessus du niveau de la mer. Le prof. Whitney a découvert des traces de glaciers d'une époque géologique récente dans la Sierra Nevada. Clarence King, en 1870, découvrit des glaciers actuels sur le côté N. du volcan éteint du mont Shasta (Californie). Les glaciers des Alpes ont été étudiés avec soin ; ils sont situés depuis une ligne supérieure à celle des neiges éternelles jusqu'à 1,200 ou 1,000 m. au-dessus du niveau de la mer. Les glaciers tirent leur origine des immenses quantités de neige qui remplissent les vallées supérieures et que la pression convertit en glace. Il y a trois théories principales des glaciers, savoir : la théorie glissante de de Saussure ; la théorie de dilatation avancée d'abord par Scheuchzer et étudiée par de Charpentier ; et la théorie plastique ou visqueuse développée principalement par James-D. Forbes. — Bordier de Genève, Agassiz, Bishop, Rendu, Faraday, Thomson, et particulièrement Tyndall, ont beaucoup contribué à établir cette dernière théorie. Vers la fin du XVIIIᵉ siècle, on commença de supposer que les glaciers descendaient les vallées par un mouvement analogue à celui des rivières, mais aucune observation assez exacte pour établir une théorie rationnelle n'avait été faite avant que Forbes s'occupât de ce sujet en 1841. En mesurant les mouvements de la glace dans différentes parties de la surface, ainsi que la profondeur des glaciers, et en observant leur structure, on a obtenu quelques données. La théorie glissante de de Saussure tient que la masse de glace solide coule principalement dans les vallées en été, quand la surface inférieure du glacier devient saturée ou surchargée d'eau. La théorie de dilatation est basée sur ce fait que l'eau se dilate en gelant ; elle tient que l'expansion a forcé la masse à descendre, ne pouvant la forcer à monter, parce que la pression est nécessairement plus grande en dessous. La détermination par Forbes du degré de mouvement des différentes parties du glacier renversa ces deux théories et révéla pour la masse du glacier un mode de mouvement analogue à celui d'un corps visqueux ou plastique, comme le mortier ou la poix. A cela, on a objecté que la glace ne possède aucune propriété de viscosité ; ce qui est démontré par la manière dont elle se casse sans extension quand on la soumet à la tension. Forbes ne nie pas cela, mais il conteste que le mouvement du

glacier soit celui d'un corps visqueux ou plastique. La découverte des Thompsons que la pression abaisse le point de fusion de la glace suffit pour expliquer sa flexion. Voici ce que l'on distingue principalement dans un glacier : 1° La présence de *moraines* ou rangées de débris de cailloux et de graviers provenant des parois des vallées dans lesquelles passe le glacier. En conséquence, un seul glacier forme deux moraines latérales, et quand deux glaciers se réunissent, les deux moraines latérales adjacentes forment une moraine intérieure et chaque glacier additionnel forme une nouvelle moraine intérieure, le nombre de celles-ci étant toujours d'un de plus que celui des glaciers réunis. Une moraine formée à l'extrémité d'un glacier qui recule, est appelée moraine terminale. 2° Des *crevasses*, que l'on distingue en transversales, longitudinales, latérales ou marginales. Les crevasses transversales se forment à la suite de la cassure de la glace qui tombe dans les précipices ; les crevasses longitudinales sont probablement formées par la pression qui oblige la glace à se séparer dans une direction transverse à la ligne de pression ; et les crevasses marginales se forment par la violence exercée sur la glace par le mouvement plus rapide des portions centrales. La fracture se montre intérieurement et extérieurement en dedans et en dehors, de sorte qu'il se produit, conjointement avec les crevasses transversales, des lignes courbes ayant leur concavité tournée vers la vallée, ce qui fait que les côtés du glacier ont l'air de marcher plus vite que le centre. Plusieurs observateurs regardent ce fait comme une réalité ; mais la mesure de la rapidité du mouvement de pieux plantés en ligne droite dans la glace, à travers le glacier, a prouvé que cette idée est sans fondement. 3° La *structure veinée*. Les veines sont transverses à la pression longitudinale, longitudinales par rapport à la pression latérale (ce qui s'observe quand le glacier est resserré dans une partie étroite de la vallée) et obliques à la pression produisant les crevasses marginales. 4° *Bandes de boue*, qui se montrent comme des lignes courbes à travers le glacier, avec leurs concavités regardant la vallée ; elles sont formées par la condensation de débris dans les crevasses transversales et la dénudation postérieure de la surface. Comme les parties moyennes marchent plus vite que les parties latérales, les courbes prennent les positions ci-dessus décrites. 5° *Moulins*, formés par la descente de petits ruisseaux dans des crevasses profondes, creusant des puits de plusieurs centaines de pieds de profondeur, dans lesquels l'eau tombe avec un bruit semblable à l'éclat du tonnerre. 6° *Tables* ou *plateaux* des glaciers, masses de roches reposant sur des piliers de glace qui se trouvent à la surface du glacier. Ces plateaux ont une inclinaison générale vers le sud, en raison de la rapidité avec laquelle la glace fond de ce côté. 7° *Marques glaciaires*, sillons ou dénudations formées par le frottement des cailloux que le glacier emporte, et qu'il presse contre la surface des rochers. Ces marques s'observent non seulement sur les côtés des vallées à travers lesquelles passent les glaciers actuels, mais aussi dans des vallées où ils ont existé et disparu depuis longtemps.

* GLACIÈRE s. f. Grand creux fait en terre, ordinairement maçonné, voûté et recouvert de terre et de paille, dans lequel on conserve de la glace ou de la neige, pour rafraîchir les boissons, pour faire des glaces, etc. : *une glacière pleine.* — Fig. CETTE CHAMBRE, CETTE SALLE EST UNE GLACIÈRE, UNE VRAIE GLACIÈRE, elle est extrêmement froide. — Techn. Appareil au moyen duquel on produit artificiellement de la glace : *glacière de ménage.*

* GLACIS s. m. Talus, pente douce et unie : *le glacis d'un étang.* — Fortif. LE GLACIS DE LA

CONTRESCARPE, ou simplement, LE GLACIS, pente douce qui part de la crête du chemin couvert et se perd dans la campagne. On dit dans ce sens : *le glacis, les glacis d'une place, d'une forteresse.* — Archit. GLACIS DE CORNICHE, pente qu'on donne à la surface supérieure d'une cymaise, pour faciliter l'écoulement des eaux. — Peint. Se dit des couleurs légères et transparentes que les peintres appliquent quelquefois sur les couleurs déjà sèches d'un tableau, pour leur donner ainsi plus d'éclat, de vigueur, etc.

GLAÇOIRE s. f. Art culin. Boîte munie d'un couvercle percé de trous, dans laquelle on met le sucre en poudre destiné à être répandu sur les pièces à glacer.

* GLAÇON s. m. Morceau de glace : *gros glaçon.* — Fig. Personne froide, flegmatique : *cette femme est un glaçon.* (Fam.)

GLAÇURE s. f. Techn. Enduit vitrifiable que l'on applique sur la surface de certaines pâtes céramiques pour les rendre imperméables ou pour leur donner du brillant.

GLADBACH [glád'-bâkh], nom de deux villes de la Prusse rhénane. — I. München-Gladbach, à 20 kil. S.-O. de Düsseldorf, 34,960 hab. Manufactures de drap, de toile, de soie, etc. — II. Bergisch-Gladbach, à 10 kil. N.-E de Cologne ; 6,200 hab. Fabrique de papiers et de capsules.

* GLADIATEUR s. m. (lat. *gladiator*, de *gladius*, glaive). Nom des hommes qui, dans les jeux du cirque, à Rome, combattaient volontairement ou de force, pour l'amusement des spectateurs, avec des armes meurtrières, soit entre eux, soit contre des bêtes féroces : *un combat de gladiateurs.* Les gladiateurs furent d'abord des prisonniers, des esclaves ou des criminels condamnés ; mais, sous la république, des citoyens libres de naissance, et sous l'empire des chevaliers, des sénateurs et même des femmes combattirent dans l'arène. A Rome, à Capoue, à Ravenne, il y avait des entrepreneurs (*lanistæ*) qui se chargeaient de former dans des écoles, des gladiateurs libres. D'après leurs armes, leur costume ou leur manière de combattre, les gladiateurs portaient différents noms. Il y avait les *bestiaires*, qui combattaient les bêtes féroces ; les *rétiaires*, vêtus d'une tunique courte, coiffés d'un bonnet, armés d'un trident et d'un filet avec lequel ils cherchaient à enlacer leur adversaire ; les *thraces*, armés d'une dague, d'un poignard et d'un petit bouclier rond ; les *mirmillons*, armés d'une faux et d'un bouclier ; les *essédares*, qui combattaient sur des chariots ; les *andabates*, qui étaient à cheval et avaient les yeux bandés ; les *dimachæri*, qui tenaient une épée dans chaque main. On donnait le nom particulier de *fiscales* à ceux que l'on entretenait aux frais du trésor public. — Sous l'empire, où la mode des combats de gladiateurs était poussée jusqu'à l'engouement, ces jeux, qui avaient été, dans l'origine, l'accessoire des cérémonies funèbres, devinrent le divertissement public favori. On les annonçait par des affiches indiquant le nom des acteurs. Les combattants défilaient devant les spectateurs ; et en passant près de la loge impériale, ils s'inclinaient en disant : « César, *morituri te salutant* (César, ceux qui vont mourir te saluent). Au premier sang qui coulait, le peuple s'écriait : « *Hoc habet* » (Il en tient). Le vaincu laissait tomber ses armes et levait la main pour demander merci. Si les spectateurs voulaient lui faire grâce, ils élevaient leurs mains en tournant le pouce vers la terre ; dans le cas contraire, ils tournaient le pouce vers le ciel. Les premiers combats de gladiateurs eurent lieu à Rome en 264 av. J.-C. ; ces jeux sanglants durèrent jusqu'à l'an 404 ap. J.-C., époque où ils furent abolis par Honorius. Rome fut mise en péril

vers 72 av. J.-C. par une révolte des gladiateurs. (Voy. Spartacus.)

GLADIÉ, ÉE adj. (lat. *gladius*, glaive). Bot.
Qui est en forme de glaive ou qui offre des
arêtes vives. — ~~ On dit aussi : Ensi-
forme.

GLADIFÈRE adj. (lat. *gladius*, épée ; *fero*,
je porte), Zool. Qui porte quelque organe
allongé et comprimé en forme d'épée.

GLADIOLÉ, ÉE adj. (lat. *gladiolus*, glaïeul).
Bot. Qui ressemble au glaïeul. — s. f. pl.
Tribu d'iridées ayant pour type le genre
glaïeul.

GLAGOL. Quatrième lettre de l'alphabet
slave et russe, ayant la valeur de notre *g* dur
ou de notre *h*.

GLAGOLITIQUE adj. (rad. *glagol*). Se dit de
l'une des deux anciennes formes d'écriture
de l'ancien slavenique ou moins correctement
slavonique. On dit aussi écriture bukvitza.
On attribue la formation de cette écriture à
Methodius, apôtre des Slaves (vers 860). L'autre forme, le krylitza, imaginé par Cyrile,
prétendu frère de Methodius, est encore en
usage parmi les Slaves de l'E. et les Roumains. L'écriture russe en est une légère modification. Les nations lui emploient ces systèmes appartiennent pour la plupart à
l'Eglise grecque ; tandis que les Slaves catholiques (Polonais, Bohémiens, etc.) se servent
des caractères latins ou des lettres dites allemandes avec quelques modifications. Les
principaux ouvrages en écriture glagolitique
sont composés dans l'idiome bulgare.

GLAI s. m. Masse de glaïeuls formant un
petit îlot dans un étang.

* **GLAÏEUL** s. m. (lat. *gladius*, glaive, parce
que ses feuilles sont longues, étroites et pointues). Bot. Genre d'iridées dont il existe un
grand nombre d'espèces et des hybrides recherchés pour la grandeur, la forme, la
beauté de leurs fleurs. — Le *glaïeul commun*
(gladiolus communis), peu rare dans le midi
de la France, porte de belles fleurs roses.

Glaïeul commun.

Les plus belles espèces exotiques sont : le
glaïeul cardinal (gladiolus cardinalis), à grandes fleurs d'un rouge écarlate très vif ; le
glaïeul tricolore (gladiolus versicolor), à fleurs
comprenant trois couleurs : rouge, jaune et
noir ; le *glaïeul magnifique* (gladiolus pulcher-
rimus), à fleurs d'un rose lilacé, dont les pétales inférieurs sont marqués au centre d'une
tache blanche entourée d'azur ; le *glaïeul
perroquet* (gladiolus psittacinus), à fleurs
jaunes marquées de tâches mordorées ; le
glaïeul de Gand (gladiolus Gandavensis), à
fleurs d'un vermillon brillant, nuancé de
jaune, d'amarante et de vert. Les variétés
hybrides sont presque innombrables. — On
donne le nom de *glaïeul des marais* à l'iris

pseudo-acorus, belle plante à fleurs jaunes
qui orne les lieux aquatiques. — Le *glaïeul
puant* est l'iris fétide.

GLAIRAGE s. m. Action de glairer.

* **GLAIRE** s. f. (lat. *clarus*, clair). Sorte
d'humeur visqueuse que sécrètent les membranes muqueuses : *avoir l'estomac plein de
glaires.* — Blanc de l'œuf, quand il n'est pas
cuit.

* **GLAIRER** v. a. Reliure. Frotter la couverture d'un livre avec une éponge trempée
dans des blancs d'œufs, pour y donner du
lustre.

* **GLAIREUX, EUSE** adj. Qui est de la nature de la glaire, qui est plein de glaires :
chair glaireuse.

GLAIRINE s. f. Voy. Barégine.

GLAIRURE s. f. Préparation de blancs
d'œufs dont on se sert pour glairer les re-
liures.

GLAIS-BIZOIN (Alexandre), homme politique, né à Quintin (Côtes-du-Nord) en 1800,
mort en 1877. Il fut l'un des chefs de l'opposition à la Chambre, sous Louis-Philippe, et
au Corps législatif, à partir de 1863 se fit
remarquer par ses interruptions excentriques.
En septembre 1870, il devint membre du gouvernement de la Défense nationale. Il a écrit
plusieurs pièces de théâtre et, en 1868, il prit
la direction d'un journal démocratique, la
Tribune française.

* **GLAISE** s. f. (lat. *glis, glitis*, terre tenace).
Sorte de terre grasse et compacte, variété
d'argile que l'eau ne pénètre point, et dont
on se sert pour faire de la poterie, des ba-
tardeaux, pour enduire des bassins de fontaine, etc. : *faire un corroi de glaise à un bassin, afin qu'il tienne l'eau.* On dit aussi, adjectiv. *Terre glaise.* (Voy. Argile.)

* **GLAISER** v. a. Faire un corroi de terre
glaise : *glaiser un bassin de fontaine.* — Glaiser des terres, engraisser avec de la glaise
des terres maigres et sablonneuses.

* **GLAISEUX, EUSE** adj. Qui est de la nature de la glaise : *les terres glaiseuses sont peu
propres à la végétation.*

* **GLAISIÈRE** s. f. Endroit d'où l'on tire de
la glaise.

* **GLAIVE** s. m. (lat. *gladius*). Coutelas, épée
tranchante. N'est guère usité qu'en poésie
et dans le style soutenu : *il lui plongea son
glaive dans le sein.* — Se dit dans certaines
phrases figurées en parlant de la guerre, des
combats : *le glaive peut seul décider entre
nous.*

Que le crime poussé jusqu'à cette insolence,
Du *glaive* seul des lois tienne sa récompense.
Fabre d'Eglantine. *Le Philinte de Molière*, acte IV, sc. v.

— Se dit de même en parlant du droit de vie
et de mort. — Dans l'Ecriture, *Celui qui frap-
pera du glaive, périra de le glaive.* — Fig. Le
Glaive spirituel, la juridiction de l'Eglise, le
pouvoir qu'l'Eglise a d'excommunier. — Fig. Le
Glaive de la parole, le pouvoir de l'éloquence.

* **GLAMA** s. m. Hist. nat. Voy. Lama.

GLAMORGANSHIRE, comté méridional du
pays de Galles, borné par la Severn et le détroit de Bristol ; 2,214 kil. carr. ; 397,860 hab.
Charbons et minerais de fer. Près de Mer-
thyr-Tydfil se trouvent des fonderies et des
usines métallurgiques considérables. Principales rivières : le Rhymney, le Taff et la
Tawe. Villes principales : Cardiff, Merthyr-
Tydfil, Swansea et Neath.

* **GLANAGE** s. m. Action de glaner : *le glanage n'est permis qu'après que les gerbes ont été
levées.* — Législ. « Le glanage est un très
ancien usage, encore en vigueur dans beaucoup de parties de la France ; il semble être
fondé sur quelques versets du Lévitique et du

Deutéronome ; et il devrait être aboli de nos
jours, car il porte atteinte au droit de propriété et il facilite souvent le vol en même
temps qu'il encourage la paresse. Le glanage,
là où l'usage l'autorise, n'est permis qu'aux
*gens vieils et débilités de membres, petits enfants
ou autres personnes qui ne pouvoir ni force
de soyer* (Edit de nov. 1550 ; Arr. cass. 8 oct.
1840). Les glaneurs ne doivent pénétrer dans
aucune espèce d'enclos et ils ne peuvent entrer
dans les champs ouverts qu'après l'enlèvement des récoltes (L. 29 sept.-6 oct. 1791,
tit. II, art. 21). Il est interdit de glaner avant
le lever et après le coucher du soleil. Les
contrevenants à ces défenses sont passibles
d'une amende d'un à cinq francs, et ils peuvent en outre être, selon les circonstances,
condamnés à un emprisonnement de trois
jours au plus (C. pén. 471 § 10, 473) ». (Ch. Y.)

* **GLAND** s. m. (lat. *glans*). Fruit que porte le
chêne : *semer du gland.* — Gland doux, fruit
comestible de plusieurs espèces de chênes.
— Bot. Gland de terre ou Gesse sauvage,
plante qui croît sur les grands chemins, et
qui est ainsi nommée parce que ses racines
sont des tubercules en forme de gland. —
Crust. Gland de mer, synon. de Balane. —
Ouvrage de fil, de soie, ou d'autre matière,
qui est composé d'une espèce de tête et de filets pendants, et dont on se sert pour attacher
ou orner les vêtements, les tentures, etc : des
glands de rideaux, de draperies. — Anat. Se
dit de l'extrémité de la verge, et de celle du
clitoris.

GLANDAGE s. m. Droit de mener paître les
porcs dans les forêts. — Lieu où l'on recueille
les glands.

GLANDAZ (Mont), montagne qui commande
la vallée de la Drôme et qui se relie par un
contrefort au massif du Dévoluy.

* **GLANDE** s. f. (lat. *glans, glandis*, gland).
Anat. Partie spongieuse ou vasculaire, destinée à sécréter certaines liqueurs ou humeurs
du corps : *les glandes du sein.* — Se dit aussi
de certaines tumeurs accidentelles qui se forment en quelque partie du corps : *il lui est
survenu une grosse glande à la gorge, au sein.*
— Bot. Se dit, par anal., de petits mamelons arrondis ou ovales, destinés à sécréter les sucs particuliers à diverses espèces de
plantes : *glandes écailleuses, lenticulaires.* —
Encycl. On donne le nom général de glandes
à divers organes qui ont pour fonction d'éla-
borer les produits de la sécrétion du sang,
d'accomplir certains offices relatifs à l'absorption et à l'assimilation, et d'aider à préparer le sang et à le maintenir dans une condition normale. Les anatomistes divisent généralement les glandes en vraies glandes sé-
crétantes (ayant des conduits ou des canaux
pour la sécrétion) et en glandes sans conduits. Dans la première classe se trouvent les
glandes mammaires, les glandes salivaires et
les glandes lacrymales, le foie, les reins, etc.,
dont chacune fournit une sécrétion particulière ou une excrétion, suivant que le produit
doit être employé de nouveau pour la digestion ou l'assimilation (comme le lait ou la
salive), ou bien rejeté (comme l'urine et la
sueur). A la seconde classe, ou glandes
sans canaux, appartiennent la rate, les capsules surrénales (voy. Reins), et les glandes
thymus et thyroïdes. Quoiqu'elles n'amènent
point de sécrétion dans un conduit ou réceptacle, il est avéré qu'elles exercent une influence sur le sang, quand celui-ci les traverse
dans des vaisseaux particuliers à l'aide desquels il reçoit les propriétés qui le rendent
propre au travail de la nutrition. Il y a aussi
des glandes qui n'appartiennent pas à la seconde classe et que l'on peut rigoureusement
classer dans la première : telles sont les
glandes lymphatiques.

* **GLANDÉ, ÉE** adj. Art vétér. Se dit d'un

èheval qui a les glandes de dessous la ganache enflées, lorsqu'il est près de jeter sa gourme : *un cheval glandé.* — Blas. Se dit des chênes chargés de glands d'un émail différent de celui des chênes.

* GLANDÉE s. f. Récolte du gland : *la glandée fut abondante cette année-là.* — ALLER A LA GLANDÉE, aller ramasser des glands. —ENVOYER DES COCHONS A LA GLANDÉE, les envoyer dans la forêt manger du gland.

GLANDIFÈRE adj. (lat. *glans, glandis*; gland; *fero*, je porte). Bot. Qui produit des glands.

GLANDIFORME adj. Qui a la forme d'un gland. — Anat. Qui a la forme d'une glande.

GLANDIVORE adj. Qui se nourrit de glands.

* GLANDULAIRE adj. Anat. Synonyme de *Glanduleux, euse.*

GLANDULE s. f. Anat. Petite glande : *les amygdales sont des glandules.*

* GLANDULEUX, EUSE adj. Anat. Qui a l'aspect, la forme ou la texture des glandes : *les mamelles sont des corps glanduleux.*

* GLANE s. f. Poignée d'épis que l'on ramasse dans le champ après que le blé en a été emporté, ou que les gerbes sont liées : *grosse glane.* — Prov. et fig. IL Y A ENCORE CHAMP, BEAU CHAMP POUR FAIRE GLANE, se dit lorsqu'on peut encore travailler à une chose sur laquelle un autre a déjà travaillé. — Se dit aussi de plusieurs petites poires qui sont rangées près à près sur une même branche, et de plusieurs oignons attachés de la même manière à une torche de paille : *voilà une belle glane de poires de blanquette.*

* GLANER v. a. (bas lat. *glenare*). Ramasser des épis de blé après la moisson : *cette paysanne a glané plus d'un setier de blé durant la moisson.* — S'emploie fig. en parlant du profit que l'on peut encore tirer d'une affaire où un autre a beaucoup gagné, ou bien en parlant de ce qui reste à dire sur une matière, sur un sujet qu'un autre a déjà traité : *c'est un habile homme, mais il a laissé à glaner après lui.*

* GLANEUR, EUSE s. Celui, celle qui glane : *il y a bien des glaneurs et des glaneuses dans ce champ.*

* GLANURE s. f. Ce que l'on glane après la moisson faite.

GLANVILL (Joseph), philosophe anglais, (1636-1680). Il fut recteur de Bath et prébendier de Worcester. Il combattit les doctrines d'Aristote, se livra à la magie et fut le premier écrivain d'Angleterre qui essaya de faire un système du scepticisme philosophique. Ses ouvrages comprennent : *The Vanity of Dogmatizing, Plus ultra or The Progress and Advancement of Knowledge since the Days of Aristotle. Philosophical considerations concerning the Existence of Sorcerers and Sorcery. Lux orientalis* et *Essays on several Important Subjects in Philosophy and Religion.*

* GLAPIR v. n. (anc. all. *gelfen*). Ne se dit proprement que de l'aboiement des petits chiens et des renards. — Se dit, fig., du son aigre de la voix d'une personne quand elle parle ou qu'elle chante : *cette femme ne fait que glapir.*

* GLAPISSANT, ANTE adj. Qui glapit : *elle parla d'un ton glapissant.*

* GLAPISSEMENT s. m. Cri des renards et des petits chiens quand ils glapissent. — Se dit, fig., en parlant des personnes.

GLARUS ou Glaris [glà-rouss; -riss] I. L'un des plus petits cantons de la Suisse, borné par les cantons de Saint-Gall, des Grisons, d'Uri et de Schwytz; 691 kil. carr.; 35,450 hab., dont 28,238 protestants et 6,888 catholiques romains. La principale chaîne de montagne s'étend du Hausstock au Scheibe, avec une hauteur moyenne de 3,000 mètres. Le Dôdi

ou Tödi, qui mesure près de 4,000 mètres de haut, s'élève dans l'angle S.-O. du territoire; c'est le point culminant de l'E. de la Suisse. La rivière Linth traverse la vallée principale et se jette dans le lac de Wallenstadt. Il y a beaucoup d'autres petits lacs remarquables par leurs paysages romanesques. La Stackelbergerbod, source sulfureuse alcaline, qui jaillit au pied du Braunwaldberg, est très fréquentée. On trouve dans ce canton le marbre, l'ardoise et le gypse. La fabrication la plus importante est celle du fromage que l'on appelle *Schabziegerkäse.* Coton, articles de laine, toiles, soie, indienne, mousseline, ardoises à écrire et objets en bois. Le canton de Glarus possède une forme particulière de gouvernement démocratique. Les impôts sont légers et l'éducation est presque universelle. Villes principales : Glarus, Molis et Schwanden. — II. Capitale de ce canton, dans une vallée, au pied des monts Glärnisch et Schilt, sur le Linth, à 45 kil. S.-E. de Zürich; 5,520 hab. Manufactures importantes de cotons, de lainages, de mousseline, et de quincaillerie.

* GLAS s. m. [glâ] (lat. *classicum*, signal donné pour réunir un grand nombre de personnes). Son d'une cloche que l'on tinte pour une personne qui vient d'expirer : *sonner le glas.*

GLASGOW [glass'-gô], principale ville commerciale et manufacturière de l'Ecosse, dans le Lanarkshire, sur la Clyde, à 31 kil. de son embouchure et à 55 kil. O.-S.-O. d'Edimbourg; 547,540 hab. La ville a environ 5 kil. de longueur et s'étend sur les deux bords de la rivière; son terrain est presque uni. Ses rues sont bien pavées, bien éclairées et très propres. Deux théâtres, deux musées, deux bibliothèques publiques (30,000 et 15,000 volumes), un grand nombre d'institutions charitables, université et 175 églises et chapelles. La cathédrale est

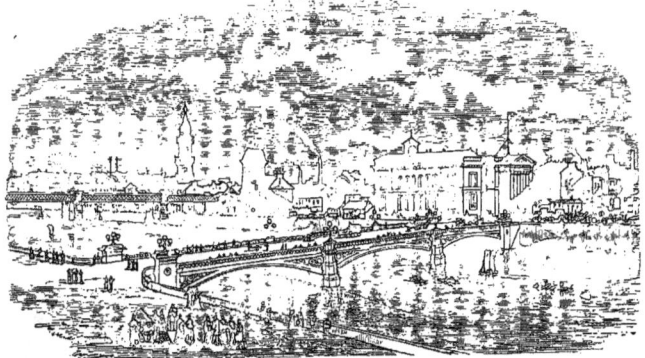

Le pont Albert, à Glasgow.

le plus bel édifice gothique d'Ecosse. L'université, fondée en 1451, renferme une bibliothèque de plus de 100,000 volumes et un observatoire. Les nouveaux bâtiments, achevés en 1870, ont coûté 9,250,000 fr. Un aqueduc de 36 kil. de long amène à la ville l'eau du Loch Katrine. Glasgow est, pour l'exportation, la quatrième ville de la Grande-Bretagne, et la seconde pour la richesse et la population. Elle est au centre d'un district riche en charbons et en minerai de fer. La Clyde y est navigable pour des vaisseaux de 2,000 tonnes. Les quais ont 5,600 mètres de long. Les industries principales sont : les brasseries, les teintureries, les imprimeries sur calicot, les chantiers de navires, les fonderies, les fabriques des machines à vapeur, drogueries. Les

exportations annuelles s'élèvent à 250 millions de fr. et les importations à 475 millions. — La tradition regarde saint Kentigern comme le fondateur de Glasgow, dont il fut le premier évêque, vers 560. En 1300, une bataille fut livrée dans la rue Haute par les Ecossais, commandés par Wallace, aux Anglais, sous les ordres de Percy; ce dernier fut battu et tué. En 1638, la célèbre assemblée de l'Eglise presbytérienne eut lieu dans cette ville.

GLASTONBURY [glàss'-t'n-beu-ri], ville du Somersetshire (Angleterre), sur la rivière Brue, à 35 kil. S.-O. de Bath; 3,670 hab. Ruines, dont la plus remarquable est celle d'une fameuse abbaye de bénédictins, fondée, dit-on, par saint Augustin en 605 et supprimée par Henry VIII en 1539.

GLATZ, ville fortifiée de la Prusse, dans la Silésie, sur la Neisse, à 70 kil. S.-O. de Breslau; 11,540 hab. Manufactures de coton et de bonneterie. Elle fut prise pendant la guerre de Trente ans par les protestants, se rendit aux troupes impériales en 1622 et aux Prussiens en 1742. Le territoire de Glatz forma un comté de l'empire dans la dernière partie du XVᵉ siècle; il appartint ensuite aux Autrichiens jusqu'en 1742, époque où Frédéric le Grand s'en empara. Une partie des montagnes Sudètes est souvent appelée Glatzer Gebirge.

GLAUBER (Johann-Rudolf) [glaou-ber], médecin et chimiste allemand, né en 1604, mort en 1668. Il vécut à Salzbourg, à Francfort, à Cologne et à Amsterdam. Il fut le premier qui produisit des sels artificiels; il découvrit le sel qui porte son nom. — Sel de Glauber, nom que l'on donne quelquefois au *sulfate de soude*, en souvenir du chimiste allemand qui le trouva en 1658.

GLAUCHAU [glaou'-haou], ville de Saxe, sur le Zwickauer Mulde, à 20 kil. O. de Chemnitz; 21,750 hab. Elle renferme un vieux château et plusieurs églises. Elle est, après Chemnitz, la ville industrielle la plus importante de Saxe. Articles de laine, papier et machines à vapeur.

* GLAUCOME s. m. (gr. *glaukôma*). Méd. Maladie des yeux, où l'humeur vitrée devient opaque, et semble prendre une couleur glauque : *le glaucome n'est pas incurable.*

GLAUCUS, nom de deux personnages mythologiques. — 1. Glaucus de Potnie, petit-fils d'Eole, fils de Sisyphe et de Mérope et père de Bellérophon. Afin de rendre ses juments plus rapides et plus farouches, il les empêchait de produire et, selon quelques-uns, il les nourrissait de chair humaine. Les dieux furent irrités de cette conduite, et quand Glaucus prit part aux jeux funéraires de Pelias à Iolchos, ses chevaux renversèrent son char et déchirèrent Glaucus en mille pièces. — II. Glaucus d'Anthédon, en Béotie, pêcheur qui mangea de l'herbe divine plantée par Saturne et devint immortel. Il construisit le navire Argo et en fut le pilote. Dans le combat naval contre les Tyrrhéniens, il fut le seul qui ne reçut pas de blessure. Il sauta à la mer et devint une divinité maritime, révérée des pêcheurs et des marins.

* **GLAUQUE** adj. (gr. *glaukos*, vert). Qui est de couleur vert de mer c'est-à-dire d'un vert blanchâtre ou bleuâtre. S'emploie principalement en botanique : *vert glauque*. — ～ Moll. Genre de gastéropodes marins, nudibranches, populairement nommés *lézards de mer*, à cause de l'aspect particulier qu'ils doivent surtout à la présence de trois paires d'appendices semblables à des nageoires. Ils sont dépourvus de coquilles; leur corps est gélatineux, coloré de bleu sombre en dessus et de blanc en dessous. Ces jolis mollusques se rencontrent dans les parties chaudes de l'Atlantique.

* **GLÈBE** s. f. (lat. *gleba*). Terre, fonds. Les esclaves attachés à un domaine, à une métairie, chez les Romains, s'appelaient ESCLAVES DE LA GLÈBE, ATTACHÉS A LA GLÈBE. — S'est dit pareillement, dans la Jurispr. féod., en parlant des serfs attachés à un héritage, et qu'on vendait avec le fonds : *serfs de la glèbe*. — DROIT DE LA GLÈBE, DROIT ANNEXÉ A LA GLÈBE, se disait de certains droits incorporels attachés à une terre, comme le droit de patronage et le droit de justice. — Se dit, poét., du champ, de la terre que l'on travaille, que l'on cultive : *être penché sur la glèbe*. — Motte de terre : *écraser les glèbes*.

GLEDITSCHIA s. m. (de *Gleditsch*, nom d'un botaniste allemand, né à Leipzig en 1714, mort en 1786). Nom scientifique du genre févier. On dit aussi *acacia*. Le *gleditschia triacanthos* se trouve en très grande

Gleditschia triacanthos.

abondance au sud-ouest des Etats-Unis; et en moins grande quantité dans les Etats de l'Atlantique, depuis la Pennsylvanie jusqu'à la Floride. C'est un arbre qui s'élève à une hauteur de 25 à 30 mètres; ses nombreuses épines lui donnent un aspect formidable. Son feuillage est léger et gracieux. Son bois dur, d'un grain grossier, se fend facilement; il est de peu de valeur.

GLEIM (Johann-Wilhelm-Ludwig) [glaïm], poète allemand (1719-1803). Ses odes, ses fables, ses contes et ses chansons lui valurent le nom d'Anacréon allemand. Son chant guerrier le plus célèbre est *Siegeslied nach der Schlacht bei Rossbach*.

GLEIWITZ (glaï-vitss), ville de la Silésie prussienne, sur le Kloduitz, à 55 kil. S.-E. d'Oppeln; 12,940 hab. C'est le centre de l'industrie minière et des fonderies de la Haute-Silésie.

GLEN s. m. [glènn]. Nom écossais des vallées peu étendues.

GLÉNANS (Les), groupe de 9 petites îles, au sud de la presqu'île du Finistère, à 14 kil. O.-S.-O. de la pointe de Trévignore. La principale, Penfret, mesure 3 kil. de circonférence et possède un phare avec feu fixe à éclats; les autres, qui sont plus petites, se nomment les îles de Guyotée, de Guimenet, du Lock, de Dreux, de Saint-Nicolas et de la Cigogne (cette dernière est défendue par un fort). Les Glénans dépendent de la commune et du canton de Fouesnant.

GLENCOE, l'un des glens les plus sauvages et les plus tristes d'Ecosse, dans le district de Loru (Argyleshire), long d'environ 14 kil. et entouré de hautes montagnes. La partie inférieure, près du Loch Leven, est cultivée et boisée, mais la partie supérieure est abrupte et stérile Le col qui traverse ce glen est bordé d'immenses masses de rochers.

GLENDOWER ou **Glendwr** [glènn'-dour] (Owen), chef gallois, né vers 1349, mort en 1415. Il était par sa mère descendant de Llewellyn, le dernier prince de Galles. Après la déposition de Richard II, il fut accusé de trahison; ses Etats furent saisis. Glendower se proclama alors prince de Galles. En 1403, il perdit une grande bataille à Shrewsbury. En 1404, il fit alliance avec la France et remporta quelques victoires, puis en mars 1405, il fut battu au château de Grosmont, à Mynydd pwl Melyn, où il perdit 2,300 hommes. Il envahit ensuite l'Angleterre avec une armée nombreuse; mais bientôt il se retira, et jusqu'à sa mort il continua une guerre de brigandages.

* **GLÈNE** s. f. (gr. *glénê*.) Anat. Cavité de moyenne grandeur creusée dans un os, et dans laquelle un autre os s'emboîte : *la glène à moins de profondeur et de diamètre que la cotyle, autre espèce de cavité destinée à la même fonction*.

* **GLÉNOÏDAL, ALE** adj. Anat. Se dit de toute cavité qui sert à l'emboîtement d'un os dans un autre, lorsqu'elle a peu de profondeur et de superficie : *cavité, fosse glénoïdale*.

* **GLÉNOÏDE** adj. (gr. *glénè*, glène, *eidos*, forme). Anat. Synonyme de glénoïdale : *fosse, cavité glénoïde*.

GLEN'S FALLS, village de l'état de New-York, sur la rivière de l'Hudson, à 80 kil. de Troy; 4,500 hab. Deux académies, manufactures, carrières de marbre noir.

GLETTE s. f. Mot emprunté de l'allemand, et dont on se sert en français, dans l'affinage, pour désigner l'oxyde de plomb ou la litharge.

GLEUCOMÈTRE s. m. (gr. *gleukos*, vin doux; *métron*, mesure). Instrument pour connaître la force du moût du vin.

* **GLISSADE** s. f. Action de glisser involontairement, le mouvement que l'on fait en glissant : *faire une glissade*. — Amusement d'enfant qui consiste à se lancer, à glisser sur la glace : *il s'échauffa en faisant des glissades*.

* **GLISSANT, ANTE** adj. Sur quoi l'on glisse facilement : *le chemin, le pavé est fort glissant*. — Fig. C'EST UN PAS GLISSANT, LE PAS EST GLISSANT, se dit d'une affaire hasardeuse, d'une circonstance où il faut beaucoup d'adresse pour se conduire. — Fig. C'EST UN TERRAIN GLISSANT, se dit pour exprimer la difficulté qu'il y a de se maintenir quelque part en faveur, en crédit : *la cour est un terrain glissant*.

* **GLISSÉ** s. m. Pas de danse, qui consiste à passer le pied doucement devant soi, en touchant légèrement le plancher.

* **GLISSEMENT** s. m. Action de glisser. (Peu usité.)

* **GLISSER** v. n. (lat. *glacies*, glace). Se dit des choses qui coulent, que l'on fait couler sur une autre, ou le long d'une autre : *tenez le pied de l'échelle, de crainte qu'elle ne glisse*. — C'EST A VOUS A GLISSER, C'EST A VOTRE TOUR A GLISSER, c'est votre tour à faire telle ou telle chose. Cela se dit ordinairement quand il s'agit de quelque chose où il y a de la peine, du péril, de la dépense, etc. — GLISSER DES MAINS, se dit d'une chose qui glisse des mains en glissant : *cela m'a glissé des mains*. — GLISSER DES MAINS DE QUELQU'UN, se dit d'une personne qui trahit sa parole, qui change subitement de résolution, de sentiments, d'opinions. — Se dit particul. lorsque le pied vient tout d'un coup à couler sur quelque chose de gras ou d'uni : *glisser sur le pavé*. — LE PIED LUI A GLISSÉ, se dit lorsqu'il est arrivé un accident fâcheux à quelqu'un, ou par imprudence, ou par malheur. On dit de même : *Prenez garde que le pied ne vous glisse*. — Passer légèrement sur quelque matière : *c'est une matière délicate qu'il ne faut pas trop approfondir, il faut glisser légèrement dessus*. — Se dit également, au sens moral, des choses qui ne font qu'une impression légère, ou qu'on n'en font aucune : *mes remontrances n'ont fait que glisser sur lui*. — v. a. Mettre, couler adroitement quelque chose en quelque endroit : *glisser sa main dans la poche de quelqu'un*. — Se dit quelquefois figurément, en ce sens : *glisser une clause dans un contrat*. — GLISSER QUELQUE CHOSE A L'OREILLE DE QUELQU'UN, le lui dire tout bas et furtivement. — Fig. Insinuer dans les esprits : *c'est lui qui a glissé cette erreur parmi le peuple*. — Se glisser v. pr. Se couler doucement et presque sans être aperçu : *les troupes se glissèrent le long de la contrescarpe*. — Fig., tant au sens physique qu'au sens moral : *il s'est glissé beaucoup de fautes dans cet ouvrage*.

* **GLISSEUR** s. m. Celui qui glisse sur la glace.

* **GLISSOIRE** s. f. Chemin frayé sur la glace, pour y glisser par amusement : *les enfants font des glissoires sur les ruisseaux gelés*.

* **GLOBE** s. m. (lat. *globus*). Corps sphérique, corps tout rond, sphère : *le centre d'un globe*. — Se dit souvent absol. du globe terrestre : *la formation du globe*. — GLOBE TERRESTRE, globe de cuivre, de carton, etc., sur la superficie duquel les diverses régions de la terre sont représentées avec leurs situations et leurs dimensions relatives. GLOBE CÉLESTE, celui sur lequel sont représentées les étoiles qui les composent. — Se dit particulièrement de la boule d'or, surmontée d'une croix, que l'empereur d'Allemagne et quelques rois portent dans la main, pour marque de leur dignité. — Globe artificiel, sphère creuse, sur la surface de laquelle est tracé une carte de la terre ou des cieux, avec les différents cercles auxquels se rapportent les points qui servent à déterminer les positions. Il y a des globes terrestres et des globes célestes. On suppose que le premier globe céleste a été fait par Anaximandre de Milet, élève de Thalès (VIe siècle avant J.-C.). Ptolémée employa un globe terrestre pourvu du méridien universel. — Tycho-Brahé possédait un globe de cuivre qui avait près de 1 m. 75 c. de diamètre. En 1683, on en fabriqua à Venise pour Louis XIV; ce globe mesurait 4 m. de diamètre. La bibliothèque nationale de Paris possède deux globes qui ont environ 5 m. de diamètre. En 1851, un globe d'un nouveau modèle fut construit à Londres; il avait 20 m. de diamètre, et les dessins se trouvaient sur la paroi intérieure. Les accidents topographiques étaient en relief sur la surface peinte en couleurs. Un escalier menait aux plates-formes circulairement superposées sur lesquelles les spectateurs se promenaient dans l'intérieur du globe.

GLOBULEUX, EUSE adj. Bot. Arrondi en globe.

GLOBIFÈRE adj. Qui porte des organes ou des protubérances globulaires.

GLOBIFLORE adj. Bot. Qui a des fleurs globuleuses.

GLOBIGÉRINE s. f. (lat. *globus*, globe; *gero*, je porte). Moll. Genre de foraminifères à loges sphériques. — La globigérine est un animal microscopique dont le corps est composé d'une simple sarcode ou matière protoplasmique, enfermée dans une coquille calcaire percée de nombreuses ouvertures imperceptibles. Chaque masse de sarcode est en rapport avec le reste de la colonie; il n'existe aucune forme définie. Huxley compare la masse à une framboise qui n'est pas arrivée à maturité. De récents sondages dans des mers profondes ont amené des coquillages de globigérine.

Globigerina bulloïdes

GLOBO (In) loc. lat. Qui signifie : en masse, sans examiner les détails.

GLOBULAIRE adj. Qui a la forme d'un globe : *on vit la flamme du volcan s'élever en masses globulaires*. — Bot. GLANDES GLOBULAIRES, glandes végétales de forme sphérique ne tenant à l'épiderme que par un point.

GLOBULAIRE s. f. Bot. Genre de globulariées comprenant plusieurs espèces de plantes qui tirent leur nom de ce que leurs fleurs sont ramassées en forme de petites boules. — La *globulaire commune* (*globularia vulgaris*) est abondante sur les pelouses sèches des environs de Paris.

GLOBULARIÉ, ÉE adj. Bot. Qui ressemble ou qui se rapporte au genre globulaire. — s. f. pl. Famille de plantes dicotylédones gamopétales, hypogynes, voisine des labiées et ne comprenant que le genre globulaire.

GLOBULE s. m. (lat. *globulus*; diminut. de *globus*, globe). Petit globe, petit corps sphérique : *des globules d'eau*. — Pharm. Se dit de très petites pilules dans lesquelles on administre des médicaments très actifs : *des globules de digitaline*.

GLOBULEUX, EUSE adj. Qui est composé de globules : *matière globuleuse*. — Se dit aussi de ce qui a une forme ronde sphérique : *cette substance, vue au microscope, présente de petits corps globuleux*.

GLOBULINE s. f. Chim. Matière albuminoïde qui existe dans le cristallin de l'œil.

GLOGAU ou **Grossgloglau** [gross-glo-gaou], ville de la Silésie prussienne, sur l'Oder, à 70 kil. N.-O. de Breslau; 48,270 hab. Elle est reliée par un pont à une île sur laquelle se trouve la cathédrale et une forteresse bâtie en 1260. La ville possède un vieux château, de grandes casernes, des manufactures de coton, de lainages, de toiles, de cire à cacheter et de tabac. Une principauté de Glogau fut fondée en 1252 par un fils du duc Henri II de Silésie. Au XIVᵉ siècle, elle devint un duché qui s'éteignit en 1506.

GLOIRE s. f. (lat. *gloria*). L'honneur, l'estime, les louanges, la réputation que les vertus, le mérite, les grandes qualités, les grandes actions ou les bons ouvrages attirent à quelqu'un : *aimer la gloire, chercher la gloire*.

   A vaincre sans péril, on triomphe sans gloire.
        CORNEILLE, *Le Cid*, acte II, sc. I.

— Se dit aussi de l'honneur, des hommages qu'on rend à Dieu : *la gloire n'appartient proprement qu'à Dieu seul*. — ÊTRE LA GLOIRE DE SON PAYS, DE SON SIÈCLE, etc., se dit d'une personne dont les actions, les talents, les ouvrages, etc., sont un sujet de gloire pour son pays, pour son siècle, etc. : *Newton fut la gloire de son siècle*. — DIRE, PUBLIER QUELQUE CHOSE A LA GLOIRE DE QUELQU'UN, dire, publier

une chose qui lui fait honneur. — RENDRE GLOIRE A LA VÉRITÉ, rendre témoignage à la vérité. On dit quelquefois dans un sens analogue, RENDRE GLOIRE A DIEU. — FAIRE GLOIRE DE QUELQUE CHOSE, s'en faire honneur, ou en faire vanité : *il fait gloire de vous servir*. — On dit aussi quelquefois, *Se faire une gloire de quelque chose*. — Eclat, splendeur : *le fils de Dieu viendra dans sa gloire, dans la majesté de sa gloire*. — Orgueil, vanité : *la gloire le perdra*. — VAINE GLOIRE, signifie particulièrement le sentiment trop avantageux de soi-même que la vanité inspire. (Peu usité.) — FAUSSE GLOIRE, fausse opinion de l'honneur, ambition déplacée : *l'amour des conquêtes ne produit qu'une fausse gloire*. — Béatitude dont on jouit dans le paradis : *les âmes qui jouissent de la gloire, de la gloire éternelle*.

   Où le conduisez-vous ?... — A la mort... — A la gloire.
        CORNEILLE. *Polyeucte*.

— Peint. Représentation du ciel ouvert, avec les personnes divines, les anges et les bienheureux : *une gloire du Titien, du Tintoret*. — Sculpt. Assemblage de rayons divergents, entourés de nuages, et au centre desquels on figure ordinairement la Trinité sous la forme d'un triangle. — Théâtre. Machine suspendue et entourée de nuages, sur laquelle se placent les personnages qui doivent descendre de l'Empyrée ou y monter: *on fait descendre et monter les gloires au moyen de contre-poids*. — Peint. Se dit quelquefois dans le même sens qu'*Auréole*. (Voy. AURÉOLE.)

GLOMÉRULE s. m. (lat. *glomus*, *glomeris*, peloton). Petit amas de corps de même nature.

GLOMÉRULÉ, ÉE adj. Réuni en glomérules.

GLOMMEN, la plus grande rivière de Norvège; elle prend sa source dans la partie S.-E. de la province de Drontheim, traverse plusieurs lacs et se jette dans le Skager Rack; sa longueur est d'environ 420 kil. Toute la rivière dans laquelle coule cette rivière est remarquable par ses paysages pittoresques, ses cataractes et les forêts de pins qui produisent les plus beaux bois de l'Europe. Le Glommen a plus de 20 cataractes, dont la principale est la célèbre Sarpfoss, à 4 kil. au-dessus de Sarpsborg.

GLORIA s. m. Mot lat. qui signifie *gloire* et qui désigne, en liturgie, un hymne, un cantique que l'on chante à la messe les jours non fériés et qui commence par les mots GLORIA IN EXCELSIS : *le gloria fut introduit par Symmaque*. — GLORIA PATRI, commencement d'un verset qui termine tous les psaumes : *chanter le gloria Patri*. — Pop. Mélange de café, de sucre et d'eau-de-vie : *prendre un gloria*. (Fam.)

GLORIEUSEMENT adv. D'une manière glorieuse, qui mérite louange : *il s'est tiré glorieusement de cette affaire*.

GLORIEUX, EUSE adj. Qui s'est acquis, qui mérite beaucoup de gloire, beaucoup de louange et d'honneur : *il revient glorieux et triomphant*. — ÊTRE GLORIEUX DE QUELQUE CHOSE, s'en faire honneur, en tirer vanité. — En parlant de la sainte Vierge et des saints : *la glorieuse Vierge Marie*, etc. — Théol. CORPS GLORIEUX, se dit en parlant de l'état où seront les corps des bienheureux après la résurrection : *l'impassibilité, l'agilité, sont les qualités des corps glorieux*. — Se dit, abusiv. et fam., d'une personne qui est longtemps sans éprouver certains besoins corporels : *c'est un corps glorieux*. — Qui est plein de vanité, de bonne opinion de lui-même : *il a du mérite, mais il est un peu glorieux*.

   Tout homme est glorieux, c'est la commune loi.
        AUBERT.

— S'emploie quelquefois substantiv. dans un

sens analogue : *les glorieux se font haïr*. — Prov. IL FAIT BON BATTRE GLORIEUX, IL NE S'EN VANTE PAS, ou simplement, IL FAIT BON BATTRE UN GLORIEUX, on n'a pas à craindre d'être puni, parce qu'il garde le silence sur son aventure ; ou, dans un sens plus général, un homme vain aime mieux endurer des humiliations secrètes que de s'en plaindre. — Le Glorieux, comédie en 5 actes et en vers, de Destouches (1732), considérée comme l'une des meilleures pièces de notre théâtre, et au sujet de laquelle Voltaire écrivit à Destouches:

   Auteur solide, ingénieux,
   Qui du théâtre êtes le maître,
   Vous qui fîtes le Glorieux,
   Il ne tiendrait qu'à vous de l'être.

GLORIFIABLE adj. Qui peut être glorifié.

GLORIFICATION s. f. Elévation de la créature à la gloire éternelle. N'est guère usité que dans cette locution, La *glorification des élus*. — Action de glorifier : *la glorification du succès*.

GLORIFIER v. a. Honorer, rendre honneur et gloire. Ne se dit qu'en parlant de la gloire qu'on rend à Dieu : *glorifier Dieu*. — DIEU GLORIFIE LES SAINTS, il les rend participants de la gloire, de la béatitude éternelle. — Se glorifier, faire gloire de quelque chose, en tirer vanité : *se glorifier de sa noblesse, de ses richesses*. — Suivi de *dans*. Mettre son honneur, sa gloire en quelqu'un, en quelque chose : *un père se glorifie dans ses enfants*.

GLORIOLE s. f. (diminut.). Vanité qui a pour objet de petites choses: *être sensible à la gloriole*.

GLOSE s. f. [glo-ze] (gr. *glossa*, langue). Explication de quelques mots obscurs d'une langue, par d'autres mots plus intelligibles de la même langue : *ce passage est plein de mots obscurs, il aurait besoin de glose*. — GLOSE ORDINAIRE, la glose faite sur le latin de la Vulgate. — Commentaire, ou notes servant à l'éclaircissement d'un texte : *la Glose d'Accurse*. — Prov. et fig. C'EST LA GLOSE D'ORLÉANS, QUI EST PLUS OBSCURE QUE LE TEXTE, se dit d'une explication qui n'est pas assez claire, ou qui embrouille le texte au lieu de l'éclaircir. — Petit ouvrage de poésie, qui est une espèce de parodie de la pièce d'un autre auteur, dont on répète un vers à la fin de chaque stance ; en sorte que la glose a autant de stances que le texte a de vers : *la glose de Sarrasin sur le sonnet de Job*. — Fig. et fam. Se dit des réflexions, des critiques, des interprétations ajoutées à un récit : *dites le fait simplement : point de glose*.

GLOSER v. a. [glo-zé]. Faire une glose, expliquer par une glose : *les auteurs qui ont glosé la Bible*. — Fig. et fam. Donner un mauvais sens à quelque action, à quelque discours, les censurer, les critiquer : *il n'y a rien à gloser*. — v. n. Dans ce dernier sens : *vous glosez sur tout*.

   Au bout de trente ans, une troisième troupe
   Trouve encore à gloser.....
        LA FONTAINE.

GLOSEUR, EUSE s. Celui, celle qui glose sur tout, qui interprète tout en mal : *c'est un gloseur perpétuel*.

GLOSSAIRE s. m. [gloss-sè-re] (lat. *glossa*, langue). Dictionnaire servant à l'explication de certains mots moins connus d'une langue, par d'autres termes de la même langue plus connus : *le vieux Glossaire*. — Simple vocabulaire. — ENCYCL. Les glossaires les plus célèbres sont ceux de du Cange, *sur la moyenne et la basse latinité* (1678, 3 vol. in.-fol.); et *sur la langue grecque* (1688, 2 vol. in.-fol.); ces deux ouvrages importants ont été réimprimés par Didot en 1844 (7 vol. in.-4°). Nous devons citer aussi le *Glossaire archéologique* de Spielmann (1664-'87, in.-fol.); le *Glossaire de la langue romane*, par Roquefort (1808, 2 vol. in.-8°); le *Lexique roman*, de Raynouard

(1838-'44, 6 vol. in-8°); le *Glossaire des mots français tirés de l'arabe, du persan et du turc*, par Péhan (1842, 1 vol. in-8°); le *Glossaire picard*, de l'abbé Corblet (Amiens, 1851, in-8°); le *Glossaire du centre de la France*, par le comte Jaubert (1857, 2 vol. in-8°).

GLOSSALGIE s. f. (gr. *glossa*, langue; *algos*, douleur). Méd. Douleur à la langue.

* GLOSSATEUR s. m. Auteur qui a glosé un livre. S'emploie principalement dans cette locution : *les glossateurs de la Bible*. — Se dit des auteurs de glossaires : *les glossateurs ou lexicographes anciens*.

> Si vous consultez nos auteurs,
> Législateurs et *glossateurs*,
> Justinian,
> Papinian,
> Ulpian et Tribunian.
> Fernand, Rebuffe, Jean Immole,
> Paul Castro, Julian, Barthole,
> Jason, Alciat et Cujas,
> Ce grand homme si capable,
> La polygamie est un cas,
> Est un cas pendable.
>
> MOLIÈRE.

GLOSSIEN, IENNE adj. (gr. *glossa*, langue). Qui appartient à la langue : *muscle glossien*.

* GLOSSITE s. f. (gr. *glôssa*, langue). Méd. Inflammation de la langue. Elle est caractérisée par la douleur et le gonflement de la langue qui acquiert, en quelques heures, un énorme volume, remplit la bouche, pend quelquefois au dehors et rend ainsi impossibles la déglutition et la parole. Cette maladie est grave, aussi demande-t-elle un traitement antiphlogistique prompt et énergique : purgatifs drastiques, saignées au bras, et sangsues à la mâchoire inférieure derrière le menton.

GLOSSOCATOCHE s. m. (gr. *glôssa*, langue; *katochos*, retenu en bas). Chir. Instrument qui sert à abaisser la langue quand on veut examiner la bouche.

GLOSSOLOGIE s. f. (gr. *glossa*, langue; *logos*, traité). Traité des termes techniques d'une science ou d'un art.

GLOSSOP, ville du Derbyshire (Angleterre), à 26 kil. N.-O. de Sheffield; 5,080 hab. Filatures de coton; manufactures de laines, de papier, blanchisseries, teintureries, fabriques d'indienne et fonderies.

* GLOSSOPÈTRE s. m. (gr. *glossa*, langue; *pétros*, pierre). Hist. nat. Dent de poisson pétrifiée : on a cru longtemps que les *glossopètres étaient des langues de serpent pétrifiées*.

* GLOTTE s. f. (gr. *glôtta* ou *glôssa*, langue). Anat. Nom donné à plusieurs parties de la cavité du larynx. — GLOTTE SUPÉRIEURE, orifice supérieur du larynx. — GLOTTE INFÉRIEURE, la glotte proprement dite.

GLOUCESTER [gloss'-t'r], ville de l'état de Massachusetts (Etats-Unis), sur la péninsule du cap Aune, à 45 kil. N.-N.-E. de Boston; 16,760 hab. Le port est l'un des meilleurs de la côte. Pêcheries de morue et de maquereau.

GLOUCESTER [gloss'-t'r], ville d'Angleterre, (comté de Gloucestershire), sur la Severn, à 120 kil. N.-O. de Londres; 18,330 hab. Le principal édifice public est la cathédrale, autrefois abbaye de Bénédictins, bâtie et augmentée à différentes époques (du XI° au XV° siècle). Le chœur est considéré comme l'un des plus

magnifiques spécimens gothiques du monde entier. Manufactures d'épingles, de quincaillerie, de gants, de selles, de toiles à voile, de coutellerie, de cordages et de savon; on y construit aussi quelques navires. L'évêché de Gloucester fut fondé par Henri VIII et fut ajouté à l'évêché de Bristol en 1836.

* GLOUCESTERSHIRE [gloss'-t'r-cheur], comté du S.-O. de l'Angleterre; 3,257 kil. carr.; 534,640 hab. Il est traversé du N.-E. au S.-O. par les collines de Cotswold. La plus grande partie du territoire est couverte de bois (forêt de Dean), dont plus de 20,000 acres appartiennent encore à la couronne. Cours d'eau principaux : Severn, Wye, Lower Avon, Frome, Thames, Colne et Windrush. Pendant longtemps le pays a été célèbre pour son beurre et pour son fromage. On élève de nombreux troupeaux de moutons sur les collines de Cotswold et dans les parties boisées, qui renferment aussi des vergers. Le charbon est abondant presque partout, et l'on y trouve les cristaux quartzeux appelés diamants de Bristol. Les fabriques de tissus sont particulièrement importantes. Capitales : Gloucester et Bristol.

* GLOUGLOTER ou Glouglouter v. n. Se dit du cri des dindons : *la poule glousse, le dindon glouglote*.

* GLOUGLOU s. m. Onomat. Bruit que fait le vin ou quelque autre liqueur, lorsqu'on la verse d'une bouteille : *le glougou de la bouteille*. N'est guère usité que dans les chansons à boire. — ⁓ Cri du dindon.

* GLOUME s. f. Bot. Voy. GLUME.

* GLOUSSEMENT s. m. Cri de la poule qui glousse.

* GLOUSSER v. n. (lat. *glocire*). Se dit proprement du cri de la poule qui veut couver, ou qui appelle ses poussins : *une poule qui glousse*.

* GLOUTERON s. m. Bot. Nom que l'on a donné à la bardane.

* GLOUTON, ONNE adj. (lat. *glutus*, gosier). Qui mange avec avidité et avec excès : *cet homme est fort glouton*. — Subst. C'est un vilain glouton. — Mamm. Genre de carnassiers appartenant à la famille des *mustélides*, et à la sous-famille des *martines*. Sa dentition et sa structure générale font ressembler le glouton aux martres; mais sa forme et particulièrement ses pieds plantigrades lui donnent une ressemblance avec un petit

Glouton wolverenne (Gulo luscus).

très petits; son corps est long et robuste, ses jambes sont courtes et fortes, ses griffes allongées et aiguës, la plante de ses pieds est en partie couverte de poils rudes, et sa queue est courte et touffue. Le glouton d'Europe (*gulo luscus*, Linn.) est aussi grand qu'un blaireau, d'un brun foncé, noirâtre sur le dos. C'est un animal nocturne, habitant les contrées les plus froides (Sibérie et Russie); il ne dort pas en hiver. Hardi chasseur, il s'attaque même aux plus grands ruminants. Grimpé sur un arbre, il attend sa proie au passage, s'élance sur elle, lui crève les yeux, lui ouvre les gros vaisseaux du cou et la dévore avec une telle voracité qu'il s'étrangle quelquefois. Le *glouton d'Amérique*, appelé aussi wolverenne et carcajou, est une variété plus pâle du *gulo luscus*; sa couleur est d'un noir brun; sa queue est revêtue de poils longs et touffus. Sa fourrure est douce. Le wolverenne habite presque exclusivement les régions septentrionales du continent américain; on le trouve parfois au N. de New-York et dans l'O. au Sud du Grand Lac Salé. Il chasse habituellement pendant la nuit, et se retire, pendant le jour, dans des trous et des cavernes; sa nourriture consiste principalement en souris, en marmottes, et autres rongeurs. Il chasse aussi la grouse et quelques oiseaux. (Voy. CARCAJOU.)

* GLOUTONNEMENT adv. Avec avidité, avec gourmandise : *manger gloutonnement*.

* GLOUTONNERIE s. f. Vice de celui qui est glouton : *cet homme est d'une gloutonnerie dégoûtante*.

GLOVER (Richard) [gleuv'-eur], poète anglais, (1712-1785). Il était l'adversaire de Walpole et entra au parlement en 1760. Il écrivit quelques poèmes épiques (*Léonidas* et les *Athéniades*), des ballades, plusieurs tragédies, etc.

GLOVERSVILLE, village de l'état de New-York (Etats-Unis), à 80 kil. N.-O. d'Albany; 4,520 hab. Gants de chevreau et de daim; gants de laine.

* GLU s. f. (lat. *glus, glutis*, colle). Matière visqueuse et tenace, avec laquelle on prend les oiseaux : *l'écorce du houx fournit la glu*. — Fig. et fam. AVOIR DE LA GLU AUX MAINS, retenir plus qu'on ne doit de l'argent qui passe par les mains.

* GLUANT, ANTE adj. Qui est de la nature de la glu : *il n'est rien de si gluant que la poix, que la gomme*. — ⁓ AVOIR LES MAINS GLUANTES, avoir les mains salies de quelque chose de gluant. — Fig. Tenace. (Pop.)

* GLUAU s. m. Petite branche, petite verge enduite, frottée de glu pour prendre des oiseaux : *paquet de gluaux*.

GLUCINE s. f. (gr. *glukos*, doux, à cause de la douceur que cette substance présente au goût). Chim. Oxyde de glucinium, découvert

par Vauquelin en 1798, dans l'émeraude, dans le béryl et dans plusieurs autres minéraux. C'est une substance argileuse, blanche, infusible au feu de forge, soluble dans la soude et la potasse caustiques.

GLUCINIUM s. m. [glu-si-ni-ou-m]. Chim. Métal blanc, malléable, ayant une densité de 2. 1 et un point de fusion supérieur à celui de l'argent. Son symbole est G, son équivalent chimique 9. 2. Le glucinium a été obtenu de la glucine par Wœhler et Bussy en 1828. On le classe le même rang que l'aluminium.

GLUCIQUE adj. Chim. Se dit de sels à base de glucine. — Se dit d'un acide obtenu par l'action des alcalis sur la glucose.

GLUCK (Christoph Wilibald, Ritter von) [glouk], compositeur allemand, né à Weidenwang (haut Palatinat), le 2 juillet 1714, mort le 15 nov. 1787. Il fut élevé au gymnase de Kommotau, en Bohème, et donna ensuite des leçons de chant et de violoncelle. Il se rendit en 1736 à Vienne, où le prince Lobkowitz lui servit une pension. Le prince lombard di Melzi le nomma son musicien de chambre, l'emmena à Milan et le plaça sous la direction de Sammartini. En 1741, Gluck acheva pour le théâtre de la cour de Milan son premier opéra, *Artaserse*, sur un livret de Metastasio; cette œuvre obtint un immense succès, quoique le compositeur eût hasardé d'audacieuses innovations; ce n'était guère qu'une collection de mélodies qui devaient donner aux chanteurs l'occasion de montrer leur talent; mais Gluck avait fait de l'expression l'objet principal de sa musique. Il devint alors le premier compositeur d'opéra de son temps et il fut appelé de ville en ville en Italie pour diriger des représentations de l'*Artaserse*. En 1742, il écrivit pour le théâtre de Milan *Demofoonte*, sur un livret de Metastasio, et pour le théâtre de Venise, *Demetrio* et *Ipermnestra*, sur les libretti du même; en 1743, il donna *Artamene* pour le théâtre de Crémone et *Siface* pour celui de Milan; en 1745, il mit en musique *Alessandro nell' Indie*, de Metastasio sous le titre de *Poro*, pour Turin. En 1746, il produisit à Londres *La Caduta de' giganti*, qui fut suivie d'*Artamene* et de *Piramo e Tisbe*. L'insuccès relatif de ces dernières pièces détermina Gluck à adopter un système de composition, dont voici les principes : 1° la musique dramatique ne peut atteindre sa plus grande puissance et sa plus grande beauté que lorsqu'elle est jointe à un livret simple, vraiment poétique et manifestant des émotions naturelles et des passions vraies; 2° la musique, langue de l'émotion, doit exprimer les divers sentiments du cœur ; 3° la musique doit suivre avec toute l'exactitude possible le rhythme et la cadence des mots ; 4° dans l'accompagnement, les instruments ne doivent servir qu'à fortifier l'expression des parties vocales ou à augmenter l'effet dramatique général. Il résultait de ces principes que les morceaux regardés jusqu'alors comme les plus grands efforts de l'art musical, ne peuvent toucher profondément ni soulever d'émotion durable. Gluck retourna en Allemagne en 1746, et en 1749 il s'établit à Vienne, qu'il ne quitta plus que lorsqu'il fut appelé en Italie et à Paris pour diriger la représentation de ses œuvres. La *Semiramide riconosciuta*, livret de Metastasio, fut jouée à Vienne en 1748. Peu après, il produisit *Telemacco* à Rome. En 1751, il fit jouer *La Clemenza di Tito* à Naples, et en 1754, *Il Trionfo di Camillo* et *Antigono* à Rome, œuvres qui lui valurent le titre de chevalier de l'ordre de l'Eperon-d'Or, d'où son nom de chevalier ou Ritter. De 1754 à 1764, il fut maître de chapelle à l'opéra impérial de Vienne. En 1755, il produisit la musique pour *La Danza* de Metastasio ; et *L'Innocenza giustificata* en un acte et *Il re Pastore* en trois actes. Entre 1755 et 1762, il composa aussi un grand nombre d'airs et de morceaux pour une série de dix opérettes françaises et pour des vaudevilles qui furent joués à Vienne. En 1760, son œuvre principale fut *Tetide*, sérénade composée pour les noces de l'archiduc Joseph, et en 1761, un ballet qui eut un grand succès, *Don Juan* ou *Das steinerne Gastmahl*. En 1762 *Il Trionfo di Clelia* fut composé à Bologne et obtint une grande vogue. Dans la même année on joua à Vienne, avec un égal succès, *Orfeo ed Euridice*, paroles de Calzabigi. En 1763-'65, il composa *Enzio*, paroles de Metastasio ; *La Rencontre imprévue*, paroles de L.-H. Dancovot, plus tard très populaire en Allemagne sous le titre *Die Pilgrime von Mekka* ; et *Il Parnaso confuso*, poème dramatique de Metastasio. Bientôt parut l'*Alceste* avec un libretto par Calzabigi, d'après l'*Alceste* d'Euripide. En 1769, Gluck produisit un troisième opéra dans le nouveau style, *Puride ed Elena*. Il donna ensuite *Iphigénie en Aulide*, qu'il fit jouer à Paris en 1774, et dont le succès donna naissance à la lutte entre les adhérents de la vieille école (représentée alors à Paris par Piccini) et les adeptes des idées nouvelles de Gluck ; les partis reçurent respectivement les noms de Piccinistes et de Gluckistes. Cette guerre entre artistes se termina par la victoire complète de Gluck. Ce compositeur fit suivre l'*Iphigénie de Orfeo ed Euridice*, adapté à la scène française et qui obtint un succès remarquable. Au commencement de 1776, Gluck fut sifflé à Paris avec son *Alceste*, qui se releva ensuite. La guerre que lui inspiraient les beaux esprits et les critiques était alors plus amère que jamais. En 1777, l'*Armide* (paroles de Quinault, d'après le Tasse) fut jouée et reçue un peu froidement ; mais beaucoup d'amateurs la considérèrent comme sa plus grande composition et d'autres la placèrent seulement au-dessous de son *Iphigénie en Tauride* (paroles de Guilbard), qui parut à Paris en 1779. Cette pièce, traduite en allemand, est encore au répertoire du théâtre de Berlin. Elle couronna le triomphe théâtral de Gluck et termina la série des œuvres qui eurent une si grande influence sur le génie de Mehul et de Cherubini à Paris, de Mozart et de Beethoven en Allemagne. Gluck a aussi composé quelques morceaux de musique sacrée.

GLUCKISME s. m. Opinion, système des gluckistes.

GLUCKISTE s. m. S'est dit au XVIII° siècle des partisans de la musique de Gluck.

GLÜCKSTADT [gluk-stat], ville du Schleswig-Holstein (Prusse), sur l'Elbe, à 37 kil. N.-O. d'Altona ; 5,100 hab. Elle fut fortifiée en 1620 et résista à Wallenstein, mais elle se rendit aux alliés en 1814. Les fortifications furent démolies en 1815 et la ville devint ville libre en 1830 et possession prussienne en 1866.

GLUCOMÈTRE s. m. Synon. de Gleucomètre.

* **GLUCOSE** ou **Glycose** s. f. (*glucus*, doux). Chim. Sucre de raisin ou d'amidon. — On donne le nom de glucoses à un groupe d'hydrates de carbone, dans lesquels les proportions d'oxygène et d'hydrogène sont les mêmes que celles de l'eau. Les membres les plus importants de ce groupe sont : 1° le *dextrose*, *glucose* ou *sucre de raisin*, que l'on trouve dans plusieurs plantes, particulièrement dans le jus des raisins ; on la rencontre aussi dans le miel. Réduite en cristaux, elle est moins douce et un peu moins soluble dans l'eau que le sucre de canne, elle fermente facilement et produit de l'alcool. Les solutions de dextrose tournent à droite un rayon de lumière polarisée ; 2° la *lævulose*, semblable pour la composition à la dextrose avec laquelle on la trouve mélangée dans plusieurs fruits et dans le miel ; elle se forme (avec une égale quantité de dextrose) quand on fait bouillir du sucre de canne avec des acides dilués. Elle ne cristallise pas et forme un sirop incolore ; elle est plus douce que la dextrose, fermente facilement et tourne à gauche un rayon de lumière polarisée ; 3° la *galactose*, obtenue en faisant bouillir du sucre de lait dans des acides étendus ; elle cristallise. On donne le nom d'*arabinose* à la glucose obtenue par l'action, sur la gomme arabique, de l'acide sulfurique étendu. — On prépare aujourd'hui artificiellement la glucose sur une large échelle pour les besoins des brasseurs et des fabricants de boissons ; elle est obtenue dans l'industrie par l'action de l'acide sulfurique sur du maïs, sur l'amidon ou sur d'autres substances contenant une grande proportion d'amidon. (Voy. Sucre.)

GLUCOSIDE s. m. Ether de glucose.

* **GLUER** v. a. Frotter de glu : *gluer de petites branches pour en faire des gluaux*. — Poisser, salir avec quelque chose de gluant : *ces confitures lui ont glué les mains*.

* **GLUI** s. m. Grosse paille de seigle dont on couvre les toits.

GLUKHOV [glou-kaou], ville de Russie, sur la Yesmana, à 140 kil. N.-E. de Tchernigov ; 13,400 hab. Elle était autrefois la résidence du gouverneur général de la petite Russie.

GLUMACÉ, ÉE adj. Bot. Dont la fleur est une glume.

* **GLUME** s. f. (lat. *gluma*). Bot. Se dit des paillettes ou écailles sèches qui forment l'enveloppe de chaque fleur des graminées, et qu'on nomme autrement Bale.

GLUMELLE ou **Glumellule** s. f. Bot. Nom donné aux deux bractées qui enveloppent la fleur des graminées : l'une, extérieure, quelquefois terminée par une arête plus ou moins prolongée ; l'autre, opposée, légèrement inférieure, est formée de deux parties unies par une nervure. On dit aussi Balle.

GLUTAMIQUE adj. Chim. Se dit d'un acide qui prend naissance quand on fait bouillir la fibrine végétale avec l'acide sulfurique étendu.

* **GLUTEN** s. m. [glu-tènn] (lat. *gluten*, colle). Hist. nat. Matière qui sert à lier ensemble les parties qui composent un corps solide, tel que les pierres, etc. — Matière visqueuse et grisâtre qui reste après qu'on a enlevé tout l'amidon de la farine des céréales, et particulièrement de la farine de froment. — Encycl. Le gluten ou fibrine végétale est une substance souple, élastique, qui existe dans les céréales et dans quelques autres graines, mais qui est particulièrement abondante dans le blé. Quand la farine de blé est convenablement pétrie et malaxée sous un filet d'eau, l'amidon reste suspendu dans l'eau, la dextrine soluble et le sucre sont enlevés et le gluten reste seul. Les macaronis et les vermicelles sont des préparations de gluten ; la farine du sud de l'Europe est particulièrement propre à cette fabrication, en raison de la grande quantité de gluten qu'elle contient. Le gluten, ainsi qu'il a été d'abord démontré par Taddei, peut être séparé en deux substances, l'une soluble et l'autre insoluble dans l'alcool. La partie insoluble est la fibrine végétale ; et Ritthausen a montré que la portion soluble consiste en gliadine ou gélatine végétale et en mucine ou caséine végétale. La gliadine lui donne ses propriétés glutineuses.

GLUTIER s. m. Bot. Genre d'euphorbiacées, comprenant plusieurs espèces d'arbres latescents de l'Amérique méridionale, dont le suc sert à faire de la glu.

* **GLUTINATIF, IVE** adj. Méd. Synon. d'agglutinatif.

GLUTINATOIRE adj. Qui colle.

GLUTINE s. f. Chim. Matière visqueuse qui fait partie constituante du gluten.

*GLUTINEUX, EUSE** adj. Qui est de la nature du gluten; gluant, visqueux : *suc glutineux.*

GLUTIQUE adj. Se dit d'un acide qui naît quand on fait bouillir la fibrine végétale avec l'acide sulfurique étendu : $C^4 H^7 (Az H^2) O^4$.

GLY (La) ou l'Agly, rivière qui naît dans la partie méridionale du dép. de l'Aude, arrose les Pyrénées-Orientales, passe à Rivesaltes et se jette dans la Méditerranée, après un cours de 80 kil.

GLYCÉRAMINE s. f. Chim. Ammoniaque composée dérivée de la glycérine.

GLYCÉRAT s. m. Pharm. Préparation molle ou saline, ayant pour base la glycérine.

GLYCÉRATE s. m. Chim. Sel produit par la combinaison de l'acide glycérique avec une base.

GLYCÉRATION s. f. Infusion de réglisse.

GLYCÉRIDE s. m. Nom donné par Berthelot aux éthers de la glycérine.

*GLYCÉRINE** s. f. (gr. *glukeros*, doux). Chim. Liquide incolore, transparent, facilement soluble dans l'alcool, d'une saveur sucrée et d'une consistance sirupeuse, qui est le produit de la saponification des graisses. — La glycérine est un alcool triatomique, principe sucré des huiles, base de composés que l'on trouve dans les graisses animales et dans quelques substances végétales; elle fut découverte par Scheele en 1779. Sa composition est représentée par la formule $C^6 H^8 O^6$. C'est un sirop incolore, transparent, sucré, sans odeur, d'une gravité spécifique de 1.28; inflammable, soluble dans l'eau et dans l'alcool, et médiocrement dans l'éther. On peut l'amener à — 20° C. sans la congeler. Berthelot est parvenu à la combiner avec des acides gras; il a produit des substances organiques graisseuses, la stéarine, la margarine, l'oléine, etc. La glycérine un produit de la saponification. Elle est obtenue de la liqueur mère des fabriques de savon en ajoutant un léger excès d'acide sulfurique, en chauffant la solution avec le carbonate de baryte, en filtrant, en concentrant par évaporation et en enlevant la glycérine avec l'alcool que l'on distille ensuite. La glycérine, ainsi qu'il a été démontré par Pasteur, est formée en petites quantités pendant la fermentation alcoolique. Elle dissout les alcaloïdes végétaux et plusieurs autres substances; on la mélange avec l'eau pour emplir les compteurs à gaz humides; elle est employée comme dissolvant pour quelques couleurs d'aniline; on s'en sert dans la fabrication de la nitro-glycérine, etc.

GLYCÉRINÉ, ÉE adj. Pharm. Préparé avec de la glycérine.

GLYCÉRIQUE adj. Chim. Se dit d'un acide produit par l'action de l'acide azotique sur la glycérine.

GLYCÉROCOLLE s. f. Préparation qui sert à améliorer l'encollage des fils, dans les ateliers de tissage, et qui est un mélange de dextrine, de glycérine, de sulfate d'alumine et d'eau.

GLYCÉROLÉ s. m. (lat. *oleum*, huile). Pharm. Pommade dans laquelle la glycérine sert de véhicule. Les glycérolés ont l'avantage de se rancir moins que les pommades à la graisse.

GLYCÉRYLE s. m. (gr. *ulé*, matière). Chim. Radical qui fonctionne dans la glycérine et ses dérivés.

*GLYCINE** s. f. Genre de papilionacées phaséolées, comprenant plusieurs espèces exotiques, dont l'une des plus jolies est la

GLYCINE DE LA CHINE (*glycine sinensis*), arbrisseau à tige sarmenteuse, remarquable par de nombreuses, belles et longues grappes de fleurs bleues ou lilas, et aujourd'hui classé dans le genre WISTÉRIE. (Voy. ce mot.)

GLYCOCHOLATE s. m. [-ko-ko-la-]. Chim. Sel produit par la combinaison de l'acide glycocholique avec une base.

GLYCOCHOLIQUE adj. [-ko-ko-li-](gr. *glukos*, doux; *cholé*, bile). Chim. Se dit d'un acide appelé aussi acide cholique, et qui est l'un des principes de la bile du bœuf. Formule, $C^{16} H^{44} Az O^6$.

GLYCOCOLLE s. f. (gr. *glukos*, doux; franc. *colle*). Chim. Substance sucrée que l'on obtient par l'action de l'acide sulfurique sur la colle forte ou gélatine. $C^4 H^4 Az O^4$.

GLYCOGÈNE adj. (gr. *glukos*, doux; *gennaô*, j'engendre). Chim. Qui engendre le sucre. — Se dit d'un principe qui se trouve dans le foie, et qui y passe à l'état de sucre. — s. m. Principe immédiat qui se transforme en sucre.

GLYCOGÉNIE s. f. Chim. Acte particulier de la vie des animaux, par lequel se produit naturellement du sucre dans certains tissus de leurs organes, particulièrement dans le foie. La glycogénie fut découverte dans le foie par Cl. Bernard, en 1847.

GLYCOL s. m. Chim. Type d'une classe de composés artificiels, incolores, fluides, légèrement visqueux, d'une saveur douce, intermédiaires entre la glycérine et l'alcool. Le glycol a été découvert par Wurtz en 1859.

GLYCOLAMIDE s. f. Chim. Amide neutre de l'acide glycolique.

GLYCOLIDE s. f. Chim. Anhydride de l'acide glycolique.

GLYCOLIQUE adj. Chim. Se dit d'un acide organique qui diffère de l'acide acétique par un atome d'oxygène de plus.

*GLYCONIEN** ou Glyconique adj. m. (de *Glycon*, nom d'un poète lyrique grec qui vivait à une époque incertaine). Vers. gr. et lat. Vers composé d'un spondée et de deux dactyles : *un vers glyconien* ou *glyconique.*

GLYCONINE s. f. Pharm. Glycérolé préparé en dissolvant des jaunes d'œufs dans la glycérine. La glyconine est employée contre les gerçures, les engelures, les hémorroïdes, etc.

*GLYCOSE**. Voy. GLUCOSE.

GLYCOSMIS s. m. [-smiss] (gr. *glukus*, doux; *osmé*, odeur). Bot. Genre d'aurantiacées comprenant plusieurs espèces d'arbres et d'arbrisseaux à fleurs odorantes.

GLYCOSURIE s. f. [-zu-rî] (gr. *glukus*, doux; *ourein*, uriner). Synon. de DIABÈTE SUCRÉ.

GLYPHE s. m. [gli-fe] (gr. *gluphé*, ciselure). Archit. Trait gravé en creux; canal creusé dans les ornements.

*GLYPTIQUE** s. f. (gr. *gluptiké*, art de graver; de *gluptos*, gravé). Art de graver en pierres fines, soit en creux, soit en relief : *la glyptique comprend l'art de graver en acier les poinçons et les coins des médailles.*

GLYPTODON s. m. (gr. *gluptos*, ciselé; *odous*, *odontos*, dent). Genre de gigantesques mammifères fossiles, appartenant à l'ordre des édentés ainsi que le *megatherium* et le *mylodon*, mais appartenant à la famille des armadilles. On trouve les restes de ce genre dans les dépôts post-tertiaires des pampas de l'Amérique du Sud et particulièrement dans le voisinage de Buenos-Ayres. Quatre espèces ont été décrites par le prof. Owen; la plus grande est le *glyptodon clavipes*. D'après un spécimen, sa longueur, en suivant la courbe du dos, est de 1 m. 45 cent.; en ligne droite, elle est de 1 m. 13 cent. Sa largeur, en suivant la courbe, est de 2 m. 43 cent. Le glyp-

todon présente beaucoup d'analogies extérieures avec les chéloniens et, d'après sa

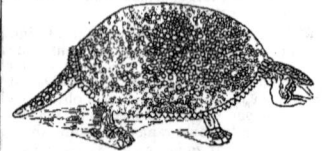
Glyptodon clavipes.

grosseur et sa forme, il devait ressembler aux tortues actuelles des galapagos bien plus qu'au grand armadillo.

GLYPTOGRAPHIE s. f. (gr. *glyptos*, gravé; *graphein*, décrire). Description des pierres gravées antiques.

GLYPTOTHÈQUE s. f. (gr. *gluptos*, gravé; *theké*, boîte). Cabinet de pierres gravées.

GMELIN [gmé-linn]. I (Johann-Georg), naturaliste allemand (1709-1755). En 1731, il devint professeur à Saint-Pétersbourg et en 1749 à Tübingen. Ses principaux ouvrages sont *Reisen durch Sibirien* (4 vol.) et *Flora Sibirica* (4 vol.) — II (Samuel-Gottlieb), botaniste allemand, neveu du précédent, né vers 1744, mort en 1774. Il fut professeur de botanique à Saint-Pétersbourg. Pendant un voyage scientifique à travers le Caucase, il fut fait prisonnier par un khan tartare et mourut des suites des mauvais traitements qu'il subit. Il a laissé *Historia Fucorum* et *Voyages scientifiques* en Russie. — III (Johann-Friedrich), neveu de Johann-Georg (1748-1804). En 1771, il fut nommé professeur d'histoire naturelle et de botanique à Tübingen, et en 1778 professeur de médecine et de chimie à Gœttingen. Il a publié des ouvrages sur la botanique, sur les poisons végétaux et minéraux, une histoire de la chimie, et la 43e édition de Linnée, *Systema naturæ*. — IV (Léopold), chimiste allemand, fils du précédent (1788-1853). De 1817 à 1851 il fut professeur de médecine et de chimie à Heidelberg. Son meilleur ouvrage est *Handbuch der theoretischen chemie* (5e édit. complétée par Schlossberger, List et Liebig, 7 vol. 1853-'62).

GMÜND, ou Schwæbisch-Gmünd [choué'-bich-gmunnt], ville du Würtemberg, sur le Rems, à 38 kil. E.-N.-E. de Stuttgart; 10,740 hab. Elle possède des manufactures importantes d'or, d'argent, de cuivre et d'articles de bronze.

GNAF ou Gniaf s. m. [niaff, gn. mll]. Ouvrier cordonnier. Le maître cordonnier s'appelle *pontife* et l'apprenti se nomme *pignouf.*

GNANGNAN adj. [nian-nian; gn mll]. Mou, sans énergie. Diminutif de *fainéant*, que le peuple prononce *feignant.*

GNEISS s. m. [gnèss] (mot saxon). Minéral. Roche métamorphique stratifiée, composée de quartz, de feldspath lamellaire ou grenu et de mica en paillettes. Lorsque le mica est remplacé par le hornblende, on l'appelle gneiss hornblendique.

GNEISSIQUE adj. [gné-si-ke]. Qui a la structure et les caractères du gneiss. — Groupe GNEISSIQUE, groupe de roches métamorphiques comprenant les ardoises micacées, les roches quartzeuses, etc.

GNESEN [gnê-zènn], (pol. *Gniezno*), ville de Prusse, à 40 kil. N.-E. de Posen ; 9,910 hab. Elle fut la capitale de la Pologne jusqu'en 1320 et elle a été à plusieurs reprises assiégée, prise et pillée. Les archevêques de Gnesen étaient primats de Pologne.

GNET s. m. [gnè] Bot. Genre de conifères, comprenant plusieurs espèces d'arbres et d'arbrisseaux grimpants qui habitent les parties tropicales de l'Asie et de l'Amérique.

GNÉTACÉ, ÉE adj. [ghné-ta-sé]. Bot. Qui ressemble ou qui se rapporte au genre gnet. — s. f. pl. Tribu de conifères ayant pour type le genre gnet.

GNIDE. Voy. CNIDE.

GNOGNOTTE s. f. [nio-nio-te, gn mll.] Pop. Chose ou personne de peu de valeur, de peu de considération.

GNOME s. m. [ghnô-me] (gr. gnómé, sentence). Nom que les cabalistes donnent à certains génies ou peuples invisibles, qu'ils supposent habiter dans la terre, où ils sont les gardiens des trésors, des mines, des pierres précieuses : *les gnomes sont réputés amis des hommes*.

GNOMIDE s. f. [ghno-mi-de]. Femelle d'un gnome.

CNOMIQUE adj. [ghno-mi-ke] (gr. gnômê, sentence). Sentencieux. Se dit des poèmes qui contiennent des maximes : *les Distiques de Caton sont un poème gnomique*. — Se dit aussi des auteurs de poèmes sentencieux : *Théognis et Phocylide sont des poètes gnomiques*. — Substantiv. : *Brunck a donné un recueil des gnomiques grecs*.

GNOMOLOGIE s. f. [ghno-] Philosophie sentencieuse fondée sur des aphorismes.

GNOMON s. m. [ghno-mon] (gr. gnômon, indicateur). Astron. Se dit de tout instrument qui marque les heures par la direction de l'ombre qu'un corps solide porte sur un plan, ou sur une surface courbe : *les cadrans solaires sont des gnomons où le corps qui projette son ombre est une verge de métal appelée Style*.

GNOMONIQUE s. f. [ghno-mo-ni-ke]. Art de tracer des cadrans au soleil, à la lune et aux étoiles ; mais surtout des cadrans solaires sur un plan, même sur la surface d'un corps donné quelconque : *la gnomonique est une partie des mathématiques*.

GNOMONISTE s. m. Celui qui s'occupe de gnomonique.

GNON s. m. [nion ; gn mll.]. Contusion : *recevoir un gnon sur l'œil*.

GNOSE s. m. [ghnô-ze] (gr. gnôsis, connaissance). Théol. Science supérieure de la religion : *certains mystiques ont introduit une fausse gnose au lieu de la véritable*. — Doctrine des gnostiques.

GNOSSE. Voy. CNOSSE.

GNOSTICISME s. m. Opinion, hérésie des gnostiques : *l'histoire du gnosticisme*.

GNOSTIQUES s. m. pl. [ghnoss-] (gr. gnôstikos ; de gnôsis, connaissance). Hérétiques des premiers siècles de l'Eglise, qui se vantaient d'avoir des connaissances et des lumières surnaturelles. Les doctrines des gnostiques furent combattues par les plus célèbres pères de l'Eglise. — Le nom de gnostiques a été donné à différentes sectes hérétiques des temps primitifs de l'Eglise chrétienne. Ces sectes nous sont connues seulement par les appréciations de leurs adversaires ; et il ne nous est presque rien parvenu des écrits des gnostiques, sinon quelques citations fragmentaires trouvées chez les auteurs orthodoxes. Le gnosticisme fut le premier essai que l'on tenta pour constituer un système philosophique de foi ; il atteignit son apogée au IIᵉ siècle. Purement spéculatif, il eut une médiocre influence sur les masses. Les doctrines principales des gnostiques peuvent se résumer en sept points principaux : 1º Dieu, infiniment éloigné du monde actuel, est enveloppé par l'abîme (gr. βάθος), avec lequel il est confondu ; il est séparé de la création et communique avec le monde inférieur par l'intermédiaire des æons (gr. αἰών, âge ou ère). 2º Au-dessous de l'abîme dans lequel Dieu

seul habite ou autour de cet abîme est la pleroma (gr. πλήρωμα, abondance), monde de lumière et de gloire peuplé par les æons. Ces æons, émanation de Dieu, personnification de ses attributs, remplissent les fonctions auxquelles on donne leurs différents noms. Parmi les æons du degré le plus élevé sont l'Esprit, la Raison, le Pouvoir, la Vérité et la Vie. Le Nous ou Esprit procède directement de la divinité. Les autres émanent en succession descendante du premier æon. 3º La matière est infiniment séparée de Dieu et le monde matériel est l'antithèse du monde spirituel. Le Hyle (ὕλη, matière) est ou la mort et le vide absolu (Κένωμα) ou une substance positivement mauvaise. Le créateur de cet univers matériel est le Demiurge, dont le travail immédiat est le mal : c'est le Jehovah des Juifs. 4º L'homme a une triple nature d'esprit, de corps et d'âme. Les hommes sont divisés en trois classes, d'après la prédominance de l'une ou de l'autre de ces trois natures. 5º La rédemption atteint seulement les classes aériennes et psychiques. L'instrument de la rédemption est le Christ æon. Cet æon a pris une forme corporelle sans être actuellement uni à aucun corps matériel et il apparut en Judée sous le nom de Jésus de Nazareth, non comme un être humain réel, mais comme une illusion d'optique, comme le fantôme d'une idée spirituelle. 6º Les gnostiques croyaient à une double Eglise pour la masse des croyants et pour les initiés ; pour la masse, les doctrines devaient être exotériques ordinaires, et pour la seconde classe elles devaient être ésotériques spirituelles et révélées à une société secrète sacrée appartenant à l'Eglise même. Le baptême était leur rite important, le signe de leur émancipation du pouvoir demiurgique. 7º Comme morale pratique il y avait deux tendances dans le gnosticisme : d'une part, la tendance ascétique qui recherchait une complète émancipation de la matière et des passions corporelles, causes du péché ; d'autre part, les tendances licencieuses qui plongent dans des excès sous prétexte que la passion sensuelle est combattue plus sûrement par la satiété. — Parmi les précurseurs du gnosticisme avant la fondation de ses principales écoles, on cite Simon Magus, Ménandre, Cernithus et Nicolaus, fondateur de la secte des nicolaïtains. L'école syrienne, dont le caractère distinctif est le dualisme, eut pour maîtres principaux : Saturninus, qui vivait à Antioche vers 125 ; Bardesanes, qui florissait à Edesse à la fin du IIᵉ siècle, et Tatien qui vivait au IIᵉ siècle, et qui est habituellement classé parmi les apologistes chrétiens. Dans l'école égyptienne, caractérisée par la théorie d'émanation, les principaux maîtres furent : 1º Basilides, qui enseignait à Alexandrie vers l'an 120 et dont les adeptes, les basilidiens, existèrent jusqu'au IVᵉ siècle. 2º Valentinus, Juif d'Alexandrie, qui enseigna à Rome et mourut à Chypre vers 160. 3º Les ophites ou naosènes, secte puissante, qui n'offre aucun nom proéminent parmi ses chefs et qui fait nombre dans sa doctrine à Jacques, frère de Jésus-Christ ; elle exista à une époque plus récente que les autres sectes gnostiques. Comme leur nom l'indique, le serpent était pour les ophites un infinime sacré. Les sethites et les caïnites furent des branches de cette secte. La morale des ophites était mauvaise et leur secte tomba sous un interdit impérial. Le nom le plus éminent des gnostiques de l'Asie Mineure est celui de Marcion, moraliste austère et logicien vigoureux. Il enseignait à Rome vers le milieu du IIᵉ siècle ; son système est caractérisé par une antithèse constante entre le christianisme et le judaïsme, par le refus d'adopter l'Ancien Testament et toutes les autorités apostoliques (excepté celle de Paul), et par un ascétisme sévère. Les adhérents de cette secte étaient encore nombreux à l'é-

poque de Mahomet. — Bien que la secte et les écoles des gnostiques aient presque entièrement disparu avant le VIᵉ siècle, leurs opinions reparurent à une époque plus récente et se manifestèrent par un grand nombre d'hérésies. Leur influence se fait sentir dans les idées des ébionites et des docetes, dans les homélies Clémentines, dans les théories radicales du montanisme, dans les fantaisies des néo-platoniciens et surtout dans l'hérésie puissante et répandue des manichéens. Les auteurs modernes les plus importants qui se sont occupés du gnosticisme sont Neander, Lewald, Mohler et Baur.

GNOU s. m. [ghnou] Mamm. Espèce de grande antilope qui habite les plaines méridionales et centrales de l'Afrique, et que l'on classe quelquefois parmi les bovidés ou bœufs, du genre *catoblepas* (H. Smith) ou *connochetes* (Gray) ; c'est le *wilde beest* des colons hollandais du Cap. Le gnou est l'un des ani-

Gnou blanc (Catoblepas gnu).

maux des plus singuliers ; il a la tête et les cornes du buffle, le corps et la crinière d'un cheval et les membres d'une antilope. La couleur générale de l'espèce commune (*catoblepas gnu*, H. Smith) est d'un brun fauve, sombre et de toits et aux jambes. Le gnou, quoique lourd en apparence, est très rapide et actif ; il galope comme un cheval à travers les plaines et forme des troupeaux comme les bœufs sauvages, il est très querelleur et s'appri-

Gnou tavelé (Catoblepas gorgon).

voise avec difficulté. L'espèce commune mesure environ 1 m. 20 cent. de hauteur à l'épaule et 2 m. 20 cent. de long depuis le front à l'extrémité de la queue à l'extrémité du mufle. Une seconde espèce plus grande est le *kokoon* ou gnou tavelé, *blauwe wilde beest* (*catoblepas taurina et gorgon*, H. Smith), qui a environ 1 m. 80 cent. à l'épaule et 2 m. 50 cent. de l'extrémité du mufle à l'extrémité de la queue, celle-ci a environ 55 cent. de longueur et les cornes environ 66 cent. Sa chair est estimée.

GO (Tout de) loc. adv. (rad. gober). Librement, sans façon ou sans obstacle : *il est entré tout de go.* (Pop.)

GOA. I. Colonie portugaise de l'Inde, sur la côte occidentale, entre 14° 54' et 15° 45' lat. N. et entre 74° 25' et 72° 6' long. E.; environ 400,000 hab. Elle produit le riz, le poivre, la noix de coco, les noix de bétel et du sel. Les habitants sont en majorité catholiques romains, et de sang mêlé portugais et indou. — II. **Vieux Goa**, ville de cette colonie, sur une île séparée du continent par la rivière Mandova, à 350 kil. S.-E. de Bombay; environ 4,000 hab. Au XVIᵉ siècle, c'était un des établissements européens les plus prospères de l'Orient; elle comptait alors 200,000 hab., mais elle fut abandonnée au XVIIIᵉ siècle en raison de son insalubrité. En 1510, les Portugais, s'emparèrent de Goa, et en firent la capitale de leurs possessions dans l'Inde; et depuis, elle est restée en leur pouvoir, excepté de 1807 à 1815, période pendant laquelle les Anglais l'occupèrent. — III. **Nouveau Goa, Panjim** ou **Pangaum**, ville bâtie sur la même île à 7 kil. de la mer, dans une baie magnifique au sud de la pointe d'Algoada. Elle est fortifiée, et depuis 1758 elle est la capitale des possessions portugaises en Orient; environ 24,000 hab.

GOALPARA, district du Bengale, borné au N. par le Bootan; 442,760 hab. Coton, tabac, sucre et moutarde. La ville du même nom sur le Brahmapootre, à 380 kil. N.-E. de Calcutta, est le centre principal pour le commerce de cette région.

GOAREC, ch.-l. de cant., arr. et à 40 kil. de Loudéac (Côtes-du-Nord), sur le Blavet; 800 hab.

GOAVE I. (Grand-), petite ville maritime fortifiée d'Haïti, dans la baie de Léogane (province de l'O.) à 45 kil. S.-O. de Port-au-Prince. Café. Bon climat. — II. (Petit-), ville maritime fortifiée d'Haïti, dans la baie de Léogane (prov. de l'O.), à 54 kil. O.-S.-O. de Port-au-Prince. Café. Climat malsain.

GOBAGE s. m. Jargon. Amour : *avoir un fort gobage pour une femme.*

GOBAIN (Saint-), comm. du cant. de la Fère, arr. et à 25 kil. O.-N.-O. de Laon (Aisne). 2,200 hab. Manufacture de glaces, la plus renommée de l'Europe, fondée en 1691 dans un ancien château des sires de Coucy et où l'on coule des glaces de plus de 3 m. de haut, sur 1 m. 50 cent. de large (200,000 m. carr. de glaces par an). Le polissage se fait à Chauny. Patrie de Luce de Lancival; curieuse crypte au-dessous de l'église.

*GOBBE s. f. Sorte de composition en forme de bol, qu'on donne aux animaux pour les empoisonner. — Anglet. Calice.

GOBEL (Jean-Baptiste-Joseph), constituant, évêque constitutionnel de Paris, né à Thann en 1727, guillotiné le 14 avril 1794. Il adhéra à la constitution civile du clergé, opta pour le siège épiscopal de la Seine, auquel les électeurs l'avaient appelé, se rangea, en 1793, parmi les hébertistes, et, lors de l'établissement du culte de la Raison, vint, avec tout son clergé, à la barre de la Convention renoncer solennellement aux fonctions de ministre du culte. Il subit le sort des hébertistes.

*GOBELET s. m. (lat. *cupella*, coupe). Vase à boire, rond, sans anse, et ordinairement sans pied, moins large et plus haut qu'une tasse : *gobelet d'or, d'argent*, etc. — Se disait absol., chez le roi, du lieu où l'on fournissait le pain, le vin et le fruit pour la bouche du roi. — Signifiait aussi, collect., les officiers qui servent au gobelet : *le gobelet a reçu l'ordre de faire telle chose.* Se dit aussi d'ustensiles en forme de gobelets à boire, et ordinairement de fer-blanc, dont le dessous est concave, et qui servent à escamoter, à

faire des tours de gibecière : *faire passer une muscade sous un gobelet.* — **Joueur de gobelets**, se dit d'un fourbe, d'un homme qui ne cherche qu'à tromper ceux avec qui il traite. On dit quelquefois, dans un sens analogue, **Jouer des gobelets.**

GOBELETERIE s. f. Fabrication et commerce de gobelets et d'ustensiles analogues.

GOBELETIER s. m. Ouvrier qui travaille en gobeleterie.

GOBELIN s. m. (bas lat. *gobelinus*, démon qui rôdait aux environs d'Évreux). Démon, lutin. Les marins disent **Goguelin.**

*GOBELINS s. m. pl. Célèbre manufacture nationale de teinture et de tapisseries à Paris. Elle tire son nom de Jehan et de Gilles Gobelin, célèbres teinturiers, qui, vers 1450, avaient établi sur la Bièvre une teinturerie pour exploiter un perfectionnement qu'ils avaient imaginé dans l'application de la couleur écarlate. Leur usine acquit bientôt une grande renommée. Jehan Gobelin, chef de la famille, mourut en 1476. L'établissement fut acheté par Louis XIV et transformé en 1667 en *manufacture royale des meubles de la couronne*, atelier immense dans lequel on exécutait avec le dernier luxe tous les ouvrages d'ameublement et d'ornement des maisons. A la suite de la détresse financière de la couronne après 1694, les ouvriers habiles furent renvoyés et lorsque les Gobelins furent ouverts de nouveau plusieurs années après, on restreignit le travail à la fabrication de la tapisserie destinée aux têtes couronnées ou aux personnages éminents. L'établissement fut en partie brûlé par les soldats de la Commune le 24 mai 1871. La manufacture des Gobelins est divisée aujourd'hui en trois sections distinctes : la teinturerie, les ateliers de tapisserie et la fabrique des tapis. La teinturerie produit non seulement toute espèce de couleurs, mais de 20 à 30 nuances de chacune de ces couleurs. Grâce aux travaux de l'éminent chimiste Chevreul, les couleurs actuellement produites sont parfaitement adhérentes. Les ouvrages en tapisserie s'exécutent si lentement qu'on ne peut demander à un artiste de produire en une année plus de 3 décim. carrés de travail. En 1826, la manufacture de tapis fut réunie à celle de la tapisserie. Les tapis des Gobelins sont remarquables par le moelleux et l'égalité de leur tissu. Quelques-uns de ces ouvrages demandent de 5 à 10 ans de travail et coûtent de 60,000 à 150,000 francs. Le portrait de Louis XIV par Rigaud est considéré comme le chef-d'œuvre des Gobelins.

GOBELOTTAGE s. m. Argot. Plaisir, amusement.

*GOBELOTTER v. n. (rad. *gobelet*). Fréquent. Buvotter, boire à plusieurs petits coups. Ne s'emploie guère qu'en mauvaise part : *c'est un homme de crapule, qui n'aime qu'à gobelotter.* (Fam.) — Par ext. S'amuser, rire, boire et chanter.

GOBELOTTEUR s. m. Celui qui aime à s'amuser, à gobelotter.

*GOBE-MOUCHES s. m. Hist. nat. Oiseau qui se nourrit de mouches et d'autres insectes volants. — Se dit également de quelques plantes dont la tige visqueuse ou certaines parties irritables retiennent ou emprisonnent les mouches et autres insectes qui viennent s'y poser. (Voy. Apocyn, Dionée.) — Fig. Celui qui n'a point d'avis à lui, et qui paraît être de l'avis de tout le monde : *c'est un vrai gobe-mouches.* — Celui qui croit sans examen toutes les nouvelles qu'on débite : *on a forgé cette nouvelle pour se moquer des gobe-mouches.* — Homme qui s'occupe niaisement de bagatelles. — Argot. Espion. — **Encycl.** Les gobe-mouches forment un grand

genre de passereaux dentirostres, caractérisé par un bec moyen, déprimé horizontalement et garni de poils à sa base. Ils diffèrent des pies-grièches par une forme plus élancée et comprennent les six sous-genres *tyran, cheronla, platyrrhinque, gymnoréphale, céphaloptère* et *gobe-mouches*, proprement dit. — Deux espèces de ce dernier sous-genre habitent notre pays pendant l'été; ce sont : le *gobe-mouches gris* (*muscicapa grisola*), gris dessus, blanchâtre dessous, avec quelques mouchetures grisâtres sur la poitrine. C'est un oiseau solitaire qui recherche les lieux couverts et ombragés. Dans quelques pays, on enferme des oiseaux de cette espèce dans les appartements pour y détruire les mouches. Le gobe-mouches gris niche sur les arbres, dans les buissons ou dans les trous d'arbres; sa ponte est de 4 à 6 œufs blancs, tachetés de rougeâtre; le *gobe-mouches à collier* (*muscicapa albicolis*) est très remarquable par les changements de plumage du mâle; gris avec une bande blanche sur l'aile en hiver, il se revêt, au printemps, d'un mélange agréable de blanc et de noir.

*GOBER v. a. Avaler avec avidité et sans savourer ce qu'on avale : *gober une huître.* (Fam.) — **Gober des mouches**, perdre le temps à attendre, à ne rien faire, à niaiser. On dit dans le même sens, **Gober du vent.** — Croire légèrement : *c'est un homme qui gobe tout ce qu'on lui dit.* — Pop. Prendre quelqu'un, se saisir de quelqu'un lorsqu'il s'y attend le moins : *on l'a gobé au sortir de chez lui pour le mener en prison.* — **Gober quelqu'un**, le trouver de son goût. — Se gober v. pr. S'en croire, être infatué de sa personne.

*GOBERGE s. f. Perche ou instrument de bois qui sert à tenir quelque chose en presse, surtout chez les menuisiers. — Au pl. Se dit de petits ais de bois qui se mettent en travers sur le bois de lit, pour soutenir la paillasse.

*GOBERGER (Se) v. pr. Se moquer : *il se gobergeait de ces gens-là.* — Se divertir : *depuis deux jours, ils se gobergent à la campagne.* — Prendre ses aises : *il se gobergeait dans un bon fauteuil.*

GOBERT (le baron Napoléon), philanthrope, né en 1807, mort au Caire en 1833. Fils d'un général de l'Empire, il eut Napoléon Iᵉʳ pour parrain. Il combattit dans les rangs des insurgés en 1830, fut attaché à l'ambassade française à Londres, entreprit un voyage en Égypte et succomba à un accès de fièvre. Par son testament, il fonda deux prix que l'Académie française et l'Académie des inscriptions décernent aux auteurs des meilleurs ouvrages relatifs à l'histoire de France. Les héritiers de Gobert ayant attaqué ce testament, l'Institut composa avec eux, et se réserva 20,000 fr. de rente (10,000 fr. pour les prix décernés par chacune des deux académies). Ces rentes sont servies aux lauréats jusqu'à la publication de nouveaux ouvrages jugés supérieurs.

*GOBET s. m. Morceau que l'on gobe. (Fam.) — Pop. Espèce de cerise : *des gobets à courte queue.* — Fig. Homme crédule.

GOBETAGE s. m. Action de gobeter.

*GOBETER v. a. Maçonn. Jeter du plâtre avec la truelle pour le faire entrer dans les joints des murs de moellon et de plâtras : *gobeter un mur.*

GOBETIS s. m. Plâtre jeté avec une truelle ou un balai, et que l'on fait entrer dans les joints d'un mur.

GOBETTE s. f. Argot. Petit verre à boire dont on fait usage dans les cantines et dans les prisons.

GOBEUR, EUSE adj. Naïf, crédule : *les Parisiens sont gobeurs.* — Substantiv. Celui qui gobe, qui avale, qui mange avidement:

Celui qui, le premier, a pu l'apercevoir
En sera le *gobeur*, l'autre le verra faire.
LA FONTAINE.

— Personne crédule, simple, naïve.

GOBI, immense désert de l'Asie centrale, occupant principalement le plateau compris entre les montagnes de l'Altaï au N. et celles de Kuenlun au S.; il a environ 2,400 kil. de long sur une largeur moyenne de près de 480 kil. La partie occidentale, arrosée par le Yarkand qui se jette dans le lac Lob, contient beaucoup de lacs salés et appartient à l'Turkestan oriental. La partie orientale, mieux connue, renferme quelques vallées fertiles et plusieurs villes; elle appartient principalement à la Mongolie, mais une petite étendue appartient à la province chinoise de Kansu. Une vaste portion, appelée Chamo ou Mer de Sable par les Chinois, est une plaine qui s'étend à environ 4,000 m. au-dessus du niveau de la mer.

GOBICHONNADE s. f. Repas copieux.

GOBICHONNAGE s. m. Argot. Amusement.

GOBICHONNER v. a. Faire bonne chère, se régaler.

GOBICHONNEUR, EUSE s. Celui, celle qui aime à s'amuser.

GOBIE s. m. (gr. *kobios*; lat. *gobio*, goujon). Icht. Genre de gobioïdes, comprenant plusieurs centaines d'espèces de poissons dont les ventrales thoraciques forment un disque creux constituant une ventouse au moyen de laquelle ces poissons se tiennent fixés sur les corps solides du fond de l'eau. Les femelles déposent leurs œufs dans un nid de fucus; le mâle s'enferme dans ce nid pour féconder la ponte, qu'il défend ensuite contre toute attaque. Le type de ce genre est le *bourelau*.

* **GOBIN** s. m. Bossu : *un petit gobin.* (Fam.)

GOBIOÏDE adj. Icht. Qui ressemble à un gobie. — s. m. Famille d'acanthoptérygiens, ayant pour type le genre gobie et comprenant, en outre, les genres blennie, anarrhique, callionyme, platyptère et chirus.

GOBSECK s. m. Usurier, avare; du nom d'un des personnages de la *Comédie humaine* de Balzac.

GODAILLE s. f. Pop. Ivrognerie, excès dans le boire et le manger: *faire une godaille.*

* **GODAILLER** v. n. [*ll* mll.] (angl. *good ale*, bonne bière). Aimer trop à boire et à manger.

* **GODAILLEUR** s. m. Se dit de quelqu'un qui a des habitudes d'intempérance : *c'est un godailleur.* — » Au fém. : *une godailleuse.*

GODAN ou **Godant** s. m. Argot. Tromperie. — DONNER DANS LE GODANT, se laisser amuser.

GODAVERY, grand fleuve de l'Inde anglaise. Le Godavery prend sa source dans les Ghauts de l'O. et, après un cours de 4,200 kil., il se jette dans la baie de Bengale par deux canaux principaux. Il reçoit le Manjera au S. et le Poorna et le Wurdah au N. Il a été rendu navigable jusqu'au Wurdah, au moyen de barrages et de canaux, pour les grands navires et pour les bateaux à vapeur, sur un parcours d'environ 470 kil.

GODDAM s. m. (god-damm) (angl. *God*, Dieu; *damn*, damne. Juron anglais). — Nom par lequel on désigne quelquefois un Anglais, par allusion au juron favori des gens mal élevés de son pays.

GODEFROY DE BOUILLON, héros de la première croisade, né à Baisy (Brabant wallon) vers 4060, mort à Jérusalem le 47 juillet 4100. Fils d'Eustache II, comte de Boulogne, et d'Ida de Bouillon, il descendait de la race des Carlovingiens. Il hérita d'une partie des domaines de son oncle, Godefroy le Bossu, duc de la basse Lorraine (4076). Lors de la lutte de l'empereur Henri IV, contre le pape Grégoire VII, Godefroy de Bouillon prêta assistance à l'empereur, son suzerain. Choisi, en raison de sa grande taille et de sa force colossale, pour porter, pendant la bataille de Malsen (4080) la bannière impériale, il blessa mortellement l'anticésar Rodolphe de Souabe, suscité par le pape; il se signala aussi au siège de Rome (4083). S'étant croisé en 4095, il vendit son duché de Bouillon à l'évêque de Liège, pour subvenir aux frais de son voyage et partit pour la Terre Sainte, le 45 août 4096, accompagné de ses frères Eustache et Baudouin et suivi de 70,000 fantassins et 40,000 cavaliers. (Voy. CROISADE.) Son courage, sa brillante réputation et sa piété le désignèrent aux suffrages des princes et des barons chrétiens, qui l'élurent chef de la croisade. Il sut déjouer les perfidies de l'empereur Alexis Comnène, prit Antioche après 4 mois de siège (4098), s'empara de Jérusalem le 45 juillet 4099 et essaya vainement d'arrêter l'effroyable massacre des habitants de cette ville. Proclamé roi de Jérusalem, il ne voulut point « porter une couronne d'or là où le Fils de Dieu avait porté une couronne d'épine », et se contenta du titre de baron et avoué du Saint-Sépulcre. Il vainquit de nouveau les Sarrasins dans les plaines d'Ascalon et mourut empoisonné, dit-on, par un fruit que lui avait envoyé l'émir de Césarée. Il avait donné à son royaume le code de lois connu sous le nom d'*Assises de Jérusalem* (édité en 1844, par Beugnot). Godefroy de Bouillon est le héros principal de la *Jérusalem délivrée* du Tasse. La ville de Bruxelles lui a élevé, sur la place Royale, une statue équestre, coulée en bronze, d'après le modèle de Simonis, et inaugurée en 4848.

* **GODELUREAU** s. m. Jeune homme qui fait l'agréable et le galant auprès des femmes. Ne se dit qu'en mauvaise part : *c'est un jeune godelureau.* (Fam.)

* **GODENOT** s. m. Petite figure de bois ou d'ivoire qui représente un homme, et dont les joueurs de gibecière se servent pour amuser les spectateurs : *faire jouer godenot.* — Fam. et par mépris. IL EST FAIT COMME UN GODENOT, se dit d'un petit homme mal fait.

GODER v. n. (rad. *godet*). Se dit d'un vêtement qui fait de faux plis, soit parce que la coupe en est mauvaise, soit parce que les parties en sont mal assemblées : *voilà une manche qui gode.* — Se dit aussi d'un papier qui, collé sur un autre, ne s'y applique pas exactement, est soulevé çà et là.

GODERVILLE, ch.-l. de cant., arr. et à 28 kil. du Havre (Seine-Inférieure); 4,350 hab.

* **GODET** s. m. Sorte de petit vase à boire, qui n'a pied ni anse : *boire dans un godet.* — Se dit aussi des augets attachés à des roues, dont on se sert pour élever de l'eau. — Se dit encore de certaines choses, naturelles ou artificielles, qui ont, ou à peu près, la forme de godets à boire : *les peintres mettent leurs couleurs dans des godets.*

* **GODICHE** s. m. Homme gauche, maladroit, ridicule : *quel godiche.* (Pop.)

GODILLE s. f. [*ll* mll.] Aviron placé dans une entaille, sur l'arrière d'une barque, et qu'un seul homme manie en lui faisant imiter les mouvements d'une queue de poisson.

GODILLER v. n. Diriger une embarcation à l'aide d'une godille.

GODILLEUR s. m. Batelier d'une godille.

GODILLOT s. m. Argot. Soulier militaire; du nom d'un fournisseur d'habillements militaires.

* **GODIVEAU** s. m. Cuis. Pâté chaud composé d'andouillettes, de hachis de veau, et de béatilles : *on a servi un excellent godiveau.*

GODOY (Manuel de) (go-doi), *prince de la Paix*, homme d'État espagnol, né à Badajoz en 4767, mort à Paris en 4851. Entré jeune dans la garde royale, sa belle figure, ses manières élégantes et son talent comme chanteur et comme guitariste, lui gagnèrent les faveurs de la reine et ensuite celles du roi Charles IV. Il fut créé successivement duc d'Alcudia, généralissime, grand amiral, secrétaire d'État, premier ministre (4792) et grand d'Espagne de première classe. Le traité de Bâle, signé avec la République française en 4795, lui fit donner le titre de *prince de la Paix* et un riche apanage. En 4797, il épousa Maria-Thérésa de Bourbon, nièce du roi, bien qu'il fût, dit-on, marié déjà secrètement. En 4804, il signa le traité de Badajoz qui lui donna, par un article secret, plus de 85,000,000 de fr. Il encourut bientôt l'inimitié générale et la haine mortelle de l'héritier présomptif Ferdinand. Une insurrection éclata contre lui en 4808, et Il faillit perdre la vie. Les troubles cessèrent seulement lors de l'abdication de Charles IV à Bayonne. (Voy. CHARLES IV.) Godoy accompagna le roi et la reine à Rome. Ses biens immenses furent confisqués. Il se fixa à Paris en 4835. Rétabli dans ses dignités en 4842, il resta à Paris, où le gouvernement français lui servait une pension. Il a laissé des *Mémoires* écrits par un moine espagnol et publiés en français par Esménard (4836-'38; 4 vol. in-8°).

* **GODRON** s. m. Certains plis ronds qu'on faisait autrefois aux fraises, et qu'on fait encore aux jabots de chemise, à certaines coiffures des femmes, etc. (Vieux.) — Orfèvr. Façons qu'on fait aux bords de la vaisselle d'argent, et qui ont la forme d'un œuf allongé : *vaisselle à gros godrons, à petits godrons.* Ornements de même forme qu'on fait aux ouvrages de sculpture et de menuiserie.

* **GODRONNÉ, ÉE** part. passé de GODRONNER. Qui a des godrons. — Bot. FEUILLE GODRONNÉE, feuille dont les bords sont plissés naturellement.

* **GODRONNER** v. a. Faire des godrons : *godronner de la vaisselle d'argent, une coiffure.* Il a vieilli.

* **GOD SAVE THE KING** ou **The Queen** s. m. (god-sè-ve-zi-kign; kouinn) (angl. *Dieu sauve le roi* ou *la reine*). Chant national anglais.

GODUNOFF (Boris-Fedorovitch) (go-dou-noff), czar de Russie, né en 4552, mort en 4605. Beau-frère du czar Féodor I, il obtint une grande influence dans le gouvernement, et fit à mort ou exila ceux qui lui portaient ombrage. Il succéda à Féodor en 4598, et chercha à accomplir quelques réformes et des améliorations, mais en 4604, son trône fut mis en péril par l'apparition d'un prétendant qui se faisait nommer Démétrius. (Voy. DÉMÉTRIUS.) Godunoff mourut subitement; on attribua sa mort à un empoisonnement. Son fils et successeur, Féodor, mourut bientôt.

GODWIN (god'-ouinn), comte de Wessex, né vers la fin du x° siècle, mort en avril 1053. De vacher qu'il était dans sa jeunesse, il devint le plus puissant seigneur d'Angleterre et beau-frère du roi Canut. On l'accusa d'avoir pris part au meurtre du prince Alfred, mais il fut pardonné par le frère de celui-ci, et s'efforça ensuite d'assurer la couronne à Edouard le Confesseur. Il se révolta plus tard contre ce prince et fut obligé de s'enfuir du royaume; mais retournant avec un corps de troupes, il força le roi à lui rendre ses possessions. Il eut pour fils Harold, dernier roi saxon.

GODWIN. I. (William), auteur anglais, né en 4756, mort en 4856. En 4793, il publia son *Inquiry concerning Political Justice* et son

Influence on General Virtue and Happiness. En 1794, parurent ses ouvrages les plus remarquables, *Caleb Williams* et *Saint-Leon*. Il publia plusieurs autres romans, deux tragédies, et *History of the Commonwealth*, ouvrage impartial et de grand mérite, *Thoughts on man, his nature, Productions, and Discoveries*, etc. *The Genius of Christianity Unveiled* parut après sa mort. Ses *Autobiography, Memoirs*, et *Correspondence* furent publiés en 1874. — II. (Mary WOLLSTONECRAFT), femme auteur, mariée au précédent, née en 1759, morte en 1797. Ayant obtenu une grande réputation par ses *Thoughts on the Education of Daughters*, et par des traductions de la *Physiognomy* de Lavater, et des *Elements of Morality* de Salzmann, elle publia son célèbre *Vindication of the Rights of Woman* (1791). Elle se lia à Paris avec un Américain appelé Imlay; celui-ci l'abandonna. Ayant donné naissance à un enfant, elle essaya de se tuer. En 1797, elle épousa William Godwin et mourut à la suite de couches. Ses ouvrages posthumes furent publiés par son mari (4 vol. in-12).

GODWIT s. m. [god-ouitt]. Ornith. Nom anglais de la *barge*. (Voy. ce mot.) Nous conservons ici sous ce nom les deux espèces américaines suivantes : le *godwit marbré* des

Godwit marbré (Limosa fedoa).

Etats-Unis (*limosa feoda*, Linn.) se trouve dans les régions tempérés de l'Amérique du Nord et de l'Amérique du Sud Le *godwit*

Godwit de l'Hudson (Limosa Hudsonica).

de l'Hudson (*limosa Hudsonica*, Lath.), est abondant dans les parties septentrionales du continent américain.

* GOÉLAND s. m. [go-è-lan] (celt. *gwelan*; ae *gwela*, pleurer). Ornith. Grand genre de palmipèdes longipennes, voisin des mouettes, comprenant plusieurs espèces à doigts entièrement palmés, à pouce libre. Les goélands habitent toutes les mers du globe. La plus grande espèce est le goéland *glauque* (*larus glaucus*, Brünnich), long de 70 cent. avec une envergure de 1 m. 75 cent. Il habite les mers arctiques. Il est excessivement timide et d'une voracité extraordinaire. *Goéland à manteau noir* (*larus marinus*, Linn.) à peu près de la

même grosseur que le précédent. Son vol est élevé, puissant, majestueux; il affronte les tempêtes les plus terribles, rasant la surface des vagues; il est bon marcheur, nage lentement et ne plonge point. Il se nourrit de

Goéland à manteau noir (Larus marinus).

poissons de jeunes oiseaux, d'œufs, de charogne flottante, en un mot de tout, excepté de végétaux. Ses œufs sont bons à manger; un grand nombre des jeunes, quand ils sont près de voler, sont tués et salés par les pêcheurs au Labrador et de Terre-Neuve, qui en font leur nourriture; les vieux sont coriaces et ne peuvent se manger. Le plumage, doux et épais du goéland, s'emploie pour faire des

Goéland argenté (Larus argentatus). — 1. Adulte. — 2. Jeune. — 3. Bec.

oreillers, des édredons, etc. Le *goéland argenté* (*larus argentatus*, Brünn.) a environ 60 cent. de long et 1 m. 20 d'envergure. Le *goéland à trois doigts*, ou kittiwoke (*rissa tridactylus*, Linn.) a un manteau gris perle et un plumage où domine le blanc.

* GOÉLETTE s. f. (rad. *goéland*). Mar. Bâtiment à deux mâts, du port de cinquante à cent tonneaux : *goélette anglaise*.

* GOÉMON s. m. Nom que l'on donne, en certains lieux, aux varechs ou herbes marines qui croissent le long des côtes, sur les rochers : *le goémon pourri est un excellent engrais*.

GOENTOR [gounn-tour], volcan de Java, à environ 130 kil. S.-E. de Batavia; haut d'environ 2,300 m.; ses éruptions périodiques causent d'effroyables ravages.

GŒPPINGEN [gheup'-ping-ènn], ville du Würtemberg, à 30 kil. S.-E. de Stuttgard; 8,650 hab. Manufactures de laine, de chanvre, de jouets et de voitures. A environ 4 kil. N.-E. de la ville se trouvent les ruines du château de Hohenstaufen.

GŒRLITZ [gheur'-litss], ville de la Silésie Prussienne, sur la Neisse, à 80 kil. E. de

Dresde; 45,350 hab. Elle est ceinte de murailles percées de 11 portes. Manufactures de toile, d'articles de laine, de tabac, d'amidon, etc.

GŒRRES [gheur'-rèss], I (Jakob-Joseph VON), auteur allemand, né à Coblentz en 1776, mort en 1848. Son républicanisme ardent causa la suppression d'un journal qu'il publia après la proclamation de la République française. Une visite qu'il fit à Paris en 1799, a la tête d'une députation allemande, refroidit son zèle et à son retour il devint professeur de sciences naturelles à Coblentz; il publia plusieurs ouvrages philosophiques. Dans son journal *Der Rheinische Mercur* (1814-'16), il soutient le rétablissement de l'empire d'Allemagne. En 1820, il publia *Deutschland und die Revolution*, prédisant une nouvelle révolution si l'Eglise romaine ne devenait prépondérante dans l'Etat. En 1827, il fut nommé professeur d'histoire à Munich. Son *Athanasius* (1837), défense de l'archevêque de Cologne, contre le gouvernement prussien, eut une grande influence sur les catholiques allemands. Il fonda le journal *Historisch-politische Blätter*. Son ouvrage principal est *Christliche Mystik* (4 vol. 1836-'42). — II (Guido), auteur allemand, fils du précédent, né en 1805, mort en 1852. Après la mort de son père, il publia *Historisch-politische Blätter*, mais il est principalement connu par ses poèmes, ses légendes et des ouvrages pour la jeunesse.

GŒRTZ [gheurtz] (Georg-Heinrich, BARON), homme d'Etat suédois, né en Allemagne, mis à mort en mars 1749. En 1706, il fut envoyé par le gouvernement du Holstein en mission près de Charles XII, qui le nomma son ministre des finances et ensuite son premier ministre. Il essayait de rétablir la fortune chancelante de la Suède par une vaste coalition (Voy. CHARLES XII), lorsque le roi fut tué au siège de Frederikshad (1748). Gœrtz, fut condamné à mort, comme ayant mal géré les finances et comme ayant poussé Charles à se lancer dans une folle entreprise.

GŒRZ [gheurt] ou Goritz. I. Cercle de l'Autriche Cisleithane (appelé généralement *Gœrz-und-Grodisku*), formant avec l'Istrie et Trieste la province du Littoral, mais ayant sa diète particulière ; 2,953 kil. carr.; 204,100 hab. — II. Capitale de ce cercle, sur l'Isonzo, à 30 kil. N.-N.-O. de Trieste; 16,830 hab. Château des premiers comtes du Tyrol et de Gœrz; siège d'un archevêché. Manufactures de cuirs, de sucre et de soie. — Charles X se retira à Gœrz en 1836; il y mourut en 1837 et son fils, le duc d'Angoulême, en 1844.

GŒS [gouss], ville fortifiée des Pays-Bas, sur l'île Beveland méridionale, à 20 kil. O. de Bergen-Op-Zoom; 6,316 hab. Le vieux port ainsi que le nouveau sont défendus par des forts. Commerce très actif.

GOES (Hugo van der), peintre flamand, élève et successeur de Van Eyck; il florissait dans la seconde moitié du XVe siècle. Ses peintures sont toutes livrées de sujets religieux; son chef-d'œuvre est le *Crucifiement*, dans l'église de Saint-Jacques à Bruges.

GOETHE (Johann-Wolfgang von)[gheu'te], auteur allemand, né à Francfort-sur-le-Mein, le 28 août 1749, mort le 22 mars 1832. Son père, fils d'un tailleur de Francfort, était devenu conseiller impérial et avait épousé en 1748 la fille de Johann Wolfgang Textor, magistrat en chef de la ville. Goethe, leur premier enfant, était précoce, beau, vif et sensible. Il écrivait déjà plusieurs langues avant l'âge de 10 ans. En 1765, il fut envoyé à Leipzig afin d'y commencer ses études. Il y écrivit deux drames, *Die Laune der Verliebten* et *Die Mitschuldigen*. En 1770, on l'envoya à l'université de Strasbourg où il étudia la jurisprudence et les sciences naturelles. En 1772, il alla à Wetzlar pour y exercer la profession d'avocat, et en 1773, il publia *Gœtz von Berlichingen*, version dramatique de l'histoire de Gœlz à la main de fer; cet ouvrage souleva le plus grand enthousiasme dans le monde littéraire allemand et mit à la mode, pour un certain temps, les drames romantiques. Un amour non partagé et le suicide d'un ami au sujet d'une passion semblable, lui suggérèrent les incidents de son roman intitulé *Die Leiden des Jungen Werther* (1774), qui obtint un succès extraordinaire. La même année, il écrivit *Clavigo*, drame tiré des mémoires de Beaumarchais (voy. CLAVIGO). Sur l'invitation de Charles-Auguste de Saxe-Weimar (1775), Goethe se fixa à Weimar. Il fut nommé conseiller privé de légation, aux appointements de 1,200 thalers par an, mais sa principale occupation publique parait avoir été de présider aux plaisirs artistiques de la cour. Les premières années de son existence à Weimar se passèrent au milieu des plaisirs, mais son activité intellectuelle était trop puissante pour être longtemps détournée par des frivolités. En 1779, il produisit *Iphigénie auf Tauris*, et, après une visite en Suisse, dans le cours de la même année, il composa un petit opéra, *Jery und Bætely*. Plusieurs de ses meilleurs petits poèmes parurent à cette époque (1780-'83). En 1786, il se rendit en Italie où il composa son drame *Torquato Tasso*. A son retour à Weimar en 1788, il publia *Egmont*, drame romantique. Les relations qu'il avait longtemps entretenues avec Frau von Stein furent alors rompues et il en forma bientôt une autre avec Christiane Vulpius, femme sans éducation qu'il épousa plus tard, afin de légitimer son fils (né en 1788, mort en 1830). En 1792, il accompagna l'armée prussienne en France, et bientôt après, parut sa version métrique de *Reinecke Fuchs*. Les résultats de ses études scientifiques se trouvent dans son *Beitræge zur Optik* et dans son *Farbenlehre*. La première partie de *Wilhem Meister* (le *Lehrjahre*) parut en 1795. Hermann und Dorothea, poème pastoral en hexamètres, la plus parfaite de ses petites productions, fut écrit en 1797, et *Achilleis*, la même année; il entra en rivalité amicale avec Schiller dans la production d'une série de ballades, qui sont au nombre des chefs-d'œuvre de la littérature allemande. En 1803, parut la première partie de *Faust*, ouvrage qui éleva Goethe au pinacle de la renommée et qui le fit considérer comme le premier poète de son siècle. Quand les Français s'emparèrent de Weimar, il se réfugia au milieu de ses livres et montra une telle impassibilité, au milieu des troubles politiques, que ses compatriotes lui reprochèrent de manquer de patriotisme. Il accepta même l'invitation que lui fit Napoléon de visiter Paris. En 1809, Goethe publia son roman le plus critiquable, *Wahlverwandschaften* (*Affinités Electives*); ensuite parurent les ballades *Der Todtenkranz*, *Der getreue Eckart*, et *Die wandelnde Glocke*, le *Dichtung und Wahrheit*, autobiographie, et le *Westæstlicher Divan*, collection de chants et de poèmes orientaux. En 1816, il publia un journal artistique, *Kunst und Alterthum*, et en 1818 il donna la seconde partie de *Wilhem Meister* (Le *Wanderjahre*). En 1831, parut la seconde partie de *Faust*, continuation obscure et mystique, mais pleine de passages splendides, de pensées profondes, et d'une mélodie enchanteresse. Un an après avoir terminé *Faust*, Goethe tomba malade à la suite d'un refroidissement; il continua cependant à travailler. Son dernier écrit est un essai sur la dispute entre Geoffroy Saint-Hilaire et Cuvier sur la question d'unité de composition dans le royaume animal; ses derniers mots furent : « De la lumière, encore de la lumière! ».

* **GOÉTIE** s. f. (gr. *goès*, sorcier) [go-é-cie). Espèce de magie par laquelle on invoquait les génies malfaisants, pour nuire aux hommes. C'est l'opposé de *Théurgie*.

GŒTTINGEN [all. gheut-tign-ènn], ville du Hanovre (Prusse), sur le Leine, à 80 kil. S.-E. de la ville de Hanovre; 15,850 hab. Son université (*Georgia Augusta*), fondée en 1734 par George II, roi d'Angleterre et électeur de Hanovre, fut inaugurée le 17 sept. 1737. Le savoir de plusieurs de ses professeurs la rendirent la plus célèbre de l'Europe avant la fin du siècle; celle de Berlin, fondée en 1810, devint sa rivale la plus redoutable. Les troubles politiques de 1831 lui furent nuisibles, et les étudiants, au nombre de 3,000 en 1825 n'y étaient plus qu'au nombre de 900 en 1834. En 1837, le gouvernement expulsa sept des professeurs les plus capables, parce qu'ils avaient protesté contre l'abrogation de la constitution hanovrienne. L'université ne se releva jamais de ce coup. La bibliothèque de l'université contient 400,000 volumes et 5,000 manuscrits, elle surpasse presque toutes les autres bibliothèques allemandes par ses nombreuses collections d'ouvrages modernes. C'est l'une des mieux organisées de l'Europe.

GOFFE adj. Mal fait, mal bâti, grossier, maladroit : *cet homme-là est goffe*. (Vieux.)

GOG ET MAGOG, noms que l'on trouve dans la Genèse et dans les Chroniques I, pour désigner plusieurs personnages. Dans Ezéchiel, Gog est un prince du Nord, et Magog son peuple. Dans l'Apocalypse, ces mots désignent les ennemis du christianisme voués à la destruction. Les deux effigies du Guildhall, de Londres, appelées *Gog et Magog*, sont l'objet de plusieurs légendes. Les effigies actuelles, creuses et sculptées sur bois, mesurent une hauteur de 5 mètres; elles ont été érigées en 1708.

* **GOGAILLE** s. f. [ll mll.] (rad. *gogue*). Repas joyeux : *faire gogaille*. (Pop.)

GOGO s. m. Capitaliste, crédule, facile à tromper : *ce banquier a fait fortune grâce aux gogos qui lui ont confié leurs fonds*. — Le type du gogo, créé vers 1838 par une pièce du Vaudeville, intitulée *Monsieur Gogo*, a été popularisé par le roman de Paul de Kock qui a pour titre *La Famille Gogo* (1844).

* **GOGO (A)** loc. adv. A son aise, dans l'abondance : *vivre à gogo*.

GOGOL (Nikolai), auteur russe, né vers 1809, mort en 1852. Après avoir publié un volume de contes et *l'Inspecteur*, drame critiquant la corruption officielle, il fut nommé en 1831, professeur d'histoire à Saint-Pétersbourg. Son roman, *Ames mortes* (1842), combat la plaie de l'esclavage. Gogol fit ensuite, dans sa *Correspondance* (1847), l'éloge des abus qu'il avait critiqués auparavant. Dans un accès de mélancolie religieuse, il détruisit tous ses manuscrits.

GOGUE s. f. Plaisanterie. (Vieux).

GOGUELIN s. m. Esprit familier qui, suivant les matelots superstitieux, fréquente la cale et l'entrepont. (Voy. GOBELIN.)

* **GOGUENARD, ARDE** adj. Plaisant, railleur. Se prend ordinairement en mauvaise part : *cet homme est goguenard*. — Subst. *c'est un goguenard*. (Fam.)

* **GOGUENARDER** v. n. Faire de mauvaises plaisanteries : *il ne fait que goguenarder*. (Fam.)

* **GOGUENARDERIE** s. f. Mauvaise plaisanterie : *il ne répond que par des goguenarderies*.

GOGUENAU s. m. Récipient portatif de ferblanc ou de bois qui remplit l'office de pot-à-feu dans les régiments. Le goguenau porte aussi le nom de *thomas* ou de *jules*.

* **GOGUETTES** s. f. pl. Propos joyeux : *conter goguettes*. — Fam. ETRE EN GOGUETTES, ETRE EN SES GOGUETTES, être en belle humeur. — Fam. CHANTER GOGUETTES A QUELQU'UN, lui dire des in-

jures, des choses offensantes, fâcheuses. — Au sing. Festin où règne la liberté :

> Franc ami de la *goguette*,
> Ma chambre est une guinguette
> Ou je tiens festin et bal.
>   DÉSAUGIERS.

GOHIER (Louis-Jérôme), homme d'Etat, dernier président du Directoire exécutif, né en 1746 à Samblançay (Touraine), mort en 1830. Il acquit une grande réputation d'éloquence comme avocat à Rennes et fut député en 1791 à l'Assemblée législative, où il combattit la formule du serment civique imposé aux prêtres. Chargé de rédiger un rapport sur les papiers trouvés aux Tuileries le 10 août, il porta contre la famille royale des accusations qui amenèrent la déchéance de Louis XVI; il fut ministre de la justice après Garat (1793), président du tribunal de la Seine et du tribunal de cassation, et succéda à Treilhard au Directoire, le 30 prairial (18 juin 1799). Joué par Bonaparte, il refusa de donner sa démission, lors du coup d'Etat. (Voy. BAUMAINE.). Il accepta plus tard la place de consul général en Hollande et lors de la réunion de ce pays à la France, il rentra dans la vie privée. On a de lui des *Mémoires* (1824, 2 vol. in-8°), et une pièce de théâtre, le *Couronnement d'un roi*.

* **GOINFRE** s. m. Celui qui met tout son plaisir à manger : *c'est un goinfre*.

* **GOINFRER** v. n. Manger beaucoup et avidement. (Pop.)

* **GOINFRERIE** s. f. Gourmandise sans goût : *être adonné à la goinfrerie*. (Pop.)

GOITACAZES, tribu indienne du Brésil, maîtresse pendant longtemps du pays situé entre le Rio Cabapuana ou Itabapuana et le cap Saint-Thomé, régions dont elle repoussa constamment les Portugais. On prétend que les Goitacazes sont des êtres féroces et cruels adonnés au cannibalisme. Un grand nombre se sont faits chrétiens et leurs descendants sont aujourd'hui nombreux dans la partie septentrionale de la province de Rio-de-Janeiro.

* **GOITRE** s. m. [gouâ-tre] (lat. *guttur*, gosier). Anat. Tumeur qui se forme au-devant de la gorge, dans le corps thyréoïde. Le goitre consiste en un gonflement élastique provenant d'une hypertrophie des glandes thyréoïdes; on l'appelle aussi *bronchocèle*. Il se présente sous forme de tumeur molle, non douloureuse, plus ou moins mobile, d'abord égale, arrondie ou ovoïde et ensuite irrégulière et bosselée, quelquefois double et d'un volume considérable. Peu développé, le goitre ne cause aucun embarras; mais quand il devient volumineux, il comprime la trachée, l'œsophage, les vaisseaux et les nerfs, ce qui occasionne des maux de tête, une respiration et une déglutition difficiles, et plusieurs autres symptômes plus ou moins dangereux. Le caractère anatomique de cette affection est l'accroissement des cellules des glandes, qui s'emplissent de sang ou d'un liquide visqueux. Quoiqu'il soit occasionnellement sporadique, le goitre est une maladie essentiellement endémique et héréditaire dans les pays froids et humides, dans certaines vallées profondes, notamment dans celles des Alpes, du Valais, dans le Derbishire, etc. Il a certains rapports avec le crétinisme, sans être une maladie scrofuleuse, et il ne s'attaque pas seulement à la misère et à la malpropreté. Pris au début, il peut se guérir; plustard, la cure en est difficile. Les moyens curatifs qui obtiennent le plus de succès sont le changement de pays, l'usage intérieur et extérieur de la teinture d'iode ou de l'iodure de potassium. On a aussi préconisé l'usage de la poudre d'éponge torréfiée.

* **GOITREUX, EUSE** adj. Qui est de la nature du goitre : *tumeur goitreuse*. — Se dit aussi de ceux qui sont atteints du goitre : *les ha-*

bitants de cette vallée sont presque tous goi-
treux. — Se dit substantiv., dans ce dernier
sens : *un goitreux.*

GOLCONDE, ancienne ville et forteresse de
l'Inde, dans les possessions du Nizam, à
10 kil. N.-O. d'Hyderabad. La forteresse sert
aujourd'hui de prison et de dépôt pour le trésor. A environ 600 m. de cette forteresse se
trouvent les magnifiques mausolées des anciens rois de Golconde. Chaque mausolée
occupe le centre d'une vaste plateforme quadrangulaire que l'on atteint de tous côtés par
des escaliers de granit. Ces monuments sont

Tombeaux des rois à Golconde.

presque entièrement construits en pierre
grise, ornés de stuc et de porcelaine indoue
dont les couleurs conservent encore leur premier éclat. Golconde était autrefois célèbre
pour la quantité et la qualité des diamants
que produisent ses environs. Elle fut, pendant longtemps, la capitale d'un royaume
qui porta son nom et qui se forma à la chute
de l'empire Bahmani ; elle fut ensuite prise
par Aurungzebe et annexée à Delhi.

GOLCONDE (Aline, REINE DE), opéra. Voy.
ALINE.

GOLDBERG [gold'-bèrg], ville de Prusse (Silésie), sur le Katzbach, à 14 kil. S.-O. de
Leignitz; 6,720 hab. Elle doit son nom à ses
anciennes mines d'or. Draps, bonneterie,
teintureries et distilleries.

GOLDONI (Carlo), dramaturge italien, né à
Venise en 1707, mort en 1793. A l'âge de huit
ans, il écrivit une espèce de drame comique,
et à 13 ans il joua les rôles de femme au
théâtre de Pérouse. En 1732, il fut admis à
faire partie du corps des avocats de Venise,
mais bientôt après il se rendit à Milan où son
opéra comique, *Le Gondolier vénitien,* fut joué
et applaudi. En 1734, sa tragédie de *Belisario*
obtint à Venise un succès extraordinaire. Sa
seconde tragédie, *Rosamonda,* tomba en 1735.
En 1739, il fut nommé consul génois à Venise, mais au bout de deux ans, il reprit son
existence d'aventure. En 1747, il retourna à
Venise et produisit 16 pièces nouvelles en trois
actes. Il avait déjà écrit 120 pièces quand on
l'invita, en 1761, à se rendre à Paris où il devint professeur d'italien des sœurs du roi. Ses
Mémoires (1787) sont, dit Gibbon, plus comiques que ses meilleures comédies.

GOLDSCHMIDT (Hermann) [golt'-chmitt],
peintre et astronome allemand, né en 1802,
mort en 1866. Il étudia la peinture à Munich,
et en 1836 il s'établit à Paris. En 1847, il se
consacra à l'astronomie et, à l'aide d'un télescope ordinaire, il découvrit 14 astéroïdes, de
1852 à 1861. En 1863, il annonça qu'il avait
observé six satellites de Sirius; pour cette
découverte, l'Académie des sciences lui décerna le prix d'astronomie.

GOLDSMITH (Olivier) [gôld-smiss], auteur
anglais, né dans le comté de Longford (Irlande), le 10 nov. 1728, mort à Londres le 4
avril 1774. Fils d'un pauvre prêtre de l'Eglise
établie, il entra en 1744 au collège Trinity,
à Dublin, en qualité d'étudiant servant ou
pauvre. Il prit ses grades en 1749 et retourna
dans sa famille, qui le destinait à la prêtrise ; mais lorsqu'il s'agit de passer ses examens, il se présenta devant l'évêque d'El-
pbin dans un costume à la dernière mode
et en culottes écarlates; après cette incartade, il dut renoncer à recevoir les ordres.
Il se fit alors pré-
cepteur particu-
lier, mais il eut
querelle avec la
famille dans la-
quelle il se trou-
vait, et s'en alla
ayant 750 francs
en poche. Peu de
semaines après,
il était sans res-
sources. Il avait
payé son passage
pour l'Amérique,
mais le navire
mit à la voile pen-
dant qu'il s'amu-
sait à la campa-
gue. Un oncle lui
donna les moyens
d'étudier la juris-
prudence, et il
partit pour Lon-
dres avec 1,250 fr.
qu'il perdit au jeu à Dublin. L'oncle l'envoya à Edimbourg et pendant deux hivers il
fréquenta les cours de médecine, mais accablé de dettes et poursuivi par les huissiers
il s'enfuit sur le continent. Il passa près d'une
année à Leyde, suivit des cours de chimie à
Paris, traversa l'Allemagne et la Suisse, passa
à Marseille et de là en Italie, vivant, comme
on le suppose, à la manière du *Vagabond
Philosophe* dont il parle dans le *Vicaire de
Wakefield.* Il fut reçu docteur-médecin à Padoue. En 1756, il débarqua à Douvres sans
ressources et sans amis. Pendant deux ou
trois ans, il resta dans l'obscurité et finit par
se mettre en rapport, à Londres, avec le rédacteur du *Monthly Review,* qui accepta sa
collaboration. Après cinq mois d'un travail
pénible, qui l'avait rompu et il écrivit pour d'autres feuilles périodiques. En 1759,
il fit paraître son premier ouvrage connu, *An
Inquiry into the Present state of Polite Lear-
ning in Europe.* La même année, il s'associa
à un journal hebdomadaire, *The Bee,* qui vécut seulement deux mois. Il donna alors au
journal le *Public Ledger,* les célèbres *Chinese
Letters,* publiées de nouveau peu de temps
après sous le titre de *The Citizen of the World.*
Ces ouvrages améliorèrent sa position et lui
firent faire la connaissance de Percy, de
Smollett, de Johnson, de Burke et d'Hogarth.
A la même époque, il contracta une vive amitié avec sir Joshua Reynolds, amitié qui dura
toute sa vie. Son ouvrage, le plus remarquable pendant cette période fut *History of
England in a series of Letters from a nobleman
to his son.* Son poème *The Traveller* fut publié en 1764. Arrêté pour dettes, il se délivra
en cédant à un libraire le manuscrit du *Vicaire de Wakefield,* moyennant la somme de
1,500 fr.; cet ouvrage, qui est l'un des chefs-
d'œuvre classiques de la littérature anglaise,
fut publié en 1766. En 1767, Goldsmith donna
The Good-Natured man, qui fut joué au
théâtre de Covent Garden et lui rapporta
12,500 fr. Il passa l'hiver de 1768-'69 à com-
pulser l'histoire romaine (2 vol.) et il commença alors *History of the Earth and Anima-
ted Nature,* imitation de Buffon (8 vol. 1774).
En 1770, il publia *The Deserted Village,* qui

obtint un succès extraordinaire. Ses productions lui rapportaient des sommes considérables sans suffire à pouvoir à ses dépenses
sans cesse grandissantes. Sa comédie, *She
Stoops to Conquer,* parut en 1772. Parmi les
ouvrages que nous n'avons pas mentionnés
dans cet article, nous citerons les vies de Voltaire, du Beau Nash, de lord Bolingbroke et
de Thomas Parnell; *une histoire grecque* et
A Survey of Experimental Philosophy. La première collection de ses poèmes parut à
Londres en 1780. La meilleure édition de ses
œuvres est celle d'Edimbourg (1801). Son *Vicaire de Wakefield* a été traduit dans toutes
les langues. L'une des meilleures traductions
françaises est celle de Mlle Louise Belloc (Paris, 1839-'44).

* **GOLFE** s. m. (gr. *kolpos;* bas grec *kolphos*).
Partie de mer plus ou moins vaste, qui entre,
qui avance dans les terres, et dont l'ouverture
du côté de la mer est ordinairement fort
large: *golfe de Venise, de Gascogne, du Mexique,* etc.

GOLFE-JUAN ou Golfe-Jouan, hameau du
canton d'Antibes, arr. et à 18 kil. de Grasse
(Alpes-Maritimes). Bon mouillage pour les
vaisseaux de guerre et de commerce. C'est là
que Napoléon débarqua à son retour de l'île
d'Elbe, le 1er mars 1815. Une colonne de
granit marque l'endroit où il passa la nuit de
son débarquement.

GOLGOTHA s. m. Calvaire. Colline des environs de Jérusalem, sur laquelle Jésus fut
crucifié. (Voy. CALVAIRE.)

GOLIATH, géant philistin, haut de plus de
six coudées (3 mètres); il défia tous les
Hébreux, et fut renversé d'un coup de fronde
par David, qui lui trancha la tête.

GOLO, riv. de Corse qui prend sa source à
23 kil. O. de Corte; elle donna son nom, en
1793, à un département formé au N. de la
Corse. (Voy. CORSE.) Cours, 66 kil.

GOLIUS (Jacobus), orientaliste hollandais,
(1596-1667). Son œuvre principale est son
Lexicon Arabico-Latinum (1653).

GOLLNOW [gol'-nô], ville de Prusse, dans
la Poméranie, sur l'Ihna, à 20 kil. N.-E. de
Stettin; 7,280 hab. Usines de cuivre; manufactures de rubans et de papier. Cette ville
faisait jadis partie de la ligue Hanséatique.

GOMAR (François), ministre protestant,
chef de la secte des *Gomaristes,* né à Bruges
en 1563, mort en 1641. Il eut avec Arminius
(voy. ce mot) une querelle qui excita des
troubles dans toute la Hollande. Il professa
ensuite la théologie et l'hébreu à Groningue
et fit condamner la doctrine d'Arminius par
le synode de Dordrecht. Ses œuvres ont été
publiées à Amsterdam (1645, in-fol.).

GOMARISME s. m. (de Gomar, nom du
fondateur). Doctrine protestante sur la prédestination.

GOMARISTE s. Partisan de Gomar et de sa
doctrine.

GOMBETTE (Loi). Loi promulguée par
Gondebaud, comte de Bourgogne, en 502.
Elle permettait de réparer tous les délits par
compensations pécuniaires, favorisait la
fusion des familles indigènes et des familles
bourguignonnes, établissait la gratuité de
l'administration de la justice, remplaçait le
serment judiciaire par le duel. La loi Gombette fut abrogée en 840.

GOMER, le premier des sept fils de Japhet
(Gen. X, 2, 3). Dans Ezéchiel, xxxviii, 6, Gomer
désigne un peuple qui appartenait évidemment à la famille scytique. Ce peuple est
identique avec les anciens Cimmerii, et sans
doute aussi avec les Cimbres et les Celtes.

GOMMAGE s. m. Action de gommer; résultat de cette action.

* GOMME s. f. (lat. *gummi*; gr. *kommi*). Substance visqueuse qui découle de certains arbres, qui s'épaissit à l'air, et qui est soluble dans l'eau : *gomme de cerisier, de prunier*, etc. — GOMME AMMONIAQUE. (Voy. AMMONIAC.) — GOMME COPAL, résine qui s'emploie dans la préparation des vernis. — GOMME ÉLASTIQUE. (Voy. *Caoutchouc*.) — Chir. Sorte de tumeur qui vient aux os et au périoste. — ⌇⌇ Argot. Manière d'être, état du gommeux. — FAIRE DE LA GOMME, faire.du genre, faire l'élégant. — ENCYCL. On donne le nom de gomme à l'exsudation de certains arbres ; la gomme se distingue autant par la propriété qu'elle *possède de s'amollir et de se dissoudre dans l'eau que par celle de résister à l'action de l'alcool et par celle de fournir de l'acide mucique quand elle est soumise à l'action de l'acide nitrique. Les résines, qui se rapprochent des gommes par leur origine et par leur apparence, sont insolubles dans l'eau et se dissolvent dans l'alcool, dans l'éther et dans les huiles essentielles ; elles se distinguent, en outre, des gommes par leur inflammabilité. Les gommes sont composées principalement de trois principes, savoir : l'arabine, la bassorine et la cérasine. L'arabine est soluble dans l'eau chaude et dans l'eau froide et elle forme presque la masse entière de la gomme arabique. La bassorine gonfle dans l'eau froide, mais elle ne se dissout pas ; elle résiste à l'action de l'eau chaude pendant quelque temps ; elle se dissout après une ébullition prolongée, elle forme'une grande partie de la gomme adragant. La cérasine, qui ressemble beaucoup à la bassorine, exsude du cerisier et de plusieurs autres arbres fruitiers à noyaux.* — Il y a six espèces de gommes connues : la gomme arabique, la gomme du Sénégal, la gomme du cerisier, la gomme de Bassora, la gomme adragant et la gomme de graines. Les cinq premières sont solubles dans l'eau bouillante, mais la solution plus lentement effectuée dans l'eau froide se conserve mieux ; on l'emploie pour la préparation de mucilage adhérent et aussi pour produire une surface glacée sur les étoffes, pour leur donner du corps à la façon de l'amidon. En augmentant la densité des liquides dans lesquels les gommes sont dissoutes, elles maintiennent en suspension les substances qui autrement tomberaient au fond. C'est pourquoi on les emploie dans la fabrication de l'encre à écrire et dans diverses préparations médicinales. On les administre aussi pour leurs vertus médicinales adoucissantes. La gomme adragant est le produit de différentes espèces d'*astragales*, particulièrement de l'*astragalus verus* du nord de la Perse, de l'Arménie, de l'Asie Mineure, et de l'*astragalus gummifer* d'Arabie, du mont Liban, etc. On recueille cette substance en juillet et en août ; elle exsude des arbustes naturellement ou au moyen d'incisions faites près des racines. La gomme adragant est dure, épaisse, plus ou moins blanche selon sa pureté ; elle est irrégulièrement aplatie et en filaments vermiculés tortillés. On peut la pulvériser après l'avoir séchée à une température de + 100° ; elle n'a ni goût, ni odeur. Sa gravité spécifique est 1,384 ; elle augmente lentement de volume dans l'eau, s'y dissout en partie et forme une pâte épaisse adhérente. En la faisant bouillir avec une quantité suffisante d'eau, on obtient une solution semblable à celle de la gomme arabique.

GOMMÉ, ÉE adj. Qui est enduit de gomme ; où l'on a dissous de la gomme.

* GOMME-GUTTE s. f. Gomme-résine, jaune, âcre, amère, qui s'emploie en médecine

comme purgative, mais surtout en peinture, pour l'aquarelle : *des gommes-guttes*. — La gomme-gutte est une gomme-résine jaunâtre que l'on récolte à Siam, en Cochinchine, dans l'île de Ceylan. L'arbre dont on l'obtient

Gomme-gutte (Hebradendron cambogioides).

est l'*hebradendron cambogioides*. Cette gomme fut d'abord importée en Europe par les Hollandais en 1603. La manière de la recueillir dans le royaume de Siam consiste à amasser dans des feuilles ou dans des coquilles de noix de coco le suc laiteux jaunâtre qui coule des pousses et des feuilles brisées de l'arbre, et à mettre ce suc dans des vases en terre où on le laisse épaissir.

GOMMELINE s. f. Gomme artificielle provenant de la transformation de l'amidon en dextrine au moyen de la diastase, ou en traitant l'acide lactique, la farine, le sagou, etc. ; la gommeline sert à apprêter les indiennes.

* GOMMER v. a. Enduire de gomme : *gommer de la toile, du taffetas*. — GOMMER UNE COULEUR, y mêler un peu de gomme, afin que la couleur ait plus de corps, et qu'elle tienne mieux sur la toile, sur le papier, etc.

* GOMME-RÉSINE s. f. Suc végétal principalement composé de gomme et de résine, dont une partie se dissout dans l'eau, et l'autre dans l'esprit-de-vin : *l'assa fœtida, la myrrhe, l'encens, sont des gommes-résines.* — Les gommes-résines se composent du suc épaissi de certaines plantes, obtenu par exsudation spontanée ou au moyen d'incisions. Elles contiennent, outre de la résine et de la gomme dont les proportions varient suivant les espèces, de l'huile essentielle et d'autres substances végétales, telles que l'amidon, la bassorine, etc. La plupart des gommes-résines sont des substances dures, sèches, cassantes et opaques, rarement translucides comme les résines. Parmi les plus importantes, nous citerons l'aloès, l'ammoniaque, l'assa fœtida, le bdellium, l'euphorbium, le galbanum, la gomme-gutte, la myrrhe, le sagapenum et le scammonée.

* GOMMEUX, EUSE adj. Qui jette de la gomme : *il y a dans ce pays beaucoup d'arbres gommeux et résineux.* — Qui est qui tient de la nature de la gomme : *suc gommeux.* — ⌇⌇ Argot. Fashionable qui se trouve charmant et que. le public trouve ridicule. « Le *gommeux* succède au *petit-crevé*, qui avait succédé au *gandin*, qui avait succédé au *fashionable*, qui avait succédé au *lion*, qui avait succédé au *dandy*, qui avait succédé au *freluquet*, au *merveilleux*, à l'*incroyable*, au *muscadin*, qui avait succédé au *petit-maître*. » (Bernadille.)

* GOMMIER s. m. Bot. Arbre d'Amérique, espèce d'acacia qui donne beaucoup de gomme : *gommier blanc*.

GOMMIFÈRE adj. Bot. Qui porte, qui produit de la gomme : *acacia gommifère*.

GOMMIQUE adj. Se dit d'un acide extrait des gommes.

GOMMO-RÉSINEUX, EUSE adj. Qui tient de la gomme-résine : *suc gommo-résineux*.

GOMORRHE, ancienne ville de Palestine qui fut détruite en même temps que Sodome.

GOMORRHÉEN, ÉENNE adj. et s. Habitant de Gomorrhe ; qui concerne Gomorrhe.

* GOMPHOSE s. f. (gr. *gomphos*, clou). Anat. Espèce d'articulation immobile, par laquelle les os sont emboîtés l'un dans l'autre, comme un clou et une cheville dans un trou : telle est l'insertion des dents dans les mâchoires. — ⌇⌇ s. m. Icht. Genre de labroïdes comprenant trois espèces qui habitent la mer des Indes.

GONAGRE s. f. (gr. *gonu*, genou ; *agra*, prise). Méd. Goutte du genou.

GONAÏVES (Les), ville de Haïti, sur la côte O. de la baie de Gonaïves, à 90 kil. N. O. de Port-au-Prince ; 4,000 hab. Port commode ; site délicieux, exportation de café.

GONALGIE s. f. (gr. *gonu*, genou ; *algos*, douleur). Méd. Douleur rhumatismale fixée sur l'articulation du genou.

GONÇALVEZ DIAZ [gonn-sal'-vèss-di-ass], poète brésilien (1823-1866). Au sortir de l'université de Coïmbre (Portugal), il se fit un nom comme auteur de poésies fugitives : *Primeiros Cantos* (1846). En 1847, il publia un drame romantique, *Léonor de Mendoça*, et ensuite *Segundos cantos, Ultimos versos* et *Cantos*. En 1853, il fut envoyé en mission scientifique en Europe, il mourut en mer à son retour dans sa patrie. On le regarde *comme le premier poète lyrique du Brésil.*

GONCE s. m. Argot. Homme que les filous choisissent pour victime.

GONCELIN, ch.-l. de cant., arr. et à 29 kil. N.-E. de Grenoble (Isère) ; 1,500 hab.

GONCOURT (Jules-Alfred HUOT DE), littérateur, né à Paris le 17 décembre 1830, mort en 1876. Il a constamment collaboré avec son frère EDMOND-LOUIS-ANTOINE. Leurs œuvres les plus connues sont : *Sophie Arnoult, les Actrices, Germinie Lacerteux, l'Amour au dix-huitième siècle*, etc. Jules de Goncourt, qui avait reçu les leçons de Gavarni, est de plus l'auteur d'eaux-fortes remarquables qui ont été publiées par son frère en 1875.

* GOND s. m [gon] (lat. *contus*, pieu). Morceau de fer coudé et rond par la partie d'en haut, sur lequel tournent les pentures d'une porte : *il manque un gond à cette porte.* — FAIRE SORTIR, METTRE QUELQU'UN HORS DES GONDS, exciter tellement sa colère, qu'il soit comme hors de lui-même : *ne vous opiniâtrez pas contre lui, vous le mettriez hors des gonds.*

GONDAR, ville d'Abyssinie, résidence de l'*atuma* ou archevêque, à environ 35 kil. N. du lac Tzana ou Dembea ; environ 7,000 hab. Elle est située sur une montagne, et consiste en groupes dispersés de maisons basses, construites de blocs grossiers de pierres volcaniques, elle renferme 44 églises et possède 1,200 prêtres. On y trouve des manufactures de coton, d'ornements, d'orfèvrerie, de parchemins, de selles, d'ombrelles et de passementerie. Gondar, au moyen âge et jusqu'au XVIIIe siècle, fut la capitale du royaume d'Abyssinie et plus tard de celui d'Ambara. Sous le roi Théodore, elle redevint la capitale de toute l'Abyssinie de 1853 à 1868.

GONDEBAUD, roi des Bourguignons. D'abord vaincu par deux de ses frères, il finit par les surprendre dans Vienne et les fit mettre à mort. Également vaincu par Clovis près de l'Ouche (500), il obtint la paix et se tourna contre son frère Godegisèle, qui l'avait trahi et qu'il assiégea et fit massacrer dans Vienne. Il gouverna ensuite la Bourgogne jusqu'à sa mort et fit preuve d'une grande sagesse. Il promulgua la loi Gombette. (Voy. GOMBETTE.)

GONDEMAR I. Roi des Bourguignons, fils de Gondioc. Il eut en partage (463) le pays de Vienne dont il fut dépouillé par son frère Gondebaud, qui le fit mettre à mort (476). — II. Roi des Bourguignons, fils de Gondebaud. Il succéda (524) à son frère Sigismond, tué par Clodomir, battit et tua ce chef franc, fut attaqué, vaincu à Autin (534) et fait prisonnier par Childebert et Clotaire, qui l'enfermèrent dans un château fort où il mourut (541). Le premier royaume de Bourgogne finit avec lui.

GONDER v. a. Archit. Mettre des gonds: *gonder une porte.*

GONDI Nom d'une famille originaire de Florence. (Voy. RETZ.)

GONDOKORO, ville du territoire des nègres Bari, sur le Nil blanc, par 4° 54' lat. N. et 29° 26' long. E. Chaque année elle devient pendant deux mois une station pour les marchands d'ivoire; elle fut incorporée à l'Egypte en 1873.

GONDOLAGE s. m. Action de gondoler.

* **GONDOLE** s. f. (lat. *gondola*). Petit bateau plat et fort long, qui est particulièrement en usage à Venise pour naviguer sur les canaux,

Gondole

et qui ne va qu'à rames. — Petit vaisseau à boire, long et étroit, qui n'a ni pied ni anse, et que l'on nomme ainsi à cause de sa ressemblance avec les gondoles de Venise.

* **GONDOLER** v. n. Arts et Métiers. Se gonfler, se déjeter, se bomber. Ne se dit guère qu'en parlant du bois.

* **GONDOLIER** s. m. Celui qui mène les gondoles: *les gondoliers de Venise sont fort adroits.*

GONDRECOURT, ch.-l. de cant., arr. et à 36 kil. S.-S.-O. de Commercy (Meuse), sur l'Ornain; 1,800 hab.

GONDS, tribu aborigène habitant les hautes terres des provinces centrales de l'Inde, ce qui a fait donner à cette région le nom de Gondwana ou Gundwana. Les Gonds sont de petite taille, robustes, hardis, turbulents et courageux. Leur peau est brune, leurs cheveux sont plats et noirs. On estime à 800,000 le nombre des Gonds dans les parties montagneuses de l'Inde centrale; ils n'ont pas de langue écrite. Quoique un peu familiarisés avec l'indoustani, ils parlent généralement leur idiome. Leur religion est un panthéisme corrompu. Quoique la polygamie soit tolérée, elle est rare chez eux.

GONÉPLACE ou **Gonoplace** s. m. (gr. *gonu*, genou; *plax*, plaque). Genre de crustacés décapodes brachyures, comprenant deux espèces qui vivent dans nos mers.

GONESSE, *Gonissa*, ch.-l. de cant., arr. et à 32 kil. S.-E. de Pontoise (Seine-et-Oise), sur la rivière le Crould; 2,850 hab. Belle église ogivale. Grains. Patrie de Philippe-Auguste.

* **GONFALON** ou **Gonfanon** s. m. (anc. haut. all. *gunfano*, bannière de guerre). Ban-

nière d'église à trois ou quatre fanons, qui sont des pièces pendantes. Est principalement usité dans le Blason. — Le gonfanon fut d'abord une enseigne militaire de premier rang; il ne devint que plus tard une bannière d'église.

* **GONFALONIER** ou **Gonfanonier** s. m. Celui qui porte le gonfalon. On a longtemps donné ce titre aux chefs de quelques-unes des républiques modernes d'Italie.

GONFLÉ, ÉE adj. Qui est devenu plus ample par une distension intérieure.

* **GONFLEMENT** s. m. Enflure : *gonflement de rate.*

* **GONFLER** v. a. (lat. *gonflare*). Rendre enflé, faire devenir enflé : *gonfler une vessie.* — Se dit particul. des enflures causées par des flatuosités : *la plupart des légumes gonflent l'estomac.* — v. n. *Cette pluie fera gonfler le raisin.* — Fig. Sa *fortune l'a gonflé d'orgueil.* — Se gonfler v. pr. S'enfler : *un ballon qui se gonfle.* — ⌐ Fig. S'enorgueillir.

GONG s. m. [gongh]. Onomatopée. Instrument de musique des Chinois et des Indous : c'est un disque de métal, dont on tire des sons retentissants en le frappant avec une baguette garnie de peau.

GONGONNER v. a. Se dit de vêtements qui font des plis et vont mal. (Fam.)

GONGORA Y ARGOTE (Luis de), poète espagnol, né en 1561, mort en 1627. Il entra dans les ordres à l'âge de 43 ans, et fut nommé chapelain titulaire de Philippe III. Ses premières poésies, consistant en ballades et en odes, sont remarquables par leur vigueur et leur simplicité; plus tard il adopta le style obscur et très prétentieux appelé *estilo culto*, ou style cultivé, qui pendant un certain temps fut à la mode en Espagne.

GONGORISME s. m. Style affecté qui s'introduisit dans la littérature espagnole par l'imitation du genre de Gongora.

GONIATITES, groupe de fossiles céphalopodes, voisin des ammonites et ayant une coquille semblable à celle des nautiles. On a trouvé des *goniatites marcellensis* (Van.) de 32 cent. de diamètre, dans les argiles schisteuses de New-York.

* **GONIN** s. m.. Nom d'un escamoteur célèbre sous François Ier. N'est usité que dans cette phrase populaire, C'EST UN MAITRE GONIN, c'est un fripon adroit et rusé.

* **GONIOMÈTRE** s. m. (gr. *gonia*, angle; *metron*, mesure). Cristall. Instrument qui sert à mesurer les angles des cristaux naturels. — Les goniomètres sont de deux sortes: celui d'Haüy à deux bras qui s'appliquent aux faces adjacentes du cristal, l'angle étant indiqué par un arc gradué. Dans le goniomètre réflecteur du Dr Wollaston, le cristal est attaché à un cercle gradué et on le tourne jusqu'à ce que les faces adjacentes réfléchissent un rayon de lumière dans la même direction.

* **GONIOMÉTRIE** s. f. Math. Art de mesurer les angles.

* **GONORRHÉE** s. f. (gr. *gonos*, semence; *rheô*, je coule). Méd. Ecoulement par le canal de l'urètre, qui est dû le plus souvent à une affection vénérienne : *gonorrhée simple, virulente.*

GONSALVE DE CORDOUE ou **Gonzalo Hernandez de Cordova**, appelé *el Gran Capitan* (le grand capitaine), général espagnol, né en 1453, mort le 2 décembre 1515. Il se distingua à Albuera pendant la guerre de Portugal (1479) et arriva à l'apogée de la renommée pendant la guerre avec les Maures (1484-'92). Il chassa les Français du royaume de Naples en 1495-'96 et enleva ensuite Ostie à une bande de routiers qui l'occupaient.

En 1500 il réprima une insurrection des Maures dans l'Alpujarras, et en 1501 il s'empara de la forteresse presque imprenable de Saint-Georges (Céphalonie). Le royaume de Naples ayant été divisé entre Louis XII et Ferdinand le Catholique, Gonsalve fut nommé lieutenant général de la portion espagnole, mais les Français et les Espagnols eurent des contestations au sujet de leurs frontières, et en juillet 1502, on en vint aux hostilités. Gonsalve battit les Français à Barletta (avril 1503), et sur le Garigliano (décembre), et prit Gaëte (1504); les Français évacuèrent le pays. Gonsalve gouverna le royaume en qualité de vice-roi jusqu'en 1507. Ferdinand, le soupçonnant de vouloir se rendre indépendant, le rappela; il se retira dans ses états, près de Loja.

GONTAUT, nom d'une des plus illustres maisons de France, qui remontait au Xe siècle; elle a fourni quatre maréchaux de France. (Voy. BIRON.)

GONTRAN, deuxième fils de Clotaire, roi des Francs. Il eut en partage (561) les royaumes de Bourgogne et d'Orléans, repoussa victorieusement les incursions des Lombards, réprima une insurrection des leudes en faveur de Gondovald et mourut en 593, après avoir légué ses Etats à Childebert II.

GONYPE s. m. (gr. *gonu*, articulation ; *pous*, pied). Entom. Genre de dyptères asiliques, comprenant une douzaine d'espèces.

GONZAGA [gonn-dza-ga], ville d'Italie, à 20 kil. S. de Mantoue; 17,530 hab. Son château fut le berceau de la famille de Gonzaga. Manufactures de soieries.

GONZAGUE (Saint Louis de). Voy. LOUIS.

GONZAGUE ou **Gonzaga**, famille italienne qui gouverna Mantoue depuis 1328 jusqu'en 1707. Son fondateur fut Ludovico Ier (mort en 1360). La famille se divisa en plusieurs branches dont les plus puissantes furent celles des ducs de Nevers et des ducs de Guastalla. Quelques-uns des gouverneurs de Mantoue se distinguèrent comme protecteurs des arts et des lettres et firent de leur cour une des plus brillantes de l'Italie. Cecilia (né vers 1424) et Lucrezia (mort en 1576) se rendirent célèbres par leur savoir. Ludovico III (1444-'78), surnommé le Turc, Francesco II (1484-1519) et Vincenzo I (1587-1611) furent des guerriers renommés. La branche aînée s'étant éteinte en 1627, Mantoue, après une guerre de succession, passa à Charles Ier, duc de Nevers. Charles IV, dernier duc de Mantoue (mort en 1708), fut dépossédé en 1707 par l'Autriche, qui le punit ainsi d'avoir pris parti pour la France, lors de la guerre de la succession d'Espagne. Une branche collatérale de la famille existe encore dans le district de Gonzaga; le chef en est le marquis Guerrieri-Gonzaga.

GONZESSE s. f. Argot. Femme, maîtresse.

GOOD (John-Mason) [goud], médecin anglais, né en 1764, mort en 1827. Ses ouvrages comprennent: *History of Medicine as far as it relates to the Profession of an Apothecary; Song of Songs* ou *Sacred Idyls*, traduites de l'hébreu, avec notes; *Pantalogia* or *Encyclopædia comprising a General Dictionary of Arts, sciences, and General Literature*, en collaboration avec Olinthus Gregory et Newton Bosworth, *The Book of Nature* (3 vol.).

GOODWIN SANDS, dangereux bancs de sable qui se trouvent sur la côte E. du comté de Kent (Angleterre), et qui sont séparés de la terre ferme par les Downs, dont la largeur est d'environ 9 kil. Ces bancs, qui sont mouvants, sont séparés par un canal étroit appelé le Swash, navigable seulement pour de petits bateaux.

GOODYEAR (Charles), inventeur américain, né à New-Haven en 1800, mort en 1860. Ku

1830, il commença ses expériences sur la fabrication du caoutchouc et en 1836, il découvrit une méthode qui enlevait à la gomme élastique sa propriété adhésive, en la traitant par une préparation d'acide nitrique. Son procédé fut accueilli favorablement, surtout pour la fabrication des chaussures, mais on l'a remplacé depuis par une méthode supérieure, celle de la vulcanisation. En 1839, Goodyear découvrit par hasard que le caoutchouc mêlé au soufre et soumis à une haute chaleur artificielle ne fond pas ; mais que des portions n'en restent élastiques quoique privées de propriété adhésive. A partir de ce moment, la vulcanisation attira son attention, mais il n'en retira aucun profit.

GOOLE [goul], ville du Yorkshire (Angleterre), sur l'Ouse, à 30 kil. de Hull ; 7,680 hab. Vastes docks, magasins, dock de carénage pour la réparation des navires.

GOOMTEE ou **Goomty** (ind. *Comati*), rivière de l'Inde anglaise, qui prend sa source dans le district du Shahjehanpoor, et qui se jette dans le Gange, après un cours de 600 kil.

* **GORD** s. m. [gor]. Pêcherie composée de deux rangs de perches plantées dans le fond de la rivière, qui forment un angle, au sommet duquel est un filet où les deux rangs de perches conduisent le poisson : *établir un gord.*

GORDES, *Vordenses*, ch.-l. de cant., arr. et à 19 kil. N.-O. d'Apt (Vaucluse) ; 2,500 hab. Dans les environs se trouve l'abbaye de Senanque, achetée par les bernardins en 1854.

* **GORDIEN, IENNE** adj. (*Gordius*, n. pr.). Qui appartient à Gordius, roi de Phrygie. — **Nœud gordien**, nœud qu'Alexandre trancha, ne pouvant le délier. — Fig. Difficulté presque invincible. — **Trancher le nœud gordien**, résoudre violemment une difficulté.

GORDIEN, *Gordianus*. I (Marcus-Antonius), surnommé l'Africain, empereur romain, né en 158 ap. J.-C., mort en 238. Il descendait de l'empereur Trajan par sa mère, et des Gracques par son père. Il fut d'abord consul en 213. A l'âge de 80 ans, étant proconsul de l'Afrique, il fut forcé, par les chefs de la révolte contre Maximin, de prendre le titre impérial à Carthage. Le sénat lui donna de suite le titre d'Auguste, ainsi qu'à son fils, et déclara que Maximin était un ennemi public. Pendant ce temps, Capellianus, procurateur de Numidie, marcha contre Carthage, défit et tua Gordien le Jeune, fils de l'usurpateur, qui se suicida lui-même après un règne nominal de moins de deux mois. — II (Marcus-Antonius-Pius), empereur romain, petit-fils du précédent, né vers 224 ap. J.-C., mort en 244. Il fut proclamé César à Rome après la mort des deux Gordiens en Afrique, puis collègue de Balbinus et de Maximus et après que ceux-ci eurent été assassinés en 238, il fut proclamé empereur par le sénat et par les troupes. Il dirigea la guerre contre les Perses qu'il vainquit dans une série d'engagements en Mésopotamie (242). Il fut assassiné par ses troupes à la suite des intrigues de son général Philippus, qui lui succéda.

GORDIUM, anc. ville de Phrygie, sur le fleuve Sangarius, aujourd'hui remplacée par la ville turque de Bey-Bazar, à 64 kil. N.-O. d'Angora. C'est dans l'acropole de cette ville que Gordius consacra à Zeus un joug fixé par un nœud merveilleux qu'Alexandre ne put dénouer, mais qu'il trancha avec son glaive.

GORDIUS, roi légendaire de Phrygie, père de Midas. C'était un paysan qui fut élevé au trône pour obéir à un oracle. Il consacra le joug de son bœuf à Zeus Basileus dans l'acropole de Gordium, et l'oracle déclara que quiconque pourrait en délier le nœud deviendrait maître de l'Asie. On dit qu'Alexandre, lors

de sa marche contre les Perses, trancha ce nœud avec son épée.

GORDONIE s. f. (de *Gordon*, nom d'une célèbre famille écossaise). Bot. Genre d'arbres et d'arbrisseaux de la famille des caméliacées, comprenant plusieurs espèces qui croissent dans les régions chaudes de l'Amé-

Gordonia pubescens.

rique du Nord. La *gordonia lasianthus* se trouve dans les pays compris entre la Virginie et la Floride ; la *gordonia pubescens* est commune dans la Georgie du Sud.

GORÉE (*Bir*), île de l'océan Atlantique, possession française, sur la côte O. de la Sénégambie (Afrique occidentale), à 2 kil. S. du cap Vert, dont elle est séparée par le canal de Dakar, et à 167 kil. S.-O. de Saint-Louis (Sénégal) ; par 14° 39' 55" lat. N. et 19° 45' long. O. ; cette île n'est qu'un rocher d'environ 800 m. de longueur du N.-O. au S.-E., et de 215 m. de largeur moyenne, ce qui lui donne une superficie de 17 hect. ; 45,700 hab. Gorée est divisée en deux parties : 1° le *Castel*, construit sur un rocher élevé au S. de l'île et occupé par une garnison d'infanterie de marine, forme un poste militaire très important ; 2° la ville de *Gorée*, bon port de relâche bien connu des navigateurs ; 2,900 hab. dont 2,700 indigènes. Siège d'un tribunal de 1re instance dont le greffier remplit l'office de notaire. La cour d'assises y tient quelquefois ses audiences, quand les besoins du service l'exigent. Hôpital militaire. L'île de Gorée a fait jadis partie, avec Dakar, de la république M'bambarra ; les M'bambarras y habitent encore en assez grand nombre. Elle forme aujourd'hui avec la ville sus-nommée une des trois communes du gouvernement du Sénégal, la commune de Gorée-Dakar, qui comprend l'île de Gorée et toute la côte depuis la baie d'Iof jusqu'à la Gambie ; elle est divisée en quatre cercles (Gorée, Ubidjem, Kaolakh, Sedhiou), est administrée par un maire et un conseil municipal et fournit six membres au conseil général du Sénégal. Le thermomètre, qui varie au Sénégal de 14° à 42°, n'atteint jamais à Gorée un degré très élevé, l'île étant exempte de grandes chaleurs grâce à la nappe d'eau qui la sépare de la Grande-Terre. La moyenne de la température est de 24°. — L'enseignement primaire est exclusivement congréganiste ; il est donné aux garçons par les missionnaires du Saint-Esprit et par les frères de l'Instruction chrétienne, et aux filles par les sœurs de Saint-Joseph de Cluny. — Commerce de gomme, d'ivoire, de poudre d'or. — Gorée est un marché pour les marchandises d'importation qui sont expédiées ensuite dans les rivières du Sud et sur la côte occidentale. — L'établissement de Gorée fut fondé par les Hollandais en 1617. L'amiral anglais Holmes s'en empara en 1663 et l'amiral français d'Estrées en 1677. Il fut cédé à la France par le traité

de Nimègue en 1678, repris par les Anglais en 1758, 1779, 1800, 1804 et définitivement acquis à la France en 1814.

* **GORET** s. m. (onomatopée du cri d'un jeune cochon). Petit cochon : *la peau d'un goret.* — Fig. et fam. Enfant qui n'est pas soigneux, qui n'est pas propre : *c'est un petit goret.*

* **GORGE** s. f. (lat. *gurges*, gouffre). Partie antérieure du cou : *il a la gorge enflée*. Se dit aussi en parlant des animaux. — **Couper la gorge à quelqu'un**, l'égorger, le tuer. — **Se couper la gorge l'un à l'autre**, s'entretuer. — **Se couper la gorge avec quelqu'un**, se battre en duel avec lui. — Fig. **Couper la gorge à quelqu'un**, lui faire quelque chose qui le ruine, qui le perd. — **Cet argument, cette pièce, etc., lui coupe la gorge**, cet argument, cette pièce ruine sa cause, détruit ses prétentions. — **Tendre la gorge**, livrer sa vie, sans résistance, à un assassin. — **Tenir quelqu'un a la gorge**, le réduire dans un état à ne pouvoir faire aucune résistance à ce qu'on veut de lui. — **Prendre quelqu'un a la gorge**, le contraindre avec violence à faire quelque chose. On dit dans le même sens, *tenir le pied sur la gorge à quelqu'un*, et dans un sens analogue, *avoir le poignard, le couteau sur la gorge*, en parlant de la personne qui est l'objet d'une violence. — Cou et sein d'une femme : *elle a la gorge belle*. — Par ext. Partie supérieure de la cheminée d'une femme. — Gosier : *le nœud de la gorge*. — Mus. **Chanter de la gorge**, se dit d'un chanteur qui ne sait modifier sa voix qu'en resserrant la gorge avec effort. On dit dans le même sens, *voix de la gorge*. — Chasse. **Ce chien a bonne gorge**, il a la voix forte. — Fam. **Ce ris ne passe pas le nœud de la gorge**, il n'est pas naturel, il est forcé. — **Rire a gorge déployée**, **crier a pleine gorge**, rire, crier de toute sa force. — **Il en a menti, il a menti par sa gorge**, se dit pour donner fortement un démenti à quelqu'un. — **Faire rentrer a quelqu'un les paroles dans la gorge**, l'obliger à désavouer les propos offensants qu'il a tenus. — **Rendre gorge**, vomir après avoir trop bu ou trop mangé. Fig. et fam. Restituer par force ce qu'on a pris, ce qu'on a acquis par des voies illicites : *il avait volé les deniers publics, mais on lui a fait rendre gorge*. — Fauconn. **Gorge chaude**, chair des animaux vivants que l'on donne aux oiseaux de proie. — **Faire une gorge chaude de quelque chose**, se l'approprier, en profiter. Faire des plaisanteries sur quelque chose en société : *c'est un homme qui recueille tout ce qu'il entend dire, et qui en fait des gorges chaudes*. — Entrée, ouverture, orifice de certaines choses : *la gorge d'une cloche*. — Fortif. Entrée d'une fortification du côté de la place : *la gorge du bastion*. — Détroit, passage entre deux montagnes : *les gorges des Pyrénées, des Alpes*. — Archit. Moulure concave. — **La gorge d'une poulie**, cannelure, creux demi-circulaire qui règne sur la circonférence d'une poulie. — **La gorge d'un bassin a barbe**, son échancrure. — Bâton ou morceau de bois tourné auquel on attache les estampes, les cartes de géographie, etc., pour pouvoir les rouler.

* **GORGÉ, ÉE** part. passé de Gorger. Art véter. **Ce cheval a les jambes gorgées**, il les a enflées et pleines de mauvaises humeurs.

* **GORGÉ, ÉE** adj. Blas. Se dit d'un lion, d'un cygne, ou autreanimal, quia le cou ceint d'une couronne dont l'émail est différent de celui de l'animal.

GORGE-BLEUE s. f. Ornith. Nom vulgaire d'une espèce de fauvette dont le plumage est brun cendré en dessus et blanchâtre en dessous, avec la gorge d'un bleu d'azur portant au centre une tache blanche.

* **GORGE-DE-PIGEON** adj. invar. Se dit d'une

couleur composée et mélangée, qui paraît changer suivant les différents aspects du corps coloré, comme celle de la gorge des pigeons : *du taffetas gorge-de-pigeon, des robes gorge-de-pigeon.* — s. m. : *le gorge-de-pigeon.*

* GORGÉE s. f. Quantité de liqueur que l'on peut avaler en une seule fois : *ce malade n'a pu prendre que deux gorgées de bouillon.*

* GORGER v. a. Soûler, donner à manger avec excès : *on les a gorgés de vin et de viandes.* — Fig. Combler, remplir. Ne se dit guère qu'en parlant des richesses : *on les a gorgés de biens.* — Mettre de la nourriture dans la gorge : *gorger de la volaille.* — Au reversi : *gorger le quinola,* contraindre à le jouer. — Se gorger v. pr. Boire et manger avec excès.

* GORGERETTE s. f. Espèce de collerette servant à couvrir la gorge des femmes. (Vieux.)

* GORGERIN s. m. Pièce de l'armure qui servait autrefois pour couvrir et défendre la gorge d'un homme d'armes. — Archit. Partie du chapiteau dorique, au-dessus de l'astragale de la colonne.

GORGIAS, rhéteur grec, né en Sicile vers 487 av. J.-C., mort vers 380. En 427, il fut envoyé à Athènes pour demander du secours en faveur des Léontins qui attaquaient les Syracusains. Il captiva le peuple athénien par son éloquence et passa la grande partie de sa vie principalement en Grèce, où il eut pour élèves ou pour imitateurs des hommes tels qu'Alcibiade, Alcidamas, Eschine et Antisthènes. Platon donna son nom au dialogue qu'il composa contre les sophistes. Une partie de son ouvrage *Sur la nature* existe encore.

* GORGONE s. f. Myth. Selon la Fable, il y avait trois *Gorgones :* Méduse, Euryale et Sthényo; *elles avaient le pouvoir de pétrifier ceux qui les regardaient.* Les Gorgones étaient filles de Phoreys et de Ceto; elles n'avaient qu'un œil pour elles trois. D'après Hésiode, leurs cheveux étaient des serpents. Elles furent placées dans le jardin des Hespérides, près du royaume de la Nuit, où Méduse fut tuée par Persée.

* GORGONE s. f. Zooph. Genre de polypiers flexibles, voisin des alcyons.

GORGONE, île du Pacifique, à 40 kil. de la côte de Colombie à laquelle elle appartient; sa longueur est de 8 kil., sa largeur de 3 kil. Elle fut visitée par Pizarre avant que cet aventurier ne conquît le Pérou et elle fut longtemps un lieu de rendez-vous pour les boucaniers.

* GORILLE s. m. [*ll* mll.] (nom donné par le *Périple* d'Hannon à des femmes noires de la côte africaine). Mamm. Nom donné au plus grand des singes anthropoïdes, indigène des régions équatoriales de l'Afrique occidentale et décrit scientifiquement par le Dr E.-S. Savage en 1847. On trouve des spécimens plus ou moins complets de cet animal, dans les collections de Philadelphie, de Boston, de Londres et de Paris. Du Chaillu a rapporté en 1859 plusieurs spécimens complets, qui sont pour la plupart dans les collections de Londres. Du Chaillu est le premier blanc qui ait tué un gorille de sa main ou qui ait eu occasion d'étudier les mœurs de cet animal. Le mâle adulte mesure de 1 m. 80 cent. à 2 m. de hauteur, mais la plupart des spécimens de nos collections ont moins de 2 m. D'une force prodigieuse, il surpasse de beaucoup l'homme par les dimensions de sa tête, de son cou, de son corps, de ses bras et par la largeur de ses épaules. Quelques-uns mesurent, dit-on, 2 m. 30 cent. et même 3 m. de l'extrémité d'une main à l'autre, quand leurs bras sont étendus. L'un des spécimens de Du

Chaillu mesure 3 m. On trouve le gorille sur la côte O. de l'Afrique, au N. et au S. de l'équateur, mais particulièrement dans les districts boisés de l'intérieur, près des sources du Gabon et sur les bords de la rivière Muni. Il habite principalement les bois. Son mode favori de progression est sur les quatre membres; quand il se tient debout, il replie ses bras ou il les croise sur la nuque afin de contrebalancer la tendance que son corps a toujours de tomber en avant. Sa force réside non seulement dans ses mâchoires, qui sont capables de broyer le canon d'un fusil, mais dans ses mains et dans ses pieds dont il se sert pour l'attaque et pour la défense. Les mâles, excessivement féroces, attaquent habituellement l'homme et les animaux qui s'introduisent dans leurs repaires; blessés, ils sont plus terribles que le lion. Ils se mettent debout, quand ils veulent s'approcher d'un ennemi; ils font quelques pas en avant, s'ar-

Gorille.

rêtent pour se frapper la poitrine avec leurs deux mains et rugissent d'une façon terrible. Arrivés à proximité de leur ennemi, ils s'élancent sur lui et le mettent en pièces avec leurs mains puissantes. Les nègres de l'intérieur sont très friands de la chair du gorille, des chimpanzés et des singes; mais chez les tribus de la côte on regarde comme une abomination de manger la chair de ces animaux à cause de leur ressemblance avec l'homme. D'après M. Zaborowski (*Revue internationale des sciences,* 1881), le gorille fut découvert par l'explorateur carthaginois Hannon. Le récit de son voyage au delà des colonnes d'Hercule fut conservé dans un temple et des traductions nous en sont parvenues. Voici le passage qui a trait aux gorilles : « En plus grand nombre étaient les femmes velues, que nos interprètes appelèrent *gorilles.* Nous les poursuivîmes. Tous les hommes nous échappèrent par leur grande agilité. Montant sur les rocs les plus élevés, sur les arbres les plus droits, nous ne prîmes que trois femelles qui, mordant et égratignant ceux qui les emmenaient ne voulurent pas les suivre. On fut forcé de les tuer; nous les écorchâmes et portâmes leurs peaux à Carthage. » Pline raconte qu'à la prise de Carthage, les Romains trouvèrent *ces peaux de gorilles dans le temple de Junon.*

GORITZ. Voy. GŒRZ.

GORKHAS, peuple dominant du Népaul (Inde), dont ils s'emparèrent vers 1768. Ce peuple est d'origine mongole; sa religion est celle des Indous. Les Gorkhas forment une partie importante des troupes indigènes enrégées dans l'armée anglaise. (Voy. NÉPAUL.)

GORKUM ou Gorcum, ville fortifiée des Pays-Bas, dans la Hollande méridionale, sur la Meuse, à 30 kil. S.-E. de Rotterdam; 9,330 hab. Commerce considérable de grains, de chan-

vre, de beurre, de fromage, de saumon et de chevaux frisons. En 1809, elle fut ruinée par une inondation. — Les martyrs de Gorkum dans le Martyrologe romain sont 19 personnes mises à mort par Guillaume de la Marck, le 9 juillet 1572 ; ces martyrs furent béatifiés par le pape Clément X en 1673.

GORRON, ch.-l. de cant., arr. et à 22 kil. N.-O. de Mayenne (Mayenne); 2,800 hab.

GORTCHAKOFF, famille princière russe descendant de la maison royale de Rurik. — I. Petr, commandant de Smolensk, il défendit cette ville, de 1609 à 1611, contre Sigismond III, roi de Pologne, qui s'en empara. — II. Dimitri (1756-1824) se rendit célèbre comme poète. — III. Alexander (1764-1825), servit sous les ordres de Suvaroff contre les Turcs, contre les Polonais et contre les Français en Suisse. En 1807, il battit Lannes à Heilsberg. — IV. Andrei (mort en 1855), il se distingua comme commandant d'une division à Borodino. — V. Petr, général, né vers 1790, mort en 1868. Il combattit Napoléon dans les campagnes de 1807 et 1812-14, et les Turcs en 1828 et 1829; signa la paix à Andrinople, commanda une aile de l'armée à l'Alma et à Inkerman en 1854. En 1855, il fut nommé membre du conseil impérial. — VI. Mikhail, né en 1795, mort en 1861. Il se distingua dans plusieurs campagnes, particulièrement contre les Turcs en 1828-29, assiégea les sièges de Shumla et de Silistrie et, lors de la guerre de la révolution polonaise (1831), commanda à Grochow, à Ostrolenka et à la prise de Varsovie. Il fut nommé général d'artillerie et gouverneur militaire de Varsovie (1846). En 1855, comme commandant en chef, il fut battu à la Tchernaya. A sa mort il était gouverneur de la Pologne. — VII. Alexander, homme d'État, né en 1798, mort en mars 1883. Il fut ministre plénipotentiaire à la diète allemande de Francfort (1850) et ambassadeur à Vienne (1854). Ce fut surtout par son influence que le traité de Paris fut signé par la Russie (mars 1856); il succéda ensuite à Nesselrode comme ministre des affaires étrangères. Il favorisa l'expédition française de 1861 en Syrie, Pendant l'insurrection polonaise de 1863 il s'opposa, avec fermeté à toute intervention étrangère en faveur des Polonais. En 1862, il reçut le titre de vice-chancelier et en 1863, celui de chancelier. A la conférence de Londres en janvier 1871, il obtint la révision du traité de Paris, et la ratification d'un nouveau traité (13 mars) qui mit fin à la neutralisation de la mer Noire. Il reçut en récompense le titre d'Altesse Sérénissime.

GORTYNA, ancienne ville de Crète, presque au centre de l'île, dans une plaine arrosée par le Léthé. Elles se trouvait à 90 stades de la mer de Libye sur laquelle elle avait deux ports, Lebena et Metallum. Comme puissance, elle était inférieure seulement à Cnossus. On ne connaît pas exactement le lieu où elle était située.

GORUCKPOOR. I. District des provinces N.-O. de l'Inde anglaise, borné de Népaul; 2,044,280 hab. Rivières principales: le Gogra, le Gunduk et le Raptee, nombreux lacs peu profonds. — II. Ville principale de ce district sur le Raptee; à 140 kil. N.-E. de Benarès; environ 40,000 hab. Elle est entourée de forêts et de plantations, et pendant la saison des pluies elle est souvent inondée.

GORZE, ville du cercle de Metz (Alsace-Lorraine), cédée à l'Allemagne par le traité de Francfort. Cette ville eut autrefois une célèbre abbaye de bénédictins, fondée par saint Chrodegand en 749.

GOSHEN, district d'Égypte dans lequel s'établit Jacob et où ses descendants habitèrent jusqu'à l'Exode. On suppose qu'il se trouvait dans la basse Egypte à l'E. de la branche Pélusiaque du Nil.

GOSHEN, ville et village de l'état de New-York (Etats-Unis); 4,070 hab.

GOSHEN, ville de l'Indiana (Etats-Unis); 3,140 hab. Commerce de bois, moulins, construction de machines, etc.

* **GOSIER** s. m. [go-zié]. Partie intérieure de la gorge, par où les aliments passent de la bouche dans l'estomac: *gosier large*.

> Quoi! ce n'est pas encor beaucoup,
> D'avoir de mon *gosier* retiré votre cou!
> La Fontaine.

— Avoir le gosier pavé, se dit d'une personne qui mange ou boit extrêmement chaud, sans éprouver de sensation désagréable, ou qui fait un grand usage, soit d'épices, soit de liqueurs fortes. — Avoir le gosier sec, aimer à boire, avoir toujours soif. — Canal par où sort la voix, et qui sert à la respiration : *le gosier d'un oiseau*. — Cette femme a un beau gosier, un gosier brillant, un gosier de rossignol, elle a une belle voix. — Mus. voc. Coup de gosier, se dit d'une seule émission de voix, de son.

GOSLAR, ville minière de Prusse (Hanovre), sur le Gose, au pied du Rammelsberg, à 38 kil. S.-E. d'Hildesheim ; 8,930 hab. La bibliothèque de l'église contient un grand nombre de manuscrits luthériens. Goslar, fondée vers 920, fut la résidence de plusieurs empereurs allemands, et resta ville impériale libre jusqu'en 1801.

GOSPORT, ville du Hampshire (Angleterre), vis-à-vis de Portsmouth; 7,370 hab. Elle est entourée de fortifications.

* **GOSSAMPIN** s. m. (lat. *gossympium*, colonnier). Bot. Espèce de fromager, grand arbre de la famille des malvacées, qui croît dans les Indes, en Afrique et en Amérique. On le nomme ainsi parce qu'il a quelque ressemblance avec le pin, et que son fruit renferme une sorte de coton.

GOSSE s. Enfant : *un un gosse*. (Pop.)

GOSSE (Etienne), littérateur et poète dramatique, né à Bordeaux, mort en 1834. Il quitta le service militaire pour occuper un emploi administratif que la Restauration lui enleva. On a de lui plusieurs ouvrages dont le meilleur est *Le Médisant*, comédie qui obtint beaucoup de succès.

GOSSEC (François-Joseph), compositeur de musique, né à Vergnies (Hainaut) en 1733, mort à Passy en 1829. Il vint à Paris en 1751, conduisit l'orchestre du financier La Popelinière et fut ensuite directeur de la musique du prince de Conti. On a de lui : une *Messe des morts* (1762), qui est son chef-d'œuvre, et plusieurs opéras. Il institua (1784) une école royale de chant, et fit partie de l'Institut. Il popularisa en France l'emploi des instruments de cuivre.

GOSSELIES [-lî], ville du Hainaut (Belgique), à 32 kil. S.-E. de Bruxelles; environ 6,500 hab. Manufactures de laine, de chapeaux, d'articles d'acier, de cuirs. Aux environs se trouvent d'importantes mines de charbon.

GOSSELIN (Pascal-François-Joseph), géographe, né à Lille (Nord) en 1751, mort en 1830. Il fut député de la Flandre au conseil de commerce de Paris, fut admis à l'Académie des inscriptions (1791), pour un parallèle entre Strabon et Ptolémée, reçut (1794) du comité de Salut public d'importantes fonctions au ministère de la guerre, devint membre de l'Institut, conservateur du cabinet des médailles de la Bibliothèque nationale (1799) et fut nommé en 1801, l'un des traducteurs de la géographie de Strabon. Il défendit énergiquement contre les étrangers les objets d'art confiés à ses soins. On a de lui plusieurs ouvrages sur la géographie.

GOSSELINE s. f. Argot. Fille de quinze à seize ans, amante.

GOTH (Bertrand de). Voy. Clément V.

GOTHA, 1, duché autrefois indépendant (Saxe-Gotha), maintenant uni politiquement avec Cobourg (Saxe-Cobourg-Gotha); 128,100 hab. (Voy. Saxe-Cobourg-Gotha.) — II, capitale de ce duché, et résidence ducale alternativement avec Cobourg, à 33 kil. S.-O.

Le Palais Ducal, Gotha.

de Weimar; 22,930 hab. Le palais voisin de Friedenstein est célèbre par sa collection de monnaies et par son immense bibliothèque. Gotha possède un fameux gymnase et un observatoire établi en 1859 par Hansen. C'est une des villes les plus commerçantes de la Thuringe; elle est le siège de l'institut géographique de Justus Perthes.

GOTHAM, paroisse du Nottinghamshire (Angleterre). La simplicité rustique de ses habitants a fait naître l'expression proverbiale: *The wise man of Gotham*, l'homme sage de Gotham.

GOTHARD (Saint-), *Adula*, massif des Alpes au milieu de la Suisse; entre les cantons du Tessin, des Grisons, du Valais et d'Uri. Le point culminant de ce massif atteint 3,671 m. de hauteur. Sur le Gothard proprement dit s'élève un hospice à 2,232 m. de haut. — On a percé sous le Saint-Gothard un tunnel de 14,920 m. de long, terminé le 29 février 1880, après 7 ans et 5 mois de travail.

GOTHENBURG ou Gottenburg [got'-tènn-bourg] (suéd. *Goetborg*, [yeu'-té-borg]). — I, læn ou province du S.-O. de la Suède, confinée par le Cattégat, le Skager Rack et la Norvège; 244,010 hab. Le Gothenburg forme

Gothenburg.

une bande étroite entre les montagnes qui la séparent à l'E. d'Elfsborg et la côte. Climat rigoureux; sol stérile. — II, capitale de cette province, sur le Cattégat, à l'embouchure de la rivière Goetha, à 320 kil. O.-S.-O.

de Stockholm ; 65,800 hab. Elle possède un bon port et est traversée par des canaux. Manufactures importantes. La plupart des négociants sont Ecossais ou Anglais.

GOTHICITÉ s. f. Etat de ce qui est gothique : *la gothicité du costume*.

GOTHIE, *Gothland*, pays des Goths, nom donné autrefois à la partie méridionale du royaume de Suède; 92,754 kil. carr.; 2,525,000 hab. Elle est divisée en 12 læne : Malmœhus, Christianstad, Blekinge, Halland, Kronoborg, Jœnkœping, Kalmar, Gottland, Gœteborg, Elfsborg, Skaraborg, Oestergœland.

GOTHINI, peuple celtique du S.-E. de la Germanie, sujet des Quadi.

* **GOTHIQUE** adj. Qui vient des Goths : *la langue gothique*. — Alphabet gothique, alphabet formé au IVe siècle par l'évêque Ulphilas et employé par lui à la transcription de la langue gothique. On dit aussi : les lettres gothiques, les lettres inventées par Ulphilas. — s. m. *Ulphilas a traduit la Bible en gothique*. — Par ext. Qui appartient au moyen âge : *ces contes remontent aux âges gothiques*. — Se dit aussi d'une sorte d'écriture usitée au XIVe siècle et dont les caractères sont remarquables par leurs formes raides et anguleuses : *de vieux parchemins couverts d'une écriture gothique*. — Se dit d'anciens caractères d'imprimerie qui ont de la ressemblance avec ce genre d'écriture. — Se dit de plus du caractère d'imprimerie que les Allemands emploient encore aujourd'hui. — Se dit fam., par une sorte de mépris, de ce qui paraît trop ancien, hors de mode : *cela est gothique*. — Architecture gothique, style d'architecture caractérisé surtout par la forme ogivale des voûtes et des arceaux, et qui succéda au style roman :

> Oh ! que j'aime, aux voûtes *gothiques*,
> Les vieux saints de pierre athlétiques.
> A. de Musset.

— s. m. Style gothique : *gothique ancien, gothique moderne, gothique flamboyant, gothique fleuri*. — Langage et littérature gothique. La langue gothique s'éteignit avec les races germaniques qui l'employaient. Les manuscrits qui nous en sont restés sont écrits en caractères qui se rapprochent de l'alphabet grec, et qui furent, dit-on, inventés par l'évêque Ulphilas

au IVe siècle. — Le verbe gothique possède deux voix : la voix active et la voix passive; deux temps : le présent et le passé; trois modes: l'indicatif, l'optatif et l'impératif; trois nombres : le singulier, le duel et le pluriel; un infinitif, un présent et un participe passé. Le temps passé est formé soit par réduplication, soit par le changement de voyelles, soit par des terminaisons formatives. Voici quelles sont les formes du verbe être : sing. du prés. de l'indic. *im, is, ist*; sing. du passé de l'indic. *vas, vast, vas*. Les noms ont trois genres, deux nombres et les cas nominatif, génitif, datif et accusatif et quelquefois le cas vocatif au singulier. Les pronoms *sa, sô, pata*, lui qui, elle qui, ce qui, sont employés comme articles définis. Il n'y a pas d'article indéfini. — Les restes littéraires consistent en quelques manuscrits, renfermant principalement des fragments de la Bible. (Voy. ULPHILAS.) L'*Argenteus Codex* appartient, à ce que l'on suppose, au commencement du VIᵉ siècle, époque de la puissance des Ostrogoths en Italie. (Voy. ARGENTEUS CODEX.) Des éditions complètes des restes de la littérature gothique ont été publiées par Von der Gobelentz et Loebe (1836-'42) et par Massmann (1856-'57).

GOTHLAND ou **Gottland**, île suédoise de la Baltique, mesurant environ 80 kil. de long, et 45 kil. dans sa plus grande largeur; 3,115 kil. carr.; 54,650 hab. Territoire généralement uni. L'élève du bétail et la pêche sont les occupations principales de la population. Villes principales : Wisby et Slite.

GOTHS, *Gothi, Gothones, Guttones*, puissant peuple germanique qui prit une part importante au renversement de l'empire romain. Les Goths habitèrent, au temps de Tacite, la côte de la Baltique, à l'embouchure de la Vistule. Ils émigrèrent ensuite au S.; au commencement du IIIᵉ siècle, ils firent leur apparition sur les côtes de la mer Noire, où Caracalla les rencontra lorsqu'il s'avança vers l'E. Sous le règne de l'empereur Philippe (244-'49), ils prirent possession d'une grande partie de la province romaine de Dacie. C'est parce qu'ils s'établirent dans des contrées primitivement habitées par les Gètes et les Scythes que quelques écrivains les ont quelquefois appelés Gètes ou Scythes. Du temps de Philippe, les attaques des Goths contre l'empire romain devinrent plus fréquentes et plus redoutables. En 272 après J.-C., l'empereur Aurélien leur abandonna toute la Dacie. Ce fut vers cette même époque que les Goths se partagèrent en deux grandes divisions, les Ostrogoths ou Goths de l'E. et les Visigoths ou Goths de l'O. Les Ostrogoths s'établirent dans la Mœsia et la Pannonia, tandis que les Visigoths restèrent au N. du Danube. — Les Visigoths, conduits par leur roi Alaric, envahirent l'Italie où ils prirent et saccagèrent Rome (410). Quelques années plus tard, ils s'établirent définitivement dans le S.-O. de la Gaule et fondèrent un royaume dont Tolo-a (Toulouse) fut la capitale. De là, ils envahirent l'Espagne où ils fondèrent aussi un royaume qui dura plus de deux siècles et fut renversé par les Arabes. — Les Ostrogoths, pendant ce temps, étendirent leur pouvoir jusqu'aux portes de Constantinople; l'empereur Zénon fut heureux de se débarrasser de leur voisinage en les autorisant à envahir et à conquérir l'Italie. Sous la direction de leur roi Théodoric le Grand, ils prirent possession de toute cette contrée (493). Théodoric se donna le titre de roi d'Italie, et la dynastie des Ostrogoths régna sur ce pays jusqu'à ce qu'elle fût renversée par Narsès, général de Justinien (553 av. J.-C.). Dès les premiers temps, les Ostrogoths embrassèrent le christianisme. Ce fut pour les convertir que, vers le milieu du IVᵉ siècle, Ulphilas traduisit l'Écriture sainte en langue gothique. Les Goths ont complètement disparu depuis le VIIIᵉ siècle; les Ostrogoths se sont fondus dans le peuple italien; les Visigoths se sont mélangés avec les peuples de l'Espagne et de la France méridionale. D'après Procope, c'étaient des hommes de haute taille, au teint clair, à la chevelure d'un jaune rougeâtre.

GOTON s. f. (diminut. de *margoton*). Fille de mauvaise vie.

GOTTSCHALK (Louis-Moreau), musicien américain, né à New-York en 1829, mort à Rio de Janeiro en 1869. Il débuta en Europe comme pianiste. Ses compositions les plus populaires sont : *Le Bananier, La Savane, Ricordati, La Marche de nuit, O ma charmante, Le Mancenillier, Réponds-moi, Ojos Criollos* et plusieurs danses cubaines.

GOTTSCHED (Johann-Christoph), auteur allemand, né en 1700, mort en 1766. Il fut pendant 32 ans professeur de logique et de métaphysique à Leipzig, devint président de la société littéraire de cette ville en 1726 et une espèce de dictateur littéraire en Allemagne, comme puriste et comme adversaire de l'école de Zurich. Il composa des tragédies, des traités philosophiques, etc.

GOUACHE s. f. (ital. *guazzo*, boue). Genre de peinture où l'on emploie les couleurs détrempées avec de l'eau mêlée de gomme : *peindre à la gouache, à gouache*. — Par ext. Petits tableaux de genre peints à la gouache : *voilà une jolie gouache*. — ENCYCL. La gouache diffère de l'aquarelle en ce que les couleurs sont en pâte et se posent par couches successives, comme dans la peinture à l'huile. Elle se distingue par sa douceur, sa fraîcheur et son éclat; mais elle se défraîchit facilement et se noircit dès qu'on l'expose à l'action de l'air contenant un peu de soufre, en raison des sels de plomb qui entrent dans la composition de sa pâte. C'est pourquoi on ne peint plus guère à la gouache, depuis l'invention de la peinture à l'huile. La gouache était familière aux artistes du moyen âge, qui ornaient les manuscrits par ce procédé. Les Chinois, les Indous et les Persans ont particulièrement excellé dans ce genre de peinture. Chez nous, la gouache n'est plus guère employée que pour la peinture des éventails, des écrans et de quelques autres articles de bimbeloterie ou de tabletterie.

GOUAILLER v. a. [*ll* mll.]. Railler, plaisanter sans délicatesse : *faites-moi le plaisir de ne plus me gouailler*. (Pop.)

GOUAILLEUR, EUSE s. Celui, celle qui se plaît à se moquer des autres. (Pop.)

GOUAILLERIE s. f. Raillerie, persiflage.

GOUAPE s. f. Argot. Vagabond, vaurien : *cette femme est une sale gouape*. — Collectiv. Ramassis de vauriens : *c'est de la gouape*.

GOUAPER v. a. Argot. Vagabonder.

GOUAPEUR, EUSE s. Vaurien, vaurienne.

GOUDA, ville fortifiée des Pays-Bas, dans la Hollande méridionale, sur le Gouw et le Neder Yssel, à 15 kil. N.-E. de Rotterdam; 16,780 hab.; elle a cinq portes et des canaux dans toutes les rues. Manufactures de tabac, de pipes, de coton, de parchemin, de cuirs et de blanc de céruse.

GOUDELOUR, en angl. *Cuddalore*, ville du Carnatic (Indoustan), sur la côte du Coromandel, à 27 kil. S.-S.-O. de Pondichéry; environ 30,000 hab. Elle est bien bâtie et fait un commerce considérable, principalement en cotonnades. Les Anglais l'acquirent en 1681 et les Français la leur enlevèrent en 1758 et la perdirent en 1760. Reprise par les Français en 1781, elle soutint, en 1783 à la paix, un siège ruineux pendant lequel elle fut secourue et délivrée par Suffren. Lat. 11° 43' 23" N. Long. 77° 25' 56" E.

GOUDOULI ou **Goudelin** (Pierre), célèbre poète languedocien, né et mort à Toulouse (1579-1649). D'abord avocat, il abandonna le barreau pour se consacrer au culte des Muses

et fut le créateur de la poésie languedocienne. Son mérite lui valut une pension de ses concitoyens. Parmi ses œuvres, réunies à Toulouse (1684, in-4°) et plusieurs fois réimprimées, on admire une ode sur la mort d'Henri IV.

GOUDRON s. m. (ar. *kathran*). Matière noirâtre, épaisse, liquide, visqueuse et gluante, que l'on retire des arbres résineux, en les faisant brûler, et qui est d'un grand usage dans la marine pour enduire les bâtiments, les cordages, etc. : *faire du goudron*. — GOUDRON DE HOUILLE ou GOUDRON MINÉRAL ou GOUDRON DE GAZ, résidu de la distillation de la houille dans la fabrication du gaz d'éclairage. On dit aussi COALTAR. — Le *goudron végétal* ou goudron de bois était connu des anciens Grecs. De nos jours, la plus grande partie du goudron du commerce est fabriquée sur la côte du golfe de Bothnie ; voici comment on opère: On creuse un trou dans le sol, on y place une chaudière de fonte munie d'un tuyau, on jette dans cette chaudière des copeaux de vieux pins épuisés, on les recouvre de gazon, on allume et l'on agit ensuite comme pour la fabrication du charbon de bois. On fait aussi du goudron en Provence, aux environs de Bordeaux, dans le Valais, à Tortose (Espagne), etc. La résine coule au fond de la chaudière, d'où un canal la mène dans des barils. C'est un goudron impur qui laisse surnager une huile noire appelée *huile de cade*. — Le goudron de bois et le coaltar sont l'un et l'autre des mélanges complexes de divers produits tenant des matières solides en solution ou en suspension. Ainsi le goudron de bois renferme, outre les hydrocarbures compris sous le terme *eupione*, une série d'hydrocarbures appelés benzine, toluol, xylole, cymole, la naphtaline, etc. Le coaltar peut être considéré comme renfermant de 3 à 15 p. 100 d'huiles d'éclairage, de 60 à 67 p. 100 d'huiles pesantes, et de 18 à 35 p. 100 de poix. — Le goudron végétal reçoit des emplois très variés, dont le principal est de recouvrir la surface de certains objets que l'on veut préserver du contact de l'air, de l'eau, ou d'autres agents de destruction; il sert à enduire les carènes des vaisseaux, les mâts, les cordages, les câbles, etc. Pour les opérations du *calfatage*, on commence par chauffer le goudron et par faire évaporer l'huile essentielle qu'il contient; il est alors à l'état de *brai gras*. Le goudron sert aussi à enduire l'intérieur de certains tonneaux. Il entre dans la fabrication de toiles, de papier, de carton goudronnés qui servent à préserver les murs ou à faire des toitures. — Le goudron minéral est employé dans la fabrication du noir de fumée, de l'acide phénique, de l'aniline, de l'acide picrique, etc. — Méd. Le goudron est un stimulant qui modifie les sécrétions muqueuses, urinaires et cutanées; son usage est recommandé dans les cas de bronchite chronique et dans les catarrhes de la vessie. La manière la plus simple de l'employer est d'enduire de goudron de Norvège les parois du vase dans lequel on met l'eau que l'on boit. On le prend aussi sous formes de pilules, de sirop, etc.; et en vapeur contre la phtisie. À l'extérieur, on en fait usage contre plusieurs maladies de la peau (herpès circiné, impétigo, psoriasis) ; 15 gr. pour 30 gr. d'axonge.

GOUDRONNAGE s. m. Action de goudronner; résultat de cette action.

GOUDRONNER v. a. Enduire ou imbiber de goudron : *goudronner un mât, des cordages*, etc.

GOUDRONNERIE s. f. Lieu où l'on prépare le goudron.

GOUDRONNEUR s. m. Mar: Ouvrier qui goudronne les navires.

GOUDRONNIÈRE s. f. Méd. Appareil qui produit des émanations de goudron.

* **GOUET** s. m. Bot. Genre d'aroïdées, tribu des colocasiées. L'espèce la plus commune en France est le *gouet maculé* (*arum maculatum*), appelé aussi *pied de veau*, à cause de la forme de ses feuilles. Son rizôme volumineux, arrondi et blanchâtre, renferme un principe vénéneux qu'il perd par la dessiccation, la torréfaction ou l'ébullition ; il donne alors une fécule qui pourrait servir à l'alimentation. Ses fleurs unisexuées sont surmontées d'un spadice en massue. Ses feuilles servent à nettoyer les ulcères. Le *gouet d'Italie* (*arum Italicum*) se trouve, ainsi que celui qui précède, dans les terrains incultes de France. La principale espèce étrangère est le *chou caraïbe* (*arum esculentum*), qui croît dans les Antilles. Ses racines produisent le taro ; ses feuilles sont comestibles.

GOUFFE (Armand), chansonnier et vaudevilliste, né à Paris en 1775, mort à Beaune en 1845. Il fut longtemps sous-chef au ministère des finances. Gai, satirique, sans aigreur, quelquefois plein de philosophie, il obtint un certain succès. Parmi les pièces de théâtre qu'il fit seul ou en collaboration, on cite : *M. Mouton*, le *Chaudronnier de Saint-Flour*, etc. et parmi ses chansons, le *Corbillard* et *Plus on est de fous, plus on rit.*

* **GOUFFRE** s. m. (lat. *gurges*). Abîme, trou large et profond : *gouffre profond, épouvantable.*

> Malheureux ! un rocher inconnu, sous les eaux,
> A-t-il, brisant les flancs de tes hardis vaisseaux,
> Dispersé ta dépouille au sein du *gouffre* immense ?
>   André Chénier (*Œuvres posthumes*).

— Se dit quelquefois fig. dans le style soutenu : *le gouffre de l'oubli, du passé.* — Se dit encore, au figuré, de toutes les choses où l'on fait des frais, des sacrifices, des pertes immenses : *ce procès est un gouffre.* On dit dans ce sens : C'EST UN GOUFFRE QUE CET HOMME-LA, en parlant d'un grand dissipateur. — Se dit aussi d'un grand nombre de malheurs, de misères, de chagrins, qui accablent à la fois une personne, une famille, etc. : *dans quel gouffre d'horreurs cet événement nous a plongés !*

* **GOUGE** s. f. (bas lat. *guvia*, bâton ferré). Espèce de ciseau creusé en canal, dont se servent les menuisiers, les sculpteurs et les divers ouvriers qui travaillent le bois.

GOUGER v. a. Travailler avec la gouge.

GOUGÈRE s. f. Sorte de gâteau fait avec du fromage, des œufs, etc.

GOUGH (Hugh, VICOMTE) [gof], général anglais (1779-1869). Il servit avec distinction dans la guerre en Espagne ; lors de la guerre de Chine (1841), il fut commandant en chef de l'armée de terre. Envoyé dans l'Inde en qualité de commandant supérieur, pendant la première guerre contre les Sikhs, il remporta de brillantes victoires à Moodkee (18 déc. 1845), à Ferozeshah (22 déc.) et à Sobraon (10 fév. 1846), et reçut comme récompense les titres de pair et de baron.

GOUGNOTTAGE s. f. Commerce d'une femme avec une autre femme.

GOUGNOTTE s. f. Femme qui se livre au gougnottage.

GOUGNOTTER v. a. Pratiquer le gougnottage.

* **GOUINE** s. f. (angl. *quean*, prostituée). Coureuse, femme de mauvaise vie : *c'est une vraie gouine.* (Bas.)

* **GOUJAT** s. m. Valet d'armée : *les goujats de l'armée.*

> Mieux vaut goujat debout qu'empereur enterré.
>   La Fontaine.

> Ils sont trop verts, dit-il, et bons pour des *goujats.*
>   La Fontaine.

— Fam. IL A L'AIR D'UN GOUJAT, C'EST UN VRAI GOUJAT, etc., se dit d'un homme sale et grossier. — ᐧᐧ Manœuvre qui sert les maçons.

GOUJET (Claude-Pierre), auteur français, né à Paris en 1697, mort en 1767 ; il entra dans la congrégation des Oratoriens, et fut un janséniste zélé. Dans ses dernières années, il perdit la vue et fut obligé de vendre sa bibliothèque. Il a laissé de nombreuses compilations bibliographiques et historiques, ainsi que des ouvrages critiques.

* **GOUJON** s. m. (lat. *gobio*). Icht. Genre de cyprinoïdes, voisin de la tanche et comprenant plusieurs espèces de poissons d'eau douce. Le goujon ordinaire (*gobio fluviatilis*) est un petit poisson blanc qu'on prend ordinairement à la ligne. Sa chair est très estimée ; il se trouve dans toutes nos eaux claires

Goujon commun (Gobio fluviatilis).

peu profondes. Sa taille est de 15 à 20 cent. Sa nourriture consiste en vers, en insectes aquatiques, en larves, en petits mollusques, etc. — FAIRE AVALER LE GOUJON A QUELQU'UN, faire tomber quelqu'un dans un piège ; ou lui faire croire, par plaisanterie, par malice, une chose qui n'est pas. — Arts méc. Cheville de fer qui sert à lier les pièces de certains ouvrages, de certaines machines : *assembler des planches avec des goujons.*

GOUJON (Jean), célèbre statuaire, né à Paris vers 1515, tué le jour de la Saint-Barthélemy (24 août 1572). On lui doit les magnifiques sculptures du chemin de la Croix de Saint-Germain-l'Auxerrois (1542), celles que l'on admire à Rouen, dans la cathédrale et dans l'église Saint-Maclou, celles du château d'Ecouen, la plupart de celles qui ornent l'angle S.-O. de la cour du Louvre. Il concourut à l'embellissement du château d'Anet. Le musée du Louvre possède sa statue de *Diane chasseresse*, composition pour laquelle Diane de Poitiers lui avait servi de modèle, la *Mise au tombeau*, un buste d'*Henri II*, quelques bas-reliefs, etc. L'un de ses chefs-d'œuvre est la *Fontaine des Nymphes* (aujourd'hui au milieu du square des Innocents).

GOUJON (Jean-Marie-Claude-Alexandre), conventionnel montagnard, né à Bourg-en-Bresse en 1766, mort le 29 prairial an III (17 juin 1795). Il ne prit aucune part aux actes de la Terreur et fut néanmoins victime de la réaction. Injustement condamné à mort, après les journées de prairial, auxquelles il était resté étranger, il se poignarda, ainsi que Romme et Duquesnoy.

GOUJONNER v. a. Techn. Fixer au moyen de chevilles.

GOUJONNIER, IÈRE adj. Icht. Qui ressemble ou qui se rapporte au goujon.

GOULART ou **Goulard** (Simon), écrivain laborieux, né à Senlis en 1543, mort en 1628. Il embrassa le calvinisme et alla à Genève où il devint ministre évangélique. On a de lui des traductions de Sénèque, de Xénophon, des éditions de saint Cyprien, de Tertullien et de nombreux ouvrages.

GOULBURN [goul'-beurn], ville de la Nouvelle Galles du Sud (Australie), à 160 kil.

S.-O. de Sydney ; environ 3,500 hab. Or, cuivre, marbre, etc.

GOULD (Augustus-Addison) [gould], naturaliste américain (1805-'66). Il fut médecin à Boston, et pendant deux ans, il enseigna la botanique et la zoologie au collège d'Harvard. Ses principaux ouvrages sont : *System of Natural History* ; *The Invertebrate Animals of Massachusetts* ; *Principles of Zoology*, avec le professeur Agassiz ; *Mollusca and Shells of the United-States Exploring Expedition under Capt. Wilkes* (in-4°, 1852, avec atlas) ; *The Mollusca of the north Pacific Expedition under Capts. Ringgold and Rogers* (1860) et *Otia Conchologica* (1863).

* **GOULE** s. f. (ar. *ghul*). Sorte de génie malfaisant qui, suivant les superstitions orientales, dévore les cadavres dans les cimetières : *une goule.*

* **GOULÉE** s. f. (lat. *gula*, gueule). Grosse bouchée. (Bas.). Ne se dit guère qu'en parlant d'un homme qui mange avidement de gros morceaux : *il n'en a fait qu'une goulée.*

* **GOULET** s. m. (anc. forme de *goulot*). Cou d'une bouteille, ou de quelque autre vase dont l'entrée est étroite. En ce sens, il est vieux, et on ne dit plus que *goulot.* — Entrée étroite d'un port, d'une rade : *le goulet de Brest rend l'entrée de la rade très difficile.*

* **GOULETTE.** Voy. GOULOTTE. — Jargon. Petite bouche.

GOULETTE (La), port de l'État de Tunis, défendu par deux forts, qui unit le lac du Boghâz à la Méditerranée, et qui mène à Tunis ; par 36° 47' 33" lat. N. et 7° 58' 44" long. E. Phare, arsenal et chantiers de constructions.

GOULIAFRE s. m. Homme glouton qui mange malproprement. (Pop.)

* **GOULOT** s. m. (lat. *gula*, gueule). Cou d'une bouteille, d'une cruche, ou de quelque autre vase dont l'entrée est étroite : *goulot étroit.* — ᐧᐧ Argot. Bouche. — PLOMBER, REPOUSSER DU GOULOT, sentir mauvais de la bouche.

* **GOULOTTE** s. f. (lat. *gula*, gueule). Archit. Petite rigole pour servir à l'écoulement des eaux. — Petit canal de pierre ou de marbre, qui a une pente douce, et qui est interrompu de distance en distance par de petits bassins, pour le jeu des eaux. Dans ce sens, on dit aussi GOULETTE.

* **GOULU, UE** adj. (lat. *gulosus*). Qui aime à manger, et qui mange d'ordinaire avec avidité : *c'est un homme extrêmement goulu.* — Substantiv. : *c'est un goulu, un vilain goulu.*

* **GOULÛMENT** adv. Avidement : *manger goulûment.*

* **GOUM** s. m. (goumm). Mot emprunté de l'arabe et qui sert à désigner en Algérie le contingent que fournit chaque tribu pour les expéditions militaires : *le général rassembla les goums.*

GOUMROUN ou **Bender-Abassy**, ville de Perse, au fond du golfe d'Ormuz, mais appartenant politiquement à l'imanat de Mascate, depuis 1800. Autrefois très importante, elle a perdu une grande partie de son commerce et ne renferme plus guère que 5,000 hab.

GOUPIL s. m. S'est dit pour renard.

* **GOUPILLE** s. f. (11 mill.) (lat. *cuspis*, pointe). Petite fiche, petite cheville de laiton ou d'autre métal, dont on se sert pour arrêter, pour fixer quelques parties d'une montre ou d'autres ouvrages semblables.

GOUPILLER v. a. Fixer au moyen de goupilles.

* **GOUPILLON** s. m. (11 mill.) (v. franc. *goupil*, renard). Aspersoir, petit bâton au bout duquel il y a des soies de cochon, et qui sert à l'église pour prendre de l'eau bénite, et pour la répandre sur les objets qu'on bénit, ou la présenter à quelqu'un : *prendre de l'eau bénite avec un goupillon*. — Instrument destiné au même usage, qui consiste en une boule de métal creuse, percée de petits trous et placée au bout d'un manche de même métal ou de bois : *présenter, répandre de l'eau bénite avec un goupillon d'argent*. — Techn. Brosse qui a de la ressemblance avec un goupillon de bois.

GOUPILLONNER v. a. Nettoyer avec un goupillon.

GOUR s. m. (lat. *gurges*, gouffre). Creux produit par une chute d'eau. — Bœuf sauvage de l'Inde.

GOUR, Gaur [gaour] ou **Lucknouti** [leuknou'-ti], ville ruinée du Bengale, à 235 kil. N. de Calcutta. Ses ruines couvrent une étendue de 10 kil. de long (ou de 20 kil. en y comprenant les villages voisins) sur 3 ou 4 kil. de large. Gour fut la capitale du Bengale (du XIIIᵉ au XVIIIᵉ siècle).

GOURA s. m. Ornith. Sous-genre du grand genre pigeon, comprenant une seule espèce, le *pigeon couronné* (*lophyrus coronatus*), magnifique oiseau de la Nouvelle-Guinée et des îles voisines. Le goura est un énorme pigeon, long de 70 cent., au plumage bleu, avec une huppe très aplatie, composée de plumes verticales qui surmontent sa tête. Il s'apprivoise facilement. Sa chair est exquise.

* **GOURBI** s. m. Mot emprunté de l'arabe et qui désigne, en Algérie, une cabane, une hutte.

* **GOURD, OURDE** adj. (lat. *gurdus*, lent, paresseux). Qui est devenu comme perclus par le froid. N'est guère usité qu'au féminin, et en parlant des mains : *avoir les mains gourdes*. — Il N'A PAS LES MAINS GOURDES, se dit d'un filou ; et, par ext., d'un homme qui est âpre au gain.

* **GOURDE** s. f. Monnaie d'argent, qu'on nomme plus ordinairement *Piastre*.

* **GOURDE** s. f. (lat. *cucurbita*). Calebasse, courge séchée et vidée, dont les soldats, les pèlerins, etc., se servent pour porter de l'eau, du vin ou quelque autre boisson : *avoir sa gourde pleine*. — Par extens. Bouteille clissée en forme de gourde que l'on emporte quelquefois en voyage. — Bot. Nom de la plante

Gourde des pèlerins (Lagenaria vulgaris).

qui produit les gourdes. Les gourdes forment un genre de la famille des cucurbitacés. La *gourde commune* (*lagenaria vulgaris*) a produit une foule de variétés. On nomme *cougourdes* celles dont le fruit n'a qu'un seul renflement terminé par un long col ; *gourdes des pèlerins*, celles qui ont deux ventres inégaux séparés par un étranglement ; et *gourdes*

trompettes, celles qui n'ont qu'un petit ventre avec un long col. Ces différentes variétés sont originaires de l'Asie et de l'Afrique ; ce

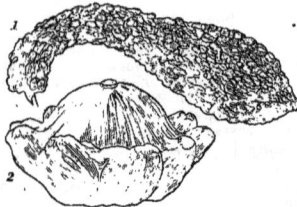

1, Gourde trompette. — 2, Gourde d'Afrique.

sont des plantes grimpantes à feuilles gluantes d'une odeur désagréable. On classe parmi les gourdes, une jolie espèce du nord de l'Afrique, qui présente une forme bizarre

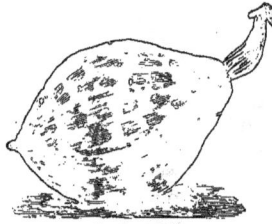

Gourde sans col.

(voy. notre gravure), et que nos soldats ont depuis longtemps introduite en France. Il existe aussi quelques espèces américaines sans col.

* **GOURDIN** s. m. (de *gourd*, qui a signifié : lourd, épais). Gros bâton court : *des coups de gourdin*. (Pop.)

GOURDON, ch.-l. d'arr., à 47 kil. N. de Cahors (Lot), sur le Blen, par 44° 44' 45" lat. N. et 0° 57' 18" long. O ; 5,100 hab. Belle église. Vins, grains, noix et truffes. Richard Cœur de Lion fut tué au siège de Châlux (1199) par Bertrand, seigneur de Gourdon. Patrie du conventionnel Cavaignac.

* **GOURE** s. f. Drog. Drogue falsifiée.

* **GOUREUR** s. m. Celui qui falsifie les drogues. — Celui qui trompe dans un petit commerce, dans un échange : *ne faites pas de marché avec lui, c'est un goureur*.

GOURGANDINAGE s. f. Argot. Débauche, plaisirs crapuleux.

* **GOURGANDINE** s. f. Coureuse, femme de mauvaise vie : *c'est une franche gourgandine*. (Très fam.)

GOURGANDINER v. a. Courir les bals, les soupers et les hommes.

* **GOURGANE** s. f. Petite fève de marais qui est douce et de bonne qualité.

GOURGAUD (Gaspard, BARON), général français, né en 1783, mort en 1852. Il entra dans l'armée en 1802 et accompagna Napoléon en Russie, en qualité d'officier d'ordonnance. Il fut créé baron à Moscou, pour avoir empêché l'explosion de 5,000 quintaux de poudre emmagasinés dans le Kremlin. Après la bataille de Leipzig, il sauva le corps d'Oudinot en retardant l'exécution de l'ordre que Napoléon avait donné de détruire le pont de Froiberg. A Mézières, en 1814, il sauva Napoléon sur le point d'être surpris par une troupe de Cosaques. Il fut l'un des derniers à quitter le champ de bataille de Waterloo et il partagea l'exil de Napoléon pendant trois ans ; il se rendit alors en Angleterre pour cause de maladie et aussi à la suite de

certaines mésintelligences qu'il avait eues avec l'empereur. En 1821, il revint en France et reçut un legs de Napoléon. Il a publié avec Montholon les *Mémoires de Napoléon à Sainte-Hélène*. Son *Examen critique de l'Histoire de la Grande-Armée*, par Ségur, occasionna un duel avec celui-ci et une polémique acerbe avec sir Walter Scott. Louis-Philippe le nomma pair de France. En 1849, il fut élu à l'Assemblée législative.

* **GOURGOURAN** s. m. Etoffe de soie travaillée en gros de Tours, et qui vient des Indes.

GOURGUES (Dominique de), navigateur du XVIᵉ siècle, né à Bordeaux, mort à Tours en 1593. Sa jeunesse fut des plus malheureuses. Prisonnier des Espagnols, il ramait sur une galère, lorsqu'il tomba entre les mains des Turcs, qui ne le traitèrent pas avec moins de cruauté. Délivré par les chevaliers de Malte, il revint à Bordeaux et y équipa, en 1567, trois petits vaisseaux, montés par 100 arquebusiers et 80 matelots, pour venger les colons français de la Floride massacrés par les Espagnols, qui avaient pendu les cadavres de leurs victimes, avec cette inscription : « Non comme Français, mais comme hérétiques ». Il débarqua à la rivière St-Mary, fit alliance avec un chef indien, s'empara du fort San-Matéo et de deux autres forts, massacra presque toute la garnison, fit pendre ses prisonniers sur les mêmes arbres où les Français avaient subi le même sort, et fit inscrire au-dessus de leurs cadavres : « Non comme Espagnols, mais comme assassins » A son retour en France, l'ambassadeur espagnol demanda en vain son extradition. Peu de temps avant sa mort, il fut nommé commandant de la flotte de dom Antonio de Portugal contre Philippe II. Basanier publia en 1586 un récit de l'expédition de Gourgues à la Floride. Les *Pioneers of France in the New World* de Parkman donnent l'histoire complète des aventures de ce patriote.

GOURIN, ch.-l. de cant., arr. et à 54 kil. N.-O. de Pontivy (Morbihan) ; 4,400 hab.

* **GOURMADE** s. f. Coup de poing : *il lui donna deux ou trois gourmades*. (Fam.)

* **GOURMAND, ANDE** adj. (celt. *gioraman*, glouton). Qui mange avec avidité et avec excès : *il est extrêmement gourmand*. — Substantiv. : *c'est un gourmand, une grosse gourmande*. — Gastronome : *les gourmands recherchent beaucoup ce mets*. — Jardin. BRANCHES GOURMANDES, branches d'un arbre fruitier qui poussent avec trop de vigueur, et qui absorbent la nourriture des autres branches. — ᴧᴧ Dans ce sens, on dit aussi substantiv. : *un gourmand ; il faut couper les gourmands*.

* **GOURMANDE, ÉE** part. passé de Gourmander. — Cuis. Un carré de mouton gourmandé de persil, lardé de persil.

* **GOURMANDER** v. a. (rad. *gourmer*). Réprimander avec dureté, avec des paroles sévères et impérieuses : *souffrez-vous qu'on vous gourmande ?* — Fig. Gourmander ses passions, s'en rendre maître, les tenir assujetties à la raison. — Manège. Gourmander un cheval, le manier rudement de la main.

* **GOURMANDISE** s. f. Vice de celui qui est gourmand : *gourmandise insatiable*.

* **GOURME** s. f. Se dit des mauvaises humeurs qui surviennent aux jeunes chevaux : *c'est un poulain, il n'a pas encore jeté sa gourme*. — Fig. Jeter sa gourme, se dit en parlant des enfants qui ont quelque maladie de la peau. (Voy. Impétigo.) — Il jette sa gourme, il n'a pas encor achevé de jeter sa gourme, se dit d'un jeune homme qui vient d'entrer dans le monde, et qui y fait beaucoup de folies, d'extravagances.

* **GOURMÉ, ÉE** part. passé de Gourmer. —

ÉTAE GOURMÉ, affecter un maintien composé et trop grave.

*GOURMER v. a. Mettre la gourmette à un cheval : *il faut gourmer ce cheval plus court.* — Fam. Battre à coups de poing : *on l'a bien gourmé; des écoliers qui se gourment.* — Se Gourmer v. récipr. Se donner des gourmades l'un à l'autre.

*GOURMET s. m. Celui qui sait bien connaître et goûter le vin : *les plus fins gourmets y seraient trompés.*

*GOURMETTE s. f. (bas bret. *gromm*). Manège. Petite chaînette de fer qui tient à un des côtés du mors d'un cheval, et qu'on accroche à l'autre côté en la faisant passer sous la ganache : *la gourmette de votre cheval est défaite.* — ROMPRE SA GOURMETTE, s'abandonner à ses passions, après s'être contraint quelque temps, après avoir vécu dans la retenue. — LACHER LA GOURMETTE A QUELQU'UN, lui donner plus de liberté qu'il n'en avait auparavant.

GOURMONT (Gilles), imprimeur parisien qui, le premier en France, fit paraître des éditions grecques (1507). Il fut soutenu dans cette entreprise par le professeur de l'université, François Tissard, qui publia un alphabet grec, une grammaire grecque et une grammaire hébraïque.

GOURNAY (Marie LE JARS DE), femme de lettres, née à Paris en 1556, morte en 1645. A l'âge de 18 ans, elle lut les *Essais* de Montaigne, et s'enthousiasma pour cet écrivain, dont elle devint l'amie. Elle a laissé plusieurs éditions de Montaigne; la meilleure est celle de Paris (1635, in-fol.); et : *les Avis ou les Présents de la demoiselle de Gournay* (Paris, 1635 et 1641, in-4°).

GOURNAY-EN-BRAY, *Gornacum*, ch.-l. de cant., arr. et à 45 kil. S.-E. de Neufchâtel (Seine-Inférieure); 3,500 hab. Beurre, cidre et fromage renommé. Sources ferrugineuses. — Ville ancienne, qui faisait partie du territoire des Calètes.

GOURVILLE (Jean HÉRAULT DE), financier et diplomate, né à la Rochefoucauld en 1625, mort en 1703. Il fut tour à tour secrétaire du duc de la Rochefoucauld, puis du prince de Condé; il fut ensuite nommé intendant des vivres à l'armée de Catalogne et par le surintendant Fouquet receveur général de la Guyenne. Inquiété par Colbert, il se réfugia en Angleterre, puis dans les Pays-Bas et fut, en 1681, gracié par Louis XIV. On a de lui des *Mémoires* (Paris, 1724, 2 vol. in-12).

*GOUSSAUT ou Goussant s. m. Manège Cheval court de reins, et dont l'encolure et la conformation annoncent de la force : *un cheval goussaut.*

*GOUSSE s. f. (celt. *cwysed*, petite poche). Bot. Cosse, enveloppe des graines, des semences dans les plantes légumineuses : *gousse allongée.* — GOUSSE D'AIL, petite tête d'ail : *frotter du pain avec une gousse d'ail.* — Au pluriel, se dit d'un ornement d'architecture particulier au chapiteau ionique.

*GOUSSET s. m. (celt. *cwysed*, petite poche). Le creux de l'aisselle : *se frotter le gousset avec de la poudre d'alun.* — Mauvaise odeur qui vient du gousset : *sentir le gousset.* — Par ext. Petite pièce de toile qu'on met à la manche d'une chemise à l'endroit de l'aisselle : *mettre des goussets à une chemise.* — Petite poche qui est en dedans de la ceinture d'une culotte, d'un pantalon : *fouiller dans son gousset.* — Fam. AVOIR LE GOUSSET GARNI, BIEN GARNI, être pourvu d'argent. — Espèce de petite console de menuiserie, servant à soutenir des tablettes.

GOUSSET (Thomas-Marie-Joseph), prélat, né à Montigny-les-Cherlieu (Haute-Saône),

en 1792, mort en 1866. Il était fils d'un paysan et reçut les ordres en 1817; il resta pendant 17 ans professeur de théologie morale à Besançon. En 1835, il fut nommé évêque de Périgueux, en 1836, archevêque de Reims, et en 1850 cardinal et sénateur. Ses ouvrages principaux sont *Théologie dogmatique* et *Théologie morale.*

GOÛT s. m. (lat. *gustus*). Celui des cinq sens par lequel on discerne les saveurs : *le sens du goût.* — Saveur : *viande de bon goût, de mauvais goût.* — CETTE SAUCE EST DE HAUT GOUT, elle est salée, épicée. CETTE SAUCE N'A POINT DE GOUT, elle ne sent rien, elle est fade. — Pop. FAIRE PASSER LE GOUT DU PAIN A QUELQU'UN, le faire mourir. — Odeur : *on sent ici un goût de renfermé.* — Appétence des aliments, du plaisir qu'on trouve à boire et à manger : *ce malade ne trouve goût à rien, ne prend goût à rien.* — Prov. LE GOUT EN FAIT PERDRE LE GOUT, se dit en parlant d'une chose trop chère. — Fig. Faculté de sentir, de discerner les beautés et les défauts qui se trouvent dans les ouvrages d'esprit, dans les productions des arts : *il a le goût sûr, fin, délicat, exquis.* — Absol. Bon goût : *les lois, les règles du goût.* — Sentiment agréable ou avantageux qu'on a de quelque chose : *chacun a son goût.* — Se dit aussi de l'inclination qu'on a pour certaines personnes, pour certaines choses, de l'empressement avec lequel on les recherche, et du plaisir qu'on y trouve : *avoir le goût du grand et du beau.*

Si je suivais mon goût, je saurais où buter,
Mais j'ai les miens, la cour, le peuple à contenter.
LA FONTAINE.

— METTRE EN GOUT D'UNE CHOSE, en donner envie, désir, exciter à la faire. — FAIRE UNE CHOSE PAR GOUT, la faire pour son plaisir. — OUVRAGES DE GOUT, ouvrages, objets qui ne sont faits que pour l'agrément, pour l'ornement. — Mus. NOTES DE GOUT. (Voyez NOTE.) — Manière dont une chose est faite, du caractère particulier de quelque ouvrage : *cet ouvrage est de bon goût.* — Absol. Bon goût, agrément, grâce, élégance : *un ouvrage fait avec goût.* — Se dit particul. du caractère d'un auteur, d'un peintre, d'un sculpteur, et même du caractère général d'un siècle : *ces vers sont dans le goût de Racine.*

*GOÛTER v. a. (lat. *gustare*). Exercer le sens du goût sur ce qui a de la saveur : *il goûte bien ce qu'il mange.* — Particul. Examiner, vérifier la saveur, la qualité d'une chose, en mettant dans la bouche une petite partie, une petite quantité de cette chose : *le cuisinier n'a pas goûté cette sauce.* — Boire ou manger quelque peu d'une chose dont on n'a pas encore bu ou mangé; et, dans ce sens, il est ordinairement neutre : *voulez-vous goûter à notre vin, de notre vin.* — Se dit quelquefois, tant act. que neut., en parlant des choses dont on ne juge que par l'odorat : *goûtez bien ce tabac.* — v. n. Fig. Essayer, éprouver : *il a goûté du métier; il en est las.* — v. a. Fig. Approuver, trouver bon, agréable : *je goûte ce que vous dites.* — Se dit de même en parlant des personnes : *je n'ai jamais pu goûter cet homme-là.* — Sentir quelque chose, en jouir : *goûter la fraîcheur du matin.* — Se goûter v. pr. Avoir du goût l'un pour l'autre.

*GOÛTER v. n. Manger légèrement entre le dîner et le souper : *il fait ses quatre repas; il déjeune, il dîne, il goûte, il soupe.*

*GOÛTER s. m. Petit repas qu'on fait entre le dîner et le souper : *on lui a donné des confitures et du fruit pour son goûter.*

*GOUTTE s. f. (lat. *gutta*). Petite partie d'une chose liquide : *petite goutte, grosse goutte.* — Quantité peu considérable : *prenez une goutte de vin, une goutte de bouillon.* — C'EST UNE GOUTTE D'EAU DANS LA MER, c'est ajouter fort peu à une grande abondance; c'est porter un faible secours où il en faudrait un très

considérable. — UNE GOUTTE D'EAU, une petite quantité, une quantité tout à fait insuffisante. — C'EST LA GOUTTE D'EAU QUI FAIT DÉBORDER LE VERRE, c'est une petite cause ajoutée à d'autres causes plus graves qui finit par faire éclater le mécontentement ou le chagrin contenu jusqu'alors. — MÈRE GOUTTE, vin qui coule de la cuve ou du pressoir sans que l'on ait pressuré le raisin. — CES DEUX PERSONNES SE RESSEMBLENT COMME DEUX GOUTTES D'EAU, elles se ressemblent parfaitement. — Par exagér. *Tant qu'il me restera une goutte de sang dans les veines, je vous défendrai, je te combattrai.* — IL N'A PAS UNE GOUTTE DE SANG DANS LES VEINES, se dit d'un homme qui est saisi d'effroi, d'épouvante, d'horreur. — Pharm. Mesure de certaines liqueurs qui s'emploient à très petite dose : *on évalue la goutte à peu près au poids d'un grain.* — Se dit, au pluriel, de certains remèdes liquides qui ne s'administrent ordinairement qu'à très petite dose, à cause de leur énergie : *gouttes d'Angleterre, d'Hoffmann.* Fondeur. Petite partie tirée d'une fonte d'or ou d'argent, qu'on remet à l'essayeur pour avoir le rapport du titre. — Archit. Se dit de petits ornements de forme conique placés dans le plafond de l'ordre dorique ou sous les triglyphes : *les gouttes de la corniche.* — S'emploie adverbial. dans ces phrases familières, *Ne voir goutte, n'entendre goutte,* pour donner plus de force à la négation. (*Je n'entends goutte* [Je ne comprends rien] *à ce qu'il dit. Cette affaire est fort embrouillée, je n'y entends goutte.* — Goutte à goutte loc. adv. Goutte après goutte : *il faut verser cette liqueur goutte à goutte.* — Jargon des acteurs. BOIRE UNE GOUTTE, être sifflé. — PAYER UNE GOUTTE, siffler. — Mesure d'eau-de-vie de la capacité d'un décilitre : *boire la goutte.* — DONNER LA GOUTTE, donner à téter.

*GOUTTE s. f. Maladie qui affecte particulièrement les articulations, et qui est caractérisée par la douleur, la rougeur et le gonflement de ces parties : *cela cause, engendre la goutte.* — GOUTTE-CRAMPE. (Voy. CRAMPE.) — GOUTTE SCIATIQUE, ou simplement, SCIATIQUE, douleur qui a son siège le long du nerf sciatique. — GOUTTE SEREINE. (Voy. AMAUROSE.) — Encycl. La goutte (*arthritis*) est une fluxion périodique et douloureuse des articulations, qui deviennent, à la fin, le siège de nodosités et de concrétions tophacées. Elle affecte principalement les pieds et les mains. Lorsqu'elle est héréditaire, elle peut se montrer dès la jeunesse; celle qui est due à l'excès de bonne chère et à une vie sédentaire, paraît rarement avant 35 ans. Elle est aiguë ou chronique, régulière ou anomale. Elle s'annonce quelquefois par des troubles variés dans la digestion (rapports, vomissements, crampes dans la partie menacée); d'autres fois, elle débute subitement sans prodromes. L'invasion a ordinairement lieu vers le milieu de la nuit, par une douleur au gros orteil, douleur plus ou moins déchirante, accompagnée de frissons et de l'impossibilité de mouvoir ou de toucher le doigt de pied. Cette douleur, qui dure de 6 à 24 heures, se termine par des sueurs et un peu de gonflement de la partie douloureuse. Lorsque cet accès est suivi pendant 10 ou 15 jours de plusieurs autres accès semblables, on dit que le malade a une attaque de goutte. Ces attaques se renouvellent après six mois ou un an et perdent de leur violence en devenant plus fréquentes. Lorsque la goutte revient sans fièvre, à des époques indéterminées, avec des noyaux ou concrétions pierreuses dans les articulations qui en sont le siège, c'est qu'elle passe à l'*état chronique.* Le rhumatisme, la gravelle, la migraine, l'asthme et les lésions au cœur sont quelquefois produits par la diathèse goutteuse. La goutte est sujette à des déplacements et à des mutations de forme qui portent le nom de *métastases.* La goutte *anomale,* aussi appelée *goutte rentrée* ou *remontée,* est celle qui abandonne brusquement les articulations où elle siège et se porte sur des organes intérieurs, tels que le cerveau, les poumons, l'estomac; elle a mule alors d'autres maladies : *métastase goutteuse*. La goutte compromet rarement la vie, à moins qu'il n'y ait métastase, mais elle cause souvent des infirmités incurables. Il ne faut pas la confondre avec le rhumatisme articulaire, dont elle est cependant proche parente. Les personnes fortes, sédentaires, celles qui mènent une oisive et qui s'adonnent à la bonne chère en sont surtout attaquées; c'est donc la maladie des riches. Elle affecte principalement les *petites articulations*; elle revient par attaques distinctes, composées d'accès quotidiens, de sueur locale et d'urines sédimenteuses, ce qui n'a pas lieu pour le rhumatisme. On traite la goutte surtout par un régime approprié : grande sobriété, boissons aqueuses (eaux de Vichy, de Contrexeville, de Vals), exercice, abstinence presque complète de viandes, de vins, d'alcooliques; éviter l'humidité et les refroidissements. On doit continuer ce traitement pendant toute la vie. Lorsque la douleur est violente dans la forme aiguë, on place à l'endroit douloureux quelques sangsues, puis des cataplasmes émollients; ou bien on se borne à des liniments sédatifs (huile de marrons d'Inde, baume d'Opodeldoch, compresses imbibées de chloroforme) et l'on enveloppe l'articulation de flanelle. On observe la diète et l'on fait usage de boissons sudorifiques (bourrache, gaïac) ou tempérantes (chiendent) et de bicarbonate de soude. Quand la maladie est chronique, on peut prévenir de nouveaux accès, en faisant usage des eaux minérales sus-indiquées, ainsi que de la lithine, du benzoate et du silicate de soude, du vin ou de la teinture de colchique et on suit le régime dont nous avons parlé. « La goutte et le rhumatisme me font qu'un, a dit Chomel, et, suivant le Dr Noël Guénoau de Mussy (*Leçons de clinique*), on doit rattacher à la diathèse goutteuse un arthritisme un grand nombre de maladies, telles que les névroses, les névralgies, les migraines, l'angine granuleuse, la gastralgie, les vertiges stomacaux, l'hystérie, l'hémiplégie, l'eczéma, certaines affections de la peau ou des muqueuses, l'albuminurie, les hémorrhoïdes, les varices, etc. La constitution arthritique est, ainsi que les autres diathèses constitutionnelles, une prédisposition congénitale, souvent héréditaire, qui se manifeste d'une manière ou d'une autre, et se transforme quelquefois par métastase, en passant de l'ascendant au descendant. Ses effets peuvent varier chez le même individu, ou présenter à la fois plusieurs manières d'être. Nous croyons être vraiment utile en faisant connaître ici un moyen purement hygiénique, sinon de guérir, au moins de soulager les personnes atteintes de la goutte ou d'autres affections arthritiques ou pléthoriques. Ce moyen, qui fait l'objet d'une communication à l'Académie des sciences en 1880, consiste à réduire le plus possible, dans la nourriture, la consommation des aliments farineux, gras ou sucrés. Le régime dont il s'agit est basé sur le principe suivant : les aliments qui renferment beaucoup de carbone, tels que le pain, les légumes secs, les graisses, le beurre, le sucre, etc., servent surtout à fournir au corps le calorique nécessaire à la vie; mais si la dépense de calorique faite par la respiration, par la résistance au froid et par les efforts musculaires n'absorbe pas tout le carbone que l'alimentation a apporté dans le sang, l'excédent se transformera en graisse et produira l'obésité. Si le corps n'est pas disposé à devenir obèse, ou si les tissus adipeux ne peuvent plus recevoir de graisse, il y aura ailleurs un déversoir; soit par les muqueuses de l'estomac ou de l'intestin qui sécréteront d'une façon anormale; soit par les muqueuses des

bronches, ce qui donnera lieu à la bronchite chronique, au catarrhe, à l'asthme; soit par le foie, d'où résultera le diabète ou l'hépatite. Enfin l'excédent de carbone se transforme souvent en acide urique dont la formule chimique est C^{io} H⁴ Az² O⁶. Cet acide attaque les tissus, les séreuses articulaires, les séreuses viscérales, et principalement les cartilages et les os dont il s'appropie la chaux, en formant ainsi des urates de chaux qui occasionnent la gravelle, et en causant les douleurs goutteuses ou rhumatismales. D'après ce systémationnel que nous venons d'indiquer très brièvement, la goutte peut, ainsi que les autres affections pléthoriques, être soulagée par une alimentation très peu carbonée, par les bains froids (bains, lotions, hydrothérapie froide), qui absorbent du calorique, et par l'exercice musculaire. C'est avec raison que La Fontaine a dit :

> . . . . . . *Goutte bien tracassée,*
> Est, dit-on, à demi pansée.
>   *Fables.* III. ix.

— Le sel de Vichy (bi-carbonate de soude), l'iodure de potassium, les purgatifs drastiques ont aussi pour effet de combattre la goutte; mais le régime dont nous parlons, s'il est rigoureusement suivi, peut, après quelques mois, dispenser de toute médication. »

* **GOUTTELETTE** s. f. diminutif. Petite goutte de quelque liqueur : *je n'en pris qu'une gouttelette*.

GOUTTER v. n. Laisser tomber des gouttes : *les feuilles des arbres gouttent après la pluie*.

* **GOUTTEUX, EUSE** adj. Qui est sujet à la goutte : *il est bien goutteux*. — Se dit aussi substantiv. : *un goutteux*.

* **GOUTTIÈRE** s. f. Petit canal par où les eaux de la pluie coulent de dessus les toits : *gouttière de bois, de plomb*. — Se dit quelquefois, par ext. et fam., pour désigner le toit même. Dans ce sens, on le met ordinairement au pl.; *se promener sur les gouttières*. — Se dit aussi d'une bande de cuir qui avance autour de l'impériale d'un carrosse, et qui sert à empêcher que la pluie n'y entre par les portières : *les gouttières d'un carrosse*. — Rel. La coupe creuse qu'ils donnent à la tranche du livre opposée au dos. — Chasse. Se dit des fentes ou raies creuses qui sont le long de la perche du merrain de la tête du cerf. — Anat. Se dit de certains enfoncements que présentent les os : *les gouttières des malléoles*. — Bot. CREUSÉ EN GOUTTIÈRE, qui a sur sa longueur et d'un seul côté un demi-canal, une espèce de rainure. — Arborie. Plaie dangereuse par laquelle la sève d'un arbre s'écoule sous la forme d'une liqueur brune et âcre. Il faut enlever à vif toute la partie altérée, la laisser à l'air pendant deux jours et y appliquer l'onguent que nous indiquons à notre article PLAIES DES ARBRES. — ⌁ LAPIN DE GOUTTIÈRE, chat. (Voy. CHAT.)

* **GOUVERNABLE** adj. Qui peut être gouverné, qui se laisse gouverner : *ce peuple, quand on sait le prendre, est fort gouvernable*.

* **GOUVERNAIL, AILS** s. m. [l mll.] (lat. *gubernaculum*). Pièce de bois attachée à l'arrière d'un vaisseau, d'un navire, d'un bateau, et qui sert à le gouverner, à le faire aller du côté qu'on veut : *tenir le gouvernail d'un vaisseau*. — S'emploie fig. dans certaines phrases, en parlant du gouvernement d'un État : *les affaires allaient bien tandis que ce ministre tenait le gouvernail*.

* **GOUVERNANCE** s. f. Juridiction qui existait autrefois dans quelques villes des Pays-Bas, et à la tête de laquelle était le gouverneur de la place : *la gouvernance d'Arras, de Lille*, etc.

GOUVERNANT, ANTE adj. Qui gouverne : *le parti gouvernant*. — s. m. pl. Ceux qui gouvernent un État.

* **GOUVERNANTE** s. f. La femme du gouverneur d'une province, d'une place : *madame la gouvernante*. — Femme qui a le gouvernement d'une province, d'une ville : *plusieurs princesses de la maison d'Autriche ont été gouvernantes des Pays-Bas*. — Femme à laquelle on confie l'éducation d'un ou de plusieurs enfants : *la gouvernante des enfants de France*. — Femme qui a soin du ménage d'un homme veuf ou d'un célibataire.

* **GOUVERNE** s. f. Comm. Ce qui doit servir de règle de conduite dans une affaire : *cette lettre vous servira de gouverne*. — S'emploie quelquefois fam. dans le langage ordinaire : *je vous dis cela pour votre gouverne*.

GOUVERNÉ, ÉE adj. Dirigé, régi, administré. — s. m. pl. Ceux qui obéissent, les sujets : *gouvernants et gouvernés*.

* **GOUVERNEMENT** s. m. Action, charge, ou manière de gouverner, de régir, d'administrer : *le gouvernement d'un État*. — Se dit absol. du gouvernement des États : *la science du gouvernement*. — AVOIR QUELQUE CHOSE EN SON GOUVERNEMENT, être chargé d'en avoir soin. — Se dit aussi de la constitution d'un État : *la forme, la nature d'un gouvernement*. — Se dit quelquefois, dans un sens collectif, de ceux qui gouvernent un État : *le gouvernement a pris telles mesures*. — Charge de gouverneur dans une province, dans une ville, dans une place forte, dans une maison royale : *le roi lui donna le gouvernement de Normandie*. — Ville et pays qui sont sous le pouvoir d'un gouverneur : *un gouvernement d'une grande étendue*. — Hôtel du gouverneur : *j'ai dîné au gouvernement*.

GOUVERNEMENTAL, ALE, AUX adj. Qui appartient au gouvernement.

GOUVERNEMENTALISME s. m. Système qui rapporte tout au gouvernement.

GOUVERNER v. a. (lat. *gubernare*). Diriger, conduire : *gouverner un vaisseau, un navire, une barque*. — S'emploie quelquefois absolument, surtout en parlant des vaisseaux, etc. : *ce pilote gouverne bien*. — Mar. GOUVERNER A LA LAME, fuir vent arrière par un gros temps, pour éviter de recevoir des lames. — GOUVERNER SUR SON ANCRE, se dit lorsqu'un vaisseau étant au mouillage dans une rivière, l'action du courant lui imprime des mouvements de rotation. — CE BATIMENT, CE BATEAU GOUVERNE BIEN, GOUVERNE MAL, il obéit ou il résiste aux mouvements du gouvernail. C'EST LUI QUI GOUVERNE LA BARQUE, c'est lui qui a la conduite de l'entreprise. — GOUVERNER avec autorité : *conduire bien ses affaires, ou se conduire sagement*. — Régir, conduire avec autorité : *gouverne sagement son royaume*. — S'emploie souvent absol. : *les ministres gouvernent sous l'autorité du prince*. — Particul. Avoir grand crédit, grand pouvoir sur l'esprit de quelqu'un : *vous pouvez me rendre de bons offices auprès de lui, vous le gouvernez*. Se dit aussi des choses morales : *les préjugés gouvernent la plupart des hommes*. — Fam. COMMENT GOUVERNEZ-VOUS UN TEL? Comment êtes-vous, de quelle façon vivez-vous avec lui? le voyez-vous souvent ? On dit à peu près de même sens, comment gouvernez-vous la fortune, le jeu, les plaisirs ? Avoir l'administration, la conduite de quelque chose : *c'est lui qui gouverne toute la maison, il en gouverne les affaires*. — Particul. Administrer avec épargne : *vous n'avez pas beaucoup de provisions, gouvernez-les bien*. — Se dit également du soin qu'on a qu'une chose soit en bon état, qu'elle ne périsse pas : *il entend à gouverner le vin, à gouverner une cave*. — Se dit aussi du soin que l'on prend des enfants ou des malades. C'est une femme qui s'entend à gouverner les enfants, les malades. — Se dit même de la manière d'élever, de soigner toutes sortes d'animaux : *il a toute sa vie élevé des chevaux, il sait bien les gouver-*

ncr. — Gramm. Régir : *ce verbe gouverne l'accusatif.* — **Se gouverner** v. pr. Se dit d'un État démocratique, d'un gouvernement où le pouvoir est exercé par le peuple : *ils résolurent de se gouverner eux-mêmes, et de se constituer en république.* — Tenir une conduite bonne ou mauvaise dans sa vie, dans ses mœurs, dans ses affaires : *il s'est toujours gouverné sagement.*

• GOUVERNEUR s. m. Celui qui commande en chef dans une province, dans une place forte, dans une maison royale : *le gouverneur de la province.* — LE GOUVERNEUR DE LA BANQUE DE FRANCE, le directeur en chef de cet établissement. — Celui qui est commis pour avoir soin de l'éducation et de l'instruction d'un jeune seigneur, d'un jeune prince : *gouverneur du dauphin.*

GOUVERNEUR (Ile du), poste fortifié des États-Unis, dans le port de New-York, à l'embouchure de la rivière de l'Est, et séparé de Brooklyn par le canal Buttermilk.

GOUVION SAINT-CYR (Laurent), maréchal de France, né à Toul en 1764, mort en 1830. Il s'engagea en 1792, devint bientôt général de division, se distingua sous Moreau, battit Kray à Biberach en 1800; mais Napoléon le tint à l'écart, à cause de son indépendance de caractère. Avec de faibles ressources, il secourut Barcelone en 1808 ; mais, mécontent de la manière dont il était traité, il donna sa démission, et fut banni pour deux ans dans ses propriétés pour n'avoir pas attendu son successeur. On lui rendit son grade en 1811; Il battit en 1812 le prince Wittgenstein à Polotzk sur la Düna (août 17-18), et fut nommé maréchal. En 1813, il fit une résistance héroïque à Dresde et obtint une capitulation honorable qui, néanmoins, ne fut pas sanctionnée par Schwarzenberg. Il fut, ainsi que ses troupes, envoyé prisonnier en Autriche. A la seconde Restauration, il eut le portefeuille de la guerre dans le cabinet formé par Talleyrand; il fut de nouveau ministre en 1817. Il se retira en 1819 et écrivit ses *Mémoires* (8 vol. 1829-'31.)

GOWER (John), poète anglais, né vers 1325 mort en 1408. Il était ami intime de Chaucer. Ses principaux ouvrages sont le *Speculum Meditantis*, traité sur la vie conjugale, en vers français; la *Vox Clamantis*, poème latin sur l'insurrection des communes sous Richard II, et la *Confessio Amantis*, poème anglais en 8 livres. Ce dernier ouvrage est le seul qui ait été publié (nouv éd. par Pauli, 3 vol. 1857.)

GOYA, ville de la République Argentine, à 135 kil. S. de Corrientes, sur la rivière Goya, près de sa jonction avec le Parana ; 10,910 hab. Elevage de bestiaux.

GOYANNA, ville de Pernambuco (Brésil), sur la rivière Goyanna, près de la mer, à 40 kil. N. de Recife; environ 9,000 hab. Commerce de coton, de sucre, de rhum, de peaux, de bois de construction, de bois d'ébénisterie et d'huile de ricin.

• GOYAVE s. f. [go-ia-ve] (esp. *guayaba*). Fruit du goyavier. Les goyaves sont longues ou ovales, et grosses à peu près comme une pomme de reinette. On les mange fraîches; on en fait aussi des conserves.

GOYAVE, rivière de la Guadeloupe ; elle se jette dans le Grand-Cul-de-Sac, au N. de la baie du Lamentin, après un cours d'environ 20 kil.

• GOYAVIER s. m. Bot. Genre de myrtacées, comprenant plusieurs espèces d'arbres qui habitent l'Amérique et les Indes orientales. Le *psidium guaiava*, dont plusieurs espèces sont cultivées, un petit arbre de 3 à 5 m., rarement de 7 m. de hauteur. Son fruit, d'un jaune brillant, est très parfumé et renferme

Goyavier de Gattley (Psidium Gattleyanum).

une pulpe jaunâtre ou rougeâtre qui a une saveur acidulée. Le goyavier, qui croît en abondance dans les Indes occidentales, a été acclimaté en Algérie et dans plusieurs autres pays chauds. Ailleurs, on le cultive dans les serres à cause de son feuillage ornemental et de ses fleurs, aussi bien que pour ses fruits. Le *goyavier pourpre* (*psidium gattleyanum*), quoique importé de la Chine en Europe, est probablement indigène de l'Amérique du Sud; il est plus robuste et plus productif que le goyavier commun.

GOYAZ. I, province centrale du Brésil, bornée au S.-E. par le Paranahyba à l'O. par la rivière Araguay, et traversée par le Tocantins ; 747,311 kil. carr.; 191,700 hab. Territoire généralement montagneux, vastes forêts près de la capitale ; or et diamants, millet, manioc, riz, coton, tabac, vigne, vanille et différentes espèces de fruits et de plantes des pays tropicaux. Grandes quantités de bœufs, de chevaux et de porcs. — II, capitale de cette province, sur la rivière Vermelho, à environ 800 kil. N.-O. de Rio de Janeiro; environ 8,500 hab.

GOZLAN (Léon), romancier et auteur dramatique, né à Marseille en 1806, mort à Paris le 1er sept. 1866. Fils d'un armateur ruiné par les Anglais, il tenta inutilement de relever sa fortune par le commerce et dut se faire matelot, puis commis en librairie. Il débuta comme écrivain, dans plusieurs feuilles littéraires, en 1828, et ne tarda pas à devenir l'un des plus originaux rédacteurs d'articles de genre. Parmi les meilleurs de ses romans pleins d'humour, nous citerons : *Le Notaire de Chantilly* (1836); *Socrate Leblanc* (1838); *Le Médecin du Pecq* (1839); *Histoire des cent trente Femmes* (1853); *Le Lilas de Perse* (1854) ; *Polydore Marasquin* (1857); *Le Tapis vert* (1855); *La Folle du logis* (1855). Quelques-unes de ses pièces obtinrent du succès; ce sont : *La Main droite et la Main gauche* (5 a., Odéon, 1842) ; *Le Gateau des Reines* (3 a., Théâtre-Français, 1855); *La Pluie et le Beau Temps; Une Tempête dans un coup d'eau.*

GOZLIN ou **Goslin**, *Gauzlenus*, prélat et homme d'État français, né au commencement du IXe siècle, mort en 886. Il entra dans l'ordre des bénédictins, devint vers 848 abbé de Saint-Germain-des-Prés, fut fait prisonnier par les Normands vers 858, et n'obtint sa liberté qu'en payant une forte rançon. Appelé vers 882 au siège épiscopal de Paris, il fit fortifier cette ville en prévision d'une attaque des Normands. Lorsque les pirates du Nord vinrent, sous la conduite de Sigefroi, mettre le siège devant Paris, Gozlin combattit avec une grande intrépidité, et mourut pendant le siège. On croit même qu'il fut tué d'un coup de flèche.

GOZZI [got'-si] I (Carlo, COMTE), dramaturge italien, né vers 1720, mort en 1806. Ses pièces, tirées des contes de fées, sont excessivement populaires, particulièrement l'*Turandote*, que Schiller a adapté au théâtre allemand. Il écrivit aussi des tragédies. Il a publié une édition complète de ses pièces en 12 vol. (1791) et une autobiographie. — II (Gaspare), son frère (1713-'86), écrivain volumineux en

prose et en vers ; connu surtout par l'*Osservatore veneto*, publié périodiquement, par Sermont et par plusieurs autres productions spirituelles.

GOZZO Voy. MALTE.

GRAAF (Regnier de) [grâff], médecin hollandais, né en 1641, mort en 1673. Il exerça à Paris et à Delft. Ses recherches ont produit la découverte que la reproduction a lieu, chez les animaux vivipares aussi bien que chez les animaux ovipares, au moyen d'œufovaries. Les vésicules graafiennes de l'ovaire des mammifères furent découvertes et décrites par lui. Il acquit ainsi une grande réputation par ses recherches sur le suc pancréatique, et publia des ouvrages de physiologie.

GRAAL [gra-al] ou **Gréal** (Le saint), en vieux franç. *le san gréal*; en vieil angl. *the sancgreall*; probablement du franç. *saint*, et du celtique *greall*, vase, coupe; ou peut-être du franç. *sang réal*, sang royal, sang du Seigneur. Prétendu vase miraculeux qui fait le sujet d'une curieuse légende du moyen âge. D'après cette légende, le *Saint Graal* serait le calice dans lequel Jésus aurait, lors de la Cène, changé le vin en son propre sang. Saint Joseph d'Arimathie se serait ensuite servi de ce précieux calice pour recevoir pieusement le sang qui, s'échappant du flanc du Christ, coulait sur la croix. La vertu miraculeuse du saint Graal procura à saint Joseph d'Arimathie une existence de plusieurs siècles; ce personnage sentant venir sa fin, légua le vase à son fils, qui le laissa ensuite à l'un de ses parents. Le dernier possesseur du saint Graal était contemporain du roi Arthur; il pécha, et la coupe sacrée disparut incontinent. Les chevaliers de la Table ronde se donnèrent pour mission de la retrouver ; mais ils furent déçus, parce que nul mortel ne devait plus la voir, s'il n'était vierge de corps. Cette béatitude était réservée à Galaad (suivant d'autres, à Percival), personnage d'une pureté parfaite; aussitôt après la mort de Galaad, le saint Graal monta au ciel. Cette légende sert de thème à plusieurs romans, dont le principal est le *Livre du saint Graal et de la Table ronde*, comprenant trois parties : 1° le *Roman du saint Graal* (publié en 1841, in-12, par Francisque Michel, d'après un manuscrit de la Bibliothèque nationale); 2° le *Roman de Merlin* ; 3° le *Roman de Lancelot.*

• GRABAT s. m. (lat. *grabatus*). Méchant lit, tel que ceux des pauvres gens : *on trouva quatre ou cinq petits enfants couchés sur un méchant grabat.* — Prov. ETRE SUR LE GRABAT, être malade au lit. — Fig. LE VOILA SUR LE GRABAT, le voilà ruiné.

• GRABATAIRE s. Se dit, dans l'histoire ecclésiastique, de ceux qui différaient jusqu'à la mort à recevoir le baptême : *la secte des grabataires.* — Se dit aussi, adjectiv., d'une personne habituellement malade ou alitée : *il est devenu grabataire.* (Fam.) — Dans le langage de l'assistance publique, s'emploie substantiv. pour désigner un malade qui ne quitte pas le lit.

• GRABUGE s. m. (ital. *garbuglio*). Querelle, différend, noise : *ils ont eu quelque grabuge ensemble.* (Fam.)

GRAÇAY, ch.-l. de cant., arr. et à 51 kil. N.-O. de Bourges (Cher), sur le ruisseau de Fouzon ; 3,200 hab. Aux environs, se trouvent les *Pierres folles*, monument celtique formé de 24 pierres énormes.

GRACCHUS I (Tiberius-Sempronius), homme d'État romain, né vers 168 av. J.-C., mort en 133. Il était fils de Tiberius Gracchus et de Cornélie, fille de Scipion l'Africain. Il servit en Afrique sous Scipion et remplit ensuite l'office de questeur sous le consul Mancinus, pendant la campagne malheureuse de ce général contre les Numantins. Vers la fin de 134, il fut élu tribun et commença sa carrière d'agitateur politique en proposant de faire revivre la loi Licinienne, par laquelle aucune personne ne pouvait posséder plus de 500 jugères de terre. Il projetait une modification de cette loi (voy. AGRAIRE), mais il rencontra une vive résistance de la part des patriciens et du tribun M. Octavius Cœcina, qui lui opposa continuellement son veto. A la longue, Octavius fut déposé et la loi agraire passa. Gracchus fut accusé d'aspirer à la royauté et quand il voulut se faire réélire au tribunat, le sénat menaça d'employer la force pour s'opposer à son élection. Il arma ses partisans et se préparait à faire évacuer le capitole, quand Scipion Nasica, à la tête des sénateurs, le prévint et le massacra avec 300 de ses amis. — II (Caius-Sempronius), son frère, né vers 159 av. J.-C., mort en 121. En 124, il revint de Sardaigne, où il avait été questeur, et il fut élu tribun. Il acquit une grande popularité en faisant passer une loi pour l'amélioration de la condition des pauvres. Pendant son second tribunat (122), il proposa l'extension des franchises de Rome à toute l'Italie. Mais M. Livius Drusus, son collègue, repoussa la loi et le supplanta dans la faveur du peuple, et Gracchus, à son retour de Carthage, où il avait été envoyé pour conduire une colonie, s'aperçut que sa popularité était éclipsée. Il résista au rappel de la loi fondant la colonie carthaginoise, s'unit avec Fulvius, commissaire de la loi agraire, et excita la populace à agir de violence. Dans le tumulte qui suivit, se voyant pressé de toutes parts par ses ennemis, il ordonna à l'un de ses domestiques de le tuer.

* **GRÂCE** s. f. (lat. *gratia*). Certain agrément dans les personnes et dans les choses : *cette femme est belle, mais elle n'a aucune grâce.* — CETTE EXPRESSION A DE LA GRACE, elle donne de l'agrément, du charme à la phrase où elle est placée. — BONNE GRACE, élégance et naturel des manières, des gestes, des paroles :

La beauté, pour le sexe, est un rare trésor ;
De l'admirer jamais on ne se lasse ;
Mais ce qu'on nomme *bonne grâce*
Est sans prix et vaut mieux encor.

La *bonne grâce* est le vrai don des fées ;
Sans elle on ne peut rien, avec elle on peut tout.
Ch. PERRAULT. *Cendrillon.*

— MAUVAISE GRACE, mauvaise tournure, manières déplaisantes. — N'AVOIR PAS BONNE GRACE, AVOIR MAUVAISE GRACE DE FAIRE TELLE OU TELLE CHOSE, se dit en parlant de ce qu'une personne fait contre la raison ou contre la bienséance : *il aurait mauvaise grâce de se plaindre d'une chose qu'il a lui-même désirée.* Iron. : *vraiment, il a, vous avez bonne grâce de prétendre que...* — DE BONNE GRACE, DE MAUVAISE GRACE, signifient aussi, de bonne volonté, sans répugnance ; de mauvaise volonté avec répugnance : *puisque vous ne pouvez vous dispenser de cela, je vous engage à le faire de bonne grâce.* — Tapiss. LES BONNES GRACES D'UN LIT, les étoffes qu'on attache vers le chevet et vers les pieds d'un lit, pour accompagner les grands rideaux. Ne se dit qu'en parlant des lits à l'ancienne mode. — Myth. Au plur. Se dit, de trois déesses qui étaient les compagnes de Vénus, et dont le pouvoir s'étendait à toutce qui fait l'agrément, le charme de la vie. On regarde généralement les Grâces comme les filles de Jupiter ; quelques-uns les appellent filles d'Apollon, d'autres filles de Bacchus. Hésiode énumère trois Grâces (Charites) : Euphrosyne, Aglaé et Thalie. Elles présidaient aux fêtes de famille, au bonheur et à la joie ; elles protégeaient tout ce qui est aimable et beau dans la nature ou dans les arts. — SACRIFIER AUX GRACES, acquérir ou mettre de la grâce dans ses manières, dans ses discours dans son style. — LES GRACES PRÉSIDÈRENT A SA NAISSANCE, LES GRACES ONT PRIS SOIN DE LA FORMER, etc., se dit d'une femme qui a beaucoup de grâces naturelles. On dit, en des sens analogues : *les Grâces accompagnent ses pas.* — Faveur qu'on fait à quelqu'un, sans y être obligé : *s'il vous accorde telle chose, ce sera une pure grâce.* — CELA LUI VIENT DE LA GRACE DE DIEU, LUI VIENT DE DIEU GRACE, se dit de tout ce qui arrive d'avantageux à quelqu'un sans qu'il y ait contribué par ses soins ou par son travail. — PAR LA GRACE DE DIEU, formule que les princes souverains ont coutume de mettre dans leurs titres. — GRACE EXPECTATIVE, se dit des provisions que la cour de Rome donne par avance du bénéfice d'un homme vivant. — CHEVALIERS DE GRACE, s'est dit, dans les Ordres de chevalerie où il fallait faire preuve de noblesse, des chevaliers qui, ne pouvant faire cette preuve, étaient reçus par grâce dans l'ordre. — COMMANDERIES DE GRACE, celles dont le grand maître d'un ordre a la libre disposition ; par opposition à COMMANDERIES DE RIGUEUR, celles que les chevaliers obtiennent à leur rang. — COUP DE GRACE, le dernier coup que l'exécuteur donnait sur l'estomac à un homme roué vif, afin de terminer ses souffrances. On le dit figurément de ce qui achève de perdre, de ruiner quelqu'un. — Comm. JOURS DE GRACE, dix jours de délai qu'on accordait autrefois à celui sur lequel une lettre de change était tirée. On disait dans le même sens : *délai de grâce.* — TROUVER GRACE AUX YEUX DE QUELQU'UN, DEVANT LES YEUX DE QUELQU'UN, DEVANT QUELQU'UN, lui plaire, gagner sa bienveillance. Ne se dit que d'une personne extrêmement inférieure à l'égard d'une autre. — ETRE EN GRACE AUPRÈS DU PRINCE OU DE QUELQUE PERSONNE PUISSANTE, y être en considération, en faveur. On dit dans le même sens : *rentrer en grâce, être remis en grâce.* — BONNES GRACES, au pluriel, se dit pareillement de la faveur ou de la bienveillance, de l'amitié qu'une personne accorde à une autre : *il est dans les bonnes grâces du roi.* — ETRE DANS LES BONNES GRACES D'UNE FEMME, AVOIR SES BONNES GRACES, en être aimé. — GRACES D'ÉTAT. (Voy. ETAT.) — Théol. Aide et secours que Dieu donne aux hommes pour faire leur salut : *on ne peut se sauver sans la grâce.* — AN DE GRACE, se dit de chacune des années de l'ère chrétienne : *calendrier ; our l'an de grâce 1884.* Hors de cette phrase, ne se dit guère qu'en plaisantant. — Pardon, indulgence : *cette action ne mérite aucune grâce.*

Un auteur à genoux, dans une humble préface,
Au lecteur qu'il ennuie a beau demander grâce.
L'abbé D'OLIVET.

Elliptiq. : *grâce ! grâce !* — Se dit, particul. du pardon que le prince accorde de son autorité souveraine à un criminel, en lui remettant la peine que méritait son crime : *il a obtenu sa grâce.* — LETTRES DE GRACE, ou simplement, GRACE, lettres par lesquelles le souverain accorde la grâce d'un criminel. — FAIRE GRACE A QUELQU'UN, lui accorder, lui remettre ce qu'il ne pouvait pas demander avec justice : *quand on vous a accordé cela, on vous a fait grâce.* On dit, ironiq. et fam. VOUS ME FAITES LA UNE BELLE GRACE, etc. — FAIRE GRACE A QUELQU'UN D'UNE CHOSE, ne pas l'exiger de lui, ou la lui épargner : *il me devait mille écus, mais je lui ai fait grâce de la moitié.* — Remerciment, témoignage de reconnaissance. S'emploie ordinairement, dans ce sens, avec le verbe RENDRE : *je vous rends grâce, je vous rends mille grâces.* — Elliptiq. GRACE A DIEU, GRACE AU CIEL, et dans le style élevé, GRACES A DIEU, GRACES AU CIEL ; et il sert pour marquer que c'est de la bonté de Dieu qu'on tient la chose dont il s'agit : *il se porte mieux, grâce à Dieu.* On dit en des sens analogues : *grâce à vous.* Ironiq. : *grâce à votre étourderie.* — Au plur. Se dit particul. d'une prière que l'on fait à Dieu après le repas, pour le remercier des biens : *dire grâces.* — Titre d'honneur que l'on donne aux ducs, en Angleterre : *sa grâce* le duc de... — De grâce, loc. adv. Par grâce, par pure bonté : *de grâce, secourez-moi.*

Suis-moi sous ces ormeaux, viens, *de grâce.* écoute
Les sons harmonieux que ma flûte respire.
André CHÉNIER. *Idylles.*

— Législ. « En vertu de la loi du 17 juin 1871, le pouvoir de faire grâce appartient au chef du pouvoir exécutif, excepté lorsqu'il s'agit des ministres et des autres fonctionnaires ou dignitaires dont la mise en accusation aurait été ordonnée par le Parlement. Ce droit a été confirmé par l'article 3 de la constitution du 25 février 1875. La grâce accordée à un condamné peut être entière ou partielle. (Voy. COMMUTATION) ». (CH. Y.)

GRÂCE-DIEU (La), hameau de la comm. de Chaux-les-Passavant, cant. de Vercel, arr. et à 20 kil. de Baume (Doubs). Ancienne abbaye de cisterciens, appartenant aujourd'hui aux trappistes.

* **GRACIABLE** adj. Jurispr. Qui est rémissible, digne de pardon. N'est guère usité que dans les locutions, *fait graciable, cas graciable.*

GRACIAS ou **Gracias-a-Dios**, (Grâces-à-Dieu), ville du Honduras, à 110 kil. N.-O. de Comayagua ; environ 3,000 hab. Elle renfermait jadis une population considérable, attirée par les mines de son voisinage. Elle fut fondée en 1530 et, jusqu'en 1544, fut le siège du gouvernement de Guatémala et du Nicaragua. Près de la ville, un torrent se précipite, en deux sauts successifs, d'une hauteur de 400 mètres.

GRACIAS-A-DIOS (Cap), pointe N.-E. de l'Amérique centrale, à l'embouchure de la rivière Coco ou Ségovia, latit. 15° N. ; long. 85° 32° O.

* **GRACIER** v. a. Jurispr. Faire grâce à un criminel, lui remettre sa peine. S'emploie surtout au passif : *il a été gracié.*

* **GRACIEUSEMENT** adv. D'une manière gracieuse : *il reçoit gracieusement ceux qui ont affaire à lui.*

* **GRACIEUSER** v. a. Faire des démonstrations d'amitié ou de bienveillance à quelqu'un : *cette femme l'a fort gracieusé.* (Peu us.)

* **GRACIEUSETÉ** s. f. Honnêteté, civilité : *il m'a fait une graciéuseté à laquelle je ne m'attendais pas.* — Gratification, ce que l'on donne à quelqu'un au delà de ce qu'on lui doit, par-dessus ce qu'on lui doit : *vine sert bien dans cette affaire, je lui ferai quelque graciéuseté.*

* **GRACIEUX, EUSE** adj. Agréable, qui a beaucoup de grâce et d'agrément. Se dit au propre et au figuré : *visage gracieux.*

Ces épaules d'ivoire aux *gracieux* contours.
C. BRIFAUT. *L'Horoscope d'une femme, conte.*

— Quelq. Poli, doux, civil : *cette dame est fort gracieuse.* — FAIRE UNE CHOSE A TITRE GRACIEUX, la faire par pure grâce. — JURIDICTION GRACIEUSE, celle que les évêques exerçaient par eux-mêmes ; par opposition à la juridiction contentieuse, celle qu'ils exerçaient par leurs officiaux. — Chancell. rom. On dit que LES PROVISIONS D'UN BÉNÉFICE SONT EXPÉDIÉES EN FORME GRACIEUSE, quand elles dispensent l'impétrant de l'examen et du visa de l'ordinaire. — Substantif. Théâtre. S'est dit de celui des acteurs qui jouait les rôles de bouffon.

* **GRACILITÉ** s. f. (lat. *gracilitas* ; de *gracilis* grêle). Qualité de ce qui est grêle. Peut s'employer en bonne part : *une élégante gracilité.*

GRACIOSA, l'une des Açores, appelée ainsi d'après sa position magnifique et son extrême fertilité ; lat. 33° N. ; long. 30° 24° O ; 12,000 hab. Exportation de blé, de vin, d'eau-de-vie, de fruit, de chanvre et de lin. Ville principale, Santa-Cruz.

GRACIOSO ou **Grazioso** adv. (ital. *gracieusement*). Mus. Gracieusement.

GRACQUES [Les]. Voy. Gracchus.

' **GRADATION** s. f. (lat. *gradatio*). Augmentation successive et par degrés : *la gradation de la lumière est sensible depuis la pointe du jour jusqu'au lever du soleil.* — Figure de rhétorique, par laquelle on assemble plusieurs idées, plusieurs expressions qui enchérissent les unes sur les autres. Va, cours, vole, *est une gradation.* — Peint. Passage insensible d'une couleur à une autre. — Peint. et Sculp. Artifice de composition qui consiste à faire saillir le personnage ou le groupe principal, en affaiblissant graduellement l'expression, la lumière, etc., dans les autres figures, à mesure qu'elles s'éloignent du centre de l'action : *une gradation savante.* — Archit. Disposition de plusieurs parties qui sont rangées par degrés de les unes au-dessus des autres, et qui symétrisent par leurs formes et leurs ornements : *gradation vicieuse.*

' **GRADE** s. m. (lat. *gradus*, degré). Dignité, degré d'honneur, d'avancement : *il fut élevé au plus haut grade.* — Se dit aussi des différents degrés que l'on acquiert dans les universités : *le baccalauréat est un grade.* — S'est dit anciennement des lettres qu'on obtenait en vertu des grades qu'on avait acquis; et c'est dans ce sens qu'on disait autrefois, Signifier, *jeter ses grades sur une abbaye, sur un évêché.*

' **GRADÉ** adj. Qui a un grade à l'armée : *un militaire gradé.* Ne se dit guère qu'en parlant des grades inférieurs.

' **GRADIN** s. m. (lat. *gradus*, degré). Petit degré qu'on met sur des autels, sur des cabinets, sur des buffets, etc., pour y poser des chandeliers, des vases de fleurs, des porcelaines, etc. : *un salon rempli de pots de fleurs étagés par gradins.* — Se dit aussi des bancs élevés graduellement les uns au-dessus des autres, pour placer plusieurs personnes, dans les grandes assemblées, dans les théâtres, dans les écoles, etc.: *des gradins circulaires.* — Jardin. Gradin de gazon, marches ou degrés revêtus de gazon.

GRADINE s. f. Techn. Ciseau de sculpteur, dentelé et fortement trempé.

GRADINER v. a. Travailler avec la gradine : *gradiner le marbre.*

GRADISCA. I, ville d'Istrie, qui fait partie du comté de Gœrz-et-Gradisca (Autriche); 3,000 hab. — II (Alt-), ville forte de Slavonie (Autriche); 1,600 hab. — III (Neu-), ville de Slavonie, sur la Tenara; 1,900 hab. — IV, ville forte de Bosnie, sur la rive droite de la Save, en face d'Alt-Gradisca, qui se trouve de l'autre côté de cette rivière; 3,000 hab.

' **GRADUATION** s. f. Division en degrés. N'est usité que dans le didactique : *la graduation d'un thermomètre, d'un baromètre, d'une échelle.* — Se dit, dans les salines, d'un bâtiment destiné à faire évaporer l'eau dans laquelle le sel se dissout. On dit aussi Chambre graduée.

' **GRADUEL, ELLE** adj. Qui va par degrés: *développement graduel.* — Jurispr. Substitution graduelle. — Psaumes graduels, psaumes que les Hébreux chantaient sur les degrés du temple. — Substantiv. Désigne les versets qui se disent entre l'épître et l'évangile, et qui se chantaient autrefois au jubé, comme cela se pratique encore dans quelques églises : *chanter le graduel.* — Livre qui comprend tout ce qui se chante au lutrin pendant la messe : *acheter un graduel.*

' **GRADUELLEMENT** adv. D'une manière graduelle, par gradation: *augmenter, diminuer graduellement.*

' **GRADUÉ, ÉE** part. passé de Graduer. S'emploie aussi adjectiv. : *carte graduée; cours de thèmes gradué.* — Chambre graduée. (Voy. Graduation.) — s. Celui qui a pris des

degrés dans quelqu'une des facultés de théologie, de droit, de médecine, etc. : *les gradués de l'université.* — Gradué nommé, se disait autrefois d'un gradué qui avait une nomination sur un bénéfice, en vertu de ses grades.

' **GRADUER** v. a. (lat. *gradus*, degré). Marquer des degrés de division : *graduer un thermomètre, un baromètre, les cercles d'une sphère, les cartes de géographie, une échelle.* — Augmenter par degrés: *graduer le feu, dans une opération de chimie.* — Conférer des degrés dans quelqu'une des facultés de théologie, de droit, de médecine, etc.: *se faire graduer en théologie.*

GRADUS AD PARNASSUM s. m. Titre d'un dictionnaire latin qui, indiquant la quantité de chaque mot, sert à faire des vers latins et par conséquent, à monter les degrés qui conduisent au Parnasse.

GRÆCUM EST, NON LEGITUR [gré-komèst-nonn-lé-ji-tur]. Dicton qui fut, pendant le moyen âge, en usage dans l'Université, où, selon Ramus, Galand, Lambin et autres savants du règne de François Iᵉʳ, on connaissait à peine les noms d'Homère, de Platon, de Thucydide; on discourait beaucoup sur Aristote, mais on ne le lisait que dans des versions défigurées et barbares.

GRÆFE. I (Karl-Ferdinand von), chirurgien allemand, né en 1787, mort en 1840. Il s'est occupé surtout de rhinoplastie et a écrit : *Rhinoplastik* (1818). — II (Albrecht von), oculiste allemand, fils du précédent, né en 1828, mort en 1870. La plupart de ses ouvrages importants ont été publiés dans son journal périodique *Archiv für ophthalmologie.*

GRAFFIGNY (Françoise d'Issembourg d'Apponcourt, *dame de*), femme de lettres, née à Nancy en 1694, morte en 1758. Elle épousa un homme violent dont elle fut séparée judiciairement après quelques années d'une union malheureuse; elle s'attacha alors à Mᵐᵉ de Guise et la suivit à Paris, où elle se distingua par son esprit et par son goût pour la littérature. On a d'elle: *Lettres péruviennes* (1 vol. 1746), deux drames, *Cénie* et la *Fille d'Aristide.* Voltaire et Mᵐᵉ *du Chatelet* (1820, 1 vol. in-8°). L'édition la plus complète de ses œuvres est celle de 1788 (4 vol. in-12).

' **GRAFFITE** ou **Sgraffite** s. m. (mot tiré de l'ital.). Espèce de dessin tracé avec une pointe sur l'enduit d'un mur où l'on a appliqué une teinte grise. Ce genre de dessin n'est plus en usage et le mot *graffite* ne s'emploie plus guère que pour désigner les inscriptions, les dessins tracés sur les murailles dans les villes antiques : *les graffites de Pompéi.*

GRAFTON, ville du Massachusetts (États-Unis), sur les rivières Blackstone et Quinsigamond et sur le canal de Blackstone; à 50 kil. S.-O. de Boston; 4,450 hab.

GRAGNANO [gra-nia'-no], ville d'Italie, à 26 kil. S.-E. de Naples; 7,820 hab. Manufactures de macaroni et commerce considérable de vins.

GRAHAM (Thomas), chimiste écossais, né en 1805, mort en 1869; fut professeur à l'université Andersonienne (1830-'37) et au collège de l'université de Londres (1837-'55) et ensuite, jusqu'à sa mort, directeur de la monnaie. On lui doit la découverte de la loi de la diffusion des gaz; il démontra l'existence dans les liquides d'un pouvoir diffusif, semblable à celui des gaz, et qu'il appela *osmosis*; il exposa de nouvelles théories sur la composition des sels et étendit ses recherches à la faculté de transpirer des gaz. Ses *Elements of chemistry* (1842) ont eu de nombreuses éditions. Il collabora par des publications importantes aux *Philosophical Transactions.*

GRAHAM (Île de) ou Île de Julia, île volcanique, qui apparut dans la Méditerranée

à mi-route, entre Sciacca (Sicile) et l'île de Pantellaria, en juillet 1831. Un tremblement de terre se fit ressentir trois semaines avant l'apparition de cette île, et le 10 juillet, une trombe fut suivie d'une colonne de vapeur s'élevant à une hauteur d'environ 600 mètres. Le 18 apparut une petite île, haute de 4 mètres au-dessus de l'eau, avec un cratère lançant des matières volcaniques et des colonnes de vapeur. Le 23 juillet, la circonférence de l'île était d'un kil. et son point le plus élevé se trouvait à 27 mètres au-dessus du niveau de l'eau. Le premier débarquement y fut effectué le 3 août, par le cap. Senhouse, qui déploya le pavillon britannique sur cette terre éphémère. L'île avait alors de 2 à 3 kil. de circonférence et son point culminant, au-dessus de la surface de l'eau, s'élevait à environ 60 mètres. Un cratère profond qui, en sept., avait 780 mètres de circonférence, s'ouvrait entre deux collines longitudinales par lesquelles il était entièrement fermé, excepté sur le côté S.-E. L'île s'enfonça graduellement et, vers la fin d'octobre, elle avait disparu. En juillet 1863, elle se montra de nouveau et s'éleva à une hauteur de 36 à 56 m., mais elle fut bientôt balayée par les vagues.

GRAHAM'S TOWN, ville de la colonie du Cap (Afrique), capitale du district d'Albany, à 30 kil. N.-N.-O. de Bathurst; environ 8,000 hab. Evêché catholique romain.

GRAIL (Saint-). Voy. Graal.

' **GRAILLEMENT** s. m. [ll mll.] (v. fr. *graille*, corneille). Son cassé ou enroué de la voix.

' **GRAILLER** v. n. [ll mll.]. Crier comme la corneille. — Chasse. Sonner du cor sur un ton qui sert à rappeler les chiens.

' **GRAILLON** s. m. [gra-ion; ll mll.]. Restes ramassés d'un repas : *une marchande de graillons.* — Goût de graillon, odeur de graillon, goût, odeur de viande ou de graisse brûlée. On dit dans le même sens, Cela sent le graillon. — Pop. Crachat épais.

GRAILLONNER v. n. Prendre un goût, une odeur de graillon. — Tousser pour expulser les crachats épais.

GRAILLONNEUR, EUSE s. Celui, celle qui graillonne souvent.

GRAILLY (Jean de), dit le *captal de Buch*, capitaine gascon du XIVᵉ siècle, né à Bordeaux, mort à Paris, dans la prison du Temple, en 1377. Attaché au parti anglais, il fut battu et fait prisonnier par du Guesclin à Cocherel (1364) et rendu à la liberté l'année suivante, après avoir fait sa soumission au roi de France. Il retourna au parti anglais, fut nommé connétable d'Aquitaine en 1371, et tomba de nouveau, près de Soubise (1372), entre les mains des Français, qui ne le lâchèrent plus.

' **GRAIN** s. m. (lat. *granum*). Fruit et semence du froment, du seigle, de l'orge, de l'avoine, etc. : *le grain de ces froments est fort gros, est plein, est pesant, est menu.* — Se dit souvent absol., surtout au pluriel : *la récolte des grains.* — Gros grains, le froment, le méteil et le seigle. Menus grains, les grains qu'on sème en mars, comme l'orge, l'avoine, le mil, la vesce, etc. — Poulets de grain, petits poulets qu'on nourrit de grain. — Être dans le grain, être entré dans quelque affaire utile. — Fruit de certaines plantes et de certains arbrisseaux : *grain de raisin, de grenade, de genièvre.* — Se dit, par anal., de certaines choses faites à peu près en forme de grain : *grain de chapelet.* — Catholique a gros grain, catholique qui se permet beaucoup de choses défendues par la religion. — Se dit également des petites parties de certains amas ou monceaux : *grain de sable, de blé, d'orge.* — Grains d'or, morceaux d'or très purs qu. se trouvent dans les rivières, ou sur la surface de la terre. On les nomme ainsi, quel que soit leur volume. — GRAIN DE FIN. (Voy. FIN, INE.) — IL N'Y A PAS UN GRAIN DE SEL DANS CET OUVRAGE, il est insipide, on n'y trouve rien de piquant, d'agréable. — Se dit quelq. fig. et fam., au sens moral : N'AVOIR PAS UN GRAIN DE BON SENS, UN GRAIN DE JUGEMENT, en être tout à fait dépourvu. ELLE A UN PETIT GRAIN DE COQUETTERIE, un peu de coquetterie. — AVOIR UN GRAIN DE FOLIE DANS LA TÊTE, ou quelquefois absolument, AVOIR UN GRAIN, être un peu fou. — Petit poids qui était la soixante et douzième partie d'un gros et pesait 0 gr. 053 : cela pèse tant de grains. — Se dit aussi des petites aspérités qui couvrent la surface de certaines étoffes, de certains cuirs, etc. : ce basin a le grain plus gros, plus menu que l'autre. — Se dit également des parties tenues, et serrées entre elles, qui forment la masse des pierres, des métaux, etc., et que l'on aperçoit aisément à l'endroit où ils sont cassés ou coupés : ce marbre est d'un grain plus gros que l'autre. — GRAIN D'ORGE, ou TOILE, LINGE GRAIN D'ORGE, DE GRAIN D'ORGE, toile semée de points ressemblants à des grains d'orge. — GRAINS DE PETITE VÉROLE, Pustules et marques de la petite vérole. — GRAIN DE BEAUTÉ, petit signe noir qui fait ressortir la blancheur de la peau : elle a un grain de beauté sur les épaules. — Averse, pluie soudaine et de peu de durée : nous allons avoir un grain. — Mar. GRAIN DE VENT, ou simplement GRAIN, tourbillon qui se forme tout à coup, et qui, à proportion de sa violence, fatigue plus ou moins le navire : voilà un grain de vent. Se dit aussi du nuage qui annonce le grain de vent : voilà un grain bien noir.

* GRAINE s. f. Semence de quelques plantes : graine de laitue, de pourpier, d'épinards, de pavots, etc. — C'EST UNE MAUVAISE GRAINE, se dit en parlant de laquais, de pages, d'écoliers, de jeunes gens malins :

Mauvaise graine est tôt venue.
LA FONTAINE. L'Hirondelle et les petits Oiseaux.

CETTE FILLE MONTE EN GRAINE, elle avance en âge, et ne trouvera bientôt plus à se marier. — C'EST DE LA GRAINE DE NIAIS, c'est une chose qui ne peut tromper que des gens simples. — FRANGE, ÉPAULETTE, GLAND A GRAINE D'ÉPINARDS, frange, etc., dont les filets ressemblent à un assemblage de graines d'épinards : dans l'armée française, les épaulettes à graine d'épinards indiquent un grade supérieur. Graines d'Avignon. (Voy. GRENETTES). — GRAINE DE VERS A SOIE ou simplement GRAINE, œufs de vers à soie qui ressemblent à la graine de moutarde. — GRAINE DE PARADIS. (Voy. MALAGUETTE.)

GRAINELER. Voy. GRENELER.

GRAINER. Voy. GRENER.

* GRAINETIER. s. m. Voy. GRENETIER.

* GRAINIER, IÈRE s. Celui, celle qui vend en détail toutes sortes de graines.

GRAINU. Voy. GRENU.

" GRAISSAGE s. m. Action de graisser : le graissage des roues d'une voiture. — " Jargon. Don d'argent fait de la main à la main : le pipelet aime bien le graissage de la patte.

* GRAISSE s. f. (rad. gras). Substance onctueuse et aisée à fondre, répandue en diverses parties du corps de l'homme ou de l'animal : la graisse l'incommode. — C'EST UN PELOTON DE GRAISSE, se dit d'un petit oiseau extrêmement gras, comme sont d'ordinaire les ortolans et les becfigues. — Se dit aussi d'un enfant fort gras. — LA GRAISSE NE L'EMPÊCHE PAS DE COURIR, LA GRAISSE NE L'ÉTOUFFE PAS, se dit d'une personne maigre. — CE VIN TOURNE A LA GRAISSE, il commence à filer comme de l'huile. — LA GRAISSE DE LA TERRE, substance la plus onctueuse, et qui contribue

le plus à la fertilité de la terre. — Écrit. LA GRAISSE DE LA TERRE, la fertilité de la terre. — " Jargon. Argent. — IL Y A DE LA GRAISSE, il y a un bon butin à faire.

* GRAISSER v. a. Frotter, oindre de graisse, de quelque chose d'onctueux : graisser des bottes, des souliers. — Fig. et pop. GRAISSER LE COUTEAU, manger de la viande à déjeuner ou à goûter. — Prov. et fig. GRAISSER SES BOTTES, se préparer à partir pour quelque voyage; et, dans un sens plus figuré, se disposer à mourir : ce malade fera bien de graisser ses bottes. — Prov. et fig. GRAISSEZ LES BOTTES D'UN VILAIN, IL DIRA QU'ON LES LUI BRULE, un avare, pour se dispenser de la reconnaissance, se plaint même des services qu'on lui rend; et, dans un sens plus étendu, un malhonnête homme paye ordinairement d'ingratitude les services qu'on lui rend. — Prov. et fig. GRAISSER LA PATTE A QUELQU'UN, donner de l'argent à quelqu'un pour le gagner, pour le corrompre. GRAISSER LE MARTEAU, donner de l'argent au portier d'une maison, afin de s'en faciliter l'entrée :

On n'entrait point chez nous sans graisser le marteau.
JEAN RACINE.

— Fig. et pop. GRAISSER LES ÉPAULES A QUELQU'UN, lui donner des coups de bâton. — Souiller de graisse : cela vous graissera les mains. — Rendre sale et crasseux : graisser son linge, son habit. — v. n. CE VIN GRAISSE, il file comme l'huile, lorsqu'on le verse. — " Jargon. GRAISSER LES ROUES, boire. — GRAISSER LA MARMITE, payer sa bienvenue, dans l'argot militaire. — Se graisser v. pr. Être graissé.

GRAISSEUR, EUSE s. Personne qui graisse.

* GRAISSEUX, EUSE adj. Qui est de la nature de la graisse : corps graisseux.

GRAISSIER, IÈRE s. Personne qui vend de la graisse.

GRAMAT, ch.-l. de cant., arr. et à 31 kil. N.-E. de Gourdon (Lot), sur l'Alzon ; 4,050 hab. Station thermale. Une source bicarbonatée ferrugineuse froide.

* GRAMEN s. m. (gra-mènn) (lat. gramen, gazon). Bot. Synon. de graminée : des touffes de gramen et de lierre couvrent ces vieilles murailles.

* GRAMINÉE adj. Bot. Se dit d'une famille de plantes fort nombreuse, à laquelle appartiennent le blé, le seigle, l'avoine, l'orge, le chiendent, et toutes les autres plantes analogues : les plantes graminées ont, en général, les feuilles longues, étroites et pointues, et les fleurs disposées en épi ou en panicule. — s. f. : la famille des graminées

* GRAMMAIRE s. f. [gramm-mè-re] (gr. gramma, lettre). Art qui enseigne à parler et à écrire correctement : les règles de la grammaire. — GRAMMAIRE GÉNÉRALE, science raisonnée des principes communs à toutes les langues. On dit par opposition, GRAMMAIRE PARTICULIÈRE. — GRAMMAIRE COMPARÉE, partie de la science grammaticale qui a pour objet l'étude comparée de diverses langues. — Livre où sont exposées les règles d'une langue, du langage : acheter une grammaire. — ENCYCL. La grammaire est l'étude scientifique et la connaissance des sons, des formes et des fonctions de chaque mot simple ou composé et de la construction des phrases. La grammaire comparée cherche, par la comparaison des grammaires de plusieurs langues, à établir les lois d'inflexion et de construction qui leur sont communes, et, s'il est possible, celles de toutes les langues. Les grammaires générales ou historiques essaient d'expliquer comment une langue s'est formée ou un groupe d'autres langues. Les langues analysées, quand elles ont atteint un état bien déterminé et non quand ils sont dans leur période de formation ou à l'état de transition, sont l'objet de grammaires spé-

ciales et sont du ressort des linguistes. Les grammaires comparées et les grammaires historiques qui ont été écrites jusqu'à ce jour, s'occupent presque exclusivement des langues de la famille aryenne ou indo-européenne. Il est généralement admis que la relation généalogique de ces langages est démontrée, et que les langues primitives parlées par les races aryennes, avant de se séparer en de nouvelles branches, ont été reconstruites. On suppose que le groupe entier de ces langues vient d'un idiome primitif monosyllabique, parce que tous les mots aryens peuvent être réduits en racines d'une seule syllabe. Grammaticalement, il y a deux classes de racines : racines démonstratives ou pronominales, indicatives de position ; et racines prédicatives ou verbales, indicatives de qualité ou d'action. Le nombre des racines de la première classe est de 15 environ, consistant toutes, soit en une seule voyelle, soit en une voyelle précédée d'une consonne. Les racines prédicatives ou verbales sont au nombre de plusieurs centaines, composées de diverses lettres, mais formant toujours une seule syllabe, et indicatives de propriétés, de mouvement, de son, etc. La combinaison des racines verbales avec les racines pronominales pour l'expression déterminée a développé graduellement différentes parties du langage. Dans les langues primitives, presque tous les mots étaient des verbes ou des noms. Les adverbes et les prépositions furent formées en séparant des verbes et des noms différents suffixes inflectifs qui servirent à indiquer les relations de temps, de lieu, etc. Il n'y eut de conjonctions que plus tard. Tandis que quelques langues de la famille indo-européenne continuent à conjuguer les verbes par le changement des voyelles et des consonnes et par des affixes, des infixes et des suffixes, d'autres langues indiquent les temps, les modes et les voix, principalement par des mots séparés. On observe la même chose pour les déclinaisons des noms. On a aussi analysé les causes qui produisent, à différentes époques et chez diverses races, les nombreuses significations des mêmes mots ou des dérivés de la même racine. La grammaire comparée va encore plus loin : elle recherche les diverses manières de construire les phrases, l'origine des expressions idiomatiques, etc. (Voy. LANGUES). — Les anciens considéraient la grammaire comme le premier degré d'initiation à l'étude des sciences et des arts. Platon, Apollodore et Aristote furent les plus célèbres grammairiens grecs. Après eux brillèrent les savants de l'école d'Alexandrie. Démétrius de Phalère, Philétas, Aristarque, Aristophane de Byzance, etc. A l'époque la plus brillante de la littérature romaine, la langue latine fut étudiée par des hommes tels que : Varron, Cicéron, Jules César; au moment de la décadence, Quintilien fit renaître un instant la science grammaticale. Le moyen âge n'alla pas au delà de Donat. L'invention de l'imprimerie donna une nouvelle vie aux lettres et fit jaillir des hommes distingués : Théodore de Gaza, Buxtorf, Turnèbe, les Estienne, Erasme, Budé, Scaliger, Casaubon, Vossius, Sanchez, qui étaient de profonds grammairiens. Ensuite vinrent Vaugelas, Joachim du Bellay, les solitaires de Port-Royal (Arnauld, Nicole et Lancelot), les d'Olivet, les du Marsais, les Pluche, les Duclos, Beauzée, Condillac, Domergue, Destutt de Tracy, de Sacy, Girault-Duvivier, Burnouf, Max Müller. — BIBLIOGR. Les principales grammaires françaises sont les suivantes : Grammaire générale de Port-Royal (1660, nouv. éd. 1756); Grammaire de Condillac (1785) ; Grammaire générale de Beauzée (20 vol. in-8°, 1767); Grammaire française, par Régnier-Desmarais (1705); Éléments de grammaire française, par Lhomond (1780) ; Grammaire des Grammaires, par Girault-Duvivier (1811, 2 vol. in-8°); Grammaire française, de

Noël et Chapsal (1823, 2 vol. in-12); *Grammaire générale et historique de la langue française*, par P. Poitevin (Paris, 1856, 2 vol.); *Grammaire historique de la langue française*, par Brachet (1867); *Grammaire générale simplifiée*, par Domergue (1796); *Grammaire*, par Destutt de Tracy (1803, 1 vol.)

* **GRAMMAIRIEN** s. m. Celui qui sait, qui enseigne la grammaire, qui a écrit sur la grammaire : *c'est un excellent grammairien.* — Se disait, chez les Anciens, dans une acception plus étendue, de ceux qui s'adonnaient à l'étude ou à l'enseignement des lettres en général : *les anciens grammairiens.* — ⟍ Au fém. : *grammairienne.*

* **GRAMMATICAL, ALE, AUX** adj. Qui appartient à la grammaire, qui est selon les règles de la grammaire : *discussion grammaticale.*

* **GRAMMATICALEMENT** adv. Selon les règles de la grammaire : *cette phrase est bonne grammaticalement, mais elle manque d'élégance.*

* **GRAMMATISTE** s. m. Celui qui enseigne, qui fait profession d'enseigner la grammaire. Ne s'emploie guère que par dénigrement.

* **GRAMME** s. m. (gr. *gramma*). Unité de poids des mesures métriques, équivalente à un peu moins de dix-neuf grains : *le gramme est contenu cent fois dans l'hectogramme, mille fois dans le kilogramme*, etc. — On a donné le nom de gramme au poids d'un centimètre cube d'eau distillée à + 4° C., ou 39, 2° F.

GRAMME (Machine), machine magnéto-électrique inventée en 1871, par M. Gramme, pour produire de puissants courants d'induction. La machine gramme est aujourd'hui la plus employée dans les moteurs électriques et dans l'éclairage par l'électricité.

GRAMMONT, ville de la Flandre orientale (Belgique), à 31 kil. S.-E. d'Oudenarde, sur la Dendre; 7,800 hab.

GRAMONT, ancienne famille française, ainsi nommée du fief de Gramont, dans la basse Navarre. — I (**Antoine III**, DUC DE), né en 1604, mort en 1678; il se distingua dans plusieurs campagnes et devint maréchal de France en 1641. Ses *Mémoires* ont été publiés par son fils. — II (**Philibert**, COMTE DE), son frère, né en 1621, mort en 1707. Ses innombrables affaires d'amour, ses aventures de jeu et ses intrigues à la cour de France et à la cour de Charles II d'Angleterre, ont été spirituellement racontées par Anthony Hamilton dont il avait été obligé d'épouser la sœur, Eliza. — III (**Armand de**), comte de Guiche, général, fils du maréchal Antoine (1638-'74). Pendant la campagne de Hollande (1672), il fut chargé de découvrir un gué et, n'en trouvant point, se jeta à la nage à la tête des cuirassiers de Revel, traversa le fleuve et mit en déroute les dragons ennemis. Il a laissé des *Mémoires* (Londres, 1744, in-12). — IV (**Antoine**, DUC DE), maréchal de France, petit-fils du maréchal Antoine (1672-1725). Il se distingua dans toutes les guerres de la fin du règne de Louis XIV et fut nommé maréchal en 1724. — V (**Antoine-Alfred-Agénor**, DUC DE, *prince de Bidache*), diplomate, né à Paris, le 14 août 1819, mort en janvier 1880. Il fut ambassadeur à Vienne de 1861 à 1870 et entra ensuite dans le cabinet Ollivier comme ministre des affaires étrangères. Après le retrait de la candidature du prince Léopold de Hohenzollern, Gramont insista pour que le roi de Prusse promît qu'aucun prince de cette maison ne poserait à l'avenir une semblable candidature au trône d'Espagne, et le 15 juillet il annonça officiellement que la guerre était déclarée à la Prusse. A la chute du ministère Ollivier (9 août 1870), il rentra dans la vie privée. Il a publié *La France et la Prusse avant la guerre* (1872), etc.

GRAMPE s. m. (angl. *grampus*; corrupt. du franc. *grand poisson*). Mamm. Nom anglais de l'*épaulard des Saintongeais*, (grampus orca,

Grampus orca.

Fabr.), grand marsouin qui atteint 8 ou 10 m. de long. Il habite l'Atlantique. Excessivement vorace et exclusivement carnivore, il détruit des milliers de morues, de raies, de turbots, etc. Il s'attaque aux autres cétacés.

GRAMPIANS, *Grampius mons*, chaîne de montagne qui traverse diagonalement l'Ecosse du S.-O. au N.-E. et qui forme la limite naturelle entre les highlands et les lowlands. Plusieurs de ses sommets comme le Ben Nevis, le Ben Machdui, le Cairntoul et le Cairngorm, atteignent 1,300 mètres.

GRAN (hongr. *Esztergom*) I, comté du N.-O. de la Hongrie, traversé par le Danube et le Gran (hong. *Garam*), 1,099 kil. carr.; 65,300 hab. — II, capitale de ce comté, sur la rive droite du Danube, à 32 kil. N.-N.-O. de Pesth; 8,780 hab. Résidence d'un archevêque, primat de Hongrie. La cathédrale, dans le style italien, est l'une des plus belles églises de l'Europe, se dresse sur un escarpement qui domine le Danube. Manufactures d'étoffes de laine. Victoire des Hongrois sur les Autrichiens le 27 févr. 1849.

GRANADA (esp. grâ-nâ'-tha)I, département du Nicaragua occidental, entre le lac Nicaragua, le lac Managua et le Pacifique; environ 56,000 hab. L'aspect général est celui d'un vaste plateau divisé au centre par une chaîne de basses montagnes. Dans les parties N. et O. se trouvent plusieurs volcans. — II, capitale de ce département, sur la côte O. du lac Nicaragua, à 40 kil. S.-E. de Managua; environ 10,000 hab. Trois vieilles églises, un hôpital en ruine et une université. Commerce presque nul. La ville a été brûlée en 1855 par le flibustier Walker.

GRANATIQUE adj. Minér. Qui contient des grenats.

GRANCEY-LE-CHÂTEAU, ch.-l. de cant., arr. et à 44 kil. N. de Dijon (Côte-d'Or); 500 hab. Beau château.

* **GRAND, ANDE** adj. (lat. *grandis*) [le *d* du masc. prend le son de *t* devant une voyelle ou une *h* muette]. Qui a beaucoup de hauteur, de profondeur, de longueur, de largeur, de volume, ou de capacité : *homme grand, être de grande taille.* — FENÊTRE, PORTE TOUTE GRANDE OUVERTE, fenêtre, porte largement, entièrement ouverte. — LE GRAND OCÉAN, la mer Atlantique. LES GRANDES INDES, les Indes orientales, par opposition à l'Amérique. — Papel. GRAND AIGLE, GRAND RAISIN. (Voy. AIGLE, RAISIN.) — Ouvrir DE GRANDS YEUX, voir, regarder avec surprise, avec curiosité. — Se dit aussi pour marquer simplement différence ou égalité de dimension entre les objets que l'on compare : *votre fils est plus grand que le mien.* — PLUS GRAND QUE NATURE, se dit d'une statue, d'un tableau où les proportions naturelles sont exagérées, où la taille est dépassée. — Fig. : *les personnages de Corneille sont quelquefois plus grands que nature.* — AVOIR LES YEUX PLUS GRANDS QUE LA PANSE, croire qu'on va manger plus qu'on ne mange en effet, être plus tôt rassasié qu'on n'avait cru. — Se dit particul.

de la taille d'une personne qui prend de la croissance : *cette femme a des enfants déjà grands.* — Se dit pareillement des animaux et des plantes : *ce jeune chien est déjà grand.* — UNE GRANDE PERSONNE, une personne faite, par opposition aux enfants. — Se dit quelquefois des choses qui passent un peu la mesure déterminée qu'elles ont ordinairement. IL Y A DEUX GRANDES LIEUES D'ICI LA, plus de deux lieues. NOUS ATTENDÎMES DEUX GRANDES HEURES, plus de deux heures. MARCHER A GRANDES JOURNÉES, voyager en faisant chaque jour plus de chemin qu'un homme, qu'une troupe n'en fait ordinairement dans une journée. — Se dit, dans un sens plus général, des choses physiques ou morales qui surpassent la plupart des autres choses du même genre, de celles qui sont considérables, extraordinaires, étonnantes, distinguées, etc. : *porter de grands fardeaux; gouverner un grand empire.* — UN GRAND AGE, un âge avancé. UNE GRANDE JEUNESSE, une extrême jeunesse. LE GRAND LIVRE (Voy. LIVRE). — LEGRAND REMÈDE, LES GRANDS REMÈDES, préparations mercurielles qu'on emploie pour guérir les maladies vénériennes. — DE GRANDS MOTS, expressions exagérées, emphatiques. — FAIRE UNE CHOSE DE GRAND CŒUR, la faire volontiers, avec empressement, avec plaisir. — GRAND MERCI. (Voy. MERCI.) — GRAND CHEMIN. (Voy. CHEMIN.) — Qui est en grande quantité : *il n'a pas grand argent.* — GRANDES EAUX, se dit en parlant de la crue extraordinaire des fleuves, des rivières. — LES GRANDES EAUX DE VERSAILLES, les cascades, les jets d'eau jouant tous ensemble. — NAGER EN GRANDE EAU, être dans l'abondance, jouir d'une grande fortune, se trouver dans de grandes occasions d'avancer ses affaires. — PETITE PLUIE ABAT GRAND VENT, ordinairement, quand il vient à pleuvoir, le vent s'apaise; et, fig., peu de chose suffit quelquefois pour calmer une grande querelle. — GRAND JOUR, lumière du jour, lorsque le soleil est tout à fait levé. Jour aux endroits où rien ne l'obscurcit, ne l'affaiblit : *attendons le grand jour.* — Fig. Grande publicité : *mettre au grand jour les actions de quelqu'un.* — Dans l'ancienne organisation judiciaire, GRANDS JOURS et GRAND CONSEIL. (Voy. JOUR, CONSEIL.) — LE GRAND AIR, l'atmosphère dans un lieu découvert, par opposition à l'air renfermé dans les habitations, qui ne peut circuler et se renouveler que lentement : *les médecins ont défendu à ce malade de s'exposer au grand air, d'aller au grand air.* — UN HOMME DU GRAND AIR. Pour cette locution et celles qui lui sont analogues, voy. AIR. — Important, principal : *le jour d'une bataille est un grand jour pour le général.* — Alchim. LE GRAND ŒUVRE, la pierre philosophale, la prétendue transmutation des métaux en or. On disait aussi dans ce sens LE GRAND ART. — Se dit également des personnes qui sont fort au-dessus des autres par leur naissance, leur pouvoir, leur dignité, leur richesse, leur génie, etc.: *être grand en naissance, en mérite, en autorité.*

Tout bourgeois veut bâtir comme les grands seigneurs.

LA FONTAINE.

— TRANCHER DU GRAND SEIGNEUR, faire le grand seigneur. On dit ironiquement, dans le même sens : *il est devenu grand seigneur.* — TRANCHER DU GRAND, affecter la grandeur, la magnificence. — LE GRAND MONDE, la société distinguée par les richesses, par les dignités de ceux qui la composent: *voir le grand monde.* — Courageux, magnanime, noble : *il fut grand dans l'adversité.* — PROMETTRE, JURER SES GRANDS DIEUX, promettre, jurer avec de grands serments. — 'GRAND DIEU! Exclamation d'étonnement, de crainte, etc. Les païens disaient de même au pluriel, GRANDS DIEUX! — Surnom de quelques princes et de quelques personnages illustres, qui se sont élevés au-dessus des autres par leurs actions héroïques, par leur mérite extraordinaire. Dans ce sens, il est toujours précédé de l'article et à la suite du substantif:

Alexandre le Grand; Henri le Grand. — Titre de certains dignitaires, de certains officiers qui en ont d'autres sous eux : *grand maître de l'Université; grand chancelier de la Légion d'honneur.* — Se dit des personnes qui surpassent les autres par leur génie, par leurs qualités morales, par leurs talents, etc. : *un grand génie, un grand esprit.* — Placé devant un substantif, lui donne en bonne ou en mauvaise part un sens superlatif : *un grand travailleur, un grand lâche.* — ILS SONT GRANDS AMIS, extrêmement amis. — MONSIEUR LE GRAND, désignait autrefois le grand écuyer du roi. — Titre de divers princes souverains : *le Grand Seigneur; le Grand Turc.* On dit dans un sens analogue, *Le grand duché de Toscane.* — Titre des chefs de certains ordres : *grand maître de Malte. Grand maître de l'ordre Teutonique. Grand maître de Saint-Lazare. Le roi est le chef souverain et le grand maître de la Légion d'honneur.* On dit dans un sens analogue, *Grande maîtrise.* — Se donne pareillement à certains officiers principaux des mêmes ordres : *grand prieur de France.* — Se dit aussi en parlant de certaines charges de divers monastères d'hommes ou de femmes : *grand prieur de Cluny.* — GRAND, placé devant un substantif féminin qui commence par une consonne, ne prend pas l'e du féminin; c'est un usage de l'ancien français qui, dans certaines locutions d'un emploi fréquent, a survécu au changement du langage. On met au lieu de l'e, une apostrophe que plusieurs grammairiens proposent de supprimer comme inutile : *à grand'peine; faire grand'chère; c'est grand'pitié; grand'garde; la grand'rue; il avait grand hâte de revenir; il eut grand'peur; il a eu grand'part à toute cette affaire; ce n'est pas grand'chose; la grand'chambre; la grand'messe; il hérite de sa grand'mère, de sa grand'tante.*

Quand trois filles passant, l'une dit : « C'est *grand'honte.* »
LA FONTAINE.

— S'emploie aussi comme substantif, et se dit des principaux d'un État, des grands seigneurs d'un royaume : *à Rome, les grands eurent souvent à lutter contre la multitude.* — Désigne particulièrement, en Espagne, ceux des seigneurs titrés qui ont le privilège de se couvrir devant le roi : *un grand d'Espagne de la première classe.* — SERVICE DE GRANDS N'EST PAS HÉRITAGE, on n'est pas toujours assuré de faire fortune auprès des grands. On dit aussi, dans un sens analogue, PROMESSE DE GRANDS N'EST PAS HÉRITAGE. — s. Le sublime : *il y a du grand dans cette action.* On le dit surtout en parlant des pensées, du style : *il y a du grand dans cette pensée, dans ce projet.* — Prov. DU PETIT AU GRAND, par comparaison des petites choses aux grandes. — ᴧ adv. D'une manière grande : *M. de Cassagnac disait : J'aime l'Empire parce qu'il fait grand.* — ' En grand, loc. adv. De grandeur naturelle : *il s'est fait peindre en grand.* — FAIRE UNE CHOSE EN GRAND, l'EXÉCUTER EN GRAND, la faire d'une grandeur convenable sur un modèle en petit. — TRAVAILLER EN GRAND, travailler sur un vaste plan, d'après une vue générale et complète. — Fig. PENSER, AGIR EN GRAND, d'une manière grande, noble, élevée. — A la grande loc. adv. A la manière des grands seigneurs : *vivre à la grande.* (Vieux.)

GRAND-BASSAM. Voy. BASSAM.

GRAND-BOURG ou **Marigot**, ch.-l. d'arr. de Marie-Galante; 7,000 hab. Rade d'un accès difficile; phare.

GRAND-BOURG (Le), ch.-l. de cant., arr. et à 20 kil. S.-O. de Guéret (Creuse), sur la Gartempe; 3,200 hab.

GRAND-CHACO (Le). Voy. CHACO.

GRAND-CHAMP, ch.-l. de cant., arr. et à 19 kil. N.-N.-O. de Vannes (Morbihan); 3,600 hab.

GRAND-CHANTRE s. m. Premier chantre d'une cathédrale.

GRAND'COMBE (La), ch.-l. de cant., arr. et à 15 kil. N.-N.-O. d'Alais (Gard), près du Gardon d'Alais, dans l'un des plus riches pays houillers de France; 11,000 hab. Peu après 1830, un saint-simonien, M. Talabot, établit dans ce pays encore à demi désert, des espèces de casernes, où des mineurs furent installés, logés, nourris, habillés par les soins d'une compagnie houillère; c'était une tentative de socialisme collectiviste que M. Talabot fit prospérer à force d'énergie. La construction du chemin de fer d'Alais à Beaucaire, en 1836, développa sérieusement l'exploitation des mines de la Grand'Combe. Mais le collectivisme n'a pas pu remédier aux causes des grèves; et il en éclata une très importante en février 1882. La Grand'Combe renferme d'importants établissements métallurgiques.

GRAND-COURONNE, ch.-l. de cant., arr. et à 12 kil. S.-E. de Rouen, près de la rive gauche de la Seine; 1,500 hab. Derrière Petit-Couronne et Grand-Couronne, s'étend la forêt de Rouvray (3,359 hect.). Le 31 déc. 1870, un engagement y eut lieu entre les Français et la première armée allemande.

' **GRAND'CROIX** s. f. Principal grade de certains ordres de chevalerie : *on lui a donné la grand'croix de la Légion d'honneur.* — Grand-croix s. m. Dignitaire décoré de la grand'croix : *un grand-croix de Malte.* — Au plur. des GRANDS-CROIX. — NOTA. On écrit *Grand'croix* au fém. et *Grand-croix* au masc.; mais l'Académie n'est guère explicite à ce sujet; nous ne trouvons, dans son Dictionnaire, aucun exemple de *grand'croix* au mot CROIX ni au mot GRAND; c'est à son article BAILLI que nous devons nous reporter; nous y lisons : « Dignité qui donne le privilège de la grand'croix ». Il y a là une lacune qui se répète invariablement dans toutes les éditions du *Dictionnaire de l'Académie.* D'ailleurs, l'exemple que nous venons de trouver dans l'article BAILLI, et que bien peu de lecteurs iront chercher en cet endroit, ne tranche pas positivement la question. Si une femme était décorée d'une grand'croix, écrirait-on *une grand'croix* et non *une grand-croix*, à cause du genre?

' **GRAND-DUC** s. m. Celui qui possède un grand-duché : *les grands-ducs de Bade.* — Les grands-ducs occupent le rang intermédiaire entre les rois et les ducs; on leur donne la qualification d'*altesse royale.* Le titre de grand-duc fut créé en 1569 par le pape Pie V, en faveur du duc Cosme Iᵉʳ de Florence. Un second titre de grand-duc fut créé en 1806 pour Murat; bientôt après, les souverains de Hesse-Darmstadt, de Bade, de Saxe-Weimar, de Mecklembourg-Schwerin, de Mecklembourg-Strelitz, d'Oldembourg et de Luxembourg reçurent le même titre.

' **GRAND-DUCAL, ALE, AUX** adj. Qui appartient à un grand-duc : *les pouvoirs grand-ducaux.*

' **GRAND-DUCHÉ** s. m. État dont le souverain porte le titre de grand-duc : *le grand-duché de Bade.*

GRANDE-BRETAGNE, la plus grande et la plus importante des îles européennes, comprenant l'Angleterre, le Pays de Galles et l'Écosse. Bretagne (Britannia) était l'ancien nom de cette île. Plus tard, le terme *Grande-Bretagne* fut employé pour la distinguer de la *Petite-Bretagne*, nom appliqué à la péninsule qui prolonge la France au N.-O. (ancienne Armorique). Le terme Grande-Bretagne fut peu employé jusqu'à l'avènement de Jacques Iᵉʳ qui réunit l'île entière sous son sceptre (1603). D'après l'union législative entre l'Angleterre et l'Écosse en 1707, le mot Grande-Bretagne devint le nom légal du royaume. L'Écosse est souvent appelée Bretagne du Nord. La Grande-Bretagne forme,

avec l'Irlande et les îles Normandes, le *Royaume-Uni de Grande-Bretagne et d'Irlande;* elle constitue, avec les immenses possessions anglaises, ce que l'on appelle l'*empire Britannique.* (Voy. BRITANNIQUE.)

TABLEAU STATISTIQUE DU ROYAUME-UNI.

ROYAUME-UNI	KIL. CARR.	POPULATION.
Angleterre	131.625	24.613.926
Galles	19.069	1.360.513
Écosse	78.895	3.734.370
Irlande	84.252	5.174.836
Ile de Man	588	54.089
Iles Normandes. . . .	196	87.702
Soldats et marins hors du pays;		147.540
Totaux.	314.625	35.172.976

Capitale, Londres. — DIVISIONS. Le territoire du Royaume-Uni est divisé en 117 comtés, chaque comté est subdivisé en *hundreds* et chaque hundred en paroisses. Voici le tableau de la division en comtés.

ANGLETERRE (40 comtés).

Comtés.	Capitales.
Northumberland.	Newcastle.
Cumberland.	Carlisle.
Durham.	Durham.
Westmoreland.	Appleby.
York.	York.
Loncaster.	Lancaster.
Lincoln.	Lincoln.
Norfolk.	Norwich.
Suffolk.	Ipswich.
Huntingdon.	Huntingdon.
Cambridge.	Cambridge.
Hertford.	Hertford.
Essex.	Colchester.
Middlesex.	Londres.
Kent.	Canterbury.
Sussex.	Chichester.
Surrey.	Guildford.
Berks.	Reading.
Southampton.	Winchester.
Wilts.	Salisbury.
Dorset.	Dorchester.
Somerset	Bath.
Devon.	Exeter.
Cornwall	Launceston.
Glocester	Glocester.
Monmouth	Monmouth.
Hereford.	Hereford.
Worcester.	Worcester.
Shrop ou Salop. . . .	Shrewsbury.
Chester.	Chester.
Derby.	Derby.
Nottingham.	Nottingham.
Stafford.	Stafford.
Leicester	Leicester.
Rutland	Oakham.
Warwick.	Warwick.
Northampton.	Northampton.
Bedford	Bedford.
Oxford	Oxford.
Buckingham.	Buckingham.

GALLES (12 comtés).

Comtés.	Capitales
Anglesea	Beaumaris.
Flint.	Flint.
Carnarvon.	Carnarvon.
Merioneth	Bala.
Montgomery	Montgomery.
Cardigan.	Cardigan.
Radnor	Radnor.
Brecknock	Brecknock.
Pembroke	Pembroke.
Carmarthen.	Carmarthen.
Glamorgan.	Cardiff.
Denbigh.	Denbigh.

ÉCOSSE (33 comtés).

Comtés.	Capitales.
Orcades et Shetland . . .	Kirkwall.
Caithness.	Wick.
Sutherland.	Dornoch.
Ross	Tain.
Cromarty.	Cromarty.
Inverness.	Inverness.
Argyle	Inverary.
Bute	Rothsay.
Nairn	Nairn.
Elgin ou Murray. . . .	Elgin.
Banff.	Banff.
Aberdeen	New-Aberdeen.
Kincardine ou Mearn. .	Stonehaven.
Angus ou Forfar. . . .	Forfar.
Perth.	Perth.
Fife	Cupar.

Kinross...................	Kinross.
Clackmannan.............	Clackmannan.
Stirling.................	Stirling.
Dumbarton ou Lennox....	Dumbarton.
Linlithgow...............	Linlithgow.
Edimbourg...............	Edimbourg.
Haddington..............	Haddington.
Berwick.................	Granlaw
Renfrew.................	Renfrew.
Ayr.....................	Ayr.
Wigton..................	Wigton.
Lanark..................	Lanark.
Peebles.................	Peebles.
Selkirk.................	Selkirk.
Roxburgh...............	Iedburgh.
Dumfries................	Dumfries.
Kirkcudbright	Kirkcudbright.

IRLANDE (32 comtés).

Comtés.	Capitales.
Wexford.................	Wexford.
Kilkenny................	Kilkenny.
Carlow..................	Carlow.
Wicklow.................	Wicklow.
Kildare.................	Kildare.
Queen's County.........	Maryborough.
King's County..........	Tullamore.
West Meath.............	Mullingar.
Longford................	Longford.
Meath...................	Trim.
Dublin..................	Dublin.
Louth...................	Dundalk.
Antrim..................	Belfast.
Down....................	Down-Patrick.
Armagh.................	Armagh.
Tyrone..................	Omagh.
Londonderry............	Londonderry.
Monaghan...............	Monaghan.
Cavan..................	Cavan.
Fermanagh..............	Enniskillen.
Donegal................	Donegal.
Sligo..................	Sligo.
Mayo...................	Castlebar.
Galway.................	Galway.
Roscommon.............	Roscommon.
Leitrim.................	Carrick-on-Shannon.
Clare..................	Ennis.
Limerick...............	Limerick.
Kerry..................	Tralee.
Cork...................	Cork.
Waterford..............	Waterford.
Tipperary..............	Clonmel.

— GOUVERNEMENT. Le gouvernement du Royaume-Uni est une monarchie héréditaire limitée ou parlementaire. Le pouvoir exécutif suprême appartient nominalement au roi ou à la reine; mais, en réalité, il est entre les mains du ministère (Voy. ANGLETERRE.) Le pouvoir législatif est accordé à un parlement qui se compose de la chambre des lords et de la chambre des communes. La chambre des lords ou chambre haute est composée de 501 membres qui tiennent leurs sièges : 1° en vertu d'un droit héréditaire; 2° de la nomination du souverain; 3° de leur office (évêques anglais et gallois); 4° de l'élection à vie (28 pairs irlandais); 5° de l'élection pour la durée d'un parlement (16 pairs écossais).

	Membres
Pairs du sang royal	6
Archevêques	2
Ducs.	22
Marquis	19
Comtes.	136
Vicomtes.	32
Évêques	24
Barons.	262
Total	501
Pairesses n'ayant pas de voix . .	9

— Lors de la session de 1882, la chambre des communes comptait 652 membres. — 6 sièges étant vacants par suite de perte des privilèges.

ANGLETERRE ET GALLES

	Membres
52 comtés (et l'île de Wight). . . .	187
200 villes et bourgs.	297
9 universités.	5
	489

ÉCOSSE

33 comtés.	32
22 villes et bourgs.	26
6 universités	2
	60

IRLANDE

32 comtés.	64
33 villes et bourgs.	37
1 université	2
	103

Total, pour le Royaume-Uni	652

Mais le nombre légal des membres est de 658. — Sont électeurs, dans les bourgs, depuis 1867, les citoyens, propriétaires ou locataires, payant un certain cens. On compte 2,600,000 électeurs, dont 50,000 seulement pour l'Irlande. — FINANCES. Les recettes et les dépenses s'équilibrent; elles s'élèvent chacune à 2 milliards de fr. La dette est de 20 milliards de fr. — Voici, en livres sterling, le tableau de l'accroissement de la dette du Royaume-Uni :

PÉRIODES.		CAPITAL DE LA DETTE.	Intérêt et administration.
1775	Guerre américaine	128.583.635	4.471.572
1784		249.851.628	9.451.772
1793	Commencement des guerres	239.350.148	9.208.495
1817	françaises	840.850.491	32.038.191
	Consolidation des échiquiers		
	anglais et irlandais	787.638.816	29.143.517
1836		775.348.386	27.094.480
1875			

— JUSTICE. Les cours supérieures siègent à Londres, à Edimbourg et à Dublin. Les juges (sauf les lords chanceliers) sont nommés à vie et ne peuvent être destitués que par suite d'une pétition adressée au souverain par le parlement réuni. — Les cours d'assises forment des circuits, visités périodiquement par des juges de la haute cour, qui siègent pour décider avec un jury sur les faits concernant les affaires criminelles et les affaires civiles. Les county courts jugent les procès civils de peu d'importance. — RELIGION. Les principales dénominations religieuses sont les suivantes :

RELIGION.	ANGLETERRE ET GALLES.	ÉCOSSE.	IRLANDE.	TOTAUX.
Anglican	18.000.000	75.000	650.000	18.725.000
Église d'Écosse .		1.800.000		1.800.000
Dissidents	4.500.000	1.500.000	500.000	6.500.000
Catholiques ..	1.500.000	300.000	4.000.000	5.800.000
Israélites	40.000	5.000		45.000
Autres........	500.000	20.000		520.000
Totaux ...	24.540.000	3.700.000	5.150.000	33.390.000

— Il y a des archevêques anglicans à Cantorbéry, York, Armagh et Dublin. — Archevêchés catholiques à Armagh, à Dublin, à Cashel et à Tuam. — Le territoire est divisé en 24 évêchés catholiques. — ÉDUCATION. Depuis l'education act de 1870, l'État intervient dans l'enseignement primaire, auquel il était resté étranger jusqu'alors; mais l'enseignement est demeuré libre. Le dernier recensement (1882) a fait connaître que 14 jeunes gens et 18 jeunes filles sur 100 ne savent pas signer leur nom. — INDUSTRIE. La Grande-Bretagne est, sans contredit, le premier pays industriel du globe. L'industrie la plus importante est celle du coton. Les localités où cette industrie se trouve concentrée sont : le Lancashire, le Cheshire, le Derbyshire et le Yorkshire. Le nombre des manufactures et celui des ouvriers employés dans les fabriques de tissus en Angleterre et dans le pays de Galles, sont les suivants :

INDUSTRIES.	MANUFAC-TURES.	NOMBRE d'ouvriers.
Coton	2.542	440.336
Laine	1.483	105.371
Renaissance	123	3.424
Laine filée	648	131.830
Lin	141	22.327
Chanvre	45	3.039
Jute.	15	4.933
Crins	21	786
Soie	812	44.419
Bonneterie et	548	25.557
Totaux . . .	6.378	783.022

— L'industrie des métaux est presque aussi active que celle des filatures et des tissus. Le Royaume-Uni produit chaque année plus de 8 millions de tonnes de fonte. Il inonde les pays étrangers de ses innombrables articles d'acier, depuis l'aiguille fine jusqu'aux énormes navires cuirassés. — COMMERCE. Le total des importations (non compris les matières d'or et d'argent) est estimé à 375 millions de livres sterling et les exportations à 280 millions. Les importations pour les possessions anglaises se montent à 84 millions, comprenant 30 millions pour l'Inde, 20 millions pour l'Australie et 10 millions pour l'Amérique anglaise du Nord. Les principaux pays fournissant à l'importation anglaise sont : les États-Unis, la France, l'Allemagne, la Hollande, la Belgique, la Chine et la Russie. Les pays d'exportation sont : les possessions anglaises, l'Allemagne, les États-Unis, la France et la Hollande. Principaux articles d'importation : les grains et la farine, le coton, la laine, le sucre, le bois, le thé et les soies. Exportations principales : coton filé et tissé, lainage et laine filée, toiles de lin et de jute filées et tissées, fer et acier, machines, combustibles La marine marchande appartenant au Royaume-Uni (y compris Jersey, Guernesey et l'île de Man) se compose de 25,461 navires (6,452,467 tonnes), dont 21,294 navires à voile (4,206,897 tonnes) et 4,170 bateaux à vapeur (1,945,570 tonnes). — ARMÉE ET MARINE. L'Armée régulière comprend 7,076 officiers commissionnés, 16,394 officiers non commissionnés, trompettes et tambours et 405,844 hommes de troupe; total 429,284. Il existe en outre 139,048 hommes de milice, 15,430 hommes de yeomanery à cheval, 164,450 volontaires, 32,000 pensionnaires enrôlés et une forte armée de réserve. La force totale de l'armée anglaise dans l'Inde consiste en 63,197 hommes. La marine de l'État se compose de 242 navires et de 60,000 officiers et marins. Parmi les navires, on compte 409 bateaux à vapeur en service actif et 133 bateaux à vapeur et navires à voile de réserve; le Royaume-Uni possède 62 cuirassés. Magnifiques bassins de construction à Deptford, Woolwich, Chatham, Sheerness, Portsmouth, Devonport et Pembroke; école navale à Portsmouth, académie militaire à Wolwich, collège militaire à Sandhurst.

CHEMINS DE FER

Angleterre et Galles.......	20.921 kil.
Écosse................	4.731 —
Irlande...............	3.967 —
Total (1882)........	20.619 kil.

— POSTES. 15,000 bureaux, distribuant 1,200 millions de lettres, 450 millions de cartes postales, 500 millions de journaux et 15 millions de mandats postaux. — TÉLÉGRAPHES. 42,970 kil. de lignes appartenant à l'État; 5,500 bureaux distribuant 32 millions de dépêches.

* GRANDE-DUCHESSE s. f. Femme d'un grand-duc.

LA GRANDE-DUCHESSE DE GEROLSTEIN, opéra-bouffe, en trois actes et quatre tableaux, représenté aux Variétés le 12 avril 1867. Libretto de MM. Henri Meilhac et Ludovic Halévy, musique de Jacques Offenbach. Mlle Schneider en était la principale interprète.

GRANDE-GRÈCE, nom donné par les Romains à l'Italie méridionale, à cause des nombreuses colonies que les Grecs y avaient fondées. La Grande-Grèce comprenait l'Apulie, la Calabre, la Lucanie, le Brutium, etc.

* GRANDELET, ETTE adj. Diminutif de grand : cette femme a déjà des enfants assez grandelets. (Fam.)

* GRANDEMENT adv. Avec grandeur : il pense, il agit grandement. — Beaucoup : il se trompe grandement. — AVOIR GRANDEMENT DE QUOI VIVRE, être dans l'aisance.

* GRANDESSE s. f. Dignité de grand d'Es-

pagne, en usage depuis Charles-Quint : *tel favori mit la grandesse dans cette maison.* — La dignité de grandesse appartenait aux nobles du premier rang. Les grands d'Espagne descendent des anciens chefs feudataires de la couronne et des membres de la famille royale. Ils se considéraient comme supérieurs à tous les autres nobles de l'Europe et inférieurs seulement aux princes du sang royal. Un grand nombre n'avaient pas de titres ; d'autres portaient les titres de comte, de marquis et de duc ; quelques-uns possédaient de vastes États. Parmi les plus riches, on citait : les ducs de Médina Celi, d'Alva, d'Ossuna, d'Altamira, d'Infantado et d'Arcos. Les grands d'Espagne n'ont plus aucun privilège.

GRANDE-TERRE (La). Voy. GUADELOUPE.

* **GRANDEUR** s. f. Etendue en hauteur, en longueur, en largeur, etc. : *ces deux hommes sont de même grandeur.* — Astron. Se dit des différences d'éclat des étoiles fixes : *Sirius est une étoile de première grandeur.* — Math. Tout ce qui est susceptible d'augmentation et de diminution. — REGARDER QUELQU'UN DU HAUT DE SA GRANDEUR, le regarder avec une fierté dédaigneuse.

Laisse, en entrant chez nous, ta *grandeur* à la porte.
  DESTOUCHES. *Le Glorieux,* acte II, sc. I, IV.

— Se dit aussi en parlant de certaines choses physiques ou morales qui surpassent la plupart des autres choses du même genre : *la grandeur d'une entreprise.* — Particul. puissance unie à la splendeur, à la majesté : *la grandeur des rois.* — Se dit absol., dans une acception plus restreinte, du pouvoir, des dignités, des honneurs ; et alors on l'emploie très souvent au pluriel : *les soucis, les ennuis de la grandeur.* — Au sens moral. Noblesse, élévation, dignité : *grandeur d'âme.* — Quelquef. Titre d'honneur qu'on donnait dans les deux derniers siècles, en parlant ou en écrivant, à tous les grands seigneurs qui se prenaient ou le titre d'altesse ou d'excellence. Se donne aujourd'hui aux évêques et aux archevêques : *il a suivi les ordres de Votre Grandeur.*

GRAND-FOUGERAY (Le) Voy. FOUGERAY.

GRAND-FRAIS s. m. Mar. Vent fort et uniforme.

GRAND'GARDE s. f. Grand poste qui fournit les hommes des avant-postes et les sentinelles avancées.

GRANDGOUSIER, l'un des héros de Rabelais ; il était père de Pantagruel.

GRAND GRIMSBY, port maritime du Lincolnshire (Angleterre), sur l'Humber, à 40 kil. N.-E. de Lincoln ; 20,240 hab. Grand commerce de poissons, de bois de construction, de charbon et de sel.

GRAND HAVEN, ville du Michigan (Etats-Unis), à l'embouchure de la rivière Grande, sur le lac Michigan, vis-à-vis Milwaukee, à 250 kil. O.-N.-O. de Detroit ; 4,370 hab.

GRANDIER (Urbain) curé de Saint-Pierre, à Loudun, chanoine de Sainte-Croix, né à Rovère, près de Sablé, en 1590, mort en 1634. Ses ennemis l'accusèrent d'avoir ensorcelé les religieuses d'un couvent d'ursulines. Le conseiller d'Etat Laubardemont obtint de Richelieu les pouvoirs les plus étendus pour connaître de cette affaire (1633). Urbain Grandier, arrêté en déc. 1633 et transféré à Angers, fut mis à la torture. Les tourments lui arrachèrent l'aveu des adultères et des actes d'impudicité dont il s'était rendu coupable ; mais il repoussa l'accusation de sorcellerie. Il fut néanmoins condamné à être brûlé vif comme convaincu de magie, de maléfice et de possession. Les pièces de cette procédure ont été conservées à la Bibliothèque nationale

GRANDIFLORE adj. (lat. *grandis,* grand ; *flos,* fleur). Qui a de grandes fleurs.

GRANDIFOLIÉ, ÉE adj. (lat. *grandis,* grand ; *folium,* feuille). Bot. Qui a de grandes feuilles.

* **GRANDIOSE** adj. (augment. du lat. *grandis,* grand). Se dit, surtout dans les Beaux-Arts, de ce qui impose, de ce qui frappe l'imagination par un caractère de grandeur, de noblesse, de majesté : *composition grandiose.* — S'emploie souvent comme substantif masculin : *il y a du grandiose dans les traits de cette personne.*

GRANDIPALPE adj. (lat. *grandis,* grand ; franç. *palpe*). Entom. Qui a de grandes palpes.

* **GRANDIR** v. n. Devenir grand, croître en hauteur : *cet enfant a bien grandi en peu de temps.* — Fig. Grandir en sagesse. — v. a. CE VÊTEMENT LE GRANDIT, le fait paraître grand. — Fig. LE MALHEUR L'A GRANDI, le malheur le fait paraître plus grand, le rend plus grand. — Se grandir v. pr. Se rendre plus grand : *il se grandit en s'élevant sur la pointe des pieds.*

GRANDIROSTRE adj. (lat. *grandis,* grand ; *rostrum,* bec). Ornith. Qui a un grand bec.

GRANDISSEMENT s. m. Opération par laquelle on obtient une épreuve amplifiée.

* **GRANDISSIME** adj. Superlatif de grand : *vous me ferez un grandissime plaisir.* (Fam.)

GRAND-JOUAN, hameau de la commune de Nozay, arr. à 27 kil. de Chateaubriant (Loire-Inférieure) ; 100 hab. Ecole nationale d'agriculture fondée en 1830. Fabrique d'instruments aratoires. Haras de jument arabes.

GRAND-LIEU, lac de France, à 12 kil. S.-O. de Nantes (Loire-Inférieure), long de 9 kil., large de 6 à 7 kil., alimenté par la Boulogne et l'Ognon et communiquant avec la Loire par un canal navigable de 22 kil.

* **GRAND-LIVRE** s. m. Liste générale des créanciers de l'État : *il est inscrit sur le grand-livre.* (Voy. LIVRE.)

GRAND-LUCÉ (Le), ch.-l. de cant., arr. et à 25 kil. S.-O. de Saint-Calais (Sarthe) ; 2,450 hab. — Cette ville fut détruite par un incendie en 1786.

* **GRAND'MÈRE** s. f. Aïeule : *grand'mère du côté paternel, du côté maternel.*

Chloris quitte et reprend, par un rare mystère,
Jeune et vieille peau tour à tour,
Et la Chloris de nuit serait bien la *grand'mère*
De la Chloris du jour.
  DUBRÉNY.

Pop. On dit quelquefois, *Mère-grand.*

Le conte de Peau-d'Ane est difficile à croire ;
Mais tant que dans le monde on aura des enfants,
Des mères et des *mères-grands*
On en gardera la mémoire.
  CH. PERRAULT. *Peau-d'Ane.*

* **GRAND'MESSE** s. f. Messe solennelle chantée.

* **GRAND-ONCLE** s. m. Le frère du grand-père ou de la grand'mère : *son grand-oncle du côté paternel, du côté maternel.*

GRAND ORIENT s. m. Loge maçonnique centrale qui administre l'ensemble des loges du même rit dans un Etat : *le Grand Orient de France.*

* **GRAND-PAPA** s. m. Grand-père : *des grands-papas.* — Vieillard bon et respectable : *c'est un bon grand-papa.* (Fam.)

* **GRAND-PÈRE** s. m. Aïeul : *des grands-pères.*

GRANDPRÉ, ch.-l. de cant., arr. et à 47 kil. S.-E. de Vouziers (Ardennes), sur l'Aire ; 1,300 hab. Dumouriez y établit son camp en 1792. Ancienne comté-pairie, appartenant à la maison de Joyeuse.

GRANDPRÉ (Le camp de). Voy. CAMP DE GRANDPRÉ.

GRANDPRÉ (Louis-Marie-Joseph ODIER, comte de), navigateur, né à Saint-Malo en 1761, mort en 1846. Il servit pendant 13 ans dans la marine de l'Etat et passa le reste de sa vie à l'hôtel des Invalides. Son *Voyage à la côte occidentale d'Afrique* donne des détails intéressants sur le commerce des esclaves au Congo. Ses autres ouvrages comprennent : *Voyage dans l'Inde et au Bengale* (Paris, 1825, in-8°) ; *Voyage dans la mer Rouge* ; un *Dictionnaire universel de géographie maritime* (Paris, 1803, 2 vol. in-4°) ; *Répertoire polyglotte de la marine* (Paris, 1829, 2 vol. in-8°).

GRAND RAPIDS, ville du Michigan (Etats-Unis) sur les rapides de la rivière Grand, à 210 kil. O.-N.-O. de Detroit ; 23,930 hab. Elle est bâtie de chaque côté de la rivière qui coule entre de hautes falaises.

GRANDRIEU, ch.-l. de cant., arr. et à 38 kil. N.-E. de Mende (Lozère) ; 1,650 hab.

GRAND RIVER, cours d'eau qui prend sa source au S.-E du Michigan et se jette dans le lac Michigan à Grand Haven, après un cours d'environ 360 kil.

GRAND RIVER, l'un des torrents qui forment le Colorado de l'O. ; la Grand River prend sa source dans les montagnes Rocheuses, à 8 ou 10 kil. O. de Longpic ; son cours est de 460 kil. ; elle s'unit au Green à Utah. Elle traverse une région montagneuse, pleine de ravins profonds et escarpés.

GRAND-SERRE (Le), ch.-l. de cant., arr. et à 50 kil. N.-E. de Valence (Drôme) ; 1,550 hab. Hauts fourneaux et forge. Ruines d'un château fort autrefois appelé *Castrum Serris.*

* **GRANDS-PARENTS** s. m. pl. Les plus âgés d'entre les proches parents, le grand-père, grand'mère, grand-oncle : *on consulta les grands-parents.*

* **GRAND'TANTE** s. f. Sœur du grand-père ou de la grand'mère : *grand'tante du côté paternel, du côté maternel.*

GRANDVILLE (Jean-Ignace-Isidore, GÉRARD, dit), caricaturiste, né à Nancy en 1803, mort en 1847 dans un asile d'aliénés. Ses *Métamorphoses du jour* ridiculisèrent les folies et les vices dominants en représentant des personnages bien connus sous des figures d'animaux. Il fut l'un des plus spirituels dessinateurs auxquels le *Charivari* et le *Magasin pittoresque* durent leur vogue. Il a illustré une foule d'ouvrages amusants et a publié des albums populaires, tels que le *Carnaval du riche,* le *Carnaval du pauvre,* les *Petites misères de la vie humaine.*

GRANDVILLIERS, ch.-l. de cant., arr. et à 30 kil. N.-O. de Beauvais (Oise) ; 1,700 hab. Aux environs, se trouve le château de Domerancourt, autrefois propriété des ducs de Saint-Simon.

GRANE, Gran ou QUADE (grānn ; kouèdd) (ar. *El Kueil*), ville maritime de l'El Hasa (Arabie), sur une baie, au N.-O. du golfe Persique, à 120 kil. S. de Bassorah ; environ 9,000 hab.

GRANET (François-Omer), conventionnel, né et mort à Marseille (1769-10 sept. 1821). Il était négociant à Marseille lorsque la Révolution éclata. Lié avec Mirabeau, il fut nommé administrateur des Bouches-du-Rhône. Député à la Législative, il vota avec la gauche. A la Convention, où il siégea au sommet de la Montagne, il vota la mort du roi dans les 24 heures. Plus tard, il adoucit les rigueurs des décrets rendus contre sa ville natale. Persécuté après la chute des montagnards, il rentra un instant dans la vie privée, fut maire de Marseille sous l'Empire, représentant des Bouches-du-Rhône pendant les Cent-Jours, banni en 1816 et gracié en 1818.

* **GRANGE** s. f. (lat. *granum*, grain). Bâtiment où l'on serre les blés en gerbes : *une grange de tant de travées.*

GRANGÉE s. f. Ce que contient une grange.

GRANGENEUVE (Jacques-Antoine), conventionnel girondin, né à Bordeaux en 1750, décapité dans la même ville le 21 déc. 1793. Avocat, avant la Révolution, il se fit remarquer par des discours enthousiastes. A la Législative (1791), il arbora le premier le bonnet rouge et insista, avant le 10 août, pour faire décréter la déchéance de Louis XVI. A la Convention, il vota contre la mort du roi et combattit la Montagne. Mis hors la loi le 31 mai, il s'enfuit à Bordeaux, où on l'arrêta. Il fut exécuté en même temps que son frère, Joseph, administrateur du département de la Gironde.

GRANIER (Adolphe-Bernard), ordinairement appelé GRANIER DE CASSAGNAC, journaliste français, né à Avéron-Bergelle (Gers) en 1808, mort le 31 janv. 1880. Il débuta en 1832 par des critiques littéraires publiées dans le *Journal des Débats* et dans la *Revue de Paris* ; il entra ensuite à la *Presse* et produisit un pamphlet à sensation en faveur du maintien de l'esclavage. En 1840, il visita les Antilles dont il donna la description en deux volumes. Pendant son voyage, il avait épousé une créole, Mlle Beauvallon. A son retour à Paris, il devint directeur du *Globe*, qui cessa de paraître en 1845 ; il fonda alors l'*Epoque*, journal que l'on accusa d'être subventionné par la police ; ce journal vécut deux ans. Lorsque éclata la révolution de 1848, Granier se hâta de revenir de Rome, où il avait fondé un journal ultramontain. Ennemi déclaré de la république et partisan de Louis-Napoléon, il créa coup sur coup plusieurs journaux plébiscitaires dont le plus vivace fut le *Pays*. Il fut élu quatre fois au Corps législatif comme candidat du gouvernement (1852-'69). Il s'est surtout rendu célèbre par le grand nombre de duels que lui attirèrent ses articles pleins de personnalités. En 1876, il fut élu à la Chambre des députés comme ultra-bonapartiste. Il a publié des ouvrages sur les différentes classes de la société française, sur la première Révolution, sur les Girondins, sur la révolution de 1848 et sur le second Empire.

GRANIFORME adj. Qui a la forme d'un grain de blé.

GRANIQUE (Le) (aujourd'hui *Khodja Tchaï*) (anc. géogr.), petite rivière de l'Asie Mineure, qui prend sa source au N.-O. du mont Ida, et se jette dans la Propontide après un cours de 75 kil. C'est sur les bords qu'Alexandre le Grand remporta sa première victoire décisive sur les Perses, le 22 mai 334 av. J.-C. Les troupes grecques (30,000 fantassins et 5,000 chevaux), traversèrent la rivière, en face de l'armée des Perses (600,000 fantassins et 20,000 cavaliers). Les vainqueurs perdirent 55 fantassins et 60 chevaux.

* **GRANIT** s. m. [gra-ni ou gra-nitt] (bas lat. *granitum* ; du lat. *granum*, grain). Pierre fort dure, qui est composée naturellement d'un assemblage d'autres pierres de différentes couleurs : *des roches de granit.* — Le granit est une roche composée essentiellement de grains cristallins de feldspath et de quartz, d'où son nom. Les granits typiques sont généralement composés d'orthoclase, de quartz et de mica, mais certaines roches similaires manquent absolument de mica ; et dans d'autres il est remplacé par la hornblende. Quelques écrivains donnent à cette dernière combinaison le nom de syénite, terme qui paraît avoir été employé par d'autres pour désigner une roche composée de hornblende et d'albite, (oligoclase, ou labradorite) sans quartz ; cette roche est identique à ce que d'autres auteurs appellent diorite. Il semble mieux de suivre

l'exemple de certains lithologistes allemands qui considèrent le granit comme un agrégé binaire d'orthoclase et de quartz, dans lequel le mica et la hornblende peuvent se trouver comme accidents minéraux, et donner naissance à un granit micacé et hornblendique, tandis que la variété dont ils sont absents tous deux se nomme granit normal ou binaire. Il existe une croyance populaire que le granit, la plus ancienne de toutes les roches, est la couche inférieure sur laquelle reposent toutes les autres ; mais en réalité, il appartient à tous les âges, et même aux âges comparativement modernes. Le granit est appelé roche plutonique, mais la plupart des granits sont métamorphiques et ont passé de leur structure sédimentaire à une structure cristalline , par suite d'une chaleur continuelle. Un magnifique granit rouge, employé à la construction de monuments, se trouve à Peterhead , près d'Aberdeen , en Ecosse ; il est composé d'orthoclase rouge, d'albite, de mica noir et de quartz; il attire le compact et d'une texture homogène. On considère le granit comme la pierre la plus solide pour les constructions. les anciens, en ont fait des monuments gigantesques; mais, en raison de la difficulté que l'on éprouve à le tailler, on ne l'emploie plus guère qu'à défaut d'autre roche, sauf pour les massifs d'une grande durée et pour les trottoirs des rues.

* **GRANITELLE** adj. Se dit du marbre ressemblant au granit: *marbre granitelle.* — s. m. Variété de granit gris, à grains fins.

GRANITER v. a. Imiter le granit avec de la couleur.

* **GRANITIQUE** adj. Qui est formé de granit : *roche granitique.*

GRANITOÏDE adj. Qui a l'apparence du granit.

* **GRANIVORE** adj. (lat. *granum*, grain ; *voro*, je mange). Ornith. Qui se nourrit de grains. — s. m. pl. Oiseaux qui se nourrissent de grains : *les granivores.*

GRANJA (La), palais d'été des rois d'Espagne, bâti par Philippe V (1727), sur le plan du palais de Versailles. La Granja est située près de San Ildefonso (Ségovie), au milieu d'un pays montagneux, stérile et désolé.

GRANSON ou Grandson : *Grandisonium*, ville du canton de Vaud (Suisse), sur le lac de Neufchâtel, près de son extrémité S.-O. ; environ 1,500 hab. Elle est célèbre par la mémorable victoire remportée dans ses environs par les Suisses sur Charles le Téméraire (3 mars 1476).

GRANUA (gr. *Granoua*), rivière tributaire du Danube. Elle arrosait le pays des Quadi et le S.-E. de la Germanie. Ce fut sur ses bords que M. Aurelius écrivit le premier livre de ses *Méditations.*

GRANULAGE s. m. Action de granuler ; résultat de cette action.

* **GRANULAIRE** adj. Minéral. Qui se compose de petits grains.

* **GRANULATION** s. f. Opération par laquelle on réduit les métaux en petits grains, que l'on nomme GRENAILLE. — Méd. Au pluriel. Lésion organique consistant en de petites tumeurs arrondies, fermes, souvent demi-transparentes et luisantes, qui se rencontrent surtout dans les poumons.

* **GRANULE** s. m. Petit grain. — Bot. Corps reproducteur d'une plante cryptogame. — ~~ Pharm. Très petite dragée, composée de sucre et de gomme et ne contenant qu'une minime quantité de substance médicale (1 gr., par exemple, pour 20 gr. de gomme et de sucre).

* **GRANULÉ, ÉE** part. passé de GRANULER. — MARBRE GRANULÉ, qui est comme formé de petits grains.

* **GRANULER** v. a. Mettre un métal en petits grains : *granuler du plomb, de l'étain.*

* **GRANULEUX, EUSE** adj. Didact. Qui est divisé en petits grains : *terre granuleuse.* — Méd. Qui a, qui présente des granulations : *poumon granuleux.*

GRANULIFORME adj. Qui est en forme de granulations.

GRANVELLE Ier (Nicolas PERRENOT DE), premier ministre de Charles-Quint, né à Ornans (Doubs) en 1486, mort à Augsbourg en 1550. Il fut ambassadeur de Charles-Quint auprès de François Ier, qui, se disposant à violer le traité de Madrid, le retint un instant prisonnier à Paris. — Il (Antoine PERRENOT, *cardinal de*), homme d'Etat espagnol, né à Besançon en 1517, mort en 1586. A l'âge de 23 ans, il fut nommé évêque d'Arras. Il succéda à son père, Nicolas Perrenot, comme chancelier de Charles-Quint en 1550, et il montra une grande habileté lors de la négociation du traité de Passau. A l'avènement de Philippe II, en 1555, Granvelle devint son ministre. Lorsque Philippe abandonna les Pays-Bas pour l'Espagne en 1559, il nomma Granvelle l'un des trois conseillers formant la *consulta*, pour assister la régente Marguerite de Parme. Devenu tout puissant, Granvelle se donna pour but principal la restauration de la suprématie de l'Eglise catholique. Les troupes espagnoles restèrent dans le pays, l'assemblée générale des états ne fut pas convoquée et l'on créa treize nouveaux évêchés. En 1560, Granvelle fut nommé archevêque de Malines et primat des Pays-Bas. Les préparatifs qu'il fit pour établir l'inquisition espagnole irritèrent tellement le peuple, que Marguerite de Parme céda aux réclamations et demanda son rappel. Il quitta les Pays-Bas en 1564 et n'y retourna jamais. Dans la suite, il fut souvent employé comme diplomate et fut pendant quelque temps vice-roi de Naples. En 1584, il donna sa démission d'archevêque de Malines pour accepter l'archevêché de Besançon, moins important. Protecteur des lettres, il enrichit le collège de Besançon fondé par son père. Un choix de ses lettres a été publié (9 vol. in-4°, Paris, 1841-'51).

GRANVILLE (*Grannomum*), ch.-l. de cant., arr. et à 26 kil. N.-O. d'Avranches (Manche), à l'embouchure du Bosq dans la Manche, par 48° 50' 7" lat. N. et 3° 57' 1" long. O.; 12,500 hab. Port sûr et commode. Ecole d'hydrographie. Construction de navires, corderies pour la marine. Bains de mer. Pêche d'huîtres. Grains, sel, cidre, granit, pommes de reinette. Exportation de bœufs, de moutons, etc. — Fortifiée en 1440 par les Anglais, cette ville fut prise l'année suivante par les Français, brûlée par les Anglais en 1695 et bombardée par eux en 1803.

GRANVILLE, village de l'Ohio (Etats-Unis), sur un affluent de la rivière Licking, à 35 kil. E.-N.-E. de Columbus; 1,120 hab. Université de Denison (baptistes) et collège de filles.

GRANVILLE (George), baron Lansdowne, auteur et homme d'Etat anglais, né en 1667, mort en 1735. Il entra au parlement en 1710 et fut nommé ministre de la guerre. En 1712, il fut créé baron Lansdowne de Biddeford. A la mort de la reine Anne, il perdit son emploi, et, en raison de sa sympathie avérée pour le prétendant et sa participation au complot ayant pour but de soulever une insurrection dans l'O. de l'Angleterre, il fut renfermé à la Tour (1715-'17). Il fut l'auteur d'*Heroic Love*, *The British Enchanters* et autres pièces de théâtre. En 1732, il publia ses œuvres en prose et en vers (2 vol.).

GRANVILLOIS, OISE s. et adj. Habitant de Granville ; qui appartient à Granville ou à ses habitants.

GRAO PARA. Voy. PARA.

GRAPHIQUE adj. (gr. *graphein*, écrire). Didact. Se dit particul. des descriptions, des opérations qui, au lieu d'être simplement énoncées par le discours, sont données par une figure : *description graphique d'une éclipse de soleil, de lune*, etc. — Qui a rapport à l'écriture, à la manière de représenter le langage par des signes : *caractères, signes graphiques.* — ~~ s. m — Dessin de la figure, des machines, etc., comme accessoire à l'étude des sciences exactes.

GRAPHIQUEMENT adv. D'une manière graphique. Se dit, en astron., des choses dont on donne une description graphique.

GRAPHITE s. m. [gra-fî-te] (gr. *graphein*; écrire). Minér. Syn. de PLOMBAGINE. (Voy. ce mot.)

GRAPHIUM s. m. [gra-fî-omm] (lat. *graphium*). Antiq. Poinçon avec lequel les anciens écrivaient sur des tablettes enduites de cire.

GRAPHOLITHE s. m. [-fo-] (gr. *graphô*, j'écris; *lithos*, pierre). Ardoise sur laquelle on écrit dans les écoles.

GRAPHOLOGIE s. f. [gra-fo-lo-gî] (gr. *graphein*, écrire; *logos*, discours). Art prétendu de deviner le caractère des individus par la seule inspection de quelques lignes de leur écriture.

GRAPHOLOGUE s. m. Celui qui s'occupe de graphologie.

GRAPHOMÈTRE s. m. (*graphe*, ligne; *metron*, mesure). Instrument de mathématique, dont on se sert pour mesurer les angles, dans les opérations de l'arpentage.

GRAPHOSCOPE s. m. [gra-fo-sko-pe] (gr. *graphein*, écrire; *skopein*, voir). Phys. Appareil d'optique qui sert à agrandir les gravures, les photographies, etc. Le graphoscope fut inventé par Rowsell vers 1871.

GRAPIN s. m. Voy. GRAPPIN.

GRAPPE s. f. (anc. haut all. *chrapfo*, crochet; bas lat. *grappa*). Se dit proprement de l'assemblage des grains qui composent le fruit de la vigne, le raisin ; et, par ext., de tout assemblage de grains, de fleurs ou de fruits qui ont naturellement la même disposition : *grappe de raisin, de muscat.* — VIN DE GRAPPE, vin qui coule naturellement du raisin sans qu'on le presse. — MORDRE A LA GRAPPE, saisir avidement une proposition, croire aveuglément à une promesse. — QUAND CET HOMME PARLE DE TELLE CHOSE, IL SEMBLE QU'IL MORDE A LA GRAPPE, il prend un extrême plaisir à ce qu'il dit. (Vieux.) — Art vétér. Se dit de petites excroissances molles, et ordinairement rouges qui viennent aux pieds des chevaux, des ânes, des mulets, et dont l'assemblage forme une espèce de grappe : *ce mulet, ce cheval a des grappes aux jambes.* — Artill. GRAPPE DE RAISIN, assemblage de balles ou de biscaïens enfermés dans un sachet, et qui se tirent comme mitraille.

GRAPPILLAGE s. m. Action de grappiller.

GRAPPILLER v. n. [*ll* mll.]. Cueillir ce qui reste de raisins dans une vigne, après qu'elle a été vendangée : *dès que les vendangeurs ont achevé, il est permis d'aller grappiller.* — Fig. et fam. Faire quelque petit gain; et, dans ce sens, il est quelquefois actif : *il n'y a plus à grappiller.* Se prend ordinairement en mauvaise part.

GRAPPILLEUR, EUSE s. Celui, celle qui grappille : *voilà bien des grappilleurs dans cette vigne.* — Se dit, fig. et fam., d'un homme qui grappille, qui fait de petits profits illicites : *c'est un grappilleur.*

GRAPPILLON s. m. [diminut.] Petite grappe de raisin prise d'une plus grande.

GRAPPIN ou Grapin s. m. Mar. Petite ancre qui a quatre ou cinq branches recourbées, et dont on se sert pour les embarcations, telles que chaloupes, canots, etc. — Se dit aussi d'un instrument de fer à plusieurs pointes recourbées, dont on se sert pour accrocher un bâtiment ennemi, soit pour l'aborder, soit pour y attacher un brûlot : *grappin d'abordage.* — JETER LE GRAPPIN, METTRE LE GRAPPIN, SON GRAPPIN SUR QUELQU'UN, se rendre maître de son esprit

GRAPPINER v. a. Mar. Accrocher avec un grappin.

GRAPSE s. m. (gr. *graphein*, dessiner). Crust. Genre de crustacés décapodes brachyures, voisin des crabes et comprenant une dizaine d'espèces. La grapse madré est très commun sur les côtes de Bretagne.

GRAPTOLITHE s. m. (gr. *graphein*, écrire ; *lithos*, pierre). Hist. nat. Genre de fossiles acalèphes, comprenant au moins 20 espèces, que l'on trouve seulement dans les roches

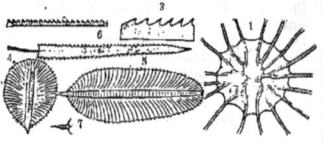

1. Graptolithus Logani. — 2. Portion d'une petite branche. — 3. La même portion grossie. — 4. 5. Différentes formes de phyllograptus. — 6. Graptolithus pristis. — 7. Jeune graptolithe.

siluriennes; ces fossiles sont longs et minces; ils ressemblent à des algues et à la partie barbelée d'une plume, d'où leur nom.

GRAS, ASSE adj. (lat. *crassus*, épais). Qui est formé de graisse, ou qui est onctueux : *les parties grasses du corps.* — Chim. Corps GRAS, corps onctueux, solubles dans l'éther et l'alcool, insolubles ou très peu solubles dans l'eau et qui brûlent avec une flamme volumineuse : *l'huile, le beurre sont des corps gras.* — Plus ord. Qui a beaucoup de graisse : *il est gros et gras.* — TUER LE VEAU GRAS, faire quelque régal, quelque fête extraordinaire pour marquer la joie qu'on a du retour de quelqu'un. — LE BŒUF GRAS, bœuf très gras que les bouchers promènent avec pompe par la ville, pendant les derniers jours du carnaval. — ÊTRE GRAS COMME UN MOINE, ÊTRE GRAS A LARD, être fort gras.

Ainsi vivait dans ce nid délectable,
En maître, en saint, en sage véritable,
Père Vert-Vert, c'tait à dire d'un Hébé,
Gras comme un moine, et non moins vénérable.
GRESSET. *Vert-Vert*, chant II.

— SORTIR BIEN GRAS, SORTIR FORT GRAS D'UN EMPLOI, D'UNE AFFAIRE, se dit d'un homme qui s'est enrichi dans un emploi, dans une affaire. — EN SEREZ-VOUS PLUS GRAS, EN SERA-T-IL PLUS GRAS? se dit en parlant des choses qui ne peuvent être d'aucun avantage pour celui qui les fait, et signifie en serez-vous, en sera-t-il plus riche, plus content, plus heureux? etc. — AVOIR LA LANGUE GRASSE, avoir la langue épaisse, éprouver quelque embarras dans la prononciation, prononcer mal certaines consonnes, et principalement les r. On dit plus ordinairement et adverbialement, PARLER GRAS. — AVOIR LA POITRINE GRASSE, être sujet à une toux suivie de l'expectoration de mucosités épaisses. — DORMIR LA GRASSE MATINÉE, dormir bien avant dans le jour, se lever fort tard. — CE CHEVAL A LA VUE GRASSE, sa vue s'obscurcit. — Se dit aussi des mets où il y a plus ou moins de graisse : *ce bouillon est trop gras.* — FAIRE SES CHOUX GRAS DE QUELQUE CHOSE, en faire ses délices, en faire son profit. — Se dit particul. des mets, des aliments qui consistent en viande, ou qui sont préparés avec de la viande : *bouillon gras.* — JOUR GRAS, se dit, chez les catholiques, des jours où l'on mange de la viande, à la distinction des jours où il n'est pas permis d'en manger, et qu'on appelle jours maigres. — LES JOURS GRAS, signifie particul. les derniers jours du carnaval, qui sont le jeudi, le dimanche, le lundi et le mardi: *pendant les jours gras.* On dit aussi, dans ce sens, LE JEUDI GRAS, LE DIMANCHE GRAS. — Sali, imbu de graisse ou de quelque matière onctueuse : *essuyez-vous, vous avez le menton gras.* — Se dit, par anal., de certaines liqueurs qui s'épaississent trop avec le temps : *de l'huile grasse.* — FROMAGE GRAS, fromage mou, qui n'a plus de consistance que le beurre. — Adverbial. PAIN GRAS-CUIT, pain qui n'a pas levé, qui est pâteux faute de cuisson. — FIGUES GRASSES, figues qui, avec le temps, ont contracté une espèce de graisse. — TERRE GRASSE, terre forte, tenace, fangeuse. — TERRE GRASSE, se dit aussi de l'argile dont on se sert pour dégraisser les habits, et pour en ôter les taches. — TERRES GRASSES, se dit souvent des terres fertiles et abondantes. On dit de même, CE SOL, CE TERROIR, CE PAYS EST GRAS, il abonde en blés et en pacages. — DE GRAS PATURAGES, lieux qui produisent en abondance les herbages propres à nourrir et engraisser les bestiaux. Ne s'emploie guère que dans le style poétique. — Bot. PLANTES GRASSES, plantes dont les tiges et les feuilles sont épaisses, charnues et succulentes. — LE PAVÉ EST GRAS, il est couvert d'une boue épaisse et qui fait glisser. — Peint. PEINDRE GRAS, AVOIR LE PINCEAU GRAS, peindre par couches épaisses. COULEUR GRASSE, couleur qui est couchée avec abondance. Dans les Beaux-Arts, se dit pour moelleux. Substantiv. PEINDRE A GRAS, retoucher avant que la couleur soit sèche; ce qui produit un très bon effet. — Sale, obscène, licencieux : *il se plaît à tenir des discours un peu gras.* — CAUSE GRASSE, cause que les clercs du palais choisissaient ou inventaient pour plaider entre eux, aux jours gras, et dont le sujet était plaisant. Se dit aujourd'hui d'une cause un peu égrillarde. — Se dit substantiv. des parties grasses de la viande : *le gras et le maigre d'un jambon.* — LE GRAS DE LA JAMBE, l'endroit le plus charnu de la jambe. — RIZ AU GRAS, riz qu'on a fait crever dans le bouillon gras. — Art vétér CE CHEVAL EST GRAS-FONDU, il est malade de gras-fondure. (Voy. GRAS FONDU.) — Chez les catholiques, viande, mets gras : *servir en gras et en maigre.* — MANGER GRAS, FAIRE GRAS, manger de la viande les jours maigres. — adv. PARLER GRAS, grasseyer. — ~~ Parler d'une façon obscène, licencieuse : *il parle gras.*

GRAS-CUIT adj. m. Se dit du pain qui est pâteux, faute de cuisson, ou du pain qui n'a pas levé.

GRAS-DOUBLE s. m. Cuis. Membrane de l'estomac du bœuf : *un plat de gras-double.*

GRAS-FONDU s. m., ou Gras-Fondure s. f. Art vétér. Maladie des chevaux qui consiste en une inflammation du bas-ventre, principalement du mésentère et des intestins, et qui est ordinairement produite par l'excès du chaud ou du travail : *ces chevaux sont morts de gras-fondu, de gras-fondure.* — Prov. IL NE MOURRA PAS DE GRAS-FONDU, se dit d'un homme fort maigre.

GRASS s. f. Mot générique anglais qui désigne les graminées et que l'on a admis en France dans le nom de diverses herbes.

GRASS (Philippe), statuaire, né à Wolxheim (Bas-Rhin) en 1801, mort en avril 1876. Auteur de la statue de *Kléber*, qui orne une des places de Strasbourg ; de la *Rose des Alpes* (1855) et de plusieurs autres ouvrages remarquables.

GRASS CLOTH. Voy. RAMIE.

GRASSE, ch.-l. d'arr., à 40 kil. de Nice (Alpes-Maritimes), sur le penchant du Rocavignon, par 43°39'28" lat. N. et 4°35'19" long. E.; 13,100 hab. Huiles d'olive, figues sèches, parfumerie; fabriques de savon et de soieries, tanneries. — Jadis siège d'un évêché. Grasse possède une cathédrale gothique.

GRASSE (La), ch.-l. de cant., arr. et à 75 kil. S.-E. de Carcassonne (Aude), sur l'Orbieu au confluent de l'Alzou; 4,350 hab. Belle église qui possède des tableaux de Ribera. Scierie de buis. La Grasse se forma autour d'une abbaye de bénédictins fondée en 778.

GRASSE (François-Joseph-Paul), COMTE DE *Grasse-Tilly*, lieutenant général des armées navales, né à la Valette, près de Toulon, en 1723, mort à Paris le 11 janv. 1788. Il servit d'abord sur les galères de Malte (1734) en qualité de garde et ne prit du service en France que quinze ans plus tard. Il resta prisonnier des Anglais pendant deux années, il reçut le grade de chef d'escadre en 1779. Lors du combat de la Grenade, il ne s'engagea qu'à la fin de l'action, ce qui fut attribué à la jalousie qu'il portait à d'Estaing. Il opéra en Amérique, avec le grade de lieutenant général en 1781 et remporta d'abord quelques succès, combattit les Anglais dans les Antilles, coopéra à la délivrance de York-Town (Etats-Unis), et vint se faire battre à la Dominique, où il rendit son épée : il fut le premier amiral français et même le seul qui ait subi cette honte. Pendant que les Anglais le traitaient avec beaucoup d'honneur, pour augmenter la gloire de leur triomphe, il y eut contre lui, à Paris, un déchaînement de mépris. Les femmes portaient alors des croix surmontées d'un cœur, appelées *croix à la Jeannette*; on en fit qui étaient *sans cœur*, et on les nomma *croix à la de Grasse*.

GRASSEMENT adv. N'est usité que dans ces phrases familières, dont la première vieillit : VIVRE GRASSEMENT, vivre commodément et à son aise. PAYER GRASSEMENT, RÉCOMPENSER GRASSEMENT, payer, récompenser généreusement, au delà de ce qu'on doit.

GRASSET, ETTE adj. Qui est un peu gras : *il est grasset, un peu grasset*. (Fam.)

GRASSETTE s. f. Bot. Genre d'utricularicés, ainsi nommé parce que les feuilles des plantes qui le composent sont grasses, luisantes, et qu'elles paraissent comme frottées de suif. La grassette commune, très répandue dans nos contrées, passe pour vulnéraire.

GRASSEYEMENT s. m. [gra-sè-ieu-man] Manière dont prononce une personne qui grasseye : *le grasseyement affecté est le plus désagréable*.

GRASSEYER v. n. [gra-sé-ié] (rad. *gras*). Parler gras, prononcer mal certaines consonnes, et principalement les R : *cette femme grasseye agréablement*.

GRASSEYEUR, EUSE s. Celui, celle qui grasseye.

GRASSOUILLET, ETTE adj. [ll mll.]. Diminutif de grasset : *un enfant grassouillet et potelé*.

GRATERON s. m. (rad. *gratter*). Bot. Nom vulgaire de quelques espèces de caille-lait, dont les tiges et les fruits sont hérissés de petits crochets, et s'attachent aux vêtements. On dit aussi RIÈBLE.

GRATICULER ou **Graticuler** v. n. Peint. et Dessin. Se dit du moyen employé par les peintres et les dessinateurs pour conserver exactement dans une copie les proportions de l'original. Ce moyen consiste à diviser l'original en un nombre quelconque de petits carrés égaux entre eux, et le papier ou la toile sur laquelle on veut faire la copie en un pareil nombre de carrés.

GRATIEN (AUGUSTUS GRATIANUS), empereur romain, né en 359, mort en 383. Il succéda à son père Valentinien I en 375, et s'associa,

pour l'empire d'Orient, son demi-frère Valentinien II, alors enfant. L'empire d'Orient était alors occupé par son oncle Valens. La mort de Valens en 378 le rendit maître des deux parties de l'empire, mais en 379, il céda l'Orient à Théodose le Jeune. Ayant terminé successivement plusieurs guerres avec les tribus barbares du Rhin et du Danube, il put jouir de quelques années de repos dans sa résidence de Milan. Une révolte militaire, qui éclata en Bretagne sous Maxime et qui se répandit dans les Gaules, lui coûta le trône et la vie.

GRATIFICATION s. f. (lat. *gratificatio*). Don, libéralité qu'on fait à quelqu'un; récompense surérogatoire : *il a reçu bien des gratifications*.

GRATIFIER v. a. (lat. *gratificare*). Favoriser quelqu'un en lui faisant quelque don, quelque libéralité : *le roi l'a gratifié d'une charge, d'une pension, d'un don de cent mille francs.* — Ironiq. et fam. Attribuer mal à propos quelque chose à quelqu'un : *vous me gratifiez là d'une qualité que je n'eus jamais*.

GRATIN s. m. (rad. *gratter*). Partie de certains mets liquides, farineux, etc., qui reste attachée au fond des vases où on les a fait cuire, et qui est souvent rousse et brûlée : *le gratin d'une bouillie*. — Cuis. Manière d'apprêter certains mets avec de la chapelure de pain : *merlan, sole au gratin*.

GRATINER v. n. S'attacher au fond de la casserole. — Préparer un mets au gratin.

GRATIOLE s. f. [gra-si-o-le] (diminut. du lat. *gratia*, grâce). Bot. Genre de personnées. L'espèce officinale, qui croît dans nos marais, a reçu le nom vulgaire *d'herbe à pauvre homme*, à cause de ses propriétés fortement purgatives, qui en font un remède économique pour les pauvres gens.

GRATIOLÉ, ÉE adj. Bot. Qui ressemble ou qui se rapporte à la gratiole. — s. f. pl. Tribu de personnées, ayant pour type le genre gratiole.

GRATIS adv. [gra-tiss] (mot lat.). Gratuitement, par pure grâce, sans qu'il en coûte rien : *on lui a expédié ses provisions, ses lettres gratis.* — Substantiv. *il a obtenu le gratis de ses bulles*. — Dans l'ancienne Université de Paris, l'ÉTABLISSEMENT DU GRATIS, établissement de l'instruction gratuite.

GRATIS PRO DEO [grâ-tiss-pro-dé-o]. Loc. lat. qui signifie : *pour l'amour de Dieu*; pour rien.

GRATITUDE s. f. (lat. *gratitudo*). Reconnaissance d'un bienfait reçu : *témoigner, faire voir sa gratitude*.

GRATRY (Auguste-Joseph-Alphonse, ABBÉ), théologien, né à Lille en 1805, mort en 1872. Fut directeur du collège Sainte-Barbe à Paris (1841-'46), aumônier de l'École normale supérieure (1846-'51), vicaire général à Orléans (1861), professeur à la Sorbonne (1863) et académicien (1867). En raison de ses rapports avec le Père Hyacinthe et avec la ligue internationale de la paix, il fut obligé, en 1869, de se retirer de l'*Oratoire de l'Immaculée Conception*, société de prêtres, fondée en 1851, pour la conversion et l'instruction de la jeunesse. Il combattit Renan et l'école rationaliste. Il a publié un grand nombre d'ouvrages parmi lesquels on cite son *Cours de philosophie* (1855-'57) très estimé par les ontologistes.

GRATTAGE s. m. Action de gratter.

GRATTE s. f. Pop. Petits bénéfices plus ou moins réguliers.

GRATTE-CUL s. m. Fruit en forme de bouton rouge et allongé, qui succède à la rose. Se dit particul. du fruit de l'églantier ou rosier sauvage : *cueillir des gratte-culs*.

GRATTELER v. a. Gratter légèrement un corps afin de le polir.

GRATTELEUX, EUSE adj. Qui a de la grattelle : *il est devenu gratteleux*.

GRATTELLE s. f. Menue gale : *il a le sang échauffé, il lui vient de la grattelle*.

GRATTE-PAPIER s. m. Se dit, par dénigrement, des copistes de bureau, des clercs d'avoué, de notaire, etc. : *un ignorant gratte-papier*. (Fam.)

GRATTER v. a. (anc. haut all. *chrazon chrazján*, gratter). Racler, ratisser : *gratter une muraille*. — GRATTER A UNE PORTE, y faire un petit bruit avec les ongles, pour avertir que l'on désire entrer. — GRATTER LE PAPIER, LE PARCHEMIN, gagner sa vie en travaillant dans la basse pratique. — Particul. Passer les ongles ou quelque chose de semblable, un peu fortement et à plusieurs reprises, sur quelque endroit du corps : *gratter où il démange*. — Frotter la partie où il démange : *un cheval qui se gratte contre la muraille*. — GRATTER QUELQU'UN OU IL LUI DÉMANGE, faire ou dire quelque chose qui lui plaît et à quoi il est fort sensible. — GRATTER L'ÉPAULE A QUELQU'UN, chercher à se le rendre favorable. — Se dit encore des animaux qui, avec leurs ongles, remuent la terre : *les poules grattent la terre, pour chercher de la pâture.* — J'AIMERAIS MIEUX GRATTER LA TERRE AVEC LES ONGLES QUE DE... il n'y a point d'extrémité où je ne me réduise plutôt que de... — Se gratter v. pr. Se passer les ongles sur une partie du corps. — CE SONT DEUX ANES QUI SE GRATTENT, se dit, par dérision, de deux personnes qui se flattent l'une l'autre. — QUI SE SENT GALEUX SE GRATTE, celui qui se sent coupable de la faute qu'on blâme peut ou doit s'appliquer ce qu'on en dit.

GRATTOIR s. m. Instrument propre à gratter le parchemin, le papier, etc., pour en enlever l'écriture ou les taches : *effacer des mots avec un grattoir*. — Se dit aussi, dans plusieurs arts, de certains instruments qui servent à gratter, à creuser, à nettoyer, etc.

GRATTURES s. f. pl. Débris provenant du grattage.

GRATUIT, UITE adj. (lat. *gratuitus*). Qu'on donne gratis, sans y être tenu : *consultations, leçons gratuites.* — ÉCOLE GRATUITE école où l'instruction est gratuite. — DON GRATUIT, certaine somme, plus ou moins grande, que le clergé de France et quelques provinces du royaume octroyaient de temps en temps au roi, pour subvenir aux besoins de l'État. — SUPPOSITION GRATUITE, supposition qui n'a aucun fondement. — INSULTE GRATUITE, MÉCHANCETÉ GRATUITE, etc., insulte, méchanceté, etc., faite sans motif et sans intérêt.

GRATUITÉ s. f. Caractère de ce qui est gratuit; *la gratuité de l'enseignement.* — Théol. C'est un pur don de Dieu : *la gratuité de la prédestination*.

GRATUITEMENT adv. Gratis, d'une manière gratuite, de pure grâce : *il lui a donné cela gratuitement.* — Sans fondement, sans motif : *cela est supposé gratuitement*.

GRATZ ou **Graetz**, ville forte d'Autriche, capitale de la Styrie, sur la Mur, à 420 kil. S.-S.-O. de Vienne; 80,740 hab., y compris la population des faubourgs. Magnifique cathédrale gothique. Université qui a une bibliothèque de 70,000 volumes et 7,500 manuscrits. Cotonnades, lainages, soieries, quincaillerie, cuir et papier.

GRAU s. m. [grô]. Nom donné dans le Midi, à un chenal qui fait communiquer un étang ou une rivière avec la mer.

GRAUBUENDEN ou **Graubuendten**. Voy GRISONS.

GRAUDENZ [graou'-dènnts], ville fortifiée de la province de Prusse, sur la Vistule, à 80 kil. de Dantzig ; 14,560 hab. Manufactures d'étoffes, de tabac, de voitures ; brasseries et distilleries.

GRAULHET, ch.-l. de cant., arr. et à 19 kil. N.-E. de Lavaur(Tarn) ; 6,950 hab. Maroquins, chapellerie.

GRAUN (Karl-Heinrich) [graounn], compositeur allemand (1701-'59). Il fut maître de chapelle de Frédéric le Grand. Il a écrit 30 opéras et un grand nombre de cantates et de pièces diverses. Ses meilleurs ouvrages sont : *Der Tod Jesu* et son *Te Deum*.

GRAUWACKE s. f. [grô-va-ke] (all. *grau*, gris ; *wacke*, sorte de roche). Nom que les Allemands donnent à une variété de trapp tendre et terreux, d'un aspect argileux, ainsi qu'aux terrains dans lesquels domine cette roche.

*** GRAVATIER** s. m. Charretier payé pour enlever les gravois dans un tombereau.

*** GRAVATIF, IVE** adj. (lat. *gravare*, alourdir). Méd. Se dit des douleurs qui consistent dans un sentiment de pesanteur, ou qui en sont accompagnées : *douleur gravative*.

*** GRAVATS** s. m. pl. (rad. *grave*, qui s'est dit pour grève). Voy. GRAVOIS.

GRAVE s. f. (autre forme du mot *grève*). S'est dit autrefois pour *grève*.

*** GRAVE** adj. (lat. *gravis*, pesant). Pesant. N'est usité au sens propre, que dans le langage didactique : *les corps graves*. On dit quelquefois, substantiv. : LES GRAVES. — Fig. Sérieux, qui agit, qui parle avec un air sage, avec circonspection et dignité : *un homme grave*. — Se dit, dans une acception analogue, du maintien, de l'air, du ton, etc. : *contenance grave*. — Se dit, par ext., des choses qui excluent toute idée d'enjouement, de plaisanterie, de gaieté : *ce peuple a des mœurs graves et simples*.

> Passer du grave au doux, du plaisant au sévère.
> BOILEAU.

Dans ce vers, *Grave* est employé substantivement. — AUTEUR GRAVE, AUTORITÉ GRAVE, auteur, autorité qui est d'un grand poids, d'une grande considération dans la matière dont il s'agit. Il se dit surtout dans les matières de morale, de jurisprudence et de théologie. — Important, qui est de conséquence : *il ne faut point badiner sur un sujet si grave*. — Se dit, particul., de ce qui peut avoir des conséquences fâcheuses : *maladie grave*. — Se dit encore des sons, des notes basses, par opposition aux sons, aux notes aiguës. Ne s'emploie guère qu'en musique, ou en parlant de la déclamation théâtrale : *son, ton grave*. On dit subtantiv. : *passer de l'aigu au grave, du grave à l'aigu*, etc. — Gramm. ACCENT GRAVE, accent qui va de gauche à droite (`), et qui se met sur les voyelles *a, e, u*, dans certains cas déterminés : l'*ouvert est marqué d'un accent grave, comme dans procès, succès*.

GRAVE (Pointe de), cap qui ferme, au S., l'estuaire de la Gironde. Phare construit en 1830.

GRAVE-EN-OISANS (La), ch.-l. de cant., arr. et à 36 kil. N.-O. de Briançon (Hautes-Alpes), près du défilé de la Romanche, au milieu duquel se trouve une belle cascade perpendiculaire de 150 m. ; 1,250 hab. Mines de plomb argentifère.

GRAVE D'AMBARÈS (La). Voy. AMBARÈS.

*** GRAVÉ, ÉE** part. passé de GRAVER. Tracé sur du cuivre, sur du marbre : *ce livre est orné de planches gravées, d'un titre-gravé*. — AVOIR LE VISAGE GRAVÉ DE PETITE VÉROLE, ÊTRE TOUT GRAVÉ DE PETITE VÉROLE, en être extrêmement marqué.

GRAVELAGE s. m. Ouvrage en gravier.

*** GRAVELÉE** adj. f. N'est usité que dans cette locution, CENDRE GRAVELÉE, cendre faite de lie de vin calcinée : *la cendre gravelée s'emploie dans plusieurs arts*. — ↄ Substantiv. : *la gravelée*.

*** GRAVELEUX, EUSE** adj. (rad. *gravier*, dans le sens d'impureté). Qui est mêlé de gravier : *terre graveleuse*. — FRUIT GRAVELEUX, fruit dont le cœur est formé d'une espèce de gravier. — Qui est relatif à la gravelle, ou qui la dénote : *affection graveleuse*. — Qui est sujet à la gravelle : *être goutteux et graveleux*. — Quelquefois substantif, dans le sens qui précède : *le goutteux et les graveleux sont à plaindre*. — Se dit encore, fig. et fam., des propos, des discours trop libres : *conte graveleux*.

GRAVELINES, port fortifié et ch.-l. de cant., arr. et à 20 kil. S.-O. de Dunkerque (Nord), sur l'Aa ; 7,800 hab. Armements pour la pêche du hareng, de la baleine et de la morue. Construction de navires, arsenal, hôpital militaire. Cabotage étendu. — Cette ville fut fondée en 1160 par le comte Henri, sur l'Aa canalisé d'où vint son nom, *Graven-Linghe* (canal du comte). Elle fut réunie à la France par le traité des Pyrénées (1659) et fortifiée par Vauban et le chevalier Deville. Victoire des Espagnols, commandés par Egmont, sur l'armée française du maréchal de Thermes, le 13 juillet 1558.

*** GRAVELLE** s. f. On appelle ainsi des concrétions pierreuses qui se développent dans les voies urinaires, principalement dans les reins, et les accidents qu'elles occasionnent en parcourant les canaux excréteurs de l'urine. Leur volume varie de la grosseur d'un pois à celle d'un grain de poussière. Les concrétions les plus volumineuses se forment habituellement dans la vessie et reçoivent les noms de *calculs* ou de *pierres*. (Voy. CALCUL.) Les substances qui constituent le plus souvent ces concrétions sont : l'acide urique, les urates d'ammoniaque, de potasse, de soude et de chaux, le phosphate et l'oxalate de la même base. La gravelle des phosphates est blanche, celle des oxalates est jaune et celle d'acide urique est rougeâtre (c'est la plus fréquente). La gravelle est quelquefois héréditaire : elle est aussi déterminée par une nourriture trop succulente (en général, liqueurs, viandes) ; par les transpirations abondantes et surtout par le défaut d'exercice. Quand des graviers s'engagent dans les uretères ou se déplacent dans les reins, il survient des *coliques néphrétiques*, douleurs atroces qui consistent d'abord en une sensation d'engourdissement dans le rein malade, puis en une douleur vive, continue, s'irradiant chez l'homme jusqu'au testicule correspondant, qui est rétracté vers l'anneau. L'agitation devient extrême, le malade ne peut trouver aucune bonne position ; il a des nausées et des vomissements bilieux ; la sécrétion urinaire est diminuée ou sanguinolente. Ces souffrances durent de quelques heures à deux jours et se terminent ordinairement par la chute du gravier dans la vessie. Cette maladie sujette à retour n'est pas sans danger. — Pendant les coliques, il faut faire usage de grands bains tièdes prolongés ou souvent répétés, prendre des lavements émollients et narcotiques ; respirer du chloroforme et de l'éther, faire des frictions calmantes sur les reins et y placer des ventouses ; boire abondamment de l'eau de Vichy ou de Contrexéville, ou de l'eau dans laquelle on met 4 ou 5 gr. par litre de bicarbonate de soude. On peut aussi prendre, toutes les deux heures, une cuillerée de borate d'ammoniaque, à la dose de 8 gr. pour 150 gr. de véhicule. — Lorsque l'accès est passé, on doit, pour prévenir le retour de la maladie, s'abstenir de tout ce qui peut former une nouvelle concrétion (vin généreux pur, liqueurs spiritueuses, repas trop succulents). On fait

usage des eaux des sources de Vichy et de Contrexéville, on prend de l'exercice. Si on ne va pas aux eaux, il faut boire chaque jour beaucoup d'eau pure ou d'eau chargée de goudron ou de bicarbonate de soude.

GRAVELOTTE, village d'Alsace-Lorraine (Allemagne), sur la Moselle, à 14 kil. O. de Metz ; 670 hab. Gravelotte a donné son nom à la dernière des trois grandes batailles que Bazaine livra sous les murs de Metz avant d'être complètement bloqué dans cette ville. Cette bataille, qui fut l'une des plus sanglantes de la guerre franco-allemande, ne dura pas moins de 12 heures (18 août 1870). En face des Français se trouvaient les 1re et 2e armées allemandes, commandées par Steinmetz et par le prince Frédéric-Charles, sous les ordres du roi Guillaume, en personne. La lutte prit un caractère d'acharnement incroyable ; sur les hauteurs qui dominent Gravelotte, et jusqu'à la fin du jour, les Français purent se considérer comme victorieux ; mais à la nuit tombante, les ennemis, dont les bataillons décimés se renouvelaient à chaque instant, firent une dernière charge sur nos troupes épuisées, et les hauteurs finirent par leur rester. L'aile droite des Français se trouvant tournée par l'un de ces mouvements habiles dont les généraux allemands semblaient avoir le secret, dut battre en retraite et chercher un abri sous le canon de Metz. Il fut à peu près démontré dans la suite que l'insuccès de cette lutte gigantesque entrait dans le plan politique du général Bazaine, qui, ayant résolu de ne pas quitter Metz, ne tira pas avantage du succès que l'héroïsme de nos soldats assura à nos armes, jusqu'au moment où, vers 5 heures du soir, l'armée du prince Frédéric-Charles arriva, en toute hâte, sur le champ de bataille. Les pertes furent énormes des deux côtés. Les Français laissèrent sur le terrain 19,000 hommes, tués ou blessés ; les Allemands reconnurent avoir perdu 25,000 hommes, sur 180,000 qu'ils avaient engagés. Le nombre des Français qui prirent part à la bataille ne s'éleva pas à plus de 120,000. La garde impériale avait particulièrement été éprouvée.

*** GRAVELURE** s. f. Discours, propos trop libre et approchant de l'obscénité : *il y a un peu de gravelure dans ce discours*.

*** GRAVEMENT** adv. Ne se dit point dans le sens de pesamment, et ne s'emploie que pour signifier, d'une manière grave et composée : *parler gravement*. — Mus. Indique un mouvement lent, mais moins lent que celui qui est indiqué par le mot *Lentement*. — Dangereusement, de manière à avoir de fâcheuses conséquences : *il est gravement malade*.

*** GRAVER** v. a. (gr. *graphein*, écrire). Tracer quelque trait, quelque figure avec le burin, avec le ciseau, sur du cuivre, sur du marbre, etc. : *graver une inscription, une planche de cuivre*. — Se dit particulièrement de l'action de graver, sur une planche de cuivre ou d'autre matière, la copie d'un tableau, d'un dessin, pour la reproduire plusieurs fois sur le papier, sur la toile, etc., par le moyen de l'impression : *graver en taille-douce*. — GRAVER UNE MÉDAILLE, UNE MONNAIE, graver le poinçon avec lequel on frappe le coin d'une médaille, d'une monnaie. GRAVER DES CARACTÈRES D'IMPRIMERIE, graver les poinçons avec lesquels on frappe les matrices qui servent à fondre des caractères d'imprimerie. — Fig. GRAVER QUELQUE CHOSE DANS L'ESPRIT, DANS LA MÉMOIRE, DANS LE CŒUR, l'imprimer fortement dans l'esprit, dans la mémoire, etc.

> L'amour lui-même en traits de flamme
> Grava leur image en votre âme.
> TISSOT.

— Se graver v. pr. — Fig. : *ces idées se gravent promptement dans l'esprit, dans la mémoire*

GRAVES s. m. Vin qui provient du terroir de Graves (Gironde) : *vin de Graves; un verre de graves.*

GRAVES, petit territoire caillouteux et graveleux qui s'étend sur les deux rives de la Garonne, autour de Bordeaux, et qui produit des vins très estimés. On y récolte principalement des vins blancs : *Sauternes, Barsac, Bommes,* etc., qui sont produits sur la jonction des arrondissements de Bordeaux et de Bazas. Le vignoble rouge le plus important est celui de *Château-haut-Brion,* qui produit des grands vins de première classe.

GRAVESANDE (Willem-Jakob van' S), philosophe hollandais, né à Bois-le-Duc en 1688, mort en 1742. Professeur de mathématiques et d'astronomie, puis de philosophie à Leyde, il propagea les idées de Galilée et de Newton. Ses principaux ouvrages sont : *Physices Elementa Mathematica* (La Haye, 1720, 2 vol. in-4° ; trad. franç. par Joncourt, Leyde, 1746); *Matheseos universalis elementa* (Leyde, 1727, in-8°), *Introductio ad philosophiam* (Leyde, 1736; trad. de Joncourt, 1737).

GRAVESEND [grévs'-ènnd], ville du Kent (Angleterre), sur la Tamise, à 30 kil. S.-E. de Londres; 24,190 hab. Construction de navires.

GRAVEUR s. m. Celui dont la profession est de graver : *bon, excellent graveur en pierres fines et en médailles.*

GRAVIER s. m. (bas lat. *gravaria*). Gros sable mêlé de fort petits cailloux : *le lit de ce ruisseau est formé de gravier.* — Particul. Sable qui se trouve dans le sédiment des urines; et, en ce sens, on l'emploie quelquefois au pluriel : *son urine est chargée de graviers.*

GRAVIER (Jacques), missionnaire français, mort en 1708. Peu après son arrivée dans le Canada, en 1684, il partit pour l'Illinois où il s'occupa de la conversion des Kaskashias et d'autres peuplades de ces pays. Il a laissé une grammaire de la langue illinoise. Le récit de ses travaux chez les Indiens, le journal d'un voyage à l'embouchure du Mississipi et une lettre sur les beautés de la Louisiane ont été publiés (New-York, 1857-'65).

GRAVILLE-SAINTE-HONORINE, anc. commune de France qui fait aujourd'hui partie de la ville du Havre. Fabriques de cordages. Restes d'une abbaye du XI° siècle.

GRAVINA [gra-vi'-na], ville du S. de l'Italie, sur la rivière Gravina, à 50 kil. S.-O. de Bari; 14,200 hab. Les Sarrazins l'assiégèrent sans succès en 975.

GRAVINA (Giovanni-Vincenzo), juriste italien (1664-1718). Il fonda à Rome l'académie des Arcadiens en 1695. En 1699, il fut nommé professeur de droit civil au collège de la Sapienza et, en 1703, il devint professeur de droit canon au même collège. Il a publié des ouvrages sur l'origine du droit civil, sur l'empire romain, etc.

GRAVIR v. n. (lat. *gradior*, je marche). Grimper, monter avec effort à quelque endroit raide et escarpé, en s'aidant des pieds et des mains : *gravir contre un rocher, sur des rochers.* — Se prend aussi act. : *gravir une muraille, un retranchement.* — Monter avec effort : *nous gravîmes jusqu'au sommet de la colline.*

GRAVITATIF, IVE adj. Qui produit la gravitation.

GRAVITATION s. f. (lat. *gravis*, lourd). Phys. Action de graviter, ou tendance que les corps ont naturellement les uns vers les autres : *la gravitation d'une planète vers une autre.* — Encycl. La *gravitation* ou *attraction universelle* est la loi de la nature en vertu de laquelle toutes les molécules de la matière tendent les unes vers les autres en raison directe de leur masse et en raison inverse de leur distance. On donne le nom de *pesanteur* ou de *gravité* à la gravitation qui attire les corps de notre globe vers le centre de la terre, et on réserve ordinairement le mot *gravitation* pour désigner l'attraction que les corps célestes exercent les uns sur les autres. — Les anciens ne savaient à quelle cause attribuer certains phénomènes météorologiques; ils savaient néanmoins que les marées sont dues à l'action de la lune sur la masse des eaux. Képler et Fermat s'occupèrent de l'attraction mutuelle des corps; Hévélius reconnut que le mouvement curviligne des comètes résulte de l'action simultanée d'une vitesse de projection et de l'action du soleil. Hooke imagina un système de gravitation vers 1674, et Galilée démontra l'existence de la gravité vers 1633. Mais c'est à Newton qu'était réservée la gloire de généraliser les découvertes de ses devanciers. Le hasard amena ce grand mathématicien à tourner son activité vers ce sujet en 1666 : un jour qu'il rêvait dans son jardin, étendu sous un arbre, il vit une pomme tomber; il se demanda pourquoi la lune ne tombait pas aussi sur la terre, en vertu de la loi déjà connue de la pesanteur; et il chercha de suite quelle cause pouvait maintenir ce satellite ainsi suspendu dans l'espace. Après plus de vingt ans d'études ardues et de calculs mathématiques, il publia son livre immortel des *Principia,* dans lequel il expose la grande loi de l'attraction universelle.

GRAVITÉ s. f. (lat. *gravitas; de gravis,* grave). Pesanteur : *la gravité fait descendre les corps vers la terre.* — CENTRE DE GRAVITÉ, point où se croisent les résultantes de la pesanteur qui animent toutes les molécules d'un corps, de sorte que, ce point étant fixe, le corps demeure en équilibre dans toutes les positions possibles. — Fig. Qualité d'une personne ou d'une chose grave; air, ton grave et sérieux : *la gravité d'un magistrat.* — Importance des choses : *la gravité de cette matière.* — Se dit aussi en parlant d'un son quelconque par rapport aux sons plus élevés, dans l'échelle générale : *un son a plus ou moins de gravité selon que la corde qui le rend a plus ou moins de grosseur, plus ou moins de longueur.* — Encycl. La gravité est la propriété qu'ont les corps d'être pesants. Tous les corps sont soumis à l'action de la *gravité* ou *pesanteur* : impulsion qui les attire vers le centre de la terre. La distance des corps au centre de la terre étant très éloignée, on a admis que le pesanteur agit parallèlement sur tous les corps; c'est pourquoi sa direction est donnée par le fil à plomb. Il y a deux manières de mesurer l'action de la gravité : par le poids qu'elle donne aux corps (action statique) et par ses effets sur les corps tombants (action dynamique); cette dernière est la plus employée. La méthode employée par Galilée pour déterminer la durée de la chute des corps, était défectueuse en raison de la résistance de l'air; mais les erreurs n'étaient pas suffisantes pour altérer de beaucoup les résultats. La machine d'Atwood peut être employée pour tenir une bonne approximation de la rapidité dans un temps donné; mais pour toutes les recherches délicates, on emploie le pendule. — La gravité varie à la surface de la terre, en raison de deux causes principales, savoir : 1° la force centrifuge, qui augmente des pôles à l'équateur, et qui seule diminuerait le poids d'un corps à l'équateur de $\frac{1}{289}$; 2° la forme sphéroïdale aplatie de la terre, parce que les corpsse trouvent, au pôle, plus près du centre de gravité. Une comparaison exactement mathématique des attractions montre que la gravité à l'équateur est moindre que la gravité aux pôles d'environ $\frac{1}{579}$. Combinant ces deux effets, nous obtenons la diminution totale de gravité à l'équateur :

$$\frac{1}{289} + \frac{1}{579} = \frac{1}{194}$$

d'où nous concluons que le rapport entre la gravité à l'équateur et celle qui existe aux pôles est 194 : 195. — GRAVITÉ SPÉCIFIQUE, rapport du poids d'un corps à celui d'un autre corps de volume égal, adopté comme unité de comparaison. Pour les solides et pour les liquides, on a choisi, comme unité de poids, l'eau pure, à une température de + 15° C., le baromètre étant à 75°. On peut employer différentes méthodes pour constater la gravité spécifique des solides. Celle qui consiste à mesurer leur volume et leur poids est peu praticable. Comme un corps plongé dans l'eau doit déplacer son propre volume de ce liquide, sa gravité spécifique peut être connue en l'introduisant, après l'avoir pesé, dans un vase entièrement rempli d'eau et en pesant alors le liquide qui déborde. On obtient ainsi le poids proportionnel. La cire fait couler d'un vase plein un poids d'eau égal à son propre poids; sa gravité spécifique est donc 1. Le platine, suivant la condition dans laquelle il se trouve, déterminera l'écoulement de $\frac{1}{21}$ à $\frac{1}{21}$ de son poids seulement; sa gravité spécifique est donc de 21 à 21 5. Mais on emploie habituellement une méthode plus exacte, — pesée dans l'air et pesée quand elle est plongée dans l'eau, est exactement le poids de l'eau qu'elle déplace. L'instrument appelé *hydromètre* sert à trouver la gravité spécifique des liquides. (Voy. HYDROMÈTRE.) — La gravité spécifique d'un gaz peut s'obtenir en pesant, dans un vase bien fermé, des quantités égales d'air atmosphérique et de gaz; on peut aussi la calculer d'après le poids atomique du gaz. L'hydrogène est le plus léger de tous les éléments; l'iridium, l'osmium et le platine sont les plus lourds.

GRAVITER v. n. Phys. Tendre et peser vers un point : *ces planètes gravitent vers le soleil.*

GRAVOIR s. m. Techn. Outil au moyen duquel le lunettier pratique les rainures des châssis de lunettes, pour y placer les verres.

GRAVOIS s. m. pl. (rad. *grave,* s. f.). Partie la plus grossière qui reste du plâtre, après qu'on l'a sassé : *battre les gravois.* On dit quelquefois : GRAVATS. — Menus débris d'une muraille qu'on a démolie ou d'un bâtiment que l'on fait : *un tombereau de gravois.*

GRAVURE s. f. Art ou manière de graver : *s'adonner à la gravure.* — Ouvrage qu'on grave : *la gravure de ces planches est fort soignée.* — Estampe. Pour nettoyer une vieille gravure, on la place entre deux feuilles de papier blanc que l'on saupoudre extérieurement de chlorure de chaux sec pulvérulent. On presse le tout, en le mettant sous une pile de livres, pendant un jour ou deux. Le chlorure de chaux agit comme décolorant, sans attaquer la pâte du papier. Il est prudent de procéder par des expériences d'essai et de se faire la main sur des objets sans valeur, avant d'opérer sur des gravures de prix. — Encycl. La gravure est l'art de produire des figures sur une surface plane, soit au moyen d'incisions ordinairement peu profondes, soit à l'aide de mordants, soit enfin par les procédés de ciselure et de sculpture. L'origine de la gravure est enveloppée d'obscurité. Les Chinois gravaient sur bois dès une période très reculée, et on suppose que cet art fut introduit de Chine en Europe par des marchands vénitiens. Marco-Polo décrit la fabrication du papier-monnaie, en Chine, et dit que cette fabrication avait lieu en marquant le papier au moyen d'un sceau couvert de vermillon (fin du XIII° siècle); mais cet art si simple ne fut même guère admis, en Europe, qu'un siècle plus tard. Beaucoup d'ouvrages imprimés en Italie, en Allemagne et en Angleterre, pendant la dernière partie du XV° siècle, sont ornés de gravures généralement grossières formées de lignes épaisses et lourdes. L'art du graveur fit ensuite de rap:.es progrès, et, au commencement du xvi⁰ siècle, il atteignit à un haut degré de perfec-tion. Vers 1610, la gravure sur bois commença à décliner; on finit par ne plus l'employer que pour la tapisserie et pour l'impression du calicot. A une époque récente, elle prit un nouvel essor, par suite de la création de plu-sieurs journaux illustrés : Penny, Magazine, en Angleterre (1832), Musée des Familles, Magasin pittoresque en France. Des perfec-tionnements ont permis à la gravure sur bois de reprendre sa place dans la publication des livres illustrés, d'où la gravure sur métaux l'avait chassée pendant quelque temps. La gravure sur métaux fut inventée vers le mi-lieu du xv⁰ siècle. Les premières œuvres en ce genre furent exécutées sur fer-blanc, sur zinc ou sur fer; mais le cuivre fut bientôt considéré comme le métal le plus convenable, et, jusqu'à l'époque de l'invention de la gra-vure sur acier, il fut presque exclusivement employé. L'art de graver sur cuivre se répan-dit rapidement en Europe et devint florissant en Italie, en Allemagne, dans les Pays-Bas et en France. — Les différentes espèces de gra-vures peuvent être séparées en trois divisions. — 1⁰ Gravure en relief, sur bois ou sur mé-tal. C'est la gravure dont l'impression présente le moins de difficulté; aussi est-elle aujourd'hui la plus répandue pour tous les sujets desti-nés à être tirés en épreuves sur papier; elle présente, sur les autres genres, l'avantage de s'imprimer comme les caractères ordinaires et de pouvoir se tirer dans le texte ou hors texte. On exécute, en gravure sur cuivre ou sur acier, les estampilles, les poinçons, les vi-gnettes ou les ornements des billets de banque et des actions industrielles, et les ornements que les relieurs placent sur le dos ou sur le plat de leurs livres. Mais la gravure la plus populaire est la *gravure sur bois ou xylogra-phie*, si employée aujourd'hui pour l'illustra-tion de la plupart de nos livres. La xylogra-phie, inventée par les Chinois vers le x⁰ siècle, a été longtemps un procédé d'impression pour les images, pour les cartes géogra-phiques, et même pour les livres, avant Gu-tenberg. (Voy. ce nom.) Il y eut en Europe des *tailleurs de bois* dès le xiii⁰ siècle. L'art de la gravure sur bois dut ses premiers perfec-tionnements à Albert Dürer et à ses élèves (xvi⁰ siècle). Vers la même époque vivaient en France des artistes distingués, tels que Tollat, Raefé, Garnier, Salomon, Cruche et Cousin; plus tard, nous eûmes, sous Henri IV, Leclerc et Pierre Rochienne; sous Louis XIII, Etienne Duval et Palliot; au xviii⁰ siècle, les Papillon, les Lesueur, Godard d'Alençon; après quoi, l'art tomba et ne fut plus guère représenté que par des images grossières, publiées princi-palement à Epinal. Après 1830, les fameux

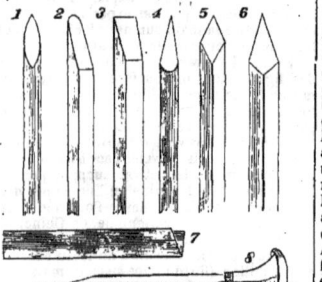

Fig. 1. Instruments pour la gravure sur bois. — 1. Onglette. — 2. Echoppe à champlever. — 3. Echoppe plate. — 4, 5, 6. Burins. — 7. Ciseau pour sculpter le bois. — 8. Burin emmanché.

artistes Best et Leloir formèrent une nom-breuse école d'excellents graveurs dont les ch. f.-d'œuvre populaires illustrent nos publi-cations contemporaines. — On peut employer du bois d'acajou, d'érable, de pin, de poirier, de pommier et de hêtre; mais on ne grave point de travaux de luxe sur d'autre matière que le buis. La planche dont on se sert pré-sente, comme épaisseur, la hauteur des ca-ractères d'imprimerie. Quand elle est bien dressée et bien polie, on la couvre d'une lé-gère couche de blanc de zinc délayé dans de l'eau gommée et un peu d'alun. Sur ce fond blanc, le dessinateur trace sa composition au crayon dur, à la mine de plomb, à l'estompe, à la plume, avec de l'encre de Chine ou au pinceau. Ensuite commence le travail du gra-veur, travail qui consiste à enlever, à creuser, à champlever, au moyen des outils représen-tés dans notre figure 1, toutes les parties blanches du dessin, à laisser en relief les parties noires et à rendre les diverses teintes par des lignes et des hachures ou tailles plus ou moins serrées. C'est surtout dans cette partie de l'interprétation que se révèle le talent du graveur. — Les lignes parallèles, dont on fait un si fréquent usage pour imiter les surfaces unies, s'obtiennent au moyen de machines, dont l'une des plus perfectionnées est représentée par notre figure 2. Avant de

Fig. 2. Machine à graver. — A. Table. — B. Plaque de couche. — C. Plaque tournante. — D. Roue et vis de rappel — E. Outil. — F. Chariot. — G. Cylindre à on-dulations.

livrer la gravure à l'imprimerie, l'artiste se rend compte de l'effet qu'il a obtenu en tirant un ou plusieurs *fumés* ou épreuves au noir de fumée. Aujourd'hui on n'imprime plus guère sur la gravure elle-même; on a recours aux clichés. Ceux-ci sont obtenus en repro-duisant la gravure par un procédé analogue à celui que nous avons décrit à notre article *Clichage;* les clichés sont ordinairement re-vêtus d'une couche de cuivre, au moyen de la galvanoplastie. — Le public qui admire les belles gravures sur bois répandues dans le commerce de la librairie, ne se rend pas toujours compte des difficultés sans nombre que les artistes ont eu à vaincre pour pro-duire ce travail. Après le marchand de bois qui a préparé les planches, après le dessina-teur qui a mis son génie à produire une composition intéressante, après le graveur, qui s'est évertué à rendre, non seulement le dessin exact, mais aussi et surtout l'intention du dessinateur, il reste encore à accomplir un travail indispensable, sans lequel les épreuves viendraient sans relief : nous vou-lons parler du *découpage*, mission trop peu appréciée de l'imprimeur. Quand on compare une des meilleures gravures sur bois impri-mées il y a un demi-siècle avec nos gravures les plus médiocres, on donne la préférence à ces dernières, parce qu'elles sont imprimées d'après le procédé imaginé vers 1840 par Aristide Derniam. Le découpage consiste à faire ressortir les blancs ou parties éclairées, et à nuancer, à dégrader, à ménager, selon leur importance, les noirs ou ombres. Pour cela, le *metteur en train,* ayant tiré plusieurs épreuves de la gravure, découpe sur ces épreuves, avec la pointe d'un canif, les par-ties qu'il faut charger; il colle ces *découpages* sur le cylindre de la machine à l'endroit où les noirs doivent être obtenus; il faut plu-sieurs découpages subséquents pour arriver à reproduire, dans le tirage des gravures sur bois, les nuances qui font le mérite de la taille-douce. — Gravure en relief à l'eau-forte. On n'a encore réussi dans ce genre de gravure que sur le zinc (voy. Gillotage), et l'on obtient des planches que l'on peut imprimer en typographie comme les clichés de gravures sur bois. — 2⁰ Gravure en creux, sur métal. Avant le xv⁰ siècle, ce procédé de gravure était exclusivement réservé pour or-ner les bijoux. En 1452, Maso Finiguera trouva moyen de graver de grandes planches de métal pour en obtenir des épreuves appe-lées *estampes.* Les planches de cuivre ne donnant guère plus de 3,000 à 4,000 épreuves, on lui préfère l'acier qui en fournit facile-ment 20,000. — On distingue: A. La gravure au burin ou taille-douce. C'est d'elle dont on obtient les plus beaux résultats. Il est rare que l'on emploie le burin seul; d'ordinaire, on se contente de terminer avec cet instru-ment le travail préparé à l'eau-forte. Les draperies et les parties délicates des chairs sont faites à la *pointe sèche,* c'est-à-dire sans le secours d'aucun acide. L'école française de gravure en taille-douce a commencé dans la seconde moitié du xvi⁰ siècle ; elle prit un grand essor sous le règne de Louis XIII, époque où vivait Callot, son règne suivant, elle de-vint la première du monde. — B. La gravure a l'eau-forte. Pour graver à l'eau-forte, on prend une plaque métallique (ordinairement de cuivre, d'acier ou de zinc); on couvre cette plaque d'un vernis inattaquable à l'a-cide que l'on veut employer; ce vernis étant séché, on le noircit à la fumée d'un flambeau; ensuite, sur ce fond noir, on décalque le des-sin à reproduire et on le trace en enlevant le vernis; pour cela, on emploie des aiguilles, des pointes, des échoppes de diverses gros-seurs, pour former des lignes plus ou moins épaisses, plus ou moins délicates. Ordinaire-ment le vernis est composé d'asphalte et de cire; mais il existe plusieurs sortes de vernis, les uns durs, les autres mous. Le dessin étant bien reproduit sur la plaque, on en-toure celle-ci d'un rebord de cire; et l'on verse sur le dessin de l'eau-forte ou acide mélangé étendu d'eau; l'acide entame le métal aux endroits où la pointe l'a mis à découvert. On appelle *eau-forte de peintre,* la planche gra-

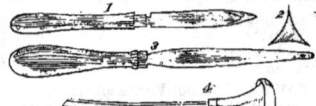

Fig. 3. Instruments pour la gravure sur acier. — 1. Ebarboir — 2. Section de l'ébarboir. — 3. Brunissoir. — 4. Burin.

vée ainsi d'une manière définitive, et *eau-forte de graveur,* celle qui doit être terminée au burin. — Il existe encore des gravures à l'eau-forte datant du xv⁰ siècle; c'est donc par erreur que l'on attribue à Dürer ou a 1 Parmesan l'invention de ce procédé. La plupart des grands peintres furent, en même temps, graveurs à l'eau-forte. — La gravure sur verre doit à Bourdier, de Paris, ses per-fectionnements les plus importants (1799). Le procédé diffère de celui de la gravure sur métaux. Le verre étant préparé, couvert d'un vernis et marqué du dessin, on le place au-dessus d'un vase de plomb, duquel on fait dégager de l'acide hydrofluorique. — *Ma-chines à graver.* On se sert de différentes ma-chines dont notre figure 2 peut donner une idée. La machine de Conté sert à faire avec la plus grande régularité des séries de lignes parallèles également espacées, comme cela est nécessaire pour les ciels de grandes gra-vures. La machine des Colas reproduit en taille-douce les effets de relief ou d'enfonce-ment d'une médaille ou d'un bas-relief. —

C. La gravure au pointillé. Elle doit son nom à ce qu'elle emploie, au lieu de tailles, des points disposés par séries. Les plus anciennes estampes de cette espèce datent de la première partie du XVIIe siècle. Cette gravure s'obtient soit avec le burin seul, soit par le mélange du burin et de l'eau-forte. Le burin est quelquefois remplacé par le maillet. — Les meilleurs artistes dans ce genre furent Morin, Boulanger et surtout Hopwood. — D. La gravure en manière de crayon. Ce procédé, inventé en 1756 par les graveurs parisiens François et Demarteau, est aujourd'hui remplacé par la lithographie. Il consiste à promener sur une plaque de cuivre vernie une roulette portant des aspérités inégales. — E. La gravure en mezzo-tinto ou à la manière noire. Ce procédé, dû à François Aspruck (1601), consiste à bercer sur la planche un instrument nommé berceau, qui est en arc de cercle et armé de pointes aiguës; on recommence une vingtaine de fois l'opération jusqu'à ce que l'épreuve donne un noir parfait. On décalque le dessin sur la planche et on abat le grain produit par le berceau, d'abord en entier dans les parties claires et ensuite plus légèrement dans les demi-teintes et les parties ombrées. — F. La gravure au lavis ou aqua-tinta. Elle imite les dessins au lavis faits à l'encre de Chine, au bistre ou à la sépia. Elle s'exécute au moyen des mordants, en plusieurs opérations, en commençant par graver à l'eau-forte les contours de la figure et en faisant mordre, en différentes fois, les ombres plus ou moins faibles. La gravure au lavis a été inventée, vers 1660, par Hercule Zeghars. — G. La gravure sur pierre. Elle s'exécute sur pierre lithographique. Elle réussit particulièrement pour le dessin au trait et pour le dessin topographique et géographique; les bons artistes seuls lui font perdre sa sécheresse et sa froideur. Le dessin tracé au crayon gras, on encre avec un vernis composé de cire vierge, de poix noire, de poix de Bourgogne, de poix grecque et d'essence de térébenthine. On borde la pierre avec de la cire, et l'on fait mordre avec une petite quantité d'acide nitrique étendu d'eau. — H. La gravure de musique. Elle s'opère ordinairement sur métal, à l'aide du burin et de poinçons que l'on frappe avec un marteau. Les paroles se gravent en taille-douce. — I. La gravure héliographique. Elle s'exécute sur acier et sur verre. On enduit la plaque d'un mélange de benzine, d'essence de zeste de citron et de bitume de Judée; on la place dans une chambre obscure pour obtenir l'image, et ensuite dans une boîte semblable à celle qui sert à passer la plaque daguerrienne au mercure. Dans le fond de cette boîte se trouve une capsule contenant de l'essence d'aspic pure que l'on chauffe avec une lampe à l'alcool. On fait ensuite sécher la plaque, on la soumet à l'action de l'eau-forte et on fait des retouches au burin quand la gravure n'est pas assez vigoureuse. — 3e Gravure en bas-relief. On donne ce nom à une espèce particulière de sculpture et de ciselure. (Voy. Médaille et Pierre fine.)

GRAY (Gradium), ch.-l. d'arr., à 59 kil. S.-O. de Vesoul (Haute-Saône), sur la rive gauche de la Saône, au confluent des Ecoulottes, par 47° 26' 49" lat. N. et 3° 15' 22" long. E.; 7,400 hab. Commerce de grains, de farines, de vins, de fers, de bois et de denrées du Midi. Moulin de Tramoy. Ruines d'un vieux château. — Fondée au VIIe siècle, cette ville dépendit de la Franche-Comté, fut prise par Louis XI, en 1474, reprise par les Allemands commandés par Vaudrey en 1477, et tomba, en 1668, aux mains de Louis XIV, qui la fit démanteler.

GRAY (Jane). Voy. Grey.

GRAZIELLA, titre du plus charmant épisode des Confidences de Lamartine (Paris, 1849). Le poète raconte un roman de sa jeunesse, avec une jeune Napolitaine, fille d'un pêcheur, chez lequel il se réfugia après une tempête. Graziella, l'héroïne de ce roman, s'éprend d'un amour profond pour le jeune étranger que le hasard a poussé sous son toit, et après son départ, elle meurt désespérée. Lamartine a consacré à son souvenir funèbre, une de ses plus belles élégies : Le Premier Regret.

GRAZIOSO adv. [gra-dzio-zo] (ital. gracieusement). Mus. D'une manière gracieuse et un peu lente.

* GRÉ s. m. (lat. gratum, chose agréable). Volonté, caprice, fantaisie : se marier contre le gré de ses parents. — Se dit fig. au sens physique et au sens moral : errer sur les mers au gré des vents et des flots, au gré de la tempête. — Particul. Bonne, franche volonté qu'on a de faire quelque chose : il y est allé de son gré, de son bon gré, contre son gré. — Bon gré, mal gré, de gré ou de force. — Goût, sentiment, opinion : cela est-il à votre gré, selon votre gré? — Avoir quelque chose en gré, le recevoir, le prendre en gré, agréer, trouver bon quelque chose, y prendre plaisir. Se dit aussi en parlant des personnes : il m'a pris fort en gré. — Dans le langage ascétique, prendre en gré, recevoir avec patience, avec résignation. — Savoir gré, bon gré, beaucoup de gré, mauvais gré, peu de gré à quelqu'un, être satisfait, être mal satisfait d'une chose qu'il a dite ou faite; être content ou mécontent de sa conduite, de son procédé. — Se savoir bon gré d'avoir fait quelque chose, s'en applaudir. — De gré à gré, à l'amiable, d'un commun accord : ils ont fait cela de gré à gré. — Au gré de, suivant, selon : le navire marchait au gré des flots.

GRÉAGE s. m. Action de gréer un navire.

GREAT ATTRACTION [grètt-a-trak'-ch'n] (angl. great, grande; attraction, attraction). Anglicisme qui signifie grand attrait; ce qui attire invinciblement : la great attraction de cette soirée a été le début de Mlle ***. — Les mots great attraction se lisent souvent en tête des affiches annonçant un spectacle, une fête où l'on veut attirer la foule.

GREAT-BARRINGTON, ville du Massachusetts (Etats-Unis), sur la rivière Housatonic, à 55 kil. O. de Springfield; 4,390 hab.

GREAT-EASTERN [angl. grétt-iss'-teurn] (angl. Grand-Oriental), navire gigantesque, d'abord appelé Leviathan et construit à Millwall (Grande-Bretagne), sur les dessins de l'ingénieur J.-K. Brunel, de 1853 à 1859. Longueur, 692 pieds; largeur, 83 pieds; force motrice, 2,600 chevaux-vapeur (dont 1,000 pour les roues et 1,600 pour l'hélice). Ce géant des mers, le plus volumineux que l'on ait jamais construit, était destiné à faire la traversée entre l'Angleterre et l'Amérique. Son lancement, fort difficile, exigea un travail de trois mois (du 3 nov. 1857 au 31 janv. 1858). Le capital souscrit pour sa construction ayant été dépensé, il fallut former une nouvelle société pour son équipement. Le 7 sept. 1859, le Great-Eastern quitta son ancrage de Deptford et se lança dans la voie des malheurs qui se sont toujours acharnés après lui. En route pour Portland-Roads, eut lieu l'explosion d'une chaudière, en vue d'Hastings; 10 chauffeurs furent tués sur le coup et un grand nombre d'autres personnes furent grièvement blessées. Peu de jours après, une tempête lui fit subir des avaries assez graves pour motiver sa relâche pendant l'hiver entier. Il lui fallait 800 passagers de 1re classe, 2,000 de 2e classe et 1,200 de 3e; l'équipage devait se composer de 400 hommes. On ne trouva jamais le nombre désiré de passagers. Au moment de quitter Southampton, son capitaine, M. Harrison, l'un des plus habiles officiers de la flotte Canard, tomba à la mer et se noya (22 janv. 1860). Le Great-Eastern ne put partir que le 17 juin; il arriva à New-York le 28, en repartit le 16 août et revint en Angleterre le 26 août. Il avait donc traversé l'Océan en 10 jours. Par les plus gros temps, les mouvements de cette masse énorme étaient si lents, si doux, que personne à bord ne souffrait du mal de mer. A son arrivée, il fut saisi par les officiers du shériff; et depuis cette époque, il n'est plus guère sorti des mains des gens de justice. Dans les intervalles des procès, il fit, en Amérique, plusieurs voyages peu fructueux. — En avril 1864, la société Glass, Elliot et Cie l'acheta pour la pose du câble transatlantique. (Voy. Câble.) Ce travail terminé, le Great-Eastern voulut reprendre le service des passagers entre l'Angleterre et l'Amérique, il trouva cent quatre-vingt-onze voyageurs, quand il lui en fallait deux mille pour couvrir les frais de sa traversée. A son retour, l'équipage le fit saisir pour paiement de gages (mai 1867). En oct. 1869, il transporta le câble transatlantique français; en juin 1870, le câble de Bombay à Suez; en juin 1873, le câble d'Irlande à Terre-Neuve; en août 1874, un nouveau câble entre l'Angleterre et l'Amérique. Le 19 oct. 1881, il fut encore mis en vente, et il fut sérieusement question de le dépecer; d'autres parlaient d'en faire un hôpital ou un ponton.

GREAT-KANAWHA RIVER, rivière qui prend sa source dans le N.-O. de la Caroline (Etats-Unis), arrose la Virginie et la Virginie occidentale, et se réunit à l'Ohio à Point-Pleasant, après un cours de 540 kil.

GREAT-MARLOW, ville du Buckinghamshire (Angleterre), sur la Tamise, à 45 kil. N.-E. de Reading; 6,620 hab. Manufacture de papier et de dentelles, commerce considérable de bois, de charbon et de blé.

GREAT-SALT-LAKE [grètt-sâlt-léke] (angl. Grand lac salé), amas d'eau de l'Utah (Etats-Unis), entre 40° 40' et 115' lat. N., et entre 114° 10' et 145° 30' long. O.; long de 100 kil. du N.-O. au S.-E. et large d'environ 40 kil. Sa surface est à 1,400 mètres au-dessus du niveau de la mer. Il n'a pas de débouché, mais il reçoit la rivière Bear et la rivière Jordan. Sa profondeur, dans beaucoup d'endroits, n'excède pas 80 cent. ou 1 mètre. Ses eaux transparentes, mais excessivement salées, contiennent environ 32 p. 100 de chlorure de sodium (sel commun). Leur gravité spécifique est 1.17. Elles ne renferment pas de poissons. Salt-Lake-City se trouve à quelques kil. au S.-E. de ses bords. Des troupes immenses de mouettes, de canards sauvages, d'oies et de cygnes fréquentent ses rivages et ses îles.

GREAT-SLAVE-LAKE [grètt-sléve-léke], amas d'eau du Canada, entre 60° 40' et 63° lat. N., et entre 111° 50' et 119° 50' long. O., d'une longueur de 400 kil.; sa plus grande largeur est de 75 kil. Il reçoit une rivière qui porte son nom. La rivière Mackenzie le relie à l'océan Arctique.

GREAVES (John) [gri-v's], mathématicien anglais, né en 1602, mort en 1652. En 1640, il rapporta d'Egypte une collection de manuscrits arabes, persans et grecs, des pierres précieuses, des monnaies, etc. Il donna le premier des détails satisfaisants sur les pyramides et écrivit une grammaire persane.

* GRÈBE s. m. (all. grèbe). Ornith. Genre de palmipèdes plongeurs, groupe des plongeons, comprenant plus de 20 espèces répandues dans toutes les parties du monde. Les grèbes se distinguent par les caractères suivants : au lieu de vraies palmures, ils ont les doigts élargis, et les antérieurs réunis seulement à leur base par des membranes; leur ongle du milieu est aplati. Ils vivent sur les lacs et dans les étangs. Nous avons en Europe : 1° le grèbe huppé (colymbus cristatus), grand comme un canard; brun en dessus, blanc ar-

genté en dessous; 2° le *grèbe cornu (colymbus cornutus)*, plus petit que le précédent; 3° le *grèbe à joues grises (colymbus subcristatus)*,

Grèbe huppé (Colymbus cristatus).

d'une grosseur intermédiaire entre les deux précédents; 4° le *petit grèbe* ou *castagneux (colymbus minor)*, gros comme une caille.

** **GREC, ECQUE** adj. (lat. *græcus*; du gr. *Graikoi*, nom d'une peuplade hellénique qui a donné, chez les Romains, son nom au peuple entier). Qui a rapport, qui appartient à la Grèce : *la nation, la langue grecque.* — Ce mot a aussi, en français, divers usages particuliers. — **Y** **GREC**, la pénultième des lettres de l'alphabet français. — L'ÉGLISE GRECQUE, toute l'Église d'Orient, par opposition à l'Église romaine ou d'Occident. LE RIT GREC, rit de l'Église grecque. — CALENDRIER GREC, calendrier dont se servent les Grecs et les Russes et qui est en arrière de douze jours sur le calendrier grégorien. On l'appelle aussi VIEUX CALENDRIER. — CALENDES GRECQUES. (Voy. CALENDES.) — PROFIL GREC, profil sous lequel le front et le nez se trouvent sur une ligne droite ou légèrement fléchie à leur point de jonction, comme dans les statues grecques. — Se dit substantiv. de ceux qui sont de l'église grecque : *les Latins et les Grecs diffèrent de croyance et de pratique en plusieurs points.* — GRÉCALATINISÉ, Grec qui adopte les sentiments de l'Église latine. — Fig. et fam., ÊTRE GREC EN QUELQUE CHOSE, y être fort habile, trop habile. CET HOMME N'EST PAS GRAND GREC, il n'est pas fort habile. UN GREC, un homme qui triche au jeu. — Se dit encore substantiv., de la langue grecque : *enseigner, apprendre le grec.* — Prov. et fig. PASSEZ CELA, C'EST DU GREC, se dit à une personne qui s'enquiert de choses qu'elle ne doit pas s'occuper.

GRÉCAGE s. m. Opération qui consiste à faire des entailles sur le dos d'un volume, afin d'y dissimuler les cordelettes qui soutiennent la couture.

GRÉCALISER v. n. Mar. Être porté vers le N.-E.

GRÈCE (gr. Ἑλλάς, Hellas), contrée du S.-E. de l'Europe, occupant les parties centrales et méridionales de la péninsule irrégulière qui se prolonge dans la Méditerranée entre la mer Ionienne et la mer Égée. L'ancienne Grèce, à l'exclusion de la Macédoine, de l'Illyrie et de la Thrace, mais en y comprenant la Thessalie et la plus grande partie de l'Épire, s'étendait de 40° lat. N. jusqu'à 36° 23'. Sa plus grande longueur du N. au S. était d'environ 340 kil., sa plus grande largeur d'environ 220 kil.; la Grèce continentale est divisée naturellement en trois régions principales : Grèce septentrionale, Grèce centrale et Péloponèse. La Grèce septentrionale comprenait l'Épire et la Thessalie. La Grèce centrale comprenait les divisions d'Acarnanie, d'Étolie, de Locris, de Phocide, de Doride, de

Béotie, d'Attique et de Mégare. Le Péloponèse, comprenant toute la Grèce au S. et à l'O. de l'isthme de Corinthe, se composait de l'Achaïe, de la Sicyonie, de la Carinthie, de l'Argolide, de la Laconie, de la Messénie, de l'Élide et de l'Arcadie. Les îles les plus importantes étaient : Eubée (140 kil. sur 9 à 40), les Cyclades, les Sporades (le long de la côte asiatique), la Crète, Rhodes, Salamine et Égine (dans le golfe Saronique) et les îles qui se trouvent le long de la côte occidentale de la Péninsule (aujourd'hui îles Ioniennes). La chaîne de montagnes qui forme la frontière septentrionale de l'ancienne Grèce est traversée, en son milieu, par la chaîne du Pinde, frontière naturelle entre l'Épire et la Thessalie. Près du son extrémité méridionale, le Pinde se divise en deux branches : l'une court au S.-O. et finit à l'extrémité de l'Attique; l'autre se dirige vers le S.-O. et se termine près de l'extrémité occidentale du golfe de Corinthe. Les montagnes du Péloponèse viennent se nouer autour d'un massif central élevé. Les pics principaux sont, dans la Grèce septentrionale : les monts Olympe (2,973 m.), Ossa (1,500 m.) et Pélion (1,620 m.); dans la Grèce centrale : le mont Parnasse (2,460 m.), l'Œta (1,920 m.), l'Hélicon (1,750 m.), le Cithéron (1,410 m.) et le Parnes; dans le Péloponèse : Cyllène (2,374 m.), Érymanthe, Taygète (2,410 m.), Artémisius et Lycée. La côte est profondément découpée par des golfes et par des baies presque entièrement fermés. Les rivières sont généralement sans importance, sauf par les souvenirs historiques qu'elles éveillent. Dans la Grèce septentrionale et centrale, on trouve : l'Achéloüs, le Péneus, le Céphissus et l'Asopus; dans le Péloponèse : l'Alphéus et l'Eurotas. Les lacs principaux sont ceux de Nessonis, de Bœbeïs, de Copaïs et de Stymphalus. Le climat, qui est généralement tempéré et agréable, semblerait avoir été plus sain dans les temps anciens qu'il n'est de nos jours. — Histoire. L'histoire de la Grèce primitive est entourée d'obscurité et embrouillée par les traditions et les fables. Les Grecs donnaient le nom de Pélasges aux habitants aborigènes, qu'ils considéraient comme formant une race autre que celle des Hellènes. Ces derniers faisaient remonter leur origine à un ancêtre commun, Hellen, fils de Deucalion et de Pyrrha, survivants du déluge; les grandes tribus de leur race : les Doriens, les Éoliens, les Ioniens et les Achéens, prétendaient descendre de Dorus et d'Éole (fils d'Hellen), et de Ion et d'Achée (fils de Xuthus, troisième fils d'Hellen). Les plus anciennes villes grecques, comme Athènes, Argos, Thèbes et Mycène, avaient reçu leur première civilisation (d'après la tradition) des émigrants de l'Égypte, de la Phénicie ou de l'Asie Mineure (Cécrops, Cadmus, Danaüs, Pélops). L'âge héroïque de la Grèce est la période légendaire dans laquelle vivait la race des héros, descendants des dieux. Pendant cette période, eut lieu, suivant les poètes, une série d'expéditions et d'exploits fameux dans la littérature grecque : voyage des Argonautes, guerre des sept chefs contre Thèbes, guerre des Épigones, siège et prise de Troie et retour des héros (fin de l'âge héroïque). Parmi les dernières légendes, on remarque celle de la migration des Béotiens de Thessalie dans un pays nommé ensuite Béotie, migration qui eut lieu 60 ans après la chute de Troie; celle de la conquête du Péloponèse par les Doriens, 20 ans plus tard; conquête connue sous le nom de retour des Héraclides ou descendants d'Hercule. L'établissement, en Asie Mineure, de colonies grecques, qui se répandirent en dernier lieu sur toute la côte occidentale de l'Asie, appartient à la période qui suivit la guerre de Troie. L'histoire authentique et chronologique de la Grèce commence avec les Olympiades, 776 av. J.-C. A cette époque, le pays était divisé en petits États, unis en confédérations

permanentes ou temporaires; mais il n'y avait pas de gouvernement central. Le langage, les institutions sociales, la communauté de religion (voy. MYTHOLOGIE), et les grands jeux nationaux servaient seuls de lien aux Grecs et les distinguaient des barbares qui les entouraient; cependant, excepté dans les grandes crises, leur patriotisme resta local et ils ne furent compris sous aucune dénomination commune, jusqu'à l'adoption du mot Hellènes, pour désigner toutes leurs peuplades. Au commencement des Olympiades, Sparte ou Lacédémone, en Laconie, était de peu d'importance, mais les institutions militaires et civiles établies par Lycurgue l'élevèrent progressivement au premier rang. Sparte se rendit maîtresse de la plus grande partie du Péloponèse en soumettant les Messéniens, les Arcadiens et les Argives. La première guerre de Messénie commença vers 743, et se termina, après une lutte de 20 ans, par la soumission complète des Messéniens. Environ 38 ans plus tard (685), les Messéniens commandés par Aristomène, reprirent les armes. Ils remportèrent d'abord quelques succès; mais, à la fin, ils devinrent les esclaves des Spartiates (668). Au milieu du VIᵉ siècle av. J.-C., Lacédémone était devenue l'État le plus puissant de la Grèce. Elle se distinguait politiquement des autres par la forme de son gouvernement, qui était monarchique, tandis que, dès les premiers temps de la période de l'ère olympique, la royauté avait été remplacée partout ailleurs par des oligarchies. Ces dernières furent renversées dans beaucoup d'États par l'arrivée au pouvoir d'hommes capables et ambitieux appelés tyrans par les Grecs, la période des tyrannies dura environ 150 ans (de 650 à 500). A Athènes, le pouvoir royal fut remplacé par celui des archontes. L'histoire authentique d'Athènes commence vers 683. La législation de Dracon fut établie vers 624; les archontes et la législation de Solon datent de 594. La tyrannie s'établit sous Pisistrate (560), et dura environ 50 ans. L'expulsion d'Hippias fut immédiatement suivie de changements introduits par Clisthène. Les Grecs étendirent leurs colonies en Italie, en Sicile, en Gaule, en Espagne, en Afrique, en Illyrie, en Macédoine, en Thrace et sur les côtes de l'Euxin. Leurs premiers établissements en Italie et en Sicile furent fondés vers 735, ceux d'Égypte et de Cyrénaïque un siècle plus tard. Au commencement du VIᵉ siècle, la race hellénique était la plus puissante de l'Europe. Les Grecs d'Asie Mineure, ayant été soumis par Crésus, roi de Lydie, tombèrent sous le joug des Perses. Les colonies ioniennes se révoltèrent contre les Perses vers 501; mais elles furent soumises de nouveau en 494. Indigné de ce que les Athéniens avaient secouru les Ioniens, Darius I fit des préparatifs pour la conquête de la Grèce, et une expédition infructueuse, sous les ordres de Mardonius, traversa l'Hellespont en 492. Une seconde expédition des Perses (490), sous Datis et Artapherne, fut défaite par une poignée d'Athéniens commandés par Miltiade, dans les plaines de Marathon. La troisième et dernière tentative des Perses pour conquérir la Grèce eut lieu en 480, époque où Xerxès, après des préparatifs extraordinaires, traversa l'Hellespont avec une immense armée. Malgré la défense héroïque de Léonidas et de ses 300 Spartiates aux Thermopyles, Xerxès envahit la Grèce, s'empara d'Athènes et la brûla, pendant que les Athéniens cherchaient un refuge à Salamine. La bataille navale indécise d'Artémisium s'était livrée presqu'en même temps que celle des Thermopyles. La flotte grecque se retira à Salamine où la flotte persane la suivit. L'art oratoire et l'influence de Thémistocle empêchèrent la dispersion des forces navales des diverses nations grecques, et la bataille qui suivit se termina par une victoire complète des Grecs. Xerxès s'enfuit en Asie. Mardonius, laissé à la tête des Perses, fut battu et tué en 479, à Platée, par l'armée grecque sous Pausanias. A la même époque, la flotte des Perses fut complètement défaite à Mycale. Ces événements mirent fin aux invasions des Perses en Grèce. La noble conduite d'Athènes pendant les guerres lui donnèrent la prépondérance dans les affaires de la Grèce. On forma une ligue appelée confédération de Délos, ayant pour but général d'assurer, au moyen des forces maritimes d'Athènes, la défense commune contre l'agression des Perses. Sous le gouvernement de chefs tels que Thémistocle, Aristide, Cimon et Périclès, la ville devint rapidement la plus puissante de la Grèce. Mais, depuis longtemps, la jalousie de Sparte était éveillée, et les Lacédémoniens essayèrent d'arrêter l'accroissement d'Athènes en se fortifiant en Béotie et en augmentant les forces athéniennes. En 452, les Lacédémoniens conclurent avec leurs rivaux une trêve de cinq ans, bientôt suivie de la paix de Cimon. L'apogée de la puissance athénienne date de 448. En 447, les Athéniens perdirent leur suprématie en Béotie, en Phocide et en Locride. En 445, ils conclurent une trêve de 30 ans avec Sparte et avec ses alliés. Périclès adopta une politique de colonisation: il y eut des établissements athéniens depuis les côtes de l'Euxin jusqu'en Italie. Les Athéniens se considéraient alors comme chefs suprêmes de la ligue de Délos. La cause de la guerre du Péloponèse fut une querelle entre Corinthe et Corcyre, son ancienne colonie, relativement à Épidamne, établissement des Corcyréens. La flotte corcyréenne battit les Corinthiens près d'Actium en 435. Athènes envoya ensuite une flotte pour assister Corcyre. Les Corinthiens aidèrent les Potidéens dans leur révolte contre Athènes. Une assemblée générale de la confédération du Péloponèse se tint à Sparte en 432 et la guerre fut décidée. Les hostilités commencèrent, l'année suivante, par une attaque des Thébains sur Platée. La guerre éclata aussitôt entre presque tous les états de la Grèce. Du côté de Sparte se trouvaient : tout le Péloponèse (excepté Argos et l'Achaïe), les Mégariens, les Béotiens, les Phocéens, les Locriens Opontiens, les Ambraciotes, les Leucadiens et les Anactoriens. Les villes doriennes de l'Italie et de la Sicile furent elles-mêmes invitées à fournir une flotte aux Spartiates. Les alliés des Athéniens étaient les habitants de Chios, les Lesbiens, les Corcyréens, les Zacynthiens et ensuite les Céphaloniens, les villes tributaires des côtes de Thrace et de l'Asie Mineure et les îles au N. de la Crète (sauf Melos et Théra). Archidamus, roi de Sparte, envahit l'Attique en 431, avec une armée de 60,000 à 100,000 hommes. Une seconde invasion eut lieu l'année suivante. Les souffrances du peuple furent terriblement augmentées par la peste qui régna à Athènes et qui enleva Périclès et un quart de la population (429). La mort de ce grand homme d'Etat porta un coup mortel à la cause athénienne. Les hommes qui s'emparèrent du gouvernement lui furent de beaucoup inférieurs. Deux invasions eurent lieu et le siège mémorable de Platée, siège qui dura deux ans, commença en 429. Dans la même année, Phormion et les Athéniens remportèrent plusieurs victoires navales dans le golfe de Corinthe. En 428, l'Attique fut de nouveau envahie. Mytilène, capitale des Lesbiens, se révolta; une flotte envoyée contre elle la fit capituler. L'année 426 fut marquée par des inondations, des tremblements de terre, et le renouvellement de la peste à Athènes. En 425, les Athéniens mirent une garnison à Pylos (aujourd'hui Navarin), ce qui occasionna le rappel de

la flotte du Péloponèse, qui se trouvait à Corcyre, et celui de l'armée qui opérait dans l'Attique. Les Athéniens repoussèrent un assaut, remportèrent une victoire navale et enveloppèrent dans la petite île de Sphactérie les Spartiates, qui furent forcés de se rendre. En 424, les Athéniens, battus à Delium, subirent des pertes graves en Thrace, pendant que leur général Nicias amenait à composition le pays de Cythère et faisait occuper ses principales villes par des garnisons. En 423 une trêve fut conclue pour une année, avec l'espoir d'arriver à une paix permanente, mais les négociations furent interrompues par la révolte de Scione soutenue par Brasidas. En 422, le démagogue Cléon, envoyé dans le Nord avec une armée et une flotte, fut repoussé par Brasidas, devant Amphipolis. En 421, la paix de Nicias fut suivie d'une alliance offensive et défensive entre Athènes et Sparte. On essaya bientôt d'établir une confédération nouvelle sous l'hégémonie d'Argos, à l'exclusion d'Athènes et de Sparte. Entre ces deux Etats s'élevèrent des difficultés, fomentées par Alcibiade, qui avait alors acquis de l'influence à Athènes et qui était partisan d'une ligue avec Argos. En 420, un traité de 100 ans fut conclu avec Argos, Elis et Mantinée. En 418, les Lacédémoniens remportèrent à Mantinée une victoire sur les Athéniens et sur les Argives. Les querelles qui déchiraient la Grèce s'étendaient à la Sicile et aux colonies italiennes. En 427, Gorgias de Léontium fut envoyé à Athènes pour demander du secours pour ses compatriotes. Une flotte de 20 navires fut immédiatement envoyée, et, en 425, on équipa une autre de 40 navires. Ces expéditions restèrent sans effet. En 416, Ségeste entra en lutte avec Sélinonte; elle envoya une ambassade à Athènes, afin d'être secourue, les Syracusains ayant pris parti pour les Sélinontains. On décida d'envoyer 60 trirèmes sous les ordres de Nicias, d'Alcibiade et de Lamachus; l'expédition mit à la voile en 415. Alcibiade, accusé d'avoir profané les mystères d'Eleusis, reçut à Catane l'ordre de retourner à Athènes. Il s'échappa pendant le retour, mais le procès suivit son cours et il fut condamné à mort. Nicias, ayant commencé les opérations contre Syracuse, remporta une victoire et se retira pour passer l'hiver à Naxos. Au printemps suivant (414), les Athéniens commencèrent le siège de Syracuse. Les Syracusains étaient sur le point de se rendre, quand arriva Gylippe le Spartiate avec du secours. En 413, les Lacédémoniens envahirent l'Attique. Malgré cela, les Athéniens envoyèrent en Sicile 75 trirèmes, sous les ordres de Démosthène, avec 5,000 hommes de troupes pesamment armées et un corps nombreux de troupes légères. Cet envoi ne produisit aucun résultat. Les Athéniens subirent une terrible défaite devant Syracuse, et, forcés d'abandonner leurs navires, ils furent faits prisonniers en essayant de se sauver par terre. Les conséquences de ce désastre se firent aussitôt sentir par la défection des alliés d'Athènes. Les Samiens restèrent seuls fidèles. Alcibiade, qui avait excité la révolte des colonies et conseillé les Spartiates, provoqua leur méfiance par ses intrigues avec les Perses. A la fin, les Athéniens pressés par la nécessité, consentirent à le rappeler et à remplacer leur gouvernement par une oligarchie, à la condition de recevoir des secours de la Perse, secours qui n'arrivèrent jamais. Une révolution eut lieu et le gouvernement des 400 fut établi; mais la vieille constitution fut bientôt restaurée. Les Lacédémoniens essayèrent de faire naître la révolte dans les colonies athéniennes du voisinage de l'Hellespont, mais les victoires navales de Cynosème et d'Abydos, en 411, et de Cyzicus, en 410, rétablirent la suprématie d'Athènes en Propontide. Pendant les deux années suivantes, les Athéniens recouvrèrent Sélymbrie et By-

zance, grâce aux services d'Alcibiade qui fut, en 407, placé avec des pouvoirs illimités à la tête des forces de la république. Mais sa mauvaise gestion et ses prodigalités lui firent perdre la confiance des Athéniens et il fut privé de son commandement. Dix nouveaux généraux, dont le principal était Conon, furent désignés pour lui succéder. Une bataille livrée par Conon à Callicratidas, dans le port de Mytilène, coûta 30 navires aux Athéniens; mais, avec une rapidité incroyable, ils équipèrent 110 trirèmes qui remportèrent, près des Arginuses, une grande bataille dans laquelle les Lacédémoniens perdirent 77 vaisseaux (406). En 405, les Lacédémoniens mirent Lysandre à leur tête et la bataille d'Ægospotamos mit fin à la guerre en ruinant la puissance athénienne. Lysandre ayant reçu la soumission des villes alliées d'Athènes, établit parmi elles des oligarchies de 10 magistrats (décarchies). Il marcha alors sur Athènes et s'en empara après un siège de trois mois (mars 404). Il abattit les murailles et les fortifications de cette cité, détruisit les arsenaux, brûla les navires sur les chantiers et en ramena toute la flotte, à l'exception de 12 trirèmes. Le gouvernement de 30 magistrats, appelés les 30 tyrans, fut établi et aussitôt commença un règne de terreur. Thrasybule et plusieurs autres Athéniens exilés s'emparèrent de la colline de Munychie, renversèrent les tyrans et tuèrent leur chef Critias. La démocratie fut réorganisée. — La période suivante est celle de la suprématie de Sparte, qui dura 34 ans, depuis 405 jusqu'à la bataille de Leuctres (371). La conquête de l'Elide en 402 étendit son pouvoir dans le Péloponèse, mais elle entra bientôt, elle aussi, dans sa phase de décadence. Les Spartiates envahirent l'Asie Mineure (voy. CLÉARQUE et XÉNOPHON) et les Perses suscitèrent des troubles en Grèce. Les hostilités ayant éclaté entre Sparte et Thèbes, Lysandre fut tué dans un combat à Haliartus (395) et Pausanias fut obligé de battre en retraite. Une alliance se forma contre Sparte, entre Athènes, Corinthe, Argos et Thèbes, et plusieurs autres Etats. La bataille de Corinthe, qui fut une victoire pour les Lacédémoniens (juillet 394), fut suivie de la victoire infructueuse remportée par Agésilas à Coronée. La défaite des Spartiates à Cnide (août) leur fit perdre la suprématie maritime qu'ils avaient gagnée à Ægospotamos. En 393, les grandes murailles d'Athènes et les fortifications du Pirée furent rebâties; avec l'assistance des Perses, Athènes reconquit une partie de son ancienne puissance. Le territoire de Corinthe devint ensuite le principal théâtre de la guerre. En 389, une flotte de 40 trirèmes rendit aux Athéniens la souveraineté de l'Hellespont. En 387, le traité d'Antalcidas donna quelques avantages à la Perse et fut défavorable à Athènes. Sparte commença alors une série d'irruptions en Béotie. En 383, les affaires d'Olynthe attirèrent son attention, et Eudamias fut envoyé au secours d'Acanthe et d'Apollonie. Une autre force, assemblée par Phœbidas, marcha sur Thèbes et s'empara par trahison de la Cadmée ou citadelle de cette ville, qui fut forcée d'entrer dans la confédération lacédémonienne. La guerre avec Olynthe se termina, en 379, par la capitulation de cette cité et par la dissolution de la ligue dont cette ville était l'âme. Mais une révolution préparée par le jeune Pélopidas eut lieu à Thèbes. Athènes travailla vigoureusement à organiser une nouvelle confédération dans laquelle Thèbes entra l'une des premières. En 376, une flotte lacédémonienne, sous la conduite de Pollion, fut battue par l'Athénien Chabrias près de Naxos. En 375, Pélopidas remporta une victoire sur les Lacédémoniens à Tégyre et en 374, les Thébains chassèrent complètement leurs ennemis de la Béotie. En 371, la paix connue sous le nom de paix de Callias fu ratifiée par tous les États, excepté par Épaminondas, représentant de Thèbes. Les hostilités recommencèrent presque aussitôt entre les Thébains et les Lacédémoniens, et la grande bataille de Leuctres établit la suprématie des premiers. Les Athéniens, effrayés de la puissance de Thèbes, formèrent une nouvelle coalition dans laquelle entrèrent presque tous les états du Péloponèse. En 370, Épaminondas entra dans le Péloponèse, ravagea la vallée de l'Eurotas et construisit Mégalopolis, qu'il peupla d'Arcadiens, et la ville de Messène, sur le mont Ithome, pour recevoir les Messéniens exilés. En 368, Pélopidas conduisit une expédition en Thessalie contre Alexandre, despote de Phères, de là il marcha en Macédoine et fit alliance avec le régent Ptolémée. En 363, Épaminondas se montra sur l'Hellespont avec une flotte de 100 trirèmes, mais il ne remporta aucun succès et ce fut la seule expédition maritime entreprise par les Thébains. Vers la même époque, Pélopidas battit Alexandre de Phères à Cynocéphales; mais il fut tué au moment de la victoire. Une guerre éclata, entre l'Élide et l'Arcadie au sujet de la présidence aux jeux olympiques. En 362, Épaminondas fit sa dernière invasion dans le Péloponèse; à Mantinée, il remporta une grande victoire et perdit la vie. A peine eut-il fermé les yeux, que la paix se rétablit. — Nous voici arrivés à la période macédonienne qui mit fin à l'existence brillante et indépendante des républiques grecques. Philippe, qui avait appris l'art de la guerre pendant qu'il était retenu comme otage à Thèbes, devint roi de Macédoine en 359. En 358, il assiégea et prit Amphipolis, qui avait jadis appartenu à Athènes. Profitant de ce que les Athéniens étaient absorbés par la guerre sociale (guerre avec leurs anciens alliés) (358-355), pendant que la guerre sacrée animait les Phocéens et les Thébains, Philippe s'immisça dans les affaires de la Grèce centrale, et s'arrogea l'office de défenseur du temple de Delphes. L'armée thessalienne fut battue près du golfe de Pagosa en 352. En 350, Olynthe, alarmée des empiétements de Philippe, envoya trois ambassades à Athènes pour demander du secours; ses supplications furent appuyées par Démosthène dans ses trois harangues olynthiennes. Philippe continua ses entreprises presque sans interruption jusqu'à ce qu'Olynthe tombât en son pouvoir (347). Démosthènes fit alors des efforts infructueux pour organiser une confédération des états grecs. Philippe marcha sur Athènes en, 346, il obtint un traité dont les Phocéens furent exclus. Il passa immédiatement le défilé des Thermopyles et toutes les villes de la Phocide se rendirent d'un coup. La Macédoine devint donc puissance prépondérante en Grèce. Philippe tout en se préparant à attaquer l'empire perse, marcha contre la Thrace (342) et menaça les possessions athéniennes de la Chersonèse. En 339, le conseil amphictyonique déclara la guerre aux Locriens d'Amphissa pour les punir de leurs empiétements sur les terres sacrées du temple de Delphes. Philippe, ayant reçu le commandement des troupes, commença ses opérations dans les premiers jours de 338; mais, au lieu d'agir directement contre Amphissa, il s'empara d'Élatée, clef de la Béotie et de l'Attique, c'est pourquoi une alliance se forma entre Thèbes et Athènes, dont les forces furent complètement défaites dans les plaines de Chéronée, événement fatal à l'indépendance grecque. Philippe traita Athènes avec douceur, mais il plaça une garnison macédonienne à Thèbes. Il convoqua à Corinthe une assemblée dans laquelle la guerre fut déclarée à la Perse. Le roi de Macédoine reçut le commandement en chef des troupes de la confédération. En 336, il fut assassiné et son fils Alexandre lui succéda. Les Grecs essayèrent de secouer le joug macédonien, mais la

vigueur et la rapidité d'Alexandre prévinrent ce mouvement. Une assemblée générale se réunit à Corinthe et Alexandre fut nommé, en remplacement de son père, commandant en chef de l'expédition contre les Perses. Sa marche immédiate en Orient fut retardée par les révoltes des Thraces et des Triballiens, et son absence engagea les Grecs, surtout les Athéniens et les Thébains, à tenter les chances d'une nouvelle insurrection. Alexandre parut tout à coup dans le voisinage de Thèbes, battit les révoltés et détruisit toute la ville, sauf la Cadmée, dans laquelle il mit une garnison macédonienne. Ayant mis ordre aux affaires de Grèce et laissant Antipater comme régent, il partit au printemps de 334, pour son expédition que l'on sait une série non interrompue de victoires et de conquêtes. (Voy. ALEXANDRE LE GRAND.) Lors du partage des vastes états d'Alexandre entre ses généraux, après la mort de ce conquérant(323), Antipater et Cratère agirent comme régents en Macédoine et en Grèce; Perdiccas et Leonnatus eurent l'Orient. Pendant l'absence d'Alexandre, la Grèce avait plusieurs fois tenté de recouvrer son indépendance. Les Spartiates prirent les armes, mais ils furent battus par Antipater, près de Mégalopolis (331). A la nouvelle qu'Alexandre était mort, le parti opposé aux Macédoniens releva la tête à Athènes. Une vaste confédération se forma; une armée assiégea Antipater dans Lamia et défit Leonnatus en Thessalie; mais elle fut battue par Antipater près de Crannon (322). Tous les états alliés posèrent rapidement les armes à l'exception d'Athènes, qui fut forcée de se soumettre: Munychie reçut une garnison macédonienne. Sur la demande d'Antipater, les orateurs antimacédoniens, parmi lesquels on distinguait Démosthène et Hypérides, furent condamnés à mort. Ils s'échappèrent, mais la plupart furent arrachés de leurs refuges; Démosthène s'empoisonna. Antipater mourut en 319, Polysperchon lui succéda comme régent; il proclama l'indépendance des états de la Grèce et envoya son fils Alexandre avec des ordres pour obliger la garnison macédonienne à évacuer Munychie. Polysperchon n'ayant pas réussi dans son expédition du Péloponèse, les Athéniens s'allièrent à Cassandre, fils d'Antipater; ce prince établit à Athènes une oligarchie sous le gouvernement de Démétrius Phalère. Cassandre, devenu maître de la Macédoine, rebâtit Thèbes en 315. En 307, Antigone, qui possédait alors presque toute l'Asie Mineure et la Syrie, envoya à Athènes son fils Démétrius, surnommé plus tard Poliorcète (preneur de villes), avec une flotte puissante. Démétrius Phalère se retira et l'ancienne constitution fut rétablie. Après la défaite et la mort d'Antigone à la bataille d'Ipsus en Phrygie (301), les Athéniens refusèrent de recevoir Démétrius. Cassandre se rendit maître de la Grèce, Séleucus ayant pris le titre de roi de la Babylonie, Ptolémée celui de roi d'Égypte et Lysimache celui de roi de Thrace. Après la mort de Cassandre, Démétrius s'empara de la Macédoine, mais fut chassé de l'Épire par Pyrrhus. Pendant la domination macédonienne, un mouvement important avait eu lieu en Achaïe. Une ligue, ayant principalement un but religieux existait depuis les temps les plus reculés entre les villes de l'Achaïe, et quoiqu'elle eût été supprimée par les Macédoniens, Aratus de Sicyone la rétablit en 251, avec une organisation politique et, sous un chef nommé stratège ou général. Sous Aratus et Philopœmen, cette confédération s'accrut rapidement. Des alliances se formèrent avec la Macédoine et on entreprit des guerres contre les Spartiates et contre la ligue étolienne (les Spartiates furent défaits à Sellasia en 221 et à Mantinée en 208). A la même époque, la Macédoine irrita Rome en traitant avec Annibal en 216.

En 198, la ligue achéenne s'allia avec les Romains. En 497, Philippe V de Macédoine fut battu à la bataille de Cynoscéphale, et la paix de 196 obligea les Macédoniens de renoncer à leur suprématie. En 171, les Romains déclarèrent la guerre à Persée, successeur de Philippe, et le consul L. Æmilius Paulus envoyé en Macédoine en 168. La guerre se termina par la bataille de Pydna et la capture de Persée. Une querelle entre Athènes et Oropus amena la destruction de la ligue achéenne par les Romains, exercèrent sur la Grèce. Corinthe fut prise par Mummius en 146 et tout le pays devint province romaine sous le nom d'Achaïe. Les Grecs essayèrent de secouer le joug des Romains, au moment de la guerre de Mithridate; ils furent écrasés. Les pirates ciliciens, qui ravagèrent peu après le pays, furent détruits par Pompée. Les guerres civiles qui renversèrent la république romaine désolèrent la Grèce, au moment de sa tranquillité. Vers le milieu du IIIe siècle après J.-C., des hordes de Goths parurent sur les frontières et couvrirent bientôt l'Hellespont et la mer Égée. Dans l'intervalle, le christianisme, introduit par les apôtres, avait fait des progrès. En 330, le siège de l'empire romain fut transféré à Constantinople, événement qui mit la Grèce en relation plus intime avec l'administration romaine. En 395, la séparation des empires d'Orient et d'Occident étant accomplie, les Grecs, qui appartenaient naturellement à l'empire d'Orient, exercèrent une grande influence politique. L'empire d'Occident tomba en 476, et l'empire romain d'Orient devint de plus en plus byzantin. Les immigrations des Slaves et de divers autres peuples eurent lieu au commencement du VIe siècle. Dans la première partie du VIIIe siècle, les barbares occupèrent une grande partie du pays, mais à la longue ils se retirèrent. L'événement principal de l'histoire grecque fut ensuite l'invasion des Normands. Robert Guiscard débarqua à Corfou en 1081. Bohémond envahit l'Illyrie peu après. En 1146, Roger, roi de Sicile, s'empara de Corfou et pilla Corinthe, Thèbes et Athènes. Lors de la quatrième croisade, commencée en 1203, Constantinople fut prise par les princes latins qui se partagèrent la Grèce. Le marquis de Montferrat devint souverain de Salonique (Thessalonique); l'Achaïe et la Morée (Péloponèse) devinrent une principauté appartenant à Guillaume de Champlitte et à Geoffroi Villehardouin; un duché fut établi dans l'archipel, avec Naxos pour capitale; mais le plus important des établissements des Francs, fut le duché d'Athènes, qui exista de 1205 à 1456. Peu d'années après la prise de Constantinople en 1453, les Turcs étendirent leurs conquêtes sur la Grèce et l'incorporèrent à l'empire turc; le pays tomba graduellement dans une misérable condition. Pendant près de quatre siècles, la patrie de Thémistocle fit à peine quelques efforts spasmodiques pour briser le joug musulman. Dans la dernière partie du XVIIIe siècle, l'esprit de nationalité et le désir d'indépendance s'éveillèrent chez la race hellénique; une insurrection éclata en 1821. Le peuple trouva des chefs héroïques en Bozzaris, en Mainote Mavromichalis et ses fils, en Canaris, en Miaulis, en Colocotronis, en Coletis, en Odysseus, en Negris et plusieurs autres. Une constitution provisoire fut promulguée en 1823, lors de la proclamation d'indépendance. La lutte prit des deux côtés un caractère de barbarie. A Missolonghi (1822-'26) et dans beaucoup d'autres circonstances, les Grecs se montrèrent dignes de leurs ancêtres. La bataille de Navarin, 20 oct. 1827, où les escadres combinées de l'Angleterre, de la France et de la Russie, détruisirent la flotte turco-égyptienne, fut l'événement décisif de cette guerre. Le sultan consentit à prendre des arrangements. Le comte Capo d'Istria fut choisi comme président et gouverna, de 1828 à 1831, époque où il fut assassiné. Les grandes puissances s'entendirent pour donner la couronne à Othon, second fils du roi de Bavière, alors âgé (1832) de 17 ans seulement. Ce prince accepta le gouvernement, sous la direction d'une régence, et il arriva à Nauplie en 1833. Devenu majeur en 1835, il gouverna en son propre nom, avec des ministres assistés d'un conseil d'Etat. Les Grecs demandaient une constitution et furent désappointés de ne pas la recevoir immédiatement. En 1843, un soulèvement éclata. Le palais fut entouré dans la nuit du 14 sept. par l'armée et par le peuple qui demandaient une constitution. Après quelque hésitation, le roi céda et une révolution politique s'effectua sans violence. Une assemblée nationale fut convoquée et la constitution fut rédigée et sanctionnée par le roi, le 16 mars 1844. En 1847, une difficulté diplomatique, au sujet d'une prétendue impolitesse de l'ambassadeur turc à Athènes, faillit entraîner le gouvernement dans une guerre avec la Turquie. L'année suivante de graves différends naquirent relativement à des réclamations faites par l'Angleterre pour des dommages éprouvés par des sujets anglais. En janvier 1850, une flotte anglaise se présenta devant le Pirée; les demandes de l'ambassadeur anglais n'ayant pas reçu de satisfaction, les Anglais procédèrent au blocus d'Athènes et s'emparèrent arbitrairement de navires grecs. La Grèce fut forcée de se soumettre. Au début de la guerre de Crimée, la Grèce se prononça en faveur de la Russie; mais les menaces de l'Angleterre et de la France forcèrent le gouvernement à maintenir la neutralité. Le Pirée fut occupé par les flottes anglo-françaises, qui ne furent rappelées qu'en 1857, après bien des protestations du gouvernement grec. A la suite de plusieurs émeutes contre le roi Othon, devenu très impopulaire, une révolution éclata à Athènes le 22 oct. 1862; et le 23, un gouvernement provisoire, établi par les chefs du parti populaire, décréta la déposition du roi. Une assemblée nationale réunie à Athènes, le 22 déc., confirma la déposition de la dynastie bavaroise (16 fév. 1863). Le 30 mars, le prince Georges de Danemark fut unanimement élu roi par l'assemblée. Cette élection ayant été confirmée par les grandes puissances, le 13 juillet, le nouveau roi jura de soutenir la constitution, le 31 octobre. En 1866, l'insurrection de Crète menaça d'attirer la Grèce dans un conflit avec la Turquie, à cause des secours fournis aux Crétois par des navires marchands qui violaient le blocus et de l'asile que ces navires offraient aux fugitifs. Le massacre, par des brigands, de quatre voyageurs anglais en 1870, amena avec le gouvernement anglais des difficultés, qui furent réglées à l'amiable. — Le nouveau royaume, lors de son établissement, embrassait les pays constituant l'ancienne Grèce, le district méridional de la Thessalie, la Grèce centrale et le Péloponèse, les Cyclades (excepté une), Eubée, et quelques-unes des Sporades. Les îles Ioniennes restèrent sous le protectorat de la Grande-Bretagne jusqu'en 1863; elles sont comprises aujourd'hui dans les nomarchies de Corcyre, de Céphalonie, de Zante et d'Argolide-et-Corinthe. — Le 24 mai 1881, un traité a été conclu entre la Grèce et la Turquie, avec l'assentiment de toutes les grandes puissances, concernant la cession de grandes portions de la Thessalie et de l'Épire au royaume de Grèce, et l'exécution de ce traité a aussitôt commencé d'une manière pacifique. Les territoires annexés forment trois nomes: Arta, Trikkoula et Larissa. — Divisions. La Grèce est divisée en 13 nomarchies ou préfectures, et en 60 éparchies ou sous-préfectures, qui se subdivisent en dimarchies ou cantons, et celles-ci en communes, administrées par des parèdres.

TABLEAU STATISTIQUE.		
NOMARCHIES.	KIL. CARR.	HABITANTS.
1. Attique-et-Béotie............	6.306,2	185.364
2. Eubée.....................	4.199,1	95.136
3. Phtiotide-et-Phocide........	6.084,3	128.440
4. Acarnanie-et-Etolie........	7.465,2	138.444
5. Achaie-et-Elide............	5.074,8	181.632
6. Arcadie....................	4.301,0	448.600
7. Laconie....................	4.289,9	121.116
8. Messénie..................	3.341,6	155.760
9. Argolide-et-Corinthe......	5.243,8	135.081
10. Cyclades.................	2.694,6	132.020
11. Corfou...................	1.120,5	106.109
12. Céphalonie..............	810,4	80.544
13. Zante (Zakynthos).......	437,9	44.562
Soldats et marins...........	—	20.523
Matelots hors du pays......	—	5.180
Total............	51.319,3	1.679.470
Nouveau territoire	13.369	299.953
Royaume........	64.688	1.979.423

Les villes principales sont : Athènes (capitale, 64,000 hab.), Patras (26,000), le Pirée (21,000), Hermoupolis (20,000), Zante (17,000), Corfou (17,000). — Productions. Au-dessous de 1,800 m. d'altitude, les montagnes sont revêtues de luxuriantes forêts dont les essences principales sont le pin et le chêne. Plus bas, abondent le noyer et le châtaignier; au-dessous de 300 m., on trouve une grande variété d'arbres précieux, de plantes et d'arbrisseaux. Tous les fruits qui appartiennent à la latitude tempérée croissent vigoureusement. Le sol est fertile, mais l'agriculture est des plus négligée. Les produits les plus importants sont les olives et les petits raisins de Zante qui proviennent principalement de la côte du Péloponèse et des îles de Corfou, de Zante et de Céphalonie; la production annuelle est d'environ 85,000,000 de kilog. La culture de la vigne donne annuellement environ 75 millions de litres de vin. Parmi les autres produits, nous citerons : le tabac, le coton, les figues, les citrons et le vélani. L'élevage des moutons, des chèvres, des vers à soie se pratique sur une vaste échelle; plusieurs places possèdent de grandes pêcheries; on élève aussi des chevaux, des mulets, des ânes, des bœufs et des porcs. — Les minéraux les plus importants sont le marbre de Paros et l'émeri de Naxos. Les mines de plomb de Laurie (Attique) sont fameuses. Les salines produisent annuellement 250,000 quintaux de sel. — Le commerce doit son importance à la position favorable du pays; il a lieu principalement avec la Grande-Bretagne, la Turquie, l'Autriche, la Russie, la France et l'Italie. Les importations, évaluées à 75,850,000 fr., portent principalement sur les raisins (35,747,000), l'huile d'olive (6,740,000), le plomb (5,031,000) les peaux, les figues, les vins, le savon, le tabac, la soie, les oranges et le coton. — Vins. La Grèce ne maintient plus sa vieille réputation de pays vignoble; sa production annuelle diminue d'une manière sensible. Ses vins ne peuvent plus soutenir la comparaison avec ceux qui proviennent de localités pourtant moins favorisées. Le pays au N. de l'isthme de Corinthe donne peu de vins renommés. La plaine qui entoure le mont Hymète produit un vin apprécié par les connaisseurs européens. La Morée donne une quantité considérable de vins : celui des environs de Pergos (environ 6 millions de litres) est considéré comme le meilleur. Nauplie, appelée aussi Napoli di Malvasia, sur le golfe de Nauplie, donne son nom aux vins de Malvoisie; mais ses vignobles ont aujourd'hui peu de valeur. Les îles sont, de nos jours comme dans l'antiquité, plus renommées que le continent pour leurs vins. Santorin (Théra), dans l'Archipel, est la plus productive. Le meilleur cru rouge, connu sous le nom de Santorin, tient le milieu entre le porto et le bordeaux. Parmi les vins blancs, on distingue le thera et le vin de nuit, dont deux qualités sont répandues dans le commerce : le caliste et le saint-élie, l'un et l'autre pleins

de corps. Il y a aussi un vin muscat parfumé, appelé vino santo et une variété de vins couleur d'ambre, nommé vin de Bacchus. Ensuite viennent les crus de Zea (Ceos), de Scio (Chios), de Ténédos et de Samos, qui, sauf le premier, appartiennent à la Turquie. La production annuelle de Céphalonie est d'environ 5 millions et demi de litres. Les îles Ioniennes donnent une quantité considérable de vins secs et de vins liquoreux. Les crus de la Crète, de Rhodes et de Chypre (à la Turquie) sont classés comme vins de Grèce. La Crète a fourni pendant des siècles la malvasia, vin blanc doux que l'on buvait autrefois dans l'Europe occidentale sous le nom de malvoisie. Les vins de Chypre sont de trois classes : ceux de la commanderie ou des chevaliers templiers, avec un bouquet se rapprochant de l'odeur d'amandes amères; le muscat liquoreux; et un vin ordinaire, d'abord d'un rouge pâle, mais perdant sa couleur avec le temps. La récolte de l'île a diminué d'environ quatre cinquièmes depuis deux siècles. Rhodes produit des vins liquoreux et délicieux, provenant d'un raisin dont les grains ont la grosseur d'une prune. — Commerce et Industrie. La marine marchande compte 5,000 navires (239,000 tonneaux) dont 16 bateaux à vapeur (6,000 tonneaux). Les manufactures sont peu nombreuses et sans importance; les principaux produits de l'industrie sont : les navires, les cuirs (particulièrement dans l'île de Syra), les soieries, la toile, les voiles et les cordages, le savon, les liqueurs et les broderies d'or et d'argent. Des chemins de fer en exploitation relient Athènes au Pirée (12 kil.), et Volo à Larissa (74 kil.). — 5,000 kil. de lignes télégraphiques. Des câbles sous-marins font communiquer Athènes avec Syra, Scio, Constantinople et Candie. — Gouvernement. La constitution actuelle a été établie en 1864. Le trône est héréditaire. Les successeurs du roi actuel, qui est luthérien, doivent appartenir à l'Eglise orthodoxe. Il y a une seule chambre législative, appelée boule, dont les membres, au nombre de 188, sont élus pour quatre ans, par vote direct de tous les citoyens qui ont 21 ans et qui possèdent une propriété ou exercent un commerce ou une profession fixe. Le pouvoir exécutif est exercé par le roi avec sept ministres responsables. Il y a une cour de cassation (aréopage) à Athènes, quatre cours d'appel (à Athènes, à Nauplie, à Patras et à Corfou), et plusieurs autres tribunaux inférieurs. — Recettes, 73 millions de fr.; dépenses, 72 millions; dette publique, 400 millions. L'armée se compose de 30,000 hommes, 3,000 chevaux et 65 canons. — La flotte compte 15 navires (dont 2 cuirassés) et 1,500 marins. — Monnaies. La Grèce est entrée en 1875 dans la ligue monétaire des Etats continentaux. L'unité est la drachme = 1 fr. = 100 lepta. Les pièces du système monétaire grec sont absolument conformes aux pièces françaises. — Poids. Oke = 400 drachmes = 4 kilog. 280 gr.; livre (quintal) = 44 oques = 56 kilog. 320 gr.; livre = 360 gr. — Mesures. Ora = 500 pics = 500 m.; stadion = 1 kil.; stréma = 100 m. carr.; litre = 10 kotylis = 1 litre; kilo = 1 hectol. — Religion. La plus grande partie de la population appartient à l'Église grecque orthodoxe (voy. ci-dessous), dirigée par le saint synode permanent d'Athènes, qui consiste en cinq membres nommés par le roi, parmi les archevêques et les évêques, et qui est présidé par le métropolitain d'Athènes. Toutes les décisions de ce synode doivent être approuvées par le roi. Les archevêques et les évêques sont présentés par le synode et nommés par le souverain. Toutes les religions sont tolérées. — La hiérarchie catholique romaine comprend 2 archevêques (à Naxos et à Corfou), et 4 évêques. — Instruction publique. L'instruction est encore peu répandue, malgré les efforts du gouvernement; plus de cinquante habitants sur cent ne savent pas lire. Depuis quelques années, on commence à appliquer la loi qui oblige les enfants à fréquenter les écoles; il existe déjà 4,500 écoles primaires et 200 écoles secondaires. L'université nationale d'Athènes renferme quatre facultés (théologie, jurisprudence, médecine et philosophie); les cours y sont suivis par 1,300 étudiants. Il y a une école polytechnique à Athènes, quatre écoles théologiques de l'Église orthodoxe, six écoles navales, une école d'agriculture et une académie militaire au Pirée. —**Langue et littérature.** La langue grecque, branche de la famille indo-européenne, fut parlée, probablement dès le xve siècle avant notre ère, par les Grecs d'Europe, d'Asie Mineure et plus tard de la basse Italie, de la Sicile et par les nombreuses colonies des côtes de la Méditerrannée et de la mer Noire. Elle devint la langue dominante en Macédoine, en Syrie, en Egypte et dans l'empire de Byzance. Elle a formé les dialectes de la Grèce moderne, de la Crète et de plusieurs autres îles, ainsi que ceux des établissements grecs en Turquie d'Europe et en Asie Mineure; elle a laissé son souvenir dans les langages de la basse Italie et de l'extrémité méridionale de la Calabre. Son origine et son degré de parenté avec les autres formes de l'aryen n'ont pas été établis d'une manière bien exacte. La croyance que la langue latine est fille de la langue grecque, croyance qui régna pendant des siècles, a été repoussée par un grand nombre de savants éminents. L'opinion générale actuelle est que la langue grecque est la sœur aînée de la langue latine. L'histoire mentionne le grec seulement depuis qu'il se fut divisé en nombreux dialectes, qui différaient principalement par les formes et par la prononciation. Les trois principales classes de dialectes étaient le dorique, l'ionique (dont l'attique était une branche) et l'éolique. L'attique devint le principal dialecte et resta le parler des Grecs instruits; mais il perdit bientôt sa pureté et, à partir du iiie siècle av. J.-C., il s'éloigna de plus en plus du grec ordinaire. Après les conquêtes d'Alexandre, différents dialectes plus ou moins corrompus se formèrent dans les pays soumis; celui que l'on parlait à Alexandrie, étant cultivé par des savants, devint très distingué. Il a été nommé à tort l'*hellénistique*. Ainsi que ses sous-dialectes syrien, hébraïque et chaldéen, il fut employé dans les traductions alexandrines de l'Ancien Testament, et plus tard aussi dans celles du Nouveau Testament, et fut adopté pour les écrits des Pères de l'Église. Pendant les trois premiers siècles de l'ère chrétienne, le grec fut une sorte de langue universelle; *toute personne qui prétendait être bien élevée devait le parler couramment*; mais il s'éloignait visiblement de l'ancien grec. D'après Hallam, le grec attique artificiel se parla à Constantinople jusqu'à la prise de cette ville par Mahomet II, dans les classes instruites, avec une passable pureté. Mais les documents littéraires montrent une transition graduelle du langage des grammairiens à celui du peuple. Le dialecte populaire du iiie siècle était essentiellement le même que le romaïque ou grec moderne, et le premier écrivain qui s'en servit exclusivement fut le moine *Theodorus Prodromus*, surnommé *Ptochoprodromus*, qui vivait sous le règne de Manuel Comnène. L'appellation romaïque naquit de cette circonstance que les Grecs avaient pris le nom de Romains (Ῥωμαίοι), parce qu'ils considéraient Constantinople comme une nouvelle Rome (νέα Ῥώμη). — L'alphabet grec dérive de l'alphabet phénicien. Les auteurs ne sont pas d'accord quant à la date de sa formation. Les anciens écrivains pensent qu'il ne se composa d'abord que de 16 lettres dues à Cadmus; mais l'opinion dominante est que les Grecs adoptèrent de suite tout l'alphabet phénicien composé de 22 lettres et qu'ils y ajoutèrent le signe Γ. Quelques lettres, comme le *vau* ou digamma et le *koppa*, ne furent plus employées et furent

remplacées par d'autres signes. L'alphabet ionien, composé de 24 lettres, fut officiellement adopté à Athènes en 403 ou en 401 av. J.-C., et depuis lors son usage a été conservé. Les anciens croyaient que tous les mots commençant par une voyelle avaient une aspiration soit douce (πνεῦμα ψιλόν, *spiritus lenis*), soit dure (πνεῦμα δασύ, *spiritus asper*). Le *spiritus lenis* (᾿) n'est représenté dans aucune autre langue; le *spiritus asper* (῾) est représenté par H dans les langues italiques et germaniques. Dans le grec moderne, les deux aspirations se marquent en écrivant, mais on ne les fait pas sentir dans la prononciation. Les Grecs indiquent aussi le ton ou l'accent des mots par des marques diacritiques. La prononciation du grec, au temps d'Homère, de Sophocle et de Xénophon est encore un sujet de discussion. Pendant qu'elle est devenue graduellement uniforme dans l'Europe continentale, les Anglais seuls continuent de la prononcer comme ils prononcent leur langue. Depuis le commencement du xvie siècle, une controverse s'est élevée entre les étacistes, ou partisans d'Erasme, qui soutiennent l'ancienne prononciation supposée, et les iotacistes, ou partisans de Reuchlin, qui veulent appliquer à l'ancien grec la prononciation du grec moderne. Dans le grec moderne ι, η, υ, ει, οι, υι se prononcent comme l'*i* italien; αι comme l'e italien; αυ comme *av* ou *af*; ευ comme *ev* ou *ef*; ου comme *u* ou *if*; β comme *v*; γ devant ε, ι, etc., comme *y*; δ comme le *th* doux anglais; ζ comme z; χ comme *j* en espagnol; τ après *ν* comme *d*; ετπ après μ comme *b*. — Le nom, dans l'ancien grec a trois nombres : le singulier, le duel et le pluriel, et cinq cas : nominatif, génitif, datif, accusatif et vocatif. Il y a trois genres et trois modes de déclinaison. Les verbes ont trois genres, possédant une voix moyenne, outre l'actif et le passif, la plupart des temps des voix passive et moyenne coïncident; la voix moyenne possède une sorte de caractère réflectif, réciproque ou déponent. Les temps sont : le présent, l'imparfait, le parfait, le plus-que-parfait, l'aoriste, le futur et le futur parfait; les modes sont : l'indicatif, le subjonctif, l'optatif, l'impératif et l'infinitif. Les temps prétérits se forment par augments et par réduplication. Les terminaisons sont formées d'après le caractère des verbes, qui se terminent soit en ω soit en ω à la première personne du singulier de l'indicatif présent. Beaucoup de mots étrangers ont été introduits dans le grec moderne et la grammaire a subi d'importantes modifications. Parmi les changements, on remarque la perte du duel et l'emploi des verbes auxiliaires. Le grec a aussi perdu son antique simplicité d'expression. — L'étude grammaticale et lexicographique du grec fut commencée par les sophistes. Après le déclin des libertés grecques et de la littérature, beaucoup de mots et de phrases tombèrent en désuétude et furent expliqués par les grammairiens sous les titres de λέξεις et γλῶσσαι. De bonne heure on vit paraître des dictionnaires homériques. Les plus éminents écrivains qui s'occupèrent de grammaire furent Aristophane de Byzance (vers 260 av. J.-C.), Aristarque de Samothrace (vers 450) et Dionysius Trax (vers 80) qui préparèrent la première grammaire systématique. Le plus important de tous les anciens lexiques est celui d'Hesychius. Le dictionnaire de Suidas (vers le xie siècle) renferme des notices biographiques sur les auteurs, et des extraits de leurs ouvrages. Dans l'Europe occidentale, peu de personnes possédaient la langue grecque avant l'émigration des Grecs en Italie, aux xive et xve siècles. L'année 1572 fit époque dans l'étude du grec, par la publication du *Thesaurus* d'Estienne. La grammaire de Buttmann a été composée d'après une méthode scientifique (1819). Les travaux lexicographiques de Passow ont une base historique exacte. Ces ouvrages

ont été suivis d'un nombre prodigieux d'œuvres lexicographiques, grammaticales et critiques, dues principalement aux Allemands. — **Littérature.** L'histoire de la littérature grecque commence avec celle de la langue des Hellènes. Si nous remontons à ses monuments les plus anciens, sans nous occuper des chantres légendaires, tels que Amphion, Orphée, Eumolpe, Musœus et Linus, nous trouvons que plus de 1000 ans av. J.-C., l'art des compositions poétiques existait déjà dans sa plus haute perfection sous la forme de récits épiques. Son entier développement eut lieu en Ionie et dans les îles de la mer Egée. Les plus anciens documents littéraires sont l'*Iliade* et l'*Odyssée*, qui ont pour sujet les légendes de la guerre de Troie et le retour d'Ulysse; mais on ne connaît rien de positif sur l'auteur de ces poèmes, pas plus que sur la date de leur composition. (Voy. HOMÈRE.) Hésiode (*Les Travaux et les Jours*, et *Théogonie*) employa aussi le style épique. Les principaux auteurs de poésies élégiaques et iambiques furent (entre 700 et 600 av. J.-C.) : Archilocus, Callinus, Simonide d'Annorgos, Tyrtée, Mimnermus et Solon. Il y eut deux écoles principales du style lyrique : l'éolique et la dorique. Les principaux poètes Eoliens ont été : Alcée (vers 500) et sa contemporaine, Sapho; l'un et l'autre Lesbiens. A cette école appartiennent les poésies lyriques d'Anacréon (vers 500). Alcman et Stésichore (600) formèrent un genre qui se rapproche des poésies chorales doriques proprement dites. Simonide de Céos florissait vers 500; Ibycus vers 540; Bacchylides était le neveu et fut le successeur de Simonide. Le plus grand maître du genre lyrique dorien est Pindare, né en Béotie vers 522. Les premiers écrivains en prose s'occupèrent d'abord de sujets philosophiques. On a conservé quelques fragments de leurs écrits. Thalès fonda la philosophie ionique à laquelle appartinrent Phérecydes, Anaximandre, Anaximénes, Anaxagoras, etc. Pythagore, créateur de l'École italienne, eut pour continuateurs : Alcméon, Timée, Epicharme et plusieurs autres. Les Ioniens furent aussi les premiers à cultiver l'histoire. Cadmus de Milet fut pour imitateurs : Hellanicus, Hécatœus, etc. Le premier grand historien, Hérodote d'Halicarnasse (né en 484), écrivit dans le dialecte ionique, bien qu'il fût d'origine dorienne. La littérature fut cultivée à Athènes plus tard que dans les colonies asiatiques. Cependant cette ville devint le centre littéraire de la Grèce. La forme caractéristique de la poésie athénienne fut le drame, dont Thespis (535) fut être regardé comme le créateur. Eschyle (né à Eleusis en 525) perfectionna l'art tragique. La tragédie grecque fut ensuite perfectionnée par Sophocle (né en 495) et Euripide (né en 480). La *vieille comédie*, dans laquelle des personnages vivants étaient représentés sous leurs véritables noms, nous est connue par les pièces d'Aristophane. Il reste seulement des fragments de la *moyenne comédie*, représentant des personnages réels sous des noms supposés, et de la *nouvelle comédie*, qui s'abstint de personnalités. Dans le domaine de l'histoire, nous avons les œuvres de Thucydide (né vers 471) et de Xénophon (né vers 444); et dans celui de la philosophie à laquelle les leçons de Socrate (né en 469), donnèrent une grande impulsion, nous possédons les écrits de Platon (né vers 429) et ceux de son élève Aristote (né en 384). (Voy. PHILOSOPHIE). A la même époque, l'éloquence politique, forme caractéristique de l'élocution grecque, atteignit son dernier degré de perfection. Les orateurs athéniens, dont les ouvrages existent encore en totalité ou en partie, sont : Antiphon, Andocides et Lysias (ve siècle av. J.-C.); Isœus, Isocrate, Lycurgue, Hypéride; Eschine, Demades, Démosthène et Dinarchus (ive siècle). A partir de la mort d'Alexandre le Grand jusqu'à la conquête romaine, le siège principal des lettres et des sciences fut Alexandrie d'Egypte. Cette période est nommée l'âge alexandrin. Ses traits caractéristiques furent l'érudition, l'art critique et l'étude des sciences; en poésie, les seuls genres originaux sont ceux des bucoliques ou idyles. Les principaux poètes furent: Bion de Smyrne, Théocrite, Aratus, poète épique; Lycophron, auteur de *Cassandre*; Callimaque (poèmes épiques, hymnes) et Moschus. Pendant la suprématie romaine, le principal poète fut Micandre; les écrivains en prose les plus importants furent : Polybe, Apollodore, Denis, Tbrax (grammairien), Diodore Siculus, Denis d'Halicarnasse et Denis Periegetes. Depuis cette période jusqu'à la chute de l'empire romain d'Occident, les écrivains païens les plus éminents sont : Babrius, Strabon, Epictète, Plutarque, Dion Chrysostome, Arrien, Polynœus, Pausanias, Marc-Antoine, Aristide, Lucien, Pollux, Diogène Laerte, Achille Tatius, Dion Cassius, Athenœus, Herodianus, Philostrate, Plotin, Dexippus, Longinus, Palsæphatus et Iamblichus; parmi les écrivains juifs et chrétiens, on cite : Philon, Josèphe, les auteurs des livres du Nouveau-Testament, Clément de Rome, Justinus, Polycarpe, Irénée, Clément d'Alexandrie, Origène et Athanase. — Pendant la période qui commence à l'établissement du siège du gouvernement à Constantinople (330 ap. J.-C.), et qui va jusqu'au commencement du règne de Justinien Ier (527), les principaux poètes furent: Quintus de Smyrne, qui entreprit de faire des additions à l'*Iliade* ; Cyrus de Panoplis, Nonnus, Tryphiodore, Coluthus, Musée et Christodore. Les écrivains ecclésiastiques les plus distingués furent: Cyrille, Basile, Chrysostôme, Eusèbe, Grégoire de Nazianze et Théodoret. Parmi les travaux historiques qui nous sont parvenus, nous citerons les récits de Zozime sur l'histoire de l'empire pendant les quatre premiers siècles, et l'histoire ecclésiastique de Socrate le Scholastique. Le style de la rhétorique atteignit sa perfection avec Himerius de Bithynie, l'empereur Julien, son professeur Libanius, Synesius et Procope. Les ouvrages d'imagination sont dus principalement : à Longus, à Héliodore, à Achille Tatius, à Xénophon d'Ephèse et à Eumathius. — La période suivante, ou période de la littérature grecque du moyen âge, va jusqu'à la conquête de Constantinople par les Turcs (1453). Après Procope et après Agathias (qui essaya de l'imiter), vinrent un petit nombre d'historiens de second ordre, tels que : Petrus, Hesychius, Nonnosus, Théophanes, Ménandre Protector et Syncellus (dont la chronique est assez importante). L'Egyptien Théophylacte Simocates, l'Hellène Georgius Pisidès et le Syrien Malalas sont abjects dans leur diction et vulgaires dans leurs sentiments. Des esprits plus élevés s'adonnèrent aux études juridiques; ce sont : Tribonianus, Dorothée, Théophile Antécessor, Théodore, Stéphane, Cyrille, Philoxène, etc. L'homme le plus célèbre de la seconde moitié du IXe siècle est Photius, professeur de Léon le Philosophe. Constantin VII Porphyrogenitus réunit toutes les productions littéraires du passé et il fit copier en une espèce d'encyclopédie en 53 livres. Parmi les productions de cette époque, on peut citer les chroniques et les mémoires de Léontius le Jeune, de Genesius, de Léon le Grammairien, de Xiphilinus, d'Hippolytus et de Léon le Diacre et surtout l'histoire d'Anna Comnène. — La chronique de Siméon Sethos, vers la fin du XIe siècle, est regardée comme le premier ouvrage de prose en grec moderne. On peut considérer la littérature de la Grèce moderne comme ne commençant pas avant la dernière partie du XVIIIe siècle, époque où Constantinos Rhigas mit au jour les chants patriotiques qui ranimèrent l'esprit national de ses compatriotes. Adamantios Corais, écrivain très

fécond, a laissé des traités de médecine et une traduction des classiques. Sous son influence, la langue écrite, en s'éloignant un peu de la langue vulgaire ou parlée, se rapprocha des modèles antiques. Au début du XIXe siècle brillèrent Christopulos, Piccolos et Rizos-Nerulos comme écrivains de chants lyriques, de tragédies et de comédies. Le genre poétique de Christopulos fut imité avec succès par les frères Alexandre et Panagiotis Sutsos, par Calvos, Solomos, et Angelica Pally. Parmi les autres poètes remarquables du siècle actuel, se trouvent : Alexandre Rizos, Rangavis ou Rangabe, Orphanidis, Carasutsas, Valaoritis, Zalocostas, Naphtis, Vlachos et Antoniades. Des ouvrages historiques ont été publiés par Paparigopulos, Cumas, Sutsos, Tricupis, Philimon, Levkias, Zampelios, Surmelis, Venizelos et Sathas. Les théologiens et les philosophes sont: Apostolidis, Contogonis, Adamidis, Kyriacos et Agathangelos. La géographie, l'archéologie, la philologie, les mathématiques et les sciences ont aussi leurs représentants. — Voy. *Histoire de la littérature classique*, de Browne (Londres, 1851); l'*Histoire critique du langage et de la littérature de l'ancienne Grèce*, de Mure (1854-'67); l'*Histoire de la littérature de l'ancienne Grèce*, de K.-O. Müller, continuée par J.-W. Donaldson (1858); et Nicolai, *Geschichte der griechischen Literatur* (Magdebourg (1863). — Eglise grecque (appelée aussi Eglise catholique grecque, Eglise grecque orthodoxe, Eglise orthodoxe ou Eglise orientale), portion de l'Eglise chrétienne qui adhère seulement aux décrets doctrinaux des sept premiers conciles œcuméniques (Nicée, 325; Constantinople, 381; Ephèse, 431; Chalcédoine, 451; Constantinople, 553 et 680; et Nicée, 787); à ceux du fameux concile quinisextum de Constantinople (692), et à ceux du concile tenu à Constantinople sous Photius en 879 et en 880. Une différence dogmatique entre l'Eglise grecque et l'Eglise de Rome exista dès le Ve siècle; elle fut produite par la controverse des monophysites. L'union fut fréquemment rompue par les décisions des empereurs en matière de foi, décisions contre lesquelles les évêques de Rome protestèrent. L'adoption par l'Eglise d'Occident d'un article déclarant que le Saint-Esprit procède du Fils aussi bien que du Père *(Filioque)*, éveilla l'opposition de l'Eglise grecque, au VIIIe siècle. On trouve une autre source de contention dans les luttes des patriarches de Constantinople et des évêques de Rome pour la préséance. Le conflit devint plus sérieux que jamais entre les deux Eglises, quand le patriarche Photius, dont l'avènement (858) était dû à l'influence de la cour, fut traité par le pape Nicolas I, comme un véritable intrus. Dans un synode convoqué par Photius à Constantinople en 867, le pape fut excommunié et déposé et toutes relations furent rompues entre les deux Eglises. Le grand schisme fut définitivement accompli le 16 juillet 1054, lorsque les légats de Rome déposèrent sur le grand autel de l'église de Sainte-Sophie, à Constantinople, la sentence d'excommunication prononcée contre la patriarche Michel Cérulaire. Une union entre les deux Eglises fut consommée au synode de Florence (1439) par l'empereur grec et le patriarche lui-même. Mais le peuple et le bas clergé y restèrent entièrement étrangers, et la conquête de Constantinople (1453) rendit plus vive encore l'hostilité de l'Eglise grecque contre l'Eglise de Rome. L'Eglise catholique romaine parvint à organiser une Eglise grecque unie qui reconnut l'autorité suprême du pape et, admit le mariage des prêtres, la réception de la communion sous les deux espèces, l'emploi de la langue grecque dans le service divin, etc. Au Russie, néanmoins, presque tous les diocèses de l'Eglise grecque unie furent amenés, sous les règnes de Catherine II et de Nicolas, à rompre de

nouveau toute relation avec Rome, et en 1875, cette Eglise disparut presque entièrement des domaines du czar. L'invitation qui fut adressée en 1869 par le pape aux évêques grecs, d'assister au concile du Vatican, resta sans effet. Les relations de l'Eglise grecque avec l'Eglise protestante ont été beaucoup plus amicales. Mélanchton et d'autres réformateurs du XVIe siècle entretinrent une correspondance avec le patriarche de Constantinople; et dans les temps modernes, la littérature de l'Eglise grecque a fortement subi l'influence du protestantisme. — L'Eglise grecque reconnaît la Bible et la tradition comme articles de foi; elle maintient, de concert avec l'Eglise romaine, les doctrines des sept sacrements, du sacrifice de la messe, de la vénération portée à la vierge Marie, aux saints, aux images et aux reliques; ainsi que les doctrines sur la vertu des jeûnes et autres pénitences, sur les degrés hiérarchiques des ordres ecclésiastiques et sur la vie monastique. Ses doctrines particulières sont les suivantes : elle nie l'autorité et reconnaît l'infaillibilité des conciles œcuméniques; elle administre la communion sous les deux espèces; elle nie l'existence du purgatoire, cependant elle prie pour les morts afin que Dieu ait pitié d'eux au jour du jugement; elle maintient que le Saint-Esprit procède du Père comme principe par l'intermédiaire du fils, comme moyen; elle repousse les figures en relief ou les ouvrages relevés en bosse, mais elle admet les peintures et les gravures sur cuivre ou sur argent; elle approuve le mariage des prêtres, à condition qu'ils soient mariés avant leur admission dans les ordres. Les églises sont presques toutes bâties en forme de croix. L'autel est tourné vers l'Orient et il est séparé de la nef par une cloison qui a trois portes. Au commencement du canon de la messe, les portes sont fermées, et ne sont ouvertes de nouveau qu'après la communion du prêtre et du diacre. Le peuple reste debout pendant le service divin. Une messe par jour seulement se célèbre dans chaque congrégation, et cela avant le lever du soleil. Le sermon, considéré comme peu essentiel, était autrefois très rare ; mais en Russie, depuis quelque temps, les prédications sont devenues fréquentes. La musique instrumentale est prohibée dans les églises. La langue dont on se sert pour le service divin parmi les Grecs de Turquie et de Grèce, est l'ancien grec; parmi les Russes et les autres nations slaves, le vieux slavon, et parmi les Géorgiens, l'ancien géorgien. Le clergé est divisé en deux classes : haut clergé et bas clergé. On choisit les prêtres qui doivent former le premier parmi les moines; ils restent dans le célibat. Le bas clergé comprend le clergé noir (ainsi appelé à cause des vêtements des prêtres) et le clergé blanc ou séculier qui porte des vêtements bleus, violets, ou bruns. Les membres du clergé noir sont moines. La constitution de l'Eglise grecque est composée de dix groupes indépendants. I. L'Eglise de Constantinople, gouvernée par un patriarche qui porte le titre de *Très Saint Archevêque de Constantinople, Nouvelle-Rome, Patriarche œcuménique*. Il a sous ses ordres 129 évêques, dont 7 en Roumanie et 4 en Servie, quoique les églises de ces pays aient des tendances à se rendre indépendants. Dans toutes les possessions immédiates de la Porte (c'est-à-dire toute la Turquie européenne et asiatique, excepté la Roumanie et la Servie), le patriarche de Constantinople exerce non seulement une juridiction spirituelle, mais une espèce de juridiction temporelle. II. L'Eglise d'Alexandrie compte 5 évêques, sous le patriarche d'Alexandrie, qui réside habituellement au Caire. III. L'Eglise d'Antioche compte 17 évêques avec un patriarche. IV. L'Eglise de Jérusalem a 14 évêques et un patriarche. V. L'Eglise russe compte 60 évaques, gouvernés par le *Très Saint Synode de toutes les Russies*, qui fut établi par Pierre le Grand, et qui consiste en trois métropolitains, un archevêque, deux autres membres du clergé et deux membres laïques. Le czar en est le chef virtuel. VI. L'Église de l'île de Chypre compte 4 évêques, sous les ordres d'un évêque dont le siège est à Nicosie. VII. L'Eglise grecque d'Autriche-Hongrie est divisée en trois juridictions indépendantes. Dans les terres de la couronne hongroise, il y a un métropolitain pour la nationalité serbe à Carlovitz et un autre pour la nationalité roumaine à Hermannstadt; il y a en outre 8 évêchés. L'Eglise grecque de l'Autriche Cisleithane possède un archevêque à Czernowitz et des évêques à Zara et à Cattaro. VIII. L'Eglise du Mont-Sinaï a seulement un prélat, l'archevêque du Sinaï. IX. L'Eglise du Monténégro n'a, elle aussi, qu'un évêque. X. L'Eglise hellénique, dans le royaume de Grèce, compte 31 archevêques et évêques, gouvernés par le *Saint-Synode hellénique* d'Athènes, dont la présidence appartient de droit à l'archevêque métropolitain d'Attique-et-Béotie, résidant à Athènes. — Outre ces divisions, qui se reconnaissent les unes les autres comme orthodoxes, il existe en Russie de nombreuses sectes, dont la plupart reconnaissent la base doctrinale de l'Eglise grecque, mais rejettent la liturgie de l'Eglise russe, telle qu'elle a été corrigée par le patriarche Nicon(1654). Ces sectes, n'ayant plus aucun rapport avec l'Eglise de l'Etat, sont appelées officiellement *Baskolniki* (sépara- tistes), mais elles se donnent le nom de Sta- roviertzi (vieille croyance). — L'Eglise grecque domine dans toute la Russie, dans la Turquie d'Europe, dans la Grèce et dans le Monté- négro. Le territoire sur lequel elle règne s'accroît continuellement par le progrès de la Russie dans l'Asie centrale. Le nombre des chrétiens grecs de Russie est évalué à 55 mil- lions, en y comprenant les membres des sectes (15 millions). La Turquie compte envi- ron 12 millions de Grecs, dont 4,300,000 en Roumanie et 200,000 en Servie; l'Autriche- Hongrie en compte 3 millions; le royaume de Grèce environ 1,700,000; le Monténégro 125,000; l'Allemagne 3,000. Total, environ 76 millions. Le plus grand nombre de Grecs- Unis se trouvent en Autriche-Hongrie (en- viron 4 millions), en Turquie (environ 50,000), dans l'Italie méridionale (80,000). L'Eglise grecque-unie possède en Autriche-Hongrie 2 archevêques et 6 évêques; en Turquie un patriarche (à Antioche), et 8 suffragants; en Russie, son unique évêché de Chelm n'existe plus depuis 1875. — BIBLIOGR. *Le présent et l'avenir de la Grèce*, par A.-N. Bernardakis (Paris, 1870, in-8°). — *Ethnographie de la Turquie et de l'Europe et de la Grèce*, par C.-F. Bianconi (Paris, 1877). — *Quelques notes sta- tistiques sur la Grèce*, par Basile Digenis (Mar- seille, 1878, in-8°). — *Excursions en Roumélie et en Morée*, par Mme Dora d'Istria (Paris, 1865, 2 vol. in-8°). — *Etude économique de la Grèce*, par C. Leconte (Paris, 1849, in-8°). — *Rapport sur l'état de la statistique en Grèce, présenté au congrès international de statistique de Saint- Pétersbourg en 1872*, par Alex. Mansolas (Athènes, 1872, in-8°). — *La Grèce à l'exposi- tion universelle de Paris en 1878*, par A. Man- solas (Paris, 1878, in-8°). — *Géographie univer- selle* (tome I), par Elisée Reclus (Paris, 1877).

* GRÉCISÉ, ÉE adj. partie. passé de GRÉCISER. — Qui a une forme grecque : *Métastase* est le nom de *Trapassi* grécisé.

* GRÉCISER v. a. Donner une forme grec- que à un mot d'une autre langue : *plusieurs savants ont grécisé leurs noms.* — v. n. Af- fecter d'employer des locutions grecques.

GRÉCITÉ s. f. Caractère de ce qui est grec: *grécité d'une expression.* — HAUTE GRÉCITÉ, grec classique. — BASSE GRÉCITÉ, grec de la décadence, à partir de la mort d'Alexandre.

GRÉCO-LATIN, INE adj. Qui appartient aux Grecs et aux Latins : *formes gréco-latines.* — LANGUES GRÉCO-LATINES, langues composées du grec, du latin et des idiomes modernes qui en sont dérivés.

GRÉCOMANIE s. f. Manie d'imiter les mœurs, les usages, la langue des Grecs.

GRÉCO-ROMAIN, AINE adj. Qui appartient aux Grecs et aux Romains : *architecture gréco- romaine.* — EMPIRE GRÉCO-ROMAIN, empire grec de Constantinople.

GRÉCOURT (Jean-Baptiste-Joseph WILLART DE), chanoine de Tours, né dans cette ville en 1684, mort en 1743. Rimeur facile, mais très licencieux, il a composé des contes en vers, des épîtres et des chansons que l'on ne lit plus à cause des nombreuses immoralités qu'ils contiennent. On a recueilli ces ouvrages après sa mort (1761 et 1764, 4 vol. in-12).

* GRECQUE s. f. Ornement composé d'une suite de lignes droites qui reviennent sur elles- mêmes, en formant toujours des angles droits: *cette frise est ornée d'une grecque.* — Petite scie avec laquelle les relieurs opèrent le gré- cage.

GRECQUER v. a. Opérer le grécage.

* GREDIN, INE s. (anc. haut all. *gratag*, af- famé). Mendiant, gueux de profession : *ce n'est qu'un gredin.* (Vieux.)—Fig. Personne qui n'a ni bien, ni bonnes qualités, ni considéra- tion : *c'est un franc gredin, un gredin honni de tout le monde.*

* GREDIN s. m. Espèce de petit chien à longs poils

Greenock.

* GREDINERIE s. f. Misère, gueuserie : *vivre dans une honteuse gredinerie.* (Fam. et vieux.) — Action de gredin, bassesse : *faire des gredineries.*

GREELY [gri'-lé], ville du Colorado (Etats- Unis), sur la rivière Cache à la Poudre, à 75 kil. N.-E. de Denver; environ 1,500 hab.

* GRÉEMENT ou Grément s. m. Mar. En- semble de toutes les choses nécessaires pour gréer un bâtiment; et quelquefois la manière dont elles sont arrangées, disposées : *ce grée- ment de notre vaisseau était fort endommagé.* On dit, dans un sens analogue : *le gréement d'un mât.* — Art ou action de gréer les bâti- ments : *traité du gréement.*

GREENBACK s. m. [grinn-bak] (angl. *green*, vert; *back*, dos). Nom que donnaient les Amé- ricains des Etats-Unis aux coupures de 1 dollar et au-dessus. Les greenbacks, créés en 1861, devaient ce nom à leur couleur dominante. Les billets d'une valeur inférieure à 1 dollar (il y en avait depuis 3 cents, ou 15 centimes) étaient nommés « fractional currency ».

GREEN BAY [grinn-bè], ville du Wisconsin (Etats-Unis), sur une péninsule, à 150 kil. N. de Milwaukee; 8,040 hab. Elle a un beau port. Commerce de bois, de grains et de fa-

rine. Grandes pêcheries et diverses manufac- tures.

GRENNBUSH [grinn-bouch], ville de l'état de New-York (Etats-Unis), sur la rive droite de l'Hudson, vis-à-vis Albany; 7,080 hab Moulins, fonderies, etc.

GREENCASTLE [grinn-cass'l], ville de l'In- diana (Etats-Unis), à 50 kil. S.-O. d'Indiana- polis; 3,230 hab. Centre commercial d'un pays riche en produits agricoles. Moulins, fabriques de clous, etc.

GREENE (Robert) [grîne], dramaturge an- glais, né vers 1560, mort en 1592. Outre des drames, il écrivit des poèmes et des contes. Son *Pandosto* fournit à Shakspeare l'intri- gue de *Winter's tale*. Dans *A Groat's Worth of Wit bought with a Million of Repentance*, Greene parle de Shakspeare comme d'un *cor- beau parvenu à se rendre beau avec les plumes des autres*. Une édition de ses œuvres a été publiée par Dyce (2 vol., 1831).

GREENEVILLE [grî-ne-ville], ville du Ten- nessee (Etats-Unis), à 100 kil. N.-E. de Knox- ville; 1,040 hab.

GREENFIELD [grinn-fîld], ville du Massa- chusetts (Etats-Unis), sur la rive O. de la ri- vière Connecticut, à 140 kil. O.-N.-O. de Bos- ton; 3,540 hab. École supérieure, bibliothè- que et nombreuses manufactures.

GREENOCK [grinn-ok], ville du Renfrew- shire (Ecosse), sur l'estuaire du Clyde, à 25 kil. O.-N.-O. de Glasgow; 57,140 hab. Ex- cellents docks. Dans le voisinage, aqueduc de 4 kil. de long. Nombreuses raffineries de sucre, fonderies, manufactures de toile à voile, de chaussures, de savon et de chan- delles.

GREENOUGH (Horatio) [grinn'-o], sculpteur américain, né à Boston en 1805, mort en 1852. Il habita Florence pendant plusieurs années, et retourna aux Etats-Unis en 1851. Outre les bustes de John Quincy Adam, de Lafayette, de Marshall, etc., il a laissé une statue colossale de Washington et la *Rescue*, commandée par le congrès, les *Chanting Che- rub*, *Medora*, *The Angel Abdiel* et *Venus Vic- trix*. Le *Memorial of Horatio Greenough* (1853) renferme une collection de ses ouvrages sur l'art et sur d'autres sujets, et un mémoire de H.-T. Tuckerman.

GREENPORT [grinn-port], village de l'Etat de New-York (Etats-Unis), sur la pointe N.-E. de Long Island, à 135 kil. E. N.-E. de New- York; 1,820 hab. Excellent port à l'entrée de la baie Peconic.

GREEN RIVER I. Cours d'eau qui prend sa source dans le Kentucky central et se jette dans l'Ohio, à 12 kil. au-dessus d'Evansville. — II. L'un des constituants du Colorado de l'O.; cette rivière prend sa source dans les montagnes Rocheuses, près du pic de Fré- mont (Wyoming); cours d'environ 665 kil

Elle se réunit au Grand Utah, après avoir franchi des précipices profonds et escarpés.

GREENSBORO [grænss-bo-ro], ville de l'Alabama (États-Unis), à 70 kil. N.-O. de Selma; 1,760 hab Commerce très florissant.

GREENVILLE, ville de la Caroline du Sud (États-Unis), à 190 kil. N.-O. de Columbia; 5,550 hab

GREENWICH [grinn'-idj], ville du Kent (Angleterre), sur la rive droite de la Tamise, à 7 kil. S.-E. de la cathédrale de Saint-Paul de Londres; 169,370 hab. Elle est célèbre surtout par son hôpital pour les marins et par son observatoire dont la longitude est seule admise sur les cartes anglaises. (Voy. Longitude). L'hôpital, ouvert en 1705, occupe

Hôpital de Greenwich.

l'emplacement d'un ancien palais royal appelé maison de Greenwich, Placentia ou *The Pleasaunce*; il sert aujourd'hui d'hôpital pour les marins blessés en temps de guerre, les pensionnaires qui l'habitaient autrefois ayant obtenu depuis 1865 de résider ailleurs. L'observatoire a été construit par Charles II. Greenwich possède des manufactures très importantes.

GREENWICH [grinn'-itch], ville et bourg du Connecticut (États-Unis), sur le détroit de Long-Island, à 40 kil. N.-E. de New-York; 7,650 hab.

* GRÉER v. a. (anc. all. *gereiter*; holland. *gereed*). Mar. Garnir un bâtiment de toutes les voiles, manœuvres, poulies, etc., dont il a besoin pour être en état de naviguer : *on a reçu ordre de gréer tel vaisseau, goélette*, etc. On dit dans un sens analogue : *gréer un mât, une vergue*, etc.

* GRÉES (Alpes-), partie des Alpes, depuis le mont Cenis (3,493 m.) jusqu'au mont Blanc (4,795 m.). Elles ont une longueur de 90 kil.

* GRÉEUR s. m. Celui qui fait métier de gréer les bâtiments.

GREFFAGE s. m. Action ou manière de greffer.

* GREFFE s. m. [grè-fe] (gr. *graphein*, écrire). Lieu d'un tribunal où sont déposées les minutes des jugements, des arrêts, celles de divers actes de procédure, comme enquêtes, rapports d'experts, etc., et où se font certaines déclarations, certains dépôts : *consigner de l'argent au greffe*. — Se disait autrefois, par ext., des droits du greffe, des émoluments qu'on tirait du greffe : *avoir les greffes de tel lieu*.

* GREFFE s. f. [grè-fe] (gr. *graphion*, style

à écrire). Agric. et Jard. Petite branche que l'on coupe, ou œil qu'on lève à la branche d'un arbre qui est en sève, et que l'on ente dans un autre arbre, afin que la branche ou l'œil reprenne, et que l'arbre sur lequel on ente porte le fruit de l'arbre d'où la branche ou l'œil a été tiré : *lever, enter des greffes.* — Opération par laquelle on ente une greffe sur un arbre, et résultat de cette opération : *l'opération de la greffe.* — GREFFE EN APPROCHE ou PAR APPROCHE, manière de greffer qui consiste ordinairement à rapprocher et à mettre en contact des branches voisines, de manière qu'elles se soudent et adhèrent l'une à l'autre. — ENCYCL. La greffe et le procédé bien connu au moyen duquel une portion vivante d'un végétal s'unit à un autre végétal de la même espèce ou du même genre botanique, s'identifie avec lui et y croît comme sur son pied mère. La plante sur laquelle on opère se nomme *sujet*; la partie ajoutée est le *scion* ou *greffe*. La condition indispensable pour la réussite de la reprise est que les vaisseaux séveux du sujet coïncident parfaitement avec ceux du scion, et la théorie de la greffe se réduit, par conséquent, à savoir qu'il faut mettre en contact, dans le sujet et dans le scion, les couches d'aubier et du liber le plus jeune, parce que c'est dans ces couches que se trouvent les vaisseaux séveux. Nous avons dit que les deux végétaux à greffer doivent appartenir à la même espèce ou au même genre botanique : en effet, de même que l'on commet une hérésie scientifique lorsque l'on prétend que le mariage du taureau et de la jument peut être fécond (voy. JUMART), de même il serait absurde de greffer un dahlia sur un rosier, ou un scion de vigne sur un prunier. Mais la greffe réussit d'elle-même sur deux arbres de la même variété, comme on peut s'en convaincre dans nos bois, où l'on voit souvent deux branches d'un même arbre se rencontrer et se souder intimement; elle s'opère plus difficilement à mesure que les plantes s'éloignent au point de vue botanique. Une autre observation très importante, qui échappe souvent aux horticulteurs, quand ils ne possèdent pas de connaissances suffisantes dans le domaine de la physiologie végétale, c'est qu'il faut que les plantes à greffer présentent un mode de végétation semblable, et surtout que leur végétation s'effectue à la même époque : c'est pourquoi l'on n'obtient que des greffes languissantes quand on marie des variétés tardives avec des variétés précoces et *vice versâ*. — La greffe reproduit identiquement la variété que l'on veut propager; elle augmente la qualité des fruits, hâte l'époque de leur maturité, avance de

plusieurs années la fructification des arbres et permet de faire croître dans un sol quelconque une espèce ou une variété qui, franche de pied, n'y viendrait pas. — Les individus greffés vivent moins longtemps que les individus francs de pied. — On divise les greffes en trois séries : 1° les *greffes par rameaux*; 2° les *greffes par approche*; 3° les *greffes en écusson*. Les détails suivants sont empruntés à l'excellent *Manuel élémentaire d'Agriculture et d'Horticulture*, par A. Piéton et H. Lecointe (Paris, Goin, 1884). — « Greffes par rameaux. Cette série comprend la *greffe en fente*, la *greffe en écorce* et la *greffe de côté*. — Les greffes par rameaux peuvent se faire depuis le mois de février jusqu'à la fin de l'été, mais c'est surtout au printemps qu'elles sont pratiquées. — Il est essentiel de prendre les greffes sur des arbres sains, fertiles et produisant de beaux fruits. A cet effet, on coupe au mois de janvier des rameaux de la pousse de l'année, puis on les met en terre jusqu'à *moitié* de leur longueur, près d'un mur exposé au nord. — Il importe de protéger les greffes par rameaux contre l'action des vents et le contact des oiseaux. On y parvient en plaçant au sommet de la tige un petit tuteur et une baguette flexible disposée en cerceau et fixée aux deux extrémités, au moyen d'une attache. On préserve les greffes des pommiers à cidre en les entourant de quelques branches d'épine ou d'acacia. — Peu de temps après que l'arbre a été greffé, la sève refoulée sur la tige, donne naissance à de nombreuses productions qu'on devra supprimer, au fur et à mesure qu'elles feront leur apparition. Toutefois, on en conservera plusieurs au sommet de l'arbre, jusqu'à ce que les greffes commencent à produire des bourgeons. — *Greffe en fente simple*. On l'emploie sur des sujets d'un petit diamètre. Elle est préparée comme il suit : on choisit un rameau muni de trois yeux, puis prenant pour point principal l'œil de la base, on fait de chaque côté de cet œil et sur une longueur de 3 à 4 centim., un petit enlèvement d'écorce et de bois, en conservant moitié plus d'épaisseur du côté de l'œil ou (partie extérieure de la greffe) que du

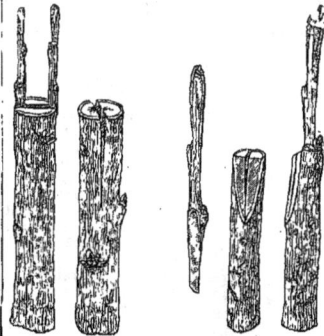

Fig. 1. Greffe en fente. — 1. Opération quand le sujet est coupé horizontalement (greffe en fente double). — 2. Opération quand le sujet est coupé obliquement.

côté opposé. Avant d'enlever le bois, il est bon de faire un petit cran de chaque côté de l'œil. — La tête de l'arbre est supprimée sur une partie de la tige bien droite et bien unie; la coupe est faite horizontalement à son extrémité, ou mieux, tronquée en biseau. Après avoir paré les plaies avec la serpette, on pratique une fente longitudinale de 5 à 6 centim. partant du sommet de la tige et du milieu du biseau. — Pour poser la greffe, on tient la fente ouverte à l'aide d'un petit coin de bois ou de fer, puis on introduit le rameau, l'œil de la base en dehors, en ayant soin de mettre en contact le point qui se trouve entre l'écorce et l'aubier du sujet avec la même point de la greffe. Il faut, pour atteindre ce but, que l'écorce de la greffe, toujours plus mince que celle du sujet, soit légèrement rentrée. L'opération terminée, on ligature la partie fendue, et l'on recouvre les plaies avec du mastic à greffer, pour les soustraire à l'action de l'air et de l'humidité. — *Greffe en fente double.* Celle-ci s'applique sur des sujets de 12 à 18 centimètres de circonférence. Les greffes sont préparées comme la précédente, la tige est coupée horizontalement et la plaie est parée avec la serpette; on fait une fente verticale au milieu du sujet, ensuite on introduit deux greffes, dans la fente à l'opposé l'une de l'autre. — Il est nécessaire de ligaturer et de couvrir de mastic. — En posant deux greffes, la plaie se cicatrise plus facilement. Après une année de végétation, on supprime la moins vigoureuse. — *Greffes en écorce* ou *en couronne.* Elles se font depuis la fin de mars jusqu'à la fin de mai, c'est-à-dire quand les arbres sont complètement en sève. Comme les greffes en fente, il faut les ligaturer, et couvrir les plaies de mastic. — *Greffe en couronne ordinaire.* Pour la pratiquer, il faut couper horizontalement la tête de l'arbre, tailler la greffe en bec de plume, en ménageant un petit cran du côté opposé à l'œil de la base de la greffe; enlever à partir de ce cran, moitié ou environ du corps ligneux, en diminuant l'épaisseur à mesure qu'on approche de l'extrémité inférieure de la greffe. On écarte ensuite l'écorce du sujet avec un petit coin, l'on introduit la greffe entre l'écorce et l'aubier, en faisant asseoir le cran sur la partie amputée du sujet. Pour faciliter l'opération, on peut faire une incision verticale sur l'écorce, ce qui permet de la soulever des deux côtés et d'introduire la greffe. Lorsque le sujet est gros, il convient de placer plusieurs greffes à la circonférence, en les espaçant de 4 à 5 centim. les unes des autres.—*Greffe en couronne perfectionnée.* Cette greffe a été imaginée par M. Dubreuil; nous ne croyons mieux faire que de reproduire la description qu'il en a donnée. « La tête du sujet est coupée obliquement, puis l'écorce est ouverte verticalement non par à gauche du sommet du biseau. La base de la greffe est taillée en bec de flûte, avec réserve d'un cran ou languette à la naissance de l'entaille, puis on coupe une petite lanière d'écorce sur le côté gauche du bec de flûte. On insère la greffe entre l'écorce et le bois en soulevant l'écorce d'un seul côté, de manière que le cran vienne reposer en s'accrochant sur le sommet du biseau et que le côté gauche du bec de flûte s'appuie contre l'écorce du sujet.» — *Greffes anglaises.* Les greffes anglaises diffèrent des autres en ce que le scion et le sujet sont taillés en double biseau. Nos gravures 2 et 3 sont suffisamment compréhensibles les détails de l'opération. — « *Greffe en écorce de côté.* Pour faire cette greffe, il faut se servir d'un rameau un peu coudé et garni de cinq ou six yeux; la partie inférieure de la greffe est taillée en biseau de 3 à 4 centim. de longueur et du côté opposé à l'œil de la base; ensuite on pratique sur la tige, à l'endroit où l'on veut placer la greffe, deux incisions, l'une transversale, l'autre verticale,

Fig. 2.—Greffe anglaise, montrant les languettes préparées et la manière de les réunir.

en leur donnant la forme d'un T, puis on soulève les écorces pour insérer la greffe. Il faut ensuite ligaturer et couvrir de mastic. Avant de poser la greffe, il sera bon de pratiquer une entaille transversale

à 4 centim. environ au-dessus du point où elle doit être placée. Cette greffe est d'un usage fréquent pour établir des branches là où il en manque, sur les arbres soumis aux formes régulières. — *Greffes par approche.* Elles se distinguent des autres greffes en ce qu'elles restent adhérentes au sujet jusqu'à leur reprise complète. On les fait au printemps et pendant une partie de l'été. — *Greffe par approche ordinaire.* Il arrive souvent que, sur un arbre dirigé sous une forme régulière, pyramide, palmette ou autre, il manque une ou plusieurs branches de charpente. Quand ce cas se présente, on prend pour greffe une branche dans le voisinage de la partie dégarnie, on l'applique sur cet endroit, puis on fait une entaille longue de 4 à 5 centim. sur la tige, et une plaie semblable sur la branche; les parties entaillées sont approchées l'une contre l'autre à l'aide d'une ligature en faisant coïncider les écorces aussi exactement que

Fig. 3. — Greffe anglaise au collet.

possible. Il n'y a plus ensuite qu'à couvrir les plaies de mastic. Le sevrage de la greffe a lieu l'année suivante, quand la reprise est assurée. — *Greffe par approche herbacée.* Elle est particulièrement employée sur le pêcher pour garnir de rameaux à fruit les branches dénudées. — L'opération consiste à faire sur le point où endroit dénudé une incision longitudinale de 4 à 5 centim., et terminée aux extrémités par une incision transversale. Cela fait, on choisit, près et au-dessous de l'incision, un rameau dont l'extrémité dépasse un peu l'endroit qu'on veut garnir, puis on enlève, sur une longueur de 4 à 5 centim. le tiers environ du diamètre de ce rameau à la place où il doit être greffé. Il faut ensuite soulever les écorces avec la spatule du greffoir et insérer le rameau sous les écorces de manière qu'il soit bien recouvert et en ayant l'attention de laisser en dessus un bouton qui se trouvera au milieu de l'incision. Enfin on ligature sans qu'il soit nécessaire de couvrir de mastic.

Cette greffe se pratique en juin et juillet; elle reprend facilement, mais on ne doit en faire le sevrage qu'au printemps suivant, et même plus tard, pour lui donner le temps de s'attacher solidement sur la branche.—*Greffes en écusson.* Le caractère particulier de ces greffes est que la tête du sujet est conservée, jusqu'à la reprise complète de l'écusson. — On

Fig. 4. — Greffe en couronne.

donne le nom d'écusson à une plaque d'écorce deux fois plus longue que large et munie d'un œil bien constitué. L'écusson sera pris sur un rameau de l'année; ce rameau détaché, on coupe toutes les feuilles en ne conservant que le pétiole. — Cette greffe est sans contredit la plus expéditive et la meilleure; elle s'identifie si bien avec le sujet, qu'au bout de peu d'années, il est difficile de s'apercevoir

que celui-ci a été greffé. — L'écusson s'emploie sur les jeunes arbres, lorsqu'ils sont de la grosseur du doigt. Il s'applique aussi sur les jeunes branches. — Suivant l'époque où elles est pratiquée, cette greffe prend le nom d'écusson à œil dormant ou d'écusson à œil poussant. — *Greffe en écusson à œil dormant.* Elle se fait depuis la fin de juillet jusqu'à la fin de septembre. Il faut choisir sur un rameau un œil bien constitué. Pour lever l'écusson, on place la lame du greffoir à 1 cent. environ au-dessus de l'œil et on dirige entre l'écorce et l'aubier, en entamant un peu celui-ci et en descendant à 1 cent. au-dessous de l'œil. — L'écusson enlevé, on vérifie si l'œil est resté adhérent à l'écorce, sans présenter ni trous, ni vides, autrement il faudrait le rejeter. — Pour poser l'écusson, on fait sur un point de la tige bien lisse et bien uni, deux incisions, l'une verticale, longue de 2 à 3 centim., l'autre transversale au sommet de la première, de manière à former un T. Les écorces de l'incision verticale sont soulevées avec la spatule du greffoir, puis on y insère l'écusson, en ayant soin de rapprocher les écorces et de les ligaturer avec de la laine en laissant l'œil découvert. Il est préférable de commencer la ligature au-dessus de l'œil en serrant un peu plus sur ce point qu'à la base. — Quinze jours ou trois semaines après l'opération, il faudra desserrer un peu la liga-

Fig. 5. — Greffe en approche.

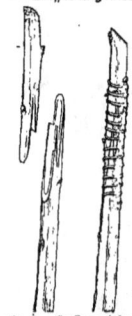

ture et s'assurer de la reprise de la greffe, qui a lieu quand l'œil se gonfle et que le pétiole se détache. — Comme pour les autres greffes, il convient d'enlever tous les bourgeons qui se produisent le long de la tige. — A la fin de l'hiver suivant, la tige du sujet sera rabattue à 8 ou 10 centim. de l'écusson. Celui-ci ne tardera pas à se développer; il sera bon de l'assujettir à un tuteur. Au bout d'un an, la partie de la tige qu'on a dû laisser au-dessus de la greffe sera supprimée. — *Écusson à œil poussant.* Cette greffe se pratique de la fin de mai au mois de juillet, par les mêmes procédés que la précédente, avec cette différence qu'aussitôt après la reprise de l'écusson, on supprime la tête du sujet au-dessus de la greffe, sans attendre le printemps. — Ce mode de greffage est peu employé pour les arbres fruitiers de la région du nord, parce que le corps ligneux du rameau provenant de l'écusson n'a pas le temps nécessaire de se constituer assez solidement pour résister aux fortes gelées. — L'écusson à œil poussant est en usage pour multiplier le rosier; on en obtient de bons résultats; ainsi, un églantier écussonné en juin pourra donner des roses en août ». (Voy. Écussonnage.) — Un procédé voisin de l'écussonnage est la *greffe en flûte*, qui consiste à enlever du végétal à reproduire un anneau d'écorce sans aubier, portant un ou plusieurs yeux, et à mettre cet anneau à la place d'un autre anneau semblable enlevé au sujet. Ce genre de greffe est recommandé pour les noyers, les châtaigniers, quelques chênes, des mûriers, etc. — Les instruments employés dans les différentes opérations du greffage sont : un petit canif nommé *greffoir* et muni d'une spatule; une petite scie à main

nommée *égohine*; une *serpette*; un *maillet* en bois qui sert à frapper sur le dos de la serpette quand on veut fendre verticalement les grosses tiges des sujets pour y placer les scions; un petit coin de bois dur à l'aide duquel on maintient entrouverte la fente pendant l'opération. — Les *ligatures* destinées à maintenir le scion dans une position fixe sur le sujet pendant le temps de la reprise, doivent être élastiques; c'est pourquoi on emploie ordinairement la laine grossièrement filée et peu tordue. — Pour garantir de l'action de l'air les plaies de la greffe, on recouvre celles-ci de terre grasse ou de bouse de vache; mais il est préférable d'avoir recours à des mastics ou à des onguents spéciaux qui garantissent bien mieux les blessures.

* **GREFFER** v. a. Agric. et Jard. Faire une greffe, enter : *greffer en fente, en flûte, en écusson, en approche*, etc. — ∿ Par ext. Introduire, implanter. — **Se greffer** v. pr. Être greffé : *l'abricotier se greffe sur l'amandier.* — Se soudre, être uni, être ajouté : *les races germaniques se greffèrent sur les races gallo-romaines*

* **GREFFEUR** s. m. Celui qui greffe, qui sait greffer : *ce jardinier est un bon greffeur.*

* **GREFFIER** s. m. [grè-flé]. Fonctionnaire qui tient le greffe : il est en outre chargé d'écrire, à l'audience, les minutes des jugements, des arrêts, et d'assister le juge dans certaines occasions, comme pour les descentes, enquêtes, etc. : *greffier civil, greffer criminel*. — GREFFIER A PEAU, A LA PEAU, se disait autrefois du commis greffier qui écrivait sur parchemin les expéditions des arrêts et des sentences. ∿ Jargon. Chat. — Législ. « Les greffiers, que l'on pourrait nommer les secrétaires des tribunaux, sont des fonctionnaires publics, mais ils ont, de même que les officiers ministériels, la faculté de présenter leurs successeurs, c'est-à-dire de céder leurs charges. Ils reçoivent un traitement de l'État et ils ont droit, en outre, à des salaires sur certains actes et sur les expéditions qu'ils délivrent. Les greffiers sont assermentés, ainsi que les commis-greffiers qui les suppléent; les uns et les autres doivent être âgés de 25 ans au moins. Les greffiers en chef des cours d'appel doivent être licenciés en droit et âgés de 27 ans; celui de la cour de cassation ne peut avoir moins de 30 ans. Les greffiers ou leurs commis assermentés écrivent sous la dictée des juges, aux audiences, dans les enquêtes, les interrogatoires, etc. Ils conservent les minutes des jugements et arrêts, et ils sont assujettis à un cautionnement, comme étant comptables des droits de greffe qu'ils perçoivent au profit de l'État. Dans les lieux où il n'y a pas de commissaire-priseur, les greffiers de justice de paix peuvent procéder aux ventes publiques de récoltes et d'objets mobiliers, concurremment avec les notaires et les huissiers. Les greffiers ne sont soumis à aucun droit fixe de patente, mais à un droit proportionnel qui est du quinzième de la valeur locative de tous les locaux occupés par eux. » (Ch. Y.)

* **GREFFOIR** s. m. Petit couteau dont on se sert pour greffer

GREFFON s. m. Bourgeon ou jeune rameau destiné à être greffé sur un sujet.

GRÉGARINE s. f. (lat. *gregarius*, qui vit par troupes). Helminth. Genre de parasites protozoaires inférieurs, comprenant plusieurs espèces de vers intestinaux, sans bouche, et différant des foraminifères en ce qu'ils n'émettent pas de filaments. Les grégarines sont très petites; quelques-unes ont à peine la grosseur d'une pointe d'aiguille fine; les plus volumineuses atteignent à peine 1 centim. de long. Elles vivent dans le tube intestinal de plusieurs insectes, du ver de terre, du homard, etc.

* **GRÈGE** adj. (ital. *greggio*, brut). Se dit de la soie quand elle est tirée de dessus le cocon : *soie grège*.

* **GRÉGEOIS, OISE** [grè-joi] (lat. *græcus*). S'est dit autrefois pour grec. N'est plus usité que dans cette locution, FEU GRÉGEOIS, sorte de feu d'artifice dont on se servait dans le combat naval, et dont l'eau augmente la violence. Il est composé de soufre, de naphte, de bitume, de gomme et de poix. On ne peut l'éteindre qu'avec du vinaigre mêlé avec du sable ou de l'urine, ou avec des cuirs verts, c'est-à-dire avec des peaux d'animaux fraîchement écorchés. On donne à ce feu le nom de grégeois, parce qu'on en doit l'invention à un Grec nommé Gallinicus, ingénieur d'Héliopolis, ville de Syrie; il s'en servit avec tant de succès dans un combat naval, qu'il brûla une flotte ennemie où il y avait près de trente mille hommes. — Le feu grégeois employé à la défense de Constantinople, lors des deux sièges par les Sarrasins (668-675 et 716-718 ap. J.-C.), paraît avoir été composé de bitume, de soufre et de poix. On le lançait en boules de feu, ou avec des flèches et des javelines autour desquelles on tortillait du chanvre saturé de matières inflammables; de la proue des navires, on le projetait au moyen de longs tubes de cuivre. Pendant 400 ans, le secret de sa composition fut conservé; mais à l'époque des croisades, il jeta la mort et l'épouvante dans les rangs des chrétiens; on cessa de l'employer vers le milieu du XIVe siècle. M. Niepce de Saint-Victor a fait des expériences sur la propriété que possède la benzine de brûler sur l'eau et de s'enflammer lorsqu'elle contient une parcelle de potassium ou de phosphure de calcium. D'après ce principe, il construisit une lampe inextinguible, destinée à s'allumer par immersion sous l'eau et que l'on devait attacher aux bouées de sauvetage.

GRÉGOIRE (Henri), évêque constitutionnel, né à Vého, près de Lunéville, le 4 décembre 1750, mort à Paris le 28 mai 1831. Il était curé d'Emberménil lorsque le clergé lorrain le choisit pour représentant aux états généraux. Il fut l'un des premiers prêtres qui se réunirent au tiers état et qui prêtèrent le serment du Jeu de paume. Prévoyant la révolution, mais désireux de la *christianiser*, suivant son expression, il fit inscrire le nom de *Dieu*, en tête de la célèbre déclaration des droits de l'homme. Lors de la constitution d'un nouveau clergé (1792), il fut élu évêque dans les deux diocèses de la Sarthe et du Loir-et-Cher; il opta pour le dernier siège. A la Convention, où l'envoyèrent les administrés, il demanda, dès la première séance, l'abolition de la royauté. Président de cette assemblée, il fit un appel à tous les peuples de l'Europe contre la tyrannie des rois. Lors du procès de Louis XVI, il était en mission dans la Savoie, et écrivit de Chambéry une lettre pour réclamer la *condamnation* du roi; mais il ne spécifia point de quel genre de condamnation il s'agissait, restriction mentale qui lui coûta cher dans la suite, les révolutionnaires l'accusant de ne pas vouloir la mort de Louis, et les royalistes le considérant comme un régicide. En 1793, il refusa d'imiter l'exemple de l'archevêque Gobel, qui, à la tête, du clergé parisien, vint, à la Convention, adhérer au culte de la Raison. C'est à Grégoire que les juifs doivent la restitution de leurs droits; c'est, en partie, à cet évêque que les nègres durent leur liberté momentanée; sur sa proposition furent institués le Conservatoire des arts et métiers, le Bureau des longitudes, les jardins botaniques, les fermes expérimentales, etc. Il inventa le mot *vandalisme*, pour stigmatiser la passion dévastatrice de ses contemporains. Au conseil des Cinq-Cents, il s'effaça, adopta

le coup d'État de brumaire, entra au Sénat en 1801, et combattit le concordat, après la conclusion duquel il donna sa démission d'évêque. Il fut l'un des cinq qui eurent le courage de voter contre l'établissement de l'Empire (1804), et il resta seul quand il s'agit de repousser la restauration des titres nobiliaires; mais ensuite, il accepta le titre de comte. Il vota la déchéance de Napoléon, en 1814, et rentra un instant dans la vie privée. Élu député du département de l'Isère, en 1819, il fut exclu de la Chambre comme *indigne*. On lui rappela qu'il avait voté la *condamnation* de Louis XVI, on l'élimina de l'Institut, et on le fit renoncer à son titre de commandeur de la Légion d'honneur (1822). Retiré à Auteuil, il ne s'occupa plus que de travaux littéraires. Il ne désavoua jamais ses actes comme prêtre assermenté et comme révolutionnaire. Parmi ses nombreux écrits, nous citerons : *Histoire des sectes religieuses depuis le commencement de ce siècle* (1810); *De la littérature des nègres* (1808), et ses *Mémoires*, publiés par H. Carnot (1837).

GRÉGOIRE, nom de seize papes. — I. (Saint), surnommé le Grand, né à Rome vers 540, mort en 604. Il abdiqua l'office de préfet de Rome, se retira du monde, fit de sa maison, sur le mont Cœlien, un monastère et en devint l'un des moines. En 590, il fut élu pape à l'unanimité, comme successeur de Pélage. La peste et la famine désolaient à cette époque l'Italie, et les armées ennemies marchaient sur Rome. Il travailla nuit et jour à arrêter les ravages de ce double fléau, distribua de grandes quantités de grains et, par son éloquence, arrêta l'invasion des Lombards. Il réforma des abus dans le clergé et il envoya des missionnaires dans toutes les parties du monde connu. Il détruisit l'arianisme en Lombardie; ramena en Espagne le roi Récarède à l'orthodoxie et renversa en Afrique les donatistes. Tolérant autant que zélé, il ne voulut avoir recours à aucun moyen violent pour répandre la foi. Déplorant les maux qui accablaient les esclaves, il émancipa tous ceux qu'il possédait. Il a laissé : *Libri Moralium* (commentaire de Job), *Liber Regulæ Pastoralis*, 4 livres de dialogues et 14 livres de lettres. Fête le 3 septembre et le 12 mars. — II. (Saint), né à Rome, mort en 731. Il fut également renommé pour son savoir et pour ses vertus; il fut élu au siège papal en mai 745. Il lutta contre l'iconoclasie de Léon l'Isaurien, maintint son autorité en Italie; montra un grand zèle pour la conversion des infidèles et envoya saint Boniface prêcher l'évangile chez les Germains. — III. Successeur du précédent, né en Syrie, mort en 741. Il assembla, en 732, un concile par lequel les iconoclastes furent excommuniés comme hérétiques; il fut le premier pape qui exerça le pouvoir temporel dans l'exarchat de Ravenne, où il fut appelé par le peuple. — IV. Romain, nommé pape en 827, mort en 844. Il rebâtit Ostie pour défendre l'embouchure du Tibre contre les incursions des Sarrasins qui avaient pris possession de la Sicile; il se rendit en France et fit de vains efforts pour réconcilier Louis le Débonnaire avec ses fils. — V. (Bruno), Saxon, neveu de l'empereur Othon II, élu pape en mai 996, mort en 999. Son pontificat fut troublé par Philogêthes, évêque de Piacenza, qui devint antipape sous le nom de Jean XVI. — VI. (Jean-Gratien), Romain, élu pape, le 8 avril 1045, mort en 1047. Il abdiqua en décembre 1046 et se retira au monastère de Cluny. — VII. (Hildebrand, saint), né en Toscane vers 1018, mort le 25 mai 1085. Il était fils d'un charpentier, fut instruit à Rome dans un monastère, se rendit en France et se fit moine à Cluny, mais fut rappelé à Rome et nommé prieur de l'abbaye de Saint-Paul extra muros. Il gagna la faveur de Grégoire VI, qui l'envoya en France (1045) pour y combattre la simonie. Confident de Léon IX, il conserva son influence sous Victor II et sous Alexandre II. Il fut élu pape le 22 avril 1073. Une fois arrivé au pouvoir, il résolut de purifier le clergé de deux grands maux : la simonie et l'impureté, et d'émanciper l'Eglise, jusqu'alors subordonnée au pouvoir temporel. L'empereur Henri IV ne se faisait aucun scrupule de vendre publiquement les bénéfices ecclésiastiques aux enchères, en Allemagne comme en Italie. Grégoire assembla à Rome un concile dans lequel on décréta que toute personne coupable de simonie serait *ipso facto* excommuniée et déclarée incapable d'exercer une juridiction ecclésiastique. Il fut, en outre, décrété que tous les prêtres mariés ou qui ne conserveraient pas leur chasteté seraient dégradés. Ces décisions amenèrent une rupture entre le pape et l'empereur. Sur la sommation du pape de venir à Rome rendre compte de sa conduite, Henri, pour toute réponse, assembla un concile à Worms, en 1076, et Grégoire fut excommunié. Une sentence d'excommunication fut fulminée contre l'empereur que l'on déclara déchu, et Rodolphe de Souabe fut élu à sa place. Abandonné de ses adhérents, Henri fut obligé de demander pardon ; il traversa les Alpes et s'humilia devant le pape à Canossa (1077). Absous, il reprit sa couronne. En 1081, Henri nomma pape Guibert, archevêque de Ravenne, et s'empara de Rome. Le pape se réfugia dans la forteresse de Sant'-Angelo, et Guibert fut intronisé sous le nom de Clément III ; mais bientôt après, Robert Guiscard chassa de Rome Henri avec son antipape. Les armées toscanes furent victorieuses, en Lombardie, des ennemis de Grégoire, dont la santé était atteinte d'une manière irrémédiable et qui mourut bientôt à Salerne. Il existe une collection de ses lettres dans les *Acta Sanctorum* des Bollandistes. Voir aussi sa vie par le protestant allemand Voigt et par Villemain. — VIII. (Alberto de Mora), successeur d'Urbain III, le 21 octobre 1187, mort le 17 décembre de la même année. Il ne faut pas le confondre avec l'antipape Bourdin, qui prit aussi le nom de Grégoire VIII. — IX. (Ugolino), successeur d'Honorius III en 1227, mort le 21 août 1244. Son règne est surtout remarquable par la lutte prolongée que le pape soutint contre l'empereur Frédéric II. (Voy. FRÉDÉRICK II d'Allemagne.) — X. (Tebaldo Visconti), né vers 1209, mort le 10 janvier 1276. Il était cardinal et le légat du pape en Palestine, quand, après un interrègne de trois ans, il fut élu pape le 1er septembre 1271. Il assembla le second concile général de Lyon en 1274 et effectua une réunion momentanée des Eglises grecque et latine. — XI. (Pierre Roger), né près de Limoges, en 1329, élu pape en 1370, fut *le dernier Français qui occupa la chaire pontificale*, mort le 27 mars 1378. Il mit un terme à la résidence des papes à Avignon en retournant à Rome au commencement de 1377. — XII (Angelo Corario), né à Venise vers 1325, élu pape en 1406, mort le 18 octobre 1417. (Voy. CONSTANCE, CONCILE DE.) — XIII. (Ugo BUONCOMPAGNI), né à Bologne en 1502, élu pape le 13 mai 1572, mort le 10 avril 1585. Il avait été avocat distingué et professeur de jurisprudence civile et canonique. Son pontificat fut remarquable par la réformation du calendrier. (Voy. CALENDRIER.) Il publia le *Decretum gratiani*, avec notes. — XIV. (Nicolo SPONDRATI), né à Crémone, élu pape le 8 octobre 1590, mort en 1591. — XV. (Alessandro-Ludovisio), né à Bologne en 1554, élu pape le 9 février 1621, mort le 8 juillet 1623. Il fonda la célèbre congrégation *de propaganda fide* et canonisa Ignace de Loyola, François Xavier, Philippe de Néri et sainte Thérèse. — XVI. (Bartolommeo ALBERTO CAPELLARI), né à Bellune en 1765, mort le 1er juin 1846. Professeur très distingué de théologie et abbé d'un monastère de camaldules à Rome, il remplit divers emplois ecclésiastiques importants. Après le retour de Pie VII à Rome, il fut nommé procureur général de son ordre, conseiller de la propagande et examinateur des évêques. Il fut créé cardinal le 13 mars 1826 et devint préfet de la propagande. Le 2 février 1831, il fut élu pape. Une longue discussion s'éleva avec la Prusse au sujet des mariages mixtes. L'archevêque de Cologne fut emprisonné pour sa résistance aux prétentions du gouvernement et le pape intervint en sa faveur d'une manière énergique. Il protesta non moins fermement contre l'oppression des Polonais catholiques par le gouvernement russe, donna, à Rome, une grande impulsion à l'étude des sciences et des beaux-arts, et fonda plusieurs musées et des établissements de bienfaisance et d'utilité publique.

GRÉGOIRE L'ILLUMINATEUR (Saint), apôtre et premier patriarche d'Arménie, né en 257, mort vers 332. Fils d'Anag, prince Arsacide, il fut seul épargné quand sa famille fut condamnée au supplice pour le meurtre de Chosroes, roi d'Arménie, et fut élevé dans le christianisme, à Césarée en Cappadoce. Il accompagna Tiridates III de Rome en Arménie et fut emprisonné pendant 14 ans pour avoir refusé de sacrifier aux idoles. Il fut rendu à la liberté en 302, époque de la conversion du roi. Consacré métropolitain de l'Arménie, il convertit la plus grande partie de la nation, consacra son fils Arisdagès comme son successeur en 318 et se retira dans une caverne en 331. Fête le 30 septembre.

GRÉGOIRE DE NAZIANZE (Saint), l'un des plus illustres Pères de l'Eglise, né vers 328, mort vers 389. Son père, Grégoire, évêque de Nazianze, le fit élever avec soin. En 372, il fut consacré évêque de Sasima, mais il ne prit pas possession de ce siège, et resta près de son père ; il se retira ensuite dans un monastère de Séleucie. En 378, la mort de l'empereur Valens rendit la paix à l'Eglise après 40 ans de domination des ariens. L'année suivante, Grégoire fut rappelé de sa retraite et placé dans la chaire épiscopale de Constantinople, où il eut à subir de violentes persécutions de la part des ariens, des apollinaristes et autres hérétiques. Il insista pour se démettre de ses fonctions en 381, retourna à Nazianze, puis se retira dans un lieu solitaire près d'Arianze. Sa fête, dans l'Eglise latine, a lieu le 9 mai. Ses ouvrages consistent principalement en 55 sermons, 235 lettres et 158 pièces de poésie ; on en a donné de nombreuses éditions. Un choix a été publié par Goldhorn (Leipzig, 1854).

GRÉGOIRE DE NYSSA (Saint); Père de l'Eglise, né vers 331, mort vers 400. Il était le plus jeune frère de Basile le Grand et fut nommé évêque de Nyssa en 372. Il prit part à plusieurs conciles. Ses ouvrages renferment l'exposition philosophique la plus complète des dogmes du christianisme qui ait été donnée avant saint Augustin. Sa fête se célèbre, dans l'Eglise latine, le 9 mars.

GRÉGOIRE LE THAUMATURGE (faiseur de miracles) (Saint), né vers 210, mort vers 270. On l'appelle aussi Grégoire de Néo-Césarée, parce qu'il fut le premier évêque de cette ville. Grégoire de Nyssa, son biographe, raconte les miracles que l'on prétend qu'il fit et qui lui ont valu son surnom. Sa fête se célèbre le 17 nov. dans l'Eglise latine.

GRÉGOIRE DE TOURS (GEORGIUS FLORENTIUS GREGORIUS), saint de l'Eglise catholique romaine, né vers 540, mort le 17 nov. 595. On l'appelle le père de l'histoire de France. Elu évêque de Tours en 573, il joua un rôle important dans les événements politiques de son époque. Ses œuvres complètes ont été publiées par dom Ruinart (1699). Voy. la trad. de son *Historia Francorum* par Guizot (2 vol. 1859, 2e éd. 1863). « Il faut descendre jusqu'au siècle de Froissart pour trouver un narrateur qui égale Grégoire de Tours dans l'art de met-

tre en scène les personnages et. de peindre par le dialogue. Tout ce que la conquête de la Gaule avait mis en regard ou en opposition sur le même sol, les races, les classes, les conditions diverses, figure pêle-mêle dans ses récits, quelquefois plaisants, souvent tragiques, toujours vrais et animés » (AUGUSTIN THIERRY).

GREGORIANUS ou **Gregorius**, jurisconsulte romain qui vivait au IVe siècle de notre ère. On a de lui une collection de rescrits impériaux, connue sous le nom de *Codex Gregorianus*, qui a fourni, avec celui d'Hermogène, les textes réunis dans le Code de Justinien. La meilleure édition de ce *Codex* se trouve dans le *Corpus juris ante justinianei* (Bonn 1837, in-4e).

* **GRÉGORIEN, IENNE** adj. Qui appartient à l'un des personnages du nom de Grégoire. — CODE GRÉGORIEN, recueil des constitutions des empereurs, depuis Adrien, fait par le jurisconsulte Gregorianus. — RITE GRÉGORIEN, rite attribué au pape saint Grégoire pour l'administration des sacrements et pour la célébration de l'office et de la liturgie. Ce rite est contenu dans le *Sacramentaire de saint Grégoire*. — CALENDRIER GRÉGORIEN, voy. *Calendrier*. — EAU GRÉGORIENNE, mélange de vin, d'eau et de cendres, avec lequel on purifie les églises polluées. — CHANT GRÉGORIEN, plain-chant, manière de chanter les litanies et les psaumes de l'Eglise, introduite par le pape Grégoire le Grand vers 590, et imitée principalement du chant ambrosien. Grégoire essaya de bannir de l'Eglise tout chant rhythmique et d'y substituer ce que l'on appelait *canto fermo*, c'est-à-dire la gravité et la simplicité qui conviennent aux offices solennels de l'Eglise.

GREGORY (James) I. Astronome écossais, né en 1638, mort en 1675. Dans son *Optica Promota* (Londres, 1663), il décrivit le télescope qu'il avait inventé et détermina le moyen de profiter du transit de Mercure et de Vénus pour déterminer la parallaxe du soleil. — II. (David), son neveu, né en 1661, mort vers 1710. En 1684, il fut nommé professeur de mathématiques à Edimbourg et il publia *Exercitatio Geometrica*, que l'on regarde comme son meilleur ouvrage. — III. (John), médecin, petit-fils de James Gregory, né en 1724, mort en 1773. Il fut professeur de médecine à Aberdeen et à Edimbourg. Ses ouvrages comprennent : *Elements of the Practise of Physic* et *A Father's Legacy to his Daughters*.

GREGORY ou **Gregorj** (Jean-Charles), magistrat et écrivain, né à Bastia (Corse) en 1797, mort en 1852. On a de lui plusieurs ouvrages sur la Corse, le commerce italien, etc. Son assiduité au travail lui causa une maladie de la moelle épinière dont il mourut.

* **GRÈGUE** s. f. [grè-ghe] (ital. *grechesco*, à *la grecque*). Espèce de haut-de-chausses, de culotte. (Vieux.) Ne se dit plus qu'au pluriel. et dans quelques phrases figurées et populaires. — IL A BIEN MIS DE L'ARGENT DANS SES GRÈGUES, se dit d'un homme à qui il est arrivé quelque perte ou quelque accident fâcheux. — TIRER SES GRÈGUES, s'enfuir.

> ... Le galant aussitôt
> *Tire ses grègues* en haut,
> Mal content de son stratagème.
>   LA FONTAINE.

— LAISSER SES GRÈGUES EN QUELQUE OCCASION, y mourir.

GREIFSWALD ou **Greifswalde** [graïfss'-vàlt, -vàl-de], ville de Poméranie (Prusse), sur le Ryck, à 4 kil. de la Baltique et à 28 S.-E. de Stralsund: 18,020 hab. Université fondée en 1456. Epingles, savon, chandelles, tabac et cuir. Greifswald fit partie de la ligue hanséatique. Pendant la guerre de trente ans, elle fut prise par Wallenstein et bientôt après, par les Suédois (1631). Elle fut annexée à la Prusse en 1815.

GREIZ [greïtss], ville d'Allemagne, capitale des princes aînés de Reuss, sur l'Elster blanc, à 70 kil. S.-S.-O. de Leipzig; 12,660 hab. Elle renferme un château imposant, avec un palais d'été et diverses manufactures.

* **GRÊLE** adj. (lat. *gracilis*). Long et menu : *des jambes grêles.* — Anat. INTESTINS GRÊLES, ceux des intestins qui ont moins de diamètre que les autres. On dit dans un sens anal., MUSCLES GRÊLES, etc. — Se dit aussi d'une voix aiguë et faible : *avoir la voix grêle.* — TON GRÊLE, le ton le plus haut d'un cor ou d'une trompette. On dit substantiv. en ce sens, SON- NER DU GRÊLE.

* **GRÊLE** s. f. (lat. *gracilis*, menu). Eau qui, étant congelée en l'air par le froid, tombe par grains : *grosse, menue grêle.* — UNE GRÊLE DE TRAITS, DE BALLES, DE BOULETS, etc., grande quantité de flèches, de balles, de boulets. etc., qui tombent à la fois, qui se succèdent rapidement. On dit familièrement, dans le même sens, UNE GRÊLE DE COUPS. — IL EST PIRE QUE LA GRÊLE, ON LE CRAINT COMME LA GRÊLE, se dit d'un méchant homme qui fait beaucoup de mal dans un pays, dans une ville. On dit aussi, *cet enfant est méchant comme la grêle.* — Méd. Petite tumeur arrondie et ferme qui se développe dans le tissu des paupières. — ENCYCL. On nomme grêle la vapeur aqueuse de l'atmosphère, congelée en petites masses de glace que l'on appelle grêlons, et précipitée sur la terre. Les grêlons diffèrent de volume depuis un millimètre de diamètre jusqu'à des masses ayant plus de 6 centim. La structure

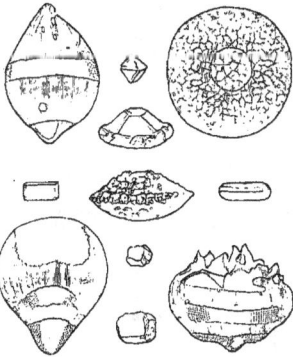

Différentes formes de la grêle.

cristalline de la plupart des grêlons est remarquable. Le centre est formé d'une collection de granules semi-translucides ou d'une masse spongieuse de neige et de glace opaque; autour d'ce noyau, est un amas de cristaux de glace; il y a toujours une grande quantité d'air renfermé entre les interstices du grêlon. Quelquefois, la grêle se compose de cercles concentriques de glace et de neige; quand elle consiste en glace sans noyau neigeux, on trouve presque invariablement dans son centre, au lieu de neige, une cavité remplie d'air condensé. Les petits grêlons formés dans les orages sont généralement regardés comme des gouttes d'eau gelées pendant leur descente à travers des couches d'air froid, et on croit que.leur formation diffère de celle des gros grêlons. Une singularité des tempêtes de grêle est que la portion centrale du pays qu'elles traversent est entièrement exempte de la chute des grêlons. Ainsi, l'orage du 13 juillet 1788 qui passa de France en Hollande, sur une étendue de 670 kil., était formé d'une ceinture centrale de pluie d'environ 9 kil. de large et de deux ceintures latérales de grêle de 7 à 14 kil. de large. Les orages de grêle sont habituellement accompagnés de troubles

électriques considérables et ils ont des points de ressemblance avec les tourbillons et les trombes. On a proposé différentes théories sur les causes des orages de grêle; mais il est généralement admis par les météorologistes que la cause principale est l'ascension rapide d'air chaud humide dans les régions élevées et son refroidissement subséquent. En tombant, les grêlons atteignent leur plus grand volume au-dessous de 1,800 mètres d'élévation, quoique dans les latitudes moyennes ils commencent à se former à une élévation de 5,000 mètres. Aux Etats-Unis, les chutes de grêle ont lieu principalement en automne et dans la dernière partie du printemps; dans l'Inde, de février à mai.

* **GRÊLÉ, ÉE** part. passé de GRÊLER. — AVOIR L'AIR GRÊLÉ, être mal vêtu, avoir l'air misérable. — On dit aussi, CE PRÉDICATEUR EST GRÊLÉ, il est peu suivi. — Fig. et fam. Qui a beaucoup de marques de petite vérole : *cet homme est facile à reconnaître, il est fort grêlé.*

* **GRÊLER** v. impers. Se dit quand il tombe de la grêle : *il a grêlé aujourd'hui.* — v. a. Gâter par la grêle : *je crains que cet orage ne grêle nos vignes.* — CE PROPRIÉTAIRE A ÉTÉ GRÊLÉ, ses terres ont été ravagées par la grêle. — On dit quelquefois, figurément et familièrement, CET HOMME A ÉTÉ GRÊLÉ, il a fait de grandes pertes, il a eu de grandes infortunes. — GRÊ- LER SUR LE PERSIL, exercer son autorité, son pouvoir, ses talents, sa critique contre des gens faibles, ou sur des choses qui n'en valent pas la peine.

* **GRELIN** s. m. (all. *greling*). Mar. Nom des cordages commis deux fois, dont la grosseur n'excède pas onze pouces. Le grelin qui tient l'ancre prend le nom de CABLE : *le grelin a cent vingt brasses comme le câble.*

GRELLET (Étienne), quaker missionnaire, né en France en 1773, mort en 1855. Il fut d'abord catholique et garde du corps de Louis XVI. Il se fit quaker à New-York en 1795; visita, en qualité de missionnaire, les états du Sud en 1800, et ensuite la Nouvelle-Angleterre, le Canada, le midi de la France, l'Allemagne et l'Angleterre, Haïti (1816), la Norvège, la Suède, la Russie, la Grèce et l'Italie (1820). Il obtint une audience du czar et prêcha devant le pope. Après une autre visite en Europe en 1831-'34, il se fixa à Burlington (Etats-Unis). Ses mémoires ont été édités par B. Seebohm (1868).

* **GRÊLON** s. m. Grain de grêle fort gros : *il tombe quelquefois des grêlons qui pèsent une demi-livre.*

* **GRELOT** s. m. Espèce de sonnette, petite boule de métal creuse et percée de trous, dans laquelle il y a un morceau de métal qui la fait résonner dès qu'on la remue : *grelot de cuivre, d'argent.* — ATTACHER LE GRELOT, faire le premier pas dans une entreprise difficile et hasardeuse :

Dès l'abord, leur doyen, personne fort prudente,
Opina qu'il fallait, et plus tôt que plus tard,
Attacher un grelot au cou de Rodillart,

La difficulté fut d'*attacher le grelot.*
LA FONTAINE.

— TREMBLER LE GRELOT, trembler si fort, que les dents claquent l'une contre l'autre. — Bot. FLEURS EN GRELOT, fleurs qui ont la forme d'un grelot. — ∞ Jargon. METTRE UNE SOUR- DINE A SON GRELOT, se taire.

* **GRELOTTANT, ANTE** adj. Qui tremble du froid : *elle se tenait dans un coin toute grelot- tante.*

* **GRELOTTER** v. n. Trembler de froid : *en- trez donc, que faites-vous là dans la rue à gre- lotter ?*

GRELUCHON s. m. (de saint *Greluchon*, auquel les femmes demandaient jadis la fécon- dité). Nom donné autrefois à l'amant aimé et

favorisé secrètement par une femme qui. se faisait payer par d'autres amants. (Familier et libre.)

* **GRÉMENT** s. m. Voy. GRÉEMENT.

* **GRÉMIAL, IAUX** s. m. (lat. *gremium*, giron). Liturg. Morceau d'étoffe qui fait partie des ornements pontificaux, et qu'on met sur les genoux du prélat officiant, pendant qu'il est assis.

* **GRÉMIL** s. m. [gré-mil] (lat. *granum milii*, grain de mil). Bot. Genre de borraginées, tribu des anchusées, dont l'espèce officinale a reçu le nom vulgaire d'*Herbe aux perles*, parce que ses semences sont blanches et approchent de la figure d'une perle.

GRÉMILLE s. f. [ll. mll.]. Icht. Genre de percoïdes, dont une espèce, la *grémille com- mune* ou *perche goujonnière* (*acerina vulgaris*) habite les eaux douces de l'Europe. C'est un petit poisson dont la taille ne dépasse guère celle du goujon et dont la chair excellente est recherchée pour la friture.

GRENACHE s. m. Nom de deux variétés de raisin, l'une noire et l'autre blanche, culti- vées, l'une et l'autre, dans le midi de la France. — Vin liquoreux très délicat et très estimé que l'on fait, avec ces variétés de raisin, dans nos départements du Gard, des Pyrénées-Orientales, de l'Hérault, de Vau- cluse, etc. Les meilleures grenaches pro- viennent des vignobles de Banyuls, de Cos- perons et de Collioure. Ces vins se modifient en vieillissant, et ils finissent par constituer le *rancio*.

* **GRENADE** s. f. (lat. *granatum*, sous-en- tendu, *malum*, pomme à grains). Bot. Fruit du grenadier. La grenade, type du genre de fruits auxquels les botanistes donnent le nom de *balaustes*, est de la grosseur d'une orange; elle renferme, dans 8 ou 10 loges, une in- finité de petites graines rouges, aigrelettes et rafraîchissantes. L'enveloppe ou péricarpe est dure, coriace et colorée d'un jaune rou- geâtre. Quand le fruit est bien mûr, cette en- veloppe s'entr'ouvre d'un côté et laisse voir des centaines de grains, dont le rouge vif tranche d'une manière charmante sur le jaune de l'écorce ou brou. — L'écorce de gre- nade est astringente. La pulpe des grains entre dans la composition de confitures, de glaces, de sorbets, etc. Au Mexique, où le grenadier a été introduit par les jésuites, une grande partie des fruits récoltés est em- ployée à distiller l'*aguardiente*, eau-de-vie des plus ardentes. — Petit globe de fer, creux. qu'on charge de poudre et qu'on jette avec la main, ou avec des fusées, etc. — Les gre- nades furent inventées en 1594. — Se dit en- core de certains ornements militaires qui re- présentent une grenade : *grenades brodées.*

GRENADE, ch.-l. de cant., arr. et à 13 kil. S.-E. de Mont-de-Marsan (Landes); 1,500 hab.

GRENADE (esp. *Granada*) I. Ancien royau- me d'Espagne, dans l'Andalousie, compre- nant aujourd'hui les trois provinces de Ma- laga, de Grenade et d'Almeria, et borné au S. et à l'E. par la Méditerranée; sa plus grande longueur est d'environ 280 kil. sa plus grande largeur d'environ 110 kil.; 28,600 kil. carr. Les montagnes de la Sierra- Névada la traversent de l'E. à l'O., et l'une d'elles, le Cerro de Mulhacen (3,750 m.), est le point culminant de l'Espagne. Principales ri- vières : Jénil, Almanzora et Guadalorze. L'a- griculture est l'occupation principale des habi- tants; manufactures de soie. Sous la dynastie maure fondée en 1238, Grenade formait un royaume opulent, civilisé et puissant, qui fut renversé par Ferdinand le Catholique en 1492. — II. Province moderne de l'Espagne méridionale, entre celles de Malaga et d'Almé- ria; 12,787 kil. carr.; 485,000 hab. Territoire montagneux. — III. Capitale de cette province et de l'ancien royaume de Grenade, sur deux déclivités de la Sierra-Névada, à 600 m. au-dessus du niveau de la mer, à 45 kil. de la Méditerranée, à 310 kil. S. de Madrid ; environ 58,000 hab. La rivière Darro la traverse et se jette dans le Jénil, après être sortie de ses murs. L'aspect de cette vieille cité mauresque

Grenade

est singulièrement pittoresque. Grenade com-prend la ville proprement dite, le faubourg de l'Alhambra, le faubourg Albaycin et le faubourg Antequeruela. Ses rues sont étroites et tortueuses, mais les maisons sont bien bâties dans le style oriental antique. Elle renferme des églises et des palais remar-quables et une université. Le plus magni-fique des monuments de son ancienne splen-deur est l'Alhambra, ancien palais des rois maures. (Voy. ALHAMBRA). Grenade fut fondée par les Maures au xᵉ siècle et, à partir de 1238, elle resta la capitale du royaume de Grenade jusqu'au commencement de 1492, époque où elle fut prise par Ferdinand et par Isabelle après un siège prolongé. On prétend qu'à l'apogée de sa splendeur, elle contenait 500,000 hab.

GRENADE (La) (angl. *Grenada*), île et colo-nie anglaise dans les Indes occidentales, la plus méridionale des îles Caraïbes, entre 11° 58' et 12° 20' lat. N. et entre 64° et 64° 15' long. O., à environ 130 kil. de Venezuela ; sa longueur du N. au S. est de 32 kil., sa plus grande largeur est de 16 kil.; 430 kil. carr.; 40,000 hab. Elle est montagneuse et dominée par des pics dont le plus élevé se dresse à 1,080 mètres au-dessus du niveau de la mer. La capitale, Saint-Georges (5,000 hab.), se trouve sur la côte S.-O., près d'une baie large et bien fortifiée. La Grenade est gouvernée par un lieutenant gouverneur, un conseil de 12 membres et une assemblée législative de 47 membres. Principaux produits : sucre, rhum, mélasse et cacao. La Grenade fut dé-couverte par Colomb en 1498, fut occupée par les Français en 1650, prise par les Anglais en 1762, reprise en 1779 et rendue à la Grande-Bretagne en 1783. L'esclavage y fut aboli en 1838.

GRENADE (Nouvelle-). Voy. COLOMBIE.

GRENADE-SUR-GARONNE, ch.-l. de cant., arr. et à 25 kil. N.-O. de Toulouse (Haute-Garonne); 3,950 hab.

* **GRENADIER** s. m. Genre de myrtacées, comprenant plusieurs espèces d'arbrisseaux qui produisent de belles fleurs, et dont quelques-uns portent le fruit appelé grenade. Le *grenadier commun* (*punica granatum*) ne se trouve à l'état sauvage que dans le nord de l'Indoustan ; il fut connu dès les temps les

plus reculés dans les autres pays chauds de l'ancien monde ; les écrits de Moïse font de fréquentes allusions à son fruit, que l'on trouve, en outre, représenté sur d'anciens monuments égyptiens et assyriens. Les Ro-mains, le trouvant dans le nord de l'Afrique, lui donnèrent le nom de *punique* (*punicus*) ;

depuis lors, il s'est répandu dans l'Europe méridionale et se cultive dans une partie de la France ; mais il ne peut supporter les hi-vers du climat de Paris. La seule espèce amé-ricaine est le *grenadier nain* (*punica nana*). L'espèce commune a produit plusieurs varié-tés et sous-variétés à fleurs écarlates, dou-bles, à fleurs jaunes, blanches, à feuillage

Grenadier à fleurs doubles, et fruit du grenadier à fleurs simples.

nuancé, etc. Les variétés à fleurs doubles ne se cultivent que comme plantes d'ornement ; les variétés à fleurs simples sont les seules qui donnent des fruits. La variété à fruits acides porte les plus grosses grenades ; mais la variété à fruits doux est bien plus recher-chée. — La racine de grenadier est em-ployée comme vermifuge, principalement contre le ver solitaire : de 2 à 6 gr. de poudre ou de 60 à 65 gr. d'écorce fraîche de racine, bouillie dans 750 gr. d'eau qu'on laisse ré-duire d'un tiers, et que l'on prend en trois

fois, à une heure d'intervalle entre chaque dose. — **Grenadier,** soldat d'élite, qui, ori-ginairement, était chargé de jeter des gre-nades. — Le corps des grenadiers fut formé en France en 1667 et en Angleterre en 1685. Les grenadiers formaient des compagnies sépa-rées qui furent placées chacune à la tête d'un régiment, puis d'un bataillon ; et, jusqu'à la réorganisation de l'armée française en 1872, la première compagnie d'élite de chaque ba-taillon d'infanterie de ligne se composa de grenadiers, choisis parmi les hommes de haute taille, et portant l'épaulette rouge. Mais, depuis la fin du xviiiᵉ siècle, les grena-diers n'étaient plus exercés au jet de la gre-nade, devenue le projectile des troupes du génie. Les grenadiers portèrent le bonnet à poil jusqu'en 1848. L'ancienne garde impé-riale comptait plusieurs régiments de grena-diers à pied et à cheval ; et, la nouvelle garde impériale eut trois régiments de ces troupes d'élite. — GRENADIERS A CHEVAL, s'est dit au-trefois d'une compagnie de grenadiers mon-tés, créée par Louis XIV, qui servait avec la maison du roi, et qui marchait en tête. Il s'est dit aussi d'un corps de cavalerie de la garde impériale et de la garde royale, dont les soldats portaient des bonnets à poil. — Fam. JURER COMME UN GRENADIER, jurer habi-tuellement en parlant. — Fig. et fam. C'EST UN FRANC GRENADIER, C'EST UN GRENADIER, se dit d'une femme de haute taille qui a des manières libres et hardies. — ⁓ Pop. Para-site qui tient garnison dans les cheveux.

* **GRENADIÈRE** s. f. Gibecière où faisait autrefois partie de l'équipement d'un grena-dier, et dans laquelle il portait les grenades. — En termes d'arquebuserie. Celle des capu-cines d'un fusil de munition à laquelle s'at-tache la bretelle. — METTRE SON FUSIL A LA GRENADIÈRE, le placer sur les épaules, en lâ-chant la bretelle ; ce qui se fait quand on veut se servir du sabre.

* **GRENADILLE** s. f. [ll mll.]. Bot. Plante d'Amérique dont les semences ont un goût approchant de celui de la grenade. Elle est aussi nommée *Fleur de la Passion,* parce qu'on a cru voir dans les différentes parties de la fleur quelque rapport avec divers instruments de la passion du Sauveur, tels que la couronne, les trois clous, etc. : *les fruits de la grenadille ne mûrissent que dans les pays chauds.*

GRENADILLES ou **Grenadines,** groupe d'une trentaine de petites îles anglaises, dans les petites Antilles, au N. de la Gre-nade ; 3,000 hab.

* **GRENADIN** s. m. Cuis. Petit fricandeau.

GRENADIN, INE s. et adj. Habitant de Grenade ; qui appartient à Grenade. — s. m. Ornith. Espèce de fringille ou de pinson, qui habite les côtes d'Afrique. — Hortic. Va-riété de l'œillet des fleuristes, recherchée pour la confiserie et la parfumerie.

* **GRENADINE** s. f. Soie qu'on emploie dans la fabrication de la dentelle noire. — ⁓ Sirop de grenade.

GRENAGE s. m. Action de grener la poudre de guerre et de chasse.

* **GRENAILLE** s. f. [ll mll.]. Métal réduit en menus grains : *charger un fusil avec de la gre-naille.* — Se dit aussi des rebuts de graine qui servent principalement à nourrir la vo-laille : *halle aux grains et grenailles.*

* **GRENAILLER** v. a. Mettre un métal en petits grains.

GRENAILLEUR s. m. Ouvrier qui réduit les métaux en grains.

GRENAISON s. f. Formation du grain : gre-naison des céréales.

* **GRENAT** s. m. (lat. *granatum*). Sorte de pierre précieuse dont la couleur est très va-

riable, mais qui est le plus ordinairement d'un rouge analogue à celui des semences de la grenade. Les cristaux de grenat sont des dodécaèdres rhomboïdaux et trapézoïdaux ou d'autres formes. La dureté du grenat varie de 6.5 à 7.5 ; gravité spécifique 3.15 à 4.3. Il est rouge, brun, noir, jaune, blanc ou vert avec un lustre vitreux ou résineux. Il y en a six espèces : 1° le grenat de chaux et d'alumine; 2° le grenat d'alumine et de magnésie; 3° le grenat d'alumine et de fer ; 4° le grenat d'alumine et de manganèse ; 5° le grenat de fer et de chaux ; 6° le grenat de chrome et de chaux. Les cristaux de grenat sont communs dans les roches de granit, dans les ardoises métamorphiques et dans la pierre calcaire.

GRENAUT s. m. Hist. nat. Espèce de poisson qui a la tête fort grosse.

* **GRENÉ, ÉE** part. passé de GRENER. Réduit en grains. — Se dit quelquefois substantiv., dans les arts du dessin, des parties d'un dessin, d'une gravure, etc., qui offrent une multitude de petits points fort rapprochés les uns des autres : *un beau grené.* — ∾ s. m. Grenu : *le grené d'une meule.*

* **GRENELER** v. a. Préparer une peau ou quelque autre chose semblable, de manière qu'elle paraisse couverte de grains : *greneler du cuir.*

GRENELLE, *Garanella*, anc. bourg de France, réuni en 1860 à Paris, dont il forme aujourd'hui un quartier. Manufactures de chapeaux de paille, d'asphalte, de bleu d'outremer, de cordes, etc. ; scieries, lamineries, forges. Puits artésien. (Voy. ARTÉSIEN).

* **GRENER** v. n. Produire de la graine, rendre beaucoup de grains : *cette herbe grène bien.* — v. a. Réduire en petits grains : *grener du tabac, de la poudre à canon.* — A quelquefois le même sens que Greneler : *grener une peau.*

GRENET (L'ABBÉ), géographe, né en 1750, mort au commencement du XVIIIᵉ siècle. Professeur de géographie au collège de Lisieux, il inventa les sphères plus commodes que celles alors en usage. Il est l'auteur d'une *Géographie ancienne et moderne, historique, physique, civile et politique* (Paris, 1789, 2 vol. in-12).

GRENET (Louis), compositeur, né à Lyon en 1707, mort à Paris en 1761. Dès son enfance, il étudia la musique avec passion et parvint à se faire nommer maître de musique à l'Opéra. On a de lui : *Triomphe de l'harmonie*, opéra-ballet en 3 actes (Opéra, 9 mai 1737) ; *Apollon, berger d'Admète*, repris avec succès en 1759. Il composa aussi quelques autres opéras qui n'ont pas été publiés.

* **GRÈNETERIE** s. f. Commerce que fait un marchand grènetier.

* **GRÈNETIER, IÈRE** s. Celui, celle qui vend des graines : *marchand grènetier, marchande grènetière.* — S'est dit aussi d'un officier au grenier à sel, qui jugeait en première instance des différends relatifs aux gabelles : *grènetier au grenier à sel de Paris.*

GRENÉTINE s. f. (du nom de son inventeur, Grenet, de Rouen). Gélatine très pure et incolore que l'on emploie quelquefois en guise de colle de poisson dans la confection des gelées alimentaires, des blanc-manger, de la colle à bouche, du papier-glace, des capsules pharmaceutiques, etc. La grenétine se vend, dans le commerce, en feuilles très minces, longues, blanches et transparentes; on l'extrait du cartilage des veaux et des peaux récentes d'autres jeunes animaux.

* **GRÈNETIS** s. m. Petits grains relevés en bosse au bord des médailles, des monnaies : *lorsqu'il y a un grènetis à une pièce, on ne saurait la rogner sans qu'il y paraisse.* — Poinçon qui sert à marquer ces petits grains.

* **GRENETTES** s. f. pl. Nom donné aux baies du nerprun des teinturiers. On les nomme, en pharmacie, GRAINES D'AVIGNON. — Petites graines qu'on fabrique à Avignon, en pulvérisant les baies du nerprun des teinturiers avant leur maturité et en les préparant avec du carbonate de plomb pour en obtenir une couleur jaune dont se servent les peintres en miniature.

* **GRENIER** s. m. (lat. *grenarium*). Partie la plus haute d'un bâtiment, destinée à serrer les grains ou les fourrages : *avoir du blé en grenier.* — GRENIER A SEL, lieu où l'on serrait et où l'on débitait le sel par autorité publique : *prendre du sel au grenier à sel.* — GRENIER A SEL. S'est dit aussi d'une juridiction où l'on jugeait en première instance les matières qui regardaient le ga-belle, la ferme du sel : *président au grenier à sel.* — C'EST DU BLÉ EN GRENIER, se dit des choses dont la garde est bonne, et peut même être avantageuse. — C'EST UN GRENIER A COUPS DE POING, se dit d'un polisson querelleur, qui se fait toujours battre. Se dit aussi d'une affaire dont il est dangereux de se mêler. — Par ext. Étage d'une maison qui est immédiatement sous le comble : *mettre de vieux meubles au grenier.* — CHERCHER QUELQU'UN OU QUELQUE CHOSE DEPUIS LA CAVE JUSQU'AU GRENIER, le chercher dans tous les endroits de la maison. — ALLER DU GRENIER A LA CAVE, DE LA CAVE AU GRENIER, tenir des propos sans ordre et sans liaison. — Fig. Province, d'un pays fertile, dont on tire beaucoup de blé : *la Sicile est le grenier de l'Italie.* — Se dit aussi, en parlant des grains, du sel, du charbon, etc., qu'on charge sur un navire, sur un bateau, sans les mettre dans des sacs, dans des caisses ou dans des paniers : *charger un navire, un bateau de grains en grenier.* — GRENIERS D'ABONDANCE, magasins créés, sur le rapport de Barère, par la Convention nationale le 9 août 1793. Ils étaient établis dans chaque district ou arrondissement pour prévenir les disettes, et alimentés par les fonds de l'État et par des versements faits par les contribuables pour se libérer de leurs impôts. — Le *grenier d'abondance* ou *grenier de réserve* est établi à Paris, dans toute la longueur du boulevard Bourdon. Il sert de magasin pour les ⁴⁄₉ de l'approvisionnement en farine des boulangers de Paris. L'édifice, haut de 23 mètres, occupe une superficie de 8,030 mètres : il fut bâti aux frais de l'État par M. Delannois, fut cédé à la ville de Paris en 1842, et incendié en 1871.

GRENOBLE, *Gratianopolis, Cularo*, ch.-l. du département de l'Isère, à 633 kil. S.-E. de Paris, sur l'Isère, au confluent du Drac, par 45° 11' 12" lat. N. et 3° 23' 36" long. E. ; 49,000 hab. Place de guerre de 1ʳᵉ classe. Siège du 14ᵉ arrondissement forestier, de la 27ᵉ division du XIVᵉ corps d'armée. Évêché suffragant de Lyon, grand séminaire ; église consistoriale protestante. Cour d'appel, tribunal de 1ʳᵉ instance. Lycée, école normale d'instituteurs. Faculté de droit, des sciences, des lettres. Bibliothèque (80,000 vol.). Musée. 85 manufactures de gants. Patrie de Bayard (auquel on a élevé une statue), de Barnave, de Mably, de Condillac, de Vaucanson, de Mᵐᵉ de Tencin, de Beyle (Stendahl) et de Casimir Périer. Grenoble est entourée de fortifications et divisée par l'Isère en deux parties inégales. La partie la plus étroite est couronnée par le *fort Rabot* et par la *Bastille*, où se trouve une promenade très fréquentée. — Cette ville, fondée par les Romains l'an 121 av. J.-C., dut son nom primitif de *cularum*

(lieu retiré) à la position qu'elle occupait sur les confins du pays des Allobroges. Fortifiée par l'empereur Gratien, elle fut alors appelée *Gratianopolis*. Elle passa ensuite des Romains aux Bourguignons, et fut réunie à la couronne de France en 1349. Vingt ans plus tard

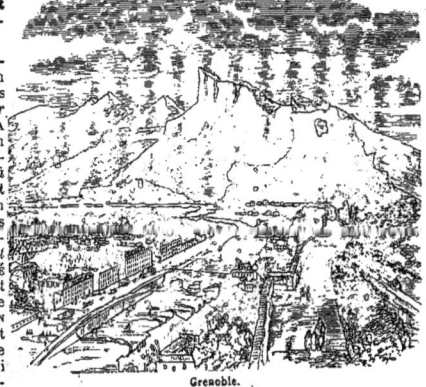

Grenoble.

(1369), un tribunal de l'Inquisition y fut établi pour rechercher les Vaudois. Les guerres de religion (1562) furent sanglantes à Grenoble : le baron des Adrets, alors chef des protestants, s'empara de la ville qui resta en son pouvoir jusqu'en 1590, époque où Lesdiguières la reprit pour le roi Henri IV. En 1815, le peuple enfonça les portes, fermées par ordre de l'autorité, et vint en offrir les débris à Napoléon. Grenoble a été fréquemment dévastée par des inondations, notamment en 1651, en 1733, en 1740, en 1778, en 1816, en 1840, en 1856 et surtout en 1859.

GRENOT (Antoine), conventionnel girondin, né à Gendre (Franche-Comté) en 1749, mort à Besançon en 1808. Avocat à Dôle en 1789, il fut député aux états généraux, puis membre de la Convention, vota la mort du roi, se cacha lors de la chute des girondins, reprit son siège après le 9 thermidor, protesta contre le coup d'État, comme membre du conseil des Cinq-Cents, et contre la proclamation de l'empire, comme député au Corps législatif. Il rentra dans la vie privée en 1804.

* **GRENOUILLE** s. f. [ll mll.] (lat. *ranula*). Petit animal appartenant à l'ordre des batraciens et qui vit ordinairement dans les marais : *grenouille verte, de marais.* — Pop. et dans le

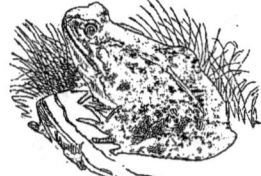

Grenouille verte (Rana esculenta).

langage militaire, MANGER, FAIRE SAUTER LA GRENOUILLE, dissiper, dérober une somme dont on avait la garde. — Typogr. Partie creuse qui, dans les anciennes presses en bois, est placée sur la platine et reçoit le pivot de la vis. — ENCYCL. Les *grenouilles* forment un genre de batraciens anoures, très voisin des rainettes, dont il se distingue seulement par l'absence de pelote à l'extrémité des doigts. (Voy. RAINETTE). Les grenouilles passent dans l'eau la plus grande partie de leur existence ;

la longueur de leurs membres postérieurs les met à même de faire des sauts considérables, ce qui permet aux grenouilles de parcourir de longues distances, à la recherche de leur nourriture ; elles sont capables de grimper aux arbres comme les rainettes. Quelques espèces préfèrent les lieux humides et les bois sombres, où elles se cachent dans les herbes et sous les feuilles ; d'autres habitent des creux au bord des marais, et n'en sortent que vers le soir ou les jours pluvieux. Adultes, les grenouilles sont carnivores et caractérisées par une grande voracité. Leur genre est répandu sur toute la surface du globe. Le pays le plus riche en espèces est l'Amérique ; ensuite viennent l'Asie, l'Europe, l'Afrique et la Polynésie. Les sexes sont séparés et les fonctions de reproduction s'accomplissent de la même manière que chez la plupart des poissons ; les œufs sont fécondés au moment de leur expulsion. (Voy. Têtard.) La vie est tellement tenace chez les grenouilles, qu'elles survivent aux plus graves blessures et vivent même longtemps après que le cœur et les entrailles leur ont été enlevés ; elles ont encore des contractions musculaires et présentent les phénomènes de la circulation dans différents organes, pendant plusieurs minutes et même pendant des heures après leur mort. La grenouille est non seulement gracieuse et inoffensive, mais elle se rend vraiment utile par la guerre qu'elle fait aux insectes et aux vers nuisibles à la végétation. En Angleterre et aux Etats-Unis, on mange rarement les grenouilles ; mais en France et dans le sud de l'Europe, elles servent souvent de nourriture. Le bouillon de grenouille a été prescrit dans les maladies de poitrine. — Les grenouilles vivent de larves, d'insectes aquatiques, de vers, de jeunes coquillages et d'insectes vivants ; la dilatabilité de leur gosier leur permet même d'avaler des oiseaux et des souris. La grenouille commune d'Europe ou grenouille rousse (rana temporaria, Linn.) est brune,

Grenouille commune d'Europe ou grenouille rousse (Rana temporaria).

avec une légère nuance de rougeâtre ou de jaunâtre en dessus et de blanc jaunâtre en dessous, et des taches petites et en petite quantité. Sa marque la plus invariable est une tache brune allongée derrière l'œil, de chaque côté de la tête. Sa longueur totale est d'environ 14 centim. On la trouve dans les jardins et dans les haies de toute l'Europe ; elle ne recherche l'eau que pendant l'hiver. La grenouille verte d'Europe (rana esculenta, Linn.) est d'une couleur verdâtre en dessus avec des taches noires ou brunâtres et quelquefois avec trois bandes jaunes sur le dos ; elle est d'un blanc jaunâtre en dessous ; longueur totale, environ 18 centim. Elle vit en Europe, en Asie et dans le nord de l'Afrique ; c'est l'espèce la plus recherchée comme aliment ; c'est aussi la plus commune en France. Dans les soirées d'été, elle fait entendre ses concerts dont Aristophane a essayé de reproduire la

discordance par les mots brekekekex koax koax. Elle répand ses œufs en paquets dans les mares. — La plus grosse espèce des Etats-Unis est la grenouille mugissante (bull frog) (rana pipiens, Latr.), qui a une longueur de

1. Grenouille mugissante (Rana pipiens). — 2. Grenouille mugissante septentrionale (Rana horiconensis).

36 à 45 centim. ; sa couleur générale est verte en avant de la partie supérieure du corps et olive brun en arrière, avec des taches noires irrégulières ; le ventre est d'un blanc jaunâtre, avec des marques foncées ; les membres présentent une couleur sombre et des barres noires. Elle doit son nom à la sonorité de sa voix. Elle nage parfaitement, et vit souvent pendant des années dans des puits où on lui permet de rester, sous le prétexte

1. Grenouille alose (Rana halecina). — 2. Grenouille des marais (Rana palustris).

qu'elle purifie l'eau. D'une extrême voracité, elle dévore les petits canards, les serpents, les taupes, les souris, les insectes, les vers, les escargots, ses propres têtards et tous les petits animaux qu'elle peut attraper ; elle ne fait sa proie des corps vivants. La grenouille des marais (rana palustris, Le Conte) est

1. Wood Frog (Rana sylvatica). — 2. Spring Frog (Rana fontinalis).

élancée et délicate, d'une longueur totale d'environ 16 centim. On la trouve dans le Maine et la Virginie (Etats-Unis), au bord des marais et des mares et quelquefois à de

grandes distances de l'eau ; elle exhale une odeur particulière, forte et désagréable. La grenouille alose (ranida halecina, Kalm), longue d'environ 18 centim., est active et capable de franchir d'un bond une distance de 3 m., quand elle est effrayée ; on l'appelle grenouille alose parce qu'elle se montre dans les états du centre des Etats-Unis avec les poissons de ce nom. Elle est recherchée par les Epicuriens. — Parmi les autres grenouilles de l'Amérique du Nord, nous citerons la grenouille des bois (rana sylvatica) et la grenouille de fontaine (rana fontinalis).

* **GRENOUILLÈRE** s. f. Lieux marécageux où les grenouilles se retirent. — Par dénigr. Lieu dont la situation est humide et malsaine : cette maison est bâtie dans une grenouillère.

* **GRENOUILLET** s. m. Bot. Espèce de muguet qui croît sur les montagnes et les collines, et dont les feuilles ont quelque ressemblance avec celles du laurier. On lui donne aussi le nom de Sceau de Salomon.

* **GRENOUILLETTE** s. f. Bot. Espèce de renoncule qui croît dans les marais. — Méd. Tumeur qui se forme sous la langue par l'accumulation de la salive dans ses conduits excréteurs.

* **GRENU, UE** adj. Qui a beaucoup de grains. Se dit des froments, seigles, orges, etc. : un épi bien grenu. — Se dit aussi de certains cuirs dont le grain est beau et pressé : du maroquin bien grenu. — Se dit encore, surtout en Hist. nat., de ce qui est ou semble composé de petits grains : les antennes de cet insecte sont grenues. — Huile grenue, celle qui est figée en petits grains et qui est la meilleure.

GRENURE s. f. Etat du cuir grené ; action de grener une gravure.

GRÉOULX (Griselum), station thermale du cant. de Valensole, arr. et à 64 kil. S.-O. de Digne (Basses-Alpes), sur la rive droite du Verdon ; 1,350 hab. Deux sources sulfurées calciques : source Gravier, source Nouvelle. Rhumatismes, maladies de la peau, affections utérines, paralysies essentielles, certaines névralgies, lésions du tissu osseux, anciennes fractures, tumeurs blanches, caries, nécroses, anciennes syphilis. Etablissement avec bains, douches, eau courante, salle d'inhalation.

* **GRÈS** s. m. [grê] (anc. haut all. griez ; celt. kraig, pierre). Pierre formée de grains de sable plus ou moins fins : pavé, marches de grès. — Sorte de poterie de terre, fabriquée avec une glaise naturellement mêlée d'un sable fin : cruche, pot de grès. — Encycl. Le grès est une roche formée de grains de sable, souvent mêlés de cailloux grossiers et cimentés avec ces derniers par l'infiltration de substances calcaires, argileuses, ferrugineuses ou siliceuses. Une longue pression a converti ces amas en roche solide. Des couches de grès se rencontrent dans toutes les formations géologiques depuis le groupe métamorphique. Les principales variétés de grès sont : le rouge, le flexible, le lustré, le blanc, le bigarré, le filtrant. Les grès molasses sont fendus en sortant de la carrière et acquièrent de la dureté quand on les expose à l'air. Le grès sert à faire des meules ; la variété filtrante est employée par les fontainiers. Le grès des environs de Paris et de Fontainebleau fournit des matériaux pour le pavage des rues de la capitale.

GRÉSAGE s. m. (rad. gréser). Action de polir, sur des grès, les carreaux et les dalles destinés au pavage.

GRÉSER v. a. User, polir sur une pierre de grès.

GRESHAM, sir Thomas [grèch-amm], marchand de Londres, né en 1519, mort en 1579. Il négocia les emprunts étrangers pour les gouvernements d'Edouard VI, de Mary et d'Elisabeth, acquit une fortune immense et fut le premier fondateur de la bourse royale et du collège de Gresham. Le collège actuel de Gresham fut inauguré en 1843.

GRÉSIER s. m. Ouvrier des carrières de grès.

GRÉSIÈRE s. f. Voy. GRESSERIE.

* **GRÉSIL** s. m. [gré-zi, ou gré-zie ; *l* mll.] (anc. haut. all. *krisilon*, tomber goutte à goutte). Petite grêle fort menue et fort dure : *ce n'est pas de la neige qui tombe, c'est du grésil.*

* **GRÉSILLEMENT** s. m. [*ll* mll.]. Action de grésiller, ou état de ce qui est grésillé.

* **GRÉSILLER** v. imp. [*ll* mll.]. N'est d'usage qu'en parlant du grésil qui tombe : *il grésille.* — v. a. Faire que quelque chose se fronce, se rétrécisse, se racornisse, se retire : *le feu a grésillé ce parchemin.* — s. n. Imiter le bruit du grésil qui tombe : *les flammes grésillaient.*

GRÉSIVAUDAN ou **Graisivaudan** (LE), *Gratianopolitanus pagus*, anc. pays du haut Dauphiné, cap. Grenoble. Il comprenait la vallée de l'Isère, depuis l'entrée de cette rivière en France jusqu'à son confluent avec le Drac. Le Grésivaudan fait aujourd'hui partie des départements de l'Isère et des Hautes-Alpes.

GRESLON (Adrien), missionnaire français, né en 1618, mort en 1697. Il visita l'Amérique (1647-'50) et la Chine (1657-'70). Il trouva, dans la Tartarie chinoise, une femme indienne qu'il avait connue près du lac Huron et qui avait été vendue de tribu en tribu. Ce qui fit croire que l'Amérique et l'Asie étaient très rapprochées l'une de l'autre.

GRÉSOIR s. m. [grè-zoir]. Boîte contenant la poudre de grès qui sert à tailler et à polir les diamants. — Instrument dont se servent les vitriers pour rogner les pointes de verre.

* **G-RÉ-SOL.** Ancien terme de musique par lequel on désignait le ton de sol : *le ton de g-ré-sol.*

GRÉSOLLES, petit pays du Forez, aujourd'hui compris dans le dép. de la Loire ; lieu principal : Luré-en-Grésolles.

* **GRESSERIE** s. f. Coll. Pierres de grès mises en œuvre : *les fossés de ce château sont revêtus de gresserie.* — Pot, cruche, vase, etc., faits de grès : *cette gresserie vient de Beauvais.* — Roche ou carrière d'où l'on tire le grès.

GRESSET (Jean-Baptiste-Louis), poète, né à Amiens en 1709, mort en 1777. Il commença à 16 ans son noviciat chez les jésuites et publia, en 1733, une gracieuse bluette, *Vert-Vert*, poème badin en 4 chants, et en vers de 10 syllabes, dans lequel il plaisante quelques-uns des côtés de la vie monastique et dont les détails piquants firent le succès. Ses poésies postérieures : *Ma Chartreuse, Le Carême impromptu* et *Le Lutrin vivant*, où l'on retrouve la même gaieté malicieuse et la même élégance de style, lui attirèrent les persécutions de la part des religieux dont il peignait les travers. Il dut quitter l'ordre des jésuites en 1735. Il aborda la tragédie et échoua ; mais il prit sa revanche dans la comédie *Le Méchant* (1747), pièce où l'on admire les portraits d'un naturel parfait et des vers excellents. Gresset entra à l'Académie française en 1748. Quelques années plus tard, il se retira à Amiens, se mania, s'adonna à la dévotion, rétracta ses ouvrages et brûla même ses manuscrits inédits. Une statue en marbre lui a été élevée à Amiens (1854). Les Œuvres complètes de Gresset ont été publiées par Fayolle (3 vol. in-18, 1803)et par Renouard(2 vol. in-8°, 1811).

GRÉSY-SUR-ISÈRE, ch.-l. de cant., arr. et 16 kil. S.-O. d'Albertville (Savoie) ; 1,450 hab.

GRETCH (Nikolaï), auteur russe, né en 1787, mort en 1867. Son ouvrage le plus connu est un manuel de la littérature russe (4 vol.).

GRETNA-GREEN [grèt-na-grinn], petit village du comté de Dumfriesshire (Écosse), à 12 kil. N.-O. de Carlisle, fameux par les mariages qui s'y sont célébrés en dehors de la loi anglaise jusqu'en 1856, époque où une loi les déclara nuls, à moins que l'une des deux parties ait résidé en Écosse pendant 21 jours. Les mariages de Gretna-Green s'effectuent sans autre cérémonie que la présence de deux témoins et des parties, qui deviennent mari et femme, après avoir reçu la bénédiction d'un prêtre, selon la loi d'Écosse. Ces mariages s'accomplissent d'abord chez un marchand de tabac, puis chez un forgeron. C'est à Gretna-Green et à Springfield que se valident les mariages clandestins des jeunes Anglais qui se jouent ainsi, sur le territoire écossais, des lois prohibitives de l'Angleterre.

GRÉTRY (André-Ernest-Modeste), compositeur, né à Liège le 8 février 1741, mort à Montmorency, près Paris, le 24 septembre 1813. Il appartenait à une famille très pauvre, dans laquelle la profession de musicien était héréditaire. Un secours des chanoines de l'église de Saint-Denis de Liège lui permit de partir, à l'âge de 18 ans, pour terminer à Rome son instruction musicale. Mais Paris l'attirait invinciblement ; il vint, en 1768, dans cette véritable capitale des beaux-arts. Marmontel lui confia le livret du *Huron*, dont la musique obtint un véritable triomphe (1769). Coup sur coup, de nouvelles pièces popularisèrent le nom de l'heureux compositeur ; nous citerons : *Lucile*, qui renferme le fameux couplet :

> Ou peut-on être mieux qu'au sein de sa famille ?

Sylvain (1770) ; les *Deux Avares* (1770) ; l'*Amitié à l'épreuve* (1771) ; *Zémire et Azor* (1771) ; la *Rosière de Salency* (1774) ; la *Fausse Magie* (1775) ; le *Jugement de Midas* (1778) ; *Aucassin et Nicolette*(1780) ; la *Caravane du Caire* (1783) ; l'*Épreuve villageoise* (1783) ; *Richard Cœur de Lion* (1784), celui de ses ouvrages qui a été le plus souvent remis à la scène ; *Panurge* (1785). Plus tard, Chérubini et Méhul s'emparèrent de la vogue en introduisant une musique plus sévère et plus pompeuse que celle de Grétry. On a de ce musicien des *Mémoires* (1793, 3 vol. in-8°), dans lesquels il expose sa théorie, qui consiste à rechercher la mélodie du chant et à ne produire d'effets que par le sentiment scénique et la vérité de l'expression. Les contemporains de Grétry ont beaucoup critiqué sa manière et la cour prit même un instant parti pour les adversaires de ce musicien. On connaît l'épigramme de Voltaire, au sujet du *Jugement de Midas* :

> La cour a dénigré tes chants,
> Dont Paris a dit des merveilles ;
> Grétry, les oreilles des grands
> Sont souvent de grandes oreilles.

La ville natale de Grétry lui a élevé une statue.

GRÉTRY (André-Joseph), auteur dramatique, né à Boulogne-sur-Mer en 1774, mort en 1826. Il était le neveu de l'auteur de *Richard Cœur de Lion*. On a de lui un grand nombre de romans, de poésies et de pièces de théâtre, dont aucune n'obtint un grand succès. Les plus connues sont : le *Barbier du village*, opéra-comique en un acte (1802) ; *Duval* (1802, in-8°), etc.

GREUZE (Jean-Baptiste), l'un des plus célèbres peintres de genre du XVIIIe siècle, né à Tournus en 1726, mort à Paris en 1805. Il échoua comme peintre de portraits et s'adonna à la peinture de genre, dans laquelle il acquit une réputation universelle. Ses ouvrages se vendent aujourd'hui des prix fabuleux. Parmi les plus célèbres nous citerons : l'*Aveugle trompé*, l'*Accordée de village*, le *Pot cassé*, le *Père dénaturé* et la *Petite fille au chien*. La ville de Tournus lui a élevé une statue de marbre en 1868.

---

* **GRÈVE** s. f. (bas lat. *gravaria* ; du celt. *kraig*, pierre). Lieu uni et plat, couvert de gravier, de sable, le long de la mer ou d'une grande rivière : *les vagues se déploient sur la grève.* — Absol. LA GRÈVE, à Paris, place publique qui est située sur le bord de la Seine, et où l'on faisait autrefois les exécutions : *le coupable fut décapité en Grève, en place de Grève.* — Coalition des ouvriers d'un atelier, d'une profession qui s'entendent pour cesser leur travail jusqu'à ce qu'ils aient obtenu une augmentation de salaires ou certains autres avantages : *les grèves sont le fléau de l'industrie.* — Législ. « La loi du 25 mai 1864, en abrogeant les articles 19 et 20, titre II, de la loi des 28 septembre - 6 octobre 1791, et en modifiant à nouveau les articles 414, 415 et 416 du Code pénal, a permis aux ouvriers de se concerter librement et de faire des grèves, ainsi que nous l'avons déjà dit au mot COALITION. La loi du 27 novembre 1849, qui avait modifié une première fois les articles susindiqués du Code pénal, interdisait formellement les grèves ; elle punissait sévèrement les coupables du délit de coalition et frappait les chefs ou moteurs d'un emprisonnement de deux à cinq ans. Le Code pénal, dans ses dispositions actuellement en vigueur, déclare seulement passibles d'un emprisonnement de six jours à trois ans et d'une amende de 16 fr. à 3,000 fr., ou de l'une de ces deux peines seulement, quiconque, à l'aide de violences, voies de fait, menaces ou manœuvres frauduleuses, a amené ou tenté d'amener une cessation concertée de travail. Il inflige un emprisonnement de six jours à trois mois et une amende de 16 fr. à 300 fr., ou l'une de ces deux peines seulement à tous ouvriers ou patrons qui, à l'aide d'amendes ou de défenses prononcées par suite d'un plan concerté, ont porté atteinte au libre exercice de l'industrie ou du travail. » (CH. Y.)

* **GRÉVÉ, ÉE** part. passé de GREVER. — Lésé, chargé d'hypothèques : *immeuble grevé d'hypothèques.* — Jurispr. ÊTRE GRÉVÉ DE SUBSTITUTION, être héritier ou légataire à charge de substitution. On dit aussi, substantiv., LE GRÉVÉ : LES ENFANTS DU GRÉVÉ.

* **GRÉVER** v. a.(lat. *gravari*, être à charge). Léser, faire tort, apporter du dommage : *en quoi vous a-t-on grevé ?* — Particul. Charger, surtout en matière de contributions et d'hypothèques : *la province est grevée d'impôts.* — GREVER SON BUDGET, s'imposer une lourde dépense.

GRÉVIN (Jacques), poète et médecin, né à Clermont (Oise) en 1540, mort en 1570. On a de lui un *Théâtre et des Poésies* (Paris, 1562 in-8°), qui obtinrent un assez grand succès.

GRÉVISTE s. Ouvrier, ouvrière en grève.

GREW (Nehemiah) [groû], médecin anglais, né vers 1628, mort en 1711. Il fut le premier Anglais qui étudia l'anatomie et la physiologie des végétaux ; il publia, *The Anatomy of Plants, with an Idea of the Philosophical History of Plants.*

GREY (LADY Jane), reine d'Angleterre, née en 1537, décapitée le 12 février 1554. Elle était arrière-petite-fille d'Henri VII, par sa mère, et fille d'Henry Grey, marquis de Dorset et duc de Suffolk. A l'âge de 15 ans, elle parlait et écrivait le grec, le latin, l'italien et le français avec facilité et avec pureté, et elle possédait quelque connaissance de l'hébreu, du chaldéen et de l'arabe. Edouard VI se laissa persuader de la faire son héritière, au détriment de ses deux sœurs consanguines, Marie et Elisabeth. Acceptant la couronne avec répugnance (10 juillet 1553), pour obéir aux instances de lord Guilford Dudley, son mari, Jane Grey se laissa proclamer reine. Les catholiques, courant au secours de Marie, héritière légitime du roi décédé, marchèrent sur Londres au nombre de 12,000 : la noblesse et la haute bourgeoisie se déclarèrent aussi pour Marie, que le maire et le conseil proclamèrent reine. Suffolk lui-même abandonna sa fille. La reine ne voulut pas d'abord consentir à la mort de lady Jane et de Dudley, bien que leur exécution fût demandée par ses ministres; mais à la suite de l'insurrection de Wyatt, à laquelle Suffolk fut assez imprudent pour prendre part, elle signa l'ordre de leur exécution le 8 février 1554. Lady Jane subit son sort avec calme et piété.

GREYTOWN. Voy. San Juan de Nicaragua.

GREZ-EN-BOUÈRE, ch.-l. de cant., arr. et à 14 kil. N.-É. de Château-Gontier (Mayenne); 1,700 hab.

* GRIANNEAU s. m. Jeune coq de bruyère.

GRIBEAUVAL (Jean-Baptiste Vaquette de), général d'artillerie, né à Amiens en 1715, mort en 1789. Après avoir longtemps servi dans l'armée française, il entra dans les troupes autrichiennes, devint général, et se distingua particulièrement à la défense de Schweidnitz. A son retour en France, il fut nommé (1765) inspecteur d'artillerie et (1776) inspecteur général; il introduisit de grandes améliorations dans cette arme. (Voy. Artillerie.) Son principal ouvrage est *Règlement concernant les fontes et constructions de l'artillerie de France*. (3 vol. in-fol., 1792.)

* GRIBLETTE s. f. Petit morceau de porc frais ou salé, de veau, de volaille, etc., mince, haché, battu et enveloppé de petites tranches de lard, qu'on met rôtir sur le gril : *manger des griblettes.*

* GRIBOUILLAGE s. m. [*ll mll.*]. Mauvaise peinture; écriture mal formée. (Fam.)

* GRIBOUILLE s. m. [*ll mll.*]. Imbécile, idiot. — Gribouille est un personnage légendaire qui poussa l'inconséquence jusqu'à se jeter dans l'eau, de crainte de la pluie : *fin comme Gribouille.*

* GRIBOUILLER v. n. Faire du gribouillage. (Fam.)

* GRIBOUILLETTE s. f. [*ll mll.*]. Jeu d'enfants. Jeter une chose a la gribouillette, la jeter au milieu d'une troupe d'enfants, qui cherchent à s'en saisir. (Fam.)

GRIBOUILLEUR, EUSE s. Celui, celle qui gribouille.

GRIBOURI s. m. Entom. Genre de coléoptères tétramères, voisin des eumolpes, et comprenant plusieurs espèces d'insectes dont le corps est en forme de cylindre et dont la tête est enfoncée verticalement dans le corselet. Ces animaux se rendent nuisibles en rongeant les jeunes pousses des plantes, à mesure qu'elles se développent. Dès qu'on les approche, ils font le mort, rentrent leur tête sous le corselet et se laissent tomber. — Le *gribouri soyeux (cryptocephalus sericeus)* est d'un vert doré et vit sur les fleurs du saule. — Le *gribouri de la vigne*, appelé aussi *lisette, diablotin, écrivain et eumolpe de la vigne (eumolpus vitis)*, vit sur la vigne et y commet, à l'état de larve et à l'état parfait, des dégâts qui le rendent des plus redoutables.

* GRIÈCHE adj. (corrupt. de *grecque*). Ne s'emploie que dans ces deux mots composés: *ortie-grièche* (voy. Ortie) et *pie-grièche* (voy. Pie).

* GRIEF, IÈVE adj. (lat. *gravis*). Grave, accablant : *grièvo maladie*. Ne se dit qu'en mauvaise part.

* GRIEF s. m. Dommage que l'on reçoit, lésion que l'on souffre en quelque chose : *il se plaint de plusieurs griefs qu'il a reçus.* — Plainte que l'on fait pour le dommage reçu : *il s'est emparé de mon bien, voilà mon grief, c'est là mon grief.* — s. m. pl. Prat. Écritures que l'on fait pour montrer en quoi on a été

lésé par un jugement dont on est appelant: *donner des griefs.*

* GRIÈVEMENT adv. D'une manière grièvo, excessivement : *il est grièvement malade, grièvement blessé.*

* GRIÈVETÉ s. f. Enormité : *la grièveté du fait.*

* GRIFFADE s. f. Coup de griffe. — Fauconn. Blessure qu'un oiseau onglé fait avec ses serres.

* GRIFFE s. f. (anc. haut all. *krapho*, croc). Ongle crochu, pointu et mobile de certains animaux, tels que le tigre, le lion, le chat, etc., ou d'un oiseau de proie, comme l'épervier, le faucon, etc. : *les pattes de cet animal sont armées de griffes.* — Extrémité de la patte des animaux pourvus de griffes : *tomber entre les griffes d'un lion.* — Donner un coup de griffe a quelqu'un, lui donner de la griffe, lui rendre quelque mauvais office, surtout par des discours malveillants. — Fig. et fam. Pouvoir qu'une personne exerce injustement ou avec dureté sur une autre; rapacité des gens de chicane, etc. : *je suis sous sa griffe.* — Jard. Se dit des caïeux de renoncule, d'anémone, etc., à cause de la ressemblance qu'ils ont avec les griffes d'animaux. Griffes d'asperges, racines, plant de l'asperge. — Bot. Appendice crochu à l'aide duquel certaines plantes grimpantes, par exemple le lierre, s'attachent au corps qui le soutient. — Empreinte imitant la signature d'une personne, et l'instrument qui sert à faire cette empreinte : *tous les exemplaires de cet ouvrage sont revêtus de la griffe de l'éditeur.*

GRIFFE adj. Qui est né d'un nègre ou d'une négresse et d'un indigène des îles Caraïbes : *colons griffes.* — Substantif : *un griffe, une griffe.*

* GRIFFER v. a. Donner un coup de griffe : *le chat a griffé cet enfant.* — Fauconn. Prendre avec la griffe : *oiseaux qui griffent.* — ⟍ Se griffer, v. récipr. S'égratigner l'un l'autre.

GRIFFIN (Gerald), romancier irlandais, né en 1803, mort en 1840. Ses romans se composent de The Colleen Bawn ou The Collegiam, The Invasion, The Rivals et The Duke of Monmouth. Sa tragédie Gisippus fut jouée avec beaucoup de succès au théâtre de Drury Lane après sa mort.

GRIFFITH (William), médecin anglais, né en 1810, mort en 1845. Il reçut mission, à différentes époques, d'explorer la flore du Tenasserim, de l'Assam, du Bootan et de l'Afghanistan; il réunit des collections de plantes, d'animaux et 600 spécimens d'oiseaux.

* GRIFFON s. m. (lat. *gryphus*; gr. *grups*, vautour). Espèce d'oiseau de proie semblable à l'aigle. — Animal fabuleux, moitié aigle et moitié lion. Le griffon habitait les montagnes Rhipæennes et gardait, dans les régions hyperboréennes, l'or des cyclopes Arimaspes. — S'emploie souvent, en ce sens, dans le blason : *il porte d'or au griffon de sable.* — Espèce de chiens qui ont les poils du corps durs et peu nombreux, et ceux de la tête longs, hérissés et mêlés : *les griffons sont très lestes.*

* GRIFFONNAGE s. m. Ecriture si mal formée, qu'il est presque impossible de la lire : *je ne saurais lire ce griffonnage.*

* GRIFFONNER v. a. Ecrire mal, et d'un caractère très difficile à lire, tel qu'est ordinairement celui des gens de pratique : *il n'écrit pas, il griffonne.* — Fig. et fam. Composer, rédiger avec précipitation et négligence : *je vous griffonne cette lettre à la hâte.* — Dessiner grossièrement quelque chose : *ce dessin n'est encore que griffonné.*

* GRIFFONNEUR s. m. Celui qui griffonne. Se dit surtout, par dénigrement, d'un auteur qui écrit beaucoup et vite, ou d'un auteur

sans talent : *quel infatigable griffonneur!* (Fam.).

GRIGNAN, ch.-l. de cant., arr. et à 27 kil. S.-O. de Montelimar (Drôme); 1,800 hab. Restes d'un ancien château, érigé en vicomté en 1550 et dont l'un des seigneurs, le comte de Grignan, épousa, en 1669, la fille de Mme de Sévigné. Les façades ont été construites par Mansard. Le tombeau de Mme de Sévigné, qui mourut dans ce château, se trouve dans la chapelle. Statue en bronze de Mme de Sévigné, sur la place de l'Hôtel-de-Ville. — Commerce de truffes.

GRIGNAN (Françoise-Marguerite de Sévigné, comtesse de), fille de la marquise de Sévigné, née à Paris en 1648, morte en 1705. Mme de Grignan, à laquelle la plus grande partie des lettres de sa mère sont adressées, s'occupa de métaphysique et déploya beaucoup de talent. On a d'elle un *Résumé du système de Fénelon sur l'amour de Dieu*. Elle eut pour fille Mme de Simiane.

GRIGNOLS ou Flaujac, ch.-l. de cant., arr. et à 14 kil. S.-E. de Bazas (Gironde); 1,900 hab. Ruines de deux châteaux forts.

* GRIGNON s. m. [*gn mll.*] (lat. *granum*, grain). Morceau de pain du côté qu'il est le plus cuit : *il a de bonnes dents, il prend toujours le grignon.*

GRIGNON, hameau de la commune de Thiberval, arr. et à 12 kil. O. de Versailles (Seine-et-Oise); 300 hab. Fameuse école régionale d'agriculture. (Voy. Ferme-École.)

* GRIGNOTER v. n. [*gn mll.*]. Manger doucement en rongeant : *il s'amuse à grignoter.* — Fig. et pop. Faire quelque petit profit dans une affaire : *il n'y a pas grand profit pour lui dans cette affaire, mais il y a de quoi grignoter.*

GRIGNOTEUR, EUSE adj. [*gn mll.*] Celui, celle qui mange en grignotant.

* GRIGNOTIS s. m. [*gn mll.*]. Grav. Travail du graveur, qui consiste en points, en tailles courtes, en traits tremblés : *le grignotis est particulièrement propre à rendre les vieilles murailles, les arbres couverts de mousse*, etc.

* GRIGOU s. m (esp. *griego*). Misérable qui n'a pas de quoi vivre; ou celui qui, ayant de quoi vivre, fait le gueux et vit d'une manière sordide : *c'est un franc grigou.* (Pop.)

GRI-GRI s. m. Nom vulgaire du grillon des champs.

GRIJALVA (Juan de), navigateur espagnol, né dans la dernière partie du XVe siècle, mort en 1527. En 1518, il fit voile avec quatre navires pour Santiago de Cuba, afin de compléter les découvertes de Cordova dans le Yucatan. Il longea la péninsule et continua ses explorations jusqu'à Panuco. Il s'établit ensuite dans le Nicaragua, où il fut tué par les Indiens.

* GRIL s. m. [gri; ou grie; *l mll.*] (bas lat. *graticula*; *de craticula*, diminut. de *crates*, craie). Ustensile de cuisine qui est fait de plusieurs verges de fer parallèles, attachées à quelque distance l'une de l'autre, sur lequel on fait rôtir de la viande ou du poisson : *côtelettes de mouton rôties sur le gril.* — Etre sur le gril, souffrir beaucoup de corps ou d'esprit.

* GRILLADE s. f. [*ll mll.*] Manière d'apprêter certaines viandes en les grillant : *mettre des côtelettes de mouton à la grillade.* — Ce qui est aussi des viandes grillées : *voilà une bonne grillade.* — Faire grillade, mettre sur le gril des cuisses de dinde, de poularde, et autres choses semblables qui sont déjà rôties.

* GRILLAGE s. m. [*ll mll.*]. Métall. Opération qui consiste à faire passer le minerai par plusieurs feux avant que de le faire fondre. — Garniture de fil de fer en treillis qu'on met aux fenêtres, aux portes vitrées, etc. : *fermer*

le soupirail d'une cave avec un grillage. — Archit. Assemblage de pièces de charpente croisées carrément, qu'on établit sur un terrain où l'on veut bâtir : *grillage sur pilotis.* — ↳ Action de griller; résultat de cette action : *le grillage des viandes leur conserve presque tout leur suc.*

GRILLAGEUR s. m. Celui qui fabrique des grillages et qui les pose.

GRILLE s. f. [ll mll.] (même étymol. que gril). Assemblage à claire-voie de barreaux de fer ou de bois, se traversant les uns les autres, et servant à fermer une fenêtre ou quelque autre ouverture : *mettre une grille à une fenêtre.* — Particul. Sorte de grille en petits carreaux fort serrés, qui est dans les parloirs de religieuses : *la grille du parloir.* — Absol. Parfois même : *ces religieuses sont toujours à la grille, ne bougent de la grille.* — Treillis de fer maillé, de trois à quatre pouces de jour, qui sépare le chœur des religieuses d'avec le chœur ou la nef de leur église. — Se dit aussi de certaines clôtures ou séparations qui sont formées principalement de barreaux montants et parallèles, et qui ont quelquefois des ornements : *la grille du Carrousel, du palais de Justice.* — Se dit encore des barres de fer sur lesquelles on place le charbon dans un fourneau au-dessus du cendrier. — GRILLE DE FEU, ou simplement GRILLE, se dit de trois ou quatre chenets attachés ensemble, à quelque distance l'un de l'autre, avec une barre de fer. — Blas. Se dit de certains barreaux qui sont à la visière du heaume, et qui empêchaient que les yeux du chevalier ne fussent offensés. — Plaque de fer trouée qui est sur une râpe, et qui sert à griller le tabac. — Autref. Chancell. Paraphe en forme de grille, que les secrétaires du roi, qui avaient à signer quelques lettres, mettaient au devant des paraphes dont ils se servaient dans leur signature particulière. — Jeu de paume. Espèce de fenêtre carrée, qui est sous le bout du toit hors du service, et élevée à deux pieds de terre : *faire un beau coup de grille.*

GRILLÉ, ÉE part. passé de GRILLER. Cuit sur le gril : *viande grillée.* — ↳ Adj. Brûlé par le soleil : *raisin grillé.* — ↳ Fermé avec une grille : *fenêtre grillée.*

GRILLE-MARRONS s. m. Espèce de boîte de tôle dont on se sert pour griller des marrons : *des grille-marrons.*

GRILLE-PAIN s. m. Gril servant au grillage du pain : *des grille-pain.*

GRILLER v. a. [ll mll.]. Rôtir sur le gril : *griller des saucisses, des cuisses de dindon.* — Métall. Faire chauffer des métaux à plusieurs reprises, pour en dégager des matières étrangères. — Se dit aussi en parlant de ce qui est brûlé pour avoir été trop près du feu : *les pincettes étaient fort rouges, elles m'ont grillé les mains.* — Se dit également de la chaleur du soleil : *la grande ardeur du soleil a grillé les vignes, les herbes.* — Se dit, par exag. et fam., de toute chaleur qui se fait trop vivement sentir : *ce feu est si vif, qu'il me grille les jambes.* — v. n. : *faites griller, faites griller ces côtelettes.* — GRILLER DE FAIRE UNE CHOSE, avoir un grand désir, une extrême impatience de la faire. On dit aussi, GRILLER D'IMPATIENCE, ou absol., GRILLER, brûler d'impatience; et populairement, GRILLER DANS SA PEAU. — ↳ Jarg. EN GRILLER UNE, fumer une cigarette. — Se griller v. pr. Se brûler pour avoir été trop près du feu : *mes cheveux se sont grillés.* — Ressentir toute chaleur que se fait trop vivement sentir : *vous êtes bien près du feu, vous devez vous griller.* — Etre brûlé par le soleil : *ces fleurs se grillent au soleil.*

GRILLER v. a. [ll mll.]. Fermer avec une grille : *il faut griller la fenêtre de ce cabinet.* — Fam. GRILLER UNE FILLE, la faire religieuse.

GRILLET s. m. ou Grillette s. f. [ll mll.].

Blas. Sonnette ronde qu'on met au cou des chiens et aux jambes des oiseaux de proie.

GRILLETÉ, ÉE adj. Blas. Se dit des oiseaux de proie qui ont des sonnettes aux pieds.

GRILLEUR, EUSE s. Celui, celle qui fait griller.

GRILLOIR s. m. [ll mll.]. Fourneau sur lequel on grille. — Lieu où se fait cette opération.

GRILLON s. m. [ll mll.] (lat. *gryllus*; gr. *grullos*). Entom. Genre d'orthoptères, voisin des courtilières et des sauterelles, comprenant des espèces à antennes allongées, menues vers le bout et finissant en pointe. — Le *grillon domestique* (*acheta domestica*, Linn.) mesure environ 2 centim. et demi de long; il est d'une couleur jaunâtre ou argileuse, mêlée de brun; il habite les crevasses des murs, les fentes des planchers, dans les endroits chauds, comme le voisinage des fours et des cheminées. Il y reste caché pendant le jour. La nuit, il se met à la recherche des bribes de pain, de farine et de presque tous les objets d'économie domestique qu'il peut rencontrer. On dit qu'il dévore aussi les autres insectes. Infatigable musicien, il commence son concert dès le crépuscule et le continue sans interruption jusqu'à la pointe du jour. Le *grillon des bois* (*acheta vittata*, Harris), plus petit

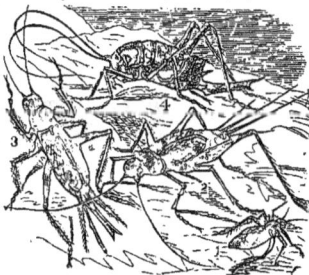

1. Grillon des bois (acheta vittata). — 2. Grillon des champs (acheta campestris). — 3. Grillon domestique (acheta domestica). — 4. Acheta maculata.

que les autres, vit en nombreuses sociétés. Le *grillon des champs* (*acheta campestris*) qui vit, avec la base des étuis jaunâtre. Il se creuse sur les bords des chemins, dans les terrains secs et exposés au soleil, des trous assez profonds, où il se tient à l'affût des insectes qui lui servent de proie; la femelle y pond sa ponte, composée d'environ 300 œufs. Pendant les nuits tièdes et étoilées, il fait entendre son cri monotone et répété. Quand les grillons se rendent nuisibles par leur grand nombre, on peut les détruire en mêlant de l'arsenic aux substances qu'ils dévorent, ou au moyen de vases à demi pleins de liquide et dans lesquels ils tombent en voulant boire; les chats aiment à leur faire la chasse et à jouer avec eux comme ils le font avec les souris avant de les dévorer; les porcs les mangent aussi avec avidité.

GRILPARZER (Franz) [gril'-par-tser], dramaturge allemand, né à Vienne en 1791, mort en 1872. Il fut directeur des archives du ministère des finances, de 1813 à 1856, et devint, en 1861, membre à vie du Reichsrath. Une seconde édition de ses œuvres réunies (tragédies, comédies et poésies lyriques) parut en 1874 (10 vol.). *Die Ahnfrau*, sa première tragédie (école fataliste), et *Sappho*, *Das goldene Vliess*, etc., furent admirées et critiquées d'une façon extravagante.

GRIMAÇANT, ANTE adj. Qui grimace : *un visage grimaçant.*

GRIMACE s. f. (anc. haut all. *grim*, furieux).

Contorsion du visage faite souvent à dessein : *laide grimace.* — FAIRE LA GRIMACE À QUELQU'UN, lui faire mauvaise mine, mauvais accueil. — Fig. et fam. FAIRE LA GRIMACE, se dit aussi des habits, des étoffes, etc., qui font quelque mauvais pli. — Fig. Feinte, dissimulation : *ce qu'il en fait, ce n'est que par grimace.* — Boîte destinée à contenir des pains à cacheter, et dont le dessus est une espèce de pelote où l'on met des épingles.

GRIMACER v. n. Faire une grimace, des grimaces : *il ne saurait s'empêcher de grimacer.* — Se dit quelquefois de l'expression outrée de la physionomie : *les figures de ce tableau grimacent.* — Se dit encore, fig., des habits, des étoffes, etc., qui font quelque mauvais pli : *cet habit, ce collet grimace.*

GRIMACERIE s. f. Action de grimacer :

Et par plaisir la tiare essayant,
Il dit autour force grimaceries.
LA FONTAINE.

GRIMACIER, IÈRE adj. Qui fait ordinairement des grimaces : *cet enfant est grimacier.* — Par ext. Qui minaude souvent : *cette femme est fort grimacière.* — s. *C'est une grimacière.* — Fig. Hypocrite. S'emploie substantivement ou adjectivement : *vous croyez cet homme dévot, et ce n'est qu'un grimacier.*

GRIMALDI, l'une des quatre grandes familles patriciennes de Gênes. Cette famille descend de Grimoald, maire du palais sous le roi franc Childebert II. En 980, les Grimaldi prirent possession de la seigneurie de Monaco dont ils restèrent les princes héréditaires pendant plus de sept siècles. Ils appartenaient à la faction des Guelfes et s'unirent avec les Fieschi dans la lutte contre les Gibelins, ayant à leur tête les Doria et les Spinola. Ranieri II, allié de Philippe le Beau de France, battit, en 1304, la flotte flamande commandée par Guy de Flandre. Carlo II, surnommé le Grand, commandait les archers génois et fut tué à la bataille de Crécy (1346). Antonio, amiral, châtia, en 1332, les aggressions des Catalans et des Aragonais en ravageant leurs côtes, mais il fut battu, en 1353, près des côtes de Sardaigne. Giovanni, au service des Milanais, gagna sur le Pô une victoire décisive sur la flotte vénitienne, en 1431. Domenico se distingua comme ecclésiastique zélé et aussi comme chef à la bataille navale de Lépante (1574). Il fut nommé cardinal. Géronimo, qui mourut en 1685, à l'âge de 89 ans, fut évêque d'Aix. Urbain VIII l'envoya comme nonce en Allemagne et le fit cardinal.

GRIMAUD s. m. On appelait ainsi, par mépris, dans les collèges, les écoliers des basses classes : *c'est un petit grimaud.* — Se dit quelquefois d'un mauvais écrivain :

Allez, petit grimaud, gribouilleur de papier.
MOLIÈRE.

GRIMAUD, Olbia, ch.-l. de cant., arr. et à 44 kil. S.-E. de Draguignan (Var); 1,100 hab. Mines de plomb. Cette ville est située à 3 kil. du golfe de Grimaud ou de Saint-Tropez (*Sambracitanus* ou *Gambracius sinus*), des anciens).

GRIME s. m. (ital. *grimo*, ridé). Terme de mépris qui se dit des petits écoliers. (Fam.)— Théâtre. Se dit des personnages de vieillards ridicules, par opposition à *Père noble* : JOUER LES GRIMES, ou adjectiv., LES PÈRES GRIMES.

GRIMELIN s. m. Terme qui se dit, par mépris, d'un petit garçon.

GRIMER (Se) v. pr. Théâtre. Se peindre des rides sur le visage, et prendre les airs et les manières convenables pour représenter un vieillard, une duègne, etc. : *cet acteur se grime bien.*

GRIMM (Friedrich-Melchior, BARON), critique français, né à Ratisbonne en 1723, mort à Gotha en 1807. Étant précepteur à Paris, il devint l'intime de Rousseau et fut successivement lecteur du prince de Saxe-Gotha et secrétaire du comte de Friesen, puis du duc d'Orléans. En 1753, il acquit une grande réputation comme critique d'art et comme brillant écrivain, en remplaçant l'abbé Raynal dans la direction de sa correspondance étrangère, et jusqu'en 1790, il donna régulièrement une chronique sur les productions et les événements littéraires de France. Il correspondit avec Catherine II et avec d'autres personnes royales (Correspondance littéraire, philosophique et critique, 16 vol. 1812-'13; nouv. édit. 5 vol. 1829-'31). Il représenta la Saxe-Gotha à la cour de France (1776-'89) et à l'époque de sa mort, il était ministre plénipotentiaire de la Russie à Gotha. — Grimm ne fut pas seulement un critique plein de finesse et de bon sens, mais il est aussi le meilleur écrivain étranger qui ait composé des ouvrages dans notre langue.

GRIMM (Jakob-Ludwig), philologue allemand, né à Hanau en 1785, mort en 1863. Il fut employé dans le service civil et diplomatique de la principauté de Hesse jusqu'en 1830, époque où il fut nommé professeur à Gœttingen. En 1837, il signa, avec six de ses collègues, une protestation contre l'abolition de la constitution par le roi de Hanovre, et fut banni. Membre du parlement de Francfort de 1848, il se joignit au parti libéra modéré. Il a publié sur la philologie, sur les antiquités et sur l'histoire d'Allemagne des ouvrages dont les principaux sont : Deutsche Grammatik (4 vol. 1819-'37), Geschichte der deutschen sprache (2 vol.), Weisthumer (collection de proverbes allemands, 4 vol.) et, en collaboration avec son frère Wilhelm-Karl, Kinder und Hausmarchen (1812). En 1852, il commença, en collaboration avec son frère, la publication de Deutsches Woerterbuch, dictionnaire dont il donna seulement 3 volumes et demi. Les frères Grimm ont laissé des matériaux suffisants pour terminer la publication de ce travail, qui doit finir de paraître en 1890.

GRIMMA, ville de la Saxe, sur la Mulde, à 20 kil. S.-E. de Leipzig; 7,280 hab. Ancienne résidence royale, occupée aujourd'hui par des établissements publics, un célèbre Fürstenschule et deux vastes établissements d'éditeurs.

GRIMMIA s. m. 7e sous-genre des antilopes dans la classification de Chenu. Cornes petites, droites ou peu courbées, insérant loin des orbites, au milieu du front. (Voy. ANTILOPE.)

GRIMOALD I. Maire d'Austrasie, fils de Pepin le Vieux (642-647). — II. Duc de Bénévent (647-671). — III et IV. Princes de Bénévent (788-816).

GRIMOD DE LA REYNIÈRE (Alexandre-Balthasar-Laurent), célèbre gastronome, né à Paris en 1758, mort en 1838. Son grand-père était charcutier et son père s'était enrichi dans les fournitures de l'armée de Soubise et avait été fermier-général. Le jeune Grimod se fit recevoir avocat, rédigea, de 1797 à 1798, le Censeur dramatique, et mena ensuite une existence excentrique, cherchant à humilier l'orgueil de ses parents, qui oubliaient leur origine. Il s'était, dit-on, composé des armoiries ornées d'un cervelas sur champ de gueules. Pour faire pièce à sa mère, à laquelle il ne pardonna jamais de l'avoir mis au monde laid et difforme, il donna des repas auxquels les convives ne furent admis qu'après avoir fourni des preuves de roture. Ses facéties plus ou moins spirituelles, et ordinairement d'un goût douteux, lui donnèrent une certaine réputation. Ses ouvrages les plus célèbres sont : l'Almanach des Gourmands (1803-'12, 8 vol. in-8°) et le Manuel des Amphitryons (1808, 1 vol. in-8°).

* GRIMOIRE s. m. (corrupt. de grammaire).

Livre dont on dit que les magiciens se servent pour évoquer les démons, etc. : consulter le grimoire. — SAVOIR LE GRIMOIRE, ENTENDRE LE GRIMOIRE, être habile dans les choses dont on se mêle. — Se dit, fig. et fam., des discours obscurs, et des écritures difficiles à lire : expliquez-vous, je n'entends point ce grimoire.

* GRIMPANT, ANTE adj. Qui grimpe, qui a l'habitude de grimper. Se dit principalement, en Bot., des plantes dont la tige, trop faible pour se soutenir par elle-même, monte le long des corps voisins et s'y attache à l'aide de vrilles ou d'autres appendices : le lierre est une plante grimpante. — ↝ s. m. Argot. Pantalon.

* GRIMPER v. n. (anc. haut all. klimban). Gravir, monter à quelque endroit en s'aidant des pieds et des mains : grimper au haut d'un arbre. — Se dit souvent des animaux, dans un sens analogue : un chat qui grimpe à un arbre, le long d'un arbre. — Se dit, aussi, quelquefois, des plantes dont la tige s'élève en s'accrochant aux corps voisins : cette vigne a grimpé jusqu'au premier étage. — Se dit, fig. et fam., des lieux hauts, où l'on monte avec peine : il y a bien à grimper pour arriver chez vous.

* GRIMPEREAU s. m. Ornith. Tribu de passereaux ténuirostres, comprenant des oiseaux à bec grêle, allongé et arqué. Principaux genres : vrais grimpereaux, picucules, échelettes, sucriers, fourniers, dicées, soui-mangas. — Les vrais grimpereaux sont ainsi nommés de l'habitude qu'ils ont de grimper aux arbres comme les pics, en se servant de leur queue comme d'un arc-boutant ; les pennes de leur queue finissent par s'user et par se terminer en pointe comme celle des pics. Le grimpereau d'Europe (certha familiaris) est un petit oiseau

Grimpereau d'Europe (Certha familiaris).

d'un plumage blanchâtre, tacheté de brun en dessus, teint de roux au croupion et sur la queue. On le trouve dans nos bois et dans nos forêts, où il vit en compagnie des piverts et des sittelles. Il pond dans le trou des arbres, et s'empare souvent des nids abandonnés des piverts et des écureuils. Il se nourrit de fourmis, de larves, de petits insectes et de lichens; en hiver, il vient dans les vergers près des maisons.

GRIMPEUR, EUSE adj. Qui grimpe, qui est fait pour grimper : oiseau grimpeur.

* GRIMPEURS s. m. pl. Ornith. Troisième ordre des oiseaux, dans la classification de Cuvier, essentiellement caractérisé par le doigt externe dirigé en arrière, comme un pouce, ce qui donne à ces oiseaux de cet ordre un solide appui quand ils grimpent, d'où vient leur nom. Les grimpeurs nichent d'ordinaire dans les trous des vieux arbres ; leur vol est médiocre; leur nourriture consiste en insectes ou en fruits, suivant que leur bec est plus ou moins robuste. Cet ordre comprend : les jacamars, les pics, les torcols, les coucous, les indicateurs, les barbacous, les barbus, les couroucous, les anis, les toucans, les perroquets, les touracos, les musophages, etc.

*GRINCEMENT s. m. Action de grincer les dents : en enfer, il y aura des pleurs et des grincements de dents.

* GRINCER v. a. (anc. haut all. gremizon, grincer des dents). N'est usité que dans cette phrase, GRINCER LES DENTS, les serrer les unes contre les autres, ou de douleur, ou de colère, en retirant les lèvres, et avec quelque frissonnement. On dit aussi : GRINCER DES DENTS ; et alors GRINCER est neutre. — Absol. UNE PORTE GRINCE, quand elle fait du bruit en tournant.

GRINCHAGE s. m. Argot. Vol, filouterie.

GRINCHE s. m. Argot. Voleur.

GRINCHER v. a. Argot. Voler.

* GRINCHEUX, EUSE adj. (rad. grincer). Maussade, désagréable, revêche : un homme grincheux. (Fam.)

GRINCHIR v. a. Argot. Voler.

GRINDELWALD [grinn'-dèl-vàlt], village de la Suisse, à 50 kil. S.-E. de Berne, à près de 1,170 m. au-dessus du niveau de la mer, sur le Bergelbach ; environ 3,000 hab. La vallée de Grindelwald, traversée par la Lütschine, mesure 20 kil. de long sur 3 de large. Au sud de la vallée s'élèvent le Wellhorn, le Wetterhorn, le Mettenberg, le Schreckhorn, l'Eiger et le Mönch ; et au nord, le Faulhorn et d'autres montagnes. Près du village, les deux glaciers de Grindelwald se montrent de chaque côté du Mettenberg ; ils appartiennent à la mer de glace qui occupe le plateau des Alpes Bernoises ; l'ascension du glacier supérieur ne présente aucun danger. Le petit glacier ou glacier inférieur peut être exploré si facilement qu'il est connu sous le nom populaire de Damenglescher (glacier des dames).

*GRINGALET s. m. (all. gering, petit). Fam. Homme faible de corps et grêle. — Fig. : un gringalet, homme de peu, sans valeur.

GRINGALET I. Farceur célèbre de l'hôtel de Bourgogne (première moitié du XVIIe siècle). — II. Pitre du boulevard du Temple qui eut un certain succès dans les dernières années de l'Empire et au commencement de la Restauration.

GRINGOIRE ou Gringore (Pierre), poète, né en Lorraine vers 1480, mort en 1544. Il parcourut la France en jouant des pièces satiriques et bouffonnes et en 1500 à Paris, où il fut chargé par Louis XII de composer contre le pape Jules II le Jeu du Prince des Sots et de la Mère Sotte, mystère politique qui lui fut grassement payé. Il reste de Gringoire quelques œuvres assez curieuses : Le Château du labour (Paris, in-4°, 1500); Le Château d'amour (1500, in-8°), etc. Pierre Gringoire ne fut point le poète famélique et dégueuillé du roman Notre-Dame de Paris de Victor Hugo. Poète de cour, il vécut largement et fut même anobli.

* GRINGOLÉ, ÉE adj. Blas. Se dit des pièces terminées en têtes de serpent.

GRINGONNEUR (Jacquemin), peintre du XIVe siècle, auquel on attribue faussement l'invention des cartes à jouer, parce qu'il en coloria un jeu pour Charles VI en 1392.

* GRINGOTTER v. n. Se dit proprement des petits oiseaux. et signifie; fredonner : il y a du plaisir à entendre gringotter ce petit oiseau. — v. a. Se dit quelquefois, des personnes qui fredonnent mal : il nous a gringotté un air.

* GRINGUENAUDE s. f. Petite ordure qui s'attache aux émonctoires et ailleurs par malpropreté. (Bas.)

GRINNELL, ville de l'Iowa (Etats-Unis), à 80 kil. N.-E. de Des Moines ; 4,500 hab. Siège du collège d'Iowa.

GRINNELL (Terre de), terre de l'océan Arctique, séparée du Groënland par le canal de

Kennedy et par le détroit de Robeson. En 1850, l'Américain Grinnel lui donna son nom ; huit mois plus tard, elle fut appelée terre du Prince Albert par le capitaine anglais Penny.

GRIOT s. m. (anc. haut all. *krioz*). Farine fine avec laquelle on fait le pain appelé *pain de gruau*.

GRIOTS, peuple de la Sénégambie, qui ne présente, avec les peuples voisins, aucune similitude, ni de mœurs, ni de religion. La prostitution et l'ivrognerie sont les vices dominants chez les Griots. Ce peuple est méprisé et son nom est une injure dans une grande partie de l'Afrique occidentale.

* **GRIOTTE** s. f. (gr. *agrios*, sauvage). Espèce de cerise à courte queue, grosse et noirâtre, plus douce que les autres : *griottes à confire.*

*GRIOTTE s. f. Marbre tacheté de rouge et de brun : *la griotte d'Italie*. — GRIOTTE DU LANGUEDOC, sorte de marbre au ton rouge cerise.

* **GRIOTTIER** s. m. Cerisier qui porte des griottes : *les griottiers fleurissent beaucoup, et ne rapportent guère.*

* **GRIPPE** s. f. (même étymol. que *griffe*). Fantaisie, goût capricieux : *il se ruine à nourrir beaucoup de chevaux qui ne lui servent pas, c'est sa grippe.* (Fam. et peu usité.) — Fam. SE PRENDRE DE GRIPPE CONTRE QUELQU'UN, ou PRENDRE QUELQU'UN EN GRIPPE, se prévenir défavorablement contre lui, sans pouvoir rendre raison de sa prévention. — Méd. Affection épidémique caractérisée par le coryza, le mal de tête et les symptômes d'une bronchite ordinaire, avec fièvre, courbature et affaiblissement. Dès le début, le malade ressent un malaise, de l'accablement, des courbatures, un brisement des membres, une céphalalgie violente, un léger mal de gorge; symptômes accompagnés d'une toux sèche, quelquefois d'un saignement de nez, d'un sommeil agité, de râles sibilants et muqueux; les yeux sont larmoyants. La grippe est *légère* quand les symptômes sont peu accentués et *maligne*, dans le cas contraire. Cette affection se termine ordinairement par des sueurs, entre le sixième et le dixième jour. Elle se complique quelquefois de pneumonie. Elle se distingue de la bronchite ordinaire par son caractère épidémique et par les symptômes de courbature; de la pneumonie, par l'absence de crachats rouillés et de râles crépitants. Quelques cas de fièvre typhoïde débutent aussi de cette manière, mais cette fièvre se reconnaît bientôt à la stupeur, au délire et au gargouillement. Quand la grippe est légère, il faut se borner à seconder la nature qui fait alors tous les frais de la guérison. On ordonne le repos, la diète, les tisanes pectorales et sudorifiques (fleurs de bourrache et de molène), des sinapismes aux jambes; le soir, une pilule de cynoglosse ou un looch renfermant 60 centigr. de kermès et 40 gr. de sirop de codéine (par cuillerées en deux jours). Quand l'affection est grave, il faut soutenir les forces, surveiller les complications, s'opposer aux localisations sur le cerveau, sur les poumons, sur le cœur et craindre les accès de fièvre pernicieuse. — La grippe maligne ou *fièvre rhumo-catarrhale* tient à la fois des affections catarrhales et de la fièvre rhumatismale. C'est un état morbide général, dans lequel il y a souvent une décharge ou *localisation* de la maladie sur un organe; si cet organe est important (comme le cerveau, le cœur, la poitrine), le danger augmente. Cette maladie débute ordinairement d'emblée par un frisson plus ou moins prononcé, qui est suivi de chaleur, de fatigue, de courbature, de mal de tête et souvent de douleurs rhumatoïdes à l'estomac. Le pouls est fort; il ne dépasse pourtant pas 80, surtout chez les hommes; la soif est vive et la bouche pâteuse. Il y a peu de sommeil, et ce sommeil

est agité, entrecoupé de rêvasseries pénibles, mais sans délire. Les petits enfants, qui sont souvent affectés de cette maladie, ressentent une souffrance épigastrique qui les éveille en sursaut et les fait gémir de temps en temps, surtout quand ils toussent. Ils sont brûlants et réclament sans cesse des boissons froides. La respiration est fréquente et le haut du ventre est tendu et douloureux. — Cette affection est due à l'impression subite du froid humide ou à la répercussion de la sueur. Elle dure d'une à deux semaines. Après chaque abaissement brusque de la température, au printemps et à l'automne, on en observe quelques cas, surtout chez les enfants. On traite cette maladie en provoquant et en entretenant la moiteur par le séjour au lit et par des boissons sudorifiques chaudes; on prend le soir, s'il y a lieu, une cuillerée de sirop diacode ou une potion de 30 gouttes d'alcoolature d'aconit ou de teinture de colchique. Lorsqu'il n'y a pas de localisation, ce traitement suffit. S'il survient des symptômes de bronchite, de pneumonie, on a recours aux curatifs usités pour ces maladies; on suit le traitement indiqué pour le rhumatisme articulaire, lorsque les articulations se prennent, et dans le cas où il y a menace de transport au cerveau, on met des vésicatoires entre les épaules, des sangsues derrière les oreilles, des sinapismes, et on donne des dérivatifs intestinaux. S'il y a adynamie, c'est-à-dire affaissement profond, on a recours aux toniques, et si la maladie prend un caractère pernicieux ou rémittent, on donne du sulfate de quinine à doses fractionnées. La grippe maligne est ordinairement bénigne lorsqu'elle est accompagnée de diarrhée ou de rhume de cerveau, la nature se débarrassant, par cette localisation, du principe même de la maladie. Il faut user de remèdes actifs avec les petits enfants : on doit seulement surveiller la poitrine et donner de l'ipéca, s'il survient soit de l'engouement, soit une pneumonie lobulaire.

* **GRIPPÉ, ÉE** part. passé de GRIPPER. Attrapé, arrêté. — Méd. FACE GRIPPÉE, face dont les traits sont resserrés et contractés sur eux-mêmes. — HOMME GRIPPÉ, homme atteint de la grippe.

GRIPPEMINAUD (de *grippe*, voleur; *minaud*, chat). Personnage créé par Rabelais, dans *Pantagruel* : c'est l'archiduc des chats fourrés, c'est-à-dire le premier président du parlement de Paris. Dans La Fontaine,

Grippeminaud, le bon apôtre,

est un saint homme de chat, que la belette et le petit lapin choisissent pour juge.

* **GRIPPER** v. a. (lat. *corripere*, saisir). Attraper, saisir subitement : *ce chat proprement du chat et de quelques autres animaux : ce chat a grippé un morceau de viande.* — Se dit, par ext. et pop., des personnes qui dérobent, qui ravissent le bien d'autrui : *on lui a grippé sa bourse.* — GRIPPER QUELQU'UN, l'arrêter pour le mettre en prison. — Se gripper v. pr. Se dit des étoffes qui se retirent en se fronçant : *ce taffetas s'est tout grippé.* — Fam. Se prévenir défavorablement et sans raison : *c'est un homme sujet à se gripper.*

* **GRIPPE-SOU** s. m. Se disait autrefois de celui qui était chargé par les rentiers de recevoir leurs rentes, moyennant une légère remise : *c'est un grippe-sou très fidèle.* — Se dit quelquefois aujourd'hui, par mépris, d'un homme qui fait de petits gains sordides : *des grippe-sous.* (Fam.)

GRIQUALAND [gri'-koua-lènnd], province anglaise de l'Afrique méridionale, au nord de la rivière Gariep ou Orange, entre 27° 40' et 29° 35' lat. S. et entre 20° 45' et 23° 10' long. E.; environ 50,000 hab. Elle est traversée par la rivière Vaal et est célèbre pour

ses mines de diamants. Elle fut annexée aux possessions anglaises en 1871. Sa constitution ressemble à celle de Natal. Parmi les villes, se trouvent Hébron et Griqua Town. Les Griquas ou Baastaards forment une race mêlée, qui descend des colons hollandais et de femmes hottentotes et hush. Ils sont au nombre d'environ 15,000 ; la plupart professent le christianisme et sont à peu près civilisés. Une partie d'entre eux habitent le Griqualand oriental qui forme une portion de la colonie du Cap.

* **GRIS, ISE** adj. [grî] (bas lat. *griseus*). Qui est de couleur mêlée plus ou moins de blanc et de noir : *yeux gris.*

Oh là ! oh ! descendez, que l'on ne vous le dise,
Jeune homme qui menez laquais à barbe grise.
LA FONTAINE.

— ETRE TOUT GRIS, avoir les cheveux gris. — PAPIER GRIS, papier qui est ordinairement sans colle, et qui sert à faire des enveloppes de paquets, à filtrer des liqueurs, etc. — IL FAIT UN TEMPS GRIS, ou simpl., IL FAIT GRIS, le temps est couvert et froid. — Prov. et fig. LA NUIT, TOUS CHATS SONT GRIS, la nuit, il est aisé de se méprendre, de ne pas reconnaître ceux à qui on parle. Cela signifie aussi que, dans l'obscurité, il n'y a nulle différence, pour la vue, entre une personne laide et une belle personne. — FAIRE GRISE MINE A QUELQU'UN, lui faire mauvaise mine. — Pop. EN VOIR DE GRISES, éprouver de grandes contrariétés. EN FAIRE VOIR DE GRISES A QUELQU'UN, lui faire éprouver de grandes contrariétés. — PATROUILLE GRISE, troupe d'agents de police qui exerce une surveillance secrète pendant la nuit. — ETRE GRIS, UN PEU GRIS, être à demi ivre. — VIN GRIS, vin fort paillet. — Impr. LETTRE GRISE, grande lettre capitale ornée de certaines figures, et ordinairement gravée sur du bois ou sur du cuivre. — s. m. Couleur grise : *gris blanc, gris cendré.* — On dit aussi, adjectiv. : *couleur gris-de-perle.* — VERT-DE-GRIS, rouille verte qui s'engendre sur le cuivre : *le vert-de-gris est un poison.* On le dit aussi du verdet. (Voy. VERT-DE-GRIS, à la lettre V.) — PETIT-GRIS, sorte de fourrure dont la couleur est grise, et qui est faite de la peau d'un écureuil du Nord : *manchon de petit-gris.*

GRISAGE s. m. [gri-za-je]. Couleurs grises : *les grisages d'un tableau.*

* **GRISAILLE** s. f. [gri-za-ieu; *ll* mll]. Peinture qui se fait avec deux couleurs, l'une claire, l'autre brune, et qui représente des objets supposés blancs : *faire de la grisaille.* — Mélange de cheveux bruns et de cheveux blancs dont on fait des perruques.

* **GRISAILLER** v. a. Enduire de gris : *faire grisailler un plancher, un lambris.*

GRISAR (Albert), compositeur, né à Anvers en 1808, mort à Asnières en 1869. Après avoir publié quelques romances en Belgique, il vint habiter Paris. Ses opéras-comiques qui obtinrent le plus de succès sont les suivants : *Le Mariage impossible* (Bruxelles, 1833) ; *L'Eau merveilleuse* (Opéra-Comique, Paris, 1838) ; *Gilles ravisseur ; Bon soir, Monsieur Pantalon* (1852) ; *Les Amours du Diable* (1853) ; *La Chatte merveilleuse* (1863) ; *Les Bégayements d'amour* (1864) et *Le Chien du jardinier* (1855). Sa ballade la plus populaire est : *Adieu, beau rivage de France.*

* **GRISÂTRE** adj. Qui tire sur le gris : *couleur, étoffe grisâtre.*

GRISER v. a. Rendre gris, donner une teinte grise.

* **GRISER** v. a. [gri-zé]. Faire boire quelqu'un jusqu'à le rendre à demi ivre : *si vous le faites boire davantage, vous le griserez.* — Se dit quelquefois des liqueurs enivrantes, de la fumée du tabac, etc., et signifie, porter à la tête, étourdir : *un verre de vin suffit pour*

le griser. — Jeter dans une sorte d'exaltation : *le pouvoir grise l'homme.* — Se griser v. pr. Boire jusqu'à ce qu'on soit à demi ivre : *je me suis grisé au dernier souper.* — S'enthousiasmer, s'exalter :

Laissez-moi me *griser* de mon propre sarcasme.
E. Augier.

* **GRISET** s. m. Jeune chardonneret qui est encore gris, qui n'a pas encore pris son rouge et son jaune vif.

* **GRISETTE** s. f. [gri-zè-te]. Vêtement d'étoffe grise de peu de valeur, que portent les femmes du commun : *elle a une jolie grisette.* — Jeune fille ou jeune femme de médiocre condition ; et, plus particulièrement, jeune ouvrière coquette et galante : *la grisette de Mürger.*

GRIS GRIS s. m. [gri-gri]. Sorte d'amulette, chez les nègres.

GRISI (Giulia), cantatrice italienne, née à Milan en 1812, morte en 1869. Elle fit ses débuts à Bologne à l'âge de 17 ans et, en 1832, elle remplit le rôle d'Adalgise, lors de la première représentation de la *Norma* de Bellini, à Milan. Bientôt après, elle fut engagée comme *prima donna* à l'Opéra italien de Paris, et, en 1834, elle parut pour la première fois à Londres. Dans les rôles de Norma, de Sémiramide, de Lucrèce Borgia et d'Elvira dans *J Puritani,* elle déploya un talent dramatique hors ligne ; elle remporta presque autant de succès dans les opéras-bouffes *Il Barbiere di Seviglia, Don Pasquale* ou *Cenerentola.* En 1854, en compagnie de signor Mario, elle visita les États-Unis. En 1836, elle épousa M. de Melcy, mais elle divorça et se maria ensuite avec Mario.

GRIS-NEZ (Cap) anc. *Itium promontorium,* cap de France, sur le Pas-de-Calais, à l'extrémité des collines d'Artois, à 34 kil. des côtes d'Angleterre, par 50° 52' 10" lat. N. et 0° 45' 13" long. O. Phare à feu tournant de demi-minute en demi-minute. — C'est le point de France le plus rapproché de l'Angleterre.

* **GRISOLLER** v. n. Se dit du chant de l'alouette : *l'alouette grisolle.*

GRISOLLES, ch.-l. de cant., arr. et à 50 kil. S.-S.-E. de Castelsarrasin (Tarn-et-Garonne) ; 2,000 hab. Fabrique de coutellerie. Autrefois place forte. Cette ville est bâtie sur une ancienne voie romaine qui allait de Toulouse vers Moissac et Agen.

GRISON, ONNE s. Du pays des Grisons ; qui appartient à ce pays ou à ses habitants.

* **GRISON, ONNE** adj. [gri-zon]. Qui est gris. Ne se dit que du poil, ou des personnes par rapport au poil : *il devient grison.* — s. *C'est un vieux grison,* se disait autrefois d'un homme de charge qu'on faisait habiller de gris pour l'employer à des commissions secrètes : *on le fit suivre par des grisons; on lui détacha un grison.* — Pop. Ane, baudet : *être monté sur un grison.*

* **GRISONNANT, ANTE** adj. Qui grisonne : *une tête, une barbe grisonnante.*

GRISONNEMENT s. m. Qualité de ce qui grisonne.

* **GRISONNER** v. n. Devenir grison. Ne se dit guère que des personnes : *il commence à grisonner.*

GRISONS (all. *Graubünden*), le plus oriental et le plus grand des cantons suisses, sur les frontières du Tyrol et de l'Italie ; 7,184 kil. carr.; 94,991 hab. (environ 55,000 protestants). Hautes montagnes, dont quelques-unes s'élèvent à 4,000 mètres. Parmi les passes de ces montagnes se trouvent le Bernardino, le Splügen, le Julier et la Bernina. Vallée de l'Engadine. Paysage grandiose ; climat très varié. Les principales rivières sont : le Rhin, l'Inn et plusieurs tributaires du Ticino et de l'Adda. Seigle, orge, avoine, bois de construction, chanvre, lin, vin et fromage. Elevage du bétail. Autrefois le romanche était la langue de toute la population, mais, d'après le recensement de 1870, le nombre des familles allemandes surpasse celui des familles romanches. Capitale, Coire.

* **GRISOU** s. m. [gri-zou]. Se dit, dans les mines, du gaz inflammable qui se dégage de certaines espèces de houilles, et qui s'allume quelquefois avec explosion par le contact de matières enflammées : *le grisou produit souvent des accidents funestes.* — On dit adjectiv., dans le même sens, LE FEU GRISOU. — Le grisou, appelé aussi *méthane, gaz des marais* et *hydrogène carburé léger,* est un composé d'un atome de carbone et de quatre atomes d'hydrogène ou de quatre parties en poids d'hydrogène pour douze parties de carbone. C'est un gaz incolore qui brûle avec une flamme peu lumineuse et qui, mêlé avec une quantité suffisante d'air ou d'oxygène, produit en s'allumant de violentes explosions. Il renferme proportionnellement plus d'hydrogène que n'importe quel autre hydrocarbone et il est, après l'hydrogène, la substance la plus légère que l'on connaisse, puisqu'il pèse à peine un peu plus de la moitié du poids d'un égal volume d'air. Le grisou est produit dans la nature par la décomposition des matières végétales plongées sous l'eau ; c'est lui qui s'élève en bulles à la surface quand on enfonce un bâton dans une mare stagnante ou dans un fossé, au fond duquel se trouvent des feuilles mortes, etc. Il se trouve renfermé, ou mieux occlus dans les pores du charbon de terre et il filtre graduellement de la surface de celui-ci pour se répandre dans les galeries des mines, s'accumulant fréquemment à un tel point qu'il forme un mélange explosif avec l'air de la mine. Si, par une cause quelconque, il vient à s'allumer, il produit une explosion désastreuse. Il paraît exister aussi à l'état très comprimé dans certaines parties des couches de charbon, et il s'échappe rapidement dès que celles-ci sont ouvertes.

GRISSEE ou **Grissee,** ville de Java, à 16 kil. N.-O. de Surabaya, sur le détroit de Maduré ; le chiffre de la population qui se compose principalement de Javanais et de Chinois, n'est pas connu. — Construction de navires.

GRITTI I. (Andréa), Doge de Venise, né en 1454, mort en 1538. Chef des troupes vénitiennes, il enleva Brescia et Bergame aux Français en 1512, mais, peu de temps après, il fut battu et fait prisonnier par Gaston de Foix ; pendant son séjour à Paris, il entra dans l'alliance française. A son retour à Venise, il aida les troupes françaises à chasser les impériaux de Brescia et à envahir le royaume de Naples. En mai 1523, il fut élu doge. — II. (Luigi), fils du précédent et d'une esclave turque, né à Constantinople en 1501 pendant son père était ambassadeur, mort en 1534. Il fut élevé en Italie, mais il retourna à Constantinople et devint favori de Soliman II qui lui confia plusieurs missions diplomatiques. Il persuada Soliman de soutenir Zapolya ; après le couronnement de celui-ci à Bude, il fut nommé gouverneur général de Hongrie. Il abusa de son pouvoir en persécutant violemment ses ennemis ; renversé par le peuple, il fut mis à mort.

* **GRIVE** s. f. Ornith. Sous-genre de merles comprenant les espèces qui se distinguent par leur plumage grivelé et dont la chair constitue un excellent gibier. — ETRE SOÛL COMME UNE GRIVE, être complètement ivre. — FAUTE DE GRIVES, ON MANGE DES MERLES, faute de mieux on se contente de ce qui est moins bien. — Encycl. Toutes les grives d'Europe sont brunes sur le dos et tachetées sur la poitrine. Ce sont des oiseaux de passage qui arrivent chez nous par bandes en été et qui nous quittent avant les froids. Leur nourriture consiste en insectes, en vers, en baies, en fruits et quelquefois en mollusques. La *grive commune (turdus musicus)* ou *vendangeuse,* longue d'environ 23

Grive proprement dite (Turdus musicus).

centim., est d'un brun olivâtre en dessus, avec le devant du cou et la poitrine jaunâtres, le dessous des ailes jaune, les joues et le bec jaunâtres, la gorge et les flancs d'un gris blanc, les pieds bruns. Le mâle fait entendre son chant agréable, quelquefois pendant des heures entières, du haut de l'arbre où il se tient perché. La femelle dépose dans son nid, construit sur un arbre, 4 ou 5 œufs pâles, tachetés de noir et de rougeâtre. Le mâle et la femelle couvent alternativement. La chair de cette grive est particulièrement succulente au moment des vendanges, époque où elle s'est engraissée de raisins, de limaces et de vers. — La *draine* ou *dreune tourdelle* ou *grosse grive (turdus viscivorus),* plus grosse

Grosse grive (Turdus viscivorus).

que la précédente, est d'un brun olivâtre en dessus et d'un blanc jaunâtre en dessous. Chaque plume est marquée d'une grivelure noire. Le chant du mâle, semblable à celui du merle, se fait entendre dès le mois de février, avant la pousse des feuilles. Cette grive vit solitaire et est assez rare dans nos pays. — La *litorne* ou *calandrote (turdus pilaris),* longue de 27 centim., se distingue surtout par le cendré du dessus de sa tête et de son cou. On l'appelle aussi *grive de genièvre,* parce qu'elle recherche les baies de genièvre, qui donnent à sa chair une saveur fortement aromatique. — Le *mauvis (turdus iliacus),* à peu près de la grosseur de la grive ordinaire, est brun olive en dessus, avec le bec brun et les pieds grisâtres ; il a le dessous des ailes d'une teinte rosée, ce qui lui a valu le nom de *grive roselle.* — Les grives s'élèvent en cage comme le rossignol ; prises jeunes, leur existence, en captivité, peut se prolonger pendant 5 ou 6 ans. — Ces oiseaux se font cuire sur le gril dans des caisses de papier ou en friture comme les mauviettes ; mais il est préférable de les faire rôtir à la broche, enveloppées chacune d'une mince barde de lard et d'une feuille de vigne. On ne les vide pas. On les sert sur des rôties de pain qui ont reçu le jus de la cuisson et que l'on arrose d'un jus de citron vert.

GRIVELAGE s. m. Action de griveler; petits profits illicites.

* **GRIVELÉ, ÉE** adj. Qui est tacheté, mêlé de gris et de blanc : *un oiseau qui a le plumage grivelé.*

* **GRIVELÉE** s. f. Petit profit illicite et secret qu'on fait dans un emploi. (Fam. et vieux.)

* **GRIVELER** v. a. ou n. Faire quelques petits profits illicites dans un emploi, dans une charge : *il n'a recherché cet emploi que dans l'espérance d'y trouver quelque chose à griveler.*

* **GRIVÈLERIE** s. f. Action de griveler. (Fam. et vieux.)

* **GRIVELEUR** s. m. Celui qui fait des grivelées : *c'est un griveleur, un franc griveleur.* (Fam. et vieux.)

GRIVELURE s. f. Tache ou moucheture qui marque le plumage de certains oiseaux, particulièrement de la grive.

* **GRIVOIS, OISE** s. Qui est alerte, éveillé, d'une humeur libre et hardie. Se dit particulièrement des soldats, et des vivandières ou autres femmes d'armée : *c'est un grivois, un bon grivois.* — S'emploie aussi adjectiv. : *il est grivois.* — On dit de même : *il a le ton grivois; expression grivoise.* (Fam.)

GRIVOISERIE s. f. Action ou parole grivoise; caractère de ce qui est grivois.

GRODNO I. Gouvernement de Lithuanie (Russie), sur la frontière du royaume de Pologne; 1,008,520 hab., presque tous catholiques romains. Surface généralement unie et couverte de vastes forêts, de marécages et de pins. Les minéraux les plus importants sont : le fer, la craie, la pierre calcaire et le nitre. Les principales rivières sont : le Niémen, le Bug, la Narew et le Pripet. — II. Capitale de ce gouvernement, sur le Niémen, à 125 kil. S.-O. de Wilna ; 31,060 hab. Ecole militaire et manufactures d'étoffes, de soie et de coton. A partir de 1673 chaque troisième diète polonaise s'y assembla.

GROËNLAND (dan. et all. *Grœnland*; angl. *Greenland*), vaste région appartenant au Danemark, située au N.-E. du continent et îles de l'Amérique du Nord, dont elle est séparée par le détroit de Davis, la baie de Baffin, le détroit de Smith, le canal de Kennedy et le détroit de Robeson ; environ 10,000 hab. Du cap Farewell, son extrémité méridionale, par 59° 49' lat. N. et 46° 14' long. O., la côte orientale court au N.-E. jusqu'au cap Brewster, par 70° lat. N., où elle prend une direction plus septentrionale jusque vers le pôle. La partie méridionale de cette côte est baignée par la mer du Groënland, portion de l'Atlantique du Nord, et la partie septentrionale par l'océan Arctique. L'Islande, qui se trouve à environ 215 kil. E. du Groënland, en est séparée par le détroit de Danemark. La côte O. suit une direction N.-N.-O jusqu'au cap Alexandre, vers 78° 10' lat. N. et 75° 50' long. O.; elle court ensuite au N.-E. jusqu'au delà du 82e lat. Le Groënland forme probablement une île se terminant vers 83° lat. La côte E. est presque inaccessible, à cause des glaces flottantes; elle est rocailleuse, stérile, entrecoupée de falaises et de profonds précipices. Henry Hudson explora cette côte en 1607 et nomma un cap (sous 73° 30' lat. N.) Hold with Hope. La côte O. est rocheuse et élevée; mais elle s'abaisse quelquefois en vallées basses, coupées de petits bras de mer. Dans ces vallées descendent des glaciers provenant du grand glacier qui semble couvrir tout l'intérieur. Vers 70e lat. N. se trouve l'île Disco, à l'entrée de la baie de Disco; un

grand nombre de plus petites îles garnissent la côte. La baie de Melville est une large échancrure, remplie habituellement de glaces flottantes. Au N. du golfe d'Inglefield se trouve la terre de Prudhoe. A l'extrémité O. de celle-ci est l'anse du Lifeboat; plus au N. s'étend le glacier d'Humboldt qui couvre presque entièrement un degré de latitude. La côte entière, en cet endroit, est une *mer de glace* formée par la marche vers la mer des glaciers qui se brisent et deviennent des îles de glace. Près de là se trouve la terre de Washington, séparée au N. de la péninsule de Petermann par la baie de Bessel. Le bras de mer Petermann, qui communique avec le bassin d'Hall, sépare ce dernier de la péninsule Polaris, au N.-E: de laquelle se trouve la baie de Newman, qui s'ouvre dans le détroit de Robeson, exploré pour la première fois par le cap. C.-F. Hall en 1871. L'expédition anglaise de 1875-'76 a exploré la côte N. du Groënland depuis cet endroit jusqu'au 53° long. O., où elle visita la terre la plus éloignée que l'on ait encore vue, par 82° 54' lat. et 50° 53' long. O. Le Dr Pingel, naturaliste danois, a constaté que la côte O., depuis 60° jusqu'à 70°, descend graduellement de plusieurs mètres par siècle. — Les roches de la côte sont principalement composées de formations de granit, de gneiss, de porphyre, d'ardoise et de calcaire. On trouve des mines de charbon dans l'île de Disco; sur la grande terre, de l'argent, du cuivre, du fer, de l'étain, du plomb, du zinc, de la plombagine, de l'arsenic, du molybdène et d'autres métaux. Sur la côte E., la température moyenne est inférieure au point de congélation de l'eau, mais elle est plus douce sur la côte O. Dans la partie la plus septentrionale, le froid est excessif. En juin et en juillet, le soleil brille constamment au-dessus de l'horizon. Le dégel commence en juin; et en juillet la glace se fond dans les bras de mer du S. Les brouillards règnent depuis le mois d'avril jusqu'au mois d'août. Il tombe peu de pluies, spécialement dans le N. En automne, il y a de violents orages. En hiver, on voit souvent des aurores boréales; et le mirage est commun sur les côtes. La végétation est maigre. Les mers abondent en animaux. La baleine rorqual qui atteint quelquefois une longueur de 40 mètres, le mysticetus et d'autres variétés font de ces pays glacés leur lieu de rendez-vous. On y trouve le walrus, le narval, le marsouin, le requin arctique et les veaux marins. On trouve en abondance de plus petits poissons dans toutes les baies. Les oiseaux de mer fréquentent les côtes, l'eider visite celles du N. au printemps. On trouve dans le N. l'ours blanc et le bœuf musqué. Les rennes sont rares sur les côtes. Le renard bleu et le renard blanc s'y trouvent en quantité. Les animaux domestiques sont les moutons, les bœufs et les chiens; ces derniers sont élevés pour conduire les traîneaux. — A l'exception d'environ 300 Européens, presque tous Danois, la population se compose d'Esquimaux qui ont été convertis au christianisme. Au point de vue administratif, le pays est divisé en deux inspections : Groënland septentrional et Groënland méridional. Le Groënland septentrional est subdivisé en sept districts : Upernavik, Omenak, Ritenbenk, Jacobshaven, Godhaven, Christianshaab et Egedesminde; le Groënland méridional est subdivisé en : Holstenborg, Sukkertoppen, Godthaab et Nye-Herrnhut, Lichtenfels, Fréderikshaab et Julianeshaab. Chaque district est administré par un directeur assisté d'un parlement choisi parmi les principaux habitants. Le commerce entier du Groënland est monopolisé par le Danemark et se fait par l'intermédiaire de la compagnie commerciale du Groënland, administrée par un directeur qui réside à Copenhague. Les exportations principales sont: la morue, le veau marin, les peaux de renne,

le renard, l'huile de baleine et de veau marin, la graisse de baleine, le duvet d'eider et la cryolite. — Le Groënland fut découvert par le Northman Gunnhjœrn, qui visita la côte E. en 876 ou 877. En 983, Eric le Rouge, fils d'un jarl de Jadar, en Norvège, doubla le cap Farewell et navigua en remontant la côte O. jusqu'au lieu où s'élève aujourd'hui Julianeshaab. Il donna à la terre le nom de Groënland et au bras de mer celui d'Ericsfiord. En 985, il retourna en Islande et fit voile de nouveau avec 25 navires chargés d'émigrants et des choses nécessaires à la fondation d'une colonie. Il atteignit Ericsfiord avec 14 navires (le reste ayant été perdu ou forcé de retourner), et il créa un établissement. Eric, ne trouvant point d'indigènes, devint seul possesseur du territoire. Les différents établissements qui s'élèvent autour d'Ericsfiord furent appelés collectivement Ostre Bygd (pays de l'est) et ceux que l'on créa plus au N., Westre Bygd (pays de l'ouest). A une époque, il y eut plus de 300 fermes et villages entre Disco et le cap Farewell. On bâtit des églises et des monastères, et au XIIe siècle le Groënland fut érigé en évêché. Le dernier évêque fut consacré en 1406 et le siège fut abandonné en 1409; 60 ans auparavant, le Westre Bygd avait été ravagé par des sauvages. Vers 1420, une flotte ennemie détruisit ce qui restait des colonies, dont l'emplacement resta ensuite inconnu jusqu'à ces dernières années. En 1576, Martin Frobisher entrevit la côte orientale sous 61e lat. N., et tourna le cap Farewell. D'autres navigateurs suivirent son exemple. En 1721, le missionnaire danois Hans Egede s'établit à Gadthaab. Bientôt après, les missions moraves furent fondées et les établissements ont continué depuis lors de prospérer.

GROËNLANDAIS, AISE s. et adj. Habitant du Groënland, qui appartient au Groënland.

* **GROG** s. m. [grogh] (mot angl.). Boisson composée d'eau-de-vie ou de rhum, d'eau ordinaire, de sucre et de citron : *boire un grog.* — Le grog fut d'abord une boisson exclusivement à l'usage des marins : il se composait de 3 parties d'eau pour 1 partie d'eau-de-vie. — L'origine du mot *grog* est la suivante, d'après les historiens anglais. L'amiral Ed. Vernon ne portait jamais que des culottes d'une étoffe grossière (angl. *grogram*), ce qui fait que ses marins l'avaient surnommé par apocope le *père Grog* (Old Grog). En 1745, cet amiral ayant ordonné à ses équipages de ne plus boire à l'avenir d'eau-de-vie pure, mais d'y ajouter beaucoup d'eau, son surnom populaire passa au mélange dont il se faisait le propagateur.

* **GROGNARD, ARDE** adj. Qui est dans l'habitude de grogner : *cet homme est bien grognard.* — Substantiv. : *c'est un grognard, une grognarde.* (Fam.) — S'est dit pop. des vieux soldats de l'Empire : *un vieux grognard.*

GROGNASSER v. n. Grogner d'une façon habituelle et fatigante.

GROGNASSERIE s. f. Action de grognasser.

* **GROGNEMENT** s. m. Cri des pourceaux. — Se dit aussi, fig., des personnes, dans le langage familier : *cet homme fit entendre un grognement.*

* **GROGNER** v. n. [gn. mll.] (lat. *grundire*). Se dit proprement du cri du cochon : *les cochons grognent quand on leur donne à manger.* — Fig. et fam. Murmurer, témoigner par un bruit sourd et entre ses dents qu'on a quelque mécontentement : *grogner entre ses dents.*

GROGNERIE s. f. [gn mll.]. Murmure, plaintes, gronderies.

* **GROGNEUR, EUSE** adj. Qui grogne souvent par chagrin, par mécontentement : *ce domestique est grogneur.* — Substantiv. *C'est un grogneur.* (Fam.)

° **GROGNON** adj. [gn mll.]. Grogneur, grondeur : *c'est l'homme le plus grognon; la vieille la plus grognon que je connaisse.* — Substantiv. : *laissez-là ce vieux grognon. cette vieille grognon.* (Très Fam.)

GROGNONNER v. n. Gronder. sans motif.

° **GROIN** s. m. [grouain]. Museau de cochon : *les cochons fouillent avec leur groin.*

GROIX, Groais ou **Grouais** (*Ile de*). I. Ile fortifiée du Morbihan, à 9 kil. S.-O. de Port-Louis, en face de l'embouchure du Blavet, par 47° 38′ 53″ lat. N. et 5° 50′ 50″ long. O.; 3,350 hab. Monuments celtiques. Pêcheries de congres et de sardines. L'île de *Groix* (celt. *Enez-er-groach*, Ile des Sorcières) est entourée de hautes falaises sous lesquelles la mer a creusé des grottes profondes. Deux phares de 10 à 12 milles de portée. — II. Bourg principal de cette île, ch.-l. d'une commune du cant. de Port-Louis, arr. et à 10 kil. de Lorient.

° **GROLLE** s. f. Espèce de corneille. (Voy. Freux.)

° **GROMMELER** v. n. Murmurer, se plaindre entre ses dents quand on est fâché : *qu'avez-vous à grommeler ?* (Fam.)

GRONDABLE adj. Qui peut ou doit être grondé.

GRONDANT, ANTE adj. Qui gronde, qui fait entendre un bruit sourd.

° **GRONDEMENT** s. m. Bruit sourd : *le grondement du tonnerre se fit entendre.*

° **GRONDER** v. n. (lat. *grundire*, grogner). Murmurer, se plaindre entre ses dents : *il n'est pas content, il gronde.* — Se dit quelquefois des animaux : *mon chien se mit à gronder.* — Se dit aussi des choses qui produisent un bruit sourd, et particulièrement du tonnerre et du vent : *le tonnerre, l'orage gronde, commence à gronder.* — v. a. Réprimander avec humeur, avec colère : *gronder ses valets.* — ⏜ Se gronder v. pr. Se faire à soi-même une réprimande.

° **GRONDERIE** s. f. Réprimande faite avec humeur, avec colère : *ses valets sont accoutumés à ses gronderies.*

° **GRONDEUR, EUSE** adj. Fâcheux, qui aime à gronder, à réprimander : *il est grondeur.* — Substantiv. : *c'est un vieux grondeur, une vieille grondeuse.*

° **GRONDIN** s. m. Icht. Nom donné à plusieurs poissons du genre trigle, qui font entendre une espèce de grognement quand on les saisit. On confond quelquefois les grondins avec le rouget, qui appartient également au genre trigle. Mais le véritable rouget de la Méditerranée se distingue des grondins surtout par l'exquise délicatesse de sa chair. Le *grondin gris* (*trigla gurnardus*), appelé aussi

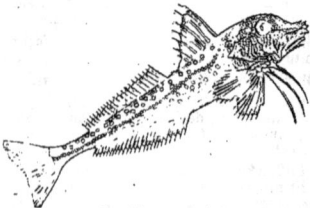

Grondin (Trigla gurnardus).

grondeur, ou grognard, atteint une longueur de 30 à 70 centim.; il est en dessus d'un gris marié de brun et tacheté de noir ou de blanc jaunâtre; il est argenté en dessous. On le trouve sur nos côtes de l'Océan. Il se tient près du fond de la mer, où il cherche les crustacés et les mollusques. Il fraie en mai et juin. Sa chair est blanche, ferme et saine. On

le fait cuire au court-bouillon, après avoir ôté avec soin les écailles et la cuirasse de sa grosse tête et les avoir remplacées par un bouquet de persil en branche.

GRONINGEN [gro-nign-ènn]. I. Province du N.-E. des Pays-Bas, bornée par la mer du Nord et l'estuaire de l'Ems (Prusse); 2,293 kil. carr.; 238,670 hab. Territoire en général uni et, en quelques endroits, marécageux. Climat humide et malsain. Sol très fertile et arrosé par de nombreuses rivières et des canaux. — II. Capitale de cette province, sur l'Aa et la Hunse, à 125 kil. N.-E. d'Amsterdam ; 40,170 hab. Université fondée en 1614; académies de dessin, d'architecture et de navigation; manufactures de papier, de brosses, de toile et de laine. Commerce considérable. Des canaux relient la ville avec le Dollart et le Zuyderzee. Groningen fut annexée à l'empire germanique au xe siècle; elle devint ensuite une des villes hanséatiques. La province se joignit à la ligue d'Utrecht en 1579. La capitale fut souvent assiégée pendant la guerre hollandaise de l'indépendance, et Maurice de Nassau s'en empara en 1594.

GRONOVIUS, forme latinisée de Gronov, nom d'une famille allemande établie en Hollande. — I. (John-Frederick), né en 1611, mort en 1671. Il devint recteur du gymnase de Deventer en 1643 et professeur de belles-lettres à Leyde en 1658. Il publia des éditions annotées de Tite-Live, de Tacite, de Sénèque, de Salluste, de Pline et d'autres écrivains classiques, ainsi que de nombreux essais sur la philologie et l'antiquité. — II. (Jacobus), son fils aîné, né en 1645, mort en 1716. Il fut, pendant deux ans, professeur de belles-lettres à Pise, et, à partir de 1679, à Leyde. Son ouvrage le mieux connu est le *Thesaurus Antiquitatum græcarum* (13 vol. in-fol.) — III (Abraham), fils du précédent, né en 1694, mort en 1775. Il pratiqua la médecine en Angleterre et en Hollande et devint bibliothécaire de l'université de Leyde. Il publia plusieurs ouvrages. — IV. (John-Frederick), botaniste, frère du précédent, né en 1690, mort en 1760. Il fut magistrat à Leyde. Parmi ses ouvrages, sont *Flora virginica* (1743) et *Flora orientalis* (1755). — V. (Laurentius-Theodorus), naturaliste, fils du précédent, né en 1730, mort en 1778. Il publia *Bibliotheca regni animalis, Museum Ichtyologicum*, etc.

° **GROOM** s. m. [groumm] (du vieux franç. *gromet*, domestique, qui a formé le mot anglais *groom*, valet). Petit laquais.

GROOT (Gerhard) [groutt] ou **Gérard le Grand**, fondateur de la congrégation, des *frères et clercs de la vie commune*, né en Hollande en 1340, mort en 1384. Quoiqu'il ne fût pas prêtre, il obtint plusieurs riches bénéfices. Il reçut les ordres, se voua à la prédication, et s'occupa de réformes parmi le clergé et les laïques. Il attaqua la théologie scolastique, recommanda la lecture des Ecritures et traduisit les Psaumes et l'office de l'Eglise en hollandais. Il établit dans sa maison, à Deventer, une société dont l'occupation principale fut de transcrire la Bible et les Pères de l'Eglise. Les frères et les clercs de la vie commune, comme les associés étaient appelés, devinrent immensément populaires malgré l'opposition des ordres mendiants. Gerhard se défendit avec une grande habileté et obtint la sanction formelle de Grégoire XI en 1376. Le premier monastère de chanoines réguliers de cet ordre fut établi en 1386, à Windesheins, près de Zwolle. Le texte corrigé de la Bible qu'on publia dans ce monastère fut approuvé par les papes et employé, comme faisant autorité, dans l'édition de Sixte-Quint.

° **GROS, OSSE** adj. [grô]. Qui a beaucoup de circonférence et de volume. Il est opposé

à menu et à petit : *gros arbre, grosse boule.* — Se dit aussi pour marquer simplement différence ou égalité de volume entre les objets que l'on compare : *cette boule-ci est plus grosse que celle-là.* — Grosse tête, peu de sens, la grosseur de la tête n'augmente pas la capacité de l'esprit. — Cet homme est gros comme un bœuf, il est corpulent. — Il a beaucoup dépensé, il a plus coûté d'or et d'argent qu'il n'est gros, se dit d'un homme qui a fait beaucoup de folles dépenses, qui a coûté beaucoup à ses parents, à sa famille, etc. — Il a plus d'esprit qu'il n'est gros, il a beaucoup d'esprit. — Parler des grosses dents a quelqu'un, le réprimander, lui parler avec menaces. — Toucher la grosse corde, parler de ce qu'il y a de principal, de plus essentiel dans une affaire. — Faire le gros dos, se dit des chats lorsqu'ils relèvent leur dos en bosse. — Faire le gros dos, faire gros dos, faire l'homme important, le capable. — Les gros poissons mangent les petits, d'ordinaire les puissants oppriment les faibles. — C'est un des gros colliers de l'ordre, se dit de celui qui a une grande autorité, un grand pouvoir dans une compagnie. — Un gros bonnet, personnage important. — Un gros lourdaud, un gros animal, une grosse bête, un gros butor, homme fort stupide, fort maladroit, fort grossier. — Archit. Les gros murs d'un bâtiment, ceux qui en forment l'enceinte, et qui portent les combles, les voûtes, etc.; par opposition aux murs de refend et de cloison. — De grosses lettres, de gros caractères, des lettres, des caractères formés de traits plus longs et plus larges que ceux des caractères ordinaires. On dit dans un sens analogue, en impr. : *gros canon, gros romain. gros texte*, etc. — Grossi, enflé accidentellement : *avoir la joue grosse d'une fluxion.* — Avoir les yeux gros de larmes, se dit lorsque les larmes viennent aux yeux en abondance, et qu'on veut les retenir. — Avoir le cœur gros de soupirs, avoir besoin de se soulager le cœur en soupirant. — Avoir le cœur gros, avoir quelque dépit, quelque chagrin. — L'avenir est gros de malheurs, se dit lorsque l'avenir semble menacer de beaucoup de malheurs. — Gros de, se dit aussi fig. et d'une manière plus générale, en parlant des choses qui se produiront plus tard : *Leibnitz a dit que le présent est gros de l'avenir.* — Manège. Gros d'haleine, se dit d'un cheval qui souffle extraordinairement quand il galope, quoi-qu'il ne soit pas poussif. — Mar. La mer est grosse, elle est fort agitée. Gros temps, se dit lorsque le vent est violent et la mer très élevée. — Au fém. Se dit particul. d'une femme enceinte : *elle est grosse de six mois.* — Epais, grossier, s'oppose alors à fin, délié, délicat : *gros fil, grosse toile.* — Grosse viande, viande de boucherie. — N'avoir un gros bon sens, avoir le sens bon et droit, mais peu délicat. — Gros rire, rire bruyant et prolongé. On dit, dans un sens analogue, Grosse gaieté. — Gros mots, juremens : *il a dit de gros mots, des gros mots.* Menaces, paroles offensantes; et, dans ce sens, on dit également : *de grosses paroles.* — Gros juron, jurement, blasphème grossier. — Grosses vérités, vérités si, palpables que tout esprit peut les saisir. Reproches graves et mérités : *dire à quelqu'un de grosses vérités.* — Un gros fin, se dit, par dérision, d'un homme simple qui veut faire le fin. — Gros vert, gros bleu, etc., vert foncé, bleu foncé, etc. — Se dit, dans un sens plus général, de certaines choses qui surpassent la plupart des autres choses du même genre, en étendue, en volume, en nombre, en valeur, en importance, etc. : *un gros bourg, une grosse rivière.* — Gros bétail, se dit des bœufs, vaches, etc.; par opposition au menu bétail, comme brebis, moutons, etc. — Gros gibier, se dit des cerfs, daims, chevreuils, etc.; par opposition au menu gibier, tel que lièvres, perdrix, bécasses. — Gros grains, se dit du froment, du méteil et du seigle; par opposition aux grains que l'on sème en mars, tels que l'orge, l'avoine, le mil, la vesce, etc., et qu'on appelle *Menus grains*. — GROS BAGAGE, lorsqu'il s'agit d'une armée, d'une troupe quelconque de gens en marche, se dit du bagage qui ne peut être transporté que sur des voitures; par opposition à celui qui peut être transporté sur des bêtes de somme, et qu'on appelle *Menu bagage*. — GROSSE CAVALERIE, cavalerie pesamment armée, telle que les cuirassiers; par opposition à la cavalerie légère. — GROSSES RÉPARATIONS, réparations considérables que l'on fait à un bâtiment, telles que le rétablissement des gros murs, des voûtes, des couvertures, etc., par opposition aux menues réparations, aux réparations de simple entretien : *les grosses réparations sont à la charge du propriétaire, et les menues à celle du locataire*. — GROSSE VOIX, voix grave et forte. On dit familièrement, FAIRE LA GROSSE VOIX, contrefaire sa voix en lui donnant un ton grave et sonore. — GROS PÉCHÉ, péché grave. GROSSE FIÈVRE, fièvre violente; on dit de même : *un gros rhume*. — GROSSE AFFAIRE, affaire qui a de la gravité, qui a des suites. — GROSSE QUERELLE, grande querelle. — LA GROSSE FAIM, la faim la plus pressante. — METTRE À LA GROSSE AVENTURE, ou elliptiquement, À LA GROSSE, mettre une somme d'argent sur quelque navire de commerce, au hasard de la perdre si le navire périt. Les négociants disent, PRÊTER À LA GROSSE; et en des sens analogues, CONTRAT À LA GROSSE, prêt à la grosse. — JOUER GROS JEU, s'engager dans une affaire où l'on hasarde beaucoup pour sa réputation, pour sa fortune, pour sa vie. — En parlant des personnes, Riche, opulent : *un gros marchand*. Dans ce sens, il est ordinairement familier. — Substantiv. La partie la plus grosse. Ainsi on dit, LE GROS DE L'ARBRE, la partie la plus grosse de l'arbre, le tronc de l'arbre. — Prov. et fig. SE TENIR AU GROS DE L'ARBRE, demeurer attaché à ce qui est le plus ancien, ou le plus généralement établi : *dans les guerres civiles, il n'a jamais quitté le service du roi, il s'est toujours tenu au gros de l'arbre*. — LE GROS D'UNE ARMÉE, D'UNE TROUPE, la principale partie d'une armée, d'une troupe. — LE GROS DU MONDE, D'UNE NATION, etc., la plus grande partie du monde, d'une nation, etc. — Mar. LE GROS DE L'EAU, la pleine mer, au temps des syzygies de la lune. — s. Ce qu'il y a de principal et de plus considérable; et il est opposé à *détail* : *il est chargé du gros et du détail des affaires*. — CE MARCHAND TIENT LE GROS, FAIT LE GROS, il vend en gros. — Se dit, par opposition à *Casuel*, du revenu fixe et certain d'une cure; et, par opposition à *Distribution manuelle*, du revenu principal qu'un chanoine tire de sa prébende : *le casuel de cette cure est plus considérable que le gros*. — S'est dit aussi du droit que l'on payait aux fermiers des aides pour chaque muid de vin que l'on vendait en gros : *les bourgeois ne payaient point le gros du vin de leur cru à l'entrée de la ville*. — GROS DE NAPLES, GROS DE TOURS, noms de certaines étoffes de soie que l'on fait à Naples, à Tours, et qui sont un peu plus fortes que le taffetas ordinaire. — s. m. Une des subdivisions de l'ancienne livre poids de marc, valant la cent vingt-huitième partie de cette livre, ou la huitième partie d'une once : *un gros d'argent, un gros d'or*. — Gros adv. Beaucoup : *gagner gros*. — ÉCRIRE GROS, écrire en caractères plus gros que d'habitude : *il écrit le plus gros qu'il peut*. — Au jeu, COUCHER GROS, jouer gros jeu. Cette locution, qui a vieilli, signifiait aussi, fig. et fam., risquer beaucoup : *tenter une pareille entreprise, c'est coucher gros*. — ILY A GROS À PARIER QUE, il y a de fortes raisons de croire que. — En gros loc. adv. qui se dit proprement

en parlant de marchandises qu'on vend ou qu'on achète en pièces, en ballots, en futailles, etc. : *marchand en gros*. — S'emploie aussi en parlant des circonstances principales d'un événement, d'une affaire, etc. : *raconter une histoire en gros, et sans s'arrêter au détail*. — Tout en gros loc. adv. et pop. Seulement : *la compagnie n'était pas nombreuse, il n'y avait que six personnes tout en gros*.

GROS (Antoine-Jean, BARON), peintre d'histoire, né à Paris en 1771, mort par suicide le 25 juin 1835. Il était fils d'un peintre en miniature, qui le fit entrer, dès l'âge de 14 ans, dans l'atelier de David, où il resta 9 années. Après avoir obtenu la première médaille de l'Académie des beaux-arts, Gros partit pour l'Italie, le cœur plein d'espérance, mais la bourse bien peu garnie. Il alla de ville en ville, faisant des portraits pour vivre, fut incorporé dans un régiment à Gènes (1796), et devint officier d'état-major. C'est en cette qualité qu'il fit connaissance du jeune Bonaparte, dont il peignit le magnifique portrait, *Bonaparte au pont d'Arcole*, toile qui décida de son avenir, en lui donnant pour admirateur celui qui devait être un jour le maître de l'Europe. Rentré à Paris, Gros donna, en 1804, une nouvelle toile apologétique, la *Peste de Jaffa*, représentant Bonaparte au milieu des pestiférés; cette production souleva l'enthousiasme du monde officiel, l'artiste fut déclaré le premier des peintres contemporains, son œuvre fut couronnée de palmes et de guirlandes. Le *Combat de Nazareth* et la *Bataille d'Aboukir*, véritables chefs-d'œuvre de Gros, furent moins admirés, parce que le peintre ne put placer Bonaparte au premier plan, sur ses toiles. La *Bataille d'Eylau* (1808), la *Prise de Madrid* et les *Batailles des Pyramides* et de *Wagram* (1810) portèrent à l'apogée la gloire et la fortune de Gros, qui fut chargé, en 1811, de représenter, dans la coupole du Panthéon, les quatre grandes figures des hommes providentiels de la monarchie française : Clovis, Charlemagne, saint Louis et Napoléon. C'était l'apothéose de l'Empire; mais la Restauration arriva avant que Gros eût terminé cette œuvre, et l'artiste s'empressa de remplacer la figure de Napoléon par celle de Louis XVIII, courtisanerie qui l'enrichit, sans lui donner beaucoup de crédit, car il demanda vainement la grâce de son illustre maître, le grand David, exilé en Belgique. Gros reçut une récompense de 150,000 fr. et le titre de baron; le roi lui fit ouvrir les portes de l'Institut. A partir de ce moment, son talent baissa d'une manière sensible. Il donna successivement les portraits de différents membres de la famille royale. L'école romantique des jeunes le prit à partie; il essaya de lutter; mais la médiocrité de son dernier tableau (*Hercule et Diomède*, 1835), souleva de telles critiques que l'auteur, après s'être écrié : « Le plus grand malheur d'un homme est celui de se survivre », alla se jeter dans la Seine, près de Meudon.

GROS (Jean-Baptiste-Louis), diplomate, né à Ivry-sur-Seine en 1793, mort en avril 1873. Il resta dans le service diplomatique de 1823 à 1863, fut nommé baron en 1829, et se distingua particulièrement en mettant fin aux complications survenues avec les Etats de la Plata, et à la question des frontières franco-espagnoles (1856). Il fut nommé ambassadeur extraordinaire en Chine, en 1857. Il conclut un traité de commerce avec le Japon et deux traités de paix avec la Chine (1858 et 1860). En 1862-'63, il fut ambassadeur à Londres.

* GROS-BEC s. m. [grô-bèk]. Ornith. Genre mal défini de passereaux conirostres, renfermant un grand nombre d'espèces à bec court, droit, conique, très gros et pointu. Dans la classification linnéenne, les gros-becs appartiennent au grand genre fringille. On trouve des oiseaux de ce genre dans toutes les parties

du monde connu. Le *gros-bec commun d'Europe* (coccothraustes vulgaris, Briss.), répandu dans toute l'Europe, est assez rare chez nous, où on l'appelle *pinson royal*, pinson à gros bec, durbec, pinson d'Espagne, etc. Sa longueur

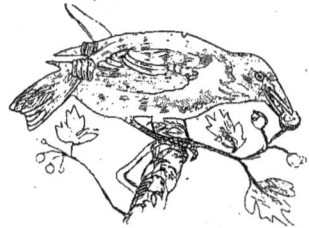

Gros-bec commun d'Europe. (Coccothraustes vulgaris).

est d'environ 16 centim., et son envergure de 25 centim. Il se nourrit des graines de différents arbres (charme, platane, pin), de cerises, des graines de l'aubépine, etc., des baies du laurier en, en été, des produits des jardins, particulièrement de pois verts et de bourgeons. Son chant est agréable, mais plaintif. Il vit solitaire ou par couples, dans les montagnes boisées; en hiver, il descend dans les plaines. La femelle pond de trois à cinq œufs d'un blanc cendré, tachetés de bleuâtre et de brun; c'est l'un des plus jolis oiseaux que nous possédions. Sa tête, son cou et son dos sont d'un marron plus ou moins foncé; son croupion et le dessous de son cou sont grisâtres; il porte des taches noires sur la tête et sur la gorge; des taches rougeâtres sur le reste du corps. Nous avons aussi le *gros-bec verdier* (coccothraustes chloris), commun dans nos taillis, verdâtre en dessus, jaunâtre en des-

Gros-bec du soir (Hesperiphona vespertina). 1. Mâle. 2. Femelle.

sous. Son bec est moins fort que celui du précédent. Il se nourrit de toute sorte de graines, et vit bien en captivité. — On donne encore le nom de gros-becs à d'autres espèces de fringilles. Tel est le *gros-bec soulcie* (fringilla petronia), gros moineau qui porte une ligne blanchâtre autour de la tête et une tache jaunâtre sur la poitrine. Il reste toute l'année en France. L'une des plus belles espèces américaines est le gros-bec du pin (pinicola canadensis, Cab.), long de 17 centim. Il habite l'Amérique arctique, le Canada et le nord des Etats-Unis, jusqu'à la Pennsylvanie. C'est un charmant chanteur, qui s'apprivoise facilement. Le gros-bec du soir (*hesperiphona vespertina*, Bonap.) se trouve dans le N.-O. des Etats-Unis. (Voy. CARDINAL.)

GROSBLIEDERSTROFF, ville du cercle de Sarreguemines (Alsace-Lorraine), cédée à l'Allemagne par le traité de Francfort.

GROSBOIS, village, arr. et à 23 kil. N. de Corbeil (Seine-et-Oise). Château ayant appartenu à Monsieur (frère de Louis XVI), puis à Barras, à Moreau et à la famille Berthier.

* **GROSEILLE** s. f. [gro-zè-ieu; *ll* mll.] (haut all. *krausbere*). Fruit du groseillier. Les groseilles sont rafraîchissantes et légèrement nutritives. On en fait des robs, des boissons, des sirops, des confitures, des gelées, des glaces, les sorbets, des conserves et du vin. On les mange quelquefois à l'état frais. On en extrait aussi de l'acide citrique. Les fruits blancs sont moins acides que les fruits rouges. — GROSEILLE A MAQUEREAU, ou GROSEILLE VERTE, fruit vert ou rougeâtre, plus gros que les groseilles ordinaires, qui vient sur le groseillier épineux. Les groseilles à maquereau sont rafraîchissantes et laxatives. On en fait des compotes, ou on les emploie avant leur maturité comme verjus. Leur suc est particulièrement recherché pour l'assaisonnement du maquereau, d'où le nom de groseilles à maquereau.

* **GROSEILLIER** s. m. [gro-zè-ié]. Bot. Genre de ribésiées, comprenant une trentaine d'espèces d'arbrisseaux que l'on cultive dans nos jardins, les uns pour leurs fruits, les autres pour leurs fleurs. Le type de ce genre est le *groseillier rouge* ou *groseillier à grappes* (*ribes rubrum*), arbrisseau indigène, qui donne de

Groseillier rouge (Ribes rubrum).

belles grappes bien connues de baies rouges, quelquefois blanches ou roses. Cet arbrisseau croît spontanément dans les contrées montagneuses du nord de l'Europe. Les semis lui ont fait produire un certain nombre de variétés, à fruits plus ou moins colorés ou plus ou moins volumineux. — Le *groseillier épineux* (*ribes grossularia; ribes uvacrispa*), également

Groseillier épineux (Ribes grossularia).

lement originaire d'Europe, est muni d'aiguillons à trois branches. Ses fleurs sont vertes. Il a produit plus de 60 variétés, presque toutes originaires d'Angleterre, et qui se distinguent par la couleur, la forme ou la grosseur

de leurs baies. Quelques-uns de ces fruits sont blancs, d'autres rouges ou violets; il y en a de sphériques et d'oblongs; les uns sont hérissés de poils, d'autres sont lisses; leur volume varie de celui d'une cerise à celui d'un œuf de pigeon. — Le *groseillier noir* ou *cassis* (voy. CASSIS), originaire de Suisse et d'Auvergne, se distingue du groseillier à grappes par la couleur noire de ses fruits et par l'odeur aromatique qu'il répand autour de lui et que l'on perçoit d'une manière plus appréciable quand on froisse ses feuilles entre les doigts. — Parmi les espèces ornementales ou d'agrément, nous citerons : le *groseillier doré* (*ribes aureum*), à belles grappes de fleurs jaunes; il est originaire des rives du Mississipi; le *groseillier sanguin* (*ribes sanguineum*), originaire des bords de la rivière Colombia (Amérique du Nord), a été introduit en Europe vers 1831; il contribue à l'ornement des massifs par ses grappes pendantes de fleurs d'un rose vif. — Les groseilliers se multiplient par marcottes ou de boutures; les semis produisent des variétés nouvelles; ils demandent à être replantés tous les 5 ans, parce qu'ils tendent toujours à sortir de terre. On les taille chaque année pour ne pas leur laisser de bois de plus de 3 ans, ce bois étant peu productif.

GROSEILLIERS (Médard CHOUART DE), explorateur français du XVIIe siècle. Il fut un des premiers émigrants qui se rendirent au Canada. Vers 1660, il pénétra dans l'ouest du territoire des Sioux, se rendit ensuite en Angleterre et, en 1663, conduisit dans la baie d'Hudson un navire anglais, commandé par Gillam. Étant rentré au service de la France, il aida à détruire les postes anglais dans cette baie, qu'il explora ensuite.

* **GROS-JEAN** s. m. Nom propre surtout employé dans les deux locutions proverbiales suivantes. — ÊTRE GROS-JEAN COMME DEVANT, après avoir espéré de grands avantages ou s'être cru dans une brillante position, se retrouver dans l'état où l'on était avant :

> Quelque accident fait-il que je rentre en moi-même,
> Je suis *Gros-Jean* comme devant.
> LA FONTAINE.

— GROS-JEAN EN REMONTRE A SON CURÉ, un ignorant veut reprendre, corriger un homme instruit, habile.

* **GROSSE** s. f. Douze douzaines de certaines marchandises : *une grosse de boutons*. — UNE GROSSE DE SOIE, douze douzaines d'écheveaux de soie.

* **GROSSE** s. f. Callig. Écriture en gros caractères, qui est principalement usitée comme exercice pour les commençants : *écrire la grosse*. — Prat. Expédition d'une obligation, d'un contrat, etc., ou d'un jugement, d'un arrêt, qui est délivrée en forme exécutoire par un notaire, par un greffier, et qui est ordinairement écrite en plus gros caractères que la minute : *la grosse d'un contrat*. — Se dit également de certaines écritures dont les unes sont des copies et les autres des originaux : *pour les procès-verbaux, la grosse est la copie ; pour les requêtes, elle est l'original*. — Législ. « Les notaires délivrent au créancier, sous le nom de grosse, une copie en forme des actes contenant obligation. Cette copie est précédée des mots « République française. Au nom du peuple français » et suivie de la formule ci-après : « En conséquence, le Président de la République mande et ordonne à tous huissiers sur ce requis de mettre les présentes à exécution ; aux procureurs généraux et aux procureurs de la République près des tribunaux de première instance d'y tenir la main ; à tous commandants et officiers de la force publique d'y prêter main-forte, lorsqu'ils en seront légalement requis ». Cette formule donne à la grosse force d'exécution parée ; c'est-à-dire qu'un huissier peut, après avoir copié la grosse en tête de son

exploit, faire un commandement, sans qu'il y ait besoin d'un jugement. Les greffiers délivrent aussi des grosses des jugements, ainsi que des ordonnances de référé, des bordereaux de collocation, etc. Lorsque la première grosse d'un acte a été perdue, une seconde grosse ne peut être délivrée que sur ordonnance du président du tribunal (C. proc. 844 ; L. 25 ventôse an XI, art. 26). Dans le cas où le titre lui-même a été perdu ou détruit, la grosse fait la même foi que l'original (C. civ. 4335). La remise volontaire de la grosse d'un titre au débiteur fait présumer la remise de la dette ou le paiement, sauf preuve contraire (id. 1282 et s.). Pour le *prêt à la grosse*, voy. CONTRAT. »   (CH. V.)

GROSSENHAIN [gro-sènn-hainn] ou Hain, ville de Saxe, sur le Rœder, à 24 kil. N. N.-O. de Dresde ; 10,690 hab.

* **GROSSERIE** s. f. Nom générique des gros ouvrages que font les taillandiers. — Commerce en gros : *ce marchand ne fait que la grosserie*. — Ce mot est très vieux ; nous le trouvons dans un statut d'Édouard III d'Angleterre (1363) : « Les marchands nomment engrossent (accaparent) totes maners de merchandises vendables ».

* **GROSSESSE** s. f. État d'une femme enceinte, et durée de cet état : *heureuse grossesse*. — ENCYCL. Il est difficile de certifier l'état de grossesse d'une femme avant que le fœtus ne manifeste son existence par ses mouvements (du 3e au 4e mois). Avant cette époque, les signes de la grossesse ne sont que probables ; ce sont : la suppression des menstrues, le masque, des nausées, des vomissements, une salivation abondante, le gonflement du cou et des seins, des goûts dépravés ou bizarres, appelés envies, un besoin fréquent d'uriner et la présence de kystéine dans l'urine. — La gestation dure, chez la femme, de 280 à 300 jours ; mais elle est ordinairement de 9 mois (270 jours). — La femme enceinte, étant toujours très impressionnable, demande de grands égards et doit prendre quelques précautions hygiéniques : exercice modéré, nourriture convenable, tranquillité d'esprit. — La grossesse n'est pas une maladie, mais elle occasionne des troubles auxquels il est bon de remédier : contre les dégoûts des aliments, on conseille de prendre un léger purgatif tous les deux ou trois matins, du sirop d'écorce d'orange amère, du charbon de Belloc, de la tisane de café et de gentiane ; contre les nausées et les vomissements, on ordonne l'eau de Condillac, la limonade gazeuse, la glace pilée, les perles d'éther, un peu de kirsch ou d'élixir de Garus après les repas, et le sirop de morphine ; contre la salivation, on recommande des gargarismes amers (gentiane ou rhubarbe) et la glace pilée ; contre la constipation, on emploie les pilules de Coirre avec prudence ; contre les varices et l'œdème, il faut éviter de marcher beaucoup et de se tenir debout, et l'on emploie des bandes roulées légèrement compressives.

GROSSETO I. Province centrale d'Italie, en Toscane ; 4,420 kil. carr. ; 107,460 hab. La rivière principale est l'Ombrone. Grand nombre de montagnes et de marais ; une petite partie du sol est seule cultivable. Production de sucre, de bois de construction, de charbon et de potasse. — II. Capitale de cette province, dans la plaine de l'Ombrone, à 95 kil. S.-O. de Florence ; 3,290 hab. Dans l'été, elle est presque abandonnée à cause des exhalaisons de la Maremma.

* **GROSSEUR** s. f. Circonférence, volume de ce qui est gros : *grosseur énorme, prodigieuse*. — Tumeur : *il lui est venu une grosseur à la gorge, au bras*, etc.

GROSS-GLOGAU. Voy. GLOGAU.

GROSSI, IE adj. Devenu plus gros : *torrent*

grossi. — Qui a perdu sa finesse : *traits grossis.*

* **GROSSIER, IÈRE** adj. Épais, qui n'est pas délié, qui n'est pas délicat : *ce drap est bien grossier.* — Se dit aussi des aliments peu recherchés, communs, de basse ou de mauvaise qualité : *aliments grossiers.* — LES PLAISIRS GROSSIERS, les plaisirs des sens, par opposition aux plaisirs de l'âme. On dit de même : *des désirs grossiers, des appétits grossiers,* etc. — Se dit encore des ouvrages qui ne sont pas proprement et délicatement faits : *cet ouvrage de menuiserie est bien grossier, le travail en est grossier.* — Fig. Rude, mal poli, peu civilisé : *peuple rude et grossier.* — Particul. Malhonnête, incivil : *vous êtes bien grossier.* En ce sens, il est quelquefois substantif dans le langage familier : *vous êtes un grossier, une grossière.* — DISCOURS, PROPOS GROSSIERS, discours, propos contraires à la bienséance, à la pudeur.— Se dit encore fig., au sens moral, de ce qui suppose beaucoup d'ignorance, de sottise, de déraison ou de maladresse : *erreur grossière.* — IGNORANCE GROSSIÈRE, grande, profonde ignorance. — N'AVOIR DE QUELQUE CHOSE QU'UNE IDÉE GROSSIÈRE, QUE DES NOTIONS GROSSIÈRES, n'en avoir qu'une idée imparfaite, que des notions vagues et mal comprises. On dit dans un sens analogue : *ne donner qu'une idée grossière de quelque chose,* etc.

* **GROSSIÈREMENT** adv. D'une manière grossière : *cela est travaillé grossièrement.* — Quelquefois sommairement, imparfaitement : *voilà grossièrement ce qu'il a dit sur ce sujet.* — D'une manière excessive, maladroite : *louer quelqu'un grossièrement.* — D'une manière qui suppose une complète ignorance : *vous vous trompez grossièrement.* — D'une manière incivile : *il lui répondit grossièrement.*

* **GROSSIÈRETÉ** s. f. Caractère de ce qui est grossier, rude ; manque de délicatesse : *la grossièreté d'une étoffe, d'un drap, d'une toile.* — Fig. Rudesse qui vient du défaut de civilisation : *la grossièreté d'un peuple barbare.* — Impolitesse, défaut de civilité dans ce qu'on dit ou ce qu'on fait : *il se dit avec beaucoup de grossièreté.* — Parole grossière, rude, malhonnête : *dire une grossièreté à quelqu'un.* — Se dit encore au sens moral, en parlant de ce qui suppose beaucoup d'ignorance, de sottise, de déraison ou de maladresse : *cela fait mieux ressortir la grossièreté de cette faute, de cette bévue.*

* **GROSSIR** v. a. Rendre gros : *il a pris un habit qui le grossit, qui lui grossit la taille.* — Faire paraître gros : *lunette qui grossit les objets.* — Fig. Exagérer : *il cherche à grossir mes torts.* — Prov. et fig. LA PEUR GROSSIT LES OBJETS, on s'exagère ce qu'on craint. — GROSSIR SA VOIX, lui donner plus de volume et de gravité, faire la grosse voix. — v. n. Devenir gros : *je trouve que vous avez bien grossi depuis un an.* — Prov. et fig. LA PELOTE GROSSIT, SE GROSSIT, le nombre grossit; le trouble, la sédition, le péril augmente. Se dit aussi en parlant de torts, de profits, d'intérêts d'argent qui s'accumulent. — Se grossir v. pr. Devenir plus gros.

* **GROSSISSANT, ANTE** adj. Qui a la propriété de faire paraître plus gros : *des verres grossissants.*

* **GROSSISSEMENT** s. m. Action de grossir, de rendre ou de faire paraître gros ; résultat de cette action. Ne se dit guère qu'en parlant des objets vus avec des verres qui grossissent : *ces verres produisent un grossissement prodigieux.*

* **GROSSO-MODO** [grôs-sô-mô-dô]. Loc. lat. du moyen âge qui signifie en gros. Se dit d'une chose qui n'est qu'ébauchée, incomplète : *montrez-nous cela grosso-modo.*

* **GROSSOYER** v. a. Se conjugue comme EMPLOYER. Faire la grosse d'une acte, d'un

---

contrat, d'un jugement, d'une requête, etc. : *grossoyer une obligation, un contrat.*

GROSSULAIRE s. f. (lat. *grossularia,* groseillier). Bot. Nom scientifique du groseillier-épineux. — s. m. Espèce de grenat qui offre une certaine ressemblance de couleur et de forme avec la groseille à maquereau.

GROSSULARIÉ, ÉE adj. Bot. Qui ressemble ou se rapporte au groseillier. — s. f. pl. Ancien nom d'une famille de plantes que l'on appelle aujourd'hui famille des ribésiées.

GROSSULARINE s. f. Matière que l'on trouve, sous forme de gelée, dans les fruits acides.

GROSSWARDEN [gross'-var-dainn] (hongr. *Nagy-Várad*), ville de Hongrie, dans le comté de Bihar, sur le Swift-Körös, à 180 kil. S.-E. de Pesth; 28,700 hab. Siège d'un évêque catholique romain, et d'un évêque catholique grec. La paix entre John Zapolya et Ferdinand I y fut signée en 1538.

GROSTENQUIN, bourg du cercle de Forbach (Alsace-Lorraine), cédé à l'Allemagne par le traité de Francfort.

GROS-VENTRES, nom donné à trois tribus indiennes d'origine différente : 1° les Gros-Ventres du Missouri ou Minnetarees (voy. MINNETAREES); 2° les Gros-Ventres des prairies, formant une puissante tribu, entre les rivières le Milk et le Missouri; ils firent partie des Arapahoes, dont il se séparèrent au commencement du XVIII° siècle. Vers 1824, ils se fixèrent près de la rivière de Milk, où les Blackfeet les adoptèrent. Bientôt ils devinrent riches, très indépendants et hostiles aux blancs. Vers 1830, on évaluait leur population à près de 3,000 âmes. En 1869, ils cédèrent leurs terres moyennant une rente annuelle de 170,000 francs, payables en marchandises. En 1870, ils furent décimés par la petite vérole et pillés par les Sioux. Ils sont divisés en bandes, commandées chacune par un chef héréditaire ou par un chef élu. En 1875, ils étaient environ 950 dans le territoire de Montana et 600 dans celui de Dakota. 3° Les Gros-Ventres du Sud (voy. ARAPAHOES).

GROTEFEND (Georg Friedrich) [gro'-téfènn], archéologue allemand, né en 1775, mort en 1853. Il fut directeur du lycée de Hanovre depuis 1821 jusqu'en 1849; il écrivit sur la philologie et sur la poésie allemande, sur les langues anciennes et sur la géographie de l'Italie; il déchiffra les inscriptions Pehleviques des Sassanides à Nash-i-Rustam près de l'ancienne Persépolis, et publia plusieurs traités sur les inscriptions cunéiformes.

* **GROTESQUE** adj. Se dit des figures bizarres et chargées, imaginées par un peintre, et dans lesquelles la nature est outrée et contrefaite : *figures grotesques.* Dans ce sens, s'emploie plus ordinairement comme substantif, et surtout au pluriel : *faire des grotesques.* — Fig. Ridicule, bizarre, extravagant : *un habit grotesque.* — Se dit aussi, substantiv., de ce qui est dans le genre grotesque, surtout en Littérature et dans les Beaux-Arts : *mêler le grotesque au sublime.* — Se dit encore, substantiv., de certains danseurs bouffons, dont les pas et les gestes sont outrés et certaines hommes dont la tournure, la mine prête à rire : *ce petit théâtre a des grotesques fort amusants.*

* **GROTESQUEMENT** adv. D'une manière ridicule et extravagante : *vêtu grotesquement.*

GROTIUS I. (Hugo VAN GROOT), juriste hollandais, né à Delft en 1583, mort le 28 août 1645. Après avoir publié plusieurs travaux témoignant d'une grande précocité, il débuta au barreau. En 1608, il publia son traité sur la liberté des mers (*Mare liberum*), pour défendre le droit des Hollandais à naviguer dans le nouveau monde. En 1613, il fut élu à la

---

vie pensionnaire de Rotterdam et peu après fut envoyé en Angleterre pour mettre fin à une contestation au sujet des pêcheries dans les mers du Nord. Ayant adopté les principes d'Arminius, il se trouva engagé dans des disputes religieuses. Les troubles qui suivirent, amenèrent l'arrestation de Barneveldt, de Grotius et d'Hoogarbetz. Ils furent jugés et condamnés, le premier à mort et les deux autres à un emprisonnement perpétuel. Après deux années d'emprisonnement dans le château de Loevestein, Grotius s'enfuit, grâce à l'esprit et à l'adresse de sa femme qui le fit enlever dans une caisse destinée à transporter des livres. Déguisé en maçon, il se sauva à Anvers et ensuite en France, où il devint pensionnaire de la cour et où il fut naturalisé. Pendant les neuf années qu'il resta en France, il écrivit son grand ouvrage latin sur le *Droit de Paix et de Guerre,* (*De jure pacis et belli*), qui fut traduit dans presque toutes les langues de l'Europe. En 1634, le décret de confiscation de ses biens ayant été annulé, il rentra en Hollande, mais ne s'y trouvant pas en sécurité, il accepta les offres d'Oxenstiern qui le nomma ambassadeur suédois à la cour de France (1635). Il remplit cette fonction pendant dix ans. Grotius est le premier philosophe qui s'occupa du droit international et qui essaya d'en faire une science. Outre les ouvrages déjà mentionnés, il a laissé un grand nombre d'écrits, dont un célèbre traité sur la vérité de la religion chrétienne, des commentaires sur les Écritures, des poèmes latins et des mélanges. Mal vu par Richelieu et ensuite par Mazarin, dont les doctrines étaient l'opposé des siennes, Grotius retourna en Suède, quitta ce pays et mourut à Rostock. Son livre sur le *Droit des gens,* qui a rendu son nom immortel, a été traduit en français par Barbeyrac. Mézeray a traduit *De veritate religionis christianæ.* La vie de Grotius a été écrite en hollandais par Brandt (Amsterdam, 1827) et en français par Burigny (Paris, 1752, 2 vol. in-12). — II. (Willem) frère du précédent, homme de loi distingué (1597-1662), rassembla et publia les poèmes latins de son frère, écrivit un traité sur les lois naturelles (1655) et donna la vie des jurisconsultes dont les noms se trouvent dans les Pandectes (1690).

GROTON I [grâ-t'n], ville du Massachussetts, (États-Unis), sur la rivière Nashua, à 50 kil. N.-O. de Boston; 1,910 hab. Elle est le siège de l'académie Lawrence, où s'accomplit quelques manufactures. — II. Ville du Connecticut, sur le détroit de Long-Island, sur le côté E. de l'embouchure de la rivière Thames, vis-à-vis New London; 5,130 hab. Bon port; manufactures importantes. Fort Griswold, mémorable par le massacre de la garnison américaine, que le chef anglais Benedict Arnold fit exécuter le 6 sept. 1781. Un monument en granit rappelle cet événement.

* **GROTTE** s. f. (gr. *kruptos,* caché; ital. *grotta*). Caverne naturelle ou faite de main d'homme : *grotte profonde.* — Parmi les grottes les plus célèbres sont : la Käsegrotte à Bertrich (Prusse rhénane), la grotte de l'île d'Antiparos et la *Grotta del Cane* (grotte du Chien), près Pozzuoli (Italie), dont Pline fait mention comme étant un des « trous de Caron ». Cette dernière caverne se compose d'une petite excavation, à la base d'une montagne; elle émet des exhalaisons de gaz acide carbonique, et doit son nom à l'habitude où sont les Italiens de montrer les effets de ce gaz sur les chiens, qui sont asphyxiés en peu d'instants, tandis que la tête des hommes dépasse le niveau de l'acide. Nous citerons encore les grottes de Fingal, de la Sainte-Baume, de Rancogne (Charente), des Demoiselles (Dauphiné), d'Arcy-sur-Cure (Bourgogne), d'Osselles, près de Grenoble; du Mammouth (Kentucky), de Lunel-Viel (près de

Montpellier). de Poudres et de Souviguarges (Gard), de Saint-Macaire (Gironde), etc.

GROUCHY (Emmanuel, MARQUIS DE), maréchal de France, né à Paris le 23 oct. 1766, mort le 29 mai 1847. Volontaire à 13 ans, il était lieutenant aux gardes du roi lorsque la Révolution éclata. Il servit sous Lafayette en 1792, fut nommé général et contribua à la conquête de la Savoie. Ayant été rayé des cadres à cause de son titre de noblesse, il s'engagea comme simple soldat et, en 1795, fut réintégré par un décret spécial dans son grade de général de division. En 1798, pendant qu'il était en Italie, il persuada au roi de Sardaigne d'abdiquer et de livrer le Piémont à la France. Il reçut 14 blessures à Novi (1799) et resta prisonnier jusqu'après la bataille de Marengo. Il se distingua ensuite à Hohenlinden, servit en Prusse (1806-'7) fut nommé gouverneur de Madrid (1808), commanda la cavalerie à Wagram (1809), et remporta de nouveaux lauriers à Borodino (1812). Lors de la retraite de Moscou, il commanda le *bataillon sacré* qui accompagnait Napoléon. Commandant supérieur de la cavalerie, il résista vigoureusement à l'invasion des troupes alliées en France et fut mis hors de combat à la suite d'une blessure qu'il reçut à Craonne, le 7 mars 1814. Pendant les Cent-Jours, il commanda l'armée de Lyon, arrêta le duc d'Angoulême et fut nommé maréchal. En Belgique, il remporta les victoires de Fleurus et de Ligny. Exécutant strictement les ordres de Napoléon, qui lui avait enjoint de suivre Blücher et l'armée prussienne afin d'empêcher leur jonction avec les Anglais, il refusa de marcher sur Waterloo et devint ainsi la cause indirecte de la défaite des Français. Il défendit sa conduite par la publication de plusieurs écrits dont les points les plus importants sont résumés dans ses *Fragments historiques* (1840). Il vécut en exil à Philadelphie 1816-'21, fut réintégré dans son titre de maréchal après juillet 1830 et devint pair de France en 1832.

* **GROUILLANT, ANTE** adj. Qui grouille, qui remue : *il a six enfants tout grouillants*. (Pop.) — TOUT GROUILLANT DE VERS, DE VERMINE, tout plein de vers, de vermine.

* **GROUILLEMENT** s. m. Mouvement et bruit de ce qui grouille : *le grouillement des intestins.*

* **GROUILLER** v. n. (*il mll.*) (anc. haut all. grubilon, fourmiller). Remuer : *il y a quelque chose qui grouille là-dedans*. En ce sens, on dit : PERSONNE NE GROUILLE. Personne ne bouge. — LA TÊTE LUI GROUILLE, se dit en parlant d'une personne à qui la tête tremble de vieillesse et de faiblesse. — Se dit aussi en parlant du bruit que les flatuosités causent quelquefois dans les intestins : *le ventre lui grouille.* — Fourmiller, alors se construit toujours avec la préposition *de*. Ainsi on dit, CE FROMAGE GROUILLE DE VERS, CE CHIEN GROUILLE DE PUCES, etc., ce fromage est plein de vers, ce chien a beaucoup de puces, etc.

* **GROUP** s. m. [groupp]. Comm. Sac cacheté plein d'or ou d'argent, qu'on envoie d'une ville à une autre.

GROUPAGE s. m. Faculté de rassembler un grand nombre de colis et de les présenter en bloc au chemin de fer.

* **GROUPE** s. m. (ital. *gruppo*). Sculpt. et Peint. Assemblage d'objets tellement rapprochés ou unis, que l'œil les embrasse à la fois : *un groupe d'enfants*. — Se dit également d'un certain nombre de personnes réunies et rapprochées : *des groupes se formèrent sur la place publique*. — Réunion quelconque d'objets formant un tout distinct : *cette mer est semée de plusieurs groupes d'îles*. — Géol. Ensemble de roches de constitution identique : *groupe crétacé.*

GROUPEMENT s. m. Action de grouper; état des objets groupés.

* **GROUPER** v. a. Peint. et Sculpt. Mettre en groupe : *ce peintre sait bien grouper les figures.* —.Archit. GROUPER DES COLONNES, les disposer deux à deux. — Réunir, rassembler, surtout en parlant des choses : *grouper les mots par familles*. — v. n. En termes de Peint. et de Sculpt. : *ces figures groupent bien ensemble*. — Se grouper v. pr. Se mettre en groupe; se dit surtout des personnes : *ces danseurs se groupent bien.*

GROUS ou **Groux** s. m. (celt. *grou*, grain mondé). Bouillie de blé noir, très épaisse, que les habitants de l'Ille-et-Vilaine mangent en guise de pain.

GROUSE s. f. [grou-ze; angl. graouss]. Nom que l'on donne en Angleterre et dans les colonies anglaises aux différentes espèces de coqs de bruyère, mais que l'on restreint chez nous à la *grouse noire d'Ecosse* (black grouse), gros gibier à plumes que les marchands du nord de la Grande-Bretagne apportent quelquefois sur le marché de Paris.

* **GRUAU** s. m. (celt. *grou*, grain mondé). Grain mondé et moulu grossièrement : *gruau d'avoine, d'orge, de froment*. — Bouillie de gruau, eau ou tisane de gruau : *le gruau engraisse*. — PAIN DE GRUAU, pain de qualité supérieure, qui se fait avec la fleur de farine.

GRUDII, peuple de la Gallia Belgica, au N. de l'Escaut et sujet des Nervii.

* **GRUE** s. f. [grû] (lat. *grus*). Ornith. Genre d'échassiers cultrirostres, à bec long, denté et sillonné sur les côtés :

.... Des bataillons de *grues*
De leur vol, à grands cris, obscurcissent les nues.
DELILLE.

— FAIRE LE PIED DE GRUE, attendre longtemps ses pieds.

Est-ce qu'il faut toujours faire le pied de *grue*,
Garder toujours un homme, et l'entendre crier ?
JEAN RACINE.

— Cou DE GRUE, cou long et grêle : *il allongeait un grand cou de grue*. — Niais, sot, qui n'a point d'esprit, qui se laisse tromper : *nous prenez-vous pour des grues?* — Femme de mœurs légères : *grue du quartier Latin*. — Astron. Constellation de l'hémisphère austral, qui n'est point visible dans nos climats. —ENCYCL. Le grand genre grue comprend les *agamis*, les *grues ordinaires* et les *courlans*.

Grue d'Amérique (*Grus Americanus*).

— Les GRUES ORDINAIRES ont le bec au moins aussi long que la tête, et ordinairement beaucoup plus long. La *grue commune* ou *grue cendrée* (*grus cinerea*), longue de 1 m. 30 centim., a la gorge noire, le sommet de la tête nu et rouge, le croupion orné de longues plumes crépues en panache. C'est un oiseau migrateur, au vol puissant, à la voix éclatante. Les grues vivent, en été, dans les plaines marécageuses du nord de l'Europe; elles émigrent dans les pays méridionaux et traversent la

France à l'approche des froids. Elles nichent dans les terres basses; les femelles pondent deux gros œufs bruns ou olivâtres. On connaît la discipline qui règne dans leurs bandes nombreuses. Pendant que la troupe se livre au repos, une sentinelle veille perpétuellement et donne l'éveil au moindre danger. Lors de l'émigration, les grues choisissent un chef, qui les dirige. Pour fendre l'air plus aisément, elles cherchent une région de l'atmosphère où le vent ne leur soit pas contraire; elles s'élèvent souvent à une hauteur prodigieuse et suivent leur chef sur deux lignes divergentes; quelquefois elles forment un triangle ou même un cercle, quand le vent leur est très opposé. Ce sont des oiseaux utiles dont la nourriture consiste en reptiles, en insectes, en souris et en petits quadrupèdes; au besoin, les grues avalent quelques poissons, des racines et des graines. — La *grue couronnée* ou *oiseau royal* (*ardea pavonia*) est un magnifique oiseau d'une taille svelte, cendré, à ventre noir, avec le croupion fauve, les ailes blanches, les joues nues colorées de-blanc et de rose vif, et la tête couronnée d'une gerbe de plumes effilées, qu'il étale à volonté. Sa voix ressemble au son d'une trompette. On le trouve très souvent complètement domestiqué et familiarisé, sur la côte de l'Afrique occidentale, sa patrie. — La *grue de Numidie* ou *demoiselle de Numidie* (*ardea virgo*), est cendrée, à col noir, avec deux belles aigrettes blanchâtres de plumes effilées qui lui couvrent l'oreille. Son port est élégant; elle se fait remarquer par des gestes bizarres qui singent une coquetterie affectée. Elle habite les côtes méridionales de la Méditerranée. — La *grue d'Amérique* (*grus Americanus*) voyage du Canada au Mexique, suivant les saisons.

* **GRUE** s. f. Grande machine qui sert à élever des fardeaux très pesants et qui est formée d'une sorte de triangle placé de champ et mobile sur un pivot : *la roue de la grue.*

* **GRUERIE** s. f. Juridiction où les officiers commis pour la garde des bois, des forêts, jugeaient des délits et des dommages qui s'y commettaient : *donner une assignation à la gruerie, pour raison de dommage de bestiaux dans les bois*. — Lieu où s'exerçait cette juridiction. — Droit de justice que le roi avait dans les bois de quelqu'un, et qui, outre les profits de la justice, tels que les amendes, lui assurait dans les coupes une part appelée TIERS ET DANGER : *bois tenus en gruerie, tiers et danger.*

* **GRUGER** v. a. (bas all. *grusen*, écraser). Briser quelque chose de dur ou de sec avec les dents : *gruger des croûtes, des macarons, du sucre*. — Sculpt. Briser avec un marteau à pointes de diamant certaines matières dures qui ne pourraient être entamées par un outil tranchant : *on gruge les saillies du granit*. — Manger, et ne se dit alors qu'en plaisantant.

Perrin fort gravement ouvre l'huître et la *gruge.*
LA FONTAINE.

— Fig. et fam. GRUGER SON FAIT, se dit d'une personne qui a peu de bien, et qui fait plus de dépense que son bien ne le comporte. (Vieux.) — Fig. et fam. GRUGER QUELQU'UN, lui manger son bien.

GRUGEUR, EUSE s. Fam. Celui, celle qui vit aux dépens de quelqu'un.

* **GRUME** s. f. Eaux et For. Écorce laissée sur le bois coupé. —BOIS DE GRUME OU EN GRUME, bois coupé qui a encore son écorce.

* **GRUMEAU** s. m. (lat. *grumus*. Petite portion durcie ou caillée de sang, de lait ou de quelque autre matière liquide : *vomir des grumeaux de sang*. —Petite agglomération de quelque chose de pulvérulent, de sablonneux etc. : *des grumeaux de sel.*

GRUMEL s. m. Fleur d'avoine employée dans le foulage des étoffes.

* **GRUMELER (Se)** v. pron. Se mettre en grumeaux : *le lait tourné se grumelle.*

* **GRUMELEUX, EUSE** adj. Qui est composé de grumeaux : *sang grumeleux.* — Par ext. Qui a de petites inégalités dures, au dehors ou au dedans : *caillou grumeleux*

GRÜN (Anastasius). Voy. AUERSPERG.

GRÜNBERG, ville de la Silésie Prussienne, à 70 kil. S.-E. de Francfort-sur-l'Oder; 12,250 hab. Lainages, toiles, indienne, soie, cuir, et vins de champagne.

GRUNDTVIG (Nicolai - Frederik - Severin), [grounnt'-vig], auteur danois, né en 1783, mort en 1872. Prédicateur à Copenhague, il devint chef d'une école opposée à la centralisation dans le gouvernement de l'Eglise. En 1848, il fut élu à la diète, dirigea l'opposition contre l'influence allemande, se prononça en faveur de l'union scandinave et, pendant la guerre de Schleswig-Holstein, écrivit des chants patriotiques. Il a publié plusieurs ouvrages historiques parmi lesquels, la mythologie du Nord et un manuel d'histoire universelle, ainsi que des poèmes, un journal littéraire (1816-'20) et un journal politique hebdomadaire (1848-'51).

GRÜTLI ou **Rütli (LE)**, endroit célèbre de la Suisse (canton d'Uri), à 8 kil. S.-O. de Schwytz. Le Grütli se compose seulement de quelques cottages avec des arbres. C'est en ce lieu que, suivant la tradition, Stauffacher, Walther Fürst et Arnold de Melchthal se réunirent dans la nuit du 7-8 novembre 1307 pour former une ligue contre la tyrannie autrichienne. Le Grütli est devenu propriété nationale en 1858.

* **GRUYER, ÈRE** adj. Qui a rapport à la grue. Ne s'emploie que dans ces dénominations: FAUCON GRUYER, qui est dressé à voler la grue; FAISAN GRUYER, qui ressemble à une grue.

* **GRUYER** adj. m. S'est dit d'un seigneur qui avait un certain droit sur le bois de ses vassaux : *seigneur gruyer.* — S'est dit aussi, substantiv., d'un officier qui connaissait en première instance des délits commis dans les forêts et dans les rivières de son département.

* **GRUYÈRE** s. m. Sorte de fromage qui se fabrique à Gruyère : *de bon gruyère.* — On dit aussi FROMAGE DE GRUYÈRE.

GRUYÈRE ou **Gruyères** (allem. *Greyerz*, [graï-èrts], village de Suisse, à 20 kil. S.-O. de Fribourg; environ 1,000 hab. Beau château féodal. Vastes pâturages où l'on nourrit beaucoup de vaches, dont le lait sert à fabriquer le fromage de Gruyère.

GRYPHE (Sébastien), *Gryphius*, imprimeur, né en 1493, à Reutlingen (Souabe), établi à Lyon en 1528, mort en 1556. Donna des éditions très correctes de la Bible, en hébreu et en latin (1550, 2 vol. in-fol.).

GRYLLE s. m. [gril-le] (gr. *gryllos*, cochon). Antiq. Nom donné aux pierres gravées dont le sujet est grotesque.

GRYLLIDE adj.[gril-li-de] (lat. *gryllus*, grillon).Entom. Qui ressemble ou qui se rapporte au grillon. — s. m. pl. Famille d'orthoptères, ayant pour type le genre grillon, et comprenant, en outre, les courtilières, les sauterelles, etc.

GRYPHIUS (Andreas), poète allemand, né à Glogau en 1616, mort en 1664. Il voyagea et fut nommé syndic de Glogau. Ses ouvrages comprennent *Olivetum*, poème épique religieux en latin, et divers autres poèmes, des tragédies, d'excellentes comédies dont un choix fut réimprimé en 1855.

GRYSTE s. m. Icht. Genre de labroïdes, voisin des vieilles, comprenant plusieurs es-

pèces dont la principale est le *gryste noir des lacs (grystes nigricans)*, d'un noir bleu, lustré de bronze et marqué de bandes plus foncées;

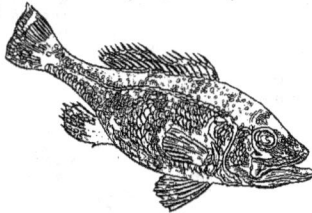
Grystes nigricans.

avec le ventre d'une couleur plus légère. On le trouve dans l'ouest des Etats-Unis, depuis le bassin du Saint-Laurent jusqu'aux tributaires de l'Ohio.

GUACHARO s. m. [goua'-tcha-ro]. Ornith. Genre de passereaux fissirostres, famille des engoulevents, dont l'unique espèce connue, le guacharo de Caripe (*steatornis caripensis*, Humb.), habite par troupes innombrables les cavernes de l'Amérique méridionale. C'est

Guacharo caripe (Steatornis caripensis).

un oiseau nocturne, que l'on trouve surtout dans les grottes de Guacharo (Venezuela). Il est à peu près de la grosseur d'une poule ordinaire; son envergure mesure environ 1 m. 20 centim. Sa nourriture se compose de végétaux, principalement de graines et de fruits durs; il devient excessivement gras. On en détruit un grand nombre pour leur graisse, appelée beurre de guacharo, mais ils sont sauvés de l'extermination par la terreur qu'éprouvent les Indiens quand ils pénètrent dans les profondeurs des cavernes habitées par les guacharos.

GUACO ou **Huaco** [goua'-; ouá'-ko], nom donné dans les régions tropicales de l'Amérique à plusieurs plantes employées comme antidotes contre la morsure des serpents. La plante dont on se sert le plus est l'*aristolochia guaco*; d'autres espèces du même genre sont employées également par les Indiens du N. de l'Amérique. Les feuilles fraîches sont broyées et appliquées sur la blessure, et on en fait une infusion que l'on boit en même temps.

GUADALAJARA [goua-da-lu-'hâ-ra], ville du Mexique, la seconde en importance, capitale de l'état de Jalisco, à 370 kil. N.-O. de Mexico; environ 70,000 hab. Elle est bâtie sur la

rive gauche du Rio Santiago, au milieu d'une vaste plaine stérile. La plaza de Armas est très spacieuse; ses côtés N. et E. sont occupés par la cathédrale et le palais du gouverneur et chacun des deux autres côtés par une arcade continue, avec des magasins et des bazars. Deux hôpitaux, une monnaie, un théâtre, une université, une école de dessin et des manufactures de *serapes* (espèce de châle). Fabriques de papier, de faïencerie et de cuir. La ville fut fondée en 1532 sous le nom de Santo-Spiritu et devint la capitale de la Nouvelle-Galice en 1543.

GUADALAJARA I. Province d'Espagne (Nouvelle-Castille); 12,611 kil. carr.; environ 208,640 hab. Les parties N. et E. sont montagneuses, de la S. et l'O. consistent principalement en vastes plaines élevées. Les plus grandes rivières sont : le Tage, la Tajuña et la Jarama. On y trouve du fer, du plomb et du charbon; les mines de fer ont été exploitées dès le temps des Romains. — II. Capitale de la province ci-dessus, sur la rivière Hénarès, à 45 kil. N.-E. de Madrid, environ 8,000 hab. Elle possède un large aqueduc romain qui alimente les fontaines publiques. Fabriques d'étoffes.

GUADALQUIVIR [goua-dal-ki-vir'] (anc. *Bætis*), rivière d'Espagne, qui prend sa source près de l'angle S.-E. de la province de Jaen, traverse l'Andalousie et se jette dans l'Atlantique à San Lucar de Barrameda, à 20 kil. N. de Cadix. Elle mesure plus de 230 kil. de cours total et est navigable sur une étendue de près de 95 kil. Andujar, Villafranca, Cordoue et Séville s'élèvent sur ses bords. Ses principaux tributaires sont : le Guadalimar, le Jandula et le Guadiato sur la rive droite, et le Guadiana Menor, le Guadajoz et le Jénil sur la rive gauche.

GUADALUPE [goua-da-lou'-pé], rivière qui prend sa source dans le S.-O. du Texas, et se réunit au San Antonio, à environ 16 kil. de la baie de Spiritu-Santo; sa longueur est d'environ 330 kil.

GUADALUPE ou **Guadalupe Hidalgo**, petite ville du district fédéral et à environ 4 kil. N. de Mexico. L'église, placée sous l'invocation de Nuestra Senora de Guadalupe, patronne de la république, est très fréquentée par les pèlerins. Le traité de paix avec les Etats-Unis fut signé dans cette localité, le 2 février 1848.

GUADALUPE, couvent situé en avant de Puebla (Mexique). Lors du premier siège de cette ville (avril 1862), le général Zaragoza avait transformé ce couvent en forteresse, et l'avait entouré de retranchements pour défendre la place contre l'attaque des Français. Le 5 mai, ces derniers abordèrent ces ouvrages, mais ils durent se retirer dans leur camp d'Amozoc, sur

Place d'Armes (Guadalajara).

le plateau d'Anahuac, après avoir subi une perte de 200 à 300 hommes environ. — Cette forteresse est tombée au pouvoir des Français lors de la capitulation de Puebla, le 17 mai 1863.

GUADELOUPE (La), autrefois appelée *Karukera* par ses habitants primitifs, les Caraïbes; île française de la mer des Antilles, la plus considérable des Petites Antilles, entre 15° 59′ 30″ et 16° 20′ 18″ lat. N. et entre 63° 51′ 32″ et 64° 10′ 41″ long. O.; à 64 kil. S. de la Dominique, à 139 kil. N.-E. de la Martinique et à 1,250 lieues marines de Brest; 444 kil. de circonférence; 4,602 kil. carr.; 158,450 hab. sédentaires et 35,000 de population flottante. En ajoutant à la superficie et à la population de la Guadeloupe, celles des dépendances (Marie-Galante, Désirade, Saintes, Saint-Martin, Saint-Barthélemy), nous avons les totaux généraux suivants: 1866 kil. carr.; 193,900 hab. — L'île, d'une forme très irrégulière, est divisée en deux parties par un canal d'environ 6 kil. de longueur, appelé Rivière-Salée, qui communique à la mer par ses deux extrémités. La largeur de ce canal varie de 30 à 120 mètres. A l'ouest de la Rivière-Salée, se trouve la Guadeloupe proprement dite, longue de 46 kil. du N. au S. et large de 20 à 24 kil. de l'E. à l'O., ce qui donne une superficie de 946 kil. carr.; le sol est d'ancienne formation et de nature volcanique. Cette partie est arrosée par une cinquantaine de torrents et par de nombreuses rivières dont les plus importantes sont: la Lézarde, la Rivière-aux-Herbes, le Galion, la Grande-Anse, la Capesterre, la Goyave, la Petite-Goyave, le Moustic. Elle est traversée par une chaîne de collines que domine la Soufrière, volcan encore en activité, élevé à 4,557 mètres au-dessus du niveau de la mer. Sa capitale est la *Basse-Terre*, chef-lieu de la colonie, siège du gouvernement, d'une cour d'appel et d'un évêché suffragant de Bordeaux, établi par une bulle du 27 septembre 1850; 40,000 hab. Cette ville possède une rade, qui, quoique peu sûre, présente un excellent ancrage. Il y existe une chambre de commerce, une chambre d'agriculture, de vastes casernes, un hôpital militaire, une maison de correction, un lycée créé en 1883, un pensionnat de demoiselles. — La seconde partie de l'île, située à l'E. du canal et appelée *Grande-Terre*, est, en général, plate et complètement privée de cours d'eau; elle a 38 kil. de l'E. au N.-O. et 35 kil du N. au S.; le sol est de formation nouvelle et de nature calcaire. Cette partie est traversée du S.-E. au N.-N.-O. par un morne boisé peu élevé; sa superficie est de 656 kil. carr. La principale ville est la *Pointe-à-Pitre*, qui a un port très sûr, capable de recevoir les navires du plus fort tonnage. Vaste usine dite de *Darboussier*. Dans l'E. de la Grande-Terre, se trouvent le port du Moule où peuvent entrer des navires de 300 tonneaux, et le N.-E. les baies du Port-Louis et du Petit-Canal, qui présentent de bons mouillages. — Le climat est généralement doux: de juin à octobre, la température marquant en moyenne de 27° à 28° centigrades, ne s'élève guère dans les villes et bourgs du littoral à plus de 32°; de novembre à mai, elle descend jusqu'à 47° ou 16°. Au camp Jacob et au Matouba, la température rappelle celle du midi de la France. Au Matouba, le thermomètre s'est abaissé parfois jusqu'à 10°. La Guadeloupe est exposée aux ravages des ouragans et des tremblements de terre; le 8 janvier 1843, une terrible tempête se déchaîna sur l'île, détruisit la plus grande partie de la Pointe-à-Pitre, coûta la vie à plusieurs milliers d'hommes et causa une perte totale de plus de 70,000,000 de francs. En 1871, deux incendies détruisirent presque complètement la Pointe-à-Pitre. — On ne trouve pas dans cette île les reptiles, les insectes venimeux et les animaux de proie qui infestent les îles voisines. Des eaux thermo-minérales, la plupart salines ou sulfureuses, quelques-unes ferrugineuses, abondent à la

Guadeloupe. Les bains de Dôle à 10 kil. de la Basse-Terre, ceux du Lamentin à 20 kil. de la Pointe-à-Pitre et la source sulfureuse de Sophaïa de Sainte-Rose sont les plus fréquentées et jouissent de grandes propriétés thérapeutiques. Au milieu de la forêt qui sépare le Camp Jacob de la Soufrière, se trouve une source dont les eaux sont particulièrement remarquables par leur température élevée jusqu'à l'ébullition et par la quantité de soufre qu'elles déposent. — A part le travail des cannes qui occupe 574 sucreries, l'industrie n'est pas développée à la Guadeloupe. Le commerce consiste principalement en importation et en exportation de produits agricoles: cacao, tabac, sucre, sirop, tafia, café, ces deux derniers très renommés. La production agricole comprend la farine de manioc, les choux caraïbes, les ignames, les patates, les fruits à pain; cette production, qui s'élève à une valeur d'environ 4,600,000 fr., ne suffit pas aux besoins de la consommation locale. — La garnison se compose de cinq compagnies d'infanterie de marine, d'une batterie d'artillerie de marine, de la compagnie de discipline de la marine et d'une compagnie de gendarmerie: ces troupes sont disséminées à la Basse-Terre, à la Pointe-à-Pitre, au Camp Jacob, aux Saintes (Îlet-à-Cabri). DÉPENDANCES DE LA GUADELOUPE. (Voy. *Marie-Galante, Désirade, Saintes, Saint-Barthélemy, Saint-Martin).* — HIST. La Guadeloupe fut découverte, le 4 novembre 1493, par Christophe Colomb qui la nomma ainsi à cause de la ressemblance de ses montagnes avec celles de la Sierra de Guadalupe d'Espagne. Abandonnée par les Espagnols, elle fut, en 1635, occupée par Charles Liénard de l'Olive, lieutenant de d'Esnambuc, et par Jean Duplessis, envoyé de France, qui, par le traité du 31 mars 1660, furent définitivement débarrassés des naturels. Vendue au marquis de Boisseret par la compagnie des îles d'Amérique, dont Duplessis était le représentant, elle passa aux mains du sieur Houel et, après lui, à ses héritiers. Louis XIV, sur les conseils de Colbert, l'acheta à ceux-ci et la donna à la compagnie des Indes occidentales. Elle fut ensuite réunie au domaine de l'État en 1674 et placée sous la dépendance de la Martinique, résista victorieusement aux Anglais en 1666, en 1691, et en 1703, fut prise par eux, en 1759, après une héroïque résistance, fut restituée à la France par le traité de 1763 et replacée sous la dépendance de la Martinique en 1769. Elle devint ensuite définitivement indépendante. Les Anglais profitèrent d'une guerre civile pour la reprendre en 1794, mais ils furent forcés de se retirer, chassés par les commissaires de la convention, Chrétien et Victor Hugues. Après la paix d'Amiens, la Guadeloupe fut d'abord heureuse contre les Anglais, puis elle tomba au pouvoir de l'Angleterre, le 6 février 1810. Cédée à la Suède (3 mars 1813) par le traité de Stockholm, elle fut rendue à la France le 14 décembre 1814. Envahie de nouveau par les Anglais, elle fut occupée par eux du 18 août 1815 au 25 juillet 1816, époque à laquelle elle retomba définitivement avec ses dépendances au pouvoir de la France.

GUADET (Marguerite-Élie), conventionnel girondin, né à Saint-Émilion (Gironde) le 20 juillet 1755, décapité à Bordeaux le 18 juin 1794. Il était avocat à Bordeaux lorsque ses concitoyens l'envoyèrent à l'Assemblée législative, où il forma, avec Gensonné et Vergniaud, le fameux triumvirat girondin. A la Convention, il vota la mort du roi et s'associa à toutes actes du parti girondin, essaya de soulever le Calvados, se réfugia à Saint-Émilion, où il causa les amis, et fut arrêté dans la maison de son père. —

GUADIANA [goua-di-a'na] (anc. *Anas*), rivière d'Espagne, d'une longueur d'environ 410 kil., elle prend sa source sur la pente N. de la Sierra Alcaraz, dans la Manche, coule vers les frontières de Portugal, arrose Bada-

joz, et se jette dans l'Atlantique entre Ayamonte (Espagne) et Castro Marim (Portugal.) Elle forme, pendant 80 kil., la frontière entre l'Espagne et le Portugal. Elle devient navigable au-dessus de la Chanza.

GUADIX [goua-di'h'], vieille ville d'Espagne, à 55 kil. E.-N.-E. de Grenade, sur la déclivité septentrionale de la Sierra Nevada; environ 11,000 hab. Autrefois ville très forte, elle est encore entourée de murailles. Soies, toiles à voiles, coutellerie et poterie.

GUAGNO, station thermale de l'arr. et à 34 kil. N.-E. d'Ajaccio (Corse), près de la forêt d'Aytone; 900 hab. Trois sources sulfurées sodiques. Affections cutanées, rhumatismes simples ou compliqués d'engorgements articulaires, névralgies, sciatiques, blessures par armes à feu. Établissement avec 32 cabinets de baignoires, douches et 25 piscines pouvant contenir 220 personnes. Hôpital militaire thermal pour 300 malades.

GUAHAN, Guam ou *SAN JUAN* [goua-âne'; gouâmm; sann-houânn], la plus grande et la plus méridionale des îles des Larrons (Ladrones); environ 5,000 hab. Elle mesure à peu près 440 kil. de circonférence et est entourée de bancs de coraux. Elle est bien arrosée; bien boisée et fertile. Les habitants sont les descendants de Mexicains et d'indigènes des Philippines.

GUAICURUS [gouaï-kou-rouss'], nation indienne du Brésil, dans la partie arrosée par le Paraguay, entre 18° et 22° lat. S. Les indigènes sont d'une taille moyenne et robustes; ils ont la peau cuivrée et portent de longs cheveux plats. Leurs principales occupations sont de filer et de tisser du coton, et de fabriquer de la poterie, des cordes et des nattes. Leur richesse consiste principalement en chevaux. Leur langage est harmonieux, quoique un peu guttural. Ils sont divisés en nobles, en guerriers et en esclaves. Presque tous sont encore païens.

GUAIS adj. m. Se dit d'un hareng qui n'a ni laite ni œufs: *hareng guais.*

GUALEYGUAY I. [goua-lé-gouaï'], rivière d'Entre-Rios (république Argentine); son parcours est d'environ 200 kil., elle sort au Pabon et se jette dans le Parana. — II. Ville située au point où cette rivière devient navigable, à 55 kil. de son confluent et à 160 kil. N.-O. de Buenos-Ayres; environ 8,000 hab. Commerce très actif de peaux, de laines, de bois de construction et de combustible.

GUALEYGUAYCHU, ville d'Entre-Rios (république Argentine), sur la rivière Gualeyguaychu, à 49 kil. de Buenos-Ayres; environ 25,000 hab. Grand commerce de bœuf fumé, de peaux, de laine, de suifs, etc.

GUAM. Voy. GUAHAN.

GUAMANGA. Voy. AYACUCHO.

GUANABACOA, ville de Cuba, sur la baie de Guanabacoa, à 3 kil. S.-E. de la Havane; environ 7,000 hab. Bains de mer fréquentés par les riches Havanais.

GUANACO s. m. [goua-na-ko] (péruv. *huanaco*). Mamm. Genre de ruminants qui représente, en Amérique, le genre chameau de l'ancien monde. On dit aussi *lama* ou *llama*. Les guanacos sont indigènes des Andes, particulièrement des parties montagneuses du Pérou, où leur habitat s'étend jusqu'à la limite des neiges éternelles. A l'état sauvage, ils sont défiants et timides, vivent en troupes sur les montagnes et descendent dans les vallées à la recherche de leur nourriture. Effrayés ou irrités, ils rejettent le contenu de leur bouche sur leurs assaillants. Il paraît y avoir trois espèces de guanacos, savoir: le *guanaco sauvage (auchenia huanaco*, Tschudi), dont le llama est sans doute la variété domestique; l'*alpaca* ou *paco* (*auchenia alpaca*, Tschudi) (voy. ALPACA); et la vigogne. (*auchenia vicugna*, Tschudi). Le guanaco sauvage habite les Andes depuis le nord du Pérou jusque dans le voisinage du détroit de Magellan. Il mesure environ 1 m. de haut, à l'épaule, et 1 m. 60 à *la tête*; sa couleur est d'un brun rougeâtre; son poil est assez long. On le chasse pour s'emparer de sa peau et de sa chair. Le llama domestique remplace le chameau et le cheval chez les Indiens du Pérou et du Chili, il est à peu près de la grosseur

Guanaco (Auchenia lama).

du guanaco, mais de formes un peu plus compactes et son poil est mélangé de noir, de blanc, de gris et de diverses couleurs, comme chez la plupart des animaux domestiques. On l'estime principalement à cause de ses longs poils dont les Indiens font des habillements;' sa peau donne de bons cuirs, ses excréments sont employés comme combustible, *sa chair et son lait* servent de nourriture. La vigogne, espèce la plus petite, mesure 80 centim. de hauteur à l'épaule; sa couleur est d'un jaune rougeâtre sur le dos, blanchâtre sous le ventre; c'est un animal sauvage d'une grande valeur à cause de la finesse de ses poils.

GUANACACHE [goua-na-kà-tché], lac de la république Argentine, province de San-Juan, long de 55 kil., large de 22 kil. Il reçoit le Mendoza et plusieurs autres rivières; ses eaux se déversent dans le lac Bebedero.

GUANACASTE, province de l'Amérique centrale, entre le lac Nicaragua et la baie de Nicoya. Contrée accidentée, couverte de pâturages. Sous la domination espagnole, elle appartenait à Nicaragua. En 1858, la plus grande partie fut cédée par un traité à Costa-Rica.

GUANAHANI. Voy. SAN SALVADOR ou l'ILE DU CHAT.

GUANAJUATO [goua-na-'houà-to] 1. État central du Mexique, borné par ceux de San-Luis Potosi, de Queretaro, de Michoacan et de Jalisco; 29,530 kil. carr.; 874,043 hab. (200,000 blancs, 300,000 Indiens et le surplus métizos). La surface du pays, dont la presque totalité est comprise dans le plateau d'Anahuac, à une hauteur moyenne de 2,000 m. au-dessus du niveau de la mer, est très accidentée. Elle est traversée par deux chaînes de montagnes. Les rivières principales sont : le Lerma et ses tributaires, le Laja et le Turbio. Les mines de Guanajuato sont de beaucoup les plus riches de la république. Les plus importantes mines d'argent sont celles de Valenciana, qui avaient atteint en 1803, une profondeur de 400 m. On y trouve aussi des mines de plomb, d'étain, de cuivre, de fer, de cobalt, de soufre, de sel, de cristaux, de marbre, etc. Nombreuses sources sulfureuses chaudes. Blé, orge, maïs, pommes de terre, haricots, etc.; mais les récoltes sont irrégulières, en raison de la sécheresse. Le climat, excepté dans les montagnes élevées, est généralement doux. L'industrie principale est

l'exploitation des mines; l'agriculture est l'occupation favorite des Indiens. Coton, poterie, laine et cuir. Les articles principaux d'exportation sont : les métaux précieux, les épices,

Cathédrale de Guanajuato.

les plantes médicinales et les peaux. — II. Capitale de l'État ci-dessus, dans une vallée profonde, à 2,250 m. au-dessus du niveau de la mer, à 215 kil. N.-O. de Mexico; environ 63,000 hab. Son emplacement est très inégal. Elle possède un grand nombre de beaux édifices, une monnaie, un collège, un théâtre, un hôpital, etc. (Voy. ALBONDEGA.)

GUANARE [goua-nâ'-ré], ville de Vénézuéla, capitale de l'état de Portuguesa, à 4 kil. de la rivière Guanaro ou Guanarito, tributaire de l'Orénoque, à 280 kil. S.-O. de Caracas; 4,680 hab. Élevage de bestiaux; exportation de cacao, de café, d'indigo, de sucre et de tabac.

GUANCABELICA. Voy. HUANCAVELICA.

GUANCHES, aborigènes des îles Canaries, d'une origine douteuse, et qui ont disparu à la fin du XVIe siècle. On dit qu'ils étaient d'une taille gigantesque, bien proportionnés, d'une couleur olivâtre, avec de longs cheveux plats. Ils étaient simples et doux.

GUANINE s. f. [goua-ni-ne]. Matière azotée contenue dans le guano : C⁹ H⁵ Az⁵ O.

GUANIQUE adj. Se dit d'un acide dérivé de la guanine : C¹⁰ H⁵ Az⁴ O⁷ 2 HO.

GUANO s. m. [goua'-no] (esp. *guano* ou *huano*; péruvien *huanu*, excrément). Substance produite par des amas de fiente d'oiseaux de mer, qui se trouve principalement dans les îles de l'océan Pacifique, appartenant au Pérou, et qui est très employée comme engrais. — Le guano se compose d'excréments d'oiseaux de mer, mêlés aux corps et aux œufs décomposés de ces oiseaux, ainsi qu'aux restes des phoques. Ces débris sont accumulés, par couches épaisses, sur les îles du Pacifique et sur les côtes de l'Amérique du Sud et de l'Afrique. Cette substance était connue des anciens Péruviens comme constituant un engrais précieux; les dépôts étaient exploités du temps des Incas. Humboldt, en 1804, décrivit des dépôts recouvrant les îles Chinchas comme ayant une profondeur de 17 à 20 m. Dans l'espace de trois cents dernières années forme seulement quelques centimètres d'épaisseur. Il fit faire des analyses qui montrèrent que le guano est composé de phosphates d'ammoniaque et de chaux, avec de l'urate de chaux et de l'oxalate d'ammoniaque, de l'eau, des matières organiques non déterminées et du sable. Ce fut en 1840 que commença l'exploitation des mines de guano. A cette époque, le droit exclusif d'extraire et d'exporter le guano pendant neuf ans, fut vendu 200,000 fr. par les gouvernements pé-

ruvien et bolivien; mais le traité fut bientôt dénoncé par le Pérou, parce que les nombreuses demandes de cette matière en augmentaient la valeur. On estima qu'il y en avait environ 40 millions de tonnes aux îles Chinchas. Les îles Lobos contenaient aussi d'immenses dépôts, et beaucoup d'îles plus petites en étaient couvertes. La plus grande partie du guano produit au Pérou est envoyée en Angleterre; environ 15,000 tonnes sont expédiées annuellement aux États-Unis. On prétend que plus de la moitié du guano du commerce est falsifié par des mélanges avec des substances sans valeur. — La recherche de nouveaux gisements de guano amena, en 1855, la découverte de dépôts dans les groupes d'îles qui gisent sur les côtes de la Guyane et de Vénézuéla, principalement à Los Monges (îles des Moines), à El Roque et à Centinella. Où y trouve plusieurs qualités de guano, dont l'une est en grains aussi gros que la graine de moutarde, d'un brun légèrement grillée; elle ne répand aucune odeur ammoniacale. Une autre espèce est en grains agglomérés et diffère de la précédente, principalement par l'absence de carbonate de chaux et par une augmentation de phosphate. Une troisième variété est une roche solide, formant quelquefois une croûte de 70 centim. d'épaisseur, sur les portions inférieures des dépôts. Sa composition varie quelque peu dans différentes localités; mais ce guano se distingue partout par l'absence du carbonate de chaux et par une forte augmentation dans les proportions du phosphate et du sulfate de chaux. — On distingue, dans le commerce, un grand nombre d'espèces de guano : guano d'Angamos (Bolivie), 22 p. 100 d'ammoniaque; guano du Pérou, le plus riche et le plus recherché; guano bolivien, riche en phosphates, pauvre en azote; guanos de l'Afrique australe, ordinairement pauvres et chargés de sables. — Ce sont les îles Chinchas qui produisent la plus grande partie du guano expédié en Europe. (Voy. CHINCHAS.) — Le guano pur contitue un engrais d'une grande puissance, dont il convient de faire usage dans les terrains auxquels on veut ajouter des phosphates. La quantité à répandre par hectare, varie suivant les plantes à cultiver; elle est d'environ 300 kilogr. par hectare sur les prairies ou pour les cultures de céréales; les plantes épuisantes en demandent davantage. On doit répandre le guano par un temps pluvieux, parce que l'eau sert de véhicule aux principes fertilisants. — Le guano pur, quand on le fait brûler, donne une cendre légère d'un blanc de perle; celui qui a été falsifié avec de la terre, de la sciure de bois, de la brique pilée, etc., donne une cendre plus foncée et pesante.

GUANO, ville de l'Équateur, province du Chimborazo, à 135 kil. S.-O. de Quito; environ 9,000 hab. Tapis, couvertes, acide sulfurique, etc. Exportation de l'écorce du chinchona.

GUAPEY [goua'-pé]. Voy. RIO GRANDE.

GUARANA s. m. [goua-rà-nâ']. Pâte formée principalement des graines du *paullinia sorbilis* et peut-être du *paullinia cupana*, arbustes grimpants de l'ordre des *sapindacées*, indigènes du Brésil et des bords de l'Orénoque.

Cette pâte est séchée en masses grossières, dures, d'un brun rougeâtre qui peuvent être réduites en poudre. Les Indiens du Brésil la mêlent à leurs aliments ou la prennent sous forme de boisson. Depuis longtemps elle a été employée comme médicament au Brésil, surtout dans le traitement des maladies d'entrailles.

GUARANIS. Voy. TUPI-GUARANIS.

GUARATINGUÉTA [goua-ra-tign-ghé'-ta], ville du Brésil, province de São Paulo, sur le Rio Parahyba, à 160 kil. O. de Rio-de-Janeiro ; environ 7,600 hab. Commerce considérable de sucre, de café, de tabac et de bestiaux.

GUARINI (Giovanni-Battista) [goua-ri'-ni], poète italien, né en 1537, mort en 1612. Il devint professeur à Ferrare, entra au service l'Alphonse II et se fit confier plusieurs missions diplomatiques. Il servit aussi Ferdinand I de Toscane et la cité de Ferrare. Ses meilleures productions sont : sa comédie *dropica*, son dialogue *Il Segretario*, ses *Rime*, ses *Lettere* et particulièrement la tragi-comédie pastorale *Il Pastor fido*, qui eut 40 éditions du vivant de l'auteur, et qui a été traduite en français par Pecquet (1733). Les œuvres de Guarini ont été publiées à Venise en 1621 et à Ferrare en 1737 (4 vol. in-4º).

GUARNERI [gouar-né'-ri] ou Guarnerius, célèbre famille de luthiers, qui existait à Crémone, au XVIIᵉ siècle. Andréa, né vers 1630, exerça la profession de fabricant, de 1650 jusqu'à environ 1695. Ses instruments sont classés au second rang et portent pour la plupart comme inscription : *Andreas Guarnerius fecit Cremonæ sub titulo sanctæ Teresæ*. Giuseppe, son fils et son élève, fabriqua des instruments dans le genre de ceux de Stradivarius. Pietro, second fils d'Andréa, produisit de 1690 à 1725, des instruments qui pèchent sous le rapport de la sonorité. Giuseppe-Antonio, neveu d'Andrea (né en 1683, mort en 1745), élève de Stradivarius, fut le plus célèbre de sa famille. Il travailla depuis 1725 jusqu'en 1745, et ses violons, renommés par leur excellence, portaient presque tous pour inscription : *Giuseppe Guarnerius, Andreæ Nepos. I. H. S*. En raison de ce dernier signe, il est ordinairement connu en Italie sous le nom de Guarneri del Gesù. Des violons et des basses, datés de 1725 à 1740, ont été fabriqués par Pietro, fils de Giuseppe.

GUASTALLA [gouas-tal'-la], ville d'Italie, province de Reggio, à la jonction du Crostolo et du Pô, à 25 kil. N.-E. de Parme ; 8,240 hab. (commune, 10,620). Elle est bien bâtie et entourée de murailles. Elle fut fondée par les Lombards, devint un fief de l'empire allemand et forma un duché en 1621. En 1805, Napoléon en fit présent à sa sœur Pauline, dont le mari, le prince Borghèse, fut créé duc de Guastalla ; elle appartint à l'ex-impératrice Marie-Louise (1815-'47), fut ensuite réunie à Modène et fut incorporée, en 1860, aux États de Victor-Emmanuel. Aux environs de cette ville, les Français battirent une armée impériale commandée par le roi de Sardaigne (19 sept. 1734).

GUATEMALA [goua-té-mâ'-la] I. République de l'Amérique centrale, entre 13º 50' et 18º 15' lat. N., et entre 90º 34' et 95º 33' long. O., bornée par le Mexique, le Honduras anglais, la baie de Honduras, les républiques de Honduras et de San-Salvador et l'océan Pacifique, a sa plus grande longueur, du N.-E. au S.-O., est de 435 kil. ; sa plus grande largeur est d'environ 400 kil. ; 105,602 kil. carr. ; environ 1,200,000 hab., dont environ 12,000 blancs, 400,000 *ladinos* (enfants de blancs et d'Indiennes), 8,000 nègres purs et sang-melés et 800,000 Indiens pur sang. Les Indiens vivent séparément et les autorités civiles qui les gouvernent sont habituellement choisies

parmi des gens de leur race. Ils sont doux, sobres et industrieux, quand ils ne sont pas corrompus par des chefs militaires. Santo-Tomas, sur la baie de Honduras, est le principal port. San-José, rade ouverte sur le Pacifique, et Izabal, dans le golfe de Dulce, inaccessible aux grands navires, sont peu fréquentés. Presque toute la surface du territoire est formée d'un plateau coupé de montagnes sans nombre avec des vallées profondes et étendues. La pente est rapide du côté du Pacifique. La région côtière est basse, plate et ne mesure pas plus de 40 kil. de large. À l'O. et au N.-O. du golfe de Dulce est une autre plaine basse. Dans l'O. se dressent un grand nombre de volcans, dont quelques-uns sont encore en activité ; le plateau y atteint une hauteur de près de 2,000 m. On y trouve en quantité considérable de l'or, de l'argent, du cuivre, du fer, du soufre et du jaspe. On y exploite des mines de plomb et on y obtient du sel provenant de sources ; on exploite aussi des salines sur les côtes du Pacifique. Les plus grandes rivières sont : l'Usumasinta, qui a un cours d'environ 470 kil. dans le Guatemala et se jette dans le golfedu Mexique (Yucatan) ; le Motogua, qui se jette dans la baie de Honduras après un cours de près de 400 kil. ; et le Polochique, qui a 200 kil. de long et se jette dans le golfe de Dulce. Ces cours d'eau ne peuvent servir à la navigation. Les lacs principaux sont : l'Amatitlan (16 kil. sur 4), l'Atitlan (40 kil. sur 15) et le Peten (93 kil. de circonférence). Des ruines remarquables témoignent de la grande habileté des anciens habitants dans la sculpture et l'architecture. Le climat, excessivement chaud dans les régions basses et froid dans les régions élevées, est généralement sain. Pendant la saison humide, de mai à octobre, les pluies tombent en abondance. On voit rarement la neige ; mais les gelées sont fréquentes. Les habitants des montagnes sont souvent atteints du goître et du crétinisme. Le sol est excessivement fertile, mais l'agriculture est encore à l'état d'enfance. Il y a de fréquents tremblements de terre. La principale production est le café. Les autres sont : le maïs, le blé, le coton, la canne à sucre, le tabac, la cochenille, l'indigo, le cacao, la vanille, le vin, l'olive et divers fruits. La végétation arboréale est extrêmement luxuriante. On élève un grand nombre de chevaux, de mules, de moutons, de porcs et d'oiseaux de basse-cour. Manufactures de cotonnades et de lainages qui sont employés dans le pays ; ustensiles de ménage, poterie. La valeur des importations était, en 1873, de 11,820,000 fr., celle de l'exportation était de 16,800,000 fr.) café, 12,050,000 fr. ; cochenille, 2,690,000 fr. ; caoutchouc, 780,000 fr.)

— En vertu de la constitution de 1851, le gouvernement consiste en un président (assisté de trois ministres), élu pour quatre ans ; et en un congrès composé d'un conseil d'État et d'une chambre des représentants. Les membres de cette dernière assemblée sont élus au nombre de 52 par le peuple ; ils choisissent les 24 membres du conseil d'État ; et les deux assemblées conservent leurs pouvoirs pendant quatre ans. Le revenu s'élève à 13,005,000 fr. et les dépenses à 12,710,000 fr. La dette publique est de 20 millions de fr., dont 44 millions pour la dette étrangère. L'éducation publique, jadis très négligée, attire aujourd'hui l'attention du gouvernement. La religion catholique romaine est seule tolérée. — La côte de Guatemala fut découverte par Colomb en 1502 ; le pays devint une dépendance espagnole en 1524 et fut érigé en capitainerie générale en 1527. En 1821, le Guatemala secoua le joug espagnol et fut annexé à l'empire mexicain sous Iturbide. Il forma une partie de la république de l'Amérique centrale en 1823, et une république indépendante en 1847. Après 1862, il eut à soutenir une série de petites guerres. En 1871, une révolution eut pour résultat la déposition du président Cerna et le bannissement des Jésuites.

Guatemala la Antigua.

Le général Rufino-Barrios, élu président en 1873, a été réélu en 1876 et en 1880.
— II. **Guatemala la Nueva** [là-noué'-va], (Nouvelle Guatemala), capitale de la république de Guatemala et chef-lieu d'un département du même nom, par 14º 37' lat. N. et 92º 50' long. O. ; environ 40,000 hab. Cette ville, la plus belle de l'Amérique centrale, est située sur un plateau pittoresque, à environ 1,800 m. au-dessus du niveau de la mer. Sa position n'est guère favorable au commerce. Les volcans d'Agua et de Fuego s'élèvent de chaque côté de la ville. Les rues, toutes d'une largeur de 14 m., sont régulièrement bâties ; mais elles sont mal pavées et assez malpropres. Les maisons n'ont qu'un étage, avec une grande quantité des bâtiments sont entourés de larges cours, ornées de statues, de fontaines et d'arbres. Les principaux édifices publics qui se trouvent sur la place principale sont : la cathédrale, le palais archiépiscopal, le palais du gouverneur, la monnaie et l'hôtel de ville. Le théâtre se trouve au centre d'une autre place ornée d'arbres, de statues et de fontaines. Guatemala est la première ville de l'Amérique centrale pour le nombre de ses écoles et de ses institutions d'éducation. Les occupations principales de ses habitants sont l'agriculture et la fabrication de quelques étoffes grossières de laine et de coton, de poterie et d'autres objets pour l'usage domestique. La ville fut fondée en 1776, trois

après la destruction de l'ancienne capitale. — III. **Guatemala la Antigua** [lâ-ânn-ti'-goua], (Vieille Guatemala), ville autrefois l'une des plus belles villes de l'Amérique et ancienne capitale du Guatemala, à 40 kil. O. de la Nouvelle Guatemala; environ 20,000 hab. Fondée en 1524, elle fut détruite en 1541 par une inondation de l'eau rejetée par le volcan de Agua, au pied duquel se trouvent encore les ruines désignées sous le nom de *Cuidad Vieja* (la vieille ville). Elle fut rebâtie entre le volcan d'Agua et le volcan de Fuego. En 1773 la population était de 60,000 âmes; la ville fut entièrement anéantie par un tremblement de terre; on commença à la rebâtir en 1799.

GUATEMOZIN [goua-té-mo-sinn'], le dernier empereur aztèque du Mexique, neveu et gendre de Montezuma, né vers 1495, exécuté le 15 février 1525. A la mort de Cuitlahua, frère et successeur de Montezuma (1520), il fut placé sur le trône. Les Espagnols, repoussés sous le règne de son prédécesseur, parurent devant la capitale, le 28 avril 1521; ils la réduisirent par la famine et s'emparèrent de Guatemozin, qui fut mis à la torture pour avoir refusé de donner des informations au sujet des trésors cachés de la ville. Comme on ne put rien prouver contre lui, on l'épargna, et il fut retenu à Mexico, dans une captivité honorable. Lorsque Cortès commença son expédition pour la conquête du Honduras en 1522, il emmena avec lui Guatemozin et le fit mettre à mort sous la fausse accusation d'avoir comploté l'assassinat des chefs espagnols.

GUATUSOS [goua-tou'-soss], tribu d'Indiens qui habitent les rives du Rio Frio, lequel se jette dans le lac Nicaragua à son extrémité méridionale. Ce pays n'a jamais été exploré. Un corps de troupes essaya d'y pénétrer en 1849; mais il fut repoussé. On a quelques raisons de croire que les Guatusos sont de la même famille que les Aztèques qui occupaient les terres à l'O. du lac Nicaragua et qu'ils ont encore conservé leur langage primitif et leurs mœurs du temps de la conquête par les Espagnols.

GUAXACA. Voy. OAJACA.

GUAYAPE [goua-iâ'-pé], affluent de la rivière Patuca, dans le département d'Olancho (Honduras), célèbre pour ses riches mines d'or.

GUAYAQUIL [goua-ia-kil'], cité maritime de la république de l'Equateur, capitale de la province de Guayas, à 200 kil. S.-O. de Quito; environ 26,000 hab. Elle est située sur la

Cathédrale de Guayaquil.

rive O. de la baie de Guayaquil et est le principal centre commercial de l'Equateur. Ses principaux édifices sont : la cathédrale et six autres églises, le palais du gouverneur, l'hôtel de ville, la prison, deux hôpitaux et des casernes. Il y a deux collèges, une école navale

et plusieurs autres écoles. Le port, formé par le Guayaquil et par son estuaire, offre un bon mouillage pour les navires de n'importe quel tonnage. La chaleur est excessive et les épidémies sont fréquentes. Les principaux articles d'exportation sont : le cacao, le coton, le café, le tabac, les noix, les fruits, les jipijapa ou chapeaux de Panama, la salsepareille, le caoutchouc, la nacre et l'ivoire végétal. Une mine de mercure et des mines de charbon ont été découvertes près de la ville.

GUAYAQUIL, rivière de la république de l'Equateur (province de Guayas); elle se jette dans le golfe de Guayaquil. Elle est navigable sur une étendue de 450 kil.; jusqu'à Caracol, son cours supérieur porte les noms de Caracol et de Babahoyo.

GUARDAFUI ou **Ras Aser (cap)** [gouar-da-foui'], promontoire formant la pointe la plus orientale du continent africain, par 11° 50' lat. N. et 49° 1' long. E.

GUAYAS [goua-iâss'], province de la république de l'Equateur, bornée par l'océan Pacifique et le Pérou; environ 37,000 hab. Sol extrêmement fertile. Riz, cacao, coton, tabac et fruits des tropiques. La partie septentrionale est marécageuse. Au S.-O. s'étendent de vastes forêts. Le climat est chaud, la pluie y tombe presque sans interruption de décembre à mai. Les fièvres y règnent. Capitale, Guayaquil.

GUAYMAS [gouaï'-mass], ville de la Sonora (Mexique), sur la baie de Yaqui (golfe de Californie); environ 3,000 hab. Elle est entourée de montagnes. Climat très chaud et malsain. Port commode et excellent mouillage. Exportation de blé, de farine et de peaux.

GUBBIO [gou'-bi-o] (anc. *Iguvium* ou *Eugubium*), ville d'Italie, dans la province de Pérouse, à 145 kil. N. de Rome; 5,350 hab. Au moyen âge, elle renfermait une population de 30,000 âmes et possédait une belle école de peinture. Manufactures de soie et de laine. Réservoir qui est un remarquable spécimen de l'architecture au moyen âge. Les fameuses tablettes eugubiennes, avec inscription dans les langues ombrienne, étrusque et latine, furent découvertes en 1444, à environ 12 kil. de la ville.

GUBEN [gou'-bènn], ville de Brandebourg (Prusse), sur la Neisse, à 35 kil. S.-E. de Francfort-sur-l'Oder; 23,740 hab. Vastes manufactures d'étoffes et de tabac; commerce de vins rouges récoltés sur les coteaux voisins de Neisse.

GUDIN (Jean-Antoine-Théodore), peintre de marines, né à Paris le 15 août 1802, mort le 12 avril 1880. Au sortir de l'atelier de Girodet, il se lança dans le romantisme et se fit remarquer par un coloris énergique et une hardiesse de ses conceptions. Son *Retour des pêcheurs* et son *Incendie du Kent* (1827), œuvres pleines d'audace, furent en vogue. Après 1830, il devint le peintre favori de Louis-Philippe, qui lui confia l'exécution d'un grand nombre de gigantesques tableaux historiques destinés au musée de Versailles. Sous l'Empire, il resta peintre ou quelque sorte officiel de marines.

GUDIN DE LA BRENELLERIE (Paul-Philippe), historien, né à Paris en 1738, mort en 1812. Il s'essaya dans la poésie et sur la scène, mais ne put obtenir le moindre succès.

Son *Essai sur l'histoire des comices de Rome, des états généraux de France et du parlement d'Angleterre* (Paris, 1789, 3 vol. in-8°) fut couronné par l'Académie. Il a donné, en 1809, la première édition complète des œuvres de Beaumarchais, dont il était resté l'ami le plus fidèle.

GUDULE (Sainte), patronne de Bruxelles, née dans le Brabant vers 650, morte en 712. Elle pratiqua toute sa vie, dans le palais de sa famille, les austérités les plus extraordinaires. Fête le 8 janvier.

* **GUÉ** s. m. [ghé] (lat. *vadum*). Endroit d'une rivière où l'eau est si basse et le fond si ferme, qu'on y peut passer sans nager et sans s'embourber : *chercher un gué*. — SONDER LE GUÉ, faire quelque tentative vous main dans une affaire, pressentir les dispositions où peuvent être ceux de qui elle dépend.

GUÉ interj. Exprime la joie et s'emploie dans les refrains de chansons :

C'est la gaudriole,
O *gué*.
BÉRANGER.

— On écrivait autrefois GAY.

J'aime mieux ma mie, oh *gay* !
J'aime mieux ma mie.
Vieille chanson citée par Molière.

* **GUÉABLE** adj. Que l'on peut passer à gué : *la rivière est guéable dans cet endroit*.

* **GUÈBRE** s. [ghè-bre] (pers. *ghebar*, infidèle; turc, *ghiaurs*, *ghaurs* ou *giaours*, infidèles). Nom que portent les restes de l'ancienne nation persane, épars aujourd'hui en diverses contrées de la Perse et des Indes, où ce peuple, soumis aux mahométans, conserve encore la religion de Zoroastre : *un guèbre*. (Voy. GAURES.) — Les Guèbres ou Ghebers sont généralement connus des Européens sous le nom d'adorateurs du feu. Ils se donnent le nom de *Beh-Din*, *ceux d'excellente croyance*. Au 18e siècle, quelques-uns émigrèrent dans l'Inde et s'établirent dans le voisinage de Surate. Leurs descendants habitent encore le même pays et sont appelés Parsies. (Voy. PARSIES.). Le nombre de ceux qui restent en Perse est évalué à environ 7,000. Un célèbre temple de Guèbres est situé près de Bakou, sur la mer Caspienne. (Voy. BAKOU.) Pour des détails sur leur religion, voy. ZEND-AVESTA et ZOROASTRE.

GUÉBRIANT (Jean-Baptiste BUDES, comte de), maréchal de France, né en 1602 au château de Plessis-Budes près de Saint-Brieuc, mort en Souabe en 1643. Il défendit la ville de Guise en 1636, prit plusieurs places de la Franche-Comté (1637) et du Palatinat, et exécuta, en 1639, son fameux passage du Rhin, à Bacharach, remporta sur Piccolomini la victoire de Wolfenbüttel (1641) et sur Lamboi et Merci, celle de Kempen (1642). reçut en récompense le bâton de maréchal et fut tué d'un coup de feu sous les murs de Rothweil (Souabe). La Laboureur a écrit son *Histoire* (Paris, 1656, in-fol.).

GUEBWILLER (all. *gebweiler*), ville d'Allemagne, dans la Haute-Alsace, autref. ch.-l. de cant. du dép. du Haut-Rhin (France), sur la Lauch, à 23 kil. S.-O. de Colmar; 12,340 hab. Châlets suisses et beaux cottages sur les pentes du mont Gobweiler, point culminant des Vosges. Etoffes, articles de coton, rubans, produits chimiques, machines, etc.

* **GUÈDE** s. f. [ghè-de] (anc. haut all. *weit*). Bot. Plante crucifère, dont les feuilles servent à teindre en bleu foncé, et qui est principalement cultivée dans le N. de la France : *la guède est bisannuelle*. On l'appelle aussi, plus ordinairement, PASTEL.

GUÉDER v. a. Teindre avec de la guède.

GUÉDERON s. m. Ouvrier qui dirige l'atelier des guèdes.

GUÉER v. a. [ghé-é] (rad. *gué*). Baigner, laver dans l'eau. — GUÉER UN CHEVAL, le faire entrer dans la rivière, et l'y promener pour le laver et le rafraîchir. — GUÉER DU LINGE, le laver et le remuer quelque temps dans l'eau, avant de le tordre. — ∾ Passer à gué: *guéer une rivière.*

GUELDRE(holl.)Gerderland ou GUELDEBLAND, province des Pays-Bas, bornée par le Zuyderzee et la Prusse, 5,080 kil. carr.; 448,820 hab. Elle est plus montagneuse que les autres parties du pays, et presque tout son territoire est pauvre. Les principaux cours d'eau sont: la Meuse (qui la sépare du Brabant du N.), le Wald, le Rhin et l'Yssel. Pêcheries de hareng, mines de fer, brasseries, distilleries, manufactures de papier, de toile, de tuiles et de cuirs. Capitale, Arnheim; villes principales: Nimègue, Zutphen et Harderwyk. La Gueldre fut gouvernée par ses comtes et ses ducs particuliers de 1079 à 1528. Elle fut annexée à la Prusse en 1713.

GUELDROIS, OISE adj. et s. Habitant de la Gueldre; qui appartient à la Gueldre.

GUELFE s. m. [ghèl-fe (all. *Welfen*) ital. *Guelf*; all. *Waiblinger*, de Waiblingen, propriété de la famille de Hohenstaufen, aujourd'hui en Würtemberg). Partisan d'une faction qui soutint longtemps, en Italie, les prétentions des souverains pontifes, contre celle des empereurs. Guelfe ou Welf était le nom de baptême que l'on portait dans une famille de princes d'origine italienne du IXᵉ siècle. Cette famille émigra en Allemagne au XIᵉ siècle et se divisa en deux branches. Kunigunde, héritière de l'une des branches, épousa Alberto Azzo II d'Este, né en 996. Le fils de Kunigunde, Guelfe IV, duc de Bavière, réunit les possessions des deux branches. Son petit-fils, Henri l'Orgueilleux, disputa la couronne d'Allemagne à Conrad III; il fut dépouillé de la plus grande partie de ses possessions, qui comprenaient la Saxe, et fut mis au ban de l'empire (1139). Son frère, le comte Guelfe d'Altorf, tuteur du fameux Henri le Lion, son neveu, essaya de recouvrer par son pupille la possession des duchés confisqués, et livra bataille aux troupes de Conrad, près de Weinsberg; mais il fut vaincu. C'est dans cette bataille que l'on entendit pour la première fois le fameux cri de guerre: *Sus aux Guelfes! sus aux Gibelins!* Les guerres des Guelfes et des Gibelins ne durèrent pas davantage en Allemagne, mais elles ensanglantèrent longtemps l'Italie. Le pape se déclara pour les Guelfes. Les villes lombardes formèrent leur ligue en faveur du même parti, tandis qu'une ligue semblable, sous le patronage spécial de Pavie, se déclarait pour les Hohenstaufen, plus connus sous le nom de Gibelins. L'empereur Frédéric Barberousse prit Milan et soumit toute la Lombardie. La lutte recommença sous Frédéric II. Son petit-fils, Conradin, dernier des Hohenstaufen, eut la tête tranchée à Naples, par ordre de Charles d'Anjou·(1268). Les Guelfes avaient été chassés de leurs duchés en Allemagne. Othon l'Enfant, petit-fils d'Henri le Lion, avait rendu hommage en 1235 à Frédéric II, qui le fit plus tard duc de Brunswick. C'est de lui que descendent les maisons régnantes d'Angleterre (Hanovriens) et de Brunswick. La lutte dégénéra plus tard en querelles particulières de factions existant de famille à famille dans la même ville d'Italie. Des guerres intestines de ce genre troublèrent principalement Vérone, Milan, Florence, Gênes et Pise. Rome, au temps de Rienzi (milieu du XIVᵉ siècle), fut ballottée, pendant des années, entre l'oligarchie et la démocratie, entre les Gibelins et les Guelfes, comme on disait alors. En général, les Gibelins étaient partisans de la hiérarchie impériale et féodale, les Guelfes soutenaient l'Église et l'indépendance nationale. Ces luttes, après avoir désolé

le pays pendant quatre siècles, cessèrent par suite de l'épuisement des colères et des haines; et surtout à cause du trouble qu'occasionna l'invasion française de 1494.

GUELMA, anc. *Calama*, ville de la prov. et à 100 kil. E.-N.-E. de Constantine (Algérie), sur la pente du mont Mahouna, qui domine la vallée de la Seybouse; 4,500 hab., dont 1,200 Français, 1,000 Européens étrangers et 600 Juifs. — Huiles, farines, produits agricoles. Mines d'antimoine aux environs. Antiquités romaines.

GUELPH[gouélf], ville de l'Ontario (Canada), sur la rivière Speed, à 65 kil. O.-S.-O. de Toronto; 6,880 hab. Exportation de blé et de farine: manufactures importantes.

GUELTE s. f. [ghèl-te] (all. *geld*, argent). Comm. Part de bénéfice attribuée à l'employé d'une maison de nouveautés qui est parvenu à écouler un *rossignol.*

GUÉMÉNÉ-PENFAO, ch.-l. de cant., arr. et à 36 kil. N.-N.-E. de Saint-Nazaire (Loire-Inférieure); 6,450 hab.

GUÉMÉNÉ-SUR-SCORFF, ch.-l. de cant., arr. et à 18 kil. O. de Pontivy (Morbihan); 1,550 hab. Cristal de roche. Patrie de Bisson. Ce village fut érigé en principauté en 1570; il a donné son nom à une branche de la famille de Rohan.

GUÉNEAU DE MONTBÉLIARD (Philibert), naturaliste, né à Semur en 1720, mort en 1785. Il collabora à l'*Histoire des oiseaux* de Buffon et rédigea, pour cet ouvrage, les articles hirondelle, paon, rossignol, etc., dans lesquels il imita, à s'y méprendre, la manière brillante et le style imagé du grand naturaliste. Il a publié aussi des articles d'entomologie dans l'*Encyclopédie méthodique.*

GUÉNÉE (L'ABBÉ Antoine), théologien, né à Étampes en 1717, mort en 1803. Il professa la rhétorique au collège de Plessis (1741-'61) et se rendit fameux par ses *Lettres portugaises* (1 vol. in-8º, 1769), écrites pour répondre aux attaques de Voltaire contre la Bible et contre les Juifs. Cette érudite réfutation du grand philosophe obtint d'autant plus de succès qu'elle était plus modérée. Voltaire lui-même ne put se fâcher.

GUENILLE s. f.[ghe-ni-eu; *ll* mll.] (corrupt. de *souquenille*). Haillon, chiffon: *que voulez-vous faire de cette guenille, de ces guenilles?* — Par ext., surtout au plur., toutes sortes de hardes vieilles et usées: *cet homme ne porte que des guenilles.* — Fig. Choses de peu d'importance: *selon lui, le corps n'est qu'une guenille, dont il est honteux de s'occuper.* (Fam.)

GUENILLON s. m. diminut. Petite guenille: *je n'ai que faire de ce guenillon.* (Fam.)

GUENIPE s. f. [ghe-ni-pe] (holl. *knippe*, lieu de prostitution). Femme malpropre, maussade, et de la lie du peuple: *qui nous a amené cette grande guenipe?* — Plus ordin. Coureuse, femme de mauvaise vie: *ne hantez pas cette femme-là, c'est une franche guenipe.*

GUENON s. f. [ghe-non] (haut all. *guena*, femme). Mamm. Genre de singes de l'ancien continent; caractérisé par une tête ronde, un front fuyant, un nez plat et ouvert à la hauteur des fosses nasales, des oreilles moyennes, des callosités aux fesses, la queue plus longue que le corps. Les guenons sont les plus vifs et les plus aimables de tous les singes, quand elles sont jeunes; plus tard, elles deviennent souvent méchantes. Le genre guenon, dont le nom scientifique est CERCOPITHÈQUE, comprend une trentaine d'espèces, dont les principales sont: le talapoin, la mone, l'ascagne, le moustac, le grivet, le callitriche, le vervet, le malbrouc et le patas. — Ordin. Femelle d'un singe: *une petite guenon.* — Fig. et fam. Femme très laide: *c'est*

une guenon, une franche guenon. — Femme de mauvaise vie: *ce n'est qu'une guenon.*

GUENUCHE s. f. Petite guenon: *une jolie guenuche.* — C'EST UNE GUENUCHE COIFFÉE, se dit d'une femme laide et fort parée.

GUÉPARD s. m. Mamm. Espèce de carnassier du grand genre chat. Le guépard (*felis jubata*, Schreb.), appelé aussi *léopard chasseur* et *léopard à crinière*, habite l'Asie méridionale et l'Afrique. Il ressemble à un énorme chat; mais il est susceptible d'éducation

Guépard (Felis jubata).

comme le chien. Sa robe, d'un jaune fauve léger, est couverte de taches rondes et noires. il mesure un mètre de long. Il possède la force, la souplesse et la puissante mâchoire des chats; mais il n'a pas leurs griffes aiguës, ni leur caractère féroce; son poil est frisé comme celui du chien. On l'appelle aussi *chetah.*

GUÊPE s. f. [ghê-pe] (lat. *vespa*). Entom Genre d'hyménoptères, type de la famille des vespiens, et comprenant des espèces d'insectes qui se réunissent en sociétés nombreuses, composées de mâles, de femelles et de neutres ou mulets. — Fig. UNE TAILLE DE GUÊPE, une taille extrêmement fine. — PROV. OU LA GUÊPE A PASSÉ, LE MOUCHERON DEMEURE, les gens faibles et pauvres ne doivent point essayer d'imiter ceux qui ont de la force ou des richesses. — ENCYCL. Les mœurs des guêpes offrent la plus grande analogie avec celles des abeilles; mais les guêpes se distinguent de ces dernières surtout par la forme plus svelte, plus élancée de leur corps, et par quelques particularités de leurs mœurs.

Chez les guêpes, la femelle commence seule le nid, ou guépier, qu'elle place dans la terre, à l'air libre, dans les vieux troncs d'arbres ou sous les toits des greniers non fréquentés;

Guêpe commune (Vespa vulgaris).

elle y pond ses œufs, d'où sortent des mulets, qui l'aident à agrandir le guépier, ainsi qu'à élever les petits qui éclosent ensuite. Vers l'automne, paraissent les jeunes mâles et les jeunes femelles. Presque toute la colonie périt en hiver; quelques femelles survivent seules et deviennent, au printemps, les fondatrices d'une nouvelle colonie. Les guêpes ne font point de miel; elles se nourrissent d'insectes, de viande, de miel, de substances sucrées ou de fruits, et alimentent leurs larves de l'extrait de ces substances. Femelles et neutres sont armées d'aiguillons, dont elles font usage à la moindre provocation et dont les piqûres sont plus dangereuses que celles de l'abeille. On distingue, entre autres espèces: la *guêpe cartonnière* (*vespa nidulans*), petite, d'un noir soyeux, avec des taches jaunes, et le bord postérieur des anneaux de l'abdomen de la même couleur. Elle suspend par un anneau aux branches d'arbres son nid, composé d'un carton très fin, assez solide pour défier l'ardeur du soleil et l'effet destructeur des pluies; 2° la *guêpe frelon* (*vespa crabo*), voy. FRELON ; 3° la *guêpe commune* (*vespa vulgaris*),

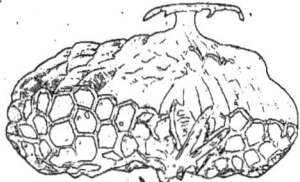

Guêpe cartonnière (Vespa nidulans).

noire, variée de jaune vif, elle fait sou nid dans la terre; elle recherche avec avidité le miel, le sucre et les fruits murs; elle se rend quelquefois redoutable par les dégâts qu'elle cause dans nos jardins fruitiers; mais comme elle ne dédaigne pas la viande, on lui abandonne souvent des foies pour l'attirer dans les lieux infestés de mouches bleues; 4° la *guêpe rousse* ou *guêpe des arbustes* (*vespa gallica*), plus petite que la guêpe commune; elle a l'abdomen roussâtre avec des bandes circulaires brunâtres. Son guêpier, composé de 20 ou 30 cellules, est ordinairement fixé sur une branche d'arbuste.

* **GUÊPIER** s. m. Lieu où les guêpes construisent des gâteaux et des alvéoles qui forment un groupe revêtu d'une enveloppe en tout ou en partie. — TOMBER, DONNER DANS LE GUÊPIER, DANS UN GUÊPIER, se trouver, sans le vouloir, au milieu de gens dont on n'a que de mauvais traitements à attendre. SE METTRE LA TÊTE DANS LE GUÊPIER, s'engager dans une affaire où l'on court risque d'être dupé. On dit dans un sens analogue : *ne vous engagez pas dans cette affaire, c'est un guêpier*.

- **GUÊPIER** s. m. Ornith. Genre de passereaux syndactiles, dont les espèces se nourrissent d'insectes et surtout de guêpes et d'abeilles. Le *guêpier commun* (*merops apiaster*)

Guêpier commun (Merops apiaster).

habite le midi de l'Europe, particulièrement les rives du Don et du Volga. C'est un magnifique oiseau à dos fauve; son front, son ventre sont bleus; sa gorge jaune est entourée de noir. Il fait son nid dans des trous profonds de 1 m. 50, qu'il creuse le long des berges sablonneuses; la femelle y dépose 6 ou 7 œufs presque ronds. D'autres espèces se trouvent en Afrique, en Asie et dans l'archipel Indien. Une des plus belles espèces africaines est le guêpier-loup (*melittotheres Nubi-*

cus), oiseau dont le brillant plumage combine le rouge profond, le rose œillet, le vert

Guêpier-loup (Melittotheres Nubicus).

bleuâtre et le noir. Il habite l'Afrique orientale.

GUER, ch.-l. de cant., arr. et à 26 kil. E. de Ploërmel (Morbihan) ; 3,400 hab. Aux environs, magnaneries et culture du mûrier.

GUÉRANDE, ch.-l. de cant., arr. de Saint-Nazaire (Loire-Inf.), et à 6 kil. de la mer, par 47° 19' 44'' lat. N. et 4° 46' 2'' long. O., 6,800 hab. Conserves alimentaires, vins, marais salants. Filatures de lin et de coton. Courses renommées. — Cette ville fut fondée au VIe siècle, fortifiée par Jean V de Bretagne en 1431, prise par Louis d'Espagne en 1342, par du Guesclin en 1373, assiégée vainement par Olivier de Clisson en 1379 et par le maréchal de Rieux en 1489. Ce fut dans l'église Saint-Aubin à Guérande que fut proclamé, en 1435, le *traité de Guérande*, qui mit fin à la guerre de la succession de Bretagne, et par lequel Jeanne de Penthièvre, veuve de Charles de Blois, renonça au duché de Bretagne. — Guérande était jadis un port de mer; elle est entourée de murailles massives flanquées de tours. Ses marais salants produisent annuellement plus de 80,000 tonnes de sel.

GUÉRANGER (DOM Prosper), abbé de Solesme, né au Mans en 1806, mort en février 1875; auteur d'ouvrages d'histoire ecclésiastique et de philosophie religieuse; fondateur de l'abbaye de Solesme (1833); restaurateur des bénédictins en France.

GUERAZZI. Voy. GUERRAZZI.

GUERCHE (La), ch.-l. de cant., arr. et à 21 kil. S. de Vitré (Ille-et-Vilaine) ; 4,800 hab. Marrons et beurre.

GUERCHE-SUR-L'AUBOIS (La), ch.-l. de cant., arr. et à 51 kil. N.-E. de Saint-Amand-Montrond (Cher); 3,500 hab.

GUERCINO ou Le Guerchin [gouèr-tchi'-no], Giovanni-Francesco BARBIERI, peintre italien, né en 1590, mort en 1666. Dans son enfance, un accident le priva de l'usage de l'œil droit, d'où son nom Guercino (petit louche). Les premières et rares peintures de sa jeunesse sont composées sous l'influence du genre de Caravage. En étudiant d'autres écoles, il forma son second style, dont les plus beaux spécimens sont les fresques du dôme de la cathédrale de Piacenza. Son troisième style, imitation frappante de celui du Guide, est faible et languissant. Ses travaux comprennent 106 tableaux d'autel, 144 grandes compositions, un nombre immense de Madones, de portraits, de paysages, et de nombreux dessins. Il fonda une école à Cento, sa ville natale, près de Ferrare; cette école fut florissante pendant un grand nombre d'années.

* **GUERDON** s. m. [ghèr-don] (bas lat. *widerdonum*). Loyer, salaire, récompense.

Aucun labeur n'y manque de *guerdon*.
LA FONTAINE.

* **GUERDONNER** v. a. Récompenser.

* **GUÈRE** ou guères (anc. all. *garo*, beaucoup). On n'écrit *Guères* que dans les vers. Adverbe qui s'emploie toujours avec la négative, et qui signifie, pas beaucoup, peu : *il n'y a guère de gens tout à fait désintéressés*. — S'emploie quelquefois dans le sens de presque point; et alors il est toujours suivi de *que* : *je ne vois guère que lui qui soit capable de faire cela*.

* **GUÉRET** s. m. Terre labourée et non ensemencée.

Le chardon importun hérissa nos *guérets*.
BOILEAU.

— Se dit quelquefois, en poésie, de toutes les terres propres à porter des grains, qu'elles soient ensemencées ou qu'elles ne le soient pas : *des guérets couverts d'abondantes moissons*.

GUÉRET [ghè-rè] (anc. *Garaetum*), ch.-l. du départ. de la Creuse, à 330 kil. S. de Paris, près de la Gartempe, affluent de la Creuse, par 46° 10' 17'' lat. N. et 0° 28' 9'' long. O.; 5,830 hab. Pépinière départementale, carrières de pierre de taille. Peignes, noir de fumée, boutons, potasse, eaux-de-vie. Tanneries, corroieries, etc. Belle église romane; château. — Cette ville se forma autour d'un couvent fondé, au commencement du VIIIe siècle par saint Pardoux. Elle devint la résidence des comtes de la Marche et obtint une charte de commune en 1406.

GUÉRETER v. a. Mettre en guérets, labourer.

GUÉRICKE (Otto von), physicien allemand, né en 1602, mort en 1686. Il fut, pendant 35 ans, bourgmestre de Magdebourg. Il est connu principalement comme inventeur, en 1650, de la machine pneumatique, perfectionnée plus tard par Robert Boyle. Il fut l'un des premiers astronomes qui soutinrent que l'époque du retour des comètes peut être calculée. Il a aussi inventé une balance pour peser l'air et a démontré la force de la compression de l'air par l'expérience des hémisphères dits de Magdebourg. Ses principales observations ont été publiées sous ce titre : *Experimenta nova, ut vocant, Magdeburgica*, etc. (Amsterd., 1672, in-fol.)

* **GUÉRIDON** s. m. Sorte de meuble qui n'a qu'un pied, et qui sert principalement à soutenir des chandeliers, des flambeaux : *un guéridon de bois*.

* **GUÉRILLA** s. f. [ll mll.] (mot esp.). Troupe espagnole combattant en tirailleurs. — Par anal. Corps franc, bande de partisans : *les guérillas firent plus de mal à l'ennemi que l'armée régulière*.

GUÉRILLERO s. m. Soldat faisant partie d'une guérilla : *des guérilleros*.

GUÉRIN (Jean-Baptiste-Paulin), peintre, né à Toulon en 1783, mort en 1855. Domestique de l'atelier de Gérard, il peignit en secret *Cain après la mort d'Abel*, grande toile qui fut achetée par le gouvernement. Il donna ensuite des portraits, des sujets mythologiques, des tableaux religieux, tels que la *Descente de Croix*, qui fut offerte à la cathédrale de Baltimore par Louis XVIII, et *Adam et Eve chassés du Paradis terrestre*, l'un des chefs-d'œuvre de l'école française.

GUÉRIN-MÉNEVILLE (Félix-Édouard), naturaliste, né à Toulon en 1799, mort en 1874. Il fut professeur d'entomologie au collège de France et inspecteur général des magnaneries. Ses ouvrages comprennent : *Iconographie du règne animal de M. le baron Cuvier* (7 vol.,

1830'-44) et *Magasins de zoologie, d'anatomie comparée et de paléontologie* (26 vol. 1831-44).

* **GUÉRIR** v. a. [ghé-rir] (anc. haut all. *warjan*, défendre, protéger). Délivrer de maladie, faire revenir en santé, redonner la santé : *ce médecin l'a guéri d'un mal qui paraissait incurable.* — Se dit aussi en parlant des maux, des maladies : *guérir la fièvre.* — Absol. *L'art de guérir.* — C'EST UN SAINT QUI NE GUÉRIT DE RIEN, se dit d'un homme qui a peu de mérite ou peu de crédit, qui ne peut être d'aucun secours. — CELA NE ME GUÉRIRA DE RIEN, cela ne me servira de rien. On dit de même : *de quoi guérira, de quoi me guérira cela ?* — MÉDECIN, GUÉRIS-TOI TOI-MÊME, cette phrase, prise figurément, signifie, gardez pour vous-même les avis que vous donnez aux autres ; — v. n. Recouvrer la santé : *il est malade, mais il en guérira.* — Se dit quelquefois des maux, et des parties affectées de quelque mal : *sa blessure guérit.* — Se dit fig., soit comme v. a., soit comme v. pr. ou n., en parlant des maux du cœur, de l'esprit ou de l'imagination, tels que les afflictions, les passions, les vices, les travers, etc : *il est difficile de guérir un esprit si malade.* — Se guérir v. pr. Revenir à la santé, se délivrer de la maladie.

* **GUÉRISON** s. f. [ghé-ri-zon]. Recouvrement de la santé : *guérison entière, parfaite, imparfaite.* — Se dit aussi en parlant des maux, des maladies, qui guérissent naturellement ou avec le secours de l'art : *la guérison de ces sortes de maux, de maladies est lente, est difficile.*

* **GUÉRISSABLE** adj. Qu'on peut guérir, qui n'est pas incurable : *ce mal est guérissable.*

* **GUÉRISSEUR** s. m. Qui guérit, qui fait profession de guérir. Ne se dit guère qu'en mauvaise part d'un médecin peu instruit, d'un empirique : *ce malade avait foi aux guérisseurs.*

* **GUÉRITE** s. f. (all. *warten*, guetter). Petite loge de bois ou de maçonnerie, petit réduit où une sentinelle se met à couvert contre les injures du temps : *un boulet de canon donna dans la guérite, et tua la sentinelle.* — GAGNER LA GUÉRITE, s'enfuir. — Se dit aussi de certains petits cabinets ouverts de tous côtés, qu'on fait quelquefois au haut des maisons, pour y prendre l'air, et découvrir de loin : *il a fait faire une petite guérite au haut de sa maison.*

GUERNESEY, anc. *Samia;* angl. Guernsey [gheurn'-zî], la plus occidentale des îles Normandes, appartenant à la Grande-Bretagne, à 38 kil. de la France et à 85 kil. de l'Angleterre ; 67 kil. carr. ; 30,593 hab. Surface basse et unie vers le N., mais montagneuse vers le S. Excellents ports. Climat variable, mais tempéré et salubre. Sol fertile ; agriculture généralement en retard. Les principales productions sont : le blé, l'orge, l'avoine, le sarrasin, les pommes de terre, les fruits, le cidre, le vin, le beurre et les bestiaux. On exporte le granit, les pommes, le cidre et le vin. Les habitants parlent un dialecte du normand-français. Un lieutenant gouverneur représente le souverain dans l'assemblée des états (corps législatif composé de 32 membres). Capitale, Saint-Pierre-Port.

GUÉRONNIÈRE (Louis-Etienne-Arthur, VICOMTE DE LA), journaliste, né à Poitiers en 1816, mort en déc. 1875 ; fut secrétaire de Lamartine ; entra au Conseil d'État sous l'Empire, puis au Sénat, il était ambassadeur à Constantinople au moment où éclata la guerre de 1870.

GUÉROULT (Adolphe) [ghé-rou], journaliste, né à Radepont (Eure) en 1810, mort en 1872 ; fut successivement saint-simonien, correspondant du *Journal des Débats* en Espagne et en Italie, consul à Mazatlan (1842-'47)

et à Jassy (1847-'48), sous-chef du *Crédit mobilier*, membre du Corps législatif (1863-'49) et principal rédacteur de l'*Opinion nationale*, journal qu'il avait fondé en 1859. Il exerça une grande influence en faveur de la prétendue démocratie impérialiste et fut un ardent adversaire de l'ultramontanisme.

GUERRAZZI (Francesco Domenico) [gouèrrât'-si], auteur italien, né à Livourne en 1805, mort en 1873. Après avoir été emprisonné deux fois comme révolutionnaire, il se rendit à Florence où il devint un célèbre avocat. En 1848, il fonda un journal républicain, fut député et ministre de l'intérieur. En mars 1849, il fut nommé chef du gouvernement provisoire renversé en avril. Jeté en prison jusqu'en juillet 1853, il fut ensuite banni et retourna en Toscane en 1859. Il entra bientôt au parlement italien. Il a laissé un drame, *I Bianchi ed i Neri*, et plusieurs romans historiques, parmi lesquels *L'Assedio di Firenze, Isabella Orsini, Beatrice Cenci*, et *Pasquale Paoli.*

* **GUERRE** s. f. (bas lat. *guerra;* de l'all. *wehr*, défense). Querelle, différend entre deux princes ou deux nations, qui se vide par la voie des armes ; action d'un prince, d'un peuple qui en attaque un autre, ou qui résiste à une agression, à une invasion, etc. : *guerre sanglante, juste, injuste, offensive, défensive.* — Art militaire, connaissance des moyens que l'on doit employer pour faire la guerre avec avantage : *savoir bien la guerre.* — GUERRE CIVILE, GUERRE INTESTINE, guerre qui s'allume entre les citoyens d'un même Etat. — GUERRE ÉTRANGÈRE, guerre contre les étrangers. — GUERRES DE RELIGION, celles que les dissensions religieuses allument dans un pays. GUERRE SAINTE, guerre qui s'est faite autrefois entre les infidèles pour reconquérir la terre sainte. — GUERRE A MORT, guerre dans laquelle on ne fait aucun quartier. On dit à peu près de même, *Guerre d'extermination, guerre à outrance.* — PETITE GUERRE, celle qui se fait par détachements ou par partis, dans le dessein d'observer les démarches de l'ennemi, de l'incommoder, de le harceler. Se dit aussi d'un simulacre de guerre, dans lequel des corps d'une même armée manœuvrent et feignent de combattre les uns contre les autres, en tirant seulement à poudre. — OBTENIR LES HONNEURS DE LA GUERRE, se dit d'une garnison assiégée qui sort assez forcée, avant de quitter la place, d'y laisser ses armes. — FOUDRE DE GUERRE, grand homme de guerre qui a remporté plusieurs victoires et donné des preuves d'une valeur extraordinaire. — FAIRE BONNE GUERRE, garder dans la guerre toute l'humanité et toute l'honnêteté que les lois de la guerre permettent. — FAIRE BONNE GUERRE A QUELQU'UN, en user honnêtement et sans supercherie dans la discussion des intérêts qu'on a à démêler avec lui, quoiqu'on le poursuive vivement. — CELA EST DE BONNE GUERRE, cela est conforme aux lois et aux usages de la guerre. Se dit fig. en parlant de toutes les actions de la vie civile où l'on prend des avantages, sans blesser aucune des bienséances et des règles que l'honnêteté prescrit : *usez hardiment de ce moyen, il est de bonne guerre.* — FAIRE LA GUERRE AVEC QUELQU'UN, servir avec lui en temps de guerre dans les armées du même souverain, de la même nation, du même parti. — NOM DE GUERRE, nom que chaque soldat prenait autrefois en s'enrôlant, tel que, *la Tulipe, Sans-quartier,* etc. Se dit quelquefois, fig., d'un nom supposé que l'on prend pour n'être pas connu. Il se dit aussi d'un sobriquet donné à quelqu'un par plaisanterie. — LA GUERRE NOURRIT LA GUERRE, ce qu'on prend sur les ennemis sert à entretenir les armées. — GUERRE ET PITIÉ NE S'ACCORDENT PAS ENSEMBLE, ordinairement, à la guerre, on n'a pas de pitié, et il serait quelquefois dangereux d'en avoir. — A LA GUERRE COMME A LA GUERRE, il faut s'accommo-

der au temps où l'on est, quelque fâcheux qu'il puisse être. — Par ext., tant au propre qu'au figuré. Toute espèce de débat, de démêlé, d'attaque, de lutte : *cet homme est toujours en guerre avec ses voisins.* — QUI TERRE A, GUERRE A, qui a du bien, est sujet à avoir des procès. — FAIRE LA GUERRE A QUELQU'UN, lui faire souvent des réprimandes sur quelque chose : *il conserve toujours l'accent de sa province, faites-lui-en un peu la guerre.* — FAIRE LA GUERRE AUX MOTS, critiquer minutieusement le style et les mots dans un ouvrage d'esprit. — FAIRE LA GUERRE A L'ŒIL, observer avec soin toutes les démarches de ceux avec qui on a quelque chose à démêler, afin de profiter des conjonctures — FAIRE QUELQUE CHOSE DE GUERRE LASSE, le faire après avoir longtemps résisté : *je lui ai cédé de guerre lasse.* — FAIRE LA GUERRE AUX HABITANTS DE L'AIR, DES FORÊTS, etc., chasser. — Se dit aussi en parlant des bêtes qui en attaquent d'autres pour en faire leur proie : *le loup fait la guerre aux brebis.* — Jeu qui se joue sur un billard.

GUERRERO [ghèr-rè'-ro] I. Etat du Mexique, borné par le Pacifique et par les états de Michoacan, du Mexique, de Puebla et d'Oajaca : 66,477 kil. carr. ; 308,746 hab. la plupart Indiens. Il est traversé de l'E. à l'O. par les Cordillières de la Sierra Madre, qui a de nombreuses ramifications. Il y a quelques vallées de peu d'étendue. La rivière principale est le Rio de las Balsas. L'argent est le minéral le plus important. On y trouve aussi des mines d'or, de cinabre, de plomb, de soufre, de salpêtre, de couperose et d'anthracite. Le climat, généralement malsain, varie de l'extrême froid à l'extrême chaleur, suivant l'élévation. Sol très fertile ; végétation forestière riche et variée. Maïs, légumes, coton, canne à sucre, café, cacao, yuca, tabac, cochenille et indigo. Exportation de cochenille, d'indigo, de cacao, de laine et de peaux. Acapulco est le principal port. — II. Autrefois Tixtla ou Tixtlan, capitale de l'état ci-dessus, dans une gorge étroite entre deux montagnes de la Sierra Madre, à 200 kil. S.-O. de Mexico ; 6,500 hab.

GUERRERO (Vicente), président de la république Mexicaine, né vers 1770, mort le 14 février 1831. Mulâtre et ancien esclave, il devint le principal général des patriotes, lors du soulèvement pour l'indépendance. En 1827, il éprouva un échec comme candidat à la présidence ; ses partisans, les démocrates, alléguant qu'il y avait eu fraude, se soulevèrent en 1829, il prit possession de la présidence. Le 15 sept., il publia une proclamation qui abolissait l'esclavage. En 1830, il fut nommé dictateur, à cause d'une invasion des Espagnols. Après la défaite de ceux-ci, Bustamente et Santa-Anna se révoltèrent contre lui. Guerrero leur fut traîtreusement livré et ils le firent fusiller, après un simulacre de jugement.

* **GUERRIER, IÈRE** adj. Qui appartient à la guerre : *actions guerrières.* — Qui est porté, qui est propre à faire la guerre : *humeur guerrière.* — AVOIR L'AIR GUERRIER, LA MINE GUERRIÈRE, avoir l'air, le maintien, la contenance d'un homme de guerre. — s. Celui qui fait la guerre, qui s'y plaît : *c'est un grand guerrier.* S'emploie de même quelquefois au féminin : *une vaillante guerrière.* — Se dit souvent, dans le style soutenu, pour soldat : *il rassemble autour de lui ses guerriers.*

* **GUERROYANT, ANTE** adj. [ghè-roi-iàn]. Qui aime à guerroyer. Ne s'emploie guère que dans cette expression figurée et familière, HUMEUR GUERROYANTE, disposition à quereller, à disputer sans cesse.

* **GUERROYER** v. n. [gùe-roi-ié]. Faire la guerre : *aimer à guerroyer.* (Fam.)

* **GUERROYEUR** s. m. Celui qui se plaît à faire la guerre. (Fam.)

GUESCLIN, Voy. Du Guesclin.

GUESS (George ou Sequoyah) [ghèss], Indien cherokee demi-sang, inventeur de l'alphabet cherokee, né vers 1770, mort en 1843. Il fut fermier et orfèvre en Géorgie, et ne parla jamais que la langue cherokee. En 1826, il inventa pour cette langue un alphabet syllabique, qui consiste en 85 caractères, représentant chacun un seul son. C'est probablement le plus parfait des alphabets connus. Bientôt furent imprimés en cherokee un journal et une partie du Nouveau Testament. Guess émigra avec sa tribu au delà du Missisipi; en 1842, il se rendit au Mexique avec d'autres Indiens.

* **GUET** s. m. [ghè] (anc. haut all. *wahta*, veille). Action par laquelle on observe, on épie ce qui se passe, ce qui se fait :

Ainsi raisonnait notre lièvre;
Et cependant faisait le *guet*.
LA FONTAINE.

— Se dit en parlant de quelques animaux : *ce chat est au guet d'une souris*. — Particul. Surveillance qu'on exerce, pendant la nuit, dans une place de guerre, pour prévenir les surprises de l'ennemi, ou dans une ville quelconque, pour maintenir le bon ordre, etc. : *dans cette ville, ce sont les bourgeois qui font le guet*. (Vieux.) — DROIT DE GUET ET GARDE, droit qu'avaient certains seigneurs de faire garder leurs châteaux ou leurs villes par leurs vassaux. — Autref. Soldat placé en sentinelle pour faire le guet : *asseoir le guet*. — Troupe chargée de faire le guet ou la ronde pendant la nuit : *guet à pied, guet à cheval*. — MOT DU GUET, mot donné à ceux qui font le guet, afin que les gens du même parti se puissent reconnaître. — ILS SE SONT DONNÉ LE MOT DU GUET, ils sont de concert et d'intelligence ensemble. — Détachement des gardes du corps qui demeurait, la nuit, près de la personne du roi pour le garder.

GUÉTABLE adj. Soumis au droit de guet dans un château : *vassal guétable*.

* **GUET-APENS** s. m. [ghè-ta-pan] (vieux fr. *apensé*, prémédité). Embûche dressée pour assassiner quelqu'un, ou pour lui faire quelque grand outrage : *ce n'est point une rencontre ni un duel, c'est un guet-apens*. — Fig. Tout dessein prémédité de nuire : *c'est une affaire qu'il m'a faite de guet-apens*. — Législ. « Le guet-apens consiste à attendre plus ou moins longtemps, dans un ou divers lieux, un individu, soit pour lui donner la mort, soit pour exercer sur lui des actes de violence (C. pén. 298). Le guet-apens est considéré par la loi pénale comme une circonstance aggravante, dans les cas suivants : lorsque des coups ont été portés à l'un des dépositaires de l'autorité ou de la force publique (id. 232); lorsqu'un meurtre a été commis (id. 296); et lorsqu'il y a eu des blessures données, des coups volontaires, des violences ou voies de fait (id. 340, 341). Tout meurtre commis avec guet-apens est qualifié assassinat et puni de mort (id. 296, 302). » (CH. Y.)

* **GUÊTRÉ, ÉE** part. passé de GUÊTRER. — Iron. JUGE GUÊTRÉ, juge de village qui porte des guêtres. Cette locution est maintenant peu usitée.

* **GUÊTRE** s. f. (bas bret. *gweltren*). Sorte de chaussure qui sert à couvrir la jambe et le dessus du soulier, et qui se ferme ordinairement sur le côté avec des boutons : *guêtre de grosse toile, de cuir, de drap*, etc. — TIRER SES GUÊTRES, s'en aller. — LAISSER SES GUÊTRES QUELQUE PART, y mourir.

* **GUÊTRER** v. a. Mettre des guêtres à quelqu'un. — Se guêtrer v. pr. Mettre des guêtres.

GUÊTRIER s. m. Ouvrier qui fait ou qui vend des guêtres.

GUETTE s. f. Action de guetter : *ce chien*

est de bonne guette. — Tour d'un château féodal, dans laquelle se tenait le soldat chargé de faire le guet.

* **GUETTER** v. a. Epier, observer à dessein de surprendre, de nuire : *les voleurs guettent les passants*. — Fig. et fam. Attendre quelqu'un à un endroit où il ne croit pas qu'on le cherche, ou l'attendre simplement à un endroit où il doit passer : *je guette ici le ministre pour lui présenter ma pétition*.—GUETTER L'OCCASION DE FAIRE UNE CHOSE, se tenir prêt à saisir l'occasion de faire une chose. On dit de même, *guetter le moment, l'instant favorable*, etc.

* **GUETTEUR** s. m. Mar. Nom que l'on donne aux hommes placés sur des hauteurs le long des côtes, pour signaler les bâtiments qui paraissent au large, leurs manœuvres, etc. — Se disait anciennement d'un homme qui se tenait dans le beffroi d'une ville pour annoncer, par le son d'une cloche, l'arrivée d'une troupe ennemie, un incendie, etc.

GUEUGNON, ch.-l. de cant., arr. et à 34 kil. N.-O. de Charolles (Saône-et-Loire); 3,000 hab. Forges, hauts fourneaux, tuileries.

* **GUEULARD, ARDE** s. Celui, celle qui a l'habitude de parler beaucoup et fort haut : *c'est un franc gueulard*. (Pop.) — Celui, celle qui pousse la gourmandise à l'excès. — s. m. Partie supérieure d'un haut fourneau, par laquelle se fait le chargement des matières que l'on veut traiter.

* **GUEULE** s. f. (lat. *gula*). Bouche, dans la plupart des quadrupèdes carnassiers et des poissons : *la gueule d'un chien, d'un loup, d'un lion, d'un crocodile, d'un requin*, etc.—METTRE, LAISSER QUELQU'UN A LA GUEULE DU LOUP, exposer, abandonner quelqu'un à un péril certain. — EN UN TOUR DE GUEULE, se dit d'un animal qui mange quelque chose avec promptitude et voracité. — Se dit quelquefois, pop. et par mépris, en parlant des personnes : *il a une vilaine gueule*. — VENIR LA GUEULE ENFARINÉE, venir inconsidérément et avec une sotte confiance. — DONNER SUR LA GUEULE A QUELQU'UN, LUI PAUMER LA GUEULE, lui donner un soufflet, lui donner un coup de poing sur le visage. — IL A TOUJOURS LA GUEULE OUVERTE, se dit d'un homme qui est grand crieur. — IL A LA GUEULE MORTE, se dit d'un médisant, d'un fanfaron d'un grand parleur qui se trouve réduit au silence. — LA GUEULE DU JUGE EN PÉTERA, IL FAUT QUE LA GUEULE DU JUGE EN PÈTE, se dit lorsque, dans une affaire, on ne veut point d'accommodement, et qu'on veut qu'elle soit jugée. — IL N'A QUE DE LA GUEULE, c'est un grand hâbleur.—ETRE FORT EN GUEULE, parler beaucoup, avoir la répartie prompte et peu mesurée.

Très jolie,
Peu polie,
Possédant un gros magot,
Pas bégueule,
Forte en *gueule*,
Telle était madame Angot.
CLAIRVILLE, SIRAUDIN et KONING.
*La Fille de M*ᵐᵉ *Angot.*

— IL A LA GUEULE FERRÉE, C'EST UNE GUEULE FERRÉE, se dit d'un homme qui a souvent l'injure à la bouche, qui est dur en paroles. Se dit aussi de celui qui mange avidement des mets très chauds. Dans ce dernier sens, on dit également, *avoir la gueule pavée*. — MORS DE GUEULE, paroles sales, déshonnêtes. — GUEULE FRAICEE, se dit d'une personne de bon appétit et toujours prête à manger. — Ouverture de plusieurs choses : *la gueule d'un four; la gueule d'une cruche*. — FUTAILLE A GUEULE BÉE, tonneau vide défoncé par un des bouts.—Bot. FLEUR, COROLLE EN GUEULE, se dit quelquefois d'une fleur, d'une corolle labiée.

* **GUEULE-DE-LOUP** s. f. Nom vulgaire de la plante appelée MUFLIER.

* **GUEULÉE** s. f. Grosse bouchée ou goulée

ce qui tient dans la bouche d'une personne, d'un animal, etc. — Paroles sales, déshonnêtes : *il a dit beaucoup de gueulées*. (Bas.)

* **GUEULER** v. n. Parler beaucoup et fort haut; ou se plaindre en criant :*cet avocat ne dit rien qui vaille, il ne fait que gueuler*. (Bas.) — v. a. Chasse. Se dit d'un lévrier qui saisit bien le lièvre avec sa gueule : *ce chien gueule très bien son lièvre*.

* **GUEULES** s. m. (pers. *ghul*, rose). Blason. La couleur rouge : *dans la gravure, le gueules se marque par une suite de lignes parallèles et verticales*.

GUEULETON s. m. Grand gala, ripaille.

GUEULETONNER v. n. Faire un gueuleton.

* **GUEUSAILLE** s. f. [gheu-za-ieu ; ll mll.]. Canaille, multitude de gueux : *voilà bien de la gueusaille*. (Pop.)

* **GUEUSAILLER** v. n. Faire métier de gueuser : *il s'amuse à gueusailler*. (Pop.)

* **GUEUSANT, ANTE** adj. Qui gueuse actuellement. Ne s'emploie que dans ces phrases familières, qui ont vieilli : *c'est un gueux gueusant*.

GUEUSARD s. m. Gueux, coquin.

* **GUEUSE** s. f. Pièce de fer fondu, qui n'est point encore purifiée : *couler la gueuse*. — Mar. Particul. Morceau de fonte de fer destiné à lester un navire.

* **GUEUSER** v. n. Mendier; faire métier de demander l'aumône : *il s'est mis à gueuser*. — v. a. : *gueuser son pain*. (Fam.)

* **GUEUSERIE** s. f. Indigence, misère, pauvreté : *il y a bien de la gueuserie dans cette province, dans cette maison*. — Particul. Mendicité : *être adonné à la gueuserie*. — Fig. chose vile et de peu de prix : *on disait qu'il y avait de beaux meubles à cette vente, mais ce n'est que de la gueuserie*.

GUEUSET s. m. Métall. Petite gueuse.

* **GUEUX, EUSE** adj. (lat. *coquus*, cuisinier; vieux fr. *queux*, cuisinier). Indigent, nécessiteux, qui est réduit à mendier : *ces gens-là sont si gueux, qu'ils n'ont point de pain*. — Il marque plus de mépris que de pitié. — ETRE GUEUX COMME UN PEINTRE, ÊTRE GUEUX COMME UN RAT D'ÉGLISE, COMME UN RAT, être fort pauvre. — Archit. CETTE CORNICHE EST GUEUSE, elle est trop dénuée d'ornements. — Se dit d'une personne qui n'a pas de quoi vivre selon son état, selon ses désirs : *pour un homme de sa condition, il est bien gueux* On dit dans un sens analogue : *cet homme a un équipage bien gueux, fort gueux*. — UN AVARE EST TOUJOURS GUEUX, un avare se refuse jusqu'au nécessaire. — s. Celui qui demande l'aumône, qui fait le métier de quémander : *c'est un vrai gueux, un gueux fieffé*. Fam. UN GUEUX REVÊTU, se dit d'un homme de rien qui a fait fortune, et qui en est devenu arrogant. — Coquin, fripon : *ne vous fiez pas à cet homme-là, c'est un gueux*. — s. f. Mendiante ; se dit quelquefois, bassement, d'une femme de mauvaise vie : *c'est une gueuse, une vieille gueuse*. — Hist. Nom adopté par Brederode (voy. ce mot) pour désigner les confédérés des Pays-Bas. soulevés contre l'Inquisition en 1566. Chassés des villes, les révoltés devinrent gueux des bois, et commirent des déprédations dans les églises. Le duc d'Albe les attira dans un piège, à Austrawell, près d'Anvers, et les extermina, grâce à la trahison de Guillaume d'Orange. Mais ce dernier, abandonnant presque aussitôt le parti espagnol, leva les troupes et recommença la guerre des gueux. Vaincu, il s'exila et dirigea les opérations des *gueux de mer*, pirates qui infestaient le commerce espagnol dans la mer du Nord. Les gueux de mer s'étant emparés de la Brille, où ils se fortifièrent, la guerre reprit en Hollande et se termina par la délivrance de ce pays. —

De *geuzen* (gueux), les Espagnols avaient fait *ganzen* (oies), terme de mépris qui désigna longtemps les révoltés.

GUÉVEL s. m. Mamm. Nom populaire de la plus petite espèce d'antilope.

GUFFROY (Armand-Benoit-Joseph), conventionnel montagnard, né près d'Arras en 1740, mort en 1800. Il était avocat à Arras, lorsque ses compatriotes l'envoyèrent à la Convention, où il vota la mort du roi sans sursis ni appel. Il commença, en juillet 1793, la publication du *Rougyff* (anagramme de *Guffroy*), journal qui parut jusqu'au 9 prairial an II et qui luttai, avec le Père Duchesne, de cynisme et d'extravagance. Après le 9 thermidor, Guffroy devint tout à coup un réacteur effréné, aux Cinq-Cents et acclama le coup d'État de brumaire.

GUGGENBÜHL (Louis) [goug-ghènn-bul], médecin et philanthrope suisse, né à Zurich en 1816, mort en 1863. En 1842, il ouvrit un asile pour les crétins à Abendberg, près d'Interlaken. Il a écrit sur le crétinisme et a démontré que cette maladie n'est pas incurable.

* **GUI** s. m. [ghi] (lat. *viscus*). Bot. Genre de plantes parasites qui naissent sur les branches de certains arbres, du poirier, de l'aubépine, du chêne, etc. : *les Gaulois faisaient grand cas du gui de chêne, ils cueillaient le gui de chêne avec beaucoup de cérémonies.* — ⁛ Grande vergue en arc-boutant, sur laquelle s'étend la ralingue de la bordure de la brigantine. On dit aussi BÔME. — Anc. cout. GUI L'AN NEUF, cérémonie de la récolte du gui chez les Gaulois. — A GUI L'AN NEUF ou AU GUI L'AN NEUF, vieille exclamation d'origine druidique que l'on poussait jadis le premier jour de l'an, en

Gui blanc (Viscum album).

souvenir de la coutume gauloise de distribuer le gui ce jour-là. — ENCYCL. Le genre gui appartient à la famille des loranthacées. Il comprend plusieurs espèces de plantes ligneuses toujours vertes, à rameaux articulés, à feuilles épaisses, à fleurs souvent éclatantes. On ne trouve chez nous que deux espèces de ces plantes parasites : 1° le *gui blanc* (*viscum album*) ou *gui des druides*, à fleurs vertes disposées par 5, à fruits globuleux blancs. Il attaque particulièrement le pommier et se rend très nuisible dans les pays à cidre; on le trouve aussi sur d'autres arbres, et rarement sur le chêne. Il était vénéré chez les Celtes. Suivant Pline (liv. XVI, chap. xcv), les druides « n'ont rien de plus sacré que le gui et l'arbre qui le porte, si cet arbre est un chêne : en effet, au milieu de grandes cérémonies religieuses, après lesquelles on immolait deux taureaux blancs, un druide, vêtu d'une robe blanche, montait sur l'arbre, coupait avec une serpe d'or le gui qui était reçu sur un linge blanc, afin qu'il ne touchât pas la terre. Pendant tout ce temps, ils adressaient au dieu des prières pour se le rendre favorable ». Au-

jourd'hui on considère, avec raison, le gui comme un ennemi qu'il faut détruire, parce qu'il pompe la sève des arbres. Voici quel est son mode de propagation. Certains oiseaux, particulièrement les grives, avalent son fruit et rendent dans leur fiente ses petites graines non digérées. Celles-ci germent et, si la fiente a été déposée sur une branche d'arbre, les graines poussent des racines qui s'insinuent dans l'écorce et s'enfoncent dans le liber. Le gui se développe ensuite et devient un petit arbrisseau, divisé presque dès sa base en rameaux nombreux, d'un vert clair un peu jaunâtre. Il est difficile d'arracher ces dangereux parasites sans faire à la branche qui les porte une entaille presque mortelle. Les couper est insuffisant : ils repoussent. L'écorce de gui sert à faire de la glu; on la met macérer pendant 8 ou 10 jours dans l'eau, jusqu'à ce qu'elle ait la consistance d'une bouillie. 2° le *gui de l'oxycèdre* (*viscum oxycedrum*), se distingue par une tige dépourvue de feuilles et par des fleurs mâles et femelles, disposées par 3, les unes au sommet des rameaux, les autres aux articulations. Cette espèce se rencontre souvent sur les branches du genévrier oxycèdre.

GUI D'AREZZO (Guido ou GUIDO D'AREZZO), moine bénédictin de l'abbaye de Pomposa (duché de Ferrare), né à Arezzo vers la fin du Xᵉ siècle, mort après 1030. Désireux de simplifier et de faciliter la notation musicale, il imagina un nouveau système de solmisation par les hexacordes, système qui remplaça les tétracordes grecs et les heptacordes grégoriens. On lui attribue l'invention de la gamme. Il a exposé la première méthode d'enseignement musical dans son *Micrologue*. Ses écrits sur la musique ont été insérés dans les *Scriptores ecclesiastici de musica sacra*, de Gerbert (1784, 3 vol. in-8°).

GUIB s. m. Mamm. Nom vulgaire d'une espèce d'antilope du Sénégal.

GUIBERT, antilope. Voy. CLÉMENT III.

GUIBERT (Jacques-Antoine-Hippolyte, COMTE DE), général et académicien, né à Montauban en 1743, mort en 1790. Son *Essai de tactique générale* (1772, 2 vol. in-4°) fait encore autorité. Il a laissé des éloges de *Catinat* (1775) et de l'*Hôpital* (1777), des tragédies, etc. Ses *Œuvres militaires*, beaucoup plus remarquables que ses productions littéraires, ont été publiées à Paris en 1803 (5 vol. in-8°).

GUIBOLE s. f. [ghi-bo-le] (rad. *gigue*). Jargon. Jambe : *jouer des guiboles*.

GUIBRAY, faubourg de FALAISE. Voy. ce mot.

GUIBRE s. f. Mar. [ghi-bre] (altérat. du mot *guivre*). Charpente qui est placée en saillie sur l'avant de l'étrave d'un grand bâtiment : *la guibre, aussi nommée* ÉPERON, *consolide le mât de beaupré.*

GUICCIARDINI (Francesco) [gouit-char-di'-ni]. Voy. GUICHARDIN.

GUICCIOLI [gouit'-tcho-li], (Teresa, comTESSE). Voy. BYRON.

GUICHARDIN (François) (ital. *Francesco* GUICCIARDINI), historien italien, né à Florence en 1482, mort en 1540. Il enseigna la jurisprudence à Florence, représenta sa patrie auprès de Ferdinand le Catholique, entra ensuite au service du pape comme gouverneur de Modène et Reggio. Sous Clément VII, il mit fin à la lutte entre les Guelfes et les Gibelins dans la Romagne, défendit Parme contre les Français et soumit les révoltés de Bologne. En 1534, il retourna à Florence, favorisa l'élection de Cosmo di Medici comme gouverneur et resta attaché à la personne de ce prince jusqu'au moment où celui-ci prit arbitrairement le titre de duc. Sa célèbre *Histoire d'Italie* a été souvent réimprimée; la meilleure édition est celle de Rosini

(10 vol., Pise, 1819-'20); elle a été traduite en français par Favre (Paris, 1738, 3 vol. in-4°).

GUICHART s. m. [ghi-char]. Petite bande d'étoffe qui retient la robe d'un religieux sur le côté.

GUICHE s. f. [ghi-che]. Ruse. (Vieux.)

GUICHE, village de l'arr. et à 25 kil. de Bayonne (Basses-Pyrénées); 1,600 hab. Il a donné son nom à la famille des comtes de Guiche, branche des Gramont. (Voy. GRAMONT.) Diane d'Andouins, veuve de Philibert de Gramont, comte de Guiche, est bien célèbre sous le nom de *la belle Corisandre.*

GUICHE (La), ch.-l. de cant., arr. et à 23 kil. N.-E. de Charolles (Saône-et-Loire); 900 hab.

GUICHEN, ch.-l. de cant., arr. et à 45 kil. N.-E. de Redon (Ille-et-Vilaine); 3,800 hab. Source ferrugineuse. Château du *Gai-Lieu.*

GUICHEN (Luc-Urbain DU BOUEXIC, *comte de*), marin, né à Fougères en 1712, mort en 1790. Garde de la marine, en 1730, il eut un prompt avancement, devint capitaine en 1756, chef d'escadre en 1778 et lieutenant général en 1779. Envoyé des Antilles avec la flotte de Brest, il soutint plusieurs combats glorieux contre l'amiral anglais Rodney.

GUICHENON (Samuel), érudit historiographe de Savoie et de France, né à Mâcon en 1607, mort en 1664 à Bourg, où il était avocat. Il a laissé une *Hist. de Bresse et de Bugey* (Lyon, 1650, in-fol.; une *Hist. généalog. de la maison de Savoie* (1660, 2 vol. in-fol.), etc.

* **GUICHET** s. m. [ghi-chè]. Petite porte pratiquée dans une grande. N'est guère usité qu'en parlant des petites portes d'une ville, d'une forteresse, d'un château, d'une prison : *la porte de la ville est fermée, mais le guichet est ouvert.* ÊTRE PRIS AU GUICHET, être pris au moment où l'on allait s'évader. — A Paris, GUICHETS DU LOUVRE, portes qui servent de passage aux voitures et au gens de pied sous la galerie. — Portes d'une armoire, d'un buffet : *armoire à quatre guichets, à six guichets.* Dans ce sens, ne s'emploie guère qu'en parlant d'armoire à l'ancienne mode. — Petite ouverture ou fenêtre pratiquée dans une porte, et par laquelle on peut parler à quelqu'un ou lui faire passer quelque chose, sans être obligé d'ouvrir la porte : *il vint me parler au guichet.* — LE GUICHET DU CONFESSIONNAL, petit volet qui se ferme sur la jalousie du confessionnal du côté du confesseur.

* **GUICHETIER** s. m. [ghi-che-tié]. Valet de geôlier, qui ouvre et ferme les guichets, et qui a soin d'empêcher que les prisonniers ne s'évadent : *les guichetiers de la Conciergerie, de la Force*, etc. — Se dit, par ext., de tous les gardiens d'une prison et, en général, de tout homme qui en garde un autre.

GUICOWAR ou **Gaikwar** (ÉTAT DE) [gaï-ko-ouär; gaïk'-ouär) ou BARODA, État tributaire de l'Inde anglaise, dans le Guzarate, province de Bombay. Il comprenait autrefois environ 75,000 kil. carr. autour du golfe de Cutch; mais la ville de Baroda seule est restée sous le gouvernement nominal d'un prince indigène.

* **GUIDE** s. m. (bas lat. *guida*). Celui ou celle qui conduit une personne, et l'accompagne pour lui montrer le chemin : *bon, fidèle, sûr guide.* — Art milit. Personne du pays qui connaît les routes et dirige la marche des détachements. On avait autref. organisé des guides de cette espèce en compagnies : *compagnie de guides.* — Dans les guerres de la République et de l'Empire, on a appelé GUIDES, les compagnies ou des escadrons qui étaient comme les gardes du corps d'un général en chef. — Théor. Homme d'une troupe sur lequel tous les autres doivent régler leurs mouvements dans les évolutions : *guides sans-*

raux. — Fig. Celui ou celle qui donne des instructions pour la conduite de la vie, ou pour celle d'une affaire : *ce jeune homme a besoin d'un guide pour sa conduite et pour ses affaires.* — Se dit également de tout ce qui dirige ou inspire quelqu'un dans ses travaux, dans ses études, dans ses actions, etc. : *ce manuel est un bon guide pour ceux qui ont besoin de pratique.* — Sert aussi de titre à divers ouvrages qui renferment des conseils sur la manière d'accomplir certains devoirs, des instructions sur un art, des renseignements sur un pays, etc. : *le Guide des pêcheurs ; le Guide de l'arpenteur.* Anc., on le faisait féminin dans ce sens : *la Guide des pêcheurs.* — Mécan. Organe établi en vue de diriger le mouvement d'une pièce et d'empêcher qu'elle ne s'écarte de la ligne qu'elle doit parcourir.

* **GUIDE** s. f. Lanière de cuir, espèce de rêne qu'on attache à la bride d'un cheval attelé à une voiture, à un chariot, et qui sert à conduire le cheval : *la guide du côté droit de ce cheval s'est rompue.* — PAYER LES GUIDES, payer au postillon le droit prescrit pour chaque poste. PAYER LES GUIDES DOUBLES, payer le double de ce droit. — Fig. et fam. MENER LA VIE A GRANDES GUIDES, prodiguer sa fortune, sa santé.

GUIDE (Guido Reni [goui'-do-ré-ni] *dit* LE), peintre italien de l'école de Bologne, né en 1575, mort en 1642. Il étudia sous Ludovico Carracci et se rendit à Rome, où son *Martyre de Sainte Cécile* établit sa réputation. Il décora la chapelle privée du palais de Monte Cavallo, retourna à Bologne et peignit la *Massacre des Innocents.* Rappelé par le pape, il exécuta à Rome plusieurs fresques célèbres et des peintures à l'huile. Ensuite, invité à se fixer à Naples, il y avait presque fini la *Nativité*, quand la jalousie des artistes napolitains le fit partir. Ses derniers travaux, exécutés à Bologne, sont généralement très inférieurs à ceux qu'il composa dans sa jeunesse.

GUIDE-ACCORD s. m. Appareil au moyen duquel on accorde mécaniquement les pianos: *des guide-accord.*

* **GUIDE-ÀNE** s. m. Petit livre qui contient des instructions, des règles propres à guider dans un travail, dans l'exercice d'un art, d'une profession, etc. : *il a peu de pratique, il lui faut un guide-âne; des guide-âne* (Fam.)

* **GUIDER** v. a. Accompagner quelqu'un pour lui montrer le chemin : *prenez un homme qui sache les chemins, afin qu'il vous guide.* — Se dit quelquef. des choses qui mettent sur la voie: *l'étoile qui guida les mages.* — S'emploie aussi dans certaines phrases figurées : *guider quelqu'un dans le chemin de la gloire, de la vertu,* etc. — Faire aller, diriger, gouverner : *il sait bien guider un vaisseau.* — Fig. dans le même sens : *c'est lui qui me guide dans cette affaire.* — Se guider v. a. Se diriger : *cet aveugle se guide à l'aide d'un bâton.*

GUIDE-ROPE s. m. (gr. *ropé*, descente). Aérostat. Corde à nœuds destinée à modérer le traînage des ballons contre terre à la descente, et à préparer, en quelque sorte, l'action de l'ancre. *Le guide-rope a été inventé par l'aéronaute anglais Charles Green.* (Voy. AÉROSTAT.)

GUIDI (Tommaso) [goui'-di]. Voy. MASACCIO.

GUIDO ARETINO. Voy. ARÉTIN.

GUIDO EGINEVRA OU LA PESTE DE FLORENCE, opéra en 5 actes, représenté à Paris (Académie de musique) le 9 mars 1838; musique d'Halévy; paroles de Scribe, d'après un épisode tiré de l'histoire de Florence par Delécluze.

* **GUIDON** s. m. Petit drapeau d'une compagnie : *à partir du XVe siècle, les compagnies*

---

de gendarmes eurent un guidon. — Celui qui porte le guidon : *dans l'ancienne gendarmerie, le guidon avait le titre d'officier.* — Charge de guidon : *guidon de gendarmerie.* — Petit drapeau qui sert pour l'alignement dans les manœuvres de l'infanterie. — Mar. Banderole plus courte et plus large que la flamme, et fendue à son extrémité, qui sert ordinairement à faire des signaux : *arborer un guidon à la tête du grand mât.* — S'est dit autref. dans le sens de guide, en parlant de certains manuels ou traités : *le guidon des finances.* — Mus. Marque que l'on fait au bout d'une ligne, pour indiquer l'endroit où doit être placée la note qui commence la ligne suivante. — GUIDON DE RENVOI, marque, signe que l'on fait en ajoutant quelque chose à un écrit, pour indiquer l'endroit où l'addition doit être placée, et que l'on répète au commencement de cette addition. — w Artill. GUIDON DE MIRE, espèce de pinnule à l'aide de laquelle on pointe une arme à feu.

GUIENNE. Voy. GUYENNE.

GUIERS (Le), rivière qui sépare le dép. de l'Isère de celui de la Savoie et se jette dans le Rhône, à 15 kil. S. de Belley, après un cours de 50 kil.

* **GUIGNARD** s. m. [*gn* mll.]. Hist. nat. Espèce de pluvier de la grosseur d'une merle, bon à manger et fort délicat : *on ne trouve guère de guignards que dans le pays Chartrain.*

* **GUIGNE** s. f. [ghi-nieu; *gn* mll.] (bas lat. *guindolum*). Espèce de cerise douce, assez approchante du goût et de la forme du bigarreau, mais plus petite et très sucrée : *guigne noire, rouge.*

* **GUIGNER** v. n. [ghi-nié; *gn* mll.] (anc. haut all. *kinan*, sourire). Fermer à demi les yeux, en regardant du coin de l'œil : *guigner de l'œil.* — v. a. Lorgner, regarder sans faire semblant : *guigner le jeu de son voisin.* — Fig. Former quelque dessein sur quelque personne, sur quelque chose : *il y a longtemps qu'il guigne cette héritière.* (Fam.)

GUIGNES I (Joseph de), orientaliste, né à Pontoise en 1721, mort en 1800. Dès sa jeunesse, il excella comme sinologue, et fut nommé professeur de syriaque au collège de France en 1757 et conservateur des antiquités du Louvre en 1769. Ses principaux ouvrages sont : *Histoire générale des Huns, des Turcs, des Mogols et des autres Tartares occidentaux, avant et depuis J.-C. jusqu'à présent* (5 vol. in-4°, 1756-'58). — II. (Chrétien-Louis-Joseph de) son fils, né en 1759, mort en 1845. Il fut, pendant 17 ans, consul français à Canton. Il publia *Voyages à Pékin, Manille et l'Île de France*, et donna comme sien, en 1813, un Dictionnaire chinois, français et latin, qui n'était autre que le Han-tsé-sy-y de Basilius de Glemona, revu et augmenté.

* **GUIGNIER** s. m. Arbre qui porte les guignes.

GUIGNOL s. m. [*gn* mll.]. Sorte de polichinelle français. — Théâtre de marionnettes en plein vent.

GUIGNOLANT, ANTE adj. Qui cause du dépit.

GUIGNOLET s. m. Liqueur faite avec des guignes.

* **GUIGNON** s. m. [ghi-nion; *gn* mll]. Mauvaise chance. Se dit principalement au jeu : *avoir du guignon.* (Fam.) — PORTER GUIGNON, porter malheur.

GUIGNONNANT, ANTE adj. Irritant, impatientant.

GUILANDINE s. f. [ghi-lan-di-ne]. Bot. Genre de légumineuses césalpinées dont quelques espèces sont cultivées dans les jardins.

GUILDE ou **Ghilde** s. f. (sax. *gildan*, payer).

Hist. Se dit de certaines associations bourgeoises et ouvrières du moyen âge. — S'emploie aussi pour désigner les corporations d'arts et métiers qui subsistent encore aujourd'hui dans certains pays et particulièrement en Russie.

GUILDFORD [ghil'-feurd], capitale du comté de Surrey (Angleterre), sur le Wey, à 40 kil. S.-O. de Londres; 9,800 hab. Manufactures de papier, de poudre, de briques, de voitures, de fer, etc.

* **GUILDIVE** s. f. [ghil-di-ve]. Eau-de-vie, esprit tiré du sucre. On dit plus ordinairement, TAFIA.

GUILDO (Le), hameau de la comm. de Crehen, arr. et à 23 kil. de Dinan (Côtes-du-Nord). Antique château féodal, célèbre dans les annales de la Bretagne.

GUILÉE s. f. Pluie soudaine et de peu de durée ; *guilée de mars.* On dit plus ordinairement GIBOULÉE.

GUILFORD, ville du Connecticut (Etats-Unis), sur le détroit de Long-Island, à 20 kil. E. de New Haven; 2,580 hab.

GUILFORDT COURT HOUSE, localité à environ 8 kil. de Greensborough (Etats-Unis), mémorable par une bataille livrée le 15 mars 1781, entre 4,400 Américains, dont les deux tiers étaient des recrues de la milice, sous le gén. Greene, et à 2,400 vétérans anglais commandés par lord Cornwallis. Les Américains furent vaincus.

GUILHERMY (Ferdinand, BARON DE), archéologue, né à Londres, le 18 septembre 1808, d'une famille languedocienne émigrée, mort le 27 avril 1878. Il obtint un emploi au ministère des finances en 1829 et devint conseiller référendaire à la Cour des comptes en 1816. Il a laissé : *Monographie de l'église de Saint-Denis* (1848), etc. Son dernier ouvrage est le *Recueil des inscriptions du diocèse de Paris.*

* **GUILLAGE** s. m. [*ll* mll.]. Brasserie. Fermentation par le moyen de laquelle la bière récemment entonnée pousse hors du tonneau cette écume que les brasseurs nomment Levûre.

GUILLARD (Charlotte), femme imprimeur; elle épousa en premières noces Berthold Rembolt, qui acheta, en 1510, l'imprimerie du fameux Gering. Devenue veuve, elle épousa en secondes noces Claude Chevallon et, après la mort de celui-ci, dirigea avec une grande intelligence son établissement pendant cinquante années consécutives. Son imprimerie, fondée par Gering, était la plus ancienne de Paris.

GUILLARD (Nicolas-François), auteur dramatique, né à Chartres en 1752, mort en 1814. Son *Iphigénie en Tauride*, dont Gluck composa la musique, lui valut les faveurs de la cour et de la ville (1779). Presque tous ses autres poèmes dramatiques, sur lesquels, par ordre de la reine, travaillait le compositeur Sacchini, obtinrent non moins de succès. Son chef-d'œuvre est *Œdipe à Colone* (1787).

* **GUILLAUME** s. m. [ghi-iô-me; *ll* mll]. Sorte de rabot à fer étroit et échancré : *guillaume à ébaucher.* — w Métrol. Monnaie d'or de la Hesse électorale, valant 21 fr. 16. — Monnaie d'or des Pays-Bas valant 21 fr. 16.

GUILLAUME, angl. *William*, all. *Wilhelm*), nom de rois, de princes et de personnages célèbres.

I. ALLEMAGNE

Guillaume, empereur d'Allemagne, d'abord comte de Hollande, sous le nom de Guillaume II, né vers 1227, empereur en 1250. Il fut tué, pendant une expédition, par des paysans frisons (1254).

II. Rois d'Angleterre

Guillaume Ier, surnommé d'abord le *Bâtard* et ensuite le *Conquérant*, fondateur de la dynastie normande, né en 1027, mort le 9 septembre 1087. Bâtard de Robert le Diable, duc de Normandie, et d'Arlette, fille d'un tanneur de Falaise, il hérita du duché de Normandie à l'âge de dix-huit ans. L'irrégularité de sa naissance donna prétexte au roi de France, Henri Ier, d'envahir ses États pour lui enlever une couronne contestée. Après des alternatives de succès et de revers, Guillaume, âgé à peine de 18 ans, prit le commandement de ses troupes, et remporta sur le roi de France la victoire décisive du Val-des-Dunes (1046), qui rétablit ses affaires. Ayant des prétentions au trône d'Angleterre, comme petit-neveu d'Emma, mère d'Édouard le Confesseur, il fit un voyage à Londres en 1054 et décida vraisemblablement Édouard à faire un testament en sa faveur. Harold, fils du comte Godwin, et prétendant, lui aussi, à la couronne d'Angleterre, ayant visité la cour normande en 1065, prêta serment à Guillaume ; et lorsque mourut Édouard, le 5 janvier 1066, toutes les difficultés semblaient aplanies. Pourtant Harold parvint à monter sur le trône, malgré les réclamations du duc de Normandie. Mû par l'agitation d'un caractère emporté, Guillaume résolut de revendiquer ses droits les armes à la main. Le pape Alexandre II lui envoya une bannière consacrée et un cheveu de Saint-Pierre, et le prétendant, fort de l'appui du clergé, fit un appel aux peuples de France, promettant à ceux qui s'enrôleraient sous la bannière envoyée par le pape, une bonne paie, de grandes terres dans le pays conquis, sans préjudice des indulgences religieuses. Il vit accourir, de tous les points du territoire, une foule d'aventuriers plus avides de pillage que d'indulgences. Cette armée, composée de 67,000 combattants et de 200,000 non-combattants, s'embarqua à Saint-Valery-sur-Somme, en septembre 1066 et débarqua sur différents points entre Bexhill et Winchelsea, le jour de la fête de Saint-Michel, patron de la Normandie. Guillaume descendit à terre le dernier ; un faux pas l'ayant fait choir sur le rivage, il s'écria, en montrant, avec une rare présence d'esprit, son gantelet couvert de boue : « Je viens de me baisser pour prendre possession de cette terre ». Harold, occupé à repousser une invasion norvégienne, n'avait pu s'opposer à un débarquement. Dès qu'il se fut débarrassé de ses ennemis scandinaves, il s'avança au-devant des Français, à la tête de 80,000 combattants et se retrancha, non loin d'eux, sur la colline de *Senlac*, au lieu où s'élève aujourd'hui l'abbaye de la Bataille. (Voy. Hastings.) Le 14 octobre 1066, les Français, après avoir passé la nuit en prières et avoir communié, se précipitèrent sur le camp des Anglais, en faisant retentir l'air de la chanson guerrière de Roland. La bataille fut horrible. Les assaillants, trois fois repoussés, n'entrèrent dans le campement ennemi qu'en marchant sur les cadavres de leurs camarades qui emplissaient les fossés. Guillaume eut trois chevaux tués sous lui. Harold se défendit héroïquement et tomba, après avoir fait mordre la poussière à vingt chevaliers français. Sa mort fut suivie de la déroute définitive des siens. Guillaume, couronné à Londres le 25 décembre, se montra d'abord doux et juste envers les vaincus ; mais, après la sanglante répression d'une ligue des nobles, il traita les Saxons en peuple conquis et partagea leurs domaines entre des aventuriers français. Il eut de longues guerres à soutenir pour défendre ses possessions continentales contre son fils rebelle, Robert Courte-Heuse, et il passa la plus grande partie de la fin de son règne en Normandie. Sa dernière guerre fut celle qu'il soutint contre le roi de France, Philippe Ier, dont les vassaux

faisaient des incursions en Normandie. Philippe ayant demandé, en faisant allusion à l'obésité du roi d'Angleterre : « Quand donc ce gros homme accouchera-t-il ? » Guillaume lui fit répondre qu'il irait faire ses relevailles sous les murs de Paris avec 10,000 lances en guise de cierges. Il entra dans le Vexin français, où il mit tout à feu et à sang. En traversant les ruines fumantes de la ville de Mantes, il tomba de cheval et se blessa au bas-ventre ; on le transporta à Rouen, où il mourut. Son cadavre, abandonné de tous, resta plusieurs jours sur le sol, dans un état de dénuement complet. On l'enterra à Caen, dans l'église de Saint-Étienne, qu'il avait fondée. En 1851, la ville de Falaise lui a élevé une statue colossale en bronze, œuvre de L. Rochet. Il laissait trois fils : Robert Courte-Heuse, qui lui succéda en Normandie ; Guillaume le Roux, qui hérita de la couronne anglaise, et Henri Beauclerc, qui régna plus tard en Normandie et en Angleterre. — **Guillaume II**, connu ordinairement sous le nom de Guillaume Rufus (Guillaume le Roux), à cause de ses cheveux rouges, fils et successeur du précédent, né vers 1056, mort le 2 août 1100. Abandonnant son père mourant, il se rendit en hâte en Angleterre et y fut couronné à l'abbaye de Westminster, le 26 septembre 1087. D'abord populaire, il obtint de ses sujets aide et assistance contre son frère aîné Robert (1088), mais ensuite il opprima le peuple et l'Église. En 1090, il envahit la Normandie, mais le roi de France intervint et fit faire la paix entre les deux frères, qui se tournèrent ensuite contre leur frère Henri. (Voy. Henri I.) En 1093, Malcolm, roi d'Écosse, envahit l'Angleterre ; il fut battu et tué. Une nouvelle guerre éclata avec Robert, en 1094 ; Guillaume envahit la Normandie, mais sans succès. Il fut tué par Walter Tyrrel, lord de Poix, dans la Nouvelle Forêt, pendant une partie de chasse. On prétendit que ce fut accidentellement ; mais il est plus probable qu'il périt assassiné. Son plus jeune frère lui succéda sous le nom de Henri Ier — **Guillaume III**, roi d'Angleterre et stathouder de Hollande (sous le nom ne Guillaume-Henri de Nassau, prince d'Orange), né le 4 novembre 1650, mort le 8 mars 1702. Il était fils de Guillaume II, prince d'Orange, et de la princesse Marie d'Angleterre, fille aînée de Charles Ier. Lors de l'invasion de la Hollande par les troupes de Louis XIV en 1672, le prince d'Orange fut nommé capitaine et amiral général de la république. Les Français remportèrent d'abord des succès, mais Guillaume parvint à entraîner l'Angleterre du côté de la Hollande, et à conclure une paix honorable à Nimègue (1678). En 1677, il épousa sa cousine Marie, fille aînée de Jacques, duc d'York, plus tard Jacques II. Les tentatives que fit ce dernier pour rétablir, en Angleterre, la religion catholique ayant soulevé une violente opposition, le 30 juin 1688, une réunion d'exilés anglais invita le prince d'Orange à entrer en Angleterre avec une armée pour secourir les protestants. Il débarqua à Torbay le 5 novembre. Le pays tout entier se joignit à lui et Jacques s'enfuit en France. Une convention des états du royaume d'Angleterre, réunie en février 1689, appela au trône Guillaume et Marie. Sa cause triompha également en Écosse, mais Jacques descendit en Irlande et presque toute cette île tomba de nouveau en son pouvoir, grâce aux troupes fournies par Louis XIV. L'Angleterre se vengea, en se joignant à la coalition contre la France, et la guerre fut déclarée le 7 mai 1689. En 1690, Guillaume vainquit Jacques à la bataille de la Boyne ; Jacques retourna honteusement en France. L'Irlande fut soumise en 1691 et Guillaume se rendit en Hollande où la guerre se continua jusqu'à la paix de Ryswick (septembre 1697). La reine Marie (voy. Marie II) mourut le 28 décembre 1694 et Guillaume

resta seul souverain. A la mort de Jacques II, Louis XIV reconnut son fils comme roi de Grande-Bretagne et d'Irlande. Guillaume se préparait de nouveau à la guerre quand il mourut d'une chute de cheval, le 21 février 1702. Il ne laissa pas d'enfants ; sa belle-sœur, Anne, lui succéda. — **Guillaume IV** (Guillaume-Henry), roi de Grande-Bretagne et d'Irlande, troisième fils de George III, né le 21 août 1765, mort le 20 juin 1837. Il entra dans la marine comme midshipman en 1779 et obtint le rang d'amiral de la flotte en 1801. En 1799, il fut nommé duc de Clarence et siégea à la chambre des Lords. La mort du duc d'York, en 1827, le rendit héritier présomptif ; on rétablit pour lui l'office de lord grand amiral. Il fut l'un des plus ardents défenseurs de l'émancipation catholique. Il monta sur le trône le 26 juin 1830. Les principaux événements de son règne furent la promulgation d'un bill de réforme parlementaire, qu'il signa le 8 juin 1832, et l'abolition de l'esclavage dans les Indes occidentales. Comme il n'avait pas d'héritiers légitimes, son frère, le duc de Cumberland, lui succéda dans le Hanovre, et sa nièce Victoria monta sur le trône d'Angleterre. Il eut de sa maîtresse, Mme Jordan, cinq fils et cinq filles, qui sont connus sous le nom de Fitz-Clarence.

III. Ducs d'Aquitaine.

Guillaume Ier le Saint, chassa les Sarrasins du Languedoc et se retira, en 808, dans la vallée de Gellone, près de Lodève, où il fonda le monastère de Saint-Guilhem du Désert. Il mourut en 812. Fête le 28 mai. Ses exploits contre les infidèles forment le sujet d'une chanson de geste, le *Roman de Guillaume au Court-Nez*. On l'avait surnommé Guillaume au Court-Nez à cause d'une blessure qu'il avait reçue en plein visage. — **Guillaume II**, le Pieux ou le *Débonnaire*; il fonda l'abbaye de Cluny et plusieurs autres établissements religieux ; il mourut en 918. — **Guillaume III**, Tête d'Étoupe, à cause de la couleur de ses cheveux, né à Poitiers au commencement du xe siècle, mort en 955. — **Guillaume IV**, Fier a bras, né vers 935, fils du précédent, fut vaincu par Hugues Capet et finit ses jours dans un monastère (994). — **Guillaume V**, le Grand, né vers 960, duc en 990, mort en 1030 ; combattit les Normands, fonda des écoles et cultiva les lettres. — **Guillaume VI**, le Gras, fils du précédent, fut fait prisonnier à Moncontour (1034), abandonna une partie des ses domaines pour recouvrer la liberté et mourut en 1038. — **Guillaume VII**, le Hardi, frère du précédent, né vers 1025, duc en 1040, mort en 1058. — **Guillaume VIII**, frère du précédent, né vers 1027, mort en 1086. Il combattit la Saintonge, passa les Pyrénées pour combattre les Maures. — **Guillaume IX**, le plus ancien des troubadours, né en 1071, successeur (1086) de Guillaume VIII, mort le 10 février 1126. Il se croisa en 1101 et partit à la tête de 30,000 hommes qui périrent dans la Terre Sainte. Rentré dans ses États, Guillaume fut excommunié, à cause de l'irrégularité de ses mœurs. Il soutint Alphonse d'Aragon contre les Maures (1121) et Louis le Gros contre les Allemands (1124). — **Guillaume X**, dernier duc d'Aquitaine, fils du précédent, né à Toulouse en 1099, mort en 1137. Il ne laissa d'autre héritier qu'une fille, la fameuse Éléonore de Guyenne.

IV. Rois des Deux-Siciles.

Guillaume Ier, le Mauvais, fils de Roger II, né vers 1120, roi en 1154, mort en 1166. Son règne fut constamment déchiré par des guerres et par des révoltes dont il finit par sortir triomphant. Sa cruauté, son avidité et sa débauche le firent excommunier. — **Guillaume II**, le Bon, né en 1154, fils et successeur (1166) du précédent, mort en 1189. Son règne fut l'un des plus prospères de l'histoire de Sicile. Il ne laissa pas d'enfants et légua ses possessions à l'empereur Henri IV; mais Tancrède parvint à lui succéder. — Guillaume III, fils et successeur (1194) de l'usurpateur Tancrède. Fait prisonnier avec toute sa famille par l'empereur Henri IV (1195), il fut enfermé dans un château du pays des Grisons, où on lui creva les yeux et où il mourut vers le commencement du XIIᵉ siècle.

V. Ecosse.

Guillaume ʟᴇ Lɪᴏɴ, roi d'Ecosse en 1165, mort en 1214. Voy. Ecosse.

VI. Hollande (Pays-Bas).

Guillaume Iᵉʳ, comte de Hollande, né en 1165, mort en 1223. Il dut partager (1190) l'héritage paternel avec son frère Thierry; plus tard, il devint roi par Philippe-Auguste le fit prisonnier à Bouvines (1811). Guillaume II, devint empereur d'Allemagne. — Guillaume III, ʟᴇ Bon, comte de Hollande, né vers 1280, fils et successeur (1304) de Jean II, mort en 1337. — Guillaume IV, né vers 1307, fils et successeur (1337) du précédent. Il passa toute sa vie à guerroyer et fut tué dans une embuscade par les Frisons (1343). Sa sœur Marguerite lui succéda. — Guillaume V, ʟ'Iɴsᴇɴsᴇ́ ou ʟ'Eɴʀᴀɢᴇ́, comte de Hollande, ne en 1330, fils de Marguerite, comte en 1349. Ses actes de violence exaspèrent le peuple, qui l'enferma en 1358, au château de Quesnoy. Son frère Albert lui succéda en 1380. — Guillaume VI, comte de Hollande, né vers 1365, fils et successeur (1404) d'Albert; mort en 1417. — Guillaume Iᵉʳ, ʟᴇ Tᴀᴄɪᴛᴜʀɴᴇ, stathouder de Hollande. (Voy. Nassau.) — Guillaume II, comte de Nassau, prince d'Orange, stathouder, né en 1626, fils et successeur (1647) de Henri-Frédéric, mort en 1650. Il opprima le parti républicain qui, à sa mort, fit abolir le stathoudérat. — Guillaume III. (Voy. Guillaume III) d'Angleterre.) — Guillaume IV, prince d'Orange, fit rétablir une seconde fois le stathoudérat (1747) et mourut en 1751. — Guillaume V, fils et successeur (1751) du précédent, mort en 1806. Il fut chassé par les Français en 1795. — Guillaume Iᵉʳ (Frederik-Wilhelm), premier roi des Pays-Bas, grand duc de Luxembourg, né le 24 août 1772, mort le 12 déc. 1843. Sa mère était nièce de Frédéric le Grand et son père (mort en 1806) fut le dernier stathouder de la république (sous le nom de Guillaume V). Guillaume commanda l'armée hollandaise jusqu'à la conquête française en 1795. En 1802, il hérita de son père de la principauté de Fulda et il reçut d'autres territoires en compensation de la perte des Pays-Bas, mais Napoléon lui enleva ses possessions en 1806 pour le punir d'avoir refusé de se joindre à la confédération du Rhin. Devenu général prussien, Guillaume fut fait prisonnier à Iéna, recouvra bientôt sa liberté, et se distingua à Wagram dans l'armée autrichienne (1809). Le 16 mars 1815, il fut nommé, sous le nom de Guillaume Iᵉʳ, roi des Provinces-Unies, comprenant la Hollande, la Belgique et le grand-duché de Luxembourg. Les Belges se soulevèrent (1830-'32) et Guillaume fut obligé de reconnaître leur indépendance en 1839. Les embarras financiers du pays et les relations du roi avec la comtesse belge catholique d'Oultremont le rendirent impopulaire. Le 7 oct. 1840, il abdiqua en faveur de son fils aîné. En 1841, il épousa la comtesse d'Oultremont, sa première femme, fille de Frédéric-Guillaume II de Prusse, étant morte en 1837. — Guillaume II (Wɪʟʜᴇʟᴍ-Fʀᴇᴅᴇʀɪᴋ-Gᴇᴏʀɢ-Lᴏᴅᴇᴡᴜ̈ʀ), roi des Pays-Bas et grand-duc de Luxembourg, fils du précédent, né le 6 déc. 1792, mort le 17 mars 1849. En 1811, il se distingua sous les ordres de Wellington en Espagne; en 1815, il commanda les Hollandais à Quatre-Bras et à Waterloo. En 1816,

il épousa la sœur d'Alexandre Iᵉʳ de Russie. Il fit de vains efforts pour pacifier les Belges en 1830 et pour les soumettre en 1832. Il succéda à son père en 1840. Après la révolution de 1848, il fut forcé de se soumettre aux exigences du peuple, qui demandait de grandes réformes. Il transmit la couronne à son fils Guillaume III, né en 1817.

VII. Ducs de Normandie.

Guillaume Iᵉʳ, surnommé Lᴏɴɢᴜᴇ-Epᴇ́ᴇ, fils et successeur (920) de Rollon, soumit les Bretons, défendit les derniers rois légitimes carlovingiens contre les empiètements des usurpateurs capétiens et fut assassiné en 943, dans une conférence, par Arnoul, comte de Flandre. — Guillaume II. (Voy. Guillaume Iᵉʳ d'Angleterre.) — Guillaume III. (Voy. Guillaume II d'Angleterre. — Guillaume Cliton, fils de Robert Courte-Heuse (1102-'28). Injustement dépouillé de son duché par son oncle Henri Iᵉʳ d'Angleterre, il on appela en roi de France, Louis le Gros, et à Foulques, comte d'Anjou, qui essayèrent vainement de lui faire recouvrer son héritage. En 1126, Guillaume épousa Jeanne de Savoie, sœur de la reine de France Adélaïde, et reçut l'investiture du comté de Flandre. Il mourut en combattant contre Thierry, comte d'Alsace, qui lui disputait cette dernière province.

VIII. Pouille et Calabre.

Guillaume Bʀᴀs ᴅᴇ Fᴇʀ, premier comte normand de Pouille, l'aîné des douze fils de Tancrède de Hauteville. Sous prétexte de pèlerinage en Terre Sainte, il vint en Italie avec 300 aventuriers normands (1036), guerroya tantôt comme allié des Grecs, tantôt comme leur adversaire, et finit par se tailler un état indépendant, dont il partagea les fiefs entre ses douze principaux capitaines. Son frère Drogon lui succéda en 1046. — Guillaume II, dernier duc de Pouille et de Calabre, succéda à son père, Roger Bursa, en 1111. Il mourut sans enfants en 1127, laissant ses possessions à son cousin Roger II, qui prit le titre de roi des Deux-Siciles.

IX. Wurtemberg.

Guillaume Iᵉʳ (Fʀɪᴇᴅʀɪᴄʜ-Wɪʟʜᴇʟᴍ-Kᴀʀʟ), roi de Wurtemberg, né le 27 sept. 1781, mort le 25 juin 1864. Il était fils de Frédéric Iᵉʳ, premier roi de Wurtemberg. Il se distingua dans l'armée autrichienne à Hohenlinden. Son père s'étant joint aux alliés, après la bataille de Leipzig, Guillaume commanda un corps d'armée en 1814-'15. A la mort de son père, le 30 oct. 1816, il monta sur le trône. En 1819, il promulgua une constitution.

X. Saints.

Guillaume, duc d'Aquitaine. (Voy. plus haut Ducs d'Aquitaine.) — Guillaume de Mᴀʟᴀᴠᴀʟʟᴇ ou Maleval, gentilhomme français qui, pour expier ses péchés, fonda, dans la vallée de Malavalle, près de Sienne, la congrégation des Guillemites ou Guillemins (1153). Il mourut en 1157. Fête le 10 févr. — Guillaume de Nᴇᴠᴇʀs, fut archevêque de Bourges en 1201, et mourut en 1209. Fête le 10 janv.

Personnages divers.

Guillaume (Mᴀɪᴛʀᴇ), apothicaire de Louviers qui devint fou de la cour du roi Henri IV. — Guillaume ᴅ'Aᴜᴠᴇʀɢɴᴇ ou ᴅᴇ Pᴀʀɪs, philosophe scolastique, né à Aurillac, mort en 1249, évêque de Paris en 1228. Ses ouvrages ont été publiés à Nuremberg en 1496 et à Orléans en 1674 (2 vol. in-fol.). — Guillaume ʟᴇ Bʀᴇᴛᴏɴ, Gulielmus Brito-Armoricus, historien et poète, né vers 1165, mort à Senlis vers 1226. Chapelain et conseiller de Philippe-Auguste, il lui servit d'ambassadeur auprès du pape dans l'affaire du divorce d'Ingelburge. Son Histoire des gestes de Philippe-Auguste, et sa Philippide, poème sur le même sujet,

ont été insérées dans la collection de Duchesne et dans le Recueil des historiens de France. — Guillaume de Champeaux. (Voy. Champeaux.) — Guillaume de Chartres, chroniqueur, mort vers l'an 1280; accompagna, en qualité de chapelain, Louis IX en Palestine et en Tunisie. On a de lui : De Vitâ et actibus inclytæ recordationis regis Francorum Ludovici, ouvrage imprimé en 1607 et inséré dans les recueils de Duchesne, des bollandistes et des historiens de France. — Guillaume de Jumièges, surnommé Calculus, parce qu'il était, dit-on, sujet aux douleurs de la pierre, bénédictin, mort vers 1090, auteur d'une Histoire des Normands, écrite en latin, traduite dans les Mémoires relatifs à l'histoire de France, de Guizot. — Guillaume de Lorris, poète, né à Lorris, près de Montargis, mort vers 1260, est le premier auteur du Roman de la Rose. — Guillaume de Malmesbury. (Voy. Malmesbury.) — Guillaume de Nangis, chroniqueur du XIIIᵉ siècle, garde des chartres à l'abbaye de Saint-Denis ; a laissé en latin une Vie de saint Louis et une Vie de Philippe III le Hardi, publiées par Pithou (1596), par Géraud (1843) et dans la collection Duchesne. Sa Chronique, de la création à l'an 1300, a été traduite dans les Mémoires relatifs à l'histoire de France, de Guizot. — Guillaume de Normandie, trouvère anglo-normand du XIIIᵉ siècle ; son poème le plus connu est un Bestiaire divin, publié par Hippeau (1852, 1 vol. in-8°). — Guillaume de Poitiers, chroniqueur, né vers 1020 à Préau, près de Pont-Audemer, mort vers 1088. Ses Gestes de Guillaume Iᵉʳ ont été publiés à Londres (1808) et traduits dans les Mémoires pour servir à l'histoire de France, de Guizot. — Guillaume de la Pouille, poète du XIᵉ siècle, dont le poème intitulé : De Rebus Normannorum in Siciliâ, Apuliâ et Calabriâ gestis, usque ad mortem Roberti Guiscardi, a été publié en 1582 (in-4°) et imprimé dans plusieurs collections. — Guillaume de Tyr, chroniqueur, né en Palestine vers 1138, mort vers 1193 ; fut chancelier du royaume de Jérusalem et archevêque de Tyr (1174) ; prêcha la croisade aux rois de France et d'Angleterre (1188), Son Histoire des Croisades, depuis leur origine jusqu'en 1183, est l'ouvrage le plus intéressant relatif à cette partie de l'histoire. On l'a plusieurs fois imprimée : Bâle (1549 et 1564), Bongars dans ses Gesta Dei per Francos; elle a été traduite dès 1573 par Gabriel Dupréau, sous le titre de Franciade orientale.

GUILLAUMES, ch.-l. de cant., arr. et à 48 kil. N.-O. de Puget-Théniers (Alpes-Maritimes); 1,150 hab.

GUILLAUMIN (Gilbert-Urbin), éditeur, né à Couleuvre, près de Moulins (Allier) en 1801, mort à Paris en 1864. Il publia surtout des livres d'économie politique et sociale : Du commerce et des marchandises; Annuaire de l'économie politique et de la statistique; Dictionnaire d'économie politique, etc.

GUILLEBAUD (Pierre), appelé Pierre de Saint-Romuald, historien, né à Angoulême en 1585, mort à Paris en 1667. Il entra dans la congrégation des Feuillants en 1613. Il a laissé Jardin d'épitaphes choisies (Paris, 1648); Trésor chronologique depuis le commencement du monde jusqu'en l'an 1647 (Paris, 1642-'47, 3 vol. in fol.); Historia Francorum (Paris, 1652, 2 vol.), ouvrage condamné comme injurieux envers le pape et les conciles.

GUILLEBERT DE METZ, historien, né vers 1355. Sa Description de Paris (1434) a été publiée en 1835, par Leroux de Lincy.

*GUILLEDOU s. m. [ghi-leu-dou, ll mll.] (celt. kildro, errant). Ne se dit guère que dans cette phrase, Courir le guilledou, aller souvent et principalement pendant la nuit, dans des lieux suspects : c'est un débauché qui ne fait que courir le guilledou. (Pop.)

GUILLELMIN, INE adj. [ll mll.] Qui se rapporte à l'un des personnages appelés Guillaume : *la branche guillelmine de Bavière*. — s. f. Célèbre ordonnance rédigée par *Guillaume* Poyet et rendue par François Iᵉʳ, à Villers-Cotterets, le 10 août 1539, pour ordonner qu'à l'avenir les actes judiciaires fussent prononcés en français et pour créer les registres de l'état civil.

* **GUILLEMET** s. m. [ghi-leu-mè; *ll* mll.] (d'un nommé *Guillemet*, qui s'en est servi le premier en 1546). Typogr. Double crochet très petit que l'on emploie au commencement (« et à la fin ») d'une citation, quelquefois même au commencement de chacune des lignes dont elle est composée.

* **GUILLEMETER** v. a. [ghi-eu-me-té ; *ll* mll.). Distinguer par des guillemets : *il faut guillemeter ce passage*.

GUILLEMITE ou **Guillemite** s. m. Membre de l'ordre des Guillemites, fondé par Guillaume de Maleval, au XIIᵉ siècle. Les guillemites étaient aussi appelés *blancs-manteaux*. (Voy. BLANCS-MANTEAUX.)

GUILLEMOT s. m. [*ll* mll.] Ornith. Genre de palmipèdes plongeurs, distingué par l'absence du pouce. Le *guillemot à miroir blanc* (*uria grylle*, Lath.) mesure 28 centim. de long et une envergure de 44 centim.; en été, sa couleur

Guillemot à miroir blanc (plumage d'été).

générale est noire; en hiver et chez les jeunes, la partie inférieure du cou et du croupion sont blancs; le dessus de la tête et le dos sont d'un brun sombre. Cette espèce habite depuis les régions arctiques jusqu'à la baie de Fundy; ses œufs sont comestibles, délicats et nutritifs; sa chair, noire et dure, a servi de nour-

Guillemot et jeune (plumage d'hiver).

riture à beaucoup de voyageurs. Le *guillemot fou* ou *grand guillemot, guillemot à capuchon* (*uria troile*, Linn.; *uria lomvia*, Brün,) mesure environ 35 centim. de long et 60 centim. d'envergure; sa couleur générale en dessus est d'un noir grisâtre, avec des teintes de brun sombre sur les côtés de la tête et du cou. On

le trouve au nord du Labrador. Son plumage est excessivement épais. Son vol est rapide ; il nage et il plonge si vigoureusement qu'il peut défier les vagues les plus violentes. Les mœurs de tous les guillemots sont les mêmes; leur nombre, leur beauté, leur activité et leurs qualités utiles ont fait l'admiration de tous les voyageurs, dont un grand nombre ont dû la vie à leurs œufs et à leur chair.

GUILLER v. n. [*ll* mll.] (bas bret. goel. fermenter). Pousser sa levure au dehors, en parlant de la bière.

* **GUILLERET, ETTE** adj. [*ll* mll.] (v. franç. *gulle*, finesse). Eveillé, léger : *il a l'air guilleret*. (Fam.). — Fig. et fam. HABIT GUILLERET, habit trop léger pour la saison. OUVRAGE GUILLERET, ouvrage peu solide. — Se dit aussi des discours, des propos un peu libres : *le conte est assez guilleret*.

* **GUILLERI** s. m. Chant du moineau : *le guilleri de ce moineau est réjouissant*.

GUILLESTRE, ch.-l. de cant., arr. et à 19 kil. N.-E. d'Embrun (Hautes-Alpes) ; 4,500 hab. Autrefois place forte.

GUILLOCHAGE s. m. Action de guillocher; résultat de cette action.

* **GUILLOCHER** v. a. [*ll* mll.] (de *Guillot*, inventeur présumé du guillochage). Faire un guillochis sur quelque chose : *guillocher une tabatière*.

GUILLOCHEUR s. m. Ouvrier qui guilloche.

* **GUILLOCHIS** s. m. Ornement composé de lignes, de traits ondés qui s'entrelacent ou se croisent avec symétrie : *orner une plinthe d'un guillochis*.

GUILLOIRE s. f. [*ll* mll]. Techn. Vaste cuve dans laquelle s'obtient la première fermentation de la bière.

GUILLON, ch.-l. de cant., arr. et à 45 kil. N.-E. d'Avallon (Yonne); 850 hab. Station thermale. Une source sulfurée calcique froide. Affections des voies digestives; catarrhes, quelqu'un soit le siège; maladies des femmes, maladies nerveuses, scrofules. Etablissement avec bains, bains russes, bains de vapeur, douches, inhalations.

GUILLOTIÈRE (La), faubourg de Lyon. (Voy. LYON).

GUILLOTIN (Joseph-Ignace), médecin et constituant, né à Saintes, en 1738, mort en 1814. Il fut professeur d'anatomie, de pathologie et de physiologie à la Faculté de Paris; nommé l'un des commissaires chargés de donner leur avis sur les expériences de Mesmer (voy. MAGNÉTISME ANIMAL), il rédigea, avec Lavoisier, Bailly et Franklin, un célèbre rapport qui réduisit à leur valeur les miracles du mesmérisme. Elu en 1789 à l'Assemblée constituante, il demanda, le 10 octobre, que la décapitation, mode de punition réservée aux nobles, fût à l'avenir uniformément adoptée pour tous les condamnés et qu'une machine fût substituée à la hache ou à l'épée. Il fut emprisonné pendant le règne de la Terreur. (Voy. GUILLOTINE).

* **GUILLOTINE** s. f. [ghi-io-ti-ne; *ll* mll.] (de *Guillotin* n. pr.). Instrument de supplice, qui tranche la tête par une opération purement mécanique et très prompte : *le couteau de la guillotine*. — FENÊTRE À GUILLOTINE, fenêtre à coulisse qui se lève au lieu de s'ouvrir et se retient en l'air au moyen d'un ou de deux bouts de bois, appelés tourniquets. — ENCYCL. La guillotine, seul instrument employé en France pour les exécutions capitales, se compose d'un énorme couperet chargé de plomb et à lame d'acier triangulaire oblique dont les extrémités glissent dans les rainures de deux poteaux verticaux et qui tombe lourdement sur le col du patient. Celui-ci est

étendu sur une planche à bascule; son col est maintenu entre deux planchettes à demi-lune. La décollation est instantanée. La tête, séparée vers la quatrième vertèbre cervicale, est jetée dans un panier avec le corps. — La tradition populaire veut que le docteur Guillotin ait été l'inventeur de cet instrument de mort. En 1866, M. Dubois, d'Amiens, a rétabli la vérité sur le rôle joué par ce médecin dans l'adoption de cette fatale machine. Ayant fait décréter l'égalité des peines par l'Assemblée législative, le 1ᵉʳ décembre 1789, Guillotin réussit à faire charger le secrétaire de l'Académie de chirurgie (Antoine Louis) de chercher quel instrument de supplice procure la mort la plus prompte et la moins cruelle. Le 20 mars 1792, Louis soumit à la Convention un mode d'exécution capitale, « sûr, rapide et uniforme », dont on avait déjà fait usage au XVIᵉ siècle, sous les noms de *fallbeil* en Allemagne, de *mannaia* en Italie et de *maiden* ou *widow* en Ecosse et en Angleterre. Le premier essai de cet appareil fut fait en France le 25 avril 1792, sur la personne d'un voleur de grand chemin nommé Pelletier. Quelques mois plus tard, la *Louisette* ou *Louison*, comme on appelait alors la guillotine, fit sa première victime politique (exécution de Dangremont, 21 août 1792). Le nom de *guillotine* fut employé pour la première fois dans une chanson que publia le journal royaliste Les Actes des Apôtres, en décembre 1789. Sœmmering (*Moniteur* du 9 novembre 1795) a affirmé que l'action trop rapide de la guillotine n'abrège pas les douloureuses sensations du supplicié dont les souffrances ne cessent pas immédiatement après que la tête a été tranchée. Cette opinion souleva une controverse qui a été plusieurs fois renouvelée. — Le 7 avril 1871, le peuple se saisit de la guillotine et la brûla sur la place Voltaire.

* **GUILLOTINÉ, ÉE** part. passé de GUILLOTINER. — Substantiv. UN GUILLOTINÉ, un supplicié par la guillotine.

GUILLOTINEMENT s. m. Action de guillotiner.

* **GUILLOTINER** v. a. Trancher la tête au moyen de la guillotine : *il fut guillotiné*.

GUIMARAENS (port. *Guimaraes*) [ghi-maraïgns], ville fortifiée de Minho (Portugal), entre l'Ave et la Vizella; à 45 kil. N.-E. d'Oporto; environ 8,000 hab. Elle est presque entourée d'un amphithéâtre de collines; elle possède un ancien château remarquable et des manufactures de coutellerie, de quincaillerie, de papier, de cuir, de coton et de toile. Henri de Bourgogne en fit la capitale du Portugal, au commencement du XIIᵉ siècle.

* **GUIMAUVE** s. f. [ghi-mô-ve] (lat. *bis malva*). Bot. Genre de malvacées, tribu des malvées, comprenant un petit nombre d'espèces d'herbes ou d'arbrisseaux, qui ont les tiges plus élevées et les feuilles plus petites que celle des mauves. La *guimauve officinale* (*althæa officinalis*), vivace, haute de 1 m. à 1 m. 30 c. à feuilles alternes, arrondies, douces au toucher, à fleurs rose pâle ou blanches, réunies en bouquets, vient naturellement dans les champs cultivés de l'Europe; elle fleurit en juin et juillet. Toutes ses parties, et surtout ses racines, contiennent en abondance un mucilage qui leur donne au plus haut degré les propriétés émollientes et adoucissantes; ses fleurs servent à préparer des infusions pectorales; sa racine mondée forme la base de la pâte et du sirop de guimauve; ses fibres de sa tige sont employées à fabriquer une sorte de papier à calquer La *guimauve à feuilles de chanvre* (*althæa cannabicum*) croît dans le midi de l'Europe et fournit une filasse textile. La *rose trémière* est traitée à notre article ALCÉE.

* GUIMBARDE s. f.[ghain-bar-de]. Sorte de chariot long et couvert, à quatre roues, qui sert de coche ou de fourgon. — Petit instrument sonore, de fer ou de laiton, composé de deux branches, entre lesquelles est une languette qui vibre lorsqu'on la touche : *on joue de la guimbarde en mettant ses deux branches entre les dents, et en touchant la languette avec le bout du doigt.* — *A.* Mauvaise guitare. — Femme méprisable. — Vieille voiture — commode.

GUIMET s. m. [ghi-mè] (de Jean-Baptiste *Guimet*, chimiste contemporain, né à Voiron (Isère) en 1795), inventeur de cette substance tinctoriale). Bleu d'outremer artificiel que l'on emploie pour la teinture, la peinture et l'impression des toiles et des papiers peints.

GUIMOND DE LA TOUCHE (Claude), poète, né à Châteauroux en 1719, mort en 1760. Il quitta l'ordre des Jésuites et suivit sa vocation pour la tragédie. Son *Iphigénie en Tauride* (1757) renferme de grandes beautés.

* GUIMPE s. f. [ghain-pe]. (angl. *wimple*). Morceau de toile dont les religieuses se servent pour se couvrir le cou et le sein : *porter la guimpe.* — Petite chemisette brodée que portent les femmes, qui dépasse la robe et monte jusqu'au cou.

GUIMPER v. a. Faire prendre la guimpe, le voile; faire entrer en religion.

GUINAND, opticien suisse, né en 1745, mort en 1825. Il était fils d'un charpentier. A l'âge de 40 ans, il commença à fabriquer des lentilles de télescopes. Fraunhofer l'employa pendant un certain nombre d'années. Vers la fin de sa vie, Guinand construisit des télescopes d'une grande puissance.

GUINCHE s. f. Outil de bois dont le cordonnier se sert pour polir les talons des souliers et des bottes.

* GUINDAGE s. m. Action d'élever les fardeaux au moyen d'une machine.

GUINDAL s. m. Appareil qui sert à soulever les fardeaux pour les embarquer.

GUINDAL. s. m. Argot. Verre plein d'un liquide : *vider un guindal, mettre un guindal à sec.*

* GUINDANT s. m. Mar. La hauteur d'un pavillon du côté où il est attaché ; par opposition à sa longueur, qu'on nomme : LE BATTANT : *le guindant et le battant d'un pavillon.*

* GUINDÉ, ÉE part. passé de GUINDER. Affecté. — CET HOMME EST TOUJOURS GUINDÉ, il a l'air contraint, il veut paraître toujours grave.

GUINDEAU s. m. Mar. Sorte de cabestan ordinairement horizontal, en usage sur les navires de commerce.

* GUINDER v. a. (all. *winden*, tourner). Hausser, lever en haut par le moyen d'une machine : *guinder un fardeau.* Mar. : *guinder un mât de hune, de perroquet*, etc. — *Se* guinder v. pr. Se hisser, se hausser péniblement. Se dit, fig., en parlant de l'esprit, des choses d'esprit où l'on affecte trop d'élévation : *il ne faut point se guinder l'esprit; cet orateur se guinde si fort, qu'on le perd de vue, qu'on a peine à le suivre.*

GUINDRE s. m. Petit métier dont on se sert pour doubler les soies filées.

* GUINÉE s. f. [ghi-né] (angl. *guinea* ghinn-i]). Monnaie d'or anglaise, qui fut frappée d'abord sous le règne de Charles II, avec l'or provenant de la côte de Guinée. Jusqu'en 1816, elle valut vingt et un schellings ou vingt-six francs quarante-sept centimes de notre monnaie; elle ne vaut plus que vingt-cinq francs vingt et un centimes. Depuis 1817, on ne frappe plus de guinées. — Sorte de toile de coton qui fait l'objet d'un trafic important dans la Guinée et dans le Sénégal, et qui

provient des Indes orientales, particulièrement de Pondichéry.

GUINÉE, nom donné à toute la partie de la côte O. de l'Afrique, qui est comprise entre le cap Verga, par 40° 49' lat. N. et le cap Negro, par 45° 44' lat. S. La portion qui se trouve au N. du cap Lopez, sous 4° lat. S. est appelée Guinée supérieure, et celle qui s'étend au S. de cette latitude est la basse Guinée. La côte mesure plus de 4,750 kil. de long. On considère la profondeur de la Guinée dans l'intérieur comme étant de 270 à 400 kil. La Guinée supérieure ou Guinée proprement dite comprend le district des Graines (y compris Liberia), la côte d'Ivoire, la côte d'Or (y compris l'Ashantee), la côte des Esclaves (y compris le Dahomey), Bénin, Yoruba, Biafra et plusieurs autres petits royaumes indigènes. A partir du cap Lopez, la côte court d'abord au N., ensuite au S. jusqu'au cap Palmas, formant les golfes de Biafra et de Bénin. De Sierra Leone à la rivière de Quorra s'étendent les montagnes de Kong; et à partir des côtes des golfes de Biafra et de Bénin se trouvent les montagnes Cameroom, qui courent à l'E. Les rivières principales sont : le Scarcios, la Sierra Leone, le Gallinas, le cap Mount, le Saint-Paul, le Cavalla,. l'Assinie, le Tenda, le Bossum-Prah, le Volta, le Quorra ou Joliba (ancien Niger) et son affluent le Tchadda, le Vieux Calabar, le Cameroom, le Quaqua et le Gabon. Climat chaud, oppressif et malsain. Les ouragans y sont fréquents; et en décembre, janvier et février, un vent sec du N.-E., appelé harmattan, remplit l'atmosphère de sable fin. L'intérieur est riche en mines d'or vierges. Les forêts, qui couvrent une grande partie du territoire, renferment des arbres magnifiques. Les indigènes sont divisés en nombreuses tribus, dont les plus connues sont celles des Mandiques, des Fantis, des Achanties, des Dahomiens, des Egbas, des Benins et des Fans. Les principaux établissements européens sont : Sierra Leone, la colonie américaine de Liberia, la colonie anglaise de la Côte-d'Or et l'établissement anglais de Lagos et ses dépendances. Les stations françaises de commerce ont été récemment abandonnées et les forts danois et hollandais de la Côte-d'Or ont été cédés à la Grande-Bretagne. L'établissement français du Gabon est maintenant réduit à une simple station pour l'approvisionnement de charbon. Les îles Saint-Thomas et du Prince, dans le golfe de Guinée, appartiennent au Portugal; Fernando-Po, Corisco et Annabon sont à l'Espagne. — La basse Guinée, du cap Lopez au cap Negro, comprend le Loango, le Congo, l'Angola et le Benguela. Elle est traversée du N. au S. par une chaîne, appelée par les Portugais, montagnes de Cristal ou de Sel. Les rivières principales sont : l'Okanda ou Ogobaï, le Zaïre ou Congo, le Coanza et le Cuvo. Le Congo, l'Angola et le Benguela sont réclamés par les Portugais, qui ont leur capitale à Saint-Paul de Loanda. — La côte de Guinée fut découverte par les Portugais en 1487.

GUINÉE (Golfe de), partie de l'Atlantique qui baigne les côtes de la haute Guinée, entre le cap Palmas et le cap Lopez, et qui comprend les golfes de Bénin et de Biafra. Ce golfe reçoit les rivières Assinie, Tenda, Bossum-Prah, Volta, Quorra ou Niger, le Vieux Calabar, Cameroom, Quaqua, Gabon et plusieurs autres cours d'eau de moindre importance; le golfe de Guinée renferme les îles de Fernando-Po, du Prince et de Saint-Thomas.

GUINÉE (Nouvelle-). Voy. PAPOUASIE.

GUINÉEN, ÉENNE s. et adj. [ghi-né-ain]. Habitant de la Guinée; qui appartient à ce pays ou à ses habitants.

GUINEGATTE ou Guinegate, commune du canton de Fauquembergues, arr. et à 20 kil. N.-O. de Saint-Omer (Pas-de-Calais);

500 hab. Les Français y ont perdu deux batailles : l'une contre Maximilien d'Autriche (4 août 1479), l'autre contre les Anglais (journée des *Éperons,* 46 août 1513).

GUINES, *Guisnæ*, ch.-l. de cant., arr. et à 27 kil. N.-E. de Boulogne-sur-Mer (Pas-de-Calais) ; 4,350 hab. Fabriques de tulles et de dentelles. Exploitation de houilles; marbre et tourbe. Autrefois place forte. C'est dans une plaine aux environs de cette ville, qu'eut lieu en 1520, entre Henri VIII et François Iᵉʳ, la célèbre entrevue du *Camp du Drap d'or.*

GUINGAMP s. m. [gain-gan]. Grosse étoffe de coton qui est lisse et rayée de blanc sur fond bleu foncé. Le guingamp se fabrique aujourd'hui dans l'Inde; mais on le produisait originairement à Guingamp. — ' L'Académie écrit GUINGAN.

GUINGAMP, ch.-l. d'arr., à 32 kil. O.-N.-O. de Saint-Brieuc (Côtes-du-Nord) sur le Trieux, par 46° 33' 43" lat. N. et 3° 23' 18" long. O., 7,900 hab. Autrefois capitale du duché de Penthièvre. *Toiles de Pédernec.* Tanneries. Restes de vieilles murailles.

* GUINGAN s. m. Voy. *A* GUINGAMP.

* GUINGOIS s. m. Travers, ce qui n'est point droit, ce qui n'a point la figure, la situation qu'il devrait avoir : *il y a un guingois dans ce jardin.* — DE GUINGOIS, loc. adv. De travers : *cette chambre est toute de guingois.*

GUINGUAMADOU s. m. Bot. Nom vulgaire du cirier de Cayenne.

GUINGUET s. m. Camelot d'Amiens, uni et de différentes couleurs.

* GUINGUETTE s. f. Cabaret hors de la ville, où le peuple va boire, les jours de fêtes : *aller à la guinguette.* — Fig. et fam. Petite maison de campagne : *venez me voir à ma guinguette.*

GUINGUETTIER s. m. Celui qui tient une guinguette.

GUINOIS, OISE s. et adj. De Guines; qui appartient à cette ville ou à ses habitants.

GUIPER v. a. [ghi-pé] (goth. *veipan*, orner de guirlandes). Travailler ou dessiner en façon de guipure.

* GUIPURE s. f. Espèce de dentelle de fil ou de soie, où il y a de la cartisane : *guipure de fil, de soie.*

GUIPUZCOA [ghi-pouss-koua]. L'une des provinces basques de l'Espagne, bornée par la France et la baie de Biscaye ; 4,885 kil. carr.; environ 480,750 hab. Surface montagneuse et extrêmement pittoresque. Elle renferme de nombreux ports. Les rivières principales, peu importantes, sont : le Deva, l'Urola, l'Oria et la Bidassoa. Fer, plomb argentifère, cuivre, marbre et gypse. Les habitants sont honnêtes, industrieux et braves. (Voy. BASQUES.) Les villes principales sont : Saint-Sébastien, capitale de la province, Iran, Tolosa et Fontarabie.

* GUIRLANDE s. f. [ghir-lan-de] (ital. *ghirlanda*). Couronne, chapeau de fleurs, festons de fleurs : *former, composer une guirlande.* — Se dit aussi de certaines choses qui, par la manière dont elles sont assemblées ou disposées, imitent des festons, des guirlandes : *une guirlande de pierreries.* — Se dit encore des ornements de feuillages ou de fleurs dont les sculpteurs et les peintres décorent les bâtiments.

GUISARME s. f. Hache d'armes, employée au XIVᵉ siècle, dont le fer se terminait supérieurement par une longue pointe et qui se manœuvrait à deux mains. Arme d'hast, employée vers la même époque et dont le fer se composait de deux lames larges aiguës, à deux tranchants, disposées en forme de fourche.

GUISCARD, ch.-l. de cant., arr. et à 32 kil. N.-E. de Compiègne (Oise); 1,550 hab.

GUISCARD (Robert) [ghiss-kar] (anc. norm. *guiscard, rusé*). *Conquérant normand, né vers* 1015, *mort vers* 1085. Son père, petit baron normand, nommé Tancrède de Hauteville, eut douze fils, dont Robert était le sixième. Les trois aînés se rendirent en Italie, où ils s'emparèrent de riches provinces en Apulie. Alléchés par leurs succès, les autres fils de Tancrède les suivirent, et Robert, surnommé Guiscard, le prudent ou l'adroit, devint comte d'Apulie. Il s'empara bientôt de la Calabre et reçut, du pape Nicolas II, le titre de duc. Avec l'assistance de son jeune frère, Roger, il conquit la Sicile et repoussa les Sarrasins de leurs possessions de l'Italie méridionale. Le royaume de Naples doit son origine à ces conquêtes. En 1081, Robert Guiscard envahit l'Épire et les autres provinces de l'empire byzantin; après une série de victoires, il marchait sur Constantinople, quand il fut rappelé en Italie au secours du pape Grégoire VII, assiégé par l'empereur Henri IV; il saccagea Rome et en brûla une grande partie. Guiscard s'embarqua immédiatement pour Constantinople avec une flotte considérable, mais il mourut à Céphalonie.

GUISCHARD (Karl-Gottlieb) [gouich'-artt], écrivain allemand, né en 1724, mort en 1775. Il servit dans l'armée hollandaise pendant la campagne qui précéda la paix d'Aix-la-Chapelle, et il publia, en 1758, *Mémoires militaires sur les Grecs et les Romains*. Frédéric le Grand, qui lui donnait le nom de Quintus Icilius, le nomma major. Il servit ensuite en Saxe et fut promu au rang de colonel. Ses *Mémoires historiques et critiques sur plusieurs points d'art militaire* (1773) sont écrits avec clarté et avec une connaissance parfaite du sujet.

GUISE s. f. [ghi-ze] (all. *weise*, manière). Manière, façon : *chaque pays a sa guise*. — En guise de, loc. prép. : à la façon, à la ressemblance de, en manière de : *prendre de la sauge en guise de thé*.

GUISE [ghi-ze ou gui-ze], place de guerre de 3e classe, et ch.-l. de cant., arr. et à 25 kil. E.-N.-O. de Vervins (Aisne), sur l'Oise; 6,000 hab. Tanneries, lainages, filatures de coton. Ville fondée au IXe siècle, capitale de la Thiérache, érigée en duché-pairie, en 1528, en faveur de Claude de Lorraine, chef de la maison des Guises; prise par Charles-Quint, en 1536; passa à la maison de Condé en 1704; occupée sans combat par les Prussiens, le 4 janvier 1871. Patrie de Camille Desmoulins. Église renfermant un baptistère qui représente le martyre de saint Quentin. Château du XVIe siècle, sur un escarpement à pic (beaux souterrains communiquant avec l'ancien château des barons des Wiège-Paty). Familistère pour environ 400 familles d'ouvriers.

GUISE (Maison de), branche de la famille ducale de Lorraine. Ses membres les plus célèbres sont les suivants. — I. (Claude de Lorraine), premier duc de Guise, né en 1496, mort en 1550. Il était le plus jeune fils de René, duc de Lorraine, et il devint comte d'Aumale. Il s'établit en France et fut nommé duc par François Ier, en récompense de ses services (1528). Il fut grand-père de Marie, reine d'Écosse. La maison des Guises devint de suite si puissante, que le roi en prit ombrage, comme le prouve ce vieux quatrain :

Le feu qui devina ce point,
Que ceux de la maison de Guise
Meitraient les enfants en pourpoint,
Et son pauvre peuple en chemise.

— II. (François de Lorraine), son fils, deuxième duc, né en 1519, mort le 24 février 1563. Il s'illustra en défendant Metz (1552-'53) contre Charles-Quint; se signala à la bataille de Renty (1554) et enleva Calais

aux Anglais en 1558. A l'avènement de François II (1559), Guise s'empara des rênes du gouvernement, mais la mort du roi (1560) lui fit perdre son pouvoir. Il forma une espèce de triumvirat avec le connétable de Montmorency et le maréchal de Saint-André, à l'effet de diriger le gouvernement et de lutter contre le développement du protestantisme. Chef des catholiques, il présida en quelque sorte au massacre de Vassy, prit Rouen et remporta la victoire de Dreux. Il fut mortellement blessé d'un coup de pistolet que lui tira à bout portant un protestant nommé Poltrot de Méré. — III. (Henri I DE LORRAINE, surnommé le BALAFRÉ), troisième duc, fils du précédent, né en 1550, mort le 23 décembre 1588. A l'âge de 16 ans, il se rendit en Hongrie et se distingua contre les Turcs. Après son retour en France, il se battit à Jarnac et à Montcontour et força Coligni de lever le siège de Poitiers (1569); fut l'un des instigateurs du massacre de la Saint-Barthélemy (1572). En 1576, il organisa la *Sainte Ligue* pour la protection des catholiques, et resta toute sa vie le chef de cette association. Après la mort du duc d'Anjou en 1584, il aspira secrètement au trône. Pendant la guerre des Trois-Henri, il battit deux fois, à Vimary et à Aulneau, les troupes allemandes qui s'étaient engagées au service des huguenots; entra triomphalement à Paris, assiégea le roi dans le Louvre (12 mai 1588), et L'autorité royale était sur le point de succomber, quand Henry III fit assassiner le duc de Guise, dans les appartements du château de Blois. — IV. (Charles DE LORRAINE), quatrième duc, fils du précédent, né en 1571, mort en 1640. Au milieu des intrigues de la Ligue, il prit parti contre le duc de Mayenne. Plus tard, il se donna à Henri IV, qui le nomma gouverneur de Provence. Sous Louis XIII, il se joignit au parti de Marie de Médicis et fut obligé de se réfugier en Italie. — V. (Henri II DE LORRAINE), cinquième duc, fils du précédent, né en 1614, mort en 1664. Il entra d'abord dans les ordres et fut, à l'âge de 15 ans, nommé archevêque de Reims, mais à la mort de son frère aîné, il renonça à la prélature. Ses nombreuses folies et ses aventures galantes le rendirent célèbre. Il se joignit aux adversaires de Richelieu, fut condamné à mort en 1641, et s'enfuit dans les Pays-Bas. Il rentra en France après la mort de Louis XIII. Pendant la révolte de Naples sous Masaniello, Guise résolut de conquérir un trône : à la tête de vingt partisans, il débarqua à Naples (1647), aux applaudissements de la population; mais bientôt les Napolitains l'abandonnèrent et livrèrent la ville aux Espagnols. Il fut emmené prisonnier en Espagne où il resta jusqu'en 1652. En 1654, il s'embarqua de nouveau pour Naples, mais il échoua dans son entreprise. Il revint en France, fut nommé grand chambellan et passa le reste de sa vie à la cour. — VI. (Louis-Joseph DE LORRAINE), sixième et dernier duc, neveu du précédent, né en 1630, mort en 1671. Il ne laissa de d'enfants, et le titre et les États des Guises passèrent à Marie de Lorraine, fille du quatrième duc. Cette princesse mourut en 1688, sans s'être mariée. — VII. (Louis DE LORRAINE), cardinal de Guise, frère du Balafré, né en 1555, mort en 1588. Archevêque de Reims en 1574 et cardinal en 1578, il joua un rôle important dans les intrigues de la Ligue. Ayant gravement offensé Henri III aux états généraux de Blois, en 1588, il fut assassiné par les ordres de ce roi, le 24 décembre 1588. — VIII. (Louis de LORRAINE), cardinal de Guise, neveu du cinquième duc, né vers 1580, mort en 1621. Il devint archevêque de Reims et cardinal en 1615. En 1621, il accompagna le roi dans une expédition en Poitou et il mourut en route.

* **GUITARE** s. f. [ghi-ta-re] (gr. *kitara*; lat. *cithara*; esp. *guitarra*). Instrument de musique qui a six cordes, et dont on joue en pinçant les cordes : *jouer de la guitare*. — On emploie la guitare principalement pour accompagner la voix. Cet instrument, connu des Égyptiens plus de 15 siècles av. J.-C. sous une forme assez semblable à celle des guitares dont on se sert actuellement, fut probablement introduit en Europe par les Espagnols qui le tenaient des Maures. La guitare espagnole a un corps creux en bois d'environ 36 centim. de longueur sur 8 de profondeur, et un manche de 32 centim., avec 17 touches; elle a six cordes qui sont généralement accordées de manière à produire , du grave à l'aigu : *mi, la, ré, sol, si, mi*. — » Répétition, refrain : *c'est toujours la même guitare.*

* **GUITARISTE** s. m. Celui qui joue de la guitare : *un bon guitariste.*

GUITERA, station thermale du cant. de Zicavo, à 53 kil. E. d'Ajaccio (Corse); 350 hab. Sources sulfurées sodiques. Traitement des maladies de la peau et des rhumatismes.

* **GUIT-GUIT** s. m. [ghi-ghi] (onomat.) Ornith. Genre de passereaux ténuirostres de l'ordre des grimpereaux, comprenant plusieurs espèces qui vivent aux Antilles et dans l'Amérique méridionale : *les guits-guits ont un riche plumage.*

GUITON (Jean), amiral des Rochellais, né en 1585, mort en 1646. Quand Richelieu vint assiéger la Rochelle, Guiton, élu maire de la ville, déposa ses pistolets sur la table de la chambre du conseil et jura de brûler la cervelle au premier qui parlerait de se rendre. La famine ayant forcé les assiégés à capituler, Guiton se réfugia à Londres, rentra en 1636 et prit du service dans la marine française. On pense qu'il mourut lors de la défaite d'une flotte française devant Orbitello.

GUITRES, ch.-l. de cant., arr. et à 15 kil. N.-E. de Libourne (Gironde), au confluent de l'Isle et du Lary; 1,400 hab. Anc. abbaye de bénédictins. Église conventuelle en style roman. Pont suspendu sur l'Isle.

* **GUIVRE** s. f. Blas. Voy. GIVRE.

GUIZOT (François-Pierre-Guillaume) [ghizo ou gui-zo], homme d'État et historien, né à Nîmes d'une famille calviniste, le 4 octobre 1787, mort le 12 sept. 1874. Son père était avocat et fut exécuté en 1794. Sa mère l'emmena faire ses études classiques à Genève. Il s'établit à Paris en 1805 et abandonna l'étude du droit pour se livrer à la littérature. En 1812, il devint professeur assistant d'histoire moderne à la Sorbonne et il épousa Mlle Pauline de Meulan, dont les relations avec le parti royaliste lui ouvrirent la carrière politique. Il devint successivement secrétaire général du ministère de l'intérieur (1814) et de celui de la justice (1815), maître des requêtes (1816) et conseiller d'État (1817); de 1816 à 1820, il fut directeur général de l'administration départementale et communale. Ayant critiqué dans ses pamphlets la marche réactionnaire du gouvernement, il fut renvoyé du Conseil d'État et de la Sorbonne (1822), mais il fut réintégré par le ministère Martignac en 1828. En 1816, dans une brochure (*Du gouvernement représentatif*), il avait exprimé les sentiments du parti connu plus tard sous le nom de *Doctrinaires*; cet écrit, sa haute réputation littéraire, son aspect austère et son éloquence savante lui donnèrent une influence politique remarquable dès son apparition à la Chambre des députés en 1830. Il hâta la chute de Charles X, devint ministre de l'intérieur dans le premier cabinet formé par Louis-Philippe, et ministre de l'instruction publique dans la coalition ministérielle de Soult (1832-36); quelques mois après, il reçut le même portefeuille dans le cabinet Molé, mais bientôt il tomba en désaccord avec ses collègues et donna sa démission. Il fut ambassadeur à Londres de février à octobre 1840, époque où il succéda à Thiers comme ministre des affaires étrangères, et, en 1847, il remplaça Soult comme chef de cabinet. La révolution de Février 1848 fut due principalement à l'entêtement qu'il mit dans son opposition à la réforme électorale. Guizot regardait l'agitation réformiste comme sans gravité; il donna néanmoins sa démission le 23 février, alors que la révolution était déjà commencée. Il s'enfuit en Angleterre, mais il rentra en 1849 et échoua comme candidat à l'Assemblée législative. En 1861, il défendit le pouvoir temporel du pape. Après avoir soutenu le ministère Ollivier et le plébiscite de 1870, il interdit, en 1874, l'éloge de Napoléon III, que voulait prononcer dans l'enceinte académique l'ancien ministre de la fin de l'Empire. En apprenant que Napoléon avait payé autrefois les dettes de son fils, il rendit la somme, en vendant 120,000 fr. un tableau de Murillo, qui lui avait été donné par la reine d'Espagne; jusqu'à la fin de sa vie, il vécut de sa plume en compilant une histoire de France à l'usage des enfants et plusieurs autres ouvrages. Pendant bien des années, il fut l'un des membres dirigeants du synode protestant; mais il se retira en raison de son aversion pour toute infraction au plus pur calvinisme. Ses ouvrages les plus célèbres sont : *Cours d'histoire moderne*; *Histoire générale de la civilisation en France*; *Histoire générale de la civilisation en Europe* (résumés de ses cours à la Sorbonne); *Histoire de la révolution d'Angleterre, de la république anglaise sous Olivier Cromwell*; *Protectorat de Richard Cromwell et Restauration des Stuarts*. En 1874, il avait achevé 5 vol. d'une *Histoire d'Espagne* qui devait en avoir 10 et pour la préparation de laquelle il apprit l'espagnol à l'âge de 72 ans. Parmi ses autres écrits, nous citerons ses *Essais sur Corneille et sur Shakspeare*, ses admirables portraits de sir Robert Peel et de Wasinghton et son *Histoire de quatre grands chrétiens français*, (2 vol. 1873-'74). Ses discours ont été réunis sous le titre de : *Histoire parlementaire de France*, etc. (5 vol. 1863). Il a publié aussi des *Mémoires pour servir à l'histoire de mon temps* (8 vol. 1858-'68). — Sa première femme Elisabeth-Charlotte-Pauline DE MEULAN (née en 1773, morte en 1827), écrivait, pour nourrir sa famille, des romans que publiaient différents recueils littéraires. En 1807, elle tomba gravement malade et, faute de pouvoir continuer la rédaction du feuilleton du journal *le Publiciste*, allait tomber dans le dénûment, lorsqu'un écrivain anonyme lui adressa régulièrement la suite de son feuilleton, imitant, à s'y méprendre, son style et sa manière. Le généreux bienfaiteur n'était autre que Guizot, qui finit par se dévoiler. S'ensuivit un mariage en 1812, époque après laquelle Mᵐᵉ Guizot publia principalement des livres à l'usage de la jeunesse. L'Académie lui accorda le prix Montyon pour son *Ecolier* ou *Raoul et Victor* (1821). — La seconde femme de Guizot, Marguerite-Andrée-Elisa DILLON, nièce de la précédente, (née en 1804, morte en 1833), écrivit des articles et des contes qui ont été réunis en 1834.

GUJERAT, Voy. GUZARATE.

GULDEN s. m. [gould'n]. Métrol. Synon. de FLORIN.

* **GULF-STREAM** s. m. [golf-strimm] (angl. *courant du golfe*). Géogr. Grand courant d'eau chaude qui, du golfe du Mexique, se dirige vers les rivages septentrionaux de l'Europe. (Voy. ATLANTIQUE.)

GULISTAN (*Pays des roses*), village de Perse, au confluent du Kour et de l'Araxe. Traité de 1816, entre la Russie et la Perse.

GULLIVER, titre et héros d'un célèbre roman de Swift.

GUMBINNEN [goumm-binn-nènn], ville de Prusse, capitale d'un district dans la province de Prusse, sur la Pissa, à 80 kil. E. de Kœnisberg; 9,120 hab. Manufactures d'étoffes de laines, de toiles et de bonneterie. Elle dut sa prospérité aux protestants qui s'y réfugièrent au xviiiᵉ siècle.

* **GUMÈNE** s. f. Blas. Câble d'une ancre.

GÜNDERODE (Karoline von) [gunn'-de-rode], poétesse allemande, née en 1780, morte le 26 juillet 1806. Chanoinesse d'un chapitre à Francfort, elle conçut pour le philologue Creuzer un attachement qui la conduisit au suicide. Son amie Bettina von Arnim a publié sa correspondance, sous le titre de *Die Günderode*. Ses poèmes ont été réunis en 1857.

GUNDUK [gheunn-deuk'], rivière de l'Indoustan, qui prend sa source au N. des montagnes de l'Himalaya et se jette dans le Gange à Hajeepoor, après un cours de 540 kil. Dans sa partie supérieure, elle est appelée Salgranis.

GUNDWANA [gheunn-douâ-na].Voy. GONDS.

GÜNS (hongr. *Kőszeg*), ville de Hongrie dans le comté de Vas, à 80 kil. S.-S.-O. de Presbourg; 6,915 hab. Manufactures considérables de laine. En 1532, elle fut assiégée par Solyman le Magnifique et 60,000 musulmans qui donnèrent 13 assauts et qui furent repoussés par une faible garnison que commandait Jurisich.

GUNTER (Edmund), mathématicien anglais, né en 1581, mort en 1626. A partir de 1619, il fut professeur d'astronomie au collège de Gresham. Il inventa le secteur, la ligne logarithmique encore usitée sous le nom d'échelle de Gunter, et il construisit de nombreux cadrans solaires; il a écrit plusieurs ouvrages comprenant : le *Canon Triangulorum*, *Le Secteur*, *Cross Staff*, etc. La meilleure édition de ses ouvrages est celle de 1673.

GURNEY (sir Goldworthy) [gheur-né], inventeur anglais, né en 1793, mort en 1875. Il étudia la médecine, mais s'adonna principalement à la chimie. Il inventa les lumières de Bude, de vapeur d'huile, de chaux et de magnésium, et prétendit avoir découvert le chalumeau d'oxyhydrogène. Il inventa aussi le jet de vapeur à haute pression et les chaudières tubulaires, et en 1829, il conduisit une voiture à vapeur sur une route avec une vitesse de 21 kil. à l'heure. Son jet de vapeur à haute pression étant appliqué aux locomotives en 1830, porta leur rapidité de 18 à 40 kil. par heure.

GUROWSKI (Adam, COMTE) [gou-rov'-ski], auteur polonais, né en 1805, mort en 1866. Il fut renvoyé des gymnases de Varsovie et de Kalisz comme révolutionnaire, et étudia en Allemagne jusqu'en 1825, époque où il retourna à Varsovie. Ayant pris part à l'insurrection de 1830, il vit confisquer ses biens et fut condamné à mort. Il s'enfuit à Paris où il devint membre du comité national polonais; il était très répandu dans la haute société. En 1835, il publia une brochure, *La vérité sur la Russie*, dans laquelle il défendit le panslavisme, ce qui amena son rappel. Il fut employé dans le service civil russe, bien que ses biens ne lui fussent pas rendus. En 1844, il se rendit en Allemagne, habita Berne pendant deux ans; il s'établit aux Etats-Unis en 1849. Il publia, *La Russie telle qu'elle est*, *Amérique et Europe*, *L'Esclavage dans l'histoire* et *Mon Journal*, consistant en notes sur la guerre civile (3 vol., 1862-'66) et d'autres ouvrages en anglais, en français et en allemand, sur la Russie, sur la Pologne et sur ses propres voyages.

GURWHAL, Gurhwal ou GUWAL [gheur-ouâl], district de l'Inde anglaise, dans les provinces du Nord-Ouest, séparé du Thibet

par les montagnes de l'Himalaya; 310,290 hab. Sa surface ne présente guère qu'une succession de montagnes et de vallées étroites et profondes, dans lesquelles plusieurs sources du Gange prennent naissance. Une petite partie du pays est seule habitée et cultivée. Capitale, Serinagur. — Gurwhal, longtemps état indépendant, devint sujet du Népaul en 1803; les Anglais s'en emparèrent en 1814. La partie principale fut annexée à l'Inde anglaise; une portion fut rendue à la famille de l'ancien rajah. Cette portion forme aujourd'hui l'état protégé de Gurwhal, appelé quelquefois Tehri ou Tiri, du nom de sa capitale; environ 200,000 hab.

GURYEV ou Guriev [gour'-ièv], ville de Russie, à 250 kil. E.-N.-E. d'Astrakan, sur une île de l'Oural, près de la mer Caspienne; 2,840 hab. Manufactures de coton et de toile; distilleries et pêcheries. Les habitants sont pour la plupart des Cosaques.

* **GUSTATIF** adj. (lat. *gustus*, goût). Anat. Se dit du nerf qui transmet au cerveau la sensation du goût : *nerf gustatif*.

* **GUSTATION** s. f. Didact. Sensation du goût, perception des saveurs.

GUSTAVE I, appelé GUSTAVE VASA, roi de Suède, né le 12 mai 1496, mort le 29 sept. 1560. Ses parents étaient descendants des anciens rois de Suède. Après avoir étudié à Upsal, il entra au service du régent Sturé en 1514. La Suède avait déclaré son indépendance, mais la noblesse et le clergé étaient très divisés. En 1517, Gustave se distingua dans des batailles contre le parti danois. En 1518, il fut pris comme otage par Christian II qui l'emmena à Copenhague. Après une année de détention, Gustave s'enfuit et passa huit mois à Lübeck. Ayant appris la défaite et la mort du régent et la conquête par les Danois de presque toute la Suède, il rentra dans sa patrie, mais ne put soulever le peuple en sa faveur; Christian fut couronné le 4 nov. 1520. Déguisé sous des haillons, Gustave travailla pendant quelque temps comme mineur et comme bûcheron à Dalecarlie. En février 1521, à la tête de 600 Dalecarliens qu'il avait excités à prendre les armes, il se rendit maître de Kopparberg. L'insurrection se répandit rapidement. Après avoir battu les Danois à Westeräs, le 29 avril, et avoir pris plusieurs forteresses, Gustave accepta d'une assemblée des Etats, en août, le titre d'administrateur. Christian, vaincu en plusieurs rencontres, fut déposé par ses sujets danois (avril 1523); ses partisans de Suède donnèrent leur adhésion à Vasa, qui reçut le titre de roi le 7 juin. A Lübeck, Gustave s'était converti au luthéranisme; il prit de suite des mesures contre le clergé catholique romain. En 1527, il fit exclure les évêques du sénat et exigea leur soumission formelle au pouvoir civil. La cérémonie du couronnement s'accomplit à Upsal, le 12 janvier 1528, par les soins de l'archevêque luthérien Lars Petri. En 1529, le luthéranisme fut adopté comme religion de l'Etat. Avec l'assistance de Frédéric Iᵉʳ de Danemark, il fit rendre les armes à Christian II qui, ayant obtenu des secours de l'empereur Charles-Quint, entra en Norvège avec une armée, en 1531. En 1542, une insurrection de paysans éclata, sous la conduite de Nils Dacke, qui fut tué en 1543. Ses partisans se dispersèrent. Gustave eut pour successeur son fils Eric, dont les mauvais penchants avaient empoisonné les dernières années de sa vie. — Gustave II (Adolphe), roi de Suède, sixième souverain de la dynastie de Vasa, fils de Charles IX, né le 9 déc. 1594, mort le 6 nov. (nouveau style 16) 1632. A son avènement en 1611, il hérita d'une guerre avec les Polonais, les Danois et les Russes, guerre qui avait pris naissance des prétentions de son cousin Sigismond de Pologne au trône de

Suède. Il fit la paix avec le Danemark, chassa les Russes de l'Ingrie, de la Karélie et d'une partie de la Livonie, traita avec le czar, en 1617, et continua la guerre polonaise avec succès, malgré l'intervention de l'empereur Ferdinand II. Une trève de six ans fut conclue en 1629. Gustave déclara bientôt la guerre à l'empereur et débarqua à l'embouchure de l'Oder, avec environ 20,000 hommes, le 24 juin 1630. Le 10 juillet, il s'était déjà emparé de presque toute la Poméranie. Il disciplina ses troupes, leur enseigna un nouveau système de tactique, conduisit une division de son armée dans le Mecklembourg, et prit 80 places fortifiées. En septembre 1631, l'électeur de Saxe se joignit à lui; avec l'assistance de ce prince, il battit Tilly à Breitenfeld, près de Leipzig, le 7 sept. Les États protestants l'acclamèrent comme leur chef. L'électeur de Saxe porta la guerre en Bohême; pendant que Gustave-Adolphe marchant en Franconie et dans le Palatinat, défit de nouveau Tilly à Würzbourg et hiverna à Mayence. En avril 1632, Gustave-Adolphe attaqua les Impériaux sur la rivière du Lech et les rejeta dans Ingolstadt. En mai, Munich se rendit aux Suédois; presque toute la Bavière était entre leurs mains et l'étendard suédois fut promené triomphalement par Bernhard de Saxe-Weimar jusqu'au lac de Constance et aux montagnes du Tyrol. A ce moment critique parut Wallenstein, à la tête de 40,000 hommes; il chassa les Saxons de la Bohême et trouva Gustave retranché à Nuremberg. Les deux armées restèrent en présence pendant trois mois. A la fin, Gustave, après avoir inutilement essayé d'enlever la position de l'ennemi, se retira vers le haut Danube; mais, en novembre, il entra dans la Saxe, où Wallenstein répandait le carnage et la désolation. Le 5, il se trouva face à face avec l'ennemi à Lützen, avec 12,000 hommes d'infanterie et 6,500 cavaliers. L'armée de Wallenstein était bien supérieure en nombre. La bataille se livra le 6, Gustave tomba frappé dans le dos. On croit qu'il avait été atteint par son cousin, le duc de Saxe-Lauenbourg, qui bientôt après passa aux Autrichiens. Sa mort rendit furieux les Suédois, qui, sous la conduite de Bernhard de Weimar, obligèrent Wallenstein de battre en retraite. — Gustave III, roi de Suède, fils du roi Adolphe-Frédéric, né le 24 janv. 1746, mort le 29 mars 1792. A son avènement (1771), l'État était divisé entre deux factions viles et corrompues. Il épousa le parti populaire et parvint à opérer une révolution sans effusion de sang et à faire accepter une nouvelle constitution en 1772. Il devint l'idole de la nation; mais l'augmentation de son pouvoir royal causa beaucoup de mécontentement. Une famine désola le pays en 1783; pour détourner les esprits, Gustave commença en personne une vigoureuse campagne contre la Russie. Les hostilités se terminèrent par une paix honorable, après la victoire navale de Swenksund, que remportèrent les Suédois le 9 juillet 1790. En 1792, Gustave fut l'un des organisateurs de la coalition contre la France, coalition composée de la Suède, de la Russie, de la Prusse et de l'Autriche; mais il fut tué par Anckarstroem, instrument d'une conspiration de nobles. Il a laissé des ouvrages dramatiques et des poèmes lyriques, publiés en suédois et en français (6 vol. 1806-'12). Ses essais et ses lettres sur l'histoire et sur la littérature ont été publiés par Geijer (3 vol., 1843-'46). — Gustave IV (Adolphe), roi de Suède, fils unique du précédent, né le 1er nov. 1778, mort le 7 févr. 1837. Seul, avec l'empereur Alexandre de Russie, il protesta contre l'exécution du duc d'Enghien; à la diète germanique, dans laquelle il possédait une voix comme duc de Poméranie, il se répandit hardiment en invectives contre l'empereur Napoléon. Celui-ci, répondit dans le *Moniteur* en critiquant le jeune roi qui n'avait, disait-on, bé-

rité de Charles XII que *des bottes et de la langue*. Il faut dire que Gustave avait adopté le costume de Charles. Bientôt après, il prit en personne le commandement des troupes suédoises contre Bernadotte qui occupait le Hanovre avec 30,000 hommes. La victoire d'Austerlitz et la paix de Presbourg (1805) le forcèrent à se retirer. La paix de Tilsitt (1807) avant été imposée à la Russie et à la Prusse, Gustave resta seul sur le continent à tenir tête à Napoléon, qui lui enleva la Poméranie; Alexandre le dépouilla de la Finlande. Gustave, menacé d'une invasion en Suède, devint fou. Il fut arrêté et son oncle, l'ancien régent, placé à la tête des affaires avec le titre de protecteur, se fit élire roi sous le nom de Charles XIII. Gustave abdiqua le 29 mars 1809, et la diète déclara ses héritiers étaient exclus pour toujours du trône. La famille exilée se rendit en Allemagne, où Gustave prit le titre de comte de Gottorp. Le gouvernement suédois lui offrit une pension de 130,000 fr., qu'il refusa; il voyagea ensuite en Europe, et vécut dans une grande pénurie. Il mourut dans une humble demeure à Saint-Gall. En 1828, son fils Gustave (né en 1799) fit de vains efforts près des cours de l'Europe pour réclamer le titre de prince de Suède. A la mort de son père, il aspira à la dignité de roi. Cette réclamation fut publiquement renouvelée en 1859, lorsque mourut le roi Oscar. — Gustave III ou le Bal masqué, opéra en 5 actes, représenté à Paris (Académie de musique), le 27 févr. 1833, paroles de Scribe; musique d'Auber. Le galop de Gustave est resté populaire.

GUSTAVIA, ch.-l. de l'île Saint-Barthélemy. Voy. Barthélemy.

GÜSTROW [gus-'tro], ville du Mecklembourg-Schwerin, sur le Nebel, à 30 kil. de Rostock; 10,930 hab. Château. Manufactures de tabac, de machines, d'articles en fer et de cuir.

GUTENBERG ou **Guttenburg** (Jean, Johann, Henne ou Hans, Gentfleish ou Sulzfleish de Suleglockh, *dit*), inventeur présumé de la typographie, né vers 1400, dans la petite ville de Kuttenberg, en Bohême, suivant les uns, à Mayence, selon les autres; mort à Mayence en 1468. Son père se nommait Gänsfleisch, et l'on pense que Gutenberg était le nom de sa mère ou celui d'une propriété appartenant à sa famille, qui était noble. Il passa une partie de sa jeunesse à Mayence. Des troubles survenus dans cette ville, à l'occasion de l'entrée solennelle de l'empereur, l'ayant forcé de s'exiler, en 1420, il se réfugia à Strasbourg, où il demeura jusqu'en 1448, s'occupant sans doute de la copie ou de l'enluminure des manuscrits. En 1438, il occupait une presse, des types mobiles, des formes et tous les appareils nécessaires à un imprimeur. Il avait donc créé cet art admirable, pour reproduire avec plus de facilité que les procédés xylographiques, de petits livres populaires, tels que le *Speculum humanæ salvationis* (Miroir du salut de l'homme) et le *Speculum salutis* (Miroir du salut), ce qui a fait croire, pendant longtemps, qu'il s'occupait de la fabrication de glaces; erreur victorieusement combattue par le bibliophile Jacob. Jusqu'à cette époque, ces ouvrages avaient été imprimés à l'aide de planches gravées en bois, qu'il fallait tailler un à un pour les assembler en mots et en phrases; procédé lent et coûteux, dont les principaux avantages étaient de permettre les corrections et l'emploi des mêmes caractères mobiles pour l'impression de plusieurs ouvrages. La s'arrêta l'invention de Gutenberg. La presse existait avant lui, puisque l'on imprimait déjà à l'aide de planches gravées, et la gloire de l'illustre imprimeur de Strasbourg est assez solide, assez éclatante pour qu'il ne soit pas utile de

lui attribuer des découvertes qui ne lui appartiennent pas. Manquant du capital nécessaire à l'exploitation de son invention, il s'était associé en 1436, à Jean Riffe et à Antoine Heilmann et André Dryzehn, bourgeois de Strasbourg. L'un des associés, Dryzehn, étant mort en 1439, ses héritiers réclamèrent à Gutenberg une somme de 100 florins et le firent condamner à en payer 15. Le principal défaut de la nouvelle invention était de produire une impression pâle, indécise; inégale. Ce qui contribuait à cette défectuosité, c'était le caractère de bois. Gutenberg passa de longues années à chercher un procédé et un métal propres à la fonte des lettres; travaux infructueux qui épuisèrent ses ressources. Dégoûté de Strasbourg, où il ne réussissait pas à son gré, il revint à Mayence vers 1448, et s'y associa avec un vieil orfèvre, nommé Faust ou Fust, qui mit 800 florins au service de ses projets. Tout en imprimant avec des caractères de bois, il se livrait secrètement à la recherche d'un moyen de produire des types de métal, lorsque Schœffer, jeune ouvrier qu'il employait dans son imprimerie, devenant l'objet de ses recherches mystérieuses, trouva la manière de tailler les matrices et de fondre des caractères. C'est ainsi que Gutenberg perdit le fruit de ses longs travaux. Devenu inutile à son associé, il dut céder la place à son jeune rival et fut condamné, en 1455, à rembourser au vieil orfèvre, la somme de 2,020 florins d'or, provenant de 1,600 florins à lui prêtés et de 420 florins d'intérêt. Incapable de rembourser cette somme, il fut chassé, exproprié de son imprimerie et des caractères dont Fust resta propriétaire. Plongé dans la misère, il obtint une petite pension du prince-évêque Adolphe de Nassau, qui l'admit parmi ses gentilshommes (1465). Justice ne lui fut rendue qu'après sa mort. Dans la préface d'une traduction allemande de Tite-Live (Mayence, 1505), Schœffer déclare franchement que « l'art admirable d'imprimer a été inventé par l'ingénieux Johann Gutenberg ». En 1837, un splendide monument en bronze fut inauguré à Mayence, en l'honneur de celui qui a doté le monde de la plus sublime invention des temps modernes. La *Société de Gutenberg*, dont font partie tous les écrivains des provinces rhénanes, se réunit annuellement dans la même ville, pour fêter cette grande découverte, et le 15 août de la 37e année de chaque siècle, la ville de Mayence célèbre, comme une fête nationale, le centenaire de Gutenberg.

GUTHRIE (William), auteur écossais, né vers 1708, mort en 1770. Ses ouvrages les plus importants sont : *General History of England* (3 vol. in-fol.), *General History of Scotland* (10 vol. in-8°), *General History of the World* (12 vol.) et *Geographical, Historical and Commercial Grammar*.

GUTS-MUTHS (Johann Christoph Friedrich, [goutss-moutss], fondateur des exercices gymnastiques (*turnwesen*) en Allemagne, né en 1759, mort en 1839. Il étudia la théologie à Halle et, en 1786, devint directeur des gymnases de l'institut de Schnepfenthal. Il a publié des livres à l'usage des écoles et plusieurs ouvrages sur la gymnastique.

GUTTA-PERCHA s. f. [gu-ta-pèr-ka] (malais *gutta*, gomme; *percha*, nom d'une plante). Substance épaisse et gommeuse, fournie par un grand arbre qui croît en abondance à Sumatra et dans les autres îles de l'archipel oriental. — La gutta-percha est appelée *gutta taban* par les Malais. En 1847, sir W.-J. Hooker fit connaître en Europe l'arbre qui produit cette gomme; il le classa dans l'ordre des sapotacées; le docteur Wight le plaça dans le nouveau genre *isonandra* et le nomma *isonandra gutta*. Cet arbre était autrefois très répandu dans les forêts qui s'étendent au pied des montagnes de la péninsule de Malaisie, mais les indigènes, à force d'épuiser les plantations, les ont détruites, si bien que la gutta-percha provient aujourd'hui de Bornéo et des îles de l'archipel Indien. Elle est produite par un grand arbre qui mesure 1 m. 50 et 2 m. de diamètre; sa tige est droite et atteint une hauteur de 20 à 25 m. Les Malais employaient le suc de cet arbre longtemps avant que les Européens eussent connaissance de son existence. Ils en font des bassins, des vases, des souliers, des cannes élastiques, des fouets, des manches de *parangs* ou haches, etc. En 1842, le docteur William Montgomerie, aide-chirurgien à la résidence de Singapore, appela le premier, l'attention

Gutta-percha (Isonandra gutta).

des Européens sur cette substance et, en 1843, le docteur d'Alméida, appartenant à la même localité, en apporta des échantillons en Angleterre. De nouvelles communications du docteur Montgomerie établirent l'importance de cette gomme-résine en démontrant qu'elle peut être employée aux mêmes usages que le caoutchouc. En 1844, ce produit prit une certaine importance commerciale. — Purifiée, la gutta-percha présente une couleur rouge brunâtre; sa densité est 0,979. A des températures ordinaires, sa tenacité considérable peut être comparée à celle du cuir; mais elle est moins flexible que celui-ci. Chauffée à 45° C. elle devient pâteuse; entre ce degré et 60° C. ou 70° C., elle peut être moulée sous différentes formes, ou étirée en fils, ou en tubes. Elle est insoluble dans l'eau et légèrement soluble dans l'alcool et dans l'éther anhydre; mais elle est soluble dans l'huile d'olive bouillante, dont elle se précipite en refroidissant. La benzine, le sulfure de carbone, le chloroforme et l'huile de térébenthine la dissolvent à l'aide de la chaleur. Les emplois de la gutta-percha sont les mêmes que ceux du Caoutchouc. La première machine construite pour envelopper de gutta-percha les fils télégraphiques fut faite en 1848 par la compagnie américaine de gutta-percha de Brooklyn. La gutta-percha est souvent employée en combinaison avec le caoutchouc, ce dernier servant à adoucir la matière, à la rendre plus souple, plus élastique, moins susceptible d'être affectée par les changements de température. L'un et l'autre peuvent être soumis à la préparation appelée *vulcanisation*, qui consiste à mêler intimement la gomme avec du soufre ou avec quelques-uns de ses composés, et à soumettre le mélange à une température élevée dans des vases clos. Le principal usage de la gutta-percha est de couvrir les câbles télégraphiques. Elle est employée par les dentistes pour prendre l'empreinte des dents et des gencives, pour remplir temporairement les cavités dentaires et pour fabriquer des gencives artificielles. On en fait des articles pour les laboratoires de chimie (entonnoirs, tubes, etc). Beaucoup d'objets vendus comme étant

fabriqués avec de la gutta-percha sont des mélanges de caoutchouc et d'autres substances.

GUTTA-ROSEA s. f. [gut-ta-ro-zé-a] (lat. *gutta*, goutte; *rosea*, rosée). Pathol. L'un des noms de l'Acné.

GUTTE. Voy. Gomme-gutte.

GUTTIER s. m. Arbre de l'Asie orientale, qui donne une gomme-résine opaque d'une couleur jaune safranée, longtemps confondue avec la gomme-gutte.

GUTTIFÈRE adj. [gu-ti-fè-re] (lat. *gutta*, goutte; *fero*, je porte). Qui se présente sous forme de larmes, de gouttes.

GUTTIFÈRES s. m. pl. Famille de plantes originaires des pays chauds, qui fournissent un suc résineux analogue à la gomme-gutte.

GUTTIFORME adj. Qui a la forme d'une goutte liquide.

GUTTURAL, ALE, AUX adj. [gutt-tu-ral] (lat. *guttur*, gosier). Anat. et Méd. Qui appartient au gosier : *artère gutturale*. — Qui vient du gosier; qui se prononce du gosier : G et K *sont des lettres gutturales*. — s. f. Lettre gutturale : *les labiales, les dentales et les gutturales*.

GÜTZLAFF (Karl), missionnaire allemand, né en 1803, mort en Chine en 1851. Pauvre ouvrier, il se fit admettre à l'Institut des missionnaires de Berlin, au moyen d'un sonnet qu'il adressa au roi. La société des missionnaires hollandais de Rotterdam l'envoya à Batavia en 1826. Il épousa une riche Anglaise et apprit le chinois. Il accompagna le missionnaire anglais Tomlin à Bangkok et l'aida à traduire le Nouveau Testament en siamois. Il s'établit à Macao en 1831, travailla de concert avec les missionnaires anglicans, à la communion desquels il appartenait, et fit sur les côtes de Chine trois voyages (1831-'33), dont il publia le récit. Il succéda au Dr Morrison en 1834, comme interprète à la direction anglaise et fut ensuite secrétaire de l'envoyé anglais. En 1844, il créa une société pour évangéliser l'intérieur de la Chine au moyen d'agents indigènes. Ses travaux comprennent des traductions en langues asiatiques et une *History of the Chinese Empire* (1834).

GUY (Danse de Saint-). Voy. Chorée.

GUYANE, Guiane ou **Guayana** [gui-ia-ne] I. Territoire de la côte N.-E. de l'Amérique du Sud, comprenant trois colonies distinctes, savoir : la Guyane anglaise, la Guyane hollandaise et la Guyane française; elle s'étend entre 0° 55' et 8° 40' lat. N., et entre 53° 50' et 63° long. O., et est bornée par l'océan Atlantique, le Brésil et Vénézuéla; 461,977 kil. carr.; environ 309,000 hab., y compris les nègres et les mulâtres (qui forment la masse de la population), les coolies de l'Inde, quelques milliers de blancs et de Chinois, et les restes de plusieurs tribus indiennes. Les côtes mesurent environ 990 kil. de longueur. Les bancs de boue, les rochers et les barres qui se trouvent à l'embouchure des rivières rendent son accès difficile partout, et les navires ayant un tirant d'eau de plus de 4 mètres sont obligés de jeter l'ancre à 4 kil. en mer. La région côtière de l'O. a une largeur moyenne de 70 kil.; elle est très basse. Au delà du pays plat qui longe la côte, la surface du territoire s'élève graduellement en un plateau qui est coupé par des chaînes parallèles de collines, et qui se termine dans les montagnes des frontières du Brésil. Le mont Roraima (2,530 m.), sur la frontière de l'O., est le plus élevé de la Guyane; les autres montagnes n'atteignent que 1,300 m. de hauteur. Les rivières principales sont (en commençant à l'O.) l'Essequibo, le Demerara, le Berbice, le Corentyn, le Saramaca, le Surinam, le Maroni et l'Oyapok (sur la frontière du Brésil). Dans le Putaro, tributaire de l'Essequibo, se

trouve la grande cataracte de Kaieteur, dont la largeur au sommet est de 130 m.; la profondeur de l'eau, à l'époque de la sécheresse, est de 5 m. et la chute est de 250 m. Climat tempéré par des brises constantes de l'est et plus sain que celui des Antilles, particulièrement dans l'intérieur, où les épidémies sont presque inconnues. Dans la saison des pluies, qui comprend décembre, janvier, février, juin, juillet et août, les rivières débordent et les fièvres intermittentes dominent. Le sol est très fertile et la végétation est luxuriante. La moitié du pays est couverte d'épaisses forêts dans lesquelles on trouve d'excellent bois de construction, des bois d'ébénisterie et de teinture, des plantes médicinales, des fruits des tropiques en abondance. Parmi les nombreuses fleurs indigènes, on cite la superbe *victoria regia*. (Voy. ce mot.) On cultive en Guyane le maïs, la cassave, l'igname, la pomme de terre, le manioc, l'arrow-root, la canne à sucre, le café, le cotonnier, le tabac et l'indigo. On y élève de grands troupeaux de bœufs et de chevaux. — La Guyane fut découverte par Colomb en 1498. Diego de Ordaz y fonda, en 1531, la ville de Saint-Thomas; des établissements hollandais furent créés vers 1580. Les esclaves africains y furent d'abord introduits vers 1621. — II. **Guyane anglaise**, appelée quelquefois Demerara, portion occidentale du territoire précédent, entre 0° 55' et 8° 40' lat. N. et entre 58° 40' et 63° long. O., séparée de la Guyane hollandaise par la rivière Corentyn, 221,243 kil. carr.; 193,190 hab., y compris 42,680 indigènes de l'Inde, mais non compris les Indiens non civilisés. Elle formait autrefois les trois comtés d'Essequibo, de Demerara et de Berbice; mais les deux premiers sont réunis. Georgetown en est la capitale. La valeur des importations est de 46 millions de francs. Celle de l'exportation est de 74 millions. Les principaux articles d'exportation sont le sucre, le rhum, la mélasse et le riz. Revenu, 9 millions; dépenses, 9 millions; dette publique, 10 millions. Le gouvernement consiste en un gouverneur et en une cour composée de 9 membres (4 officiels et 5 élus). 160 écoles (établies par différentes congrégations religieuses) reçoivent l'assistance du gouvernement; elles comptent 8,900 élèves. Les Hollandais fondèrent les établissements de New-Amsterdam, de Demerara et d'Essequibo vers 1580. Les Anglais s'emparèrent de cette colonie en 1796, la rendirent aux Hollandais en 1802, la reprirent en 1803 et la gardèrent en vertu de la paix de 1814. L'esclavage y fut aboli en 1834. — III. **Guyane hollandaise** ou Surinam, partie centrale, entre 2° 20' et 6° lat. N., et entre 55° 35' et 60° 5' long. O., séparée de la Guyane française par la rivière Maroni; 119,321 kil. carr.; 69,330 hab. Paramaribo en est la capitale et le port principal. Les importations s'élèvent à 8 millions de fr.; les exportations à 6 millions (sucre, mélasses, cacao, rhum, bois d'ébénisterie et coton). La colonie reçoit un subside annuel du gouvernement hollandais Les dépenses annuelles sont d'environ 2 millions de fr.; les recettes des taxes directes et des impôts de la douane s'élèvent à environ 1,500,000 fr. Le pays est administré par un gouverneur général et un conseil. La Guyane hollandaise fut visitée par les Français en 1640, prise par les Anglais en 1650 et par les Hollandais en 1667. Après avoir été prise et rendue plusieurs fois par les Anglais, elle fut définitivement abandonnée à la Hollande en 1814. — IV. **Guyane française**, colonie française comprise entre 1° 15' et 5° 45' lat. N., et entre 53° 50' et 56° 5' long. O., bornée au N.-E. par l'océan Atlantique, au N.-O. et à l'O. par le Maroni, qui la sépare de la Guyane hollandaise, et à l'E. par le pays, presque inexplorés, situés au delà du Rio-Branco. La limite n'est pas exactement déterminée au S.; elle longe à peu près l'Oyapoc. La longueur du littoral, du Maroni à l'Oyapoc, est de 500 à 562 kil., et la profondeur du territoire, depuis le Rio-Branco jusqu'à l'Océan, d'environ 4,200 kil., ce qui forme une surface triangulaire de 424,443 kil. carr.; 47,375 hab. sédentaires et 9,700 hab. de population flottante, sans compter 1,775 Indiens aborigènes et 345 Indiens réfugiés du Para, en tout 29,165 habitants. On trouve, dans les forêts, des Indiens entièrement sauvages. Une grande partie de la population sédentaire est formée par l'administration, la garnison et les forçats arabes et noirs déportés à la Guyane. La population blanche librement fixée dans le pays n'excède pas un millier d'habitants. — La Guyane française est divisée en terres hautes et en terres basses. Celles-ci, formées de terres d'alluvion, dont une partie est cultivée et l'autre partie est en savanes sèches, occupent tout le littoral jusqu'aux premières chutes ou sauts des rivières. Elles sont couvertes de marais, les uns inondés, appelés *pripris*, d'où s'élèvent des forêts de mangliers, les autres desséchés, portant le nom de *pinotières*, parce qu'ils sont plantés de palmiers pinots : entre les rivières de Kaw et de Mahury et dans le quartier de Sinnamary, se trouvent de véritables tourbières, formées par l'assemblage d'herbes aquatiques reposant sur un fond de vase molle ; on appelle ces tourbières des *savanes tremblantes*. Les terres basses, à cause de leurs marécages, sont funestes aux Européens; les forêts de cette contrée ne fournissent que des bois mous. Les terres hautes commencent aux premières cataractes des rivières, à partir desquelles s'étend dans l'intérieur une chaîne de montagnes haute de 500 à 600 mètres, qui se dirige vers la chaîne de Tumuc-Humac. Les points les plus élevés de cette dernière ne dépassent pas 4,200 mètres. Les forêts de cette partie produisent une quantité d'espèces de bois durs propres à la menuiserie, à la charpente, au charronnage, etc. — La Guyane est sillonnée de nombreux cours d'eau; on y compte plus de 22 fleuves dont les principaux sont : le Maroni, la Mana, le Sinnamary, le Kourou, la rivière de Cayenne, le Mahury, l'Approuague, l'Ouanary, l'Oyapoc, l'Ouassa et la rivière Vincent-Pinçon, limitant au S. un territoire qui nous est contesté par le Brésil ; presque toutes les rivières roulent sur leurs sables des parcelles d'or. Les lacs Mépécucu, Macari et Mapa sont les plus étendus des dix ou douze lacs que possède la Guyane. — La colonie habitée forme quatorze quartiers situés aux embouchures des principales rivières; le plus important est celui de Cayenne. Chef-lieu de la colonie, *Cayenne* (Voy. ce mot), port maritime fortifié, dans lequel se centralise tout le mouvement des importations et des exportations. Cayenne est située sur la pointe occidentale de l'île dont elle porte le nom, à l'embouchure de la rivière Oyac ; 8,000 hab. Siège du gouvernement, d'un commandant militaire, d'un préfet apostolique. Ecoles primaires, hospice civil, hôpital militaire, jardin botanique et d'acclimatation. Cette ville possède la rade la plus sûre de la Guyane, rade qui, cependant ne peut recevoir que des bâtiments de 500 tonneaux. Les navires d'un plus fort tonnage trouvent un bon mouillage aux Iles du Salut, au N.-O. de Cayenne. Ces Iles sont au nombre de trois: l'Ile Saint-Joseph, toute luxuriante de végétation, l'Ile Royale et l'Ile du Diable, rocher aride sur lequel sont déposés les transportés. Les autres quartiers sont compris dans les communes d'Oyapoc, Kaw Approuague, Roura, Ile-de-Cayenne, Tour-de-l'Ile, Tonnegrande-Montsinéry, Macouria, Kourou, Sinnamary-Iracombo, Mana. Il y a de plus la commune pénitentiaire du Maroni. — Le climat de la Guyane n'est pas aussi brûlant qu'on pourrait le supposer pour une région aussi voisine de l'équateur. Pendant la saison fraîche, le thermomètre marque en moyenne 26° et descend bien rarement à 21°;

pendant les chaleurs (août, septembre, octobre), il monte généralement à 30°, mais n'accuse presque jamais plus de 41°, chiffre auquel il ne s'élève que très rarement. Le trait caractéristique du climat de Cayenne est le peu d'écart entre la température du jour et celle de la nuit. La saison sèche commence en juin et juillet et se prolonge jusqu'en décembre ; la saison pluvieuse ou hivernage dure de décembre jusqu'en juin. Les ouragans sont inconnus à la Guyane. Les raz de marée, qui ne se font guère sentir que dans l'arrière-saison (novembre et décembre) sont bien moins dangereux qu'aux Antilles. Depuis la fin du dernier siècle, on a éprouvé dans ce pays quatre tremblements de terre, en 1794, en 1824, en 1843 et en 1877. Les trois premiers n'ont pas causé de dommages notables et le dernier a été totalement inoffensif. — Il existe à la Guyane, 105 exploitations aurifères qui emploient près de 4,000 travailleurs. Le chiffre exact des exportations d'or s'est élevé, en 1881, à 4,975 kil. 464. Le premier placer fut fondé sur les bords de la crique Sickny. D'autres gisements ont été découverts en 1855 sur l'Approuague et plus tard sur les rivières Foucault et Le Blond, dans le quartier de Mana et sur la rive droite du Maroni. — Les habitants cultivent le riz, le maïs, l'igname, le manioc, pour leur nourriture; et pour l'exportation, le caféier, la canne à sucre, le rocouyer, le giroflier, le cacaoyer, le piment appelé poivre de Cayenne. Dans les hautes terres, on commence à exploiter les bois des forêts et à recueillir l'écorce à tan du palétuvier. — La garnison se compose de six compagnies d'infanterie de marine, d'une demi-batterie d'artillerie et d'un détachement de gendarmerie. Il y a des postes détachés au Maroni et aux Iles du Salut. — Les Indiens civilisés sont paisibles et se livrent à la culture; ils appartiennent aux tribus des Trios, des Roucougennes, des Emérillons, des Aramichaux, des Cayéouchiennes et des Oyampis. Dans l'intérieur des forêts vivent les *nègres bosch* (nègres des bois), formant les tribus de Youcas, des Bouis et des Polygoudoux. — Hist. La Guyane, qui porta longtemps le nom de *France équinoxiale*, fut reconnue dès 1496 par Christophe Colomb qui y aborda, le 14 août 1498, dix mois avant Améric Vespuce. En 1604, sur le rapport d'un nommé Devaux qui avait longtemps habité Cayenne, Henri IV envoya à la Guyane le sieur de la Renardière pour examiner s'il serait possible d'y fonder une colonie. La mort de Henri IV empêcha de donner suite à ce projet. En 1626, quelques agriculteurs français vinrent se fixer sur les bords du Sinnamary : d'autres colons les y rejoignirent quelques années plus tard (1630-35), et construisirent en 1635, à l'embouchure de la rivière de Cayenne, un fort et une ville qui devint le chef-lieu de la colonie. La Guyane passa ensuite successivement aux mains de la Cⁱᵉ du cap Nord et de la Cⁱᵉ de la France équinoxiale et des Douze-Seigneurs. En 1664; elle fut concédée à la Cⁱᵉ des Indes occidentales. Elle fut ravagée par les Anglais en 1667, prise en 1672 par les Hollandais et reprise en 1674 par l'amiral d'Estrées, qui s'en empara au nom du roi et supprima la Compagnie. De 1800 à 1809, les habitants de la Guyane se livrèrent à la course. La colonie fut prise par les Portugais qui la conservèrent plusieurs années. Elle fut restituée à la France par le traité de Paris (1814). La prise de possession eut lieu en 1817, mais les limites du côté de l'Amazone ne furent pas fixées. — Un décret-loi du 8 décembre 1851 donna au gouvernement la faculté de transporter à Cayenne pour 5 ans au moins et 40 ans au plus, les individus placés sous la surveillance de la haute police, reconnus coupables de rupture de ban ou d'avoir fait partie d'une société secrète. Un nouveau décret (27 mars 1852) créa la transportation volontaire, en ouvrant la porte des bagnes aux forçats disposés à se

rendre volontairement à la Guyane et en offrant un asile dans cette colonie, aux condamnés libérés en France. Le 31 mai 1852, un second décret ordonna le transfèrement à la Guyane des transportés de 1848 et 1852 qui se refusaient à l'obéissance ou au travail, ou qui étaient condamnés à une peine afflictive ou infamante. Un autre décret (20 août 1853) autorisa le transfèrement des individus d'origine asiatique ou africaine condamnés aux travaux forcés ou à la réclusion par les juridictions coloniales. Enfin la loi du 30 mai 1854 donna à la réforme pénitentiaire une base strictement légale. Ce fut le 31 mars 1852, que partit pour la Guyane le premier bâtiment ayant des forçats à bord. A partir de 1852, on transporta, pendant quelques années, dans les pénitenciers de la Guyane, environ 3,000 forçats français, auxquels on garantissait des adoucissements et auxquels on promettait de changer leur condition pour celle de colon, après dix ans d'épreuve. L'insalubrité du climat fit avorter cette tentative de colonisation, et depuis 1864 les transportés blancs sont dirigés sur la Nouvelle-Calédonie, la Guyane ne reçoit plus que les condamnés noirs. L'effectif, au 1ᵉʳ décembre 1882, comprenait 3,430 transportés de différentes catégories; 3,288 hommes et 142 femmes. Les points de transportation ont été les suivants: les Iles du Salut, l'Ile la Mère, la Montagne-d'Argent, Saint-Georges, l'atelier forestier des Trois-Carbets, la Comté, Saint-Laurent-du-Maroni, créé en 1858, Montjoly et Kourou. Il ne reste aujourd'hui de tous ces points que quatre centres occupés par la transportation : Cayenne, les Iles du Salut, Kourou et Saint-Laurent-du-Maroni avec ses annexes Saint-Maurice et les Hattes. Le Maroni est le centre de la colonisation pénale. Il a été institué en commune pénitentiaire par décret du 16 mars 1880.

GUYARD (Jean), historien, né à Tours, vers le milieu du xvⁱᵉ siècle, mort vers 4600. Il était avocat au Mans. Il a laissé : *Traité des droits royaux de Hugues Capet* (Tours, 1590, in-4°); *Traité de la loi salique* (Tours, 1590, in-4°).

GUYARD DE BERVILLE, historien, né à Paris, en 1697, mort à l'hospice de Bicêtre, en 1778. Son *Hist. de Bayard* et son *Hist. de du Guesclin*, souvent réimprimées ou imitées, sont des modèles de simplicité de style et d'art historique.

GUYENNE ou **Guienne** [ghi-è-ne] (corrupt. du mot Aquitaine), ancienne province du S.-O. de la France, partie de l'ancien royaume d'Aquitaine, formant les départements de la Gironde, du Lot, du Lot-et-Garonne, de la Dordogne, de l'Aveyron, et une partie de ceux des Landes et de Tarn-et-Garonne. — La capitale de la Guyenne était Bordeaux. (Voy. AQUITAINE). En 1152, le duché de Guyenne passa à Henri Plantagenet (plus tard Henri II d'Angleterre) par le mariage de ce prince avec Eléonore d'Aquitaine. L'Angleterre en conserva la possession jusqu'en 1451, époque où Dunois en fit la conquête pour Charles VII de France. Talbot essaya vainement d'envahir le pays en 1453. Après sa défaite et sa mort à Castillon, les Anglais perdirent définitivement cette province qu'ils possédaient depuis trois siècles. La Guyenne fut déchirée par l'insurrection contre l'établissement de la gabelle (1548) et par les guerres de religion. A partir du règne de Louis XIV, elle forma, avec la Gascogne, un des grands gouvernements militaires. — Le titre de *duc de Guyenne* fut donné en 1469 par Louis XI à son frère Charles, duc de Berry (mort empoisonné à Bordeaux en 1472).

GUYON (Jeanne-Marie **Bouvier de la Motte**, Mᵐᵉ) [ghi-ion], célèbre mystique, née à Montargis (Loiret) en 1648, morte en 1747. A l'âge de 16 ans, elle épousa Jacques Guyon qui mourut en 1676. Elle se rendit à Paris en 1680 pour surveiller l'éducation de ses enfants. Dans cette ville et, plus tard, à Genève et à Gex, elle se voua à des œuvres charitables et religieuses et à une sorte d'apostolat pour répandre ses idées particulières sur la sanctification et sur d'autres doctrines. L'évêque de Gex lui donna comme directeur un prêtre du nom de Lacombe; elle fit partager son exaltation à ce directeur, et en 1664, ils furent chassés l'un et l'autre du diocèse. Elle voyagea ensuite pour propager ses opinions religieuses, fit des adeptes à Grenoble, composa ses célèbres *Torrents spirituels* et son *Moyen facile de faire l'oraison de cœur* et commença ses *Commentaires* et sa *Traduction française* de la Bible. En 1786, elle s'associa à des dames parisiennes de haut rang pour organiser des conférences religieuses. On s'aperçut bientôt que ses enseignements différaient peu de ceux de Miguel de Molinos, chef des quiétistes, dont les écrits avaient été récemment condamnés. L'un de ses frères, La Motte, prêtre barnabite, fut l'un des premiers à se déchaîner contre elle. En janvier 1688, elle fut enfermée dans un couvent, et Lacombe, dont la prédication avait obtenu un succès prodigieux, fut jeté à la Bastille. Mme de Maintenon fit rendre la liberté à Mme Guyon en août 1688 et consentit à lui laisser développer ses opinions dans la maison de Saint-Cyr. Malheureusement, Mme Guyon se laissa persuader, par un frère de Boileau, de préparer la justification de son *Moyen de faire l'oraison de cœur*, sur quoi ses écrits furent soumis à une commission royale, dont Bossuet et son ami Fénelon furent les membres les plus éminents. Cette commission condamna dans ses œuvres quelques erreurs; Mme Guyon se soumit de suite à la décision de ses juges. Mais Bossuet publia contre elle un pamphlet qui attaquait son caractère et sa conduite, sans craindre de se brouiller avec Fénelon qui avait pris le parti de Mme Guyon. Cette dernière fut jetée à la Bastille. Lacombe, dont le long emprisonnement avait altéré l'esprit, s'accusa d'intimité criminelle avec elle (1698). Cette accusation fut réduite à néant par une assemblée du clergé, reunie à Saint-Germain, dans laquelle on rendit hommage à la pureté de ses mœurs (1700). En 1702, elle fut mise en liberté; mais on l'exila de Paris. Son autobiographie (1720) est muette en ce qui regarde les incidents importants de son existence; on a supposé qu'elle a été écrite par Poiret, d'après les notes de Mme Guyon.

GUYOT DE FÈRE (François-Fortuné), littérateur, né à Paris en 1791, mort en 1866. Il a publié un grand nombre d'articles de journaux et a laissé une *Hist. du prince Eugène de Beauharnais* (1824); *Statistique des Lettres et des Sciences en France* (Paris 1834-'35, 2 vol. in-8°), etc.

GUYTON DE MORVEAU (Louis-Bernard, baron), chimiste, né à Dijon en 1737, mort en 1816. Il remplit pendant 27 ans (1755-'82) la charge d'avocat général au parlement de Dijon. Consacrant noblement ses loisirs à l'étude de la chimie et de la minéralogie, il fut frappé de la bizarrerie et du défaut de clarté de la langue savante. Il proposa, en 1782, de nouvelles dénominations qui portaient en elles le germe d'une vraie nomenclature. Son but était de désigner une substance par le nom même de sa composition, et cette réforme, admise d'enthousiasme par Lavoisier, fut l'un des plus puissants instruments de la révolution scientifique tentée par cet illustre chimiste. En 1774, Guyton de Morveau commença une série de conférences sur la chimie, à l'académie de Dijon. Dès 1773, il avait employé le chlore comme agent général de désinfection et il décrivit ensuite les résultats de ses expériences dans son fameux *Traité des moyens de désinfecter l'air* (1801). Il fut

député à l'Assemblée législative en 1791. et ensuite à la Convention où il vota la mort du roi sans sursis ni appel. Il établit l'Ecole polytechnique dont il fut professeur et directeur; administrateur de la Monnaie (1800-1814), il contribua à l'établissement du nouveau système monétaire. Il écrivit un dictionnaire de chimie pour l'*Encyclopédie méthodique*.

GUYTONIEN, IENNE adj. [ghi-]. Qui a rapport ou appartient au chimiste Guyton de Morveau.

GUZARATE, Guzerat ou **GUJERAT**, division de l'Inde anglaise), bornée par la mer d'Arabie et les golfes de Cutch et de Cambay; 102,086 kil. carr.; environ 3,000,000 d'hab. Elle comprend la péninsule de Cottywar, les domaines de Guicowar et plusieurs petits Etats indigènes. Les Ghauts de l'O. forment une partie de ses frontières de l'E. Les rivières principales sont : le Subbermuttee, le Myhee, le Nerbudda, le Taptee et le Danon de l'O.; On y trouve du fer et de belles cornalines. La récolte principale est le coton, qui occupe environ la moitié des terres cultivées. Parmi les principales villes sont : Baroda, Dungurpoor et Cambay.

GUZARATI s. m. Dialecte indien du district de Guzarate.

GUZLA s. f. Sorte de violon grossier qui n'a qu'une seule corde et dont on joue avec un archet : *la guzla est l'instrument national des Illyriens*.

GUZMAN, personnage du *Pied de mouton*, célèbre féerie de Mariainville et Ribié, représentée sur le théâtre de la Gaieté en 1807. Le nom de Guzman est resté populaire à cause du dicton :

Gurman ne connaît pas d'obstacle,

premiers vers d'une romance de cette féerie.

GWALIOR ou **Goualior** [goua'-lior] I. Partie de l'Inde anglaise, bornée par les provinces du N.-O. de Bombay, etc.; 62,150 kil. carr.; environ 3,250,000 hab. Dans le S. se trouvent les montagnes Vindbya et Satpoora. Elle est limitée au N.-O. par la rivière Chumbul; les autres rivières sont : le Sinde, le Betwah et le Dussam qui se jette dans la Jumna. Au S. des montagnes coulent la Nerbudda et le Taptee. Le produit le plus important est l'opium. Places principales : Gwalior, Burhanpoor, Oojein, Mundisoor, Hindia et Chunderee. Cet état fut fondé en 1738 par Ranojee Sindia, chef qui s'était élevé de l'obscurité au pouvoir suprême. Son fils naturel, Maddhaji Sindia, fut reconnu par la Compagnie des Indes orientales comme prince souverain (maharajah). Il entretenait une armée nombreuse et bien établie, organisée et disciplinée par des officiers français; il s'empara de Delhi, d'Agra et de la personne de l'empereur mogol, au nom duquel il gouverna ensuite. Ses états s'étendaient jusqu'à la rivière Taptee au S. et depuis le Gange, à l'E., jusqu'au golfe de Cambay à l'O. Son successeur, Dowlut Now, entreprit une guerre contre les Anglais, qui lui prirent une partie considérable de ses Etats. En 1827, Mugut Row lui succéda. A la mort de celui-ci, qui ne laissa pas d'enfants, le pays tomba dans l'anarchie. Les Anglais établirent l'autorité de Bagherut Row Sindia, enfant de 8 ans. Pendant la

révolte des Cipayes en 1857, le Gwalior se joignit aux rebelles; les Européens furent assassinés et Row Sahib, neveu de Nana Sahib, fut nommé maharadja de Gwalior. Sir Hugh Rose rétablit Sindia, qui était resté fidèle aux Anglais. — II. Capitale du district cidessus, à 260 kil. S.-E. de Delhi; environ 30,000 hab. Le rocher perpendiculaire sur lequel la forteresse est bâtie à 130 m. de haut, est composé d'une masse de grès, sur la face orientale de laquelle des figures colossales ont été sculptées en relief. On y monte au moyen d'escaliers protégés par un mur de pierres massives. Le fort contient deux palais et deux constructions pyramidales en pierre rouge dans le style le plus ancien de l'architecture indoue. La forteresse, bâtie en 773, fut assiégée en vain par Mahmoud de Ghuzni en 1023, mais elle fut prise par Baber en 1526 et par les Anglais, en 1780 et en 1803.

CWILT (Joseph), [gouilt], architecte anglais, né en 1784, mort en 1863. Ses principaux travaux d'architecture sont le château de Markham, près de Sligo, et l'église de Charlton, près de Woolwich. Il publia *Notitia Architectonica Italiana* et une *Encyclopædia of Architecture*.

GWYNN ou Gwinn (Eleonor) [gouinn], maîtresse de Charles II, née vers 1650, morte vers 1690. Après avoir été successivement la maîtresse des acteurs Hart et Lacy, elle débuta sur le théâtre à l'âge de 16 ans; devint, vers 1667, la maîtresse de Charles II et celle de Charles en 1669. On l'appela Mme Ellen; elle eut un établissement particulier et fut même nommée dame de la chambre privée de la reine Catherine et admise dans la meilleure société. Elle engagea Charles à fonder l'hôpital de Chelsea pour les soldats invalides et se rendit populaire en soutenant les intérêts protestants à la cour. Elle donna à Charles un fils qui devint le duc de Saint-Albans. Pierre Cunnigham écrivit : *The Story of Nell Gwynn* (1850).

Gwalior.

GY, ch.-l. de cant., arr. et à 20 kil. E. de Gray (Haute-Saône); 2,100 hab. Bons vins rouges.

GYARMATH-BALASSA. Voy. BALASSA-GYARMATH.

GYGÈS [ji-jèss], premier roi lydien de la dynastie des Mermnades. Il fut d'abord officier principal à la cour de ses prédécesseur Candaule, qu'il tua sur l'ordre de la reine Nyssa. Le roi, fier de sa femme, princesse aussi belle, ayant introduit par vanité son favori dans la chambre où la reine se déshabillait, Nyssa, indignée, mit l'officier dans l'alternative de périr ou d'assassiner son maître pour règner à sa place. D'après Platon, Gygès, simple berger, aurait trouvé dans les flancs d'un taureau d'airain un anneau merveilleux, qui donnait à celui qui le portait le pouvoir de devenir invisible; et Gygès aurait profité de ce talisman pour séduire la reine et tuer Candaule. Quoiqu'il en soit, il monta sur le trône vers 716 av. J.-C., et régna 38 ans.

GYLIPPE, général spartiate, né vers 465 av. J.-C., mort vers 400. Il appartenait à une famille d'ilotes. Envoyé au secours de Syracuse qu'assiégeaient les Athéniens, il força les généraux Démosthène et Nicias à capituler (413). Plus tard, chargé de porter à Lacédémone les trésors conquis à Athènes, il en déroba une partie et s'enfuit.

* **GYMNASE** s. m. [jim-mnâ-ze] (gr. *gymnasion, de gumnos,* nu). Lieu où les Grecs s'exerçaient, nus ou presque nus, à lutter, à jeter le disque, et à d'autres jeux propres à développer et à fortifier le corps : *les exercices du gymnase.* Se dit également, chez les modernes, de certains établissements où l'on forme la jeunesse aux exercices du corps : *le gymnase d'un collège.* — Se dit, en Allemagne, des collèges où sont enseignées les lettres latines et grecques. — Gymnase-Dramatique, théâtre de Paris, boulevard Bonne-Nouvelle, ouvert le 22 décembre 1820. On y joue la comédie et le vaudeville. C'est une sorte de troisième Théâtre-Français.

* **GYMNASIARQUE** s. m. [ji-mna-zi-ar-ke] (gr. *archos,* chef). Antiq. Chef du gymnase; officier qui avait la surintendance du gymnase : *la dignité de gymnasiarque était une espèce de magistrature religieuse.*

GYMNASIUM s. m. Quartier de l'ancienne Rome, où l'on s'exerçait à la lutte.

* **GYMNASTE** s. m. Antiq. Officier particulier préposé, dans le gymnase, à l'éducation des athlètes, et chargé du soin de les former aux exercices auxquels leur complexion les rendait le plus propres. — ⁓ Aujourd'hui. Professeur de gymnastique. — Se dit quelquefois de ceux qui sont habiles dans les exercices gymnastiques.

* **GYMNASTIQUE** adj. Appartenant aux exercices du corps : *les exercices gymnastiques.* — Pas GYMNASTIQUE, pas de course régulier et cadencé.

* **GYMNASTIQUE** s. f. (gr. *gumnastikè*). Art, action d'exercer le corps pour le fortifier : *la gymnastique des Grecs.* — La gymnastique a été de tout temps pratiquée pour développer la vigueur du corps et particulièrement celle des muscles. La plus ancienne mention de jeux gymnastiques se trouve dans l'*Iliade* où Homère montre les Grecs luttant d'adresse à lancer la javeline et les disques. On dit qu'Achille institua des jeux en l'honneur de Patrocle et qu'il distribuait des prix aux vainqueurs du pugilat, de la lutte, du jet des disques, des courses de chariot, etc. Les premiers gymnases publics, construits par les Lacédémoniens, furent imités à Athènes. Les lois spartiates, très strictes relativement aux exercices du corps, exigeaient même que les filles fussent de bons gymnastes. (Voy. ÉDUCATION.) Des récompenses et des distinctions civiques étaient accordées aux vainqueurs; les récompenses étaient appelées ἄθλα et ceux qui se les disputaient se nommaient ἀθληταί, ou athlètes. Les exercices des gymnases étaient la course, le saut, le pugilat, la lutte et le jet du disque; l'équitation, la natation, etc. Pendant le moyen âge, les tournois remplacèrent presque tous les autres jeux, à l'exception du bâton, du tir à l'arc, de la course à pied et de la lutte; de sorte que la gymnastique fut délaissée jusqu'au jour où Basedow (1776) fit entrer les exercices corporels dans son programme d'éducation. Dans la dernière partie du xviiiᵉ siècle, la gymnastique fut introduite dans les écoles prussiennes par Guts-Muths,

qui écrivit plusieurs ouvrages sur ce sujet, et vers 1810, son système fut répandu par Jahn qui peut être regardé comme le fondateur du *Turnvereine* actuel. En 1811, une école publique de gymnase ou *Turnplatz* fut ouverte à Berlin, elle fut de suite imitée dans tout le royaume de Prusse, en Allemagne, en Angleterre, en Suisse, en Portugal et en Danemark. En 1848, les turnvereines furent réorganisés, et l'émigration allemande en porta le système aux Etats-Unis. L'organisation des gymnases, d'abord restreinte à la pratique des exercices corporels, embrassa bientôt d'autres objets; on fonda des bibliothèques, des écoles et un journal (*Turnzeitung*). Les exercices ordinaires les plus utiles sont la marche et l'équitation. Trois ou quatre kilomètres de marche à raison de quatre ou cinq kilomètres à l'heure, fortifient bien plus qu'une marche longue et lente. L'équitation, particulièrement au trot, donne de l'aisance aux bras et aux jambes, réjouit généralement l'esprit et fortifie le dos et les reins. Mais ces exercices ne sont pas à la portée de tous; il faut, dans la plupart des cas, avoir recours à la gymnastique d'appartement, qui consiste à manier les barres droites, pour donner de la souplesse aux jointures des épaules et pour développer les muscles de la poitrine; à pousser des poids avec les pieds pendant que l'on est assis, etc. Les exercices plus violents sont : le maniement de la barre horizontale; la manœuvre sous des échelles horizontales et des échelles inclinées; l'action de grimper à une corde, de tenir son corps suspendu par les mains, horizontalement, la tête en haut ou en bas; de soutenir, par une seule main, son corps horizontalement, sous une barre perpendiculaire; de sauter, de marcher sur les mains, etc. Les barres parallèles développent les muscles des épaules, de la poitrine et du dos. Le trapèze et le travail des anneaux fortifient les muscles des bras, des épaules et du poignet. La callisthénique (gr. κάλλος, beauté; σθένος, force), consiste en exercices qui exigent moins d'efforts musculaires que la gymnastique proprement dite et qui conviennent mieux aux femmes. La callisthénique peut s'étudier avec ou sans appareil. L'appareil dont on a besoin est une forte chaise, une barre courte fixée par des douilles au linteau d'une porte ouverte, un bâton d'un bois léger, d'environ 1 m. 1/2 de long et 2 centim. de diamètre, une paire d'haltères, un matelas de crin, une paire de poids carrés et deux barres parallèles. Dans l'exercice de la chaise, l'élève pose les pieds à une certaine distance de la chaise, se penche en avant de la chaise et porte son corps en avant et en arrière. Cet exercice sert au développement des muscles de la poitrine. Dans l'exercice de la barre, l'élève suspendu par les mains à quelques centimètres au-dessus du plancher, se balance de côté et d'autre, en se soutenant tantôt de la main droite et tantôt de la gauche. A l'aide du bâton, on peut faire un grand nombre de mouvements gracieux. Les haltères se meuvent en avant et en arrière, à la hauteur de la poitrine, ou au-dessus des hanches. Le matelas exerce l'élève à se lever de la position horizontale à la position assise sans l'assistance des bras ni des jambes, qui restent étendus. Les poids carrés sont généralement employés comme les haltères; on peut les placer sur la tête, ce qui donne au corps l'habitude de se tenir bien verticalement pour que les poids ne tombent pas. Les barres parallèles sont saisies par les mains, le corps se balance en avant et en arrière entre elles. Les exercices callisthéniques sans appareil, consistent en des mouvements réguliers et systématiques du corps entier ou des membres. On régularise les mouvements en les exécutant en mesure, comme si l'on comptait des temps musicaux. La gymnas-

tique systématique callisthénique est peu utile avant l'âge de 12 ou 14 ans. Les personnes qui ont une tendance non ordinaire à engraisser doivent combiner les exercices avec le saut, la course, etc., mouvements qui favorisent l'absorption des tissus adipeux. Une heure d'exercice suffira habituellement pour les personnes fatiguées par des travaux d'esprit. Beaucoup de médecins allemands ont élevé la gymnastique à la hauteur d'une science, particulièrement le Dʳ Schreber, de Leipzig; voy. son *Kinesiatrik and Aerztliche Zimmergymnastik.* L'écrivain suédois Ling recommande l'exercice systématique musculaire comme moyen de guérison dans la plupart des maladies. Les ouvrages les plus récemment publiés aux Etats-Unis et en Angleterre sur la gymnastique à la hauteur d'une science sont ceux d'Arthur et Charles Nahl, *Instructions in Gymnasties; Watson, Callisthenies and Gymnastics;* de William Wood, *Manual of Physical Exercices,* et de Ravenstein et Hulley *Gymnasties and Athletics.* — En France, la gymnastique fut négligée jusqu'à ces derniers temps. Amoros essaya de fonder une salle de gymnase à Paris en 1815; Paz créa, vers 1865, des établissements modèles et publia : *Santé du corps et de l'esprit par la gymnastique* (1865, in-8°); en 1872, Laisné exposa les principes de la gymnastique élémentaire dans son *Traité de gymnastique classique* (gr. in-4°, avec planches); depuis cette époque, l'enseignement de cette partie de l'éducation est devenu obligatoire dans les écoles; une foule de sociétés de jeunes gens se sont fondées dans nos villes. Les exercices les plus répandus chez nous, sont : la station fixe, les différentes flexions de la tête, les mouvements alternatifs des bras verticalement, horizontalement, etc.; les mouvements alternatifs de flexion et d'extension des articulations des pieds; les flexions du corps en tous sens; l'élévation sur la pointe des pieds et sur les talons; la marche; le pas gymnastique; la tension des bras et des jambes; les principales poses de la boxe, les exercices de la barre à sphères ou de la canne; les sauts; l'ascension à la corde nouée et à la corde lisse; le travail des anneaux, de la barre de suspension, de la poutre horizontale, de l'échelle, des barres parallèles fixes, des perches oscillantes, du trapèze; les exercices d'équilibre sur un pied, le corps penché; les exercices de la canne ou barre à sphères; les exercices de voltige; l'escrime, l'équitation, la natation, etc. — Législ. « L'enseignement de la gymnastique est obligatoire dans tous les établissements d'instruction publique de garçons dépendant de l'Etat, des départements ou des communes (L. 27 janvier 1880). La loi du 15 mars 1850 avait inscrit la gymnastique dans le programme de l'instruction primaire, mais à titre facultatif seulement, et le décret du 3 février 1869 en avait établi l'obligation dans les lycées, les collèges et les écoles normales. Cet enseignement si longtemps négligé, quoique si nécessaire, se répand aujourd'hui de plus en plus et se continue dans les sociétés de jeunes hommes, où même temps qu'il se complète et se perfectionne dans les divers corps de l'armée. En vertu de l'arrêté ministériel du 27 juillet 1882, la gymnastique est enseignée dans toutes les écoles primaires. Les petits enfants des écoles maternelles sont eux mêmes exercés à des marches, évolutions et mouvements gradués. Pour les autres, la gymnastique doit, en outre des évolutions et des exercices sur place, occuper une séance, dans le courant de l'après-midi, chaque jour ou au moins tous les deux jours. Et cela, indépendamment des exercices militaires qui ont lieu le jeudi et le dimanche pour les enfants des écoles, dans les communes où des bataillons scolaires sont constitués. »   (CH. Y.)

* **GYMNIQUE** adj. (gr. *gymnos,* nu). Antiq. Se dit des jeux publics où les athlètes com-

battaient nus : *les jeux célébrés à Olympie de quatre ans en quatre ans, étaient des jeux gymniques.*

*GYMNIQUE s. f. Antiq. La science des exercices qu'on apprenait aux athlètes de profession : *professer la gymnique.*

GYMNOBLASTE adj. (gr. *gumnos*, nu ; *blastés*, qui bourgeonne). Bot. Dont l'embryon n'est pas enfermé dans un sac.

GYMNOBOTHRIEN, IENNE adj. (gr. *gumnos*, nu ; *bothros*, trou). Hist. nat. Dont l'orifice est dépourvu de poils.

GYMNOBRANCHE adj. (gr. *gumnos*, nu ; *bragchia*, branchies). Zool. Qui a les branchies nues.

GYMNOCARPE adj. (gr. *gumnos*, nu ; *karpos*, fruit). Bot. Se dit des fruits qui ne sont pas soudés avec aucun organe accessoire. — Se dit des champignons qui ont leurs spores à l'extérieur.

GYMNOCÉPHALE adj. (gr. *gumnos*, nu ; *képhalé*, tête). Zool. Qui a la tête nue.

GYMNOCÈRE adj. (gr. *gumnos*, nu ; *keras*, corne). Entom. Qui a les antennes dépourvues de poils.

GYMNODÈRE adj. (gr. *gumnos*, nu ; *deré*, cou). Zool. Qui a le cou nu.

GYMNODONTE adj. (gr. *gumnos*, nu ; *odous*, *odontos*, dent). Zool. Qui a les dents à découvert. — s. m. pl. Famille de poissons plectognathes qui se distinguent surtout par leurs mâchoires qui sont garnies, au lieu de dents apparentes, d'une substance d'ivoire, divisée en lames dont l'ensemble représente un bec de perroquet. Cette famille comprend les genres diodon, tetrodon, mole et triodon.

GYMNOGÈNE s. et adj. (gr. *gumnos*, nu ; *généa*, génération). Bot. Synon. de GYMNOSPERME.

GYMNOSOPHISME s. m. Doctrine des gymnosophistes.

*GYMNOSOPHISTE s. m. [jimm-no-so-fi-ste] (gr. *gumnos*, nu ; *sophos*, sage). Nom donné par les anciens Grecs à des philosophes indiens, qui allaient presque nus, s'abstenaient de viandes, renonçaient à toutes les voluptés, et s'adonnaient à la contemplation des choses de la nature. La principale croyance des gymnosophistes était la doctrine de la transmigration.

*GYMNOSPERME s. m. (gr. *gumnos*, nu ; *sperma*, semence). Bot. Se dit des plantes qui appartiennent à la gymnospermie.

GYMNOSPERMÉ, ÉE adj. Bot. Qui a la semence à nu.

*GYMNOSPERMIE s. f. (gr. *gumnos*, nu ; *sperma*, graine). Bot. Se dit, dans le système de Linné, du premier ordre de la didynamie, lequel renferme les plantes dont les fleurs ont quatre étamines nues au fond du calice : *la gymnospermie répond à la famille naturelle des labiées.*

GYMNOSPORANGE s. m. (gr. *gumnos*, nu ; franç. *sporange*). Bot. Genre de champignons parasites offrant l'aspect de masses gélatineuses à la surface desquelles se trouvent des péricarpes graniformes à deux loges coniques.

GYMNOTE s. m. (gr. *gumnos*, nu ; *nôtos*, dos). Ichi. Genre de poissons malacoptérygiens apodes, famille des anguilliformes, distingué par des ouïes en partie fermées par une membrane qui s'ouvre au-devant des nageoires pectorales, et comprenant des espèces qui vivent toutes dans les rivières de l'Amérique méridionale. La *gymnote électrique* ou *anguille électrique* (*gymnotus electricus*, Linn.) habite les rivières des parties septentrionales de l'Amérique du Sud ; elle atteint une longueur de 1 m. 30 centim. à 2 m., elle est

brune et jaunâtre. Un appareil électrique occupe, dans l'espace compris entre les pectorales et la queue, une grande partie de l'intérieur de son corps ; l'appareil consiste en un assemblage de plaques membraneuses horizontales, presque parallèles et coupées de plaques verticales délicates ; les cellules ainsi formées sont remplies d'une matière glutineuse et donnent une très grande surface aux

Gymnotus electricus.

organes électriques. Pour prendre ces anguilles, les Indiens de l'Amérique du Sud conduisent des chevaux et des mules dans l'eau qu'elles habitent, le pouvoir électrique des poissons s'étant épuisé sur les quadrupèdes, on saisit les anguilles et on les jette à terre. Ce poisson n'est ni vorace ni méchant, mais il emploie sa batterie pour foudroyer sa proie et pour se défendre de ses nombreux ennemis.

GYNANDRE adj. [ji-nan-dre] (gr. *guné*, femelle ; *anér, andros*, mâle). Bot. Se dit des végétaux qui ont les étamines insérées sur le pistil ou sur l'ovaire.

*GYNANDRIE s. f. Bot. Classe du système de Linné, qui renferme les plantes dont les étamines naissent sur le pistil. La gynandrie est divisée en neuf ordres caractérisés par le nombre des étamines : *diandrie*, deux étamines (orchis, ophrys, cypripède, épidendron, etc.) ; *triandrie*, trois étamines (ferraria, etc.) ; *tétrandrie*, quatre étamines (népenthe) ; *pentandrie*, cinq étamines (passiflore) ; *hexandrie*, six étamines (aristoloche) ; *octandrie*, huit étamines (scopolie) ; *décandrie*, dix étamines (hélictères) ; *dodécandrie*, de douze à dix-neuf étamines (cytinel) ; *polyandrie*, au moins vingt étamines (calla, ambroisine, zostère).

GYNANDRIQUE adj. Qui appartient à la gynandrie.

*GYNÉCÉE s. m. [ji-né-sé] (gr. *gunaikeion* ; de *guné*, femme). Antiq. Appartement des femmes chez les Grecs. — Se dit quelquefois, parmi nous, d'un lieu où se réunissent, où travaillent habituellement plusieurs femmes.

*GYNÉCOCRATIE s. f.[-sî] (gr. *guné*, femme ; *kratos*, puissance). État où les femmes peuvent gouverner : *l'Angleterre est une gynécocratie.*

*GYNÉCOCRATIQUE adj. [-ti-ke]. Qui a rapport à la gynécocratie.

GYNÉCOGRAPHE s. m. (gr. *gunaikeios*, de femme ; *graphô*, j'écris). Auteur qui écrit sur la femme.

GYNÉCONOME s. m. (gr. *nomos*, règle). Magistrat d'Athènes qui était chargé de veiller sur la conduite des femmes.

GYNERIUM s. m. [gi-né-ri-omm] (gr. *guné*, pistil ; *erion*, laine ; pistil laineux). Bot. Genre de graminées arundinacées, dont l'espèce principale est le *gynerium argenté* (*gynerium argenteum*) ou *herbe géante des pampas*, grande herbe vivace des plaines de l'Amérique du Sud. Cette plante fleurit à la fin de l'été ou au commencement de l'automne et donne de nombreuses tiges, quelquefois 40 ou 50, hautes de 4 m. 50 à 5 m. Chacune de ces tiges est terminée par d'épaisses panicules

de fleurs de 30 à 60 centim. de long, semblables à celles du roseau commun. Cette herbe, d'abord introduite dans nos jardins,

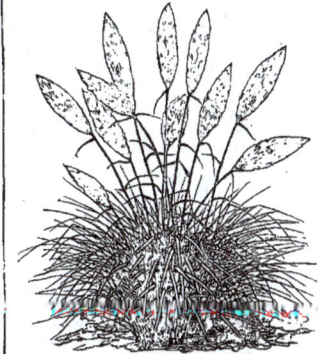

Gynerium argenté (Gynerium argenteum).

grâce à des graines envoyées de Buenos-Ayres en Angleterre (1843), est maintenant très commune.

GYÆNGŒS (dieunn'-dieuch) ville de Hongrie, dans le comté de Heves, à 55 kil. N.-E. de Pesth ; 45,830 hab. Elle est au pied de la chaîne de Matra. Beau château ; vastes manufactures d'étoffes de laine ; tannerie, etc. Mines d'argent et de cuivre.

*GYPAÈTE s. m. (gr. *gups, gupos*, vautour ; *aetos*, aigle). Ornith. Genre d'oiseaux de proie rapaces, intermédiaire entre le vautour et le faucon. L'espèce principale est celle du *gypaète barbu* (*gypaëtus barbatus*), le plus grand des oiseaux de proie d'Europe, long de 1 m. 35 et mesurant de 3 m. à 3 m. 30 d'envergure.

Gypaète barbu (Gypaëtus barbatus).

Chez l'adulte, la partie supérieure de la tête, le cou et les parties inférieures sont blanchâtres, teintées d'orange ; ces couleurs sont plus foncées sur la poitrine ; les ailes et la queue sont d'un noir grisâtre. Cette espèce habite les montagnes de l'Europe, de l'Asie et du nord de l'Afrique. On voit habituellement les gypaètes aller par paires ; ils se nourrissent d'agneaux, de chèvres, de chamois, etc. qu'ils attaquent de façon à les faire tomber dans des précipices ; ils dévorent ensuite leurs cadavres brisés. Ils se nourrissent aussi de charogne. Ils construisent leur aire sur des rochers inaccessibles, rarement sur des arbres élevés.

*GYPSE s. m. [ji-pse] (gr. *gupsos* ; lat. *gypsum*). Plâtre. Minéral. Se dit proprement de la pierre à plâtre ou sulfate de chaux. — ENCYCL. Le minéral commun, appelé gypse, est souvent cristallisé, plus souvent amorphe ; il forme quelquefois des masses de roches.

Son système de cristallisation est monoclinique; sa dureté de 1,5 à 2; sa gravité spécifique, de 2,2 à 2,4; il est transparent ou diaphane, vitreux; clivé, il devient perlé ou soyeux; il est incolore et d'un blanc de neige, quelquefois, rouge, jaune ou brun. Quand il est en plaques transparentes, on l'appelle sélénite; quand il est en cristaux semblables à des aiguilles, on le nomme gypse fibreux; quand il est compact, amorphe, et translucide, c'est de l'albâtre; et quand il est blanc et opaque, on le nomme gypse neigeux. Sa formule chimique est Ca S O⁴, 2 H² O; c'est, en conséquence, un sulfate hydraté de chaux. On le trouve, dans presque toutes les formations géologiques dans tous les pays, mélangé à l'argile; il dérive de l'action, sur le carbonate de chaux, de l'acide sulfurique dégagé par la décomposition de pyrites de fer; mais son grand dépôt est l'Océan, dont les eaux le tiennent en solution et dont il a été précipité par l'évaporation. Son lit le plus important est celui du bassin de Paris, à Montmartre (de l'âge éocène), d'où il a pris le nom ordinaire de plâtre de Paris. L'emploi du gypse dans les arts est varié et important. Calciné, il devient anhydre. Réduit en poudre et mêlé avec de l'eau, il se combine de nouveau avec elle; la masse d'abord plastique, devient solide, et prend la forme des moules dans lesquels on la jette. Mêlé avec de l'eau et de la colle forte, il forme le stuc. Avec une solution de borax, d'alun ou de sulfate de potasse, il forme un moulage dur qui est susceptible d'un très beau poli. Mais l'emploi principal du gypse est de fertiliser les terrains.

· GYPSEUX, EUSE adj. Qui est de la nature du gypse, qui y ressemble : *pierre gypseuse.*

GYPSIE s. (angl. *gypsy*; corrupt. du mot *Egyptien*). Nom donné, principalement en Angleterre, au peuple vagabond que l'on trouve dans presque toutes les parties du monde, et que l'on appelle, *Zingari* en Italie, *Gitanos* en Espagne, *Zigeuner* en Allemagne, *Czíganyok* en Hongrie, *Tzigani* dans les pays slaves, *Tchinganeh* en Turquie et *Bohémiens* en France

Gypsies

,où ils furent d'abord considérés comme venant de la Bohême). Ils s'appellent eux-mêmes *Kale* ou *Mellelé* (le noir) *Melletitchel* (peuple noir), *Sinde* ou *Sinte* (signifiant probablement peuple de l'Inde), mais plus communément par le mot *gypsy* (peuple), *Manush, Rom* (au fém. Romn). — Büttner, Pallas et d'autres savants considèrent les Gypsies comme venant de l'Inde, d'où ils ont été chassés par Tamerlan (1398) et où ils appartenaient à la caste des Soudras ou à celle des Parias. Il y a dans l'Inde et dans la Perse beaucoup de tribus errantes, dont le type se rapproche de celui des Gypsies. Des bandes organisées de Gypsies parurent pour la première fois dans les provinces danubiennes en 1417. Ces Bohémiens étaient au nombre d'environ 14,000 en Italie, en 1422. En 1427, il arriva à Paris, 120 étrangers qui prétendaient être des chrétiens de la basse Égypte, chassés par les Sarrasins; ils avaient, disaient-ils, habité longtemps la Bohême, ils exerçaient la profession de dire la bonne aventure, et se montraient experts dans la chiromancie et surtout dans l'art de voler. Ils furent chassés de Paris, mais ils continuèrent d'errer en France et d'autres bandes les remplacèrent. Ils parurent en Espagne en 1447, en Angleterre vers 1506 et en Suède en 1514. Des lois sévères furent rendues contre eux. L'Espagne les exila en 1492. En Angleterre, Henry VIII publia, en 1530, une proclamation, renouvelée par Elisabeth, considérant leur séjour pendant plus d'un mois dans ce pays comme un crime de haute trahison. Les rois écossais eurent une politique différente et ils semblent leur avoir accordé une sorte de protection. L'Italie, le Danemark, la Suède, les Pays-Bas et l'Allemagne prirent des mesures contre eux. Marie-Thérèse, en 1768, donna un ordre en vertu duquel des bandes de ses États furent assemblées dans des habitations fixes, et les Gypsies furent appelés *Neubauern* (nouveaux paysans). Aujourd'hui, les 250,000 Gypsies de la Hongrie, de la Transylvanie et de la Roumanie mènent une vie comparativement sédentaire. En Transylvanie, ils sont sous le gouvernement d'un waywode de leur race. Ils sont nombreux en Russie et en Turquie. L'Espagne en nourrit environ 40,000. Il y a un nombre considérable en Norvège; en France, il y en a peu; en Angleterre, leur nombre est descendu au chiffre de 10,000. On suppose que le nombre total des Gypsies en Europe est de 500,000 à 700,000. — Les Gypsies présentent le type asiatique, avec un teint basané, des yeux et des cheveux noirs, les os des joues proéminents, la mâchoire inférieure légèrement avancée, une bouche petite et de belles dents blanches. Sous le rapport du caractère, ils sont traîtres, lâches, vindicatifs et cruels. Ils paraissent n'avoir aucune croyance religieuse; ils ne possèdent dans leur langue aucun mot signifiant Dieu, l'âme ou l'immortalité. Pour eux, le mariage est temporaire et ils ne respectent pas les limites de la consanguinité. Leur industrie se borne à réparer les objets de ménage et à tourner quelques petits articles de bois, ils se livrent parfois aux travaux agricoles. Quelques-uns d'eux, tels que Kecskeméti, Kalozdy et Bunko, ont été de célèbres violonistes. Dans les villages et les villes de l'Europe, particulièrement en Espagne, les jeunes Gypsies dansent et mendient. Les femmes aiment les bijoux et les couleurs voyantes. Le langage des Gypsies, bien qu'il conserve partout des formes témoignant d'une origine indoue, diffère dans les divers pays qu'ils habitent, par suite de l'adoption de mots nouveaux. Les dialectes gypsies les mieux connus sont : l'anglais, l'allemand, le hongrois et l'espagnol. — Voyez Simson, *History of the Gypsies* (1865); Barrow, *The Zincali* (1841); et Lavo-Lill : *Word Book of the Romany or English Gypsy Language* (1874).

· GYRATOIRE adj. Voy. Giratoire.

GYRIN s. m. et **Gyriniens** s. m. pl. (gr. *gurenó*, tournoyer). Entom. Genre de coléoptères pentamères, comprenant des insectes très petits, à corps ovale, plus ou moins convexes et à pattes organisées pour la nation. Les gyrins, dont une quinzaine d'espèces habitent l'Europe, se trouvent en nombre considérable à la surface des eaux tranquilles;

on les appelle vulgairement tourniquets et puces d'eau.

GYRINIEN, IENNE adj. Entom. Qui ressemble ou qui se rapporte au genre gyrin. — s. m. pl. Famille de coléoptères pentamères ayant pour type le genre *gyrin.*

· GYROMANCIE s. f. (gr. *gyros*, cercle; *manteia*, divination). Sorte de divination qui se pratique en marchant en rond, jusqu'à ce que l'on tombe, étourdi par le mouvement, sur des caractères semés çà et là.

GYROMANCIEN, IENNE s. Celui, celle qui pratique la gyromancie.

GYROSCOPE s. m. (gr. *guros*, cercle; *skopéó*, j'observe). Phys. Appareil qui sert à démontrer l'existence du mouvement de rotation diurne de la terre : *le gyroscope a été imaginé en 1852, par Foucault* (Acad.). La forme de gyroscope la plus simple consiste essentiellement en un disque tournant sur des pivots dans un cercle, qui a d'un côté, sur

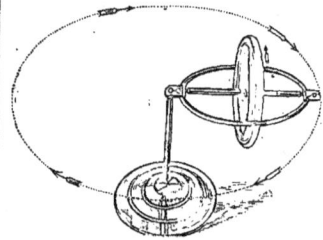

Gyroscope.

la ligne de prolongation de son axe, une barre avec une dépression conique en dessous pour recevoir la pointe d'un support vertical. Quand on fait tourner le disque avec une rapidité suffisante, il ne tombe point, mais tout l'appareil opère sa révolution autour du point de support, dans la direction des flèches de notre figure. — Voy. *Analysis of Rotary motion as applies to the Gyroscope*, par Gen.-J.-G. Barnard (New-York, 1857).

· GYROVAGUE s. m. [ji-ro-va-ghe] (gr. *gyros*, cercle; lat. *vagari*, errer). Nom d'une espèce de moines qui n'étaient attachés à aucune maison, et qui, différant en ce point des cénobites, erraient de monastère en monastère: *la régularité des mœurs est peu compatible avec l'indépendance dans laquelle vivaient les gyrovagues.*

GYROWETZ (Adalbert) [ghi-ro-vèts], compositeur bohémien, né en 1753, mort en 1850. Il fut directeur de l'orchestre du théâtre impérial de Vienne. Parmi ses opéras on cite : *Sémiramis, Agnès Sorel, l'Oculiste et l'Aveugle joueur de harpe.* Il a publié une autobiographie (1848).

GYULA [diou-là], ville de Hongrie, capitale du comté de Békes, à 40 kil. N. d'Arad; 18,500 hab. Elle est divisée par le Körös blanc en deux villages : l'une surnommée Madgyar, habité par des Hongrois, et l'autre appelé Német (allemand), parce qu'on y parle principalement l'allemand. Commerce de vins, de sel et de bestiaux.

GYULAY (François, comte), feld-maréchal autrichien, né à Pesth en 1798, mort en 1868. Il commandait, en 1859, l'armée destinée à envahir le Piémont; mais sa lenteur donna aux Français le temps d'arriver au secours de Victor-Emmanuel. Battu, le 20 mai, à Montebello, par le général Forey, il subit, le 4 juin, une défaite plus décisive à Magenta et déposa son commandement.

H

L'apostrophe (°) placée devant la lettre H indique l'aspiration

H. s. f. et m. [a-che; ou 'he] Huitième lettre de l'alphabet latin et des alphabets qui dérivent de celui-ci. Lorsqu'on l'appelle *ache* suivant la prononciation ancienne et usuelle, son nom est féminin : *une* H (*ache*). Il est masculin, lorsque, suivant la méthode moderne, on prononce cette lettre comme une simple aspiration : *le h.* — Dans la prononciation, H s'aspire, ou reste nul, ou se combine avec la consonne qui le précède. — N'a aucun son et ne s'aspire point au commencement de la plupart des mots qui suivent du latin, et qui dans le latin ont un H initial, comme : *habile, habitude, hérédité, héritier, hébété,* etc. Il faut excepter de cette règle plusieurs mots, comme : *haleter, hennir, héros, harpie,* etc. — Cette lettre n'a pareillement aucun son dans certains mots français qui ont un H initial, quoique les mots latins d'où ils viennent n'en aient pas. Par exemple, on ne la prononce point dans ces mots. *halle, hutte, huis, huissier,* etc. — S'aspire au commencement des autres mots français qui viennent des mots latins sans H, comme dans ces mots : *hache, haut, hérisson, huit, huppe.* — Dans tous les mots qui ne viennent point du latin H initial s'aspire se prononce, comme : *hâbler, hanter, hanche, honte, hâter, hâtif, haricot,* etc. — Cette lettre aspirée empêche l'élision des voyelles, ou la liaison des consonnes avec la voyelle qui le suit. Ainsi, on écrit et on prononce, *Le hazard, la haine,* etc. Dans *belle harangue, j'aurais honte, quel hasard,* les mots *belle, j'aurais, quel,* se prononcent comme s'ils terminaient une phrase. — Devant les mots féminins qui commencent par un H aspiré, l'adjectif possessif ne prend jamais la forme du masculin. Ainsi, on dit : *ma haine, la honte, ta hauteur.* — Placé au milieu d'un mot, entre deux voyelles, H est ordinairement aspiré, comme dans ces mots : *aheurter, cohue, cohorte.* — Quand H est après un T ou une R, ce qui n'arrive que dans les mots tirés du grec ou de quelque autre langue, cette lettre n'a aucun son particulier. Ainsi, *théologie, Athènes, Démosthène,* etc., se prononcent comme s'ils étaient écrits, *téologie, Atène,* etc. — Dans les mots pris du grec, de l'hébreu ou de l'a-rabe, C et H ensemble se prononcent ordinairement comme un K. Ainsi, *Achéloüs, Achmet, archange, archiépiscopal,* etc., se prononcent comme s'ils étaient écrits, *Akélous, arkiépiscopal, arkange,* etc. — L'usage a excepté de cette règle les mots suivants : *Achille, Chypre, Achéron, chérif, chérubin, archevêque, chimie, chirurgie, archiduc, architecte, Michel,* où CH se prononce à peu près comme le J fortement articulé. Dans *Michel-Ange,* on prononce *Mikel.* — Dans tous les mots purement français, ou qui ne viennent que du latin, C et H ensemble se prononcent toujours comme l'articulation forte du J. Exemples : *chose, cher-cher, choir, chute, cher, chair, charité, chétif, vache, cacher, rocher, cocher,* etc. — Quand H se trouve après un P dans les mots d'origine grecque ou hébraïque, ces deux lettres ensemble se prononcent comme *un* F : *Séra-*

phin, Japhet, Joseph, Philippe, Phalaris, physique philosophie, sphinx, etc.; prononcez *Sérafin, Josef,* etc. — La lettre H était également la huitième de l'alphabet grec primitif, où elle était représentée par le caractère H, comme on le voit dans les inscriptions, mais avec le temps, cette lettre fut abandonnée, et son caractère représenta la nouvelle lettre *éta;* et les deux moitiés (-et-), désignées comme accents "durs" et "doux", s'écrivaient au-dessus de la voyelle initiale du mot; l'initiale υ ayant toujours l'accent dur (ύ), tandis que les autres voyelles pouvaient avoir l'un et l'autre. Le η initial est toujours aspiré.

' ' HA. Interj. de surprise, d'étonnement : *ha! vous voilà! Ha! ha!* Se confond quelquefois avec l'interj. *Ah!*

' HAARLEM. Voy. HARLEM.

HABACUC. Voy. ABACUC.

HABEAS CORPUS [a-bé-ass-kor-puss]. Loc. lat. qui signifie : *reste maître de ton corps.* Nom d'une célèbre loi anglaise rendue en 1679, et qui donne à tout accusé le droit d'attendre en liberté son jugement, moyennant caution : *en France, la loi n'accorde pas l'habeas corpus.* Voy. LIBERTÉ.

HABEMUS CONFITENTEM REUM [a-bé-muss-kon-fi-tain-témm-ré-omm]. Loc. lat. qui signifie : *nous avons un accusé qui avoue,* et qui est empruntée à l'exorde du célèbre discours de Cicéron contre Ligarius.

HABENECK (Antoine-François), célèbre violoniste, né à Mézières en 1781, mort en 1849. L'impératrice Joséphine lui fit une pension, et il fut directeur de l'orchestre du Conservatoire de Paris (1806-'15), de l'Opéra (1821-'24), et ensuite chef d'orchestre de ce théâtre jusqu'en 1846. Il composa peu; mais, comme exécutant, il était sans rival. — Ses frères Corentin et Joseph étaient également des violonistes très distingués.

HABENT SUA FATA LIBELLI ['\-baint-sua-fa-ta-li-bél-li]. Loc. lat. empruntée au grammairien Terentianus Maurus et qui signifie : *les petits livres ont leur destinée.*

HABERT I (François), poète, né à Issoudun en 1520, mort vers 1561. La misère dans laquelle il vécut presque constamment lui avait fait prendre le surnom de *Banny de Liesse.* Il a laissé des traductions en vers d'Ovide, d'Horace, etc., et des poésies originales qui furent longtemps populaires. — II. Philippe), poète, l'un des fondateurs de l'Académie française, né à Paris en 1605, mort en 1637. Commissaire de l'artillerie, il fut écrasé par la chute d'un pan de mur, au siège d'Emerick (Hainaut). Il a laissé : *Relation de ce qui s'est passé en Italie sous le marquis d'Uxelles,* etc. et un petit poème : *Le Temple de la Mort* (Paris, 1637, in-8°). — III. (Germain), poète, frère du précédent et comme lui l'un des premiers membres de l'Académie française, né vers 1615, mort en 1655. Il était abbé de Saint-Victor de Cérisy. On a de lui un poème dans le goût précieux de l'époque : *Métamorphose*

des yeux de Phillis en astres (Paris, 1639, in-8°), une *Vie du cardinal de Bérulle* (Paris, 1646, in-4°), une *Oraison funèbre de Richelieu,* etc.

' HABIA s. m. Ornith. Sous-genre de tangaras, comprenant les tangaras à gros bec.

HABIBAS, groupe de petites îles méditerranéennes, situées à l'O. du cap Falcon (province d'Oran, Algérie). La plus étendue mesure 4 kil. de tour.

' HABILE adj. (lat. *habilis*). Capable, intelligent, adroit, savant : *c'est un homme extrêmement habile.*

> Les plus accommodants, ce sont les plus *habiles.*
> LA FONTAINE.

— Se dit quelquefois en mauvaise part : *être habile à tromper.* — Pop. Diligent, expéditif : *ce copiste est habile, il aura bientôt écrit ce mémoire.* — Jurispr. Qui est capable ou qui a droit de faire une chose : *être habile à contracter mariage.* — Fig. et fam. ÉTRE HABILE A SUCCÉDER, être vif et alerte pour ses intérêts.

' HABILEMENT adv. D'une manière habile, avec adresse, avec intelligence, avec diligence, avec esprit : *manier habilement le pinceau.*

' HABILETÉ s. f. [a-bi-le-té]. Qualité de celui qui est habile; capacité, intelligence : *cet artiste est d'une grande habileté.*

' HABILITÉ s. f. Aptitude. N'est guère d'usage qu'en termes de Jurispr. et dans cette locution, *Habilité à succéder.*

' HABILITER v. a. Jurispr. Rendre quelqu'un capable de faire une chose, lever les obstacles qui l'en empêchaient : *habiliter un mineur à contracter, une femme à ester en justice,* etc.

' HABILLABLE adj. [a-bi-ia-ble, *ll* mll.] Qu peut être habillé.

' HABILLAGE s. m. [*ll* mll.]. Cuis. Préparation des volailles ou du gibier pour les mettre en broche : *j'ai payé tant pour l'habillage de ces perdrix.* — Cuis. Opération qui consiste à écorcher, vider et mettre un animal en état pour la cuisson : *habillage d'un poisson, d'une volaille, d'un veau.* — Arboric. Suppression d'une partie des branches et des racines d'un végétal que l'on veut planter.

HABILLANT, ANTE adj. Qui sied bien, qui va bien : *étoffe habillante.*

' HABILLÉ, ÉE part. passé de HABILLER. Vêtu : *un homme habillé de noir.* — HABIT HABILLÉ, habit d'homme que l'on met en grande toilette: ⌒ Jargon. HABILLÉ DE NOIR, avocat. — HABILLÉ DE SOIE, cochon.

' HABILLEMENT s. m. [*ll* mll.] (bas lat. *habilimentum,* préparatifs militaires). Vêtement, habit, tout ce dont on est vêtu : *habillement de goût.* — HABILLEMENT DE TÊTE, casque, armure de tête. (Vieux.) — Adm. Action d'habiller, de pourvoir d'habits : *fabriquer du drap pour l'habillement des troupes.*

* **HABILLER** v. a. [*ll* mll.]. Vêtir quelqu'un, lui mettre des habits : *habiller un enfant.* — Fig. et fam. HABILLER QUELQU'UN DE TOUTES PIÈCES, lui faire un mauvais parti, le maltraiter ; ou en dire beaucoup de mal. — Donner, faire faire des habits à quelqu'un : *habiller les pauvres, des troupes.* — IL N'EST PAS ENCORE ACHEVÉ D'HABILLER, se dit d'une personne qui se fait habiller ou qui met elle-même ses habits. — Donner, faire des habits à quelqu'un : *c'est tel tailleur qui l'habille.* — Absol. *Ce tailleur habille bien.* — Se dit, dans un sens analogue, en parlant de la manière dont un peintre ou un sculpteur drape et revêt les figures : *ce peintre, ce sculpteur ne sait pas habiller ses figures.* — Donner un certain caractère à un personnage ; dans cette acception, se dit ordinairement en mauvaise part : *ce poète habille à la française les héros de l'antiquité.* — Se dit encore de l'effet que font les habits lorsqu'on les a sur soi : *cette redingote vous habille bien.* — Absol. CETTE ÉTOFFE HABILLE BIEN, elle est souple, maniable, et prend bien les formes. — Par ext. Couvrir, envelopper : *il faut habiller de ronces le tronc de cet arbre, pour que les passants ne l'endommagent pas.* — Se dit, fig., dans un sens analogue, HABILLER UNE PENSÉE EN VERS, la mettre en vers. — HABILLER UN CONTE, couvrir, par la manière de conter, ce qu'il peut y avoir d'indécent dans le fond : *le sujet de ce conte est un peu libre, mais il est habillé de manière à ne choquer personne.* — Se dit en parlant de certains animaux qu'on écorche et qu'on vide pour les mettre en état de pouvoir être accommodés à la cuisine : *habiller un veau, un mouton, un lapin.* — Dans le même sens on dit, en termes de pêche : HABILLER LA MORUE, fendre la morue nouvellement pêchée et en ôter l'arête avant de la saler. — ‣ Jargon. HABILLER QUELQU'UN, le maltraiter en paroles : *il vous l'a bien habillé.* — S'habiller v. pr. Mettre des habits, se vêtir : *je le trouvai qui s'habillait.* — Se pourvoir d'habits : *il s'est habillé tout de neuf.* — Se dit aussi en parlant de la manière dont une personne s'habille, du goût qu'elle met dans le choix et l'arrangement de ses habits : *cet homme ne sait pas s'habiller.*

HABILLEUR s. m. [*ll* mll.]. Celui qui aide les figurants à s'habiller.

* **HABILLEUSE** s. f. [*ll* mll.]. Femme chargée, dans les théâtres, d'habiller les actrices subalternes et les figurantes.

HABINGTON (William), poète anglais, né en 1605, mort en 1645. Ses ouvrages comprennent *Castara*, collection de poèmes, et *The queene d'Aragon*, comédie tragique (1640), revue en 1666 avec un prologue et un épilogue par Samuel Butler, auteur d'*Hudibras*.

* **HABIT** s. m. [a-bi] (lat. *habitus*, extérieur, costume). Vêtement, ce qui est fait pour couvrir le corps. Se dit principalement de ce qui est l'ouvrage du tailleur ou de la couturière, et s'emploie souvent au plur. en parlant d'un habillement complet : *habit d'homme, de femme.* — HABIT COURT, l'habit noir que portent les ecclésiastiques quand ils ne sont pas en soutane. Par opposition, on appelle HABIT LONG, ‣a soutane. — UN HABIT QUI MONTRE LA CORDE, un habit tout à fait usé. — L'HABIT NE FAIT PAS LE MOINE, on ne doit pas juger des personnes par les apparences, par les dehors. Se dit aussi en parlant d'un homme dont la conduite, les discours ne sont pas conformes à son état. — PRENDRE L'HABIT, prendre l'habit de religieux ou de religieuse. En des sens analogues : *porter l'habit, quitter l'habit.* — Se dit, en un sens particulier, de cette partie de l'habillement des hommes qui couvre les bras et le corps et qui est ouvert par devant : *habit bien fait.* — Se dit aujourd'hui plus particulièrement du FRAC : *irez-vous au bal en redingote ou en habit ?*

* **HABITABLE** adj. Qui peut être habité, où l'on peut habiter : *ce logement n'est pas habitable.* — TOUTE LA TERRE HABITABLE, toute la terre qui est habitée, ou qu'on présume être habitée : *dans toute la terre habitable on pense ainsi.*

* **HABITACLE** s. m. (lat. *habitaculum*). Habitation, demeure. Ne se dit guère qu'en quelques phrases de l'Écriture, et dans le style soutenu : *l'habitacle du Très-Haut.* — Mar. Espèce d'armoire faite entièrement de bois, sans aucun fer, et placée devant le poste du timonier vers l'artimon : *on renferme dans l'habitacle la boussole, la lumière et l'horloge.* Dans ce sens, est quelquef. féminin.

* **HABITANT, ANTE** s. Celui qui habite, qui fait sa demeure en quelque lieu : *les habitants de la campagne.* — Poétiq. LES HABITANTS DES FORÊTS, LES HABITANTS DE L'AIR, LES HABITANTS DES EAUX, DE L'ONDE, les bêtes sauvages, les oiseaux, les poissons. LES HABITANTS DE L'OLYMPE, les dieux. — Particul. Celui qui possède un domaine, une habitation dans une colonie : *un habitant de la Martinique.* — Adjectiv. en termes de Prat. Domicilié. *Elle a établi sa demeure en tel endroit, où elle est encore habitante.* (Vieux.)

HABITAT s. m. [a-bi-ta] (rad. *habiter*). Hist. nat. Milieu dans lequel vit un être organisé quelconque ; climat qu'il préfère ; localité qu'il habite dans l'état de nature.

* **HABITATION** s. f. [a-bi-ta-si-on]. Action d'habiter un lieu, séjour que l'on y fait habituellement : *on lui a donné cette maison pour son habitation.* Se dit quelquef. des animaux : *le tigre fait son habitation dans les contrées brûlantes de l'Afrique et de l'Asie.* Jurispr. DROIT D'HABITATION, droit de demeurer dans la maison d'autrui sans payer de loyer : *le droit d'habitation ne peut être ni cédé ni loué.* — AVOIR HABITATION AVEC UNE FEMME, avoir commerce avec elle. Ne se dit guère qu'en Jurispr. — Endroit où l'on demeure, domicile, maison : *il n'a point d'habitation.* — L'HABITATION D'UN ANIMAL, lieux qu'il fréquente habituellement : *connaître les diverses habitations des quadrupèdes, des poissons, etc.* L'HABITATION D'UNE PLANTE, son site ordinaire. — Portion de terre qu'un particulier cultive pour la faire valoir, dans une colonie : *il a deux habitations à la Martinique.* — S'est dit aussi de l'établissement qu'une colonie forme dans un pays éloigné : *les Français établirent une habitation dans le Canada.*

HABITATIVITÉ s. f. Phrénol. Penchant qui porte l'homme à se choisir une demeure fixe.

* **HABITER** v. a. (lat. *habitare*). Faire sa demeure, faire son séjour en quelque lieu : *habiter un lieu, un palais, une maison.* Se dit des animaux : *le renne habite les contrées du Nord.* — Se dit quelquefois, fig. : *la paix habite ce séjour.* — v n. *Habiter dans un lieu, dans un palais.* — HABITER CHARNELLEMENT AVEC UNE FEMME, ou simplement, HABITER AVEC UNE FEMME, avoir commerce avec elle. L'un et l'autre ne s'emploient guère qu'en jurisprudence.

* **HABITUDE** s. f. (lat. *habitudo*). Coutume, disposition acquise par des actes réitérés : *bonne, mauvaise habitude.* — Prov. et fig. L'HABITUDE EST UNE AUTRE NATURE, UNE SECONDE NATURE, se dit pour marquer le pouvoir de l'habitude. — C'EST UN HOMME D'HABITUDE, il tient beaucoup à ses habitudes, le moindre changement dans ses habitudes le trouble et lui déplaît. — Se dit, fig. et fam., dans le même sens : *c'est un animal d'habitude.* — Méd. HABITUDE EXTÉRIEURE, HABITUDE DU CORPS, aspect, disposition extérieure du corps. — HABITUDE DU CORPS, l'air qui résulte généralement du maintien, de la démarche et des attitudes les plus ordinaires d'une personne. — Connaissance, accès auprès de quelqu'un,

fréquentation ordinaire : *avoir habitude auprès de quelqu'un ou avec quelqu'un, en quelque lieu, en quelque maison.* — Fam. AVOIR UNE HABITUDE, avoir un commerce de galanterie. — « ENCYCL. L'habitude est un joug qui pèse lourdement sur l'humanité. Elle finit par prendre un tel empire sur nous, qu'elle nous domine. Tel est l'homme adonné aux boissons ou habitué au tabac, le libertin, etc. ; ce qui a fait dire que l'habitude est une seconde nature. La ténacité des habitudes est en proportion de leur durée. Les habitudes se contractent à tout âge, mais surtout dans la jeunesse. Aussi est-il très important de veiller aux premières habitudes. On en prend de bonnes presque aussi facilement que de mauvaises. Combien de fois, n'avons-nous pas vu des enfants faire d'amers reproches à leurs parents, pour leur avoir laissé prendre des penchants dont ils n'avaient plus la force de se défaire. Il faut toujours se demander, avant de se créer une habitude, s'il n'y aura pas lieu, plus tard, d'en souffrir ou d'en faire pâtir ceux qui nous entourent. L'habitude de la mollesse rend efféminé, impropre aux fatigues. Celle de vivre calfeutré dans une chambre chauffée expose aux effets des vicissitudes atmosphériques, aussitôt qu'on s'y expose. Mais celle de la débauche est, sans contredit, la plus funeste à la santé. Hâtons-nous d'ajouter que l'habitude, toute tyrannique qu'elle soit, peut se perdre : il suffit, pour cela de le *vouloir* fortement et d'avoir la constance de la combattre par l'habitude contraire. » (Dr C. Dupasquier.)

HABITUDINAIRE s. Théol. Celui, celle qui commet habituellement les mêmes péchés.

* **HABITUÉ, ÉE** part. passé de HABITUER, accoutumé, qui a l'habitude. — Part. Se dit d'un ecclésiastique qui n'a point de charge ni de dignité dans une église, mais qui assiste à l'office divin, et est employé aux fonctions d'une paroisse : *prêtre habitué. Il est habitué à Saint-Eustache,* etc. — S'emploie aussi substantiv., dans le même sens : *un habitué de paroisse.* — Celui qui va fréquemment et habituellement dans un lieu : *c'est un habitué de la maison.*

* **HABITUEL, ELLE** adj. Qui s'est tourné en habitude, qui est passé en habitude : *mal habituel, fièvre habituelle.* — Théol. GRÂCE HABITUELLE, celle qui réside toujours dans le sujet.

* **HABITUELLEMENT** adv. Par habitude : *il s'enivre habituellement.*

* **HABITUER** v. a. Accoutumer, faire prendre l'habitude : *il faut habituer de bonne heure les enfants à l'obéissance.* — S'habituer v. pr. S'accoutumer : *s'habituer au bien, au mal, au froid, au chaud, au travail.*

HABITUS [a-bi-tuss]. Mot lat. qui signifie *Manière d'être.* — Hist. nat. Aspect général d'un être organisé ; ensemble des particularités relatives à son port et à son extérieur.

* **HÂBLER** v. n. (esp. *hablar*, parler ; du lat. *fabulari*). Parler beaucoup et avec vanterie, avec exagération et ostentation : *cet homme ne fait que hâbler ; ne croyez pas tout ce qu'il dit.* ◦

* ‣ **HÂBLERIE** s. f. Discours plein de vanterie, d'exagération et d'ostentation : *tout ce qu'il vous a dit n'est que hâblerie.*

* ‣ **HÂBLEUR, EUSE** s. Celui, celle qui hâble, qui aime à débiter des mensonges : *c'est un grand hâbleur, une grande hâbleuse.*

HABSBOURG. Voy. HAPSBOURG.

HABSHEIM, ville du cercle de Mulhouse (Alsace-Lorraine), cédée à l'Allemagne par le traité de Francfort.

HACELDAMA (héb. Champ du Sang). Voy. ACELDAMA.

' **HACHAGE** s. m. Action de hacher ; résultat de cette opération.

' **HACHARD** s m. Ciseaux de forgeron pour couper le fer.

' ' **HACHE** s. f. (lat. *ascia*). Instrument de fer tranchant, qui a un manche, et dont on se sert pour couper et pour fendre du bois et autres choses : *abattre un arbre avec une hache.* — HACHE A MAIN, petite hache dont le manche est court. — HACHE D'ARMES, sorte de hache dont on se servait autrefois à la guerre, et qui est encore d'usage dans les combats de mer, quand on va à l'abordage. La hache d'armes paraît avoir une origine orientale. Elle est mentionnée comme ayant servi aux Amazones, aux Saces de l'armée de Darius et à quelquestribus des Alpes. Toutes les nations teutoniques en faisaient usage. — HACHE DE PIERRE, hache dont on se servent quelques peuples s_uvages, et qui est faite d'une pierre très dure, au lieu de fer. — Cet ouvrage qui fait A COUPS DE HACHE, il est grossièrement fait.— AVOIR UN COUP DE HACHE A LA TÊTE ou simplement, AVOIR UN COUP DE HACHE, UN PETIT COUP DE HACHE, être un peu fou. — Impr. CE LIVRE EST IMPRIMÉ EN HACHE, il est à deux colonnes, qui devraient naturellement être d'égale longueur, mais dont l'une, se trouvant plus abondante que l'autre, occupe toute la largeur de la page au-dessous de celle qui a fini la première. (Vieux.) Ne se dit qu'en parlant d'anciennes éditions. — Arpentage. CETTE PIÈCE DE TERRE FAIT HACHE SUR TELLE AUTRE, elle s'enclave, elle est engagée en partie dans telle autre. — Part. Se disait de l'instrument avec lequel le bourreau tranchait la tête des condamnés : *périr sous la hache.* — Fig. LA HACHE ÉTAIT SUSPENDUE SUR TOUTES LES TÊTES, tout le monde était menacé de mort. — Antiq. HACHE CONSULAIRE, hache entourée de faisceaux de verges que les licteurs portaient devant les consuls.

' **HACHÉ. ÉE** part. passé de HACHER. — STYLE HACHÉ, style coupé en trop petites phrases, sans liaisons grammaticales.

' **HACHE-ÉCORCE** s. m. Outil de tanneur servant à couper l'écorce dont on fait le tan.

' ' **HACHE-PAILLE** s. m. Instrument dont on se sert pour hacher la paille que l'on donne aux chevaux et au bétail.

' ' **HACHER** v. a. Couper en petits morceaux : *hacher du veau.* — Prov. HACHER MENU COMME CHAIR A PATÉ, mettre en pièces, hacher par morceaux. On dit de même, par menace : *vous serez hachés menu comme chair à pâté.* — Couper maladroitement : *il ne découpe pas cette viande, il la hache.* — Se dit, par ext., du dommage que la grêle fait quelquefois aux blés et aux arbres : *mes blés ont été hachés par la grêle.* — Par exag. HACHER QUELQU'UN EN PIÈCES, LE HACHER EN MORCEAUX, le frapper de plusieurs coups d'une arme tranchante. — CE BATAILLON, CET ESCADRON, etc., S'EST FAIT HACHER EN PIÈCES, ou simplement, S'EST FAIT HACHER, il s'est défendu jusqu'à ce qu'il ait été entièrement détruit. — IL SE FERAIT HACHER EN PIÈCES, ou simplement : *il se ferait hacher pour cela, pour cette personne,* il soutiendrait cela, il y persisterait, il défendrait cette personne au péril de sa vie. Familièrement, dans un sens analogue : *je m'y ferais hacher.* — Dessin. Grav. Faire des traits qui se croisent les uns les autres : *hacher avec le burin, avec le crayon, avec la plume.* — ⤻ Jargon. HACHER DE LA PAILLE, se dit d'un Allemand qui veut parler le français. — ⤻ Se hacher v. pr. Être haché.

' ' **HACHEREAU** s. m. dim. Petite cognée.

' ' **HACHETTE** s. f. dim. Petite hache, marteau tranchant d'un côté. — Icht. Poisson d'eau douce que l'on trouve dans certains fleuves de l'Europe.

' **HACHETTE** (Jeanne LAISNÉ, surnommée *Jeanne*), héroïne qui s'immortalisa au siège de Beauvais (1472). Suivie de quelques dames de la ville, elle monta sur les remparts et renversa plusieurs assaillants. (Voy. BEAUVAIS.) Le surnom de *Hachette* lui fut donné à cause de l'arme dont elle s'était servie avec tant d'audace et de valeur. La ville de Beauvais lui a élevé, en 1851, une statue en bronze, due au sculpteur Debay.

' **HACHETTE** (Jean-Nicolas-Pierre), mathématicien, né à Mézières en 1769, mort en 1834. Il a laissé beaucoup d'ouvrages sur les mathématiques et sur la physique. Ses opinions libérales lui firent perdre sa place de professeur à l'Ecole polytechnique, sous la Restauration. Elu à l'Académie des sciences en 1823, il n'y fut admis qu'après la révolution de 1830.

' **HACHETTE** (Louis-Christophe-François), célèbre éditeur, né à Rethel (Ardennes) en 1800, mort en 1864. Il était élève de l'école normale, quand celle-ci fut licenciée en 1822. Il acheta, en 1826, une petite librairie dont il fit, en quelques années, l'une des premières maisons d'édition qu'il y ait au monde.

' ' **HACHIS** s. m. Cuis. Mets fait avec de la viande ou du poisson, qu'on hache extrêmement menu : *hachis de perdrix, de mouton.*

' ' **HACHISCH** ou **Haschisch** s. m. ['ha-chiche] (ar. *hachich*, herbe sèche). Préparation enivrante et narcotique dont le chanvre indien forme la base : *le hachisch est recherché en Orient, comme l'opium en Chine, pour ses effets enivrants.* (Voy. CHANVRE.)

' ' **HACHOIR** s. m. Petite table de chêne sur laquelle on hache les viandes : *un hachoir est nécessaire dans une cuisine.* — Grand couteau pour hacher les viandes. — Hache-paille.

' ' **HACHURE** s. f. Dess. et Grav. Se dit des traits ordinairement croisés les uns sur les autres, par lesquels on forme les demi-teintes et les ombres : *des hachures larges.* — Blas. Se dit des traits ou des points dont on se sert pour marquer la différence des couleurs et des métaux : *la hachure en pal, ou de haut en bas,* désigne le gueules (le rouge); *la hachure en fasce, qui traverse l'écu,* signifie *l'azur* (le bleu); *la hachure en pal, contre-hachée en fasce,* marque *le sable* (le noir); etc.

' **HACK** s. m. ['hak] (angl. *cheval de service*). Sport. Cheval destiné à courir et que l'on emploie aussi pour la chasse, la promenade, etc.: *des hacks.*

HACKERT (Philipp), peintre allemand, né en Prusse en 1737, mort en 1807. Il s'établit en Italie en 1768 et vécut à Rome, à Naples et à Florence. Il exécuta, pour l'impératrice Catherine II, plusieurs tableaux de batailles navales. Voulant lui donner l'idée d'une explosion en mer, le comte Orloff fit sauter une frégate devant lui, dans le port de Livourne. Hackert grava lui-même un grand nombre de ses œuvres et écrivit des ouvrages techniques en italien et en allemand.

' **HADDINGTONSHIRE** ou **Lothian oriental**, ['had'-dign-t'n-cheur], comté d'Ecosse, borné par le frith de Sorth et la mer du Nord; 725 kil. carr.; 37,770 hab. Il est coupé par la rivière Tyne. Sol généralement fertile. — Capitale Haddington, sur le Tyne, à 24 kil. N.-E. d'Edimbourg ; environ 4,000 hab.

' **HADERSLEBEN** ['ha-dèr-slè-bènn] (dan. *Hadersler*), ville du Schleswig (Prusse), à 70 kil. N. de Schleswig, sur le fiord de Hadersleben, baie du Petit-Belt; 8,370 hab. Son port ne peut recevoir que de petits navires, mais la ville possède un port extérieur à Stevelt. Fabriques de gants.

HADÈS s. m. [a-dèss] (gr. ᾍδης). Nom donné primitivement, dans la mythologie grecque, au roi du monde inférieur ou invisible et ensuite aux régions infernales dont le roi était connu sous le nom de Pluton. Hadès était un lieu de ténèbres et le séjour de la mort. Ses portes fermées étaient gardées par Cerbère.

' **HADJ** s. m. Mot arabe qui signifie pèlerinage.

' **HADJI** s. m. (rad. *hadj*). Musulman qui a fait le pèlerinage de la Mecque.

' **HADJI-KHALFA**, surnom de MUSTAPHA BEN ABDALLAH, connu aussi sous le titre de *Katib Tchelebi* (noble secrétaire), historien turc, né à Constantinople, mort en 1658. Après avoir occupé divers emplois, il fut nommé en 1648 *khalfa*, ministre des finances. Son ouvrage le plus important est *Keshf-ul-tzunûn*, diction naire bibliographique en arabe, dans lequel se trouvent les titres de plus de 18,000 livre arabes, persans et turcs, avec de courte notices sur les auteurs. Ce dictionnaire a ét publié à Londres avec une traduction latin (7 vol. 1835-'58). On a du même écrivain des ouvrages historiques, comprenant une *Histoire des guerres maritimes des Turcs.*

' **HADLEY** (John) ['had-li], astronome anglais, mort en 1744. Il était membre de la Société royale et se fit principalement connaître comme l'inventeur réputé de l'instrument appelé octant de Hadley ; mais on pense maintenant que sir Isaac Newton et Thomas Godfrey ont des titres à l'honneur de cette invention.

HADRAMAUT ou **Hadramaout**, district de l'Arabie méridionale, le long des côtes de l'océan Indien. Ses limites ne sont pas bien définies ; il est borné au N. par le Dahna ou Grand Désert, au N.-E. par l'Oman, au S. par la mer et à l'O. par l'Yémen. Ses côtes s'étendent de 43° à 54° 10' long. E. On suppose qu'ils s'étend à 160 kil. dans l'intérieur. La côte, généralement basse, est longée par une chaîne de montagnes qui s'élèvent en terrasses jusqu'à un plateau élevé et descendent ensuite graduellement vers le désert. L'Hadramaut est habité par des tribus indépendantes. Son port principal est Makallah, qui fait un commerce considérable avec l'Inde et l'Yér_n. — Dans un sens plus restreint, l'Hadramaut constitue une partie de l'ancienne Arabie Heureuse. Son nom dérive des Adramites, ancienne tribu arabe, activement engagée dans le commerce de drogues, d'épices et de soie, et dont la capitale était Sabatha.

HADROSAURE s. m.[a-dro-sô-re](gr. *hadros*,

Hadrosaurus.

épais; *sauros*, lézard). Gigantesque reptile di nosaurien fossile qui a vécu dans les terrain et dans les forêts de l'époque crétacée et qui est abondant daus la région du Nouveau-Jersey (États-Unis). Il atteignait une longueur de 10 m.; ses membres antérieurs étaient moitié moins longs que ses membres postérieurs; sa queue possédaitune force immense. C'était évidemment un animal terrestre et ses dents, faites pour broyer, indiquent que sa nourriture était toute végétale.

HÁDRUMÈTE. Voy. Adrumète.

HÆMA, Hæmo préf. Voy. Héma, Hémo.

' HÆNDEL (Georg-Friedrich) ['henn-dèl'], compositeur allemand, né à Halle le 23 février 1685, mort le 13 avril 1759. Tout jeune, il témoigna une véritable passion pour la musique, et quand il fut, en 1702, inscrit à l'université de Halle, il était déjà extraordinaire comme exécutant sur la harpe, sur l'orgue et sur le violon. Ayant étudié la composition, il devint organiste du *Domkirche* à Halle. En 1704, il produisit à Hambourg un oratorio sur la *Passion*, qui fut suivi des opéras : *Almíra, Nerone, Florinda* et *Dafne*. Il composa en Italie son premier opéra italien, *Rodrigo* (1707), reçu avec de grands applaudissements, et son oratorio *Risurrezione* (1708), suivi d'une cantate, *Il trionfo del tempo e del disinganno*. A cette époque, toute représentation d'opéra était interdite à Rome ; ses ouvrages se bornèrent à des oratorios et à de la musique d'église. En 1708, il composa à Naples: *Aci, Galatea e Polifemo* et d'autres ouvrages de moindre importance. En 1709, il donna pour le carnaval de Venise l'opéra *Agrippina*, qui fut joué avec un succès extraordinaire. Nommé maître de chapelle de l'électeur de Hanovre, plus tard George Ier d'Angleterre, il retourna en Allemagne, y passa une année et arriva en Angleterre vers la fin de 1710. Le 24 février 1711, *Rinoldo* fut joué avec succès. Peu après, Hændel retourna dans la Hanovre pour quelque temps, et y composa la plus grande partie des duos de chambre et probablement aussi une grande partie de sa musique instrumentale. En 1712, il retourna en Angleterre, où il produisit le petit opéra pastoral *Il Pastor fido* en 1713, *Tesco*, l'ode pour l'anniversaire de la naissance de la reine Anne et le *Te Deum d'Utrecht*. A l'exception de *Silla*, petit opéra, il ne composa aucun morceau d'importance avant 1715, époque où il fit jouer *Amadige*. Il prépara alors la musique bien connue sous le nom de *Water music*, qui fut jouée le 22 août 1715, à l'occasion d'une grande procession de bateaux sur la Tamise, procession à laquelle le roi prit part. En 1716, Hændel se rendit à la cour de Hanovre et y composa la musique pour le poème allemand de Brocke sur la *Passion du Christ*. A son retour à Londres, il devint directeur de la musique du duc de Chandos, pour la chapelle duquel, pendant les trois années suivantes, il composa les œuvres à trois, quatre et cinq parties, connues sous le nom de *Chandos Anthems*, son premier oratorio anglais, *Esther*, joué le 29 août 1720, et *Acis et Galatée*. Il essaya ensuite de fortifier l'étude de l'opéra italien de Londres, au moyen de l'*Académie royale de musique*, qui fut ouverte en 1720, à l'aide d'une souscription de 1,250,000 fr., somme versée par le roi et par la noblesse. Son *Radamis* fut applaudi ; mais ses collègues italiens, jaloux de son succès, conspirèrent contre lui, encouragés qu'ils étaient par la duchesse de Marlborough par la haute fashion de Londres. Une lutte musicale avec son principal adversaire Bononcini, eut pour résultat le triomphe de Hændel, qui ne put néanmoins réduire ses ennemis au silence. Les opéras qu'il composa ensuite pour l'Académie royale sont : *Floridante*, 1721 ; *Ottone*, 1723 ; *Flavio* et *Giulio Cesare*, 1723 ; *Tamerlano*, 1724 ; *Rodelinda*, 1725 ; *Scipione*, 1726 ; *Alessandro*, 1726 ; *Admeto*, 1727 ; *Siroe* (Cyrus) 1728 ; *Tolommeo* (Ptolémée), 1728. En 1727, il

avait ajouté à la liste de ses petits ouvrages les nobles antiennes pour le couronnement de Georges II. L'argent de la souscription étant dépensé, l'Académie royale fit banqueroute. En 1729, Hændel traita avec Heidegger, du théâtre de Haymarket, pour lequel il composa les opéras *Lotario*, 1729 ; *Partenope*, 1730 ; *Poro*, 1731 ; *Ezio*, 1732 ; *Sosarme*, 1732 ; *Orlando*, 1733 ; *Ariadne*, 1734 ; *Parnasso in festa*, 1734 ; et *Pastor fido* (complètement refondu), 1734. En 1732, il produisit l'oratorio d'*Esther* et en 1733, *Déborah* et *Athaliah*. Dans cette dernière année, il renvoya son premier chanteur Senesmo, à cause de sa mauvaise conduite ; une cabale se forma contre Hændel et un théâtre rival du sien s'éleva ; il dut, pour lutter, engager une nouvelle troupe italienne. Son traité avec Heidegger ayant pris fin en 1734, il s'établit à Covent Garden, et produisit, outre *Alexander's Feast*, les opéras *Ariodante* (1735), *Atalanta* (1736), *Arminio*, *Giustino* et *Berenice* (1737). En mai 1737, il ferma son théâtre, après avoir éprouvé de grandes pertes. Il composa, pour les funérailles de la reine Charlotte (novembre), une antienne qui est l'une de ses ouvrages les plus beaux et les plus touchants. En 1738, ses opéras *Faramondo*, *Alessandro Severo* et *Serse* (Xerxès) virent le jour. Dans la même année, il composa les oratorios *Saul* et *Israel in Egypt*, et les fit jouer dans une série de concerts qu'il donna lui-même. En 1739-'40, il produisit sa partition de *Saint-Cæcilia*, ode de Dryden, l'*Allegro* et *Il Penseroso* de Milton. En 1740-'41, les opéras italiens *Imeno* (hymen) et *Deidamia* furent représentés sans succès. Il donna en Irlande une série de concerts, dans l'un desquels l'oratorio du *Messiah* fut joué pour la première fois (1742). De retour à Londres, il donna, en 1743, l'oratorio *Samson*, qui obtint du succès. Pour la saison de 1744, ses compositions furent : le *Dettingen Te Deum*, *Semele* et *Joseph and his Brethren*; pour celle de 1744-'45, *Hercule*, *Belshazzar*et une reprise de *Deborah*. Les pertes qu'il éprouva en faisant représenterses œuvres à Haymarket, avec une pompe jusqu'alors inconnue, l'obligèrent à fermer ce théâtre au printemps de 1745. En 1746 son unique ouvrage fut *The Occasional Oratorio*. A partir de cette époque, Hændel abandonna l'habitude où il était de faire des appels aux souscriptions des classes élevées ; il se livra à la générosité et au goût musical du public en général. Pendant le reste de sa vie, il donna, au printemps de chaque année, de 10 à 13 concerts et obtint un tel succès qu'il paya ses dettes et il acquiten 10 ansune fortune de 500,000 fr. Les nouveaux ouvrages de ses dernières années furent : *Judas Maccabæus* (1747), *Alexander* (1748), *Joshua* (1748), *Susannah* (1749), *Salomon* (1749), *Theodora* (1750), *Choice of Hercule* (1751) et *Jephthah* (1752), le dernier de cette prodigieuse série d'oratorios dramatiques. Hændel étant devenu aveugle, son élève, John Christian Smith, l'aida à diriger ses oratorios et agit comme son secrétaire dans les additions et dans les changements qu'il faisait encore de temps en temps à ses œuvres. La représentation du *Messiah* (6 avril 1759) fut la dernière à laquelle le compositeur assista. Il fut enterré à l'abbaye de Westminster. Beethoven considérait Hændel comme le plus grand compositeur qui ait jamais existé. Hændel porta les anciennes formes de l'opéra à leur plus haute perfection, il donna une nouvelle vie, une nouvelle puissance à la musique religieuse anglaise ; comme compositeur, il ne fut surpassé que par Bach. S'il n'est pas le créateur de l'oratorio dramatique, il est au moins celui qui le perfectionna et lui donna son apogée. Sa fécondité n'a pas d'égale. Le *Messiah* fut composé en 23 jours. — La biographie de Hændel, par Victor Schoelcher, parut à Londres en 1857 ; une autre a été écrite par Chrysander (3 vol., Leipzig, 1858-'67).La meilleure

édition des œuvres de ce compositeur est celle de la société allemande de Hændel (25 vol., 1858 et suiv.). Voyez aussi *Hændel und Shakspeare* (1868) et *Hændel's oratorien-text*(1873), par Gervinus.

'HÆRING (Wilhem) ['hé-rign'], connusous le nom de Wilbald Alexis, romancier allemand, né à Breslau en 1797, mort en 1871. Il se fit connaître surtout par son roman *Walladmor*, écrit à la suite d'un pari, pour imiter le genre de Walter Scott. Il excella principalement dans les romans historiques. Il prépara avec Hitzig 28 vol. de *Der Neue Pitaval*, collection de causes criminelles.

'HÆUSSER (Ludwig) ['haou-zèrr'],historien allemand, né en Alsace en 1818, mort en 1867. Il étudia à Heidelberg ; en 1848, il publia avec Gervinus le *Deutsche Zeitung* et fut, en 1850, nommé professeur à l'université d'Heidelberg. Ses ouvrages comprennent une histoire de l'Allemagne depuis la mort de Frédéric le Grand jusqu'à la fondation de la confédération germanique ; une histoire de la révolution française, et une histoire de l'époque de la Réforme.

' HAFF (dan. *hav*, mer), mot qui désigne trois larges estuaires en forme de lagune, sur la côte prussienne de la Baltique : *Kurisches Haff, Frisches Haff,* et *Stettiner* ou *Pommersches Haff.*

'HAFIZ (Mohammed Shems ed-Din) ['hâfiz], poète persan, né à Schiraz, vers le commencement du XIVe siècle, mort vers 1390. Il fut le premier professeur public de jurisprudence et de théologie musulmane. Derviche, il vécut dans de luxurieux plaisirs, mais il abandonna ensuite les plaisirs pour l'austérité. Tamerlan ayant conquis Schiraz (1387), traita le poète avec la plus grande distinction. Son tombeau magnifique est encorele rendezvous des jeunes gens de Schiraz, qui s'y rendent pour chanter ses vers et pour boire du vin. Son seul ouvrage est le *Divan*, collection (faite aprèssa mort) de 571 odes détachées appelées gazels, et de 7 élégies. On regarde ses vers les plus licencieux et les plus passionnés comme un effet de l'inspiration, et ils sont lus comme exercices de dévotion et comme des allégories. Le *Divan* tout entier a été traduit en allemand par Von Hammer(2 vol. 1812-'15). Hermann Bicknell a traduit une choix de ses poèmes en anglais (1876); Herbin en a donné quelques-uns en français, avec une notice sur l'auteur (1806, in-12).

' HAFSAH, fille d'Omar et femme de Mahomet. Voy. Coran.

' ' HAGARD, ARDE adj. (all. *hager*, maigre, décharné). Farouche, rude : *avoir l'œil hagard, les yeux hagards, le visage hagard, la mine hagarde.* — Fauconn. Faucon hagard, faucon qui a été pris après la mue, et qui ne s'apprivoise pas aisément.

' HAGEN ['hâ-ghènn], ville de Westphalie (Prusse), sur la Volme et l'Empe, à 32 kil. O. d'Arnsberg ; 24,220 hab. (y compris les faubourgs). Ecole de commerce, fonderies, fabriques d'acier, manufactures de tabac, de papier, d'étoffes, de fil de fer, etc.

' HAGERSTOWN, ville du Maryland (Etats-Unis), sur la crique d'Antietam, à 30 kil. audessus du Potomac et à 110 kil. O.-N.-O. de Baltimore; 5,780 hab.

HAGETMAU, ch.-l. de cant., arr. et à 12kil. S. de Saint-Sever (Landes); 3,000 hab. Bons vins. Restes d'un château des Gramont.

' HAGIOGRAPHE adj. '[a-ji-o-gra-fe] (gr. *hagios*, saint ; *graphô*, j'écris). Se dit des livres de la Bible, autres que ceux de Moïse et des Prophètes. — s. Auteur qui écrit la vie et les actions des saints: *les Bollandistes sont des hagiographes célèbres.* — Encycl. Les Juifs donnaient le nom d'hagiographes ou *Ecri-*

tures saintes (hébr. *ketubim*, écrits) à leur troisième division des Ecritures de l'Ancien Testament, comprenant trois sections: 1° les Psaumes, les Proverbes et Job; 2° le Cantique des Cantiques, Ruth, les Lamentations, l'Ecclésiastique et Esther; 3° Daniel, Ezra, Néhémie et les Chroniques. Ces saintes Ecritures, bien qu'elles n'aient pas été écrites par Moïse ni par aucun' des prophètes, étaient regardées comme inspirées.

* **HAGIOGRAPHIE** s. f. Traité sur les choses saintes. — Part. Se dit d'un genre d'ouvrages qui ont pour objet la vie des saints.

' **HAGIOGRAPHIQUE** adj. Qui concerne les choses saintes ou l'hagiographie : *travaux hagiographiques*.

' **HAGIOLOGIE** s. f. (gr. *hagios*, saint ; *logos*, discours). Discours, traité sur les saints, sur les choses saintes.

* **HAGIOLOGIQUE** adj. (gr. *hagiôs*, saint ; *lôgos*, discours). Qui concerne les saints, les choses saintes : *discours hagiologique*.

HAGIOLOGUE s. m. Auteur qui s'occupe d'hagiologie.

HAGIONYME s. m. (gr. *hagio*, saint; *onoma*, nom). Nom de saint pris comme nom propre.

HAGUE (Cap de la) (scand. *houg* ; dan. *huk*, promontoire), pointe qui termine au N.-O. la presqu'île du Cotentin ; par 49° 43' 22" lat. N. et 4° 17' 30" long. O. En face de ce cap, Tourville ayant reçu l'ordre formel de chercher les ennemis et de les combattre, forts ou faibles, livra une bataille navale désespérée à une flotte anglo-hatave trois fois supérieure en nombre, le 29 mai 1692. A force de courage, les Français repoussèrent leurs ennemis; mais pendant la nuit qui suivit, leurs vaisseaux, en cherchant à passer le ras de Blanchard, entre Aurigny et le Cotentin, se divisèrent. 20 d'entre eux, ayant traversé ce passage dangereux, purent atteindre Brest ; les autres, surpris par le retrait de la mer, revinrent sur leurs pas et demandèrent un refuge aux ports les plus rapprochés: 3 se sauvèrent à Cherbourg ; 12 autres arrivèrent dans le port de *Saint-Vaast-la-Hougue*, dont le nom changé en *la Hogue*, rappelle un des plus grands désastres qu'aient subi les armées navales de France. Voy. HOGUE (La).

* ' **HAGUENAU** (all. *Hagen-au*, haie des Bruyères), ch.-l. d'arr. de l'Alsace-Lorraine, cédé à l'Allemagne par le traité de Francfort. Haguenau s'élève sur la Moder, au milieu d'une vaste forêt appelée le Hagenauer Wald, à 20 kil. N.-E. de Strasbourg ; 11,730 hab. Elle est entourée d'anciennes murailles et de tours ; manufactures de laine, de coton; tanneries, etc. Elle a appartenu à la France de 1648 jusqu'en 1871. Les Français y remportèrent sur les Autrichiens une sanglante victoire en 1793.

* ' **HAHA** s. m. Ouverture qu'on fait au mur d'un jardin, avec un fossé en dehors, afin de laisser la vue libre : *il y a un haha au bout de cette allée.*

* ' **HAHÉ**. Chasse. Terme dont on se sert pour arrêter les chiens qui prennent le change, ou qui s'emportent trop.

' **HAHNEMANN** (Samuel - Christian-Friedrich) ['ha-ne-mænn], fondateur du système de médecine homéopathique, né en 1755, mort à Paris en 1843. Il prit ses degrés à Erlangen en 1779, et, en 1785, il s'établit à Dresde. Sa méfiance envers le système thérapeutique lui fit abandonner sa profession en 1789. Il se rendit à Leipzig et s'occupa à traduire des ouvrages de médecine anglais et français. En traduisant la *Materia Medica* de Cullen (1790), il fut frappé des propriétés contraires attribuées au quinquina, et des différentes explications de son effet dans la fièvre

intermittente. Un essai sur lui-même de ce médicament pris à fortes doses produisit des symptômes analogues à ceux de la fièvre intermittente. Il pensa qu'une substance produisant sur un homme en bonne santé les symptômes d'une maladie qu'elle peut guérir, il en résulte une loi qu'il formula ainsi : *Similia similibus curantur*, et qui est le fondement du système homéopathique. Des résultats analogues ayant été obtenus par des expériences avec différents autres médicaments, il appliqua, non sans succès, la nouvelle loi au traitement des malades de l'asile des aliénés de Georgenthal (près de Gotha), dont le duc de Saxe-Gotha lui avait donné la direction. En 1796, dans le *Journal der praktischen Heilkunde*, il exposa les principes de sa loi *Similia similibus*. Ses idées furent d'abord accueillies avec indifférence ou tournées en ridicule. Dans les quinze années qui suivirent, il publia plusieurs ouvrages, comprenant son *Organon der rationellen Heilkunde* (1810), dans lequel l'homéopathie reçut pour la première fois sa forme systématique. Fixé de nouveau à Leipzig, il y acquit une nombreuse clientèle. En 1813, pendant une attaque de typhus malin, les malades furent partagés entre les médecins de la ville ; et des 73 qui échurent à Hahnemann, tous se rétablirent, sauf un vieillard. Une ancienne loi qui défend aux médecins de donner leurs propres médicaments, ayant été mise de nouveau en vigueur contre lui, il se réfugia à Köthen en 1820. En 1835, il s'établit à Paris, où sa seconde femme (Mlle d'Hervilly) l'avait engagé à se fixer. Outre son *Organon*, ses principaux ouvrages sont: *Reine Arzneimittellehere* (6 vol.); *Die chronischen Krankheiten* (4 vol.), et *Heilung der asiatischen Cholera*. La ville de Leipzig lui a élevé une statue en 1840. — Jourdan a traduit en français son *Organon de l'art de guérir* (1832, 1834 et 1845, 1 vol. in-8°); la *Matière médicale* (1834) ; et sa *Doctrine et traitement homéopathiques des maladies chroniques* (1832 et 1846, 3 vol. in-8°).

* ' **HAI**. Interj. Exclamation, la même que Hé.

' **HAI-DZUONG** ou ' **HAI-DUONG**, ville du royaume d'Annam, située sur le delta du Son-Koï ou fleuve Rouge, à son embouchure dans l'océan Pacifique : elle sert de port à Hanoï. Par 20° 56' 28" lat. N. et 103° 57' 40" long. E.

* ' **HAIE** s. f. ['hê] (anc. haut all. *haga*, clôture). Clôture faite d'épines, de ronces, de sureau, etc., ou seulement de branchages entrelacés : *une haie fort épaisse.* — HAIE VIVE, haie formée d'arbustes, ordinairement épineux, qui ont pris racine et qui sont en pleine végétation; par opposition à HAIE MORTE ou SÈCHE, celle qui est formée d'épines ou d'autres bois morts entrelacés.— COURSE DE HAIES, course de chevaux où il faut franchir des haies. — Se dit, fig., d'une ou de deux files de personnes qui marchent ou sont postées, rangées quelque part pour une cérémonie : *les reliques furent portées, dans cette procession, au milieu d'une double haie de pénitents.* — BORDER LA HAIE, se dit de troupes qui se rangent, qui sont rangées en longue ligne sur un des côtés ou de chaque côté d'une rue, d'un chemin où doit passer un personnage important, un cortège, etc.: *quand le prince passe, les troupes bordent la haie.* — Légist. « Les haies servant de clôture mitoyenne, doivent être entretenues à frais communs, et les produits appartiennent aux propriétaires par moitié. Les arbres qui se trouvent dans la haie mitoyenne sont aussi mitoyens (C. civ. 666 et s. ; L. 20 août 1881). Une haie non mitoyenne ne peut être plantée qu'à une certaine distance de la ligne séparative des propriétés; cette distance est déterminée par les usages locaux, et, à défaut de règlements et usages, elle est d'un demi-mètre pour les plantations dont la hauteur ne dépasse pas deux mètres. Aucune haie ne peut

être plantée le long d'un chemin avant une autorisation de l'autorité administrative compétente. (Voy. CHEMIN.) Quiconque coupe ou arrache une haie appartenant à autrui commet un délit, et est passible d'un emprisonnement d'un mois à un an et d'une amende de 50 fr. au moins (C. pén. 456) ». (CH. Y.)

* ' **HAIE** s. f. Labour. Pièce de bois arrondie qui règne tout le long de la charrue.

* ' **HAIE**. Cri que font les charretiers pour animer leurs chevaux : *haie, hate*. — Prov. et fig. ET HAIE AU BOUT, et quelque chose pardessus: *son emploi lui vaut par an mille francs, et haie au bout.* (Vieux.)

HAÏK s. m. [a-ik]. Grande pièce de laine rectangulaire, d'une couleur blanche ou rayée de blanc et de brun, dont les populations berbères se vêtent en manière de manteau.

* ' **HAILLON** s. m. ['ha-ion; *ll* mll.] (anc. haut. all. *hadil*, lambeau) Guenillon, vieux lambeau de toile ou d'étoffe : *couvert de vieux haillons, de méchants haillons.*

HAIM s. m. [ain] (lat. *hamus*). Pêche. Hameçon.

HAÏNAN, île de Chine, dans la mer de Chine, entre 18° et 20° lat. N. et entre 106° et 109° long. E.; environ 1,500,000 hab. chinois; nombreux indigènes dans l'intérieur. Cette île, partie de la province de Kwangtung, se trouve au delà de la péninsule de Lienchow, dont elle est séparée par le détroit de Haïnan qui mesure 20 kil. de large et peut dangereux pour la navigation. La côte S. offre plusieurs ports sûrs et commodes. L'intérieur, montagneux et stérile, est occupé par les Li, race distincte, qui se prétend indépendante. Les terres basses, près de la mer, sont fertiles et bien cultivées. Exportation de grandes quantités de poissons secs et salés à Canton. Capitale, Kienchow, sur la côte N. (environ 200,000 hab.).

' **HAINAU** ['haï-naou], ville de la Silésie prussienne, sur le Deichsel, à 15 kil. O.-N.-O. de Liegnitz; 5,410 hab. La cavalerie prussienne y battit l'avant-garde française le 26 mai 1813.

' **HAINAUT** ou ' **Hainault** ['hè-nô] (flam. *Henegouwen*; all. *Hennegau*; lat. *Hannonia*), province frontière de Belgique, bornée par la France ; 3,722 kil. carré; 977,565 hab. Elle est arrosée par la Sambre, l'Escaut, le Dender et la *Haine* (c'est de cette dernière que lui est venu son nom). Elle est riche en minéraux; ses mines de charbon produisent annuellement 10 millions de tonnes et occupent 70,000 personnes. Ses articles d'exportations les plus importants sont : le charbon, le fer et la chaux. Les manufactures y sont nombreuses. Capitale, Mons; villes principales: Tournay, Ath, Soignies, Charleroi et Thuin. Autrefois le territoire du Hainaut était appelé *Hanagadensis Comitatus* et *Hannonia*. Il fut longtemps gouverné par ses comtes, et échut à l'Autriche en 1477. En 1793, il fut annexé à la France t de 1815 à 1830, il appartint aux Pays-Bas.— Pendant la domination française, le Hainaut forma le dép. de *Jemmapes*. — La partie méridionale de l'ancien Hainaut, réunie à la France en 1659, puis en 1678, forma le *Hainaut français* (ch.-l. Valenciennes; villes principales: Condé, Maubeuge, le Quesnoy, Landrecies, Avesnes, Chimay, Marienbourg, Givet, Charlemont et Philippeville).

* ' **HAINE** s. f. ['hè-ne]. Action de haïr; inimitié; passion qui fait haïr : *haine invétérée, mortelle.* — HAINES NATIONALES, haine d'un peuple' pour un autre. — LA HAINE DE QUELQU'UN, se dit quelquefois de la haine qu'on a pour quelqu'un : *la haine du prochain.* — Se dit aussi en parlant des choses pour lesquelles on a de l'aversion, de la répugnance : *avoir de la haine pour le vice, pour le péché, pour le* *mensonge, pour la flatterie.* Dans ce sens, n'est pas d'un usage aussi étendu que le verbe *Haïr.* On dit, *Haïr le froid;* mais on ne dit pas. *La haine du froid,* etc. — Ce qu'il y a d'odieux, ce qui est propre à exciter la haine : *après l'incendie de Rome, Néron en rejeta toute la haine sur les chrétiens.* — **En haine de,** loc. prép. Par aversion, par vengeance, par animosité, par ressentiment : *il fait cela en haine d'un tel, en haine de ce qu'on lui a refusé telle chose.*

' **HAINEUSEMENT** adv. D'une manière haineuse.

' ' **HAINEUX, EUSE** adj. Qui est naturellement porté à la haine : *ce sont des gens haineux et vindicatifs.*

HAINL (François-Georges), violoncelliste et compositeur, né à Issoire en 1807, mort à Paris le 2 juin 1873. Son père, à la fois cordonnier et ménétrier, lui donna les premières notions de musique et lui en inspira le goût. A force de travail, Hainl devint élève du Conservatoire, où il remporta le premier prix de violoncelle. Après avoir donné des concerts à Paris, à Lyon et dans presque toutes les villes de l'Europe, il devint successivement chef d'orchestre du Grand-Théâtre de Lyon et des Concerts du Conservatoire. Sa principale composition musicale est une élégante *Fantaisie sur Guillaume Tell.*

' **HAINUYER, IÈRE** s. et adj. ['hè-nu-ié']. Du Hainaut; qui appartient à ce pays ou à ses habitants.

' **HAÏ-PHONG,** ville de la Cochinchine, sur la rivière Cam, dans le delta du Son-Koï ou fleuve Rouge, par 20° 51' 42" lat. N. et 104° 19' 7" long. È. Le commerce de cette ville est assez étendu. En 1881, la valeur de l'importation et de l'exportation réunies a été de 2,174,428 taëls, ce qui équivaut à environ 16,000,000 de fr. Les principaux articles d'exportation étaient les soieries, la laine, l'étain, le coton, les champignons, l'huile d'anis, etc. ; l'importation comprenait : le coton filé, le fer, la faïence chinoise, l'opium, le papier, les pommes de terre, le poivre, le pétrole, la quincaillerie, le thé, le vin, etc. 169 navires jaugeant 70,000 tonneaux ·ont entrés dans la même année au port de Haï-Phong. Aux environs de cette ville se trouve une mission française sous la direction d'un évêque catholique romain. (Voy. TONKIN, etc.)

' ' **HAÏR** v. a. ['ha-ir'] (goth. *hatan*). *Je hais, tu hais, il hait; nous haïssons, vous haïssez, ils haïssent. Je haïssais. J'ai haï. Je haïrai. Je haïrais. Hais. Que je haïsse. Haïssant.* Vouloir mal à quelqu'un : *haïr ses ennemis.* — Avoir de l'éloignement, de la répugnance, de l'aversion : *je hais les gens cérémonieux.*

> *Triste amante des morts, elle haït les vivants.*
>   La Henriade.

— Se dit quelquefois en parlant des choses dont on reçoit quelque incommodité : *haïr le froid, le chaud.* — Prov. HAÏR QUELQU'UN ou QUELQUE CHOSE COMME LA PESTE, COMME LA MORT, haïr extrêmement quelqu'un ou quelque chose.
— Se haïr v. pr. S'en vouloir à soi-même : *il déteste son crime, il se hait lui-même.*

' ' **HAIRE** s. f. (all. *haar*, poil). Espèce de petite chemise faite de crin ou de poil de chèvre, que l'on met sur la peau par esprit de mortification et de pénitence : *rude haire.*

' ' **HAÏSSABLE** adj. Qui mérite d'être haï, qui inspire la haine. Se dit également des personnes et des choses : *c'est un homme fort haïssable.*

' **HAÏTI** (angl. *Hayti*). I. Ile des Indes occidentales (la plus grande des Antilles, après Cuba), appelée primitivement *Hispaniola* et ensuite *Saint-Domingue,* entre 17° 36' et 19° 59' lat. N. et entre 70° 40' et 76° 58' long. O. Sa plus grande longueur de l'E. à l'O., est de 540 kil., sa plus grande largeur de 220 kil.;

77,253 kil. carr.; environ 820,000 hab. Haïti se trouve à 65 kil. E.-S.-E. de Cuba. Elle est actuellement divisée en deux Etats indépendants, la république de Haïti à l'O. et la république Dominicaine à l'E. (Voy. DOMINICAINE.) La côte est profondément découpée par des baies et par des bras de mer; leur étendue est de 2,000 kil. Le territoire est traversé, de l'O. à l'E., par trois chaînes de montagnes reliées par des chaînes transversales. La chaîne centrale, dont la partie principale est la Sierra del Cibao, atteint une élévation de 2,500 à 3.000 mètres. Entre celle-ci et la chaîne septentrionale, se trouve la Vega Real ou vallée royale, qui a 180 kil. de longueur. Il y a d'autres plaines et d'autres vallées d'une grande étendue, telles que les *llanos* ou plaines du S.-E., et la plaine de Les Cayes à l'extrémité O. de l'île. Les principaux cours d'eau se dirigent soit au S.-O., soit à l'E. Ce sont : l'Artibonite, le Gran Yaque, la Yuna, le Neiva, le Nisao et l'Ozama. Peu sont navigables, même sur une courte distance. Les lacs sont nombreux. Ceux d'Enriquillo et d'Azua sont salés. Près de l'embouchure de la Yuna s'étendent des marais salés très vastes. Des sources minérales existent dans différentes localités. On trouve dans l'île de Haïti l'or, l'argent, la platine, le mercure, le cuivre, le fer, l'étain, le soufre, le manganèse, l'antimoine, le sel de roche, le bitume, le jaspe, le marbre et plusieurs espèces de pierres précieuses; mais les richesses minérales sont négligées. Le climat, chaud et humide, est généralement salubre. Haïti a souvent souffert des tremblements de terre, dont les plus désastreux furent ceux de 1564, 1684, 1691, 1751, 1770 et 1842. La flore est tropicale, excepté dans les endroits où l'élévation exerce son influence. Les montagnes sont revêtues de forêts de sapins, d'acajou, d'ébène, du mûrier des teinturiers, de bois de satin, de lignum vitæ, de *rables* ou chênes, de palmiers à cire, de divi-divi et d'autres bois d'ébénisterie, tandis que le palma real, ou palmier royal croît dans les basses terres. Les graines et les fruits comestibles ordinaires des tropiques croissent dans toutes les parties de l'île : plantins, bananiers, ignames, patates, maïs, millet, oranges, ananas, cherimayas, sapodillas, melons, raisins et tamarins. Les principaux articles d'exportation sont : le café, le coton, le cacao, la canne à sucre, l'indigo et le tabac. Les autres articles d'exportation sont : les guanos et les huiles, le campêche et autres bois de teinture, l'acajou, etc. Un grand nombre de bœufs et de porcs errent dans les savanes. — II. République de Haïti, république qui occupe la partie occidentale de l'île de Haïti, entre 17° 55' et 19° 55' lat. N. et entre 74° 22' et 76° 58'. long. O.; 23,911 kil. carr.; environ 570,000 hab., dont neuf dixièmes sont des nègres, et le surplus principalement des mulâtres. Capitale et port principal, Port-au-Prince. Agriculture très arriérée. Deux lignes de bateaux à vapeur pour les Etats-Unis, mais pour l'Angleterre et une pour la France. Importation : 34 millions de francs. Exportation : 37 millions. L'importation consiste principalement en provisions et articles manufacturés. L'exportation se compose de café (25 millions de kilog.); cacao (1 million); coton (430,000 fr.); campêche (414 millions); cire (25,000fr.); acajou (400,000); miel (100,000 litres); peaux, etc. Les finances sont dans un extrême désordre. Le revenu est évalué à 21,500,000 francs, et la dépense au double de cette somme. — La dette publique s'élève à 12 millions de piastres fortes, dont 308,000 piastres pour le solde de la dette française (1,540,000 fr.). Cette dette, consentie par Boyer en 1825, s'élevait à 150 millions de francs, destinés à indemniser les anciens colons; mais elle fut réduite à 90 millions en 1838. — Il existe dans la république, une immense quantité de papier monnaie déprécié. Le gouverne-

ment est républicain de nom, mais au milieu des révolutions successives, les formes constitutionnelles sont peu observées. Les lois sont fondées sur le Code civil de France, et le langage est français. Le peuple est catholique romain sous la juridiction d'un archevêque. Il y a quatre collèges à Haïti et chaque commune a des écoles communales. — L'île fut découverte par Colomb, en décembre 1492, et la première colonie espagnole du nouveau monde fut fondée à Isabella, sur la côte N. de Santo Domingo, le 4 août 1496. Vers 1632, les Français prirent possession de la côte O., et, par le traité de Ryswick, le 20 sept. 1697, cette partie de l'île leur fut cédée. Leur colonie acquit rapidement de l'importance, tandis que la portion espagnole de l'E. fit peu de progrès. En 1790, la population de la colonie de l'O. était d'environ 500,000 hab., dont 38,360 d'origine européenne et 28,370 noirs libres (la plupart mulâtres); le reste se composait des esclaves nègres. Les blancs proclamèrent l'adhésion de la colonie aux principes de liberté, d'égalité et de fraternité développés par la révolution française, mais ils refusèrent d'appliquer ces principes aux mulâtres. Sur ce, environ 300 de ces derniers (octobre 1790) se révoltèrent; l'insurrection fut cruellement étouffée. Le 23 août 1791, éclata une insurrection des esclaves à laquelle se joignirent bientôt les mulâtres, parce que l'Assemblée nationale française avait, sur les remontrances des colons blancs, repoussé un décret du 15 mai, qui conférait les privilèges de citoyens aux mulâtres. La guerre se poursuivit avec une grande férocité; les insurgés, commandés par des chefs habiles, déjouèrent tous les efforts. En août 1793, les commissaires français proclamèrent la liberté générale et la Convention nationale ratifia cet acte en février 1794. Dans l'intervalle, les Espagnols et les Anglais avaient envahi la colonie. Les noirs, commandés par Toussaint L'Ouverture, se joignirent aux Français, repoussèrent les Espagnols et chassèrent les Anglais en 1797. Le traité de 1795 avec l'Espagne donna toute l'île à la France. L'habile administration de Toussaint, qui avait été nommé commandant en chef par les autorités françaises, rétablit la paix et la prospérité; on adopta une constitution qui reconnaissait l'autorité de la France. A la fin de 1804, Napoléon envoya une expédition commandée par le gén. Leclerc pour rétablir l'esclavage. Malgré un traité de paix, Toussaint fut pris traîtreusement et envoyé en France, où il mourut le 27 avril 1803. Les nègres, commandés par Dessaline, recommencèrent les hostilités. Les Français furent décimés par la fièvre jaune; ce qui resta de leur armée, fut chassé jusqu'au cap Haïtien, où le 30 novembre 1803, le général français se rendit au commandant d'une escadre anglaise. Le 1er janvier 1804, les Haïtiens proclamèrent leur indépendance et Dessaline fut nommé gouverneur à vie. Le 8 oct. 1804), le titre de Jean Jacques Ier, empereur de Haïti; son règne se termina par sa mort, à la suite d'une conspiration militaire le 17 oct. 1806. Haïti se divisa entre plusieurs chefs, dont les principaux furent Henri-Christophe dans le N.-O. et Pétion dans le S.-O. Les Espagnols reprirent possession de la partie orientale de l'île. Christophe fut nommé premier magistrat à vie; mais, en 1811, il changea son titre pour celui de roi, et reçut le nom de Henri Ier. Pétion gouverna comme président de S.-O. jusqu'au mars 1818, époque où il mourut, universellement regretté. Christophe se tua pendant une révolte, en octobre 1820. Boyer, qui succéda à Pétion, réunit alors toute la partie occidentale de l'île. Dans la portion espagnole, le peuple secoua le joug européen, le 30 novembre 1821 et déclara la république. Boyer, ayant envahi le territoire espagnol en 1822, réunit l'île entière sous son gouvernement. La France reconnut l'indépendance de son ancienne colonie en 1825, moyennant une indemnité de 150 millions de fr. pour les colons dépossédés. Boyer occupa la présidence jusqu'en 1842, époque où une révolution l'obligea de fuir; bientôt après, les habitants de l'E. se soulevèrent contre les Haïtiens, et, en février 1844, ils organisèrent la république Dominicaine. Dans les années qui suivirent, le pouvoir suprême fut successivement occupé à Haïti par Hérard, Guerrier, Pierrot et Riché jusqu'en 1847; le gén. Faustin Soulouque fut élu président. Il essaya de subjuguer la république de l'E., mais il fut battu à Las Carreros en avril 1849. Le 26 août 1849, il prit le titre d'empereur, sous le nom de Faustin Ier. Le 22 décembre 1858, il fut déposé et le jour suivant, la république fut proclamée, sous Fabre Geffrard, qui fut forcé d'abdiquer à la suite d'une insurrection, le 22 février 1867. On nomma alors un triumvirat, composé de Nissage-Saget, Chevalier et Salnave; mais en juin, ce dernier fut nommé président. Une insurrection éclata en 1868 contre Salnave, qui fut pris et fusillé en 1870. Le 29 mai, Nissage-Saget fut élu président. Le gén. Michel Domingue devint président en 1874, le gén. Boisrond-Canal en 1876, et le gén. Salomon, le 23 oct. 1879. — La république se divise en 5 dép. : du l'O. (ch.-l. Port-au-Prince); du S. (ch.-l. Cayes); du N. (ch.-l. Cap-Haïtien); du N.-O. (ch.-l. Port-de-Paix) et d'Artibonie (ch.-l. Gonaïves). — L'armée se compose de 7,000 hommes, commandés par un nombre invraisemblable de généraux. — La flotte comprend un navire de guerre. — La piastre vaut 5 fr. Les monnaies françaises ont cours. — Poids et mesures, comme en France. — BIBLIOGR. *Etudes sur l'histoire de Haïti*, par Beaubrun-Ardouin (10 vol. Paris, 1853-'61). — *Haïti, ses progrès, son avenir*, par Alex. Bonneau (Paris, in-8°). — *Histoire de Haïti*, par N. Madiou (Port-au-Prince, 1847. 3 vol. in-8°). — *Histoire des Caziques de Haïti*, par K. Nau (Port-au-Prince, 1855, in-8°).

HAÏTIEN, IENNE adj. et s. Habitant d'Haïti; qui concerne cette île.

HAÏTIEN ou **Haytien (Cap-)** Autrefois Cap-Français, puis Cap-Henri; ville maritime de la côte septentrionale de Haïti; environ 15,000 hab. Port le plus sûr de toute la côte de Haïti; commerce important.

HAJE ou **Haye** s. m. [ha-je; ha-ieu]. Erpét. Serpent venimeux d'Egypte. (Voy. ASPIC.)

HAKLUYT (Richard) ['hak-lout], auteur anglais, né vers 1553, mort vers 1616. Conférencier à l'université d'Oxford, il fut le premier à enseigner l'usage des globes. En 1584-'89, il résida à Paris où il publia plusieurs ouvrages. A son retour, il se joignit à une troupe d'aventuriers et de marchands dont le but était de coloniser la Virginie. Son ouvrage le plus estimé est *The principal Navigations, Voyages, and Discoveries made by the English nation*, appelé communément, *Hakluyt's Voyages* (nouv. éd. avec augmentations, 5 vol. in-4°, Londres, 1809-'12). Ceux de ses manuscrits qui ne furent pas publiés ont servi à Purchas pour ses *Pilgrims*. Son nom est perpétué par le nom de Hakluyt, promontoire de l'extrémité N.-O. du Spitzberg; par l'île de Hakluyt, dans la baie de Baffin et par la société Hakluyt, fondée en 1846, pour publier à nouveau les récits des premières explorations.

HAKODADI ou **Hakodate**, ville du Japon, dans la province de Matsmaï, près de l'extrémité sud de l'île de Yézo, sur la côte N. du détroit de Sangar; sous 42° lat. N.; environ 50,000 habit. Elle s'étend sur une longueur de près de 4 kil. à la base d'un promontoire, dont le sommet s'élève à plus de 400 mètres au-dessus du niveau de la mer; elle possède un des meilleurs ports du monde. Elle con-siste en rangées de rues larges, parallèles au rivage. Les principaux articles de commerce sont les varecs (*fucus saccharinus*), le bois de construction, le poisson sec, les peaux de daim, les cornes, les pommes de terre, le

Hakodadi

charbon, l'huile de poisson, le tabac, le sel et la soie. Le port fut ouvert au commerce américain en 1854, par le traité de Perry, qui fut étendu ensuite à toutes les nations étrangères.

HALAGE s. m. Action de baler, de tirer un bateau : *il faut sur le bord des rivières qu'il y ait un espace, un chemin pour le halage.* Pour la législation concernant les chemins de halage, voy. CHEMIN.

HALAS ['hol-och], ville de Hongrie, dans la petite Cumanie, à 100 kil. S.-E. de Pesth; 13,130 hab. Elevage des bestiaux; culture de la vigne.

HALBERSTADT ['hâl'-bèrr-stâtt], ville de Saxe (Prusse), à 40 kil. S.-O. de Magdebourg; 27,800 hab. La cathédrale, édifice gothique restauré en 1850, renferme une célèbre collection des vêtements des évêques et des prêtres au moyen âge. Manufactures d'étoffes de laine, de gants, de tapis, de sucre raffiné, de cuir, de tabac, de cigares et de produits chimiques. L'Union poétique d'Halberstadt fut organisée par le poète Gleim.

HALBRAN ou **Hallebrand** (all. *halbente*; de *halle*, demi; et *ente*, canard). s. m. Jeune canard sauvage : *ragoût de halbrans.*

HALBRENÉ, ÉE. adj. Fauconn. Se dit d'un oiseau de proie qui a quelques plumes rompues. — Fig. et fam. Qui est fatigué, mouillé, déguenillé, en mauvais ordre, en mauvais équipage : *je suis tout halbrené.* (Vieux.)

HALBRENER v. n. Chasser au canard sauvage.

HALDAT DU LYS (Charles-Nicolas-Alexandre), physicien, né à Bourmont (Lorraine), en 1770, mort en 1852. Il a laissé plusieurs ouvrages. Son appareil hydrostatique pour démontrer que la pression d'un liquide sur le fond horizontal du vase qui le contient dépend seulement de la hauteur de ce liquide et non de la forme du vase, a remplacé celui de Pascal dans tous les cours de physique.

HALDE s. f. Orifice d'un puits de mine.

HÂLE s. m. (gr. *hélios*, soleil). Certaine constitution de l'air, chaude et sèche, qui fait impression sur le teint, en le rendant brun et rougeâtre; sur les herbes à la campagne, en les flétrissant; et sur le pain, sur la viande, en les desséchant : *le grand hâle.*

HALE (SIR Matthew) ['hé-le], juriste anglais, né en 1609, mort en 1676. En 1643, il fut désigné par le parlement pour servir de conseil à l'archevêque Laud. En 1647, il fut l'un des conseils des 11 membres des communes dont la mise en accusation avait été demandée par l'armée. En 1652, il fit partie de la commission chargée de réformer les lois. Après la restauration, il fut nommé lord chef-baron de la cour de l'échiquier et chevalier. Il fut le dernier juge anglais qui sanctionna la condamnation de prisonniers accusés de sorcellerie. Après sa mort, on publia plusieurs de ses ouvrages parmi lesquels nous citerons : *Historia Placitorum Coronæ* et *History of the Common Law.*

HÂLÉ, ÉE part. passé de HALER. — Atteint par le hâle : *visage hâlé.*

HALECRET s. m. (lat. *alacris*, gai, joyeux). Cuirasse légère, complète, en fer battu et en deux pièces, que portaient les écuyers au temps de Louis XI.

HALEINE s. f. [a-lè-ne] (lat. *halitus*, souffle). Souffle de la respiration, air attiré et repoussé par les poumons : *avoir l'haleine bonne, douce comme un enfant.* Manège, UN CHEVAL GROS D'HALEINE, qui souffle extraordinairement quand il galope, quoiqu'il ne soit pas poussif. — Poét. L'HALEINE DES VENTS, le souffle des vents : *l'haleine du zéphyr.* — HALEINE DE VENT, petit souffle de vent. — Faculté de respirer : *perdre haleine.* — SANS HALEINE, succombant à la fatigue, presque sans haleine. — Fig. FAIRE DES DISCOURS, TENIR DES DISCOURS A PERTE D'HALEINE, faire des discours vains et vagues, et d'une longueur importune. — PRENDRE HALEINE, respirer à son aise. Fig. se reposer pour prendre des forces. — REPRENDRE SON HALEINE, recommencer à respirer après une interruption accidentelle plus ou moins longue; et, fig., REPRENDRE HALEINE, se reposer pour se mettre en état de recommencer à parler, à marcher, à travailler, etc. — DONNER HALEINE A SON CHEVAL, le mener quelque temps au pas, après l'avoir mené au galop. — Fig. TOUT D'UNE HALEINE, le boire tout d'un trait, sans reprendre haleine. — RÉCITER, DÉBITER UNE TIRADE, UN DISCOURS, etc., TOUT D'UNE HALEINE, sans se reposer, et sans que la mémoire bronche. — Fig. TOUT D'UNE HALEINE, sans intermission. — COURTE HALEINE, essoufflement respiration difficile et fréquente. — Fig. et fam. CET AUTEUR A LA COURTE HALEINE, il n'a ni facilité, ni abondance. — Fig. AFFAIRE, OUVRAGE DE LONGUE HALEINE, affaire de longue discussion, ouvrage qui demande beaucoup de temps. — En haleine loc. adv. En exercice, en habitude de travailler, de faire bien et facilement quelque chose. Se dit des exercices du corps, et ceux de l'esprit : *il faut tenir les soldats en haleine.* — TENIR QUELQU'UN EN HALEINE, signifie quelquefois tenir quelqu'un dans un état d'incertitude mêlé d'espérance et de crainte. — ETRE EN HALEINE, être en train de faire quelque chose : *il faut achever cette besogne, tandis que les ouvriers sont encore en haleine.* — Etre en humeur, en disposition de faire quelque chose : *je ne suis pas en haleine aujourd'hui, je ne me sens pas en haleine.*

* **'HALENÉE** s. f. Air qu'on souffle par la bouche en une seule respiration, lorsqu'il est accompagné d'odeur. Se prend ordinairement en mauvaise part : *il m'a donné une halenée de vin, d'ail, une dangereuse halenée.*

* **'HALENER** v. a. Sentir l'haleine de quelqu'un : *je ne l'eus pas plus tôt halené, que je vis bien qu'il avait pris du vin.* (Vieux.) — Se dit aussi des chiens de chasse qui prennent l'odeur, le sentiment d'une bête : *dès que ses chiens eurent halené la bête.* — Fig. et fam. Découvrir ce qu'une personne a dans l'âme, reconnaître son faible : *dès que ces fripons eurent halené ce jeune homme, ils sentirent qu'il n'était pas leur fait.* (Vieux.) On dit maintenant, *Flairer.*

HALÈNES s. m. pl. Outils de voleur.

* **'HALER** v. a. Mar. Tirer à soi avec force un cordage, ou un objet quelconque à l'aide d'un cordage, tirer dans toutes les directions, excepté de haut en bas; dans ce dernier cas, les marins disent Peser : *haler un cordage, une manœuvre.* — Exciter. Ne se dit qu'en parlant des chiens qu'on excite à se jeter sur quelque autre chien ou sur quelque personne: *haler les chiens après quelqu'un.* — Haler a la cordelle, faire avancer un bâtiment, un bateau le long d'une rivière, d'un canal, etc., au moyen d'une corde tirée ordinairement à force de bras ou par des chevaux. — Se haler dans le vent, se diriger le plus près qu'il est possible vers l'endroit d'où vient le vent. — Haler, attacher avec une corde quelque objet embarrassant que l'on veut élever. — v. n. Mar. Le vent hale de l'avant, le vent change en prenant la direction de l'avant.

* **'HÂLER** v. a. Faire impression sur le teint en le rendant brun et rougeâtre. Se dit principalement de l'action du soleil et du grand air sur le teint : *le soleil hâle en été ceux qui voyagent.* — Se hâler v. pr. Etre noirci par le hâle : *les dames portaient autrefois des masques, de peur de se hâler.*

HALES (Alexandre de). Voy. Alexandre de Hales.

* **'HALETANT, ANTE** adj. Qui souffle comme quand on est hors d'haleine : *il arriva tout haletant à force d'avoir couru.*

'HALÈTEMENT s. m. Action de haleter : *le halètement des chevaux.*

* **'HALETER** v. n. ['ha-le-té] (lat. *halitare*). Respirer fréquemment, souffler comme quand on a couru, et qu'on est hors d'haleine : *ce chien ne fait que haleter.*

> Sans cesse poursuivant ces fugitives fées,
> On voit sous les lauriers *haleter* les Orphées.
> Boileau. *Epîtres.*

* **'HALEUR, EUSE** s. Mar. Celui, celle qui hale un bateau : *il faut plus de trente haleurs pour remonter ce bateau.*

HALÉVY (Jacques-François-Fromental-Elie), compositeur, né de parents juifs, à Paris, en 1799, mort à Nice en 1862. Ses professeurs successifs au Conservatoire de Paris furent : Cazot, Lambert, Berton, Cherubini et Méhul. Il écrivit plus de 30 opéras dont les plus populaires sont : *La Juive* (1835) *L'Eclair,* (1835), *Le Val d'Andorre* (1848) et *Le Juif errant* (1852). Il composa aussi *Leçons de lecture musicale* (1857), ouvrage adopté pour les élèves des écoles de Paris; *Souvenirs et portraits, études sur les beaux-arts* (1860) et *Derniers souvenirs et portraits* (1863). Il succéda à Fétis comme professeur de composition au Conservatoire.

HALFORD (sir Henry), médecin anglais, né en 1766, mort en 1844. Il était le fils du Dr James Vaughan et il changea de nom en héritant d'une propriété. Il fut médecin de George III, de George IV, de Guillaume IV et de la reine Victoria. Il a publié : *Essays and Orations the Death of some Eminent Persons of Modern Times, Nugæ Metricæ* (poèmes et traductions latines), etc.

HALIARTE, *Aliartos,* ancienne ville de Béotie, au S. du lac de Copaïs, Importante victoire des Thébains sur Lysandre, qui périt dans la bataille (395 av. J.-C.).

HALICARNASSE (appelée primitivement *Zéphyria*), ancienne ville de Carie, (Asie Mineure), sur le golfe Céramique. Son emplacement est occupé aujourd'hui par la ville de *Boodroom* ou *Budrun,* à 120 kil. S. de Smyrne (environ 10,000 hab.), remarquable seulement par les ruines de l'ancienne ville. Halicarnasse fut fondée par une colonie de Trœzan et elle fut une des six villes qui constituaient l'exapole dorique. Elle fut conquise par les Perses sous Darius. Ceux-ci permirent au Grec Lygdamis de la gouverner, avec le titre de dynaste. Artémise, fille et successeur de Lygdamis, combattit sur la flotte de Xerxès à Salamine. Vers 380 av. J.-C., la ville paraît avoir appartenu à des princes cariens à demi indépendants, dont le plus fameux fut Mausole, qui la rebâtit et la fortifia. Il mourut en 352, et sa jeune femme Artémise fit élever, pour lui servir de tombeau, un monument tellement magnifique que l'on donne encore le nom de mausolées aux constructions semblables. Peu de temps après, la ville retourna à la Perse. Alexandre le Grand la brûla, catastrophe dont elle ne s'est jamais entièrement relevée. Les historiens Hérodote et Denys naquirent à Halicarnasse. Au XVIe siècle, la ville fut enlevée par les Turcs aux chevaliers de Saint-Jean qui y avaient bâti, vers 1402, un château appelé la *Tour de Saint-Pierre.* Le mausolée était classé parmi les sept merveilles du monde. Il existait encore au XIIe siècle; mais il fut renversé soit par un tremblement de terre, soit par la foudre avant que les chevaliers n'eussent construit le château. Les ruines, entraînées sur la pente de la colline, remplirent la partie basse de la ville, à une profondeur qui atteint 7 mètres en quelques endroits et la couvrirent complètement. En 1856-'57, l'emplacement du mausolée fut découvert par Newton, vice-consul anglais à Mytilène ; on y fit des excavations et on trouva un grand nombre de statues et de sculptures, qui ont été déposées au musée anglais. Parmi les statues, on admire celle de Mausole, qui a été reconstituée en 63 morceaux. A l'aide des mesures partielles fournies par Pline, M. Newton et ensuite M. Fergusson essayèrent de rétablir le dessin du mausolée. Il en résulta deux plans très différents. (Notre gravure donne celui de Fergusson.)

* **'HALIEUTIQUE** adj. [a-li-eu-ti-ke] (gr. *halieutinos* ; de *halieus*, pêcheur). Qui concerne la pêche, l'art de la pêche. — ~ s. m. Art de la pêche : *écrire sur l'halieutique.* — * s. m. pl. Ouvrage sur la pêche : *les Halieutiques* d'Oppien.

HALIFAX, ville d'Angleterre dans le Westriding du Yorkshire, sur l'Hebble, près du Calder, à 50 kil. S.-O. de York : 37,240 hab. Elle est bien bâtie. L'hôtel de ville a été terminé en 1863, sur les dessins de sir Charles

Halifax. — Hôtel de ville.

Barry. Manufactures d'étoffes de laine. Comme ville industrielle, Halifax vient immédiatement

Halicarnasse. — Mausolée, refait par Fergusson.

après Lees, Bradford, et Huddersfield, surtout pour la fabrication des tapis. Articles de coton, machines et produits chimiques.

* **'HALIFAX,** capitale de la Nouvelle-Ecosse (Canada), sur le côté O. d'un bras de mer de l'Atlantique appelé baie de Chebucto ou port de Halifax : 29,582 hab. Elle est située sur le penchant d'une colline qui s'élève à 80 mètres au-dessus du port et qui est couronnée par une citadelle en granit. Parmi les édifices publics se trouvent : le palais du gouverneur, l'habitation de l'amiral, le collège Dalhousie, l'hôpital militaire, l'asile des aliénés, le pénitentier, la poste, le théâtre et le palais de justice. Halifax est le quartier général militaire des possessions du Canada et la principale station navale de l'Amérique anglaise

du Nord. Docks de l'Etat et vastes casernes. La rade, une des meilleures du monde,
mesure environ 22 kil. de long, et est accessible en tout temps. Les bateaux à vapeur de
la ligne Cunard, de Liverpool à Boston, y
touchent. Manufactures importantes de quincaillerie, de machines, de pointes, de poudre,
de cordes, de cuir, de coton, de laine, etc.
Halifax possède un asile pour les aveugles,
une institution pour les sourds-muets, un
asile pour les pauvres, plusieurs autres institutions charitables, le collège Sainte-Marie,
une école théologique presbytérienne, une
école de médecine. La ville fut fondée en
1749.

HALIGRAPHIE s. f. [a-li-gra-fî] (gr. *hals*,
sel ; *graphein*, écrire). Chim. Traité sur les
sels.

HALIOTIDE s. f. (gr. *hals*, mer; *ous*, *otos*,
oreille.) Zool. Genre de mollusques gastéropodes marins, ayant la forme d'une oreille.
Ce genre comprend environ 75 espèces vivantes; quelques espèces ont été trouvées dans
les terrains de l'époque tertiaire moyenne.
Les haliotides se rencontrent dans les mers
tempérées et tropicales; elles sont recherchées
comme aliment au Japon et dans les îles Normandes.

HALITUEUX, EUSE. adj. (lat. *halitus*, haleine). Méd. Se dit de la peau lorsqu'elle est
couverte d'une douce moiteur : *peau halitueuse*. — CHALEUR HALITUEUSE, chaleur à la
peau, accompagnée de moiteur.

HALL [hâll], ville du Tyrol (Autriche), sur
l'Inn, à 15 kil. N.-E. d'Insbruck; 5,030 hab.
Célèbres mines de sel. Manufactures de sel
ammoniac et d'autres produits chimiques.

HALL ou Schwæbisch-Hall, ville du Würtemberg, sur la Kocher, à 45 kil. N.-E. de
Stuttgart; 8,430 hab. Nombreuses raffineries de sucre et grand commerce de sel.

HALL (Basil), auteur anglais, né à Édimbourg en 1788, mort en 1844. Il fut capitaine
dans la marine de l'État et publia : *Extracts
from a Journal writen in 1820-'22, on the Coats
of Chili, Peru and Mexico* (2 vol. 1823-'24);
Travels in North America (3 vol. 1829); *Fragments of Voyages and Travels* (9 vol. 1831-'40);
Spain and the seat of war in Spain (1837); et
Patchwork, Fancies (1840).

HALL (Charles-Francis), explorateur américain, né en 1821, mort au Groënland le 8 nov.
1871. Il fut d'abord forgeron et ensuite journaliste à Cincinnati. En mai 1860, il partit
de New-London à bord d'un baleinier commandé par le capitaine Buddington, pour rechercher Franklin. Le navire ayant été bloqué par les glaces, Hall resta plus de deux
ans chez les Esquimaux, apprit leur langue
et adopta leurs mœurs. Il retourna aux Etats-
Unis en 1862, et, en 1864, il publia : *Arctic
Researches and Life among the Esquimaux*. En
juillet 1864, il partit pour une autre expédition et ne revint qu'en 1869. Il engagea le
gouvernement à organiser une autre expédition, dans le but principal d'atteindre le prétendue mer polaire libre et de se rendre au
pôle nord. Le *Polaris*, sous les ordres de
Hall, avec Buddington comme maître de navigation, partit de New-York, le 29 juin 1871,
et arriva, le 22 août, à Tessuisak, établissement le plus septentrional du Groënland,
d'où il fit voile, en remontant le détroit de
Smith, jusqu'à 82° 16' lat. N. Le canal était
bloqué par la glace et l'expédition s'en retourna et passa l'hiver dans la baie de Polaris,
par 81° 38' lat. N. Hall mourut peu après une
expédition en traineau. (Voy. ARCTIQUE.)

HALL (Marshall), médecin anglais, né en
1790, mort en 1857. Il étudia la médecine
et la chimie à l'université d'Edimbourg, lorsqu'il établit la distinction entre les corps chimiques, causée par la présence ou par l'ab-

sence de l'oxygène. Son *Traité de Diagnosti-
que* est resté classique. Il publia aussi, *Com-
mentaries on Various Diseases peculiar to Women*, et plusieurs autres ouvrages d'un grand
mérite. En 1853-'54, il visita les Etats-Unis, le
Canada et Cuba, et publia : *The Twofold slavery
of the United States*. Parmi ses plus ingénieuses découvertes, on cite sa méthode pour
traiter l'asphyxie.

HALLAGE s. m. ['ha-la-je]. Droit levé sur
les marchandises qui s'étalent dans les halles
et les foires.

HALLALI interj. [a-la-li] (gr. *halalé*, cri
de guerre). Cri de chasse qui annonce que le
cerf est sur ses fins. — s. m. Air de chasse
que les trompes exécutent quand le cerf est
rendu : *sonner l'hallali*.

HALLAM 1 (Henry), historien anglais, né
en 1777, mort le 21 janvier 1859. Il étudia la
jurisprudence, mais se livra à Londres à des
travaux littéraires et collabora à l'*Edimburg
Review*. Ses ouvrages sont *View of the state
of Europe during the Middle Ages* (2 vol. in-4°
1818 ; volume supplémentaire, 1848); *The
Constitutional History of England from the Accession of Henry VII to the Death of George II*
(2 vol. in-4°, 1827), et *Introduction to the Literature of Europe in the* 15, 16 *and* 17 *centuries*
(4 vol. in-8°, 1837-'39). Ces ouvrages ont eu
de nombreuses éditions et ont été traduits
dans les principales langues de l'Europe. En
1852, Hallam publia *Literary Essays and Characters*. — II. (Arthur-Henry), fils du précédent,
né en 1811, mort en 1833. Ses *Remains in
Verse and Prose* ont été publiés en 1862. Il
était fiancé à la sœur de Tennyson.

HALLE s. f. (all, *hall*, emplacement, salle).
Place publique, ordinairement couverte, qui
sert à tenir le marché ou la foire : *grande halle,
halle aux blés*. — DAMES DE LA HALLE, marchandes de la halle. — LANGAGE DES HALLES.
Langage grossier, tel que celui qu'on parle
communément dans les marchés de Paris.

HALLE, ville de la Saxe prussienne, sur la
Saale, à 28 kil. N.-O. de Leipzig ; 60,120 hab.
Elle renferme Halle proprement dite, avec
cinq faubourgs et les anciennes villes de Glaucha et de Neumarkt. L'université, fondée en
1694 et réunie en 1815 à celle de Wittenberg,
avait 90 professeurs et 888 étudiants en 1875.
Séminaire, nombreuses institutions médicales,
académie de sciences na-
turelles, jardin botani-
que, observatoire et bi-
bliothèque de 100,000 vo-
lumes. Les institutions
Francke, dans le faubourg
de Glaucha, comprennent
un asile d'orphelins, plusieurs écoles et une im-
primerie. Manufactures
considérables d'articles
de laine et de toile; vastes
salines. Othon le Grand
donna Halle aux arche-
vêques de Magdebourg et
Othon II l'érigea en cité
en 981. Elle devint si
puissante qu'au XIII° siècle
elle lutta, souvent avec
succès, contre ses sei-
gneurs, et résista, en 1435,
à une nombreuse armée
sous les ordres de l'électeur de Saxe. La ville
souffrit beaucoup pendant la guerre de Sept
ans; par le traité de Westphalie, elle échut à
la maison de Brandebourg.

HALLÉ. I. (Claude-Gui), peintre, né à Paris
en 1652, mort en 1736. Entra à l'Académie
des beaux-arts en 1782 et prit part à la décoration de Meudon et de Trianon ; il a laissé
quelques toiles remarquables. — II. (Noël),
fils du précédent, né à Paris en 1711, mort

en 1781 ; fut pensionnaire du gouvernement
à Rome, entra à l'Académie des beaux-arts
en 1748 et devint surintendant des tapisseries
de la couronne en 1771. Ses tableaux brillent
surtout par l'entente de la perspective. — III.
(Jean-Noël), fils du précédent, né à Paris, en
1754, mort en 1822. Il étudia la médecine et
fut reçu docteur en 1777; un an plus tard, il
fut nommé membre de l'Académie de médecine et professeur d'hygiène en 1794. Ami de
Lavoisier, il le défendit devant la Convention. Appelé à l'Institut dès la fondation de
ce corps savant, Hallé en fut l'un des membres
les plus éminents; il devint premier médecin
de Napoléon et professeur au collège de France.
Ses leçons, pleines d'aperçus nouveaux et de
vues élevées, étaient suivies par un auditoire
choisi. Il contribua puissamment à la propagation de la vaccine. Il mourut des suites de l'o-
pération de la taille que Béchard lui fit sur sa
demande. Il a laissé un grand nombre de Mémoires sur différents sujets de thérapeutique
et d'hygiène, des discours académiques, une
édition des œuvres de Tissot, etc., et a longtemps collaboré au *Dictionnaire des sciences
médicales* et au *Codex*.

HALLEBARDE s. f. ['ha-le-bar-de] (all.
helmbarte, hache à manche).
Sorte d'arme d'hast, garnie
par en haut d'un fer long,
large et pointu, traversé
d'un autre fer en forme de
croissant : *un coup de hallebarde*. — ∾ Pop. IL TOMBE
DES HALLEBARDES, il pleut à
verse. — Prov. RIMER COMME
HALLEBARDE ET MISÉRICORDE,
ne pas rimer du tout. Cette
locution familière vient du
fait suivant : un certain
Mardoche, suisse de l'église
Saint-Eustache étant mort,
son ami Bombel voulut faire
passer sa mémoire à la postérité et, à cet effet, résolut
de graver sur sa tombe une
épitaphe qui sortît du vulgaire ; le genre poétique lui
souriait assez, mais, complètement étranger au lan-
gage des Muses, il s'adressa, de confiance, à un
savant de l'époque qui, entre autres prescrip-

Hallebarde.

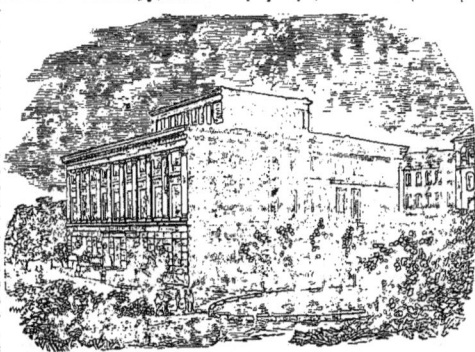

Université de Halle.

tions, lui recommanda bien pour la perfection
de la rime que les trois dernières lettres de chaque vers fussent semblables; la leçon ne fut pas
perdue, car, quelques jours après, on put lire
sur la tombe du suisse, cet immortel quatrain:

Ci-gît mon ami Mardoche,
Qui fut suisse à Saint-Eustache.
Il porta trente ans la hallebarde.
Dieu lui fasse miséricorde !

Par son ami J.-B. Bombel, 1727.

— Encycl. La hallebarde était une arme à hampe façonnée de telle sorte que celui qui la portait pouvait à la fois frapper d'estoc et de taille. On la maniait à deux mains et elle pouvait trancher la tête d'un cheval ou décoller un homme, malgré la résistance des plus fortes cottes de maille ou des armures les plus solides. Dès le XIᵉ siècle, la hallebarde était l'arme d'une partie des guerriers normands qui prirent part à la bataille d'Hastings, comme en fait foi la célèbre tapisserie de la reine Mathilde qui représente ce combat. Elle est restée l'arme de l'infanterie anglaise jusqu'au temps d'Elisabeth. Supprimée en France en 1756, elle fait aujourd'hui l'ornement des suisses d'église.

* * HALLEBARDIER s. m. Sorte de garde à pied, qui portait la hallebarde.

* HALLEBREDA s. f. [ha-le-bre-da] (altér. de *hallebardé*). Se dit d'une grande femme mal bâtie, quelquefois d'un homme : *c'est une grande hallebreda.*

* HALLECK (Henry-Wager), ['hal-lèk], général américain, né en 1815, mort en 1872. Il servit en Californie de 1846 à 1854, donna sa démission et pratiqua le droit à San-Francisco. A l'ouverture de la guerre civile, il fut nommé major-général dans l'armée des Etats-Unis, et prit le commandement pendant la campagne de Corinthe en 1862. De juillet 1862, au 12 mars 1864, il fut général en chef de toutes les armées des Etats-Unis. Ensuite il commanda successivement les divisions militaires de James, du Pacifique et du Sud. Il a publié des ouvrages sur le bitume et sur son emploi, sur l'art militaire, sur le droit international et une traduction de *la* vie de Napoléon, avec des notes de Jomini.

* HALLEIN ['hâl-laïnn], ville d'Autriche, sur la Salzach, à 12 kil. S. de Salzbourg ; 3,620 hab. Les mines de sel du voisinage, exploitées depuis plus de 600 ans, produisent annuellement plus de 16,000 tonnes de sel.

HALLENCOURT, ch.-l. de cant., arr. et à 17 kil. S.-S.-E. d'Abbeville (Somme) ; 2,000 hab. Toiles à matelas.

* HALLER (Albrecht von) ['hal'-leur], physiologiste, né à Berne (Suisse) en 1708, mort dans cette ville en 1777. La précocité de son intelligence et ses aptitudes diverses lui permirent d'embrasser différentes branches de l'enseignement : littérateur, philosophe, physiologiste, botaniste, il approfondit avec ardeur chacune de ces sciences, et ne tarda pas à les traiter en maître. Docteur en médecine à 18 ans, après avoir déjà donné au théâtre quelques pièces remarquées, il obtient en 1736, la chaire de chirurgie et de physiologie à l'université de Gœttingen, où ses leçons et ses travaux devenus célèbres lui valurent d'être appelé par sa ville natale au sein du conseil souverain. Premier magistrat de la cité (1753), il abandonna ses études de prédilection pour se consacrer tout entier au bien-être de ses concitoyens et fonda, dans ce but, diverses institutions de bienfaisance. Comme littérateur, il a laissé le recueil de ses poésies allemandes (Berne, 1732, in-8°) ; comme physiologiste et botaniste, il a publié : *Anatomie du corps humain* (1763-'56, in-folio), *Eléments de physiologie* (1767, in-4°), *Bibliothèques d'anatomie, de botanique, de chirurgie* (1774-'88, 8 vol. in-4°), *Elementa physiologiæ* (Lausanne, 1756-'66, 8 vol. in-4°), etc., etc.

* HALLEY (Edmond) ['hal'-li], astronome anglais, né en 1656, mort en 1762. Il se consacra de bonne heure à l'étude de l'astronomie et, à 19 ans, était encore sur les bancs de l'université d'Oxford, il trouva la méthode pour déterminer les éphélides des planètes. L'année suivante, il reçut du gouvernement, la mission d'aller à Sainte-Hélène, pour étudier la position des astres dans l'hémisphère du Sud. A son retour, et comme récompense de ses importantes découvertes, qu'il résuma dans son *Catalogus stellarum Australium*, la Société royale de Londres l'accueillit dans son sein (1679) et l'envoya à Dantzig, afin de terminer la controverse scientifique existant entre Hooke et Hevelius. Trois ans après, étant aux environs de Paris, il découvrit la comète qui porte son nom et dont il annonça le retour pour 1759 ; sa prédiction, très exactement justifiée, donnait donc une base certaine à son système et à sa méthode de découvrir la nature du mouvement des comètes et la durée de leur révolution. En 1703, il fut nommé professeur de géométrie à Oxford et, en 1720, astronome royal à Greenwich. C'est là qu'il mit la dernière main à son ouvrage sur la théorie de la lune, qui permettait de déterminer, autant que possible, les longitudes en mer. On a de lui, outre son *Catalogue : Théorie des Variations de l'Aiguille aimantée* (1683, in-4°), *Miscelanea curiosa* (1708, 3 vol. in-8°), *Tabulæ Astronomicæ* (1769), qui ne parurent qu'après sa mort.

* * HALLIER s. m. ['ha-lié]. Celui qui garde une halle, qui en garde les marchandises. — Marchand qui étale sous halle.

* * HALLIER s. m. ['ha-lié] (bas lat. *hasla*, branche). Réunion de buissons fort épais ; lieu inculte et couvert de broussailles : *un hallier épais.* — ~ Chasse. Filet qu'on tend verticalement, posé sur des piquets, dans les endroits qui servent de passage au gibier.

* HALLOWELL [' hâl-lô-ouèl'], ville du Maine (Etats-Unis), sur le bord de la rivière Kennebec, à 3 kil. au-dessous d'Augusta ; 3,040 hab.

* HALLUCINATION s. f. [al-lu-si-na-si-on] (lat. *hallucinari*, errer). Méd. Erreur, illusion d'une personne dont les perceptions ne sont pas conformes à la réalité. Brierre de Boismont a publié, en 1845, sur les hallucinations, un livre resté classique : *Des hallucinations ou histoire raisonnée des apparitions, des visions, des songes, des extases*, etc. (Paris, in-8°).

* HALLUCINÉ, ÉE s. Méd. Qui a des hallucinations habituelles : *un halluciné.* — Adj. *Une femme hallucinée.*

HALLUCINER v. a. Produire des hallucinations. — S'halluciner v. pr. Méd. Eprouver des hallucinations.

HALLUIN, comm. du cant. de Tourcoing, arr. et à 18 kil. N.-N.-E. de Lille (Nord), près de la Lys ; 13,000 hab. Filatures de coton, fabriques et blanchisseries de toiles, produits chimiques, huiles, tuiles, brasseries ; commerce de grains, farines. Halluin forma jadis un duché-pairie qui appartint à Schomberg.

HALMATURE s. m. (gr. *halma*, saut ; *oura*, queue). Mamm. Nom donné quelquefois au genre kangaroo.

* * HALO s. m. [' ha-lô] (gr. *halôs*, disque). Didact. Couronne lumineuse que l'on voit quelquefois autour des astres, et principalement du soleil et de la lune, lorsqu'ils brillent à travers une atmosphère vaporeuse. — Méd. Cercle rouge qui est autour du mamelon. — Encycl. On distingue deux classes de phénomènes météorologiques appelés halos : les *coronæ* ou *couronnes*, et les *halos* proprement dits. Kaemtz comprend sous le terme *coronæ* tous les phénomènes dans lesquels, le ciel étant couvert de légers nuages, on voit des cercles colorés autour du soleil ou de la lune, et ceux dans lesquels l'observateur aperçoit une auréole ou gloire autour de son ombre réfléchie sur un nuage. Sous le nom de *halos proprement dits*, il comprend les grands cercles qui entourent le soleil ou la lune, dont le diamètre mesure environ 44°. Les halos sont accompagnés : 1° de cercles ayant un double diamètre ; 2° de parhélies ou faux soleils, et 3° de divers autres cercles. Les coronæ se distinguent des halos, en ce que les premières sont dues aux particules d'eau qui se trouvent dans le brouillard ou dans les nuages ; tandis que les seconds sont dus à de très petits cristaux de glace. Une corona complète présente les couleurs dans l'ordre suivant : près du soleil un cercle bleu foncé, puis un cercle blanc et ensuite un rouge. Sous des conditions favorables, on peut voir en dehors de cette série de couleurs, une seconde série, consistant en cercles colorés dans l'ordre suivant, en partant du soleil et en allant vers l'est : pourpre, bleu, vert, jaune pâle et rouge. Les halos proprement dits, consistent habituellement en un ou deux cercles, mais quelques fois ils en sont trois. Le premier cercle a un rayon d'environ 22° ¼ ou un diamètre de 45°. Le second anneau a un rayon d'environ 46° et le troisième un rayon de 90°. La couleur des bords extérieurs des deux premiers est presque toujours rouge ; ensuite viennent le vert ou le bleu, et le violet ou le blanc. Le troisième cercle, d'un rayon de 90°, est généralement blanc. Les parhélies (ou faux soleils), images du soleil accompagnant les halos, ont habituellement les mêmes couleurs dans le même ordre, mais elles sont plus brillantes. Ces phénomènes, fréquents sous les hautes latitudes, ne sont visibles que lorsque des cirrus ou cirro-stratus interviennent entre l'observateur et le soleil. Les nuages, du moins quand ils occasionnent les phénomènes dont nous venons de parler, sont composés de particules gelées de vapeur, dont les formes sont principalement des prismes hexagones. L'angle réfractant des prismes de glace étant 60°, l'angle de réfraction qui produit la moindre déviation pour le rayon rouge, relativement au trajet primitif de la lumière, doit être de 30° ; et la puissance réfractive de la glace étant 1,31, l'angle d'incidence doit être 41°. Donc, la déviation étant égale à deux fois cet angle, moins l'angle de réfraction, ou $2 \times 41° — 60°$, est 22°, résultat qui se rapporte très étroitement à celui de l'observation pour la forme la plus petite et la plus commune de halo.

* HALOCHIMIE s. f. (gr. *hals*, sel ; franç. *chimie*). Partie de la chimie qui traite des sels.

* HALOGÈNE adj. (gr. *hals*, sel ; *gennaô*, j'engendre). Chim. Se dit des corps de la famille du chlore, savoir : le chlore, le brome, l'iode et le fluor.

* HALOGRAPHE s. m. (gr. *hals*, sel ; *graphô*, j'écris). Chimiste qui écrit sur les sels.

* HALOÏDE adj. (gr. *hals*, sel ; *eidos*, aspect). Chim. Se dit d'un sel résultant de la combinaison d'un corps halogène avec un métal.

* * HALOIR s. m. Lieu où l'on sèche le chanvre par le moyen du feu, pour le disposer à être broyé ou roui.

* HALOMÉTRIE s. f. (gr. *hals*, sel ; *metron*, mesure). Chim. Détermination du titre des solutions salines qui sont dans le commerce.

* * HALOT s. m. (anglo-sax. *hal*, cavité). Trou dans une garenne, où se retirent les lapins.

* HALOTECHNIE s. f. [a-lo-tèk-ni] (gr. *hals*, sel ; *technè*, art). Partie de la chimie qui traite de la préparation des sels.

* HALOTRICHITE s. f. [a-lo-tri-chi-te] (gr. *hals*, sel ; *trix*, cheveu). Minér. Sulfate d'alumine naturel qui se présente en fibres déliées et soyeuses, et que l'on appelle aussi *alun de plume*.

* HALS (Franciscus) ['haïss], peintre hollandais, né en 1584, mort en 1666. Il vécut à Delft et à Haarlem. C'est l'un des meilleurs représentants de l'école hollandaise réaliste, et comme peintre de portraits, il fut inférieur à Van Dyke seulement.

* * HALTE s. f. (all. *halten*, s'arrêter). Pause, station que font des gens de guerre dans

leur marche : *faire halte.* — GRANDE **HALTE**, halte la plus longue que fait une troupe en marche. — Par ext. Lieu fixé pour la halte, où repas que l'on fait pendant la halte : *nous arriverons à notre halte avant la nuit.* — Terme militaire, dont on se sert pour commander à une troupe de s'arrêter : *au commandement de halte.* — HALTE-LA! arrêtez-vous là, n'avancez pas davantage. Est principalement usité en termes de guerre : *crier à une patrouille : halte-là!* — S'emploie dans le langage familier, lorsqu'une personne s'émancipe et va au delà de ce qui convient, et qu'on veut l'arrêter, ou lui imposer silence: *halte-là, de telles libertés m'offensent.*

* **HALTÈRE** s. m. *(gr. altér, balancier).* Gymn. anc. Masses pesantes de pierre ou de plomb dont on se servait pour développer la force musculaire dans les exercices du gymnase : on les tenait dans chaque main en sautant, en courant, en dansant. — Gymn. mod. On dit de deux masses de fer ordinairement sphériques, réunies par une petite barre de fer que l'on saisit avec la main : *l'exercice des haltères.*

** **HALURGIE** s. f. ['ha-lur-ji] *(gr. hals, sel; ergon, travail).* Art d'extraire ou de fabriquer les sels.

* **HALYS**, ancien nom du *Kizil Irmak* (rivière rouge), le plus grand fleuve de l'Asie Mineure. Le Halys prend sa source dans les montagnes qui formaient, dans l'antiquité, la frontière entre l'Arménie Mineure et le Pont; il coule au S.-O., au N.-O. et au N.-E., et se jette par plusieurs embouchures dans l'Euxin, entre Sinope et Samsum (Amisus). Sa longueur est d'environ 800 kil. Anciennement, l'Asie était souvent divisée en *Asie cishalyne* et *Asie transhalyne.*

* **HAM** ['hamm], *Hametum, Hamum*, ch.-l.

Port de Ham

de cant., arr. et à 25 kil. S.-E. de Péronne (Somme); au milieu d'un pays marécageux; 3,000 hab. Fabriques de sucre de betterave. Château fort avec donjon de 33 m. d'élévation, bâti en 1470 par le comte de Saint-Pol, et fortifié par des ouvrages plus modernes. Jeanne d'Arc, Mirabeau, les ministres de Charles X, le prince Louis-Napoléon et un grand nombre d'autres personnages y ont été emprisonnés. Patrie de Vadé et du général Foy. Belle église paroissiale qui renferme un magnifique jeu d'orgues et de superbes bas-reliefs. — Ham se livra aux Allemands le 21 novembre 1870.

** **HAMAC** s. m. ['ha-mak] *(mot caraïbe).* orte de lit formé d'un morceau de toile ou 'un filet suspendu horizontalement à deux points fixes par ses extrémités, de manière à pouvoir se balancer : *on se sert principalement de hamacs sur les vaisseaux.*

* **HAMADAN**, ville de l'Irak-Adjemi (Perse), au pied du mont Elvend, à 240 kil. O.-S.-O. de Téhéran; environ 50,000 hab. On suppose

généralement qu'elle occupe l'emplacement de l'antique Ecbatane. On y trouve la tombe d'Avicenne, qui y vécut dans la première partie du XIe siècle, et on prétend qu'un autre édifice renferme les tombes d'Esther et de Mardochée. La ville est presque entièrement en ruines ; mais elle fait un commerce considérable de soie et de tapis.

* **HAMADRYADE** s. f. *(gr. hama, avec; drus, chêne).* Myth. Nymphe des bois qui naissait et mourait avec l'arbre dont la garde lui était confiée, et qui ne pouvait jamais le quitter. Les *dryades*, au contraire, étaient des nymphes immortelles qui présidaient aux arbres en général, et qui pouvaient errer en liberté autour de ceux qui leur étaient particulièrement consacrés.

HAMAH ou **Hamath** (hébr. *forteresse* ou *citadelle*). Ville du N. de la Syrie, sur les deux rives de l'Aasy ou Oronte, à environ 40 kil. N. de Homs; environ 10,000 hab. Quatre ponts traversent la rivière et plusieurs roues immenses, tournées par le courant, élèvent l'eau au niveau des maisons et des jardins. Chaque aqueduc et chaque roue est la propriété d'une société. Une partie intéressante de la moderne Hamah est la levée du château qui, de même que celle de Homs, était l'emplacement probable d'un ancien castel. Il paraîtrait, d'après les Ecritures, que Hamah était capitale d'un royaume au temps de l'Exode. Suivant la Genèse, elle fut d'abord habitée par les Cananéens. Sous le nom d'*Epiphania*, elle devint fameuse à l'époque des Séleucides. Sous le gouvernement des musulmans, elle produisit le célèbre savant Aboulfeda, prince de Hamah. La ville a attiré récemment l'attention par le nombre de pierres sculptées que l'on y a trouvées. Ces pierres, en basalte noir, portent des inscriptions en relief, dans un caractère inconnu.

HAMAMÉLIDE s. m. *(gr. ama, en même temps; mélon, fruit; fruit qui mûrit en même temps que les fleurs).* Bot. Genre d'hamamélides, dont on ne connaît que trois ou quatre espèces de la Chine et de l'Amérique du N. L'*hamamélide de Virginie* (hamamelis Virginica) est un arbuste que l'on trouve dans les forêts humides, depuis le Canada jusqu'à la Louisiane. Il atteint quelquefois la hauteur de 7 m., mais généralement il ne dépasse pas 3 m.40 centim.; les fleurs, formées de boutons pendant l'été, s'ouvrent à la chute des feuilles,

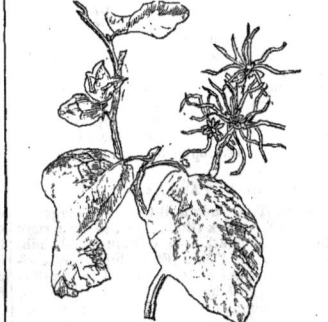

Hamamélide de Virginie (Hamamelis Virginica).

en octobre ou en novembre. Ses fruits ne

mûrissent que l'année suivante ; son bois est blanc et serré ; son écorce et ses feuilles renferment une grande quantité de tannin et ont été employées comme astringentes.

HAMAMÉLIDÉ, ÉE adj. Bot. Qui ressemble ou qui se rapporte au genre hamamélide. — s. f. pl. Famille de dicotylédones dialipétales périgynes, ayant pour type le genre hamamélide.

HAMBACH, ville de l'arr. de Saverne (Alsace-Lorraine), à 6 kil. de Neustadt; 2,300 hab.

HAMBACH, village de la Bavière rhénane, à 20 kil. O. de Spire; environ 2,200 hab. Elle possède un château du moyen âge appelé Kastanienbourg. Un rassemblement révolutionnaire, connu sous le nom de *Hambacher Fest*, y eut lieu le 27 mai 1832; il se composait de 30,000 personnes. Siebenpfeiffer, Wirth et d'autres chefs furent poursuivis par le gouvernement le 28 juin. La défense de célébrer cette fête à l'avenir amena une lutte sanglante le 27 mai 1833.

* **HAMBOURG** ['han-bour; all. hâmm-bourg] (all. *Hamburg*). Etat libre de l'empire allemand (Frie Stadt Hamburg), comprenant la ville de Hambourg avec ses faubourgs, le district de Geest et les bailliages de Bergedorf et de Ritzebüttel; 407 kil. carr. ; 453,869 hab. presque tous luthériens, excepté environ 10,000 catholiques romains e. 15,000 juifs. Les localités principales du territoire sont : Barmbeck, Bergedorf, Borgfelde, Cuxhaven, Eilbeeck, Einnbüttel, Hamm, Hohenfelde, Ritzebüttel et Ublenhorst. L'Etat possède une voix au conseil fédéral de l'Allemagne et il envoie trois députés au reichstag. Son armée a été incorporée dans celle de la Prusse. Le gouvernement (staatsgewalt) est composé d'un sénat de 18 membres et d'un corps de la bourgeoisie (bürgerschaft) de 160 membres. (constitution du 13 oct. 1879). — Dette publique : 145 millions de marcs. Cette dette a été contractée principalement pour la construction d'édifices publics et pour rebâtir la ville sur un nouveau plan, après l'incendie de 1842. — II. L'une des trois villes libres de l'Allemagne, sur la rive N. de l'Elbe, à l'embouchure de l'Alster, à 93 kil. N.-E. de Brême et à 850 kil. de Paris ; 289,850 hab. (415,000 avec les 15 communes limitrophes). L'Alster, tributaire de l'Elbe, coule à travers la ville et y forme les deux bassins de l'Alster extérieur et de l'Alster intérieur. De nombreux canaux traversent Hambourg et communiquent avec les deux rivières. Un pont superbe, terminé en 1872, a été jeté sur l'Elbe, et 60 autres ponts relient les bords des rivières et des canaux. Les localités les plus remarquables sont : l'ancien et le nouveau Jungfernsteig autour de l'Alster extérieur, l'Alsterdamm, et le Wall. Parmi les plus beaux édifices on admire la bourse et plusieurs églises. Le collège Johanneum contient la bibliothèque de la ville (200,000 volumes). Hambourg possède un grand nombre d'institutions charitables et d'éducation, parmi lesquelles on remarque le *Rauhes Haus*, où l'on recueille des enfants dépravés et abandonnés. Les jardins botanique et zoologique sont parmi les plus vastes de l'Allemagne. Le port, très étendu, reçoit des navires ayant 5 m. de tirant d'eau. Ceux qui ont un plus fort tonnage se déchargent à Cuxhaven. Le nombre des émigrants partant de ce port (surtout pour les Etats-Unis) se monte à plus de 75,000 chaque année. Hambourg possède des imprimeries, des chantiers de construction pour la marine, des raffineries de sucre, des distilleries, un vaste commerce trans-océanien et un immense commerce de transit. Le total de l'importation, par mer, dépasse annuellement une valeur de 900 millions de marcs ; celui de l'exportation s'élève à 500 millions de marcs. Mouvement du port: entrées, 5,600 navires, jaugeant

2.800,000 tonneaux ; sorties, 5,580 navires, jaugeant 2,750,000 tonneaux. La ville de Hambourg ne possède pas moins de 487 vaisseaux marchands (sees-chiffe), jaugeant 288,000 tonneaux, dont 161 steamers (150,000 tonneaux), et 326 vaisseaux à voile (138,000 tonneaux) ; la marine marchande hambourgeoise, qui s'accroît avec une grande rapidité, est huit fois plus importante que celle du royaume de Belgique. Cette ville peut rivaliser avec n'importe quelle autre cité européenne pour la valeur des affaires de banque et d'assurances qui s'y traitent chaque année. Charlemagne bâtit un château à Hambourg vers 809. Othon IV (1215) fit de cette ville une cité impériale. Un traité avec Lübeck (1241) jeta les fondements de la ligue hanséatique. La réforme y fut introduite vers 1529. Pendant la première partie du XVIe siècle, les rois de Danemark prétendirent être souverains de Hambourg, en leur qualité de comtes de Holstein. Une convention avec le Danemark

Hambourg.

(1768) mit fin à cette prétention et, en 1770, Hambourg devint ville libre de l'empire d'Allemagne. En oct. 1799, la République française lui déclara la guerre, pour la punir d'avoir traîtreusement livré aux Anglais le patriote irlandais Napper-Tandy. La ville se hâta de se soumettre et de séquestrer les biens des Anglais. En 1801, les Danois l'occupèrent et lui imposèrent une énorme contribution. Les Français y entrèrent après la bataille d'Iéna (1806) ; ils l'évacuèrent à la suite du traité de Tilsitt (1808) et en firent le ch.-l. de leur département des Bouches-de-l'Elbe, en 1810; ils la quittèrent en 1813, et la réoccupèrent presque aussitôt. Davout y soutint, de sept. 1813 à mai 1814, un siège qui ne se termina que lorsque le général Gérard vint prendre le commandement de la place au nom du roi Louis XVIII. Pendant ce siège mémorable, l'indomptable Davout ne recula pas devant les moyens les plus cruels pour se débarrasser des bouches inutiles : il chassa, au milieu de l'hiver, plus de 30,000 habitants, dont 4,100 moururent de faim. Le 8 juin 1815, Hambourg entra dans la confédération germanique comme ville libre de la ligue hanséatique. Le 4 mai 1842, un tiers de la ville fut détruit par un incendie qui fit disparaître 2,000 maisons. Hambourg entra dans la confédération germanique le 24 août 1866 et dans l'empire allemand en 1871. — BLANC DE HAMBOURG. (Voy. Venise.)

' ' HAMBOURGEOIS OISE s. et adj. Habitant de Hambourg ; qui appartient à cette ville ou à ses habitants.

' ' HAMEAU s. m. ['ha-mô] (anglo-sax. *nam*, maison). Petit village Se dit, part., d'un petit nombre de maisons écartées du lieu où est la paroisse : *ce n'est pas un village, ce n'est qu'un hameau.*

'HAMEÇON s. m. (lat. *hamus*). Petit crochet de fer ou de fil d'archal, armé de pointes en dessous, et qu'on met au bout d'une ligne avec de l'appât, pour prendre du poisson : *prendre du poisson à l'hameçon.* — MORDRE A L'HAMEÇON, se laisser séduire par quelque artifice, se laisser surprendre par l'apparence de quelque chose d'utile ou d'agréable. — Bot. Épine crochue ou poil recourbé.

HAMEÇONNÉ, ÉE adj. Se dit d'un fer aigu et recourbé en hameçon.

HAMELIN (Ferdinand-Alphonse), amiral français, né à Pont-l'Évêque (Calvados), en 1796, mort en 1864. A peine âgé de 11 ans, il s'embarqua comme mousse à bord de la frégate *la Vénus* que commandait son oncle, l'amiral Jacques-Félix-Emmanuel, baron Hamelin, né à Honfleur en 1768, mort en 1839. En 1830, il prit part à la conquête d'Alger et dirigea la station navale de l'Océanie en 1843-'46 ; vice-amiral en 1848, il commanda une division de la flotte devant Sébastopol, en 1853-'54. Amiral en 1854, il prit, un an après, le portefeuille de la marine qu'il conserva jusqu'à sa mort.

' HAMELN, ville de Hanovre (Prusse), sur le Hamel et le Weser, à 32 kil. S.-O. de Hanovre; 9,520 hab. Sur le Weser qui y forme une île, on a jeté un pont suspendu de 272 m. de long. Manufactures de laine, de coton; distilleries et brasseries. Hameln est célèbre par la légende du *joueur de flûte de Hameln*; cet artiste offrit de détruire, moyennant une certaine somme les rats qui infestaient la ville. Fascinés par les sons mélodieux de son instrument, les rongeurs le suivirent jusque dans le Weser, où ils se noyèrent tous; mais les habitants ayant refusé de payer la somme convenue, l'artiste résolut de se venger et, le 26 juin 1284, il parcourut les rues de la ville en jouant de son instrument enchanté. Tous les enfants le suivirent dans une caverne de la montagne et, depuis lors, on n'en entendit plus parler.

HAMILCAR. Voy. AMILCAR.

' HAMILTON ['hémm-il-t'n]. I. Village de l'état de New-York (Etats-Unis), sur la rivière Chenango, à 40 kil. S.-O. d'Utique ; 1,530 hab. — II. Ville de l'Ohio (Etats-Unis), sur la rivière et le canal Miami, à 35 kil. N. de Cincinnati; 11,080 hab. Fonderies, papeteries, lainages, moulins, distilleries, brasseries, manufactures de voitures et de wagons, fournitures pour chemin de fer, bottes et souliers, charrues, scies et cordes. — III. Ville de Nevada (Etats-Unis), à 300 kil. de Carson, et à 290 kil. S.-O. de Salt-Lake-City ; 3,920 hab. Elle se trouve à la base N. de la montagne Treasure, à 2,500 mètres au-dessus du niveau de la mer, au centre du district minier de White-Pine. Elle doit son origine à la découverte de mines d'argent dans la montagne Treasure (1868). — IV. Ville de l'Ontario (Canada), à l'extrémité S.-O. de la baie de Burlington, à l'O. du lac Ontario, à 50 kil. S.-O. de Toronto; 26,720 hab. Seconde ville de l'Ontario, sous le rapport de la population et la première sous le rapport de l'industrie. Siège d'un évêché catholique romain et d'un évêché épiscopalien.

HAMILTON, bourg du Lanarkshire (Ecosse), près du confluent de l'Avon et de la Clyde, à 15 kil. S.-E de Glasgow ; 11,300 hab. Manufactures de dentelles et de mousseline. Parc et palais Hamilton, résidence du duc d'Hamilton. Dans le voisinage se trouvent : les ruines du château de Cadzow, première résidence des Hamilton, et ce qui reste de la forêt de Cadzow.

HAMILTON (Alexander), homme d'Etat américain, né en 1757, mort en 1804. Aide de camp de Washington avec le rang de lieutenant-colonel, il prit une part active à la bataille de Brandywine et à celle de Monmouth, le 28 juin 1778, et assista au siège de Yorktown. En 1782, il se fit admettre au barreau d'Albany. Il se rendit célèbre comme écrivain et comme orateur. Son fils John C. Hamilton écrivit sa vie (2 vol. in-8°, 1834-'40), publia ses ouvrages (7 vol., 1851) et compila aussi *History of the Republic of the United States as traced in the Writings of Alexander Hamilton and his Contemporaries* (1860). Voy. aussi *Hamilton's conduct as Secretary of the Treasury Vindicated*, par J.-A. Hamilton (1870) et *Life of Alexander Hamilton*, par John T. Morse (2 vol., 1876).

' HAMILTON (COMTE Anthony), écrivain français d'origine écossaise, né en 1646, mort en 1720. Complètement attaché à la fortune des Stuarts, il resta le compagnon fidèle de Jacques II, au château de Saint-Germainen-Laye. Littérateur, écrivain léger, gracieux et de bon goût, il publia dans cette ville ses *Mémoires du Comte de Gramont*, ouvrage charmant qui contient le récit de la vie licencieuse de son beau-frère, et où il dévoile toutes les turpitudes de cette vie frivole des cours qui font de la friponnerie un mérite et du libertinage une vertu. Il a laissé de plus quelques ouvrages légers, tels que *Le Bélier, Fleur d'épine, Les quatre Facardins*, etc., petits chefs-d'œuvre de grâce et d'esprit, composés tout exprès pour l'amusement des dames de la cour. Ses *Œuvres choisies* ont été publiées en 1825 (2 vol. in-8°).

HAMILTON (Gavin), artiste écossais, né vers 1730, mort en 1797. Il réunit une vaste collection d'anciennes statues romaines, aujourd'hui dans la galerie Towneley du musée Britannique, et il publia *The italian school of Painting*, avec 40 gravures (1773).

HAMILTON I. (SIR William), antiquaire anglais, né en Ecosse en 1730, mort en 1803 Quoique frère de lait de George III, il était très pauvre, lorsqu'il épousa, en 1755, une riche héritière qui mourut en 1782. Nommé ambassadeur à Naples en 1764, il fut l'un des premiers Anglais qui s'occupèrent d'étudier sérieusement les antiquités grecques et étrusques, sur lesquelles il publia un ouvrage en français (4 vol. in-fol. Naples, 1766). En 1784, il se rendit en Angleterre, pour empêcher son neveu de se déshonorer, en épousant Emma Harte, mais il l'épousa lui-même en secret et l'emmena à Naples. En 1793, il signa un traité d'alliance entre l'Angleterre et Naples. Rappelé en Angleterre en 1800, il perdit dans un naufrage une collection d'antiquités, dont il ne sauva que quelques dessins. Il rassembla un grand nombre des marbres de la galerie Townley au musée Britannique. — II. (Emma Lyon, alias Harte, ensuite lady Hamilton), femme du précédent, née en 1760, morte en 1815. Simple servante d'auberge, elle fut successivement la maîtresse du cap. John Willette, de Charles Greville, dont elle eut trois enfants et de l'oncle de ce dernier, sir William Hamilton qui, revenu tout exprès de Naples en Angleterre pour mettre fin à la liaison criminelle qui existait entre son neveu et Emma Lyon, finit par se laisser fasciner par celle-ci, en fit sa maîtresse et l'épousa en 1791. Belle et spirituelle, elle fut présentée par son mari à la cour du roi de Naples, où son intimité avec la reine Caroline devint en peu de temps scandaleuse. De mœurs plus que légères, elle fut partout courtisée. Nelson compta parmi ses nombreux adorateurs et elle exerça sur lui une funeste influence. Après la mort de son mari, elle continua de mener une vie éhontée, attira sur Nelson les mesures vindicatives de la cour d'Angleterre, devint, après la mort de l'amiral, l'objet de la réprobation générale, et fut réduite à se réfugier en France, où elle mourut, près de Calais, dans un état voisin de la misère.

HAMILTON (sir William), philosophe écossais, né en 1788, mort le 6 mai 1856. Pour savoir à quoi s'en tenir sur la phrénologie, il suivit un long cours d'anatomie comparée, mesura des centaines de crânes et pesa autant de cervelles. Les résultats de ses recherches furent insérés dans une vigoureuse attaque contre la phrénologie, formant deux rapports qui furent lus devant la société royale d'Édimbourg (1826) Ses articles dans l'*Edinburgh Review* (1829) comprennent : *On the Philosophy of Perception* et *On Recent Publications in Logical science*, publiés en 1852, sous le titre collectif de *Discussions in Philosophy and Literature, Education and University Reform*. En 1836, sir William fut élu professeur de logique et de métaphysique à l'université d'Édimbourg.

HAMILTON (William-Richard), archéologue anglais, né en 1777, mort en 1859. En 1799, il devint secrétaire de lord Elgin, à l'ambassade de Constantinople. Il acheta pour le musée Britannique la pierre de Rosette et, à l'aide de plongeurs, il sauva les marbres d'Elgin, perdus dans un naufrage près de Cerigo. Il fut sous-secrétaire des affaires étrangères (1810-'22), et plus tard ambassadeur à Naples. Il a publié : *Ægyptiaca or some Account of the Ancient and Modern State of Egypt*.

HAMILTON (sir William Rowan), philosophe anglais, né à Dublin en 1805, mort en 1865. En 1827, il fut nommé astronome royal d'Irlande et, en 1835, il fut fait chevalier. En 1828, il publia un *Essay on the Theory of Systems of Rays*, qui accomplit, dans le domaine de l'optique, la révolution que les travaux de Descartes avaient opérée dans le champ de la géométrie et ceux de Lagrange dans celui de la mécanique ; c'est-à-dire qu'il appliqua l'algèbre aux problèmes qui ont rapport à la théorie ondulatoire de la lumière. Par une analyse particulière, il généralisa les cas les plus compliqués de l'optique géométrique ordinaire, et prédit les plus singulier de tous les résultats de la théorie de Fresnel, la réfraction conique dans les cristaux biaxiales. Le plus célèbre des écrits d'Hamilton est sa *Method or Calculus of Quaternions* (1853). Ses *Elements of Quaternions* parurent en 1866.

HAMLET ou **Amleth**, prince danois légendaire, qui dut vivre deux ou trois siècles avant notre ère et qu'a immortalisé le génie de Shakspeare. Fils d'un roi de Jutland et d'une fille d'un roi de Danemark, il contrefit l'in-

sensé afin d'échapper à la haine de son oncle Fengo qui avait fait périr le roi son frère, père d'Hamlet, pour épouser la reine qui nourrissait depuis longtemps pour lui un amour criminel. Mais Fengo, soupçonnant Hamlet d'avoir pénétré ses honteux secrets, le fit conduire dans la chambre de la reine, sa mère, et plaça sous de la paille un espion qui devait saisir leur entretien. Hamlet, découvrant le personnage caché, le perce de son épée, éclate en reproches terribles contre son indigne mère et lui fait jurer que ce mystère odieux restera impénétrable pour tous. Fengo, toujours soupçonneux et toujours haineux, envoie Hamlet, sous la garde de deux gentilshommes, au roi d'Angleterre avec prière de le faire périr. Hamlet se saisit de la lettre royale et substitue au sien le nom de ses gardiens. Les deux gentilshommes sont pendus et Hamlet épouse la fille du roi d'Angleterre. Il revient en Danemark, la vengeance au cœur, tue Fengo et se fait proclamer roi. Telle est la légende scandinave, et c'est sur cette donnée que Shakspeare a écrit ce drame immortel où il s'abandonne si librement aux fantaisies terribles de son imagination et où il a montré les plus choquants défauts à côté des plus originales et des plus sublimes beautés. — Hamlet, grand opéra en 5 actes, représenté à Paris (Académie de musique), le 9 mars 1868; paroles de Carré et J. Barbier; musique de A. Thomas.

' **HAMM** ['hamm'], ville de Westphalie (Prusse), sur l'Ahse et la Lippe, à 30 kil. S.-S.-E. de Münster; 18,750 hab. Autrefois fortifiée, elle souffrit de la guerre de Trente ans et fut bombardée en 1761 et, en 1762, par les Français. On la démantela en 1763. Manufactures de toile, etc.

HAMMAN (Le) (ar. *hamman*, bain). Établissement de bains fondé à Paris et dans lequel on trouve des salles de massage comme dans les bains turcs.

HAMMAM-R'IRA, célèbres sources thermales de la province d'Alger, à 26 kil. de Milianah, 50 de Cherchell et 60 de Blidah. Eaux sulfatées calciques, 40° à 46° C. Rhumatismes, névralgies, maladies de matrice, suites de fracture et de luxation. Etablissement militaire.

' **HAMME**, ville de la Flandre orientale (Belgique), sur la Durme, près de l'Escaut, à 25 kil. N.-E. de Gand ; 10,660 hab. Fabriques de cordes, ateliers de construction pour les navires, commerce d'étoffes, etc.

' **HAMMERFEST**, port de mer du Finmark (Norvège), sur l'île de Kvalœ, par 70° 40' lat. N. et 24° 22' long. E., à 80 kil. S.-O. du cap Nord; environ 1,000 hab. Elle fait un commerce actif et est célèbre comme étant la ville la plus septentrionale du monde. Plus de 200 bateaux de pêche et 100 grands navires fréquentent annuellement sa rade.

HAMMER-PURGSTALL (Joseph von), orientaliste allemand, né à Gratz (Styrie), en 1774, mort en 1856. En 1799, il devint interprète de la mission autrichienne à Constantinople. En 1801, il s'engagea pour faire la campagne égyptienne comme secrétaire interprète des généraux anglo-turcs. En 1802, il fut envoyé de nouveau à Constantinople comme interprète de la cour et en 1806, à Jassy comme agent diplomatique. A partir de 1807, il résida à Vienne. En 1816, il fut nommé interprète de la cour et en 1817 conseiller aulique. En 1837, ayant hérité des biens des comtes de Purgstall, il ajouta ce nom au sien et il fut créé baron. Ses écrits en différentes langues remplissent plus de 100 volumes in-8°. Les plus importants sont : *Geschicte des osmanichen Reichs* (10 vol.) et *Literaturgeschicte des Araber* (1 vol. in-4°).

HAMMERSMITH, village de Middlesex (Angleterre), sur la Tamise, à 5 kil. O. de Londres ; 24,520 hab. Élégantes villas; école de

grammaire dotée par l'évêque Latimer. Le voisinage est occupé par des pépinières et des jardins potagers.

HAMOA ou **des Navigateurs** (Archipel). Voy. *Samoa*.

' **HAMON** (Jean-Louis), peintre français, né en 1821, mort en 1874. Paresseux dans sa jeunesse, il fit le désespoir de son père qui, ne voyant s'ouvrir pour son fils aucune carrière libérale, voulut le consacrer à la vie religieuse et l'envoya dans un couvent. Ses goûts artistiques lui firent bien vite trouver trop étroite et trop nue la cellule d'un cloître et, à 19 ans, il jeta le froc et s'enfuit à Paris où l'atelier de Paul Delaroche lui fut ouvert. Il suivit également les leçons de M. Gleyre. Le *Dessus de porte* et le *Tombeau du Christ* commencèrent sa réputation, ainsi qu'une *Affiche romaine* et un *Perroquet jouant avec deux jeunes filles*; en 1852, il composa la *Comédie humaine* et son idylle grecque, *Ma sœur n'y est pas*, que l'on regarde comme un chef-d'œuvre. L'*Amour et son troupeau, Ce n'est pas moi*, les *Orphelins*, une *Gardeuse d'enfants* augmentèrent encore sa renommée. Il fit alors un voyage en Orient, et, à son retour, donna successivement dix compositions d'une même inspiration : les *Dévideuses, Boutique à quatre sous, Papillon enchaîné, Cantharide enchaîné, l'Amour en visite* (1859), *Vierges de Lesbos, l'Escamoteur* (1861), *l'Aurore*, les *Muses à Pompéi* (1864), l'*Amour console Ophélie* (1873).

HAMONT (Pierre-Nicolas), vétérinaire français, mort en 1848. Il fonda une école vétérinaire à Aboul-Zabel, près du Caire, en prit la direction des haras égyptiens. Il a publié : *Causes de la morve et du farcin* (Paris, 1842, in-8°), *De l'entraînement des chevaux* (Paris, 1842), *Amélioration des chevaux en France* (Paris, 1843); l'*Egypte sous Méhémet-Ali*, 1843, 2 vol. in-8°), etc.

HAMPDEN SIDNEY (Collège de), institution de la Virginie (Etats-Unis), à environ 95 kil. O.-S.-O. de Richmond, elle est dirigée par les presbytériens. Elle fut fondée en 1775.

' ' **HAMPE** s. f. (all. *hand*, main, poignée). Bois d'une hallebarde, d'une pertuisane, d'un épieu, etc. : *la hampe d'une hallebarde, d'un écouvillon, d'un refouloir*. On dit, dans un sens analogue : *la hampe d'un pinceau.* — Bot. Tige herbacée sans feuilles ni rameaux, et destinée seulement à porter la fleur et le fruit: *la tige du pissenlit, de la jacinthe est une hampe.*

' **HAMPSHIRE** ['hémm'-cheur], Hants ou Southamptonshire, comté d'Angleterre sur la Manche et comprenant l'île de Wight; 4,177 kil. carr.; 593,470 hab. Son sol varié et son climat doux en font l'un des plus agréables de l'Angleterre. Ses productions principales sont : le foin, le blé, l'orge, l'avoine, les haricots, les navets et les pois. On y élève des moutons et la production des porcs est une industrie importante ; le Hampshire est célèbre pour ses jambons. Les rivières principales sont : l'Itchen, l'Avon et l'Anton. Villes princ. : Portsmouth, Winchester, Southampton.

' **HAMPSTEAD** ['hamm-stèd], faubourg de Londres, dans le Middlesex, sur une chaîne de collines, à 6 kil. N.-O. de la capitale ; 32,280 hab. Autrefois sources minérales. Rendez-vous populaire des habitants de Londres, qui, dans les beaux jours, et particulièrement les dimanches, accourent en foule sur la lande de Hampstead, au sommet de la principale colline. Nombreuses villas ; tavernes renommées.

' **HAMPTON** ['hemm-t'n], paroisse de Middlesex (Angleterre), sur la Tamise, à 16 kil. O.-S.-O. de Londres ; 6,430 hab. Dans le voisinage, se trouve le palais de Hampton Court, autrefois résidence favorite des Tudors et des

Stuarts, et maintenant lieu de rendez-vous populaire pour les habitants de Londres.

Hampton Court.

Delle collection publique de peintures, renfermant les célèbres cartons de Raphaël.

'HAMPTON ['hèmm'-t'n], ville de la Virginie (Etats-Unis), sur la rive O. de la rivière Hampton, branche du Hampton roads, à environ 4 kil. de Fort Monroe et à 400 kil. S.-E. de Richmond; 2,300 hab. Cimetière national; établissement pour les soldats invalides. Institut normal et d'agriculture, ouvert en 1868, pour les jeunes nègres.

'HAMPTON ROADS ['hèmm-t'n-rôdrs] (baie de Hampton), bras de la baie de Chesapeake, entre Hampton et Norfolk (Virginie), formant l'estuaire de la rivière James. Le Hampton roads est commandé par la forteresse Monroe. Une bataille navale y eut lieu, les 8 et 9 mars 1862, entre le cuirassé confédéré *Virginia* (jadis *Merrimac*, frégate des Etats-Unis) et les frégates de l'Union le *Cumberland*, le *Congress*, le *Minnesota* et le navire à tourelle le *Monitor*. Le 8, le *Cumberland* fut frappé par l'éperon de la *Virginia* et il coula en 45 minutes. Le *Congress* échoua, fut désemparé et incendié. Le *Minnesota*, s'étant échoué, fut attaqué par trois navires confédérés, qui se retirèrent à la nuit tombante. Outre les deux frégates, l'Union perdit 286 hommes. Sur la *Virginia*, il n'y eut que 2 tués et 8 blessés. Le jour suivant, la *Virginia* s'approcha du *Minnesota* ; mais le *Monitor*, cuirassé de l'Union, qui arrivait de New-York, se plaça entre eux deux. Après avoir inutilement essayé de couler le *Monitor*, la *Virginia*, ayant sa proue légèrement endommagée, abandonna la partie et fit route vers Norfolk. Ce combat est célèbre comme ayant été le premier auquel prirent part des navires cuirassés. La *Virginia* était commandée par le capitaine Buchanan, et le *Monitor*, par le lieutenant (depuis commodore) Worden.

'HAMSTER s. m. [' hamm-stèrr] (mot all.)

Hamster (Cricetus vulgaris).

Mamm. Genre de rongeurs, voisin du rat, et caractérisé par une queue courte et velue et par des abajoues qui servent à transporter les grains dont ces animaux font provision dans leurs demeures souterraines. Il existe plusieurs espèces de hamster, en Europe et dans le N. de l'Asie. L'espèce commune, appelée *marmotte d'Allemagne* (*cricetus vulgaris*, Cuv.), comprend des rongeurs un peu plus gros que le rat, gris rougeâtre en dessus, noirs en dessous, à jambes blanchâtres. Quelquefois le hamster est entièrement noir ; ses yeux sont petits et proéminents ; sa fourrure est fine et longue. Le hamster commet de grands dégâts dans les champs cultivés, en raison des provisions de grains qu'il emporte dans ses terriers ; quoique sa nourriture consiste principalement en végétaux, il dévore aussi la viande à l'occasion. Il est féroce et ne peut s'apprivoiser. En captivité, il se bat avec ses compagnons et mord la main qui le nourrit.

' 'HAN. Pop. Onomatopée servant à exprimer le cri sourd et guttural d'un homme de peine qui frappe un coup avec effort.

'HAN (Ulric) (lat. *Udalricus Gallus*) *Gallus* est ici la traduction du mot allemand *han*, qui signifie coq ; imprimeur allemand qui porta à Rome l'art typographique, vers 1465. Il eut pour collaborateur Antonius Campanus, évêque de Teramo, qui collationnait ses manuscrits et corrigeait ses épreuves.

' 'HANAP s. m. (anglo-sax. *hnæp*). Grand vase à boire : *vider un hanap*. (Vieux.)

'HANAU ['ha'-naou], ville de Hesse-Nassau (Prusse), à la jonction du Mein et du Kinzig, à 45 kil. E. de Francfort; 22,670 hab. Manufactures de soie, de coton, de tapis, de cuir, de fer ; drogueries et teintureries. Aux environs, bains minéraux de Wilhelmsbad, le 30 oct. 1813, Napoléon, battant en retraite, après Leipzig, écrasa à Hanau une armée austro-bavaroise commandée par le maréchal Wrede. Pendant le moyen âge, la ville était la capitale du comté souverain de Hanau, dont elle devint capitale en 1736 ; plus tard, elle devint capitale d'une province de Hesse-Cassel, avec laquelle elle fut annexée à la Prusse en 1866.

'HANCHE s. f. ['han-che] (gr. *agxôn*, coude). Partie du corps humain, dans laquelle le haut de la cuisse est emboîté : *l'articulation de la hanche*. — Fig. et fam. ETRE, SE METTRE SUR LA HANCHE, avoir, prendre le maintien d'un brétailleur. — Manège. Train de derrière d'un cheval, depuis les reins jusqu'au jarret : *ce cheval a de belles hanches, des hanches hautes*. — METTRE UN CHEVAL SUR LES HANCHES, le dresser, en sorte qu'il se soutienne sur le derrière en galopant. On dit dans un sens analogue, *Ce cheval va sur les hanches, pare bien sur les hanches ;* et, dans un sens contraire, *Ce cheval traîne les hanches.* — Mar. Partie de l'arrière d'un bâtiment qui est entre la poupe et les haubans du grand mât : *aborder un vaisseau par la hanche*.

'HANDICAP s. m. ['hann-di-kapp] (angl. *hand*, main ; *in*, à ; *cap*, toque). Genre de courses dont la distance et le poids ne sont indiqués qu'après l'engagement : *courir un handicap*.

'HANDICAPER s. m. Commissaire chargé de répartir la surcharge entre les chevaux figurant dans un handicap.

'HANEBANE s. f. Nom vulgaire de la plante que les botanistes appellent JUSQUIAME NOIRE.

'HANÉFITE ou 'Hanifite s. m. (rad. *Hanifah*, n. pr.). Partisan de la secte musulmane dont le sultan de Constantinople est le chef spirituel ; se dit, par opposition à malékite.

'HANG s. m. ['hangh]. Ancienne arme de guerre chez les Francs.

' 'HANGAR s. m. ['han-gar] (celt. *angar*, étable). Construction en appentis ou isolée, formée d'un toit élevé sur des piliers de pierre ou sur des poteaux, et ordinairement destinée à servir de remise pour des chariots, pour des charrettes : *construire un hangar dans la cour d'une ferme*.

'HANGŒ ou Hangœ-Udd, port de la Finlande (Russie), à mi-chemin entre Helsingfors et Aho, sur une langue de terre dont l'extrémité forme la tête de Hangœ ou cap Hangœ. Le port est libre de glace, excepté pendant un mois environ chaque année ; il est relié par un chemin de fer avec Saint-Pétersbourg. Les Suédois y furent battus par les Russes en 1713.

'HANG-TCHÉOU ou Hang-tchéou-fou, ville de la Chine, capitale de la province de Tchékiang, près de Tsien-tang, à environ 55 kil. de l'embouchure de ce cours d'eau et à 150 kil. S.-O. de Chang-Haï. Elle se trouve à l'extrémité S. du canal Impérial. Il y a peu de temps cette ville était l'une des plus grandes et des plus populeuses de la Chine; on évaluait sa population à 700,000 hab., dont 60,000 étaient employés dans les manufactures de soie. La plus grande partie de la population habite en dehors des murailles dans de vastes faubourgs magnifiques, et dans des bassins sur la rivière, qui mesure 5 kil. de larg. Les rebelles s'en emparèrent en 1861, la pillèrent et la ruinèrent. Les troupes impériales la reprirent en 1864.

'HANIFAH (communément appelée ABU-HANIFAH), fondateur de la secte musulmane des hanéfites, la plus ancienne des quatre sectes orthodoxes, né à Coufah en 699, mort en 767. Il fut emprisonné pour avoir rejeté la prédestination. S'étant opposé aux cruautés du calife, il fut obligé de prendre du poison. Il a écrit un fameux commentaire sur le Coran ; *Seved* ou *Le Secours*.

'HANKA (Venceslav), philologue bohémien, né en 1791, mort en 1861. En 1817, il se rendit célèbre par la découverte du *Manuscrit de Kœniginhof*, collection de poèmes tchèques que l'on suppose avoir été écrits vers le commencement du XIVe siècle, bien que leur authenticité ait été mise en doute. Hanka devint bibliothécaire du musée national de Prague en 1818 et professeur de l'université en 1849. Il a écrit plusieurs ouvrages sur les langues slaves.

'HANKOW, ville de Hupeh (Chine), au confluent du Han dans le Yangtse-Kiang, vis-à-vis Wochang, capitale de la province, à 620 kil. O. de Chang-Haï, environ 600,000 hab. C'est l'une des premières villes commerciales de l'empire et l'un des ports ouverts au commerce étranger. Exportation de thé, de chinagrass, de lin, de tabac et de rhubarbe.

'HANLEY ['hènn-li], ville du Staffordshire (Angleterre), formant avec la ville de Shelton un bourg municipal, à 2 kil. N. de Stoke-upon-Trent et à 200 kil. N.-O. de Londres; 39,980 hab.

' 'HANNETON s. m. ['ha-ne-ton] (all. *hahn*, insecte). Entom. Genre de coléoptères pentamères lamellicornes, voisin des scarabées, distingué par des antennes de 10 articles, et dont l'espèce ordinaire est d'un roux brun, à antennes courtes, frangées à leur extrémité qui paraît au printemps : *prendre des hannetons*. — IL EST ÉTOURDI COMME UN HANNETON, se dit d'un jeune homme fort étourdi. On dit figurément, dans le même sens, *C'est un hanneton*. — Passement. Souci d'HANNE-

TON, franges qui portent de petites houppes. (Dans cette locution, H n'est pas aspirée). — ~ Pop. AVOIR UN HANNETON DANS LE PLAFOND, n'avoir pas l'esprit très sain; déraisonner légèrement. — ENCYCL. Le *hanneton ordinaire* (*melolontha vulgaris*) est un insecte bien connu, dont une description détaillée serait inutile. Il ne vit guère à l'état parfait que deux ou trois semaines, pendant lesquelles il se nourrit de feuilles d'arbres et devient souvent un fléau pour l'arboriculture. Il exerce ses ravages pendant la nuit et reste, pendant le jour, accroché aux feuilles. Après l'accouplement, le mâle périt, et la femelle creuse en terre un trou dans lequel ses œufs sont déposés au nombre de 100 à 200; elle remonte à la surface et meurt bientôt. Au bout de deux semaines après la ponte, éclosent de petits vers blanchâtres ayant six pattes près de la tête, et de fortes mâchoires avec lesquelles ils attaquent les racines tendres et commettent souvent de grands ravages. Quand ces

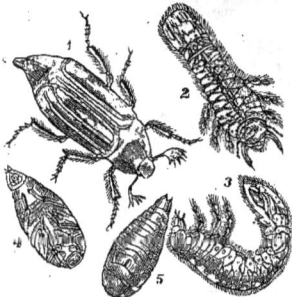

1. Hanneton ordinaire (Mclolontha vulgaris). — 2. Larve, vue de dos. — 3. Larve, vue de côté. — 4. Chrysalide, vue en dessous. — 5. La même en dessus.

larves, appelées *turcs*, *mans*, ou *vers blancs*, ont atteint leur entière croissance, au bout de trois ou quatre ans, elles cessent de manger, s'enfoncent dans le sol à environ 70 cent. de profondeur, et se construisent chacune une espèce de loge, enduite d'une substance soyeuse douce et glutineuse qu'elles rejettent de leur bouche; dans cette loge elles se transforment en chrysalide ou nymphe. Au mois de février, le hanneton perce cette enveloppe et quelque temps après, il fait son apparition pendant la nuit, vers le mois de mai. Les ravages exercés par les larves de hanneton ont souvent autant d'étendue sous le sol que ceux des sauterelles en ont en dessus du sol. — Législ. « Les maires sont autorisés, par la loi des 16-24 août 1790, à prendre des arrêtés pour ordonner la destruction des hannetons ou autres insectes nuisibles; et la loi des 28 sept.-6 oct. 1791 (titre 1er, sect. IV, art. 20) invite les corps administratifs à encourager, par des récompenses, les habitants des campagnes à détruire les insectes qui peuvent nuire aux récoltes. Dans quelques départements, les conseils généraux ont alloué des primes pour la destruction des hannetons. Ainsi, dans la Seine-Inférieure, où les désastres causés par les larves de hannetons avaient été considérables pendant plusieurs années, on a dépensé dans ce but, 80,000 fr. en 1867. On payait, sur les fonds départementaux, 10 fr. par 100 kil. de hannetons, et l'on a pu détruire de cette manière, en un seul printemps, 1,149 millions de hannetons, lesquels auraient produit 23 milliards de larves. C'est là de l'argent bien employé, et Payen affirmait que, dans certaines années, les hannetons et leurs larves ont coûté à la France, par leurs dégâts, plus d'un milliard de francs. » (Ch. Y.)

HANNIBAL, ville du Missouri (Etats-Unis), sur la rivière du Mississipi; à 195 kil. au-

dessus de Saint-Louis; 10,125 hab. (1,620 de couleur). Grand commerce de bois; manufactures de chaux, de tabac, de salaison, et de farine; scieries, fonderies et carrosseries.

HANNON, navigateur carthaginois du ve ou du vie siècle av. J.-C. Ayant reçu l'ordre d'explorer la côte occidentale de l'Afrique, et d'y fonder des colonies, il fit voile avec 60 pentacontères (navires de 50 rames) et avec 30,000 colons des deux sexes. Il atteignit 8o lat. N., d'après quelques écrivains. De retour à Carthage, il fit inscrire le récit de son voyage sur une tablette et le dédia au temple de Saturne. On ne sait jusqu'à quel point cette tablette, qui est conservée dans une traduction grecque et qui .est appelée le *Périple*, est digne de confiance (Voy. PÉRIPLE).

HANNON LE GRAND, homme d'Etat carthaginois, contemporain d'Amilcar Barca et d'Annibal, mort dans un âge avancé, après la bataille de Zama (202 av.J.-C.). Envoyé contre les mercenaires siciliens révoltés, il échoua jusqu'au moment où Amilcar, son rival politique, lui fut associé. Il se mit à la tête du parti aristocratique et fut le grand ennemi d'Amilcar et de ses fils, à la politique desquels il s'opposa invariablement.

' HANNUYER ou ' Hainuyer, yère s. et adj. Habitant du Hainaut; qui appartient à ce pays ou à ses habitants.

' HANOÏ, capitale du Tonkin, par 21o 1' 57" lat. N. et 103o 28' 26" long. E., sur le fleuve Rouge; place forte. C'est aux abords de cette ville que périt dans une embuscade, en décembre 1873, le capitaine Garnier sorti avec une poignée d'hommes pour repousser une attaque des Pavillons noirs (voy. ce mot); c'est également sous les murs de Hanoï et dans les mêmes circonstances que tomba l'infortuné commandant Rivière au début de l'expédition française au Tonkin (1883). Voy. ANNAM, TONKIN, etc.

' HANOVRE (all. *Hannover*). I. Province du N.-O. de la Prusse, bornée par la Hollande et la mer du Nord, autrefois royaume souverain; 38,425 kil. carr.; 2,120,168 hab., tous protestants, excepté environ 235,000 catholiques et 13,000 juifs. Les montagnes du Hartz traversent la partie méridionale. Le reste de la surface est plat. Principales rivières: Elbe, Ems et Weser. Environ le sixième de la totalité du sol est en forêts (chêne, hêtre et sapin). Les terrains bas d'alluvion sont en prairies et en pâturages naturels. Les îles de tourbe des marais et des landes du nord fournissent de grands approvisionnements de combustible. Plus du quart du sol est bien cultivé, et donne différentes céréales, le lin, le chanvre, etc. On y élève d'excellents chevaux, des bœufs, des chèvres et des moutons (y compris des mérinos). Mines importantes de sel, de charbon, de fer, de zinc, de cuivre, d'argent et de plomb. Etablissements métallurgiques, manufactures de laine, de coton, de verre, de papier, etc. Exportation d'articles de toile. Le Hanovre est divisé en 6 landdrostein. Le gouvernement local consiste en 75 membres élus, avec 6 membres héréditaires, sous la direction d'un président nommé par la couronne. La principale institution d'éducation est l'université de Gœttingen. Charlemagne introduisit le christianisme dans le Hanovre et sa dynastie posséda le duché jusqu'en 951, époque où il passa à Hermann Billung. Il resta dans la famille de celui-ci jusqu'à la mort de Magnus, en 1106. Il fut alors donné par l'empereur Henri V à Lothaire de Supplingenburg, qui lui succéda à l'empire et qui mourut en 1437. Son gendre Henri, duc de Bavière, et les ducs de Bavière, lui succéda en Saxe et, par un mariage avec une fille de la famille de Billung, obtint le duché de Lüneburg auquel il ajouta ensuite Brunswick, Gœttingen et d'autres principautés. Son

fils, Henri le Lion, augmenta encore ce territoire. Après sa mort, en 1195, ses trois fils lui succédèrent; le troisième, Guillaume, laissa des héritiers mâles dont les descendants formèrent, au xiiie siècle les maisons de Brunswick-Wolfenbüttel et de Brunswick-Lüneburg. Un prince de cette dernière famille, Ernest-Augustus, devint électeur du Hanovre, en 1692. Sa femme, Sophia, fille de l'électeur palatin Frédéric V et d'Elizabeth, fille de Jacques Ier d'Angleterre, fut déclarée l'héritière la plus proche de la couronne britannique, après Marie, Guillaume III, Anne et leurs descendants. Son fils lui succéda dans le Hanovre en 1698 et devint, en 1714, roi de la Grande-Bretagne, sous le nom de George Ier. Le Hanovre acquit les principautés de Brême et de Verden en 1715. Il soutint Marie-Thérèse dans les guerres de 1740-'45 et dans la guerre de Sept ans; il fut occupé par les Français en 1757, par les Prussiens en 1801, et de nouveau par les Français en 1803; ceux-ci le cédèrent à la Prusse en 1805 et le reprirent en 1806; une partie fut annexée au royaume de Westphalie en 1810. En 1813, le Hanovre fut restitué à l'électeur-roi. En 1814, le congrès de Vienne en fit un royaume et augmenta son territoire. A l'avènement de la reine Victoria, en 1837, le Hanovre fut séparé de la couronne britannique en vertu de la loi salique; Ernest-Auguste, frère de Guillaume IV, devint roi et détruisit la constitution. Le cinquième et dernier roi de Hanovre fut son fils Georges V, qui lui succéda en 1851. Lors de la guerre de 1866, le Hanovre se rangea du côté de l'Autriche; en juin il fut envahi par les Prussiens. Les Hanovriens défirent les Prussiens à Langensalza, le 27 juin, mais ils posèrent les armes, le 29 juin. Le Hanovre fut annexé à la Prusse en septembre. — II. Capitale de la province ci-dessus, au confluent de l'Ihme et de la Leine, à 115 kil. S.-O. de Hambourg; 106,680 hab. La Leine sépare la vieille ville de la nouvelle; ses rives sont reliées par 11 ponts. A partir du moment où la ville devint résidence royale, en 1837, elle reçut de grandes améliorations; depuis 1866, la vieille ville disparaît rapidement. Sur le côté N. de la place Waterloo, se trouve le palais royal, dont les trésors furent transportés à Vienne par l'exroi, en 1866. Hanovre possède de vastes bibliothèques et de nombreuses manufactures.

HANOVRE. I. Ville du New-Hampshire (Etats-Unis), sur la rivière Connecticut, à 70 kil. N.-O. de Concord; 2,090 hab. — II. Ville de l'Indiana, sur la rivière Ohio, à 8 kil. au-dessous de Madison; 570 hab.

HANOVRIEN, IENNE adj. et s. Habitant du Hanovre; qui appartient à ce pays ou à ses habitants.

• • HANSE ou Anse s. f. (anc. haut all. *hansa*, union). On appelle HANSE TEUTONIQUE, ou simplement HANSE, une confédération de plusieurs villes d'Allemagne et du Nord, qui étaient unies ensemble pour la défense de leur commerce et de leur liberté. — HANSES FRANÇAISES, il y eut aussi des hanses en France; la plus célèbre, connue sous le nom de *hanse parisienne*, remonte, dit-on, à Philippe-Auguste qui approuva ses constitutions. Elle avait le monopole de la navigation de la Seine sur une longueur de 12 à 15 lieues tant en amont qu'en aval de Paris, mais elle subissait à son tour les exigences des autres compagnies. Ce sont les chefs de la hanse parisienne qui constituèrent la municipalité de Paris sous Louis XI; elle fut définitivement supprimée par Louis XIV en 1672.

° HANSÉATIQUE ou Anséatique adj. Se dit des villes d'Allemagne et du Nord qui faisaient partie de la Hanse teutonique: *Hambourg*, *Brême*, *Lübeck*, *sont les villes HANSÉatiques*. Dans la première partie du xiiie siècle, le nord de l'Europe était encore plongé dans la barbarie. Les côtes de la Baltique étaient oc-cupées par des Slaves. Le commerce se trouvait soumis aux exactions et à la rapa-cité d'une foule de souverains et de petits seigneurs. Les villes maritimes de l'Allemagne avaient principalement à souffrir de cet état de choses. Les riches chargements qui voyageaient entre l'Allemagne, Gênes et Venise, étaient attaqués par des essaims de pirates. En 1239, une ligue se forma entre Hambourg, Ditmarch et Hadeln, afin de détruire les forbans qui in-festaient l'Elbe et la mer voisine. Tel fut le commencement de la ligue Hanséatique. Une convention semblable fut formée entre Ham-bourg et Lübeck en 1241. Brunswick et d'autres villes se joignirent promptement à cette asso-ciation, dont les progrès furent rapides, et dont Lübeck fut nommée capitale. Les villes furent organisées en quatre cercles : 1° les villes vandales ou wendish de la Baltique ; 2° les villes de Westphalie, du Rhin et des Pays-Bas ; 3° les villes de Saxe et de Brandebourg ; 4° les villes prussiennes et livoniennes. Les capitales de ces cercles étaient Lübeck, Co-logne, Brunswick et Dantzic. A l'apogée de sa puissance, la ligue comprenait 85 villes, parmi lesquelles, Bergen, Berlin, Brême, Cra-covie, Francfort-sur-l'Oder, Groningen, Ham-bourg, Kiel, Kœnisberg, Revel, Riga, Stettin, Stralsund, Thorn, Zutphen et Zwalle. Elles étaient représentées à la diète de la ligue par des délégués. D'autres villes étaient plus ou moins affiliées à cette ligue, mais n'avaient pas de représentants à la diète de Lübeck ; parmi elles nous citerons : Amsterdam, Anvers, Rotterdam, Bruges, Bordeaux, Marseille, Bar-celone, Cadix, Lisbonne, Livourne, Messine et Londres. La ligue établit quatre grands comptoirs ou dépôts de commerce à Londres, en 1250 ; à Bruges, en 1252 ; à Novgorod, en 1272, et à Bergen, en 1278. Ces comptoirs furent dirigés avec la sévérité des établisse-ments monastiques ; les officiers y furent tenus au célibat et à la vie en commun. La ligue arriva à l'apogée de son pouvoir pendant le xive siècle et la première moitié du xve. L'association, formée pour la défense com-mune, était devenue une véritable confédéra-tion, exerçant un pouvoir souverain, visant au monopole, négociant des traités et décla-rant la guerre ou la paix. Elle lutta avec succès contre la Suède, la Norvège et le Dane-mark Lorsque les citoyens de Londres in-sultèrent ses employés, elle força Edouard IV d'accorder des concessions encore plus étendues Mais déjà la ligue Hanséatique avait perdu sa raison d'être : il n'y avait plus de pirates ; le commerce devenait libre. Des souverains, jaloux de la prospérité des villes hanséa-tiques, commencèrent à modifier leurs con-cessions antérieures et finirent par les abro-ger. Une défense mutuelle devenant moins nécessaire et plus fatigante, beaucoup de villes de la Baltique se séparèrent de la con-fédération et entrèrent en commerce direct avec les Hollandais et les Anglais. La décou-verte de l'Amérique et du cap de Bonne-Espé-rance attira le commerce vers de nouvelles routes ; et la ligue finit elle-même. La der-nière assemblée eut lieu en 1630. Hambourg, Lübeck et Brême, auxquelles s'unit plus tard Francfort-sur-le-Mein, formèrent une nouvelle association sous le nom de villes libres han-séatiques. Napoléon, en 1810, les réunit en forma le département Hanséatique de l'empire français. En 1815, elles obtinrent un vote commun à la diète Germanique. Francfort fut annexée à la Prusse en 1866 ; les trois autres villes se joignirent à la confédération Germani-que du nord. Lübeck entra ensuite dans le Zollverein, tandis que Hambourg et Brême restaient des ports libres. Chacune de ces villes constitue aujourd'hui un état de l'empire allemand.

' **HANSEN** (Peter-Andreas), astronome al-lemand, né en 1795, mort en 1876. En 1825,

il devint directeur de l'observatoire de See-berg, près de Gotha. Un nouvel observatoire fut bâti sous sa direction en 1859. Il a écrit des ouvrages sur l'astronomie physique et la géo-désie. Ses célèbres *Tables de la lune* (Londres, 1857) lui valurent une récompense de 25,000 fr. que lui accorda le gouvernement anglais, en raison de leur haute utilité pour la navigation.

°* HANSIÈRE s. f. Mar. Voy HAUSSIÈRE.

' **HANSSENS** (Charles-Louis), compositeur belge, professeur au conservatoire de Bruxelles, né en 1802, mort en 1871. Son opéra le plus populaire est *Le Siège de Calais* (Bruxelles, 1861). Il a composé plusieurs ballets.

' **HANSTEEN** (Christopher) ['hânn-stènn], astronome norvégien, né en 1784, mort en 1873. Il fut nommé professeur d'astronomie et de mathématiques à Christiania en 1815 et directeur de l'observatoire de cette ville en 1833. Il fut chargé de la triangulation de la Norvège, comme membre d'une commission, nommée pour l'établissement scientifique de mesures et de poids en Norvège. Ses ouvrages les plus importants sont : *Der Magnetismus der Erde* (1819); *De Mutationibus virgæ magneticæ* (1842); *Resultate magnetischer Beobachtungen auf einer Reise nach Siberien* (1863); et *Obser-vations sur l'Inclinaison Magnétique entre les années 1855 et 1864.*

°* HANTER v. a. (rad. *hanse*, société). Fré-quenter, visiter souvent et familièrement : *hanter quelqu'un, les bonnes compagnies.* — Se dit aussi bien que des personnes : *hanter le barreau, le palais.* — DIS-MOI QUI TU HANTES, ET JE TE DIRAI QUI TU ES, on juge aisé-ment des mœurs de quelqu'un par les per-sonnes qu'il fréquente. — Fig. CET HOMME A HANTÉ LES FOIRES, A BIEN HANTÉ LES FOIRES, c'est un vieux routier, un homme qui a une grande expérience. — Part. Se dit en parlant des esprits qu'on suppose revenir de l'autre monde, ou des êtres fabuleux qui, suivant les fictions populaires, fréquentent de préférence les endroits retirés, sombres : *un château hanté par les esprits.* — v. n. : *hanter chez quelqu'un, en bon lieu.*

°* HANTISE s. f. Fréquentation, commerce familier avec quelqu'un. Ne se dit guère qu'en mauvaise part : *la hantise d'un tel ne vaut rien.* (Vieux.)

' **HANWAY** (Jonas) ['hann'-ouè], voyageur et explorateur anglais, né en 1712, mort en 1786. Il a publié un ouvrage sur le com-merce britannique dans la mer Caspienne et a donné le récit de ses voyages en Perse (4 vol. Londres, 1753-'54). Il fut le premier homme qui, en Angleterre, osa braver l'opi-nion publique en portant un parapluie.

HAON-LE-CHÂTEL (Saint-), ch.-l. de cant., arr. à 14 kil. N.-O. de Roanne (Loire); 750 hab. Reste d'une ancienne enceinte flan-quée de dix-sept tours et percée de quatre portes.

' **HAOUSSA**, vaste contrée de l'Afrique dans la Nigritie centrale, comprise entre le Niger à l'O. et le Bournou à l'E. Elle contient en-viron 45,000 hab. et a pour villes principales : Kano, Sokato et Vournio. Clapperton et Oudney ont exploré cette partie du Soudan.

HAPALE s. m. (gr. *hapalos*, doux, délicat). Mamm. Nom scientifique du genre ouistiti.

' **HAPPE** s. f. (rad. *happer*). Demi-cercle de fer dont on garnit un essieu pour le con-server. — Espèce de crampon qui attache et lie deux pièces de bois, deux pierres, etc. : *les pierres de ce pont sont liées avec des happes.*

' **HAPPE-CHAIR** s. m. Personne très avide de gain : *des happe-chair.*

°* HAPPELOURDE s. f. Pierre fausse qui a l'é-clat et l'apparence d'une pierre précieuse. — Fam. Personne qui a une belle apparence, un

bel extérieur, et qui n'a point d'esprit : *c'est une vraie happelourde, une belle happelourde.* — Cheval qui a belle apparence, mais qui n'a point de vigueur : *on lui a vendu une happe-lourde.* (Vieux.)

°* HAPPEMENT s. m. Action de happer. — Minér. Adhérence que certaines substances, comme l'argile, contractent avec la langue, quand on les met en contact avec cet organe.

°* HAPPER v. a. (gr. *arpazein*, ravir). Se dit proprement d'un chien, lorsqu'il prend avidement avec la gueule ce qu'on lui jette : *on lui jeta un morceau, qu'il le happa.* — Fig. Attraper, saisir, surprendre à l'improviste : *il s'est laissé happer par les huissiers.* — v. n. Minér. HAPPER A LA LANGUE, y adhérer. Se dit de certaines substances très avides d'eau qui enlèvent rapidement l'humidité des muqueuses avec lesquels on les met en con-tact. — HAPPER LE TAILLIS, se jeter précipi-tamment dans un bois.

Et lui soudain de *happer le taillis,*
Laissant le pauvre sot dedans le margouillis.
GRANDVAL.

' **HAPSBOURG** ['hap-sbourg] (all. *Habsburg*; originairement *Habichtsburg*, ou Château des autours), château ruiné de l'Argovie (Suisse), près de Brugg. Il fut bâti au commencement du xie siècle et a donné son nom à la maison impériale d'Autriche. Le premier comte de Hapsbourg fut Verner II, qui vivait à la fin du xie siècle. Les possessions de cette maison furent partagées entre les frères Albert IV et Rudolph III, en 1232. La ligne masculine de Rudolph s'éteignit en 1415. Albert, d'un autre côté, devint puissant ; son fils Rudolph fut élu empereur d'Allemagne (1273), ainsi que le fils et successeur de Rudolph, Albert. La famille se sépara de nouveau un deux branches, dont l'une, comprenant l'empereur Albert II (mort en 1439), se termina en 1457, avec Ladislas, roi de Hongrie. L'autre branche monta sur le trône d'Allemagne avec Frédéric III (mort en 1493), et elle opprima jusqu'à la fin de l'empire la ligne féminine (Hapsbourg-Lor-raine), qui avait commencé avec François Ier de Lorraine, époux de Marie-Thérèse. Fran-çois II, ayant pris le titre d'empereur d'Au-triche en 1804, renonça à la dignité impériale allemande en 1806. (Voy. AUTRICHE et ALLE-MAGNE.) Par Charles-Quint (I), fils de Philippe (petit-fils de Frédéric III) et de Juana, fille de Ferdinand et d'Isabelle, la maison de Hapsbourg monta aussi sur le trône d'Espagne et unit aux possessions espagnoles ses domaines en Bourgogne dans les Pays-Bas ; Ferdi-nand Ier, frère de Charles-Quint, attira à la ligne allemande les couronnes de Hongrie et de Bohême. La ligne espagnole s'éteignit en 1700, les Bourbons lui succédèrent. Les princi-pales possessions suisses de la maison furent perdues au commencement du xive siècle. Un comte de Hapsbourg, Geffrey (Gottfried), s'établit en Angleterre au xiiie siècle et fut l'ancêtre de la famille de Denbigh, dont le romancier Fielding était membre.

°* HAQUENÉE s. f. (corrupt. du lat. *equina*, dérivé de *equus*, cheval). Cheval ou jument de moyenne taille, facile au montoir, et qui va ordinairement l'amble : *une belle haquenée.* (Vieux.) — CE CHEVAL VA LA HAQUENÉE, il va l'amble. — Prov. et fig. ALLER SUR LA HAQUE-NÉE DES CORDELIERS, aller à pied , un bâton à la main. — C'EST UNE GRANDE HAQUENÉE, se dit d'une grande femme mal faite et dégin-gandée.

°* HAQUET s. m. Espèce de charrette étroite, longue et sans ridelles, sur le devant de la-quelle est un treuil et qui sert à voiturer du vin, des ballots de marchandises, etc. : *mener, traîner des marchandises dans un haquet, sur un haquet.*

°* HAQUETIER s. m. Conducteur de haquet.

HARAFORAS ou **Alfouras**, peuple sauvage vivant aux Célèbes, aux Moluques et dans l'intérieur de la Papouasie. Ils ressemblent aux Malais, mais ils sont plus noirs et ont des cheveux crépus. Ils portent des boucliers et des haches; tout jeune homme doit couper au moins une tête humaine avant de se marier. Wallace pense qu'ils forment une race distincte des Malais, et qu'ils offrent une parenté avec les habitants de la Nouvelle-Guinée.

HARALD, nom de neuf princes qui ont régné en Danemark; l'histoire ne nous a conservé le souvenir que des trois derniers: HARALD VII, dit la *Dent Bleue*, de 930 à 980; fit, pendant plusieurs années, la guerre aux rois de France Louis d'Outre-Mer et Lothaire en faveur de Richard de Normandie; fut, à son tour, poursuivi et battu par Othon qui lui enleva la Norvège. — HARALD VIII (1014-'17) mourut en Angleterre en aidant le roi Canut à conquérir ce royaume. — HARALD IX (1076-'80) fit abolir le combat judiciaire. — **Harald,** Quatre rois de Norvège ont porté ce nom. — I. Monta sur le trône en 863, conquit toute la Norvège et mourut après un règne de 70 ans. On l'avait surnommé *Harald à la longue chevelure*. — II. De 930 à 962, fut massacré. — III. (1047-'66), servit sous les empereurs d'Orient, combattit les pirates d'Afrique, puis revint dans le N. forcer son neveu à lui céder la moitié de la Norvège, et fut tué, en 1066, dans un combat contre le roi Harold d'Angleterre. — IV. Se fit passer pour le fils de Magnus III, roi de Norvège (1130), partagea le trône avec Magnus IV, qu'il fit périr misérablement, seul maître du pouvoir en 1135, il tomba lui-même, peu de temps après, sous les coups d'un troisième prétendant.

' **HARANGUE** s. f. ['ha-ran-ghe] (all. *hæren*, écouler). Discours fait à une assemblée, à un prince ou à quelque autre personne élevée en dignité : *belle, longue harangue*. — Fam. Discours ennuyeux, longue remontrance : *il leur a fait une longue harangue là-dessus*.

' **HARANGUER** v. a. Adresser une harangue à une assemblée, à quelqu'un : *haranguer le peuple, les soldats*. — v. n. *haranguer devant le roi, devant une assemblée nombreuse*. — Se dit encore d'un homme qui a coutume de parler beaucoup et avec emphase : *il harangue toujours*.

'' **HARANGUEUR** s. m. Celui qui harangue: *un bon, un excellent harangueur*. — Se dit plus ordinairement en mauvaise part et en raillerie : *un mauvais harangueur*. — Fig. et fam. Grand parleur, homme qui a coutume de faire des remontrances sur toutes choses : *c'est un grand harangueur, un harangueur éternel*.

' **HARAR,** *'* **Hurar** ou **Adari**, petite contrée, et ville importante fortifiée de la côte occidentale d'Afrique, à 200 kil. S.-S.-O. de Zeylah, sur le golfe d'Aden, à environ 2,500 m. au-dessus du niveau de la mer; 8,000 hab. Les Harars appartiennent à une race distincte; ils parlent un dialecte que l'on ne comprend nulle part ailleurs. Rigides musulmans, ils mettent à exécution une loi qui défend aux chrétiens d'entrer dans leur ville. La figure des hommes est grossière, les femmes sont presque aussi laides que leurs maris. L'occupation principale est la culture du sol ; le principal article d'exportation est le café. Le Harar est gouverné, comme souveraineté indépendante, par un émir. Burton est le seul blanc connu qui ait visité cette place et en donne la description dans son *First Footsteps in East Africa, Exploration of Harar* (1856).

'' **HARAS** s. m. ['ha-râ] (ar. *faras*, cheval). Lieu destiné à loger les étalons et des jumeuts, pour élever des poulains : *directeur des haras*. — Se dit aussi d'un nombre de jumeuts avec leurs étalons, qu'on tient aux champs pour en tirer de la race : *cheval de haras*. — Législ. « Le service des haras de l'État a été organisé

en dernier lieu par la loi du 29 mai 1874. Cette administration dépend du ministère de l'agriculture; elle comprend un seul haras d'élevage proprement dit, celui de Pompadour (Corrèze), et vingt et un dépôts d'étalons, répartis dans six circonscriptions (Blois, Angers, Hennebont, Libourne, Aurillac et Annecy). Le personnel comprend un directeur, six inspecteurs généraux, vingt-deux directeurs, autant de sous-directeurs et de vétérinaires, deux régisseurs des domaines, des palefreniers. Une école des haras, instituée au dépôt d'étalons du Pin, reçoit chaque année neuf élèves admis au concours. La durée de l'enseignement est de deux années. Les élèves diplômés sortant de cette école sont nommés surveillants, au fur et à mesure des vacances et passent ensuite aux fonctions de sous-directeur-agent-comptable. Les étalons de l'État sont répartis, chaque année pour la *monte*, entre les diverses *stations* établies sur un grand nombre de points du territoire français. »   (Ch. Y.)

'' **HARAS** s. m. Ornith. Voy ABA.

' **HARASSE** s. f. Grand panier en osier, servant au transport des marchandises.

' **HARASSEMENT** s. m. Fatigue extrême.

'' **HARASSER** v. a. Lasser, fatiguer à l'excès: *harasser un cheval*. — ‿‿ **Se harasser** v. pr. Se fatiguer à l'excès,

' **HARBOR GRACE**, ville de Terre-Neuve, la seconde de cette île en population et en importance, sur un bras de mer de la côte O. de la baie de Conception, à 40 kil. O.-N.-O. de Saint-John; 6,770 hab. Belle cathédrale catholique romaine. Commerce de la morue, pêcherie de phoques.

' **HARBOURG** (all. *Harburg*), ville de Hanovre (Prusse), sur l'Elbe, à 9 kil. S. de Hambourg, 17,060 hab. Manufactures de verre, de tabac, de toiles à voile, de produits chimiques; raffineries de sucre. L'Elbe a été rendu navigable jusqu'à Harbourg pour les grands navires.

' **HARCÈLEMENT** s. m. Action de harceler.

'' **HARCELER** v. a. (vieux franç. *harse*, baguette). Agacer, provoquer, exciter jusqu'à importuner, jusqu'à tourmenter: *harceler quelqu'un dans la conversation*. — HARCELER LES ENNEMIS, les inquiéter, les fatiguer par de fréquentes attaques, par de fréquentes escarmouches.

HARCOURT, nom d'une ancienne famille normande qui fait remonter son origine à Bernard le Danois, l'un des pirates qui accompagnèrent en France le fameux Rollon. Harcourt, gros bourg du dép. de l'Eure, fut le berceau de cette famille et lui donna son nom. Parmi les membres les plus célèbres de cette antique maison, nous citerons : RAOUL, chanoine de Paris, conseiller de Philippe le Bel et fondateur, dans la capitale (1280), du collège qui, depuis, s'appela lycée Saint-Louis. — GODEFROI, qui embrassa la cause du roi d'Angleterre Édouard III, en 1346, et combattit contre le roi de France à la bataille de Crécy. Après avoir imploré et obtenu son pardon de Philippe de Valois, il tourna encore ses armes contre le roi de France et périt en 1356 dans un combat livré aux soldats de Jean le Bon. — HENRI DE LORRAINE, surnommé *Cadet-la-Perle* (1601-'66). S'adonna dès son jeune âge au métier des armes. A 19 ans, il se signalait à la bataille de Prague, combattit les huguenots à Montauban et à La Rochelle, reprit, en 1637, sur les Espagnols les îles de Lérins, fut nommé, en 1639, commandant en chef des armées du Piémont, battit le prince Thomas de Savoie devant Quiers, prit Turin (1640), fut nommé gouverneur de la Guyenne (1642) et reçut, l'année suivante, le titre de grand écuyer. Après une mission diplomatique en

Angleterre, il passa à l'armée de Catalogne, défit les Espagnols à Liorins (1645), mais échoua devant Lérida (1646); il prit sa revanche devant Maubeuge et Condé qu'il fit capituler. Pendant la Fronde, entraîné par le parti des princes rebelles, il fut battu en Alsace par le maréchal de La Ferté, rentra en grâce, et obtint le gouvernement de l'Anjou.—HENRI (duc d') se distingua sous Turenne aux sièges de Valenciennes, de Cambrai et de Fribourg. Ambassadeur en Espagne, il fut créé duc et pair en 1709 et donna son nom, dans la basse Normandie, aux domaines qu'il y possédait à Thury, maintenant Harcourt-Thury.

HARCOURT-THURY, ch.-l. de cant., arr. et à 24 kil. N.-O. de Falaise (Calvados), sur l'Orne; 1,150 hab. Fabriques de blondes, tanneries. Vaches, porcs, bestiaux. Cette ville fut érigée en duché-pairie par Louis XIV, en faveur de Henri d'Harcourt. Belle église paroissiale,

'' **HARDE** s. f.(all. *herd*, troupeau). Chasse. Troupe de bêtes fauves : *une harde de cerfs, de daims*. — Lien qui attache les chiens six à six ou quatre à quatre.

' **HARDÉ** adj. m. ŒUF HARDÉ, œuf sans coquille que pondent quelquefois les oiseaux.

' **HARDENBERG** (Karl-August VON PRINCE) ['har-denn-bèrg], homme d'État, né à Essenroda (Hanovre) en 1750, mort en 1822. En 1778, il entra dans le service civil et fut envoyé à Londres comme diplomate. De retour à Hanovre, il découvrit une intrigue entre sa femme et un prince anglais, obtint sa séparation et entra au service du duc de Brunswick. En 1790, il devint ministre du margrave d'Anspach et de Baireuth. En 1791, il effectua le transfert de ce margraviat à la Prusse et fut nommé ministre d'État et gouverneur des provinces cédées. En 1804, il devint premier ministre de Prusse. Il protesta contre l'invasion du territoire allemand par Napoléon, et le roi fut obligé, après la victoire de ce dernier, de lui retirer son portefeuille; il fut nommé, en 1807, ministre des affaires étrangères; mais Napoléon ayant insisté pour son renvoi, il fut exilé en Russie. A son retour en 1810, il devint chancelier d'État, fit d'importantes réformes et abolit le servage. Il aida puissamment à soulever l'enthousiasme national contre Napoléon en 1813, signa le traité de paix en 1814, fut créé prince et assista au congrès de Vienne. En 1817, il organisa le conseil d'État dont il devint président. Il a laissé des mémoires qui ne devaient être publiés que 50 ans après sa mort. Le prince de Bismarck confia à Ranke le soin de les faire imprimer.

'' **HARDER** v. a. Chasse. Attacher des chiens six à six ou quatre à quatre.

' **HARDERWYK** ou *'* **Harderwijk** ['har-dèr-vaïk], ville de Gueldre (Pays-Bas), sur la côte E. du Zuyderzee, à 40 kil. E. d'Amsterdam; environ 5,500 hab. Elle fut prise par Charles-Quint en 1522, par les Hollandais en 1572 et fut occupée en 1672 par les Français qui la brûlèrent en 1674. Le port, autrefois rendez-vous des navires des Indes orientales, est maintenant peu profond. Pêche et fumigation des harengs.

' **HARDES** s. f. pl. (V franç, *hardée*, du lat. *fero*, je porte). Se dit généralement de tout ce qui est d'un usage nécessaire et ordinaire pour l'habillement : *de bonnes, de vieilles hardes*.

' **HARDI, IE** adj. (anc. haut. all. *harti, hart*, dur). Qui se hasarde courageusement, qui ose beaucoup; entreprenant : *un homme très hardi*. On dit de même, *Être hardi à parler, à entreprendre*, etc. — C'EST UN HARDI JOUEUR, se dit d'un homme qui joue ordinairement gros jeu ou qui joue avec un petit

jeu. On dit dans le même sens, *Etre hardi au jeu.* — Ferme, intrépide, assuré : *avoir la mine hardie, la contenance hardie.* —Insolent, impudent, effronté : *il faut que ce domestique soit bien hardi pour répondre de la sorte.*

> Qui te rend si *hardi* de troubler mon breuvage ?
> LA FONTAINE.

— Se dit encore, surtout dans le premier sens, des choses que fait ou que dit une personne hardie : *action, attaque hardie.* — Se dit particul. des propositions, des opinions, des doctrines, etc., qu'il est difficile ou dangereux de soutenir : *cette proposition me paraît bien hardie.* — Se dit également, dans les ouvrages d'esprit, de ce qui est heureusement hasardé, de ce qui s'élève au-dessus des règles communes : *pensée, figure, métaphore hardie.* — CELA EST BIEN HARDI, se dit quelquefois d'une licence, d'une alliance de mots, etc., que la critique ne saurait approuver, mais qu'elle n'ose condamner. — Se dit aussi, dans certains arts, de la manière d'exécuter, d'opérer, et signifie : libre, franc, aisé, qui ne marque point d'hésitation, de timidité : *ce maître d'écriture a une plume hardie, la plume hardie, la main hardie.* — Fig. C'EST UNE PLUME HARDIE, IL A LA PLUME HARDIE, SA PLUME EST HARDIE, se dit d'un auteur qui a un style hardi, qui emploie souvent des expressions hardies ; ou d'un auteur qui écrit librement sur des matières délicates. — Se dit encore de certains ouvrages de l'art qui ont quelque chose d'extraordinaire et de grand : *il y a dans ce tableau des poses très hardies.* — Se dit particul. des ouvrages d'architecture qui sont d'une légèreté, d'une élégance que leur masse, ou leur élévation, etc., ne semble pas comporter : *voilà une voûte bien hardie.* — Hardi ! interj. d'encouragement :

> Là ! *hardi !* tâche à faire un effort généreux.
> MOLIÈRE.

HARDICANUT, Hardacanute, HARDECANUTE ou *Hardiknut,* dernier prince de la dynastie danoise des rois anglais, né vers 1017, mort le 8 juin 1042. Il était fils de Canut le Grand et d'Emma, fille de Richard Ier (duc de Normandie) et veuve d'Ethelred II, roi saxon déposé. Avant la mort de son père, il fut nommé vice-roi de Danemark.

* * **HARDIESSE** s. f. Qualité de celui qui est hardi, entreprenant, assuré : *grande, noble hardiesse.* — Témérité, insolence, impudence : *la hardiesse de ses manières me déplut.* — Quelquef. Licence ; c'est dans ce sens qu'on dit familièrement : *excusez si je prends la hardiesse de...* — Se dit aussi en parlant des choses faites ou dites avec hardiesse : *la hardiesse de cette entreprise, de cette action étonne.* — CET HOMME PREND DES HARDIESSES QUI NE LUI APPARTIENNENT PAS, il· s'émancipe trop. IL Y A DES HARDIESSES DANS CET OUVRAGE, il y a, dans cet ouvrage, des choses hasardées. — Se dit également en parlant du style, des expressions, etc. : *une grande hardiesse de style.* — Se dit, dans certains arts, en parlant d'une exécution hardie : *cet artiste exécute avec beaucoup de hardiesse.* — Se dit aussi en parlant des ouvrages de l'art qui présentent quelque chose d'extraordinaire, de grand : *les figures de ce groupe ont des poses pleines de hardiesse et de grâce.* — Se dit, en outre, des licences que se permet un écrivain, un artiste ; et, dans ce sens, on l'emploie souvent au pluriel : *ce tour n'est pas grammatical, mais c'est une hardiesse que l'usage permet.*

* **HARDILLON** s. m. [*ll* mll.]. Typogr. Petite pointe qui est au bout des pointures et qui forme les trous sur le papier que l'on imprime.

* * **HARDIMENT** adv. Avec hardiesse : *parler hardiment.* — Librement, sans hésiter, sans barguigner : *dites-lui hardiment que je n'y consens pas.* — Fam. Sans crainte de se tromper, d'aller au delà de ce qui est nécessaire,

convenable : *vous pouvez hardiment porter cet article à mille écus.*

* **HARDINGE (Henry,** VICOMTE) [' har-dinnj], général anglais, né en 1785, mort en 1856. Il servit dans la guerre de la Péninsule et fut quartier-maître général de l'armée portugaise (1809-'13). En 1815, il appartenait à l'état-major de Wellington et à la bataille de Ligny, il perdit le bras gauche. Il fut ministre de la guerre sous Wellington (1828-'30) et ensuite secrétaire. En 1844, il fut nommé gouverneur général de l'Inde et annexa le pays d'Oude. En 1845-'6, il servit comme volontaire contre les Sikhs et participa aux victoires de Moodkee, de Ferozeshale, de Sobraon et d'Aliwal. Il reçut du gouvernement une pension annuelle de 75,000 fr. et fut élevé à la dignité de pair avec le titre de vicomte Hardinge de Lahore. La compagnie des Indes orientales lui servit aussi une pension de 125,000 fr. Il rentra en Angleterre en 1848. Il devint maréchal de camp en 1855.

HARDOUIN (Jean), jésuite, né à Quimper en 1646, mort en 1729. Dans sa *Chronologia ex nummis antiquis restituta* (2 part. 1693 et 1697) il soutint que tous les anciens classiques (excepté Homère, Hérodote, Cicéron, Pline l'ancien, les *Géorgiques* de Virgile et les satires et les épîtres d'Horace), ont été fabriqués par les moines du xIIIe siècle. En 1715, il publia son grand *Conciliorum Collectio* (12 vol. in-fol.) contenant la liste des conciles tenus depuis l'année 34 jusqu'en 1714. Parmi ses autres ouvrages, nous citerons : *Chronologia Veteris Testamenti* (1697), *Opera Selecta* (1709) et son ouvrage posthume *Opera Varia* (1733).

HARDY (Alexandre), poète dramatique, né à Paris vers 1560, mort vers 1631. Auteur fécond, il s'était associé à une troupe de comédiens, auxquels il fournissait jusqu'à six pièces par an. Il eut le titre de *poète du roi* et fut le premier qui ait reçu des honoraires pour ses ouvrages. La vélocité de sa plume ne réussit pas à le tirer du besoin, pas plus que la multiplicité de ses œuvres n'a contribué à les faire passer à la postérité.

* **HARE (Robert)** ['hè-re], physicien américain, né à Philadelphie en 1781, mort en 1858. En 1801, il donna la description de son importante invention scientifique, le chalumeau hydrostatique, nommé ensuite par le professeur Silliman, chalumeau composé. Au moyen de son appareil, Hare fut le premier qui rendit fusible de grandes quantités de chaux, de magnésie, d'iridium et de platine. Il fut professeur de chimie à l'école médicale de l'université de Pennsylvanie (1818-'47). Son cours fut remarquable par l'originalité de ses expériences. Ce fut avec des batteries de son invention que fut faite la première application de l'électricité voltaïque pour les explosions sous l'eau. Il a publié : *Brief View of the Policy and Resources of the United states* (1810), *Chemical Apparatus and Manipulations* (1836), et *Compendium of the course of Chemical Instruction in the Medical department of the university of Pennsylvania.* Dans ses dernières années, il devint spirite et écrivit : *Spiritualism scientifically demonstrated* (1855).

* * **HAREM** s. m. ['ha-rèmm] (ar. *el-harim,* le sanctuaire). Appartement des femmes chez les musulmans : *elle fut conduite au harem.* — Réunion des femmes qui habitent un harem : *un harem nombreux.* —ENCYCL. Le mot *el-harim* est appliqué, chez les musulmans, aux villes saintes (la Mecque et Médine) et au temple de la Mecque ; dans son acception la plus générale, il désigne les femmes d'une famille mahométane et, plus particulièrement, la partie de la maison qui leur est destinée. L'appartement des hommes, ouvert à tout venant, offre toujours la plus grande simplicité ; les musulmans réservent pour le harem l'ameublement somptueux et

le luxe intime. Il ne faut point se représenter les harems, comme il a plu à certains écrivains fantaisistes de nous les décrire, tantôt comme des lieux de débauche où la femme, tombée au dernier degré de l'avilissement, n'est plus qu'un servile instrument toujours docile entre les mains d'un maître intraitable ; tantôt comme des sanctuaires où tous les raffinements de la volupté s'unissent pour la satisfaction du demi-dieu qui seul peut y pénétrer. La vie des femmes dans ces mystérieuses retraites n'est ni aussi misérable, ni aussi énervante qu'on se l'imagine. Presque toutes les Européennes qui ont pénétré dans les harems s'accordent à vanter le sort fait par l'islamisme à la plus belle moitié du genre humain. « Je suis persuadée, dit lady Marie Montagu, que les femmes seules sont libres en Turquie. » Elles sortent quand elles veulent, accompagnées de vieilles matrones et même parfois seules, font et reçoivent des visites ; mais toujours elles ont la tête couverte d'un long voile de mousseline épaisse qui ne laisse voir que leurs yeux. Harriet Martineau, qui visita en 1847, quelques harems du Caire et de Damas, donne une description des femmes qui les habitent et les représente comme les plus ignorantes, les plus corrompues et les plus opprimées qu'elle ait jamais vues. Lady Shiel, épouse du ministre anglais en Perse, dit que les femmes persanes des classes supérieures mènent une vie de paresse et de luxure et qu'elles jouissent d'une plus grande liberté que les femmes des pays chrétiens. Mistress Caroline Paine, qui voyagea dans l'empire turc, raconte dans son *Tent and Harem* (1859), que les femmes turques sont des exemples merveilleux d'élégance naturelle, de raffinement, de convenances dans les manières, dans les civilités ordinaires et dans la conversation. Les deux dames qui accompagnèrent H. Seward dans son voyage en 1871, visitèrent le harem magnifiquement meublé du palais de la mère du khédive, au Caire. Un grand nombre d'habitants montraient de superbes solitaires, et toutes avaient des parures venant de Londres. Le harem se rencontre dans presque toutes les contrées de l'Orient. Les princes et les nobles japonais gardent des concubines dans les harems, mais avec moins de rigueur que dans les pays mahométans. Dans Bankok, capitale du royaume de Siam, se trouve enfermée par un double mur, la cité de Nang-Harm ou femmes voilées, où vivent les princesses royales, les concubines et les parentes du roi avec leurs familles et leurs domestiques, au nombre de 9,000.

* * **HARENG** s. m. ['ha-ran] (anc. haut. all. *hirinc*). Icht. Genre de clupes, comprenant plusieurs espèces de poissons de mer. — HARENG BLANC, hareng salé, mais non fumé. — HARENG BOUFFI, hareng légèrement salé et fumé, mais non mis en caque, et non aplati, par conséquent. — HARENG BOUSSARD OU LA BOUSSE, hareng qui fraie. — HARENG FONCIER, OU FRANC, hareng qui ne voyage pas. — HARENG GAI OU GUAI, hareng qui n'a ni œufs ni laitance. — HARENG PEC, celui que l'on mange cru, après l'avoir dessalé. — HARENG PLEIN, celui qui a ses œufs ou sa laitance. — HARENG SAUR OU SAURET, hareng fumé. — Prov. ETRE RANGÉS, SERRÉS, PRESSÉS COMME DES HARENGS EN CAQUE, se dit de plusieurs personnes ou de plusieurs choses rangées et pressées l'une contre l'autre. — LA CAQUE SENT TOUJOURS LE HARENG, il reste toujours quelques traces de l'état où l'on s'est trouvé, des mauvaises impressions qu'on a reçues dans sa jeunesse : *il a porté la livrée, il y paraît encore à ses manières ; la caque sent toujours le hareng.* — JOURNÉE DES HARENGS, combat livré aux Anglais près du village de Rouvray (Beauce), le 12 fév. 1429, et ainsi nommé parce que le comte de Clermont essaya inutilement d'enlever un convoi de vivres (principalement de barils de harengs) que les Anglais expédiaient à leurs troupes devant Orléans. — ENCYCL. Les harengs se multiplient dans la mer Glaciale, et telle est leur fécondité, que malgré la guerre incessante que, leur font les pêcheurs, leur nombre ne semble pas diminuer. Leurs migrations maritimes offrent le pendant des migrations aériennes de certains oiseaux. Les différentes espèces que l'on pêche dans nos mers sont assez difficiles à distinguer par la ressemblance de leurs formes et de leur

Hareng commun d'Europe (Clupea harengus).

couleur argentée. Le *hareng commun d'Europe* (*clupea harengus*, Linn.) mesure de 20 à 25 centim. de long; il a quelques petites dents sur le devant des deux mâchoires et 16 ou 17 rayons à l'anale. Son dos et la partie supérieure de son corps présentent une couleur bleu de ciel, avec une nuance de vert de mer, son ventre et ses côtés sont argentés et brillants. La nourriture du hareng se compose principalement de très petits crustacés et de vers, quelquefois même de son frai et de petits poissons. Les harengs arrivent tous les ans en été et en automne sur nos côtes; ils forment des bancs immenses qui couvrent la surface de la mer, sur une étendue de plusieurs kilomètres. Ils fournissent la nourriture à des milliers d'oiseaux et de poissons voraces. Des flottes entières s'occupent de leur pêche, qui fait vivre des milliers de pêcheurs, de saleurs et de marchands. En France, la pêche du hareng remonte au commencement du XIe siècle; dans la Grande-Bretagne et en Hollande, elle était pratiquée dès le VIIIe siècle. Amsterdam fut, pendant longtemps, le centre principal de la pêche et du commerce de ces poissons, pêche à laquelle la Hollande dut en grande partie sa prospérité. La valeur des produits de la pêche aux harengs est presque

Hareng blanc.

égale à ceux de la pêche à la morue. *L'espèce commune d'Amérique*, appelée quelquefois par erreur, *hareng anglais* (*clupea elongata*, Lesueur), mesure de 25 à 30 centim.; il est bleu foncé en dessus, avec les côtés et les parties inférieures argentées. Jeune, il constitue un appât excellent pour la morue. — Les Anglais donnent le nom de *whitebait* ou *hareng blanc* (*clupea alba*, Yarr.) à un petit poisson en grande réputation chez les épicuriens de Londres. Chaque année il y a, à Greenwich, un dîner ministériel aux harengs blancs, au moment de la prorogation du parlement.

*'HARENGAISON s. f. Temps de la pêche du hareng : *en France, la harengaison est depuis la fin de septembre jusqu'en décembre.* — Pêche du hareng : *la harengaison a été bonne cette année.*

*'HARENGÈRE s. f. Celle qui fait métier de vendre des harengs et toute autre sorte de poisson en détail : *les harengères de la Halle.* — C'EST UNE HARENGÈRE, c'est une femme qui se plaît à quereller et à dire des injures. On dit en des sens analogues : *crier comme une harengère.*

'HARFLEUR, ville du cant. de Montivilliers, sur la Lézarde, arr. et à 7 kil. N.-E. du Havre (Seine-Inférieure) et à 5 kil. S.-O. de Honfleur

avec laquelle elle est parfois confondue; 2,000 hab. C'était jadis une cité marchande et l'une des plus importantes de la Normandie. Au XVe siècle elle fut prise et pillée par les Anglais et au siècle suivant, par les huguenots. A mesure que le Havre grandit et prospéra, Harfleur perdit de son importance et aujourd'hui son port, obstrué par les dépôts que charrie la Lézarde, n'est plus accessible qu'aux plus légers bateaux. Elle possède une église gothique et un clocher fameux, dont Casimir Delavigne a dit :

C'est le clocher d'Harfleur, debout pour vous apprendre.
Que l'Anglais l'a bâti, mais n'a su le défendre.

Beau château avec son parc magnifique. Fabriques de produits chimiques et raffineries de sucre.

*'HARGNEUX, EUSE adj. [*gn.* mll.] (anc. haut, all. *harmjam*, injurier). Qui est d'humeur chagrine, querelleuse et insociable : *un homme hargneux.* — Se dit aussi des animaux, comme des chevaux qui mordent ou qui ruent : *c'est un cheval très hargneux*; et des chiens qui aiment à mordre : *un chien hargneux.* — CHIEN HARGNEUX A TOUJOURS L'OREILLE DÉCHIRÉE, il arrive toujours quelque accident aux gens querelleurs.

'HARGREAVES (James) ['hâr'-gré-v's], célèbre inventeur anglais, qui construisit à Blackburn, où il travaillait comme ouvrier tisserand, en 1767, la première machine à filer (*spinning-jenny*). Les autres ouvriers de la ville, considérant que cette invention allait porter un coup mortel à leur industrie, envahirent la maison de Hargreaves, brisèrent ses « jennies » et le chassèrent de Blackburn. Le malheureux inventeur se retira à Nottingham, où il mourut dans la misère vers 1770. Son idée fut reprise, avec plus de succès, par Richard Arkright.

*'HARICOT s. m. ['ha-rı-ko]. Bot. Genre de légumineuses, dont les semences sont alimentaires : *semer des haricots.* — Se dit aussi des semences mêmes de cette plante, qui ressemblent ordinairement à des fèves, et qui viennent dans des gousses lisses intérieurement : *haricots blancs, rouges.* On dit quelquefois : FÈVE DE HARICOT, par opposition à FÈVE DES MARAIS. — HARICOTS VERTS, gousses de haricots encore vertes et assez tendres pour pouvoir être mangées.—Cuis. Espèce de ragoût fait ordinairement avec du mouton et des navets : *manger un haricot, un excellent haricot de mouton.*— Pop. HÔTEL DES HARICOTS, ancienne prison de la garde nationale. —

— Haricot commun (Phaseolus vulgaris).

ENCYCL. Le genre haricot, type de la famille des phaséolées, comprend une quarantaine d'espèces d'herbes à tiges souvent grimpantes à fleurs en grappes, à graines réniformes. Le *haricot commun* (*phaseolus vulgaris*), est une plante annuelle, grimpante, originaire d'Égypte. Il a produit de nombreuses variétés,

formant deux sections : 1° HARICOTS A RAMES, hauts de 2 à 3 m. et comprenant le *haricot de Soissons* à grosses graines blanches, larges, plates, farineuses, recherchées pour la cuisine; le *haricot de Prague* ou *pois rouge*, à graines rondes d'un rouge violet; le *haricot d'Alger* ou *haricot beurre*, à graines rondes, noires. 2° HARICOTS NAINS, que l'on n'a pas besoin de ramer. On distingue : le *haricot nain hâtif de Hollande*, à graines blanches, petites, un peu comprimées; le *haricot flageolet* ou *hâtif de Laon*, à graines presque cylindriques, un peu allongées; le *haricot rouge d'Orléans*, à graines petites, aplaties, rougeâtres, avec l'ombilic blanc; le *haricot sabre*, blanc, hâtif et productif; le *haricot gris de Bagnolet*, qui se mange vert, à l'arrière-saison; le *haricot de Chine*, rond, de couleur jaune soufre; le *haricot noir de Belgique*, précoce.—Les haricots demandent un terrain substantiel, léger, frais, mais non humide; leur rendement en grains secs, est de 25 à 30 hectol. par hectare. Toutes les variétés craignant les gelées et l'humidité, il est imprudent de les semer avant le mois de mai. Le semis a lieu dans des trous de 6 à 8 centim. de profondeur, espacés de 40 centim. les uns des autres (de 60 à 80 centim. pour les haricots à rames). Dans chaque trou, l'on dépose 5 ou 6 graines que l'on recouvre de 3 ou 4 centim. de terre. Quand les haricots sont bien levés, on donne des binages pour former une petite butte autour de chaque touffe. On peut continuer les semis des haricots verts jusqu'aux premiers jours du mois d'août. La récolte des haricots verts se fait le matin avant le lever du soleil; celle des haricots secs a lieu quand ils sont bien mûrs. On réunit les haricots secs, on les met en bottes et on les suspend dans un endroit sec et bien aéré, où les semences se conservent dans leurs cosses pendant 2 ou 3 ans. — Les *haricots verts* se font cuire à l'eau bouillante, salée; on les égoutte et on les apprête de diverses manières. — Pour faire cuire les *haricots nouveaux*, il faut les jeter dans l'eau bouillante pour leur donner de la fermeté, tandis qu'il est bon de faire tremper les *haricots secs*; il faut ensuite mettre ceux-ci dans l'eau froide que l'on porte graduellement à l'ébullition; ils resteraient durs et non mangeables, si on les jetait dans de l'eau chaude. Les uns et les autres s'apprêtent à la maître d'hôtel, au gras, à la crème, etc. Leurs pellicules les rendent indigestes; c'est pourquoi il est préférable de les apprêter en purée, en les écrasant dans une passoire qui retient les pellicules. — Plusieurs espèces de haricots sont cultivées comme plantes grimpantes d'ornement, pour couvrir des treillages et des berceaux. L'espèce la plus répandue est le *haricot d'Espagne* (*phaseolus multiflorus*), à fleurs odorantes, blanches, rouges ou bicolores. Cette plante, originaire de l'Amérique méridionale, fut introduite en Europe par la voie de l'Espagne, d'où lui vient son nom.

'HARICOTER v. n. Pop. Spéculer mesquinement. — ∾ Aimer à chicaner pour un rien.

'HARICOTEUR s. m. Celui qui aime à haricoter, qui est mesquin en affaires.

*'HARIDELLE s. f. Mauvais cheval maigre : *vieille haridelle.* (Fam.)

'HARIRI (Abu Mohammed Kasem ben Ali), poète arabe, né à Bassorah vers 1045, mort en 1121 ou en 1122. Il avait plus de 50 ans quand la Syrie et une partie de la Mésopotamie furent conquises par les chrétiens de la première croisade; on dit qu'un incident de cette expédition lui inspira l'idée d'écrire le *Makamat* (pluriel de *makamá*, assemblée littéraire), poème que les Arabes regardent comme le plus précieux trésor de leur langue. Abu Seid de Seraj, qui paraît dans les 50 séances ou nouvelles de ce poème, est un savant et un poète qui désire jouir de la vie, sans soucis des convenances sociales et qui porte fièrement sa pauvreté. La traduction allemande de Rückert (2 vol., 4e éd. 1864) rivalise avec l'original pour la beauté de la diction. Hariri est aussi l'auteur de nombreux ouvrages de grammaire; son *Molhat al-Irab* est un essai en vers sur la syntaxe de la langue arabe.

'HARLAY, nom d'une noble maison de France, originaire d'Angleterre, selon quelques historiens. Elle a fourni quelques personnages célèbres et s'est éteinte en 1717. (Achille de), juriste, né à Paris en 1536, mort en 1616. Ce fut un magistrat savant, intègre, inébranlable dans l'accomplissement de ses devoirs et dans sa fidélité au roi. Il épousa une fille du premier président de Thou, auquel il succéda en 1582. Tolérant au milieu des luttes religieuses, se tenant étranger aux excès de tous les partis, il parla avec une noble hardiesse au duc de Guise, chef avoué des Ligueurs, et fut enfermé à la Bastille. Il en sortit après la mort de Henri III, en payant une rançon de 10,000 livres. Il rejoignit aussitôt Henri IV à Tours et favorisa son entrée dans Paris. On a de lui une *Coutume d'Orléans* (1583). — (Achille de), petit-neveu du précédent, né en 1639, mort en 1712. Conseiller au parlement de Paris, puis procureur général, il devint premier président en 1680. N'est resté célèbre que par la causticité de son esprit et par le despotisme qu'il apporta dans ses fonctions; mais la sévérité de ses mœurs n'excluait point, chez lui, l'adresse du courtisan et il se montra docile aux volontés de Louis XIV, dans la légitimation de ses bâtards. Ses bons mots et ses reparties ont été recueillis sous le titre d'*Harlæana*. C'est lui qui, un jour, du haut de son siège de premier président, répondait à des comédiens qui, dans une requête au parlement, avaient pompeusement parlé de leur *Compagnie* : « *Ma troupe* délibérera sur la demande de *Votre Compagnie* ». D'un seul mot, notre Molière a immortalisé le nom du président de Harlay, lorsqu'il dit au parterre, pour annoncer que la représentation du *Tartufe* était suspendue : « Messieurs, nous comptions avoir l'honneur de vous donner aujourd'hui *Tartufe*, mais M. le premier président ne veut pas qu'on LE joue ». Ce perfide LE, reçu par d'unanimes applaudissements, a voué à la ridicule le nom du malencontreux président.

'HARLE s. m. Ornith. Genre de palmipèdes lamellirostres, comprenant des espèces à bec plus mince, plus cylindrique que celui des canards; à dents pointues et dirigées en arrière.

Harle huppé (Me gus serrator). — 1. Mâle. 2. Femelle.

Ces oiseaux vivent en hiver sur nos eaux douces et détruisent une grande quantité de poissons; en été, ils se retirent vers le nord de l'Europe. Ils nichent sur le rivage, entre des pierres et sous les herbes; la femelle pond de 10 à 14 œufs blanchâtres. La chair du harle est sèche, huileuse et peu recherchée. *Le harle vulgaire* ou *grand harle* (*mergus mergamer*)

est un peu plus grand que le canard; son bec et ses pieds sont rouges. Le *harle huppé* (*mergus serrator*, Linn.) mesure environ 55 centim. de long, et pèse 1 kilog. 500. Le mâle a la tête et la partie supérieure du cou d'un beau vert foncé, la gorge d'un brun rougeâtre avec des raies noires, les côtés barrés de lignes noires transversales. Chez la femelle, la partie supérieure est couleur de cendres, la partie inférieure d'un blanc rougeâtre.

Harle d'Amérique (Mergus Americanus).

Cet oiseau se trouve dans toute l'Europe. Très timide, il se laisse difficilement approcher; son vol est rapide et bien soutenu. — Le *harle d'Amérique* (*mergus Americanus*, Cassin) pèse jusqu'à 2 kilog. et demi et habite l'Amérique du Nord.

'HARLÉIEN, IENNE adj. Qui a rapport à Harley; qui appartient à cet homme d'État : *bibliothèque harléienne*, collection du British Museum, composée de la bibliothèque laissée par Robert Harley.

'HARLEM 'Haarlem ou 'HAERLEM ['harlèmm], ville des Pays-Bas, dans la Hollande septentrionale, sur le Spaarne, à 4 kil. de la mer et à 15 kil. O. d'Amsterdam; 42,500 hab.; par 52° 22' 54" lat. N. et 2° 18' 7" long. E. Elle est coupée par de nombreux canaux et est particulièrement célèbre pour la culture des tulipes, des jacinthes et autres plantes bulbeuses que lui fournit sa banlieue. C'est

Quai du marché aux grains et église Saint-Bavon, à Harlem.

dans l'église Saint-Bavon, la plus vaste de la Hollande, que se trouve le fameux orgue construit en 1738 et qui est le plus puissant du monde. Harlem possède des manufactures de coton, de soie, de toile, de velours, de rubans, de damas, de dentelles, de toile à voiles, de bijouterie ; des raffineries de sel, des tanneries et teintureries. Avant la découverte de l'art de blanchir par le chlore, Harlem était renommée pour ses blanchisseries.

Elle exportait de grandes quantités de toiles connues sous le nom de toiles de Hollande. En 1572-'73, Harlem soutint un siège héroïque contre les Espagnols qui y perdirent 10,000 hommes. Après 7 mois d'une lutte acharnée, les assiégeants mirent une flotte sur le lac de Harlem pour empêcher le ravitaillement de la ville. Les assiégés, qui comptaient d'abord 4,000 hommes y compris un corps armé de 300 femmes, se trouvèrent bientôt réduits de moitié; alors, mourant de faim, ils proposèrent de placer les femmes et les enfants au milieu d'eux, de mettre le feu à la ville et de se frayer un chemin à travers les ennemis. Mais, finalement, ils durent subir les conditions que leur imposèrent les Espagnols. Ceux-ci, sous le commandement du duc d'Albe, désarmèrent le peuple et massacrèrent 57 otages ; quatre bourreaux furent constamment employés à faire périr 2,000 des habitants ; la fatigue seule les arrêta; alors les 300 malheureux qui restaient furent attachés deux à deux, dos à dos, et précipités dans le lac Guillaume d'Orange reprit la ville en 1577.

HARLEM (mer de) ou Lac de Harlem, ancien lac de 20 kil. de long et de 15 kil. de large, couvrant une étendue de 110 kil. carr., communiquant au N. avec le Zuyderzee par un détroit appelé l'Y, et au S. avec le vieux Rhin; il occupait, avec une profondeur moyenne d'eau de 3 m. 30 centim., l'espace compris dans Haarlem, Leyde et Amsterdam. Cette étendue d'eau, formée au XVIe siècle par une inondation et empiétant toujours graduellement sur la terre, fut presque entièrement desséchée entre 1839 et 1852. Le terrain forme maintenant une commune composée de 12,250 hab. (Voy, DRAINAGE.)

'HARLEY (Robert) ['har-lé], comte d'Oxford, homme d'État anglais, né en 1661, mort en 1724. Il fut un des partisans du prince d'Orange, en 1688, et entra au premier parlement qui s'assembla après la révolution. De whig intolérant et vindicatif, il devint tory et prélat intraitable. En 1701, il fut élu speaker de la chambre des communes et, en 1704, il fut nommé secrétaire d'État, mais il fut renversé en 1708. En 1710, la chute des whigs le fit arriver à l'office de chancelier de l'échiquier, et l'année suivante il fut créé comte d'Oxford et de Mortimer, et nommé lord grand trésorier. Mais après le traité d'Utrecht en 1713, les intrigues de Bolingbroke ébranlèrent sa situation, et le 27 juillet 1714, il abandonna les affaires. En août 1715, il fut accusé de haute trahison par la chambre des communes et enfermé à la Tour. Mis en jugement en juin 1717, il fut acquitté. Il a laissé une bibliothèque d'une valeur immense. Les manuscrits, au nombre de près de 8,000 et formant la collection Harléienne, se trouvent au musée Britannique. Cette collection, ainsi que celle des livres et des brochures, les dernières au nombre d'environ 400,000, fut complétée par Edward Harley, son fils. Le Dr Johnson, Oldys et Mattiaire en ont fait un catalogue en 5 vol. in-8° (1743-'45).

'HARLINGEN ['har-lign-ènn], ville fortifiée de la Frise (Pays-Bas), sur la mer du Nord, à 80 kil. N.-N.-E. d'Amsterdam ; 10,350 hab. Elle fait un commerce actif et est protégée par l'une des plus longues digues de la Hollande.

HARMATTAN s. m. Vent sec et chaud, qui souffle de l'intérieur de l'Afrique vers l'Atlantique, en décembre, janvier et février. Il est analogue au *sirocco* d'Italie et au *kamsin* d'Égypte.

HARMODIUS et ARISTOGITON nom de deux Athéniens, que les historiens ont mis au nombre des martyrs de la liberté. Aristogiton avait conçu une passion pour l'adolescent Harmodius; Hipparque était son rival. Piqué de jalousie, Aristogiton forma avec Harmodius et d'autres Athéniens une conspiration pour assassiner le tyran pendant les fêtes des Panathénées. Le complot réussit: Hipparque tomba sous les coups des conspirateurs, mais Harmodius fut aussitôt massacré par les gardes du tyran (514 av. J.-C.), et Aristogiton, mis à la torture par Hippias, frère d'Hipparque, compromit les meilleurs amis de celui-ci par ses réponses. Lors de l'expulsion d'Hippias, en 510, les Athéniens érigèrent des statues à Harmodius et à Aristogiton, et ils décrétèrent qu'aucun esclave ne porterait leurs noms.

HARMONICA s. m. (lat. *harmonia*, accord). Mus. Instrument composé de cloches ou tasses de verre, de différents timbres, qu'on fait résonner en passant le doigt mouillé sur les bords : *jouer de l'harmonica.* — Se dit, en général, des divers instruments à touches, où le verre remplace les cordes de métal. — ENCYCL. L'harmonica, dont on attribue l'invention à l'Irlandais Puckeridge, fut perfectionné par E. Delaval et Franklin. Les musiciens le regardent comme un simple curiosité musicale ou comme un jouet, malgré les améliorations successives dont il a été l'objet dans ces derniers temps. (Voy. COPOPHONE.)

HARMONIE s. f. (gr. *harmonia*, arrangement). Concours et accords de divers sons : *douce, parfaite harmonie.*

> Fille de la douleur, harmonie, harmonie,
> Qui nous vient d'Italie et qui lui vint des cieux...
> A. DE MUSSET.

— Partic. Mus. Succession d'accords, par opposition à mélodie : *l'harmonie musicale.* — Ensemble d'instruments à vent : *musique d'harmonie.* — Se dit quelquef., d'une voix seule, lorsqu'elle est sonore, nette et douce; ou d'un instrument qui rend un son agréable : *l'harmonie de sa voix.* — TABLE D'HARMONIE, partie d'un piano sur laquelle les cordes sont tendues. — En parlant du langage, du style. Concours de sons, de mots qui flattent l'oreille; nombre, cadence : *un langage dépourvu d'harmonie.* — HARMONIE IMITATIVE. Artifice de style qui consiste à peindre les objets par les sons des mots. — Fig. Accord parfait, et entière correspondance de plusieurs parties qui forment un tout, qui concourent à une même fin : *l'harmonie de l'univers, des éléments.* — HARMONIE PRÉÉTABLIE, théorie de Leibnitz, selon laquelle le monde spirituel et le monde corporel sont comme deux horloges parfaites, mais indépendantes, marquant toujours les mêmes heures. — Concorde; en parlant des personnes : *ils vivent dans la plus parfaite harmonie.* — Anat. Articulation dans laquelle les os sont liés ensemble par des dentelures presque imperceptibles. Cette articulation se remarque surtout à un os de la face. — ENCYCL. L'harmonie est la sensation agréable produite à l'oreille par plusieurs sons qui se font entendre simultanément et qu'is'appellent *accords.* (Voy. ACCORDS.) Pour bien expliquer l'harmonie, il faudrait développer la théorie toute entière de la musique, nous nous contenterons ici de donner les quelques principes qui sont nécessaires pour former des accords. Il y a 2,400 ans, Pythagore avait déjà montré les relations qui existent entre les accords et la longueur des cordes vibrantes, c'est-à-dire ce qui constitue l'harmonie; mais on n'avait jamais pu expliquer les sensations agréables qui résultent des sons simultanés

de notes formant des intervalles et les sensations désagréables produites par des notes qui ne s'accordent pas. En 1862, Helmholtz publia *Die Lehre von den Tonimpfindungen als physiologische Grundlage für die Theorie der Musik.* Son hypothèse différait des théories précédentes, en ce qu'il rapportait les causes des consonances et des dissonances au moyen de 3,000 petites cordes existant dans l'oreille interne (*ductus cochlearis*) et connues sous le nom de *cordes de Corti.* Ces cordes sont graduées au point de vue de la longueur et de la grosseur comme les cordes d'un piano; elles paraissent avoir le ton de 3,000 notes simples distribuées à intervalles réguliers dans la série des sept octaves musicales. Chaque corde est mise en communication avec un filament du nerf acoustique, si bien organisé, est le suivant : lorsque la vibration d'un son composé atteint les cordes de Corti, chaque corde entre en vibration et agite le filament nerveux qui lui est attaché; l'oreille perçoit ainsi une sensation formée d'autant de sons simples qu'il en existe réellement dans la vibration composée. Il semble donc que les cordes de Corti vibrent de la même façon que les cordes d'un piano. Quand deux sons presqu'à-l'unisson frappent l'oreille, ils produisent des vibrations alternativement ascendantes et descendantes. Ces alternances d'intensités sont ainsi produites : supposons deux corps vibrant ensemble au commencement d'une seconde, ils auront encore ensemble une vibration à la fin de cette seconde, par conséquent, à ces deux moments, l'action de l'un des deux corps sur l'air concourt avec l'action de l'autre : nous ressentons plus une impression qui est la somme des deux vibrations; mais aux demi-secondes, les mouvements des deux corps sont opposés, ce qui fait qu'en ces deux moments ils se neutralisent mutuellement leur action, si leurs intensités de vibration sont égales, et qu'aux demi-secondes nous avons un silence complet. Il en résulte que le nombre de battements, produits à la seconde par deux vibrations, égalera la différence de nombres de vibrations que ces corps donnent séparément en une seconde. Leurs battements produisent une action intermittente semblable à celle qu'exerce sur l'œil des rayons lumineux successifs. Ces actions intermittentes sont toujours désagréables et irritantes pour les organes des sens. Mais, quand les battements sont arrivés à un certain nombre par seconde, ils se produisent plus d'effets intermittents sur les nerfs; car l'action produite par un battement continue, sans diminution perceptible, jusqu'au commencement du battement suivant, et il n'y a pas de sensation intermittente. En d'autres termes, quand les battements se succèdent avec une rapidité suffisante, ils se confondent ensemble et produisent un effet égal et sonore, semblable à un son musical simple. — Comme science des accords, l'harmonie se divise en *harmonie* proprement dite, qui détermine la structure des accords, leur nature et leur association, et en *harmonie pratique,* qui apprend à mettre les accords en œuvre : c'est ce qu'on appelle *l'art de l'accompagnement.* (Voy. ACCORD, ACCOMPAGNEMENT et MUSIQUE.) — Bibliogr. *On the Experimental confirmation of Fourier's Theorem as applied to the Decomposition of the Vibration of a Composite sonorous Wave into its Elementary Pendulum Vibrations,* par A.-M. Mayer. *Méthode d'harmonie et d'accompagnement* par Fé-

tis (Paris. 1823, in-4°). *Traité méthodique d'harmonie,* par Gérard (1834).

HARMONIER v. a. Faire concorder: *harmonier des couleurs.* — S'harmonier v. pr. S'accorder.

HARMONIEUSEMENT adv. Avec harmonie : *ils chantaient harmonieusement.* — Se dit aussi de l'arrangement des couleurs : *des couleurs harmonieusement combinées.*

HARMONIEUX, EUSE adj. Qui a de l'harmonie : *musique harmonieuse.* — COULEURS HARMONIEUSES, couleurs dont la réunion flatte l'œil, qui concourent à une même fin.

HARMONIFLÛTE s. m. Sorte d'harmonium qui produit des sons pareils à ceux de la flûte.

HARMONIQUE adj. Mus. Qui appartient à l'harmonie : *marche harmonique.* — Acoust. Se dit des sons considérés comme s'engendrant l'es uns les autres suivant des lois et des rapports constants : *sons harmoniques ou son comitants.* — ÉCHELLE HARMONIQUE, succession des sons dans l'ordre harmonique. — SONS HARMONIQUES, se dit quelquefois des sons flûtés que l'on tire d'un instrument par divers procédés. — NOTES HARMONIQUES, notes formant la série des nombres naturels 1, 2, 3, 4, 5... — Math. PROPORTION HARMONIQUE, proportion dans laquelle le premier terme est au troisième, comme la différence du premier et du second est à la différence du second et du troisième. — s. m. Se dit des sons harmoniques, des sons accessoires qui naissent d'un son quelconque: *les harmoniques d'un son.*

HARMONIQUEMENT adv. Suivant les lois de l'harmonie, ou suivant les rapports harmoniques des sons.

HARMONISATION s. f. Changement que l'on fait subir à des voyelles trop rapprochées l'une de l'autre.

HARMONISER ou Harmonier v. a. Mettre en harmonie : *harmoniser des couleurs.* — v. réfl. : *des couleurs distinctes qui s'harmonisent bien entre elles.*

HARMONISTE s. m. Musicien qui connaît les règles de l'harmonie : *ce compositeur est un grand harmoniste, un bon harmoniste.* — w Harmonistes. Secte fondée dans le Würtemberg par Rapp, vers 1780. Les harmonistes, ayant émigré en Amérique, y bâtirent la ville de New-Harmony (Indiana) 1815.

HARMONIUM s. m. [ar-mo-ni-omm]. Espèce de petit orgue où les tuyaux sont remplacés par des anches libres qui répondent aux touches d'un clavier : *des harmoniums.* (Voy. ORGUE.) — ENCYCL. L'harmonium est un petit orgue portatif dont l'invention est due au facteur français, Alex. Debain. Perfectionné par Alexandre et Fourneaux, il est devenu un instrument de salon. On l'emploie dans les petites églises. Il ressemble à l'accordéon en ce que le son y est produit par l'action de l'air sur des lames métalliques très minces.

HARMOSTE s. m. (gr. *harmostès*, qui arrange). Antiq. gr. Nom des gouverneurs que les Spartiates établissaient dans les villes qui leur étaient soumises.

HARNACHEMENT s. m. Équipage d'uniforme des chevaux de cavalerie: *brillant harnachement.* — Fig. Costume lourd et ridicule : *quel harnachement avez-vous là?*

HARNACHÉ, ÉE part. passé de HARNACHER. — Se dit tant des chevaux de selle que des chevaux de trait: *un cheval bien harnaché.* — Fig. et fam. PERSONNE MAL HARNACHÉE, personne vêtue d'une manière ridicule.

HARNACHER v. a. Mettre le harnais à un cheval de trait : *harnacher les chevaux.* — w Se harnacher v. pr. Se vêtir d'une manière ridicule.

'**HARNACHERIE** s. f. Profession de harnacheur.

'**HARNACHEUR** s. m. Celui qui fait ou qui vend des harnais.

*'**HARNAIS** ou **Harnois** s. m. (bas bret. *harnez*, ferraille). Lorsqu'on parle des chevaux, *Harnois* ne se dit qu'en poésie ou dans le discours soutenu. Armure complète d'un homme d'armes. Ce mot est encore usité dans quelques façons de parler figurées. ENDOSSER LE HARNAIS, embrasser la profession des armes. BLANCHIR SOUS LE HARNAIS, vieillir dans le métier des armes. — Fig. et en plaisantant, ENDOSSER LE HARNAIS, se dit d'un homme d'église ou de robe qui revêt les habits de sa profession. — Plais. S'ÉCHAUFFER EN SON HARNAIS, parler de quelque chose avec beaucoup de véhémence et d'émotion. — Tout l'équipage d'un cheval de selle : *le harnais de son cheval était enrichi de pierreries.* — Poitrail, collier, et tout ce qui sert à atteler des chevaux de carrosse ou de charrette : *une paire de harnais dorés.* — Se dit, par ext., des chevaux de trait : *dételer l'attirail d'un voiturier, d'un roulier*, etc.: *c'est un chemin trop étroit pour les harnais.* Dans ce sens, on dit : CHEVAL DE HARNAIS, cheval de charrette.—Tout l'équipage qui sert à prendre de petits oiseaux, à pêcher des poissons d'eau douce. (Vieux.).

*'**HARO** (D'après la tradition, le cri de *haro* dérive de Raoul ou Rollon, premier duc de Normandie, qui administra la justice avec tant de sévérité que toute personne offensée n'avait qu'à crier à *Raoul* pour que satisfaction lui fût immédiatement donnée). — Prat. Terme dont se servait, suivant la coutume de Normandie, pour faire arrêt sur quelqu'un ou sur quelque chose, et pour aller procéder sur-le-champ devant le juge : *faire haro sur quelqu'un.* (Voy. CLAMEUR.) — CRIER HARO SUR QUELQU'UN, se récrier avec indignation sur ce qu'il fait ou dit mal à propos.

> A ces mots, on cria *haro* sur le baudet.
> LA FONTAINE.

HARO (Don Luis de), homme d'État espagnol, neveu d'Olivarès, ministre et favori de Philippe IV. Il rendit la paix à l'Espagne épuisée, en soumettant Naples et la Catalogne (1648-'52) ; il signa avec la France, au prix de quelques provinces, le traité des Pyrénées (1659), et mourut deux ans après, ne laissant à son pays que le Portugal pour ennemi.

'**HAROLD**, nom de deux rois anglo-saxons. — I. Surnommé HAREFOOT, *Pied de lièvre*, à cause de sa rapidité à la course, mort le 17 mars 1040. Il était fils illégitime de Canut le Grand, qui, avant de mourir, exprima le désir de séparer ses royaumes de Norvège, d'Angleterre et de Danemark entre ses fils, Svend, Harold et Hardicanut. Les chefs danois nommèrent roi d'Angleterre Harold ; les Saxons choisirent Hardicanut dont les droits furent soutenus, en son absence, par sa mère, la reine Emma. Harold prit possession de Londres et des pays au N. de la Tamise et, avec l'assistance du comte Godwin, il fut bientôt maître de toute l'Angleterre. Hardicanut lui succéda. — II. Dernier roi saxon d'Angleterre, mort le 14 oct. 1066. Second fils de Godwin comte de Wessex, il hérita du comté de Kent. Il se distingua comme chef des troupes d'Édouard le Confesseur, à la mort duquel (5 janv. 1066), il se fit proclamer roi, en vertu d'un prétendu testament. Mais Guillaume de Normandie, qui avait également des droits à la couronne et qui, tenant Harold prisonnier, à la suite d'un naufrage sur la côte normande, lui avait extorqué un serment d'obéissance, en appela au pape (Voy. GUILLAUME.) Harold voulut annuler un serment arraché par la violence. Le frère de Harold, Tostig, ayant prétendant, débarqua à Scarborough avec une armée, commandée par Harald, roi de Norvège, et mit le siège devant York. Pendant que Harold écra-

sait cette invasion (25 sept.), Guillaume de Normandie débarqua et marcha sur Hastings, où Harold fut vaincu et tué. (Voy. HASTINGS.)

HAROUÉ, ch.-l. de cant., arr. et à 30 kil. S. de Nancy (Meurthe-et-Moselle) ; 600 hab. Beau château (XVIII° siècle) qui possède un magnifique escalier à trois rampes, décoré de statues.

HAROUN - AL - RASCHID [ha-roun-al-rachidd], (Aaron le Juste), cinquième calife de la dynastie des Abbassides, né vers 765 ap. J.-C., mort en 809. Sous le règne de son père, le calife Mahdi, il conduisit une armée de 95,000 Persans et Arabes contre l'empire byzantin, gouverné alors par Irène ; il pénétra dans le Bosphore (781) et soumit l'impératrice à payer un tribut annuel. Il succéda à son frère aîné Hadi en 786. Ses conquêtes et sa vigoureuse administration ont fait considérer son règne comme l'âge d'or des nations mahométanes. Ses ministres favoris furent Yahga et son fils Jaffar, de l'ancienne famille des Barmécides, dont les ancêtres avaient été, pendant plusieurs générations, les prêtres héréditaires du temple du feu de Balkh. Injuste envers ces ouvriers de sa gloire, il les disgracia et les envoya en prison ou à la mort (803). Il dévasta souvent les territoires byzantins pour punir Irène et Nicéphore de refuser le tribut promis. Haroun cultiva la poésie, les arts et les sciences ; il protégea plusieurs savants illustres, et il est le principal héros des *Mille et une Nuits*. Sous son règne, Bagdad agrandie devint le centre de la civilisation arabe. Il se fit connaître en Occident par une ambassade qu'il envoya à Charlemagne.

HARPAGE, seigneur mède qui reçut l'ordre de faire périr Cyrus (voy. ce nom) et qui le sauva en exposant le cadavre d'un autre enfant. Astyage le punit de cette désobéissance en faisant égorger le fils d'Harpage. Devenu plus tard lieutenant de Cyrus, Harpage soumit les villes grecques d'Asie Mineure.

'**HARPAGON** s. m. (gr. *harpazein*, saisir). Nom d'un personnage d'une comédie de Molière ; avare : *j'avais affaire à un harpagon.*

*'**HARPAILLER** (Se) v. réc. [*ll* mll.]. Se quereller avec aigreur, avec indécence. (Fam. et vieux.)

*'**HARPE** s. f. (bas lat. *harpa*). Instrument de musique qui a une quarantaine de cordes verticales, de grandeur naturellement décroissante, que l'on pince avec les deux mains : *jouer de la harpe.* — HARPE ÉOLIENNE. Instrument à cordes, monté de manière qu'il rend des sons harmonieux lorsqu'on le suspend et que le vent vient le frapper. — Maç. Pierre d'attente qui sort d'un mur. — Se dit également des pierres qui sont dans les chaînes des murs, et qui sont plus larges que celles de dessus et de dessous. — Espèce de pont-levis, dans l'ancienne fortification. —

ENCYCL. La harpe est un instrument de musique, triangulaire à plusieurs cordes de longueur inégale, disposées parallèlement et qu'on pince avec les doigts. On ne connaît pas son origine, mais elle était familière aux Hébreux et aux Assyriens, 2,000 ans av. J.-C. David jouait de la harpe devant Saül (1063 av. J.-C.) Les Grecs et les Romains ne se servaient que de petites harpes portatives. La grande harpe au contraire était employée chez les races du N. de l'Europe, dès les premiers siècles de l'ère chrétienne. Au moyen âge, elle était d'un usage universel, mais elle ne reçut pas de grands perfectionnements avant le XVII° siècle. De nos jours, l'introduction des pédales et les innovations du facteur Érard l'ont mise à même de rendre, avec toute sa perfection, la musique écrite pour le piano.

HARPE s. f. Moll. Genre de mollusques gastéropodes, famille des *buccinidés*, comprenant environ une douzaine d'espèces, qui habitent les eaux profondes et les terres vaseuses des

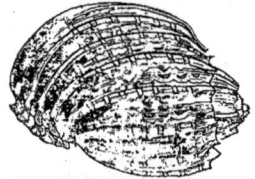

Harpe (Harpa ventriculata.)

Indes orientales et des îles du Pacifique. Leurs coquilles, d'une belle couleur et d'une forme élégante, ont environ 10 cent. de longueur.

HARPEAU s. m. Mar. Grappin pour l'abordage.

'**HARPÉ, ÉE** adj. N'est usité qu'en parlant d'un lévrier dont le corps a quelque ressemblance avec la forme d'une harpe, parce que son estomac est fort avancé et fort bas, son ventre fort étroit et fort élevé : *un lévrier bien harpé.*

*'**HARPER** v. a. Prendre et serrer fortement avec les mains : *il l'a harpé.* — Se harper v. réc. Se saisir violemment l'un l'autre : *ils se querellèrent et se harpèrent.*

'**HARPER** v. n. Manège. Se dit d'un cheval qui lève une des jambes de derrière plus haut que l'autre sans plier le jarret, ou qui les lève toutes deux en même temps et avec précipitation, comme s'il allait à courbettes : *ce cheval harpe d'une jambe, harpe des deux jambes.*

'**HARPER'S FERRY** ['har-peurs-fé-ri], ville de la Virginie occidentale (États-Unis), sur le Potomac, au confluent du Shenandoah, à l'endroit où ces deux cours d'eau traversent la

Harper's Ferry.

Blue Ridge, à 80 kil. N.-O. de Washington; environ 2,500 hab. Avant la guerre de sécession, cette ville était le siège d'un arsenal important. Le 16 octobre 1859, John Brown, à la tête d'une petite troupe d'abolitionnistes s'en empara. (Voy. Brown, John.) La place tomba ensuite alternativement entre les mains de chaque parti. Le 15 septembre 1862, au moment de la bataille d'Antietam, elle fut prise par les confédérés, commandés par Stonewal Jackson, qui y prit environ 11,000 hommes, 73 canons, 13,000 fusils et une quantité considérable de provisions.

*'HARPIE s. f. (gr. *harpuia;* de *harpazein,* ravir.) Monstre ailé et fabuleux, extrêmement vorace, qui avait un visage de femme, un corps de vautour, et des ongles crochus et tranchants : *les harpies étaient au nombre de trois : Aëllo, Ocypète et Célœno.* — Se dit fig. de ceux qui ravissent le bien d'autrui, ou qui sont âpres au gain ; *ces gens-là sont des harpies, de vraies harpies.* — Fam. Méchante femme, criarde et acariâtre : *c'est une harpie, une franche harpie.* — Encycl. Dans la mythologie, les harpies étaient des monstres infernaux, filles de Neptune et de la Terre. Figurées avec un visage de vieille femme, un corps de vautour et des ailes de chauves-souris, elles étaient l'image symbolique de la mort prématurée des jeunes filles. Homère les représente comme personnifiant les ouragans; Hésiode nous les montre comme des jeunes filles à la blonde chevelure, surpassant les vents par la rapidité de leur vol, mais effrayantes en même temps par leur visage que la faim fait pâlir et par les griffes de leurs doigts. Elles étaient au nombre de trois : Aëllo, Ocypète et Célœno; l'enfer était leur demeure.

'HARPIE s. f. Ornith. Genre de rapaces, voisin des pygargues, et dont on ne connaît qu'une seule espèce (*thrasaëtus harpyia,* Linn.). C'est l'aigle de l'Amérique du S., l'aigle à crête, l'aigle à couronne, l'aigle royal, l'aigle tyran, etc. Sa longueur est de 75 centim. à 1 m.; son envergure de 1 m. 75 à 2 m. Sa

Harpie (Thrasaëtus harpyia).

couleur générale est d'un brun noir en dessus, blanche en dessous, les plumes de sa poitrine sont longues et peu serrées. La harpie vit dans les sombres forêts de l'Amérique intertropicale, particulièrement près des bords des grandes rivières; fait sa proie des paresseux, des singes, des grands oiseaux, des jeunes daims et d'autres quadrupèdes de la même taille.

*'HARPISTE s. f. Celui ou celle qui sait jouer de la harpe : *c'est un de nos harpistes les plus distingués.*

HARPOCRATE. Voy. Horus.

HARPOCRATION (Valerius), philologue grec d'Alexandrie, au IIᵉ ou au IVᵉ siècle ap. J.-C.; auteur d'un dictionnaire précieux, sur les ouvrages des orateurs attiques. La meil-

leure édition est celle de Leipzig (1824, 2 vol. in-8°).

*'HARPON s. m. Espèce de dard qui a une pointe tournante accompagnée de deux crocs recourbés, et dont on se sert ordinairement à la pêche des baleines, des cachalots, des marsouins, etc. : *jeter, lancer le harpon.*

'HARPONNAGE s. m. Pêche avec le harpon.

'HARPONNEMENT s. m. Action de harponner.

*'HARPONNER v. a. Darder, accrocher avec le harpon : *harponner une baleine.*

*'HARPONNEUR s.m.Pêcheur,matelot choisi pour lancer le harpon.

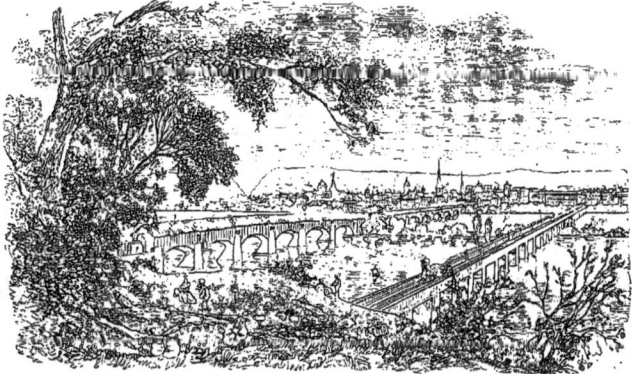

Harrisburg. Vue prise de la rive gauche du Susquehanna.

'HARPSICORDE s. m. Nom donné quelquef. au clavecin.

HARRAN ou Haran, aujourd'hui *Carrhæ,* ville de l'ancienne Mésopotamie, actuellement dans la Turquie d'Asie, à 80 kil. S.-E. d'Orfa. Abraham y séjourna. Crassus y subit une défaite, 53 ans av. J.-C., et Galère y fut battu l'an 296 de notre ère.

'HARRING (Harro-Paul) ['har-rign], auteur allemand, né en 1798, mort en 1870. Pendant sa carrière aventureuse il se battit pour la cause grecque (1828) et pour la Pologne (1831), fut chassé de Saxe et de Bavière comme révolutionnaire fut arrêté à Berne (1836), envoyé en Angleterre où il fut blessé dans un duel (1837), essaya de publier des chants révolutionnaires à Héligoland pour les faire circuler en Allemagne, vécut successivement à Londres, aux États-Unis, au Brésil et en Norvège, d'où il fut chassé en 1850, se rendit de nouveau au Brésil, retourna à Londres en 1856, y trouva la misère et se suicida à Jersey. Il a publié des récits de voyages, des poèmes, des pièces de théâtre, des mélanges divers et un grand nombre de romans. Parmi ces derniers, *Dolores,* écrit en anglais est considéré comme un chef-d'œuvre, (New-York, 1844).

'HARRIOT (Thomas) ['har-riot], mathématicien anglais, né en 1560, mort en 1621. Il accompagna sir Walter Raleigh dans son expédition en Virginie (1584), et écrivit *A Brief and True Report of the new-found Land of Virginia.* Ses travaux en mathématique furent publiés en 1631 sous le titre de *Artis Analyticæ Praxis ad Æquationes Algebraicas Resolvendas.* On croit qu'il découvrit les satellites de Jupiter et les taches du soleil.

'HARRIS (James) ['har'-riss], philologue anglais, né en 1709, mort en 1780; lord de l'amirauté et du trésor, puis secrétaire et contrôleur de la reine. Son principal ouvrage est *Hermes or a Philosophical Inquiry concer-*

ning *Universal Grammar* (1751(. Ses autres ouvrages comprennent *Philosophical arrangements* et *Philosophical Inquiries.* Ses œuvres complètes et sa biographie ont été publiées par son fils, lord Malmesbury, en 1801 (2 vol. in-4°).

HARRISS (Thodden-William), naturaliste américain, né en 1795, mort en 1856. Il étudia la médecine et devint bibliothécaire du collège Harvard en 1831. Il a écrit : *Systematic Catalogue of the Insects of Massachusetts* et *Report on Insects Injurious to Vegetation* (1841, nouv. éd. augmentée, 1862(.

HARRISBURG ['har'-riss-beurg], capitale de la Pennsylvanie (États-Unis), sur la rive E. de la rivière Susquehanna, à 130 kil. N.-O. de Philadelphie; 23,110 hab. La rivière mesure en cet endroit 1 kil. 1/2 de large. Ville bien bâtie, dont les principaux édifices sont la maison d'État, le palais de justice et un asile d'aliénés. Territoire fertile, abondant en charbon et en minerai de fer.

'HARRISSON (John) ['har'-riss-'n], mécanicien anglais, né en 1693, mort en 1776. Le parlement ayant offert, en 1714, une récompense pour la meilleure horloge servant à déterminer les longitudes en mer, Harrisson construisit un chronomètre qui fut éprouvé avec succès en 1736 et qui obtint le premier prix (500,000 fr.) en 1767. Son pendule compensateur est considéré comme l'invention la plus remarquable de toutes celles que l'on fit au XVIIIᵉ siècle.

'HARRISSON (William-Henry), neuvième président des États-Unis, né à Charles City (Virginie), le 9 fév. 1773, mort le 4 avril 1841. A l'âge de 19 ans, il s'engagea dans l'armée pour combattre les Indiens de l'ouest, et devint aide de camp de Wayne. Nommé en 1801, gouverneur du nouveau territoire de l'Indiana (comprenant l'état actuel de l'Indiana et les États de l'Illinois, du Michigan et du Wisconsin), il battit les Indiens à Tippecanoe en novembre 1811, et gagna le grade de brigadier général. Après la victoire de Perry, sur le lac Érie, Harrisson, alors major général, reprit aux Anglais le territoire américain qu'ils avaient occupé et les poursuivit jusque dans le Canada, où, le 5 oct. 1813, il les mit en déroute à Thames. Il fut élu au congrès en 1816, au sénat de l'Ohio en 1819 et au sénat des États-Unis en 1824. En 1836, Harrisson fut le candidat des whigs pour la présidence, contre van Buren, mais il ne fut pas élu. En 1840, après une lutte des plus vives, il passa avec 234 votes, contre 60 donnés à van Buren. Installé le 4 mars 1841, il mourut un mois plus tard.

'HARRODSBURG ['har-rods-beurg], ville du

Kentucky (Etats-Unis), sur un petit bras de la rivière Salt, à 12 kil. S.-O. de la rivière Kentucky et à 40 kil. S. de Frankfort; 2,210 hab.

HARROGATE ou Harrowgate ['har'-rŏghé-te], village du Yorkshire (Angleterre), à 28 kil. N.-O. de York; 40,830 hab. Sources chalybées et sulfureuses; principale station balnéaire du nord de l'Angleterre.

' HARROW ou Harrow-on-the-Hill ['har'-rŏ], village du Middlesex (Angleterre), à 14 kil.

Ecole de Harrow.

N.-O. de Londres; 10,870 hab. Ecole libre de grammaire, fondée en 1571, par John Lyon.

* ' HART s. f. ['har]. Espèce de lien fait d'osier, ou d'autre bois fort pliant, dont on lie les fagots, les bourrées, etc. : délier la hart d'un fagot. — Corde avec laquelle on étranglait les criminels. Dans ce sens, il était principalement d'usage autrefois en certaines formules d'ordonnance : A PEINE DE LA HART. S'emploie quelquefois encore dans le langage familier : mériter la hart.

' HARTFORD ['hàrt'-feurd], capitale du Connecticut (Etats-Unis), la seconde ville de cet Etat sous le rapport de la population, sur la rive droite de la rivière Connecticut, à 150 kil. N.-O. de New-York et à 150 kil. O.-S.-O.

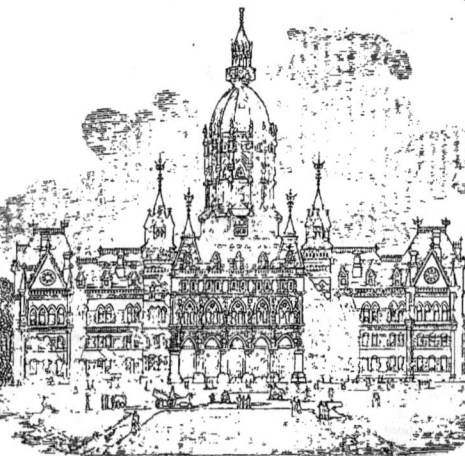
Hartford (Conn.). Nouvelle maison d'Etat.

de Boston; 43,000 hab. Un pont de 335 m., qui traverse le Connecticut, la relie avec East Hartford. Elle est construite avec une grande régularité. Les édifices publics principaux

sont l'ancienne maison d'Etat (construite en 1794), la poste, la nouvelle maison d'Etat, l'opéra et le dépôt du chemin de fer de l'Union. Grand commerce de tabac. Fonderie de fer et de cuivre; machines à vapeur, chaudières, hélices, sellerie, voitures, machines à coudre, limes, armes à feu, rifles, revolvers, etc. Nombreuses maisons d'éditeurs. Asile de sourds-muets et asile d'aliénés; hôpital de Hartford, asile d'orphelins, etc. Collège de Trinity (épiscopalien), fondé en 1823, institut théologique du Connecticut, séminaire pour femmes, la haute école et l'école de grammaire. — Hartford fut fondé en 1635, par des émigrants de Newtown (aujourd'hui Cambridge), de Dorchester et de Watertown. On la nomma d'abord Newtown, mais en 1637, elle fut appelée Hartford, en souvenir de Hertford, en Angleterre. Cette ville est devenue seule capitale de l'état de Connecticut, en 1875.

' HARTIG I. (François-Antoine, COMTE DE), littérateur bohémien (1758-'97). Il a publié, en français : Lettres sur la France, l'Angleterre et l'Italie (1785); et en allemand : Progrès et décadence de l'agriculture chez les différents peuples (trad. franç. par Leroy de Lozembrune, 1789). — II. (Georg-Ludwig), grand maître des forêts du royaume de Prusse, né en 1764, mort en 1835. Son Manuel du chasseur (1809), sa Culture des clairières (1827), son Economie forestière (1831), et sa Culture des forêts (1837) ont été souvent réimprimés.

' HARTLEPOOL ['hàr'-tell-poul], ville de Durham (Angleterre), sur une petite péninsule au N. de l'estuaire de la Tees, à 24 kil. S.-E. de Durham; 40,000 hab. La vieille ville renferme des laminoirs, des fours à puddler, des fonderies, des ateliers de construction pour navires et des brasseries; les pêcheries sont considérables et il y a un grand commerce. Hartlepool ouest, sur le côté opposé du port, a de vastes ateliers de construction pour la marine, des fonderies, des scieries, des briqueteries, des docks, etc. Le port, défendu par des fortifications, possède deux phares. Le bourg parlementaire, constitué en 1867, s'appelle les Hartlepools.

' HARTLEY ['har-lé], bourg et paroisse d'Angleterre, dans le comté de Northumberland, sur la mer du Nord, à 20 kil. N.-E. de Newcastle; 4,500 hab. Exploitation de houille et grand commerce de sel. C'est aux environs de Hartley que se trouve le magnifique château des Delaval.

' HARTLEY (David) ['hàr-lé], philosophe anglais, né en 1705, mort en 1757. Il exerça la médecine à Londres, à Bath et dans d'autres villes. A l'âge de 25 ans, il commença la com-

position de son grand ouvrage, Observations on Man, his Frame, his duty, and his Expectations (2 vol., 1748-'49). Sa théorie de sensations, basée sur l'étude anatomique du système nerveux, est peut-être le premier essai que l'on fît pour expliquer les phénomènes psychologiques par des principes physiologiques.

' HARTMANN (Moritz) ['hart-mann], poète allemand, né de parents juifs, en Bohême (1821), mort en 1872. Il quitta l'Autriche, pour des raisons politiques et publia à Leipzig deux volumes de poèmes patriotiques (1844 et 1847). En 1848, il fut membre du parlement de Francfort. Il accompagna Froebel et Blum à Vienne, se sauva après l'exécution de ce dernier. Il voyagea ensuite en Orient, il vécut à Paris, à Genève, à Stuttgart et rentra à Vienne en 1868. Ses Derniers jours d'un roi ont été traduits en plusieurs langues. Ses autres romans comprennent : Le Prisonnier de Chillon et les Diamants de la Baronne. Son recueil de poésies politiques, La Coupe et l'Epée (Leipzig, 1845), a été presque entièrement traduit en français par Laurent-Pichat et Saint-René Taillandier.

' HARTSŒKER (Nicolas) ['hàrt'-sou-keur], philosophe hollandais, né en 1656, mort en 1725. Il perfectionna le microscope et le télescope, découvrit les animalcules spermatiques, vécut quelque temps à Paris et devint, en 1704, professeur de mathématiques et de philosophie à Düsseldorf. Ses ouvrages sont : Essai de dioptrique, Principes de physique et Recueil de plusieurs pièces de physique, dans lesquels il attaqua le système de Newton.

HARTSVILLE, ville de l'Indiana, à 55 kil. S.-S.-E. d'Indianapolis; 433 hab.

' HARTWELL ['hart-ouell], village d'Angleterre, comté de Buckingham, à 60 kil. N.-O. de Londres, et à 3 kil. S.-O. d'Aylesbury; 300 hab. Ce fut au château de Hartwell que vécut Louis XVIII, de 1811 à 1814, sous le nom de comte de Lille.

HARTWICK, ville de l'état de New-York (Etats-Unis), à 6 kil. S. de Cooperstown et du lac Ostego, à environ 80 kil. O. d'Albany; 2,490 hab.

' HARTZ (all. Harz ou Harzgebirge), chaîne de montagnes du N.-O. de l'Allemagne séparant les eaux du Weser de celles de l'Elbe, comprenant le Hartz supérieur et le Hartz intérieur et située à l'O. et à l'E. du Brocken (1140 m.). Le point culminant, à 30 kil. O.-S.-O. d'Halberstadt, présente une forme gracieusement arrondie et domine toute la contrée environnante. Le Rosstrappe est un peu moins élevé et le Rammelsberg, près de Goslar, n'a guère que 400 m. Les parties les plus élevées du Hartz sont âpres, lugubres, stériles et froides; un grand nombre de cours d'eau prennent leur source dans les montagnes. Les vallées, bien arrosées, renferment d'abondants pâturages. On exporte en quantité le bois de construction. Mais les mines, principalement celles de plomb, d'argent, de cuivre, de zinc et de fer, constituent la grande source de richesses de tout le pays. Elles sont exploitées depuis des siècles et occupent actuellement 30,000 personnes. La Prusse possède celles de Clausthal et d'Andreasberg (province de Hanovre), dans le Hartz supérieur; le Brunswick, une partie de celles de Rammelsberg; et l'Anhalt, celles du Hartz de l'est. La mine la plus profonde du globe se trouve dans le district d'Andreasberg : elle est située sur une veine argentifère que l'on a suivie jusqu'à une profondeur de plus de 1,200 m. La production annuelle des mines du Hartz (non compris celles du Rammelsberg) est de 20,000 kilog. environ d'argent, 5,000 à 6,000 tonnes de plomb, 450 tonnes de cuivre et 10,000 tonnes de fer. La population du Hartz parle différents dialectes. Outre le Brocken ou Blocksberg, qui a été immortalisé par le Faust de Gœthe, il existe beaucoup d'autreslocalités remarquables, parmi lesquelles on distingue

Le Brocken, dans les monts Harts.

le Stauffenberg avec le château en ruines de Henry l'Oiseleur.

HARVARD (John), fondateur du collège Harvard, né en Angleterre, mort en 1638. Il fut élevé à Cambridge et émigra en Amérique. A sa mort sa fortune était évaluée à 37,500 livres, dont il donna la moitié pour la fondation du collège qui porte son nom. Il légua aussi à ce collège une bibliothèque estimée.

HARVARD UNIVERSITY, institution d'éducation la plus ancienne et la plus complète des Etats-Unis, à 4 kil. O. de Boston. L'université Harvard, fondée en 1636, reçut, peu après, un legs de John Harvard dont elle prit le nom. Elle comprend quinze vastes bâti-

Université Harvard. — Dortoir Matthews.

ments, dont les principaux sont : le dortoir Matthews et Memorial Hall. Les élèves ne sont admis qu'après examens, pour constater qu'ils ont déjà reçu une bonne éducation secondaire ; au bout de 3 ou 4 ans, ils sortent avec un certificat de maîtres ès arts, de docteurs

ès sciences ou ès philosophie ; d'autres sont docteurs en théologie, ingénieurs, professeurs, astronomes, docteurs en médecine dentaire, etc.

'HARVEY (sir George) ['har-vé], peintre écossais, né en 1805, mort en 1876. Ses principaux tableaux représentent des scènes écossaises, les jugements et les persécutions des Covenanters. Il fut nommé chevalier en 1867. Il publia *Notes of the Early History of the Royal Scottish Academy.*

'HARVEY (William), célèbre médecin anglais à qui on doit la découverte de la circulation du sang. Né à Folkestone en 1578, il suivit d'abord les cours de l'université de Cambridge, alla ensuite étudier la médecine à Padoue où il fut reçu docteur en 1602. Il fut attaché en 1609, à l'hôpital Saint-Bartholomew (Londres), où il resta jusqu'en 1644. Devenu également, en 1619, conférencier pour l'anatomie et la chirurgie au célèbre collège des Médecins, il développa, dans ses leçons, sa théorie originale et complète de la circulation du sang, théorie à laquelle son nom est inséparablement attaché, et il composa son traité *De motu sanguinis et cordis,* qui ne parut qu'en 1628. Médecin du roi en 1630, il suivit la fortune de Charles Ier et se retira avec lui à Oxford. Nommé maître du collège de Merton, il se livra, pendant son séjour en ce lieu, à des recherches sur la génération et il publia, en 1651, *Exercitationes de generatione animalium.* Son attachement à la cause royale lui fit perdre sa place à l'hôpital Saint-Bartholomew, mais il resta jusqu'à sa mort (1657) conférencier au collège des Médecins.

Avant Harvey, on avait tout au plus quelques idées obscures sur la circulation du sang, on savait vaguement, ou plutôt, on le supposait, que le sang des veines éprouvait quelques mouvements occasionnés par les battements du cœur, mais il y avait loin de là à ce que

démontra si pertinemment Harvey. Son immortelle découverte rencontra, comme toute science nouvelle, des contradicteurs et des incrédules. Primerose, Hoffmann et Riolan la combattirent avec acharnement, mais Harvey vécut assez pour jouir plus tard de son triomphe ; il se vit regardé comme le premier anatomiste et le premier médecin de son siècle, et ses découvertes furent acceptées comme le dernier mot de la science. Ses œuvres, écrites en latin, ont été traduites en anglais (Londres, 1845).

HARVEY (William), graveur et dessinateur anglais, né vers 1800, mort en 1866. Il grava sur bois le *Dentatus* d'Haydon, et illustra la traduction des *Mille et une Nuits* de Lane, le *Pilgrim Progress,* les *Fables* de Northcote et le *Pictorial Shakspeare* de Knight.

'HARWICH ['har-idj], port de mer de l'Essex (Angleterre), sur une pointe de terre près du confluent de l'Orwell et du Stour, à 90 kil. N.-E. de Londres ; 6,440 hab. Le port, l'un des meilleurs de cette côte, est bien fortifié. Station balnéaire à la mode, pendant l'été.

''HASARD s. m. ['ha-zar] (anc. franç. *az,* as, point unique au jeu de dé ; esp. *azar,* as). Fortune, sort ; cas fortuit, imprévu : *s'en remettre au hasard.* — JEU DE HASARD, jeu où le hasard seul décide, tel que la roulette, la trente et quarante, etc. : *interdire les jeux de hasard.* — Fig. CORRIGER LE HASARD, tromper au jeu. — Jeux de dés, LES HASARDS, certains points fixes qui sont toujours favorables à celui qui tient le dé. — Paume. LA BALLE FAIT HASARD, se dit quand la balle ne fait pas l'effet qu'elle devait faire, soit par le défaut du carreau, soit par quelque autre cause. — MEUBLE DE HASARD, LIVRE DE HASARD, etc., meuble, livre, ou quelque autre objet qu'on trouve à acheter à bon marché, et qui quelquefois a déjà servi. On dit mieux : *meuble d'occasion.* — Péril, risque : *courir le hasard de...* — S'emploie souvent au pluriel, dans ce dernier sens, surtout en poésie et dans le style soutenu : *les hasards de la guerre.*

La vertu la plus ferme évite les *hasards.*
CORNEILLE.

— AU HASARD loc. adv. Sans dessein, à l'aventure, sans réflexion, inconsidérément : *ne connaissant pas la route, ils étaient obligés d'aller, de marcher au hasard.* — A tout hasard loc. adv. A tout événement, quoi qu'il puisse arriver : *vous ferez bien, à tout hasard, de vous tenir prêts.* — JETER DES PROPOS AU HASARD, A TOUT HASARD, mettre les propos en avant, pour voir comment ils seront reçus.— DIRE QUELQUE CHOSE AU HASARD, A TOUT HASARD, sans être sûr de la vérité de ce qu'on dit, ou sans y attacher aucune importance. — Par hasard loc. adv. Fortuitement : *cela est arrivé par hasard.*

''HASARDÉ, ÉE part. passé de HASARDER. Se dit des propositions un peu risquées : *propos hasardé.* — adj. Qui ne paraît pas bien fondé, qu'il serait difficile de justifier : *inductions hasardées.* — En parlant de la couleur des cheveux, de la barbe. BLOND HASARDÉ, blond qui tire sur le roux. — Se dit aussi d'une pièce de boucherie, ou d'une pièce de gibier qu'on a gardée longtemps pour la rendre plus tendre, ou pour lui donner plus de fumet, et qui commence à se gâter, à sentir : *gigot hasardé.*

''HASARDER v. a. Risquer, exposer à la fortune, exposer au péril : *hasarder son argent au jeu.* — Se dit aussi en parlant des propositions, des opinions, etc., qu'on met en avant, pour voir de quelle manière elles seront reçues : *hasarder une parole, une proposition.* — HASARDER UNE PHRASE, UNE FAÇON DE PARLER, UNE EXPRESSION, se servir d'une phrase, d'une façon de parler, d'une expression nouvelle ou dont l'usage n'est pas encore bien établi. — Prov. et fig. HASARDER LE PA-

QUET, s'abandonner au hasard, s'engager dans une affaire douteuse. — v. n. S'exposer à...

> On hasarde de perdre en voulant trop gagner.
> LA FONTAINE.

— Se hasarder v. pr. Se risquer, s'exposer, s'aventurer.

> On se hasarde à tout quand un serment est fait:
> CORNEILLE.

*'HASARDEUSEMENT adv. Avec risque, avec péril, d'une manière hasardeuse: *il a entrepris cela bien hasardeusement.*

*'HASARDEUX, EUSE adj. Hardi, qui hasarde volontiers sa personne, sa fortune, etc.: *ce pilote est trop hasardeux.* — Périlleux, se dit des choses où il y a du péril, du danger: *un coup hasardeux.*

*'HASCHISCH s. m. Voy. HACHISCH.

*'HASE s. f. [' ha-ze] (anc. haut. all. *haso*, lièvre). Femelle d'un lièvre : *une hase pleine.* — Se dit aussi de la femelle du lapin de garenne.

'HASLAM (John), ['hass'lamm], médecin anglais, né en 1763, mort en 1844. Il publia plusieurs ouvrages importants sur la folie, *Medical Jurisprudence as it relates to Insanity* et *Lectures on the Intellectual Composition of man.*

'HASLINGDEN ['hass-ligu-dèun], ville du Lancashire (Angleterre), à 20 kil. N.-N.-O. de Manchester; 12,200 hab. Manufactures de coton, qui ont remplacé celles du tissage de la laine. Carrières et mines de charbon.

HASPARREN, ch.-l. de cant., arr. et à 21 kil. S.-O. de Bayonne (Basses-Pyrénées) ; 5,550 hab. Cordonneries, tanneries. Eglise extrêmement ancienne.

HASSE (Johann-Adolf) (appelé en Italie *Il Sassone*, le Saxon), compositeur allemand, né en 1699, mort en 1783. Il était élève de Porpora et de Scarlatti. Son opéra *Sesostrate*, représenté à Naples en 1726, établit sa réputation; après avoir produit plusieurs autres ouvrages pour le théâtre italien, il devint maître de chapelle et compositeur de l'électeur de Saxe. En 1733, il se rendit à Londres pour concourir avec Handel et y donna son *Artaserse* ; il vécut ensuite à Dresde (1740-'60), à Vienne et à Venise. Ses ouvrages sont très nombreux.

HASSELQUIST (Frederik), naturaliste suédois, né en 1722, mort en 1752. Il était élève de Linné qui, en 1757, publia le résultat des études de Hasselquist en Orient, dans un ouvrage ayant pour titre *Iter Palæstinum* (Stockholm, 1757, 2 vol. in-8°), trad. franç. par Eidous (1762).

HASSELT, ville fortifiée de Belgique, capitale du Limbourg, sur la Demer, à 75 kil. E.-N.-E. de Bruxelles; 11,780 hab. Manufactures de tabac, de garance, de savon, d'huile, de toiles et de cuir.

*'HAST s. m. [ast] (lat. *hasta*, lance) Ce mot n'est guère usité que dans la locution, ARME D'HAST, qui se dit de toute arme emmanchée au bout d'un long bâton : *la pique, la hallebarde sont des armes d'hast.*

'HASTAIRE s. m. Antiq. Soldat qui portait une arme d'hast, un javelot.

*'HASTE s. f. (lat. *hasta*, lance). Antiq. Longue lance que portaient originairement les hastaires. — Numism. Se dit partic. du javelot sans fer, ou spectre long, qui est l'attribut des divinités bienfaisantes.

*'HASTÉ, ÉE adj. Bot. Qui s'élargit subitement à la base en deux lobes aigus et divergents : *feuilles hastées.*

HASTENBECK, village de Hanovre (Prusse), près de Hamein ; 600 hab. Le 26 juillet 1757, les Français, commandés par d'Estrées, y rem-

portèrent sur les Anglais une victoire, après laquelle le duc de Cumberland, général des troupes britanniques, signa une convention pour le licenciement de son armée et pour la capitulation de Hanovre et de Cassel.

'HASTING ou Hastings, viking scandinave ou chef de pirates, né probablement près de Troyes en Champagne, mort vers 812. A la tête d'une bande de Northmen, il ravagea les bords de la Loire jusqu'à Tours (vers 845), pilla Bordeaux, et mit tout à feu et à sang jusqu'à Toulouse et jusqu'à Tarbes. Cette dernière ville le repoussa, et l'anniversaire de cette délivrance est encore célébré. Hasting prit Lisbonne, brûla Séville, et entra par stratagème dans Luna (maintenant Luni, sur le golfe de Spezia), croyant que c'était Rome. Après d'autres exploits, il s'embarqua pour l'Angleterre afin de soutenir une invasion danoise. Repoussé par Alfred le Grand, il reparut sur la Loire et arracha à Charles le Gros la possession du comté de Chartres. Il se rendit ensuite en Danemark, où il termina ses jours.

'HASTINGS ['hèss'-tignss], ville du Sussex (Angleterre); à 75 kil. S.-S.-E. de Londres; 29,290 hab. Commerce peu considérable. Un grand nombre de visiteurs affluent pendant la saison des bains de mer. La bataille de Hastings, entre Guillaume de Normandie et Ha-

Abbaye de la Bataille, à Hastings

rold, roi des Anglo-Saxons, fut livrée le 14 oct. 1066 à Senlac, qui se trouve à 8 kil. de Hastings. Elle dura depuis 9 heures du matin jusqu'au coucher du soleil. Les Anglo-Saxons se maintinrent dans leur position jusqu'au moment où Harold tomba percé d'une flèche. Deux ans après, le Conquérant fonda sur le champ de bataille, l'abbaye nommée *Battle Abbey*; le nom de Senlac fut changé en celui de Battle.

'HASTINGS, ville du Minnesota (Etats-Unis), sur la rive droite du Mississippi, à l'embouchure du Vermilion, à 28 kil. E.-S.-E. de Saint-Paul ; 3,650 hab.

HASTINGS (Francis RAWDON - HASTINGS, *marquis de*), général anglais, né en 1754, mort en 1826. En 1773, il fut envoyé en Amérique et en 1778, il fut nommé adjudant général des forces anglaises, avec le rang de lieutenant-colonel. Il commanda un corps de troupes anglaises à la bataille de Camden, (16 août 1780) et il battit ensuite Greene à Hobkirk's hill. Revenu en Angleterre, il fut créé baron Rawdon; en 1793, il succéda à son père comme comte de Moira. Il servit ensuite sur le continent et, en 1806, il fut nommé maître général de l'ordonnance. Après l'assassinat de Perceval, en 1812, il essaya de former un cabinet. Il fut gouverneur général de l'Inde, (1813-'23) et ensuite gouverneur de

Malte. En 1816, il fut nommé vicomte London, comte de Rawdon et marquis de Hastings.

'HASTINGS (Warren), gouverneur général de l'Inde anglaise, né en 1732, mort en 1818. Il partit pour le Bengale en 1750, étudia la langue et la littérature indigènes et fut employé dans diverses missions diplomatiques et commerciales. En 1764, il revint en Angleterre avec une modeste fortune, que ses libéralités épuisèrent bien vite. En 1769, il retourna dans l'Inde et fut nommé membre du conseil de Madras; en 1772, il devint président du conseil suprême du Bengale et le 1er janvier 1774, gouverneur général de cette province. Le vaste territoire sur lequel il commandait se composait de nouvelles conquêtes; les Anglais étaient peu nombreux, et leur domination était constamment mise en danger par Hyder Ali, rajah de Mysore, par les Mahrattes et par d'autres puissances indigènes. Les talents administratifs et la vigilance inflexible de Warren Hastings fondèrent l'empire britannique dans l'Inde. C'était un homme cruel et sans scrupules; il réussit dans toutes ses entreprises. En février 1785, il donna sa démission et retourna en Angleterre. En 1786, un acte d'accusation fut présenté au parlement par Edmund Burke qui accusait Hastings d'avoir opprimé et expulsé injustement le rajah de Bénarès, d'avoir persécuté les begums ou princesses du royaume d'Oude, et d'avoir fait des dépenses ruineuses. La chambre des lords séruent à Westminster le 13 février 1788 pour écouter l'acte d'accusation. Burke fut assisté par Fox, Sheridan, Grey, et aussi, en secret, par sir Philip Francis. En 1791, Hastings présenta sa défense; et le 23 avril 1795 (148e jour du procès), il fut acquitté, mais les frais du procès (1,900,000 fr.) avaient englouti sa fortune. En 1796, la compagnie des Indes orientales lui accorda une rente de 100,000 fr. et lui prêta 4,250.000 fr. pour 18 ans, sans intérêts. Il acheta alors la propriété de Hastings, qui avait appartenu à ses ancêtres, et rentra dans la vie privée.

*'HÂTE s. f. (anc. all. *hast*, diligence). Précipitation, diligence, promptitude : *la hâte, la grande hâte avec laquelle il fait toutes choses.* — AVOIR HATE, AVOIR GRANDE HATE, AVOIR GRANDE HATE, AVOIR EXTRÊMEMENT HATE, être extrêmement pressé de faire quelque chose. On dit aussi, FAIRE HATE, se hâter. — Avec hâte, en hâte, loc. adv. Promptement, avec diligence : *dépêcher un courrier en hâte ; il fait cela avec hâte.* — A la hâte, loc. adv. Avec précipitation : *écrire à la hâte.*

*'HÂTÉ, ÉE part. passé de HÂTER. Avancé, accéléré. — LA SAISON EST UN PEU HÂTÉE, elle est plus avancée qu'elle ne devrait l'être. — Quelquef : Qui a hâte : *il est extrêmement hâté.*

'HÂTELET s. m. (rad. *haste*, lance). Petite broche dont l'usage est surtout d'empêcher la pièce de tourner sur la broche principale. — Brochette : *hâtelet d'argent.*

'HÂTELETTE. Petit morceau de viande qu'on fait rôtir avec un hâtelet : *hâtelette de rognons.*

*'HÂTER v. a. (rad. *hâte*). Presser, avancer, accélérer : *hâter son départ.* — HATER LE PAS, presser sa marche. — HATER LES FRUITS, en avancer la maturité. — Faire, dépêcher.

hâter la besogne. — **Se hâter** v. pr. Faire diligence : *dites-leur qu'ils se hâtent.*

Hâtez-vous lentement et sans perdre courage,
                    BOILEAU.

Terme de Chasse, LE CERF HATE SON ERRE, se dit d'un cerf qui fuit fort vite.

ʼHÂTEREAU s. m. Tranche de foie de porc, salée, poivrée et grillée.

ʼHÂTEUR s. m. (rad. *haste*). Officier des cuisines royales, qui était chargé du soin du rôti : *hâteur de la bouche du roi.*

ʼHÂTIER s. m. (rad. *haste*). Sorte de grand chenet de cuisine, qui a plusieurs crochets de fer placés les uns au-dessus des autres, sur lesquels on appuie les broches pour les faire tourner.

ʼHÂTIF, IVE adj. Précoce, par opposition à tardif. Se dit proprement, en termes de jardinage, des fruits, des fleurs, etc., qui viennent avant le temps ordinaire : *fruit hâtif, pois hâtifs.* — S'applique, dans une acception plus étendue, à tout ce qui est susceptible d'accroissement : *le développement du corps ne doit pas être trop hâtif.*

ʼHÂTIVEAU s. m. (rad. *hâtif*). Sorte de poire lisse et d'un jaune brun, qui mûrit des premières : *du hâtiveau.* Se dit aussi des pois hâtifs.

ʼHÂTIVEMENT adv. Avant le temps ordinaire. Ne se dit que des fruits hâtifs et des fleurs hâtives : *il a l'art de faire venir des fleurs et des fruits plus hâtivement qu'aucun autre jardinier.*

ʼHÂTIVETÉ s. f. Croissance hâtive. Ne se dit que des fruits, des fleurs et des plantes qui viennent avant le temps ordinaire : *le plus ou le moins de hâtiveté des fleurs et des fruits dépend du plus ou du moins de soin qu'on apporte à les cultiver.* (Peu usité.)

HATRAS, ville et fort de l'Inde, à 120 kil. S.-E. de Delhi ; environ 25,000 hab.

HATTERAS (Cap), pointe la plus orientale de la Caroline du N. (États-Unis), par 35° 14' lat. N. et 77° 50' long. O. Aucun point de cette côte n'est plus dangereux pour la navigation.

ʼHATTÉREAUX s. m. pl. Cuis. Riz de veau, palais de bœuf, cervelles, etc., qui, après avoir été blanchis et braisés, sont coupés en lames, puis en rondelles, embrochés ensuite sur des hâtelets avec des lames de truffes et des rondelles de langue à l'écarlate, et enfin plongés dans une friture bien chaude. On écrit aussi ATTÉREAUX.

ʼHATTI-CHÉRIF s. m. (turc *hatt*, écrit ; e *du; chérif*, seigneur). Toute ordonnance écrite par le sultan ou contenant son paraphe avec ces mots : *que mes ordres soient exécutés.* On l'appelle aussi quelquefois HATTI-HUMAYUN ; c'est, chez les Turcs, l'expression la plus auguste et la plus vénérée de la volonté du souverain.

ʼHATUEY, cacique de Cuba, brûlé par les Espagnols en 1511 ; irrité des exactions commises par ces conquérants avides d'or, Hatuey fit jeter à la mer tout l'or qu'il possédait ou qui se trouvait dans son royaume. Il fut saisi et attaché sur un bûcher ; au moment où les flammes allaient le dévorer, il répondit fièrement à un prêtre catholique qui lui proposait le baptême pour lui ouvrir le paradis : « Laissez-moi mourir tranquille, je ne veux point m'y trouver avec les Espagnols».

ʼHAUBANS s. m. pl. (anc. holl. *hobant*). Mar. Gros cordages qui vont, en forme d'échelles, de la tête des mâts au bord du navire ou des hunes, où ils sont fixés avec la roideur convenable, et qui servent principalement à soutenir les mâts contre l'effort du roulis : *les grands haubans* ou *haubans du grand mât.* — CHAÎNE DES HAUBANS, assem-

blage de cordages à l'aide desquels on peut monter sur les mâts.

ʼHAUBANER v. a. Mar. Assujettir un mât avec les haubans.

ʼHAUBERGEON s. m. Dim. Petit haubert. — Prov. et fig. MAILLE A MAILLE SE FAIT LE HAUBERGEON, en travaillant peu à peu, mais constamment à une chose, on parvient à l'achever.

ʼHAUBERT s. m. [hô-bèr] (all. *hals*, cou ; *bergen*, garantir). Cotte de mailles, que les chevaliers seuls avaient le droit de porter au temps de Joinville. Jurispr. féod. FIEFS DE HAUBERT, fiefs qui obligeaient ceux qui les possédaient d'aller servir le roi à la guerre, avec droit de porter le haubert.

HAUBOURDIN, ch.-l. de cant., arr. et à 5 kil. S.-O. de Lille (Nord) ; 5,400 hab. Brasseries, scieries, briqueteries. Château du XVᵉ siècle et hospice pour les pèlerins, fondé par Jean du Luxembourg.

ʼHAUCH [haouch] (**Johannes-Carsten** VON), poète danois, né en Norvège en 1791, mort en 1872. Il fut professeur de sciences naturelles à l'université de Sorëe, et en 1851, il succéda à Œhlenschläger comme professeur d'esthétique et de belles-lettres à l'université de Copenhague. Il a écrit plusieurs tragédies, telles que, *Bajazet, Tiberius, Don Juan,* etc. ; un poème épique, *Hamadryaden*; des poèmes lyriques et des contes parmi lesquels *Wilhem Zabern* et *Robert Fulton*, etc.

HAUDRIETTES s. f. pl. Religieuses d'un ordre fondé par la femme d'Étienne Haudri, l'un des secrétaires de Louis IX. Étienne ayant suivi le roi de France en Terre Sainte, sa femme le crut mort, et se consacra à la vie du cloître. A son retour, il obtint qu'elle fût relevée de ses vœux à la condition d'assurer le logement et la subsistance à douze religieuses pauvres. De là, ces religieuses furent appelées *haudriettes.* Cet ordre, qui se propagea assez rapidement, reçut du pape de nombreux privilèges et fonda, à Paris, la maison de l'Assomption, où se trouve encore la chapelle du même nom, rue du Faubourg-Saint-Honoré.

ʼHAUGHTON (**William**) [hâ'-t'n], dramaturge anglais, mort probablement au commencement du XVIIᵉ siècle. Sa pièce *Englishmen for my money* ou *Woman will have her Will,* a été réimprimée dans *The old English Drama* (4 vol., 1830), et *The Pleasant comedie of Patient Grissill,* écrite en collaboration avec Chettle et Decker, a été réimprimée par la société shakespearienne en 1841.

ʼHAUKSBEE ou **Hawksbee** (**Francis**) [hâksbî], philosophe naturaliste anglais, mort vers 1734. Il fut le premier qui remarqua et étudia l'attraction et la répulsion électrique et qui observa la production des étincelles électriques par le frottement. Il publia *Physico-Mechanical Experiments on Various subjects* (1709), ouvrage traduit en français par Bremond et Desmarest.

ʼHAUPT (**Moritz**) [haoupt], philologue allemand, né en 1808, mort en 1874. Son père, Ernst-Friedrich Haupt (1773-1834), mit en vers latins les poèmes de Gœthe et les hymnes de l'Église allemande. Moritz fut professeur à Leipzig de 1838 à 1850, époque où il fut renvoyé comme libéral. En 1853, il devint professeur de littérature classique à Berlin et en 1861 ; secrétaire de l'Académie des sciences. Ses travaux comprennent des éditions critiques et classiques.

ʼHAUPTMANN (**Moritz**) [haoupt-mann], compositeur allemand, né en 1792, mort en 1868. Ses productions comprennent *Salve Regina* pour quatre voix, une messe complète, les opéras de *Mathilde* et de *Klein Karin* et le traité *Die natur der Harmonik und Metrik.*

ʼHAUSER (**Kaspar**) [haou-seur], jeune Allemand d'une naissance mystérieuse, né vers 1812, mort en 1833. On le trouva habillé en paysan dans les rues de Nuremberg le 26 mai 1828. D'après une lettre en sa possession, il paraîtrait que sa mère l'avait laissé, à peine âgé de six mois, à la charge d'un pauvre manœuvre qui l'avait gardé enfermé secrètement jusqu'au moment fixé pour son renvoi. Dans cette lettre, était une note de la mère de Kaspar, racontant qu'elle était une pauvre fille quand elle mit son fils au monde (30 avril 1812) et qu'il avait pour père un officier de cavalerie, à Nuremberg. Tout ce que l'on put tirer du jeune homme fut qu'il venait de Ratisbonne et que son nom était Kaspar Hauser. Il savait écrire son nom et quelques autres mots. Il était d'une ignorance complète, d'une constitution délicate, quoique d'ailleurs bien fait. Arrêté comme vagabond, il fut conduit devant le maire de Nuremberg, qui apprit peu à peu de lui que, depuis son enfance, il avait été enfermé dans une cave obscure, où personne ne venait jamais le voir, excepté pendant la nuit, un homme qui le lavait, l'habillait et lui donnait du pain et de l'eau. Il avait, pour seul amusement, deux chevaux de bois. Le professeur Daumer entreprit son éducation et le reçut dans sa maison le 18 juillet 1828. Le 17 oct., la mère du professeur le trouva renversé dans une cave, avec une blessure au front. Il dit qu'un homme dont la figure était noircie l'avait attaqué avec un couteau, qu'il s'était sauvé et qu'il était tombé dans la cave. Kaspar fut alors envoyé chez un magistrat ; quelques mois après, on le trouva baigné dans son sang. Il affirma que la blessure provenait de la décharge accidentelle d'un pistolet. Il devint le protégé de lord Stanhope, qui le plaça chez un homme de loi à Anspach, et qui était sur le point de l'emmener avec lui en Angleterre, quand Hauser fut poignardé le 14 déc. 1833. Il put cependant regagner sa maison et raconter que le meurtrier était un étranger qui lui avait promis de lui faire d'importantes révélations, et auquel il avait donné rendez-vous dans le jardin du palais. L'histoire de Hauser a fait le sujet de nombreuses publications. La plus récente de toutes est celle de Daumer : *Kaspar Hauser, sein Wesen, seine Unschuld, seine Erduldungen und sein Ursprung* (1873), dans laquelle on prouve qu'il était très probablement fils du grand-duc Charles de Bade et de sa femme Stéphanie, et que la comtesse de Hochberg et le major Hennehafer furent les auteurs du crime, accompli dans l'intention d'assurer la succession de Bade à l'enfant de la comtesse et du grand-duc Charles-Frédéric.

ʼHAUSSE s. f. [hô-se]. Ce qui sert à hausser : *mettre une hausse à des souliers, à des bottes.* — Petite règle graduée, ordinairement métallique, se mouvant dans des coulisses pratiquées à la culasse des canons et des obusiers et servant à donner plus ou moins de portée à la pièce. Les fusils ont aussi des hausses. — Fig. Augmentation, en parlant du cours des changes, de la valeur des effets publics : *la hausse des effets publics.* — JOUER A LA HAUSSE, acheter et promettre de payer au prix du cours actuel, à une époque déterminée, des effets ou papiers du crédit public, dans l'espoir de les revendre alors à un prix supérieur. — Typogr. Petit morceau de papier gris que l'on met sur la *marge* collée au grand tympan où sur le cylindre pour les endroits où l'impression ne foule pas assez. On dit aussi *béquets.*

ʼHAUSSÉ, ÉE part. passé de HAUSSER. — Blas. Se dit du chevron et de la *fasce* quand ils sont placés plus haut qu'à l'ordinaire.

ʼHAUSSE-COL s. m. Ornement imité d'une des pièces de l'ancienne armure ; petite plaque en forme de croissant et bombée, ordinairement de cuivre doré, que les officiers d'infanterie portent au-dessous du cou, lorsqu'ils sont de service actuel : *des hausse-cols.*

* ' HAUSSEMENT s. m. Action d'élever, de hausser quelque chose. Se dit particulièrement du mouvement qu'on fait des épaules, pour marquer de l'indignation ou du mépris : *il a fait un haussement d'épaules.* — Fig. LE HAUSSEMENT DES MONNAIES, l'augmentation de leur valeur numérale. LE HAUSSEMENT DU PRIX DES DENRÉES, leur renchérissement.

' HAUSSE-PIED s. m. Sorte de lacet pour prendre les loups : *des hausse-pieds.*

* ' HAUSSER v. a. ['hô-sé] (rad. *haut*). Elever, exhausser, rendre plus haut : *hausser une muraille.* — Lever en haut : *hausser le bras, la jambe.* — HAUSSER LES ÉPAULES, témoigner en haussant les épaules qu'une chose déplaît, qu'elle choque, et plus souvent qu'elle n'inspire que du mépris. — HAUSSER LE COUDE, boire beaucoup. — Fig. HAUSSER LE CŒUR, HAUSSER LE COURAGE A QUELQU'UN, lui donner du cœur, lui élever le courage. — Se dit aussi en parlant de la voix, du son des instruments : *hausser la parole, la voix.* — HAUSSER LE TON, prendre, dans ses discours, un ton de menace ou de supériorité, élever ses prétentions. — Fig. Augmenter : *hausser la paye du soldat, les gages d'un domestique.* — HAUSSER LA MONNAIE, LE PRIX DES MONNAIES, en augmenter la valeur numérale. — v. n. Devenir ou être plus haut : *la rivière a haussé cette nuit.* — AVOIR UNE ÉPAULE QUI HAUSSE, avoir une épaule plus haute que l'autre. — HAUSSER D'UN CRAN, se dit de certaines choses qui augmentent d'une très petite quantité : *sa fortune, son crédit n'a pas haussé d'un cran.* — Se dit, fig., des choses dont la valeur, dont le prix augmente : *le prix du blé a bien haussé.* — Se hausser v. pr. Se lever en haut : *se hausser sur la pointe des pieds.* — C'EST UN HOMME QUI NE SE HAUSSE NI NE SE BAISSE, il n'y a moyen de rien, il est toujours égal. — LE TEMPS SE HAUSSE, il commence à s'éclaircir.

HAUSSET (Mᵐᵉ du), née vers 1720, morte vers 1780, était femme de chambre de Mᵐᵉ de Pompadour. Elle a laissé sur la cour de Louis XV des *Mémoires* intimes et discrets qui ont été publiés en 1825.

* ' HAUSSIER s. m. Bourse. Celui qui joue à la hausse. (Voy. BAISSIER.)

* ' HAUSSIÈRE et Aussière s. f. Cordage qui est composé de trois ou quatre torons, et dont la grosseur varie de trois à six pouces : *l'haussière s'emploie spécialement pour le touage, l'évitage et l'amarrage des navires.*

HAUSSMANNISER v. a. Jargon. Exproprier, démolir et reconstruire sur une immense échelle, comme le faisait l'ancien préfet de la Seine, Haussmann.

* ' HAUT, HAUTE adj. ['hô] (lat. *altus*). Elevé. Opposé à *bas* et à *petit*. Se dit d'un objet considéré par rapport à tous les autres objets du même genre, ou seulement par comparaison à un ou à plusieurs autres : *une haute montagne, une haute tour.* — Se dit également de certaines choses qui sont situées au-dessus d'autres : *le plus haut étage d'une maison.* On dit dans le même sens : *des oiseaux de haut vol.* — ARBRES A HAUTE TIGE, ou simplement, HAUTES TIGES, se dit de certains arbres fruitiers, dont on laisse la tige s'élever. — HAUTE FUTAIE, se dit des bois de grands chênes, de grands hêtres, etc., qui ne sont pas réglés en coupe ordinaire, comme les bois taillis. — HAUT DAIS, endroit élevé où le roi et la reine étaient assis dans les assemblées publiques, soit qu'il y eût un dais, soit qu'il n'y en eût point. — Écr. Sainte. HAUTS LIEUX, se dit des collines, des montagnes où l'on sacrifiait à Baal. — HAUTES LATITUDES, latitudes qui, s'éloignant de l'équateur, s'avancent vers le pôle.

— Mar. CE BATIMENT EST HAUT DE BORD, son bord supérieur est fort élevé au-dessus de l'eau. — VAISSEAU DE HAUT BORD, se disait autrefois de tout bâtiment qui naviguait au long cours. Ne se dit plus aujourd'hui que d'un bâtiment de guerre à plusieurs ponts. — LE TEMPS EST HAUT, les nuages sont élevés, il n'y a pas à craindre de pluie. — Fig. PRENDRE UN VOL TROP HAUT, s'élever plus qu'on ne doit, prendre des manières au-dessus de son état, de sa condition, faire plus de dépenses qu'on ne doit ou qu'on ne peut. — LE CARÊME EST HAUT, se dit lorsque le carême ne commence qu'au mois de mars. — Fig. et fam. METTRE LE CARÊME BIEN HAUT, exiger des choses trop difficiles, promettre une chose qui n'arrivera pas de longtemps. Haut est alors pris adverbialement. — Part. Se dit de certains pays qui sont plus éloignés de la mer, ou plus proches de la source de quelque grande rivière : *le haut pays, la haute Egypte.* — LE HAUT ALLEMAND, dialecte allemand parlé originairement dans le sud de l'Allemagne et qui est devenu la langue littéraire de ce pays. — C'EST DU HAUT ALLEMAND POUR LUI, il n'y comprend, il n'y entend rien. — LES HAUTES PYRÉNÉES, celles qui forment le milieu de la chaîne qui sont à peu près à égale distance de l'Océan et de la Méditerranée. LES HAUTES ALPES, celles qui sont loin de la Méditerranée. Quand ces dénominations indiquent les départements où sont situées les hautes Pyrénées, les hautes Alpes, on écrit, Les *Hautes-Pyrénées*, les *Hautes-Alpes*. — LE HAUT RHIN, LA HAUTE LOIRE, LA HAUTE GARONNE, LA HAUTE MARNE, etc., la partie de ces fleuves, de ces rivières qui est plus voisine de la source que de l'embouchure. Quand il s'agit des départements qui en prennent le nom, il faut écrire, *Le Haut-Rhin, la Haute-Marne*, etc. Préfet du *Haut-Rhin.* — LA HAUTE SEINE, toute la partie de la Seine qui est au-dessus de Paris, en allant vers la source de ce fleuve ; par opposition à la partie qui est au-dessous de Paris, et qu'on nomme la *basse Seine.* — Se dit aussi de ce qui est éloigné dans le temps. UNE HAUTE ANTIQUITÉ, une antiquité fort reculée. — Levé, relevé : *le connétable portait l'épée haute et nue devant le roi.* — Fig. IL PEUT ALLER PARTOUT LA TÊTE HAUTE, il peut aller partout sans craindre, sans appréhender aucun reproche, aucun affront. — HAUT LA MAIN, qui est prompt à lever la main, qui frappe pour se faire obéir. — Fig. ETRE HAUT LA MAIN, être hautain, arrogant. — Blas. ÉPÉE HAUTE, épée droite. — Manège. TENIR LA BRIDE HAUTE A UN CHEVAL, lui tenir la bride courte. — Fig. et fam. TENIR LA BRIDE HAUTE A UN JEUNE HOMME, lui laisser peu de liberté, le tenir de court. On dit de même TENIR LA MAIN HAUTE A QUELQU'UN, le traiter avec sévérité, sans lui rien passer. TENIR LA MAIN HAUTE DANS UNE AFFAIRE, se rendre difficile sur les conditions. — Quelquef. Profond : *l'eau est fort haute en tel endroit.* — LA MARÉE, LA MER EST HAUTE, se dit de la marée, au moment où elle arrive à son plus haut point. — HAUTE MARÉE, se dit des marées les plus fortes de l'année. — LES EAUX SONT HAUTES, LA RIVIÈRE EST HAUTE, se dit d'une rivière qui est plus grosse qu'à son ordinaire. Dans la même acception, ou dit : LES HAUTES MARÉES. — LA MER EST HAUTE, la mer est agitée. — LA HAUTE MER, la pleine mer. — Mus. Se dit des sons élevés, aigus : *sons hauts, ton haut.* — Se dit, dans un sens analogue, en parlant des instruments : *votre violon est bien haut.* — Se dit aussi de la voix, lorsqu'elle est sonore, éclatante, et qu'elle se fait entendre de loin : *avoir la voix haute, le verbe haut.* — PRENDRE LE HAUT TON : LE PRENDRE D'UN TON HAUT, SUR UN TON HAUT, SUR LE HAUT TON, etc., prendre un ton fier, menaçant, arrogant. — JETER, POUSSER LES HAUTS CRIS, se récrier, se plaindre hautement. — NOUS N'AVONS JAMAIS EU ENSEMBLE UNE PAROLE PLUS HAUTE QUE L'AUTRE, nous avons toujours vécu en parfaite intelligence, nous n'avons

jamais eu de querelle ensemble. — MESSE HAUTE, messe chantée. — Se dit des couleurs dans cette expression : ETRE HAUT EN COULEUR, avoir le teint très coloré. — Fig. Grand, supérieur, excellent, éminent, distingué dans son genre. Se dit des personnes et des choses : *la haute administration.* — HAUTE JUSTICE, juridiction d'un seigneur dont le juge pouvait connaître de toutes causes, tant civiles que criminelles, excepté des cas royaux. Le seigneur auquel appartenait cette juridiction avait le titre de *seigneur haut justicier.* — L'EXÉCUTEUR DE LA HAUTE JUSTICE ou LE MAITRE DES HAUTES ŒUVRES, le bourreau. — HAUTE COUR DE JUSTICE, tribunal établi pour juger des complots contre l'Etat. — HAUT ET PUISSANT SEIGNEUR, HAUTE ET PUISSANTE DAME, titres donnés, dans les actes et dans les monuments publics, aux grands seigneurs, aux personnes d'une qualité relevée. — TRÈS HAUT ET TRÈS PUISSANT PRINCE, TRÈS HAUTE ET TRÈS PUISSANTE PRINCESSE, titres donnés, dans les actes et dans les monuments publics, aux princes et aux princesses. — Substantiv. LE TRÈS-HAUT, Dieu. — Diplom. LES HAUTES PUISSANCES CONTRACTANTES, se dit des princes souverains entre lesquels se conclut un traité. — Absol. HAUTES PUISSANCES, titre que prenaient les états généraux des Provinces-Unies. — LES HAUTES CLASSES DE LA SOCIÉTÉ, les classes qui tiennent le premier rang par leur naissance, leurs fonctions, leurs richesses. ⁓ ⁓ — ETRE DE LA HAUTE, être de la partie riche d'une classe sociale. — ' LA CHAMBRE HAUTE, se dit de la chambre des lords, des pairs, dans le parlement d'Angleterre. — HAUT LIEU, rang élevé : *il aimait en haut lieu.* — Part. La cour, chez le souverain : *on parla de lui en haut lieu.* — LES HAUTES SCIENCES, la théologie, la philosophie et les mathématiques. LES HAUTES CLASSES D'UN COLLÈGE, la philosophie, la rhétorique, et les mathématiques élémentaires et spéciales. — LE HAUT ENSEIGNEMENT, enseignement des facultés, au collège de France. — LE HAUT STYLE, se dit d'un style oratoire, élevé, soutenu : *ouvrage écrit dans le haut style.* — Se prend quelquefois, ironiquement, pour un style ampoulé et guindé : *c'est du haut style.* — HAUT COMIQUE, comique du genre élevé. Se dit aussi d'une chose très ridicule : *ses prétentions sont du plus haut comique.* — LE HAUT MAL, l'épilepsie ou le mal caduc. — HAUT APPAREIL, grande magnificence. — Chir. HAUT APPAREIL, se dit de certaines manières de faire l'opération de la taille. — HAUTE PRESSION, pression considérable : *machine à vapeur à haute pression.* — En parlant des cartes à jouer, HAUTES CARTES, celles qui sont le plus de valeur. — HAUT PRIX, valeur considérable, extraordinaire. Se dit au propre et au figuré : *ces denrées sont à très haut prix.* — HAUTE PAYE. (Voy. PAYE.) — Comm. LES CAFÉS, LES BLÉS, LES VINS, etc., SONT HAUTS, sont à haut prix. On dit, dans un sens analogue : *le change est haut, les fonds sont hauts*, etc. — L'ARGENT EST HAUT, on ne le prête qu'à un gros intérêt. — Fam. C'EST UN CADET DE HAUT APPÉTIT, c'est un jeune homme qui fait tout semble bon, ou qui aime à faire beaucoup de dépense. — CE METS EST DE HAUT GOUT, il est d'un goût relevé, il est poivré, salé, épicé. — EMPORTER QUELQUE CHOSE DE HAUTE LUTTE, venir à bout de quelque chose, par autorité, par force. — Se dit en mauvaise part de ce qui est excessif dans son genre : *haute insolence.* — HAUTE TRAHISON, se dit des crimes qui intéressent au premier chef la sûreté de l'Etat : *il fut accusé de haute trahison, de crime de haute trahison.* — Partic. Fier, orgueilleux, impérieux : *c'est un homme haut.* — Haut s. m. Elévation, hauteur : *cette maison a tant de toises de haut.* — TOMBER DE SON HAUT, se dit d'une personne qui tombe de toute sa hauteur. Se dit aussi, fig. et fam., d'une personne qui est extrêmement surprise de quelque chose : *il est tombé de son haut, quand je lui ai dit cela.* — IL Y A DU HAUT ET DU BAS,

DES HAUTS ET DES BAS DANS LA VIE, la vie est mêlée de biens et de maux. — Fig. : *avoir du haut et du bas, des hauts et des bas dans l'humeur, dans sa vie, dans sa fortune*, etc. — s. Le faîte, le sommet, la partie supérieure : *le haut d'une tour, d'une montagne, d'un clocher.* — Impr. HAUT DE CASSE. (Voy. CASSE.) — Mus. LA VOIX DE CE CHANTEUR EST BELLE DANS LE HAUT, elle est propre à bien rendre les sons aigus, les notes élevées. — SUR LE HAUT DU JOUR, vers le midi. (Vieux.) — LE HAUT DU PAVÉ, la partie du pavé des rues qui borde les maisons : *prendre le haut du pavé.* — Fig. VOIR LES CHOSES DE HAUT, les embrasser dans leur généralité, dans leurs conséquences. — CRIER DU HAUT DE SA TÊTE, crier de toute sa force. — GAGNER LE HAUT, s'enfuir. — LE PRENDRE DE HAUT AVEC QUELQU'UN, le traiter avec hauteur. — TRAITER QUELQU'UN DU HAUT EN BAS, DE HAUT EN BAS, le traiter avec dédain, avec hauteur. — REGARDER QUELQU'UN DU HAUT EN BAS, le regarder avec un air de mépris. — Haut, adv. Dans la partie haute, à la partie supérieure : *monter haut, bien haut, plus haut.* — PLUS HAUT, signifie quelquefois, ci-dessus, dans ce qui précède : *nous avons vu plus haut que...* — CHEVAL MONTÉ HAUT ou HAUT MONTÉ, cheval dont les jambes sont trop hautes, et ses parties proportionnées. — Fam. ÊTRE PENDU HAUT ET COURT, être exécuté à la potence. — Prov. HAUT LE PIED, allons, partons; allez, partez. On dit dans un sens analogue, FAIRE HAUT LE PIED, disparaître tout d'un coup, s'enfuir.

    . . . . . . Le cheval lui desserre
    Un coup, et *haut* le pied...
               LA FONTAINE.

— RENVOYER DES CHEVAUX HAUT LE PIED, les renvoyer sans être attelés ni montés. — Manége, MENER UN CHEVAL HAUT LA MAIN, tenir la main des rênes haute, pour soutenir le cheval, pour l'empêcher de butter, de tomber, ou pour lui donner la facilité de lever le devant, de faire des courbettes. — HAUT LA MAIN, avec autorité, ou en surmontant tous les obstacles, avec promptitude : *j'en viendrai à bout haut la main.* — Fig. PORTER HAUT LA TÊTE, être fier. — CET HOMME LE PORTE HAUT, il se prétend de grande qualité, ou il se prévaut de l'avantage que son rang, sa dignité, ses richesses, sa capacité, lui donnent. — Adv. S'emploie dans certaines phrases figurées, telles que les suivantes : *son génie ne s'était pas encore élevé si haut; la fortune semblait ne l'avoir placé si haut, que pour rendre sa chute plus éclatante.* — MONTER HAUT, s'élever à un prix considérable : *faire monter bien haut des meubles, des livres, en les enchérissant.* Se dit aussi d'une dépense considérable : *la dépense monte haut.* — REPRENDRE UNE CHOSE DE PLUS HAUT, UNE HISTOIRE DE PLUS HAUT, la raconter en la commençant d'un temps plus éloigné, pour mieux éclaircir le fait, pour rendre la narration plus claire. — REPRENDRE LES CHOSES DE PLUS HAUT, remonter à des principes généraux, à des vérités antérieures. A haute voix, fort, d'un ton intelligible : *vous ne parlez pas assez haut.* — Fig. PARLER HAUT, LE PRENDRE HAUT, TRÈS HAUT, parler, répondre sans ménagement, arrogamment. — Fig. PENSER TOUT HAUT, faire connaître avec franchise, sans détour, sans réserve, ce qu'on a dans l'esprit. — Fig. HAUT ET CLAIR, franchement, nettement, sans chercher d'adoucissement, de détours. — Mus. Dans un ton haut : *vous l'avez pris trop haut en commençant.* — EN HAUT, LA-HAUT, loc. adverb. Dans le lieu qui est plus haut, qui est au-dessus. La locution LA-HAUT rend ordinairement la désignation plus précise : *aller, monter en haut.* — PAR EN HAUT, par le haut : *passer par en haut.* — TIRER EN HAUT, POUSSER EN HAUT, vers le haut. — LA-HAUT, dans le ciel : *là-haut réside un juge vengeur.* On dit aussi, D'EN HAUT, du ciel : *c'est un ordre d'en haut.* — En haut loc. prép. : *il est tout en haut de la maison.* — Par haut loc. adv.

Manége : CE CHEVAL VA PAR HAUT, il fait un manége élevé. — ALLER PAR HAUT ET PAR BAS, vomir et aller à la selle.

* ' HAUT-À-BAS s. m. Porte-balle, petit mercier qui porte sur son dos une balle où sont ses marchandises. (Vieux.)

* ' HAUT-À-HAUT s. m. Cri de chasse que l'on fait pour appeler son camarade, et lui faire revoir la voie de son cerf pendant un défaut, ou pour l'appeler le matin au bois.

* ' HAUTAIN, AINE adj. Fier, orgueilleux : *c'est un homme hautain.* — Superlatif de *haut* et d'*altier*, ne s'emploie que lorsqu'on parle de l'homme ou des choses qui sont d'essence humaine, et ne se prend guère qu'en mauvaise part : *réponse hautaine; air hautain.*

    Et dans ces grands tombeaux où leurs âmes *hautaines*
    Font encore les vaines,
    Ils sont mangés des vers.
             MALHERBE.

— En honne part, on emploie *haut* et l'on dit : *une âme haute; un esprit haut et droit.* — Lorsqu'il s'agit d'animaux, de plantes, ou de choses n'ayant aucun rapport avec l'homme, on fait usage du mot *altier*, et l'on dit : *forêt altière* et non *haute.*

    Un coursier plein de feu levant sa tête *altière.*

* ' HAUTAINEMENT adv. D'une manière hautaine. (Peu usité.)

' HAUTBOIS s. m. ['hô-bouâ] (de *haut* et de *bois*). Instrument à vent à anche, dont le ton est fort clair : *jouer du hautbois.* — Celui qui joue du hautbois : *c'est un excellent hautbois.* — On dit mieux HAUTBOISTE. — ' Prov. et en jouant sur le mot, JOUER DU HAUTBOIS, abattre une futaie qu'il ne faudrait pas encore couper. — ENCYCL. Le hautbois est ordinairement fabriqué en cèdre, en ébène et le plus souvent en buis. Son nom lui vient de ce que, dans l'ancien système d'orchestration, sa partie était habituellement plus haute que celle des violons. Le hautbois a des sons doux, veloutés, mélancoliques et champêtres, plus variés et plus accentués que ceux de la flûte; malgré sa petitesse, il a beaucoup de puissance et en l'emploie également bien pour les effets d'orchestre et pour les solos. Rossini dans l'ouverture de *Guillaume Tell* et Meyerbeer dans le *Pardon de Ploërmel*, ont su tirer du hautbois les plus merveilleux effets. Connu en France dès la fin du xve siècle, il resta longtemps un instrument grossier, aux sons durs et rauques; ce ne fut guère que vers le milieu du xviiie siècle qu'il reçut son perfectionnement. L'école du hautbois a eu de brillants représentants tant en France qu'en Espagne et en Italie. On cite parmi les hautboïstes français Filidori, si applaudi à la cour de Louis XIII; Garnier, Michel et Sallantin au siècle dernier; de nos jours, Vogt, Brod, Gilles, Triébert, etc., ont brillamment représenté l'école française.

' HAUTBOÏSTE s. Celui, celle qui joue du HAUTBOIS. (Voy. HAUTBOIS.)

* ' HAUT-DE-CHAUSSE ou Haut-de-chausses s. m. La partie du vêtement de l'homme, qui le couvre depuis la ceinture jusqu'aux genoux: *mettre son haut-de-chausse.* Au plur. HAUTS-DE-CHAUSSE, ou HAUTS-DE-CHAUSSES. (Vieux.) On dit maintenant, *Culotte.* — Prov. et fig. CETTE FEMME PORTE LE HAUT-DE-CHAUSSE, elle est plus maîtresse, elle a plus de pouvoir dans la maison que son mari.

' HAUTE-CONTRE s. f. Mus. Celle des quatre parties de la musique qui est entre le dessus et la taille ou ténor : *chanter la haute-contre.* — Celui qui a une voix de haute-contre : *de belles hautes-contre.*

' HAUTEFEUILLE (L'ABBÉ René-Just), mécanicien, né en 1647, mort en 1724; il était fils d'un boulanger d'Orléans et fut inventeur du ressort spiral qui sert à modérer les mou-

vements des balanciers de montre. Il a laissé de nombreux écrits dont les principaux sont : *Explication de l'effet des trompettes parlantes* (Paris, 1673, in-4°), *Pendule perpétuelle* (1678, in-4°), *Nouveau moyen de trouver la déclinaison de l'aiguille aimantée* (1683), *Problèmes d'horlogerie* (1719), etc., etc.

' HAUTEFORT, ch. l. de cant., arr. et à 41 kil. N.-E. de Périgueux (Dordogne); 2,000 hab. Hospice fondé au xviie siècle. Château, classé parmi les monuments historiques, bâti au xie siècle et reconstruit presque entièrement au xvie.

' HAUTEFORT (Marie de), née en 1616, morte en 1691. Dame d'honneur de la reine Anne d'Autriche, elle sut captiver le cœur de Louis XIII, qui, du reste, n'eut pour elle qu'un amour platonique. Richelieu l'éloigna de la cour; en 1646, elle épousa le maréchal de Schomberg.

' HAUTE-LICOD s. f. Techn. Trame de tapisserie dont les lisses sont verticales : *des hautes-lisses.*

* ' HAUTEMENT adv. N'est guère d'usage au propre; au figuré signifie, hardiment, librement, résolument : *il ne le dissimula point, il le dit hautement.* — Avec vigueur, à force ouverte : *il le protége hautement.*

' HAUTERIVE, village du cant. d'Escurolles, arr. et à 23 kil. de Gannat (Allier); 500 hab. Eaux bicarbonatées sodiques froides; deux sources utilisées uniquement pour l'exportation. Hauterive fait partie du bassin de Vichy.

' HAUTES-BRUYÈRES (Redoute des). Redoute des environs de Paris, à 2 kil. S.-S.-O. du fort de Bicêtre, célèbre depuis le dernier siège. Abandonnée par les Français lors de l'affaire de Châtillon (19 sept.), cette redoute, position de garde avancée et fort importante, fut occupée par les Allemands et définitivement reprise par nos troupes avant que l'ennemi ait pu y accumuler tous ses moyens de défense. La redoute des Hautes-Bruyères eut encore à essuyer plusieurs fois le feu des Prussiens (22, 23, 24 janv. 1871), mais sa garnison tint bon et les ouvrages de défense demeurèrent intacts.

* ' HAUTESSE s. f. Titre qu'on donne au sultan : *un firman de sa hautesse.*

* ' HAUTE-TAILLE s. f. Mus. Voix moyenne entre la taille et la haute-contre. (Vieux.)

* ' HAUTEUR s. f. (lat. *altitudo*). Dimension d'un corps en tant qu'il est haut : *la hauteur d'une montagne, d'un clocher.* — TOMBER DE SA HAUTEUR, se dit d'une personne qui, étant debout, vient à tomber de son long. — Elévation d'un corps placé, suspendu au-dessus de la terre ou de quelque surface horizontale : *cet oiseau vole à une très grande hauteur.* — Géom. La distance la plus courte d'un point à une ligne ou à un plan. LA HAUTEUR D'UN TRIANGLE, D'UNE PYRAMIDE, la longueur de la perpendiculaire abaissée du sommet sur la base. — Typogr. HAUTEUR DU CARACTÈRE, hauteur prise du pied de la lettre jusqu'à la surface de l'œil. « A Paris, cette hauteur est généralement de 10 lignes 1/2; à Lyon de 11 lignes; à Strasbourg, de 11 lignes 1/4. On donne un peu moins de hauteur au caractère tel que le *trois*, eu égard à la faiblesse de sa tige. Les caractères destinés à l'impression en rouge se fondent sur douze lignes et plus de hauteur. La hauteur des espaces, cadrats, cadratins, etc., est ordinairement de 8 lignes. Dans les caractères destinés à être clichés, ces blancs ont la même hauteur que la lettre, moins la partie qui est en relief ». (Th. Lefèvre.) — Astr. Angle compris entre le plan de l'horizon et le rayon visuel mené au point du ciel que l'on veut désigner : *la hauteur d'un astre.* — PRENDRE LA HAUTEUR DU SOLEIL, ou simplement PRENDRE HAUTEUR, observer avec

un instrument la hauteur angulaire du soleil sur l'horizon. — Être a la hauteur d'une île, d'une ville, etc., être dans le même parallèle, dans le même degré de latitude. S'emploie surtout en termes de Mar. *Nous étions à la hauteur de Malte, de Lisbonne.* — Profondeur : *ils jetèrent la sonde pour prendre la hauteur de la mer en cet endroit-là.* — La hauteur d'un bataillon, d'un escadron, etc., la quantité des rangs dont il est composé. — Colline, éminence : *les ennemis gagnèrent une hauteur.* — Se dit fig. au sens moral, en parlant de ce qui est supérieur, éminent, d'un ordre élevé : *son génie ne parvint à cette hauteur qu'après de longs efforts.* — Être a la hauteur de quelqu'un, être en état de le comprendre. — Être a la hauteur du siècle, n'être pas étranger aux connaissances, aux idées, aux opinions du temps où l'on vit, en suivre le progrès. On dit de même, Être a la hauteur des connaissances, des idées actuelles, etc.; et cela peut s'appliquer également aux ouvrages d'esprit : *ce livre n'est point à la hauteur des connaissances actuelles.* — Fig. Fermeté, fierté : *l'ambassadeur soutint les intérêts de son maître avec beaucoup de hauteur.* — Se dit presque toujours en mauvaise part, et signifie arrogance, orgueil : *il a parlé avec hauteur.* — s. pl. Actions, paroles qui marquent de l'arrogance : *je ne puis supporter ses hauteurs.* — Jargon. Être a la hauteur, être intelligent, être roué.

HAUTEVILLE, ch.-l. de cant., arr. et à 33 kil. N.-O. de Belley (Ain); 775 hab.

' ' HAUT-FOND s. m. Mar. Voy. Bas-fond.

' ' HAUT-LE-CORPS s. m. Manège. Saut, bond que fait un cheval : *ce cheval fait des haut-le-corps.* — Se dit aussi, fig. et fam., des premiers mouvements d'un homme auquel on fait des propositions qui le révoltent, ou d'un homme qui éprouve une grande surprise : *cette proposition lui fit faire un haut-le-corps.* — Fam. Quelquefois. Convulsion très forte de l'estomac.

' ' HAUT-LE-PIED s. m. Homme qui ne tient à rien, qui n'a point d'établissement fixe, et qui peut disparaître d'un moment à l'autre : *ne lui prêtez point d'argent, c'est un haut le pied.* (Fam.)

' HAUTPOUL-SALLETTE (Jean-Joseph-Ange d'), général français, né en 1754, mort en 1807 : embrassa de bonne heure le métier des armes, prit part aux luttes mémorables de la République; général de cavalerie en 1803, il s'illustra à Austerlitz, fut nommé sénateur et périt à Eylau. Napoléon, qui avait apprécié sa valeur, lui fit ériger une statue. — (Anne-Marie de Montgeroult, comtesse de), femme auteur (1760-1837), épousa d'abord le comte de Beaufort, fusillé à Quiberon, puis le comte Charles de Hautpoul. Outre de nombreux articles dans les journaux l'*Athénée des Dames* et le *Journal de la Jeunesse* qu'elle avait fondés, elle a laissé des poésies légères et un *Cours de littérature* estimé.

HAUT-RELIEF s. m. Voy. Relief. — Au plur. des Hauts-reliefs.

' ' HAUTURIER, IÈRE adj. Ancien terme de Marine, qui s'employait dans ces deux locutions : Pilote hauturier, par opposition à Pilote côtier, pilote qui sait se conduire en pleine mer, par l'observation des astres. Navigation hauturière, par opposition à Cabotage, navigation de long cours.

' HAÜY (l'abbé René-Just) ['ha-ui], minéralogiste et physicien français, né à Saint-Just (Oise) en 1743, mort en 1822. Issu de parents pauvres, il fut élevé par le prieur d'une abbaye de prémontrés qui lui fit obtenir une bourse au collège de Navarre. Intelligent et laborieux, il y devint plus tard régent de cinquième, et en 1764, il occupa la chaire de seconde au collège du Cardinal-Lemoine. Là,

il se lia avec Lhomond, qui lui inspira le goût de la botanique. Le cours de Daubenton qu'il suivit au Jardin des Plantes le tourna vers la minéralogie. Sa perspicacité lui fit bientôt découvrir une grande lacune dans l'enchaînement des méthodes à l'aide desquelles les naturalistes prétendaient expliquer la formation des minéraux; la chute accidentelle d'un spath calcaire lui révéla la loi géométrique de la cristallisation. A l'appui de ses observations, il présenta, en 1784, un mémoire à l'Académie des sciences qui se hâta, comme récompense, de lui ouvrir ses portes. Pendant la Révolution, sa qualité de prêtre le fit arrêter (1792), mais sur les instances de ses collègues de l'Académie, il fut bientôt relâché; nommé en 1793 membre du comité pour les poids et mesures, et l'année suivante, directeur du cabinet des mines, il devint professeur à l'Ecole normale et membre de l'Institut dès sa création. Lors du rétablissement du culte catholique, Napoléon qui avait pour lui la plus haute estime, le nomma chanoine de Notre-Dame. Sa réputation était alors européenne, et autour de sa chaire au muséum d'histoire naturelle, on vit accourir les minéralogistes les plus distingués du monde savant, des princes étrangers eux-mêmes avides de suivre ces cours que le professeur Haüy faisait avec une clarté remarquable et une suprême élégance. Il mourut, en 1822, des

La Havane.

suites d'une chute malheureuse. On a de lui : *Essai d'une théorie sur la structure des cristaux* (1784, 1 vol. in-8°), *Exposition raisonnée de la théorie de l'électricité et du magnétisme* (1787, 1 vol. in-8°), *Traité de minéralogie* (1801, 4 vol. in-8°), *Traité de physique* (2 vol., 1803), *Traité comparatif des résultats de la cristallographie et de l'analyse chimique relativement à la classification des minéraux* (1809, 1 vol. in-8°), *Traité du caractère physique des pierres précieuses* (1817, 1 vol. in-8°), *Traité de cristallographie* (1822, 2 vol. in-8°)., etc., etc. — II. (Valentin), frère du précédent, né en 1745, mort en 1822, se sentit particulièrement porté vers l'étude des langues; c'était le temps où l'abbé de L'Epée éveillait la curiosité publique par ses tentatives pour développer l'intelligence des sourds-muets; on croit que vint à Haüy l'idée première de faire participer au bienfait de l'instruction une autre classe d'infortunés, les jeunes aveugles. La base de sa méthode, aussi simple qu'ingénieuse, consistait à remplacer toujours par un signe en relief, offert au doigt de l'aveugle, le signe simplement tracé par l'œil du clairvoyant. Pour en faire l'essai pratique, il alla chercher un jeune aveugle qui mendiait à la porte des églises. Au bout de six mois, cet enfant pouvait lire et calculer. La mé-

thode était trouvée. En 1786, la Société philanthropique lui confia douze jeunes aveugles, l'année suivante, le nombre était doublé et en 1788, le roi le nommait son secrétaire interprète. Pendant la Révolution, il entra dans la secte des théophilanthropes. Privé de la direction de sa maison pendant le Consulat (voy. Aveugle), il alla fonder des établissements analogues à Saint-Pétersbourg et à Berlin et ne revint qu'en 1817. On a de lui : *Essai sur l'éducation des aveugles* (Paris, 1786 in-4°), *Nouveau syllabaire* (1800, in-12).

' HAVANAIS, AISE s. et adj. De la Havane; qui appartient à ce pays ou à ses habitants. — s. m. Chien d'une race particulière.

' HAVANE s. m. Chien de race havanaise. — Cigare de la Havane : *fumer un havane.* — Adj. Se dit d'une couleur semblable à celle du tabac de la Havane : *une robe havane.*

' HAVANE (esp. *la Habana* ou *San Cristobal de la Habana*), capitale de la colonie de Cuba et d'un district du même nom, sur la côte N.-O. de l'île; 200,000 hab., dont 110,000 blancs, 60,000 nègres libres, 25,000 esclaves, etc. La ville est bâtie sur une péninsule entre la baie de la Havane et le golfe du Mexique, et elle se divise en vieille ville (entre la baie et l'emplacement des anciens murs), et la ville neuve, au delà des murs. Dans la vieille ville, les rues, quoique généralement régulières et bien pavées, sont extrêmement étroites avec des trottoirs à peine assez larges pour le passage d'un piéton. Les rues macadamisées de la ville neuve sont larges et garnies d'une ou de palmiers. Les maisons sont en pierre, et souvent peintes, extérieurement et intérieurement, de couleurs brillantes. Plusieurs des résidences de la ville neuve sont construites dans un style plus moderne. Parmi les édifices publics remarquables, se trouve la cathédrale, où reposent les cendres de Colomb. Parmi les 15 autres églises, nous citerons Santa-Catalina et San-Juan-de-Dios, ornées de splendides décorations. Il y a un grand nombre de couvents des deux sexes. Les autres édifices publics sont : le palais du capitaine général, l'amirauté, la bourse, l'université, la prison (vaste construction quadrangulaire) et *la real casa de beneficencia*, comprenant un asile d'orphelins et un asile pour les vagabonds. La ville renferme trois théâtres, dont le plus grand et le plus beau est le Tacon; une arène pour les combats de taureaux, un gymnase, un cirque et plusieurs bains publics. L'université comprend des facultés de philosophie, des lettres, des sciences, de pharmacie, de médecine, de chirurgie et de jurisprudence. Nombreux paseos ou promenades publiques; parcs ornés de fontaines et de statues. Une eau excellente est amenée de la rivière Chorrera par un aqueduc de 10 kil. de long. La ville est bien éclairée au gaz. Climat tropical; mais la chaleur est tempérée, le matin, par les brises de mer, et le soir, par une brise de terre. La température moyenne pendant le jour s'élève à 27° C. en hiver et à 32° en été. La Havane a été plusieurs fois visitée par de terribles ouragans; ceux de 1768, 1810, 1844 et 1846 ont été particulièrement destructifs. La fièvre jaune y fait son apparition chaque année, généralement de juin à septembre. Le port, défendu par le château Morro, la Cabaña et par quatre autres forts, est un des plus beaux du monde. La ville renferme quelques fonderies, des ateliers pour machines, etc.; mais son industrie principale est la manufacture des cigares et des cigarettes. La Havane est, après New-York, le port le plus commerçant du nouveau monde. Principaux articles d'exportation : sucre, rhum, mélasse, cigares, tabac, oranges, ananas, bananes et gelées de fruits. En 1877, le sucre exporté fut évalué approximativement à 434,464,635 fr., la quantité de feuilles de tabac exportées fut de 992,475 kilog., le nombre de cigares de 239,168,758, et les paquets de cigarettes de 24,065,084. Le port est visité par des lignes régulières de bateaux à vapeur, avec les États-Unis, l'Angleterre, la France, l'Espagne et les ports du golfe du Mexique. La loterie royale de la Havane, sous la surveillance du gouvernement, rapporte annuellement environ 200,000,000 de fr. — Velasquez fonda en 1515, à l'embouchure de la rivière Güines, San-Cristobal, ville qui, en 1519, fut transportée sous le nom de la Havane, dans l'emplacement qu'elle occupe actuellement. Cette place fut pillée et brûlée par des pirates en 1538. C'est de cet endroit que De Soto partit, en 1539, à la conquête de la Floride. En 1550, la Havane devint le siège du gouvernement. Elle fut attaquée sans succès par Drake en 1585. La fièvre jaune y parut pour la première fois en 1761. Elle fut prise par les Anglais en 1762, et rendue en 1763. Le premier journal, La Gaceta de la Habana, y fut fondé en 1782. En 1818, le port a été ouvert au commerce étranger.

' **HAVAS** (Charles) ['ha-vass], fondateur de l'agence qui porte son nom, né à Paris en 1785, mort en 1858. Chef d'une maison de commerce, il fit une grande fortune sous le premier Empire, et fonda, sous Louis-Philippe, avec l'aide des subventions ministérielles, sa fameuse agence de nouvelles politiques et commerciales. Son fils Auguste lui a succédé dans la direction de cette agence.

' **HÂVE** adj. (anglo-sax. hasva, desséché). Pâle, maigre et défiguré : avoir le visage hâve.

' **HAVEL** ['hâ-vel], rivière d'Allemagne. Elle prend sa source dans un petit lac, près de Neu-Strelitz (Mecklenbourg), passe à Potsdam et se jette dans l'Elbe, après un cours de 330 kil. Elle relie une chaîne de 18 lacs. Parmi ses affluents, on cite la Sprée. Des canaux relient le Havel à l'Oder et à l'Elbe.

' **HAVELOCK** (sir Henry) ['hav'-e-lok], général anglais, né en 1795, mort en 1857. Il se distingua dans la guerre du Burmah en 1824 et publia, en 1827, The History of the Ava campaign. Ayant assisté à l'assaut de Ghuzin et à l'occupation de Caboul, il écrivit, Narrative of the War in Afghanistan (1838-'39). Il se distingua ensuite dans l'Afghanistan, dans la campagne des Mahrattes et contre les Sikhs. Lors de l'expédition de la Perse en 1856, il commanda les troupes à la prise de Mohammerah. En juillet 1857, marchant d'Allahabad au secours de Cawnpore, il battit Nana-Shahib devant cette dernière ville, mais il arriva trop tard pour sauver les habitants européens, il vainquit encore le chef indigène à Bithoor. Poussant vers Lucknow, Havelock remporta une brillante victoire à Oneo, le 29 juillet,

et le même jour, battit les rebelles à Busserut-Gunge. Il joignit le général Neill à Cawnpore, marcha de nouveau contre Nana, qui était rentré dans Bithoor, et le mit en déroute le 16 août. Le 19 sept., Havelock, alors major général et commandant en chef, partit de nouveau pour Lucknow. Après une série de batailles, il atteignit cette ville le 25 et se fraya un chemin au milieu des ennemis, jusqu'à la résidence, où Inglis était enfermé. Il y soutint un siège jusqu'à ce que l'arrivée de sir John Campbell lui permit de se retirer à Cawnpore. La résidence fut évacuée le 22 nov. Havelock mourut trois jours après.

' **HAVERFORD-WEST** (gallois. Hwlffordd), ville du pays de Galles, capitale du Pembrokeshire, sur le Cleddy, à environ 310 kil. N.-O. de Londres ; 14,390 hab. L'église paroissiale de Saint-Thomas date de 1225.

' **HAVERHILL**, ville du Massachusetts (États-Unis), sur la rive N. du Merrimack, à 30 kil. de la mer et à 50 kil. N. de Boston ; 14,630 hab. Manufactures de bottes et de souliers, employant de 6,000 à 8,000 ouvriers.

' **HAVERSTRAW**, ville de l'état de New-York (États-Unis), sur la rive O. de la rivière Hudson, vis-à-vis de Peekshill, à 45 kil. N. de New-York ; 6,790 hab. Fabriques d'indiennes; fonderie et un chantier de construction pour navires.

' **HAVIN I.** (Léonor-Edouard), avocat et conventionnel, né à Mesnil-Opac (Manche), mort à Caen en 1829. Son département natal l'envoya à la Convention, où il vota la mort du roi, mais avec sursis et appel. Il était juge à Caen, lorsque la Restauration le bannit (1816). Il fut gracié quelque temps avant de mourir. — II. (Léonor-Joseph), avocat et publiciste, né à Paris en 1799, mort à Thorigny le 12 nov. 1868. Député de la Manche (1831-'51), il siégea dans les rangs de l'opposition jusqu'à la révolution de Février, prit part au mouvement réformiste, entra dans le parti modéré pendant la seconde République, protesta contre le coup d'État et rentra dans la vie privée, consacrant tout son temps au journal le Siècle, dont il était devenu le directeur politique. Elu dans la Manche en 1863, il resta jusqu'à sa mort l'un des membres de l'opposition.

' **HAVIR** v. a. (anc. haut all. heien, brûler). Se dit en parlant de la viande, lorsqu'on la fait rôtir à un grand feu, qui la dessèche et la brûle par-dessus, sans qu'elle soit cuite en dedans : le trop grand feu havit la viande. — v. n. : la viande havit à un trop grand feu. (Peu usité.)

' **HAVRAIS, AISE** s. et adj. Habitant du Havre ; qui appartient à cette ville ou à ses habitants.

' **HAVRE** s. m.[' hâ-vre] (anc. scandinave hafne ; all. hafen; angl. et holl. haven, port). Se disait autrefois d'un port de mer quelconque : havre assuré. — Ne se dit maintenant que de certains ports qui restent la plupart sans eau à marée basse. — On en a fait le nom d'une ville de France, le Havre. On disait autrefois le Havre-de-Grâce.

' **HAVRE** (Le), ville maritime fortifiée et ch.-l. d'arr., à 90 kil. O.-N.-O. de Rouen (Seine-Inférieure), à 228 kil. de Paris, sur la rive droite de la Seine, au point où elle se jette dans la Manche; par 49° 29' 16" lat. N. et 2° 13' 45" long. O.; 106,000 hab. Le Havre est une fort jolie ville, bien percée et bien bâtie. Assise au pied du coteau d'Ingouville et sur le flanc de Sainte-Adresse, elle offre avec sa verdure et ses forêts de mâts le plus pittoresque panorama. En fait de monuments, nous ne citerons que l'hôtel de ville, le théâtre, le Marché-Neuf et le vaste établissement balnéaire de Frascati; mais ce que l'étranger admire surtout avec ses jardins publics, son aquarium et ses boulevards, ce sont ces vastes bassins creusés pour ainsi dire

comme de larges rues au milieu de la ville et où viennent mouiller les vaisseaux de tout tonnage et de tout pavillon. Après Marseille, le Havre est le premier port maritime de France et il réunit à lui seul le cinquième de tout son commerce étranger. La valeur totale des importations et des exportations annuelles est estimée à 4,250 millions de fr. Ses immenses docks reçoivent la masse des cotons d'Amérique et servent d'entrepôt à toute l'exportation française aux États-Unis. Un bassin spécial est réservé aux transatlantiques et c'est de là que partent, sur ces vastes steamers, la plupart des émigrants français qui se rendent en Amérique. Le Havre possède, en outre, une manufacture de tabacs, une direction d'artillerie et du génie, une école d'hydrothérapie, etc. Fabriques de cordages, de machines, de goudron, de faïence, de vitriol, etc. Patrie de Mlle de Scudéri, de Mme de Lafayette, de Casimir Delavigne et de Bernardin de Saint-Pierre. Au lieu où s'élève aujourd'hui cette cité florissante et commerçante, on voyait au xvie siècle, quelques cabanes de pêcheurs autour d'une pauvre chapelle dédiée à Notre-Dame-de-Grâce. Louis XII y fit faire des travaux; François Ier, auquel les Havrais ont érigé une statue, voyant avec regret que le mouvement de la mer faisait perdre son importance au port d'Harfleur sentit le besoin de le remplacer. En 1516, il chargea l'amiral Bonnivet d'un autre port sur l'emplacement de la chapelle Notre-Dame. Le petit havre qui se trouvait au pied de cette chapelle devenait, au moment des terribles tempêtes de la Manche, un excellent refuge pour les bâtiments surpris par l'ouragan. Une ville et une tour (la tour François Ier, que l'on vient d'abattre) s'élevèrent comme par enchantement. Françoisville, ainsi s'appela le nouvel établissement; mais ce ne fut pas pour longtemps. Le roi mort, les courtisans rendirent à sa ville favorite le nom de Havre-de-Grâce que les marins lui avaient conservé. La ville prit un accroissement rapide, grâce aux privilèges que les rois lui accordaient et elle devint même une place forte défendue par les bastions de Saint-André, de Sainte-Adresse, de l'hôpital, etc.; livrée aux Anglais en 1562, elle fut reprise en 1564 et subit plusieurs bombardements, notamment en 1694 et en 1759. Les hauteurs qui la dominent en font partie et la défendent

' ' **HAVRESAC** s. m. Sac de peau ou de toile cirée dans lequel chaque fantassin renferme les effets à son usage, et qui se porte sur le dos à l'aide de deux bretelles: les havresacs des soldats. On dit aussi, Sac. — Se dit aussi du sac que les gens de métier, en courant le pays, portent sur le dos avec des bretelles, et où ils mettent leurs provisions, leurs outils : le havresac d'un garçon de métier.

' **HAWAÏ** ['ha-ouu-i] ou Sandwich (Iles), groupe septentrional de la Polynésie, formant un royaume et composé de 12 iles, entre le Mexique et la Chine, entre 18° 53' et 22° 20' de lat. N. et entre 157° 9' et 162° 35' long. O.

TABLEAU STATISTIQUE DES ILES HAWAÏ.

ILES.	KIL. CARR.	HAB.
Hawai	11.356	17.034
Maoui	1.268	12.109
Kaboulooui	143	—
Lanai	301	514
Molokai	491	2.581
Oahou	1.680	20.236
Kouai	1.418	5.634
Niihaou	175	120
Kaoula	114	57
Molokini	—	—
Leoua	—	—
Bird	—	—
Totaux	**16.946**	**57.985**

Capitale Honolulu.

Ces îles sont montagneuses, de formation volcanique. Neuf seulement sont habitées, Hawaï, la plus orientale, consiste en une ceinture inclinée de terre côtière, en un plateau central élevé et en trois montagnes principales : Mauna Kea (4,800 m.) Mauna Loa (volcan en activité, 4,250 m.) et Mauna Hualalai (3,200 m.). Des tremblements de terre, généralement légers, ont lieu fréquemment à Hawaï, qui renferme deux grands volcans : Kilanea et Mauna Loa, le premier est continuellement actif, le dernier est intermittent. Kilanea est le plus grand cratère continuellement en activité, qu'il y ait au monde. Il se trouve dans la partie orientale du mont Mauna Loa, à une hauteur de 1,320 m., il présente une ouverture de 12 kil. de circonférence et de 335 m. de profondeur. Des centaines de kil. carr. de l'île sont couverts de laves récentes et stériles. La ville principale est Hilo, sur la côte N.-E., au milieu d'un territoire très fertile. Maoui se compose de deux péninsules montagneuses reliées par un isthme peu élevé. Mauna Halekala, sur la péninsule orientale, s'élève à 3,180 m. de haut; son cratère, qui est éteint, est le plus large des cratères connus. Il mesure 360 m. de profondeur et une circonférence de 36 kil. La ville principale est Lahaina. Haouaï offre le climat tropical le plus uniforme. Oahou renferme la capitale, Honolulu. Ses côtes fertiles sont très peuplées. Molokaï est montagneuse et peu habitée, de même que les autres îles plus basses et plus petites, Lanaï et Niihaou. Le meilleur port de toutes ces îles est celui de Honolulu. Le climat est partout sain et remarquablement égal. La température moyenne de l'année à Honolulu est de 22° C. Juin est le mois le plus chaud et janvier est le plus froid et celui où il tombe le plus de pluie. La faune indigène des îles consiste en porcs, chiens, rats, chauves-souris et oiseaux domestiques. Plusieurs oiseaux présentent un magnifique plumage. La flore compte environ 373 espèces; beaucoup d'autres ont été introduites. Le cocotier, le bananier, l'arbre à pain, le pandanus, la cordyline et le taro ou kalo sont probablement indigènes. Le taro constitue l'aliment principal des indigènes. Les autres productions sont : le sucre, le riz, le café, le coton, le bois de santal, le tabac, l'arrow-root, le blé, le maïs, le tapioca, les oranges, les citrons, les tamarins, les goyaves, les pommes de terre, les ignames, la laine, les peaux, le suif et des bois d'ébénisterie. Élève de bœufs, de moutons, de chèvres et de porcs. Le commerce a lieu principalement avec la Californie; la valeur de ce commerce, de 1853 à 1873, y compris le fret des navires, l'argent des passagers et la valeur des chargements intérieur et extérieur, excède 108 millions de francs. Les importations provenant des Etats-Unis consistent principalement en objets manufacturés, en viandes conservées, en farine et en épicerie. Le sucre est le principal article d'exportation (12 millions de kilog). — Les Iles Hawaï furent gouvernées comme monarchie absolue et d'après des principes féodaux, jusqu'en 1839, époque où Kamehameha III érigea une constitution; en 1840 et 1842, ce prince abdiqua le pouvoir absolu et créa un gouvernement constitutionnel composé du roi, des nobles et d'un parlement biennal, nommé par le suffrage universel. La nouvelle constitution resta en vigueur jusqu'au moment où Kamehameha V l'abrogea en 1864 et promulga une constitution qui restreignit le suffrage, établit certaines qualités d'éligibilité et centralisa le gouvernement entre les mains du roi. — Le revenu annuel total de l'État est d'environ 2,500,000 fr. En 1843, le royaume de Hawaï fut reconnu comme formant une souveraineté indépendante, par la France et par l'Angleterre et en 1844, par les Etats-Unis. — Les Hawaïens sont d'un teint foncé olivâtre; leurs cheveux sont noirs ou d'un brun sombre, brillants et ondulés; ils ont de grands yeux, un nez un peu aplati et des lèvres fortes. Ils sont bien faits, agiles, de haute taille; excellents nageurs, habiles à manœuvrer leurs canots, ils deviennent bons pêcheurs, cavaliers intrépides et hardis marins. Ils sont d'un caractère doux. Ils cultivent le sol avec une grande habileté, fabriquent : le sucre, la mélasse, et l'arrow-root; travaillent le fer et d'autres métaux. Lors de la visite de Cook, ils avaient abandonné le cannibalisme, mais ils étaient libertins, brutaux et vivaient sous le règne de terreur imposé par la cruelle tyrannie du tabou. Ils ne sont pas encore parfaitement civilisés, bien que leur caractère ait été considérablement modifié par l'éducation. Leur population décroît régulièrement. Au premier recensement en 1832, elle était de 130,313; en 1872, elle était tombée à 56,899, comprenant 5,366 étrangers (1,938 Chinois, 889 Américains, 619 Anglais, 395 Portugais, 234 Allemands et 88 Français). La diminution des indigènes est due principalement aux maladies étrangères introduites par les blancs. La race indigène pure semble destinée à disparaître et la population des sangs mêlés augmente rapidement. L'instruction se répand parmi les Hawaïens avec une rapidité sans exemple. Plusieurs journaux en bawalen et en anglais se publient à Hawaï. Le peuple entretient richement les églises, au moyen de souscriptions volontaires et se montre extrêmement généreux dans ses dons pour les besoins du culte. Après l'arrivée (1820) des premiers missionnaires d'Amérique, les îles prirent rapidement l'apparence d'un pays civilisé. En 1822, le hawaïen était déjà une langue écrite et, depuis cette époque, plus de 200 ouvrages ont été publiés. Le nombre total des protestants était de 42,283 en 1873. En 1829, le gouvernement voulut interdire le prosélytisme catholique romain, mais, en 1839, les Français obtinrent la liberté pour la religion catholique, et on prétend que le nombre des catholiques était de 23,000 en 1872. Les Espagnols connaissaient les îles Hawaï plus d'un siècle avant qu'elles ne fussent découvertes de nouveau par le capitaine Cook en 1778. Hawaï s'appelait Mesa. Cette île devint de suite célèbre comme lieu où périt le capitaine Cook (14 février 1779). Cet explorateur avait donné à ce groupe le nom de Sandwich, à cause de lord Sandwich qui était alors premier lord de l'amirauté, mais le nom de Hawaï est celui dont se sert dans les îles. En 1795-'96 Kamehameha subjugua toutes les îles, excepté Kaouaï, qui se soumit quelques années plus tard; et il fonda la dynastie qui gouverna les îles jusqu'à la fin de 1872, époque où elle s'éteignit à la mort de Kamehameha V (roi Lot), qui ne laissa pas d'héritier, ou qui ne nomma point de successeur. William Lunalilo, descendant d'une vieille famille de chefs hawaiens, fut élu le roi le 8 janvier 1873. Il mourut sans héritier le 3 février 1874 et, le 12 du même mois, un chef, nommé David Kalakaoua, fut élu. — Armée : 400 hommes, dont 300 fantassins et 100 cavaliers. — Évêque anglican à Honolulu; évêque catholique dans la même ville. — La marine marchande comprend 60 navires, dont 40 à vapeur. 51 kil. de chemin de fer sont en exploitation. Il y a des lignes télégraphiques et téléphoniques dans les îles principales. — Biblio. The Hawaiian Archipelago, par miss L. Bird (Loudon, 1878). — A Voyage in the Sunbeam, par lady Brassey (London, 1880). — Fire Fountains : the Kingdom of Hawaii, par miss C.-F. Gordon-Cumming (London, 2 vol., 1883). — Quatorze ans aux îles Sandwich, par C. de Vangrey (1874, Paris).

' HAWAÏEN, IENNE s. et adj. ['ha-oua-iain]. Des îles Sandwich; qui appartient à ces îles ou à leurs habitants.

' HAWICK ['hâ-ik], ville du Roxburghshire (Écosse), sur le Teviot, à 65 kil. S.-E. d'Edimbourg; 11,356 hab. Elle est divisée par la rivière Slitrig. A l'extrémité supérieure de la ville est le Moat, monticule artificiel qui a 104 m. de circonférence à la base et 10 m. de hauteur. Manufactures de couvertures, de flanelles, de bas, etc. La tour de Branksome, célèbre dans le Lais du dernier Ministre de Walter Scott, est à 4 kil. de la ville.

HAWKE (Edward, BARON) ['hâ-ke], amiral anglais, né en 1745, mort en 1781. Il entra très jeune dans la marine. Après la bataille navale de Toulon (1744), il fut mis en jugement et renvoyé du service pour avoir désobéi, en traversant la ligne et en s'emparant d'un navire espagnol; mais il fut immédiatement réintégré par George II. En 1747, il fut nommé contre-amiral, et remporta une victoire sur l'escadre française près de Belle-Isle. En 1756, il succéda à l'amiral Byng dans la Méditerranée. En 1759, il remporta sur la flotte française, commandée par Conflans, la célèbre bataille des Cardinaux (baie de Quiberon). En 1765, il fut nommé vice-amiral d'Angleterre et premier lord de l'amirauté et, en 1776, il fut créé baron Hawke.

' HAWKESBURY ['bâkss-be-ri], île du grand Océan, sur les côtes de l'Amérique septentrionale. Elle fut découverte par Vancouver.

' HAWKINS, SIR John ['hâ-kinnss], pirate anglais, né vers 1520, mort en 1595. Dans sa jeunesse, il fit plusieurs voyages en Espagne, en Portugal et aux îles Canaries et, de 1562 à 1568, il s'occupa du commerce des esclaves et s'enrichit. En 1573, Elisabeth le nomma trésorier de la marine. Il servit en 1588 comme contre-amiral contre l'armada espagnole et il fut nommé chevalier. En 1590, il fut envoyé avec Martin Frobisher pour intercepter la flotte de la Plata et pour harasser le commerce de l'Espagne. En 1595, il commanda, avec Drake, une expédition contre les possessions espagnoles dans les Indes occidentales et il mourut en mer.

' HAWKWOOD (SIR John**)** ['hâk-oûd], aventurier militaire anglais, que les Italiens avaient surnommé Giovanni Acuto (Jean de l'Aiguille), parce que, dans sa jeunesse, il avait été apprenti tailleur. En 1360, il suivit en France l'expédition d'Edouard III, ravagea, à la tête de compagnies franches, la Provence et l'Italie, rançonna le pape dans Avignon, servit les Pisans contre Florence qui dut payer une contribution de guerre de 130,000 florins d'or et finit par s'attacher aux Florentins. Devenu fort riche, il fonda à Rome un hôpital anglais et épousa une fille naturelle du duc de Milan, Barnabo Visconti.

' HAWTHORNE I. (Nathaniel) ['hâ'-thor-ne], auteur américain, né à Salem, le 4 juillet 1804, mort le 19 mai 1864. En 1825, il prit ses degrés au collège de Bowdoin et, en 1828, il publia sous le couvert de l'anonyme un roman appelé Fanshawe. En 1836, il se rendit à Boston pour publier le American Magazine of useful knowledge, qu'il rédigea à lui seul. En 1837, il publia une collection de ses contes et de ses esquisses sous le titre de Twice-told Tales, et en 1842 il en donna une seconde série. Il fut peseur à la douane de Boston, de 1838 à 1841, époque où il alla vivre avec les membres de l'association phalanstérienne d'agriculture et d'éducation de Brook-Farm (Massachussetts), dont il était l'un des fondateurs. Après quelques mois et en 1843 il épousa miss Sophia Peabody et il établit sa demeure dans le vieux presbytère de Concord. Dans l'introduction du volume de contes et d'esquisses intitulé : Mosses from an old Manse (1846), il donne des détails charmants sur son existence dans cette résidence. En 1846, il fut nommé inspecteur du port de Salem, et pendant les trois années suivantes il fut le principal officier de la vieille douane, dont il parle dans l'introduction de *The Scarlet Letter* (1850), intéressant tableau de la vie domestique dans la Nouvelle-Angleterre. En 1851, parut *The House of the Seven Gables*, qui fut suivi de *The Blithedale Romance* (1852). En 1852, il publia la vie de son ami de collège Franklin Pierce, candidat démocratique pour la présidence. Celui-ci, étant élu, donna à son biographe le consulat de Liverpool. Hawthorne occupa cet emploi jusqu'en 1857; il passa ensuite deux ans en France et en Italie et retourna à Concord en 1860. En 1864, voyageant dans le New-Hampshire avec l'ex-président Pierce, il s'arrêta dans un hôtel de Plymouth, et y passa la nuit; le matin, on le trouva mort

Maison de Hawthorne, à Concord.

dans son lit. Parmi ceux des ouvrages qui n'ont pas encore été mentionnés, nous citerons : *True stories from History and Biography* (1851); *The Wonder Book for girls and boys* (1851); *The Snow Image and other Twice told Tales* (1852); et *Tanglewood Tales*, suite du *The Wonder Book* (1853). En 1845, il publia *The Journal of an African Cruiser*, son plus long et peut-être son meilleur ouvrage. *The Marble Faun*, roman sur l'Italie, fut publié à Boston en 1860 et réimprimé à Londres sous le titre de *Transformation*. *Our old Home*, série d'esquisses anglaises, fut publié dans l'*Atlantic Monthly*, en un volume, en 1863. Après sa mort, sa femme donna, d'après son journal, son : *American Note Books* et *French and Italian Note Book*. En 1872, *Septimius Felton* ou *The Elixir of Life*, roman psychologique, fut trouvé parmi ses manuscrits et publié par sa fille Una. Quelques chapitres de *Dolliver Romance*, ouvrage non terminé, parurent dans l'*Atlantic Monthly*, en 1864. Une édition complète de ses œuvres fut publiée à Boston en 1873 (21 vol. in-16). George P. Lathrap a publié : *A Study of Hawthorne* (1876). — II. (**Sophia Peabody**), son épouse, femme de lettres, née en 1810, morte à Londres en 1871. En 1868, elle publia *Notes in England and Italy*.

' **HAXO** I. (**Nicolas**), général français, né près de Saint-Dié en 1750, mort en 1794. Lors de l'envahissement du territoire français, Haxo s'enrôla dans l'armée des Vosges; il fit toutes les campagnes du N.-E. et y conquit tous ses grades. Envoyé contre les Vendéens, en 1793, à la tête d'une brigade des armées de la République, il prit Noirmoutier et fit subir aux Chouans des pertes considérables. Après ce premier succès, Haxo se retourna contre Charette qui se trouvait à la Roche-sur-Yon; mais, battu à son tour, malgré des prodiges de valeur, et blessé grièvement, il se brûla la cervelle plutôt que de tomber au pouvoir des Vendéens. — II. (**François-Nicolas-Benoît**), neveu du précédent, né à Lunéville en 1774, mort en 1838. Il fit, en qualité de ca-

pitaine, les campagnes de 1794-'95 à l'armée du Rhin; nommé chef de bataillon après la campagne d'Italie (1804), il fut envoyé à Constantinople en 1807, pour en améliorer la défense. L'année suivante, il dirigea avec succès le siège de Lérida (Espagne), où il fut promu général de brigade. Général de division après la campagne de Russie, il se battit à Waterloo et se retira avec l'armée sur la Loire. Nommé, en 1816, inspecteur général des fortifications, il contribua puissamment à la restauration des places de l'E. Pair de France en 1830, il fut désigné pour diriger les opérations du siège d'Anvers (1835). Haxo est regardé comme l'un des premiers ingénieurs militaires français du XIX⁰ siècle.

' **HAXO** (**Rue**), située à Paris - Belleville; c'est dans cette rue que les fédérés fusillèrent, le 25 mai 1871, 46 prêtres et 38 gendarmes, gardés comme otages à la prison de la Roquette. (Voy. COMMUNE).

' **HAXTHAUSEN** [hàkst'-haou-zènn) (**Franz-Ludwig-Marie-August**, BARON), auteur allemand, né près de Paderborn en 1792, mort en 1866. Il voyagea beaucoup et il publia des ouvrages remarquables sur la situation économique de la Prusse et de la Russie, sur la Transcaucasie et sur les institutions constitutionnelles.

HAY (L') [a-i], village de l'arr. de Sceaux, cant. de Villejuif, à 10 kil. de Paris; 600 hab. Combat du 29 nov. 1870, entre les troupes du général Valentin et les soldats allemands solidement barricadés dans le village. Les Français se retirèrent après avoir occupé le cimetière et les premières maisons de l'Hay; ils avaient perdu 983 hommes de troupe et 30 officiers, tant tués que blessés.

HAYANGE, ville du cercle de Thionville (Alsace-Lorraine); 4,900 hab. Mines de fer; hauts fourneaux.

' **HAYDN** I. (**Joseph**) ['haïd'n], célèbre compositeur allemand, né à Rohrau (basse Autriche), le 31 mars 1732, mort à Vienne, le 31 mai 1809. Doué d'une précoce disposition pour la musique, il entra, dès l'âge de huit ans, comme enfant de chœur à la cathédrale de Saint-Etienne, à Vienne; la beauté de sa voix limpide et sonore y excita l'admiration. Pour apprendre les principes de l'art et ceux d'une harmonie pure et correcte, Haydn servit comme laquais le vieux maître Porpora, qui le traita comme un fils. A 18 ans, il débuta par l'opéra *le Diable boîteux*, qui fut joué à Vienne avec succès, mais que la police interdit au bout de trois représentations. Corner, ambassadeur de Venise à la cour impériale, et la comtesse de Thun le tirèrent de la misère et, en 1760, le prince Nicolas Esterhazy se l'attacha en qualité de maître de chapelle. Enumérer les diverses compositions d'Haydn pendant les 30 années qu'il conserva ce poste, serait chose impossible. Il fit plusieurs voyages en Angleterre, où les offres les plus brillantes lui furent faites pour l'engager à rester à Londres; mais préférant sa patrie à la richesse, il revint à Vienne et donna, en 1798, l'oratorio de la *Création du Monde*. Ce chef-d'œuvre fut bientôt connu de l'Europe entière, et chaque public acclama dès lors toutes ses compositions. L'Institut de France le choisit pour l'un de ses membres correspondants. A 68 ans, il donna encore l'oratorio des *Quatre-Saisons*

(1800); ce fut comme la dernière étincelle de son vaste génie; après une heureuse vieillesse, il s'éteignit, à Vienne, en 1809. Haydn a laissé plus de 600 compositions instrumentales dont les plus connues sont, parmi les opéras : le *Diable Boîteux*, *Armide*, *Orlando paladino*, *Orfeo*, *Il mundo della luna*. Inimitable dans la musique orchestrée, Haydn n'a guère été surpassé que par Mozart, dans la musique religieuse; ses oratorios, *La Création du Monde*, *Les Quatre-Saisons*, et les *Sept paroles de J.-C.* sont des chefs-d'œuvre; ses 19 messes sont, comme il le déclarait lui-même, parmi les plus réussies de ses compositions. Dans l'histoire de la musique, Haydn occupera toujours une large place, non seulement par la grandeur, le nombre, l'originalité et la beauté de ses conceptions, mais comme chef d'école. Exempt de tout esprit de rivalité et de jalousie, il posséda l'amitié de Porpora, de Gluck et surtout de Mozart, dont il ressentit vivement la perte. Dans sa jeunesse, il eut aussi quelques rapports avec Métastase, mais le grand poète, au sein de son opulence, ne sut pas deviner le grand musicien sous les haillons de la misère. La biographie de Haydn a été écrite par Griesinger (1810), Grosser (1826), Ludwig (1867) et Pohl (1845). — II. (**Michael**), frère du précédent et compositeur comme lui, né en 1737, mort en 1808. Il reçut les leçons de Reuter et se fit bientôt connaître comme organiste et compositeur. Il fut maître de chapelle à Gross-Wardein en Hongrie et à la cathédrale de Salzbourg. Ses œuvres comprennent des opéras, des oratorios, des messes, etc. Son frère Joseph le considérait comme le meilleur compositeur de musique sacrée de l'époque.

HAYDOUK s. m. Voy. HEIDUQUE.

HAYE (La) [la-hê] (holl. 's *Gravenhage*, la haie du comte; angl. *the Hague*; allem. *Den Haag*), ville des Pays-Bas, capitale de la Hollande méridionale, à environ 3 kil. de la mer et à 20 kil. N.-N.-O. de Rotterdam; 129,000 hab., dont un tiers appartient à la religion catholique. Cette ville, résidence de la cour, du gouvernement, des états généraux ou parlement et des ministres étrangers, est devenue, depuis 1850, l'une des plus belles de l'Europe, avec ses maisons imposantes, ses parcs, ses rues spacieuses, traversées par des canaux et plantées d'arbres. Elle renferme un palais royal, le palais du prince d'Orange, le *Binnenhof*, palais des états généraux et un hôtel de ville gothique. La bibliothèque royale contient environ 100,000 volumes. La célèbre galerie de peinture et le musée sont dans le *Maurits Huis*, ainsi nommé de Maurice de Nassau, par lequel il fut bâti. Ce musée est particulièrement riche en costumes, en articles et en armes provenant de la Chine, du Japon et des colonies hollandaises. Près de la ville se trouvent les bains de Scheveningen. — La Haye se forma, au XIII⁰ siècle, autour d'un rendez-vous de chasse, bâti par le comte de Hollande; elle doit son nom à la haie (*haag*) qui entourait le rendez-vous. Au XVI⁰ siècle, elle devint le siège du gouvernement, et acquit, particulièrement au XVII⁰ siècle, un grand intérêt historique comme centre politique où se réunirent plusieurs fois les diplomates européens. Le traité de la Haye, du 21 mai 1659, signé par la France, l'Angleterre et les Pays-Bas, avait pour but d'établir l'équilibre entre les puissances du Nord. Celui du 7 sept. 1704, entre l'empereur, l'Angleterre et la Hollande, contre Louis XIV, fut la base de la grande alliance des puissances européennes, pour arrêter les envahissements du roi de France. Dans cette ville se signèrent, le 4 janv. 1717, la fameuse *alliance de la Haye* (voy. ALLIANCE), et le 17 février, un traité de paix entre l'Espagne, la Savoie et l'Autriche. Les Français, favorisés par un froid intense, entrèrent dans la Haye, le 19 janv. 1795; les habitants et les troupes les ayant reçus à bras ouverts, le stathouder et sa famille se sauvèrent en Angleterre et la république fut proclamée. Mais plus tard, Napoléon donna le royaume de Hollande à son frère Louis(1806), qui transporta le siège du gouvernement à Amsterdam. La colère des habitants était

La Haye. — Musée Maurice.

portée à son paroxysme, lorsque parurent les alliés. Les troupes françaises évacuèrent la Haye en nov. 1813, et le stathouder y rentra en décembre. Jusqu'en 1830, les assemblées des états généraux alternèrent entre la Haye et Bruxelles; depuis lors, elles se tiennent à la Haye, mais Amsterdam est toujours la capitale nominale du royaume.

' HAYEL ou 'Hail ['ha-ièl; ' hall], ville d'Arabie, dans le Nedjed, capitale du sultanat de Chomer, à 315 kil. N.-É. de Médine; environ 22,000 hab. Murailles hautes de 7 mètres et garnies de tours et de portes bastionnées. Le palais du sultan occupe, avec ses jardins d'agrément, près de la dixième partie de la ville. Rues irrégulières, maisons en briques avec terrasses. Commerce important.

' HAYNAU (Julius-Jakob von) ['haï-naou], général autrichien, né en 1786, mort en 1853. Il était fils illégitime de l'électeur Guillaume Ier de Hesse-Cassel, et de la fille d'un pharmacien de Hainau (Silésie prussienne), nommée Rebekka Ritter, connue plus tard sous le nom de frau von Lindenheim, quand elle fut devenue l'épouse morganatique de l'électeur. Entré dans l'armée autrichienne en 1801, Haynau fit toutes les campagnes contre la France jusqu'en 1815. Major-général en 1835, il prit part, en 1847-'48, à la répression des mouvements révolutionnaires en Italie, gagna la bataille de Custozza et se signala à Ferrare et à Bergame par une férocité inouïe à l'égard des habitants; le sac de Brescia (avril 1849), le massacre des insurgés pris les armes à la main, le pillage et l'incendie de leurs maisons ont mis au nombre de ses exploits. Nommé peu après commandant en chef en Hongrie, il prit d'assaut Raab et, protégé par les forces russes, mit les insurgés en déroute à Szœreg et les anéantit près de l'emeswâr. Cette victoire mit fin à la guerre. Comme récompense, Haynau reçut le gouvernement de la Hongrie et de vastes propriétés, et il signala le début de son administration par le massacre des Hongrois qui avaient commandé à Arad et de quelques autres à Posth. Mais l'indignation publique ne tarda pas à tirer vengeance de pareilles atrocités. Chassé de son gouvernement par ses chefs hiérarchiques, il se réfugia à Londres, où il fut reconnu dans une taverne et honteusement bafoué. Bruxelles ne lui ménagea pas non plus les huées et les mauvais traitements. À Paris où il se réfugia, la surveillance de la

police le mit à l'abri des insultes (1853). Il rentra à Vienne et y mourut la même année.

HAZEBROUCK, ch.-l. d'arr., à 52 kil. N.-O. de Lille (Nord), par 50° 43' 42" lat. N. et 0° 11' 53" long. E. ; 10,000 hab. Grand commerce de toiles, fil, blé, bestiaux, plantes oléagineuses, savon, cuirs et bois. Belle église dont la flèche, percée à jour, a 85 mètres de hauteur.

HAZLETON, bourg de Pennsylvanie, à 140 kil. de Philadelphie; environ 7,000 hab. Mines de charbon.

' ' HÉ, interjection qui sert principalement à appeler : hé! l'ami! hé! viens çà. Ne s'emploie qu'en parlant à des personnes fort inférieures, ou avec lesquelles on vit très familièrement. — Se dit également, soit pour avertir de prendre garde à quelque chose: hé! qu'allez-vous faire? soit pour témoigner de la commisération : hé, mon Dieu! hé, pauvre homme, que je vous plains! soit pour marquer du regret, de la douleur : hé, qu'ai-je fait! hé, que je suis misérable! soit pour exprimer quelque étonnement : hé, bonjour! il y a longtemps qu'on ne vous a vu! — Se répète quelquefois, dans la conversation familière, pour exprimer une sorte d'adhésion, d'approbation, etc. : hé, hé, je ne dis pas non. — Hé bien ou EH BIEN exprime l'étonnement, l'encouragement :

Hé bien! madame, hé bien! ils seront satisfaits.
MOLIÈRE.

— Hé BIEN sert aussi à donner un avis décisif:
Vous chantiez, j'en suis fort aise ;
Hé bien, dansez maintenant.
LA FONTAINE.

— Hé quoi marque l'étonnement :
Hé quoi! votre courroux n'a-t-il pas eu son cours?
CORNEILLE.

HÉAND (Saint-), ch.-l. de cant., arr. à 13 kil. N. de Saint-Étienne (Loire); 3,300 hab.

' HEARNE (Samuel) ['heurn], explorateur anglais, né en 1745, mort en 1792. Employé de la compagnie de la baie d'Hudson, il fit plusieurs voyages dans la région du nord de l'Amérique anglaise, à la recherche de mines et d'un passage au N.-O. En 1770-'71, il descendit la rivière Coppermine jusqu'à près de 40 kil. de l'océan Arctique. En 1795, parut son Journey from the Prince of Wales's Fort, in Hudson's bay, to the northern Ocean.

' HEART'S CONTENT ['hartss-konn-ténnt], port de mer de Terre-Neuve, sur un bras de mer de la côte orientale de la baie de Trinité, à 50 kil. N.-O. de Saint-John; environ 900 hab. Cette petite bourgade est très célèbre comme point où viennent aboutir les câbles transatlantiques qui unissent l'Angleterre à l'Amérique du Nord. (Voy. CABLE.)

' ' HEAUME s. m. ['hô-me] (anc. franç. helme). Sorte de casque élevé en forme de pointe, qui couvrait la tête et le visage. (Vieux.) Ne s'emploie plus que dans le blason. (Voy. CASQUE.)

' HEAUMIER s. m. Fabricant de heaumes. Se disait autrefois de tous les fabricants d'armes.

' HEBBEL (Friedrich), dramaturge allemand, né en 1813, mort en 1863. En 1841, il se rendit célèbre par sa tragédie de Judith; il produisit ensuite de nombreux drames et des poèmes remarquables par leur vigueur, leur originalité et leur tendance à l'horrible. Ses œuvres ont été réunies en 12 vol. (1865-'68).

' HEBDOMADAIRE adj. (gr. hebdomos, se-

maine). Qui se renouvelle chaque semaine: recueil, journal hebdomadaire.

HEBDOMADAIREMENT adv. Toutes les semaines.

' HEBDOMADIER s. m. Celui qui est en semaine, dans un chapitre ou dans un couvent, pour faire l'office et y présider.

HÉBÉ (gr. èbé, adolescent), déesse de la jeunesse, fille de Jupiter et de Junon. Elle était la compagne des dieux, auxquels elle versait le nectar; elle aidait sa mère à atteler ses coursiers, baignait et habillait son frère Mars. Étant, un jour, tombée en présence des divinités de l'Olympe, elle ne voulut plus reparaître à leurs yeux ; Homère la donne comme épouse à Hercule. Elle avait à Corinthe un temple fameux qui jouissait du droit d'asile ; les Athéniens lui avaient érigé un autel dans le Cynosarge. Canova a fait d'Hébé une statue célèbre. — On a donné ce nom à une planète découverte , en 1847, entre Mars et Jupiter; sa révolution sidérale s'accomplit en 1380 jours. — Entom. Papillon nocturne.

' HÉBERGE s. m. (all. herberge, auberge). Palais. Point jusqu'où un mur est censé être commun entre deux bâtiments contigus et de hauteur inégale.

HÉBERGEMENT s. m. Action d'héberger.

' HÉBERGER v. a. Recevoir chez soi, loger: il nous héberge. (Fam.) — S'héberger v. pr. Archit. S'adosser contre un mur mitoyen.

HÉBERT (Jacques-René), révolutionnaire français, connu aussi sous le nom de Père Duchesne (voy. ce mot), né à Alençon en 1755, guillotiné à Paris le 24 mars 1794. Dans sa jeunesse, il eut à lutter contre toutes les souffrances et les humiliations de la misère. Doué d'une intelligence vive et féconde, il exerça plusieurs métiers précaires et se donna lui-même quelque instruction. La Révolution le trouva contrôleur de théâtre. Son extérieur agréable, son élocution facile firent sa popularité dans les clubs. Tout entier aux idées nouvelles, il publia dans son journal Le Père Duchesne quelques pamphlets qui commencèrent sa célébrité. Aussi obtint-il, après le 10 août 1792, les fonctions de substitut du procureur général de la Commune. Mis en en prison à la suite d'articles audacieux et cyniques parus dans son journal, il fut bien vite relâché et porté en triomphe par le peuple. Lors du procès de la reine, il se montra non seulement haineux, mais insulteur infâme. De concert avec Anacharsis Clootz, il établit le culte de la déesse Raison et organisa le parti ultra-révolutionnaire connu sous le nom d'hébertiste. (Voy. ce mot.) Le comité de Salut public, dirigé par Robespierre, fit alors lire par Saint-Just, le 13 mars 1794, à la tribune de la Convention, une sorte de réquisitoire où l'on décrétait d'accusation Hébert et ses partisans. Arrêté le 15 mars 1794, il ne parut devant le tribunal révolutionnaire que neuf jours après et fut condamné à mort. Hébert pleura et marchanda sa vie ; il tomba presque en défaillance à la vue de l'échafaud. Il a laissé, outre son journal, le Catéchisme, l'Almanach, les Lettres patriotiques et la Colère du père Duchesne. — Il avait épousé en 1791, une ancienne religieuse, Françoise Goupille, qui fut guillotinée 20 jours après lui.

HÉBERTISTE s. m. Partisan des doctrines d'Hébert. Les principaux hébertistes furent : Chaumette, Pache, Bouchotte, Vincent, Ronsin, Momoro, Anacharsis Clootz, etc. Ils dominèrent à la Commune et au ministère de la guerre. L'abolition du culte catholique et l'établissement de celui de la Raison furent leur œuvre principale. Robespierre, se sentant dépassé, prépara leur chute, à laquelle il associa Danton beaucoup plus modéré. Les héhertistes ou *enragés* furent arrêtés le 24 ventôse an II (14 mars 1794), condamnés à mort après un simulacre de jugement qui dura trois jours, et aussitôt exécutés (24 mars).

HÉBÉTATION s. f. Défaut de sensibilité organique.

• **HÉBÉTÉ, ÉE** s. Individu stupide : *il parle, il agit comme un hébété.*

HÉBÉTEMENT s. m. État d'une personne hébétée.

• **HÉBÉTER** v. a. (lat. *hebetare*; de *hebes*, émoussé). Rendre stupide : *la trop grande rudesse des maitres est capable d'hébéter les enfants, de leur hébéter l'esprit.*

HÉBÉTUDE s. f. Stupidité, idiotie.

• **HÉBRAÏQUE** adj. Qui appartient aux Hébreux. Se dit surtout par rapport à la langue : *la langue hébraïque.*

• **HÉBRAÏSANT** s. m. Nom que l'on donne aux savants qui s'attachent particulièrement à l'étude de la langue hébraïque et du texte hébreu de l'Écriture : *c'est un bon hébraïsant.*

HÉBRAÏSER v. n. [é-bra-i-zé] (lat. *hebræus*, hébreu). Se servir de locutions hébraïques; étudier l'hébreu. — Embrasser la loi hébraïque.

• **HÉBRAÏSME** s. m. Façon de parler propre et particulière à la langue hébraïque.

HÉBRAÏSTE s. Personne qui s'occupe de la langue hébraïque, qui écrit sur cette langue.

HÈBRE, *Hebrus*, anc. nom du fleuve que l'on nomme aujourd'hui la Maritza.

HÉBREU s. m. (lat. *hebræus*; gr. *hebratos*; de *Heber*, trisaïeul d'Abraham). Nom donné primitivement aux descendants d'Abraham, appelés plus tard Juifs et Israélites. (Voy. JUIFS.) — Épitre aux Hébreux, livre du Nouveau Testament adressé aux Juifs, convertis dans le but de les empêcher de retomber dans le judaïsme, et écrit probablement entre 64 et 66. Plusieurs auteurs modernes prétendent que cette épitre n'est pas due à saint Paul. Luther, l'attribuait à Apollos, ainsi que Bertholot, de Welte, Bleeke et Tholuck. — D'autres pensent qu'elle est l'œuvre de saint Clément, de saint Luc ou de saint Barnabé.

• **HÉBREU** s. m. Langue hébraïque : *il sait l'hébreu parfaitement.* — CE QUE VOUS DITES EST DE L'HÉBREU POUR MOI, VOUS ME PARLEZ HÉBREU, je n'entends rien à ce que vous me dites. — Se dit quelquef. adjectiv. dont au fém., mais sans genre féminin : *le texte hébreu, les livres hébreux.*

HÉBRIDES (anc. *Ebudæ* ou *Hebudes*), ou **Western Islands**, nom général d'un groupe de 521 iles, sur la côte occidentale d'Écosse, entre 55° 26' et 58° 32' lat. N. et entre 7° et 10° long. O.; environ 99,000 hab. Elles sont habituellement classées en Hébrides extérieures et Hébrides intérieures. Les iles extérieures, séparées du continent et des intérieures par un canal appelé le Minch, s'étendent depuis le Butt de Lewis au N., jusqu'à la pointe de Barra au S., formant une espèce de digue naturelle, longue de 180 kil. Les iles principales de ce groupe sont : Lewis, North Uist, Benbecula, South Uist et Barra. Les Hébrides intérieures sont irrégulièrement disposées le long de la côte et dans le frith de Clyde; les principales sont : Skye, Raasay, Canna, Rum, Eigg, Coll, Tiree, Mull, Ulva, Stoffa, Iona, Lismore, Kerrera, Scarba, Colonsay, Oronsay, Jura, Islay, Arran, Bute et les Cumbrays. L'étendue totale de toutes les iles, qui sont au nombre de plusieurs centaines, est de près de 7,650 kil. carr. Environ 120 de ces iles sont habitées. La plupart sont accidentées, montagneuses, contiennent beaucoup de marais et peu de terres arables. On y trouve de

carrières de marbre, de pierres calcaires et d'ardoise. Le minerai de fer est abondant dans plusieurs iles; on y trouve un peu de cuivre; on extrait le plomb à Islay. Le climat est exceptionnellement doux et salubre, en raison du voisinage du Gulf stream. Les récoltes principales sont : l'avoine, l'orge et les pommes de terre. La principale industrie agricole est l'élevage d'une espèce de bœufs noirs. Parmi les animaux sauvages, on cite les daims, les chats sauvages, les renards, les lièvres, les lapins. La condition du peuple en général est misérable. Le langage ordinaire est le gaélique, que l'on enseigne dans les écoles concurremment avec l'anglais. Politiquement, les Hébrides sont distribuées entre les comtés de Ross et de Cromarty, d'Inverness, d'Argyle et de Bute. Les villes principales sont: Stornoway dans Lewis, Portree dans Skye, Tobermory dans Mull et Rothesay dans Bute. — Les Hébrides furent colonisées par les Norvégiens au 13° siècle. Elles furent réunies à l'Écosse en 1266. En 1346, le chef des Macdonalds se soumit et prit le titre de lord des iles. L'abolition des juridictions héréditaires en 1748, mit fin à l'indépendance nominale des lords des iles.

HÉBRIDES (Nouvelles·), groupe d'iles volcaniques de l'océan Pacifique du S., au N.-E. de la Nouvelle-Calédonie, entre 13° 15' et 20° 10' lat. N. et entre 164° 20' et 167° 50' long. E.; environ 14,000 kil. carr.; 434,000 hab. Les plus importantes sont : Espiritu Santo, 95 kil. de long, sur environ 32 kil. de large; Mallicollo, 80 kil. sur 33 kil.; Erromango, Tanna, Ambrim, Annatom, Banks, Sandwich et Whitsuntide. Aurora, l'une des plus fertiles, et qui mesurait 48 kil de long sur plus de 7 kil. de large, disparut en 1871. Il y a un volcan en activité à Tanna. La plupart des iles sont montagneuses. A l'exception d'Erromango et de quelques iles plus petites, elles sont toutes bien boisées et elles présentent une végétation abondante. Les indigènes, de la race nègre des Papous, sont moins intelligents que les autres habitants des iles de la mer du S.; leur langage ressemble au malais. — La plus grande des iles fut, en 1606, découverte par Quiros qui, s'imaginant avoir trouvé un grand continent, lui donna le nom de *Tierra Australia de l'Espiritu Santo*. Bougainville, les iles situées au N. du groupe et les nomma Grandes Cyclades. Cook visita la plus grande partie des iles du S. en 1773 et donna au groupe entier le nom de *Nouvelles-Hébrides*.

HÉBRON (dans l'origine *Kirjath Arba*; arabe *El-Khulil*), ville de Palestine, à 25 kil. S. de

Hébron

Jérusalem; environ 5,000 hab. Elle est située en partie sur les pentes de deux collines et en partie dans la vallée de Mamré. A l'extré-

mité S. de la ville s'élève une mosquée, qui, d'après les Arabes, recouvre le caveau de Machpellah, avec les tombeaux d'Abraham, d'Isaac, de Jacob et de leurs femmes. Hébron, devint la résidence de David vers 1055 av. J.-C. En 1167 ap. J.-C., elle fut le siège d'un évêché latin. Elle tomba entre les mains de Saladin en 1187 et fut prise d'assaut par Ibrahim Pacha en 1834.

HÉCATE, divinité de la Thrace dont le culte est souvent confondu avec celui de Diane. Hésiode la représente comme une divinité protectrice, répandant ses bienfaits sur la terre; selon d'autres, chasseresse infatigable, elle faisait tomber sous ses flèches bêtes et hommes. Elle fit périr son père pour régner à sa place et put pour filles Médée et Circé. Rien de plus multiplié que les variations de son culte. A Rome, elle présidait aux carrefours; en Grèce, elle commandait à la mort. C'est elle qui, selon la Fable, retenait cent ans sur les bords du Styx les âmes dont les corps avaient été privés de sépulture. On la représente souvent avec un triple corps, avec des têtes hideuses chargées de serpents; elle était armée d'une hache.

HÉCATÉE DE MILET, historien et géographe grec, né à Milet vers 550 av. J.-C., mort vers 476. Il visita l'Égypte, la Libye, la Grèce, l'Italie, etc. Il a écrit un ouvrage géographique donnant la description des diverses contrées de l'Europe, de l'Asie et de l'Afrique, et l'histoire mythique des Grecs. Quelques fragments existent encore.

• **HÉCATOMBE** s. f. (gr. *hecaton*, cent; *boûs*, bœuf). Sacrifice de cent bœufs, ou de plusieurs animaux de différente espèce, que faisaient les anciens: *apaiser le ciel par des hécatombes.*

> Tel qui promet dans le naufrage
> Une *hécatombe* aux immortels,
> Ne va pas seulement embrasser leurs autels
> Quand il se voit sur le rivage.
> Mᵐᵉ D'AULNOY. *Le Nain jaune.*

— Fig. Massacre, grande effusion de sang.

HÉCATOMBÉON s. m. Premier mois de l'année athénienne.

HECATOMPYLOS (gr. *ville aux cent portes*), Un des noms de Thèbes, en Égypte.

HÉCLA ou **Hékla**, montagne volcanique d'Islande, haute de 1,610 m., au S.-O. de l'ile, dans le district de Rangarvalla, à 85 kil. de la côte. Le pic ou cône de l'Hécla domine une longue chaîne haute de 700 m. Il forme le centre des cinq chaînes principales qui composent le système de l'Hécla. Son sommet presque plat, forme une vaste table de 350 m. de long. Il présente cinq cratères, dont quatre sur les côtés. Le plus élevé, sur le sommet, est en repos depuis des siècles. Les cratères récents sont remplis de fumée noire, de scories rouges et de soufre. La plus longue période d'inactivité de l'Hécla a été de 79 ans et la plus courte de 6 ans. La première éruption dont on se souvienne eut lieu en 1845. La plus désastreuse commença le 6 avril 1766; des scories de 80 centim. de circonférence furent lancées à 3 kil. L'éruption de 1845 fut précédée de phénomènes atmosphériques extraordinaires. L'écoulement de la lave continua avec de légères interruptions, depuis le 2 sept. 1845, jusqu'au 5 avril 1846, et en quelques endroits la coulée eut 12 kil. de long, 3 kil. de large,

Mont Hécla.

et une profondeur de 18 à 33 mètres.

* **HECTARE** s. m. (gr. *hecaton*, cent; lat. *area*, surface). Mesure agraire ou de superficie qui contient cent ares et qui surpasse de très peu deux arpents anciens, à la mesure de vingt-deux pieds pour perche : *une pièce de terre de six hectares.*

* **HECTIQUE** adj. f. (gr. *hektikos*, continuel). Méd. Se dit d'une fièvre lente et continue, accompagnée d'une diminution progressive de l'appétit, de l'embonpoint et des forces. La fièvre hectique peut être produite par la carie des os, par l'inflammation chronique des muqueuses, par la sécrétion exagérée des fluides naturels (urine, salive, sueur, lait, etc.), par de vastes foyers purulents ; mais elle se développe le plus souvent sous l'influence de la tuberculisation.

* **HECTISIE** s. f. Méd. État de ceux qui ont la fièvre hectique.

HECTO (gr. *hekaton*, cent). Mot qui, placé devant les unités génératrices du système métrique, exprime une valeur cent fois plus grande. — s. m. (Voy. HECTOGRAMME.)

HECTOÉDRIQUE adj. (gr. *hekaton*, cent; *edra*, surface). Minér. Qui appartient au prisme hexagonal de la coupe transversale médiane duquel partent, vers chaque pôle, six faces ayant leurs inclinaisons égales deux à deux.

* **HECTOGRAMME** s. m. Mesure de poids qui contient cent grammes, et qui équivaut à peu près à trois onces *deux gros et un grain*, ancienne mesure : *l'hectogramme est le dixième du kilogramme.* — Fam. et en abrégeant : *un hecto, des hectos.*

* **HECTOLITRE** s. m. Mesure de capacité qui contient cent litres ou environ sept boisseaux et sept dixièmes, ancienne mesure : *deux cents hectolitres de blé, de vin.*

HECTOMÈTRE s. m. Longueur de cent mètres.

HECTOR, prince troyen, fils aîné de Priam et d'Hécube, mari d'Andromaque et père d'Astyanax. Guerrier plein de valeur, il fit périr sous les murs de Troie un grand nombre de capitaines grecs ; mais il fut, à son tour, tué par Achille dont il avait fait périr l'ami, Patrocle. Hector est le plus noble caractère qu'ait peint Homère dans l'*Iliade*.

HÉCUBE, fille du roi de Thrace Cisséus et épouse de Priam, roi des Troyens, dont elle eut 49 enfants, entre autres : Hector, Pâris, Hélénus, Polyxène, Cassandre et Polydore. Pendant le siège de Troie, elle assista à la mort de tous ses enfants, à l'exception d'Hélénus et vit tomber son mari sous les coups

du féroce Pyrrhus. Emmenée en esclavage par les Grecs et pour se venger de la mort de son fils Polydorus que Polymnestor avait tué, elle creva les yeux de ce prince et massacra ses deux fils. Euripide la fait se jeter dans l'Hellespont. Selon la Fable, elle fut métamorphosée en chienne.

HÉDÉ, ch.-l. de cant., arr. et à 24 kil. N.-O. de Rennes (Ille-et-Vilaine) ; 900 hab. Église du xie siècle, beau spécimen d'architecture romane.

HÉDÉOME s. m. Bot. Genre de labiées, voisin de la menthe et comprenant plusieurs espèces américaines et asiatiques. L'*hédéome des Etats-Unis* (*hedeoma pulegioides*) ressemble au pouliot européen et sert aux mêmes usages. On le prend en infusions chaudes pour activer le retour des menstrues.

Hédéome des Etats-Unis (*Hedeoma pulegioides*).

HEDJAZ (èd-jaz), vilayet arabe de l'empire de Turquie, sur la côte de la mer Rouge (golfe d'Akabah). La côte est généralement basse et garnie de récifs de corail. Les ports principaux sont Djeddah et Yembo ; le premier sert de port à la Mecque, le second est celui de Médine. Une chaîne de montagnes, qui atteignent quelquefois 2,800 m., traverse le pays du N. au S. A l'O. de cette chaîne s'étend un territoire bas et sablonneux appelé El-Tehama ; il était jadis recouvert par la mer. Climat généralement malsain : chaleur excessive. La partie du N. est habitée principalement par des bédouins nomades. La route suivie par les pèlerins, depuis le N. jusqu'aux villes saintes, est protégée par des forteresses isolées. Médine et la Mecque, sont les villes principales de l'intérieur. Le pays qui environne immédiatement la Mecque est sous la juridiction du shérif de la Mecque, subordonné du représentant du sultan qui réside à Djeddah.

HÉDOUVILLE (Gabriel - Théodore - Joseph, COMTE d'), né à Laon en 1755, mort en 1825. Général de brigade après la bataille d'Hondschoote, il fut, malgré l'intervention de Hoche, arrêté, amené à Paris, mais bientôt relâché. Commandant en chef des armées de l'Ouest en 1797, il fut, l'année suivante, chargé d'une mission à Saint-Domingue et fit tous ses efforts pour réconcilier cette colonie avec la mère-patrie, mais en vain. A son retour, il termina la chouannerie par sa douceur et son esprit de conciliation. Ambassadeur en Russie en 1801, il devint, en 1804, chambellan et sénateur, puis ministre plénipotentiaire près la confédération du Rhin, prit part à la campagne de 1806 contre les Prussiens, vota, en 1814, la déchéance de Napoléon et fut élevé à la pairie en 1815.

HEEREN (Arnold-Hermann-Louis) (hè-rènn), historien allemand, né en 1760, mort en 1842 ; gendre de Heyne, fut nommé professeur d'histoire en 1799, à l'université de Gœttingen, et devint en 1801, membre correspondant

de l'Académie des inscriptions et belles-lettres de France. Il a laissé un certain nombre d'ouvrages, dont les principaux sont : *Idées sur la politique et le commerce des peuples de l'antiquité* (1825), *Manuel historique du système politique des Etats de l'Europe et de leurs colonies* (1809), trad. en français par MM. Guizot et Vincent Saint-Laurent (1821, 2 vol. in-8°). *Essai sur l'influence des Croisades*, couronné par l'Institut de France et trad. par Ch. Villers (1808), etc.

* **HEGEL** (Georg-Wilhelm-Friedrich) [hé-ghèl], philosophe allemand, né à Stuttgard, le 27 août 1770, mort le 14 nov. 1831. Après avoir quitté l'université de Tübingen, où Schelling avait été son condisciple, Hegel (comme Kant et Fichte) fut pendant longtemps précepteur dans des familles particulières. Son père mourut en 1799, lui laissant 3,000 florins ; il résolut tout à coup de se consacrer à la philosophie ; il vint à Iéna, où Schelling soulevait l'enthousiasme et où Fries, Krause et Ast commençaient leur carrière philosophique. Sa thèse pour sa nomination comme répétiteur à l'université (1801) fut *De orbitis Planetarum*, plaidoyer éloquent en faveur de l'Allemand Kepler, contre l'Anglais Newton. De 1801 à 1806, il fit des conférences sur la logique, sur la philosophie de la nature, sur la psychologie, sur l'éthique, etc. De concert avec Schelling, il publia les *Kritisches journal des Philosophie*. Mais il se sépara bientôt de ce dernier. De 1808 à 1816, il fut recteur du gymnase de Nuremberg et déploya une grande habileté administrative. La *Phénoménologie de Hegel*, qu'il appelait son *voyage de découverte*, parut en 1807. Le but de cet ouvrage est de décrire les degrés et les méthodes par lesquels l'esprit doit procéder, depuis la forme la plus simple de la conscience jusqu'au savoir le plus absolu. Dans sa *Logique*, publiée en 3 parties (mars 1812 à juillet 1816), il développa son système qui peut s'appeler le panthéisme logique ; ce panthéisme diffère toutefois de celui des autres systèmes analogues en ce que, dans la logique de Hegel, Dieu n'est pas considéré comme une *substance* ou une *unité* absolue dont l'étendue et la pensée sont les attributs et dont tous les êtres finis seraient des *émanations* ou des *modes*. Pour lui, Dieu n'existe pas en lui-même, comme être parfait ; il *devient* ; c'est, selon sa propre expression, l'*éternel devenir*, qui progresse avec l'humanité développant ses attributs ; c'est par des évolutions successives qu'il acquiert successivement ses perfections. De plus il est inséparable du monde et ne vit que par son union avec l'humanité. Malgré tous ces subtils déguisements, la logique de Hegel n'est que la paraphrase embrouillée et nuageuse du simple panthéisme qui dit : Dieu est tout et tout est Dieu. C'est dans sa chaire de philosophie à Heidelberg qu'il développa magistralement ses leçons, en 1816. Sa renommée grandit alors rapidement. Ses disciples furent remplis d'ardeur. Son système fut acclamé comme le couronnement de l'idéalisme allemand. En 1818, il reçut avec plaisir une seconde invitation de se rendre à Berlin. Bientôt ses conférences firent fureur. Des officiers, des lettrés et des savants de Berlin, vinrent s'asseoir sur les bancs des écoliers. L'hégélianisme devint la route des honneurs. Ses conférences antérieures sur les différentes branches de la philosophie furent revues avec soin, et il écrivit deux nouveaux cours sur la *Philosophie de la Religion*, en 1821, et sur la *Philosophie de l'histoire*, en 1827. Sa *Philosophie du droit* (1824), combina les droits naturels, éthiques et la philosophie de la société dans l'État. Le remarquable aphorisme par lequel il résumait ses enseignements, *tout ce qui est rationnel est réel, et tout ce qui est réel est rationnel*, fut interprété dans un sens ultra-conservateur. Soutenant le système politique prussien existant, comme la perfection

de la raison et de la liberté, son système reçut une impulsion nouvelle. Il défendit contre les rationalistes les vérités de l'incarnation, du péché et de la rédemption. D'après ses prophéties, la longue lutte entre la philosophie et la foi devait se terminer; l'idéalisme absolu devait accomplir cet accommodement. En 1829, il devint recteur de l'université. Il mourut tout à coup du choléra. Les détails les plus complets du système de Hégel se trouvent dans les histoires de la philosophie par Michelet, Erdmann et Wilm; les critiques les plus habiles sont celles de Schelling, de Trendelenburg, d'Ulrici, de Wein, de Fischer et de Fichte le Jeune. La littérature hégélienne formerait une collection de plusieurs centaines de volumes. En dehors de la singularité principale de son système, l'impulsion que ce penseur extraordinaire communiqua aux diverses parties de la philosophie est presque sans exemple. Il força les hommes de penser pour lui ou contre lui. Mais sa méthode souleva des controverses, surtout en ce qui a rapport à la théologie et au christianisme. Strauss classa l'école hégélienne en trois divisions : la *droite*, le *centre*, et la *gauche*. L'aile droite maintenait que l'hégélianisme et l'orthodoxie sont en harmonie. A la gauche, se trouvaient Michelet, Strauss, Ruge, les radicaux qui niaient l'immortalité, la personnalité divine et l'incarnation. La transformation de l'hégélianisme en naturalisme par Feuerbach et la direction prise par le développement des sciences naturelles ont fait de la philosophie de Hégel un système encore plein de vitalité. Les œuvres de Hégel, recueillies par ses amis après sa mort, forment 19 vol. in-8°. Les principaux ouvrages sont : la *Phrénologie de l'esprit* (1807, 1 vol.), la *Logique* (1812, 2 vol.), l'*Encyclopédie des sciences philosophiques* (1817, à vol.), les *Leçons sur la philosophie de l'histoire et du droit* (1821, 2 vol.). Le *Cours d'esthétique* seul a été traduit complètement en français (5 vol. in-8°), par M. Ch. Bénard et a été couronné par l'Académie française (1852). MM. Slomen et Wallon ont aussi donné une traduction libre d'une partie de la *Logique*.

HÉGÉLIANISME s. m. Système philosophique de Hégel.

HÉGÉLIEN, IENNE adj. Qui appartient à l'hégélianisme.

· **HÉGÉMONIE** s. f. (gr. *hegemonia*, action de conduire). Antiq. gr. Commandement, suprématie qui appartenait à une ville dans les fédérations grecques : *Athènes et Sparte se disputèrent l'hégémonie de la Grèce.* — ⸿ Polit. Prééminence d'un État dans une confédération : *la Prusse a établi son hégémonie dans l'empire d'Allemagne.*

HEGENHEIM, ville de l'arr. et à 29 kil. E. de Mulhouse (Alsace-Lorraine), près de la rive gauche du Rhin ; 2,200 hab.

· **HÉGIRE** s. f. (ar. *hejrah*, émigration, fuite). Se dit, parmi nous, de l'ère des mahométans, qui commence à l'époque où Mahomet s'enfuit de la Mecque, dans la nuit du mardi 15 juillet (selon d'autres, 13 sept.) 622 de l'ère chrétienne. 33 années lunaires de l'hégire correspondent à 32 années grégoriennes. Après la mort de Mahomet, le caliphe Omar créa un nouveau calendrier qui commença le premier jour du Moharrem (premier mois de l'année arabe) correspondant au 16 juillet 622. Pour traduire une année du calendrier musulman, on suit la règle suivante : soustraire de l'année de l'hégire sa 33° partie et ajouter 622 ; le résultat est l'année de l'ère chrétienne. Pour changer une année de l'ère chrétienne en une année de l'hégire : soustraire 622 et ajouter au reste la 32° partie de lui-même.

'HEIBERG (Johann-Ludwig) ['haï-bèrg], auteur danois, né en 1791, mort en 1860. Après avoir passé plusieurs années en Es-

pagne et à Paris, il fut nommé professeur à Kiel en 1822, devint directeur du théâtre royal à Copenhague (1849-'56) et ensuite censeur des pièces de théâtre. Il est l'auteur dramatique le plus populaire du Danemark ; une édition complète de ses œuvres a été publiée après sa mort en 22 vol.

'HEIDELBERG ['hat-dèl-bèrg], ville d'Allemagne (duché de Bade), sur le Neckar, à 14 kil. S.-E. de Manheim ; 22,340 hab. Son célèbre château en ruine renferme le fameux *Heidelberger Fass*, autrefois le plus grand de tous les tonneaux. L'université comprend de nombreuses institutions littéraires et scientifiques; elle possède une bibliothèque de plus de 200,000 volumes. Fondée vers la fin du xive siècle par l'électeur palatin Rupert, elle fut réorganisée en 1803 par le grand-duc Charles Rupert, sous le titre de Ruperto-Carolina. Après la prise de Heidelberg par Tilly en 1622, la bibliothèque fut offerte au pape Grégoire XV, qui en fit une section spéciale de celle du Vatican, sous le nom de *Bibliotheca Palatina*. Les vieux manuscrits allemands furent rendus en 1815. Fabrique importante de bière, commerce de tabac et d'huile de lin. — Heidelberg, partie du palatinat en 1362, devint une résidence électorale. L'*Union de Heidelberg*, qui unit en une seule les différentes ligues des villes de l'Allemagne, y fut signée en 1384. Tilly ruina la ville en 1622 et les Français la prirent en 1674, en 1688 et en 1693. La résidence électorale fut transférée à Manheim en 1719. Heidelberg fut réunie au duché de Bade en 1802.

'HEIDENHEIM ['haï-dènn-haïmm], ville du Würtemberg, à 60 kil. E.-S.-E. de Stuttgart; 5,700 hab. Manufactures d'articles de laine et de coton, tabac et machines.

· **HEIDUQUE** s. m. [é-du-ke] (tchèque *hayduk*; du hongr. *hajdu*, berger, puis fantassin). Nom des fantassins croates ou esclavons qui défendaient les frontières de la Hongrie. On donnait autrefois ce nom, en France, à certains domestiques qui étaient vêtus à la hongroise, et qui portaient la livrée de leurs maîtres. — Les Heiduques ou Haydouks, classe nomade du peuple hongrois, formèrent une milice patriotique qui reçut leur nom. Bosckay, prince de Transylvanie, fixa leurs bandes errantes en leur assignant (1305) un district connu depuis sous le nom de district des villes haydoukes (*hajdu-vdrosòk*) enfermé dans le comté de Szaboles, à l'E. de la Theiss; ce district compte 60,000 hab., presque tous madgyares et protestants. Capitale, Bœszœrmény; 19,201 hab.

'HEILBRONN ['haï-'bronn], ville fortifiée du Würtemberg, autrefois ville libre impériale, sur le Neckar, à 40 kil. N. de Stuttgart; 21,210 hab. L'église de Saint-Kilian possède une très belle tour de 75 m. et un chœur du gothique le plus pur. Götz von Berlichingen fut emprisonné dans un château voisin. En 1633, la Suède y conclut un traité avec ses alliés, pour la continuation de la guerre de Trente ans.

'HELLIGENSTADT ['haï'-li-ghènn-stått, ville de Saxe (Prusse), sur la Leine, à 63 kil. N.-O. d'Erfurt; 5,200 hab. Filatures de laine, et fabriques d'horloges en bois. La ville était autrefois la capitale de la principauté d'Eichsfeld; de 1807 à 1813 elle appartint au royaume de Westphalie.

HEILTZ-LE-MAURUPT, ch.-l. de cant., arr. et à 20 kil. N.-E. de Vitry-le-François (Marne); 775 hab.

HEIM (François-Joseph), peintre français, né à Belfort en 1787, mort à Paris en 1865. Il exécuta pour les plafonds des galeries du Louvre une allégorie exquise de la *renaissance des arts*. Il fut également éminent comme peintre d'histoire et de portraits : *Louis-*

Philippe recevant les députés qui lui déférent la couronne (1833), etc. Académique et réfléchi, il fut, pendant toute sa vie, en butte aux sarcasmes des romantiques.

· · **HEIN** [hain] Interjection familière dont on accompagne quelquefois une interrogation, ou une phrase qui exprime l'étonnement : *voulez-vous, hein? Hein, que dites-vous donc là?*

'HEINE (Heinrich ou Henri) ['hè-ne; all. 'haï-ne), poète allemand, d'origine juive, né à Düsseldorf, d'après Steinmann en 1797, suivant d'autres le 12 décembre 1799, et selon lui le 1er janvier 1800, mort à Paris le 17 février 1856. Il étudia à Düsseldorf, à Bonn, à Gœttingen et à Berlin sous Hégel, retourna à Gœttingen en 1823, il prit les degrés de docteur en droit en 1825; on prétend qu'il abjura et entra dans l'église luthérienne. Mais il pratiqua toujours l'indifférence religieuse autant que le scepticisme politique. Son oncle, le riche banquier hambourgeois, Salomon Heine, essaya vainement de diriger son esprit vers l'étude de la jurisprudence, mais il fut impossible de l'arracher à la littérature. En 1822, il publia un volume de poésies, réimprimées plus tard sous le titre de *Chagrins de jeunesse* (au sujet de ses amours malheureuses avec sa cousine Evelina van Geldern), dans son *Livre de chants* (1827). Sa célébrité date de 1826, époque où il publia à Hambourg les *Harzreise*, première partie de son *Reisebilder* (tableaux de voyages). En 1827-'29, il fut principal rédacteur d'un journal politique à Munich; il habita ensuite Berlin jusqu'en 1831 et dut s'enfuir à Paris, le gouvernement prussien l'ayant forcé de choisir entre l'exil et la prison. Depuis cette époque jusqu'en 1848, son influence en Allemagne fut très grande. A Paris, il fut considéré comme l'écrivain français le plus spirituel que l'on eût vu depuis Voltaire. Il toucha une pension de 4,000 fr. sur les fonds secrets. Dans son ouvrage intitulé *L'Allemagne* (1833), il attaqua sans relâche le romantisme, les philosophes et presque tout le monde, ce qui exaspéra au plus haut degré les Allemands de toutes classes. Outre les œuvres susmentionnées, il écrivit : *Französische, Zustände, Der Salon, Ueber Börne, Neue Gedichte, Atta Troll, Romanzero*, etc. En 1847, il rendit sa dernière visite à l'Allemagne. En 1847, il fut atteint d'une maladie de la moelle épinière et en souffrit jusqu'à sa mort. Parmi les biographies de Heine, nous citerons celle de Strodtmann (1857 et 1867-'68) et celle de Hélène Hirsch (1873). Voy. aussi l'étude de Saint-René Taillandier, dans la *Revue des Deux-Mondes*. —Pour la traduction française de ses œuvres, Henri Heine, bien qu'il eût la prétention de posséder à fond la langue de Voltaire, emprunta la plume de Gérard de Nerval et de Saint-René Taillandier.

'HEINECKEN (Christian-Heinrich) ['haï-ne-kènn], enfant prodige de Lübeck, né en 1721, mort en 1725. A douze mois, il récitait la Bible. A deux ans, il savait par cœur l'histoire de l'antiquité et parlait couramment le latin et le français. À l'âge de trois ans, il était familier avec l'histoire universelle et la géographie. Sa constitution délicate ne lui permettait de prendre aucune autre nourriture que celle que produisait le sein de sa nourrice, et il mourut quand on voulut le sevrer.

'HEINSIUS (Antonius) ['hainn-si-uss], grand pensionnaire de Hollande, né en 1641, mort en 1720. Il fut l'agent secret du prince Guillaume III d'Orange, et, pendant 40 ans, l'inspirateur de la politique hollandaise. Après l'avènement de Guillaume au trône d'Angleterre (1689), Heinsius dirigea pour lui les affaires de la Hollande. L'alliance, au sujet de la succession espagnole, contre Louis XIV et contre Philippe V est due en grande partie aux efforts du grand pensionnaire. Durant la guerre, il repoussa toutes les ouvertures de paix non basées sur la reconnaissance du droit de la maison d'Autriche à la couronne d'Espagne, et il fut le dernier qui signa le traité d'Utrecht le 11 avril 1713.

HEINSIUS I. (Daniel), philologue hollandais, né en 1580, mort en 1655. Il succéda à Joseph Scaliger, comme professeur à Leyde et fut secrétaire du synode de Dort. Il publia les principaux classiques grecs et latins et écrivit 2 tragédies latines, *Auriacus* et *Herodes Infanticida*, et d'autres ouvrages. — II. (Nicolas), son fils, poète, né en 1620, mort en 1681. Sur l'invitation de la reine Christine, il se fixa à Stockholm (1649 à 1655). Le style gracieux de ses poèmes latins lui fit donner le nom de *Cygne de la Hollande.*

HÉLAMYS s. m. [é-la-miss] (gr. *hélos*, marais; *mus*, rat). Mamm. Genre de rongeurs, voisin des gerboises et dont on connaît deux espèces, l'*hélamys de Cuvier* (*lagotis Cuvieri*) et l'*hélamys pallipes* (*lagotis pallipes*), l'un et l'autre de la grosseur et de la couleur du lièvre, que ce genre représente dans la faune du Pé-

Hélamys de Cuvier (Lagotis Cuvieri).

rou, du Chili et de l'Equateur; il y remplace aussi le lapin, avec lequel il a été classé par quelques écrivains, particulièrement dans le *Manuel* de Lesson, qui paraît confondre le *lagotis* avec le *lagostomus* et qui donne le premier comme étant *lepus visaccia* de Gmelin. La fourrure de l'hélamys, plus longue et plus douce que celle du lapin, tombe aussitôt que l'animal est mort.

* **HÉLAS** [é-lâs] (de l'interj. *hé*; et de l'adj. *las*, *lasse*). Interjection de plainte : *hélas ! que deviendrons-nous !* — s. m. : *il fit de grands hélas.* (Fam.)

HELDER (Le), port et ville fortifiée du nord de la Hollande (Pays-Bas), à 63 kil. N.-O. d'Amsterdam; 24,330 hab. Le Helder, obscur village de pêcheurs, devint célèbre lorsque les Anglais s'en furent rendus maîtres le 30 août 1799; on les chassa en octobre. (Voy. ALKMAAR et BERGEN.) Plus tard, Napoléon Ier convertit cette place en une forteresse de premier ordre. Ses batteries commandent l'entrée du Zuyderzee. Le Helder est protégé par des digues dont l'une, longue de 9 kil. et large de 14 m., sert de route aux charrettes.

HELENA, ville de l'Arkansas (Etats-Unis), sur le Mississipi, à 125 kil. au-dessous de Memphis, 2,550 hab. (1,110 noirs). Le 4 juillet 1863, les forces confédérées, au nombre d'environ 7,600 hommes commandées par le général Holmes, firent une tentative inutile pour prendre la ville, occupée alors par les forces de l'Union au nombre de 4,000 hommes, sous les ordres du général Prentiss.

HELENA, capitale du territoire du Montana, au pied des montagnes Rocheuses, à

25 kil. à l'O. du Missouri ; 3,110 hab. (dont 644 Chinois). Riches mines de quartz aurifère.

HÉLÈNE (gr. *éléné*; lat. *Helena*), princesse grecque, célèbre par sa beauté; elle était, d'après la Fable, fille de Jupiter et de Léda, sœur de Clytemnestre, de Castor et de Pollux. Telle était sa beauté que, dès l'âge de 10 ans, elle fut enlevée par Thésée dans un temple de Diane. Reprise par ses frères, elle eut des prétendants de toutes les parties de la Grèce; elle choisit Ménélas auquel elle apporta en dot la couronne de Sparte. Enlevée de nouveau par Pâris, elle fut la cause de la guerre de Troie, épousa Deiphobe, frère de son ravisseur, après la mort de celui-ci. Elle se fit pardonner son adultère en livrant à la fureur des Grecs son nouvel époux, dans la nuit même où Troie fut saccagée. Ménélas la ramena à Sparte; mais les enfants de ce roi la chassèrent, lorsqu'il fut mort; elle se réfugia à Rhodes, dont la reine la fit étouffer au bain.

HÉLÈNE (Sainte), mère de Constantin le Grand, née en 247, morte vers 327. Elle épousa Constance Chlore lorsqu'il n'était encore qu'officier des gardes prétoriennes, mais fut répudiée par lui lorsqu'il devint César. Constance ayant reconnu dans son testament, pour son unique héritier, Constantin, fils qu'il avait eu d'Hélène, celui-ci, en revêtant la pourpre (306) donna à sa mère le titre d'Augusta et conféra son nom à plusieurs villes. Devenue chrétienne, Hélène visita la Palestine (326) et y bâtit plusieurs églises; ce fut en jetant les fondements de l'une d'elles, celle du Saint-Sépulcre, qu'on découvrit les fragments de la vraie croix ; Hélène a été rangée au nombre des saintes de l'Eglise romaine. Fête le 18 août.

HÉLÈNE (Sainte-), île appartenant à la Grande-Bretagne, dans l'Atlantique méridionale, à environ 1,900 kil. à l'O. de l'Afrique et à 3,200 E. de l'Amérique du Sud ; par 15°57' lat. S. et 8° 2' long. O.; 6,240 hab. Elle est entourée de falaises escarpées de 200 à 680 m. de haut et est traversée par une haute chaîne de roches calcaires; climat tempéré très sain. Les variations thermométriques vont de 14° à 2?° C.; la température moyenne annuelle est de 20°. Le sol pourrait être très productif; mais presque tous les articles nécessaires à la nourriture et à l'habillement des habitants sont de provenance étrangère. Sainte-Hélène fut découverte le 21 mai, jour de la Sainte-Hélène (21 mai) 1502 par Juan de Nova Castilla, navigateur espagnol au service des Portugais. De 1650 à 1672, elle fut occupée alternativement par les Hollandais et par les Anglais. Lieu d'exil de Napoléon depuis le 16 oct. 1815, elle fut témoin des souffrances et de la mort de cet empereur (5 mai 1821). En 1858, le gouvernement français acheta la maison qu'il avait occupée à Longwood et la vallée où un modeste tombeau avait recouvert ses restes jusqu'en 1840.

* **HÉLÉPOLE** s. f. (gr. *helein*, prendre ; *polis*, ville). Antiq. Grande machine de guerre en forme de tour, inventée par Démétrius Poliorcète pour le siège des villes, et dont les anciens firent quelquefois usage après lui. L'hélépole était armée d'énormes béliers.

* **HÉLER** v. a. (angl. *to hail*, saluer). Mar. Appeler, faire un cri à la rencontre d'un navire, pour demander d'où il est, où il va, ou pour faire d'autres questions à l'équipage : *héler un navire.* — Absol. ON HÈLE AVEC UN PORTE-VOIX.

HÉLI, juge et grand-prêtre des Hébreux, mort vers 1190 av. J.-C., à l'âge de 98 ans. Sa piété était exemplaire, mais sa faiblesse fut une source de calamités. En apprenant l'issue fatale d'une bataille contre les Philistins, dans laquelle ses deux fils avaient été tués et l'arche du Seigneur était tombée au

pouvoir de l'ennemi, Héli tomba de son siège, se brisa la tête; il avait été grand-prêtre pendant quarante ans.

HÉLIADES, filles du Soleil et de Clymène, et sœurs de Phaéton; elles étaient au nombre de trois: Lampétie, Phaétuse et Phœbé. Telle fut leur douleur, à la mort de leur frère, que les dieux les métamorphosèrent en peupliers; leurs larmes devinrent des grains d'ambre.

* **HÉLIANTHE** s. m. (gr. *hélios*, soleil ; *anthos*, fleur). Bot. Genre de composées, auquel appartiennent le tournesol et le topinambour.

HÉLIANTHÉ, ÉE adj. Qui ressemble ou qui se rapporte à l'hélianthe. — s. m. pl. Tribu de composées, ayant pour type le genre hélianthe.

* **HÉLIANTHÈME** s. m. (gr. *hélios*, soleil; *anthéma*, fleur). Bot. Genre de cistinées, voisin des cistes, et comprenant plusieurs espèces, dont cinq ou six se trouvent dans les endroits secs, sablonneux et découverts des environs de Paris. L'*hélianthème* ou *ombelle* (*helianthemum umbellatum*) porte des fleurs blanches. L'*hélianthe commun* (*helianthum vulgare*) et l'*hélianthe taché* (*helianthum guttatum*) sont à fleurs jaunes disposées en épis.

HÉLIANTOÏDE adj. Qui ressemble à l'hélianthe.

* **HÉLIAQUE** adj. (gr. *héliakos*, solaire). Astron. Se dit du lever et du coucher d'un astre. Le *lever héliaque* d'un astre est le moment où on l'aperçoit à l'horizon un peu avant le lever du soleil et son *coucher héliaque* le moment où il disparaît peu après le coucher du soleil. — Phys. SPECTRE HÉLIAQUE, spectre coloré formé par la décomposition des rayons solaires.

* **HÉLIASTES** s. m. pl. Antiq. grecque. Nom que portaient, à Athènes, les membres d'un tribunal très nombreux, dont les assemblées, tenues en plein air, commençaient au lever du soleil : *le tribunal des héliastes.*

* **HÉLICE** s. f. (gr. *helix*; de *helissein*, enrouler). Géom. et Archit. Ligne tracée en forme de vis autour d'un cylindre : *un escalier en hélice est composé de marches qui tournent avec une même inclinaison autour d'un pilier cylindrique.* — Lorsqu'un point est assujetti à tourner autour d'un cylindre, tout en s'élevant d'une quantité donnée à chaque révolution, la courbe qu'il décrit s'appelle hélice. — Anat. Partie externe de l'oreille. — Archit. Spirale qui entoure un axe central. Les petites volutes qui se trouvent sous les fleurs des chapiteaux corinthiens s'appellent hélices.—Electro-magnét. Spirale de fil de fer qui entoure le corps destiné à être magnétisé par le passage d'un courant électrique. — Conchyl. Se dit de certains coquillages univalves, contournés en spirale : *le limaçon est une hélice.* — Mar. Appareil de propulsion à palettes hélicoïdales entièrement submergées à l'arrière des navires: *frégate à hélice.* Les principaux avantages de l'hélice sont d'être un agent propulseur beaucoup plus puissant, que les roues à aubes, d'être moins pesante et moins embarrassante que ces dernières, d'être moins exposée aux chocs extérieurs et d'exiger moins d'énergie de la part de la machine à vapeur. Les courants produits par le mouvement du navire frappent sur l'hélice et lui donnent une force plus grande. D'ailleurs, les machines à vapeur destinées à faire tourner les hélices sont plus légères que celles qui sont employées pour les roues à aubes, leur action est plus uniforme sur le propulseur et sur l'eau, elles dépensent moins de vapeur pour le même effet, et par conséquent moins de combustible. Les hélices sont donc des appareils de propulsion aussi puissants qu'économiques. Il en existe des formes assez variées; elles se composent toujours d'un axe

horizontal parallèle à la quille du bâtiment, et portent, à leur extrémité libre, en dehors du bateau, des ailes inclinées sur l'axe, à la manière des ailes d'un moulin à vent, ou des lames en spirales comme dans la vis d'Archimède. L'hélice de Sauvage se compose de deux segments hélicoïdaux formant chacun une demi-révolution autour de l'axe et inclinés sur lui d'un angle d'environ 45°. — En août 1881, M. Govi a communiqué à l'Académie des sciences, une intéressante note sur une très ancienne application de l'hélice comme organe de propulsion. D'après lui, Léonard de Vinci avait songé à l'utiliser pour la locomotion aérienne; il en avait même construit de petits modèles. Le même principe fut démontré par Hooke en 1681 et depuis par du Quet (1727), Bernouilli et plusieurs autres. Des brevets pour propulseurs en hélice furent pris par Joseph Bramah en 1784, par W. Lyttelton en 1794 et par Edward Shorther en 1799; mais les tentatives de ces inventeurs ne produisirent aucun résultat. C'est en 1836 seulement que Francis Pettit Smith et le capitaine John Ericsson réussirent à appliquer l'hélice à la propulsion des navires. (Voy. BATEAU A VAPEUR.)

HÉLICIEN, IENNE adj. Qui appartient à l'hélice de l'oreille.

HÉLICIN, INE adj. Qui est contourné en hélice. — **Hélicine** s. f. Pharm. Mucilage de limaçons.

HÉLICOGRAPHE s. m. (gr. helix, helikos, hélice; graphein, écrire). Instrument pour décrire des hélices.

HÉLICOÏDAL, ALE, AUX adj. (gr. helix, helikos, hélice; eidos, aspect). Anat. Qui est en forme d'hélice: organe hélicoïdal.

HÉLICOÏDE adj. Qui ressemble à une hélice: courbe hélicoïdale. — s. f. Géom. Surface développable dont l'hélice serait l'arête de rebroussement. — Conoïde engendré par un rayon du cylindre sur lequel est tracé l'hélice qui glisserait à la fois sur l'axe et sur la courbe.

HÉLICON s. m. Montagne de Béotie, qui était consacrée à Apollon et aux Muses, et dont les poètes employaient le nom dans certaines phrases figurées. Ainsi on dit: IL EST AU SOMMET DE L'HÉLICON, IL EST AU BAS DE L'HÉLICON, c'est un grand poète, c'est un mauvais poète. L'Hélicon (aujourd'hui Zagora), forme une chaîne de montagnes, entre la Phocide et la Béotie; son sommet le plus élevé, appelé aujourd'hui Palco-Vuno, s'élève à 1,749 m. C'est là qu'Hésiode place le séjour des Muses. Tout auprès se trouve la fameuse fontaine d'Aganippe dont les eaux avaient la vertu de donner l'inspiration poétique, et, plus haut, la fontaine d'Hippocrène, que Pégase fit jaillir en frappant la terre de son pied.

HÉLICOPTÈRE s. m. (gr. helix, helikos, spirale; pteron, aile). Entom. Genre d'hémiptères homoptères fulgoriens, comprenant 4 ou 5 espèces européennes, à élytres larges, un peu opaques. — Aérostat. Appareil d'aviation qui se soutient, se meut et se dirige à l'aide d'hélices. Launoy et Bienvenu présentèrent à l'Académie, en 1784, un hélicoptère formé de deux hélices superposées, tournant en sens contraire par l'effort d'un arc de baleine qui agissait sur une mince tige, à la manière du drille sur le foret. L'hélicoptère de Pénaud (1870) se compose de deux hélices superposées tournant en sens contraire et mises en mouvement par une lanière de caoutchouc tordu autour des tiges qui maintiennent les hélices.

HÉLIER (Saint-), capitale de l'île de Jersey (Manche), sur la côte sud de l'île; 30,760 hab. Vaste port défendu par un fort et par une citadelle. Ateliers de construction de navires; pêches d'huîtres et de poissons;

armements pour les pêcheries de Terre-Neuve. Climat doux.

HÉLIGOLAND ou Helgoland (île des Saints), île de la mer du Nord, appartenant à la Grande-Bretagne, à 55 kil. N.-O. de l'embouchure de l'Elbe; en face de l'Allemagne, qu'elle semble surveiller, 1,920 hab. Elle a environ 1 kil. 1/2 de long du N. au S. et 1 kil. de largeur, de l'E. à l'O. La mer la ronge continuellement. Deux bons ports. La partie la plus élevée à l'O. est à 70 m. au-dessus du

Héligoland.

niveau de la mer. Saint Wilbrord, qui y prêcha le christianisme au commencement du VIIIe siècle, donna à l'île son nom actuel. Elle fut enlevée aux Danois par les Anglais en 1807 et elle fut formellement cédée à la Grande-Bretagne par le traité de Kiel (14 janv. 1817). Les habitants descendent des Frisons et sont pour la plupart pêcheurs et pilotes. Il y a quelques arbres et deux ou trois sources, mais presque toute la population fait usage de l'eau de pluie. Station balnéaire à la mode. — COMBAT NAVAL D'HÉLIGOLAN, le 9 mai 1864, entre les Danois, et les force austro-allemandes. Les Allemands furent complètement vaincus.

HÉLIOCENTRIQUE adj. (gr. hélios, soleil; kentron, centre). Astron. Se dit du lieu où paraîtrait une planète, si elle était vue du lieu, c'est-à-dire, si l'œil de l'observateur était au centre du soleil: la latitude, la longitude héliocentrique d'une planète.

HÉLIOCHROMIE s. f. [-kro-mî] (gr. hélios, soleil; chróma, couleur). Procédé photographique au moyen duquel on obtient la coloration propre des objets. Les premiers essais de cette invention remontent à M. Becquerel (1848). Depuis, Niepce de Saint-Victor et L. Vidal ont obtenu, par elle, de beaux résultats; mais ce n'est guère que depuis 1877 que, grâce aux recherches et aux succès de M. Ducros de Hauron, un pas immense a été fait.

HÉLIOCOMÈTE s. f. (gr. hélios, soleil; franç. comète). Astron. Phénomène que présente quelquefois le soleil à son coucher, et qui consiste en une bande lumineuse que l'on a comparée à la queue d'une comète.

HÉLIODORE, célèbre romancier et évêque de Tricca en Thessalie; vivait au IVe siècle ap. J.-C. Il reste de lui un roman écrit en grec, et dans lequel il raconte les amours et les aventures de Théagène et de Chariclée; son style est simple et élégant. Ce roman a été traduit en français par Amyot (1549).

HÉLIOGABALE ou Elagabale (Varius-Avitus-Bastianus), empereur romain, cousin de Caracalla, naquit à Émèse (Syrie), vers 205 ap. J.-C., mort en 222. De bonne heure il fut consacré au culte d'Helagabal, dieu du soleil en Syrie, et prit le nom de cette divinité. Sa grand'mère répandit le bruit qu'il était le fruit d'une intrigue entre sa fille et Caracalla. Ce dernier étant mort assassiné, l'armée, dégoûtée de l'avarice et de la discipline sévère de Macrinus, souverain légitime, reçut Hélio-

gabale avec enthousiasme et le déclara empereur sous le nom de Marcus-Aurelius-Antonius (218). Il établit le culte impudique du dieu du soleil à Rome, et se livra aux plaisirs les plus dissolus, mais rien ne pouvait satisfaire ses passions. Ses cruautés étaient aussi fantastiques que ses folies. La patience du peuple et des soldats étant épuisée, les prétoriens se mutinèrent, le tuèrent avec sa mère et jetèrent leurs corps dans le Tibre.

HÉLIOGRAPHE s. m. (gr. hélios, soleil; graphein, écrire). Celui qui travaille à la description du soleil. — Celui qui s'occupe d'héliographie.

HÉLIOGRAPHIE s. f. Description du soleil. — Art de fixer l'image lumineuse de la chambre noire. — Art de graver par l'effet des rayons solaires. (Voy. PHOTOGRAPHIE.)

HÉLIOGRAPHIQUE adj. Qui se rapporte à l'héliographie. Se dit d'une sorte de gravure où l'on s'aide des procédés de la photographie.

HÉLIOGRAVURE s. f. Application de la photographie à la gravure sur métal. (Voy. PHOTOGRAPHIE.)

HÉLIOMÈTRE s. m. (gr. hélios, soleil; metron, mesure). Instrument servant à mesurer le diamètre du soleil, ou tout autre petit arc dans le ciel. — L'héliomètre fut inventé par l'hydrographe Pierre Bouguer, pour mesurer de petits angles avec une grande précision. Bessel l'employa pour déterminer la distance presque incommensurable d'une étoile fixe à la terre.

HÉLIOPLASTIE s. f. (gr. hélios, soleil; plassein, former). Procédé de gravure photographique au moyen duquel on obtient des planches gravées en creux ou en relief. L'hélioplastie a été inventée en 1855, par Poitevin.

HÉLIOPOLIS (g. hélios, soleil et polis, ville; appelée en vieil égyptien On ou An et Ha-Ra, en hébreu Bethshemesh), l'une des plus anciennes villes de l'Égypte, sur les bords du Nil, à environ 12 kil. N.-E. du Caire moderne. Depuis l'époque la plus reculée, elle était renommée par ses temples et ses prêtres. Elle était le siège principal du culte du soleil et du taureau sacré Mnevis. Ses prêtres étaient les plus savants de la terre et l'office de grand-prêtre était héréditaire. Les étrangers qui désiraient étudier les sciences égyptiennes s'adressaient aux prêtres d'Héliopolis. Solon, Thales, Eudoxe et Platon s'instruisirent à leur école. Héliopolis avait beaucoup décliné dès l'invasion de Cambyse (525 av. J.-C.) et elle était en ruines quand Strabon la visita l'an 24 avant notre ère. C'est sur son emplacement que Kléber, à la tête de 6,000 Français, remporta une victoire sur les Turcs, au nombre de 70,000, le 20 mars 1800. (Pour Héliopolis, en Syrie, voy. BAALBEK.)

HÉLIOPOLITAIN, AINE s. et adj. d'Héliopolis; qui appartient à cette ville ou à ses habitants.

HÉLIOS, le soleil et le dieu du soleil, fils

d'Hypérion et de Théa et frère de Séléné (la Lune) et d'Eos (l'Aurore). Il donnait la lumière aux dieux et aux hommes. Plus tard, on le confondit avec Apollon, bien que, dans l'origine, ils fussent tout à fait distincts. Des temples d'Hélios existaient en Grèce à une époque très reculée et ensuite son culte fut établi à Corinthe, à Argos, à Rhodes et en différentes villes. Hélios était généralement représenté comme conduisant un char attelé de quatre chevaux.

* **HÉLIOSCOPE** s. m. (gr. *hélios*, soleil ; *skopeo*, j'examine). Astron. Lunette destinée à regarder le soleil, et garnie à cet effet d'un verre coloré d'une teinte sombre, pour affaiblir la trop grande vivacité de la lumière transmise. L'hélioscope fut inventé par Christophe Scheiner en 1625. — Instrument à l'aide duquel on peut diriger l'image du soleil dans une chambre obscure.

HÉLIOSTAT s. m. (gr. *hélios*, soleil ; lat. *stare*, rester immobile). Lunette qu'un mécanisme particulier ramène constamment dans la direction du soleil. L'héliostat fut inventé par Gravesande il y a environ 150 ans; il consiste en un très petit miroir qui tourne au moyen d'un mouvement dans la route suivie par le soleil, et qui en réfléchit les rayons dans une certaine direction. Un héliostat perfectionné fut construit en 1862, par Foucauld et Duboscq.

* **HÉLIOTROPE** s. m. (gr. *hélios*, soleil ; *tropeo*, je tourne). Bot. Genre de borraginées qui contient une cinquantaine d'espèces : les plus connues sont l'HÉLIOTROPE DU PÉROU, fort recherché à cause de l'odeur suave de ses fleurs, qui lui a fait donner aussi le nom de *Vanille* par les jardiniers; et l'HÉLIOTROPE D'EUROPE, appelé vulgairement *Herbe aux verrues*, parce qu'on lui a longtemps attribué la propriété de faire tomber ces sortes

Héliotrope.

d'excroissances. — Les héliotropes se reproduisent par les boutures des jeunes pousses et portent des fleurs dès la première année. Pline et Dioscoride ayant affirmé que les fleurs de ces plantes tournent en même temps que le soleil, on les nomma *héliotropes*. — Se dit aussi de quelques plantes dont la fleur suit le cours du soleil, comme le tournesol. (Voy. TOURNESOL.) — S'emploie également comme adjectif dans le sens qui précède : *plantes héliotropes*. — Pierre précieuse qui est une espèce de jaspe. — ∽ Phys. Instrument propre à renvoyer les rayons solaires à de grandes distances et servant à faire des signaux dans les grandes opérations géodésiques. L'*héliotrope de Gauss* est une sorte d'héliostat dont le miroir peut être dirigé à la main.

* **HÉLIX** s. m. [é-likss] (gr. *hélix*, hélice). Anat. Le grand bord, le tour de l'oreille externe : *la rainure de l'hélix*.

HELL (Maximilien), astronome hongrois, né en 1720, mort en 1792. Il était jésuite, professa les mathématiques à Klaussenburg et, depuis 1756, dirigea l'observatoire de Vienne. En 1769, il fit un voyage en Laponie pour y observer le passage de Vénus sur le disque du soleil et étudier la position du pôle magnétique. On a de lui une série d'*Ephémérides* (35 vol., 1757-'91 in-8°).

HELLADE (gr. *Hellas*), nom donné, dans l'origine, à une ville et à une contrée de la Thessalie appelée précédemment Phtiotide. Dans la suite, ce nom servit à désigner toute la Grèce avec ses colonies et ses îles.

* **HELLANODICES** ou **Hellanodiques** s. m. pl. [el-la-no-di-se] (gr. *Hellén*, Grec; *diké*, jugement). Antiq. gr. Officiers qui présidaient aux jeux Olympiques.

HELLÉ, dans les légendes grecques, fille d'Athamas, roi de Thèbes, et de la reine Néphélé. Comme elle était sur le point d'être sacrifiée avec son frère Phrisus, Jupiter envoya le bélier à la toison d'or qui enleva les deux enfants dans les airs. Hellé tomba dans la mer et donna son nom à l'Hellespont.

* **HELLÉBORE** s. m. Voy. ELLÉBORE.

* **HELLÉBORINE** s. f. Voy. ELLÉBORINE.

HELLEN, chef de l'une des grandes tribus grecques primitives, fils de Deucalion et de Pyrrha; il régna sur la Phtiotide et donna son nom à ses sujets et, plus tard, aux divers peuples de la Grèce.

HELLÈNE s. et adj. [èl-lè-ne]. Qui est de l'Hellade; qui appartient à ce pays ou à ses habitants. — s. m. pl. Descendants d'Hellen, roi de Phtiotide vers 1600 av. J.-C. Les Hellènes chassèrent les Pelasges du pays où ils se fixèrent et qui devint l'Hellade (xvᵉ siècle av. J.-C.). Ils se divisèrent en Doriens, Eoliens, Ioniens et Achaïens. Le roi actuel de Grèce reçoit officiellement le nom de *roi des Hellènes*. (Voy. GRÈCE.)

* **HELLÉNIQUE** adj. Antiq. gr. Qui appartient à la Grèce. *Confédération hellénique*, confédération des différentes cités grecques qui avaient droit d'amphictyonie. — Se dit quelquefois de la langue grecque ancienne, par opposition à la langue grecque moderne. *La langue hellénique*. Dans le même sens, *Tour, construction hellénique*. — *La religion hellénique*, la religion des anciens Grecs.

* **HELLÉNISME** s. m. Tour, expression, manière de parler empruntée à la langue grecque, ou qui tient au génie de cette langue : *les Grecs faisaient des hellénismes en parlant latin, comme nous faisons souvent des gallicismes en parlant une autre langue que la nôtre*. — Se dit aussi des idées et des mœurs de la Grèce antique : *Alexandre porta l'hellénisme jusqu'aux Indes.*

* **HELLÉNISTE** s. m. Nom qui, chez les anciens, désignait en même temps les Juifs d'Alexandrie, les Juifs qui parlaient la langue des Septante, les Juifs qui s'accommodaient aux usages des Grecs, et les Grecs qui embrassaient le judaïsme. — Parmi nous. Érudit versé dans la langue grecque : *un savant helléniste*.

HELLÉNISTIQUE adj. Philol. Qui appartient aux hellénistes, au grec alexandrin et particulièrement à celui des Septante. Le dialecte hellénistique est fortement teinté de macédonien, de phénicien et d'égyptien.

HELLESPONT (gr. Ἑλλήσποντος, mer de Hellé). Géogr. anc. Canal étroit (aujourd'hui Dardanelles) reliant la mer Egée avec la Propontide (mer de Marmara). Les bords de l'Hellespont étaient célèbres dans l'antiquité comme scène des amours de Léandre avec Héro. Léandre se noya en traversant l'Hellespont à la nage (environ 1,000 m.); lord Byron et le lieutenant anglais Ekenhead le traversèrent sans accident, le 3 mai 1810.

* **HELLIN** ['hèl'-linn], ville de Murcie (Espagne), à 50 kil. S.-E. d'Albacète, sur une pente des monts de Segura, près de Mundo ; environ 10,000 hab. Commerce du soufre provenant des mines célèbres qui se trouvent à 18 kil. de la ville. Ermitage de San Rosario et sources d'Azaraque.

* **HELMERS (Jean-Frederik)**, poète hollandais, né en 1767, mort en 1813. Son principal ouvrage est un poème national *De Hollandsche natie* (*La nation hollandaise*, 1812); traduction franç. de A. Clavereau (1825).

* **HELMINTHE** (gr. *helmins, helminthos*, vers). s. m. Zool. Nom donné aux vers intestinaux.

HELMONT I. (Jean-Baptista VAN), chimiste et médecin flamand, né à Bruxelles en 1577, mort en 1664. Doué de brillantes facultés, il se livra tout d'abord à la médecine qu'il professa pendant deux ans à Louvain. Son amour passionné pour le merveilleux le fit bien vite quitter sa profession pour se jeter dans la science hermétique dont il défendit les erreurs et qui l'amena à chercher la vérité dans la révélation des visions et des songes. Van Helmont tient à la fois de l'illuminé et du savant, mais avant tout, il fut honnête et convaincu. Le premier, il proposa l'emploi de la balance en chimie, il eut la gloire de révéler l'existence des fluides élastiques aériformes et de leur donner le nom de gaz; il découvrit l'acide carbonique, l'hydrogène sulfuré, prépara l'acide chlorhydrique et reconnut la présence dans l'estomac du suc gastrique. Ainsi que Paracelse, c'est dans cet organe qu'il place le siège de l'âme où les esprits, appelés par lui *archées*, fermentent pour travailler à l'éclosion de la vie nouvelle et nous mettre en rapport avec le monde intellectuel. Les œuvres complètes de van Helmont ont été publiées sous ce titre : *Ortus medicinæ* (Amsterdam, 1648, in-4°), et traduites en plusieurs langues. — II. (**Mercure**), fils du précédent, né en 1648, mort en 1699, fut chimiste comme son père ; il crut posséder la pierre philosophale et la panacée universelle et avoir retrouvé la langue que l'on parlait avant la corruption sociale. Il a laissé *Principia philosophiæ antiquissimæ et recentissimæ* (Amsterdam, 1690).

* **HELMSTEDT** ou **Helmstædt** ['hèlm'-stètt], ville de Brunswick (Allemagne), à 35 kil. E. de la ville de Brunswick ; 7,790 hab. L'université fondée en 1575, fut fermée en 1809. Manufactures de flanelle, de chapeaux, de savon, de vinaigre et de liqueurs.

HELMUND ou **Helmend**, fleuve de l'Afghanistan, qui prend sa source dans les montagnes de l'Hindoukouch à 45 kil. O. de Caboul et à plus de 3,300 m. au-dessus du niveau de la mer. Il coule au S.-O. sur une longueur de 850 kil. et se jette, par plusieurs bras, dans le lac Hamoon ou Zurrah.

HÉLOÏSE (é-lô-i-ze), abbesse du Paraclet, née à Paris en 1101, morte le 16 mai 1164. Vers 1116, Fulbert, son oncle, chanoine de Notre-Dame de Paris, invita Pierre Abélard à finir son éducation. Le professeur et l'élève s'éprirent d'amour l'un pour l'autre, et Abélard fut obligé de cacher leur faute en conduisant sa pupille chez un de ses parents en Bretagne, où elle eut un fils. (Voy. ABÉLARD.) Il épousa Héloïse pour apaiser Fulbert; mais, afin de ne pas nuire à l'avenir ecclésiastique d'Abélard, Héloïse tint ce mariage secret. Elle fut forcée de fuir son oncle exaspéré. Abélard la plaça au couvent d'Argenteuil dont elle devint abbesse; elle y resta neuf ou dix ans, et fut renvoyée avec ses nonnes, et Abélard lui donna le Paraclet (Champagne). Elle n'eut plus qu'une entrevue personnelle avec Abélard, mais ils entretinrent une correspondance qui dura plusieurs années. Après la mort d'Abélard (1142), Héloïse se consacra à l'agrandissement et à la discipline de son souvent. Ses restes reposent, depuis 1817, avec ceux d'Abélard dans le cimetière du Père-Lachaise, à Paris. Les lettres d'Héloïse et d'Abélard ont été publiées plusieurs fois. (Voy. ABÉLARD.)

HÉLOS, ville de l'ancienne Grèce, en Laconie, près de l'Eurotas et de la mer. Elle fut prise par les Doriens après une résistance obstinée, et ses habitants, réduits à l'esclavage, devinrent les ILOTES. Hélos est aujourd'hui Tzyli.

' **HELPS** (SIR Arthur), auteur anglais, né vers 1817, mort en 1875. Il devint secrétaire du conseil privé, en 1859, et fut créé chevalier en 1872. Ses principaux ouvrages sont : *Friends in Council, a Series of Readings and Discourses thereon* (deux séries) ; *Companions of my solitude; The Spanish Conquest in America* (3 vol.), dans laquelle il raconte l'origine et l'extension de l'esclavage des nègres; *Realmah; The Life of Pizarro; Conversations on War and general Culture; Life of Cortes; Thoughts upon Government, Oulita the serf,* tragédie, et *Ivan de Biron, or the Russian Court in the Middle of the last century.*

' **HELSINBORG**, ville de Suède, sur le Sound, vis-à-vis d'Elsinore, à 50 kil. N.-N.-O. de Malmœ; 7,650 hab. Plusieurs batailles ont été livrées près de cette ville.

HELSINGFORS, ville forte de Russie et ch.-l. du grand-duché de Finlande, sur le golfe de ce nom, à 280 kil. N.-O. de Saint-Pétersbourg; 32,140 hab. Elle fut cédée par la Suède à la Russie en 1809 ; et aujourd'hui, devenue la station habituelle d'une des escadres russes, elle est protégée par une ligne de défenses, formée de huit petites îles, et connue sous le nom de forteresse de Sveaborg. Beau port; université qui compte plus de 500 étudiants; commerce de grains, de fer, de poisson et de bois de construction.

HELSINGŒR. Voy. ELSENEUR.

HELST (Bartholomeus van der), peintre hollandais, né à Harlem en 1613, mort en 1670. Portraitiste des plus habiles, il se distingue par la clarté, l'éclat et la vivacité de sa couleur. Son chef-d'œuvre, que l'on admire à l'hôtel de ville d'Amsterdam, représente 30 personnages de grandeur naturelle qui célèbrent, dans un festin, la paix de Munster.

HELVELLE s. f. (lat. *helvellæ*, petits légumes). Bot. Genre de champignons à pédicules épais, fistuleux, à chapeau ondulé, à lobes très irréguliers.

HELVELLÉ, ÉE adj. Qui se rapporte aux helvelles.

HELVELLYN, montagne du Cumberland (Angleterre), entre Keswick et Ambleside. Son sommet est à 1,020 mètres au-dessus du niveau de la mer.

HELVÈTES, brave et puissant peuple celtique, qui, dans les temps historiques, occupait le pays compris entre le Rhin, le lac de Constance, le Rhône, le lac de Genève et le Jura. Les Helvètes étaient ainsi limités par les Séquanes à l'O., les Nantuates et les Lepontii de la Gaule cisalpine au S., les Rhæti à l'E., et par les nations allemandes au delà du Rhin. Leur pays, appelé *Ager Helvetiorum* (et jamais *Helvetia*), correspondait à la partie ouest de la Suisse moderne. Ils apparaissent pour la première fois dans l'histoire vers la fin du IIᵉ siècle av. J.-C., lors de l'invasion de l'Italie par les Cimbres, auxquels ils se joignirent. Pendant leur premier triumvirat, ils envahirent la Gaule sous le commandement d'Orgétorix, un de leurs chefs, mais César les mit complètement en déroute sur les bords de la Saône, à Bibracte; de nombreuses colonies romaines furent peu à peu implantées sur leur territoire et les Helvètes ne tardèrent pas à adopter graduellement les coutumes et

le langage de leurs vainqueurs. Ayant refusé de reconnaître Vitellius comme empereur, ils furent rigoureusement punis (70 ap. J.-C.), et à partir de cette époque, ils disparurent du nombre des peuples. Les Helvètes, d'après Strabon, faisaient partie de la *Gallia Lugdunensis* et, d'après Pline, de la *Gallia Belgica*.

HELVÉTIE[èl-vè-sî]. Ancienne province de la Gaule lyonnaise, comprise entre le Jura à l'O., le Rhône et les Alpes au S., le Rhin à l'E. et au N. L'Helvétie comprenait quatre grandes peuplades : les Ambrons, les Tigurins, les Urbigènes et les Tugènes. Taillées en pièces par César sur les bords de la Saône, ces peuplades perdirent leur nom et leur nationalité. Le territoire de l'Helvétie correspondait à peu près à celui occupé de nos jours par la Suisse.

HELVÉTIEN, IENNE s. et adj. [èl-vè-si-ain]. Qui est de l'Helvétie; qui appartient à ce pays ou à ses habitants.

HELVÉTIQUE adj. Qui appartient à la nation suisse : *corps helvétique.* — RÉPUBLIQUE HELVÉTIQUE. (Voy. SUISSE.)

HELVÉTISME s. m. Tour, façon de parler propre aux habitants de la Suisse.

HELVÉTIUS I. [èl-vé-si-uss] (Adrien), médecin hollandais dont le vrai nom est *Schweitzer*, né vers 1664, mort en 1727 ; il découvrit la vertu de l'ipécacuana contre la dyssenterie et l'appliqua avec succès. Louis XIV l'appela à sa cour et le combla d'honneurs. — II. (Jean-Claude-Adrien), fils du précédent et médecin comme lui, né à Paris en 1685, mort en 1755 ; il eut la réputation d'un grand praticien et guérit Louis XV enfant d'une grave maladie. — III. (Claude-Adrien), philosophe français, fils du précédent, né à Paris en 1715, mort en 1771. Son père, qui était médecin de la reine, lui fit obtenir de bonne heure une place de fermier général qu'il résigna bientôt afin de se livrer tout entier à la philosophie. Observateur profond, il recueillit toutes les discussions de son temps et les résuma dans un livre qui, en métaphysique, proclamait hautement le matérialisme et, en morale, l'égoïsme le plus absolu ; il faisait de l'intérêt bien entendu la base de la vertu et ne reconnaissait d'autre différence des organes. Ce livre, qui avait pour titre *De l'Esprit*, fit scandale ; la Sorbonne et l'Église le condamnèrent, et il fut brûlé de la main du bourreau; mais l'Angleterre et l'Allemagne l'admirèrent et Helvétius put jouir de sa célébrité à la cour de Frédéric II qui avait pour le philosophe la plus profonde estime. Malgré ses doctrines égoïstes, Helvétius était un des hommes les plus honnêtes et les plus bienfaisants de son siècle; son style est d'une grande correction, mais la trivialité s'y mêle trop souvent à la recherche et à l'élégance. La meilleure édition de ses *Œuvres* est celle de Didot (1795, 14 vol. in-18). On y remarque un poème du *Bonheur*, en 6 chants (1772), un *Traité de l'homme, de ses facultés intellectuelles et de son éducation* (1772). — Mᵐᵉ HELVÉTIUS, née de Ligniville, en 1719, morte en 1800, se retira à Auteuil après la mort de son mari, dans une maison qui fut l'asile des philosophes et qu'elle légua à Cabanis.

HELVIENS (*Helvii*), peuple de la Gaule, entre le Rhône et le mont Cebenna qui les séparait des Arvernes. Les Helviens furent pendant longtemps sujets de Marseille, mais ensuite ils appartinrent à la province de Gallia Narbonensis. Cap. *Alba Helviorum* (auj. AUPS).

' **HELVOETSLUIS** [hèl'-vout-sloïss], ville très forte des Pays-Bas, dans la Hollande méridionale, sur l'île de Voorne, à 10 kil. S. de la Brille; 4,290 hab. Des milliers de navires entrent dans son port annuellement, en se

rendant à Amsterdam ou en revenant de cette ville par le canal de Voorne.

HÉLYOT (Pierre), historien, né à Paris en 1660, mort en 1716. C'était un moine franciscain connu seulement par son *Histoire des différents ordres religieux* (1714-'19, 21 vol. in-4°). Il fut assisté dans ce travail par Anquetil, Hardouin et autres savants: ses volumes posthumes furent publiés par Maximilien Bullot.

* * **HEM** ['hèmm]. Interjection dont on se sert pour appeler : *hem, hem, venez çà.*

LÀ ! là ! *hem! hem!...*, écoute avec soin, je te prie.
MOLIÈRE.

HÉMADROMÈTRE s. m. (gr. *haima*, sang ; *dromos*, course ; *metron*, mesure). Instrument qui sert à mesurer la rapidité du sang dans l'appareil circulatoire.

HÉMADYNAMIQUE adj. (gr. *haima*, sang; franç. *dynamique*). Théorie mécanique de la circulation du sang.

HÉMAL adj. (gr. *haima*, sang). Anat. Qui a rapport au sang : *système hémal.*

HEMANS (Felicia-Dorothea BROWNE, *mistress*), poëtesse anglaise, née en 1794, morte en 1835. Elle passa sa jeunesse dans le pays de Galles. Un volume de ses poésies parut en 1808, un autre en 1812. Cette même année, elle épousa le capitaine Hemans, dont elle se sépara en 1818. Elle publia *Tales and Historic Scenes. Modern Greece, Dartmoor. The Skeptic;* et *The Vespers of Palermo*, pièce qui tomba à Londres, mais qui fut bien accueillie à Édimbourg. En 1839 parut la première édition complète de ses poèmes, avec un mémoire de sa sœur (7 vol.).

HÉMATÉMÈSE s. f. (gr. *haima*, sang; *emeô*, je vomis). Pathol. Vomissement de sang épanché dans l'estomac. Avant l'âge de 40 ans l'hématémèse peut se produire sans que l'estomac ait la moindre lésion ; mais, après cet âge, elle a presque toujours pour origine une ulcération et dénote ou la présence d'un cancer ou une altération grave de l'estomac. — Les symptômes de cette maladie sont : des nausées et des vomissements sans toux de sang ordinairement foncé, noirâtre, souvent mélangé avec des substances alimentaires. Ces vomissements, parfois considérables, sont souvent suivis de syncope et de sueurs froides. Il ne faut pas confondre l'hématémèse avec l'hémoptysie ; dans celle-ci, le sang vient des poumons; il est d'un rouge vif et rendu avec une petite toux sèche; dans l'hématémèse, il est plus foncé, presque noirâtre et décomposé, avec l'aspect de marc de café. Le traitement de l'hématémèse consiste à placer sans cesse des compresses glacées sur l'estomac et à donner des fragments de glace et quelques gouttes (8 à 10) de perchlorure de fer par verre d'eau froide, trois fois par jour.

HÉMATÉMÉTIQUE adj. Qui a rapport à l'hématémèse.

HÉMATEUX, EUSE adj. (gr. *haima*, *haimatos*, sang). Pathol. Se dit de certaines maladies des vaisseaux sanguins de la peau : *dermatose hémateuse.*

HÉMATHROSE s. f. (gr. *haima*, *haimatos*, sang; *rheô*, je coule). Pathol. Épanchement sanguin hors des vaisseaux.

HÉMATIDROSE s. f. (gr. *haima*, *haimatos*, sang; *idros*, sueur). Pathol. Sueur de sang.

HÉMATIE s. f. [é-ma-tî]. Nom donné aux globules rouges du sang, par opposition à *leucocyte*, nom des globules blancs. On dit aussi HÉMATINE.

HÉMATINE s. f. Synon. d'HÉMATIE.

HÉMATIQUE adj. (gr. *haima*, *haimatos*, sang). Chim. Se dit d'un acide obtenu en faisant rougir du charbon de sang avec de la soude, et en traitant le mélange par l'alcool.

* **HÉMATITE** s. f. (gr. *haima, haimatos,* sang). Sanguine, minerai de fer d'un rouge brun. On dit aussi adjectivement, *Pierre hématite.* — L'hématite, le principal des minerais de fer, est un sesquioxyde de fer, qui produit le métal le plus beau et en très grande quantité. Presque toutes les gueuses bessemer d'Angleterre et d'Amérique sont tirées de l'hématite rouge; on trouve de vastes lits de ce minerai au Chili et dans d'autres parties de l'Amérique du Sud, et dans certaines roches azoïques des Etats-Unis. L'*hématite brune* se rencontre en France, dans les Pyrénées, la Dordogne, le Périgord et dans le lias de Bességes. — La variété dite *sanguine*, appelée *pierre à brunir*, sert à faire les *brunissoirs* pour polir les ouvrages d'or et d'argent.

HÉMATOCARPE adj. (gr. *haima, haimatos,* sang; *karpos,* fruit). Bot. Dont les fruits portent des taches rouges.

HÉMATOCAUSIE s. f. (gr. *haima, haimatos,* sang; *kausis,* combustion). Méd. Combustion, oxydation du sang dans l'organisme.

* **HÉMATOCÈLE** s. f. (gr. *haima, haimatos,* sang; *kélé,* tumeur). Chir. Tumeur formée par un épanchement plus ou moins considérable de sang dans l'une des tuniques du testicule, entre les éléments du cordon spermatique, dans la tunique vaginale ou dans quelque autre partie de cette région. On la traite par le repos, les applications froides, les résolutifs (eau de saturne) et par une compression graduée.

HÉMATOCRISTALLINE s. f. Matière cristalline rougeâtre, découverte dans le sang.

HÉMATODE adj. (gr. *haimatodès,* de sang). Pathol. Qui est de la nature du sang; qui est produit par le sang.

HÉMATOGRAPHIE s. f. (gr. *haima,* sang; *graphein,* écrire). Description du sang.

HÉMATOÏDE adj. (gr. *haima, haimatos,* sang; *eidos,* aspect). Minér. Qui a une couleur analogue à celle du sang.

HÉMATOLOGIE s. f. (gr. *haima,* sang; *logein,* parler). Traité ou discours sur le sang; partie de la médecine qui concerne le sang et ses altérations.

HÉMATOME s. f. (gr. *haima,* sang; *tomé,* section). Chir. Tumeur sanguine provenant d'une rupture de vaisseaux.

HÉMATOMPHALE s. f. [é-ma-ton-fa-le] (gr. *haima,* sang; *omphalos,* nombril). Chir. Hernie ombilicale compliquée d'un épanchement de sang.

HÉMATOMYÉLIE s. f. (gr. *haima,* sang; *muelos,* moelle). Pathol. Hémorragie de la moelle épinière.

HÉMATONCIE s. f. (gr. *haima,* sang; *ogkos,* enflure). Chir. Fongus produit par le développement des vaisseaux sanguins.

HÉMATOPHAGE adj. (gr. *haima,* sang; *phagein,* manger). Zool. Qui se nourrit du sang des animaux vivants.

HÉMATOPHYLLE adj. (gr. *phullon,* feuille). Bot. Qui a les feuilles d'un rouge de sang.

* **HÉMATOSE** s. f. (gr. *haima, haimatos,* sang). Physiol. Sanguification, action ou fonction naturelle par laquelle le chyle se convertit en sang, et le sang veineux en sang artériel. L'hématose résulte d'un ensemble de phénomènes chimiques qui s'accomplissent dans la fonction de la respiration et au moyen desquels l'air et le sang, mis en contact presque immédiat, éprouvent des altérations et des changements qui rendent ce dernier propre à entretenir la vie.

HÉMATOSER (S') v. pr. Subir l'hématose.

HÉMATOSINE s. f. [é-ma-to-zi-ne]. Matière colorante du sang, dérivée de l'hémoglobine. (Voy. Sang.)

HÉMATOSPERME adj. (gr. *haima, haimatos,* sang; franç. *sperme*). Bot. Dont les graines ou les sporules sont couleur de sang.

HÉMATOXYLE s. m. [é-ma-to-ksi-le] (gr. *haima, haimatos,* sang; *xulon,* bois). Bot. Genre de légumineuses césalpiniées, comprenant une seule espèce connue, le *campêche* (*hæmotaxylon campechianum*); arbre de l'Amérique centrale, qui fournit un bois de teinture répandu dans le commerce. Sous de très favorables circonstances, l'hématoxyle peut

Hématoxyle.

atteindre de 43 à 45 m. de haut; mais ordinairement il ne dépasse pas 8 m.; sa tige, à la base, ne dépasse guère 40 centim. de diamètre; elle est forte et couverte d'une écorce rugueuse. Son aubier est jaune; mais son bois intérieur, seul exploité pour le commerce, est rouge foncé, d'un grain serré, très dur et tellement pesant qu'il coule au fond de l'eau. Les décoctions d'hématoxyle prennent différentes couleurs, suivant leur durée et les substances avec lesquelles on traite le bois : elles fournissent du rouge, du bleu et du noir. — Méd. L'hématoxyle ou campêche est un astringent très doux et non irritant. On en a proposé l'usage dans les diarrhées chroniques, dans les dysenteries chroniques, etc.

* **HÉMATURIE** s. f. (gr. *haima,* sang; *ourein,* uriner). Méd. Pissement de sang. L'hématurie symptomatique, dont les causes les plus fréquentes sont : la présence de graviers et de calculs dans les voies urinaires, les lésions organiques du col de la vessie, la distension forcée dans les rétentions d'urine, s'observe aussi quelquefois dans le cours des scarlatines, des petites véroles graves, dans le scorbut, etc.; elle résulte alors de l'altération du sang lui-même. L'hématurie se distingue en *rhénale, urétérique, vésicale* et *uréthrale*, suivant que le sang expulsé au dehors provient des reins, des uretères, de la vessie ou du canal uréthral; son traitement est subordonné à la cause de la maladie. L'hématurie essentielle, presque inconnue chez nous, règne surtout dans les pays chauds.

HÉMATURIQUE adj. Qui concerne l'hématurie; qui a rapport à cette maladie.

HÉMÉRALOPE adj. (gr. *hémera,* jour; *ops,* vue). Pathol. Qui est affecté d'héméralopie. — Substantiv. : *un héméralope.*

HÉMÉRALOPIE s. f. (gr. *hémera,* jour; *ops,* vue). Maladie dans laquelle la pupille se dilate et devient immobile dès que le soleil est descendu au-dessous de l'horizon, et à point que les personnes qui en sont affectées n'y voient plus, pendant la nuit, même lorsqu'on approche de leurs yeux une lumière intense.

Cette maladie se termine souvent par l'amaurose. On la traite par les toniques et les réconfortants s'il y a débilité; par la saignée et les antiphlogistiques s'il y a des signes de pléthore sanguine.

* **HÉMÉROCALLE** s. f. (gr. *hémera,* jour; *kallos,* beauté). Bot. Genre de liliacées, tribu des hémérocallées, dont le nom, qui en grec signifie *Beauté d'un jour*, vient de ce que la plupart des espèces, et notamment l'*héméro-calle jaune*, portent des fleurs remarquables par leur élégance, mais de très peu de durée. — Les hémérocalles vivent dans les contrées montueuses et tempérées de notre hémisphère. On trouve aux environs de Bordeaux l'héméro-calle fauve (*hemerocallis fulva*) à feuilles carénées, en grosses touffes; à fleurs larges, d'un rouge fauve. L'*hémérocalle jaune*, appelée aussi *lis jaune* et *lis asphodèle* (*hemerocallis flava*), originaire de Suisse, porte des fleurs d'un beau jaune, semblables à celles du lis. L'*hémérocalle distique* (*hemerocallis disticha*), du Japon, porte de grandes fleurs jaunes à l'extérieur et roussâtres à l'intérieur.

* **HÉMI** (gr. *hémissus*). Préfixe qui, dans les composés d'origine grecque, signifie *Demi*, ou la *Moitié*.

HÉMICRANIE s. f. (préf. *hémi*; gr. *kranion,* crâne). Pathol. Céphalalgie névralgique qui n'affecte ordinairement que la moitié du crâne et que l'on appelle vulgairement *migraine.*

HÉMICRANIQUE adj. Pathol. Qui a rapport à l'hémicranie.

* **HÉMICYCLE** s. m. (préf. *hémi*; gr. *kuklos,* cercle). Demi-cercle. — Se dit principalement d'un lieu formé en amphithéâtre, pour une assemblée d'auditeurs et de spectateurs.

HÉMIDACTYLE s. m. (préf. *hémi*; gr. *daktulos,* doigt). Erpét. Genre de sauriens de la famille des *geckos* (voy. Gecko), et caractérisés par un disque ovale, placé à la base des doigts, et du milieu duquel s'élève la deuxième phalange.

HÉMIDITON s. m. Mus. anc. Diton moins un demi-ton ou tierce mineure.

HÉMIÈDRE adj. Minér. Qui possède l'hémiédrie.

HÉMIÉDRIE s. f. (gr. *edra,* surface). Minér. Symétrie caractérisée par l'identité physique de la moitié des parties des cristaux, qui sont géométriquement égales.

HÉMIGALE s. f. (préf. *hémi*; gr. *galé,* chat). Mamm. Genre de carnassiers, voisin des genel

Hémigale.

tes, et dont l'espèce type habite les Indes orientales. L'hémigale se nourrit d'œufs, de petits oiseaux et de mammifères.

HÉMILABIAL, ALE, AUX adj. Anat. Qui embrasse la moitié des lèvres.

* **HÉMINE** s. f. (lat. *hemina*; gr. *hémina,* de *hémi,* demi, parce que cette mesure était la moitié de l'*ektens* ou setier). Antiq. Mesure de capacité chez les Romains, évaluée à un peu plus d'un quart de litre,

HÉMIONE s. f. (préf. *hémi;* gr. *onos,* âne). Solipède qui tient le milieu entre le cheval et l'âne, et qui vit par nombreux troupeaux sur les plateaux de la haute Asie. (Voy. DZIGGE-TAI.)

HÉMIOPIE s. f. (préf. *hémi;* gr. *ops,* vue). Pathol. Névrose de la rétine, dans laquelle le malade ne voit que la moitié des objets, ou les aperçoit sous une forme irrégulière. L'hémiopie est liée à l'hypocondrie, à l'hystérie, à une paralysie partielle de la rétine, à un commencement de cataracte, etc.

* **HÉMIPLÉGIE** ou **Hémiplexie** s. f. (préf. *hémi;* gr. *plessein,* frapper). Méd. Paralysie de la moitié latérale du corps. (Voy. PARALYSIE.) — HÉMIPLÉGIE FACIALE, paralysie de la moitié de la face.

HÉMIPLÉGIÉ, ÉE adj. Pathol. Frappé d'hémiplégie.

HÉMIPLÉGIQUE adj. Pathol. Qui a rapport à l'hémiplégie; qui est frappé d'hémiplégie.

HÉMIPPE s. m. (préf. *hémi;* gr. *hippos,* cheval). Mamm. Solipède intermédiaire entre le cheval et l'hémione. Les hémippes vivent en troupes nombreuses dans les déserts de Syrie, entre Palmyre et Bagdad.

* **HÉMIPTÈRES** s. et adj. m. pl. (préf. *hémi,* gr. *pteron,* aile). Entom. Ordre d'insectes qui comprend tous ceux dont la bouche est en suçoir, et dont les élytres sont en partie coriaces et en partie membraneux : *la cigale, la cochenille, sont des insectes hémiptères.* On dit aussi d'animaux dont les ailes ou les nageoires sont courtes, ou qui ont quelque partie du corps chargée d'une petite aile. — ENCYCL. Les hémiptères sont caractérisés par 4 ailes, dont les deux supérieures sont en forme d'étui crustacé, avec l'extrémité membraneuse, non semblables aux inférieures, mais plus fortes et plus grandes; ces ailes, sillonnées d'un grand nombre de nervures, semblent être moitié élytres et moitié ailes, d'où le nom des hémiptères. Quelques espèces sont dépourvues d'ailes (punaises des lits, etc). Les insectes suceurs qui composent cet ordre n'ayant ni mandibules, ni mâchoires proprement dites, possèdent le bec corné qui contient dans sa gaine trois soies délicates, aiguës, écailleuses et roides qui leur servent de suçoir. Les hémiptères subissent une transformation partielle, leurs larves et leurs chrysalides ressemblent aux adultes, sauf par l'absence d'ailes et par leur petite taille. L'ordre des hémiptères a été divisé par Cuvier en deux grandes sections, savoir : 1° HÉTÉROPTÈRES, comprenant les familles des *géocorises* ou punaises terrestres et des *hydrocorises* ou punaises d'eau; 2° HOMOPTÈRES, divisés en trois familles *cicadaires* (cigales, fulgores, cicadelles) ; *aphidiens* (psylles, trips, pucerons); *gallinsectes* (cochenilles).

* **HÉMISPHÈRE** s. m.(préf. *hémi;* gr. *sphaira,* sphère). Moitié d'une sphère. Se dit principalement des deux parties de la terre, séparées par le plan de l'équateur : *dans notre hémisphère boréal, la tempête tourne de droite à gauche; dans l'hémisphère austral, elle tourne de gauche à droite* (Michelet). — Anat. LES HÉMISPHÈRES DU CERVEAU, les deux moitiés, du cerveau. — Phys. HÉMISPHÈRES DE MAGDEBOURG, boule creuse et coupée en deux moitiés, dans laquelle on fait le vide à l'aide de la machine pneumatique, de sorte qu'il faut un effort d'une atmosphère pour séparer les deux parties. L'expérience des hémisphères de Magdebourg fut exécutée pour la première fois à Ratisbonne par Otto de Guericke en 1654; elle contribua à populariser la doctrine de la pesanteur de l'air

* **HÉMISPHÉRIQUE** adj. Qui a la forme d'une moitié de sphère, d'un hémisphère.

* **HÉMISTICHE** s. m. (préf. *hémi,* gr.; *stichos,* vers). La moitié d'un vers héroïque ou alexandrin : *il y a une césure, un repos à la fin du premier hémistiche.* (Voy. CÉSURE.)

HÉMITRIPTÈRE s. m. (préf. *hémi;* gr. *treis,* trois; *pteron,* nageoire). Icht. Genre d'acanthoptérygiens à joues cuirassées, comprenant plusieurs espèces de poissons hideux. L'espèce typique, l'hémitriptère commun

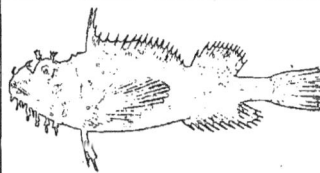

Hémitriptère commun (Hemitripterus acadianus).

(*hemitripterus acadianus,* Storer), appelé aussi corbeau de mer, atteint une longueur de 75 centim. et pèse environ 2 kilog. Ses couleurs présentent toutes les nuances de brun sombre du rouge sang, du pourpre violacé et de brun jaunâtre, avec des marques et des bandes; il est blanc jaunâtre en dessous; sa tête est large, irrégulière, hideuse. Ce poisson vit dans le golfe Saint-Laurent, près de la Nouvelle-Angleterre et sur les côtes de New-York.

HÉMOGLOBINE s. f. (gr. *haima,* sang; franç. *globe*). Physiol. Matière colorante des corpuscules rouges du sang. (Voy. SANG.)

HÉMOPHTALMIE s. f. (gr. *haima,* sang; *ophthalmos,* sang). Pathol. Épanchement de sang dans les chambres de l'œil ou à l'extérieur.

HÉMOPLASTIE s. f. Physiol. Réparation du sang.

HÉMOPOÈSE s. f. (gr. *haima,* sang; *poièsis,* production). Physiol. Production du sang.

* **HÉMOPTOÏQUE** adj. Méd. Qui crache du sang; qui est atteint d'hémoptysie.

* **HÉMOPTYSIE** s. f.(gr. *haima,* sang; *ptusis,* crachement). Méd. Crachement de sang, hémorragie de la muqueuse qui tapisse les voies aériennes, le larynx, la trachée-artère et les bronches. On dit aussi PNEUMORRAGIE. — L'hémoptysie est une maladie très fréquente, en raison de l'action permanente de l'organe qui en est le siège, et elle résulte le plus souvent de causes accidentelles, telles que l'inspiration d'un air très froid ou trop sec, l'inhalation de vapeurs irritantes, les efforts de la voix, l'usage des instruments à vent, les coups sur la poitrine, les chagrins profonds, etc.; elle dépend très souvent de la tuberculose pulmonaire ou d'une maladie de cœur. Son symptôme le plus habituel est l'expectoration d'un sang spumeux rouge et vermeil précédée de toux et de titillation sur le trajet des voies respiratoires. Son traitement est basé sur les mêmes principes que celui des autres hémorragies internes : repos et silence absolu, boissons froides et glacées, potions d'ergotine, sinapismes aux membres inférieurs, ventouses sèches à la poitrine et quelquefois, selon la constitution du sujet, saignée et application de sangsues à l'anus. On prévient ensuite le retour de l'hémoptysie par un régime sévère dont le lait et les fécules doivent être la base. — L'hémoptysie est dite FOUDROYANTE ou est appelée APOPLEXIE PULMONAIRE quand le sang est rejeté en si grande abondance qu'il semble être vomi, cette affection, qui est heureusement fort rare, est presque toujours une issue fatale. Elle réclame le traitement le plus énergique, de larges saignées et des révulsifs puissants. Cette grave

congestion du poumon est accompagnée de toux, d'oppression, de crachement d'un sang noir, de matité dans un point et d'absence de murmure respiratoire.

HÉMOPTYSIQUE adj. et s. Méd. Qui est atteint d'hémoptysie.

HÉMORRACHIS s. m.[-kiss](gr. *haima,* sang; franç. *rachis*). Pathol. Épanchement du sang dans le canal vertébral.

* **HÉMORRAGIE** s. f. (gr. *haima,* sang; *régnumi,* faire irruption). Méd. Écoulement du sang hors des vaisseaux qui doivent le contenir, avec ou sans rupture de leurs parois : *mourir d'une hémorragie.* — Hémorragie cérébrale, épanchement de sang dans l'intérieur du crâne, dans la substance même du cerveau. L'hémorragie cérébrale, appelée communément apoplexie, frappe de préférence les sujets forts et pléthoriques. Elle est favorisée par tout ce qui est de nature à déterminer un afflux considérable de sang vers le cerveau, (efforts violents, fortes contentions d'esprit; abus alcooliques, émotions morales vives, température très élevée ou très basse. Tout ce qui tend à s'opposer au retour du sang veineux vers le cœur et donne lieu à une stase sanguine dans le cerveau (lien trop serré autour du cou, attitude penchée, etc.), peut devenir une cause d'hémorragie cérébrale. Il est rare que l'apoplexie survienne d'une manière inopinée, ainsi que l'on est assez généralement porté à le croire. L'invasion est précédée, tantôt d'un sentiment de pesanteur à la tête, d'étourdissements, de bourdonnements d'oreille, d'illusions d'optique, tantôt d'un affaiblissement marqué de la mémoire, de lenteur dans les idées, de surdité, tantôt d'un besoin insolite de sommeil, de mouvements spasmodiques dans diverses parties du corps, de difficulté à articuler certains mots. Après une durée plus ou moins longue de ces prodromes, l'apoplexie se manifeste sous différentes formes. Ou bien elle survient brusquement et cesse presque aussitôt sans aucune altération sensible du mouvement ou de l'intelligence, alors, elle est appelée *coup de sang;* ou bien les accidents augmentent d'intensité, au point de supprimer les mouvements du cœur et ceux de la respiration; alors elle est dite *foudroyante.* Enfin, et c'est la le cas le plus fréquent, les fonctions organiques ne sont suspendues qu'en partie, mais cette suspension est permanente; elle se borne le plus souvent à l'un des côtés latéraux du corps *(hémiplégie),* avec déviation de la bouche. Dans l'apoplexie forte, les individus sont privés de connaissance, de sentiment et de mouvement; ils sont insensibles du côté paralysé. Leur respiration est lente et stertoreuse; leur bouche est tirée du côté sain ; il y a souvent des excrétions involontaires. Parfois, les symptômes s'amendent graduellement; mais la mort survient ordinairement après un temps variable. L'hémorragie cérébrale se distingue de la congestion cérébrale par la lenteur avec laquelle elle s'améliore, et de l'encéphalite chronique, ou ramollissement du cerveau, par l'absence de contractures et de paralysie progressive lente. — L'hémorragie cérébrale est toujours une maladie grave; son pronostic, même dans les cas légers, ne laisse pas d'être inquiétant à cause des récidives que l'on a à redouter. Lorsque l'attaque, en effet, a eu une certaine intensité, il est bien rare que le malade survive, qu'il ne conserve pas une paralysie plus ou moins étendue, soit du mouvement, soit de la sensibilité ; ou bien encore, ses facultés intellectuelles restent sensiblement affaiblies. Le traitement de cette maladie devra toujours être énergique : on a abandonné l'habitude de diminuer la masse du sang au moyen d'émissions sanguines. On opère une dérivation vers la peau, en pommant de larges sinapismes le long de l'épine dorsale et sur les jambes. On donne des lavements

purgatifs; on place un vésicatoire entre les épaules, on fait boire du café. On prévient les récidives au moyen d'un cautère et de grains de santé et en combattant les causes prédisposantes, qui sont les mêmes que celles de la congestion. — **Hémorragie traumatique**, celle qui résulte d'une plaie ou d'une lésion quelconque; si elle vient d'une veine ou des vaisseaux capillaires, le sang est noir et se précipite par jet continu, et l'hémorragie n'a pas de gravité; mais si, au contraire, c'est une hémorragie artérielle, l'accident sera plus ou moins grave, suivant le volume de l'artère lésé; le sang alors est rouge et vermeil; il se précipite par jets saccadés correspondant aux battements du cœur. — Le traitement consiste à employer des absorbants, les astringents ou les réfrigérants, dans les hémorragies veineuses ou capillaires peu considérables; mais pour les cas graves, on doit avoir recours provisoirement à la compression directe et ensuite à la cautérisation, ou au perchlorure de fer, qui réussit presque toujours à coaguler le sang; ou mieux, à la ligature de l'artère. — **Hémorragie utérine**, MÉTRORRAGIE ou *perte*, écoulement sanguin qui s'opère par l'orifice de l'utérus en dehors du temps des règles ou en trop grande quantité. Elle est *idiopathique* ou *symptomatique*; dans le premier cas, le sang s'écoule d'une manière continue ou intermittente, parfois en caillots; cette hémorragie est ordinairement peu dangereuse, surtout quand elle survient à l'âge critique. L'hémorragie symptomatique, beaucoup plus rare, peut dénoncer un squirrhe, un polype, une lésion organique, une fausse couche, un avortement, un décollement du placenta, (avant ou pendant l'accouchement); dans ces cas, il faut, outre les moyens indiqués ci-dessous, traiter la cause qui la détermine ou l'entretient. La première indication contre l'hémorragie, est de conserver le repos absolu, dans une position horizontale; on prend des boissons froides, des lavements opiacés frais; on place des sinapismes aux membres inférieurs et des compresses glacées sur le bas-ventre; on boit de l'eau de Léchelle; on avale de la poudre récente d'ergot de seigle dans de l'eau sucrée; on tamponne avec de la charpie imbibée d'une solution par moitié de perchlorure de fer. Quand l'écoulement est considérable, on peut, en attendant l'action des moyens précédents, comprimer avec la main l'aorte, à un travers de doigt au-dessus de l'ombilic. L'hémorragie qui accompagne ou précède l'accouchement, ne devra jamais être traitée par le seigle ergoté, mais presque exclusivement par le tamponnement. On peut faire usage de l'ergot de seigle ou de l'ergotine quand l'accouchement est sur le point de se terminer, l'enfant étant au passage. Pour l'hémorragie qui a lieu après l'accouchement, on a recours à l'ergot de seigle ou au sulfate de quinine. Dans quelques cas, l'hémorragie se fait à l'intérieur, et ce que l'on reconnaît aux frissons, à la pâleur, à la faiblesse, aux défaillances, au refroidissement des extrémités, à la petitesse du pouls et au développement du globe utérin; on donne l'ergotine, on vide l'utérus et on l'excite par des frictions. — Hémorragie pulmonaire. Voy. HÉMOPTYSIE. — Hémorragie de l'estomac. Voy. HÉMATÉMÈSE. — Hémorragie nasale. Voy. ÉPISTAXIS. — Hémorragie du rectum. Voy. HÉMORROÏDES. — Hémorragie de la vessie. Voy. HÉMATURIE.

HÉMORRAGIQUE adj. Qui a rapport à une hémorragie.

HÉMORRHÉE s. f. (*gr. haima*, sang; *rhéô*, je coule). Hémorragie passive, résultant d'une débilité générale.

· HÉMORROÏDAL, ALE, AUX adj. Méd. Se dit des vaisseaux sanguins de l'anus, qui est le siège des hémorroïdes: *veine hémorroïdale*. — Se dit aussi des tumeurs qui forment les

hémorroïdes, et du sang qui en coule: *tumeurs hémorroïdales*. — s. f. S'emploie en parlant des artères hémorroïdales: *l'hémorroïdale supérieure*.

· HÉMORROÏDES s. f. pl. (*gr. haima*, sang; *rhein*, couler). Méd. Tumeurs violacées, arrondies et douloureuses qui se forment au pourtour de l'anus, et qui ordinairement laissent échapper de temps à autre une certaine quantité de sang: *hémorroïdes internes*. — HÉMORROÏDES SÈCHES, hémorroïdes qui ne coulent point. — HÉMORROÏDES FLUENTES, celles qui sont accompagnées d'écoulement de sang provenant de la muqueuse rectale (*flux hémorroïdal*). — Les hémorroïdes sont internes ou externes, suivant leur siège. Elles sont précédées et accompagnées d'un sentiment de pesanteur au rectum, de douleur dans la défécation, de tristesse et de malaise général. Elles peuvent dépendre d'une diathèse herpétique; mais elles sont le plus souvent causées par la bonne chère, par l'usage de mets excitants et de liqueurs alcooliques, par une vie molle et sédentaire, par la constipation, par la grossesse et quelquefois par l'abus des purgatifs, surtout de l'aloès. C'est une incommodité douloureuse plutôt qu'une maladie; un émonctoire dont la disparition n'est pas toujours sans inconvénient. On traite les hémorroïdes par des bains froids, la pommade d'opium et de belladone, l'onguent *populeum*, le repos dans la position horizontale; l'application permanente de compresses imbibées d'eau froide ou d'une solution astringente (eau de Goulard, alun). Quand les tumeurs sont sorties et douloureuses, on les fait disparaître au moyen d'un cataplasme de cerfeuil bouilli, auquel on ajoute, après avoir exprimé le cerfeuil, un peu de beurre frais. Si elles sont très étendues, on est forcé d'avoir recours à la ponction; après quoi, le malade prend un bain de siège. Lorsque les tumeurs sont étranglées, il faut, sans retard, les réduire c'est-à-dire les faire rentrer par une ponction méthodique.

· HÉMORROÏSSE s. f. (*gr. haima*, sang; *rhéô*, je coule). Se dit de la femme malade d'un flux de sang, qui fut guérie en touchant la robe de J.-C.: *l'hémorroïsse de l'Évangile*.

HÉMORROSCOPE s. m. (*gr. haima*, sang; *rhéô*, je coule; *skopéô*, j'examine). Médecin qui s'occupe d'hémorroscopie.

HÉMORROSCOPIE s. f. Examen du sang qu'on a tiré des veines.

HÉMOSPASIE s. f. (*gr. haima*, sang; *spasis*, attraction). Action d'attirer le sang sur certaines parties du corps, en y faisant le vide.

HÉMOSTASE s. f. (*gr. haima*, sang; *stasis*, station). Méd. Stagnation du sang, causée par la pléthore. — Chir. Opération faite en vue de supprimer un écoulement de sang.

· HÉMOSTATIQUE adj. (rad. *hémostase*). Méd. Se dit des remèdes qui arrêtent les hémorragies. — s. m. Remède hémostatique. Les hémostatiques sont: les réfrigérants, les styptiques, le perchlorure de fer. On emploie communément les eaux hémostatiques de Brocchiéri (eau distillée sur des copeaux de bois de sapin), de Léchelle (eau distillée avec des substances résineuses), de Pagliari (solution d'alun que l'on a fait digérer pendant quelque temps sur du benjoin), de Tisserand (térébenthine et sang-dragon digérés dans de l'eau chaude). On arrête aussi les hémorragies par la cautérisation, la suture, le séton, l'acupuncture, la compression, les bouchons mécaniques, la mâchure, le refoulement, l'enclavement, la torsion, la ligature, etc.

HÉMOTEXIE s. f. (é-mo-tèk-sî) (*gr. haima*, sang; *texis*, dissolution). Dissolution du sang.

HÉMOTHORAX s. m. (-rakss) (*gr. haima*, sang; *thorax*, poitrine). Épanchement de sang dans la poitrine.

· HEMSKERK ou **Heemskerk** (Martin van) (hèmms-kèrk), peintre hollandais, né en 1498, mort en 1574. Sa maison, à Harlem, et ses meilleurs ouvrages ayant été détruits par les Espagnols (1572), ses tableaux sont rares, mais on possède beaucoup de ses gravures. D'après son testament, les revenus de son héritage serviront à doter, chaque année, un certain nombre de jeunes filles, à condition qu'elles danseraient sur sa tombe le jour de leur mariage.

· HEMSTERHUYS (hèmm'-stèr-hoïss) I. (Tibère), philologue hollandais, né en 1685, mort en 1766. Il fut professeur à Amsterdam, à Franeker et à Leyde. Ses ouvrages comprennent des éditions des *Dialogues* de Lucien, *Timon* et le *Plutus* d'Aristophane et *Notes sur Xénophon d'Éphèse*. — II. (Frans), son fils, philosophe, né en 1722, mort en 1790. Ses *Œuvres philosophiques complètes*, publiées à Paris en 1792 (2 vol. in-8°) et en 1825-'27, comprennent ses opuscules.

HÉMUS, ancien nom des monts Balkans.

HÉMUS, fils de Borée et d'Orithye, roi de Thrace. Il épousa Rhodope et fut changé en montagne, ainsi que son épouse, pour avoir voulu se faire adorer sous le nom de Jupiter, et elle sous celui de Junon.

· HÉNARÈS, rivière de la province de Guadalaxara (Espagne). Elle afflue dans la Jarama, après un cours de 160 kil.

· HÉNAULT (Charles-Jean-François), connu sous le nom de *président* (hé-nô), président au parlement de Paris, né à Paris le 8 février 1685, mort le 24 nov. 1770. Fils d'un riche fermier général, il brilla dans le grand monde et dans la société des beaux esprits. Des chansons, quelques poésies légères d'un tour facile et deux tragédies médiocres lui ouvrirent les portes de l'Académie (1723). Tout en composant quatre ou cinq comédies, il recueillit les documents d'un ouvrage sérieux intitulé: *Abrégé chronologique de l'histoire de France jusqu'à la mort de Louis XIV* (1744, 1 vol. in-4°; 8° édition complétée, en 1768; nouvelle édition par Walkenaër en 1821, 3 vol. in-8°). Ce traité élémentaire, exact et original, plein de détails sur les mœurs, les institutions, les hommes et les événements de notre histoire, obtint un succès prodigieux et a fait passer à la postérité le nom de son auteur. Le président Hénault fit paraître en 1747, une tragédie historique en prose, *François II*, réimprimée en 1768, avec une préface dans laquelle il expose son idée de réforme du théâtre français et l'idée qu'il avait conçue de mettre en scène les épisodes de l'histoire de France, à l'imitation des pièces de Shakspeare. Après avoir fréquenté les philosophes, particulièrement Fontenelle et Voltaire, après avoir vécu en épicurien et en sceptique, Hénault se convertit sur ses vieux jours, mais la malignité attribua sa conversion à des vues intéressées. « Il prend le bon Dieu pour un homme en place », disait-on; et en effet, le président s'était toujours fait remarquer parmi les admirateurs des puissants.

· HENCKE (Charles-Louis), célèbre astronome allemand (1793-1866). Il s'occupa surtout des astéroïdes et découvrit *Astrée* (8 déc. 1845) et *Hébé* (1er juillet 1847).

HENDAYE. Voy. ANDAYE.

· HENDÉCAGONE adj. [ain-dé-ka-go-ne] (*gr. hendeka*, onze; *gônia*, angle). Géom. Qui a onze angles et onze côtés: *figure hendécagone*. — s. m. *Un hendécagone régulier*.

HENDÉCAGYNE adj. (ain-) (*gr. hendeka*, onze; *guné*, femelle). Bot. Dont les fleurs ont onze pistils.

HENDÉCANDRE adj. [ain-] (*gr. hendeka*,

onze ; *anér*, mâle). Bot. Dont les fleurs ont onze étamines.

HENDÉCANDRIE s. f. [ain-]. Bot. Classe de plantes dont les fleurs sont hendécandres.

HENDÉCAPHYLLE adj. [ain-dé-ka-fi-le] (gr. *hendeka*, onze ; *phullon*, feuille). Bot. dont les feuilles se composent de onze folioles.

* **HENDÉCASYLLABE** adj. [ain-dé-ca-sil-la-be] (gr. *hendeka*, onze ; *syllabé*, syllabe). Se dit des vers de onze syllabes : *vers hendécasyllabe*. On les appelle aussi Phaleuques ou Phaleuces, dans la versification latine. — s. m. *Un hendécasyllabe.*

HENDÉKASYLLABIQUE adj. Qui a onze syllabes : *vers hendécasyllabique.*

* **HENDERSON** ['henn'-dèr-s'n], ville du Kentucky, sur la rivière Ohio, à 270 kil. S.-E. de Saint-Louis ; 4,170 hab. Exportation de blé ; 16 manufactures de tabac, distilleries, moulins, carrosserie, etc.

* **HENGIST** ['henn-ghist], prince jotique de la période légendaire de l'histoire anglosaxonne, fondateur du royaume de Kent, mort vers 488. Appelé par les chefs bretons, il débarqua avec son frère Horsa en Bretagne (Grande-Bretagne) en 449, et prit l'engagement de repousser les Pictes et les Scots. Mais, après les avoir battus, il résolut de conquérir le pays pour son propre compte. Hengist et son frère s'associèrent aux tribus du Nord, qu'ils avaient précédemment repoussées, et firent la guerre aux Bretons. Ces derniers déposèrent Vortigern, principal chef indigène, et gendre de Hengist, et, sous les ordres de son fils, Vortimer, ils défirent les envahisseurs dans trois batailles. Horsa fut tué à Eaglesford, aujourd'hui Aylesford (455), et Hengiste se retira dans son pays natal ; mais il revint avec des forces plus considérables, soumit promptement tout le sud du pays, et termina sa conquête par une grande bataille à Crayford en 457. Les traditions anglo-saxonnes, au sujet de Hengist et de Horsa, sont considérées aujourd'hui comme purement mythiques.

HÉNIN DE CUVILLIERS (Etienne-Félix, baron d'), général et écrivain, né à Balloy (Seine-et-Marne), en 4775, mort en 1841. Il prit du service en 4779, fit les guerres de la Révolution et de l'Empire, fut créé baron en 1808 et maréchal de camp en 1814. Il a écrit, sur le magnétisme animal, plusieurs ouvrages dans lesquels il essaye d'expliquer les miracles et de détruire la croyance au surnaturel : le *Magnétisme éclairé* (Paris, 1820) ; *Le Magnétisme animal dans l'antiquité et recherches sur l'alchimie* (Paris, 4821) ; *Crimes commis sous le prétexte de la gloire de Dieu* (Paris, 4822) ; *Doctrine mystique des magnétistes* (Paris, 4824) ; *Jésuites anciens et modernes* (Paris, 4824) ; *Des comédiens et du clergé* (Paris, 4825).

HENKEL (Jean-Frédéric), chimiste et minéralogiste allemand (4679-1744). Son *Affinité du règne animal et du règne végétal*, son *Histoire naturelle de la pyrite* et son *Introduction à la minéralogie* ont été traduits en français par le baron d'Holbach (Paris, 4757, 2 vol. in-4°).

HENLOPEN (Cap), promontoire situé à l'entrée de la baie de Delaware, à 22 kil. S.-S.-O. du cap May, par 38° 47' lat. N. et 77° 25' 54" long. O.

* **HENNÉ**, ou **Henneh** s. m. ['henn-né] (mot arabe). Bot. Arbrisseau du genre *lawsonia* (Willd.) qui croît dans l'Inde en Afrique et dont le suc sert à teindre en rose vif ; on l'appelle aussi *alkana*. On n'en connaît qu'une seule espèce le *lawsonia alba*, que l'on cultive dans l'Inde, en Egypte et dans autres contrées de l'Orient et de l'Afrique septentrionale. On récolte les feuilles, on les fait sécher et on les réduit en poudre que l'on délaye dans l'eau, pour en former une pâte. C'est la substance dont les femmes de l'Orient se servent pour se teindre les ongles et quelquefois les mains, les pieds, les lèvres, les gencives et même les cheveux. Cette substance colorante était connue dès la plus haute antiquité : quelques momies égyptiennes ont les ongles teints de henné.

HENNEBONT, ch.-l. de cant., arr. et à 11 kil. N.-E. de Lorient (Morbihan), sur le flanc d'une colline ; 6,050 hab. Petit port. Construction de navires. Pont suspendu en chaînes de fer. Eglise gothique.

HENNEPIN (Louis), missionnaire franciscain (récollet) et explorateur de la rivière du Mississipi, né en Belgique vers 4640, mort après 1701. En 1675, il se rendit au Canada et prêcha pendant quelque temps à Québec. En 1676, il visita le pays des Mohawks. En 4679-'80, il accompagna La Salle sur la rivière l'Illinois jusqu'à un endroit qui se trouve près de l'emplacement actuel de Peoria, il descendit cette rivière jusqu'à son embouchure, explora le Mississipi supérieur et découvrit les chutes qu'il nomma Saint-Antoine. Il fut fait prisonnier par les Sioux, fut délivré au bout de 8 mois et retourna en France, où il publia, en 1683, sa *Description de la Louisiane, nouvellement découverte au sud-ouest de la Nouvelle-France*, etc. En 4697, il publia *Nouvelle découverte d'un très grand pays situé dans l'Amérique, entre un nouveau Mexique et la mer Glaciale*, dans lequel il affirme qu'il est descendu jusqu'à l'embouchure du Mississipi. La fausseté de cette assertion fut d'abord exposée par Jared Sparks dans sa *Vie de La Salle*. Le troisième ouvrage d'Hennepin : *Nouveau voyage dans un pays plus grand que l'Europe* (1698), est une compilation dans laquelle il raconte le voyage de La Salle à l'embouchure du Mississipi.

HENNEQUIN (Pierre-Antoine), peintre, né à Lyon en 4763, mort à Tournay en 1833. L'un des meilleurs élèves de David, il obtint le grand prix de Rome. A son retour à Paris, il exécuta un grand tableau, la *Fédération du 4 juillet* 1790, se jeta dans le mouvement révolutionnaire, faillit tomber sous les coups des *Compagnons de Jéhu*, après le 9 thermidor, fut emprisonné un instant et renonça à la vie politique. Sous la Restauration, il suivit David en exil et demeura successivement à Liège et à Tournay.

HENNIN s. m. [ain-nain]. Bonnet de femme haut d'environ une aune, et très pointu, qui était en usage au xive et au xve siècle.

* **HENNIR** v. n. ['ha-nir ou 'hènn-nir](lat. *hinnire*). Se dit du cheval quand il fait son cri ordinaire : *ils furent découverts parce qu'un cheval se mit à hennir.*

* **HENNISSEMENT** s. m. ['ha-ni ou 'hènn-ni-se-man]. Le cri ordinaire du cheval : *le bruit des trompettes et le hennissement des chevaux.*

HENNUYER (Jean Le), évêque de Lisieux, né à Saint-Quentin en 4497, mort en 1578. Il fut confesseur de Henri II, de Diane de Poitiers et de Catherine de Médicis ; il s'opposa, dit-on, au massacre des protestants de son diocèse lors de la Saint-Barthélemy, malgré le zèle ardent qu'il déploya toujours pour les combattre.

* **HENRI** ['han-ri], angl. *Henry* ; all. *Heinrich*, nom d'un grand nombre de souverains et de personnages historiques.

I. ALLEMAGNE.

HENRI Ier, surnommé L'Oiseleur (*der Finkler* ou *Vogler*), le premier des souverains d'Allemagne de la ligne saxonne, né en 876, mort en 936. Il était duc de Saxe et de Thuringe. Son père, Othon l'Illustre, élu en 911 au trône d'Allemagne, refusa la couronne en raison de son grand âge et fit élire à sa place Conrad, duc de Franconie. Ce dernier, après avoir combattu Henri, qui voulait lui en-lever une partie de son héritage, le désigna comme son successeur. Les députés, chargés d'annoncer à Henri cette nouvelle, le trouvèrent jouant avec ses oiseaux à Quedlimbourg, ce qui lui fit donner son surnom de l'Oiseleur (919). En 924, les Hongrois s'avancèrent jusqu'au cœur de la Saxe. Mais leur chef fait prisonnier, n'obtint sa liberté qu'en signant une trêve de neuf ans. Henri soumit ensuite le Brandenburg, les tribus de l'Eider et de l'Elbe, enleva la Lorraine à la France (923), et étendit sa puissance jusqu'à Prague. Le vasselage des princes bohémiens date de cette époque (929). A l'expiration de la trêve, les Hongrois renouvelèrent leur incursion : mais Henri remporta sur eux une victoire à Merse-bourg, près des bords de la Saale (933). Pendant son règne de près de 48 ans, il prépara l'unité de l'Allemagne. — **Henri II** (Saint), surnommé le Boiteux, empereur d'Allemagne, arrière-petit-fils du précédent, né en 972, mort en 1024. Il succéda à son père comme duc de Bavière en 995, fut élu successeur d'Othon III, à Mayence, le 6 juin 4002, et vainquit Hermann de Souabe, son compétiteur. Après avoir ravagé la Souabe, la Thuringe, la Saxe et la Lorraine, il se fit couronner une seconde fois à Aix-la-Chapelle, épousa Cunégonde (Kunigunde), fille de Sigfried, premier comte de Luxembourg, et la fit couronner à Paderborn, en 4003. En 1004, il battit Arduin d'Ivrée qui avait pris le titre de César, le 45 mai, il ceignit à Pavie la couronne de fer des rois lombards. Retournant en Allemagne, il chassa les Polonais de la Bohême, en 1006, et confirma Etienne de Hongrie dans sa nouvelle dignité royale, en 4007. Après quelques revers, il conclut la paix avec la Pologne et étendit ses frontières en Bohême. En 4013, Henri battit Arduin une seconde fois. Ayant rétabli le pape Benoît VIII, il reçut, des mains de celui-ci, la couronne impériale à Rome, le 14 février 1014. Il fut vaincu par les Polonais, en 1015, et la guerre se continua jusqu'en 1018. La ligne impériale de Saxe s'éteignit avec lui. Il fonda beaucoup de monastères et d'écoles qui devinrent les foyers de science. Il fut canonisé par Eugène III, en 4452 ; sa fête est célébrée, le 14 juillet. Cunégonde fut aussi canonisée (1201). — **Henri III**, empereur d'Allemagne de la ligne franconienne, surnommé le Noir, né en 4017, mort en 4056. Fils et successeur de l'empereur Conrad II, il monta sur le trône en 4039. Il convoqua un concile à Sutri, en 1046, repoussa les trois prétendants à la tiare papale et fit nommer pape Clément II, évêque allemand de Bamberg (Suidger) ; il donna ensuite successivement à Rome trois souverains de sa nation : Damase II, Léon IX et Victor II, et travailla à réformer les mœurs du clergé. Ce fut le prince qui donna aux Normands l'investiture de la Calabre et de la Pouille. — **Henri IV**, dit le *Vieux*, fils du précédent né en 1050, mort en 4106. Agnès, sa mère, gouverna pendant sa minorité, mais à 13 ans, il prit les rênes de l'empire. Il réprima la révolte des Saxons en 1073. Ceux-ci, pour se venger, l'accusèrent de simonie près de Grégoire VII, disant qu'il avait trafiqué des dignités ecclésiastiques. Le pape alors lui ôta le droit de nommer aux prélatures. Henri lui déclara la guerre et commença ainsi la querelle dite des *Investitures*. Grégoire VII l'excommunia et délia ses sujets du serment de fidélité (1076). Abandonné par la majorité des princes allemands, Henri se rendit en toute hâte en Italie, s'humilia devant le pape à Canossa, de la façon la plus pénitente et reçut l'absolution (1077). Mais trouvant des partisans parmi les Lombards, il recommença la lutte avec l'épée et la plume. Pendant l'absence de Henri, les princes allemands l'avaient déposé, et Rudolph de Souabe fut élu à la diète de Forchheim (mars 1077) ; mais Rudolph fut obligé de sortir de Souabe. La guerre se continua avec fureur en Allemagne. Le pape envoya la couronne à Rudolph et excommunia de nouveau Henri. Ce dernier réunit alors les évêques ses adhérents, fit déposer le pape Grégoire et élire à sa place l'antipape Clément. En 1080, Henri perdit, près de Gera, une grande bataille, dans laquelle cependant Rudolph fut tué. Plein de rage et de fureur contre le pape, Henri marcha de nouveau sur Rome, s'en empara et s'y fit couronner par l'antipape Clément (1084). Mais Robert Guiscard l'obligea de se retirer et délivra le pape Grégoire, enfermé au château de Saint-Ange. Sur ces entrefaites, Grégoire mourut et l'on put croire que guerre allait prendre fin ; elle recommença au contraire avec plus d'acharnement. Hermann de Luxembourg succéda à Rudolph dans la rivalité de l'empire et Victor remplaça Grégoire sur le siège pontifical, malgré l'appui donné par Henri à l'antipape Clément III (1085); mais aucun d'eux ne put résister à la puissance de l'empereur. Hermann abdiqua bientôt et son successeur, Egbert de Thuringe ayant été assassiné, les Saxons se soumirent. Le pape Urbain II, successeur de Victor III, souleva contre Henri, son fils aîné Conrad (1093) ; et Pascal II, son autre fils Henri (1105) ; le vieil empereur, déposé par la diète de Mayence, trahi et vaincu, se réfugia à Liège où il mourut dans la misère (1106). Le corps de l'excommunié, déterré par ordre de son propre fils, resta cinq années sans sépulture, aux portes de l'église de Spire. — **Henri V**, le Jeune, second fils du précédent, né en 1081, mort le 23 mai 1125. Il succéda à son père en 1106 et maintint sa politique. Il épousa Mathilde, fille de Henri Iᵉʳ d'Angleterre, et se rendit en grande pompe à Rome pour y être couronné. Le pontife, Pascal II, avait fait des propositions d'arrangement au sujet de la querelle des investitures et l'affaire fut réglée dans une assemblée solennelle tenue à l'église de Saint-Pierre ; néanmoins, une discussion passionnée entre les évêques fut suivie de l'arrestation et de l'emprisonnement du pape et des cardinaux. L'armée de Henri, campée autour de l'église, fut attaquée par les Romains furieux, qui furent repoussés et le pape consentit au droit impérial d'investiture. L'empereur fut couronné à Saint-Pierre, le 13 avril 1111. Mais, excommunié par le successeur de Pascal et battu dans le nord de l'Allemagne où les princes lui refusèrent l'obéissance, l'empereur perdit toute autorité en Saxe. En 1116, il conduisit une seconde expédition contre Rome où il institua un antipape, Grégoire VIII ; mais, abandonnant ses prétentions, il souscrivit au fameux concordat de Worms (1122), par lequel il abandonna l'investiture avec l'anneau et la crosse comme gages de juridiction spirituelle tout en maintenant son autorité impériale sur les choses temporelles. Il mourut en 1125, après une menace d'invasion en France. Avec Henri V s'éteignit la race des princes slaviens ou franconiens. — **Henri VI**, le Cruel, fils et successeur de Frédéric Iᵉʳ (Barberousse), né en 1165, mort en 1197. Il épousa, en 1186, Constance, héritière de Naples et de Sicile, et monta sur le trône à la mort de son père, en 1190. Il se rendit odieux à toute l'Europe civilisée en faisant arrêter, par une indigne violation du droit des gens, Richard Cœur de Lion, roi d'Angleterre, qui traversait l'Allemagne et qui n'obtint sa liberté qu'en payant une forte rançon. A la suite, et au moyen de cette spoliation, il arma une expédition contre la Sicile et se fit couronner à Palerme, en 1196 ; mais il marqua son règne par d'atroces cruautés et fut, dit-on, empoisonné par sa femme, dont il avait exterminé toute la famille. — **Henri VII**, de la maison de Luxembourg, né en 1262, mort le 24 août 1313. Il fut élu empereur en 1308. Pour forcer les Milanais de consentir à son couronnement avec la couronne de fer de

Lombardie, il soumit tout le nord de l'Italie. Après la réduction de Rome, il se fit couronner par les cardinaux, en l'absence du pape alors à Avignon, et il était sur le point de marcher contre Naples, quand il mourut subitement par un poison, qui lui avait été, dit-on, administré dans l'eucharistie.

II. ANGLETERRE.

Henri Iᵉʳ, surnommé BEAUCLERC (*Savant*), troisième monarque anglais de la ligne normande, né à Selby (Yorkshire), en 1068, mort le 1ᵉʳ décembre 1135. Ayant reçu de son père Guillaume le Conquérant, 125,000 fr. en argent, il acheta, de son frère Robert, le district du Cotentin, comprenant un tiers de la Normandie. Quand Guillaume le Roux attaqua Robert en 1090, Henri prit parti pour ce dernier, mais en 1091, Guillaume et Robert forcèrent Henri à rendre toutes ses possessions. A la mort de Guillaume le Roux, son frère, Henri se fit couronner roi d'Angleterre, pendant que Robert, l'héritier légitime, était en Terre Sainte. En épousant Mathilde, fille de Malcolm, roi d'Ecosse, il s'attacha ses sujets saxons, mais il indisposa ses sujets normands. Robert, à son retour, débarqua à Portsmouth, en 1101, avec des forces considérables ; mais la Normandie lui ayant été cédée, il abandonna ses prétentions au trône d'Angleterre. En 1105, Henri somma Robert d'abandonner aussi la Normandie, et sur son refus il envahit son territoire. En 1106, il prit le château de Tinchebray, fit Robert prisonnier et le tint en captivité pendant 28 ans. Le droit de Henri au trône fut disputé par le fils de Robert, dont les prétentions étaient soutenues par les comtes de Flandre et d'Anjou et par le roi de France. La paix fut faite avec la France en 1113. La question d'investiture provoqua aussi une querelle avec Rome et elle fut envenimée par la prétention qu'avait le pape d'envoyer des légats en Angleterre. En raison des troubles continuels en Normandie, et de la guerre avec le roi de France, Henri passa une grande partie de son règne sur le continent. La victoire qu'il remporta à Brenneville sur le roi Louis le Gros mit fin à la guerre (1119). Il dota l'Angleterre d'une charte qui est regardée comme l'origine des libertés anglaises, protégea les sciences et établit l'uniformité des poids. On lui attribue une traduction des fables d'Esope. — La mort de ses trois enfants qui se noyèrent, lors du naufrage de la *Blanche-Nef* (voy. CASQUETS), assombrit les onze dernières années de son règne. Après lui, la couronne passa à Etienne de Blois. — Henri II, fondateur de la dynastie des Plantagenets, petit-fils du précédent et de Geoffroy Plantagenet et de l'ex-impératrice Mathilde, né au Mans en 1133, mort le 6 juillet 1189. A la mort de Henri Iᵉʳ, son neveu Etienne, comte de Blois, usurpa les trônes d'Angleterre et de Normandie. Ce fut l'origine d'une longue série de luttes, qui se terminèrent, en 1153, par un arrangement en vertu duquel Henri monterait sur le trône d'Angleterre à la mort d'Etienne de Blois, ce qui arriva le 25 oct. 1154. Henri était devenu duc de Normandie, en 1150, par la mort de sa mère, et comte d'Anjou et du Maine en 1151 ; par son mariage avec Eléonore, duchesse d'Aquitaine, divorcée de Louis VII de France, il avait obtenu, en 1152, la possession de presque toute la France méridionale. La Guienne, le Poitou, la Saintonge, l'Auvergne, le Périgord, l'Angoumois et le Limousin lui appartenaient. Il fut couronné à Westminster, le 19 déc. 1154. Quelque temps après (1158), il conquit encore la Bretagne. Il apporta sur le trône des talents et un grand courage et fit de nombreuses réformes. Ses querelles avec l'Eglise commencèrent en 1162. Henri avait résolu de réprimer les empiétements du clergé. Mais bientôt Thomas à Becket, archevêque de Cantorbéry, se mit en opposition directe avec le

roi. En 1163, les prélats, suivant les traces de Becket, refusèrent d'abandonner à Henri la juridiction des cours ecclésiastiques ; ce qui amena de la part du roi une tentative pour renverser tout le système des immunités ecclésiastiques ; à cet effet ; une réunion des évêques et des barons eut lieu à Clarendon, le 25 janvier 1164. Le primat demanda à Henri de lui faire savoir quelles étaient ces *coutumes* que lui et ses frères les évêques devaient observer. Un comité d'enquête fut nommé, et les seize constitutions ou *coutumes* de Clarendon furent rédigées. Le primat refusa d'y apposer son sceau, et quand le pape désapprouva officiellement ces constitutions, Becket rétracta sa promesse de s'y soumettre. La querelle entre lui et le roi se renouvela et durait depuis sept ans, quand Becket fut assassiné par quatre barons normands (29 déc. 1170). Pendant ces querelles, le roi de France avait commencé les hostilités qui durèrent trois ans. En 1171, Henri entreprit la conquête de l'Irlande, où il rencontra peu de résistance ; il reçut de Rome la concession de cette île. Des chagrins domestiques troublèrent la dernière de sa vie. Il avait associé son fils aîné Henri au gouvernement de l'Angleterre, de la Normandie, de l'Anjou et de ses autres territoires ; Richard devint gouverneur de la Guyenne et du Poitou ; Geoffroy devait être duc de Bretagne et Jean devait recevoir l'Irlande. Mais, dès 1173, ses fils, excités par leur mère et par le roi de France, se révoltèrent contre lui. Les Ecossais, ayant envahi l'Angleterre, furent défaits, et ses fils revinrent à l'obéissance. L'aîné mourut en 1183, et Geoffroy fut tué en 1186. En 1188, Richard se révolta à l'instigation de Philippe-Auguste de France, qui lui prêta assistance. Henri, battu, se soumit aux exigences de ses vainqueurs. Il mourut à Chinon l'année suivante. Il eut pour successeur son fils, Richard Cœur de Lion. — **Henri III**, fils de Jean Sans Terre et d'Isabelle d'Angoulême, né en 1207, mort en 1272. Il succéda à son père en 1216 et la première période de son règne fut l'une des plus sombres de l'histoire d'Angleterre. Les barons, révoltés contre Jean Sans Terre avaient appelé au trône Louis, fils de Philippe-Auguste de France, et ce prince s'était rendu maître de la plus grande partie du royaume. Mais la haine des barons étant morte avec Jean Sans Terre, Henri vit augmenter en peu de jours le nombre de ses partisans, qui, à défaut d'une couronne, lui ceignirent le front d'un simple filet d'or. La flotte française, commandée par Eustache Le Moine, ayant été vaincue dans le détroit, Louis dut abandonner Londres et rentrer en France. La situation s'améliora ensuite bien vite pour le jeune roi anglais, sous l'administration de Guillaume, comte de Pembroke, qui lui avait été donné comme tuteur, et sous la vigoureuse, mais oppressive autorité de Hubert de Burgh. En 1236, Henri épousa Eléonore de Provence. En 1242, une expédition contre la France se termina pour lui d'une façon désastreuse ; ayant voulu reprendre la Normandie et soutenir son beau-père Hugues contre le comte de Poitiers, il fut battu à Taillebourg et à Saintes par Louis IX (1242), qui lui laissa cependant la Guyenne, mais il dut abandonner toute prétention sur la Normandie, l'Anjou, le Poitou et la Touraine. A l'intérieur, une mauvaise administration, et de lourds impôts, le brigandage de ses officiers et le mépris des chartes jurées soulevèrent une ligue des barons que commandait Simon de Montfort, comte de Leicester. Battu par eux et fait prisonnier, Henri signa et jura les *Statuts d'Oxford* (1258) ; à peine rendu à la liberté, il déclara qu'il ne les observerait pas. Le roi de France, Louis IX, pris comme arbitre, annula les statuts ; mais les barons, révoltés de nouveau,

vainquirent le roi à Lewes et le firent prisonnier. Maître de l'État, le comte de Leicester appela dans le parlement les représentants du tiers état et créa ainsi la chambre des communes (1264); mais il fut vaincu à son tour et tué à Evesham (1265) par Edouard, fils de Henri. L'autorité du roi se trouva ainsi rétablie et la paix lui fut rendue à l'Angleterre.
— **Henri IV**, premier roi de la maison de Lancastre, né le 4 avril 1366, mort le 20 mars 1413. Il était le fils aîné de Jean de Gand, duc de Lancastre, quatrième fils d'Edouard III et de Blanche, fille et héritière de Henri Plantagenet, duc de Lancastre, arrière-petit-fils de Henri III. Dépouillé de son héritage par Richard II, il s'embarqua à Nantes et débarqua avec une petite armée, prit Bristol, fit Richard prisonnier et convoqua un parlement qui lui octroya la couronne (30 sept. 1399), au détriment de Mortimer, de la maison d'York et descendant du deuxième fils d'Edouard III. Ce fut plus tard l'origine de la guerre des *Deux Roses*. Henri persécuta les réformés, et son règne se passa au milieu de conspirations et de guerres civiles et étrangères. Les Percy l'abandonnèrent en 1403. La bataille de Shrewsbury se livra en juillet; Henri Percy, appelé Hotspur, fut défait et tué. On fit d'autres tentatives pour déposséder Henri, mais le roi triompha de ses ennemis. Glendower, dans le pays de Galles, resta seul invincible. Henri devint impopulaire de temps après son avènement au trône. Sa première femme mourut en 1394, laissant quatre fils, qui furent parmi les hommes les plus éminents de cette époque, et deux filles. En 1403, Henri épousa Jeanne de Navarre, veuve du duc de Bretagne, dont il n'eut pas d'enfants. **Henri V**, fils du précédent, né le 9 août 1388, mort le 31 août 1422. Il fut créé prince de Galles en 1399 et devint lieutenant de ce pays en 1403. En 1407, il commanda une expédition en Ecosse et, après quelques succès, fit une trève avec les Ecossais. Son avènement au trône (1413) donna lieu à de grandes réjouissances. Il continua de persécuter les Lollards et envoya des représentants au concile de Constance pour aider à mettre fin au schisme de l'Eglise. Héritier des prétentions des souverains anglais à la couronne de France, il réclama d'abord le royaume entier, puis en négociant un mariage avec Catherine, fille de Charles VI. Sa prétention ayant été repoussée, une armée puissante, assemblée à Southampton, mit à la voile le 11 août 1415; Harfleur fut pris le 22 sept., après un siège de cinq semaines. Henri quitta Harfleur avec une petite armée et, le 25 oct., il battit l'armée française à Azincourt. Il retourna en Angleterre le 17 nov. Sigismond, empereur d'Allemagne, proposa sa médiation, mais, n'ayant pas réussi, il se joignit aux Anglais. En 1417, Henri envahit de nouveau la France et il obtint de nouveaux succès. Rouen lui fut pris le 19 janvier 1419, après une défense longue et terrible. En novembre, on fit un arrangement par lequel Charles VI devait rester roi, tant qu'il vivrait; mais, en raison de sa démence, la régence fut donnée à Henri qui épousa la princesse Catherine et fut considéré comme l'héritier de la couronne de France. Ce traité ayant été conclu à Troyes le 21 mai 1420, Henri et Catherine furent mariés le 2 juin. Mais une grande partie de la France resta fidèle au dauphin, qui eut les Ecossais pour alliés. Rien ne put vaincre la résistance opiniâtre des patriotes français. Henri projetait une croisade quand il mourut subitement à Vincennes. — **Henri VI**, fils du précédent et de Catherine de France, et dernier monarque de la dynastie de Lancastre, né le 6 décembre 1421, mort vers le 21 mai 1471. Il avait neuf mois quand son père mourut. Le parlement, en le déclarant roi de France et d'Angleterre et lord d'Irlande, nomma protecteur l'oncle du jeune roi, le duc de Bedford. Une longue lutte s'engagea en

France entre les partisans de Henri et ceux de Charles VII. Henri fut couronné à Londres en 1429 et à Paris en 1431. Le 22 avril 1445, il épousa Marguerite d'Anjou, fille de Réné de Provence. En 1451, les Anglais avaient perdu toutes leurs possessions françaises, excepté Calais. En 1453, Marguerite donna naissance à un fils dont la légitimité était douteuse, et vers la même époque, le roi devint imbécile. Les yorkistes s'emparèrent du gouvernement, renversèrent Somerset, premier ministre de Henri, après le meurtre de Suffolk, et le duc d'York fut nommé protecteur par le parlement. En recouvrant la santé, Henri rétablit Somerset dans son emploi; York leva une armée et la guerre des Roses commença. La première bataille de Saint-Albans fut livrée le 22 mai 1455; les Yorkistes ou partisans des roses blanches ayant été victorieux, l'administration tomba entre leurs mains; mais l'autorité de Henri fut rétablie en 1456. La guerre recommença en 1459 et en 1460, les Lancastriens furent battus par Warwick, le roi fut pris à Northampton. La reine ayant levé une armée, gagna la victoire de Wakefield, le 30 déc. 1460; York y périt. Une seconde bataille de Saint-Albans (17 fév. 1461) rendit Henri à ses partisans; mais la victoire de Towton, gagnée par Edward, duc d'York (Edouard IV) le 29 mars 1461, l'obligea de fuir avec sa femme et son fils en Ecosse. Marguerite, à l'aide de secours étrangers, recommença la guerre en 1463, mais elle fut battue en 1464, et Henri, fait prisonnier en 1465, fut emprisonné à la Tour, jusqu'en 1470, époque où Warwick lui rendit le trône. Au retour d'Edward, Henri fut pris de nouveau; on croit qu'il fut assassiné dans la Tour de Londres. — **Henri VII**, fondateur de la dynastie des Tudors, né le 26 juillet 1456, mort le 21 avril 1509. En 1471, à la mort de Henri VI, son seul fils, Richemond, devint chef du parti de Lancastre, en affirmant qu'il était l'héritier en ligne directe de Jean de Gand et de la maison de Lancastre. Après le triomphe des yorkistes, Henri se rendit en Bretagne et fut pris par le duc de ce pays qui le retint prisonnier. En 1484, l'usurpateur Richard III ayant mécontenté les Anglais, Henri fut reconnu comme chef par les adversaires du gouvernement. Le duc de Bretagne lui ayant rendu la liberté, il fit voile pour l'Angleterre; mais sa flotte fut dispersée. Ayant levé des troupes plus nombreuses, il partit d'Harfleur au commencement du mois d'août 1485, et débarqua à Milford Haven. La victoire de Bosworth (22 août) et la mort de Richard III le firent roi. Il fut couronné à Westminster le 30 oct. Il épousa Elisabeth, fille d'Edouard IV en janvier 1486. Les partisans de Lambert Simnel furent battus à Stoke le 16 juin 1487. Une révolte de la Cornouaille, occasionnée par des impôts, fut étouffée à Blackheath, le 22 juin 1497. Perkin Warbeck, qui disait être Richard duc d'York, second fils d'Edward IV, fut pendu à Tyburn en 1499. Warwick, qui avait pris part à ce complot et qui en avait soulevé un autre, eut la tête tranchée. Henri devint très avare dans ses dernières années. Il extorqua de l'argent à ses sujets sous le prétexte de faire la guerre à la France, vendit des pardons et fit commerce des emplois de la cour et de l'Eglise. Les deux instruments les plus fameux de son avarice furent Empson et Dudley. Il persécuta les Lollards, essaya de réformer l'Eglise, encouragea le commerce et les voyages de découverte. — **Henri VIII**, second roi d'Angleterre de la dynastie des Tudors et deuxième fils du roi précédent et d'Elisabeth d'York, né le 28 juin 1491, mort le 28 janvier 1547. Il devint héritier présomptif à la mort de son frère aîné Arthur (2 avril 1502). Il épousa la veuve d'Arthur, Catherine d'Aragon, fille de Ferdinand et d'Isabelle, le 7 juin 1509, et ils furent couronnés le 24 juin. Une dispense papale (1505)

les avait autorisés à se marier, parce que le mariage de Catherine avec le prince Arthur n'avait pas été consommé. Peu de monarques ont été aussi populaires que Henri l'était lors de son avènement (1509). Il était l'héritier des deux branches de l'ancienne maison royale, son père représentant celle de Lancastre et sa mère celle d'York. Il était beau, son esprit avait été cultivé avec soin et il aimait les plaisirs de Mars. En 1510, il reçut la rose d'or du pape Jules II. Il fit un traité avec la France et un autre avec son beau-père. A la fin de 1511, une ligue fut formée contre la France par le pape, l'empereur, l'Aragon et Venise. Henri conduisit, en 1513, une nombreuse armée en France. Les Français furent vaincus à la bataille des Eperons (Guinegate), où Bayard fut fait prisonnier; les Anglais prirent Thérouanne et Tournai. Henri s'en retourna alors avec la plus grande partie de ses troupes. Pendant cette expédition, James IV d'Ecosse, ayant conduit une grande armée en Angleterre, avait été complètement battu par le comte de Surrey à Flodden, le 9 sept. 1513. Abandonné de ses alliés, Henri fit la paix avec Louis XII, qui épousa sa sœur, Marie Tudor; mais le roi de France mourut bientôt, et Marie épousa Charles Brandon, duc de Suffolk. Les succès de François Ier en Italie alarmèrent l'Europe; l'empereur d'Allemagne essaya d'attirer Henri à agir contre la France et François, par représailles, forma des plans pour l'invasion de l'Angleterre, afin de soutenir les prétentions de Suffolk au trône. Ce prétendant, l'un des neveux d'Edward IV, resta un objet de terreur pour le gouvernement anglais jusqu'à ce qu'il fût tué à la bataille de Pavie. L'élection de Charles d'Espagne au trône impérial obligea Henri et François de se réconcilier; mais la guerre ayant éclaté entre Charles et François, Henri se laissa persuader par Wolsey d'entrer dans une ligue offensive avec Charles. En 1521, il reçut de Léon X le titre de défenseur de la foi, pour avoir écrit un livre contre Luther et ses doctrines. La mort de Léon X et la nomination d'Adrien VI mirent en danger l'alliance entre Charles-Quint et Henri, à cause du désappointement de Wolsey. Néanmoins, une armée anglaise, commandée par Surrey, envahit la France. François Ier mit de nouveau en avant le prétendant Suffolk et menaça d'envahir l'Angleterre. Henri s'associa à la conspiration du connétable de Bourbon contre François Ier, en 1523. Après la ruine de Bourbon, la paix se rétablit en 1525. En 1527, Henri et François formèrent une alliance pour expulser d'Italie les Impériaux et pour délivrer le pape qui était prisonnier de l'empereur. Henri renonça à toutes ses prétentions au trône de France et François s'engagea à lui payer annuellement 50,000 couronnes, ainsi qu'à ses successeurs. Le mariage de Henri avec Catherine n'avait pas donné d'héritiers mâles. Le seul enfant qui vécût était la princesse Marie, née en 1516. Au printemps de 1527, le roi songea à divorcer pour épouser Anne Boleyn. Une demande dans ce sens fut adressée au pape; mais aux raisons théologiques qui empêchaient celui-ci d'accorder le divorce, il faut ajouter la crainte du ressentiment de l'empereur, qui était le neveu de Catherine. En 1528, le cardinal Campeggio fut envoyé en Angleterre pour étudier cette affaire; mais le prélat retarda son voyage parce qu'il avait reçu pour instruction de ne pas trancher la question. Henri installa Anne Boleyn dans le palais de Greenwich et expédia un messager à Rome pour hâter la décision de la cour de Rome. Il convoqua ensuite une assemblée de nobles et de marchands à Londres, et lui exposa les motifs de sa conduite; il fit, avec succès, appel au patriotisme de ses sujets. La cour légatine ne put agir avant mai 1529. Catherine fut appelée à Rome où Henri avait été convoqué. Le roi réunit de suite un parlement et le pouvoir passa aux mains d'hommes nouveaux opposés au gouvernement de l'Église. Il y avait alors le parti anglais, dans les mains duquel se trouvait le pouvoir et qui était déterminé à une révolte laïque; le parti du pape, dont le membre principal était sir Thomas More, alors chancelier; et les protestants doctrinaires qui étaient détestés des deux partis. Wolsey rendit les sceaux le 17 oct. 1529 et le parlement s'assembla le 3 nov. Le parlement dénonça le clergé dans un *acte d'accusation* formel, qui renfermait les germes de la réformation anglaise. Henri présenta cet acte aux évêques. La discussion de la question de divorce continua et le pape publia deux manifestes menaçant Henri des censures spirituelles s'il divorçait. La chambre des pairs envoya une lettre de remontrances au pape, le prévenant de ce qui arriverait si le divorce n'était pas accordé. Catherine refusa de retirer son appel à Rome, elle fut éloignée de la cour. En 1532, le parlement procéda à l'œuvre de la réforme du clergé; un premier acte fut de rompre avec Rome par l'abolition des annates. Le schisme anglican date de cette époque. Une alliance offensive et défensive fut conclue entre François et Henri en 1532; le premier promettant d'envoyer 15,000 hommes de troupe en Angleterre dans le cas où l'empereur envahirait ce pays. Henri épousa Anne Boleyn, le 25 janvier 1533. Un bref papal parut bientôt, par lequel Henri et Anne étaient excommuniés. Le parlement, sur la demande de Cranmer, décida que le pape Jules II avait excédé son autorité en autorisant le mariage de Henri et de Catherine, et, qu'en conséquence, ce mariage était nul *ab initio*. Craumer forma alors un tribunal à Dunstable et somma Catherine de y comparaître. Elle refusa, fut déclarée contumace et le procès continua. En vertu du jugement rendu le 23 mai 1533, le mariage fut déclaré nul. Neuf jours plus tard, eut lieu le couronnement d'Anne Boleyn et on annonça à Catherine qu'on ne l'appellerait plus reine, mais princesse douairière. Le 12 mai, Henri, sommé de se rendre à Rome, en appela à un concile général. Une excommunication conditionnelle fut lancée et le jugement de Cranmer fut déclaré illégal. La princesse Élisabeth naquit le 7 sept. 1533. Le parlement s'assembla en janvier 1534. L'autorité du pape fut abolie en Angleterre. Un acte de succession promit la couronne aux enfants d'Henri et d'Anne Boleyn. Le pape, de son côté, excommunia le roi, et délia ses sujets de toute obéissance. L'empereur, déclaré exécuteur de cette sentence, devait envahir l'Angleterre dans les quatre mois; il commença des préparatifs à cet effet. François se montra l'ami de Henri, et une flotte française garda la Manche pendant tout l'été. L'exécution de Fisher et de More causèrent une grande surexcitation parmi les catholiques. Le pape lança une bulle d'interdiction et de déposition contre le roi. Les perquisitions dans les monastères commencèrent en 1535, et la première suppression de couvents eut lieu l'année suivante. Catherine mourut au commencement de 1536 et la chute d'Anne Boleyn eut lieu quatre mois plus tard, après quoi Henry épousa Jane Seymour. Edvard, prince de Galles, naquit le 12 oct. 1537 et la reine Jane mourut le 24 du même mois. L'année 1538 vit naître et mourir des conspirations qui coûtèrent la tête à un grand nombre de personnes, parmi lesquelles le marquis d'Exeter, petit-fils d'Édouard IV. La fermeture finale des couvents eut lieu en 1539, année où furent adoptés les six articles, base de la nouvelle Église d'Angleterre, embrassant la présence réelle, déclarant que la communion sous les deux espèces n'est pas nécessaire au salut, défendant le mariage des prêtres, maintenant les vœux de chasteté, déclarant que les messes particulières pourraient être célébrées en conservant la confession auriculaire. L'adoption de ces articles fut suivie de la persécution des réformés. Au commencement de 1540 Henri épousa Anne de Clèves, mais le peu de beauté de celle-ci le dégoûta à un tel point qu'il obtint bientôt un divorce. Henri prit pour sa cinquième femme Catherine Howard, nièce du duc de Norfolk, qui fut bientôt convaincue d'adultère et exécutée. Il se maria une sixième fois en 1543, et prit Catherine Parr, veuve de lord Latimer; celle-ci lui survécut. La comtesse de Salisbury, la dernière des Plantagenets, fut exécutée en 1541. Une guerre éclata entre l'Angleterre et l'Écosse; cette dernière n'éprouva que des revers. L'Angleterre et l'empire s'unirent de nouveau pour une guerre contre la France. L'empereur fit la paix en 1544, mais l'Angleterre ne cessa les hostilités qu'en 1546. Henri continua de persécuter les catholiques et les réformés; beaucoup de personnes furent mises à mort. Anne Askew fut rouée et brûlée. Latimer fut arrêté, et un attentat eut lieu contre la reine. Henri légua la couronne à son fils et à ses descendants et, à leur défaut, à Marie et à ses descendants, et ensuite à Élisabeth et à ses héritiers.

III. Bavière.

HENRI le Querelleur, duc de Lorraine et, plus tard, duc de Bavière, mort vers l'an 935; il se signala surtout par ses révoltes contre son frère Othon, roi de Germanie, dont il était le vassal. — Henri le Superbe, duc de Bavière et de Saxe, marquis de Toscane, mort en 1139. Il était fils de Henri III, empereur d'Allemagne, qui lui laissa le duché de Bavière en 1126. Après la mort de l'empereur d'Allemagne, Lothaire II, dont il avait épousé la fille, il revendiqua la couronne impériale; mais il se vit préférer Conrad de Hohenstauffen, auquel il refusa le serment de fidélité. Il fut alors mis au ban de l'empire et se vit dépouiller de tous ses États (1138). — Henri le Lion, fils du précédent, duc de Saxe et de Bavière, né en 1129, mort en 1195. Il n'avait que dix ans à la mort de son père et rentra en possession de la Saxe, que lui restitua l'empereur Conrad. Mais Henri ayant aussi réclamé la Bavière en 1147 vit, sa demande repoussée par l'empereur, qui lui déclara la guerre. Après quelques alternatives de succès et de revers, Conrad mourut et l'un des premiers actes de Frédéric Barberousse, son successeur (1152) fut de rendre à Henri le duché de Bavière. Il était alors le chef de la maison des Guelfes et la plus considérable comme la plus redouté des princes allemands. En 1168, il épousa Mathilde d'Angleterre, sœur de Richard Cœur de Lion. Ayant trahi l'empereur Barberousse pendant sa campagne d'Italie en lui retirant ses troupes, Henri fut déclaré déchu et ses biens furent partagés entre les autres princes qui se liguèrent pour en prendre possession. Henri les battit, mais l'empereur arrivant avec des forces écrasantes, il fut chassé dans le Holstein et bientôt après, fut forcé de se prosterner aux pieds de Frédéric (1181). Il y devint père d'un fils dont les souverains anglais hanovriens font dériver leur origine. Sur ces entrefaites, il fut rétabli dans ses possessions héréditaires de Brunswick et de Lüneburg. Après la mort de Frédéric (1190) et après une nouvelle lutte, Henri fit la paix et contracta une alliance avec Henri VI.

IV. Castille.

Henri Ier, fils et successeur d'Alphonse IX, né en 1205, mort en 1217. Il n'avait que 9 ans à la mort de son père et régna sous la tutelle du comte Alvar de Lara et de sa mère Berengère; il mourut à l'âge de 12 ans. — Henri II, fils d'Alphonse XI et d'Éléonore de Guzman, né en 1333, mort en 1379. Il se mit en révolte ouverte contre son frère Pierre le Cruel, qui l'avait créé comte de Transtamare, et appela successivement à son aide pour le renverser du trône, les Portugais, les Aragonais et les Français. Il parvint à s'emparer de la couronne avec l'aide de du Guesclin, fut vaincu à Navarette, mais reconquit le trône après la victoire de Montiel, tua de sa main Pierre le Cruel (1369) et prêta à la France le concours de sa flotte contre les Anglais. — Henri III l'Infirme, fils de Jean Ier, monta sur le trône en 1390, s'attira, par quelques modifications dans la hiérarchie et la discipline de l'Église, une excommunication de Boniface III et se déclara pour Benoît XIII dans la question du schisme; il battit les Portugais et les corsaires des côtes barbaresques et se fit aimer de ses sujets par son administration intérieure et l'impartialité de sa justice. — Henri IV, fils et successeur de Jean II, né en 1424, mort en 1474. Prince dissolu, il s'aliéna les puissants de son royaume, et l'appui qu'il prêta aux relations coupables de Jeanne de Portugal et de son favori Bertrand de la Cueva achevèrent de le perdre dans l'esprit de la multitude. Il fut réduit à laisser le trône à sa sœur Isabelle (1465), que les Castillans le contraignirent à désigner pour lui succéder. Malgré sa lâcheté proverbiale et le peu de vigueur qu'il montra contre les Maures, il avait cependant fini par leur enlever Gibraltar.

V. Chypre et Jérusalem.

Henri de Champagne, roi de Jérusalem, né en 1150; fut élevé au trône par les seigneurs croisés en 1192, et mourut cinq ans après. — Henri Ier, roi de Chypre, né en 1218, mort en 1253; accompagna saint Louis dans son expédition d'Égypte en 1248. — Henri II, roi de Chypre et de Jérusalem, perdit Hermopolis (Saint-Jean-d'Acre), et fut chassé de ses États par son frère Amaury. Le pape Clément V le fit remonter sur le trône. Il mourut en 1324.

VI. Constantinople.

Henri de Hainaut, empereur latin de Constantinople, né en 1174, mort en 1216. Il prit part à la quatrième croisade et fut régent de l'empire pendant la captivité de son frère Baudoin. A la mort de ce dernier, il gouverna en son nom et montra beaucoup de courage dans sa lutte contre les Bulgares. Il mourut empoisonné.

VII. France.

Henri Ier, troisième roi de la dynastie capétienne, né vers 1011, mort le 4 août 1060. Il succéda à son père Robert en 1031 et avec l'assistance de Robert le Diable, duc de Normandie, il apaisa la révolte que sa mère Constance avait soulevée contre lui. Sa faiblesse et sa nullité encouragèrent plusieurs de ses vassaux à se révolter; vers la fin de son règne il entreprit une guerre contre Robert de Normandie. La France fut désolée par une horrible famine et par plusieurs guerres particulières entre les grands feudataires. Sa femme, Anne, était fille de Yaroslav, grand-duc de Russie. Son fils Philippe Ier lui succéda. — Henri II, deuxième roi de la famille des Valois, fils de François Ier et de Claude de France, né à Saint-Germain-en-Laye le 31 mars 1518, mort le 10 juillet 1559. Seul fils survivant de François Ier, il succéda à ce prince le 31 mars 1547. D'un esprit faible et paresseux, il se laissa dominer par sa maîtresse, Diane de Poitiers, par des favoris tels que le connétable de Montmorency, les Guises et le maréchal de Saint-André. Passionné pour les carrousels et les tournois, il autorisa de suite le duel en champ clos de la Châteigneraie contre Jarnac (Voy. Chataigneraie.) Il soutint les luthériens allemands contre Charles-Quint, mais persécuta cruellement les calvinistes de France, les fit arrêter en masse et solennellement brûler vifs, après un simulacre de jugement. Pendant que le

Guises préparaient leur avenir à l'intérieur en attirant à eux et en flattant la portion la plus fanatique du peuple, les esprits étaient amusés par des guerres extérieures. En Italie, Henri prêta assistance à Ottavio Farnèse, duc de Parme, contre les troupes impériales; en Allemagne, il soutint (1552) Maurice de Saxe et les autres princes protestants. Les trois évêchés (Metz, Toul et Verdun) devinrent français; Guise défendit Metz contre l'empereur en personne (1553); Brissac conquit la Savoie et le Piémont. Au moment de l'abdication de Charles-Quint, fut signée à Vaucelles une trêve de cinq ans (5 févr. 1556). Mais cette trêve fut rompue au bout de quelques mois. La défaite de Saint-Quentin fut compensée par la prise de Calais; mais la perte de la bataille de Gravelines (1558) fut suivie du désastreux traité de Cateau-Cambrésis (2 avril 1559). La France garda Calais, en payant une grosse somme à l'Angleterre; elle conserva aussi les Trois Evêchés; mais elle rendit l'Italie et les Pays-Bas (près de 200 places fortes). Henri fut mortellement blessé par le duc de Montgoméry, dans un tournoi donné rue Saint-Antoine, à l'occasion du mariage de sa sœur Marguerite avec le duc de Savoie. Il eut pour successeur son fils aîné, François II. — Henri III, le dernier des Valois, né à Fontainebleau le 19 sept. 1551, mort à Saint-Cloud le 2 août 1589. Troisième fils de Henri II et de Catherine de Médicis, il porta d'abord le titre de duc d'Anjou. Son esprit vif, pénétrant et mobile aurait pu faire de lui un grand prince, si sa mère n'eût gâté ses qualités naturelles en l'élevant dans la dépravation des mœurs italiennes et en lui apprenant à dissimuler ses vices sous les dehors de la dévotion. Mis à la tête des troupes catholiques, avec le titre de généralissime, en 1569, il eut l'honneur des victoires de Jarnac et de Montcontour, dues en réalité aux maréchaux de Cossé et de Tavannes; mais son incapacité se dévoila au siège de La Rochelle (1573). Elu au trône de Pologne, Henri se hâta de partir avec les assiégés et de partir pour son royaume, où sa débauche et sa mollesse ne trouvèrent point d'admirateurs. Fatigué de la rudesse des Polonais, il s'enfuit secrètement de Cracovie dès qu'il apprit la mort de son frère Charles IX (1574), gagna Vienne, Venise et revint en France par la Lombardie. En montant sur le trône, il trouva le royaume plus divisé que jamais. Entre les partis extrêmes des huguenots et des catholiques, s'était formée la faction des *politiques*, ennemie des Guises et alliée naturelle des calvinistes. Le territoire avait été envahi par des troupes allemandes, appelées par les protestants; mais ces auxiliaires des calvinistes furent vaincus par le duc de Guise à Dormans, le 11 oct. 1575. Le roi crut apaiser les partis en signant la paix de Beaulieu (mai 1576), qui accordait quelques concessions aux protestants. Mais l'ambitieux duc de Guise, qui aspirait secrètement au trône et ne pouvait y parvenir qu'en attisant le fanatisme de ses partisans, forma la *sainte Ligue* qui, sous le prétexte de protéger la religion, n'avait d'autre but que de favoriser l'élévation du Balafré. Pour contre-balancer l'influence de cet intrigant Lorrain, Henri crut faire un acte de haute politique en se déclarant le chef de la Ligue et en autorisant une nouvelle guerre civile (1577); mais livré à ses *mignons*, il laissa Guise acquérir de la gloire et mit fin aux hostilités par le traité de Bergerac (17 sept. 1577). Une nouvelle guerre, dite *des Amoureux*, se termina par le traité de Fleix (26 nov. 1580). La mort du duc d'Alençon, dernier frère de Henri III, fit de Henri de Navarre, chef des huguenots, l'héritier présomptif de la couronne : aussitôt les ligueurs reprirent les armes; le roi, forcé de se déclarer contre son héritier, pour contrecarrer les vues ambitieuses de son rival, assembla quatre armées et la *guerre des Trois*

Henri commença (1586). *Henri* de Navarre remporta une victoire signalée à Coutras, sur le duc de Joyeuse, favori du roi (1587); *Henri* de Guise gagna en popularité tout ce que le troisième *Henri* s'attira de haine et de mépris. Les ligueurs, que ce prince astucieux autant que faible essayait de jouer, le dénonçaient partout comme un traître et parlaient hautement de le déposer. Guise, victorieux à Vimory et à Aulneau des protestants d'Allemagne (voy. GUISE), se hâta d'accourir à Paris, malgré la défense formelle du roi, et fit une entrée triomphale dans cette ville. Le roi voulut y faire pénétrer des troupes, pour sa sécurité personnelle; mais le peuple, soulevé par les Seize, barricada les rues (voy. BARRICADES) et Henri, assiégé dans le Louvre, eut beaucoup de peine à s'échapper (13 mai 1588) et à se réfugier à Chartres. Guise n'avait qu'à prendre la couronne : il manqua de résolution, se laissa attirer aux états généraux de Blois, s'y réconcilia solennellement avec le roi, communia avec lui et fut massacré à coups de hallebarde et d'épée dans l'une des salles du château. Le cardinal de Guise, son frère, subit le même sort. Henri, frappé d'anathème par le pape et déposé par la Sorbonne et par le parlement, se jeta dans les bras du roi de Navarre et marcha avec lui sur Paris, avec des forces considérables. Pendant le siège de cette ville, il fut mortellement blessé par Jacques Clément (voy. CLÉMENT), le 1er août 1589; il mourut le lendemain. — Henri IV, roi de France et de Navarre, premier roi de France appartenant à la maison de Bourbon, né au château de Pau le 14 (et non le 13) déc. 1553, assassiné le 14 mai 1610, fils d'Antoine de Bourbon et de Jeanne d'Albret, reine de Navarre. D'après la tradition, son grand-père, Henri d'Albret, lui prit dans ses bras, aussitôt sa naissance, lui frotta les lèvres avec une gousse d'ail et lui fit boire dans sa coupe d'or quelques gouttes de vin de Jurançon. Une paysanne du village de Bilhères lui servit de nourrice, et il fut élevé, au château de Coraze, avec la rudesse et l'indépendance des montagnards pyrénéens. Sa mère, sévère calviniste, le nourrit dans les principes de sa foi. En 1561, elle le conduisit à Paris, où elle le plaça au collège de Navarre. L'année suivante, la mort de son père lui donna le titre de roi de Navarre. Sorti du collège à 15 ans, il endossa l'armure et se rendit au camp des calvinistes à La Rochelle. A la bataille de Jarnac (1569), il ne montra point, à ce que racontent plusieurs historiens, ce courage personnel dont il devait donner tant de preuves dans la suite. A Montcontour, il combattit sous les yeux de Coligni. La guerre se termina, en 1570, par la paix ou édit de Saint-Germain-en-Laye. En mai 1572, Jeanne et son fils se rendirent à Paris, où le jeune roi de Navarre devait épouser Marguerite de Valois, sœur de Charles IX. Jeanne mourut subitement le 4 juin, empoisonnée, pense-t-on, par Catherine de Médicis. Sa mort n'arrêta pas les préparatifs du mariage, qui eut lieu le 17 août. C'est pendant les fêtes qui suivirent cette union que Catherine prépara l'effroyable massacre de la Saint-Barthélemi (24 août). Arraché de son lit nuptial et entraîné devant son beau-frère, Henri eut le choix *entre la messe ou la mort*. Il choisit prudemment la messe et abjura solennellement le calvinisme, bien qu'il eût juré, peu de jours auparavant, au chevet de sa mère mourante, de subir mille fois la mort plutôt que de changer de religion. Resté, en quelque sorte, prisonnier à la cour de France et se sentant surveillé de près, Henri plongea pendant trois ans dans la débauche et parut s'énerver en s'associant aux dégradantes orgies des Valois. Mais lorsqu'il eut assoupi la surveillance de Catherine, il s'enfuit de Senlis pendant une partie de chasse (févr. 1576), révoqua son abjuration, dès qu'il fut arrivé à Tours, prit aussitôt le

commandement des troupes calvinistes, et arracha au nouveau roi Henri III le traité de Beaulieu, en mai 1575. Les états généraux de Blois ayant publié des décrets coercitifs contre la liberté accordée aux protestants, le roi de Navarre reprit les armes, et commença, dans le midi de la France, cette série d'expéditions militaires et de coups de main, dans l'exécution desquels il montra toujours, à défaut de bonheur et de succès, sa vaillance proverbiale, sa bonne humeur insoucieuse du danger et cet esprit de saillie qui l'a rendu si populaire. La paix de Bergerac lui fit poser les armes (17 sept. 1577). La *guerre des Amoureux* (1580) les lui fit reprendre. Il s'empara de Cahors, après une terrible bataille de quatre jours et après un sanglant assaut. La mort du duc d'Alençon (duc d'Anjou), le plus jeune et dernier frère de Henri III (10 juin 1584), fit du roi de Navarre l'héritier présomptif de la couronne de France; mais, repoussé par les ligueurs, excommunié par le pape, il en appela aux armes, s'empara de la Guienne, de la Saintonge et du Poitou, déploya une énergie extraordinaire contre les troupes supérieures en nombre que les ligueurs lui opposaient, tint la campagne avec une poignée de soldats qu'il ne pouvait pas toujours payer, et remporta la fameuse victoire de Coutras, où périt Joyeuse, le 20 oct. 1587. Le roi Henri III, chassé de Paris, après la *journée des Barricades*, se rapprocha de son héritier légitime, qui s'empressa de se mettre à son service. L'alliance de ces deux princes fit pencher la fortune de leur côté; leur armée allait être bientôt réduite, lorsque Henri III périt assassiné (2 août 1589). Dès ce moment, le roi de Navarre prit le nom de *Henri quatrième* : mais il n'eut pendant longtemps encore d'autre trône que son cheval de bataille ni d'autre couronne que son casque surmonté d'un panache blanc. Les ligueurs lui opposèrent, sous le nom de *Charles X*, le cardinal de Bourbon, son oncle. Forcé de lever le siège de la capitale, Henri se retira en Normandie et fortifia Dieppe. Le duc de Mayenne, général du fantôme de roi que la Ligue et les troupes espagnoles voulaient imposer à la France, le poursuivit avec une armée de 30,000 catholiques. Henri, qui ne possédait que 4,000 soldats, accepta néanmoins le combat, et remporta, le 6 oct. 1589, l'étonnante victoire d'Arques. Ayant reçu un corps auxiliaire anglais, il osa reprendre l'offensive et marcher sur Paris; mais il ne put occuper que les faubourgs; le manque d'argent et le dénuement de ses soldats, dont le nombre diminuait chaque jour, par suite de désertion, et surtout l'absence de canons, ayant fait échouer cette tentative, il rentra en Normandie, où il possédait déjà 40 places fortes. Il assiégeait Dreux, quand Mayenne lui offrit la bataille à Ivry (14 mars 1590). Avant d'engager le combat, Henri échauffa le courage de ses compagnons par une de ces allocutions qui lui étaient familières : « Gardez vos rangs, leur dit-il, et si vous perdez vos enseignes, cornettes et guidons, ralliez-vous à mon panache blanc; vous le trouverez toujours au chemin de l'honneur et de la victoire. » Cette bataille, où Mayenne fut battu d'une manière décisive, est la plus importante action militaire de Henri IV. La route de la capitale était encore une fois ouverte au roi. Il bloqua cette ville où régnait le fanatisme, entretenu par les prédications des moines et soudoyé par l'or de Philippe II d'Espagne. Paris, affamé, allait être forcé de se rendre, lorsque survint une armée espagnole commandée par Alexandre Farnèse, duc de Parme; le roi dut encore abandonner la partie et se retirer en Normandie. Le duc de Parme l'y poursuivit et le força de lever le siège de Rouen. Henri, blessé dans une escarmouche en 1592, à bout de ressources et abandonné par un grand nombre de ses soldats commençait à se décourager, lorsqu'il reçut des secours de l'Angleterre ; de plus, le duc de Parme, rappelé dans les Pays-Bas, où les protestants se soulevaient en masse, se vit forcé d'abandonner les ligueurs à leurs propres forces. Le peuple de Paris commençait à se lasser de la tyrannie des ligueurs ; Mayenne avait brisé la faction des Seize ; ceux des catholiques, dans le cœur desquels restait encore le sentiment du patriotisme, ne voulurent pas faire de la France une province espagnole ; mais ils ne voulaient pas non plus laisser asseoir un huguenot sur le trône. Sully conseilla au roi de rentrer dans le sein de l'Église catholique. Henri trancha la question par un mot plein de scepticisme : « Paris vaut bien une messe ». Après avoir écrit à sa maîtresse qu'il n'y avait pas moyen d'éviter *le saut périlleux*, il abjura solennellement le calvinisme dans l'antique église de l'abbaye de Saint-Denis (15 juillet 1593). Il n'eut plus contre lui que les fanatiques et les partisans de l'Espagnol. Couronné à Chartres, le 27 févr. 1594, il put s'assurer, par les marques de dévouement qui lui arrivèrent de toutes parts, que la majorité de la nation prenait son parti. Il assiégea de nouveau Paris, qui fut livré aux horreurs de la famine. Brissac, gouverneur de la place, en ouvrit nuitamment les portes au Béarnais (22 mars), et les habitants, en se réveillant, se trouvèrent débarrassés à tout jamais de la Ligue et des étrangers : « Allez, messieurs, dit Henri aux Espagnols, qu'il fit défiler devant lui ; allez, mais n'y revenez plus ». La plupart des gouverneurs catholiques des provinces et des villes se soumirent de bonne foi ou vendirent leur soumission. En 1595, Mayenne, soutenu par une armée espagnole, fut forcé de jurer fidélité au roi, après avoir essayé de se tailler un gouvernement en Bourgogne et s'être fait battre à Fontaine-Française (5 juin 1595). Le pape ne fut pas le dernier à absoudre le Béarnais relaps et à le reconnaître comme légitime roi de France (1595). La Picardie était restée entre les mains des Espagnols ; Henri, auquel le roi d'Espagne avait formellement déclaré la guerre, envahit ce pays, mit le siège devant Amiens et força la garnison espagnole de cette ville à capituler (25 sept. 1597) ; les étrangers tenaient cette ville depuis le 11 mars. En Bretagne, le duc de Mercœur, qui s'était déclaré souverain indépendant, abandonna ses prétentions moyennant 4 millions d'or et plusieurs autres avantages (1598). Le roi, maître incontesté de la France entière, mit fin aux guerres de religion par son célèbre *édit de Nantes* (16 avril 1598) ; et, après avoir ainsi donné au peuple la paix intérieure, il lui assura la paix extérieure, en signant avec l'Espagne le traité de Vervins (2 mai). Il poursuivit ensuite, avec l'honnête Sully, le noble but de rétablir l'ordre et la prospérité dans son royaume que tant de guerres et de révolutions avaient épuisé, endetté, ruiné ; mais, pour payer les dettes de l'État, subvenir aux dépenses de la cour et entretenir le luxe des courtisans et des courtisanes, il créa de nouveaux impôts, et ne songea guère à soulager le paysan. La légende prétend qu'il voulait que le travailleur des campagnes pût mettre *la poule au pot* au moins chaque dimanche ; mais s'il a prononcé cette phrase, ce ne pouvait être que par gasconnade. Tout en affermissant l'autorité royale à l'intérieur, Henri fit respecter son gouvernement à l'extérieur. Sully encouragea les progrès agricoles et fit défricher les terres incultes. Des manufactures de soieries furent fondées à Lyon et à Paris ; les tapissiers flamands s'installèrent aux Gobelins ; la première chambre de commerce fut fondée, Paris s'embellit ; le canal de Briare joignit la Seine à la Loire ; des routes furent ouvertes ou réparées ; l'armée reçut une meilleure organisation, tandis que des forteresses furent bâties sur les frontières du

Nord et de l'Est, la marine qui avait été négligée reçut des améliorations et on s'occupa des colonies françaises de l'Amérique. Après la mort de sa célèbre maîtresse, Gabrielle d'Estrées, Henri ayant obtenu la dissolution de son mariage avec Marguerite de Valois, en déc. 1599, épousa Marie de Médicis, nièce du grand-duc de Toscane. Une guerre de peu de durée avec le duc de Savoie fut suivie du traité de Lyon, qui mit Henri en possession de (1601) de plusieurs territoires importants de la frontière de l'Est. Une conspiration formidable, dirigée par le duc de Bouillon et le comte d'Auvergne, de concert avec le maréchal de Biron, fut déjouée en 1602 ; ensuite Henri conçut de vastes projets avec Barneveldt, grand pensionnaire de Hollande, il forma des alliances avec les princes allemands protestants et se prépara à une nouvelle guerre contre la maison d'Autriche. Il était sur le point de quitter Paris pour prendre le commandement de l'armée française dans le nord, quand il fut frappé au cœur par le couteau du fanatique François Ravaillac. Il eut pour successeur son fils Louis XIII. — La statue équestre de ce grand prince,

Le seul roi dont le peuple ait gardé la mémoire,

Gudin de la Brenellerie.

fut érigée sur le Pont-Neuf en 1635 ; elle fut détruite pendant la Révolution et remplacée sous la Restauration (25 août 1818) par une autre statue équestre, pour la fonte de laquelle on employa le bronze de la statue colossale de Napoléon Iᵉʳ qui, sous l'Empire, avait surmonté la colonne Vendôme. Le nouveau monument élevé sur le Pont-Neuf en l'honneur du Béarnais est l'œuvre de Lemot. Il existe au château de Pau une autre statue de ce roi, due à Francheville. Versailles en possède également une, qui est en marbre et que l'on attribue à Barthélemy Prieur. Il existe plusieurs portraits de Henri IV. — Bibliogr. Voy. *Hist. de Henri IV*, par Poirson (Paris, 1857 ; 3ᵉ éd. 1866, 3 vol.) ; *Henri IV*, par de Lescure (1873, in-8º), ouvrage couronné par l'Académie française. On trouve aussi une *Hist. de Henri IV* dans les compilations de Capefigue (1834-'35, 8 vol.). — Les *Lettres missives de Henri IV* (9 vol. in-4º) ont été publiées par Berger de Xivrey dans les *Documents inédits sur l'histoire de France*. — **Henri V** (Henri-Charles-Ferdinand-Marie-Dieudonné D'Artois, *duc de Bordeaux*), plus connu sous le nom *de comte de Chambord*, dernier représentant de la branche aînée de la dynastie des Bourbons de France, né à Paris le 29 sept. 1820, sept mois après l'assassinat de son père, le duc de Berry, né à Frohsdorf le 24 août 1883. Après la révolution de 1830, ce fut en vain que son grand-père Charles X et son oncle le duc d'Angoulême abdiquèrent en sa faveur, il dut quitter la France. Il vécut alors successivement en Écosse, en Autriche, en Italie et à Londres. Ce fut dans cette dernière ville qu'il reçut, en 1844, les chefs du parti légitimiste à la tête desquels se trouvait le comte de Châteaubriand ; ce qui occasionna plusieurs débats à la Chambre des députés. En 1846, il épousa Marie-Thérèse-Béatrice-Gaëtane, archiduchesse d'Autriche et fille aînée du duc de Modène (née en 1817). Après la mort de la duchesse d'Angoulême (1851), il hérita du domaine de Frohsdorf, près de Vienne, où il résida presque constamment dans la suite. Pendant toute la durée de l'Empire, il ne se mêla pas activement à la politique ; en 1871, lorsque l'Assemblée nationale siégeant à Versailles eut abrogé les lois d'exil portées par l'Empire contre les descendants des maisons souveraines, Henri se hâta de rentrer en France et d'aller visiter son domaine de Chambord ; c'est de là qu'il lança, le 5 juillet 1871, son fameux manifeste où il déclare qu'il ne laissera jamais arracher des mains l'étendard de Jeanne d'Arc et de Henri IV ; c'était briser de front

avec les partisans du drapeau tricolore. A la suite de ce manifeste, il fut forcé de quitter la France et ensuite la Belgique, où sa présence pouvait occasionner des troubles. En 1872, une visite que lui fit à Frohsdorf son cousin, le comte de Paris, parut rapprocher la branche cadette de la branche aînée des Bourbons ; depuis lors, le comte de Chambord s'est borné à donner de nouvelles consécrations à ses idées politiques par des lettres particulières écrites à quelques-uns de ses amis et dans lesquelles il a montré toute la droiture et toute l'honnêteté de ses intentions. Il est mort d'un cancer à l'estomac le 24 août 1883, sans laisser d'héritier direct.

VIII. Portugal.

Henri de Bourgogne ou **Henrique**, tige des rois de Portugal, né en 1035, mort en 1112. Il était arrière-petit-fils de Robert, roi de France, et vint offrir à Alphonse VI de Castille ses services contre les Maures. Pour prix de ses exploits, Alphonse lui accorda la main de Thérèse, sa fille naturelle, et lui concéda la province de Portugal avec le titre de comte souverain (1095). En 1103, Henri alla combattre en Palestine ; il fut tué au siège d'Astorga, qu'il défendait contre les Musulmans. — **Henri le Navigateur**, prince portugais, quatrième fils du roi Jean Iᵉʳ en 1394, mort en 1460. Encore enfant, il montra beaucoup de courage pendant la guerre contre les Maures de Barbarie. Il se distingua par son savoir, particulièrement dans les sciences mathématiques et géographiques, et il fonda à Sagres, près du cap Saint-Vincent, un observatoire et une école où les jeunes nobles étaient instruits dans les sciences qui ont trait à la navigation. On lui attribue l'emploi de la boussole, et en partie l'invention de l'astrolabe. Ses études et ses recherches lui firent conclure que la côte d'Afrique ne se terminait pas, comme on le supposait ordinairement, au cap Nun, et il envoya différentes expéditions, dont la dernière étendit les découvertes portugaises jusqu'à Sierra-Leone. Madère fut découverte et colonisée en 1419. Le passage du cap Bojador (1433) fait époque dans l'histoire des découvertes maritimes. Peu de temps auparavant les Açores avaient été visitées. — Voy. *Les découvertes du prince Henri le Navigateur*, par Richard-Henry Major (Londres, 1877). — **Henri** (le Cardinal), troisième fils du roi Emmanuel de Portugal, né en 1512, mort en 1580. Il fut, dans sa jeunesse, destiné à l'état ecclésiastique et devint archevêque de Braga, puis cardinal et légat du pape. Appelé au trône à la mort de son neveu Sébastien (1578), il se montra administrateur incapable et ne sut que fonder des hospices. A sa mort (1580), Philippe II d'Espagne s'empara du Portugal.

Personnages divers.

Henri de Gand, théologien, né en 1220, mort en 1295. Il fut professeur de théologie à l'université de Paris. Le ton d'autorité avec lequel il exposait son enseignement le fit surnommer *Doctor solemnis* (docteur solennel). Il a laissé plusieurs ouvrages scolastiques fort estimés. On a de lui : *Quodlibeta* théologiae (Paris, 1548, in-fol.) ; *Summa theologiae* (1520) ; etc. — Voy. Huet : *Vie de Henri de Gand* (1838, in-8º). — **Henri le Cacique**, Indien haïtien qui, au commencement du XVIᵉ siècle, mit à leur poignée d'hommes, sut s'opposer aux empiétements des Espagnols ; ceux-ci finirent par renoncer à le soumettre ; ils lui cédèrent même quelques possessions, où il fonda une petite république composée de près de 4,000 citoyens. Ce petit État fut anéanti après la mort de Henri. — **Henri de Livonie**, chroniqueur du XIIIᵉ siècle. On a de lui : *Origines Livoniae sacrae et civiles* (Francfort, 1740, in-fol.). — **Henri**, prince de Prusse, troisième fils du roi Frédéric-Guillaume, né à Berlin en 1726, mort en 1802. Il fut l'un des généraux les plus éminents de son temps. Colonel en 1742, il se signala pendant la guerre de Sept ans et contribua aux victoires de Prague et de Rosbach (1756) et gagna, comme général, en 1762, la bataille de Freiberg. Le roi Frédéric l'avait en haute estime. Sa *Vie privée, politique et militaire*, attribuée à M. de Bouillé, a été publiée à Paris (1809).

— Henri l'Ermite ou Henri de Lausanne, fondateur de la secte des *Henriciens*, mort en 1149. Il se retira de bonne heure dans la solitude pour s'y livrer complètement à la méditation ; vers 1113, il quitta son ermitage et parcourut le nord de l'Italie en prêchant une doctrine nouvelle. Il rejetait la plus grande partie des Écritures, niait que le baptême fût utile aux petits enfants, condamnait l'usage des églises, rejetait le culte de la croix, défendait de célébrer la messe et enseignait qu'il ne faut point prier pour les morts ; c'étaient là les erreurs du célèbre Pierre de Bruys, mais comme Henri était éloquent, sincère, et d'une austérité de mœurs à l'abri de toute atteinte, il fit beaucoup de prosélytes. Chassé du Mans par l'évêque Hildebert, il parcourut le Languedoc et la Provence, et sa réputation se répandit dans la France entière. Ses doctrines menaçaient tellement de s'enraciner dans le peuple que le pape Eugène III ne crut pas trop faire que d'envoyer saint Bernard pour le combattre. Mais Henri prit la fuite. Arrêté et mis en prison à Toulouse, il fut condamné par le concile de Reims en 1148. Il mourut dans sa prison l'année suivante. Ses partisans firent cause commune avec les Vaudois et les Albigeois.

HENRI (Cap) I. Voy. Haïtien. — II. Promontoire situé au S. de la baie de Chesapeake, à 20 kil. S.-O. du cap Charles, par 38° 47' lat. N. et 78° 24' long. O.

HENRIADE (La) s. f. Poème de Voltaire, dont Henri IV est le héros. La *Henriade* se compose de dix chants et passe en revue les événements du siège de Paris. Voltaire a cherché, par des digressions historiques et des fictions merveilleuses à jeter de la variété dans son récit, mais son plan manque d'unité, de mouvement et d'ampleur. A côté de descriptions grandioses et de vigoureux portraits, il règne, dans cette admirable épopée, un ensemble de froideur qui permet difficilement de suivre le poète, sans interruption, jusqu'au bout.

HENRICHEMONT, ch.-l. de cant., arr. et à 28 kil. O. de Sancerre (Cher) ; 3,600 hab. Fabriques de drap. Tanneries. Commerce de laines. — Henrichemont fut autrefois le ch.-l. d'une principauté indépendante, qui appartint à la maison d'Albret sous le nom de *Boisbelle*. Elle fut en 1597, achetée par Sully qui fit bâtir la ville actuelle à laquelle il donna le nom d'Henrichemont en l'honneur d'Henri IV. Cette ville fut réunie à la couronne en 1766.

HENRIETTE-MARIE DE FRANCE, reine d'Angleterre, née à Paris le 25 nov. 1609, morte le 10 sept. 1669. Elle était la troisième fille et le sixième des enfants nés d'Henri IV et de Marie de Médicis. Elle épousa, le 30 mars 1625, Charles Stuart, prince de Galles, depuis Charles Ier. Elle sut exercer sur son mari une grande influence ; aussi devint-elle odieuse à la nation anglaise en raison de sa partialité pour ses coreligionnaires catholiques et pour sa participation à la lutte entre Charles et le parlement. Après les premiers revers du roi, elle alla en Hollande chercher des secours et obtint de l'argent et des troupes (1642) ; elle rejoignit alors son mari à Oxford. En 1644, elle fut obligée de chercher un asile en France où la régente Anne d'Autriche, ne put lui venir en aide. Elle vécut dans la retraite et mourut à Chaillot. Bossuet prononça son *Oraison funèbre* que l'on regarde comme un

de ses chefs-d'œuvre. La correspondance particulière d'Henriette et de Charles Ier pendant la guerre civile a été publiée en 1857.

HENRIETTE D'ANGLETERRE, duchesse d'Orléans, fille de Charles Ier, roi d'Angleterre et de la reine Henriette de France, née le 16 juin 1644, morte le 29 juin 1670. Elle fut emmenée en France encore enfant et fut élevée par sa mère au couvent de Chaillot où cette princesse s'était retirée. En mars 1661, elle épousa Philippe, duc d'Orléans, frère de Louis XIV. Sa grâce, sa beauté, son esprit, en firent bientôt l'ornement de la cour de France. Négligée par son époux, elle lia avec le roi, puis avec le comte de Guiche, une de ces intrigues épistolaires que les romans de l'époque avaient mises à la mode et où elle paraît avoir été plus légère que coupable. En 1670, Louis XIV la chargea d'une mission secrète auprès de son frère Charles II, roi d'Angleterre, sur l'esprit duquel elle exerçait une haute influence. Elle réussit à le détacher de l'alliance hollandaise contre la France et lui fit signer le traité de Douvres, par lequel il s'engageait à joindre ses armes à celles de la France contre les Provinces-Unies. A son retour, elle mourut presque subitement à Saint-Cloud, après avoir bu un verre d'eau de chicorée, et emportant la conviction qu'elle avait été empoisonnée. D'après les rapports officiels, elle serait morte du choléra-morbus ; de plus, elle était poitrinaire. Son *Oraison funèbre* est l'un des chefs-d'œuvre de Bossuet. Voy. *Hist. de Mme Henriette d'Angleterre*, par Mme de La Fayette (La Haye, 1720, in-12).

HENRION (Denis), mathématicien français, mort vers 1640. Il fit, le premier, connaître en France la théorie des logarithmes inventée par Néper. Il a laissé : *Éléments géométriques d'Euclide traduits et commentés* (Rouen, 1676, 2 vol. in-8°); *Mémoires mathématiques* (Paris, 1623-'27, 2 vol. in-8°); *Cosmographie* (Paris, 1670, in-8°) et *Usage du compas de proportion* (1631, in-8°), ouvrage qui a eu 20 éditions.

HENRION DE PANSEY (Pierre-Paul-Nicolas, baron), savant magistrat et littérateur distingué, né à Tréveray (Meuse) en 1742, mort en 1829. Son droit achevé, Henrion vint à Paris et y exerça dans une obscurité à peu près complète la profession d'avocat jusqu'en 1773. La nature l'ayant doué d'une volonté aussi énergique que patiente, il approfondit la science tant d'autres ne font qu'effleurer et publia son *Traité des fiefs* qui attira sur lui les regards des jurisconsultes et décida de son avenir. Il fut bientôt l'un des avocats consultants les plus occupés du barreau de Paris. Lorsque la Révolution éclata, il vint s'établir à Joinville, ensuite à Chaumont. Nommé administrateur du département de la Haute-Marne, il s'y fit remarquer par sa modération et son impartialité. Napoléon, ayant eu occasion de juger sa haute raison et son esprit, le nomma conseiller d'État (1810) et, depuis, lui témoigna toujours la plus grande bienveillance. Le gouvernement provisoire de 1814 le choisit pour ministre de la justice et Louis XVIII le nomma premier président à la Cour de cassation en 1818. Henrion de Pansey était en même temps un écrivain distingué ; ses nombreux ouvrages se font remarquer par le charme et l'élégance du style ; il a laissé, outre son *Traité des fiefs : De la compétence des juges de paix* (1 vol. in-12, 1805) ; *De l'autorité judiciaire en France* (1 vol. in-8°, 1810) ; *Du pouvoir municipal et de la police intérieure des communes* (1 vol. in-8°, 1822) ; *Des biens communaux et de la police rurale et forestière* (1 vol. in-8°, 1825) ; *Des assemblées nationales en France depuis l'établissement de la monarchie française* (2 vol. in-8°, 1826).

HENRIOT ou Hanriot (François), révolutionnaire, né à Nanterre, en 1761, décapité le 10 thermidor an II (28 juillet 1794). Com-

mis aux barrières de Paris, lorsque le peuple vint pour les incendier dans la nuit du 12 au 13 juillet 1789, il se joignit aux insurgés et pour ce fait, il fut arrêté et enfermé à Bicêtre. Rendu à la liberté, en 1790, il se signala par ses idées révolutionnaires, fut nommé chef de la garde nationale en remplacement de Santerre et arracha à la Convention, violentée par le peuple soulevé, le décret d'arrestation contre 22 Girondins. A partir de ce jour, il se montra prudent et ferme dans l'exécution des ordres donnés par la Convention. Il voulut sauver Robespierre, mais il ne fut point obéi. Arrêté lui-même à l'hôtel de ville où il s'était réfugié, il fut jeté par une fenêtre et mourut le lendemain sur l'échafaud.

HENRIQUEZ (Henri), jésuite portugais, né en 1520, mort en 1600. Il fut un des premiers compagnons d'Ignace de Loyola et passa 43 ans aux Indes, y travaillant avec ardeur à la conversion des infidèles. Il a laissé des ouvrages théologiques estimés, entre autres un traité intitulé : *Contra fabulas ethnicorum*.

HENRIQUINQUISME s. m. Opinion des henriquinquistes. (Fam.)

HENRIQUINQUISTE adj. [an-ri-kin-ki-ste] (de *Henri* de Bourbon, comte de Chambord, à qui ses partisans donnaient le titre de *Henri V*). Qui appartient à Henri V ou à ses partisans : *opinions henriquinquistes*. — s. m. Partisan de Henri V : *les henriquinquistes se réunirent à Frohsdorf*. (Fam.)

HENRY (Robert), historien écossais, né en 1718, mort en 1790. Il fut pasteur presbytérien à Carlisle, à Berwick et à Edimbourg. Son principal ouvrage est *History of Great Britain* (6 vol. 1771-'93), ou *Histoire d'Angleterre*. Cet ouvrage, qui va jusqu'à la mort de Henri VIII, a été continué jusqu'à l'avènement de Jacques Ier, par J.-P. Andrews (1794). L'*Histoire d'Angleterre* a été traduite en français, par Boulard et Cantwell (1789-'96, 6 vol. in-4°).

HENRY (William), chimiste anglais, né en 1775, mort en 1836. Il était médecin à Manchester et il publia *Elements of Experimental chemistry* (2 vol., 1810 ; 11e éd., 1829).

HENRYSON (Robert), poète écossais du XVe siècle, on connaît peu de choses de sa vie. Son œuvre principale est une collection de 13 fables, qui fut publiée par le Dr Irving, en 1832. Parmi ses autres ouvrages, on cite le *Testament of Cresseid*, suite du *Troilus and Cresseide*, de Chaucer.

*****HENSEL (Wilhelm)**, peintre allemand (1794-1861). Il devint professeur à l'académie des beaux-arts, à Berlin, en 1828. Une de ses meilleures toiles est le *Christ devant Pilate*. — Sa femme Fanny (1805-1847), écrivit des chants et composa de petites partitions pour le piano.

HENTZ (Charles), conventionnel montagnard, né à Sierk (Moselle), vers 1750, mort à Philadelphie en 1824. Il vota la mort du roi sans sursis ni appel, rentra dans la vie privée après le 9 thermidor. Exilé par la Restauration, il mourut dans l'indigence.

*****HÉPAR** s. m. (gr. *hépar*, foie). Nom que les anciens chimistes donnaient au foie de soufre ou sulfure alcalin.

HÉPATALGIE s. f. (gr. *hépar*, foie ; *algos*, douleur). Pathol. Névralgie du foie, qui a son siège dans le plexus hépatique.

*****HÉPATIQUE** adj. (gr. *hépar*, foie). Anat. et Méd. Se dit des parties qui appartiennent au foie, et de certaines affections qui ont leur siège dans le foie : *veines hépatiques*.

*****HÉPATIQUE** s. f. Bot. Famille de cryptogames intermédiaire entre les mousses et les lichens, et comprenant des plantes formées d'une membrane herbacée et rampante, qui croissent en général dans les lieux humides :

la *famille des hépatiques.* — Genre de renonculacées, tribu des anémonées et très voisin des anémones. Le nom botanique et le nom populaire de ce genre sont dus l'un et l'autre à une ressemblance dans la forme des feuilles de ces plantes avec le foie humain. L'espèce

Hepatica triloba.

la plus commune, l'*hépatique trilobée* (*hepatica triloba*), se trouve dans les parties les plus froides des deux hémisphères. On cultive en Europe la variété à fleur simple, et plusieurs variétés doubles avec des fleurs de différentes nuances, rouge, bleu, pourpre écarlate, ou blanche.

HÉPATISATION s. f. (*gr. hépar*, foie). Pathol. Dégénération d'un tissu organique en une matière qui a quelque analogie avec le foie.

HÉPATISIE s. f. Consomption du foie.

* **HÉPATITE** s. f. Pierre précieuse, ainsi nommée parce qu'elle est de la couleur du foie.

* ' **HÉPATITE** s. f. (*gr. hépar*, foie). Inflammation aiguë ou chronique du foie. Dans l'*état aigu*, cette affection débute quelquefois brusquement et est surtout caractérisée par des vomissements bilieux et une oppression violente; quelquefois aussi elle est précédée d'une douleur sourde et lancinante à l'hypocondre droit, allant jusqu'à l'épaule et au cou. Cette douleur continue, s'exaspère par la pression, par les mouvements et par la toux. On observe en même temps une augmentation du volume du foie, de l'anorexie, de la soif, la sécheresse et l'amertume de la bouche, des nausées et surtout une teinte ictérique qui se borne parfois à l'œil, mais souvent envahit toute la face; des vomissements bilieux et des selles décolorées semblables à du mastic. — L'hépatite ne doit pas être confondue avec la pneumonie qui est caractérisée par des crachats rouillés, la crépitation bilieuse et le souffle tubaire; ni avec la gastrite, qui se distingue par l'absence de teinte jaunâtre ou ictérique, par une soif intense, et par des vomissements incessants; ni avec la pleurésie, qui se distingue par le point de côté, les frissons et la fièvre. — Le traitement consiste dans une diète sévère, saignée cataplasmes émollients, purgatifs légers et répétés, et boissons rafraîchissantes. Dans l'*état chronique*, cette maladie est caractérisée par une douleur intermittente à l'épigastre, un ictère changeant, un appétit capricieux et des digestions difficiles; comme traitement, on conseille surtout les purgatifs salins, les fondants, les eaux minérales de Vichy et les vésicatoires.

HÉPATOCÈLE s. f. (*gr. hépar*, foie ; *kélé*, tumeur). Hernie du foie.

HÉPATOSCOPIE s. f. (*gr. hépar*, foie ; *scopein*, considérer). Divination par l'inspection du foie. C'était, dans les sacrifices, un présage favorable, si le foie était pur et sans tache.

HÉPHESTION, Macédonien, ami et compagnon d'Alexandre le Grand. Pendant l'expédition d'Asie, ce prince lui confia des commandements très importants et lui fit épouser Drypetis, fille de Darius et sœur de Statira. Héphestion mourut de la fièvre à Ecbatane (325 ou 324 av. J.-C.). Alexandre, dont la douleur fut excessive, ordonna qu'on lui rendît les honneurs divins.

HÉPIALE s. m. (*gr. hepialos*, papillon de nuit). Entom. Genre de lépidoptères nocturnes, tribu des phalènes, comprenant une douzaine d'espèces de papillons dont les larves causent de grands ravages. L'*hépiale du houblon* (*hepialus humuli*), long de 5 centim., a les ailes supérieures d'un blanc argenté; la femelle, un peu plus longue, a les ailes jaunes et des taches rouges. Sa larve, d'un blanc jaunâtre, armée de fortes mâchoires, ronge les racines du houblon et s'enfonce dans leur intérieur pour se transformer en chrysalide; on la détruit en arrosant les racines de houblon avec de l'eau dans laquelle on a délayé de la fiente de porc.

* **HEPTACORDE** s. m. (*gr. hepta*, sept ; *chordé*, corde) Mus. Lyre ou cythare à sept cordes des anciens. (Voy. LYRE.) — Système de sons composé de sept notes, tel que la gamme. — Adjectiv. : *la lyre heptacorde.*

Heptacorde.

HEPTAÈDRE s. m. (*gr. hepta*, sept ; *hedra*, surface). Géom. Solide terminé par sept faces : *on ne peut pas construire d'heptaèdre régulier.*

HEPTAGONAL, ALE, AUX adj. Qui a rapport à l'heptagone : *solides heptagonaux.*

* **HEPTAGONE** adj. (*gr. hepta*, sept ; *gônia*, angle). Géom. Qui a sept angles et sept côtés : *figure heptagone.* — s. m. *un heptagone régulier.* — Fortif. Ouvrage composé de sept bastions.

HEPTAGYNIE s. f. (*gr. hepta*, sept ; *gyné*, pistil). Bot. Sous-division comprenant les plantes dont les fleurs ont sept pistils.

* **HEPTAMÉRON** s. m. (*gr. hepta*, sept ; *héméra*, jour). Ouvrage composé de parties distribuées en sept journées : *l'Heptaméron de la reine de Navarre.*

HEPTAMÈTRE s. et adj. (*gr. hepta*, sept ; *metron*, mesure). Se dit des vers de sept pieds.

* **HEPTANDRIE** s. f. (*gr. hepta*, sept ; *anér, andros*, étamine). Bot. Classe du système sexuel de Linné, qui renferme les plantes dont la fleur a sept étamines.

HEPTANOMIDE s. f. Partie centrale de l'ancienne Egypte divisée en sept nomes ou gouvernements.

HEPTAPHYLLE adj. (*gr. hepta*, sept ; *phyllon*, feuille). Bot. Qui est formé de sept folioles.

* **HEPTARCHIE** s. f. (*ép-tar-chî*) (*gr. hepta*, sept ; *archia*, commandement). Se dit des sept royaumes que les Angles et les Saxons fondèrent dans la Grande-Bretagne, après la fin de la domination romaine.

HEPTARCHIQUE adj. Qui a rapport à l'heptarchie.

HÉRA. Voy. JUNON.

HÉRACLÉE, nom de plusieurs anciennes villes grecques. — I. Ville de la grande Grèce, en Lucanie, près du golfe de Tarente, fondée par une colonie de Thuriens et de Tarentins vers 432 av. J.-C. Elle fut le théâtre du premier combat entre Pyrrhus et les Romains; le consul Lævinius y fut battu en 280. Près de

cet endroit on découvrit les célèbres *Tabulæ Heracleenses,* fragments de deux tables de bronze contenant des inscriptions grecques et latines. — II. Ville de Sicile, sur la côte S.-O., à l'embouchure de la rivière Halycus; on dit qu'elle fut fondée par Minos, d'où elle fut surnommée Minoa. Prise en 260 av. J.-C. par Hannon, elle devint le rendez-vous de la flotte carthaginoise qui y fut vaincue par Regulus Manlius. — III. Ville de Bithynie, surnommée Pontica (aujourd'hui *Eregli*, ou *Erekli*), sur la côte S. de l'Euxin. Elle fut fondée par une colonie de Mégariens et de Béotiens et eut un instant la suprématie sur les contrées du voisinage. (Voy. EREGLI.)

HÉRACLÉEN, ENNE adj. Qui est d'Héraclée; qui appartient à cette ville ou à ses habitants:

HÉRACLÉES s. f. pl. Fêtes en l'honneur d'Hercule, qui se célébraient à Athènes tous les cinq ans.

HÉRACLÈS. Voy. HERCULE.

HÉRACLIDE DE PONT, philosophe grec, disciple de Platon, de Speusippe et d'Aristote ; il vivait au IVᵉ siècle av. J.-C. Il a écrit sur la philosophie, la musique, les mathématiques, l'histoire, la politique, la poésie et la grammaire : il nous reste de lui un traité historique sur les *Constitutions des Etats* ; il est cité comme partisan de la rotation de la terre au centre du monde.

HÉRACLIDES (Les). Nom que l'on donne généralement à la postérité d'Hercule, mais qui s'applique également à quatre dynasties distinctes : les Héraclides du Péloponèse, de Corinthe, de Lydie et de Macédoine. — I. *Héraclides du Péloponèse.* Vers l'an 1104 av. J.-C. Aristodémos, Téménos et Cresphonte, arrière-petits-fils d'Hyllus, fils d'Hercule, pénétrèrent, à la tête des Doriens, dans le Péloponèse, firent la conquête de l'O. et du S. de cette péninsule et s'établirent en Laconie, en Argolide et en Messénie. A partir de cette époque, Sparte eut toujours deux rois issus de ces princes. — II. *Héraclides de Corinthe.* Cette famille se rattache à la précédente par un autre fils d'Hercule, que ses frères chassèrent de leur camp au moment de la conquête du Péloponèse, sous prétexte qu'il avait attiré sur lui la colère des dieux et par suite, la peste sur leur armée. Il s'empara de Corinthe, et y établit sa dynastie qui y régna plusieurs siècles. — III. *Héraclides de Lydie.* Cette branche descendait d'Alcée, fils d'Hercule et d'Omphale; elle s'empara de la Lydie, et y occupa le trône pendant plus de vingt générations. Le dernier roi, Candaule, fut tué par Gygès. — IV. *Héraclides de Macédoine.* Cette famille était issue des Héraclides d'Argolide, par Perdiccas, fils de Téménos, arrière-petit-fils d'Hercule; il s'établit en Macédoine vers le VIIIᵉ siècle avant J.-C. C'est de cette branche que descendent Philippe et Alexandre.

HÉRACLITE LE PHYSICIEN, philosophe grec, né à Éphèse vers le milieu du VIᵉ siècle av. J.-C. En raison de son caractère sombre, il fut désigné sous le nom de *philosophe pleurant.* Ses idées philosophiques furent développées dans son ouvrage intitulé : Περὶ Φύσεως (*De la Nature*). Les particularités les plus remarquables de son opinion étaient que, par l'opération d'un fluide éthéré léger, constamment actif, se changeant lui-même, transformant toutes choses, et auquel il donnait le nom de feu, ont été créés tous les êtres de l'univers, animés et inanimés, matériels et immatériels, et que la soumission aux décrets de la loi suprême est le grand devoir de l'homme. Son style obscur lui valut le surnom de *philosophe ténébreux.* On cite souvent son nom par opposition à celui de Démocrite, le *philosophe riant.*

HÉRACLIUS, empereur romain d'Orient, né vers 575 ap. J.-C., mort en 641. Il était fils d'Héraclius, exarque d'Afrique. Envoyé, en 610, avec une flotte, assiéger Constantinople, il détrôna le tyran Phocas, et le remplaça sur le trône vacant. Ayant mis sa frontière européenne à l'abri des incursions des barbares du nord, il fit des expéditions heureuses contre les Perses en 622 et 623 et battit Chosroès II en personne. En 625, il gagna une troisième grande victoire sur les Perses près de la rivière Sarus en Cilicie, et, en 627 il les défit de nouveau dans une grande bataille près de Ninive. Héraclius fit un traité d'amitié avec Mahomet ; plus tard, une guerre avec les Arabes lui fit perdre la Syrie, la Palestine et l'Egypte.

HÉRACLIUS (Constantin), fils du précédent, né en 612. Suivant les ordres de son père, il dut partager le trône avec son jeune frère Héracléonas ; mais son règne fut de courte durée ; sa belle-mère, l'impératrice Martine, le fit, dit-on, empoisonner.

HÉRACLIUS I, roi de Géorgie, né vers 1648, mort en 1740 ; il s'était réfugié à la cour du shah de Perse, Soliman, qui le rétablit sur le trône de la Géorgie orientale en 1688. — II. Petit-fils du précédent, né en 1718, mort en 1798 ; il monta sur le trône en 1760 et se fit le vassal de l'impératrice Catherine de Russie, pour se faire protéger par elle contre les agressions de ses voisins.

* **HÉRALDIQUE** adj. (mas lat. *heraldus*, héraut). Qui a rapport au blason, aux armoiries. Ne s'emploie guère que dans les locutions, *science héraldique, art héraldique*. — s. f. Science ou art du blason ; art de décrire en termes techniques, les cottes d'armes, les emblèmes, les enseignes et les insignes armoriaux et héraldiques. L'héraldique, à peu près inconnue avant les croisades, paraît être née en Allemagne ; les Français la portèrent à son plus haut point de perfection et créèrent sa nomenclature technique. Dès la fin du XIIIe siècle, elle formait une science bien définie par des règles exactes et par des termes particuliers. — L'héraldique a pour but de déterminer et d'expliquer les dispositions et la forme des parties qui constituent les *armoiries*. Ces parties sont au nombre de deux : ARMES INTÉRIEURES (*écus, émaux, partitions et répartitions, figures et rebattiments*) ; ARMES EXTÉRIEURES (*timbres* [couronnes, casques, bourrelets, toques, cimiers, lambrequins], *supports, tenants, bannières, manteaux, cordelières, devises, cris de guerre, ornements de dignités et cordons des ordres de chevalerie.* — L'écu ou ÉCUSSON est le fond ou champ sur lequel on représente les figures des armoiries ; il a reçu différentes formes. L'écu français présente la figure d'un quadrilatère de sept parties de largeur sur huit de hauteur, arrondi aux angles inférieurs et terminé en pointe au milieu de sa base. L'écu *en losange* fut adopté pour les dames et les demoiselles vers le XVe siècle ; l'écu *en bannière* (carré) avait la forme de l'enseigne des chevaliers bannerets : l'écu *couché* était incliné sur le côté. Les écus *accolés* (placés l'un à côté de l'autre) portaient les armoiries des deux Etats incorporés ; depuis le XIVe siècle, les veuves portèrent des écus accolés : aux armes du mari (à droite) et à celles de la femme (à gauche). — On distingue dans l'écu neuf *positions* :

A	B	C
D	E	F
G	H	I

A B C forment le *chef* ; A est le *canton dextre du chef* ; B le *point du chef* ou *chef proprement dit* ; C le *canton senestre du chef* ; D le *flanc dextre* ; E le *milieu, le centre, le cœur* ou *l'abîme* ; F le *flanc senestre* ; G le *canton dextre de la pointe* ; H la *pointe* ; et I le *canton senestre de la pointe*. — L'écu est *simple* ou *plein* quand il ne présente qu'un émail ; *composé* ou *divisé*, quand il offre plusieurs émaux. — On nomme PARTITIONS les lignes qui séparent les divisions d'un écu composé, lorsque ces divisions affectent une couleur différente. On distingue quatre partitions principales : le *parti*, qui partage perpendiculairement l'écu en deux parties égales ; le *coupé*, qui le partage horizontalement en deux parties égales ; le *taillé*, diagonale de l'angle senestre du chef à l'angle dextre de la pointe ; et le *tranché*, diagonale de l'angle dextre du chef et le senestre de la pointe. En multipliant les partitions et en les combinant, on obtient une infinité de divisions nouvelles que l'on appelle *répartitions*. L'écu est dit *coupé-mi-parti*, quand, étant coupé, une de ces sections est partie ; *tiercé*, quand il est divisé en trois parties égales de différents émaux ; *écartelé*, quand il est divisé en quatre *écarts, écartelures* ou *quartiers* par le parti et le coupé ; *contre-écartelé*, quand l'un de ses quartiers est divisé lui-même en quartiers (contre-écarts) ; *écartelé en sautoir*, quand il est divronné, quand il est à la fois parti, coupé, taillé et tranché. Quelquefois sur l'abîme de l'écu s'en trouve un second, plus petit, qui est dit *sur le tout* ; et quelquefois même ce second écu en porte un troisième qui est *sur le tout du tout*. — On appelle ÉMAUX les différentes couleurs de l'écu et des figures, parce que, dans l'ancien temps, on peignait les armoiries en émail. Les émaux se divisent en trois classes : 1° MÉTAUX, *or* (jaune) et *argent* (blanc) ; COULEURS, *gueules* (rouge), *azur* (bleu), *sinople* (vert), *pourpre* (violet), *sable* (noir), *sanguine* (couleur chair), *tannée* ou *orangée* (aurore) ;

REPRÉSENTATION DES ÉMAUX.

Or — Gueules — Azur — Sinople — Pourpre — Sable — Sanguine — Tannée — Hermine — Contre-Hermine — Vairé (Or & de gueules) — Contre-Vairé (Or & de gueules).

FOURRURES OU PANNES, *hermine* (blanc moucheté de noir) ; *contre-hermine* (noir moucheté de blanc), *vair* (petites cloches alternativement blanches et bleues, et disposées en *tires* ou files horizontales, la base d'une cloche bleue touchant à celle d'une cloche blanche), *contre-vair* (tires de petites cloches bleues et blanches, la base de chaque cloche touchant celle d'une cloche de même émail). Les couleurs de l'hermine et du vair ne sont pas toujours celles dont nous venons de parler ; alors on dit *herminé* ou *vairé* de tel ou tel émail : *vairé d'or et de gueules*. (Famille de Beaufremont).

— Les FIGURES HÉRALDIQUES sont les dessins formés sur le champ de l'écu. On les distingue en quatre classes : 1° *figures héraldiques proprement dites*, qui se divisent en *figures de premier ordre* et *figures de second ordre*. On compte 19 espèces de figures de premier ordre ou *pièces honorables* : *chef* (tiers supérieur de l'écu) ; *fasce* (milieu de l'écu dans le sens horizontal) ; *champagne* (tiers inférieur de l'écu) ; *pal* (tiers vertical de l'écu) ; *bande* (bande diagonale de l'angle dextre supérieur à l'angle inférieur) ; *barre* (de senestre supérieur à dextre inférieur) ; *croix* (réunion de la fasce et du pal) ; *sautoir* (réunion de la bande et de la barre) ; *chevron* (en forme de compas dont les pointes toucheraient les deux angles du bas de l'écu) ; *franc-quartier* (figure carrée à l'angle dextre du chef) ; *canton* (petit franc-quartier qui occupe l'un des deux angles du chef) ; *pointe* ou *pile* (triangle très étroit dont la base repose ordinairement sur celle de l'écu et dont l'angle opposé s'élève vers le chef sans l'atteindre) ; *giron* (triangle rectangle dont l'un des angles aigus se trouve au centre de l'écu) ; *pairle* (espèce d'Y majuscule dont la branche inférieure repose sur la base de l'écu, tandis que les deux branches supérieures aboutissent aux deux angles du chef) ; *bordure* (espèce de plate-bande qui environne l'écu et dont la largeur est à peu près la sixième partie du champ) ; *orle* (plate-bande moins large que la bordure et qui environne l'écu sans en toucher les bords) ; *trescheur* ou *essonnier* (diffère de l'orle en ce qu'il est fleuronné) ; *écu en abîme* (petit écu posé au centre du champ) ; *gousset* (sorte de pairle dont la partie supérieure est pleine). Lorsque les pièces honorables sont multipliées un certain nombre de fois sur l'écu, elles forment ce que l'on appelle des *rebattements*. Le *comble* ou *chef retrait* est un chef qui n'a que le tiers de sa hauteur ; la *vergette* est un pal réduit à la moitié ou au tiers de sa hauteur ; le *divise* ou *fasce en divise* est une fasce qui a perdu les deux tiers de sa hauteur. Quand le nombre des fasces excède 4, on leur donne le nom de *burèles*. La bande diminuée devient *cotice* ou *bâton en bande* ; et la barre diminuée est une *traverse* ou *bâton en barre*. On nomme *bâton péri en bande* et *bâton péri en barre* la cotice et la traverse alésées (dont les extrémités ne touchent pas les bords de l'écu). On distingue aussi la *plaine* (champagne diminuée des deux tiers), l'*étai* (chevron réduit au tiers de sa largeur), les *jumelles* et les *tierces* (fasces, bandes ou barres très rétrécies et groupées, les premières deux par deux, les autres trois par trois) ; le *flanchis* (sautoir réduit), le *filet* (pièce honorable réduite à sa plus simple épaisseur), la *filière* (filet en bordure). On dit qu'un écu est *chevronné, palé, fascé, bandé, barré, coticé*, etc., quand les chevrons, les pals, les bandes, etc., et leurs rebattements sont en nombre tel qu'il est impossible de distinguer l'émail du champ ; alors on spécifie le nombre des divisions. L'écu est *contre-palé, contre-fascé*, etc., quand, présentant l'une des dispositions précédentes, il est divisé par un trait, de telle sorte que chaque moitié des pièces offre un émail autre que la moitié qui lui correspond. On distingue 14 espèces de figures de second ordre ou *moins honorables* ; l'*émanché* ou *emmanché* (grandes dents, pointes ou émanches enclavées les unes dans les autres) ; les *points équipollés* (9 carreaux en échiquier, alternativement de métal et de couleur) ; l'*échiquier* ou l'*échiqueté* (plusieurs rangées ou tires de petits carreaux alternativement de métal et de couleur) ; les *frettes* (bandes ou barres entrelacées au nombre de 6) ; les *treillis* (frettes ornées de clous à l'intersection des bandes ou des barres) ; les *losanges* (figures quadrangulaires plus hautes que larges, qui se posent toujours perpendiculairement) ; les *fusées* (losanges très allongés); les *macles* (losanges percés au milieu d'une ouverture également en losange); les *rustes* (losanges percés d'une ouverture circulaire); les *carreaux* (pièces carrées posées sur l'un de leurs côtés); les *billettes* (rectangles qui sont plus hauts que larges); les *besants* (pièces rondes de métal posées sur couleur); les *tourteaux* (pièces rondes de couleur posées sur métal); les *besants-tourteaux* et les *tourteaux-besants* (combinaisons du besant et du tourteau : mi-parties métal et couleur, distinguées l'une de l'autre en ce que les premières commencent par le métal et les secondes par la couleur). — On nomme *attributs* les innombrables modifications que peuvent recevoir les pièces qui précédent. — Sous le nom de *meubles*, on comprend les figures peintes ordinairement sur les émaux, telles que licornes d'azur, croix d'or; tours d'argent, ours de sable. — Les armoiries se distinguent en : *armes parlantes*, faisant allusion au nom; *armes positives* (armoiries primordiales, historiques et traditionnelles); *armes pures* ou *pleines* (celles des aînés de la famille); *armes brisées* (celles des cadets, additionnées d'une brisure ou de quelque meuble étranger); *armes chargées* (additionnées de quelque pièce, en mémoire d'une alliance illustre ou d'une action éclatante). — BIBLIOGR. Ménestrier, *Principes héraldiques* (Paris, 1682, 2 vol. in-12); Jules Baron, l'*Art héraldique* (Paris, 1688, in-12); Ménestrier, l'*Art du blason* (Lyon, 1696, in-12); La Roque, *Traité du blason* (Paris, 1681, in-12); le marquis de Magny, *Sciences des armoiries* (1845); Borel d'Hauterive, *Traité du blason* (1846); Grandmaison, *Dictionnaire héraldique* (1852). Voy. les œuvres d'Hozier, de la Chesnaye des Bois, etc.

HÉRALDISTE s. m. Celui qui s'occupe de l'héraldique.

'**HÉRAT** ou '**Hérautr**, ville forte de l'Afghanistan, sur le Heri, à 550 kil. O. de Caboul; environ 50,000 hab. Elle est dans une plaine à 835 m. au-dessus du niveau de la mer. Les principaux édifices publics sont : la citadelle, les mosquées, les bazars et le palais du khan. Les principaux articles de commerce sont le safran et l'assa fœtida. Manufactures de tapis, de manteaux, de bonnets et de vêtements. — Hérat est une place de guerre d'une grande importance

La citadelle Hérat.

militaire et commerciale, commandant la route du N.-O. de l'Inde, et comme étant le point où les châles, les indiennes, les mousselines, l'indigo, etc., de l'Inde et de l'Afghanistan sont échangés pour les produits de la Chine, de la Russie, de la Tartarie et de la Perse. — Quand la famille de Futteh Khan triompha de celle de Zemann Chah dans l'Afghanistan, Hérat resta entre les mains du frère de ce dernier. En 1837-38, il résista aux Persans. En 1855, le prince Yusuf se proclama

chef comme vassal de la Perse. Il favorisa le gouvernement russe et s'opposa à l'influence anglaise. Il fut chassé par Esa Khan, qui s'empara de la ville. Les Persans assiégèrent ensuite Hérat, le prirent le 26 oct. 1856 : ce qui amena la guerre entre la Perse et l'Angleterre. Par le traité de Téhéran (14 avril 1857), le chah renonça à ses prétentions sur Hérat, qui fut pris par l'émir de Caboul, en 1863.

'**HÉRAUDERIE** s. f. Office de héraut.

HÉRAULT [é-rô], *Araruis*. I. Petit fleuve qui naît dans les montagnes de l'Aigual, près du village de Vallerangues (Gard), arrose Ganges, Saint-Guilhelm, Gignac, Montagnac, Pézénas, Bessan, Agde et se jette dans la Méditerranée, au grau d'Agde, après un cours d'environ 140 kil., 12 navigables. Principaux affluents : Vis, Rieutort, Merdanson, Aizon, Lergues et Dourbie. — II. Départ. maritime de France, situé dans la région méditerranéenne, entre la Méditerranée et les dép. du Gard, de l'Aveyron, du Tarn, de l'Aude; formé de tout ou partie des quatre diocèses de l'ancien Languedoc : Montpellier, Lodève, Béziers et Narbonne; 5,497 kil. carr.; 441,527 hab. Territoire couvert, au N., par les Cévennes, qui prennent le nom particulier de monts de l'Espinouse et dont le point culminant (1,122 m.) se trouve au S. de la source de l'Agout. Plateau mouvementé de Larzac, à l'est duquel s'étend la chaîne calcaire appelée montagne de la Séranne. Entre les escarpements de ces montagnes se trouvent les gorges de Saint-Guilhelm-le-Désert, l'abîme du Drac, le cirque de Mourèze, etc. Le département est arrosé par un certain nombre de petits fleuves côtiers, parmi lesquels nous citerons : la Vidourle, le Lez, l'Hérault, le Livron, l'Orbe, la Ciesse, etc. Climat chaud et sec, vent du N.-O. appelé magistraou. Longueur des côtes : 105 kil. Le littoral est interrompu par de vastes étangs salés qui, pour la plupart, communiquent, par des graus, avec la Méditerranée. Mines de fer; mines de houille (Graissossac et Roujan); grandes salines; sources minérales de Balaruc, de Foncaude, de la Malou. Vins de Saint-Georges, de Frontignan, de Lunel, de Béziers. Eau-de-vie de Montpellier; grande richesse agricole. Manufactures de drap de Lodève; soieries et lainages. Deux ports principaux : Agde et Cette. — Ch.-l. Montpellier, 4 arr., 36 cant. et 735 comm. — Points fortifiés : redoute de Valleras, fort de Brescou, fort du cap d'Agde, redoute de Castelas et, pour la défense de Cette, les forts de Saint-Pierre et de Saint-Louis. — Diocèse de Montpellier, suffragant d'Avignon. Cour d'appel, académie à Montpellier. — Ch.-l. d'arr. : Montpellier, Béziers, Lodève et Saint-Pons.

HÉRAULT DE SÉCHELLES (Marie-Jean), conventionnel, né à Paris en 1760, guillotiné le 5 avril 1794. Avocat général au parlement de Paris, il adopta les idées révolutionnaires et se distingua à la prise de la Bastille. Elu à l'Assemblée législative, il siégea à l'extrême gauche. A la Convention, dont il fut nommé président le 2 nov. 1792, il combattit les Jacobins et souscrivit à leur proscription le 2 juin 1793. Comme membre du comité de Salut public, il proposa des mesures extrêmement énergiques contre les ennemis de la Révolution. Etant en mission en Alsace (sept. 1793), il écrivit : « J'ai semé des guillotines

sur ma route; elles ont produit de bons effets. » Robespierre, jaloux de sa popularité, trouva moyen de le compromettre, en faisant arrêter dans son appartement un individu accusé d'émigration. Hérault de Séchelles, considéré comme *indulgent*, fut arrêté (mars 1794) et enveloppé dans la conspiration dantoniste. Condamné à mort, il subit sa peine avec beaucoup de calme et de courage. Parmi ses nombreux écrits, nous citerons : *Eloge de Suger* (1770); *Visite à Buffon* (1785); et *Théorie de l'ambition*, recueil de pensées philosophiques, qu'il écrivit pendant sa captivité au Luxembourg et qui fut publiée par Salgues en 1802.

' '**HÉRAUT** s. m. ['hé-rô] (bas lat. *héraldus*; all. *herat*, noble crieur). Officier d'un prince ou d'un Etat souverain, dont l'emploi principal est de faire certaines publications solennelles, certains messages importants, et qui remplit en outre diverses fonctions dans les cérémonies publiques. Dans l'antiquité, le ministère des hérauts était sacré. Chez les Romains, il y avait deux sortes de hérauts : les uns (*feciales*) allaient dénoncer la guerre, les autres (*caduceatores*) étaient chargés de demander la paix et portaient à la main un caducée. — HÉRAUT D'ARMES, guerrier noble qui avait été successivement *chevaucheur* et *poursuivant d'armes* et qui aspirait à devenir *chevalier*.

'**HERBACÉ, ÉE** adj. (lat. *herba*, herbe). Bot. Se dit, par opposition à ligneux, des plantes dont la tige est tendre et périt après la fructification : *plante, tige herbacée*. — DE CONSISTANCE HERBACÉE, de la consistance d'une plante herbacée; cela ne se dit qu'en parlant des parties tendres de quelque autre plante.

'**HERBAGE** s. m. Toutes sortes d'herbes; mais, en ce sens, il n'est usité que dans quelques phrases : *toutes sortes d'herbages*. — Plus ordin. Herbe des prés, où l'on met les animaux pour les engraisser : *les herbages sont meilleurs dans ce canton que dans tel autre*. — Pré qu'on ne fauche jamais, qui ne sert qu'à y mettre des bœufs et des vaches pour les engraisser : *les herbages de Normandie*.

HERBAGER s. m. Celui qui fait métier d'engraisser les bœufs.

'**HERBART** (Johann-Friedrich), philosophe allemand, né en 1776, mort en 1841. Après avoir enseigné à Berne et écrit un traité sur le système de Pestalozzi, il devint professeur à Göttingen en 1803, à Kœnigsberg en 1809 et de nouveau à Göttingen en 1833. Sa philosophie, réaction contre l'idéalisme régnant, réunit l'empirisme de Locke et de Condillac, le monadisme de Leibnitz et le criticisme de Kant. Ses principaux ouvrages sont : *Lehrbuch zur Psychologie* et *Psychologie, als Wissenschaft*, etc. (2 vol.). Ses œuvres complètes ont été éditées par Hartenstein (12 vol., Leipzig, 1850-'52).

HERBAULT, ch.-l. de cant., arr. et à 17 kil. O. de Blois (Loir-et-Cher); 850 hab. Vestiges d'un camp romain.

'**HERBE** s. f. (lat. *herba*). Plante herbacée, toute plante vivace ou annuelle qui perd sa tige dans l'hiver : *herbe médicinale, herbe vénéneuse*. — FINES HERBES, herbes hachées qui servent dans la cuisine pour certains assaisonnements : *omelettes aux fines herbes*. — MAUVAISE HERBE, herbe nuisible et que l'on tâche de détruire. — CE CHEVAL AURA, PRENDRA QUATRE ANS AUX HERBES, CINQ ANS AUX HERBES, etc., au printemps, il aura quatre ans, cinq ans, etc. — Prov. et fig. MÉCHANTE HERBE, MAUVAISE HERBE CROIT TOUJOURS, se dit par plaisanterie des enfants qui croissent beaucoup. — Prov. et fig. IL A MARCHÉ SUR QUELQUE MAUVAISE HERBE, il lui est arrivé quelque chose qui le met de mauvaise humeur. On dit aussi d'un homme qui est de mauvaise humeur, sans qu'on sache pourquoi : *sur quelle herbe a-t-il marché aujourd'hui?* — Se dit au singulier, dans un sens collectif, des herbes qui couvrent les pâturages, les prairies, les lieux peu fréquentés, etc., et que l'on coupe ordinairement pour la nourriture des chevaux et des bestiaux : *donner de l'herbe à un cheval.* — BLÉ EN HERBE, AVOINE EN HERBE, etc., blé, avoine, etc., lorsqu'ils sont encore verts et qu'ils s'élèvent peu au-dessus des sillons. — MANGER SON BLÉ EN HERBE, dépenser son revenu d'avance. — C'EST UN AVOCAT EN HERBE, UN DOCTEUR EN HERBE, etc., se dit d'un jeune homme qui étudie pour devenir avocat, médecin, etc. On emploie quelquefois le même proverbe en parlant de ceux qui paraissent destinés à être élevés à quelque dignité, à quelque emploi : *c'est un ministre en herbe.* — L'HERBE SERA BIEN COURTE, S'IL NE TROUVE DE QUOI BROUTER, se dit d'un homme industrieux qui sait trouver à subsister aisément où d'autres auraient peine à vivre. — COUPER L'HERBE SOUS LE PIED A QUELQU'UN, le supplanter dans quelque affaire. — A CHEMIN BATTU IL NE CROIT POINT D'HERBE, il n'y a point de profit à faire dans un négoce dont trop de gens se mêlent. — EMPLOYER TOUTES LES HERBES DE LA SAINT-JEAN, employer, pour réussir en quelque affaire, tous les moyens dont on peut s'aviser. — Entre comme terme générique dans plusieurs des noms vulgaires donnés aux plantes usuelles ou très communes. Voici quelques-unes de ces dénominations, dont la plupart ont vieilli : *herbe à l'ambassadeur, herbe à la reine.* (Voy. TABAC.) — *Herbe aux charpentiers, herbe à la coupure, herbe militaire.* (Voy. MILLE-FEUILLE.) — *Herbe aux chats.* (Voy. CATAIRE.) — *Herbe aux chantres.* (Voy. VÉLAR.) *Herbe aux cuillers.* (Voy. COCHLÉARIA). — *Herbe aux écus.* (Voy. NUMMULAIRE.) — *Herbe aux gueux.* (Voy. CLÉMATITE.) — *Herbe aux Patagons.* (Voy. HYDROCOTYLE.) — *Herbe au pauvre homme.* (Voy. GRATIOLE.) — *Herbe aux perles.* (Voy. GRÉMIL.) — *Herbe du siége.* (Voy. SCROFULAIRE.) — *Herbe aux verrues.* (Voy. HÉLIOTROPE.)

* **HERBEILLER** v. n. Chasse. Se dit d'un sanglier qui va paître l'herbe : *le sanglier a herbeillé ici.*

* **HERBER** v. a. Exposer sur l'herbe : *herber de la toile, des cheveux, etc.*

HERBELOT (Barthélemy d'), savant orientaliste français, né à Paris en 1625, mort en 1695. Son long séjour en Orient l'avait familiarisé avec les différentes langues de ce pays, et des études persévérantes en Italie avaient encore accru sa vaste érudition. Louis XIV le nomma professeur de syriaque au collége de France; il en avait déjà fait, quelques années auparavant, son secrétaire-interprète. On a de lui : *Bibliothèque orientale ou Dictionnaire universel, contenant généralement tout ce qui regarde la connaissance des peuples de l'Orient* (Paris, 1697, in-fol., La Haye, 1777-'82, 4 vol. in-4°). Il a laissé en manuscrit un *Dictionnaire arabe, turc et persan.*

HERBERT (Edward), lord Herbert de Cherbury, philosophe anglais, né dans le pays de Galles en 1581, mort en 1648. En 1610, il servit sous Maurice de Nassau au siége de Jülich. En 1614, il se rendit en Italie où le duc de Savoie le chargea de conduire 4,000 protestants languedociens en Piémont. En 1618, il fut nommé ambassadeur extraordinaire pour renouveler l'alliance entre la France et l'Angleterre. En 1624, il fut envoyé de nouveau en France, où il publia son *Tractatus de Veritate* (1624). En 1631, il fut créé pair sous le nom de baron Herbert de Cherbury. Pendant les troubles du règne de Charles Ier, il se mit d'abord du côté du parlement et ensuite avec le roi. Parmi ses ouvrages se

trouvent les suivants, qui parurent tous après sa mort : *De Religione Gentilium, Errorumque apud eos causis; Expeditio (Buckinghami Ducis) in Ream Insulam et Life and Reign of King Henry VIII.* Il était opposé à Bacon et à Hobbes et il est regardé comme libre penseur.

HERBERT (SIR Thomas), voyageur anglais, né vers 1606, mort en 1682. Il publia, en 1634, *Some Yeares Travels into Africa and the Great Asia, especially the Territories of the Persian Monarchy.* Dans la guerre civile, Herbert se mit du côté du parlement. Il fut un des députés envoyés pour recevoir Charles I d'Ecosse. Le roi le nomma baronet. Herbert est l'un des auteurs de *Threnodia Carolina*, histoire des deux dernières années du règne de Charles.

* **HERBETTE** s. f. (diminut.). Herbe courte et menue de la campagne. Ne se dit guère qu'en poésie et dans le style pastoral : *danser sur l'herbette.*

* **HERBEUX, EUSE** adj. Se dit des lieux où il croît de l'herbe : *clairière herbeuse.*

* **HERBIER** s. m. Collection de plantes desséchées et mises entre des feuilles de papier : *un herbier de plantes d'Amérique.* — Par ext. Collection d'estampes contenant des figures de plantes : *herbier artificiel.* — Premier ventricule du bœuf et des autres animaux qui ruminent, *Panse.* — Dans ce sens (vieux) on dit mieux, *Panse.* — ENCYCL. L'herbier est pour ainsi dire le compagnon inséparable du botaniste; c'est le livre qu'il lit toujours et qu'il augmente sans cesse. Le mode usité dans la préparation des plantes varie avec la nature et les caractères des plantes elles-mêmes. La dessication simple suffit à la grande majorité des espèces; d'autres exigent l'emploi d'un procédé chimique. Chaque échantillon doit porter une étiquette sur laquelle sont inscrits soigneusement le nom de l'espèce, celui de l'auteur qui, le premier, l'a décrite, la région qu'elle préfère; l'habitat, l'époque de la floraison, de la fructification; la couleur naturelle des fleurs, des feuilles et des fruits de l'espèce. C'est ainsi qu'avec un herbier on peut édifier toute la flore d'une contrée. Parmi les célèbres collections de l'Europe sont les herbiers de Kew, de Linné, de Banks, ce dernier est au musée botanique de Londres. Les herbiers des musées de Paris, de Berlin et de Saint-Pétersbourg ont aussi une très grande valeur. Les plus importants, en Amérique, sont ceux de Gray à Harvard, le Meisner au collége de Columbia et l'herbier du musée de Philadelphie.

* **HERBIÈRE** s. f. Vendeuse d'herbes : *herbière des halles.*

HERBIERS (Les) *Herbodilla*, ch.-l. de cant., arr. et à 40 kil. N.-E. de la Roche-sur-Yon (Vendée); 3,560 habit. Engrais et élevage de bestiaux. Aux environs, chapelle ogivale bâtie à la mémoire des Vendéens sur le mont des Alouettes, aux frais des ducs de Berry et d'Angoulême.

HERBIERS (Claude-Antoine GUYOT DES), poète, né à Joinville en 1745, mort au Mans en 1828. Avant de devenir un homme politique, des ministres les Muses et, en 1771, sous le titre de *Chancelières*, il fit paraître deux odes, qui eurent un grand succès de scandale et dans lesquelles le gouvernement se trouva fort maltraité; il embrassa avec ardeur les idées nouvelles de la Révolution et fut successivement juge au

tribunal de la Seine, membre du conseil des Cinq-Cents en 1798 et du Corps législatif après le 18 brumaire. Outre ses *Chancelières*, des Herbiers a laissé un poème des *Heures* et un autre des *Chats.* Il a passé, en outre, pour l'auteur de *Robespierre aux frères et amis.*

HERBIGNAC, ch.-l. de cant., arr. de Saint-Nazaire (Loire-Inférieure); 4,000 hab. Ruines du château de Ranrouet.

* **HERBIVORE** adj. (lat. *herba*, herbe; *vorare*, manger). Hist. nat. Se dit en général des animaux qui se nourrissent de substances végétales, et plus particulièrement de ceux qui paissent l'herbe des prairies, tels que le cheval, le bœuf, etc.: *les animaux herbivores.* — Substantiv. : *les herbivores.* — Dans la classification d'Agassiz, les *herbivores* forment l'un des trois ordres des mammifères (8e classe des vertébrés). Cet ordre comprend les mammifères à ongles ou à sabots, et à larges dents molaires pour broyer les aliments.

* **HERBORISATION** s. f. Action d'herboriser, promenade, course que l'on fait dans l'intention de recueillir des plantes : *ce botaniste a fait de fréquentes herborisations aux environs de Paris.* — Dessin d'une pierre herborisée.

* **HERBORISÉ, ÉE** adj. Synonyme peu usité d'arborisé. Voy. ARBORISÉ.

* **HERBORISER** v. n. Aller dans les champs chercher des herbes, des plantes, soit pour apprendre à les connaître ou pour en former des collections, soit pour les employer aux usages qu'elles ont en médecine : *aller herboriser par un beau jour.*

* **HERBORISEUR** s. m. Celui qui herborise : *une troupe d'herboriseurs.* (Fam.)

* **HERBORISTE** s. m. Celui qui connaît les simples : *c'est un grand herboriste.* (Peu usité.) — Plus ord. Celui qui vend des simples, des herbes médicinales : *acheter des vulnéraires chez un herboriste.*

HERBORISTERIE s. f. Tout ce qui concerne le commerce de l'herboriste; boutique d'herboriste.

* **HERBU, UE** adj. Couvert d'herbe : *un chemin herbu.*

HERBUE s. f. Terre végétale dont on se sert pour amender le sol.

HERCOTECTONIQUE s. f. (gr. *herkos*, mur; *tektoniké*, art de bâtir). Art de fortifier les places, de retrancher un camp, un poste, etc.

HERCULANIEN, IENNE s. et adj. Habitant d'Herculanum; qui appartient, qui a rapport à cette ville.

HERCULANUM [èr-ku-la-nomm] (lat. *Herculaneum*), ancienne ville de la Campanie (Ita-

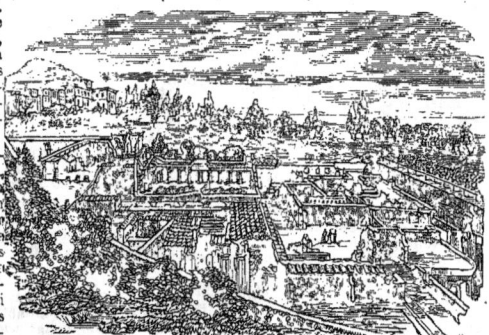

Herculanum

lie), à la base N.-O. du mont Vésuve, à environ 8 kil. S.-E. de Naples. On attribue sa fonda tion à Hercule; et Ovide l'appelle *Herculea urbs*. Elle était un lieu de rendez-vous pour les Romains riches, qui bâtirent de magnifiques villas dans la ville et dans ses faubourgs. En août 79, le Vésuve jeta pendant huit jours et huit nuits des torrents de boue, qui emplirent la ville jusqu'aux toits des maisons; ensuite une pluie de cendres et des courants de lave formèrent un dépôt de 20 à 40 mètres de profondeur. Un nouvel établissement formé près de l'ancienne ville, éprouva un sort semblable en 472; Herculanum fut ensuite oublié. On ne savait même pas le lieu exact où elle gisait; on la croyait ensevelie sous la moderne Torre del Greco. La découverte de l'emplacement réel se fit en creusant un puits à Resina (1709); on en retira quelques fragments de mosaïque et des statues. Pour l'histoire des fouilles, voy. POMPÉI.

HERCULANUM, opéra en 4 actes, représenté à Paris (Académie de musique), le 4 mars 1859; paroles de Méry et Hadot; musique de Félicien David.

* **HERCULE** s. m. Homme fort et robuste: *il est fort comme un Hercule.* — Astron. Constellation de l'hémisphère boréal.

HERCULE (gr. Ἡρακλῆς), le plus renommé des héros mythiques de l'antiquité, fils de Jupiter et d'Alcmène, petite-fille de Persée. Son nom primitif fut Alcides ou Alcæus, il fut changé pour celui d'Hercule par l'oracle de Delphes, qui lui ordonna de vivre à Tiryns et de servir Eurysthéus pendant douze ans. Jupiter promit à Junon qu'Hercule deviendrait immortel après avoir accompli pour Eurysthéus 12 grands travaux, dont l'énumération la plus ordinaire est celle qui suit: 1° étouffer le lion de Némée; 2° tuer l'hydre de Lerne; 3° amener captive la biche aux pieds d'airain; 4° prendre vivant le sanglier d'Érymanthe; 5° nettoyer les écuries d'Augias; 6° détruire à coups de flèches les oiseaux du lac Stymphale; 7° prendre le minotaure de Crète; 8° enlever les juments de Diomède; 9° s'emparer de la ceinture d'Hippolyte, reine des Amazones; 10° prendre les bœufs de Géryon; 11° s'emparer des pommes d'or des Hespérides; 12° s'emparer de Cerbère, chien qui gardait l'entrée de Hadès. Hercule accomplit heureusement tous ses travaux et reçut sa récompense. Dans les premières légendes, Hercule est représenté comme un chef puissant qui détrônait les princes et qui distribuait les royaumes et les sceptres. Le culte d'Hercule florissait particulièrement chez les Doriens; ce dieu fut aussi adoré à Rome et, sous différents noms, dans plusieurs parties de l'ancien monde. Il est représenté le plus fréquemment couvert d'une peau de lion et armé d'une massue. — Hercule eut plusieurs épouses. L'une d'elles, Déjanire, lui ayant donné la robe empoisonnée du centaure Nessus, il la revêtit et se sentit dévoré par d'atroces souffrances, auxquelles il mit fin en se faisant brûler sur le mont Œta. Transporté dans l'Olympe, il y épousa Hébé.

* **HERCULÉEN, ENNE** adj. Qui est digne d'Hercule: *une force herculéenne.*

HERCYNIENNE (Forêt) (lat. *Hercynia Silva*), ancien nom d'une forêt de l'Allemagne, couvrant une chaîne de montagne qui comprenait probablement le système montagneux entier de l'Europe centrale au delà des Alpes; mais ensuite restreinte aux chaînes qui relient la forêt Thuringienne avec les monts Carpathes.

'HERDER (Johann-Gottfried), philosophe et critique allemand, né en 1744, mort en 1803; il étudia d'abord la médecine qu'il abandonna bientôt pour la théologie, et, dès 1765, il était instituteur et prédicateur à Riga, où la piété et la vigueur de ses sermons le rendirent l'objet d'un enthousiasme général. En 1769, il abandonna le ministère pastoral et se mit

à voyager. Pendant un séjour qu'il fit à Strasbourg, il se lia intimement avec Gœthe, qui lui fit obtenir le titre de prédicateur de la cour et le fit nommer membre du consistoire de Weimar où il passa le reste de sa vie. Il sut concilier ses rêveries poétiques avec ses instincts religieux et dans la manifestation de sa doctrine, il se distingua plutôt par la fécondité de son imagination que par la profondeur de sa science. Il a laissé *Geist der Ebrœischen Poesie* (De l'esprit de la poésie hébraïque), ouvrage très estimé, traduit en français par la baronne de Carlowitz (1845, 1 vol. in-42). Son œuvre la plus importante, mais restée inachevée, est *Ideen zur Philosophie der Geschichte der Menschheit* (*Idées sur la philosophie de l'humanité*) (4 vol., 1784-'89). Sa vie a été écrite par son fils E.-G. von Herder (3 vol., 1846-'47).

* **'HÈRE** s. m. (lat. *herus*, maître). Terme familier qui se dit par dérision d'un homme sans mérite, sans considération, sans fortune. Ne s'emploie guère que dans la locution: *c'est un pauvre hère.* — \/ Vénér. Jeune cerf qui cesse d'être faon.

* **'HÈRE** s. m. Espèce de jeu de cartes qui se joue entre plusieurs personnes, et où il n'y a qu'un seul des joueurs qui gagne. On appelle aussi ce jeu *l'As qui court.*

* **'HÉRÉDITAIRE** adj. (lat. *hæreditarius*; de *hæres*, héritier). Qui se transmet, qui vient par droit de succession: *possessions héréditaires.* — Se dit partic. des charges, des offices, des titres, etc., qui passent aux héritiers de ceux qui en sont pourvus: *le roi avait rendu cet office héréditaire par sa déclaration du...* — CETTE CHARGE, CETTE DIGNITÉ, etc., EST COMME HÉRÉDITAIRE DANS CETTE FAMILLE, DANS CETTE MAISON, se dit des charges, des dignités qui ont été longtemps dans une même maison, dans une même famille: *le bâton de maréchal de France était comme héréditaire dans cette maison.* — Se dit souvent par opposition à *électif: royaume héréditaire.* — CHAMBRE HÉRÉDITAIRE, s'est dit de la Chambre des pairs, par opposition à *Chambre élective* ou *des députés.* — Se dit également de ceux qui sont revêtus de certaines grandes charges dont le titre a été conservé, quoiqu'elles soient présentement sans fonction: *connétable héréditaire de Castille.* — Se dit fig. des maladies qui passent des parents aux enfants: *la goutte, la folie est héréditaire dans cette famille.* — Se dit, en un sens analogue, des vertus, des vices, des passions, etc.: *la valeur est héréditaire dans cette maison.*

* **'HÉRÉDITAIREMENT** adv. Par droit d'hé-

rédité: *tenir, posséder héréditairement une terre, une charge.*

* **'HÉRÉDITÉ** s. f. (lat. *hæreditas*). Jurispr. Droit de recueillir la totalité ou une partie des biens qu'une personne laisse à son décès: *accepter l'hérédité.* — Se dit quelquefois absol. en parlant de la succession au trône: *attaquer, défendre le principe de l'hérédité.* — S'est dit aussi du privilège accordé à un office que le roi rendait héréditaire, sans que le titulaire fût assujetti au payement du droit de prêt et d'annuel: *les offices des secrétaires du roi jouissaient du droit d'hérédité.* — Se dit encore de tous les biens qu'une personne laisse en mourant: *son hérédité fut partagée entre plusieurs collatéraux.* — Se dit encore des particularités d'organisation et d'aptitude qui se transmettent des ascendants aux descendants: *hérédité de la folie.*

'HEREFORD ['hèr'-i-feurd], ville d'Angleterre, capitale du Herefordshire, sur la Wye, à 200 kil. O.-N.-O. de Londres; 18,340 hab. La cathédrale, reconstruite en 1079, appartient au style normand primitif; elle est cruciforme, avec une façade de 110 m. et une lar-

Cathédrale de Hereford.

geur de 40 m. La ville possède plusieurs beaux monuments et une bibliothèque d'une grande valeur. Manufactures de gants, de flanelle, de cuir, de coutellerie et de fer. Il y a six foires annuelles; la foire d'octobre est la plus importante de l'Angleterre pour le commerce de bétail et de fromage.

'HEREFORDSHIRE, comté intérieur d'Angleterre, sur la frontière E. du Pays de Galles; 2,056 kil. carr.; 125,370 hab. Surface accidentée. La rivière Wye arrose une magnifique vallée. Le comté portait autrefois le surnom de jardin de l'Angleterre. Les productions principales sont: le blé, l'orge, les fruits, le houblon et l'écorce de chêne. La race des bœufs de Hereford est renommée.

HERESBACH (Conrad d'), théologien allemand, né à Heresbach (duché de Clèves) en 1496, mort en 1576. Fut précepteur et ensuite conseiller de Guillaume de Clèves. Dans une de ses lettres à Érasme se trouve la *Relation de la prise de Münster par les anabaptistes* (Leyde, 1637). Son ouvrage intitulé *Rei rusticæ libri quatuor* (Cologne, 1570) lui valut le surnom de COLUMELLE DE L'ALLEMAGNE.

* **'HÉRÉSIARQUE** s. m. (gr. *hairésis*, hérésie; *archos*, chef). Auteur d'une hérésie, chef d'une secte hérétique: *Luther et Calvin sont des hérésiarques.*

* **'HÉRÉSIE** s. f. [é-ré-zî] (gr. *hairésis*, de *hairéo*, je choisis). Doctrine contraire à la foi

catholique, erreur condamnée par l'Eglise en matière de religion : *l'hérésie d'Arius, de Luther, de Calvin.* — Prov. IL NE FERA POINT D'HÉRÉSIE, se dit d'un homme sans esprit. — Par ext. et fam. Doctrine, maxime quelconque, lorsqu'elle est en opposition avec les idées reçues : *hérésie littéraire, hérésie scientifique.* — HIST. Les anciens Grecs et les Romains ne connurent point ce que nous appelons une hérésie, les Romains, particulièrement respectaient toutes les religions et élevaient des autels aux dieux inconnus. La première hérésie chrétienne paraît avoir été celle des gnostiques, qui remonte à Simon Magus (41 ap. J.-C.). Parmi les principales hérésies qui troublèrent ensuite le monde chrétien, nous citerons celles des manichéens, des nestoriens, des eutychéens, des iconoclastes, des Vaudois, des Albigeois. — Les promulgations des premières lois pour la persécution des hérétiques date du règne de l'empereur Frédéric II (1220). L'inquisition fut instituée pour mettre en vigueur ces lois, que le pape Honorius III avait immédiatement adoptées et qui furent, plus tard, appliquées aux protestants; et particulièrement aux huguenots. Les hérésies modernes les plus célèbres sont celles des jansénistes et des vieux catholiques. — Chez les musulmans, la seule secte orthodoxe est celle des *sunnites,* et l'on considère comme hérétiques celles des chiites, des druses, etc.

HÉRÉSIOGRAPHE s. m. Celui qui écrit sur les hérésies.

HÉRÉTICITÉ s. f. Dogmatique. Qualité d'une proposition opposée à la foi catholique : *il faut être théologien pour apercevoir l'hérélicité de cette proposition.*

HÉRÉTIQUE adj. Qui appartient à l'hérésie : *proposition hérétique.* — Qui professe, qui soutient quelque hérésie, qui est engagé dans quelque hérésie : *un prince hérétique.* — Substantiv. : *les hérétiques sont rejetés de l'Eglise.*

HERFORD ['hèr-fort], ville de Westphalie (Prusse), sur le Werra et l'Aa; à 80 kil. E.-N.-E. de Münster ; 12,100 hab. Le large *Romanesque Münsterkirche* faisait partie du monastère dont Herford tire son origine. Son abbesse était princesse de l'empire. Manufactures de tabac, de toiles, de tapis et de cuirs.

HÉRIBERT Ier, comte de Champagne et de Vermandois, mort vers 943; il fit Charles le Simple prisonnier et le retint jusqu'à sa mort enfermé au château de Péronne ; il fut le premier comte de Champagne. — II. Fils du précédent, mort en 993; il obtint du roi Lothaire l'hérédité du comté de Champagne pour sa famille. Il épousa en 930 la veuve de Charles le Simple devenue abbesse d'un monastère à Laon.

HÉRICOURT, ch.-l. de cant., arr. et à 26 kil. S.-E. de Lure (Haute-Saône), sur la rive gauche de la Lisaine ; 3,600 hab. Filatures de coton, quincailleries, tanneries. Ruines d'un ancien château fort datant de la fin du XVe siècle. Eglise ornée d'une magnifique verrière.

HÉRISAU ['hé-ri-zaou], ville de la Suisse, capitale du demi-canton d'Appenzel septentrional, à 10 kil. N.-O. d'Appenzel, sur la Glatt ; 9,740 hab. Manufactures importantes de mousselines unies et de mousselines brodées, de coton, de soie ; tanneries, teintureries, blanchisseries, fabriques de papier. Aux environs, bains d'Henrichsbad.

HÉRISSÉ, ÉE part.-passé de HÉRISSER. (lat. *hirsutus*). Dressé : *cheveux hérissés.* — Fig. et fam. C'EST UN HOMME HÉRISSÉ, TOUJOURS HÉRISSÉ, c'est un homme si difficile, qu'on ne sait par où le prendre. — Se dit adjectiv. d'un corps, d'une surface couverte ou garnie de certaines choses droites, saillantes, aiguës, etc. : *un retranchement hérissé de pieux.* —

Se dit quelquefois au figuré : *une science, une affaire hérissée de difficultés.* — Fig. UN PÉDANT HÉRISSÉ DE GREC, DE LATIN, qui cite à tout propos du grec, du latin. — Bot. Se dit des plantes qui sont couvertes de poils rudes et fort apparents : *tige hérissée.*

HÉRISSÉAL adj. m. (rad. *hérissé*). Anat. Se dit d'un os du crâne : *l'os hérisséal.*

HÉRISSEMENT s. m. Action de se hérisser; état de ce qui est hérissé.

HÉRISSER v. a. (rad. *hérisson*). Dresser. Se dit proprement des animaux qui dressent leur poil ou leurs plumes : *le lion hérisse sa crinière, quand il est irrité.* — Se dit, par analogie, de certaines choses droites, saillantes, aiguës, etc.. qui couvrent ou garnissent une surface : *les piquants qui hérissent la tige du rosier.* — Se dit au figuré : *hérisser son style de pointes, d'antithèses, de néologismes.* — Se hérisser v. pr. Dresser son poil ou ses plumes : *ce sanglier, sa son est furieux, il se hérisse.* — Se dit, plus ordinairement des cheveux, du poil, des plumes qui se dressent : *d'horreur ses cheveux se hérissèrent.* — Fig. *Ces champs incultes se hérissent d'épines.*

HÉRISSON s. m. (sansc. *horsh*, se hérisser ; lat. *ericius*). Mamm. Genre d'insectivores, ayant pour espèce type un petit quadrupède dont la peau est toute couverte d'une sorte de poil long, dur, piquant et fort hérissé : *le hérisson se met tout en un peloton, tout en une boule, quand on l'approche.* — Mécan. Roue dont les dents ou rayons sont plantées sur la circonférence extérieure, et ne peuvent s'engager que dans une lanterne. — Guerre. Poutre portée par le milieu sur un pivot et garnie de quantité de pointes de fer, qui sert, aux portes des villes, pour ouvrir et fermer le passage selon qu'il le nécessaire. — ENCYCL. Le hérisson commun (*erinaceus europæus*, Linn.) mesure environ 20 centim. de long, sa forme massive et ses membres courts lui

Hérisson d'Europe (Erinaceus Europæus).

donnent une allure lente et lourde. La partie supérieure du corps est couverte d'aiguillons acérés, bruns, blanchâtres à la pointe, d'une longueur de 2 centim. et demi, amassés en groupes, divergents et se croisant les uns les autres; sa tête est revêtue de poils durs et bruns, et les parties inférieures de son corps sont couvertes d'une fourrure d'un blanc sale ; ses cinq doigts sont armés d'ongles longs; celui du milieu, qui est le plus grand, est bon à creuser; la plante de ses pieds est couverte de tubercules nus, possédant une grande sensibilité de tact. Au moyen du développement du muscle *panniculus carnosus* (muscle peaucier), l'animal peut se rouler en boule, et conserver cette position aussi longtemps qu'il lui convient; il présente alors à ses ennemis une masse épineuse que les plus voraces et les plus puissants n'osent attaquer. Le hérisson est nocturne; il se cache pendant le jour dans les terriers ou dans des trous et sort la nuit à la recherche

de vers, d'insectes, de limaçons, de racines et de fruits. En automne, sa chair grasse est recherchée. Il passe l'hiver dans un engourdissement complet; la femelle fait 4 ou 5 petits au printemps. Le hérisson est un animal éminemment utile, auquel il convient de respecter. Il détruit non seulement une multitude d'insectes nuisibles, mais aussi les reptiles les plus dangereux. Il est l'ennemi naturel de la vipère, dont le venin reste sans effet sur lui. Il s'apprivoise facilement et multiplie en captivité ; il serait facile de le dresser à la chasse des vipères.

HÉRISSON, ONNE adj. Malgracieux, désagréable :

    La madame Grognac a l'humeur *hérissonne.*
                     REGNARD.

— CHENILLE HÉRISSONNE, chenille couverte de poils.

HÉRISSON, ch.-l. de cant., arr. et à 26 kil. N.-E. de Montluçon (Allier); 1,600 hab. Commerce de plumes à écrire. Granit porphyroïde. Ruines d'un château fort. Aux environs, église byzantine du Chatelay.

HÉRISSONNÉ, ÉE adj. Blas. Se dit d'un chat ou d'un autre animal ramassé et accroupi.

HÉRISTAL ou **Herstal**, ville de Belgique, sur la Meuse, à 6 kil. N.-E. de Liège; 10,890 hab. Manufactures d'armes à feu, d'articles de fer et d'acier, grand commerce de houille. Pépin le Gros y habita, d'où son nom de Pépin d'Héristal. Cette ville appartint aux fils puînés des ducs de Brabant ; en 1546, elle passa par succession aux princes de Liège.

HÉRISTALS (Les). Célèbre famille franque qui a produit sous le règne des Mérovingiens plusieurs intendants de la maison royale et, après Dagobert, des trésoriers, des ministres, des chanceliers de la couronne et de l'Etat. Les Héristals finirent par avoir le commandement supérieur des armées et la présidence du tribunal au conseil suprême; leur charge étant devenue inamovible et héréditaire, ils eurent en main tous les pouvoirs réguliers sous le nom de *maires du palais austrasiens.*

HÉRITAGE s. m. Ce qui vient par voie de succession : *recueillir l'héritage de ses pères :*

    Gardez-vous, leur dit-il, de vendre l'Héritage
    Que nous ont laissé nos parents :
               LA FONTAINE.

— FAIRE UN GRAND HÉRITAGE, le recueillir. — PROMESSE DE GRAND N'EST PAS HÉRITAGE, il ne faut pas trop compter sur les promesses des grands seigneurs. SERVICE DE GRAND N'EST PAS HÉRITAGE, on n'est pas toujours assuré de faire fortune auprès des grands. — Fig. *Il tient cette maladie de son père, c'est un triste héritage.* — Se dit, dans une acception plus étendue, pour signifier les immeubles réels, comme terres, maisons : *c'est l'héritage de ses pères.* — En style de l'Ecriture. LES MÉCHANTS N'AURONT POINT DE PART A L'HÉRITAGE CÉLESTE, A L'HÉRITAGE DU SEIGNEUR, à la gloire éternelle.

HÉRITER v. n. (lat. *hæreditare*; de *hæres,* héritier). Recueillir une succession : *il hérita de son oncle.* — Devenir propriétaire d'une chose par droit de succession : *cet homme a hérité d'une grande fortune, d'une grande succession.* — Se dit souvent au figuré : *il a hérité des vertus de son père.* — v. a. Dans ces deux derniers sens : *il n'a rien hérité de son père.*

HÉRITIER, IÈRE s. Celui, celle que la loi appelle à recueillir une succession, qui hérite ou qui doit hériter de quelqu'un : *héritier naturel, légitime, institué, testamentaire, universel, nécessaire.* — Se dit quelquefois par rapport à la chose dont on hérite : *héritier d'une grande fortune.* — Se dit aussi fig. : *il voulait avoir un héritier de son nom, de sa puissance.* — Se dit quelquefois, simplement, des enfants d'une personne, parce qu'ils sont ces héritiers naturels : *sa femme ne lui a point encore donné d'héritier.* — s. f. Particul. Fille unique qui doit hériter d'une grande succession : *c'est une héritière, une riche, une grande héritière.*

HERMANDAD s. f. [èr-mann-dad] (mot esp., formé de *hermano*, frère). Association politique formée en Espagne vers la fin du XIIIᵉ siècle, entre les villes ou communes de Castille et d'Aragon, pour se protéger mutuellement contre les exactions des nobles. Les rois de Castille et d'Aragon firent de la Sainte-Hermandad un soutien de leur pouvoir. Mais quand Charles-Quint eut établi une sorte de gouvernement centralisateur en Espagne, l'association politique appelée Sainte-Hermandad disparut forcément. Son nom fut donné à une milice chargée d'exécuter les ordres du gouverneur et plus tard ceux de l'Inquisition.

HERMANN. Voy. ARMINIUS.

HERMANNSTADT (hong. *Nagy-Szben*), ville de Transylvanie, sur le Zibin ; à 110 kil. S.-S.-E. de Klausenburg, 18,990 hab. dont les deux tiers sont Allemands. Elle est entourée d'une muraille et renferme des édifices intéressants. Manufactures importantes de toiles, de laines, etc. Hermannstadt fut fondée, au XIIᵉ siècle, par une colonie allemande, elle fut plusieurs fois assiégée par les Turcs qui la prirent en 1536. Les Autrichiens et les Hongrois commandés par Bem s'y livrèrent de sanglantes batailles en 1849 ; la ville fut enlevée aux Russes deux fois pendant la guerre par Bem.

* **HERMAPHRODISME** s. m. Didact. Réunion de certains caractères des deux sexes dans un seul individu. — Hist. nat. Réunion des deux sexes chez certains animaux des classes inférieures et dans certaines plantes. Etat des fleurs qui réunissent les étamines et le pistil. — Physiol. Réunion des deux sexes sur le même individu. On ne connaît aucun cas authentique de cette union parfaite chez les animaux vertébrés, mais l'hermaphrodisme réel est la condition normale de presque toutes les plantes phanérogames et de beaucoup d'animaux invertébrés. Ce nom est dérivé de la fable de l'union en un seul corps des corps d'Hermaphrodite, fils de Mercure et de Vénus, et de la nymphe Salmacis.

* **HERMAPHRODITE** s. m. [èr-ma-fro-di-te] (gr. *Hermès*, Mercure ; *Aphrodite*, Vénus). Personne qui réunit certains caractères des deux sexes. — Antiq. Se dit de certaines figures couchées où se trouvent réunies et combinées les formes de l'homme et de la femme : *l'Hermaphrodite du musée des antiques.* — Se dit aussi de certains animaux inférieurs, vers intestinaux, annélides et mollusques et alors s'emploie plus ordinairement comme adjectif des deux genres : *animal hermaphrodite.* — Bot. Se dit pareillement des fleurs qui renferment les organes des deux sexes, c'est-à-dire, les étamines et le pistil : *fleurs hermaphrodites.*

HERMAS (Saint), écrivain ecclésiastique du Iᵉʳ siècle ; on suppose que c'est de lui dont parle saint Paul dans l'épître aux Romains. Il est l'auteur d'un livre intitulé *le Pasteur* qui jouit, dans les premiers siècles, d'une immense popularité ; le premier, dans ce livre, il parle de l'ange gardien comme pasteur d'âme. Saint Irénée, Clément d'Alexandrie et Origène le citent comme un livre inspiré ; Saint Jérôme et Tertullien sont d'un avis contraire. Quoi qu'il en soit, le *Pasteur*, écrit d'abord en grec, ne se trouve plus en entier que dans sa version latine. Hermas est un saint de l'Eglise catholique ; fête le 9 mai.

HERMENAULT (L'), ch.-l. de cant., arr. et à 11 kil. N.-O. de Fontenay-le-Comte (Vendée) ; 1,000 hab.

HERMÉNÉGILDE (Saint), prince des Visi-

goths ; il fut associé au trône d'Espagne par son père Leuvigilde qui lui donna le gouvernement de l'Andalousie. Ayant abjuré l'arianisme pour obtenir la main de la fille de Sigebert, roi des Francs, il se vit poursuivi et vaincu par son père qui le fit prisonnier. Ayant mieux aimé mourir que de renoncer au christianisme, il fut assassiné en 586. L'Eglise l'a placé au rang des saints ; fête le 13 avril.

* **HERMÉNEUTIQUE** adj. (gr. *hermenenein*, expliquer ; de *Hermès*, Mercure, dieu de l'éloquence). Phil. Qui interprète. Ne s'emploie guère que dans cette locution : *l'art herméneutique*, l'art d'interpréter les livres sacrés. On dit substantiv. dans le même sens : *l'herméneutique sacrée.*

HERMENT, ch.-l. de cant., arr. et à 50 kil. O. de Clermont-Ferrand (Puy-de-Dôme) ; 500 hab. Eglise romane classée parmi les monuments historiques.

* **HERMÈS** s. m. [èr-mèss] (gr. *Hermès*, Mercure). Sculpt. Gaine portant une tête de Mercure : *les anciens plaçaient des hermès dans les carrefours.* — ᵥᵥ Se dit d'une statue de Mercure.

HERMÈS (Mythol.). Voy. MERCURE.

HERMÈS TRISMÉGISTE, personnage mythique, auteur prétendu d'un grand nombre de livres qui furent probablement écrits par les néo-platoniciens d'Egypte. Lors de la lutte entre le néo-platonisme et le christianisme, les partisans du premier cherchèrent à donner un sens plus profond et plus spiritualiste à la philosophie païenne, et attribuèrent la science humaine à Thoth ou Hermès égyptien, qu'ils regardaient comme la source de toute science, comme le Logos personnifié, trois fois le plus grand (τρὶς μέγιστος), Clément d'Alexandrie mentionne les 42 livres d'Hermès qui existaient de son temps.

* **HERMÉTIQUE** adj. Alchim. S'est dit de ce qui avait rapport à la science du grand œuvre, c'est-à-dire, aux recherches et à la connaissance de la transmutation des métaux, et de la médecine universelle : *science hermétique.* — Se dit, en particulier des livres attribués à Hermès trismégiste et qui traitent de la prétendue science du grand œuvre : *les livres hermétiques.* — Archit. COLONNE HERMÉTIQUE, colonne qui a une tête d'homme, au lieu de chapiteau. — Chim. Se dit d'une fermeture qu'on obtient en faisant fondre les bords du vase que l'on veut clore. — Se dit, par ext., de toute fermeture parfaite : *clôture hermétique.* — Fig. UN BLOCUS HERMÉTIQUE, un blocus complet.

* **HERMÉTIQUEMENT** adv. Chim. et Phys. Se dit de la manière de boucher un vase, qui consiste à le sceller de sa propre matière, par le moyen du feu : *un vaisseau scellé hermétiquement.* — Se dit, par ext., en parlant de tout ce qui est bien fermé : *cela est fermé hermétiquement.*

HERMINE s. f. (vieux franç. *Herménie*, Arménie, parce que c'est de ce pays que vinrent les premières fourrures d'hermine). Un des noms vulgaires de la martre blanche, petit animal dont le poil est très fin, et qui a le bout de la queue noir : *peau d'hermine.* — Fourrure que l'on fait avec la peau d'hermine : *robe fourrée d'hermine.* — Blas. Une des deux fourrures du blason : *les ducs de Bretagne portaient d'hermine.* — ENCYCL. On désigne le nom d'hermine à plusieurs espèces de grosses belettes de l'hémisphère septentrional. En hiver, ces animaux échangent leur couleur brune pour une fourrure d'un blanc plus ou moins pur. L'*hermine d'Europe* (*putorius erminea*, Linn.) mesure environ 37 centim. de long, dont 12 centim. pour la queue ; en été, elle est d'un roux marron en dessus, blanchâtre en dessous ; l'extrémité de sa queue est noire ; revêtue de cette fourrure, elle porte le

nom de roselet. En hiver, l'hermine devient entièrement blanche, avec une teinte jaunâtre en dessous ; l'extrémité de sa queue reste noire en toutes saisons. Autrefois l'hermine

Putorius noveboracensis en fourrure d'été.

blanche était recherchée pour orner les vêtements des rois et des grands dignitaires. (Voy. FOURRURE.) Cet animal est répandu dans le N. de l'Europe et en Asie. Ses mœurs sont sanguinaires ; il attaque et tue les rats, les souris, les taupes, la jeune volaille, et suce leur sang. Cinq ou six belettes de l'Amérique du Nord portent le nom d'hermine. Le *pu-*

Putorius noveboracensis en fourrure d'hiver.

torius noveboracensis est, en été, d'un brun châtain en dessus, blanchâtre en dessous ; en hiver surtout, dans les latitudes septentrionales, ses poils sont d'un blanc de neige excepté à l'extrémité de la queue, qui est noire. C'est un animal gracieux, prompt et hardi, vivant sous les troncs d'arbres, les amas de pierres et dans les trous des rochers. Il détruit les lapins, les grouses et les poules.

HERMINE (Sainte-), ch.-l. de cant., arr. et à 22 kil. N.-O. de Fontenay-le-Comte (Vendée) ; 1,900 hab. Teintureries, tanneries.

* **HERMINÉ, ÉE** adj. Blas. Se dit des pièces dont le fond est d'argent moucheté de noir : *il porte de gueules à la croix herminée.*

* **HERMINETTE** s. f. Voy. ERMINETTE.

HERMINIE s. f. Entom. Genre de lépidoptères nocturnes de la tribu des pyrales, comprenant plusieurs espèces de papillons dont les ailes représentent, à l'état de repos, un triangle en forme de delta. Les herminies se montrent dans nos bois vers le milieu de l'été.

* **HERMITAGE** s. m. Voy. ERMITAGE.

* **HERMITE** s. m. Voy. ERMITE.

HERMIONE, fille d'Hélène et de Ménélas. Elle fut d'abord promise à Oreste, par Tyndare, son aïeul, mais le sort en ordonna autrement ; elle fut envoyée par Ménélas à Pyrrhus, fils d'Achille, qui l'épousa. Hermione, n'ayant point d'enfants, devint jalouse de la veuve d'Hector, Andromaque, qui était échue à Pyrrhus dans le partage des captives, et elle avait résolu de s'en défaire pendant l'absence de Pyrrhus ; mais le peuple prit parti pour Andromaque. Alors Hermione, redoutant le courroux de Pyrrhus, s'enfuit à Sparte où, après la mort de son mari, elle épousa Oreste.

HERMON, montagne, ou plutôt chaîne de mamelons, sur la frontière N. de la Palestine, formant la partie S.-O. de l'Anti-Liban. Moïse donne à cette chaîne le nom d'Hermon et de Sion.

HERMOPOLIS MAGNA, ville de l'ancienne Egypte, sur la rive gauche du Nil, par 27° 45' lat. N. Sous les gouverneurs grecs, elle fut capitale d'un nome sur les frontières de la haute Egypte et de l'Egypte centrale. Elle était célèbre comme siège du culte rendu à Typhon et à Thoth. Son nom dérive de cette dernière divinité, que l'on supposait correspondre à l'Hermès des Grecs. Le village d'Osh-mounein ou Eshmoun occupe l'extrémité méridionale des monticules sur lesquels s'élevait Hermopolis ; environ 4,000 hab.

HERMOSILLO [èr-mo-sil'-io], ville de la Sonora (Mexique), à 65 kil. S.-O. d'Ures ; environ 14,000 hab. Elle se trouve dans une vallée sablonneuse, près de la base d'une montagne isolée. Fabriques d'eau-de-vie ; nombreux moulins.

HERMOTYBIES s. m. pl. Nom que portaient les soldats de l'une des divisions de l'ancienne milice égyptienne. (Voy. ARMÉE.)

HERMUS (aujourd'hui Ghediz, Tchai ou Sarabat), rivière de l'Asie Mineure, qui arrosait les territoires de Phrygie et de Lydie et so jetait dans le golfe de Smyrne.

HERNANI, drame en cinq actes et en vers, de Victor Hugo et l'un des chefs-d'œuvre de ce grand poète. Cette pièce, aussi impatiemment attendue par les admirateurs de l'apôtre du romantisme que par ses adversaires littéraires, fut jouée pour la première fois au Théâtre-Français, le 25 février 1830 ; ce fut un grand événement dans l'histoire du genre dramatique et la révolution qu'il y opéra fut telle, que partisans et adversaires n'attendirent pas le lendemain pour vider leur querelle. Les classiques et les romantiques (voir la partie littéraire de l'art. FRANCE) en vinrent aux mains ; pendant les entr'actes, des scènes de pugilat, des bris de banquettes, des chapeaux défoncés à coups de poing témoignaient, sinon de l'excellence des doctrines nouvelles, du moins de la vigueur de leurs champions. Hernani eut soixante représentations aussi tumultueuses que la première. A côté de ce qu'il y a de bizarre et d'incohérent dans cette pièce, on ne saurait trop admirer le flot de poésie qui y déborde et ces vers énergiques, à la façon de Corneille, qui remplacent par la couleur et la vie les pâles ombres du théâtre classique.

° ′**HERNIAIRE** adj. Chir. Qui appartient, qui a rapport aux hernies : sac herniaire. — CHIRURGIEN HERNIAIRE, chirurgien qui se livre particulièrement au traitement des hernies, des descentes. — ∾ s. f. Bot. Voy. HERNIOLE.

° ′**HERNIE** s. f. (lat. hernia). Chir. Tumeur molle, ordinairement élastique, sans changement de couleur à la peau, située à la circonférence ou à la surface de l'une des cavités splanchniques, et formée par la sortie partielle ou totale de quelqu'un des viscères qui y sont contenus : hernie du cerveau, du poumon. — Ne se dit vulgairement que des hernies abdominales ou descentes : être sujet à la hernie. — ENCYCL. La hernie, appelée aussi effort ou blessure, est une tumeur formée par la sortie, hors de sa cavité naturelle, d'un viscère et principalement d'une anse' intestinale, ou de l'un des organes abdominaux. Elle s'appelle de différents noms selon l'organe déplacé et l'ouverture par laquelle elle se produit ; ainsi on appelle épiplocèle, la hernie de l'épiploon ; entérocèle, celle de l'intestin ; entéro-épiplocèle, celle qui contient à la fois

une portion d'intestin et d'épiploon ; hernie inguinale ou scrotale, celle qui se fait par le canal inguinal (assez fréquente chez l'homme) ; hernie crurale ou fémorale, celle qui se fait par l'anneau crural (assez habituelle chez la femme) ; hernie ombilicale, celle qui siège à l'ombilic (commune chez les petits enfants et qui se guérit d'elle-même). Les viscères qui sortent ainsi à travers l'une des ouvertures naturelles des parois abdominales, poussent devant eux le péritoine, membrane séreuse qui tapisse la cavité abdominale et qui fournit ainsi aux organes déplacés une enveloppe naturelle appelée sac herniaire. Parmi les causes des hernies, on peut placer en première ligne un effort considérable fait pour soulever ou décharger un fardeau, les chutes, le jeu des instruments à vent, l'usage inconsidéré du corset, et quelquefois les grossesses. Quand la hernie peut être refoulée dans sa cavité naturelle à l'aide d'une pression méthodique, elle est dite réductible ; on la nomme, au contraire, irréductible quand une circonstance quelconque s'oppose à cette rentrée ; lorsque l'ouverture qui a livré passage aux hernies vient à se resserrer ou bien lorsque, restant la même, elle se trouve trop étroite de manière à faire éprouver une constriction plus ou moins forte, les hernies sont dites étranglées, et elles deviennent très dangereuses si on ne se hâte d'y porter remède. Le traitement des hernies consiste à réduire les parties herniées par le taxis ou pression méthodique faite avec la main, puis à les maintenir réduites à l'aide de bandages. Si l'opération ne réussit pas une première fois et avant de la renouveler, on conseille les bains tièdes, les narcotiques, les applications froides, etc. Quelquefois aussi, il est nécessaire de procéder au débridement de la hernie, alors cette opération réclamera d'urgence un chirurgien. — L'étranglement est annoncé par de violentes coliques, accompagnées de vomissements de matières fécales et d'une constipation opiniâtre, et suivies d'une gangrène mortelle, quand on ne peut débrider la tumeur.

′ **HERNIÉ, ÉE** adj. chir. Se dit d'une partie qui fait hernie : intestin hernié.

° **HERNIOLE** s. f. (diminut. de hernie). Bot. Genre de paronychiées, tribu des illécébrées, comprenant de très petites plantes herbacées, à tiges couchées. L'herniole glabre (herniaria glabra), appelée aussi turquette, herniaire, herbe au cancer, et l'herniole velue (herniaria hirsuta) sont très communes dans nos champs ; on les vantait jadis contre les hernies.

HERNIQUES, Hernici, ancien peuple de l'Italie centrale, appartenant à la race sabine et habitant les Apennins du Latium, entre le Lacus incinus (maintenant lac Celano) et le Trerus (Sacco), tributaire du Liris (Garigliano). Les Herniques résistèrent avec opiniâtreté au pouvoir grandissant de Rome, mais en 486 av. J.-C., ils devinrent les alliés des Romains, et 180 ans plus tard, ils furent définitivement subjugués par ceux-ci. Anagnia (Anagni) était la capitale de leur territoire.

° ′ **HERNUTES** s. m. pl. Sectaires chrétiens qui forment entre eux une espèce de société religieuse, et qui se distinguent par une grande pureté de mœurs : les hernutes sont répandus dans le nord de l'Allemagne. On les nomme aussi FRÈRES MORAVES.

HÉRO (Mythol. gr.), prêtresse de Vénus à Sestos, aimée par Lysandre d'Abydos. Léandre traversait l'Hellespont à la nage, pendant la nuit pour la visiter ; mais il fut noyé dans une nuit orageuse et quand Héro vit le cadavre de celui qu'elle aimait, elle se jeta à la mer.

HÉRODE, LE GRAND, roi des Juifs, fils d'Antipater, né vers 72, mort en l'an 4 av. J.-C. En 47, il fut nommé gouverneur romain de Galilée, et en 46 gouverneur de la Cœlo-

Syrie. Il reçut de Brutus et de Cassius le commandement de l'armée en Syrie et ensuite il gagna l'appui de Marc-Antoine qui obtint du Sénat un décret le nommant roi de Judée (40). Après la bataille d'Actium (31) et la mort d'Antoine, il fut confirmé dans sa royauté par Auguste. N'ayant pu s'établir dans son gouvernement qu'après s'être emparé de Jérusalem, il ne recula d'abord devant aucune cruauté pour maintenir sa souveraineté ; il détruisit les restes de la maison des Asmonéens, à laquelle appartenait sa propre femme Marianne qu'il fit périr, ainsi que ses deux fils. (Voy. HÉBREUX.) Ensuite, il régna au milieu de la magnificence et de la tranquillité. Pendant 30 ans, la Judée ne fut troublée par aucune guerre ; il commença la reconstruction du Temple de Jérusalem. Josèphe ne fait pas mention du massacre des Innocents, dont il est parlé dans l'Evangile (Mat. II, 16).

HÉRODE-AGRIPPA I, roi de Judée, fils d'Aristobule et petit-fils d'Hérode le Grand, né en 10 av. J.-C., mort en 44 ap. J.-C. Il fut élevé à Rome ; Caligula lui donna la tétrarchie de Judée avec le titre de roi en 37. Claudius y ajouta les anciennes provinces de la Judée et le royaume de Chalcis. Une partie de l'histoire de ce prince est écrite dans les Actes des Apôtres (xii). Son gouvernement fut très favorable aux Juifs. A Césarée, les Tyriens et les Sidoniens l'adorèrent comme un dieu ; il mourut misérablement.

HÉRODE-AGRIPPA II, prince juif, fils du précédent, né vers 27 ap. J.-C., mort en 100. Après la mort de son père, Claudius le retint pendant quatre ans à Rome. En 48, il reçut la petite principauté de Chalcis que l'on augmenta dans la suite. En 60, à Césarée, saint Paul, prisonnier, défendit sa cause devant lui. Après la destruction de Jérusalem, il se retira à Rome avec sa sœur Bérénice.

HÉRODE-ANTIPAS ou Antipater, fils d'Hérode le Grand qui lui assigna la tétrarchie de Galilée et de Pérée. Il épousa d'abord la fille d'Arétas, roi de l'Arabie Pétrée, et ensuite Hérodiade, femme de son beau-frère Hérode-Philippe, encore vivant, ce qui occasiona une guerre avec Arétas et eut pour résultat l'emprisonnement et l'exécution de Jean-Baptiste. S'étant rendu à Rome pour solliciter le titre de roi, Hérode fut exilé en Gaule (39 ap. J.-C.) par Caligula ; il mourut en Espagne. Pilate envoya devant lui Jésus, comme natif de sa tétrarchie (Luc, XXIII).

HÉRODES ATTICUS. Voy. ATTICUS.

HÉRODIADE, fille d'Aristobule et de Bérénice, petite-fille d'Hérode le Grand et femme d'Hérode-Philippe, son oncle, qu'elle quitta pour son beau-frère Hérode Antipas. Saint Jean-Baptiste ayant osé faire à Hérode- Antipas des remontrances sur le scandale de son union incestueuse, Hérodiade, pour prix de la danse de sa fille Salomé devant le roi, fit demander la tête du saint ; ce qui lui fut accordé.

HÉRODIEN, IENNE adj. (gr. herôdios, héron). Ornith. Qui ressemble ou se rapporte au héron. — s. m. pl. Famille d'échassiers, ayant pour type le genre héron.

HÉRODIEN écrivain grec qui s'occupa surtout de l'histoire romaine. On suppose qu'il vécut entre 170 et 240, ap. J.-C. Son Histoire romaine du temps de Marc-Aurèle est inexacte, sous le rapport chronologique et géographique ; mais elle est écrite d'un style clair, quoique affecté. Trad. franç. par Mongault (Paris, 1745, in-12).

° **HÉRODIENS** s. m. pl. Sectaires juifs dont il est fait mention dans l'Evangile de saint Matthieu et dans celui de saint Marc. Les Hérodiens, alliés des Pharisiens au point de vue religieux, étaient leurs adversaires politiques. Ils étaient partisans du gouvernement romain qui leur avait imposé un tétrarque ou préfet du nom d'Hérode; de là leur nom.

HÉRODOTE, historien grec, surnommé le *Père de l'histoire*, né à Halicarnasse (Asie Mineure) vers 484 av. J.-C., mort vers 420. Porté par son génie à écrire les annales de sa nation, il résolut de connaître les lieux qui avaient été témoins des grandes choses qu'il voulait transmettre à la postérité. Il visita Babylone, les parties les plus éloignées de l'Egypte, Cyrène, la Colchide, la Scythie, la Thrace, la Macédoine, les colonies grecques du Pont-Euxin. De là, il passa chez les Gètes, en Macédoine, et il descendit par l'Epire dans la Grèce qui était le terme et le but de ses longs voyages. De retour dans sa patrie, il trouva le pouvoir aux mains du tyran Lygdamis et fut obligé de chercher un refuge à Samos. C'est là que, suivant toute apparence, il mit en ordre les nombreux matériaux qu'il avait rassemblés et qu'il rédigea les premiers livres de ses histoires. C'est là aussi qu'il résolut de délivrer son pays; malgré la réussite de son entreprise, il dut partir pour la Grèce afin d'échapper aux reproches du peuple qui l'accusait de ses misères. A la suite de cet exil, il parut aux jeux Olympiques, où il lut la première partie de son ouvrage. Le succès fut immense. La Grèce tout entière applaudit avec transport l'historien qui se présentait à elle sous les auspices des Muses. Hérodote employa alors douze années à la continuation et à la perfection de son œuvre, et se mit à parcourir encore certaines parties de la Grèce qu'il ne croyait pas avoir assez bien étudiées. La fête des Panathénées, célébrée l'an 444 avant notre ère, vit un second triomphe d'Hérodote qui, ayant lu son ouvrage tout entier devant le peuple d'Athènes, en reçut comme récompense civique une somme de 10 talents ou 54,000 francs de notre monnaie. La lutte sanglante des Perses contre la Grèce revit tout entière sous le pinceau fidèle du prosateur poète. Le grand historien fixa ensuite sa demeure à Thurium, où il mourut dans un âge avancé. L'ouvrage d'Hérodote, divisé en neuf livres, à chacun desquels on a donné le nom de l'une des neuf Muses, est peut-être le monument le plus précieux que nous ait légué l'antiquité grecque. Aucun historien n'a manié autant de faits avec une aisance aussi remarquable; on pourrait sans doute lui faire un reproche de son amour outré pour le merveilleux, mais comme il est vrai et fidèle quand il parle d'après ses propres observations! La beauté simple de son style, la grandeur de ses combinaisons historiques, ses connaissances en physique, en géographie et en histoire naturelle étaient sans égales à cette époque. Longin l'appelait *le plus homérique des écrivains de la Grèce* et Denis d'Halicarnasse l'a placé au-dessus de Thucydide. Les principales éditions d'Hérodote sont celles de Laurent Valla, grec-lat. (Venise, 1474), et de Bæhr (Leipzig, 1835, 4 vol. in-8°); trad. française de Larcher (1802, 9 vol. in-8°) et de Miot (1822, 3 vol. in-8°).

* **HÉROÏ-COMIQUE** adj. Qui tient de l'héroïque et du comique. Se dit des poèmes ou autres ouvrages d'esprit : *le Lutrin est un poème héroï-comique.*

* **HÉROÏDE** s. f. (gr. *hérôis*, héroïne). Epître en vers composée sous le nom de quelque héros ou personnage fameux : *les héroïdes d'Ovide.*

* **HÉROÏNE** s. f. (gr. *héroiné*; fém. de *héros*, héros). Femme courageuse, qui a de l'élévation et de la noblesse dans les sentiments, dans la conduite : *c'est une héroïne.* — L'HÉROÏNE D'UN CONTE, D'UN ROMAN, D'UNE PIÈCE DE THÉATRE, etc., celle dont on raconte, ou dont on représente la vie, les aventures, les actions, dans un roman, etc.

* **HÉROÏQUE** adj. (gr. *hérôïkos*; de *héros*,

héros). Qui appartient au héros, ou à l'héroïne : *vertu héroïque.* — Se dit quelquef. des personnes qui montrent de l'héroïsme : *une femme héroïque.* — Dans un sens analogue, *Ame héroïque.* — Se dit aussi d'une poésie noble et élevée : *la poésie héroïque.* — POÈME HÉROÏQUE, poème épique. — VERS HÉROÏQUES, vers alexandrins ou de douze syllabes. — AGE HÉROÏQUE, SIÈCLES, TEMPS HÉROÏQUES, temps où vivaient les anciens héros, et dont l'histoire est mêlée de fables. — Méd. Très puissant, très efficace, en parlant des propriétés de certains médicaments : *on attribuait jadis à cette plante, à ce remède des propriétés héroïques.* — Fam. PARTI, RÉSOLUTION HÉROÏQUE, ressource extrême dans les cas désespérés.

* **HÉROÏQUEMENT** adv. D'une manière héroïque : *il s'est comporté héroïquement le jour de l'action.*

* **HÉROÏSME** s. m. Ce qui est propre et particulier au héros, et qui en fait le caractère : *un acte, un trait d'héroïsme.*

HÉROLD (Jean-Basile), auteur et éditeur allemand (1514-'81), il a laissé des ouvrages latins et des traductions estimées; nous citerons entre autres : *Pannoniæ chronologia, Leges antiquæ Germanorum* et sa traduction des *Œuvres latines de Pétrarque.*

' **HÉROLD** I. (Louis-Joseph-Ferdinand), célèbre compositeur de musique dramatique, né à Paris en 1791, mort en 1833. Entré de bonne heure au Conservatoire de musique, il eut l'heureuse fortune de recevoir les leçons de maîtres tels que Adam, Catel et Méhul, et, disciple fervent, il sut en profiter. En 1812, il obtint le grand prix de Rome et partit pour l'Italie. L'année suivante, il débuta au théâtre de Naples par *la Gioventù di Enrico Quinto*, qui eut du succès. En 1816, avec Boieldieu, il donna *Charles de France*; puis, seul, il fit paraître *les Rosières* (1816), *la Clochette* (1817), *le Premier venu* (1818), *les Troqueurs* (1819), et, plus tard, *l'Auteur mort et vivant* (1820), *Lasthénie* (1823), *le roi René* (1824), *le Lapin blanc* (1825), *le Muletier* (1823), *Marie* (1826), et enfin ses chefs-d'œuvre, *Astolphe et Joconde* (1827), *la Belle au bois dormant* (1828), *la Fille mal gardée* (1829), *Zampa* (1831), *et le Pré aux Clercs* (1832). La musique de Hérold se distingue par l'élégance et la fraîcheur de la mélodie en même temps qu'elle pénètre par ce sentiment de mélancolique tristesse qui marque toutes ses productions. — II. (**Ferdinand**), fils du précédent, avocat et homme politique, né aux Ternes le 16 octobre 1828, mort à Paris le 31 décembre 1884. Avocat à la cour de cassation et au conseil d'Etat en 1854, il ne cessa de faire de l'opposition à l'Empire, fut compris dans le procès des *Treize*, en 1863, et condamné l'année suivante à 500 fr. d'amende; fut l'un des fondateurs du journal *la Tribune* (1868), publia, en 1869, un important ouvrage de jurisprudence intitulé : *le Droit électoral devant la cour de cassation*, qui fait autorité. Secrétaire du gouvernement de la Défense nationale et secrétaire général du ministère de la justice, il devint, après la capitulation, ministre de l'intérieur par intérim, présida aux élections de l'Assemblée nationale, mais ne put se faire élire. Les électeurs de Charonne l'envoyèrent siéger au conseil municipal en novembre 1872 et en novembre 1874. Il combattit les tentatives de restauration monarchique et fut élu sénateur du département de la Seine en 1876.

'' **HÉRON** s. m. (anc. haut all. *heigero*). Ornith. Genre d'échassiers cultrirostres, comprenant plusieurs espèces d'oiseaux à grand bec, fendu jusque sous les yeux, et à jambes écussonnées. — Espèce type de ce genre :

Un jour, sur ses longs pieds, allait je ne sais où
Le héron au long bec emmanché d'un long cou.
LA FONTAINE.

— MASSE DE HÉRON, amas ou bouquet des

plumes de la queue du héron. — ENCYCL. Les hérons se rencontrent dans presque toutes les parties du globe; ils émigrent vers les régions chaudes à l'approche de l'hiver; on les voit généralement, tristes et solitaires, sur le bord des marais, des étangs et des rivières peu profondes, où, en attendant leur proie, ils replient patiemment leur long cou entre leurs épaules proéminentes; mais aussitôt qu'un reptile ou un poisson apparaît, le large bec de l'oiseau s'ouvre et se précipite, comme mû par un ressort, sur la proie, qui est immédia-

Héron commun d'Europe (Ardea cinerea).

tement avalée. Le *héron commun d'Europe* (*ardea cinerea*, Linn.), célèbre dans l'ancien temps par le plaisir que prenaient les grands à le faire chasser par le faucon, est d'une couleur bleuâtre cendrée, avec une huppe noire derrière la tête et la partie de devant du cou, blanche, parsemée de larmes noires. Sa nourriture consiste en poissons, en grenouilles, en insectes aquatiques, en mollusques, en souris, en taupes et en petits animaux. Son nid est généralement bâti sur des arbres élevés, dans le voisinage d'une rivière. La femelle y dépose du 4 œufs d'un beau vert de mer. Ce héron se trouve dans presque

Héron de la Louisiane (Ardea Ludoviciana).

toutes les parties de l'ancien monde. Le *héron de la Louisiane* (*ardea Ludoviciana* Wils.; *demi-egretta*, Baird) mesure environ 60 centim. de long. Sa couleur est d'un bleu d'ardoise sur la tête, sur son cou et sur ses parties supérieures; la partie inférieure de son dos et son croupion sont blancs; jamais il ne s'éloigne beaucoup dans l'intérieur des terres. Le *grand héron bleu* (*ardea herodias*, Linn.), appelé généralement *grue bleue*, mesure 1 m. 33 centim. de long jusqu'à l'extrémité de la queue. Sa couleur est d'un cendré bleuâtre en dessus avec le bord des ailes et les tibias rougeâtres; en dessous, il est noir avec de larges raies blanches sur le ventre. Il vit aux Etats-Unis et dans les Antilles. Son vol est haut, majestueux et soutenu. Le *grand héron blanc* (*ardea occidentalis*, And.) a plus de 1 m. 33 centim. de long, et 2 m. 30 centim. d'envergure; pèse 3 kilos 1/2. Sa couleur est

Grand héron bleu (Ardea herodias).

le blanc pur. On le trouve dans le sud de la Floride et à Cuba. C'est le *plus grand des hérons*. — Un naturaliste d'Elbeuf, M. Noury, s'est particulièrement occupé de l'étude du héron (voir le *Journal officiel* du 17 avril 1879). Intrigué par l'espèce de folie qui attire les poissons à la portée du bec de cet oiseau, M. Noury a constaté chez le héron l'existence de larges loupes graisseuses entre le derme et le peaucier des régions pectorale et pelvienne. Les canaux excréteurs de ces glandes débouchent à la base des plumules qui recouvrent les grands filets de la poitrine. Au contact de l'air, leur sécrétion se résout en

Grand héron blanc (Ardea occidentalis).

une poudre bleuâtre très fine, onctueuse comme le talc, et d'une écœurante fétidité. Secouée dans l'eau par le balancement continuel de l'oiseau, elle descend lentement le courant. L'odeur qui s'en dégage paraît être pour les truites d'une inconcevable suavité, car à peine ces poissons l'ont-ils sentie, qu'ils en recherchent la source et se présentent au bec du héron. — On classe aussi dans le genre héron les sous-genres *aigrette, bihoreau, butor, crabier* et *blongios*.

' **HÉRON** ou **Héro** (gr. 'Ἥρων) *l'Ancien*, philosophe et mathématicien d'Alexandrie (IIIe siècle av. J.-C.). Il inventa plusieurs machines ingénieuses parmi lesquelles on cite la fontaine qui porte son nom, une machine à vapeur, dans laquelle la chaudière tournée autour d'un axe vertical par l'action de jets de vapeur sortant de trous latéraux et une pompe à double effet employée comme pompe à incendie. Il reste seulement quelques fragments de ses ouvrages.

HÉRON *le Jeune*, géomètre grec du Ve siècle de notre ère. auteur d'un *Traité des sièges* et d'une *Géodésie*, traduite en latin par Barocius. (Venise, 1572, in-4°.)

'' **HÉRONNEAU** s. m. Dimin. Petit héron.

' ' **HÉRONNIER, IÈRE** adj. Fauconn. On appelle FAUCON HÉRONNIER, celui qui est dressé à la chasse du héron; et OISEAU HÉRONNIER, celui qui est sec, vite, et aussi peu chargé de graisse que le héron.

' ' **HÉRONNIÈRE** s. f. Lieu où les hérons se retirent et font leurs petits. Dans le temps où la chasse du héron était un amusement princier, on élevait, pour attirer les hérons, des *héronnières* ou nids artificiels dans des tours ou dans des massifs de grands arbres.

HÉROPHILE, anatomiste grec, né en Bithynie; il vivait vers 300 av. J.-C. Il se fixa à Alexandrie et acquit une grande réputation comme professeur et praticien. On croit généralement qu'il fut le premier qui étudia et enseigna l'anatomie d'après la dissection de corps humains, et un grand nombre de mots anatomiques, encore employés aujourd'hui lui doivent leur origine. On le considère aussi comme le fondateur de l'anatomie pathologique.

' ' **HÉROS** s. m. (gr. *héros*). Nom donné, dans l'antiquité païenne, à ceux qui passaient pour être nés d'un dieu ou d'une déesse, et d'une personne mortelle : *les héros de la Fable*. — Se dit plus ordinairement de ceux qui se distinguent par une valeur extraordinaire, qui obtiennent à la guerre des succès éclatants, qui exécutent de grandes et périlleuses entreprises : *les héros de l'Iliade*. — Tout homme qui se distingue par l'élévation et la force du caractère, par une grande noblesse d'âme, par quelque haute vertu : *il s'est comporté en héros*. — S'emploie quelquefois par plaisanterie :

> Mais au moindre revers funeste,
> Le masque tombe, l'homme reste,
> Et le *héros* s'évanouit.
> J.-B. ROUSSEAU.

— LE HÉROS D'UN POÈME, D'UN CONTE, D'UN ROMAN, D'UNE PIÈCE DE THÉÂTRE, etc., le principal personnage d'un poème, d'un conte, etc.: *Achille est le héros de l'Iliade*. — Fig. et fam. UN HÉROS DE ROMAN, un personnage à qui il est arrivé des aventures extraordinaires. — Fam. LE HÉROS D'UNE AVENTURE, celui à qui elle est arrivée, qui en a été le principal acteur : *il a été le héros de plus d'une aventure*. — LE HÉROS DE LA FÊTE, le personnage pour qui elle se donne. — Vous ÊTES SON HÉROS, vous êtes l'objet de son admiration.

HÉROSTRATE. Voy. ÉROSTRATE.

' **HERPES** s. f. pl. (rad. *harper*). On appelle *herpes marines*, certaines matières que la mer jette sur ses rivages : *l'ambre gris, l'ambre jaune*, sont des *herpes marines*.

' **HERPÈS** s. m. [èr-pèss] (gr. *herpès, darire*). Éruption vésiculeuse de la peau, caractérisée par de légères élevures transparentes, rassemblées en groupes sur une base enflammée et donnant lieu, au bout de dix à quinze jours, à une légère desquamation ou à des croûtes lamelleuses. L'*herpès zona* forme une demi-ceinture sur l'un des côtés du corps; l'*herpès phlycténoïde* ou *miliaire* présente de petites vésicules; l'*herpès pudendi* dépend de la malpropreté. Ces éruptions cutanées se traitent par des bains sulfureux et par la pommade au goudron.

' **HERPÉTIQUE** adj. Méd. Qui est de la nature de l'herpès : *une éruption herpétique*.

HERPÉTISME s. m. Production d'éruptions cutanées. — Diathèse dartreuse fréquente, ordinairement héréditaire, se manifestant soit à la peau sous forme de vésicules, de bulles ou de squames; soit sur d'autres organes sous forme de catarrhes muqueux chroniques, d'affections de l'estomac ou du cœur, de gravelle, d'apoplexie, de phtisie, de squirrhe, de gastralgie, d'asthme, de rhumatisme, de goutte, de névralgie tenace, etc. Cette diathèse, point de départ d'une foule de maladies qui se succèdent les unes aux autres, est ordinairement celle des personnes souffreteuses qui se plaignent sans cesse et que l'on considère, à tort, comme hypocondriaques. On la combat en éliminant par les sécrétions les principes qui vicient le sang; on a recours, pour cela, aux dépuratifs: arséniate de soude, iodure de potassium, extrait de ciguë, houblon, soufre, alcalins, hydrocotyle, eaux sulfureuses.

' **HERPÉTOLOGIE** s. f. Voy. ERPÉTOLOGIE.

' **HERQUE** s. f. (all. *harke*, râteau). Râteau de fer qui sert à ramasser le charbon de bois.

HERRERA (Fernando de) [èr-rè'-ra], poète espagnol, né en 1534, mort en 1597. Il était prêtre et ami de Cervantès. Ses meilleurs poèmes sont pour la plupart des sonnets, des odes et des élégies. Il écrivit aussi en prose une histoire de la guerre de Chypre et de la bataille de Lépante, et *Vida y muerte de Tomios Horo*. Une édition de ses œuvres fut publiée à Séville en 1582.

' **HERRERA I. (Francisco de)**, dit *el Viejo*, (l'Ancien) peintre espagnol, né à Séville en 1576, mort en 1656. Il créa un nouveau genre, plein de hardiesse et de vigueur. Son tableau le plus remarquable est *Le Jugement dernier* (dans l'église de Saint-Bernard à Séville). Il excella surtout à représenter des foires et des scènes de marché; il grava à l'eau-forte plusieurs de ses compositions. — II. (Francisco de), le Jeune, son fils, peintre, né en 1622, mort en 1685. Inimitable dans la représentation des scènes de la vie domestique, des fleurs et des poissons, il devint peintre du roi et intendant des ouvrages royaux. Une de ses meilleures peintures est l'*Assomption de la Vierge* dans le couvent de Nuestra Senora de Atocha, à Madrid.

' **HERRERA Y TORDESILLAS (Antonio de)** [' hèr-rè-ra-i-tor-dé-sil'-iâss], historien espagnol, né vers 1549, mort en 1623. Philippe II le nomma premier historiographe des Indes et l'un des historiographes de Castille. Sa réputation repose sur son *Historia general de los hechas de las Castellanos en las islas y tierra firme del mar Oceano* (4 vol. in-fol., 1601-15); traduct. franç. par Coste: *Hist. génér. des faits et gestes des Castillans dans les îles et la terre ferme de l'Océan* (3 vol. in-4°, 1660-71).

' **HERRING (John-Frederick)** [' hèr'-rign], peintre anglais, né en 1795, mort en 1865. D'abord cocher, il apprit de lui-même à peindre les animaux; pendant 33 ans, il reproduisit par le pinceau les portraits des chevaux vainqueurs sur le turf. Un grand nombre de ses scènes de ferme ont été popularisées par la gravure. Une de ses meilleurs tableaux est *The Members of the Temperance Society*.

' **HERRNHUTES** [' hèrn-'houtt]. Voy. HERNUTES.

' ' **HERSAGE** s. m. Action de herser.

' **HERSCHEL I (SIR William)** [' hèr'-schèl], astronome anglais, né à Hanovre en 1738, mort le 23 août 1822. Son père, qui était musicien, l'instruisit dans son art. En 1757, Herschel se rendit en Angleterre, pour y chercher fortune, et devint organiste à Halifax, puis à Bath. C'est là qu'il commença d'étudier l'astronomie et de s'occuper de la construction d'instruments d'optique. Avec un de ses télescopes, grossissant 227 fois, Herschel examina soigneusement toutes les étoiles par séries, et pendant qu'il étudiait la constellation des Gémeaux, il découvrit (13 mars 1781) une planète à laquelle il proposa de donner le nom de Georgium Sidus, mais qui reçut d'abord celui de Herschel et en- suite celui d'Uranus. Herschel découvrit aussi deux des satellites de cette planète. La dé- couverte d'Uranus attira l'attention de toute l'Europe et Herschel fut nommé astronome particulier du roi, avec des appointements de 100,000 fr. et une maison près de Windsor. Au moyen des fonds avancés par le roi, Hers- chel construisit son célèbre télescope réflec- teur de 13 m., dont le miroir métallique me- surait 1 m. 47 centim. de diamètre, 8 cen- tim. d'épaisseur et pesait plus de 1,000 kilog. Herschel découvrit dans le système plané- taire un nombre de corps presque sans pré- cédent ; cependant sa renommée est plus grande encore dans l'astronomie sidérale. Ses principales découvertes et ses travaux re- lativement à cette branche sont les suivants : 1° système binaire des étoiles et orbites de plusieurs étoiles tournantes ; 2° classification des nébuleuses et défense de l'hypothèse né- bulaire ; 3° loi de groupement dans tout le firmament visible, il mesurait les cieux en comptant le nombre d'étoiles visibles dans l'étendue de son réflecteur de 7 m. et en pre- nant la moyenne pour chaque région ; 4° dé- termination du mouvement de notre système et direction de ce mouvement. Outre la dé- couverte des satellites de sa planète, Hers- chel aperçut deux nouveaux satellites de Sa- turne, appelés aujourd'hui premier satellite et second satellite. Ses recherches sur la chaleur, sur la lumière et ses études sur les taches du soleil ne sont pas moins impor- tantes. Il collabora à de nombreux écrits aux *Philosophical Transactions.* — II. (Caro- line-Lucretia), sa sœur, née en 1750, morte en 1848. En 1772, elle devint assistante et se- crétaire de son frère, accomplissant souvent seule, des calculs longs et compliqués. Elle fit ses observations séparées des cieux et s'a- donna particulièrement à la recherche des cumètes ; elle en découvrit cinq. Ses articles scientifiques, dont la plupart se trouvent dans les ouvrages de son frère sous son nom, sont très importants. On lui doit les premières observations de plusieurs nébuleuses remar- quables du catalogue de son frère ; et elle calcula les lieux de ces 1,500 nébuleuses. En 1798 son *Catalogue of Stars*, d'après les obser- vations de M. Flemsteed, fut publié aux frais de la Société royale. Elle retourna dans le Hanovre après la mort de son frère. En 1828, elle compléta un catalogue des nébuleuses et des étoiles qu'il avait observées. — III. (Sir John-Frederick-William), astronome anglais, fils de sir William Herschel, né en 1792, mort le 11 mai 1871. Vers 1825, il commença ses observations sur l'astronomie sidérale à la- quelle il se consacra principalement. Sa grande entreprise fut son expédition au cap de Bonne-Espérance, vers la fin de 1833, pour observer le firmament austral. Ses travaux du- rèrent quatre ans et il en supporta toutes les dépenses avec ses propres ressources. En 1847, parut son *Results of Astronomical Observations at the Cape of Good Hope*, l'un des ouvrages les plus considérables et les plus importants de notre époque. Sa résidence au Cap fit faire de grands progrès non seulement à l'astronomie, mais aussi à la météorologie ; il suggéra l'idée de faire simultanément des observations mé- téorologiques dans différents endroits et à des jours fixés à l'avance. Avant de se rendre au Cap, il avait ajouté 800 nébuleuses au cata- logue de son père, et à son retour, il publia un catalogue de 2,049 nébuleuses de l'hémi- sphère du sud et de leurs positions. Il décou- vrit en outre, pendant qu'il était au Cap, 1,081 étoiles doubles. Ses observations sur la voie lactée, sur l'éclat et la couleur des étoiles, sur les étoiles variables, sur les rayons du soleil, sur l'air atmosphérique et sur les nuages de Magellan, sont tous très importants. Sir John Herschel ne borna pas son attention à l'astronomie, il fit d'importantes recherches

sur la lumière, sur le son, et sur la physique céleste. Son ouvrage le plus connu est son *Outlines of Astronomy.*

* **HERSE** s. f. (lat. *hirpex, hirpicis*). Ins- trument de labourage, qui a d'un côté divers rangs de dents, lesquelles, étant tournées vers la terre, servent à rompre les mottes d'une terre labourée, ou à recouvrir les grains nou- vellement semés : *on n'a pas encore passé la herse sur ce champ.* — Espèce de grille ou de treillis à grosses pointes de bois ou de fer, qui est ordinairement placée entre le pont- levis et la porte d'une ville, d'un château, pour en défendre l'entrée, et qui se lève et s'abat selon les occasions : *quand une partie des ennemis fut entrée, on abattit la herse, on fit tomber la herse.* — Dans les églises, sorte de chandelier fait en triangle, et sur les pointes duquel on met des cierges.

* **HERSÉ, ÉE** part. passé de HERSER. — Blas. Se dit d'un château représenté avec une herse : *il porte de gueules au château d'or hersé de sable.*

HERSENT (Louis) [èr-san], peintre, né et mort à Paris (1777-1860). Ses premiers tableaux assez médiocres ne le tirèrent point de l'obscu- rité. Mais en 1817, celui de *Daphnis et Chloé* le mit en évidence, et deux ans après il donna son chef-d'œuvre, l'*Abdication de Gustave Vasa*, toile achetée par le duc d'Orléans et qui fut détruite au Palais-Royal en 1848. Son *Louis XVI secourant les malheureux pendant l'hiver de 1788* (1817) le mit bien en cour ; et il arriva aux honneurs lorsqu'il eut représenté, en 1822, sous son tableau de *Ruth et Booz*, le vieux Louis XVIII en costume biblique tenant conversation avec une jeune femme bien connue il y a quelque soixante ans.

. **HERSER** v. a. Passer la herse dans un champ, pour en rompre les mottes après qu'il a été labouré, ou pour recouvrir les grains qu'on y a semés : *on n'a pas hersé ce champ.*

* **HERSEUR** s. m. Celui qui herse.

* **HERSFELD** [hèrs-fèlt], ville de Hesse-Nas- sau (Prusse), sur la Fulda, à 44 kil. N.-N.-E. de Fulda ; 6,598 hab. Elle forma avec son territoire une principauté ecclésiastique de- puis le XIIᵉ siècle jusqu'à la paix de West- phalie (1648), époque où elle fut sécularisée ; Hersfeld en resta la capitale jusqu'en 1821, alors la principauté devint un cercle adminis- tratif. Il y a des jardins sur l'emplacement de ses anciens murs et de ses fossés. Hersfeld est le centre de manufactures d'étoffes de l'ancien électorat de Hesse. Nombreuses tein- tureries et filatures.

HERSTAL. Voy. HÉRISTAL.

* **HERTFORD** [har'-feurd], ville d'Angle- terre, capitale du Hertfordshire, sur la Lea, à 25 kil. N. de Londres ; 7,470 hab. Commerce de bois, de charbon et de blé. En 673, un con- cile national ecclésiastique se réunit dans cette ville.

* **HERTFORDSHIRE** [har'-feurd-cheur] ou **Herts**, comté d'Angleterre ; 1,583 kil. carr. ; 192,230 hab. Ses principales rivières sont le Colne et la Lea, affluents de la Tamise. Dans la partie N. se trouvent plusieurs chaînes de collines crayeuses, qui atteignent une hau- teur de 300 m. L'industrie principale est l'agriculture, les sept huitièmes du sol étant arables. Dans la partie S.-O. se trouvent d'im- menses vergers de cerisiers et de pommiers. On y trouve un grand nombre d'antiquités. Capitale, Hertford.

HERTHA, Ærtha ou **NERTHUS**, déesse de la terre (anglo-saxon, *Corthe* ; all. *Erde*), adorée anciennement par différentes tribus teutones. Les Scandinaves l'appelaient *Jord* ; d'après eux, elle était fille d'Annar et de la Nuit, sœur de Dagur ou le Jour, femme d'Odin

aussi identique avec *Frigga*) et mère de Thor.

* **HERTZ** (Hendrick) [hèrts], poète danois, né en 1798, mort en 1870. Il était d'origine juive, mais se fit protestant ; il étudia la jurisprudence. En 1826, il publia sous le cou- vert de l'anonyme sa première comédie, *Herr Burckhard og hans Familie*. Sa tragédie *Svend Dyrings Huus* (1837) ajouta à sa popularité, et un drame lyrique ayant pour titre la *Fille du roi René*, porta sa renommée en Allemagne, en France, en Angleterre, où presque tous ses ouvrages furent traduits.

* **HERTZEN** ou **Herzen** (ALEXANDER) [hèrt'- sèuu], auteur russe, né à Moscou en 1812, mort à Paris le 21 janv. 1870. Il étudia à l'uni- versité de Moscou, et fut arrêté comme socia- liste en 1834 ; on le garda près d'un an en pri- son et on l'exila en Sibérie. Gracié en 1839, il reçut au ministère de l'intérieur un emploi, qu'il perdit bientôt à cause de ses critiques contre le gouvernement ; mais ses hautes rela- tions lui valurent bientôt le titre de conseiller d'État qu'il reçut en même temps que l'ordre de résider à Novgorod. En 1847, il quitta la Russie et établit à Londres une mai- son d'édition pour publier, en russe, les œuvres de Louis Blanc, de Mazzini, etc. En 1856, il fonda *le Kolokol* (la Cloche), journal qu'il ré- pandit clandestinement à profusion en Russie, et dans lequel il s'occupa surtout de l'éman- cipation des serfs. Il publia aussi plusieurs nouvelles, des voyages, des mémoires auto- biographiques, etc., en russe, en allemand et en français. Ses biens confisqués en Russie furent rendus en 1854 à son frère. Ses prin- cipaux ouvrages français sont : *la France et l'Angleterre* (1858) ; *le Monde russe et la révo- lution* (1860-'62) ; *le Vieux Monde et la Russie.* (1864).

HÉRULES ou **Erules** (lat. *Herulis* ou *Erulis*), tribu germanique qui, dans la dernière partie du IIIᵉ siècle, parut sur les côtes de l'Euxin. Conquis par les Ostrogoths, les Hérules sui- virent plus tard Attila dans sa marche en Gaule (451). Après la mort de ce conquérant, ils furent commandés par leur chef Odoacre, qui prit le titre de roi d'Italie (476), mais ils succombèrent sous les coups des Ostrogoths et de Théodoric (493). Un autre royaume d'Hérules, fondé dans la partie centrale de la Hongrie moderne, fut détruit par les Lom- bards.

HERVEY (John), baron Hervey de Ickworth, homme politique anglais (1696-1743). Allié de sir Robert Walpole, il fut nommé vice-cham- bellan (1730) et conseiller privé (1733). En 1740, il reçut le sceau privé qu'il perdit à la chute de Walpole. Son ouvrage le plus important est *Memoirs of the court of George II and Queen Caroline*, publié par J.-W. Croker (2 vol., 1848).

HERVEY (Thomas-Kibble), poète anglais, (1799-1859). Pendant 20 ans, il fut le rédac- teur principal de l'*Athenæum*. Son ouvrage le plus populaire est *The Book of Christmas* (1836).

HERVIEU (Jean-Louis-François), écrivain et prêtre, né à Ecouché (Orne) en 1764, mort en 1847. Il refusa, en 1792, de prêter ser- ment à la constitution civile du clergé et se réfugia en Angleterre ; il rentra au retour des Bourbons et fonda plusieurs maisons d'éduca- tion. On a de lui : *Rudiment de la langue latine ; Essai sur l'électricité atmosphérique et son influence dans les phénomènes météorolo- giques* (Paris, 1835, in-8°) ; *Précis des preuves qui établissent la divinité de la religion catho- lique* (Falaise, 1839, in-8°).

HERVIEUX DE CHANTELOUP, naturaliste, né à Paris en 1683, mort en 1747. Il a laissé un nouveau traité des serins de Canarie (Paris, 1745).

HERVILLY (Louis-Charles, COMTE D'), général français, né à Paris en 1755, mort en 1793; il se distingua dans la guerre d'Amérique et devint colonel du régiment de Rohan-Soubise. Commandant de la garde constitutionnelle de Louis XVI, il défendit les Tuileries et la personne du roi le 20 juin et le 10 août 1792; émigré en 1793, il devint l'un des chefs de l'expédition de Bretagne, débarqua à Quiberon à la tête d'un corps de royalistes (1795) et y fut blessé mortellement. On le transporta en Angleterre, où il mourut cette même année.

HERWAGEN (Johann), *Hervagius*, imprimeur de Bâle, mort en 1561. Il épousa la veuve de Froben auquel il succéda. Sa meilleure publication est la collection des *Scriptores rerum Germanicarum* (1532).

'**HERWEGH** (Georg) ['hèr-vèg], poète allemand, né à Stuttgart en 1817 mort en 1875. En 1841, il attira l'attention par son *Gedichte sines Lebendigen*, collection de poèmes politiques. Ses écrits le firent expulser de la Prusse et de Zürich; il habita ensuite Bâle et Paris. Un nouveau volume de son *Gedichte* (1844) est remarquable par une allure révolutionnaire plus décidée. Avec une légion d'ouvriers français et allemands, il se présenta à Bade en avril 1848 pour mettre en révolution l'Allemagne; mais il fut battu et se réfugia en Suisse.

HERZÉGOVINE ou **Hersek**, ancien vilayet du N.-O. de la Turquie d'Europe, aujourd'hui province autrichienne, entre la Bosnie, le Monténégro et la Dalmatie; 13,925 kil. carr. environ 190,000 hab., dont environ 150,000 appartiennent à l'Église grecque et 10,000 à l'Église catholique romaine. Les habitants appartiennent principalement à la race slave; ils parlent un dialecte slave qui se rattache à celui de la Dalmatie et de la Croatie. Le territoire, couvert par une branche des Alpes Dinariques, s'incline vers l'Adriatique. Il est traversé par la Narenta et par ses tributaires. Les produits sont : le tabac, le riz, le millet et le raisin. Le pays appartenait autrefois au royaume de Croatie. Annexé à la Bosnie au commencement du xive siècle, il lui fut arraché par l'empereur Frédéric III (vers 1450), qui en disposa en faveur d'Étienne Hrantich et de ses descendants, comme duché indépendant. Le nom d'Herzégovine est dérivé du titre de *Herzog* (duc) porté par ses princes avant la conquête ottomane (1467). En 1875, une insurrection éclata en Herzégovine; elle se répandit en Bosnie, et en 1876 elle amena l'intervention de la Servie et du Monténégro, puis celle de la Russie. Les Turcs furent battus à Nevesinje, le 12 juillet 1875, et les insurgés, après avoir dépeint, dans un document officiel, leurs souffrances comme chrétiens, demandèrent assistance aux nations européennes (12 sept.). Vaincus à leur tour, par Mukhtar-Pacha, ils perdirent du terrain et durent se soumettre (1876). Le traité de Berlin (13 juillet 1878), ayant autorisé les Autrichiens à occuper l'Herzégovine, l'envahissement de ce pays commença aussitôt, malgré la résistance des musulmans. Les Autrichiens n'entrèrent à Mostar, capitale de la province, qu'après un rude combat livré le 4 août 1878. — L'Herzégovine forme aujourd'hui le cercle de Mostar.

HERZEN, Voy. HERTZEN.

HESCHAM I. (Aboul-Walid), calife ommiade de Cordoue, succéda à son père Abdérame Ier, en 788; il combattit les chrétiens, vint en France et s'empara de Narbonne en 794; il mourut deux ans après ; il avait mérité, par sa justice et sa bienfaisance, le surnom de *Al-Rodhy* (*le Bon*). — II. (Al-Mowaied-Billah), succéda en 976 à Al-Akhem, son père, sous la tutelle d'Almanzor; il mourut assassiné dans une révolte en 1017. — III. (Abou-Bekr), dernier calife de Cordoue ; il fut élevé au pou-

voir malgré lui (1027), fut attaqué et vaincu par les chrétiens, abdiqua et mourut en 1036. Son État fut démembré.

HESDIN, probablement l'*Helena vicus* des Romains, ch.-l. de cant., arr. et à 24 kil. S.-E. de Montreuil (Pas-de-Calais), sur la Canche ; 3,100 hab. Bonneteries, savons, cuirs. Patrie de Jacquemont et de l'abbé Prévost. — Bâtie et fortifiée en 1554, par Philibert-Emmanuel, duc de Savoie, près de l'emplacement du Vieux-Hesdin; cette ville fut prise par le maréchal de la Meilleraye en 1639 et réunie définitivement à la France (1659) par le traité des Pyrénées.

HÉSIODE, un des premiers poètes grecs, né probablement à Cumes (Éolide). On ne connaît rien de sa vie sinon qu'il habitait Ascra, sur le mont Hélicon. L'opinion la plus générale des anciens était qu'Homère et Hésiode vécurent à la même époque. Hérodote fixa la naissance d'Hésiode à environ 850 ans av. J.-C. La célébrité d'Hésiode fit qu'on lui attribua un grand nombre d'ouvrages. Les *Travaux et les Jours* ('Εργα και ἡμέραι) est le seul poème que ses compatriotes considèrent comme vrai. C'est peut-être le plus ancien spécimen de la poésie didactique; il traite d'éthique, de politique et d'économie domestique. La *Théogonie* est un essai pour établir les légendes mythologiques grecques, en un tableau complet et harmonieux, et pour former une espèce de code religieux. Un autre poème qui lui est attribué fut les *Héroïnes* ('Ηοιαι), histoire des femmes, qui, par leurs relations avec les dieux, étaient devenues les mères des héros; la description du *Bouclier d'Hercule* est tout ce qui nous en reste. Les anciens font mention de plusieurs autres poèmes d'Hésiode. Les œuvres d'Hésiode ont été publiés par Boissonade (Paris, 1824); dans la *Biblioth. gr.* de Didot (Paris, 1840); elles ont été traduites en français par Bergier (1767), Gin (1785), Coupé (1796); Falconet (1839), Chenu (1844), etc.

HÉSIONE, fille de Laomédon, roi de Troie, et sœur de Priam; elle fut enchaînée par son père sur un rocher, afin d'apaiser la colère d'Apollon; mais en même temps, Laomédon promettait à Hercule ses chevaux invincibles et la main de sa fille, s'il la délivrait. Le héros arracha Hésione à la fureur des dieux; mais Laomédon refusa de tenir sa promesse; Hercule, trompé, attaqua Troie et tua Laomédon ; devenu par la maître d'Hésione, il la donna à Télamon, son ami et son compagnon d'armes, qui l'emmena en Grèce. Priam chargea Pâris d'aller la réclamer; ce fut alors que ce jeune prince vit Hélène et l'enleva à titre de représailles ; ce fut une des causes de la guerre de Troie.

HÉSITANT, ANTE adj. Qui hésite, qui est indécis.

'**HÉSITATION** s. f. Incertitude dans l'énonciation : *réciter sans hésitation, à la moindre hésitation*. — Se dit aussi du doute, de l'indécision qu'une personne manifeste par ses mouvements, par sa conduite, etc. : *mouvement d'hésitation*.

'**HÉSITER** v. n. [é-zi-té] (lat. *hæsitare*; de *hærrere*, être attaché). Ne pas trouver facilement ce qu'on veut dire, soit que cela vienne de crainte, d'un défaut de mémoire, ou du peu de netteté d'esprit : *il n'avait pas bien appris son sermon, il hésita dès le commencement*. — Être incertain sur le parti, sur la résolution que l'on doit prendre : *hésiter dans les affaires*.

HESNAULT (Jean), poète du xviie siècle, fils d'un boulanger de Paris, auteur d'*Œuvres diverses* (1670), célèbre surtout par son dévouement à Fouquet et par un sonnet sanglant, qui frappa en plein visage Colbert, traité de *ministre avare et lâche*.

HESPER ou **Vesper** (gr. *hesperos*, occident). Fils de Japhet et père des Hespérides; fut changé, après sa mort, en une étoile (Vesper).

HESPÉRIDÉ, ÉE adj. (des îles *Hespérides*, où croissaient beaucoup d'oranges). Bot. Synon. d'AURANTIACÉES.

'**HESPÉRIDES** s. f. pl. (Mythol. gr.). Les trois filles d'Hespéris, préposées à la garde des pommes d'or que Junon avait données à Jupiter. — FRUIT DES HESPÉRIDES, orange; JARDIN DES HESPÉRIDES, endroit plein de choses précieuses, mais dont l'accès est interdit. — ENCYCL. Les Hespérides étaient les gardiennes des pommes d'or, que la Terre donna à Junon comme cadeau de fiançailles. Quelquefois elles sont appelées les filles d'Érèbe et de la Nuit, quelquefois les filles d'Atlas et d'Hespéris, ou bien encore les filles de Jupiter et de Thémis. On prétend qu'elles étaient au nombre de quatre dont les noms étaient : Églée, Érythie, Hestie et Aréthuse. Leur jardin était originairement placé dans l'extrême Occident, vers la Lybie et le mont Atlas, mais des mythologistes récents l'ont placé dans la Cyrénaïque et quelques-uns même dans l'extrême nord, au milieu des régions hyperboréennes. Leur office était de garder les pommes que Junon avait confiées à leur soin; mais Hercule s'empara de ces fruits, grâce à l'assistance d'Atlas.

HESPÉRIDES (Iles des) ou *Iles occidentales*, îles que les géographes de l'antiquité plaçaient à l'extrémité occidentale du monde. On pense que c'étaient les îles du Cap-Vert ou les Canaries.

HESPÉRIE, nom donné à l'Italie par les anciens Grecs et à l'Espagne par les Romains, parce que ces pays se trouvaient au couchant par rapport à eux.

HESPÉRIS, fille d'Hesper, épouse d'Atlas et mère des Hespérides.

HESSE (all. *Hessen*). I. Territoire de l'Allemagne, habité au temps de l'empire romain par les Catti. Sous les premiers empereurs allemands, elle fut gouvernée par des comtes. Elle s'unit vers 1122 et fut réunie à la Thuringe. Le landgrave thuringien Henri Raspe étant mort sans enfants en 1247, sa nièce Sophie fut mise en possession de la Hesse par un traité en 1263. Son descendant Philippe le Magnanime, qui y introduisit la réforme, divisa ses États entre ses quatre fils (1567). Les branches de Hesse-Marburg et de Hesse-Rheinfelds s'étant éteintes en 1583 et en 1604, il resta seulement les deux branches principales de Hesse-Cassel et de Hesse-Darmstadt; la première cessa d'être une famille régnante en 1866, époque où son territoire fut annexé à la Prusse. — II. Autref. **Hesse-Darmstadt**, grand-duché de l'empire d'Allemagne, consistant en deux larges portions séparées par une longue bande de terre appartenant à la Hesse-Nassau. La partie du N. est bornée de tous côtés par la Prusse; la partie S. est bornée par la Prusse, la Bavière et Bade; 7,677 kil. carr. ; 938,500 hab. (environ 600,000 protestants, 250,000 catholiques romains et 30,000 juifs). La Hesse est divisée en provinces de Hesse supérieure, de Starkenburg et Hesse rhénane. Ses montagnes sont : l'Odenwald, le Wogelsgehirge et les branches du Taunus, de Westerwald, etc. Les rivières principales sont : le Rhin, le Mein, la Nahe, la Nidda et la Lahn. La Hesse est un des pays les mieux cultivés d'Allemagne. Mayence est le grand marché du blé, du vin et du commerce de transit. Darmstadt est la capitale. Le grand-duché occupe le sixième rang dans l'empire allemand, il a trois voies au conseil fédéral et il envoie huit députés au reichstag. La législature est composée de deux chambres. Les recettes pour 1877 sont estimées à environ 37,500,000 francs, les dépenses à environ 33,750,000. Il y a de nombreuses institutions d'éducation, dont la principale est l'université de Giessen. — La ligne de Hesse-Darmstadt fut fondée en 1567 par Geeorge I. Une guerre de succession avec Hesse-Cassel éclata sous son successeur qui y mit fin en 1617 par des concessions. Pendant la révolution française, le landgrave de Hesse perdit une grande partie de son territoire, mais le traité de Lunéville lui en rendit davantage. Louis X (mort en 1830) entra dans la confédération du Rhin comme grand-duc, sous le nom de Louis Ier, et obtint de Napoléon une augmentation de territoire. En 1815, il s'associa à la confédération allemande et perdit beaucoup de pays sur la rive droite du Rhin, mais il obtint Mayence, Bingen, etc., sur la rive gauche. En 1828, il entra dans l'union douanière prussienne. Le grand-duc Louis III (né le 9 juin 1806, mort le 13 juin 1877), succéda à son père en 1848. En mars 1866, le landgraviat de Hesse-Homburg fut uni à la Hesse-Darmstadt, la dynastie régnante étant éteinte. En juin de la même année, Hesse-Darmstadt se mit du côté de l'Autriche dans la guerre contre la Prusse. En septembre, le duc conclut une paix séparée, paya une indemnité de 5 millions de francs et céda la Hesse-Homburg et quelques petits territoires en échange de plusieurs places qui appartenaient autrefois à Hesse-Cassel et à Hesse-Nassau. Il entra aussi dans la confédération de l'Allemagne du N. pour cette partie de son territoire qui est située au N. du Mein. En 1870, Hesse-Darmstadt s'associa à la Prusse pour faire la guerre à la France et en novembre le grand-duché entra dans l'empire allemand. Le 13 juin 1877, Louis IV monta sur le trône.

HESSE-CASSEL (all. *Kurhessen*, Hesse électorale), autref. électorat allemand, incorporé à la Prusse en 1866. 10,114 kil. carr.; 822,950 hab. Les villes principales sont : Cassel, Marburg, Hanau, Hersfeld, Smalcold et Rinteln. L'électorat de Hesse-Cassel fut fondé par le landgrave Guillaume IV, fils aîné de Philippe le Magnanime de Hesse (1567-'92). Son petit-fils, Guillaume V, prit le parti des protestants dans la guerre de Trente ans. Frédéric Ier, devenu roi de Suède par son mariage avec Ulrike-Eléonore, fut pour successeur, en 1751, son frère Guillaume VIII, qui combattit pour la Prusse dans la guerre de Sept ans. Son fils, le célèbre Frédéric II, se convertit au catholicisme entre 1776 et 1784; il obtint plus de 75 millions de francs en louant ses soldats au gouvernement anglais pour se battre contre les Américains. En 1803, son fils devint électeur sous le nom de Guillaume Ier. Après la bataille d'Iéna, Hesse-Cassel fut incorporée au royaume de Westphalie. En 1813, l'électeur rétablit l'ancien ordre de choses et mourut impopulaire (1821). Son fils Guillaume II, le devint encore plus à cause de ses relations avec la comtesse de Reichenbach. Des émeutes eurent lieu en 1830. La comtesse quitta Cassel et l'électeur promulgua une constitution libérale. Au retour de la comtesse, de nouveaux troubles eurent lieu et l'électeur quitta aussi Cassel. A sa mort, en 1847, son fils, Frédéric-Guillaume Ier, lui succéda (né en 1802, mort en 1875); il se rendit bientôt odieux par sa politique réactionnaire, dont son premier ministre Hassenpflug était le principal instrument. L'effervescence atteignit un tel point que l'électeur s'enfuit et Hassenpflug demanda le secours des puissances allemandes. Grâce à leur intervention, la tranquillité fut rétablie et une constitution nouvelle, mais illibérale, fut promulguée en 1852. Après des agitations prolongées et des changements continuels, la diète fédérale enjoignit au gouvernement de Hesse-Cassel la réintroduction de la constitution de 1831 et la loi électorale de 1849; l'électeur se soumit. En juin 1866, le gouvernement de Hesse-Cassel prenant le parti de l'Autriche, les Prussiens en-

trèrent dans le pays, et un décret du 17 août incorpora l'électoral à la Prusse. L'électeur protesta, mais sans effet, et, en 1873, il consentit formellement à la cession de son territoire à la Prusse, recevant comme compensation une annuité de 2 millions de thalers. (Voy. HESSE et HESSE-NASSAU.)

HESSE-HOMBURG, autref.) landgraviat allemand, comprenant la province de Homburg, (entourée par les territoires de Nassau, de Hesse-Darmstadt, de Hesse-Cassel et de Francfort), et celle de Meisenheim (entre la Prusse rhénane, le Palatinat bavarois et Birkenfeld); en 1864, 27,374 hab. Ce petit Etat, était connu principalement à l'étranger par ses maisons de jeux à la station balnéaire de Homburg, la capitale. Le dernier landgrave, Ferdinand, mourut en 1866; le pays retourna à Hesse-Darmstadt. En septembre 1866, il fut cédé à la Prusse.

HESSE-NASSAU, province de Prusse, formée en 1868 des territoires antérieurement annexés de Hesse-Cassel, de Nassau, de Francfort et de petits districts cédés par la Bavière et la Hesse-Darmstadt. Elle est limitée par les provinces du Rhin, de Westphalie, du Hanovre et de la Saxe, par Waldeck, Brunswick, les Etats de Thuringe, le grand-duché de Hesse et la Bavière; 15,682 kil. carr.; 1,555,000 hab. (environ 1,000,000 protestants, 400,000 catholiques romains et 50,000 juifs). Elle est divisée en districts de Cassel et de Wiesbaden. Les villes principales sont : Francfort, Cassel (la capitale), Marburg, Fulda et Wiesbaden. Les principaux cours d'eau sont : le Rhin, le Mein, le Weser, le Kinzig, la Lohn et la Fulda. Les montagnes comprennent le Spessart, le Rhön, le Westerwald, le Taunus et des ramifications du Vogelsgebirge. Les productions sont : le vin, le fer, les bestiaux, etc. La province est remarquable par le grand nombre de ses stations balnéaires, comprenant : Ems, Soden, Wiesbaden, Schlangenbad et Schwalbach.

HESSOIS, OISE adj. et s. Qui est de la Hesse; qui appartient à la Hesse.

HÉSUS ou **Esus**, dieu des combats chez les Gaulois. On le représentait demi-nu et armé d'une hache, toujours prêt à frapper. Les Gaulois lui immolaient des victimes humaines et tremblaient rien qu'à le voir, eux qui ne craignaient aucun être créé. Après la conquête des Gaules par les Romains, le culte d'Hésus fut confondu avec celui de Vulcain.

HESYCHIUS I. (Saint), évêque égyptien, né vers 250 ap. J.-C., mort à Alexandrie en 311. Il publia une édition du Nouveau Testament et révisa l'édition des Septante; il souffrit le martyre dans la persécution qui commença Dioclétien. — II. d'Alexandrie, lexicographe grec, né vers 350. Il laissa un dictionnaire que l'on considère comme ayant une valeur inestimable, édité d'abord à Venise (1514). — III. de Jérusalem, écrivain ecclésiastique grec, né à Constantinople vers 434. Ses ouvrages complets ont été publiés dans le XCIIIe vol. de la *Patrologie grecque* de Migne. Son histoire de l'Eglise est perdue. — IV. de Milet, appelé l'*Illustre*, historien grec, né vers 470, mort vers 530. Son seul ouvrage existant, donne la biographie des professeurs célèbres.

HÉTAÏRE ou **Hétaïre** s. f. (gr. *hetaira*, compagne). Ant. gr. Courtisane.

• **HÉTAIRIE** ou **Hétérie** s. f. (gr. *hetaireia*; de *hetairos*, compagnon). Se dit des associations politiques, généralement secrètes qui se formèrent à Athènes et dans quelques autres villes de la Grèce ancienne. — Se dit aussi des sociétés secrètes qui se formèrent au commencement de ce siècle, dans plusieurs provinces de la Turquie d'Europe, pour l'affranchissement des Grecs.

HÉTAIRISTE ou **Hétériste** s. m. Membre d'une hétairie.

HÉTÉR ou **Hétéro** (gr. *heteros*, autre). Préfixe qui, dans les mots composés, marque la différence ou l'étrangeté. On dit *hétér* devant une voyelle et *hétéro* devant une consonne.

HÉTÉROCERCAL, ALE, ALS adj. (préf. *hétéro*; gr. *kerkos*, queue). Icht. Qui a une nageoire caudale dont les deux parties sont inégales. — s. m. Nom donné par Agassiz aux poissons dont la nageoire caudale est formée de deux parties inégales. Tous les poissons palœozoïques et presque tous les poissons mésozoïques avaient une queue vertébrée, les vertèbres s'étendant à son extrémité au lieu de s'arrêter court au commencement, comme dans presque tous les poissons encore existants. Comme la colonne vertébrale s'éd tendait dans le lobe supérieur de la queue, les deux lobes étaient inégaux, d'où ces poissons ont été appelés par Agassiz *hétérocercals* ou poissons à queue inégale, tandis que ceux à queue égale furent appelés *homocercals*. Les placoïdes (sélachiens ou requins) et les ganoïdes (esturgeons, lépidote osseux) ont des queues *hétérocercales*; tandis que les poissons ordinaires (cténoïdes et cycloïdes) ont les lobes de la queue égaux ou presque égaux.

1. Hétérocercal (requin).
2. Homocercal (saumon).

• **HÉTÉROCLITE** adj. (gr. *heteros*, différent; *klitos*, pente). Gramm. Qui s'écarte des règles communes de l'analogie grammaticale : *nom adjectif hétéroclite*. — Fig. et fam. Ridicule, bizarre, fantasque, et se dit surtout en parlant des personnes, et des choses qui leur sont propres : *une sage hétéroclite*. — Se dit aussi de certaines choses qui s'écartent des règles ordinaires de l'art : *un bâtiment hétéroclite*.

HÉTÉRODACTYLE adj. (préf. *hétéro*; gr. *daktulos*, doigt). Zool. Dont les doigts diffèrent les uns des autres.

• **HÉTÉRODOXE** adj. (gr. *heteros*, différent; *doxa*, opinion). Dogmat. Qui est contraire aux sentiments reçus dans la religion catholique. Est opposé à orthodoxe : *docteur hétérodoxe*.

• **HÉTÉRODOXIE** s. f. Dogmat. Opposition aux sentiments orthodoxes : *il est suspect d'hétérodoxie*.

• **HÉTÉROGÈNE** adj. (gr. *heteros*, différent; *génos*, race). Didact. Qui est de différente nature : *corps composé de parties hétérogènes*. — S'emploie quelquefois au figuré : *une société formée d'éléments hétérogènes*.

• **HÉTÉROGÉNÉITÉ** s. f. Didact. Qualité de ce qui est hétérogène.

HÉTÉROGÉNIE s. f. (gr. *heteros*, différent; *genos*, race). Physiol. Génération spontanée. (Voy. GÉNÉRATION.)

HÉTÉROMÈRE adj. (gr. *heteros*, différent; *meros*, partie). Entom. Se dit des coléoptères qui ont cinq articles aux tarses des deux paires de pattes antérieures et quatre seulement aux tarses postérieurs. — s. m. pl. Deuxième section de l'ordre des coléoptères. comprend ceux dont les tarses antérieurs sont divisés en un nombre de parties différent de celui des tarses postérieurs. (Voy. CoLÉOPTÈRES.)

HÉTÉROMORPHE adj. (gr. *heteros*, différent; *morphé*, forme). Zool. Qui est de forme différente. — s. m. pl. Section de la classe des vers comprenant ceux dont le corps est souvent de forme irrégulière.

HÉTÉROPHYLLE adj. (gr. *heteros*, différent;

phyllon, feuille). Bot. Dont les feuilles sont dissemblables.

HÉTÉROPODE adj. (préf. *heteros*, gr. *pous, pados*, pied). Zool. Dont les pieds diffèrent les uns des autres. (Voy. NUCLÉOBRANCHE.)

* **HÉTÉROSCIENS** s. m. pl. (gr. *heteros*, différent ; *skia*, ombre). Géogr. On donne ce nom aux habitants des zones tempérées, qui à midi ont leur ombre de côté différent : savoir, les habitants de la zone tempérée septentrionale, du côté du nord, et ceux de la zone tempérée méridionale, du côté du midi.

HÉTÉROTOME adj. (gr. *heteros*, autre ; *tomé*, section). Bot. Dont les divisions ne se ressemblent pas.

HÉTHÉENS adj. et s. Peuple chanaéen qui habitait les montagnes d'Hébron ; il fut compris dans la tribu de Juda.

* **HETMAN** s. m. [ët-man]. Titre de dignité chez les Cosaques : *hetman des Cosaques.* — Ancien titre du chef suprême des Cosaques, aujourd'hui appliqué seulement au chef des Cosaques du Don. L'hetman fut élu par le peuple dans une réunion publique générale, jusqu'après l'insurrection de Mazeppa. Le titre, alors supprimé, fut rétabli en 1750 et, plus tard, accordé seulement au chef des Cosaques du Don ; l'empereur Nicolas en fit l'apanage du ksarevitch. En Pologne, le titre d'*hetman* était donné au chef de toutes les forces.

HETMAN (L'), drame en 5 actes, en vers, de Paul Déroulède, représenté sur le théâtre de l'Odéon, le 3 février 1877 ; il renferme plusieurs alexandrins patriotiques, qui enlevèrent le succès, malgré la faiblesse générale de l'action.

** **HÊTRE** s. m. (bas all. *hester*, jeune hêtre). Bot. Genre de *quercinées* ou *cupulifères*, comprenant plusieurs espèces d'arbres ou d'arbrisseaux à feuilles alternes, bordées de larges dents en scie, à écorce lisse et à fruit nommé faîne. Les bractées écailleuses qui entourent les fleurs fertiles mûrissent dans une enveloppe épineuse, renferment deux amandes triangulaires. L'espèce la plus importante, commune dans les forêts de l'Europe moyenne,

Hêtre des forêts (Fagus sylvatica).

est le *hêtre des forêts* (*fagus sylvatica*), nommé aussi *foyard*, *fayard*, *fau* ou *fouteau*. Il atteint jusqu'à 40 m. de haut, et 1 m. de diamètre à la base ; ses feuilles ovales, aiguës, ondulées, d'un beau vert et luisantes, sont accompagnées de deux petites stipules caduques, velues et roussâtres. Son bois, d'un grain serré, joint la légèreté à la solidité ; on l'emploie dans le charronnage et la menuiserie pour faire des tables, des bois de lit, des vis, des rouleaux, des rames, des pelles, des sabots, des jantes de roues, etc. ; il est supérieur au chêne comme bois de chauffage. Les faînes du hêtre produisent une bonne huile. Enfin, ce grand arbre est l'un des plus beaux que l'on puisse

placer dans un jardin paysager. Le *hêtre américain* (*fagus ferruginea*) se rencontre aux Etats-Unis. Ses feuilles servent à fabriquer d'excellentes paillasses. Le bois brunâtre, très dur, n'a pas de durée quand il est exposé aux alternatives de la sécheresse et de l'humidité ; mais il est incorruptible quand on le tient constamment sous l'eau. On l'emploie pour faire des rabots et des manches d'outils, des ouvrages de tour, des vases, etc. Ses amandes sont recherchées, par les animaux sauvages et par les porcs. Les variétés du hêtre pleureur et du hêtre à feuilles pourpre sont classées parmi les plus belles espèces d'arbres d'ornement.

Feuilles, fleurs et fruit du hêtre.

HETZEL (Jean-Guillaume-Frédéric), orientaliste et théologien allemand, né en 1754, mort en 1820. Nommé professeur de langues orientales à Giessen en 1787, il fut appelé, l'année suivante, par le gouvernement russe, à la chaire d'exégèse et de langues orientales à Dorpat. Il a laissé : *Grammaire détaillée de la langue hébraïque* (Halle, 1777, in-4°), *Grammaire syriaque* (Lemgo, 1788, in-4°), *Grammaire arabe* (Iéna, 1776, in-4°) et plusieurs traités d'exégèse très estimés.

* **HEU** interj. Exprime le doute :

Heu ! je ne sais pas trop si ce qu'il dit est vrai.
MOLIÈRE.

— Sert à interpeller :

Elle est fille d'Albert. — Heu ! de qui, s'il vous plaît ?
MOLIÈRE.

HEUCHIN, ch.-l. de cant., arr. et à 14 kil. N.-O. de Saint-Pol (Pas-de-Calais) ; 700 hab. Eglise qui possède un curieux portail normand.

HEUGLIN (Theodor von, *baron*) [fonn-hoïg'-linn], explorateur allemand, né dans le Würtemberg en 1824, mort le 5 novembre 1876. Il visita l'Egypte en 1850 ; devint, en 1852, secrétaire du Dr Reitz, consul autrichien à Khartoum, qu'il succéda en 1859. Il s'était déjà fait connaître par un voyage au Nil Blanc, publié en 1851. Il dirigea en personne l'expédition de 1860-'62 dans le pays des Gailas et en Abyssinie, pour retrouver l'explorateur Edouard Vogel ; visita de nouveau, sous Stendner, le cours du Nil Blanc en 1863 et rentra en Europe en 1865. Cinq ans plus tard, il explora le Spitzberg et la Nouvelle-Zemble. Il a laissé le récit de ces différents voyages et des travaux sur l'histoire naturelle du N.-E. de l'Afrique.

* **HEUR** s. m. [eur] (lat. *auguria*, augure). Bonne fortune, chance heureuse : *il est satisfait, puisqu'il a l'heur de vous plaire.*

Et tant d'heur se rencontre en ma sage conduite,
Qu'au langage des yeux son amour est réduite.
CORNEILLE. La Suivante, acte I. sc. II.

— Ce vieux mot n'est plus guère usité que dans le proverbe suivant : IL N'Y A QU'HEUR ET MALHEUR EN CE MONDE, tout y dépend des circonstances, et souvent ce qui cause la ruine des uns, fait le bonheur des autres.

* **HEURE** s. f. (lat. *hora*). Espace de temps qui fait la vingt-quatrième partie du jour naturel : *on divise ordinairement le jour en deux parties, de douze heures chacune, la première commençant à minuit, et la seconde à midi.* — PASSER UN MAUVAIS QUART D'HEURE, éprouver quelque chose de fâcheux. — AVOIR DE BONS ET DE MAUVAIS QUARTS D'HEURE, être d'une hu-

meur inégale et bizarre. — HEURE DE GRACE, QUART D'HEURE DE GRACE, délai accordé au delà du temps fixé pour faire quelque chose, pour terminer une affaire. — LE QUART D'HEURE DE RABELAIS, le moment où il faut payer son écot ; et, par ext., tout moment fâcheux, désagréable. — N'AVOIR PAS UNE HEURE A SOI, n'avoir pas de temps dont on puisse librement disposer. On dit à peu près de même, N'avoir pas une heure de repos, de relâche, etc. — D'HEURE EN HEURE, D'HEURE A AUTRE, D'UNE HEURE A L'AUTRE, d'un moment à l'autre. — LA FUITE DES HEURES, le cours rapide du temps. — PRENDRE UNE HEURE, UN HOMME DE PEINE, UN FIACRE, UN CABRIOLET A L'HEURE, l'employer, s'en servir à condition de le payer tant par heure. On dit de même, ÊTRE A L'HEURE, être employé à condition d'être payé à tant par heure. — Liturg. cath. LES PRIÈRES DE QUARANTE HEURES, DES QUARANTE HEURES, ou elliptiquement, LES QUARANTE HEURES, certaines prières extraordinaires que l'on fait devant le saint sacrement, dans les calamités publiques, et pendant le jubilé. — Se dit aussi des époques, des divers moments du jour, considérés par rapport au temps, aux heures écoulées depuis que l'une des deux parties du jour a commencé : *dites-moi l'heure qu'il est.* — ÊTRE SUJET A L'HEURE, n'être pas maître de son temps. — A DEUX HEURES DE NUIT, deux heures après le coucher du soleil. — Prat. A L'HEURE DE RELEVÉ, à deux heures, à trois heures après midi. — Dans le langage des assemblées délibérantes, dans les procès-verbaux, etc., ATTENDU, VU L'HEURE AVANCÉE, attendu, vu qu'il est tard. — HEURE INDUE, heure de la nuit où tout le monde est ordinairement retiré : *rentrer à heure indue.* Se dit aussi, en général, de toute heure qui ne convient point. — L'HEURE DU BERGER, l'heure, le moment favorable aux amants. — BONNE HEURE, moment convenable, commode, favorable pour faire quelque chose : *voici la bonne heure pour faire telle chose.* On dit dans le même sens, Heure favorable, heure propice, etc. ; et dans le sens contraire, Mauvaise heure. — ARRIVER A LA BONNE HEURE, arriver à propos. — Adverb. DE BONNE HEURE, tôt, par opposition à tard. Se dit non seulement des époques du jour, mais aussi des époques du temps en général : *se lever de bonne heure ; tâchez de venir de bonne heure.* — Iron. VOUS VENEZ A UNE BELLE HEURE, A BELLE HEURE, IL EST BELLE HEURE POUR VENIR ; LA BELLE HEURE POUR ARRIVER, se dit à une personne qui arrive tard dans un lieu où on l'attend. — A LA BONNE HEURE, sert quelquefois à marquer une sorte d'approbation : *vous le voulez : à la bonne heure, je ne m'y oppose point.* S'emploie aussi pour exprimer l'indifférence : *il me menace, dites-vous : à la bonne heure,* passe, je ne m'en inquiète point. — A TOUTE HEURE, à chaque instant, continuellement. — A CETTE HEURE, maintenant, présentement. — TOUT A L'HEURE, dans un moment, ou il n'y a qu'un moment. On dit aussi, mais plus rarement, *Tout à l'heure.* — A L'HEURE QU'IL EST, A L'HEURE OÙ JE VOUS PARLE, dans le moment actuel. — A L'HEURE QU'IL EST, signifie quelquef., présentement, au temps où nous sommes. — SUR L'HEURE, à l'instant même : *rendez-vous-y sur l'heure.* Autref. on disait aussi, *Tout sur l'heure.* — Fam. POUR L'HEURE, pour le présent : *il n'en ai point pour l'heure.* — Indication de l'heure qu'il est, donnée par une horloge, par une montre, etc. : *il est trois heures, trois heures vingt minutes à ma montre.* — AVANCER L'HEURE, RETARDER L'HEURE, avancer, retarder l'horloge. — METTRE UNE MONTRE A L'HEURE, faire qu'elle indique l'heure qu'il est actuellement. On dit dans le même sens, *Prendre l'heure,* et CETTE MONTRE EST A L'HEURE. — Prov. et fig. CHERCHER MIDI A QUATORZE HEURES, chercher des difficultés où il n'y en a point. — HEURES ASTRONOMIQUES, se dit des divisions du temps, considérées relativement à la marche des corps célestes. On les distingue

en *Heures solaires, moyennes* ou *égales, Heures solaires vraies* et *Heures du premier mobile.* — Se dit quelquef. des signes d'un cadran qui servent à l'indication des heures : *les heures de ce cadran sont en chiffres romains, en chiffres arabes.* — Se dit, en outre, du moment qu'on indique, qu'on fixe pour un rendez-vous, pour une affaire, etc. ; et, dans ce sens, il est quelquef. précédé de l'adjectif possessif : *prendre une heure.* — Se dit aussi du moment de la journée où l'on fait habituellement quelque chose : *il est heure de dîner, il est heure de se coucher.* — Fam. Il ne veut travailler, il ne veut manger qu'a ses heures, il ne fait rien qu'a ses heures, se dit d'un homme qui ne veut pas se déranger de son train de vie ordinaire. — Se dit encore des divers moments de la journée, par rapport à la manière dont on les passe, dont on les emploie. Dans ce sens, on le met ordinairement au pluriel, et il est souvent précédé de l'adjectif possessif : *passer les heures entières à quelque chose.* — Toutes ses heures sont marquées, se dit d'une personne occupée à différentes choses dont chacune a son temps marqué. — Heures de loisir, heures perdues, moments de loisir d'une personne qui est ordinairement fort occupée. — Faire quelque chose a ses heures dérobées, prendre sur ses occupations ordinaires le temps de faire une chose. — Liturg. Heures canoniales, diverses parties du bréviaire que l'Eglise récite selon les diverses heures du jour, savoir : *matines,* vers 3 heures après minuit; *laudes,* aussitôt après; *prime,* vers 6 heures; *tierce,* vers 9 heures; *sexte,* vers midi; *none,* vers 3 heures de l'aprèsmidi ; *vêpres,* vers 4 heures et *complies* vers 7 heures. — Les petites heures, prime, tierce, sexte et none. — Livre d'heures, ou simplement, Heures, livre où les prières sont contenues. — Se dit, dans une acception plus étendue, d'un temps, d'un moment, d'une époque quelconque : *elle n'attend plus que l'heure d'accoucher.* — C'est un homme, un ami de toutes les heures, se dit d'un homme qu'on est toujours bien aise de voir, et avec lequel on n'est jamais embarrassé. Se dit également d'un homme qui est toujours prêt à obliger. — Dernière heure, heure dernière, heure suprême, l'heure, le moment de la mort. — S'emploie quelquef. absol. avec l'adjectif possessif, pour signifier le temps, le moment où quelque chose doit arriver à quelqu'un : *il y avait longtemps qu'il sollicitait; enfin son heure est venue, on lui a donné telle place.* — Se dit particul. du moment de la mort : *il est réchappé d'une grande maladie, son heure n'était pas encore venue.* — s. f. pl. Myth. Divinités qui présidaient aux heures de la journée ou aux saisons : *Eunomie, Dicé* et *Irène étaient les trois Heures.* Dans Homère, elles sont les ministres de Zeus, les gardiennes des portes de l'Olympe et elles gouvernent les nuages et le temps. Dans Hésiode, elles sont les filles de Zeus et de Thémis (Justice); elles donnent aux nations de bonnes lois, la justice et la paix. On les mentionne généralement avec les Grâces et les nymphes comme suivantes des divinités olympiennes.

* **HEUREUSEMENT** adv. D'une manière heureuse : *être né heureusement.* — Par bonheur : *j'étais inquiet de son retard, heureusement il arriva.*

* **HEUREUX, EUSE** adj. (rad. *heur*). Qui jouit du bonheur, qui possède ce qui peut le rendre content : *tous les hommes veulent être heureux.*

> *Heureux qui, de la sagesse,*
> *Attendant tout son secours,*
> *N'a point mis en la richesse*
> *L'espoir de ses derniers jours.*
> Jean Racine.

— Fadi. Être heureux comme un roi, être très heureux. — Amant heureux, amant qui est écouté, favorisé. S'applique également à la condition, à la situation, à la vie de celui qui

est heureux : *il est dans un état heureux, dans une condition heureuse, dans une situation heureuse.* — Faire une fin heureuse, mourir dans les sentiments d'un homme de bien et d'un bon chrétien. — Se dit encore de celui que la fortune favorise, qui est bien partagé du sort : *il est né heureux.* — Qui rend fortuné, qui procure du plaisir, ou qui est favorable et avantageux : *heureux sort.*

> *Presser l'heureux moment de notre mariage.*
> Les Femmes savantes, acte I, sc. III.

— C'est très heureux, c'est fort heureux, se dit lorsqu'une personne adhère ou se détermine à quelque chose après avoir longtemps hésité, ou parce qu'elle ne peut faire autrement : *vous en convenez donc; c'est très heureux.* — Fig. Être né sous une heureuse étoile, être heureux dans tout ce qu'on entreprend. — Choix heureux, conseil heureux, choix, conseil qui est suivi d'un bon succès. — Faire une heureuse rencontre, une rencontre heureuse, trouver par hasard ce que l'on cherchait, ce que l'on n'espérait pas trouver sitôt. On dit dans le même sens, C'est une rencontre heureuse, surtout en parlant d'un bon mot, d'un trait d'esprit, d'une pensée ingénieuse. — Fig. Avoir la main heureuse, réussir dans quelques-unes des choses qu'on entreprend : *cela est difficile ; mais il en viendra à bout, il a la main heureuse.* — Avoir la main heureuse, se dit aussi d'un joueur qui gagne souvent. On dit encore, dans un autre sens, à quelques jeux de cartes, ce joueur a la main heureuse, il est avantageux d'être sous sa coupe, de lui donner à couper. — Qui annonce de la prospérité, qui promet de la bonne fortune, ou qui prévient favorablement : *un heureux présage.* — Se dit encore des choses sujettes à quelque danger, lorsqu'elles arrivent sans accident : *des couches heureuses.* — Se dit, quelquef., d'une chute ou de quelque autre chose de fâcheux qui n'a pas eu de mauvaise suite : *c'est une chute heureuse.* — Bon, excellent, distingué, rare en son genre : *heureux naturel, un génie heureux.* — D'heureuse mémoire, formule de louange dont on se sert quelquef. en parlant des rois et des princes qui sont morts. — Se prend quelquef. substantiv., en parlant des personnes ; et alors s'emploie surtout au plur. : *faire des heureux.* — Les heureux du monde, les heureux de la terre, les hommes riches, puissants. Les heureux du jour, les hommes en place, en crédit, en faveur. On dit également, dans le langage de la Chaire, Les heureux du siècle. — Prov. A l'heureux l'heureux, la fortune vient ordinairement à celui qui est heureux.

* * **HEURT** s. m. ['heur']. Choc, coup donné en heurtant contre quelque chose : *éviter le heurt.* — Marque que le coup a laissée : *ce cheval a un heurt à un pied de devant.*

* * **HEURTÉ, ÉE** part. passé de Heurter. Peint. Se dit d'un dessin où l'artiste a négligé de fondre les teintes avec soin, et d'adoucir les contours, mais qui est large, facile et vigoureux : *dessin heurté.* S'emploie dans un sens analogue en termes de Sculpture. S'emploie aussi en termes de Littérature : *style heurté.*

* * **HEURTEMENT** s. m. Action de heurter. Ne se dit guère qu'en parlant de deux voyelles qui se heurtent : *la rencontre de deux voyelles ne produit pas toujours un heurtement désagréable.*

* * **HEURTER** v. a. ['heur-té] (anc. all. *hurten*). Choquer, toucher, ou rencontrer rudement : *heurter quelqu'un, heurter une pierre.* — Fig. Blesser, léser, offenser, contrarier : *on ne peut agir ainsi sans heurter beaucoup de gens.* — v. n. Seulement au propre : *heurter contre une pierre.* — C'est heurter de la tête contre la muraille que de lui vouloir persuader quelque chose, se dit en parlant d'un homme difficile à per-

suader. — Frapper à la porte : *heurtez.* Dans ce sens, on dit plus ordinairement, *Frapper.* — Fig. et fam., Heurter a toutes les portes, solliciter tout le monde, employer toutes sortes de moyens dans une affaire : *il a heurté à toutes les portes pour faire réussir son affaire.* — Se heurter v. pr. Se cogner contre quelque chose, ou, dans le sens réciproque, se heurter l'un l'autre en se rencontrant : *se heurter à la tête.*

* * **HEURTOIR** s. m. Marteau dont on se sert pour frapper à une porte : *envelopper le heurtoir d'une porte avec du linge.* (Vieux.) On dit, *Marteau.*

* **HEUSE** s. f. Anciens souliers de fer qui faisaient partie de l'armure.

* **HÈVE (cap de la),** petit promontoire situé près du Havre, à l'extrémité occidentale du dép. de la Seine-Inférieure, par 49° 30' lat. N. et 2° 16' long. O. C'est sur le point culminant de ce promontoire (435 m.) que s'élèvent les deux phares magnéto-électriques connus sous le nom de phares de la Hève. L'appareil qui est à feu fixe produit une lumière dont l'intensité est évaluée à 3,500 becs; le diamètre lenticulaire de la lanterne est de 3 m. 50. Le spectacle dont on jouit du haut de ces phares est des plus imposants. Au N., l'œil découvre jusqu'au rocher d'Etretat, au S.-O., il pénètre dans la Seine jusqu'à Barfleur et à l'O., il aperçoit toutes les plages du Calvados, Honfleur, Trouville, Deauville, Dives et Cabourg. Au pied de ces phares se trouve une petite chapelle bien connue des matelots où est vénérée l'image de la Vierge sous le nom de Notre-Dame-des-Flots.

HÉVÉ s. m. Arbre de la Guyane qui produit le caoutchouc.

HÉVÉLIUS, Hewel ou *Hewelke* (Johannes), astronome polonais, né à Dantzig en 1611, mort en 1688. En 1641, il construisit un observatoire dont les instruments étaient de sa propre fabrication. Comme observateur, il vient après Flamsteed. Ses ouvrages sont nombreux.

* **HÉVÉS** ['hèv'-èche] I. Comté central de la Hongrie, arrosé par la Theiss et ses affluents. Cap. Erlau; 6,595 kil. carr.; 332,620 hab. — II. Ville du comté ci-dessus, à 90 kil. E.-N.-E. de Pesth ; 6,000 hab.

HEXACORDE s. m. (gr. *hex,* six ; *chordé,* corde). Instrument de musique à six cordes.

HEXADE s. f. (gr. *hex,* six). Chim. Groupe des éléments qui peuvent se combiner avec six éléments monogéniques ou leurs équivalents. (Voy. Alomistique.)

* **HEXAÈDRE** adj. (gr. *hexa,* six ; *hédra,* face). Géom. Qui a six faces : *ce sel cristallise en prismes hexaèdres.* — s. m. Particul. Corps régulier dont chaque face est un carré : *un dé à jouer est un hexaèdre ou un cube.*

HEXAGONAL, ALE, AUX adj. De l'hexagone ou qui en a la forme.

* **HEXAGONE** adj. (gr. *hex,* six ; *gonia,* angle). Géom. Qui a six angles et six côtés : *une citadelle hexagone.* — s. m. : *tracer un hexagone.* — Particul. Fortif. Ouvrage composé de six bastions.

HEXAMÉRON ou **Entretiens sur la Création,** homélies de saint Basile de Césarée. Dans ce livre, l'auteur, en racontant les merveilles de la création, a su allier Moïse et Platon, l'Evangile et Homère et s'est également inspiré de l'Ecriture sainte, des philosophes et des poètes profanes. Fénelon, dans son *Traité de l'existence de Dieu* et Bernardin de Saint-Pierre dans ses *Etudes de la nature,* ont quelque chose de la simplicité persuasive et populaire de saint Basile et lui doivent quelques-unes de leurs plus belles pages. L'Hexaméron de saint Grégoire de Nysse n'est qu'un écho affaibli de l'œuvre de saint Basile.

* **HEXAMÈTRE** adj. (gr. *hex*, six; *metron*, mesure). Versif. grecq. et lat. Se dit des vers qui ont six pieds ou six mesures : *l'Iliade et l'Enéide sont en vers hexamètres*. On l'a quelquefois appliqué aux vers alexandrins français, qui ont six pieds de deux syllabes chacun. — s. m. : *ce poème est en hexamètres*.

Il faut à l'*hexamètre*, ainsi qu'aux purs arceaux,
Le calme, pour pouvoir dérouler ses anneaux.
TH. DE BANVILLE.

HEXANDRE adj. [é-gzan-dre] (préf. *hexa*; gr. *anêr*, *andros*, mâle). Bot. Qui a six étamines, comme le lis.

* **HEXANDRIE** s. f. (gr. *hex*, six; *andros*, étamine). Bot. Sixième classe du système sexuel de Linné, qui comprend les plantes dont la fleur a six étamines.

HEXAPHYLLE adj (gr. *hexa*, six; *phyllon*, feuille). Bot. Qui a six feuilles ou six folioles.

* **HEXAPLES** s. m. pl. (gr. *hex*, six; *aploô*, expliquer). Ouvrage publié par Origène, qui contient, en six colonnes, six versions grecques du texte hébreu de la Bible; savoir : la version des Septante, celles d'Aquila, de Théodotion, de Symmaque, une version trouvée à Jéricho, et une à Nicopolis.

HEXAPOLE s. f. [é-gza-po-le] (gr. *hex*, six; *polis*, ville). Contrée renfermant six villes principales. — On donne particulièrement le nom d'*hexapole* à la Doride d'Asie Mineure, parce qu'elle se composait de la confédération de six villes : Cnide, Halicarnasse, Cos, Jalysos, Camiros et Lindos.

HEXASTYLE s. m. (gr. *hex*, six; *stylos*, colonne). Arch. Portique ayant six colonnes de face.

* **HEYDEN (Jan van der)** [vann-dèr-'haï'-'dènn], peintre hollandais, né ve 1637, mort en 1712. Ses meilleurs tableaux représentent les rues les plus pittoresques et les édifices publics d'Amsterdam et diverses villes des Pays-Bas, d'Allemagne et d'Angleterre. Directeur de compagnies d'assurances contre l'incendie à Amsterdam, il publia, en 1690, un ouvrage illustré sur les améliorations qu'il avait apportées aux pompes à incendie.

HEYNE (Christian-Gottlob), ['haï'-ne], philologue allemand, né en 1729, mort en 1812. De 1763 jusqu'à sa mort, il fut professeur à Göttingen. Il publia ses théories sur la manière d'étudier les anciens auteurs dans son édition de l'*Appollodori Bibliotheca* (4 vol. 1782).

HEYRIEUX, ch.-l. de cant., arr. et à 20 kil. de Vienne (Isère); 1,500 hab.

* **HEYSE (Karl-Wilhelm-Ludwig)** ['haï'-ze], philologue allemand, né à Oldenbourg en 1797, mort en 1855. Il fut, pendant huit ans, professeur dans la famille de Mendelsshon-Bartholdy, et plus tard, professeur à Berlin. Ses œuvres les plus importantes sur la philologie furent publiées après sa mort par Steindthal sous le titre de *System der Sprachnissenschaft* (Berlin, 1856).

* **HEYWOOD** [héï-oûd], ville du Lancashire (Angleterre), à 12 kil. N. de Manchester; 21, 250 hab. Manufactures de coton.

* **HIATUS** s. m. [ia-tuss] (mot lat. venu de *hiare*, être béant). Sorte de bâillement produit par la rencontre, par la succession immédiate de deux voyelles. Partic. Rencontre, sans élision, de deux voyelles dont l'une finit un mot, et dont l'autre commence le mot suivant : *il a été à Amiens*; *oui*, *il y a été*, sont des exemples d'hiatus. Cette rencontre de voyelles est interdite en poésie :

Gardez qu'une voyelle, à courir trop hâtée,
Ne soit d'une voyelle en son chemin heurtée,

a dit Boileau. Il y a néanmoins des exceptions. D'abord, on ne considère pas comme *hiatus* la rencontre d'une voyelle avec un mot

commençant par *h* aspiré, parce que cette lettre, considérée comme une véritable consonne, en prend toutes les prérogatives, et Boileau a pu dire :

Chacun s'arme au hasard du livre qu'il rencontre.

Si, dans le corps d'un vers, la dernière syllabe d'un mot est terminée par *e* muet, il n'y a pas, non plus, d'hiatus quand cette syllabe s'élide, se confond dans la prononciation avec la première syllabe d'un mot suivant commençant par une voyelle ou un *h* non aspiré :

Oui, voilà ma journée avec ses aventures.
MÉRY.

On répète quelquefois dans le vers, à la suite les uns des autres, les mots : *oui! oui!* et l'on dit souvent : *eh! oui, eh! eh!* etc.

Eh ! eh ! dit une voix ; parbleu, mais le voilà.
A. DE MUSSET.

Certains poètes admettent aujourd'hui dans le vers quelques locutions adverbiales ; *çà et là, peu à peu, une à une*

Tandis que de la nuit les prêtresses infâmes
Promenaient çà et là leurs spectres inquiets.
A. DE MUSSET.

Plusieurs poètes contemporains disent *le onze*, *le un* : ce sont des licences. Il faut éviter d'employer avant un mot commençant par une voyelle soit la conjonction *et*, soit des mots qui finissent pas des diphtongues nasales. C'est pourquoi on blâme ces vers de Ronsard :

.... Et en cent nœuds retords
Accourcis et allonge, et allonge ton corps.

HIBERNAL, ALE, AUX adj. Qui a lieu pendant l'hiver.

HIBERNANT, ANTE adj. (lat. *hibernare*, passer l'hiver). Hist. nat. Se dit des animaux qui restent engourdis pendant l'hiver.

HIBERNATION s. f. (rad. *hiberner*). Hist. nat. Engourdissement des animaux hibernants. — L'hibernation est l'état léthargique dans lequel beaucoup d'animaux passent la saison froide. Les sources de leur nourriture quotidienne étant taries en cette saison, ils tombent dans un profond sommeil pendant lequel l'alimentation n'est plus nécessaire pour eux et ils restent ainsi jusqu'au printemps; l'hibernation préserve donc d'une destruction complète ces animaux, qui autrement périraient de froid et de faim. Parmi les animaux chez lesquels a lieu cette léthargie, on remarque les chauves-souris, les hérissons, le loir, le hamster, la marmotte et d'autres rongeurs; les chéloniens, les sauriens, les ophidiens et les batraciens, quelques poissons (comme l'anguille), des mollusques et des insectes.

HIBERNER v. n. (lat. *hibernare*, rester dans des quartiers d'hiver). Hist. nat. Etre dans un état d'engourdissement pendant l'hiver.

HIBERNIE. Voy. IRLANDE.

HIBERNIEN, IENNE s. et adj. De l'Hibernie; qui appartient à ce pays ou à ses habitants.

HIBERNO-CELTIQUE adj. Se dit du dialecte celtique que l'on parlait en Hibernie.

* **HIBOU** s. m. (anc. haut all. *huwo*). Ornith. Sous-genre du grand genre chouette, caractérisé par deux aigrettes érectiles sur le front; la conque de l'oreille, munie d'un opercule membraneux, s'étend en demi-cercle du bec au sommet de la tête; les pieds sont garnis de plumes jusqu'aux ongles : *tous les oiseaux en veulent au hibou, poursuivent le hibou de leurs cris*. — Fam. C'EST UNE RETRAITE DE HIBOUX, UN NID DE HIBOUX, se dit d'une vieille masure, d'un vieux château inhabité. — Fig. C'EST UN HIBOU, UN VRAI HIBOU, se dit d'un homme mélancolique et qui fuit la société. Se dit également en parlant d'un homme qui, dans une compagnie, se tient à l'écart sans rien dire. Dans ce dernier sens, on dit aussi, *Il fait le hibou*. — EXEMPL. Le *hibou commun*,

ou *moyen duc* (*strix otus*), assez répandu en France, est fauve, avec des taches longitudinales brunes sur le corps et en dessous; il est long de 35 centim. Il vit solitaire et se retire dans les cavernes, dans les trous de murs en ruine, dans les creux d'arbres. La femelle pond 4 ou 5 œufs blancs. Le hibou est utile beaucoup plus que nuisible; il passe ses nuits à faire la chasse aux rats, aux mulots, aux campagnols, aux souris; il se rend aussi coupable du meurtre des petits oiseaux qu'il rencontre. On l'apprivoise assez facilement. Le *hibou à aigrettes courtes* (*strix ulula*), aussi appelé *chouette*, ressemble au précédent pour les couleurs. Les femelles n'ont pas de huppes; et celles des mâles sont très courtes.

* **HIC** s. m. (lat. *ici*). Mot familier qui se dit du nœud ou de la principale difficulté d'une affaire : *voilà le hic*. On s'en sert pour indiquer en marge d'un livre ou d'un écrit que c'est là qu'il faut particulièrement faire attention, parce qu'il y a un point difficile.

HIC ET NUNC loc. lat. qui signifie : ici et maintenant : *vous me devez de l'argent, vous allez me payer hic et nunc*, c'est-à-dire *de suite*.

HICÉTAS 1, tyran sicilien, mort en 336 av. J.-C. Profitant des troubles qui suivirent la mort de Dion, il s'empara de Léontium, s'allia aux Carthaginois et s'empara de Syracuse. Repoussé par Timoléon, il fut vaincu et mis à mort. — II, tyran de Syracuse, de 289 à 279 av. J.-C. Les Carthaginois le battirent et Tbymion le chassa de Syracuse.

HIC JACET loc. lat. qui signifie : *ci-gît*. Sert d'inscription tumulaire

HICKORIE s. f. Bot. Synon. de *Carya*, genre de juglandées voisin des noyers et exclusivement américain. Ce genre comprend 9 ou 10 espèces d'arbres remarquables par leur

1. Fruit de l'hickorie à noix de porcs. — 2. Fruit de l'hickorie à noix amère.

hauteur et leur beauté. L'*hickorie à noix amère* (*carya amara*, Nutt.) est le plus gracieux et le plus remarquable par son feuillage finement découpé; mais c'est l'espèce qui est le moins de valeur. Elle s'élève à une hauteur de 20 à 25 mètres. Ses fruits sont excessive-

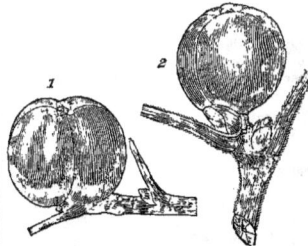

1. Fruit de l'hickorie blanche. — 2. Fruit de l'hickorie tomenteuse.'

ment amers. L'*hickorie à noix de porcs* (*carya porcina*, Nutt.) est aussi un grand arbre, avec un bois très dur; on emploie ses jeunes pousses en guise d'osier. Son fruit varie de volume et de forme. L'*hickorie tomenteuse* (*carya tomentosa*, Nutt.) est un bel arbre à tige droite, à tête gracieuse, en forme de pyrainide. On l'appelle quelquefois *hickorie à cœur blanc*. L'*hickorie blanche* (*carya alba*, Nutt.)

Hickorie tomenteuse (Carya tomentosa).

se distingue par son écorce hérissée, et par ses fruits excellents.

*HIDALGO** s. m. (mot esp. formé de *hijo*, fils; *de*, de; *algo*, quelque chose). Titre que prennent en Espagne les nobles qui se prétendent descendus d'ancienne race chrétienne, sans mélange de sang juif ou more : *le plus célèbre des hidalgos est don Quichotte.* — Aujourd'hui le titre d'hidalgo se donne à tout noble qui n'est pas grand d'Espagne. Du mot hidalgo est venu *hidalguia*, noblesse, en espagnol.

HIDALGO Y COSTILLA (Don Miguel) (-i-koss-til'-ia), révolutionnaire mexicain, né dans l'Amérique du Sud (dernière partie du xvıııᵉ siècle), mort le 27 juillet 1811. Il était prêtre et l'on dit qu'il introduisit le ver à soie au Mexique. Possédant beaucoup d'influence parmi les Indiens, il conçut le plan d'une insurrection générale, organisa une armée, s'empara de plusieurs villes et marcha contre la capitale, mais il fut totalement mis en déroute au pont de Calderon (17 janvier 1811). Laissant le reste de ses forces à Saltillo, il se rendit aux Etats-Unis pour obtenir des armes et des secours; mais il fut livré aux Espagnols, emmené à Chihuahua et fusillé.

' **HIDEUR** s. f. Etat de ce qui est hideux : *la hideur du vice.*

* * **HIDEUSEMENT** adv. D'une manière hideuse : *il est hideusement laid.*

* ' **HIDEUX, EUSE** adj. (anc. franç. *hide*, frayeur; de l'anc. all. *egidi*, horreur). Difforme à l'excès, très désagréable à voir, affreux et repoussant à voir : *un monstre hideux.*

HIDROTIQUE adj. (gr. *hidros*, sueur). Méd. Qui provoque la sueur; sudorifique.

' **HIE** s. f. (holland. *hei*, de *hein*, enfoncer en terre). Instrument dont on se sert pour battre, pour enfoncer le pavé, et qu'on appelle autrement *Une demoiselle.* — Se dit aussi d'une autre sorte d'instrument dont on se sert pour enfoncer les pilotis en terre, et qu'on appelle autrement *Un mouton.*

HIÈBLE s. f. ou m. (lat. *ebulus*). Bot. Espèce de sureau dont la tige est herbacée. L'hièble (*sambucus ebulus*), assez commun dans nos terrains gras et frais, au bord des chemins et des ruisseaux, est une plante haute d'environ 1 m., à tige verruqueuse, à fleurs blanches en larges corymbes ombelliformes, à baies noires. Toute la plante répand une odeur forte et désagréable; aussi les animaux domestiques ne touchent-ils point à cette

plante. Les propriétés médicinales de l'hièble sont les mêmes que celles du sureau. Ses baies contiennent une teinture souvent employée pour colorer les vins et pour teindre quelques étoffes en violet.

* **HIÉMAL, ALE, AUX** adj. (lat. *hiems*, hiver). Qui appartient à l'hiver. Se dit principalement des plantes qui croissent en hiver : *plantes hiémales.*

HIÉMENT s. m. ('hì-man). Action de hier.

HIEMPSAL, fils de Micipsa, roi de Numidie; il fut égorgé par ordre de Jugurtha, l'an 116 av. J.-C.

* **HIER** adv. de temps [ièr] (lat. *heri*). Se dit du jour qui précède immédiatement celui où l'on est : *hier au soir.* — AVANT-HIER, le jour d'avant celui d'hier : *il est parti avant-hier.* — D'HIER EN HUIT, EN QUINZE, etc. Dans huit jours, dans quinze jours, etc., à compter d'hier. — Fig. Se dit quelquef. d'une époque indéterminée, mais qui n'est passée que depuis peu : *nous ne nous connaissons que d'hier, et il me traite déjà comme un vieil ami.*

' **HIER** v. a. [i-é]. Enfoncer avec la hie.

HIÉRA, femme de Téléphe; à la tête d'un corps de Mysiennes, elle se distingua contre les Grecs. — Nom ancien de l'une des îles Eoliennes; auj. *Volcano.* — Une des îles Egades, auj. *Maritimo.*

HIÉRAPOLIS I. Ancienne ville de Phrygie, entre le Lycus et le Méandre, célèbre par ses sources chaudes et par sa grotte, d'où sortait une vapeur méphitique qui, disait-on, était un poison pour tout le monde, excepté pour les prêtres de Cybèle. Saint Paul fait mention de cette ville dans son épître aux Colossiens, IV. 13. Les ruines se trouvent en un lieu inhabité appelé Bambuk-Kalessi. — II. Ancienne ville de Syrie, entre Antioche et Carrhée (Mésopotamie), appelée autrefois Bambyce; l'un des sièges principaux du culte d'Astarté; grand marché sous les Séleucides.

* **HIÉRARCHIE** s. f. (gr. *hieros*, sacré; *archè*, empire). Ordre et subordination des différents chœurs des anges : *la hiérarchie céleste.* — Ordre et subordination des divers degrés de l'état ecclésiastique : *la hiérarchie de l'Eglise.* — Se dit, par extension, en parlant de toutes sortes de pouvoirs, d'autorités, de rangs subordonnés les uns aux autres : *la hiérarchie politique; la hiérarchie militaire.*

* ' **HIÉRARCHIQUE** adj. Qui est de la hiérarchie, qui appartient à la hiérarchie : *ordre hiérarchique.*

* ' **HIÉRARCHIQUEMENT** adv. D'une manière hiérarchique : *l'Eglise a toujours été gouverné hiérarchiquement.*

* **HIÉRATIQUE** adj. (gr. *hieros*, sacré). Qui concerne les choses sacrées, qui appartient aux prêtres. Ne se dit que de certains caractères égyptiens, d'une écriture dont on pense que les prêtres seuls s'étaient réservé l'intelligence; par opposition aux *Caractères démotiques*, qui étaient ceux que le peuple pouvait lire et comprendre. — Peint. et Sculpt. STYLE HIÉRATIQUE, se dit de certaines formes consacrées par les religions et que les artistes reproduisent quelquefois aux époques d'un art plus libre et plus perfectionné.

HIÉROCLÈS, persécuteur des chrétiens, sous Dioclétien. Pour convaincre d'erreur les chrétiens, il écrivit un livre intitulé l'*Ami de la vérité* que réfuta Lactance. Hiéroclès est un des personnages des *Martyrs* de Chateaubriand.

HIÉROCLÈS, philosophe néo-platonicien, qui vivait à Alexandrie au commencement du vᵉ siècle; il a composé plusieurs ouvrages philosophiques dont le principal a pour titre: *Commentaires sur les vers dorés de Pythagore,*

On lui attribue également un *Traité de la Providence et du libre arbitre.*

* **HIÉROGLYPHE** s. m. (*hieros*, sacré; *gluphein*, graver). Nom donné aux caractères dont se servaient les anciens Egyptiens pour exprimer leur pensée. Ne s'applique avec exactitude qu'aux seuls caractères sacrés, sculptés ou peints, représentant des objets naturels; mais on l'étend à tout le système d'écriture des Egyptiens : *un monument couvert d'hiéroglyphes.* — Fig. et fam. Se dit quelquefois d'un style, d'un langage difficile à comprendre. — Par ext. Toute écriture peinte ou gravée, formée de figures représentant des êtres animés ou des objets naturels, qui a la signification de certains mots ou de certaines idées. Les inscriptions grossières appelées *graffites*, trouvées sur les murs des ruines de Rome, de Pompéi, et d'autres villes antiques, ne sont guère que des griffonnages de désœuvrés, mais elles offrent une grande valeur pour la paléographie, la philologie et l'histoire, parce qu'elles font connaître certains détails de la vie domestique des anciens et qu'elles éclaircissent un grand nombre de passages obscurs des auteurs classiques. Les caractères chinois et japonais sont les restes de systèmes hiéroglyphiques. Les hiéroglyphes égyptiens sont traités dans notre Dictionnaire à l'article EGYPTE. — Les peintures rudimentaires des sauvages de l'Amérique se ressemblent presque toutes. Les indigènes du nord de l'Amérique étaient très habiles dans l'art de peindre des hiéroglyphes, qui ont été copiés et interprétés par Schoolcraft. Les plus beaux spécimens de cet art se trouvent au Mexique, où, par le moyen de l'écriture hiéroglyphique peinte, on relatait les faits historiques, on fixait les rites et les calendriers. Les missionnaires, qui vinrent après Cortès, étudièrent ce système et l'employèrent quand ils convertirent les indigènes. Leurs travaux firent connaître une classe nombreuse de manuscrits.

* **HIÉROGLYPHIQUE** adj. Qui appartient à l'hiéroglyphe : *caractère hiéroglyphique*

HIÉROGRAMME s. m. (gr. *hieros*, sacré; *gramma*, lettre). Philol. Caractère propre à l'écriture hiératique.

HIÉROGRAPHE s. m. (gr. *hieros*, sacré; *graphein*, écrire). Celui qui écrit sur les choses sacrées, sur les différentes religions.

HIÉROGRAPHIE s. f. Description des choses sacrées.

HIÉROLOGIE s. f. (gr. *hieros*, sacré; *logos*, discours). Traité des choses sacrées.

HIÉROLOGIQUE adj. Qui se rapporte à l'hiérologie.

HIÉRON I. Tyran de Syracuse, successeur de son frère Gélon (vers 478 av. J.-C.), mort en 467. En Sicile il conquit Naxos et Catane, et en Italie il chassa le tyran Micythus de Rhegium. En 474, il remporta une grande victoire sur la flotte étrusque près de Cumes. Sa magnificence et ses triomphes aux jeux Olympiques et Pytiques sont célébrés dans les odes de Pindare. — II. Roi de Syracuse, fils d'Hiéroclès, né vers 307 av. J.-C., mort vers 216. A la suite d'une grande victoire remportée sur les Mamertins, il fut élevé au trône en 270. Il s'allia d'abord avec les Carthaginois contre les Romains (264), mais ayant été battu par ces derniers, il signa avec eux (263) un traité qui fut changé en une alliance perpétuelle (241). Son gouvernement se fit remarquer par sa sagesse; il bâtit un grand nombre de temples magnifiques, d'autels et de monuments publics à Syracuse et à Acræ. Archimède fut son ami.

* ' **HIÉRONIQUE** adj. (gr. *hieros*, sacré). Antiq. Se dit de certains jeux qui se célébraient chez les Romains en l'honneur des

dieux. — s. m. Vainqueur aux jeux Hiéroniques.

HIÉRONYME. Voy. Jérôme.

HIÉRONYME, roi de Syracuse, petit-fils et successeur de Hiéron II, né en 231 av. J.-C., mort en 214; il rompit l'alliance contractée par son père avec les Romains. Ses cruautés et ses débauches excitèrent son peuple à la révolte; il fut massacré après 15 mois de règne. C'est à son effigie que sont frappées les plus anciennes médailles connues représentant un roi couronné du diadème.

* **HIÉRONYMITE** s. m. Membre d'un ordre religieux fondé en Espagne, dans la seconde moitié du XIVᵉ siècle : *l'ordre des Hiéronymites.* — Les membres de cet ordre avaient pris pour modèle la vie qu'avait menée saint Jérôme dans les solitudes de Bethléem. Il y eut quatre ordres de hiéronymites. I. *Les hiéronymites d'Espagne* établis à l'Escurial et qui remontaient à Thomas de Sienne (1370); ils s'occupaient de l'éducation de la jeunesse. — II. *Les ermites de saint Jérôme,* qui eurent pour fondateur Pierre de Pise, en 1375, et dont la vie était fort austère. — III. *Les hiéronymites de l'Observance,* établis en Lombardie, par Loup d'Olmédo (1424) et qui réformèrent la règle de Thomas de Sienne. — IV. *La société de saint Jérôme de Fiésole,* qui suivait la règle monastique de saint Augustin.

* **HIÉROPHANTE** s. m. [i-è-ro-fan-te] (gr. *hieros,* sacré ; *phainein,* déclarer). Antiq. gr. Titre du prêtre qui présidait aux mystères d'Eleusis et de quelques autres temples de la Grèce, et qui enseignait les choses sacrées aux initiés. — Les hiérophantes ne pouvaient être choisis que dans la famille des Eumolpides, dont l'ancêtre Eumolpus était regardé comme le fondateur des mystères d'Eleusis. Dans les derniers temps du paganisme, les hiérophantes semblent être devenus des thaumaturges et des magiciens.

HIÉROPHANTIDE s. f. Prêtresse de Cérès à Athènes.

HIERSAC, ch.-l. de cant., arr. à 14 kil. N.-O. d'Angoulême (Charente); 850 hab. Bons vins.

HIESMOIS (*Oximensis pagus*). Petit pays faisant partie de l'ancienne province de Normandie et compris actuellement dans le département de l'Orne. Ses centres principaux étaient Exmes et Aubry-en-Exmes.

* **HIGHGATE** [haï'-ghé-te], village du Middlesex (Angleterre), voisin de Hampstead, à 8 kil. N.-O. de Saint-Paul de Londres; 5,340 hab.

* **HIGHLANDER** s. m. ['haï'- ou 'hi'-lann-deur] (angl. *high,* haut; *lander,* habitant des hautes terres). Habitant des Highlands, montagnard écossais. — Soldat recruté dans la haute Ecosse : *les highlanders forment aujourd'hui sept régiments d'infanterie de ligne; ils ont conservé leur costume national.*

* **HIGHLANDS** ['haï- ou 'hi-lannds] (angl. *hautes terres*). Nom donné à la partie septentrionale et montagneuse de l'Ecosse, par opposition aux districts du S. et du S.-E. qui sont appelés *lowlands.* Les highlands embrassent plus de la moitié de l'Ecosse, ils sont remarquables par leurs paysages sauvages et magnifiques et par le caractère particulier de leurs habitants. Les parties montagneuses au S. et à l'E. de la Clyde sont appelés quelquefois Highlands du sud. (Voy. Ecosse.) — Pour les Highands de l'Hudson, voy. Hudson.

* **HIGH LIFE** s. m. ['haï-laï'-f] (angl. *high,* haute; *life,* vie). Anglicisme. Grand monde : *hommes, femmes du high life.*

* **HIGHMORE** (Joseph) ['haï-mô-re], anatomiste anglais, né en 1613, mort en 1685. Il pratiqua la médecine à Sherborne et publia : *Corporis humani Disquisitio anatomica.*

HILAIRE (Saint), pape, mort en 468. Au concile que l'on a surnommé le *Brigandage d'Ephèse* (449), il se présenta comme représentant du pape Léon I et comme adversaire d'Eutychès. Il succéda à Léon en 464, améliora la discipline de l'Eglise, et se fit remarquer par son zèle contre l'hérésie. Fête 21 février.

HILAIRE (Saint), évêque de Poitiers, né en cette ville, vers l'an 300, mort en 368. Elevé dans le paganisme, il fit de brillantes études et voulut connaître les auteurs païens, juifs et chrétiens. La lecture de ces derniers le rapprocha des hommes qui professaient la foi évangélique. Il la partagea bientôt lui-même, et se distingua par tant d'érudition religieuse, de piété et de vertus, que ses concitoyens, bien qu'il fût marié, l'élevèrent à l'épiscopat en 353. Il combattit alors ardemment l'hérésie arienne qui menaçait de faire de nombreux prosélytes ; dénoncé pour ce fait à l'empereur, comme un perturbateur de la paix publique, il fut exilé en Phrygie. Il composa pendant son exil ses ouvrages sur les *Synodes* et ses douze livres sur la *Trinité,* qui sont devenus comme l'étendard de l'orthodoxie dans les églises d'Occident. Appelé au concile de Séleucie en 359, il y défendit d'une manière triomphante la divinité du Christ. De là, il se rendit à Constantinople où sa hardiesse déplut à l'empereur Valentinien, qui le renvoya en Gaule. Il revint à Poitiers, où il convoqua plusieurs conciles et où il continua à combattre avec acharnement les ariens. Ses œuvres ont été publiées en 1693, in-fol. Son style véhément, impétueux et quelquefois enflé l'a fait appeler par saint Jérôme le *Rhône de l'éloquence latine.* L'Eglise l'a placé au nombre de ses docteurs. Fête le 14 janvier. Ses ouvrages ont été publiées par Constant (Paris, 1693, in-fol.).

HILAIRE (Saint-), ch.-l. de cant., arr. et à 14 kil. N.-E. de Limoux (Aude); 900 hab.

HILAIRE-DE-VILLEFRANCHE (Saint-), ch.-l. de cant., arr. et à 14 kil. S. de Saint-Jean d'Angely (Charente-Inférieure) ; 1,000 hab.

HILAIRE-DES-LOGES (Saint-), ch.-l. de cant., arr. et à 12 kil. E. de Fontenay-le-Comte (Vendée); 2,600 hab.

HILAIRE-DU-HARCOUET (Saint-), ch.-l. de cant., arr. et à 16 kil. S.-O. de Mortain (Manche); 3,800 hab. Collège. Draps, toiles, bestiaux, grains, miel, fil, etc.

* **HILARANT, ANTE** adj. Qui excite à la gaieté. Ne s'emploie guère que dans cette expression : *gaz hilarant,* non vulgaire du protoxyde d'azote, parce que, lorsqu'on le respire, il produit une sorte d'ivresse douce et gaie.

HILARION (Saint), né près de Gaza, vers 291, mort en 374. Il donna ses biens aux pauvres, embrassa la vie solitaire et attira au fond du désert de Syrie une foule de visiteurs. Il s'établit définitivement à Chypre. Un grand nombre de miracles lui sont attribués. Il est regardé, avec saint Antoine, comme le fondateur de la vie monastique. Fête le 21 octobre.

* **HILARITÉ** s. f. (lat. *hilaritas*). Joie douce et calme : *une physionomie pleine d'hilarité.* — Gaieté subite, inattendue : *cet incident causa de l'hilarité, un mouvement d'hilarité dans l'assemblée.*

HILDA (Sainte), abbesse de Streaneshalch (aujourd'hui Whitby), Yorkshire (Angleterre), née en 617, morte en 680. Elle était petite-nièce de roi Edwin de Northumbrie; elle devint abbesse de Hartiepool en 650 et ensuite elle érigea un monastère à Whitby. Fête le 18 nov.

* **HILDBURGHAUSEN** ['hild'-bourg-haou-zènn]. I. Autrefois principauté d'Allemagne,

unie depuis 1826 à la Saxe-Meiningen. — II. Capitale de cette principauté sur le Werrer, à 30 kil. S.-E. de Meiningen ; 5,490 hab.

HILDEBERT de Tours, né à Lavardin (Vendômois), en 1057, mort en 1134. Evêque du Mans en 1097, archevêque de Tours en 1125, il assista aux conciles de Reims, de Chartres et de Latran, où il confondit les disciples de Pierre de Bruys. Il reste de lui des *Lettres,* des *Sermons* et une *Epigramme* sur un hermaphrodite, traduite en vers français, par Ménage.

HILDEBRAND. Voy. Grégoire VII.

HILDEBRANDT I (Ferdinand-Theodor), peintre allemand, né à Stettin en 1804, mort en 1874. Il fut surnommé le premier coloriste de l'école de Düsseldorf. Il excella dans les peintures historiques, religieuses et de genre. — II. (Edouard), peintre allemand, né à Dantzig en 1817, mort en 1868. Il était professeur à l'académie des arts de Berlin. Ses paysages de l'Amérique, de l'Europe et de l'Orient sont remarquables par leurs effets aériens. Il excellait aussi dans les peintures de genre.

HILDEGARDE (Sainte), née à Böckelheins, dans le diocèse de Mayence, en 1098, morte en 1180. Elle fut abbesse du couvent des bénédictines de Disibodenberg, et ensuite de Rupertsberg sur le Rhin, et est célèbre par ses visions extatiques. Elle écrivit des ouvrages en allemand et en latin, publia un récit complet de ses extases dans un ouvrage appelé *Scivios* et parla dans les assemblées publiques. Ses visions furent examinées par le concile de Trèves en 1147 et leur publication fut autorisée par le pape Eugène III. Fête, 17 sept., quoiqu'elle n'ait jamais été canonisée solennellement. Une édition complète de ses œuvres fut publiée à Cologne en 1566.

HILDEGONDE (Sainte), religieuse de l'ordre de Cîteaux, connue sous le nom de *frère Joseph,* parce que, fort jeune, elle adopta l'habit masculin sous lequel elle mourut dans une abbaye de cisterciens à Schonange près de Heidelberg, en 1188. Les religieux ne reconnurent son sexe qu'après sa mort. On la fête le 20 avril mais aucun décret pontifical n'a autorisé son culte public.

* **HILDESHEIM** ['hil-dèss-haïmm], ville de Prusse, à 25 kil. S.-E. de Hanovre; 22,565 hab. Elle est irrégulièrement et bizarrement bâtie et possède beaucoup d'antiquités. Sa cathédrale renferme un trésor en argenterie antique et en reliques célèbres. Manufactures de cuir, de toile à voile, de tabac, de voitures, etc. L'évêché de Hildesheim, atteignit une grande importance du Xᵉ au XVIᵉ siècle. La ville fut accordée à la Prusse en 1801, devint partie du royaume français de Westphalie en 1807 et ensuite principauté hanovrienne jusqu'en 1866, époque où elle devint prussienne.

* ' **HILE** s. m. (lat. *hilus,* ombilic). Bot. Espèce de cicatrice que porte une graine, et qui indique le point par lequel elle tenait à la plante qui l'a produite : *le hile d'une fève, d'un haricot.* — Anat. Point où un viscère reçoit ses vaisseaux : *hile du foie, du rein.*

* **HILL** (Rowland, vicomte), général anglais, né en 1772, mort en 1842. Il servit à Toulon, en Egypte et en Allemagne, comme major-général dans la péninsule, fut créé baron en 1814, se distingua à Waterloo et fut surnommé le bras droit de Wellington.

* **HILLEH** ou Hillah, ville de la Turquie d'Asie, sur les deux rives de l'Euphrate, au milieu des ruines de Babylone ; environ 7,000 hab. Quelques écrivains supposent que c'est le lieu où furent fixés les Hébreux captifs emmenés par Nabuchodonosor.

HILLEL, rabbin et président (*nasi*) du sanbedrin de Jérusalem dans la dernière moitié du 1er siècle avant J.-C. Il est célèbre comme réformateur et propagateur de l'étude de la loi traditionnelle. Un autre Hillel, qui vivait vers le milieu du IVe siècle ap. J.-C., fut l'auteur du calendrier juif actuel.

' **HILLIARD** (Nicholas), peintre en miniature anglais, né en 1547, mort en 1619. Il fit les portraits de Marie, reine des Ecossais, d'Elisabeth, de Jacques Ier, etc.

HILLIARD D'AUBERTEUIL (Michel-René) auteur français, né à Rennes en 1751, mort vers 1789. Il pratiqua la jurisprudence à Saint-Domingue et exposa dans ses *Considérations sur l'état présent de Saint-Domingue* (1776, 2 vol. in-8°) les abus de l'administration française ; cet ouvrage fut supprimé par un arrêt du conseil. Hilliard visita les Etats-Unis et publia un *Essai sur les Américains* (1782, in-4°) ; une *Histoire de l'administration de lord North* (Londres, 1784, 2 vol. in-8°). Etant retourné à Saint-Domingue, il y fut assassiné, pense-t-on, à l'instigation de l'un de ses ennemis personnels.

' **HILLSDALE**, ville du Michigan (Etats-Unis), à 120 kil. S.-O. de Detroit ; 3,690 hab.

' **HILO**, ville de la côte orientale de l'île Havaii, 4,220 hab. Son port, appelé autrefois *baie de Byron*, est spacieux et bien protégé. Le village et le district du même nom sont classés parmi les plus magnifiques régions des tropiques.

HIMALAYA (L') [hi-ma-la-ia] (sanscr. *sommet des neiges*), anc. *Himaüs* ou *Emodus*, nom de la plus haute chaîne de montagnes que l'on connaisse. L'Himalaya s'étend dans l'Asie centrale, entre l'Inde et le Thibet, sur une longueur d'environ 3,000 kil. (depuis l'Afghanistan jusqu'à la Chine) et sur une largeur moyenne de 240 kil. Il se compose de trois chaînes parallèles qui s'élèvent les unes au-dessus des autres. Des chaînes secondaires sont souvent perpendiculaires à la direction des précédentes. Sur le versant méridional de l'Himalaya, la limite des neiges éternelles est à 3,900 m. au-dessus du niveau de la mer, tandis qu'elle est à plus de 5,000 m. dans la chaîne septentrionale. Tel est l'escarpement de l'Himalaya central, que les voyageurs qui vont du Thibet à l'Indoustan ne peuvent parcourir plus de 8 à 10 kil. par jour. Les pics les plus élevés se dressent dans l'Himalaya central. Ce sont : le majestueux *Everest* ou *Gaurisankar*, point culminant du globe (8,837 m.), le *Kinchinga*, son rival (8,579 m.), le *Dhawalagiri* (8,155 m.), le *Nanda-Devi* (7,827 m.) et le *Tschamaleri* (7,280 m.). Plus de 120 pics dépassent 6,000 m. de haut. Les routes traversent des passes qui se trouvent à plus de 6,000 m. La chaîne de l'Himalaya renferme plusieurs lacs, d'où sortent des fleuves tels que l'Indus, le Sutleyet le Sampo (Brahmapoutre supérieure); quelques-uns de ces lacs mesurent de 30 à 40 kil. de long. Des sources chaudes se rencontrent fréquemment à des hauteurs de 3,000 à 6,000 m.; leur température varie de 40° à 55° C. Les productions minérales sont de peu d'importance; mais on y trouve de l'or, du cuivre et du fer. Les productions végétales dans les parties inférieures des montagnes sont celles des tropiques. Dans les gorges profondes des rivières croissent les plantains, les palmiers et les figuiers; plus haut viennent les magnolias et les lauriers; à ceux-ci succèdent : les chênes, les châtaigniers, les bouleaux, etc.; plus haut encore s'étendent des forêts de sapins, ensuite les rhododendrons et les rares produits alpins. Les grains, les fruits de jardin et les végétaux cultivés dans les parties supérieures des montagnes sont semblables à ceux du nord de l'Europe. — Les habitants constituent plusieurs tribus et nations de race indoue ou mongolienne. Ceux de toutes les

vallées à 2,666 m. d'élévation sont Thibétains. Les Aryens sont plus ou moins mélangés avec les Mongoliens. Les Anglais ont établi plusieurs stations à des points situés de 2,000 à 2,666 m. au-dessus du niveau de la mer, ils y trouvent une atmosphère saine et un climat qui ressemble à celui de l'Angleterre. Parmi les explorateurs les plus distingués des Himalaya, on cite les frères Schlagintweit.

HIMALAYEN, IENNE s. et adj. [i-ma-la-iain]. De l'Himalaya; qui appartient à ce pays où à ses habitants : *races himalayennes.*

HIMERA, ancienne ville grecque du N. de la Sicile, à l'embouchure de la rivière Himera, entre Panormm (Palerme) et Cephalœdium. On dit qu'elle fut fondée, vers le milieu du VIIe siècle av. J.-C., par une colonie de Zoncle (plus tard Messana, Messine). Son despote Terillus, ayant été chassé, demanda du secours aux Carthaginois (480 av. J.-C.) dont la nombreuse armée, commandée par Hamilcar, fut défaite près de la ville par Gélon de Syracuse. En 409, la seconde expédition des Carthaginois en Sicile eut lieu sous Annibal, fils de Giscon et petit-fils d'Hamilcar; il prit et détruisit la ville dont la plupart des habitants furent passés au fil de l'épée.

HIMILCON, nom de plusieurs Carthaginois célèbres. I. Navigateur du VIe au Ve siècle av. J.-C. Il fut envoyé en découverte au nord de Gadès (Cadix). à l'époque même où Hannon était chargé d'explorer et de coloniser la côte O. de l'Afrique. On dit qu'à son retour il fit un récit décourageant de son expédition. — II. Général qui commanda de concert avec Annibal, fils de Giscon, la troisième expédition envoyée par les Carthaginois en Sicile (406 av. J.-C.) et qui lui succéda à sa mort. Il fit deux autres expéditions en Sicile, dans la dernière il marcha contre Syracuse, mais il échoua; à son retour, il se laissa mourir de faim. — III. Autre général carthaginois qui défendit d'abord avec avantage les approches de Carthage contre Scipion Emilien, puis séduit par ce général, il se rendit à lui avec 2,000 cavaliers et contribua ainsi à la ruine de sa patrie (147 av. J.-C.).

' **HIMMEL** (Friedrich-Heinrich), compositeur allemand, né en Prusse en 1765, mort en 1814. Frédéric-Guillaume II le nomma maître de la chapelle royale. Son principal opéra est *Sémiramide*, joué pour la première fois à Naples en 1795. Il a donné plusieurs cantates, un grand nombre de compositions pour le piano et les chants.

HIMYARITES (ar. *les Rouges*), nom générique des peuples de l'Arabie méridionale, parce qu'ils font remonter leur origine à *Himyar*, petit-fils de Saba et descendant de Joktan ou Kahtan, l'un des ancêtres mythiques des Arabes. — D'après leurs traditions, les Himyarites devinrent la race dominante de l'Yémen, environ 3,000 ans avant Mahomet. Aboulféda assigne à leur dynastie une durée de 2,020 ans. La date de la destruction du premier empire Adite ou Cuchite dans l'Arabie méridionale a été fixée par Caussin de Perceval à environ 1800 ans av. J.-C. On suppose que cet empire tomba à la suite d'une invasion des tribus joktanites; mais les Cuchites reprirent bientôt leur suprématie. Pendant les premiers siècles du second empire adite, l'Yémen fut subjugué un instant par les Egyptiens. Les joktanites, commandés par Yarub, gagnèrent la suprématie politique, d'après Caussin de Perceval, au commencement du VIIIe siècle avant J.-C. Abd Chems, petit-fils de Yarub, eut plusieurs enfants, parmi lesquels Himyar ou Ghazahaj et Kahlan, dont descendait la plus grande partie des tribus yéménites, lors de la naissance de l'Islamisme. Les enfants d'Himyar partagèrent d'abord la royauté avec d'autres familles. Vers l'an 100 av. J.-C., le pouvoir suprême se

concentra dans la maison d'Himyar, ce qui fit que l'ancien nom de Sabéens, donné aux Arabes du sud, fut remplacé par celui d'Himyarites. (Voy. SABÉENS.) Dans le récit de l'expédition d'Ælius Gallus, en 24 av. J.-C., les Himyarites sont appelés Homérites. La période la plus florissante de l'histoire des Himyarites paraît avoir commencé avec Harith-er-Baish, que Caussin de Perceval fait vivre vers 100 av. J.-C.; et paraît avoir fini avec Dhu Norvas et son successeur, qui furent battus par les Abyssins (VIe siècle ap. J.-C.). L'Arabie méridionale tomba ensuite sous la domination des Perses et, en 629, les Himyarites vaincus par Mahomet acceptèrent l'islamisme. Les descendants directs des anciens Himyarites forment les tribus de Mahroh. Ils sont noirs, d'une taille moyenne, forts et nerveux. Ils appartiennent à la secte orthodoxe des Shafeï. — Le langage himyaritique, ou plutôt le langage des Sabéens, semble former avec l'arabe et l'éthiopien la branche méridionale de la famille sémitique. Son système graphique, appartenant au type éthiopique, présente quelque similitude avec l'hébreu et l'assyrien. Karsten Niebuhr (1774) porta le premier qui appela l'attention des savants sur l'existence d'inscriptions d'un caractère particulier dans l'Arabie méridionale. En 1810, le voyageur allemand Seetzensuivit les indications de Niebuhr et il découvrit plusieurs inscriptions. En 1843, Arnaud en copia 56. Beaucoup d'autres découvertes ont été faites depuis. Les inscriptions sont en lignes horizontales, généralement de droite à gauche, mais quelquefois en *boustrophédon*. Le *Musée britannique* a publié en 1863 toutes les inscriptions himyaritiques qu'il possédait à cette époque.

HIMYARITIQUE adj. Qui appartient aux Himyarites; qui a rapport aux Himyarites.

HINCKLEY, ville du Leicestershire (Angleterre), à 20 kil. S.-O. de Leicester; 6,900 hab. Bonneterie, fil de coton et de laine.

HINCMAR, archevêque de Reims, né vers 806, mort en 882. Partisan de Louis le Débonnaire et de Charles le Gros, il fut consacré archevêque de Reims à la place d'Ebbonius, partisan de l'empereur Lothaire (845). Il montra beaucoup de fermeté en résistant aux abus du pouvoir royal et en rétablissant la discipline dans l'Eglise. En 848, il présida le concile de Quierzy-sur-Oise, dans lequel le moine bénédictin Gottescalde (Gottschalk) fut, son instigation, condamné, comme hérétique, à la dégradation de la prêtrise, à être publiquement fouetté et emprisonné pour la vie. Sa sévérité causa une grande indignation et il eut ensuite plusieurs querelles avec d'autres évêques, avec les conciles et même avec le pape. En 871, Hincmar présida le concile de Douzy où il condamna son neveu Hincmar, évêque de Laon, à la déposition et à la prison. On ne permit aucun appel à Rome au condamné et deux ans après il fut aveuglé au moyen d'un fer rouge. Hincmar acheva la cathédrale de Reims. Sirmond a publié une édition de ses œuvres (2 vol. in-fol. 1645).

HINDOU, OUE s. et adj. Habitant de l'Hindoustan; qui appartient à l'Hindoustan. — ERE **HINDOUE**, ère qui commence 3101 ans avant celle du Christ. Il y a aussi l'*ère hindoue du déluge*, appelée *Cali-Yuga*. (Voy. ce mot.)

HINDOU-KOUSH, chaîne de montagnes dans l'Asie centrale, connue des anciens sous le nom de Caucase indien. L'Hindou-Koush sépare le Punjaub et l'Afghanistan du Badakhshan et du Koundouz. Les pics dont les hauteurs ont été déterminées mesurent plus de 6,000 m. La chaîne est aride et manque de forêts.

HINDOUSTAN. Voy. INDOUSTAN.

' **HINDOUSTANI** s. m. Langue dérivée du

sanscrit qui se parle dans les principales villes de l'Inde : *l'hindoustani est employé comme langue littéraire.*

' HINGHAM ['hign'-eum], ville du Massachusetts (Etats-Unis), sur le côté S. du port de Boston, à 30 kil. S. de Boston ; 4,660 hab.

HIOGO ou **Fiogo**, ville du Japon, dans l'île de Nipon, sur la baie et à environ 30 kil. O. d'Osaka, dont elle est le port ; environ 20,000 hab. Exportation de thé. Plus de 4,000 navires entrent dans le port annuellement.

HIPPARION s. m. (mot gr. qui signifie *petit cheval*). Mamm. Espèce de solipède fossile, dont le squelette se rapproche de celui du cheval, mais dont le pied possède, outre le sabot, un petit doigt de chaque côté du sabot, comme chez les porcs et chez les ruminants. Des solipèdes fossiles ont été découverts dans les couches géologiques tertiaires et quaternaires récentes, en Europe, en Amérique et dans l'Asie septentrionale. Owen, dans son *Anatomie des vertébrés*, mentionne particuliè-

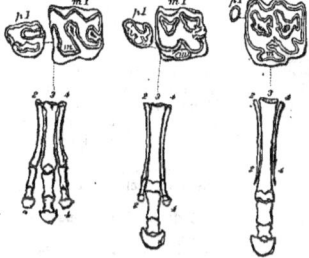

1. Palæotherium. 2. Hipparion. 3. Cheval.

rement la série des anoplotériums, des *palæotheriums* et des hipparions comme formant le chaînon zoologique cherché par Cuvier entre les pachydermes et le cheval de notre époque. Dans notre gravure, *p* et *m* signifient dent prémolaire et dent molaire, et 2, 3, 4 sont les doigts ou orteils. Le palæotherium avait trois orteils presque égaux, avec chacun un sabot, l'hipparion possédait, lui aussi, trois orteils, mais ses sabots latéraux n'étaient pas réels, puisqu'ils ne touchaient pas à terre ; et il est intéressant de remarquer que ces chevaux à trois orteils se trouvent seulement dans les dépôts tertiaires de la période géologique, entre celle qui renferme le palæotherium et les couches plus nouvelles dans lesquelles se trouve le cheval moderne.·

HIPPARQUE. Voy. **HIPPIAS.**

HIPPARQUE, astronome du IIe siècle av. J.-C., né à Nicée en Bithynie. Il fut le premier qui essaya de classer systématiquement les étoiles et de déterminer leur position et leur magnitude ; il inventa le planisphère, la méthode graphique appelée projection, donna le moyen de déterminer l'inégalité des mouvements du soleil et de la lune et reconnut la précision des équinoxes. La connaissance que nous avons de ses découvertes astronomiques est due à son disciple Ptolémée.

HIPPIAS et **HIPPARQUE,** fils et successeurs de Pisistrate, tyran d'Athènes. Sous leur règne simultané (527-514 av. J.-C.), le gouvernement reposa sur des principes libéraux ; mais après le meurtre d'Hipparque par Armodius et Aristogiton (514), le gouvernement d'Hippias devint arbitraire et oppressif. Athènes fut enfin délivrée de son dispotisme par une troupe de Spartiates conduite par Cléomènes (510), et Hippias se retira à la cour de Darius où il fut l'instigateur de l'invasion de la Grèce. D'après quelques auteurs, il succomba à Marathon (490).

HIPPIATRE s. m. (gr. *hippos*, cheval ; *iatros*, médecin). Vétérinaire qui traite spécialement les chevaux.

HIPPIATRIE s. f. (gr. *hippos*, cheval ; *iatros*, médecin). Médecine des chevaux, des animaux.

' HIPPIATRIQUE s. f. Art de connaître et de guérir les maladies des animaux, et en particulier celle des chevaux. — ∿ adj. Qui a rapport à l'hippiatrie.

HIPPIEN, IENNE adj. Qui a rapport aux chevaux. — NEPTUNE HIPPIEN, Neptune considéré comme l'inventeur de l'art de dompter les chevaux.

' HIPPIQUE adj. (gr. *hippos*, cheval). Qui a rapport au cheval : *concours hippique.*

HIPPO (gr. *hippôn*), nom de plusieurs villes de l'antiquité. 1° **H. Regius** (*J. Basilikos*), ville maritime de Numidie, à l'O. de l'embouchure du Rubricatus, a d'abord résidence des rois numides et ensuite célèbre comme siège de l'évêque saint Augustin Les ruines de cette ville se voient encore près de Bone (Algérie). — 2° **H. Diarrhytus** ou **Zaritus** (*J. Diarrhtos*), ville maritime située au N. de la côte du territoire carthaginois (Zeugitane), à l'O. d'Utique et à l'embouchure du Sinus Hipponensis. — 3° Ville des Carpetani, au S. de Toletum, dans l'Hispania Tarraconensis.

HIPPOBOSQUE s. m. (gr. *hippos*, cheval ; *boskein*, manger). Sorte de taon qui s'attache aux chevaux et suce leur sang.

' HIPPOCAMPE s. m. (gr. *hippos*, cheval ; *kampos*, poisson). Myth. Nom des chevaux marins qui traînaient Neptune et les autres divinités de la mer. — Icht. Espèce singulière de petit poisson du genre syngnathe, appelé vulgairement *Cheval marin*, et qui, par la forme de sa tête et la courbure de son cou, offre l'apparence d'un petit cheval. Les chevaux marins ou hippocampes se rencontrent surtout dans les mers des tropiques ; quelques-uns sont portés sous une latitude par des objets flottants auxquels ils s'accrochent au moyen de leur queue. Ils vivent très bien dans un aquarium.

HIPPOCASTANÉ, ÉE adj. (gr. *hippos*, cheval ; *castanea*, châtaigne). Bot. Qui ressemble ou qui se rapporte au marronnier d'Inde. — s. f. pl. Famille de plantes dicotylédones ayant pour type le genre châtaigner d'Inde, et comprenant, en outre, le genre pavie.

' HIPPOCENTAURE s. m. (gr. *hippos*, cheval ; *kantauros*, centaure). Animal fabuleux qu'on suppose être moitié homme et moitié cheval. On l'appelle plus ordinairement *Centaure.*

HIPPOCOLLE s. f. (gr. *hippos*, cheval ; franç. *colle*). Gélatine extraite de la peau d'âne.

HIPPOCRATE, illustre médecin grec surnommé le *père de la médecine*, né à Cos, vers 460 av. J.-C., mort entre 375 et 351. Il appartenait à l'ordre des Asclépiades, ou descendants d'Esculape, étudia à Athènes, pratiqua sa profession dans l'île de Cos, et passa la fin de sa vie en Thessalie. Avant ce grand homme, la médecine était un système de rites superstitieux pratiqué entièrement par les prêtres ; il l'éleva à la hauteur d'une profession savante. Il rapporta les maladies à deux causes principales : au climat et au régime ; et il enseigna qu'il y avait quatre humeurs dans le corps humain : le sang, les phlegmes, la bile jaune et la bile noire, et qu'une prépondérance excessive de l'une d'elles était une cause immédiate de maladie. Il pratiqua la saignée, employa les ventouses, eut recours à la cautérisation et à l'auscultation, et il fit usage de divers médicaments végétaux et minéraux, comprenant les purgatifs. Des 72 livres qui portent le nom d'Hippocrate, cinq ou six seulement peuvent lui être attribués avec une certaine probabilité. Les œuvres de ce grand

médecin ont été plusieurs fois éditées : en grec, à Venise (1526) et à Bâle (1538, in-fol.); en latin, à Rome (1525, in-fol.), à Venise (1545), à Bâle (1558), à Lausanne (1769-71, 4 vol. in-4°); en grec-latin, par Chartier (Paris, 1630-'79, in-fol.); en français, par Dacier (Paris, 1697, 2 vol. in-12), par Gardeil (Toulouse, 1801, 4 vol. in-8°); en grec-français par Littré (1839-'53, 8 vol. in-8°). — **Hippocrate refusant les présents d'Artaxerxès,** tableau de Girodet (1793), représentant une prétendue scène dans laquelle le médecin grec refusa d'aller combattre une épidémie qui désolait l'empire des Perses. Ce tableau, glorifiant un patriotisme étroit et mal entendu, se trouve aujourd'hui à l'Ecole de médecine de Paris.

' HIPPOCRATIQUE adj. Qui appartient, qui se rapporte à Hippocrate : *la médecine hippocratique.* — FACE HIPPOCRATIQUE, altération profonde des traits qui annonce une mort prochaine et qu'Hippocrate a, le premier, décrite avec exactitude.

HIPPOCRATISME s. m. Médecine fondée sur les principes d'Hippocrate.

' HIPPOCRÈNE (gr. *hippou krénê*, fontaine du cheval), source de l'Hélicon (Béotie), consacrée aux Muses. La fontaine d'Hippocrène, appelée *Fons Caballinus*, par Persius, doit son au mythe poétique suivant : au moment où Pégase s'élança de terre vers les régions du ciel, il frappa du pied le sol de l'Hélicon et aussitôt jaillit sous le choc de son sabot, une source dont les eaux avaient la vertu de faire naître l'inspiration chez les poètes qui venaient s'y désaltérer. De là l'expression : *il a bu les eaux de l'Hippocrène,* il a le talent de la poésie.

' HIPPODROME s. m. (gr. *hippos*, cheval ; *dromos*, course). Lieu, cirque disposé pour les courses de chevaux et de chars. Se dit surtout en parlant des exercices et des jeux publics de l'antiquité : *parcourir l'hippodrome, l'hippodrome d'Olympie.* — Turf. Champ de course. Les hippodromes français les plus célèbres sont ceux de Vincennes, de Longchamps, de Chantilly, de la Marche, de Nantes, etc. Les Anglais possèdent ceux de New-Market, d'Epsom, d'Ascot, de Goodwood, de Croydon, de Doncaster, de Liverpool, etc. Le plus bel hippodrome du monde est celui de Curragn, en Irlande. — Théâtre. Lieu public où se font des exercices équestres. L'hippodrome de Paris, construit en 1845, près de l'arc de triomphe, et transporté en 1854 à l'entrée du bois de Boulogne, fut incendié en 1870 ; il pouvait contenir 1,500 spectateurs. Le nouvel hippodrome, terminé en 1878, est un remarquable monument d'architecture ; il peut contenir 6,000 personnes.

' HIPPOGRIFFE s. m. (gr. *hippos*, cheval ; *gryps*, griffon). Animal fabuleux qu'on suppose être un cheval ailé, dont la tête ressemble à celle d'un griffon. Cet être chimérique est de l'invention du poète Boiardo, auteur de *Roland amoureux*; Arioste en a fait un fréquent usage dans *Roland furieux.*

' HIPPOLITHE s. f. (gr. *hippos*, cheval ; *lithos*, pierre). Pierre jaune qui se trouve dans la vésicule du fiel, dans les intestins et dans la vessie du cheval.

HIPPOLOGIE s. f. (gr. *hippos*, cheval ; *logos*, discours). Etude, connaissance du cheval.

HIPPOLYTE, fils de Thésée et d'Antiope ou d'Hippolyte, reine des Amazones. Phèdre, sa belle-mère, dont il repoussa avec horreur le partager la passion criminelle, l'accusa, en mourant, d'avoir cherché à la séduire. Thésée appela son son fils le courroux de Neptune, et Hippolyte, en se promenant dans un char sur les bords de la mer, près de Trézène, fut emporté à travers les rochers par ses chevaux qu'effrayait un monstre marin. Son innocence fut reconnue après cette fin triste et sanglante et des autels lui furent élevés à Trézène et à Athènes.

HIPPOLYTE, reine des Amazones, fille de Mars et d'Otrera. (Voy. AMAZONE.)

HIPPOLYTE (Saint), écrivain ecclésiastique du IIIe siècle. Bien que ses écrits aient toujours été mis au nombre de ceux des Pères qui ont précédèrent le premier concile de Nicée, son histoire personnelle fut entourée d'obscurité jusqu'au milieu du siècle actuel. La découverte à Rome (1551) d'une statue d'évêque portant l'inscription *Hippolytus Episcopus Portuensis* et une liste de ses ouvrages trouvée au mont Athos en 1842 permirent à Bunsen, dans *Hippolyte et son Temps* (4 vol., Londres, 1851, seconde édition augmentée sous le titre de *Christianity and Mankind*, 7 vol., 1854) d'expliquer les contradictions concernant ce Père de l'Eglise. Il fut établi que saint Hippolyte a été évêque de *Portus Romanus* ou *Romæ*, nouveau port de Rome, fondé par Trajan en face d'Ostie. En 235, il fut banni en Sardaigne par l'ordre de Maximin, mais en 236, on lui permit de revenir et, peu de temps après, il fut condamné à mort et attaché à des chevaux sauvages. Fête le 22 août. Les meilleures éditions de ses œuvres sont celles de Fabricius (2 vol. in-fol., Hambourg, 1716-'18) et de Lagarde (Leipzig, 1856).

HIPPOLYTE (Saint-), ch.-l. de cant., arr. et à 28 kil. S. de Montbéliard (Doubs); 1,200 hab. Fabrique de fromages.

HIPPOLYTE-DU-FORT (Saint-), ch.-l. de cant., arr. et à 28 kil. E. du Vigan (Gard); 1,200 hab. Bas et gants de soie, tanneries, etc. Eglise calviniste. Louis XIV fit fortifier cette ville et y mit une garnison pour contenir les protestants.

* HIPPOMANE s. m. (gr. *hippos*, cheval; gr. *mania*, fureur). Liqueur blanchâtre qui s'écoule des parties génitales de la jument lorsqu'elle est en chaleur, et à laquelle on attribuait une vertu aphrodisiaque très puissante. — Partie de l'arrière-faix de la jument. — adj. Qui a la passion des chevaux : *jeune homme hippomane.*

HIPPONAX, poète lyrique grec du VIe siècle a. J.-C., né à Ephèse. Satiriste des plus acerbes, il prit pour thème favori la mollesse, les vices de ses compatriotes et l'infidélité de leurs femmes. Il reste encore environ 150 vers de ses poèmes.

HIPPONE. Voy. HIPPO.

HIPPOPHAGE adj. et s. (gr. *hippos*, cheval; *phagein*, manger). Celui qui mange de la chair de cheval.

HIPPOPHAGIE s. f. Habitude de se nourrir de la chair de cheval. (Voy. CHEVAL.)

* HIPPOPOTAME s. m. (gr. *hippos*, cheval; *potamos*, fleuve). Mamm. Genre de grands pachydermes intermédiaire entre l'éléphant et le rhinocéros, et comprenant de gros quadrupèdes amphibies qui habitent les grands fleuves de l'Afrique. L'hippopotame mesure 5 m. de long, depuis l'extrémité du nez jusqu'à celle de la queue (qui n'a que 70 centim.); les femelles sont un peu plus petites. Les défenses de l'hippopotame ont environ 70 centim. de long. Le corps massif et grossier de cet animal monstrueux ressemble à celui d'un porc trop bien nourri ou à celui d'un bœuf engraissé; il est porté sur des jambes courtes et robustes, terminées par des pieds qui ont chacun 4 orteils presque égaux. La tête, large, épaisse et lourde, présente une expression bizarre, à cause de l'élévation des yeux. Les lèvres sont larges, gonflées, et garnies de quelques touffes de poils; le nez est large et tronqué. Les narines font saillie à l'extrémité, de sorte que l'animal peut respirer au-dessus de l'eau, quand tout le reste du corps est plongé dans

le liquide; elles peuvent se fermer pendant la submersion. Les yeux jouissent d'une extraordinaire liberté de motion, qui leur permet d'avancer ou de reculer dans leurs orbites, suivant que l'animal se trouve dans l'air ou dans l'eau, au moment où il regarde. Quand sa peau est sèche, l'hippopotame est d'un gris rougeâtre, plus foncé en dessus, plus pâle en dessous; sous l'eau, sa couleur semble bleuâtre. Il est essentiellement her-

Hippopotamus amphibius.

bivore. L'espèce la mieux décrite est l'*hippopotame amphibie* (*hippopotamus amphibius*), appelé aussi *cheval de rivière* ou *vache de mer*, autrefois très commun dans toutes les grandes rivières africaines, depuis l'Egypte jusqu'au cap de Bonne-Espérance, aujourd'hui abondant seulement dans les régions isolées qu'explorèrent Livingstone et Cumming. Il passe la grande partie de son temps à s'étaler dans l'eau et à se rouler dans la vase comme un porc. La nuit, il s'éloigne des rivières pour brouter l'herbe. On le trouve surtout à l'embouchure des fleuves. Excellent plongeur, il peut rester un quart d'heure sous l'eau. Paisible et inoffensif quand on ne l'attaque pas, il devient terrible dès qu'il est blessé ou quand il s'agit de défendre ses petits; il se jette alors sur n'importe quel ennemi. On lui fait la chasse pour sa chair qui ressemble à celle du porc, pour le *speck* on couche de graisse qui se trouve en dessous de sa peau, pour ses dents, articles de prix, autrefois employées à la fabrication des dents artificielles, pour leur peau dure dont on fait des boucliers et des casques, etc. L'*hippopotame de Liberia* (*hippopotamus Liberiensis*) se trouve sur la côte occidentale d'Afrique. — Sous les règnes d'Antonin, de Commode et de plusieurs autres empereurs romains, la magnificence des jeux du cirque fut relevée par l'exhibition d'hippopotames pris sur les côtes d'Afrique et transportés à Rome. Depuis cette époque, l'Europe ne vit plus d'animaux de ce genre jusqu'au jour où les Anglais en placèrent un dans leur jardin zoologique de Regent's Park à Londres (25 mai 1850); cet animal y vécut près de 28 ans et mourut le 11 mars 1878; on lui donna une jeune compagne (1854) et celle-ci mit au monde, le 24 février 1871, un petit qui vécut peu de jours. En 1853, le jardin des plantes de Paris s'enrichit d'un jeune hippopotame âgé de 11 mois; on lui donna plus tard une femelle, et leur union produisit (mai 1858 et juin 1859) deux jeunes pachydermes que la mère mit l'un et l'autre à mort, peu de temps après leur naissance.

HIPPOTOMIE s. f. (gr. *hippos*, cheval; *tomé*, section). Art vétér. Anatomie du cheval.

HIPPURATE s. m. Chim. Sel produit par la combinaison de l'acide hippurique avec une base.

HIPPURIE s. f. Pathol. Présence de l'acide hippurique ou d'un hippurate dans l'urine.

HIPPURIQUE adj. (gr. *hippos*, cheval; *ouron*, urine). Chim. Se dit d'un acide que l'on trouve dans l'urine des animaux herbivores. C18 H9 Az O6.

* HIRAM, roi de Tyr (1023 à 985 av. J.-C.), allié de David et de Salomon, envoya au premier des architectes pour construire un palais, et au second les bois de cèdre pour la construction du temple.

HIRAM, ville de l'Ohio (Etats-Unis), à 55 kil. S.-E. de Cleveland; 1,350 hab. Fameux collège pour les deux sexes, fondé en 1850.

HIRCIN, INE adj. (lat. *hircus*, bouc). Qui tient du bouc : *odeur hircine.*

HIRCIQUE adj. m. (lat. *hircus*, bouc). Chim. Se dit d'un acide extrait de la graisse de bouc.

HIRONDEAU s. m. Jeune hirondelle.

* HIRONDELLE s. f. (lat. *hirundo*). Ornith. Genre de passereaux fissirostres diurnes, type de la famille des hirondinidées, et comprenant plusieurs espèces d'oiseaux de passage, qui paraissent ordinairement au printemps, et qu'on ne voit plus en hiver. — VENIR AVEC LES HIRONDELLES, venir au printemps. PARTIR AVEC LES HIRONDELLES, partir en automne. — UNE HIRONDELLE NE FAIT PAS LE PRINTEMPS, il n'y a point de conséquence a tirer d'un seul exemple. — HIRONDELLE DE MER, se dit de certains oiseaux de mer qui ont quelque ressemblance avec les hirondelles. Se dit également d'une espèce de poisson. — PIERRE D'HIRONDELLE, nom d'une pierre qui s'employait autrefois dans les maladies des yeux. — Part. NID D'HIRONDELLE, nid d'une espèce d'hirondelle de l'archipel des Indes, appelée *Salangane*, et qui passe pour un mets friand en Chine et dans d'autres pays de l'extrême Orient. On dit quelquefois, *Nid d'oiseau.* — Pop. HIRONDELLE DE POTENCE, gendarme. — HIRONDELLE D'HIVER, ramoneur; marchand de marrons. — ENCYCL. Les hirondelles se distinguent des martinets par la

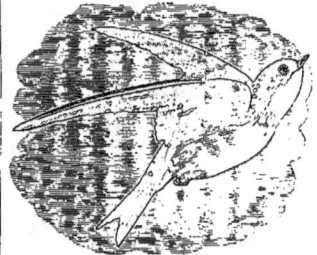
Hirondelle de fenêtre (Hirundo urbica).

disposition de leurs pieds, dont le pouce est dirigé en arrière à l'opposé des autres doigts et dont le doigt médian est beaucoup plus long que les deux doigts latéraux. La queue fourchue des hirondelles est devenu le type populaire de la forme échancrée dite *en queue d'aronde.* On a décrit près de 60 espèces de ces oiseaux; cinq seulement sont européennes et trois viennent sous le climat de Paris; toutes sont remarquables par l'élégance de leurs formes et par la supériorité de leur instinct; toutes se nourrissent d'insectes qu'elles prennent au vol, dans les régions les plus élevées de l'air quand le ciel est pur, ou en rasant le sol dès que l'atmosphère devient lourde; ce qui fait que le vol de ces oiseaux est une sorte de baromètre à l'aide duquel le peuple prédit les changements de temps. Essentiellement aérienne, l'hirondelle semble glisser au milieu de son élément; le regard suit à peine ses mille détours. Dans son bec court et largement fendu viennent s'engouffrer, comme dans un entonnoir, des milliers de moucherons, de tipules et d'insectes ailés, presque microscopiques, que son œil perçant distingue à plus de 50 m. de distance; elle boit et se baigne gracieusement en rasant la surface de l'eau, puis elle reprend son vol rapide, qui lui fait parcourir plus d'un kil. et demi par minute, ou cent kil. à l'heure, défiant ainsi la course la plus vertigineuse de nos chemins de fer. A terre, où elle ne se pose guère que pour ramasser les matériaux de son nid, elle semble gauche, embarrassée et comme dépaysée. Emblème de la fidélité, elle revient toujours au nid qui l'a vue naître. Quelques naturalistes ont élevé des doutes sur les migrations de certaines espèces, et Olaüs Magnus (XVIe siècle) a affirmé que, dans les pays du Nord, les hirondelles passent l'hiver sous l'eau, au fond des lacs, pelotonnées en groupes et complètement engourdies. Linné, Cuvier et d'autres ornithologistes ont admis cette assertion invraisemblable. Il est à peu près certain que toutes les hirondelles émigrent. Réunies par troupes innombrables, elles traversent les mers et les montagnes et se rendent dans les pays chauds, pendant que nos contrées sont plongées dans les frimas. Leurs pérégrinations ne se font pas sans danger; pendant ce voyage périlleux, elles sont victimes d'une multitude d'ennemis dont l'homme n'est pas le moins redoutable. Il est certain que, dans les gorges des Apennins et des Pyrénées, ainsi que dans les montagnes de la Corse, il se fait chaque année, à l'automne, de véritables massacres de ces utiles oiseaux, expédiés ensuite dans le nord de l'Europe sous l'étiquette d'ortolans. — L'espèce la plus répandue en France est l'*hirondelle de cheminée* (*hirundo rustica*) ou *hirondelle domestique*, longue d'environ 18 centim. Elle a le front et la gorge d'un beau roux marron; le dos, le devant et les côtés du cou d'un noir brillant à reflets violets; le dessous blanc. Elle bâtit souvent son nid en forme de demi coupe, à peu de distance de l'ouverture supérieure des cheminées; elle l'établit aussi sous les corniches, sous les hangars, dans les écuries, dans les embrasures de fenêtres, contre les chevrons des granges, etc. Dans cette demeure, artistement formée avec de la terre gâchée et des brins de paille, elle place un matelas élastique de plumes et des matières les plus douces. La femelle y fait une ou deux pontes de 3 à 5 œufs d'un blanc rosé. Tant qu'elle couve, le mâle la nourrit; les petits venus, le mâle et la femelle s'occupent mutuellement de leur nourriture et de leur défense. L'un et l'autre font entendre un gazouillement doux et agréable. — L'*hirondelle de fenêtre* ou *hirondelle à cul blanc* (*hirundo urbica*), un peu plus petite que la précédente, est d'un noir violet en dessus et blanche en dessous. Elle fait trois pontes de 4 à 6 œufs et niche au bord des fenêtres, sous les avancées des toits; l'incubation dure 15 jours. L'*hirondelle de rivage* (*hirundo riparia*) porte sur la poitrine une large ceinture de gris brun; elle est brune en dessus, blanche à la gorge et en dessous. Elle pond dans des trous, le long des eaux.

HIRONDINIDÉ, ÉE adj. (lat. *hirundo*, *hirondinis*, hirondelle; gr. *idea*, forme). Ornith. Qui ressemble ou qui se rapporte au genre hirondelle. — s. f. pl. Famille de passereaux fissirostres ayant pour type le genre hirondelle.

HIROUX (Jean), type légendaire de l'assassin cynique.

HIRPINS (Hirpini), ancien peuple samnite, qui habitait l'Italie méridionale et dont le nom venait, dit-on, du mot sabin *hirpus*, loup. Leurs villes principales étaient : Œculanum et Aquilania.

HIRSCHBERG, ville de la Silésie prussienne, sur le Zacken et le Bober, à 45 kil. S.-O. de Leignitz; 13,200 hab. Centre de la fabrication des toiles de Silésie.

HIRSON, ch.-l. de cant., arr. et à 48 kil. N.-E. de Vervins (Aisne), sur l'Oise; 4,445 hab. Fonderies; fil, verrerie, vannerie. Eglise dont le portail est classé parmi les mon. hist. — Ecole professionnelle. Les fortifications de cette ville furent rasées en 1637.

HIRSUTE adj. (lat. *hirsutus*, velu). Hist. nat. Qui est garni de nombreux poils.

HIRTIUS (Aulus), homme d'Etat romain, né vers 90 av. J.-C., mort en 43. Il fut l'ami de Jules César, sous lequel il servit comme légat en Gaule (58). En 44, il reçut le gouvernement de la Gaule Belgique, mais il la gouverna par l'intermédiaire d'un député, et fut nommé consul en 43. Envoyé avec une armée au secours de Decius Brutus, assiégé par Marc-Antoine dans Mutina (Modène), il tomba en conduisant ses troupes victorieuses à l'assaut.

HIRUDINE, ÉE adj. (lat. *hirudo*, sangsue). Annel. Qui ressemble ou se rapporte aux sangsues. — s. m. pl. Famille d'annélides ayant pour type le genre sangsue.

HISPANIE (lat. *Hispania*). Ancien nom de l'Espagne.

HISPANIOLA, nom donné par Christophe Colomb à l'île de Haïti.

HISPANIQUE adj. Qui appartient à l'Espagne.

HISPANISME s. m. Locution, tournure propre à la langue espagnole.

HISPE s. f. (lat. *hispidus*, hérissé). Entom. Genre de cassidaires, comprenant plusieurs espèces de très petits insectes dont le corps est couvert d'épines branchues. L'*hispe très noire* (*hispidus nigra*), longue de 4 millim., se tient sur les fleurs des composées et suce le haut des tiges des graminées; elle se laisse tomber dès qu'on veut la saisir.

* **HISPIDE** adj. (lat. *hispidus*, hérissé). Bot. Couvert de poils rudes et épars : *tige hispide*.

HISPIDITÉ s. f. Bot. Etat de ce qui est hispide.

*' **HISSER** v. a. (all. *hissen*). Elever, hausser. Se dit surtout en termes de marine : *hisser une voile*. — Se hisser v. pr. Etre hissé : *toutes les voiles se hissèrent à la fois*. — S'élever, se hausser avec effort.

> L'enfant entre le dattier s'élance,
> Et jusqu'à son sommet tâche de *se hisser*.
> FLORIAN.

HISTÉROÏDE adj. (lat. *hister*, escarbot; gr. *eidos*, aspect). Entom. Qui ressemble ou qui se rapporte à l'escarbot.

HISTIÉE ou **Orée**, ancienne ville de l'Eubée, sur la rivière Callas, au pied du mont Telethrium. On la citait parmi les villes les plus anciennes et les plus importantes de l'Eubée. En 445 av. J.-C., les Athéniens, à la suite d'une révolte, y envoyèrent une nouvelle colonie et changèrent son nom. Les Spartiates s'en emparèrent ensuite. Elle eut une grande importance stratégique pendant les guerres qui suivirent.

* **HISTIOLOGIE** s. f. Voy. HISTOLOGIE.

HISTIOCHIMIE s. f. (gr. *histos*, tissu). Chim. Etude chimique des tissus organiques.

HISTOGÉNIE s. f. (gr. *histos*, tissu; *genos*, origine). Physiol. Production des tissus organiques.

HISTOGRAPHIE s. f. (gr. *histos*, tissu; *graphein*, décrire). Description des tissus organiques.

* **HISTOIRE** s. f. (lat. *historia*). Récit d'actions, d'événements, de choses dignes de mémoire. — Absol. Récit, suite des événements qui ont eu lieu sur la terre et dans lesquels l'homme a joué le rôle principal. L'histoire de notre globe se divise en sept âges (voy. AGE); celle de l'humanité comprend 5 périodes : 1° *temps préhistoriques*, époque pendant laquelle l'histoire n'est basée sur aucun document autre que des armes, des débris, des restes de monuments, etc. (voy. ARCHÉOLOGIE); 2° *histoire ancienne*, période qui comprend les époques les plus anciennement connues et qui se termine à la destruction de l'empire romain d'Italie en 476 ap. J.-C., ou, selon d'autres, à la mort de Théodose, en 395. D'après la Bible, l'histoire ancienne commence en 4004 av. J.-C.; d'après Hérodote, vers 1687; 3° *histoire du moyen âge*, période intermédiaire entre l'histoire ancienne et l'histoire moderne (voy. AGE); 4° *histoire moderne*, celle qui commence à la prise de Constantinople par les Musulmans (1453) ou, suivant d'autres, à la découverte de l'Amérique par Colomb (1492) et va jusqu'à l'époque actuelle; 5° *histoire contemporaine*, histoire des événements dont il subsiste encore des témoins. — LE PÈRE DE L'HISTOIRE, Hérodote. — L'HISTOIRE DE SALLUSTE, L'HISTOIRE D'HÉRODOTE, l'HISTOIRE DE POLYBE, etc., l'histoire écrite par Salluste, par Hérodote, etc. — LES HISTOIRES, titre d'une partie de l'œuvre historique de Tacite; l'autre partie s'appelle les *Annales*. — HISTOIRE AUGUSTE (voy. AUGUSTE). — Absol. Se dit des ouvrages d'histoire en général et de la connaissance des faits que rapportent les historiens : *lire, étudier l'histoire*. — S'emploie souvent par une sorte de personnification : *interroger l'histoire*. — Fam. CE QUE DIT L'HISTOIRE, ce que l'on raconte : *il partit, à ce que dit l'histoire, accompagné d'un brillant cortège*. — Absol. Se dit par opposition à la Fable, aux fictions en général : *la fable et l'histoire*. — PEINTRE D'HISTOIRE, peintre qui s'attache à représenter des sujets, non historiques, ou fabuleux, ou imaginés; par opposition aux peintres de portraits ou de paysages, de fleurs, etc. On dit dans un sens analogue : *peindre l'histoire*. — Récit quelconque d'actions, d'événements, de circonstances qui offrent plus ou moins d'intérêt : *il me conta toute son histoire, l'histoire de sa vie, l'histoire de ses amours*. — Récit de quelque aventure particulière : *je veux vous conter, vous faire une petite histoire*. — Fam. JE SAIS BIEN SON HISTOIRE, c'est un homme dont la vie et les actions me sont connues. — C'EST MON HISTOIRE QUE VOUS CONTEZ LA; VOILA MON HISTOIRE, se dit pour faire entendre qu'il y a une grande conformité entre ce qu'une personne raconte, et ce qu'on a fait ou éprouvé soi-même. On dit dans un sens analogue : *cet homme a fini misérablement : c'est l'histoire de tous les joueurs, de tous les débauchés*, etc., C'est ce qui arrive à tous les joueurs, etc. — CE N'EST PAS LE PLUS BEL ENDROIT DE SON HISTOIRE, se dit, cette action n'est pas ce qu'il y a de plus honorable pour lui. — CE N'EST PAS LE PLUS BEAU DE SON HISTOIRE, signifie aussi, quelquefois, ce n'est pas ce qu'il y a de plus avantageux, de plus agréable pour lui. — LE PLUS BEAU DE L'HISTOIRE, le fait le plus remarquable, le plus bizarre, etc., d'une aventure, d'une affaire. — C'EST UNE HISTOIRE, CE SONT DES HISTOIRES, c'est un mensonge, je ne crois point ce que vous dites, ce qu'il dit. Dans le même sens : *histoire que tout cela !* On vous a fait une histoire. — Pop. C'EST DE L'HISTOIRE ANCIENNE, c'est un fait suranné sans aucune ancienneté dont son intérêt. — C'EST UNE AUTRE HISTOIRE, c'est autre chose, ce n'est pas de cela qu'il s'agit. VOILA BIEN UNE AUTRE HISTOIRE, voilà un nouvel embarras, une nouvelle difficulté, un nouvel incident qu'on n'avait pas prévu. — VOILA BIEN DES HISTOIRES, se dit à une personne qui fait des difficultés et des embarras sur quelque chose, ou qui fait trop de cérémonies, trop de façons. On dit aussi, *Que d'histoires !* — Se dit encore de toutes sortes de descriptions des choses naturelles, comme plantes, minéraux, etc. : *l'Histoire naturelle*

de Pline. — ～ Pop. HISTOIRE DE, pour : histoire de rire, histoire de tuer le temps. — ENCYCL. L'histoire, considérée dans sa matière, se compose de faits ; les faits sont ou de Dieu, ou de l'homme, ou de la nature. Les faits qui sont de Dieu appartiennent à l'histoire sacrée ; les faits qui sont de l'homme appartiennent à l'histoire profane, et les faits qui sont de la nature se rapportent à l'histoire naturelle. — Histoire sacrée. L'histoire sacrée, qui raconte tous les faits relatifs à la religion depuis l'origine du monde jusqu'à nos jours, se subdivise en histoire sainte, où l'on s'occupe des faits antérieurs au christianisme, et consignés dans les Saintes Ecritures, et en histoire ecclésiastique, qui traite de l'établissement de l'Eglise et de son développement à travers les siècles. — Histoire profane. L'histoire profane se divise en plusieurs grandes périodes, comme on l'a vu plus haut dans nos définitions ; toutefois, elle prend encore divers noms particuliers : elle est dite universelle, si elle embrasse tous les peuples et tous les siècles ; générale, quand elle s'occupe d'une nation dont elle montre l'origine, les développements et les révolutions progressives ; particulière, lorsqu'elle se borne à une période isolée, à un événement spécial, à une province, à une ville. Quand elle entre dans les détails de la conduite privée d'un personnage, elle est appelée biographie ; et autobiographie, si c'est le personnage lui-même qui raconte sa vie et les événements auxquels il a été mêlé. A un point de vue plus spécial, lorsque, des faits humains que l'on raconte, on veut remonter aux principes et en déduire les conséquences, l'histoire est dite philosophique ; enfin, lorsque l'homme, poussé par son insatiable besoin de connaître, cherche à trouver le secret de toutes choses et veut embrasser, d'un seul coup d'œil, un principe étant donné, la génération des idées, des constitutions, des révolutions, c'est alors la philosophie de l'histoire. — Sociétés HISTORIQUES. Les savants de divers pays ont formé, pour l'étude de leur histoire nationale, un grand nombre de sociétés. Nous citerons les principales : Société de l'histoire de France, fondée en 1833 par Guizot, Thiers, Miguel, de Barante, etc. Académie royale d'Histoire portugaise de Lisbonne, créée en 1720 par Jean V ; Académie royale d'Histoire de Madrid, confirmée en 1738 par Philippe V ; Académie d'Histoire et d'Antiquités de Naples, créée en 1807 par Napoléon Ier ; Société historique anglaise, fondée à Londres en 1836 ; Société de l'Histoire ancienne de l'Allemagne, fondée en 1819 à Francfort-sur-le-Mein par de Stein ; Société historique de la basse Saxe, fondée à Hanovre en 1834 ; Société de l'Histoire nationale de Würtemberg, créée en 1822 ; Société historique et archéologique de Moscou, créée en 1836, etc. — Histoire naturelle, science, connaissance des divers êtres, des diverses productions de la nature, et particulièrement des animaux. On entend strictement par histoire naturelle, l'histoire ou la description de la nature universelle ou de tous les objets naturels, de leurs qualités et de leurs forces, de leurs lois d'existence, de leur origine et de leurs relations avec l'homme ou avec les autres objets. Cette science, qui comprend l'étude de l'univers entier, se divise en une infinité de branches. L'étude des forces physiques de la nature forme plusieurs branches distinctes appelées philosophie naturelle, chimie, physique, astronomie, etc. Mais on restreint ordinairement le sens de l'expression histoire naturelle à l'étude des minéraux et des différentes espèces d'êtres vivants (animaux et végétaux). Dans ce sens restreint, l'histoire naturelle se divise en trois grandes branches : 1° géologie, 2° botanique, 3° zoologie. (Voy. ces mots ; voy. aussi nos articles ANIMAL, ANATOMIE COMPARÉE, MINÉRALOGIE, PHYSIOLOGIE, PLANTE, etc.) Dans l'antiquité, l'his-

toire naturelle fut étudiée par Salomon (I, Rois IV, 33), par Aristote, par Théophraste, par Pline et par Galien. Au XVIe siècle, cette partie de la science s'enrichit des travaux de Césalpin, de Harvey, de Colonna et des Bauhin ; au XVIIe siècle, de ceux de Leuwenhoeck, de Malpighi, de Swammerdam, de Pecquet, de Willis, de Perrault, de Duverney, de Ray, de Tournefort et de Magnol ; au XVIIIe siècle s'illustrèrent Linné, Buffon, Jussieu, etc. ; le XIXe siècle a vu paraître les œuvres de Cuvier, des Lamarck, des de Candolle, des Geoffroy Saint-Hilaire, des Agassiz, des Chenu et de vingt autres grands naturalistes.

* HISTOLOGIE s. f. (gr. histos, tissu ; logos, discours). Partie de l'anatomie qui traite des tissus organiques. On écrit quelquefois, mais à tort, HISTIOLOGIE. — La science histologique est aussi nommée Anatomie générale. — Lorsque deux ou plusieurs espèces d'éléments anatomiques sont mêlés et entrelacés d'une manière déterminée, ils forment entre eux un tissu analogue à celui que constituent les fils de laine ou de coton dans une étoffe. Il est très rare qu'un tissu consiste seulement en un seul élément anatomique. Bien que l'on puisse faire remonter l'origine de cette science jusqu'à Malpighi, qui découvrit les corpuscules du sang, elle peut être regardée comme toute récente et ses progrès ne datent que du perfectionnement du microscope.

HISTOLOGIQUE adj. Qui concerne l'histologie.

HISTOLOGISTE s. m. Celui qui s'occupe d'histologie. Les histologistes les plus célèbres sont : Schwann, Valentin, Kœlliker, Quekett, Lebert, Mandl et Robin.

* HISTORIAL, ALE adj. Qui marque quelques points d'histoire. Ne se trouve guère que dans quelques phrases qui ont vieilli : le Miroir historial de Vincent de Beauvais.

HISTORICO (lat. historicus, historique). Terme qui sert à la formation de quelques mots composés pour indiquer leur rapport avec l'histoire : cet auteur a fait un ouvrage historico-philosophique.

* HISTORIÉ, ÉE part. passé de HISTORIER. Enjolivé de divers petits ornements : Bible historiée. — Typogr. LETTRES HISTORIÉES, lettres gravées avec des ornements qui se rapportent au sujet du livre dans lequel on les emploie.

* HISTORIEN s. m. Celui qui écrit l'histoire qui a écrit une histoire, des histoires : historien digne de foi, fidèle, sage. — Se dit quelquefois de celui qui se borne à raconter des faits, sans les accompagner de réflexions : je ne suis qu'historien. — ～ Au fém. HISTORIENNE. — Les principaux écrivains qui se sont occupés de l'histoire universelle sont : Agrippa d'Aubigné, Bossuet, de Ségur, Schlosser, Michelet, César Cantù, etc. Les écrivains qui ont traité de l'histoire ancienne sont : Rollin, l'abbé Millot, Perrin, Duruy, etc. Ceux qui ont traité de l'Histoire générale de la France sont : Mezeray, le P. Daniel, le président Hénault, l'abbé Velly, Anquetil, Guizot, le comte de Ségur, Bignon, Michelet, Emile de Bonnechose, Laurentie, Théod. Burette, Genoude, Caix et Poirson, H. Martin, Amédée Gouet, Sismonde de Sismondi, le P. Loriquet, Am. et Aug. Thierry, de Thou, Fauriel, Valerot, Boulainvilliers, Peignot, Moulières, Marcel, Le Gendre, Bossuet, Ozaneaux, Am. Gabourd, l'abbé Pierrot, l'abbé Mably, Sibert, Moreau, etc.

* HISTORIER v. a. Enjoliver de divers petits ornements : ce lambris est trop nu, il faudrait un peu le faire historier.

* HISTORIETTE s. f. (dimin.) Récit de quelque

aventure galante ou plaisante, ou d'autres choses de peu d'importance : une petite historiette.

* HISTORIOGRAPHE s. m. (gr. historia, histoire ; graphô, j'écris). Celui qui est nommé par un brevet du prince pour écrire l'histoire du temps. — Les anciens chroniqueurs ont été considérés comme historiographes ; mais le premier écrivain qui reçut ce titre fut André Thevet. Après lui, vinrent Pierre Pascal (1561), Belleforest et du Haillan (1571-'76), Bernard (1572-'74), Chappuis (1591-1611), Vignier, Olhagaray, Jean de Serres, Claude Fauchet, Pierre Matthieu, sous Henri IV ; puis, sous Louis XIII, Bergier, Prou, Pellens, Baudier, Baudouère, Perrier ; Duchesne, mort en 1640 ; Scipion Dupleix, mort en 1661, les frères de Sainte-Marthe (1630-'43). Ch. Bernard, Renouard, Balzac, Gollefer, Godefroy (1620-'55), Bréville, Dougat, Dupuy, Brisacier, Bonair, La Serre, Costar, Billon vers 1670, Adrien de Valois, Palliot, mort en 1698 ; Godefroy, Auger, Sorbière, Duverbier, Duchesne, Mézeray (1676) : Pellisson, mort en 1693 ; Boileau, Racine, Visé, mort en 1719 ; Valincourt, Richard, Ferretti, Legendre, le P. Daniel, Angelio, de 1680 à 1730 ; Voltaire (1746), Schœpflin (1771), Duclos, Marmontel ; Grandidier, mort en 1789 ; enfin Moreau, le dernier des historiographes de France : la Révolution française en avait aboli l'emploi.

* HISTORIQUE adj. Qui a rapport, qui appartient à l'histoire : style historique. — NOM HISTORIQUE, nom qui a quelque célébrité dans l'histoire. — CELA EST HISTORIQUE, se dit d'actions, d'événements qui ne sont point imaginaires, de faits qui ont réellement eu lieu : le fond de ce roman est historique. — PIÈCE HISTORIQUE, ROMAN HISTORIQUE, pièce de théâtre, roman dont le sujet est tiré de l'histoire, dont le fond est historique. On dit, dans un sens analogue : personnage historique. — LES TEMPS HISTORIQUES, se dit par opposition aux temps fabuleux. — s. m. Simple narration des faits dans leur ordre et leurs circonstances : l'historique des événements qui ont amené cette guerre.

* HISTORIQUEMENT adv. D'un style historique, en historien, sans aucun ornement étranger. Il est opposé à oratoirement : narrer une chose, un fait historiquement. — Se dit aussi par opposition à fabuleusement : suivant la fable reçue, Didon vivait du temps d'Enée ; mais, à en parler historiquement, elle vivait plusieurs siècles avant ce héros.

* HISTRION s. m. (lat. histrio). Se disait, chez les Romains, de toutes sortes d'acteurs, de comédiens, et particulièrement de pantomimes. Ne s'emploie, chez les modernes, que comme un terme de mépris, analogue à ceux de baladin, de bateleur, etc. : il est toujours avec des histrions.

HISTRIONAGE s. m. Métier de comédien.

HIT (anc. is), ville de la Turquie d'Asie, à 110 kil. O.-N.-O. de Bagdad, sur la rive O. de l'Euphrate ; environ 2,000 hab. Pendant des siècles elle a été renommée pour ses bitumes, qui, d'après Hérodote, furent employés à la construction de Babylone.

HITTORFF (Jacques-Ignace), architecte français, né à Cologne en 1793, mort en 1867. En 1818, devenu architecte du gouvernement français, il embellit les Champs-Elysées, le bois de Boulogne, etc. L'église de Saint-Vincent de Paul est son chef-d'œuvre. Il imita les anciens artistes grecs en appliquant la polychromie à l'embellissement des monuments. Il a publié des ouvrages sur l'architecture ancienne et moderne de Sicile, sur l'architecture polychromatique des Grecs, etc.

* HIVER s. m. [i-vèrr] (lat. hibernus). Celle des quatre saisons de l'année qui est la plus

froide, et qui commence, selon les astronomes, vers le vingt-deux de décembre, et finit vers le vingt et un de mars dans les pays situés au nord de l'équateur. Les pays de la zone torride n'ont pas d'hiver dans le sens populaire de ce mot; cette saison y est remplacée par trois mois pluvieux. — FRUITS D'HIVER, fruits qu'on ne mange ordinairement qu'en hiver. — SEMESTRE D'HIVER, semestre qui commence le premier octobre, le premier janvier, ou à quelque autre époque de l'année, selon les différents corps, les différentes compagnies où il est d'usage de faire le service par semestre. — Art milit. QUARTIER D'HIVER, intervalle de temps compris entre deux campagnes. Lieu où on met les troupes en cantonnement pendant l'hiver : *l'armée va prendre ses quartiers d'hiver*. — IL N'A PAS BESOIN D'UN FORT HIVER, se dit d'un homme d'une complexion faible et délicate. Se dit aussi d'un homme qui est si mal dans ses affaires, que le moindre accident peut le ruiner. — L'HIVER DE L'AGE, L'HIVER DE NOS ANS, etc., la vieillesse. — Se dit quelquefois seulement par rapport au froid qu'il fait en hiver : *l'hiver est avancé*. — IL N'Y A POINT EU D'HIVER, l'hiver ne s'est point fait sentir, il n'y a point eu de grands froids cette année. — MI-MAI, QUEUE D'HIVER, le froid se fait souvent sentir au mois de mai. — Se dit souvent, en poésie, pour année, en parlant des personnes d'un âge avancé : *il comptait déjà soixante hivers*.

* **HIVERNAGE** s. m. Mar. Temps que les bâtiments passent en relâche pendant la mauvaise saison : *passer son hivernage dans tel port*. — Port bien abrité où les bâtiments peuvent relâcher pendant la mauvaise saison : *un bon hivernage*. — Agric. Labour qu'on donne, avant l'hiver, aux terres ou aux vignes. — ⁓ Saison des pluies dans les pays tropicaux.

* **HIVERNAL, ALE, AUX** adj. Qui appartient à l'hiver.

* **HIVERNER** v. n. Passer l'hiver, la mauvaise saison. Se dit des troupes, des navires : *les troupes hivernent dans tel pays*. — Activ., en termes d'Agricult., HIVERNER LES TERRES, leur donner un dernier labour avant l'hiver. — S'hiverner v. pr. S'exposer aux premiersfroids avant de s'y endurcir et être moins sensible : *c'est une chose fort saine que de s'hiverner*.

* **HO!** interjection qui sert tantôt pour appeler, tantôt pour témoigner de l'étonnement ou de l'indignation : *ho! venez un peu ici*. — Quand il est interjection d'étonnement ou d'indignation, il se confond quelquefois avec *Oh;* le plus souvent on ne redouble : *ho! ho! vous le prenez par là*.

HOANG-HAÏ. Voy. JAUNE *(Mer)*.

HOANG-HO, ou Rivière-Jaune, l'un des plus grands fleuves de l'empire chinois; il prend sa source à l'E. du Thibet, dans les monts Koulkoun, coule d'abord au N.-E. à travers la Mongolie, ensuite à l'E. et au S. dans la Chine proprement dite, puis au N.-E., pour se jeter dans le golfe de Péchili. Rapide et large, mais souvent peu profond et de navigation difficile, il est sujet à des débordements, malgré les digues immenses dont on a encaissé ses rives. Il doit son nom à la couleur de ses eaux chargées de limon.

HOANG-HOA, ville du Tonkin, sur les frontières de la Chine, prise le 10 avril 1884 par les troupes françaises que commandait le général Millot, après avoir mis en fuite l'armée chinoise sous les ordres du général Cham.

HOANG-TCHÉOU. Voy. HANG-TCHÉOU.

' **HOAZIN** s. m. ['ho-a-zain] (onomatop. du cri de l'oiseau). Ornith. Genre de gallinacés appartenant au groupe des alectors ou, comprenant plusieurs espèces de gros oiseaux américains, à bec gros, court, à narines sans membranes et à huppe formée de longues plumes très étroites et effilées. L'espèce la

mieux décrite est *l'hoazin de la Guyane* (*phasianus cristatus*, Linn.).

HOBART-TOWN ou Hobarton, capitale de la colonie anglaise de Tasmanie, sur la côte S. de l'île, à 28 kil. de la mer, à l'extrémité d'un port protégé par des terres et appelé anse de Sullivan; 19,100 hab. La rivière Derwent se jette à l'embouchure de la baie; elle est navigable pour les navires d'un tonnage considérable jusqu'à 6 kil. au-dessus de la ville. Evêché anglican; école de sciences appliquées; commerce de laine, pelleteries, huiles et fanons de baleine.

HOBBEMA ou Hobbima, MINDERHOUT, paysagiste hollandais, né vers 1611, mort en 1709. Il savait allier la clarté des nuances à la vigueur du coloris. Van de Velde, Berchem et autres peintres étoffaient ses tableaux.

' **HOBBES (Thomas)** ['hobz], philosophe anglais, né en 1588, mort en 1679. Après avoir quitté l'université d'Oxford, il habita plusieurs années le continent comme précepteur de jeunes nobles. En 1640, à l'approche de la guerre civile, il quitta de nouveau l'Angleterre et habita Paris pendant près de 10 ans; il y connut Descartes et fut professeur de mathématiques du prince de Galles, plus tard Charles II. En 1651, il publia *Leviathan or the Matter, Form, and Power of a Commonwealth, Ecclesiastical and Civil*. Il a condensé le système complet de sa philosophie dans ses *Elementa Philosophica de Cive, de corpore politico* et *Treatise on Human nature*. Après ces publications, il retourna en Angleterre, où il se trouva engagé dans des controverses théologiques et mathématiques par sa *Letter on Liberty and Necessity* (1654) et par sa prétention d'avoir découvert la quadrature du cercle. En 1666, son *Leviathan* et son *De Cive* furent censurés par le parlement. Il passa ses dernières années chez le comte de Devonshire, dans le Derbyshire, et il continua d'écrire jusqu'à un âge avancé. La philosophie de Hobbes fait reposer tout savoir sur la sensation; il arrive à cette conclusion que les sens, perçoivent seulement ce qui est matériel, la matière seule existe. L'esprit est physique et toutes les pensées découlent de la pression d'objets matériels sur lui. L'éthique de Hobbes suivit nécessairement sa métaphysique. Le bien et le mal n'ont pas de caractère absolu, mais signifient simplement des plaisirs ou des douleurs personnelles. De plus, l'homme est soumis complètement aux circonstances. Pour lui, tout pouvoir est légitime par le fait même qu'il existe. Ce qui fait le mérite des œuvres de Hobbes, c'est la clarté et la logique qui en relient toutes les parties. L'édition la plus complète est celle qui a été préparée par sir William Molesworth (16 vol, 1839-'45); quelques-uns de ses ouvrages ont été traduits par Sorbières et d'Holbach.

' ' **HOBEREAU** s. m. Espèce de faucon à

Hobereau (Hypotriorchis subbuteo).

moustaches étroites et pointues, brun en

dessus, blanchâtre, tacheté en long de brun en dessous, avec les cuisses et le bas du ventre roux. Cet oiseau, de la grosseur d'une grive, long d'environ 30 centim. et ayant une envergure de 60 centim., a le cri aigu et strident; il fait la guerre aux hirondelles et aux cailles. Aussi courageux que le faucon, mais beaucoup plus farouche, il est difficile à élever pour la chasse. Il est très répandu en France, où il vit solitaire. Il niche sur les arbres élevés et dans les fentes des rochers. — Par mépris. Petit gentilhomme campagnard : *il n'y a que des hobereaux dans ce voisinage*.

HOBOKEN, ville du New-Jersey (Etats-Unis), sur la rivière Hudson, vis-à-vis de New-York. 24,780 hab. Les rives de la rivière sont garnies de quais, avec deux magasins appartenant au gouvernement. Manufacture de crayons, fonderies, forges, etc. Nombreuses maisons d'éducation.

' ' **HOC** s. m. (lat. *hoc*, cela), Sorte de jeu de cartes : *jouer au hoc*. Au jeu du *Hoc*, les quatre rois, la dame de pique, le valet de carreau, et toutes les cartes au-dessus desquelles il ne s'en trouve point d'autres, comme les six quand tous les sept sont joués, sont *Hoc*; et, parce qu'en jouant ces sortes de cartes on a coutume de dire *Hoc*, de là vient que, dans le discours familier, pour dire quelque chose est assurée à quelqu'un, on dit, *Cela lui est hoc*.

' **HOC (Ad).** Voy. AD HOC.

' ' **HOCA** s. m. Jeu de hasard : *jouer au hoca*.

' **HOCCO** s. m. ['ho-ko] (onomatop. du cri de l'oiseau). Ornith. Genre de gallinacés, sous-famille des cracinés, comprenant plusieurs espèces de gros oiseaux à bec fort, à narines placées latéralement sur une peau nue que recouvre la base du bec, et à huppe de plumes longues, étroites et recourbées à leur extré-

Hocco commun (Crax alector).

mité. — Le *hocco commun* (*crax alector*, Linn.), mesure un mètre de long et il est gros comme un dindon. C'est celui que l'on a souvent envoyé de la Guyane en Europe, pour y être acclimaté. Il est doux et sociable dans ses manières et fournit un aliment savoureux et nutritif. Les hoccos sont à l'Amérique du S. ce que sont les dindons à l'Amérique du N.; à l'état domestique, ils montrent les mêmes habitudes et le même caractère que la volaille ordinaire; ils sont polygames, s'acclimatent facilement sous les latitudes tempérées, vivent en paix avec les autres gallinacés et poussent rarement des cris discordants. Leur vol est lourd, mais ils courent avec rapidité. On les trouve dans les Guyanes, au Brésil, au Paraguay, au Mexique et dans l'Amérique centrale.

HOC ERAT IN VOTIS loc. lat. qui signifie : *ce qui fait l'objet de mes vœux*. Tirée d'Horace liv. II, sat. VI, vers 1.

HOCHBERG, château situé près de Fribourg.

en Brisgau et bâti par Charlemagne. Il a donné son nom à une famille allemande, dont l'un des descendants Henri, margrave de **Bade**, fonda la maison de Hochberg divisée plus tard en deux branches et que représente aujourd'hui le grand-duc de Bade.

' 'HOCHE s. f. (celt. *coch*, entaille). Coche, entaillure. Se dit plus ordinairement de la marque qu'on fait sur une taille, pour tenir le compte du pain, du vin, de la viande, etc., qu'on prend à crédit : *faire une hoche.*

HOCHE (Louis-Lazare), l'un des plus célèbres généraux de la première République française, né à Montreuil, faubourg de Versailles, le 24 juin 1768, mort au camp de Wetzlar, le 18 sept. 1797. Son père; ancien militaire sans fortune, était palefrenier dans les écuries royales, et sa mère étant morte en 1770, Lazare fut élevé par une tante, fruitière à Versailles. Enfant de chœur, il apprit quelques mots de latin, et se borna son instruction première. A quatorze ans, il entra aux écuries royales comme palefrenier surnuméraire ; mais il quitta cette position précaire deux ans plus tard et s'engagea dans les gardes françaises (1784). Comme si une sorte d'intuition lui eût fait entrevoir un brillant avenir, il se mit de suite à remplir les lacunes de son instruction en se livrant à l'étude. Les fonds lui manquant pour acheter des livres, il entreprit des travaux manuels afin de se procurer de l'argent. Le futur vainqueur des Allemands profitait des instants que lui laissaient les devoirs de sa profession militaire pour se livrer à un humble métier ; il raccommodait modestement de la chaussure pour plusieurs clients de la capitale, et, la nuit venue, après avoir, pendant le jour, dépensé au travail les heures que ses camarades accordaient au plaisir, Hoche, entouré de ses livres, prélevait sur son sommeil le temps nécessaire à l'étude de la géométrie, de la topographie, de l'histoire et de la géographie. Lorsque la Révolution éclata, il n'était encore que caporal ; mais l'étendue de ses connaissances lui permettait d'aspirer aux plus hauts grades. Il eut, en 1788, un duel dans lequel il reçut en plein visage une blessure dont il conserva toute la vie la balafre. Le régiment des gardes françaises ayant été cassé par Louis XVI, en punition de la part qu'il avait prise aux événements du 14 juillet 1789, Hoche entra, comme sergent, dans la garde nationale soldée. Son instruction solide, jointe à son esprit de discipline et à de brillants avantages extérieurs, lui valut un prompt avancement, dès que la Révolution eut fait tomber les privilèges. Il passa adjudant sous-officier au 104ᵉ d'infanterie de ligne le 1ᵉʳ janvier 1792, lieutenant au 58ᵉ en juin, capitaine le 1ᵉʳ sept. Sa belle conduite au siège de Thionville attira l'attention du général Leveneur, qui le prit pour aide de camp. Envoyé au comité de Salut public pour rendre compte de la trahison de Dumouriez, il développa un plan de campagne qu'admira Carnot et qui lui valut le grade d'adjudant-général (31 mai 1793). Une dénonciation calomnieuse le fit arrêter à Douai ; mais il fut de suite relâché et fut chargé de défendre Dunkerque, menacé par le duc d'York. La vigueur et l'intelligence dont il donna des preuves dans ce poste dangereux, furent récompensées par les épaulettes de général de brigade (10 sept. 1793), puis par celles de général de division (23 oct.). Il venait de prendre Furnes lorsqu'il fut nommé général en chef de l'armée de la Moselle, agglomération de 18,000 soldats mal armés, mal équipés et mal disciplinés, et ce fut à la tête de cette troupe de héros nu-pieds et sans pain qu'il entreprit de chasser de l'Alsace plus de 100,000 Allemands commandés par Brunswick. Ecrasé par le nombre

à Kaiserslautern (29-30 nov. 1793), il changea tout à coup de tactique, disparut un instant, se replia sur la Sarre, opéra sa jonction avec l'armée du Rhin, commandée par Pichegru, revint à travers des chemins impraticables, surprit les Autrichiens sous les ordres de Wurmser, les mit en déroute à Wissembourg (23 déc.), débloqua Landau, enleva Germersheim, Spire et Worms, délivra l'Alsace et se couvrit d'une gloire qui porta ombrage à l'ambitieux Pichegru. Lâchement accusé par celui-ci d'aspirer secrètement à la dictature, il fut éloigné de ces troupes rendues invincibles par sa seule présence et qui se seraient fait massacrer pour lui. Nommé commandant en chef de l'armée destinée à opérer en Italie, il fut arrêté à Nice, sur l'ordre de Saint-Just, séparé de sa jeune femme, Anne-Adelaïde Deschaux, et conduit à Paris, où on l'enferma à la prison des Carmes. C'est pendant sa captivité qu'il fit la connaissance de Joséphine Beauharnais. Peu après, Bonaparte nommé à sa place, exécuta son plan de campagne en Italie. La révolution du 9 thermidor ouvrit à Hoche et à Joséphine les portes de leur prison, et ils vécurent ensuite sur le pied d'une grande intimité. Hoche, nommé commandant de l'armée des côtes de Brest (nov. 1794), devina d'un coup d'œil les moyens de pacifier les provinces de l'Ouest. Il établit la discipline la plus rigoureuse dans son armée, abandonna le système des cantonnements pour adopter celui des camps retranchés, lança des colonnes mobiles dans tous les sens contre les cohortes vendéennes, isola les corps royalistes et les battit en détail. Tel fut le succès de sa manière d'agir, que le comité de Salut public joignit à son commandement celui de l'armée de Cherbourg. En peu de jours, les chouans vaincus, acceptèrent le traité dit pacification de la Jaunais (15 fév. 1795). Cette trêve ne tarda pas à être rompue par les Vendéens, qui appelèrent les Anglais à leur aide. A la tête de 9,000 hommes, Hoche rejeta dans la mer ou fit prisonniers les émigrés à Quiberon (24 juillet 1795), et fut investi du commandement de toute l'armée de l'Ouest comprenant 100,000 hommes (1ᵉʳ sept.). Cette victoire de Stoflet et de Charette, il procéda au désarmement des territoires révoltés, apaisa les paysans par le rétablissement officiel du culte catholique et mérita par sa modération autant que par son habileté, le titre glorieux de *Pacificateur de la Vendée.* Le 13 juillet 1796, un décret proclama que l'armée de l'Océan et son jeune chef avaient bien mérité de la patrie. La guerre civile étant terminée, le Directoire voulut se venger de l'Angleterre en soutenant les révoltés irlandais. Hoche, à la tête d'une armée de 18,000 hommes, s'embarqua sur la flotte de Brest, commandée par Morard de Galle, dans le but d'opérer une descente en Irlande, qu'il eût certainement délivrée, si un concours de fatalités inouïes n'avait fait échouer cette expédition. La flotte, dispersée par la tempête, ne débarqua pas les troupes à Bantry, lieu du rendez-vous, et Hoche, séparé des siens, rentra en France, à l'embouchure de la Charente, après avoir échappé, avec beaucoup de peine, aux croiseurs anglais (13 janv. 1797). Le Directoire lui confia, en février, le commandement de l'armée de Sambre-et-Meuse, forte de 80,000 hommes. Sans perdre une minute, Hoche traverse le Rhin, culbute les Autrichiens à Neuwied, à Ukerath, à Altenkirchen et à Diedorf, fait 8,000 prisonniers et prend 30 pièces de canon dans quatre batailles livrées en quatre jours. Il venait de s'emparer de Wetzlar et avait conquis 35 lieues de terrain sous le feu de l'ennemi, lorsque Bonaparte, jaloux de conserver à son armée d'Italie la gloire de la défaite des Autrichiens, signa, maigre la volonté du Directoire, l'armistice de Léoben. Hoche dut s'arrêter.

Ennemi de Pichegru, qui était devenu l'allié des conspirateurs royalistes, il prit parti pour le Directoire contre les conseils, et, lors de l'affaire du 18 fructidor an V, il vint en aide aux directeurs en mettant à leur disposition toute la dot de sa femme. Il se trouvait à la tête des armées réunies de Sambre-et-Meuse et de Rhin-et-Moselle, quand il fut atteint d'une maladie étrange et subite : convulsions nerveuses, toux, crachement de sang, puis douleurs d'entrailles. Il expira à l'âge de 29 ans, au milieu d'horribles souffrances, en murmurant : « Suis-je donc enveloppé de la robe empoisonnée de Nessus? » L'autopsie de son cadavre fit découvrir dans l'estomac et dans l'intestin des taches noires qui confirmèrent les bruits d'empoisonnement ; mais l'auteur de ce crime est resté inconnu. L'armée et la France apprirent avec stupeur la mort de ce héros. Ses restes furent déposés auprès de ceux de Marceau, dans la redoute de Petersberg, pendant que le gouvernement faisait célébrer au Champ de Mars une imposante cérémonie funèbre en son honneur. Un monument lui fut élevé à Wissembourg, près de Newied. Sa statue en marbre, exécutée par Milhomme et érigée à Versailles, place Hoche, le 3 août 1832, a été remplacée le 31 juillet 1836, par une statue en bronze due à Lemaire. Depuis 1872, la ville de Versailles célèbre, le 24 juin de chaque année, l'anniversaire de la naissance du plus glorieux de ses enfants. — BIBLIOGR. *Vie de Lazare Hoche,* par A. Rousselin (Paris, 2 vol. in-8°; Desène, an VI ; 2ᵉ éd. suivie de sa *Correspondance,* Paris. F. Buisson, an VI, 2 vol. in-8°); — *Souvenirs et correspondances de Hoche,* Hippolyte Durand (Paris, Delaunay, 1832); — *Hist. de Hoche,* par P. de Champrobert (Nevers, 1840, in-18). — *Hist. de Hoche,* par H. Douville (Paris, 1844, in-12); — *Notes historiques sur le général Hoche,* par Privat, (Metz, an VI, in-18); — *Hist. de Hoche,* par de Bonnechose (6ᵉ éd., 1874); — *Hoche, sa vie, sa correspondance,* ouvrage très intéressant, par du Chatellier (1874, in-8°).

' 'HOCHEMENT s. m. Action de hocher : *hochement de tête.*

' 'HOCHEPIED s. m. Fauconn. Nom qu'on donne au premier des oiseaux qui attaque le héron dans son vol, ou qu'on jette seul après le héron, pour le faire monter.

' 'HOCHEPOT s. m. Cuis. Espèce de ragoût fait de bœuf haché et cuit sans eau dans un pot, avec des marrons, des navets et autres assaisonnements : *un bon hochepot.*

' 'HOCHEQUEUE s. m.Hist. nat. Un des noms de la bergeronnette, ainsi appelée parce qu'elle remue continuellement la queue en marchant.

' 'HOCHER v. a. Secouer, remuer. N'est guère usité que dans certaines phrases : *hocher un prunier pour en faire tomber les prunes.* — Fam. HOCHER LA TÊTE, marquer, en levant subitement la tête en haut, qu'on désapprouve quelque chose ou qu'on ne s'en soucie guère : *Se mit à hocher la tête.* — HOCHER LE MORS, HOCHER LA BRIDE A QUELQU'UN, essayer de l'animer, de l'exciter à faire quelque chose. — v. n. Manège, Se dit d'un cheval qui lève et baisse fréquemment le nez pour faire mouvoir le mors dans sa bouche.

' 'HOCHET s. m. Jouet qu'on met entre les mains d'un petit enfant, pour qu'il le porte à sa bouche et le presse entre ses gencives, pendant le travail de la dentition : *un hochet de corail.* — Se dit, fig., des choses futiles qui flattent quelque passion, qui amusent l'esprit ; et, dans ce sens, il se met souvent au plur. : *les riches parures, les bijoux coûteux et inutiles sont des hochets pour la vanité.* IL × A DES HOCHETS POUR TOUT AGE, chaque âge à ses plaisirs, ses amusements, ses illusions.

' **HOCHFELDEN**, ville d'Alsace-Lorraine, à 15 kil. N.-E. de Saverne, sur la Zorn; 2,500 hab.

' **HOCHHEIM** ['hok-'haïmm]. Voy. VINS D'ALLEMAGNE.

' **HOCHKIRCH** ['hoch-kirche]. Village de Saxe, à 10 kil. E.-S.-E. de Bautzen; il est célèbre par une bataille livrée le 14 oct. 1758, dans laquelle Frédéric le Grand, entouré par les Autrichiens commandés par Daun, fut forcé de battre en retraite avec de grandes pertes. Les alliés y furent battus par les Français le 21 mai 1813.

' **HOCHSTÆDT**. Voy. HŒCHSTÆDT.

' **HOCK**. Voy. VINS DE L'ALLEMAGNE.

' **HOC OPUS, HIC LABOR EST** loc. lat. qui signifie : *c'est là qu'est l'embarras, la difficulté.* Tirée de Virgile, *Énéide*, liv VI, v 129

HOCQUINCOURT (Charles DE MONCEY, *marquis d'*), maréchal de France, né en 1599, mort en 1658. Il combattit contre les Espagnols à la Marfée (1641), commanda à Réthel (1650) l'aile droite des Français et décida de la défaite de Turenne. Maréchal de France en 1651, il prit parti pour la cour contre la Fronde et fut battu par Condé à Bléneau (1652). L'année suivante, devenu vice-roi de Catalogne, il échoua devant Gironne et offrit au prince de Condé de lui vendre les villes de Ham et de Péronne dont il avait été nommé gouverneur. Il fut tué devant Dunkerque, que Condé l'avait chargé de défendre. Sa bravoure militaire n'a été d'égale que l'étroitesse de son esprit et la faiblesse de son caractère.

' **HOC VOLO, SIC JUBEO, SIT PRO RATIONE VOLUNTAS**, loc. lat. tirée de Juvénal (sat. VI, v. 223) et qui exprime une volonté impérieuse et arbitraire : *je le veux, je l'ordonne; que ma volonté tienne lieu de raison.*

' **HODEIDA** ou **El'Hudaidah** ['ho-dè-da], port de l'Arabie, capitale du Yémen, sur la mer Rouge, à environ 150 kil. N.-N.-O. de Moka. Ville bien bâtie, avec un port abrité au N.; mais exposé au sud du côté de la terre. Une grande partie du café, embarqué autrefois de Moka, y est envoyé pour l'exportation.

HODGES (William), peintre anglais, né vers 1744, mort en 1797. Il accompagna le capitaine Cook dans son second voyage et produisit les illustrations du récit de cette exploration. Il se rendit ensuite dans l'Inde et publia un ouvrage illustré sur ses voyages dans ce pays.

' **HODGKINSON** (Eaton), médecin anglais, né en 1789, mort en 1861. Il découvrit qu'en donnant aux rails et aux poutres la forme d'un T (⊥) renversé, on gagne une force de plus de 40 p. 100. Il fit de nombreuses expériences sur la force des colonnes de fer et publia d'importants travaux sur l'emploi du fer en mécanique et en architecture.

' **HODIE MIHI, CRAS TIBI**, loc. lat. qui signifie : *aujourd'hui à moi, demain à toi.* Inscription de cimetière.

' **HŒCHST** ['heukst], ville de Hesse-Nassau (Prusse), près des monts Taunus, à 10 kil. O. de Francfort; 4,090 hab. Elle fut prise six fois pendant la guerre de Trente ans. Tilly y remporta une brillante victoire le 10 juin 1622, sur le duc Christian de Brunswick. Les Autrichiens y battirent les Français le 11 oct. 1795.

' **HŒCHSTŒDT** ['heuk-stètt], ville de Bavière, près du Danube, à 6 kil. N.-E. de Dillingen; 2,290 hab. Dans son voisinage se livra, en 1704, la bataille de Blenheim, connue en Allemagne et en France sous le nom de Hoechstædt.

HŒCK (Jan VAN), peintre flamand, né à An-

vers en 1600, mort en 1650. Il eut pour maître Rubens. Après avoir visité l'Allemagne et l'Italie, il se livra tout entier à son art et fit quelques belles toiles religieuses à la cour de l'empereur Ferdinand II. Il revint en Belgique suivre les traces de son maître Rubens, qu'il imita scrupuleusement. Son dessin est soigné et son exécution forte et naturelle.

HOËDIC, île française de l'océan Atlantique sur la côte du Morbihan, à 12 kil. E. de Belle-Ile et à 15 kil. de la terre. Elle est fortifiée.

HOËL. Nom de plusieurs ducs de Bretagne. — I. né vers la fin du Vᵉ siècle, mort en 545. Son père Budic ayant été tué, par ordre de Clovis, Hoël se retira en Angleterre, d'où il revint en 513 avec une armée; il battit les Francs et fonda une évêché à Aleth dont le 1ᵉʳ évêque, saint Malo, donna son nom à la ville. — II. Fils et successeur du précédent, persécuta saint Malo et fut tué à la chasse en 547, par son frère Canor. — III. Succéda à Judicaël, son père, en 594 et mourut en 612. — IV. Comte de Nantes, succéda à son frère en 953 et fut tué à la chasse en 980. — V. Duc de Bretagne de 1066 à 1084; il aida Guillaume dans la conquête de l'Angleterre. — VI. Reconnu duc de Bretagne en 1148 par les villes de Nantes et de Quimper, il fut battu par son compétiteur en 1154 et définitivement chassé par les Nantais en 1156.

HOEVEN (Jan van der)[vann-dèr-'hou'-vènn], naturaliste hollandais, né en 1801, mort en 1868. Il pratiqua la médecine à Leyde et devint professeur de zoologie en 1835. Son ouvrage principal est *Handbook of Zoology.*

HOF, ville de la Franconie supérieure (Bavière), sur la Saale, à 43 kil. N.-E. de Baireuth; 18,270 hab. Manufacture de bonneterie et d'articles de laine et de coton, de cuirs; brasseries importantes.

HOFER (Andreas), patriote tyrolien, né en 1767, fusillé le 20 février 1810. Il était marchand de vins et conducteur de chevaux entre le Tyrol et l'Italie. En 1796, il se mit à la tête d'une compagnie de tirailleurs contre les Français sur le lac de Garde, et en 1803 il organisa une milice rurale. En janv. 1809, quand la désaffection envers la Bavière, à laquelle le Tyrol avait été donné par Napoléon, fut arrivée à son plus haut point, Hofer fut un des envoyés secrets qui se rendirent à Vienne pour conférer avec l'archiduc Jean et susciter un soulèvement. En quelques semaines, tout le Tyrol fut en armes et envahi par 10,000 Autrichiens. Plusieurs détachements français et bavarois furent pris ou battus. Napoléon envoya trois armées dans le Tyrol. L'une d'elles, commandée par Lefebvre, obtint des succès. Hofer rallia ses compatriotes et défit les Bavarois à Inspruck, et peu après, Lefebvre, avec 25,000 hommes, fut mis en déroute (13 août) par 18,000 paysans tyroliens et chassé du Tyrol. On forma un gouvernement indépendant avec Hofer comme chef absolu; mais après la paix de Vienne, ce patriote fut forcé d'envoyer sa démission. Trompé par de faux rapports, il prit de nouveau les armes; mais, ayant été battu, il s'enfuit dans les montagnes où les paysans résistèrent à toutes les promesses et à toutes les séductions pour dévoiler le lieu de sa retraite. Il fut trahi par un prêtre qui avait été son ami et qui le livra pour 300 ducats. Arrêté à Passeyr dans la nuit du 20 janv. 1810, il fut conduit à Mantoue devant un conseil de guerre présidé par le général Bisson. La majorité des juges désirait lui sauver la vie, mais Napoléon donna les ordres pour qu'il fût mis à mort dans les 24 heures. Il mourut en héros, ayant voulu lui-même commander le feu. Le gouvernement autrichien anoblit sa famille sous le nom de von Passeyr.

HOFFMANN (Ernest-Théodor-Willhelm) (AMADEUS), auteur allemand, né en 1776, mort en 1822. Après avoir été magistrat à Berlin, à Posen et à Plock, il devint, en 1803, conseiller de la régence de Prusse à Varsovie. L'invasion française le réduisit à la pauvreté et il se fit journaliste à Leipzig, puis chef d'orchestre, machiniste, peintre de fresques, chantre d'église; il s'associa avec Holbein dans la direction du théâtre de Bomberg. En 1816, il fut nommé conseiller à la cour d'appel de Berlin. Ses compositions musicales le rendirent célèbre. Mais des excès de toute sorte le vieillirent avant l'âge. Ce fut en vain que ses amis, pour l'arracher à une vie indigne de lui, formèrent dans sa propre demeure une espèce d'académie où il reprenait, quand ils l'avaient quitté, le chemin de la taverne. C'est tout à la fois à leur admiration et aux besoins pressants d'une vie désordonnée qu'il faut attribuer sa fécondité dans ses dernières années. Ses écrits abondent en fantaisies et en caricatures grotesques. Il a laissé *Phèdre, Adrien, la Mort d'Abel, le Trésor supposé, les Romans bourgeois* et *le Roman d'une heure.* Pendant 20 ans, il collabora au *Journal de l'Empire* (auj. des Débats).

HOFFMANN (François-Benoît EBRARD, *dit*), poète dramatique et journaliste, né à Nancy en 1760, mort à Paris en 1828. Il a composé plus de 40 ouvrages pour le théâtre et excella surtout à dresser le plan d'un livret d'opéra. Il a laissé les plus célèbres sont : *Die Elixire des Teufels* et *Lebensansichten des Katers Murr*, à l'occasion de la mort d'un chat en 12 vol. (1857). Ses œuvres complètes ont été traduites en français par Loëve-Weimars (Paris, 1833); ses *Contes*, par M. Toussenel (1838, 2 vol. in-8o) et ses *Contes fantastiques*, par M. Marmier. Il a laissé aussi des œuvres musicales.

HOFFMANN (Friedrich), médecin allemand, né en 1660, mort en 1742. Il était professeur à Halle. Ses spécifiques l'*elixirium viscerale* et la *liquor anodynus*, sont encore employés et connus sous le nom de *gouttes d'Hoffmann.* Il découvrit les eaux de Sedlitz et les sels que l'on en obtient. Ses ouvrages volumineux ont encore de la valeur. — HOFFMANN (BAUME DE VIE D'). Voy. *Vie.*

HOFFMANN VON FALLERSLEBEN (August-Heinrich) [fonn-fàl'-lèrss-lè-bènn], poète allemand, né en 1798, mort en 1874. Il fut bibliothécaire à l'université de Breslau (1823-'38), et professeur de langue et de littérature allemande (1830-'42). Suspendu et banni en 1854, il s'établit à Weimar en 1860, devint bibliothécaire du duc de Ratibor à Corvei. Ses ouvrages d'archéologie, d'histoire, ses poésies, ses mélanges sont nombreux et ses chants populaires eurent une grande célébrité, principalement à cause de leur caractère libéral. Il publia son autobiographie (6 vol. 1862-'68).

' **HOFFMANNSEGG** (Johann-Centurius, COMTE) ['hoff-'mânn-sèg], botaniste allemand, né à Dresde en 1766, mort en 1849. Il découvrit plusieurs nouvelles plantes, contribua d'une manière importante à l'entomologie, publia *Voyage en Portugal*, et, avec l'aide de H.-F. Link, *Flore Portugaise.*

' **HOFHUF** ['houf-'houf], ville de Hasa (Arabie), près du golfe Persique; environ 24,000 hab. Elle était autrefois très fortifiée, mais ses murailles et ses tours ne sont plus guère qu'un monceau de ruines. Le quartier dans lequel les employés du gouvernement habitent est une vaste citadelle entourée de profondes tranchées et de tours avec des murs massifs.

' **HOFWYL** ['hof-'vil]. Voy. FELLENBERG.

' **HOGARTH** ou ' Hogart (William), peintre

et graveur anglais, né en 1697, mort en 1764. Il était fils d'un pauvre prote d'imprimerie et montra dès son tout jeune âge un goût très vif pour le dessin. Il excella dans l'expression des passions et des scènes populaires et fut le créateur de la caricature des mœurs ; par une série de compositions pleines de verve, d'esprit et de vérité, il s'attira, en châtiant les ridicules de son époque, une popularité qui s'accrut avec le temps et que n'atteignit jamais celle d'aucun autre artiste. On a de lui : *la Vie d'une courtisane, la Vie d'un libertin, la Conversation moderne à minuit ou les Buveurs de punch, le Mariage à la mode,* etc., etc. Il a laissé un écrit intitulé *Analyse de la beauté,* qui le ridiculisa ; son esprit et sa santé furent gravement atteints par cette défaveur publique, qui hâta sa mort.

HOGLAND, île de la Russie d'Europe dans le golfe de Finlande, par 60° 5' 44'' lat. N. et 24° 38' 15'' long. E. Elle offre des mouillages profonds et d'excellents abris. Dans ses eaux fut livrée, en 1788, une bataille navale où les Suédois furent défaits par les Russes.

' ' HOGNER .v. n. [gn mll.] (anc. haut all., *holunga,* dérision). Gronder, murmurer, se plaindre. (Pop. et peu usité.)

HOGUE (La) ou la HOUGUE, hameau de la commune de Saint-Vaast, arr. et à 18 kil. N.-E. de Valognes (Manche). Port protégé par les forts des îlets Tatihou, Saint-Marcouf et de la Hougue. — DÉSASTRE DE LA HOGUE. Après la bataille navale de *la Hague* (voy. ce nom), 12 vaisseaux français vinrent s'abriter dans le port de Saint-Vaast-la-Hougue, où ils s'échouèrent volontairement. Les Anglais ayant formé une flottille de 200 petits bâtiments, s'approchèrent de ces vaisseaux et les incendièrent (2-3 juin 1692), sous les yeux de Tourville et du roi détrôné, Jacques II. Trois autres vaisseaux réfugiés à Cherbourg, furent également détruits par les ennemis. Tel fut ce désastre de la Hougue dont le nom retentit dans notre histoire comme un autre Azincourt ou un autre Crécy.

' HOGUINE s. f. ['ho-ghi-ne). Pièce de l'armure qui prenait place entre le plastron de la cuirasse et les cuissards.

HOHENLINDEN, village de la Bavière supérieure, à 28 kil. E. de Munich, célèbre par la victoire que remporta Moreau sur l'archiduc Jean d'Autriche, le 3 décembre 1800. Les pertes des Autrichiens furent de 8,000 morts et blessés, et plus de 10,000 prisonniers et 100 canons. La pertes des Français furent de 5,000 hommes seulement. Cette victoire de Moreau fut suivie de la paix de Lunéville.

' HOHENLOHE ['ho-ènn-lô-éh], nom d'une famille princière d'Allemagne, prétendant descendre des ducs de Franconie et ainsi nommée du territoire de Hohenlohe, d'abord comté, ensuite principauté de Franconie (1806) et appartenant maintenant en partie à la Bavière et en partie au Würtemberg. Cette famille fut divisée de bonne heure en plusieurs branches. — Friedrich-Ludwig, prince de Hohenlohe-Ingelfingen, général prussien(1746-1818), se signala dans la guerre de 1792-94, contre la France et remporta une brillante victoire à Kaiserslautern (1794); mais il fut moins heureux dans la campagne de 1806 ; il fut battu à Iéna (16 oct. 1806), et on lui reprocha surtout la capitulation de Prenzlau; il se retira dans ses terres ; il était de la branche Hohenlohe-Langenburg-Œhringen. —Alexander-Leopold-Franz-Emmerick, le plus connu de la branche des Hohenlohe-Waldenburg-Schillingsfürst, né en 1794, mort en 1849. Il fut ordonné prêtre en 1815 et devint grand-prieur de Gross-Wardein en Hongrie, et évêque de Sardica *in partibus infidelium,* en 1844. Il connut surtout par les guérisons miraculeuses qu'il opéra sans voir les malades, par la seule prière qu'ils faisaient à la

même heure que lui. La cour de Rome n'a jamais reconnu ses miracles. On a de lui des traités d'ascétisme et de controverse, ainsi que plusieurs volumes de sermons. — Louis-Aloys-Joachim, prince de Hohenlohe-Waldenburg-Bartenstein (1765-1829), combattit la France pendant la Révolution et l'Empire, s'empara de Troyes en 1814 et fut nommé maréchal de France par Louis XVIII (1817).

' HOHENSTAUFEN ['ho'-enn-staou-fènn], illustre famille de princes allemands, qui a pris son nom d'un château sur le mont Staufen en Würtemberg. Frédéric de Staufen, partisan de l'empereur Henri IV, reçut la main de sa fille Agnès et le duché de Souabe. L'élévation soudaine de cette maison, qui pour une autre possession, Waiblingen, en Souabe, fut aussi appelée Gibeline, devint l'origine de la longue lutte avec la famille rivale des Guelfes. Conrad, fils de Frédéric, monta sur le trône d'Allemagne, en 1138. Son neveu, Frédéric Barberousse, lui succéda (1152-'90) et eut pour remplaçant Henri VI (mort en 1197). Le fils de ce dernier, Frédéric, enfant de deux ans, fut reconnu pour son successeur. Son fils Conrad IV, mourut en Italie (1254), où les héritiers mâles survivants du nom de Hohenstaufen, périrent bientôt pendant la lutte contre Rome et contre la maison d'Anjou. L'histoire de cette famille a été écrite par Raumer (Leipzig, 1871). Peu de dynasties ont eu une destinée plus brillante et plus malheureuse. Les membres de cette illustre maison périrent presque tous misérablement, tout en écrasant le parti des Guelfes en Allemagne et en soutenant une lutte séculaire contre les papes et les communes lombardes en Italie.

' HOHENZOLLERN ['ho'-ènn-tsol-lèrn], territoire situé au S.-O. de l'Allemagne, et, depuis 1850, division administrative de la Prusse,

Château de Hohenzollern.

formant autrefois deux principautés indépendantes : Hohenzollern-Hechingen et Hohenzollern-Sigmaringen. Il forme une langue de terre longue et étroite, appartenant au Würtemberg, excepté au S.-O. où il touche à Bade ; 66,620 hab. Le Necker et le Danube le traversent. Capitale, Sigmaringen.

HOHENZOLLERN ou Zollern, famille princière d'Allemagne. Ce nom vient du château de Hohenzollern, dans le district de Sigmaringen, sur le Zollerberg, montagne des Alpes, à environ 1,000 m. au-dessus du niveau de la mer. Le comte Thassilo, qui vivait vers l'an 800, est l'ancêtre de cette famille, dont le nom paraît dater du XIe siècle. En 1226, la maison fut divisée en deux branches. Frédéric V, de la branche franconienne (mort en 1398), fut le premier qui porta le titre de prince que lui octroya l'empereur Charles IV. Frédéric VI (mort en 1440) reçut, en 1415, de l'empereur Sigismund, l'électorat de Bran-

denburg et s'appela, comme tel, Frédéric Ier. Son onzième successeur, Frédéric III, devint le premier roi de Prusse, sous le nom de Frédéric Ier (1704). Charles Ier, de la branche de Souabe (mort en 1576), reçut de l'empereur Charles-Quint, en 1529, les comtés de Sigmaringen et de Voehringen. Les fils de Charles, Eitel-Frédéric VI et Charles II se partagèrent ses Etats, le premier fondant la ligue Hohenzollern-Hechingen, et le second celle de Hohenzollern-Sigmaringen. Le fils de Frédéric VI, Jean-Georges, fut élevé à la dignité de prince de l'empire, en 1623, par l'empereur Ferdinand II. Cette dignité fut aussi conférée, en 1638, à la famille Sigmaringen. En 1695 et en 1707, les branches de la Franconie et de la Souabe s'accordèrent pour admettre une loi commune de succession. A la suite des troubles politiques de 1848, les princes Frédéric-Guillaume de Hohenzollern-Hechingen et Charles-Antoine de Hohenzollern-Sigmaringen abandonnèrent le gouvernement de leurs territoires (7 décembre 1849), et les principautés firent partie de la couronne de Prusse. Les deux princes reçurent le rang de princes cadets de la maison royale. Le prince Charles-Antoine de Hohenzollern-Sigmaringen, né en 1814, mort le 24 janvier 1883, présida le cabinet prussien (1858-'62). Son fils aîné, le prince Léopold (né en 1835), épousa, en 1861, l'infante Antonia de Portugal. Sa candidature à la couronne d'Espagne, en 1870, amena la guerre franco-allemande de 1870-'71. Il est major-général de l'armée prussienne. Son frère, Charles (né en 1839), fut élu prince de Roumanie, en 1866. Antoine, son autre frère (né en 1841), mourut, en 1866, des blessures qu'il avait reçues à la bataille de Koeniggraetz. Frédéric, le troisième frère (né en 1843), est officier des dragons de la garde prussienne.

' HOIE s. f. Comm. Sorte de houille.

' HOIR s. m. [ouàr] (lat. *hæres*). Héritier. N'est guère usité qu'en termes de Pratique, et se dit ordinairement des enfants, des héritiers en ligne directe: *ses hoirs et ayants cause.*

' HOIRIE s. f. Prat. Héritage, succession qui appartient à l'héritier : *accepter l'hoirie.*

Mon oncle, pour ce soir, il [me faut, je vous prie, Cent louis neufs comptants en [avance d'hoirie.
RÉGNARD.

' ' HOLÀ interjection dont on se sert pour appeler: *holà ho ! Holà ! qui est là ?* —Adv. Tout beau, c'est assez : *holà, ne faites pas tant de bruit.* — s. invar., comme dans ces phrases familières, METTRE LE HOLA, METTRE LES HOLA, faire cesser des gens qui se querellent, qui se battent.

HOLACANTHE s. m. (gr. *holos,* tout entier; *akantha,* épine). Icht. Sous-genre du genre chétodon, comprenant plusieurs poissons remarquables par la beauté et la régularité de leurs couleurs.

HOLBACH (Paul-Henri THIRY, *baron d'*) [dol-bak], philosophe français, né à Heidelsheim, dans le Palatinat, en 1723, mort en 1789. Amené à Paris dès son enfance et maître d'une grande fortune, il fit de sa maison le rendez-vous de tous les athées et libres penseurs de l'époque, qui, par son savoir et ses connaissances, il sut tenir sa place au milieu d'eux. Il attaqua violemment le christianisme et toutes les autres religions positives, travailla ardemment à propager ses idées naturalistes, et le fit avec le fanatisme raisonné d'une conviction sincère unie à une vaste érudition. Malheureusement, il attaquait de front tout ce qui, jusqu'alors, avait gouverné le monde : pouvoir monarchique et sacerdotal, croyances religieuses, morales et politiques. Son *Christianisme dévoilé* (1767) et l'*Esprit du clergé* furent brûlés publiquement en 1770, et son livre célèbre, le *Système de la nature ou des lois du monde physique et moral*, publié sous le pseudonyme de Mirabaud (1770), causa un tel scandale que Voltaire lui-même voulut le réfuter. D'Holbach en fit alors un abrégé, sous la forme familière d'un pamphlet et il l'intitula : *Le bon sens du curé Meslier* (1772); plus que toute autre publication, celle-ci contribua puissamment à vulgariser parmi la classe moyenne, en France, les idées d'irréligion et d'athéisme qui commençaient à poindre. Le baron d'Holbach a laissé le souvenir d'un grand seigneur philosophe chez qui la faste et la bonne chère avaient alourdi l'esprit, mais qui n'en jouissait pas moins d'un immense crédit à la cour et dans la société. Outre les ouvrages que nous venons de citer, d'Holbach a laissé : *Théologie portative ou Dictionnaire abrégé de la religion chrétienne* (1 vol. in-12, 1768), publié sous le nom de l'abbé Bergier; *Essai sur les préjugés ou de l'Influence des opinions sur les mœurs et le bonheur des hommes* (Londres, 1700), véritable catéchisme de l'athéisme destiné à en populariser la doctrine; *Le Système social ou Principes naturels de la morale et de la politique* (2 vol. in-8°, Londres, 1773); la *Morale universelle ou les Devoirs de l'homme fondés sur la nature* (3 vol. in-8°, Amsterdam, 1776); etc.

' HOLBEIN (Hans ou JOHANN) ['hol-baïnn]. appelé LE JEUNE, peintre et graveur allemand, né entre 1495 et 1498, mort en 1554 ou en 1543. Il se rendit à Bâle avec son père, Hans Holbein l'Aîné, peintre de talent. Vers 1526, il se lia d'amitié avec Érasme dont il fit le portrait et bientôt après, il visita l'Angleterre où il passa le reste de sa vie. Henri VIII le nomma peintre de la cour. Comme graveur, il est connu principalement par sa célèbre *Dance of Death*, série de 53 gravures sur bois, d'après ses propres dessins. Il y a eu des controverses au sujet de l'authenticité de quelques-uns des ouvrages qui lui ont été attribués, particulièrement au sujet de deux toiles qui représentent la *Madone du bourgmestre Meyer de Bâle*, dont l'une est à Darmstadt et l'autre à Dresde.

HOLBERG (Ludvig) ['hôl-'bèrg], dramaturge danois, né en Norvège en 1684, mort en 1754. Il fut élevé à Copenhague et y devint professeur de métaphysique en 1718, et de rhétorique en 1720. En 1722, il produisit sa comédie, *Le Ferblantier homme d'État*, et à de très courts intervalles 14 autres pièces, avec un succès toujours croissant. En 1730, le roi Christian VI prohiba les divertissements du théâtre, mais les comédies de Holberg avaient produit une impression ineffaçable. Ses romans satiriques en latin, *Les Voyages souterrains de Nicholas Klin* (1741) ont été traduits en plusieurs langues. Frédéric V rétablit le théâtre en 1746 et donna à Holberg des lettres de noblesse. Son *Danmarks Riges Historie* (3 vol., 1732-'35) fut le premier essai d'histoire complète du Danemark. Il écrivit aussi *Histoire des Juifs, Histoires de Héros et de Héroïnes*, etc. Une collection de ses œuvres parut en 27 vol. à Copenhague, en 1826.

HOLCROFT (Thomas), auteur anglais, né en 1745, mort en 1809. Dans sa jeunesse, il fut successivement cordonnier, marchand de chevaux, maître d'école et acteur. La plus populaire de ses compositions dramatiques est *The Road to Ruin* (1792). Il écrivit environ 30 pièces et 4 romans; il publia des traductions de la *Physionomie* de Lavater, les ouvrages de Frédéric le Grand et *Travels in France and Germany* (1806). Hazlitt a publié ses mémoires (1816).

' HOLINSHED ['hol-'innz-hèd], Holingshed ou HOLLYNSHED (Raphael), chroniqueur anglais, né vers 1580. Sa vie est peu connue. Collaborateur des *Chroniques d'Angleterre, d'Écosse et d'Irlande* (2 vol. in-fol., 1577), il donna dans cette publication les histoires d'Angleterre et d'Écosse; Shakspeare a emprunté à Holinshed des pages entières pour son *Macbeth*; et le caractère de Wolsey, dans *Henri VIII*, est presque mot pour mot tiré des *Chroniques*.

' HOLKAR. Voy. INDORE.

' HOLLAND (SIR Henry), médecin anglais, né en 1788, mort en 1873. Il pratiqua à Londres, devint médecin ordinaire de la reine en 1852, et fut créé baronnet en 1853. Il publia : *Medical Notes and Reflections, Chapters on Mental Physiology, Essays on Scientific and other Subjects, Recollections of a Past Life* (1871), etc.

' HOLLANDAIS, AISE adj. et s. Habitant de la Hollande; qui appartient à ce pays. — s. m. Langue parlée en Hollande.

' HOLLANDE s. f. Toile fine et serrée qui se fabrique en Hollande. — s. m. Fromage particulier fabriqué en Hollande. Le hollande est un fromage rouge, en forme de boule. — BLANC DE HOLLANDE. (Voy. *Venise.*)

HOLLANDE I. Division des Pays-Bas, comprenant les provinces actuelles de Hollande méridionale et de Hollande septentrionale, et qui forma successivement, au moyen âge, une partie de l'empire franc, de la Lorraine et de l'empire germanique; elle était gouvernée par des comtes; en 1430 elle fut annexée à la Bourgogne. (Voy. BOURGOGNE et PAYS-BAS). — II. Hollande septentrionale, province des Pays-Bas, bornée par la mer du Nord et le Zuyderzée, 2,769 kil. carr.; 732,692 hab Les Iles Terschelling, Vlieland, et Texel, dans la mer du Nord, et Wieringen, Marken et quelques autres plus petites dans le Zuyderzée font partie de cette province. Territoire plat, dont plusieurs districts sont en partie audessous du niveau de la mer et sont protégés par des digues. Le lac de Haarlem a été comblé et desséché. Capitale, Amsterdam. — III. Hollande méridionale, province des Pays-Bas, bornée par la précédente et par la mer du Nord, et au S. par la Meuse et par l'embouchure de ce cours d'eau; 3,024 kil. carr.; 851,895 hab. Les Iles d'Ysselmonde, de Voorne, de Beijerland et d'Overflokke en forment une partie. Territoire semblable à celui de la Hollande septentrionale. Capitale, la Haye. — IV. Royaume de Hollande. (Voy. PAYS-BAS.) — V. Nouvelle-Hollande. (Voy. AUSTRALIE.)

* ' HOLLANDÉ, ÉE part. passé de HOLLANDER. — *Batiste hollandée*, batiste plus forte et plus serrée que la batiste ordinaire.

* ' HOLLANDER v. a. (rad. *Hollande*). Se dit de la préparation que l'on donne aux plumes à écrire, et qui consiste à les passer dans la cendre chaude, pour les dépouiller d'une pellicule grasse qui empêcherait l'encre de couler.

' HOLLAR (Wenzel), graveur bohémien, né en 1607, mort en 1677. Il se fixa à Londres, vers 1636, et y exécuta les portraits de la famille royale et une série de 28 planches, ayant pour titre *Ornatus Muliebris Angelicanus*. Sous le commonwealth, il subit un court emprisonnement, et il vécut plusieurs années à Anvers. Il grava la *Danse des Morts* de Holbein et d'autres œuvres des vieux maîtres. Ses gravures sont au nombre de près de 2,400.

HOLLIDAYSBURG, ville de Pennsylvanie (États-Unis), sur la crique Beaver Dam, à 190 kil. E. de Pittsburg; 2,950 hab.

' HOLMAN (James) ['hôl'-mann], surnommé *le Voyageur aveugle*, né en Angleterre vers 1787, mort en 1857. Il servit dans la marine anglaise depuis 1798 jusqu'au moment où il perdit la vue en 1812. Il voyagea beaucoup en Europe, fit le tour du monde et publia un récit de ses voyages, mais ses livres sont plus curieux qu'utiles.

' HOLMES (John) ['hômss], auteur canadien, né en 1799, mort en 1852. Il se convertit au catholicisme, devint professeur au collège de Nicolet à Montréal, fut ordonné prêtre et devint missionnaire. En 1828, il fut nommé professeur au séminaire de Québec et bientôt après principal. Il publia *Conférences de Notre-Dame de Québec* et *Manuel abrégé de géographie moderne*.

' HOLOCAUSTE s. m. (gr. *holos*, entier; *kaustos*, brûlé). Sorte de sacrifice parmi les Juifs, où la victime était entièrement consumée par le feu : *offrir un holocauste.* — Victime ainsi sacrifiée : *mettre l'holocauste sur l'autel.* — Sacrifice en général; et dans ce sens on dit, J.-C. *s'est offert en holocauste pour nos péchés.*

' HOLOGRAPHE adj. Voy. OLOGRAPHE.

' HOLOPHERNE, général du roi d'Assyrie Nabuchodonosor 1er. Pendant qu'il assiégeait Béthulie, une femme d'une grande beauté, nommée Judith, se rendit sous sa tente et il l'accueillit sans défiance. S'étant endormi après son repas, il eut la tête tranchée par cette femme qui jeta ainsi la terreur au camp des Assyriens et les força à lever le siège de Béthulie.

HOLOTHURIE s. f. (gr. *holothourion*). Échin. Famille de zoophytes échinodermes pédicellés, caractérisés par un corps oblong, à peau coriace, portant la bouche à une extrémité et l'anus à l'autre extrémité. A l'intérieur du corps se trouve un long tube digestif. Les pieds vésiculeux rétractiles et les mouvements vermiculaires du corps aident ces animaux à ramper. Les holothuries forment la famille la plus élevée des échinodermes, qui sont eux-mêmes la plus haute classe des rayonnés. On leur donne le nom de *concombres de mer* à cause de leur forme allongée et cylindrique et à cause des verrues qui se trouvent sur leur corps. On les appelle aussi *limaces de mer* à cause de leur façon vermiculaire de ramper. Elles sont souvent pourvues de belles couleurs et vivent à de grandes profondeurs au fond des mers (de 35 à 75 m.); elles se nourrissent de petits animaux marins et de matières animales en décomposition. Petites dans nos mers européennes, elles atteignent jusqu'à 75 centim. de long et 10 centim. de circonférence sous les tropiques. L'espèce comestible (*holothuria edulis*), appelée *biche de mer* ou *trépang*, est l'objet, dans l'extrême Orient, d'une pêche active, qui occupe des milliers de plongeurs malais et polynésiens. Les holothuries les plus recherchées par les gourmets chinois et océaniens se trouvent aux Iles Fidji et sur les côtes de la Nouvelle-Calédonie. On les fait bouillir dans leur propre jus; on les égoutte, on les met sécher sur des étagères, dans des grandes étuves, et on les vend des prix très élevés à des marchands qui les transportent sur les marchés chinois. Elles entrent dans des potages réputés délicieux.

' HOLSTEIN ['hôl-stainn] (lat. *Holsatia*), autrefois duché de Danemark et État de la confédération germanique, actuellement partie du Schleswig-Holstein, province de Prusse. On connaît peu l'histoire du Holstein jusqu'à l'époque de son union avec le Schleswig. Les noms de la plupart des petites tribus qui habitaient cette région disparurent et furent remplacés par le nom *général* de Saxons. Ceux-ci furent subjugués par Charlemagne, mais la civilisation chrétienne fit peu de progrès dans le Holstein. Henry Ier d'Allemagne rétablit les anciennes limites entre l'Eider et le Schlei (934). Conrad II céda le territoire compris entre ces deux rivières au roi danois Canut le Grand en 1027; et l'Eider resta à partir de cette époque la limite septentrionale de ce pays. Pendant plusieurs siècles, le Holstein resta un objet de litige entre le Danemark et les comtes héréditaires, jusqu'à l'époque du traité de Nyborg (1386); il fut alors fondu avec le Schleswig. (Voy. SCHLESWIG-HOLSTEIN; voy. aussi DANEMARK, ALLEMAGNE, AUTRICHE, etc.)

' HOLYHEAD ['ho-lé-hèd], ville du N. du Pays de Galles, sur une petite île du même nom à l'extrémité O. du comté d'Anglesea, à 120 kil. O. de Liverpool; 6,190 hab. L'île est un rocher aride, remarquable par ses magnifiques cavernes que creuse la mer.

' HOLYOKE ['hôl'-iôke], ville de Massachusetts (États-Unis), sur le Connecticut, à 12 kil. N. de Springfield; 20,000 hab.; fondée vers 1840.

'HOLYROOD (Palais de) ['ho-lé-roud]. Voy. EDIMBOURG.

' HOLYWELL ['ho-lé-ouèl] (angl. *puits sacré*), ville du Flintshire (Pays de Galles), près de la rive gauche de l'estuaire du Dee, à 25 kil. N.-O. de Chester; 5,340 hab. Elle doit son nom au puits sacré de Saint-Vinifred. Manufactures de fils de laiton, de barres, de clous, de pointes, de bordages, de plomb, de plomb de chasse, de farine, de flanelles. Exportation de pierres calcaires.

' ' HOM. Exclamation qui exprime le doute, la défiance : *hom ! il est encore bien jeune.*

' HOMARD s. m. ['ho-mar] (scandin. *homarr*). Grosse écrevisse de mer à pinces formidables et dont le corps mesure jusqu'à 80 centim. de long. Cet énorme crustacé se trouve dans toutes nos mers, sur les côtes pierreuses, dans les fissures des rochers; il se nourrit de poissons et de mollusques. Son

Homard.

corps grisâtre et bleu verdâtre devient tout rouge à la cuisson. C'est à la fin du printemps, époque de la mue, que sa chair est le plus tendre et le plus délicate. On le prend au filet ou à l'aide de paniers et de pièges dans lesquels on l'attire avec un appât de poisson mort ou de viandes faisandées. Quand on achète un homard au marché, il faut qu'il soit lourd et qu'il n'ait aucune mauvaise odeur. Le homard étant cuit, au court bouillon, on le fend en deux dans sa longueur, on écrase les œufs et on en fait une sauce avec de la moutarde, des œufs, de l'huile et du vinaigre. Le homard se sert aussi en salade.

HOMBERG (Guillaume), chimiste, né à

Batavia en 1652, mort à Paris en 1715. Venu jeune à Amsterdam, il y fit ses études; puis se lia à Magdebourg avec Otto de Guéricke, qui l'initia aux secrets de la physique; il se fit recevoir médecin à Wittemberg et devint l'un des chimistes les plus instruits et les plus passionnés de son époque. Attiré en France par Colbert, il fut agrégé à l'Académie des sciences et devint professeur de physique du duc d'Orléans (1702). Il a fait paraître environ 50 mémoires d'un grand intérêt, ayant pour principaux objets la chimie, la physiologie végétale et l'optique; entre autres: *Manière de faire le phosphore brûlant de Kunckel* (1692); *Expériences sur la germination des plantes* (1693); *Analyse du soufre commun* (1703); *Sur la génération du fer* (1705), etc.

' HOMBOURG (all. *Homburg* ou *Homburg vor der Hoche*), ville de Hesse-Nassau (Prusse), autrefois capitale de Hesse-Homburg, à 15 kil. N.-N.-O. de Francfort; 8,290 hab. Station balnéaire: quatre sources ferrugineuses et deux sources salines, renfermant de l'acide carbonique plus que n'importe quelle autre eau minérale connue. Avant que le jeu n'y fût prohibé en 1870, la ville était très fréquentée. Depuis la guerre franco-allemande, elle ne reçoit presque plus de visiteurs français, autrefois très nombreux.

HOMBOURG-L'ÉVÊQUE, ville du cercle de Forbach (Alsace-Lorraine), à 30 kil. de Sarreguemines, sur la Rosselle; 2,000 hab.

* HOMBRE s. m. (esp. *hombre*, homme). Sorte de jeu de cartes qui nous est venu d'Espagne: *jouer à l'hombre*. — Se dit également, à ce jeu, de celui qui fait jouer: *qui est l'hombre ?*

'HOME s. m. ['hô'-me]. Mot angl. qui signifie : *maison, patrie*, et qui a pris la signification d'*intérieur*, de *chez-soi*: *les Anglais aiment leur home* (leur intérieur).

'HOME-RULE s. m. ['hômm-roul] (angl. *home*, chez soi; *rule*, règle). Système politique qui permettrait à l'Irlande de régler elle-même ses propres affaires.

' HOME-RULER s. m. ['hômm-rou-leur']. Partisan du home-rule.

* HOMÉLIE s. f. (gr. *homilia*, entretien). Discours fait pour expliquer au peuple les matières de la religion, et principalement l'Évangile : *les homélies de saint Chrysostome sur saint Matthieu*. — Se dit absol. au pluriel, de certaines leçons du bréviaire qui sont des extraits des homélies des Pères, et qu'on chante au troisième nocturne des matines. — Fig. et. par dénigr. Ouvrage d'esprit, discours où se montre l'affectation de moraliser, et qui cause de l'ennui: *quand aura-t-il fini son ennuyeuse homélie ?*

* HOMÉOPATHE s. m. (gr. *omoios*, semblable ; *pathos*, affection). Méd. Médecin qui adopte les principes de l'homéopathie : *il se fait soigner par un homéopathe*. — adj. *Médecin homéopathe*.

* HOMÉOPATHIE s. f. (gr. *homoios*, semblable ; *pathos*, affection). Méd. Système médical qui consiste à traiter les maladies au moyen de doses infinitésimales, de médicaments que l'on suppose de nature à produire des symptômes analogues à ceux de la maladie qu'on veut guérir. — L'homéopathie, système établi par *Hahnemann* (voy. ce mot) a pour principe l'aphorisme, *Similia similibus curantur* (*les semblables guérissent les semblables*), c'est-à-dire : les médicaments que l'on administre dans la maladie sont ceux qui produisent des symptômes semblables chez une personne en bonne santé. Ce principe avait été énoncé en partie par Hippocrate, père de la médecine (vers 460 av. J.-C.), qui affirma que les médicaments agissent quelquefois d'après la règle des *similia* et sur

d'autres d'après celle des *contraria*. Antiphanos, qui vivait vers la même époque, écrivit un poème qui renferme la plus ancienne théorie connue de l'homéopathie. Galien (né 430 ap. J.-C.), la plus grande lumière dans l'histoire médicale depuis Hippocrate, donna, le premier, une forme à cette loi des *contraria*, qui pendant bien des siècles gouverna ensuite le monde médical. Paracelse, Stahl, Haller et autres insistèrent sur la vérité de la loi des *similia*, et, poussèrent leurs investigations vers plus ou moins de succès dans cette direction. L'homéopathie a trouvé un grand nombre d'adeptes parmi les médecins; elle a rencontré une vive opposition de la part des *allopathes* (Voy. ce mot.) Elle a pour but de produire, à l'aide des médicaments, des maladies artificielles, qu'elle substitue aux symptômes de la maladie à guérir. Elle a des spécifiques pour chaque maladie : arnica, aconit, arsenic, belladone, bryone, camomille, mercure, noix vomique, pulsatile, soufre, phosphore, curare, etc. Ces remèdes, donnés à doses infinitésimales, après 20 ou 30 dilutions successives, acquièrent, d'après la théorie homéopathique, une grande puissance médicatrice ; un régime sévère leur vient en aide. — Outre les œuvres de Hahnemann, voy. : Hartmann. *Acute and chronic Diseases* ; Jahr, *Symptomen codex* ou *Manual of Materia Medica* ; Boenninghausen, *Therapeutics* ; Baehr, *Theory and Practice* ; Grauvogel, *Practice* ; E. Guernsey, *Practice* ; H.-H. Guernsey, *Obstetrics* ; Dudgeon, *Lectures* ; Hempel, *Materia Medica* ; Helmuth, *Surgery* ; et Franklin, *Surgery*. Il se publie aussi aux États-Unis une douzaine d'ouvrages périodiques consacrés à l'homéopathie. — Les principaux ouvrages français sur ce sujet, sont, outre les traductions des livres de Hahnemann : *Thérapeutique homéopat. des maladies des enfants*, par F. Hartmann, traduit par L. Simon (Paris, 1853) ; *Médecine homéop. Demest.*, par Héring (Paris, 1850).

* HOMÉOPATHIQUE adj. Qui appartient, qui a rapport à l'homéopathie: *pharmacie homéopathique*.

HOMÈRE, le premier poète grec et le plus illustre des poètes, au jugement universel des littérateurs anciens et modernes. Il est, en effet, l'auteur supposé de l'*Iliade* et de l'*Odyssée*. Athènes, Argos, Pylos et autres villes se disputent l'honneur de lui avoir donné le jour; mais, d'après les légendes les plus véridiques, l'opinion dominante des historiens de l'antiquité est qu'il serait né à Smyrne, qu'il habita longtemps Chios et qu'il mourut à Ios, l'une des Cyclades. Il nous reste deux biographies d'Homère, l'une attribuée à Hérodote, l'autre à Plutarque. Le premier fait vivre Homère dans la seconde moitié du IXe siècle av. J.-C., c'est-à-dire 400 ans après l'époque assignée pour la guerre de Troie. D'autres anciens écrivains le placent du XIIe au VIIe siècle avant notre ère. Suivant une tradition vulgaire et pour ainsi dire devenue classique, il aurait erré presque toute sa vie, aveugle, pauvre et mendiant, chantant et récitant lui-même ses vers pour gagner son pain de chaque jour. A cela se réduit ce que l'on croit connaître de la vie d'Homère et ce peu est encore tout plein d'incertitude; mais le doute ne saurait subsister sur la valeur de ses deux grands poèmes. — L'*Iliade* comprend une période d'environ 50 jours de la dixième année de la guerre de Troie, et raconte la colère d'Achille et les conséquences jusqu'à la mort d'Hector. Le corps d'Hector est rendu aux Troyens et reçoit les honneurs de la sépulture; la colère d'Achille se change alors en pitié pour Priam, le vieux père du héros défunt, et le poème se termine ainsi par une conclusion toute pacifique. — L'*Odyssée* se déroule en 40 jours et se compose de quatre divisions principales. Dans la première, Ulysse habite avec Calypso dans l'île d'Ogygie, loin de sa patrie, où les courtisans de sa femme Pénélope menacent de ruiner son crédit. — Télémaque, son fils, qui s'oppose à leurs desseins, entreprend un voyage à Pylos et à Sparte pour chercher son père. Dans la seconde partie, Ulysse retourne à Ithaque. La troisième partie donne des détails sur le plan de vengeance que dressent le père et le fils dans la maison du berger Eumée et qui est mis à exécution dans la quatrième et dernière division. L'intérêt de l'*Odyssée* comme celui de l'*Iliade* se concentre sur un seul personnage et sur un seul événement : Ulysse, son retour, sa vengeance. — L'opinion la plus accréditée est que l'*Iliade* et l'*Odyssée* sont l'expression poétique d'événements historiques qui se seraient passés au xive siècle avant J.-C.; mais la critique moderne s'est épuisée en vain à pénétrer le mystère de leur origine et le secret de leur composition. D'après Wolf, l'*Iliade* n'est qu'un assemblage de poèmes transmis de génération en génération par des *rapsodes* qui allaient çà et là, débitant et chantant les louanges des dieux et des héros; ces poèmes ne seraient pas ainsi le travail d'un seul homme, ni peut-être même celui d'une seule époque. Il paraît certain que les différents chants ou rapsodies de ces poèmes ont été réunis par Pisistrate, quoique les critiques alexandrins n'en fassent aucune mention. Il est constant cependant que les contemporains de Pisistrate considéraient ses travaux comme importants, puisqu'un certain nombre de villes et même Chios en firent prendre des copies sur le manuscrit attique. Nous ne parlerons pas ici des *Hymnes* attribués à Homère, la plupart ne sont que des fragments d'anciens poèmes cycliques ou des préambules de rapsodes; la critique a prouvé qu'ils appartiennent à un siècle plus récent que les plus grandes épopées. Quant à la *Batrachomyomachie* ou *Combat des rats et des grenouilles*, poème héroï-comique qu'on joint d'ordinaire aux œuvres d'Homère, il est de beaucoup postérieur et appartient, selon Suidas, à un poète d'Halicarnasse. Les éditions des œuvres d'Homère sont très nombreuses; la première fut publiée à Florence en 1488, 2 vol. in-fol., par les soins de Démétrius Chalcondyle et de Démétrius de Crète; on distingue ensuite celle des Aldes (Venise, 1504-'37); à la tête de toutes les éditions récentes se placent celles de F.-A. Wolf (Leipzig, 1804-'07, 4 vol.); Tauchnitz (Leipzig, 1810 et 1832, 2 vol.); Boissonade (Paris, 1823, 4 vol.); parmi les traductions françaises d'Homère, les plus connues sont, en vers, celles de l'*Iliade* par Hugues Salel et Amadys Jamyn (1560-'84); de l'*Iliade* et l'*Odyssée* par Rochefort (1766-'77); de l'*Iliade*, par Aignan (1809) et par Bignan (1830); en prose, celle de Mme Dacier (1699-1700); de Bitaubé (1760-'85); du prince Lebrun (1776-1819); de Thomas, Renouvier et de Cambis (1810); de Bagès-Montbel (Paris, Didot, 1828-'34, 9 vol. gr. in-8°).

HOMÉRIDE s. m. Membre d'une école de rapsodes qui se répandit dans toute la Grèce. — Poète qui imitait Homère.

* **HOMÉRIQUE** adj. Qui appartient à Homère. — Hymnes homériques, hymnes attribués à Homère. — Style homérique, style qui rappelle celui d'Homère. — Un rire homérique, un rire bruyant et de bon cœur, ainsi appelé à cause d'une scène du premier livre de l'*Iliade*, où les dieux éclatent de rire en voyant la démarche boiteuse de Vulcain.

HOMÉRITE s. m. Nom donné par les Grecs modernes aux Himyarites.

* **HOMICIDE** s. m. (lat. *homo*, homme; *cædere*, tuer). Meurtrier, celui qui tue un homme : *il est dit dans l'Evangile, que ni les adultères, ni les fornicateurs, ni les homicides, n'entre-*

237

ront dans le royaume des cieux. — Fig. Etre homicide de soi-même, se dit quelquefois d'une personne qui se ménage pas sa santé, qui la ruine par des excès. — Adj. N'est alors usité que dans le style soutenu : *son bras homicide.* — s. Meurtre, action de tuer un homme : *commettre un homicide* — Législ. « L'homicide volontaire est qualifié *meurtre*. S'il a été commis avec préméditation ou guet-apens, il est qualifié *assassinat.* Celui qui est reconnu coupable de meurtre est puni des travaux forcés à perpétuité; si le meurtre a été précédé, accompagné ou suivi d'un autre crime, de tortures ou d'actes de barbarie, ou bien s'il s'agit d'un assassinat, d'un parricide, d'un infanticide ou d'un empoisonnement, le coupable est puni de mort (C. pén. 295 à 304). Si l'homicide est résulté de la destruction volontaire d'un édifice, le coupable est également puni de mort (id. 437). Dans certains cas, l'homicide volontaire (sauf le parricide) peut être reconnu *excusable*; et alors, la peine est réduite à un emprisonnement d'un an à cinq ans, savoir : 1° s'il a été provoqué par des coups ou violences graves; 2° s'il a été commis en repoussant pendant le jour l'effraction ou l'escalade des clôtures d'une maison habitée; 3° s'il a été commis par l'époux sur son épouse ou sur son complice, à l'instant où il les a surpris en flagrant délit d'adultère dans la maison conjugale (id. 321 à 324) (Voy. Excuse.) Lorsqu'un homicide a été commis involontairement, *par imprudence*, inattention, négligence, inobservation des règlements, etc., la peine est un emprisonnement de trois mois à deux ans, et une amende de 50 à 600 fr. (id. 319). Enfin, l'homicide ne constitue ni crime ni délit, et en conséquence, il ne donne lieu à aucune peine, savoir : 1° lorsqu'il était ordonné par la loi ou par l'autorité légitime; 2° lorsqu'il a été commandé par la légitime défense de soi-même ou d'autrui; 3° lorsqu'il a été commis en repoussant pendant la nuit l'escalade ou l'effraction des clôtures d'une maison habitée; 4° lorsque celui qui l'a commis se défendait contre les auteurs de vols ou de pillages exécutés avec violence (id. 327 à 329). »   (Ch. Y.)

HOMICIDER v. a. Tuer, commettre un homicide sur quelqu'un. (Vieux.)

HOMILÉTIQUE s. f. (gr. *homileô*, je converse). Eloquence de la chaire.

HOMILIAIRE s. m. Recueil d'homélies.

HOMILIASTE s. m. Auteur d'homélies.

* **HOMINEM** (Ad). Voy. Ad hominem.

* **HOMMAGE** s. m. [o-ma-je] (lat. *homo*, homme; parce que le vassal était l'homme de son suzerain). Jurispr. féod. Devoir que le vassal est tenu de rendre au seigneur dont son fief relève : *rendre l'hommage.* — Fig. Soumission, vénération, respect; et, dans ce sens, il s'emploie souvent au pluriel : *rendre hommage aux vertus de quelqu'un.* — Rendre ses hommages a quelqu'un, lui rendre ses respects, ses devoirs. On dit aussi : *offrir, présenter ses hommages.* — Rendre hommage a la vérité, dire, déclarer la vérité. — Don respectueux, offrande : *faire hommage à quelqu'un d'une chose.*

* **HOMMAGÉ, ÉE** adj. Jurispr. féod. Qui est tenu en hommage : *terre hommagée.*

* **HOMMAGER** s. m. Jurispr. féod. Celui qui doit l'hommage. On dit aussi, adjectiv : *vassal hommager.*

HOMMAIRE DE HELL (Ignace-Xavier Morand), explorateur, né à Altkirch (Haut-Rhin) en 1812, mort à Ispahan (Perse) le 29 août 1848. Peu après être sorti de l'école des mines de Saint-Etienne, il partit en 1835 pour l'Orient et fut successivement chargé d'explorer les environs de Constantinople, la Crimée, les steppes de la Russie méridionale,

les côtes de la mer Noire, celles de la Caspienne et l'intérieur de la Perse. A son retour (1842), il fit paraître : *Steppes de la mer Caspienne, le Caucase, la Crimée et la Russie méridionale* (1844-'47, 3 vol. in-8°), ouvrage rédigé en grande partie par sa femme, qui l'avait accompagné dans son exploration. Il mourut avant d'avoir terminé un second voyage, dont la relation a été publiée par les soins du peintre Jules Laurens, son compagnon de voyage (4 vol. 1854-'60).

* **HOMMASSE** adj. Ne se dit qu'en parlant d'une femme dont les traits, le son de la voix, la taille, tiennent plus de l'homme que de la femme : *elle a le visage hommasse, la taille hommasse.* Se prend toujours en mauvaise part.

* **HOMME** s. m. (lat. *homo*). Hist. nat. Créature distincte, appartenant à la classe des mammifères, mais s'élevant au-dessus des animaux par la supériorité de son organisation intellectuelle :

L'homme est un dieu tombé qui se souvient des cieux.
                Lamartine.

(Voy. Anthropologie, Anatomie, Archéologie, Ethnologie, Mammifères, Physiologie, etc.) — L'espèce humaine, en général : *l'homme est sujet à beaucoup d'infirmités.* — Personne humaine du sexe masculin : *l'homme et la femme.* — On le dit souvent de J.-C., par allusion au mystère de l'Incarnation : *le Fils de Dieu s'est fait homme.* — Les hommes de couleur, les mulâtres, les hommes provenant du mélange de la race blanche et de la race noire. — L'homme propose et Dieu dispose, les desseins des hommes ne réussissent qu'autant qu'il plaît à Dieu; souvent nos entreprises tournent d'une manière opposée à nos vues et à nos espérances. — Il n'y a tête d'homme qui ose entreprendre de faire telle chose, il n'y a aucun homme assez hardi pour... On dit dans le même sens, *Homme vivant, homme qui vive n'oserait*, etc. — Ecriture, Les enfants des hommes, les hommes, se dit principalement de ceux qui vivent dans l'iniquité. — Dans le style mystique, Dépouiller le vieil homme, se dépouiller du vieil homme, se défaire des inclinations de la nature corrompue; et, dans le langage familier, renoncer à ses vieilles habitudes. — Se dit souvent par rapport aux sentiments, aux passions, aux vicissitudes, aux infirmités qui sont communes à tous les hommes, inhérentes à leur nature : *avoir un cœur d'homme.* — Il y a toujours de l'homme, il se mêle toujours de l'homme dans nos actions, etc., quelque sage qu'on soit, on montre toujours quelque faiblesse. — Il entre bien de l'homme dans ce qu'il fait, dans ce qu'il dit, etc., s'emploie en parlant de celui qui, faisant profession de sagesse ou de piété, se livre néanmoins à des mouvements de passion ou d'intérêt. — Se dit spécialement du sexe masculin : *il y avait autant d'hommes que de femmes.* — C'est un homme sans façon, se dit d'un homme aisé à vivre; et aussi d'un homme qui ne se gêne pas assez avec les autres. — En termes de dévotion, C'est un homme fort intérieur, très recueilli. On dit aussi, L'homme intérieur, pour l'homme spirituel, par opposition à l'homme charnel. — C'est un saint homme, se dit d'un homme fort pieux et qui vit exemplaire. — C'est un pauvre homme, un petit bout d'homme, un plaisant homme, termes de raillerie et de mépris. (Voy. Pauvre, Bout, etc.) — C'est le roi des hommes, se dit d'un homme très bienfaisant, très obligeant. — C'est un bon cœur d'homme, une bonne tête d'homme, une bon pâte d'homme, façons de parler familières dont on se sert pour louer quelqu'un de la bonté de son cœur, de la force de son esprit, de la facilité de son humeur. — Bon homme, on dit fort différents. Dans l'un, il se dit, par éloge, d'un homme d'esprit, plein de droiture, de candeur, d'affection. Dans l'autre

III.

sens, se dit, par dérision, d'un homme simple, peu avisé, qui se laisse dominer et tromper ; et alors on réunit ordinairement les deux mots. (Voy. BONHOMME et BON). — BONHOMME, GARDE TA VACHE, se dit pour avertir quelqu'un de prendre garde qu'on ne le trompe. — ALLER SON PETIT BONHOMME DE CHEMIN, vaquer à ses affaires, poursuivre ses entreprises tout doucement et sans éclat. — BRAVE HOMME, se dit d'un honnête homme, d'un homme bon, obligeant. — CE N'EST PAS ÊTRE HOMME, c'est être barbare, c'est n'avoir nul sentiment d'humanité. — ON NE SAIT QUEL HOMME IL EST, on ne connaît pas son humeur. — UN HOMME TOUT D'UNE PIÈCE, un homme d'un caractère entier ou qui ne connaît pas les ménagements et les demi-mesures. — CE N'EST PAS UN HOMME, C'EST UN ANGE, se dit d'un homme qui a une extrême douceur, une touchante et pieuse résignation, etc. On dit dans le sens contraire, Ce n'est pas un homme, c'est un diable. — C'EST LE DERNIER DES HOMMES, c'est le plus vil, le plus méprisable de tous les hommes. — TANT VAUT L'HOMME, TANT VAUT SA TERRE OU LA TERRE, les terres, les fonds de commerce, etc., rapportent en proportion de la capacité de celui qui les possède, de l'art de les faire valoir ; et, en général, chacun réussit dans son état en proportion de sa capacité personnelle. — UN GRAND HOMME, un homme distingué par des qualités éminentes : ainsi mourut de grand homme. — UN HOMME NOUVEAU, celui qui a fait fortune, qui n'a pas de naissance ; le premier de sa race qui se fasse remarquer : Cicéron était un homme nouveau. On appelle aussi NOUVEL HOMME ou HOMME NOUVEAU, le chrétien régénéré par la grâce. — IL Y A GRANDE DIFFÉRENCE D'HOMME À HOMME. — FACE D'HOMME PORTE VERTU, la présence d'un homme sert bien à ses affaires. — JAMAIS CHEVAL NI MÉCHANT HOMME N'AMENDA POUR ALLER A ROME, on ne se corrige pas de ses vices en voyageant. — Joint à un susbtantif par la préposition de, sert à marquer la profession, l'état ou les qualités bonnes ou mauvaises d'un homme : homme de guerre, d'épée, d'Église, de robe. — HOMME DU JOUR, homme à la mode. — HOMME DU VIEUX TEMPS, DU TEMPS PASSÉ, homme qui conserve les manières, les mœurs anciennes. — HOMME DU MONDE, homme qui vit dans le grand monde. Se dit quelquef., par opposition aux savants, aux artistes, etc. : le savant et l'homme du monde liront cet ouvrage avec plaisir. — UN HOMME DE SAC ET DE CORDE, un scélérat, un filou, un mauvais garnement. — HOMME DE PIED, fantassin. — HOMMES DE RECRUE, soldats de nouvelle levée. — HOMMES D'ARMES, se disait anciennement d'un cavalier armé de toutes pièces. — C'EST UN BON HOMME DE CHEVAL, UN BEL HOMME DE CHEVAL, il manie bien un cheval, il a bonne grâce à cheval. — CELA SENT SON HOMME DE QUALITÉ, cela marque un homme de qualité, c'est une chose digne d'un homme de qualité. — D'HOMME D'HONNEUR, EN HOMME D'HONNEUR, façons de parler dont on se sert en affirmant quelque chose. — C'EST UN HOMME DE DIEU, TOUT DE DIEU, se dit d'un homme fort pieux, fort dévot. — HOMME DE CONFIANCE, homme à qui l'on confie le soin de gérer ses affaires. — HOMME D'IMPORTANCE, homme qui jouit de crédit, de richesse, de pouvoir. — HOMME D'ARGENT, homme qui ne s'occupe que d'affaires d'argent, qui fait passer l'argent avant tout. — HOMME DE PAILLE, homme de néant, de nulle considération. Se dit plus particulièrement de ces gens qui prêtent leur nom, et qu'on fait intervenir dans une affaire, quoiqu'ils n'y aient point de véritable intérêt. — HOMME DE CHAMBRE, se disait, autref., d'un domestique employé au service de la chambre, et qu'on appelle aujourd'hui Valet de chambre. — HOMME D'AFFAIRES, se disait autref., d'un homme employé dans les affaires de finance et dans les fermes du roi : il épousa la fille d'un homme d'affaires. Se dit maintenant d'un

agent d'affaires : j'ai confié le soin de mon procès à un homme d'affaires intelligent. Se dit aussi d'un homme qui a soin des affaires domestiques d'un grand seigneur, etc. : parlez à l'homme d'affaires d'un tel. — HOMME DES BOIS, nom donné vulgairement à l'orang-outang, et qu'on applique aussi à d'autres grands singes. — HOMME MARIN, nom donné, par ignorance, à des phoques et à des lamentins. — Joint avec un infinitif ou avec un substantif par la préposition à, sert ordinairement à marquer, en bien ou en mal, de quoi un homme est capable : il n'est pas homme à souffrir, à endurer un affront. — C'EST UN HOMME A TOUT, se dit d'un homme qui est propre à différents genres de travaux, de services. — S'emploie, avec même complément, pour marquer de quoi un homme est digne, soit en bien, soit en mal ; et alors au lieu de dire, Il est homme à, on dit plus ordinairement, C'est un homme à. Ainsi l'on dit : c'est un homme à noyer, à pendre. — Avec les adjectifs possessifs, signifie souvent, un homme propre et convenable à ce qu'on veut, l'homme dont on a affaire, un homme tel qu'il faut : c'est mon homme. On dit en ce sens, mais en plaisantant : vous avez bien trouvé votre homme. — Se dit également d'hommes soumis aux ordres d'un autre, et plus particulièrement des soldats et des hommes de peine : rassemblez vos hommes. — Se dit aussi pour l'homme dont il s'agit, dont on parle : n'ayant pas trouvé son homme où il l'avait laissé... — Se dit quelquef., dans un sens analogue, en parlant de la manière dont certaines personnes traitent quelqu'un, dont certaines choses agissent sur quelqu'un : c'est un habile spadassin qui ne manque jamais son homme, qui vous a bientôt expédié son homme. — Pop. Mari : j'irai avec mon homme souper chez vous. — Jurispr. féod. Vassal : le seigneur féodal pouvait, par faute d'homme, mettre en sa main le fief qui relevait de lui. On dit dans le même sens : homme lige. — HOMME DU ROI, s'est dit autref. de celui qui avait quelque commission du roi, soit au dedans du royaume, pour assister à quelque assemblée, ou pour quelque autre fonction ; soit au dehors, auprès de quelque prince souverain : il était l'homme du roi aux états de Languedoc. — Par ext. IL EST L'HOMME D'UN TEL, il est présenté, commis, délégué, rétribué par lui. — Homme de cœur, homme de fermeté : se montrer homme. — Par mépris, CE N'EST PAS UN HOMME, celui qui est homme faible. — Celui qui est parvenu à l'âge de virilité : ce n'est encore qu'un enfant ; quand il sera homme... — Celui qui est digne du nom d'homme.

> Les républicains sont des hommes.
> Les esclaves sont des enfants.
>   M.-J. CHÉNIER.

— N'ÊTRE PAS HOMME, être impuissant, être incapable de procréer des enfants.

HOMMEAU s. m. Petit homme. (Vieux.)

HOMO, HOMOIO, HOMŒ, HOMŒO (gr. homos, et homoios, semblable). Préfixes qui entrent dans la formation d'un certain nombre de termes scientifiques.

HOMOCENTRE s. m. (préf. homo; franc. centre). Géom. Centre commun de plusieurs cercles.

* **HOMOCENTRIQUE** adj. (rad. homocentre). Anat. Se dit des cercles qui ont un centre commun, et que l'on nomme aussi Concentriques.

HOMOCERCAL, ALE, ALS adj. (préf. homo; gr. kerkos, queue). Icht. Se dit, par opposition à hétérocercal (voy. ce mot), des poissons dont la nageoire anale est formée de deux parties égales.

* **HOMOGÈNE** adj. (préf. homo; gr. genos, race). Didact. Qui est de même nature : les

parties homogènes. — Quelquef., qui est formé de parties homogènes : un tout homogène. — Se dit au sens moral en parlant d'un peuple, d'une réunion de personnes en communauté de principes, de sentiments : une administration homogène. — Algèb. QUANTITÉS HOMOGÈNES, quantités qui ont la même puissance, la même dimension. — Calcul intégral. ÉQUATIONS HOMOGÈNES, équations où les variables et leurs différentielles sont au même degré dans tous les termes.

* **HOMOGÉNÉITÉ** s. f. Didact. Qualité de ce qui est homogène.

HOMOGRAMME ou Homographe adj. (préf. homo; gr. gramma, lettre; graphein, écrire). Gramm. Se dit des mots qui ont la même orthographe sans avoir le même sens, comme bière, boisson, et bière, cercueil.

HOMOLE s. f. (gr. homolos, aplati). Crust. Genre de décapodes, voisin des crabes et comprenant deux espèces qui vivent dans la Méditerranée.

HOMOLOGABLE adj. Qui peut être homologué.

HOMOLOGATIF, IVE adj. Qui homologue.

* **HOMOLOGATION** s. f. Jurispr. Action d'homologuer : homologation d'un avis de parents. — Législ. «L'homologation est une formalité prescrite par la loi et qui s'applique à certains actes. L'homologation par jugement est indispensable pour la validité d'une adoption, et pour celle de la délibération d'un conseil de famille autorisant un mineur à emprunter, à aliéner des immeubles, etc. L'homologation par jugement du tribunal de commerce est nécessaire pour l'exécution du concordat d'un failli. En matière administrative, lorsqu'une transaction a été consentie par un conseil municipal, elle doit être homologuée par un arrêté préfectoral pris en conseil de préfecture. Les tarifs de chemin de fer fixés par les compagnies, doivent, avant d'être appliqués, avoir été homologués par le ministre des travaux publics. » (CH. Y.)

HOMOLOGIE s. f. État de ce qui est homologue.

HOMOLOGIQUE adj. Anat. Qui a rapport à l'homologie.

* **HOMOLOGUE** adj. (préf. homo; gr. logos, rapport.). Géom. Se dit des côtés qui, dans des figures rectilignes semblables, se correspondent et sont opposés à des angles égaux : dans les triangles semblables, les côtés homologues sont proportionnels. — Chim. CORPS HOMOLOGUES, substances organiques qui remplissent les mêmes fonctions et suivent les mêmes lois de métamorphose : l'acide formique et l'acide vinique sont homologues. — Anat. PARTIES HOMOLOGUES, parties identiques dans différentes espèces : le pied de l'homme a son homologue dans le pied du cheval; la main de l'homme a son homologue dans la main de l'aile d'un oiseau. (Voy. AILE.) — Mus. SONS HOMOLOGUES, ceux qui ont entre eux les mêmes rapports d'intervalles.

* **HOMOLOGUER** v. a. Jurispr. Se dit du juge qui donne à un acte fait par des particuliers la force d'un acte fait en justice : homologuer une sentence arbitrale.

* **HOMONYME** adj. (préf. homo; gr. onuma, nom). Gramm. Se dit des choses qui ont un même nom, quoiqu'elles soient de nature différente; et plus ordinairement des mots pareils qui expriment des choses différentes : les différentes choses exprimées par le mot Canon sont homonymes; Mule, animal, et Mule, chaussure, Chêne et Chaîne, Sain et Sein, sont homonymes, sont des mots, des termes homonymes. — s. m. Mot qui s'écrit ou se prononce

comme un autre mot sans avoir le même sens, ex. :

> *Cinq cordeliers, à l'œil, vif, au corps sain,*
> *Ceints du cordon d'un saint que l'on révère,*
> *Gaîment marchaient, emportant dans leur sein*
> *Quelques agnus et le seing du saint-père.*

— Se dit quelquefois des personnes qui portent le même nom, sans être parentes : *il ne faut pas confondre cet auteur avec son homonyme.*

* **HOMONYMIE** s. f. Gramm. Qualité de ce qui est homonyme : *l'homonymie des termes.*

HOMOOUSIENS ou **Homousiens** s. m. pl. (gr. ὀμος, pareil ; οὐσία, être, essence). Terme créé au IVᵉ siècle pour distinguer le parti athanasien ou orthodoxe de celui des ariens, appelés hétérousiastes (ἕτερος, différent, et ουσία) et les *semi-ariens* qui furent nommés homoiousiens (gr. ομοιος semblable, et ουσία). (Voy. ARIANISME.)

* **HOMOPHONIE** s. f.(préf. *homo* ; gr. *phonê*, son). Concert de plusieurs voix qui chantent à l'unisson.

HOMOPTÈRE adj. (préf. *homo* ; gr. *pteron*, aile). Entom. Qui a les ailes semblables entre elles. — s. m. pl. Section de l'ordre des hémiptères, comprenant ceux qui ont les ailes postérieures semblables aux antérieures. Les homoptères se divisent en trois familles : *cicadaires, ophidiens* et *gallinsectes.*

HOMO SUM ET HUMANI NIHIL A ME ALIENUM PUTO loc. lat. qui signifie : *Je suis homme et rien de ce qui touche à l'humanité ne m'est étranger.* Pensée tirée d'une comédie de Térence (*L'homme qui se punit lui-même,* acte I, sc. 1).

HOMOTHERMAL, ALE, AUX adj. (préf., *homo* ; franç. *thermal*). Phys. Qui a la même température.

HOMOTHÉTIE s. f. (préf. *homo* ; gr. *tithêmi,* je place). Géom. Relation qui existe entre deux séries de points quand les points de chacun des deux systèmes sont deux à deux en ligne droite, avec un centre commun, et sont séparés de ce centre par des distances dont le rapport reste constant.

HOMOTHÉTIQUE adj. Géom. Se dit des points qui offrent le caractère de l'homothétie.

* **HOMPESCH** (Ferdinand von)['hômm'-pèch], le dernier grand-maître de l'ordre de Saint-Jean, né à Düsseldorf en 1744, mort en 1803. Il était d'une famille noble de Prusse. A l'âge de 12 ans, il se rendit à Malte, où il parvint au rang de grand-croix grâce à l'influence autrichienne. En 1797, il devint grand-maître. Quand Bonaparte, se rendant en Égypte, s'empara de Malte (1798), Hompesch refusa l'offre d'une pension et fut envoyé à Trieste, où il protesta contre les événements accomplis et se démit de sa dignité en faveur de Paul Iᵉʳ de Russie, qui lui accorda une riche dotation. Plus tard, il obtint de Bonaparte un secours de 15,000 fr.

HOMS, Hums ou **Hems** (anc. *Emesa* ou *Emissa*), ville fortifiée de Syrie, à 140 kil. N.-E. de Damas, à un kil. 1/2 de la rivière Aasy ou Oronte ; environ 30,000 hab. (dont 7,000 Grecs chrétiens). C'est une ville florissante. Ses maisons sont bâties en basalte noir. Au temps du paganisme, Emèse fut célèbre par son magnifique temple du Soleil, dont un des prêtres, Héliogabale, devint empereur de Rome (218 apr. J.-C.). Zénobie fut vaincu dans son voisinage, en 273, par l'empereur Aurélien. Après bien des vicissitudes, la ville fut ajoutée à l'empire ottoman en 1547. En juillet 1832, Ibrahim-Pacha y remporta une victoire décisive sur le pacha d'Alep.

* * **HONCHETS** s. m. pl. Sorte de jeu d'enfants. (Voy. JONCHETS.)

HONDSCHOOTE, ch.-l. de cant., arr. et à

20 kil. E.-S.-E. de Dunkerque (Nord), sur un embranchement du canal de la Basse-Colme ; 4,000 hab. Blanchisseries de toiles, tanneries, pépinières. Fameuse victoire des Français, commandés par Houchard, sur les Anglo-Autrichiens commandés par le duc d'York (8 sept. 1793).

* **HONDURAS** ['honn-dou'-rass], *Republica del Honduras,* république de l'Amérique centrale, entre 13°10′ et 16° 5′ lat. N., et entre 85° 22′ et 91° 57′ long. O., bornée au N. et à l'E. par la mer Caraïbe, au S. par le Nicaragua, l'océan Pacifique et San-Salvador, et à l'O. et au N.-O. par le Guatémala ; 630 kil. de longueur de l'E. à l'O., 300 kil. du N. au S. dans sa plus grande largeur ; 120,480 kil. carr., 400,000 hab. Capitale, Comayagua (9,000 hab.) La ligne de côtes de l'Atlantique est d'environ 600 kil. A l'E. de 87° long. O., elle est comparativement plate, basse et marécageuse ; à l'O. de ce point, elle est souvent élevée et montagneuse. La ligne des côtes sur le Pacifique a seulement 80 kil., elle est très irrégulière et basse. Les deux côtes sont malsaines, mais l'influence 'miasmatique ne s'étend pas loin dans l'intérieur. Les ports principaux sont Omao, Trujillo, Puerto-Cortès (autrefois Puerto-Caballos) et Amapala ; les trois premiers sont sur la mer Caraïbe et le dernier dans la baie de Fonseca, sur l'océan Pacifique. Prise dans son ensemble, la contrée est essentiellement montagneuse, mais très variée. Une chaîne de montagnes, la Sierra Madre, entre dans la république sur la frontière du Guatémala et se sépare en deux grandes branches. La première touche à la baie de Honduras, se terminant dans les montagnes de l'Omao dont l'altitude moyenne est de 2,000 m. et le maximum de 3,000. La seconde incline au N.-O. et forme le grand groupe appelé montagnes Selaque, dont le pic le plus élevé a 3,333 m. D'autres groupes de montagnes sont : le Puca, l'Opalaca, le San Juan, le Montecillos, le Santa-Barbara, le Canchia, le Comayagua, le Lapaterique, le Sulaco, le Chili et le Congrehoy. Parmi les nombreuses plaines pittoresques et fertiles du territoire, nous citerons celles de Comayagua (60 kil. sur 45), d'Espino et de Sensenti. Les principales rivières se jettent dans l'Atlantique. La Ségovia (appelée aussi Coco, Oro et Wanks), forme une partie de la frontière du S. Le plus grand cours d'eau compris entièrement dans le territoire de la république est l'Ulua, formé par les eaux réunies du Santiago et de l'Humuya. Elle est navigable pour les vapeurs d'un petit tonnage pendant environ 95 kil. Plus loin, à l'O., est le Chamelican. Dans l'E. se trouvent le Rio Tinto et le Patuca. Le Goascoran et le Choluteca se jettent dans la baie de Fonseca. Le seul lac important est celui de Yojoa, dans le fond d'une vallée, entre les montagnes de Santa Barbara et de Canchia, à une élévation de 685 m. ; il a 40 kil. de long sur 45 de large, avec une profondeur moyenne de 4 brasses. La partie E. de la côte caraïbe est garnie de lagunes et de marais salés ; quelques lagunes ont une étendue considérable, comme la Laguna de Cartago qui mesure 60 kil. de long et la Laguna de Cartine qui en mesure 90. Dans les premiers temps, l'exploitation des mines formait une industrie prospère. Aujourd'hui, elle est en pleine décadence ; des centaines de mines susceptibles d'être exploitées avec profit sont abandonnées. L'argent et l'or sont les métaux les plus abondants ; les mines d'argent se trouvent dans les chaînes de montagnes du S.-O., tandis que l'or est plus abondant vers l'Atlantique. On trouve aussi du cuivre, du fer, du plomb, du charbon et du marbre. D'antiques monuments, répandus dans le voisinage de Copan, près de la frontière de Guatémala, et analogues à ceux de Palenque, paraissent témoigner de l'occupation primitive de ce pays par un peuple civilisé. Le climat est chaud

sur la côte caraïbe, mais remarquablement doux et uniforme sur les plateaux. Sur la côte Caraïbe, la saison sèche dure de novembre à juin. Le sol est extrêmement fertile ; dans les régions des côtes, la végétation est très abondante en espèces tropicales, et sur les plateaux élevés de l'intérieur ; le maïs et les céréales d'Europe donnent de riches moissons presque sans culture. La canne à sucre est indigène. Le café vient aussi, mais sa culture est négligée, de même que celle de l'indigo et de plusieurs autres plantes tinctoriales ; la cochenille n'est plus l'objet d'aucun soin. Un excellent tabac est produit sur le territoire du Honduras et à Cuba, où on le prépare et on le vend comme production cubaine. Le piment, le capsicum, les fruits et différents végétaux de la zone tempérée, le manioc et les ignames sont cultivés dans l'intérieur. La flore forestière comprend l'acajou, le bois de rose et d'autres bois d'ébénisterie. Le fustic, le bois de Brésil, l'annato et d'autres bois de teinture, les gommiers, des arbres médicinaux, le copahu, le copal, le liquidambar, les arbres à caoutchouc, l'ipécacuana et le palma Christi (produisant l'huile de ricin) y abondent aussi. Dans les plaines de l'intérieur, de grands troupeaux de bœufs, de chevaux, d'ânes et de mules trouvent des pâturages riches et abondants. L'industrie consiste exclusivement à fabriquer de grossières étoffes de laine, d'ustensiles de ménage et d'instruments aratoires. La récolte de l'acajou est une occupation importante en août, septembre et octobre. Les principaux articles d'exportation sont : l'acajou, le tabac, les bœufs, les peaux, la salsepareille, l'indigo et d'autres articles de teinture. La valeur des exportations peut être estimée à 7,150,000 francs, ainsi qu'il suit : lingots, 3 millions de fr. ; indigo, 1 million, bœufs, 850,000 fr. ; bois (acajou, etc.), 900,000 ; peaux, etc., 500,000. Le transport intérieur s'effectue presque entièrement à dos de mulets et sur quelques rivières, avec des *bongas* ou grands canots. Le chemin de fer interocéanien de .Puerto-Cortès ou Puerto-Caballos, sur l'Atlantique, à la baie de Fonseca, sur le Pacifique, doit avoir une longueur de 310 kil. Mais une petite section de cette ligne (60 kil.) a été seule construite en 1875 (de Puerto-Cortès à San-Pedro), et reste abandonnée, les concessionnaires n'ayant reçu qu'un acompte sur la somme due pour les travaux. Le Honduras est divisé en sept départements : Choluteca, Comayagua, Gracias, Olancho, Santa Barbara, Tegucigalpa et Yoro. La population comprend 180,000 indiens, 200,000 métis, 6,000 blancs et 5,000 nègres. Tout le territoire à l'E. de la rivière Aguan est presque exclusivement occupé par des tribus aborigènes indépendantes. Plusieurs d'entre elles ont embrassé le catholicisme et sont civilisées. La constitution de novembre 1865 a été modifiée le 1ᵉʳ novembre 1880. Le pouvoir exécutif est confié à un président élu pour 4 ans et assisté d'un conseil d'État. Le pouvoir législatif appartient à un congrès composé d'un sénat de 7 membres, et d'une chambre basse de 11 membres. Les finances sont dans un grand désordre. Le revenu, dont un tiers est dû à la douane, est estimé à 4 millions de fr. On ne connaît pas au juste la dette nationale ; la dette étrangère peut être évaluée à 150 millions de fr. L'éducation est des plus négligée ; outre les prétendues universités de Comayagua et de Tegucigalpa, on compte quelques rares écoles où se donne une instruction primaire. La religion du peuple est le catholicisme romain, sous la juridiction de l'évêque de Comayagua. — La côte du Honduras fut découverte par Colomb en 1502 ; en 1526, Cortès prit possession du pays et fonda les villes de Trujillo et de Puerto-Caballos. En 1823, le Honduras entra dans la confédération de l'Amérique centrale, mais en 1839, il forma une république indépen-

dante. Depuis cette époque, il a été continuellement troublé par des guerres civiles ou
étrangères. La ville d'Omoa fut bombardée
par les Anglais le 19 août 1873. La constitution est presque sans vigueur, et il est rare
qu'un président arrive au terme de son mandat. Le général Medina, élu en 1870, fut déposé en mai 1872 à la suite d'une invasion
des troupes san-salvadoriennes; son successeur, don Celeo Arias, élu en 1872, dut fuir
de sa capitale devant l'invasion et fut renversé
du pouvoir en février 1874. Après lui furent
nommés don Ponciano Laiva (1873-76), don
Crecencio Gomez (1876-77) et don Marco Are-
lio Soto, élu le 29 mai 1877. — MONNAIES.
Dollar = 100 cents. — POIDS ET MESURES, comme
en Espagne. — BIBLIOGR. *Honduras et ses ports;
Documents officiels sur le chemin de fer interocéanique*, par E. Pelletier (Paris, 1869, in-8°).

HONDURAS (Golfe de), large bras de la mer
Caraïbe, entre la république de Honduras
au S., le Honduras anglais et le Yucatan
à l'O. et Guatémala au S.-O. La côte O. est
d'un difficile accès, parce qu'elle est longée
par une ligne de cayes de coraux; la côte
du Honduras, où se trouve la *baie des Iles*,
est d'un accès facile. Elle est remarquable par
la grande profondeur de ses eaux, ce qui donne
l'étymologie du mot Honduras (esp. *hondura*,
profondeur).

HONDURAS ANGLAIS ou Balize, colonie
anglaise de l'Amérique centrale, entre
15° 54' et 18° 30' lat. N., et entre 90° et
92° 50' long. O., bornée au N.-O. et au N. par le
Yucatan, à l'E. par la baie de Honduras et
au S. et au S.-O. par le Guatémala ; 49,585 kil.
carr.; 27,500 hab. appartenant surtout à la
race noire. Territoire très accidenté. La côte,
généralement basse et marécageuse, est
garnie d'îlots et de cayes. Les plus grandes
rivières sont : le Hundo (sur la frontière N.),
New-River, la Balize, le Sibun et le Manatee.
Le climat, quoique généralement doux, est
peu favorable aux Européens. Pendant la
saison humide, de juin à octobre, des pluies
abondantes rendent fréquentes et les terres basses
deviennent malsaines. Le sol, généralement
très fertile, est partagé en deux divisions :
celle des sapins et celle des cahoums. La
première, propre aux sapins, est couverte de
vastes prairies. Dans celle des cahoums, le
sol convient à toutes espèces de plantes européennes, ainsi qu'à un grand nombre
d'espèces tropicales alimentaires; dans les
broussailles, qui y sont très épaisses, croissent
le coton sauvage et de grands arbustes. Le
riz, l'arrowroot, le maïs, les ignames, le
manioc, les fruits tropicaux, le sucre, le
café, le coton et l'indigo viennent presque
partout. La culture du tabac, assez importante, donne des qualités peu inférieures
à celle du meilleur cuba. Le grand article
d'exportation est l'acajou dont la coupe
constitue l'industrie principale des habitants. Le campêche se trouve en quantités
immenses, et le palmier cahoum, dont la
noix produit une huile excellente, abonde
aussi. Le *pinus occidentalis* donne du goudron
et de la térébenthine. Les exportations principales sont, outre l'acajou : le campêche et
d'autres bois de teinture, le sucre non raffiné,
le café, le coton brut et le caoutchouc. Un
curieux article d'exportation est une espèce
de buccin, que l'on trouve en abondance sur
les récifs de coraux qui bordent la côte. Importations, 180,000 livres sterling; exportations, 240,000 livres; revenus, 44,000 livres;
dépenses, 40,000 livres; dette publique,
15,000 livres. L'éducation est négligée. Le
Honduras anglais fut élevé au rang de colonie
en 1862. Le lieutenant gouverneur est nommé
par la couronne. — Le pouvoir législatif appartient à un conseil composé de sept
magistrats élus annuellement par le peuple.
Quelques colons anglais de la Jamaïque,

attirés par l'abondance et la qualité de l'acajou et du campêche récoltés dans ces parages,
fondèrent les premiers établissements permanents du Honduras anglais, vers 1667. Les
Espagnols essayèrent plusieurs fois d'enlever
cette colonie aux Anglais, mais ils ne purent
y réussir. — Capitale, Balize.

' **HONESDALE** ['hônn'-sdèle], ville de Penn-
sylvanie (Etats-Unis), au confluent des criques
Lackawaxen et Dyberry à 200 kil. N.-O. de
New-York; 2,660 hab.

HONEST ou Honeste (Saint), disciple de
saint Saturnin, né à Nîmes, mort en Espagne en 260. Saint Saturnin le chargea de
prêcher l'Evangile dans la Navarre et en
Biscaye. Fête le 6 février.

HONFLEUR [on-fleur'], *Honflorium*, ch.-l. de
cant. et ville maritime, arr. et à 16 kil. N. de
Pont-l'Evêque (Calvados), sur la rive gauche
de l'estuaire de la Seine, et à 11 kil. S.-E. du
Havre, qui se trouve sur l'autre rive du fleuve;
9,500 hab Patrie du peintre Daguerre et
des marins Binot-Paulmier, Doublet, Boitard,
Hamelin, etc. Honfleur, qui joua un grand
rôle pendant la guerre de Cent ans, fut plusieurs fois prise et pillée. Charles VII en
chassa définitivement les Anglais en 1440.
Ce fut la dernière ville que Henri IV reprit
sur les Ligueurs en 1594, elle ne se rendit au
Béarnais qu'après avoir essuyé 2,700 coups
de canon et avoir vu crouler ses fortifications, qui ne furent plus relevées. En
1598, à l'issue de la paix de Vervins, ses
hardis marins, sans autre secours que leurs
propres ressources, allèrent fonder Québec et
créer d'importants comptoirs à Java, à Sumatra et à Achem. Peu à peu, le chenal
d'Honfleur s'est encombré d'une épaisse
couche de vase, ce qui a compromis la prospérité de son port; la fondation du Havre lui
porta un coup fatal. Le port se compose de
deux bassins et d'un vaste avant-port entre
deux jetées. Le 6 sept. 1881, un nouveau
bassin a été inauguré et de nouvelles digues
ont été édifiées. Des travaux énergiques
combattent les envasements, et tout fait espérer que la ville reprendra son ancienne
importance. Deux phares de 12,000 m. de
portée; chapelle de Notre-Dame-de-Grâce,
fondée au XIᵉ siècle par Robert le Magnifique
et lieu de pèlerinage fréquenté par les marins.
Pêche considérable. Exportation d'œufs et de
fruits en Angleterre.

' **HONG**, nom chinois donné à toute factorerie étrangère ou à un établissement de
commerce. Le mot *hong* signifie rang ou
série.

' **HONG-KONG** [port rouge] ou 'Hiang-Kiang
(rivières parfumées), colonie anglaise de
Chine, comprenant l'île de Hong-Kong et
une partie de la péninsule de Kooloon sur le
continent. L'île se trouve en face de la province de Kwangtung, à l'E. de l'estuaire de
la rivière de Canton, à 50 kil. E. de Macao et
à 120 kil. S.-E. de Canton; 83 kil. carr.;
160,000 hab. La péninsule de Kooloon a
12 kil. carr. Sur le côté N., l'île est séparée
du continent par un canal étroit et irrégulier
qui mesure de 350 m. à 1 kil. de large. A
l'extrémité O. de ce détroit se trouvent la
rade de Hong-Kong et la baie de Victoria;
cette dernière forme un port spacieux. La
surface de l'île est accidentée et inégale, une
très petite partie seulement est susceptible
d'être cultivée. Le climat est chaud, mais
assez sain. La population comprend 150,000
Chinois, 6,000 Européens et Américains et
3,000 Indous. Le principal établissement de
l'île est la ville de Victoria, sur la baie du
même nom, par 22° 16'-30" lat. N. et 111°
49' 5" long. E. Cette ville a une étendue de
4 kil. le long du rivage, et elle s'élève en
terrasse sur les collines. On y a dessiné de
beaux jardins et creusé beaucoup de puits;

elle renferme environ 95,000 hab., dont
90,000 Chinois. Environ 43,000 pauvres
vivent dans des bateaux, sur le port. — L'administration de la colonie est entre les mains
d'un gouverneur assisté d'un conseil exécutif.
Il y a aussi un conseil législatif présidé par
le gouverneur. Hong-Kong est le quartier
général des forces militaires et navales anglaises en Chine et au Japon. C'est un port
libre. La poste et les impôts donnent un
revenu plus que suffisant pour couvrir les
dépenses de l'administration. La colonie paie
annuellement 20,000 livres sterling au gouvernement anglais comme contribution militaire; elle n'a pas de dette publique. Son
commerce a lieu principalement avec la
Grande-Bretagne, les Etats-Unis et l'Allemagne. La moyenne des importations est
d'environ 50 millions de francs et l'exportation d'environ 25 millions. Les principaux
articles d'importation sont les tissus, principalement le coton ; le commerce d'exportation roule principalement sur le thé chinois.
Hong-Kong, occupé par les Anglais en 1841,
leur fut abandonné par le traité de Nankin
en 1842. La péninsule de Kooloon leur fut
cédée en 1861.

' ' **HONGRE** adj. m. (anc. forme du mot.
hongrois). Châtré. Ne se dit que des chevaux :
un cheval hongre. — s. : *c'est un hongre.*

' **HONGRER** v. a. Châtrer. Ne se dit qu'en
parlant des chevaux : *hongrer un cheval.*

' **HONGRIE** (lat. *Hungaria*; hongr. *Magya-
rorszag*, terre Madgyare; all. *Ungarn*), contrée
de l'Europe, autrefois royaume indépendant,
unie ensuite à l'Autriche, formant, de 1849
à 1867, une terre de la couronne et, depuis
1867, l'une des deux divisions principales de
la monarchie austro-hongroise. La Hongrie
ou *Autriche transleithane*, comprend (depuis
la réorganisation de la frontière militaire en
1873) la Hongrie proprement dite la Transylvanie, la Croatie et la Slavonie, comme dépendances de la couronne de Hongrie, et
Fiume. Elle possède en commun avec l'Autriche cisleithane : un ministère impérial (affaires étrangères, maison impériale, finances
et guerre). Dans l'article AUTRICHE, nous avons
traité de la monarchie austro-hongroise. Nous
traiterons ici des terres de la couronne hongroise, et spécialement de la partie que l'on
appelle Hongrie proprement dite. La Hongrie
(dans le sens le plus étendu du mot) est
située entre 44° 11' et 49° 35' lat. N., et entre
42° 5' et 24° 10' long. E.; elle est bornée au
N.-E., au N. et à l'O. par l'Autriche cisleithai-
ne et au S. et à l'E. par la Bosnie, la Servie
et la Roumanie ; 322,250 kil. carr. (dont
225,428 pour la Hongrie proprement dite);
15,700,000 hab. (dont 11,740,000 pour la Hongrie proprement dite). — La Hongrie forme
un vaste bassin entouré presque entièrement
par les Carpathes (dont les monts de l'Ore
Hongrois, les Matra et les Hegyalja, sont des
ramifications) et par la continuation des
alpes Noriques et Carniques. Le Danube, qui
pénètre en Hongrie entre Vienne et Presbourg, reçoit les eaux de toutes les autres
rivières, excepté le Proprad. Ses principaux
affluents sont : à droite, la Laitha, la Raab et
la Drave, qui sépare la Hongrie propre de la
Slavonie et qui reçoit la Mur; à gauche, la
March, la Waag, la Neutra, le Gran, l'Eipel,
la Theiss et la Temes. La Theiss prend sa
source dans le nord-est, et reçoit le Bodrog,
l'Hernad, la Sajo et la Zagyva à droite, et la
Szamos, la Kœrœs et la Maros à gauche. La
plupart des rivières de la Croatie et de la
Transylvanie (parmi lesquelles la Save sur la
frontière turque et l'Alt), sont aussi tributaires
du Danube. Dans la division S.-O. se trouvent
les deux principaux lacs, le Balaton et le Neu-
siedler. De vastes îles sont formées par les
branches du Danube. Le climat est doux, ce
qu'il doit à la grande barrière septentrionale

formée par les Carpathes. Dans la grande plaine centrale, le climat ressemble à celui du nord de l'Italie, mais des déserts sablonneux contribuent beaucoup à l'aridité des vents d'été. La fertilité du sol est extraordinaire, sauf quelques exceptions. Les productions végétales comprennent : le blé, le maïs, le chanvre, le lin, les melons, les abricots, les prunes, les groseilles, etc. ; le tabac est monopolisé par la couronne ; amandes, figues et olives sur la frontière du sud ; poivre de Turquie, carthame, garance et autres plantes tinctoriales. Dans les régions montagneuses, de belles forêts couvrent d'immenses étendues de terrain. — Sous le rapport du climat et du sol, la Hongrie est extraordinairement propre à la culture de la vigne ; mais, bien que le vin y soit produit dans presque toutes les localités, une quantité comparativement petite est livrée au commerce. La production totale est d'environ un milliard de litres, dont environ 200 millions sont susceptibles d'être exportés. C'est une singularité des vignes de Hongrie, que les grappes qui mûrissent de bonne heure éclatent souvent et déchargent une partie de leur jus, après quoi elles sèchent et sont converties en masses de sucre, appelées *assu* (all. *trockenbeeren*) ou baies sèches. Les baies sèches se trouvent rarement dans toute la grappe, mais sont mélangées avec les autres graines. Il est d'habitude, lors de la vendange, de séparer les baies sèches des autres ; quand les grappes sont mises sous presse sans avoir subi ce procédé, le produit est connu sous le nom de vin naturel. Les variétés de choix sont faites de vins ordinaires avec l'addition des baies sèches. C'est le *maslas*; renforcé par des grappes sèches, au delà d'une certaine quantité, le vin devient *ausuber* (all. *ausbruch*). Le plus fameux vin de Hongrie est le tokay, provenant des vignobles qui couvrent les pentes de la chaîne des collines de Hegyalja, près de Tokay (Hongrie septentrionale). On le distingue en cinq qualités, la première, appelée essence, est le vin le plus cher du monde. Parmi les autres vins hongrois de première qualité, mais classés après les tokays, sont le Ménes-magyarat, l'ausbruch rouge et blanc, et des vins naturels (environ 12 millions de litres), et les vins de Ruat, produits dans la contrée qui s'étend à l'ouest de la rivière Raab (entre 1,600,000 et 1,800,000 litres de vin blanc, fort, d'ausbruch doux et de vin naturel). Les vins de la seconde qualité comprennent ceux de Somlyo, de Badacsony, de Neszmély, d'Ermellék, d'Azerednye, de Nograd et de Krasso (blancs) ; et ceux d'Erlau, de Visonta (appelé aussi Schiller), de Szegszard, de Villany, du Bude (Ofner), et de Krasso (rouges). Ceux des troisième et quatrième classes sont à peine connus au delà des limites du pays dans lequel ils sont produits. — Depuis quelques années, les chevaux hongrois font une rude concurrence aux anglo-arabes. Le 9 nov. 1874, *Caradoc*, monté par le lieutenant hongrois Lubowitz, arriva à Paris, ayant fait le trajet depuis Vienne en 15 jours. En juin 1876, *Kisber* battit ses concurrents au grand prix de Paris. — Belles races de bœufs (y compris des buffles) et de moutons. Les poissons, les abeilles, les sangsues sont en abondance. Parmi les minéraux, on trouve de l'or, du fer et du cuivre, de l'argent, du zinc, du plomb, du charbon, du cobalt, du nitre, de l'antimoine, de l'arsenic, du soufre, de l'alun, de la soude, du salpêtre, du potassium, du marbre, du cristal, de la craie, du sel, particulièrement dans le comté N.-E. de Marmaros ; du jaspe, de la calcédoine, des hyacinthes, des améthystes, des agates et de très belles variétés d'opale (à Saros). Il y a plus de 300 sources d'eaux minérales. — Les principaux articles d'exportation sont : le blé, les noix de galle, le miel, le vin, le tabac, le cuivre, la potasse, les bœufs, les moutons, les peaux, la laine et les eaux-de-

vie. Des vapeurs font le service du Danube et de la Theiss, et un réseau de chemins de fer relie les différentes parties de la contrée. Les principales villes pour l'instruction sont Buda-Pesth (capitale), Presburg, Debreczin et Patak, outre Klausenburg, en Transylvanie. — Le territoire est peuplé de nationalités très diverses. Il y a les Madgyars ou Hongrois proprement dits, race prédominante (environ 6 millions d'âmes, comprenant les Szeklers de Transylvanie), répandue principalement dans les régions fertiles du centre et du sud-ouest ; les Slovaks (1,900,000) dans les régions montagneuses du nord-ouest et du nord ; les Ruthenes (450,000), dans les régions nord-est ; les Croates et les Serbes (Rasciens) dans le sud-ouest et le sud (environ 2,500,000 ; 800,000 dans la Hongrie propre) ; les Roumains dans le sud-est (environ 2,500,000 ; environ 1,300,000 dans la Hongrie propre) ; les Allemands (2 millions ; 1,700,000 dans la Hongrie propre), et les Juifs (600,000), principalement dans les villes ; les Zingari (50,000). L'éducation publique fut réorganisée en 1868 ; elle est obligatoire. — La diète hongroise se compose de deux chambres : la table des magnats et la table des députés. La première se compose d'archiducs, de la noblesse héréditaire, des évêques (y compris l'archevêque primat de Gran), des présidents de comtés et d'autres dignitaires. La table des députés (élus pour trois ans) comprend 444 membres, dont 334 appartiennent à la Hongrie propre, 75 à la Transylvanie, 1 à Fiume et 34 à la Croatie et à la Slavonie. Le ministère hongrois consiste en un président et en 9 ministres. Le revenu public dépasse 220 millions de florins, les dépenses s'élèvent à 230 millions de florins. Politiquement, la Hongrie propre est divisée en quatre grandes divisions naturelles ou cercles, subdivisés en comtés et dits, par rapport à leur position, Cis-Danubien (N. et E. du Danube), Trans-Danubien (S. et O. du Danube), Cis-Tibiscan (N. et O. de la Theiss), et Trans-Tibiscan (S. et E. de la Theiss) ; et en trois districts : Jazygia (*Jdszság*), avec la Grande et la Petite-Cumanie (*Kunsag*) ; les villes Haydoukes (*Haydou-Városok*) ; et Koévar. Les comtés sont les suivants : cercle cis-danubien : Presburg (Pozsony), Neutra (*Nyitra*), Trentschin (*Trencsény*), Arva, Turocz, Bars, Liplo, Zolyom, Hont, Nograd, Pesth (*Pest*), Gran (*Eszlergom*), Bacs ; cercle trans-danubien : Wieselburg (*Mosony*), Oedenburg (*Soprony*), Vas, Zala, Somogy, Baranya, Tolna, Veszprém, Raab (*Gyoer*), Comorn (*Komarom*), Weissenburg (*Fejér*) ; cercle cis-tibiscan : Heves, Borsod, Gœmœr, Zips (*Szepes*), Saros, Torna, Abauj, Zemplen, Ung, Bereg ; cercle trans-tibiscan : Ugocsa, Marmaros, Szatmar, Szabolcs, Bihar, Bèkes, Arad, Csanad, Csongrad, Torontal, Temes, Krasso, Middle, Szolnok, Kraszna, Zarand. — Parmi les nations qui occupèrent, dans des temps reculés, certaines portions de la Hongrie, nous trouvons : les Daces, les Illyriens, les Pannoniens, les Avars, les Huns, les Gépides, les Longobards et les Khazars. Les Romains réunirent la partie S.-O. à la Pannonie et la partie S.-E. à la Dacie. Les Slaves, les Valaques, les Bulgares et les Allemands étaient les principaux habitants lors de l'invasion Madgyare. Les Madgyars, peuple de race finnoise, habitèrent longtemps à l'E. du Don et entre le Don et le Dniester, avant de traverser les Carpathes (vers 887), sous la conduite d'Almos, élu chef principal. Ils étaient divisés en sept tribus et en 108 familles. Leur religion était celle du groupe aryen des Médo-Persans, mais les Madgyars avaient la notion d'un être suprême (*Isten*). Arpad, fils d'Almos, conquit toute la Hongrie et toute la Transylvanie, il organisa quatre expéditions et fit des expéditions contre Svatopluk de Moravie. Almos remplacé par son fils Zoltan (907-946) et sous son petit-fils Taksony (946-972), les Madgyars répandirent la terreur et la dévastation jusqu'à

la mer du Nord, la France, l'Italie et l'Euxin. Mais des défaites sanglantes près de Merseburg (933), par l'empereur Henri Ier, sur le Lech (955), par Othon Ier, et en Grèce (970), réprimèrent leurs besoins de pillage et d'aventures. Gejza (972-997), fils de Taksony, épousa une princesse chrétienne et encouragea l'introduction du christianisme qui fut admis par tout le peuple sous son fils saint Etienne, (997-1038), premier roi Madgyar (1000). Les institutions religieuses, politiques et administratives de l'Etat furent organisées par Etienne. L'égalité primitive des conquérants fut limitée par l'imitation du système aristocratique et féodal des peuples occidentaux. Les seigneurs et les nobles formèrent la classe gouvernante. Contre cet état de choses nouveau et étranger, le parti national se souleva plus d'une fois, mais en vain. L'empereur Henry III, pendant le règne d'André Ier (1046-'61) envahit la contrée. Solomon, fils d'André (1063-'74), mourut en exil. Son cousin et son second successeur, saint Ladislas (1077-'95), fut brave et pieux ; ses victoires sur les Cumans qui envahirent la Transylvanie et les districts voisins, la conquête de la Croatie et d'Halicz (Galicie de l'E.), firent de lui l'un des princes les plus populaires de son siècle. Son neveu Coloman (1095-1114) annexa la Dalmatie. Son neveu, Béla II, l'*Aveugle* (1131-'41), victime comme son père de Coloman, prit une sanglante revanche sur ses premiers ennemis à l'occasion de la diète d'Arad. Sous son fils, Gejza II (1141-'61), de nombreuses colonies saxonnes furent établies dans les Zips et en Transylvanie. Béla III (1173-'96), soutenu par la cour byzantine, introduisit différentes imitations de l'organisation administrative orientale. Son plus jeune fils André II (1205-'35) fut successivement sous l'influence de sa femme éhontée, qui fut assassinée, sous celle du pape qui le força d'entreprendre une croisade ; de ses usuriers, chrétiens, sarrasins et juifs qui accaparèrent les revenus de son royaume appauvri ; de la noblesse qui, en 1222, lui arracha la Bulle d'Or, grande charte hongroise de liberté et de privilèges. Il eut à combattre la résistance armée des seigneurs, associés à son fils et successeur Béla IV. Le long règne de ce dernier (1235-70) fut troublé par les immigrations des Cumans et par l'invasion des Tartares qui anéantirent l'armée hongroise, sous le Sajo (1241), et se frayèrent une route depuis les Carpathes jusqu'à l'Adriatique par le fer et le feu, fléaux suivis de la famine et de la peste. Béla fit de son mieux pour rétablir l'ordre et pour repeupler le pays, mais les guerres avec l'Autriche, la Styrie, etc., et les dissensions empêchèrent l'accroissement de la prospérité. Etienne V (1270-'72) fut heureux contre Ottokar de Bohême. Son fils débauché, Ladislas IV (1772-'90) régna au milieu de guerres civiles et d'une misère sans fin ; il fut assassiné. Un neveu de Béla IV, André III (1290-1301), le dernier des Arpades, mourut probablement empoisonné. Le trône devint alors électif, Charles-Robert d'Anjou, neveu du roi de Naples et descendant des Arpades par sa mère, fut le premier roi élu ; son règne (1309-'82) fut marqué par de grands succès à l'intérieur et à l'extérieur. Le pouvoir royal fut étendu et consolidé, le raffinement de la luxure amollirent la noblesse, et la succession aux trônes de Pologne et de Naples fut assurée aux deux fils du roi, Louis et André. Visegrad remplaça comme résidence royale Stuhl-Weissenburg. Bude devint une résidence plus splendide sous Louis, surnommé le Grand (1342-'82) ; ce prince développa encore le pouvoir royal, et les institutions féodales oppressives ; si l'on en excepte ses expéditions en Italie pour venger l'assassinat de son frère André, il fut heureux dans toute ses entreprises, conquit entre autres territoires ceux de la Moldavie et de la Bulgarie. Il succéda aussi à son oncle Casimir le Grand (dernier des Piasts), comme roi de Pologne. Il était chevaleresque, luxurieux et bigot ; il encouragea le commerce, mais il accabla d'impôts les paysans, persécuta les païens Cumans, et chassa les Juifs, que son gendre Sigismond de Luxembourg ramena dans le pays. Ce dernier prince ayant délivré sa femme Marie, qui avait perdu son trône et sa liberté, régna avec elle (1387-'95) et après sa mort, il devint seul souverain (1395-1437); il fut aussi élu empereur d'Allemagne et hérita du trône de Bohème. Son long règne fut troublé par des guerres. Son gendre, l'empereur Albert (II) de Hapsbourg, lui succéda (1437-'39). Elisabeth, veuve d'Albert, offrit sa main à Ladislas III de Pologne, qui devint roi de Hongrie, sous le nom d'Uladislas Ier (hong. Ulaszlo), mais après plusieurs victoires de son célèbre général Jean Hunyade, sur les Turcs, il tomba à Varna (1444). Ladislas (V), enfant posthume d'Albert, fut alors reconnu pour roi (1445), Hunyade devint régent. Ce héros enleva Belgrade à Mahomet II, le conquérant de Constantinople (1456), Ladislas, l'un des fils du roi, fut exécuté sur l'ordre de son père; mais Matthias, surnommé Corvin, monta sur le trône après la mort de ce dernier (1457). Monarque le plus habile de l'histoire de Hongrie (1458-'90), il soumit les seigneurs rebelles, fut vainqueur de l'empereur Frédéric III, de Podiebrad de Bohème et des armées de Mahomet II, il rétablit l'ordre, les lois et la prospérité, et favorisa les sciences et les arts. Mais son œuvre périt avec lui. L'indolent Uladislas (II) de Bohème (1490-1516) ne put réprimer le despotisme des nobles. La Transylvanie fut ravagée par une insurrection des paysans sous Dozsa (1514). Sous Louis II (1516-'26), jeune fils d'Uladislas, le pays descendit au dernier degré de la faiblesse. Belgrade tomba au pouvoir des Turcs, et la bataille de Mohacs fut témérairement livrée contre le sultan Soliman le Magnifique. L'armée hongroise fut détruite; Louis périt dans sa fuite, et sa femme, sœur de Ferdinand d'Autriche, s'empressa de porter la couronne à son frère. Ce prince fonda la dynastie encore régnante des Hapsbourgs, après avoir été reconnu comme roi (1527-'64) par la noblesse des comtés de l'ouest, tandis que le parti national procédait à l'élection de Jean Zapolya qui régna en Transylvanie et dans les pays voisins. Ce dernier se plaça sous la protection de Soliman, qui prit Bude et assiégea même Vienne (1529). Des campagnes, des négociations et des traités se succédèrent. La Hongrie fut, pendant environ 150 ans, divisée en trois parties qui changèrent souvent de limites, sous les Hapsbourgs comme rois (et empereur d'Allemagne), sous les pachas des sultans et sous les princes de Transylvanie. Maximilien (II, comme empereur, 1567-'76) fut sauvé par l'héroïsme de Zrinyi (1566), et la Hongrie resta le rempart de la chrétienté. Rodolphe (II comme empereur, 1576-1608) commença la persécution contre les protestants. Ceux-ci trouvèrent des protecteurs dans Etienne Bathori de Transylvanie et dans son successeur Bocskay, qui écrasa les généraux de Rodolphe et qui obtint la paix de Vienne (1606). Le vieil empereur abandonna la couronne hongroise à son frère, letolérant Matthias (1608-'19). Ferdinand II (1619-'37), qui commença son règne au début de la guerre de Trente ans, ne put déchirer la charte hongroise de liberté, à cause des victoires du prince transylvanien Bethlen Gabor ; le traité de Nikolsburg (1622), sanctionna de nouveau les droits des protestants. Un traité semblable fut conclu à Linz, par Ferdinand III (1637-'57) avec Georges Ier Rakoczy de Transylvanie (1645). Léopold Ier (1657-1705) trouva un adversaire moins capable dans l'ambitieux Georges II Rakocy, et d'excellents généraux dans les Turcs dans Montecuculi et Nicholas Zrinyi (le poète). Contre les insurgés des comtés du nord, il envoya les sanguinaires Caraffa et Strasoldo. Le peuple se souleva de nouveau *pour Dieu et la liberté*, sous Tœkœlyi (1678), allié avec la Porte; mais les revers des Turcs devant Vienne (1683) furent suivis de l'anéantissement de l'insurrection. Caraffa mit l'échafaud en permanence à Epériès; la diète de Presburg, cédant à l'empereur, rendit le trône héréditaire dans la maison d'Autriche ; le prince Eugène remporta de grandes victoires sur les Turcs ; la Transylvanie fut occupée et Tœkœlyi mourut en exil, en Asie Mineure. Mais en 1703, François Rakoczy renouvela la lutte pour la liberté religieuse et civile et il porta ses drapeaux jusque sous les murs de Vienne. Joseph Ier (1705-'11) penchait vers la paix intérieure à cause des perplexités de la guerre de la succession espagnole. En l'absence de Rakoczy, et après bien des alternatives de fortune, une paix fut conclue à Szatmar (1711), dans laquelle on promit la tolérance et l'observation rigoureuse de la constitution. Le successeur de Joseph, Charles (VI comme empereur, 1711-'40) ratifia ce traité, tandis que Rackoczy relevait ses partisans du serment d'obéissance qu'il lui avaient prêté. Le règne populaire de Charles disposa la nation à défendre avec enthousiasme les droits et les possessions de sa fille Marie-Thérèse (1740-'80), contre Frédéric le Grand. L'amélioration de la condition des paysans restera la gloire principale du règne de cette princesse; mais elle fut loin d'observer strictement la constitution, que son fils Joseph II (1780-'90) dans son zèle immodéré pour les réformes et pour la centralisation, était désireux de détruire. Son frère Léopold II (1790-'92) ayant peur de l'orage qui s'amoncelait du côté de la France, s'empressa d'apaiser les Hongrois. La diète de 1791 sanctionna de nouveau les droits constitutionnels les plus essentiels et ceux des protestants en particulier. Léopold, fils de François (1792-1835) fut satisfait, pendant ses guerres avec la France, des subsides qu'il reçut de la Hongrie en argent et en hommes. Les magnats furent flattés et restèrent fidèles. Néanmoins à peine Napoléon était-il tombé, que Metternich, ministre de François, commença de miner la constitution hongroise. La résistance de la nation déjoua ses efforts sous le règne de François et sous celui de son fils imbécile Ferdinand (1835-'48). La constitution hongroise avait subi de nombreuses modifications. Telle qu'elle existait, elle formait, d'un côté, une charte de liberté qui abritait le peuple en général contre l'influence bureaucratique et accordait à la noblesse une somme de liberté personnelle et d'immunités, comme aucune autre classe n'en possédait en Europe ; et d'un autre côté, la constitution devenait un instrument d'oppression entre les mains de la noblesse, contre tous les plébéiens et particulièrement contre les paysans. La tâche des patriotes devint celle d'abolir graduellement les immunités et les charges féodales, d'accorder à la masse du peuple des droits politiques et en même temps d'étayer la constitution. Paul Nagy et le comte Etienne Széchenyi furent les champions de la nationalité à la diète de 1825, qui inaugura une période de réformes graduelles, dont les plus importantes furent accomplies aux diètes de 1832-'36, 1839-'40 et 1843-'44, sous la direction de Deak, du comte Louis Batthyanyi, du baron Eœtvœs et d'autres nobles libéraux. L'agitation nationale atteignit son point culminant, quand le journaliste Kossuth fut élu représentant de Pesth à la diète de 1847, et la secousse européenne qui suivit la révolution française de Février renversa le gouvernement de Metternich (13 mars, 1848). Kossuth fut salué comme un libérateur par le peuple de Vienne. Ferdinand lui confia, avec L. Batthyanyi, tous pouvoirs pour la formation d'un ministère hongrois indépendant. Ayant décrété l'abolition de la féodalité et plusieurs autres chan-gements radicaux dans la constitution, et ayant dissous la dernière diète de Presbourg, il ordonna la réunion, à Pesth, d'une nouvelle assemblée. Le cabinet de Vienne commença d'intriguer contre le nouvel ordre de choses, et le jour où il le sanctionna, Jellachich et d'autres organisèrent des insurrections parmi les Slaves méridionaux, les Valaques et les Saxons de Transylvanie. Le pays entier du sud fut bientôt en flammes. La Croatie et la Slavonie proclamèrent leur indépendance de la Hongrie sous le ban Jellachich. La diète s'assembla en juillet et vota de très fortes levées d'hommes et des moyens de défense; mais Ferdinand refusa de sanctionner ses résolutions. Jellachich traversa enfin la Drave, et le gouvernement de Vienne, ayant reconquis la Lombardie, jeta son masque et envoya le comte Lamberg pour disperser la diète par la force. Le ministère Batthyanyi donna alors sa démission et un comité de défense fut organisé sous Kossuth. L'archiduc Etienne, palatin ou lieutenant royal, s'enfuit ; Lamberg fut tué par la populace. Jellachich fut battu près de Bude (29 sept.) et s'enfuit du côté de Vienne où éclata la révolution (6 oct.). Les forteresses principales hissèrent le pavillon national. D'un autre côté, Temesvar et Arad levèrent celui de l'Autriche. La guerre des races éclata avec une furie terrible. Une tentative pour secourir Vienne échoua à Schwechat (30 oct.). Le comte Schlick entra en Hongrie par le nord. Incapable de résister à Windischgraetz, Gœrgey, qui commandait la principale armée hongroise, évacua Presburg, Raab et Buda-Pesth (5 janvier 1849). Le gouvernement et la diète se transportèrent à Debreczin. Mais le général polonais Bem commença avec succès de conquérir la Transylvanie. Gœrgey, retournant à l'ouest sur la rive gauche du Danube, parvint à empêcher l'armée autrichienne de marcher sur Debreczin. Tournant alors au nord, il effectua habilement une jonction avec l'armée de la Theiss supérieure, armée qui, sous Klapka, avait remporté des succès contre Schlick. L'influence autrichienne était gravement compromise, lorsque l'invasion des Russes en Transylvanie la rétablit ; la désobéissance et les intrigues de Gœrgey amenèrent la défaite de Kapolna (26 et 27 fév.) Eszék se rendit. Le jeune empereur François-Joseph, qui avait succédé à son oncle, promulgua une nouvelle constitution autrichienne (4 mars) qui anéantissait l'autonomie nationale de la Hongrie. Mais les jours suivants virent une nouvelle série de victoires hongroises. Damjanics mit les Autrichiens en déroute à Szlonok. Bem prit Hermannstadt et repoussa les Russes en Wallachie. Perczel écrasa les Rasciens (Serbes) à Bacs. Gœrgey reprit l'offensive contre Windischgraetz; il défit l'ennemi dans une série de batailles (avril), délivra Comorn, et prit d'assaut Bude (21 mai). Pendant cette courte campagne, la diète à Debreczin proclama l'indépendance du pays (14 avril) et nomma Kossuth gouverneur. Une nouvelle armée russe plus formidable envahit la Hongrie : Gœrgey marcha sur Vienne par la rive N. du Danube et épuisa son armée sur la Waag. Les Russes et les Autrichiens, commandés par Haynau, se répandaient pendant ce temps en Hongrie. Après la grande bataille de Szoeny (2 juillet), Gœrgey laissant Klapka dans Comorn, se retira sur la Theiss, battit Paskevitch à Waitzen (15 juillet), tourna au nord et passa la Theiss à Tokay. Les forces du centre sous Dembinski battirent en retraite vers Szegedin. Bem fut alors battu par Lüders en Transylvanie, une des divisions de Gœrgey fut aussi écrasée par l'armée de Paskevitch, devant Debreczin, et Dembinski (9 août) fut défait par Haynau à Szœreg et à Temesvar. Gœrgey, qui arrivait alors à Arad, engagea Kossuth à se démettre; il reçut de lui le commandement suprême civil et militaire, et dix jours après la victoire signalée de Klapka sur les Autrichiens devant Comorn, il livra son armée aux généraux du czar à Vilagos (13 août). Damjanics rendit Arad. Kossuth, les derniers ministres Szemere et Casimir Batthyanyi, les généraux Bem, Dembinski, Mészaros, Vetter, Perczel, Guyon, Kmetty, Wysocki et autres, se sauvèrent en Turquie. Munkacs, Peterwardein et Comorn capitulèrent. L'œuvre de vengeance commença alors pour les vainqueurs. Le comte Louis Batthyanyi fut exécuté à Pesth le 6 oct., et 13 commandants, qui tous s'étaient rendus à discrétion, furent exécutés le même jour à Arad. D'autres exécutions, des emprisonnements et des confiscations plongèrent le pays dans la désolation. Gœrgey fut enfermé à Klagenfurth. La Hongrie, livrée à la loi martiale, perdit ses dernières libertés. Cette situation cessa avec la défaite de l'Autriche en Italie (1859). Le diplôme impérial du 20 oct. 1860, fut suivi de la convocation de la diète hongroise. (Voy. AUTRICHE.) A la diète, une adresse proposée par Deak fut votée, mais comme il demandait énergiquement le rétablissement des lois de 1848, l'assemblée fut dissoute en août. Les Saxons et les Roumains de Transylvanie envoyèrent seuls des représentants au reichsrath impérial. En 1865, François-Joseph suspendit la constitution impériale et convoqua une nouvelle diète hongroise. Deak dirigea celle-ci comme il avait dirigé la précédente, et il resta inébranlable dans ses revendications. Après la défaite désastreuse de Sadowa (3 juillet 1866), François-Joseph céda aux demandes des Hongrois. Beust entreprit d'amener un compromis, dont le résultat fut le dualisme austro-hongrois, tel qu'il fut sanctionné en décembre 1867. (Voy. AUTRICHE.) Le comte Andrassy forma un ministère national hongrois, en février 1867, et l'empereur fut couronné comme roi de Hongrie (8 juin), à Bude, avec une pompe extraordinaire. La diète ayant accompli différentes réformes, parmi lesquelles il faut citer l'émancipation des Juifs, et ayant fixé les relations de la Croatie avec la couronne hongroise, sur une base analogue à celle des rapports de la Hongrie avec la monarchie, finit ses sessions en décembre 1868. Deux partis parlementaires principaux s'étaient formés : le parti conservateur ou parti de Deak, et le parti de l'opposition, tendant à une simple union personnelle avec l'Autriche cisleithane, sous la maison de Hapsbourg. La gauche révolutionnaire extrême ne comptait que peu d'adhérents. Andrassy succéda à Beust en nov. 1871, comme ministre des affaires étrangères de la monarchie; et des cabinets hongrois se succédèrent sous Lonyay, Szlavy (1872), Bitto (1874) et Tisza (1876). Les finances du pays devinrent bientôt embarrassées et les complications avec la Turquie en 1876-'77 agitèrent la Hongrie en faisant renaître les sympathies des populations madgyares et slaves pour des partis opposés. — Langue et Littérature. La langue hongroise (hong. *Magyar Nyelv*) est une branche isolée de la division finnoise de la famille uralo-altaïque. Leo Diaconus (x⁰ siècle) considérait les Madgyars comme des Huns, et le peuple était fier d'Etele (Attila) et de son frère Buda. Malte-Brun considère les Madgyars comme des Finnois qui furent soumis aux Turcs et à un peuple ouralien inconnu. L'alphabet hongrois consiste en 26 sons simples et en 6 sons composés, qui se rapportent à, moins d'observation contraire, à l'italien; ce sont : 8 voyelles, a (comme l'*a* français dans *battu*), e, é (franç.), i (ou y), o, u, œ, (fr. *eu*) ù (fr. *u*); 18 consonnes : b, d, f, g dur, h (allemand), j (allemand), k, l, m, n, p, r, s (franç. ch), t, v (ou w), x, sz (s fr.), zs ou 's, (j franç.); 6 composés sont : gy (comme dans *gyar*, factorerie; prononcez *diar* en une syllabe), ly (comme dans *fille*), ny (gn fr.), ty; et deux composés sibilants : ch, ts (écrit aussi ch, ts franç. *tch*) et cz, c ou tz (*ts* franç.). Avec l'ad-

dition des voyelles rendues longues par l'accent aigu, comme par exemple à (italien *a* long), í, ó, ő, ű, ú, il y a en tout 38 sons, outre x qui est seulement employé dans les noms étrangers. La masse des mots et des formes grammaticales est divisée en deux groupes, savoir : ceux à sons hauts et ceux à sons bas. Le premier son est déterminé par la présence de e, ö, ü; le second par la présence de a, o, u dans les racines ou tiges; ceux dans lesquels entre é ou i constituent un terrain neutre. Tous les suffixes formatifs et relatifs ont en conséquence une double forme, en harmonie avec les racines auxquelles ils sont attachés : ainsi *vall*, épaule, *vallal* (lui) épaules, entreprises, *vallalat*, entreprise; *becs*, valoir, *besul* (lui); respects, *besulet*, respect. Les racines restent inaltérées et plus souvent portent l'accent dans tous leurs dérivés. Le caractère particulier de la grammaire hongroise est son système de suffixes. Les formes possessives des noms vont ainsi : *házam*, ma maison; *harad*, ta maison; *haza*, sa maison ; *hazaim*, mes maisons, etc. Dans les verbes, les suffixes sont faits pour indiquer non seulement la voix, le mode, le temps, la personne et le nombre des nominatifs, mais le défini ou l'indéfini de l'objet. Exemples : *varom*, je l'attends, etc. ; *varok*, j'attends; *varatom*, je suis attendu : *kéred*, tu le demandes, etc. ; *kérsz*, tu demandais; *kéretel*, tu es demandé, etc. D'autres modes et d'autres temps sont formés par insertions, par un changement de voyelle finale ou de consonne et par des auxiliaires; ainsi : *vara*, attendu; *varank*, nous attendions; *vartunk*, nous avons attendu ; *varnank*, nous attendrions; *vartam volt*, j'avais attendu. L'infinitif est formé en ajoutant le suffixe *ni* à la racine, comme *varni*, attendre. Différentes espèces de verbes sont faits en affixant certaines syllabes ; exemple : *ver*, il bat ; *veret*, battre battre ; *vereget*, battre souvent ; *verint*, battre doucement; *verekedik*, battre, combattre avec; *verodik*, battre contre ; *vergodik*, battre soi-même; *verhet*, pouvoir battre; *verethet* qui fait battre ; *verinthet*, pouvoir battre doucement, etc. Tous ces verbes et des dérivés semblables peuvent se conjuguer entièrement de la même manière que le verbe simple. Il n'y a pas de genre, *lui* et *elle* sont exprimés par le même mot. L'article défini *az* à est d'emploi récent. Les relations appelées cas et celles exprimées par des prépositions dans les langues indo-européennes sont marquées par des suffixes. Exemples : *szemcinkben*, yeux-nos-dans; *ebedelkné*, dîners-leurs-a-la. Le pluriel est formé par *k* : *fa*, arbre, *fak*, arbres; *kar*, bras, *karak*, des bras. Le degré comparatif est formé en ajoutant *bb* comme suffixe, le superlatif en préfixant *leg* au comparatif; ainsi : *nagy*, grand; *nagyobb*, plus grand; *legnagyobb*, le plus grand. Pronoms : *én*, je; *enyém*, mon; *nekem*, à moi; *engemet*, moi; *te*, toi; *ti*, vous; *ó*, lui, elle; *ók*, ils. Nombres : *egy*, 1; *kettő*, *két*, 2; *harom*, 3; *négy*, 4; *öt*, 5 ; *hat*, 6; *hét*, 7; *nyolc*, 8; *kilencz*, 9; *tiz*, 10; *tizenegy*, 11, etc.; *husz*, 20 ; *harmincz*, 30 ; *negyven*, 40, etc.; *szaz*, 100 ; *ezer*, 1,000. Cette plasticité du madgyar, combinée avec la liberté de sa syntaxe, le rend capable d'exprimer les tournures des autres langues et les mètres grec et latin avec plus de facilité et de fidélité que d'aucune des autres langages. — La LITTÉRATURE HONGROISE, est relativement peu ancienne. Du temps des Arpáds à la période suivante, on a conservé des chroniques latines, dont les plus remarquables sont celles du *Secrétaire anonyme du roi Béla (II)*, le *Chronicon Budense*, et le *Chronicon rerum Hungaricorum*, de Turoczy. Les savants qui ornaient la cour de Matthias Corvinus (1458-'90) écrivirent en latin. Les restes des écrits hongrois de cette période sont très rares. L'extension de la réforme encouragea la culture de la langue nationale ; mais cet élan fut arrêté par les désastres, par les guerres avec les

Turcs, par les guerres civiles et par l'introduction de l'élément allemand. Des portions des écritures furent traduites en hongrois pendant le xvi⁰ siècle, par Komjati, Erdœsi et plusieurs autres. Tinodi, Valkai et Temesvari chantèrent les exploits guerriers de leurs temps ; Balassa, Rimai et Erdœsi composèrent des poèmes lyriques d'un très grand mérite. Au xvii⁰ siècle, la muse hongroise trouva des zélateurs dans Zrinyi, petit-fils du défenseur de Sziget, qui célébra les exploits et la mort de ce héros, et dans Gyœngyœsi, qui chanta la défense de Murany, par Maria Szécsi. Le primat Pázmán et Kecskeméti furent des orateurs distingués. Ce mouvement national fut paralysé par l'influence croissante de la dynastie allemande ; les persécutions sanglantes sous Léopold I⁰ʳ (1657-1705) supprimèrent presque entièrement la littérature hongroise. Le latin fut habilement cultivé au xviii⁰ siècle par un nombre de savants tellement grand, que celui des écrivains madgyars Faludi et Bessenyei (fondateurs d'une école classique et française de poésie), Orczy, comte Telcky, Baroczi, Révay, etc., ne forma qu'une faible minorité. Une période féconde en écrivains commença vers la fin du xviii⁰ siècle. les mesures prises par Joseph II (1780-'90) pour germaniser la Hongrie ayant causé une vive réaction. François Kazinczy, le plus grand réformateur de la langue après Révay, et le poète populaire Csokonai, se mirent à la tête du mouvement littéraire, en même temps que les poètes Dayka, Verseghy et Virag. Le poème lyrique, *Les Amours de Himfy* (*Himfy szerelmei*), d'Alexandre Kisfaludy (1801) fut reçu avec admiration, et fut suivi des *Contes* (*Regék*) et d'autres poèmes du même auteur. Berzsenyi écrivit des odes brûlantes. Les poètes Andrew Horvath, Dœbrentei, Vitkovics, Kis et Paul Szemere appartiennent tous deux à la période de régénération et à l'âge d'or de la littérature hongroise, qui embrasse les 30 années qui ont précédé la révolution de 1848-'49. Cette période s'ouvre avec les cinq principaux écrivains, Charles Kisfaludy, Kœlcsey, Fay, Czuczor et Vœrœsmarty. Kisfaludy peut être regardé comme le créateur du drame hongrois. Les poèmes lyriques de Kœlcsey, ses ballades et sa prose sont vibrants de patriotisme. Fay a écrit d'excellentes fables. Les poèmes épiques de Czuczor furent surpassés seulement par le *Cserhalom* de Vœrœsmarty, par la *Fuite de Zalán* (*Zalán Futasa*), etc. Dans la poésie lyrique, nous trouvons après Vœrœsmarty et Kœlcsey, Bajza, qui est remarquable autant comme critique esthétique que comme historien, Peter Vajda, Jean Erdélyi, Kunoss, Alexandre Vachott, Csaszar et Garay, dont les ballades rivalisent avec celles de Vœrœsmarty. Vers la fin de cette époque parurent trois poètes populaires : Tompa, Arany et Petœfi; les deux premiers excellèrent principalement dans les contes et dans les légendes, et le dernier s'illustra dans les chants légers et badins. La littérature d'imagination fut cultivée par Josika, dont les romans historiques, *Abafi*, *Le dernier des Bathoris* (*Utolso Bathory*), etc., exercèrent la plus grande influence sur le développement de la prose hongroise après Kazincy. Sous bien des rapports, il fut surpassé par Eœlvœs, que le *Carthusien*, *Le Notaire de village* (*A falu jegyzoje*), peinture admirable de la vie politique récente en Hongrie, et *La Hongrie en 1514*, placent parmi les écrivains les plus supérieur comme peintre de la nature, et Nagy dans la charge. Kemény et Jokai, qui appartiennent à une époque plus récente, sont des romanciers et des publicistes distingués. Les principaux auteurs dramatiques (outre Kisfaludy et Vœrœsmarty) furent Katona, L. Toth, Szigligeti, célèbre par ses pièces populaires, Gal, Nagy, Emeric Vahot, Paul Kovacs et Czako. Des récits de voyages ont été écrits par Belenyei (Amérique), Szemere, Irinyi, Jerney (Europe du sud-est), Reguly (Russie du Nord), etc. ; des ouvrages politiques ont été donnés par Széchenyi, Wesselényi, Kossuth, Eœtvœs, Szalay, Szemere et autres ; les meilleures histoires sont dues à M. Horvath, Péczely, Jaszay (la Hongrie), Bajza (l'ancien monde) et Toldy (littérature nationale). Les meilleurs ouvrages de grammaire et de lexicographie sur le langage national furent composés par Czuczor, Fogarassy et Bloch. La guerre de 1848-'49, et après elle la prison, l'échafaud et l'exil condamnèrent au silence les plus grands génies de la nation. C'est pourquoi le troisième quart du XIXᵉ siècle est inférieur à la période précédente, sous le rapport littéraire. Parmi les productions les plus remarquables de cette période de compression, nous citerons des poèmes par Tompa, Arany, Sarossy, Lévai, Gyulai, Szasz et autres ; des romans par Kemény, Jósika, Jókai, Palfy, Gyulai et Bérczy ; des ouvrages historiques par Szalay, Joseph Teleky, Jaszay, Toldy, Csengery, Palugyai, Mészaros, Fejér, J. Hunfalvy, etc. ; des écrits politiques par Eœtvœs et Kemény ; les traductions d'Etienne et Charles Szabo, P. Hunfolvy et Csengery ; les voyages d'Emmanuel Andrassy (Inde), Nendtwich (Amérique), Podmaniczky (Europe du Nord), Magyar (Afrique du Sud), Emma Teleky (Grèce), etc., et des drames par Szigligeti et autres. Le journalisme et l'art oratoire, qui avaient atteint tous deux leur développement le plus élevé pendant la dernière période de l'agitation de Kossuth, ont reçu une nouvelle vie lors de la restauration de la constitution hongroise. — BIBLIOGR. Die Magyaren und andere Ungarn, par Loeher (Leipzig, 1874); by a Fellow of the Carpathian Society, Magyarland (2 vol., London, 1881); The Magyars; Their country and its institutions, par Arthur Patterson (2 vol., London, 1870); Nouvelle géographie universelle, par Elisée Reclus (3ᵉ vol. in-8º, Paris, 1878).

'HONGROIERIE s. f. Industrie ou atelier du hongroyeur.

'HONGROIS, OISE adj. et s. Qui habite la Hongrie, qui appartient à ce pays.

'HONGROYAGE s. m. Préparation des cuirs à la façon de ceux de Hongrie.

'HONGROYER v. a. Préparer le cuir à la façon de celui de Hongrie : hongroyer des cuirs.

'HONGROYEUR ou Hongrieur s. m. Ouvrier qui façonne le cuir appelé cuir de Hongrie : les tanneurs de Paris sont aussi hongroyeurs.

'HONITON ['honn'-i-t'n], ville du Devonshire (Angleterre), sur la rivière Otter, à 26 kil. N.-E. d'Exeter et à 230 kil. O.-S.-O. de Londres; 3,470 hab. Elle donne son nom à une célèbre espèce de dentelles. Commerce de serge, chaussures et faïences.

'HONNÊTE adj. (lat. honestus). Vertueux, conforme à la probité, à l'honneur et à la vertu : âme honnête.

Ne nommez point votre conquête,
Amants heureux et délicats,
Pour elle, quand elle est honnête,
Pour vous, quand elle ne l'est pas.
Guichard.

— FAMILLE HONNÊTE, HONNÊTE FAMILLE, famille à laquelle il n'y a rien à reprocher : c'est une famille honnête. On dit de même, ETRE NÉ DE PARENTS HONNÊTES, etc. (Voyez plus bas un autre sens de la locution Famille honnête.) — HONNÊTE HOMME, outre sa signification principale et ordinaire, exprime aussi toutes les qualités sociales et agréables qu'un homme peut avoir dans la vie civile : il faut bien des qualités pour faire un honnête homme. — Se dit quelquefois, par civilité, d'un homme qu'on ne connaît pas, ou dont on ne dit pas

le nom, et qui paraît d'une condition honorable : le hasard m'a placé auprès d'un honnête homme. — HONNÊTES GENS, se dit dans tous les sens d'honnête homme. — IL Y A DES HONNÊTES GENS, IL Y A D'HONNÊTES GENS PARTOUT, dans tous les pays, dans toutes les professions on trouve des honnêtes gens. — HONNÊTE GARÇON, se dit proprement d'un garçon bien né, bien élevé, dont les mœurs et les inclinations sont honnêtes et douces. — HONNÊTE DÉBAUCHÉ, se dit d'un homme qui aime le plaisir, mais qui ne s'emporte point dans la débauche, et qui y garde des mesures. — Ironiquement, Honnête fripon, honnête usurier, etc. — HONNÊTE FEMME, HONNÊTE FILLE, se dit proprement d'une femme, d'une fille qui est irréprochable dans sa conduite, qui a toujours été chaste. — Conforme à la raison, bienséant, convenable à la profession et à l'âge des personnes : il n'est pas honnête de se louer soi-même. — EXCUSE HONNÊTE, PRÉTEXTE, REFUS HONNÊTE, etc., excuse, prétexte, refus plausible, spécieux, fondé sur quelque apparence de raison, de bienséance. — DON, PRÉSENT HONNÊTE, qui convient à celui qui le fait et à celui qui le reçoit. — PRIX HONNÊTE, prix convenable, proportionné à la juste valeur de la chose. On dit de même, Récompense honnête, traitement honnête. — LONGUEUR HONNÊTE, longueur suffisante : il faut que votre discours soit d'une longueur honnête. On dit en des sens analogues, Cela est d'une largeur honnête, d'une grosseur honnête, etc. — HABIT HONNÊTE, habit convenable et bienséant à la condition et à l'âge de celui qui le porte. On dit en des sens analogues : équipage honnête. — CET HABIT EST HONNÊTE, ENCORE HONNÊTE, il est encore bon pour être porté. — NAISSANCE HONNÊTE, CONDITION HONNÊTE, naissance qui n'a rien de bas ni de fort élevé : il est d'une naissance, d'une condition honnête. On dit dans le même sens, Famille honnête. — HONNÊTE AISANCE, FORTUNE HONNÊTE, aisance, fortune qui permet de vivre agréablement, et avec une certaine indépendance : il jouit d'une honnête aisance. — Civil, poli : il a l'air honnête, les manières honnêtes. Dans ce sens, quand on le joint à un nom de personne, il se met toujours après : c'est un homme fort honnête. — s. Absol. L'HONNÊTE, ce qui est moral, vertueux : l'honnête, l'utile et l'agréable.

'HONNÊTEMENT adv. D'une manière honnête. A toutes les significations de l'adjectif : il faut vivre honnêtement avec tout le monde; il l'a toujours aimée honnêtement. — Quelquef., suffisamment, passablement; et par ironie, beaucoup, extrêmement : c'est honnêtement vendu.

'HONNÊTETÉ s. f. Conformité à l'honneur, à la probité, à la vertu : des actions d'une grande honnêteté. — Bienséance : il n'est pas de l'honnêteté d'en user si familièrement avec des gens à qui on doit le respect. — Civilité : il n'a pas eu l'honnêteté de l'aller voir. — Se dit également des actes de civilité, des politesses que l'on fait : il ne lui a pas fait la moindre honnêteté. — Manière très obligeante et officieuse : il en a usé avec la plus grande honnêteté. — Se dit, quelquefois, d'un présent qu'on fait par reconnaissance : il m'avait rendu un service... et je lui ai fait une honnêteté. — Chasteté, pudeur, modestie : des paroles contre l'honnêteté, contraires à l'honnêteté.

'HONNEUR s. m. (lat. honor). Gloire, estime, considération qui suit la vertu, le courage, les talents : acquérir de l'honneur. — Soutenir l'honneur du corps, soutenir la dignité, les privilèges de la compagnie à laquelle on appartient. — IL N'Y A NI HONNEUR NI PROFIT A CELA, cela n'est ni honorable ni utile. — ETRE EN HONNEUR, être honoré, favorisé, protégé : sous ce prince éclairé, les vertus, les talents furent en honneur, les lettres étaient en honneur. On dit dans le même sens, Il mit

les lettres, les sciences en honneur. — CHAMP D'HONNEUR, se dit de tout champ de bataille : mourir au champ d'honneur. — MOURIR AU LIT D'HONNEUR, se dit d'un homme qui meurt à la guerre pour le service de l'Etat. Se dit aussi, fig., de tout homme qui meurt dans l'exercice actuel d'une profession honorable. Se dit quelquefois, en plaisantant, d'un ivrogne qui meurt en buvant, d'un joueur qui meurt les cartes à la main, etc. — FAIRE HONNEUR A SON SIÈCLE, A SON PAYS, A SA FAMILLE, etc., lui acquérir de la gloire, de la réputation, de l'estime, par ses talents, par ses actions. — FAIRE HONNEUR A SA NAISSANCE, en soutenir l'éclat. — FAIRE HONNEUR A SON ÉDUCATION, répondre aux soins qu'y ont été donnés. — FAIRE HONNEUR A SES AFFAIRES, A SES ENGAGEMENTS, remplir ses engagements. On dit dans le même sens, Faire honneur à une lettre de change, faire honneur à sa signature, etc. — ETRE L'HONNEUR DE SON SIÈCLE, DE SON PAYS, DE SA FAMILLE etc., en être la gloire et l'ornement : il est l'honneur de la magistrature. — FAIRE HONNEUR A QUELQU'UN D'UNE CHOSE, la lui attribuer : on lui fait honneur d'un sentiment qu'il ne connut jamais. — FAIRE HONNEUR DE QUELQUE CHOSE, s'en tenir honoré, s'en honorer : Scipion se faisait honneur d'être ami de Térence. On dit dans le même sens. — Se tenir à honneur. — SE FAIRE HONNEUR DE SA FORTUNE, en faire un bon et digne emploi. — Estime, réputation dont une personne jouit dans le monde : attaquer, blesser, flétrir, déchirer l'honneur de quelqu'un. — PIQUER D'HONNEUR UNE PERSONNE, lui persuader qu'il y va de son honneur de faire ou de ne pas faire quelque chose. — SE PIQUER D'HONNEUR, montrer dans quelque occasion plus d'habileté, plus de courage, plus de générosité, etc., qu'on n'a coutume d'en faire paraître. — POINT D'HONNEUR, ce qu'on regarde comme touchant à l'honneur, comme intéressant l'honneur : il est trop délicat sur le point d'honneur. — Pousser TOUT AU POINT D'HONNEUR, étendre trop loin sa délicatesse sur le point d'honneur. — AFFAIRE D'HONNEUR, débat démêlé, querelle où les parties croient leur honneur compromis. Se dit, quelquefois, d'un duel, d'un combat singulier : ils ont eu ensemble une affaire d'honneur. — Au jeu, LA PARTIE D'HONNEUR, la troisième partie que l'on joue, lorsque chacun des deux joueurs en a gagné une. — Fam. et en plaisantant, NE JOUER QUE L'HONNEUR, NE JOUER QUE L'HONNEUR, jouer sans intéresser le jeu, et seulement pour passer le temps. — DETTES D'HONNEUR, se dit des dettes que la loi ne reconnaît pas et particul. des dettes de jeu. — Fig. DETTE D'HONNEUR, toute obligation morale dans laquelle l'honneur est intéressé. — Vertu, probité : qualité qui nous porte à faire des actions nobles, courageuses, loyales, etc. : c'est un homme d'honneur, un vrai homme d'honneur. — Par manière de serment, Sur l'honneur, sur mon honneur. On dit de même, Foi d'homme d'honneur, je le ferai, ou simplement D'homme d'honneur, ou absolument, D'honneur, mais seulement dans le langage familier : je le ferai d'honneur. On dit aussi quelquefois, EN HONNEUR, s' en honneur, je ne le puis. — PAROLE D'HONNEUR, promesse faite ou assurance donnée sur l'honneur : il m'a donné sa parole d'honneur. — MA PAROLE D'HONNEUR, OU PAROLE D'HONNEUR, se dit quelquefois, dans la conversation, pour affirmer fortement : ma parole d'honneur, cela s'est passé comme je vous le dis. — Prov. EN TOUT BIEN ET EN TOUT HONNEUR, ou EN TOUT BIEN ET TOUT HONNEUR, à bonne fin, à bonne intention : il voit cette fille en tout bien et tout honneur. — En parlant des femmes, pudicité, chasteté : c'est une femme d'honneur, sans honneur. — Action, démonstration extérieure par laquelle on fait connaître la vénération, le respect, l'estime qu'on a pour la dignité ou pour le mérite de quelqu'un. Dans ce sens, on l'emploie souvent au pluriel : il faut rendre honneur à qui il appartient, à qui il est dû :

on lui a fait des honneurs extraordinaires, de grands honneurs. — Honneurs funèbres, honneurs qu'on rend aux morts, cérémonie des funérailles. On dit aussi, *Les honneurs de la sépulture*, *les honneurs suprêmes*, etc. — Guerre. Obtenir les honneurs de la guerre, se dit d'une garnison assiégée qui n'est pas forcée, avant de quitter la place, d'y laisser ses armes. Autrefois, ces honneurs consistaient à sortir par la brèche, enseignes déployées, mèche allumée, balle en bouche. Maintenant, ils consistent à sortir avec armes et bagages, soit en conservant les armes jusqu'aux avant-postes, soit en les déposant sur le glacis. — Fig. et fam. Sortir d'un procès, d'une querelle, d'une discussion avec les honneurs de la guerre, en sortir honorablement, à son avantage. — Garde d'honneur, troupe offerte à des personnages éminents, auxquels on rend les honneurs militaires. C'est quelquefois une réunion de citoyens distingués qui, volontairement, servent de gardes à un souverain, à un prince, etc., pendant son séjour dans la ville, dans le pays : *on offrit au prince, à la princesse une garde d'honneur.* — Place d'honneur, se dit, dans une cérémonie, dans une réunion, dans un repas, etc., de la place réservée à un personnage éminent, à une personne qu'on veut honorer d'une distinction particulière : *il avait la place d'honneur.* — Légion d'honneur, ordre institué en France, pour récompenser les services et les talents distingués : *membre, chevalier de la Légion d'honneur.* On dit aussi, mais seulement dans le langage familier, *La croix de la Légion, la croix de cet ordre.* — Chevalier d'honneur, dame d'honneur, fille d'honneur, se dit de certaines personnes de qualité qui remplissent diverses fonctions auprès d'une reine, d'une princesse. — Enfants d'honneur, jeunes gens de qualité qui étaient nourris auprès d'un prince, pendant son bas âge. — Chevalier d'honneur, s'est dit aussi de conseillers d'épée qui avaient séance et voix délibérative dans les cours souveraines. — Conseillers d'honneur, conseillers qui avaient séance et voix délibérative dans certaines compagnies, quoiqu'ils n'eussent point de charge. — Marguillier d'honneur, marguillier à un rang supérieur à celui des marguilliers ordinaires. — Les honneurs du Louvre, se disait de certaines distinctions, et particulièrement, du droit d'entrer à cheval ou en carrosse dans la cour du Louvre, et dans celle des autres maisons où le roi était logé : *il y avait des charges qui donnaient les honneurs du Louvre.* — Les honneurs de l'Église, les prééminences et les droits honorifiques qu'on a dans l'Église. Admettre aux honneurs de la séance, se disait des personnes admises pour leur faire honneur à une séance, quoiqu'ils ne fissent pas partie de l'assemblée. — Absol. Les honneurs, se dit, en certaines grandes cérémonies, telles que le sacre des rois, leur baptême, leurs funérailles, etc., des pièces principales qui servent à la cérémonie, comme le sceptre, la couronne, etc. : *les honneurs étaient portés par...* — Jeux de cartes, Les honneurs, se dit des figures d'atout. — Faire les honneurs, d'une maison, recevoir, selon les règles de politesse établies, ceux qui viennent dans la maison. — Faire les honneurs d'une personne, d'une chose, en parler ou en disposer comme d'une personne ou d'une chose qui nous appartient. — Faire honneur a un repas, y bien manger, et témoigner par là qu'on le trouve bon. — A tous seigneurs tous honneurs ou A tout seigneur tout honneur, il faut rendre honneur à chacun selon son rang et sa qualité. — Pop. et par civilité, Sauf votre honneur, sauf le respect que je vous dois. — Angl. Votre Honneur, titre qu'on donne par respect à certaines personnes de qualité. — Se joint souvent à un infinitif et quelquefois à un substantif, par la préposition *de* : se prend alors ordinairement dans

le sens de grâce, faveur, distinction : *le roi lui a fait l'honneur de le choisir pour...*

........Vous leur fltes, seigneur,
En les croquant, beaucoup d'honneur.
                              La Fontaine.   o

— Se dit très souvent, en ce dernier sens, par civilité et par compliment : *lorsque j'aurai l'honneur de vous voir.* — Dignité, charge; en ce sens, n'est d'usage qu'au pluriel : *aspirer aux honneurs; être élevé aux honneurs.* — Prov. Les honneurs changent les mœurs, on s'oublie dans la prospérité. — Législ. « Le cérémonial des préséances et des honneurs civils et militaires a été l'objet d'un si grand nombre de règlements et d'instructions que l'on a pu en former des codes. Le plus important de ces règlements est un décret du 24 messidor an XII, dont les dispositions sont restées en vigueur, pour une grande partie. Le décret du 13 octobre 1863 réglait spécialement les honneurs dus par l'armée; mais l'article 336 concernant les honneurs que les troupes devaient rendre dans certains services religieux n'a pas été reproduit dans le nouveau règlement du 23 octobre 1883. Il résulte de cette omission ainsi que des circulaires ministérielles des 7 et 29 décembre 1883, que les troupes ne doivent plus figurer dans l'intérieur des édifices religieux où leur présence était, à tous les points de vue, choquante et déplacée. »
                              (Ch. Y.)

*`HONNI, IE part. passé de Honnir. — Honni soit qui mal y pense, devise de l'ordre de la Jarretière, en Angleterre.

*`HONNIR v. a. (anc. haut all. *honjan*, bafouer). Couvrir de honte, déshonorer : *il est honni partout.* (Fam.)

HONOLULU ['ho-no-lou'-lou], capitale des îles Hawaï ou Sandwich, sur le côté S. de l'île de Oahu, par 21° 14' 24" lat. N. et 160° 40' 31" long. O.; 14,850 hab. Généralement les maisons sont en bois, à deux étages. L'eau, fournie par un ruisseau des montagnes, est distribuée à tous les points de vue, au moyen de tuyaux.

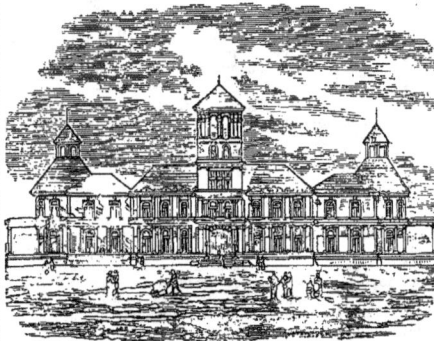

Chambre du parlement à Honolulu.

Les principaux édifices publics sont : le parlement, le trésor, la cour suprême, la poste et le palais du roi qui est bâti de coraux. Il y a un hôtel, un théâtre et une banque. Les pièces américaines d'or et d'argent sont la monnaie courante. On trouve à Honolulu deux églises américaines, une cathédrale catholique, une église anglicane et deux églises hawaïennes; deux hôpitaux, de nombreuses écoles pour les enfants indigènes et étrangers; trois publications hebdomadaires et deux mensuelles. Le climat est remarquablement doux et uniforme et les sites remarquables offrent le caractère tropical le plus charmant. Le port, formé par un bassin profond, creusé dans le récif de corail qui entoure l'île, est sûr en toutes saisons et c'est lui qui donne à la ville toute son

importance. La plupart des grandes puissances européennes entretiennent des représentants à Honolulu.

*HONORABILITÉ s. f. Qualité d'une personne honorable; réputation d'honneur acquise par une personne : *c'est un homme d'une parfaite honorabilité.*

°HONORABLE adj. (lat. *honorabilis*). Qui fait honneur, qui attire de l'honneur et du respect : *être dans un poste honorable.* — Qui mérite d'être honoré, considéré : *il appartient à une famille honorable.* S'emploie aussi dans le langage parlementaire : *mon honorable collègue, mon honorable ami vous a dit, messieurs, que...* — Se dit, particul., de celui qui emploie sa fortune à tenir une bonne maison et à bien recevoir : *c'est un homme très honorable, fort honorable.* On dit en des sens analogues : *il tient une maison honorable.* — Honorable homme, qualité que les simples bourgeois prenaient autrefois dans les actes publics. — Amende honorable, sorte de peine infamante qui était ordonnée par justice, et qui consistait à reconnaître publiquement son crime, et à en demander pardon : *il fit amende honorable nu, en chemise, la torche au poing et la corde au cou.* — Fig. Faire amende honorable a quelqu'un, lui faire une espèce de réparation d'honneur, et reconnaître qu'on a eu tort à son égard.

*HONORABLEMENT adv. D'une manière honorable : *il a été reçu honorablement.* — D'une manière splendide, magnifique : *il a été enterré très honorablement.*

*HONORAIRE adj. (rad. *honneur*). Se dit des personnes qui, après avoir exercé longtemps certains emplois, certaines charges, en conservent le titre et les prérogatives honorifiques : *conseiller honoraire.* — Se dit aussi des personnes qui portent un titre honorifique sans fonctions : *académicien honoraire.* — Chanoine honoraire, s'emploie dans les deux sens, et se dit de chanoines qui se sont démis de leur canonicat; tantôt de personnes notables qui, sans être chanoines, ni l'avoir été, ont la place et les honneurs de chanoine : *chanoine honoraire de Saint-Denis.* — Tuteur honoraire, celui qui est préposé pour veiller aux intérêts d'un pupille, mais qui, à la différence du tuteur ordinaire, ne prend aucune part à l'administration des biens.

*HONORAIRE s. m. Ce que l'on donne à un avocat pour avoir plaidé ou écrit dans une cause. S'emploie ordinairement au pluriel : *j'ai donné tant à mon avocat pour ses honoraires.* — Se dit également des rétributions qu'on donne à quelques autres personnes de professions libérales : *les honoraires d'un médecin.*

HONORARIAT s. m. Titre d'honneur : *obtenir l'honorariat.*

HONORAT (Saint), né vers le milieu du IVᵉ siècle, mort en 429. Issu de parents idolâtres, il se convertit au christianisme et fonda dans l'île de Lérins un monastère devenu célèbre; il devint archevêque d'Arles.

HONORAT (Île Saint-), l'une des îles de Lérins, commune d'Hyères (Var); elle doit son nom à saint Honorat, évêque d'Arles, qui s'y établit en 391 et dont les restes y sont encore vénérés.

*HONORÉ, ÉE part. passé de Honorer. — S'emploie adjectivement dans le commerce épistolaire. Ainsi on écrit, quelquefois, à un homme de la même profession que soi : *Mon honoré confrère;* et lorsqu'on veut témoigner de la déférence à quelqu'un, à cause de son âge, ou de sa science, ou de son talent, Mon cher et honoré maître, etc.

HONORÉ-LES-BAINS (Saint-), arr. et à 26 kil. S.-O. de Château-Chinon (Nièvre). Eaux sulfurées alcalines. Affections pulmonaires, scrofules, catarrhes.

*'**HONORER** v. a. (lat. *honorare*). Rendre honneur et respect : *honorer son père et sa mère, ses supérieurs.* — Simplement. Avoir beaucoup d'estime pour quelqu'un : *c'est un homme que j'honore extrêmement. Croyez que personne ne vous honore plus que moi. J'honore son mérite et sa vertu.* — Faire honneur à : *il honore son pays, son siècle.* — Donner, accorder une chose qui est regardée comme une faveur, comme une grâce, comme une distinction. Dans ce sens, n'est souvent qu'un terme de respect ou de civilité : *vous honorez du titre de sage un homme qui le mérite bien peu.* — Se dit également, quelquefois, de : *c'est une chose donnée, accordée: votre confiance m'honore.* —S'honorer v. pr. Acquérir de l'honneur, faire une chose honorable : *c'est s'honorer que d'agir si généreusement.* — Plus ordin. Se faire honneur d'une chose, en tirer vanité : *je m'honore d'être son ami.*

* **HONORES (Ad).** Voy. AD HONORES.

* **HONORIFIQUE** adj. Qui procure des honneurs, des respects : *titre honorifique.* — Se dit, particul., des droits qui appartiennent aux seigneurs et aux patrons dans les églises : *droits honorifiques.*

HONORIFIQUEMENT adv. D'une manière honorifique.

HONORIUS, nom de quatre papes et d'un antipape. — I. Successeur de Boniface V, en 624 ou 625, mort en 638. Sa mémoire est célèbre par l'adhésion qu'il donna à l'hérésie monothélite. Sergius, évêque de Constantinople, écrivit à Honorius lui demandant d'employer son influence près de Sophronius, évêque de Jérusalem, à l'effet de mettre fin aux attaques de ce dernier contre la formule de l'empereur Héraclius qu i était « que en J.-C. il y a une seule volonté et deux natures». Il lui demanda en outre de défendre l'emploi de formules exprimant l'existence de deux volontés dans le Christ. Honorius céda, mais après sa mort, les évêques de Rome se rangèrent de l'avis contraire et le concile de Constantinople en 680-'81, dans sa treizième session, condamna les lettres d'Honorius à Sergius à être brûlées, et dans la quinzième session la mémoire de ce pape fut frappée d'anathème. La question de son hétérodoxie a été vivement discutée dans les temps anciens et modernes, et le dogme de l'infaillibilité pontificale, défini en 1870 par le concile du Vatican, a, une fois de plus, mis en avant le nom d'Honorius et sa doctrine condamnée par un concile œcuménique. — II. Pietro Cadaloüs, antipape, mort en 1072. Il était évêque de Parme quand il fut nommé pape par l'empereur Henri IV, en opposition à Alexandre II; il fut consacré par le nouvel évêque de Parme, le 28 oct. 1061, et il marcha immédiatement sur Rome à la tête d'une armée. Il fut déposé par le concile de Mantoue en 1064, mais jusqu'à sa mort il maintint ses prétentions. — III. Lamberto di Fagnano, né vers 1070, mort en 1130. Il fut cardinal et légat de Henri V. Elu pape sous la pression d'une violence populaire, le 15 déc. 1124, il se retira et fut réélu à l'unanimité le 21 déc. Dès le début, il travailla incessamment à corriger les abus ecclésiastiques et à réformer les mœurs du clergé; il convoqua plusieurs conciles. En Allemagne, en Italie et dans d'autres pays, les lois contre la simonie furent mises à exécution par ses légats. En Orient, les provinces conquises par les croisés furent érigées en évêchés et on fit

de grands efforts pour unir les Eglises grecque et latine. Honorius s'opposa par la force des armes aux prétentions de Roger de Sicile, sur l'Apulie et la Calabre; mais, après une guerre désastreuse, il implora la paix. —IV. Cencio Savelli, mort le 18 mars 1227. Il fut vice-chancelier de l'Eglise romaine, et fut élu pape à Pérouse, le 18 juillet 1216, comme successeur d'Innocent III. Il força les Français de reconnaître Henri III d'Angleterre après la mort de Jean et il intervint pour assurer les droits de Bérengère, veuve de Richard 1er. Il organisa une armée de croisés sous André II, roi de Hongrie; il exigea de l'empereur Frédéric II, lors du couronnement de ce prince, une promesse solennelle d'aller dans le délai de deux ans en Palestine avec une armée et il engagea Louis VIII de France à entreprendre une croisade contre Raymond de Toulouse. — V. Giacomo Savelli, mort le 3 avril 1287. Il fut élu à Pérouse le 2 avril 1285 sans la formalité d'un conclave, en violation de la constitution de Grégoire X. Il essaya, sans succès, d'introduire l'enseignement des langues orientales à l'université de Paris où il avait fait ses études. Honorius encouragea et aida le roi de France, Philippe le Hardi, à faire la guerre à l'Aragon. Il supprima le brigandage dans ses Etats et donna une grande impulsion aux arts et aux sciences. Les historiens contemporains lui reprochent son népotisme.

HONORIUS FLAVIUS, empereur romain d'Occident, second fils de Théodose le Grand, né en 384, mort en 423. A la mort de son père en 395, il eut pour partage les possessions de l'Ouest, son frère aîné Arcadius ayant celles de l'Est; il résida pendant plusieurs années de sa minorité à Milan, où son beau-père Stilicho faisait la guerre à Alaric. Faible de corps et d'esprit, il vécut sans gloire à Ravenne, tandis que l'autorité impériale était détruite par les insurrections dans plusieurs parties de l'empire.

'**HONT**, comté du N.-O. de la Hongrie, borné au S. par le Danube; 2,552 kil. carr.; 123,800 hab. Le nord est occupé par les ramifications des monts Carpathes, renfermant de riches mines d'or, d'argent, de plomb et de fer. La capitale est Ipolyság; mais la ville la plus importante est Schemnitz.

*'**HONTE** s. f. Confusion, trouble, sentiment pénible excité dans l'âme par l'idée de quelque déshonneur qu'on a reçu ou qu'on craint de recevoir, ou qu'on aurait seulement à ses propres yeux : *avoir honte de mentir.* — FAIRE HONTE A QUELQU'UN, lui causer de la honte, être un sujet de honte pour lui : *ils tirent vanité de ce qui devrait leur faire le plus de honte.* — FAIRE HONTE A QUELQU'UN, signifie encore, faire à quelqu'un des reproches qui lui causent de la honte, de la confusion; et alors *honte* est souvent accompagné d'un complément : *faites-lui honte, il le mérite bien.* — Poétiq. En parlant des choses. FAIRE HONTE, effacer, éclipser. — QUE HONTE NE VOUS FASSE DOMMAGE, il ne faut pas qu'une mauvaise honte empêche de faire une chose qui n'est point blâmable, et qui peut être utile. — AVOIR PERDU TOUTE HONTE, être sans pudeur, être insensible au déshonneur. On dit dans le même sens, *Avoir toute honte bue, mettre bas toute honte.* — REVENIR, S'EN RETOURNER AVEC SA COURTE HONTE, revenir, s'en retourner après avoir essuyé un affront, un refus, ou sans avoir rien fait de ce qu'on s'était promis de faire. — Déshonneur, ignominie, opprobre : *essuyer la honte d'un refus, d'une disgrâce.* — ETRE LA HONTE, FAIRE LA HONTE DE SA FAMILLE, etc., lui faire un grand déshonneur : *les mauvais ouvrages, les ouvrages immoraux font la honte de leurs auteurs.*

> Quelle honte importune au visage te monte,
> Pour un sexe quitté dont tu n'as que la *honte*?
> CORNEILLE. *Clitandre*, acte II, sc. VII.

*'**HONTEUSEMENT** adv. Avec honte et ignominie : *fuir honteusement.*

*'**HONTEUX, EUSE** adj. Qui a de la honte, de la confusion : *n'êtes-vous pas honteux de vous être emporté de la sorte ?* — Se dit également des personnes qui sont timides et embarrassées dans la société : *ce jeune homme a besoin de se former, il est encore tout honteux.* — IL N'Y A QUE LES HONTEUX QUI PERDENT, faute de hardiesse et de confiance, on manque de bonnes occasions. — PROV. JAMAIS HONTEUX N'EUT BELLE AMIE, en amour il faut être entreprenant. — PAUVRES HONTEUX, pauvres qui n'osent demander l'aumône publiquement. — Se dit aussi de ce qui cause ou doit causer de la honte, du déshonneur : *c'est une chose honteuse.* — MAL HONTEUX, MALADIE HONTEUSE, se dit du mal vénérien. — LE MORCEAU HONTEUX, le morceau qui reste le dernier sur le plat. — LES PARTIES HONTEUSES, qui servent à la génération. — IL EST LA PARTIE HONTEUSE DE CE CORPS, DE CETTE COMPAGNIE, il fait déshonneur au corps, à la compagnie dont il est membre.

'**HOOD (Robin)** ['hoŏd], proscrit anglais, qui vécut vers la fin du XIIe siècle et au commencement du XIIIe. Les traditions qui le concernent se trouvent pour la plupart dans les récits donnés par Stow, qui le représente comme pillant le riche à la tête de 100 partisans hardis, mais faisant le bien au pauvre, protégeant les femmes et épargnant toujours autant que possible la vie des vaincus. Ses plus célèbres associés furent Little John, son chapelain Friar Tuck et sa maîtresse Marian ; la forêt de Sherwood, en Nottinghamshire, fut le théâtre de la plupart de ses exploits. Les recherches des savants modernes rendent douteuse l'existence de Robin Hood.

HOOD I. (Samuel), vicomte, amiral anglais, né en 1724, mort en 1816. A l'âge de 16 ans il entra dans la marine et en 1756, il devint capitaine de vaisseau. Il assista au bombardement du Havre. En 1780, il devint contre-amiral de l'escadre bleue et il rejoignit Rodney dans les Indes occidentales. En 1781, il livra une bataille rangée à de Grasse, près de la baie de Chesapeake. Dans le grand combat du 12 avril 1782, où de Grasse fut battu, Hood commandait l'avant-garde de la flotte de Rodney et dans la même année il fut créé pair irlandais avec le titre de baron Hood. En 1793, il fut envoyé dans la Méditerranée pour secourir les royalistes français qui lui livrèrent Toulon, et lorsqu'il fut forcé de se retirer, il détruisit l'arsenal, les docks et 32 navires français. En 1794, il chassa les Français de la Corse et assiégea Gênes. En 1796, il fut nommé pair d'Angleterre comme vicomte Hood de Whitely et en 1799 il devint amiral de l'escadre rouge. — II. (Alexander), vicomte Bridport, son frère, né en 1727, mort en 1844. En 1757, il s'empara de deux navires français dans la baie d'Hyères. En 1794, il contribua à la grande victoire de lord Howe et il fut créé pair irlandais avec le titre de baron Bridport. Sa victoire sur la flotte française près de Lorient en 1795, lui valut en 1796 le titre de pair d'Angleterre.

HOOD (Thomas), poète anglais, né à Londres en 1798, mort en 1845. Son premier livre, *Odes and Addresses to Great People*, fut publié anonymement. En 1826, il donna *Whims and Oddities*. En 1830, il commença la publication du *Comic Annual* qui eut une suite de 10 volumes (le 11e parut en 1842). En 1834, parut son roman *Tylney Hall*, qui fut suivi de *Up the Rhine*. Il devint ensuite rédacteur en chef du *New Monthly Magazine* dont il se retira en 1843 et il publia *Whims icalities*. En 1844, il fit paraître le *Hood's Magazine*. Le *Song of the Shirt, Bridge of Sighs*, et *Lay of the Laborer*, ses poèmes les plus célèbres, furent écrits pendant sa dernière maladie.

Les collections les plus complètes des poèmes de Hood ont été faites par Epes Sargent (4 vol., Boston, 1856), et par le professeur Childs, dans son édition des poètes anglais (4 vol., 1857). Les *Memorials of Thomas Hood*, rassemblés, arrangés et publiés par sa fille, parurent en 1860 (2 vol.), et une *Collection of the favorite Old Tales, told in verse by Tom Hood*, fut illustrée par Doré en 1865 (in-4°).

'**HOOFT** (Pieter-Corneliszoon) [' hôft], auteur hollandais, né en 1531, mort n 1647. Il fut baillif de Muiden et juge de Gooland. Il écrivit *Nederlandsche Historien* (1652-'54, 2 vol.), une vie de Henri IV, une histoire de la maison de Médicis, des tragédies et des poèmes.

HOOGLY [ou-gli], fleuve de la Bengale (Inde britannique), formé par la jonction de trois branches du Gange. Il forme plusieurs méandres, puis, une longueur de 170 kil. de long et 20 kil. de large à son embouchure dans la baie de Bengale. Ce fleuve est navigable pour les navires de 1,400 tonnes jusqu'à Calcutta, à 165 kil. de la baie. Les Indous le regardent comme le vrai Gange sacré. Le phénomène appelé mascaret s'y produit souvent.

HOOGLY I. District du Bengale, Inde britannique, borné par l'Hoogly ; 3,500 kil. carr.; 1,491,621 hab. Les productions les plus importantes sont : le riz, la canne à sucre, l'indigo, le coton, le tabac, le gingembre et le chanvre. La soie est un des principaux articles d'exportation.— II. Ville principale de ce district, sur la rive droite de l'Hoogly, à 30 kil. au-dessus de Calcutta ; environ 12,000 hab. Autrefois importante, elle est en décadence depuis l'accroissement de Calcutta. La factorerie qui y fut établie par les Anglais en 1676 devint le premier poste militaire de la compagnie des Indes au Bengale.

'**HOOK** (Theodore Edward) [' houk], auteur anglais, né en 1788, mort 1841. A peine âgé de 16 ans, il écrivit un drame intitulé *The Soldier's Return* qui fut bien reçu. Il produisit alors des farces et des vaudevilles. En 1812, le prince régent l'envoya à l'île Maurice comme comptable général et trésorier. En 1818, il fut arrêté et ramené en Angleterre, sous l'inculpation de détournements, mais il ne fut pas poursuivi. Lors de la fondation, en 1820, du journal royaliste le *John Bull*, Hook fut choisi comme directeur de ce journal. En 1823, le gouvernement reprit l'accusation portée contre lui, et il fut emprisonné pendant deux ans. Ses œuvres comprennent : *Sayings and Doings* en trois séries, *Gilbert Guerney, Maxwell, Jack Bragg*, etc. En 1849, parurent *Life and Remains of Theodore Hook*, par le rev. M. Barham.

'**HOOKE** (Robert) [' hou-ke], mathématicien anglais, né en 1635, mort en 1703. Il fut professeur de géométrie au collège de Gresham et premier professeur de mécanique à la Société royale dont il devint secrétaire en 1677. Il apporta des améliorations au pendule des horloges, en le faisant balancer dans de petits arcs, par l'application de l'échappement à recul. Il prétendait avoir le premier inventé le ressort spiral appliqué par Huygens aux montres, et avoir découvert la gravitation annoncée dans les *Principia* de Newton. Parmi ses ouvrages, nous citerons : *Micrographia ou Physiological Descriptions of Minute Bodies made by Magnifying Glasses* (1665). Ses *Posthumous Works containing his Cutlerian Lectures, and other Philosophical Discourses*, parurent en 1705.

'**HOOKER** (sin William Jackson) [' hou-keur], botaniste anglais, né en 1785, mort en 1865. En 1809, il visita l'Islande pour étudier l'histoire naturelle de ce pays, et il

publia *A Tour in Icelande* (2 vol.). Il fut long-temps professeur de botanique à Glasgow et ensuite au jardin royal de Kew ; son fils, Joseph Dalton Hooker lui succéda. Il fut créé chevalier en 1836. Ses ouvrages botaniques sont nombreux et importants.

'**HOOLE** (John) [' hou-le], traducteur anglais, né en 1727, mort en 1803. Il fut pendant près de 40 ans employé à la compagnie des Indes Orientales. Ses traductions de la *Jérusalem délivrée, de Rinaldo* du Tasse, des *Drames* de Metastase et d'*Orlando furioso* de l'Arioste furent critiquées par Scott et Southey.

'**HOORN** [' hôrn], ville de la Hollande septentrionale (Pays-Bas), sur le Zuyderzée, à 30 kil. N.-N.-E. d'Amsterdam ; 9,500 hab. Les fortifications ont été converties en promenades. Commerce considérable, manufactures d'articles d'or et d'argent.

HOORNE. Voy. HORN (*Philippe*).

'**HOP.** Interj. Sert à appeler, à faire sauter un enfant, un cheval.

'**HOPE** (Thomas) [' hô'-pe], auteur anglais, né vers 1770, mort en 1831. Il hérita d'une grande fortune, voyagea en Europe et en Orient pendant huit ans et publia des ouvrages richement illustrés par lui-même, intitulés : *Household furniture and External Decorations; Costume of the Ancients* (2 vol.) et *Designs of Modern Costume.* Il écrivit aussi un roman, *Anastasius or Memoirs of a Modern Greek.* Après sa mort parurent ses *Essay on the Origin and Prospects of Man* (3 vol.) et *Historical Essay on Architecture* (2 vol.). Protecteur des arts, il rassembla une des plus belles galeries de peinture de l'Europe.— Son fils aîné, HENRY THOMAS HOPE de Deepdene (mort en 1862), était un membre conservateur du parlement.

HOPE (Thomas-Charles), chimiste écossais, né en 1766, mort en 1844. Il devint professeur de chimie à Glasgow en 1787, assistant du Dʳ Black à Edimbourg en 1795 et son successeur en 1799. Sa principale découverte fut la présence d'une nouvelle terre, qu'il nomma stronite. (Voy. STRONTIANE.)

'**HÔPITAL** s. m. (lat. *hospitalia*, logements pour des hôtes). Maison de charité établie pour recevoir et traiter gratuitement les malades indigents : *hôpital général, administrateur de l'hôpital.* — HÔPITAL MILITAIRE, établissement où sont reçus et traités les militaires malades : *l'hôpital militaire du Val-de-Grâce.* — HÔPITAL AMBULANT, se dit d'une réunion de personnes et d'un matériel qui suivent une armée dans ses mouvements, pour recevoir et traiter les malades et les blessés qui ne peuvent être transportés dans les hôpitaux fixes. (Voy. AMBULANCE.)—VAISSEAU-HÔPITAL. (Voy. ce mot.) — PRENDRE LE CHEMIN DE L'HÔPITAL, COURIR EN POSTE A L'HÔPITAL, etc., se ruiner par les procès, par le jeu, ou par d'autres folles dépenses. On dit dans le même sens, *Il sera dans peu réduit à l'hôpital; la passion du jeu ne peut manquer de le conduire à l'hôpital;* et dans un sens analogue, METTRE QUELQU'UN A L'HÔPITAL, le réduire à la dernière misère. — C'EST UN HÔPITAL, se dit d'une maison où il y a plusieurs personnes malades. — Se disait également, autrefois, de certains établissements auxquels on donne aujourd'hui le nom d'hospice, tels que l'*Hôpital des orphelins*, l'*Hôpital des fous*, etc. — METTRE UNE FILLE DE MAUVAISE VIE A L'HÔPITAL, la mettre dans une maison de force. — Législ. « Les établissements destinés à recevoir les malades indigents étaient nombreux avant l'ère chrétienne. En France, les premiers hôpitaux furent fondés, sous le nom d'Hôtels-Dieu, du VIIIᵉ au XVᵉ siècle; et à l'époque des croisades, on construisit des *léproseries ou maladreries* destinées à recueillir les lépreux. Vers le milieu du XVIIᵉ siècle,

un certain nombre de villes fondèrent des *hôpitaux généraux*, où l'on admettait à la fois les enfants trouvés, les mendiants invalides et aussi des malades. Les sévères prescriptions de l'édit de Chantilly (18 juillet 1724) sur la mendicité, obligèrent les villes à ouvrir des refuges qui suffisaient à peine à contenir tous les mendiants amenés par la maréchaussée. A l'origine et pendant plusieurs siècles, la direction des maisons hospitalières appartenait à des ecclésiastiques séculiers ou réguliers; mais cette gestion était si mauvaise, et l'on constata de si nombreuses malversations, que le concile de Vienne, par un décret de 4312, renouvelé par le concile de Trente, ordonna que l'administration des hôpitaux fût confiée à des personnes laïques. De nombreux édits, notamment ceux du 22 novembre 1535, du 19 décembre 1543, du 12 février 1553, de mai 1577 et du 12 octobre 1698, tentèrent de s'opposer aux déprédations qui étaient commises aux dépens des pauvres. Plusieurs hôpitaux avaient été érigés en bénéfices au profit des ecclésiastiques qui les administraient et leurs biens avaient été ainsi détournés, contrairement au but de leurs fondateurs. Les bureaux de direction, institués par l'édit de 1698 apportèrent dans la gestion des hôpitaux l'ordre et le désintéressement. Les établissements fondés par les communes étaient administrés par des conseils élus. La Convention, voulant centraliser les secours publics, réunit le domaine des hôpitaux à celui de l'État, par le décret du 23 messidor an II, qui fut rapporté le 1ᵉʳ brumaire an IV. Enfin la loi du 16 vendémiaire an V a fondé le régime actuellement en vigueur, en instituant les commissions administratives des hospices. Les *hôpitaux* reçoivent exclusivement les malades indigents ; les *hospices* sont affectés aux vieillards, aux incurables et aux enfants assistés. (Voy. ENFANT.) Les *hôpitaux-hospices* reçoivent à la fois des malades, des vieillards et des enfants. Tous les établissements hospitaliers d'une commune sont gérés par la même commission administrative, laquelle se compose du maire, président, de deux membres élus par le conseil municipal et de quatre membres nommés par le préfet, dans les mêmes conditions que les membres des bureaux de bienfaisance (L. 21 mai 1873 ; L. 5 août 1879). (Voy. BIENFAISANCE.) Chaque commission élit, parmi ses membres et pour une année, un vice-président et un ordonnateur. Elle nomme son secrétaire, les économes, les médecins et pharmaciens, ainsi que les divers employés. Le receveur est nommé par le préfet, sur les propositions des administrateurs. La commission arrête un règlement intérieur dont les dispositions sont exécutoires après qu'elles ont été approuvées par le préfet. Les administrations hospitalières peuvent confier certains services intérieurs à des communautés religieuses autorisées, et elles font alors avec ces communautés des traités qui sont soumis à l'approbation préfectorale (L. 7 août 1851, art. 8). Les sœurs sont, ainsi que les autres employés, placées sous l'autorité de la commission et elles sont tenues de se conformer au règlement intérieur. Les aumôniers des hospices sont nommés par l'évêque diocésain, sur la présentation de trois candidats faite par la commission; et leur traitement est fixé par le préfet. On a reconnu que la liberté de conscience des malades et des vieillards est mieux garantie lorsque l'aumônier n'est pas logé dans l'établissement. En conséquence, dans la plupart des hôpitaux et des hospices de Paris, les secours religieux sont journellement donnés par le clergé de la paroisse (Arr. du préfet de la Seine du 23 juin 1883). Tout malade indigent est reçu dans l'hospice le plus voisin, sans aucune condition de domicile ; mais les vieillards et les incurables ne sont admis que par délibération de la commission. Les hôpitaux et hospices reçoivent aussi, à titre de pensionnaires, des militaires traités au compte de l'État, des individus admis au compte des communes de la circonscription, et d'autres malades traités à leur compte particulier. Les hospices dits *dépositaires* reçoivent les enfants trouvés, abandonnés ou orphelins admis par le préfet (Décr. 19 janvier 1811). (Voy. ENFANT.) La comptabilité des hôpitaux et hospices est soumise à des règles à peu près semblables à celles qui régissent les finances des communes (Décr. 31 mai 1862, art. 547 à 564). (Voy. BUDGET.) La comptabilité-matières, tenue par les économes des hospices, a été organisée par l'ordonnance du 29 novembre 1831 et par l'instruction du ministre de l'intérieur du 20 novembre 1836. Le conseil municipal est appelé à donner son avis sur les budgets et les comptes des hospices, même lorsque la commune ne fournit aucune subvention (L. 5 avril 1884, art. 70,5°). C'est le préfet qui arrête les budgets. Les comptes de gestion sont soumis au contrôle du conseil de préfecture ; ils sont apurés par la Cour des comptes lorsque le revenu ordinaire excède 30,000 fr. Les administrations hospitalières ne peuvent faire ni acquisition, ni aliénation, ni échanges d'immeubles sans une autorisation du préfet (Décr. 25 mars 1852). Les baux doivent être adjugés aux enchères, devant notaires et sur cahier des charges approuvé par le préfet (Décr. 12 août 1807). Les conditions des marchés des fournitures et d'entretien dont la durée n'excède pas une année sont réglées par la commission administrative ; et il en est de même pour les travaux dont la dépense n'est pas supérieure à 3,000 fr. Pour les autres marchés, les charges des adjudications doivent être approuvées par le préfet. Les hospices ne peuvent ester en justice qu'après y avoir été autorisés par le conseil de préfecture, sur l'avis d'un comité consultatif d'arrondissement, lequel est composé de trois jurisconsultes choisis par le sous-préfet (L. 28 pluviôse an VII : Arr. 7 messidor an IX, etc.). Les emprunts contractés par les hospices sont autorisés par le préfet, pourvu que l'établissement n'ait pas plus de 100,000 fr. de revenu, que le terme de remboursement ne dépasse pas douze ans, que la somme à emprunter n'excède pas le chiffre des revenus annuels ordinaires, et que l'avis du conseil municipal soit favorable à l'emprunt. Hors ces conditions, l'autorisation doit être donnée par décret ; et, si le passif de l'établissement doit, en y comprenant l'emprunt, dépasser 500,000 fr., une loi est nécessaire (L. 26 juillet 1867, art. 12). Les hôpitaux et hospices de Paris sont régis par des lois et des règlements particuliers ; et ils sont confondus avec les bureaux de bienfaisance de la capitale, dans l'administration générale de l'Assistance publique, à Paris, qui a été instituée par la loi du 10 janvier 1849. Cette administration est confiée à un directeur placé sous l'autorité du préfet de la Seine et à un conseil de surveillance composé de quinze membres. On a construit au bord de la mer des *hôpitaux maritimes* pour le traitement des enfants scrofuleux, et ils ont donné d'excellents résultats, surtout en Italie. L'Église publique de l'Hérault fonda le premier de ces hôpitaux, en 1847, sur la plage de Cette. Un autre fut créé, en 1857, à Grau-du-Roi, près de la ville d'Aigues-Mortes. En 1861, l'administration de l'Assistance publique, à Paris, a fait construire l'hôpital de Berck-sur-Mer, au sud de Boulogne, et on y a constaté, sur 400 enfants scrofuleux, 55 guérisons et 20 améliorations d'état. Des *hôpitaux militaires*, régis par l'intendance de l'armée, sont établis dans les grands centres de garnison et, autant que possible, au chef-lieu régional de chacun des corps d'armée. Dans les villes où il n'existe pas d'hôpitaux militaires, et dans celles où ils sont insuffisants, les hospices civils sont te-

nus de recevoir et de traiter les malades de l'armée qui leur sont envoyés. Les hôpitaux civils dans lesquels des salles sont spécialement affectées aux militaires (ce qui doit être lorsque la garnison atteint le chiffre de 300 hommes) sont dits *mixtes* ou *militarisés* ; et, lorsque la garnison atteint 1,000 hommes, le traitement des malades de l'armée dans ces hôpitaux est confié aux médecins militaires. Des conventions passées entre les commissions administratives et le ministre de la guerre déterminent les conditions de traitement et le prix de journée à payer par l'État (L. 7 juillet 1877). Les hôpitaux de France reçoivent en moyenne, par année, 410,000 malades, soit environ 9 par 1,000 hab. En 1882, le nombre des malades traités s'est élevé à 422,932, sur lesquels 376,526 sont sortis guéris. La durée moyenne du traitement a été de 35 jours et demi. La moyenne des guérisons est ordinairement de 78 p. 100 ; mais la proportion diffère suivant l'âge et le sexe : elle est de 80 p. 100 pour les hommes, de 75 p. 100 pour les femmes et de 74 p. 100 pour les enfants. La moyenne des décès est de 9 p. 100. La législation, en France, soumet tous les établissements hospitaliers aux mêmes règles de gestion et à la même surveillance administrative, tandis qu'en Angleterre, en Allemagne, en Autriche, en Italie, etc., la plupart des hôpitaux ou hospices sont des fondations particulières et sont considérés comme des établissements privés. Les *workhouses* anglais, dont nous avons déjà parlé (voy. BIENFAISANCE), et qui sont entretenus par les unions de paroisses, sont à la fois des maisons de travail pour les pauvres valides, comme leur nom l'indique, et des hospices destinés à recueillir les vieillards et les infirmes indigents, ainsi que les enfants abandonnés. Ils sont soumis à la surveillance d'un comité central institué en 1834 et réorganisé par une loi de 1847. L'assistance hospitalière est certainement indispensable. Dans toute société civilisée, il y a des établissements publics où l'on soigne les malades indigents qui ne pourraient être traités ailleurs, des asiles où l'on recueille les enfants abandonnés, les vieillards et les infirmes privés de ressources et de famille ; mais des abus sont à éviter dans ce mode d'assistance. Le malade ou l'infirme doit, autant que possible, être laissé au milieu des siens ; l'hôpital favorise trop souvent l'oubli des devoirs et le relâchement des liens naturels. Il ne faut pas non plus que le secours public, étant assuré à tous, dispense les êtres humains du travail et de la prévoyance. Les meilleurs moyens de réduire les charges de l'assistance et à la fois de relever le niveau moral de la population ouvrière, consistent à multiplier les sociétés de secours mutuels et à encourager les assurances sur la vie. Nous avons dit, au mot DISPENSAIRE, que ce genre d'établissement peut souvent remplacer l'hôpital, lorsque les moyens de traitement y sont suffisamment développés, et que, de plus, les secours à domicile sont convenablement distribués. Enfin, si l'assistance médicale gratuite, déjà organisée dans un certain nombre de départements, l'était dans toute la France, on verrait certainement diminuer la population des hôpitaux, parmi laquelle l'éloignement de la famille et la contagion font tant de victimes. En Allemagne, où le socialisme gouvernemental et le socialisme anti-gouvernemental se combattent sans cesse et se disputent l'avenir, la loi votée par le parlement allemand, le 29 mai 1883, a été une sorte de transaction entre ces deux influences. D'après cette loi, les communes doivent fournir les secours nécessaires, en cas de maladie, aux personnes qui leur versent, à cet effet, une cotisation annuelle. C'est ce que l'on nomme l'assurance communale, *Gemeinde Krankenversicherung ;* elle fournit tous les soins médicaux et donne

même des indemnités de chômage aux ouvriers malades. Les patrons sont obligés à faire assurer leurs employés. Cette assurance, en cas de maladie, est indépendante des caisses de secours institués pour les cas d'accidents. »   (Ch. Y.)

HOPKINSVILLE, ville du Kentucky (Etats-Unis), sur la rivière Little, à 110 kil. N.-O. de Nashville ; 3,140 hab. (1,460 de couleur). Manufactures importantes de tabac. Asile d'aliénés.

* **HOPLITE** s. m. (gr. *hoplon*, arme). Antiq. Fantassin pesamment armé qui avait pour armes défensives le casque, la cuirasse, les bottines garnies de fer ; pour armes offensives, la pique et l'épée. — ⁓ Minér. Pierre revêtue d'une couche métallique luisante comme une armure polie.

* ' **HOQUET** s. m. ['ho-kè] (rad. *hoc*, onomat. du bruit produit par le hoquet). Mouvement convulsif du diaphragme, qui se fait avec une espèce de son non articulé, produit par le passage rapide de l'air à travers les lèvres de la glotte. Le hoquet peut dépendre d'un état nerveux, d'une trop grande plénitude de l'estomac, de l'irritation ou d'une sorte d'habitude ; pour le faire cesser, on boit un verre d'eau froide ou l'on a recours à des aspersions froides, à une émotion vive, à une frayeur subite, etc. — HOQUET DE LA MORT, hoquet qui survient ordinairement aux mourants.

' **HOQUETER** v. n. Avoir le hoquet.

* ' **HOQUETON** s. m. (arabe *al*, le ; franç. *coton*). Sorte de casaque brodée de perles que portaient les archers du grand prévôt, du chancelier, etc. : *porter le hoqueton.* — Se dit aussi de la casaque que portaient les gardes de la manche. — Se dit, par ext., de l'archer qui portait le hoqueton : *il était suivi de deux hoquetons.* — S'est dit, de plus, de toute espèce de casaque :

    Il s'habille en berger, endosse un *hoqueton*.
              LA FONTAINE.

HOR, montagne située près de la frontière S. de la Palestine orientale. Aaron, y étant mort, elle porte le nom de *Jebel Nebi Harun* (montagne du prophète Aaron) ; elle se dresse sur le côté E. de la grande vallée de l'Arobah, à 1,600 m. au-dessus du niveau de la Méditerranée.

HORACE (Quintus-Horatius-Flaccus), célèbre poète romain, né à Venouse dans la Pouille, l'an 65 av. J.-C., mort l'an 8 de notre ère. Quoique d'une origine médiocre, il fut instruit, à Rome, comme le fils d'un chevalier ou d'un sénateur et, à 18 ans, il fut envoyé à Athènes pour y continuer ses études. A 22 ans, Horace savait la langue de Lucrèce et celle d'Homère. Ce fut à Athènes qu'il rencontra Brutus qui lui persuada de se faire soldat et de le suivre dans la mêlée des guerres civiles. La première fois qu'Horace assista à une bataille ce fut à Philippes (42), pendant laquelle il s'enfuit en abandonnant son bouclier. De retour à Rome, pauvre inconnu, il se mit à faire des vers pour vivre. Il débuta par des odes et des satires où l'on retrouvait la cadence sonore, l'allure nette et la forme simple de Pindare. Virgile eut bientôt fait du jeune poète son ami le plus intime et il le présenta à Mécène qui en fit son familier le plus cher, lui donna pour asile sa terre de Sabine et le présenta à Auguste. L'un et l'autre, en le comblant de bienfaits, le mirent à l'abri du besoin et lui laissèrent tout loisir de se livrer à son art favori. Il se retira sous les ombrages de Tibur qui devint en peu de temps le cénacle où se réunirent les plus jolies femmes et les esprits les plus distingués de Rome ; il y partagea son temps entre l'amitié, les Muses et l'amour ; c'est là qu'il mourut en instituant l'empereur son héritier. — Horace a laissé des *Odes*, des *Satires* et des *Épîtres*. Ses *Odes* sont délicieusement finies et marquées au coin du meilleur goût et du plus pur langage. Ses *Satires* sont plutôt des esquisses de la vie et des habitudes des Romains sous le règne d'Auguste qu'une critique des vices de son temps, et en cela elles offrent un contraste frappant avec les satires graves et sévères de Juvénal. Quant à ses *Épîtres*, œuvre de son âge mûr, elles sont un code de bon sens, de bon goût et de grâce. Courtisan jusqu'à l'amitié mais jamais jusqu'à la flatterie, il est l'homme de la douce morale, des épanchements intimes, des fines causeries et des plaisirs élégants, aujourd'hui sur les ailes de Pindare, demain sous les bosquets d'Anacréon. Il est et restera toujours le poète classique le plus étudié; c'est lui dont on se souvient le mieux et que l'on cite toujours. Les éditions et les traductions d'Horace sont innombrables, nous ne pouvons que citer les principales. Mentionnons donc, parmi les éditions : l'édition *princeps* (Milan, 1470, in-fol.), Heinsius (Anvers, 1605); *Ad usum Delphini* (in-4°, Paris, 1691); de Jouvency (2 vol. in-12, Paris, 1696); F. Didot (in-fol., Paris, 1799) et l'édition diamant de F. Didot (Paris 1855). Parmi les traductions en prose, on cite celles de : Dacier (10 vol. in-12, Paris, 1681); de Sarradon (2 vol. in-4°, Paris 1728); de Campenon et Despréz (2 vol. in-8°, Paris, 1821); de Goubeaux et P. Barbet (2 vol. in-8°, Paris 1827); etc., etc. Les traductions en vers des œuvres complètes sont rares; parmi les plus modernes, nous citerons celles de : Daru (2 vol. in-8°, Paris, 1810); de Duchemin (2 vol. in-8°, Paris, 1839); de Ragon (4 vol. in-18, 1831). Nous noterons encore les traductions des *Odes* et des *Épîtres* de Wailly (1 vol. in-18, Paris, 1817), L. Halévy (1 vol. in-8°, Paris, 1824); Michaux (1 vol. in-18, Paris, 1842); Lacroix (1 vol. in-8°, Paris, 1848); Anquetil (1 vol. in-12, Paris, 1850).

HORACES (Les) (Hist. rom.). Nom de trois frères qui combattirent les trois Curiaces d'Albe, pour décider laquelle de Rome ou d'Albe aurait la suprématie. Deux des Horaces avaient déjà succombé, mais les trois Curiaces étaient blessés. Le dernier des Horaces, resté seul contre trois, fit semblant de fuir afin d'amener ses adversaires à sa poursuite et de les distancer selon la gravité de leurs blessures. Les voyant assez éloignés l'un de l'autre, il se retourne vivement et leur fait mordre la poussière l'un après l'autre. Horatia, sœur du vainqueur, et qui avait été fiancée à l'un des Curiaces, fut poignardée par son frère à cause des plaintes et des reproches qu'elle lui adressa à son retour. Condamné pour ce crime par les duumvirs, il en appela au peuple et fut absous. Corneille a mis sur la scène l'amour et le meurtre de la sœur d'Horace, Camille ou Horatia, dans une tragédie intitulée *Horace*, représentée pour la première fois en 1639.

* **HORAIRE** adj. Qui a rapport aux heures, qui est mesuré par une heure, qui se fait par heure. — CERCLES HORAIRES, cercles de la sphère céleste qui passent par les pôles et qui, en arrivant au méridien du lieu, marquent les heures du temps vrai. — MOUVEMENT HORAIRE, quantité dont un astre varie dans l'espace d'une heure, soit en longitude, soit en latitude.

HORATIUS COCLÈS [o-ra-si-uss-ko-klèss] (*Horace le borgne*). Héros romain. Seul contre l'armée de Porsenna qui assiégeait Rome (507 av. J.-C.), il défendit l'entrée du pont Sublicius dont ses compagnons d'armes détruisaient les arches derrière lui. Le pont rompu, il se jeta tout armé dans le fleuve et rentra à Rome sans blessures. Sa patrie reconnaissante lui éleva une statue et lui donna autant de terre qu'il en put labourer en un jour.

HORBOURG, ville du cercle et à 3 kil. N.-E. de Colmar (Alsace-Lorraine), sur la rive droite de l'Ill; 4,300 hab.

* ' **HORDE** s. f. (mongol. *ordoû*, camp). Peuplade errante: troupe nombreuse d'hommes qui vivent en société, mais sans avoir d'établissement fixe : *des hordes de barbares fondirent sur l'empire romain.* — Par ext. et par mépris. Troupe d'hommes indisciplinés, qui se plaisent au carnage, à la dévastation, etc. : *une horde sanguinaire.*

HORDEACÉ, ÉE adj. (lat. *hordeacéus*, de *hordeum*, orge). Qui ressemble ou qui se rapporte à l'orge. — s. f. pl. Tribu de graminées ayant pour type le genre *orge* et comprenant en outre, les genres *ivraie*, *froment*, *seigle*, *ægilope*, etc.

HORDÉATION s. f. Art vétérin. Fourbure attribuée à l'alimentation trop exclusivement composée de grains d'orge.

HORDÉIFORME adj. Bot. Qui ressemble à l'orge. — Anat. GANGLIONS HORDÉIFORMES, ganglions que forme le nerf intercostal entre chaque vertèbre.

HOREB, montagne de l'Arabie Pétrée, sur les confins de l'ancien pays de l'Idumée, non loin du Sinaï. Dieu y apparut à Moïse dans un buisson ardent et c'est là que le prophète fit jaillir l'eau d'un rocher. (Voy. SINAÏ.)

HOREYMELAH, ville forte du Nedjed, (Arabie), patrie d'Abdel-Wahab, fondateur de la secte des wahabites.

' **HORGEN** ou Horchen ['hor-ghènn], ville de Suisse, à 15 kil. S. de Zürich, sur la rive O. du lac de Zürich; 5,200 hab. Elle est le point de départ ordinaire des touristes qui font l'ascension du Rigi.

HORIDICTIQUE adj. (gr. *hora*, heure; *deiktikos*, qui montre). Astron. Se dit d'un quart de cercle sur lequel sont tracées des lignes horaires.

* ' **HORION** s. m. Coup rudement déchargé sur la tête ou sur les épaules. Ne se dit plus qu'en plaisantant : *il a reçu un vilain horion.* (Vieux.)

HORISTIQUE adj. (gr. *horistikos*, qui définit). Gramm. Se dit d'une grammaire qui définit les espèces de mots.

HORITES (Les), habitants aborigènes du mont Seir. Leur nom dérive de Horis, petit-fils de Seir (Gen. XXXVI, 22). Leurs habitations, formées d'excavations, se trouvent encore par centaines dans les rochers de grès et dans les montagnes d'Edom, particulièrement à Petra.

* **HORIZON** s. m. (gr. *horizôn*, qui borne). Ligne circulaire variable dont l'observateur est le centre et où le ciel et la terre semblent se joindre : *les enfants croient que le monde finit à l'horizon.* — S'emploie aussi pour désigner les parties de la surface terrestre où se termine notre vue; et souvent la partie du ciel qui en est voisine : *horizon borné, étendu.* — Astron. Cercle de la sphère qui divise sa partie visible de sa partie invisible. On distingue : l'*horizon sensible*, plan que l'on suppose toucher la terre au point où est l'observateur; et l'*horizon* perpendiculaire à la verticale; et l'*horizon rationnel*, plan de l'horizon rapporté au centre de la terre et prolongé indéfiniment dans l'espace: *prendre la hauteur d'un astre sur l'horizon.* — Peint. Endroit d'un tableau, où selon l'ordre des plans, le ciel succède à la terre; et, par ext., hauteur à laquelle le regard a placé le point de vue. On dit en ce dernier sens : l'*horizon est trop haut, est trop bas,* etc. — Se dit quelquefois au figuré : *l'horizon politique se rembrunit, se couvre de nuages.*

* ' **HORIZONTAL, ALE, AUX** adj. Parallèle à l'horizon : *ligne horizontale.* — Fam. SE METTRE DANS UNE POSITION HORIZONTALE, se coucher.

* ' **HORIZONTALEMENT** adv. Parallèlement à l'horizon : *un cadran placé horizontalement.*

HORIZONTALITÉ s. f. État de ce qui est horizontal.

HORIZONTÉ, ÉE adj. Blas. Se dit du soleil et de la lune, quand ils sont placés à l'un des angles de l'écu.

* **HORLOGE** s. f. (gr. *hôra*, heure; *logion*, indication). Machine placée dans un endroit apparent de quelque édifice, et destinée à marquer et à sonner les heures : *une bonne horloge, une grosse horloge.* — MONTER, REMONTER UNE HORLOGE, en bander les ressorts, ou en hausser les poids. — DÉMONTER UNE HORLOGE, en désassembler les pièces. — RÉGLER UNE HORLOGE, la mettre à l'heure-d'après le soleil. — Fam. IL EST RÉGLÉ COMME UNE HORLOGE, il est régulier dans ses habitudes. — Fam. UNE HEURE D'HORLOGE, une heure complète, une grande heure. — HORLOGE SOLAIRE, cadran solaire. On disait aussi, *Horloge au soleil.* — HORLOGE DE SABLE, ou SABLIER, espèce d'horloge de verre composée de deux fioles ajustées de manière que du sable fin qui est dans l'une, s'écoule dans l'autre par une petite ouverture, et sert à mesurer un certain espace de temps. — HORLOGE D'EAU, clepsydre, machine qui indique de même la marche du temps par l'écoulement d'une certaine quantité d'eau : *les anciens se servaient principalement d'horloges d'eau.* — Bot. HORLOGE DE FLORE, table des heures du jour auxquelles s'épanouissent certaines fleurs. — HORLOGE ÉLECTRIQUE, horloge dont les aiguilles sont mises en mouvement par un courant électrique. L'une des plus anciennes *horloges électriques* est celle de Wheatstone (1840), dans laquelle une horloge directrice est mise en relation avec plusieurs cadrans. Garnier et Froment firent passer ce système dans la pratique, en créant l'appareil nommé *compteur électro-chronométrique*. Le système Bain (1840), perfectionné par Froment et Robert Houdin, se compose d'horloges à pendule dont le mouvement est perpétué par l'électricité. Dans celui de Baines, Bréguet et Fayes (1840), plusieurs horloges marchent ensemble sous l'impulsion d'un régulateur unique. — HORLOGE POLAIRE, instrument inventé par sir Charles Wheatstone (1849) pour faire connaître l'heure au moyen de la lumière polarisée. La lumière passe dans un polariscope; une plaque de sélénite ou d'un autre cristal à double réflexion est interposée entre le polariseur et l'analyseur; pour produire interférence et coloration. Dès que l'analyseur est mis en rotation, la couleur passe partout à l'échelle des teintes. (Voy. Lumière.) La lumière céleste se polarisant à angles droits, par rapport aux rayons du soleil, on emploie pour analyser un prisme de Nicol, placé de façon que son axe soit parallèle à celui de la terre; on le fait tourner de façon à changer sa position relativement au plan de polarisation.

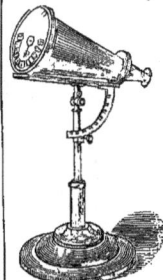

Horloge polaire.

* **HORLOGER, ÈRE** s. Celui, celle qui fait, qui répare des horloges, des pendules, des montres : *c'est un bon horloger.* — HORLOGÈRE, femme d'un horloger. — ‑‑ Horloger, ère adj. Qui se rapporte à l'horlogerie : *industrie horlogère.*

* HORLOGERIE s. f. Art de faire des horloges, des pendules, des montres : *entendre bien l'horlogerie.* — Se dit aussi des ouvrages d'horlogerie : *faire le commerce de l'horlogerie.*
— ENCYCL. Toute pièce d'horlogerie comprend cinq parties : 1° le MOTEUR, poids qui imprime, en descendant, son action à un barillet, par le moyen d'une corde à laquelle il est suspendu ; 2° le MOUVEMENT OU ROUAGE, composé

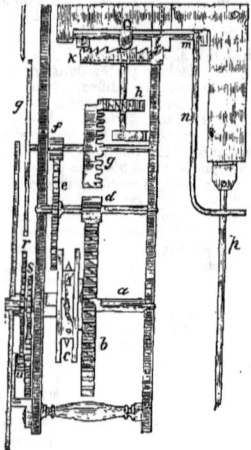

Fig. 1. Horloge de Huygens. — *a*, arbre de la roue du mouvement ; *b*, roue du mouvement ; *c*, poulie à cliquet ; *e*, roue moyenne et son pignon ; *f*, pignon de roue de champ ; *g*, roue de champ ; *h*, roue de rencontre avec son pignon ; *i*, palette de verge ; *k*, roue d'échappement ou d'ancre ; *l*, palette de la verge ; *m*, point de rencontre de la fourchette et de la verge ; *n*, fourchette de la verge ; *o*, pont d'échappement ; *r*, roue des heures ; *s*, chaussée ; *u*, roue de renvoi et son pignon.

de toutes les pièces mécaniques animées d'un mouvement circulaire et tenues dans les coussinets ajustés sur la cage ; 3° l'ÉCHAPPEMENT, pièce qui règle l'action du moteur, et rend uniforme la vitesse communiquée par celui-ci au mécanisme ; 4° le RÉGULATEUR, qui modère et régularise les mouvements de la machine ; le pendule est le régulateur des horloges ; 5° la BOÎTE, qui renferme tout le mouvement. — Dans l'antiquité, on appela *horloge* (lat. *horologium*, gr. ὡρολογιον, marqueur d'heure), le cadran solaire, la clepsydre et le sablier. Le plus ancien de ces instruments fut sans doute la clepsydre. (Voy. CLEPSYDRE et CADRAN SOLAIRE.) Les sabliers remplacèrent les clep-

Fig. 2. Échappement à ancre de Graham. — *a*, vide de la roue dentée ; *b b*, levée d'échappement ; *c*, plein de la dent ; *d*, plein d'échappement.

sydres vers le commencement de l'ère chrétienne. L'horloge-chandelle d'Alfred le Grand et le changement de celle-ci en une horloge-lanterne au moyen d'un couvercle de corne transparente, pour diviser le jour en trois portions égales, furent populaires au moyen âge. L'époque de l'introduction des horloges à roues mues par des poids ne peut être fixée avec beaucoup d'exactitude. La fameuse horloge envoyée par Haroun-al-Raschid à l'empereur Charlemagne était une clepsydre. Gerbert (qui devint plus tard pape sous le nom de Sylvestre II), construisit, en 996, à Magdebourg, une horloge avec des roues et des poids. La première horloge de Westminster fut érigée avec l'argent d'une amende

infligée à un juge du banc du roi qui avait rendu un arrêt inique (1290) : dans ce temps, les juges avaient à compter avec la justice. L'horloge de la cathédrale d'Exeter dont les cloches sont encore employées, fut construite avant 1317 ; une autre horloge du même genre est due à Wallingford (1326). La première horloge se rapprochant pour l'exactitude de celles de nos jours fut construite pour Charles V de France par Henry Vick en 1370. Elle différait seulement de l'horloge commune actuelle en ce que l'échappement était réglé par une barre vibrante horizontale ayant des poids à l'extrémité, au lieu d'un pendule. Elle avait une seule aiguille, et quoique son exécution fût très imparfaite, on la considéra comme une merveille. Elle manquait d'échappement capable de faire une exacte division du temps. Cet échappement fut imaginé par Huygens vers le milieu du XVIIe siècle. (Voy. PENDULE.) L'horloge construite par Huygens possédait un pendule comme le représente notre fig. 1. Le mouvement des roues ressemble à celui de l'horloge de Vick, à l'exception qu'elle

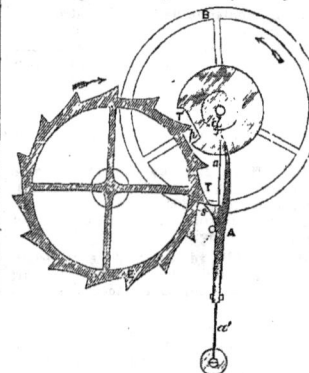

Fig. 3. Chronomètre à échappement d'Ernshaw. — A, détente ; *a'*, ressort de renvoi ; B, balancier ; *d*, virole ; E, roue dentée ; *s*, levée ; T, dents ; *p*, vide de la denture.

a deux roues d'échappement, avec des dents de formes différentes et des roues derrière et devant la plaque, à l'effet de tourner les aiguilles des heures et des minutes. Ce mouvement des roues présente précisément la même disposition que celle des roues employées aujourd'hui pour les horloges et pour les montres. La fourchette *n*, mue par le pendule *p*, prend la place du balancier de l'horloge de Vick, et par ses vibrations plus isochrones elle produit un échappement plus exact. L'arbre de roue *g* passe à travers la plaque de devant et elle porte un disque sur lequel il y a 60 divisions. L'application d'un échappement par lequel le pendule n'oscillait que dans un petit arc fut trouvée par le Dr Hooke, contemporain de Huygens. Cet échappement produisant un recul fut appelé échappement de recul. Il fut remplacé par l'échappement à ancre de Graham vers 1720, système généralement employé aujourd'hui pour les horloges et, avec quelques modifications, pour les montres (fig. 2). Quand le pendule se balance à droite, la dent *a* s'échappe de la levée *b*, tandis que la dent *c* est mise en contact avec la levée *d* de l'ancre ; il ne se produit aucun recul. Quand le pendule atteint la limite de sa vibration à gauche, le même mouvement se produit sur la face circulaire intérieure de la levée d'échappement *b*. Afin de maintenir une horloge en mouvement, on doit chercher une combinaison permettant de remonter le poids ou le ressort. Comme cette opération doit être accomplie sans renverser le mouvement,

on dut s'arranger de façon à tourner en arrière le pendule sans faire tourner la grande roue. Ceci est obtenu au moyen d'une roue à engrenage qui est maintenue par un cliquet et qui ne peut agir sur la grande roue dans la direction du mouvement, mais qui est libre de agir dans la direction contraire.
— MONTRES. Les premières montres furent très imparfaites, parce qu'elles ne pouvaient posséder les pièces volumineuses nécessaires aux horloges (par exemple, le balancier). Il fallut inventer de nouveaux modèles d'échappement. Le plus ancien système fut inventé en France par Hautefeuille, vers 1722 ; il a été perfectionné par Mudge et par Graham. On doit le chronomètre à échappement aux savants constructeurs Le Roy, Berthoud, Earnshaw et Harrison. Le chronomètre à échappement d'Earnshaw est représenté dans notre fig. 3 Les montres sont toujours mues par un ressort. Les principaux centres de la fabrication de l'horlogerie sont Genève, Neufchâtel, la Chaux-de-Fonds et Locle, en Suisse ; Besançon et plusieurs villes du Jura, en France ; Liverpool en Angleterre.

* HORMAYR (Joseph), BARON, ['hor-maïr**]**, historien tyrolien, né en 1781, mort en 1848. Il fut l'un des plus violents adversaires de Napoléon et le principal instigateur de l'insurrection du Tyrol, contre les Français et les Bavarois. Après l'armistice de Znaym (juillet 1809), il devint conseiller impérial à Vienne. En 1813, il fit de nouvelles tentatives pour révolutionner le Tyrol, mais il fut emprisonné jusqu'en 1815. Il devint ensuite historiographe impérial. Après 1828, il occupa des postes importants au service de la Bavière. Ses ouvrages traitent principalement de la guerre de l'indépendance tyrolienne et de l'histoire du Tyrol.

* ' HORMIS prép. [**'hor-mi**] de *hors* et de *mis*, part. passé de *mettre*). Signifie la même chose que hors dans le sens d'excepté : *hormis deux ou trois.*

HORMISDAS I. Troisième roi de Perse. Il fut accusé, sous le règne de son père, de conspirer pour le détrôner ; afin de prouver son innocence, il se coupa la main. Devenu roi en 271, il devint un fervent disciple de Manès et mourut en 272. — II. Vingt-deuxième roi de Perse, mort en 592. Il était fils de Chosroès le Grand ; il fut égorgé par ses frères.

HORMISDAS, pape, mort en 523. Il monta sur le siège pontifical en 514 et se fit surtout remarquer par son zèle à combattre la doctrine d'Eutychès.

* HORN (Cap), promontoire d'une île appartenant à l'archipel de la Terre de Feu, communément regardé comme l'extrémité méridionale de l'Amérique, par 55° 50' lat. S. et

Cap Horn.

69° 34' long. O. Il se compose d'un rocher noir et escarpé, terminé par une pointe aiguë. Les mers voisines sont tempétueuses ; mais « doubler le cap Horn » n'effraie plus autant qu'autrefois.

* HORN (Gustaf, COMTE), général suédois, né

en 1592, mort en 1657. Il conquit Dorpat en 1625 et Kolberg en 1630; il commandait l'aile gauche à la bataille de Leipzig en 1631. Après la mort de Gustave-Adolphe, qui l'appelait son bras droit, il s'unit au duc de Weimar. Après la bataille de Noerdlingen (1634), livrée contre son gré, il resta prisonnier pendant sept ans. Il devint ministre de la guerre en 1652 et mourut feld-maréchal et gouverneur de Livonie et de Scanie.

' **HORN** ou **Hoorne** (Philippe II de Montmorency-Nivelle, comte de), homme d'Etat flamand, né en 1522, mort le 5 juin 1568. Il descendait de la famille française de Montmorency, et reçut le domaine de son beau-père Jean, comte de Horn; il fut nommé par Charles-Quint et par Philippe II gouverneur du pays de Gueldre et de Zutphen, amiral de la flotte flamande et conseiller d'Etat. Il prit part aux batailles de Saint-Quentin et de Gravelines, et en 1559, il accompagna Philippe II en Espagne, où il resta deux ans. Ayant deviné les projets de la cour espagnole contre les Pays-Bas, il en fit part au prince d'Orange. A son retour dans les Pays-Bas, il s'associa à Orange et Egmont pour résister à la politique agressive de Philippe. Le 9 sept. 1567, il fut arrêté avec Egmont à Bruxelles. Accusé du crime de haute trahison, il fut exécuté. (Voy. Egmont.)

' **HORNBLENDE** s. f. ['horn-blain-de] (all. horn, corne; blenden, briller). Minér. Espèce minérale placée par Dana dans les silicates anhydres. D'après Rammelsberg, toutes les hornblendes sont des métasilicates ayant la formule générale : M³ O S O³, ou M² Si O³. Dans quelques variétés, la silice est remplacée par l'alumine. L'ancienne formule était . 4 RO, 3 Si O³, RO.

' **HORNELLSVILLE**, village de l'état de New-York (Etats-Unis), à la jonction de la crique Canacadea avec la rivière Canisteo, à 130 kil. S.-E. de Buffalo; 4,560 hab.

' **HORNEMANN** ['hor-ne-mânn] (Friedrich-Konrad), voyageur allemand, né en 1772, et dont on n'eut plus de nouvelles à partir du 7 avril 1800. Il se rendit en Egypte en 1797 sous les auspices de la Société africaine de Londres. Continuant ses voyages, il atteignit Mourzouk, où il tomba malade ainsi que son compagnon Freudenburg; ce dernier mourut. Hornemann se rendit à Tripoli d'où il revint en Europe. Il repartit pour Mourzouk, qu'il quitta avec une caravane pour se rendre dans l'intérieur; on perdit entièrement ses traces. Le journal de son voyage, publié par Koenig, a paru en anglais et a été traduit en français par Griffet de la Baume (Paris, 1803).

HORNES, comté de l'ancien royaume des Pays-Bas (Belgique), dépendant du duché de Brabant. Il fut érigé en comté par l'empereur Frédéric III en faveur de Jacques, sire de Hernes, grand veneur de Brabant. Il devint au xvıᵉ siècle l'apanage des Montmorency-Nivelle.

HORNOY, ch.-l. de cant., arr. et à 31 kil. S.-O. d'Amiens (Somme); 950 hab. Beau château.

HORNU, petite ville du Hainaut (Belgique), à 11 kil. de Mons. Exploitation considérable de houille; fabriques de corderies et construction de machines.

HORODICTIQUE adj. (lat. hora, heure; dictare, dicter). Phys. Qui sert à trouver l'heure : instrument horodictique. — Quart de cercle horodictique : quart de cercle sur lequel sont tracées des lignes horaires.

' **HOROGRAPHIE** s. f. (gr. hóra, heure; graphein, écrire). Synonyme de Gnomonique. (Voy. ce mot.)

HOROMÉTRIE s. f. (gr. hóra, heure; metron, mesure). Art de mesurer le temps.

HOROPTÈRE s. m. (gr. horos, borne; optér, observateur). Optiq. Ligne droite parallèle à celle qui joint les centres des yeux, et passant par le point où coïncident les axes optiques.

' **HOROSCOPE** s. m. (gr. hóra, heure; skopein, examiner). Observation qu'on fait de l'état du ciel au moment de la naissance de quelqu'un, et par laquelle les astrologues prétendent juger de ce qui doit arriver au nouveau-né dans le cours de sa vie : tirer, faire l'horoscope de quelqu'un; dresser son horoscope. — Se dit, fig. et fam., de ce qu'on prédit par simple conjecture sur le sort de quelqu'un ou sur le résultat de quelque chose : je vais dresser votre horoscope.

HOROSCOPIE s. f. Art de prédire l'avenir par l'horoscope.

HOROSCOPIQUE adj. Qui se rapporte à l'horoscopie.

HOROTROPE s. m. (gr. horos, limite; trépo, je tourne). Phys. Cercle passant par les deux yeux et par le point sur lequel se fixe la vision.

HORPS (Le), ch.-l. de cant., arr. et à 19 kil. N.-E. de Mayenne (Mayenne); 4,600 hab.

HORRESCO REFERENS, loc. lat. qui signifie : je frémis, rien qu'en le racontant. Commencement d'un vers de Virgile. (Enéide, livre II, vers 204).

' **HORREUR** s. f. [orr-reur] (lat. horror). Mouvement de l'âme accompagné de frémissement, et causé par quelque chose d'affreux, de révoltant ou de terrible : je frémis d'horreur. — L'horreur d'un supplice, la cruauté d'un supplice : l'horreur d'un tel supplice n'émut point son courage. — Cela fait horreur, est à faire horreur, se dit, par exagération, d'une chose extrêmement laide dans son genre, ou faite sans goût, sans habileté. — C'est une horreur, se dit d'une personne extrêmement laide : vous disiez que c'était une jolie femme, c'est une horreur. Se dit également d'une chose extrêmement laide ou défectueuse dans son genre : vous vantiez ce logement comme agréable et commode, mais c'est une horreur. — Fi ! l'horreur ! se dit quelquefois, lorsqu'on veut marquer la répugnance qu'on a pour quelqu'un ou pour quelque chose. — C'est une belle horreur, se dit des choses qui font éprouver un sentiment d'effroi mêlé d'admiration, comme une grande tempête, un vaste incendie, etc. — Détestation, abomination, haine violente : avoir horreur du vice, du péché. — Etre en horreur à quelqu'un, être l'horreur de quelqu'un, lui inspirer une haine mêlée d'horreur. — Certain saisissement de crainte ou de respect : en entrant dans cette forêt, on sent, on éprouve une certaine horreur, une secrète horreur. — Se dit également de ce qu'ont d'horrible, d'effrayant ou de sinistre certains lieux ou certains objets : l'horreur d'un cachot.

C'était pendant l'horreur d'une profonde nuit.
　　　　　　　　Athalie, acte I, sc. v.

— Se dit aussi, fig., en ce dernier sens : il comprit alors toute l'horreur de sa situation. — Se dit souvent, au pluriel, des choses horribles ou désastreuses, des maux extrêmes, des privations cruelles, etc. : les horreurs de la guerre. — Les horreurs de la mort, les angoisses que l'on éprouve ordinairement au moment de mourir : au milieu des horreurs de la mort, il souriait encore à ses amis. — Enormité d'une mauvaise action, d'une action cruelle, infâme, etc. : l'horreur du crime, du vice, du péché, est telle que... — Se dit également des choses mêmes ainsi atroces, infâmes, etc. : ce qu'il a fait est une horreur. — Se dit particul. des choses déshonorantes qu'on attribue à quelqu'un; et alors il s'emploie toujours au pluriel : on m'a dit des horreurs de cet homme-là. — ⁓ Pop. Dire des horreurs, tenir des

propos libertins. — Faire des horreurs, faire des choses obscènes.

' **HORRIBLE** adj. [horr-rible]. Qui fait horreur, qui soulève, qui révolte : laideur horrible.

Mais je n'ai plus trouvé qu'un horrible mélange
D'os et de chairs meurtris et traînés dans la fange.
　　　　　　　　Athalie, acte I, sc. v.

— Quelquef. très mauvais : les chemins sont horribles. — Extrême, excessif. Ne se dit que de certaines choses, mauvaises ou bonnes, qui excèdent les bornes ordinaires : il a fait une horrible faute.

' **HORRIBLEMENT** adv. D'une manière horrible : cet homme est horriblement défiguré. — Extrêmement, excessivement : il y avait une grande foule, et on y était horriblement pressé.

HORRIFIQUE adj. [or-ri-fi-ke] (rad. horreur). Qui cause de l'horreur.

HORRIPILANT, ANTE adj. Qui est propre à causer l'horripilation.

' **HORRIPILATION** s. f. [orr-ri] (lat. orrere, se hérisser; pilus, poil). Méd. Frissonnement accompagné de froid, qui fait hérisser les poils.

HORRIPILER v. a. Donner le frisson.

HORROX ou **Horrocks** (Jeremiah). Astronome anglais né en 1616, mort en 1641. Il était curé de Hoole près de Preston. Il se consacra à l'étude de l'astronomie; mais son extrême pauvreté ne lui permit d'acheter qu'en mai 1638 son premier télescope, qui ne lui coûta cependant que trois francs dix centimes. Cet instrument le mit à même de faire la première observation du transit de Vénus le 24 nov. 1639; il avait annoncé cet événement un mois à l'avance. La description de ce transit, intitulée Venus in sole visa, fut imprimée par Hevelius à la fin de son Mercurius in Sole visus (Dantzig, 1662). Les trois derniers mois de la vie de Horrox furent consacrés à l'étude des irrégularités des marées, d'après lesquelles il espérait obtenir une démonstration de la rotation de la terre. Les autres travaux de Horrox furent publiés par Wallis en 1672.

' ' **HORS** ['hor] (autre forme de fors). Préposition de lieu, servant à marquer exclusion du lieu et des choses qui sont considérées comme ayant quelque rapport au lieu : hors de la ville, du royaume. — Elliptiq. Hors d'ici, sortez d'ici. — Dans certaines façons de parler familières, on l'emploie sans la particule de. Ainsi on dit, il est logé hors la barrière. — Etre hors de page, avoir accompli le temps de son service les pages; et, fig. et fam. Etre tout à fait son maître : il n'est plus en puissance de tuteur, il est hors de page. — Substantiv. Lr hors de page, la récompense accordée aux pages qui sortaient de service. — Joaillerie, Ce diamant, ce rubis, etc., est hors d'œuvre, hors de l'œuvre, se dit d'un diamant, etc., qui n'est pas encore monté ou qui est sorti de sa monture. — Archit. Hors d'œuvre, se dit en parlant d'une pièce qui est en saillie, qui est détachée du corps du bâtiment, et qui ne fait pas partie de l'ordonnance générale : un cabinet hors d'œuvre. (Voy. Hors-d'œuvre.) — Hors d'œuvre, se dit aussi en parlant de la mesure d'un bâtiment, prise depuis l'angle extérieur d'un mur jusqu'à l'angle extérieur de l'autre mur : ce bâtiment a tant de toises et de pieds hors d'œuvre. Dans ce sens, on dit aussi, hors œuvre. — Hors d'œuvre, se dit fig., dans le langage ordinaire, en parlant des choses qui, dans un ouvrage de littérature ou d'art, ne font point partie essentielle du sujet, qu'on semble avoir ajoutées après coup et qu'on pourrait retrancher sans nuire à l'ensemble : cette description est un hors d'œuvre. — En termes de Palais, mettre hors de cour, hors de cour et de procès, envoyer les parties, ou une des parties, comme n'y ayant pas lieu de prononcer juridiquement, comme n'y ayant pas sujet de pleider. Autrefois, en matière criminelle, la locution HORS DE COUR, signifiait qu'il n'y avait pas assez de preuves pour asseoir une condamnation. On dit aussi, METTRE HORS DE CAUSE, déclarer qu'une personne ne doit point être partie au procès : *il fut mis hors de cause.* Et dans un sens analogue, *Etre hors de cause.* — Substantiv. UN HORS DE COUR, un jugement qui met hors de cour : *prononcer un hors de cour.* (Vieux.) — METTRE QUELQU'UN HORS LA LOI, formule qui a été employée dans des actes arbitraires par lesquels on proscrivait, en telle sorte que les proscrits devaient être envoyés au supplice sans jugement, dèsque leur identité avait été reconnue : *un gouvernement qui met hors la loi est un gouvernement tyrannique.* — S'emploie aussi, en parlant de plusieurs choses, sans rapport au lieu, et marque toujours exclusion de la chose indiquée par le complément : *être hors d'un bon sens.* — ETRE HORS DE SOI, se dit d'une personne violemment agitée par quelque passion : *il est hors de lui.* On dit aussi, *Cela le met hors de lui.* — CE MALADE EST HORS D'AFFAIRE, il ne court plus aucun danger. — ETRE HORS DE COMBAT, n'être plus en état de combattre. On dit aussi, *Mettre quelqu'un hors de combat.* Ces deux phrases s'emploient au propre et au figuré. — ETRE HORS DE SERVICE, n'être plus en état de servir : *cet habit est tout à fait hors de service.* — Prép. de temps. Sert à marquer exclusion du temps : *cela est hors de saison.* — Excepté : *ils y sont tous allés, hors deux ou trois.* — S'emploie, dans ce sens, devant les verbes à l'infinitif avec la préposition DE, et devant les autres modes des verbes avec la particule QUE : *hors de le battre, il ne pouvait le traiter plus mal.*

' ' HORS-D'ŒUVRE s. m. Cuis. Se dit de certains mets qu'on sert avec le potage : *on servit plusieurs hors-d'œuvre.* — S'emploie quelquefois tant au propre qu'au figuré : *cette partie de l'édifice est un hors-d'œuvre.*

' HORSA. Voy. HENGIST.

' HORSCHELT (Theodor), peintre allemand, de Munich, né en 1829, mort en 1871. Il s'est surtout distingué par ses tableaux de batailles et par des peintures de la vie au Caucase où il accompagna l'armée russe (1858-'63).

' HORSE-GUARD s. f. ['hor-se-gard] (angl. *garde à cheval*). Garde à cheval, en Angleterre. — s. m. Celui qui fait partie de ce corps de cavalerie : *des horse-guards.*

' HORSENS, ville de Danemark, en Jutland, à l'embouchure du Horsensfiord, dans la mer Baltique, à 60 kil. S.-E. de Viborg ; 10,500 hab. Manufactures d'articles de laine et commerce important de blé et de poisson, de tabac et de savon.

' HORSFIELD (Thomas) ['hors-fîld], naturaliste anglais, né vers 1773; mort en 1859. Il étudia l'histoire naturelle de Java pendant une résidence de 15 ans (1802-'17) qu'il fit dans ce pays et il publia les résultats de ses découvertes dans son *Zoological Researches in Java and in the neighbouring Islandes* (1821-'24) et *Plantæ Javanicæ rariores* (1838-'52).

' HORTA, ville fortifiée, capitale de Fayal (Açores), sur une large baie du S.-E. de la côte, entre deux pointes rocheuses ; environ 9,000 hab. Commerce considérable de vins.

HORTENSE (Hortense-Eugénie DE BEAUHARNAIS, connue sous le nom de REINE), épouse de Louis Bonaparte et reine de Hollande, née à Paris en 1783 et morte à Arenenberg en 1827. Fille d'Alexandre de Beauharnais et de Joséphine Tascher de la Pagerie, elle suivit sa mère à la Martinique (1787), revint avec elle en 1790, fut mise en pension chez Madame Campan et en sortit à l'âge de 17 ans, pour épouser, sans son gré, Louis Bonaparte (13 janv. 1802), sur l'ordre de Napoléon, dont cette alliance servait la politique. Mais cette

union fut des plus malheureuses. La jeune princesse, dont l'esprit et la beauté faisaient l'ornement de la cour, montra toujours une grande aversion pour son époux. Elle mit au monde, le 10 oct. 1802, Napoléon-Charles, et le 10 octobre 1804, Napoléon-Louis. Devenue reine, par l'élévation de Louis, au trône de Hollande (1806), elle se trouva dépaysée au milieu des froides populations sur lesquelles les combinaisons de la politique l'appelaient à régner. Pour fuir la colère de son époux, qui l'accusait de liaisons criminelles avec l'amiral Verhuel, elle se réfugia près de sa mère, aux Tuileries, et y donna le jour (20 avril 1808) à Charles-Louis-Napoléon, qui devait être un jour Napoléon III. Un ordre de l'empereur la força de réintégrer son royaume après qu'elle eut assisté au divorce de sa mère et à la cérémonie du nouveau mariage de Napoléon. L'abdication de Louis (1810) fut suivie d'une séparation formelle des deux époux. Hortense se fixa à Paris, où l'empereur, en l'autorisant à garder ses enfants (l'aîné était mort en 1807), lui assura un douaire de 2 millions de revenu. Sa maison devint le centre d'un cercle de puissants personnages, de femmes à la mode et de tout ce que la capitale comptait de riche et de galant. C'est vers cette époque que naquit le duc de Morny. (Voy. FLAHAUT.) Forcée de quitter la France après la seconde invasion, Hortense se réfugia à Aix (Savoie), puis à Constance et ensuite à Thurgovie, où elle écrivit ses mémoires. A partir de 1817, elle passa la plus grande partie de son existence au château d'Arenenberg ; elle avait pris le nom de duchesse de Saint-Leu. Ses dernières années furent affligées par la mort de son second fils, emporté par la rougeole à Forli (17 mars 1831) et par l'exil de son troisième fils, après l'échauffourée de Strasbourg.

* HORTENSIA s. m. [or-tan-si-a] (de *Hortense*, n. pr.) Bot. Genre d'arbrisseaux saxifragés, comprenant plusieurs espèces de plantes de la Chine et du Japon, cultivées comme plante d'agrément : *des. hortensias.* — L'espèce la

Hortensia des jardins (H. Hortensia).

mieux connue est l'*hortensia des jardins* (*hydrangea hortensia*), importé de Chine en Angleterre en 1790, par sir Joseph Banks ; c'est un arbrisseau vigoureux, avec des feuilles ovales opposées, dentelées grossièrement, et portant d'immenses corymbes de fleurs stériles qui sont blanches, lilas ou bleues, suivant la nature du sol. On mentionne en Angleterre des individus ayant 10 mètres de circonférence et produisant sur un seul pied plus de 1,000 corymbes de fleurs. L'*hortensia sauvage* (*hydrangea arborescens*, Linn.) des Etats-Unis, est un arbrisseau de 1 m. 30 centim. à 2 m. de hauteur ; ses fleurs sont blanches ou jaunâtres, et généralement fertiles. L'*hortensia à feuilles de chêne* (*hydrangea quercifolia*) fut découvert par Bartram, en Géorgie ; c'est la plus belle

espèce de l'Amérique du Nord ; il a des feuilles profondément lobées, ressemblant aux feuilles de chêne, et un large et beau co-

Hortensia à feuilles de chêne (H. quercifolia).

rymbe de fleurs presque blanches. D'autres belles espèces japonaises ont été introduites en Europe.

HORTENSIA (Loi), loi passée par le dictateur Q. Hortensius, en 286 av. J.-C., après la sécession des plébéiens, retirés sur le mont Janicule. Elle confirma les pouvoirs législatifs accordés par des lois précédentes, en 446 et en 336.

HORTENSIUS (Quintus), orateur romain, né en 114 av. J.-C., mort en 50. Il se joignit au parti de Scylla dans la guerre civile et fut ensuite partisan de l'aristocratie. Il rivalisa avec Cicéron pour l'éloquence du barreau. En 81, il fut nommé questeur ; en 75, édile ; en 72, préteur et en 69, consul avec Q. Cæcilius Metellus. Après son consulat, Hortensius prit une part active à la lutte contre Pompée. Cicéron s'unit ensuite au même parti. Dix ans avant sa mort, Hortensius, qui avait acquis de grandes richesses, se retira de la vie publique.

HORTENSIUS (Quintus), dictateur romain du IIIe siècle av. J.-C. Il donna son nom à la loi *hortensia.*

* HORTICOLE adj. (lat. *hortus*, jardin ; *colere*, cultiver). Qui concerne l'horticulture, les jardins : *produits horticoles.* — EXPOSITION HORTICOLE, exposition de produits du jardinage.

* HORTICULTEUR s. m. Celui qui s'occupe de perfectionner la culture des jardins.

* HORTICULTURE s. f. (lat. *hortus*, jardin ; franç. *culture*). Art de cultiver les jardins. — L'*horticulture* comprend : la culture *maraîchère* ou jardinage proprement dit ; la culture *fruitière* ou arboriculture et la culture d'agrément ou floriculture. — L'horticulture a été en honneur dès les premiers temps de la civilisation. Chez les Romains, on établissait de petits jardins remplis de roses, de violettes et d'autres fleurs parfumées. Charlemagne créa des jardins par un édit, et prescrivit les plantes qui devaient y être plantées. Au XVIe siècle, plusieurs jardins botaniques furent fondés par Alphonso d'Este, duc de Ferrare. Les Vénitiens et les Padouans suivirent son exemple et en 1555, un jardin, fondé à Pise par Cosme de Médicis, était devenu si riche en plantes qu'il excitait l'admiration de tous. Le jardin de Montpellier, fondé par Henri IV, contenait, avant la fin du XVIe siècle, plus de 1,300 plantes de France, des Alpes et des Pyrénées. En 1577, à la suggestion de Bantius, on fonda un jardin à Leyde. Ce ne fut qu'après l'invention des serres pour la culture des plantes délicates, que les pays du Nord firent des progrès en horticulture. La première exposition horticole a eu lieu à Gand, en 1809.

la Belgique occupait déjà et occupe encore le premier rang sous le rapport de l'horticulture. — Comme établissement de premier ordre, nous citerons le *Jardin des plantes*, le *Jardin d'acclimatation* du bois de Boulogne, celui de la *Muette*, et Isis et les principaux parcs de Paris. — La *Société horticole* de Londres, fondée en 1804, a publié ses premières *Transactions* en 1812. La *Société d'horticulture* de Paris publie des *Annales* depuis 1827. Une *Ecole d'horticulture* a été créée à Versailles en 1873.

HORTULIA s. m. Nom de trois espèces de boas qui habitent l'Afrique méridionale : *boa de Natal*, long de 8 m., et dont le corps

Boa de Natal (Hortulia Natalensis).

est aussi gros que celui d'un homme ; *boa de Guinée* ; et *boa géant*, qui pèse, dit-on, jusqu'à 50 kilog.

HORUS ['ho-russ], dieu des Egyptiens, fils d'Osiris et d'Isis ; il représentait le soleil-levant et il était souvent figuré avec un doigt sur la bouche, sous le symbole d'un petit enfant assis sur les genoux de sa mère, ce qui l'a fait prendre souvent, à tort, pour le dieu du Silence. Les Grecs identifiaient son culte avec celui de leur dieu *Harpocrates* ou encore avec celui d'*Apollon-Phœbus*. Il avait aussi des temples à Rome où cependant son culte fut, pour un temps, défendu, en raison sans doute des excès commis dans les rites mystérieux qui s'y pratiquaient. Les Egyptiens croyaient qu'Horus tenait, avec Anubis, la balance dans laquelle on pesait le cœur des morts en présence d'Osiris et de ses 42 assesseurs.

HOSACK (David) ['ho-oak], médecin américain né à New-York, en 1769, mort en 1835. Il fut professeur au collège de Colombie et à l'école médicale de Rutgers. Il fonda en 1810, avec le Dr Francis, le *American Medical and Philosophical Register*. Ses ouvrages comprennent : *Essays on Various Subjects of Medical Science* (3 vol. 1824-'30), *System of Practical Nosology* (1829) et *Lectures on the Theory and Practice of Physic* (1838).

HOSANNA s. m. [o-zann'-na] (hébr. *hosiah na*, protège, nous t'en supplions). Liturg. Acclamation entrée ordinairement en usage chez les Hébreux et qui se chante le jour des Rameaux : *il entra dans l'église pendant l'hosanna*. — Fig. et fam. CRIER HOSANNA, faire une ovation à quelqu'un, ou se réjouir de quelque chose.

HOSPICE s. m. (lat. *hospitium*, hôtellerie). Maison de charité où l'on nourrit les pauvres, des gens hors d'état de gagner leur vie, à cause de leur âge ou de leurs infirmités : *les hospices civils*. — Maison où des religieux donnent l'hospitalité aux pèlerins, aux voyageurs : *l'hospice du mont Saint-Bernard*. — S'est dit particul. d'une petite maison religieuse établie pour recevoir les religieux du même ordre qui voyageaient, et où il n'y avait pas assez de religieux pour faire régulièrement le service. — Se disait également d'une maison bâtie dans une grande ville pour y retirer

pendant la guerre les religieux ou les religieuses des couvents bâtis dans la campagne : *l'hospice d'Anchin à Tournai*. — DONNER L'HOSPICE A QUELQU'UN, le recevoir chez soi. (Vieux.) — **Hospices des enfants abandonnés**, institution publique pour la réception et l'entretien d'enfants abandonnés. Les lois des Perses et des Juifs protégeaient les enfants sans secours. Athènes et Rome avaient des hospices d'enfants à une époque reculée. Auguste offrait 2,000 sesterces aux citoyens qui voudraient élever des orphelins. Trajan fonda un hospice pour l'éducation des enfants trouvés, considérés comme enfants de l'Etat. Justinien déclara que les enfants trouvés étaient libres et il défendit à ceux qui les recevraient de les traiter en esclaves. Les capitulaires de Charlemagne font mention des hospices d'enfants comme institutions distinctes. A Milan, une institution fut fondée vers 787, par un archiprêtre nommé Dathius. En 1070, Olivier de la Traie créa, à Montpellier, un ordre charitable, dont les membres se vouaient aux soins des orphelins et des enfants trouvés. Un hospice pour 600 enfants fut fondé dans la même ville en 1180. Pendant le XIIIe siècle, des hospices d'enfants furent établis à Rome et à Eimbeck en Allemagne. Le magnifique hospice d'enfants à Florence, appelé aujourd'hui *Spedale degli innocenti*, fut fondé vers 1316. Des établissements semblables furent créés à Paris en 1362 et à Venise en 1380. L'hospice de Nuremberg fut fondé en 1331. L'hospice de Marseille fut le premier qui adopta le tour, au moyen duquel l'enfant pouvait être remis à l'établissement, sans qu'il fût possible de voir la personne qui l'apportait. Ailleurs, les enfants abandonnés étaient placés dans des coquilles de marbre, à la porte des églises. — L'hospice de Santo-Spirito, à Rome, peut recevoir 3,000 enfants. Naples a la réputation d'apporter plus de soin à l'éducation et au bien-être des enfants trouvés que n'importe quelle autre ville d'Italie ; elle en nourrit annuellement environ 2,000. Un nombre considérable d'enfants légitimes en Italie se compose d'enfants légitimes abandonnés pour cause de pauvreté. En 1860, il y avait en Espagne 149 hospices d'enfants trouvés, avec 53,464 enfants. Parmi les premiers hospices qui élevèrent les enfants trouvés en France, nous citerons l'hôtel-Dieu de Lyon (1523). François Ier fonda une institution pareille en 1536. Un hospice d'enfants trouvés fut établi en 1563 à l'hôpital du Saint-Esprit, sous la direction de la ville de Paris. Saint Vincent de Paul créa en 1640 une nouvelle institution pour les enfants trouvés ; elle fut convertie en 1640, en institution publique par Louis XIV. Après 1789, la République prit sous sa responsabilité la garde des enfants trouvés. Les terroristes décrétèrent qu'ils seraient appelés enfants de la nation. En 1798, on destina une somme de 11 millions de francs à leur entretien. Un décret impérial de 1811 ordonna l'établissement d'un hospice d'enfants trouvés dans chaque arrondissement de France. Le nombre des enfants trouvés, annuellement reçus en France a varié, dans les dernières années, de 25,000 à 30,000. Le nombre annuel rendu aux parents est d'environ 3,000. Le nombre d'enfants illégitimes est de 28 p. 100. — L'Allemagne possède de nombreuses institutions pour le soin et l'éducation des enfants abandonnés, mais elle n'a pas d'hospice d'enfants trouvés proprement dit. Les enfants trouvés en Bavière sont placés dans des familles de fermiers. L'empire austro-hongrois a 35 hospices d'enfants trouvés, dans lesquels 120,000 enfants sont déposés annuellement mais, près de 90,000 sont soignés en dehors de ces institutions. A Vienne, on prend soin des enfants illégitimes à l'hospice de la Maternité. Il y a de semblables institutions à Prague, à Brünn et à Gratz. L'hospice des enfants trouvés, à Londres, fut fondé par le capitaine Thomas Coram en 1739

et ouvert en 1756, pour l'entretien et l'éducation de 500 enfants. En 1760, il fut transformé en hospice pour de pauvres enfants illégitimes. En 1870, l'hospice entretenait 504 enfants, coûtant 354,375 fr. En 1704, un hospice d'enfants trouvés fut établi à Dublin. L'hospice d'enfants de Moscou (*Vospitatelnoi Dom*), fondé par Catherine II, en 1762, admet annuellement 12,000 enfants. Les habitants d'un grand village près de Moscou sont entièrement employés à élever les enfants trouvés. Le large *Vospitatelnoi Dom* de Saint-Pétersbourg, fondé en 1772, est une succursale de celui de Moscou. Le nombre total de nourrices, de médecins, de cuisinières, de gardiens et autres employés y est d'environ 6,000. On reçoit annuellement environ 6,000 enfants. Les hospices de Saint-Pétersbourg et de Moscou fournissent constamment des recrues pour l'armée et pour la marine. La proportion des naissances illégitimes dans l'empire russe est un peu plus de 4 p. 100. La Chine a beaucoup d'hospices d'enfants trouvés ; ceux de Shang-haï, de Ningpo, de Canton et d'Hangchow sont les mieux connus. La direction de ces institutions soutient la comparaison avec celle des meilleurs établissements de l'Europe.

HOSPITALIER, IÈRE adj. (lat. *hospitalis* ; de *hospes*, hôte). Qui exerce volontiers l'hospitalité : *c'est un homme fort hospitalier*. — S'est dit aussi de certains ordres militaires, institués originairement pour recevoir les pèlerins : *les chevaliers de Malte sont religieux hospitaliers*. On dit substantiv. en ce sens : *les hospitaliers*. — RELIGIEUSES HOSPITALIÈRES, religieuses des ordres charitables. On dit plus souvent aujourd'hui SŒURS HOSPITALIÈRES ou substantiv. *les hospitalières*. — Se dit quelquefois, surtout en poésie, des lieux où l'on reçoit l'hospitalité, où l'on trouve un refuge, etc. : *demeure hospitalière*. — Administr. Se dit des maisons où sont soignés les malades, les infirmes, les blessés : *établissements hospitaliers*. — HYGIÈNE HOSPITALIÈRE, partie de l'hygiène qui se rapporte aux hôpitaux, aux hospices.

HOSPITALIER s. m. Membre de divers ordres établis originairement pour recevoir les pèlerins et les voyageurs : *hospitaliers du Saint-Esprit*. — On donne le nom générique d'hospitaliers aux religieux chargés d'exercer l'hospitalité dans les hôpitaux. La première confrérie de ce genre remonte au IXe siècle et fut instituée par un habitant de Sienne, nommé Soror, qui ouvrit sa petite maison aux pèlerins indigents. Sa demeure s'agrandit et finit par devenir le vaste hôpital *della Scala*. Quelques pieux personnages s'unirent à Soror qui leur donna une règle et la fit approuver par le pape. De là, l'ordre des Hospitaliers se répandit dans toute la chrétienté et donna naissance à plusieurs congrégations particulières. (Voy. JÉRUSALEM, MALTE, PONTIFES, JEAN-DE-DIEU, AUGUSTINS, etc.)

HOSPITALIÈREMENT adv. D'une façon hospitalière.

HOSPITALITÉ s. f. Charité, libéralité qu'on exerce en recevant et logeant gratuitement les étrangers, les passants : *exercer l'hospitalité*. — Se dit aussi de l'obligation où sont certaines abbayes de recevoir les voyageurs pendant quelques jours : *il y a hospitalité dans telle abbaye*. — En parlant des anciens. Se dit d'un droit réciproque de loger les uns chez les autres ; droit qui s'exerçait non seulement de particulier à particulier, et de famille à famille, mais encore de ville à ville : *droit d'hospitalité*.

HOSPODAR s. m. (slave, *seigneur*). Titre de dignité que se donnait à certains princes vassaux du Grand Seigneur : *l'hospodar de Valachie*.

HOSPODARAT s. m. Charge d'hospodar ; palais de l'hospodar

* **HOSTIE** s. f. (lat. *hostia*). Toute victime que les anciens Hébreux offraient et immolaient à Dieu : *hostie de paix.* — Par ext. Pain très mince et sans levain, que le prêtre offre et consacre à la messe : *ce prêtre prit autant d'hosties qu'il y avait de communiants et les consacra.*

* **HOSTILE** adj. (lat. *hostilis*). Qui est d'un ennemi, qui annonce, qui caractérise un ennemi : *action, entreprise hostile.*

* **HOSTILEMENT** adv. En ennemi, en faisant des actes d'ennemi : *il entra hostilement sur les terres de ce prince.*

* **HOSTILITÉ** s. f. (lat. *hostilitas;* de *hostis,* ennemi). Acte d'ennemi. Se dit particulièrement des agressions, des courses de gens de guerre, des pillages et des exactions qu'un prince ou un Etat souverain fait exercer contre un autre prince ou un autre Etat : *commettre des hostilités, des actes d'hostilité.* — Disposition à faire des actes d'ennemi, disposition hostile : *l'hostilité persévérante de cette nation contre la France.*

HOSTO s. m. Argot. Prison : *mettre un homme à l'hosto.*

* **HÔTE, ESSE** s. (lat. *hostis,* hôte). Celui, celle qui tient un cabaret, une hôtellerie, une auberge, etc., et qui donne à manger et à loger pour de l'argent : *l'hôte de la Croix-Blanche.* — TABLE D'HÔTE, table servie à heure fixe, dans une hôtellerie ou ailleurs et où l'on peut aller manger moyennant un prix réglé : *vivre à table d'hôte.* — QUI COMPTE SANS SON HÔTE, COMPTE DEUX FOIS, on se trompe ordinairement quand on compte sans celui qui a intérêt à l'affaire, quand on espère ou qu'on promet une chose qui ne dépend pas absolument de soi. On dit quelquefois, simplement, *Compter sans son hôte.* — IL EST L'HÔTE ET L'HÔTELLERIE, se dit d'un homme qui fait presque en même temps toutes sortes de fonctions dans une maison, qui se mêle de toutes sortes d'affaires. — Celui qui vient manger dans un cabaret, ou loger dans une hôtellerie, dans une auberge, etc. : *avoir dans sa maison des hôtes exigeants, fâcheux.* — Se dit pareillement, tant de celui qui loue à quelqu'un une portion de sa maison, que de celui qui la tient à loyer. Dans la première acception, on dit, *L'hôte est tenu des grosses réparations;* et dans la seconde, *Ce propriétaire a chez lui des hôtes commodes, incommodes.* (Vieux.) On dit auj. *Propriétaire et Locataire.* — Toute personne qui donne l'hospitalité, qui héberge, qui traite quelqu'un sans rétribution et par humanité, par amitié, par bienveillance; et aussi celui qui est reçu, traité de cette manière : *nous remerciâmes notre hôte du bon accueil qu'il nous avait fait.*

On sortait de la vie ainsi que d'un banquet,
Remerciant son *hôte* et faisant son paquet.
LA FONTAINE.

— IL N'Y EN A POINT DE PLUS FOULÉ QUE L'HÔTE, se dit en parlant de certaines parties de plaisir où chacun porte son plat pour aller souper chez quelqu'un de la société. — BON VISAGE D'HÔTE, bon accueil de celui qui donne à manger chez lui. — Se dit quelquefois, par ext. et fam., des animaux qui fréquentent, qui habitent ordinairement la demeure de l'homme : *les rats sont des hôtes fort incommodes.* — Fig. et poét. Habitant. LES HÔTES DES BOIS, les animaux qui y font leur demeure.

Sans mentir, si votre ramage
Se rapporte à votre plumage,
Vous êtes le phénix des *Hôtes* de ces bois.
LA FONTAINE.

* **HÔTEL** s. m. (rad. *hôte*). Grande maison, demeure somptueuse d'une personne de qualité, d'un personnage éminent, d'un riche particulier : *l'hôtel du duc de...* — se disait autrefois, absol., de la maison du roi : *grand prévôt de l'hôtel.* — Grande maison garnie : *venez me voir à mon hôtel.* — Se disait pareille-

ment, en style de pratique et dans les procès-verbaux, de la demeure d'un conseiller ou d'un autre officier de justice. — HÔTEL ABBATIAL, se disait autrefois, dans certains actes, de la maison destinée au logement de l'abbé. — MAÎTRE D'HÔTEL, officier préposé pour avoir soin de ce qui regarde la table d'un prince, d'un grand seigneur, ou de riches particuliers, et qui sert ou fait servir sur table : *premier maître d'hôtel du roi, de la reine.* En parlant du premier maître d'hôtel du roi, on disait : *le premier maître de l'hôtel.* — Se dit aussi de certains grands édifices destinés à des établissements publics : *l'hôtel du ministère des finances.* — Jargon. COUCHER A L'HÔTEL DE LA BELLE ÉTOILE, n'avoir pas de domicile et coucher avec le ciel pour ciel de lit. — * HÔTEL DE VILLE, hôtel, maison où siège l'autorité municipale. L'hôtel de ville de Paris, ou *hôtel de ville* proprement dit, résidence du principal magistrat, le préfet de la Seine, fut commencé en 1533, sous le règne de François Ier, et sur les dessins de Domenico Boccardo da Cortona, et terminé en 1628. Lorsque le roi Henri IV y fut reçu, ce monument n'était élevé qu'à son premier étage. C'est à l'Hôtel de ville que La Fayette présenta au peuple le roi-citoyen (août 1830); et c'est là que la République fut proclamée le 26 février 1848. Les membres de la Commune s'y réfugièrent après l'entrée des troupes à Paris, et y firent mettre le feu le 24 mai 1874. Le nouvel Hôtel de ville fut recommencé en avril 1873 et inauguré en 1883.

* **HÔTEL-DIEU** s. m. Nom donné à l'hôpital principal de plusieurs villes : *administrateur de l'Hôtel-Dieu, tous les hôtels-Dieu de France.* — L'Hôtel-Dieu de Paris fut fondé par l'évêque Landry, vers 656. Le nouvel Hôtel-Dieu, commencé en 1866, fut terminé en août 1877.

* **HÔTELIER, IÈRE** s. (ô-te-lié). Celui, celle qui tient hôtellerie. — Pour la LÉGISL. Voy. AUBERGISTE. — Particul., dans quelques abbayes. Religieux chargé de recevoir et de nourrir les hôtes, les passagers.

* **HÔTELLERIE** s. f. Maison où les voyageurs et les passants sont logés et nourris pour leur argent : *grande hôtellerie.* — Se dit particul., dans les grosses abbayes, du corps de logis destiné à recevoir les étrangers.

* **HÔTESSE** s. f. Voy. HÔTE.

* **HOTHO** (Heinrich-Gustav), auteur allemand, né à Berlin en 1802, mort en 1873. Il était élève de Hengel, et il devint professeur d'histoire à Berlin en 1829, directeur adjoint de la galerie de peinture en 1830 et directeur des gravures au musée royal en 1859. Ses ouvrages comprennent *Die Meisterwerke der Malerei vom Ende des 3. bis Anfang des 18. Jahrhunderts.*

HOTMAN (François) I. Jurisconsulte, né à Paris en 1524, mort en 1590. Il embrassa le calvinisme et devint le confident du roi de Navarre et de Catherine de Médicis. Ses amis le sauvèrent du massacre de la Saint-Barthélemy; il se retira à Genève. Il y publia son *Tractatus de regimine regum Galliæ et de jure successionis,* où il soutint que le trône n'était pas héréditaire et que le roi pouvait être choisi par les états généraux de la nation (Genève, 1573, 1 vol. in-fol.). — II. (Antoine), frère du précédent, mort en 1596. Il fut un ardent ligueur et se rallia à Henri IV. On a de lui : *Traité de la dissolution du mariage* (1581, in-8°), *Les Droits de l'oncle contre le neveu, en faveur du cardinal de Bourbon* (1585, in-8°), *Dialogus de barba et comâ* (1586, in-8°), *Traité de la loi Salique* (1593, in-4°).

* **HOT SPRINGS** [hott-sprignss], ville de l'Arkansas (Etats-Unis), à 70 kil. O.-S.-O de Little-Rock, 4,280 hab.

* **HOTTE** s. f. (anc. all. *hotte,* panier). Sorte de panier qui est ordinairement d'osier, et

qu'on met sur le dos avec des bretelles, pour porter diverses choses : *hotte à porter de la terre, à porter du pain, à porter de la viande.* — HOTTE POISSÉE, hotte enduite de poix, qui sert à porter le vin du pressoir dans les tonneaux. — HOTTE DE CHEMINÉE, pente du tuyau de cheminée en forme de hotte renversée, depuis la barre jusqu'au haut du plancher.

* **HOTTÉE** s. f. Plein une hotte : *hottée de terre.*

* **HOTTENTOT, OTE** adj. et s. [ho-tan-to]. Qui a rapport aux Hottentots. — s. m. Langue des Hottentots. — s. m. pl. Les HOTTENTOTS. — Peuple de l'Afrique méridionale, comprenant les habitants indigènes du territoire occupé par la colonie du Cap. Leurs traits caractéristiques sont une peau livide d'un brun jaunâtre, des cheveux crépus et en touffes, un front étroit, les pommettes des joues saillantes, un menton pointu, une stature moyenne, des mains et des pieds petits et un crâne plat et étroit. Ils sont habiles cavaliers, intelligents et courageux; beaucoup sont aujourd'hui civilisés et instruits. Ils sont d'un caractère doux; mais on leur reproche d'être adonnés au mensonge, au vol, à l'ivrognerie et à la sensualité. Le langage hottentot est principalement monosyllabique; il possède plusieurs dialectes.

HOTTENTOTIE, pays des Hottentots.

* **HOTTER** v. a. Transporter avec une hotte.

* * **HOTTEUR, EUSE** s. m. Celui, celle qui porte la hotte : *en vendanges, le hotteur gagne le double des coupeurs.*

HOTTINGER (Johann-Heinrich), ['hot'-tign-eur], philologue suisse, né en 1620, mort en 1667. En 1642, il devint professeur d'histoire ecclésiastique à Zurich, et en 1653, professeur de rhétorique, de logique et de théologie. En 1661, il fut nommé recteur de l'université. Ses ouvrages comprennent : *Thesaurus Philologicus, seu Clavis Scripturæ* (1649) et *Etymologicum orientale, sive Lexicon Harmonicum Heptaglotton* (1661). — Son fils JOHANN-JAKOB (1652-1735) écrivit *Helvetische Kirchengeschichte* (1708-'29); et un autre JOHANN-JAKOB, de la même famille (1783-1859), a laissé *Geschichte der Schweizerischen Kirchentrennung* (1825-'27).

* **HOU** interj. Cri dont on se sert pour effrayer.

* **HOUBLON** s. m. (bas lat. *humulus*). Bot. Genre de cannabinées, ne comprenant qu'une espèce de plante grimpante, qui croît naturellement en Europe, et dont on fait principalement usage dans la composition de la bière.

Houblon commun (Humulus lupulus).

— Le houblon (*humulus lupulus*) est regardé par quelques botanistes comme formant un genre de la famille des orties (*urticacées*). C'est une plante sarmenteuse avec une racine vivace d'où s'élancent annuellement de nombreuses pousses, formant des tiges minces et flexibles.

angulaires et rudes au toucher. Ces tiges grimpent en spirale sur les arbres ou autour de perches à une hauteur de 6 à 10 mètres. On trouve le houblon sauvage en Amérique, en Europe et en Asie. Il est cultivé depuis longtemps en Allemagne, où on l'employait dès le IXᵉ siècle. Les propriétés essentielles du houblon, son amertume et son parfum paraissent résider dans la lupuline; on supposa longtemps que celle-ci était le pollen du houblon; mais elle ne se trouve que dans les cônes, et consiste en glandes particulières attachées à la base des écailles. Outre son emploi pour conserver et parfumer le malt, le houblon jouit d'une grande réputation en médecine comme tonique. Son efficacité repose sur son principe amer, et, à un degré moindre, sur son huile volatile. Les effets narcotiques et sédatifs du houblon et de la lupuline sont très légers et on ne peut les obtenir qu'à l'aide de fortes doses de cette dernière. Le houblon demande une terre bien fumée, défoncée à 65 ou 70 centim. de profondeur. On pratique dans ce terrain des trous espacés de 1 m. 70 centim. les uns des autres et emplis de terreau ou de bonne terre franche. En mars ou en automne, on plante dans chacun de ces trous plusieurs plants provenant de boutures retranchées d'un pied adulte. On échalasse; puis, en automne, on arrache les échalas, on coupe les tiges à 50 centim. du sol et on lie ensemble celles du même trou. En mars, on coupe à 4 centim. et, quelques jours après, on plante des perches de 4 à 6 m. de hauteur. Une houblonnière peut durer de 15 à 20 ans. La récolte des cônes se fait en automne, par un temps sec. — Le houblon est un dépuratif tonique estimé dans les affections scrofuleuses et dans les maladies de la peau; de 15 à 30 gr. par litre d'eau, en infusion ou en décoction.

'HOUBLONNAGE s. m. Action de houblonner; résultat de cette action.

''HOUBLONNER v. a. Mettre du houblon dans une boisson : on a trop houblonné cette bière, on ne l'a pas assez houblonnée.

'HOUBLONNIER s. m. Celui qui cultive le houblon.

''HOUBLONNIÈRE s. f. Champ planté de houblon : une grande houblonnière.

HOUCHARD (Jean-Nicolas), général, né à Forbach (Moselle) en 1740, guillotiné à Paris, le 17 nov. 1793. Volontaire à quinze ans dans un régiment de cavalerie, il fit les campagnes de la guerre de Sept ans et de la conquête de la Corse. Lieutenant-colonel de dragons en 1789, il passa colonel de chasseurs à cheval, en 1792, se distingua en Allemagne, fut nommé général, devint successivement général en chef de l'armée du Rhin, de l'armée de la Moselle et de l'armée du Nord (1793), reprit l'offensive dans les Flandres, délivra Dunkerque (7 sept.), remporta la brillante la victoire de Hondschoote et fit prisonnière l'armée anglo-autrichienne commandée par le duc d'York. Il ne sut pas tirer tout le parti possible de ce succès, et fut injustement accusé de trahison, ce qui amena son arrestation (24 sept.). Son fils a publié une Notice justificative du général Houchard (Strasbourg, 1809, in-8°).

HOUDAIN, ch.-l. de cant., arr. et à 13 kil. S.-O. de Béthune (Pas-de-Calais); 1,050 hab. Houille.

'HOUDAN, Hodanum, ch.-l. de cant., arr. et à 26 kil. S.-O. de Mantes (Seine-et-Oise), sur à Vègre; 2,000 hab. Grains, laines. Vieille o ur et belle église du XIᵉ siècle. Fameuses po ules de Houdan.

HOUDETOT (Elisabeth-Françoise-Sophie, COMTESSE d'), dame française, la protectrice et la plus aimée des héroïnes de J.-J. Rousseau, née en 1730, morte en 1813. Elle était fille de M. de la Live de Bellegarde et épousa, en 1748, un gentilhomme normand, le comte d'Houdetot, qu'elle laissa en 1753, pour le poète Saint-Lambert. Pendant qu'elle habitait près de l'Hermitage que sa belle-sœur, Mᵐᵉ d'Epinay, avait meublé pour Rousseau, ce dernier devint amoureux d'elle, et il l'idéalisa dans sa Julie ou la nouvelle Héloïse; mais elle protesta contre ses exagérations dans ses Confessions et elle resta fidèle à Saint-Lambert jusqu'à sa mort (1803). Son mari avait toujours conservé de l'attachement pour elle.

HOUDETOT (César-François-Adolphe, VICOMTE d'), écrivain cynégétique et inventeur français (1799-1869); servit la Restauration (1815-'30) en qualité d'officier et fut ensuite receveur particulier au Havre. Ses principaux écrits sont : Chasseur rustique (1847); Petite Vénerie ou Chasse au chien courant (1855). Comme inventeur, il est bien connu par son canon porte-amarre, auquel tant de naufragés ont dû leur salut.

HOUDIN (Robert) [ro-bè-rou-dain], prestidigitateur français, né à Blois en 1805, mort en 1871. Après avoir étudié l'horlogerie et la fabrication des jouets mécaniques et des automates, il commença sa carrière comme prestidigitateur en 1845 et se rendit célèbre dans toute l'Europe. En 1855, à l'exposition de Paris, il obtint une médaille d'or pour son application scientifique de l'électricité aux horloges et bientôt après, il abandonna sa profession, laissant son théâtre à son beau-frère Hamilton, et il se retira à Blois, où il vécut dans l'aisance. En 1856, le gouvernement français, trouvant que les Arabes de l'Algérie étaient fréquemment excités à la révolte par de prétendus miracles, invita Houdin à visiter cette colonie, et, s'il était possible, à surpasser les magiciens dans leurs tours; le magicien français réussit complètement. En 1857, il publia Robert Houdin, sa vie, ses œuvres, son théâtre, et, en 1859, Confidences. En 1861, il a donné : Les tricheries des Grecs dévoilées.

HOUDON (Jean-Antoine), sculpteur français, né à Versailles en 1741, mort en 1828. Ses nombreux bustes et ses statues de personnages éminents le placèrent au premier rang parmi les sculpteurs français. Sa statue du corps humain écorché a été souvent copiée, réduite et employée pour les études artistiques d'anatomie. En 1785, il accompagna Franklin aux Etats-Unis pour préparer le modèle d'une statue de Washington commandée par l'état de Virginie. Cette statue est au capitole de Richemond. Houdon a donné les bustes de Voltaire, de Rousseau, de Molière, de Franklin, de Buffon, de Diderot, de Catherine II, etc. Ses œuvres reproduisent la nature avec une vérité et une franchise admirables, mais elles manquent d'élévation et de noblesse.

''HOUE s. f. ['hoû] (anc. haut. all. howa, hoyau). Instrument de fer, large et recourbé, qui a un manche de bois, et avec lequel on remue la terre en la tirant vers soi : vigne labourée à la houe.

HOUEILLÈS, ch.-l. de cant., arr. et à 29 kil. N.-O. de Nérac (Lot-et-Garonne), sur le Ciron; 1,000 hab.

''HOUER v. a. Labourer avec la houe : il faut houer cette terre, ce jardin. — v. n. : ce vigneron ne fait que houer toute la journée.

'HOUGUE (La). Voy. HOGUE (LA).

'HOUHOU s. f. (anc. haut all. huo, hibou). Personne laide et grondeuse. (Vieux.)

° ''HOUILLE s. f. ['hou-ieu; ll mll.] (bas lat. hulla). Charbon fossile, vulgairement appelé charbon de terre :

*Je sais comment la houille en or se convertit,
Et que plus d'un filon à la Bourse aboutit.*

                            Ponsard.

— La houille est une substance noire, opaque, inflammable, généralement dure et compacte, bien que lamellée et stratifiée par lits entre les couches qui forment la croûte de la terre. La houille minérale est un composé de carbone ou de matières ligneuses en décomposition, avec des matières inflammables et les gaz hydrogène et oxygène. Suivant les diverses proportions de la matière volatile, appelée inexactement bitume dans le langage ordinaire, la houille présente un aspect un peu différent, elle brûle plus ou moins rapidement et développe de la chaleur à des degrés inégaux. Ces différences ont servi de base pour la classification des houilles. Les plus essentielles de ces divisions sont les suivantes: 1° ANTHRACITE, minéral très dur, compact, brillant, d'un noir grisâtre, se cassant en brisures conchoïdales. L'anthracite brûle lentement, avec peu ou presque point de flamme, et en produisant un haut degré de chaleur. En raison de la petite proportion de matière volatile qui entre dans sa composition, on l'appelle aussi charbon non bitumineux. Quand cette houille est un peu moins dense et renferme une plus grande quantité de matières volatiles, elle brûle avec plus de lumières et elle est alors appelée semi-anthracite. 2° HOUILLE BITUMINEUSE, houille assez dure, cassant facilement et irrégulièrement, et se divisant souvent en gros morceaux cubiques dans le plan de stratification et par le clivage. Généralement, elle est tout à fait noire et brillante; elle renferme moins de carbone que l'anthracite, avec une proportion plus grande de substances inflammables, et en conséquence, elle s'allume plus facilement et plus rapidement; elle brûle avec une flamme brillante jaune, et développe moins de chaleur. La quantité de matières combustibles volatiles qui entrent dans sa composition est très variable et, en conséquence, ses caractères, soit dans sa valeur comme combustible soit dans son apparence, varient au même degré. Lorsqu'elle renferme une proportion médiocre de gaz inflammable, on l'appelle houille sèche; avec plus de bitume, elle devient une houille grasse; et houille en pâte quand la matière, en brûlant, s'amollit et s'unit comme une pâte. 3° HOUILLE COMPACTE ou cannel coal, espèce de houille bitumineuse qui diffère beaucoup des autres variétés par son grain fin, égal, compact, homogène, ressemblant à une pâte noire, durcie en une substance minérale ou en pierre. Elle se casse avec une fracture conchoïdale, et se distingue à première vue des autres houilles bitumineuses par sa structure égale, non lamellée, ou par l'absence de ces couches minces horizontales qui, dans les espèces communes de houilles bitumineuses, alternent en différents degrés d'éclat et de densité apparente. Cette houille rend, par la distillation, une proportion plus grande d'huile minérale que n'importe quel autre charbon; quelquefois elle est tellement bitumineuse qu'il est dangereux de l'employer à bord des bateaux à vapeur ou dans des grilles à travers lesquelles l'huile coule quand elle est enflammée. Elle brûle comme des chandelles, d'où lui vient son nom anglais de cannel coal. — L'examen des couches géologiques et les vestiges des restes organiques que l'on y trouve montrent que la conversion des fibres ligneuses et des autres matières végétales est l'origine des différentes formations de la houille. On trouve peu de restes de la vie végétale dans les roches sédimentaires les plus anciennes, mais que l'on doive supposer qu'une végétation considérable était nécessaire pour nourrir, directement ou indirectement, les multitudes d'animaux qui existaient alors; mais ce ne fut qu'à l'époque de l'âge carbonifère que des plantes se multiplièrent assez pour produire des bancs de houille. La période carbonifère est donc, comme son nom l'indique, celle de la formation du charbon. — La houille est devenue la matière fondamentale du travail industriel; on l'a surnommée l'âme de l'industrie, et la prospérité manufacturière d'un pays se mesure à la quantité de houille qu'il consomme.

PRODUCTION MOYENNE DE LA HOUILLE DANS LES DIVERSES PARTIES DU MONDE.

PAYS PRODUCTEURS	PRODUITE EN TONNES
États-Unis........................	50.512.200
Nouvelle-Écosse...................	1.051.567
Grande-Bretagne..................	127.016.747
France...........................	17.500.000
Belgique.........................	15.658.048
Allemagne........................	47.384.466
Autriche.........................	10.389.052
Russie...........................	1.097.832
Espagne..........................	570.000
Portugal.........................	18.000
Australie........................	942.510
Inde.............................	500.000
Chili, Chine, Japon, Nouvelle-Zélande et toutes les autres contrées......	1.000.000
TOTAL.............	268.582.022

C'est à peine si la deux centième partie du territoire français contient des dépôts houillers, et notre pays, ne produisant pas le charbon de terre nécessaire à sa consommation, est forcé d'en demander chaque année des millions de tonnes à l'Angleterre, à la Belgique et à l'Allemagne. Nos bassins houillers sont : *dans le nord* : Valenciennes, Calais et Hardingen; *à l'est* : chaînes des Vosges; *au sud* : Fréjus, Toulon; *à l'ouest* : Vouvant, Chantonay, Laval ; *au nord-ouest* : Saint-Lô; *dans le plateau central* : Autun, le Creuzot, Saint-Bérain, Blanzy, Saint-Étienne, Rive-de-Gier, Aubenas, Alais, Brives, Rhodez, Albi, Moulins, vallée du Cher, Brassac, Langeac, etc.

TABLE DES PRODUITS DÉRIVÉS DES MATIÈRES VOLATILES OBTENUES PAR LA DISTILLATION DE LA HOUILLE

Liquides condensés et rassemblés dans une citerne sous forme de goudron.	Le coaltar, redistillé avec de l'eau ou avec de la vapeur, donne.	Goudron distillé qui donne par une autre distillation...	Poix distillée dans des fours donne...... / Poix. / Huile.
		Huile de poix consistant en.	Naphtaline, paranaphtaline et hydrocarbones huileux en ébullition à une haute température, créosote, aniline, leucaline, paraffine.
		Naphte brute de goudron qui consiste en	ACIDES. Rosolique, carbolique, brunolique, créosote. / Base de pyrale, de picaline, d'aniline, de leucoline, de métylamine, d'étylamine et autres aérics. / — Neutres : alliole, benzole, toluole, cumole, cymole, et autres carbohydrogènes; naphtaline, hydrate de phénile (Laurent).
	Liqueur ammoniacale contenant : eau, hydrosulfate, carbonate, muriate, acétate, hydrocyanate, sulfite et gallate d'ammoniaque.		
Gaz et vapeurs...	Gaz et vapeurs séparés dans un purificateur de chaux.		Acide carbonique. / Hydrogène sulfuré. / Acide hydrocyanique. / Ammoniaque.
	Gaz et vapeurs séparés quelquefois par des agents chimiques additionnels...............		Ammoniaque. / Acide hydrocyanique.
	Gaz et vapeurs conduits au récipient du gaz......		Gaz oléfiant. / Vapeur d'hydrocarbone. / Hydrogène léger carburé. / Hydrogène. / Oxyde carbonique.
		Très petite quantité de	Azote. / Vapeur de bisulfure de carbone. / Ammoniaque.

Les deux principaux bassins de la Belgique sont ceux de Liège et du Hainaut. — PRODUITS DE LA HOUILLE. La houille consiste en carbone, en hydrogène, en oxygène, en azote et en une masse de matières végétales. Le nombre des produits de la houille est presque illimité. Ils diffèrent les uns des autres, comme le font ceux que l'on obtient par la fermentation végétale. Quand la chaleur est appliquée en vase clos, la vapeur d'eau dégagée agit sur les combinaisons des éléments. Ceux-ci sont désorganisés et l'hydrogène et l'oxygène sont dégagés pour former avec le carbone de nouveaux composés dont les caractères varient suivant la température. Ce procédé est appelé distillation sèche. En tenant les cornues à une chaleur rouge-cerise, les gaz employés pour l'éclai-

rage sont développés, le goudron étant décomposé et converti en matière gazeuse. (Voy. GAZ.) Mais si l'on veut obtenir de l'huile de houille, de la paraffine, de la benzine ou d'autres hydrocarbones de la même nature, on doit avoir soin que les cornues soient graduellement élevées à une chaleur rouge seulement : les matières contenant du goudron échappent à la décomposition, et au moyen de distillations répétées, on produit le naphte brut et ses produits secondaires. Le tableau ci-dessous fait connaître les différentes substances qui ont été obtenues par ce procédé.

* 'HOUILLER adj. m. ['hou-ié ; *ll* mll.] Géol. Se dit des terrains qui renferment des couches de houille : *terrains houillers.* — ◦◦ Houillère adj. f. Qui a rapport aux terrains houillers. — PÉRIODE HOUILLÈRE, celle pendant laquelle s'est produite la formation de la houille.

* 'HOUILLÈRE s. f. Mine de houille : *les houillères de la Belgique.*

* 'HOUILLEUR s. m. Ouvrier qui travaille aux mines de houille.

* 'HOUILLEUX, EUSE adj. Géol. Qui contient de la houille : *roche houilleuse.*

'HOUILLON s. m. [*ll* mll.]. Marchand de gibier qui ne spécule que sur les bêtes de rebut.

'HOUKA s. m. Pipe turque, sorte de narghiléh.

HOULAGOU, prince mogol, petit-fils de Gengis-Kan, né en 1217, mort en 1265. Il vainquit et fit périr le dernier calife de Bagdad en 1258 et ravagea toute la Syrie. Un autre prince de ce nom a régné de 1509 à 1556.

* 'HOULAN s. m. Voy. UHLAN.

* 'HOULE s. f. (celt. *houl*, vague). Mar. Mouvement d'ondulation que les eaux de la

mer conservent après une tempête, mais qui les agite sans bruit et sans former d'écume : *il y a de la houle, beaucoup de houle.* — Se dit aussi des grosses ondes d'une mer agitée par la houle : *les houles de la mer après une tempête.*

* 'HOULETTE (lat. *agolum*). Bâton que porte un berger, et au bout duquel est une plaque de fer faite en forme de gouttière, pour jeter des mottes de terre aux moutons qui s'écartent et les faire revenir : *la houlette d'un berger, d'une bergère.* — Fig. DEPUIS LE SCEPTRE JUSQU'À LA HOULETTE, depuis les rois jusqu'aux bergers. — Fig. PORTER LA HOULETTE, être berger, être réduit à la condition de berger. — Jard. ustensile qui est fait en forme de petite houlette, et dont on se sert pour lever de terre les oignons de fleurs.

— Se dit également, dans quelques autres Arts, de certains instruments en forme de houlette, de pelle ou de spatule.

* 'HOULEUX, EUSE adj. Mar. Se dit de la mer, lorsqu'elle est agitée par la houle : *la mer est encore très houleuse.*

HOULGATE, charmant petit village situé sur le flanc d'un coteau ravissant à 2 kil. de Cabourg-Dives, canton de Dozulé (Calvados). Houlgate est une des stations balnéaires maritimes les plus fréquentées de la côte normande; plage à fond de sable.

HOULLIER (Jacques), médecin, né à Étampes en 1504, mort en 1562. Il a préparé une bonne édition d'Hippocrate, sous le titre : *Magni Hippocratis coaca præsagia.* (Lyon, 1756, in-fol.)

HOULME (Le). Ancien petit pays de la basse Normandie, entre Domfront et Falaise, célèbre par son cidre et ses mines de fer; il fait aujourd'hui partie du département de l'Orne.

' 'HOULQUE ou 'Houque s. f. (lat. *holcus*, orge sauvage). Bot. Genre de graminées avénacées, comprenant plusieurs espèces d'herbes ordinairement vivaces qui habitent les régions tempérées de l'hémisphère boréal. Deux espèces se trouvent communément aux environs de Paris ; ce sont : la *houlque laineuse* (*holcus lanatus*), à souche gazonnante, et la *houlque molle* (*holcus mollis*), à souche traçante.

' 'HOU-NAN, province centrale de la Chine, au S. du lac Thoung-Ting; cap. Tchang-Tcha ; superficie, 173,350 kil. carr. ; environ 29,070,000 hab. Cette province est très fertile en riz.

HOUNNA Mythol. afric. Dieu suprême des Cafres.

' 'HOUNSLOW, ville du Middlesex (Angleterre), à 15 kil. O.-S.-O. de Londres; 9,300 hab.

' 'HOUP Interj. Sert à appeler, à exciter.

' 'HOUPER v. a. Chasse. Appeler son compagnon en criant : *houp.*

* 'HOUPPE s. f. Assemblage de plusieurs filets de laine, de soie, etc., liés ensemble de manière à former un bouquet, une touffe, un flocon : *la houppe d'un bonnet carré.* — Hist. nat., HOUPPE DE POILS, petite touffe de poils plus ou moins divergents. — Anat. HOUPPES NERVEUSES, petits mamelons nerveux répandus dans le tissu de la peau.

* ' 'HOUPPÉ, ÉE part. passé de HOUPPER. — Bot. GRAINE HOUPPÉE, graine surmontée d'une houppe de poils.

* ' 'HOUPPELANDE s. f. (ital. *pelando*, sorte de manteau). Sorte de vêtement large qui se met par dessus l'habit : *houppelande grise.* — On donna d'abord le nom de *houppelande* à un grand manteau sans manches dont l'usage était très répandu au moyen âge. La houppelande était fendue et boutonnée sur les côtés. Après 1789, on donna le même nom à une large et longue redingote en étoffe grossière de laine brune, à longs poils, avec une bordure en peluche de laine bleue, rouge ou noire.

* 'HOUPPER v. a. Faire des houppes. HOUPPER DE LA LAINE, la peigner.

' 'HOUPPETTE s. f. Petite houppe.

* 'HOUPPIFÈRE s. m. (franç. *houppe*; lat. *fero*, je porte). Ornith. (Voy. FAISAN.)

* 'HOURA s. m. Voy. HOURRA.

* 'HOURAILLEMENT s. m. [*ll* mll.]. Vén. Grande chasse en battue, qui consiste à pousser devant soi le gibier d'une forêt, et à l'entasser dans une enceinte fermée.

* ' 'HOURAILLER v. n. [*ll* mll.] : Chasse. Chasser avec des hourets.

* 'HOURAILLIS s. m. Chasse. Meute de mauvais chiens de chasse.

'**HOURD** s. m. [' nour] .(all. *hurt*, claie). Echafaud dressé autour de la carrière où se donnaient les tournois.

' ' **HOURDAGE** ou ' **Hourdis**. Maçonnage grossier de moellons ou de plâtras. — Première couche de gros plâtre qu'on met sur un lattis pour former l'aire d'un plancher.

' ' **HOURDER** v. a. (anc.haut all. *hurt*, claie). Maçonner grossièrement, faire un hourdage : *hourder une cloison*.

' ' **HOURDIS** s. m Voy. HOURDAGE.

' ' **HOURET** s. m. Mauvais petit chien de chasse : *il n'avait pour chiens de chasse que trois ou quatre hourets galeux*.

' ' **HOURI** s. f. Nom des femmes célestes qui, selon l'*Alcoran*, seront, dans le paradis, les compagnes des musulmans fidèles. Les houris sont des jeunes filles aux yeux noirs, et toujours vierges. Le plus infime des fidèles aura 72 houris, outre les femmes qu'il aura épousées pendant sa vie. Les plus sages mahométans regardent les houris comme une allégorie du Coran, destinée à donner une idée de la béatitude spirituelle des saints. — ⁓ Femme attrayante.

' ' **HOURQUE** s. f. Sorte de navire hollandais à fond plat, dont l'avant et l'arrière sont arrondis. Comme cette espèce de bâtiment navigue fort mal, les marins donnent par mépris le nom de *hourque* à tout navire qui est mal construit et qui ne marche pas bien.

' **HOURRA** ou **Houra** s. m. Cri des Cosaques marchant à l'ennemi. — Se dit encore de l'attaque imprévue que font des troupes indisciplinées ou des troupes légères, des Cosaques, des hussards, etc., en poussant des cris : *nous eûmes à essuyer trois hourras de Cosaques*. — Se dit, par ext., des acclamations par lesquelles on accueille un souverain, un général, un amiral, un grand personnage, un discours, etc.

' **HOURVARI** s. m. Terme dont les chasseurs se servent pour faire revenir les chiens sur leurs premières voies, quand ils sont tombés en défaut. — Fam. Grand bruit, grand tumulte : *il y a eu là un étrange hourvari*.

' ' **HOUSARD** s. m. Voy. HUSSARD.

' **HOUSATONIC** [hou-sa-to'-nik], rivière de la Nouvelle-Angleterre, qui prend sa source dans le Berkshire (Massachusetts), traverse le Connecticut et se jette dans le détroit de Long-Island, au-dessous de Milford, à environ 200 kil. de sa source.

' ' **HOUSÉ, ÉE** adj. Botté, et par ext., crotté : *il est arrivé tout housé*. (Vieux.)

' ' **HOUSEAUX** s. m. pl. ['hou-zô] (anc. haut. all. *hosa*, sorte de chausse profonde). Sorte de chaussure de jambes contre la pluie et la crotte, comme sont les guêtres, etc. Ne s'emploie que dans cette phrase proverbiale et figurée. LAISSER SES HOUSEAUX QUELQUE PART, y mourir. (Vieux.)

' ' **HOUSPILLER** v. a. ['houss-pi-ié ; ll mll.] (anglo-sax. *hyspan*, injurieux). Tirailler et secouer quelqu'un pour le maltraiter, pour le tourmenter : *il est toujours à le houspiller*. — Fig. Maltraiter quelqu'un de paroles, le critiquer, le réprimander avec aigreur ou avec malice : *il a été bien houspillé, on l'a bien houspillé dans ce dernier pamphlet*. — Se houspiller v. pr. S'emploie tant au propre qu'au figuré : *ils se houspillèrent l'un l'autre ; ils sont continuellement à se houspiller dans leurs écrits*.

HOUSPILLEUR s. m. Celui qui houspille.

HOUSSA ou **Haeussa**, contrée de l'Afrique centrale, bornée par le Sahara, le Bornou, le Nufi et le Quorra. Le peuple appartient à la race noire et est dominé par les Foulahs ou Fellatahs. Kano, dans la province du même nom, est fameuse pour la fabrication des étoffes teintes, et renferme environ 30,000 hab. Sackatou dans la partie N.-O. du pays a plus de 20,000 hab. Zaria, capitale de la province de Zegzeg, est entouré d'un pays bien cultivé, et sa population est évaluée à 50,000 hab. Le peuple du Houssa est presque entièrement mahométan ; il est parvenu à un certain degré de civilisation ; il possède une langue écrite et des récits historiques qui remontent au XIIIe siècle. Il a été conquis par les Foulahs, en 1807.

' ' **HOUSSAGE** s. m. Action de housser.

' ' **HOUSSAIE** s. f. Lieu où il croît quantité de houx.

' ' **HOUSSARD** s. m. Voy. HUSSARD.

' ' **HOUSSE** s. f. (bas lat. *hulcia*). Sorte de couverture qu'on attache à la selle d'un cheval, et qui couvre la croupe : *housse de drap, de velours*. — HOUSSE DE PIED, et HOUSSE EN SOULIERS, housse qui non seulement couvre en partie la croupe du cheval, mais dont les côtés descendent plus bas que la jambe du cavalier. — HOUSSE TRAINANTE, housse de cheval qui pend presque jusqu'à terre par les côtés : *un cheval couvert d'une housse trainante*. — Se dit aussi des couvertures d'étoffe légère dont on se sert pour couvrir les meubles de prix : *housse de lit, de fauteuil, de canapé*, etc. — HOUSSE DE CARROSSE, couverture de velours ou d'écarlate dont les princesses et les duchesses couvraient l'impériale de leur carrosse. On dit en ce sens : *carrosse à housse*. — Couverture du siège du cocher : *housse en broderie*.

' ' **HOUSSÉ, ÉE** part. passé de HOUSSER. — Blas. Se dit d'un cheval qui a sa housse.

' ' **HOUSSER** v. a. Nettoyer avec un houssoir : *housser une tapisserie ; housser des meubles*. — Absol. : *a-t-on balayé, houssé partout ?*

' ' **HOUSSIÈRE** s. f. Sylvic. Partie d'une forêt qui renferme beaucoup de houx et de broussailles.

' ' **HOUSSINE** s. f. (rad. *houx*). Verge, baguette de houx ou d'autre arbre, dont on se sert pour faire aller un cheval, ou pour battre des habits, des meubles, etc. : *donner un coup de houssine à un cheval*.

' ' **HOUSSINER** v. a. Battre avec une houssine : *faire houssiner ses habits*. — Fig. et fam. Battre quelqu'un avec violence : *il a été houssiné*.

' ' **HOUSSOIR** s. m. Balai de houx ou d'autre branchage, et le plus souvent de plumes : *donner un coup de houssoir à ce tapis*.

' ' **HOUSSON** s. m. Voy. HOUX-FRELON.

' **HOUSTON** ['haous'-t'n], ville du Texas (Etats-Unis), la seconde de l'état en population et en importance, à 75 kil. N.-O. de Galveston ; 20,000 hab. (dont 3,700 noirs).

HOUTEVILLE (Alexandre-Claude-François), académicien, né et mort à Paris (1688-1742). Sa *Vérité de la religion chrétienne, prouvée par les faits* (Paris, 1722, in-4°), le fit admettre à l'Académie en 1723. Il a laissé un *Eloge de Bossuet* et un *Eloge de Villars*.

' ' **HOUX** s. m. ['hoû] (anc. haut all. *hûlz*). Bot. Genre d'ilicinés comprenant un grand nombre d'arbres ou d'arbrisseaux à feuilles alternes, persistantes, coriaces, luisantes, armées de piquants, dont le fruit est une baie d'un très beau rouge : *les houx viennent dans les bois, dans les haies*. — HOUX PANACHÉ, variété de houx dont la feuille est vergetée de jaune. — La seule espèce européenne du genre *houx* est le *houx commun* (*ilex aquifolium*), qui peut atteindre 7 ou 8 m. de haut. On l'a longtemps recherché pour former des haies. Il vit très longtemps, et il n'est pas rare de rencontrer des pieds de houx ayant de 800 à 1,200 ans d'existence authentique. Il forme de jolies baies ornementales dans

Houx commun (Ilex aquifolium).

les jardins paysagers, mais malgré l'impénétrabilité de la barrière que forme son feuillage, il est aujourd'hui négligé à cause

Houx d'Amérique (Ilex opaca).

de la lenteur de sa croissance. Le bois du houx est blanc et susceptible d'un beau poli ; on l'emploie dans plusieurs industries ; l'écorce intérieure sert à fabriquer la glu. La décoc-

Houx verticillé (Ilex verticillata).

tion des feuilles de houx est employée contre la goutte et contre les fièvres intermittentes, ses graines torréfiées sont quelquefois employées en guise de café. Parmi les espèces exotiques, nous citerons le *houx d'Amérique* (*ilex opaca*), de la Virginie ; l'*apalachine* (voy. ce mot) ; le *houx verticillé* (*ilex verticillata*), des Etats-Unis ; l'*herbe du Paraguay* (*ilex mate*), etc.

HOUX (Jean Le), bourgeois de Vire et l'un de nos plus anciens chansonniers français ; il recueillit et publia en 1610 les œuvres d'Olivier Basselin. (Voy. ce nom.)

* ' HOUX-FRELON s. m. Sous-arbrisseau dont les feuilles, toujours vertes, sont semblables à celles du myrte, pointues et piquantes, et dont les racines passent pour diurétiques et apéritives : *le houx-frelon croît ordinairement dans les bois.* On l'appelle aussi *petit-houx* et *housson (ruscus aculeatus).*

' HOVA s. m. Idiome malgache parlé par les Hovas. (Voy. MADAGASCAR.)

' HOVEDEN (Roger de), chroniqueur anglais, né vers le milieu du XIIᵉ siècle. Son histoire, *Annales Rerum Anglicarum,* fait suite à celle de Bède.

' HOWARD ['haou'-eurd], illustre famille d'Angleterre qui a joué un rôle important dans l'histoire de ce pays. Les représentants de cette maison marchent après les princes du sang. Ils sont alliés aux Norfolk, Suffolk, Effingham, Nottingham, Carlisle, Arundel, Stafford et forment autant de branches distinctes.

HOWARD (Catherine), cinquième femme de Henri III d'Angleterre, née en 1520, morte en 1542. Elle était fille d'Edouard Howard, duc de Norfolk. Devenue, en 1540, reine d'Angleterre, elle se vit accusée par son mari de désordres antérieurs à son union avec lui et elle fut décapitée en 1542.

HOWARD (Charles), lord Howard d'Effingham, amiral anglais, né en 1536, mort en 1624. En 1585, il fut nommé lord grand amiral et en 1588 il réussit à repousser des côtes anglaises l'attaque de l'*Armada espagnole.* En 1596, il participa avec le comte d'Essex à la prise de Cadix et à la destruction d'une flotte espagnole.

HOWARD (John), philanthrope anglais, né en 1726, mort en 1790. Vers 1760, il bâtit des écoles et des fermes modèles pour les paysans dans ses propriétés de Cardington (Bedfordshire). Pendant plusieurs années il voyagea sur le continent. En 1773, il devint shériff du Bedfordshire et il visita la prison de Bedford. La malheureuse condition des prisonniers, la prévention et l'emprisonnement d'un grand nombre de personnes innocentes le conduisirent à visiter toutes les prisons d'Angleterre. Il communiqua à la chambre des communes le résultat de ses recherches sur les abus des prisons, ce qui lui valut un vote de remerciements, et qui motiva le vote de nouvelles lois. Élu au parlement, il perdit son siège à cause de ses sympathies pour la révolution américaine. Ayant examiné de nouveau les principaux établissements pénitenciers de l'Angleterre et visité ceux de France, d'Allemagne et des Pays-Bas, il publia, en 1777, *State of the Prisons in England and Wales, with Preliminary observations and an Account of some Foreign Prisons.* En 1787, il donna *An Account of the Principal Lazarettos of Europe,* etc. (1789). En 1789, il partit pour son dernier voyage continental, et mourut d'une fièvre qu'il avait contractée à Kherson, sur la mer Noire. Il avait dépensé presque toute sa fortune en œuvres de bienfaisance. Voy. HEPWORTH DIXON : *Howard and the Prison World of Europe* (2ᵉ éd., 1850).

' HOWARD (Université), institution d'éducation à Washington, organisée par un acte spécial du congrès en 1807 et nommée d'après le gén. O.-O. Howard, l'un de ses fondateurs. Elle était destinée à donner l'instruction aux enfants noirs ; mais, aujourd'hui, on ne fait aucune distinction de couleur ou de sexe.

' HOWE, nom de trois frères qui furent officiers anglais, et devinrent successivement vicomtes et pairs irlandais. — (George-Au-

gustus), général, né en 1724, mort le 8 juillet 1758. En 1757, il fut envoyé en Amérique à la tête d'un régiment, et bientôt après, il fut nommé brigadier général. Sous les ordres d'Abercrombie, il débarqua au lac George, où il se trouva tout à coup en présence d'une troupe française, à Ticonderoga, et il y fut tué. — II. (Richard), amiral, né en 1725, mort en 1799. Il entra dans la marine à l'âge de 14 ans, servit dans les guerres contre la France, fut nommé trésorier de la marine en 1765 et entra au parlement. En 1770, il fut nommé contre-amiral de l'escadre bleue et commanda une flotte dans la Méditerranée. En 1776, il fit voile pour l'Amérique du N. avec le rang de vice-amiral de l'escadre bleue. En août 1778, il eut une rencontre sans résultat avec une flotte française commandée par le comte d'Estaing, sur la côte de Rhode-Island. En 1782, il fut nommé pair de Grande-Bretagne sous le nom de vicomte Howe, et la même année, il amena dans la flotte française envoyée au secours de gén. Eliott. En 1788, il fut créé comte et baron Howe de Langar. En 1793, il commanda la flotte de la Manche. Le 1ᵉʳ juin 1794, il remporta une victoire sur les Français près de la côte O. de France. En 1795, il fut nommé amiral de la flotte et en 1797, chevalier de la Jarretière. — III (William), général, né en 1729, mort en 1814. En 1775, il succéda au gén. Gage comme commandant des forces anglaises en Amérique. Il commanda à la bataille de Bunker-Hill, battit les Américains à Long-Island (27 août 1776), prit possession de New-York (5 sept.), dirigea les mouvements en Pennsylvanie et repoussa l'attaque des Américains à Germantown (4 oct. 1777).

HOWE (Elias), inventeur américain, né en 1819 mort en 1867. Il travailla dans différents ateliers de construction de machines, à Lowell et à Boston, et inventa la machine à coudre qu'il perfectionna en mai 1843; il prit un brevet le 10 sept. 1846. Il se rendit en Angleterre (1847-'49), y trouva la misère, retourna aux États-Unis et fut accablé de procès jusqu'en 1854, époque où ses droits furent reconnus. La fortune qu'il réalisa ensuite par son invention se monta, dit-on, à 10 millions de francs.

HOWE (Samuel-Gridley), philanthrope américain, né en 1801, mort en 1876. En 1824, il se rendit en Grèce, où il servit dans l'armée des patriotes jusqu'en 1830. En 1832, l'institution Perkins fonctionna sous sa direction. Son succès le plus célèbre fut l'éducation de Laura Bridgman, jeune fille aveugle, sourde et muette. En 1867, il se rendit de nouveau en Grèce pour faire parvenir des munitions aux Crétois, et il publia ensuite à Boston, *The Cretan.* En 1871, il fut l'un des commissaires qui visitèrent Santo-Domingo. Il publia une *Historical Sketch of the Greek Revolution* (1828) et *Reader for the Blind* (1839).

HOWTH (Colline de), péninsule d'Irlande, comté de Dublin, formant la limite N. de la baie de Dublin. Elle est rocailleuse et pittoresque, haute de 200 m., longue de 4 kil. et large de 3 kil., avec un phare à son extrémité.

* HOXTER, ville de Westphalie (Prusse), sur le Weser, à 40 kil. E.-N.-E. de Paderborn; 5,650 hab. C'est une place commerciale et manufacturière florissante. Elle réveille le souvenir des batailles que Charlemagne livra aux Saxons, et elle appartint à la ligue Hanséatique.

' HOYA s. m. ['ho-ia] (de Hoy, horticulteur anglais). Bot. Genre d'asclépiadées, comprenant plusieurs espèces d'arbrisseaux grimpants, originaires de diverses parties des Indes Orientales. Ces plantes sarmenteuses forment de longues guirlandes de feuilles

épaisses et de fleurs en étoiles, disposées en ombelles hémisphériques. Elles se multiplient dans nos serres. Le *hoya charnu (hoya carnosa)* porte des fleurs couleur de chair,

Hoya charnu (Hoya carnosa).

quelquefois presque blanches, ayant un aspect de cire, ce qui, joint à leur parfaite régularité, les fait ressembler de près à des fleurs artificielles. Cette espèce a fourni diverses variétés à fleurs cramoisies, brunâtres et jaunes.

* ' HOYAU s. m. ['ho-iô] (diminut. de houe). Sorte de houe à deux fourchons, qui sert à fouir la terre.

HOZIER, nom d'une célèbre famille de généalogistes français. — I. (Pierre d') né à Marseille en 1591, mort à Paris en 1660. Après avoir été, pendant quelques années, attaché à la maison du roi en qualité de gentilhomme, il se livra à des recherches historiques qui lui valurent les faveurs de Louis XIII et de Louis XIV et il sut faire une science de ce qui n'avait été regardé jusqu'alors que comme une curiosité ; avec lui et par lui, la *science généalogique* était créée. Parmi ses nombreux ouvrages nous citerons : *Histoire des chevaliers du Saint-Esprit* (1643, in-fol.); *Généalogie de la maison de la Rochefoucauld* (1654, in-4°) et enfin le manuscrit de la *Généalogie des principales familles de France,* qui ne compte pas moins de 160 vol. — II. (Charles-René), fils du précédent, né en 1640, mort en 1732. Il avait hérité des charges et de la science de son père et fut nommé de plus généalogiste de la maison du roi et *garde de l'armorial général de France.* Il a laissé : *Recherches sur l'armorial général de Champagne* (1673, 2 vol. in-fol.); *Généalogie des maisons de Conflans et de Lafare.* — III. (Louis-Pierre), juge d'armes et conseiller du roi, né en 1685, mort en 1767. Il était neveu du précédent, et il composa, en collaboration avec son fils ANTOINE-MARIE, l'*Armorial général de France* (Paris, 1736-'68, 10 vol. in-fol.), ouvrage textuellement réimprimé par Didot (1867-'68).

' HUACA s. m. (mot péruvien signifiant : *chose sacrée*). Espèce de tumulus que l'on trouve assez habituellement dans le Pérou et la Bolivie. Les Espagnols, ayant ouvert ces tumuli, y trouvèrent d'immenses trésors.

' HUAGE s. m. Sorte de cri que l'on pousse pour forcer le gibier.

' HUALLAGA ['hou-al-la'-ga], rivière du Pérou, prenant sa source sur la pente E. des Cordillères orientales et affluant dans le Marañon ou Amazone supérieure à la Laguna, après un cours tortueux d'environ 800 kil.

' HUAMANGA ['hou'-a-man-ga]. Voy. AYACUCHO.

' HUANACO s. m. Nom du lama sauvage. (Voy. GUANACO.)

' **HUANCAVELICA** I. Département du Pérou, occupant une partie de la vallée bornée par les Cordillères au S.-E. du département de Lima. On y trouve de l'or; l'argent y est abondant et il y a un peu de cuivre, mais la principale production minérale est le mercure. Nombreux troupeaux de bœufs, de moutons, de llamas; exportation de laine. — II. Capitale de ce département, à 200 kil. S.-E. de Lima; environ 8,000 hab. En raison de l'élévation (4,325 m. au-dessus du niveau de la mer), le climat est très froid. Dans le voisinage se trouvent de nombreux fourneaux de mercure.

' **HUANTA**, ville du Pérou, dans le département d'Ayacucho, à 280 kil. S.-E. de Lima; environ 5,000 hab. Grand commerce de bœufs, de moutons, de grains, de fruits, de cacao, de sang-dragon, de canelle, de miel, etc.

' **HUANUCO** ou **Guanuco** I. Département du Pérou, occupant une partie de la vallée bornée par les Cordillères, au N. du département de Lima. On y cultive la canne à sucre et le café et on y élève des bœufs, des moutons et des chevaux. — II. Capitale de ce département, près de la rivière Huallaga, à 225 kil. N.-N.-E. de Lima; environ 7,000 hab. Palais et temple du Soleil, bâtis par les Incas.

' **HUARAZ**, ville du Pérou, capitale du département d'Ancachs, à 270 kil. N.-N.-O. de Lima; environ 6,000 hab. Elle est dans la vallée du Huaraz, l'une des plus fertiles de la république. Exportation de blé et d'autres grains, de sucre, de fruits et de bœufs.

' ' **HUARD** s. m. Nom d'oiseau, synonyme d'*aigle de mer* ou *orfraie*.

HUART (Louis), littérateur et journaliste français, né à Trèves en 1813, mort à Paris en 1865; il fut rédacteur du *Charivari* de 1835 jusqu'à sa mort, et il écrivit pendant ce temps une quantité de livres humoristiques pleins de verve et d'actualité; c'est lui qui, le premier, eut l'idée de ces petites *Physiologies* qui eurent tant de vogue. Le *Tailleur*, le *Médecin*, le *Garde national*, le *Flâneur*, l'*Etudiant*, la *Grisette*, le *Comédien*, etc., sortirent comme par enchantement de sa plume endiablée; il excella dans la rédaction des *Almanachs pour rire* et des *Notices biographiques* sur les célébrités contemporaines qu'il communiquait à la *Galerie de la presse, de la littérature et des beaux-arts*.

HUAYNA-CAPAC, surnommé *le Conquérant*, inca du Pérou, mort en 1525. Intelligent et courageux, il travailla constamment à l'amélioration et à la sécurité de ses Etats; son règne est l'époque la plus brillante de l'histoire du Pérou, tant par ses brillantes conquêtes que par la civilisation qu'il sut apporter à son pays et à la prospérité qu'il lui assura.

HUBAIN s. m. (de *Saint-Hubert*). Nom donné, au XVIIe siècle, à une classe de mendiants qui prétendaient avoir été guéris de la rage par l'intervention de saint Hubert.

HUBER (François), naturaliste suisse, né en 1750, mort en 1831. Une application trop ardente à l'étude des sciences naturelles affecta sa santé et sa vue vers l'âge de 15 ans, et bientôt il devint entièrement aveugle. Avec le secours de sa femme, Aimée Lullin, et de son domestique Burnens, il fit un nombre considérable d'observations originales sur les coutumes des abeilles et les consigna dans ses *Lettres à Ch. Bonnet* (1792). Cet ouvrage fut réimprimé en 1796 et de nouveau en 1814, sous le titre de *Nouvelles observations sur les abeilles*, avec d'importantes additions. La dernière édition contenait son *Mémoire sur l'origine de la cire*, dans la rédaction duquel il fut assisté par son fils Pierre. La fécondation de la reine des abeilles et plusieurs autres faits importants furent décrits pour la première fois dans cet ouvrage. Avec la coopération de Sénébier, il donna un *Mémoire sur*

l'influence de l'air et des diverses substances gazeuses dans la germination des différentes plantes (Genève, 1801, in-8). PIERRE, son fils (né en 1777, mort en 1840), est l'auteur de plusieurs publications importantes, relatives aux abeilles et aux papillons, et il publia *Recherches sur les fourmis indigènes* (Genève, 1810, in-8°).

HUBER (Jean-Rodolphe), peintre suisse, né en 1668, mort en 1748. Il exécuta des peintures historiques pour le palais du duc de Würtemberg à Stuttgart; sa facilité et le coloris de ses portraits lui valurent le surnom de *Tintoret de l'Helvétie*.

·**HUBER** (Marie), théologienne protestante suisse, née en 1695, morte en 1753. Elle passa sa vie dans l'étude. Ses ouvrages comprennent : *Systèmes des théologiens anciens et modernes conciliés* et *Lettres sur la religion essentielle à l'homme*.

HUBERT (Saint), évêque de Maëstricht, apôtre des Ardennes, né en 656, mort en 727. Il se convertit au christianisme en 683 et succéda à saint Lambert sur le siège épiscopal. La ville de Liège, où reposent ses cendres, le regarde comme son fondateur. Les chasseurs l'ont pris pour patron et célèbrent chaque année, le 3 nov., sinon avec dévotion, du moins avec une vive espérance, *la Saint-Hubert*.

HUBERT (Ordre de Saint-), ordre bavarois, créé en 1464 par le roi Gérard, en souvenir d'une victoire qu'il remporta ce jour-là sur Arnold d'Egmont, duc de Gueldre.

HUBERT DE L'ESPINE, voyageur français, né à Avignon vers le milieu du XVIe siècle. Après une captivité de neuf années en Tartarie, il parcourut l'Arménie, la Perse, une partie de l'Inde et de l'Asie centrale, ainsi que la Palestine. Il a publié son voyage sous ce titre : *Description des admirables et merveilleuses régions loingtaines et estranges nations payennes de Tartarie et de la principaulté de leur souverain seigneur, avec le voyage et pérégrination de la fontaine de vie* (Paris, 1558, in-12).

HUBLOT ou ' **Hulot** s. m. Mar. Petit sabord, petite ouverture carrée qu'on perce dans la muraille d'un vaisseau, pour donner du jour et de l'air à l'entrepont.

HUC (Évariste-Régis), missionnaire lazariste, né à Toulouse en 1813, mort en 1860. A peine ordonné prêtre, il partit pour l'extrême Orient, et, tantôt sous le costume chinois, tantôt sous l'habit des lamas thibétains, il parcourut ces contrées en tous sens, apprenant chaque idiôme et se familiarisant avec les mœurs et les coutumes des habitants. A son retour en France, il publia de très-intéressantes relations de ses voyages, entre autres : *Souvenirs d'un voyage dans la Tartarie, le Thibet et la Chine pendant les années 1844, 1845 et 1846* (Paris, 1850, 2 vol. in-8°); l'*Empire chinois* (Paris, 1854, 2 vol. in-8°), ouvrage couronné par l'Académie française; *Le christianisme en Chine, en Turtarie et au Thibet* (Paris, 1857, 3 vol. in-8°).

' ' **HUCHE** s. f. (bas lat. *hutica*). Grand coffre de bois, dont on se sert principalement pour y pétrir le pain, et pour le serrer : *la huche au pain*. — LA HUCHE D'UN MOULIN, le coffre où tombe la farine.

' ' **HUCHER** v. a. Appeler à haute voix ou en sifflant. N'est plus guère usité qu'à la chasse. (Vieux.)

' ' **HUCHET** s. m. Cornet avec lequel on appelle ou on avertit de loin. — Blas. Se dit du cor de chasse représenté dans les armoiries : *porter d'or à trois huchets de gueule*.

HUCQUELIERS, ch.-l. de cant., arr. et à 18 kil. N.-E. de Montreuil-sur-Mer (Pas-de-Calais); 700 hab.

' **HUDDERSFIELD** [hod'-deurs-fild], ville d'Angleterre (Yorkshire), sur la Colne, à 50 kil. S.-O. d'York; 38,660 hab. Fabriques de lainages, de coton; brasseries, produits chimiques et teintureries.

HUDSON [hud-son; angl. 'hod-s'n], ville de l'état de New-York (Etats-Unis), sur la rive E. de la rivière de l'Hudson, au point où elle devient navigable pour les vaisseaux, à 150 kil. au-dessus de New-York et à 50 au-dessous d'Albany; 8,230 hab.

HUDSON, ville et village de l'Ohio (Etats-Unis), à 40 kil. S.-E. de Cleveland; 1,520 hab. Collège de Western-Reserve.

HUDSON (Henry), navigateur anglais, né vers le milieu du XVIe siècle. En 1607 et en 1608, il fit deux voyages arctiques, aux frais d'une compagnie de marchands de Londres et pour chercher un passage au N.-O. En 1609, il entreprit un autre voyage et partit d'Amsterdam, au service de la compagnie hollandaise des Indes Orientales. Il atteignit la côte du Maine, le 18 juillet, et découvrit la baie de Delaware, le 28 août, et la rivière qui porte son nom le 11 septembre. En 1610, il commença son quatrième voyage, passa en juin et en juillet, dans le détroit et dans la baie qui porte maintenant son nom. Son équipage se mutina et l'abandonna, le laissant dans une embarcation avec son fils et sept autres personnes. Une expédition, envoyée d'Angleterre pour le rechercher, ne put découvrir ses traces.

HUDSON (baie d'), mer intérieure du nord de l'Amérique anglaise, longue de 1,200 kil. du N. au S. et large de 800 kil. Son extrémité S. est appelée la baie de James. Au N.-E., elle communique par le détroit d'Hudson avec le détroit de Davis. La navigation n'y est possible que pendant deux mois, la baie étant complètement gelée, ou obstruée par des amas de glace le reste de l'année.

HUDSON (territoire de la baie d'). Voy. TERRITOIRES DU NORD-OUEST.

HUDSON (L'), fleuve de l'état de New-York, (Etats-Unis); il prend sa source dans les montagnes d'Adirondack, à plus de 1,333 mètres au-dessus du niveau de la mer, forme à Glen's Falls une chute de 18 mètres, coule ensuite au sud sur une longueur de 500 kil. Il se jette dans la baie de New-York après un cours total d'environ 500 kil. Sur le côté E. de son embouchure, est située la ville de New-York et sur le côté O. les villes de Jersey et d'Hoboken. L'Hudson a peu de tributaires; les plus larges sont le Hoosac, le Mohawk, le Walkill et le Croton. L'Hudson est navigable pour les navires jusqu'à Hudson (50 kil. au-dessous d'Albany), et pour les sloops au moyen de digues et d'écluses, jusqu'à Waterford à l'embouchure du Mohawk. Henry Hudson, qui donna son nom à ce cours d'eau, l'explora en 1609, jusque vers l'embouchure du Mohawk.

HUDSON (détroit d'), dans l'Amérique anglaise, relie la baie d'Hudson avec le détroit de Davis et l'Océan; sa longueur est de 700 kil., sa largeur moyenne de 160 kil.

' **HUE** ['hû]. Mot dont se servent les charretiers pour faire avancer les chevaux, et particulièrement pour les faire tourner à droite. Ils emploient de même les termes *huhau* et *hurhau*. (Voy. DIA.) — Prov. Fig. et pop. : *l'un tire à hue et l'autre à dia*, se dit lorsque deux personnes, dans la conduite de l'affaire dont elles sont chargées, prennent des moyens qui se contrarient.

' **HUÉ**, Hué-Fou ou PHOUTOUA-THIEU, ville d'Asie, capitale de l'empire d'Annam et de la province de Hué, sur la rivière ou rade du même nom, à environ 16 kil. de la mer de Chine; de 80,000 à 100,000 hab. Hué se compose de deux villes : la ville intérieure et la ville extérieure. La première est entourée par la rivière et par une enceinte de 8 kil. de circonférence et de 20 mètres de haut, construite dans le système des fortifications européennes. L'activité commerciale et manufacturière de Hué est très grande. Cette ville fut formellement cédée aux Français, par le traité de 1787, mais les troubles de la Révolution empêchèrent l'exécution de ce traité. Le traité de commerce par lequel le royaume d'Annam s'engageait à ouvrir le Tonkin et le fleuve Rouge au commerce du monde entier a été signé à Hué le 15 mars 1874. L'inexécution de ce traité fut l'origine de l'expédition française au Tonkin. — Lat. 16° 30' N. ; long. 105° 2' E.

*'HUÉE s. f. Bruit que des paysans assemblés pour une battue font après le loup, soit pour le faire lever, soit pour le pousser vers les chasseurs. — Fig. Se dit des cris de dérision par lesquels une réunion de personnes témoigne son mécontentement ou son mépris : *il fut accueilli par une longue huée.*

HUELGOAT, ch.-l. de cant., arr. et à 40 kil. N.-E. de Châteaulin (Finistère) ; 4,325 hab.

'HUELVA ['houél'-va]. I. Province du S.-O. de l'Espagne (Andalousie), bornée par le Portugal et l'Atlantique ; 10,676 kil. carr. ; 213,548 hab. Elle est presque partout montagneuse et mal cultivée ; célèbres mines de cuivre du Rio Tinto. Les principales rivières sont la Guadiana et le Tinto. — II. Capitale de cette province, sur une péninsule entre les embouchures du Tinto et de l'Odiel, à 80 kil. O.-S.-O. de Séville ; environ 10,000 hab. Exportation considérable de cuivre. Elle est sur l'emplacement de l'ancienne Onoba, dont il existe des restes considérables.

*'HUER v. a. (kymr. *hwa*, crier, appeler). Faire des huées après le loup : *huer le loup.* — Se dit, fig., des cris de dérision qu'on pousse contre quelqu'un : *à peine eut-il ouvert la bouche pour parler, qu'on le hua.*

'HUESCA I ['houèss'-ka], province d'Espagne (Aragon), bornée par la France ; 15,224 kil. carr. ; 253,330 hab. La partie N. est montagneuse, mais la partie S. est claire et fertile. Les principales rivières sont : le Cinca, l'Alcanadre, l'Isuela, le Gallego et l'Aragon, toutes tributaires de l'Ebre. Les productions sont le vin, l'huile ; on y élève des bœufs. — II. Ville (anc. *Osca*), capitale de la province ci-dessus, sur l'Isuela, à 50 kil. N.-E. de Saragosse ; environ 10,000 hab. Fabrique de cuirs et de toiles grossières. Elle est d'une très haute antiquité. En 1096, Pedro I d'Aragon la reprit aux Maures. Son université, fondée en 1354, a été récemment abolie.

HUET (Pierre-Daniel), évêque d'Avranches et érudit célèbre, né à Caen en 1630, mort en 1721. Homme du monde avant tout, il avait déposé plus d'un madrigal aux pieds de Mlle de Scudéry, lorsque la faveur du roi lui octroya l'abbaye d'Aunay et l'évêché d'Avranches. Son existence fut alors plus grave et plus contenue, mais rien ne put le distraire de ses études favorites ; il s'y livra au contraire avec plus d'ardeur que jamais ; et il a laissé une foule d'ouvrages estimés. Ses ouvrages, réunis en 1856, forment six volumes comprenant entre autres : *Lettres sur l'origine des Romans*, bornée de recherches curieuses ; *Censura philosophiæ cartesianæ*, ouvrage opposé à Descartes ; *Traité de la faiblesse de l'esprit humain*, qui le fit classer parmi les sceptiques du temps ; *Huetii carmina* (Utrecht, 1700, in-vol. in-12), poésies grecques et latines, fort estimées pour leur élégance et leur correction.

HUET (Jean-Baptiste), peintre français, né à Paris en 1745, mort en 1811 ; il excella

comme paysagiste et a laissé un certain nombre de tableaux remarquables, entre autres : *La Fidélité déchirant le bandeau de l'Amour ; Fermière donnant à manger à ses poulets ; le Repos ; la Solitude ; le Retour du marché ;* etc., etc.

HUET (Paul), peintre, né à Paris en 1804, mort en 1869 ; il étudia beaucoup la nature et s'attacha dans ses tableaux à en reproduire le côté poétique et pathétique ; il a beaucoup produit et le littoral de la mer lui a fourni quelques-unes de ses meilleures inspirations. Citons entre autres : *Soleil couchant aux environs de Trouville ; Grande marée d'équinoxe à Honfleur ; Entrée de la forêt de Compiègne ; Falaise de Houlgate ; Route d'Uriage ; les Brisants de Granville ;* etc., etc.

*'HUETTE s. f. Voy. HULOTTE.

'HÜGEL (Karl-Alexander-Anselm, BARON), voyageur allemand, né en 1796, mort en 1870. En 1813-'14, il servit dans l'armée autrichienne comme officier et il fut employé dans le service diplomatique de l'Autriche. En 1831-'37, il voyagea en Grèce, en Asie Mineure, en Égypte, en Barbarie, et dans les parties éloignées de l'Inde et l'Asie centrale, faisant de grandes collections qui furent achetées par le gouvernement. Ses ouvrages les plus connus sont *Kaschmir und das Reich der Sikhs* (4 vol.) et *Das Becken von Kabul* (2 vol.).

HUGO I. (Joseph-Léon-Sigisbert, COMTE), général français, né à Nancy en 1774, mort en 1827. Il suivit Joseph Bonaparte en Italie lorsque celui-ci alla prendre possession du royaume de Naples et il contribua à y détruire les bandes du fameux Fra-Diavolo. Il vint ensuite en Espagne avec Joseph, lorsque ce prince fut nommé par Napoléon, roi de ce pays. En 1814, il défendit longtemps Thionville contre les alliés. Il était père de notre grand Victor Hugo. — II. (Abel), littérateur né en 1798, mort en 1855, fils du précédent et frère de Victor Hugo. Il accompagna son père en Espagne et s'enrôla dans l'armée du roi Joseph ; mais il quitta bientôt l'épée pour se livrer tout entier à ses goûts littéraires ; il a laissé un grand nombre d'ouvrages estimés dont les principaux sont : *Histoire de la campagne d'Espagne* (1824, 2 vol. in-8°) ; *France pittoresque* (1833, 3 vol. in-4°) ; *France militaire* (1834, 5 vol. in-4°) ; *France historique et monumentale* (1836-'43, 5 vol. in-4°) ; *Pierre et Thomas Corneille* (1823) ; *les Tombeaux de Saint-Denis* (1824) ; il collabora longtemps aux *Annales de la littérature*. — III. (Charles-Victor), littérateur et publiciste, né à Paris en 1826, mort à Bordeaux en 1871. Fils de Victor Hugo, il s'adonna tout entier à la littérature et contribua à la fondation de l'*Evénement* ; il voulut partager l'exil de son père et habita longtemps Jersey et Bruxelles avec l'illustre proscrit. Vers la fin de l'Empire il fut un des fondateurs du *Rappel*, où il donna souvent des articles pleins de verve et de malice qui furent très remarqués. Il a laissé le *Cochon de saint Antoine* (1857) ; la *Bohème dorée* (1859) ; la *Chaise de paille* (1859) ; *Une famille tragique* (1860). — IV. (François-Victor), frère du précédent, né à Paris en 1828, mort en 1873. Il se consacra aux lettres et s'est illustré par sa remarquable traduction des *Œuvres complètes de Shakspeare* (1860-'64). Le 2 Déc. il s'exila et resta à Jersey pendant tout l'Empire ; il y publia *l'Ile de Jersey*, son histoire.

HUGOLÂTRE s. et adj. Admirateur passionné de Victor Hugo et du romantisme.

HUGOLÂTRIE s. f. Admiration outrée pour les opinions littéraires de Victor Hugo.

*'HUGUENOT, OTE s. (Étymol. dout. qui tire de l'all. *eidgenossen*, confédérés, suivant les uns ; ou, suivant les autres, de *Huques*, nom d'un calviniste genevois). — Sobriquet

que les catholiques de France donnèrent autrefois aux calvinistes. — Se dit aussi adjectiv. : *le parti huguenot.* — Les Huguenots, opéra en 5 actes, représenté à Paris (Académie de musique), le 29 février 1836 ; paroles de Scribe et Émile Deschamps ; musique de Meyerbeer ; nombreuses reprises.

*'HUGUENOTE s. f. Cuis. Petit fourneau de terre ou de fer avec une marmite dessus, propre à faire cuire quelque chose à peu de frais. — Vaisseau de terre sans pieds, propre à être mis sur le fourneau. — ŒUFS À LA HUGUENOTE, œufs cuits dans du jus de mouton.

*'HUGUENOTISME s. m. Doctrine, profession de la religion réformée. (Peu usité.) On dit plus souvent dans ce sens, *Protestantisme.*

HUGUES CAPET, roi de France et fondateur de la dynastie capétienne, né vers 940, mort en 996. Encore enfant, il hérita de son père, Hugues le Grand, du duché de France et du comté de Paris. A la mort de Louis V, dernier des rois carlovingiens, il fut choisi comme son successeur par tous les nobles assemblés et les évêques qui le préférèrent au duc carlovingien, Charles de Lorraine, oncle du dernier roi, et il fut couronné en 987. Charles soutint par les armes ses prétentions à la couronne, mais après quatre ans de guerre, il fut fait prisonnier par trahison et mourut dans un donjon. Hugues associa son fils Robert au gouvernement et rendit ainsi la couronne héréditaire dans sa famille. (Voy. CAPÉTIENS.)

HUGUES LE GRAND, dit *le Blanc* ou *l'Abbé*, ainsi nommé à cause de la pâleur de son teint et de plusieurs abbayes dont il était titulaire ; duc de France et comte de Paris, mort en 936. Il était fils de Robert, roi de France ; après la mort de son père, il refusa la couronne et la céda à Louis d'Outre-Mer, en 936 ; mais il se tourna bientôt contre le nouveau roi de France, s'empara de Reims, fit Louis prisonnier et le força de lui abandonner Laon en échange de sa liberté ; plus puissant que le roi, il réussit encore, sous Lothaire II, à réunir la Bourgogne et l'Aquitaine à ses vastes domaines. Il était père de Hugues Capet.

HUGUES (Saint) I. Petit-fils de Pépin d'Héristal, mort en 730. Devenu archevêque de Rouen, en 722, il administra en même temps les diocèses de Paris et de Bayeux et se fit remarquer par son inépuisable charité. Fête le 8 avril. — II. Abbé de Cluny, mort en 1109 ; il descendait des anciens ducs de Bourgogne et succéda, en 1049, à saint Odilon comme général de l'ordre de Cluny. Il imposa à ses religieux une sévère discipline et fit fleurir parmi eux les sciences et les lettres. Caliste II le plaça au rang des saints. Fête le 29 avril. — III. Evêque de Grenoble, mort en 1432. Il a attaché son nom à la fondation du monastère où il établit saint Bruno et ses compagnons et qui est devenu *la Grande Chartreuse*. On le regarde comme l'auteur du *Cartulaire de l'église de Grenoble*. Fête le 1er avril.

HUGUES, nom de cinq ducs de Bourgogne. I. Petit-fils de Robert Ier ; il se mit au grand-père en 1075 ; il abdiqua peu après et se retira à l'abbaye de Cluny, où il embrassa la vie monastique et où il mourut en 1093. — II. On le surnomma *le Pacifique*, à cause de son amour pour le peuple et de son aversion pour la guerre ; il mourut, en 1042, après un règne de 39 ans. — III. Né en 1150, mort en 1193. Il accompagna Philippe-Auguste à la croisade, assista à la prise d'Acre et mourut à Tyr. — IV. Fils de Eudes III, mort en 1272. Il suivit saint Louis en qualité de croisé et fut fait prisonnier à la Massoure ; en 1265, Beaudouin, roi de Constantinople, le fit roi de Thessalonique. — V. Mort en 1315 ; successeur de son père, Robert II, en 1305 ; il s'attacha à l'amélioration de ses États et les gouverna avec sagesse. Il était sur le point d'épouser la fille de Philippe V, roi de France, lorsqu'il mourut.

HUGUES. Plusieurs personnages célèbres ont aussi porté ce nom. I. (Comte de Vermandois), troisième fils du roi de France, Henri Ier, né en 1057, mort en 1102; il fit partie de la première croisade et assista aux sièges de Nicée et d'Antioche. — II. (Victor), né à Marseille, en 1770, mort en 1826; l'adhésion qu'il donna aux idées révolutionnaires le fit choisir comme accusateur public au tribunal de Brest et la Convention le nomma commissaire aux Iles du Vent; il chassa l'ennemi de toutes nos possessions des Antilles. Après la capitulation du général anglais Graham, il visita, suivi d'une guillotine, chaque quartier de la Guadeloupe ; le Directoire lui confia le gouvernement de la Guyane (1799): il y resta jusqu'en 1808. — III. Hugues des Payens, l'un des fondateurs de l'ordre des Templiers, mort en 1136; il descendait des comtes de Champagne. — IV. Hugues de Saint-Victor, philosophe ascétique, mort en 1140; il partagea les idées d'Abélard sur la foi catholique et jouit d'une grande autorité sur ses contemporains. Il a laissé un nombre considérable d'ouvrages théologiques dont les principaux sont: *Commentaires sur l'Ecriture Sainte, Traité des Sacrements, Explication du Décalogue*, etc.

HUGUET (Marc-Antoine), conventionnel et évêque constitutionnel de la Creuse, né en 1757, mort en 1796. Partisan des idées révolutionnaires, il fut député à la Législative et à la Convention et nommé, en 1791, évêque de la Creuse. Il vota la mort du roi sans sursis ni appel. Compromis plus tard dans la conspiration de Babeuf, il fut saisi avec quelques-uns de ses amis et fusillé.

* **'HUHAU.** Voy. Hue.

* **'HUI** (lat. *hodie*, ce jour. abrév. de *hoc die*, en ce jour). Adv. de temps servant à marquer le jour où l'on est. Ne s'emploie qu'en style de prat., *Ce jour d'hui*, ou en un seul mot, *Cejourd'hui*, les chambres assemblées. — A signifié Aujourd'hui;

Et s'ils sont Auï mauvais, ils seront demain pires.
           RUTEBEUF.

— A formé, par redondance, aujourd'hui (*au jour de hui*).

* **'HUILAGE** s. m. Action d'enduire, de frotter d'huile, de tremper dans un bain d'huile: *l'huilage d'un ressort.*

* **'HUILE** s. f. (lat. *oleum*). Nom donné à des substances inflammables, ordinairement liquides, qui sont de deux sortes: les *huiles grasses, douces ou fixes*; et les *huiles volatiles ou essentielles*, qu'on appelle autrement **ESSENCES**: *les huiles grasses s'extraient par la compression, exercée à froid, si elles doivent être employées comme aliments ou comme médicaments; à chaud, si elles doivent servir seulement à l'éclairage*, etc. — **HUILES MINÉRALES**, huiles qui proviennent des schistes bitumineux et des sources naturelles de pétrole: *huile de schiste, de pétrole.* — **PEINDRE A L'HUILE**, peindre avec des couleurs broyées à l'huile. On dit dans le même sens: *peinture à l'huile*. — Se dit particulièrement des huiles grasses: *faire le commerce des huiles*. — Se dit plus particul. encore de l'huile d'olive: *de bonne huile.* — **HUILE VIERGE**, la première huile qui sort du pressoir, avant qu'on ait jeté l'eau bouillante sur les olives. — Prov. et par exag., **IL TIRERAIT DE L'HUILE D'UN MUR**, se dit d'un homme qui sait tirer profit de tout. — **ON TIRERAIT PLUTÔT DE L'HUILE D'UN MUR QUE DE L'ARGENT DE CET HOMME-LA**, se dit d'un homme avare et tenace. — Fig. **JETER DE L'HUILE DANS LE FEU**, ou, plus ordinairement, **SUR LE FEU**, exciter une passion déjà très vive, très violente; aigrir des esprits qui ne sont déjà que trop aigris. — **LES ÉCRITS DE CET AUTEUR SENTENT L'HUILE**, ils paraissent lui avoir coûté beaucoup de peine, beaucoup de veilles. — **C'EST UNE TACHE D'HUILE**, se dit d'une flétrissure, d'une atteinte à la réputation, qui ne peut pas s'effacer, se réparer. On dit aussi, **C'EST UNE TACHE D'HUILE QUI S'ÉTEND TOUJOURS**, en parlant de certaines choses qu'on regarde comme un mal qui va toujours en augmentant. — **IL N'Y A PLUS D'HUILE DANS LA LAMPE**, se dit en parlant d'une personne qui se meurt d'épuisement, dont les forces naturelles s'éteignent. — **DE L'HUILE DE COTRET**, des coups de bâton : *on l'a frotté d'huile de cotret.* — **LES SAINTES HUILES**, les huiles dont on se sert pour le chrême et pour l'extrême-onction. — Se dit aussi de différentes compositions que l'on obtient en faisant macérer des fleurs ou d'autres substances dans de l'huile d'olive, d'œillette, etc., et qui sont employées comme médicaments ou comme parfums : *huile d'absinthe, de camomille.* — Se disait fort improprement, dans l'ancienne chimie, de substances très différentes des véritables huiles: *huile de vitriol, de tartre.* — On donne le nom d'*huiles* à un groupe naturel important de composés organiques que l'on trouve dans les différentes parties des plantes (particulièrement dans les graines) et des animaux, principalement dans les tissus adipeux. (Voy. **ADIPEUX**.) Il y a dans les végétaux deux espèces d'huiles entièrement distinctes et ayant une formation chimique différente, savoir : *huiles fixes*, qui sont analogues aux huiles et aux graisses des animaux; et *huiles volatiles ou essentielles* ; il y a aussi une classe d'huiles et de graisses qui sont le résultat de la distillation destructive. (Voy. **HOUILLE, PARAFFINE, PÉTROLE et ESSENTIEL**.) Les huiles naturelles et les graisses sont regardées comme un alcool triatomique (voy. **GLYCÉRINE**), et peuvent être obtenues artificiellement par l'action de cet alcool sur certains acides monobasiques. Les éléments principaux de leur composition sont le carbone et l'hydrogène; l'oxygène y entre comme constituant dans de petites proportions; la solidité des corps gras est généralement en proportion de la quantité de carbone et leur fluidité en raison de celle de l'oxygène. Séparés de l'organisme, les corps graisseux qui sont solides à des températures ordinaires, sont appelés *graisses*, tandis que ceux qui sont liquides sont appelés *huiles*. On doit la connaissance fondamentale des corps gras aux recherches de Chevreul, faites vers 1820. Il considérait ces corps comme composés de stéarine, d'oléine et de margarine ; mais Heintz a montré que la margarine n'est pas un corps gras simple, mais un mélange de palmitine et de stéarine. Les huiles naturelles et les graisses peuvent être chauffées à près de 260° C. sans beaucoup de changement ; mais elles ne peuvent être distillées sans décomposition, et c'est là ce qui les distingue des huiles volatiles, qui s'évaporent et se distillent à différentes températures. (Voy. **SICCATIVES, LIN et SAVON**.) — Les *huiles essentielles*, obtenues par la distillation des plantes dans de l'eau, se composent d'hydrocarbures voisins de la térébenthine, et de petites quantités de résines ou produits oxydés; elles sont inflammables, laissent sur le papier une tache graisseuse qui disparaît à la chaleur, semblant âpres quand on les frotte sur la peau et peuvent être distillées sans subir un changement considérable. La plupart possèdent une odeur forte et caractéristique, qui varie selon la nature de la plante dont elles sont tirées. Les huiles de limon, d'orange, de genièvre, de thym, de menthe, de girofle, etc., appartiennent à ce groupe. Les *huiles fixes*, qui ne peuvent subir la distillation sans décomposition, sont inflammables, laissent une tache permanente sur le papier et sont onctueuses au toucher. On les divise en deux classes: *huiles animales* et *huiles végétales*, suivant leur origine. Les premières sont obtenues de divers gros animaux, etc., à l'aide de la pression et d'une chaleur douce, ou simplement en laissant l'huile couler d'elle-même de certains corps gras. Les huiles végétales s'obtiennent en pressant vigoureusement les graines. Toutes les huiles fixes consistent essentiellement en glycérides, c'est-à-dire en composés de glycérine, avec des acides stéarique, palmitique, oléique, etc. Traitées par un alcali, elles subissent la *saponification*. Les huiles fixes sont classées en deux groupes: *huiles siccatives* et *huiles non siccatives*. Les premières s'épaississent en un vernis jaunâtre et transparent quand on les expose à l'air en les étendant sur une large surface, pour leur faire absorber l'oxygène et former des produits oxydés. Les huiles non siccatives rancissent à l'air, deviennent un peu moins fluides, mais ne forment pas de vernis. Au premier groupe appartiennent les huiles de lin, de chènevis, de pavot, de croton et de noix, qui contiennent de l'acide linoléique ; le second groupe comprend les huiles d'olive, de colza, de navette, etc., qui contiennent de l'acide oléique. — Les huiles trouvent une infinité d'emploi: elles servent à l'éclairage, à la préparation des laines et du cuir, à la fabrication du savon, au graissage des machines, etc. Dans quelques pays, on fait la cuisine à l'huile d'olive. — Parmi les huiles médicinales, nous citerons: *l'huile de cade* (voy. **CADE**), employée en applications locales contre la teigne, l'acné et surtout le psoriasis; *l'huile de croton*, *l'huile de foie de morue*, *l'huile de ricin*, etc. — Législ. « Les huiles *végétales* ou *animales* sont assujetties, au profit de l'État, à un droit d'entrée qui avait été établi d'abord en 1817, supprimé en 1822, puis rétabli par la loi du 29 décembre 1873 dans les villes ayant au moins 4,000 âmes de population agglomérée; mais, en vertu de la loi du 22 décembre 1878, ledit impôt ne peut être perçu que dans les villes où ces mêmes huiles sont grevées d'un droit d'octroi. Le droit d'entrée est également perçu dans les faubourgs de ces villes ; mais non dans les habitations éparses ; il est de 6 fr. par 100 kilog. dans les villes dont la population agglomérée est de 4,000 à 10,000 hab. ; de 7 fr. dans celles de 10,001 à 20,000; de 8 fr. dans celles de 20,001 à 50,000; de 10 fr. dans celles de 50,001 à 100,000, et de 12 fr. lorsque la population excède 100,000 hab. Les villes peuvent s'affranchir de ces droits d'entrée en versant au Trésor une redevance égale à la moyenne du produit perçu pendant les deux derniers exercices, et sans que cette redevance puisse dépasser le montant des taxes d'octroi. Les huiles dites *minérales* (schiste, pétrole, etc.) sont soumises, en France, à un droit de consommation qui est de 14 fr. 50 par 100 kilog. pour les essences ayant 700 degrés de densité; de 34 fr. 50 par 100 kilog. pour les huiles raffinées à 800 degrés et au-dessus, et de 0,22 cent. par kilog. d'huile pure, pour les huiles brutes et les résidus liquides. A l'entrée en France, les droits de douane, fixés pour les huiles d'olive à 4 fr. 50 par 100 kilog. par le tarif général de 1881, ont été réduits à 3 fr. par les traités de commerce de 1882. Le droit d'importation est de 1 fr. par 100 kilog. sur les huiles de palme, de coco, etc. ; de 80 fr. sur les huiles fines aromatiques, de 100 fr. sur la plupart des huiles volatiles et essences parfumées; de 18 fr. sur les huiles minérales brutes et de 25 fr. sur les huiles raffinées et les essences minérales. » (CH. Y.)

'HUILER v. a. Oindre, frotter avec de l'huile: *huiler une serrure.* — S'huiler v. pr. Se frotter d'huile.

'HUILERIE s. f. Fabrique d'huile.

'HUILEUX, EUSE adj. Qui est de nature d'huile, gras onctueux: *substance huileuse.* —

Qui est comme imbibé ou frotté d'huile : *avoir les cheveux gras et huileux*. — Sauce **huileuse**, sauce mal liée, et qui est devenue grasse en chauffant.

* **HUILIER** s. m. Ustensile destiné à contenir les burettes où l'on met l'huile et le vinaigre qu'on sert sur la table : *huilier d'argent*.

HUILLARD-BRÉHOLLES (Jean-Louis-Alphonse), historien, né à Paris en 1817, mort en 1871 ; il a laissé quelques ouvrages estimés, entre autres : *Histoire résumée des temps anciens* (Paris, 1840, 2 vol. in-8°) ; *Histoire générale du moyen âge* (Paris, 2 vol. in-8°) ; *Recherches sur les monuments et l'histoire des Normands et de la fondation de la maison de Souabe dans l'Italie méridionale* (1844, in-fol.), etc.

* **HUIS** s. m. (lat. *ostium*). Vieux mot qui signifie, Porte, et qui n'est plus guère usité qu'au Palais, dans la locution, A huis clos, à portes fermées et sans que le public soit admis. On dit quelquefois substantiv. *Le huis clos*. Demander le huis clos, demander, requérir qu'une affaire soit jugée à huis clos. L'H est aspirée dans *Huis clos* ; elle ne l'est pas dans le vieux mot *Huis*.

HUISNE, rivière de France, qui prend sa source dans le dép. de l'Orne, près de Bellème et arrose Nogent-le-Rotrou, la Ferté-Bernard et Connerré ; elle afflue à la Sarthe près du Mans, après un cours de 130 kil.

* **HUISSERIE** s. f. Assemblage de pièces de bois qui forment la baie, l'ouverture d'une porte : *poteau d'huisserie*.

* **HUISSIER** s. m. (rad. *huis*). Officier dont la principale charge était d'ouvrir et de fermer la porte du cabinet, de la chambre du roi, etc. : *huissier du cabinet*. — Se dit également de ceux qui se tiennent dans l'antichambre des ministres, des hauts fonctionnaires, etc., pour introduire les personnes qu'ils reçoivent : *huissier au ministère de l'intérieur, de la justice*, etc. — Se dit pareillement de gens préposés pour faire le service des séances de certains corps, de certaines assemblées délibérantes : *les huissiers de la Chambre des pairs, de la Chambre des députés*. — Se dit encore des officiers publics qui sont principalement chargés de signifier les actes de justice, de mettre à exécution les jugements, etc., et dont plusieurs font le service des audiences du tribunal auquel ils appartiennent : *huissier du parlement*. — Huissiers a verges, se disait autrefois des sergents royaux reçus au Châtelet ; et Huissiers a cheval, de ceux qui avaient coutume d'exploiter à la campagne. — Huissiers de la chaîne, huissiers à la suite du conseil, les seuls alors chargés de exécuter les arrêts, et qu'on appelait ainsi parce qu'ils portaient une chaîne d'or au cou, avec la médaille du roi. — Législ. « Les officiers ministériels auxquels on donne le nom d'huissiers ont pour fonctions de signifier les exploits et actes de procédure et de mettre à exécution les jugements, arrêts et ordonnances de justice, ainsi que les actes notariés ayant force exécutoire. Ceux de ces officiers ministériels que l'on nomme *huissiers audienciers* ont en outre pour attributions spéciales de faire la police des audiences de la cour ou du tribunal qui les a choisis à cet effet, et d'y faire l'appel des causes. Ils ont le droit exclusif de signifier certains actes et jugements. Pour être nommé par le chef de l'État aux fonctions d'huissier, il faut être Français, jouir de ses droits civils, être âgé de 25 ans accomplis, avoir travaillé dans l'étude d'un notaire, d'un avoué ou d'un huissier pendant deux ans au moins, ou au greffe d'une cour ou d'un tribunal de première instance pendant trois ans ; il faut enfin être présenté par le titulaire d'une charge d'huissier ou par ses ayants droit. La profession d'huis-

sier est incompatible avec celles d'avocat, de notaire, d'avoué, de greffier ou de commerçant et avec une fonction publique salariée. Tout huissier doit, avant de pouvoir instrumenter, avoir versé un cautionnement et avoir prêté le serment professionnel ; il doit aussi être immatriculé, c'est-à-dire inscrit sur un registre tenu au greffe du tribunal civil dans le ressort duquel sa résidence est assignée. Les huissiers sont soumis à la juridiction disciplinaire du tribunal de première instance, statuant en chambre du conseil. Dans chaque chef-lieu d'arrondissement, il y a une chambre des huissiers présidée par un syndic nommé par la chambre (Décr. 13 oct. 1870). Les membres de la chambre sont nommés tous les ans, au scrutin secret, par les huissiers de l'arrondissement. Cette chambre est investie de certains pouvoirs disciplinaires sur les huissiers de son ressort. Les émoluments attribués aux huissiers pour les actes de leur ministère sont fixés par le tarif légal. Leur action pour le salaire de leurs actes se prescrit par un an (C. civ. 2272). Les huissiers procèdent, concurremment avec les notaires et les greffiers de justice de paix, aux ventes publiques des objets mobiliers, sauf dans les localités où il existe des commissaires-priseurs. Ils ne peuvent se rendre adjudicataires des objets qu'ils vendent, et ils sont obligés d'avoir, pour chaque chambre, une bourse commune, laquelle est alimentée par des prélèvements sur les amendes disciplinaires et sur les émoluments (Décr. 14 juin 1813). »　　(Ch. Y.)

* * **HUIT** adj. ['huit. Le *t* final ne se prononce pas devant une consonne ou une *h* aspirée : *huit cavaliers*, hui-ka-; *huit hameaux*, hui-ha-; dans tous les autres cas, le *t* final se prononce : *huit écus*, hit-te-ku; *huit hommes*, hui-to-me; *dix-huit*, diss-uitt] (lat. *octo*). Nombre pair contenant deux fois quatre. — D'aujourd'hui en huit, dans huit jours. — S'emploie aussi dans le sens de huitième : *page huit*. On écrit plus ordinairement, Henri VIII, Grégoire VIII. — s. m. Dans le premier sens ; et alors le *t* se prononce toujours : *le produit de huit multiplié par six*. On dit de même, *Le nombre huit*. — Le huit du mois, ou simplement, Le huit, le huitième jour du mois. On dit de même : *le huit de la lune*. — Chiffre qui marque huit : *un huit de chiffre*. Ou dit de même : *le numéro huit*. — Aux Jeux de cartes. Huit de cœur, de trèfle, etc., carte sur laquelle sont peints huit cœurs, huit trèfles, etc. : *il avait brelan de huit*.

* **HUITAIN** s. m. Petite pièce de poésie composée de huit vers ; ou stance de huit vers, dans un plus long ouvrage.

* **HUITAINE** s. f. Coll. Nombre collectif de huit ou environ. N'est guère usité qu'en parlant de jours : *nous avons passé chez lui une huitaine de jours*, ou simplement et plus ordinairement, *une huitaine*. — S'emploie surtout en style de Prat., *La cause a été remise à huitaine*, à huit jours.

* * **HUITIÈME** adj. Nombre ordinal de huit : *le huitième siècle*. — La huitième partie, ou absol., Le huitième, chaque partie d'un tout qui est ou que l'on conçoit divisé en huit parties égales. — Droit de huitième, droit d'aide qui se levait autrefois sur les vins en détail. — s. f. Dans les collèges, la classe des commençants : *faire sa huitième*.

* * **HUITIÈMEMENT** adv. En huitième lieu : *sixièmement, septièmement, huitièmement*.

* **HUÎTRE** s. f. (gr. *ostreon, ostreion* ; lat. *ostrea*). Moll. Genre d'acéphales de la famille des ostracés, caractérisé par une écaille à deux valves irrégulières, inégales et feuilletées, qu'unit un petit ligament logé de part et d'autre dans une fossette. — On dit de L'écaille et non La coquille d'une huître. — Prov. et fig. C'est une huître a l'écaille, se dit

d'une personne très stupide. — Chanter, raisonner, jouer comme une huître, chanter raisonner, jouer très mal. On dit beaucoup plus fréquemment : *c'est une huître*. — Encycl. Le genre huître comprend plusieurs espèces de mollusques marins, qui vivent ordinairement en nombreuses sociétés, fixées par leur valve la plus bombée sur un corps submergé ou attachées les unes aux autres. Au mois de mai ou de juin, un peu avant la ponte, l'ovaire de ces hermaphrodites s'accroît et donne une teinte laiteuse à toute la partie antérieure de l'animal. En mai ou juin, suivant les pays, les œufs s'assemblent dans le manteau, près du bord externe de la coquille, et peu après, s'échappe la semence, composée de plus d'un million de jeunes animaux microscopiques munis de leur écaille. Les jeunes huîtres sont pourvues d'un organe temporaire qui leur permet de nager ; au bout de quelques jours, elles se fixent sur un corps solide et donne une teinte ensuite immobiles à jamais. Il leur faut quatre ou cinq ans d'existence pour atteindre leur complet développement et pour être estimées propres au service de la table. Plus de 60 espèces d'huîtres ont été décrites dans les différentes parties du globe ; celles des climats tropicaux ont généralement une saveur moins délicieuse que les huîtres des zones tempérées. On connaît environ 200 espèces d'huîtres fossiles depuis l'époque des ammonites jusqu'au temps actuel. — L'huître commune d'Europe (*ostrea edulis*, Linn.), de l'Océan et de la Méditerranée, est répandue sur les côtes de France, de Grande-Bretagne, d'Irlande et de Belgique, où on la trouve sur des fonds rocailleux, à quelques pieds sous l'eau, surtout dans le voisinage de l'embouchure des rivières et des ruisseaux. L'exploitation de certains bancs est autorisée depuis la fin d'août jusqu'au mois de mai suivant, période qui comprend tous les mois dans le nom desquels entre la lettre r : septembre, octobre, etc. La pêche a lieu au moyen d'une espèce de râteau ou fer qui ramène les huîtres à la surface de l'eau. On transporte ces mollusques dans des parcs ou bancs artificiels où les huîtres augmentent en volume et en qualité. — Quand elles atteignent, en liberté, d'énormes dimensions, on les nomme huîtres pied de cheval, parce que leur coquille large et rugueuse rappelle l'apparence du sabot du cheval. On accroît la multiplication des huîtres en plaçant, dans les eaux où se fait la ponte, des frayères artificielles composées d'empierrements, de pieux, de fascines, sur lesquelles se fixent les jeunes après la ponte. Ce procédé, connu dans l'antiquité, a été renouvelé, de nos jours, par Coste, et appliqué dans la plupart de nos localités huîtrières. Les huîtres les plus renommées chez nous sont celles de Marennes et d'Ostende (devenues vertes en restant longtemps dans la même eau), d'Arcachon, de la Teste, d'Oléron, de Ré, d'Auray, de Concarneau, de Cancale, de Saint-Brieuc, de Granville, de Lorient, de Châtellaillon, de Dives, de Régneville, de la Tremblade, d'Étretat, de Dieppe, de Courseulles, de Saint-Waast, de Dunkerque, etc. La richesse de nos bancs d'huîtres diminuant d'année en année, on importe chez nous les petites huîtres portugaises. La côte occidentale d'Écosse et les Hébrides nourrissent les meilleures huîtres des côtes anglaises. Les bancs anglais sont entretenus avec soin et on y introduit des races de toutes provenances ; depuis 1872, plusieurs variétés d'huîtres d'Amérique y ont été importées, mais on dit que le changement de mer fait dégénérer leur qualité. Le lac napolitain de Fusaro est le grand parc aux huîtres de l'Italie. — Les espèces les plus estimées en Amérique sont l'huître de Virginie (*ostrea Virginiana*, Lister) et l'huître du Nord (*ostrea borealis*, Lam.). — L'huître se mange ordinairement fraîche, dans son eau, avec accompagnement de vin blanc; quelquefois on la saupoudre de poivre ou on l'arrose de citron ; elle paraît dans les grands dîners aussi bien que dans les déjeuners. On consomme aussi une certaine quantité d'huîtres marinées, d'huîtres en friture, en coquilles, en ragoût. La ville de Paris, à elle seule, consomme annuellement 240,000 kilog. de ces mollusques.

'**HUIT-RESSORTS** s. m. [' hui-re-sur]. Voiture suspendue sur huit ressorts: *des huit-ressorts*.

HUÎTRIER, IÈRE adj. Qui a rapport aux huîtres: *industrie huîtrière*. — s. m. Ornith. Genre d'échassiers pressirostres, comprenant plusieurs espèces d'oiseaux à bec long, pointu, comprimé en coin, pour leur permettre d'ouvrir de force les coquilles bivalves. On les trouve sur les côtes de l'Océan et de la Méditerranée. L'*huîtrier pie ou pie de mer* (*hæmatopus ostralegus*), de la taille du canard, est noir avec une bande blanche sur les ailes et sur le col. Ses pieds sont rouges. L'*huîtrier américain* (*hæmatopus palliatus*) est un peu plus gros.

HUÎTRIÈRE s. f. Banc d'huîtres.

'**HULAN** s. m. (Voy. UHLAN.)

HULIN (Pierre-Augustin, COMTE), général français né à Paris en 1758, mort en 1841. Sergent aux gardes françaises quand la Révolution éclata, il fit preuve d'un grand courage à la prise de la Bastille, servit comme adjudant général sous Bonaparte en 1796, fut gouverneur de Milan (1797-'98), prit part à la campagne de Marengo et devint général de division en 1807 et comte en 1808. Il commanda ensuite la place de Paris, et, après la seconde Restauration, il fut banni jusqu'en 1819. Il publia en 1823, un récit de l'assassinat du duc d'Enghien, pour expliquer son rôle comme président de la commission militaire chargée de condamner cette victime.

'**HULL** ou Kingston-upon-Hull ['heul], port de mer d'Angleterre (Yorkshire), sur la rivière Hull, à son embouchure dans l'Humber, à 50 kil. S.-E. d'York, à 250 kil. N. de Londres

Mansion House, Hull.

et à 30 kil. de la mer ; 121,600 hab. Elle est dans une plaine basse, protégée contre les inondations par des moyens artificiels et elle

s'étend sur plus de 3 kil. le long de la rive O. du Hull et presque autant le long de la rive N. de l'Humber. L'étendue totale des docks de Hull est d'environ 87 acres 1/2 et les nouveaux (18 acres) sont en construction. Les principaux édifices publics sont la douane, la bourse, la poste, l'hôtel de ville, le palais de justice, la maison de correction, les salles de réunion, le musée, la salle de concerts, deux théâtres et le marché au grain. Il y a plusieurs écoles de charité, un collège, un asile d'aliénés, une infirmerie générale, une école de médecine et d'anatomie, différentes associations littéraires avec bibliothèques, des jardins botanique et zoologique et un *People's Park* de 27 acres. Manufactures de toiles à voile, de chaînes, de poterie, de machines, de produits chimiques, de cuir, de sucre, de coton et d'articles de toile ; construction de navires, corderies. Les articles principaux d'exportation sont la quincaillerie, les cotons et les laines. Hull est classé comme le troisième port du Royaume-Uni.

' '**HULOT** s. m. Mar. Voy. HUBLOT.

' '**HULOTTE** ou Huette s. f. Espèce de hibou, de gros oiseau nocturne : *le cri de la hulotte est triste*.

'**HULULER** v. n. (lat. *ululare*, hurler). Crier à la manière des oiseaux de nuit.

'**HUM** interj. ['heumm]. Marque un doute, un soupçon, une crainte, un pressentiment :

Hum! je soupçonne ici quelque anguille sous roche.
FABRE D'ÉGLANTINE.

— Marque la réticence : *hum! qui sait ?*

'**HUMAIN, AINE** adj. (lat. *humanus*). Qui est de l'homme, qui concerne l'homme, qui appartient à l'homme en général : *le genre humain, l'espèce humaine*. — LES CHOSES HUMAINES, les affaires du monde, toutes les choses auxquelles l'homme est sujet, les accidents qui arrivent dans la vie. — MOYENS HUMAINS, VOIES HUMAINES, moyens, voies dont les hommes se peuvent servir. — PRUDENCE HUMAINE, prudence qui est inspirée par l'intérêt personnel, plutôt que par le sentiment du devoir. — LETTRES HUMAINES, connaissance de la grammaire, de la poésie, de la rhétorique, de l'histoire, de l'antiquité, et des auteurs anciens qui en traitent : *il est plus versé dans les lettres humaines que dans la théologie*. — PLUS QU'HUMAIN, se dit de ce qui excède la portée ordinaire de l'homme : *une pénétration une intelligence plus qu'humaine*. — Fig. et fam. N'AVOIR PAS FIGURE HUMAINE, FORME HUMAINE, être mal fait, difforme, ou être extrêmement défiguré par quelque accident, par quelque maladie. — Sensible à la pitié, secourable, bienfaisant : *un prince humain*. — Se dit d'une femme très complaisante :

Charmante et coquette Climène,
Dont plus d'un cœur est enchanté,
Vous êtes divine en beauté;
En amour vous êtes humaine.
LE BRUN.

— N'AVOIR RIEN D'HUMAIN, être dur et impitoyable. — Se dit substantiv. et au plur. pour les hommes. N'est guère usité que dans le style poétique ou soutenu : *le maître des humains*.

La faiblesse aux *humains* n'est que trop naturelle.
RACINE.

— Se dit quelquefois au singulier et fam. pour homme : *c'est un bon humain, le meilleur humain du monde*.

'**HUMAINEMENT** adv. Suivant la portée, la capacité, le pouvoir de l'homme : *cela est humainement impossible*. — Avec humanité, avec bonté : *ils le reçut humainement*. — HUMAINEMENT PARLANT, en parlant selon les idées communes. — Signifie aussi, en considérant les choses suivant l'ordre de la nature, par opposition à l'ordre surnaturel : *humainement parlant, les choses devaient arriver ainsi*.

'**HUMANISER** v. a. Rendre bon, humain ; civiliser : *le commerce des Européens humanisa ces peuples sauvages*. — Rendre plus traitable, plus favorable : *il se montre fort contraire à vos intérêts, mais on trouvera moyen de l'humaniser*. — S'humaniser v. pr. : *il commence à s'humaniser*. — Particul. Se dépouiller de certains sentiments d'une certaine façon de vivre trop austère : *il s'était jeté dans la retraite, mais il commence à s'humaniser*. — Se conformer, s'accommoder à la portée des autres : *c'est un homme d'un génie supérieur; mais il s'humanise avec les esprits ordinaires*.

HUMANISME s. m. (rad. *humain*). Philos. Culte, déification de l'humanité.

'**HUMANISTE** s. m. Celui qui étudie les humanités dans un collège. — Se dit aussi, mais ordinairement avec une épithète, de celui qui sait, qui enseigne les humanités : *c'est un excellent humaniste*.

'**HUMANITAIRE** adj. Se dit de certaines opinions, de certaines doctrines qui prétendent avoir pour objet le bien universel de l'humanité. — Se dit aussi des personnes qui professent les opinions humanitaires : *un écrivain humanitaire* — S'emploie quelquefois substantiv. en ce sens : *un humaniste*.

'**HUMANITÉ** s. f. (lat. *humanitas*). Nature humaine : *J.-C. a pris notre humanité*. — CELA EST AU-DESSUS DE L'HUMANITÉ, cela passe la portée ordinaire des forces de l'homme. — Prov. et fig. PAYER LE TRIBUT DE L'HUMANITÉ, mourir, se laisser aller à quelque faiblesse humaine. — Le genre humain, les hommes en général : *les maux qui accablent l'humanité*. — Bonté, sensibilité, compassion pour les malheurs d'autrui : *traiter quelqu'un avec humanité*. — s. f. pl. Ce qu'on apprend ordinairement dans les collèges jusqu'à la philosophie exclusivement : *il a fait ses humanités*. — S'emploie aussi dans un sens plus restreint pour désigner les classes dans les collèges et les lycées depuis la quatrième jusqu'à la rhétorique exclusivement.

'**HUMANTIN** s. m. (lat. *humus*, terre). Icht. Sous-genre de squales, voisin des aiguillats. L'espèce la plus connue, nommée *centrine* (*squalus centrina*), de l'Océan et de la Méditerranée, mesure 1 m. et demi, donne une peau qui sert à polir les corps durs.

HUMBER, rivière d'Angleterre séparant les comtés d'York et de Lincoln, et formé principalement par la jonction de l'Ouse et du Trent, 60 kil. de cours.

HUMBERT (Joseph-Amable), général de la première République, né à Rouvroy (Lorraine) en 1767, mort à la Nouvelle-Orléans en 1823. Il était colporteur et marchand de peaux de lapins lorsque la France fit un appel à tous les hommes valides (1792); il s'engagea et dut à son éloquence populaire, à sa belle prestance, à son intrépidité et à une instruction assez rare chez un homme de sa condition, un avancement tellement rapide, qu'au bout d'un an de service, il était général de brigade. C'est en cette qualité, qu'il repoussa, à Brécourt, les insurgés girondins du Calvados et d'Ille-et-Vilaine (14 juillet 1793). Après avoir fait les campagnes de Vendée, il fut désigné pour aller, avec une avant-garde de 1,500 hommes, tenter de soulever l'Irlande, en attendant le départ de l'armée imposante dont le Directoire voulait donner le commandement au général Hoche (voy. ce nom). Humbert s'embarqua à Brest, le 6 août 1798, et débarqua le 24 dans la baie de Killala; il entra sans coup férir dans la ville de Killala, appela le peuple aux armes, arbora le drapeau vert et proclama la république irlandaise. Mais son appel ne fut pas entendu. Sans se déconcerter, il prit l'offensive contre une armée vingt fois supérieure en nombre, marcha dans la direction de Dublin, remporta à Castlebar (voy. ce nom), la victoire la plus extraordinaire (27 août 1798) et fut écrasé à Ballinamuck (voy. ce nom), où il dut se rendre, ainsi que les 800 soldats français qui n'avaient pas succombé (42 sept.). Humbert fut délivré par un cartel d'échange en 1799. Son ardent républicanisme le brouilla avec Bonaparte, qui l'envoya à Saint-Domingue (1802). Après la mort de Leclerc, ce fut Humbert qui ramena sa veuve en France. La colère de Bonaparte n'eut plus de bornes, quand il apprit que sa sœur, consolée par ce général d'une si obscure origine, lui avait permis d'aspirer à sa main. Humbert reçut l'ordre de quitter Paris; ne se trouvant pas en sécurité en France, il se réfugia en Amérique, où il prit du service dans l'armée mexicaine révoltée contre l'Espagne.

* **HUMBLE** adj. (lat. *humilis*). Qui a de l'humilité : *être humble devant quelqu'un.* — Se prend quelquefois substantiv., surtout au pluriel : *Dieu résiste aux superbes et donne sa grâce aux humbles.* — En parlant de ce qui regarde la vie civile. Qui porte trop loin la déférence et le respect : *il est toujours humble et soumis devant lui.* En termes de civilité : *votre très humble serviteur.* — Se dit plus ordinairement des choses; et dans cette acception, signifie, qui marque du respect et de la déférence : *faire une humble prière.* En termes de civilité : *rendre de très humbles grâces.* — Modeste : *avoir une humble défiance de soi-même.* — Se dit fig. de ce qui a peu d'élévation, peu d'apparence, peu d'éclat : *l'humble violette.* — Médiocre, peu relevé : *remplir les fonctions les plus humbles.*

* **HUMBLEMENT** adv. Avec des sentiments d'humilité : *recevoir humblement les réprimandes.* — En parlant de ce qui regarde la vie civile. Avec soumission, avec respect, avec modestie : *demander humblement pardon.* En termes de civilité : *je vous salue très humblement.* — Fig. Sans éclat, avec très peu d'apparence, dans la médiocrité : *il vit humblement au fond d'une campagne.* S'emploie en poésie dans un sens analogue en parlant des objets inanimés : *la violette croît humblement dans le fond des vallées.*

'**HUMBOLDT** (Friedrich-Heinrich-Alexander von), *baron* [all. 'houm'-bôlt], naturaliste allemand, né à Berlin le 14 sept. 1769, mort le 6 mai 1859. Il avait moins de 10 ans à la mort de son père, conseiller royal prussien. En 1787, il étudia à l'université de Francfort-sur-l'Oder. Il passa un an (1789-'90), à l'université de Gœttingue pour étudier la philologie et l'histoire naturelle. Le premier ouvrage qu'il publia fut *Ueber die Busalte am Rheine* (1790). Après un voyage dans les Pays-Bas, en Angleterre et en France, il étudia la tenue des livres et il s'exerça dans les langues vivantes à Hamburg. Il étudia à l'école des mines de Freiberg et écrivit *Flora subterronea Fribergensis.* En 1792, il fut nommé adjoint au département des mines et il devint ensuite officier supérieur des mines à Fichtelgebirge. En 1793-'94, il visita les districts miniers de la haute Bavière, de la Galicie et de diverses parties de la Prusse. En 1795, il fit un voyage géognostique dans le Tyrol, en Lombardie et en Suisse, et plus tard, il se livra à des recherches sur le galvanisme et publia un ouvrage à ce sujet (2 vol., 1797-'99). Ayant échoué dans plusieurs grands projets de voyage, il visita l'Espagne en février 1799, avec le botaniste Bonpland qu'il avait connu à Paris. Le ministre de Saxe à Madrid, le baron Forell, lui fit obtenir une entrevue avec le roi Charles IV, et toutes les possessions espagnoles de l'Europe, de l'Amérique et des Indes Orientales lui furent ouvertes, avec la permission de poursuivre des recherches qui pussent conduire à l'avancement de la science. De tels privilèges n'avaient jamais été accordés à aucun voyageur. Le 5 juin 1799, il s'embarqua avec Bonpland sur la frégate *Pizarro* de la Corogne et il arriva à Cumana (Venezuela) le 16 juillet. Après avoir exploré les provinces du nord de Venezuela, ils partirent de Puerto Cabello pour l'intérieur et arrivèrent au Rio-Negro à deux degrés de l'équateur; de là, ils retournèrent à travers le Cassiquiare à l'Orinoco, qu'ils suivirent jusqu'à Angostura; ils atteignirent Cumana. Ils se rendirent ensuite à la Havane, et en mars 1801, ils s'embarquèrent à Batahano sur la côte S. de Cuba, firent voile pendant 54 jours sur la rivière Magdalena, jusqu'à Houda, et en septembre, ils commencèrent à voyager par terre, atteignant Quito le 6 janvier 1802. Les cinq mois suivants se passèrent en recherches sur la vallée de Quito. Sur le Chimborazo, ils atteignirent (23 juin 1802) une hauteur de près de 6,000 m. A Quito, ils furent rejoints par un jeune savant, Carlos Montufar, fils du marquis de Selvalègre. Ils traversèrent ensuite les Andes et arrivèrent sur la côte du Trujillo et de là à Lima. Après l'observation du passage de Mercure sur le soleil, ils s'embarquèrent à Callao en décembre 1802 et atteignirent Acapulco (Mexique), 23 mars 1803. Après avoir visité différentes parties du Mexique, ils descendirent des hautes terres jusqu'à Vera Cruz, traçant du la contrée, d'une mer à l'autre, et d'après les mesures barométriques, le premier profil qui eût été donné d'un pays en'ier. Le 7 mars 1804, Humboldt s'embarqua sur les côtes du Mexique pour la Havane, où il compléta ses matériaux pour son *Essai politique sur l'île de Cuba* (1826). Il visita ensuite Philadelphie et Washington, et arriva à Bordeaux le 3 août 1804. Il choisit Paris pour sa résidence et il y resta jusqu'en mars 1805, arrangeant ses collections et ses manuscrits. En 1808, il fut envoyé avec le prince Guillaume, frère du roi, en mission près de Napoléon. Comme la condition de l'Allemagne rendait impraticable la volumineuse publication de ses ouvrages, Frédéric-Guillaume III lui permit, comme étant l'un des huit membres étrangers de l'Académie française des sciences, de se fixer à Paris (1808-'27). C'est dans cette ville qu'il fit paraître son *Voyage aux régions équinoxiales du nouveau monde* (3 vol. in-fol. et atlas, 1809-'25). Il fut quelquefois employé dans des missions diplomatiques, de 1814 à 1827; sollicité par le roi, il retourna à Berlin. En 1829, il entreprit, sous le patronage du czar Nicolas, une expédition dans le nord de l'Asie, la Dzungarie chinoise et la mer Caspienne (plus de 13,500 kil. à travers la Sibérie jusqu'aux frontières de Chine). Il termina cette exploration en neuf mois, et en fit connaître les résultats dans *Mineralogisch-geognostische Reise nach dem Ural, dem Altai und dem Kaspischen meer,* de Rose (2 vol., 1837-'42), et dans *Asie centrale, recherches sur les chaînes de montagnes et le climatologie comparée,* de Humboldt, (3 vol., 1843). Les événements révolutionnaires de 1830 donnèrent une direction plus politique à l'activité de Humboldt, sans interrompre ses travaux scientifiques. A cette période appartient la publication de son *Examen critique de la géographie du nouveau continent* (3 vol., 1835-'38). Pendant la dernière partie de sa vie, il vécut en Prusse, ordinairement à Berlin. — Humboldt se distingua par l'étendue de ses recherches. Il mesura des montagnes et explora la nature des terrains, tout en collectionnant des herbiers et en trouvant, par la combinaison des matériaux qu'il avait en mains, la science nouvelle de la géographie des plantes. Il dressa lui-même la carte de l'Orénoque et de la Magdalena, et la plus grande partie de l'Atlas du Mexique. Il voyagea, avec le baromètre en main, de Bogota jusqu'à Lima et il fit 459 mesures d'altitudes qui furent souvent confirmées par des calculs trigonométriques. Au moyen de ses notes journalières des phénomènes météorologiques, thermométriques et électriques des pays qu'il traversait, il créa la science de la climatologie comparée. Avec Bonpland, il fit des observations très importantes sur l'habitat et la structure des plantes. Le riche herbier réuni par lui et par Bonpland, contenait plus de 5,000 espèces de plantes phanérogames, dont 3,500 étaient nouvelles. Dans son traité sur la géographie des plantes, il se montre historien autant qu'astronome. Parmi ses nombreux articles de géographie physique, citons son *Ansichten der Natur* (1808). Au déclin de sa vie, il écrivit son *Kosmos* (5 vol., 1845-'62), qui explique l'harmonie de l'univers physique.

HUMBOLDT (Karl-Wilhem, von), *baron,* savant allemand, frère du précédent, né à Potsdam, le 22 juin 1767, mort le 8 avril 1835. Quand éclata la Révolution française, il se rendit à Paris (juillet 1789) et en partit bientôt désillusionné. En 1792, il publia dans le *Berliner Monatschrift,* son *Ideen über Staatsverfassung durch die neue franzoesische Constitution veranlasst,* dans lequel il combattit la possibilité d'établir une constitution sur des théories impraticables. Il discuta le sujet plus amplement dans ses *Idées sur un essai de déterminer les limites de l'action que doit exercer l'Etat;* le manuscrit fut trouvé et publié après sa mort. Vers cette époque, Humboldt se livra à l'étude de l'art et de la littérature grecque et donna son *Essai sur les Grecs* (1792). Il s'associa avec Schiller et Gœthe, surveilla l'impression d'*Hermann und Dorothea* de ce dernier, et il écrivit un brillant commentaire sur cet ouvrage. En 1797, il se rendit à Paris, et en 1799 en Espagne, où il étudia les villes langues espagnoles, pour éclaircir son système d'anthropologie comparée. En 1801, il retourna en Allemagne et bientôt après il fut nommé ministre résident de Prusse à Rome. En 1808, il fut rappelé pour des affaires de famille et fut nommé ministre d'Etat pour les départements de la religion, de l'éducation publique et des établissements médicaux. Il réorganisa l'instruction publique en Prusse, et la position prééminente que ce pays occupe sous le rapport de l'éducation lui est due en grande partie. En 1810, il fut nommé ministre à Vienne, et en 1813, il vainquit l'hésitation de Metternich et effectua l'association de l'Allemagne contre Napoléon. Il déploya la même finesse et la même énergie aux conférences de Francfort, de Châtillon et de Paris et au congrès de Vienne. En 1816, il se rendit à Francfort comme ambassadeur, et en 1818 à Londres et à Aix-la-Chapelle. En 1819, il fut de nouveau appelé au ministère, mais des difficultés s'élevèrent, le roi refusa d'accepter le système représentatif, Humboldt tomba en désaccord avec ses collègues et par un décret du 31 déc. il fut renvoyé. A partir de cette époque, il s'occupa de philologie. Il commença son *Ueber die Kawisprache auf der Insel Java* (3 vol. in-8°, 1836-'40), dans lequel il remonte aux langages à l'histoire et à la littérature des races malaises. La partie la plus importante de l'ouvrage est l'*Introduction* qui fut publiée séparément (1836). Ses œuvres réunies furent publiées par son frère Alexandre (7 vol. in-8°, 1841-'52).

HUMBOLDT (Rivière de), cours d'eau qui prend sa source dans la N.-E. de la Nevada et se perd, après un cours tortueux d'environ 500 kil., à travers une région aride dans le lac de Humboldt.

' **HUME** (David) [' hioume], historien écossais, né à Edimbourg le 26 avril 1711, mort le 25 août 1776. Destiné d'abord au barreau, il suivit les cours de l'université d'Edimbourg; mais l'amour de la littérature l'arracha bientôt à l'étude des lois. En 1734, il se rendit en France, où il vécut pendant trois ans avec une grande économie pendant qu'il composait son *Treatise of Human Nature* qui fut publié à Londres en 1738 et refondu ensuite sous le titre de *Inquiry concerning the Human Unders-*

tanding. En 1742, il publia sous le voile de l'anonyme, à Édimbourg, le premier volume de ses *Essays*. En 1746, il accompagna le général Saint-Clair comme secrétaire particulier dans son expédition contre les côtes de France et ensuite à *la cour de Turin*. Il revint d'Italie en 1749 et écrivit son *Inquiry concerning the Principles of Morals* et *Political Discourses* (1752). En 1752, il fut nommé conservateur de la bibliothèque des avocats d'Édimbourg et il commença à écrire son *History of England*. Le premier volume de *History of the House of Stuart*, contenant les règnes de James Ier et de Charles Ier (1754), fut reçu froidement. Le second volume, comprenant les règnes de Charles II et de James II (1756) eut un meilleur succès. En 1757, parut son *Natural History of Religion*. Son *History of the House of Tudor* (1759) fut sévèrement critiqué. En 1761, il publia deux volumes de la partie la plus ancienne des annales anglaises. En 1763, il accompagna à Paris le marquis de Hersford, nommé ministre plénipotentiaire. Toute la famille royale, les philosophes français, la noblesse et particulièrement les dames du haut rang et de la société, le comblèrent d'honneurs. Au départ de lord Hertford, Hume devint chargé d'affaires et en 1766 il retourna en Angleterre. Il fut invité, en 1767, par le général Conway, à prendre la place de sous-secrétaire d'État. Il resta à Londres jusqu'à ce que Conway fût remplacé, et en 1769 il retourna à Édimbourg. En mars 1775, sa santé commença à décliner. En avril 1776, il termina sa *Own Life*, résumé concis de sa carrière littéraire. Comme historien, Hume occupe un rang élevé parmi les écrivains anglais, et il compte parmi les représentants les plus distingués de l'école philosophique au XVIIIe siècle. Hume a été, en philosophie, le promoteur du criticisme de Kant et il révèle un scepticisme froid et méthodique présenté sous une forme claire et rigoureuse. Dans ses *Dialogues sur la religion naturelle*, il attaqua l'existence de Dieu et de l'âme humaine. — Campenon a traduit son *Histoire d'Angleterre* (Paris, 1819-'22, 22 vol. in-8o).

* **HUMECTANT, ANTE** adj. Qui humecte. N'est guère usité qu'en parlant des aliments et des boissons qui rafraîchissent : *donner de choses humectantes à un malade, à un homme d'un tempérament sec*. — Se dit aussi substantiv. au masculin : *prendre des humectants*.

* **HUMECTATION** s. f. Action d'humecter; action de médicaments humectants.

* **HUMECTER** v. a. (lat. *humectare* ; de *humor*, humidité). Rendre humide, mouiller : *humecter la terre*. — Rafraîchir, en parlant des personnes : *s'humecter les entrailles par des remèdes rafraîchissants*. — S'humecter v. pr. Se rendre humide, se rafraîchir.

* ' **HUMER** v. a. Avaler quelque chose de liquide en retirant son haleine : *humer un bouillon*. — HUMER L'AIR, HUMER LE VENT, HUMER LE BROUILLARD, etc., s'exposer à l'air, au vent, au brouillard, etc., de telle sorte qu'il entre, qu'il pénètre dans les poumons. — Aspirer par le nez. HUMER L'ODEUR DES METS, les flairer avec délices.

* **HUMÉRAL, ALE, AUX** adj. (lat. *humerus*). Anat. Qui appartient, qui a rapport au bras ou à l'humérus : *muscle huméral*.

* **HUMÉRUS** s. m. [u-mé-russ] (lat. *humerus*). Anat. Os du bras, depuis l'épaule jusqu'au coude.

* **HUMEUR** s. f. (lat. *humor*). Toute substance fluide qui se trouve dans un corps organisé : *humeur subtile*. — Se dit aussi, vulgairement, des humeurs du corps que l'on croit viciées : *humeur âcre*. — HUMEURS FROIDES, nom vulgaire des écrouelles. — Disposition du tempérament ou de l'esprit. soit naturelle, soit ac-

cidentelle : *il a une humeur noire, une humeur atrabilaire, une humeur mélancolique*. — ÊTRE EN HUMEUR DE FAIRE QUELQUE CHOSE et ÊTRE D'HUMEUR A FAIRE QUELQUE CHOSE, sign., Être en disposition de le faire ; avec cette différence, qu'*Être en humeur*, se dit toujours de la disposition actuelle ; au lieu qu'*Être d'humeur*, se dit plus ordinairement d'une disposition habituelle. — ÊTRE EN HUMEUR DE BIEN FAIRE, se dit particulièrement de l'heureuse disposition d'esprit où se trouvent quelquefois ceux qui travaillent d'imagination et de génie, comme les poètes, les peintres, les musiciens, etc. On dit dans le sens contraire, *N'être pas en humeur*. (Vieux.) — Absol. Humeur chagrine, mauvaise humeur : *cet homme a toujours de l'humeur*. Par menace, *Je lui ferai bien passer son humeur*. — Quelquef. Fantaisie, caprice : *chacun a ses humeurs*. — Fam. C'EST UN HOMME D'HUMEUR, c'est un homme capricieux et d'humeur inégale. On dit dans le sens contraire, *C'est un homme qui n'a point d'humeur, qui est sans humeur, qui a une grande égalité d'humeur*. — Fam. N'AVOIR NI HUMEUR NI HONNEUR, se dit d'une personne que les affronts ne touchent plus, et qui a perdu tout sentiment d'honneur. — Se disait autrefois dans le sens de penchant à la plaisanterie, d'originalité facétieuse (vieux), mais on recommence à l'employer.

* **HUMIDE** adj. (lat. *humidus*). Qui est d'une substance aqueuse, qui tient de la nature de l'eau. Il est opposé à sec, et ne s'emploie guère qu'en poesie.

Ciel ! que de sang versé teindra l'*humide* plaine !
GILBERT. *Odes*.

— L'HUMIDE ÉLÉMENT, l'eau, L'HUMIDE EMPIRE, la mer, la mer, qui est abreuvé, qui est imprégné, chargé de quelque substance ou vapeur aqueuse : *la terre est encore toute humide*. — CERVEAU HUMIDE, se dit, par une erreur vulgaire, de la membrane pituitaire, lorsqu'elle abonde en sérosités. — TEMPÉRAMENT HUMIDE, tempérament qui abonde en pituide. — S'emploie aussi substantiv. au masculin, et se prend, dans la physique d'Aristote pour une des quatre premières qualités : *l'humide est opposé au sec*. — Méd. L'HUMIDE RADICAL, sorte de fluide imaginaire qu'un préjugé médical supposait être le principe de la vie dans le corps humain.

* **HUMIDEMENT** adv. N'est guère usité que pour signifier, dans un lieu humide : *être logé humidement*.

HUMIDIFIER v. a. Fam. Rendre humide.

* **HUMIDITÉ** S. f. (lat. *humiditas*). Qualité de ce qui est humide : *l'humidité de la terre, de l'air, du temps*.

HUMIÈRES (Louis DE CREVANT, *duc d'*), maréchal de France, mort en 1694. Ami particulier de Louvois et courtisan de Louis XIV, il se fit remarquer à la prise de Gisnoy, de Landrecies et au siège d'Arras, contribua à la conquête de Bergues, d'Oudenarde et d'Ypres, et fit la guerre de Flandre sous Turenne en 1667. Nommé maréchal l'année suivante, il refusa de marcher sous les ordres de Turenne et fut exilé ; il fit sa soumission et fut mis à la tête de l'armée de Flandre ; mais un échec qu'il subit à Valcour, en 1689, le fit remplacer par Luxembourg. Il mourut l'année suivante.

* **HUMILIANT, ANTE** adj. Qui humilie, qui mortifie, qui cause de la confusion, de la honte : *cela est humiliant*.

* **HUMILIATION** s. f. Action par laquelle on s'humilie, on est humilié ; ou état d'une personne humiliée, mortifiée : *je n'ai pu le voir dans une si grande humiliation sans lui pardonner*. — Se dit aussi des choses qui donnent de la confusion, de la mortification ; *il a essuyé une grande humiliation*.

* **HUMILIER** v. a. (lat. *humiliare*). Abaisser,

mortifier, donner de la confusion : *humilier l'orgueil, la fierté, l'audace de quelqu'un*. En termes de piété : *humilier son cœur*. — S'humilier v. pr. : *il voudrait que tout s'humiliât devant lui*.

* **HUMILITÉ** s. f. (*humilitas*). Vertu qui nous donne le sentiment de notre faiblesse, qui réprime en nous les mouvements de l'orgueil : *grande humilité*. — Se dit quelquefois, fam., pour déférence, soumission, abaissement : *je l'en ai prié en toute humilité*.

HUMIQUE adj. (rad. *humus*). Chim. Qui a rapport à l'humus.

* **HUMORAL, ALE** adj. (lat. *humor*, humeur), Méd. Qui a rapport aux humeurs : *vice humoral*.

HUMORIQUE adj. (lat. *humor*, humeur). Méd. Se dit d'un son présentant par une analogie avec celui que produit un liquide renfermé dans une cavité dont on percute les parois.

* **HUMORISME** s. m. (lat. *humor*, humeur). Méd. Doctrine des médecins humoristes : *l'humorisme n'a presque plus de partisans*.

* **HUMORISTE** adj. Qui a souvent de l'humeur sans sujet, qui est difficile à vivre ; *un homme, une femme humoriste*. (Fam.) — Se dit aussi des médecins qui attribuent principalement aux humeurs les divers phénomènes de la vie, soit dans l'état de santé, soit dans l'état de maladie : *médecin humoriste*. — s. Dans l'un et dans l'autre sens : *c'est un humoriste*. — Se dit de plus de certains écrivains dont la manière originale tient à leur humeur, à la disposition particulière de leur esprit : *un écrivain humoriste*.

* **HUMORISTIQUE** adj. Se dit de la manière d'écrire, des œuvres des humoristes : *un conte humoristique*.

HUMOUR s. m. (mot angl. formé du lat. *humor*, humeur). Gaieté fine, spirituelle, satirique, originale.

* **HUMUS** s. m. [u-muss] (lat. *humus*, terre). Didact. Terre végétale : *une couche d'humus*.

HUMUYA [ou-mou-ia], rivière du Honduras, qui prend sa source à l'extrémité S. de la plaine de Camayagua, s'unit au Blanco et au Santiago ou Venta pour former l'Ulua, qui se jette dans la baie de Honduras, à environ 35 kil. N.-E. d'Omoa. On a commencé dans sa vallée un chemin de fer interocéanique.

HUNALD, duc d'Aquitaine, mort en 774. Fils et successeur du duc Eudes, il essaya de secouer le joug des Francs; mais, après avoir repoussé les attaques de Charles Martel, il ne put résister à ses fils Pépin et Carloman et se déclara leur vassal. Il abdiqua en faveur de son fils et se fit moine en 745. Il sortit de son couvent pour combattre Charlemagne qui fit prisonnier. Rendu à la liberté, il se réfugia chez Didier, roi des Lombards, et le poussa à la guerre, mais il fut lapidé, dit-on, par les habitants de Pavie.

' **HUNDRED** (angl. *cent*). Subdivision d'un comté dans quelques parties de l'Angleterre. On regarde le *hundred* comme une institution danoise adoptée par le roi Alfred vers 897. Les hundreds qui existent diffèrent grandement en étendue et en population.

* **HUNE** s. f. (island. *hune*, tête de mât). Mar. Sorte de plate-forme élevée qui est en saillie autour des mâts, et qui sert à soutenir les hommes chargés des manœuvres hautes : *les hunes d'un navire*. — Grosse pièce de bois terminée par deux tourillons, et à laquelle une cloche est suspendue.

HUNÉRIC, roi des Vandales. Il était fils de Genséric, et, pour assurer le trône à ses descendants, il fit périr son frère Théodoric, la femme et les fils de ce prince, et persécuta les amis et les ministres de son père. Lâche et cruel, il assouvit encore sa haine d'arien sur plus de 40,000 catholiques, qu'il fit égorger. Il mourut en 488.

'HUNIADE ou Hunyad (Janos ou Jean) [hong. 'hounn'-iod-i], général hongrois et homme d'Etat, mort en 1456. Sous Uladislas, (1439-'44), il fut comte de Tesnes et commandant de Belgrade. Il repoussa l'invasion d'une armée turque qu'il mit en déroute en Transylvanie (1442). En 1443, il fit une campagne victorieuse en Servie et traversa les Balkans, ce qui lui valut la paix avec les Turcs. Ayant échappé au massacre de Varna (1444), il fut nommé gouverneur de la Hongrie pendant la minorité de Ladislas. En 1448, Iluniade fut battu par le sultan Amurath à Kosovo, mais, en 1454, il remporta de nouvelles victoires sur les Turcs. Son dernier acte fut la défense héroïque de Belgrade. Le roi Matthias Corvin était son fils. (Voy. Barbanègre.)

'HUNIER s. m. Mar. Voile qui se place au mât de hune. — Grand hunier, voile du grand mât. — Petit hunier, voile du mât de misaine.

HUNINGUE, ville de l'arr. de Mulhouse (Alsace-Lorraine), à 3 kil. de Bâle sur la rive gauche du Rhin; ce n'était qu'un village lorsque Louis XIV la fit fortifier par Vauban; elle fut démantelée en vertu du traité de Paris (1814). Elle a subi plusieurs sièges mémorables, entre autres celui de 1796 et celui de 1815. (Voy. Barbanègre.)

'HUNS s. m. pl. (lat. Hunni; gr. Ounnoï), peuple ou race de l'Asie septentrionale, qui habita, pendant plusieurs siècles, les plaines de la Tartarie et se fit redouter de l'empire chinois longtemps avant d'être connu des Romains. Ils formaient l'une des innombrables tribus tartares qui se jetèrent sur la Chine à une époque reculée; c'est pour mettre un terme à leurs incursions que les Chinois construisirent les fameuses grandes murailles dont nous avons parlé à notre article Chine. Repoussés de ce côté, les Huns se précipitèrent vers l'Occident, soumirent les Alains qui les avaient précédés entre le Volga et le Tanaïs, et apparurent en Europe vers l'an 375 après J.-C. Déjà, l'une de leurs tribus, nommée les Huns blancs, s'était établie sur les bords de la mer Caspienne. Leur arrivée en Europe jeta la perturbation et la terreur dans tout l'Occident. Les historiens grecs et romains nous les dépeignent comme des hommes hideux et repoussants, aux mœurs primitives, sauvages et féroces, avec un physique rappelant celui du singe, des épaules larges, le nez plat et de petits yeux profondément enfoncés dans la tête. Ils se nourrissaient de viandes crues (Voy. Culinaire.) Ayant battu et repoussé les Ostrogoths (375), ils se fixèrent un instant sur les bords du Don et du Dnieper, et obtinrent de Valens la possession de la Thrace (376). Associés à plusieurs autres tribus barbares, ils ravagèrent l'empire romain. Leur terrible roi Attila (voy. ce nom) porta à leur apogée leur empire, qui tomba après lui. Le peuple hun se dispersa et les fils d'Attila ne purent résister aux Ostrogoths; le nom de ce peuple farouche disparut en peu d'années et n'appartient plus qu'à l'histoire. On prétend que les Huns ont donné naissance aux Hongrois. L'histoire des Huns a été écrite par de Guignes.

HUNT (James Henry-Leigh) ['heunnt], poète et critique anglais, né en 1784, mort en 1859. Elevé à Cambridge et employé au ministère de la guerre, il se fit bientôt remarquer par ses opinions libérales qu'il développa avec hardiesse dans son journal l'Examiner. Condamné à la prison pour la défense de l'avènement d'un ministère torie, il y continua son journal et fit paraître : The Feast of the Poets (1811), The Descent of Liberty, a Mask (1815) et The Story of Rimini (1816). En 1818, il publia Fo-

liage or Poems original and translated, et, en 1819, il commença l'Indicator, petit journal hebdomadaire sur le modèle du Spectator. Ses autres écrits sont des romans, des essais, des poèmes, une Autobiography (1850), Table Talk (1851) et The Old Court suburb (1855).

'HUNTER (John) ['heunn-teur], chirurgien anglais, né en Ecosse en 1728, mort en 1793. En 1756, il devint chirurgien de l'hôpital Saint-Georges, et en 1759 chirurgien d'état-major dans l'armée. Il accompagna l'expédition de Bello-Isle en 1761, et après le siège de cette ville, servit en Portugal jusqu'à la paix de 1763. Ses ouvrages de chirurgie, avec notes par J.-F. Palmer, furent publiés en 4 vol. in-4° avec un atlas de 60 cartes (1835-'37). — Sa femme, Anne Home Hunter, née en 1741, morte en 1821), publia, en 1802, un volume de poèmes dont plusieurs furent mis en musique par Haydn.

HUNTER (William), médecin anglais, frère aîné du précédent, né (du) 1718, mort en 1783; il fut nommé successivement chirurgien à l'hôpital Saint-Georges et accoucheur à la Maternité. Il a laissé un ouvrage remarquable intitulé Anatomy of the human gravid uterus (1775).

'HUNTER s. m. ['heünn-teur] (mot angl. formé de to hunt, chasser). Cheval de chasse, ordinairement demi-sang, qui est exercé à franchir les obstacles : les meilleurs hunters viennent d'Irlande. (Voy. Cheval).

'HUNTINGDONSHIRE ['heunn-tign-deunn-cheur], comté intérieur de l'Angleterre; 929 kil. carr.; 63,672 hab. La partie septentrionale forme un district marécageux et sert de pâturage. Les rivières principales, sont l'Ouse et la Nene. Villes principales : Hutingdon, Saint-Ives, Saint-Neots et Ramsay. Huntingdon, chef du comté, est sur l'Ouse, à 90 kil. N. de Londres; 4,250 hab.

HUNTSVILLE I. Ville de l'Alabama (Etats-Unis), à 220 kil. N. de Montgomery; 4,910 hab. (2,375 de couleur). — II. Ville du Texas, à 95 kil. N. de Houston; 1,600 hab. (640 de couleur). Maisons d'éducation et pénitencier de l'Etat.

HUNYADE (Jean). Voy. Huniade.

HUON DE VILLENEUVE, trouvère et romancier français, mort au XIIIᵉ siècle. Il a laissé cinq vastes compositions sur le cycle de Charlemagne : Regnaut de Montauban, les Quatre fils Aymon, Maugis d'Aigremont, Beuves d'Aigremont et Doolin de Mayence.

HUOT (Jean-Jacques-Nicolas), géographe français, né à Paris en 1790, mort en 1845. Collaborateur et continuateur de Malte-Brun, il fut nommé conservateur de la bibliothèque de Versailles. On a de lui, outre le Précis de géographie qui porte le nom de Malte-Brun, et dont il composa presque en entier : Nouveau cours élémentaire de géologie (1838, 2 vol. in-8°); Nouveau manuel de minéralogie (1841, 2 vol. in-18); Dictionnaire de géographie physique, etc.

HUPPAZOLI (Francesco) ['houp-pa-dzo-li], centenaire piémontais, qui vit trois siècles, né en mars 1587, mort le 27 janvier 1702. A l'âge de 82 ans, il fut nommé consul de Venise à Smyrne. Il avait des habitudes régulières, ne buvait pas de liqueurs fermentées, mangeait peu, ne fumait jamais, se couchait et se levait de bonne heure. A l'âge de 100 ans, ses cheveux, sa barbe et ses sourcils, qui étaient blancs, redevinrent noirs. A 112 ans, il lui poussa deux nouvelles dents, mais il les perdit toutes avant sa mort et ne mangea plus que de la soupe. Il se maria cinq fois, eut 24 enfants légitimes et 25 illégitimes. Son cinquième mariage, qui eut lieu dans sa 99ᵉ année, produisit quatre enfants. Il a laissé des mémoires.

''HUPPE s. f. (lat. uppa). Touffe de plumes placées sur la tête de certains oiseaux et qui se redressent ordinairement à la volonté de ces animaux. On donne le nom particulier d'aigrette à la huppe composée d'un faisceau de plumes effilées, comme cela a lieu chez le paon, la grue couronnée, la demoiselle de Numidie, etc. — Ornith. Genre de passereaux ténuirostres, comprenant une demi-douzaine d'espèces, dont une habite l'Europe : c'est la

Huppe commune (Upupa epops).

huppe commune (upupa epops), joli oiseau, long de 30 centimètres, d'un roux vineux, avec les ailes et la queue noires. La huppe se tient sur le bord des forêts humides; sa nourriture se compose d'insectes, de vers et de chenilles; elle niche dans des trous d'arbres ou de murailles et pond 4 ou 5 œufs d'un gris cendré ou rougeâtre. Elle s'apprivoise mais ne vit pas en cage. Elle émigre en automne et se rend en Afrique.

''HUPPÉ, ÉE adj. Ne se dit proprement que des oiseaux qui ont une huppe sur la tête : alouette huppée. — Se dit, fig. et fam., d'une personne riche, notable, de haut parage : mais alors ne s'emploie qu'avec le mot Plus : il s'y est trouvé plusieurs gentilshommes et des plus huppés, des plus haut huppés. — Prov. et fig. Les plus huppés y sont pris, ceux qui se croient les plus habiles y sont attrapés.

HURDWAR ou **Hordouar,** ville de l'Inde britannique, sur le Gange, au pied des montagnes de l'Himalaya, à 135 kil. N.-N.-E. de Delhi; environ 5,000 hab., outre de nombreux fakirs qui habitent des cavernes. Elle est un célèbre lieu de pèlerinage à l'équinoxe du printemps. Tous les 12 ans, ce pèlerinage est regardé comme particulièrement sacré et on dit que plus de 2 millions de pèlerins s'y assemblent. (Voy. Choléra.)

''HURE s. f. Nom que l'on donne à la tête de quelques animaux, particulièrement lorsqu'elle est coupée : hure de sanglier, de saumon, de brochet. — Il a une vilaine hure, se dit d'un homme qui a les cheveux mal peignés et fort hérissés.

HUREPOIX, petit pays de l'ancienne France, entre la Brie, le Gâtinais, l'Orléanais et le Mantais; il avait pour ch.-l. Dourdan et est aujourd'hui englobé dans le département de Seine-et-Oise.

''HUREAU. Voy. Hux.

HURIEL, ch.-l. de cant., arr. et à 13 kil. N.-O. de Montluçon (Allier); 3,000 hab. Commerce de bestiaux et de grains. Ruines d'un château du moyen âge.

'HURLANT, ANTE adj. Qui hurle : la foule hurlante.

''HURLEMENT s. m. Cri prolongé que fait le loup, et que fait aussi quelquefois le chien : on entendait toute la nuit le hurlement des loups. — Se dit, par anal., des cris aigus ·('

prolongés que l'on pousse dans la douleur, dans la colère, etc. : *elle fit des hurlements lorsqu'on lui apprit la mort de son fils.*

' ' HURLER v. n. (lat. *ululare*). Se dit des loups et des chiens lorsqu'ils font un cri prolongé : *on entend les loups hurler.* — Prov. et fig. IL FAUT HURLER AVEC LES LOUPS, il faut s'accommoder aux manières, aux mœurs, aux opinions de ceux avec qui l'on vit, ou avec qui l'on se trouve, quoiqu'on ne les approuve pas entièrement. — Se dit, par anal., des cris aigus et prolongés que l'on pousse dans la douleur, dans la colère, etc. : *il ne crie pas, il hurle.* — Quelquef., par exagération. Parler avec emportement, avec le ton de la fureur : *cet avocat a tant hurlé, qu'il en a perdu la voix.*

' ' HURLEUR s. et adj. m. Celui qui hurle qui pousse de grands cris. — DERVICHE HURLEUR, se dit d'une sorte de religieux musulman qui se distingue par la violence de ses gestes et de ses cris. — SINGE HURLEUR, espèce de singe d'Amérique, appelé *alouate* ou *stentor.*

' HURLUBERLU s. m. Fam. Inconsidéré, brusque, étourdi : *c'est un hurluberlu.*

' HURON, ONNE adj. Qui a rapport aux Hurons : *nation huronne.* — s. m. Langue des Hurons.

HURON (Lac), l'un des grands lacs de l'Amérique septentrionale, entre les Etats-Unis et l'Amérique anglaise. Il reçoit à son extrémité N. les eaux du lac Supérieur par la rivière de Sainte-Marie, et celles du lac Michigan par le détroit de Mackinaw. Son débouché à l'extrémité S. est la rivière Saint-Clair. Il est borné à l'O. et au S.-O. par le Michigan et au N. et à l'E. par l'Ontario (Canada). La baie Georgian (100 kil. de long et 75 de large) se trouve entièrement dans l'Ontario. La largeur totale du lac Huron (y compris la baie Georgian) est d'environ 250 kil. et sa longueur d'environ 340 kil. Son élévation au-dessus du niveau de la mer est d'environ 300 mètres. Sa profondeur moyenne est de 300 à 400 mètres. Les rivières qui s'y jettent sont pour la plupart de peu d'importance. Les villes principales que l'on trouve sur ses rives sont Collingwood, Owen Sound, Gaderich et Sarnia dans l'Ontario; Bay City et Port Huron dans le Michigan.

HURONS, ancienne tribu puissante des Indiens américains, occupant originairement un petit territoire près de la baie de Georgian (partie du lac Huron). Ils formaient une branche de la famille des Hurons-Iroquois. Quand les Français commencèrent, sous Champlain, à occuper les rives du Saint-Laurent, en 1609, les Hurons étaient alliés aux Algonquins et aux Montagnais contre les Iroquois ou Cinq-Nations. Champlain entra dans cette alliance et accompagna les Hurons dans plusieurs expéditions (1609-1615); une mission franciscaine fut établie chez les Hurons. Vers 1630, on comptait environ 30,000 Hurons répandus dans 25 villages, sur un territoire de 100 kil. sur 35 par 45° 30' lat. N., près du lac Huron. Vers 1632, les Jésuites commencèrent leurs fameuses missions huronnes, qui durèrent jusqu'à la destruction de cette nation. En 1648, les Iroquois prirent Ossossane, ville principale des Hurons, et en 1649, deux autres grandes villes furent anéanties. Les Hurons se dispersèrent alors. Les Tohontoenrat, l'une des quatre divisions de leur tribu, se rendirent dans la contrée Seneca. Le reste s'enfuit à l'île Charity, dans le lac Huron et à Menitoulin, mais un grand nombre périrent par la famine et les autres se fixèrent dans l'île Orléans. En 1667, les Hurons se transportèrent à Notre-Dame de Foye, et en 1693, à Lorette, ensuite à Jeune-Lorette, près de Québec; ils en ont fait leur résidence. Leur nombre était officiellement, en 1872, de 261. Il y a peu de pur sang. Leur langage a été remplacé par le français. Les

Tiotinontates ou Dionondadies, voisins des Hurons, s'enfuirent dans le Wisconsin; ils sont appelés aussi Hurons, mais après leur arrivée à Sandusky, ils prirent le nom de Wyandot. (Voy. WYANDOTS.) Une grammaire de la langue huronne, par le P. Chaumont, fondateur de Lorette, fut publiée à Québec en 1831.

HURRA ou **Hurrah**. Voy. HOURRA.

' HUSH ['bouch], ville de Moldavie, près du Pruth, à 50 kil. S.-E. de Jassy; environ 13,000 hab. Une paix, qui y fut conclue le 25 juillet 1711 entre la Russie et la Turquie, sauva Pierre le Grand et son armée de la destruction ou de la capitulation.

HUSKISSON (William), homme d'Etat anglais, né en 1770, mort le 15 sept. 1830. Il entra au ministère de la guerre comme sous-secrétaire d'Etat en 1795 et quitta le cabinet avec Pitt en 1801. De 1796 à sa mort, il siégea au parlement, où il se fit surtout remarquer par ses connaissances financières et commerciales, il y a été le véritable promoteur du mouvement en faveur du libre-échange. Il fut tué par une locomotive à l'ouverture du chemin de fer de Liverpool à Manchester. (Voy. CHEMIN DE FER.)

' HUSS ou **Hus** (Johannes ou JEAN), réformateur religieux bohémien, né vers 1373, brûlé à Constance, le 6 juillet 1415. Il prit ses degrés à l'université de Prague en 1393, commença ses cours de philosophie et de théologie en 1398, devint président de la faculté de théologie en 1401 et fut installé prédicateur de la chapelle de Bethléem en 1402, et recteur de l'université en 1409. Il devint confesseur de la reine et le chef d'un parti de prêtres et d'écoliers, qui, influencés par les écrits de Wycliffe, méditèrent d'apporter des réformes à la discipline et à la doctrine. Dans une série de sermons prononcés devant l'archevêque, Huss s'éleva contre l'inconduite du clergé, il parla de dépouiller les églises des ornements inutiles afin que le pauvre fût nourri et vêtu; il demanda que les officiers séculiers fussent chargés de punir les vices des ecclésiastiques. L'accusation d'hérésie s'éleva bientôt contre lui et il fut appelé à Rome pour répondre à ses ennemis. Il envoya des avocats pour plaider sa cause devant les cardinaux, mais ils ne furent pas entendus; il fut condamné comme hérétique et on lui ordonna de quitter Prague. Sa fuite enflamma le zèle de ses partisans. Un soulèvement eut lieu dans la ville, les partisans de Huss furent victorieux, l'archevêque s'enfuit et Huss rentra. Il publia des brochures soutenant que ce n'était pas la parole du prêtre, mais la pouvoir de Dieu qui opérait le changement de la transsubstantiation; que toute personne poussée par l'Esprit avait le droit de prêcher. Il fut de nouveau placé sous l'interdit comme hérétique incorrigible, et à la requête pressante du roi, il quitta Prague. Dans un long traité sur l'*Eglise*, il soutint que la papauté commença d'exister à l'époque de Constantin et que les usurpations commencèrent de détruire l'Evangile. En 1414, à l'instigation de l'empereur Sigismond, le pape Jean XXIII, convoqua un concile général à Constance, et Huss fut sommé d'y paraître. Malgré le sauf-conduit de l'empereur, il fut arrêté et emprisonné peu de temps après son arrivée (28 nov.) Le 5 juin 1415, il eut sa première audience devant le concile. A une troisième audience (8 juin), on lut 39 articles, extraits de trois de ses ouvrages, relativement à divers points de son enseignement. Huss, sommé de rétracter ses hérésies, refusa de le faire, affirmant qu'il ne pouvait pas rétracter ce qu'il n'avait jamais dit, de même qu'il ne devait pas rétracter ce qu'il avait tiré jusqu'à ce qu'on lui en eût montré la fausseté. Le 24 juin, ses livres furent condamnés à être brûlés comme hérétiques et le 6 juillet, il fut livré au bras

séculier. Au poteau, il fut sommé de nouveau d'abjurer ses hérésies, mais à la sommation, il s'agenouilla et pria, en récitant des paroles des psaumes de David. Quand le feu fut allumé il commença à chanter à haute voix le *Christe eleison*, et ne cessa que lorsqu'il fut suffoqué par les flammes. Les écrits de Huss ont été publiés par Palacky.

' ' HUSSARD s. m. (hong. *husz*, vingt ; *ar*, impôt ; parce que, lors des guerres contre les Turcs, la Hongrie et la Croatie devaient fournir, par vingt maisons, un cavalier armé et équipé). Cavalier hongrois. On donne aujourd'hui ce nom aux soldats des corps de cavalerie légère dont l'uniforme ressemble à celui de la cavalerie hongroise. En 1637, parurent, en France, des compagnies de hussards étrangers, servant comme troupes auxiliaires; en 1692, un régiment hui formé avec les déserteurs hongrois (Voy. CAVALERIE.) On disait autrefois et quelques-uns disent encore HOUSSARD; d'autres, en plus grand nombre, disent HOUSARD. — COUPER LES CRINS DES CHEVAUX A LA HUSSARDE, les laisser depuis le bas de l'encolure jusqu'à la moitié, et couper le reste jusqu'à la tête. — Prov. VIVRE A LA HUSSARDE, vivre de pillage.

HUSSEIN-PACHA, dernier dey d'Alger, né en 1773, mort en 1838. Il avait servi dans la milice turque avant d'être élevé au pouvoir ; notre consul à Alger lui adressant un jour de justes réclamations au nom de la France, reçut de lui un coup d'éventail ; de là l'expédition et la conquête d'Alger. Hussein-Pacha vaincu obtint de se retirer avec tout son per sonnel, son argent et ses femmes; il mourut à Alexandrie après avoir visité Naples et Paris.

' HUSSITE s. m. Partisan de Jean Huss. Après la mort de ce réformateur (1415), les hussites formèrent une secte qui fit, de la communion sous les deux espèces, le symbole de son association. A la mort de Wenceslas (1419), ils refusèrent de reconnaître l'empereur Sigismond comme roi ; en conséquence la guerre civile hussite éclata. Ils se divisèrent en deux partis, les plus modérés s'appelaient calixtins et les plus sévères tabarites. Sous Ziska et sous Procopius, chefs de ces derniers, ils remportèrent de nombreux succès. En 1433, les calixtins acceptèrent les concessions du concile de Bâle, et après la défaite des taborites près de Bohemian Brod (1434), ils furent acceptés par la Bohême, et Sigismond fut reconnu roi. Après sa mort (1437) les guerres civiles éclatèrent de nouveau sans résultat décisif jusqu'en 1485, époque où une paix fut établie par le roi Ladislas, paix qui assurait aux catholiques et aux calixtins les possessions qu'ils occupaient. (Voy. ZISKA et PROCOPIUS.)

HUSSON (Jean-Christophe-Armand), statisticien, né à Claye (Seine-et-Marne) le 8 sept. 1809, mort le 3 déc. 1874; fut directeur de l'Assistance publique et membre de l'Institut; il a laissé des ouvrages de statistique et d'administration.

' HUTCHESON (Francis) ['heutch-s'n], philosophe écossais, né en Irlande en 1694, mort en 1747. Il étudia la théologie à Glasgow et devint pasteur presbytérien dans l'Ulster. En 1729, il fut nommé professeur de philosophie morale à l'université de Glasgow. Il publia *Inquiry into the Original of our Ideas of Beauty and Virtue*, *Nature and Conduct of the Passions and Affections*, *Synopsis Metaphysica Ontologiam et Pneumatologiam complectum*, et *Philosophiæ Moralis Institutio*. Son ouvrage le plus profond, le *System of Moral Philosophy*, parut après sa mort.

' HUTIN adj. m. (même étymol. que *mutin*). Vif, querelleur, entêté. (Vieux.) Louis X fut surnommé *le Hutin*.

* ' **HUTTE** s. f. (anc. haut all. *hutta*). Petite loge faite grossièrement avec de la terre, du bois, de la paille, etc. : *la hutte d'un berger*. On dit plus ordinairement, *Les baraques des soldats*. (Voy. BARAQUE.)

' **HUTTEN** (Ulric VON), ['houtt'-tènn], savant allemand, né au château de *Steckelberg*, près de Fulda, en 1488, mort en 1523. A l'âge de 11 ans, on le mit au monastère de Fulda, mais à 15 ans il se sauva du cloître et entra à l'université d'Erfurt où il fut entretenu par ses amis et ses parents. Il se rendit ensuite à Cologne où il étudia les écrits de saint Thomas d'Aquin et de Duns Scot. Il rassembla les matériaux pour ses *Epistolæ Obscurorum Virorum*. Après avoir mené une vie vagabonde et éprouvé une série de mésaventures, il se rendit en 1511 à Wittemberg où il publia son *Ars Versificatoria*, regardé comme un chef-d'œuvre. Il erra en Bohême, en Moravie et en Autriche. Arrivé à Pavie en avril 1512, il résolut d'étudier la jurisprudence. Mais, trois mois plus tard, la ville fut assiégée par l'empereur Maximilien, et Hutten, qui avait pris part à la lutte, se croyant en danger de mort, écrivit son épitaphe. Dépouillé de tout ce qu'il possédait, il s'enfuit à Bologne. Le résultat de ses études italiennes est établi dans la satire de Oὖτις (Personne). Il retourna en Allemagne en 1514. Un hasard le rendit célèbre. Le duc Ulric de Wurtemberg, amoureux de la femme de Johann von Hutten, assassina celui-ci, qui était cousin du savant. Quand Hutten apprit cette nouvelle, il écrivit ses *Déplorations*, cri de vengeance, et il appela les villes allemandes à se délivrer de la tyrannie ducale. Ses dénonciations rendirent proverbiale la tyrannie de ce duc. Avec le secours d'un grand nombre d'amis, il publia les célèbres *Epistolæ Obscurorum Virorum*, ouvrage qui contribua beaucoup à la réforme. En 1515, il se rendit à Rome, ostensiblement pour y étudier les lois, mais ayant été mêlé à une querelle, il s'enfuit à Bologne, qu'il fut obligé de quitter pour la même cause. Après avoir visité Ferrare et Venise, il trouva nécessaire de retourner en Allemagne. A Augsbourg, il fut présenté à l'empereur qui lui donna les éperons de chevalier. Il fut envoyé en mission à Paris par l'électeur de Mayence, et établit des relations intimes avec les savants français. En 1518, il trouva un protecteur dans Albert, margrave de Brandenburg, qui l'invita à se placer à la tête de l'Allemagne unie. Dans la même année, il accompagna le margrave à la diète d'Augsburg où Luther devait répondre à Cajetan. Mais Hutten, projetant d'unir les princes d'Europe contre les Turcs, fut fasciné par l'idée de devenir un homme d'Etat influent. Il imprima lui-même, à Steckelberg, en 1519, l'ouvrage dans lequel il prêchait cette croisade : *Ad Principes Germaniæ, ut bellum Turcis invehant Exhortatoria*. En 1519, il se joignit à Franz von Sickingen, dans la ligue de la Souabe contre Ulric de Würtemberg. La guerre finie, il se retira au château de Sickingen, où il écrivit les attaques les plus amères contre Rome. Chassé du château, il se réfugia à Ebernburg. Il combattit dans l'armée de Charles-Quint au siège de Mayence. Il voyagea ensuite en Suisse; Zwingle obtint pour lui un asile dans l'île de Ufnau (lac de Zürich), où il termina sa vie.

HUTTENHEIM, ville de l'arr. d'Erstein (Alsace-Lorraine), cédée à l'Allemagne par le traité de Francfort.

* ' **HUTTER** (Se) v. pr. Faire une hutte pour se loger : *à peine les soldats eurent-ils le temps de se hutter*. En parlant des soldats, on dit plus ordinairement, SE BARAQUER.

HUTTON (James) ['heut'-t'n], philosophe naturaliste écossais, né à Edimbourg en 1726, mort en 1797. Il étudia la médecine et se consacra à la géologie. En 1795, il publia les résultats de 30 années d'étude dans sa *Theory of the Earth*, cherchant à prouver que la chaleur est l'agent principal de la nature. (Voy. GÉOLOGIE.)

HUY (flam. *Hœy* [hou'-i]), ville de Belgique, sur la Meuse, à 22 kil. S.-O. de Liège; 11,429 hab. Belle église gothique; manufactures de papier, de cuir, de faïence; statue de Pierre l'Hermite dans le jardin de l'ancienne abbaye de Neufmoutier, qu'il avait fondée. Près de la se trouvent des mines de fer, de zinc et de charbon.

HUYGENS (Christian), (holl. hoï'-khènns], philosophe naturaliste hollandais, né à La Haye en 1629, mort en 1695. A 16 ans, il se rendit à Leyde pour étudier le droit et les mathématiques. En 1650, après un voyage en Danemark avec Henri, comte de Nassau, il commença les recherches mathématiques et physiques qui le rendirent célèbre. En 1651, il publia, à Leyde, son premier ouvrage sur la quadrature des hyperboles, de l'ellipse et du cercle. En 1655, Huygens vint en France. De retour en Hollande, il dirigea son attention vers la construction des télescopes. Il découvrit le premier (aujourd'hui le quatrième) satellite de Saturne en 1656. Ses ouvrages sur le calcul des probabilités, sur la cissoïde, sur les conoïdes hyperboliques, sur les sphéroïdes en général et sur la quadrature d'une portion de la cycloïde, renferment des pensées originales et élevées. L'application du pendule aux horloges est une de ses inventions pratiques, de même que la roue à balancier des montres. En 1659, il construisit un télescope de 7 m. de longueur focale; examinant de nouveau Saturne, il découvrit l'anneau de cette planète. Il découvrit aussi la grande nébuleuse de l'épée d'Orion, les bandes des disques de Jupiter et de Mars, et établit le fait que les étoiles fixes n'ont pas de magnitude sensible. En 1660, il publia ses célèbres théorèmes sur l'impact des corps, sur lesquels reposent la plupart des principes des lois du mouvement. Il devint membre de l'Académie des sciences de France en 1665, et il habita ensuite Paris pendant la plus grande partie des 15 années suivantes. Il présenta à l'Académie un grand nombre de mémoires, dont quelques-uns n'ont pas été publiés. En 1670, il visita la Hollande pour rétablir sa santé et à son retour à Paris, en 1671, il acheva son grand ouvrage *Horologium Oscillatorium* (1673), dans lequel il donne une méthode pour trouver le centre de l'oscillation, résolvant pour la première fois la question proposée par Mersenne en 1646. Dans ce livre se trouvent ses 13 célèbres théorèmes sur la force centrifuge; en 1676, il lut devant l'Académie des sciences son fameux traité sur la théorie ondulatoire de la lumière, qu'il publia en 1690. En 1681, il retourna dans sa patrie et il commença immédiatement la construction d'un planétaire automatique. Cette invention conduisit à l'importante découverte des fractions continues, qu'il trouva nécessaire d'employer à l'effet d'établir le rapport entre le nombre des dents de deux roues qui engrènent l'une dans l'autre. Ensuite il le reprit, pour plusieurs années, de concert avec son frère Constantin, la construction de télescopes. Il fit deux objectifs, l'un de 55 m. et un autre de 70 m. de longueur focale, qu'il présenta à la Société royale de Londres. Il refusa pendant longtemps d'adopter le calcul différentiel; mais, à la longue, on l'engagea à l'examiner; il correspondit avec Leibnitz et l'aida dans ses travaux. Sa découverte des lois de la double réfraction de la lumière dans le spath d'Islande et de la polarisation a été relatée dans son *Traité de la lumière* (1690), et conduisit, plus qu'aucune autre cause, à étudier de nouveau la théorie ondulatoire. Les œuvres de Huygens furent publiées par Gravesande sous le titre de *Opera varia* (2 vol. in-4°, Leyde, 1724), et *Opera reliqua* (2 vol. in-4°, Amsterdam, 1728).

* **HYACINTHE** s. f. (gr. *hyakinthos*). Plante. (Voy. JACINTHE.) — Se dit aussi d'une pierre précieuse qui est ordinairement d'un jaune tirant sur le rouge: *hyacinthe d'Orient*.—Pharm. CONFECTION D'HYACINTHE. Sorte d'électuaire, dans la composition duquel il entrait des pierres d'hyacinthe avec beaucoup d'autres ingrédients. On continue de l'appeler du même nom, quoiqu'on n'y fasse plus entrer d'hyacinthe.

HYACINTHE (Mythol. gr.), adolescent d'une grande beauté et favori d'Apollon. Il fut aussi aimé de Zéphyre, qui, par jalousie, le fit périr en lui lançant le disque d'Apollon à la tête. De son sang naquit la fleur nommée hyacinthe ou jacinthe.

HYACINTHE (Saint), né en 1185, mort en 1257. Appartenant à l'une des premières familles polonaises, il vint à Rome terminer ses études et s'y lia avec saint Dominique, qui le fit entrer dans son ordre. Il parcourut ensuite la Pologne, la Prusse, le Danemark, la Suède et la Norvège en prêchant l'Evangile, traversa plus tard le N. de la Russie et atteignit la Tartarie et les frontières de la Chine. Fête le 16 août.

* **HYADES** s. f. pl. (gr. *huades*; de *huein*, pleuvoir). Astrom. Assemblage d'étoiles placées sur le front du Taureau céleste: *les anciens croyaient que le lever et le coucher des Hyades étaient toujours accompagnés de pluie*. — En Poésie : LES SOMBRES, LES TRISTES, LES FROIDES, LES PLUVIEUSES HYADES. Ces images, qui étaient vraies au temps des plus grands poètes de la Grèce et de Rome, ont cessé de l'être aujourd'hui sous leur climat même, le lever de ces étoiles s'opérant dans d'autres saisons qu'alors.

HYADES (Mythol. gr.), nymphes, filles d'Atlas, roi de Mauritanie, et d'Ethra ou de l'Océan; leur nombre varie entre cinq et douze, suivant les divers auteurs. Elles eurent un tel chagrin de la mort de leur frère Hyas, tué à la chasse, qu'elles en moururent; les dieux les transportèrent dans l'Olympe. — On donne également ce nom à un groupe de cinq étoiles qui se trouvent dans la constellation du Taureau.

HYALE s. f. (gr. *hualos*, cristal). Moll. Genre de mollusques ptéropodes, caractérisé par deux grandes ailes, point de tentacules, un manteau fendu sur les côtés, logeant les branchies, et revêtu d'une coquille également fendue. Par les fentes de cette dernière sortent des lanières plus ou moins longues. Ces animaux, très agiles et généralement brillants, nagent le ventre en l'air et ressemblent à des papillons qui volent. On en connaît une vingtaine d'espèces répandues dans toutes les mers. L'espèce la plus commune dans la Méditerranée est l'*hyale à trois dents* (*hyalea tridentata*), dont la coquille, longue à 17 millim., est d'une teinte rosée, en partie blanchâtre en dessus.

HYALIN, INE adj. (gr. *hyalos*, verre). Qui est semblable au verre.

HYALOÏDE adj. (gr. *hyalos*, verre; *eidos*, apparence). Qui ressemble à du verre. — s. f. Substance vitrée de l'œil.

HYALONÈME s. m. (gr. *hualos*, verre; *néma*, fil). Zooph. Genre de polypiers dont on a décrit plusieurs espèces brillantes et recherchées pour les collections d'histoire naturelle. L'*éponge de verre* ou *corde de verre* (*hyalo nema Lusitanicum*) fut décrite en premier lieu par le Dr J.-E. Gray, du *Musée Britannique*, en 1835; il la considérait comme un corail voisin des éventails de mer (*gorgonia*); elle consiste en une branche tordue de fils vitreux divergents à une extrémité et convergents à l'autre, qui est plus ou moins couverte d'une croûte brune, garnie d'élévations cylindriques verruqueuses. Les fils, principalement composés de silice, sont brillants, diaphanes et très flexibles ; leur faisceau mesure de 25 à 40 centim. de long et environ 2 centim. d'épaisseur ; les fils qui le composent ont une grosseur qui varie de celle d'un poil à celle d'une aiguille à tricoter. Les élévations verruqueuses sont regardées généralement comme des polypes du genre *palythoa*. Dans son état naturel, l'extrémité convergente est enveloppée d'une masse spongieuse dont le faisceau était regardé comme un parasite par le Dr Gray. Les opinions des savants ont varié à ce sujet. Tous conviennent qu'il y a une masse spongieuse attachée à cet animal composé, parce que la structure microscopique des fils est parfaitement caractéristique des spicules des spongiaires ; leur caractère siliceux montre qu'ils ne sont pas formés par des polypes ; la masse spongieuse à l'extrémité supérieure consiste en un tissu élégant d'une épaisse masse de spicules siliceux très courts, formant une espèce de feutre ; l'éponge terminale est plus ou moins taillée en forme de coupe avec une cavité centrale, ouverte et conique.

HYALURGIE s. f. (gr. *hyalos*, verre ; *ergon*, travail). Art de fabriquer le verre.

HYBLA, nom de plusieurs villes de l'ancienne Sicile ; les plus considérables sont les suivantes : I. **Hybla Major** ou MAGNA, sur la pente S. du mont Etna, près de la rivière Symethus. Son emplacement se trouvait probablement à Paterno où l'on a découvert un autel dédié à *Venus Victrix Hyblensis*. — II.

Éponge de verre (Hyalonema Lusitanicum).

Hybla Minor, qui était située si près de Megara sur la côte E. au N. de Syracuse que les deux villes étaient souvent confondues ; elle était renommée surtout pour le miel que l'on récoltait dans son voisinage.

HYBRIDATION s. f. Croisement de deux espèces ou de deux races différentes.

* **HYBRIDE** adj. (gr. *hybris*, outrage). Qui est né, provenu de deux espèces différentes : *les mulets sont des animaux hybrides*. Se dit plus souvent des plantes que des animaux : *plante hybride*. — S'emploie aussi substantiv. : *les hybrides sont stériles*. — adj. Gramm. Se dit des mots formés de radicaux pris dans deux langues différentes : *monocle, bureaucratie sont des mots hybrides*. — ENCYCL. Une loi naturelle veut que l'union sexuelle ait lieu seulement entre individus de la même espèce, zoologique ou botanique ; leurs produits présentent en conséquence les caractères spécifiques communs aux deux parents. L'union entre un mâle et une femelle d'espèces différentes, donne, quand elle est fertile, un produit qui ne ressemble ni à l'un ni à l'autre de ses parents, mais qui présente un mélange, dans des proportions à peu près égales, de leurs caractères séparés. Ainsi,

la mule, qui est l'exemple d'hybride le plus connu, n'est ni un cheval ni un âne, mais un solipède intermédiaire, entre le cheval et l'âne. Chez les animaux, il existe une préférence instinctive pour l'union sexuelle entre créatures de la même espèce plutôt qu'entre animaux d'espèces différentes. Un certain degré de ressemblance dans la structure physique des parents est nécessaire pour la fertilité de leur union sexuelle. C'est pourquoi les formes les plus fréquentes de l'hybridité se produisent entre différentes espèces du même genre. Le cheval, par exemple, produira avec l'âne, le zèbre et le quagga ; le chien avec le loup et probablement avec le renard ; la chèvre avec le mouton, le bélier avec le daim, le lapin avec le lièvre. — Les termes hybrides et hybridation sont souvent employés vaguement et appliqués en botanique à des plantes produites par le simple croisement de variétés. Le nom d'hybrides devrait être restreint aux plantes provenant des graines d'une espèce fertilisée par le pollen d'une autre espèce ; les formes produites par des croisements productifs entre variétés de la même espèce proviennent d'un croisement et non d'une hybridation. (Voy. Darwin, *Variation des animaux et des plantes à l'état domestique*, et *Origine des espèces ;* et E.-A. Carrière, *Production et fixation des variétés dans les végétaux*, Paris, 1865).

HYBRIDER v. a. Associer, en parlant de deux espèces différentes.

HYBRIDITÉ s. f. Caractère d'un hybride. D'après Broca (*Journal de Brown-Séquard* 1859), voici quelles sont les diverses catégories d'hybridité : 1° *agénésique*, dont les métis sont inféconds ; 2° *dysgénésique*, dont les métis, inféconds entre eux, peuvent quelquefois, mais difficilement, se croiser avec l'une ou l'autre des espèces mères ; 3° *paragénésique*, dont les métis, peu ou point féconds entre eux, se croisent aisément avec l'une au moins des deux espèces mères et donnent des métis de deuxième sang féconds entre eux ; 4° *eugénésique*, dont les métis de premier sang sont féconds entre eux.

HYCSOS. Voy. HYKSOS.

HYDARTHROSE s. f. (gr. *hudôr*, eau ; *arthron*, articulation). Pathol. Accumulation de sérosité ou de synovie dans une cavité articulaire. On l'observe surtout dans les articulations du genou ; cette affection vient souvent à la suite d'un coup, d'une chute ou d'une violence extérieure quelconque et on la reconnaît à la gêne des mouvements, à la fluctuation et à la tuméfaction, sans changement de couleur de la peau. Les individus scrofuleux ou simplement lymphatiques y sont particulièrement prédisposés. L'hydarthrose est aiguë ou chronique, simple ou compliquée. On la combat par le repos, la compression, les vésicatoires, la pommade iodurée et la teinture d'iode en frictions ou en compresses ; les sangsues mises au début produisent quelquefois un bon effet.

HYDASPE, rivière de l'Inde ancienne. Voy. JHYLUM et PUNJAUB.

* **HYDATIDE** s. f. (gr. *hudatis*, vessie). Hist. nat. Nom commun à un grand nombre de parasites des animaux supérieurs, affectant la forme vésiculaire et remplis d'un liquide aqueux. (Voy. VERS). — Méd. Se dit des tu-

meurs enkystées qui contiennent un liquide aqueux et transparent.

* **HYDATISME** s. m. (gr. *hudôr*, eau). Méd. Bruit causé par la fluctuation d'un liquide renfermé dans un abcès.

HYDE (Thomas), orientaliste anglais, né en 1636, mort en 1703. Il fut archidiacre de Gloucester, directeur de la bibliothèque bodléienne, professeur d'arabe et d'hébreu à Oxford, mort en 1703. Agent des Bourbons, à la cour de Charles II, de James II et de Guillaume III. Son ouvrage le plus important est *Veterum Persarum et Medorum Religionis Historia* (meilleure éd., 1760). Une édition complète des autres ouvrages parut à Oxford en 1767.

HYDE DE NEUVILLE (Jean-Guillaume), BARON, homme d'Etat français, d'origine écossaise, né à la Charité-sur-Loire (Nièvre) en 1776, mort en 1857. Agent des Bourbons, il fut exilé après l'affaire de la machine infernale, passa quelque temps aux Etats-Unis, fut employé dans toutes les négociations et dans toutes les transactions qui eurent lieu en 1814 en 1815, fut élu à la *Chambre introuvable*, comme ultra-royaliste. De 1816 à 1821, il fut ministre de France à Washington. Ambassadeur à Lisbonne en 1821, il contribua au rétablissement du roi George VI que son fils Dom Miguel avait emprisonné. En 1828, comme ministre de la marine, il mit en vigueur les mesures contre la traite des noirs et favorisa l'indépendance de la Grèce. Il se retira de la Chambre en 1832.

HYDE-PARK, célèbre parc de Londres. On y trouve une statue colossale d'Achille (érigée le 18 juin 1822 avec le bronze des canons pris aux Français à Salamanque, à Vittoria, à Toulouse et à Waterloo) et le palais de Cristal (1851).

HYDERABAD. I. Etat indigène de l'Inde britannique, appelé aussi état du Nizam, borné au N.-E. par les provinces centrales, au N. par Berar, au N.-O. et à l'O. par Bombay, au S. et au S.-E. par Madras ; environ 11,000,000 d'hab. Les rivières principales sont : le Godavery, le Kistnah, le Wurda et le Panigunga. Mi-

Résidence anglaise à Hyderabad.

néraux : le fer, le charbon, les grenats et les diamants. Le sol est fertile mais mal cultivé. Les produits principaux de l'agriculture sont : le blé et le coton ; soieries et tapis ; exportation d'acier, de coton et de bois de teck. Hyderabad fut érigé en royaume séparé en 1512 ; en 1687, il devint province de l'empire Mogol. Azof Jah, officier de la cour de Delhi, gouverna cette province en 1719, avec le titre de Nizam ul-Mulk (régulateur de l'Etat) et se rendit indépendant. Après sa mort, en 1748, Nizam Ali monta sur le trône en 1761 et fut allié des Anglais dans leurs guerres contre Tippo-Saïb. La mauvaise administration de de son successeur ruina profondément Hyderabad. — II. Capitale des États du Nizam, sur le Mussi, à 10 kil. S.-E. de Golconde et à environ 400 kil. N.-N.-E. de Madras; sa population, entre 80,000 et 200,000 hab. Elle est fortifiée, possède de nombreuses mosquées et est entourée de jardins. Elle est gardée par une forte garnison anglaise. La résidence anglaise est sur le côté opposé de la rivière.

HYDER-ALI, sultan de Mysore, né vers 1718, mort le 7 décembre 1782. Entré au service du rajah de Mysore en 1749, il s'éleva, dans l'espace de 10 ans, au commandement de l'armée et peu après, il renversa le rajah, prit possession de la souveraineté et étendit les limites de Mysore. La compagnie des Indes orientales, alarmée de sa puissance, lui fit la guerre en 1767. Il remporta de grands succès, parut devant Madras et força le gouvernement à faire une alliance défensive avec lui (avril 1769). Les Anglais ayant refusé de le secourir dans les guerres qu'il eut avec les Mahrattes, il ravagea leurs territoires pendant deux ans et mourut durant les négociations de la paix. Tippo-Saïb, son fils, lui succéda.

HYDNE s. m. (gr. hudnon, nom d'un champignon). Bot. Genre de champignon caractérisé par un chapeau portant à sa face intérieure une membrane fructifère hérissée de pointes ou d'aiguillons, et comprenant plusieurs espèces alimentaires.

* HYDR... ou Hydro... Préfixe formé du mot grec hudôr, eau, et qui sert à composer beaucoup de mots scientifiques.

HYDRA, île de la Grèce, dans l'Archipel, à 50 kil. de la côte de l'Argolide, séparée seulement du continent par le détroit d'Hermione, par 37° 19' 31" de lat. N. et 21° 7' 27" de long. E.; environ 30,000 hab.; superficie 15,200 hect.; sol montueux et peu fertile. Les Hydriotes sont d'habiles marins qui, en 1821, en harcelant les flottes ottomanes, concoururent à l'indépendance de la Grèce. — Ch.-l. de l'île de ce nom, place fortifiée et port sûr, à 70 kil. S.-O. d'Athènes. École supérieure de commerce et de navigation; siège d'un évêché catholique romain.

HYDRABAD, ville de l'Inde britannique, dans le Sind, à 6 kil. E. de l'Indus; environ 20,000 hab. Elle est reliée à Kurrachee sur la mer d'Arabie, par un chemin de fer de 170 kil. de longueur. Elle était autrefois la résidence des chefs amirs du Sind.

HYDRACIDE s. m. (gr. hudôr, eau: franç. acide). Acide produit par la combinaison de l'hydrogène avec un corps simple ou composé.

* HYDRAGOGUE adj. [i-dra-go-ghe] (gr. hudôr, eau; agô, je chasse). Méd. Se dit des médicaments auxquels on attribuait la propriété de faire écouler la sérosité épanchée dans les différentes cavités du corps ou dans le tissu cellulaire. — S'emploie aussi substantiv. au masculin : donner des hydragogues à un malade.

HYDRAMIDE s. m. (gr. hudôr, eau; franç. amide). Chim. Substance dérivée de certaines huiles volatiles qui ont la propriété de dégager de l'eau quand elles se trouvent en contact avec l'ammoniaque.

HYDRARGILITE s. f. (gr. hudôr, eau; franç. argile). Minéral. Nom que l'on donne à deux variétés d'hydrate d'alumine et à un phosphate hydraté de la même base.

HYDRARGURE s. f. (gr. hudôr, eau; arguros, argent). Chim. Amalgame de mercure et d'un métal quelconque.

HYDRARGYRE s. m. (gr. hudôr, eau; arguros, argent). Nom scientifique du mercure.

HYDRARGYREUX adj. Qui contient du mercure.

HYDRARGYRIE s. f. Éruption pelvienne causée par l'administration interne ou l'application externe de médicaments à base de mercure.

HYDRARGYRIQUE adj. Mercuriel : préparation hydrargyrique.

HYDRARTHRE s. f. (gr. hudôr, eau; arthron, articulation). Pathol. Hydropisie des articulations.

* HYDRATE s. m. (gr. hudôr, eau). Chim. Nom générique des corps composés d'eau et d'un oxyde métallique ou d'eau et d'un acide : la pierre à cautère est un hydrate de potasse; la chaux éteinte forme un hydrate de chaux.

* HYDRATÉ, ÉE adj. Chim. Qui est combiné avec l'eau : minerai de fer hydraté.

HYDRATER (S'). Chim. Passer à l'état d'hydrate.

HYDRATIQUE adj. Qui a quelques caractères des hydrates.

HYDRAULICIEN s. m. Ingénieur en hydraulique.

* HYDRAULIQUE adj. (gr. hudôr, eau; aulos, tuyau). N'est guère usité qu'en parlant de la science, de l'art qui enseigne à conduire et à élever les eaux, ou des machines qui servent à cet objet : science hydraulique. — Orgue hydraulique, orgue qui joue par le moyen de l'eau. — Chaux hydraulique, chaux mêlée de silice, avec laquelle on forme un mortier qui a la propriété de durcir sous l'eau. — Balance hydraulique, machine hydraulique très simple employée dans les usines à fer pour élever sur la plate-forme du haut fourneau le minerai et le combustible. Cet appareil se compose d'une tonne suspendue à l'extrémité d'un câble qui s'enroule sur un treuil. Un autre câble s'enroule en sens contraire sur le même treuil et porte, à son extrémité, le fardeau à soulever. La tonne étant au haut de sa course, on y amène de l'eau; elle s'emplit, descend et soulève le fardeau. Lorsque celui-ci est arrivé au haut de sa course, un mécanisme ouvre une soupape, ménagée au fond de la tonne qui se vide et remonte. — Bélier hydraulique. (Voy. Bélier.) — Presse hydraulique, (Voy. Hydrostatique.) — s. f. Science hydraulique : cet homme entend parfaitement l'hydraulique.

* HYDRE s. f. Nom donné par quelques auteurs à une sorte de serpent qui vit dans les rivières et dans les étangs : les hydres mangent le petit poisson. — Se dit plus ordinairement d'un serpent fabuleux que les poètes feignaient avoir sept têtes, et à qui il en renaissait plusieurs dès qu'on lui en avait coupé une : Hercule tua l'hydre de Lerne. — Se dit, fig., dans le style élevé, d'un mal qui augmente à proportion des efforts qu'on fait pour le détruire. En ce sens, il n'est guère usité que lorsqu'on parle des maux du corps politique.

Que l'hydre de la France, en révoltes féconde,
                    Malherbe. Sonnet à Louis XIII.

— Astron. Nom d'une constellation de l'hémisphère austral. — Zooph. Genre de petits polypes nus, qui vivent dans l'eau douce. (Voy. Hydroïde.)

HYDRIOTE s. et adj. Qui est d'Hydra, qui appartient à cette île ou à ses habitants.

HYDROCANTHARE adj. (gr. hudôr, eau; kantharos, scarabée). Entom. Qui ressemble ou qui se rapporte à l'hydrocanthe. — s. m. pl. Tribu de coléoptères pentamères, carnassiers et aquatiques, comprenant les deux genres dytiques, gyrins et hydrocanthe.

HYDROCANTHE s. m. (gr. hudôr, eau; kantharos, scarabée). Entom. Genre type des hydrocanthares, comprenant plusieurs espèces d'insectes d'eau, toutes exotiques.

HYDROCARBONATE s. m. Minér. Carbonate

hydraté. — Chim. Sel double d'un carbonate et d'un hydrate.

HYDROCARBONNÉ, ÉE adj. Chim. Qui se compose d'eau et de carbone.

HYDROCARBONIQUE adj. Chim. Se dit d'une combinaison acide de carbone et d'hydrogène.

HYDROCARBURE s. m. (gr. hudôr, eau; franç. carbure). Chim. Composé exclusivement formé de carbone et d'hydrogène. On dit aussi carbure d'hydrogène ou hydrogène carburé. Les principaux hydrocarbures sont l'éthylène, le propylène, le toluène, etc.

* HYDROCÈLE s. f. (gr. hudôr, eau; kêlê, tumeur). Méd. Tumeur due à l'accumulation de la sérosité dans le tissu cellulaire du scrotum, ou dans quelqu'une des enveloppes du testicule et du cordon spermatique : avoir une hydrocèle. — L'hydrocèle est souvent déterminée par l'équitation, les coups et les chutes. Elle est ovoïde élastique et transparente (ce qui la distingue du cancer et de l'hématocèle); la peau est unie, brillante et lisse; la tumeur, de nature indolente, ne change pas de place suivant les positions du corps (ce qui la distingue de la varicocèle) et n'augmente pas à la toux (ce qui la distingue de la hernie); elle peut devenir parfois très volumineuse. Le traitement consiste dans la ponction suivie d'une injection iodée ou d'une forte solution de nitrate d'argent. Chez les enfants, un bandage permanent et légèrement compressif suffit souvent pour réduire la tumeur.

* HYDROCÉPHALE s. f. (gr. hudôr, eau; kephalê, tête). Méd. Hydropisie de la tête : hydrocéphale chronique. — adj. et s. Méd. Qui est affecté d'une hydrocéphale.

HYDROCÉPHALIQUE adj. Qui concerne l'hydrocéphalie.

HYDROCÉPHALITE s. f. Inflammation du cerveau, accompagnée d'un épanchement séreux.

HYDROCÈRE s. m. (gr. hudôr, eau; keras, tige). Bot. Genre de balsaminées comprenant plusieurs espèces que l'on trouve dans l'Inde.

* HYDROCHLORATE s. m. (gr. hudôr, eau; fr. chlorate). Chim. Nom générique des sels formés d'acide hydrochlorique et d'une base quelconque : hydrochlorate d'ammoniaque. On a dit, Muriate, et on dit aujourd'hui Chlorhydrate.

* HYDROCHLORIQUE adj. (gr. hudôr, eau; chloros, vert). Chim. Se dit d'un acide gazeux composé de volumes égaux de chlore et d'hydrogène: l'acide hydrochlorique. On l'a nommé aussi, acide muriatique; il se nomme aujourd'hui acide chlorhydrique. (Voy. ce mot.)

* HYDROCOTYLE s. f. gr. (hudôr, eau; cotulé, écuelle). Bot. Genre d'ombellifères, dont plusieurs espèces croissent dans les lieux humides ou marécageux. (Voy. Écuelle-d'eau.) On emploie avec succès l'hydrocotyle contre la lèpre et les affections de la peau. En tisane : 8 gr. de feuilles sèches dans un litre d'eau.

HYDROCOTYLÉ, ÉE adj. Bot. Qui ressemble à l'hydrocotyle ou qui s'y rapporte. — s. f. pl. Tribu d'ombellifères ayant pour type le genre hydrocotyle.

HYDROCYANATE s. m. Chim. Sel produit par la combinaison de l'acide hydrocyanique avec une base.

HYDROCYANIQUE adj. (gr. hudôr, eau; franç. cyanique). Chim. Acide produit par le cyanogène et l'hydrogène combinés.

HYDRODYNAMIQUE (gr. hudôr, eau; dunamis, force). Science du mouvement des fluides. (Voy. Hydromécanique.)

HYDRO-ÉLECTRIQUE adj. Phys. Se dit de certains phénomènes électriques qui ne se produisent entièrement qu'en présence de l'eau. — MACHINE HYDRO-ÉLECTRIQUE, machine magnéto-électrique dans laquelle l'électricité est produite par un jet de vapeur d'eau. En 1840, Armstrong construisit la première machine hydro-électrique.

HYDROFLUORIQUE adj. Chim. Se dit d'une combinaison acide d'hydrogène et de fluor.

HYDROFLUOSILICIQUE adj. Chim. Se dit d'une combinaison acide d'hydrogène, de fluor et de silicium.

HYDROFUGE adj. (gr. hudór, eau; lat. fugare, mettre en fuite). Qui écarte l'humidité : mastic hydrofuge.

HYDROGÉNATION s. f. Chim. Action d'hydrogéner.

* **HYDROGÈNE** s. m. (gr. hudór, eau; genos, production). Chim. Générateur de l'eau. Ne se dit que de la substance aériforme autrefois connue sous le nom d'Air ou de Gaz inflammable, et dont la combinaison avec le gaz oxygène forme de l'eau : l'hydrogène est toujours à l'état de gaz. — HYDROGÈNE CARBONÉ, SULFURÉ, etc., hydrogène qui tient en dissolution du carbone, du soufre, etc. : le gaz hydrogène carboné sert à l'éclairage. — Se dit aussi, dans le langage ordinaire, du gaz hydrogène carboné que l'on emploie à l'éclairage : l'hydrogène, le gaz hydrogène donne une lumière très vive. (Voy. GAZ.) — ENCYCL. L'hydrogène est un corps simple, gazeux, ainsi nommé à cause de la propriété qu'il possède de former l'eau en se combinant avec l'oxygène. Son symbole est H ; son équivalent chimique 1 ; son poids, comparé à l'air, 0,06926. On le connut vers la fin du XVIIᵉ siècle, et il fut appelé air inflammable. Ce gaz ne se trouve jamais à l'état libre, dans la nature ; mais on l'obtient facilement en décomposant l'eau dont il constitue environ le neuvième (en poids). Pour le dégager de l'oxygène, avec lequel il constitue l'eau, on opère à peu près de la même manière que pour la décomposition des oxydes métalliques : on présente au composé une substance qui a une forte affinité pour l'oxygène, et cette substance, se combinant avec lui, rend libre l'hydrogène. La vapeur d'eau, passant dans un tube de fer plein de copeaux de fer et maintenu à une chaleur rouge, est ainsi décomposée, l'oxygène s'unissant au fer et l'hydrogène s'échappant. La méthode ordinaire de préparer le gaz est de placer quelques petits morceaux de zinc dans de l'huile de vitriol ou acide sulfurique étendu de cinq ou six fois son volume d'eau. La réaction est représentée par la formule $Zn + H^2 SO^4 = Zn SO^4 + H^2$. Le gaz, qui se dégage avec effervescence, peut être recueilli au moyen d'un tube recourbé qui le mène de la bouteille génératrice dans un récipient renversé sous l'eau. Le platine spongieux possède la propriété de déterminer une union si subite de l'hydrogène et de l'oxygène, que lorsqu'un jet d'hydrogène est projeté, à l'air libre, sur ce platine, celui-ci entre en combustion. La présence de l'hydrogène dans l'atmosphère du soleil et dans les planètes a été démontrée par l'analyse spectrale. On attribue à l'hydrogène quatre des lignes qui se trouvent sur le soleil. — Paracelse observa un dégagement de gaz d'une solution de fer dans de l'huile de vitriol, vers l'an 1500 ; Turquet de Mayerne découvrit l'inflammabilité de ce gaz, en 1656 ; Lémery parla de son pouvoir détonant en 1700 ; Cavendish le classa parmi les corps élémentaires en 1766 ; Watt montra le premier en 1781, que ce gaz, en brûlant, se combine avec l'oxygène, et que cette combinaison produit de l'eau, (Voy. EAU.) L'hydrogène ne put être liquéfié avant 1877 (Voy. AIR.)

* **HYDROGÉNÉ, ÉE** adj. Chim. Qui est combiné avec de l'hydrogène. — SUBSTANCES HY-

DROGÉNÉES, substances organiques dans lesquelles l'hydrogène prédomine comme les essences, les corps gras, les résines, etc.

HYDROGÉNER v. a. Combiner avec l'hydrogène.

HYDROGENIUM s. m. Nom donné en 1866, par Thomas Graham, à un métal hypothétique qu'il avait cru découvrir en comprimant de l'hydrogène dans un morceau de métal de palladium, ou qui avait, affirma-t-il, dans un mémoire lu devant la Société royale de Londres (7 janv. 1869), « produit un alliage de palladium et d'hydrogenium. »

* **HYDROGRAPHE** s. m. (gr. hudór, eau; graphein, décrire). Celui qui est versé dans l'hydrographie. — ADM. « Il existe, en France, des ingénieurs hydrographes, des examinateurs hydrographes et des professeurs d'hydrographie. Le corps des ingénieurs hydrographes, qui fait partie de la marine de l'État, a dans ses attributions les reconnaissances hydrographiques des côtes de France et dans divers parcours de la navigation, le levé et la construction des cartes marines, le dépouillement des documents nautiques et scientifiques recueillis par le dépôt des cartes et plans de la marine, la rédaction des instructions et avis à l'usage des navigateurs, la publication des ouvrages scientifiques entrepris par le département de la marine, enfin les observations des marées, du régime des eaux et des phénomènes magnétiques et météorologiques utiles à la navigation (Arr. minist. 15 sept. 1848). La hiérarchie de ce corps est ainsi formée : 1º élève ingénieur-hydrographe pris parmi les élèves de l'école polytechnique ; 2º sous-ingénieur hydrographe de 3ᵉ, de 2ᵉ et de 1ʳᵉ classes ; 3º ingénieur-hydrographe de 2ᵉ et de 4ᵉ classes ; 4º ingénieur-hydrographe en chef (Décr. 5 mars 1856). Les examinateurs hydrographes font partie des commissions chargées de l'examen des candidats aux brevets de capitaine au long cours et de maître au cabotage (Décr. 26 janv. 1857). Dans un certain nombre de ports de commerce, la science de l'hydrographie est enseignée gratuitement aux marins dans des écoles spéciales dont la fondation est due à Richelieu (Ord. janv. 1629) par des professeurs qui dépendent du ministère de la marine et qui sont nommés au concours. » (CH. Y.)

* **HYDROGRAPHIE** s. f. (gr. hudór, eau; graphein, décrire). Connaissance ou description des mers ; art de naviguer : l'hydrographie enseigne à pointer les cartes, à diriger les routes, à faire des observations astronomiques, etc. — ENCYCL. L'hydrographie est la science qui fait connaître la configuration des côtes et du fond de l'Océan et de ses tributaires, au moyen de sondages, par l'observation des marées et des courants, par l'étude des vents, de leur action, et de la loi des orages. Les résultats de ces études se trouvent sur des cartes qui donnent les contours des côtes et des ports, les profondeurs de l'eau dans les canaux navigables, les rochers et les bancs avec les sondages qui y ont été opérés et diverses informations concernant la marée et le magnétisme. Dans le cours des recherches, on obtient aussi des spécimens du fond au moyen d'appareils attachés au plomb de sonde ; et la température de l'eau est souvent prise comme guide additionnel pour déterminer la position. Avec des cartes marines, comme elles sont aujourd'hui préparées et publiées par les bureaux hydrographiques anglais et français, les dangers de la navigation ont été de beaucoup diminués. L'invention des cartes à l'usage des marins est attribuée ordinairement à Henri le Navigateur (1394-1460) ; les premières furent grossières et imparfaites, le volume et même la forme

véritable de la terre étant alors inconnus, le loch pour mesurer les milles nautiques n'étant pas encore employé, le seul instrument pour déterminer la latitude étant l'astrolabe de mer, et les instruments pour déterminer la longitude n'existant pas. Peu de progrès furent accomplis par les soins des gouvernements avant le milieu du XVIIIᵉ siècle ; le peu que l'on apprit en hydrographie provenait d'entreprises des particuliers, tels que Colomb, Cabot, Drake et autres navigateurs. Les recherches que Jacques Cook commença à Québec en 1759, furent continuées pendant environ 20 ans et peuvent être considérées comme le commencement d'une ère nouvelle dans l'hydrographie. La Grande-Bretagne, la France, l'Espagne, les États-Unis et d'autres nations ont maintenant leurs bureaux hydrographiques établis par les gouvernements. Les côtes ont été relevées d'une manière précise ; des navires d'exploration fréquentent toutes les parties du globe et pénètrent dans des mers jusqu'alors presque inconnues, dessinant les limites des ports, déterminant avec exactitude la position géographique des pointes de terre, des rochers, des bas-fonds, des bancs de sable, dont beaucoup jusqu'alors étaient inconnus. Dans cette science, l'Angleterre est de beaucoup plus avancée que les autres nations. Non contente du relevé le plus complet et le plus admirable de ses côtes, elle a étendu son œuvre à toutes ses possessions et aux côtes des nations étrangères. L'hydrographie physique recherche les lois de la formation des bas-fonds, l'effet des courants sur les ports, sur les détroits, etc.

HYDROGRAPHIQUE adj. Qui appartient à l'hydrographie : description hydrographique.

HYDROÏDE adj. (franç. hydre ; gr. eidos, aspect). Hist. nat. Qui ressemble ou est semblable à un polype nommé hydre. — s. m. pl. Ordre le moins élevé des acalèphes comprenant, d'après Agassiz, deux formes distinctes, l'une ressemblant aux polypes, l'autre semblable à de la gélatine. L'hydre verte

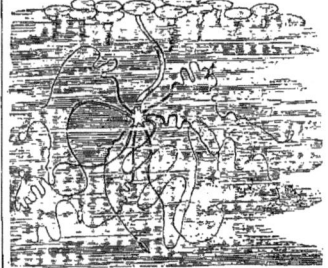

Hydra viridis.

commune d'eau douce (hydra viridis) se distingue facilement à l'œil nu ; son corps est un tube cylindrique, avec des cellules et une matière colorante verte ; à la base est un suçoir en forme de disque, qui lui permet de s'attacher aux corps étrangers ; il est généralement suspendu, la tête en bas, à quelque plante aquatique. La bouche, à l'extrémité opposée au suçoir, est entourée de 5 à 15 tentacules contractiles et communiquant avec la cavité générale et stomacale du corps ; au moyen de ces tentacules, les hydres obtiennent leur nourriture qui consiste en animaux aquatiques infiniment petits. Les hydroïdes ne possédant aucune espèce d'organes intérieurs, sont à peine supérieurs aux protozoaires.

HYDROLÉ s. m. Médicament composé d'eau et de substances propres à guérir.

* **HYDROLOGIE** s. f. (gr. hudór, eau ; logos, discours). Partie de l'histoire naturelle qui traite des eaux et de leurs différentes espèces.

HYDROLOGIQUE adj. Qui a rapport à l'hydrologie.

HYDROLOGUE s. m. Celui qui s'occupe d'hydrologie.

HYDROMÉCANIQUE adj. (gr. *hudór*, eau; franç. *mécanique*). Se dit de certains appareils dans lesquels l'eau est employée comme moteur mécanique: *presse hydromécanique.* — s. f. Science qui traite de la mécanique des liquides, de leurs lois d'équilibre et de mouvement. On dit mieux HYDROSTATIQUE.

° **HYDROMEL** s. m. (gr. *hudór*, eau; *meli*, miel). Sorte de breuvage fait d'eau et de miel. L'*hydromel simple* ou non fermenté s'obtient en faisant fondre environ 40 gr. de miel dans 500 gr. d'eau. L'*hydromel vineux* ou *fermenté*, appelé aussi *œnomel*, s'obtient en faisant fermenter du miel dans de l'eau. Il devient mousseux quand on le met en bouteille aussitôt la fermentation.

HYDROMELLÉ s. m. Médicament à base d'hydromel.

* **HYDROMÈTRE** s. m. (gr. *hudór*, eau; *metron*, mesure). Nom sous lequel on désigne en général tous les instruments qui servent à mesurer la pesanteur, la densité, la vitesse, la force, etc., des liquides. (Voy. ARÉOMÈTRE.) — Part. Instrument propre à mesurer l'épaisseur de la couche d'eau qui tombe chaque année sur la surface de la terre en un lieu donné.

* **HYDROMÉTRIE** s. f. Science qui apprend à mesurer la densité, la vitesse, la force des liquides et particulièrement de l'eau.

HYDROMÉTRIQUE adj. Qui appartient à l'hydrométrie.

HYDROOL s. m. (gr. *hudór*, eau). Pharm. Eau considérée comme excipient.

HYDROOLAT s. m. Eau distillée.

HYDROOLATURE s. f. Infusion ou décoction d'une substance médicamenteuse dans l'eau.

HYDROOLÉ s. m. Substance médicamenteuse ayant l'eau pour excipient.

HYDROOLIQUE adj. Pharm. Se dit d'un médicament qui a l'eau pour excipient.

* **HYDROPHOBE** s. et adj. Méd. Celui ou celle qui a l'eau et tous liquides en horreur. Se dit particulièrement de ceux qui sont attaqués de la rage.

* **HYDROPHOBIE** s. f. (gr. *hudór*, eau; *photein*, craindre). Méd. Horreur de l'eau et des autres liquides: *l'hydrophobie est un symptôme de la rage.* — La rage même: *être atteint d'hydrophobie.* (Voy. RAGE.)

HYDROPHOBIQUE adj. Qui a rapport à l'hydrophobie.

HYDROPHOSPHURE s. m. Combinaison d'hydrogène phosphoré avec une base.

* **HYDROPIQUE** adj. Méd. Qui est malade d'hydropisie: *devenir hydropique.* — S'emploie aussi substantiv.: *c'est un hydropique.*

* **HYDROPISIE** s. f. (gr. *hudór*, eau; *ops*, aspect). Méd. Accumulation de sérosité dans quelque partie du corps où il ne devrait point y en avoir: *hydropisie générale.* — Se dit surtout, dans le langage ordinaire, de l'hydropisie du bas-ventre, qui produit une enflure plus ou moins considérable: *dans l'hydropisie, on est toujours altéré.* — ENCYCL. On donne le nom générique d'hydropisie à tout épanchement de sérosité qui s'effectue, soit dans la cavité des membranes séreuses, soit dans les mailles du tissu cellulaire, en l'absence de tout travail inflammatoire. L'hydropisie est rarement idiopathique; elle est le plus souvent symptomatique d'une affection du cœur, du foie, des reins, etc. Elle prend différents

noms selon son étendue ou selon le lieu où elle se localise. — I. Hydropisie générale. (Voy. ANASARQUE.) — II. Hydropisie partielle. (Voy. ŒDÈME.) — III. Hydropisie du ventre. (Voy. ASCITE.) — IV. Hydropisie de poitrine. (Voy. HYDROTHORAX.)

* **HYDROPNEUMATIQUE** adj. (gr. *hudór*, eau; *pneuma*, air). Chim. Se dit de l'appareil qui sert à recueillir les gaz, et dont la pièce principale est une cuve remplie d'eau: *appareil hydropneumatique.*

* **HYDROSCOPE** s. m. (gr. *hudór*, eau; *skopein*, voir). Celui qui fait profession de découvrir les sources.

* **HYDROSCOPIE** s. f. Art de rechercher les sources.

HYDROSCOPIQUE adj. Qui concerne l'hydroscopie.

HYDROSTAT s. m. (gr. *hudór*, eau; lat. *stare*, rester debout). Appareil mécanique au moyen duquel plusieurs personnes peuvent se tenir et travailler dans l'eau.

* **HYDROSTATIQUE** s. f. (gr. *hudór*, eau; *statikê*, statique). Partie de la mécanique qui traite de l'équilibre des liquides et des pressions qu'ils exercent sur les parois des vases. — Il est aussi adjectif des deux genres, *Balance hydrostatique*, balance employée pour déterminer les densités des corps; c'est une balance ordinaire dont l'un des plateaux porte inférieurement un crochet auquel on suspend par un fil les corps que l'on peut, de cette façon, peser alternativement dans l'air et dans l'eau. — ENCYCL. L'hydrostatique ou hydromécanique comprend l'hydraulique et l'hydrodynamique. L'hydrostatique reçut son plus grand développement aux XVIe, XVIIe et XVIIIe siècles. Quelques-uns de ses principes généraux, susceptibles de démonstration analytique et expérimentale, furent d'abord établis dans la dernière partie du IIIe siècle av. J.-C. par Archimède, auquel on doit la démonstration du principe fondamental de l'équilibre des liquides, savoir: que chaque particule dans un liquide en repos, subit une pression égale dans toutes les directions, et qu'un corps solide, plongé dans un liquide, perd de son poids, un poids égal à celui du liquide déplacé, d'où il déduisit la méthode d'obtenir la gravité spécifique. Les premières recherches scientifiques sur le mouvement des liquides furent faites par le consul Frontinus, inspecteur des fontaines publiques à Rome, sous les règnes de Nerva et de Trajan. Ensuite vint Stevinus (né vers 1550), ingénieur des digues pour le gouvernement de Hollande. Il publia en 1586, *Principes de statique et d'hydrostatique*, ouvrage dans lequel il établit de nouveau le principe d'Archimède et en déduit le *paradoxe hydrostatique*, que la pression d'un liquide sur le fond d'un vase peut être plus grande que le poids de ce liquide. Galilée, dans son *Discours sur les corps flottants* (1612), montre qu'il connaissait les lois de la science, et c'est à sa découverte de l'accélération uniforme de la chute des corps que nous devons l'un des principes fondamentaux de l'hydromécanique. Sir Isaac Newton fit des recherches sur le frottement et la viscosité qui diminuent la rapidité de l'eau coulante, et la rapidité des jets; mais sur ce dernier point il commit l'erreur de supposer que la rapidité avec laquelle l'eau jaillit d'un orifice est égale

à celle qu'un corps atteindrait s'il tombait d'une hauteur égale à la moitié de la hauteur qu'il y a entre la surface du liquide et l'orifice. Sa découverte postérieure de la *vena contracta* modifia ses conclusions, il fit des études sur les vagues, l'un des sujets les plus difficiles dans la science hydrostatique, et il s'en tira d'une manière digne de son génie. L'écoulement de l'eau par dessus les barrages a été l'objet de recherches expérimentales de la part du chevalier Dubuat, de d'Aubuisson, de Castel, de M. Prony, de Smeaton, de Brindley, de Robinson, d'Evans, de Blackwell et autres. — La première propriété importante de liquide est la parfaite mobilité de ses particules et leur légère cohésion, démontrée par le fait que les liquides forment des gouttes. Il n'y a pas de répulsion active entre les particules jusqu'à ce qu'elles aient été chauffées à un certain degré; ou la répulsion, s'il y en a, et en supposant que les deux forces sont toujours en action, est moindre que la cohésion. Un certain degré de froid, variant suivant le liquide, causera une augmentation de la force cohésive, de sorte que le liquide deviendra visqueux, puis solide; et l'on trouve que la fluidité d'un liquide est favorisée par la chaleur et que l'eau froide ne coule pas dans un tuyau aussi rapidement que l'eau chaude. La seconde propriété physique importante des liquides est leur grande résistance à la compression, de sorte que pendant longtemps, on douta que l'eau fût compressible. L'expérience de Bacon, qui martela un vase de plomb rempli d'eau jusqu'à ce qu'elle fût forcée à travers les pores du métal, fut citée comme preuve de l'incompressibilité de l'eau; mais une remarque de Bacon, lorsqu'il eut évalué la quantité d'eau exsudée par le vase et qu'il eut comparé cette quantité au volume dont le vase avait diminué par le martelage, indique qu'il en tire une conclusion différente. L'expérience des académiciens florentins lorsqu'ils forcèrent l'eau d'une manière semblable à travers les pores d'un vase d'argent, fut regardée pendant quelque temps comme établissant d'une façon incontestable l'incompressibilité de l'eau; mais l'appareil inventé par Œrsted prouve que l'eau et tous les autres liquides sont compressibles. Canton avait montré antérieurement que les liquides sont compressibles, mais on ne pouvait certifier exactement leur degré de compressibilité, en raison de la difficulté que l'on éprouvait à déterminer l'expansion produite dans le vase contenant l'eau. Œrsted obvia à cet inconvénient en plaçant ce vase dans un autre, de manière qu'il reçût une pression égale sur les surfaces égales en dedans et en dehors, et qu'il conservât ainsi une capacité uniforme. La figure 1 représente cet appareil. Le liquide qui doit être soumis à la pression est placé dans le vase en verre intérieur *a*, du sommet duquel part un tube capillaire qui redescend parallèlement au vase. L'extrémité ouverte de ce tube plonge dans du mercure contenu dans le fond du vase extérieur. Un autre tube *b*, gradué et employé comme manomètre, ouvert à son extrémité inférieure et plongeant dans le mercure, est placé avec le vase *a* dans un fort cylindre de verre; celui-ci est surmonté d'un plus petit cylindre métallique, muni de la vis de compression, *c*, et d'un entonnoir *d*, qui sert à introduire le liquide. Le vase *a* avec son tube capillaire ayant été rempli de liquide, est mis en position, ainsi que le manomètre; le cylindre extérieur est rempli d'eau, le robinet d'arrêt de l'entonnoir est fermé et la pression est produite en tournant la vis. On voit le mercure s'élever dans le tube capillaire du vase *a*, ce qui prouve que son contenu diminue de volume. L'air contenu dans le manomètre diminuant de volume en proportion de la pression exercée d'après la loi de Boyle et de Mariotte, sert en conséquence, à mesurer cette force. —

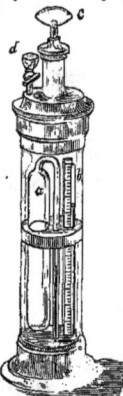

Fig. 1.
Appareil d'Œrsted.

I. Hydraulique. En raison de leur mobilité, les particules d'un liquide obéissent à la loi de la gravité et présentent au repos une surface unie; par la même raison, chaque particule et, par conséquent, chaque portion du liquide doit exercer et recevoir une pression égale dans toutes les directions. Si cela n'était pas, les particules d'un liquide ne viendraient

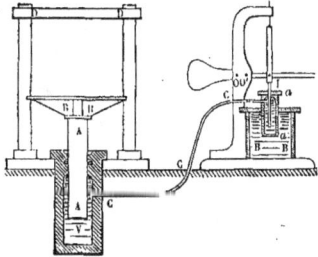

Fig. 2. Presse hydraulique.

jamais à l'état de repos. C'est sur ce principe que la presse hydraulique a été construite (fig. 2). La pompe aspirante et foulante a, alimentée par la citerne B, pousse l'eau dans le tube C et la comprime dans le fort cylindre V qui *communique la pression au piston A*. La puissance obtenue est la proportion de la section tranversale du gros piston, relativement à la section du petit piston. Les pistons ne s'adaptent pas aux cylindres de la manière habituelle; il faut qu'ils soient très serrés. Le mode de construction augmente beaucoup l'efficacité de la machine qui, bien que décrite par Stevinus et par Pascal, resta inutile en pratique à cause de la fuite de l'eau entre le cylindre et le piston, jusqu'à ce que Bramah inventât le collet en cuir embouti, qui empêche l'eau de s'échapper, sous la pression. Cette machine explique la loi mécanique que, *ce que l'on perd en vitesse, on le gagne en puissance*. Si la section tranversale du gros piston égale 100 centim. carr., et celle du petit piston 1 centim. carr. il faut que ce dernier parcoure un espace de 100 centim. pour que le gros piston parcoure 1 centim., mais le gros piston est mu avec cent fois autant de puissance que le petit. D'où il suit qu'un liquide presse également sur toutes les parties du récipient, à la même profondeur; que, si l'on fait un trou dans le côté du récipient, il y aura moins de pression de ce côté, et en conséquence que si le récipient

Fig. 3.

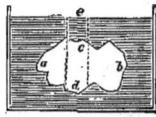

Fig. 4. Principe d'Archimède.

flotte sur l'eau, comme dans la fig. 3, il se mettra en mouvement dans la direction de la flèche. — *Principe d'Archimède*. Un corps solide, plongé dans un liquide perd de son poids, un poids égal à celui du volume du liquide déplacé; c'est ce que l'on appelle le *principe d'Archimède*; on le démontre comme suit : supposons que a b (fig. 4) soit un corps solide plongé dans un liquide, la section verticale c d sera poussée de haut en bas par une force égale au poids de la colonne d'eau e c, et de bas en haut par une force égale à celle qu'exerce une colonne d'eau égale à e d. Donc, la pression de bas en haut excède la pression de haut en bas du poids d'une colonne d'eau égale à la section c d. Cette sec-

tion exerce aussi une pression de haut en bas; et si le corps est plus dense que le liquide, cette pression sera plus grande que l'excès de la pression de bas en haut et le corps s'enfoncera s'il n'est pas soutenu; mais si le corps est moins dense que le liquide, la pression de haut en bas de la colonne e d sera moindre que la pression de bas en haut, et le corps flottera. Ce principe peut être démontré par expérience au moyen de la balance hydrostatique (fig. 5). On suspend à une balance b, un vase cylindrique a, sous lequel est attaché un cylindre plein e, d'un volume suffisant pour remplir exactement le vase a. Le tout est d'abord équilibré par des poids à l'autre extrémité du bras de la balance et alors c est plongé dans l'eau. L'équilibre est détruit et le corps c perd une portion de son poids égale au poids d'un égal volume d'eau; ce qui est prouvé en remplissant le vase a avec de l'eau; l'équilibre de la balance est aussitôt rétabli. C'est au moyen d'un appareil semblable que la gravité spécifique des solides est déterminée ; c'est sur le principe que nous venons de décrire que sont construits les lois de l'hydrostatique, et c'est sur lui que sont construits les aréomètres, ou instruments pour déterminer la gravité spécifique des liquides. — II. Hydrodynamique. Bien qu'elle embrasse plusieurs des principes de l'hydrostatique, cette science traite plus particulièrement des lois des liquides en mouvement. Un des principes les plus importants de l'hydrodynamique est celui qui détermine la rapidité des jets de liquides par des orifices percés à différentes hauteurs sur les côtés d'un vase; ce principe repose sur les lois de la pression hydrostatique. La rapidité avec laquelle un liquide s'échappe d'un orifice est relative à la racine carrée de la profondeur de cet orifice au-dessous de la surface du liquide, de sorte que si les points d'où jaillissent le liquide sont 1, 4, 9 et 16 en profondeur, la rapidité initiale sera 1, 2, 3 et 4. Tel est le célèbre théorème que Torricelli déduisit de la loi de la chute des corps. La rapidité d'un corps tombant étant proportionnelle à la durée de sa chute, est proportionnelle à la racine carrée de la hauteur de la chute et est représentée par la formule $V = V \sqrt{gh}$, dans laquelle g est la force accélératrice de gravité (= 32.2) et h la hauteur. Un jet, sortant du côté d'un vase, décrit théoriquement une parabole, précisément comme un projectile solide, car la force d'impulsion et la force de gravité agissent de la même manière sur le jet. La décharge d'un orifice mince non muni d'un ajutage, est seulement des deux tiers de la quantité théorique. La perte est due en partie au frottement, mais surtout à l'interférence de courants convergents comme le montre notre fig. 6. Si un tube cylindrique ou ajutage, dont la longueur est de deux à trois fois le diamètre, est fixé à l'orifice, l'écoulement peut être augmenté de 80 p. 100 de la quantité théorique. Si l'extrémité intérieure de l'ajutage est conique, l'écoulement

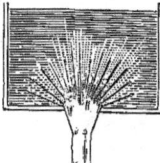

Fig. 6. Vena contracta.

pourra être porté à 95 p. 100; et si l'extrémité extérieure est en même temps élargie, le jet sera presque porté à la quantité théorique, c'est-à-dire à 98 p. 100. — *Surface d'un liquide ayant un mouvement giratoire*. D'après le principe de l'équilibre des fluides, la surface du liquide en repos doit former un

niveau perpendiculaire à la direction de la force de gravité; d'où il résulte que, quand deux ou plusieurs forces agissent sur un liquide pour changer la position de sa surface, la résultante de ces forces est perpendiculaire à la surface. En conséquence, si un vase cylindrique ou conique (fig. 7), contenant un liquide, tourne sur son axe A B, toutes les particules de la surface subiront l'influence de deux forces; celle de la gravité, dans une direction verticale représentée par A C ou C. E, et la force centrifuge (représentée par C D ou E F) qui est horizontale, et qui varie d'intensité

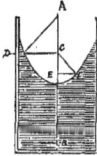 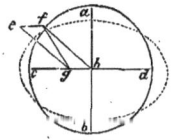

Fig. 7.   Fig. 8.

avec la distance qu'il y a entre les particules et l'axe ou centre de mouvement. La surface du liquide sera donc déprimée dans le milieu et sera, dans tous les points, perpendiculaire aux résultantes A D, C F, etc. — *Surface plane*. Admettons que la terre soit entièrement couverte d'eau et en repos, et, qu'aucune force n'agisse sur l'eau, excepté la gravité; elle aurait la forme d'une sphère parfaite. Mais on a trouvé qu'elle avait la forme d'un sphéroïde aplati vers les pôles, le rapport de son diamètre polaire à son diamètre équatorial étant à peu près comme 299 à 300. Sa forme aplatie est causée par sa rotation sur son axe. Soit a b c d (fig. 8), une section d'une sphère liquide dont l'axe de rotation est à b; soit f un point quelconque de sa surface ; la révolution de la sphère sur son axe développera une force centrifuge dans la direction de f e, parallèle au plan de l'équateur c d, et perpendiculaire à l'axe a b. Si f h représente la force de gravité, et f e la force centrifuge, f g représentera la résultante de ces deux forces, et la surface du liquide, étant libre de se mouvoir, deviendra perpendiculaire sur tous ses points à cette résultante. La surface d'un corps tournant, comme la terre, aura, s'il est couvert d'un liquide, une forme semblable à celle qui est représentée en section par une ligne de points; et, on peut démontrer que cette forme est celle d'un sphéroïde formé par une ellipse tournant sur son petit axe. Sa surface, dont se rapproche celle de la terre, est appelée surface plane.

* HYDROSULFATE ou Hydrosulfure s. m. (hy-dro-ssul•). T. de Chimie. Nom générique des sels formés d'acide hydrosulfurique et d'une base quelconque : *hydrosulfate d'ammoniaque*, etc. On dit aujourd'hui, Sulfhydrate.

HYDROSULFURER v. a. Amener à l'état d'hydrosulfure. — Communiquer l'odeur repoussante de l'hydrosulfure.

* HYDROSULFURIQUE adj. Chim. Se dit d'un acide formé de soufre et d'hydrogène, qui est gazeux, incolore, et d'une odeur fétide analogue à celle des œufs pourris : *l'acide hydrosulfurique se trouve dans quelques eaux minérales, dans les fosses d'aisances*, etc. — On dit aujourd'hui Acide sulfhydrique.

* HYDROTHÉRAPIE s. f. (gr. *hudôr*, eau; *therapeia*, traitement). Méd. Traitement des maladies par l'usage de l'eau froide. Dès une époque très reculée, les médecins paraissent avoir employé l'eau comme remède dans certaines maladies fébriles inflammatoires et surtout dans les maladies chirurgicales, mais le traitement par l'eau ou hydrothérapie doit son origine à un paysan silésien, Vincent

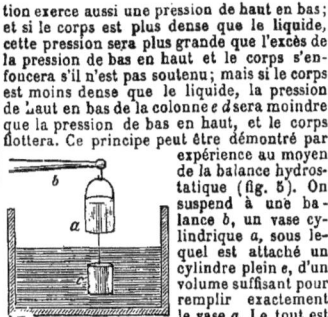

Fig. 5. Vérification expérimentale du principe d'Archimède.

Priessnitz (1799-1851). A l'âge de 13 ans, il se foula un poignet et instinctivement, il le mit sous une pompe et l'entoura ensuite d'un bandage mouillé. A l'âge de 19 ans, une voiture lui passa sur le corps, Priessnitz eut quelques côtes cassées et reçut quelques graves contusions, de sorte que les médecins regardèrent sa position comme sans remède; il déchira leurs bandages et revint à la santé par une application renouvelée de bandages mouillés et il remit en place ses côtes en gonflant ses poumons pendant qu'il pressait son abdomen contre l'allège d'une fenêtre. Telle fut l'origine du traitement par l'eau, au moyen d'applications de draps mouillés, de douches, de bains de vapeur, etc. En 1826, Priessnitz ouvrit un établissement à Græfenberg et une quantité de guérisons remarquables y furent obtenues. — Bibliog. Louis Fleury : *Traité d'hydrothérapie* (1853); Gilbebert Dhercourt : *Mémoires publiés dans la Gaz. méd. de Lyon* (1852-'53-'56); Scoutteten : *De l'eau sous le rapport hygiénique et médical* (1842).

* **HYDROTHÉRAPIQUE** adj. Méd. Qui a rapport à l'hydrothérapie : *un traitement hydrothérapique*.

HYDROTHORAX s. m. [i-dro-to-rakss] (gr. *hudôr*, eau; *thorax*, poitrine). Pathol. Hydropisie de poitrine, épanchement de sérosité dans une ou dans les deux plèvres. Ses symptômes les plus habituels sont : l'oppression, la matité à la partie inférieure de la poitrine, la dimution ou l'absence du murmure respiratoire, sans point de côté et souvent sans fièvre. Cette affection est souvent symptomatique d'une lésion du cœur. Quant à son traitement il consiste à favoriser le plus possible l'évacuation du liquide épanché. On atteint ce but soit en faisant la ponction, soit par les purgatifs, les vomitifs, les diurétiques, les sudorifiques, les vésicatoires, qui ont tous pour but de provoquer des sécrétions artificielles et d'activer l'absorption du liquide séreux.

HYDROXYDE s.m. [i-dro-ksi-de] (gr. *hudôr*, eau; franç. *oxyde*). Combinaison de l'eau et d'un oxyde métallique.

HYDROXYLAMINE s. f. [i-dro-ksi-la-mi-ne] gr. *hudôr*, eau; franç. *xylamine*). Chim. Produit de l'acide chlorhydrique et de l'étain agissant sur l'éther azotique.

* **HYDRURE** s. m. Chim. Nom que l'on donne aux composés d'hydrogène et de tout corps simple autre que l'oxygène, lorsqu'ils ne sont ni acides ni gazeux : *hydrure d'arsenic, de potassium, de soufre*, etc. — HYDRURE DE BENZOÏLE ou *essence d'amandes amères*, type des essences oxygénées : C^{14} H^6 O^2; liquide incolore, âcre, ayant une forte odeur d'acide cyanhydrique; bouillant à 180° et se dédoublant en benzine et en oxyde de carbone. On l'obtient en distillant de l'eau au contact des feuilles de laurier-cerise; ou bien en laissant macérer dans l'eau les tourteaux d'amandes amères d'où l'huile a été extraite par la pression. Ces tourteaux forment avec l'eau une espèce de bouillie que l'on distille. Le produit de cette distillation est ensuite agité avec la chaux et le protochlorure de fer et enfin distillé sur la chaux vive.

* **HYÉMAL, ALE, AUX** adj. Voy. HIÉMAL.

* **HYÈNE** s. f. [i-è-ne] (gr. *huaina*; de *hus*, cochon). Mamm. Genre de carnassiers digitigrades, comprenant plusieurs espèces de quadrupèdes de l'Asie et de l'Afrique méridionales, qui ont beaucoup de rapport avec le loup par leur naturel carnassier, par leur taille et par la forme de leur tête, mais qui en diffèrent principalement en ce qu'il n'ont que quatre doigts à chaque pied, et qu'ils ont, comme le blaireau, une poche entre l'anus et la queue : *l'hyène fouille les*

tombeaux pour se repaître de la chair des cadavres. — Encycl. Les hyènes sont très nombreuses en Afrique; mais on les trouve aussi dans l'Asie centrale et méridionale, d'où leurs espèces se sont probablement propagées à la suite des armées et des caravanes. Le naturel de l'hyène est féroce et lâche; ses mœurs sont révoltantes; elle est capable de supporter toutes espèces d'intempéries et de privations, elle se plaît dans l'air le plus impur, et se rassasie des matières les plus dégoûtantes à défaut de proie vivante; d'une forme puissante, avec une peau épaisse, de fortes mâchoires et des dents solides, elle ne redoute, quand elle est en troupes, ni le lion ni le tigre, et elle attaque même l'homme pendant la nuit. Ses pieds ont quatre doigts, avec de fortes griffes non rétractiles, propres à fouir. Sa couleur dominante est un gris ocreux, avec des taches ou des bandes noires. L'hyène est parmi les mammifères ce que le vautour est parmi les oiseaux, le boueur des déserts, des bois et des rivages; elle se rend utile en faisant disparaître les charognes qui, autrement, corromperaient l'air. Elle se creuse quelquefois des terriers ou se cache dans des cavernes, mais généralement elle passe ses journées dans le désert, insensible aux brûlants rayons

Hyène tachetée (Hyæna crocuta).

du soleil. L'hyène tachetée (*hyæna crocuta*, Erxl.) a environ 1 mètre 50 centim. de longueur, du nez à la naissance de la queue, qui mesure environ 30 centim. ; sa tête a environ 25; sa hauteur, à l'épaule, est de 85 centim.; sa couleur générale est d'un gris blanchâtre sale, avec de petites taches brunes, le museau (jusqu'aux yeux) et les membres inférieurs d'un noir de suie, la queue noire, la crinière un peu courte. On la trouve dans l'Afrique méridionale, sur les côtes du Sénégal et de

Hyène rayée (Hyæna striata).

la Guinée. L'hyène rayée (*hyæna vulgaris*, Desm., ou *hyæna striata*, Zimm.), un peu plus grande que la précédente, se trouve en Afrique, en Asie Mineure, en Arabie et en Perse. Sa tête plus large, son museau plus plein et ses yeux plus éloignés du nez que chez les espèces précédentes; son poil est grossier et épais, d'une couleur gris sale avec des bandes noires transversales sur les côtés et sur les

membres. L'hyène chasseresse (*lycaon venaticus*, Burch.) du Cap, est de la taille d'un lévrier, avec de longues jambes; sa couleur est ocreuse, blanche sur la poitrine avec des

Hyène chasseresse (Lycaon venaticus).

taches blanches mêlées à du noir sur le cou, les épaules, les reins et la croupe. Elle chasse en meute de jour et de nuit, détruisant souvent les moutons et surprenant quelquefois les bœufs.

HYÈRES, ch.-l. de cant., arr. et à 19 kil. E. de Toulon (Var) et à 4 kil. de la Méditerranée. Située sur le revers d'une colline et abritée contre les vents du nord par une enceinte de hauteurs qui lui ménagent une douce et agréable température, la ville d'Hyères ne connaît point les frimas; aussi les malades de tout pays viennent-ils en nombre considérable, pendant l'hiver, lui demander une part de son climat bienfaisant. On y cultive abondamment l'olivier, l'oranger, le citronnier, le grenadier et le figuier; exploitation de salines; patrie de Massillon. Au moyen âge, Hyères possédait un port où s'embarquaient les pèlerins de Terre Sainte. Saint-Louis y aborda à son retour d'Égypte. — Îles d'Hyères, petit groupe d'îles situé dans la Méditerranée, sur la côte S.-S.-E. de France et dépendant de la ville d'Hyères. Cet archipel se compose des îles Porquerolles, Bagneaux, Port-Cros, Titan et de quelques îlots inhabités; 1,200 hab. Leur sol est une roche calcaire, abrupte et à peine recouverte, en quelques endroits, d'une mince couche de terre végétale; Porquerolles est la plus importante.

HYÉTOMÈTRE s. m. (gr. *hyetos*, pluie; *metron*, mesure). Instrument qui sert à mesurer la quantité de pluie tombée, dans un temps et un lieu donnés. On dit aussi PLUVIOMÈTRE.

HYGIE ou **Hygée**, déesse de la santé et fille d'Esculape; elle était représentée sous les traits d'une jeune fille vêtue d'une tunique flottante et nourrissant un serpent qui enveloppait son corps et qui glissait sur son épaule pour boire dans la coupe qu'elle tenait à la main. — On a donné ce nom à une planète découverte en 1849, à Naples, par M. de Gasparis.

* **HYGIÈNE** s. s. (gr. *hygieia*, santé). Partie de la médecine qui traite de la manière de conserver la santé, de prolonger l'existence, d'améliorer la constitution, en donnant au corps la nourriture qui lui convient, et en l'entourant de toutes les conditions naturelles qui lui sont salutaires. Les hygiénistes ont classé en cinq groupes les choses qui peuvent exercer une influence sur la santé : 1° *circumfusa*; 2° *applicata*; 3° *ingesta*; 4° *gesta*; 5° *percepta*. (Voy. ces mots.) — Législ. « Nous avons fait connaître la composition et les attributions des *conseils d'hygiène et de salubrité* institués dans chaque arrondissement. (Voy. CONSEIL.) Il existe, auprès du ministère du commerce, un *comité consultatif*

d'hygiène publique dont l'organisation, plusieurs fois modifiée, est établie en dernier lieu par un décret du 10 mars 1872. Ce conseil est chargé d'étudier les mesures à prendre par le gouvernement pour prévenir les épidémies; il s'occupe aussi des quarantaines, de la salubrité des ateliers, de la surveillance des pharmacies, de celle des eaux minérales, etc. En ce qui concerne spécialement l'hygiène des habitations mises en location, la loi du 13 avril 1850 autorise les conseils municipaux à instituer des *commissions des logements insalubres* dont les décisions sont révisables par voie de recours devant le conseil de préfecture. En cas d'inexécution, dans les délais fixés par ces commissions des travaux qu'elles ont ordonnés, le propriétaire ou usufruitier de l'immeuble est passible d'une amende de 16 à 100 fr.; et si l'exécution desdits travaux n'a pas eu lieu dans le cours de l'année qui suit la condamnation, il est infligé une nouvelle amende égale à la valeur des travaux et qui peut être portée au double. » (Ch. Y.)

* **HYGIÉNIQUE** adj. Qui a rapport à l'hygiène : *soins hygiéniques.*

HYGIÉNIQUEMENT adv. Selon les principes de l'hygiène.

* **HYGIÉNISTE** s. m. Médecin qui s'occupe tout spécialement de l'hygiène.

HYGROLOGIE s. f. (gr. *hugros*, humide; *logos*, discours). Traité sur l'eau et les autres fluides. — Traité sur les fluides animaux.

HYGROLOGUE s. m. Savant qui s'occupe d'hydrologie.

HYGROMA s. m. (gr. *hugros*, humide). Pathol. Hydropisie des bourses muqueuses souscutanées formant une tumeur molle, fluctuante, hémisphérique et indolente; son siège le plus habituel est le genou, devant la rotule, chez les personnes qui restent longtemps agenouillées. Cette affection cède aux résolutifs tels que la pommade iodurée longtemps appliquée, ou à la solution iodurée suivante : 10 gr. d'iodure de potassium, 20 gr. de teinture d'iode et 200 gr. d'eau en frictions et en compresses.

* **HYGROMÈTRE** s. m. (gr. *hygros*, humide; *metron*, mesure). Instrument de physique servant à mesurer le degré d'humidité ou de sécheresse de l'air : *un hygromètre à cheveu.* L'hygromètre de Saussure, qui est le plus employé, se compose d'un cheveu bouilli dans une lessive caustique, et repose sur le principe d'absorption.

HYGROMÉTRICITÉ s. f. Qualité de ce qui est hygrométrique.

* **HYGROMÉTRIE** s. f. Science qui s'occupe de déterminer l'état d'humidité ou de sécheresse des corps et particulièrement de l'air atmosphérique. L'*hygromètre* employé pour cet objet, et l'*hygroscope* est toute substance qui absorbe l'humidité de l'air et qui, en conséquence, change de forme ou de poids. Différents sels absorbent l'humidité et tombent en déliquescence; on les dit *hygroscopiques*. Ils servent comme hygromètres dans les analyses chimiques; ainsi du chlorure de calcium placé au un tube de verre absorbe l'humidité de l'air qui passe à travers ce tube et son augmentation en poids détermine la quantité d'humidité absorbée. Plusieurs solides changent de volume et de forme par l'absorption ou par la perte de l'humidité. Sous ce rapport, le cheveu humain est tout à fait remarquable quand on l'a nettoyé en le faisant bouillir dans de l'eau alcaline. Dans cet état, il est employé par De Saussure comme hygroscope. Il est roulé sur une poulie qui fait marcher une aiguille indicatrice; un poids très léger est attaché à l'extrémité du cheveu. Quand il fait un certain degré de sécheresse, l'aiguille marque zéro sur

le cadran; à mesure que l'air se sature d'humidité, le cheveu allonge et l'aiguille s'éloigne du zéro. Les tables hygrométriques les plus appréciées sont celles qui dérivent des expériences de Regnault, faites par ordre du gouvernement français, pour déterminer la force expansive de la vapeur à différentes températures, force qui est aussi celle de la vapeur suspendue dans l'air aux mêmes températures. Ces tables furent publiées dans les *Études sur l'hygrométrie* de Regnault, et dans les *Annales de chimie et physique* (1845). Des formules, et d'après elles, d'autres tables, outre celles des forces élastiques, ont été préparées par d'autres savants. Nous citerons celles qui se trouvent dans le volume de *Tables, Meteorological and physical*, préparées pour l'institution smithsonienne, par Arnold Guyot, et publiées dans le *Smithsonian Miscellaneous Collections*, 1858. — On a inventé différentes formes d'hygromètres. Dans celui de Daniell, qui a été beaucoup employé, un tube recourbé ayant une boule à chaque extrémité, est suspendu, de sorte que ses boules soient dirigées en bas; l'une contient de l'éther, dans lequel on place la boule d'un thermomètre délicat; le reste du tube renferme seulement de la vapeur d'éther et l'autre boule est couverte d'une mousseline mouillée avec de l'éther. L'évaporation de celui-ci fait condenser la vapeur intérieure et occasionne une rapide évaporation de l'éther dans l'autre boule, et, conséquemment, une réduction de température jusqu'à un point où l'humidité de l'air se condense sur l'extérieur du tube. C'est ce que montre le thermomètre enfermé dans l'éther, tandis que la température de l'air est marquée sur un thermomètre indépendant. Un instrument plus précis fut employé par Regnault. Ce savant imagina le système actuel, qui consiste à faire passer des volumes connus d'air à travers des liquides absorbants, tels que l'acide sulfurique fort ou le chlorure de calcium.

* **HYGROMÉTRIQUE** adj. Se dit des corps qui sont particulièrement sensibles aux changements accidentels d'humidité ou de sécheresse de l'air : *ce corps possède des propriétés hygrométriques fort remarquables.*

HYGROSCOPE s. m. (gr. *hugros*, humide; *skopeô*, j'examine). Phys. Instrument destiné à indiquer s'il y a de la vapeur d'eau dans un gaz quelconque ou dans l'air. (Voy. Hygrométrie.)

HYGROSCOPIQUE adj. Qui concerne l'hygroscope. — Déliquescent. (Voy. Hygrométrie.)

HYKSOS, c'est-à-dire *impurs*, nom donné par les anciens Égyptiens aux pasteurs arabes ou Chananéens qui fondèrent la 17e dynastie (Rois pasteurs). (Voy. Égypte.)

HYLAS (Mythol. gr.), favori d'Hercule. Pendant l'expédition des Argonautes, les Naïades, fascinées par sa beauté, l'attirèrent dans un puits en Mysie. Hercule menaça de ravager la contrée s'il ne lui était rendu; mais les Mysiens le cherchèrent en vain, et ils instituèrent une fête annuelle pendant laquelle ils erraient sur les montagnes, en appelant Hylas. C'est à peu près cette légende que Schiller a placée en tête de son *Guillaume Tell.*

HYLÉOSAURE s. m. (gr. *ulaios*, appartenant au bois; et *sauros*, lézard). Erpet. Nom donné par le Dr Mantell à un reptile dinosaurien fossile de la couche jurassique de la forêt de la Tilgate, ayant les caractères ordinaires de sa tribu. Il mesurait de 7 à 8 m.

HYLÉSINE s. m. (gr. *hulé*, bois; *sinos*, dommage). Genre d'insectes coléoptères à corps convexe, de la famille des xylophages.

HYLLUS, fils d'Hercule et de Déjanire, fut chassé du Péloponèse par Eurysthée; se mit à la tête des Héraclides et revint combattre

mettre à mort son persécuteur. Il fut tué à son tour par Atrée, chef des Pélopides.

HYMEN, fils d'Apollon et de Calliope, suivant la fable, et dieu du mariage. On le représentait sous les traits d'un adolescent portant un flambeau à la main; l'art s'attacha à répandre sur ses traits tant de grâce et de beauté qu'on le confondit avec l'Amour. On appelait *hymenées* les fêtes célébrées en son honneur.

* **HYMEN** [-menn] et **Hyménée** s. m. Noms de la divinité païenne qui présidait aux noces, au mariage. S'emploie l'un et l'autre dans plusieurs phrases poétiques et figurées qui se disent en parlant du mariage : *le flambeau de l'hymen.*

> L'hymen n'est pas toujours entouré de flambeaux
> RACINE.
>
> Que je quitte à regret la rive fortunée
> Où je vais allumer les flambeaux d'hyménée.
> *Racine.* Iphigénie, acte III, sc. III

On dit aussi, *Le dieu d'hymen, le dieu d'hyménée.* — S'emploient, par ext., dans le style poétique, pour union, mariage : *heureux hyménée.*

> Je suis de cet hymen le fruit infortuné.
> VOLTAIRE. *La Mort de César*, acte III, sc. II.

* **HYMEN** s. m. Anat. Repli membraneux qui se trouve ordinairement, chez les vierges, à l'entrée du vagin.

HYMÉNIUM s. m. [i-mé-ni-omm] (gr. *humén*, membrane). Bot. Membrane fructifère, qui renferme les spores dans les champignons.

HYMÉNOMYCÈTE adj. (gr. *humén*, membrane; *mukès*, champignon). Bot. Se dit des champignons dont les organes reproducteurs sont enfermés dans une membrane fructifère extérieure. — s. m. pl. Tribu de champignons, renfermant les genres qui présentent le caractère susindiqué. C'est à cette tribu qu'appartiennent les genres *agarics, amanites, trémelles, clavaires, bolets,* etc.

* **HYMÉNOPTÈRE** adj. (gr. *hymen*, membrane; *pteron*, aile). Hist. nat. Se dit des insectes qui ont quatre ailes membraneuses, nues, à nervures longitudinales, telles que les abeilles, les guêpes, les fourmis, etc. : *insecte hyménoptère.* — S'emploie souvent aussi comme substantif masculin. — Les hyménoptères forment le neuvième ordre de la classe des insectes dans le règne animal de Cuvier. Cet ordre se divise en deux grandes familles : 1° les PORTE-SCIE (tenthrèdes, cimbex, lophyres, sirex, etc.; ichneumons, cynips, eulophes, etc.; 2° les PORTE-AIGUILLONS, fourmis, sphex, guêpes, abeilles, bourdons, etc.)

HYMETTE, *Hymettus.* Chaîne de montagnes de l'Attique, à 11 kil. S.-E. d'Athènes. De la cime la plus élevée du mont (1,250 m. au-dessus du niveau de la mer), l'œil découvre les côtes du Péloponèse, l'Argolide, toute la ville d'Athènes, les Cyclades, etc. Le mont Hymette était célèbre par son miel et ses marbres.

* **HYMNE** s. m. (gr. *himnos*, chant). Cantique en l'honneur de la Divinité : *Seigneur, quels hymnes sont dignes de vous?* — Chez les anciens. Sorte de poème en l'honneur des dieux ou des héros : *hymne en l'honneur d'Apollon, en l'honneur de Cérès.* — S'emploie ordinairement au féminin, en parlant des hymnes qu'on chante dans l'église : *entonner une hymne.* Le chant de Moïse (*Exode* XV), les *Psaumes* sont les hymnes bibliques que l'on chantait en s'accompagnant ordinairement d'instruments de musique. Saint Hilaire, évêque d'Arles, composa les premières hymnes destinées à être chantées dans les églises chrétiennes (vers 431).

* **HYOÏDE** adj. et s. m. (gr. *eidos*, aspect). Anat. Se dit de l'os qui est à la racine de la langue, et qui a une certaine ressemblance de

forme avec l'upsilon des Grecs (v) : l'os *hyoïde* ou substantiv., l'*hyoïde*.

* **HYPALLAGE** s. f. (gr. *hypallagé*, changement). Gramm. Figure par laquelle on paraît attribuer à certains mots d'une phrase, ce qui appartient à d'autres mots de cette phrase, sans cependant qu'il soit possible de se méprendre au sens. C'est ainsi qu'on dit : *il n'avait point de souliers dans ses pieds*, au lieu de, *il n'avait point ses pieds dans des souliers*.

HYPARCHIE s. f. Gouvernement d'une hyparque. — Pays administré par un hyparque.

HYPARQUE s. m. (gr. *huparchos*). Satrape ou intendant.

HYPATIE, philosophe néo-platonicienne, née vers 370, morte en 415. Elle était fille de Théon, mathématicien distingué et astronome d'Alexandrie. Après avoir étudié la philosophie à Athènes, elle entreprit de l'enseigner publiquement. Ses talents, sa beauté, son éloquence et sa modestie la rendirent un objet d'admiration. Elle fit renaître l'école de Potinus et en devint la directrice. Mais, sa qualité de païenne et de philosophe provoqua l'hostilité de Cyrille, évêque d'Alexandrie. La ville fut en proie à la violence des partis et certains fanatiques tendirent un guet-apens à Hypatie et l'assassinèrent. Elle a composé deux traités de mathématiques qui sont perdus.

HYPER, préfixe qui entre dans la composition d'un grand nombre de mots et qui vient du grec *huper*, au delà, sur.

* **HYPERBATE** s. f. (préf. *hyper*, gr.; *bainein*, aller). Figure de grammaire, qui consiste à intervertir, à renverser l'ordre naturel du discours.

* **HYPERBOLE** s. f. (préf. *hyper*, gr.; *ballein*, lancer). Figure de rhétorique, qui consiste à augmenter ou à diminuer excessivement la vérité des choses : *discours rempli d'hyperboles*. — Comme exemple de l'*hyperbole*, on a souvent cité les vers suivants, par lesquels Malherbe peint, dans une ode, le temps heureux qu'il promet à Louis XIII :

La terre en tous endroits produira toutes choses,
Tous métaux seront or, toutes fleurs seront roses;
Tous arbres oliviers.
L'an n'aura plus d'hiver, le jour n'aura plus d'ombre,
Et les perles sans nombre
Germeront dans la Seine au milieu des graviers.

— Mathém. Section faite dans un cône du second degré par un plan qui, étant prolongé, rencontre les deux nappes de cette surface.

* **HYPERBOLIQUE** adj. Qui exagère beaucoup au delà du vrai : *discours, langage hyperbolique*. — Se dit quelquefois d'une personne qui est sujette à exagérer dans tout ce qu'elle dit : *cet homme est fort hyperbolique.* — Mathém. Qui a la forme de l'hyperbole, ou qui dépend de ses propriétés : *figure hyperbolique.*

* **HYPERBOLIQUEMENT** adv. Avec exagération : *parler hyperboliquement.*

HYPERBOLOÏDE adj. (franç. *hyperbole*; gr. *eidos*, aspect). Géom. Qui se rapproche de l'hyperbole : *courbe hyperboloïde.*

* **HYPERBORÉE** ou Hyperboréen, éenne adj. (gr. *huper*, au delà; *Boreas*, Borée). Se dit des peuples, des pays très septentrionaux : *les nations hyperborées; les mers hyperborées.*

* **HYPERBORÉEN, ENNE.** Voy. HYPERBORÉE. — On donnait particulièrement le nom d'Hyperboréens à une race d'hommes, placée par les Grecs dans les régions éloignées du nord et que l'on supposait habiter, sous un soleil perpétuel et brillant, au milieu d'un territoire produisant des fruits en abondance. Les Hyperboréens s'abstenaient de l'usage de la chair des animaux, et vivaient un millier d'années. Les ethnologues modernes appellent

hyperboréenne une sous-division des races arctiques, habitant le N.-N -E. de l'Asie.

HYPERCRINIE s. f. (gr. *huper*, au delà; *krinein*, séparer, isoler). Pathol. Sécrétion plus abondante que dans l'état normal.

* **HYPERCRITIQUE** s. m. Censeur outré, critique qui ne laisse passer aucune faute, qui ne pardonne rien.

A nos seigneurs académiques
Nos seigneurs les *hypercritiques.*
Requête des Dictionnaires de Ménage à l'Académie française.

— •v adj. Qui a rapport à l'hypercrinie.

* **HYPERDULIE** s. f. (gr. *huper*, au delà; *doulos*, esclave). Théol. N'est usité que dans cette locution, LE CULTE D'HYPERDULIE, le culte qu'on rend à la sainte Vierge, par opposition à CULTE DE DULIE, le culte qu'on rend aux saints.

HYPERESTHÉSIE s. f. (gr. *huper*, au-delà ; *aisthesis*, sensation). Méd. Accroissement anomal de la sensibilité.

HYPERHÉMIE s. f. (gr. *huper*, au delà; *haima*, sang). Maladie caractérisée par l'accumulation insolite du sang dans les vaisseaux capillaires d'une partie du corps.

HYPERICUM s. m. [i-pé-ri-komm]. Nom scientifique du genre mille-pertuis.

HYPÉRIDE, l'un des dix plus fameux orateurs d'Athènes, né probablement vers 393 av. J.-C., mort en 322. Associé de Démosthène, comme chef du parti anti-macédonien, il manifesta son patriotisme dans plusieurs expéditions et dans des ambassades. Après l'affaire d'Harpalus (324), il se porta accusateur public contre Démosthène. A la nouvelle de la mort d'Alexandre (323), ce fut principalement grâce à ses efforts que se forma la confédération qui amena la guerre lamiaque. Il s'enfuit à Egine après la bataille de Crannon et fut poursuivi et mis à mort par les émissaires d'Antipater. Le nombre des discours qu'on lui attribue est de 77, mais les anciens écrivains en rejettent 25 comme faux. Nous n'avons plus des œuvres d'Hypéride que 304 fragments très courts recueillis dans les *Oratores Attici* de Baiter et Sauppe et deux discours retrouvés en 1847 dans des papyrus égyptiens et publiés par Babington et Schneidewin (Gœttingue, 1853).

HYPERMNESTRE, l'une des cinquante Danaïdes. Ayant refusé d'obéir à son père Danaüs, qui avait ordonné à ses filles d'égorger leurs maris la première nuit de leurs noces, parce qu'un oracle lui avait prédit qu'il serait tué par un de ses gendres, Hypermnestre sauva Lyncée, son époux. Condamnée pour ce fait par son père, elle en appela au peuple qui proclama son innocence. Les poètes ont souvent célébré sa fidélité et son dévouement.

* **HYPERTROPHIE** s. f. (préf. *huper*; gr. *trophé*, nourriture). Méd. Développement excessif d'un organe par l'effet d'une nutrition trop active, et caractérisé par une augmentation du poids et du volume de l'organe hypertrophié, sans altération dans sa texture intime. L'hypertrophie est l'opposé de l'atrophie. — HYPERTROPHIE DU CŒUR, maladie qui consiste dans l'épaississement des parois du cœur et qui s'accompagne le plus souvent d'un accroissement de la capacité des cavités cardiaques. (Voy. ANÉVRISME.) Elle est caractérisée par l'*impulsion violente* des battements du cœur, sensibles surtout à la palpation et par le *timbre sourd et obscur* de ses bruits : le pouls est fort, large et régulier et l'oppression se manifeste à la moindre émotion et aux exercices prolongés. Les simples palpitations nerveuses se distinguent de l'hypertrophie par leur intermittence, par l'absence de matité et par leur facile disparition. — Comme traitement de cette affection dont le pronostic est toujours grave, il faut éviter les

émotions vives, les fatigues excessives, les stimulants, les alcooliques et suivre un régime lacté; application légère et périodique de sangsues à l'anus, boissons rafraîchissantes et acidulées, préparation de *digitale* et quelquefois même, si l'affection devient violente, un cautère volant dans la région du cœur.

* **HYPERTROPHIÉ, ÉE** adj. Qui est atteint d'hypertrophie : *organe hypertrophié.*

HYPERTROPHIER (S') v. pr. S'accroître d'une manière excessive.

HYPERTROPHIQUE adj. Qui a les caractères de l'hypertrophie.

* **HYPÈTHRE** adj. et s. m. (gr. *upo*, sous; *aithra*, ciel). Archit. Édifice, temple découvert : *les temples de Jupiter, du Ciel, du Soleil, étaient hypèthres.*

HYPHASIS [i-fa-ziss] (auj. *Beas*). Voy. PUNJAUB.

HYPNOGRAPHE s. m. (gr. *hupnos*, sommeil; *graphô*, j'écris). Auteur d'une hypnographie.

HYPNOGRAPHIE s. f. Traité sur le sommeil ou histoire du sommeil.

* **HYPNOTIQUE** adj. Méd. Se dit des remèdes qui provoquent le sommeil. On dit plus communément, *Narcotique*. — BAUME HYPNOTIQUE, baume pharmaceutique, qui a beaucoup d'analogie avec le baume tranquille et qui jouit des mêmes propriétés. C'est une dissolution huileuse dans un moins aromatique, préparée avec les sucs de plantes narcotiques, de l'opium, du safran et de l'huile de muscade. — s. m. Personne hypnotisée : l'*hypnotique obéit à l'hypnotiseur.*

HYPNOTISER v. a. Néol. Endormir par les procédés de l'hypnotisme.

HYPNOTISEUR s. m. Celui qui hypnotise; magnétiseur.

HYPNOTISME s. m. (gr. *hupnos*, sommeil). Nom donné par l'Anglais Braid, en 1843, à une condition de sommeil artificiel somnambulique, déterminé par la fixation prolongée de quelque objet brillant ou par une contention soutenue de l'esprit sur un sujet particulier. De tout temps, l'état extatique a été produit par la contemplation d'un objet vénéré, aidée d'une violente excitation intellectuelle. Dans l'Inde, les dévots se procurent l'extase en fixant l'espace ou en regardant soit un point fixe, soit le bout de leur nez. Certains moines arrivent au même résultat par la contemplation prolongée de leur nombril. Chez les musulmans, les procédés sont plus compliqués : à la fixation d'un point ou à la contemplation se joint le son prolongé d'un tambourin frappé sans cesse avec la même cadence rapide et monotone. L'hypnotisme produit par ce procédé est accompagné d'anesthésie. Tout Paris a assisté, il y a quelques années, aux représentations données par les *Aïoussas*, secte musulmane algérienne dont les adeptes, après avoir obtenu l'extase, lèchent des barres de fer rouge, mâchent des épines, avalent des araignées, etc., sans paraître ressentir aucune douleur. — Le docteur Braid, créateur du magnétisme scientifique a fait sur le sommeil hypnotique des expériences dont les résultats ont été maintes fois confirmés par d'autres médecins. On obtient le sommeil, soit en faisant fixer les yeux du sujet sur les siens, soit en lui faisant fixer un objet placé devant lui, et un peu en haut. Les magnétiseurs choisissent ordinairement pour sujet une jeune femme ou un jeune homme. Il existe divers degrés d'hypnotisme, depuis la simple exaltation des sens jusqu'à la catalepsie. Au premier degré, l'hypnotisé se souvient de son nom; à un degré plus avancé, il perd le nom et joue le personnage qu'il plaît à l'hypnotiseur; il voit, il entend, il croit tout ce que celui-ci veut bien lui suggérer; il ressent l'impression d'objets qui n'existent que dans la volonté du magnétiseur. C'est ainsi qu'il s'enivre réellement, en buvant de l'eau pure que l'opérateur lui a versée sous le nom de vin de Champagne; qu'il déclare poire délicieuse une pomme de terre crue. A un degré d'hypnotisme avancé, le sujet devient insensible à la douleur, et au dernier degré il tombe en catalepsie. — L'hypnotisme a été observé depuis longtemps chez les animaux. De tout temps, on s'est aperçu que certains serpents, que des crapauds, que des félins fascinent leur proie.

HYPO (gr. *upo*, au-dessous), préfixe qui forme le commencement de divers noms composés.

HYPOAZOTATE s. m. Sel provenant de la combinaison de l'acide hypoazotique avec une base.

HYPOAZOTIQUE adj. Chim. L'un des oxacides de l'azote.

HYPOCHLORATE s. m. Sel produit par la combinaison de l'acide hypochlorique avec une base.

HYPOCLOREUX adj. Se dit de l'un des acides du chlore.

HYPOCHLORIQUE adj. Se dit de l'un des acides du chlore.

HYPOCHLORITE s. m. Sel produit par la combinaison de l'acide hypocloreux avec une base. (Voy. CHLORURE et CHAUX.)

* **HYPOCONDRE** s. m. (gr. *hupo*, sous; *chondros*, cartilage). Anat. On appelle ainsi les parties latérales de la région supérieure du bas-ventre : *l'hypocondre droit.* — Se dit aussi pour hypocondriaque : *c'est un hypocondre.* Dans ce sens s'emploie également comme adjectif : *il est, il devient hypocondre.*

* **HYPOCONDRIAQUE** adj. Méd. Qui appartient à l'hypocondrie: *affection hypocondriaque.* — Qui est atteint d'hypocondrie : *la trop grande solitude peut rendre hypocondriaque.* — s.: *les hypocondriaques sont mélancoliques et visionnaires.*

* **HYPOCONDRIE** s. f. Méd. Sorte de maladie, ordinairement de longue durée, qui rend bizarre et morose, et dans laquelle on se plaint de douleurs variées, de souffrances excessives, malgré les apparences d'une santé assez bonne : *des chagrins profonds, des habitudes sédentaires*, etc., *prédisposent à l'hypocondrie.* — Par ext. Toute espèce de mélancolie ou de tristesse habituelle : *une sombre hypocondrie.* — ENCYCL. L'hypocondrie est une affection nerveuse, caractérisée par des troubles digestifs et par une exaltation singulière de la susibilité avec spasmes, palpitations, tristesses, inquiétudes continuelles que le malade a sur sa santé. Cette maladie est très variable dans ses symptômes; les hypocondriaques sont maussades, tristes, capricieux, irascibles. Il ne faut pas les confondre avec les *herpétiques*; ils recherchent la lecture des livres de médecine et se figurent avoir toutes les maladies dont ils lisent la description, s'irritant contre ceux qui semblent douter de leurs souffrances et se croyant en butte à la jalousie ou à la calomnie de leurs ennemis. Cette affection débute le plus souvent par des troubles digestifs, (dyspepsie flatulente, constipation). C'est la maladie des bureaucrates, des gens de lettres, des personnes qui ont éprouvé des revers ou qui se livrent à l'onanisme. Comme traitement, il faut surtout combattre la cause et agir sur l'imagination, procurer des distractions (voyages, chasse, etc.), donner des purgatifs, des antispasmodiques et tonifier les organes digestifs.

* **HYPOCRAS** s. m. [i-po-crass] (gr. *hupokraton*). Espèce de liqueur faite avec du vin, du sucre, de la cannelle, et d'autres aromates.

* **HYPOCRISIE** s. f. (gr. *hipokrisis*, rôle

joué). Vice qui consiste à affecter une pitié, une vertu, un sentiment louable qu'on n'a pas: *il fait l'homme de bien, mais toute sa conduite n'est qu'hypocrisie.*

* **HYPOCRITE** adj. Qui a de l'hypocrisie; qui affecte des apparences de piété, de probité, de douceur, etc. : *cet homme est hypocrite au dernier point.* — S'applique également aux manières, aux actions, etc., d'une personne hypocrite : *avoir l'air hypocrite, la contenance, la mine hypocrite, une gravité hypocrite, un ton hypocrite.* — s. En parlant des personnes : *il fait le dévot, l'homme de bien, mais c'est un hypocrite, un franc hypocrite.*

* **HYPOCRITEMENT** adv. Avec hypocrisie; d'une manière hypocrite.

HYPODERMIQUE adj. (gr. *hupo*, sous; *derma*, peau). Méd. Se dit d'une méthode qui consiste à faire absorber les médicaments par le tissu cellulaire sous-cutané

* **HYPOGASTRE** s. m. (gr. *hupo*, sous; *gaster*, ventre). Anat. Partie inférieure du bas-ventre.

* **HYPOGASTRIQUE** adj. Anat. Qui appartient à l'hypogastre : *la région hypogastrique.*

HYPOGÉ, ÉE adj. (gr. *hupo*, sous; *gé*, terre). Bot. Qui se développe sous terre.

* **HYPOGÉE** s. m. Archit. Souterrain. Se dit, particul., des excavations et des constructions souterraines où les anciens déposaient leurs morts : *on trouve beaucoup d'hypogées aux environs de Thèbes.* — S'emploie quelquefois adjectivement : *temple hypogée.*

HYPOGLOSSE adj. et s. m. (gr. *hupo*, sous; *glossa*, langue). Anat. Qui des nerfs qui se distribuent à la langue, et qui servent a là rendre l'organe du goût : *nerf hypoglosse.* — ✷ Bot. Se dit des plantes qui portent une languette sous leurs feuilles.

HYPOGYNE adj. (gr. *hupo*, sous; *guné*, femelle). Bot. Se dit des organes floraux insérés sous le pistil.

HYPOGYNIE s. f. Etat des plantes à étamines hypogynes.

HYPOPHOSPHATE s. m. Chimie. Sel produit par la combinaison de l'acide hypophosphorique avec une base.

HYPOPHOSPHITE s. m. (gr. *hupo*, sous; franç. *phosphite*). Chim. Sel formé par l'acide hypophosphoreux combiné avec le chaux, la soude, la potasse et l'ammoniaque. Ces sels furent proposés principalement sur des données théoriques, comme remèdes contre la phtisie par le Dr Churchill, de Paris. Utiles comme toniques dans quelques cas, ils sont loin d'être des spécifiques contre la consomption. Néanmoins l'*hypophosphite de chaux* a été employé, dans quelques succès : de 50 centigr. à 1 gr. par jour. Il fait la base de l'*élixir anti-phymique.*

HYPOPHOSPHOREUX adj. m. Se dit du moins oxygéné des trois acides du phosphore.

HYPOPHOSPHORIQUE adj. Chim. Se dit d'un acide (PH³ O¹³) qui est formé d'un mélange d'acide phosphorique et d'acide phosphoreux.

HYPOPHYSE s. f. [i-po-fi-ze] (gr. *hypo*, sur; *phusis*, production). Anat. Corps glandulaire, arrondi, qui occupe la selle turcique.

HYPOSCÈNE ou Hyposcenium s. m. (gr. *hupo*, sous; *skéné*, scène). Antiq. Enceinte de colonnes autour de la scène où se tenaient les mimes et les joueurs d'instruments. — Le dessous de la scène.

HYPOSPADIAS s. m. [-di-ass] (gr. *hupo*, au-dessous; *spaô*, je tends). Méd. Vice de conformation, dans lequel l'urèthre s'ouvre en dessous de la verge et en dehors du gland.

* **HYPOSTASE** s. f. (gr. *hupo*, sous; *istémi*, exister). Théol. Suppôt, personne : *il y a en*

Dieu trois hypostases et une seule nature. — Méd. Sédiment des urines.

HYPOSTATE s. m. Bot. Corps filamenteux et transparent que l'on trouve sous l'embryon fécondé, quand il commence à se développer.

* **HYPOSTATIQUE** adj. Théol. N'est usité que dans cette locution, UNION HYPOSTATIQUE, union du Verbe avec la nature humaine.

* **HYPOSTATIQUEMENT** adv. Théol. D'une manière hypostatique : *le Verbe s'est uni hypostatiquement à la nature humaine.*

* **HYPOSTYLE** adj. (gr. *hupo*, dessous; *stulos*, colonne). Antiq. Se dit d'une salle dont le plafond est soutenu par des colonnes : *la grande salle du palais était hypostyle.*

HYPOSULFATE et Hyposulfite s. m. Chim. Sels dans lesquels il entre moins d'acide sulfurique ou d'acide sulfureux que dans un sulfate ou un sulfite. Ils sont composés, l'un d'acide hyposulfurique et l'autre d'acide hyposulfureux, avec une base. De ces sels, le seul qui ait beaucoup d'intérêt est l'*Hyposulphite de soude* qui a la propriété de dissoudre promptement le chlorure, le bromure et l'iodure d'argent. Il est d'un grand usage pour les préparations photographiques, où on l'emploie pour dissoudre le sel sensible d'argent. Il est efficace dans le traitement des affections cutanées, dans les obstructions des entrailles, dans les maladies de l'estomac suivies de vomissements ayant l'apparence de levure. Il est obtenu en faisant digérer du carbonate de soude avec de la fleur de soufre. Formule, Na² S² O³ + 5H² O.

HYPOSULFUREUX adj. Chim. Se dit d'un acide moins oxygéné que l'acide sulfureux : S² H² O³.

HYPOSULFURIQUE adj. m. Chim. Se dit d'un acide moins oxygéné que l'acide sulfurique.

* **HYPOTÉNUSE** s. f. (gr. *hupo*, sous; *teinein*, tendre). Géom. Côté qui est opposé à l'angle droit dans un triangle rectangle : *l'hypoténuse est le plus grand des trois côtés d'un triangle rectangle.*

> Le carré de l'hypoténuse,
> Est égal, si je ne m'abuse,
> A la somme des deux carrés
> Faits sur les deux autres côtés.
> *Vieille chanson de l'Ecole polytechnique.*

* **HYPOTHÉCAIRE** adj. Jurispr. Qui a droit d'hypothèque : *créancier hypothécaire.* — DETTE HYPOTHÉCAIRE, dette qui donne hypothèque. — INSCRIPTION HYPOTHÉCAIRE, inscription d'hypothèque. (Voy. INSCRIPTION.)

* **HYPOTHÉCAIREMENT** adv. Jurispr. Avec hypothèque; ou par rapport à l'hypothèque, aux hypothèques : *s'obliger hypothécairement.*

* **HYPOTHÈQUE** s. f. (gr. *hypothéké*, gage). Jurispr. Droit réel qui grève les immeubles affectés à la sûreté, à l'acquittement d'une obligation, d'une dette, et qui les suit en quelques mains qu'ils passent : *les privilèges et les hypothèques.* — Législ. « Le gage immobilier ou hypothèque existait dans la législation des Grecs. Chez les Romains, le débiteur transférait à son créancier la propriété de la chose mobilière ou immobilière affectée à la garantie de la dette, sous la condition que la rétrocession aurait lieu après le paiement. Plus tard, le *pignus* ou contrat de gage fut introduit dans l'usage; mais il consistait uniquement dans le déplacement de la possession. Puis on admit que, par une simple convention et sans tradition, le créancier pourrait acquérir une garantie efficace, laquelle consistait dans le droit de faire vendre la chose donnée en gage et de se faire payer par préférence à tous autres sur le prix ; on accorda en outre au créancier, par l'action *quasi-serviana*, un droit de suite contre les tiers-détenteurs. Telle a été l'origine de l'hy-

pothèque, admise en France, même dans les pays coutumiers, avec quelques modifications. Elle fut restreinte aux immeubles; mais certains droits réels devinrent susceptibles d'hypothèque, quoiqu'ils fussent des biens incorporels, tels que la rente foncière et l'emphytéose. Les hypothèques étaient alors générales et occultes. Colbert tenta vainement de les soumettre à la publicité (Edit de mars 1673, rapporté en 1674). Enfin, sous le droit intermédiaire, les lois du 9° messidor an III et du 11 brumaire an VII, établirent le système hypothécaire sur des bases toutes nouvelles, en posant, comme principes fondamentaux, la publicité et la spécialité des hypothèques, principes qui, sauf quelques exceptions admises, furent consacrés par les rédacteurs du Code civil dans le titre XVIII de ce Code, promulgué le 29 mars 1804. Depuis cette époque, la législation hypothécaire n'a subi que de légères modifications. Le Code de commerce de 1807 avait, dans l'intérêt des créanciers du failli, consacré une faction excessive l'hypothèque légale de la femme; mais la loi du 28 mai 1838 a posé de justes limites à ces réserves. La loi sur la transcription fait perdre leur rang aux hypothèques légales appartenant aux veuves ou aux mineurs, lorsque l'inscription n'a pas été prise dans l'année de la dissolution du mariage ou de la cessation de la tutelle (L. 26 mars 1855). L'hypothèque maritime, instituée en France en 1874 (L. 10 décembre), a rendu les navires susceptibles d'être hypothéqués conventionnellement par acte authentique ou sous seing privé, pourvu qu'il s'agisse de navires d'au moins vingt tonneaux de jauge. Cette faculté est restée à peu près sans usage, et la révision de la loi de 1874, plusieurs fois proposée, semble nécessaire. Si l'on veut rendre ce moyen de crédit plus praticable, il faudra permettre que l'intérêt des sommes prêtées sur titres par contrats hypothécaires, puisse s'élever au dessus du taux légal. Nous ne croyons pas utile de détailler ici toute la législation concernant l'hypothèque; nous en dirons seulement quelques mots. On distingue trois sortes d'hypothèques : l'hypothèque légale, l'hypothèque judiciaire et l'hypothèque conventionnelle. Les deux premières frappent l'ensemble des biens immeubles présents et à venir du débiteur et sont dites générales; les autres sont dites spéciales parce qu'elles s'appliquent exclusivement aux immeubles désignés dans le contrat. Les hypothèques légales dérivent immédiatement de la loi et sont réservées savoir : 1° à la femme mariée, sur les biens de son mari, pour la garantie des apports et de toutes les créances qu'elle peut avoir contre lui; 2° aux mineurs et aux interdits sur les biens de leurs tuteurs; 3° à l'Etat, aux communes et aux établissements publics sur les biens immeubles que leurs receveurs ou administrateurs - comptables, possédaient avant leur nomination et sur ceux qu'ils ont acquis depuis, à titre gratuit; 4° aux légataires sur les immeubles de la succession (C. civ. 1017); 5° aux créanciers privilégiés qui n'ont pas pris inscription dans le délai prescrit (id. 2143); 6° à la masse des créanciers sur les immeubles du failli (C. comm. 490). L'hypothèque judiciaire est un droit qui résulte de tout jugement prononçant une condamnation ou reconnaissant une obligation (C. civ. 2123); mais l'inscription ne peut être prise avant l'échéance de l'obligation (L. 3 septembre 1807). L'hypothèque conventionnelle doit être consentie par acte notarié et ne frappe que les biens spécialement désignés dans l'acte. Cette hypothèque peut être conférée par un acte sous seing privé pourvu que l'acte soit déposé chez un notaire par les deux parties (Arr. cass. 11 juin 1815). Toute hypothèque doit être inscrite au bureau du conservateur des hypothèques de l'arrondissement dans lequel l'immeuble est

situé, et elle ne prend rang que du jour de cette inscription. Cependant l'hypothèque légale de la femme mariée et celle du mineur prennent rang sans inscription du jour de la célébration du mariage ou du jour de l'ouverture de la tutelle, sauf la péremption résultant du défaut d'inscription dans l'année qui suit la dissolution du mariage ou la cessation de la tutelle (L. 26 mars 1855). Les inscriptions hypothécaires ne conservent le rang qu'elles occupent que si elles sont renouvelées dans le délai de dix ans à compter de leur date. Elles peuvent être réduites ou complètement radiées en vertu du consentement donné par le créancier dans un acte notarié ou en vertu d'un jugement. Lorsqu'un immeuble hypothéqué est aliéné volontairement, l'acquéreur est tenu au paiement des charges qui grèvent l'immeuble; mais, s'il veut s'affranchir des charges occultes qui peuvent excéder ce prix, il doit remplir les formalités de la purge (C. civ. 2181 et s.). Tout créancier inscrit a le droit de demander la mise aux enchères de l'immeuble vendu, pourvu qu'il porte une surenchère, en s'engageant à élever le prix à un dixième en sus de la valeur déclarée dans le contrat de vente (C. proc. 832 et s.) Les créanciers hypothécaires sont payés sur le prix de l'aliénation ou sur celui de l'adjudication, selon le rang qui leur appartient; et, s'il y a contestation entre eux, la liquidation est faite suivant la procédure spéciale de l'ordre (id. 750 et s.). Les conservateurs des hypothèques sont responsables de l'omission sur leurs registres ou dans les certificats qu'ils délivrent, des inscriptions requises dans leurs bureaux. (Voy. Conservateur.) Ils perçoivent, au profit de l'Etat, un droit sur chaque inscription; ce droit est d'un pour mille sur le montant des créances (L. 28 avril 1816). »   (Ch. Y.)

* HYPOTHÉQUÉ, ÉE part. passé de Hypothéquer. — Etre hypothéqué, avoir une santé fort délabrée, avoir plusieurs infirmités graves : il est bien hypothéqué.

* HYPOTHÉQUER v. a. Jurispr. Soumettre à l'hypothèque, donner pour hypothèque : hypothéquer tous ses biens.

* HYPOTHÈSE s. f. (gr. hypothesis). Philos. Supposition d'une chose, soit possible, soit impossible, de laquelle on tire une conséquence : faire une hypothèse. — Assemblage de plusieurs choses qu'on imagine et qu'on suppose pour parvenir plus facilement à l'explication de certains phénomènes; ce qu'on appelle autrement et plus communément Système : l'hypothèse de Ptolémée, de Ticho-Brahé. — Proposition particulière comprise sous la thèse générale : réduire une thèse à l'hypothèse. — Conjecture : c'est une simple hypothèse.

* HYPOTHÉTIQUE adj. Qui est fondé sur une hypothèse : proposition, raisonnement hypothétique.

* HYPOTHÉTIQUEMENT adv. Par hypothèse, par supposition : cela n'est vrai qu'hypothétiquement.

* HYPOTYPOSE s. f. (gr. hypotyposis, image). Rhét. Description animée, peinture vive et frappante : cette hypotypose produit un grand effet. Un exemple bien connu d'hypotypose est le portrait de la Mollesse, dans le Lutrin :

La Mollesse oppressée
Dans sa bouche à ce mot sent sa langue glacée,
Et lasse de parler, succombant sous l'effort,
Soupire, étend les bras, ferme l'œil et s'endort.

Un autre exemple non moins célèbre est le songe d'Athalie :

C'était pendant l'horreur d'une profonde nuit, etc.
Acte I°°, sc. v.

On cite aussi, dans la même pièce, le tableau

de la manière dont Josabet sauva Joas du carnage :

Hélas! l'état horrible où le ciel me l'offrit, etc.
Acte I°°, sc. ii.

HYPOXYLÉ, ÉE adj. [i-po-ksi-lé] (gr. hupo, sous; xulon, bois). — Bot. Qui croît sous le bois ou sous l'écorce du bois. — s. f. pl. Famille de champignons à réceptacles coriaces ou ligneux.

HYPSOMÈTRE s. m. (gr. hupsos, hauteur; metron, mesure). Phys. Instrument qui sert à mesurer la hauteur d'un lieu en déterminant la température à laquelle l'eau y entre en ébullition. L'hypsomètre, appelé aussi baromètre thermométrique, fut inventé par Wollaston, en 1817, et perfectionné par Regnault, vers 1847.

HYPSOMÉTRIE s. f. (gr. hupsos, hauteur; metron, mesure). Phys. Art de mesurer la hauteur absolue d'un lieu.

HYPSOMÉTRIQUE adj. Qui a rapport à l'hypsométrie.

HYRCAN I (Jean), grand prêtre juif, mort en 106 ou 105 av. J.-C. Il succéda à son père Judas Maccabée dans les fonctions de grand prêtre comme étant l'un des chefs asmonéens de Judée (135 av. J.-C.). Il fut d'abord forcé de de payer un tribut à Antiochus Sidetes; après la défaite et la mort de celui-ci en 130, il rétablit son indépendance, rasa Samarie, prit plusieurs autres villes de la Syrie, conquit les Iduméens et forma une alliance avec les Romains. Son fils Aristobule lui succéda et prit le titre de roi de Judée. — Hyrcan II, né en 109 av.J.-C.; décapité en l'an 30. Il était le fils aîné d'Alexandre Jannée et d'Alexandra, fille de Jean Hyrcan. A la mort de sa mère (21), il prit le gouvernement du royaume, mais le pouvoir lui fut bientôt arraché par son plus jeune frère Aristobule. Pompée, en 63, le rétablit comme prince tributaire. Des dissensions le privèrent de nouveau du pouvoir, mais César le rétablit comme grand prêtre, Antipater ayant l'autorité civile comme procurateur. Antigone, fils d'Aristobule, le fit prisonnier; on lui coupa les oreilles pour le rendre incapable d'être grand prêtre et il fut exilé à Babylone. Après quelques années, il se laissa persuader de retourner à Jérusalem, où le roi Hérode, fils d'Antipater, le fit mettre à mort.

HYRCANIE, ancienne contrée d'Asie, comprenant la portion occidentale de la région montagneuse entre les rivages du S.-E. de la mer Caspienne (appelée quelquefois mer Hyrcanienne) et la rivière Arius (maintenant Heri-rud). Elle se composait principalement des vallées fertiles du Nika, du Gurgan et d'Atrek. Les Hyrcaniens paraissent avoir été de race touranienne, mêlée d'Aryens. L'Hyrcanie se soumit de bonne heure aux Perses et fut ensuite gouvernée par les Séleucides et par les Parthes.

HYRCANIEN, IENNE adj. et s. Habitant de l'Hyrcanie, qui appartient à l'un ou à ses habitants. — Mer Hyrcanienne, ancien nom de la mer Caspienne.

* HYSOPE ou ⁓ Hyssopes. f. (lat. hyssopus, du gr. hussopos). Bot. Genre de labiées, dont l'espèce la plus importante, l'hysope officinale (hyssopus officinalis), est une herbe vivace, aromatique, qui croît spontanément dans le midi de la France et est cultivée dans le nord, à cause de ses propriétés stimulantes. Recherchée par les abeilles, elle donne au miel un parfum agréable. L'infusion de ses sommités fleuries est employée comme stomachique, diurétique et tonique. — Il connaît tout, depuis le cèdre jusqu'à l'hysope, se dit d'un homme fort instruit dans les sciences naturelles, et signifie qu'il connaît depuis les plus grandes choses jusqu'aux plus petites.

HYSTASPE, satrape de Perse qui eut pour fils Darius I°°.

HYSTASPIDE s. m. Nom de la dynastie des rois de Perse descendants de Darius 1ᵉʳ, fils d'Hystaspe.

HYSTÉRALGIE s. f. (gr. *hustera*, matrice; *algos*, douleur). Pathol. Douleur de la matrice, sans lésion de l'organe.

* **HYSTÉRIE** s. f. (gr. *hustera*, matrice). Méd. Maladie nerveuse, chronique, particulière aux femmes : elle est due à l'extrême sensibilité du système nerveux, et se manifeste par des convulsions générales, plus ou moins fréquentes, accompagnées de suffocation et d'une perte presque complète de connaissance : *une attaque d'hystérie*. — L'hystérie est caractérisée par une grande excitabilité du système nerveux, particulièrement des glandes sensuelles. Ses causes sont, un tempérament nerveux, une vie oisive, des lectures romanesques, des chagrins, la tristesse, la jalousie, la dysménorrhée, etc. Les accès hystériques se présentent sous deux formes; ou bien ils sont bénins et sont caractérisés par une sorte de *boule* qui remonte de l'épigastre à la gorge et produit comme un étouffement, ou bien ils sont violents et convulsifs et ont un caractère épileptique avec perte de connaissance. Les accès sont ordinairement annoncés par un changement de caractère, la tristesse, des impatiences, une vague inquiétude, une grande irritabilité, des vertiges, des fourmillements, des palpitations, des pleurs ou des éclats de rire sans motif. Dans l'accès convulsif, l'attaque est accompagnée de cris et d'agitation. La malade tombe et se livre à des mouvements désordonnés; ses yeux sont fermés; sa respiration est laborieuse et accélérée, la fin de l'accès est annoncée par des pleurs ou des gémissements. Pendant ce temps, on place la malade de manière qu'elle ne puisse se blesser; on lui jette de l'eau froide au visage, on lui fait respirer de l'éther. Après l'accès, on éloigne la cause occasionnelle et l'on a recours aux antispasmodiques (bromure de potassium, castoreum, valériane, belladone, etc.). On soigne l'état ahlara anémique.

* **HYSTÉRIQUE** adj. Méd. Qui appartient à à l'hystérie : *affection hystérique*. — Femme attaquée d'hystérie : *cette femme est hystérique*.

* **HYSTÉRITE** s. f. Méd. Inflammation de la matrice.

* **HYSTÉROCÈLE** s. f. (gr. *hustera*, matrice; *kêlé*, tumeur). Chir. Hernie de matrice.

HYSTÉROLOGIE s. f. (gr. *hysteron*, en dernier lieu; *logos*, discours). Rhét. Manière de parler où l'ordre naturel des pensées est renversé. Ex.: *mourons et courons au combat*, mourons doit être placé après courons, puisqu'on ne peut pas courir après qu'on est mort.

HYSTÉRO-PROTON s. m. (gr. *hysteron*, en dernier lieu; *proton*, premier). Syn. d'HYSTÉROLOGIE.

* **HYSTÉROTOME** s. m. (gr. *hustera*, matrice; *tomé*, section). Chir. Instrument propre à ouvrir la matrice.

* **HYSTÉROTOMIE** s. f. Chir. Dissection de la matrice. — Se dit aussi de l'opération césarienne.

* **HYTHE** ['haï-the], ville du Kent (Angleterre), sur la Manche, à 20 kil. O.-S.-O de Douvres; 3,370 hab. C'est l'un des *cinq ports*, mais son port a été détruit par des matières amoncelées par les flots. Bains de mer, école militaire et théâtre.

I

I

* **I** s. m. La neuvième lettre de l'alphabet latin et la plupart des autres alphabets européens, dérivée de la dixième lettre des alphabets phéniciens, hébraïque, etc., où elle est nommée *yod* (héb. *yod*, main) et est considérée comme une consonne. Sa qualité de voyelle est indiquée dans l'hébreu par un point sous d'autres consonnes et dans les autres langages sémitiques par différentes marques. L'lῶτα grec est la neuvième lettre, mais le dixième signe numéral; il est quelquefois placé sous trois voyelles, comme ᾳ, ῃ, ῳ. Les Romains employaient l'I comme voyelle et comme consonne. Dans l'italien, l est aussi employé pour adoucir la prononciation de *c*, *g*, et de *sc*. — S'unit avec *a*, *e*, *u* et ou pour former des diphthongues, comme dans *mail, bataille, meilleur, beignet, nuit, buis, oui, rouir*, etc. — Se joint souvent aux voyelles *a*, *e* et *o* pour représenter des sons très différents du son qui leur est propre. Ainsi, dans *faire peine*, *aï* et *eï* se prononcent *è*; dans *aimer, peiner*, ils se prononcent *é*. — On distinguait autrefois deux sortes d'I : l'I voyelle, qui est l'I proprement dit; et l'I consonne, ou J, qui est devenu la dixième lettre de l'alphabet.— IL N'EST BON QU'À METTRE LES POINTS SUR LES i, se dit d'un homme qui, dans les ouvrages d'esprit, ne s'attache qu'à remarquer des minuties. Se dit aussi de ceux qui n'ont qu'une exactitude minutieuse et inutile. — IL FAUT AVEC CET HOMME METTRE LES POINTS SUR LES i, il faut être avec lui d'une exactitude scrupuleuse; et, dans un autre sens, il faut prendre avec lui les plus grandes précautions. — Fam. DROIT COMME UN I, très droit : *malgré son grand âge, cet homme est droit comme un i*. En français, on met toujours un point sur l'i, excepté quand il est majuscule : *Italie*. — On

IAMB

le surmonte d'un tréma pour indiquer que, dans la prononciation, il faut le séparer de la voyelle qui précède ou qui suit : *Achate* [a-ka-i], *faïence* [fa-ian-se], *ambiguïté* [-gu-i-té], *iambe* [i-an-be]. Il est long lorsqu'il est surmonté d'un accent circonflexe ou suivi d'un *e* muet final : *dîme, mie*.

IACOUT, Iacoutsk. Voy. YAKOUT, YAKOUTSK.

IAGO. L'un des principaux personnages d'*Othello* de Shakspeare. Ce type monstrueux de scélératesse et de cynisme a fait passer son nom dans le langage figuré, quand on veut désigner un criminel qui sort du vulgaire.

* **IAMBE** s. m. (de *Iambé*, n. pr.). Vers. gr. et lat. Pied de deux syllabes dont la première est brève, et la dernière longue : *ce vers n'est composé que d'iambes*. — Se dit également d'un vers dont le second, le quatrième et le sixième pied sont des iambes : *les poètes grecs et les poètes latins ont employé les iambes dans leurs drames*. — Se prend aussi adjectiv. dans ce dernier sens : *les vers iambes sont propres à exprimer les passions*. — s. m. pl. Se dit en français d'une pièce lyrique qui, par le sentiment amer et le ton acerbe, rappelle les iambes des anciens : *les iambes d'André Chénier*; *les iambes de Barbier*; *la forme des iambes est le vers de douze pieds, à rime féminine, marié au vers de huits pieds, à rime masculine*.

IAMBÉ (Mythol. gr.), femme thrace, fille de Pan et d'Écho, et esclave de Métanire, épouse de Celeus, roi de Sparte. Lorsque Cérès, à la recherche de sa fille Proserpine, traversa l'Attique et visita la maison de Métanire, ce fut Iambé qui se chargea de distraire la

IATR

déesse par ses bons mots. D'après Apollodore, elle aurait laissé son nom aux vers libres et satiriques dits *iambiques*.

* **IAMBIQUE** adj. Composé d'iambes : *vers iambique*. — D'après Hérodote, les premiers vers iambiques furent composés, 700 ans av. J.-C., par Archiloque. Ce poète courtisait Néobule, fille de Lycambes; s'étant vu, après une promesse de mariage, préférer un autre prétendant, plus riche que lui, il écrivit, contre l'avarice du père, une satire si vive et si amère que Lycambes se pendit.

IAMBLICHUS [ian-bli-kuss], philosophe néo-platonicien, né à Chalcis (Cœlo-Syrie); il vécut dans la première moitié du iv° siècle av. J.-C. Ses travaux présentent un mélange d'idées helléniques et orientales. Les livres qui nous restent de ses études sur la philosophie pythagoricienne ont été publiés sous différents titres.

IAPYGIE, contrée de l'ancienne Apulie (Italie), entre la Messapie, le golfe de Tarente, la mer Ionienne et la mer Adriatique; les villes principales étaient : Callipolis, Hydruntum, Leuca.

IARBAS, roi de Gétulie; il vendit à Didon le sol sur lequel elle bâtit Carthage, mais il ne put la décider à l'accepter pour époux ; Didon préféra se donner la mort.

IARL s. m. [i-arl]. Mot scandinave qui signifie *comte*.

IAROSLAV. Voy. YAROSLAV.

IATRO-MATHÉMATIQUE s. f. (gr. *iatreuô*, je guéris; franç. *mathématique*). Méd. Système dans lequel on essayait d'expliquer par des calculs les phénomènes morbides, résultats, pensait-on, des lois de l'hydraulique et de la mécanique.

IBARRA, ville de la république de l'Equateur, capitale de la province d'Imbabura, à 90 kil. N.-E. de Quito; environ 14,000 hab. Elle est délicieusement située dans la plaine fertile d'Imbabura, à peu de distance N. du volcan de ce nom. Manufactures de sucre, de coton, d'articles de laine, de très belles dentelles, de chapeaux, d'eaux-de-vie, de sucre et de sel.

IBÈRES. Deux peuples ont porté ce nom dans l'histoire ancienne : l'un habitait l'Ibérie (Espagne), l'autre une contrée du Caucase connue sous le nom de Géorgie ; on n'a jamais pu établir aucune relation entre ces deux peuples.

IBERIA, paroisse S. de la Louisiane, traversée par le bayou Teche et occupée en partie par le lac Chetimaches et la baie Vermilion ; 12.473 hab. (6,983 de couleur). Capitale, New-Iberia.

IBÉRIE I, ancien nom grec de l'Espagne. Les Ibères semblent avoir occupé la Péninsule entière jusqu'à l'invasion carthaginoise. On dit aussi qu'ils ont occupé la Gaule méridionale jusqu'au Rhône. Les Ibères entretenaient un commerce actif avec les Carthaginois et montraient une grande activité dans les travaux de mines et une grande habileté artistique dans l'emploi des métaux précieux. (Voy. GELTIBÈRES et BASQUES.) — II. Nom ancien du pays du Caucase connu aujourd'hui sous celui de Géorgie.

IBÉRIEN, IENNE s. et adj. Habitant de l'Ibérie ; qui a rapport à l'Ibérie.

IBÉRIQUE adj. Qui appartient à l'Ibérie ou à l'Espagne : *péninsule ibérique*.

IBERUS. Voy. EBRE.

IBERVILLE, paroisse de la Louisiane, bornée à l'O. par le bayou Atchafalaya et au S.-E. par le Mississipi ; 15,003 hab. (10,740 de couleur). Capitale, Plaquemines.

IBERVILLE (Pierre LE MOYNE, *sieur d'*), officier canadien, né à Montréal en 1661, mort en 1706. Il était l'un de 11 frères Le Moyne dont la plupart se distinguèrent dans les affaires coloniales françaises (Voy. LE MOYNE.) Il entra dans la marine française à 14 ans, devint capitaine de frégate en 1692, et servit ensuite avec distinction dans diverses opérations de terre et de mer dans l'Amérique du Nord. En octobre 1698, il partit de Brest avec deux frégates et le 31 janv. 1699, il jeta l'ancre à l'embouchure de la Mobile. Avec 50 hommes, il se rendit dans deux embarcations à l'embouchure du Mississipi et remonta jusqu'aux Bayagoulas et aux Oumas. De retour à ses vaisseaux, Iberville construisit le vieux fort Biloxi, premier poste français sur le Mississipi. En mai, il fit voile pour la France, laissant son frère Bienville comme lieutenant du roi et Sauvalle comme commandant. Il revint l'année suivante et, dans les derniers jours de 1701, il transporta à Mobile la colonie de Biloxi qui avait été réduite par la maladie. En 1706, il était sur le point d'attaquer la côte de la Caroline quand il mourut à la Havane.

IBICUI, rivière du Brésil, qui prend sa source dans la Serra de Santa-Anna, province de Rio-Grande do Sul, et qui coule d'abord vers le N., sous le nom de Santa-Anna et ensuite au N.-O. et se joint à l'Uruguay après un cours d'environ 540 kil. Elle est navigable sur une longueur de 400 kil.

IBI DEFICIT ORBIS. Expression latine qui signifie : *ici finit le monde*.

* **IBIDEM** [i-bi-dèmm] (lat. *ibidem*). Mot dont on se sert ordinairement dans les citations, pour signifier que le mot, la phrase, etc.,

que l'on cite se trouve à l'endroit déjà indiqué dans la citation précédente. On écrit souvent, par abréviation, *Ibid.* ou *Ib.*

* **IBIS** s. m. [i-biss]. Ornith. Genre d'échassiers longirostres, voisin des tantales, dont il se distingue en ce que le bec est faible et sans échancrure à la pointe, et également voisin des courlis, dont il diffère surtout en ce que les ibis ont toujours quelque partie de la tête et du cou dénuée de plumes. On a décrit une trentaine d'espèces d'oiseaux de ce genre, répandues dans toutes les parties du monde, sauf dans les régions les plus septentrionales.

Ibis rouge (Ibis rubra).

L'*ibis rouge* ou *écarlate* (Ibis rubra Linn.), mesure environ 60 centim. de long et un peu plus d'un mètre d'envergure; son bec a 15 centim. Sa couleur est d'un écarlate brillant uniforme. Son habitat naturel est l'Amérique du Sud et les Indes Occidentales. L'*ibis blanc, ibis espagnol* ou *courlis blanc* (Ibis alba, Linn.), a 50 centim. de long, une envergure de 80 centim. Son plumage est d'un blanc pur. Cette espèce est très commune dans l'Atlantique du Sud. Sa chair a un goût prononcé de poisson, et on la mange rarement. L'*ibis brillant* (Ibis Ordi, Bonap.), est une espèce semblable, ayant environ 45 centim. de long; sa couleur générale est d'un brun châtain avec le dos et le sommet de la tête d'un vert métallique à reflets pourprés. Il existe en grand nombre au Mexique. L'*ibis sacré* des anciens

Ibis sacré (Geronticus Æthiopicus).

Egyptiens (*Geronticus Æthiopicus*, Lath.) est gros comme une poule domestique; son plumage est blanc. On le trouve partout dans l'Afrique du Nord. Cet oiseau était élevé avec le plus grand soin dans les temples de l'ancienne Egypte; on l'embaumait. Il était défendu d'en tuer un, sous peine de mort. Tous les ibis ont les mêmes habitudes; ils fréquentent les terres inondées et les plaines stériles; ils dévorent quelquefois des grenouilles et de

petits lézards aquatiques; quand ils sont repus, ils se perchent sur des arbres élevés.

IBN BATOUTA. Voy. BATOUTA.

IBRAHIM, sultan turc, succéda à son frère Amurat IV, en 1640; ses débauches et sa brutalité attirèrent sur lui la haine de ses sujets, qui le forcèrent d'abord à abdiquer ensuite l'assassinèrent. Le siège d'Azov eut lieu sous son règne (1644).

IBRAHIM-BEY, chef des Mamelucks d'Egypte, né en 1735, mort en 1816. De concert avec son frère Mourad-bey, il s'empara du pouvoir au Caire et commit toutes sortes d'exactions. Leur gouvernement despotique provoqua l'expédition française d'Egypte et ils furent vaincus par Kléber, près d'El-Arich, en 1799. Dépouillé du pouvoir en 1805, par Méhémet-Ali, Ibrahim se réfugia en Nubie, où il mourut.

IBRAHIM-PACHA, vice-roi d'Egypte, fils ou fils adoptif de Méhémet-Ali, né en 1789, mort le 9 nov. 1848. Dès l'âge de 16 ans, il commanda des troupes dans la Haute-Egypte. En 1816, il envahit l'Arabie, où il s'empara d'un grand nombre de forteresses et de Wahabee, la capitale. Il retourna au Caire en 1819 et créa une armée disciplinée d'après la méthode européenne. En 1824, il partit avec une flotte formidable et 17,000 hommes de troupes pour la Grèce ; il ravagea la Morée avec une grande cruauté. Sa flotte fut détruite à Navarin, le 20 oct. 1827, par les escadres combinées de l'Angleterre, de la France et de la Russie, et en 1828 il fut rappelé en Egypte. En 1831, il envahit la Syrie, mit le siège devant Acre, battit l'armée turque envoyée au secours de cette ville, qu'il prit d'assaut le 27 mai 1832. Il remporta d'autres victoires à Homs, à Hamah, à Alep, à Adana, à Ulu Kislak et à Konieh où, le 20 déc. il mit en déroute 60,000 Turcs avec une armée de moitié inférieure en nombre, et il fit prisonnier le grand vizir avec un butin immense. Il aurait marché sur Constantinople, mais les ordres de son père l'obligèrent d'attendre des renforts, ce qui permit au sultan de se procurer du secours. En 1833, les puissances européennes intervinrent et une paix fut conclue, qui laissa à Méhémet-Ali le gouvernement de la Syrie et le pachalik d'Adana. En 1839, les hostilités recommencèrent; elles eurent pour résultat une autre défaite des armées turques par Ibrahim-Pacha à Nizib, le 24 juin; mais la Turquie fut sauvée de nouveau par l'intervention des autres puissances et on ordonna à Méhémet-Ali de retirer ses forces de la Syrie. Ibrahim consacra ensuite son temps à la culture de ses propriétés dans la plaine d'Héliopolis, jusqu'à ce qu'il fût mis à la tête du gouvernement, lorsde la retraite de son père en 1844. Il commença plusieurs réformes, mais ses infirmités le forcèrent de voyager et de passer une partie de sa vie à l'étranger. En juillet 1848, il se rendit à Constantinople, et fut maintenu dans son rang de vice-roi.

IBRAÏLA. Voy. BRAÏLA.

IBYCUS, poète lyrique grec du VIᵉ siècle av. J.-C. Il était natif de Rhegium en Italie, et il vécut à la cour de Polycrate, tyran de Samos. On raconte qu'ayant été blessé mortellement par des voleurs près de Corinthe, il invoqua une bande de grues qui passaient, leur demandant de le venger. Les grues planèrent sur le peuple dans un théâtre de Corinthe et forcèrent, en quelque sorte, les meurtriers, qui étaient présents, de se dénoncer, car ils s'écrièrent : « Voilà les témoins d'Ibycus ». — Les œuvres de ce poète étaient surtout érotiques, quelquefois mythiques et héroïques. Il en reste à peine quelques fragments.

IÇA, ville intérieure du Pérou, à 225 kil. S.-S.-E. de Lima ; environ 7,000 hab. Un chemin de fer la relie avec Pisco, qui lui sert de port et qui en est éloigné d'environ 75 kil., au N.-N.-O. Exportation de blé, d'huile, de vins et d'eaux-de-vie.

ICARE. Voy. Dédale.

ICARIE, île de la mer Egée, auj. Nikaria.
— Voyage en Icarie, ouvrage d'E. Cabet; il y exposait ses théories sociales. (Voy. Cabet.)

ICARIEN, IENNE. Qui concerne Icare. — Mer Icarienne, partie de la mer Egée où, dit-on, Icare tomba. — Les Icariens s. m. pl. Partisans de E. Cabet.

ICEBERG s. m. [i-se-bèrg] (all. *ice*, glace; *berg*, montagne). Masse flottante ou île de glaces assemblées sur les côtes des régions polaires et poussées par la force des vents et des courants. Beaucoup d'îles de glaces sont produites par les glaciers qui, précipités des plateaux neigeux élevés de l'intérieur sont poussés dans des eaux profondes, d'où les fragments brisés de leurs bords sont emportés au loin. Ces fragments entraînent avec eux les masses de rochers, et les transportent dans de nouvelles localités, vers des latitudes plus chaudes. L'amas des îles de glace du Nord se trouve sur les grands courants polaires, entre l'Islande et le Groënland, et près de la baie de Baffin. Les îles flottantes affectent une grande variété de formes. Quelques-unes s'étendent en bancs qui couvrent des centaines de kil. carrés et s'élèvent seulement de quelques mètres au-dessus de l'eau. Les officiers français d'une expédition d'exploration dans l'Océan du sud, mesurèrent plusieurs icebergs de 3 à 7 kil. de long et de 35 à 75 mètres de hauteur. Le capitaine Dumont d'Urville fait mention d'un iceberg de 18 kil. de long, ayant une muraille verticale de 35 mètres de haut. La portion que l'on voit en dehors de l'eau forme à peine la huitième partie de la masse entière.

ICELUI, ICELLE adj. dém. ou pron. (rad. *celui, celle*). Vieux mot employé quelquefois encore dans le style de pratique, et dans le langage familier : *icelle dame, dans la maison d'icelui.*

Je vais, sans rien omettre, et sans prévariquer,
Compendieusement énoncer, expliquer,
Exposer à vos yeux l'idée universelle
De ma cause, et des faits renfermés en *icelle*,
     J. Racine. *Les Plaideurs.*

ICH DIEN (bohêm. *je sers*), devise du roi de Bohême Jean de Luxembourg, tué à la bataille de Crécy le 26 août 1346. Le prince Noir, victorieux, s'empara de cette devise, qui est restée celle des héritiers de la couronne d'Angleterre.

˙ICHNEUMON s. m. [ik-neu-] (gr. *ichneumôn*). Quadrupède de la taille d'un chat et de la forme d'une martre, que les Egyptiens révéraient parce qu'il détruit les serpents et les œufs de crocodiles : *l'ichneumon se nomme aussi rat de Pharaon, et mangouste.* (Voy. Mangouste.) —

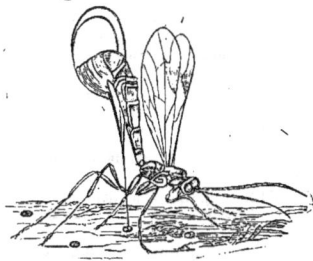

Ichneumon.

Se dit encore d'un genre d'insectes hyménoptères qui sont pourvus d'un aiguillon comme les abeilles, et qui déposent leurs œufs dans le corps des chenilles. — Encycl. Les ichneumons forment une tribu considérable de la famille des pupivores. Ce sont des animaux absolument utiles, qui détruisent par milliers les ennemis de l'agriculture. A l'état parfait, les ichneumons sont des mouches vives, agiles, rapides, presque insaisissables, que l'on voit fureter sous les écorces d'arbres, sur les fleurs sur les feuilles, dans les habitations, partout où elles espèrent trouver des larves, des chenilles ou des nymphes. A l'aide de leur tarière, elles percent le corps de leur victime et y déposent un ou plusieurs œufs. Les larves nées de ces œufs dévorent les tissus graisseux de l'animal qui les nourrit, et finissent par épuiser celui-ci au point qu'il meurt. Après quoi, le jeune ichneumon, devenu insecte parfait, sort de sa retraite, s'accouple et cherche de nouvelles victimes pour ses œufs. Les ichneumons sont ordinairement de petite taille; quelques-uns mesurent à peine un millimètre de long; d'autres ont jusqu'à 2 centim. et demi. Cette tribu est très nombreuse en espèces, dont plus de 1,500 ont été décrites en Europe.

ICHNEUMONIEN, IENNE adj. Qui ressemble au genre ichneumon ou qui s'y rapporte.

ICHNOGRAPHE s. m. [i-kno-] (gr. *ichnos*, trace ; *graphô*, j'écris). Celui qui s'occupe d'ichnographie.

˙ **ICHNOGRAPHIE** s. f. [ik-no-gra-fi] (gr. *ichnos*, trace ; *graphô*, j'écris). Archit. Plan horizontal et géométral d'un édifice : *l'ichnographie d'un édifice.*

˙ **ICHNOGRAPHIQUE** adj. Qui appartient à l'ichnographie : *plan, dessin ichnographique.*

ICHNOLITHE s. m. [i-kno-li-te] (gr. *ichnos*, empreinte; *lithos*, pierre). Géol. Empreinte laissée par des animaux, dans l'argile ou dans le sable et conservées dans les argiles schisteuses ou dans les grès qui en sont dérivés. Des empreintes récentes de pieds de quadrupèdes, d'oiseaux et de reptiles, et les marques faites par des crustacés, des mollusques et des vers peuvent être étudiées sur les côtes que la mer laisse à découvert à marée basse; des couches successives de boue et de sable les conservent. Dans l'éocène du bassin de Paris, on a trouvé les empreintes trilobées d'une espèce de *palæotherium* (gros pachyderme allié au moderne tapir), avec celles d'autres animaux, tels que tortues de terre et d'eau douce, crocodiles, énormes batraciens, etc. Dans la période mésozoïque, les nouveaux grès rouges sont remarquables par le nombre et la variété des empreintes d'animaux.

ICHNOLOGIE s. f. [i-kno-lo-jî] (gr. *ichnos*, trace ; *logos*, discours). Géol. Science des ichnolites ou empreintes laissées par les animaux.

ICHNOLOGUE s. m. Savant qui s'occupe d'ichnologie.

ICHON (Pierre-Louis), prêtre et conventionnel, né en Gascogne en 1750, mort en 1830. Il embrassa avec ardeur les idées nouvelles de la Révolution, fut nommé dans le Gers à l'Assemblée constituante (1792) et plus tard à la Convention; il vota la mort du roi. L'Empire lui confia quelques missions, mais, chassé en 1815 comme régicide il ne rentra qu'à la chute de Charles X.

˙ **ICHOR** s. m. [i-kor] (gr. *ichor*, humeur). Méd. Sanie, sang aqueux mêlé de pus âcre, qui est le produit d'une inflammation d'un mauvais caractère.

˙ **ICHOREUX, EUSE** adj. [i-ko-reû] (rad. *ichor*). Méd. Qui tient de la nature de l'ichor : *pus ichoreux.*

ICHTYOCOLLE s. f. [i-kti-o-ko-le] (gr. *ichthus* poisson ; *kolle*, colle). Colle de poisson, gélatine obtenue de la vésicule aérienne desséchée de différents poissons cartilagineux. Elle était connue des anciens, Dioscoride et Pline y font souvent allusion. La meilleure ichtyocolle provient de Russie, particulièrement d'Astrakan; on l'obtient, dit-on, de l'esturgeon appelé le beluga (*acipenser huso*) de la mer Caspienne et de ses affluents. L'ichtyocolle de New-York et de la Nouvelle-Angleterre est obtenue des morues (*morrhua vulgaris*) et du merlus commun (*phycis americanus*). La qualité de cette ichtyocolle est inférieure. L'ichtyocolle, étant de la gélatine presque pure, doit être à peu près incolore.

˙ **ICHTYOLITHE** s. m. [i-kti-] (gr. *ichtys*, poisson; *lithos*, pierre). Géol. Poisson pétrifié, ou pierre qui porte l'empreinte d'un poisson.

˙ **ICHTYOLOGIE** s. f. [i-kti-] (gr. *ichtys*, poisson; *logos*, discours). Partie de l'histoire naturelle qui traite des poissons : *cours d'ichtyologie.* (Voy. Poisson.)

˙ **ICHTYOLOGIQUE** adj. Qui appartient, qui a rapport à l'ichtyologie ou aux poissons.

˙ **ICHTYOLOGISTE** s. m. Celui qui étudie, qui connaît l'histoire des poissons : *un savant ichtyologiste.*

˙ **ICHTYOPHAGE** adj. (gr. *ichtys*, poisson ; *phagein*, manger). Qui se nourrit principalement de poisson. Ne se dit guère qu'en parlant d'un peuple : *un peuple, une peuplade ichtyophage.* — S'emploie aussi substantiv. : *les ichtyophages.*

ICHTYOPHAGIE s. f. Habitude de se nourrir de poisson.

ICHTYOSAURE s. m. [i-kti-o-sô-re] (gr. *ichtys*, poisson; *sauros*, lézard). Erpét. Genre de gigantesques reptiles marins fossiles, appartenant à l'ordre des énaliosauriens. L'espèce la mieux connue, l'*ichtyosaurus communis* (Conybeare) atteint une longueur de 7 m.; ses dents larges, coniques, sillonnées longitudinalement, sont au nombre de 40 à 50 de chaque côté, sur la mâchoire supérieure, et de 25 à 30 en dessous; ses mâchoires sont allongées et comprimées; ses vertèbres sont au nombre de 140. Ses nageoires antérieures sont trois fois aussi grandes que les postérieures. Ces reptiles doivent avoir été très actifs et très destructeurs; leur nourriture, indiquée par les os et les écailles trouvés avec

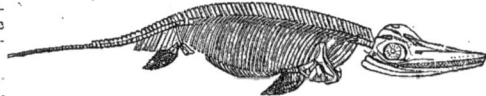

Squelette d'ichtyosaurus.

leurs restes, consistait principalement en poissons. D'après la grande dimension des yeux, on pense qu'ils y voyaient dans l'obscurité. Ils respiraient l'air en nature, comme les crocodiles ; les immenses sèches de la seconde époque formaient probablement une portion de leur nourriture.

ICHTYOSE s. f. [i-kti-ô-ze] (gr. *ichtys*, poisson). Pathol. Maladie chronique de la peau, caractérisée par l'épaississement et l'altération de la peau qui se couvre de plaques épidermiques, larges, épaisses, dures, sèches, d'un blanc grisâtre et ayant la forme d'écailles ; elle est le plus souvent *congénitale*, guérit rarement, mais ne compromet en rien la santé. Un climat chaud ou trop humide produit quelquefois l'ichtyose.

˙ **ICI** adv. de lieu (lat. *ecce hic*). En ce lieu-ci. Est souvent opposé à l'adverbe Là : *venez ici ; je voudrais bien qu'il fût ici.* Par ellipse, en appelant un chien, *ici.* — Se met quelquefois au commencement d'un membre de période, et il marque la différence des lieux, sans aucun rapport au plus ou au moins de distance. Dans ce cas, il est ordinairement corrélatif de l'adverbe LA : *ici il y a une forêt, là une montagne.* — S'emploie aussi de la même manière dans l'énumération, pour marquer les circonstances : *ici il pardonne, là il punit.* — Signifie également, dans ce pays-ci, dans cette ville-ci, etc., par opposition à un autre pays, à une autre ville, désignés quelquefois par l'adverbe LA-BAS : *on se conduit là-bas, on se conduit chez vous plus sagement qu'ici.* — ICI-BAS, dans ce bas monde, sur la terre : *tout périt ici-bas.* — Signifie quelquefois, un endroit qu'on désigne dans un discours, dans une narration, dans un livre, etc. *ici il commence à parler de telle guerre.* — Devient quelquefois adverbe de temps, et signifie, le moment présent : *cela ne s'était pas vu jusqu'ici.* — ～ ICI OU LA loc. adv. Dans un endroit ou dans l'autre : *nos soldats, déployés en tirailleurs, devaient rencontrer l'ennemi ici ou là; cette épreuve était mal corrigée, vous y trouverez des fautes ici ou là.*

* ICOGLAN s. m. (turc, *itchoglan*, page de l'intérieur). Page du Grand Seigneur : *un jeune icoglan.*

ICOLMKILL. Voy. IONA.

ICONIUM. Voy. KONIEH.

ICONOCLASIE s. f. [-kla-zî] (gr. *eikôn*, image; *klasis*, action de briser). Doctrine des iconoclastes : *iconoclasie de Léon l'Isaurien.*

* ICONOCLASTE s. m. (gr. *ikonoklastès;* de *eikôn,* image ; *klaô,* je brise). Briseur d'images, celui qui brise, qui détruit les saintes images: *l'iconomaque combattait le culte des images, et l'iconoclaste les brisait.* — Se dit, par ext., de ceux qui condamnent les représentations des personnes divines : *les réformateurs du XVIe siècle furent souvent des iconoclastes.* — s. m. pl. Secte d'hérétiques qui brisaient les statues et poursuivaient ceux qui rendaient un culte aux images. — Les images paraissent avoir été admises dans les églises, pour l'instruction du peuple, vers le commencement du IVe siècle ; aussitôt commença une controverse à leur sujet. Leur culte rencontra peu de partisans chez les chrétiens d'Afrique ; mais il devint public chez les Grecs et les Asiatiques. Au VIe siècle, les Grecs admirent les génuflexions devant les images, comme témoignage de vénération envers les personnes que représentaient ces images. Les manichéens s'élevèrent contre cette habitude, qu'ils traitaient d'idolâtrie. En 726, l'empereur byzantin Léon l'Isaurien, publia une ordonnance dirigée non contre les images elles-mêmes, mais contre l'usage de se prosterner et de s'agenouiller devant elles. Cette mesure rencontra de la résistance de la part de Germanus, patriarche de Constantinople, et de la part du peuple, et amena des désordres sérieux. En 730, un nouvel édit impérial fut publié contre l'usage de toute image religieuse. Léon fit brûler les statues dans les églises et effacer les peintures murales. De terribles révoltes et des massacres eurent lieu. Le pape Grégoire II fit des remontrances à l'empereur et les Romains refusèrent d'obéir à l'édit. En 732, un concile, convoqué par Grégoire III, à Rome, condamna Léon et ses partisans. La politique de Léon fut continuée par son fils Constantin Copronyme. Ce prince assembla à Constantinople, en 754, un concile de 338 évêques, qui prononça que tout symbole du Christ, excepté dans l'eucharistie, était blasphématoire ou hérétique, et que l'usage des images dans les églises était une renaissance du paganisme. Léon IV, qui lui succéda, suivit la même politique; mais à sa mort en 780, l'impératrice régente, Irène, se concerta avec le pape Adrien Ier pour la restauration des images. En 787, le second concile œcuménique de Nicée décréta que, s'incliner devant une image, ce qui est simplement un témoignage d'amour et de respect, ne doit pas être confondu avec l'adoration qui

est réservée à Dieu seul). La lutte se prolongea en Orient jusqu'à ce que Théodora assemblât à Constantinople, en 842, un concile qui confirma les décisions du concile de Nicée ; mais plus tard l'Eglise grecque décida qu'aucune image gravée, sculptée ou fondue de personnages ou de choses ne devait être exposée; elle admit seulement des peintures considérées non comme des images, mais comme des représentations. — Le terme iconoclaste est aussi appliqué dans l'histoire aux protestants des Pays-Bas qui, au commencement des troubles du règne de Philippe II, s'assemblèrent et détruisirent les images dans beaucoup d'églises catholiques romaines. Ces tumultes commencèrent le 14 août 1566, à Saint-Omer en Flandre, et se répandirent rapidement dans toutes les provinces du nord. La perte occasionnée par la destruction des manuscrits, des statues et des peintures fut irréparable. Le temps que dura cette révolte fut de moins de 45 jours. Elle fut fortement désapprouvée par les chefs du parti patriote et fut probablement l'une des causes principales qui empêchèrent les provinces du sud de se joindre à celles du nord pour renverser le joug espagnol.

* ICONOGRAPHE s. m. Celui qui est savant en iconographie, qui s'occupe d'iconographie.

* ICONOGRAPHIE s. f. (gr. *eikôn,* image; *graphein,* écrire). Description des images, des tableaux, etc. Se dit particulièrement de la connaissance des monuments antiques, tels que les bustes, les peintures, etc. — Collection de portraits d'hommes célèbres de l'antiquité: *l'iconographie de Visconti.*

* ICONOGRAPHIQUE adj. Qui appartient à l'iconographie.

* ICONOLÂTRE s. m. (gr. *eikôn,* image; *latreuein,* adorer). Nom que les iconoclastes donnaient aux catholiques, qu'ils accusaient d'adorer les images.

ICONOLÂTRIE s. f. Adoration des images.

* ICONOLOGIE s. f. (gr. *eikôn,* image ; *logos,* discours). Interprétation, explication des images, des monuments antiques.

ICONOLOGIQUE adj. Qui a rapport à l'iconologie.

ICONOLOGISTE s. m. Celui qui s'occupe d'iconologie.

* ICONOMAQUE s. m. (gr. *eikôn,* image ; *machomai,* je combats). Celui qui combat le culte des images.

* ICONOSTASE s. f. (gr. *eikôn,* image; *stasis,* station). Sorte de grand écran à trois portes qui, dans les églises grecques, sépare l'autel ou la nef et où l'on expose les images de J.-C., de la Vierge, des quatre Evangélistes : *les chrétiens du rit grec ont chez eux des iconostases.*

* ICOSAÈDRE s. m. [i-ko-za-è-dre] (gr. *eikosi,* vingt; *edra,* face). Géom. Corps solide qui a vingt faces : *la surface de l'icosaèdre régulier est composée de vingt triangles équilatéraux.*

ICOSANDRE adj. [i-ko-zan-dre] gr. *eikosi,* vingt; *anêr, andros,* mâle). Bot. Qui a vingt étamines ou plus.

Icosaèdre régulier.

* ICOSANDRIE s. f. (rad. *icosandre*). Bot. Classe du système de Linné, qui comprend les plantes dont les fleurs ont vingt étamines au moins, attachées sur le calice : *les roses appartiennent à l'icosandrie.*

* ICTÈRE s. m. (gr. *ikteros*). Méd. Maladie caractérisée par la couleur jaune que prennent les téguments, et qu'on peut attribuer à la présence de la bile dans le sang. On la nomme vulgairement JAUNISSE. (Voy. ce mot.)

* ICTÉRIQUE adj. Méd. Se dit des remèdes contre l'ictère ou jaunisse. — Qui tient de l'ictère, ou qui est affecté d'ictère : *affection ictérique.*

ICTINUS, architecte grec, contemporain de Périclès. Il fut le constructeur principal du Parthénon ; il bâtit le temple d'Apollon Epicourios, près de Phigalia, en Arcadie, et celui d'Eleusis.

IDA. I. Chaîne de montagne de la Mysie (aujourd'hui *Kas Dagh*), formant la frontière S. de la Troade. Son pic le plus élevé était le mont Gargarus, à environ 2,000 mètres au-dessus du niveau de la mer. Les rivières principales qui descendaient du mont Ida étaient le Simoïs, le Scamandre et le Granicus. C'est au pied de cette montagne qu'était bâtie la ville de Troie. C'est là que Pâris décida la dispute survenue entre Vénus, Junon et Minerve en attribuant à la première le prix de la beauté; c'est là aussi qu'eut lieu l'enlèvement de Ganymède. — II. Montagne de Crète (aujourd'hui *Psiloriti*). Parmi les légendes qui s'y rapportent, celles qui ont trait à l'enfance de Zeus sont les plus célèbres.

IDAHO, territoire des Etats-Unis, entre 42° et 49° lat. N. et entre 113° et 119° 20' long. O., entre la Colombie anglaise, Montana, Wioming, l'Utah, Nevada, l'Orégon et Washington; 923,483 kil. carr.; 35,000 hab. Cap., Boisé City (1,000 hab.). La population comprend 5,000 Chinois et 5,000 Indiens, dont 2,500 Nez-Percés, 600 Bannacks, 900 Chochones, etc. Mines de quartz, d'argent et d'or. Ce territoire, dans lequel les blancs ne se fixèrent pas avant 1860 (époque de la découverte de l'or) fut organisé en 1863.

IDALIE, ville antique de l'île de Chypre, située dans l'intérieur des terres, au milieu d'un territoire et près d'une montagne du même nom. Vénus y avait un temple fameux. Du temps de Pline, Idalie n'existait déjà plus.

* IDE s. Jeux. Se dit, au piquet à écrire, de chacun des deux coups que l'on joue pour la décision d'un pari.

* IDÉAL, ALE adj. (rad. *idée*). Qui existe dans l'idée; qui n'existe ou ne peut exister que dans l'entendement, dans l'imagination : *les choses que désignent les mots abstraits, n'ont qu'une existence idéale.* — Dans les arts d'imagination et d'imitation, qui réunit toutes les perfections, ou qui est plus beau que les modèles offerts par la nature : *beau idéal, beauté, perfection idéale.* On dit quelquefois substantivement, en ce sens, *L'idéal.* — Chimérique : *pouvoir idéal.*

IDÉALEMENT adv. (rad. *idéal*). D'une manière idéale.

IDÉALISATEUR, TRICE s. Celui, celle qui idéalise.

IDÉALISATION s. f. Action d'idéaliser.

IDÉALISER v. a. Litt. et B.-Arts. Donner un caractère idéal à une personne, à une chose.

* IDÉALISME s. m. Phil. Se dit en général de tout système philosophique qui considère les idées comme le principe de la connaissance : *l'idéalisme de Berkeley.* — B.-Arts. Se dit de la tendance vers l'idéal, de la recherche de l'idéal.

* IDÉALISTE adj. Qui appartient à l'idéalisme : *la philosophie idéaliste.* — Substantiv. Partisan de l'idéalisme.

IDÉALISTIQUE adj. Qui a rapport à l'idéalisme.

IDÉALITÉ s. f. Ce qui est idéal, imaginaire: *l'idéalité est opposée à la réalité.*

IDÉATION s. f. Formation de l'idée.

* IDÉE s. f. (lat. *idea*). Représentation d'une chose dans l'esprit; notion que l'esprit reçoit

ou se forme de quelque chose : *l'idée d'une montagne, d'un arbre.* — Par exag. et fam. ON N'A PAS L'IDÉE DE CELA, se dit en parlant d'une chose qui paraît extraordinaire, excessive en son genre : *on n'a pas l'idée d'une telle insolence.* — Se dit quelquefois, dans un sens particulier, pour souvenir : *j'ai vu cet homme-là autrefois, j'en ai quelque idée.* — Se prend aussi, en parlant de Dieu, pour les types, les modèles éternels de toutes les choses créées, qui sont dans la pensée de Dieu : *les idées de toutes choses sont en Dieu.* On dit également dans ce sens, *les idées de Platon.* — Se dit, par ext. des pensées, des conceptions de l'esprit, des opinions, des réflexions, etc. : *une idée sublime.* — IDÉE FIXE, idée dominante, dont l'esprit est sans cesse occupé, obsédé. — Particul. Invention, en parlant d'une production des arts : *l'idée de ce tableau est gracieuse.* S'emploie quelquefois au pluriel, dans un sens analogue ; et alors s'applique également aux ouvrages d'esprit : *il n'y a point d'idées dans cet ouvrage, dans ce tableau, etc.* — Litt. et Arts d'imit. Esquisse, ébauche rapide d'un ouvrage : *il en a jeté l'idée sur le papier.* Se dit aussi, en mauvaise part, d'un ouvrage trop peu achevé : *ce n'est qu'une première idée, qu'une idée informe.* — Se dit encore des visions chimériques, des choses qui ne sauraient avoir lieu, qui ne peuvent se réaliser : *ce ne sont que des idées, des idées creuses, de belles idées.* — Dans le langage familier. Pensée, esprit, imagination : *j'ai dans l'idée qu'il ne viendra pas. Il n'est riche qu'en idée. L'histoire nous fait assister en idée aux événements du passé.* — ∾ Jargon. EN PRENDRE UNE IDÉE, se dit de quelqu'un qui prend seulement quelques gouttes d'un liquide.

* **IDELER** (Christian-Ludwig), mathématicien allemand, né en 1766, mort en 1846. Il devint professeur à Berlin en 1821. Ses ouvrages comprennent : *Recherches historiques de l'ancienne astronomie,* un manuel de chronologie mathématique et technique et un traité de chronologie chinoise.

* **IDEM** [*i-dèmm*] (lat. *idem,* le même). Mot qu'on emploie pour éviter de répéter ce qui vient d'être dit ou écrit. Est principalement en usage dans les comptes, les inventaires, les tables, les citations, etc. Par abréviation, on écrit souvent, *Id.*

* **IDENTIFICATION** s. f. Action d'identifier.
* **IDENTIFIER** v. a. (lat. *idem,* le même; *facere, faire*). Comprendre deux choses sous une même idée : *la définition doit toujours être identifiée avec le défini,* ou, pronominalement, *doit s'identifier avec le défini.* N'est usité que dans le didactique. — Se dit plus ordinairement, surtout au sens moral, pour exprimer qu'une chose prend le caractère d'une autre, lui devient comme pareille. — S'identifier v. pr. : *la législation avait fini par s'identifier avec les mœurs.* — Se dit particul., d'une personne qui se pénètre bien des sentiments d'une autre : *un poète doit s'identifier avec les personnages qu'il fait agir et parler.*

* **IDENTIQUE** adj. Qui est le même qu'un autre, qui ne fait qu'un avec un autre, ou qui est compris sous une même idée : *deux et deux sont identiques avec quatre.*

* **IDENTIQUEMENT** adv. D'une manière identique.

* **IDENTITÉ** s. f. Ce qui fait qu'une chose est la même qu'une autre, que deux ou plusieurs choses ne sont qu'une ou sont comprises sous une même idée : *identité de raisons.* — Jurispr. Se dit, particul., en parlant de la reconnaissance d'une personne en état d'arrestation, d'un prisonnier évadé, d'un mort, etc. : *établir l'identité d'un condamné.* — Algèb. Se dit d'une espèce d'équation ou d'égalité dont les deux membres sont identiquement les mêmes : *les identités ne peuvent*

conduire à aucune solution; *elles se réduisent toutes à 0 = 0.*

IDÉOGÉNIE s. f. (gr. *idea,* idée; *genos,* race). Philos. Science qui traite de l'origine des idées.

IDÉOGRAMME s. m. (franç. *idée;* gr. *gramma,* caractère). Philol. Signe qui exprime absolument et directement l'idée et non pas les sons du mot qui représenterait cette idée : *les chiffres arithmétiques sont des idéogrammes.*

* **IDÉOGRAPHIE** s. m. (gr. *idea,* idée; *graphein,* écrire). Didact. Représentation d'une idée par des signes qui en figurent l'objet.

* **IDÉOGRAPHIQUE** adj. Qui a rapport à l'idéographie : *écriture idéographique.*

* **IDÉOLOGIE** s. f. (gr. *idea,* idée; *logos,* discours). Science des idées, des opérations de l'entendement. Les éléments d'idéologie ont été publiés par Destutt de Tracy, en 1806.

* **IDÉOLOGIQUE** adj. Qui a rapport, qui appartient à l'idéologie : *connaissances, vérités idéologiques.*

* **IDÉOLOGUE** ou **Idéologiste** s. m. Celui qui s'occupe d'idéologie : *un profond idéologue.*

* **IDES** s. f. pl. (lat. *iduare,* partager). Le quinzième jour des mois de mars, de mai, de juillet et d'octobre dans le calendrier des anciens Romains, et le treizième mois des autres mois : *les ides de mars furent fatales à Jules César.* — LE SECOND, LE TROISIÈME, LE QUATRIÈME, etc., DES IDES, le premier, le second, le troisième jour, etc., avant les ides.

IDIO-ÉLECTRIQUE adj. Phys. Se dit des corps qui s'électrisent directement par le frottement.

IDIOMATIQUE adj. Qui appartient aux idiomes.

* **IDIOME** s. m. (gr. *idioma,* langue). Langue propre à une nation : *l'idiome français.* — Par ext. Langage particulier d'une province : *l'idiome gascon.*

* **IDIOPATHIE** s. f. (gr. *idios,* propre; *pathos,* maladie). Méd. Se dit de toute maladie primitive, c'est-à-dire, qui n'est point le symptôme d'une autre maladie, qui ne dépend pas. — Morale. Inclination particulière qu'on a pour une chose.

* **IDIOPATHIQUE** adj. Méd. Se dit d'une affection qui n'est liée à aucune autre, qui n'en dépend pas : *cette migraine n'est point idiopathique; elle n'est qu'un symptôme du dérangement de l'estomac.*

* **IDIOSYNCRASIE** s. f. [*i-di-sain-kra-zi*] (gr. *idios,* propre; *sun,* avec; *krasis,* tempérament). Méd. Tempérament particulier d'un individu, disposition qui le rend propre à être influencé d'une certaine manière par les divers agents qui affectent nos organes.

* **IDIOT, IOTE** adj. (gr. *idiota,* ignorant). Stupide, imbécile : *c'est l'homme du monde le plus idiot.* — S'emploie aussi comme substantif : *c'est un idiot.*

IDIOTIE s. f. [*i-di-o-tî*] (rad. *idiot*). Imbécillité, stupidité. On dit aussi, dans le même sens, IDIOTISME. — L'idiotie est une forme de l'aliénation mentale, causée ordinairement par un arrêt de développement des fonctions intellectuelles et affectives; c'est, en quelque sorte, une enfance prolongée, moins la grâce enfantine. Elle présente plusieurs degrés : les idiots conservent quelquefois une faible lueur d'intelligence et peuvent apprendre à lire et à écrire; d'autres fois, ils sont dépourvus de l'instinct de la conservation et ne savent ni manger ni s'habiller, ni même prononcer des mots bien articulés; ils ne connaissent rien, ne peuvent rien faire et ne désirent rien. (Voy. CRÉTIN et GOITRE.) L'idiotie est le plus fréquemment compliquée d'épilepsie et de chorée, moins fréquemment de paralysie et

moins fréquemment encore de surdité et de cécité; le degré d'infirmité mentale diminue dans le même ordre. Les causes assignées à l'idiotie sont nombreuses. Le mariage entre proches parents, l'intempérance dans le boire ou le manger, et particulièrement la conception quand l'un des parents ou tous les deux sont sous l'influence de l'ivresse, l'excès du plaisir sexuel ou un vice solitaire, le chagrin, la peur ou une maladie de la mère pendant la gestation, l'usage habituel d'eau imprégnée de sels de magnésie, une nourriture mauvaise et insuffisante, l'air impur, la folie héréditaire et l'infection scrofuleuse ou syphilitique, sont les causes les plus ordinairement reconnues de l'idiotie congénitale. L'effet produit sur les femmes par l'excitation et les anxiétés de la vie moderne et un faux système d'éducation sont les causes reconnues d'une augmentation progressive de l'idiotie. Les convulsions, les accès d'épilepsie, l'hydrocéphale et autres maladies du cerveau, la petite vérole, la scarlatine, la rougeole, les coups sur la tête, ou la métastase de maladies scrofuleuses ou éruptives qui se portent au cerveau sont les influences ordinaires qui arrêtent le développement mental chez les enfants. — Chez quelques nations, les idiots furent regardés avec une certaine crainte, comme étant sous la protection spéciale de la divinité; jusqu'à une période comparativement récente on les crut susceptibles d'éducation et souvent ils étaient traités avec cruauté. En 1838, le Dr Seguin ouvrit à Paris une école pour les idiots et il obtint bientôt des succès qui prouvèrent que, si cette infirmité est incurable, on peut en alléger la misère par des soins bienveillants et par l'éducation. Le docteur Édouard Seguin (né en 1812) donna l'exposition de son système dans son ouvrage intitulé *Traitement moral, hygiène et éducation des idiots et des autres enfants arriérés* (Paris, 1846), qui a été traduit dans toutes les langues et qui a servi de modèle à tous les travaux publiés sur le même sujet. Le Dr Seguin, qui sera un jour considéré comme l'un des bienfaiteurs de l'humanité, s'établit dans l'Ohio (États-Unis) en 1849 et à New-York en 1860. Il a donné plusieurs autres ouvrages, écrits en anglais.

IDIOTIQUE adj. Philol. Qui est particulier à un idiome. — Pathol. Qui a rapport à l'idiotie, aux idiots.

* **IDIOTISME** s. m. Méd. Espèce d'aliénation mentale qui rend idiot, stupide : *être atteint d'idiotisme.* — Gramm. Construction, locution contraire aux règles communes et générales, mais propre et particulière à une langue : *cette construction, ce pléonasme est un idiotisme de la langue française.* Il y a *est* un idiotisme.

IDOCRASE s. f. [*i-do-kra-ze*] (gr. *eidos,* forme; *krasis,* mélange). Minér. Pierre précieuse de la section des grenats. L'idocrase est brune, jaune, verte ou bleue, avec un éclat vitreux quelquefois résineux; sa dureté est de 6. 5; gravité spécifique 3. 35 à 3. 45.

* **IDOINE** adj. (lat. *idoneus*). Propre à quelque chose : *apte et idoine.* (Vieux.)

* **IDOLÂTRE** adj. (gr. *eidôlon,* idole; *latreuô,* j'adore). Qui adore les idoles et, leur rend des honneurs qui n'appartiennent qu'à Dieu : *toute la terre était idolâtre.* — Se dit aussi de tous ceux qui rendent un culte divin à des créatures : *les Perses qui adoraient le feu, les Égyptiens qui adoraient les crocodiles, étaient idolâtres.* — Se dit également du culte même : *rendre un culte idolâtre.* — Se dit, fig., d'une personne qui en aime une autre avec excès, ou qui estime trop une chose, qui en raffole : *cette femme l'a subjugué, il en est, il en devient idolâtre.* — s. N'est d'usage qu'en parlant de ceux qui adorent les idoles ou les autres fausses divinités: *les idolâtres des Indes.*

* **IDOLÂTRER** v. n. Adorer les idoles : *les*

Hébreux idolâtrèrent dans le désert. — Fig. v. a. Aimer avec trop de passion : *il idolâtre cette femme.* — S'idolâtrer v. réfl. pr. et réc.: *c'est un homme qui s'idolâtre.*

*IDOLÂTRIE s. f. Adoration des idoles, culte des faux dieux : *ces peuples étaient encore dans l'idolâtrie, adonnés à l'idolâtrie.* — Fig. Amour, attachement excessif : *il l'aime jusqu'à l'idolâtrie.*

IDOLÂTRIQUE adj. Qui tient de l'idolâtrie.

*IDOLE s. f. (gr. *eidôlon*). Figure, statue représentant une fausse divinité, et exposée à l'adoration : *idole d'or, d'argent; l'idole de Jupiter, de Mercure*, etc.—IL SE TIENT LA COMME UNE IDOLE, se dit d'un homme qui se tient debout à ne rien faire. — C'EST UNE IDOLE, UNE VRAIE IDOLE, se dit d'une belle personne sans grâce, sans maintien, et qui ne paraît point animée : *elle est belle, mais c'est une idole, une vraie idole.* Se dit aussi d'une personne stupide. — Se dit encore, fig., d'une personne à laquelle on prodigue les honneurs, les louanges, les flatteries : *il est l'idole du jour.* — Se dit également de ce qui fait le sujet de l'affection, de la passion de quelqu'un : *cet enfant est l'idole de sa mère.*

IDOMÉNÉE, roi de Crète, fils de Deucalion et petit-fils de Minos. Il se joignit aux Grecs dans la guerre de Troie. A son retour, surpris par une violente tempête, il fit vœu à Neptune de lui sacrifier le premier homme qui s'offrirait à lui en touchant la terre natale, s'il parvenait à y aborder. Ce fut Leucus, son fils adoptif, qui vint le premier à sa rencontre et qui fut immolé. Après ce sacrifice, une peste affreuse.désola le pays.Les sujets d'Idoménée en rejetèrent la faute et la cause sur leur roi et le chassèrent. Il s'enfuit dans la Calabre et y fonda Solente.

IDRIA, ville de l'Autriche, en Carniole, dans une vallée profonde et étroite, sur une petite rivière du même nom, à 38 kil. N.-N.-E. de Trieste; 3,960 hab. Ses mines de mercure, les secondes de l'Europe, ont produit 410,320 kil. en 1874. Elles furent découvertes en 1497 et appartiennent à la couronne. Les excavations, en galeries horizontales, divergent d'un puits creusé à plus de 399 mètres; on y entre par un bâtiment qui se trouve dans la ville.

IDSTEDT, ville du Schleswig-Holstein, à 10 kil. N. de Schleswig, célèbre par la victoire que les Danois y remportèrent, le 25 juillet 1850, sur l'armée insurgée du Holstein et du Schleswig, commandée par Willisen.

IDUMÉE. Voy. ÉDOM.

IDUMÉEN, ENNE adj. et s. Habitant de l'Idumée; qui se rapporte à ce pays.

*IDYLLE s. f. (lat. *idyllium*). Petit poème dont le sujet est ordinairement pastoral ou amoureux, et qui tient de l'églogue. Boileau a tracé, dans les vers suivants, le caractère de l'idylle :

Telle qu'une bergère, au plus beau jour de fête,
De superbes rubis ne charge point sa tête;
Et sans mêler à l'or l'éclat des diamants,
Cueille en un champ voisin ses plus beaux ornements,
Telle, aimable en son air, mais humble dans son style,
Doit éclater sans pompe une élégante idylle ;
Son tour simple et naïf n'a rien de fastueux,
Et n'aime point l'orgueil d'un vers présomptueux.
         Art poét., Ch. II.

IDYLLIQUE adj. [i-di-li-ke]. Qui appartient ou qui convient à l'idylle.

IDYLLISTE s. m. [i-di-li-ste]. Auteur d'idylles : *les idyllistes grecs.*

IÉNA, ville de Saxe-Weimar-Eisenach (Allemagne), magnifiquement située sur la Saale, à 20 kil. S.-E. de Weimar; 9,090 hab. L'université fut fondée par l'électeur Jean-Frédéric le Magnanime en 1547, lorsque, prisonnier de Charles-Quint, il fut envoyé à Iéna; elle était destinée à remplacer celle de Wittenberg. Elle fut inaugurée le 2 février 1558 et

devint célèbre. Fichte, Schelling, Hegel, Oken et Haeckel sont parmi les noms célèbres qui se rattachent à son histoire. La victoire remportée à Iéna par Napoléon sur les Prussiens et les Saxons (14 oct. 1806), détruisit, d'après Schlosser, la moitié de l'armée allemande, tandis que Davout gagnait le même jour une victoire plus grande sur l'autre moitié à Auerstædt. Cette double défaite abattit complètement la puissance de la Prusse. En face de Napoléon, commandait le prince Hohenlohe; Davout eut l'honneur de battre, avec 26,000 hommes seulement, une armée de 66,000 Prussiens commandés par le roi de Prusse en personne. La double bataille simultanée d'Iéna et d'Auerstædt coûta aux Prussiens 22,000 tués et blessés, 19,000 prisonniers, 220 pièces de canon; les Français perdirent 14,000 hommes, tant tués que blessés. Napoléon marcha immédiatement sur Berlin.

IÉNIKALÉH. I. Ville forte de la Russie d'Europe, à l'entrée de la mer d'Azov, à 212 kil. N.-E. de Simféropol; environ 4,000 hab. — II. Détroit qui fait communiquer la mer Noire à la mer d'Azov et sépare la Crimée du Caucase. On l'appelle aussi KAFFA.

IÉNISSEÏ. Voy. YÉNISEI.

IESI. Voy. JESI.

*IF s. m. [iff] (anc. all. *iwa*). Bot. Genre de conifères, type de la famille des taxinées, et dont l'espèce principale est un arbre toujours vert, qui a la feuille fort étroite et un peu longue, et qui porte un petit fruit rouge et rond : *planter des ifs.* — Se dit aussi d'une pièce de charpenterie, de forme triangulaire, employée dans les illuminations, et destinée à porter plusieurs lampions dont l'assemblage imite un if taillé en pyramide : *planter des ifs sur une place publique, devant la porte d'un hôtel*, etc. — ENCYCL. La seule espèce européenne est l'*if commun (taxus baccata)*, arbre qui se trouve dans toutes les montagnes de l'Europe, en Sibérie, dans l'Himalaya et dans plusieurs autres parties de l'A-

If de Darley.

sie. Il existe plusieurs spécimens remarquables par leur grand âge et par leur grosseur énorme; on estime que quelques-uns de ceux qui existent encore ont de 700 à 1,000 ans. L'un des plus beaux est l'if du cimetière de Darley (Derbyshire). Le bois de l'if est très dur, à un grain fin, il est élastique et durable; le cœur du bois est d'un beau rouge orange ou brun foncé, et l'aubier, qui est très dur, est d'un blanc pur avec différentes nuances. Le vert et l'autre sont susceptibles d'un beau poli. Avant l'invention des armes à feu l'if était très recherché pour la construction des arcs.

IF, petite île de la Méditerranée, à 3 kil.

S.-O. de Marseille. On y voit un château fort qui a longtemps servi de prison d'Etat, et qui devint ensuite une maison de correction paternelle. Parmi les personnages qui y furent enfermés, nous citerons : Mirabeau en 1774, Philippe-Égalité en 1793,et le comte de Monte-Cristo qui n'exista que dans l'imagination féconde d'Alexandre Dumas, mais dont la légende.attire au château d'If plus de visiteurs que l'intérêt historique. Du sommet du vieux donjon on jouit d'un magnifique panorama.

IFFLAND (August-Wilhelm), dramaturge allemand, né en Hanovre en 1759, mort en 1814. En 1796, il devint directeur du théâtre national de Berlin. Ses drames, tels que *Les vieux Garçons* et *Le Joueur* sont encore quelquefois représentés. Ses ouvrages ont été réunis en 10 vol. (nouv. éd. 1860).

IGHARGHAR (ar. *gharghara*, faire entendre un bruit de gargouillement), fleuve actuellement desséché du Sahara septentrional. Naît dans le Djebel Ahhagar, au sud d'Idelès, par environ 23° 45' de latitude N. et 2° 45' de long. E. de Paris. — Dans la première partie de son cours jusqu'à hauteur de la petite oasis de Temassinine, au pied du plateau central, l'Igharghar reçoit de nombreux affluents qui, après les pluies, déversent, dans son lit profond, leurs eaux torrentueuses et mugissantes; mais, si abondantes et si rapides que soient ces eaux, elles ne tardent pas à disparaître, absorbées par le sol spongieux, pour s'écouler vers le nord en larges nappes souterraines. L'ancien fleuve serpente ensuite dans une plaine unie, à fond de graviers, large quelquefois de 20 kilomètres et bordée de hautes dunes. A 60 kil. S.-E. d'Ouargla, il se divise en deux branches qui se rejoignent à 80 kil. plus au nord, après avoir embrassé une île de plus de 2,000 kil. carrés, couverte de pierres tranchantes. Inclinant ensuite vers le N.-N.-O., le lit de l'Igharghar s'va se confondre, près de Temacine, un peu au sud de Touggourt, avec celui d'un autre fleuve *mort* l'oued Miyâ, pour former l'oued Rirh (voy. ce mot), large et fertile vallée qui aboutit au chotth *Melrhir*. (Voy. ce mot.) Le fleuve Igharghar, que les géographes anciens paraissent avoir confondu avec le Triton (oued Souf; voy. ce mot), fut découverte en 1860, à deux journées de marche N.-O. d'Ouargla, par Henri Duveyrier, qui lui trouva 6 kil. de largeur. Son bras oriental fut relevé, en 1873, par Dourneaux-Dupéré. De son côté, le voyageur Largeau releva, en 1875, son lit principal, jusqu'à 50 lieues au sud de Touggourt; il lui trouva encore une largeur de 6 kil. près du puits d'El Achiya, son point de bifurcation. Sur les *gour* nombreux qui se dressent sur ses bords et au milieu de son lit, le voyageur découvrit des instruments en silex, preuve que ces *gour* furent, dans les temps préhistoriques, des îlcs habitées. La mission Flatlers, suivant l'itinéraire de M. Bou-Derba, traversa également l'ancien fleuve, le 28 mai 1880, entre El Byodh et Temassinine, au point où il débouche dans la plaine, à 130 lieues au sud de Touggourt. M. le lieutenant Brosselard, historiographe de la mission, estime à 60 mètres la hauteur de ses rives creusées à pic dans la roche noire. Dans son lit pierreux et poli, la mission ramassa des coquilles de l'époque quaternaire et des débris de lave; sur ses rives, elle trouva partout de nombreux vestiges de l'âge de pierre : haches, pointes de flèches, etc. L'Igharghar est un ancien cours d'eau principaux qui, dans les temps anciens, alimentaient à ciel ouvert le lac Triton et qui, de nos jours, alimentent de leurs eaux souterraines .es chotthz *melrhir* et tunisiens.

IGLAU, ville de Moravie, sur l'Iglawa, à 70 kil. O.-N.-O. de Brünn; 20,142 hab. Outre la ville proprement dite qui est entourée de murailles, il y a trois faubourgs. Manufactures d'articles de laine, verreries, papeteries, etc. École militaire et gymnase.

IGLESIAS, ville de Sardaigne, à 50 kil. O.-N.-O. de Cagliari; environ 6,500 hab. Elle doit son nom à ses nombreuses églises. En raison de la grande quantité de jardins qui l'entourent, on l'appelle *floré di mundu*. Aux environs, se trouvent les mines de plomb les plus riches de l'île.

IGLESIAS DE LA CASA (Joseph), poète espagnol, né en 1753, mort en 1791. Ses ballades et ses effusions satiriques l'ont rendu célèbre; ses poèmes didactiques, postérieurs à l'époque où il prit les ordres, sont moins populaires.

IGNACE (Saint), d'Antioche, surnommé Theophorus, l'un des pères apostoliques et l'un des docteurs de l'Église, mort en 107 ou 115. Eusèbe dit qu'il fut nommé évêque d'Antioche en 69. Le *Martyrium Ignatii* affirme qu'il fut disciple de saint Jean, qu'il fut ordonné par les apôtres eux-mêmes et condamné par Trajan à être livré aux bêtes féroces dans l'amphithéâtre de Rome; mais il est plus probable qu'il fut martyrisé à Antioche. Fête dans l'Église latine le 1er février; dans l'Église grecque, le 20 septembre. Quinze lettres attribuées à Ignace existent encore. Les sept mentionnées par Eusèbe sont acceptées comme authentiques par les théologiens catholiques romains; mais Lipsius, Bunsen et plusieurs autres autorités protestantes les rejettent toutes, excepté celles aux Éphésiens, aux Romains et à Polycarpe.

IGNACE (Saint), patriarche de Constantinople, né vers 798, mort le 23 octobre 878. Il était le plus jeune fils de l'empereur Michel 1er et il devint patriarche en 846. Il fut ennemi des iconoclastes, et refusa d'admettre Bardas, frère de l'impératrice Theodora, à la communion en raison de son immoralité. En conséquence Ignace fut déposé et remplacé par Photius, il fut traité avec la plus grande cruauté et exilé à Mytilène; mais en 867, il fut rappelé.

IGNACE DE LOYOLA. Voy. LOYOLA.

IGNACE (Fève de saint). Voy. STRYCHNINE.

* **IGNAME** s. f. [*gn.* mll.] (esp. *name*; angl. *yam*; portug. *inhame*). Bot. Genre de plantes grimpantes, type de la famille des dioscorées, comprenant plusieurs espèces exotiques. L'espèce la plus remarquable est l'*igname ailée*.

Igname ailée (Dioscorea alata).

(*dioscorea alata*), plante des Indes orientales, dont la racine, qui pèse quelquefois jusqu'à 15 kilog., est farineuse et alimentaire. — Les ignames, originaires des contrées tropi-

cales et cultivées dans les pays chauds, forment des racines très grosses, épaisses, tubéreuses, pesant quelquefois de 15 à 20 kilog., et en masses irrégulières ressemblant à des navets d'un mètre de long; quelques-unes sont blanches, d'autres entièrement pourpre pâle et leur peau présente des nuances diverses, depuis le blanchâtre jusqu'au noirâtre. Il y a beaucoup de variétés : *dioscorea sativa*, *dioscorea alata*, *dioscorea aculeata*, etc., toutes indigènes des Indes orientales. Les racines contiennent une grande quantité d'amidon (environ 25 p. 100 dans quelques-unes), mais elles ont un goût grossier et ne sont pas estimées des Européens. Après la maladie des pommes de terre (1845), des expériences furent faites en vue de lui substituer l'igname chinoise (*dioscorea batatas* ou *dioscorea japonica*). La racine de cette plante est remarquablement blanche et mucilagineuse, mais elle n'a pas le goût délicat de la pomme de terre, et il est peu probable qu'elle devienne d'un usage populaire. Elle mesure plus de 75 cent. de long, et étant plus large à l'extrémité inférieure, elle est très difficile à recueillir.

* **IGNARE** adj. [*gn* mll.] (lat. *ignarus*). Qui n'a point étudié, qui n'a point de lettres. N'est usité que dans certaines phrases du langage familier, comme : *gens ignares et non lettrés*. — S'emploie aussi comme substantif : *c'est un ignare*.

* **IGNÉ, ÉE** adj. [i-ghné] (lat. *ignis*, feu). Didact. Qui est de feu, qui a les qualités du feu : *substance ignée*. — Quelquefois, Qui est produit par l'action du feu. Ainsi on dit, en géologie : *couche de formation ignée*, par opposition à *couche de formation aqueuse*.

* **IGNICOLE** adj. [i-ghni-ko-le](lat. *ignis*, feu; *colere*, adorer). Se dit des adorateurs du feu.

* **IGNITION** s. f. [i-ghni-]. Chim. État des corps en combustion : *un corps en ignition*, *dans l'état d'ignition*. — Se dit également en parlant d'un corps incombustible rougi par l'action du feu : *un métal en ignition*.

IGNIVORE s. m. Qui mange du feu ou qui feint d'avaler des matières enflammées.

* **IGNOBLE** adj. [gn. mll.] (lat. *ignobilis*). Qui est bas, sans noblesse, qui marque une âme dépourvue de sentiments nobles : *langage ignoble*. On dit dans un sens analogue : IL SE CACHA DANS UN IGNOBLE RÉDUIT.

* **IGNOBLEMENT** adv. D'une manière ignoble : *il parle ignoblement*.

* **IGNOMINIE** s. f. (lat. *ignominia*). Infamie, grand déshonneur : *être couvert d'ignominie*.

* **IGNOMINIEUSEMENT** adv. Avec ignominie : *on l'a traité ignominieusement*.

* **IGNOMINIEUX, EUSE** adj. Qui porte ignominie, qui cause de l'ignominie : *mort ignominieuse*.

IGNON, rivière de France, affluent de la Tille, prend sa source dans le département de la Côte-d'Or, non loin des sources de la Seine et arrose Vaux-Saule, Champagny, la Margelle, Frénois, Ifs-sur-Tille et Marcilly; son cours est d'environ 45 kil.

* **IGNORAMMENT** adv. Avec ignorance : *il parle de ces matières-là fort ignoramment*. (Peu usité.)

* **IGNORANCE** s. f. [gn. mll.] (lat. *ignorantia*). Défaut de connaissance, manque de savoir : *ignorance grossière, crasse*. — Se dit quelquefois des fautes qui marquent une ignorance grossière : *ce livre est plein d'ignorances impardonnables*. — Prat. PRÉTENDRE CAUSE D'IGNORANCE, alléguer son ignorance pour excuse : *afin que nul n'en prétende, n'en puisse prétendre cause d'ignorance*. — Fam. PRÉTENDRE IGNORER QUELQUE CHOSE; ne se dit ordinairement que des choses qu'on veut faire semblant d'ignorer.

* **IGNORANT, ANTE** adj. Qui est sans lettres, sans étude, qui n'a point de savoir : *être ignorant*. — S'emploie aussi relativement en parlant de celui qui n'est pas instruit de certaines choses, qui ignore certaines choses : *il sait beaucoup de choses, mais il est fort ignorant en géographie*. — Palais : *être ignorant du fait*. — Prov. J'EN SUIS AUSSI IGNORANT QUE L'ENFANT QUI EST A NAÎTRE, se dit pour marquer qu'on ne sait rien de quelque chose qui est arrivé. — UN MÉDECIN IGNORANT, UN MAGISTRAT IGNORANT, etc., un médecin, un magistrat, etc., qui n'a pas le savoir, l'habileté que sa profession exige. — s. S'emploie dans tous les sens de l'adjectif : *c'est un ignorant, un franc ignorant*.

* **IGNORANTIN** adj. m. Ne s'emploie que dans cette dénomination : *les frères ignorantins*, les frères de la congrégation de Saint-Yon, qui tiennent des écoles élémentaires : *un frère ignorantin*; et, par ellipse : *un ignorantin*.

IGNORANTISME s. m. Système des partisans de l'ignorance.

IGNORANTISSIME adj. Superlatif de ignorant. Très ignorant.

* **IGNORÉ, ÉE** part. passé de IGNORER. — Se dit souvent pour inconnu, caché : *un peuple ignoré*.

* **IGNORER** v. a. [gn mll.] (lat. *ignorare*). Ne savoir pas, ne pas connaître : *c'est une chose qu'il ignore*. — Fam. et neutr. : *c'est un homme qui n'ignore de rien*. — IGNORER LES HOMMES, ne pas connaître le cœur humain. — IGNORER, en poésie et dans le style soutenu, signifie, quelquefois, ne point pratiquer une chose : *elle ignora toujours l'imposture*. — S'ignorer v. pr. S'IGNORER SOI-MÊME, n'avoir point une juste idée de soi-même, de ses forces, etc. : *ce grand génie s'ignorait encore lui-même*.

IGNOTI NULLA CUPIDO loc. lat. qui signifie : *On ne peut convoiter ce qu'on ne connaît pas.*

IGUALADA, ville de Catalogne(Espagne), sur la Noya, à 45 kil. N.-O. de Barcelone; environ 11,500 hab. Manufactures d'articles de coton, d'armes à feu, papeteries, etc.

* **IGUANE** s. m. [i-goua-ne] (caraïbe *yana*). Erpét. Genre de sauriens comprenant trois ou quatre espèces de grands lézards qui habitent le Brésil, Saint-Domingue, la Martinique, et dont la chair est estimée. L'*iguane commun*

Iguana tuberculata.

(*iguana tuberculata*, Laur.) atteint une longueur de 1 m. 35 à 1 m. 75 centim.; on le trouve dans l'Amérique tropicale du Sud et dans les Indes occidentales. Sa couleur en dessus est verdâtre, avec des teintes bleuâtres et ardoisées; il est en dessous d'un jaune verdâtre.

IGUANIEN, IENNE adj. Erpét. Qui ressemble ou qui se rapporte à l'iguane. — s. m. pl.

Famille de reptiles sauriens, voisine des agamiens dont elle se distingue par l'absence de dents au palais ; genres principaux : iguanes, ophriesses, basilics, anolis.

IGUANODON s. m. [i-gua-no-don] (franç. *iguane*; gr. *odous, odontos*, dent). Gigantesque reptile saurien fossile, découvert par le Dr Mantell dans diverses localités de la Grande-Bretagne, en 1822, et ainsi nommé à cause de

Iguanodon.

ses dents ressemblant, pour leur forme, à celles de l'iguane. Owen a évalué la longueur de ce reptile à environ 9 m., sa tête à 1 m. et sa queue à 4 m.; il était plus élevé sur ses pattes qu'aucun autre saurien ; l'état de ses dents usées indique qu'il était herbivore.

IHOLDY, ch.-l. de cant., arr. et à 27 kil. N.-O. de Mauléon (Basses-Pyrénées) ; 850 hab.

IHRE (Jean), philologue suédois, né en 1707, mort en 1780. Il fut professeur de belleslettres et de science politique à Upsal. Son *Glossarium Sueco-Gothicum* (1769) a été préparé sous le patronage du gouvernement. Ses dissertations sur les Eddas et sur Ulfilas sont importantes.

I. H. S. Inscription qui figure sur les crucifix, et sur les objets de piété et qui est l'abréviation du nom de Jésus. Quelques-uns y lisent : *in hoc salus* (ici est le salut), ou encore : *Jesus hominum salvator* (Jésus, sauveur des hommes).

* **IL** (lat. *ille*). Pron. m. qui désigne la troisième personne : *votre frère va venir, il est prêt*. — Se met ordinairement avant le verbe dans les phrases affirmatives, sans qu'il y ait rien entre deux, si ce n'est des particules et des pronoms, comme : *il nous dit*. — Se met immédiatement après le verbe dans les interrogations et dans certaines phrases exclamatives : *que fait-il?* Avec le t euphonique : *qu'a-t-il dit?* — Se met également après le verbe dans certaines phrases affirmatives, telles que les suivantes: *alors, dit-il, nous résolûmes d'agir* — Quand une phrase interrogative contient le nom masculin qui est le sujet du verbe, on n'en met pas moins, ordinairement, le pronom IL après le verbe : *Jean est-il venu?* Cette sorte de pléonasme s'emploie même dans certaines phrases qui expriment une supposition : *ce projet dût-il échouer, il sera toujours beau de l'avoir conçu*. Dans certaines phrases, au contraire, le verbe est précédé du pronom IL, et suivi du nom masculin auquel ce pronom se rapporte : *il me fuit, le perfide*. — Le pronom IL se met aussi avec les verbes impersonnels ou employés impersonnellement ; et alors il n'est point relatif à un sujet exprimé : *il faut que... il est bon...* — Dans ce genre de constructions, IL et le verbe restent au singulier quoique ce verbe soit suivi d'un nom au pluriel : *il vint deux mille hommes.* — Ce mot quelquefois pour cela: *je devais partir, il est vrai, mais j'en ai été empêché.* — IL N'EST QUE DE..., ce qui importe

le plus, qui est le plus utile, nécessaire : *il n'est que de s'occuper soi-même de ses affaires.* — IL N'EST PAS QUE VOUS N'AYEZ... vous avez certainement : *il n'est pas que vous n'ayez lu dans cet auteur.* — IL fait au pluriel ILS : *ils vont venir.*

ILDEFONSE (Saint-), ville d'Espagne, prov. et à 8 kil. S.-E. de Ségovie; 5,000 hab. Traités du 19 août 1796 et du 1er oct. 1800, entre la France et l'Espagne.

* **ÎLE** s. f. (lat. *insula*). Espace de terre entouré de tous côtés : *île déserte, peuplée, fertile, inaccessible, sablonneuse.* — Se dit quelquefois absol. au pluriel, des îles qui forment l'archipel du Mexique : *il fit un voyage aux îles; cacao des îles.* — Se dit encore d'un carré de maisons entouré de rues.

ÎLE-BOUCHARD (L'), ch.-l. de cant., arr. et à 17 kil. S.-E. de Chinon (Indre-et-Loire); 1,400 hab. Ruines d'un château fort. Eaux-de-vie, vins, huiles. Ancienne baronnie qui appartint à la famille de la Trémouille et à Richelieu.

ÎLE-DE-FRANCE, ancienne province de France dont Paris était la capitale. Elle forme maintenant les dép. de la Seine, de Seine-et-Oise et de Seine-et-Marne ainsi qu'une partie du Loiret, de la Nièvre, de l'Oise, de l'Aisne et de l'Yonne.

ÎLE-DU-DIABLE, l'une des îles qui constituent le groupe du Salut dans la Guyane française, au N.-N.-O. de Cayenne. Napoléon III y fit déporter un grand nombre d'ennemis politiques.

ÎLE-GAVR'INIS (L'), petite île du Morbihan; elle possède le plus curieux monument druidique de toute la Bretagne.

ÎLE-JOURDAIN (L'), ch.-l. de cant., arr. et à 27 kil. S.-O. de Montmorillon (Vienne), sur la rive droite de la Vienne ; 1,800 hab.

ILÉOLOGIE s. f. (gr. *ileum*, intestin ; *logos*, discours). Travail, ou traité sur les intestins.

* **ILÉON** ou **Ileum** s. m. [i-lé-on; i-lé-omm] (gr. *eilen*, tortiller). Anat. Le dernier et le plus long des intestins grêles. On dit aussi, adjectiv., *L'intestin iléon.*

ÎLE-ROUSSE (L'), ch.-l. de cant., arr. et à 24 kil. E. de Calvi (Corse), sur la côte N.-O. de l'île; 1,600 hab. Port sûr, accessible aux gros bâtiments. Amandes, huiles, bois, résines, etc.

* **ILES** s. m. pl. Anat. Les flancs, les parties latérales et inférieures du bas-ventre. — Os DES ILES, os larges et plats qui forment les hanches. On dit aussi, OS ILIAQUES.

* **ILÉUS** s. m. [i-lé-uss] (gr. *eileo*, je serre). Pathol. Affection produite par l'occlusion du canal intestinal. On dit aussi, OCCLUSION INTESTINALE ou COLIQUE DE MISERERE. Cette occlusion peut dépendre ou d'une accumulation de matières fécales dans le rectum ou d'un étranglement de l'intestin ou enfin de l'invagination d'une anse intestinale. Les symptômes de cette maladie sont les suivants : douleur ordinairement vive et subite dans les intestins, accompagnée d'anxiété, de météorisme, de hoquets, de nausées, de constipation, de vomissements bilieux d'abord, et ensuite de matière fécale; le visage est altéré et grippé, les yeux sont enfoncés; le pouls devient petit, insensible ; la chaleur baisse; le refroidissement survient graduellement avec la mort. Le traitement consiste en purgatifs et lavements irritants répétés, en potions calmantes, en glaces à l'intérieur et à l'extérieur, en topiques sur le ventre au moyen d'une vessie, en sangsues au niveau du siège de la douleur et en bains tièdes prolongés.

ILI, rivière de l'Asie centrale; elle prend sa source sur la pente N. des montagnes de Thian-shan-nan-lu, traverse une partie de

l'E. du Turkestan et se jette dans le lac Balkash, près des frontières de la Sibérie ; sa longueur est d'environ 600 kil.

ILIADE s. f. (gr. *ilion*, Troie). Poème d'Homère sur la guerre de Troie. — Fig. Longue narration.

* **ILIAQUE** adj. (lat. *ilia*, flancs). Anat. et Méd. S'emploie dans les locutions suivantes : — Os ILIAQUES, os des îles. On appelle FOSSES ILIAQUES, CRÊTE ILIAQUE, les fosses, la crête des os iliaques. — MUSCLE ILIAQUE, muscle qui sert à faire mouvoir l'os de la cuisse sur le bassin. — ARTÈRES ILIAQUES, artères qui sont formées par la bifurcation de l'aorte descendante. — PASSION ILIAQUE ou ILÉUS. (Voy. ILÉUS.)

ILIAQUE adj. (de *Ilion*, Troie). Qui a rapport à la ville de Troie : *guerre iliaque.*

ILIGER ou **Illiger** (Jean-Charles-Guillaume), célèbre naturaliste allemand, né vers 1770, mort vers 1812. Il fut professeur à Berlin. Il a laissé un *Catalogue des insectes de Prusse* (1798, in-8°); *Magazin für Insectenkunde* (7 vol. in-8°, 1804-'07); *Prodromus systematis mammalium et avium* (Berlin, 1811, in-8°); etc.

ILICINE (lat. *ilex ilicis*, houx). Chim. Substance cristallisable, d'un jaune foncé, soluble dans l'eau et l'alcool bouillant, mais complètement insoluble dans l'éther. L'ilicine est extraite des feuilles de houx.

ILICINÉ, ÉE adj. Qui ressemble au houx ou qui s'y rapporte.

ILINIZA ou **Pyramides d'Ilinissa**, pics des Cordilières de Quito, dans l'Amérique du Sud; à environ 25 kil. S. de Quito. Ils ont environ 5,720 mètres de haut et sont visibles de très loin sur le Pacifique.

ILIO-ABDOMINAL, ALE, AUX adj. Anat. Se dit d'un muscle interne abdominal, qui s'attache à la crête iliaque et se porte dans les parois abdominales qu'il concourt à former.

ILIO-COSTAL, ALE, AUX adj. Anat. Se dit d'un muscle carré des lombes qui s'étend de la dernière côte à la crête de l'os ilion.

ILIO-LOMBAIRE adj. Anat. Qui relie l'os ilion à la région lombaire.

* **ILIONS** m. [i-li-on] (lat. *ilia*, flancs). Anat. Nom d'un des trois os qui forment les os des hanches ou os iliaques.

ILION ou **Ilium**. Voy. TROIE.

ILION, village de l'état de New-York, sur la rivière Mohawk et le canal Erie, à 125 kil. O.-N.-O. d'Albany; 2,880 hab. Manufacture d'armes à feu de Remington et fils; compagnie des machines à coudre Remington.

ILIO-PECTINÉ, ÉE adj. Anat. Qui se forme par la jonction de la branche de l'os iliaque avec celle du pubis.

ILIO-SPINAL adj. Anat. Se dit du muscle long épineux de l'encolure du cheval.

ILISSUS, rivière de l'Attique; elle prend sa source près de l'extrémité N. du mont Hymète, coule à travers Athènes, vers la baie de Phalérique, qu'elle atteint rarement, même dans la saison des pluies.

ILIXANTHINE s. f. [i-lt-ksan-ti-ne] (lat. *ilex*, houx; gr. *xanthos*, jaune). Chim. Substance jaune que l'on extrait des feuilles de houx.

ILIYATES ou **Eeliautes**, race nomade de la Perse, de Khiva et du Turkestan. Le nom Iliyat est le pluriel de *iel* (œil), tribu, correspondant à l'arabe *Kabilah*. Les Iliyates sont, pour la plupart, d'origine turque, arabe et kurde ; ils forment une portion importante de la population de la Perse et des contrées adjacentes ; leur nombre actuel n'est pas connu, mais on dit que les tribus iliyates tributaires de Khiva comptent 195,000. hab.

Ils vivent dans des tentes. Ils sont mahométans de la secte de Sunni.

ILKESTON, ville du Derbyshire (Angleterre), à 15 kil. N.-E. de Derby ; 9,670 hab. Bonneteries, fabriques de soie et mines de charbon.

ILL, rivière d'Alsace, qui naît près des confins du cant. de Berne, arrose Altkirch, Colmar, Schlestadt, Strasbourg, et se jette dans le Rhin après un cours de 205 kil.

ILLE, petite rivière, affluent de la Vilaine ; elle prend sa source à l'étang Beulet, dans l'arr. de Rennes, coule du N. au S., se confond dans une partie de son parcours (qui n'est que de 45 kil.) avec le canal d'Ille-et-Rance et afflue à Rennes. Cours, 65 kil.

ILLE-ET-VILAINE, département maritime, situé dans la région N.-O. de la France ; il doit son nom aux deux rivières, l'Ille et la Vilaine qui le traversent ; il est situé entre les dép. des Côtes-du-Nord, du Morbihan, de la Loire-Inférieure et de la Mayenne ; est formé d'une partie de la basse Bretagne ; 6,725 kil. carr.; 615,480 hab. Ce dép. présente l'aspect d'un vaste plateau monotone, couvert de bois et de landes, excepté au N. dans les vallées ; il est traversé de l'Ø. à l'E. par une chaîne de montagnes peu élevée qui sépare le versant de la Manche de celui de l'Océan ; le point culminant (255 m.) se trouve dans la forêt de Paimpont ; longueur des côtes, 75 kil. Cours d'eau : la Vilaine, l'Ille, le Meu, la Chère, l'Oust, le Couesnon et la Rance ; cette dernière y forme un large estuaire près de Saint-Malo. — Territoire de petite culture, minerai de fer, gisements de houille, froment, seigle, chanvre et lin ; excellentes petites vaches bretonnes dont le lait fournit le beurre de Prévalaye ; cidre renommé ; commerce important de volailles et de bestiaux. Deux ports, Saint-Malo et Saint-Servan, arment pour la pêche de la morue ; Cancale fournit ses fameuses huîtres si connues des gourmets. Sources ferrugineuses à Guichen et à Fougères. — Ch.-l., Rennes, 6 arr., 43 cant., 352 communes. Cour d'appel, académie et archevêché à Rennes ; ch.-l. d'arr. : Rennes, Saint-Malo, Fougères, Montfort, Redon et Vitré.

*   **ILLÉGAL, ALE, AUX** adj. Qui est contre la loi : convention illégale.

*   **ILLÉGALEMENT** adv. D'une manière illégale : agir illégalement.

*   **ILLÉGALITÉ** s. f. Caractère, vice de ce qui est illégal : l'illégalité d'une convention.

*   **ILLÉGITIME** adj. Qui n'a pas les conditions, les qualités requises par la loi pour être légitime : enfant illégitime. — Injuste, déraisonnable : désirs illégitimes.

*   **ILLÉGITIMEMENT** adv. Injustement, sans fondement, sans raison : il prétend cela illégitimement.

*   **ILLÉGITIMITÉ** s. f. Défaut de légitimité : l'illégitimité d'un titre.

ILLER, rivière d'Allemagne qui prend sa source près des frontières du Tyrol, coule au N., passe à Kemptern, marque la limite entre la Bavière et le Wurtemberg et afflue dans le Danube à 2 kil. d'Ulm, après avoir reçu l'Aurach et l'Alch. Elle est torrentielle et sujette à de fréquents débordements.

*   **ILLETTRÉ, ÉE** adj. [il-lè-tré]. Qui n'a point de connaissances en littérature, ignorant : c'est un homme illettré.

ILLIBÉRAL, ALE, AUX adj. Qui n'est point généreux. — Politiq. Opposé aux idées libérales.

ILLIBERIS, ville de la Gaule, dans la première Narbonnaise ; auj. Elne.

ILLICIÉ, IÉE adj. [il-li-si-é] (rad. illicium, badiane). Bot. Qui a quelque similitude avec les plantes du genre ilicium ou badiane. —

s. f. pl. Tribu de magnoliacées, ayant pour type le genre badiane.

*   **ILLICITE** adj. [il-li-si-te] (lat. illicitus). Qui est défendu par la morale ou par la loi : action illicite ; plaisir illicite.

*   **ILLICITEMENT** adv. Contre le droit et la justice : il est vrai que cela s'est fait, mais toujours illicitement.

ILLICO adv. Mot lat. qui signifie : sur le champ : partez illico.

ILLIERS, ch.-l. de cant., arr. et à 25 kil. S.-O. de Chartres (Eure-et-Loir) ; 3,000 hab. Lainages et instruments aratoires Grains, bestiaux, tanneries.

*   **ILLIMITÉ, ÉE** adj. Qui n'a point de bornes, de limites, de terme : espace illimité, étendue illimitée.

ILLINOIS, tribu d'Indiens de l'Amérique du Nord, de la famille des Algonquins, comprenant les Péorias, les Moingwenas, les Kaskaskias, les Tamaroas et les Cahokias. Vers 1640, ils exterminèrent presque entièrement les Winnebagoes. Ils furent en guerre avec les Iroquois depuis 1656 et bientôt après avec les Sioux. Les missionnaires français rencontrèrent la première fois les Illinois à Chegoimegon sur le lac Supérieur, en 1667; en 1672, Marquette trouva les Péorias et les Moingwenas dans trois villes à l'O. du Mississipi, près du Des Moines, et encore les Péorias et les Kaskaskias sur l'Illinois. A cette époque, les Illinois étaient nombreux et braves. Ils furent battus par les Iroquois en 1679. Peu de temps après, La Salle atteignit leur territoire ; ils aidèrent les Français contre les Iroquois. Ils furent convertis par les missionnaires français Marquette, Allouez, Gravier et autres. En 1700 les Kaskaskias quittèrent le cours supérieur de l'Illinois et se transportèrent à l'endroit qui porte leur nom. Leur tribu souffrit ensuite des guerres avec les Renards. Les Illinois se joignirent aux Miamis dans leur guerre contre les Etats-Unis ; ils firent la paix à Greenville (3 août 1795). En 1818, ils cédèrent toutes leurs terres dans l'état de l'Illinois. Les Péorias, au nombre de 100, se rendirent sur la rivière du Blackwater (Missouri) et 36 Kaskaskias restèrent dans l'Illinois. Par le traité d'octobre 1832, ils cédèrent de nouveau leurs terres et reçurent en échange une vaste étendue de terrains dans l'ouest. Ils furent placés dans les limites de l'état actuel de Kansas où ils restèrent jusqu'en 1867, époque où ils furent placés au S.-O. des Quapaws, sur une réserve de 72,000 acres. Ils y sont encore, mais toute la nation illinoise ne compte plus que 30 individus. Leur langage a reçu des règles grammaticales du père Gravier ; le père Boulanger a composé une grammaire et un dictionnaire très complets de cette langue.

ILLINOIS, rivière formée dans le N.-E. de l'état du même nom, par l'union des rivières Kankakee et Des Plaines. Elle s'unit au Mississipi, à 35 kil. au-dessus de l'embouchure du Missouri. Elle a environ 700 kil. de longueur et est navigable pendant 330 kil. Profonde et large, elle forme çà et là de spacieux bassins. Ses principaux affluents sont : le Fox, le Spoon, le Crooked creek, le Mackinan, le Sangamon et le Vermilion. Au-dessus de l'embouchure du Vermilion, elle est obstruée par des rapides, et un canal a été construit depuis cet endroit jusqu'à Chicago (140 kil.), formant ainsi une communication non interrompue entre les lacs et le Mississipi.

ILLINOIS, l'un des états intérieurs de l'Union américaine, le quatrième sous le rapport de la population, entre 36° 59' et 42° 30' lat. N. et entre 89° 55' et 94° long. O.; 143,697 kil. carr.; 3,077,871 hab. Limites : l'état de Wisconsin, le lac Michigan, les états d'Indiana, de Kentucky, de l'Ohio, du Missouri et de l'Iowa, dont il est séparé par le fleuve Mississipi ;

102 comtés. Cap., Springfield. Villes principales : Chicago, Peoria, Quincy. La population n'était que de 12,000 hab. en 1810. La population actuelle comprend 30,000 nègres et 600,000 étrangers : 40,000 Canadiens, 4,000 Danois, 11,000 Français 225,000 Allemands, 60,000 Anglais, 125,000 Irlandais, 16,000 Ecossais, 12,000 Norvégiens, 30,000 Suédois, 10,000 Suisses, etc. Le territoire forme une vaste plaine, élevée en moyenne à 200 m. au dessus du niveau de la mer. Principaux cours d'eau : le Rock, l'Illinois et la Kaskaskia, affluents du Mississipi ; l'Embarras et le petit Wabash, affluents du Wabash, et la Saline et la Cash, affluents de l'Ohio. Immenses gisements de houille, presque à fleur de terre et produisant près de 3 millions de tonnes chaque année. Sel ; sources chalybées et sulfureuses. Vastes prairies couvertes d'herbes indigènes. Forêts où l'on trouve le chêne, le noyer noir, le frêne, l'orme, etc., vergers de pommiers, de pruniers, de cerisiers et d'autres arbres fruitiers d'Europe. Quelques vignobles. Froids excessifs en hiver, chaleurs accablantes en été. Le climat détermine, surtout chez les immigrants, une fièvre particulière et la diarrhée. L'Illinois est classé parmi les premiers états de l'Union, sous le rapport de l'agriculture, du commerce et de l'industrie. Il produit des chevaux, des ânes, des mules, des bœufs, des porcs, des moutons, du maïs, des céréales de toute sorte. L'état renferme

Sceau de l'Illinois.

près de 15,000 établissements industriels, employant 100,000 ouvriers. Il exporte des jambons, des conserves de porc, du gibier, du cidre, des grains, etc. — La constitution de 1870 accorde le pouvoir législatif à une assemblée générale, composée d'un sénat (51 membres élus pour 4 ans) et d'une chambre des représentants (153 membres élus pour 2 ans). L'exécutif est confié au gouverneur, à un secrétaire d'Etat, etc., élus pour 4 ans, à l'exception du trésorier, dont l'office ne dure que deux ans. La cour suprême (7 juges) est élue par le peuple pour un terme de 9 ans. Les autres juges sont élus. Recettes : 25 millions de francs ; dépenses : 24 millions ; dettes : 8 millions. L'instruction primaire est gratuite, laïque et obligatoire ; 750,000 élèves fréquentent les écoles. Il se publie dans l'état près de 800 journaux, dont 400 sont rédigés en langue allemande et un en français (à Kankakee). 44,000 bibliothèques renferment près de 4 millions de volumes. Principales dénominations religieuses : méthodistes (4,650 organisations), baptistes (800), presbytériens (600), christians (600), catholiques romains (300), luthériens (250), etc. — L'Illinois doit son nom à la principale des rivières qui l'arrosent. D'après Albert Gallatin, le mot Illinois dérive de l'expression leno, leni ou illini, qui signifie hommes supérieurs dans la langue des Delawares ; la terminaison est d'origine française. Les premiers établissements européens furent faits par les Français, à la suite des entreprises de Marquette (1673) et de La

Salle. Ce dernier quitta le Canada en 1679 et descendit l'Illinois. En 1682, il fonda Kaskaskia, Cahokia et plusieurs autres établissements qui ne tardèrent pas à devenir importants. Les Anglais acquirent le territoire en vertu de la paix de 1763; ils le perdirent en 1783. L'état de l'Illinois fut formé en 1809, et admis dans l'Union en 1818. Les Indiens, (Illinois, Sacs et autres), continuellement en guerre avec les blancs, furent repoussés peu à peu ou exterminés. Les Mormons s'établirent à Nauvoo en 1840. Leur conduite excita l'hostilité ouverte des habitants. Les frères Joseph et Hyrum Smith, arrêtés et enfermés dans la prison de Carthage, furent égorgés par une bande d'émeutiers, le 27 juin 1844, ce qui motiva la fuite générale des Mormons qui se retirèrent dans l'Utah, au nombre de 20,000. Le siège du gouvernement fut transporté de Kaskaskia à Vandalia en 1818 et à Springfield en 1836.

ILLISIBILITÉ s. f. [il-li-zi-bi-li-té]. Nature de ce qui est illisible.

ILLISIBLE adj. [il-li-zi-ble]. Qu'on ne saurait lire ou qu'on ne lit que très difficilement : *cette écriture est illisible.* — Fig. Se dit d'un écrit dont la lecture n'est pas supportable : *cet ouvrage est illisible.*

ILLISIBLEMENT adv. D'une manière illisible : *vous écrivez illisiblement.*

ILLOGIQUE adj. [il-lo-]. Qui est contraire à la logique, qui manque de logique : *un raisonnement, un esprit illogique.*

ILLOGIQUEMENT adv. D'une manière illogique.

ILLOGISME s. m. Caractère de ce qui est illogique.

ILLUMINATEUR s. m. Celui qui illumine.

ILLUMINATIF, IVE adj. Qui illumine. N'est usité qu'en termes de dévotion mystique : *la vie illuminative.*

ILLUMINATION s. f. Action d'illuminer, ou état de ce qui est illuminé : *l'illumination de la terre par le soleil,* Dans ce sens, il est peu usité. — Plus ord. Grande quantité de lumières disposées avec symétrie, à l'occasion d'une réjouissance : *une belle illumination.* — Fig. en termes de dévotion. Lumière extraordinaire que Dieu répand quelquefois dans l'âme : *une illumination divine.* — Fig. Se dit aussi de ces clartés vives qui se produisent subitement dans certains esprits au milieu des difficultés, des dangers : *ce général semblait agir par de soudaines illuminations.*

ILLUMINÉ, ÉE part. passé de ILLUMINER. — S'emploie substantiv. au figuré, pour signifier, en matière de religion : *c'est un homme qui a des visions ridicules, c'est un illuminé.* — Se dit aussi de certains hérétiques qui se prétendaient éclairés de Dieu d'une manière particulière : *la secte des illuminés.* — S'est dit, de plus, des disciples de Swedenborg et de saint Martin. — ENCYCL. La plus célèbre société d'illuminés fut celle qui fut fondée en 1776, par Adam Weishaupt, professeur de droit canon à Ingolstadt, dans le but de réunir en une confrérie les hommes de tous les pays, de tous les rangs et de toutes les religions. A l'apogée de sa prospérité, la société comptait 2,000 membres dans les différentes parties de l'Europe. Ses mystères avaient rapport à la religion, qu'ils voulaient transformée en naturalisme et en libre pensée, et à la politique qui penchait vers le socialisme et le républicanisme. Les membres de cette société correspondaient par chiffres et employaient une phraséologie particulière. Des dissensions intérieures et l'opposition du clergé catholique romain amenèrent leur chute. La société fut prohibée par le gouvernement bavarois en 1784 et ses papiers furent

saisis et publiés. Des ouvrages sur ce sujet ont été publiés par Weishaupt, Knigge, Nicolai et Voss (1786-'99).

ILLUMINER v. a. (lat. *illuminare*). Eclairer, répandre de la lumière sur quelque chose : *toute la ville était illuminée par des feux de joie qu'on avait allumés dans les rues.* — Faire des illuminations : *on ordonna d'illuminer.* — Fig., et en matière de religion. Eclairer l'esprit éclairer l'âme : *priez Dieu qu'il les illumine et qu'il les convertisse.*

ILLUMINISME s. m. Opinions chimériques des illuminés : *l'illuminisme a fait beaucoup de progrès dans ce pays.* — S'est dit, particul., des doctrines de Swedenborg et de saint Martin.

ILLUSION s. f. [il-lu-zi-on] (lat. *illusio*). Apparence trompeuse; erreur des sens ou de l'esprit qui fait voir les choses autrement qu'elles ne sont, ou qui fait prendre l'apparence pour la réalité : *quand on est dans une barque et que le rivage semble marcher, quand un bâton paraît rompu dans l'eau, c'est une illusion des sens.* — S'est dit, particul., des fausses apparences que l'on attribuait au démon ou à la magie : *illusion diabolique.* — Toute erreur flatteuse qui abuse l'esprit : *on dit que la vie humaine est une illusion perpétuelle.* — FAIRE ILLUSION À QUELQU'UN, lui paraître autre que l'on est réellement. — SE FAIRE ILLUSION À SOI-MÊME, s'abuser soi-même : *je cherchai longtemps à me faire illusion sur ses défauts.* — Se dit aussi des pensées et des imaginations chimériques : *c'est un homme plein d'illusions, sujet à des illusions.* — Se dit pareillement de certains songes, de certains fantômes qui flattent ou qui troublent l'imagination : *une illusion agréable.*

ILLUSIONNER v. a. Causer des illusions. — S'illusionner v. pr. Se faire illusion.

ILLUSOIRE adj. Captieux, qui tend à tromper sous une fausse apparence. S'emploie surtout dans le langage didactique : *une proposition illusoire.* — Se dit aussi, dans le langage ordinaire, de ce qui est sans effet, de ce qui ne se réalise point : *une promesse illusoire.*

ILLUSOIREMENT adv. D'une façon illusoire. N'est guère usité qu'en termes de pratique.

ILLUSTRATEUR s. m. Artiste qui dessine des illustrations d'ouvrages.

ILLUSTRATION s. f. Action d'illustrer, ou état de ce qui est illustre : *cette ville leur doit son illustration.* — Se dit, particul., des marques d'honneur dont une famille est illustrée : *c'est une famille noble et ancienne, mais sans illustration.* — s. pl. Explications, éclaircissements, commentaires ajoutés à un ouvrage. Ne s'emploie guère, dans ce sens, que parmi les savants : *cette nouvelle édition de Tite-Live est enrichie des illustrations de tel savant.* — Se dit encore des figures et des dessins intercalés dans le texte d'un livre ou d'un journal. — L'Illustration, journal hebdomadaire illustré fondé en 1843 par Joanne, Charton et Paulin, avec la collaboration du fameux graveur Best.

ILLUSTRE adj. (lat. *illustris*). Eclatant, célèbre par le mérite, par la noblesse, par quelque chose de louable et d'extraordinaire : *un homme illustre, les Hommes illustres de Plutarque.* — Se dit quelquefois, substantiv., d'une personne qui excelle en quelque chose, et principalement dans quelque art : *ce peintre est un illustre.*

ILLUSTRÉ, ÉE adj. Devenu illustre. — Enrichi d'illustrations : *édition illustrée.*

ILLUSTRER v. a. Rendre illustre : *les victoires qui ont illustré ce règne.* — ∾ ILLUSTRER UN LIVRE, l'orner de gravures. — ° S'illustrer

v. pr. Se rendre illustre : *il s'est illustré par de grandes actions.*

ILLUSTRISSIME adj. (lat. *illustrissimus*, superlat. de *illustris*). Titre qu'on donne par honneur à quelques personnes élevées en dignité, et principalement aux ecclésiastiques : *illustrissime et révérendissime seigneur.*

ILLUTATION s. f. [il-lu-]. Action d'illuter.

ILLUTER v. a. (il-lu-] (préf. *il*; lat. *lutum*, boue). Enduire d'une couche de boue ou d'argile.

ILLYRIE (anc. *Illyricum* et *Illyris*), nom donné anciennement aux contrées de la côte E. de l'Adriatique et aux régions voisines, habitées par les Illyriens, tribu qui paraît avoir une origine commune avec les Thraces. Philippe de Macédoine soumit les Illyriens qui habitaient à l'E. de la rivière Drilo (aujourd'hui Drin), 359 av. J.-C. L'Illyrie fut ensuite divisée en Illyris Græca et Illyris Barbara. Cette dernière, devenue province romaine sous le règne d'Auguste, fut appelée Illyris Romana; elle comprenait une partie de la Croatie moderne, toute la Dalmatie, presque toute la Bosnie et l'Herzégovine et une partie de l'Albanie. L'Illyris Græca ou Illyrie propre embrassait la plus grande partie de l'Albanie moderne. Après la mort d'Alexandre le Grand, la plupart des tribus illyriennes grecques recouvrèrent leur indépendance. Les Romains furent en guerre avec elles en 230-229 et 219 av. J.-C., et en 168, l'Illyrie et la Macédoine devinrent sujettes de Rome. Sous Constantin, l'Illyrie forma l'une des plus grandes divisions de l'empire; elle fut divisée en Illyrie occidentale, comprenant l'Illyrie propre, la Pannonie et le Noricum, et Illyrie orientale, renfermant la Dacie, la Mœsie, la Macédoine et la Thrace. Le nom d'Illyrie renaquit en 1809, lors de l'organisation des provinces illyriennes, comprenant la Carniole, la Carinthie, l'Istrie, une partie de la Croatie, la Dalmatie, Raguse et un district militaire. Après la chute de Napoléon, elles furent réunies à l'Autriche qui, en 1816, éleva l'Illyrie, un peu modifiée, à la dignité nominale de royaume. Elle fut divisée, en 1849, entre les terres de la couronne de Carinthie, de Carniole et du littoral, une partie ayant été réunie à la Hongrie en 1822. La langue illyrienne est une des branches méridionales de la famille slave. (Voy. SERBIE.)

ILLYRIEN, IENNE adj. et s. Qui appartient à l'Illyrie; habitant de l'Illyrie.

ILOPANGO, lac volcanique de l'Amérique centrale; à 40 kil. S.-E. de San Salvador; il mesure environ 20 kil. de long sur 9 de large. Il est entouré de collines escarpées très élevées, et sa surface est à environ 400 m. au-dessous des pays environnants.

ÎLOT s. m. Très petite île : *les îles, îlots et atterrissements.* — Petit groupe de maisons entouré de rues : *on a démoli tout cet îlot de maisons.*

ÎLOT-À-CABRI, l'un des îlots qui forment le groupe des Saintes, dépendant de la Guadeloupe; on y trouve un lazaret et une maison centrale de force et de correction.

ILOTE s. m. (gr. *eilôtês*, de *Elos*, ville de Laconie). Nom que les Spartiates donnaient à leurs esclaves tirés d'abord de la ville d'Elos, et ensuite de toute la Messénie. Les trois classes du peuple lacédémonien étaient les Spartiates, les Periœci et les Ilotes. Les deux premières constituaient une aggrégation nationale, mais la dernière forma pendant des siècles une classe inférieure, honnie et abjecte. La plupart des ilotes habitaient des villages loin de leurs maîtres, avec l'obligation de cultiver le sol et de payer une partie proportionnelle du produit. Leur nombre, augmenté par les conquêtes successives, surpassa de beaucoup celui des Lacédémoniens. En temps de guerre, ils étaient assujettis au service militaire, généralement comme troupes légères; et un certain nombre d'ilotes accompagnait chaque Spartiate. Les ilotes affranchis formaient une classe séparée, sous le nom de neodamodes, ou nouvellement affranchis. En 464 av. J.-C., les ilotes se révoltèrent et s'emparèrent un instant de Sparte. Objets d'appréhension pour les Spartiates, ils étaient quelquefois cruellement égorgés. Le plus remarquable de ces massacres eut lieu en 424, époque où 2,000 ilotes disparurent après avoir été affranchis, en récompense de leur belle conduite dans une guerre.

* **ILOTISME** s. m. La condition d'ilote. Se dit, par ext., de l'état d'abjection et d'ignorance où quelque partie d'un peuple est réduite par ceux qui la dominent : *ils tenaient les classes pauvres dans un véritable ilotisme.*

ILUS, fils de Tros et de Callirrhoé, fondateur de Troie ou Ilion.

* **IMAGE** s. f. (lat. *imago*). Représentation de quelque chose en sculpture, en peinture, en gravure, en dessin, etc.: *cette statue est l'image d'un grand homme.* — Se dit, particul., des images qui sont l'objet d'un culte religieux; et, en ce sens, s'emploie souvent absolument, au pluriel : *les images des faux dieux.* — Se dit aussi de certaines estampes représentant des sujets pieux ou autres, et qui sont ordinairement gravées et coloriées grossièrement: *il y a de belles images dans ce livre.* — C'EST UNE BELLE IMAGE, se dit d'une femme qui est belle mais froide, et sans physionomie. — IL EST SAGE COMME UNE IMAGE, se dit d'un enfant fort retenu et fort posé. — Ressemblance : *ce tableau représente bien l'image de la nature.* — Se dit, particul., en parlant d'un objet qui se répète dans un miroir, dans l'eau, etc. : *voir son image dans un miroir, dans l'eau.* — Se dit fig., tant au sens physique qu'au sens moral : *ces jeux sont une image de la guerre.* — Représentation des objets dans l'esprit, dans l'âme : *les sens transmettent à l'âme l'image des objets.* — Idée : *se faire une image agréable de quelque chose.* — Fig. Description, en parlant des ouvrages d'esprit: *opposer l'image des combats au tableau de la vie pastorale.* — Métaphore par laquelle on rend une idée plus vive et plus sensible, en prêtant à l'objet dont on parle des formes, des apparences, des qualités empruntées à d'autres objets: *ce sont les images qui donnent du coloris au style.*

IMAGÉ, ÉE adj. Qui est plein d'images, de figures: *style imagé.*

* **IMAGER, ÈRE** s. Celui, celle qui vend des images, des estampes: *cet imager a un beau choix d'estampes.* (Vieux.)

IMAGER v. a. Orner, embellir d'images, de métaphores : *imager son style.*

* **IMAGERIE** s. f. Fabrication, commerce d'images: *l'imagerie d'Epinal.*

IMAGIER s. m. Ouvrier qui fait les images ou qui les enlumine.

* **IMAGINABLE** adj. Qui peut être imaginé, conçu: *cela est-il imaginable?*

* **IMAGINAIRE** adj. Qui n'est que dans l'imagination, qui n'est point réel : *un honneur imaginaire.* — ESPACES IMAGINAIRES, espaces créés par l'imagination, hors du monde réel, pour y placer des chimères. — ÊTRE, VOYAGER, SE PERDRE DANS LES ESPACES IMAGINAIRES, se former des visions, se repaître d'idées chimériques. — MALADE IMAGINAIRE, personne qui a l'imagination blessée au point de se croire malade, quoiqu'elle ne le soit pas. — Algèb. Impossible: *la racine paire d'une quantité négative est imaginaire.* Substantiv. ; *faire évanouir l'imaginaire.*

* **IMAGINATIF, IVE** adj. Qui imagine aisément, qui a une grande fertilité d'imagination: *avoir l'esprit imaginatif.* — LA FACULTÉ, LA

PUISSANCE IMAGINATIVE, ou substantiv. et fam., L'IMAGINATIVE, la faculté, la puissance par laquelle on imagine.

* **IMAGINATION** s. f. (lat. *imaginatio*). Faculté d'imaginer, de se représenter quelque chose dans l'esprit: *avoir l'imagination vive, ardente, sombre, riante.* — Particul. Littér. et Beaux-Arts. Faculté d'inventer, de concevoir, jointe au talent de rendre vivement ses conceptions : *ce poète, ce peintre a beaucoup d'imagination.* — Se dit aussi en parlant des ouvrages dont l'auteur a fait preuve d'imagination: *sa poésie est pleine d'imagination.* — Pensée, conception : *voilà une belle imagination.* (Vieux.) — Croyance, opinion qu'on a de quelque chose sans beaucoup de fondement : *la plaisante imagination, que de vouloir nous persuader cela.* — Fantaisie bizarre, idée folle et étrange: *c'est un homme qui a d'étranges imaginations.*

IMAGINATIVE s. f. Fam. Faculté d'imaginer: *avoir de l'imaginative.*

* **IMAGINER** v. a. (lat. *imaginari*). Se représenter quelque chose dans l'esprit: *la faculté d'imaginer.* — Inventer : *c'est un homme qui a imaginé de fort belles choses.* — S'imaginer v. pr. Avec le pronom personnel régime indirect, signifie tantôt, se représenter quelque chose dans l'esprit; tantôt, se figurer quelque chose sans beaucoup de fondement: *imaginez-vous un homme qui soit riche, savant*, etc.; *que l'on s'imagine le pays le plus désert, le plus sauvage.* — Quelquef. simplement. Croire, se persuader: *je ne saurais m'imaginer que cela soit comme on le raconte.*

IMAGISTE s. m. Synon. de IMAGIER.

* **IMAN** s. m. (ar. *imâm*, chef). Ministre de la religion mahométane, attaché au service d'une mosquée.

IMANAT s. m. Dignité d'iman.

* **IMARET** s. m. (ar. *amaret*, habitation). Sorte d'hôtellerie et d'hospice chez les Turcs, où les pauvres trouvent gratuitement des vivres.

* **IMBÉCILE** adj. (lat. *imbecillis*). Qui est dans l'imbécillité : *le grand âge et les infirmités l'ont rendu imbécile.* — Se dit quelquefois, par exagération, d'une personne dépourvue d'esprit, qui ne parle, qui agit sottement : *peut-on être plus imbécile?* — Faible : *l'âge imbécile.* — IMBÉCILE DE CORPS ET D'ESPRIT, se dit d'une personne à qui l'âge ou les indispositions ont ôté les forces du corps et affaibli la raison. — S'emploie aussi substantiv. : *prononcer l'interdiction d'un imbécile.* — Se dit de plus de quelqu'un qui, sans être faible de corps et dépourvu d'esprit, manque tout à fait de caractère, de volonté. Dans ce sens, ne s'emploie guère que substantiv. : *ce pauvre imbécile s'est laissé dépouiller de tous ses biens.*

* **IMBÉCILEMENT** adv. Avec imbécillité : *il s'est conduit bien imbécilement dans cette affaire.*

* **IMBÉCILLITÉ** s. f. [ain-bé-sil-li-té]. Faiblesse d'esprit qui ôte plus ou moins la faculté de raisonner, de comprendre, etc.: *l'imbécillité de l'enfance.* (Voy. IDIOTIE.) — Quelquefois, par exag. Sottise, niaiserie: *cet homme est d'une imbécillité rare.*

* **IMBERBE** adj. (lat. *imberbis*). Qui est sans barbe: *plusieurs nations de l'Amérique sont imberbes.* — Quelquefois, par dénigrement. Très jeune : *ces docteurs imberbes veulent tout régenter.*

IMBERT (Barthélemi), poète, né à Nîmes en 1747, mort en 1790. Il publia le *Jugement de Pâris*, poème (1772), des fables, des pièces de théâtre et des romans. Ses *Œuvres choisies* ont paru en 1795 (4 vol. in-8°).

* **IMBIBER** v. a. (lat. *imbibere*). Abreuver, pénétrer d'eau ou de quelque autre liquide :

la pluie a imbibé la terre suffisamment. — S'imbiber v. pr. Devenir imbibé d'eau ou de quelque autre liquide : *la terre s'imbibe d'eau.*

* **IMBIBITION** s. f. Action d'imbiber, ou action, faculté de s'imbiber.

IMBOIRE (S') v. pr. S'imbiber, se pénétrer : *s'imboire de préjugés.*

IMBRICATIF, IVE adj. Bot. Se dit des feuilles encore renfermées dans le bourgeon lorsque leurs rudiments se recouvrent les uns sur les autres et forment plus de deux séries.

IMBRICATION s. f. Etat des choses imbriquées.

* **IMBRIQUÉ, ÉE** adj. Hist. nat. Se dit des parties qui se recouvrent les unes les autres comme les tuiles d'un toit : *les écailles des poissons, les plumes des oiseaux, sont imbriquées.*

* **IMBROGLIO** s. m. [ain-bro-lio ; ou ain-bro-ieu, *ll* mll.] (mot ital. formé de *in*, dans ; *broglio* brouillé). Embrouillement, confusion: *il y a de l'imbroglio dans cette affaire, dans cette pièce de théâtre.* — Pièce de théâtre dont l'intrigue est fort compliquée : *cette comédie est un imbroglio à l'espagnole fort amusant.*

IMBROS ou **Imbro**, île septentrionale de la mer Egée, près de la Chersonèse de Thrace, à environ 28 kil. S.-E. de Samothrace et à 35 kil. N. de Lemnos; sol montueux, fertile en blé, huile, vin, coton, etc. Auj. EMBRO.

* **IMBU, UE** part. passé de l'ancien verbe IMBOIRE (imbiber). Ne se dit guère qu'au figuré, et signifie, Qui est rempli, pénétré. S'applique aux opinions, aux doctrines, aux préjugés, aux principes : *imbu, imbue de bons, de mauvais principes.*

IMBUVABLE adj. Qui n'est pas bon à boire : *du vin imbuvable.*

IMIDE s. f. Chim. Nom donné aux produits directs de la déshydratation des amides acides.

* **IMITABLE** adj. Qui peut être imité, qui doit être imité : *cela n'est pas imitable.*

* **IMITATEUR, TRICE** adj. Qui imite, qui s'attache à imiter : *le singe est un animal imitateur.* — S'emploie très souvent comme substantif, et se dit alors principalement d'une personne qui règle sa conduite, ses actions sur celles d'une autre : *il est imitateur des vertus de ses ancêtres.* — Se dit, particul., d'un écrivain ou d'un artiste qui imite le style, la manière, le genre d'un autre : *cet écrivain, cet artiste a eu beaucoup d'imitateurs.*

* **IMITATIF, IVE** adj. Qui imite : *sons imitatifs.* — HARMONIE IMITATIVE, artifice de style qui consiste à peindre les choses par les sons des mots ou par l'habile arrangement de la phrase : tel est le vers de Virgile qui nous dépeint Polyphème :

Monstrum horrendum, informe, ingens, cui lumen ademptum.

ou les vers de Ronsard parlant du vol de l'alouette :

> Elle guindée du zéphire,
> Sublime en l'air vire et revire,
> Et y décligne un joli cri,
> Qui rit, guérit et tire l'ire
> Des esprits mieux que n'a d'écrits.

* **IMITATION** s. f. Action d'imiter, de quelque manière que ce soit; ou résultat de cette action : *avoir l'instinct, le goût, la manie de l'imitation.* — CELA EST AU-DESSUS DE TOUTE IMITATION, se dit d'une chose qu'il est impossible de bien imiter. — Se dit, particul., en Littér. et dans les Beaux-Arts, des ouvrages où l'on s'est proposé de en imiter d'autres : *cette pièce de vers est une imitation de telle ode d'Horace.*

> Mon imitation n'est point un esclavage.
> LA FONTAINE.

— CET OUVRAGE EST UNE IMITATION DE L'ALLEMAND, DE L'ANGLAIS, etc., est l'imitation d'un ouvrage écrit en allemand, en anglais, etc. — Se dit, par ellipse, pour l'*Imitation de J.-C.* livre de piété très estimé. (Voy. GERSON et THOMAS A KEMPIS.) — Industrie. Se dit d'ouvrages d'orfèvrerie et de bijouterie où l'on imite, mais sans intention de fraude, l'or, l'argent, les pierres précieuses, l'écaille, l'ivoire, etc. : *des bijoux en imitation.* — A l'imitation de, loc. prépost. A l'exemple de, sur le modèle de, etc. : *faire quelque chose à l'imitation de quelqu'un.*

* **IMITER** v. a. (lat. *imitari*). Faire ou s'efforcer de faire exactement la même chose que fait une personne, un animal ; contrefaire, copier : *imitez-le dans tout ce que vous lui verrez faire.* — Particul. Prendre la conduite, les actions d'une personne pour modèle : *imiter les grands hommes.* — Beaux-Arts. Faire l'image, la ressemblance d'une chose : *ce peintre, ce sculpteur s'attache à bien imiter la nature.* — Se dit encore d'un écrivain, d'un artiste qui s'efforce de prendre, dans ses compositions, le style, le genre, la manière d'un autre, ou qui fait sur un ouvrage dont l'idée principale, le plan, etc., lui ont été suggérés par l'ouvrage d'un autre : *imiter Cicéron, Virgile, le Poussin*, etc. — CET OUVRAGE EST IMITÉ DE L'ANGLAIS, DE L'ALLEMAND, etc., est imité d'un ouvrage écrit en anglais, en allemand, etc. — Se dit aussi des choses, et signifie alors ressembler : *cette composition imite bien le diamant.*

* **IMMACULÉ, ÉE** adj. [imm-ma-ku-lé](préf. *im*; franç. *maculé*). Qui est sans tache de péché. N'est guère usité que dans cette phrase, L'IMMACULÉE CONCEPTION DE LA VIERGE, ou simplement, LA CONCEPTION IMMACULÉE. — S'emploie aussi quelquefois dans le langage ordinaire : *un nom immaculé.* — CATHOL. Doctrine de l'Eglise catholique romaine, qui enseigne que la vierge Marie fut exempte dans sa conception de toute tache de péché originel. Cette doctrine est formellement établie dans la constitution de Pie IX, *Ineffabilis Deus,* par les mots suivants : « Nous professons que la doctrine qui regarde la très sainte Vierge Marie comme ayant été dès le premier instant de sa conception, préservée de toute tache du péché originel, par la grâce particulière et le privilège du Dieu Tout-Puissant et par les mérites de Jésus-Christ, le sauveur de la race humaine, est une doctrine révélée de Dieu, et en conséquence, doit être observée fermement et constamment par tous les fidèles. » La fête de l'Immaculée Conception fut célébrée à une époque très reculée en Orient et elle fut probablement introduite en Occident pendant les VIII° et IX° siècles. Ce privilège de la Vierge fut longtemps discuté par les dominicains, bien que Thomas d'Aquin, le plus éminent d'entre eux, déclare expressément l'exemption de la vierge Marie du péché originel. Duns Scot, en 1307, soutint la doctrine dans son sens le plus élevé et tout l'ordre franciscain depuis lors le défendit avec zèle. L'Université de Paris en 1387 et de nouveau en 1497 et le concile de Bâle, en 1439, favorisèrent la doctrine de la conception immaculée de la Vierge. Le concile de Trente, dans ses décrets concernant le péché originel, excepte positivement la Vierge immaculée. Pendant toutes ces controverses, le saint-siège n'intervint que rarement, mais ses interventions furent des pas successifs vers la définition formelle de la doctrine. Sixte IV, en 1480, Pie V, en 1570, Paul V, en 1616 et Grégoire XV, en 1622, promulguèrent des ordonnances ayant pour but d'autoriser la croyance à ce dogme. En 1661, Alexandre VII déclara que l'opinion de la conception sans péché de la Vierge était presque universelle dans l'Eglise ; en conséquence, il renouvelait les décrets de ses prédécesseurs en faveur de la fête et du culte de la conception. Après cette époque, la congrégation des rites se

montra constamment favorable à cette doctrine. Pie IX, dans la première partie de son règne, envoya des lettres à tous les patriarches et à tous les évêques, demandant leur opinion sur la convenance de définir la doctrine. Des réponses affirmatives ayant été reçues de presque tout l'épiscopat catholique, la définition solennelle du dogme eut lieu avec grande pompe dans la basilique de Saint-Pierre à Rome, en présence de plus de 300 archevêques, évêques et prélats, le 8 déc. 1854.

IMMANENCE s. f. [imm-ma-]. Etat de ce qui est immanent.

* **IMMANENT, ENTE** adj. Phil. et Phys. Ce qui existe, agit à l'intérieur des êtres d'une manière continue, constante, par opposition à ce qui agit sur eux extérieurement, d'une manière transitoire : *les causes, les forces immanentes.*

* **IMMANGEABLE** adj. [imm-man-]. Qui ne peut pas se manger : *ce ragoût est si mauvais qu'il est immangeable.*

IMMANITÉ s. f. (lat. *immanis,* cruel). Cruauté inouïe. (Peu usité.)

* **IMMANQUABLE** adj. Qui ne peut manquer d'être, qui ne peut manquer d'arriver, de réussir : *le gain de sa cause est immanquable.*

* **IMMANQUABLEMENT** adv. Infailliblement, sans manquer : *cela arrivera immanquablement.*

* **IMMARCESSIBLE** adj. [imm-mar-] (préf. *im*; lat. *marcescibilis,* sujet à se flétrir). Didact. Qui ne peut se flétrir.

IMMATÉRIALISER v. a. Rendre, supposer immatériel.

IMMATÉRIALISME s. m. Système des philosophes qui nient l'existence de la matière.

IMMATÉRIALISTE adj. Qui se rapporte à l'immatérialisme.

* **IMMATÉRIALITÉ** s. f. Qualité, état, manière d'être de ce qui est immatériel : *l'immatérialité de l'âme.*

* **IMMATÉRIEL, ELLE** adj. Qui est sans aucun mélange de matière : *les substances immatérielles.*

* **IMMATÉRIELLEMENT** adv. D'une manière immatérielle, en esprit.

* **IMMATRICULATION** s. f. Action d'immatriculer, ou état de ce qui est immatriculé.

* **IMMATRICULE** s. f. Enregistrement. S'est dit autrefois, autrefois, en parlant des rentes sur l'hôtel de ville : *immatricule d'une partie de rente.* — Ne se dit guère aujourd'hui que de l'inscription d'un huissier parmi ceux qui ont le droit d'instrumenter près d'un tribunal, et de la patente qui lui confère ce droit : *un exploit d'ajournement doit contenir les noms, demeure et immatricule de l'huissier*

* **IMMATRICULER** v. a. Mettre dans la matricule, insérer dans le registre : *on l'a immatriculé.*

IMMATURITÉ s. f. [imm-ma-]. Etat de ce qui n'est pas mûr.

* **IMMÉDIAT, ATE** adj. [imm-mé-]. Qui agit, qui se produit sans intermédiaire : *cause immédiate.* — Qui suit ou précède sans intermédiaire : *successeur, prédécesseur immédiat.* — Se disait, dans la féodalité, des nobles et des fiefs qui relevaient directement du roi ou de l'empereur : *vassal, baron immédiat.*

* **IMMÉDIATEMENT** adv. D'une manière immédiate : *dans les républiques, c'est du peuple que les magistrats tiennent immédiatement leur autorité.* — IMMÉDIATEMENT APRÈS, signifie quelquefois, aussitôt après, incontinent après.

* **IMMÉMORIAL, ALE, AUX** adj. (préf. *im*; lat. *memoria,* mémoire). Qui est si ancien qu'on n'en sait pas l'origine, qu'il n'en reste aucune mémoire : *temps immémorial.*

* **IMMENSE** adj. [imm-man-se](lat. *immensus*). Qui est sans bornes, sans mesure; dont l'étendue, la grandeur est infinie. En ce sens, ne se dit que de Dieu : *Dieu est immense.* — Se dit aussi des choses auxquelles on ne connaît pas, ou ne suppose pas de bornes : *l'espace est immense.* — Qui est d'une très grande étendue; et, par ext., qui est très considérable en son genre : *il y a un espace immense de la terre aux étoiles fixes.* — Se dit également des choses morales : *il a une immense érudition, un savoir immense.*

* **IMMENSÉMENT** adv. D'une manière immense : *il est immensément riche.*

* **IMMENSITÉ** s. f. Grandeur infinie, sans bornes. Ne se dit proprement que de Dieu : *l'immensité est un attribut de Dieu.* — Très vaste étendue : *l'immensité de la nature.* — Se dit, par ext., des choses physiques ou morales, qui sont très considérables dans leur genre : *l'immensité de ses richesses, de sa fortune.* — Se dit quelquefois absol. de l'espace sans bornes : *les mondes ont été semés par Dieu dans l'immensité.*

* **IMMERGÉ, ÉE** part. passé de IMMERGER. Qui est plongé dans l'eau ou dans quelque autre liquide : *câble immergé.* — Bot. PLANTES IMMERGÉES, plantes qui végétent sous l'eau. — Astron. ASTRE IMMERGÉ, astre qui est plongé dans l'ombre d'un autre.

IMMERGENT, ENTE adj. Phys. Se dit du rayon lumineux qui pénètre au milieu, par opposition au rayon émergent, le rayon qui en sort.

* **IMMERGER** v. a. [imm-mèr-] (lat. *in,* dans; *mergere,* plonger). Didact. Plonger dans l'eau ou dans quelque autre liquide. — S'immerger v. pr. Etre immergé.

* **IMMÉRITÉ, ÉE** adj. Qui n'est pas mérité ou dont on n'est pas digne : *reproches, honneurs immérités.*

IMMERMANN (Karl-Lebrecht), auteur allemand, né en 1796, mort en 1840. Il occupa un emploi judiciaire à Düsseldorf, subit de grandes pertes en dirigeant le théâtre de Düsseldorf, et publia d'admirables tragédies et des comédies. Sa réputation repose sur son roman *Münchhausen* (4 vol. 1838-'39).

IMMERSIF, IVE adj. Qui se fait par immersion : *calcination immersive.*

* **IMMERSION** s. f. [imm-mèr-si-on] (lat. *immersio*). Action par laquelle on plonge dans l'eau ou dans quelque autre liquide : *dans les premiers siècles du christianisme, on baptisait par immersion, par trois immersions.* — Astron. Entrée d'une planète dans l'ombre d'une autre planète : *l'immersion des satellites de Jupiter dans l'ombre de Jupiter.* — Optique. POINT D'IMMERSION, point par lequel un rayon lumineux se prolonge dans un milieu quelconque.

* **IMMEUBLE** adj. [imm-meu-] (lat. *immobilis,* immobile). Jurispr. Qui ne peut être transporté d'un lieu à un autre. Se dit des biens-fonds et de certaines autres choses qui leur sont assimilées par une fiction de la loi : *les fonds de terre et les bâtiments sont immeubles par leur nature.* — s. : *on a saisi tous ses immeubles.* — IMMEUBLE FICTIF, toute chose que l'on considère comme immeuble, quoiqu'elle ne le soit pas de sa nature. — Législ. « Tous les biens sont *meubles* ou *immeubles*, et il importe de distinguer les uns des autres ; car les immeubles peuvent seuls être hypothéqués (sauf les navires), et ils sont soumis à des règles particulières, en ce qui concerne notamment l'aliénation, la saisie, la prescription, etc. La loi reconnaît trois sortes d'immeubles, savoir : 1° les *immeubles par leur nature,* tels que les fonds de terre, les bâtiments, les moulins fixés sur piliers ou faisant partie d'un bâtiment, les tuyaux servant à la conduite des eaux dans une maison ou dans un autre immeuble, les récoltes non coupées et les fruits non détachés, les bois taillis, et futaies non abattus ; 2° les *immeubles par destination*, tels que les animaux et ustensiles que le propriétaire a placés pour l'exploitation d'un fonds ou d'une usine. Les pigeons des colombiers ruraux, les lapins d'une garenne, les poissons d'un étang, les pailles et engrais d'une exploitation rurale rentrent dans cette catégorie. Il en est de même de tous les objets mobiliers que le propriétaire a attachés au fonds à perpétuelle demeure : tels sont les objets scellés dans un édifice, les glaces et tableaux encadrés dans la boiserie d'un appartement et les statues placées dans une niche disposée pour les recevoir ; 3° les *immeubles* dont l'objet auquel ils s'appliquent, c'est-à-dire les droits immobiliers, tels que l'usufruit, le droit d'usage et le droit d'habitation frappant un immeuble, les servitudes réelles et les actions qui tendent à revendiquer un immeuble (C. civ., 517 à 526). Il existe une quatrième classe d'immeubles : ce sont certaines valeurs mobilières qui ont été immobilisées par la déclaration de leur propriétaire. Cette faculté a été exceptionnellement réservée aux actions de la Banque de France et à celles des canaux d'Orléans et du Loing (Décr. 16 janv. 1808, art. 7 ; 16 mars 1810, art 13). Les rentes sur l'État peuvent aussi servir de remploi immobilier (L. 2 juillet 1862, art 46 ; L. 16 septembre 1871, art 29). » (CH. Y.)

* **IMMIGRANT, ANTE** s, Celui, celle qui vient s'établir dans un pays : *un immigrant irlandais.*

* **IMMIGRATION** s. f. Établissement d'étrangers dans un pays. — Législ. « Depuis l'abolition de l'esclavage des noirs dans les colonies françaises, c'est-à-dire depuis le décret d'émancipation du 27 avril 1848, les colons ont cherché à suppléer au travail servile par le travail libre, et il en est résulté une immigration de travailleurs d'origine africaine ou asiatique, dans les possessions françaises. Le décret du 13 février 1852 détermine les conditions auxquelles peuvent avoir lieu l'engagement et le transport des ouvriers d'origine étrangère qui se rendent dans nos colonies. L'île de la Réunion a fait de très grands sacrifices pour amener chez elle des coolies de l'Indoustan ; mais il s'est produit des abus scandaleux rappelant ceux qui se commettaient à l'époque de l'esclavage ; et le gouvernement de l'Inde anglaise a suspendu, le 20 novembre 1882, l'émigration des Indous à destination de la Réunion. Il semble donc que le décret précité est insuffisant et qu'une loi est nécessaire pour régler à nouveau ce qui concerne l'immigration dans nos colonies. Quant à l'émigration européenne, au départ des ports français, elle est l'objet du décret du 15 janvier 1855, de la loi du 18 juillet 1860 et de plusieurs décrets postérieurs ». (CH. Y.)

IMMIGRER v. n. [imm-mi-] (lat. *in*, en ; *migrare*, aller). Venir dans un pays pour s'y établir.

* **IMMINENCE** s. f. [imm-mi-nan-se]. Qualité de ce qui est imminent : *l'imminence du péril.*

* **IMMINENT, ENTE** adj. [imm-mi-nan] (lat. *imminens*, partic. de *imminere*). Qui est près de tomber sur quelqu'un, sur quelque chose. Ne s'emploie guère au figurément et dans certaines phrases : *une ruine, une disgrâce imminente.*

IMMISCER v. a. [imm-mi-sé] (lat. *in*, dans ; *viscere*, mêler). Entremettre mal à propos : *il immisce tout le monde dans ses affaires.* — * **S'immiscer** v. pr. Jurispr. Se mêler. Se dit de celui qui est appelé à une succession, et qui jouit des biens qui la composent comme propriétaire : *celui qui s'est immiscé dans une*

succession n'y peut plus renoncer. — S'ingérer mal à propos dans quelque affaire, se mêler de quelque chose sans en avoir l'autorisation, le droit : *il s'est immiscé fort imprudemment dans cette querelle.* On dit quelquefois, surtout au barreau, S'immiscer de faire quelque chose.

* **IMMIXTION** s. f. [imm-mik-sti-on] (lat. *immixtio* ; de *in*, dans ; *mixtio*, mixtion). Jurispr. Action de s'immiscer dans une succession : *les actes conservatoires n'emportent point immixtion.* — Ingérence inopportune, déplacée : *ne souffrez pas l'immixtion d'étrangers dans vos affaires.*

* **IMMOBILE** adj. [imm-mo-]. Qui ne se meut pas : *on a cru longtemps que la terre était immobile.* — Fig. Au sens moral. Ferme, inébranlable : *à cette nouvelle, loin de s'affliger, il est resté calme et immobile.*

* **IMMOBILIER, IÈRE** adj. Jurispr. Immeuble, ou composé de biens immeubles ; *succession immobilière.* — Qui concerne, qui a pour objet un immeuble, des immeubles : *vente immobilière.* On appelait autrefois HÉRITIER IMMOBILIER, celui qui héritait des immeubles d'une succession. — Se dit quelquefois substantiv. pour désigner les biens immeubles : *il hérita de tout l'immobilier de cette succession.* (Vieux.)

* **IMMOBILISATION** s. f. Jurispr. Action d'immobiliser, ou résultat de cette action : *immobilisation de rentes sur l'État.*

* **IMMOBILISER** v. a. Jurispr. Donner à un effet mobilier la qualité d'immeuble, le convertir fictivement en immeuble : *immobiliser des rentes sur l'État.*

IMMOBILISME s. m. Opposition systématique à toute innovation et à tout progrès.

IMMOBILISTE s. m. Partisan de l'immobilisme.

* **IMMOBILITÉ** s. f. État d'une chose qui se meut point : *on a cru longtemps à l'immobilité de la terre.* — État d'un homme qui ne donne aucun mouvement sur rien : *il est dans une inaction, dans une immobilité étonnante, pendant que tout le monde agit.*

* **IMMODÉRATION** s. f. Manque de mesure, caractère de ce qui est immodéré : *il faut se garder de l'immodération, même dans le bien.*

* **IMMODÉRÉ, ÉE** adj. (lat. *in*, non ; *moderatus*, modéré). Qui manque de mesure : *chaleur, ardeur immodérée.*

* **IMMODÉRÉMENT** adv. Sans modération, avec excès : *boire, travailler immodérément.*

* **IMMODESTE** adj. [imm-mo-] Qui manque à la pudeur, aux bienséances : *c'est la personne du monde la plus immodeste.* — s. Se dit aussi des choses qui sont contraires à la modestie, à la pudeur : *discours immodestes.*

* **IMMODESTEMENT** adv. D'une manière immodeste : *s'habiller immodestement.*

* **IMMODESTIE** s. f. Manque de modestie, bienséance : *c'est une chose honteuse que l'immodestie.* — Manque de pudeur : *l'immodestie dans les discours.*

IMMOLATEUR s. m. [imm-mo-]. Celui qui immole ; sacrificateur.

* **IMMOLATION** s. f. Action d'immoler : *l'immolation de la victime.* — Par ext. Se dit de la mise à mort d'un grand nombre d'hommes : *les immolations de la Terreur.*

* **IMMOLÉ, ÉE** adj. Égorgé comme victime ; sacrifié, mis à l'écart.

* **IMMOLER** v. a. [imm-mo-lé] (lat. *in*, dans ; *mola*, gâteau, parce que la victime était offerte avec un gâteau). Offrir en sacrifice. Se dit en parlant des victimes qu'on tuait chez le peuple juif, pour les offrir en sacrifice à Dieu, et de celles que les païens offraient aux

idoles : *immoler une victime.* — Se dit également, dans la religion chrétienne, en parlant du sacrifice sanglant et du sacrifice non sanglant de J.-C. — IMMOLER QUELQU'UN A SA RAGE, A SA FUREUR, etc., le tuer dans un transport de rage, de fureur, etc. — Fig. Tuer, massacrer, égorger : *on les immola tous.* — Fig. Ruiner, perdre quelqu'un, ou détruire une chose, y renoncer, s'en priver, pour satisfaire une passion, pour obéir à quelque nécessité, à quelque devoir, etc.: *immoler quelqu'un à sa haine, à son ambition, à la haine, à l'ambition d'un autre.* — IMMOLER QUELQU'UN, le railler, le tourner en ridicule.— **S'immoler** v. pr. Exposer, sacrifier sa fortune, son bien-être ou sa vie pour quelqu'un, pour quelque chose : *s'immoler pour la patrie, pour le bien de la patrie, pour la cause publique.* — Fig. et en plaisantant, JE M'IMMOLE, je surmonte ma répugnance, je fais ce qu'on veut, et que je ne voulais pas faire. On dit aussi, dans un autre sens : IL S'EST IMMOLÉ DE BONNE GRACE, il s'est laissé railler, il a entendu raillerie.

* **IMMONDE** adj. [imm-mon-] (lat. *in*, non ; *mundus*, monde). Sale, impur. Se dit surtout en parlant des choses que certains législateurs ont déclarées impures : *s'abstenir des choses immondes.* — Écrit. sainte : L'ESPRIT IMMONDE, LES ESPRITS IMMONDES, le démon, les diables.

* **IMMONDICE** s. f. Ordure, boue, saletés entassées dans les maisons, dans les rues. Dans ce sens, ne se dit guère qu'au pluriel : *emporter, enlever, nettoyer les immondices.* — Écriture. IMMONDICE LÉGALE, l'impureté légale des Juifs tombaient lorsqu'il leur était arrivé de toucher quelque chose d'immonde. — Pour la législation, voy. BALAYAGE.

IMMONDICITÉ s. f. État de ce qui est immonde.

* **IMMORAL, ALE, AUX** adj. [imm-mo-]. Qui est sans principes de morale, sans mœurs : *caractère immoral.* — Se dit aussi des choses contraires à la morale : *ouvrage immoral.*

IMMORALEMENT adv. D'une manière immorale.

IMMORALITÉ s. f. Opposition aux principes de la morale, absence de ces principes : *cet homme est d'une immoralité révoltante.*

* **IMMORTALISER** v. a. [imm-mor-]. Rendre immortel dans la mémoire des hommes : *immortaliser son nom, sa mémoire.* — * **S'immortaliser** v. pr. Se rendre immortel : *un prince qui s'est immortalisé par ses grandes actions.*

* **IMMORTALITÉ** s. f. Qualité, état de ce qui est immortel : *l'immortalité de l'âme.* — Espèce de vie perpétuelle dans le souvenir des hommes : *un auteur qui travaille pour l'immortalité.*

> Et pour le citoyen qui défend sa patrie,
> La mort c'est l'immortalité.
> T. DE M***.

* **IMMORTEL, ELLE** adj. [imm-mor-]. Qui n'est point sujet à la mort : *l'âme est immortelle.* — Se dit quelquefois, dans le style poétique, des choses qui ne peuvent point périr : *l'éclat immortel qui l'environne.* — Se dit, fig., de ce qu'on suppose devoir être d'une très longue durée : *un monument immortel.* — Se dit également des choses dont on suppose que la mémoire doit toujours durer : *il a fait des ouvrages immortels.* — S'emploie aussi substantiv., surtout en parlant des divinités du paganisme : *l'Olympe, séjour des immortels.* — ∿ Par plaisant. Membre de l'Académie française : *un des quarante immortels.* — Hist. Titre des gardes des anciens rois de Perse, ainsi nommés parce que leur effectif était toujours maintenu à 10,000 hommes. Les immortels, tout resplendissants d'or, marchaient suivis d'une longue suite de voitures portant leurs harems et leurs domestiques, d'une multitude de chameaux chargés de

provisions, de 1,000 hallebardiers, de 1,000 cavaliers et de nombreux chars de guerre.

° **IMMORTELLE** s. f. Plante de la famille
des composées, qui est ainsi nommée parce
que ses fleurs ne se fanent jamais : *les fleurs
de l'immortelle sont ordinairement jaunes.* —
Se dit plus souvent, dans le langage ordinaire,
des fleurs mêmes de cette plante : *une couronne d'immortelles.* — ENCYCL. Les immortelles servent à tresser des couronnes funéraires et à former des bouquets d'hiver. L'im-

Immortelle jaune (Helichrysum orientale).

mortelle jaune (helichrysum orientale) est une
plante vivace, originaire de Crète, et très
cultivée dans le midi de la France. On conserve l'éclat de ses fleurs en les cueillant
fraîches et en les faisant sécher à l'ombre et
à l'air, la tête en bas. Il existe plusieurs
autres espèces d'immortelles, qui se distinguent surtout par la couleur et par la largeur
de leurs fleurs.

* **IMMORTELLEMENT** adv. D'une manière
immortelle.

* **IMMORTIFICATION** s. f. État d'une personne qui n'est pas mortifiée. N'est usité que
dans le style ascétique.

* **IMMORTIFIÉ, ÉE** adj. Qui n'est point mor-
tifié : *esprit immortifié.*

IMMUABILITÉ s. f. Qualité de ce qui est
immuable.

* **IMMUABLE** adj. [imm-mu-]. Qui n'est
point sujet à changer : *une immuable volonté.*
— Par ext. Se dit d'un homme dont le caractère est très ferme, dont les résolutions ne
changent pas : *il est immuable dans ses volontés.* — Se dit aussi des choses humaines,
lorsqu'on les suppose à l'abri du changement :
une constance immuable.

* **IMMUABLEMENT** adv. D'une manière immuable : *personnes immuablement et indissolublement unies par le mariage.*

* **IMMUNITÉ** s. f. [imm-mu-] (lat. *immu-
nitos*). Exemption d'impôts, de devoirs, de
charges, etc. : *il jouit de cette immunité.* —
MUNITÉS ECCLÉSIASTIQUES, exemptions et privilèges dont les ecclésiastiques jouissent. — Se
dit aussi d'une manière générale, de certaines
exemptions, de certains avantages : *on ne sait
à quoi attribuer l'immunité dont ce quartier
jouit pendant le choléra.*

IMMURATION s. f. [imm-mu-]. Séquestration d'une personne dans un lieu complètement clos de murs.

* **IMMUTABILITÉ** s. f. État, qualité de ce
qui est immuable : *l'immutabilité des décrets
de Dieu.*

IMOLA, ville d'Italie, à 36 kil. S.-E. de Bologne, sur une petite île du Santerno ; 9,355
hab. (commune, 28,600). On croit qu'elle est

l'ancien *Forum Cornelii*, fondé par Scylla. Manufactures de tartre, commerce actif.

IMOLA (Innocenzio da), peintre bolonais,
dont le vrai nom était Francucci, mort vers
1550. Sa toile représentant l'archange Michel
domptant Satan, est à Bologne. Quelques-uns
de ses ouvrages ont été confondus avec ceux
de Raphaël.

IMPACT s. m. [ain-pakt] (lat. *impactio*, choc;
de *impingere*, heurter). Mécan. Collision, rencontre de deux corps, qui sont l'un et l'autre
en mouvement, ou dont l'un est immobile.
L'impact est *direct* quand les corps se meuvent
sur la même ligne droite; *oblique* dans le cas
contraire. Un cas important d'impact oblique
est celui dans lequel une balle frappe un plan.
Soit A C la direction dans laquelle se meut la
balle avant de frapper le plan en C; soit C D
la perpendiculaire à ce plan. Après avoir

touché le plan, la balle sera repoussée dans
une direction que nous appellerons C B. L'angle A C D est nommé *angle d'incidence* et
l'angle B C D est *l'angle de réflexion.*

IMPACTION s. f. Chir. Fracture du crâne,
d'une côte, avec enfoncement de quelque
fragment et saillie des autres.

* **IMPAIR, AIRE** adj. (lat. *impar*). Arithm.
opposé à *Pair*. Se dit des nombres entiers qui
ne sont pas composés de couples complets
d'unités : *trois, cinq, sept, etc., sont des nombre impairs.* — ANNÉES IMPAIRES, celles qui
sont exprimées par un nombre impair. — s. f.
Bot. Foliole terminale de certaines feuilles
pinnées, et s'emploie principalement dans ces
locutions : *feuille ailée avec impaire, feuille
ailée sans impaire.* — s. m. Jargon. Jeux :
jouer l'impair. — Jargon. Bévue, ânerie : *il a
fait un impair.*

IMPALPABILITÉ s. f. Qualité de ce qui est
impalpable.

* **IMPALPABLE** adj. Se dit de ce qui est si
ténu, si fin, si délié, qu'il ne fait aucune impression sensible au toucher : *on a réduit ces
perles, ce corail en poudre impalpable.*

IMPALUDATION s. f. (préf. *im*; lat. *palus*, marais). Méd. Action des miasmes marécageux.

IMPALUDISME s. m. Méd. Influence actuelle
des miasmes marécageux.

* **IMPANATION** s. f. [ain-pa-na-si-on] (préf.
m; lat. *panis*, pain). Dogmat. et Théol. N'est
d'usage qu'en parlant de l'opinion des luthériens, qui croient que la substance du pain
n'est pas détruite dans le sacrement de l'eucharistie, et que le corps de J.-C. y est avec le
pain : *les luthériens croient l'impanation.*

* **IMPARDONNABLE** adj. Qui ne mérite
point de pardon, qui ne doit pas être pardonné : *une faute impardonnable.*

* **IMPARFAIT, AITE** adj. Qui n'est pas
achevé : *laisser un ouvrage imparfait.* — A
qui il manque quelque chose pour être parfait : *une guérison imparfaite.* — LIVRE IMPAR-
FAIT, livre imprimé où il manque quelque
feuille. — PRÉTÉRIT ou PASSÉ IMPARFAIT, ou
substantiv. et plus ord., IMPARFAIT, temps du
verbe qui sert principalement à indiquer une
action considérée comme présente par rapport
à un temps passé; et qu'on emploie quelquefois aussi, dans les suppositions, par rapport
à un temps présent ou même à un temps
futur : *l'imparfait de l'indicatif, du subjonctif.
Je chantais est l'imparfait de l'indicatif du*

verbe Chanter, *et je chantasse, l'imparfait
du subjonctif.*

* **IMPARFAITEMENT** adv. D'une manière
imparfaite : *il n'est guéri qu'imparfaitement.*

IMPARINERVÉ, ÉE. Bot. Qui a des nervures
en nombre impair.

* **IMPARISYLLABIQUE** adj. [ain-pa-ri-sil-].
Gramm. gr. Se dit des noms qui ont, au génitif
singulier, une syllabe de plus qu'au nominatif : *noms imparisyllabiques.*

* **IMPARITÉ** s. f. Condition de ce qui est
impair. — Inégalité : *il y avait dans ce mariage une imparité trop choquante.*

IMPARTABLE adj. Jurispr. Qui ne peut être
partagé.

* **IMPARTAGEABLE** adj. Qui ne peut être
partagé, qui n'est pas susceptible de partage.
(Peu usité.)

* **IMPARTIAL, ALE, AUX** adj. Exempt de
partialité, qui ne sacrifie point la justice ou
la vérité à des préventions, à des affections, à
des considérations particulières : *un juge, un
historien impartial.* On dit dans un sens analogue : *un examen impartial.*

* **IMPARTIALEMENT** adv. Sans partialité :
*discuter impartialement une affaire, une cause,
une question.*

* **IMPARTIALITÉ** s. f. Qualité, caractère de
de celui qui est impartial : *l'impartialité est
une qualité essentielle à un juge, à un historien.*

IMPARTIR v. a (lat. *impartiri*). Donner une
part.

* **IMPASSE** s. f. Cul-de-sac, petite rue qui
n'a point d'issue. — Fig. ÊTRE DANS UNE IM-
PASSE, être dans une situation qui n'offre pas
d'issue favorable; être dans un emploi qui ne
mène à rien.

* **IMPASSIBILITÉ** s. f. Qualité de ce qui est
impassible : *le don d'impassibilité.*

* **IMPASSIBLE** adj. Qui n'est pas susceptible de souffrance : *les corps glorieux sont
impassibles.* — Se dit, par ext., de celui
qui, par la force de son caractère, s'est mis
au-dessus de la douleur : *ils se montrèrent impassibles au milieu des plus cruels tourments.*
— Se dit aussi, fig., de celui qui ne se laisse
déterminer dans ses jugements par aucune
considération particulière : *un juge impassible.*

* **IMPASSIBLEMENT** adv. D'une manière impassible.

* **IMPASTATION** s. f. (préf. *im*; lat. *pasta*,
pâte). Maçonn Composition faite de substances broyées et mises en pâte : *le stuc est
une impastation.*

* **IMPATIEMMENT** adv. Avec impatience,
avec inquiétude d'esprit, avec chagrin : *il supporte fort impatiemment ce revers.*

IMPATIENCE s. f. [ain-pa-si-an-se]. Manque
de patience; sentiment d'inquiétude que l'on
éprouve, soit dans la souffrance d'un mal,
soit dans l'attente de quelque bien : *l'impatience dans les maux, dans les douleurs.* — Se
dit quelquefois, au pluriel, de l'espèce d'irritation nerveuse que cause l'impatience : *avoir
des impatiences.* (Fam.)

IMPATIENS [ain-pa-si-ainss]. Nom latin du
genre balsamine. Le mot *impatiens* a été donné
d'une manière métaphorique à ce genre,
à cause de l'élasticité de la capsule qui s'ouvre
comme par un ressort et projette ses graines
lorsqu'on la touche.

* **IMPATIENT, ENTE** adj. Qui manque de
patience, soit dans la souffrance de quelque
mal, soit dans l'attente de quelque bien : *c'est
un homme fort impatient dans ses maux.* — En
Poésie, IMPATIENT DU JOUG, IMPATIENT DU FREIN,
etc., qui ne peut supporter, souffrir le joug,
le frein, etc.

* **IMPATIENTANT, ANTE** adj. Qui impatiente : *rien n'est plus impatientant que d'attendre.* (Fam.)

* **IMPATIENTER** v. a. Faire perdre patience : *il dit de si mauvaises raisons, que cela impatiente tous ceux qui l'entendent.* — S'impatienter v. pr. Perdre patience : *s'impatienter dans les maux.*

IMPATRONISATION s. f. Action d'impatroniser, de s'impatroniser.

IMPATRONISER v. a. Introduire comme une sorte de maître. — * **S'impatroniser** v. pr. Acquérir tant de crédit, tant d'autorité dans une maison, qu'on y gouverne tout : *il s'est impatronisé dans cette maison.* (Fam.) Se prend ordinairement en mauvaise part.

IMPAVIDUM FERIENT RUINÆ loc. lat. qui signifie : *les ruines du monde le frapperont sans l'émouvoir.* Tirée d'Horace.

* **IMPAYABLE** adj. Qui ne se peut trop payer : *votü un tableau impayable, un ouuelle bie impayable.* — Se dit, fig., de ce qui est extraordinaire, très bizarre, très plaisant : *le trait est impayable.* Se dit aussi des personnes dans le même sens : *cet homme est impayable.* (Fam.)

* **IMPAYÉ, ÉE** adj. Qui n'a pas été payé : *ce billet est resté impayé.*

* **IMPECCABILITÉ** s. f. Théol. Etat de celui qui est incapable de pécher : *l'impeccabilité par nature n'appartient qu'à Dieu seul.*

IMPECCABLE adj. [ain-pèk-ka-]. Théol. Incapable de pécher : *la Vierge n'a pu être impeccable que par grâce.* — Dans le langage ordinaire, incapable de faillir : *j'ai pu manquer, je ne suis pas impeccable.*

IMPEDIMENTA s. m. pl. [ain-pè-di-main-ta] (mot lat.). Art. milit. Tout ce qui retarde la marche d'une armée : bagages, ustensiles, etc.

* **IMPÉNÉTRABILITÉ** s. f. Etat de ce qui est impénétrable : *l'impénétrabilité de la matière.* — Phys. Se dit, particul., de la propriété en vertu de laquelle deux corps ne peuvent occuper en même temps le même espace : *l'impénétrabilité des corps.* — Se dit quelquefois fig. : *l'impénétrabilité des secrets de la nature.*

* **IMPÉNÉTRABLE** adj. Qui ne peut être pénétré ; au travers duquel on ne peut passer, pénétrer : *une cuirasse impénétrable aux coups de mousquet.* — Se dit, particul., en parlant de cette propriété qui fait que deux corps ne peuvent jamais occuper ensemble le même espace : *les corps sont impénétrables.* — Se dit plus ordinairement, au figuré, de ce que l'on ne peut connaître, expliquer : *la prédestination est un abîme impénétrable.* — Se dit également d'une personne qui cache soigneusement ses opinions, ses sentiments, ses desseins : *c'est un homme impénétrable.*

* **IMPÉNÉTRABLEMENT** adv. D'une manière impénétrable. (Peu usité.)

* **IMPÉNITENCE** s. f. Etat d'un homme impénitent, endurcissement dans le péché : *vivre, mourir dans l'impénitence.* — **IMPÉNITENCE FINALE**, l'impénitence dans laquelle on meurt. — Fam. et par plaisant. **MOURIR DANS L'IMPÉNITENCE FINALE**, persister dans un sentiment auquel on est fort attaché et qui d'ailleurs n'est point blâmable.

* **IMPÉNITENT, ENTE** adj. Qui est endurci dans le péché, et n'a aucun regret d'avoir offensé Dieu : *vivre dans un état déplorable que celui d'un homme impénitent.* S'emploie aussi substantivement : *un impénitent ; les impénitents.* — **MOURIR IMPÉNITENT**, se dit d'un homme qui, après avoir mené une vie scandaleuse, meurt sans donner aucune marque de repentir et de pénitence.

* **IMPENSES** s. f. pl. [ain-pan-se] (lat. *impensa*). Jurispr. Dépenses qu'on fait pour entretenir une maison, une terre, un héritage, ou pour les mettre en meilleur état : *rembourser les impenses et améliorations.*

* **IMPÉRATIF, IVE** adj. (lat. *imperare*, commander). Impérieux : *vous prenez un ton bien impératif.* Ne s'emploie guère que dans le langage familier. — **MANDAT IMPÉRATIF**, instructions qu'un représentant reçoit de ses électeurs et dont il promet de ne pas s'écarter : *la loi, en France, ne reconnaît pas le mandat impératif.* — Jurispr. *Loi, disposition impérative*, Celle qui exprime un ordre absolu. — Gramm. Se dit, particul., du mode des verbes qui exprime commandement, exhortation, défense, etc. : *le mode impératif.* On dit de même : *forme impérative.* — S'emploie plus ordinairement comme substantif, dans le même sens : *un verbe à l'impératif.* Cours est *l'impératif du verbe* COURIR.

* **IMPÉRATIVEMENT** adv. D'une manière impérative : *la loi prescrit impérativement cela.*

* **IMPÉRATOIRE** s. f. (lat. *imperator*, empereur). Bot. Genre d'ombellifères, dont l'espèce principale, l'*impératoire des montagnes* (*imperatoria ostruthium*), appelée vulgairement *angélique française*, est une herbe vivace, à tiges arrondies, haute de 60 centim., à fleurs d'un blanc rosé en ombelles. Son épaisse racine contient un suc laiteux, âcre et une huile essentielle, aromatique et stimulante. On l'a employée comme succédanée de l'archangélique. Elle habite les bois montueux de l'Europe.

IMPERATOR s. m. [ain-pé-ra-tor]. Titre que les Romains décernaient aux chefs d'armée qui avaient remporté une brillante victoire.

* **IMPÉRATRICE** s. f. Femme d'un empereur ; ou princesse qui, de son chef, possède un empire : *l'impératrice d'Autriche.*

IMPERCEPTIBILITÉ s. f. Qualité de ce qui est imperceptible.

* **IMPERCEPTIBLE** adj. Qui ne peut être aperçu : *cela est imperceptible.* — Se dit aussi de ce qui a rapport à d'autres sens que la vue : *une odeur si légère et si délicate, qu'elle est presque imperceptible.* — Se dit pareillement de ce que l'esprit ne peut apercevoir, qui échappent à l'attention : *les transitions sont d'autant plus heureuses dans cet ouvrage, qu'elles y sont imperceptibles.*

* **IMPERCEPTIBLEMENT** adv. D'une manière imperceptible, peu à peu, insensiblement : *cela se fait imperceptiblement.*

* **IMPERDABLE** adj. Qu'on ne saurait perdre, dont le gain est sûr. Ne se dit guère que dans ces locutions familières : *un procès, une cause imperdable.*

* **IMPERFECTIBILITÉ** s. f. Qualité de ce qui est imperfectible.

* **IMPERFECTIBLE** adj. Qui n'est pas susceptible de se perfectionner.

* **IMPERFECTION** s. f. Etat de ce qui n'est point achevé, parfait : *l'état d'imperfection dans lequel cet ouvrage est resté.* — Défaut, ce qui fait qu'une personne ou une chose n'est point parfaite : *imperfection de corps, d'esprit.* — Libr. Se dit de toutes les feuilles imprimées qui ne suffisent pas pour faire un volume parfait, et que, par cette raison, on met au rebut. Ce sens a vieilli ; on dit maintenant, *Défets.*

* **IMPERFORATION** s. f. Méd. Vice de conformation qui consiste en ce qu'une partie qui devrait être ouverte ne l'est pas : *l'imperforation est ordinairement congénitale.*

* **IMPERFORÉ, ÉE** adj. Méd. Qui n'est pas ouvert, qui ne devrait l'être : *anus imperforé ; bouche imperforée.*

* **IMPÉRIAL, ALE, AUX** adj. Qui appartient à un empereur ou à un empire : *cour onncimpériale ; manteau impérial.* — **VILLES IMPÉRIALES**, villes libres qui composaient le troisième collège du corps de l'empire d'Allemagne. — Armoiries. **AIGLE IMPÉRIALE**, armes de l'empire d'Autriche, qui sont une aigle à deux têtes. — **EAU IMPÉRIALE**, espèce d'eau-de-vie distillée. — **COURONNE IMPÉRIALE**, ou simplement, **IMPÉRIALE**, espèce de fritillaire panachée qui fleurit au printemps. — **PRUNE IMPÉRIALE**, ou simplement, **IMPÉRIALE**, espèce de grosse prune longue. — **SERGE IMPÉRIALE**, ou simplement, **IMPÉRIALE**, espèce de serge faite de laine fine. — s. m. pl. les troupes de l'empereur d'Allemagne : *les Impériaux campèrent sur une hauteur.* — Se disait quelquefois des ministres de l'empereur d'Allemagne, dans une assemblée : *les impériaux proposèrent, à telle assemblée, de...*

* **IMPÉRIALE** s. f. Jeu de cartes qui tient du piquet et de la triomphe, et où l'on nomme également **IMPÉRIALE** une certaine séquence de cartes : *jouer à l'impériale.*

* **IMPÉRIALE** s. f. Le dessus d'un carrosse : *l'impériale de ce carrosse est ornée de bronzes.* On dit, dans un sens analogue, L'**IMPÉRIALE D'UN LIT**, surtout en parlant des lits à l'ancienne mode. — ◊ Touffe de poils qu'on laisse pousser sous la lèvre inférieure.

IMPÉRIALISME s. m. Opinion des impérialistes.

* **IMPÉRIALISTE** s. m. partisan de l'Empire. — S'emploie aussi adjectiv. : *les opinions impérialistes.*

* **IMPÉRIAUX.** Voy. IMPÉRIAL.

* **IMPÉRIEUSEMENT** adv. Avec orgueil, avec hauteur, superbement : *parler impérieusement.*

* **IMPÉRIEUX, EUSE** adj. Altier, hautain, qui commande avec orgueil : *homme impérieux.* — Se dit quelquefois, poét., des animaux, et même des choses : *l'aigle impérieux.* — Se dit fig. des choses pressantes, des choses auxquelles on ne peut résister : *nécessité impérieuse.*

* **IMPÉRISSABLE** adj. Qui ne saurait périr : *les anciens philosophes soutiennent que la matière est impérissable.* — Se dit fig., des choses qu'on suppose devoir durer très longtemps : *monument impérissable.*

IMPÉRISSABLEMENT adv. D'une manière impérissable.

* **IMPÉRITIE** s. f. [ain-pé-ri-sî] (lat. *imperitia*). Incapacité, inhabileté ; ignorance de ce qu'on doit savoir dans sa profession : *l'impéritie d'un chirurgien.*

IMPERMÉABILISATION s. f. Action d'imperméabiliser.

IMPERMÉABILISER v. a. Rendre imperméable.

* **IMPERMÉABILITÉ** s. f. Phys. Qualité de ce qui est imperméable.

* **IMPERMÉABLE** adj. Phys. Se dit des corps qui ne se laissent point traverser par certains autres corps : *le verre est perméable à la lumière et imperméable à l'eau.* — Se dit absol. d'un cuir, d'une étoffe, etc., apprêtés de manière que l'eau ne saurait les traverser : *drap, cuir imperméable.*

* **IMPERMUTABILITÉ** s. f. Qualité de ce qui est impermutable.

* **IMPERMUTABLE** adj. Qui ne peut être échangé contre autre chose, qui ne peut être permuté.

* **IMPERSONNALITÉ** s. f. Phil. Qualité de ce qui est impersonnel : *l'impersonnalité de la raison.* — ◊ Gramm. Condition du verbe impersonnel.

* **IMPERSONNEL, ELLE** adj. Gramm. Se dit des verbes qui sont employés à la troisième personne du singulier, sans relation à un

sujet déterminé : *les verbes impersonnels proprement dits sont ceux qui n'ont que l'infinitif et la troisième personne du singulier, tels que* Falloir, pleuvoir, neiger, etc., *qui font :* Il faut, il pleut, il neige, etc. — On dit quelquefois substantiv., *un impersonnel, des impersonnels*, mais seulement en parlant des verbes impersonnels de leur nature. — Se dit aussi des modes du verbe qui ne reçoivent pas d'inflexions indiquant les personnes : *l'infinitif et le participe sont des modes impersonnels.* — Se dit d'une manière plus générale de ce qui ne forme pas une personne, de ce qui n'appartient pas, ne se rapporte pas à une personne : *la loi est impersonnelle.*

* IMPERSONNELLEMENT adv. Gramm. D'une manière impersonnelle. Se dit en parlant des verbes personnels qui deviennent accidentellement impersonnels : *le verbe* Avoir *est employé personnellement dans cette phrase,* Il y a bien loin d'ici là ; *et le verbe* Arriver, *dans cette autre,* Il arrive souvent que...

⸰ ⸰ IMPERTINEMMENT adv. [-ti-na-man]. Avec impertinence : *il lui répondit impertinemment.*

* IMPERTINENCE s. f. Caractère d'une personne ou d'une chose impertinente : *l'impertinence de cet homme est si grande, que chacun le déteste.* — Se dit aussi des paroles et des actions qui sont contre la bienséance, ou contre le bon sens : *les grands parleurs sont sujets à dire beaucoup d'impertinences.* — Se dit également des paroles et des actions offensantes : *il m'a fait cent impertinences.*

* IMPERTINENT, ENTE adj. Qui parle ou qui agit contre la bienséance, ou contre le bon sens : *c'est l'homme du monde le plus impertinent.* — Qui parle ou qui agit d'une manière offensante pour quelqu'un : *elle est bien impertinente d'avoir dit cela.* — Se dit encore des actions, des discours contraires à la bienséance, à la raison : *un discours impertinent.* — Offensant, insolent : *cette réponse est fort impertinente.* — Prat. FAIT, ARTICLE IMPERTINENT, fait, article qui n'a rien de commun avec la chose dont il s'agit. (Vieux.) — s. En parlant des personnes : *c'est un fat, un impertinent.*

* IMPERTURBABILITÉ s. f. État de ce qui est imperturbable : *l'imperturbabilité de son âme.*

* IMPERTURBABLE adj. Que rien ne peut troubler, ébranler, émouvoir : *il est imperturbable dans les résolutions qu'il a prises, dans les desseins qu'il a formés.*

* IMPERTURBABLEMENT adv. D'une manière imperturbable : *savoir par cœur imperturbablement.*

IMPÉTIGINEUX adj. Méd. Qui est de la nature de l'impétigo.

IMPÉTIGO s. m. (lat. *impetigo* ; de *empetere*, attaquer). Méd. Espèce d'éruption cutanée non contagieuse, caractérisée par de petites pustules dont l'humeur, quand elle vient à se dessécher, forme des croûtes épaisses, jaunâtres et rugueuses. On en distingue plusieurs espèces : l'*impetigo figurata* qui atteint la face et les joues et auquel sont sujets les enfants à l'époque de la dentition ; l'*impetigo larvalis*, ainsi nommé parce que les pustules, en se desséchant, forment une sorte de masque jaunâtre et humide, qui peut couvrir toute la figure ; on l'appelle vulgairement *gourme*; l'*impetigo granulata* ou *croûtes de lait* occupe le cuir chevelu et forme des croûtes qui ressemblent à des fragments de mastic et qui adhèrent fortement aux cheveux. Il est ordinairement accompagné d'un gonflement douloureux des ganglions cervicaux et sous-maxillaires. L'impétigo est ordinairement causé par la misère et la malpropreté ; l'enfance y est particulièrement sujette. On recommande d'améliorer, dès le début, l'état

général par une médication dépurative et reconstituante. On donne l'huile de foie de morue, le sirop d'iodure de fer, l'arséniate de soude (2 centigr. pour 300 gr. de sirop de quinquina ; une demi-cuillerée matin et soir), les pastilles de Lavie au phosphate de chaux. Si l'affection persiste au bout d'un mois de ce traitement, on coupe les cheveux, on fait tomber les croûtes avec un ou deux cataplasmes émollients et on lave la tête avec de l'eau sulfurée. (Voy. GANGLION.) On distingue la teigne de l'impétigo en ce que la première de ces affections présente des croûtes concaves, jaunâtres, offrent des saillies et des fossettes analogues aux alvéoles d'une ruche à miel et exhalant l'odeur d'une souris.

* IMPÉTRABLE adj. (lat. *impetrabilis*). Droit. Qu'on peut impétrer : *les lettres que vous sollicitez ne sont point impétrables.* — BÉNÉFICE IMPÉTRABLE, bénéfice vacant par mort, ou qu'on peut obtenir par dévolu : *l'arrêt déclara ses bénéfices impétrables.*

* IMPÉTRANT, ANTE s. Droit. Celui, celle qui a obtenu des lettres du prince, ou quelque bénéfice : *l'affaire fut jugée en faveur de l'impétrant, de l'impétrante.* — Université. Celui qui obtient un diplôme : *la signature de l'impétrant.*

* IMPÉTRATION s. f. Droit. Obtention. Ne se dit que de l'action par laquelle on obtient des lettres du prince, ou quelque bénéfice : *l'impétration d'une grâce.*

* IMPÉTRER v. a. (lat. *impetrâre*). Droit. Obtenir en vertu d'une supplique, d'une requête : *impétrer des lettres du prince.*

* IMPÉTUEUSEMENT adv. Avec impétuosité : *le vent soufflait impétueusement.*

* IMPÉTUEUX, EUSE adj. Violent, véhément, rapide : *un vent impétueux.* — Qui ne sait point se contenir, vif, bouillant, fougueux : *c'est un homme impétueux, un caractère impétueux.*

* IMPÉTUOSITÉ s. f. Action, qualité de ce qui est impétueux : *l'impétuosité des flots, du vent, de la tempête*; soutient l'impétuosité d'une attaque. — Fig. Extrême vivacité dans l'esprit, dans le caractère, dans les manières : *l'impétuosité française.*

* IMPIE adj. (lat. *impius*). Qui n'a point de religion, qui a du mépris pour les choses de la religion : *c'est un homme impie.* Se dit aussi, dans le style poétique ou soutenu, de ce qui appartient aux personnes impies : *leur bouche impie a vomi ce blasphème.* — Se dit également de tout ce qui est contraire à la religion : *des sentiments impies.* — Par ext. Se dit de ce qui offense la patrie, l'autorité paternelle et en général les choses considérées comme une sorte de religion : *un complot impie fut découvert.* — s. *c'est un impie.*

* IMPIÉTÉ s. f. Mépris pour les choses de la religion : *il affiche l'impiété.* — S'applique également aux actions et aux discours impies : *l'impiété de cette action révolte.* — Action, parole, sentiment contraire à la religion : *soutenir le contraire, est une impiété.* — Par ext. Mépris pour des sentiments universellement respectés : *sa conduite à l'égard de son père fut une impiété.*

* IMPITOYABLE adj. Qui est insensible à la pitié, qui est sans pitié, qui ne fait aucune grâce : *c'est un homme impitoyable.*

* IMPITOYABLEMENT adv. D'une manière impitoyable, sans aucune pitié : *on l'a traité impitoyablement.*

IMPLACABILITÉ s. f. Qualité de ce qui est implacable.

* IMPLACABLE adj. (lat. *implacabilis*). Qui ne peut être apaisé : *c'est un homme implacable.*

* IMPLACABLEMENT adv. D'une manière implacable : *il haïssait implacablement.*

* IMPLANTATION s. f. Action d'implanter, ou de s'implanter.

* IMPLANTER v. a. Insérer dans, ficher, planter une chose dans une autre. En ce sens, il est peu usité. — S'implanter v. pr. Se dit des corps qui adhèrent spontanément à un autre corps sans en faire essentiellement partie, comme des excroissances et des boutures naturelles, des cheveux de l'homme, du poil des animaux : *les longues branches de quelques arbres retombent, et s'implantent dans la terre par leur extrémité.*

* IMPLEXE adj. [ain-plè-kse] lat. *implexus*, compliqué ; de in, dans; *plicare*, plier). Se dit des ouvrages dramatiques où il y a reconnaissance ou péripétie, ou l'un et l'autre; et s'emploie surtout en parlant du théâtre des anciens.

IMPLIABLE (préf. *ina* et fr. *pliable*). Qui ne peut être plié.

* IMPLICATION s. f. Jurispr. Action d'impliquer, état d'une personne impliquée dans une affaire criminelle : *l'implication dans une affaire criminelle rend incapable de posséder un bénéfice.* — Se dit aussi en termes d'école; et signifie, contradiction. Ne s'emploie alors qu'en parlant des propositions contradictoires : *il y a de l'implication dans ces deux propositions.*

* IMPLICITE adj. Didact. Qui est contenu dans un discours, dans une clause, dans une proposition, non pas en termes clairs, exprès et formels, mais qui s'en tire naturellement par induction, par conséquence. Se dit par opposition à explicite : *cela est contenu dans le contrat d'une manière implicite.* — VOLONTÉ IMPLICITE, celle qui se manifeste moins par des paroles que par certaines actions, par certains faits. — FOI IMPLICITE, celle d'un homme qui, sans être instruit en détail de tout ce que l'Église a décidé, se soumet à tout ce qu'elle croit. Se dit, par ext., d'une confiance absolue dans l'opinion, dans les paroles de quelqu'un : *j'ai une foi implicite en tout ce qu'il dit.*

* IMPLICITEMENT adv. Didact. D'une manière implicite : *cette proposition n'est dans ce livre-là qu'implicitement.*

* IMPLIQUÉ, ÉE part. passé de IMPLIQUER. — Adj. Qui est engagé, compromis dans : *il est impliqué dans une mauvaise affaire.*

* IMPLIQUER v. a. (lat. *implicare*). Envelopper, engager, embarrasser. Se dit en parlant de crime ou de quelque affaire fâcheuse : *on a voulu l'impliquer dans ce crime.* — Se dit aussi des choses qui en font supposer d'autres, qui les renferment, les comprennent implicitement : *l'idée d'homme implique les idées d'intelligence et de volonté.* — CELA IMPLIQUE CONTRADICTION, se dit des propositions, des discours où il y a contradiction : *vous dites qu'il est sage, et vous avouez qu'il fait des folies; cela implique contradiction.* On dit aussi absolument, surtout en termes d'école : *cela implique;* il *implique de dire que...*

* IMPLORER v. a. (lat. *implorare*). Demander humblement et avec instance quelque secours, quelque faveur quelque grâce : *implorer la clémence du vainqueur, la protection d'un grand prince.*

Renonçons au stérile appui
Des grands qu'on *implore* aujourd'hui.
ROUSSEAU.

— IMPLORER LE BRAS SÉCULIER, recourir à la justice criminelle, à la puissance temporelle, pour faire mettre à exécution les sentences de la justice ecclésiastique.

* IMPOLI, IE adj. Qui est sans politesse. Se dit des personnes et des choses : *homme*

impoli. — S'emploie quelquefois substantiv. : *vous êtes un impoli.*

* **IMPOLIMENT** adv. Avec impolitesse : *il m'a répondu fort impoliment.*

* **IMPOLITESSE** s. f. Manque de politesse, ignorance ou mépris des règles de la politesse : *l'école du monde corrige l'impolitesse.* — S'applique également aux actions et aux paroles d'une personne impolie : *l'impolitesse de ce procédé.* — Action, procédé contraire à la politesse : *il m'a fait une impolitesse.*

* **IMPOLITIQUE** adj. Qui est contraire à la bonne, à la saine politique : *cette mesure, cet acte impolitique lui aliéna tous les esprits.*

* **IMPOLITIQUEMENT** adv. D'une manière impolitique : *c'est agir bien impolitiquement.*

IMPONDÉRABILITÉ s. f. Phys. Qualité de ce qui est impondérable : *l'impondérabilité de la lumière.*

* **IMPONDÉRABLE** adj. Phys. Sert à qualifier diverses substances dont la matérialité est constatée, mais dont le poids spécifique échappe à nos déterminations, de sorte qu'on ne peut affirmer que ces substances obéissent à l'action de la pesanteur : *fluides impondérables.*

* **IMPOPULAIRE** adj. Qui n'est pas conforme aux désirs du peuple : *acte impopulaire.* — Se dit aussi des personnes, et signifie, qui déplaît au peuple, qui n'a pas l'affection du peuple : *prince impopulaire.*

* **IMPOPULARITÉ** s. f. Défaut de popularité, défaut de l'affection du peuple : *il est tombé dans une grande impopularité.*

IMPOROSITÉ s. f. Hist. nat. État de ce qui n'est pas poreux.

* **IMPORTANCE** s. f. Ce qui fait qu'une chose est d'un grand intérêt, est considérable par elle-même, ou par les circonstances qui l'accompagnent, ou par les suites qu'elle peut avoir : *l'importance d'une question, d'une affaire.* — METTRE, ATTACHER DE L'IMPORTANCE A UNE CHOSE, la considérer comme ayant beaucoup d'importance : *il met, il attache de l'importance à tout ce qu'il fait.* — Autorité, crédit, influence : *cette place lui donne beaucoup d'importance dans le monde.* — Se dit en mauvaise part, et s'applique à ceux qui montrent de l'orgueil, de la vanité, qui veulent paraître plus considérables qu'ils ne le sont réellement : *faire l'homme d'importance.* — D'importance loc. adv. Très fort, extrêmement. Ne se dit guère que des mauvais traitements : *je l'ai querellé d'importance.*

. * **IMPORTANT, ANTE** adj. Qui importe, qui est de conséquence, qui est considérable, d'un grand intérêt : *avis, conseil important.* — Se dit quelquefois des personnes qui jouissent d'une certaine autorité, d'un grand crédit, d'une grande influence : *c'est un homme important, un personnage important.* — s. La chose importante, l'essentiel : *en toute affaire, l'important est de savoir ce qu'on veut.* — Se dit d'un homme vain qui cherche à donner aux autres et qui a souvent lui-même une opinion exagérée de sa qualité, de son mérite, de son crédit : *faire l'important.* — ∾ Les Importants, faction formée de tous ceux qui avaient été persécutés par Richelieu et qui, favorisés d'abord par la reine Anne d'Autriche, se crurent appelés à jouer un grand rôle.

* **IMPORTATEUR** s. m. Comm. Qui fait le commerce d'importation, qui importe des marchandises dans un pays.

* **IMPORTATION** s. f. Comm. Action d'importer : *l'importation de ces marchandises est prohibée.* — Se dit aussi des marchandises importées : *les importations ont été beaucoup moins considérables que les exportations.* — Se dit, par ext., du transport d'une maladie

d'un pays dans un autre : *l'importation du choléra en Égypte.* — Fig. *L'importation des idées.*

* **IMPORTER** v. a. Comm. Apporter, introduire dans un pays des productions étrangères, une industrie créée à l'étranger, etc. : *importer des marchandises dans un pays.* — Fig. *Importer des mots étrangers.*

* **IMPORTER** v. n. N'est d'usage qu'à l'infinitif et aux troisièmes personnes. Être d'importance, de conséquence : *cela ne lui importe en rien.* — v. imp. *Il importe que la sûreté publique.* — S'emploie dans un grand nombre de phrases, la plupart négatives ou interrogatives, qui servent à marquer l'indifférence que l'on a ou que l'on doit avoir pour quelque chose, le peu de cas que l'on en fait, ou que l'on en doit faire : *qu'importe la puissance, la gloire, si elle ne rend point heureux?*

* **IMPORTUN, UNE** adj. (lat. *importunus*). Fâcheux, incommode, qui déplaît, qui ennuie; qui fatigue par ses assiduités, par ses discours, par ses demandes, etc. : *il craint de vous être importun, de se rendre importun.* — S'emploie aussi substantiv. : *c'est un importun.* — Se dit également, tant au sens physique qu'au sens moral, des choses qui deviennent incommodes par leur continuité, leur fréquence, etc. : *un vent importun.*

* **IMPORTUNÉMENT** adv. D'une manière importune : *il revient importunément à la charge.* (Peu usité.)

* **IMPORTUNER** v. a. Incommoder, fatiguer par ses assiduités, par ses demandes, par ses questions, etc. : *je crains de vous importuner.* — Fig et poët. IMPORTUNER LES DIEUX, LE CIEL DE SES PRIÈRES, DE SES VŒUX, implorer souvent et mal à propos la Divinité. — Se dit également, tant au sens physique qu'au sens moral, des choses qui incommodent, qui lassent, qui causent de l'ennui : *ses fréquentes visites m'importunent.*

* **IMPORTUNITÉ** s. f. Action d'importuner : *grande importunité, accabler quelqu'un de ses importunités.*

* **IMPOSABLE** adj. Qui doit, qui peut être imposé; qui est sujet aux impositions, aux droits.

* **IMPOSANT, ANTE** adj. Qui impose, qui est propre à s'attirer de l'attention, des égards, du respect : *un ton imposant.* — Se dit aussi des choses qui élèvent l'âme et qui la remplissent d'une admiration mêlée de respect : *un spectacle imposant.* — FORCE IMPOSANTE, FORCES IMPOSANTES, forces militaires considérables : *ce prince mit sur pied des forces imposantes.*

* **IMPOSER** v. a. (lat. *imponere*). Mettre dessus. En ce sens, ne se dit guère au propre que dans cette phrase : *imposer les mains.* — Fig. IMPOSER UN NOM, donner un nom, donner une dénomination : *imposer le nom à une ville nouvellement bâtie.* — Fig. Charger quelqu'un d'une chose incommode, pénible ou difficile; prescrire, infliger : *en lui imposant cette commission, on lui a imposé une tâche difficile à remplir.* — IMPOSER SILENCE, ordonner qu'on se taise, faire qu'on se taise. — Fig. IMPOSER SILENCE AUX PASSIONS, les réprimer, empêcher qu'elles ne troublent l'âme, qu'elles ne l'agitent. — Fig. IMPOSER SILENCE AUX MÉDISANTS, A LA CALOMNIE, AU MENSONGE, etc., les réduire au silence, faire que les médisances, que les calomnies, etc., ne trouvent plus de crédit, et que ceux qui les répandent soient par la force de se taire. — Se dit, particul., en parlant des tributs dont on charge les peuples, des droits, des contributions que le gouvernement exige des particuliers dans l'intérêt commun : *imposer un tribut sur une province romaine.* — Se dit quelquefois des matières sur lesquelles on met des impôts : *imposer le vin, le sel.* —

Faire une espèce de violence à quelqu'un pour qu'il accueille une personne, pour qu'il accepte une chose : *il voulait nous imposer ses créatures.* — IMPOSER DU RESPECT, inspirer du respect : *la présence du général imposa du respect aux mutins.* — Absol. IMPOSER, inspirer du respect, de l'admiration, de la crainte : *sa présence m'impose.* — EN IMPOSER, a été pris souvent dans le sens précédent; mais il signifie plus exactement, tromper, abuser, surprendre, en faire accroire : *vous voulez en imposer à vos juges.* — Imputer à tort: on lui a imposé un crime dont il est innocent. (Vieux.) — Typogr. Action de poser sur le marbre une ou plusieurs pages, de façon qu'elles se trouvent dans l'ordre convenable ; de les encadrer avec un châssis, de les garnir de leurs bois ou de leurs garnitures de plomb et de leurs biseaux ; de les serrer à l'aide de coins ou de crémaillères, afin de pouvoir les enlever d'une seule pièce avec leurs châssis pour les porter à la presse. On dit *imposer par feuille* ou *par forme*, selon qu'il faut une ou deux formes pour obtenir la feuille. — S'imposer v. pr. Se charger volontairement d'un tribut, d'un impôt : *ce département est autorisé à s'imposer extraordinairement.*

IMPOSEUR s. m. Typogr. Ouvrier imprimeur qui impose les pages.

IMPOSITEUR s. m. Celui qui impose ; fermier des impôts.

* **IMPOSITION** s. f. Action d'imposer. N'est d'usage au propre que dans cette phrase : *l'imposition des mains.* — Se dit, fig., en parlant des noms qu'on donne : *la première imposition des noms a été faite par Adam.* — Fig. Action d'imposer quelque chose de pénible, d'onéreux, comme une peine, un tribut, un droit, des contributions : *l'imposition d'une peine, d'une pénitence.* — S'emploie souvent absol. et alors signifie, droit, contribution imposée sur les choses ou sur les personnes: *imposition nouvelle.* — Typogr. Action d'imposer, de placer les pages dans l'ordre voulu, de les entourer d'une garniture et de les serrer dans un châssis de fer. Il y a autant de sortes d'impositions qu'il y a de formats.

* **IMPOSSIBILITÉ** s. f. Défaut de possibilité : *il y a de l'impossibilité à cela.* — IMPOSSIBILITÉ MÉTAPHYSIQUE, se dit de ce qui implique contradiction : *il y a impossibilité métaphysique qu'une chose soit et ne soit pas, qu'un cercle soit carré.* — IMPOSSIBILITÉ PHYSIQUE, se dit d'une chose qui est impossible selon l'ordre de la nature : *il y a impossibilité physique qu'un fleuve remonte vers sa source.* — IMPOSSIBILITÉ MORALE, se dit d'une chose qui est vraisemblablement impossible : *il y a impossibilité morale qu'un homme de bien fasse une mauvaise action.*

* **IMPOSSIBLE** adj. Qui ne peut être, qui ne se peut faire : *le mouvement perpétuel; la quadrature du cercle, etc., sont des problèmes dont la solution est regardée comme impossible.* —

> *Impossible n'est un mot que je ne dis jamais.*
> COLIN D'HARLEVILLE. *Malice pour Malice*, acte I, sc. VIII.

— Se dit quelquefois, par ext., pour signifier, qui est très difficile : *il lui est impossible de rester longtemps chez lui.* — ∾ Qui ne peut être employé : *ministre devenu impossible.* — Bizarre, extravagant : *il a un air impossible.* — 's. m. : *il ne peut pas faire l'impossible.* — Par exag. FAIRE L'IMPOSSIBLE, faire tout ce qui est possible. — RÉDUIRE QUELQU'UN A L'IMPOSSIBLE, en exiger ce qu'il ne peut faire; ou, en termes de logique, le réduire à ne pouvoir répondre sans tomber en contradiction. — PROV. A L'IMPOSSIBLE NUL N'EST TENU — GAGNER L'IMPOSSIBLE, PERDRE L'IMPOSSIBLE, etc., gagner beaucoup, perdre beaucoup. — PAR IMPOSSIBLE, formule dont on se sert, dans le discours, lorsqu'on suppose une chose qu'on sait bien être impossible : *si, par impossible, on redevenait jeune.*

* **IMPOSTE** s. f. (lat. *in*, sur; *positus*, placé). Archit. La dernière pierre du pied-droit d'une porte ou d'une arcade, faisant saillie sur les autres pierres, ayant ordinairement quelques moulures, et sur laquelle on pose la première pierre qui commence à former le cintre de la porte, de l'arcade : *cette imposte a trop de saillie.*

* **IMPOSTEUR** s. m. Celui qui en impose, qui trompe : *c'est le plus grand imposteur qui fut jamais.* — Particul. Calomniateur qui impute faussement à quelqu'un quelque chose de préjudiciable et d'odieux : *c'est un lâche, un vil imposteur.* — Celui qui invente, qui débite une fausse doctrine pour séduire les hommes, pour faire secte : *cet imposteur eut de nombreux partisans.* — Celui qui tâche de tromper, soit par de fausses apparences de piété, de sagesse, de probité, soit en voulant se faire passer pour un autre homme qu'il n'est : *il veut passer pour un homme de bien, pour un grand dévot, mais ce n'est qu'un imposteur.* — Adjectiv. : *un éloge imposteur.*

> .... Il n'est esprit si droit
> Qui ne soit imposteur et faux par quelque endroit.
> BOILEAU.

* **IMPOSTURE** s. f. (rad. *en imposer*). Action de tromper, d'en imposer : *grossière imposture.* — Particul. Calomnie, ce que l'on impute faussement à quelqu'un dans le dessein de lui nuire : *imposture manifeste, horrible.* — Hypocrisie, déguisement, tromperie dans ses mœurs, dans sa conduite : *toute sa vie n'a été qu'une imposture continuelle.* — Action de tromper en se faisant passer pour un autre : *l'imposture des faux Démétrius.* — Se dit aussi de certains ouvrages fabriqués dans une intention de fraude et donnés comme l'œuvre de quelque auteur connu : *les impostures littéraires.* — Se dit, fig., en parlant des choses qui font illusion, qui causent des illusions : *il est difficile de se défendre de l'imposture des sens.*

* **IMPÔT** s. m. (lat. *impositum*, chose imposée). Charge publique, droit imposé sur certaines choses : *impôt territorial, foncier.* — Législ. Se dit absol. des impôts en général, et de la manière de les établir : *le vote de l'impôt.* — Se dit quelquefois, fig., de ce que l'on paye pour des besoins imaginaires, pour des plaisirs : *les dépenses que font faire la vanité, la débauche, sont le plus lourd de tous les impôts.* — Fig. L'IMPÔT DU SANG, se dit quelquefois pour l'obligation du service militaire. — Législ. — La législation concernant les impôts directs et les impôts indirects a été exposée au mot CONTRIBUTION; il restera à parler, au mot VALEURS, des taxes frappant les titres et le revenu des valeurs mobilières.

* **IMPOTENCE** s. f. Méd. État de celui qui est impotent.

* **IMPOTENT, ENTE** adj. (préf. *im*; lat. *potens*, puissant). Estropié, qui est privé de l'usage d'un bras, d'une jambe, etc., soit par vice de nature, soit par accident : *la goutte l'a rendu impotent.* — Se dit de même : *un bras impotent, une jambe impotente,* etc. — s. : *un impotent.*

* **IMPRATICABLE** adj. Qui ne peut se faire, s'exécuter : *ce que vous me proposez est tout à fait impraticable.* — Se dit aussi des lieux où l'on ne peut passer, où l'on ne passe qu'avec beaucoup de difficulté : *les chemins sont impraticables.* — Se dit encore d'une maison, d'un appartement, d'une chambre qui a des inconvénients tels, qu'on ne peut l'habiter : *cet appartement bas est impraticable pendant l'hiver.*

* **IMPRÉCATION** s. f. (lat. *in*, contre; *precari*, prier). Malédiction, souhait qu'on fait contre quelqu'un : *quelle horrible imprécation !* — Rhét. Se dit, particul., de cette figure par laquelle on souhaite des malheurs à celui dont on parle ou à qui l'on parle. La plus célèbre

des imprécations est celle que Corneille met dans la bouche de Camille :

> Rome, l'unique objet de mon ressentiment, etc.

On cite aussi l'imprécation de Joad dans l'*Athalie* de Racine :

> Daigne, daigne, mon Dieu, etc.

Et celle de Cléopâtre expirante, dans *Rodogune* :

> Puisse le ciel, tous deux vous prenant pour victimes, etc.

* **IMPRÉCATOIRE** adj. Qui a rapport à l'imprécation : *formules imprécatoires.*

IMPRÉGNABLE adj. Qui est susceptible de s'imprégner : *terre imprégnable.*

IMPRÉGNATION s. f. [gn. mll]. Action d'imprégner; état qui résulte de cette action.

* **IMPRÉGNER** v. a. [gn. mll.] lat. *imprægnare.*; de *in*, dans; *prægnare*, féconder). Se dit en parlant d'un corps solide ou fluide dans lequel pénètrent et se répandent les particules d'une substance : *imprégner une liqueur de sels, de parties ferrugineuses.* — S'emploie quelquefois, fig., en parlant des opinions, des principes, etc., inculqués dans l'esprit : *dès sa jeunesse, il a été imprégné de ces doctrines.* — S'imprégner v. pr. S'imbiber : *les balles de coton s'imprègnent quelquefois de miasmes pestilentiels.*

IMPRENABLE adj. Qui ne peut être pris. Ne se dit qu'en parlant de villes et de places de guerre : *il n'y a guère de places imprenables.* — Très difficile à prendre : *ce poste, cette place est imprenable.*

IMPRESARIO s. m. [ain-pré-sa-rio, ou imm-pré-za-rio] (ital. *impresa*, entreprise). Nom qu'on donne en Italie, à tout directeur d'une troupe de comédiens ou entrepreneur de théâtre : *des impresarios ou des impresari.*

* **IMPRESCRIPTIBILITÉ** s. f. Droit. Qualité de ce qui est imprescriptible : *l'imprescriptibilité de son droit.*

* **IMPRESCRIPTIBLE** adj. Droit. Qui n'est pas susceptible de prescription : *droits imprescriptibles.* — S'emploie quelquefois dans le langage ordinaire : *les droits de la nature sont imprescriptibles.*

* **IMPRESSES** adj. Voy. INTENTIONNELLES.

* **IMPRESSION** s. f. (lat. *impressio*). Action par laquelle une chose appliquée sur une autre y laisse une empreinte, des traits, etc., ou résultat de cette action : *l'impression d'un corps sur un autre corps.* — Anat. IMPRESSIONS DIGITALES, légères dépressions qu'on observe à la face interne des os du crâne, et qu'on dirait faites par l'impression des doigts. — Particul. Action ou manière de tirer des empreintes d'une surface où il y a des creux ou des saillies propres à se charger d'une couleur qui, par compression, se reporte sur une autre surface : *on obtient des épreuves d'une gravure, d'une lithographie au moyen de l'impression.* — Typogr. Action d'imprimer une feuille, un livre, une affiche, etc. — On dit, bonne ou mauvaise impression, relativement à la beauté ou à la défectuosité de l'ouvrage imprimé. — Se dit quelquefois dans le sens d'édition : *les anciennes impressions sont aujourd'hui fort recherchées.* — Effet que l'action d'une chose quelconque produit sur un corps : *il est sensible aux moindres impressions de l'air, aux moindres impressions du changement de temps.* — Se dit, quelquefois, de ce qui reste de l'action qu'une chose a exercée sur un corps : *l'alambic laisse toujours une impression de feu dans les eaux distillées.* — Se dit, fig., de l'effet qu'une cause quelconque produit dans le cœur ou dans l'esprit : *cet événement fit une telle impression, une si forte impression sur lui, qu'il le rappelait jusqu'aux moindres circonstances.* — Fam. FAIRE IMPRESSION, se dit de quelqu'un qui attire vivement sur lui l'attention : *chaque fois qu'il prend la*

parole, il fait impression. — Peint. Couleur qui se met sur la toile ou sur un panneau, soit à l'huile, soit en détrempe, et qui sert de première couche à l'ouvrage. — PEINTURE D'IMPRESSION, peinture à couches plates que font les peintres en bâtiments.

* **IMPRESSIONNABILITÉ** s. f. Caractère de ce qui est impressionnable; susceptible de recevoir des sensations organiques.

* **IMPRESSIONNABLE** adj. Susceptible de recevoir de vives impressions : *esprit impressionnable.*

* **IMPRESSIONNER** v. a. Causer des impressions, émouvoir : *cet événement l'a tristement impressionné.* — S'impressionner v. pr. Recevoir une impression morale.

* **IMPRÉVOYANCE** s. f. Défaut de prévoyance : *l'imprévoyance des jeunes gens.*

* **IMPRÉVOYANT, ANTE** adj. Qui manque de prévoyance : *cet homme était imprévoyant.*

* **IMPRÉVU, UE** adj. Qu'on n'a pas prévu, et qui arrive lorsqu'on y pense le moins : *un accident imprévu.*

IMPRÉVU s. m. Ce qu'on n'a pas prévu. — A l'imprévu loc. adv. Synon. de A L'IMPROVISTE.

IMPRIMABLE adj. Qui peut être imprimé : *cet ouvrage n'est pas imprimable.*

* **IMPRIMÉ, ÉE** part. passé d'IMPRIMER. — Se dit quelquefois substantiv., en parlant de petites brochures ou de feuilles volantes : *il court un imprimé.* — Se dit aussi de tout livre imprimé, par opposition à manuscrit : *catalogue des imprimés.*

* **IMPRIMER** v. a. (lat. *in*, sur; *premere*, presser). Faire ou laisser une empreinte sur quelque chose, y marquer des traits, une figure : *imprimer un sceau sur de la cire.* — Se dit, particul., de l'impression, à l'encre noire ou en couleur, qui se fait par l'application et la pression d'une surface sur une autre : *imprimer en taille-douce, en taille de bois.* — Plus particul. Marquer, empreindre des lettres sur du papier ou sur quelque autre chose semblable, avec des caractères fondus ou gravés, que l'on a chargés d'encre; et, par ext., faire tous les travaux nécessaires pour la confection d'un livre, etc. : *imprimer nettement sur papier fin, sur vélin.* — Se dit également dans le sens de faire imprimer, publier par la voie de l'impression : *il n'a encore rien imprimé.* — SE FAIRE IMPRIMER, faire paraître au jour quelque ouvrage : *mon travail est fini, je me fais imprimer.* — S'emploie aussi fig. : *il imprime à tous ses ouvrages un cachet original.* — Se dit, particul., des sentiments, des images, etc., qui font impression dans l'esprit, dans la mémoire, dans le cœur : *ce spectacle lui imprima une grande terreur.*

> Imprimés dans mon âme, en traits ineffaçables,
> L'amour de votre fils, le zèle de sa loi.
> COURS DE MARCELLUS. *Paraphrase du Stabat Mater.*

— Se dit aussi en parlant du mouvement, de la vitesse, etc., qu'un corps communique à un autre corps : *le mouvement, la force, la vitesse qu'un corps imprime à un autre.* — S'emploie quelquefois fig. dans un sens analogue : *cette découverte imprimait aux idées une direction nouvelle.* — Peint. Donner à une toile ou à un panneau la préparation nécessaire pour y peindre un tableau. — Peintres en bâtiments. Enduire d'une ou de plusieurs couches de couleur des ouvrages de serrurerie, de menuiserie, etc. — S'imprimer v. pr. Laisser une empreinte : *leurs pas s'impriment sur la neige.* — Se dit des sentiments, des images qui font impression dans le cœur, l'esprit, etc. : *ce qu'on apprend lorsqu'on est jeune s'imprime mieux dans l'esprit, dans la mémoire*

* **IMPRIMERIE** s. f. (rad. *imprimer*). Art d'imprimer des livres, des journaux, etc. —

l'imprimerie est l'invention la plus féconde en grands résultats. — Se dit aussi, collectiv., des caractères, des presses, et de tout ce qui sert à l'impression des ouvrages : acheter une imprimerie. — Établissement où l'on imprime des livres, etc. : entrer dans une imprimerie. — IMPRIMERIE EN TAILLE-DOUCE, IMPRIMERIE LITHOGRAPHIQUE, établissement, lieu où l'on imprime des gravures en taille-douce, des lithographies. — IMPRIMERIE PORTATIVE, presse portative, avec l'assortiment de caractères et d'ustensiles pour imprimer des ouvrages de peu d'étendue. — ENCYCL. Dans son sens le plus large, l'imprimerie comprend la lithographie, l'imprimerie en taille-douce et la typographie. Nous nous occuperons ici de cette dernière seulement, la lithographie et la taille-douce étant traitées à leur ordre alphabétique. — La typographie, ou imprimerie proprement dite, est l'art de multiplier mécaniquement les exemplaires d'une œuvre manuscrite, elle a exercé une influence prépondérante sur les progrès de l'humanité en répandant à profusion les livres et les publications périodiques qui règnent sur la civilisation contemporaine. Elle comprend deux parties distinctes : la composition et le tirage ou impression. 1° La COMPOSITION est l'assemblage des lettres ou caractères, de manière à former des mots, des lignes et des pages. Ce travail est exécuté par des ouvriers nommés compositeurs. (Voy. COMPOSITEUR), qui se tiennent devant un tréteau en forme de pupitre appelé rang, sur lequel est établie la casse contenant des caractères. (Voy. COMPOSITION, CASSE, CASSETIN, CASSEAU.) Le compositeur ayant devant les yeux la copie ou manuscrit, et tenant dans la main gauche son composteur, lève la lettre, c'est-à-dire qu'il prend successivement de la main droite, chacune des lettres qui doivent former les mots à reproduire, en séparant ceux-ci par des espaces, petites lames de métal plus basses que les lettres, et ne produisant, par conséquent, aucune marque à l'impression. Les lignes doivent avoir toutes la même longueur, que les mots font rarement d'une manière exacte, et que l'on obtient par la justification, travail qui consiste à augmenter ou à diminuer les espaces. La bonne exécution d'une composition tient surtout à l'exactitude de la justification, à la régularité de l'espacement et à la manière de diviser les mots au bout des lignes. (Voy. DIVISER.) A la fin des alinéas, le compositeur complète les lignes au moyen de pièces de métal que l'on appelle, suivant leur épaisseur, cadrats, cadratins et demi-cadratins. Au commencement des alinéas rentrants, il place un cadratin qui forme le retrait. Quand il est forcé de combiner dans une même ligne des caractères de différents corps, il les ramène tous à une force commune à l'aide de bouts d'interlignes qu'il place en dessus et en dessous du mot composé en plus petits caractères, de manière que la base de l'œil ce des caractères s'aligne avec la base de l'œil de l'autre caractère : opération appelée parangonnage. Lorsque le compositeur manque de la lettre nécessaire, il a recours au blocage (voy. ce mot), afin de ne pas retarder son travail. Le compositeur étant plein de lignes bien justifiées, l'ouvrier les dépose sur une galée (voy. ce mot), et quand celle-ci, à son tour, est pleine, il lie la composition pour en former des paquets. Ayant encré ses paquets à l'aide d'un rouleau, il les couvre d'un papier humide sur lequel il frappe avec une brosse, pour obtenir ainsi l'épreuve dite en première typographique. (Voy. EPREUVE, CORRECTION, etc.) Cette épreuve passe par la lecture du correcteur (voy. ce nom), et revient à l'ouvrier, qui exécute les changements indiqués, enlève les doublons, fait disparaître les coquilles, rétablit les bourdons, les blocages, etc. — C'est là que se termine le travail du compositeur proprement dit ou paquetier, et que commence celui du metteur en pages. Ce dernier prend les paquets et les met sur une longueur déterminée, pour en faire des colonnes ou des pages, auxquelles il ajoute la pagination, les signatures, les titres, les têtes et blancs de chapitre, les notes, les additions, les lettrines, les vignettes, etc. Ensuite il passe à l'imposition de la feuille, opération qui consiste à placer les pages de telle sorte que, lorsqu'on pliera la feuille imprimée, elles se trouveront dans l'ordre convenable. Les pages étant rangées dans cet ordre, on entoure chaque moitié de la feuille d'un cadre de fer appelé châssis et l'on remplit les intervalles avec des bois ou des pièces de métal que l'on nomme garnitures. Chaque moitié de feuille ainsi imposée est appelée forme; la forme qui contient la première page de la feuille se nomme côté de première; l'autre est dite côté de seconde ou de deux et trois, parce qu'elle contient les seconde et troisième pages. Les garnitures, les bois ou les biseaux étant en place sur les côtés et en bas de la forme, on enlève les ficelles qui entourent les pages, que l'on assujettit au moyen de coins de bois ou de fer introduits entre le châssis et le biseau ; on serre légèrement et on baisse les lettres hautes avec le taquoir. (Voy. ce mot.) On serre enfin d'une manière définitive et de telle sorte que les formes puissent être enlevées tout d'une pièce. On en fait une ou plusieurs épreuves, qui passent sous les yeux des correcteurs et de l'auteur et qui reviennent à un ouvrier en conscience, nommé corrigeur. — Depuis quelques années, on essaye d'exécuter le travail du compositeur au moyen de procédés mécaniques et l'on a imaginé des composeuses (voy. ce mot) qui assemblent les lettres avec une grande rapidité, mais qui, ne pouvant justifier les lignes, ne produisent, en réalité, qu'une économie assez minime. — Le bon à tirer ayant été donné par l'auteur et les dernières corrections ayant été faites par le corrigeur, on procède au tirage, qui est quelquefois précédé d'une opération distincte nommée clichage. (Voy. ce mot.) 2° Le TIRAGE ou IMPRESSION a pour objet de transporter l'empreinte des lettres ou des clichés sur le papier qui a subi l'opération du trempage et quelquefois celle du glaçage. (Voy. ces mots.) L'impression a lieu au moyen d'une machine nommée presse, dont nous donnons plus loin la description. L'ouvrier qui dirige cette machine commence par faire la mise sous presse. Après avoir assujetti la forme sur le marbre de la presse, il dispose toute chose de manière que le niveau de cette forme soit bien égal et que le foulage produit lors du tirage soit le même partout. Pour cela, il passe le taquoir sur la forme desserrée et frappe à petits coups pour baisser les lettres dont le pied ne porterait pas sur le marbre; après s'être ensuite assuré qu'il ne se produira pas trop de pression, il tire quelques épreuves pour voir quelles sont les parties qui restent défectueuses. Ici commence la mise en train qui consiste à égaliser le foulage en ajoutant, sur les parties faibles, des béquets formés d'un ou de plusieurs fragments de papier pelure et en décolquant sur le tympan ou sur le cylindre les parties sur lesquelles on désire adoucir l'impression. — Le tirage proprement dit a lieu de diverses façons, suivant la machine que l'on emploie. Dans le tirage à bras, l'ouvrier nommé pressier étend sur le tympan la feuille à imprimer; il rabat la frisquette sur le tympan et celui-ci sur la forme encrée et posée sur le marbre, puis il roule, c'est-à-dire qu'il amène le train sous la platine par l'action du rouleau et sa manivelle, il tire à lui le levier appelé barreau. La platine, poussée de haut en bas par la vis; presse sur le tympan, et les lettres produisent leur empreinte sur le papier. L'ouvrier abandonne le levier; la platine remonte; on déroule le train, c'est-à-dire qu'on le fait reculer; on relève le tympan et la frisquette et l'on enlève la feuille imprimée. Pendant ce temps, un autre ouvrier, nommé toucheur, encre la forme au moyen d'un rouleau qu'il a préalablement promené sur une table-encrier posée près de la presse. La feuille étant tirée en blanc ou d'un seul côté, au nombre d'exemplaires que l'on désire, on est obligé de la mettre en retiration (l'imprimer de l'autre côté). Pour cela, on dispose la seconde forme sur la presse, à la place de la précédente; on retourne les feuilles et on les pose sur le tympan, de manière que les ardillons de la pointure entrent bien dans les trous qu'ils ont formés lors du premier tirage, afin que les pages et les lignes soient en registre ou tombent exactement les unes sur les autres. — Lorsque le tirage est terminé, on lave les formes à la potasse puis à l'eau et on les distribue. (Voy. DISTRIBUER.) Avant d'être livrées au brochage, les feuilles subissent les deux opérations du séchage et du satinage. Le tirage sur les machines diffère du précédent en ce que tout le travail s'exécute automatiquement. — MACHINES A IMPRIMER. Les machines à imprimer reçoivent le nom de presses. Longtemps avant l'invention des caractères mobiles, on employait, pour l'impression des planches gravées, une presse en bois construite sur le principe du pressoir à vendanges. Comme celle-ci, cette presse agissait au moyen d'une vis; comme lui, elle manquait de cran d'arrêt et la pression était réglée par le bras de l'ouvrier. Des cordes ou des nerfs établissaient ordinairement la solidarité entre la vis et la platine. Cet appareil primitif servit aux imprimeurs pendant quatre siècles sans

Fig. 1.

qu'il y fût apporté de modification importante. C'est de la situation qu'occupe le barreau de la presse en pression relativement à la platine, à la vis de pression et au marbre (voy. notre fig. 1) que vient probablement l'origine de cette espèce de 4 qui figure sur presque toutes les marques des imprimeurs de la première époque. On possède des gravures représentant la presse telle qu'elle existait en 1520. Elle était à peine assez large pour imprimer à la fois deux pages d'in-folio. Cet appareil fut légèrement perfectionné en 1620, par Blaew, d'Amsterdam ; mais la première modification radicale y fut apportée par le comte Stanhope, savant anglais, qui, ayant à faire imprimer un ouvrage de physique, et n'étant pas satisfait des résultats obtenus par la presse en bois, construisit, vers 1800, la presse en fer qui porte encore son nom. Dans cet appareil, le mécanisme repose sur l'ingénieuse combinaison de coudes et de leviers, ce qui donne une grande puissance de pression. Presque aussitôt fut introduite en Europe la presse *Colombienne*, inventée, vers 1817, par George Clymer, de Philadelphie. La presse *Washington*, inventée en 1829, par Samuel Rust et qui servit de modèle à la plupart des appareils construits dans la suite, est représentée par notre *fig.* 2. Ses parties essentielles sont les suivantes : *a*, bâti en fer, assez solide pour résister à la force du levier, et portant les deux montants appelés *jumelles*; *b*, marbre sur lequel reposent les caractères mis en forme ou le cliché prêt à être tiré; *c*, l'une des deux bandes à coulisses dans lesquelles glisse le marbre; *d*, poignée de la manivelle qui met le marbre en mouvement; *e*, platine que l'on fait descendre sur le marbre et dont la pression sur la forme détermine l'empreinte du caractère sur le papier; *f*, barreau ou levier que l'ouvrier tire à lui pour faire descendre

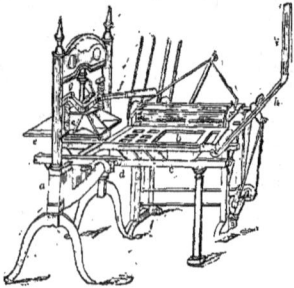

Fig. 2. Presse à bras Washington.

la platine; *g*, ressort en spirale qui relève la platine après l'impression; *h*, tympan, formé d'un châssis garni de toile et de blanchets; *i*, frisquette; *k*, rouleau automoteur. Les progrès industriels rendaient indispensable l'invention d'une *presse mécanique;* mais plusieurs essais échouèrent à cause de la difficulté d'encrer la forme au moyen de l'ancienne *balle* et du *broyon*. Le *rouleau typographique* ayant été inventé par Gannal en 1819, on put appliquer, en le perfectionnant, l'ingénieuse machine à imprimer conçue vers 1804, par Frédéric Kœnig, natif d'Eisleben (Saxe). Cette machine acquérait une vitesse moyenne de 700 feuilles à l'heure. (Voy. Kœnig.) La pression s'y opérait au moyen d'une platine, comme dans l'ancienne presse manuelle ; mais tous les autres organes étaient nouveaux et suppléaient entièrement les bras de l'homme. Le même inventeur, associé à Baüer, monta, en 1816, la première machine dite *à retiration*, imprimant simultanément les deux côtés de la feuille. En France, les premières machines furent construites à Paris, par Gaveaux, en 1829, et par Selligue, en 1831 ; mais la première machine double française vraiment perfectionnée, fut imaginée par Thonnelier, en 1834. Peu après, Rousselet, Normand et Dutartre apportèrent aux machines à imprimer des améliorations qui les mirent à même de tirer des ouvrages soignés et même des gravures. Hippolyte Marinoni, d'abord collaborateur de Gaveaux, acquit une grande réputation en inventant les machines simples qui se répandirent à profusion, et plus tard les machines cylindriques qui portent son nom et qui sont aujourd'hui si employées pour les grands tirages des journaux. Nous citerons aussi, parmi nos constructeurs français: Pierre Alauzet, Louis Rebourg, Jules Derriey (le véritable inventeur des machines cylindriques), Voirin, Wibart, Coisne, etc. — En 1861, Degener et Weiler, de New-York, inventèrent les machines dites à *pédales*, parce qu'elles sont mises en mouvement par le pied, pendant que les mains fournissent le papier. Ces machines ne peuvent être employées que pour les travaux de ville de petit format. La pression

s'y opère au moyen d'une platine s'abattant sur la forme. — Un imprimeur de Riom, M. Leboyer, inventa, en 1866, la petite machine destinée à l'impression instantanée des cartes de visite. Cette petite presse perfectionnée a produit un certain déplacement des affaires, parce qu'elle permet aux papetiers de s'occuper de l'impression des travaux de petit format. — L'invention des machines opéra une révolution complète dans l'imprimerie ; la librairie prit une extension inconnue jusqu'alors ; le journal cessa de végéter et devint une puissance ; il se fit des prodiges de bon marché. Les premières presses mécaniques furent mises en mouvement par des manœuvres nommés *tourneurs de roue*, au moyen d'une manivelle et d'un volant. Mais les énormes et puissantes machines que l'on construit aujourd'hui ont pour moteur une machine à vapeur. — On classe de la manière suivante les machines typographiques : 1° MA-

Fig. 3. Machine simple.

CHINES SIMPLES, dites *en blanc*, qui n'impriment qu'un seul côté de la feuille pendant leur évolution. Parmi ces presses, on comprend les machines simples à cylindre, à platine, les machines à pédales et à main. — 2° MACHINES DOUBLES ou *à retiration*,

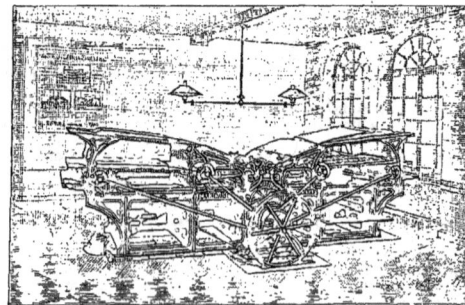

Fig. 4. Machine double.

imprimant simultanément les deux côtés de la feuille. Les machines à retiration comprennent deux systèmes tout à fait différents ; ce sont les machines *à gros cylindres* et les machines *à soulèvement*. Ces dernières sont ainsi nommées parce qu'il s'y produit un soulèvement alternatif des cylindres ; lorsque l'un descend pour opérer la pression, l'autre remonte pour laisser passer librement la forme. — 3° MACHINES À RÉACTION, qui doivent leur nom au mouvement alternatif des cylindres de pression; ceux-ci étant constamment commandés par le marbre, suivent son mouvement

de va-et-vient, réagissant sur eux-mêmes en sens inverse de leur première évolution et

Fig. 5. Machine double.

amènent en pression le second côté de la feuille après avoir imprimé le premier côté. Les machines à réaction peuvent être à un, deux, trois ou quatre cylindres. Chaque cylindre peut fournir 1,500 exemplaires à l'heure. La première idée du mouvement de réaction est due à l'Anglais Philippe Taylor (1822). Le constructeur français Joly (1836) prit le premier un brevet dans lequel on trouve une description complète et pratique de ce mouvement. — 4° MACHINES ROTATIVES ou *cylindriques*, ainsi nommées à cause de leur disposition générale, qui est exclusivement rotative. Les formes, au lieu d'être planes, sont cylindriques, ce qui constitue le dernier perfectionnement de l'imprimerie contemporaine. L'art du clichage ayant complétement modifié celui de l'impression, l'inventeur Richard-M. Hœ, de New-York, imagina le premier de cintrer les clichés et d'en faire des formes cylindriques (1847). Ce fut un trait de lumière ; le principe des machines rotatives était découvert. La machine perfectionnée de Hœ est représentée dans notre *fig.* 7. La forme cintrée est placée sur la circonférence d'un gros cylindre ou tambour. La pression sur le papier est opérée par des cylindres plus petits. La forme est encrée par des rouleaux. En augmentant jusqu'à dix le nombre des formes cylindriques, Hœ arriva à fabriquer une machine qui tira 20,000 exemplaires à l'heure ; son système fut immédiatement adopté pour l'impression des grands journaux anglais et américains. L'ingénieux système imaginé par Hœ devint le point de départ d'une foule de perfectionnements merveilleux. La *Victory* (fig. 8) imprime, coupe, plie et compte en une heure 8,000 exemplaires d'un grand journal de 8 pages. En France, nous avons la fameuse presse rotative à papier continu de Marinoni, chef-d'œuvre de construction dans lequel le papier se déroule, est rendu humide, est imprimé des deux côtés, et transformé en journaux coupés, rangés et comptés par la machine. — HIST. L'art typographique n'a point été créé tout d'une pièce ni par un seul inventeur. Il a subi des phases très lentes qui ont duré pendant plusieurs générations. A une époque assez reculée, qui paraît dater du XIVe siècle, les fabricants de cartes à jouer avaient imaginé de graver sur des planches de bois les images à reproduire, au lieu de les dessiner une à une sur des feuilles de carton,

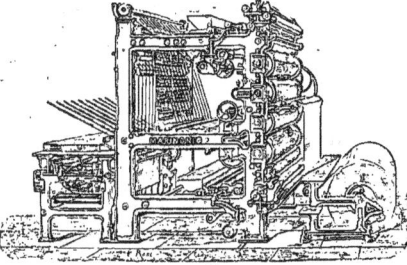

Fig. 6. Machine rotative.

ou de les découper sur des patrons. Les procédés employés par l'imagerie existaient donc avant ceux de la typographie proprement dite. De la fabrication des cartes, la *xylographie* ou gravure en bloc, précurseur nécessaire de l'imprimerie, s'étendit bientôt et tout naturellement à celle des images des saints et des pieuses légendes, et donna naissance aux deux riches confréries des *tailleurs de bois et des peintres de lettres ou ymagiers*. Ensuite, on grava, sur des blocs de bois, des mots, des phrases, des paragraphes, pour en tirer un grand nombre de copies; et l'on en arriva, dès le début, au point où les Chinois se sont arrêtés pendant vingt siècles. Le plus célèbre des ouvrages qui furent imprimés par ce procédé est la gram maire d'Elie Donat, où tout écolier apprenait à bégayer les premiers éléments de la latinité et qui fut reproduite à profusion par la xylographie; ce qui fait que les savants comprennent, sous le nom générique de *Donats*, tous les rares exemplaires des ouvrages quelconques publiés à la même époque par le même procédé. La *Biblia pauperum* (Bible des pauvres), si répandue à la fin du moyen âge, était imprimée de la même façon, probablement en Hollande ou peut-être en Allemagne, d'où les libraires la dis-

dernière de ces villes attribue cette invention à l'un de ses habitants, nommé Coster. (Voy. ce nom.) Les deux autres villes, d'accord pour en rapporter toute la gloire à Gutenberg (voy. ce nom), se disputent seulement une question de priorité, prétendant chacune avoir été témoin des premières applications de cette admirable industrie. Gutenberg se servait de caractères en bois, ainsi que nous l'avons dit à l'article qui concerne ce grand inventeur. Il paraît démontré que l'on doit à Schœffer (voy. ce nom; voy. aussi Fust) l'art de tailler des matrices, de fondre, par ce moyen, d'autres caractères et de les multiplier sans être obligé de graver chacun d'eux séparément (1454). Dès lors, l'imprimerie était créée. Cette nouvelle industrie enrichit rapidement l'heureux Schœffer, mais elle eut contre elle tous ceux qui étaient intéressés à conserver l'ancienne routine, les copistes, les enlumineurs, etc. Telle était la fureur et le crédit de ces réactionnaires que Nicolas Jenson, envoyé par Louis XI à Mayence pour y étudier l'art nouveau (1462), n'osa revenir en France et se fixa à Venise, où il inventa, vers 1469, le caractère dit *romain*,

Fig. 7. Presse perfectionnée de Hœ.

qui remplaça bientôt l'ancien caractère imité des manuscrits gothiques. Pendant que le roi calomnié, Louis XI, cherchait à doter la France d'une industrie si pleine d'avenir, l'imprimerie reçut une impulsion bien plus puissante de ses implacables ennemis. Adolphe de Nassau ayant surpris la ville de Mayence, en 1462, se fit l'instrument de la haine des copistes en défendant d'imprimer à l'avenir dans cette ville. Il indemnisa le vieux Gutenberg en lui accordant une pension. Mais les ouvriers imprimeurs, loin d'abandonner leur art, le transportèrent dans les lieux où il n'était pas connu, et de cet événement mémorable date la fameuse dispersion dont toute l'Europe profita. Udalric, Han, Suvenheim, Arnold Pannarts se rendirent à Rome où on les logea dans le palais des Maximes. Jean de Spire et Vandelein se fixèrent à Venise; Sixte Rufinger s'établit à Naples, Philippe de Lavagna à Milan; Jean de Cologne à Strasbourg, ainsi que Mentheim. En 1469 seulement, trois ouvriers mayençais, Ulric Gering, Martin Crantz

et Michel Friburger importèrent l'imprimerie à Paris; ils ouvrirent un atelier en pleine maison de Sorbonne et imprimèrent, dès 1470, en caractères romains, une rhétorique de Fichet (*Ficheti Rhetoricarum*), un *Florus* et plusieurs autres *incunables*. Ils eurent bientôt pour rivaux Pierre Cesaris (1473), Pasquier Bonhome (1476), qui imprima le premier livre français, *les Chroniques de France*, et Antoine Vérard, qui se fit l'éditeur spécial et pour ainsi dire exclusif de nos livres nationaux. Les premiers imprimeurs qui vinrent d'Allemagne à Paris furent d'abord traités de sorciers, parce que le peuple, habitué à l'incorrection des livres recopiés par les scribes, ne pouvait comprendre comment on arrivait sans sortilège à produire, en si grand nombre, des textes expurgés. Il fallut l'intervention du roi Louis XI pour empêcher le Parlement et l'Université de faire pendre Gering, ses associés et les libraires qui mettaient en vente ses ouvrages. On prétend même que Fust, l'associé de Gutenberg, fut arrêté à Paris. L'imprimerie rouennaise date de 1473, époque où Pierre Maufer, natif de Rouen, mit au jour dans cette ville *Alberti Magni de lapidibus et mineralibus*. On vit paraître à Lyon, en 1478, les *Pandectes médicinales* de Mathæus Sylvaticus; la même année fut imprimé à Genève le *Traité des Anges* du cardinal Ximénès. En 1486, parut à Abbeville la *Cité de Dieu* de saint Augustin, traduit par Raoul de Presles, en 1375 (2 vol. in-fol.). Vers la même époque, Jean de Vestphalie mit au jour, à Louvain, *Petrus Crescentius de agricultura*. En 1489, Gerard Leeuw publia, à Anvers, *Ars epistolaris Francisci Nigri*. Peu après, Amerbach, imprimeur à Bâle, imagina le caractère appelé *saint-augustin*. William Caxton, mercier de Londres, créa la première imprimerie anglaise en 1470; Alde Manuce s'établit à Venise en 1494, et inventa, vers 1513, le caractère aldin ou *italique*. (Voy. ALDE.) Vers 1490, un fondeur allemand, Heilman, établi à Paris, fit les premiers poinçons de la *bâtarde ancienne*. Nicolas Grandjon, imprimeur à Lyon, grava, en 1556, les poinçons de l'écriture française connue depuis sous le nom de *civilité*. L'imprimerie, protégée par Louis XII, se développa encore sous le règne de François Ier. Mais ce dernier, poussé par la Sorbonne, crut pouvoir arrêter le progrès par un édit. Il défendit (13 janv. 1533) d'imprimer dans son royaume, sous peine de la hart. Cet édit ridicule et impuissant fut rapporté l'année suivante et il n'en resta d'autre souvenir que le titre de *Proscripteur de l'imprimerie*, donné au roi par plusieurs historiens. (Voy. FRANÇOIS Ier.) La barbare exécution d'ETIENNE DOLET (voy. ce nom) ne forme pas une tache moindre pour la mémoire du roi gentilhomme. Sous ses successeurs, on continua d'étrangler, de pendre, de brûler vifs ou de fouetter les imprimeurs accusés d'avoir propagé quelque hérésie. Parmi les imprimeurs qui s'illustrèrent pendant cette période, nous citerons, outre ceux dont nous avons déjà parlé: Bade, Bomberg, Camusat, de Colines, Commelin, Cramoisy, Crespin, les Elzévir, les Estienne, Froben, Gravius, Gryphius, Hervagius, les Juntes, Maire, Mentel, Millanges, les Morel, Moret, Nivelle, Oporin, Palliot, Patisson, Plantin, Quentel, Thori, Vascosan, Vitré, les Wechels, etc. Les premiers imprimeurs étaient en même temps fondeurs et libraires, quelquefois même graveurs, auteurs et correcteurs, professions aujourd'hui distinctes. Parmi les imprimeurs plus modernes, nous rappellerons les Baskerville, les

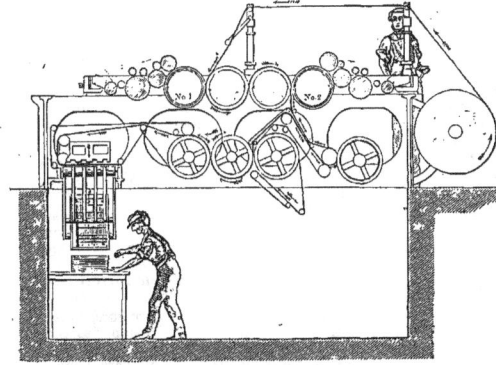

Fig. 8. La *Victory*, machine rotative à papier continu.

persaient dans toute l'Europe. L'honneur d'avoir vu naître l'art de reproduire les écrits au moyen de caractères mobiles a été revendiqué par Mayence, Strasbourg et Harlem. La

Didot, les Bodoni, etc. La *machine à papier continu* et la *stéréotypie*, deux inventions de la famille Didot, ont fait de l'imprimerie une puissance sans rivale; la création et le perfectionnement des presses mécaniques ont mis cette industrie en situation de dominer et de diriger absolument la civilisation, par le livre et par le journal. — Biblioga. *Machines et appareils typographiques en France et à l'étranger*, par A.-L. Monet (1878, in-8°, Paris); *Guide pratique du compositeur d'imprimerie*, par Théotiste Lefèvre (Paris, 1877, in-8); 2ᵉ partie par Firmin Didot; *Histoire de l'imprimerie*, par Paul Dupont (2 vol. in-48.); *Histoire des livres*, par Werdet (5 vol. in-18 jésus); *Livre d'or des métiers* (imprimerie), par Francisque Michel et Paul Lacroix. (Voy. aussi les écrits de Momorot, de Crapelet, de Quinquet, etc.) — Législ. « Peu de temps après l'invention de Gutenberg, c'est-à-dire dès la fin du xvᵉ siècle, l'imprimerie fut soumise au contrôle de l'Université, alors exclusivement composée d'ecclésiastiques. Aucun ouvrage ne pouvait être imprimé sans une autorisation préalable de la Sorbonne, et ce, *sous peine de mort* contre l'imprimeur, le libraire ou le distributeur (édit de Henri II, 1555). L'ordonnance de Moulins de 1566 réserva au roi la délivrance des lettres de privilège pour l'impression des ouvrages. Une autre ordonnance (1728) remplaça la peine de mort, édictée en 1535 et en 1626, par le carcan et les galères, ce qui ne valait pas mieux que la pendaison. Une déclaration du roi, de 1767, contient des dispositions non moins rigoureuses. Le décret du 17 mars 1791 donna la liberté à l'imprimerie; mais des restrictions y furent apportées par la loi du 28 germinal an IV et surtout par le décret du 5 février 1810, qui limita le nombre des imprimeurs à Paris et dans chaque département. La loi du 21 octobre 1814 obligeait les imprimeurs à être munis d'un brevet que le gouvernement leur délivrait et qu'il pouvait retirer après une seule condamnation pour contravention aux règlements. Le décret du 10 septembre 1870 a rendu libres les professions d'imprimeur et de libraire, mais ceux qui voulaient les exercer étaient encore assujettis à adresser préalablement une déclaration au ministre de l'intérieur. La loi du 29 juillet 1881, qui abroge formellement toutes les lois antérieures concernant l'imprimerie et la librairie, dispense les imprimeurs de toute déclaration et n'exige d'eux que l'accomplissement des deux formalités suivantes : 1° tout imprimé rendu public, à l'exception des ouvrages de ville, dits *bilboquets*, doit porter l'indication du nom et du domicile de l'imprimeur, à peine contre celui-ci d'une amende de 5 à 15 francs. La peine de l'emprisonnement peut être infligée si, dans les douze mois précédents, l'imprimeur a déjà été condamné pour contravention de même nature; 2° au moment de toute publication, l'imprimeur doit faire le dépôt légal de deux exemplaires destinés aux collections nationales, et ce, sous peine d'une amende de 16 à 300 francs. (Voy. Dépôt.) Les imprimeurs typographes sont compris dans la 3ᵉ classe du tableau A des patentables; et ils sont, en conséquence, assujettis à un droit fixe de patente qui varie de 18 à 140 francs, selon la population des communes, et à un droit proportionnel égal au vingtième de la valeur locative de tous les locaux qu'ils occupent. — **Imprimerie nationale.** On attribue généralement la fondation de l'imprimerie *nationale* (autrefois *royale*, puis *impériale*) au roi François Iᵉʳ, qui fit fondre, en 1531, des caractères hébreux, grecs et latins, dont il confia la garde à Robert Estienne. D'autres considèrent Richelieu comme le véritable créateur de l'imprimerie royale, parce que ce grand ministre, voulant propager la foi catholique dans l'Orient et y étendre les relations politiques et commerciales de la France, la réorganisa dans le but de fournir gratuitement les livres aux missionnaires. Il fit transporter les presses dans la demeure même des rois, au Louvre, en 1640. Il l'enrichit de poinçons et des matrices des caractères orientaux qu'avait fait exécuter Savary de Brèves. L'imprimeur Cramoisy fut mis à la tête de cet établissement, que dirigèrent ses héritiers jusqu'en 1690, époque où Louvois appela de Lyon Jean Anisson. (Voy. ce nom.) L'imprimerie nationale cessa pendant quelques années, en vertu du décret du 28 décembre 1814, d'être régie aux frais de l'État; mais l'ordonnance du 23 juillet 1823 rétablit l'ancien état de choses. Cette ordonnance a chargé l'imprimerie nationale de la publication du *Bulletin des lois* et lui a rendu le privilège de faire toutes les impressions nécessaires aux ministères, ainsi qu'aux grandes administrations qui en dépendent. Ce privilège est certainement abusif; il est onéreux pour l'État, qui trouverait avantage à s'adresser à l'industrie privée. C'est là un monopole qui devrait disparaître, parce qu'il n'a plus de raison suffisante pour subsister. L'imprimerie nationale est administrée par un directeur; et elle dépend du ministère de la justice. Son budget, rattaché au budget de l'État, s'élève à environ six millions de francs. Le faible bénéfice qui semble résulter de la comparaison des recettes avec les dépenses de cette usine nationale n'est qu'une fiction; et le déficit ressortirait immédiatement, si l'on prenait, pour bases du prix des fournitures, les prix courants de l'industrie, et si l'on tenait compte de l'intérêt et de l'amortissement du capital mobilier et immobilier de l'imprimerie nationale. A l'époque de la Révolution, l'imprimerie royale fut transportée à l'hôtel de Penthièvre (qui devint plus tard la Banque de France), et depuis 1809, elle occupe la partie des bâtiments qui formaient le palais du cardinal de Rohan (rue Vieille-du-Temple). Toutes ses impressions se reconnaissent à un petit trait latéral que porte la lettre L et qu'il est formellement interdit d'imiter. » (Ch. Y.)

IMPRIMEUR, EUSE adj. Qui imprime, qui sert à imprimer : *cylindre imprimeur*.

* **IMPRIMEUR** s. m. Celui qui fait imprimer des livres, etc., par des ouvriers qu'il paye et qu'il dirige : *envoyer une feuille à l'imprimeur*. — IMPRIMEUR EN TAILLE-DOUCE, IMPRIMEUR LITHOGRAPHE, celui qui a un établissement dans lequel on imprime des gravures, des lithographies. — Se dit aussi de l'ouvrier qui travaille à la presse, qui tire les feuilles d'un ouvrage, ou des gravures, des lithographies, etc, : *une presse est ordinairement servie par deux imprimeurs*. — Se dit quelquefois, par ext., de tout ouvrier qui travaille dans une imprimerie.

* **IMPROBABILITÉ** s. f. Qualité de ce qui est improbable, événement non probable : *tout ce calcul se fonde sur des improbabilités*.

* **IMPROBABLE** adj. Qui n'a point de probabilité : *rien ne me paraît plus improbable que cette assertion*.

* **IMPROBATEUR, TRICE** adj. Qui désapprouve, qui marque improbation : *geste improbateur*. — Se prend aussi substantiv. : *c'est un improbateur décidé de tout ce que font les autres*.

IMPROBATIF, IVE adj. Qui improuve : *geste improbatif*.

* **IMPROBATION** s. f. (lat. *improbatio*). Action d'improuver : *se taire quand on entend louer un ouvrage, c'est une marque d'improbation*.

* **IMPROBE** adj. Qui manque de probité.

* **IMPROBITÉ** s. f. Défaut de probité, mépris de la justice et de l'honnêteté : *il ne trompera plus personne, son improbité est maintenant reconnue*.

° **IMPRODUCTIF, IVE** adj. Qui ne produit point, qui ne rapporte point : *des capitaux improductifs*.

IMPRODUCTIVEMENT adv. D'une manière improductive.

IMPRODUCTIVITÉ s. f. Caractère ou état de ce qui est improductif : *l'improductivité d'un terrain*.

* **IMPROMPTU** s. m. (lat. *in promptu*, de suite). Ce qui se fait sur-le-champ, sans avoir été prémédité, préparé : *il ne nous attendait pas, le dîner qu'il nous donna était un impromptu*. — S'emploie souvent comme adj. : *un dîner, un bal, un concert impromptu; une fête impromptue*. — Se dit, particul., d'une épigramme, d'un madrigal, ou d'une autre petite pièce de poésie faite sur-le-champ : *un joli, un agréable impromptu, il fait des impromptu sur tout*. Quelques-uns lui donnent un *s* au pluriel : *faire des impromptus*. — Voici comment le comte Hamilton définit l'impromptu et en prescrit les règles :

> — Un certain volontaire
> Enfant de la table et du vin,
> Difficile et peu nécessaire,
> Vif, entreprenant, téméraire,
> Étourdi, négligé, badin,
> Jamais rêveur ni solitaire,
> Quelquefois délicat et fin,
> Mais tenant toujours de son père.

— UN IMPROMPTU FAIT A LOISIR, se dit, par plaisanterie, d'une petite pièce de poésie, d'un bon mot, etc., qui a été préparé d'avance, et que l'auteur donne comme fait, comme trouvé sur-le-champ. — Pop. et fam. CHERCHER UN IMPROMPTU, avoir l'air réfléchi, sérieux. — L'*Impromptu de Versailles*, comédie de Molière, en un acte et en prose, jouée devant la cour, le 16 oct. 1663; c'est une satire cruelle dirigée par l'auteur contre ses détracteurs et ayant pour but surtout de ridiculiser Boursault.

IMPROPÈRE s. m. (lat. *improperium*, reproche). Liturg. cathol. Les impropères sont les versets que l'Église fait chanter à l'office du vendredi-saint et qui contiennent les reproches que Jésus adressait aux Juifs.

* **IMPROPRE** adj. Qui ne convient pas, qui n'est juste, exact. Ne se dit guère qu'en parlant du langage : *ce terme est impropre*. — Qui n'est pas propre à : *un homme impropre aux affaires*.

* **IMPROPREMENT** adv. D'une manière qui ne convient pas, qui n'est pas juste, exacte. S'emploie surtout en parlant du langage : *c'est parler improprement que de s'exprimer ainsi*.

* **IMPROPRIÉTÉ** s. f. Qualité de ce qui est impropre. Ne se dit qu'en parlant du langage : *l'impropriété de ses expressions rend son style obscur*.

* **IMPROUVER** v. a. (lat. *improbare*). Désapprouver, blâmer : *tout le monde improuve sa conduite*.

* **IMPROVISATEUR, TRICE** s. Celui, celle qui improvise, qui a le talent d'improviser : *célèbre improvisateur*.

* **IMPROVISATION** s. f. Action d'improviser des vers, un discours, de la musique : *s'habituer à l'improvisation*. — Se dit également des vers, du discours, de la musique qu'on improvise : *cette brillante improvisation fut couverte d'applaudissements*.

* **IMPROVISER** v. n. (lat. *improvisare*). Faire, sans préparation et sur-le-champ, des vers sur une matière donnée : *il improvise avec une étonnante facilité*. — Se dit pareillement d'un musicien qui compose et exécute sur-le-champ un morceau de musique : *improviser sur le piano*. — Parler d'abondance : *cet orateur n'improvise jamais, tous ses discours sont écrits d'avance*. — v. a. Se dit en parlant de toute chose faite sans préparation et sur-le-

champ : *improviser des vers, un discours.* Quand il ne s'applique point à des vers, à un discours ou à de la musique, il est ordinairement familier. — ↝ **S'improviser** v. pr. Etre fait comme à l'improviste : *un bal ne s'improvise pas.*

* **IMPROVISTE (À l')** loc. adv. Subitement, lorsqu'on y pense le moins : *nous étions à table, il est survenu à l'improviste.*

* **IMPRUDEMMENT** adv. [in-pru-dạ-man]. Avec imprudence : *il avait agi fort imprudemment en cette rencontre.*

* **IMPRUDENCE** s. f. (lat. *imprudentia*). Défaut, manque de prudence : *cet homme est d'une grande imprudence.* — Action contraire à la prudence ; *il a commis une grande imprudence.*

* **IMPRUDENT, ENTE** adj. Qui manque de prudence : *c'est un homme fort imprudent.* — Se dit aussi des actions et des discours : *tenir une conduite imprudente.*

* **IMPUBÈRE** adj.(lat.*impubes*). Droit romain. Se dit de celui ou celle qui n'a pas encore atteint l'âge de puberté : *il est impubère; elle est encore impubère.* — S'emploie aussi substantiv. : *les impubères ne peuvent tester.*

* **IMPUDEMMENT** adv. [-da-man]. Effrontément, avec impudence : *parler impudemment.*

* **IMPUDENCE** s. f. (lat. *impudentia*). Effronterie, manque de pudeur : *il a l'impudence de soutenir une chose qu'il sait être fausse.* — Se dit aussi des actions et des paroles impudentes : *il mérite d'être châtié pour ses impudences.*

* **IMPUDENT, ENTE** adj. Insolent, effronté, qui n'a point de pudeur : *homme impudent.* — Se dit aussi des actions et des paroles qui blessent la pudeur, ou qui sont trop libres, trop hardies : *action impudente.* — S'emploie quelquefois substantiv., et alors ne se dit que des personnes : *c'est un impudent, un grand impudent.*

* **IMPUDEUR** s. f. Défaut; manque de pudeur : *il a tenu des discours pleins d'impudeur.* — Défaut, manque de cette honnête retenue que doit imposer à tout homme le sentiment de sa dignité personnelle : *gorgés de biens, ils osent, avec impudeur, solliciter de nouveaux dons.*

* **IMPUDICITÉ** s. f. (lat. *impudicitas*). Vice contraire à la chasteté : *être plongé dans l'impudicité.* — Se dit quelquefois des actions impudiques : *les révoltantes impudicités de Néron.*

* **IMPUDIQUE** adj. (lat. *impudicus*). Qui fait des actions contraires à la chasteté : *une femme impudique est la honte de sa famille.* — Se dit aussi de tout ce qui blesse la chasteté dans les actions ou dans les discours : *désirs impudiques.* — s. Ne se dit que des personnes : *c'est un impudique.*

* **IMPUDIQUEMENT** adv. D'une manière impudique.

* **IMPUGNER** v. a. (lat. *impugnare*). Attaquer, combattre une proposition, un point de doctrine, un droit : *je n'oserais impugner l'opinion d'un si grand philosophe.* (Vieux.)

* **IMPUISSANCE** s. f. Manque de pouvoir, de moyens pour faire quelque chose : *je suis dans l'impuissance de vous servir.* — Se dit plus particul. de l'incapacité d'avoir des enfants, causée ou par un vice de conformation, ou par quelque accident. L'impuissance ne s'emploie au figuré en parlant d'un homme : *l'impuissance ne peut être alléguée pour désavouer un enfant.* — Législ. « Suivant tous les canonistes, l'impuissance du mari ou de la femme, s'opposant d'une façon constante et absolue au rapprochement des époux, quelle qu'en fût la cause, *ex vitio naturali temperamenti, vel partium genitalium, etiam ex morbo,* était admise comme une cause de nullité du mariage. On

ne pouvait opposer de prescription à cette action en nullité; et, sur la demande formée par le plaignant, qui le plus souvent était la femme, une sentence de l'official ordonnait la visite par médecins et chirurgiens; puis, sur leur rapport, il était statué par la juridiction ecclésiastique. Pendant longtemps, le mari accusé d'impuissance était mis en demeure de donner la preuve contraire devant des témoins appelés à former un *congrès.* Cette procédure indécente fut abolie, sur les conclusions de d'Aguesseau, par un arrêt de règlement que rendit le parlement de Paris, le 18 février 1677. Le Code civil (art. 180) autorise la demande en nullité du mariage, lorsqu'il qu'il y a eu erreur dans la personne. Or, a-t-on dit, il y a eu erreur dans la personne physique, lorsque l'on a épousé un être impuissant pour le mariage. La jurisprudence française, s'appuyant sur les termes de la discussion du Code civil, n'a pas admis cette cause de nullité dont la preuve, souvent impossible à établir, serait trop répugnante pour nos mœurs. L'erreur dans la personne ne peut s'appliquer qu'à l'identité, c'est-à-dire à la substitution de personne, qui n'était pas sans exemple autrefois et qu'il est difficile de supposer aujourd'hui. » (CH. Y.)

* **IMPUISSANT, ANTE** adj. Qui a peu ou point de pouvoir : *ses ennemis sont faibles et impuissants.* — Se dit plus ordinairement en parlant des choses, et signifie, incapable de produire aucun effet : *une haine impuissante.* — Se dit particul. de celui qui, par vice de conformation ou par quelque faiblesse naturelle ou accidentelle, est incapable d'engendrer : *cet homme est impuissant.* — s. Dans cette dernière acception : *c'est un impuissant.*

* **IMPULSIF, IVE** adj. Qui agit par impulsion : *force impulsive.*

* **IMPULSION** s. f. (lat. *impulsio*). Action de pousser; mouvement ou tendance à se mouvoir qu'un corps donne à un autre par le choc : *la plus légère impulsion suffit pour mettre cette machine en mouvement.* — Se dit, fig., au sens moral, de l'action d'exciter, d'encourager, de pousser quelqu'un à faire une chose : *il agit ainsi par l'impulsion d'un tel.*

* **IMPUNÉMENT** adv. Avec impunité, sans subir aucune punition : *voler impunément.* — S'applique souvent à des actions qui ne sont ni des crimes, ni des fautes, mais desquelles il peut résulter quelque préjudice, quelque désagrément ou inconvénient pour celui qui les fait. CET HOMME EST D'UNE SANTÉ DÉLICATE, IL NE SAURAIT FAIRE IMPUNÉMENT LE MOINDRE EXCÈS, ne peut faire le moindre excès sans en être incommodé. — A quelquefois, mais rarement, un sens actif et signifie sans punir, de quelque manière que ce soit, de quelque chose : *un homme tel que lui ne pouvait être impunément jaloux.*

* **IMPUNI, IE** adj. Qui demeure sans punition. Est principalement d'usage en parlant des offenses, des fautes, des crimes : *cette faute ne demeurera pas impunie.* — Se dit quelquefois aussi des personnes : *le coupable ne restera pas impuni.*

* **IMPUNITÉ** s. f. Manque de punition, exemption d'une peine méritée : *l'impunité enhardit au crime.*

* **IMPUR, URE** adj. Qui n'est pas pur, qui est altéré ou corrompu par quelque mélange, qui est souillé : *séparer les métaux de ce qu'ils ont d'impur.* — Fig. ÊTRE NÉ D'UN SANG IMPUR, être né de parents flétris, connus pour de malhonnêtes gens. On dit dans un sens analogue : *une race impure.* — Fig. Impudique. Dans ce sens, se dit guère des personnes : *des pensées, des mœurs impures.*

* **IMPUREMENT** adv. D'une manière impure : *un homme qui a vécu aussi impurement n'est pas fondé à blâmer les autres.*

* **IMPURETÉ** s. f. Ce qu'il y a dans une chose d'impur, de grossier et d'étranger, qui l'altère ou la gâte : *l'impureté de l'air cause plusieurs maladies.* — IMPURETÉ LÉGALE, souillure que l'on contractait en faisant certaines choses défendues par la loi des Juifs. — Fig. Impudicité : *vivre dans l'impureté.* — s. f. pl. Obscénités : *ce livre est rempli d'impuretés.*

IMPUTABILITÉ s. f. Philos. Responsabilité personnelle.

* **IMPUTABLE** adj. Qui peut, qui doit être attribué à : *ces abus ne sont imputables qu'à la mauvaise administration du pays.* — Se dit aussi, en termes de finances et de jurispr. d'une somme, d'une valeur qui doit être imputée sur une autre : *cette somme est imputable sur telle autre.*

IMPUTATIF, IVE adj. (rad. *imputer*). Qui doit ou peut être imputé. — Théol. protest. JUSTICE IMPUTATIVE, action divine qui impute aux chrétiens les mérites du Christ pour compenser l'imputation du péché originel.

* **IMPUTATION** s. f. Action d'attribuer à quelqu'un une chose digne de blâme. Se dit surtout des accusations faites sans preuve : *il s'est justifié des imputations dont ses ennemis l'avaient chargé.* — Fin. et Jurispr. Compensation d'une somme avec une autre; déduction d'une somme, d'une valeur sur une autre : *l'imputation des sommes payées pour intérêt d'un capital qui n'en doit point produire, se fait sur le capital même.* — Théol. Application des mérites de J.-C. : *les protestants prétendent que nous ne sommes justifiés que par l'imputation des mérites de J.-C.*

* **IMPUTER** v. a. (lat. *imputare*). Attribuer à quelqu'un une chose digne de blâme : *on lui impute une mauvaise action.* — IMPUTER A CRIME, A FAUTE, A BLAME, A DÉSHONNEUR, trouver, dans une action qui paraît indifférente ou même louable, de quoi blâmer celui qui l'a faite, et lui en faire un reproche, un crime. — IMPUTER A NÉGLIGENCE, A OUBLI, etc., attribuer à négligence, à oubli, etc. — Fin. et Jurispr. Appliquer un payement à une certaine dette, en rabattre : *les payements que fait un débiteur doivent être imputés sur les dettes qui lui sont le plus à charge.* — Théol. Se dit en parlant de l'application des mérites de J.-C. : *les mérites de J.-C. nous sont imputés.* — S'imputer v. pr. S'attribuer.

IMPUTRESCIBILITÉ s. f. Propriété que possède un corps de ne point se corrompre.

* **IMPUTRESCIBLE** adj. Qui ne peut se putréfier, se corrompre.

* **IN** particule qui entre, avec deux sens différents, dans la composition de beaucoup de mots : 1° comme *in* en latin, elle signifie *Dans;* 2° comme *in* et *Non* en latin, et comme l'A privatif en grec, elle emporte une idée négative ou privative. — Dans le premier sens dans les mots : *Imbu, incorporer, induire, importer,* etc. — Elle conserve ce même sens, avec la prononciation latine ou italienne, dans plusieurs expressions empruntées du latin et de l'italien, comme *In manus,* In *naturalibus,* In *pace,* In *reatu,* In *statu quo,* In *petto,* etc. (Voy. MANUS (IN), NATURALIBUS (IN), PACE (IN), REATU (IN), etc.) — On dit, Impr. et Libr. IN-FOLIO, IN-QUARTO, IN-OCTAVO, IN-DOUZE, IN-SEIZE, IN-DIX-HUIT, etc., signifiant que la feuille de papier est pliée en deux, en quatre, en douze, etc., et, dans ces expressions, *In* prend le son nasal; mais il le perd dans *In-octavo,* qui se dit de la feuille pliée en huit : on prononce *I-noctavo,* à cause de la voyelle initiale du second mot. — Dans un très grand nombre de mots français, la particule *In* donne au mot composé un sens contraire à celui du mot simple. Elle est alors négative ou privative : *docile, indocile; patient, impatient; habile, inhabile.* On trouvera dans le

Dictionnaire les mots ainsi composés que l'usage a autorisés. Il y en a beaucoup d'autres que des écrivains ont faits et employés, mais qui ne sont pas généralement admis. — Dans les mots composés dont le simple commence par L, M, ou R, l'I garde le son qui lui est propre, et l'n s'assimile à la consonne dont elle est suivie : *illettré, illimité; immédiat, immortel; irreligieux, irrévérence.* — Quand le simple commence par une des labiales B ou P, l'n se change en m, et l'on prononce *ain*, avec le son nasal : *imbu, importer* (*ainbu, ain-porter*). — Partout ailleurs, *in* reste tel qu'il est ; et il prend toujours le son nasal devant les consonnes, à moins que le simple ne commence par N : *inattendu, inutile* (prononcez, *i-nattendu, i-nutile*) ; *indocile, injuste* (prononcez, *ain-docile, ain-juste*) ; *Inné, innombrable* (prononcez, *inn-né, i-nombrable*). Par exception, on dit: *ignoble, ignominie, ignare, ignorer,* etc., au lieu de *innoble, ingnare,* etc.

* **INABORDABLE** adj. Qu'on ne peut aborder: *cette partie de la côte est inabordable.* — Se dit quelquefois, par ext., d'un endroit dont on ne peut approcher : *les bureaux de la comédie sont inabordables, tant la foule est grande.* — Se dit, fig., d'une personne de difficile accès : *ce ministre est inabordable.*

* **INABRITÉ, ÉE** adj. Qui n'est pas protégé par un abri ; où il n'existe point d'abris : *on se propose d'établir un port sur cette côte inabritée.*

* **INACCEPTABLE** adj. Qu'on ne peut, qu'on ne doit pas accepter : *une telle offre est inacceptable.*

* **INACCESSIBLE** adj. Dont on ne peut approcher, dont l'accès est impossible : *un château inaccessible.* — Se dit, fig., au sens moral : *les hauteurs inaccessibles de la science.* — Se dit aussi, fig., des personnes auprès de qui on ne peut trouver d'accès, à qui il est très difficile de parler : *depuis qu'il est en place, il est devenu inaccessible.* — Se dit encore, fig., d'une personne qui n'est point touchée de certaines choses, qui n'éprouve point certains mouvements de l'âme, certaines passions : *il est inaccessible aux prières, aux sollicitations.*

* **INACCOMMODABLE** adj. Qui ne se peut accommoder : *c'est une querelle inaccommodable.* (Peu usité.)

INACCOMPLI, IE adj. (préf. *in* et *accompli*). Qui n'est pas accompli : *un devoir inaccompli.*

INACCOMPLISSEMENT s. m. Manque d'accomplissement, défaut d'exécution : *l'inaccomplissement des clauses d'un contrat.*

* **INACCORDABLE** adj. Qu'on ne peut mettre d'accord : *des caractères inaccordables.* — Qu'on ne peut accorder, octroyer : *cette demande est inaccordable.*

* **INACCOSTABLE** adj. Qu'on ne peut accoster : *c'est un homme inaccostable.* (Fam. et peu usité.)

* **INACCOUTUMÉ, ÉE** adj. Qui n'a pas coutume de se faire, d'arriver : *sentir des mouvements inaccoutumés qui présagent une maladie.*

* **INACHEVÉ, ÉE** adj. Qui n'a point été achevé : *un ouvrage qui reste inachevé.*

INACHUS [i-na-kuss]. Mythol. gr. Roi et prêtre d'Argos, fils de l'Océan et de Téthys. Il a donné son nom à une rivière de l'Argolide qui baignait Argos et se jetait dans le golfe Argolique.

* **INACTIF, IVE** adj. Qui n'a point d'activité : *c'est l'homme du monde le plus inactif.*

* **INACTION** s. f. Cessation de toute action : *être dans l'inaction.*

INACTIVEMENT adv. D'une manière inactive.

* **INACTIVITÉ** s. f. Manque, défaut d'activité : *son inactivité m'impatiente.*

INADÉQUAT, ATE adj. [-koua] (pr. *in* et *adéquat*). Philos. Qui n'est pas adéquat, qui n'est pas égal à son objet : *proposition inadéquate.*

* **INADMISSIBILITÉ** s f. Qualité de ce qui ne peut être admis : *l'inadmissibilité d'une preuve.* — Se dit aussi quelquefois des personnes : *l'inadmissibilité de ce candidat.*

* **INADMISSIBLE** adj. Qui n'est point recevable, qui ne saurait être admis : *ses moyens ont été trouvés inadmissibles.*

INADMISSION s. f. Manque d'admission, refus d'admettre.

* **INADVERTANCE** s. f. (lat. *in*, privat. ; *advertere*, remarquer). Défaut d'attention à quelque chose : *il a fait cela par inadvertance.* — Action, faute que l'on fait par inadvertance : *c'est une inadvertance.*

INAFFECTION s. f. Manque d'affection, froideur : *cet enfant montre beaucoup d'inaffection pour ses parents.*

* **INALIÉNABILITÉ** s. f. Qualité de ce qui est inaliénable : *l'inaliénabilité du domaine de la couronne.*

* **INALIÉNABLE** adj. Qui ne peut s'aliéner : *le domaine de la couronne est inaliénable.*

* **INALLIABLE** adj. Ne s'emploie guère qu'en parlant des métaux qui ne peuvent s'allier l'un avec l'autre : *ces deux métaux sont inalliables.* — S'emploie quelquefois fig.: *les intérêts de Dieu et ceux du monde sont inalliables.*

* **INALTÉRABILITÉ** s. f. Qualité de ce qui est inaltérable.

* **INALTÉRABLE** adj. Qui ne peut être altéré : *on prétend que l'or est inaltérable.* — S'emploie fig., surtout au sens moral : *il supporte les maux de la vie avec une tranquillité inaltérable.*

* **INAMISSIBILITÉ** s. f. Qualité de ce qui est inamissible. Ne s'emploie que dans les locutions du langage théologique, *L'inamissibilité de la justice, de la grâce.*

* **INAMISSIBLE** adj. Qui ne se peut perdre. Ne s'emploie que dans cette locution du langage théologique, *Grâce inamissible.*

* **INAMOVIBILITÉ** s. f. Qualité de ce qui est inamovible : *l'inamovibilité d'un emploi.* — Se dit aussi des personnes : L'inamovibilité des magistrats. — Législ. « L'inamovibilité des juges, reconnue en principe sous l'ancienne monarchie, fut, en 1790, remplacée par l'élection temporaire, puis rétablie par le Consulat. La Constitution de 1848 et les constitutions ultérieures l'ont conservée, mais elle est encore souvent discutée. Il semble que l'inamovibilité des magistrats soit, dans les monarchies, une garantie indispensable contre les excès du pouvoir personnel, et que, dans les États démocratiques, le système de l'élection temporaire, pendant longtemps appliqué aux tribunaux de commerce, puisse être facilement étendu aux autres juridictions, pourvu que les conditions de l'éligibilité soient assez rigoureuses. L'inamovibilité accordée par la Constitution de 1875, aux soixante-quinze membres du Sénat, dont la nomination est réservée à cette assemblée, est une exception malheureuse apportée aux principes fondamentaux du gouvernement représentatif. » (Ch. Y.)

* **INAMOVIBLE** adj. Qui ne peut être ôté d'un poste, qui ne peut être destitué de sa place arbitrairement : *en France, les juges sont inamovibles.* — Se dit également des emplois à vie : *emploi, dignité, magistrature inamovible.*

IN ANIMÁ VILI loc. lat. qui signifie : *sur une âme vile.* Faire une expérience *in animâ vili.*

* **INANIMÉ, ÉE** adj. Qui n'est point animé,

ou qui a cessé de l'être : *créatures inanimées.* — Se dit, au fig., de ce qui manque de mouvement, de vivacité, d'expression : *c'est une personne inanimée.*

INANISATION s. f. Méd. Passage graduel à l'état d'inanition.

* **INANITÉ** s. f. (lat. *inanitas*). Le vide d'une chose. Ne s'emploie que fig., en parlant des choses vaines, inutiles : *l'inanité des choses terrestres.*

* **INANITION** s. f. (lat. *inanitio*; de *inanis*, vide). Faiblesse, manque de force causé par défaut de nourriture : *il ne mange point, il mourra d'inanition.*

* **INAPERCEVABLE** adj. Qui ne peut être aperçu. (Peu usité.)

* **INAPERÇU, UE** adj. Qui n'est point aperçu : *le hasard n'est que l'effet de causes inaperçues.*

* **INAPPÉTENCE** s. f. Méd. Défaut d'appétit, de goût pour les aliments : *la plupart des maladies sont accompagnées d'inappétence.*

* **INAPPLICABLE** adj. Qui ne peut être appliqué: *cet exemple est inapplicable au fait dont il s'agit.*

* **INAPPLICATION** s. f. Inattention; défaut, manque d'application : *il est d'une inapplication que rien ne peut corriger.*

* **INAPPLIQUÉ, ÉE** adj. Qui n'a point d'application, d'attention: *un homme inappliqué.* — Se dit encore d'une chose dont on n'a point fait l'application : *procédé inappliqué.*

* **INAPPRÉCIABLE** adj. Qui ne peut être apprécié, déterminé : *quantité inappréciable.* — Se dit aussi de ce qui est d'un grand prix, de ce qu'on ne saurait trop apprécier, estimer : *ce tableau est inappréciable, est d'une valeur inappréciable.*

INAPTE adj. Qui manque d'aptitude : *il est inapte à ses fonctions.*

* **INAPTITUDE** s. f. Défaut d'aptitude à quelque chose : *son inaptitude l'exclut de tout emploi.*

* **INARTICULÉ, ÉE** adj. Qui n'est point articulé, ou qui ne l'est qu'imparfaitement : *cet enfant ne forme encore que des sons inarticulés.*

IN ARTICULO MORTIS loc. lat. qui signifie: *à l'article de la mort.*

* **INASSERMENTÉ, ÉE** adj. Qui n'a pas prêté serment. Ne se dit guère qu'en parlant des prêtres qui, pendant la Révolution, refusèrent de prêter serment à la Constitution civile du clergé : *prêtre inassermenté.* On disait aussi INSERMENTÉ.

* **INASSIMILABLE** adj. Qui ne peut être assimilé.

* **INASSOUVI, IE** adj. Qui n'est pas assouvi : *une faim inassouvie.* — Se dit surtout au figuré : *une haine inassouvie.*

* **INATTAQUABLE** adj. Qu'on ne peut attaquer : *un poste inattaquable.* — S'emploie aussi fig. : *un droit, un titre inattaquable.*

* **INATTENDU, UE** adj. Qu'on n'attendait pas, qu'on n'avait pas lieu d'attendre : *visite inattendue, malheur inattendu.*

* **INATTENTIF, IVE** adj. Qui n'a point d'attention : *un enfant inattentif.*

* **INATTENTION** s. f. Défaut d'attention : *il a fait cette faute par inattention.*

* **INAUGURAL, ALE, AUX** adj. Qui a rapport à l'inauguration : *fête, cérémonie inaugurale.*

INAUGURATEUR, TRICE s. Celui qui inaugure ; celui qui donne une impulsion vive à une science à un art.

* **INAUGURATION** s. f. Cérémonie religieuse qui se pratique au sacre, au couronnement des souverains : *inauguration d'un empereur.* On dit plus ordinairement, SACRE ou COURONNEMENT. — Par ext. Consécration, dédicace : *l'inauguration d'un temple, d'un monument.* — DISCOURS D'INAUGURATION, se dit aussi du discours inaugural d'un professeur : *ce professeur a fait son discours d'inauguration.*

* INAUGURER v. a. Faire l'inauguration d'un temple, d'un monument, d'une statue, etc. : *inaugurer un temple, une statue.* — Fig. Etre l'origine, le commencement d'une chose : *la mort de Lucrèce inaugura l'établissement de la liberté à Rome.*

INAURATION s. f. (préf. *in* et *aurum,* or). Action de dorer.

* INAVOUABLE adj. Qui ne peut être avoué : *il était animé d'intentions inavouables.*

INCA s. m. Titre des rois du Pérou avant la conquête de ce pays par Pizarre (1533). Les Incas se disaient fils du Soleil. (Voy. PÉROU et QUICHUAS.)

INCAGUER v. a. [ain-ka-ghé](lat. *in,* dans ; *cacare,* chier). Braver, se moquer de : *j'incague mes ennemis;*

   Je me ris de tes coups, *j'incague ta fureur.*
                   REGNARD.

INCALCINABLE adj. Qui ne peut être calciné.

* INCALCULABLE adj. Qui ne peut se calculer : *le nombre des étoiles est incalculable.* — Par ext. Très nombreux, très considérable, très grave : *les maux qu'entraîne la guerre sont incalculables.*

INCALICÉ, ÉE adj. Bot. Qui n'a pas de calice : *la fleur du lis est incalicée.*

* INCAMÉRATION s. f. Chancell. de la cour de Rome. Union de quelque terre au domaine de la chambre ecclésiastique.

* INCAMÉRER v. a. (lat. *in,* dans ; *camera,* chambre). Chancell. de la cour de Rome. Unir quelque terre au domaine de la chambre ecclésiastique : *cette terre ne peut plus se vendre, elle est incamérée.*

* INCANDESCENCE s. f. [-dèss-san-] (lat. *incandescere,* s'embraser). Etat d'un corps qui est échauffé et pénétré de feu jusqu'à devenir blanc : *barre de fer échauffée jusqu'à l'incandescence.* — Fig. Très vive animation : *l'incandescence des esprits.*

* INCANDESCENT, ENTE adj. [-dèss-san-]. Qui est en incandescence : *une masse de fer incandescente.*

* INCANTATION s. f. (lat. *incantatio*). Action de faire des enchantements pour opérer un charme, un sortilège ; cérémonies pratiques des prétendus magiciens.

* INCAPABLE adj. Qui n'est pas capable, qui n'est pas en état de faire une chose : *il est incapable de se tenir debout, de marcher, de courir.* — Particul. Qui n'a pas la capacité, le talent, l'aptitude nécessaire pour certaines choses : *il est absolument incapable d'exercer son emploi.* — Se dit quelquefois absol. d'une personne qui est sans capacité, malhabile : *c'est un homme incapable, tout à fait incapable.* — Qui est dans une disposition, dans une situation qui ne lui permet pas certaines choses : *sa mauvaise santé le rend incapable de toute attention.* — Se dit également, dans un sens favorable, en parlant d'un homme tellement fortifié dans une bonne habitude, qu'il ne peut rien faire qui y soit contraire : *c'est un homme incapable de manquer à sa parole.* — Jurispr. Se dit de celui que la loi prive de certains droits ou qu'elle exclut de certaines fonctions : *un mineur est incapable de disposer de son bien entre-vifs.* En ce sens, s'emploie quelquefois absol. et substantiv. : *toute disposition au profit d'un incapable est nulle.* — Se dit en outre de ce qui a pas les qualités et les conditions nécessaires pour

quelque chose : *son estomac est incapable de digérer les aliments les plus légers.*

* INCAPACITÉ s. f. Défaut de capacité. Ne se dit qu'en parlant des personnes : *il a laissé voir toute son incapacité.* — Jurispr. Se dit de l'état d'une personne que la loi prive de certains droits : *incapacité légale.*

* INCARCÉRATION s. f. Jurispr. Action d'incarcérer, ou état de celui qui est incarcéré : *ordonner l'incarcération d'une personne.*

* INCARCÉRER v. a. (lat. *in,* dans ; *carcer,* prison). Mettre en prison : *faire incarcérer son débiteur.*

* INCARNADIN, INE adj. Se dit d'une couleur plus faible que l'incarnat ordinaire : *du ruban incarnadin, moire incarnadine.* — Est aussi substantif, au masculin : *incarnadin d'Espagne.*

* INCARNAT, ATE adj. (ital. *incarnato,* rouge de chair). Espèce de couleur entre la couleur de cerise et la couleur de rose : *du satin, du velours incarnat.* — Est aussi substantif, au masculin : *voilà de bel incarnat.*

INCARNATIF, IVE adj. (lat. *incarnare*). Méd. Qui favorise la reprise des chairs ou leur reproduction : *remède incarnatif.* — Substantiv. : *prendre un incarnatif.*

* INCARNATION s. f. (préf. *in,* lat. *caro,* chair). Action de la Divinité qui s'incarne, ou résultat de cette action : *la mythologie indienne raconte les prétendues incarnations de Vichnou.* — Se dit absol. de l'incarnation de J.-C. : *le mystère de l'Incarnation.*

* INCARNÉ, ÉE part. passé de S'INCARNER. — C'EST UN DIABLE INCARNÉ, UN DÉMON INCARNÉ, se dit d'une personne très méchante. — Se joint adjectiv. à certains noms abstraits pour exprimer que la qualité, le défaut, le vice qu'ils désignent dominent chez une personne : *c'est la vertu, la prudence incarnée.* (Fam.) — Chir. ONGLE INCARNÉ, ongle entré dans les chairs.

* INCARNER (S') v. pr. Se dit de la Divinité qui prend un corps de chair, qui se fait homme : *c'est la seconde personne de la Trinité qui a voulu s'incarner.*

* INCARTADE s. f. (esp. *encartarse,* prendre une mauvaise carte). Espèce d'insulte qu'une personne fait brusquement et inconsidérément à une autre : *étrange incartade.* — Se dit encore, surtout au pluriel, des extravagances, des folies que fait une personne : *il a fait mille incartades.*

INCASSABLE adj. Qui ne peut se casser.

IN CAUDÂ VENENUM loc. lat. qui signifie : *le venin se cache dans la queue.* On se sert de cette locution en parlant d'un discours, d'une lettre, d'un ouvrage, dont le commencement est inoffensif, et la fin mordante ou satirique.

* INCENDIAIRE s. Auteur volontaire d'un incendie : *les incendiaires sont punis de mort.* — Fig. Séditieux ; et alors peut s'employer comme adj. : *c'est un écrivain incendiaire.* — Se dit également des choses, mais toujours adjectivement, et signifie, qui cause, qui allume un incendie, au propre et au figuré : *matières incendiaires.*

* INCENDIE s. m. [ain-san-dl] (lat. *incendium;* de *incendere,* brûler). Grand embrasement : *un horrible, un vaste incendie.* — Se dit, fig., des troubles que les factions excitent dans un Etat, des grandes guerres, etc. : *il s'efforça vainement d'éteindre l'incendie allumé par le fanatisme.* — Prov., au propre et au figuré : *il ne faut qu'une étincelle pour allumer un grand incendie.* — ENCYCL. On donne le nom particulier de conflagration à la destruction par le feu d'une partie considérable d'une ville, d'un territoire,

d'une prairie ou d'une forêt. Des incendies ont été occasionnés par des tremblements de terre et par des éruptions volcaniques. Dans les temps primitifs, les villes étaient souvent brûlées par les conquérants. Parmi les villes anciennes qui furent ainsi détruites, on cite Ninive, Babylone, Ctésiphon, Séleucie, Alexandrie et Tyr. Jérusalem fut anéantie plusieurs fois : par Nabuchodonosor, en 586 avant J.-C., sous Antiochus Epiphane vers 170 av. J.-C., par Antiochus Sidètes, en 63 av. J.-C., Pompée l'incendia en partie, et elle fut entièrement réduite en cendres par Titus, 70 ap. J.-C. Carthage fut brûlée plusieurs fois : en 146 av. J.-C. par ordre du sénat romain, en 439 par Genséric, en 698 par Hanan, gouverneur sarrasin de l'Egypte. Athènes, prise par Xerxès en 480 av. J.-C., fut, l'année suivante, brûlée par Mardonius. Corinthe fut traitée de même par Mummius en 146 av. J.-C. Le premier incendie général de Rome, causé par les Gaulois, eut lieu vers 390 av. J.-C. Une grande conflagration eut lieu en 64 ap. J.-C. Elle dura six jours et sept nuits. Des quatorze districts qui formaient la ville, trois furent entièrement détruits et sept le furent presque entièrement. Une grande partie de Rome fut brûlée par les hordes d'Alaric en 410 et par celles de Genséric en 455. Constantinople a souvent été le théâtre de terribles incendies. En 1203, elle fut prise et mise en feu par les Latins et elle brûla pendant huit jours et huit nuits. Sous le gouvernement turc, les incendies les plus remarquables furent celui de 1852 (3,500 maisons disparurent), celui de 1865 (8,000 bâtiments furent brûlés) et celui de 1870 (3,000 maisons brûlées à Péra et 1,000 personnes perdirent la vie). Plusieurs des incendies de Londres sont devenus historiques : nous citerons ceux de 962, de 1087 et de 1212. Le grand incendie de Londres eut lieu en 1666 et s'étendit sur 436 acres dans la partie la plus peuplée de la cité, détruisant 13,200 maisons et ravageant 400 rues. Copenhague a souffert de plusieurs grands incendies : 1728 (4,640 maisons), 1795 (930 maisons), 1807, à la suite du bombardement de la ville par les Anglais (350 maisons brûlées, 2,000 personnes tuées). Moscou a particulièrement souffert des incendies. En 1536, un feu accidentel détruisit presque entièrement la ville et 2,000 personnes périrent. En 1571, les Tartares mirent le feu aux faubourgs et une partie considérable de la ville fut réduite en cendres. En 1611, elle fut brûlée de nouveau par les Polonais. Mais la grande conflagration de 1812 est une des plus célèbres. Les Français entrèrent dans la ville le 14 sept. Le même jour, plusieurs incendies se déclarèrent et les deux jours suivants, ils avaient fait de grands progrès. Le 17 un vent violent s'éleva et les flammes se répandirent rapidement et, le 20, les neuf-dixièmes de la ville étaient en cendres. On évalue le nombre des bâtiments détruits à 45,000. Hambourg a été le théâtre, les 5-8 mai 1842, d'une grande conflagration qui détruisit un tiers de la ville. Le plus effroyable incendie de l'histoire de Paris est celui de 1871. (Voy. COMMUNE.) En 1842, l'incendie de Canton (Chine) détruisit 15,000 maisons. A Yedo (Tokio) (Japon), en 1806, un incendie détruisit les palais de 37 princes, et fit périr 1,200 personnes. Les villes américaines, presque entièrement bâties en bois, sont extrêmement sujettes à brûler. Parmi les nombreux incendies de New-York, nous rappellerons celui du 16 déc. 1835, qui détruisit 650 grands magasins et plusieurs édifices publics, le tout évalué à 90 millions de francs ; celui du 9 sept. 1848 fit disparaître 500 maisons à Brooklyn. (Voy. ce nom.) Dans les deux premières années de son existence, San-Francisco vit cinq grands incendies. Le premier eut lieu le 4 déc. 1849, le second le 4 mai 1850, le troisième le 14 juin 1850, le quatrième le 2 mai 1851, le cinquième le 22 juin 1851. Columbia fut presque entièrement détruite par le feu les 17 et 18 février 1865. Quand l'armée confédérée évacua Richmond en avril 1865, on mit le feu à la ville et un tiers fut brûlé. Un feu accidentel ravagea Charleston le 11 déc. 1861. En fév. 1865, quand la ville fut évacuée par les confédérés, un sérieux incendie éclata et environ 200 personnes furent tuées par une explosion de poudre. Le 4 juillet 1866, un incendie occasionné par le feu d'une fusée détruisit presque la moitié de Portland (Maine). La conflagration la plus terrible qui eut lieu aux Etats-Unis et l'une des plus destructives que l'on ait jamais vues, fut celle de *Chicago*, les 8-10 oct. 1871. (Voy. CHICAGO.) En 1872, les 9-11 nov., l'incendie de Boston ravagea environ 70 acres, brûla 800 maisons et causa une perte totale d'environ 400 millions de fr. — Au temps de l'empire romain, une troupe d'esclaves était organisée pour combattre les incendies. Aujourd'hui, chaque commune importante possède un corps de *pompiers* et une ou plusieurs *pompes à incendie*. On a aussi imaginé des *extincteurs*. (Voy. ce mot.) — On donne le nom de pompe à incendie à un appareil destiné à lancer un jet d'eau sur les flammes. En 1518, on se servait à Augsbourg d'une pompe de ce genre. Kaspar Schott en décrit une qu'il vit à *Nuremberg* en 1657, et qui ressemblait à celle que l'on emploie encore. Elle était manœuvrée par 28 hommes et lançait un jet d'eau de 3 cent. de diamètre à une hauteur de 80 pieds. Le tuyau de cuir fut imaginé vers 1670, à *Amsterdam*, par deux Hollandais nommés Van der Heyde, et inven-

Pompe automotrice à vapeur d'Amoskeag.

teurs de la pompe aspirante. Les pompes modernes à **main** consistent essentiellement chacune en deux ou quatre corps de pompe dont les pistons sont mis en mouvement au moyen de leviers sur lesquels agissent des hommes. Le premier appareil dans lequel la vapeur remplace la force humaine fut essayé à *Londres*, par Brathwaite, en 1830. Sa machine, d'une force de six chevaux-vapeur et pesant un peu plus de 2,500 kil., avait une chaudière dans laquelle la vapeur, produite en 20 minutes, pouvait ensuite lancer environ 600 litres d'eau par minute, à 90 pieds de haut. Les pompes à vapeur sont généralement conduites par des chevaux sur le lieu de l'incendie ; mais la vapeur a été employée avec succès pour cet objet. Un appareil de ce genre, construit par la compagnie manufacturière Amoskeag, est employé à New-York depuis 1873. Dans la gravure ci-dessus qui le

représente, *b* est la chaudière ; *a* la chambre à air comprimé ; *c c* les cylindres à vapeur pour faire jouer les pompes *p p*, au moyen d'excentriques qui mettent en même temps en mouvement la petite roue à balancier sur la poulie de laquelle on voit une forte chaîne, laquelle entoure un tambour placé sur l'essieu de la roue conductrice *h*. Le tuyau d'aspiration est attaché en *d*, et le tuyau de décharge en *f*, qui communique avec la chambre à air. L'appareil est dirigé au moyen du cabestan *g*, placé devant le siège du conducteur. Cette machine pèse environ quatre tonnes ; elle est capable de se mouvoir avec la rapidité d'un cheval au grand trot. Elle peut jeter l'eau par un tuyau de 4 cent. à une hauteur de 46 m. et à une distance horizontale d'environ 90 m. — Le moyen le plus prompt et le plus simple d'éteindre un feu de cheminée consiste à placer du sulfure de carbone dans deux ou trois vases au bas de la cheminée, et à y mettre le feu, sans intercepter d'ailleurs la circulation de l'air. En se dilatant, le gaz produit par la vapeur de sulfure de carbone éteint immédiatement le feu. — **Législ.** « Le locataire d'un immeuble est responsable de l'incendie, à moins qu'il ne prouve que le sinistre est arrivé par cas fortuit, force majeure, vice de construction, ou qu'il a été communiqué par une maison voisine (C. civ. 1733). S'il y a plusieurs locataires, tous sont responsables de l'incendie, proportionnellement à la valeur locative de la partie de l'immeuble qu'ils occupent ; à moins qu'ils ne prouvent que l'incendie a commencé dans l'habitation de l'un d'eux, auquel cas celui-là seul est tenu ; ou à moins que quelques-uns desdits locataires ne prouvent que l'incendie n'a pu commencer chez eux, auquel cas ceux-là n'en sont pas tenus (id. 1734, modifié par L. 5 janvier 1883). A l'inverse, le propriétaire est responsable envers les locataires en cas d'incendie provenant soit d'un vice de construction (id. 1721), soit de sa faute ou de celle des personnes dont il est responsable (id. 1382 et s.). (Voy. ASSURANCE.) — Est puni de mort celui qui volontairement a mis le feu d'une manière directe ou indirecte à des édifices, bateaux ou autres lieux habités ou servant à l'habitation, ou à des voitures ou wagons faisant partie d'un convoi contenant des personnes. Il en est de même de celui qui a incendié ou détruit par explosion des propriétés quelconques appartenant à l'Etat. Est puni des travaux forcés à perpétuité, celui qui a mis le feu à des édifices

ou bateaux non habités et ne servant pas à l'habitation, ou à des forêts, bois taillis ou récoltes sur pied ; et si le feu a été mis par le propriétaire ou sur son ordre. de manière à causer volontairement préjudice à autrui, la peine est celle des travaux forcés à temps. Est puni de cette dernière peine celui qui a mis le feu, soit à des bois, pailles, ou récoltes en tas, soit à des voitures ou wagons chargés ou non et ne faisant pas partie d'un convoi contenant des personnes ; mais si l'auteur de cet incendie est le propriétaire des objets, ou s'il a agi par ordre de ce dernier, et s'il a ainsi causé volontairement un préjudice quelconque à autrui, il est puni de la réclusion. Dans tous les cas, si l'incendie a causé la mort d'une ou de plusieurs personnes se trouvant dans les lieux incendiés, au moment où il a éclaté, la peine est la peine de mort. La menace d'incendier une propriété est punie d'emprisonnement et d'amende, de même que la menace d'assassinat : c'est-à-dire que la peine est plus ou moins forte selon les circonstances. (C. pén. 93, 434, 436). Lorsque l'incendie des propriétés mobilières ou immobilières d'autrui a été causée par la vétusté, par le défaut de réparation ou de nettoyage des cheminées, fours, etc., ou par des feux allumés dans les champs à moins de cent mètres des maisons, édifices, bruyères, bois, plantations, meules, tas de grains, pailles, foins, fourrages, ou de tout autre dépôt de matières combustibles, ou par des feux ou lumières portés ou laissés sans précaution suffisante, ou par des pièces d'artifice. allumées ou tirées par négligence ou imprudence, le coupable est puni d'une amende de 50 fr. à 500 fr. (id. 458). Ces peines sont indépendantes de l'action en dommages-intérêts (voy. DOMMAGE) qui appartient à toute personne ayant souffert un préjudice quelconque par suite d'un incendie commis volontairement ou causé par négligence ou imprudence (C. civ. 1382 et s.). La loi des 16-24 août 1790 (tit. XI, art. 3) charge aux maires de prendre les mesures nécessaires pour prévenir les incendies et pour y porter remède. Cette disposition est aujourd'hui abrogée par la loi du 5 avril 1884 qui la répète en d'autres termes (art. 97.) (Voy. SAPEURS-POMPIERS.) Les maires peuvent réclamer, pour combattre les sinistres, le concours de tous les citoyens ; le refus de ce concours est considéré comme une contravention et puni d'une amende de 6 à 10 fr. (C. pén. 475.) »   (CH. Y.)

* **INCENDIÉ, ÉE** part. passé d'INCENDIER. Brûlé, consumé par le feu : *maison incendiée.* — Se dit substantiv. des personnes dont l'habitation a été brûlée : *on fit, dans ce village, une quête pour les incendiés.* — Jargon. Incendié, complètement ivre.

* **INCENDIER** v. a. Brûler, consumer par le feu. Ne se dit que d'un grand embrasement : *il incendia lui-même sa maison.*

IN-CENT-VINGT-HUIT adj. Se dit d'une feuille d'impression formant cent vingt-huit feuillets ou deux cent cinquante-six pages. — Se dit également du format obtenu avec cette feuille. — s. Un in-cent-vingt-huit.

INCÉRATION s. f. Action d'incorporer de la cire avec une autre matière. — Donner à une substance sèche la mollesse de la cire.

INCÉRER v. a. (préf. *in*; lat. *cera*, cire). Incorporer à la cire. — Réduire à la consistance de la cire.

* **INCERTAIN, AINE** adj. Douteux, qui n'est pas assuré : *le succès en est fort incertain.* — Variable, mal assuré : *le temps est bien incertain.* — Qui n'est pas fixé, qui n'est pas déterminé : *l'heure de la mort est incertaine.* — Se dit aussi des personnes, et sert à exprimer, tantôt l'incertitude qui ne dépend pas de nous : *je suis incertain de ce qui doit m'arri-*

ver; tantôt l'irrésolution : *je suis incertain de ce que je dois faire.* — s. Ce qui est douteux, peu certain : *quitter le certain pour l'incertain.*

* **INCERTAINEMENT** adv. Avec doute et incertitude : *il ne faut pas assurer les choses quand on ne les sait qu'incertainement.* (Peu usité.)

* **INCERTITUDE** s. f. État d'une personne irrésolue sur ce qu'elle doit faire, ou incertaine de ce qui doit arriver : *il est dans l'incertitude du parti qu'il doit prendre.* — S'applique également au caractère, à l'esprit, aux opinions d'une personne irrésolue : *l'incertitude de son caractère.* — Se dit aussi de tout ce qui est susceptible de doute : *l'incertitude des jugements humains.* — L'INCERTITUDE DU TEMPS, l'état incertain du temps.

* **INCESSAMMENT** adv. Sans délai, au plus tôt. Dans ce sens, s'emploie par rapport au temps futur : *le roi a ordonné à son ambassadeur de partir incessamment* — Continuellement, sans cesse : *il travaille incessamment.* — Se dit quelquefois par rapport au passé : *il fut nommé gouverneur d'une place frontière et se rendit incessamment à son poste.*

* **INCESSANT, ANTE** adj. Qui ne cesse pas, qui dure sans interruption : *une douleur, une plainte incessante.*

INCESSIBILITÉ s. f. Qualité de ce qui est incessible.

* **INCESSIBLE** adj. Jurispr. Qui ne peut être cédé : *les droits et priviléges personnels sont incessibles.*

* **INCESTE** s. m. (lat. *incestum*). Conjonction illicite entre les personnes qui sont parentes ou alliées au degré prohibé par les lois : *commettre un inceste avec sa sœur.* — INCESTE SPIRITUEL, conjonction illicite entre les personnes alliées par une affinité spirituelle, comme entre le parrain et la filleule. Se dit également d'un commerce criminel entre le confesseur et sa pénitente. — S'est dit aussi d'une personne coupable d'inceste : *autrefois les incestes étaient punis de mort.* — Dans ce sens, on l'a quelquefois employé comme adjectif, surtout en poésie. — Législ. « L'inceste était autrefois l'objet de peines rigoureuses. S'il était commis entre frères et sœurs ou autres collatéraux, la peine de mort était prononcée ; le supplice préalable différait suivant le degré de parenté existant entre les coupables, et leurs corps étaient ensuite brûlés. Si les coupables étaient parents en ligne directe et même lorsque cette parenté était illégitime, ils devaient être brûlés vifs. L'inceste spirituel qu'un confesseur commettait avec sa pénitente était aussi puni de mort. Aujourd'hui l'inceste n'est pas considéré comme un fait punissable, lorsqu'il n'y a pas viol ou attentat aux mœurs (voy. ATTENTAT), et il y a seulement circonstance aggravante lorsque c'est un ascendant qui est coupable de viol ou de simple attentat à la pudeur. La peine est alors celle des travaux forcés à perpétuité s'il y a viol d'un viol ou d'un attentat à la pudeur, consommé ou tenté avec violence ; celle des travaux forcés à temps, s'il s'agit d'un attentat à la pudeur, consommé ou tenté sans violence sur la personne d'un enfant âgé de moins de treize ans ; et la peine de la réclusion, si l'attentat à la pudeur a été commis sans violence sur un mineur audessus de cet âge et non émancipé par le mariage (C. pén. 331 à 333). Les enfants incestueux ne peuvent, de même que les enfants adultérins, être légitimés ni reconnus comme enfants naturels (C. civ. 334, 335). Ils ne peuvent donc jamais prétendre à recueillir aucune part de la succession de leurs auteurs. La loi leur accorde seulement des aliments (id. 762), ce qui peut s'entendre soit du cas où la filiation se trouve établie par les faits, soit de celui où il s'agit de réduire à une pension alimentaire les libéralités plus importantes faites à l'enfant incestueux par le père ou la mère. »   (CH. Y.)

* **INCESTUEUSEMENT** adv. Avec inceste, dans l'inceste : *vivre incestueusement.*

* **INCESTUEUX, EUSE** adj. Coupable d'inceste : *un homme incestueux.* On dit de même, surtout en poésie : *des mains incestueuses.* — Se dit aussi des choses où il y a inceste : *amour, commerce incestueux.* — Se dit quelquefois substantiv., en parlant des personnes : *c'est un incestueux.*

* **INCHOATIF, IVE** adj. [ain-ko-a-tif] (lat. *inchoativus,* de *inchoare,* commencer une construction). Gramm. Qui commence. Se dit des verbes qui expriment le commencement d'une action : *suivant quelques grammairiens, vieillir, s'endormir, verdir : sont des verbes inchoatifs,* ou substantiv. : *sont des inchoatifs.*

* **INCIDEMMENT** adv. Par incident, ou par occasion : *il s'est constitué incidemment demandeur.*

* **INCIDENCE** s. f. Géom. La rencontre d'une ligne ou d'une surface avec une autre ligne ou une autre surface. S'applique spécialement à la rencontre des corps par les rayons lumineux : alors le point où la rencontre a lieu est appelé *point d'incidence;* et l'on nomme *angle d'incidence,* l'angle formé par le rayon incident avec la surface rencontrée.

* **INCIDENT** s. m. (lat. *incidens,* tombant dessus). Événement qui survient dans le cours d'une entreprise, d'une affaire : *toutes ses mesures furent rompues par un incident imprévu.* — Se dit aussi en parlant d'un poème dramatique, d'un roman, etc., et signifie, un événement plus ou moins important qui survient dans le cours de l'action principale : *une pièce de théâtre trop chargée d'incidents.*

> N'offrez point un sujet d'incidents trop chargé.
>   BOILEAU, Art poét., ch. III.

— En matière de procès, difficulté, contestation accessoire qui naît, qui survient pendant l'instruction de la cause principale : *il arriva, il survint, on fit naître un incident durant le procès.* — Se dit également, dans le langage ordinaire, des mauvaises difficultés qu'une personne élève dans une dispute, au jeu, etc. : *au lieu de répondre à la question, il élève des incidents.*

* **INCIDENT, ENTE** adj. Se dit de certains cas qui surviennent dans les affaires, et s'emploie principalement dans le style de Prat. : *une demande incidente.* — Gramm. PROPOSITION, PHRASE INCIDENTE, celle qui est insérée dans une proposition principale dont elle fait partie. Dans cette phrase : *Dieu, qui est juste, rendra à chacun selon ses œuvres;* les mots *qui est juste* forment une proposition, une phrase incidente. — Opt. Sert pour qualifier les rayons lumineux dans l'acte de leur rencontre avec les surfaces des corps : *rayon incident.*

* **INCIDENTAIRE** s. m. Celui qui forme des incidents, chicaneur. (Peu usité.)

* **INCIDENTER** v. n. Procéd. Faire naître, élever un incident, les incidents dans le cours d'un procès : *il éloigne le jugement du procès, à force d'incidenter.* — Chicaner, faire des objections peu importantes, élever de mauvaises difficultés : *on pourrait incidenter sur ce récit.*

* **INCINÉRATION** s. f. Chim. Action de réduire en cendres, ou état de ce qui est réduit est cendres : *on obtient la soude par la combustion et l'incinération des plantes marines.* — L'INCINÉRATION DES MORTS, action de brûler les morts pour leur rendre les derniers devoirs.

* **INCINÉRER** v. a. (lat. *in,* en; *cinerem,* cendre). Chim. Réduire en cendres.

INCIPIT s. m. [ain-si-pitt]. Mot latin qui signifie : *il commence).* Se dit des premiers mots par lesquels commence un ouvrage : *citer l'incipit,* les incipit.

* **INCIRCONCIS, ISE** adj. Qui n'est point circoncis : *le mâle incirconcis, dit l'Écriture, sera retranché du milieu du peuple.* — Se disait également, chez les Juifs, de ceux qui n'étaient pas de leur nation ; en ce sens, il est ordinairement substantif : *les incirconcis.* — Fig., dans le style de l'Écriture. Immortifié : *incirconcis de lèvres.*

* **INCIRCONCISION** s. f. État de celui qui est incirconcis. Ne se dit qu'au figuré : *l'incirconcision du cœur.*

* **INCISE** s. f. (lat. *incisus,* coupé). Gramm. Petite phrase qui forme un sens partiel, et entre dans le sens total de la période ou d'un membre de la période : *cette période est embarrassée de trop d'incises.*

* **INCISÉ, ÉE** part. passé de INCISER. — Bot. Se dit, adjectiv., des parties dont le limbe ou les bords sont divisés comme avec un instrument tranchant.

* **INCISER** v. a. (lat. *incidere,* couper). Faire une fente avec quelque chose de tranchant. Se dit, principalement, de cette opération de chirurgie qui consiste à faire des taillades sur la chair : *le chirurgien lui a incisé le bras.* — Se dit aussi des taillades qu'on fait à des arbres en certaines occasions : *inciser l'écorce d'un arbre, pour le greffer.* — Méd. Autref. Dissoudre, diviser, en parlant du suc gastrique et de certains médicaments : *les physiologistes modernes nient que le suc gastrique ait la propriété d'inciser les aliments.*

* **INCISIF, IVE** adj. Méd. Se disait autrefois des remèdes que l'on croyait propres à diviser, à atténuer les humeurs grossières : *remèdes incisifs.* S'employait souvent comme substantif, au masculin : *les incisifs.* — Anat. DENTS INCISIVES, ou substantiv., INCISIVES, dents de devant, qui sont faites pour couper les aliments. MUSCLES INCISIFS, ou substantiv., INCISIFS, muscles de la lèvre supérieure. — Se dit, fig., de paroles qui ont quelque chose de tranchant, de pénétrant : *paroles incisives.* Se dit aussi des personnes : *orateur incisif.*

* **INCISION** s. f. Fente, taillade, ouverture faite avec un instrument tranchant : *faire une incision dans les chairs.* — Chir. INCISION CRUCIALE, double incision dont les fentes se croisent.

INCITABILITÉ s. f. Physiol. Disposition à recevoir l'action d'un stimulant et à agir sous l'influence d'agents extérieurs.

* **INCITANT, ANTE** adj. Méd. Qui donne du ton : *remèdes incitants.* S'emploie aussi comme substantif, au masculin : *les incitants.*

INCITATEUR adj. Qui incite, qui est apte à inciter. — s. Celui ou celle qui incite : *l'incitateur de la révolte.*

INCITATIF, IVE adj. Qui est propre à inciter : *moyens incitatifs.*

* **INCITATION** s. f. Instigation, impulsion : *incitation au crime, à la débauche.* — Méd. Action de donner du ton aux organes.

* **INCITER** v. a. (lat. *incitare*). Pousser, déterminer, induire à faire quelque chose : *inciter à bien faire.*

* **INCIVIL, ILE** adj. Qui manque de civilité : *un homme incivil.* — Se dit également des manières, des actions, des paroles, etc., qui sont contraires à la politesse, à la bienséance : *des manières inciviles; cette réponse est bien incivile.* — En Jurispr. CLAUSE INCIVILE, clause faite contre la disposition des lois civiles. (Vieux.)

* INCIVILEMENT adv. D'une manière incivile : *entrer incivilement dans une compagnie.*

* INCIVILITÉ s. f. Manque de civilité : *son incivilité choque tout le monde.* — Action ou parole contraire à la civilité : *faire une incivilité.*

INCIVIQUE adj. Qui n'est point civique. Ne se dit que des choses : *une conduite, une proposition incivique.*

* INCIVISME s. m. Défaut de civisme : *acte d'incivisme.*

* INCLÉMENCE s. f. Rigueur. Ne s'emploie guère au propre que dans certaines phrases poétiques : *l'inclémence des dieux,* etc. — Se dit plus ordinairement au figuré, en parlant du temps, de la saison : *l'inclémence de l'air.*

* INCLÉMENT, ENTE adj. Qui n'a pas de clémence, rigoureux : *les dieux incléments.* Ne s'emploie guère qu'en poésie . — Fig. UN CIEL INCLÉMENT, se dit d'un temps ou d'un climat rigoureux : *sous un ciel inclément.*

* INCLINAISON s. f. Ord. L'obliquité des lignes droites ou des surfaces planes sur le plan de l'horizon : *l'inclinaison du terrain facilite l'écoulement des eaux.* — Mathém. Relation d'obliquité : *l'inclinaison de deux plans l'un sur l'autre.* — BOUSSOLE D'INCLINAISON, aiguille aimantée portée sur un axe horizontal très mobile, et inclinant d'une quantité variable vers l'un ou l'autre pôle, suivant les latitudes.

* INCLINANT adj. m. Gnom. Se dit des cadrans solaires tracés sur un plan qui n'est pas perpendiculaire à l'horizon, mais qui incline du côté du midi. On les appelle aussi *Inclinés.*

* INCLINATION s. f. Action de pencher. Dans ce sens, ne se dit guère que de l'action de pencher la tête ou le corps en signe d'acquiescement ou de respect : *il fit une légère inclination de tête.* — Chim. VERSER PAR INCLINATION, verser quelque liqueur en penchant doucement le vaisseau. — Fig. Disposition et pente naturelle à quelque chose ; et, dans ce sens, ne s'applique ordinairement qu'aux personnes : *inclinations naturelles, vertueuses, vicieuses, basses.* — Affection, amour : *avoir, se sentir de l'inclination pour quelqu'un.* — Fam. dans un sens analogue : *avoir une inclination.* — Se dit encore, fam., de la personne qu'on aime : *cette demoiselle est l'inclination d'un tel, est son inclination.* — Chose pour laquelle on a du penchant : *la chasse est son inclination.*

* INCLINER v. a. (lat. *inclinare,* pencher vers). Mettre dans une situation oblique, pencher. Se dit surtout par rapport au plan de l'horizon : *incliner un vase pour verser la liqueur qu'il renferme.* — Baisser, courber : *incliner le corps, la tête.* — v. n. Être incliné, penché : *un plan qui incline.* — Fig. Avoir du penchant, de la prédilection pour quelque chose, être porté à quelque chose : *incliner à la miséricorde, à la pitié, à la paix.* — LA VICTOIRE INCLINE DE CE CÔTÉ, se dit en parlant de l'armée qui commence à obtenir l'avantage dans une bataille. — S'incliner v. pr. Se dit, surtout dans les sciences mathématiques, de ce qui est dans une situation oblique par rapport à une ligne, à une surface quelconque : *deux droites qui s'inclinent l'une sur l'autre forment un angle aigu.* — Plus ord. Se baisser, se courber : *s'incliner respectueusement, profondément devant quelqu'un.* — Absol., dans le style élevé. Se prosterner par respect, par crainte : *l'univers s'incline devant son créateur.*

* INCLURE v. a. (lat. *includere,* enfermer, fermer). Enfermer, insérer : *inclure un billet dans une lettre.* (Peu usité, sauf au part. passé.)

* INCLUS, USE part. passé de INCLURE. Enfermé, enveloppé : *le paquet ci-inclus, le billet ci-inclus.* — Absol. et substantiv. L'INCLUSE, la lettre enfermée dans un paquet : *je vous prie de remettre l'incluse à un tel.*

INCLUSIF, IVE adj. Qui renferme, qui comprend en soi. — s. f. Hist. ecclés. Admission au conclave d'un cardinal arrivé après les délais fixés par les canons de l'Eglise : *ce cardinal a obtenu l'inclusive.*

INCLUSION s. f. (lat. *inclusio*). Etat d'une chose renfermée dans une autre ; action d'inclure.

* INCLUSIVEMENT adv. Il est opposé à *Exclusivement,* et signifie, En y comprenant, y compris : *depuis le six janvier jusqu'au trente inclusivement.*

* INCOERCIBLE adj. Phys. Qui n'est pas coercible : *fluide incoercible.*

* INCOGNITO adv. [*gn* mll.] (mot ital.). Sans être connu. Se dit en parlant des personnes de qualité, qui, en pays étranger, ne voulant pas être connues, ou traitées selon leur dignité, n'ont pas leur train ordinaire ou leurs autres marques distinctives, et qui le plus souvent prennent un autre nom, un autre titre que le leur : *ce prince passa incognito par la France.* — Peut se dire également de toute personne qui ne veut pas être connue dans la ville, dans le pays où elle se trouve, ou qui veut laisser ignorer qu'elle y est : *je suis à Paris incognito, et je n'y vois personne.* — S'emploie quelquefois substantiv. *garder l'incognito, le plus strict incognito.*

* INCOHÉRENCE s. f. Qualité de ce qui est incohérent : *l'incohérence des parties de l'eau.* — Se dit aussi, fig. : *l'incohérence des idées.*

* INCOHÉRENT, ENTE adj. Qui manque de liaison : *les parties de l'eau sont incohérentes.* — Se dit aussi, fig., des idées, des paroles, etc. qui manquent de suite, de liaison : *des idées, des paroles incohérentes.*

* INCOLORE adj. Didact. Qui n'est pas coloré : *l'eau est un fluide incolore.* — Fig. UN STYLE INCOLORE, un style sans couleur, sans éclat.

* INCOMBER v. n. (lat. *incumbere*). Se dit en parlant d'une charge, d'un devoir qui est imposé à quelqu'un, d'une responsabilité qui retombe sur lui : *c'est à lui que cette tâche incombe.*

* INCOMBUSTIBILITÉ s. f. Qualité de ce qui est incombustible : *l'incombustibilité de l'amiante.*

* INCOMBUSTIBLE adj. Qui ne peut être brûlé, qui ne se consume point au feu : *corps incombustible.*

INCOME-TAXE s. m. Mot anglais qui signifie *impôt sur le revenu.*

* INCOMMENSURABILITÉ s. f. Arithm. et Géom. Etat, caractère de ce qui est incommensurable.

* INCOMMENSURABLE adj. Arithm. et Géom. Se dit de deux quantités qui n'ont point de commune mesure : *le côté d'un carré et sa diagonale sont incommensurables.* — Substantiv. LES INCOMMENSURABLES, les racines qui ne peuvent pas être extraites exactement. — Qui ne peut être mesuré, qui est très grand ou infini : *un espace incommensurable.*

INCOMMODANT, ANTE adj. Qui incommode. (Vieux.)

* INCOMMODE adj. Qui n'est pas commode, dont on ne se sert pas facilement : *outil incommode.* — Se dit aussi de ce qui cause du malaise, qui fatigue, qui ennuie : *la chaleur est incommode.* — Se dit encore des personnes qui sont importunes à charge, et des animaux dont on est importuné : *homme, femme incommode.*

* INCOMMODÉ, ÉE part. passe de INCOMMODER. Qui ressent quelque sorte d'incommodité, de gêne ou de malaise : *être incommodé par la chaleur* — Mar. UN BÂTIMENT INCOMMODÉ, un bâtiment qui a perdu quelqu'un de ses mâts, ou qui a souffert quelque autre dommage.— ÊTRE INCOMMODÉ D'UN BRAS, D'UNE JAMBE, n'avoir pas l'usage d'un bras, d'une jambe. — Fam. ÊTRE INCOMMODÉ DANS SES AFFAIRES, se dit d'une personne dont les affaires sont en mauvais état.

* INCOMMODÉMENT adv. Avec incommodité : *être logé incommodément.*

* INCOMMODER v. a. (lat. *incommodare*). Apporter, causer quelque sorte d'incommodité, do gêne, de malaise : *la moindre chose l'incommode.* — Mettre à la gêne, mettre dans l'embarras relativement à la fortune : *la perte de ce procès l'a fort incommodé.* — Se dit également des choses, surtout dans le premier sens : *il faut couper ces arbres qui incommodent la vue du château.* — Quelquef. Rendre un peu malade ; et, dans ce sens, s'emploie souvent au passif : *ce petit excès m'a incommodé.* — S'incommoder v. pr. Se mettre dans l'embarras : *il s'est beaucoup incommodé par cette dépense.*

* INCOMMODITÉ s. f. Peine, gêne, malaise que cause une chose incommode : *c'est une grande incommodité que d'être mal logé.* — Se dit quelquef. de ce qui met dans l'embarras : *la perte de son procès lui causera de l'incommodité.* (Peu usité.) — Indisposition ou maladie : *les incommodités de l'âge, de la vieillesse.* — Mar. SIGNAL D'INCOMMODITÉ, signal par lequel un bâtiment fait connaître qu'il a besoin d'être secouru : *donner, faire le signal d'incommodité.* Plus communément, SIGNAL DE DÉTRESSE.

INCOMMODO. Voy. COMMODO.

* INCOMMUNICABLE adj. Qui ne se peut communiquer, dont on ne peut faire part : *c'est un bien incommunicable.*

* INCOMMUTABILITÉ s. f. Jurispr. Se dit en parlant d'une possession où l'on ne peut être légitimement troublé : *il prouve l'incommutabilité de sa possession par une possession centenaire.*

* INCOMMUTABLE adj. Jurispr. Est principalement usité dans ces locutions : PROPRIÉTAIRE INCOMMUTABLE, POSSESSEUR INCOMMUTABLE, propriétaire, possesseur qui ne peut être légitimement dépossédé. On dit, dans un sens analogue, *Propriété incommutable, possession incommutable.*

* INCOMMUTABLEMENT adv. Jurispr. En telle sorte qu'on ne puisse être dépossédé légitimement : *posséder incommutablement une terre.* (Peu usité.)

* INCOMPARABLE adj. A qui ou à quoi rien ne peut être comparé : *c'est un homme d'une valeur incomparable.* — Fam. IL EST INCOMPARABLE, se dit par ironie, et pour témoigner la surprise qu'on a de ce qu'un homme fait ou dit : *c'est un homme incomparable.*

* INCOMPARABLEMENT adv. Sans comparaison. Ne s'emploie jamais sans être suivi de quelque autre adverbe de comparaison, comme PLUS, MOINS, MIEUX : *elle est incomparablement plus belle que sa sœur.*

* INCOMPATIBILITÉ s. f. Contrariété, opposition qui fait que deux personnes, que deux choses ne peuvent s'accorder, exister ensemble. Se dit principalement de l'antipathie des caractères, des esprits : *il y a entre eux une incompatibilité, une grande incompatibilité d'humeur.* — Impossibilité qu'il y a, selon les lois, que deux places soient remplies en même temps par la même personne : *il n'y a point incompatibilité entre les fonctions de ministre et celles de député.* On dit, dans un sens analogue, *il y a incompatibilité que le père et le fils, que les deux frères, que l'oncle et le ne-*

veu soient juges dans un même tribunal. — **Législ.** « Nous avons déjà parlé plusieurs fois des incompatibilités existant entre certaines fonctions qui ne peuvent être exercées en même temps par la même personne. (Voy. Avocat, Avoué, Cumul, Député, etc.) Nous traiterons ici plus spécialement des incompatibilités concernant certaines fonctions électives, et du cumul exercé par les membres des assemblées législatives françaises. Aucun membre de la première Assemblée constituante ne pouvait devenir ministre (L. 7 novembre 1789), ni accepter du gouvernement places, pensions ou traitements, même en donnant sa démission (L. 26 janvier 1790). La Convention, peu de jours après son installation, décréta l'incompatibilité de toute espèce de fonctions avec le mandat législatif (L. 25 septembre 1792). En outre, une loi du 24 vendémiaire an III détermine les incompatibilités des diverses fonctions publiques entre elles, et trace la séparation entre les pouvoirs législatif, exécutif et judiciaire, séparation que Montesquieu avait reconnue indispensable et que demandaient absolument la sagesse et l'expérience. La contre-révolution ayant amené le relâchement des mœurs, on vit, sous le Directoire, le Consulat et l'Empire, reparaître les abus du temps passé, avec les fonctions multiples, les sinécures et les traitements excessifs. Si la Restauration, par la loi du 28 avril 1816, a interdit le cumul des traitements au delà de 3,000 fr., elle s'est bien gardée d'entreprendre la réforme des mœurs parlementaires, et le duc de Broglie constatait, en 1828, que les six-septièmes des députés avaient été promus à des emplois pendant la durée de leur mandat. La charte de 1830 obligeait les députés qui, pendant le cours de leur mandat, étaient promus à des fonctions publiques salariées, à se représenter devant les électeurs, et cette disposition fut confirmée par la loi du 12 septembre 1836. La constitution de 1848 remit en vigueur le principe de l'incompatibilité du mandat parlementaire avec toute fonction publique salariée; et la loi électorale du 15 mars 1849 précisa les divers cas dans lesquels le cumul était interdit aux représentants du peuple. On se rappelle ce qui se passait sous le second Empire : le cumul des fonctions et des gros traitements dépassa tout ce que les précédents régimes avaient présenté de plus scandaleux. La morale et les deniers publics étaient également sacrifiés. Nous ne citerons que quelques exemples. M. Rouher recevait annuellement, à divers titres, 160,000 fr.; l'archevêque de Paris, 180,000 fr.; le maréchal de Mac-Mahon, 188,000 fr.; le maréchal Niel, 193,000 fr.; le maréchal Vaillant, 228,000 fr.; le maréchal Magnan, 263,000 fr.; M. Troplong, 296,500 fr. Quelques-uns de ces hauts fonctionnaires recevaient en outre une indemnité annuelle de 100,000 fr. comme membres du conseil privé; et la plupart étaient logés, éclairés, chauffés et servis aux frais de l'Etat. Le gouvernement de la Défense nationale remit provisoirement en vigueur une partie de la loi organique du 15 mars 1849; mais il fit exception pour les articles relatifs aux incompatibilités; et l'Assemblée élue en 1871, bien qu'elle eût usurpé le pouvoir constituant, n'entreprit pas d'interdire le cumul. C'est seulement en 1875, après l'établissement définitif du gouvernement républicain, que l'on s'occupa de légiférer sur l'incompatibilité des fonctions législatives avec d'autres fonctions; mais de nombreuses exceptions pour justiciables furent alors admises. Les lois organiques du 2 août et du 30 novembre 1875, qui régissent encore la matière, énumèrent les diverses fonctions incompatibles avec le mandat de sénateur amovible ou avec celui de député. Aucune restriction n'est imposée au Sénat, en ce qui concerne l'élection de ses membres inamovibles; si ce n'est que, en vertu de la Constitution, nul ne peut être sénateur, s'il n'est Français, âgé de 40 ans au moins, et s'il ne jouit de ses droits civils et politiques. Un projet de loi, voté par la Chambre des députés le 23 novembre 1883, doit, s'il est admis par le Sénat, déterminer à nouveau quelles sont les fonctions incompatibles avec les mandats de sénateur ou de député. Suivant les dispositions simples et précises de ce projet, l'exercice de toutes fonctions publiques rétribuées sur les fonds de l'Etat, ou dont les titulaires sont nommés par le gouvernement, est incompatible avec l'un ou l'autre des mandats législatifs, à l'exception des fonctions ci-après: ministres et secrétaires d'Etat; professeurs de faculté nommés au concours ou sur la présentation des corps où la vacance s'est produite; ambassadeurs et ministres plénipotentiaires. Il faut joindre à ces exceptions les officiers qui ne font pas partie de l'armée active et qui sont l'objet de l'article 7 de la loi du 30 novembre 1875. Nous ne voulons pas analyser ici le projet de loi, qui n'est qu'un premier pas dans la voie des réformes. Un autre projet, concernant le cumul des fonctions publiques entre elles, a pour objet d'interdire la réunion sur une seule tête de plusieurs fonctions rétribuées ou non. On imiterait en cela la loi italienne du 5 juillet 1882; et il en résulterait plus d'un avantage. Chaque fonction pourrait être mieux remplie, et un plus grand nombre de citoyens se formeraient à la pratique des affaires administratives. N'est-ce pas ce qui doit nécessairement exister dans une démocratie où le gouvernement appartient non plus à une caste ou à une classe privilégiée, mais à ceux qui sont les plus aptes et les plus dignes de la confiance publique? — Les incompatibilités qui s'opposent au mandat de conseiller général sont détaillées dans la loi du 10 août 1871 (art. 8 à 11); et celles qui s'appliquent à l'éligibilité des conseillers municipaux se trouvent dans les articles 32 à 36 de la loi sur l'organisation municipale du 5 avril 1884. » (Ch. Y.)

• INCOMPATIBLE adj. Qui n'est pas compatible : *ces deux caractères sont incompatibles.*

• INCOMPÉTEMMENT adv. Jurispr. Sans compétence, par un juge incompétent : *cela a été mal et incompétemment jugé.*

• INCOMPÉTENCE s. f. Jurispr. Défaut, manque de compétence : *l'incompétence d'un juge, d'un tribunal.* — Ordin. Défaut du manque de connaissances suffisantes pour juger de quelque chose, pour en parler : *quand ce critique parle de beaux-arts, on reconnaît aussitôt son incompétence.*

• INCOMPÉTENT, ENTE adj. Jurispr. Qui n'est pas compétent : *juge incompétent.* — S'emploie aussi dans le langage ordinaire : *cet un juge incompétent, fort incompétent en littérature.*

• INCOMPLET, ÈTE adj. Qui n'est pas complet : *un recueil incomplet.* — Bot. Fleur incomplète, fleur qui manque de calice ou de corolle.

• INCOMPLÈTEMENT adv. D'une manière incomplète.

• INCOMPLEXE adj. Qui est simple, qui n'est pas complexe.

• INCOMPRÉHENSIBILITÉ s. f. Etat de ce qui est incompréhensible : *l'incompréhensibilité des mystères.*

• INCOMPRÉHENSIBLE adj. Qui ne peut être compris : *Dieu est incompréhensible.* — Se dit aussi, dans une acception moins rigoureuse, d'une chose très difficile à expliquer, à concevoir : *cela est vraiment incompréhensible.* — Se dit également d'une personne dont on ne peut expliquer les inégalités, la conduite, les procédés : *cet homme est incompréhensible.*

• INCOMPRESSIBILITÉ s. f. Phys. Qualité de ce qui est incompressible : *l'incompressibilité de l'eau n'est pas absolue.*

• INCOMPRESSIBLE adj. Phys. Qui ne peut être comprimé : *aucun corps matériel n'est absolument incompressible.*

• INCOMPRIS, ISE adj. Qui n'est point compris, apprécié à sa juste valeur. Se dit surtout, ironiquement, des personnes qui se plaignent que leurs qualités, leurs talents ne soient pas appréciés : *un génie, un poète incompris.*

• INCONCEVABLE adj. Qui n'est pas concevable, explicable; dont on ne peut aisément se rendre raison : *vous me dites là une chose inconcevable.* — Se dit quelquefois, par exagération, des choses qui sont surprenantes, extraordinaires dans leur genre : *il est d'une activité, d'une patience inconcevable.*

• INCONCILIABLE adj. Se dit des choses qui ne peuvent se concilier, qui s'excluent mutuellement : *voilà des faits inconciliables.* — Se dit quelquefois des personnes : *ces deux plaideurs sont inconciliables.*

INCONDITIONNEL, ELLE adj. Qui ne dépend point d'une condition.

• INCONDUITE s. f. Défaut de conduite : *c'est par son inconduite qu'il s'est mis dans cette pénible situation.*

• INCONGELABLE adj. Qui n'est pas susceptible de se congeler : *liquide incongelable.*

• INCONGRU, UE adj. Se dit d'une locution, d'une phrase qui pèche contre les règles de la syntaxe : *une façon de parler incongrue.* — Se dit, dans une acception plus étendue, et fam., de ce qui n'est convenable ni aux personnes, ni aux circonstances : *réponse incongrue.* — Se dit, fig. et par plaisanterie, d'une personne qui est sujette à manquer aux bienséances du monde : *c'est un homme fort incongru.*

• INCONGRUITÉ s. f. Faute contre la syntaxe, contre les règles de la construction : *tout ce qu'il écrit est plein d'incongruités.* — Se dit, dans une acception plus étendue et fam., des fautes contre le bon sens et contre la bienséance, soit dans le discours, soit dans les actions et dans la conduite : *conduite pleine d'incongruités.* — Plus ord. Une de ces choses sales qu'on rougirait de faire et même de nommer en bonne compagnie : *il a fait une incongruité.*

• INCONGRÛMENT adv. D'une manière incongrue : *parler incongrûment.*

• INCONNU, UE adj. Qui n'est point connu : *pays inconnu.* — Mathém. Quantité inconnue, ou substantiv., Inconnue, la quantité que l'on cherche pour la solution d'un problème. Dégager l'inconnue, la faire sortir des relations algébriques où elle est engagée. — Quelquef. Qu'on n'a point encore éprouvé, ressenti : *ces chagrins lui sont inconnus.* — S'emploie substantiv., en parlant des personnes : *cet avis lui a été donné par un inconnu.* — Particul. Personne qui n'est guère connue, ou qu'on regarde comme peu digne de l'être : *elle s'est entêtée d'un inconnu.* — Se dit aussi, toujours, absol., des choses que l'on ignore, par opposition à celles que l'on connaît : *aller du connu à l'inconnu est le meilleur mode d'instruction.*

• INCONSCIENCE s. f. Didact. Absence de conscience; trouble de l'esprit qui ne permet plus à un homme de se rendre compte de ses actes, de distinguer le bien et le mal.

• INCONSCIENT, ENTE adj. Didact. Se dit des actes dont on n'a pas conscience, que l'on accomplit sans s'en rendre compte : *actes inconscients.*

• INCONSÉQUENCE s. f. Défaut de conséquence dans les idées, dans les discours, dans les actions : *il y a de l'inconséquence dans ses* *discours, dans ses procédés.* — Se dit aussi des choses que l'on fait, que l'on dit par inconséquence ou d'une manière irréfléchie : *sa conduite est pleine d'inconséquences.*

* **INCONSÉQUENT, ENTE** adj. Qui agit, qui parle sans se conformer à ses propres principes : *il est aussi inconséquent dans sa conduite que dans ses propos.* Se dit aussi des choses, dans un sens analogue : *raisonnement inconséquent.* — Fam. CETTE FEMME EST BIEN INCONSÉQUENTE, cette femme a de la légèreté dans sa conduite, elle oublie ce qu'exigent les bienséances. — S'emploie quelquefois substantiv. en parlant des personnes : *ce jeune homme est un inconséquent.*

* **INCONSIDÉRATION** s. f. Légère imprudence, ou dans le discours, ou dans sa conduite : *faire quelque chose par inconsidération.*

* **INCONSIDÉRÉ, ÉE** adj. Étourdi, imprudent, qui fait les choses sans attention, sans considération : *homme inconsidéré.* — Se dit également des choses, dans un sens analogue : *action inconsidérée.* — S'emploie quelquef. substantiv. en parlant des personnes : *c'est un inconsidéré.*

* **INCONSIDÉRÉMENT** adv. Étourdiment, d'une manière inconsidérée : *il s'est conduit fort inconsidérément.*

* **INCONSISTANCE** s. f. Défaut de consistance, de suite et d'ensemble. Se dit surtout au moral : *cet homme s'est fait une réputation d'inconsistance.*

* **INCONSISTANT, ANTE** adj. Qui manque de consistance. Ne se dit guère qu'au moral : *un homme inconsistant.*

* **INCONSOLABLE** adj. Qui ne peut se consoler, qu'on ne peut consoler : *homme inconsolable.*

* **INCONSOLABLEMENT** adv. De manière à ne pouvoir être consolé : *il est affligé inconsolablement.*

* **INCONSOLÉ, ÉE** adj. Qui n'est pas consolé : *une veuve inconsolée.*

* **INCONSTAMMENT** adv. Avec inconstance et légèreté : *il s'est conduit fort inconstamment dans cette affaire.*

* **INCONSTANCE** s. f. Facilité à changer d'opinion, de résolution, de passion, de conduite, de sentiment, ne se prend qu'en mauvaise part : *il n'y a rien de plus indigne d'un homme sage que l'inconstance.* — Action de changer : *cette femme n'a plus voulu se fier à lui après son inconstance.* — Se dit également en parlant des choses sujettes à changer : *l'inconstance du temps, des saisons.*

* **INCONSTANT, ANTE** adj. Volage, qui est sujet à changer : *homme inconstant.* — Se dit également des choses qui ne demeurent pas longtemps en même état : *voilà un temps bien inconstant.*

* **INCONSTITUTIONNALITÉ** s. f. Qualité d'un acte, d'une opinion contraire à la Constitution : *inconstitutionnalité d'un décret.*

* **INCONSTITUTIONNEL, ELLE** adj. Qui n'est pas constitutionnel, qui est en opposition avec la loi constitutionnelle de l'État : *cette proposition est inconstitutionnelle.*

* **INCONSTITUTIONNELLEMENT** adv. D'une manière inconstitutionnelle.

INCONTESTABILITÉ s. f. État de ce qui n'est pas contestable.

* **INCONTESTABLE** adj. Qui est certain, qui ne peut être contesté : *cette vérité est incontestable.*

* **INCONTESTABLEMENT** adv. Certainement, sans difficulté, d'une manière incontestable : *cette proposition est incontestablement vraie.*

* **INCONTESTÉ, ÉE** adj. Qui n'est point contesté : *un droit incontesté.*

* **INCONTINENCE** s. f. Vice opposé à la vertu de continence, à la chasteté : *être adonné à l'incontinence.* — Méd. INCONTINENCE D'URINE. On donne ce nom à l'écoulement involontaire de l'urine. Cette affection est essentielle chez les enfants et constitue une infirmité qui disparaît avec l'âge ; elle semble alors se lier à une atonie du col de la vessie et le plus souvent cet écoulement de l'urine n'a lieu que la nuit, goutte à goutte, à des intervalles plus ou moins éloignés, sans que l'enfant en ait conscience. Un régime tonique et fortifiant suffit en général pour faire disparaître cette infirmité qui, d'ailleurs, se montre rebelle à tout traitement et guérit d'elle-même. Les bains de mer, les immersions froides, les ferrugineux sont utilement employés pour hâter la guérison. Cette incontinence chez les adultes et les vieillards est toujours *symptomatique ;* elle résulte de quelque affection ou de quelque altération organique de la vessie, de la prostate ou d'une cystite, le plus souvent d'une paralysie du col vésical ; elle s'observe aussi dans certaines maladies du cerveau ou de la moelle épinière. Il faut alors traiter directement la maladie spéciale qui produit l'incontinence ou porter un réservoir en caoutchouc pour recevoir l'urine projetée.

* **INCONTINENT, ENTE** adj. Qui n'a pas la vertu de continence, qui n'est pas chaste : *c'est un homme incontinent.*

* **INCONTINENT** adv. de temps. Aussitôt, au même instant, sur-le-champ : *je reçus votre lettre, et je partis incontinent.* (Vieux.)

* **INCONVENANCE** s. f. Manque de convenance, action qui blesse les usages du monde : *quelle inconvenance !*

* **INCONVENANT, ANTE** adj. Qui ne convient pas, qui blesse les convenances : *cela est fort inconvenant.*

* **INCONVÉNIENT** s. m. Ce qui survient de fâcheux dans quelque affaire, ce qui résulte de fâcheux d'un parti qu'on prend : *je vous engage dans une affaire dont il résultera pour lui de grands inconvénients, qui peut lui attirer de fâcheux inconvénients.* — Se dit aussi des désavantages attachés à une chose, des résultats fâcheux qu'elle doit nécessairement produire : *ce système offre beaucoup d'inconvénients, ses avantages et ses inconvénients.*

* **INCONVERTIBLE** adj. Fin. Qui ne peut être converti : *titre inconvertible et insaisissable.*

INCONVERTISSABLE adj. Qu'on ne peut convertir : *pécheur inconvertissable.*

* **INCOORDINATION** s. f. Manque de coordination : *l'incoordination des idées.*

* **INCORPORALITÉ** s. f. Dogmat. Qualité des êtres incorporels.

* **INCORPORATION** s. f. Action d'incorporer, de s'incorporer ; ou état des choses incorporées : *il faut pétrir ces drogues jusqu'à ce que l'incorporation soit parfaite.*

INCORPORÉITÉ s. f. (lat. *incorporeus*, incorporel). État ou nature d'un être incorporel : *l'incorporéité des anges et des démons.*

* **INCORPOREL, ELLE** adj. Qui n'a point de corps : *les substances incorporelles.* — Jurisp. Se dit également des choses qui ne tombent pas sous nos sens, et qui n'ont qu'une existence morale : *les choses incorporelles.*

* **INCORPORER** v. a. Mêler, unir ensemble certaines matières, et en faire un corps qui ait quelque consistance : *incorporer une substance avec une autre.* — S'emploie aussi fig. : *plusieurs des lois anciennes furent incorporées dans le nouveau code.* — Se dit particul.

en parlant des corps politiques, ou ecclésiastiques, ou militaires : *incorporer un peuple avec un autre.* — Se dit également, en parlant de pays, de terres, de propriétés : *incorporer une province au royaume.* — S'incorporer v. pr. S'emploie, dans ses divers sens, soit comme verbe réfléchi, soit comme verbe réciproque : *la cire s'incorpore facilement avec la gomme ; ces deux substances ne s'incorporent pas bien ensemble.*

* **INCORRECT, ECTE** adj. Qui n'est pas correct : *cette édition est fort incorrecte.* — Se dit aussi d'un écrivain dont le style n'est pas correct, d'un artiste dont la manière est incorrecte : *écrivain, auteur incorrect.*

* **INCORRECTEMENT** adv. D'une manière incorrecte : *il parle, il écrit incorrectement.*

* **INCORRECTION** s. f. Défaut de correction : *incorrection de style.* — Se dit aussi des endroits incorrects d'un ouvrage d'esprit ou d'art : *faire disparaître une incorrection.*

* **INCORRIGIBILITÉ** s. f. Défaut de celui qui est incorrigible : *l'incorrigibilité de son caractère ne se conçoit pas.*

* **INCORRIGIBLE** adj. Qu'on ne peut corriger. Se dit surtout des personnes et de leurs défauts : *un esprit incorrigible.*

* **INCORRIGIBLEMENT** adv. D'une manière incorrigible : *il est incorrigiblement paresseux.*

* **INCORRUPTIBILITÉ** s. f. Qualité de ce qui est incorruptible : *l'incorruptibilité une des qualités, des propriétés des corps glorieux.* — Fig. L'intégrité d'un homme incapable de se laisser corrompre pour agir contre son devoir : *l'incorruptibilité de ce juge.*

* **INCORRUPTIBLE** adj. Qui n'est pas sujet à corruption : *il n'y a que les substances spirituelles qui soient incorruptibles.* — Fig. Qui est incapable de se laisser corrompre pour agir contre son devoir : *un magistrat d'une vertu, d'une probité incorruptible.*

INCRASSANT, ANTE adj. Méd. Qui épaissit. S'est dit de certains remèdes que l'on croyait propres à épaissir le sang ou les humeurs. On l'employait aussi comme substantif, au masculin : *administrer des incrassants.*

* **INCRÉDIBILITÉ** s. f. Dogmat. Ce qui fait qu'on ne peut croire une chose : *l'incrédibilité de ce fait, de cette opinion.*

* **INCRÉDULE** adj. Qui ne croit que difficilement, qu'on a peine à persuader : *vous êtes bien incrédule.* — Foi. Qui ne croit point et ne veut point croire aux mystères. Dans cette acception, il s'emploie ordinairement comme substantif : *c'est un incrédule.*

INCRÉDULEMENT adv. Avec incrédulité ; d'une manière incrédule.

* **INCRÉDULITÉ** s. f. Opposition, répugnance à croire ce qui est pourtant croyable : *incrédulité opiniâtre.* — Manque de foi, de croyance dans les choses religieuses : *l'incrédulité avait fait de grands progrès au XVIIIe siècle.*

* **INCRÉÉ, ÉÉE** adj. Qui existe sans avoir été créé : *les philosophes ont enseigné que la matière était incréée.* — Christ. LA SAGESSE INCRÉÉE, se dit du Fils de Dieu.

* **INCRIMINABLE** adj. Qui peut être incriminé, poursuivi en justice : *une action incriminable.*

INCRIMINATION s. f. Jurisp. Action d'incriminer.

* **INCRIMINER** v. a. (préf. *in ;* lat. *crimen,* crime). Accuser quelqu'un de crime, imputer une chose à crime : *incriminer quelqu'un.*

* **INCROYABLE** adj. [ain-kroua-ia-ble]. Qui ne peut être cru, ou qui est difficile à croire. Ne se dit que des choses : *cela est incroyable.*

— Il est INCROYABLE, se dit quelquefois, impersonnellement, pour on ne saurait croire, concevoir : il est incroyable combien cet homme-là fait de choses. (Fam.) — Par exag. Excessif, extraordinaire, qui passe la croyance : une incroyable activité. — Fam. Etrange, ridicule : cet homme est incroyable avec ses prétentions. — Se dit quelquefois substantiv. et absol. : il leur faut du merveilleux, de l'incroyable. — s. Sous le Directoire. Certaine classe d'élégants qui affectaient dans leur mise une recherche extraordinaire, extravagante. Les incroyables avaient banni la lettre r de leur langage grasseyant appelé garatisme ; ils prononçaient s pour ch et z pour g : z'admi-les sa-mes incoyables de ce visaze anzélique, paôle d'honneu panassée.

* INCROYABLEMENT adv. D'une manière incroyable, excessivement : il y en avait incroyablement. (Fam.)

* INCROYANT s. m. Qui n'est pas croyant, qui ne peut pas croire.

* INCRUSTATION s. f. Action d'incruster, ou résultat de cette action : les mosaïques, les tables de pierres fines de Florence, se font par incrustation. — Croûte ou enduit pierreux qui se forme autour de quelques corps lorsqu'ils séjournent dans certaines eaux. — Méd. Se dit des dépôts calcaires qui se forment dans les tissus organiques ou à leur surface.

* INCRUSTER v. a. (lat. incrustare). Appliquer à la surface d'une chose, soit au moyen d'un mortier ou d'un mastic, soit par la pression, des lames ou des plaques de matières plus ou moins précieuses, pour l'orner, pour y former des dessins, etc. : incruster de marbre, de jaspe, une colonne, un pilastre, ou simpl., incruster un pilastre, un portique, etc. — A quelquefois pour régime le nom des choses mêmes qu'on applique de cette manière : incruster une mosaïque dans le pavé d'un temple. — S'incruster v. pr. Se dit des choses qui adhèrent fortement à la surface d'une autre, qui font corps avec elle : les tuyaux s'incrustent de stalactites.

* INCUBATION s. f. (lat. incubatio ; de in, sur ; cubare, être couché). Action des volatiles qui couvent des œufs : la chaleur de certains fours peut suppléer à l'incubation. — Méd. Temps qu'une maladie met à se développer après l'impression de la cause qui la produit : période d'incubation.

DURÉE DE L'INCUBATION CHEZ DIFFÉRENTS OISEAUX.

Chardonneret..........		Colins............	22 jours
Mésange...........	13 jours	Caille commune.	
Moineau..........		Foulque d'Eu-	
Linotte...........		rope......	de 22 à 23 —
Pinson...........		Faisan doré......	23 —
Oiseau-mouche....	de 13 jours	Faisan argenté..	
Serin des Canaries..		Ibis sacré.......	25 —
Tarin...........		Canard musqué..	
Colibri.........	14 jours	Pintades de...	28 à 30 —
Hirondelle..	15 —	Canard ord	28 à 31 —
Alouette....		Oie ordinaire..	29 à 31 —
Merle......		Paon domestique	30 —
Grive......	de 15 à 48 —	Cigogne blanche	30 —
Mauvis.....		Dindon comm.	30 à 32 —
Tourterelle	environ 18 —	Canard de la Chine.	31 —
Pigeon.....		Canard de la Caro-	
Etourneau..	de 18 à 20 —	line..........	34 —
Rossignol.		Cygne a bec	
Loriot d'Europe.	20 —	rouge.....	40 à 45 —
Corbeau.....		Autruche.....	50 à 60 —
Poule......	21 —	Vautour fauve..	60 —
Vanneau d'Eur.		Casoar de la Nou-	
Perdrix grise.....	22 —	velle-Hollande..	62 —

— INCUBATION ARTIFICIELLE. La chaleur que la mère communique à ses œufs en les couvant varie entre 38 et 40 degrés. On a cherché le moyen d'élever les œufs à cette température sans avoir recours à la couveuse naturelle et l'on a inventé les couveuses artificielles. Les Chinois paraissent être les premiers qui aient pratiqué cette méthode d'incubation ; les Égyptiens la connaissent depuis la plus haute antiquité ; ils disposent les œufs soit dans du fumier en fermentation, soit dans des fours

appelés ma mals, qui peuvent contenir de 40 à 80,000 œufs et dont on gradue convenablement la température. Dans les îles de la Sonde, dans les Philippines, et surtout à Luçon, les hommes font l'office de couveuses. Les croisés avaient tenté d'amener en Italie et en France des éleveurs égyptiens ; mais leurs procédés ne purent réussir sous notre climat. C'est à Réaumur que revient l'honneur d'avoir, le premier en France, fait éclore des poussins sans le secours des mères, au moyen de boîtes échauffées par du fumier en fermentation. Après lui vint Bonnemain (1777), qui eut l'ingénieuse idée de chauffer l'appareil au moyen de l'eau. De nos jours, l'incubation artificielle est assez en usage chez les grands agriculteurs qui trouvent là, avec une couveuse toujours prête, le moyen d'élever des poussins en très grande quantité ; mais le prix relativement élevé de ces appareils et leur manipulation délicate en rendent la vulgarisation difficile. Voici les principaux appareils : couvoir Cantelo incubateur établi au jardin zoologique de Gand ; son prix d'achat est excessif ; couveuse Carbonnier, l'une des plus simples et des plus répandues, l'eau y est maintenue au degré de chaleur voulue, au moyen d'une lampe à un ou deux becs ; couvoir de Vallée, très compliqué ; il est établi au Jardin des Plantes de Paris ; couveuse Deschamps, qui emploie l'emploie de la lampe ; elle est simple et peu coûteuse ; couveuse Dubus, même système que le précédent appareil.

* INCUBE s. m. (lat. incubus, couché sur). Sorte de démon qui, suivant une erreur populaire, abusait des femmes. Il est opposé à Succube.

INCUIT, UITE adj. Qui n'est pas cuit ou qui est mal cuit. — s. m. : dans le gigot, je préfère l'incuit.

INCULPABLE adj. Jurispr. Que l'on peut inculper : cet enfant n'est pas inculpable.

* INCULPATION s. f. (préf. in ; lat. culpa, faute). Action d'attribuer une faute à quelqu'un, accusation : se justifier d'une inculpation.

* INCULPÉ, ÉE part. passé de INCULPER. — Substantiv. Matière criminelle, L'inculpé, celui qui est soupçonné d'un crime ou d'un délit. — Légis. « Dans le langage juridique, la qualification d'inculpé s'applique, d'une manière générale et ainsi que l'étymologie l'indique, à tout individu appelé à rendre compte devant la justice criminelle, d'un fait quelconque puni par la loi. Si l'acte commis est une simple contravention, l'inculpé est contrevenant ; si c'est un délit, il prend le titre de prévenu ; si c'est un crime, on dit l'accusé. Ces qualifications sont parfois, même dans le texte des lois, employées l'une pour l'autre ; mais il est utile que la distinction soit établie. »

(Ch. Y.)

* INCULPER v. a. Accuser quelqu'un d'une faute : inculper quelqu'un sans preuves.

* INCULQUER v. a. (lat. inculcare). Imprimer une chose dans l'esprit de quelqu'un à force de la répéter : il faut lui inculquer cette maxime, cette vérité. — S'inculquer v. pr. S'imprimer : les proverbes s'inculquent facilement dans la mémoire.

* INCULTE adj. Qui n'est point cultivé : jardin inculte. — Se dit, fig., d'une barbe, d'une chevelure négligée : une barbe inculte. — Se dit aussi, dans un sens plus figuré, de l'esprit, du naturel : un esprit inculte.

* INCULTURE s. f. Etat de ce qui est inculte : ces terres sont dans un état d'inculture qui afflige. (Peu usité.) — Fig. L'inculture de l'esprit.

* INCUNABLE adj. (lat. incunabulum, berceau). Ne s'emploie que dans cette locution : ÉDITION INCUNABLE, édition qui date des

premiers temps de l'imprimerie. — s. m. Se dit aussi des livres imprimés antérieurement à l'an 1500 : on évalue à quinze mille le nombre des incunables. — Pour acquérir la connaissance des incunables, consultez les Annales typographici de Panzer, et le Repertorium bibliographicum, de L. Hain (1826-'38, 2 vol. in-4°).

* INCURABILITÉ s. f. Etat de ce qui est incurable : l'incurabilité de sa maladie a été reconnue par tous les hommes de l'art.

* INCURABLE adj. Qui ne peut être guéri : mal incurable. — S'emploie aussi fig. : passion incurable. — s. En parlant des malades incurables qui habitent un hôpital : c'est un incurable. — pl. Se dit par ext. au pluriel d'un hôpital d'incurables : avoir une place aux incurables.

* INCURABLEMENT adv. D'une manière incurable : il est incurablement malade.

* INCURIE s. f. (préf. in ; lat. cura, soin). Défaut de soin, négligence : il a dérangé ses affaires par son incurie.

* INCURIEUX, EUSE adj. qui ne se soucie pas d'apprendre, de connaître.

* INCURIOSITÉ s. f. Insouciance, négligence d'apprendre ce qu'on ignore : l'incuriosité des Orientaux empêche leurs progrès.

* INCURSION s. f. (lat. incursio). Course de gens de guerre en pays ennemi : faire des incursions. — Se dit, par ext., des courses, des voyages que l'on fait dans un pays par curiosité : les incursions de nos savants dans cette contrée ont eu d'importants résultats. — Se dit fig., au sens moral, comme dans cette phrase : ce savant ne s'est pas toujours borné aux études philologiques, il a fait quelques incursions dans le domaine de la poésie, il s'est quelquefois occupé de poésie.

* INCUSE adj. f. (lat. incusus, frappé). Se dit des médailles dont la fabrication a été manquée, de manière que l'un des côtés, ou même les deux, sont gravés en creux, au lieu de l'être en relief : médaille incuse. On dit quelquefois substantiv., UNE INCUSE.

* INDE s. m. Couleur bleue que l'on tire de l'indigo. Peint. : employer de l'inde, du bleu d'inde. — s. f. COQ D'INDE, POULE D'INDE. (Voy. Dindon.)

INDE, nom que les Grecs et les Romains ont donné au pays situé au delà de l'Indus et qu'ils divisaient en Inde cisgangétique ou en deçà du Gange (Indoustan) et en Inde transgangétique ou Inde au delà du Gange (Indo-Chine). Pendant le moyen âge, le terme INDES était une vague expression géographique désignant toute l'Asie orientale, et comprenant, outre l'Indoustan et l'Indo-Chine toute la Chine et le Japon. Plus tard, on y ajouta les îles découvertes au delà du cap de Bonne-Espérance. L'Amérique elle-même fut d'abord considérée comme faisant partie des Indes ; et quand il fut démontré que les terres découvertes par Colomb étaient séparées des Indes véritables par d'immenses étendues de mer, il fallut créer des expressions nouvelles ; tandis que le continent fut injustement nommé Amérique, les îles du grand archipel des Antilles devinrent Indes occidentales et les Indes anciennes furent nommées Indes orientales. — Inde proprement dite. (Voy. INDOUSTAN.) — Inde anglaise, nom que l'on donne aux possessions anglaises dans l'Indoustan. (Voy. ce nom.) — Inde française, nom que l'on donne aux possessions françaises dans l'Indoustan. Le premier établissement français fut fondé vers 1664 à Surate, que la compagnie des Indes orientales ne tarda pas à abandonner pour acheter Pondichéry, aujourd'hui ch.-l. de nos possessions. Chandernagor nous fut cédé par Aureng-Zeyb, en 1688. Ces possessions formèrent bientôt une colonie florissante, à laquelle vinrent s'ajouter Karikal, Yanaon, Mazulipatam, etc. Le gouverneur Dupleix réussit à fonder un véritable empire français dans le Deccan ; mais il fut vaincu par les Anglais et remplacé par Lally, sous le gouvernement duquel l'Angleterre s'empara de Pondichéry et de nos autres possessions. Quelques années plus tard, une partie de ce qui avait été l'Inde française nous fut restituée ; cette colonie fut encore amoindrie lors des traités de 1815. — De ses vastes possessions dans l'Indoustan, la France n'a conservé que cinq villes : *Mahé, Karikal, Chandernagor, Pondichéry* et *Yanaon*. (Voy. ces noms.) Ces villes comprennent un territoire de 495 kil. carr., avec 262,000 hab., dont 1,500 blancs. La France possède, en outre, à Surate, à Calicut, à Mazulipatam et sur plusieurs autres points, des loges ou factoreries qui sont abandonnées. — Les principaux produits du sol sont le riz, les menus grains, le coco, le callon et l'arack (liqueur. extraite du cocotier), l'indigo, le poivre bétel, — L'industrie consiste surtout à fabriquer des toiles de coton, dites guinées. — Le commerce extérieur, dont le total est de 80 millions, est concentré à Pondichéry et à Karikal. Il consiste, en *exportation* de guinées (destinées à l'Afrique et particulièrement au Sénégal), d'indigo, d'huiles, de peaux, de pistaches, d'épices, de café, d'arrowroot, etc. et en *importation* de vins et de liqueurs de France, d'objets de mode, de lingerie et d'objets manufacturés. — Depuis 1872, l'Inde française a été dotée d'institutions particulières. A Pondichéry, siège un *conseil colonial*, remplissant les fonctions de conseil général. Chaque ville a son *conseil local*, qui tient de la nature du conseil municipal ou du conseil d'arrondissement. Ces conseils sont élus moitié par les Européens et descendants d'Européens, moitié par les indigènes. Pour en faire partie, il faut savoir parler, lire et écrire en français. La colonie envoie aux assemblées législatives de la métropole un sénateur un et député. — **Indes néerlandaises**, nom donné aux possessions hollandaises dans les Indes. Les *Indes orientales néerlandaises*, comprennent Java, Madura et autres colonies océaniennes ; les *Indes occidentales néerlandaises* se composent de la Guyane hollandaise et des Antilles néerlandaises. (Voy. Pays-Bas.) — **Inde portugaise**, nom donné à ce que les Portugais ont conservé de leurs possessions dans l'Indoustan. (Voy. Portugal.) — **Indes occidentales**, archipel composé d'un millier d'îles, situé entre l'Amérique du Nord et l'Amérique du Sud, et séparant la mer Caraïbe du golfe du Mexique et de l'Atlantique, entre 10° et 28° lat. N. et entre 61° et 87° long. O. Elles sont divisées en quatre groupes : 1° les Bahama, au S.-E. de la Floride ; 2° les Grandes-Antilles, entre les Bahama et l'Amérique centrale, comprenant Cuba, Haïti, la Jamaïque et Porto-Rico avec

ILES.	PUISSANCES auxquelles elles appartiennent.
Haïti.........................	Indépendant.
Cuba, Porto-Rico et dépendances.	Espagne.
Bahama, Jamaïque et la plus grande partie des Petites-Antilles.........	Grande-Bretagne.
La Guadeloupe, la Désirade, la Martinique, Sainte-Marie-Galante, les Saintes, partie N. de St-Martin, Saint-Barthélemy dans les Petites-Antilles..	France.
Curaçao, Buen-Ayre, Oruba, les Roques (en face de Vénézuéla ; Saint-Eustache, St-Martin et partie S. de Saint-Martin (Petites Antilles)...........	Pays-Bas.
Saint-Jean, Saint-Thomas et Santa-Cruz (îles de la Vierge)..........	Danemark.
Margarita, Tortuga, etc. (en face de Vénézuéla)................	Vénézuéla.

quelques îlots voisins ; 3° les Petites-Antilles, ou les Caraïbes, s'étendant en forme de croissant depuis Porto-Rico jusqu'à l'embouchure de l'Orénoque (voy. Antilles) ; 4° le groupe

situé en face de la côte de Vénézuéla (les îles Sous-le-Vent des explorateurs espagnols). — Lorsque Colomb découvrit les Indes occidentales, les îles méridionales étaient peuplées par les féroces Caraïbes et les îles septentrionales par les Arrawaks, race plus douce. Les tribus indigènes, aujourd'hui presque éteintes, ont été remplacées par des habitants noirs et par des Européens. Les Indes occidentales renferment 4,300,000 hab., dont 2 millions de blancs, 2 millions de noirs et environ 300,000 coulies. — **Indes orientales**, expression géographique très vague, qui désigne tout l'extrême Orient, au delà de l'Inde, et qui comprend : l'Indoustan, l'Indo-Chine, Ceylan, Sumatra, Java, Bornéo, les Célèbes, les îles de la Sonde, les îles Banda, les Moluques, les Philippines, etc. ; on y ajoute même quelquefois la Chine et le Japon. — **Compagnies des Indes orientales**, nom de diverses associations auxquelles fut accordé le monopole du commerce européen dans les Indes. Le commerce par voie de terre, dans lequel s'engagèrent surtout les républiques italiennes, fut interrompu à la suite des guerres avec les Turcs et de la chute de Constantinople.

* **INDÉBROUILLABLE** adj. Qui ne peut être débrouillé : *un point d'histoire indébrouillable*. (Fam.)

* **INDÉCEMMENT** adv. Contre la décence, contre les bienséances : *il agit, il se comporte indécemment*.

* **INDÉCENCE** s. f. Vice de ce qui est contraire à la décence, à l'honnêteté, aux bienséances : *il y a de l'indécence à parler ainsi.* — Action, propos indécent : *dire, commettre une indécence, une grossière indécence*.

* **INDÉCENT, ENTE** adj. Qui est contre la décence, contre l'honnêteté, contre les bienséances : *paroles indécentes*.

* **INDÉCHIFFRABLE** adj. Qui ne se peut lire, déchiffrer, deviner : *un chiffre bien fait et à double clef est indéchiffrable.* — Se dit, par ext., d'une écriture mal formée, et qui est difficile à lire : *cette lettre est indéchiffrable.* — Obscur, embrouillé, qu'on ne peut expliquer : *il y a dans cet auteur des passages indéchiffrables pour tous les commentateurs.* — Se dit, fig. et fam., d'une personne dont on ne saurait pénétrer les desseins, les vues : *cet homme est indéchiffrable.* On dit dans un sens analogue, *Sa conduite est indéchiffrable.*

* **INDÉCIS, ISE** adj. Qui n'est pas décidé : *un point qui est demeuré indécis.* — Quelquef. Douteux, incertain : *la victoire fut longtemps indécise.* — Se dit également d'une personne irrésolue, qui a peine à se déterminer, qui ne s'est pas déterminée : *c'est un homme indécis, toujours indécis.* — Au propre et au figuré. Vague, difficile à distinguer, à contempler, à déterminer : *les traits de cette figure sont indécis.*

* **INDÉCISION** s. f. Indétermination, caractère, état d'un homme indécis : *son indécision est cause qu'on ne finit rien avec lui.*

* **INDÉCLINABILITÉ** s. f. Gramm. Qualité des mots indéclinables.

* **INDÉCLINABLE** adj. Gramm. Qui ne peut être décliné, qui ne se décline point : *nom indéclinable.* — Se dit quelquefois des mots qui ne reçoivent pas les signes du genre et du nombre : *participe indéclinable.* Dans ce sens, on dit mieux, *Invariable.*

* **INDÉCOMPOSABLE** adj. Qui ne peut être décomposé : *une substance indécomposable.*

INDÉCOUSABLE adj. Que l'on ne peut découdre : *cette chaussure est indécousable.*

* **INDÉCROTTABLE** adj. Qu'on ne peut décrotter. Ne s'emploie guère que dans ces locutions figurées et populaires : *homme indécrottable, animal indécrottable*, qui se disent,

en plaisantant et par dénigrement, d'un homme d'un caractère très difficile : *quel homme, quel animal indécrottable !*

* **INDÉFECTIBILITÉ** s. f. Dogmat. Qualité de ce qui est indéfectible. N'est guère usité que dans cette locution : *l'indéfectibilité de l'Église.* — Se dit pourtant quelquefois en termes de philosophie : *l'indéfectibilité des substances.*

* **INDÉFECTIBLE** adj. Dogmat. Qui ne peut défaillir, cesser d'être. N'est guère usité que dans cette phrase : *l'Église est indéfectible.*

* **INDÉFENDABLE** adj. Qui ne saurait être défendu : *cette place est indéfendable.*

* **INDÉFINI, IE** adj. Dont la fin, les bornes ne sont ou ne peuvent point être déterminées : *temps, nombre indéfini.* — Gramm. Se dit de ce qui exprime une idée vague ou générale qu'on n'applique point à un objet particulier et déterminé : *sens indéfini.* On, quelque, quiconque, *sont des mots, des pronoms indéfinis.* — Prétérit ou passé indéfini, temps de l'indicatif du verbe, qui indique l'action comme passée, mais sans relation nécessaire à une époque déterminée : *le prétérit indéfini est un temps composé : J'ai vu, j'ai fait, je suis venu*, etc. — s. En termes de Philosophie : *l'indéfini n'est point l'infini.*

* **INDÉFINIMENT** adv. D'une manière indéfinie : *ajourner indéfiniment une affaire, la décision d'une affaire.* — Gramm. Dans un sens indéfini : *un mot pris indéfiniment.*

* **INDÉFINISSABLE** adj. Qu'on ne saurait définir : *il y a des termes si simples, qu'ils sont indéfinissables.* — Se dit, fig., des choses qu'on ne peut s'expliquer : *une sensation, un trouble indéfinissable.* — Se dit quelquefois des personnes : *c'est un caractère, c'est un homme indéfinissable.*

INDÉFRICHABLE adj. Qui ne peut être défriché.

INDÉHISCENCE s. f. Propriété de ce qui est indéhiscent.

INDÉHISCENT, ENTE adj. Bot. Qui ne s'ouvre pas de soi-même.

INDE IRÆ loc. lat. qui signifie : *de là des haines.*

* **INDÉLÉBILE** adj. Qui ne peut être effacé. Se dit au propre et au figuré : *encre, couleur indélébile.*

INDÉLÉBILITÉ s. f. Caractère de ce qui est indélébile.

* **INDÉLIBÉRÉ, ÉE** adj. Se dit d'une action ou d'un mouvement sur lequel on n'a point délibéré, point réfléchi : *les premiers mouvements de la colère peuvent être excusables, parce qu'ils sont indélibérés.*

* **INDÉLICAT, ATE** adj. Qui manque de délicatesse dans les sentiments : *c'est être bien indélicat que d'agir ainsi.* — Se dit aussi des choses : *ce procédé me semble fort indélicat.*

* **INDÉLICATEMENT** adv. D'une manière indélicate : *il en a agi bien indélicatement avec moi.*

* **INDÉLICATESSE** s. f. Manque de délicatesse dans les sentiments ; ou procédé indélical.

* **INDEMNE** adj [ain-dèmm-ne] (lat. *indemnis*). Jurispr. Indemnisé, dédommagé. S'emploie principalement dans cette phrase : *rendre quelqu'un indemne.* — Dans le langage ordinaire signifie quelquefois, sans dommage : *ils ne demandaient qu'à sortir indemnes de l'embarras où ils s'étaient mis.*

* **INDEMNISER** v. a. [in-damm-ni-zé]. Dédommager ; payer à quelqu'un le dommage qu'il souffre ou qu'il a souffert : *il a agi en vertu de votre procuration, c'est à vous de l'in-*

demniser. — S'indemniser v. pr. : *vous pourrez vous indemniser là-dessus.*

INDEMNITÉ s. f. [in-damm-]. Dédommagement : *il a eu tant pour son indemnité.* — Quelquef. Acte par lequel on promet d'indemniser. — Jurispr. féod. S'est dit du droit que les gens de mainmorte devaient au seigneur, pour le dédommager des droits qui lui auraient été dus aux mutations : *cette communauté, en faisant telle acquisition, paya le droit d'indemnité.* — Législ. « Le mot *indemnité* est peu employé dans le sens de réparation de dommages; on se sert alors du mot composé *dommages-intérêts.* (Voy. DOMMAGE.) Le terme indemnité signifie, en général, récompense ou remboursement d'avances (C. civ. 1403, 1406, 1493, etc.); mais il s'applique plus spécialement aux sommes allouées à ceux qui sont dépossédés d'un immeuble ou qui éprouvent un préjudice par suite d'ouverture ou d'alignement de voies publiques, ou par suite d'expropriation pour cause d'utilité publique. Ce mot est encore usité pour signifier le remboursement à forfait, et selon les distances, des frais de route alloués à des témoins ou à des jurés. Les *indemnités de logement* sont des allocations que reçoivent certains fonctionnaires ou agents en dehors de leur traitement. Les sénateurs et les députés reçoivent une *indemnité* qui est de 750 fr. par mois, pendant toute la durée de leur mandat. Elle est basée sur celle de 25 fr. par jour qui était attribuée aux membres du peuple par la loi du 15 mars 1849. » (CH. Y.)

INDÉNIABLE adj. Que l'on ne peut dénier : *le fait est indéniable.*

INDENTATION s. f. [ain-dan-]. Echancrure pareille à celle que produisent les dents sur un objet que l'on mord.

INDENTER v. a. Géogr. Echancrer, en parlant de l'action de la mer sur les côtes : *cette côte est profondément indentée.*

INDENTURE s. f. Géogr. Enfoncement produit par l'action de la mer : *les indentures qui découpent la côte.*

INDÉPENDAMMENT adv. Sans dépendance, d'une manière indépendante : *Dieu peut agir par lui-même, indépendamment des causes secondes.* — Sans aucun égard, sans aucune relation à une chose : *indépendamment de tout ce qui pourra te arriver.* — Outre, par-dessus : *indépendamment de ces avantages, vous en aurez encore un autre.*

INDÉPENDANCE s. f. Etat d'une personne indépendante : *il est, il vit dans l'indépendance.* — Se dit également en parlant des nations, des corps politiques : *la guerre de l'indépendance des Etats-Unis d'Amérique.* — Quelquef. Goût de l'indépendance : *un esprit d'indépendance.*

INDÉPENDANT, ANTE adj. Qui ne dépend point de telle personne ou de telle chose, qui ne lui est point subordonné : *il commande un petit corps d'armée indépendant du général en chef.* — Se dit également des choses qui n'ont point de rapport, de relation avec une autre : *ce point est indépendant de la question.* — Absol. Qui est libre de toute dépendance : *peuple indépendant.* — Qui aime à ne dépendre de personne, qui ne se laisse pas dominer par la volonté d'autrui : *esprit indépendant.* — Substantiv. Secte qui, en Angleterre, ne reconnaissait point d'autorité ecclésiastique : *la secte des indépendants.* — Indépendants, secte protestante qui naquit en Angleterre au XVIe siècle. L'élément puritain forma, sous le règne de Marie, des congrégations secrètes dissidentes, essentiellement indépendantes pour l'organisation et pour le gouvernement de l'Eglise. Le premier mouvement fait au grand jour eut lieu sous la conduite de Robert Brown, vers 1585. Les indépendants furent d'abord appelés brow-

nistes, mais leur discipline ayant été modifiée par John Robinson et par Henry Jacob, ils prirent le nom d'indépendants. Un certain nombre de ceux-ci, partis de la Hollande, portèrent leur doctrine en Amérique en 1620. Ils furent tout puissants en Angleterre pendant le commonwealth, Cromwell appartenant à leur communion. (Voy. CONGRÉGATIONALISME.)

INDÉPENDENCE. I. ville du Texas (Etats-Unis), à 110 kil. E. d'Austin; environ 1,000 hab. — II. Ville de l'Iowa, sur la rivière Wapsipinicon, à 90 kil. de Dubuque; 3,430 hab. Asile d'aliénés de l'Etat. — III. Ville du Missouri, à 15 kil. E. de Kansas; 3,190 hab. Les Mormons s'y établirent en 1837, mais ils en furent chassés.

INDÉRACINABLE adj. Qui ne peut être déraciné. Ne s'emploie guère que fig. : *des préjugés indéracinables.*

INDESCRIPTIBLE adj. Qui ne peut être décrit, exprimé : *un bonheur indescriptible.*

INDESTRUCTIBILITÉ s. f. Qualité ou état de ce qui est indestructible.

INDESTRUCTIBLE adj. Qui ne peut être détruit : *germe indestructible.*

INDÉTERMINATION s. f. Irrésolution : *il est encore dans l'indétermination.*

INDÉTERMINÉ, ÉE adj. Qui n'est pas déterminé, fixé : *un espace indéterminé.* — Irrésolu, indécis : *il ne sait s'il fera son voyage, il est encore indéterminé.* (Vieux.) — Mathém. PROBLÈMES INDÉTERMINÉS, ceux qui ont un nombre illimité de solutions. QUANTITÉS INDÉTERMINÉES, celles que l'on introduit dans le calcul sans leur assigner actuellement une valeur déterminée.

INDÉTERMINÉMENT adv. D'une manière indéterminée, vague; sans rien spécifier : *il lui a promis beaucoup de choses, mais indéterminément.*

INDÉVOT, OTE adj. Qui n'a point de dévotion, qui ne respecte pas les pratiques religieuses : *cet homme est indévot.* — Se dit quelquefois du ton, des manières, etc. : *parler d'un ton indévot, discours indévot.* Il s'emploie aussi substantivement, en parlant des personnes : *c'est un indévot, une indévote.*

INDÉVOTEMENT adv. D'une manière indévote : *assister à la messe indévotement.*

INDÉVOTION s. f. Manque de dévotion, manque de respect pour les pratiques religieuses : *son indévotion scandalise tout le monde.*

INDEX s. m. [ain-dèkss]. Mot pris du latin, qui signifie, la table d'un livre. Est principalement d'usage en parlant de la table d'un livre latin : *l'index d'un livre.* — Fig. METTRE UNE CHOSE A L'INDEX, l'interdire, en défendre l'usage. Se dit plus particul. de la défense que fait une autorité quelconque de publier, d'exposer un certain ouvrage, un livre, une gravure, etc. : *ce livre fut mis à l'index.* On dit de même, *Ce livre, cette gravure est à l'index de la police, est à l'index.* — Se dit encore du doigt le plus proche du pouce, parce que c'est de celui-là qu'on se sert ordinairement pour indiquer, pour montrer quelque chose : *entre le pouce et l'index.* On dit aussi adjectiv. *Le doigt index.* — Se dit également d'une aiguille portée par un pivot, et dont l'extrémité parcourt un limbe divisé. — Index Librorum, catalogue de livres censurés par l'autorité suprême de l'Eglise catholique romaine comme préjudiciables à la foi et à la morale. Ce catalogue est double : il comprend la liste des livres dont la lecture est absolument défendue (*Index Librorum prohibitorum*), et, celle des livres défendus, seulement jusqu'à ce que leurs auteurs les aient corrigés (*donec emendetur* ou *index expurgatoire*). Ce catalogue est

publié par la *congrégation de l'Index,* composée de cardinaux nommés par le pape, d'un corps de théologiens examinateurs et d'un secrétaire qui est de droit un dominicain. Cette congrégation remonte au concile de Trente sous Pie IV, et son établissement officiel est dû à Pie V. Les décrets de la congrégation de l'Index n'ont jamais été reconnus en France. Nous ne pouvons citer tous les auteurs dont les ouvrages ont été condamnés par cette congrégation, depuis Galilée et Copernic jusqu'à Alexandre Dumas et George Sand; nous dirons seulement qu'il n'est guère de bon livre de science, de morale ou même de piété qu'elle n'ait proscrit.

INDIANA, l'un des états de l'Union américaine, entre le lac Michigan, et les états de Michigan, de l'Ohio, du Kentucky et de l'Illinois, divisé en 92 comtés; 94,443 kil. carr.; 1,978,301 hab., dont 25,000 nègres. En 1800, la population totale n'était que de 5,500 hab. Cap., Indianapolis; v. princ., Evansville, Fort-Wayne, Terre-Haute, etc. La population comprend 6,000 Canadiens, 7,000 Français, 90,000 Allemands, 11,000 Anglais; 30,000 Irlandais, 3,000 Ecossais, 5,000 Suisses, etc. Territoire plat, sans aucune montagne, arrosé de la Kankakee, par le Wabash, par la White River et borné au S. par le cours de l'Ohio. La principale richesse minérale est constituée par la houille. Température très-froide en hiver. Grande production de blé, de maïs, de seigle, d'avoine, de pommes de terre, de tabac, de sucre d'érable, etc. — L'assemblée générale se compose d'un sénat de 50 membres élus pour 4 ans et d'une chambre des représentants de 100 membres élus pour 2 ans; le gouverneur, élu pour 4 ans, est assisté d'un ministère élu pour

Sceau de l'état d'Indiana.

2 ans. Tous les juges sont élus par le peuple. Dette, 20 millions de fr., recettes 14 millions, dépenses 13 millions. — Instruction très répandue. — 400 journaux ; 5,500 bibliothèques (1,500,000 vol.). Principales dénominations religieuses: méthodistes (1,450 organisations), baptistes (390), christians (510), presbytériens (390), catholiques romains (210), luthériens (200), etc. — Le territoire qui forme aujourd'hui l'état d'Indiana faisait jadis partie de la Nouvelle-France. Les premiers établissements y furent fondés en 1702 par des Canadiens français qui descendirent le cours du Wabash et créèrent plusieurs postes, dont le principal se nommait Vincennes. Tout ce territoire fut cédé aux Anglais en 1763. Les Américains commencèrent l'extermination des Indiens en 1788 et les chassèrent définitivement en 1811. L'état fut admis dans l'Union le 11 déc. 1816; il se donna une nouvelle constitution en 1851.

INDIANAPOLIS, capitale et la plus grande ville de l'Indiana, au centre de cet état, sur la rivière White, à 160 kil. O. de Cincinnati et à 245 kil. S.-S.-E. de Chicago. Elle est bâtie au milieu d'une plaine fertile. Dans le voisinage se trouvent de riches mines de charbon. La ville est régulièrement bâtie, avec des rues larges, elle a sept parcs de 4 à 100 acres. Les principaux édifices publics en dehors ou dans l'intérieur de la ville sont : la maison d'État, l'institut de l'État pour les aveugles, un asile d'aliénés, un institut de sourds et muets, un arsenal des États-Unis, la poste, un palais de justice, un hôtel de

Indianapolis (Maison d'État).

ville et une académie de musique. Articles de fer, instruments d'agriculture, voitures, tissus de coton, moulins, verreries, huiles, machines à coudre; conserves de porcs. — Indianapolis fut fondée en 1819. En 1825, elle remplaça Corydon comme siège du gouvernement. 80,000 hab.

INDIANOLA, ville et port du Texas, sur la côte O. de la baie de Matagorda, à 180 kil. S.-O. de Galveston; 2,110 hab. (490 de couleur).

INDIBILIS, chef d'une tribu espagnole qui s'unit aux Carthaginois pendant la seconde guerre punique. Successivement vainqueur et vaincu dans ses luttes avec Rome, il périt sur le champ de bataille, en 205 av. J.-C.

* INDICATEUR s. et adj. m. Celui qui fait connaître, qui dénonce un coupable : *on reçut la déposition de l'indicateur.* (Vieux.) — adj. Se dit, d'une manière plus générale de ce qui indique. — Anat. L'index. On dit aussi adjectiv. : *le doigt indicateur.*

INDICATEUR s. m. Ornith. Genre de cuculidés dont environ dix espèces ont été décrites. Les indicateurs habitent les districts boisés de l'Afrique, de l'Inde et des îles Indiennes. Ils sont de la grosseur d'un pinson. Lorsqu'un oiseau de ce genre aperçoit un voyageur, il vole en gazouillant dans les

Indicateur.

arbres, afin d'attirer son attention; quand il pense avoir atteint son but, il se dirige vers l'essaim d'abeilles sauvages le plus rapproché, en se perchant de temps en temps et en regardant en arrière pour voir si la personne

le suit; arrivé à l'arbre qui contient le miel, il plane au-dessus, et se pose sur la branche la plus rapprochée; il attend avec anxiété et bruyamment sa part des dépouilles.

* INDICATIF, IVE adj. (lat. *indicativus*). Didact. Qui indique : *ce symptôme est indicatif d'une crise, d'une grande révolution d'humeurs.*

* INDICATIF s. m. Gramm. Mode des verbes qui exprime. l'état ou l'action d'une manière positive, certaine et absolue : *dans la conjugaison, l'indicatif est le premier mode. J'aime est le présent de l'indicatif du verbe Aimer.* Adjectiv. : *le mode indicatif.*

* INDICATION s. f. Action par laquelle on indique : *il fut arrêté dans la foule, sur l'indication d'un tel.* — Quelquef. Renseignement, désignation : *cela peut fournir d'utiles indications.* — Ce qui indique, ce qui donne à connaître quelque chose, et qui est une espèce de signe : *son embarras est une indication de sa faute, une indication qu'il se sent coupable.* Dans ce sens, il s'emploie souvent en termes de méd. : *c'est une indication que la bile est en mouvement.* — Méd. Se dit également du moyen, du mode de traitement que les symptômes de la maladie indiquent au médecin : *indication curative.*

* INDICE s. m. (lat. *indicium*). Signe apparent et probable qu'une chose est, existe : *puissant indice.* — Se dit aussi de l'index ou du catalogue imprimé des livres défendus à Rome par la congrégation chargée d'exercer la censure : *la congrégation de l'Indice.* Dans ce sens, il est moins usité qu'*Index.*

* INDICIBLE adj. Qu'on ne saurait exprimer : *joie indicible.* N'est guère usité que dans ces sortes de locutions.

* INDICTION s. f. (lat. *indictio*). Convocation d'une grande assemblée à certain jour. Ne se dit guère qu'en parlant de la convocation d'un concile ou d'un synode : *depuis l'indiction du concile de Trente jusqu'à l'ouverture.* — Chron. Période de quinze années. N'est plus en usage que dans les bulles du pape, et dans certaines cours ecclésiastiques : *l'indiction est dans les trois cycles qui entrent dans la période Julienne.* — INDICTION PREMIÈRE, INDICTION SECONDE, etc., la première année, la seconde année, etc., de chaque indiction.

* INDICULE s. m. dim. Petit indice ; ce qui montre, ce qui enseigne, annonce quelque chose. (Peu usité.)

INDIEN, IENNE adj. Qui est de l'Inde ; qui appartient à ce pays ou à ses habitants. — Qui appartient aux indigènes de l'Amérique. — OCÉAN INDIEN. (Voy. Océan.) — TERRITOIRE INDIEN. (Voy. Territoire.) — Substantiv. : *la plupart des Indiens sont aujourd'hui civilisés.* — ENCYCL. Lorsque l'Amérique fut découverte par Colomb, on supposa qu'elle faisait partie de l'Inde; d'où le nom d'*Indiens* que l'on donna aux naturels. Tout le continent était habité par des peuplades, les unes tout à fait sauvages, les autres à demi civilisées, et dont l'origine est un sujet inépuisable de controverses. On croit qu'elles étaient venues par le Kamtschatka. Chaque tribu portait un nom, ordinairement celui d'un animal ou d'un objet très connu. Quelques-unes reçurent des surnoms après l'invasion des blancs, et d'autres prirent pour nom celui du pays qu'elles habi-

taient. D'un bout à l'autre du continent, ces peuplades paraissent avoir une commune origine. Lawrence établit de la façon suivante les caractères généraux qui distinguent leur race : peau brune, teintée de cannelle ou quelquefois rougeâtre; iris sombre; chevelure longue, noire et droite; barbe peu fournie ou même absente; œil enfoncé; nez large, mais proéminent; lèvres épaisses et arrondies; face large d'un côté à l'autre des joues. qui sont proéminentes. La forme générale de la tête est carrée, avec un front bas, mais large, un crâne aplati en arrière et élevé au sommet, un cerveau assez développé et une mâchoire puissante. La taille moyenne n'est pas aussi haute que dans les autres races; le développement musculaire est faible. Bien qu'ils soient actifs et agiles à la course et dans des travaux de peu de durée, les Indiens sont inférieurs aux blancs quand il s'agit d'exercer des efforts prolongés. Leur teint varie entre le brun sombre des tribus californiennes et la couleur presque blanche des Mandans et des Chinouks. Dans l'Amérique du Nord, le naturel se montre fier, taciturne, hautain et stoïque; rusé et vigilant quand il s'agit de surprendre son ennemi; persévérant dans ses entreprises, vindicatif, cruel pour ses prisonniers, brave et féroce à la guerre, paresseux et grave pendant la paix. Les propensions animales l'emportent de beaucoup sur les tendances intelligentes. Pour eux, l'agriculture se borne à récolter les fruits de quelques plantes et l'industrie à fabriquer des canots avec des écorces d'arbre ou avec des arbres creusés; dans quelques endroits, on s'occupe de travaux de vannerie, on tisse de grossières étoffes, on fabrique des armes ou des images sculptées. A l'arrivée des premiers Européens, les parties les plus civilisées étaient celles qui s'étendent depuis le Nouveau Mexique jusqu'au Pérou. Les indigènes de ces pays habitaient des maisons permanentes et non de misérables huttes comme ceux des autres contrées. Les Pueblos du Nouveau Mexique avaient des villes et cultivaient le sol. Le tabac était d'un usage général parmi les Indiens; les guerres se faisaient par embuscades, surprises et trahisons plutôt que par batailles rangées. Il n'y avait de lois que dans le Mexique et le Pérou, où les souverains jouissaient d'une certaine puissance; ailleurs, les gouvernements étaient d'une grande faiblesse. Quelques tribus appartenaient à des rois ou à des chefs héréditaires; d'autres élisaient, pour les gouverner, l'indigène le plus brave ou le plus habile; les femmes vivaient dans un état d'infériorité dégradante; on les chargeait de tous les travaux, excepté ceux de la guerre et de la chasse. Ces êtres arriérés croyaient à une existence future et rendaient de grands honneurs aux cadavres; ils reconnaissaient un Être Suprême, dont ils s'occupaient moins que des génies bienfaisants et des génies malfaisants; ils cherchaient surtout à apaiser la colère de ces derniers, au moyen de sacrifices d'hommes et d'animaux. Dans le Nord, on ne connaissait d'autre moyen de perpétuer le souvenir des événements, que l'emploi des plus grossiers hiéroglyphes, dont un seul système, celui des Micmacs, en Nouvelle-Ecosse, a pu être adopté par les Européens. Mais les Mexicains faisaient usage d'un système d'écriture par la peinture qui a été conservé et expliqué; les Péruviens venaient en aide à leur mémoire au moyen de ficelles auxquelles ils faisaient des nœuds. Espagnols et Français ont fait des efforts systématiques pour civiliser ces peuplades dites sauvages; des missions furent établies dans toutes les parties où des colonies se fondaient. Le gouvernement espagnol alla plus loin : il éleva les enfants des princes et des chefs en leur donnant l'éducation et le rang des nobles castillans. L'intelligence des jeunes indigènes ne se montra pas toujours inférieure à celle des Européens. Les basses classes des Indiens ont même pu être assimilées aux basses classes des conquérants et admises aux mêmes droits civils; il ne faut pas oublier que la masse du peuple dans l'Amérique espagnole est principalement d'origine indienne. — Les Français, en s'établissant au Canada et dans la Louisiane, cherchèrent surtout à acquérir sur les indigènes une influence civilisatrice et pacifique. En cela, leur politique différait essentiellement de celle des colons anglais qui nes'occupèrent des premiers occupants que pour les repousser ou les exterminer. Plus tard, des efforts individuels furent faits pour établir des missions; mais, tandis que les Français respectaient les traités avec leurs alliés du Canada et du bassin du Mississipi, les Anglais ne connurent d'autre moyen de domination que la guerre. Ils classèrent d'abord les indigènes de la Virginie (1622-'44-'75), détruisirent les Pequots (1637), exterminèrent d'une façon toute biblique les Narragansetts (1643) et commencèrent, en 1675, la guerre contre Philippe, chef des Wampanoags, guerre qui se termina par l'expulsion des derniers. En 1675, les colons de la Virginie et du Maryland s'engagèrent dans une lutte à mort contre les Susquehannas. Pendant ce temps, les Anglais lançaient les Iroquois sur nos alliés du Canada, que notre influence avait rendus paisibles. Les Hollandais de la Nouvelle-Amsterdam ne s'étaient pas montrés moins belliqueux que les Anglais; ils avaient décimé les tribus de leur voisinage (1643). Sous l'effort des colons anglais disparurent successivement les Tuscaroras (1714), les Pennacooks et les Norridgewocks. Enfin, débarrassés de ce côté, les Américains songèrent à nous enlever le Canada; nos alliés eurent cruellement à souffrir des guerres que nous eûmes à soutenir pour défendre nos possessions. Nous fîmes regretter aux Renards et aux Miamis de nous avoir attaqués et nous exterminâmes complètement les Natchez. Après avoir conquis le Canada, nos ennemis se trouvèrent en face de populations indigènes qui nous regrettaient. Ils firent disparaître les Cherokees (1760). La guerre de l'indépendance des États-Unis ne fut pas moins fatale aux malheureux Indiens. Forcés de prendre parti pour l'un ou pour l'autre des belligérants, ils s'entr'égorgèrent. Devenus indépendants, les États-Unis commencèrent par supprimer les tribus qui s'étaient rangées du côté des Anglais; ensuite, ils ne durent aucune reconnaissance pour celles qui les avaient soutenus dans leur révolte, ils les dépossédèrent peu à peu de leurs territoires et les refoulèrent dans les forêts du centre. Les Miamis, refusant d'évacuer un pays qui leur appartenait depuis longtemps, prirent les armes, en 1790, battirent les Américains en trois rencontres et ne furent soumis qu'en 1793. Pendant la guerre avec les Anglais, plusieurs tribus soulevèrent la frontière, mais le général américain Harrisson parvint à vaincre leurs forces combinées, dans la bataille de la Thames (1813); les Creeks durent se soumettre en 1814; les Seminoles en 1817; les Creeks et les Cherokees furent déportés au loin en 1838 et les Seminoles, ne voulant pas abandonner leur territoire, soutinrent une guerre qui dura de 1835 à 1842. Les Comanches, les Apaches, les Sioux, et autres tribus occidentales n'ont pas été moins maltraitées. En 1875, on évaluait le nombre des Indiens non civilisés, qui vivent encore sur le territoire des États-Unis, à 279,337; ceux des Indiens civilisés à 25,000. Les tribus les plus nombreuses sont celles des Sioux, des Cherokees, des Chactaws, des Creeks, des Chippeouais, des Ottawas et des Pueblos. La population indienne de la colonie anglaise est évaluée à 150,000; celle de l'Amérique du Sud à 7 millions. Au Mexique et

dans l'Amérique centrale, les Indiens forment la plus grande partie de la population. — Langues indigènes. Les langages parlés par les Indiens d'Amérique forment un groupe à part qui ne se rapporte à aucun idiome des autres parties du monde. Parmi les traits qui les unissent entre eux et qui témoignent d'une commune origine, le principal est la prédominance du verbe, par laquelle le verbe, le sujet et les compléments (directs et indirects) peuvent être conjugués ensemble comme un seul mot. La plupart de ces langues ne possèdent que peu de sons; et, quelquefois, les derniers ressemblent à des glossements confus qu'il est impossible de noter au moyen de nos caractères alphabétiques. A la pauvreté des sons se joignent une véritable indigence de mots et un manque absolu de termes abstraits. Dans le résumé ci-dessous, on a mentionné seulement les langues dont il a été fait une étude spéciale et dont il a été publié des grammaires et des vocabulaires. 1° AMÉRIQUE DU NORD. Dans les différents dialectes des Esquimaux, comme dans les autres langues américaines, la prononciation est pectorale, si nous pouvons nous exprimer ainsi, et les consonnes se distinguent confusément. Il y a un mot pour désigner chaque objet, suivant son sexe, son âge, etc. Plusieurs suffixes et de nombreuses postpositions dénotent les accidents de déclinaison, de comparaison et de conjugaison. La numération procède par vingtaines. La langue des Karalits (Esquimaux du Groënland) accumule les syllabes dures, abonde en t, k, z, r, mais n'a pas les consonnes f, h, z, b, g, l, v. — 20 est désigné par les mots : mains et pieds. — Plusieurs des dialectes algonquins ont été étudiés à fond ; on a pu les figurer au moyen de lettres qui servit à publier des livres et même des journaux. Dans ces dialectes, il n'y a ni articles, ni genres (le mâle et la femelle étant désignés par des mots différents). Les objets sont divisés en nobles et ignobles; quelquefois en animés et inanimés: ainsi les Delawares font de l'arbre un être noble et de l'herbe un objet ignoble. Les noms subissent, au moyen de suffixes, des modifications que l'on a comparées à des cas; de plus, ils supportent, comme les verbes, une sorte de conjugaison, par l'adjonction des pronoms possessifs, sous forme de préfixes. Ex. Chez les Delawares : ooch, père; nooch, mon père; kooch, ton père; nooohenana, nos pères; koochunna, votre père; koochewawa, vos pères. Les verbes affectent une grande multiplicité de formes, non seulement positives, négatives, réflectives et réciproques ; mais encore animées et inanimées. Ex. : ni sakiha, je l'aime (en parlant d'un être animé); ni sakiton, j'aime cela (objet inanimé); ni sakiha, tu aimes lui; o sakihan, il aime lui; ki sakih, tu m'aimes; ki sakihimin, tu nous aimes; ki sakihim, vous m'aimez; ki sakihin, je l'aime; ki sukihinimin, nous l'aimons; passif : ni sakihigo, je suis aimé. — Les dialectes de la famille des Hurons-Iroquois manquent généralement de labiales. Les verbes comportent deux paradigmes, contenant chacun 5 conjugaisons régulières. Dans le paradigme k, il y a 13 personnes : je, tu, il, elle, on; toi et moi, lui et moi, vous deux, eux deux, elles deux (faisant 5 formes de duel); et pour le pluriel, vous et nous, eux et nous, vous, eux, elles (5 formes). Le paradigme w a 11 personnes. Lorsque l'on conjugue un verbe, les pronoms ne s'emploient pas sous leurs formes séparées; on les remplace par des affixes modificatifs ; chaque substantif ou verbe peut le devenir; il n'y a pas d'articles, pas de prépositions; peu d'adjectifs, d'adverbes ou de conjonctions. Les substantifs ne possèdent ni cas ni genres; ils se distinguent en deux classes, l'une comprenant l'Être Suprême, les génies, l'homme et la femme, et l'autre toutes les autres créatures, animées ou

inanimées. Le verbe adopte les formes réflective, réciproque et passive par l'addition de certaines syllabes. Ex. : kenonouiz, j'aime; katatenonouiz, je m'aime; tetiatatenonouiz, nous nous aimons. Dans les dialectes dakota, il y a des pronoms séparés et des pronoms incorporés; un duel pour la première personne : nous (toi et moi); mais il n'y a pas d'incorporation pour le pronom de la troisième personne, quelque soit le nombre, si bien que la troisième personne du singulier est la forme la plus simple des verbes. Ces derniers possèdent l'indicatif, l'impératif, un temps indéfini et un temps futur. Ainsi, dans le dakota ou sioux : kashka, il attache; yakashka, tu attaches; ouakashka, j'attache; unkashka, nous deux attachons; kashkapi, ils attachent; yakashkapi, vous attachez; unkashkapi, nous attachons. On marque la possession en plaçant le possesseur devant l'objet possédé et l'adjectif possessif après celui-ci. Ex. : la maison du chef, outichuch tayatapi tipi taoua (chef maison sa). Le pluriel se forme en ajoutant pi aux substantifs et aux verbes. La langue sélique, parlée par les Têtes-Plates, manque des consonnes f, v, d, r; elle possède un d particulier qui se prononce entre la langue et le palais. Les substantifs n'ont pas de cas; leur pluriel se forme en doublant la racine; ex. : skoi, mère; skoikoi, mères. — La yakama, parlé dans l'Orégon, est remarquable par la multiplicité de ses pronoms et par la double conjugaison de ses verbes. — Les Chinouks, sur la rivière Colombia, ont formé un jargon commercial par le mélange de leur langue maternelle avec des mots français et anglais. Le cherokee, qui offre de l'analogie avec les dialectes iroquois, se distingue comme étant le seul pour lequel les naturels ont adopté un alphabet particulier. Cet alphabet fut inventé, en 1826, par un métis nommé Sequoyah ou George Guess. Il se comprend pas moins de 85 caractères, dont 6 voyelles (a, e, i, o, u, un) 9 consonnes simples (g, h, l, m, n, s, d, w, y), 3 consonnes combinées (kv, dl, ts); il y a deux sortes de pronom nous : 1° in, pour moi et toi ; 2° ast, pour moi et lui; ex. : inaluniha, moi et toi attachons cela; astaluniha, moi et lui attachons cela. La pluralité est marquée par le préfixe t ou te; ex. : tetsigaouati, je vois des choses. L'action continue est indiquée par les suffixes sa et i; ex. : tsikeyusa, je l'aime sans discontinuation. Le temps parfait est de deux espèces, l'une employée quand le narrateur était présent à l'action; l'autre quand il était absent; ainsi : uhtun, il l'a tué (en ma présence); uhlet (en mon absence). Les compléments sont fréquemment exprimés par une modification du verbe; ex. : kutuwo, je me lave; kulestula, je me lave la tête; tsestula, je lave la tête (d'une autre personne), etc. Il y a ainsi 13 formes. — Le chactaw, que parlent les Chactaws et les Chickasaws, et qui offre une grande analogie avec le dialecte des Creeks ou Muskokees, est remarquable par les nombreuses particules à l'aide desquelles on nuance délicatement la signification des mots. La 3e personne du singulier dans les temps présents n'a pas de pronom et donne la forme la plus simple du verbe; il y a des pronoms séparables et des pronoms inséparables; ces derniers sont un suffixe pour la première personne et un affixe pour la deuxième : takchih, il, elle ou cela attache (ou ils attachent) lui, elle, cela ou eux; ishtakchih, tu attaches lui, elle, cela ou eux; takchilih, j'attache, etc. — Le muskokee se distingue en muskokee propre (ou creek principal) et hitchitee. Il diffère du chactaw dans les modifications du verbe : issetv (v représentant un son obscur), prendre; esais, je prends cela; esichkis, tu prends cela; esis, il prend cela. Le creek et le chactaw ne possèdent ni le son t, ni les consonnes d, g, j, r, v, z. — Le mexicain, langue de l'une des races les plus civilisées du Nouveau Monde, fut étudié par les Espagnols, et même enseigné à l'université de Mexico. Il manque des sons *b*, *d*, *g*, *r* et des consonnes espagnoles *j*, *ll*, *ñ*; mais il abonde en *t*, *z*, *ch*, *tz*, et en syllabes *tla*, *tli*, *atl*, *itl*. L'*x* se prononce avec un son guttural particulier. Le genre se distingue chez les animaux par les préfixes *okich*, mâle; *cihua*, femelle. A chaque substantif, on peut ajouter 4 particules : *tzin* ou *tzintli*, signifiant respect; *ton* ou *tonth*, pour déprécier; *pol*, signifiant excès; *pil*, diminutif affectueux, comme *ichcapil*, un agneau (cher petit mouton). Les affixes possessifs sont : *no*, *mo*, *i*, *to*, *anmó*, *in*; *calli*, maison; *nocal*, ma maison; *nomill*, mon champ labouré; *ical*, sa maison; *icxitl*, pied; *nocxi*, mon pied; *teotl*, Dieu; *notcouh*, mon Dieu. Les pronoms inséparables sont : première personne du singulier, *ni*; deuxième, *ti*; première du pluriel, *ti* (fortement accentué); deuxième *an*, *am* : *ninemi*, je vis ou je marche; *tinemi*, tu vis ou tu marches; *nemi*, il, etc.; *tinemi*, nous vivons ou marchons; *annemi*, vous, etc.; *nemi*, ils, etc. A l'impératif, *ti* et *an* sont changés en *xi* et l'on donne à chaque personne le· préfixe *ma*. Il n'y a pas de participes. Les verbes passent au transitif d'après les règles dont nous avons déjà parlé ; *ni tlazotla*, j'aime; *nino tlazotla*, je m'aime; *ni pia*, je garde; *ni tlapia*, je garde lui; *ni tepia*, je garde cela. — L'otlomi ou hiahiu (prononcez hianghiumg) est une langue monosyllabique qui ressemble au chinois; sa grammaire présente ce fait particulier que le verbe reste invariable et que c'est le pronom qui se conjugue. Plusieurs mots, écrits de la même manière, se distinguent par l'intonation. Il n'a pas de consonnes *f*, *l*, *r*, *s*; il abonde en sons gutturaux et en sons nasaux. — L'huaxtéco-maya-quiché, autrefois très répandu, ressemble à l'otomi; il possède 6 sons gutturaux très rudes et manque de *d*, *f*, *g*, *r*, *s*, *v*; il forme le pluriel par *ob* et le comparatif par *il*; ex. : *che*, bois (sing.); *che-ob*, bois (plur.); *tib*, bien; *tib-il*, mieux. Il y a 4 conjugaisons et beaucoup d'élisions. Le mixteca-zapoteca a donné naissance à plusieurs dialectes. — Dans le tarasco, il n'y a ni *f*, ni *l*, et jamais *b*, *d*, *g*, *r* ne se trouvent au commencement des mots; on distingue les substantifs en rationnels, irrationnels et inanimés. Les pronoms sont absolus ou inséparables; ces derniers s'emploient comme suffixes : *pa*, porter; *pahaca*, je porte; *panguhaca*, je suis porté; *punstahaca*, je porte toujours; *pacata*, ce qui est porté, un fardeau. — Le pima ou nevome manque des sons *é*, *f*, *l*, *z*. On peut confondre la prononciation de *b* et de *p*, de *d* et de *t*, de *c* et de *g*. Les contractions sont nombreuses. Il n'y a qu'une conjugaison et la forme verbale reste la même dans chaque temps, les pronoms et les préfixes variant avec les personnes. Le verbe actif est simple, comparé au parfait : *ani aquiarida*, je compte; *ani aquiaridacada*, je comptais; *ni vusivointad'am'igui*, j'étais assisté. Les verbes de possession dérivent des substantifs : *hunu*, maïs; *hunuga*, avoir du maïs. — 2° AMÉRIQUE DU SUD. Les Caraïbes parlaient une trentaine de dialectes harmonieux, dont presque tous les mots se terminaient par des voyelles. Terminaisons des cas : datif, *va*; accusatif, *pona*; ablatif, *ta*. Personnes : masc. *au*, *inara*; fém., *nucuya*, *niuro*, *je*; *nana*, nous; *amoro*, *iburra*, *amenle*, *lu*; *hocoya*, vous; *likia*, il; *moscan*, ils. Possessif : préfixe *e*, mon; *a*, ton; suffixe *o*, son. Pronoms verbaux : préfixes, *s*, première personne; *m*, deuxième; *n*, troisième; plur. *nanan*, etc. — Le dialecte arrawak (Berbice et Surinam) offre la particularité de former la voix passive en changeant *n* final de l'infinitif actif en *hun*. La langue des Muyscas ou Morzas, qui dominait autrefois dans la ville de Bogota, est aujourd'hui éteinte. Dans cette langue,

on comptait par vingtaines; il y avait une conjonction négative; un *l* indistinct; mais il n'y avait pas de *z* ni de *d*. — Le langage des Quichoas, parlé dans tout l'empire des Incas est rude, plein d'éclats de voix, manque de *b*, *d*, *f*, *g*, *j*, *v*, *w*, *x*, *z*; possède des cas et des prépositions; forme généralement son pluriel par l'addition de *cuna*. Il y a deux formes de *nous* : *munami*, j'aime; *munanqui*, tu aimes; *munan*, il aime; *munanchic* et *munaycu*, nous aimons; *munanquichic*, vous aimez; *munancu*, ils aiment; *munac*, amoureux; *munay*, amour; *munasca*, personne ou chose aimée. Les conjugaisons sont très riches et régulières, même pour les verbes substantifs; la syntaxe est simple et le verbe termine toujours la phrase. Les Incas parlaient une langue incompréhensible pour leurs sujets. — L'aymara est une langue pleine de rudesse dont se servent encore les descendants des Européens à la Paz et environ 400,000 aborigènes; il a formé plusieurs dialectes. — Sur le versant oriental des Andes, en Bolivie, la famille antisienne comprend 5 tribus qui ont chacune leur langue particulière : les Yuracares (Yurac, blancs; cari, hommes), les Mocetenes (Chunchos), les Tacanas, les Maropas et les Apolistas; environ 15,000 en tout. — Sur les pampas de la Plata, arrosées par le Parana et par les deux Salados, vivent environ 40 tribus. Les Abipons semblent chanter des mots démesurément longs; ils ne comptent pas au delà de trois; leur langue possède un son particulier, un demi*r* et un demi *g* (semblable au *ghain* arabe). Les Moxos, dans la Bolivie et dans la province brésilienne de Matto-Grosso parlant une langue douce et harmonieuse, qui renferme plusieurs formes de verbes et de numéraux. Parmi les Tupi-Guaranis du Brésil, Texeira compta 150 tribus; mais Spix et Martius en ont trouvé plus du double. Il est impossible de savoir exactement combien de ces tribus parlent des dialectes bien distincts. — Le guarani oriental (*lingoa geral*, langue générale du Brésil) ne possède pas *f*, *l*, *s*, *v*; mais il a le *ch* allemand, le *j* anglais, l'*u* français (écrit *y*), nos voyelles nasales; *ñ* et *ll* des Espagnols. Cas : *aba*, homo; *abaupe*, homini; *abuki*, homine; comparatif formé par le suffixe, *etc.*; pas de numéraux au delà de 4, ou que le nombre 5 se dit *ambo* (main); 10, *apacombo* (deux mains); pour les nombres plus élevés, on emploie les numéraux espagnols. Pronoms : *Yxe*, je, mon; *nde*, tu, ton; *æ*, il; *y*, son; *oro*, nous (moi et lui); *yande*, nous (moi et vous); *pee*, vous; *pe*, votre. Verbes : *a-juca*, je tue; *ere-juca*, tu tues; *o-juca*, il tue; etc. Les temps sont indiqués par des adverbes. — Le guarani méridional (guarani propre), sur les rivières Parana, Paraguay et Uruguay, est parlé par plusieurs peuplades. — Le guarani occidental est en usage chez les Chiriguani (sur le Pilcomayo), chez les Guarayi (missions des Chiquitos), chez les Cirionos (près de Santa-Cruz) et dans 160 villages entre le Chaco et le Mapayo. — Le tupi, autrefois si peu répandu des Européens et par plusieurs tribus étrangères. La langue que parlent les femmes diffère légèrement de celle des hommes. — Les Omaguas, autrefois puissante association de peuplades, sur l'Amazone, la Japura, l'Orénoque, etc., possédant une langue qui diffère essentiellement des autres idiomes américains. Cette langue est monosyllabique, nasale et gutturale; n'a pas de genres; la conjugaison est simple; le même mot acquiert des significations différentes, suivant l'intonation. On forme des verbes réciproques par le suffixe *ca*; les verbes actifs dérivent des substantifs par l'addition de *ta*. — Les Botocudos emploient une langue monosyllabique, pleine de sons nasaux, de sons particuliers, de voyelles; ils confondent ensemble *t* et *d*, ainsi

que *l*, *n* et *r*. Beaucoup de mots sont formés de syllabes doubles : *nac-nac*, mouette; *eng-eng*, pivert. Deux cas : nominatif et oblique ex. : *taru-ti-po* (coursier du ciel), le soleil ; *taru-niep* (ciel paix; paix du ciel), la lune. Pas de verbe substantif; ainsi : *he mung*, il mort; *e reha*, cela bon, etc. — L'araucan ou chilidugu, langue du Chili, est sans doute la plus harmonieuse et la plus cultivée des langues indigènes. Les mots se terminent par des voyelles et par des consonnes douces; pas de genres, les sexes se désignant par *ala*, mâle ou *domo*, femelle; trois cas formés par *ñi*, génitif; *mo*, *meu*, ablatif; *egu*, instrumental. Duel : *engu*; pluriel *ica*, *egn*, ou par le préfixe *pu*, ou en intercalant *que* entre le substantif et l'adjectif. — BIBLIOGR. Voy. les ouvrages de Charlevoix, d'Hervas, de B.-S. Barton, de Duponceau, de Schoolcraft, de Gallatin, de Trumbull, de Humboldt, de Balbi, d'Adelung, de Buschmann, d'Orozco et Pimentel, de Squier, de Brasseur, de Bourbourg, de Behrendt, etc.

INDIENNAGE s. m. Imprimerie d'indiennes.

*INDIENNE** s. f. Etoffe de coton peinte qui se fait aux Indes. Par ext. Etoffe du même genre fabriquée en Europe : *l'indienne est une étoffe légère*.

INDIENNEUR, EUSE adj. Techn. Celui ou celle qui travaille dans les fabriques d'indiennes.

*INDIFFÉREMMENT** adv. Avec indifférence, avec froideur : *il fut reçu indifféremment*. — Plus souvent, Sans distinction, sans faire de différence : *il lit toutes sortes de livres indifféremment et sans choix*.

*INDIFFÉRENCE** s. f. Etat d'une personne indifférente : *voilà une grande indifférence*. — LIBERTÉ D'INDIFFÉRENCE, état d'une âme libre de choisir entre deux partis, parce qu'aucun motif ne la fait pencher vers l'un plutôt que vers l'autre. — Se dit particul. en parlant d'une personne qui n'est point sensible à l'amour : *être, vivre dans l'indifférence*.

*INDIFFÉRENT, ENTE** adj. Qui ne présente en soi aucune cause de détermination, aucun motif de préférence : *le choix entre ces deux choses est indifférent*. — ACTIONS INDIFFÉRENTES, les actions qui, d'elles-mêmes, ne sont ni bonnes ni mauvaises. — Qui touche peu, dont on ne se soucie point; et ce sens est plus ou moins étendu selon la qualité des choses dont on parle : *tout cela m'est indifférent, je n'y prends aucune part*. — Qui est de peu d'intérêt, qui n'est d'aucune importance, d'aucune conséquence : *nous ne parlions que de choses indifférentes*. — Se dit aussi des personnes. Qui n'a pas plus de penchant pour une chose que pour une autre, pour un parti que pour un autre : *il n'est plus temps de demeurer indifférent, il faut prendre un parti*. — Philos. LA MATIÈRE EST D'ELLE-MÊME INDIFFÉRENTE AU REPOS OU AU MOUVEMENT, elle n'a d'elle-même ni l'une ni l'autre de ces qualités, et elle est également susceptible de l'une ou de l'autre. — Qui n'est point touché de quelque chose, qui ne prend point d'intérêt à quelqu'un ou à quelque chose : *il reste indifférent à tout ce qui se passe*. — Absol. Qui n'a d'attachement à rien, qui n'est touché de rien : *c'est un homme indifférent, rien ne peut l'émouvoir*. — Se dit, particul., d'une personne qui n'est point sensible à l'amour : *une femme indifférente*. — Se prend quelquefois substantiv. en parlant des personnes : *il fait l'indifférent*. On dit en plaisantant, *Une aimable, une belle indifférente*; et ironiquement, *Un bel indifférent*.

*INDIGÉNAT** s. m. Droit qui appartient aux citoyens d'un Etat : *il obtint l'indigénat*.

INDIGENCE s. f. Grande pauvreté, privation du nécessaire : *extrême indigence*. — Se dit absol. des indigents en général : *secourir* *l'indigence.* — S'emploie quelquefois fig., au sens moral : *indigence d'idées.*

* INDIGÈNE adj. Qui est du pays, qui en est originaire : *plantes indigènes.* — Se dit, particul., des peuples établis de tout temps dans un pays : *peuples indigènes.* Dans ce sens, est souvent employé comme substantif : *les indigènes de l'Amérique.*

INDIGÉNÉITÉ s. f. Qualité d'indigène.

* INDIGENT, ENTE adj. [ain-di-jan] (lat. *indigens*). Nécessiteux, extrêmement pauvre : *assister ceux qui sont indigents.* — Se prend aussi substantiv. : *on doit secourir l'indigent, les indigents.*

* INDIGESTE adj. (lat. *indigestus*) Qui est difficile à digérer : *viande indigeste.* — Qui n'est pas digéré : *il rend les viandes crues et indigestes.* (Vieux.) — Fig. Qui est embrouillé, confus, mal ordonné, surtout en parlant des ouvrages d'esprit : *ouvrage, compilation indigeste.*

* INDIGESTION s. f. Mauvaise digestion ; coction imparfaite des aliments dans l'estomac : *avoir une indigestion.* — ENCYCL. L'indigestion survient ordinairement quelques heures après l'ingestion d'aliments trop copieux, ou de mauvaise qualité ou sous l'influence d'une cause étrangère telle que l'action du froid ou une vive affection morale. Les symptômes de l'indigestion varient selon les individus ou selon la gravité de l'affection; tantôt il y a seulement gêne et pesanteur de l'estomac, rapports acides, ballonnements de l'abdomen, et dans ce cas une légère infusion de thé ou de camomille rétablit vite la régularité de la digestion ; tantôt ces symptômes légers sont accompagnés de *dégoût*, de *nausées*, de *borborygmes*, d'*éructations* ou renvois acides ayant l'odeur de l'hydrogène sulfuré, et enfin de *vomissements* et d'*évacuations* de matières incomplètement digérées. Il faut alors favoriser les vomissements en titillant la luette ou en administrant un léger vomitif; quelques gouttes de laudanum calment vite les coliques. Il est facile de distinguer l'indigestion de la gastrite, de l'entérite et de l'occlusion intestinale en raison même de l'invasion subite et de la courte durée de la maladie, ainsi que du soulagement qui suit les vomissements; l'absence de crampes, de refroidissement et la nature des évacuations empêchent de la confondre avec le choléra sporadique, de même que la violence des douleurs et la simple inspection des matières vomies la distinguent de l'empoisonnement.

* INDIGÈTE adj. (lat. *indiges*). Nom que les anciens donnaient aux héros divinisés, aux demi-dieux particuliers d'un pays : *Énée était à Rome un dieu indigète.*

* INDIGNATION s. f. [gn mll.]. Sentiment de colère et de mépris, qu'excite un outrage, une injustice criante, une action honteuse, etc : *cela donne de l'indignation, excite l'indignation.*

* INDIGNE adj. [gn mll.]. Qui n'est pas digne, qui ne mérite pas : *il est indigne des grâces que vous lui faites.* — S'applique également aux choses : *un crime, une faute indigne de pardon.* — Jurispr. Se dit particul. de ceux qui, pour avoir manqué à quelque devoir essentiel envers une personne, de son vivant ou après sa mort, sont privés de sa succession : *ceux que la loi déclare indignes de succéder, déclare indignes.* — S'emploie aussi comme substantif : *les enfants de l'indigne.* — Quelquef. Titre que l'on se donne par humilité : *Signé : Un tel, prêtre indigne, capucin indigne.* — Qui n'est pas séant, convenable : *une telle conduite est indigne d'un homme d'honneur.* — Méchant, odieux, très condamnable : *malheur à l'homme indigne qui oublie à ce point ses devoirs!* — COMMUNION INDIGNE, communion qui n'est pas faite avec les dispositions requises. — s. Personne vile,

méprisable : ne me parlez pas de cet homme-là, c'est un indigne. (Fam.)

* INDIGNEMENT adv. D'une manière indigne : *s'acquitter indignement de ses devoirs.*

* INDIGNER v. a. [gn mll.] (lat. *indignari*, s'indigner). Exciter l'indignation : *cette action indigna tout le monde contre lui.* — ÊTRE INDIGNÉ, éprouver de l'indignation : *je suis indigné de sa conduite.* — S'indigner v. pr. Être indigné, courroucé : *ils s'indignèrent de ce joug honteux.*

* INDIGNITÉ s. f. Qualité odieuse par laquelle on est réputé indigne d'une grâce, d'un emploi, d'un héritage, etc : *l'indignité du pécheur.* — Méchanceté, noirceur, énormité : *l'indignité de cette action, de ce procédé, de cette conduite souleva tout le monde contre lui.* — Action indigne, odieuse, *quelle indignité!* — Particul. Outrage, affront : *traiter avec indignité.*

* INDIGO s. m. (lat. *indicus*, de l'Inde). Matière colorante qui sert à teindre en bleu, et que l'on retire, par la fermentation ou autrement, des feuilles et des tiges de certaines plantes légumineuses des régions équatoriales : *le bleu que donne l'indigo est le plus beau et le plus solide.* — Se dit, quelquefois, des plantes mêmes qui fournissent l'indigo, et qu'on nomme plus ordinairement INDIGOTIERS : *la culture de l'indigo.* — Par ext. Toute couleur semblable à celle de l'indigo : *l'indigo est une des sept couleurs primitives.* — Adjectiv. : *bleu indigo, robe indigo.* — ENCYCL. L'indigo est une teinture végétale d'un bleu profond, connue des anciens sous le nom d'*indicum*, parce qu'elle fut apportée de l'Inde en Europe. L'usage de l'indigo pour la teinture fut probablement introduit en Italie dès le XIe siècle. Au commencement du XVIIe siècle, son importation par les Hollandais souleva de vives réclamations parce qu'il remplaçait les bois indigènes. La diète allemande défendit son emploi en 1577 et le parlement anglais le prohiba en 1581; ces lois furent pendant longtemps strictement exécutées. L'indigo se produit par plusieurs plantes appartenant à l'ordre des *légumineuses.* (Voy. INDIGOTIER.)

INDIGOFÈRE adj. (rad. *indigo* et lat. *fero*, je porte). Bot. Qui contient ou qui produit de l'indigo : *plante indigofère.* — s. m. Se dit de toute plante qui produit de l'indigo : *l'indigofère est bien cultivé.*

* INDIGOTERIE s. f. Lieu où l'on prépare, où l'on fait l'indigo.

* INDIGOTIER s. m. Bot. Genre de légumineuses, qui croissent dans les régions tropicales de l'Asie, de l'Afrique et de l'Amérique,

Indigofera tinctoria.

et dont quelques espèces fournissent la matière colorante qu'on nomme indigo : *indigotier franc.* — Les trois espèces principales de

ce genre de plantes, celles qui produisent la presque totalité de l'indigo du commerce, sont : l'*indigotier tinctorial* (indigofera tinctoria), l'*indigotier franc* (indigofera anil) et l'*indigotier argenté* (indigofera argentea). La récolte se fait en coupant les tiges près de terre, avant qu'elles aient atteint toute leur croissance. On porte les plantes ainsi recueillies dans une cuve où elles fermentent avec de l'eau; on soutire cette eau, au fond de laquelle se précipite, à la suite d'un battage, le principe colorant qui constitue l'indigo; on décante, on égoutte l'indigo dans des sacs et on le fait sécher. Le meilleur indigo du Bengale est d'un bleu léger, en tablettes cubiques si légères qu'elles flottent sur l'eau; il est friable, doux, avec une cassure nette : il présente une magnifique couleur de cuivre quand on le frotte avec l'ongle. Les meilleures qualités américaines, comme celles de Guatemala et de Caracas, sont égales à celles du Bengale.

INDIGOTINE s. f. Chim. Principe immédiat extrait de l'indigo.

INDIGOTIQUE adj. Chim. Se dit d'un acide produit par l'action de l'acide nitrique sur l'indigo.

* INDIQUER v. a. (lat. *indicare*). Montrer, désigner une personne ou une chose : *indiquez-moi le jeune de ces trois hommes.* — Faire connaître, enseigner à quelqu'un une chose ou une personne qu'il cherche ou qui lui peut-être utile : *indiquez-moi le lieu où je pourrai le trouver.* — Méd. LA FORCE DU POULS INDIQUE LA SAIGNÉE, elle avertit qu'il faut saigner le malade. — Déterminer, assigner : *indiquer les causes d'un phénomène.* — INDIQUER UNE ASSEMBLÉE, UNE SESSION, etc., fixer le jour, l'époque où elle aura lieu. — Se dit également de ce qui fait connaître l'existence d'une chose : *la fumée indique le feu.* — Arts du dessin. Marquer, représenter quelque objet, sans trop s'attacher aux détails : *n'indiquer que les masses dans un tableau.* — Se dit, fig., dans un sens analogue, en parlant des ouvrages d'esprit : *les situations, les caractères, etc., sont à peine indiqués dans cette pièce.*

* INDIRECT, ECTE adj. Qui n'est pas direct : *chemin indirect.* — S'emploie plus ordinairement au figuré : *critique indirecte.* — Gramm., RÉGIME INDIRECT, celui sur lequel ne tombe pas directement l'action du verbe : *dans, Je donne ce livre à Pierre, ce livre est le régime direct de je donne et à Pierre le régime indirect.* On dit dans le même sens, *Complément indirect.* — Jurispr. AVANTAGE INDIRECT, avantage que l'on fait à quelqu'un contre la loi, au moyen d'une personne interposée ou de quelque acte simulé. *Ligne indirecte* ou *collatérale* se dit par opposition à *Ligne directe.* — CONTRIBUTIONS INDIRECTES, impôts établis sur les objets de commerce et de consommation, ou sur certaines choses dont le besoin est éventuel ; tels sont les droits d'octroi, de douanes, de timbre, d'enregistrement, etc.

* INDIRECTEMENT adv. D'une manière indirecte. Ne s'emploie qu'au figuré : *ce qu'il disait à un autre s'adressait indirectement à moi.*

INDISCERNABLE adj. Que l'on ne peut discerner.

* INDISCIPLINABLE adj. Indocile, qui n'est pas capable de discipline : *il est indisciplinable.*

* INDISCIPLINE s. f. Manque de discipline : *l'indiscipline des soldats fut la principale cause de la perte de cette belle bataille.*

* INDISCIPLINÉ ÉE adj. Qui n'est pas discipliné, qui manque à la discipline : *soldats indisciplinés.*

* INDISCRET, ÈTE adj. Qui manque de discrétion, de retenue, de prudence : *cet homme* *est trop indiscret.* — Se dit aussi des choses contraires à la retenue que les égards, les bienséances, la prudence, etc., nous imposent : *des paroles indiscrètes.* — Qui ne sait point garder le secret : *un amant indiscret.* — Se dit également des choses par lesquelles on révèle ce qu'on devrait taire, cacher : *des regards, des gestes indiscrets.* — Se prend quelquefois substantiv. en parlant des personnes : *écarter, fuir les indiscrets.*

* **INDISCRÈTEMENT** adv. D'une manière indiscrète, imprudemment, étourdiment : *il parle indiscrètement.*

* **INDISCRÉTION** s. f. Manque de discrétion : *il a beaucoup d'indiscrétion.* — Quelquefois action indiscrète : *faire une indiscrétion, des indiscrétions.*

* **INDISCUTABLE** adj. Qui n'est pas susceptible d'être discuté : *un principe indiscutable.*

INDISCUTÉ, ÉE adj. Qui n'a pas été discuté : *ce projet de loi depuis longtemps déposé est encore indiscuté.*

INDISINE s. f. Chim. Matière colorante qui se produit par l'action du bichromate de potasse sur l'aniline.

* **INDISPENSABLE** adj. Dont on ne peut se dispenser : *une obligation, un devoir indispensable.* — Se dit aussi des choses qui sont très nécessaires, dont on ne peut se passer : *ces objets me sont indispensables.* — S'emploie quelquefois substantiv. : *cet homme n'est pas riche, mais il a l'indispensable.*

* **INDISPENSABLEMENT** adv. Nécessairement, par un devoir indispensable : *il y est indispensablement engagé.*

* **INDISPONIBLE** adj. Jurispr. Se dit des biens dont les lois ne permettent pas de disposer à titre gratuit : *portion indisponible.*

* **INDISPOSÉ, ÉE** adj. Qui a une légère incommodité, qui a quelque altération dans sa santé : *un tel est indisposé.*

* **INDISPOSER** v. a. Causer une légère incommodité, rendre un peu malade : *son dîner d'hier l'a indispose.* — Aliéner, fâcher, mettre dans une disposition peu favorable : *cette démarche nous a tous indisposés contre lui.*

* **INDISPOSITION** s. f. Incommodité légère, légère altération dans la santé : *je n'ai point su votre indisposition.* — Disposition peu favorable, éloignement pour quelqu'un, pour quelque chose : *tout le monde est dans une grande indisposition contre lui.* (Peu usité.)

* **INDISSOLUBILITÉ** s. f. Didact. Qualité de ce qui est indissoluble. Se dit surtout en chimie : *l'indissolubilité de l'or dans l'acide nitrique.* — Se dit aussi, fig. : *l'indissolubilité d'un lien, d'un contrat, d'un engagement.*

* **INDISSOLUBLE** adj. Qui ne peut être dissous : *l'argent est indissoluble dans l'eau régale.* — Se dit aussi, fig. : *le mariage est indissoluble parmi les catholiques.*

* **INDISSOLUBLEMENT** adv. D'une manière indissoluble : *ils sont unis indissolublement.*

* **INDISTINCT, INCTE** adj. Qui n'est pas bien distinct : *le crépuscule ne permettait de voir les objets que d'une manière fort indistincte.* Se dit plus ordinairement en parlant des sons et des idées : *on n'entendait que des voix confuses et indistinctes.*

* **INDISTINCTEMENT** adv. D'une manière indistincte : *on ne peut voir ces objets que fort indistinctement.* — Sans distinction, sans mettre de différence entre une personne et une autre, entre une chose et une autre : *on embarqua indistinctement les Français et les étrangers.*

INDIUM s. m. [ain-di-omm]. Chim. Métal très rare, découvert en 1863 par les professeurs Reich et Richter, de Freiberg (Saxe), au moyen de l'analyse du spectre, et ainsi nommé à

cause des deux lignes de couleur indigo qu'il donne dans la partie la plus réfrangible du spectre. On le trouva d'abord dans la blende de Freiberg et ensuite dans plusieurs autres localités. C'est un métal brillant, d'un blanc d'argent, facilement rayé par l'ongle. Sa gravité spécifique dépend de la méthode par laquelle on l'a obtenu et elle varie de 7.11 à 7.42. Son point de fusion est 176° C. Son poids atomique est (d'après Schrœtter)73.51, ou (d'après Bunsen) 113.4.

* **INDIVIDU** s. m. (lat. *indivisuus*, indivisé). Didact. Se dit de chaque être organisé, soit animal, soit végétal, par rapport à l'espèce à laquelle il appartient : *le genre, l'espèce et l'individu.* — Se dit particul. des personnes : *tous les individus qui composent une nation.* Ce sens n'est guère employé qu'en termes de législation, d'administration et de statistique. — Se dit quelquefois d'un homme que l'on ne connaît pas, qu'on ne veut pas nommer, dont on parle en plaisantant ou avec mépris : *un individu s'est présenté chez moi ce matin.* — Fam. et par plaisant. AVOIR SOIN DE SON INDIVIDU, CONSERVER, SOIGNER SON INDIVIDU, avoir grand soin de sa personne, de sa santé, etc.

* **INDIVIDUALISER** v. a. Philos. Considérer, présenter une chose quelconque isolément, individuellement ; ou faire qu'elle ait un caractère propre et qui la distingue de toutes les autres choses de son espèce.

INDIVIDUALISME s. m. Système d'isolement des individus dans l'existence, dans les travaux, par opposition à *association* ou à *socialisme.*

INDIVIDUALISTE adj. Partisan de l'individualisme.

* **INDIVIDUALITÉ** s. f. Philos. Ce qui constitue l'individu ; ce qui fait qu'il est tel être, et qu'il a une existence distincte de celle des autres êtres : *tout être pensant connaît son individualité.*

* **INDIVIDUEL, ELLE** adj. [ain-di-vi-du-èl]. Didact. Qui est de l'individu, qui appartient à l'individu : *qualité, différence individuelle.* — Qui concerne chaque personne, ou une seule personne : *traité des garanties individuelles.*

* **INDIVIDUELLEMENT** adv. Didact. D'une manière individuelle, isolément : *Pierre est individuellement différent de Paul, et ne l'est pas spécifiquement.* — Chacun en particulier, dans le cas où le concerne : *les membres de l'assemblée prêtèrent individuellement le serment prescrit par la loi.*

* **INDIVIS, ISE** adj. [ain-di-vi]. Prat. Qui n'est point divisé : *ses biens sont demeurés communs et indivis.* — PROPRIÉTAIRES INDIVIS, ceux qui possèdent une chose par indivis. — Par indivis loc. adv. Sans être divisé : *ils possèdent tous deux cette maison, cette propriété par indivis.*

* **INDIVISÉMENT** adv. Prat. Par indivis : *posséder indivisément.*

* **INDIVISIBILITÉ** s. f. Qualité de ce qui ne peut être divisé : *l'indivisibilité d'un atome.*

* **INDIVISIBLE** adj. Qui ne peut être divisé : *un point indivisible.* — RÉPUBLIQUE UNE ET INDIVISIBLE, s'est dit pendant la Révolution par opposition à République fédérale.

* **INDIVISIBLEMENT** adv. D'une manière indivisible : *ils sont indivisiblement unis.*

* **INDIVISION** s. f. Prat. Etat d'une chose possédée par indivis, ou des personnes qui possèdent une chose par indivis : *nul ne peut être contraint à demeurer dans l'indivision.* — Législ. « Nul ne peut être contraint à conserver des droits indivis avec d'autres (sauf dans les sociétés civiles ou commerciales), et si une chose commune ne peut être partagée

commodément et sans perte, ou si les copartageants ne peuvent s'entendre, ou encore si l'un d'eux est incapable de traiter de gré à gré, la vente se fait aux enchères et le prix en est partagé entre les co-propriétaires. La convention par laquelle tous les cohéritiers se seraient engagés à suspendre le partage d'une succession ne serait obligatoire que pour une durée de cinq années ; mais elle peut être renouvelée. Il est généralement admis qu'un testateur ne peut pas imposer l'indivision à ses héritiers ou légataires, car la loi déclare nulles toutes prohibitions contraires au droit de partage (C. civ. 815, 1686). La part indivise de l'un des cohéritiers dans les immeubles d'une succession ne peut être mise en vente par ses créanciers personnels, avant le partage ; mais ceux-ci ont la faculté de provoquer ce partage et d'y intervenir, pour veiller à ce qu'il ne soit pas fait en fraude de leurs droits. (id. 2205). (Voy. LICITATION et PARTAGE.) »   (CH. Y.)

* **IN-DIX-HUIT** adj. et s. m. [ain-di-zuit]. Impr. et Libr. Se dit du format où la feuille est pliée en dix-huit feuillets ; et des livres, des volumes qui ont ce format : *le format in-dix-huit, l'in-dix-huit.* On écrit aussi *In-18.*

INDO-CHINE ou Péninsule indo-chinoise, partie du S.-E. de l'Asie, entre la mer de Chine, la baie du Bengale, l'Indoustan, le Thibet et la Chine ; environ 25,000,000 d'hab. Elle est aussi appelée Inde transgangétique. Ses divisions politiques sont : le *Burmah* anglais, *Siam* (avec la péninsule malaise), le *Cambodge,* la *Cochinchine française* ou *basse Cochinchine,* l'*Annam* et la *Birmanie.* (Voy. ces noms.)

INDO-CHINOIS, OISE s. et adj. Qui appartient à l'Indo-Chine ; qui se rapporte à ce pays ou à ses habitants.

* **INDOCILE** adj. Qui n'est pas docile, qui est difficile à instruire, à gouverner : *un caractère, un esprit indocile.*

* **INDOCILEMENT** adv. D'une manière indocile.

* **INDOCILITÉ** s. f. Caractère de celui qui est indocile : *l'indocilité d'un enfant.*

INDO-EUROPÉEN, ÉENNE adj. Linguist. Ce mot s'emploie pour désigner les langues parlées depuis l'Inde jusqu'à l'Europe inclusivement, langues auxquelles les philologues attribuent une origine commune. (Voy. ARYEN, GERMANIQUE, etc.)

* **INDO-GERMANIQUE** adj. Se dit d'un groupe de langues de l'Asie et de l'Europe qui ont une origine commune : *les langues indo-germaniques.* Dans le même sens, Les langues indo-européennes.

INDOL s. m. (rad. *indigo*). Chim. Nom donné au corps d'où dérivent l'indigo bleu et ses composés.

* **INDOLEMMENT** adv. [ain-do-la-man]. Avec indolence : *indolemment couché sur l'herbe.*

* **INDOLENCE** s. f. (préf. *in*; lat. *dolere*, sentir de la peine, de la douleur). Nonchalance : *cet enfant est d'une indolence qui désespère.* — Le caractère, l'état d'une personne peu sensible à la plupart des choses qui touchent ordinairement les autres hommes : *l'indolence est un grand obstacle à la fortune.* — Quelquefois Insensibilité, impassibilité, état d'une âme qui s'est mise au-dessus des passions : *l'indolence des stoïciens est difficile à concevoir.* (Vieux.)

* **INDOLENT, ENTE** adj. Nonchalant : *cet enfant est si indolent, qu'il n'a jamais fait son devoir à temps.* — Indifférent, sur qui rien ne fait impression : *c'est un homme indolent qui ne s'émeut de rien.* — Quelquefois substantif, dans les deux sens : *c'est un grand indolent.*

qui ne se met en peine de rien. — **Méd.** Qui ne cause point de douleur : *gonflement indolent.*

* **INDOMPTABLE** adj. [ain-don-ta-]. Qu'on ne peut dompter, qu'on ne peut soumettre à l'obéissance : *animal, caractère indomptable.* — Fig. Qu'on ne peut maîtriser, réprimer : *un courage indomptable.*

° **INDOMPTÉ, ÉE** adj. [in-don-té]. Qui n'est pas dompté, ou qui n'a pu encore être dompté : *cheval indompté.* — Furieux, fougueux, sauvage : *on attacha Mazeppa à la queue d'un cheval indompté.* — Fig. Qui ne peut être contenu, réprimé : *c'est un courage indompté.*

INDORE. I. État indigène de l'Inde, composant les états du maharajah Holkar, et consistant en plusieurs régions isolées, disperséessur une large partie de l'Inde centrale; environ 850,000 hab. Il est traversé par les montagnes Vindhya. Le sol est généralement fertile. La population comprend des Mahrattes, race dominante, des Bhils, des Gonds et quelques mahométans. On suppose que les Bhils sont les aborigènes de ce pays. (Voy. Bhils, Gonds et Mahrattes.) L'Indore est allié du gouvernement anglais. En 1733, la ville et le district d'Indore furent donnés par le peishwa à Mulhar Raw (ou Rao) Holkar, chef mahratte, berger de naissance, qui s'était élevé par son courage et par son talent dans la carrière militaire. Son petit-fils lui succéda; il mourut bientôt, atteint d'aliénation mentale, laissant le gouvernement à sa mère. Jeswunt Row Holkar, d'une autre famille, s'empara du gouvernement en 1797, et l'Indore, après plusieurs guerres, resta entre les mains de ses descendants. — II. Capitale de cet État, sur la petite rivière Kutki, à 480 kil. E. de Bombay; environ 15,000 hab.

INDOU, OUE adj. Qui est de l'Inde, qui appartient à ce pays ou à ses habitants. — s. m. pl. Les Indous, les habitants de l'Inde. — On écrit aussi Hindou.

INDOUSTAN ou **Hindoustan**, vaste contrée de l'Asie méridionale, composée des territoires situés au S. de l'Himalaya et appartenant pour la plus grande partie à l'empire britannique. En y comprenant le Cachemire, ce pays est compris entre 8° et 36° 30' lat. N. et entre 64° 20' et 97° long. E.; il est borné au N. par le Turkestan oriental et le Thibet, à l'E. par le Burmah et le Siam et à l'O. par le Belouchistan et l'Afghanistan. Le cap Cormorin forme son extrémité méridionale; sa côte orientale est baignée par la baie de Bengale; celle de l'O. par l'océan Indien et la mer d'Arabie. Environ 4 millions de kil. carr.; 250 millions d'hab. Principaux fleuves : l'Indus et le Gange. Montagnes de l'Himalaya, les plus élevées du globe; le plateau qui occupe la partie centrale est connu sous le nom de Deccan. Les montagnes Vindhya traversent le plateau central, qui est borné par les Ghauts orientales (1,000 m.) et par les Ghauts occidentales (1,000 à 1,700 m.). La plaine de l'Indus comprend les provinces du Punjaub, ou contrée des cinq rivières, l'état indigène de Bhawalpoor, Rajpootana occidental, et les terres arides du Sinde, dans le gouvernement de Bombay. Dans la plaine du Gange se trouvent les divisions administratives des provinces du N.-O., d'Oude et de Bengale. Les hautes terres de l'Inde centrale comprennent le plateau de Malwa (340 à 700 m.), occupé par des principautés indigènes, et une partie du Rajpootana, territoire composé de 18 états séparés, sujets alliés, gouvernés par des chefs rajpoot. Une partie des hautes terres est comprise dans les provinces centrales. C'est là que prennent leur source le Sone qui se jette dans le Gange, le Mahanuddy, affluent direct de la baie de Bengale, le Taptee et la Nerbudda. La plaine du Gange, avec presque toute l'Inde centrale, constitue l'Indoustan

proprement dit. Le Godavery et le Kistnah sont les grandes rivières du Deccan. Les divisions politiques de cette partie de l'Inde comprennent les districts des provinces de Madras et de Bombay, les divisions anglaises de Mysore, de Berar et de Coorg et l'Hydérabad ou États du Nizam, ancien royaume de Golconde. Sur le triangle par lequel l'Inde se termine au S. se trouvent quelques districts de Madras et les États indigènes de Cochin et de Travancore. L'Indoustan comprend, avec l'Inde française, l'Inde portugaise, etc., l'immense empire de l'Inde anglaise dont voici le tableau statistique :

EMPIRE DE L'INDE ANGLAISE.

PROVINCES ET ÉTATS.	KIL. CARRÉS.	POPULATION 1881.
Sous le gouvernement de l'Inde.		
Ajmir....................	7.021	460.722
Bérar....................	43.810	2.012.010
Mysore..................	64.030	4.186.188
Curg....................	4.100	178.302
Inde centrale...........	230.754	8.000.000
Rajpotana..............	335.536	10.269.360
Hyderabab..............	207.192	9.167.789
Baroda.................	22.662	2.185.005
Manipur................	19.642	150.000
Andaman et Nicobar.....	8.508	26.198
Total........	945.315	37.396.237
Bengale................	502.618	69.183.619
Assam.................	120.018	4.908.276
Provinces du Nord-Ouest..	224.992	33.465.803
Oude..................	62.709	11.387.741
Punjaub...............	548.975	22.646.620
Provinces centrales.....	293.486	11.500.000
Burmah britannique.....	225.891	3.736.771
Madras................	389.126	34.173.546
Bombay................	496.578	23.359.927
Inde anglaise	3.809.708	252.660.550
Dont		
Possessions britanniques	2 273.821	198.508.793
États tributaires......	1.535.887	54.151.757

Ce vaste et puissant empire appartient à la reine d'Angleterre, Victoria, qui reçoit, depuis le 1er mai 1876, le titre d'impératrice de l'Inde (*Empress of India*) et qui est représentée à Calcutta, capitale de l'empire, par un gouverneur général. Les villes comptant plus de 100,000 hab. sont : Calcutta, Bombay, Madras, Hydérabad, Lucknow, Bénarès, Delhi, Patna, Amritsar, Allahabad, Bangalore, Agra, Rangoun, Lahore, Cawnpore, Puna, Ahmedabad, Surate et Bareilly.—Sous le rapport des religions, la population se décompose ainsi :

Indous..........	187.927.450	Chrétiens	1.862.634
Mahométans.....	50.121.585	Jaïns	1.221.896
Adorateurs de la nature ..	6.426.514	Sikhs	853.426
Bouddhistes	3.418.884	Autres..........	3.057.130

Quant aux races, on compte 150 millions d'Indous, 40 millions de Musulmans, 80,000 Anglais, 50,000 autres Européens, 140,000 sangmêlé, etc. — Le chef du pouvoir exécutif, le gouverneur général ou vice-roi, nommé par la couronne aux appointements annuels de 625,000 francs, agit sous la direction du secrétaire d'État pour l'Inde, membre du cabinet anglais, lequel est assisté par un conseil composé de 15 membres. Le pouvoir législatif est dévolu au gouverneur général assisté d'un conseil de six membres. Il nomme les gouverneurs de provinces, excepté ceux de Madras et de Bombay dont les gouverneurs sont nommés directement par la couronne. L'Angleterre maintient dans l'Inde une force militaire de plus de 190,000 hommes, dont plus de 60,000 hommes de troupes européennes. Le district sert à l'unité de l'administration civile. A l'exclusion du Nepaul et du Boutan, les états indigènes de l'Inde sont soumis au contrôle britannique. Le pays est presque dépourvu de lacs; les plus remarquables sont : le lac Chilka dans l'Orissa et le Pulicat sur la côte de Coromandel dans la province de Madras; tous deux sont salés. Le climat est tempéré dans les régions de l'Himalaya, doux sur les plateaux du S. et du centre, où le ther-

momètre descend quelquefois au point de congélation; mais il est excessivement chaud pendant la plus grande partie de l'année dans les grandes plaines où les villes principales sont situées; le mercure monte fréquemment à 35° ou 40° C. Les vents appelés moussons, qui soufflent la moitié de l'année du S.-O. et l'autre moitié du N.-E., apportent des pluies de l'océan Indien entre juin et septembre, et de la baie de Bengale entre octobre et décembre. Dans quelques districts, la quantité annuelle de pluie est extraordinaire. Dans la plaine du Gange, le sol est un terreau d'alluvion, noir et riche; celui du plateau septentrional est une marne généralement fertile reposant sur des rochers. Il y a des étendues considérables de sable dans le Punjaub, le Sinde et l'Inde occidentale. Les minéraux les plus importants et les plus abondants sont le charbon, le fer et le sel. Les mines de Dammooda, au N.-O. de Calcutta, fournissent d'immenses quantités de charbon. Le fer, très répandu, est manufacturé dans l'Inde depuis des siècles. Proportionnellement aux autres articles de nourriture, il s'y consomme plus de sel que dans toute autre partie du monde. Cette substance est fournie en grande quantité par les rivières salées de la chaîne du Punjaub. On trouve de l'or dans les graviers des cours d'eau, en plusieurs endroits du pays. Parmi les autres minéraux, se rencontrent du plomb, du cuivre et de l'antimoine dans le N. de l'Inde, du cobalt dans le Rajpootana et de l'étain dans le Burmah anglais. Les pierres précieuses comprennent le diamant, le rubis, la topaze, le béril, la carnoline et le grenat. La végétation varie suivant l'élévation; elle correspond intimement à celle de l'Europe dans les régions montagneuses du N., où il y a de vastes forêts de conifères. Au-dessous de celles-ci, se trouvent de grandes étendues de bambous et de shorée robuste (*shorea robusta*). Des forêts de teck couvrent l'Asie centrale, et l'arbre du deodar donne d'importants produits de bois de construction dans les provinces du N.-O. Dans les plaines, le riz est la principale céréale; on y récolte aussi le coton, la canne à sucre, l'indigo, la jute et l'opium. Les autres productions sont : le maïs, le millet, les pois, les haricots et plusieurs variétés particulières de grains, de blé et d'orge sur les terres élevées, du thé dans l'Assam, du poivre dans le Malabar et du café sur les collines de l'Inde méridionale. Les fruits de la zone tempérée croissent dans les régions élevées et ceux des tropiques dans la partie basse de la contrée. La faune de l'Inde appartient à la province zoologique qui comprend l'Asie méridionale et la partie O. de l'archipel Indien. Il y a 10 espèces de félins, comprenant le lion, le tigre et le léopard; l'éléphant indien; deux espèces de rhinocéros à une seule corne; deux genres d'antilope à quatre cornes; plusieurs espèces de daims; un grand nombre de singes, d'ours, de sangliers, de renards et d'écureuils, et la hyène rayée. Beaucoup d'oiseaux se distinguent par leur brillant plumage. Les reptiles dangereux y abondent; il y a près de 150 espèces de serpents et, parmi eux, le redouté cobra de capello. En 1869, plus de 44,000 personnes perdirent la vie à la suite de morsures de serpents. Les crocodiles habitent les rivières. Le poisson est abondant, et, dans plusieurs districts, en fait une grande consommation. Les variétés d'insectes sont innombrables. — La condition du peuple varie aussi suivant les régions. Chaque ville ou chaque village administre ses propres affaires d'après un système qui date de l'antiquité la plus reculée, et qui a survécu à des révolutions et à des conquêtes sans nombre. Le pays est exposé particulièrement à la peste et à la famine, quoiqu'il doit à son climat et à ses conditions sanitaires, le développement des maladies étant favorisé par la réunion du peuple lors des pèlerinages. Le gouvernement a établi un grand nombre de dispensaires et d'hôpitaux. L'architecture est le seul art dans lequel les indigènes aient obtenu une grande habileté. Dans beaucoup de districts, il y a des monuments magnifiques, mosquées, temples, palais et mausolées. Parmi les plus dignes d'admiration, citons les temples de Jaïn à Ajmer, les constructions mahométanes à Agra, à Delhi, à Lucknow et les grands temples construits dans les rochers de l'Inde occidentale. (Voy. ELEPHANTA et ELLORA.) — Le pays est couvert d'un réseau de chemins de fer (15,900 kil.) et de lignes télégraphiques (32,000 kil.) (Voy. CABLE.) Des réservoirs pour l'irrigation sont les principaux travaux d'origine indigène; mais de grandes améliorations accomplies par le gouvernement anglais comprennent l'ouverture d'immenses canaux pour l'irrigation du pays et pour la navigation. Les principaux se trouvent dans les bassins du Gange et de son tributaire la Jumna. Les branches principales de l'industrie sont celles de la soie, du coton et des articles de laine. La grande masse des produits est consommée dans le pays même. Exportation : 56,874,849 livres sterling; importation : 38,386,142. Les principales sources du revenu du gouvernement sont les impositions foncières, la vente de l'opium, les droits sur le sel, les douanes, les excises, et les revenus sur les timbres. Revenus, 73 millions de livres sterling; dépenses, 76 millions de livres; dettes 160 millions. L'instruction publique se développe avec une grande rapidité. Il y a des universités à Calcutta, à Madras et à Bombay avec des collèges affiliés qui mettent les étudiants des universités à même de passer les examens les plus élevés. Au-dessous de celles-ci sont les écoles supérieures qui préparent les étudiants pour l'université, et, après elles, viennent les écoles moyennes et enfin les écoles primaires ou écoles de village qui donnent une éducation élémentaire. Le gouvernement s'efforce non seulement de répandre chez les indigènes l'étude de la langue anglaise, mais aussi de vulgariser les sciences européennes, au moyen des langues indigènes. Il y a une presse indoue influente et un grand nombre de livres sont publiés dans diverses langues. Plusieurs des villes principales ont des écoles de médecine, des écoles pour ingénieurs civils et pour les arts, il y a un nombre considérable de musées et de sociétés scientifiques et littéraires. — L'histoire primitive de l'Inde est entourée de mythes et de fables. Les meilleures autorités s'accordent à considérer les Indous comme une race envahissante qui subjugua les aborigènes, représentés encore par les Gonds et par d'autres tribus. Il est probable que les Indous aryens pénétrèrent dans l'Inde par le N.-O., vers le XIVᵉ siècle av. J.-C., apportant avec eux la religion brahmanique et le langage sanscrit des Védas et de leurs autres livres sacrés. Vers 548-512 av. J.-C., les Perses, commandés par Darius, s'emparèrent de riches provinces sur l'Indus. C'est le premier événement dont nous ayons un récit authentique relativement à l'histoire de l'Inde. En 327, Alexandre le Grand envahit le pays et conduisit son armée dans le Punjaub. Seleucus, l'un de ses généraux, abandonna ensuite les possessions indiennes des Grecs au royaume de Maghada, qui comprenait une grande partie de l'Inde centrale et du N. et qui dura jusqu'en 195 av. J.-C. Une invasion du Sinde, faite par une armée mahométane de Bassorah, vers 715 ap. J.-C., attira l'attention du monde sur l'Inde. Environ 40 ans plus tard, les envahisseurs furent chassés par les Rajpootes. En 1001, le monarque afghan, Mahmoud de Guzni, fit sa première incursion dans l'Inde à la tête de 62,000 hommes; il y dirigea ensuite neuf autres expéditions, Il laissa de vastes domaines dans l'Inde occidentale à ses succes-

seurs, qui étendirent le pouvoir musulman et établirent la capitale à Lahore. Le trône échut définitivement à la maison de Ghore au XIIᵉ siècle. Les possessions musulmanes dans l'Inde se séparèrent de l'empire afghan au XIIIᵉ siècle et Delhi devint la capitale. Ce pays fut successivement gouverné par une dynastie connue sous le nom de rois esclaves et par la maison de Khilji qui s'éteignit en 1321, époque où la dynastie Togluk fut fondée par Togluk Shah, l'un des meilleurs souverains mahométans. Sous le règne de Mahmoud Togluk, en 1398, l'Inde fut envahie par Tamerlan qui prit Delhi, fut proclamé empereur et, après 15 jours, s'en retourna dans sa patrie laissant le pays dans l'anarchie. La dynastie Togluk finit en 1414. Une autre ligne royale fut établie en 1450 par Beylol Lodi, chef afghan; elle se maintint jusqu'à l'invasion mogole sous Baber, dont la principale victoire fut celle de Paniput en 1526, après laquelle Delhi et Agra se rendirent et Baber monta sur le trône; il l'occupa cinq ans, mais son fils et successeur Humayun fut dépouillé de ses états de l'Inde par le gouverneur du Bengale qui se fit proclamer empereur sous le titre de Shere Shah. Quinze ans plus tard, Humayun prit de nouveau possession du trône de Delhi avec l'assistance de son fils Akbar qui lui succéda bientôt. Akbar régna 51 ans et il est regardé comme le plus capable et le plus puissant des empereurs mogols de l'Inde. A sa mort, en 1605, la couronne passa à son fils Selim, connu sous le nom de Jehanghir, et et 22 ans plus tard, à son petit-fils Shah Jehan, sous le règne duquel le Deccan devint tributaire. Il y eut une lutte violente pour la succession entre les quatre fils de Shah Jehan, mais Arungzebe renversa ses frères (1659) et, pendant un long règne, il maintint une tranquillité relative. Sous lui, l'empire mogol dans l'Inde atteignit sa plus grande étendue. C'est à cette époque que les fondements de la puissance mahratte furent posés dans le Deccan par Shevajee. (Voy. MAHRATTES.) Des troubles civils suivirent la mort d'Arungzebe (1707), et pendant le règne de son descendant Mohammed Shah, en 1759, Delhi fut prise et pillée par Nadir Shah de Perse. Les envahisseurs retournèrent dans leur pays, laissant le trône à Mohammed Shah qui mourut en 1748. Quelques années plus tard, l'empire mogol fut envahi d'un côté par les Afghans et de l'autre par les Mahrattes. Les conquérants se rencontrèrent à Paniput en 1761 et les Mahrattes furent battus et massacrés, mais les Afghans affaiblis s'en retournèrent au moment où la puissance de l'Angleterre s'établissait sur les ruines de l'empire mogol. — Le Portugal fut la première nation européenne qui obtint un territoire dans l'Indoustan. Au commencement du XVIᵉ siècle, les Portugais s'emparèrent de quelques ports sur la côte O. et fondèrent ensuite des établissements plus étendus, dont il leur reste Goa et quelques autres petites places. En 1613, la compagnie anglaise des Indes orientales reçut permission de l'empereur mogol d'ériger une factorerie à Surate. Elle établit des postes à Armegoor dans Madras, en 1628 et à l'embouchure de l'Hougly, en vertu d'un firman accordé, en 1634, par Shah Jehan. En 1669, l'île de Bombay lui fut cédée. De bonne heure, elle employa et exerça des corps de soldats indigènes appelés cipayes. En 1744, la France et l'Angleterre entrèrent en lutte pour la prépondérance dans ces parages. Les possessions françaises comprenaient alors Pondichéry et plusieurs dépendances. La première lutte fut indécise; elle recommença en 1756 et se termina en 1760 par la défaite complète des Français. En 1756, Surajah Dowlah, vice-roi indigène du Bengale, attaqua les stations anglaises et s'empara de Calcutta dont il extermina une partie de la garnison. (Voy. BLACK HOLE.) Clive reprit bientôt la ville et défit l'armée

du vice-roi à la bataille décisive de Plassey (23 juin 1757), après quoi Surajah Dowlah fut détrôné et mis à mort. Cette victoire fut suivie d'acquisitions étendues de territoires par la compagnie. Une guerre avec l'empereur de Delhi et Nabad d'Oude se termina par la cession aux Anglais du Bengale, du Behar, d'Orissa et des Circars du N. Une alliance avec le Nizam du Deccan entraîna ensuite la compagnie dans une lutte avec Hyder Ali, souverain du Mysore, elle se termina, en 1769, par une mutuelle restitution des conquêtes. En 1774, Warren Hastings fut nommé gouverneur général. La première guerre avec les Mahrattes fut suivie d'une nouvelle guerre (1780) avec Hyder Ali, qui mourut en 1782. Son fils et son successeur, Tippo Sahib, fit la paix deux ans plus tard. L'un des événements les plus mémorables de l'administration de Hasting fut l'extorsion d'au moins 19 millions de francs enlevés aux princesses d'Oude. En 1789-'92, Tippo perdit la moitié de ses Etats à la suite d'une seconde guerre avec les Anglais, et plus tard il fut tué en combattant. Le pouvoir des Mahrattes fut détruit en 1803 et de vastes territoires furent acquis par l'habileté des généraux Loke et sir Arthur Wellesley, depuis duc de Wellington. Par la guerre de 1817-'18, les Mahrattes furent soumis. De nouvelles augmentations de territoire suivirent la première guerre du Burmah (1824-'25), la guerre des Sihks (1845-'49), et la seconde guerre du Burmah (1852). En 1856, l'Oude fut annexé. En 1857, éclata la grande révolte des cipayes. Depuis longtemps déjà, l'esprit de mutinerie existait dans l'armée du Bengale. Les cipayes se plaignaient d'être forcés d'employer des cartouches graissées qu'il fallait déchirer avec les dents. Mordre du gras de porc est une souillure pour un musulman; mordre celui d'une vache est un sacrilège pour les Indous. Le danger ne fut pas dissipé par la substitution de nouvelles cartouches aux anciennes. Les premiers troubles eurent lieu à Burrampoor le 19 février; le premier sang fut versé à Barrackpoor le 29 mars; le 10 mai un soulèvement formidable et le massacre des Européens s'accomplirent à Meerut. Les rebelles proclamèrent la restauration de la dynastie mogole et agirent au nom du roi de Delhi, qui prit ensuite une part active à la révolte. Il y eut des soulèvements simultanés sur plusieurs points des provinces du N.-O., et le mouvement s'étendit à Bénarès le 4 juin; de là à Cawnpore, où eut lieu un terrible massacre le 27 juin, sous la direction de Nana Sahib, rajah de Bithour. Dans l'Oude la révolte prit le caractère d'une insurrection populaire; ailleurs, elle fut purement militaire. Les troupes mutinées de Lucknow commencèrent à assiéger les Européens de cette ville, vers le 1er juillet. Sir John Lawrence maintint la paix dans le Punjaub; Bombay et Madras virent éclater de légers tumultes. Ce fut dans le Behar, le Rohilcund, le Bundelcund, le Malwa, le Rajpootana, le Doab et l'Oude que l'insurrection acquit le plus d'intensité. Les Anglais firent de puissants efforts pour la supprimer. Delhi fut assiégée pendant trois mois et prise d'assaut en septembre. Le roi fut exilé. Les nombreuses troupes européennes, qui étaient arrivées le 1er janvier 1858, commencèrent une vigoureuse campagne. Lucknow fut d'abord reprise, Jhansi subit un assaut par sir Hugh Rose, et la dernière grande bataille se livra le 20 juin à Gwalior; le pays ne fut entièrement pacifié qu'à la fin de 1859 Le résultat politique le plus important de cette insurrection fut le transfert du gouvernement de l'Inde à l'autorité directe de la couronne britannique. — La population de l'Inde peut être divisée en Aryens et Dravidiens. Les Aryens envahirent probablement ce territoire environ l'an 1500 av. J.-C. Venus du N.-O., ils s'avancèrent jusqu'au cours inférieur du Gange. La population primitive était probablement dravidienne. Les races aryennes de l'Inde forment la branche la plus orientale de la famille aryenne ou indo-européenne du genre humain, et les Dravidiens ou race aborigène forment un groupe distinct, allié des Mongoliens ou Turaniens. Pour les caractères physiques, les deux races sont presque les mêmes. Le peuple est un peu petit, mince, délicat et ordinairement d'une couleur jaunâtre. Mais l'aristocratie est presque blanche et les habitants du Deccan presque bruns. Les cheveux des Indous sont longs, droits et noirs; leurs yeux sont noirs, leurs lèvres minces, leurs pieds et leurs mains petits. La population aryenne est classifiée ainsi qu'il suit par Sherring et Campbell : a, brahmes, autrefois prêtres, mais exerçant aujourd'hui diverses professions; b, jats, agriculteurs; c, rajpoots, autrefois les conquérants de l'Inde occidentale, maintenant cultivateurs; d, koorbees ou kombees, également agriculteurs; e, goojars, la plupart bergers; f, aheers, bergers; g, gwalas, bergers; h, khatrees, marchands; i, banyans ou baniyas, marchands; j, kayasth, scribes séculiers; k, parbhu, commis; l, artisan; m, ilotes, les uns domestiques, les autres menant une vie nomade. — Les Cachemiriens sont probablement véritables représentants des Indous primitifs; la masse est musulmane mais tous ceux qui ont conservé leur croyance sont brahmes. Dans les contrées montagneuses de l'O. se trouvent les Mahrattes brahmanes. Les Brahmanes sont le peuple dominant dans le Béhar et dans les contrées adjacentes et aussi dans l'E. du Bengale. Les Khatrees se trouvent dans le Punjaub. On suppose que les Rajpoutes du bassin du Gange et du Rajpoutana ne sont pas de pure origine indoue. Les Jats paraissent s'être introduits dans le pays par la passe de Bolan dans le N., où quelques-uns s'établirent dans les montagnes; ils se sont répandus graduellement dans presque toute la contrée. Leurs institutions sont démocratiques et chacun de leurs villages forme une petite république. Les Koorbees ou Koonbees occupent de vastes territoires du Guzerat et ils sont dispersés dans toute la contrée mahratte. Les tribus les plus pastorales sont les Goojars du N., les Aheers de l'Indoustan propre, les Gwalas de Bengale et les Goordees de l'Inde centrale. Dans toutes les parties de l'Inde on trouve des races ilotes au milieu des races libres; elles ne sont pas esclaves, mais politiquement et socialement elles forment la classe la plus basse. Dans le Punjaub, ce sont les Chooras; dans l'Indoustan, les Choomars; dans le pays des Mahrattes, les Mhars. Une race très remarquable est celle des commerçants connus sous le nom de Banyans, Banees, etc., qui forment une classe importante de la population des contrées occidentales de l'Inde. — Le mot dravidien ou dravida est dérivé de Dravida, nom sanscrit de la portion méridionale de la péninsule. Ce terme semble avoir été appliqué par les Aryens envahisseurs aux habitants de l'Inde du S., à une époque très reculée, probablement vers le vi⁰ siècle au J.-C. On peut diviser les Dravidas en Kols ou Mundas, habitant les districts du N., en Dravidas propres (ceux du S.) et en Cingalais ou habitants de Ceylan. Aux Kols ou Mundas appartiennent les Santales, les Singhbhoom Kols, les Ramoosees, les Bheels ou Bhillas, les Kolees et autres tribus. Aux Dravidas appartiennent les Tamils, les Telugus ou Telingas, les Canarese, les Malayalas, les Gonds, etc. La race la plus importante des Dravidiens propres sont les Tamils ou Tamuls, et la désignation de Tamuliens s'emploie quelquefois pour désigner le groupe entier des Dravidiens. Leur nombre est estimé à 10,000,000; ils habitent principalement l'extrême S.-E. de la péninsule et le N. et l'E. de Ceylan. Le peuple telugu ou

telingua est estimé à environ 14,000,000; ils habitent les frontières E. de la péninsule. Les Canarese, race grande et particulièrement gracieuse, habitent au nombre de 5,000,000 le centre de la péninsule. Dans la contrée basse et le long des Ghauts occidentaux, entre le cap Cormorin et la rivière Chandagiri, se trouve un peuple qui parle le langage malayalam. Une autre tribu arborigène très importante est celle des Gonds. (Voy. Gonds.) Tout ensemble, la population de l'Inde comprend plus de 50 races différentes, caractérisées par la diversité de leurs mœurs, de leur langage et de leur religion. Les mahométans se trouvent principalement dans les plaines du Gange. Ils entrèrent dans l'Indoustan au commencement du xi⁰ siècle; ils venaient de l'Afghanistan. Les Parsees (200,000), nombreux à Bombay et dans d'autres villes de l'Inde occidentale, sont un peu plus bruns que les Européens du S. Les Sikhs, secte religieuse particulière, sont répandus dans le N.-O., leur nombre est estimé à 1 million. (Voy. Sikhs.) Quelques-uns des Juifs qui habitent le Malabar sont complètement noirs. Il y a aussi un nombre considérable d'indigènes chrétiens au Malabar. On croit qu'ils sont les descendants de prosélytes faits à une époque très reculée. (Voy. Chrétiens de Saint-Thomas.) Les indigènes protestants convertis au christianisme dans l'Inde surpassent probablement 250,000, et on dit qu'il y a environ 1 million de catholiques romains. Pour des détails particuliers sur les autres classes du peuple de l'Inde, voy. Fakirs, Pariahs et Thugs. Pour la division du peuple en castes, voy. plus loin Religion et Littérature religieuse. — Langages. Les premiers envahisseurs Aryens parlaient le sanscrit (sañskrta, parfait). (Voy. Sanscrit.) Employé spécialement pour des objets littéraires, le sanscrit donna naissance au dialecte prâkrit (prakrti, nature). La naissance du bouddhisme donna une importance particulière au dialecte populaire parlé par Bouddha lui-même. Cette espèce de prâkrit, appelé pâli, ne se parle plus depuis longtemps, mais il est encore employé dans les écrits bouddhistes de Ceylan, du Burmah et de Siam. Tous les idiomes sanscrits modernes de l'Inde sont alliés aux dialectes prâkrit, et ils diffèrent de l'ancienne langue mère plutôt dans les formes grammaticales que dans les racines. Fr. Müller les classe en six groupes. Le groupe oriental comprend le bengâli ou bengalee, de la province du Bengalo, l'assami ou assamese et l'orlya. Au groupe du N.-O. appartiennent le nipâli ou nepaulese, langage du Nepaul, le kaçmiri ou cachemirien et le panjâbi ou punjaubee, langue du Punjaub. Le groupe de l'O. embrasse le sindhi, qui est parlé dans la vallée du bas Indus, le multani et plusieurs autres idiomes moins importants. Le groupe central comprend l'hindi, langue de la population indigène indoue du centre de l'Inde septentrionale; l'urdu, appelé aussi hindûstâni, langue de la population mahométane dans l'Inde entière; il est parlé aussi par toutes les classes instruites de la péninsule; et le dakhani ou le deccanese, autre dialecte hindî. Le groupe du S.-O. comprend le guzarâti ou gujarati, la langue du Guzerat, et les dialectes qui s'y rattachent. Le groupe du S. est formé par le marâthi. Tous ces langages, sauf un, emploient des systèmes graphiques différents les uns des autres, mais dérivés en commun du vieil alphabet dévanâgari qui est lui-même une modification des caractères sémitiques et particulièrement du himyaritique. L'uridu ou hindûstâni et souvent aussi le sindhi, sont écrits avec des caractères arabiques-persans-tallg. Tous ces langages ont les mêmes cinq classes de consonnes, correspondant à celles du sanscrit : gutturales, palatales, cérébrales, dentales et labiales. Ils ont aussi en commun les demi-voyelles parti-

culières, v, y, r et l, ainsi que l'h aspirée. Les voyelles sont a, i et u, avec les longues â, î et û; les diphtongues fermées sont ê et ô et les diphtongues ouvertes ai et au. Plusieurs langages prononcent aussi r et l, comme de. voyelles. Le tableau suivant est celui du système dévanâgari, arrangé suivant les sons; la méthode de transcription employée est celle qui a été donnée dans l'Alphabet de Lepsius.

Gutt. . . .	क	k,	ख	kh,	ग	g,	घ	gh,	ङ ṅ.
Pal. . . .	च	ć,	छ	ćh,	ज	ğ,	झ	ğh,	ञ ñ.
Cér. . . .	ट	ṭ,	ठ	ṭh,	ड	ḍ,	ढ	ḍh,	ण ṇ.
Dent. . . .	त	t,	थ	th,	द	d,	ध	dh,	न n.
Lab. . . .	प	p,	फ	ph,	ब	b,	भ	bh,	म m.

Semi-voyelles.	{	य	v,	र	r,	ल	l,	व	v.
		उ	r,	ऌ	ṭh,	ऴ	ḷ.		

Sib. et asp.		ष	ṣ,	श	ś,	स	s,	ह	h.

Voyelles	{	अ	a,	आ	â,	इ	i,	ई	î,
		उ	u,	ऊ	û,	ए	ê,	ओ	ô,
		ऐ	ai,	औ	au.				

— Le bengâli ou bengalce distingue les genres masculin, féminin et neutre et les nombres singulier et pluriel. Les noms ont les cas nominatif, génitif, datif, accusatif, vocatif, ablatif, instrumental et locatif, distingués par des suffixes. Les adjectifs s'accordent en genre avec leurs noms, mais ils ne s'accordent pas avec eux en nombre et en cas. Le bengâli est le seul langage moderne de l'Inde qui ait des formes spéciales pour le comparatif et le superlatif; ces formes ont été empruntées au sanscrit. On ne fait aucune distinction entre les verbes transitifs et intransitifs. Les différentes personnes sont indiquées par des suffixes. Les langages de l'Assam et de l'Orissa, l'assami et l'orlya, sont intimement liés au bengâli. Néanmoins, le premier a incorporé un grand nombre d'éléments burmeses et thibétains, tandis que le dernier est fortement teinté d'arabe. Le nipâll ou nepaulese possède aussi beaucoup d'éléments thibétains. Le pluriel est formé en ajoutant héru, collection, assemblée. Le kaçmiri et le panjâbi (cachemirien et punjaubiee) se sont approprié beaucoup d'éléments arabes et persans. Le sindhi s'est maintenu très rapproché de l'ancien sanscrit. Le pluriel est formé par ú et quelquefois par â. Les adjectifs s'accordent en nombre, en genre et en cas avec leurs noms. Il y a des suffixes pronominaux dus probablement à l'influence du persan. L'urdu ou hindûstâni est un dialecte de l'hindi, fortement mélangé de persan, d'arabe et d'éléments tartarcs. C'est la langue courante administrative de l'Inde. Il fut appelé urdu parce qu'il s'était développé dans les camps (urdu) des conquérants musulmans. Les adjectifs s'accordent toujours avec leurs noms en genre et en cas, mais pas toujours en nombre. Dans le guzarâti ou gujarati, le génitif du nom peut s'employer comme adjectif et il s'accorde en genre et en nombre avec le substantif. Les adjectifs s'accordent avec leurs noms en genre, en nombre et en cas. Dans le marâthi, les adjectifs sont unis à leurs noms comme s'ils formaient avec eux un mot composé. Le nombre et les cas sont indiqués seulement quand ils sont employés comme noms. Le nepaulese, le cachemirien, le punjaubee, le sindhi et l'urdu n'ont pas de genre neutre. Dans le nepaulese, le sindhi et l'urdu, le génitif d'un nom peut être employé comme adjectif, avec une inflexion particulière. — Langues dravidiennes. Si l'on excepte le cingalais ou singhalese, langage de l'île de Ceylan, le groupe dravidien peut être divisé en cinq sections, outre les idiomes imparfaitement connus des races qui occupent les parties intérieures des régions montagneuses. Le tamil, sanscrit du groupe entier, comprend deux dialectes ; le classique ou sen-tamil, et celui qui sert à la conversation ou kodun-tamil. Viennent ensuite le telugu (appelé autrefois gentou), le canarèse et le malayâlam. Le cinquième langage est le tulu ou tulva que l'on parle dans le voisinage de Mangalore. Il s'éteint rapidement. Max Müller considère les langages dravidiens comme une branche de l'ouralo-altaïque, mongolien ou turanien ; mais Fr. Müller et d'autres les considèrent comme formant une division primitive entièrement distincte parmi les langages humains. Ces langues possèdent des systèmes graphiques particuliers, dérivés de l'alphabet dévangari et écrits au moyen des caractères kistnah et nerbudda. Les sons du tamil peuvent être groupés ainsi qu'il suit :

Gutturaux	k,	g,	ṅ.
Palatals	c,	j,	ñ.
Cérébraux I.	t̥,	d̥,	ṇ.
Cérébraux II.	t̥,	d̥,	ṇ.
Dentals	t,	d,	n.
Labiaux	p,	b,	m.
Liquides :	y,	r,	l.
	l,	h,	l̥.
Sibilants	ç.		
Voyelles	a,	â,	i,
	î,	u,	
	e,	ê,	
	ô,	au,	

— Religions et Littérature religieuse. Les premiers écrits religieux sont les hymnes des Védas, les Brâhmanas et les Sûtras. Les Veda-Sanhitâs ou textes veda existent en quatre collections : Rig-Veda, Sâmâ-Veda, Yajur-Veda et Atharva-Veda. La Rig-Veda est la collection la plus considérée et la plus précieuse. On suppose que la Sâmâ-Veda Sainhâtâ est plus ancienne que la compilation de Rig-Veda. Les Brâhmanas fournissent la description des cérémonies prescrites dans la Sanhitâs et donnent les nombreuses légendes s'y rapportant. Elles ont un supplément de méditations philosophiques appelées Aranyaka. Une portion de l'Aranyaka, appelée Upanishad, renferme des méditations et développe le système de panthéisme brahmanique. Les Sûtras sont des collections de règles pratiques concernant les cérémonies et le culte. Max Müller divise en quatre périodes l'intervalle pendant lequel ces livres parurent. Pendant la première, de 1200 à 1000 av. J.-C., les plus anciennes hymnes védiques furent composées. La seconde comprend les deux siècles suivants. La troisième, ou période brâhmane, se termine à 600 av. J.-C., et la quatrième ou Sûtra finit à 200 av. J.-C. Néanmoins, le professeur Whitney regarde cette chronologie comme une simple hypothèse. Les Dharmaçâstras ou livres des lois sont au nombre de 56 ; les fameuses lois de Manou sont probablement les plus anciennes. La Mahâbhârata, poème épique très long, décrit les querelles entre les Pândavas et les Kauravas, races royales qui descendent de Bhârtas. Un autre poème épique, la Râmâyana, traite des hauts faits de Râma, prince de Ayôdhya ou Oude, qui étendit le pouvoir aryen sur le Deccan et sur Ceylan. Les récits de la Mahâbhârata et de la Râmâyana sont continués par les Purânas d'une date beaucoup plus récente et écrits dans l'intérêt des nouvelles sectes religieuses. D'après les Védas, il y a trois classes de dieux : ceux des cieux, ceux de l'air et ceux de la terre. La lumière est considérée comme une force indépendante et éternelle. Sûrya est la principale divinité du ciel, Vâyu ou Indra est la première divinité de l'air et Agni est la principale de la terre. Parmi les dieux du ciel, Aditi est rarement mentionné dans les plus anciens Védas comme une personnification, mais généralement comme l'idée abstraite de l'éternel et de l'infini. Sûrya est la désignation ordinaire du soleil. Vishnou est rarement mentionné dans les Védas. Il a donné la terre à l'homme, descendant de Manou. Il y a dans la sphère aérienne des démons, êtres sombres, Rakshasas et Asuras. Les autres dieux de cette région ont à les combattre pour les chasser. Indra, dieu des orages, conquit les démons et protégea l'homme dans les combats. Vâyu, est le vent. Vâta lui succéda dans la vénération du peuple, comme étant l'âme des dieux et la source du monde. Rudra est le dieu des tempêtes. La troisième division, celle des dieux de la terre, est le panthéisme de la religion indoue. La lumière est la révélation de la divinité. Agni, dieu du feu, est le protecteur des humains. Il sert aussi de messager entre l'homme et les dieux. Chaque fois qu'un feu est allumé, les dieux doivent venir, car Agni les appelle ; et tout ce que les dieux font pour les hommes est dû à son intercession. Sôma (breuvage fermenté) est aussi un dieu. Sôma donne l'immortalité à l'homme comme aux dieux. Les dieux réclament les offrandes des hommes pour accomplir les vœux de ces derniers ; sans les prières et sans les sacrifices, les dieux ne pourraient gouverner le monde. La prière les oblige à accomplir les désirs des hommes. Une dévotion concentrée et la pénitence sont donc plus puissantes que tous les dieux ; le prêtre, l'ermite, le dévot et le sage sont donc plus puissants que les dieux eux-mêmes. Telle est la clé du brahmanisme. Chaque objet employé au sacrifice était considéré comme participant de la divinité, d'où les brahmes furent considérés comme les dieux réels de la terre. Brahmanaspati ou Brihaspati, dieu de la prière, devint, plus tard, le grand dieu Brahmâ. Les Védas n'acceptent aucun récit de la création. On attribue généralement celle au pouvoir du sacrifice. Suivant d'autres, la méditation religieuse produisit le monde. Deux noms, Yama et Manou, apparaissent comme ceux du premier homme. Yama est le premier homme qui mourut, et il montre aux morts le chemin de l'autre monde où il gouverne. Manou est le premier ancêtre du genre humain. Yama conduit les morts dans un monde aussi sensuel que le paradis mahométan, où ils festoient avec les dieux et boivent Sôma (l'ivresse). Le peuple doit adorer ses dieux, car ceux-ci ne sont pas morts ; ils vivent avec les dieux qui partagent leur pouvoir avec eux. Le culte des dieux se pratiqua d'abord dans chaque famille. Il n'y avait pas de temples. La caste spéciale des brahmes devint ensuite nécessaire pour diriger les sacrifices. La formation du système brahmanique des castes ouvre la seconde période dans l'histoire des religions. Le mot sanscrit désignant la caste est VARNA, qui signifiait primitivement couleur. Les Sudras (Çûdras) sont les premiers occupants, de teint foncé, des terres du Gange ; les aryens, au teint clair, les regardaient comme inférieurs. Les livres védiques divisent la population indoue en quatre castes. Le livre des lois de Manou dit qu'il y avait 16 castes mélangées, outre les quatre principales. Celles-ci étaient, outre les Sudras, les Brahmanas les Kshatriyas et les Vaisyas (Vaiçyas). Les brahmes étaient institués pour lire et pour enseigner le Véda, offrir les sacrifices, diriger les cérémonies des sacrifices faits par le peuple et pour recevoir et faire des offrandes. Les Kshatriyas, devaient protéger le peuple, faire la charité et lire les saintes écritures, mais sans les expliquer. Les Vaisyas, élevaient les bestiaux, cultivaient la terre, faisaient le commerce, donnaient des aumônes, récitaient des prières. Les Sudras n'avaient qu'un devoir, celui de servir les autres castes. La majorité des castes inférieures ou mélangées portent des noms de profession. La population aborigène fut aussi graduellement classée d'après le système aryen, qui donna naissance à la caste impure que les Européens appellent parias, du nom d'une petite caste Tamil. Pendant cette période, le panthéisme védique fut graduellement absorbé par celui de Brahma et le caractère du culte indou devint décidément ascétique. On ne chercha plus à résoudre le mystère de l'origine du monde, mais on s'occupa de trouver le procédé par lequel le monde retournait à Brahma, dont il émane. Brahmâ, au genre neutre, est une impersonnalité, la somme de toute la nature, le germe de tout ce qui est, celui qui embrasse tout. Brahma, comme principe abstrait du monde, paraît de nouveau sous une forme mythologique comme le dieu Brahmâ. La femme de Brahmâ est Sarasvatî, déesse de l'ordre, de l'harmonie, de la poésie, de l'art oratoire, du langage et de toute intelligence. L'existence n'a pas de but particulier, puisqu'elle est le mal, le mal étant venu au monde avec le monde ; c'est pourquoi toute personne pieuse désire en être retirée et être débarrassée de son existence personnelle. Toute créature descendue de Brahmâ doit passer de nouveau par les stages antérieurs à son existence actuelle, afin d'atteindre encore Brahmâ. Les méchants sont punis par la transformation en bêtes ou en plantes ; si cette punition n'est pas suffisante, ils sont envoyés dans l'un des huit enfers. La peine de l'enfer n'est pas éternelle, mais des milliers d'années suffisent à peine pour obtenir une absolution complète. Quand celle-ci est obtenue, c'est alors que commence l'échelle ascendante des transmigrations qui aboutit à Brahmâ. Chaque caste se considère comme formant un peuple saint, distinct et pur ; le contact d'une personne d'une caste inférieure est une souillure. Les morts, les excrétions du corps, la naissance, tout ce qui a rapport aux sexes est une impureté. Mais la vache est si sainte que ses excrétions les plus impures servent aux Indous d'agent purificateur. L'urine et la bouse de vache purifient tout. Pendant cette période le sacrifice fut encore en grande pratique, bien que le brahmanisme moderne n'ait conservé que les sacrifices domestiques. — L'ancienne philosophie indoue, précurseur de la philosophie grecque et romaine, est fille des méditations ordonnées comme moyen d'obtenir une prompte arrivée dans le grand Brahmâ. Il y a particulièrement six systèmes philosophiques considérés comme orthodoxes. On peut aussi les réduire à trois : vedânta, sânkhya et nyâya, représentés chacun par deux formes. Vedânta signifie le but ou la fin du Véda. Son développement arrive à l'époque du moderne brahmanisme. Le Vedânta-Sâra, petit livre qui tire les conclusions extrêmes de ce système, est probablement d'une date postérieure au VIIIe siècle ap. J.-C. Il y a un Sânkhya déiste ou système yoga par Patanjali, et un système sânkhya athée par Kopila. Le système nyâya, par Gautama s'occupe particulièrement des principes de logique. Le système vaiçêshika, par Kanâda est une branche indépendante de la philosophie nyâya. Il enseigne l'éternité de la matière sous forme d'atomes et aussi l'éternité atomistique de l'âme. Le vedânta enseigne que le monde n'existe pas en réalité, la seule existence réelle étant Brahma. L'extrême conclusion du Sânkhya est qu'il n'existe aucune nécessité d'une nouvelle naissance ou de transmigrations. — Sur ces entrefaites Bouddha fit son apparition. Le bouddhisme a un rédempteur humain dans la personne de Bouddha. Le brahmanisme s'empara de l'idée d'avoir des médiateurs humains, des personnifications des dieux, et il adopta une série d'*avatars* ou incarnations. Ainsi Krishna fut adoré dans le IIIᵉ siècle av. J.-C. comme un Avatâra de Vishnou. C'était la croyance de cette époque que les dieux ne pouvaient accomplir aucune chose sur terre à moins qu'ils n'y vinssent sous une forme, soit humaine, soit animale. La femme de Vishnou est Lakshmî ou Çrî, la déesse de l'amour, de la grâce, du mariage, de la progéniture et de la richesse; la vache est sa représentante sacrée sur la terre, et le lotus est son symbole. Vers ce temps Siva, le Mahâdêva ou grand dieu des Dravidiens, fut introduit dans le cycle brahmanique des dieux, en l'identifiant avec Rudra, le dieu des orages. Le sivaïsme ou culte du Phallus se répandit avec le temps parmi les Aryens aussi bien que chez les aborigènes de l'Inde. Une nouvelle littérature religieuse naquit avec les Purânas, écrites expressément pour le peuple. Leur contenu est mythologique. Il n'existe aucune unité dans le brahmanisme moderne. Les divisions principales sont les vishnouites et les sivaïtes, les premiers glorifiant Vishnou, les seconds Siva, au-dessus de Brahmâ. Le vishnouite Vallabhâchârya fonda au XVIᵉ siècle, le culte voluptueux de Khrishna-berger, qui place Krishna au-dessus de Vishnou même. Au XIIᵉ siècle, s'éleva dans le pays des Mahrattes une nouvelle forme de sivaïsme. Basava, son fondateur, forma des fraternités de moines à l'imitation du bouddhisme. Cette secte est le lingaïsme jangama, qui emploie le langage canarese comme langue sacrée. La secte çâkta n'adore pas les trois grands dieux eux-mêmes, mais seulement leurs femmes et particulièrement l'épouse de Siva; cette secte est très sensuelle dans son culte. L'ancienne religion sudra existe encore au Bengale; elle offre une forte ressemblance avec le culte magique des tribus sauvages. Un mélange de l'indouisme avec l'islamisme est représenté par la religion des Sikhs, et le mélange du bouddhisme avec le brahmanisme par celle des Jains. Après les Purânas parurent dix-huit ouvrages religieux appelés Upapurânas. Les Tantaras sont des productions dans lesquelles Siva est représenté comme conversant avec Durgâ (Kâlî); ce sont les livres magiques des Çâktas. L'ouvrage le plus important écrit en tamil est le Kural de Tiruvalluver; collection de proverbes purement éthiques. Les Basava Purânas des lingaïtes sont des ouvrages importants pour l'histoire des sectes indoues. — Pour tâcher d'unir et de concilier tous les éléments religieux hostiles au bouddhisme, on inventa une Trimûrti ou trinité composée des grands dieux: Brahmâ, Vishnou et Siva. Cette trinité est représentée par un corps à trois têtes, taillé dans un seul bloc de pierre. Théoriquement, Brahmâ est le créateur, Vishnou le conservateur et Siva le destructeur. On assigne communément dix avatars à Vishnou; ces avatars se suivent dans une échelle ascendante de perfection. Lors de sa venue future, il rétablira la justice sur terre. La personne de Siva était trop élevée et trop puissante pour apparaître comme un être de ce monde, mais il habita occasionnellement parmi les hommes comme personnification de quelque attribut de lui-même. Le brahmanisme moderne possède aussi une trinité femelle, composée des femmes de Brahmâ, de Vishnou et de Siva. Pârvati, femme de Siva, est la plus générale-ment adorée des trois, est, dans le Bengale et dans l'Inde du Sud, connue sous le nom de Kâli et considérée comme une déesse sanguinaire; ses images la représentent sous des traits vraiment affreux. Elle est déesse du choléra et de toutes les autres épidémies. Elle ne peut être apaisée que par des sacrifices sanglants; des êtres humains lui sont mêmes offerts quand les autorités anglaises n'interviennent pas. — Parmi les autres dieux du brahmanisme moderne, Ganêça et Kârttikêya, fils de Siva, sont prééminents. Le premier est le dieu de la sagesse et de l'habileté; son image se trouve partout. Les Gânapatayas sont une secte qui fait de ce dieu l'objet spécial du culte. Kârttikêya ou Skanda, appelé Subrahmanya et Shanmukha dans le Deccan, est le dieu à six têtes de la guerre. Gangâ, célèbre déesse du Gange, est une charmante personne qui tient une fleur de lotus à la main. Se baigner dans le Gange purifie de tous les péchés et n'importe qui meurt dans le fleuve est admis de suite dans le grand Brahma. — Les distinctions de castes disparaissent rapidement. Les Kshatriyas et les Vaisyas ont perdu depuis longtemps leur existence séparée, et un grand nombre de professions qui étaient autrefois exclusivement les leurs, sont exercées aussi par les brahmes. Bien que les castes supérieures puissent vivre de professions appartenant à des castes inférieures, il n'est pas permis à ces dernières d'usurper les fonctions des premières. La condition des castes inférieures, sous le gouvernement indigène, était la plus abjecte soumission. Au-dessous des Sudras se trouvait une classe nombreuse de gens hors la loi. La perte de sa caste entraînait celle de tous ses droits civils et la confiscation de tous ses biens. Le gouvernement anglais a défendu les confiscations pour cause de renonciation ou de privation de caste. — Les brahmes subissent en ce moment une crise religieuse. Le brahmô-sâmâj augmente régulièrement. Cette secte, fondée en 1830, eut pour premiers adeptes des élèves des institutions catholiques d'éducation, puis des mahométans et ensuite des brahmes; elle forma une Église dont les doctrines principales sont: l'adoration d'un dieu, l'amour fraternel envers tous les hommes. Son grand objet est de détruire les distinctions de caste et de religion. Le chef de la secte est Babu Keshab Chander Sen. — BIBLIOGR. Lassen, *Indische Alterthumskunde*; Whitney, *Oriental and Linguistic Studies*; et Wurm, *Geschichte der indischen Religion*. — *L'Inde britannique*, par Ad. Frout de Fontpertuis (Londres, in-8º, 1878); *Lois, prêtres et castes dans l'Inde*, par J. Jacolliot (Paris, in-8º, 1877); *Géographie universelle: l'Inde et l'Indo-Chine*, par Elisée Reclus (Paris, 1883).

INDOUSTANI Linguist. Langue actuelle des Indous.

IN-DOUZE adj. et s. m. Impr. et Libr. Se dit du format où la feuille est pliée en douze feuillets; et des livres, des volumes qui ont ce format: le *format in-douze*. On écrit aussi in-12.

INDRE. I. Grande rivière qui prend sa source à la fontaine d'Indre, dép. du Cher, baigne Briantes, la Châtre, Mongivray, Châteauroux, Saint-Maur, la Villedieu, Saint-Genou, Châtillon, Loches et se jette dans la Loire entre Langeais et la Chapelle (Indre-et-Loire), après un cours de 230 kil. Elle n'est pas navigable, mais elle donne le mouvement à un grand nombre d'usines. Ses principaux affluents sont: la Taïssonne, l'Igneraye, la Vanvre, l'Angolin, la Trégonce et l'Ozance. — II. Département de la région centrale de la France; il doit son nom à la rivière de l'Indre qui le traverse du S.-E. au N.-O., est situé entre le dép. de Loir-et-Cher, d'Indre-et-Loire, de la Vienne, de la Haute-Vienne, de la Creuse et du Cher, il est formé du Bas-Berry et de portions détachées de l'Orléanais et de la Marche; 6,795 kil. carr.; 287,703 hab. Pays de montagnes et de collines arides; une chaîne granitique, couronnée de froids et tristes plateaux, contient les plus hautes cimes du dép.: colline de Vijon (455 m.), signal de la Fragne (653 m.). Le territoire est riche en métaux et en minéraux, fers en grains et en roches; beau marbre près de Giroux, pierres meulières, mica, grès, silex, etc.; agriculture peu développée; les principales rivières sont: l'Indre, la Creuse, la Douzanne, la Claire et l'Anglin; eaux minérales à Azay-le-Féron. — Ch.-l., Châteauroux; 4 arr., 23 cant., 245 communes. Les tribunaux ressortissant de la cour d'appel de Bourges et l'instruction publique est du ressort de l'académie de Poitiers. Ce dép. forme, avec celui du Cher, l'archidiocèse de Bourges. Ch.-l. d'arr.: Châteauroux, le Blanc, la Châtre et Issoudun.

INDRE (La Basse-), comm. du cant. de l'arr. et à 10 kil. O. de Nantes (Loire-Inférieure), sur la rive droite de la Loire; 3,350 hab. Forges à l'anglaise pour l'affinage du fer.

INDRET, île de la Loire, à 10 kil. O. de Nantes (Loire-Inférieure). Elle est annexée à la Basse-Indre et jointe au rivage par une chaussée. M. de Sartines, sous Louis XV, établit dans cette île une fonderie de canons qui fut supprimée en 1827. Depuis 1839, cette fonderie est affectée à la confection des machines à vapeur de la marine militaire et à celle des coques pour les bâtiments en fer.

INDRE-ET-LOIRE, département situé dans la région centrale de la France; tire son nom des deux principales rivières qui l'arrosent. Situé entre les dép. de Loir-et-Cher, de la Sarthe, de Maine-et-Loire, de la Vienne et de l'Indre, il est formé de la plus grande partie de la Touraine et de portions de l'Orléanais et de la Marche, 6,113 kil. carr., 329,130 hab. Le territoire offre l'aspect d'une vaste plaine dont la fertilité a peut-être été un peu exagérée; peu de montagnes, le point culminant du dép. (signal de Haumontais, 178 m.) se trouve dans la Gâtine. Eaux minérales à Semblançay, Château-la-Vallière et Vergné. Commerce de céréales, vins, fruits de toute espèce; élève de chevaux, mulets, abeilles, vers à soie, etc. Le dép. est arrosé par la Loire, le plus grand fleuve de France, le Cher, la Vienne, l'Indre, la Creuse et la Claire. — Ch.-l., Tours; 3 arr., 24 cant., 281 comm. Les tribunaux ressortissant de la cour d'appel d'Orléans; et pour l'instruction publique, il est du ressort de l'académie de Poitiers. Archevêché à Tours. Ch.-l. d'arr.: Tours, Chinon et Loches.

INDU, UE adj. Qui est contre ce qu'on doit, contre la raison, contre la règle, contre l'usage: à *heure indue*, à *une heure indue*. N'est guère usité que dans ces phrases.

INDUBITABLE adj. (lat. *indubitabilis*). Dont on ne peut douter, certain, assuré: *le succès de cette affaire est indubitable*.

INDUBITABLEMENT adv. De manière certaine, assurément: *il arrivera indubitablement tel jour*.

INDUCTEUR, TRICE adj. Qui induit. — Phys. Circuit inducteur, circuit qui produit l'induction. — Physiol. MUSCLE INDUCTEUR, muscle qui produit une contraction induite. — s. m. Phys. INDUCTEUR DIFFÉRENTIEL, appareil qui sert à reconnaître les effets résultant de l'introduction de divers métaux dans l'intérieur d'une bobine électro-magnétique.

INDUCTIF, IVE adj. Qui induit ou qui procède par induction.

INDUCTION s. f. (lat. *inductio*; de *inducere*, *induire*). Instigation, impulsion, suggestion: *s'est laissé aller à cela par l'induction d'un tel*. (Peu usité en ce sens.) — Plus ord. Manière de raisonner qui consiste à inférer une chose d'une autre, à reconnaître, à établir qu'une chose doit ou peut être, puisqu'une ou plusieurs autres sont ou pourraient être;

raisonner par induction. — So dit également d'une conséquence que l'on tire par induction : *tirer une induction d'une proposition.* — Phys. **Courant d'induction,** courant électrique inverse que l'on obtient en faisant passer le courant électrique, développé par une pile voltaïque ou un aimant, à travers un fil de cuivre recouvert d'un fil de soie et enroulé autour d'une bobine. On dit aussi *Electricité d'induction.*

* **INDUIRE** v. a. (lat. *inducere*). Porter, pousser à faire quelque chose. Se prend ordinairement en mauvaise part : *induire à mal faire.* — **Induire a erreur,** être la cause volontaire ou involontaire de l'erreur où tombe une personne : *il fut induit à erreur par une fausse citation.* On dit également, **Induire en erreur,** mais toujours dans le sens de tromper à dessein : *il voulait m'induire en erreur.* — Oraison dominicale. **Ne nous induisez point en tentation,** ne permettez pas que nous soyons tentés au-dessus de nos forces. — Inférer, tirer une conséquence : *qu'induisez-vous de là ?* — Phys. Établir un courant d'induction.

* **INDUIT, ITE** part. passé de **Induire.** — Phys. **Fil induit,** fil de cuivre recouvert d'un fil de soie et servant à la production des courants d'induction. — **Courant induit,** courant produit par induction.

INDULGEMMENT adv. [-ja-man]. Avec indulgence.

* **INDULGENCE** s. f. [ain-dul-jan-se] (lat. *indulgentia,* pardon ; de *indulgere,* remettre). Qualité opposée à la sévérité ; facilité à excuser et à pardonner les fautes, les défauts : *grande indulgence.* — Chez les catholiques. Rémission des peines que les péchés méritent, accordée par l'Eglise sous de certaines conditions. Dans ce sens, s'emploie souvent au pluriel : *indulgences de quarante jours, de vingt ans,* etc. — Fig. et fam. **Gagner, mériter les indulgences, les indulgences plénières,** se dit, en plaisantant, d'une personne qui fait une chose pénible, difficile, désagréable : *vous avez mérité les indulgences par votre empressement.* — Encycl. L'origine des indulgences remonte aux premiers temps de la primitive Eglise, lorsque d'insignes pécheurs étaient condamnés, après avoir été absous en confession, à des périodes de pénitences publiques : quand le christianisme se répandit parmi les nations du nord de l'Europe, ces pénitences canoniques se trouvèrent inapplicables. La jurisprudence païenne avait habitué les peuples à des amendes pécuniaires pour vol, pour meurtre et pour d'autres crimes. Ce système fut appliqué par l'Eglise aux expiations pénitentielles et l'argent qui en provenait fut destiné à un emploi sacré. Mais cette substitution d'amendes pécuniaires donna naissance à des méprises sérieuses et à de grands abus ; souvent elle fut condamnée par des conciles ecclésiastiques et par des écrivains sacrés. En 1035, le concile de Clermont offrit une *indulgence plénière* à tous ceux qui se joindraient à la croisade. Le concile de Lyon, en 1274, étendit la même indulgence à tous ceux qui contribueraient au succès de cette croisade. A partir de cette époque, les indulgences commencèrent à se multiplier et aussi souvent que l'argent était requis pour quelque besoin ecclésiastique, le peuple s'empressait de l'offrir. Avec le temps, ce trafic fit tomber les indulgences et ceux qui les accordaient dans un complet discrédit. Les indulgences publiées par Jules II et par Léon X, pour l'érection de Saint-Pierre de Rome et pour une croisade contre les Turcs, produisirent une crise dans l'Eglise catholique et furent la cause immédiate de la réforme protestante. La commission papale des indulgences fut confiée aux dominicains, qui avaient à leur tête le fameux Tetzel. Ils offrirent des indulgences dans les rues, dans les marchés,

dans les tavernes, enseignant que toute personne qui contribuait, si elle payait pour son propre compte, s'ouvrait infailliblement à elle-même les portes du ciel, et que, si c'était pour le compte des morts, elle délivrait instantanément une âme du purgatoire. Ces abus furent condamnés par le concile de Trente dans sa session du 4 déc. 1563 ; cependant, dans beaucoup de pays catholiques romains, les indulgences ont continué à être publiées dans des formes que ne cessent de rejeter les protestants. En effet, l'Eglise catholique romaine enseigne que par l'absolution sacramentelle, la faute des péchés (*reatus culpæ*) commis après le baptême est effacée, avec la punition éternelle qu'ils méritent en vertu des souffrances du Christ ; mais que le pécheur pardonné reste exposé à ce que l'on appelle le *reatus pænæ,* ou à une peine temporelle qui doit être expiée dans cette vie ou dans l'autre. Les œuvres de pénitence tirent leur valeur et leur efficacité de ce qu'elles sont accomplies en union avec l'expiation du Christ. Les souffrances du Christ, les mérites de la Vierge et des saints, le sacrifice de la messe, etc., forment un trésor confié à la garde de l'Eglise et dont elle est la dispensatrice. Elle en tire une portion qu'elle met à part pour ses enfants nécessiteux ; ils peuvent se l'approprier en accomplissant, en état de grâce, les œuvres de piété spécifiées, et, avec ce trésor, ils peuvent acquérir pour eux-mêmes ou pour les morts, la *rémission entière et complète des péchés,* ce qui doit être entendu comme signifiant la rémission entière et complète de la peine temporelle due au péché. Dans aucun cas supposable, l'indulgence ne peut être un pardon pour la faute elle-même du péché (*reatus culpæ*), même pour le pénitent le plus contrit, moins encore un pardon en perspective des péchés futurs ou une permission de les commettre. Une *indulgence plénière* est la rémission de la satisfaction entière que l'on doit à Dieu et qui est soumise au pouvoir de l'Eglise. Une *indulgence partielle* fait allusion à la forme des anciens canons de pénitence qui enjoignaient pour chaque péché une pénitence proportionnée à sa gravité. Telles sont les indulgences attachées aux autels privilégiés, à certaines fêtes, etc. ; les indulgences de quarante, de cent jours, etc., sont des indulgences partielles.

* **INDULGENT, ENTE** adj. Qui a de l'indulgence, qui pardonne aisément les fautes, les défauts : *un maître indulgent.* On dit de même : *religion, morale indulgente.*

* **INDULT** s. m. [ain-dult] (lat. *indultum*). Privilège accordé, par lettres du pape, à quelque corps, ou à quelque personne, de pouvoir nommer à certains bénéfices, ou de pouvoir se tenir contre la disposition du droit commun : *le roi avait un indult pour nommer aux bénéfices en pays d'obédience.* — Se disait communément, autrefois, du droit particulier qu'avaient le chancelier de France et les officiers du parlement de Paris, de requérir sur un évêché ou sur une abbaye, le premier bénéfice vacant, soit pour eux-mêmes, soit pour un autre, après y avoir été autorisés par lettres du prince : *chaque officier ne pouvait exercer le droit d'indult qu'une fois en sa vie.* — Droit que le roi d'Espagne levait sur l'argent et sur les marchandises qui arrivaient d'Amérique : *l'indult avait été plus fort cette année-là que l'année précédente.*

* **INDULTAIRE** s. m. Celui qui avait droit à un bénéfice en vertu d'un indult : *l'un est l'indultaire, l'autre le résignataire.*

* **INDÛMENT** adv. Prat. D'une manière indue : *il a été mal et indûment procédé contre lui.*

* **INDURATION** s. f. Méd. Durcissement d'un tissu, sans altération visible dans sa texture.

* **INDURÉ, ÉE** adj. Méd. Devenu dur : *partie indurée.*

INDURER v. a. (lat. *indurare*). Méd. Rendre dur. — **S'indurer** v. pr. Devenir dur.

INDUS ou **Sinde** (sanscr. *sindhu,* rivière), fleuve de l'Asie, qui prend sa source sur le flanc N. de l'Himalaya, dans le Thibet, et qui se jette dans la mer d'Arabie. De ses trois sources, la Senge-Khabab est considérée comme la plus éloignée de son embouchure. Elle se trouve à une hauteur d'environ 6,000 m., par 31° 10' lat. N. et 79° long. E. A environ 675 kil. de sa naissance, sa plus grande largeur est, en été, de 25 m., avec une profondeur de 2 m. 35 centim. Elle reçoit son nom de Senge-Khabab près d'Iskardoh, dans le Bulti, et commence à être appelée Ab-Sind ou Indus. A environ 90 kil. au-dessous d'Iskardoh, elle tourne du N.-O. au S., traverse l'Himalaya, et entre dans le Kafiristan. Le fleuve revient sur le territoire anglais à Derband. Il y a cinq gués entre cet endroit et Attock, près du confluent avec le Caboul, point où commence la navigation de l'Indus. Depuis sa source jusqu'à Attock, la rivière a une pente d'un peu plus de 3 m. par kil. D'Attock à la mer, elle a une longueur de 1,360 kil. au-dessus de Mittun Kote, elle coule au S. et se sépare en de nombreux bras, renfermant des îles. Près de Mittun Kote se trouve le confluent du Punjnud qui amène les eaux du Jhylum, du Chenaub, du Ravee, du Beas et du Sutlej, (cinq rivières formant le Punjaub). Dans cet endroit, l'Indus a une largeur de 2,000 m. et se répand sur plusieurs kil. de large en temps d'inondation. Dans le Sinde, des travaux considérables d'irrigation furent construits par les Anglais. Le delta au-dessous d'Hydrabad a environ 450 kil. de long sur 195 de large. Le Pittee est aujourd'hui l'embouchure la plus large et la plus profonde, et elle est toujours navigable. La marée monte jusqu'à Tattah, à environ 140 kil de la mer. Au-dessus de Roree, la rivière n'est pas navigable pour des navires de plus de 4 m. 35 centim. de tirant d'eau. La longueur totale de l'Indus est d'environ 3,000 kil.

INDUSIE s. f. [ain-du-zi] (lat. *indusium,* tunique de dessous). Bot. Organe membraneux qui recouvre ou renferme les spores des cryptogames.

INDUSIUM s. m. [ain-du-zi-omm]. Bot. Organe membraneux qui recouvre les spores des cryptogames. — Antiq. rom. Vêtement que portaient les femmes romaines.

INDUSTRIALISME s. m. Système social qui donne à l'industrie un rôle prépondérant dans la société ; goût exclusif pour l'industrie.

INDUSTRIALISTE adj. Qui concerne l'industrialisme ou la société industrielle.

* **INDUSTRIE** s. f. [ain-duss-tri] (lat. *industria*). Dextérité, adresse à faire quelque chose : *cela est fait avec beaucoup d'industrie.* — Production, par opposition au commerce : *l'industrie agricole, manufacturière ; l'industrie du journalisme.* — Profession mécanique ou mercantile, art, métier que l'on exerce pour vivre : *exercer quelque industrie.* — **Vivre d'industrie,** trouver moyen de subsister par son adresse et par son savoir-faire. Se prend en mauvaise part. — **Chevalier d'industrie,** homme qui vit d'adresse, d'expédients. Se prend toujours en mauvaise part. Autrefois on disait aussi, *Chevalier de l'industrie.* — Art mécanique et manufacture en général, par opposition à l'agriculture : *l'industrie est pour les Etats une source abondante de richesses.*

* **INDUSTRIEL, ELLE** adj. Qui appartient à l'industrie : *les arts industriels.* — Qui provient de l'industrie : *les produits industriels, les richesses industrielles d'un Etat.* — s. Per-

sonne qui se livre à l'industrie : *un industriel.*

INDUSTRIELLEMENT adv. D'une manière industrielle, qui se rapporte à l'industrie.

INDUSTRIER (S') v. pr. S'ingénier, employer son industrie à : *il faudrait que vous vous industriiez à cela.*

* **INDUSTRIEUSEMENT** adv. Avec industrie, avec art : *cela est fait industrieusement.*

* **INDUSTRIEUX, EUSE** adj. Qui a de l'industrie, de l'adresse : *un homme très industrieux.*

INDUTS s. m. pl. (lat. *indutus*, habillé). Terme qui s'emploie dans plusieurs églises, et par lequel on désigne les ecclésiastiques qui assistent aux messes hautes, revêtus d'aubes et de tuniques, pour servir le diacre et le sous-diacre. — ‹‹ S'emploie aussi au sing. : *un indut.*

INDUTIOMARE, chef des Trévires, mort 1 an 54 av. J.-C. Après avoir fait sa soumission à César, il voulut assouvir sa haine et sa vengeance contre les légions romaines; dans ce but, il rassembla de nombreuses troupes et attaqua Labiénus dans son camp; mais il succomba dans la lutte et fut tué en traversant une rivière.

INDUVIAL, ALE adj. Bot. Se dit de toute partie de la fleur qui persiste après la floraison et reste adhérente au fruit.

INDUVIE s. f. (lat. *induvia*, vêtement). Bot. Nom que l'on donne à tout organe floral qui accompagne le fruit à l'époque de sa maturité. On ne l'emploie guère qu'au pluriel.

INÉBRANLABILITÉ s. f. Qualité de ce qui est inébranlable.

* **INÉBRANLABLE** adj. Qui ne peut être ébranlé : *une masse inébranlable.* — Fig. Constant, ferme, qui ne se laisse point abattre : *un cœur, un courage inébranlable.* — Qu'on ne peut faire changer de dessein, d'opinion, etc. : *mon parti est pris, je suis inébranlable.* — Se dit également des choses morales : *sa résolution est inébranlable.*

* **INÉBRANLABLEMENT** adv. Fermement, d'une manière inébranlable. S'emploie surtout au figuré : *c'est un homme inébranlablement attaché à son devoir.*

INÉBRIANT, ANTE adj. (lat. *inebriare*, enivrer). Qui produit l'ivresse : *médicaments inébriants.* On dit aussi **INÉBRIATIF, IVE.**

* **INÉDIT, ITE** adj. (lat. *ineditus*). Qui n'a point été imprimé, publié : *poème inédit.*

* **INEFFABILITÉ** s. f. Impossibilité d'exprimer quelque chose par des paroles. N'est usité que dans ces phrases : *l'ineffabilité des mystères, des grandeurs de Dieu.*

* **INEFFABLE** adj. (lat. *in*, priv., *ex*, hors et *fari*, parler). Qui ne peut être exprimé par des paroles : *une joie, un plaisir ineffable.* — Se dit, particulièrement, en parlant de Dieu et des mystères de la religion : *la grandeur ineffable de Dieu.*

* **INEFFAÇABLE** adj. Qui ne peut être effacé : *des traits ineffaçables.* — Fig., au sens moral: *un souvenir ineffaçable.*

INEFFECTIF, IVE adj. Qui est sans effet : *Dieu ne se paye pas de volontés ineffectives.*

* **INEFFICACE** adj. Qui n'a point d'efficacité, qui ne produit point son effet : *Dieu nous donne souvent, pour nous sauver, des secours que nous rendons inefficaces*

* **INEFFICACEMENT** adv. D'une manière inefficace : *il travailla bien des années inefficacement.*

* **INEFFICACITÉ** s. f. Manque d'efficacité : *l'inefficacité d'un moyen.*

* **INÉGAL, ALE, AUX** adj. Qui n'est point égal; qui n'est pas de même étendue, de même durée, de même valeur, de même intensité, etc. : *deux choses de grandeur inégale.* — Fig., dans le même sens : *deux personnes de condition inégale.* — Qui n'est pas uni, qui est raboteux : *un terrain, un chemin, un plancher inégal.* — Qui n'est pas réglé, régulier, uniforme : *marcher d'un pas inégal.* — Fig., dans le même sens : *conduite inégale.* — Se dit pareillement des personnes : *un homme inégal dans sa conduite.*

* **INÉGALEMENT** adv. D'une manière inégale : *les parts sont faites inégalement.*

* **INÉGALITÉ** s. f. Défaut d'égalité. Se dit dans tous les sens d'INÉGAL : *l'inégalité de deux lignes.* — s. f. pl., tant au propre qu'au figuré, des irrégularités, défectuosités de ce qui est inégal : *les inégalités d'un terrain.*

* **INÉLÉGANCE** s. f. Défaut d'élégance : *l'inélégance du style.*

* **INÉLÉGANT, ANTE** adj. Qui manque d'élégance : *expression inélégante.*

INÉLIGIBILITÉ s. f. Absence des qualités requises pour être éligible; condition d'une personne qui n'est pas éligible.

* **INÉLIGIBLE** adj. Qui n'a pas les qualités requises pour être élu : *on reconnut que le candidat était inéligible.*

* **INÉLUCTABLE** adj. (lat. *ineluctabilis*). Fatal, qu'aucune force ne saurait détourner.

INÉLUDABLE adj. Qu'on ne saurait éluder : *c'est une visite inéludable.*

* **INÉNARRABLE** adj. Qui ne peut être raconté; ne s'emploie guère que dans certaines phrases tirées de l'Ecriture sainte : *saint Paul, étant transporté au troisième ciel, vit des choses inénarrables.*

* **INEPTE** adj. (lat. *ineptus*). Qui n'a nulle aptitude à certaines choses : *c'est un homme tout à fait inepte aux sciences.* — Sot, impertinent, absurde; et, dans cette acception, se dit des personnes et des choses: *c'est un homme inepte.*

* **INEPTEMENT** adv. Avec ineptie : *il répondit ineptement.*

* **INEPTIE** s. f. [i-né-psi]. Caractère de ce qui est inepte, absurde : *cet homme est d'une grande ineptie.* — Actions, idées, paroles absurdes, impertinentes : *il a dit une véritable ineptie.*

* **INÉPUISABLE** adj. Qu'on ne peut épuiser, tarir, mettre à sec : *une source d'eau inépuisable.* — Par ext. Certaines autres choses que les sources, etc. : *cette mine est inépuisable.* — Fig. : *cet homme a un fonds de science, de savoir inépuisable.*

* **INÉPUISABLEMENT** adv. D'une manière inépuisable : *il y a en nous un principe d'intelligence d'où naissent continuellement et inépuisablement toutes nos pensées.*

* **INERME** adj. (lat. *inermis*, sans armes). Bot. Qui n'a ni aiguillons ni épines : *la tige de cette plante est inerme.*

* **INERTE** adj. (lat. *iners*). Qui est sans ressort et sans activité : *la matière inerte.* — Fig. : *un esprit inerte.*

INERTIE s. f. [-sî]. Didact. Etat de ce qui est inerte. S'emploie principalement dans cette locution, FORCE D'INERTIE, propriété qu'ont les corps de rester dans leur état de repos ou de mouvement jusqu'à ce qu'une cause étrangère les en tire. — Fig. FORCE D'INERTIE, résistance passive, qui consiste principalement à ne pas obéir : *il y a en nous une force d'inertie qui neutralisa toutes ses mesures.* — Fig., au sens moral, manque absolu d'activité ou d'énergie : *rester dans une complète inertie.*

INÈS DE CASTRO. Voy. CASTRO (*Inès de*).

* **INESPÉRABLE** adj. Qu'on ne saurait espérer : *une fortune inespérable le releva de cette chute.*

* **INESPÉRÉ, ÉE** adj. Imprévu, à quoi on ne s'attendait pas. Ne se dit qu'en bonne part : *événement inespéré.*

* **INESPÉRÉMENT** adv. Contre toute espérance, lorsqu'on s'y attendait le moins. On ne le dit que des événements heureux : *il était ruiné, il lui est survenu inespérément une succession qui a rétabli ses affaires.* (Vieux.)

* **INESTIMABLE** adj. Qu'on ne peut assez estimer, assez priser. Ne se dit que des choses : *cela est d'une valeur inestimable, d'un prix inestimable.*

* **INÉVITABLE** adj. Qu'on ne peut éviter : *un malheur inévitable.*

* **INÉVITABLEMENT** adv. Nécessairement, inévitablement : *vous tomberez inévitablement dans ce malheur.*

* **INEXACT, ACTE** adj. Qui manque d'exactitude : *calcul inexact.* — Se dit aussi des personnes : *copiste inexact.*

* **INEXACTEMENT** adv. D'une manière inexacte.

* **INEXACTITUDE** s. f. Défaut d'exactitude : *l'inexactitude d'un calcul.* — Se dit aussi des fautes, des erreurs commises par inexactitude : *on a remarqué beaucoup d'inexactitudes dans cet ouvrage.*

* **INEXCUSABLE** adj. Qui ne peut être excusé : *faute inexcusable.* — Se dit aussi des personnes : *vous êtes inexcusable d'en avoir usé ainsi.*

* **INEXÉCUTABLE** adj. Qui ne peut être exécuté : *des lois inexécutables.*

* **INEXÉCUTÉ, ÉE** adj. Qui n'a point été exécuté : *ces projets sont restés inexécutés.*

* **INEXÉCUTION** s. f. Manque d'exécution : *l'inexécution d'un contrat, d'un testament, d'un arrêt, d'un traité.*

* **INEXERCÉ, ÉE** adj. Qui n'est point exercé : *cet ouvrage est d'une main inexercée.*

* **INEXIGIBLE** adj. Qui n'est point encore exigible, qui ne peut être exigé. Ne s'emploie guère que dans les locutions : *dette inexigible; capital inexigible.*

* **INEXORABLE** adj. [i-né-gzo-ra-ble] (lat. *inexorabilis*). Qui ne peut être fléchi, apaisé : *il est inexorable.*

* **INEXORABLEMENT** adv. D'une manière inexorable : *ne lui demandez point cette grâce, il vous refuserait inexorablement.*

* **INEXPÉRIENCE** s. f. Manque d'expérience : *l'inexpérience d'un jeune homme.*

* **INEXPÉRIMENTÉ, ÉE** adj. Qui n'a point d'expérience : *général inexpérimenté.*

INEXPERT, ERTE adj. Qui n'est point expert, qui manque d'habileté.

* **INEXPIABLE** adj. Qui ne peut être expié : *crime inexpiable.*

* **INEXPIÉ, ÉE** adj. Qui n'a point été expié : *un crime inexpié.*

* **INEXPLICABLE** adj. Qui ne peut être expliqué par aucun discours : *difficultés inexplicables.* — Incompréhensible, bizarre, étrange; et alors se dit des personnes et des choses : *c'est un homme, un caractère inexplicable.*

* **INEXPLIQUÉ, ÉE** adj. Qui n'est pas encore expliqué, qui attend une solution : *un texte obscur et inexpliqué.*

* **INEXPLORÉ, ÉE** adj. Qui n'a pas été exploré : *une contrée inexplorée.*

* **INEXPLOSIBLE** adj. Qui ne peut faire explosion : *une machine inexplosible.*

INEXPRESSIBLE s. m. Mot dont se servent les Anglaises pour éviter d'employer le mot *culotte*, qui pour elles serait *shocking.*

INEXPRIMABLE adj. Qu'on ne peut exprimer par des paroles : *douleur inexprimable.*

INEXPUGNABLE adj. (lat. *inexpugnabilis*). Qui ne peut être forcé, pris d'assaut : *ville inexpugnable.*

INEXTENSIBLE adj. qui ne peut être étendu : *corps inextensible.*

IN EXTENSO loc. adv. [inn-èk-stain-so]. Expression latine qui signifie : dans toute son étendue, tout au long : *ce journal reproduit in extenso les débats de la Chambre.*

INEXTINGUIBLE adj. [inn-èkss-tain-gu-i-ble]. Qui ne peut s'éteindre : *un feu inextinguible.* — Fig. UNE SOIF INEXTINGUIBLE, une soif que rien ne peut apaiser. UN RIRE INEXTINGUIBLE, un rire éclatant et prolongé.

IN EXTREMIS loc. adv. [in-nèk-stré-miss]. Expression latine qui signifie : *à l'article de la mort.* — Jurispr. TESTAMENT IN EXTREMIS, MARIAGE IN EXTREMIS, testament, mariage faits au dernier moment.

INEXTRICABLE adj. (lat. *inextricabilis*). Qui ne peut être démêlé : *un labyrinthe inextricable.*

INFAILLIBILISTE s. m. Partisan de l'infaillibilité du pape.

INFAILLIBILITÉ s. f. (bas lat. *infaillibilis*, qui ne peut être trompé). Qualité de ce qui est infaillible : *l'infaillibilité d'un succès.* — Impossibilité de se tromper, d'errer : *l'infaillibilité de l'Eglise.* — INFAILLIBILITÉ DU PAPE, dogme de l'Eglise catholique romaine qui attribue à cette Eglise comme la maîtresse divinement instituée du genre humain, et au pontife romain comme pasteur de toute l'Eglise, le privilège d'être sauvegardé d'enseigner l'erreur. L'infaillibilité ne doit pas être confondue avec l'*impeccabilité*, qui signifie immunité de péché, ou avec l'*inspiration*. L'infaillibilité pontificale est ainsi définie dans le chap. IV de la constitution *Pastor Æternus*, adoptée par le concile du Vatican le 18 juillet 1870 : « Nous enseignons et définissons que c'est un dogme divinement révélé, que le pontife romain, quand il parle *ex cathedrâ*, c'est-à-dire, quand, dans l'accomplissement de l'emploi de pasteur et de docteur de tous les chrétiens, en vertu de son autorité suprême, il définit une doctrine concernant la foi et la morale que doit garder l'Eglise universelle, grâce à l'assistance divine qui lui a été promise dans le bienheureux Pierre, il possède en lui cette infaillibilité de laquelle le divin Rédempteur voulait que son Eglise fût dotée pour définir des doctrines concernant la foi et la morale; et que, en conséquence, de telles définitions des pontifes romains sont irrévocables d'elles-mêmes et non en vertu du consentement de l'Eglise. » Cette définition limite l'infaillibilité et l'assistance divine qu'elle garantit aux seuls actes officiels du pape comme pasteur et docteur de tous les chrétiens. Elle exclut ainsi tous ses actes en tant que simple particulier, docteur, théologien, évêque local. Il est exempt d'erreur dans une seule de ses fonctions, c'est-à-dire, quand, comme maître de toute l'Eglise pour ce qui a rapport à la foi ou à la morale, il parle du haut de la chaire de Pierre. Elle affirme de plus qu'avant la définition du concile du Vatican, l'infaillibilité était une doctrine révélée de Dieu, transmise par la tradition constante de l'Eglise et reconnue dans les conciles œcuméniques. La définition, disent les catholiques, n'a rien ajouté à la certitude intrinsèque de cette doctrine. Avant la définition du concile, disent-ils, cette infaillibilité, toute vraie qu'elle fût, pouvait n'être pas admise par les fidèles; depuis la défini-

tion, c'est un article de foi qu'il faut admettre au même titre que la présence réelle ou l'incarnation du Verbe. — La doctrine de l'infaillibilité pontificale, considérée théologiquement, est intimement liée avec la suprématie pontificale; et considérée historiquement, on voit que de cet exercice de la suprématie se dégagea graduellement, s'affirma finalement la prérogative de l'infaillibilité. Les évêques de Rome, à une époque très reculée, prétendaient à une autorité suprême et finale pour décider toutes les disputes ecclésiastiques, et ils fondaient cette prétention sur le fait que le siège de Rome était le siège de l'autorité de Pierre, et que les papes étaient ses successeurs avec juridiction suprême sur l'Eglise entière. D'un autre côté, l'opposition à l'exercice de cette suprématie forma un contraste continuel dans l'Eglise primitive jusqu'à la fin du schisme de Photius. Dans l'Europe occidentale, la primatie des évêques romains continua d'être universellement reconnue après la séparation de l'Occident et de l'Orient; mais leur infaillibilité personnelle ne fut jamais soutenue formellement dans une thèse théologique jusqu'à l'époque de saint Thomas d'Aquin. Cette opinion, placée ainsi sous une forme précise devant les grandes écoles théologiques de l'Europe, acquit bientôt un accroissement d'un caractère déterminé et fut un grand sujet de contestation entre les princes temporels et les papes. La supériorité des conciles œcuméniques sur l'autorité papale fut incorporée dans la pragmatique sanction de Bourges en 1438, comme une maxime théologique et comme une règle de jurisprudence nationale. De là les théologiens en France qui soutenaient cette supériorité des conciles, furent appelés gallicans et leurs adversaires ultramontains. Les franchises dites gallicanes, et la doctrine particulière de l'Eglise gallicane concernant l'infériorité du pape à un concile général, furent formulées en six articles présentés par la Sorbonne à Louis XIV, le 8 mai 1663, et elles furent confirmées avec une plus grande solennité qu'en 1682. La question entière de l'infaillibilité continua à être violemment discutée entre jésuites et jansénistes, gallicans et ultramontains, jusqu'à la Révolution française. Les troubles politiques de l'Europe placèrent cette controverse au second plan; mais la question fut bientôt soulevée de nouveau, et, finalement, en 1867, un concile œcuménique fut convoqué pour l'examiner, ainsi que d'autres questions de doctrine. Il se rassembla à Rome, le 8 déc. 1869, et le 8 juillet 1870, le dogme de l'infaillibilité papale fut formellement établi, tel qu'il a été défini plus haut. (Voy. VATICAN, *Conciles du*).

INFAILLIBLE adj. Qui est certain et immanquable : *le succès de cette affaire est infaillible.* — Qui ne peut se tromper, ni errer : *Dieu est infaillible dans ses promesses.*

INFAILLIBLEMENT adv. Immanquablement, assurément, sans aucun doute : *infailliblement cela arrivera.*

INFAISABLE adj. Qui ne peut être fait : *c'est une chose infaisable.*

INFAMANT, ANTE adj. Qui porte infamie : *des paroles, des injures infamantes.* (Voy. AFFLICTIF.)

INFAMATION s. f. Jurispr. Note d'infamie : *la condamnation au blâme emportait infamation.* (Vieux.)

INFÂME, adj. (lat. *infamis*, sans réputation). Qui est diffamé, noté, flétri par les lois, par l'opinion publique : *il y a des châtiments qui rendent infâmes.* — Qui est indigne, honteux, avilissant : *action infâme.* — LIEU INFÂME, maison de prostitution. — Se dit quelquefois, par exag., de tout ce qui est sale, malpropre, malséant : *on le logea dans*

un *taudis infâme.* — Substantiv. Celui qui est flétri par la loi, ou qui a fait des choses déshonorantes : *les infâmes ne sont pas reçus en témoignage.*

INFAMIE s. f. Flétrissure imprimée à l'honneur, à la réputation, soit par la loi, soit par l'opinion publique : *note d'infamie.* — Se dit d'une action infâme, déshonorante : *je dévoilerai l'infamie de sa conduite.* — Action vile, honteuse, indigne d'un honnête homme : *c'est une infamie de manquer à sa parole.*

Qui le sait et le souffre à part à l'infamie.
CORNEILLE.

— Parole injurieuse à l'honneur, à la réputation. Dans ce sens, on ne l'emploie qu'au pluriel : *il lui a dit mille infamies, toutes les infamies imaginables, toutes les infamies du monde.*

INFANDUM, REGINA, JUBES RENOVARE DOLOREM. Ces mots qui signifient : *reine, vous m'ordonnez de renouveler mon indicible douleur,* sont les premières paroles que Virgile met dans la bouche d'Enée quand il commence à faire à Didon le récit de ses malheurs et de la ruine de Troie.

INFANT, ANTE s. (esp. *infante*; lat. *infans*, enfant). Titre qu'on donne aux enfants puînés des rois d'Espagne et de Portugal. L'aîné, l'héritier présomptif de la couronne, est seul appelé *el principe*, le prince. On appelle *infantas*, les princesses royales.

INFANTE (José Miguel), homme d'Etat chilien, né en 1778, mort en 1844. Il fut l'un des premiers chefs de la révolution de 1810, qui se termina par l'indépendance du Chili. En 1818, il devint ministre des finances sous O'Higgins; sous le président Freire, il fut appelé à organiser un sénat. Pendant la première session de ce corps, son projet de loi pour l'abolition de l'esclavage fut adopté le 24 juin 1823. En 1843, il devint chef de la cour suprême.

INFANTERIE s. f. (lat. *infans*, enfant; esp. *infante*, infant, parce que les Espagnols, lors de leurs guerres avec les Maures, donnèrent le nom d'infanterie aux gardes du corps d'un prince royal ou *infante*; ce nom fut ensuite étendu à tout le corps des fantassins). Se dit des gens de guerre qui marchent et qui combattent à pied : *bonne infanterie.* — ENCYCL. Sauf pendant le moyen âge (voy. ARMÉE), l'infanterie a toujours été considérée comme l'arme la plus importante. Les autres sont les auxiliaires. (Voy. CAVALERIE, ARTILLERIE, etc.) — L'infanterie française fut organisée pendant les guerres de Charles V et de François Ier. Henri II créa les premiers régiments vers 1558. Dans l'antiquité, il y avait une *infanterie légère* et une *infanterie pesamment armée*; mais chez nous, la distinction d'une infanterie légère et d'une infanterie de ligne, n'a jamais été que nominale. L'infanterie montée reçoit le nom particulier de *dragons.*

INFANTERIE FRANÇAISE.

CORPS.	RÉGIMENTS.	BATAILLONS.	COMPAGNIES de campagne.	COMPAGNIES de dépôt.	HOMMES	CHEVAUX.
Infant. de ligne..	144	576	2,304	288	238.464	2.850
Chasseurs à pied..	30	120	30	18.130	188
Zouaves........	4	16	64	8	10.480	92
Turcos.........	3	12	48	8	8.492	69
Légion étrangère..	1	4	16		2.526	23
Infant. lég. d'Afr.		3	18		4.140	18
Fusiliers de disci-						
pline........			4		1.064	
Pionniers de dis-						
cipline			4		264	1
Totaux......	152	641	2.575	329	283.55	3.275

— Infanterie de marine, corps de troupes affecté à la garde des arsenaux maritimes et au service militaire dans les colonies. Richelieu conçut le projet de créer cent *compagnies* de la marine, en 1622, et Colbert essaya d'organiser les deux régiments *Royal-Marine* et *Amiral*, destinés à servir sur mer; mais ces projets avortèrent. L'*infanterie de marine*, créée en 1774, comprit d'abord 8 régiments, puis 4 en 1792, et fut supprimée en 1794. Deux régiments d'infanterie de marine, organisés en 1822, disparurent en 1827, reparurent en 1834, furent portés à 3 régiments en 1838 et à 4 en 1854. Ces régiments sont établis à demeure à Brest, Toulon, Rochefort et Cherbourg; ils comprennent environ 19,000 hommes, dont 850 officiers.

* **INFANTICIDE** s. m. (lat. *infanticidium*). Meurtre d'un enfant. Se dit surtout, dans la législation criminelle, en parlant d'un enfant nouveau-né : *cette fille est accusée d'infanticide*. — Meurtrier d'un enfant, ou de son propre enfant. Dans ce sens, il est des deux genres, et on l'emploie souvent comme adjectif : *cette fille est infanticide*. « Législ. « Le Code pénal qualifie exclusivement d'infanticide le meurtre d'un enfant nouveau-né, et il punit le coupable de la peine de mort (C. pén., 300, 302). »

* **INFATIGABLE** adj. Qui ne peut être lassé par le travail, par la peine, par la fatigue : *un homme infatigable*.

* **INFATIGABLEMENT** adv. Sans se lasser : *attaché, appliqué infatigablement à son travail*.

* **INFATUATION** s. f. Prévention excessive et ridicule en faveur de quelqu'un ou de quelque chose : *on ne peut le guérir de son infatuation*.

* **INFATUER** v. a. Prévenir, préoccuper tellement quelqu'un en faveur d'une personne, d'une chose qui ne le mérite pas, qu'il n'y ait presque pas moyen de l'en désabuser : *qui vous a infatué de cet homme-là, de ce livre-là ?* — S'infatuer v. pr. : *s'infatuer de quelqu'un*.

* **INFÉCOND, ONDE** adj. Stérile. Se dit surtout des terres qui ne produisent point ou qui produisent peu : *une terre inféconde*. Lorsqu'on parle des animaux ou des plantes, il ne se dit guère qu'en poésie : *une vache inféconde*. — Fig. : *esprit inféconde*.

* **INFÉCONDITÉ** s. f. Manque de fécondité, stérilité. Se dit surtout en parlant des terres : *l'infécondité des terres où il y a des mines n'est pas toujours compensée par la richesse des métaux qu'elles produisent*.

* **INFECT, ECTE** adj. [ain-fèkt] (lat. *infectus*, imprégné). Puant, gâté, corrompu, qui est infecté, ou qui infecte : *il a l'haleine infecte*.

INFECTADOS s. m. [-dosc]. Cigare d'un sou. L'ironie n'a pas besoin d'être expliquée.

* **INFECTANT, ANTE** adj. Qui infecte : *un gaz infectant*.

* **INFECTER** v. a. Gâter, corrompre, incommoder par communication de quelque chose de puant, de contagieux, ou de venimeux : *ce marais infecte l'air*.

Le fruit meurt en naissant, dans son germe *infecté*.
                          Henriade, ch. IV.

— Fig.: *il infecta le pays de cette hérésie, de sa pernicieuse doctrine*.

INFECTIEUX, EUSE adj. [-ksi-eû] (rad. *infect*). Qui produit, qui communique l'infection ou qui en est le résultat.

* **INFECTION** s. f. [-ksi-on]. Grande puanteur : *cet égout est de la plus grande infection*. — Corruption, altération produite dans un corps par les substances ou miasmes délétères qui s'y introduisent. On le dit principalement de l'air et de l'économie animale : *l'infection de l'air*. — Infection putride, absorption par les veines ou par le réseau capillaire des liquides sanieux d'une plaie. On l'appelle

résorption purulente lorsque la matière ainsi absorbée est déjà du pus. Cette infection survient à la suite des saignées, des opérations chirurgicales, d'une contusion avec inflammation d'une veine (phlébite) ou des vaisseaux lymphatiques (angioleucite) ou d'un érysipèle. On distingue l'infection purulente *des plaies* et celle *des femmes en couches*, dite aussi *fièvre puerpérale*. Ce grave accident, annoncé par des frissons violents, irréguliers, avec pâleur, soif et perte d'appétit, peut être prévenu à son début en nourrissant les malades, en pansant la plaie avec de l'alcool ou en la préservant du contact de l'air. Si l'infection n'a pu être ainsi prévenue et se caractérise, on prescrit le sulfate de quinine, la décoction vineuse de quinquina à l'intérieur et en topique et l'alcoolature d'aconit. On cautérise la plaie avec le fer rouge ou avec la pâte de chlorure de zinc. — Aux femmes atteintes de la *fièvre puerpérale* on donne l'ipéca, des purgatifs et de fréquentes injections aromatiques alcoolisées ou avec une solution de permanganate de potasse au 20°. — Il y a encore une infection putride lente qui s'établit à la suite des abcès strumeux en suppuration dans lesquels l'air s'introduit, du tubercules pulmonaires; les symptômes sont toujours graves; on lutte contre cette affection par une nourriture réparatrice, des boissons acidulées, de la viande, du café, du quinquina ou du sulfate de quinine.

* **INFÉODATION** s. f. Jurispr. féodale. Acte par lequel le seigneur aliénait une terre, et la donnait pour être tenue de lui en fief : *l'inféodation était en bonne forme*.

* **INFÉODÉ, ÉE** part. passé d'INFÉODER. Dîmes **INFÉODÉES**, dîmes aliénées par l'Église et possédées par des laïcs. — **INFÉODÉ A UN PARTI, A UNE COTERIE**, lié à un parti, à cette coterie comme un vassal était lié à son seigneur.

* **INFÉODER** v. a. Jurisp. féodale. Donner une terre pour être tenue en fief : *inféoder des héritages*. — Fig. S'inféoder v. pr. Se lier à une autre personne, à un parti ou à une opinion comme on s'attacherait à son seigneur : *il s'inféoda au parti vainqueur*.

INFÈRE adj. Bot. Se dit de tout organe qui est placé au-dessous d'un autre.

* **INFÉRER** v. a. Tirer une conséquence de quelque proposition, de quelque fait, etc : *vous dites que telle chose est : que voulez-vous inférer de là ?*

* **INFÉRIEUR, EURE** adj. Qui est placé au-dessous, en bas : *la région inférieure de l'air*. — Astron. Planètes **INFÉRIEURES**, planètes qui, comparées à la terre, sont plus rapprochées du soleil : *Mercure et Vénus sont deux planètes inférieures*. — Géogr. Partie d'un pays qui est la plus éloignée de la source d'un fleuve, ou la plus voisine de la mer; et alors on ne l'emploie guère qu'en poésie : *Germanie inférieure*. — **DÉPARTEMENT DE LA SEINE-INFÉRIEURE, DE LA LOIRE-INFÉRIEURE**, département de la France où se trouve l'embouchure de la Seine, de la Loire. — Fig. Qui est au-dessous d'un autre en dignité, en mérite, en forces : *inférieur en science*. — Se dit également des choses, tant au sens physique qu'au sens moral : *ces marchandises sont d'une qualité fort inférieure*. — **TRIBUNAL INFÉRIEUR**, celui dont il y a appel. On le dit en même sens : *juges inférieurs*. — **CLASSES INFÉRIEURES**, celles qui où commence le cours des études, où l'on enseigne les éléments du latin, etc. — s. Celui qui est au-dessous d'un autre en rang, en dignité, et ordinairement avec subordination et dépendance : *les inférieurs doivent respect aux supérieurs*. — « Jargon indifférent. **ÇA M'EST INFÉRIEUR**, cela m'est indifférent.

* **INFÉRIEUREMENT** adv. Au-dessous: *deux*

auteurs ont écrit sur cette matière, mais l'un bien inférieurement à l'autre

* **INFÉRIORITÉ** s. f. Désavantage, inégalité en ce qui concerne le rang, la force, le mérite, etc. : *il ne reconnaît pas assez son infériorité*.

* **INFERNAL, ALE, AUX** adj. Qui appartient à l'enfer : *monstre infernal*. — **LE DRAGON INFERNAL**, le démon. — S'emploie très souvent en poésie, surtout lorsqu'on parle de l'enfer des païens : *séjour infernal; les dieux infernaux*. — Fig. Qui annonce beaucoup de méchanceté, de noirceur, de cruauté : *rage, malice, ruse infernale*. — Fam. Grand bruit, ou ce qui fait un grand bruit : *bruit, tapage, vacarme, tintamarre infernal*. — Chim. **PIERRE INFERNALE**, nitrate d'argent fondu, pierre factice qui a la propriété de brûler, de consumer les chairs sur lesquelles on l'applique : *cautériser une morsure avec la pierre infernale*.

* **INFERTILE** adj. Stérile, qui ne produit rien, qui ne rapporte rien, ou qui ne rapporte que fort peu : *un champ, un sol infertile*. — Fig. Se dit de l'esprit, de l'imagination : *un esprit infertile*. — **SUJET, MATIÈRE INFERTILE**, sujet, matière qui fournit peu de choses à dire.

* **INFERTILITÉ** s. f. Stérilité : *l'infertilité de ces terres est cause qu'on ne les cultive plus.*

* **INFESTATION** s. f. Action d'infester.

* **INFESTER** v. a. (lat. *infestare*). Ravager, désoler, tourmenter par des irruptions, des courses hostiles, par des actes fréquents de violence et de brigandage : *les pirates infestaient toutes ces côtes-là*. — Se dit, par ext., des animaux nuisibles ou incommodes, des malins esprits, etc. : *les sauterelles infestent souvent de grandes provinces en Orient*.

* **INFIBULATION** s. f. Opération par laquelle on réunit, au moyen d'un anneau, ou même d'une suture, les parties dont la liberté est nécessaire à l'acte de la génération.

* **INFIBULER** v. a. (lat. *infibulare*). Faire l'opération de l'infibulation.

* **INFIDÈLE** adj. Qui ne garde point sa foi, qui ne remplit point ses devoirs, ses engagements; qui n'est pas constant dans ses affections : *être infidèle à ses serments, à sa parole*. — Se dit quelquefois particulièrement d'un employé, d'un domestique, etc., qui commet des soustractions : *commis infidèle*. — Se dit, fig., des choses sur lesquelles on ne peut pas ou on ne peut plus compter : *la mer est un élément infidèle*. — **LA FORTUNE LUI DEVINT INFIDÈLE**, l'abandonna. — Qui n'a pas la vraie foi : *les nations, les peuples infidèles*. — Qui manque à la vérité, inexact; et il se dit alors des personnes et des choses: *narrateur, traducteur, interprète infidèle*. On dit, à peu près dans le même sens : *miroir, glace infidèle*. — **MÉMOIRE INFIDÈLE**, mémoire faible, qui retient mal, inexactement : *j'ai une mémoire très infidèle*. — Substantiv. Celui ou celle qui manque à la fidélité, à la foi promise: *elle manqua de ramener son infidèle*. — Se dit également de celui ou de celle qui n'a pas la vraie foi : *l'infidèle n'a point de part au royaume de Dieu*. Dans ce sens, il est plus souvent d'usage au pluriel : *prêcher, convertir les infidèles*

* **INFIDÈLEMENT** adv. D'une manière infidèle : *agir infidèlement avec ses amis*.

* **INFIDÉLITÉ** s. f. Manque de fidélité ou de probité : *l'infidélité d'un amant*. — Manque d'exactitude, de vérité, et se dit des personnes et des choses: *l'infidélité d'un historien, d'un traducteur, d'un copiste*. — **L'INFIDÉLITÉ DE LA MÉMOIRE**, le défaut de mémoire : *il ne faut en accuser que l'infidélité de sa mémoire*. — Se dit également des actes d'infidélité : *il a fait une infidélité, bien des infidélités à sa maîtresse*. — Se dit aussi des simples inexactitudes : *il y a* *de grandes infidélités dans cette traduction.* — État de ceux qui ne sont pas dans la vraie religion : *être obstiné dans son infidélité.*

* **INFILTRATION** s. f. Action d'un fluide qui s'insinue dans les pores des parties solides : *l'infiltration de l'eau dans le bois.* — Méd. Liquide qui pénètre et s'amasse dans un tissu quelconque : *infiltration de sérosités, de bile, de sang, d'urine.*

* **INFILTRER (S')** v. pr. Passer comme par un filtre; filtrer, pénétrer à travers les pores, les interstices d'un corps solide : *l'eau s'infiltre dans le bois le plus dur.* — Méd. Liquide qui pénètre et s'amasse dans un tissu quelconque : *des sérosités qui s'infiltrent dans le tissu cellulaire.*

* **INFIME** adj. (lat. *infimus*; superlat. de *inferus*, qui est en bas). Dernier, placé le plus bas : *les rangs infimes de la société.*

INFIMITÉ s. f. Condition d'une personne infime, nature d'une chose infime.

* **INFINI, IE** adj. Qui n'a ni commencement ni fin, qui est sans bornes et sans limites : *quelques philosophes ont prétendu que l'espace est infini.* — Se dit aussi des attributs de Dieu : *la miséricorde de Dieu est infinie. Sa puissance est infinie.* — Se dit, par ext., de ce dont on ne peut assigner les bornes, le terme, etc. : *un espace infini.* — Ce qui ne doit point avoir de fin : *la gloire, la béatitude infinie des élus.* — Se dit encore, par exag. tant au sens physique qu'au sens moral, de tout ce qui est très considérable en son genre : *des astres placés à une distance infinie.* — Innombrable : *il y a un nombre infini d'auteurs qui ont écrit sur ce sujet.* — Substantiv. et absol., ce que l'on suppose sans limites : *l'homme ne peut bien concevoir l'infini.* — A l'infini loc. adv. Sans fin, sans bornes, sans mesure. Se dit principalement de certaines choses auxquelles on peut toujours ajouter, comme le temps, l'espace, l'étendue et le nombre : *cela irait à l'infini.*

* **INFINIMENT** adv. Sans bornes et sans mesure : *Dieu est infiniment bon, infiniment juste.* — Extrêmement : *c'est un homme infiniment heureux.* — Mathém. QUANTITÉ INFINIMENT PETITE, celle qui est conçue comme moindre qu'aucune quantité assignable. On dit dans un sens analogue : *le calcul des infiniment petits.*

* **INFINITÉ** s. f. Qualité de ce qui est infini : *l'esprit humain ne saurait comprendre l'infinité de Dieu.* — Un très grand nombre : *une infinité de personnes.*

* **INFINITÉSIMAL, ALE, AUX** adj. Mathém. S'emploie principalement dans cette locution : CALCUL INFINITÉSIMAL, le calcul des infiniment petits. — Se dit aussi de ce qui est en très petite quantité : *doses infinitésimales.* — CALCUL INFINITÉSIMAL ou *analyse infinitésimale*, expression générique qui comprend le *calcul différentiel* et le *calcul intégral.*

INFINITÉSIME s. f. (lat. *infinitus*, infini). Mathém. Partie infiniment petite d'une chose : *les infinitésimes ont servi aux mathématiciens.* — Adj. Infiniment petit : *quantités infinitésimes.*

* **INFINITIF** s. m. (lat. *infinitivus*). Gramm. On appelle ainsi, dans les verbes, le mode qui exprime l'état ou l'action, sans déterminer ni le nombre, ni la personne. Aimer *est l'infinitif du verbe dont j'aime est le présent. Un verbe à l'infinitif. Penser, courir, prendre, sont des infinitifs.* On dit quelquefois adjectivement : *le mode infinitif.*

* **INFIRMATIF, IVE** adj. Jurisp. Qui infirme, qui rend nul. Ne se dit guère que dans cette phrase : *un arrêt infirmatif d'une sentence.*

* **INFIRMATION** s. f. Prat. Action d'infirmer : *l'infirmation d'un jugement.*

* **INFIRME** adj. (lat. *infirmus*). Qui a une constitution faible, qui est sujet à des infirmités ; ou qui a actuellement quelque indisposition qui le rend languissant : *c'est un corps extrêmement infirme.* — Substantif : *nous avons plusieurs infirmes.* — Fig. Faible, fragile qui manque de force pour faire le bien : *le péché a rendu l'homme infirme, a rendu la volonté infirme.* — ⁓ Jargon. Maladroit : *cet ouvrier a gâché mon ouvrage, c'est un infirme.*

* **INFIRMER** v. a. (lat. *infirmare*). Affaiblir, diminuer. Ôter la force. N'est d'usage qu'au figuré : *infirmer l'autorité d'un historien.* — Jurisp. : *voilà une pièce bien forte; qu'opposez vous pour l'infirmer ?* — Didact, INFIRMER UNE PREUVE, UN TÉMOIGNAGE, montrer le faible d'une preuve, d'un témoignage. — Jurispr. INFIRMER UN JUGEMENT, UNE DÉCISION, UNE SENTENCE, se dit d'un juge supérieur qui annule ou réforme la sentence rendue par un juge inférieur : *la cour royale infirma le jugement du tribunal de première instance.*

* **INFIRMERIE** s. f. Lieu destiné aux malades et aux infirmes, dans les communautés et maisons religieuses, dans les collèges, etc. : *il est à l'infirmerie, dans une des salles de l'infirmerie.* — Dans certaines abbayes d'hommes, se disait d'une office claustral dont le revenu était destiné à l'entretien des religieux malades : *il était dû tant de blé de rente à l'infirmerie de telle abbaye.*

* **INFIRMIER, IÈRE** s. Celui, celle qui soigne et sert les malades dans une infirmerie, dans un hôpital : *s'adresser à l'infirmier.* — Dans certaines abbayes d'hommes, se disait du religieux qui était revêtu de l'office claustral qu'on appelle INFIRMERIE. — INFIRMIERS MILITAIRES, corps de troupes d'administration, chargé spécialement du service et des soins à donner aux soldats malades. (Voy. AMBULANCE.)

* **INFIRMITÉ** s. f. Indisposition ou maladie habituelle : *les infirmités corporelles.* — Faiblesse, fragilité pour le bien, défaut, imperfection : *l'infirmité humaine.*

INFIXE s. m. [ain-fi-kse] (lat. *in*, dedans ; franç. *fixe*). Gramm. Partie accessoire, sorte d'affixe qui se place à l'intérieur d'un mot, entre d'autres syllabes, et non au commencement ou à la fin des mots, comme les préfixes et les suffixes.

INFLAMMABILITÉ s. f. Qualité de ce qui est inflammable.

* **INFLAMMABLE** adj. Qui s'enflamme facilement : *le soufre, le camphre, sont des matières fort inflammables.* — Fig. Qui est sujet à se prendre de passion, qui s'irrite facilement : *un cœur inflammable.* (Fam.)

* **INFLAMMATION** s. f. [ain-flamm-ma-si-on] (lat. *inflammatio*). Action par laquelle une matière combustible prend feu, ou résultat de cette action : *le feu prit aux poudres ; et l'inflammation fut si prompte, qu'elle fit un ravage affreux.* — Fig. État morbide caractérisé surtout par la chaleur et la douleur, la rougeur et la tuméfaction de la partie malade : *il y a de l'inflammation à cette plaie.* — ENCYCL. Quand l'inflammation est superficielle, on l'appelle *phlogose*, tandis qu'on nomme *phlegmasie* l'état inflammatoire des organes intérieurs. L'inflammation est produite par un excès de stimulation et par des causes irritantes ; il y a, dans les vaisseaux capillaires, un afflux et une permanence de sang plus considérable qu'à l'état normal. La jeunesse, un tempérament sanguin sont des causes prédisposantes à cette affection, mais les variations brusques de l'atmosphère, la transition subite du froid au chaud, les violences extérieures la déterminent le plus souvent. Elle peut se terminer par *résolution*

ou disparition graduelle, par *induration*, ou endurcissement du tissu, par *suppuration* ou sécrétion du pus, par *gangrène* ou mortification des tissus, enfin par l'*état chronique*, en continuant d'exister indéfiniment au moindre degré. L'inflammation compte de nombreuses variétés et reçoit un nom différent (ordinairement terminé en *ie* ou en *ite*), suivant l'organe envahi. Celle du tissu cellulaire se nomme *phlegmon*, celle des doigts, *panaris*. L'inflammation du foie, du poumon, des reins s'appelle *hépatite, pneumonie, néphrite*; celle des vaisseaux sanguins, *artérite, phlébite*; celle des séreuses, *méningite, pleurésie, péritonite*; celle des os, *ostéite, carie*; on appelle *lymphangite, adénite*, l'inflammation des vaisseaux et des glandes lymphatiques; celle des muqueuses prend le nom de *bronchite, entérite, dysenterie, leucorrhée*, suivant la muqueuse affectée et le genre d'inflammation; elle reçoit encore un nom spécial quand elle fait croître de fausses membranes et s'appelle *croup, angine couenneuse, diphtérite.* Pour le traitement, qui est antiphlogistique, et qui consiste généralement en saignées locales, diète, émollients, etc., voir chaque inflammation en particulier.

* **INFLAMMATOIRE** adj. Méd. Qui cause de l'inflammation, qui tient de l'inflammation : *maladie inflammatoire.*

* **INFLÉCHI, IE** part. passé d'INFLÉCHIR. — Bot. RAMEAUX INFLÉCHIS, rameaux recourbés du dehors en dedans.

* **INFLÉCHIR** v. a. Incliner : *l'atmosphère infléchit les rayons des astres.* — S'infléchir v. pr. Se dit des rayons lumineux qui dévient : *le point où les rayons lumineux s'infléchissent.*

INFLECTIF, IVE adj. Gramm. Qui admet des flexions dans les mots.

* **INFLEXIBILITÉ** s. f. Qualité de ce qui est inflexible : *l'inflexibilité absolue n'existe dans aucun corps.* — Fig. : *l'inflexibilité d'un juge.*

* **INFLEXIBLE** adj. Qu'on ne peut fléchir, plier, courber : *aucun métal n'est absolument inflexible.* — Fig. Qui ne se laisse point émouvoir à compassion, qui ne se laisse ébranler par aucune considération. On le dit en bien et en mal : *inflexible aux prières.*

* **INFLEXIBLEMENT** adv. D'une manière inflexible : *il demeure inflexiblement attaché à son opinion.*

* **INFLEXION** s. f. Action de fléchir, de plier, d'incliner : *inflexion du corps, de corps.* — Opt. Exprime une espèce particulière de déviation que les rayons lumineux éprouvent lorsqu'ils passent dans les confins de deux milieux dont le pouvoir réfringent est différent : *le point d'inflexion.* — Changements de ton, d'accent dans la voix, soit en chantant, soit en parlant : *ce chanteur, cet acteur a des inflexions de voix agréables.* — Disposition, facilité qu'on a à faire ces changements, et à passer d'un ton à un autre : *cet orateur n'a point d'inflexion de voix.* — Gramm. Manière de décliner ou de conjuguer : *l'inflexion des noms.* — Se dit plus ordinairement des différentes formes que prend un nom quand on le décline, un verbe quand on le conjugue : *les diverses inflexions qu'un mot peut recevoir.*

INFLICTIF, IVE adj. Qui est ou doit être infligé : *peine inflictive.*

INFLICTION s. f. (lat. *inflictio*). Action d'infliger une peine.

* **INFLIGER** v. a. Prononcer une peine contre quelqu'un, lui imposer une peine pour quelque transgression, quelque crime, quelque faute : *les peines que les lois infligent aux meurtriers, aux incendiaires, etc.*

* **INFLORESCENCE** s. f. [rèss-san-] (lat. *inflorescere*, fleurir). Bot. Disposition particulière des fleurs d'une plante en grappe, en épi, etc.

* **INFLUENCE** s. f. Action d'une chose qui influe sur une autre. Se dit tant au propre qu'au figuré : *l'influence de la lune sur les marées.* — Autorité, crédit, ascendant : *c'est un homme sans influence dans le gouvernement.*

* **INFLUENCER** v. a. Exercer une influence, un ascendant : *influencer les esprits, les opinions.*

* **INFLUENT, ENTE** adj. Qui a de l'influence, du crédit : *c'est un homme très influent, un personnage influent.*

* **INFLUER** v. n. (lat. *in*, sur; *fluere*, couler). Faire impression sur une chose, exercer sur elle une action qui tend à la modifier. Se dit principalement des choses qui agissent par une vertu secrète, non apparente ou peu sensible : *la lune influe sur les marées.* —Fig. : *la bonne ou mauvaise éducation d'un jeune homme influe sur tout le reste de sa vie.* Dans cette acception, se dit quelquefois des personnes : *un tel influa beaucoup dans la détermination que l'on prit.*

* **INFLUX** s. m. [ain-flû] (lat. *influxus*). Didact. Ecoulement. Se dit de certains fluides dont l'existence n'est pas démontrée : *l'influx nerveux.*

* **IN-FOLIO** s. et adj. Impr. et Libr. Se dit du format où la feuille est pliée en deux, et d'un livre, d'un volume qui a ce format : *volume in-folio.*

* **INFORMATION** s. f. Jurispr. Acte judiciaire où l'on rédige les dépositions des témoins sur un fait, en matière criminelle. C'est ce qu'on nomme *Enquête* en matière civile : *faire une information, des informations. Procéder à une information.* Dans ce sens a vieilli. (Voy. INSTRUCTION.) — CONVERTIR LES INFORMATIONS EN ENQUÊTE, signifiait autrefois, civiliser un procès criminel. — INFORMATION DE COMMODO ET INCOMMODO, enquête administrative qui se fait pour connaître les avantages et les inconvénients de quelque mesure projetée, d'un établissement, etc. — INFORMATION DE VIE ET DE MŒURS, enquête qui se faisait autrefois de la conduite et des mœurs de celui qui devait être reçu dans une charge, dans une dignité, etc. — Se dit aussi, dans le langage ordinaire, des recherches que l'on fait pour s'assurer de la vérité d'une chose, pour connaître la conduite, les mœurs d'une personne, etc.; et il s'emploie ordinairement au pluriel : *aller aux informations, prendre des informations.*

* **INFORME** adj. Imparfait, qui n'a pas la forme qu'il doit avoir : *une masse, un animal informe.* — Qui ne fait pas foi, qui n'est pas revêtu des formes prescrites : *c'est une pièce informe qui ne peut servir.* — Astron. ETOILES INFORMES, se dit des groupes d'étoiles qui, en raison de leur petitesse ou de leur peu d'éclat, n'ont pas été compris dans les constellations désignées par des noms particuliers.

* **INFORMÉ, ÉE** part. passé d'INFORMER. — Subst., en matière criminelle, UN PLUS AMPLE-MENT INFORMÉ OU UN PLUS AMPLE INFORMÉ, veut dire une nouvelle et plus ample instruction de l'affaire, l'audition de nouveaux témoins, la production ou la recherche de pièces, de documents nouveaux : *conclure à un plus ample informé.*

* **INFORMER** v. a. Avertir, instruire : *informer les juges de la vérité du fait.* — Jurispr. criminelle. Faire une information, une instruction : *informer contre quelqu'un.* Dans ce sens, on dit mieux maintenant : *instruire.* — INFORMER DE VIE ET MŒURS DE QUELQU'UN, se disait autrefois en parlant de l'enquête que l'on faisait sur la conduite de celui qui devait être reçu dans une charge, dans une

dignité, etc. — S'informer v. pr. S'enquérir : *s'informer de la vérité du fait.*

* **INFORTIAT** s. m. [ain-for-si-a] (lat. *in*, en ; *fortis*, fort). Nom que les glossateurs donnent à une partie du *Digeste* de Justinien, placée entre ce qu'ils appellent le vieux Digeste et le Digeste nouveau. — Se dit aussi d'un volume qui contient cette partie du Digeste.

..........Saisit un vieil *infortiat*
Grossi de visions d'Accurse et d'Alciat,
Le Lutrin, chant V.

* **INFORTUNE** s. f. La mauvaise fortune, l'adversité : *tomber dans l'infortune.* — Revers de fortune, désastre, disgrâce : *de grandes infortunes.*

* **INFORTUNÉ, ÉE** adj. Malheureux : *prince infortuné.* — Substantiv., dans le style soutenu. C'est un *infortuné*, une *infortunée.*

* **INFRACTEUR** s. m. Transgresseur, celui qui viole une loi, un ordre, un traité, etc. : *infracteur des lois, des traités.*

* **INFRACTION** s. f. Transgression, contravention, violation d'une loi, d'un ordre, d'un traité, etc. : *ils ont fait une infraction au traité.* — INFRACTION DU BAN, action d'une personne condamnée au bannissement, qui revient dans le pays, dans les lieux d'où elle est bannie.

* **INFRANCHISSABLE** adj. Qu'on ne peut franchir : *barrières infranchissables.* — Fig. : *difficulté infranchissable.*

INFRANGIBLE adj. Qui ne peut être brisé : *ce vase est infrangible.*

* **INFRÉQUENTÉ, ÉE** adj. Qui n'est pas fréquenté : *chemin infréquenté.*

* **INFRUCTUEUSEMENT** adv. Sans profit, sans utilité : *il a travaillé infructueusement.*

* **INFRUCTUEUX, EUSE** adj. Qui ne rapporte point de fruit, ou qui en rapporte fort peu : *terroir infructueux.* — Fig. Qui n'apporte aucun profit, aucune utilité, qui ne donne aucun résultat : *travail infructueux.*

INFUMABLE adj. En parlant du tabac, qui ne peut être fumé : *tabac infumable.*

INFUNDIBULUM s. m. [ain-fon-di-bu-lomm] (franç. *entonnoir*). Anat. Canal situé dans le troisième ventricule du cerveau, au-dessous du pilier antérieur de la voûte, et s'étendant jusque vers la tige pituitaire.

* **INFUS, USE** adj. [ain-fû] (lat. *infusus*). Se dit des connaissances ou des vertus que l'on possède pour ainsi dire naturellement, sans avoir travaillé à les acquérir : *science infuse, sagesse infuse.* On l'emploie rarement au masculin. — Fam. IL CROIT AVOIR LA SCIENCE INFUSE, se dit, par raillerie, d'un homme qui se croit savant sans avoir étudié.

* **INFUSER** v. a. Mettre et laisser plus ou moins de temps une plante ou une drogue dans quelque liquide, afin que le liquide en tire le suc : *infuser de la rhubarbe dans de la tisane.* — S'infuser v. pr. S'emploie dans le même sens : *il faut donner au thé le temps de s'infuser.*

INFUSIBILITÉ s. f. Caractère de ce qui est infusible.

* **INFUSIBLE** adj. Qu'on ne peut fondre, qui n'est pas susceptible de fusion.

* **INFUSION** s. f. (lat. *infundere*, infuser). Opération qui consiste à verser, sur une substance médicamenteuse, un liquide à l'état d'ébullition, sans les faire bouillir ensemble : *en général, on prépare par infusion les tisanes de fleurs et de substances aromatiques* (C. Dupasquier). — Liqueur dans laquelle des substances ont séjourné : *une infusion de camomille.* — Manière dont certaines facultés surnaturelles sont infuses dans l'âme : *les apôtres*

avaient le don des langues, par l'infusion du Saint-Esprit.

* **INFUSOIRE** adj. (lat. *infusus*, répandu dans). Zool. Qui se développe dans les infusions : *animalcule infusoire.* — s. m. pl. Animalcules qui vivent dans les liquides, et que l'on y découvre à l'aide du microscope : *les infusoires se trouvent principalement dans les infusions de certaines plantes, et dans les eaux corrompues.* — ENCYCL. Quand on place devant l'objectif d'un microscope assez puissant pour grossir 200 fois en diamètre, une goutte d'eau contenant des matières animales ou végétales en décomposition, on y voit pulluler une multitude d'êtres vivants, animés d'un mouvement rapide et incessant. Ces animalcules ont une taille qui varie depuis $\frac{1}{10}$ de centimètre ou $\frac{1}{4}$ de millimètre jusqu'à une telle petitesse que le verre le plus grossissant peut à peine les faire apercevoir. L'expérience a prouvé qu'ils abondent dans les eaux de nos fossés, de nos étangs, de nos lacs, de nos rivières et de nos mers ; car ils sont aussi nombreux dans les eaux salées que dans les eaux douces ; et on les rencontre dans les sources thermales d'une haute température aussi bien que dans les neiges fondues des Alpes et des Andes. Leur présence a été constatée dans toutes les eaux où existent des matières animales ou végétales en décomposition ; nul doute qu'ils voyagent dans les vapeurs d'eau de l'atmosphère et que le vent leur fait franchir des distances considérables. Plusieurs espèces ne sont pas privées de vie par une dessiccation complète, et peuvent, dans cette condition, être mêlées à la poussière qui vole au loin ; ces animalcules reprennent leur active vitalité aussitôt qu'ils viennent à tomber dans l'eau. La soudaineté avec laquelle ils apparaissent dans ce liquide, même distillé, dès qu'on l'expose à l'air, a fourni aux partisans de la génération spontanée l'un de leurs plus puissants arguments. — Les infusoires ne possèdent ni vaisseaux, ni nerfs ; ils sont formés d'un tissu uniforme, que Dujardin appelle *sarcode* et Huxley *protoplasme*. Ce tissu est d'une consistance à peu près égale dans toutes les classes ; dans d'autres, la couche extérieure possède une densité beaucoup plus considérable que la couche intérieure, tandis que dans quelques classes, on peut distinguer une pellicule ou une peau distincte. Les infusoires n'ont pas de véritables pieds ; quelques-uns de ceux qui appartiennent aux classes les plus basses possèdent la faculté de développer, d'étendre, comme des membres, certaines parties de leur corps et de se servir de ces espèces de membres pour la préhension de leur nourriture ainsi que pour la locomotion. Dans les formes plus élevées, la locomotion a lieu au moyen de poils extrêmement fins. Du reste, le mouvement de ces animaux est perpétuel : ils ne dorment jamais et ne paraissent pas connaître le repos. — Les remarquables découvertes microscopiques de Leeuwenhoek furent publiées sous Arcana Naturæ, Leyde, 1696. Les grands travaux de l'Allemand Ehrenberg (1838-'57) portèrent sur les infusoires ; et ceux de Pritchard (1861) donnent un résumé des connaissances acquises à ce sujet. Dallinger et Drysdale ont fait, par de nombreuses observations microscopiques (1873-'78) progresser sensiblement la science des animalcules.

* **INGAMBE** adj. (préf. *in*; ital. *gamba*, jambe). Léger, dispos, alerte : *ce vieillard est encore ingambe.* (Fam.)

INGBERT ou **Sanct-Ingbert**, ville de la Bavière rhénane, sur le Roorbach, à 15 kil. O. de Zweibrücken ; 9,220 hab. Mines de charbon et forges.

INGELBURGE ou **Ingeburge**, fille du roi de Danemark, Waldemar Ier, et femme de Philippe-Auguste, roi de France, née en 1176, morte en 1236. Répudiée par son mari presqu'aussitôt après son mariage, elle en appela à Rome, qui frappa le roi et le royaume d'interdit jusqu'à ce que Philippe-Auguste eût repris Ingelburge et chassé Agnès de Méranie qu'il avait pour maîtresse. Le roi de France essaya de résister, mais en vain; il dut se soumettre à la volonté du pape Innocent III et reprit Ingelburge qu'il enferma dans le donjon d'Etampes. Ce ne fut qu'en 1212 qu'il lui rendit son titre et ses droits de reine.

INGEMANN (Bernhard-Severin), auteur danois, né en 1789, mort en 1862. Ses ouvrages les plus célèbres sont ses poèmes épiques : *Waldemar de Store* et *Holger Danske*, son chant national *Danebrog* et ses chants sacrés. Il publia aussi des romans, des contes, des poèmes dramatiques, des ballades, des chants et des fables (réunis, 39 vol.).

* **INGÉNIER (S')** v. pr. Chercher, tâcher de trouver dans son esprit quelque moyen pour réussir : *ingéniez-vous pour sortir de cet embarras.* (Fam.)

* **INGÉNIEUR** s. m. Celui qui invente, qui trace et qui conduit des travaux et des ouvrages, pour attaquer, défendre, ou fortifier les places : *ingénieur militaire.* — Celui qui conduit quelques autres ouvrages ou travaux publics, tels que la construction et l'entretien des routes, l'exploitation des mines, etc. : *ingénieur des ponts et chaussées.* — INGÉNIEUR CIVIL, ingénieur qui n'appartient pas aux services publics. — INGÉNIEUR-GÉOGRAPHE, celui qui dresse des cartes de géographie. — INGÉNIEUR POUR LES INSTRUMENTS DE MATHÉMATIQUE, celui qui fait des instruments de mathématique. — INGÉNIEUR-OPTICIEN, celui qui fait des instruments d'optique.

* **INGÉNIEUSEMENT** adv. D'une manière ingénieuse : *cela est ingénieusement imaginé, ingénieusement dit.*

* **INGÉNIEUX, EUSE** adj. Plein d'esprit, plein d'invention et d'adresse : *homme ingénieux.* — Se dit également des choses qui marquent de l'adresse, de l'esprit, de la sagacité dans celui qui en est l'auteur : *pièce, machine fort ingénieuse; cette invention est bien ingénieuse.* — Qui met de l'application et de l'adresse à faire quelque chose : *être ingénieux à faire le bien.* On le prend quelquefois dans un sens défavorable : *un homme ingénieux à se tourmenter.*

INGÉNIOSITÉ s. f. Qualité de ce qui est ingénieux ou d'un homme ingénieux.

* **INGÉNU, UE** adj. (lat. *ingenuus*, naturel). Naïf, simple, franc, qui est sans déguisement, sans finesse. Se dit des personnes et des choses : *un homme ingénu; elle a dit cela d'une manière tout à fait ingénue.* — Substantiv. : *faire l'ingénu, l'ingénue.* — Théâtre. JOUER LES INGÉNUES, jouer les rôles de jeunes filles naïves. On dit de même, L'EMPLOI DES INGÉNUES. — Substantiv. Homme né libre, et qui n'a jamais été dans une légitime servitude. Ce mot s'emploie par opposition à AFFRANCHI, comme le mot LIBRE par opposition à ESCLAVE : *Auguste permit à tous les ingénus qui n'étaient pas sénateurs, d'épouser des affranchies.*

* **INGÉNUITÉ** s. f. Naïveté, simplicité, franchise : *elle a beaucoup d'ingénuité.* — s. f. pl. Théâtre. Rôles de jeunes filles naïves : *jouer les ingénuités.* On dit plus ordinairement : *jouer les ingénues.*

* **INGÉNUMENT** adv. D'une manière ingénue et naïve : *il a dit cela ingénument, trop ingénument.* — Franchement, sincèrement : *je vous avouerai ingénument que...*

* **INGÉRENCE** s. f. Action de s'ingérer : *son ingérence dans cette affaire fut une cause de ruine.*

* **INGÉRER** v. a. (préf. *in*; lat. *gerere*, por-

ter). Physiol. Introduire par la bouche dans l'estomac

* **INGÉRER (S')** v. pr. Se mêler de quelque chose sans en avoir le droit, l'autorisation, ou sans en être requis : *il s'est ingéré de faire.. ; je ne m'ingère point de vos affaires.*

INGERMANNLAND, nom allemand de l'Ingrie.

INGERSHEIM, ville du cercle de Ribeauvillé (Alsace-Lorraine), à 6 kil. N.-O. de Colmar; 3,000 hab.

INGERSOLL [inn-ghèr-sol], ville de l'Ontario (Canada), sur la rivière Thames, à 110 kil. O.-S.-O. de Toronto; 5,000 hab. Commerce de bois et de produits agricoles; moulins, scieries, fonderies, etc.

INGESTA s. m. pl. Mot latin qui signifie : *les choses introduites.*—Physiol. et Méd. Matières ingérées, avalées, introduites dans l'estomac : *le rejet des ingesta est difficile.*

* **INGESTION** s. f. Physiol. Introduction des aliments ou des boissons par la bouche dans l'estomac.

INGHIRAMI (Tommaso), surnommé FEDRA, savant italien, né en 1470, mort en 1516. En 1495, il accompagna le nonce du pape à la cour de l'empereur Maximilien qui le créa comte palatin et poète lauréat. Jules II le nomma bibliothécaire du Vatican et secrétaire pontifical. Ses œuvres comprennent : *Défense de Cicéron, Compendium de l'histoire romaine* et *Commentaires sur Horace.*

IN GLOBO adv. Loc. lat. qui signifie, en masse : *condamner in globo.*

INGOLSTADT, ville fortifiée de la haute Bavière, sur le Danube, à 55 kil. S.-O. de Ratisbonne; 14,380 hab.; ancien château; hôpital militaire. Son université catholique romaine, fondée en 1472, a été transférée à Landshut en 1800.

* **INGOUVERNABLE** adj. Qui ne peut être gouverné: *peuple ingouvernable.*

INGOUVILLE, charmant coteau qui domine le Havre et qui a donné son nom à l'un des quartiers les plus populeux de cette ville.

INGRAND (François-Pierre), conventionnel, né à Usseault (Poitou), en 1756, mort en 1831. Il était avocat au moment de la Révolution et fut élu député à la Législative et à la Convention; il vota la mort du roi sans sursis ni appel et siégea au conseil des Cinq-Cents jusqu'en 1797. Proscrit comme régicide au retour des Bourbons, il ne rentra en France qu'après la révolution de Juillet.

* **INGRAT, ATE** adj. (lat. *ingratus*, désagréable). Qui n'a point de reconnaissance, qui ne tient point de compte des bienfaits qu'il a reçus: *il a été ingrat envers son bienfaiteur.* — S'emploie souvent comme substantif, dans le même sens: *c'est un ingrat; il faudrait punir les ingrats.* — Fig. Stérile, infructueux, qui ne dédommage point des dépenses qu'on fait, de ses peines qu'on se donne: *sol ingrat.* —ÉTUDE INGRATE, TRAVAIL INGRAT, etc., se disent d'une étude, d'un travail où aucune sorte d'agrément, de plaisir, de profit ne dédommage des peines que l'on se donne. — Fig. Littér. et Beaux-Arts. Sujet qui n'est pas favorable au développement du talent, qui fournit peu d'idées : *le sujet de ce poème, de ce tableau était vraiment ingrat.* — Fig. Qui déplaît, qui est désagréable, qui inspire la défaveur: *figure ingrate.* — L'AGE INGRAT, se dit d'une certaine époque de l'adolescence.

INGRATEMENT adv. D'une manière ingrate.

* **INGRATITUDE** s. f. Vice des ingrats; manque de reconnaissance pour un bienfait reçu : *l'ingratitude est la marque d'une âme basse.*

* **INGRÉDIENT** s. m. [ain-gré-di-an] (lat.

ingrediens, entrant). Ce qui entre dans la composition d'un médicament, d'une boisson, d'un mets, ou de quelque autre mélange : *les ingrédients d'un remède, d'un breuvage, d'un ragoût, d'un vernis, etc.*

INGRES (Jean-Dominique-Auguste), l'un des plus célèbres peintres français, né à Montauban, le 29 août 1780, mort à Paris le 14 janvier 1867. Fils d'un peintre distingué, il entra, encore enfant, dans l'atelier de Roques, élève de Vien, à Toulouse. Attiré à Paris par la réputation de David (1796), il étudia sous ce maître et remporta, en 1801, le grand prix de Rome. Mais, par suite d'économies budgétaires, la bourse ne lui fut pas accordée et il végéta pendant cinq années dans le besoin, en attendant que les finances de la France fussent moins obérées. Deux ou trois portraits de Napoléon l'ayant mis bien en cour, il put se rendre à Rome en 1806, et s'y dédommagea du retard apporté à son voyage en restant près de quinze années à l'académie française de Rome, dont il devint plus tard le directeur. Admirateur passionné de Raphaël, il se donna pour but de faire renaître le style de cet illustre maître, et il y travailla d'abord avec plus de talent que de succès. Les toiles qu'il peignit à Rome passèrent inaperçues, ou furent traitées durement par la critique. Fixé à Florence en 1820, il y donna *Françoise de Rimini*, l'*Entrée de Charles V à Paris, Henri IV jouant avec ses enfants*, la mort de Léonard de Vinci, le *vœu de Louis XIII* (1824), chefs-d'œuvre de simplicité d'élégance et de grâce qui eurent contre eux les coloristes ou adeptes de l'école nouvelle, aussi bien que les classiques ou partisans du style de David, parce que le système éclectique adopté par Ingres ne lui permettait pas de se plier aux exigences d'une école : sa puissante individualité se frayait une voie en dehors des sentiers battus. Doué d'un vif sentiment de la forme, il s'appliquait surtout à modeler d'une façon précise et ferme. De retour à Paris en 1824, il y ouvrit un atelier d'élèves et y obtint un véritable triomphe, par son *Apothéose d'Homère* (1827), que l'on admire dans l'une des salles du Louvre. Déjà, depuis 1825, Ingres avait été élu membre de l'Institut. Les critiques amères et violentes qui s'acharnèrent après son *Martyre de saint Symphorien* (1834) le dégoûtèrent et le découragèrent au point qu'il se retira à Rome, où il resta cinq ans directeur de l'académie de France (1835-'41). La *Stratonice*, la *Vierge à l'hostie*, l'*Odalisque et son esclave* sont les fruits de cette laborieuse retraite. A un second retour de Rome, Ingres fut accueilli à Paris comme méritait de l'être ce réformateur ou plutôt ce régénérateur de l'art français. Parmi les nombreux chefs-d'œuvre qu'il produisit ensuite, nous citerons : le *Portrait de Chérubini* (1842), la *Vénus Anadyomène* (1848), l'*Apothéose de Napoléon Iᵉʳ* (1853), destiné à l'Hôtel-de-Ville, *Jeanne d'Arc à Reims* (1854), plusieurs portraits de personnages célèbres, la *Source* (1860). La collection complète de ses toiles occupa tout un salon de l'exposition universelle de 1855. Il fut nommé sénateur en 1862.

INGRIE (all. *Ingermannland*), ancienne province de la Russie d'Europe, formant aujourd'hui le gouvernement de Saint-Pétersbourg. Pierre le Grand l'enleva en 1703 aux Suédois, qui la possédaient depuis 1609. Les habitants de l'Ingrie étaient appelés Izorzi, du nom de la rivière Izorka qui la traverse.

INGRIENS, tribu de la branche tchudique des Finnois, réduite maintenant à environ 18,000 individus, qui habitent 200 petits et misérables villages du gouvernement de Saint-Pétersbourg. Les Ingriens doivent leur nom à la rivière Inger ou Izhora.

INGRISTE s. m. Peintre de l'école d'Ingres, admirateur de l'école d'Ingres.

* INGUÉRISSABLE adj. Qui ne peut être guéri. Se dit surtout des personnes : *avec la vie qu'il mène, c'est un homme inguérissable.* — Se dit quelquefois des choses : *une plaie inguérissable.* — Fig. : *une douleur inguérissable.*

INGUINAIRE adj. (lat. *inguen*, aine). Méd. Qui se rapporte aux aines.

* INGUINAL, ALE adj. [ain-gu-i-nal] (lat. *inguinalis* ; de *inguen*, aine). Anat. et Chir. Qui appartient ou qui a rapport à l'aine : *ligament inguinal ; hernie inguinale.*

INGULPHE, moine anglais d'origine saxonne, né vers 1030, mort en 1109. Il devint secrétaire de Guillaume de Normandie, et ensuite abbé de Croyland. L'*Historia Monasterii Croylandensis*, de 664 à 1089, fut regardée pendant longtemps comme l'œuvre d'Ingulphe ; mais sir Francis Palgrave a prouvé qu'elle est d'une date plus récente.

* INGURGITATION s. f. Méd. Action d'introduire un liquide dans la gorge. — ‸ Pop. Action d'avaler.

* INGURGITER v. a. (préf. *in* ; lat. *gurges, gurgitis*, gouffre). Fam. Boire, avaler avidement : *il ingurgita coup sur coup plusieurs grands verres de vin.* — S'ingurgiter v. pr. : *il s'ingurgita plusieurs verres de vin.*

* INHABILE adj. Qui manque d'habileté, d'aptitude : *un artiste inhabile.* — Jurispr. Qui n'a pas les qualités requises pour faire une chose : *être inhabile à contracter, à tester.*

* INHABILEMENT adv. D'une manière inhabile : *une affaire bien inhabilement conduite.*

* INHABILETÉ s. f. Manque d'habileté : *l'inhabileté de ce général lui a fait perdre la bataille.*

* INHABILITÉ s. f. Jurispr. Incapacité : *la condamnation à une peine infamante perpétuelle emporte inhabilité à recueillir aucune succession.*

* INHABITABLE adj. Qui ne peut être habité : *maison inhabitable.*

* INHABITÉ, ÉE adj. Qui n'est point habité : *lieu inhabité.*

INHALATEUR, TRICE adj. Qui sert à des inhalations : *appareil inhalateur.*

* INHALATION s. f. Didact. Action d'aspirer, d'absorber, par inspiration. — Méd. Inspiration de certaines substances telles que l'éther, le chloroforme, etc., dont on se sert pour produire l'anesthésie. Se dit aussi de l'absorption des vapeurs d'eau, d'iode, etc. — Bot. Action organique des plantes par laquelle elles se pénètrent, s'imbibent de l'air, des fluides au milieu desquels elles vivent.

INHALER v. a. [i-na-lé] (lat. *inhalare* ; du préf. *in*, et de *halare*, souffler). Absorber par inhalation.

INHAMBANE, ville de l'Afrique occidentale, appartenant au Portugal, à 300 kil. N.-E. de la baie de Delagoa ; environ 10,000 hab. Commerce de cire et d'ivoire.

INHARMONIE s. f. Manque d'harmonie. — Fig. Défaut d'accord.

INHARMONIQUE adj. Mus. Se dit d'une tonalité étrangère à notre système d'harmonie. — Par ext. Discordant.

* INHÉRENCE s. f. Philos. Se dit de l'union des choses inséparables par leur nature, ou qui ne peuvent être séparées que mentalement et par abstraction : *l'inhérence de l'accident à la substance.*

* INHÉRENT, ENTE adj. (lat. *inhærens*). Qui par sa nature est joint inséparablement à un sujet : *la pesanteur est inhérente à la matière, est une qualité inhérente aux corps graves.*

* INHIBER v. a. [i-ni-bé] (lat. *inhibere*). Prat. et Chancell. Défendre, prohiber : *nous avons inhibé et défendu.* (Vieux.)

* INHIBITION s. f. Jurispr. Défense, prohibition. Se joint presque toujours avec le mot DÉFENSE, et est plus usité au pluriel qu'au singulier : *inhibitions et défenses sont faites à toutes personnes.*

INHIBITOIRE adj. (lat. *inhibere*, empêcher). Qui défend, qui prohibe : *jugement inhibitoire.* (Vieux.)

IN HOC SIGNO VINCES. Loc. lat. qui signifie : *tu vaincras par ce signe.* Les historiens rapportent que Constantin étant sur le point de combattre Maxence, une croix se montra dans les airs avec ces mots : *in hoc signo vinces.* — S'emploie quelquefois pour désigner ce par quoi nous pourrons surmonter une difficulté.

* INHOSPITALIER, IÈRE adj. Qui n'exerce point l'hospitalité, inhumain envers les étrangers : *un peuple inhospitalier.* — Lieu où les étrangers sont mal accueillis, qui n'offre point un refuge assuré : *rivage inhospitalier.*

* INHOSPITALITÉ s. f. Refus de recevoir les étrangers, inhumanité envers eux : *la barbarie et l'inhospitalité de ces peuples.*

* INHUMAIN, AINE adj. Cruel, sans pitié, sans humanité. Se dit des personnes et des choses : *un tyran inhumain. Action inhumaine.* — s. f. S'est dit particulièrement, dans le langage des amants et des poètes, d'une femme qui ne répond pas à la passion de celui dont elle est aimée : *beauté inhumaine, belle inhumaine.*

* INHUMAINEMENT adv. Cruellement : *il l'a traité inhumainement.*

* INHUMANITÉ s. f. Cruauté, barbarie : *grande inhumanité.* — Se dit aussi des actes d'inhumanité : *exercer de grandes inhumanités.*

* INHUMATION s. f. Action d'inhumer : *l'inhumation d'un corps.* — INHUMATION PRÉCIPITÉE, inhumation faite à la hâte et qui expose à enterrer une personne encore vivante : *le danger des inhumations précipitées.* — Législ. « Aucune inhumation ne peut être faite sans une autorisation, sur papier libre et sans frais, de l'officier de l'état civil, lequel ne doit la délivrer qu'après s'être transporté auprès de la personne décédée, pour s'assurer du décès. Dans certains cas prévus par les règlements de police, ou en cas d'urgence reconnue par l'autorité municipale, l'inhumation peut avoir lieu avant l'expiration du délai fixé par la loi (C. civ. 77). (Voy. Décès.) Toute infraction à ces prescriptions est punie d'une amende de 16 fr. à 50 fr. et d'un emprisonnement de six jours à deux mois (C. pén. 358 ; Arr. 4 thermidor an XIII). Lorsque le cadavre présente des signes de mort violente, ou que des circonstances font naître des soupçons, l'inhumation ne peut être faite qu'après qu'un officier de police, assisté d'un docteur en médecine, aura dressé procès-verbal de l'état du cadavre ainsi que des renseignements qu'il a pu recueillir (C. civ. 81) (Voy. CADAVRE.) Toute personne décédée doit être inhumée dans le cimetière de la commune où le décès a eu lieu ; elle peut cependant être enterrée sur sa propriété, pourvu que ladite propriété soit à 35 mètres au moins de l'enceinte des villes et bourgs (Décr. 23 prairial an XII). Un corps ne peut être transféré hors de la commune où il se trouve sans que le maire ou le commissaire de police ait dressé un procès-verbal constatant l'état du corps et du cercueil ; ce procès-verbal doit accompagner le corps et être remis, lors de l'arrivée, au maire de la commune dans laquelle l'inhumation aura lieu. Le transport doit être autorisé par le

sous-préfet, par le préfet, ou par le ministre de l'intérieur, suivant que ce transport s'effectue dans les limites de l'arrondissement, dans celles du département ou d'un département dans un autre. Chaque inhumation doit avoir lieu dans une fosse séparée. (Voy. CIMETIÈRE.) Celui qui a violé une sépulture est puni d'un emprisonnement de trois mois à un an et d'une amende de 16 fr. à 200 fr. (C. pén. 360). En conséquence, aucune exhumation ne peut être faite sans une autorisation du maire, et sans qu'il en soit dressé procès-verbal ; à moins que cette exhumation ne soit ordonnée par un juge d'instruction ou par l'autorité administrative. Les mesures à prendre dans les exhumations sont indiquées dans une circulaire du ministre de l'intérieur du 8 août 1859. Mais c'est à la police municipale qu'il appartient de régler le mode de transport des personnes décédées, les inhumations et exhumations, le maintien du bon ordre et de la décence dans les cimetières, sans qu'il soit permis d'établir, comme cela s'est fait avant la loi du 14 nov. 1881, des distinctions ou prescriptions particulières, à raison des croyances ou du culte du défunt ou des circonstances ayant accompagné sa mort (L. 5 avril 1884, art. 97). » (CH. Y.)

* INHUMER v. a. (préf. *in* ; lat. *humus*, terre). Enterrer. Ne se dit qu'en parlant des corps humains : *inhumer les morts.*

INIAQUE adj. (gr. *inion*, nuque). Qui appartient, qui a rapport à la nuque : *il souffre dans la région iniaque.*

INIGISTE s. m. (esp. *Inigo*, Ignace). Nom primitif des jésuites d'Espagne.

* INIMAGINABLE adj. Qu'on ne peut imaginer : *ce contre-temps est inimaginable.*

* INIMITABLE adj. Qui ne peut être imité, qu'on ne saurait imiter : *action inimitable.*

* INIMITIÉ s. f. (préf. *in* ; franç. *amitié*). Haine, malveillance, aversion qu'on a pour quelqu'un, et qui ordinairement dure longtemps : *inimitié cachée, couverte, déclarée.* — Se dit, par ext., de l'antipathie naturelle qui existe entre certains animaux : *il y a de l'inimitié, une inimitié naturelle entre le chien et le chat.*

ININFLAMMABLE adj. Qui n'est pas susceptible de prendre feu.

ININTELLIGEMMENT adv. D'une manière peu intelligente.

* ININTELLIGENCE s. f. Manque d'intelligence : *montrer une complète inintelligence des affaires.*

* ININTELLIGENT, ENTE adj. Qui n'a point d'intelligence.

* ININTELLIGIBLE adj. Qui n'est pas intelligible, qu'on ne peut comprendre : *phrase inintelligible.*

ININTELLIGIBLEMENT adv. D'une manière inintelligible.

* ININTERROMPU, UE adj. Qui n'est point interrompu. Ne s'emploie guère qu'au sens moral : *une suite ininterrompue de malheurs.*

* INIQUE adj. (lat. *iniquus*). Injuste à l'excès, qui blesse grièvement l'équité ; se dit des personnes et des choses : *juge inique.*

* INIQUEMENT adv. D'une manière inique : *juger iniquement.*

* INIQUITÉ s. f. [i-ni-ki-té] (lat. *iniquitas*). Vice de ce qui est inique ; injustice excessive, criante, manifeste : *l'iniquité des juges ; c'est le comble de l'iniquité.* — Se dit aussi d'un acte d'injustice : *commettre une iniquité, des iniquités.* — Signifie plus généralement, le péché, la corruption des mœurs, le débordement des vices : *l'iniquité régnait, avait couvert la face de la terre.* — Se dit également, surtout au pluriel, des péchés, des actes contraires à la religion, à la morale : *cet homme a comblé la mesure de ses iniquités.* — Fig., en termes de l'Écriture : *boire l'iniquité comme l'eau.*

INITÉRABLE adj. (préf. in et *iterare*, renouveler). Qui ne peut être fait ou conféré plusieurs fois : *le baptême est initérable.*

* INITIAL, ALE, AUX adj. (lat. *initialis*; de *initium*, commencement). Qui est au commencement, qui marque le commencement d'une chose. — LA VITESSE INITIALE D'UN BOULET, la vitesse de ce projectile, au sortir de la pièce, pendant qu'il parcourt une ligne sensiblement droite. — Se dit des lettres, des syllabes qui commencent un mot : *la lettre initiale d'un nom propre est toujours une majuscule.* — Call. et Impr. On appelle plus particulièrement LETTRE INITIALE, la lettre qui commence un livre, un chapitre : elle est ordinairement plus grande que les majuscules du texte et quelquefois accompagnée d'ornements. — s. f. Signifie LETTRE INITIALE : *il n'a signé ce billet que de son initiale.*

* INITIATEUR, TRICE adj. Celui, celle qui initie : *un génie initiateur.* — Substantiv. : *un initiateur de génie.*

* INITIATION s. f. Admission à la connaissance de certaines choses secrètes. — Se dit particulièrement de la cérémonie par laquelle on était initié à la connaissance et à la participation de certains mystères, chez les païens : *les cérémonies d'initiation.*

* INITIATIVE s. f. Action de celui qui propose le premier quelque chose : *prendre l'initiative.* — Se dit également du droit de faire le premier certaines propositions : *en France, l'initiative pour la proposition des lois appartient à chacun des trois pouvoirs.* On dit dans le même sens, DROIT D'INITIATIVE. — Se dit encore d'une qualité de l'esprit qui consiste à se mettre en avant, à proposer le premier quelque chose : *il manque d'initiative.* — Polit. En France, *l'initiative parlementaire*, c'est-à-dire le droit de présenter des projets de loi, appartient concurremment au président de la République, aux membres du Sénat et aux membres de la Chambre des députés; et ce en vertu de l'article 3 de la loi constitutionnelle du 25 février 1875.

* INITIÉ, IÉE part. passé d'INITIER. — S'emploie comme substantif, surtout en parlant de l'initiation à certains mystères : *un initié.*

* INITIER v. a. [i-ni-si-é] (lat. *initiare*; de *initium*, commencement). Se dit proprement en parlant de la religion des anciens païens, et signifie, recevoir au nombre de ceux qui font profession de quelque culte particulier, admettre à la connaissance et à la participation de certaines cérémonies secrètes qui regardaient le culte particulier de quelque divinité : *il se fit initier aux mystères de Cérès, de Bacchus.* — Se dit, par ext., en parlant de quelque religion que ce soit : *quand les Pères ont parlé à ceux qui n'étaient pas encore initiés aux mystères de la religion, ils ont usé d'une sage réserve.* — INITIER QUELQU'UN DANS UNE COMPAGNIE, DANS UNE SOCIÉTÉ, l'admettre, le recevoir au nombre des membres qui la composent : *nous l'avons initié parmi nous.* — Fig. Donner la connaissance d'une chose, mettre au fait d'une science, d'un art, d'une profession, etc. : *il n'est pas initié dans cette affaire, dans le secret.*

INITIUM SAPIENTIÆ TIMOR DOMINI, paroles tirées de l'Ancien Testament et qui signifient : *la crainte du Seigneur est le commencement de la sagesse.*

* INJECTÉ, ÉE part. passé d'INJECTER. — FACE INJECTÉE, face colorée par l'afflux du sang.

* INJECTER v. a. (préf. *in*; lat. *jacere*, jeter). Médec. Introduire, par le moyen d'une seringue ou de tout autre instrument, un liquide émollient, ou détersif, ou stimulant, etc., dans une cavité du corps, dans une plaie : *injecter une décoction dans le rectum, dans une fistule.* — Il prend aussi pour régime le nom des parties et surtout des plaies dans lesquelles on injecte une liqueur : *on a injecté plusieurs fois sa plaie.* — Anat. Introduire une matière colorée, ou du mercure, dans les vaisseaux d'un cadavre, soit pour le conserver, soit pour rendre ces parties plus apparentes et pour en faciliter la dissection : *injecter un cadavre ; injecter les veines, les artères.* — S'injecter v. pr. Recevoir un excès de sang : *ses yeux s'injectent.*

INJECTEUR s. m. Instrument propre à injecter.

* INJECTION s. f. [ain-jè-ksi-on] Méd. Action par laquelle on injecte une liqueur dans quelque cavité du corps ou dans une plaie : *faire des injections dans l'oreille.* — Se dit aussi du liquide que l'on injecte : *l'injection était trop chaude, trop froide.* — Anat. Action d'injecter un cadavre ; matière liquide ou liquéfiée dont on se sert pour cette opération : *l'injection d'un cadavre.* — Se dit encore des pièces anatomiques préparées au moyen de l'injection : *le Hollandais Ruysch a fait de belles injections.*

* INJONCTION s. f. [ain-jonk-si-on] (lat. *injunctio*; de *injungere*, enjoindre). Commandement exprès : *faire une injonction à quelqu'un.*

* INJOUABLE adj. Qui ne peut être joué : *pièce injouable.*

* INJURE s. f. (lat. *injuria*). Insulte, outrage, ou de fait, ou de parole, ou par écrit : *oublier, pardonner les injures.*

> Gardez-vous, s'il se peut, d'honorer l'imposture,
> Mais au vrai zèle aussi n'allez pas faire *injure.*
>   MOLIÈRE. Tartufe.

— Se prend, particul., pour être une parole offensante, outrageuse : *dire des injures à quelqu'un.* — Se chanter mille injures ; et fam. : *dire ou se dire de grosses injures.* — L'INJURE DU TEMPS, LES INJURES DU TEMPS, DE L'AIR, DES SAISONS, les intempéries de l'air ou des saisons, comme le vent, la pluie, la grêle, le brouillard, considérés par rapport aux incommodités ou aux dommages qu'elles causent : *être exposé à l'injure du temps, aux injures du temps.* L'INJURE DU TEMPS, L'INJURE DES TEMPS, signifie aussi, la dégradation, la ruine, la perte de certaines choses par l'effet de la durée, du laps de temps : *ces monuments, ces édifices ont éprouvé, ont ressenti l'injure du temps.* — Fig. LES INJURES DU SORT, les revers, les malheurs extraordinaires et non mérités. — Législ. « Nous avons déjà résumé la législation en vigueur concernant les injures publiques et celles adressées par la voie de la presse. (Voy. DIFFAMATION.) Les *injures graves* commises par l'un des époux envers l'autre peuvent donner lieu à une demande en séparation de corps (C. civ. 231, 306.) Elles, résultent de paroles, d'écrits ou d'actes; la gravité est appréciée par les tribunaux, et elle dépend des circonstances, de l'effet produit et de la condition des époux, plutôt que des actes eux-mêmes. Les injures graves commises envers un donateur ou un testateur autorisent la demande en révocation des donations entre-vifs (voy. DONATION) ou des dispositions testamentaires. Une injure grave, faite par un légataire à la mémoire de son bienfaiteur, est aussi l'une des causes qui permettent aux intéressés de réclamer la révocation du legs; mais la demande doit être intentée dans l'année, à compter du jour où le fait a été commis (id. 953, 1046, 1047). » (CH. Y.)

* INJURIER v. a. Offenser quelqu'un par des paroles injurieuses : *il l'a grièvement injurié ; il injurie tout le monde.* On l'emploie aussi comme verbe réciproque : *s'injurier l'un l'autre.*

* INJURIEUSEMENT adv. D'une manière injurieuse, outrageante : *il l'a traité si injurieusement, que...*

* INJURIEUX, EUSE adj. Outrageux, offensant : *ce mémoire est injurieux aux magistrats.* — Fig. et poétiq. Injuste ou nuisible : *le sort injurieux ; les ans injurieux.*

* INJUSTE adj. Qui n'a point de justice, qui agit contre les règles de la justice : *cet homme est bien injuste.* — Se dit également de ce qui est contraire à la justice, à l'équité; mal fondé : *un arrêt injuste : une demande injuste.* — *Un injuste mépris.* Se dit, substantivement et absolument, de ce qui est injuste : *la distinction du juste et de l'injuste.*

* INJUSTEMENT adv. D'une manière injuste : *il fut condamné injustement.*

* INJUSTICE s. f. Manque de justice, d'équité: *abhorrer l'injustice.* — Se dit aussi d'un acte d'injustice : *il a fait une grande injustice.*

INKERMANN, port de la Russie d'Europe, au sud de la Crimée, sur l'emplacement d'une ville en ruines que l'on suppose être Ctenos, mentionnée par Strabon, à l'extrémité orientale de la rade de Sébastopol, à 70 kil. S.-S.-O de Simféropol. Le village se trouve au pied d'une montagne perpendiculaire, s'élevant à plusieurs centaines de mètres au-dessus de la vallée de la Tchernaïa, et couronnée de murailles massives et de tours en ruines. La montagne est percée de nombreuses cavernes artificielles, occupées autrefois par des cénobites chrétiens et renfermant des peintures, des chapelles et des autels. Sur les hauteurs d'Inkermann, du côté de la vallée, en face des ruines, 40,000 Russes, encouragés par la présence des grands-ducs Michel et Nicolas, attaquèrent 8,000 Anglais, le 5 nov. 1854. La bataille, commencée au jour naissant, se continua pendant 6 heures avec acharnement. Les Anglais allaient être écrasés, lorsque apparurent 6,000 Français, qui rétablirent la lutte et repoussèrent les ennemis. Les pertes de ceux-ci s'élevèrent à 9,000 hommes, tant tués que blessés; celles des alliés furent de 4,000 hommes.

* INLISIBLE adj. qu'on ne peut lire, ou qu'on ne lit que très difficilement. (Vieux.) (Voy. ILLISIBLE.)

* IN MANUS. Voy. MANUS (IN).

IN MEDIAS RES loc. lat. tirée d'Horace et qui signifie : *en plein sujet.*

IN MEDIO STAT VIRTUS loc. lat. qui signifie : *la vertu se tient dans un juste milieu*, ou encore: *la raison est éloignée des extrêmes.*

INN (anc. *Œnus*), rivière de l'Europe, l'un des principaux tributaires du Danube. Elle prend sa source dans les Grisons (Suisse), à l'O. du mont Bernina, à une hauteur de près de 2,130 mètres, arrose la magnifique vallée d'Engadine, le Tyrol, la Bavière, forme la frontière entre la Bavière et l'Autriche, et se réunit au Danube, à Nassau, après un cours total de 493 kil. Elle est navigable pour les bateaux à vapeur depuis Inspruck. Son plus grand tributaire est le Salzach, qui est aussi navigable.

* IN NATURALIBUS, expression latine qui signifie : *dans l'état de nudité : il m'a surpris in naturalibus.*

INNAVIGABLE adj. Où l'on ne peut naviguer : *les glaces rendent cette mer innavigable.*

* INNÉ, ÉE adj. [inn-né] (lat. *in*, dans ; *natus*, né). Didact. Qui est né avec nous, que nous apportons en naissant : *idées innées.* — S'emploie aussi dans le langage ordinaire :

nous avons dans l'âme un principe inné de justice.

* **INNERVATION** s. f. [inn-nèr-] (lat. *in*, dans ; *nervus*, nerf). Physiol. Mode d'action du système nerveux ; ensemble des fonctions des nerfs.

INNERVÉ, ÉE adj. Bot. Qui n'a pas de nervures : *feuilles innervées.*

INNERVER v. a. Opérer l'innervation.

* **INNOCEMMENT** adv. [i-no-sa-man]. Avec innocence, sans dessein de mal faire, sans fraude ni tromperie : *je n'y voyais point de mal, je l'ai fait innocemment.* — Sottement, niaisement : *il vint innocemment raconter la sottise qu'il avait faite.*

* **INNOCENCE** s. f. [i-no-san-se]. Etat de celui qui n'est point coupable : *on a reconnu son innocence.* — Etat, qualité de celui qui ne commet point de mal sciemment, qui est pur et candide : *l'innocence de nos premiers parents.* Se dit également en parlant des animaux qui ne sont point malfaisants : *l'innocence d'un agneau, d'une colombe.* — L'ÂGE D'INNOCENCE, l'enfance. — Fig., en style de dévotion, LA ROBE D'INNOCENCE, l'état d'innocence : *dépouiller la robe d'innocence.* — Trop grande simplicité : *admirez l'innocence de cet homme.*

* **INNOCENT, ENTE** adj. [i-no-san]. Qui n'est point coupable : *il est innocent du crime dont on l'accuse.* — S'emploie aussi comme substantif, dans ce premier sens : *protéger les innocents.* — Se dit également de ce qui ne vient point d'une mauvaise intention : *c'est une action fort innocente.* — Exempt de toute malice, de tout vice, pur et candide : *elle a l'air bien innocente.* — S'emploie quelquefois, dans ce sens, comme substantif : *faire l'innocent.* — Se dit, dans un sens analogue, de la conduite, des actions, des paroles, etc. : *mener une vie innocente.* — JEUX INNOCENTS, petits jeux de société, où l'on impose des pénitences à ceux qui se trompent. — Qui ne nuit point, qui n'est point malfaisant, dangereux : *l'agneau est un animal fort innocent.*

> Et soit frayeur encore, ou pour me caresser,
> De ses bras *innocents* je me sentis presser.
>   **Athalie**, acte I, sc. II.

— S'imple, crédule : *vous êtes bien innocent de croire ce que cet homme vous dit, de croire à de pareils contes.* — S'emploie comme substantif, en parlant des enfants au-dessous de l'âge de sept à huit ans : *il a laissé trois ou quatre petits innocents.* (Fam.) — LES INNOCENTS, LES SAINTS INNOCENTS, les petits enfants que le roi Hérode fit égorger : *le massacre des innocents.* — Substantive. Se dit quelquefois d'un homme qui a l'esprit faible, borné : *c'est un innocent, un vrai, un pauvre innocent.* — Prov. et fig. C'EST UN INNOCENT FOURRÉ DE MALICE, se dit d'un homme qui est malicieux, et qui feint d'être simple et bon.

INNOCENT. Ce nom a été porté par 13 papes. I. (Saint), né à Albano, mort en 417. Il succéda à Anastasius Ier et monta sur le siège pontifical le 27 avril 402. Il fit rendre à l'empereur Honorius des lois sévères contre les donatistes et alla le supplier à Ravenne de traiter avec Alaric, roi des Goths, qui prit Rome et la pilla en 410. Le pape Innocent fit tous ses efforts pour rétablir sa prospérité. Il condamna la doctrine de Pélage et montra une grande sévérité contre les novatiens qui étaient nombreux en Italie ; il a été placé au rang des saints. Fête le 28 juillet. — II. (Gregorio de' Papi ou Papareschi), né vers 1090, mort en 1143. A la mort d'Honorius II (14 février 1130), avantque l'événement pût être également connu, il fut, à la hâte, proclamé pape par 17 cardinaux ; mais quelques autres, qui étaient mécontents, s'assemblèrent, le soir du même jour, et donnèrent leurs votes à Pietro di Leone, qui prit le nom d'Anaclet II, et qui fut bientôt reconnu par toute

l'Italie, tandis qu'Innocent était obligé de se réfugier en France. Lothaire II, empereur d'Allemagne, le mit à même de rentrer à Rome en 1133. Mais Anaclet fut soutenu par Roger, roi de Sicile, et Innocent fut de nouveau chassé de Rome où il ne retourna qu'après la mort de son compétiteur, en 1138. Il eut alors à lutter contre Victor IV, autre antipape, et contre les cardinaux rebelles. Il convoqua le second concile général de Latran en 1139 ; plus de 1,000 évêques y assistèrent. Mais ayant été fait prisonnier par le roi Roger, il ne put obtenir sa liberté qu'en échange de concessions humiliantes. En 1140, il condamna les opinions d'Abélard et il se trouva bientôt engagé dans une querelle avec Louis VII de France, dont il mit le royaume en interdit. Les Romains, mécontents et excités par les prédications d'Arnould de Brescia, se levèrent en armes contre Innocent, qui mourut peu après. — III. (Giovanni Lotario Conti), né vers 1161, mort le 16 juillet 1216 ; il fut fait cardinal-diacre par son oncle Clément III, en 1490. Le jour où Célestin III mourut (8 janvier 1198), le cardinal Giovanni fut unanimement choisi pour son successeur, bien qu'il ne fût âgé que de 37 ans. Tendant à établir la suprématie du pouvoir papal, il fit sentir son influence dans presque toutes les parties de la chrétienté. Son premier soin fut de rétablir l'ordre dans l'administration de la ville de Rome et en Italie. Philippe-Auguste de France ayant répudié sa femme, Innocent l'excommunia en 1199 et plaça son royaume sous l'interdit. Il fut nommé gardien du jeune Frédéric de Hohenstaufen, fils du défunt empereur Henri VI et de Constance, roine de Naples et de Sicile. Philippe de Souabe et Othon de Brunswick se disputaient la couronne impériale. Innocent prit le parti de ce dernier, qui, après le meurtre de Philippe, fut reconnu par la plus grande partie des princes allemands et fut, en 1209, couronné à Rome par le pape. Mais le nouvel empereur s'étant emparé de plusieurs villes de l'Italie centrale et ayant réclamé Naples et la Sicile, comme fiefs de l'empire, Innocent l'excommunia à son tour et convoqua les électeurs pour choisir un autre empereur. Ils déposèrent Othon, en 1212, et proclamèrent Frédéric, roi de Naples et de Sicile. L'élection d'Etienne Langton à l'archevêché de Canterbury, soutenue par le pape et combattue par le roi Jean, amena l'excommunication et la déposition de ce dernier. Jean, effrayé, se soumit et plaça ses États sous la protection du siège de Rome (1213). Alphonse IX, roi de Léon et de Castille, ayant épousé sa propre nièce, fille de Sancho Ier de Portugal. Comme les deux princes résistaient aux remontrances du pape, celui-ci frappa leurs royaumes d'interdit. Sverrer le Grand, de Norvège, fut aussi excommunié pour sa tyrannie et ses sujets furent relevés des liens d'obéissance. La croisade contre les Albigeois fut conduite par les légats et par Simon de Montfort, avec rigueur et avec cruauté. (Voy. INQUISITION.) Les ouvrages d'Innocent (Cologne, 1552 et 1575 ; Venise, 1578), comprennent : *De Contemptu Mundi*, *Discours théologiques*, *Homélies*, un *Commentaire des sept Psaumes de la pénitence* et des *Lettres*. Ses lettres ont été réunies séparement en 4 vol. (1682 et 1791). Il est l'auteur de l'hymne célèbre *Veni Sancte Spiritus*. Sa vie a été écrite par F. Hurter (4 vol. 1834-'42 traduite en français par de Saint-Chéron), et par de Gasparin (1873). — IV. (Sinibalde de Fiesque) ; il succéda à Célestin IV en 1243, excommunia Frédéric II ; puis, redoutant la fureur de ce prince, s'enfuit à Lyon où il tint un concile (1245). Il ne put rentrer à Rome qu'après la mort de Frédéric et il mourut en 1254. — V. (Pierre de Tarentaise), né en 1225, mort en 1276. Il entra dans l'ordre de Saint-Dominique, fut archevêque de Lyon, cardinal, et succéda en 1276 à Grégoire X, sur

le siège pontifical. Il mourut la même année. — VI. (Étienne d'Albert), né à Brissac (Limousin), mort en 1362. Il fut le 5ᵉ pape d'Avignon ; fonda le collège Saint-Martial à Toulouse, et mourut sans avoir pu pacifier les. Etats de l'Eglise. — VII. (Cosma di Meliorati), né en 1336, mort en 1406. Il fut élu pape en 1404, pendant que l'antipape Benoît XIII résidait à Avignon, soutenu par les Colonna Sous son pontificat, qui ne dura que deux ans, Rome fut envahie deux fois par Ladislas, roi de Naples. — VIII. (Jean-Baptiste Cibo), né en 1432, mort en 1492. Il succéda à Sixte IV, en 1484, prêcha une croisade contre les Turcs et appela Charles VIII de France contre Ferdinand, roi de Naples. — IX. (Antonio Facchinetti), né en 1519, mort en 1591 ; il ne fut pape que deux mois. — X. (Jean-Baptiste Pamphili, né à Rome en 1574, mort en 1655. Il succéda à Urbain VIII en 1644, chassa de Rome la famille Barberini, s'attira la haine de Mazarin et faillit faire naître de graves conflits avec la France. Il condamna les cinq fameuses propositions de Jansénius. — XI. (Benedetto-Odescalchi), né en 1611, mort le 12 août 1689. Il fut nommé cardinal par Innocent X, en 1647, et fut élu pape le 21 sept. 1676. Ayant offensé Louis XIV de France, en essayant de priver les ambassades étrangères de leur droit d'asile, le roi convoqua une assemblée générale des évêques de son royaume, qui émirent quatre propositions célèbres en mars 1682, déclarant le pouvoir du pape inférieur à celui d'un concile général et maintenant les droits spéciaux et les privilèges de l'Eglise gallicane. En réponse, Innocent ordonna de brûler les propositions et refusa de donner l'institution canonique aux évêques nouvellement nommés par le roi. En 1687, Innocent abolit formellement le droit d'asile et excommunia tous ceux qui le maintiendraient. Louis XIV riposta par diverses mesures, et finalement il fit arrêter le nonce d'Innocent à Paris et s'empara d'Avignon. Le pape demeura inflexible jusqu'à la fin. C'est pendant le pontificat d'Innocent XI quenⁿacquirent les querelles du quiétisme, dans lesquelles se trouvèrent mêlés les noms de Bossuet, de Fénelon et de Mᵐᵉ Guyon. — XII. (Antonio-Pignatelli), né à Naples en 1615, mort en 1700. Il succéda en 1691 à Innocent XI, mit fin au désaccord qui existait entre le saint-siège et la France, et accorda les bulles d'institution jusqu'alors refusées aux prélats qui avaient assisté à la fameuse assemblée de 1682. Enfin, en 1699, il condamna le livre des *Maximes des Saints*, de Fénelon. — XIII. (Michel-Angelo Conti), né en 1655, mort en 1724. Il succéda, en 1721, à Clément XI, gouverna habilement les Etats romains et se fit remarquer par son éminente piété ; c'est lui qui créa cardinal le ministre de France, l'abbé Dubois.

* **INNOCENTER** v. a. [i-no-san-té]. Absoudre déclarer innocent : *l'arrêt les innocente sur le premier chef.*

* **INNOCUITÉ** s. f. [inn-no-] (lat. *innocuitas*; de *innocuus*, non nuisible). Didact. Qualité d'une chose qui n'est pas nuisible : *l'innocuité d'un végétal, d'un breuvage.* (Peu us.)

* **INNOMBRABLE** adj. [i-non-bra-ble]. Qui ne se peut nombrer. Il s'emploie quelquefois par exagération : *multitude, armée innombrable; d'innombrables obstacles.*

* **INNOMBRABLEMENT** adv. D'une manière innombrable. (Peu us.)

* **INNOMÉ, ÉE** ou mieux ⸗ **Innommé, ée** adj. [inn-no-mé]. Qui n'a pas encore reçu de nom. — Se dit partic., en droit romain, des contrats qui n'ont point de dénomination particulière tels que ceux où l'on promet de faire et l'autre de donner : *l'engagement d'un domestique est un contrat innomé.*

* **INNOMINÉ. ÉE** [inn-no-mi-né] adj. Anat.

Sans nom, qui n'a pas reçu de nom particulier. On a donné cette épithète à divers organes : *os innominés*, les deux os qui, s'unissant entre eux antérieurement, et avec l'os *sacrum* postérieurement, forment ce qu'on appelle le bassin : *artère innominée*, une des grandes artères du corps, etc.

* **INNOVATEUR** s. m. [inn-no-]. Celui qui innove, qui fait des innovations : *les innovateurs ont en général plus de hardiesse que de prudence.* En parlant de religion, on dit mieux, Novateur.

* **INNOVATION** s. f. Introduction de quelque nouveauté dans le gouvernement, dans les lois, dans un acte, dans une croyance, un usage, une science, etc., : *c'est une innovation en politique, en législation, en médecine, en littérature.*

* **INNOVER** v. n. [inn-no-] (préf. *in* ; lat. *novus*, nouveau). Faire une innovation, des innovations : *il ne faut point innover légèrement. Ils veulent innover en tout. Il est dangereux d'innover dans les choses de religion*, etc. — v. a. *Il ne faut rien innover.*

INO (Mythol. gr.) fille de Cadmus et d'Harmonie et femme d'Athamas, roi d'Orchomène, dont elle eut Léarque et Mélicerte. Elle persuada son mari de sacrifier Phrixus et Helle, enfants qu'il avait eus de Nephele ; mais Nephele les sauva. Mercure excita la colère de Junon contre Ino, en donnant à celle-ci le jeune Bacchus à élever. Athamas devint fou et tua Léarque. Ino se sauvant, saisit Mélicerte dans ses bras, sauta dans la mer. Neptune la changea en divinité marine et lui donna le nom de Leucathe ; Melicerte devint Palœmon.

* **INOBSERVANCE** s. f. Défaut d'observance, manque à observer des prescriptions religieuses et morales, etc. : *l'impossibilité de remplir ces prescriptions peut seule en justifier l'inobservance.*

* **INOBSERVATION** s. f. Manque d'obéissance aux lois, aux règlements, etc. ; inexécution des promesses qu'on a faites, des engagements qu'on a contractés : *l'inobservation des règles détruit la discipline.*

INOCCUPATION s. f. Etat d'une personne ou d'une chose inoccupée.

* **INOCCUPÉ, ÉE** adj. Qui est sans occupation : *une vie inoccupée.*

* **IN-OCTAVO** s. et adj. [inn-o-kta-vo] (lat. *in*, dans ; *octavus*, huitième). Typogr. et Lib. Se dit du format où la feuille est pliée en huit feuillets ; et des livres, des volumes qui ont ce format : *le format in-octavo, l'in-octavo est actuellement fort employé.* On écrit aussi : in-8°.

INOCULABLE adj. Méd. Qui peut être inoculé.

* **INOCULATEUR, TRICE** s. Méd. Celui, celle qui fait l'opération de l'inoculation : *un habile inoculateur.* Le féminin ne se dit guère que des femmes grecques qui apportèrent ou renouvelèrent la pratique de l'inoculation à Constantinople.

* **INOCULATION** s. f. Méd. Action de communiquer artificiellement une maladie contagieuse, en introduisant le virus dans le corps. (Voy. Contagion.) On dit aussi, L'inoculation d'un virus. — Se dit, absol., de l'inoculation de la petite vérole : *la pratique de l'inoculation est fort ancienne dans les pays voisins de la mer Caspienne, aux Indes, à la Chine et en Afrique.*

* **INOCULER** v. a. (lat. *inoculare*, greffer ; de *in*, sur ; *oculus*, œil). Communiquer une maladie, transmettre un virus par inoculation : *inoculer la petite vérole.* — Absol. Inoculer la petite vérole : *il y a plusieurs manières d'inoculer.* — Inoculer une personne, lui communiquer la petite vérole par inoculation :

se faire inoculer. — S'inoculer v. pr. Se communiquer et se dit des maladies qui se communiquent par la transmission d'un virus : *l'endroit du corps où le mal, où le virus s'est inoculé.*

* **INODORE** adj. Sans odeur : *fleurs inodores.*

INODULAIRE adj. Qui appartient à l'inodule : *tissus inodulaires.*

INODULE s. f. (gr. *in*, *inos*, fibre). Chir. Tissu fibreux qui se forme dans les plaies et en active la cicatrisation.

* **INOFFENSIF, IVE** adj. Qui n'est pas capable d'offenser, de nuire ; qui ne fait de mal, d'offense à personne : *esprit inoffensif.*

* **INOFFICIEUX, EUSE** adj. Jurispr. Ne s'applique guère qu'aux testaments et aux donations. Testament inofficieux, celui où l'héritier légitime est déshérité sans cause par le testateur. Donation inofficieuse, celle par laquelle un des enfants est avantagé au dépens de la légitime des autres.

* **INOFFICIOSITÉ** s. f. Jurispr. Qualité d'un acte inofficieux. — Action d'inofficiosité, action intentée, plainte faite contre un testament inofficieux, une donation inofficieuse, etc.

* **INONDATION** s. f. (lat. *inundatio*). Débordement d'eaux qui inondent un pays : *l'inondation causée par les pluies, par la fonte des neiges.* — Faire des inondations autour d'une place, lâcher les eaux autour d'une place, pour empêcher les approches de l'ennemi. — Se dit également des eaux débordées : *l'inondation couvrait une immense étendue de pays.* — Fig. Une grande multitude de peuple qui envahit un pays : *une grande inondation de barbares* ; et par dénigrement une grande quantité de certaines choses : *une inondation de pamphlets, de brochures.* — Encycl. Les vallées des grands fleuves sont généralement sujettes à des inondations périodiques qui les fertilisent : telles sont les vallées du Gange, de l'Indus, de l'Euphrate, du Mississipi, de l'Orénoque, du Niger et du Nil. En Europe, où les cours d'eau ne débordent pas périodiquement, l'intumescence de leurs eaux produit des inondations inattendues et, par conséquent, désastreuses. Les rivières et les fleuves de France les plus sujets à des crues subites sont ceux qui descendent des montagnes neigeuses : Rhône, Garonne, Adour, Loire, etc. — Les inondations causées par les débordements de la mer produisent encore plus de ravages.— Voici la liste des plus terribles inondations dont on ait conservé le souvenir : les différents déluges (voy. Déluge); le débordement de la mer en 1446, dans les environs de Dort ; 72 villages et 100,000 personnes disparurent ; la rupture des digues de Hollande, suivie d'une inondation générale, en 1530, les victimes furent au nombre de 400,000 ; l'inondation de la Catalogne qui fit 50,000 victimes en 1647 ; le débordement du Danube, qui enleva 24 villages et leurs habitants, près de Pesth, en avril 1811 ; la fameuse inondation de Silésie, qui accéléra la ruine de l'armée française commandée par Macdonald et qui coûta la vie à 6,000 Silésiens et à 4,000 Polonais, en 1813 ; le débordement de la Vistule à Dantzig, où disparurent 4,000 maisons le 9 avril 1829 ; le terrible débordement de la Saône et du Rhône, à Lyon du 31 oct. au 4 nov. 1840 : 248 maisons furent enlevées à la Guillotière, 400 à Avignon, 300 à Vaise et un grand nombre d'autres sur tout le cours du Rhône ; un pareil débordement de la Saône ne s'était pas vu depuis 238 ans ; les inondations non moins désastreuses du centre, de l'ouest et du sud-ouest de la France (22 oct. 1846); la Loire monta de 22 pieds en une seule nuit ; parmi les nombreux ponts qui furent emportés, nous citerons ceux d'Orléans et de Vierzon ; les inondations du 19

sept. 1852 (RLin et Rhône); celles du sud de la France en mai et juin 1856, du 26 sept. 1866, du 23 juin 1875 (une grande partie de la ville de Toulouse détruite par le débordement de la Garonne ; le quartier Saint-Cyprien devenu un véritable sépulcre ; plus de 1,000 personnes noyées), de mars 1876 ; l'inondation de Szegedin (11-12 mars 1879), etc. — Législ. « Les travaux ayant pour but de mettre les villes à l'abri des inondations sont exécutés par l'Etat, avec le concours des départements, des communes et des propriétaires intéressés. Ces travaux sont autorisés à la dépense est répartie par décrets rendus dans la forme des règlements d'administration publique (L. 28 mai 1858). Lorsque des inondations sont dues seulement à une force majeure et résultent du fait ou de la négligence de certains propriétaires ou usiniers, ceux-ci sont responsables des dommages causés, et ils sont en outre condamnés à une amende qui ne peut excéder la somme des dédommagements (L. 28 sept.-6 oct. 1791, art. 45). L'article 457 du Code pénal inflige une amende, qui ne peut être au-dessous de 50 fr., ni excéder le quart des dommages-intérêts, aux propriétaires ou fermiers des moulins, usines ou étangs qui ont inondé des chemins ou la propriété d'autrui, en élevant le déversoir des eaux au-dessus de la hauteur déterminée par l'autorité compétente. La police municipale comprend le soin de prévenir et de combattre les fléaux calamiteux, tels que les inondations, en provoquant s'il y a lieu l'intervention de l'administration supérieure (L. 5 avril 1884, art. 97. 6°) ». (Ch. Y.)

* **INONDER** v. a. (lat. *inundare* ; de *in*, dans *unda*, onde). Submerger un terrain, un pays par un débordement d'eaux : *quand la rivière déborde, elle inonde tout le pays.* — Par exag., mouiller beaucoup : *inonder quelqu'un en jetant un seau d'eau sur lui.* — Se dit, fig., des nations, des grandes armées qui envahissent un pays, ou d'une grande multitude qui se porte vers un même lieu : *quand les Goths, quand les Lombards inondèrent l'Italie.* — Se dit aussi, et presque toujours par dénigrement, de certaines choses répandues, multipliées avec une extrême profusion : *le public est inondé de mauvais écrits, de mauvaises brochures.*

* **INOPINÉ, ÉE** adj. (préf. *in*; lat. *opinari*, penser). Imprévu, à quoi on ne s'attendait point. Ne se dit proprement que des événements qui surviennent tout d'un coup, et sans qu'on y eût songé auparavant : *accident inopiné.*

* **INOPINÉMENT** adv. D'une manière inopinée. Se dit des personnes et des choses : *cela est arrivé inopinément.*

* **INOPPORTUN, UNE** adj. Qui n'est pas opportun, à propos : *vous ne pouvez choisir un moment plus inopportun.*

* **INOPPORTUNITÉ** s. f. Qualité de ce qui n'est pas opportun, à propos : *l'inopportunité d'une démarche.*

* **INORGANIQUE** adj. Hist. nat. Se dit des corps qui ne sont point organisés, et qui ne peuvent s'accroître que par juxtaposition, tels que les minéraux : *êtres inorganiques.*

* **INOUÏ, INOUÏE** adj. Dont on n'a jamais ouï parler : *il est inouï que pareille chose soit jamais arrivée.* — Se dit, particul., de ce qui est tel, que jusque-là on n'avait ouï parler de rien de semblable : *c'est une chose inouïe.*

Fortune dont la main couronne
Les forfaits les plus noirs,
Du faux éclat qui t'environne
Serons-nous toujours éblouis ?
J.B. Rousseau.

INOWRACLAW ou Jung-Breslau, ville de Posen (Prusse), à 36 kil. S.-E. de Bromberg ; 9,140 hab. Salpêtre ; dépôt considérable de sel minéral découvert en 1871.

* **INOXYDABLE** adj. Qui n'est pas sujet à s'oxyder : *un métal inoxydable.*

* **IN PACE** [inn-pa-sé] (franç. *en paix*). Expression latine usitée autrefois dans les monastères pour désigner la prison où l'on enfermait pour leur vie ceux qui avaient commis quelque grande faute : *mettre un religieux in pace.* — On disait aussi substantiv. : *mettre un religieux dans l'in pace d'un couvent.*

* **IN PARTIBUS**, phrase latine dans laquelle on sous-entend *infidelium* et qu'on emploie en parlant de celui qui a un titre d'évêché dans un pays occupé par les infidèles : *un évêque in partibus.*

* **IN PETTO**, expression empruntée de l'italien qui signifie, dans l'intérieur du cœur, en secret, et qui n'est proprement d'usage qu'en parlant du pape lorsqu'il nomme un cardinal sans le proclamer ni l'instituer : *le pape l'a fait cardinal in petto.* — Fam. et par ext. : *cet homme est mon gendre in petto.*

* **IN-PLANO**, impr. et Libr. Se dit du format où la feuille imprimée ne contient qu'une page de chaque côté : *l'in-plano est un format de luxe.*

IN POCULIS, loc. lat. qui signifie le verre en main : *ils ont traité cette affaire in poculis.* On dit aussi INTER POCULA.

* **IN-PROMPTU.** Voy. IMPROMPTU.

* **INQUALIFIABLE** adj. Qui ne peut se qualifier. Se prend souvent en mauvaise part : *sa conduite est inqualifiable.*

INQUANTER v. a. ou. tr. Vendre à l'encan.

IN-QUARANTE-HUIT adj. Typogr. Se dit d'un format dans lequel la feuille étant pliée en quarante-huit feuillets contient quatre-vingt-seize pages. — s. m. : *un in-quarante-huit* On écrit aussi IN-48.

* **INQUART** [ain-kar] s. m. Chim. Action de joindre trois parties d'argent contre une d'or, pour en faire le départ. On dit aussi, INQUARTATION, et plus ordinairement, QUARTATION. (Voy. QUARTATION.)

INQUARTATION s. f. Voy. INQUART.

* **IN-QUARTO** adj. et s. [ain-kouar-to] (franç. *en quatre*). Typogr. et Libr. Se dit du format où la feuille est pliée en quatre feuillets ; et des livres, des volumes de ce format : *le format in-quarto, l'in-quarto s'emploie souvent pour les dictionnaires.*

IN-QUATRE-VINGT-SEIZE adj. Typogr. Se dit d'un format dans lequel les feuilles d'imprimerie sont pliées en quatre-vingt-seize feuillets ou cent quatre-vingt-douze pages. — s. m. : *un in-quatre-vingt-seize.* On écrit aussi IN-96.

* **INQUIET, ÈTE** adj. Qui est dans quelque trouble, dans quelque agitation d'esprit, soit par crainte, soit par irrésolution et incertitude : *il appréhende telle chose, cela le rend inquiet, il en est tout inquiet.* — Se dit aussi des passions et des mouvements de l'âme : *la jalousie est une passion inquiète.* — Se dit également de ce qui marque de l'inquiétude : *des regards inquiets.* — Qui ne peut se tenir en repos, qui n'est jamais content de la situation, de l'état où il se trouve, et qui désire toujours quelque changement : *il est si inquiet, qu'à peine entré dans un lieu, il en veut sortir.* — S'applique également, dans ce sens, aux passions, aux mouvements de l'âme : *une inquiète ambition le domine.* — Se dit encore, particul., d'une personne que la souffrance met dans une agitation continuelle : *le malade a été fort inquiet toute la nuit.* — SOMMEIL INQUIET, sommeil qui est souvent interrompu, qui est troublé par quelque peine d'esprit, ou par la mauvaise disposition physique où se trouve celui qui dort.

* **INQUIÉTANT, ANTE** adj. Qui cause de l'inquiétude : *voisinage inquiétant.*

* **INQUIÉTER** v. a. Rendre inquiet. Dans ce sens, il ne se dit qu'en parlant de l'âme : *cette nouvelle m'inquiète.* — Troubler, faire de la peine en quelque chose que ce soit : *dès qu'il est dans son cabinet, il ne veut point qu'on l'interrompe, qu'on l'inquiète.* — Troubler quelqu'un dans la possession d'une chose, lui faire un procès, lui chercher querelle : *on ne m'a jamais inquiété dans la possession de cette maison, de cette terre. Si l'on m'inquiète, je ferai assigner mon vendeur en garantie.* — S'inquiéter v. pr. : *s'inquiéter d'un rien. C'est un homme qui s'inquiète aisément.*

* **INQUIÉTUDE** s. f. Trouble, souci, agitation d'esprit, impatience causée par quelque passion : *grande, vive, cruelle inquiétude.* — Inconstance d'humeur, amour du changement qui fait que l'on est toujours mécontent de l'état où l'on se trouve : *l'inquiétude naturelle à l'homme.* — Agitation de corps causée par quelque malaise : *le malade a passé la nuit dans une grande inquiétude, dans de grandes inquiétudes.* — s. f. pl. Certaines petites douleurs qui donnent de l'agitation et de l'impatience, et qui se font sentir ordinairement aux jambes : *il a des inquiétudes aux jambes, dans les jambes.*

* **INQUISITEUR** s. m. Juge de l'inquisition : *inquisiteur de la foi.* — INQUISITEUR D'ÉTAT, magistrat de la république de Venise, qui était chargé de découvrir et de prévenir les complots formés contre le gouvernement.

* **INQUISITION** s. f. (ain-ki-zi-si-on) (lat. *inquirere*, rechercher). Recherche, enquête. Ne se dit guère, dans ce premier sens, que d'une recherche, d'une perquisition rigoureuse où il se mêle de l'arbitraire : *sa conduite fut l'objet de l'inquisition la plus offensante.* — Tribunal établi en certains pays pour rechercher et punir ceux qui ont des sentiments contraires à la foi catholique : *pays d'inquisition ; il fut livré à l'inquisition.* On nomme quelquefois ce tribunal LE SAINT-OFFICE. — ENCYCL. Des lois contre l'hérésie, en était punie de mort, furent faites sous Théodose I⁰ᵉʳ en 382, et sous Honorius en 398. Pendant plusieurs siècles, tous les cas d'hérésie furent traduits devant les tribunaux ordinaires ; mais, avec le temps, l'examen de l'accusation d'hérésie fut dévolu aux évêques, qui remettaient au bras séculier pour être punis ceux qui restaient endurcis. Au commencement du XIIIᵉ siècle, Innocent III envoya des légats dans le sud de la France pour susciter une croisade contre les Albigeois, et pour aider les évêques à rechercher les hérétiques. Le quatrième concile de Latran, en 1215, enjoignit aux cours synodales de rechercher et de supprimer l'hérésie ; ces cours peuvent être regardées comme l'origine première de l'Inquisition. Le synode de Toulouse (1229) publia sur ce point 45 propositions, enjoignant aux princes et aux évêques la recherche et la punition des hérétiques et même la destruction des maisons dans lesquelles on les trouvait. On ne permettait pas alors aux hérétiques, ni aux personnes accusées ou soupçonnées d'hérésie le secours d'un médecin, bien qu'ils fussent atteints d'une maladie mortelle. Pour assister les évêques, dont un grand nombre se montraient négligents, des légats furent envoyés par le pape Grégoire IX dans diverses contrées ; on les nommait, collectivement, *missions d'inquisition.* L'Église se bornait à l'examen des hérétiques, et elle faisait appel au bras séculier pour mettre la sentence à exécution. Les accusés ne connaissaient jamais le nom de leur dénonciateur ; le soupçon d'hérésie était considéré comme une cause suffisante d'arrestation ; tout le monde, même les criminels, étaient admis comme témoins. Si l'accusé niait les accusations portées contre lui, on pouvait le mettre à la torture. Les biens du condamné étaient confisqués et une grande partie tombait dans

les coffres de l'Inquisition. Jusqu'en 1248, les cours d'Inquisition furent seulement des tribunaux transitoires ; mais à partir de cette date, ils devinrent permanents et ils furent successivement introduits en Italie, en Espagne, en Allemagne et dans les provinces du sud de la France. La probabilité d'une union entre les Juifs et les Maures, contre les chrétiens, pendant le XVᵉ siècle, excita en Espagne une alarme considérable. Dans le but principal de rechercher ceux qui étaient retombés dans le judaïsme, ou qui feignaient d'être convertis, une bulle papale fut obtenue en 1478, autorisant l'établissement d'un tribunal. A partir de cette date, les écrivains catholiques regardent l'Inquisition espagnole comme une institution de l'État, caractère qui est reconnu par Ranke, Guizot, Léo et même Llorente. En sept. 1480, la première cour fut établie à Séville. En 1483, Torquemada devint grand inquisiteur général de toute l'Espagne, et, de concert avec le roi, il forma les lois organiques du nouveau tribunal. Tous les pénitents de l'Inquisition portaient un vêtement particulier appelé *sambenito* (corruption de *saco bendito*, le vêtement sacré de pénitence). L'*auto da fé* (acte de foi), était à proprement parler la lecture publique et solennelle de la sentence prononcée contre les personnes trouvées coupables, mais, vulgairement, on comprenait sous ce nom les cérémonies publiques qui accompagnaient l'exécution de ces sentences. Quand elle avait lieu avec une solennité extraordinaire, on l'appelait *auto publico general.* Les prisonniers étaient conduits en procession à la place publique où la cour elle-même et tous les plus hauts personnages de l'Église et de l'État se trouvaient réunis. Si les condamnés restaient endurcis après la publication solennelle de leur sentence, et l'offre d'une dernière option, ils étaient remis au juge séculier et conduits au quemadero ou place brûlante qui se trouvait généralement en dehors de la ville. L'inquisiteur général était désigné par le roi et approuvé par le pape, mais en réalité il était indépendant de tous deux. L'expulsion des Juifs (1492), et des Maures, (1500) de l'Espagne, que beaucoup avaient cherché à éviter en se convertissant au christianisme, et plus tard l'extension du protestantisme, fournirent une occupation abondante à l'Inquisition. Le résultat du compte rendu de Llorente depuis 1483 jusqu'en 1808 est le suivant : brûlés vifs, 31,912 ; brûlés en effigie, 47,659 ; soumis à des peines rigoureuses et à des pénitences, 291,456. Depuis le commencement du XVIIᵉ siècle, quand elle fut complétement exterminé le protestantisme en Espagne, l'Inquisition devint plus douce et dirigea principalement ses efforts vers la suppression des livres hérétiques. Charles III la restreignit beaucoup et Joseph Bonaparte l'abolit entièrement en 1808. Elle fut rétablie par Ferdinand VII, en 1814, mais elle ne parvint jamais à sa première puissance, et en 1835, ses biens furent confisqués pour le paiement de la dette publique. L'ouvrage le plus complet sur l'Inquisition en Espagne est celle de Llorente, *Histoire de l'Inquisition espagnole*, traduite en français et en anglais. L'auteur déclare qu'il fut secrétaire de l'Inquisition de Madrid en 1789-91, et il eut toutes les archives à sa disposition, de 1809 à 1814. L'exactitude de quelques-uns de ses récits est mise en doute par beaucoup de gens. Le meilleur ouvrage sur l'Inquisition espagnole écrit au point de vue catholique est *Der Cardinal Ximenes*, etc., par Hefele (Tübingen, 1844). L'Inquisition fut aussi introduite en Sicile et dans les colonies espagnoles de l'Amérique. Dans cette dernière, les tribunaux de Mexico, de Carthagène, de Lima rivalisèrent de sévérité avec ceux d'Espagne. Le zèle de Philippe II pour la rétablir dans les Pays-Bas fut une des causes principales qui amenèrent la révolte des provinces.

du nord et la naissance de la république hollandaise. Son organisation en Portugal était presque la même qu'en Espagne. En Italie, l'Inquisition ne fut jamais aussi puissante qu'en France et qu'en Espagne. Elle fut introduite en 1233 contre les Vaudois. Un tribunal suprême de l'Inquisition pour l'Eglise entière, appelé la Congrégation du Saint-Office, fut établi à Rome par Paul III, en 1543, mais il n'eut jamais aucune autorité au delà des limites des Etats du pape. L'Inquisition romaine fut le plus doux de tous les tribunaux de cette nature, il n'y a pas d'exemple que la peine de mort ait été appliquée. Depuis l'occupation de Rome par le gouvernement italien en 1870, l'inquisition a été abolie en Italie. Le corps portant le nom de Congrégation du Saint-Office est composé de 12 cardinaux présidés par le pape. Ils prononcent sur toutes les questions ayant rapport à la foi et à la morale, mais ils ont seulement une juridiction spirituelle.

* **INQUISITORIAL, ALE, AUX** adj. Se dit de tout pouvoir ombrageux trop sévère, de tout acte, de toute recherche arbitraire, et se prend toujours en mauvaise part : *pouvoir inquisitorial.*

IN RE, expression latine qui signifie : *dans la chose, c'est-à-dire réel, positif, effectif.*

IN RERUM NATURÂ, loc. lat. qui veut dire : *dans la nature des choses, dans la réalité.*

INRI. Ces quatre lettres, initiales de *Jesus Nazarenus rex Judæorum* (Jésus de Nazareth, roi des Juifs), sont souvent placées en haut d'une croix ou d'un crucifix, pour rappeler l'inscription que fit graver Pilate sur l'instrument de supplice du Christ.

* **INSAISISSABLE** adj. Qui ne peut être saisi. Se dit, particul., en Jurisp., des choses qu'on ne peut saisir valablement : *les objets que la loi déclare insaisissables.* — Se dit quelquefois, fig., de ce qui peut être perçu, compris : *j'avoue que, pour moi, cette différence est tout à fait insaisissable.*

INSALIVATION s. f. (préf. *in* et franç. *salive*). Physiol. Mélange des aliments et de la salive pendant la mastication : *l'insalivation commence la digestion.*

* **INSALUBRE** adj. (préf. *in* et lat. *salus*). Malsain, qui nuit à la santé : *un logement humide est insalubre.*

* **INSALUBRITÉ** s. f. Qualité de ce qui est nuisible à la santé : *l'insalubrité d'un pays, d'un canton, d'un climat.*

* **INSANITÉ** s. f. (lat. *insanus*, insensé). Etat, ou action d'un esprit qui n'est pas sain.

* **INSATIABILITÉ** s. f. [ain-sa-si-a-] (préf. *in* et fr. *satiété*). Avidité de manger qui ne se peut rassasier : *il a une faim canine, une insatiabilité que rien ne peut contenter, que rien ne peut assouvir.* — Fig. : *insatiabilité de gloire, de renommée; l'insatiabilité des richesses.*

* **INSATIABLE** adj. [-sa-si-a-]. Qui ne peut être rassasié : *avidité, gourmandise insatiable.* — Fig. *avarice insatiable.*

* **INSATIABLEMENT** adv. D'une manière insatiable : *il est insatiablement avide d'honneur et de gloire.*

* **INSCIEMMENT** adv. [ain-si-a-man] (préf. *in* et *scire*, savoir). A son insu : *s'il vous a insulté, c'est insciemment.*

INSCRIPTIBLE adj. (lat. *inscribere*, inscrire). Qui peut être inscrit.

* **INSCRIPTION** s. f. [ain-skri-psi-on] (lat. *inscribere*, iuscrire). Caractères gravés ou fixés sur le cuivre, sur le marbre, sur la pierre, etc., soit pour conserver la mémoire d'une personne ou d'un événement, soit pour indiquer la destination d'un édifice, etc. : *on mit,*

on grava *sur ce marbre une inscription en lettres d'or.* — Se dit également d'une courte indication, d'un avis écrit, imprimé, peint, etc., qu'on place dans un lieu apparent, pour servir d'instruction, de renseignement : *des inscriptions placées à tous les carrefours du bois, en indiquent les différentes routes.* — Action d'inscrire une personne ou une chose sur un registre, une liste, etc.; et résultat de cette action : *il a requis son inscription sur la liste des jurés.* — Se dit, particul., de l'inscription d'un étudiant sur le registre de la faculté dans laquelle il étudie pour prendre ses grades : *prendre des inscriptions en droit, en médecine.* — INSCRIPTION MARITIME, enregistrement, au bureau des classes, de ceux qui peuvent être requis pour le service de la marine de l'Etat. — Fin. INSCRIPTION SUR LE GRAND-LIVRE DE LA DETTE PUBLIQUE, titre d'une rente perpétuelle due par le Trésor : *il a cinquante mille francs de rente en inscriptions sur le grand-livre.* — Jurispr., INSCRIPTION HYPOTHÉCAIRE, mention que le conservateur des hypothèques fait, sur ses registres, de l'hypothèque ou privilège qu'une personne déclare et justifie avoir sur les biens d'un autre : *prendre, requérir une inscription.* — Prat. INSCRIPTION DE FAUX, acte par lequel on soutient en justice qu'une pièce est fausse ou falsifiée : *inscription de faux principal.* — Législ. « Les *inscriptions dans les facultés* sont obligatoires pour tous les étudiants qui doivent se présenter aux épreuves de la collation des grades. Elles sont prises, chaque trimestre, au moyen d'une déclaration faite au secrétariat de la faculté, jusqu'à ce que le nombre d'inscriptions requis pour chaque examen soit complet. Les droits universitaires que l'on devait verser au Trésor public, en prenant une inscription, ont été abolis par la loi du 18 mars 1880. (Voy. FACULTÉ.) — L'*inscription de faux* est une procédure particulière qui tend à démontrer la fausseté de certains actes et à en arrêter l'exécution. Elle s'applique exclusivement aux actes dressés en forme authentique, c'est-à-dire à ceux reçus ou délivrés par les officiers de l'état civil ou autres administrateurs, et par les divers officiers ministériels : notaires, avoués, greffiers, huissiers, etc. Ces actes font foi jusqu'à inscription de faux, et c'est à celui qui les conteste à prouver leur fausseté; tandis que, s'il s'agit d'écritures privées, c'est à celui qui les produit à prouver qu'elles sont vraies. La procédure de l'inscription de faux est détaillée dans les articles 214 à 251 du Code de procédure civile. Le demandeur en faux qui succombe dans sa demande est condamné à une amende de 300 fr. au moins, sans préjudice des dommages-intérêts qui peuvent être alloués. — L'*inscription hypothécaire* est la déclaration, faite par un créancier, de l'hypothèque ou du privilège qui lui appartient sur un ou plusieurs immeubles de son débiteur. Cette inscription est requise par la présentation d'un bordereau dressé en double sur papier timbré et contenant l'énonciation sommaire de la créance et des titres sur lesquels elle est fondée. L'inscription est faite, à la date de la réquisition, sur un registre spécialement tenu à cet effet par le conservateur des hypothèques de l'arrondissement dans l'étendue duquel les immeubles sont situés (C. civ. 2106 et s.). (Voy. HYPOTHÈQUE et PRIVILÈGE.) — L'*inscription maritime* est le recrutement obligatoire, dans l'armée de mer, des marins âgés de 18 à 50 ans qui ont navigué sur des bateaux de pêche ou des navires de commerce. Cette institution, dont la fondation est due Colbert, a reçu de nombreuses modifications (L. 3 brumaire an IV; Décr. 31 déc. 1872, etc.) ; et bien que son principe ait été souvent discuté, on ne peut méconnaître qu'elle a rendu et qu'elle peut rendre encore de grands services à la France. — Les *inscriptions de rentes sur l'Etat* sont des

titres de rente perpétuelle de la dette publique (L. 24 floréal an X). Lorsqu'un rentier a perdu son extrait d'inscription, il doit en faire la déclaration devant le maire de la commune de son domicile, en présence de deux témoins. Cette déclaration, enregistrée au droit fixe de 1 fr., est adressée au ministre des finances, lequel autorise l'ouverture d'un nouveau compte, par un transfert de forme, et la remise d'un extrait d'inscription de ce nouveau compte (Décr. 3 messidor an XII; voy. art. 16 de la loi du 5 juillet 1872). » (Ch. Y.)

* **INSCRIRE** v. a. (préf. *in* et lat. *scribere*, écrire). Ecrire le nom de quelqu'un, ou prendre note, faire mention de quelque chose sur un registre, sur une liste, etc. : *inscrire quelqu'un au rôle des contributions.* — Mettre une inscription : *inscrire une maxime sur un monument.* — S'emploie aussi dans certaines phrases figurées : INSCRIRE SON NOM AU TEMPLE DE MÉMOIRE, DANS LES FASTES DE LA GLOIRE, se rendre célèbre par ses écrits, par des exploits guerriers. — Mathém. INSCRIRE UNE FIGURE DANS UNE AUTRE, tracer, dans l'intérieur d'une figure géométrique, une autre figure qui en touche le contour intérieurement : *inscrire un triangle dans un cercle.* — S'inscrire v. pr. Inscrire ou faire inscrire son nom dans un registre, sur une liste, etc. : *s'inscrire sur une liste d'abonnés.* — Prat. S'INSCRIRE EN FAUX, soutenir en justice qu'une pièce que la partie adverse produit, est fausse : *je me suis inscrit en faux contre ce billet.* — Par ext. Nier quelque proposition qu'une personne allègue : *je m'inscris en faux contre ce que vous dites.*

* **INSCRUTABLE** adj. Impénétrable, qui ne peut être conçu, qui ne peut être compris par l'esprit humain. N'est guère usité qu'en style de l'Ecriture : *les desseins de Dieu sont inscrutables.*

* **INSÇU** (A l'). Voy. INSU.

* **INSÉCABLE** adj. Phys. Qui ne saurait être coupé, partagé : *on a défini les atomes des corpuscules insécables.*

* **INSECTE** s. m. (lat. *insectum*; de *in*, dans; *secare*, couper). Entom. Nom donné à une classe d'animaux articulés, à six pattes, respirant au moyen de trachées et subissant des métamorphoses. Cette classe comprend des invertébrés d'une organisation relativement supérieure, qui tiennent dans la division des articulés un rang analogue à celui des oiseaux parmi les vertébrés. On appelle insectes tous les articulés ayant tête, un thorax et un abdomen distincts, avec des antennes, trois paires de pattes, respirant au moyen de trachées, présentant un système circulatoire faiblement développé, ayant presque toujours des ailes et subissant une transformation. Dans leurs progrès vers l'état parfait, les insectes changent de peau plusieurs fois, et un grand nombre subissent des métamorphoses aussi singulières que celles des grenouilles; au sortir de l'œuf, leur forme diffère beaucoup de celle de leurs parents et de celle qu'ils affecteront plus tard en devenant chrysalides. L'insecte passe ordinairement par les états suivants : 1° *œuf*, pondu par la femelle à l'état parfait; 2° *larve*, ressemblant plus ou moins à un ver et ayant un corps allongé, mou, divisé en anneaux mobiles, quelquefois muni de pieds, et armé de mâchoires (même chez les larves des insectes qui, à l'état parfait, auront un suçoir); ces larves se nomment *chenilles* ou *vers*, suivant leur grosseur, leur forme et leur habitat. Des ailes rudimentaires se forment sous leur peau, après qu'elles ont vécu un certain temps dans l'eau, dans l'air ou sous terre, et l'insecte subit sa troisième transformation; l'état de larve dure ordinairement pendant plusieurs mois, depuis l'automne jusqu'à l'été suivant et quelquefois pendant une période beaucoup plus longue, comme c'est le cas pour les cigales et les hannetons. Les larves sont généralement voraces et actives; 3° *chrysalide* ou *nymphe*, état pendant lequel les insectes restent immobiles et ne mangent pas; ils affectent alors une forme particulière: quelquefois, la peau de la larve, en durcissant, forme une enveloppe cornée ou écailleuse; d'autres fois, elle se change en une mince pellicule à travers laquelle on peut distinguer l'animal. Avant de subir ce changement, la larve se prépare souvent un abri, en filant un cocon de soie sécrétée par elle-même; la chrysalide peut être suspendue à une petite branche par des filaments soyeux, ou cachée dans quelque crevasse. A l'état de chrysalide, la croissance de l'animal s'accomplit rapidement et la forme du futur insecte se développe graduellement. Ces métamorphoses sont facilement étudiées chez la chenille commune, chez l'abeille, chez le moustique, chez la mouche et chez le ver à soie; 4° *état parfait*. La vie de l'insecte parfait est courte; elle se prolonge tout au plus pendant les mois de l'été, jusqu'à ce que le travail de la reproduction soit terminé; chez les *éphémères*, l'état adulte dure quelques heures seulement. Comme exemples de métamorphoses incomplètes on peut citer les cancrelats, les grillons, la sauterelle et autres orthoptères, chez lesquels les larves ne diffèrent guère de l'insecte parfait que par l'absence d'ailes. La puissance musculaire des insectes est très grande, soit pour sauter, nager, voler, creuser, soit pour porter des fardeaux très pesants. En proportion de sa taille, aucun mammifère ne peut sauter aussi haut que la puce, à une distance de plus de 200 fois la longueur de son propre corps; aucun oiseau n'a une facilité de mouvements, une rapidité et une résistance à la fatigue du vol, comparables à celles des insectes. — L'instinct de l'insecte, bien voisin de l'intelligence, excite l'admiration de l'observateur le plus superficiel. Ces petits animaux apprennent par expérience; ils possèdent donc la faculté de la mémoire; ils sont capables de communiquer leurs projets à leurs semblables, ce qui dénote l'existence d'un sens qui nous est inconnu et que nous ne pouvons concevoir; leur manière de prendre leur proie est des plus ingénieuses. Pour échapper à leurs ennemis, les uns simulent la mort et d'autres se cachent, ils combattent bravement avec leurs mâchoires et leurs aiguillons et ils exhalent une odeur nauséabonde ou des liquides corrosifs. En général, le développement de ce qu'on est convenu d'appeler l'intelligence dans la série animale coïncide avec le développement du cerveau, tandis que la complexité des actions instinctives automatiques coïncide avec le développement des centres de la moelle épinière. — Chez les insectes, plus le volume des corps formés par la substance blanche est considérable, et plus l'instinct ou l'intelligence inconsciente se complique: ainsi, dans l'abeille sociale, la substance blanche forme la 940° partie du volume du corps, tandis que chez les hannetons, elle n'en forme que la 33,030° partie. Chez l'abeille, la 5° partie du cerveau est formée par la substance blanche, qui atteint la moitié du volume total du cerveau chez la fourmi neutre. — Les besoins individuels de la vie végétative sont réduits au minimum chez la fourmi neutre, protégée par un tégument solide contre l'exhalation, tandis que la vie de relation se manifeste par une complexité d'action merveilleusement adaptée aux besoins de la communauté. — M. Dujardin a constaté, après Bonnet, Huber, Latreille, etc., que les fourmis, comme les abeilles, ont un langage qui leur permet de se communiquer leurs impressions, de telle sorte que, si l'un des membres de la communauté découvre une proie ou un danger caché, on les voit tous accourir ou se mettre en défense. — Huber père raconte qu'en 1806, il se produisit à Genève une invasion du sphinx tête de mort (*acherontia atropos*), qui est très friand du miel et qui saccage les ruches en cassant tous les gâteaux. Les abeilles restèrent longtemps impuissantes contre cette brutale invasion; mais, à la fin, elles imaginèrent de construire un bastion de cire, qui s'éleva bientôt à l'entrée de toutes les ruches et n'avait pour issue qu'une poterne exactement assez grande pour laisser passer une abeille à la fois. L'ennemi était vaincu. Quand il reparut au bout de trois ans, les abeilles, profitant de l'expérience acquise, élevèrent immédiatement le retranchement. — Au cap de Bonne-Espérance, où ce papillon est très commun, il se contente souvent d'introduire sa longue trompe dans le miel, et endort les habitants de la ruche par la vibration sonore de ses ailes. Quand il pénètre dans la colonie et s'endort sur place après l'orgie, les abeilles le maçonnent avec de la cire et l'étouffent. En Amérique, les abeilles ont rencontré un ennemi plus redoutable dans un oiseau nommé *guêpier*, qui les saisit au vol et les dévore une à une. L'auteur du *Cultivateur américain*, M. Crèvecœur, vit des abeilles échappées aller sonner l'alarme dans la ruche; bientôt toute la colonie des abeilles sortit en tumulte et se rassembla en une masse serrée en forme de boule, qui s'élança bientôt avec la rapidité d'une bombe contre l'ennemi perché sur un arbre voisin. Du coup l'oiseau fut mis en fuite. — Tous les apiculteurs savent que les abeilles s'apprivoisent et reconnaissent parfaitement leur maître, au point de venir sucer du sucre dans sa main. — On trouve des insectes partout, même sur la surface de l'Océan; mais ce sont essentiellement des animaux aériens; bien qu'on voie quelques insectes pendant l'hiver, la plupart ne sont actifs que dans les autres saisons. Ils passent l'hiver dans un état d'hibernation, sous l'état d'œufs, de larves, et de chrysalides. Ceux des régions tropicales sont les plus gros, les plus nombreux et les plus somptueusement vêtus. Pour la classification systématique des insectes, voy. ENTOMOLOGIE. — FÉCONDATION PAR LES INSECTES. L'insecte est, avec le vent, mais bien plus sûrement que ce dernier, l'agent naturel de la fertilisation d'un grand nombre de plantes ayant leurs étamines et leurs pistils sur des fleurs séparées. — Dans ses visites de fleur en fleur à la recherche du miel, il porte évidemment le pollen des anthères des étamines aux stigmates des fleurs à pistil. Darwin, dans son ouvrage, *La Fertilisation des orchidées*, montre que beaucoup de fleurs complètes, ayant leurs pistils et leurs étamines très rapprochés, sont construites de telle façon que le pollen ne peut jamais, sans un aide extrinsèque, atteindre le pistil de sa propre fleur ou servir à fertiliser celle d'aucune autre. Il montre qu'il y a là une précaution de la nature pour que les fleurs de plusieurs orchidées ne soient jamais fertilisées par leur propre pollen; et il en arrive à cette conclusion que la fertilisation croisée est nécessaire aux fleurs de la même espèce, afin de favoriser la plus grande vigueur du produit et pour empêcher les particularités individuelles de se perpétuer. Ce sujet a fixé depuis l'attention d'un grand nombre d'observateurs sérieux et plusieurs faits intéressants ont été établis.

* **INSECTICIDE** adj. (lat. *insectum*, insecte et *cædere*, tuer). Qui détruit les insectes. Ne se dit guère que d'une poudre inventée pour faire périr les insectes : *poudre insecticide*.

* **INSECTIVORE** adj. (lat. *insectun*, insecte; *voro*, je dévore). Zool. On donne ce nom à toutes les espèces animales qui se nourrissent presque exclusivement d'insectes. — s. m. Tout animal qui se nourrit d'insectes : *le plus utile des insectivores est sans contredit la mé-* sange. — s. m. pl. Ordre de mammifères comprenant des animaux qui se nourrissent d'insectes : hérissons, taupes, musaraignes, etc. — **Plantes insectivores,** plantes qui appartiennent à des ordres naturels distincts et très éloignés, mais qui sont toutes munies d'appareils leur permettant de saisir des insectes ou d'autres petits animaux dont elles se nourrissent en s'assimilant les matières azotées qui entrent dans la composition du corps de leur proie. Les plantes insectivores les mieux connues sont : la dionée, l'apocyn, la drosère, la dracuncule, l'utriculaire commune, la sarracénie, etc. Il y a quelques années seulement que l'on a démontré que ces plantes, en saisissant les insectes et les tuant, n'obéissent pas à une simple loi de destruction, mais à une autre petits incompréhensible et anormale au milieu des autres lois de la création. On sait aujourd'hui que les plantes connues sous le nom générique d'*attrape-mouches* sont de véritables insectivores.

* **INSECTOLOGIE** s. f. Zool. Partie de la zoologie qui s'occupe de la description des insectes.

IN SÆCULA SÆCULORUM, loc. lat. qui signifie : *dans les siècles des siècles*, et que l'on trouve à la fin de presque toutes les prières de l'Église. On l'emploie souvent fig. pour exprimer la longue durée d'une chose.

* **INSÉCURITÉ** s. f. Manque de sécurité : *rien n'est plus triste que l'insécurité dans laquelle nous vivons.*

* **IN-SEIZE** s. et adj. Impr. et Libr. Se dit du format où la feuille est pliée en seize feuillets et des volumes qui ont ce format : *un volume in-seize*.

* **INSENSÉ, ÉE** adj. Fou, qui a perdu le sens, qui a l'esprit aliéné : *c'est un homme insensé*. — Se dit, par exag., d'une personne dont les actions ou les discours ne sont pas raisonnables : *il faut être insensé pour parler ainsi, pour se conduire ainsi.* — Se dit également des choses qui ne sont pas conformes à la raison, au bon sens : *discours insensé.* — Se dit, substantiv., en parlant des personnes : *courir comme un insensé.*

INSENSIBILISATEUR s. m. Méd. Ce qui produit l'insensibilité.

INSENSIBILISER v. a. ou tr. Rendre insensible : *insensibiliser un malade pour l'opérer.*

* **INSENSIBILITÉ** s. f. Manque, défaut de sensibilité : *insensibilité complète.* — Se dit également, au sens moral : *l'insensibilité aux reproches est moins la marque de l'innocence que celle de l'endurcissement.*

* **INSENSIBLE** adj. Qui ne peut point éprouver de sensations : *une matière insensible et inerte.* — Qui ne sent point, qui ne reçoit point l'impression que l'objet doit faire sur le sens : *être insensible au froid, au chaud.* — S'emploie également au sens moral : *insensible à nos maux; insensible à nos plaintes.* — Imperceptible, qu'on n'aperçoit, qui n'est connu que difficilement par les sens, ou même dont on ne peut s'apercevoir : *le mouvement de l'aiguille d'une horloge, de l'ombre d'un cadran est insensible à l'œil.* — s. Personne qui n'est point sensible à l'amour : *c'est un insensible.*

* **INSENSIBLEMENT** adv. Peu à peu, d'une manière peu sensible, qui se connaît difficilement par les sens ou par l'esprit : *les plantes croissent insensiblement.*

INSÉPARABILITÉ s. f. Etat de ce qui est inséparable.

* **INSÉPARABLE** adj. Qui ne peut être séparé : *la chaleur est inséparable du feu.* — Se dit aussi des personnes qui ne se quittent presque jamais, ou qui sont très souvent ensemble : *deux amis inséparables. Ils sont de-*

venus inséparables. -- S'emploie substantiv., dans ce dernier sens : *ce sont deux inséparables.* — ✳ s. f. Ornith. Nom vulgaire des perruches ondulées, parce qu'elles vivent par couples et qu'elles meurent quand on les sépare.

° **INSÉPARABLEMENT** adv. De manière à ne pouvoir être séparé : *ils sont unis inséparablement.*

° **INSÉRER** v. a. (lat. *inserere*, insérer). Mettre parmi, ajouter, faire entrer, introduire : *insérer un cahier, un feuillet dans un livre.* — Se dit, par ext., en parlant des ouvrages d'esprit, des actes, tels que contrats, etc., et de certaines publications : *il faut insérer cette anecdote, cette singularité, cette pièce dans votre histoire.*

° **INSERMENTÉ** adj. m. Qui a refusé de prêter serment. Ne s'emploie guère que dans cette expression, PRÊTRE INSERMENTÉ, prêtre qui avait refusé de prêter le serment exigé par la constitution civile du clergé en 1790.

* **INSERTION** s. f. (lat. *inserere*, insérer). Action par laquelle on insère, ou état de la chose insérée : *l'insertion d'un feuillet dans un livre; l'insertion d'une ordonnance au Bulletin des lois.* — Anat. Attache d'une partie sur une autre : *l'insertion des fibres musculaires sur un tendon.* On dit de même en Bot. : *l'insertion des étamines.* — Mathém. Action de déterminer, dans une progression, les termes inconnus entre deux termes connus.

INSESSEURS s. m. pl. (lat. *insessores*; de *in*, sur; *sedere*, se reposer). Ornith. Nom donné par Agassiz aux oiseaux qui se perchent et qui ont 3 doigts en avant et 1 doigt en arrière, sans griffes ni palmatures. Cet ordre, le plus nombreux de la classe des oiseaux, comprend les grives, les fauvettes, les hirondelles, les moqueurs, les alouettes, les pinsons, les moineaux, les corbeaux, etc.

* **INSIDIEUSEMENT** adv. D'une manière insidieuse et qui tend à surprendre.

* **INSIDIEUX, EUSE** adj. (lat. *insidiosus*; de *insidia*, embûches. Qui tend ou qui cherche à surprendre quelqu'un : *des présents insidieux.*

* **INSIGNE** adj. [gn mll.] (lat. *insignis*). Signalé, remarquable. Se dit des personnes et des choses : *bonheur insigne.* — ✳ Se dit, particul., de quelques églises cathédrales : *l'insigne église de...*

* **INSIGNE** s. m. Marque distinctive. Ne se dit qu'en parlant des personnes ou des grades, des dignités, etc., et s'emploie le plus souvent au pluriel : *on avait placé sur le cercueil les insignes du défunt, les insignes de son grade.*

* **INSIGNIFIANCE** s. f. Qualité de ce qui est insignifiant : *c'est un homme d'une grande insignifiance.*

* **INSIGNIFIANT, ANTE** adj. Qui ne signifie rien. Ne s'emploie qu'au figuré : se dit de ce qui est sans importance, de ce qui est sans caractère, insipide : *action, démarche insignifiante.* — Se dit également des personnes : *c'est un homme tout à fait insignifiant.*

* **INSINUANT, ANTE** adj. Qui a l'adresse et le talent de s'insinuer, d'insinuer quelque chose : *c'est un homme fort insinuant.* — Se dit également des manières, des discours, etc. : *manières insinuantes.*

INSINUATIF, IVE adj. Qui fait pénétrer : *remède insinuatif.*

* **INSINUATION** s. f. Adresse dans le style, dans le langage, par laquelle on insinue quelque chose. Désigne particul., en Rhét., ce que dit un orateur pour s'insinuer dans la bienveillance de son auditoire : *exorde par insinuation.* — Discours par lequel, sans énoncer positivement une chose, on la donne à

entendre, ou on prépare l'esprit à la recevoir : *une insinuation adroite; il est quelquefois plus difficile de se défendre contre une insinuation maligne que contre une accusation ouverte.* — Prat. Enregistrement des actes qui doivent être rendus publics : *l'insinuation d'un acte de donation, d'un testament.*

* **INSINUER** v. a. (lat. *insinuare*). Introduire doucement et adroitement quelque chose : *insinuer le doigt, une sonde dans une plaie.* — Fig. Faire entendre adroitement, faire entrer dans l'esprit : *insinuez-lui cela doucement.* — Prat. INSINUER, FAIRE INSINUER UNE DONATION, UN TESTAMENT, faire enregistrer une donation, un testament à un certain greffe destiné pour cet effet. — S'insinuer v. pr. Pénétrer, en se disant tant au propre qu'au figuré : *l'air s'insinue dans les corps.* — Se faire admettre quelque part, s'y introduire avec adresse : *s'insinuer dans une société.* — S'INSINUER DANS L'ESPRIT DE QUELQU'UN, S'INSINUER DANS SES BONNES GRACES, DANS SA BIENVEILLANCE, se mettre bien dans son esprit, gagner adroitement ses bonnes grâces, sa bienveillance.

* **INSIPIDE** adj. (préf. *in*; lat. *sapidus*, sapide). Qui n'a nulle saveur, nul goût : *liqueur, breuvage insipide.* — Se dit, fig., des choses qui n'ont aucun agrément, qui n'ont rien qui touche et qui pique : *discours, ouvrage, poème insipide.* — Se dit dans le même sens des personnes : *un harangueur insipide.*

INSIPIDEMENT adv. D'une manière insipide.

* **INSIPIDITÉ** s. f. Qualité de ce qui est insipide : *l'insipidité de l'eau.* — Se dit aussi fig. : *l'insipidité de ce poème.*

* **INSISTANCE** s. f. Action d'insister : *son insistance dégénère en importunité.*

* **INSISTER** v. n. (lat. *insistere*; de *in*, en; *sistere*, s'arrêter). Faire instance, persévérer à demander, à vouloir une chose : *il insiste à demander telle chose.* — Appuyer sur quelque chose, s'y arrêter avec force : *il insista beaucoup sur cette preuve; je n'insisterai pas sur ce point.*

* **INSOCIABILITÉ** s. f. Caractère de celui qui est insociable.

* **INSOCIABLE** adj. Fâcheux, incommode, avec qui l'on ne peut avoir de société, avec qui l'on ne peut vivre : *un homme insociable.*

IN-SOIXANTE-QUATRE adj. Se dit d'un format dans lequel la feuille est pliée en soixante-quatre feuillets, faisant cent vingt-huit pages. — s. : *un in-soixante-quatre.* On écrit aussi *in-64.*

* **INSOLATION** s. f. (lat. *insolare*). Didact. Action d'exposer quelqu'un ou quelque chose à la chaleur du soleil : *l'insolation est très favorable aux enfants nés faibles.* — Maladie qui est la suite de coups de soleil dans les grandes chaleurs : *les insolations sont fort à craindre en Afrique.*

INSOLÉ, ÉE part. passé d'INSOLER. — ABEILLE INSOLÉE, abeille à corselet jaune qui se plaît particulièrement dans les bois.

* **INSOLEMMENT** adv. [ain-so-la-man]. Avec insolence : *parler insolemment.*

* **INSOLENCE** s. f. Hardiesse excessive, effronterie, manque de respect : *grande, extrême insolence.* — Orgueil offensant : *l'insolence d'un parvenu.* — Se dit aussi des paroles et des actions où il y a de l'insolence : *il a fait, il a dit mille insolences.*

* **INSOLENT, ENTE** adj. (lat. *insolens*). Effronté, qui perd le respect : *un homme insolent, extrêmement insolent; cette femme est bien insolente.* — Se dit également de l'air, des manières, des discours, etc. : *il a le ton bien insolent.* — Se dit quelquefois de celui qui offense la modestie, la pudeur : *il est insolent, fort insolent avec les femmes.* — Orgueilleux,

qui en use avec orgueil, avec dureté : *il ne faut pas être insolent dans la victoire, dans la bonne fortune.* — Se dit également, en ce dernier sens, de l'air, des discours, etc. : *les airs insolents, le ton insolent d'un nouvel enrichi.* — Subst. *c'est un insolent; c'est une insolente.* — Se dit encore quelquefois pour extraordinaire, inouï, irritant : *il a un bonheur insolent.*

INSOLER v. a. (préf. *in*; lat. *sol*, soleil). Exposer aux rayons du soleil.

IN SOLIDO, loc. adv. tirée du latin et signifiant : en masse, solidairement : *tous les accusés ont été condamnés in solido à l'amende et aux frais.*

* **INSOLITE** adj. (lat. *insolitus*). Qui n'est point d'usage, qui est contraire à l'usage, aux règles : *procédé bizarre et insolite.*

* **INSOLUBILITÉ** s. f. Didact. Qualité des substances qui ne peuvent se dissoudre. — Impossibilité de résoudre un problème, une question, etc. : *l'insolubilité d'un problème, d'une question.*

* **INSOLUBLE** adj. Chim. Qui ne peut se dissoudre : *la résine est insoluble dans l'eau.* — Signifie aussi fig., dans le langage ordinaire, qu'on ne peut résoudre, expliquer : *argument insoluble; difficulté insoluble.*

* **INSOLVABILITÉ** s. f. Impuissance de payer : *l'insolvabilité de cet homme-là m'a empêché de traiter avec lui.*

* **INSOLVABLE** adj. Qui n'a pas de quoi payer : *il est devenu insolvable.* — Qui ne peut acquitter une dette quelconque :

Vous êtes belle, jeune, aimable;
Mais celui que l'hymen doit unir avec vous
Est vieux. Songez-y bien, Corine : un tel époux
Est un débiteur insolvable.
LA BAUR.

* **INSOMNIE** s. f. (lat. *insomnia*). Privation de sommeil causée par quelque indisposition, quelque chagrin, quelque inquiétude : *il y a un mois qu'il ne dort point, cette insomnie lui a échauffé le sang.* — ENCYCL. Le plus ordinairement l'insomnie est due à la toux, à l'oppression, à une digestion pénible ou à quelque douloureuse affection morale ; quelquefois elle est causée par un trouble nerveux général. Il suffit, pour prévenir une insomnie légère, de manger peu le soir et de bonne heure, puis de prendre un peu d'eau de fleur d'oranger ou du bromure de potassium dans un verre d'eau sucrée. Si l'insomnie était rebelle et que quelques filles ne fût pas liée à une affection du cœur ou du cerveau, il suffirait de prendre une cuillerée de sirop de chloral en se couchant ou quelques gouttes d'extrait thébaïque (environ 2 à 3 centig.).

* **INSONDABLE** adj. Qui ne peut être sondé : *un gouffre insondable.* — Fig. Qui ne peut être expliqué :

Qui peut sonder de Dieu l'insondable pensée ?
LAMARTINE.

* **INSOUCIANCE** s. f. État ou caractère de celui qui est insouciant : *il est là-dessus d'une grande insouciance.*

* **INSOUCIANT, ANTE** adj. Qui ne se soucie et ne s'affecte de rien : *être insouciant du lendemain.*

* **INSOUCIEUX, EUSE** adj. Qui n'a aucun souci d'une chose : *insoucieux de ses intérêts, il ne songeait qu'à l'intérêt public.*

* **INSOUMIS, ISE** adj. Non soumis : *peuples insoumis.* — s. m. Jeune soldat qui, au jour fixé sur sa feuille de route, n'est pas arrivé au lieu de sa destination.

INSOUMISSION s. f. Manque de soumission.

* **INSOUTENABLE** adj. Qu'on ne peut soutenir, défendre, justifier. Se dit que des choses : *cette assertion, cette cause, cette opinion est insoutenable.* — Qu'on ne peut supporter,

qui choque extrêmement. Dans ce sens, se dit des personnes et des choses : *vanité insoutenable ; c'est un homme insoutenable.*

* **INSPECTER** v. a. (lat. *inspectare* ; du préf. *in*, et *spectare*, regarder). Examiner avec autorité, ou avec une mission spéciale d'une autorité compétente : *il fut chargé d'inspecter ces magasins.*

* **INSPECTEUR, TRICE** s. Celui, celle dont la fonction est d'inspecter, de surveiller quelque chose : *c'est un inspecteur fort vigilant ; inspectrice des écoles de jeunes filles.*

* **INSPECTION** s. f. Action par laquelle on regarde, on considère, on examine quelque chose : *j'ai connu par l'inspection des pièces du procès que*... — Fonction, soin d'examiner quelque chose, de le surveiller : *on lui donna l'inspection du matériel, l'inspection sur le commerce, sur les manufactures.* — Place, emploi d'inspecteur : *il obtint une inspection dans les ponts et chaussées.*

* **INSPIRATEUR, TRICE** adj. Qui inspire : *un génie inspirateur.* — Anat. MUSCLES INSPIRATEURS, se dit des muscles qui contribuent à l'inspiration.

* **INSPIRATION** s. f. Action d'inspirer quelqu'un, de le conseiller, lui suggérer quelque chose : *c'est par votre inspiration que j'ai agi.* — Se dit aussi de la chose inspirée : *je vous dois cette inspiration.* — Sentiment, pensée, dessein, qui semble naître spontanément dans le cœur, dans l'esprit, que l'on regarde souvent comme inspiré par le génie, par l'enthousiasme, ou même par la divinité : *inspiration divine ; j'ai eu une bonne inspiration ; les inspirations du génie.* — Absol. L'enthousiasme, dans la poésie, dans les beaux-arts, etc. : *ce vers a été fait d'inspiration.* — Physiol. Action par laquelle l'air entre dans le poumon ; mouvement opposé à l'expiration.

* **INSPIRÉ, ÉE** part. passé d'INSPIRER. — Subst. Personne qui est ou que l'on suppose inspirée de la divinité : *c'est un inspiré, une inspirée.*

* **INSPIRER** v. a. (lat. *inspirare* ; de *in*, dans ; *spirare*, souffler). Faire naître dans le cœur, dans l'esprit, quelque mouvement, quelque dessein, quelque pensée : *c'est un sentiment que la nature inspire ; c'est la jalousie, l'envie, l'ambition, qui lui ont inspiré cette mauvaise action.* — S'emploie aussi avec le nom de la personne pour complément direct et signifie alors, conseiller, diriger, animer : *à cette conduite du prince, on reconnut le ministre qui l'inspirait.* — Se dit, particul., en parlant de ceux qui reçoivent de la divinité des lumières surnaturelles, qui sont pleins d'une fureur divine, ou qui sont animés de quelque enthousiasme : *c'est le Saint-Esprit qui l'a inspiré ; les païens croyaient qu'Appollon inspirait la pythie.* — Fam. JE FUS BIEN INSPIRÉ QUAND JE FIS TELLE CHOSE, je fus bien avisé, j'eus une bonne idée lorsque, etc. — Méd. INSPIRER DE L'AIR DANS LES POUMONS D'UN NOYÉ, D'UN ENFANT NOUVEAU-NÉ, y souffler de l'air. (Voy. INSUFFLER.)

INSPRUCK (all. *Innsbruck*, [inn-sprouck]), capitale du Tyrol, sur les deux rives de l'Inn, à 375 kil. O.-S.-O. de Vienne ; 16,810 hab. Son nom, signifiant *pont de l'Inn*, est l'équivalent de celui qui fut donné à la même localité par les Romains : *Œnipontum*. La ville est entourée de montagnes escarpées, hautes de 2,000 à 3,000 mètres ; elle est bien bâtie, particulièrement sur la rive droite de l'Inn. La plus belle rue est Neustaetterstrasse. L'église franciscaine renferme un des plus splendides monuments de l'Europe, celui de Maximilien Ier, et la chapelle de la Dame-d'Argent (ainsi appelée à cause d'une vierge en argent) elle contient le mausolée de l'archiduc Ferdinand et la tombe d'Andréas Hofer. L'église des capucins et celle de Saint-Jacques

sont richement décorées. Le palais, bâti pour Marie-Thérèse, possède une statue équestre de l'archiduc Léopold V. Un vaste édifice, sur la place de la ville, fut autrefois la résidence des comtes du Tyrol, et forme maintenant

Inspruck.

une habitation particulière ; on y trouve la fameuse fenêtre oriel et un toit tout en or. L'université catholique romaine d'Inspruck a été fondée en 1672. Fabrication de soieries, de rubans, de gants, de calicot et de verre. Inspruck atteignit l'apogée de sa prospérité au commencement du XVIe siècle, époque où Ferdinand II y tenait sa cour brillante. Elle fut prise par les Bavarois en 1703, mais les Autrichiens la reprirent bientôt. En 1809, elle souffrit beaucoup de la guerre du Tyrol.

* **INSTABILITÉ** s. f. Défaut de stabilité. Ne se dit guère qu'au figuré : *l'instabilité de la fortune.*

* **INSTABLE** adj. Qui manque de stabilité. — Mécan. ÉQUILIBRE INSTABLE, équilibre qui se détruit au moindre déplacement. — Chim. COMBINAISON INSTABLE, combinaison qui se défait aisément.

* **INSTALLATION** s. f. [-sta-la-]. Action par laquelle on installe, on met en possession : *l'installation d'un magistrat, d'un curé.* — Action de mettre en ordre tous les objets nécessaires au travail quelconque : *installation d'une minoterie, d'une usine, d'un pensionnat.*

* **INSTALLÉ, ÉE** part. passé d'INSTALLER. — Mar. UN NAVIRE BIEN INSTALLÉ, MAL INSTALLÉ, un navire dont le gréement et les aménagements sont bien ou mal disposés.

* **INSTALLER** v. a. (préf. *in* ; franç. *stalle*). Mettre solennellement en possession d'une place, d'un emploi, d'une dignité : *installer le président d'un tribunal.* — Placer, établir quelqu'un en quelque endroit : *installer un commis à son bureau.* — S'installer v. pr. S'établir : *ce marchand s'est installé sur la place ; il s'est installé dans son fauteuil.* (Fam.)

* **INSTAMMENT** adv. Avec instance, d'une manière pressante : *il vous en prie instamment.*

* **INSTANCE** s. f. (lat. *instantia* ; de *instare*, presser fortement). Sollicitation pressante. Dans ce sens, il s'emploie surtout au pluriel : *faire instance auprès de quelqu'un.* — Demande, poursuite en justice : *l'instance était pendante à tel tribunal.* — PREMIÈRE INSTANCE,

poursuite d'une action devant le premier juge : *il perdit son procès en première instance.* — TRIBUNAL DE PREMIÈRE INSTANCE, tribunal inférieur qui connaît de toutes les contestations en matière civile, à partir d'une certaine somme : *le tribunal de première instance d, l'arrondissement de...; les tribunaux de première instance prononcent, dans certains cas, en dernier ressort.* On dit de même, JUGE DE PREMIÈRE INSTANCE. — Scolast. Nouvel argument qui a pour objet de détruire la réponse faite au premier : *voilà une bonne instance, une forte instance.*

* **INSTANT, ANTE** adj. (lat. *instans*, urgent). Pressant : *instante sollicitation.* — Imminent, urgent : *le péril est instant.*

* **INSTANT** s. m. Moment très court, le plus petit espace de temps : *il fit cela en un instant ; il ne faut qu'un instant ; je reviens dans un instant.* — Elliptiq. et Fam. UN INSTANT, attendez, arrêtez un peu : *un instant, ne soyez pas si pressé.* — À chaque instant, à tout instant loc. adv. Continuellement, sans cesse : *il le répète à chaque instant, à tout instant.* — À l'instant, dans l'instant loc. adv. Aussitôt, à l'heure même, tout à l'heure : *il partit à l'instant, à l'instant même.*

* **INSTANTANÉ, ÉE** adj. Qui ne dure qu'un instant : *ce mouvement n'a été qu'instantané.*

* **INSTANTANÉITÉ** s. f. Qualité de ce qui est instantané.

* **INSTANTANÉMENT** adv. Soudainement, d'une manière instantanée.

* **INSTAR (À l')** loc. prép. empruntée du latin. À la manière, à l'exemple, de même que : *cet édifice est construit à l'instar des monuments gothiques ; à l'instar de Paris.*

* **INSTAURATION** s. f. Établissement : *instauration des jeux Olympiques.*

* **INSTAURER** v. a. (lat. *instaurare*). Réparer, rééditier.

INSTERBURG, ville de Prusse, dans la province de Prusse, sur le Pregel, à 80 kil. E. de Kœnigsberg ; 16,380 hab. ; commerce de sucre de betteraves, de laine, de coton, de toile, de poterie et de cuirs.

* **INSTIGATEUR, TRICE** s. (lat. *instigator*). Celui, celle qui incite, qui pousse à faire quelque chose. Se prend le plus souvent en mauvaise part : *il a été l'instigateur de ce mauvais dessein.*

* **INSTIGATION** s. f. Incitation, suggestion, sollicitation pressante par laquelle on pousse quelqu'un à faire quelque chose. Se prend le plus souvent en mauvaise part : *il a fait cela à l'instigation d'un tel.*

* **INSTIGUER** v. a. (lat. *instigare*). Exciter, pousser quelqu'un à faire quelque action : *cet homme est instigué par un tel.* (Peu usité.)

* **INSTILLATION** s. f. [-stil-la-]. Action d'instiller : *verser par instillation.*

* **INSTILLER** v. a. [-stil-lé] (lat. *instillare* ; de *in*, dans ; *stilla*, goutte). Faire couler, verser goutte à goutte : *instiller quelques gouttes d'essence dans une plaie.*

INSTINCT s. m. [ain-stain] (lat. *instinctus* ; de *instinguo*, j'excite). Sentiment, mouvement intérieur qui est naturel aux animaux et qui les fait agir sans le secours de la réflexion : *la nature a donné à tous les animaux l'instinct de leur propre conservation ; ce chien a beaucoup d'instinct.* — Se dit, en parlant de l'homme, du mouvement intérieur et involontaire auquel on attribue les actes non réfléchis, les sentiments indélibérés ; et, quelquefois, d'une très grande aptitude, d'une propension irrésistible à quelque chose : *il a fait cela plutôt par instinct que par raison ; l'art de la guerre semblait en lui un instinct naturel.*

INSTINCTIF, IVE adj. [ain-stain-ktif]. Qui appartient à l'instinct, qui naît de l'instinct : *mouvement, sentiment instinctif.*

INSTINCTIVEMENT adv. Par instinct : *les animaux n'agissent qu'instinctivement.*

INSTITUER v. a. (lat. *instituere*). Etablir quelque chose de nouveau, donner commencement à quelque chose : *instituer une fête; Henri III institua l'ordre du Saint-Esprit.* — Jurispr. INSTITUER UN HÉRITIER, INSTITUER HÉRITIER, nommer, faire quelqu'un son héritier par testament : *il institua un tel son héritier.* — Se dit aussi en parlant de ceux qu'on établit en charge, en fonction : *le pape a été institué par J.-C. comme son premier vicaire.*

INSTITUT s. m. [ain-sti-tu] (lat. *institutum*; de *instituere*, établir). Constitution d'un ordre religieux, règle de vie qui est prescrite à cet ordre au temps de son établissement : *un louable, un pieux, un saint institut.* — Se dit quelquefois de l'ordre même : *le chef d'un institut religieux.* — Titre de certaines sociétés savantes : *l'institut de Bologne.* — L'INSTITUT ROYAL DE FRANCE, ou simpl., L'INSTITUT, nom de la première société savante de France, établie à Paris, et composée de cinq Académies ; savoir : l'Académie française, l'Académie des inscriptions et belles-lettres, l'Académie des sciences, l'Académie des beaux-arts, et l'Académie des sciences morales et politiques : *les membres de l'Institut.* — Lieu où se tiennent les séances de l'Institut : *aller à l'Institut.* — s. m. pl. Est quelquefois employé comme synonyme d'INSTITUTES. — Palais de l'Institut, palais situé à Paris, à l'extrémité du pont des Arts, et construit au XVIIᵉ siècle, pour y installer le collège fondé par Mazarin. A partir de 1795, il fut affecté aux diverses sections de l'Institut. — Législ. « L'Institut national de France, fondé en exécution d'une disposition de la constitution du 5 fructidor an III, a été organisé par les lois des 3 brumaire an IV, 15 germinal et 29 messidor an IX, puis par les ordonnances royales des 21 mars 1816, 26 octobre 1832 et 5 mars 1833. Un décret du 14 avril 1855, qui avait apporté diverses modifications aux statuts antérieurs, a été rapporté le 12 juillet 1872. L'Institut national était divisé en cinq classes ou académies formant chacune un corps distinct : 1ᵒ l'*Académie française* qui a été fondée par Richelieu en 1635 et qui, de même que les autres sociétés littéraires dotées par l'État, a été supprimée pendant quelques années, en vertu de la loi du 8 août 1793 ; 2ᵒ l'*Académie des inscriptions et belles-lettres*, créée en 1663 ; 3ᵒ l'*Académie des sciences*, fondée en 1666 ; 4ᵒ l'*Académie des sciences morales et politiques*, fondée en 1663, supprimée en 1803 et rétablie en 1832 ; 5ᵒ l'*Académie des beaux-arts*, formée en 1819 par la réunion de l'ancienne Académie de peinture et de sculpture et de l'Académie d'architecture. (Voy. ACADÉMIE.) Les membres titulaires de l'Institut reçoivent de l'État une indemnité de 1,500 fr. par an. Chacune des cinq académies a une administration indépendante et dispose des capitaux et rentes qui lui sont confiés pour récompenser les auteurs des ouvrages couronnés dans les concours. L'Acadé-

mie française est spécialement chargée de délivrer les prix de vertu intitués par M. de Montyon. Il existe, en outre, un patrimoine commun aux cinq classes de l'Institut et qui est administrée par une commission de dix membres, nommés en nombre égal par chacune des académies. L'Institut national de France figure au budget de l'État pour une dépense annuelle de 720,000 fr. — Institut national agronomique. Cet établissement, fondé à Versailles, en vertu de la loi du 3 oct. 1848, et destiné à l'enseignement supérieur des sciences agricoles, a été supprimé par décret du 14 sept. 1852. Il a été réinstallé depuis à Paris, en exécution de la loi du 9 août 1876. Il a pour but de favoriser le progrès agricole et d'élever le niveau de la science dans ses rapports avec toutes les branches de la production animale et végétale, en formant des agriculteurs et des propriétaires instruits. Il se compose de l'école des hautes études de l'agriculture, établie dans les bâtiments du Conservatoire des arts-et-métiers, à Paris, et d'un grand établissement de recherches et d'expérimentation créé à la ferme de Vincennes. La durée des études est de deux ans. Le régime de l'école est l'externat ; et on ne peut y être admis qu'après un examen. » (CH. Y.)

INSTITUTES s. f. pl. [ain-sti-tu-te] (lat. *instituere*, instituer). Droit. Ouvrage élémentaire qui renferme les principes du droit romain : *on appelle Institutes de Justinien celles qui furent composées par l'ordre de cet empereur.* Quelques-uns disent *Instituts*, et le font masculin. — Institutes de Justinien : *étudier les Institutes ; il sait bien les Institutes.* — S'applique, par ext. à certains autres ouvrages élémentaires de jurisprudence : *les Institutes du droit français.*

INSTITUTEUR, TRICE s. (lat. *institutor*). Celui, celle qui institue, qui établit : *l'instituteur de cet ordre religieux ; instituteur des jeux Olympiques.*—Personne chargée de l'éducation et de l'instruction d'un ou de plusieurs enfants : *l'instituteur d'un jeune prince.* — Celui ou celle qui tient une pension, une maison d'éducation, une école : *c'est un des instituteurs les plus renommés de la capitale ; instituteur primaire.* — Législ. « Nul ne peut exercer les fonctions d'instituteur ou d'institutrice titulaire ou adjoint, dans une école publique ou privée, s'il n'est pourvu du brevet de capacité pour l'enseignement primaire (L. 16 juin 1881, art. 1ᵉʳ). Les équivalences autorisées par la loi du 15 mars 1850 sont abolies. En conséquence, le brevet de capacité ne peut plus être suppléé, soit par le diplôme de bachelier, soit par un certificat d'admission dans une des écoles de l'État, soit par une lettre d'obédience délivrée par le supérieur ou la supérieure de l'une des congrégations religieuses enseignantes reconnues par l'État. Le brevet élémentaire est suffisant pour l'exercice de la profession d'instituteur public ou privé. Le brevet supérieur procure à l'instituteur d'une école publique un supplément de traitement de 100 fr. par an. En outre, une semblable allocation supplémentaire de 100 fr. par an est accordée, en vertu de la loi du 19 juillet 1875, aux instituteurs qui ont obtenu, à titre de récompense, l'une des médailles d'argent décernées dans les conditions fixées par l'arrêté ministériel du 20 juillet 1881. — Le certificat d'aptitude pédagogique est un titre complémentaire de l'un et de l'autre brevets. Ce certificat, délivré après examen, est exigé des instituteurs et des institutrices appelés à la direction d'écoles publiques comprenant plusieurs classes. Tout instituteur public ou privé doit être âgé de 24 ans accomplis (L. 15 mars 1850, art. 25). Les instituteurs adjoints doivent être âgés d'au moins 18 ans (L. 10 avril 1867, art. 2). Une circulaire ministérielle du 9 nov. 1881 a

créé des emplois d'instituteurs suppléants. Ceux-ci sont chargés de remplacer, en cas de maladie ou d'absence, les instituteurs titulaires. Les étrangers peuvent être autorisés par le ministre à ouvrir ou à diriger des établissements d'instruction primaire ou d'instruction secondaire. Cette autorisation ne peut être accordée qu'à des étrangers déjà admis à jouir des droits civils en France, et qu'après avis du conseil supérieur de l'instruction publique. Les instituteurs, de même que tous les membres de l'Université, sont dispensés du service militaire, lorsqu'ils ont contracté l'engagement de se vouer pendant dix ans à la carrière de l'enseignement, et que cet engagement a été accepté par le recteur de l'académie avant le tirage au sort (L. 27 juillet 1872). Le nombre des instituteurs et des institutrices primaires s'élève aujourd'hui en France à près de 100,000 ; et ce nombre est encore très insuffisant. La création de nouvelles écoles normales primaires et l'agrandissement de celles qui existent, ainsi que l'accroissement des crédits affectés à l'enseignement primaire permettront d'atteindre progressivement le niveau des besoins, de créer des écoles de hameau et de laïciser entièrement le personnel de l'instruction publique, ce qui est une conséquence nécessaire de la laïcisation des programmes. Il y avait, en 1877, près de 27,000 instituteurs ou institutrices congréganistes ; et l'on en comptait encore 20,000 en 1884. La loi qui doit régler définitivement les traitements et la situation des instituteurs publics étant encore à l'état de projet, nous ne croyons pas devoir reproduire ici les propositions qui n'ont pas encore été rendues exécutoires par le Parlement. La nomination des instituteurs appartient aux préfets, et ils sont surveillés par les délégués cantonaux et par les inspecteurs primaires. La Restauration les avait placés sous la surveillance des évêques et des curés (Ord. 29 fév. 1816 et 21 avril 1828). En outre, comme leur traitement était en général insuffisant et mal assuré jusqu'en 1881, ils remplissaient souvent les offices de bedeaux, de chantres, etc., ce qui les mettait dans l'état de dépendance et abaissait leur caractère. Les lois nouvelles ont libéré l'instituteur de cette servitude ; et en relevant la dignité de ses fonctions, elles ont fait de lui ce qu'il doit être exclusivement, l'éducateur de la majeure partie de la nation. » (CH. Y.)

INSTITUTION s. f. (lat. *institutio*). Action par laquelle on institue, on établit : *l'institution des jeux Olympiques.* — Se prend aussi pour la chose instituée : *c'est une louable, une pieuse, une sainte institution ; les hôpitaux, les écoles, sont des institutions utiles.* — Jurispr. INSTITUTION D'HÉRITIER, nomination d'un héritier : *faire institution d'héritier.* — Education : *l'institution de la jeunesse est d'une grande importance dans l'État.* — Ecole, maison d'éducation : *ouvrir, établir, tenir une institution ; l'institution des Aveugles, des Sourds-Muets.* — Institution nationale des jeunes aveugles. (Voy. AVEUGLE.) Institution nationale de sourds-muets. (Voy. SOURD-MUET.)

INSTRUCTEUR s. m. (lat. *instructor*, de *instruere*, instruire). Celui qui instruit : *instructeur mercenaire.* (Peu usité.) — Celui qui est chargé d'enseigner aux jeunes soldats l'exercice et le maniement des armes : *Manuel de l'instructeur.* On le prend quelquefois adjectiv. : *capitaine instructeur.* — Palais. JUGE INSTRUCTEUR, signifie la même chose que juge d'instruction.

INSTRUCTIF, IVE adj. Qui instruit. Ne se dit que des choses : *ce livre est fort instructif.*

INSTRUCTION s. f. Partie de l'éducation qui a pour but le développement intellectuel de l'individu ; savoir acquis par l'étude : *l'instruction de la jeunesse, des enfants.* (Voy. ÉDU-

CATION.) — Connaissance, savoir, notions acquises: *avoir de l'instruction; c'est un homme d'une grande instruction.* — Leçon, précepte qu'on donne pour instruire: *vous lui donnez là une bonne instruction, une instruction salutaire.* —INSTRUCTION PASTORALE, mandement d'évêque sur quelque point de doctrine.—Connaissance qu'on donne à quelqu'un de certains faits; de certains usages qu'il ignore: *je vous demande cela pour mon instruction.* — Ordres, explications, avis qu'une personne donne à une autre pour la conduite de quelque affaire, de quelque entreprise; et, dans ce sens, il s'emploie surtout au pluriel: *j'irai prendre vos instructions sur l'affaire dont vous m'avez chargé.* — Ordres, explications écrites ou verbales qu'un prince ou un gouvernement donne à son ambassadeur, à son envoyé, à son délégué, sur la manière de se conduire dans la mission dont il le charge: *cet ambassadeur serait parti, s'il avait reçu ses instructions.* — Jurispr. Formalités nécessaires pour mettre une cause, une affaire civile ou criminelle en état d'être jugée: *travailler à l'instruction d'un procès.* — JUGE D'INSTRUCTION, magistrat établi pour rechercher les crimes et délits, en recueillir les preuves ou indices, et faire arrêter et interroger les prévenus, les inculpés: *un mandat d'amener décerné par le juge d'instruction.* — Législ. « On nomme instruction criminelle la procédure employée devant les diverses juridictions criminelles. Cette procédure est détaillée dans le Code d'instruction criminelle qui a été promulgué, comme une annexe du Code pénal, le 27 novembre 1808. La première partie de ce code, c'est-à-dire tout ce qui concerne l'instruction préparatoire, n'étant plus en rapport avec le progrès des mœurs, est l'objet d'un projet de réforme, contenant de nombreuses modifications, lesquelles donneraient de sérieuses garanties aux inculpés et abrégeraient la durée de la détention préventive. Ce projet, présenté par le gouvernement en 1879, a été adopté par le Sénat le 5 août 1882. Dans les affaires qui sont pendantes devant les tribunaux civils, lorsque le tribunal reconnaît que la cause est trop compliquée pour être jugée sur plaidoiries ou sur délibéré, il peut ordonner une *instruction par écrit*; et, dans ce cas, il y a lieu à requêtes et à réponses écrites, avec communication des pièces à l'appui; ensuite un des juges, commis à cet effet, fait au tribunal un rapport sur l'affaire (C. proc. 95 à 115.). Une *instruction ministérielle* en une circulaire adressée par un ministre aux chefs de service placés sous ses ordres, et ayant pour but d'interpréter, d'expliquer et de commenter les lois et les décrets réglementaires, afin d'en faciliter l'exécution. En ce qui concerne l'*instruction publique*, nous avons déjà parlé, au mot ENSEIGNEMENT, de la loi du 16 juin 1881 qui a établi la gratuité absolue de l'enseignement primaire, et de la loi du 28 mars 1882 qui a rendu cet enseignement obligatoire pour tous les enfants âgés de six à treize ans révolus, et qui a prescrit la laïcité des programmes, en attendant que la laïcité des instituteurs rende définitive la séparation entre l'école publique et les diverses Églises. Nous avons également très succinctement la législation en ce qui concerne chacun des trois degrés de l'enseignement. Il ne reste plus qu'à donner ici quelques détails de statistique sur les dépenses de l'instruction publique en France. En 1817, l'instruction publique formait au budget un simple chapitre du ministère de l'Intérieur, et la dotation était fixée à 2,450,000 fr.; mais la dépense s'élevait à 3,850,000 fr., en comprenant les sommes affectées à l'enseignement dans d'autres services. En 1835, le budget de l'instruction publique s'élève à 9,291,000 fr. et en 1817, à 13,223,000; la seconde République le porte, en vingt ans, de 17 à 12 millions; puis l'Assemblée nationale de

1871 y ajoute 5 millions et demi en cinq ans; mais, à partir de 1877, la majorité républicaine du Parlement entreprend de réparer à tout prix l'oubli systématique ou l'indifférence du passé. Les dépenses de l'enseignement à tous les degrés et surtout celles de l'instruction primaire sont enfin dotées largement. Si l'on tient compte de certains crédits disséminés dans les budgets des divers ministères et qui s'élèvent à 7 millions et demi, non compris les dépenses des écoles techniques; si l'on ajoute aussi 4 millions et demi qui figurent au budget des beaux-arts, et si l'on comprend également les 16 millions qui incombent à la charge des départements et les 52 millions qui sont payés par les communes, on trouve que, pour l'année 1884, la dépense totale de l'instruction publique s'élève à 214 millions. Ce chiffre devra s'accroître de plus de 50 millions dans l'espace de quelques années, pour être au niveau des besoins constatés, et pour assurer un traitement convenable aux instituteurs. Ajoutons encore que le nombre des enfants qui fréquentent les écoles publiques est de 6,600,000. »

(CH. Y.)

* **INSTRUIRE** v. a. (lat. *instruere*). Enseigner quelqu'un, lui apprendre quelque chose, lui donner des leçons, des préceptes pour les mœurs, pour quelque science, etc. : *instruire la jeunesse; ces enfants sont bien instruits, mal instruits.*—Absol. : *c'est un homme qui instruit fort bien, qui sait bien instruire.* — Fig. : *il fut instruit par le malheur, par l'expérience.* — Se dit, par ext., en parlant des bêtes: *instruire un cheval; on instruit les chiens à chasser, à rapporter.* — Informer, avertir, donner connaissance de quelque chose : *j'instruirai sa famille de la conduite qu'il tient.* — Jurispr. Mettre une cause, une affaire civile ou criminelle en état d'être jugée: *il instruit bien un procès, une affaire.* — INSTRUIRE LE PROCÈS DE QUELQU'UN, lui faire son procès, en matière criminelle : *son affaire s'instruit à l'heure qu'il est.* On dit de même, absol., INSTRUIRE CONTRE QUELQU'UN. — S'instruire v. réfl. Aimer à s'instruire. — v. récipr. *Ils s'instruisent l'un l'autre.*

* **INSTRUMENT** s. m. [-man] (lat. *instrumentum*). Nom générique de la plupart des outils, machines, ou appareils, qui servent, dans un art ou dans une science, à exécuter quelque chose, à faire quelque opération : *bon instrument; un ouvrier fourni de tous ses instruments.*—Se dit, particul., des instruments de musique : *monter un instrument; le violon, la harpe, le piano, sont des instruments à cordes.*—Prov. C'EST UN BEL INSTRUMENT QUE LA LANGUE, il est plus aisé de parler que d'exécuter. — Tout ce dont on se sert pour faire une chose quelconque, une action bonne ou mauvaise: *frapper quelqu'un avec un instrument tranchant, avec un instrument contondant; les instruments de la passion de Notre-Seigneur.* — Fig. Personne ou chose qui sert à produire quelque effet, à parvenir à quelque fin: *nous ne sommes que les instruments de la Providence.* — Contrat et acte public par-devant notaire : *c'est un instrument authentique.* (Vieux.) — Se dit aussi de certaines pièces diplomatiques: *l'instrument du traité.*

* **INSTRUMENTAIRE** adj. m. Jurispr. Ne s'emploie que dans cette locution, TÉMOIN INSTRUMENTAIRE, celui qui assiste un notaire ou quelque autre officier public dans les actes pour la validité desquels la présence de témoins est nécessaire.

* **INSTRUMENTAL, ALE** adj. Qui sert d'instrument : *la cause instrumentale.* — Mus. Qui s'exécute, qui doit être exécuté par des instruments: *musique instrumentale; la partie instrumentale de cet opéra est d'une exécution très difficile.*

* **INSTRUMENTATION** s. f. Mus. Manière

dont la partie instrumentale d'un morceau de musique est disposée : *l'instrumentation de ce chœur est fort savante.*

* **INSTRUMENTER** v. n. Prat. Faire des contrats, des procès-verbaux, des exploits, et autres actes publics : *les notaires ne peuvent pas instrumenter hors de leur ressort.*

INSTRUMENTISTE s. Musicien qui joue d'un instrument.

* **INSU** s. m. Ignorance de quelque fait, de quelque chose. Ne s'emploie que dans la locution prépositive, A L'INSU DE, et dans les locutions analogues, A MON INSU, A VOTRE INSU, A LEUR INSU : *à l'insu de tout le monde; il s'est marié à l'insu de ses parents, de sa famille.*

* **INSUBMERSIBLE** adj. Qui n'est pas susceptible d'être submergé: *bateau insubmersible.*

* **INSUBORDINATION** s. f. Défaut de subordination, manquement à la subordination : *il règne dans ce corps une grande insubordination.*

* **INSUBORDONNÉ, ÉE** adj. Qui a l'esprit d'insubordination, qui manque fréquemment à la subordination : *ce soldat est insubordonné.*

INSUBRES ou **Insubriens**, peuple de l'ancienne Gaule Cisalpine, dans la Transpadane. Originaires du pays des Éduens dans la Transalpine, ils vinrent en Italie à la suite de Bellovèse et fondèrent Milan, qui devint leur capitale. Vaincus d'abord par les Romains, ils se révoltèrent contre eux à l'approche d'Annibal et battirent le préteur Manlius à Modène. Mais après la seconde guerre punique, ils durent subir le joug des Romains qui les écrasèrent sur le Mincio et à Milan (195 av. J.-C.). A partir de cette époque, ils disparurent de l'histoire.

INSUBRIE, ancienne province du nord de l'Italie où les Insubres vinrent s'établir; elle était située entre le Pô au S., le Tessin à l'O., les Alpes au N., et l'Adda à l'E. Ch.-l., Mediolanum (auj. Milan).

* **INSUCCÈS** s. m. Défaut de succès : *cet insuccès ne doit pas le décourager.*

* **INSUFFISAMMENT** adv. D'une manière insuffisante : *il ne pourvoit que bien insuffisamment à leurs besoins.*

* **INSUFFISANCE** s. f. Incapacité, manque de suffisance : *je reconnais toute mon insuffisance.* — INSUFFISANCE DES VALVULES DU CŒUR. (Voy VALVULES.)

* **INSUFFISANT, ANTE** adj. Qui ne suffit pas : *ces moyens sont insuffisants.*

* **INSUFFLATION** s. f. Méd. Action d'insuffler : *recourir à l'insufflation.*

* **INSUFFLER** v. a. (lat. *insufflare*). Méd. Souffler, introduire à l'aide du souffle un gaz, une vapeur dans quelque cavité du corps: *insuffler de l'air dans la bouche d'une personne asphyxiée.*

* **INSULAIRE** adj. (lat. *insula*, île). Qui habite une île : *les peuples insulaires.* — Substantiv. : *insulaires de la mer Pacifique.*

* **INSULTANT, ANTE** adj. Qui insulte. Ne se dit que des choses: *discours insultant.*

* **INSULTE** s. f. Injure, outrage, mauvais traitement de fait ou de parole, avec dessein prémédité d'offenser: *faire insulte à quelqu'un.* — Guerre. Coup de main, attaque brusque et vive : *cette place est hors d'insulte.*

* **INSULTER** v. a. (lat. *insultare*, saillir). Maltraiter, outrager quelqu'un de fait ou de parole, de propos délibéré : *insulter quelqu'un, l'insulter de paroles.* — Manquer à ce que l'on doit aux personnes ou aux choses; dans ce sens, il s'emploie avec la préposition à : *insulter aux misérables; insulter à ses juges.* — Fig. : *leur faste insulte à la détresse publique.*

— Attaquer vivement et à découvert, et se dit surtout en parlant d'une place de guerre et des fortifications : *insulter une place.*

* **INSULTEUR** s. m. Celui qui insulte habituellement, qui fait pour ainsi dire métier d'insulter : *un insulteur gagé.*

* **INSUPPORTABLE** adj. Qui ne peut être supporté, souffert ; ou qui est extrêmement fâcheux, désagréable. Se dit des personnes et des choses : *il sent des douleurs insupportables ; cet homme est insupportable.*

* **INSUPPORTABLEMENT** adv. D'une manière insupportable : *cet ouvrage est insupportablement long.*

* **INSURGÉ, ÉE** part. passé de S'INSURGER : *un peuple insurgé.* — s. : *les insurgés se portèrent vers telle ville.*

* **INSURGENTS** s. m. pl. Nom qu'on donnait autrefois à certains corps de troupes hongroises levées extraordinairement pour le service de l'État : *les insurgents s'assemblèrent.* — Américains qui se soulevèrent pour la cause de l'indépendance, dans les colonies anglaises : *l'armée des insurgents.*

* **INSURGER (S')** v. pr. (lat. *insurgere*). Se soulever, se révolter : *la plupart des provinces s'insurgèrent.* Avec ellipse du pronom, *Faire insurger un peuple, une province.*

* **INSURMONTABLE** adj. Qui ne peut être surmonté : *il a trouvé dans ce dessein des difficultés insurmontables.*

* **INSURRECTION** s. f. Soulèvement contre un pouvoir établi : *l'insurrection des Grecs.*

* **INSURRECTIONNEL, ELLE** adj. Qui tient de l'insurrection : *mouvement insurrectionnel.*

* **INTACT, ACTE** adj. [ain-takt] (préf. *in* ; lat. *tangere*, toucher). A quoi l'on n'a point touché, dont on n'a rien retranché : *le dépôt s'est trouvé intact.* — Par ext. Sain, entier, qui n'a point souffert d'altération : *ce monument est resté presque intact.* — S'emploie aussi fig., dans les locutions suivantes : RÉPUTATION INTACTE, réputation qui n'a jamais été attaquée, ou sur laquelle la calomnie n'a pu attirer aucun soupçon ; VERTU, PROBITÉ INTACTE, vertu, probité qui est à l'abri de toute espèce de reproche ; HONNEUR INTACT, honneur qui n'a souffert aucune atteinte, que rien n'a terni. — C'EST UN HOMME INTACT, c'est un homme à qui l'on ne peut rien reprocher de contraire à la probité.

INTACTILE adj. Qui échappe au sens du tact. (Vieux.)

* **INTAILLE** s. f. [*ll* mll.] (préf. *in* ; franç. *taille*). B.-Art. Gravure en creux sur pierre précieuse. — Pierre ainsi gravée. Se dit par opposition à CAMÉE.

* **INTANGIBLE** adj. Qui échappe au sens du toucher : *une force intangible.*

* **INTARISSABLE** adj. Qui ne peut tarir, être tari, épuisé : *source intarissable.* — Fig. *une imagination intarissable ; le babil de cette femme est intarissable.*

INTÉGRABILITÉ s. f. Mathém. Caractère d'une grandeur intégrable.

INTÉGRABLE adj. Mathém. Qui peut être intégré : *fonctions intégrables.*

* **INTÉGRAL, ALE** adj. Total : *payement intégral.* — Mathém. CALCUL INTÉGRAL, le calcul inverse du calcul différentiel, par lequel on remonte des incréments infiniment petits aux quantités finies dont ils dérivent. — On dit substantiv. L'INTÉGRALE D'UNE QUANTITÉ DIFFÉRENTIELLE, la quantité finie dont cette différentielle est l'incrément infiniment petit.

* **INTÉGRALEMENT** adv. En totalité : *ces sommes ne purent être payées intégralement.*

INTÉGRALITÉ s. f. État d'une chose complète.

* **INTÉGRANT, ANTE** adj. Ne se dit que dans cette locution, PARTIE INTÉGRANTE, chacune des parties qui contribuent à l'intégrité d'un tout, à la différence des parties qui en constituent l'essence : *les bras, les jambes sont des parties intégrantes du corps humain.*

* **INTÉGRATION** s. f. Mathém. Action d'intégrer.

* **INTÈGRE** adj. Qui est d'une probité incorruptible : *juge intègre.* On dit de même, UNE VERTU INTÈGRE.

* **INTÉGRER** v. a. (lat. *integrare*, rendre entier). Mathém. Trouver l'intégrale d'une quantité différentielle : *intégrer une différentielle.*

* **INTÉGRITÉ** s. f. L'état d'un tout, d'une chose à toutes ses parties : *cela détruit l'intégrité du tout.* — Fig. : *défendre l'intégrité de ses droits.* — Par ext. État d'une chose saine et sans altération : *les parties intérieures du corps étaient dans leur intégrité, dans toute leur intégrité.* — Fig. Vertu, qualité d'une personne intègre : *grande intégrité.*

* **INTELLECT** s. m. [ain-tèl-lèkt] (lat. *intellectus*, de *intelligere*, comprendre). Didact. La faculté de l'âme qu'on nomme aussi l'ENTENDEMENT.

* **INTELLECTIF, IVE** adj. Appartenant à l'intellect. N'est guère usité qu'au féminin et dans ces locutions, LA FACULTÉ, LA PUISSANCE INTELLECTIVE.

* **INTELLECTUEL, ELLE** adj. Qui appartient à l'intellect, qui est dans l'entendement : *la faculté intellectuelle.* — Spirituel, par opposition à matériel : *l'âme est une substance intellectuelle, un être intellectuel.*

INTELLIGEMMENT adv. [ain-tèl-li-ja-man]. Avec intelligence.

* **INTELLIGENCE** s. f. [ain-tèl-li-jan-se] (lat. *intelligentia*). Faculté intellective, capacité d'entendre, de concevoir, de comprendre ; ou l'esprit, en tant qu'il conçoit : *l'intelligence humaine ; cet enfant est plein d'intelligence.* Se dit quelquefois des animaux : *l'éléphant a beaucoup d'intelligence.* — Connaissance approfondie, compréhension nette et facile : *l'intelligence des langues, des affaires.* — Peint. Entente de certains effets, talent, goût avec lequel l'artiste sait les produire : *l'intelligence du clair-obscur, de la lumière ; ce peintre n'a aucune intelligence des effets de lumière.* — Adresse, habileté, et s'applique surtout au choix des moyens employés pour obtenir un certain résultat : *il s'est acquitté de sa mission avec beaucoup d'intelligence.* — Amitié réciproque, accord, union de sentiments : *ils sont, ils vivent en bonne intelligence, en parfaite intelligence.* — Correspondance, communication entre des personnes qui s'entendent l'une avec l'autre : *ils sont d'intelligence pour vous surprendre, pour vous tromper.* — Avoir UNE DOUBLE INTELLIGENCE, avoir des intelligences dans les deux partis, dans les deux armées. — Substance purement spirituelle : *Dieu est la souveraine intelligence.* — LES INTELLIGENCES CÉLESTES, les anges.

* **INTELLIGENT, ENTE** adj. Pourvu de la faculté intellective, capable de concevoir et de raisonner : *l'homme est un être intelligent.* — Qui a beaucoup d'intelligence, qui conçoit facilement : *cet enfant est fort intelligent.* — Se dit quelquefois des animaux : *ce chien est très intelligent.* — Qui a beaucoup d'habileté, d'adresse : *c'est un homme intelligent, très intelligent.*

INTELLIGIBILITÉ s. f. Qualité, caractère de ce qui est intelligible : *la raison nous donne l'intelligibilité des choses.*

* **INTELLIGIBLE** adj. Qui peut être ouï facilement et distinctement : *parler à voix haute et intelligible, à haute et intelligible voix.* —

Qui est aisé à comprendre : *ce passage est fort intelligible.* — Philos. Ce qui ne subsiste que dans l'entendement, comme les êtres de raison ; et, dans ce sens, il est opposé à RÉEL : *les universaux, les catégories sont purement intelligibles.*

* **INTELLIGIBLEMENT** adv. D'une manière intelligible : *lire intelligiblement.*

* **INTEMPÉRANCE** s. f. Vice opposé à la tempérance, à la sobriété : *son intempérance a ruiné sa santé.* — Tout espèce d'excès : *intempérance d'étude, de travail.* — INTEMPÉRANCE DE LANGUE, trop grande liberté qu'on se donne de parler. — INTEMPÉRANCE DE PLUME, défaut de celui qui ne sait pas se contenir, qui s'accorde trop de liberté en écrivant, qui écrit trop.

* **INTEMPÉRANT, ANTE** adj. Qui a le vice de l'intempérance : *c'est un homme intempérant.* — s. : *l'intempérant abrège ses jours.*

* **INTEMPÉRÉ, ÉE** adj. Déréglé dans ses passions et dans ses appétits : *c'est un homme intempéré en toutes choses.* (Peu us.)

* **INTEMPÉRIE** s. f. (préf. *in* ; lat. *temperies*, état tempéré). Dérèglement. Ne se dit plus guère que de l'air, des saisons, etc. : *on souffre beaucoup de l'intempérie de l'air.*

* **INTEMPESTIF, IVE** adj. (lat. *intempestivus* du préf. *in* ; et de *tempestas*, saison). Qui n'est pas fait à propos, ou qu'il n'est pas à propos de faire pour le moment : *démarche intempestive.*

* **INTEMPESTIVEMENT** adv. D'une manière intempestive : *vous ne pouviez faire une pareille demande plus intempestivement.*

IN TEMPORE OPPORTUNO, loc. adv. qui signifie *in tempore opportun, en temps convenable : j'irai vous voir in tempore opportuno.*

INTENABLE adj. Qui ne peut être gardé : *poste intenable.*

* **INTENDANCE** s. f. Direction, administration d'affaires importantes : *il a l'intendance sur telle chose.* — Certaines charges, certaines fonctions publiques ou autres, dont quelques-unes sont maintenant abolies : *l'intendance des bâtiments ; l'intendance des Menus-Plaisirs ; l'intendance d'une province.* — Le temps que dure l'administration d'une intendant : *pendant son intendance, on en usait ainsi.* — District où s'étendait le pouvoir d'un intendant de province : *cela n'est pas de son intendance.* — INTENDANCE MILITAIRE, corps chargé de tout ce qui concerne l'administration et la comptabilité de l'armée : *l'intendance militaire fut établie en 1817, en remplacement des inspecteurs aux revues et des commissaires des guerre.* — Maison où demeure un intendant, où il a ses bureaux : *aller à l'intendance.* — Législ. « L'intendance militaire est chargée d'administrer le matériel de l'armée. Elle a été créée, sous le ministère du maréchal Gouvion Saint-Cyr, le 29 juillet 1847, afin de remplacer le corps des inspecteurs aux revues et les commissaires des guerre. Elle a été réorganisée successivement par les ordonnances des 10 juin 1835 et 27 août 1840, par le décret du 29 décembre 1851, par la loi du 16 mars 1882 et par le décret du 16 janvier 1883. Le corps de l'intendance est distinct du personnel des officiers d'administration, qui est chargé des détails du service ; il l'est aussi du corps de contrôle de l'administration de l'armée, lequel a été créé par la loi du 16 mars 1882 et dont le personnel spécial relève directement et exclusivement du ministre de la guerre. La hiérarchie de l'intendance militaire est ainsi réglée : le grade d'adjoint à l'intendance correspond à celui de capitaine ; le grade de sous-intendant militaire de 3ᵉ classe correspond à celui de chef de bataillon ; le grade de sous-intendant de 2ᵉ classe à celui de lieutenant-colonel ; le grade de sous-intendant de 1re classe à celui de colonel ; le grade d'intendant à celui de général de brigade ; et le grade d'intendant général à celui de général de division. Le corps de l'intendance se recrute par voie de concours, parmi les capitaines, chefs de bataillon, chefs d'escadron et majors de toutes armes, et parmi les officiers d'administration de 1re classe, de 2e classe ou principaux. L'intendance est placée, dans chaque circonscription ou en marche, sous les ordres du commandant en corps d'armée (L. 24 juillet 1873, art. 17). Elle comprend les services de la solde, des subsistances militaires, de l'habillement, du casernement, du harnachement, des lits militaires, des hôpitaux et ambulances, l'ordonnancement et la vérification des dépenses relatives à ces services, ainsi qu'au service de santé, au recrutement, à la justice militaire, etc. Les membres des corps de l'intendance sont en outre investis de plusieurs attributions spéciales ; ils assistent aux opérations des conseils de révision ; et ils peuvent assumer les fonctions de commissaire du gouvernement ou de rapporteur près les tribunaux militaires. Ils remplissent dans les armées les fonctions d'officiers d'état civil, et ils ont aussi qualité pour recevoir les testaments, pour délivrer les procurations, les certificats de vie, etc. Un comité consultatif de l'intendance, réorganisé par décret du 7 février 1884, est chargé d'étudier les questions spéciales qui lui sont soumises par le ministre de la guerre. » (Ch. Y.)

* **INTENDANT** s. m. [ain-tan-dan] (lat. *intendens*, qui surveille). Celui qui est chargé de régir les biens, de conduire et de surveiller la maison d'un prince, d'un grand seigneur, d'un riche particulier : *l'intendant de la maison d'un prince*. — Se disait pareillement, autrefois, de ceux qui étaient à la tête de l'administration des provinces, ou qui avaient les attributions relatives aux finances du royaume : *intendant des finances*. — Certains fonctionnaires qui surveillent et dirigent un service public, ou un grand établissement : *intendant de la marine*, *intendant des bâtiments*. — INTENDANT MILITAIRE, délégué du ministère de la guerre pour ce qui concerne l'administration et la comptabilité de l'armée : *sous-intendants militaires*.

* **INTENDANTE** s. f. Se disait autrefois de la femme d'un intendant de province : *madame l'intendante*.

* **INTENSE** adj. [ain-tan-se] (lat. *intensus*, tendu). Didact. Grand, fort, vif : *une chaleur intense*.

INTENSIF, IVE adj. Qui a le caractère de l'intensité. — Gramm. PARTICULE INTENSIVE, celle qui renforce le sens.

* **INTENSITÉ** s. f. Didact. Degré de force ou d'activité d'une chose, d'une qualité, d'une puissance : *l'intensité de la lumière*, *du son*, *du froid*, *d'une force mouvante*.

INTENSIVEMENT adj. D'une manière intense, à un haut degré.

* **INTENTER** v. a. [ain-tan-té] (lat. *intentare*, fréquent. de *intendere*, tendre vers). Jurispr. N'est usité que dans ces phrases, INTENTER UNE ACTION, INTENTER UN PROCÈS, INTENTER UNE ACCUSATION CONTRE QUELQU'UN, faire un procès à quelqu'un, former une accusation contre quelqu'un ; on dit aussi, INTENTER UN PROCÈS A QUELQU'UN.

INTENTION s. f. [ain-tan-si-on] (lat. *intentio*). Dessein, vue ; mouvement de l'âme par lequel on tend à quelque fin : *bonne intention* ; *mon intention n'était pas de vous déplaire* ; *je rends justice à ses intentions*. — S'emploie quelquefois dans le sens de volonté : *l'intention de votre père est que vous partiez*. — FAIRE UNE CHOSE A L'INTENTION DE QUELQU'UN, pour lui, à sa considération. — FAIRE DES PRIÈRES, DONNER DES AUMÔNES, DIRE LA MESSE, etc.,

A L'INTENTION DE QUELQU'UN, faire ces choses dans le dessein qu'elles lui servent devant Dieu : *il a dit, il a fait dire la messe à l'intention du défunt*. — En termes de dévot., DIRIGER OU DRESSER SON INTENTION, rapporter ses actions, ses vues à une fin déterminée, et ordinairement à une bonne fin. On dit, dans un sens analogue, DIRECTION D'INTENTION OU DE L'INTENTION. — DIRECTION D'INTENTION, s'emploie plus ordinairement en parlant de ceux qui, pour sauver ce qu'il y a de mauvais dans un discours, dans une action, allèguent l'innocence de leur motif, de leur intention : *il n'y a rien qu'on ne prétende justifier par la direction d'intention*. — Prov. et fam. L'ENFER EST PAVÉ DE BONNES INTENTIONS, on forme beaucoup de bonnes résolutions, mais on ne les mène pas à bonne fin.

* **INTENTIONNÉ, ÉE** adj. Qui a certaine intention. Ne s'emploie guère qu'avec *bien*, *mal*, ou mieux : *une personne bien intentionnée*. On écrit aussi MALINTENTIONNÉ en un seul mot.

* **INTENTIONNEL, ELLE** adj. Qui appartient à l'intention : *le sens apparent de cette proposition est bien différent du sens intentionnel de l'auteur*. — ESPÈCES INTENTIONNELLES, les anciens nommaient ainsi les images qu'ils supposaient sortir des corps pour frapper les sens ; ils les nommaient aussi ESPÈCES IMPRESSES.

INTENTIONNELLEMENT adj. En ou avec intention : *intentionnellement il était coupable* ; *j'ai fait cette chose intentionnellement*.

* **INTERCADENCE** s. f. Méd. Se dit en parlant du pouls, lorsqu'il offre par intervalles une pulsation surnuméraire : *l'intercadence*, *les intercadences du pouls*.

* **INTERCADENT, ENTE** adj. Méd. Se dit du pouls, lorsqu'il offre des intercadences : *pouls intercadent*.

* **INTERCALAIRE** adj. Qui est ajouté et inséré. Se dit proprement du jour que l'on ajoute au mois de février dans l'année bissextile : *jour intercalaire*. — LUNE INTERCALAIRE, la treizième lune qui se trouve dans une année, de trois ans en trois ans : *il y aura une lune intercalaire cette année*. — Vers qu'on répète plusieurs fois dans de petits poèmes, tels que les chants royaux, les ballades, les virelais, etc. : *vers intercalaires*.

* **INTERCALATION** s. f. Action d'intercaler, ou résultat de cette action. Se dit, proprement, de l'addition d'un jour dans le mois de février, aux années bissextiles : *l'année où l'on fait l'intercalation, le mois de février a vingt-neuf jours*. — Se dit, par ext., en parlant de *l'intercalation d'un mot, d'une ligne dans un acte, d'un article dans un compte, d'un passage dans un texte*. — Typogr. Tout mot qui, dans la composition, se compose en italique, en capitale ou d'un caractère pris en dehors de la casse.

* **INTERCALER** v. a. (lat. *intercalare* ; de *inter*, entre ; *calare*, crier, appeler). Insérer. Se dit proprement en parlant du jour qu'on ajoute, de quatre ans en quatre ans, dans le mois de février, afin que la manière de compter du soleil : *dans les années bissextiles on intercale un jour*. — Se dit, par ext., en parlant d'écrits auxquels on ajoute quelque chose après coup : *intercaler un mot, une ligne dans un acte, un article dans un compte, un passage dans un texte*. — Typogr. Ajouter dans une feuille, en corrigeant, une note, un alinéa, une phrase. — Placer, en imposant, un carton ou un fragment de feuille, de manière qu'en pliant la feuille dont il fait partie, il s'en trouve entièrement détaché.

* **INTERCÉDER** v. n. (lat. *inter*, entre ; *cedere*, venir). Prier, solliciter pour quelqu'un, afin de lui procurer quelque bien ou de le garan-

tir de quelque mal : *la Vierge, les saints intercèdent auprès de Dieu pour les hommes*.

INTERCELLULAIRE adj. Bot. Qui est placé entre les cellules : *espaces intercellulaires*.

* **INTERCEPTER** v. a. (lat. *inter*, entre ; *capere*, prendre). Arrêter, interrompre le cours direct de quelque chose : *intercepter les communications*. — S'emparer par surprise de ce qui est adressé, envoyé à quelqu'un : *on intercepta une lettre, un paquet d'importance*.

* **INTERCEPTION** s. f. Didact. Se dit en parlant de quelque chose dont le cours direct est interrompu : *interception du son*.

* **INTERCESSEUR** s. m. Celui qui intercède : *puissant intercesseur*.

* **INTERCESSION** s. f. Prière, action d'intercéder : *puissante, faible intercession*.

* **INTERCOSTAL, ALE, AUX** adj. Anat. Se dit de ce qui est entre les côtes : *muscles intercostaux*.

INTERCURRENCE s. f. [-kur-ran-] (lat. *inter*, entre et *currere*, courir). Alternatives, variations, inégalités.

* **INTERCURRENT, ENTE** adj. Qui se place entre, qui survient entre. Ne s'emploie guère qu'en termes de médecine dans cette locution, MALADIES INTERCURRENTES, celles qui surviennent dans les saisons ou dans les lieux où elles ne se manifestent pas d'ordinaire et qui compliquent les maladies régnantes.

INTERCUTANÉ, ÉE adj. Qui est entre la chair et la peau : *artère intercutanée*.

* **INTERDICTION** s. f. Défense, prohibition : *l'interdiction d'un genre de commerce*. — Défense, perpétuelle ou temporaire, de continuer l'exercice de certaines fonctions, faite par sentence ou arrêt, par décision d'une autorité supérieure : *cet huissier a été puni d'interdiction*. — Jurispr. crimin. INTERDICTION DES DROITS CIVIQUES, CIVILS ET DE FAMILLE, privation, déchéance totale ou partielle des droits civiques, etc., prononcée contre celui qui a été reconnu coupable. — INTERDICTION LÉGALE, celle qui résulte de la condamnation à certaines peines, telles que les travaux forcés, la réclusion, etc. — Jurispr. Action d'ôter à quelqu'un la libre disposition de ses biens, et même de sa personne, quand on reconnaît qu'il est en état d'imbécillité, de démence ou de fureur : *provoquer l'interdiction d'une personne* ; *jugement d'interdiction*. — Législ. « L'état d'interdiction est celui d'une personne mise en tutelle et assimilée à un mineur, en vertu d'un jugement, après qu'elle a été constatée qu'elle est dans un état habituel d'imbécillité, de démence ou de fureur. (Voy. DÉMENCE.) L'interdiction peut être provoquée par un parent ou par le conjoint et par le tuteur ou le curateur. A défaut de ceux-ci, s'il s'agit de folie furieuse, l'interdiction est demandée d'office par le procureur de la République. Le tribunal de première instance devant lequel la demande est portée commet d'abord un juge pour faire son rapport ; et, s'il ne rejette pas immédiatement la demande, il ordonne que le conseil de famille sera convoqué pour donner son avis sur l'état de la personne. Puis, après que l'individu à interroger dans la chambre du conseil, le jugement est rendu en séance publique. Le tribunal peut, en rejetant la demande en interdiction, et s'il considère le défendeur comme prodigue, lui donner un conseil judiciaire. (Voy. CONSEIL.) Le tuteur de toute personne interdite est nommé par le conseil de famille ; mais s'il s'agit d'une femme mariée, le mari est tuteur de plein droit. L'interdiction prononcée ne peut être levée que par un jugement rendu selon les formes prescrites pour arriver à l'interdiction (C. civ. 489 à 512 ; C. proc. 890 à 897). Toute personne aliénée, placée dans un établissement spécial, peut être, en attendant

le jugement d'interdiction, pourvue d'un administrateur provisoire pour la gérance de ses intérêts. Si l'aliéné est placé dans un établissement privé, l'administrateur provisoire est nommé par le tribunal du domicile; s'il est dans un asile public d'aliénés, c'est la commission de surveillance de cet établissement qui délègue l'un de ses membres pour remplir les fonctions d'administrateur provisoire (L. 30 juin 1838, art. 31). L'*interdiction legale* est l'état dans lequel se trouve, pendant la durée de sa peine et de plein droit, en vertu de la loi, toute personne condamnée aux travaux forcés à perpétuité ou à temps, à la déportation, à la détention ou à la réclusion. Il lui est nommé un tuteur et un subrogé-tuteur, dans les mêmes formes que pour l'interdiction judiciaire ou pour la minorité. En outre, celui qui est condamné à une peine afflictive perpétuelle ne peut disposer de ses biens par donation ou par testament, ni recevoir à titre gratuit, si ce n'est pour cause d'aliments. Tout testament fait par lui avant sa condamnation devenue définitive est nul, sauf dans le cas de contumace (voy. ce mot) (C. pén. 29, 30, 31; L. 8 juin 1850, art. 3; L. 31 mai 1854, art. 2). Il ne faut pas confondre cette interdiction légale qui enlève au condamné, avec tous les droits politiques et de famille, celui d'exercer seul et par lui-même la gestion de ses biens, avec la dégradation civique qui se joint toujours à l'interdiction légale, mais qui est quelquefois une peine spéciale consistant uniquement dans la privation des droits politiques et de certains droits publics et de famille. (Voy. DÉGRADATION.) L'expiration de la peine ainsi que la grâce accordée par le chef de l'État mettent fin à l'interdiction légale; tandis qu'elles laissent subsister la dégradation civique, laquelle ne peut cesser que par la réhabilitation. Les tribunaux correctionnels peuvent ou doivent prononcer *l'interdiction à temps de certains droits civiques, civils ou de famille* (C. pén. 9), ou interdire en partie l'exercice de ces droits, lorsque cette interdiction totale ou partielle est autorisée ou ordonnée par une disposition particulière de la loi (ci. 42., 43). L'*interdiction de fonctions* peut être prononcée temporairement par les tribunaux contre les officiers ministériels qui ont failli à leurs devoirs professionnels (C. pr. 107,132, 244, 562, etc.). Si l'interdiction de fonctions est perpétuelle, elle prend le nom de destitution. L'*interdiction de séjour* est une mesure administrative ayant pour effet d'exclure temporairement du département de la Seine ou de l'agglomération lyonnaise les individus qui ont été condamnés depuis moins de dix ans, pour rébellion, mendicité, vagabondage; et ceux qui n'ont pas de moyens d'existence dans les mêmes lieux (L. 9 juillet 1852). » (CH. Y.)

* **INTERDIRE** v. a. (lat. *interdicere*). Se conjugue comme *Dire*, excepté à la seconde personne du pluriel du présent de l'indicatif, qui fait, *Vous interdisez*. Défendre quelque chose à quelqu'un : *on lui a interdit l'entrée de la ville, de telle maison.* — Se dit quelquefois, fig., en parlant des choses à l'égard desquelles on se trouve dans une sorte d'impossibilité : *cet espoir m'est interdit.* — Sentence par laquelle on défend à un ecclésiastique l'exercice des ordres sacrés, ou à tout ecclésiastique la célébration des sacrements et du service divin dans les lieux marqués par la sentence : *l'évêque, le pape a interdit ce prêtre, cette ville.* — Défendre à quelqu'un, temporairement ou pour toujours, de continuer l'exercice de ses fonctions : *on l'a interdit de ses fonctions, de sa charge.* On disait de même autrefois, INTERDIRE UN PRÉSIDIAL, — Jurispr. Ôter à quelqu'un la libre disposition de ses biens, et même de sa personne : *faire interdire une personne en démence* — Étonner, troubler quelqu'un, en sorte qu'il ne sache ce qu'il dit ni

ce qu'il fait; et alors on l'emploie principalement dans les temps composés : *la peur l'avait interdit, l'avait tellement interdit, qu'il ne put prononcer un mot.* — INTERDIRE LE FEU ET L'EAU, formule usitée, chez les Romains, dans les sentences de bannissement.

* **INTERDIT, ITE** part. passé d'INTERDIRE. — Étonné, troublé, qui ne peut répondre ou qui ne sait ce qu'il fait, ce qu'il dit : *il demeura tout interdit.* — s. m. Jurispr. Celui contre lequel une interdiction a été prononcée : *l'interdit est assimilé au mineur pour sa personne et pour ses biens.*

* **INTERDIT** s. m. Pénalité ecclésiastique de l'Église romaine défendant le culte public et l'administration des sacrements à certaines personnes et en certains lieux. Le droit canon distingue trois espèces d'interdits : *l'interdit local, l'interdit personnel* et *l'interdit mixte*. Le premier atteignait un lieu, ville ou royaume, une ou tous les habitants qui s'y trouvaient; il était alors défendu de célébrer l'office divin et d'administrer les sacrements dans les lieux ainsi frappés; injonction était faite de s'y livrer à la plus austère pénitence et d'y vivre dans le deuil ; on dépendait les cloches, on enlevait les images des saints, etc. C'est ainsi que l'on a vu la France mise en interdit par Innocent III pour punir Philippe-Auguste ; mais les peuples n'abandonnaient pas toujours leurs princes dans ces circonstances et l'Église dut modérer ses sévérités. Aujourd'hui l'interdit local n'est plus en usage que lorsqu'une église menace ruine ou a été souillée par un crime. L'interdit personnel, qui peut être prononcé par l'évêque, est une censure qui défend à un ecclésiastique la célébration des offices et en particulier de la messe; il est encore en usage. L'interdit mixte réunit l'effet des deux autres, c'est-à-dire frappe les personnes et les lieux.

INTERÉPINEUX adj. Anat. Se dit des muscles situés entre les apophyses épineuses des vertèbres : *muscles interépineux.*

* **INTÉRESSANT, ANTE** adj. Qui intéresse : *ouvrage intéressant.* — Fam. et par une sorte d'euphémisme, CETTE FEMME EST DANS UNE POSITION INTÉRESSANTE, elle est grosse.

* **INTÉRESSÉ, ÉE** part. passé d'INTÉRESSER. ÊTRE INTÉRESSÉ A UNE CHOSE, A FAIRE UNE CHOSE, y avoir intérêt, y être obligé, y être engagé par le motif de son intérêt : *tous les citoyens sont intéressés au repos de l'État.* — Adj. Qui est trop attaché à ses intérêts, qui a son profit particulier en vue dans tout ce qu'il fait: *il ne fera rien pour rien, il est fort intéressé.* — Se dit aussi des sentiments et des actions: *démarche intéressée.* — S'emploie souvent comme substantif, surtout au pluriel, et se dit de ceux qui ont intérêt à quelque chose : *je suis un des intéressés dans cette affaire.* — Se disait plus particulièrement, autrefois, de ceux qui avaient intérêt dans les affaires du roi : *les intéressés dans les fermes.*

* **INTÉRESSER** v. a. Faire entrer quelqu'un dans une affaire, en sorte qu'il ait part au succès : *on l'a intéressé dans cette affaire, dans cette entreprise.* — Donner quelque chose à quelqu'un, pour le rendre favorable à une affaire, à une entreprise : *cette affaire ne saurait se faire sans lui, il faut l'intéresser.* — Etre de quelque importance pour quelqu'un: *en quoi cela vous intéresse-t-il ?* — S'emploie également en parlant des choses, *cela intéresse ma santé, intéresse mon honneur, ma réputation.* — Chir. Atteindre, blesser : *on doit prendre garde, en faisant cette incision, d'intéresser les parties voisines.* — Inspirer de l'intérêt, de la bienveillance, de la compassion, etc. : *l'auteur de ce roman a su nous intéresser aux moindres actions de son héros.* — Fixer l'attention, captiver l'esprit, toucher, émouvoir : *son récit commençait à m'intéresser.* — S'emploie souvent absolument, dans

les deux sens qui précèdent : *sa physionomie intéresse.* — LE GROS JEU INTÉRESSE, LE PETIT JEU N'INTÉRESSE GUÈRE, il n'y a que le gros jeu qui attache. INTÉRESSER LE JEU, le rendre plus attachant par l'appât du gain. — S'intéresser v. pr. Prendre une affaire : *il s'est intéressé dans cette entreprise.* — Entrer dans les intérêts de quelqu'un, prendre intérêt à quelqu'un : *il mérite qu'on s'intéresse à lui.*

* **INTÉRÊT** s. m. [ain-té-rè] (lat. *interesse*, importer). Ce qui importe, ce qui convient, en quelque manière que ce soit, ou à l'honneur, ou à l'utilité de quelqu'un : *intérêt public, général, commun ; l'intérêt de l'humanité.* — METTRE QUELQU'UN HORS D'INTÉRÊT, le dédommager, faire qu'il ne reçoive aucun préjudice : *soyez tranquille, on vous mettra hors d'intérêt.* — AVOIR UN INTÉRÊT DANS UNE SOCIÉTÉ, DANS UNE ENTREPRISE, etc., y avoir part : *j'ai un léger intérêt dans cette entreprise ;* on dit dans un sens analogue, PRENDRE UN INTÉRÊT DANS UNE ENTREPRISE, etc. — Sentiment qui nous attache à nos intérêts, qui nous fait rechercher l'agréable, le bien-être, la fortune, le profit : *la plupart des gens ne se conduisent, ne se gouvernent que par intérêt, que par l'intérêt.* — Jurispr. DOMMAGES ET INTÉRÊTS, ou DOMMAGES-INTÉRÊTS, indemnité qui est due à quelqu'un pour le préjudice, pour le dommage qu'on lui a causé : *à peine de tous dépens, dommages et intérêts.* — INTÉRÊTS CIVILS, dédommagement que l'on adjuge, en matière criminelle, à celui qui a été lésé se la personne ou dans ses biens par le crime ou le délit, et qui s'est constitué partie civile contre l'accusé. — Sentiment qui nous fait prendre part à ce qui regarde une personne, à ce qui lui arrive d'agréable ou de fâcheux : *il m'inspire beaucoup d'intérêt, un tendre intérêt, un vif intérêt.* — PRENDRE INTÉRÊT A UNE AFFAIRE, désirer qu'elle réussisse, travailler à la faire réussir : *c'est une affaire à laquelle je prends intérêt.* — Attention, curiosité, en tant qu'elle est ou peut être excitée, captivée : *pendant ce récit, mon intérêt croissait avec ma surprise.* — Qualité de certaines choses, qui les rend propres à captiver l'attention, à charmer l'esprit, ou à toucher le cœur : *cette histoire est pleine d'intérêt.* — Profit qu'on retire de l'argent prêté ou dû : *intérêt à cinq, à six pour cent par an.* — INTÉRÊT SIMPLE, intérêt perçu sur le capital noü accru de ses intérêts. — INTÉRÊT COMPOSÉ, intérêt d'un capital accru de ses intérêts accumulés. — INTÉRÊT LÉGAL, taux légal de l'intérêt de l'argent et qui est en France de 5 p. 100. — Intérêt du commerce, taux de l'argent généralement adopté pour le commerce et qui est de 6 p. 100. — Législ. « Le prêt d'argent à intérêt, d'abord défendu, puis autorisé par le droit romain, a été absolument interdit par les canons de l'Église catholique et par les ordonnances des rois de France, en vertu d'une interprétation de quelques versets des prophètes juifs (Psaume XIV; Ézéchiel, XVIII). Jusqu'à la Révolution, le prêt à intérêt était traité d'usure et puni comme un crime.« L'u« sure n'est pas seulement illicite, disait Do« mal, elle est un crime; il n'y a point de cas « où elle soit licite ; toute convention ou « commerce d'intérêt d'un prêt, quelque pré« texte qu'on y donne pour le pallier, est une « usure criminelle, très saintement condam« née par les lois civiles et celles de l'Église, « et très justement punie par les ordon« nances. » La peine était, pour la première fois, l'amende honorable suivie du bannissement, et pour la seconde fois, la peine de mort (Ord. de Blois, mai 1579, art. 202). Mais, si le débiteur d'une somme d'argent ne payait pas au terme fixé, le créancier obtenait en justice des intérêts comme dédommagement du retard subi. Ces intérêts moratoires furent fixés successivement au denier douze, au denier seize au denier dix-huit ; enfin en

4770, au denier vingt, c'est-à-dire au taux actuel de 5 p. 100. Un décret de l'Assemblée constituante, en date du 2 oct. 1789 permit le prêt à intérêt ; mais le taux restait limité à 5 p. 100 en matière civile. La loi du 11 avril 1793 accorde une liberté absolue pour le taux de l'intérêt, tant en matière civile qu'en matière commerciale. En 1804, le Code civil (art. 1907) exigea que le taux de l'intérêt conventionnel fût fixé par écrit, mais il permit que cet intérêt dépassât le taux légal lorsqu'il n'y aurait pas de prohibition faite par la loi. Cette loi prohibitive, prévue par le Code, ne fut promulguée que le 3 sept. 1807. Elle porte que l'intérêt conventionnel ne peut excéder le taux légal, et elle limite celui-ci à 5 p. 100 en matière civile et à 6 p. 100 en matière commerciale. L'intérêt qui dépasse ces limites est usuraire. Il y a exception au profit de la Banque de France, à laquelle il est permis d'élever le taux de son escompte et l'intérêt de ses avances au-dessus de 6 p. 100 (L. 9 juin 1857, art.8). Voici quelles sont les sanctions de la loi de 1807. Lorsque, dans une instance civile ou commerciale, il est prouvé qu'un prêt d'argent a été fait à un taux supérieur à celui fixé par la loi, cet intérêt est ramené au taux légal, et les portions d'intérêts reçues en trop sont imputées de plein droit, à l'époque où elles ont été payées, sur les intérêts légaux alors échus, et subsidiairement sur le capital de la créance. Si ladite créance est éteinte, en capital et intérêts, le prêteur est condamné à restituer les sommes indûment perçues avec intérêts du jour où elles ont été payées. L'usure ne constitue un délit punissable que lorsqu'elle est habituelle de la part de celui qui la commet. Le coupable est alors passible d'un emprisonnement de six jours à six mois et d'une amende pouvant s'élever à la moitié du chiffre des capitaux prêtés à usure. En cas de récidive dans les cinq ans de la date de la condamnation, le coupable est condamné au maximum desdites peines, et celles-ci peuvent être doublées (L. 19 décembre 1850). Lorsqu'un emprunteur a payé des intérêts qui n'avaient pas été expressément stipulés, il est censé l'avoir fait en vertu d'une obligation naturelle, et il ne peut en exercer la répétition (C. civ. 1235, 1906), à moins qu'il ne prouve qu'il y a eu erreur. La quittance du capital donnée sans réserve des intérêts en fait présumer le paiement et en opère libération (id. 1908). Les intérêts des sommes prêtées se prescrivent par cinq ans (id. 2277). Les intérêts ne peuvent être eux-mêmes productifs d'intérêts qu'autant qu'ils sont échus, qu'il y a convention expresse ou demande judiciaire et qu'il s'agit d'intérêts dus au moins pour une année entière, ou d'intérêts payés par un tiers de l'acquit du débiteur (id. 1154, 1165). (Voy. ANATOCISME.) Les intérêts moratoires, c'est-à-dire ceux qui sont dus au créancier à titre d'indemnité, en cas de retard dans le paiement d'une dette à son échéance commencent à courir, au taux légal, seulement à compter du jour de la demande en justice régulièrement formée, si ce n'est lorsqu'il y a convention expresse et aussi dans certains cas déterminés par la loi (id. 1139, 1153, 1548, 1652, 1996 ; C. pr. 57). En Algérie, l'intérêt conventionnel n'est pas limité, et l'intérêt légal, d'abord fixé à 10 p. 100, est aujourd'hui réduit à 6 p. 100 (L. 27 août 1881). La limitation de l'intérêt conventionnel est complètement opposée à la liberté des transactions et à tous les principes sur lesquels reposent les sociétés libres. Partout où cette restriction a été imposée, elle a nécessairement entravé le développement de l'agriculture, du commerce et de l'industrie. L'argent n'est autre chose qu'une marchandise dont l'estimation et le transport sont extrêmement faciles. Rien ne doit s'opposer à ce qu'il puisse être prêté ou loué, comme tout autre objet, aux conditions arrêtées entre l'emprunteur et le prêteur. Les capitaux sont, ainsi que toutes les valeurs, soumis à la loi inéluctable de l'offre et de la demande qui seules déterminent les cours ; et la fixation d'un maximum de revenu a pour effet de diminuer les services que ces capitaux sont appelés à rendre. En cherchant à protéger l'emprunteur contre les usuriers, la loi le contraint souvent à avoir recours à eux, parce qu'eux seuls s'exposent à violer la défense et à courir les risques qu'ils savent faire payer. Ainsi que Bentham l'a démontré, la restriction du taux de l'intérêt porte un grave préjudice à l'emprunteur et lui retire souvent les moyens de se libérer ou de commencer une entreprise. La liberté du taux de l'intérêt a été proclamée en Angleterre dès 1833, en Espagne et en Hollande dès 1856. Elle a été établie dans le Piémont en 1857 ; dans le royaume d'Italie, en Belgique, en Danemark en 1865 ; et dans l'Autriche cisleithane, en 1868. Elle avait été adoptée par plusieurs États de l'Allemagne ; mais les tendances socialistes du nouvel empire ont fait rétablir la limitation en 1880. Dans la grande république américaine, la législation, sur ce point comme sur tant d'autres, diffère selon les états. En France, l'abrogation de la loi de 1807 a été proposée en 1836, 1857, 1871 et 1876 ; et la Chambre des députés a adopté en première délibération, le 14 mars 1882, un projet de loi qui abrogerait, en matière commerciale seulement, les lois du 3 sept. 1807 et du 19 déc. 1850. » (Ch. Y.)

* **INTERFÉRENCE** s. f. Opt. Se dit de certains phénomènes que produit la lumière réfléchie sur les surfaces de lames minces et qui s'expliquent par la rencontre des rayons lumineux dont les effets se détruisent mutuellement : *le principe des interférences.*

INTERFÉRENT, ENTE adj. (lat. *inter*, entre ; *fero*, je porte). Phys. Qui présente le phénomène de l'interférence.

INTERFÉRER v. n. Produire des interférences.

INTERFOLIACÉ, ÉE adj. Bot. Se dit des fleurs qui naissent alternativement entre chaque couple de feuilles opposées.

* **INTERFOLIER** v. a. (lat. *inter*, entre ; *folium*, feuille). Brocher ou relier un livre, manuscrit ou imprimé, en insérant des feuillets blancs entre les feuillets qui portent l'écriture ou l'impression : *faire interfolier un livre où l'on veut écrire des notes.*

* **INTÉRIEUR, EURE** adj. (lat. *interior*). Qui est au dedans, ou qui a rapport au dedans ; il est opposé à extérieur : *les parties intérieures du corps.* — Se dit particul., en parlant de l'âme : *un mouvement intérieur.* — MER INTÉRIEURE, celle qui se trouve au milieu d'une grande contrée, ou entre des continents, comme la mer Caspienne, la mer Noire, la Méditerranée. — Dévot. L'HOMME INTÉRIEUR, l'homme spirituel, qui est opposé à l'homme charnel ; on dit aussi, LA VIE INTÉRIEURE. — Spirit. ÊTRE FORT INTÉRIEUR, être fort recueilli, rentrer souvent en soi-même. — s. m. Partie de dedans, le dedans : *l'intérieur d'un temple ; un cri partit de l'intérieur de la maison.* — Intérieur du pays, surtout en terme de commerce et d'administration : *tous ces produits se consomment à l'intérieur, dans l'intérieur.* — Peint. TABLEAU D'INTÉRIEUR, où simp., INTÉRIEUR, tableau de genre qui a pour objet principal la représentation de l'architecture et des effets de lumière à l'intérieur des maisons, des édifices. Se dit également d'un tableau qui représente quelque scène de la vie domestique : *un tableau d'une maison.* — L'INTÉRIEUR D'UNE PERSONNE, signifie quelquefois, l'intérieur de sa maison, sa vie domestique : *c'est un homme qui se plaît beaucoup dans son in-* térieur ; on dit de même, L'INTÉRIEUR D'UN MÉNAGE, D'UNE FAMILLE. — Fig. Ce qu'il y a de plus caché dans une chose, et s'applique particulièrement aux secrets de la vie privée : *il connaît l'intérieur de cette famille, de ce ménage.* — Se dit également, surtout en termes de dévotion, des pensées les plus secrètes, des mouvements les plus intimes de l'âme : *Dieu seul connaît l'intérieur ; entrer dans son intérieur.*

* **INTÉRIEUREMENT** adv. Au-dedans : *en faisant l'autopsie du corps, on trouva qu'il était bien conformé intérieurement.* — Se dit, particul., en parlant de la conscience et de l'état de l'âme : *la grâce de Dieu agit intérieurement.*

* **INTÉRIM** s. m. [ain-té-rimm]. Mot emprunté du latin, que l'on emploie quelquefois pour dire, l'entre-temps : *administrer par intérim. Action de gouverner d'administrer pas intérim : le préfet est absent ; tel conseiller fait l'intérim, est chargé de l'intérim.* — Histoire ecclés. Formulaire que Charles-Quint avait fait dresser, en trente-six articles, sur les matières de foi, pour pacifier les troubles de la religion en Allemagne, et dont l'autorité ne devait durer que jusqu'à la décision d'un concile général sur les mêmes matières (1548). Cette trêve religieuse, qui dura jusqu'en 1552, reçut le nom *d'intérim d'Augsbourg.*

* **INTÉRIMAIRE** adj. Qui n'existe que par intérim : *ministre intérimaire.*

INTÉRIMAT s. m. Fonctions intérimaires : *la nomination d'un titulaire a mis fin à l'intérimat.*

INTERJECTIF, IVE adj. Qui exprime l'interjection : *particule interjective.*

* **INTERJECTION** s. f. (lat. *interjectio ; de interjicere*, jeter entre). Partie d'oraison qui sert à exprimer les passions, comme la douleur, la colère, la joie, l'admiration, etc. *Ah ! hélas !* sont des interjections. — Prat. INTERJECTION D'APPEL, action d'interjeter un appel. — Gramm. L'interjection est la partie du discours qui sert à exprimer énergiquement quelque émotion vive. Les interjections les plus communément employées en français sont les suivantes : *Ah ! bon !* pour exprimer la joie ; *Ah ! aïe ! hélas !* pour la douleur ou l'affliction ; *Ah ! hé !* pour la crainte et la frayeur ; *fi ! fi donc !* pour l'aversion ou le dégoût ; *oh ! hé ! zest ! bah !* pour la dérision ; *oh ! ah !* pour la surprise ou l'admiration, *chut ! st ! paix ! silence !* pour imposer silence ; *çà ! oh çà ! courage ! allons !* pour encourager ; *gare ! holà !* pour avertir ; *holà ! hé !* pour appeler ; *O !* pour exprimer diverses émotions ; *tout beau !* pour faire aller plus lentement. Les jurons sont des interjections.

INTERJECTIVEMENT adv. D'une manière interjective.

* **INTERJETER** v. a. Jurispr. N'est usité que dans cette phrase, INTERJETER APPEL, UN APPEL, appeler d'un jugement : *ils interjetèrent appel de ce jugement.*

INTERLAKEN ou **Interlachen** [inn'-tèr-làkènn], village de Suisse, à 40 kil. S.-E. de Berne ; environ 1,400 hab. Il est célèbre par sa charmante situation près de la rive gauche de l'Aar, dans la vallée de Boedeli, entre les lacs de Brienz et de Thun, avec une vue du Jungfrau et dans le voisinage de quelques-uns des paysages les plus pittoresques de la Suisse. Il est le point d'où partent les touristes qui veulent visiter la chute du Giessbach, la vallée de Lauterbrunnen avec le Staubbach, et celle du Grindelwald avec ses glaciers. Le village se compose d'une suite de grands hôtels et d'hôtels garnis devant la façade desquels règne une magnifique avenue d'énormes noyers. A peu de distance d'Inter-

laken, on admire le vieux château de Uns-
punne et l'ancien village d'Untersun. Chaque

Interlaken et le Jungfrau.

année, de juin à octobre, plus de 25,000 personnes visitent Interlaken.

INTERLIGNAGE s. m. Typogr. Action ou
manière d'interligner.

* **INTERLIGNE** s. m. Espace qui est entre
deux lignes écrites ou imprimées : *écrire dans
l'interligne, en interligne.* — s. f. Typogr. Lame
de métal, moins haute que la lettre et qui
sert principalement à séparer les lignes, à
blanchir les titres, etc. : *interligne de un, de
deux, ou de trois points,* etc.

INTERLIGNER v. a. Typogr. Séparer par
des interlignes : *les ouvrages qui sont interlignés
ont toujours plus de grâce que ceux qui ne le
sont pas.*

* **INTERLINÉAIRE** adj. Qui est écrit dans
l'interligne, dans les interlignes ; *glose interlinéaire.*

INTERLINÉATION s. f. Ce qui est écrit
entre les lignes.

INTERLOBULAIRE adj. Qui est situé entre
les lobules d'un organe.

* **INTERLOCUTEUR, TRICE** (lat. *inter*, entre;
loqui, parler). Se dit proprement des personnages qu'on introduit dans un dialogue :
les interlocuteurs de tel dialogue. — Par ext.
Toute personne qui converse avec une autre :
vous aviez un ennuyeux interlocuteur.

* **INTERLOCUTION** s. f. Prat. Jugement par
lequel on prononce un interlocutoire : *arrêt
d'interlocution.* (Peu usité.)

* **INTERLOCUTOIRE** adj. (rad. *interloquer*).
Prat. Jugement qui ordonne une preuve, une
instruction préalable, à l'effet de parvenir au
jugement définitif, mais qui préjuge le fond :
arrêt interlocutoire. — Se dit quelquefois de
la preuve ordonnée : *enquête interlocutoire.*—
s. m. Jugement interlocutoire.

Sans tant de contredits et d'interlocutoires.
                LA FONTAINE.

* **INTERLOPE** s. m. (angl. *to interlope*, tra-
fiquer en fraude). Navire marchand qui tra-
fique en fraude dans les pays de la concession d'une compagnie de commerce, ou dans
les colonies d'une autre nation que la sienne.

— Adj. *Vaisseau interlope.* — Fig. et fam.
MAISON INTERLOPE, maison où se réunit une
société équivoque et
fort mêlée et où l'on
joue clandestinement;
on dit dans un sens
analogue, SOCIÉTÉ IN-
TERLOPE.

* **INTERLOQUER**
v. a. (lat. *inter*, entre;
loqui, parler). Prat.
Ordonner un interlo-
cutoire : *on a interlo-
qué cette affaire.* On
l'employait aussi abso-
lument: *les juges n'ont
pas voulu juger défini-
tivement, ils ont inter-
loqué.* — Embarrasser,
étourdir, interdire :
*cette plaisanterie m'a
interloqué.*

INTERLUNE s. m.
(lat. *inter*, entre; *luna*,
lune). Astron. Temps
qui commence un peu
avant et finit un peu
après la nouvelle lune
et pendant lequel cet
astre reste invisible.

INTERMARIAGE
s. m. Mariage entre
personnes de la même
famille.

* **INTERMAXIL-
LAIRE** adj. Anat. Qui
est placé entre les os maxillaires : *ligament
intermaxillaire.*

* **INTERMÈDE** s. m. (lat. *inter*, entre; franç.
maxillaire). Sorte de représentation et de divertissement, comme ballet, danse, chœur,
etc., entre les actes d'une pièce de théâtre :
*intermèdes de musique, en musique; les inter-
mèdes du Malade imaginaire.* — Chim. Substance au moyen de laquelle deux autres substances peuvent s'unir ou se décomposer : *le
soufre s'unit au plomb par l'intermède de la
chaleur.*

* **INTERMÉDIAIRE** adj. (lat. *inter*, entre;
medius, médian). Didact. Qui est entre deux :
temps intermédiaire, — GAGES INTERMÉDIAIRES,
se disait autrefois des gages d'un office échu
pendant la vacance. — Géol. TERRAINS INTER-
MÉDIAIRES, terrains placés entre les roches des
époques primitives et les couches de formation
récente. — Adoucir par un intermédiaire deux couleurs tranchantes. — Entremise, moyen, voie, et quelquefois personne
entremise, interposée, etc. : *je me suis pro-
curé cela par l'intermédiaire d'un tel.*

* **INTERMÉDIAT, ATE** adj. Intervalle de
temps entre deux actions, entre deux termes,
et ne s'emploie guère que dans cette locution,
LE TEMPS INTERMÉDIAT. Ou dit plus ordinairement, LE TEMPS INTERMÉDIAIRE. — Dans les sociétés religieuses. CONGRÉGATION INTERMÉDIATE,
assemblée qui se tient entre deux chapitres,
soit généraux, soit provinciaux. — Substantiv.
LETTRES D'INTERMÉDIAT, lettres que le roi accordait pour faire jouir des gages d'un office,
depuis la mort du titulaire jusqu'à ce que le
successeur fût pourvu et qu'il eût pris possession.

* **INTERMINABLE** adj. Qui ne saurait être
terminé, qui dure très longtemps : *ouvrage
interminable.*

* **INTERMISSION** s. f. Interruption, discontinuation. S'emploie surtout en termes de
Méd. : *la fièvre lui a duré trente heures sans
intermission.*

* **INTERMITTENCE** s. f. [mit-tan-] Caractère,
qualité de ce qui est intermittent. Ne se dit
guère que dans cette locution, L'INTERMIT-

TENCE DU POULS, DE LA FIÈVRE. — Signifie quelquefois la même chose qu'intermission : *sans
la moindre intermittence.*

* **INTERMITTENT, ENTE** adj. [ain-tèr-mit-
tan] (lat. *intermittens*). Qui discontinue, et
reprend par intervalles. N'est guère usité que
dans les locutions suivantes. — Méd. POULS
INTERMITTENT, pouls dont les battements cessent
par des intervalles inégaux. FIÈVRE INTERMIT-
TENTE, fièvre qui cesse et qui reprend à des
intervalles réglés. TYPE INTERMITTENT, ordre
suivant lequel les symptômes d'une maladie
se montrent et disparaissent alternativement.
— FONTAINE, SOURCE INTERMITTENTE, fontaine,
source qui coule et qui s'arrête alternativement,
par l'effet de la force élastique de l'air et de
la pression atmosphérique. — Les principales
fontaines intermittentes de Francesont : la *fontaine des merveilles* près de Haute-Combe, sur les
bords du lac du Bourget (Savoie); elle coule et
cesse de couler deux fois par heure; la *fontaine
de Pontarlier,* sur le chemin de Touillon à Pontarlier; l'eau jaillit pendant 8 minutes et disparaît pendant 2 minutes. — FIÈVRES INTER-
MITTENTES. Ainsi que leur nom l'indique, les
fièvres intermittentes sont caractérisées par
des symptômes qui cessent et se reproduisent
à des intervalles plus ou moins rapprochés, de
telle sorte qu'une seule et même affection se
compose pour ainsi dire d'une série d'affections très courtes; chaque affection partielle
est désignée sous le nom d'*accès.* Quelques
auteurs leur donnent pour siège la moelle épinière, d'autres la rate; mais elles paraissent
plutôt liées à l'altération du sang par l'intoxication paludéenne d'où leur nom de *fièvres
paludéennes.* Ces fièvres sont généralement
endémiques, c'est-à-dire inhérentes à certaines
localités telles que le voisinage d'un marais,
d'eaux saumâtres et stagnantes, et généralement de tout ce qui dégage des miasmes
marécageux. On distingue les fièvres intermittentes en *simples, pernicieuses* et *larvées.*
— I. **Fièvre intermittente simple.** Dans cette
catégorie de fièvres, l'accès se partagent
toujours en trois temps ou stades bien distincts : *stade de froid, stade de chaleur, stade
de sueur.* — STADE DE FROID. Ce premier stade
est marqué par les phénomènes suivants : au
début, lassitude, froid, bâillements, pâleur
de la peau, surtout des doigts, du nez et des
oreilles; puis, frissons légers, horripilations
(chair de poule), tremblements; quelquefois
nausées et vomissements, claquement des
dents et céphalalgie. Le pouls est petit et irrégulier, l'urine limpide et rare, la peau
sèche et la soif vive. La durée moyenne du
frisson est d'une demi-heure à une heure. En
général, plus ce stade est long et violent, plus
la réaction sera longue et intense. — STADE
DE CHALEUR. Peu à peu le froid se dissipe et
la chaleur revient; la peau rougit, le visage
s'anime; le pouls devient grand, fort, égal,
accéléré, la soif augmente et l'urine devient
rougeâtre. La durée de ce stade varie de une
à plusieurs heures, mais il est rare qu'il dépasse quatre à cinq heures. — STADE DE SUEUR.
Bientôt la peau s'humecte d'une moiteur halitueuse, se couvre graduellement d'une sueur
générale, ayant l'odeur aigre, et le calme re-
naît. La soif, la chaleur, le malaise diminuent,
le pouls est souple; l'urine très foncée dépose
en se refroidissant un sédiment épais semblable à de la brique pilée. La durée de la
sueur diffère peu de celle de la chaleur. En
somme la durée totale d'un accès est de quatre
à cinq heures. Lorsque les accès se sont re-
produits un certain nombre de fois, la peau
devient jaunâtre et terreuse, quelquefois avec
gonflement de la rate et parfois œdème. On
appelle *fièvre quotidienne,* celle qui revient
chaque jour à la même heure; *tierce,* celle
qui revient tous les deux jours; *quarte,* celle
qui revient tous les trois jours, etc. Ces types
présentent en outre des variétés; ainsi la
fièvre est *double quotidienne* quand elle a deux

accès, le même jour. La *double tierce* a un accès tous les jours comme la quotidienne, mais elle en diffère en ce que les accès ne reviennent pas aux mêmes heures et ne sont semblables pour la durée et l'intensité que de deux jours l'un, ce sont deux tierces entrecroisées. Dans la *tierce doublée*, il y a deux accès tous les deux jours et un jour d'intermission. — Quant au traitement, il consiste, *pendant le stade de froid*, à favoriser le développement de la chaleur par des boissons diaphorétiques chaudes et aromatiques (thé, café, tilleul, camomille, centaurée) ; puis, pendant le *stade de chaleur*, à combattre la congestion par la limonade, l'eau gazeuse et mettre des sinapismes aux jambes. *Après l'accès*, le meilleur fébrifuge est le sulfate de quinine qu'on administre à la dose convenable. On conseille également le café fort et généralement tous les amers (vin de quinquina, camomille, etc). — II. Fièvre intermittente pernicieuse. On nomme ainsi celle dont les symptômes sont si graves et la marche si fougueuse qu'elle détermine souvent la mort dès le deuxième ou troisième accès. Elle n'est propre qu'à quelques contrées malsaines du Midi ; c'est tantôt une exagération de l'un des stades, comme un froid glacial un frisson intense et prolongé (f. algide), ou bien une sueur excessive (f. diaphorétique) ; quelquefois le danger est signalé par le désordre des fonctions cérébrales (f. comateuse, apoplectique, délirante), quelquefois aussi par le désordre des fonctions du cœur (f. cardialgique syncopale). Le seul traitement à employer est le sulfate de quinine à haute dose (de 60 à 90 centigr. à la fois), selon l'âge et le tempérament du malade, mais ne jamais dépasser 3 gr. chaque fois. — III. Fièvre intermittente larvée ou anormale. C'est ainsi qu'on nomme les fièvres intermittentes qui ont une marche plus ou moins *obscure*, *latente* et *insidieuse*, et qu'on reconnaît surtout à leur périodicité et à la facilité avec laquelle elles cèdent au sulfate de quinine. Leurs accès n'offrent ni frissons, ni chaleur ; elles affectent particulièrement les dents, les yeux, les oreilles, la tête et les reins. On les traite comme les autres fièvres intermittentes.

INTERMUSCULAIRE adj. Anat. Qui est placé entre les muscles : *aponévroses intermusculaires*.

INTERNAT s. m. Maison d'éducation où les élèves demeurent. — Fonctions que remplissent les étudiants en médecine dans les hôpitaux civils : *concourir pour l'internat*.

INTERNATION s. f. Action d'interner quelqu'un et de le garder dans une certaine étendue du pays avec défense d'en sortir.

INTERNATIONAL, ALE, AUX adj. Qui a lieu de nation à nation, entre plusieurs nations : *commerce international*. — DROIT INTERNATIONAL, droit qui règle les rapports des nations entre elles. — ASSOCIATION INTERNATIONALE, association qui se forme de personnes appartenant à différentes nations. — L'Internationale ou ASSOCIATION INTERNATIONALE DES TRAVAILLEURS, association d'ouvriers ayant pour but la défense mutuelle de leurs intérêts. L'Internationale naquit à Londres en 1863. Son premier congrès, tenu à Genève (1866), donna aux statuts rédigés par Karl Marx une sanction définitive. A ce congrès les questions de la durée des jours de travail, du travail des enfants, du travail coopératif, et une enquête statistique sur la situation des classes ouvrières furent discutées de manière à attirer l'attention des gouvernements européens. Un autre congrès fut tenu à Lausanne en septembre 1867. Au mois d'août de l'année suivante, 122 sociétés du centre et du sud de l'Allemagne tinrent une réunion à Nuremberg et adhérèrent en masse à l'association. Le troisième congrès général se réunit à Bruxelles

en septembre 1868. Cette réunion fut, comme les précédentes, suivie de grèves dont plusieurs furent supprimées par la force armée. Le congrès suivant fut tenu à Bâle en septembre 1869 ; il fixa l'époque d'une autre réunion pour l'année suivante à Paris ; mais celle-ci ne put avoir lieu à cause de la guerre. Le cinquième congrès se réunit à Londres en septembre 1871, et le sixième à la Haye en 1872 ; à la suite de dissensions, Marx se retira de l'association. Celle-ci se partagea alors en deux fractions, qui tinrent chacune un congrès à Genève en septembre 1873. Le but de chaque fraction est d'arriver à remplacer le salaire par une part dans les bénéfices et de mettre le travail entre les mains de l'Etat. — Législ. « En vertu d'une loi rendue par l'Assemblée nationale, le 14 mars 1872, et restée en vigueur, toute association internationale qui, sous quelque dénomination que ce soit, et notamment sous celle d'*Association internationale des travailleurs*, a pour but de provoquer à la suspension du travail, à l'abolition de la propriété, de la famille, de la patrie, de la religion ou du libre exercice des cultes, constitue, par le seul fait de son existence et de ses ramifications, un attentat contre la paix publique. Le seul fait de l'affiliation à une telle association rend tout Français passible d'un emprisonnement de trois mois à deux ans, et d'une amende de 50 fr. à 1,000 fr. L'étranger qui s'affilie en France ou qui fait acte d'affilié est puni des mêmes peines. La loi est plus rigoureuse encore à l'égard de tous ceux, Français ou étrangers, qui ont accepté une fonction dans l'une de ces associations, ou qui ont concouru à son développement, en recueillant des souscriptions, en procurant des adhésions, en les circularisant. Ceux même qui ont prêté ou loué un local pour les réunions de ces associations sont punis d'un à six mois de prison et de 50 fr. à 500 fr. d'amende. On reconnaît aujourd'hui que cette loi n'a pas produit de résultats sérieux. Ce n'est pas par l'amende et l'emprisonnement que l'on combat les idées, et la peine ne doit s'appliquer qu'aux faits coupables. »   (CH. Y.)

INTERNE adj. (lat. *internus*). Qui est au dedans, qui appartient au dedans : *une qualité, une vertu interne*. — Dans les collèges, ÉLÈVE INTERNE, ou simplement, INTERNE, élève qui habite dans le collège : *le nombre des externes dépasse de beaucoup celui des internes*.

INTERNEMENT s. m. Action d'interner, état d'une personne internée.

INTERNER v. a. (rad. *interne*). Faire entrer dans l'intérieur : *interner des marchandises*. — v. n. Entrer dans l'intérieur d'un pays : *les insurgés ont reçu l'ordre d'interner*.

INTERNONCE s. m. Ministre chargé des affaires de Rome au défaut d'un nonce : *il avait été internonce à Bruxelles*. — INTERNONCE AUTRICHIEN, se dit du ministre chargé des affaires de l'Autriche auprès du Grand Seigneur, en l'absence de l'ambassadeur autrichien.

INTERNONCIATURE s. f. Charge d'internonce.

INTEROCÉANIQUE adj. Qui est entre les deux Océans ou qui les relie : *chemin de fer interocéanique ; le canal de Panama est un canal interocéanique*.

INTEROCULAIRE adj. Zool. Qui est placé entre les deux yeux.

INTEROSSEUX, EUSE adj. Anat. Qui est placé entre les os : *muscles interosseux*.

INTERPELLATEUR, TRICE s. Celui, celle qui interpelle.

INTERPELLATION s. f. Jurisp. Sommation, demande, interrogation : *il ne répondit à*

aucune des interpellations qui lui furent faites. — Se dit, dans le langage parlementaire, d'explications demandées à un ministre dans un débat public : *droit d'interpellation*. — Fam. : *cette brusque interpellation me troubla*.

INTERPELLER v. a. (lat. *interpellare*). — Jurisp. Requérir, sommer : *l'huissier l'ayant interpellé de signer, il déclara ne savoir*. — Sommation de répondre, de s'expliquer sur la vérité ou la fausseté d'un fait : *il fut sommé et interpellé de répondre*. — S'emploie quelquefois, en ce dernier sens, dans le langage ordinaire : *il m'interpella d'une manière assez incivile*. — Lang. parlem. Demander à un ministre de s'expliquer sur un acte de son administration, demander au gouvernement de s'expliquer sur sa politique.

INTER POCULA. Voy. IN POCULIS.

INTERPOLATEUR s. m. Celui qui interpole ; *un interpolateur maladroit*.

INTERPOLATION s. f. Action d'interpoler, ou résultat de cette action : *l'interpolation de ce passage est évidente*. — Mathém. Méthode par laquelle on se propose de trouver une formule algébrique qui satisfasse à un certain nombre d'observations et qui puisse remplacer, entre les limites de ces observations, la véritable loi du phénomène : *méthode d'interpolation*.

INTERPOLER v. a. (lat. *interpolare*). Insérer par ignorance ou par fraude un mot, une phrase dans le texte d'un acte, d'un manuscrit : *le copiste a interpolé la glose dans le texte*.

INTERPONCTUATION s. f. Suite de points intercalés dans le discours pour marquer une réticence ou pour indiquer qu'on ne donne pas le texte dans toute son intégrité :

> Je me verrai trahir, mettre en pièces, voler,
> Sans que je sois..... Morbleu ! je ne veux point parler.
>   MOLIÈRE.

INTERPOSÉ, ÉE part. passé d'INTERPOSER.— NÉGOCIER PAR PERSONNES INTERPOSÉES, se servir de la médiation, de l'entremise de quelques personnes, pour la négociation d'une affaire. — Jurisp. PERSONNE INTERPOSÉE, donataire qu'on suppose n'avoir reçu une libéralité que pour la transmettre à une personne à laquelle le donateur n'aurait pu faire directement cet avantage : *toute donation faite à des personnes interposées est nulle*.

INTERPOSER v. a. Mettre une chose entre deux autres. N'est guère usité au propre que dans le langage didactique, et avec le pronom personnel : *quand la lune vient à s'interposer entre le soleil et la terre, etc.* ; la terre venant à s'interposer, etc. — Fig. : *interposer son autorité*.—S'interposer v. pr. Intervenir comme médiateur : *des amis communs se sont interposés pour les réconcilier*.

INTERPOSITIF, IVE adj. Qui est interposé, situé entre deux objets.

INTERPOSITION s. f. Etat, situation d'un corps interposé entre deux autres : *l'interposition de la terre entre le soleil et la lune*. — Intervention, surtout en parlant d'une autorité supérieure : *l'interposition de l'autorité du roi*. — Jurisp. INTERPOSITION DE PERSONNE, se dit en parlant d'une libéralité faite à une personne interposée : *la donation est nulle, il y a interposition de personne*.

INTERPRÉTABLE adj. Qui peut être interprété : *ce texte est interprétable de telle façon*.

INTERPRÉTATEUR, TRICE adj. Celui, celle qui interprète.

INTERPRÉTATIF, IVE adj. Qui interprète, qui explique : *déclaration interprétative*.

INTERPRÉTATION s. f. Explication d'une chose. Il prend tous les sens du verbe INTERPRÉTER : *ceux qui ont travaillé à l'interprétation de l'Ecriture sainte*.

INTERPRÉTATIVEMENT adv. D'une manière interprétative.

* **INTERPRÈTE** s. (lat. *interpres*). Traducteur, celui qui rend les mots, les phrases d'une langue par les mots, par les phrases d'une autre langue : *il a traduit ce discours, cette harangue, non pas en simple interprète, mais en orateur.* — Truchement, celui qui traduit à une personne, dans la langue qu'elle parle, ce qui a été dit ou écrit par une autre dans une langue différente : *interprète de la Porte; secrétaire interprète,* — Celui qui fait connaître, qui éclaircit le sens d'un auteur, d'un discours : *l'Église est la seule interprète sûre de l'Écriture sainte.* — Celui qui a charge de déclarer, de faire connaître les intentions, les volontés d'un autre : *les augures, chez les païens, étaient regardés comme les interprètes de la volonté des dieux.* — Celui qui explique ce que présage quelque chose : *interprète des songes.* — S'emploie quelquefois au figuré, comme dans cette phrase, LES YEUX SONT LES INTERPRÈTES DE L'ÂME, les yeux servent à faire connaître les sentiments, les mouvements de l'âme. — ⌣ INTERPRÈTE JURÉ, celui qui est nommé par les tribunaux pour traduire.

* **INTERPRÉTER** v. a. Traduire d'une langue en une autre : *les Septante ont interprété l'Ancien Testament.* — Expliquer ce qu'il y a d'obscur et d'ambigu dans un écrit, dans une loi, dans un acte, etc.: *les jurisconsultes interprètent cette disposition de plusieurs manières.* — Expliquer, deviner une chose par induction, ou tirer d'une chose quelque induction, quelque présage, etc. : *est-ce à vous à interpréter ma pensée, ma volonté, mes intentions ?* — Législ. INTERPRÉTER UNE LOI, en expliquer, en déterminer le sens par une loi supplémentaire. On disait de même, en termes de Prat., INTERPRÉTER UN ARRÊT, l'expliquer par un second arrêt. — Prendre un discours ou une action en bonne ou en mauvaise part : *il a fait, il a dit telle chose, je ne sais comment cela sera interprété.* — S'interpréter v. pr. Être interprété : *ce passage peut s'interpréter de diverses manières.*

* **INTERRÈGNE** s. m. C'est, dans un royaume, soit héréditaire, soit électif, un intervalle de temps pendant lequel il n'y a point de roi : *après la mort de tel roi, il y eut un interrègne de six mois.* — Se dit aussi en parlant des États gouvernés par d'autres que par des rois : *après la mort du doge de Venise, l'interrègne était fort court.*

* **INTERROGANT** adj. [ain-tè-ro-gan]. Gramm. Se dit du signe de ponctuation (?) dont on se sert dans l'écriture pour marquer l'interrogation, et que l'on appelle plus ordinairement point d'interrogation.

* **INTERROGATEUR, TRICE** s. Celui, celle qui interroge. Ne s'emploie guère que comme synonyme d'examinateur : *il ne put répondre à aucune des questions que lui firent les interrogateurs.*

* **INTERROGATIF, IVE** adj. Gramm. Qui sert à interroger, qui marque interrogation : *particule interrogative.*

* **INTERROGATION** s. f. Question, demande qu'on fait à quelqu'un : *il a bien répondu aux interrogations qu'on lui a faites.* — Figure de rhétorique par laquelle on interroge : *il commença son discours par cette interrogation : Jusques quand souffrirons-nous quoi?* — Gramm. POINT D'INTERROGATION, .point dont on se sert dans l'écriture pour marquer l'interrogation, et que l'on figure ainsi (?).

INTERROGATIVEMENT adv. D'une manière interrogative.

* **INTERROGATOIRE** s. m.[ain-tè-ro-]. Prat. Se dit des questions que fait un juge sur des faits civils ou criminels, et des réponses que fait celui qui est interrogé : *procéder à un interrogatoire.* — Procès-verbal qui contient les interrogations du juge et les réponses de l'accusé : *j'ai lu l'interrogatoire de cet accusé.* — Législ. « *L'interrogatoire sur faits et articles* est un moyen par lequel, dans le cours d'une instance, chaque partie peut respectivement obtenir que le tribunal interroge la partie adverse, afin d'obtenir des aveux et des déclarations utiles à la solution du procès. La procédure à suivre est indiquée dans les articles 324 à 336 du Code de procédure civile. On donne aussi le nom d'*interrogatoire* aux questions que le tribunal ou le juge commis fait à la personne dont l'interdiction judiciaire est requise (C. civ. 496). En matière criminelle, le prévenu doit subir un premier *interrogatoire* devant le juge d'instruction, et il est invité à signer le procès-verbal qui constate ses réponses. Il est interrogé à nouveau à l'audience du tribunal correctionnel ou de la cour d'assises. S'il s'agit d'un crime, l'accusé doit être en outre, avant l'audience et hors la présence de son défenseur, interrogé par le président de la cour d'assises ou par un juge que celui-ci a commis à cet effet. (C. inst. crim. 103, 190, 293). »
(CH. Y.)

* **INTERROGER** v. a. [ain-tè-ro-] (lat. *interrogare*). Faire une question ou des questions à quelqu'un : *pourquoi m'interrogez-vous ?* — Faire des questions à quelqu'un, pour s'assurer qu'il a bien appris certaines choses, qu'il possède certaines connaissances : *interroger un récipiendaire, un candidat; les examinateurs l'ont interrogé sur telle matière.* — Fig. Consulter, examiner : *interroger la nature; interroger les faits.* — S'interroger v. pr. S'examiner, se consulter : *je me suis interrogé moi-même, et ne me suis point trouvé coupable.* — v. réc. Se faire mutuellement des questions : *nous nous interrogions l'un l'autre sur ce qui était arrivé à chacun de nous pendant cette séparation.*

* **INTERROI** s. m. [ain-tèr-roua] (lat. *inter,* entre; franç. *roi*). Antiq. Magistrat à qui le gouvernement de Rome était confié entre la mort d'un roi et l'élection de son successeur; il y eut aussi des interrois sous la république, dans l'intervalle des consulats.

* **INTERROMPRE** v. a. [ain-tè-ron-pre]. Couper, rompre la continuité d'une chose; ou arrêter, empêcher, suspendre la continuation d'une chose : *cette allée est interrompue par un fossé qui la traverse; les obstacles qui interrompent le cours d'un ruisseau.* — Fig. : *interrompre un discours; la mort vint interrompre le cours de tant de victoires.* — Peut avoir pour régime un nom de personne : *on a interrompu l'orateur au milieu de son discours.* — Fam. SANS VOUS INTERROMPRE, se dit pour faire une sorte d'excuse de ce qu'on interrompt le discours de quelqu'un. — Jurispr. INTERROMPRE LA POSSESSION, INTERROMPRE LA PRESCRIPTION, INTERROMPRE LA PÉREMPTION, empêcher qu'une possession, une prescription, une péremption ne continue. — S'interrompre v. pr. Cesser de faire une chose. Se dit surtout d'une personne qui s'arrête au milieu d'un discours, d'une lecture, etc. : *il s'interrompit au milieu de son récit.*

* **INTERROMPU, UE** part. passé d'INTERROMPRE. — PROPOS INTERROMPU, discours, conversation sans suite, sans liaison. Il y a un jeu de société auquel on donne aussi ce nom. JOUER AU PROPOS INTERROMPU. — Bot. ÉPI INTERROMPU, épi qui est entrecoupé d'un ou de plusieurs espaces sans fleurs.

* **INTERRUPTEUR** s. m. Celui qui interrompt une personne qui parle : *on mit les interrupteurs à la porte.*

* **INTERRUPTION** s. f. [ain-tè-ru-psi-on]. (lat. *interruptio*). Action d'interrompre, ou état de ce qui est interrompu : *cette fontaine coule sans interruption.* — Action d'inter-

rompre une personne qui parle : *la moindre interruption peut troubler un orateur.* — Action d'interrompre le fil de son discours, pour se livrer à d'autres idées : *l'interruption est une figure de rhétorique.*

* **INTERSECTION** s. f. Géom. Point où deux lignes, deux plans, etc., se coupent l'un l'autre : *le centre d'un cercle est situé à l'intersection de deux diamètres.*

INTERSTELLAIRE adj. Qui est entre les étoiles : *espaces interstellaires.*

* **INTERSTICE** s. m. (lat. *interstitium*). Intervalle de temps, déterminé par quelque loi, par quelque usage, etc. Se dit en parlant du temps que l'Église fait observer entre la réception de deux ordres sacrés : *garder les interstices.* — Phys. Petits intervalles que les parties d'un corps laissent entre elles : *les interstices d'un corps.*

INTERSTITIEL, ELLE adj. Qui est situé dans les interstices d'un corps.

INTERTRIGO s. m. (lat. *inter,* entre; *terere,* frotter). Pathol. Inflammation érésipélateuse causée par le frottement des parties.

* **INTERTROPICAL, ALE, AUX** adj. Qui est situé entre les tropiques.

* **INTERVALLE** s. m. (lat. *intervallum*). Distance d'un lieu ou d'un temps à un autre : *grand, long intervalle; il y a un intervalle de tant de lieues entre ces deux villes.* — Mus. Distance qu'il y a d'un son à un autre, en allant de l'aigu au grave ou du grave à l'aigu : *intervalle de tierce, de quarte, de quinte.*

* **INTERVENANT, ANTE** adj. Prat. Qui intervient : *il demande à être reçu partie intervenante dans ce procès, au procès.* — s. m. L'intervenant a été condamné.

* **INTERVENIR** v. n. Prendre part à une chose, entrer dans une affaire par quelque intérêt que ce soit : *intervenir dans une négociation.* — Prat. Demander d'être reçu dans une instance, dans un procès : *une des parties a fait intervenir un tiers et le jugement est retardé.* — Interposer son autorité, etc. : *l'autorité souveraine y est intervenue.* — Se rendre médiateur dans une affaire : *le pape intervint dans le différend de ces deux princes pour les accorder.* — Se dit encore des jugements qui se rendent dans un procès et de toutes les choses qui arrivent pendant la durée d'une affaire, etc. : *il intervint plusieurs arrêts; il serait long de dire tous les incidents qui intervinrent durant cette affaire.*

* **INTERVENTIF, IVE** adj. Qui concerne l'intervention ou qui lui appartient.

* **INTERVENTION** s. f. Action par laquelle on intervient dans un acte, dans une affaire controversée, dans un procès, etc. : *par son intervention au contrat, il s'est rendu caution du prêt.* — Jurispr. INTERVENTION À PROTÊT, action d'un tiers qui intervient pour accepter une lettre de change, lorsqu'elle est protestée faute d'acceptation. On dit aussi, dans le même sens, ACCEPTATION PAR INTERVENTION. — NON-INTERVENTION. (Voy. ce mot.)

* **INTERVERSION** s. f. Renversement, dérangement d'ordre.

INTERVERTÉBRAL, ALE, AUX adj. Qui est placé entre les vertèbres : *cartilages intervertébraux.*

* **INTERVERTIR** v. a. Déranger, renverser: *intervertir l'ordre des droits, l'ordre des créances.*

INTERVERTISSEMENT adv. Action d'intervertir.

* **INTESTAT** [ain-tèss-ta] (lat. *intestatus*). Jurispr. Ne s'emploie que dans ces phrases : MOURIR, DÉCÉDER INTESTAT, mourir sans avoir fait de testament. HÉRITER AB INTESTAT, hérité d'une personne qui n'a point fait de testament : on dit dans un sens analogue, Hériter AB INTESTAT.

* **INTESTIN, INE** adj. (lat. *intestinus*). Qui est interne, qui est dans le corps : *mouvements intestins.* — Fig. Guerres civiles : *guerre intestine ; discorde intestine.*

* **INTESTIN** s. m. Boyau; partie de l'appareil digestif et excrétoire situé au-dessous de l'estomac, à partir du pylore et divisé en petit et en gros intestins. Le premier comprend le duodénum, le jéjunum et l'iléon ; le second se compose du cœcum, du côlon et du rectum. Immédiatement au-dessous de l'estomac vient le duodénum, qui reçoit les canaux du foie et du pancréas. Le jéjunum et l'iléon, ou intestin grêle, n'ont pas de ligne distincte de séparation, et forment un canal moins gros que les autres intestins. Le cœcum est séparé de l'intestin grêle par la valvule iléo-cœcale, espèce de soupape qui empêche les matières fécales de rétrograder. Le *rectum* sert de réservoir à ces matières avant leur expulsion.

* **INTESTINAL, ALE, AUX** adj. Anat. Qui appartient aux intestins : *conduit intestinal.*

* **INTIMATION** s. f. Action d'intimer ; et, particul., acte de procédure par lequel on intime : *l'exploit ne porte point intimation.*

* **INTIME** adj. (lat. *intimus*). Intérieur et profond. Se dit surtout de ce qui fait l'essence d'une chose, ou de ce qui lie étroitement certaines choses entre elles : *connaître la nature intime d'une chose.* — Fig. Amitié, attachement, confiance réciproque : *union intime.* — Qui a et pour qui l'on a une affection très forte : *c'est mon ami, mon ami intime.* — s. m. : *c'est son intime.* — Se dit encore, au sens moral, de ce qui existe au fond de l'âme : *persuasion intime.* — Nos Intimes, comédie en cinq actes et en prose de V. Sardou, représentée pour la première fois au Vaudeville, en 1861.

* **INTIMEMENT** adv. Étroitement, fortement : *des parties intimement liées entre elles.* — Fig. Avec une affection très particulière et très étroite : *ils sont unis intimement.* — Intimement persuadé, convaincu, intérieurement et profondément persuadé, convaincu.

* **INTIMÉ, ÉE** part. passé d'Intimer. — s. Défendeur en cause d'appel : *l'appelant et l'intimé.*

* **INTIMER** v. a. (lat. *intimare*, introduire). Déclarer, faire savoir, signifier avec autorité : *on lui intima l'ordre de partir.* — Prat. Signification légale : *il lui a fait intimer la vente de ses meubles.* — Appeler en justice; et alors se dit principalement en parlant d'une assignation pour procéder sur un appel : *il m'a fait signifier son appel, mais il ne m'a point intimé.* — Intimer un concile, assigner le lieu et le temps auquel un concile doit se tenir.

* **INTIMIDATION** s. f. Action d'intimider, effet de cette action : *ce prince eut souvent recours à l'intimidation.*

* **INTIMIDER** v. a. Donner de la crainte, de l'appréhension à quelqu'un : *il l'intimida en lui disant un seul mot.* — S'intimider v. pr. : *il commence à s'intimider.*

* **INTIMITÉ** s. f. Qualité de ce qui est intime : *l'intimité des rapports qui unissent toutes les parties de ce système.* — Liaison intime : *ces deux personnes vivent ensemble dans la plus grande intimité.*

* **INTITULÉ** s. m. Formule en tête d'un acte; titre d'un livre.

* **INTITULER** v. a. (lat. *in*, sur; *titulus*, titre). Donner un titre à un livre, à une comédie, à quelque ouvrage d'esprit : *il a donné au public un ouvrage qu'il a intitulé ainsi...* — Jurispr. Formule que l'on met en tête d'une loi, d'une ordonnance, d'un jugement, etc. : *les expéditions des jugements doivent être intitulées*

comme les lois, doivent être intitulées au nom du roi. — S'intituler v. pr. Se donner un titre : *il s'intitule prince de...*

* **INTOLÉRABLE** adj. Qu'on ne peut souffrir, supporter patiemment : *des douleurs intolérables.* — Qu'on ne peut tolérer : *cela est intolérable.*

* **INTOLÉRABLEMENT** adv. D'une manière intolérable.

* **INTOLÉRANCE** s. f. Défaut de tolérance, disposition à violenter, à persécuter ceux avec lesquels on diffère d'opinions. Se dit surtout en matière de religion : *son intolérance lui fit beaucoup d'ennemis.*

* **INTOLÉRANT, ANTE** adj. Qui manque de tolérance, qui veut souffrir aucune autre opinion que la sienne. Se dit surtout en matière de religion : *on ne peut être fanatique sans être intolérant.* Se dit également des choses : *religion, doctrine intolérante.* — s. : *les intolérants ne sont pas toujours les plus sincèrement religieux.*

* **INTOLÉRANTISME** s. m. Sentiment de ceux qui ne veulent souffrir aucune autre religion que la leur.

* **INTONATION** s. f. Mus. Action, manière d'attaquer une note, un son : *intonation fausse.* — Action de mettre un chant sur le ton dans lequel il doit être : *faire l'intonation d'un chant.* Se dit encore, par ext., des divers tons que l'on prend en parlant ou en lisant : *cet acteur a des intonations fausses, désagréables.*

* **INTOXICATION** s. f. Méd. Empoisonnement qui résulte d'un milieu malsain où l'on vit, de quelque industrie insalubre que l'on exerce : *intoxication paludéenne.* — ∿ Tout empoisonnement.

INTOXIQUER v. a. [ain-to-ksi-ké] (lat. *in*, dans; *toxicum*, poison). Imprégner de substances toxiques, empoisonner : *intoxiquer le sang.* — S'intoxiquer v. pr. S'empoisonner, prendre des substances toxiques.

* **INTRADOS** s. m. [ain-tra-dô]. Archit. Partie intérieure et concave d'une voûte. On l'appelle aussi Douelle intérieure.

* **INTRADUISIBLE** adj. Qu'on ne peut traduire : *ce passage, ce jeu de mots est intraduisible.*

* **INTRAITABLE** adj. Rude, d'un commerce difficile, avec qui on ne peut traiter : *homme intraitable; il est d'une humeur intraitable.* — A qui on ne peut faire entendre raison sur quelque chose : *il est intraitable sur ce point.*

* **INTRA-MUROS** adv. [ain-tra-mu-ross]. Loc. adv. formée de deux mots latins et qui signifie, en dedans de l'enceinte d'une ville : *juge de paix intra-muros.*

INTRANSIGEANT, ANTE adj. Qui ne transige pas, qui ne se prête à aucune concession. — s. m. Celui qui ne fait aucune concession : *il y a des intransigeants dans tous les partis.* — En Espagne, les *intransigentes* formèrent, en 1873, un parti républicain recruté parmi les démocrates les plus avancés. Les membres de ce parti qui apparatenaient aux cortès, ayant abandonné cette assemblée le 1er juillet 1873, cherchèrent à faire soulever le peuple, afin d'obtenir une constitution radicale. Associés aux communistes, ils firent naître l'insurrection « cantonale » de Carthagène. — En France, les radicaux extrêmes prirent le titre d'intransigeants, lors des élections législatives de 1876. Henri Rochefort, le chef le plus marquant de ce parti, fonda le journal l'*Intransigeant* aussitôt après l'amnistie.

* **INTRANSITIF, IVE** adj. Gramm. Se dit des verbes neutres, lesquels expriment des actions qui ne passent point hors du sujet : *dîner, souper, marcher, parler, sont des verbes intransitifs.*

* **INTRANT** s. m. (lat. *intrans*, qui entre). Nom que l'on donnait autrefois, dans l'Université de Paris, à celui qui était choisi par l'une des quatre nations pour élire le recteur.

* **IN-TRENTE-DEUX** s. et adj. Impr. et Libr. Se dit du format où la feuille est pliée en trente-deux feuillets ; et des livres, des volumes qui ont ce format : *le format in-trente-deux.*

* **INTRÉPIDE** adj. (préf. *in*; lat. *trepidus*, tremblant). Qui ne craint point le péril. Se dit des personnes et de ce qui leur est propre : *homme intrépide.* — Se dit quelquefois d'une personne qui s'obstine à quelque chose, qui n'est point rebutée par les désagréments, par les obstacles : *un solliciteur intrépide.* (Fam.)

* **INTRÉPIDEMENT** adv. D'une manière intrépide : *s'avancer intrépidement vers l'ennemi.*

* **INTRÉPIDITÉ** s. f. Courage, fermeté inébranlable dans le péril : *intrépidité héroïque.*

INTRIGAILLER v. n. S'occuper de petites intrigues. (Fam.)

* **INTRIGANT, ANTE** adj. Qui se mêle de beaucoup d'intrigues : *c'est un homme fort intrigant, une femme fort intrigante.* — s. m. : *c'est un intrigant, une intrigante.*

* **INTRIGUE** s. f. (lat. *intricare*, embrouiller). Pratique secrète qu'on emploie pour faire réussir ou pour faire manquer une affaire : *intrigue difficile à démêler, à débrouiller.* — Littér. Différents incidents qui forment le nœud d'une pièce : *l'intrigue de cette comédie est bien conduite.* — Comédie d'intrigue, celle où l'auteur s'occupe surtout d'intéresser et d'amuser, par une action fortement intriguée et par la multiplicité et la variété des incidents : *les Fourberies de Scapin, le Barbier de Séville, sont des comédies d'intrigue.* — Embarras, incident fâcheux : *me voilà hors d'intrigue.* — Commerce secret de galanterie : *il a une intrigue qui l'empêche de partir. Intrigue galante.*

* **INTRIGUÉ, ÉE** part. passé d'Intriguer. — Cette pièce de théâtre est bien intriguée, elle est remplie d'événements qui embarrassent les personnages intéressés et qui amusent le spectateur.

* **INTRIGUER** v. a. Embarrasser, donner à penser : *je l'ai bien intrigué par certaines choses que je lui ai dites.* — S'intriguer v. pr. Se donner beaucoup de peine et de soin, mettre divers moyens en usage pour faire réussir une affaire : *il s'est bien intrigué pour parvenir à ce but.* — S'intriguer partout, se fourrer partout, chercher à se donner de l'accès partout où l'on peut. — v. n. Faire une intrigue, des intrigues : *c'est un homme qui intrigue continuellement, qui ne fait qu'intriguer et cabaler.*

* **INTRINSÈQUE** adj. (bas lat. *intrinsecus*). Qui est intérieur et au dedans de quelque chose, qui lui est propre et essentiel : *qualités, propriétés intrinsèques.* — Valeur intrinsèque, la valeur qu'ont les objets indépendamment de toute convention. Se dit, particulièrement, de la valeur des pièces de monnaie par rapport à leur poids.

* **INTRINSÈQUEMENT** adv. D'une manière intrinsèque : *cela est bon intrinsèquement.*

* **INTRODUCTEUR, TRICE** s. (lat. *introductor*, de *introducere*, introduire). Celui qui introduit : *je serai votre introducteur.* — Introducteur des ambassadeurs, celui dont la fonction est de conduire les ambassadeurs et les princes étrangers à l'audience du roi.

* **INTRODUCTIF, IVE** adj. Procéd. Ce qui sert de commencement à une procédure : *requête introductive.*

* **INTRODUCTION** s. f. Action d'introduire quelqu'un : *l'introduction d'un ambassadeur auprès du roi.* — Ce qui sert comme d'entrée, d'acheminement, de préparation à une science, à une étude, etc. : *l'introduction à la physique.* — Espèce de discours préliminaire qu'on met à la tête d'un ouvrage : *l'ouvrage est précédé d'une introduction.* — Action d'introduire, de faire entrer une chose dans une autre : *on reconnut, par l'introduction de la sonde, qu'il avait la pierre, que la balle était aplatie contre l'os.* — Se dit aussi, fig., dans ce dernier sens : *l'introduction d'une coutume nouvelle, d'un usage étranger.* — Procéd. L'INTRODUCTION D'UNE INSTANCE, le commencement d'une procédure à quelque tribunal.

* **INTRODUIRE** v. a. (lat. *introducere*). Faire entrer, conduire quelqu'un dans un lieu : *il m'introduisit dans le cabinet du prince.* — Faire admettre dans un lieu, dans une société, auprès de quelqu'un, etc. : *il vous a introduit chez un tel.* — Faire paraître, faire figurer un personnage dans un dialogue, dans une pièce de théâtre, etc. : *il a introduit dans sa pièce un nouveau personnage.* — Faire entrer une chose dans une autre : *l'ouverture était assez grande pour qu'on y pût introduire la main.* — Fig. Choses qu'on établit, qu'on fait adopter, auxquelles on donne cours, ou celles qui sont amenées par certaines circonstances : *introduire un usage, une coutume chez un peuple.* — S'introduire v. pr. : *il s'introduit dans la maison par une fenêtre; l'air qui s'introduit dans les poumons.*

* **INTROÏT** s. m. (lat. *intro*, dans; *ire*, aller). Prières que le prêtre dit à la messe quand il est monté à l'autel, et qui sont chantées par le chœur au commencement des grandes messes.

* **INTROMISSION** s. f. Phys. Action par laquelle un corps, soit solide, soit fluide, s'introduit ou est introduit dans un autre : *l'intromission de l'air dans l'eau.*

* **INTRONISATION** s. f. Action par laquelle on intronise : *après son intronisation.*

* **INTRONISER** v. a. Placer sur le trône en cérémonie : *ce prince fut sacré et intronisé.* — Cérémonie qui se fait en plaçant un évêque sur son siège épiscopal, lorsqu'il prend possession de son église : *on lui fit prêter serment avant de l'introniser.*

* **INTROUVABLE** adj. Qu'on ne peut trouver : *vous êtes un homme introuvable.* — LA CHAMBRE INTROUVABLE, la Chambre des députés de 1815, ainsi appelée parce qu'il ne semblait pas possible d'en trouver, après elle, une aussi royaliste.

* **INTRUS, USE** (lat. *intrusus*). Introduit, établi par force, par ruse, ou contre le droit, et sans titre, dans quelque dignité ecclésiastique : *il s'est intrus dans ce bénéfice, dans cette charge, dans cet évêché.* — Se dit, par ext., d'une personne qui, sans droit, et sans être légitimement appelée, s'est introduite dans quelque charge, dans quelque emploi, etc. : *il s'est intrus dans cette charge, dans cette tutelle, dans cette gestion.* — Adj. : *un évêque intrus.* — s. : *c'est un intrus.* — Se dit, par ext. et fam., de celui qui s'introduit quelque part, sans avoir qualité pour y être admis : *nous nous aperçûmes qu'il y avait plusieurs intrus parmi nous.*

* **INTRUSION** s. f. Action par laquelle on s'introduit, contre le droit ou la forme, dans quelque dignité ecclésiastique, dans quelque bénéfice, et, par extension, dans quelque charge, dans quelque compagnie, etc. : *intrusion violente.*

* **INTUITIF, IVE** adj. (lat. *intuitus*, regardé). Théol. Vision, connaissance claire et certaine d'une chose : *les bienheureux ont la vision intuitive de Y u.* — Philos. Ce que l'es-

prit perçoit directement, comme par une vue immédiate sans l'intermédiaire du raisonnement : *certitude intuitive.*

* **INTUITION** s. f. (lat. *intuitio*; de *intueri*, regarder). Théol. Vision intuitive. Se dit proprement de la vision de Dieu telle que les bienheureux l'ont dans le ciel. — Philos. VÉRITÉ D'INTUITION, vérité frappante et qui se manifeste d'elle-même à l'intelligence, à la raison. — Faculté de comprendre vite, de prévoir, de deviner : *il comprend les mathématiques par intuition.*

* **INTUITIVEMENT** adv. Théol. D'une vision intuitive : *voir Dieu intuitivement.* — Philos. D'une manière intuitive : *saisir intuitivement une proposition.*

* **INTUMESCENCE** s. f. (lat. *intumescere*, s'enfler). Action par laquelle une chose s'enfle, se gonfle.

INTUMESCENT, ENTE adj. [ain-tu-mèss-san] (lat. *intumescens*). Qui commence à enfler : *des chairs intumescentes.*

* **INTUSSUSCEPTION** s. f. [ain-tuss-suss-sè-psi-on] (lat. *intus*, dedans; *suscipere*, recevoir). Didact. Introduction d'un suc ou d'une matière quelconque dans un corps organisé : *les plantes se nourrissent et croissent par intussusception.* — Chir. Accident par lequel une partie de l'intestin pénètre dans une autre partie.

* **INULE** s. f. (lat. *inula*). Bot. Genre de composées dont l'espèce la plus connue est l'aunée.

* **INULINE** s. f. Chim. Espèce d'amidon que l'on extrait de la racine de l'aunée.

* **INUSABLE** adj. Qu'on ne peut user : *une étoffe inusable.*

* **INUSITÉ, ÉE** adj. Qui n'est point usité : *jusqu'ici cela était inusité.*

INUSTION s. f. (lat. *in*, sur; *urere*, brûler). Peint. Emploi du feu quand on peint à l'encaustique. — Méd. Brûlure interne.

* **INUTILE** adj. Qui n'apporte aucun profit, aucun avantage; qui n'est ou ne peut être d'aucune utilité, qui ne sert à rien : *un homme inutile à l'État.*

> *Inutile ramas de gothique écriture.*
> *Le Lutrin, chant V.*

— Dont on ne se sert pas : *un meuble inutile.* — LAISSER QUELQU'UN INUTILE, ne pas employer ses talents : *c'est un homme qu'il ne faut pas laisser inutile.* — Les Inutiles, comédie en quatre actes et en prose de Éd. Cadol, représentée pour la première fois au théâtre Cluny en 1868. Cette pièce obtint un des grands succès du théâtre contemporain et commença la réputation de son auteur.

* **INUTILEMENT** adv. Sans utilité, en vain : *il a travaillé inutilement.*

* **INUTILITÉ** s. f. Manque d'utilité : *on a reconnu l'inutilité de cette machine.* — Défaut d'emploi, d'occasion de servir : *c'est un homme qu'on laisse dans l'inutilité.* — Chose inutile, chose superflue; et, dans ce sens, ne s'emploie guère qu'au pluriel : *un discours rempli d'inutilités.*

IN UTROQUE JURE, expression latine qui signifie : *dans l'un et l'autre droit.* Ne s'emploie qu'avec le mot *docteur.* DOCTEUR IN UTROQUE JURE, docteur en droit civil et en droit canon.

INVAGINATION s. f. Chir. Accident par lequel une partie de l'intestin se redouble et pénètre dans les parties voisines : *cette personne est malade d'une invagination d'intestin.*

INVAGINER v. a. ou tr. (préf. *in*; lat. *vagina*, gaine). Joindre par invagination. — S'invaginer v. pr. Se dit de l'action de l'intestin qui pénètre dans une autre partie : *l'intestin s'est invaginé.*

* **INVAINCU, UE** adj. Qui n'a jamais été vaincu. Ne s'emploie guère qu'en poésie et dans le style soutenu.

* **INVALIDATION** s. f. Action d'invalider.

* **INVALIDE** adj. Infirme, qui ne saurait travailler ni gagner sa vie : *les mendiants, tant valides qu'invalides.* — Gens de guerre que l'âge ou leurs blessures, ont rendus incapables de servir : *les officiers, les soldats invalides.* — s. : *c'est un invalide.* — s. pl. Hôtel des Invalides : *aller aux Invalides.* — Fig. Qui n'a point les conditions requises par les lois pour produire son effet : *acte invalide; cette donation est nulle et invalide.* — Législ. « L'Hôtel des Invalides, fondé à Paris par Louis XIV, est un asile pour les vieux soldats. Les guerres de la première République et du premier Empire nécessitèrent l'établissement, à Versailles, Avignon et Louvain, de succursales qui ont été supprimées depuis cette époque. On a reconnu, sauf dans des cas exceptionnels, les pensions viagères conviennent mieux que le casernement à d'anciens soldats qui peuvent ainsi passer le reste de leur vie dans leur pays natal au milieu de leurs familles. C'est pourquoi le nombre des pensionnaires de l'Hôtel des Invalides tend sans cesse à se réduire, et il est aujourd'hui inférieur à 400; mais l'état-major de cette troupe de vétérans est toujours très nombreux, bien qu'il ait été diminué par un décret du 16 avril 1883, et il en résulte que les frais généraux absorbent une part excessive de la dépense totale. Les règlements faits pour cette institution ont été résumés dans les 657 articles du décret du 29 juin 1863. Les lois rendues en 1878, 1879 et 1881 ayant accru la loi des pensions militaires, un décret du 21 mars 1882 a posé de nouvelles conditions d'admission à l'Hôtel des Invalides, de manière à n'y laisser entrer que des soldats mutilés, réclamant les soins qu'ils ne pourraient trouver dans leurs familles. — La caisse des Invalides de la marine, dont nous avons déjà parlé au mot CAISSE, possède un budget particulier, lequel s'élève en recettes et en dépenses à plus de 35 millions. Cet établissement est représenté dans un certain nombre de ports par des trésoriers qui paient ou font payer par les préposés placés sous leurs ordres les pensions dites de demi-solde, les pensions accordées pour ancienneté ou blessures et les pensions des fonctionnaires coloniaux. La caisse paie également les pensions allouées aux veuves et aux enfants en bas âge des marins décédés; Elle délivre des secours, subvention, etc. Ses recettes consistent notamment dans les retenues exercées sur les traitements et salaires du personnel de la marine, et qui sont du 5 p. 100 pour les officiers et de 3 p. 400 pour les autres. La retenue de 3 p. 400 sur les dépenses du matériel du ministère de la marine et des colonies a cessé d'être effectuée, à compter du premier janvier 1884, en exécution de l'article 23 de la loi des finances du 29 décembre 1882. La caisse reçoit de l'État une subvention annuelle de 22 millions de francs. » (J. C. Y.)

* **INVALIDEMENT** adv. D'une manière invalide, nulle, sans force, sans effet : *un prêtre suspens consacre illicitement, mais non pas invalidement.*

* **INVALIDER** v. a. Jurispr. Rendre nul; déclarer, rendre invalide : *son second testament a invalidé le premier.*

* **INVALIDITÉ** s. f. Jurispr. Manque de validité : *il démontra l'invalidité de la procédure.*

* **INVARIABILITÉ** s. f. Qualité de ce qui est invariable : *l'invariabilité de ses principes.* — Gramm. Absence de changement dans la désinence : *l'invariabilité d'un adjectif.*

° **INVARIABLE** adj. Qui ne change point : *le cours invariable des astres.* — Gramm. Mots dont la terminaison n'éprouve jamais de changement : *les adverbes sont des mots invariables.*

° **INVARIABLEMENT** adv. D'une manière invariable : *il est invariablement attaché à son devoir.*

INVASIF, IVE adj. Qui se rapporte à l'invasion ou qui en a le caractère : *un mal invasif; une guerre invasive.*

° **INVASION** s. f. (lat. *invasio*). Irruption faite dans le dessein de piller un pays, ou de s'en emparer : *l'invasion de la Chine par les Tartares.* — Fig. : *l'invasion des fausses doctrines.* — Méd. Début de la maladie, des symptômes par lesquels elle se déclare : *l'invasion de la maladie.*

° **INVECTIVE** s. f. (lat. *invectivus*, qui tient de l'invective). Discours amer et violent, expression injurieuse contre quelque personne ou contre quelque chose : *sanglante, longue, furieuse invective.*

° **INVECTIVER** v. n. Dire des invectives : *invectiver contre le vice, contre quelqu'un.*

° **INVENDABLE** adj. Qu'on ne peut vendre : *cette terre est invendable.*

° **INVENDU, UE** adj. Qui n'a pas été vendu : *ces étoffes sont restées invendues.*

° **INVENTAIRE** s. m. Jurispr., Comm., etc. Rôle, mémoire, état, catalogue dans lequel sont énumérés et décrits, article par article, les biens, meubles, titres, papiers d'une personne, d'une maison : *faire l'inventaire d'un magasin.* — Bénéfice d'inventaire; la faculté accordée à un héritier de ne payer les dettes de la succession que jusqu'à concurrence de ce qui est porté dans l'inventaire : *hériter sous bénéfice d'inventaire.* — Prat. Inventaire de production, se disait de l'état contenant l'énumération et la description des pièces produites dans un procès, et les conclusions de la partie qui les produisait : *faire l'inventaire des pièces.* — Vente de meubles inventoriés par un officier ministériel : *il y a un inventaire sur telle place publique, dans cette maison-là.* (Vieux.) — Législ. « L'inventaire est une formalité prescrite par la loi, dans les cas d'absence déclarée, de tutelle, de commencement d'usufruit ou de droit d'usage, d'ouverture de succession, de dissolution de communauté, etc. C'est un acte conservatoire qui, sans modifier en rien la situation des ayants droit, a pour but de constater d'une manière authentique les qualités de chacun, l'état de l'actif et du passif, la valeur des objets inventoriés, et de consigner tous les renseignements utiles pour établir ensuite les comptes, liquidation ou partage. L'inventaire est fait par un notaire, dans les formes prescrites par la loi (C. civ. 126, 451, 600, 754 et s. 1456 ; C. proc. 943; Décr. 10 brumaire an XIV. Des héritiers majeurs peuvent se dispenser de faire faire inventaire des biens d'une succession qui leur est échue, et ils peuvent sans délai se mettre en possession ou procéder à un partage. Mais un inventaire est indispensable, notamment dans les cas ci-après : lorsque les héritiers ne sont pas tous présents; lorsqu'il se trouve parmi eux des mineurs ou des interdits; lorsqu'un exécuteur testamentaire a été nommé; lorsqu'une succession échoit à l'un des époux communs en biens ou en société d'acquêts, et que, de ce fait, il y a lieu ultérieurement à des reprises sur la communauté ; lorsque l'héritier veut se réserver la faculté de renoncer à la succession ou de l'accepter sous bénéfice d'inventaire ; lorsque la femme survivante ou séparée de biens s'est réservé la faculté de renoncer à la communauté; lorsqu'il y a des créanciers opposants aux scellés; lorsque la succession est vacante, etc. Tout

intéressé peut obliger l'héritier à faire inventaire dans le délai de trois mois, à compter du jour de l'ouverture de la succession. Cet héritier a ensuite, pour délibérer sur sa renonciation ou son acception, un délai de quarante jours à compter de la clôture de l'inventaire. S'il justifie que cet inventaire n'a pu être terminé dans les trois mois, il peut obtenir du tribunal un nouveau délai (C. civ. 795; C. prov. 174). La prisée du mobilier peut être faite par le notaire, dans les lieux où aucun commissaire-priseur n'est établi (L. 26 juillet 1790). Chaque espèce de meubles doit être l'objet d'un article séparé de l'estimation (Edit de Henri II de février 1556, art. 3). Lorsqu'il y a des enfants mineurs, le défaut d'inventaire après le décès de leur père ou de leur mère fait perdre à l'époux survivant la jouissance légale des revenus desdits enfants (C. civ. 1442). Le droit d'enregistrement auquel sont soumis les inventaires faits par un notaire est un droit fixe de 3 fr. 75 par chaque vacation ; et aucune ne peut excéder la durée de quatre heures. En cas de faillite, l'inventaire est fait par le syndic, en présence du juge de paix et du failli (C. comm. 479 et s.) Tout commerçant doit faire un *inventaire annuel* des ses valeurs mobilières et immobilières, ainsi que de ses créances et de ses dettes. Cet inventaire doit être transcrit sur un registre spécial à ce destiné, lequel registre est coté, paraphé et visé par l'un des juges du tribunal de commerce, ou par le maire ou un adjoint (id. 9 et s., 586) ». (Ch. Y.)

° **INVENTER** v. a. (lat. *inventum*; de *invenire*, trouver). Trouver quelque chose de nouveau, d'ingénieux, par la force de son esprit, de son imagination : *inventer un art, une science.* — Supposer, controuver : *c'est un menteur, il a inventé cela.* — Prov. et fig., Il n'a pas inventé la poudre, homme sans esprit.

° **INVENTEUR, TRICE** s. Celui, celle qui a inventé : *le premier inventeur.*

° **INVENTIF, IVE** adj. Qui a le génie, le talent d'inventer : *homme inventif.*

° **INVENTION** s. f. (lat. *inventio*). Faculté d'inventer, disposition de l'esprit à inventer : *ce poète, ce peintre n'a point d'invention.* — Action d'inventer, ou chose inventée : *depuis l'invention de l'imprimerie; il est fertile en inventions.* — Rhétor. Recherche et choix des arguments que l'on doit employer, des idées que le sujet fournit, dont on peut faire usage: *il nous reste deux livres des quatre que Cicéron avait écrits sur l'invention.* — Brevet d'invention, brevet que le gouvernement délivre à

un inventeur, à l'auteur d'une nouvelle découverte, pour lui en assurer la propriété et l'exploitation exclusive, pendant un certain nombre d'années : *par brevet d'invention.* — Découverte de certaines reliques ; et, par ext. fête que l'Église célèbre en mémoire de cette découverte : *l'invention de la sainte croix,* etc. — Législ. « Celui qui a fait une invention en est en quelque sorte propriétaire, et la loi lui en garantit la jouissance exclusive. S'il s'agit d'une œuvre artistique ou d'un ouvrage littéraire, dramatique ou scientifique, l'auteur a seul, pendant sa vie, le droit de reproduction, et ses successeurs l'ont aussi pendant un temps limité (Voy. Auteur). — L'inventeur d'un produit nouveau ou d'un procédé industriel peut, en prenant un brevet, s'assurer temporairement les bénéfices de son invention. (Voy. Brevet). — L'inventeur d'un dessin de fabrique peut également combattre la contrefaçon en faisant le dépôt de ce dessin au greffe du conseil des prud'hommes (Voy. Dessin). — Enfin la législation concernant les marques de fabrique ou de commerce (voy. Marque), et l'article 418 du Code pénal qui punit la révélation des secrets de fabrique complète l'ensemble des garanties que la loi assure aux inventeurs. » (Ch.Y.)

° **INVENTORIER** v. a. Dresser l'inventaire de certaines choses, ou mettre dans un inventaire : *inventorier les meubles d'une maison.*

INVERARY, ville d'Écosse, ch.-l. du comté d'Argyle, à 132 kil. N.-O. d'Édimbourg, avec un port sur le Loch-Fyne, à l'embouchure de l'Ary, et communiquant par un canal avec Aberdeen ; 1,100 hab; commerce de bois et laines. Aux environs, magnifique château des ducs d'Argyle.

INVERNESS (autref. Innerness), bourg et port de la mer d'Écosse, capitale de l'Inverness-Shire, sur les deux rives de la rivière Ness, à 6 kil. de son estuaire, à 15 kil. au-dessus de la jonction de cette dernière avec le

Inverness.

frith du Moray, et à 175 kil. N.-N.-O. d'Édimbourg ; 14,470 hab. Sur une éminence au S.-E. de la ville, se trouvait anciennement un château dans lequel on suppose que Duncan fut assassiné par Macbeth. Sur l'emplacement de ce château sont bâtis le palais de justice et les bâtiments du comté.

INVERNESS-SHIRE, comté d'Écosse; 11,021 kil. carr.; 90,454 hab. Pays montagneux, bien boisé et généralement bien arrosé. Le Ben Nevis, pic le plus élevé de la Grande-Bretagne, mesure 1,343m. Les rivières principales sont: le Spey, le Ness, le Beauly et le Garry, avec d'importantes pêcheries de saumon. Le plus grand de ses nombreux lacs est le Loch-Ness; la plupart sont entourés de paysages pittoresques. L'industrie principale est l'élevage des bœufs et des moutons. Capitale, Inverness.

* **INVERSABLE** adj. Qui ne peut verser : *on a fait plusieurs mémoires sur la construction des voitures inversables.*

* **INVERSE** adj. (lat. *inversus*). Opposé, renversé, par rapport à l'ordre, au sens, à la direction actuelle ou naturelle des choses : *l'arrangement de ces objets ne me plaisait pas, je les ai disposés dans un ordre inverse, dans l'ordre inverse.* — s. FAIRE L'INVERSE, prendre une opération, une action accomplie, mais dans l'ordre, dans le sens, dans la direction inverse : *faites l'inverse de ce que vous avez fait* — Fam. Faire le contraire de ce qu'on attendait, de ce qui était prescrit : *j'ai cru qu'il traiterait cette affaire avant l'autre, il a fait l'inverse* — Log. et Mathém. Proposition, théorème, problème dont les termes sont dans un ordre inverse par rapport à ceux d'une autre proposition, etc. : *dans la proposition inverse, l'attribut de la proposition directe est mis à la place du sujet.* — s. f. *Tous les fous sont méchants, l'inverse de, tous les méchants sont fous.* — Phys. Etat actuel ou loi de variation d'une chose qui augmente ou qui diminue, à mesure qu'une autre dont elle dépendait, qui lui est comparée, diminue ou augmente : *l'intensité de la lumière est en raison inverse des carrés de la distance du corps lumineux,* c'est-à-dire qu'elle diminue dans le même rapport que ces carrés croissent.

* **INVERSEMENT** adv. D'une manière inverse.

INVERSIF, IVE adj. (lat. *inversus*, renversé). Gramm. Qui a rapport à l'inversion, qui contient des inversions, qui use de l'inversion : *style inversif, langue inversive.*

* **INVERSION** s. f. (lat. *inversio*). Gramm. Transposition, changement de l'ordre dans lequel les mots sont ordinairement rangés dans le discours : *inversion élégante, heureuse, poétique.* — Art milit. Formation en bataille par les principes contraires aux principes généraux. — Mar. Evolution par laquelle les bâtiments qui étaient en tête se trouvent en queue.

* **INVERTÉBRÉ, ÉE** adj. Hist. nat. Se dit des animaux qui n'ont pas de colonne vertébrale, tels que les insectes, les mollusques, les vers, etc. : *les animaux invertébrés.* — s. m. *la classe des invertébrés.*

INVERTIR v. a. ou tr. (préf. *in* et *vertere*, tourner). Renverser symétriquement : *invertir un membre de phrase.* — Art milit. Placer en inversion : *invertir un corps d'armée.*

* **INVESTIGATEUR, TRICE** s. Celui, celle qui fait des recherches suivies sur quelque objet : *investigateur des secrets de la nature.* — adj. Toute sorte d'examen, de recherche faite avec ardeur et persévérance : *un génie investigateur.*

* **INVESTIGATION** s. f. Recherche suivie sur quelque objet : *l'investigation de la vérité.* — Gramm. L'INVESTIGATION DU THÈME, la recherche analytique du radical d'un verbe.

* **INVESTIR** v. a. (lat. *investire*). Donner ou ratifier, avec de certaines formalités, avec de certaines cérémonies, le titre d'un fief ou d'une dignité ecclésiastique et la faculté de le posséder : *l'empereur l'avait investi de cet électorat, de ce duché.* — Revêtir, mettre en possession d'un pouvoir, d'une autorité quelconque : *il fut investi de la souveraine puissance.* — Cerner, entourer avec des troupes une citadelle, une place de guerre, etc.; environner de gardes une maison, de manière à empêcher l'entrée et la sortie : *il investit la place avec dix mille hommes.*

* **INVESTISSEMENT** s. m. Action d'investir une place, une ville, etc. : *l'investissement de la place a été fait promptement, à propos,* etc.

* **INVESTITURE** s. f. Acte par lequel on investit quelqu'un d'un fief, ou d'une dignité ecclésiastique ; *donner l'investiture d'un fief, d'un évêché.* — Hist. « Ce terme signifiait, à l'époque de la féodalité, la cérémonie par laquelle un seigneur conférait un fief, une charge ou une dignité à son vassal. Ce dernier s'obligeait par serment à rester fidèle à son suzerain et à lui rendre les services et les devoirs requis. Ordinairement, l'investiture se faisait par la remise entre les mains de l'investi, d'un symbole ayant rapport à la charge octroyée. Les évêques et les abbés qui, depuis Pépin et Charlemagne, obtinrent tant de fiefs de la main des rois, recevaient de ceux-ci l'investiture par la crosse et l'anneau. On a prétendu que le pape Adrien Ier, dans un concile tenu à Rome en 774, donna à Charlemagne, en reconnaissance des services qu'il en avait reçus, le droit d'élire les papes et celui de donner l'investiture aux archevêques et évêques, avant qu'ils fussent consacrés. Léon VIII renouvela, dit-on, ce droit en faveur d'Othon Ier. Grégoire VII, au contraire, s'opposa à toute investure, même à celle des simples bénéfices, par la main des laïcs, par la raison que la liberté des élections s'en trouvait compromise. C'est de là qu'est sortie, en Allemagne, la fameuse querelle des investitures, laquelle, commencée sous Grégoire VI, amena en 1076 l'excommunication de l'empereur Henri IV, suivie, en 1077, de son humiliation à Canossa, et se termina, en 1122, par le concordat de Worms, résultat d'un accord entre le pape Calixte II et l'empereur Henri V. En France, les rois continuèrent à jouir du droit d'investiture des évêques, sinon par la remise du bâton pastoral et de l'anneau, au moins par le serment de fidélité qui est encore aujourd'hui prêté entre les mains du chef de l'État, conformément à l'article 6 du concordat du 26 messidor an IX. »   (Ch. Y.)

* **INVÉTÉRER** (S') v. pr. Devenir ancien. Ne se dit que des maladies, des mauvaises coutumes, des préjugés, des haines, etc., qui persistent, que l'on garde longtemps : *le mal s'est tellement invétéré, qu'on ne peut le guérir.* Quand il est précédé immédiatement du verbe *Laisser,* on sous-entend presque toujours le pronom : *le mal qu'on laisse invétérer est plus difficile à guérir.*

INVIGORATION s. f. (préf. *in;* lat. *vigor,* vigueur). Physiol. Dernier développement qui se produit dans les tissus et qui complète leur fermeté et leur vigueur.

* **INVINCIBLE** adj. Qu'on ne saurait vaincre : *ce prince est invincible.* — Fig. Ce qu'on ne peut surmonter, faire céder, et ce qui est irrésistible, plus fort que la volonté : *obstacle invincible.* — ARGUMENT INVINCIBLE, RAISON INVINCIBLE, RAISONNEMENT INVINCIBLE, argument, raison, raisonnement auquel il n'y a point de bonne réplique. — IGNORANCE INVINCIBLE, l'ignorance des choses dont il est impossible qu'une personne ait eu connaissance.

IN-VINGT-QUATRE adj. Impr. et Libr. Se dit d'un format dans lequel les feuilles sont pliées en vingt-quatre feuillets ou quarante-huit pages. — s. *C'est un in-vingt-quatre.* On écrit aussi, IN-24.

IN VINO VERITAS, expression latine qui signifie : *c'est dans le vin que se découvre la vérité.* Ce que l'on tiendra caché à jeun, on le dévoilera dans l'ivresse.

* **INVINCIBLEMENT** adv. D'une manière invincible : *ce fait prouve invinciblement ce que j'avance.*

* **INVIOLABILITÉ** s. f. Qualité de ce qui est inviolable : *l'inviolabilité du monarque.* —

Législ. « Le domicile de tout citoyen est inviolable, ainsi que l'a déclaré l'article 76 de la constitution de l'an III. (Voy. DOMICILE.) »   (Ch. Y.)

* **INVIOLABLE** adj. Qu'on ne doit jamais violer, auquel on ne doit jamais attenter : *le droit des gens est un droit inviolable.* — Qu'on ne viole point, qu'on n'enfreint jamais : *c'est une coutume, c'est une loi inviolable parmi ces peuples.*

* **INVIOLABLEMENT** adv. D'une manière inviolable : *ce qu'il a une fois promis, il le tient inviolablement.*

INVISCATION s. f. (lat. *inviscare*). Physiol. Action par laquelle les aliments s'imprègnent de salive pendant la mastication. On dit aussi INSALIVATION.

* **INVISIBILITÉ** s. f. Etat de ce qui est invisible : *l'invisibilité des atomes.*

* **INVISIBLE** adj. Qu'on ne peut voir, qui échappe à la vue par sa nature, par sa petitesse, par sa position, ou seulement à cause de la distance : *les anges, les esprits, les âmes sont invisibles.* — Fig. Qui ne se laisse point voir, qu'on ne saurait, ou que l'on ne saurait trouver : *il affectait de se rendre invisible pour mieux imprimer le respect, la crainte à ses sujets.* — DEVENIR INVISIBLE, disparaître subitement, sans que personne s'en aperçoive : *il était là tout à l'heure, il est devenu invisible.* Se dit aussi des choses qu'on vient de voir, de toucher, et qu'on ne peut plus retrouver : *je tenais cette montre dans mes mains, elle était tout à l'heure sur cette table, elle est devenue invisible.*

* **INVISIBLEMENT** adv. D'une manière invisible.

INVITA MINERVA, expression latine tirée de l'*Art poétique* d'Horace et qui signifie : *malgré Minerve.* Se dit d'un auteur sans inspiration, qui s'obstine à rimailler quand même.

* **INVITATION** s. f. Action d'inviter : *recevoir, accepter une invitation.*

* **INVITATOIRE** s. m. Liturg. Antienne qui se chante avec le *Venite exultemus : l'invitatoire du dimanche.*

* **INVITE** s. f. Terme du whist et du boston. Carte que l'on joue pour faire connaître son jeu à son partenaire, et qui a pour but de l'engager s'il fait la levée à jouer dans la même couleur. — Manière adroite de pousser à faire quelque chose, appel indirect.

* **INVITÉ, ÉE** part. passé d'INVITER. — s. : *quel est le nombre des invités ?*

* **INVITER** v. a. (lat. *invitare*). Convier, prier de se trouver, de se rendre quelque part, d'assister à : *il ne se trouva pas à l'assemblée, parce qu'on ne l'avait pas invité.*

Jamais je ne soupe chez moi;
Dit Hippolyte. Je le crois,
Et la raison, c'est qu'Hippolyte
Ne soupe que lorsqu'on l'invite.
             LA MONNOYE.

— Engager, exciter à quelque chose, porter à : *je vous invite à vous tranquilliser, à vous calmer.* — Fig. Le beau temps nous invite à la promenade. — S'inviter v. pr. Personne qui vient d'elle-même quelque part, sans y avoir été conviée : *c'est lui-même qui s'est invité.* — v. récip. : *ils s'invitent tour à tour à de petites réunions de famille.*

IN VITIUM DUCIT CULPÆ FUGA, expression latine tirée de l'*Art poétique* d'Horace et que Boileau a rendue fort heureusement dans ce vers :

Souvent la peur d'un mal fait tomber dans un pire.

* **INVOCATION** s. f. Action d'invoquer, invocation à Dieu, à la Divinité. *Après l'invocation du Saint-Esprit.* — CETTE ÉGLISE, CETTE CHAPELLE EST CONSACRÉE SOUS L'INVOCATION, EST SOUS L'INVOCATION DE LA SAINTE VIERGE, DE TEL

SAINT, est dédiée à la sainte Vierge, etc. — Poés. Prière que le poète adresse à une Muse, à un génie, à quelque divinité, pour lui demander son secours : *l'invocation est propre au poème épique*.

INVOCATOIRE adj. Qui appartient à l'invocation : *formule invocatoire*.

*__INVOLONTAIRE__ adj. Qui se fait sans le concours, sans le consentement de la volonté : *toutes les actions vitales sont involontaires*.

*__INVOLONTAIREMENT__ adv. Sans le vouloir : *il a fait cela involontairement*.

INVOLUCELLE s. m. Bot. Petit involucre.

INVOLUCRAL, ALE adj. Bot. Qui naît sur l'involucre.

*__INVOLUCRE__ s. m. (lat. *involucrum*). Bot. Assemblage de bractées ou de feuilles florales qui entourent la base commune de plusieurs pédoncules, ou qui enveloppent plusieurs fleurs comme une sorte de calice.

*__INVOLUTIF, IVE__ adj. (lat. *involutus*, enroulé). Bot. Se dit des pétales, des feuilles, lorsque leurs bords sont roulés en dedans. On dit aussi **INVOLUTÉ, ÉE.**

*__INVOLUTION__ s. f. Jurisp. Assemblage d'embarras, de difficultés : *involution de procès, de procédures*.

INVOLVANT, ANTE adj. (lat. *involvere*, envelopper). Bot. Qui enveloppe et protège : *calice involvant*.

*__INVOQUER__ v. a. (lat. *invocare*). Appeler à son secours, à son aide. Se dit surtout en parlant de la Divinité, ou de quelque autre puissance surnaturelle : *invoquer Dieu à son aide*. — On dit, dans un sens analogue : INVOQUER LE SECOURS, L'AIDE, etc. : *invoquer la clémence du roi*. — Ecrit. INVOQUER LE NOM DE DIEU, DU SEIGNEUR, l'adorer et faire un acte de religion : *Enos commença d'invoquer le nom du Seigneur*.—Fig. Citer en sa faveur, en appeler à : *invoquer son nom, un témoignage, une autorité*.

*__INVRAISEMBLABLE__ adj. Qui n'est pas vraisemblable : *ce fait est invraisemblable*.

INVRAISEMBLABLEMENT adv. D'une manière invraisemblable.

*__INVRAISEMBLANCE__ s. f. Défaut de vraisemblance : *l'invraisemblance de ce fait, de ce récit*.— Se dit aussi des choses invraisemblables que contient une pièce de théâtre, un roman, etc. : *cette tragédie est pleine d'invraisemblances*.

INVULNÉRABILITÉ s. f. Etat, caractère de ce qui est invulnérable.

*__INVULNÉRABLE__ adj. Qui ne peut être blessé : *la Fable a dit qu'Achille était invulnérable, excepté au talon*. — Fig. *être invulnérable aux traits de la médisance*.

INVULNÉRABLEMENT adv. De manière à être invulnérable.

IO. Mythol. gr. Fille d'Inachus et d'Argée. Elle fut aimée de Jupiter qui, pour la dérober à la jalousie de Junon, la changea en génisse blanche. Junon la mit sous la garde du vigilant Argus; mais Mercure, par ordre de Jupiter, tua Argus et délivra Io. Alors Junon, rendue furieuse, attacha aux flancs de la malheureuse Io un taon dont les morsures cruelles ne lui laissaient aucune trève. Affolée, Io parcourut la terre et ne reposa que sur les bords du Nil, où elle recouvra la forme humaine; elle donna à Jupiter un fils nommé Epaphus. D'après quelques auteurs, elle introduisit en Egypte le culte de Cérès sous le nom d'Isis; on l'adora elle-même, et dans la suite, son culte se confondit avec celui de cette déesse.

IODACÉTATE s. m. Chim. Sel produit par la combinaison de l'acide iodacétique avec une base.

IODACÉTIQUE adj. Chim. Se dit de plusieurs acides qui dérivent de l'acide acétique, par la substitution de l'iode à l'hydrogène.

IODAMYLE s. m. Chim. Corps liquide, incolore, plus lourd que l'eau, d'odeur piquante, obtenu par distillation de l'alcool amylique avec l'iode et le phosphore et qui a pour formule $C^{10} H^{11} I$.

IODARGYRITE s. f. (franç. *iode* et gr. *arguros*, argent). Minér. Iodure d'argent naturel.

IODATE s. m. Chim. Sel résultant de la combinaison de l'acide iodique avec une base.

*__IODE__ s. m. (gr. *iodès*, violet, à cause de la couleur de sa vapeur). Chim. Substance simple, lamelleuse, d'un gris bleuâtre et d'un éclat métallique, volatile à une température un peu élevée, et qui, lorsqu'on la chauffe, répand une vapeur violette. — ENCYCL. L'iode est un métalloïde qui se rencontre dans diverses plantes marines, dans l'eau de plusieurs sources minérales et dans celle de l'Océan, ainsi que dans les eaux amères des mines de sel, dans les éponges, les coraux et dans des roches et des minéraux. Il est représenté par le symbole I; son équivalent chimique est 127. Il cristallise par solution ou par sublimation en écailles semblables à celles du fer micacé et en cristaux réguliers d'octaèdres allongés à base rhomboïdale. Ces cristaux sont cassants, opaques, d'un noir bleuâtre et d'un éclat métallique; leur gravité spécifique est 4,95; ils fondent à 107° C, en un liquide noir; leur point d'ébullition est à 175° C., ils dégagent alors des vapeurs d'un violet profond. L'iode est volatile aussi aux températures ordinaires et quand il est exposé à l'air il répand une odeur semblable à celle du chlore; sa vapeur irrite les narines et excite la toux. L'iode est l'un des corps aériformes les plus lourds, sa densité étant 8-7 fois celle de l'air. L'alcool, l'éther et le bisulfure de carbone le dissolvent facilement; l'eau pure lui enlève seulement environ $\frac{1}{7000}$ de son propre poids et acquiert ainsi une teinte jaunâtre ou brune. L'iode se trouve principalement dans les varechs et dans d'autres plantes marines qui croissent à de grandes profondeurs. Le *fucus palmatus* et le *fucus saccharinus* sont particulièrement riches en iode. La préparation de l'iode du commerce se fait surtout à Glasgow (Ecosse), à Donegal (Irlande) et à Cherbourg (France), villes où l'on apporte les cendres à moitié vitrifiées appelées soude brute, produites par l'incinération des herbes marines recueillies sur les côtes. Les différents sels solubles de la soude, comprenant les iodures et les bromures de tous les alcalis, sont dissous par digestion dans l'eau, et la solution est concentrée par évaporation. En refroidissant puis en renouvelant l'évaporation, le chlorure de sodium, le sulfate de soude et plusieurs autres sels se cristallisent. On ajoute alors de fort acide sulfurique, et après digestion, la lessive est versée dans un alambic et chauffée avec du bioxyde de manganèse. De grandes quantités d'iode sont extraites aujourd'hui du nitrate de soude du Chili, d'après une méthode inventée par Thiercelin. — L'iode est employé pour éprouver l'amidon, qu'il convertit en pourpre, et comme ingrédient de divers réactifs chimiques, dont quelques-uns sont d'une grande importance dans l'art photographique. L'iode est employé en médecine depuis 1819, comme fondant et antiscrofuleux; mais l'éponge brûlée qui lui doit son efficacité, a été employée antérieurement dans le traitement du goitre.

Les maladies dans lesquelles l'iode et ses préparations ont été trouvés utiles sont le goitre, les scrofules, les ulcères et les abcès scrofuleux, la syphilis secondaire et tertiaire, le gonflement et les tumeurs de toute nature. C'est un médicament irritant qui, à faible dose, atrophie les glandes et augmente l'action absorbante des vaisseaux lymphatiques. On ne l'emploie guère que sous forme de teinture iodurée. L'iode entre dans la composition de plusieurs onguents comme altérant et escartotique. Un régime réconfortant est recommandé pendant le traitement thérapeutique à l'iode ou aux iodures. — A haute dose, l'iode est un poison. — Ce métalloïde fut découvert en 1812 par de Courtois, fabriquant de salpêtre à Paris, et étudié en 1813 par Clément.

*__IODÉ, ÉE__ adj. Chim. Qui contient de l'iode : *eau iodée*.

__IODER__ v. a. Couvrir ou mêler d'iode.

*__IODEUX__ adj. Se dit de l'un des acides que l'iode produit en se combinant avec l'oxygène : *acide iodeux*.

*__IODIQUE__ Chim. Second des acides que l'iode produit par sa combinaison avec l'oxygène : *acide iodique*.

IODOFORME s. m. Composé de carbone, d'hydrogène et d'iode, découvert par Sérullas et analysé par Dumas : $C^2 H I^3$.

*__IODURE__ s. m. Chim. Combinaison de l'iode avec un corps simple. Les iodures sont très employés en médecine. L'*iodure de plomb* entre dans une pommade contre les engorgements scrofuleux : 1 partie d'iodure pour 8 d'axonge. L'*iodure de potassium* est un altérant et un résolutif journellement administré contre la goitre, les scrofules, les engorgements lymphatiques et les accidents tertiaires de la syphilis : potions, solutés, bains et pommades (1 d'iodure pour 8 d'axonge), A l'intérieur la dose va de 50 centigr. à 4 gr. progressivement. L'*iodure de fer* est un tonique recommandé contre les scrofules, la chlorose, la syphilis, la leucorrhée, etc. : de 1 à 10 décigr. en sirop. Le *proto-iodure de mercure* est considéré comme le meilleur des antisyphilitiques dans la syphilis consécutive: de 5 à 10 centigr. par jour, en pilules. Le *deuto-iodure de mercure*, plus actif, est moins usité.

*__IODURÉ, ÉE__ adj. Chim. Qui contient de l'iodure : *une potion iodurée*.

IOF, petite baie de la côte occidentale d'Afrique, dans la Sénégambie, à 200 kil. S.-O. de Saint-Louis. Elle sépare les arrondissements de Saint-Louis et de Gorée.

IONA ou Icolmkill, appelée aussi I ou Hy

Iona. — Ruines de l'église Sainte-Marie.

[aï-o-na], petite île des Hébrides intérieures (Ecosse), séparée de Mull par un canal de

2 kil. de large, appelé le détroit d'I ou d'I-colmkill. Cette île mesure 5 kil. de long sur 2 kil. 1/4 de large; environ 300 hab. Surface irrégulière marécageuse. Iona fut donnée, en 563, par le roi Pict Bridius à saint Colomban qui y fonda un célèbre monastère et un collège qui fut florissant jusqu'à la Réforme. Elle est maintenant la propriété du duc d'Argyll. Des ruines sépulcrales couvrent l'île. Un grand nombre de rois écossais, irlandais, norvégiens et même français y furent enterrés.

IONIE, Géogr. Ancienne contrée de la côte O. de l'Asie Mineure, entre la rivière Hermus au N. et le Méandre au S., comprenant les îles de Chios et de Samos. Ce pays reçut son nom des Ioniens qui y fondèrent 12 villes: Milet, Myonte, Priene, Éphèse, Lébédos, Colophon, Téos, Erythrée, Clazomènes, Phocée, Chios, et Samos, qui formèrent la Dodécapole ionienne. (Voy. IONIENS.) Vers 700 av. J.-C., Smyrne, antérieurement éolienne, devint membre de la confédération ionienne. Avant la moitié du vi⁰ siècle, les 13 villes devinrent sujettes de la Lydie et, à la chute de Crésus, elles furent annexées à l'empire perse par Cyrus. En 501 et en 494, les Ioniens firent des efforts infructueux pour recouvrer leur indépendance. Lors du renversement de l'empire perse par Alexandre, l'Ionie se soumit à la Macédoine, ensuite aux royaumes de Syrie et de Pergame; et en 133, elle tomba entre les mains des Romains. Elle fut le berceau du poème épique grec, de la poésie élégiaque, de l'histoire, de la philosophie, de la médecine et de plusieurs sciences; elle créa un style particulier d'architecture.

*IONIEN, IENNE adj. Qui appartient à l'Ionie ou à ses habitants. — Est quelquefois synonyme d'Ionique : *mode ionien; vers ionien; dialecte ionien,* ou substantiv., *l'ionien.*

IONIENNES (Îles), nom collectif de sept îles grecques, dont six appartiennent à la mer Ionienne (nom donné dans les temps anciens à la partie O. de la Méditerranée, située entre la côte O. de la Grèce et la côte E. de l'Italie et de la Sicile). Les îles Ioniennes sont : Corfou, Sainte-Maure, Ithaque ou *Thiaki,* Céphalonie, Zante, Paxo et Cérigo, avec quelques dépendances plus petites; 2,607 kil. carr.; 229,516 hab. Elles sont très montagneuses, et possèdent de beaux ports. Le mont Ænos, en Céphalonie, a près de 1,700 m. de haut. La moitié environ de la surface est susceptible de culture. Climat variable, mais sain. Les tremblements de terre sont rares. Les minéraux les plus importants sont: le fer, le charbon, le manganèse, le sulfate de soude, la marne, l'argile, la chalcédoine, le quartz et le marbre gris. Produits végétaux : l'olivier, le citronnier, l'oranger, le figuier, la vigne, les raisins de Corinthe, le blé, le maïs, l'orge, l'avoine, le lin, le coton, etc. Grand commerce de cabotage. Les indigènes appartiennent à la race grecque mélangée de sang albanais et italien. L'italien est parlé généralement dans les classes supérieures. — Ces îles étaient appelées autrefois Corcyre, Leucas, Ithaca, Céphallénie, Zacynthus, Paxos et Cythère. Elles restèrent sous la juridiction vénitienne depuis le xiv⁰ siècle jusqu'à l'époque où elles devinrent la propriété de la France, en vertu du traité de Campo-Formio (1797). De 1814 à 1863, elles formèrent une confédération républicaine, sous le protectorat de la Grande-Bretagne et sous le nom d'États-Unis des îles Ioniennes. Le chef du pouvoir exécutif était un lord grand commissaire, nommé par la couronne britannique. En 1863-'64, elles furent annexées au royaume de Grèce. Cérigo jadis y est éparchie de la nomarchie d'Argolide-et-Corinthe et les autres îles formèrent les trois nomarchies de Corcyra (Corfou), de Céphalonie et de Zante (Zacynthus).

IONIENS ou **Iaones** (gr. Ἰάονες et Ἴωνες), ancienne branche de la race grecque, ayant ses principaux établissements dans l'Asie Mineure occidentale et dans les îles adjacentes. Le nom d'Ioniens s'étendit à tous les peuples de la Grèce, qui furent appelés Javan (Yavan) chez les Hébreux, Yuna ou Yauna chez les Perses, Uinim chez les Egyptiens, et Yavanas ou Yonas dans l'Inde. Il est remarquable que le mot Ἴωνες se présente une seule fois dans l'*Iliade.* Les légendes grecques disent que, vers le xi⁰ siècle av. J.-C., les Ioniens émigrèrent de l'Attique et s'établirent sur les côtes de l'Asie Mineure. On suppose que le Yavanas de l'ancienne littérature sanscrite étaient les Ioniens qui firent des incursions dans l'Inde.

IONIES, petite tribu d'Indiens des Etats-Unis, appartenant à la famille des Cadoes ou Cadodaquios. Ils faisaient partie de la confédération connue des Espagnols sous le nom de Texas ou Amis; La Salle traversa leur pays. Ils habitèrent pendant longtemps sur la rivière Red, mais, vers 1823, ils se transportèrent au Texas et en 1859 dans le territoire indien. Ils sont aujourd'hui au nombre d'environ un cent.

*IONIQUE adj. Qui appartient, qui est particulier à l'ancienne Ionie; ou qui est imité des Ioniens : *le dialecte ionique.* — VERS IONIQUE, vers latin composé de trois mesures dont chacune est de deux brèves et de deux longues. — ORDRE IONIQUE, le troisième des cinq ordres d'architecture.

*IOTA s. m. [i-ô-ta]. Neuvième lettre de l'alphabet grec, dont la figure est la plus simple de toutes (ι).. — Fig. Pas la moindre chose, rien : *voilà un ouvrage parfait, il n'y manque pas un iota.*

*IOTACISME s. m. Gramm. Emploi fréquent du son *i* dans les mots d'une langue : *on reproche l'iotacisme à la langue grecque moderne.*

IOWA (aï-ô-oué), rivière des Etats-Unis, qui naît au nord de l'état auquel elle donne son nom et qui se jette dans le Mississipi, à 55 kil. au-dessus de Burlington, après un cours de 500 kil., dont 125 sont navigables.

IOWA, état de l'Union américaine, admis le 16⁰ dans la confédération, entre 40° 20' et 43°30'lat. N. et entre 92° 22'et99° 10' long. O.; 145,099 kil. carr.; 1,625,000 hab. Limites : les états de Minnesota, de Wisconsin, d'Illinois, de Missouri ou Nébraska et de Dakota; il est borné à l'E. par le cours du Mississipi et à l'O. par celui du Missouri; 99 comtés. Cap., Des

Sceau de l'état d'Iowa.

Moines; villes princ.: Burlington, Cedar Falls, Cedar Rapids, Clington, Council-Bluffs, Davenport, Dubuque, Keokuk, anc. cap. La population ne comptait que 45,000 hab. en 1840; elle comprend 6,000 nègres et 300,000 étrangers; 25,000 Canadiens, 3,000 Danois, 4,000 Français, 95,000 Allemands, 25,000 Anglais, 55,000 Irlandais, 7,000 Hollandais, 27,000 Norvégiens, 15,000 Suédois, 5,000 Suisses, etc.

Territoire bien arrosé par le Mississipi, par ses affluents (Des Moines, Checague ou Skunk, Iowa) et par le Missouri et ses affluents. La surface de l'Iowa est généralement ondulée; on n'y trouve pas de chaînes de montagnes; elle forme presque partout de vastes prairies couvertes d'excellents pâturages et émaillées de fleurs brillantes, pendant la saison chaude; mais, en hiver, tout le pays est enveloppé d'un épais manteau de neige. Immenses gisements de charbon bitumineux. Climat sain, mais très froid en hiver et très chaud en été. Frêne, orme, érable blanc et érable à sucre, peuplier, chêne, pommier, cerisier, poirier. Grande production de blé, de maïs, d'avoine, de lin, de pommes de terre, etc. 10,000 établissements industriels occupent 40,000 ouvriers. Exportation de charbon et de produits agricoles. La constitution accorde le droit électoral à tout citoyen américain habitant l'état depuis 6 mois. Le pouvoir législatif se compose d'un sénat de 50 membres élus pour 4 ans et d'une chambre de 100 membres élus tous les deux ans. Le gouverneur et ses ministres sont élus pour 2 ans. Les juges de la cour suprême sont élus par le peuple pour un terme de 6 ans; les autres juges ne sont élus que pour 4 ans. Dettes, 3 millions de francs; revenus, 9 millions; dépenses, 10 millions. L'instruction est très répandue, au moyen de 10,000 écoles primaires (400,000 élèves) et de nombreuses institutions secondaires et supérieures; 500 publications périodiques; 3,900 bibliothèques (750,000 vol.). Principales dénominations religieuses: baptistes (352 organisations), christians (113), congrégationalistes (187), protestants épiscopaliens (58), friends (82), luthériens (79), méthodistes (982), presbytériens (375), catholiques romains (216). — Dans la langue des Indiens, le mot *aïoué* signifie *belle terre.* Le territoire de l'Iowa faisait autrefois partie de la Louisiane, cédée aux États-Unis en 1803. Ce pays, aujourd'hui si peuplé, n'était alors habité que par quelques tribus sauvages. Pendant leur domination de plusieurs siècles, les Français n'y avaient fondé aucun établissement autre que celui de Dubuque. (Voy. ce nom.) Julien Dubuque, fixé au milieu des sauvages, fit du commerce avec eux jusqu'en 1810, époque de sa mort. Plusieurs établissements furent fondés aux environs de Burlington. L'Iowa, après avoir successivement fait partie du Michigan (1834) et du Wisconsin (1836), fut érigé en territoire séparé en 1838 et en état en 1846. Des Moines devint la capitale en 1857.

IOWA CITY, ville de l'Iowa (Etats-Unis), et de 1839 à 1857, siège du gouvernement territorial et de l'état, sur la rive gauche de la rivière Iowa (navigable en cet endroit pour les bateaux à vapeur), à 120 kil. de son embouchure et à 190 kil. E. de Des Moines; 7,160 hab.

IOWAS, tribu d'Indiens, appartenant à la famille Dakota. Ils s'appellent eux-mêmes *Paluchia, Nez poussiéreux,* mais ils furent nommés par quelques tribus *Algonquins Iowas* et par d'autres *Mascoutins* ou *Nudouessis.* En 1700, ils se trouvaient sur le Mankato et étaient en guerre avec toutes les tribus occidentales algonquines. Vers le commencement de ce siècle, ils combattirent les Osages et bientôt après les Omahas et les Sioux. Il paraît qu'ils étaient au nombre d'environ 1,500. Par un traité fait avec le général Clark en 1824, Mahaska ou Nuage Blanc, le plus grand de leurs chefs, et Manehana ou Grand Marcheur, cédèrent aux Etats-Unis toutes les terres des Iowas dans le territoire du Missouri. Leurs principaux villages à cette époque étaient situés sur l'Iowa et le Des Moines. Les Iowas, au nombre de 992, furent déplacés par un traité du 17 sept. 1836. Dix ans plus tard, ils n'étaient plus que 706. Leur territoire était alors borné à l'E. par le Missouri et au N. par le Grand Nemahaw. Par le traité du 6 mars 1861, la tribu, réduite alors à 305 âmes, céda tout son territoire, excepté une réserve de 16,000 acres. En 1869, ils consentirent à vendre cette dernière et à s'éloigner. En 1872, ils étaient au nombre de 225. — Une grammaire iowa par le rév. S. M. Irvin et William Hamilton, et un alphabet ont été publiés à la mission d'Iowa, en 1848.

IPÉCA s. m. Nom donné à l'ipécacuana par les pharmaciens et les médecins.

* IPÉCACUANA s. m. (nom brésilien de diverses racines émétiques). Bot. et Pharm. Nom d'une petite racine brune ou grise, noueuse, inodore, d'une saveur âcre et nauséabonde, qui nous est apportée d'Amérique, et qu'on emploie en médecine : *l'ipécacuana est un vomitif plus doux que l'émétique.* — L'ipécacuana (par abrév. *ipéca*) des pharma-

Ipécacuana gris (Cephaëlis ipecacuanha).

copées est la racine du *cephaëlis ipecacuanha*, petite plante de l'ordre naturel des *rubiacées*, sous-ordre des *cinchonacées*. Elle croît dans les forêts épaisses et ombragées du Brésil et de la Colombie et fleurit en janvier et en février. Le principe alcaloïde, appelé *emetia*, auquel est due la propriété émétique de la plante, s'obtient difficilement à l'état pur. Elle forme une poudre blanche, inodore et d'un goût légèrement amer. L'ipécacuana fut introduit en Europe dans la pratique médicale par Jean Helvétius, grand-père du célèbre auteur français de ce nom. A haute dose (de 50 centigr. à 1 gr. et demi), c'est un émétique actif et prompt, mais doux ; à petite dose (de 5 à 20 centigr.), c'est un diaphorétique et un expectorant; en quantité encore moindre, c'est un stimulant pour l'estomac. Le sirop d'ipéca est d'un usage populaire pour faire vomir les enfants.

IPÉCACUANIQUE adj. Chim. Se dit d'un acide extrait de certaines racines d'ipécacuana.

IPHICRATE, général athénien du IVᵉ siècle av. J.-C. En 393, il commanda les auxiliaires athéniens à la bataille de Lechæum, dans laquelle les alliés furent battus par les Lacédémoniens. Ensuite, plus heureux ces derniers, il les battit près de Corinthe et s'empara de Sidus, de Crommyon et d'Œnoë. En 377, il fut envoyé avec 20,000 Grecs mercenaires au secours du satrape perse Pharnabaze qui voulait réduire l'Egypte, mais il se querella avec lui et s'enfuit à Athènes. En 373, il fut nommé au commandement des troupes envoyées contre Corcyre. Dans la guerre qui naquit de la prise de Thèbes par les Spartiates, Iphicrate commanda les forces athéniennes employées contre les Thébains. Il eut ensuite un commandement en Thrace et dans la guerre sociale.

IPHIGÉNIE, fille d'Agamemnon et de Cly-

témnestre. Toute la Grèce, accourue à l'appel de Ménélas, n'attendait dans le port d'Aulis qu'un vent favorable pour s'élancer sur les rivages de la Troade, mais un calme continuel enchaînait la flotte en Aulide. L'oracle est consulté, et Calchas répond que la déesse de ces lieux rendra les vents propices si le sang d'Iphigénie coule sur son autel. Victime dévouée à la gloire de sa patrie, Iphigénie marchait couronnée de fleurs au sacrifice, lorsque Diane l'enleva dans un nuage et lui substitua une biche. Transportée en Tauride, la fille d'Agamemnon y devint prêtresse de Diane, sa libératrice; son frère Oreste, l'ayant reconnue là, l'emmena avec lui à Argos et à Sparte. Les aventures d'Iphigénie ont fait le sujet de plusieurs pièces de théâtre : *Iphigénie à Aulis*, tragédie d'Euripide, représentée en 406 av. J.-C.; *Iphigénie en Aulide*, titre de deux tragédies : l'une de Rotrou (1640) et l'autre de Racine (1674); *Iphigénie en Aulide*, tragédie lyrique en 3 actes, représentée à Paris (Opéra), le 19 avril 1774: musique de Gluck; paroles du bailli du Rollet; *Iphigénie en Tauride*, tragédie d'Euripide (410 av. J.-C.); *Iphigénie en Tauride*, tragédie en 5 actes et en vers, de Guimond de la Touche, représentée à la Comédie-Française le 4 juin 1757; *Iphigénie en Tauride*, chef-d'œuvre tragique de Gœthe; *Iphigénie en Tauride*, drame lyrique en 5 actes, représenté à Paris (Académie de musique) le 6 mai 1704; musique de Desmarest et Campra; paroles de Duché et Danchet; *Iphigénie en Tauride*, tragédie lyrique en 4 actes, représentée à Paris (Académie de musique) le 18 mai 1779; paroles de Guillard; musique de Gluck, dont ce fut l'un des plus beaux triomphes.

IPSAMBOUL, Abou Samboul ou ABUSIMBEL, lieu de la Nubie inférieure, sur la rive gauche du Nil, à 43 kil. S.-O. de Derr, remarquable par ses deux temples égyptiens taillés dans le roc. Tous deux ont leurs murs de façade en grès et les murs intérieurs creusés dans le roc solide. Le plus petit temple, bâti à environ 7 mètres au-dessus du niveau du Nil, a une façade de

Tombe à Ipsamboul.

30 mètres, il est orné de six statues gigantesques, dans un état de conservation presque parfait. Le plus grand temple, à 33 m. au-dessus du niveau de l'eau, possède une façade de 40 m. de long et de 30 m. de haut, avec quatre énormes figures de 23 m. de haut, les plus colossales de la Nubie et de l'Egypte.

IPSARA ou Psara, île stérile de la Turquie, dans l'archipel grec, à 45 kil. O. de Scio; longue d'environ 15 kil. et large de 8 kil. Pendant la guerre de l'indépendance grecque, elle se rendit célèbre par le dévouement et la bravoure de ses marins; elle fut prise et presque dépeuplée par les Turcs (3 juillet 1824). Ipsara, la seule ville de cette île, renferme à peine 500 hab.

* IPSO FACTO, loc. adv. empruntée du latin, qui se dit de tout ce qui suit infailliblement et immédiatement quelque fait. On l'emploie surtout en parlant d'une excommunication encourue par le seul fait : *celui qui frappe un prêtre est excommunié* ipso facto.

IPSUS, ville de l'ancienne Phrygie (Asie Mineure), probablement à environ 15 kil. S.-E. de Synnada. Elle est célèbre par la bataille qui s'y livra en 301 av. J.-C. (ou en 300, d'après les évaluations de Grote), et dans laquelle Antigone et son fils Démétrius furent battus par les forces de Séleucus, de Cassandre, de Lisimaque et de Ptolémée. Antigone fut tué et la bataille fut suivie d'une nouvelle division des Etats d'Alexandre le Grand, ce qui mit fin à une lutte sanglante qui durait depuis 20 ans.

IPSWICH (ips-ouidj), ville du Massachusetts (Etats-Unis), sur l'embouchure de la rivière Ipswich, à 42 kil N.-N.-E. de Boston; 3,680 hab.

IPSWICH, ville d'Angleterre, capitale du comté de Suffolk, sur la rivière Orwell, à 15 kil. de la mer et à 95 kil. N.-E. de Londres; 43,140 hab. Institut mécanique, collège d'ouvriers, fonderies importantes, savonneries, brosseries, moulins et docks pour la construction de navires. Ipswich fut ravagée par les Danois en 991 et en 1000.

IPSWICH, ville de Queensland (Australie), sur la rivière Bremer, à 40 kil. O. de Brisbone; 5,090 hab.

IR, préfixe qui remplace *in* quand il est suivi de R: *irréfléchi, irruption.*

IRA, forteresse et montagne de l'ancien Péloponèse (Messénie).

IRAK-ADJEMI, province centrale de la Perse, comprenant une portion du Grand Désert, bornée à l'E. par le Khorasan ; 358,000 kil. carr.; 1,250,000 hab. La surface forme un plateau élevé, traversé par plusieurs chaînes de montagnes et par des vallées fertiles. La contrée est presque dépourvue d'arbres. Les rivières principales sont : le Kizil Uzen et le Kerah. Ispahan, Téhéran, Hamadan, Casbin, Kermanshah et Kum sont les villes principales.

IRAK-ARABI ou Irak-i-Arabi, nom arabe et désignation ordinaire admise par les orientalistes pour la portion S.-E. de la Turquie d'Asie et quelques territoires adjacents à l'E. L'Irak-Arabi correspond à l'ancienne Babylonie et à l'Elam ou Susiane, et renferme le vilayet de Bagdad, plus la partie septentrionale et la frontière S.-O. de Perse, principalement le Khuzistan. Il comprend la région alluviale voisine du golfe Persique, région presque complètement plate, très fertile près des cours d'eau, desséchée et aride partout ailleurs. Rivières principales: le Tigre et l'Euphrate. Villes principales: Bagdad et Bassorah.

IRAM ou Iran. Voy. PERSE.

* IRANIEN, IENNE adj. Qui appartient à l'Iran. On dit aussi IRANIQUE. — Races et langues iraniennes. — Les races iraniennes ou persanes forment une branche de la famille aryenne ou indo-européenne; elles habitent un territoire situé dans le voisinage immédiat et à l'O. des races hindoues ou aryennes proprement dites. Les Iraniens formèrent dans les temps anciens le trait d'union

qui relie les Indo-Européens de l'Asie et ceux de l'Europe. La première race iranique qui fait son apparition dans l'histoire est celle des Mèdes. Les sources les plus anciennes que nous possédons sur l'histoire des Iraniens les représentent comme divisés en plusieurs races. Les races iraniques sont encore subdivisées aujourd'hui en de nombreuses tribus. L'Indus forme maintenant leur frontière E. Dans le *damaun* ou terre frontière de l'Inde, plusieurs tribus afghanes, quelquefois désignées collectivement sous le nom de Lohani et d'autres plus à l'O., sur les monts Solyman, forment ensemble la transition de la race indique à la race iranique. Plus loin encore à l'O. sont les Afghans proprement dits et au S. de ceux-ci les Béloutchis, qui ne sont pas de pure origine iranique. Les Afghans sont bien bâtis, avec la tête allongée, les yeux horizontaux et une peau d'un brun velouté. Les Tajiks, Iraniens aussi par le sang et par le langage, se rencontrent parmi les Afghans et les Béloutchis ; mais on les trouve en plus grand nombre dans la Boukharie et le Badakhshan ; beaucoup se sont établis dans le Khokan, à Kiva et dans la Tartarie chinoise. Plus à l'O. principalement sur les frontières de l'Afghanistan, de Kiva et de la Perse, vivent les Aimags, dont le langage est d'un type très ancien et peu mélangé d'arabique. Les Perses sont beaucoup plus blancs que les Afghans, leurs traits sont plus réguliers, leur physionomie a été améliorée par des mélanges avec les Géorgiens et les Circassiens. Les Kurds appartiennent aussi à la race iranique. On les trouve dans le Khorasan et ils habitent les pentes septentrionales et les vallées de l'Elburz, mais la masse des Kurds orientaux vit sur les monts Zagros. Les Kurds occidentaux habitent une portion des chaînes de montagnes de l'Arménie sur la limite nord du désert de Mésopotamie. Au milieu des Kurds vit un peuple cultivateur, les Gurans, dont le dialecte se rapproche du persan plus que du kurd. Au N. des Kurds, les principales populations iraniques sont les Arméniens, les Tats qui habitent le Bakou et les Ossètes, de chaque côté du Caucase, près de la passe de Dariel. Ceux-ci surpassent généralement les Perses par la blancheur de leur teint. — Le rétablissement des anciens langages de la Perse, accompli principalement au xixᵉ siècle, est dû en partie à la connaissance du sanscrit. Les deux formes les plus anciennes du langage iranique se manifestent dans les livres sacrés des Parsies et dans les caractères cunéiformes. Les restes des livres sacrés existant à l'époque de la conquête arabe sont encore conservés, les uns dans la langue primitive (*zend* ou ancien bactrien), le plus grand nombre dans des traductions en *huzvarèche*, forme littéraire du *pehlvi*. (Voy. ZEND-AVESTA.) Pour l'ancienne langue persane du temps des Achæmenides, telle qu'on la trouve sur les monuments de Cyrus, de Darius et de Xerxès, voy. CUNÉIFORME. Benfey, Mordtmonn et d'autres sont d'opinion que la seconde colonne des inscriptions cunéiformes trilinguales contient un exemple du langage des anciens Mèdes. Le *pehlvi*, pahlavi ou huzvaresh est iranique, mais on ne sait pas positivement en quel lieu ni à quelle époque il fut parlé. Spiegel pense qu'il fut employé dans la portion occidentale de l'empire des Sassanides. Langage littéraire avant la chute de l'empire sassanide, il continua d'être employé dans les documents religieux. Il renferme beaucoup d'éléments sémitiques. Le parsie où *pazend* ressemble au pehlvi pour les formes grammaticales ; mais son vocabulaire est purement iranique. Il fut probablement employé à la même époque que le pehlvi et finit par le remplacer. Il se maintint jusqu'au développement du persan moderne. Ce dernier fut d'abord purement iranique ; mais depuis l'adoption de l'islauisme

son vocabulaire a adopté une multitude de mots arabes.

IRAOUADDY. Voy. IRRAWADDY.

* **IRASCIBILITÉ** s. f. Facilité à s'irriter ; défant d'une personne irascible.

* **IRASCIBLE** adj. [i-rass-si-ble] (lat. *irascibilis*). Qui s'emporte facilement, qui est prompt à se mettre en colère : *c'est un homme fort irascible.* On dit de même, CARACTÈRE, TEMPÉRAMENT IRASCIBLE. — Philos. L'APPÉTIT IRASCIBLE, LA PARTIE IRASCIBLE, LA FACULTÉ IRASCIBLE, la faculté par laquelle l'âme se porte à surmonter les difficultés qu'elle rencontre dans la poursuite du bien ou dans la fuite du mal.

* **IRATO (Ab).** Loc. lat. qui signifie, par un homme en colère : *testament ab irato.*

* **IRE** s. f. (lat. *ira*). Courroux, colère. (Vieux.)

IRELAND. I.(Samuel) [aï-eur-lènnd], graveur anglais mort en 1800. Il a publié des ouvrages illustrés et *Graphic Illustrations of Hogarth* (1794-'99). — II. **(William-Henry)**, son fils, né en 1777, mort en 1835. Étant clerc dans une étude de notaire, il publia, vers 1795, une pièce de théâtre, *Vortigern*, qu'il attribua à Shakespeare, et qui, pendant un certain temps, trompa un grand nombre de littérateurs. Cette pièce et *Henri II*, production semblable, furent imprimées en 1799. Ses *Confessions* (1805), contenant l'aveu de ses faux, ont été publiées à New-York en 1874 avec des fac-similés additionnels et une introduction, par R. G. White.

IRÈNE, impératrice de Constantinople, née à Athènes, vers 752, de parents obscurs, morte en 803. Elle fut mariée en 769 à Léon IV, fils et héritier de l'empereur Constantin V. A la mort de celui-ci, Léon la désigna pour administrer le royaume pendant la minorité de leur fils, Constantin VI. En 787, elle convoqua à Nicée un concile qui rétablit l'usage du culte des images dans les églises. (Voy. ICONOCLASTES.) En 790, Constantin VI, réussit à l'éloigner des affaires et à se soustraire à son influence; mais en 797, Constantin, assailli par des assassins soudoyés par Irène, se réfugia en Phrygie. Une fois maîtresse du pouvoir, elle persuada à son fils de revenir et lui fit crever les yeux. Pendant cinq années, elle gouverna l'empire avec une prudente énergie ; mais ses efforts furent impuissants à la préserver des justes suites de ses crimes. En 802, Nicéphore, son trésorier, la fit arrêter et bannir à l'île de Lesbos où elle vécut misérable, forcée de filer pour gagner sa nourriture quotidienne. La restauration des images et la protection qu'elle accorda à leur culte l'ont fait placer dans le calendrier grec, au nombre des saintes.

IRÉNÉE (Saint), l'un des plus célèbres pères de l'Église, né près de Smyrne en 135, mort à Lyon en 202. Il fut disciple de saint Polycarpe et accompagna probablement saint Pothin dans les Gaules; il reçut les ordres des mains de ce dernier et lui succéda, en 177, sur le siège épiscopal de Lyon. Dans la controverse qui s'éleva entre les évêques d'Orient et le pape Victor Iᵉʳ au sujet de la célébration de la Pâque, il prit parti pour les évêques orientaux et remplit le rôle de médiateur. Il écrivit contre les gnostiques et les valentiniens un traité, *Adversus hæreses*, qui est regardé comme l'ouvrage le plus important de la littérature patrologique. Mis par l'Église au nombre de ses saints, il est vénéré le 28 juin.

IRIARTE. Voy. YRIARTE.

IRIDÉ, ÉE adj. Qui ressemble à l'iris. — s. f. pl. Famille de plantes dont l'iris est le type et qui comprend les genres : iris, bermudienne, glaïeul, safran, etc.

IRIDIEN, IENNE adj. Qui appartient à l'iris : *tissu iridien.*

* **IRIDIUM** s. m. [i-ri-di-omm] (rad. *iris*, à cause des couleurs irisées qu'affectent ses solutions). Métal très dur, cassant, d'un blanc d'argent, contenu dans certains minerais de platine ; symbole Ir ; équivalent chimique 98.56. Il se trouve à l'état natif et presque pur, ou associé à l'osmium, au platine et au rhodium. A l'aide du chalumeau oxyhydrogène, il peut être fondu sur de la chaux ; on le fond aussi au moyen du courant voltaïque ; sa gravité spécifique est alors de 21.15. On le trouve en petits grains qui sont employés pour fortifier les pointes des plumes d'or. Ce métal fut découvert en 1804, par Tennant, qui le trouva, ainsi que l'osmium, dans le minerai de platine.

IRIS. Mythol. gr. Fille de Thaumas et d'Électre et messagère des dieux. Hésiode a personnifié l'arc-en-ciel sous le nom d'Iris et Homère nous montre cette déesse sous les murs de Troie enlevant du champ de bataille Vénus blessée. Elle est représentée comme une vierge à la longue tunique et aux ailes d'or.

* **IRIS** s. m. [i-riss]. Météore qu'on appelle vulgairement l'arc-en-ciel : *les couleurs de l'iris.* — Couleurs qui paraissent autour des objets quand on les regarde avec une lunette : *cette lorgnette est mauvaise, elle produit un iris très marqué.* — PIERRE D'IRIS, ou simplement IRIS, pierre dans laquelle on voit les couleurs de l'arc-en-ciel. — Anat. Cette partie colorée de l'œil, qui environne la prunelle, et qui présente quelquefois des nuances circulaires et concentriques : *les yeux bleus, les yeux noirs, sont ceux dont l'iris est bleu, est noir.*

* **IRIS** s. m. Bot. Genre d'iridées, comprenant une centaine d'espèces de plantes vivaces à rhizome rampant, à bulbe solide, à fleurs grandes, souvent richement colorées. On le multiplie par la séparation des rhizomes ou, quand on veut obtenir des variétés nouvelles, par le semis. L'iris d'Allemagne (*iris Germanica*), appelé aussi *flambe* ou *flamme*, croît en France sur les murs et sur les rochers; on le cultive dans les jardins à cause de ses belles fleurs d'un bleu violet, avec la barbe jaune et une odeur agréable. Son rhizome amer et âcre, répand, quand il est sec, une

Iris Florentina.

odeur de violette. L'iris de Florence (*iris Florentina*), à fleurs blanches, lavées de bleu, avec du jaune vif à la barbe du périanthe, croît en Italie et en Provence. Son rhizome séché est employé, ainsi que celui de l'espèce précédente, à parfumer le linge dans les armoires et dans la lessive ; on s'en sert aussi en médecine pour faire les *pois à cautère*, à cause de son âcreté, qui entretient une irritation convenable. L'iris des marais (*iris pseudo-acorus*), commun aux environs de Paris, porte des fleurs grandes, jaunes, presque inodores; son rhizome donne une teinture noire. L'*iris gigot* (*iris fœtidissima*), à fleurs jaunes, ponctuées de violet sur les sépales, répand, quand on l'écrase, une odeur de gigot rôti, à l'ail. — Parmi les espèces et les variétés recherchées particulièrement pour orner les jardins, nous

Iris Susiana.

citerons l'*iris deuil* (*iris Susiana*), magnifique plante dont les grandes fleurs sont marquées de points et de bandes pourpres sur fond gris ou blanc.—VERT D'IRIS, ou simplement IRIS, couleur qui sert pour la miniature et pour la gouache, et qui est faite avec de la chaux et des pétales d'iris d'Allemagne. — POUDRE D'IRIS, ou simplement IRIS, poudre de senteur faite de la racine d'iris de Florence, d'iris d'Allemagne, de l'iris des marais et de plusieurs autres espèces. Cette poudre, si employée par les parfumeurs, provient surtout de Trieste et de Livourne; elle prévient les crevasses de la peau.

* **IRISATION** s. f. [i-ri-za-si-on]. Phys. Propriété dont jouissent certains métaux de produire à leur surface les couleurs de l'iris.

* **IRISÉ, ÉE** adj. Hist. nat. Qui présente les couleurs de l'arc-en-ciel : *pierre irisée*. — S'iriser v. pr. Prendre les couleurs de l'arc-en-ciel.

IRITIS s. f. Méd. Inflammation de l'iris. Elle débute par un léger trouble de la vision, une teinte mate et terne de l'iris, une coloration rosée de la sclérotique; son symptôme principal est la *déformation de la pupille*; il s'y joint des douleurs orbitaires profondes et de la photophobie (horreur de la lumière); on combat cette affection par un traitement antiphlogistique énergique, par les révulsifs intestinaux et par des instillations d'eau belladonée et quelquefois les saignées locales et générales.

IRKOUTSK I. Gouvernement de la Russie d'Asie, borné par la Mongolie; 784,691 kil. carr.; 378,244 hab. Territoire élevé, riche en minéraux (or, argent, cuivre et fer). Vastes forêts. Bœufs et moutons. Les étés sont courts, mais très chauds; les hivers sont excessivement froids. Les habitants descendent d'exilés russes, de Mongols, de Tunguses et de Burials. — II. Capitale du gouvernement ci-dessus et de la Sibérie orientale, sur l'Angara inférieure, à environ 50 kil. de sa sortie du lac Baïkal ; 32,790 hab.; est bien bâtie. Elle est fortifiée, possède une citadelle, un théâtre et un grand nombre d'écoles et d'églises. Manufactures de laine, de toile, de cuir, verreries et fabriques de savon. Les condamnés sont employés dans les factoreries du gouvernement. Grand entrepôt commercial entre l'empire chinois et l'empire russe. Célèbre foire en juin.

IRLANDAIS, AISE s. et adj. Qui est de l'Irlande, qui appartient à ce pays ou à ses habitants.

IRLANDE (angl. *Ireland;* irland. *Erin* ou *Ile verte;* lat. *Hibernia*). L'une des deux îles principales du Royaume-Uni de Grande-Bretagne et d'Irlande, entre 51° 26' et 55° 21' lat. N. et entre 7° 40' et 12° 46' long. O.; bornée au N.-O. et au S. par l'océan Atlantique, à l'E. par le canal Saint-Georges, la mer d'Irlande et le canal du Nord qui la séparent de l'Angleterre et de l'Ecosse; sa plus grande longueur méridionale est de 350 kil. ; sa plus grande et sa plus petite largeur sont de 275 et de 170 kil. ; 84,252 kil. carr.; 5,174,836 hab. Capitale, Dublin ; villes princ. : Belfast, Cork et Queenstown. L'Irlande est divisée en quatre provinces : Leinster, Munster, Ulster et Connaught, et en 32 comtés. (Voy. GRANDE-BRETAGNE.) Jusqu'en 1841 la population augmenta; elle était alors de 8,196,597 hab.; depuis, elle n'a cessé de décroître; elle n'était plus que de 6,574,278 hab. en 1851 ; de 5,798,967 hab., en 1861 et de 5,412,377 hab. en 1871 ; le nombre que nous avons donné plus haut est celui du recensement de 1881. Si ce dépeuplement continue pendant un demi-siècle, l'Irlande, cette *île sœur*, comme l'appellent les Anglais, deviendra une solitude, dont la misère fera contraste avec la prospérité des colonies britanniques, comme pour donner un exemple vivant des effets produits d'un côté par le despotisme et de l'autre par la liberté. — Sous le rapport religieux, la population se décompose en : 3,950,000 catholiques, 630,000 anglicans, 450,000 presbytériens, 45,000 méthodistes, etc. La décroissance de la population est due surtout à la famine et à l'émigration (Voy. ÉMIGRATION.) — La ligne de côtes mesure environ 1,125 kil. de longueur, depuis le cap Malin, au S., jusqu'au cap Clear. Les principales échancrures sur les côtes E. et S. sont : les loughs de Foyle, de Belfast, de Strangford et de Carlingford; les baies de Dundalk et de Drogheda; celle de Dublin avec le port artificiel de Kingstown; celle de Vexford, de Waterford et de Youghal; le magnifique port de Cork, renfermant Queenstown; et les rades de Kinsale et de Skibbereen. Au S.-O. et au N. la côte est découpée en bandes étroites et en fragments accidentés par des firths et des bras de mer formant des baies nombreuses et des ports : baies de Bantry et de Kenmare, port de Valentia, baies de Dingle et de Tralee, estuaire du Shannon, baies de Galway, de Clew, de Killala, de Sligo et de Donegal et Lough Swilly. Les côtes sur ce côté sont dominées par des falaises escarpées. Sur la côte N. s'élèvent les célèbres colonnades appelées chaussée du Géant; 196 îles sont dispersées le long des côtes. Le nombre total des ports est de 90. — La surface est divisée en un bassin central et en masses montagneuses bordant la côte. La plaine centrale est diversifiée par de riches plateaux ondulés et par des étendues de marais stériles. Les collines et les montagnes les plus élevées sont couvertes de bruyères jusqu'à leur sommet. Le pays renferme peu de forêts. Il n'y a pas de chaînes de montagnes, excepté le Slieve Bloom et le Devil's Bit, qui forment une courbe irrégulière d'environ 45 kil. à travers le Munster et le Leinster. Partout ailleurs, les montagnes forment des masses isolées près de la côte. Les pics les plus élevés sont : le Brandon, (1,000 m.) et le Carn Tual (1,105 m.) Une éruption volcanique, qui eut lieu en mai 1788 sur la montagne de Knocklade (Antrim), répandit une coulée de lave de 60 m. de large pendant 39 heures et détruisit le village de Ballyowen. Les principaux gisements de charbon se trouvent au centre de l'île, ils produisent du charbon d'une qualité inférieure. Le lit le plus riche est celui de Kilkenny. On trouve du lignite sur la côte S. du Lough Neagh. Le minerai de cuivre, principale richesse minérale de l'Irlande, se trouve surtout dans les comtés de Wicklow, de Waterford, de Cork et de Tipperary. Le plomb est plus

abondant que le cuivre. Les mines de charbon sont riches en fer ; l'argent se trouve avec le minerai de plomb. Il y a deux espèces de bogs, le rouge ou au fibreux composé principalement de *sphagnum palustre* ou mousse des bogs, et le bog noir qui a une profondeur de 8 à 33 m. (Voy. BOGS.) Principaux cours d'eau : Shannon, Blackwater, Suir, Nore, Barrow, Slaney, Boyne, Bann, Foyle, Erne et Liffey. Nombreux lacs : Lough Neagh, Lough Erne, Lough Corrib; Lough Mask, lac Conn, et lac de Kilarney. — Le climat est doux et uniforme. A Dublin la température moyenne annuelle est d'environ 50° F. (10° C.); celle de l'hiver est de 40° F. (3° 60 C.) ; celle du printemps et de l'automne 50° (10° C.) et celle de l'été 60° (16° C.). Une humidité perpétuelle favorise la végétation et entretient la fraîcheur des pâturages. Un quart du territoire est couvert de rochers stériles, de marais et de bogs; le sol arable, d'une qualité médiocre, forme un autre quart, et le reste est une terre végétale riche et profonde, recouvrant généralement un sous-sol calcaire. Les montagnes sont susceptibles d'être cultivées à une grande hauteur et leurs sommets, sauf quelques exceptions, forment des pâturages en été. Par rapport au sol et au climat, l'Irlande est un pays pastoral. Dans les comtés du nord, les fermes, généralement petites, sont cultivées à la bêche; elles donnent des pommes de terre, de l'avoine et du chanvre. Dans la partie nord du Fermanagh, elles sont plus grandes, la culture y est meilleure, le blé y croît en grande quantité, bien que l'avoine y soit la principale récolte, ainsi que dans les cinq comtés formant le N.-O. de l'Irlande; l'orge croît près du bord de la mer. Dans les comtés du S.-O., on s'occupe davantage de l'élevage des bestiaux. Dans les comtés de Tipperary, de King et de Queen, on cultive le blé. Le pays manque de bois, on trouve dans les bogs le chêne, le sapin, l'if, le houx et le bouleau. Le poisson est très abondant, particulièrement le saumon, le brochet, l'anguille et la truite. Il y a des grenouilles, mais pas de crapauds, ni de serpents. La flore de l'Irlande comprend l'*arbutus unedo*, le long des lacs de Killarney; des espèces de saxifrages et de fougères sur les montagnes de Kerry; de rares plantes alpines dans le Connemara (Galway), dans la montagne de Benbulben (Sligo), dans le comté d'Antrim, et des espèces particulières d'algues sur différentes parties de la côte. Il y a plus de deux millions d'acres en céréales ; 526,160 chevaux ; 4,111,990 bœufs, 4,248,158 moutons et plus de 1,250,000 porcs. — La manufacture de toile est la branche la plus importante de l'industrie irlandaise. Il y a 150 manufactures de lin, employant 60,300 ouvriers, 8 de coton, avec 3,100 ouvriers, 11,000 de jute avec 2,000 ouvriers et 2 manufactures de soie avec 400 ouvriers. Belfast est le centre le plus important pour la fabrication des toiles. On fabrique de la dentelle à Limerick. On a fait de grands progrès depuis quelques années dans la manufacture des mousselines brodées. Le siège principal de cette industrie est Glasgow, mais l'ouvrage à l'aiguille, bien qu'exécuté en partie en Ecosse, est fait principalement par les paysans irlandais. Environ 300,000 personnes, principalement des femmes, sont employées à cet ouvrage. Le nombre des distilleries et des établissements de rectification pour les alcools est de 65, la consommation annuelle est d'environ 20,860,984 litres d'alcool. Parmi les pêcheries d'Irlande, celles du saumon et du hareng sont les plus florissantes. Le nombre des bateaux occupés aux pêcheries est de 6,530, employant constamment 5,800 hommes et enfants, occasionnellement 22,000. Le poisson et les navires marchands est de 1,724, de 212,442 tonnes, comprenant 218 vapeurs de 54,775 tonnes et 1,506 navires à voile, de 157,637 tonnes. Les importations étrangères sont estimées à 11,028,511 livres sterling et l'exportation à 336,095. Les principaux ports de commerce : sont Belfast, Cork, Dublin, Limerick, Londonderry, Newry, Waterford et Wexford. — L'Eglise épiscopale ou anglicane était autrefois l'Eglise établie d'Irlande, mais elle a été *désétablie* en 1871, par acte du parlement. (Voy. ANGLICANISME.) Elle est gouvernée par un synode général, se rassemblant annuellement à Dublin. Le primat (archevêque d'Armagh) est élu par le ban des évêques. Il y a deux archevêchés : Dublin et Armagh et 40 évêchés. — Les dignitaires de l'Eglise catholique romaine d'Irlande sont les quatre archevêques d'Armagh, de Dublin, de Cashel et de Tuam et 24 évêques. — L'institution principale d'éducation est l'université de Trinity collège (Dublin), fondée en 1591 (1,200 étudiants). Parmi les autres établissements d'éducation sont les collèges de Belfast, de Cork et de Galway. Le collège de Maynooth et celui de All-Hallows (Drumcondra), sont les institutions principales pour l'instruction des catholiques romains qui se destinent à la prêtrise. L'établissement d'une université catholique romaine fut votée par une assemblée synodale en 1854 et la première pierre fut posée à Drumcondra en 1862. Il y a 7,150 écoles primaires, avec 1,100,000 enfants inscrits, comprenant plus de 800,000 catholiques. De nombreuses écoles sont aussi dirigées par les frères des écoles chrétiennes. La société d'éducation de l'Eglise donne l'instruction à environ 50,000 élèves, la plupart protestants. Les principaux établissements pour l'avancement de la littérature, des sciences et des arts se trouvent à Dublin ; nous citerons, l'académie royale irlandaise, l'académie royale hibernienne des arts, et la société royale de Dublin. Les institutions de bienfaisance sont en très grand nombre. Le nombre total des pauvres secouris est de 77,943. Le nombre des condamnations criminelles est de 2,484. — Le gouvernement est administré par un lord lieutenant, assisté d'un conseil privé nommé par la couronne, et par un secrétaire en chef pour l'Irlande ; ce dernier fait partie du cabinet comme ministre. Chaque comté est confié aux soins d'un lieutenant, généralement un pair du royaume, assisté de lieutenants adjoints et de magistrats qui remplissent leurs fonctions gratuitement, et par un ou plusieurs magistrats salariés, tous nommés selon le bon plaisir de la couronne. La justice est administrée par le lord chancelier, le maître des rôles, quatre juges dans chacune des cours du banc de la reine, etc. Les assises pour les cas criminel et civil sont présidées par deux juges, dans chaque comté, au printemps et à l'été de chaque année. L'Irlande est représentée au parlement anglais par 28 pairs élus à vie et par 105 membres de la chambre des communes. — Les antiquités d'Irlande se composent de cromlechs, de cairns (simples monticules ou marques de sépulture), de colonnes de pierres, de tumuli, des duns ou défenses en pierre, des îls ou fortifications de terre, des raths ou villages, d'anciens établissements voûtés en pierre, de tours rondes (dont 118 ont une hauteur de 12 à 40 m. avec un diamètre intérieur de 3 à 5 m.), un grand nombre de châteaux et de forteresses. Les constructions rondes ou ovales en pierre brute et en terre, appelées populairement ruchers, se trouvent en grand nombre sur les îles en face de la côte de Connemara, comté de Galway, et datent probablement du vie ou du viie siècle. Les exemples les plus remarquables de l'architecture cyclopéenne sont : le Dun Aengus, sur une falaise élevée de la grande île d'Arran ; le Knockfennell dans Limerick, qui mesure 100 m. de circonférence avec des murs de 3 m. 30 centim. d'épaisseur ; et le fort de Staigue près de la baie de Kenmare, d'un diamètre circulaire de 30 m. avec des murs de 6 m. de hauteur et de 4 m. 35 centim. d'épaisseur.

Les touristes admirent plusieurs anciennes chapelles bâties en pierre sèches, dans le comté de Kerry. Les ruines sont très abondantes dans certaines parties de l'Irlande ; ce sont surtout des châteaux et des tours irlandaises du xiie au xvie siècle. — César, Tacite et Pline appellent Hibernie, le pays nommé aujourd'hui Irlande. Le nom indigène est Er, Eri ou Erin. Pendant le règne d'Ollav Fola, environ 900 av. J.-C., une espèce de parlement fut organisé en une assemblée triennale à Teamor ou Tara, on fit des lois inscrites dans un mémorial appelé le psautier de Tara. Ollav Fola fonda aussi des écoles de philosophie, d'astronomie, de poésie, de médecine et d'histoire. Hugony le Grand (300 av. J.-C.) conquit les îles occidentales et divisa l'Irlande en 25 provinces administratives. La couronne fut déclarée héréditaire dans sa famille. La division de l'Irlande en quatre provinces remonte à cette époque. Crintham, l'un des successeurs d'Hugony, s'associa aux Pictes dans leurs incursions contre les Romains. Cormac fut fameux dans la paix et dans la guerre. Dathi fut le dernier roi païen de l'Irlande. A cette époque, les habitants étaient Scoto-Milésiens ou Ecossais mêlés avec les descendants de Mileagh, héros Ibérien. (Voy. CELTES et GAEL.) Depuis le iiie siècle jusqu'à la fin du xe siècle, l'île entière porta le nom de Scotia. Patrick, natif de Gaule, fut envoyé à Rome par Germain d'Auxerre ; le pape lui confia la mission de convertir le peuple irlandais. Il arriva en Irlande vers le milieu du ve siècle ; quand il mourut, en 493, l'île était chrétienne. Le monastère favori de saint Patrick à Armagh devint une école célèbre dans toute l'Europe. Un des événements les plus importants de cette époque fut la fondation du royaume dalriadien ou scotomilésien d'Albanie (Ecosse), dont la première colonisation par le peuple venu d'Irlande eut lieu vers 238 av. J.-C. Suivant Bède, un grand nombre d'Anglo-Saxons s'établirent en Irlande en 646. En 684, cette île fut envahie par Egfrid, roi de Northumbrie. Des incursions scandinaves plus sérieuses eurent lieu vers la fin du viiie siècle. Vers 840, parut une flotte puissante commandée par Turgesius, qui, près de sept ans, exerça son pouvoir sur un vaste district. Turgesius fut tué par Malachis, prince de Westmeath, et les Irlandais, sous le chef principal Niall III, secouèrent le joug des Danois. En 1002, Brian Boru, ou Borohme, roi de Munster, chassa les Danois de son royaume et s'empara de l'autorité ; il fut couronné à Tara comme roi d'Irlande. En peu de temps, il chassa les Danois de tout le pays. Une autre invasion des Danois amena la bataille décisive de Clontarf, le jour du vendredi saint, 23 avril 1014, et anéantit définitivement leur pouvoir. Brian fut tué par l'ennemi en fuite, et Malachis, détrôné par lui, devint alors roi. Sa mort en 1022, marque le déclin de la monarchie irlandaise. Au xiie siècle, le pays offrait le spectacle du désordre. L'île était tombée dans un état d'abâtardissement et le pape Eugène III envoya le cardinal Papiron pour corriger les abus et rétablir la discipline. Le synode de Kells, tenu sous ses auspices en 1152, reconnut la suprématie de Rome. On dit qu'en 1155 une bulle fut lancée par le pape Adrien IV, conférant la souveraineté de l'Irlande à Henry II d'Angleterre. En 1169, l'île fut envahie par deux bandes d'aventuriers normands, sous Robert Fitzstephen et Richard de Clare, comte de Pembroke, appelé vulgairement Strongbow. Henri se rendit en Irlande en 1171 et fut reconnu lord suzerain par un grand nombre de princes du pays. En 1177, son fils, Jean, fut nommé lord d'Irlande, et le cardinal Vivian, légat du pape, convoquant un synode à Dublin, donna le titre de roi à Henri avec l'autorisation du pape. En 1185, Jean arriva avec une flotte de 60 na-

vires, il fut défait par Donal O'Brien et il s'en retourna bientôt. En 1210, Jean, devenu roi d'Angleterre, attaqua de nouveau l'Irlande et battit les plus puissants lords anglo-normands. En 1246, la Magna Charta ou grande charte des libertés fut accordée aux Irlandais par Henry III. En 1315, Edward Bruce débarqua à Antrim, où il fut rejoint par Donal O'Niel, prince d'Ulster. Les habitants se rangèrent sous son drapeau. Les Anglo-Normands avec O'Conor de Connaught lui firent opposition. Bruce et O'Niel écrasèrent l'armée anglo-normande, et, en 1316, Bruce fut élu et couronné roi. Robert Bruce vint à l'aide de son frère, et, après une incursion heureuse jusqu'à Limerick, il retourna en Ecosse. Les Anglais, commandés par Jean de Birmingham, battirent Edward Bruce et dispersèrent ses troupes à Faugard, 14 octobre 1318. Bruce fut tué vers le milieu du xive siècle ; les colons normands adoptèrent le langage, les lois, les manières et les coutumes des Irlandais. Par une ordonnance d'Edward III (1341), tous les emplois occupés en Irlande par des Irlandais ou par des Anglais qui avaient des propriétés ou qui étaient mariés en Irlande furent considérés comme vacants et donnés aux Anglais n'ayant aucun intérêt personnel en Irlande. En 1367, un parlement, réuni à Kilkenny, sous les auspices de Lionel, fils du roi, passa le mémorable *statut de Kilkenny*, dirigé contre les Anglais qui adoptaient les mœurs ou des coutumes irlandaises ou qui se mariaient avec les indigènes. Vers la fin du même siècle Richard II débarqua deux fois en Irlande avec de grandes forces, mais il fut complètement déjoué par Art Mac' Murrough qui, dans le règne suivant, battit le duc de Lancaster dans les marais de Dublin. Sous le règne d'Edouard IV, fut passé le *head act*, qui rendait légitime le meurtre de toute personne voyageant sans être accompagnée d'un Anglais, sous le costume anglais. Henry VII entreprit de réduire le pays à une condition de dépendance encore plus complète en ordonnant qu'aucun parlement ne se rassemblerait sans sa permission et qu'aucune loi ne serait valide si elle n'était sanctionnée par le roi anglais et son conseil. Pour lui plaire, sir Edward Poynings, lord député, assembla un parlement à Drogheda, en 1493 et fit adopter la *loi poynings* qui renversa l'indépendance du parlement irlandais. En 1537, un parlement réuni à Dublin, passa l'acte de suprématie, déclarant Henri VIII le chef suprême de l'Eglise et regardant comme un acte de haute trahison le refus du serment de suprématie. Henry VIII prit aussi le titre de roi d'Irlande et introduisit dans ce pays la réforme protestante. Sous le règne d'Elisabeth, des guerres féroces et presque incessantes eurent lieu avec les Desmonds, les O'Neils de Munster, et autres familles anglo-irlandaises qui repoussaient la réforme. Pendant les 15 dernières années de ce règne, la lutte se continua avec violence, particulièrement contre les O'Neills, les O'Donnels et autres princes et chefs de l'Ulster. En 1611, une insurrection éclata dans l'Ulster, elle se répandit avec rapidité dans toute l'île et elle se fit remarquer par de grandes atrocités. En 1642, un synode national établit la *confédération de Kilkenny* et convoqua une assemblée générale du royaume, qui exerça les fonctions de gouvernement national pendant plusieurs années. Owen Roe O'Neill remporta une grande victoire sur l'armée anglaise à Benburb, le 5 juin 1646. Le pays fut en proie à l'anarchie jusqu'en 1649, époque où Cromwell prit Drogheda et la livra à ses soldats. Les forteresses catholiques romaines tombèrent et la suprématie anglaise fut rétablie. Les quatre cinquièmes du territoire furent confisqués ; en 1688, les catholiques prirent de nouveau les armes. Jacques II, après sa fuite d'Angleterre, se présenta en Irlande, mais il fut vaincu par Guillaume d'Orange, a la bataille de la Boyne en 1690. Les Irlandais furent défaits à la bataille d'Aghrim, 12 juillet 1691, et se rendirent le 3 octobre 1692. Les cent années qui suivirent furent signalées par une incessante persécution des catholiques. En 1782, Henri Grattan porta le dernier coup à l'indépendance du parlement irlandais. En 1791, Theobald Wolfe Tone fonda la première société des United Irishmen. Son but avoué était d'arriver à l'indépendance par l'union des protestants, des catholiques et des dissidents. Le gouvernement britannique redoubla de sévérité; il suspendit l'acte d'*habeas corpus*, dispersa les meetings par la force et logea des troupes chez les habitants. Pour se défendre, l'United Irishmen devint une société secrète et demanda du secours aux Français. (Voy. Humbert.) Le vice-roi, Camden, plaça l'Irlande sous la loi martiale (30 mars 1798). La guerre civile, qui en fut la conséquence, dura moins de cinq mois; plusieurs batailles sanglantes furent livrées à New-Ross, à Enniscorthy et à Vinegar Hill. Sur 137,000 hommes, les Anglais en perdirent 20,000; les Irlandais eurent 50,000 martyrs. Un grand nombre de chefs furent exécutés. Lord Cornwallis fut nommé lord lieutenant et un bill d'amnistie fut passé en 1799. L'union législative des deux contrées fut accomplie le 1er janvier 1801. Une insurrection éclata à Dublin, le 23 juillet 1803, mais elle fut rapidement réprimée. Son chef, Robert Emmet, mourut sur l'échafaud. La question de l'émancipation catholique fut proposée périodiquement au parlement pendant près de 20 ans. En 1822, l'Irlande souffrit d'une famine. En 1823, la question de l'émancipation prit de plus grandes proportions. Daniel O'Connell fut le chef de cette agitation. L'*Association catholique* se forma, et, le 13 avril 1829, l'acte si longtemps désiré de *catholic emancipation*, reçut la sanction royale. O'Connell prit son siège comme membre du parlement et souleva immédiatement une discussion pour la révocation de l'union législative. Des 8 millions d'habitants, un dixième seulement appartenait à l'Église protestante établie; et cependant on exigeait de tous, sans distinction, des dîmes pour son entretien. La *guerre de la dîme* (1834-'38) se distingua par son atrocité. Le bill de réforme du parlement, en 1832, donna à l'Irlande cinq membres de plus à la chambre des communes, et l'acte de la réforme municipale en 1840, fit disparaître un grand nombre d'abus administratifs. En 1831, le système national d'éducation fut établi par un acte du parlement. En 1838, le système anglais sur le paupérisme fut introduit. En 1844, sous l'administration de Peel, O'Connell et ses partisans furent jugés et condamnés à un court emprisonnement. Une adresse à la chambre des lords les fit mettre en liberté. En 1846-'47, le pays fut ravagé par une grande famine; la récolte des pommes de terre ayant manqué, des milliers d'habitants périrent d'inanition. Le parti de la *Young Ireland* forma, le 13 janvier 1847, l'*Irish confederation* dans laquelle s'enrôlèrent plus de 150,000 hommes. John Mitchel, conseilla la résistance armée. William Smith O'Brien, C. Gavan Duffy, T.-F. Meagher et le parti national ne partageaient pas cet avis; mais la révolution française de février 1848 donna une grande impulsion aux vues de Mitchel et conduisit tous les confédérés sur le chemin de la révolution. La confédération envoya une adresse en France. Le parlement passa rapidement un acte de haute trahison. Mitchel fut jugé et banni pour 14 ans. La *Nation*, la *Tribune* et le *Felon* qui avaient succédé à l'*United Irishmen* de Mitchel furent saisis et leurs rédacteurs furent jetés en prison. Le *gagging act* fit disparaître la liberté de la parole dans les clubs et l'acte d'*habeas corpus* fut suspendu. Les chefs furent pris ou trouvèrent le salut dans l'exil. En 1857, la société

du *Phénix* se forma dans le S. de l'Irlande. Elle fut remplacée par la *Fraternité irlandaise révolutionnaire*, forme sous laquelle le fenianisme (voyez Fenians) fut connu dans les iles Britanniques; le gouvernement suspendit deux fois l'*habeas corpus*. James Stephens dirigea énergiquement la *Fraternité révolutionnaire* en Irlande; la saisie de son journal, The Irish People, en septembre 1865, et son arrestation en novembre, excitèrent une vive agitation. Le soulèvement de mars 1867 fit tomber un grand nombre d'hommes actifs entre les mains du gouvernement. La *Home Rule League* se forma vers 1872; elle continue la lutte par les moyens qui sont à sa disposition et l'assassinat politique entre dans les mœurs du peuple irlandais. — Législ. étr. « Le *land-bill* proposé par M. Gladstone, amendé par la chambre des lords et définitivement voté en septembre 1881, accorde aux fermiers irlandais des privilèges exceptionnels, que l'on ne peut rencontrer nulle part ailleurs et qui doivent remédier, autant qu'il est possible, à l'état précaire résultant de la conquête. Ces privilèges sont ceux-ci : 1° le tenancier ne peut être renvoyé, pourvu qu'il paye son fermage; 2° il peut vendre son droit d'occupation, soit à une autre personne, soit au propriétaire lui-même; 3° il peut faire réviser le taux de son fermage par une commission spéciale ou *land-court* établie dans chaque comté. Il en résulte, au profit des fermiers, un droit réel *sui generis*, et comme un démembrement de la propriété. Ce bill, devenu *land act*, a consacré et généralisé dans toute l'Irlande un régime à peu près semblable à celui que la coutume a depuis longtemps établi dans la province d'Ulster; et l'on sait que cette partie de l'Irlande a toujours joui d'une grande prospérité comparativement aux trois autres provinces. La loi dont il s'agit a été exécutée presque partout; de nombreuses demandes de révision des baux ont été présentées au nom des fermiers, par les *solicitors*, devant les commissions agraires. On peut estimer à 25 p. 100 ou cent millions, de francs la réduction annuelle de fermages accordés par les *land-courts*. Cette spoliation légale a paru indispensable au parlement du Royaume-Uni. Malgré ce grand sacrifice, la population irlandaise est loin d'être satisfaite. D'un côté, les tenanciers, bien que favorisés par cette loi, voudraient-déposséder entièrement les propriétaires anglais, avec ou sans indemnité; et il est évident qu'il faudra en venir là. La terre passera dans les mains de celui qui l'exploite et deviendra ce qu'elle doit être, une marchandise, un capital transmissible par contrat. Les droits restant aux *land lords* ressemblent aujourd'hui à ceux du propriétaire d'une rente foncière, *comme* il y en avait un si grand nombre en France, au xviii° siècle. Notre loi du 29 septembre 1790 ayant déclaré toutes les rentes rachetables, les terres françaises se sont peu à peu libérées; et il en sera de même un jour en Angleterre et en Irlande. D'un autre côté, les sous-fermiers irlandais se plaignent de ne profiter en aucune manière des avantages accordés aux tenanciers. La masse des ouvriers et la population indigente réclament la loi agraire et le partage des terres, ou le communisme qui existait avant la conquête. C'est là ce qui fait la force de la *land-league* irlandaise, laquelle prétend interdire à tout tenancier irlandais de payer aucun fermage. Elle veut agiter et soulever le pays jusqu'à ce que le *land lordism* soit aboli et que toute trace du régime féodal ait, disparu. Elle demande le *home rule*, c'est-à-dire un parlement spécial à l'Irlande, comme en possèdent la plupart des colonies anglaises; enfin elle exige le rappel de l'union établie en 1801. Le clergé catholique qui a déjà obtenu, en 1869, que l'Église anglicane perdit en Irlande son caractère officiel et ses privilèges s'était

d'abord associé à la *land-league*; mais, après avoir pendant si longtemps excité les haines nationales, ce clergé semble aujourd'hui disposé, dans l'intérêt de sa propre politique, à calmer les colères et à soutenir le gouvernement anglais. Le danger, peut-être le plus sérieux que l'Angleterre doive redouter, vient de l'émigration qui, depuis longtemps, a été si fort encouragée et qui a jeté dans les Etats-Unis d'Amérique, plusieurs millions d'Irlandais. Ceux-ci ont conservé, dans leur nouvelle patrie, les sentiments qu'ils éprouvaient dans leur pays d'origine. Ils ont établi, sous le nom de *fénianisme* (voy. Fénian) une immense association dont le but avoué est d'arracher l'Irlande au joug de l'Angleterre. Les fenians réunissent en Amérique, par souscriptions, des sommes considérables, et ils ne veulent reculer devant aucun moyen, quelque barbare qu'il soit, pour arriver à leurs fins. Les Irlandais n'oublient ni quatre siècles de luttes, ni les rigueurs d'Elisabeth, ni celles de Cromwell qui supprima la propriété, indivise des tribus et fit le partage des terres entre les landlords anglais. C'est le régime féodal, conservé jusqu'à nos jours, qui a causé la ruine de l'Irlande. Il faut aussi tenir compte d'une autre cause de misère; c'est que l'Irlandais est prolifique à l'excès. Les terres marécageuses d'une grande partie de l'Irlande ne sont pas propres à nourrir une nombreuse population, le paysan, très ignorant et porté à l'ivrognerie, n'est pas doué d'une suffisante prévoyance pour songer à limiter sa famille. « Quiconque le connaît, a dit lord Derby « (*Nineteenth century*, oct. 1881) sait que ce « sera une chose impossible, aussi longtemps « que subsistera l'influence du prêtre, lequel « ne met la prospérité des individus qu'au « second rang. La multiplication d'une na-« tion catholique, voilà l'essentiel. » Il faut reconnaître que le parlement du Royaume Uni a encore beaucoup de réformes à faire dans la législation qui est spéciale à l'Irlande. Si ce pays est aujourd'hui représenté dans la chambre des communes, les villes seules ont des conseils élus et des maires; le reste du pays est encore administré par des grands jurys ou conseils dont les membres sont choisis par le gouvernement, et qui sont placés sous la direction des lords-lieutenants. Il faudra que l'on arrive progressivement à traiter les Irlandais sur le même pied que les Anglais; car il n'est plus possible désormais que l'on revienne sur les concessions accordées et que l'on en fasse revivre, avec quelque chance de réussite, l'ancien système de compression et de violences. »   (Ch. Y.)

IRLANDE (Mer d'), partie de l'océan Atlantique qui s'étend entre l'Ecosse, l'Angleterre, le pays de Galles et l'Irlande. Elle renferme les îles de Man, d'Anglesey, d'Holyhead et quelques îlots.

IRLANDE (Nouvelle-), île de l'océan Pacifique du Sud, entre 2° et 5° lat. S. et entre 148° 10' et 154° long. E. Elle est séparée au S.-O. de la Nouvelle-Bretagne par le canal Saint-George et du nouveau Hanovre, au N.-O. par les détroits de Byron; environ 300 kil. de long.; largeur moyenne 30 kil.; 40,700 kil. carr.; environ 11,000 hab. Elle est montagneuse et renferme de riches forêts et de bons ports. Les habitants appartiennent à la race nègre australienne; ils habitent de beaux villages et font le commerce d'articles de fantaisie en bois et d'écailles de tortues, d'une qualité supérieure.

IRMINSUL ou **Ermann-sul**. Idole vénérée par les anciens Saxons de la Westphalie; elle avait un temple magnifique à Ebresbourg (auj. Stadberg). Cette statue représentait probablement Arminius sous les traits d'un Germain tenant d'une main une lance et de l'autre un étendard. Charlemagne, voulant détruire ce culte idolâtrique, fit abattre la statue en 772.

* **IRONIE** s. f. (gr. *eirôneia*, interrogation). Figure de rhétorique par laquelle on dit tout le contraire de ce que l'on veut faire entendre : *l'ironie était la figure favorite de Socrate.* — Fig. IRONIE DU SORT, accident qui arrive à quelqu'un si à contre-temps qu'il paraît une moquerie du sort, ou encore, contraste étrange que présentent deux faits historiques rapprochés par quelque côté : c'est comme par une ironie du sort que le dernier empereur d'Occident s'appela Romulus Auguste.

* **IRONIQUE** adj. Où il y a de l'ironie : *il dit cela d'un ton ironique.*

* **IRONIQUEMENT** adv. D'une manière ironique, par ironie : *il a dit cela ironiquement.*

* **IROQUOIS** s. m. Se dit quelquefois, fig. et fam., pour désigner une personne dont les actions et la conduite sont bizarres, contraires au bon sens ou aux usages : *c'est un iroquois, quel iroquois!*

IROQUOIS ou **Six-Nations.** Confédération d'Indiens occupant autrefois le centre de l'état de New-York (Etats-Unis) et exerçant une influence prépondérante sur toutes les tribus environnantes. Elle se composait, quand elle fut connue des Français, de cinq nations : les Agmegues (appelés Maquas ou Mohawks par leurs voisins les Algonquins), les Oneidas, les Onondagas, les Cayugas et les Senecas. Leur ligue se nommait Hotinonsionni, signifiant, *ils forment une cabine.* Le feu de cette cabine était dans le centre, à Onondaga, et le Mohawk en était la porte. D'après leurs traditions, les Iroquois habitèrent d'abord les bords du Saint-Laurent jusqu'à Gaspé, mais ils furent repoussés au sud du lac Ontario par les tribus des Algonquins. Lorsque Champlain commença de coloniser le Canada, il trouva les Iroquois en guerre avec les Indiens du Canada. Les Iroquois s'allièrent aux Hollandais en 1615 et envahirent le Canada en 1621. Quand les Français reprirent le Canada en 1632, ils trouvèrent les Iroquois à l'apogée de la puissance. La paix se fit en 1645, mais les Iroquois recommencèrent la guerre en 1646, après avoir détruit la plus grande partie des Hurons et quelques autres tribus. Ils acceptèrent une nouvelle paix avec les Français, qui perdirent un établissement à Onondaga en 1655. Pendant que les missionnaires travaillaient à les convertir, les Iroquois écrasèrent les Eries, les Tiogas et d'autres tribus; ils portèrent leurs ravages depuis les Abenakis dans l'est, jusqu'à l'Illinois dans l'ouest et chez les Susquehannas dans le sud. Ils firent aussi la guerre aux Français et déclarèrent la Nouvelle-Angleterre. Ils soumirent les Susquehannas en 1675, après une longue lutte, et ils attaquèrent les Shawnese et les Mohegans. Les Anglais, maîtres de New-York, poussèrent les Iroquois contre les Illinois, les Miamis et les Ottawas. Les Iroquois prirent part aux opérations anglaises contre le Canada en 1690 et en 1691, mais les Français ravagèrent, en 1693 et 1696, le Mohawk et le territoire d'Onondaga. Les Français mirent fin aux prétentions des Iroquois en 1713, en rassemblant leurs néophytes dans des villages sur le Saint-Laurent, où ils existent encore à Caughnawaga, sur le lac des Deux-Montagnes, et à Saint-Régis. Dans les guerres entre l'Angleterre et la France, les Iroquois gardèrent en général la neutralité. Par le traité du fort Stanwix, en 1768, les Anglais obtinrent de vastes concessions de terres. Une partie des Iroquois de l'ouest se soulevèrent en 1774, et ils combattirent contre les blancs à la bataille de Point-Pleasant. Quand la révolution américaine commença, les Iroquois, dirigés par les Johnsons, restèrent fidèles aux Anglais, tandis que les Iroquois français du Canada penchaient pour la cause des Etats-Unis. Conduits par Brant, les Iroquois infligèrent plusieurs corps de troupes et massacrèrent les habitants de Cherry Valley. Le colonel Butler

usa de représailles en détruisant Unadilla et Ogbkwaga, et le général Sullivan ravagea en 1779 les cantons de l'ouest; mais Brant se vengea en frappant les Onéidas, alliés des Américains. Après cette guerre, presque tous les Iroquois émigrèrent, excepté les Onéidas et les Tuscaroras; ils s'établirent sur les bords de la Grande Rivière (Canada). Par le traité de Fort Stanwix, en 1784, les Etats-Unis confirmèrent ces deux dernières tribus dans leurs possessions, et ils garantirent aux autres les terres qui étaient en leur possession, à condition qu'elles céderaient d'autres territoires au gouvernement général. New-York, en 1785, en 1788, acheta les terres des Onéidas, des Tuscaroras, des Onondagas et des Cayugas, excepté une réserve. Les Mohawks s'étaient transportés au Canada; les Cayugas se dispersèrent en 1795. Lors de leur plus grande prospérité, les Iroquois n'étaient pas plus de 45,000 et, en 1873, ils étaient seulement 13,660, répartis comme suit : 7,034 au Canada, savoir : 759 Mohawks, sur la baie de Quinté; 2,992 des Six-Nations sur la Grande Rivière, 633 Onéidas sur le Thames, 1,491 Caughnawagas à Sault-Saint-Louis, 911 à Saint-Régis en environ 250 au lac des Deux-Montagnes; 6,626 aux Etats-Unis, savoir : 5,141 Senecas, Onondagas, Onéidas, Cayugas, Tuscaroras et Saint-Régis dans l'état de New-York; 1,279 Onéidas sur la baie Green et 206 Senecas dans l'agence de Quapaw. Ils sont presque tous chrétiens. Le langage de ces tribus reçut sa première grammaire du jésuite Bruyas, qui fit aussi un dictionnaire des *Mots radicaux du langage mohawk* (New-York, 1862); un dictionnaire onondaga fut imprimé à New-York en 1860. Le livre des prières communes a été imprimé plusieurs fois en mohawk et quelques portions de la Bible en mohawk et en seneca.

* **IRRACHETABLE** adj. Qu'on ne peut racheter : *des rentes irrachetables.*

* **IRRADIATION** s. f. Didact. Emission des rayons d'un corps lumineux. Se dit proprement de l'espèce d'effusion que l'on suppose opérée dans les images des corps lumineux, et par laquelle leur diamètre apparent se trouve agrandi au delà de la réalité. (Voy. LUMIÈRE.) — Tout mouvement qui se fait de l'intérieur à l'extérieur, dans un corps organisé.

* **IRRADIER** v. n. (irr-ra-dié) (préf. *ir;* lat. *radius,* rayon). Phys. Méd. Diverger, se développer, s'étendre de l'intérieur à l'extérieur, ou d'un point quelconque, vers les parties environnantes. (Peu usité.)

* **IRRAISONNABLE** adj. Qui n'est pas doué de raison : *animal irraisonnable.*

IRRAISONNABLEMENT adv Sans raison : *répondre irraisonnablement.*

* **IRRATIONNEL, ELLE** adj. Géom. Se dit des quantités qui n'ont aucune commune mesure avec l'unité, c'est-à-dire qui ne peuvent être représentées ni par des nombres entiers, ni par des fractions : *nombre irrationnel, quantité irrationnelle.*

IRRAWADDY ou **Airavati** [i-ra-oua-di] (rivière Grande ou Eléphantine), fleuve principal de l'Inde, à l'E. du Brahmapoutre. Il prend sa source sur les confins du Thibet et du Burmah, à l'extrémité E. de l'Himalaya, traverse le Burmah, qu'il divise en deux parties presque égales, arrose le Pégu, et se jette dans la baie de Bengale et le golfe Martaban par plusieurs embouchures en formant un delta. Sa longueur est de 1,590 kil. Les villes principales qui se dressent sur ses bords sont: Bhamo, Ava, Mandelay (capitale actuelle du Burmah), Prome, Bassein et Rangoon. Pendant la saison des pluies, les vaisseaux de 200 tonnes peuvent remonter jusqu'à Bhamo, à 1,200 kil. de la mer.

* **IRRÉALISABLE** adj. Qui ne peut être réalisé : *dessein irréalisable.*

* **IRRÉCONCILIABLE** adj. Qu'on ne peut réconcilier : *ce sont des ennemis irréconciliables.*

* **IRRÉCONCILIABLEMENT** adv. D'une manière irréconciliable : *ils ont rompu irréconciliablement.*

* **IRRÉCOUVRABLE** adj. Qui ne peut être recouvré : *créance irrécouvrable.*

* **IRRÉCUSABLE** adj. Qui ne peut être récusé : *un juge irrécusable.*

* **IRRÉDUCTIBILITÉ** s. f. Didact. Qualité de ce qui est irréductible : *irréductibilité d'une équation.*

* **IRRÉDUCTIBLE** adj. Chim. Se dit des oxydes métalliques qu'on ne peut ramener à l'état de métal. Chir. Se dit des luxations, des fractures, des hernies que l'on ne peuvent être réduites : *luxation, fracture, hernie irréductible.* — Algèb. Ce qui ne peut être réduit sous une autre forme plus simple. Dans ce sens, on l'applique particulièrement aux équations qui ne peuvent être abaissées à un moindre degré que celui sous lequel elles se présentent; et, plus particulièrement encore, au cas où une équation cubique a trois racines réelles, toutes trois inégales, et se présentant sous une forme imaginaire : *le cas irréductible du troisième degré.*

* **IRRÉFLÉCHI, IE** adj. Qui n'est pas réfléchi, qui se dit ou fait sans réflexion : *un propos irréfléchi.*

* **IRRÉFLEXION** s. f. Défaut, manque de réflexion : *l'irréflexion est un défaut des esprits légers.*

* **IRRÉFORMABLE** adj. Jurispr. Qui ne peut être réformé : *jugement irréformable.*

* **IRRÉFRAGABLE** adj. (lat. *irrefragabilis*). Qu'on ne peut contredire, qu'on ne peut récuser : *une autorité irréfragable.*

* **IRRÉFUTABLE** adj. Qui n'est pas susceptible de réfutation.

* **IRRÉFUTÉ, ÉE** adj. Qui n'a pas été l'objet d'une réfutation.

* **IRRÉGULARITÉ** s. f. Manque de régularité : *l'irrégularité d'un bâtiment.* — Etat où l'on est, où l'on a mis, un prêtre irrégulier : *tomber dans l'irrégularité.*

* **IRRÉGULIER, ÈRE** adj. Qui n'est point selon les règles, qui ne suit point les règles : *ce bâtiment est irrégulier* — Ce qui n'est pas symétrique ou uniforme : *un corps de forme, de figure irrégulière.* — VERS IRRÉGULIERS ou LIBRES, ceux où l'on ne s'assujettit point à une marche régulière, soit pour la mesure des vers, soit pour la disposition des rimes : *conte en vers irréguliers.* — Bot. FLEUR, COROLLE IRRÉGULIÈRE, celle dont les divisions ou les pétales ne sont point semblables : *la fleur, la corolle de la capucine est irrégulière.* — Qui ne suit ou ne s'assujettit aux règles : *esprit irrégulier.* — Droit canon. Celui qui, après avoir reçu les ordres ecclésiastiques, devient incapable d'en exercer les fonctions, pour avoir encouru les censures.

* **IRRÉGULIÈREMENT** adv. D'une façon irrégulière : *cela est bâti fort irrégulièrement.*

* **IRRÉLIGIEUSEMENT** adv. Avec irréligion : *vivre irréligieusement.*

* **IRRÉLIGIEUX, EUSE** adj. Qui ne respecte pas la religion, qui l'offense par sa conduite, par ses discours, par ses écrits : *cet homme est bien irréligieux.* — Choses qui blessent le respect dû à la religion : *sentiments, discours irréligieux.*

* **IRRÉLIGION** s. f. Manque de religion : *on l'accuse d'irréligion.*

* **IRRÉMÉDIABLE** adj. A quoi on ne peut

remédier : *c'est un mal irrémédiable.* — Fig. : *une faute irrémédiable.*

* **IRRÉMÉDIABLEMENT** adv. D'une manière irrémédiable.

IRRÉMISSIBILITÉ s. f. Etat, caractère de ce qui est irrémissible.

* **IRRÉMISSIBLE** adj. Qui n'est pas pardonnable, qui ne mérite point de pardon, de rémission : *faute irrémissible.*

* **IRRÉMISSIBLEMENT** adv. Sans rémission, sans miséricorde : *il sera puni, condamné irrémissiblement.*

IRRÉMISSION s. f. Défaut de rémission, de pardon.

* **IRRÉPARABLE** adj. Qui ne peut être réparé : *la perte du temps est irréparable.*

> Même elle avait encor cet éclat emprunté,
> Dont elle eut soin de peindre et d'orner son visage,
> Pour réparer des ans l'irréparable outrage.
> Athalie, acte I, sc. 1.

* **IRRÉPARABLEMENT** adv. D'une manière irréparable.

IRRÉPARÉ, ÉE adj. Qui n'est pas réparé : *la faute est encore irréparée.*

* **IRRÉPRÉHENSIBLE** adj. Qu'on ne saurait blâmer, reprendre : *il est irrépréhensible dans ses mœurs, dans ses actions.*

IRRÉPRÉHENSIBLEMENT adv. D'une manière irrépréhensible.

* **IRRÉPRESSIBLE** adj. Qu'on ne peut contenir, réprimer : *une force irrépressible.*

IRRÉPRIMABLE adj. Qu'on ne peut réprimer.

* **IRRÉPROCHABLE** adj. Qui ne mérite pas de reproche, à qui on n'en peut faire aucun : *c'est un homme irréprochable.* — Jurispr. TÉMOIN IRRÉPROCHABLE, témoin contre lequel on ne peut alléguer aucune cause de récusation.

* **IRRÉPROCHABLEMENT** adv. D'une manière irréprochable : *cet homme a toujours vécu irréprochablement.* (Peu usité.)

IRRÉSISTIBILITÉ s. f. Qualité de ce qui est irrésistible.

* **IRRÉSISTIBLE** adj. A quoi on ne peut résister : *charme irrésistible.*

* **IRRÉSISTIBLEMENT** adv. D'une manière irrésistible : *il est entraîné irrésistiblement.*

* **IRRÉSOLU, UE** adj. Qui a peine à se résoudre, à se déterminer : *un homme irrésolu.*

* **IRRÉSOLUMENT** adv. D'une manière irrésolue, incertaine.

* **IRRÉSOLUTION** s. f. Incertitude, état de celui qui demeure irrésolu, qui ne prend point de résolution : *c'est un état pénible que celui de l'irrésolution, que l'irrésolution.*

* **IRRESPECTUEUSEMENT** adv. D'une manière irrespectueuse : *il lui parle irrespectueusement.*

* **IRRESPECTUEUX, EUSE** adj. Qui manque au respect, ou qui blesse le respect : *il se montra fort irrespectueux envers son supérieur.*

* **IRRESPIRABLE** adj. Qui ne peut servir à la respiration : *air irrespirable.*

○ **IRRESPONSABILITÉ** s. f. Qualité de ce qui est irresponsable : *l'irresponsabilité du chef de l'Etat.*

* **IRRESPONSABLE** adj. Qui ne répond pas de ses actes : *un ministère irresponsable.*

* **IRRÉVÉREMMENT** adv. Avec irrévérence. (Peu usité.)

* **IRRÉVÉRENCE** s. f. Manque de respect, de révérence : *grande, extrême irrévérence.* — Actions, paroles irrévérentes : *commettre des irrévérences.*

IRRÉVÉRENCIEUSEMENT adv. D'une manière irrévérencieuse.

* **IRRÉVÉRENCIEUX, EUSE** adj. Qui manque de respect : *propos irrévérencieux.*

* **IRRÉVÉRENT, ENTE** adj. [irr-ré-]. Qui est contre le respect, contre la révérence qu'on doit. Ne se dit guère qu'en parlant de religion et de choses saintes : *être dans une posture irrévérente.*

* **IRRÉVOCABILITÉ** s. f. Qualité de ce qui est irrévocable : *l'irrévocabilité des jugements, des décrets de Dieu.*

* **IRRÉVOCABLE** adj. [irr-ré-]. Qui ne peut être révoqué : *serment irrévocable.*

* **IRRÉVOCABLEMENT** adv. D'une manière irrévocable : *cela a été décidé irrévocablement.*

* **IRRIGABLE** adj. Susceptible d'être irrigué : *cette prairie n'est pas irrigable.*

* **IRRIGATEUR** s. m. [irr-ri-]. Instrument qui sert à arroser des allées, des gazons. — Instrument à injection.

* **IRRIGATION** s. f. [irr-ri-ga-si-on] (lat. *irrigatio*). Arrosement des prés, des terres, par des rigoles ou saignées qui amènent l'eau d'une rivière, d'un ruisseau, etc. : *canaux d'irrigation.* — Législ. « Nous avons déjà parlé des prises d'eau qui peuvent être faites sur les rivières non navigables, soit en vertu d'un droit, soit en vertu d'autorisation administrative. (Voy. COURS D'EAU.) Cette matière devant être réglée à nouveau par le Code rural, encore en préparation, nous rappellerons seulement que les préfets sont aujourd'hui chargés de réglementer les époques et la durée des irrigations et de délivrer les autorisations de prises d'eau, sauf lorsqu'il s'agit de rivières navigables ou de canaux. (Voy. CANAL.) Les contestations qui peuvent s'élever entre plusieurs ayants droit, relativement aux irrigations, sont de la compétence des tribunaux civils (C. civ. 644 et s. ; L. 29 avril 1845, 11 juillet 1847 ; Décr. 25 mars 1852, 13 avril 1861). Des associations syndicales, ayant pour objet la répartition des dépenses d'irrigation, entre les propriétaires riverains d'un même cours d'eau, exercent aussi, dans l'intérêt de tous, une certaine surveillance au moyen d'agents assermentés. Quant aux entreprises d'irrigation, exécutées de vastes étendues de terrain, au moyen de prises d'eau ou de machines élévatoires, et aux dépens d'une rivière navigable ou d'un canal, elles sont exécutées et exploitées par des compagnies financières, en vertu de con cessions accordées par décrets délibérés en Conseil d'Etat. Quelques-unes sont établies par l'Etat et font l'objet de lois spéciales. Les redevances ou cotisations dues par les abonnés, soit à l'Etat, soit à un concessionnaire, soit à un syndicat, sont recouvrables comme en matière de contributions directes. »

(CH. Y.)

IRRIGATOIRE adj. Qui sert à l'irrigation.

* **IRRIGUER** v. a. Opérer des irrigations.

* **IRRITABILITÉ** s. f. Qualité de ce qui est irritable : *l'irritabilité des fibres, des muscles.*

* **IRRITABLE** adj. Physiol. Susceptible d'irritation, de contraction : *les muscles sont irritables.* — Disposition à éprouver très vivement les impressions qu'on reçoit : *il est d'un tempérament fort irritable.* — Susceptible, qui se pique, s'irrite facilement : *c'est un homme très irritable, d'un esprit irritable.*

* **IRRITANT, ANTE** adj. Jurispr. Qui casse, qui annule. S'emploie surtout dans cette locution, CONDITION, CLAUSE IRRITANTE, condition, clause tellement essentielle à la validité d'un acte, que l'acte serait nul, si elle n'était pas remplie. — DÉCRET IRRITANT, on appelle ainsi les clauses, insérées dans les bulles de la cour de Rome, dont l'inexécution fait perdre la grâce et emporte nullité.

* **IRRITANT, ANTE** adj. Qui irrite, qui cause de la colère : *parole irritante.* — Méd. Se dit des médicaments qui déterminent une irritation en quelque partie du corps : *médicaments irritants.* — s. m. : *faire usage des irritants; le sel est un irritant.*

* **IRRITATION** s. f. Etat d'une personne irritée, agitation, effervescence violente de l'esprit : *j'ai tâché d'adoucir l'irritation de son esprit.* — Méd. Action de ce qui irrite les membranes, les organes, les nerfs, ou état qui résulte de cette action : *l'application de ce médicament sur la peau y détermine une irritation très vive.*

* **IRRITÉ, ÉE** part. passé d'IRRITER. — Fig. et Poét. Courroucé en parlant des choses inanimées : *le fleuve irrité franchit ses bords.*

* **IRRITER** v. a. [irr-ri-té] (lat. *irritare*). Mettre en colère : *rien ne m'irrite plus que de pareils discours.* — Fig. Augmenter, exciter, rendre plus fort, plus violent : *vous irritez sa colère, son courroux, au lieu de chercher à l'apaiser.* — Méd. Ce qui détermine de la douleur, de la chaleur et de la tension dans un organe, dans un tissu quelconque : *la piqûre des orties irrite la peau; cette membrane est fort irritée.* On disait de même autrefois que LES HUMEURS ÉTAIENT IRRITÉES, lorsqu'elles devenaient plus âcres, et qu'elles étaient dans un mouvement extraordinaire. — Simple excitation des membranes, des nerfs, etc. : *irriter la membrane pituitaire par des sternutatoires.* — S'irriter v. pr. : *c'est un homme qui s'irrite facilement.* — Fig. LA MER S'IRRITE, la mer s'agite.

* **IRRORATION** s. f. Didact. Action d'exposer à la rosée, ou à un arrosement : *bain par irroration.*

* **IRRUPTION** s. f. [irr-ru-psi-on] (lat. *irruptio*; de *irrumpere*, entrer brusquement). Entrée soudaine et imprévue des ennemis dans un pays, ordinairement accompagnée de dégât et de ravage : *grande irruption; les ennemis firent une irruption dans telle province.* — Débordement, envahissement de la mer, d'un fleuve, sur les terres : *l'irruption des eaux fut soudaine; les irruptions de l'Océan sur les terres.*

IRTISCH, rivière d'Asie, qui prend sa source au S. du mont Altaï, dans la Dzoungarie, traverse le lac Zaizan, ensuite la Sibérie, arrose Tobolsk où elle reçoit le Tobol, et se jette dans l'Ob après un cours de près de 3,000 kil.

IRUN, ville d'Espagne dans le Guipuzcoa, à 43 kil. E. de Saint-Sébastien, sur la rive gauche de la Bidassoa; 4,000 hab.

IRVINE [ir'-vinn], ville d'Ayrshire (Ecosse), sur la rivière Irvine, près du frith de Clyde, à 30 kil. S.-O. de Glasgow; 6,870 hab. Construction de navires, manufactures de mousseline, de jaconats, etc.

IRVING (Washington), auteur américain, né à New-York le 3 avril 1783, mort le 28 nov. 1859. En 1802, il commença, dans le *Morning Chronicle*, la publication d'une série de mémoires sur les sujets dramatiques, sociaux et sur des événements locaux, inspira *Jonathan Oldstyle*. En 1804, il visita l'Europe, et, à son retour, il commença avec son frère William et avec James K. Paulding une série d'articles ayant pour titre *Salmagundi* ou le *Whim; Whams et the Opinions of Launcelot Langstaff, Esq. and others*, qui parurent en 1807 à des intervalles irréguliers. En 1809, parut la burlesque *History of New-York, from the Beginning of the World to the End of the Dutch Dynasty*, par le *Diedrich Knickerbocker* (2 vol.). En 1843-'44, il publia, à Philadelphie, l'*Analectic Magazine.* En 1814, il devint aide-de-camp et secrétaire militaire du gouverneur Tompkins; en 1815, il s'embarqua pour l'Europe. Il était devenu associé commanditaire dans les affaires de commerce de deux de ses frères, qui firent faillite; il fut forcé d'écrire pour gagner sa vie. Pendant son séjour à l'étranger, il visita l'Angleterre, l'Écosse, la France et l'Espagne. Son *Sketch Book* fut envoyé en Amérique par fragments et publié par numéros en 1818. Il fut publié de nouveau à Londres (1820) par Murray. Il contenait *Rip Van Vinkle* et la *Legend of Sleepy Hollow*, qui est peut-être la plus célèbre de toutes ses créations. Ses ouvrages successifs, pour lesquels il reçut de fortes sommes de l'éditeur Murray, furent : *Bracebridge Hall* ou the *Humorists* (2 vol., 1822); *Tales of a Traveller* (2 vol., 1824); *History of the life and Voyages of Christopher Columbus* (4 vol., 1828); *Chronicles of the Conquest of Granada* (2 vol., 1829); *Voyages of the Companions of Columbus* (1831); et *The Alhambra* (2 vol. 1832). De 1829 à 1832 Irving fut secrétaire de la légation américaine à Londres. En 1832, il retourna à New-York et accompagna le commissaire Ellsworth chez les tribus indiennes en deçà du Missisipi. Le résultat de ce voyage fut son *Tour on the Prairies* (1835), qui, avec *Abbotsford, Newstead Abbey* (1835) et *Legends of the Conquest of Spain* (1835), forme le *Crayon Miscellany*. *Astoria* (1836) donne l'histoire de la station de ce nom dans l'Orégon. Les *Adventures of Captain Bonneville U. S. A. in the Rocky Mountains and the Far West* furent publiées en 1837. En 1841, il écrivit une vie de Margaret-Miller Davidson, pour accompagner des œuvres posthumes de celle-ci. Il fut ministre en Espagne (1842-'46), et à son retour il publia la biographie d'Oliver Goldsmith (1849) et *Mahomet and his successors* (1850). *Wolfert's Roost* (1855) est une collection d'articles du *Magazine*. Le dernier ouvrage d'Irving, *The Life of George Washington* (4 vol., 1855-'59) occupa le reste de sa vie; le dernier volume parut seulement trois mois avant sa mort. Pendant plusieurs années, il avait habité sur la rive E. de l'Hudson, près de Tarrytown, dans une vieille maison hollandaise qu'il avait baptisée du nom de Sunnyside. En ce lieu se passe la scène de la *Legend of Sleepy Hollow*. Depuis sa mort, son neveu, Pierre-M. Irving, a publié sa vie et ses lettres (5 vol. 1864-'67) et a réunies *Spanish Papers* et d'autres *Miscellanies* (3 vol. 1866).

IRVINGISME s. m. Secte religieuse fondée par Edward Irving. Les irvingiens donnent à leur secte le titre d'Eglise catholique apostolique. Leur principal *temple* est la magnifique église construite en 1853 dans le style gothique, à Gordon-square (Londres).

ISAAC, second partriarche des Hébreux, fils d'Abraham et de Sarah, frère cadet d'Ismaël et père de Jacob et d'Esaü sous Rebecca. L'histoire de sa vie se trouve dans la Genèse; il naquit quand son père était âgé de 100 ans; il fut sur le point d'être sacrifié par lui sur le mont Moriah; mais il fut sauvé par l'intervention divine; il mena une existence nomade et en partie agricole dans la région sud de Chanaan et dans le pays des Philistins; il mourut aveugle, à l'âge de 180 ans.

ISAAC I, Comnène, empereur byzantin, mort en 1061. Il fut élevé par l'empereur Basile II et fut porté au trône par une conspiration qui éclata dans le palais de Michel VI. Il repoussa les Hongrois en 1059, mais, faible et incapable, il abdiqua la même année. Il ne laissa pas de fils; néanmoins, la famille Comnène occupa le trône byzantin pendant un siècle.

ISAAC II, l'Ange, empereur byzantin, né en 1154, mort en 1204. Il était allié aux Comnènes, remplit divers emplois sous Manuel Ier et fut condamné à mort par Andronicus Comnène; mais une révolution le plaça sur le trône en 1185. Détesté pour ses vices et son incapacité, il fut détrôné par son frère,

Alexis III, en 1195, et il fut privé de la vue. Les croisés le remirent sur le trône en 1203; il fut détrôné de nouveau par Alexis Ducas, en 1204, et mis à mort.

ISABEAU DE BAVIÈRE, reine de France, née en 1371, morte en 1435. Elle était fille d'Etienne II, duc de Bavière, et n'avait que quatorze ans lorsqu'elle épousa le jeune roi Charles VI, de France. Ce fut pendant les fêtes données à l'occasion de son mariage qu'elle commença, disent les chroniqueurs du temps, avec le duc d'Orléans, son beau-frère, cette liaison coupable qui devait être si fatale au royaume. Lorsque Charles VI fut tombé en démence (1392), elle fut mise à la tête du conseil de régence où étaient le duc de Bourgogne et le duc d'Orléans. Elle favorisa ce dernier et réussit à le faire nommer lieutenant général du royaume. Mais après l'assassinat de Louis d'Orléans, elle dut quitter Paris et se livra à de tels débordements que le Dauphin, son fils, crut devoir en avertir le roi, pendant un de ses moments lucides. Charles VI relégua Isabeau à Tours. Elle s'unit alors aux ennemis de la France et, par haine de son fils, le Dauphin, elle signa l'odieux traité de Troyes qui livrait le royaume aux Anglais. Méprisée et abandonnée de tous, elle s'enferma dans la solitude de l'hôtel Saint-Pol, à Paris, et y mourut.

ISABEAU D'ANGOULÊME, épouse de Jean sans Terre et mère de Henri III d'Angleterre, morte en 1245. Son père, Aymar, comte d'Angoulême, l'avait fiancée à Hugues de Lusignan, comte de la Marche. Le roi d'Angleterre, Jean sans Terre, invité aux noces, s'éprit de la belle Isabeau et, le jour même du mariage, il l'enleva et l'épousa. Ambitieuse et méchante, elle le rendit malheureux. Veuve en 1216, elle épousa Hugues qui n'avait cessé de l'aimer, et ligua son second mari avec son fils, Henri III d'Angleterre, contre le roi de France, saint Louis (1240)

* **ISABELLE** adj. Qui est de couleur mitoyenne entre le blanc et le jaune, mais dans lequel le jaune domine. Se dit surtout du poil des chevaux : *couleur isabelle; cheval isabelle*. — s. m. : *voilà un bel isabelle*.

ISABELLE, fille du roi Louis VIII et sœur de saint Louis, née en 1225, morte en 1270. Elle fut recherchée en mariage par l'empereur Conrad; mais son excessive piété la poussa à renoncer au monde. Elle fonda près de Paris le monastère de Longchamps et y mourut des suites de la plus austère pénitence. Sa fête est célébrée le 31 août.

ISABELLE la Catholique, reine de Castille et de Léon, née le 23 avril 1451, morte le 26 nov. 1504. Elle était fille de Jean II, de Castille, par sa seconde femme, Isabelle de Portugal. Jusqu'à douzième année, *elle vécut dans* la retraite, mais à la naissance de la princesse Juana, son frère, le roi Henri, la fit venir à sa cour pour empêcher qu'on ne parût ne se formât sa faveur pour lui donner la couronne à l'exclusion de Juana. Un grand nombre de nobles, croyant que Juana était illégitime, conspirèrent en faveur d'Alphonso, frère du roi, et, à la mort d'Alphonso (1468), ils offrirent le trône à Isabelle. Elle le refusa; mais elle amena avec son frère un accommodement, en vertu duquel elle fut reconnue héritière de Castille et de Léon, avec le droit de choisir son mari. Malgré la désapprobation de Henri, elle épousa, en 1469, Ferdinand, prince d'Aragon. Henri mourut en 1474 et Isabelle fut proclamée reine; mais ce ne fut qu'après une guerre avec Alphonso de Portugal, qui avait été fiancé à Juana, que son autorité fut entièrement reconnue. A partir de cette époque, son règne fut brillant. Elle s'appliqua à réformer les lois et l'administration intérieure du royaume, à encourager la littérature et les *arts* et à modifier les me-

sures sévères et astucieuses de son mari. Bien qu'elle fût la vie et l'âme de la guerre contre les Maures, guerre à laquelle elle prit part en personne, portant même une armure qui est encore conservée à Madrid, elle se montra opposée à la cruauté qui était alors exercée envers ce peuple, et ce fut avec répugnance qu'elle décréta l'expulsion des juifs de la Castille et qu'elle donna son consentement à l'introduction de l'Inquisition. L'encouragement qu'elle donna à Christophe Colomb est l'un des actes les plus glorieux de son histoire. (Voy. COLOMB et FERDINAND V.)

ISABELLE D'ANGLETERRE. Voy. EDWARD II et III.

ISABELLE D'AUTRICHE, souveraine des Pays-Bas, née en 1566, morte en 1633. Elle était fille de Philippe II, roi d'Espagne, et d'Elisabeth de France; elle épousa, en 1597, l'archiduc Albert, gouverneur des Pays-Bas.

ISABELLE DE FRANCE, reine d'Angleterre, née en 1290, morte en 1357. Elle était fille de Philippe le Bel, et épousa, en 1309, le roi d'Angleterre, Edouard II, prince faible et irrésolu, qui fut déclaré déchu du trône, en 1326, et qui périt assassiné quelque temps après. Devenue veuve, Isabelle ne mit plus de bornes au scandale de sa passion pour Mortimer. Irrité de ces désordres, le prince de Galles, son fils, la fit enfermer au château de Rising, où elle mourut, et envoya Mortimer à l'échafaud. C'est du chef de sa mère qu'Edouard III éleva des prétentions à la couronne de France.

ISABELLE DE VALOIS. Voy. ELISABETH DE VALOIS.

ISABEY [i-za-bè] **(Jean-Baptiste)**, peintre miniaturiste, né à Nancy, en 1767, mort en 1855. Il appliqua les principes de l'art le plus élevé à la miniature et se rendit célèbre, en 1802, par un travail considérable représentant le premier consul passant ses troupes en revue. Il n'a jamais été surpassé dans cette branche de l'art. Napoléon Ier, avec lequel il avait été lié dans sa jeunesse, le nomma son peintre en miniature. Sa *Table des maréchaux* et sa peinture de l'une des conférences à Vienne sont particulièrement remarquables

ISAC, petite rivière qui naît dans la forêt de Saffré (Loire-Inférieure) et se jette dans la Vilaine, à Tréhillac, après un cours de 72 kil.

ISAÏE, le premier des quatre grands prophètes juifs, fils d'Amos, mort en 700 av. J.-C. Il annonça surtout dans ses prophéties la régénération universelle par la venue du Messie et le règne de justice qui en serait la conséquence; il dénonça le vice avec vigueur et tonna contre l'oppression du peuple (Voy JUIFS.) La sublimité de diction et de pensée, dans la partie principale du livre d'Isaïe, lui donne le rang le plus élevé parmi les prophètes Les derniers 27 chapitres, dans lesquels il est parlé à plusieurs reprises de Cyrus et de la chute de Babylone, sont généralement considérés par les critiques comme l'œuvre d'un auteur plus récent (*le second Isaïe*). Parmi les commentateurs citons Gesenius et Ewald, M. de Genoude a donné une *Traduction nouvelle* d'Isaïe. (Paris, 1815.)

ISAR, rivière d'Allemagne, longue d'environ 300 kil. Elle prend sa source dans le Tyrol, à environ 10 kil. N.-E. d'Inspruck, traverse la Bavière et se jette dans le Danube à 3 kil. au-dessous de Deggendorf. Munich et Landshut sont sur ses bords. Dans son cour supérieur, elle est ordinairement torrentielle et sa partie inférieure n'est navigable que pour des radeaux.

* **ISARD** s. m. Nom donné dans les Pyrénées à une espèce de chamois.

ISAURE (Clémence), femme célèbre du

xv⁰ siècle, qui passe pour avoir été la fondatrice des *Jeux floraux* à Toulouse, sa patrie. On ne sait rien de sa vie ; ses malheurs, résumés dans une romance sentimentale de Florian, paraissent n'avoir existé que dans l'imagination du poète. Suivant les traditions du Languedoc, elle aurait appartenu à l'illustre famille des comtes de Toulouse et serait morte à l'âge de cinquante ans

ISAURIE. Géogr. anc. Contrée de l'Asie Mineure, bornée par la Phrygie, la Licaonie, la Cilicie et la Pisidie, renfermant peu de villes et connue principalement des anciens par les excursions de maraudeurs isauriens. Les Romains les soumirent en 78 av. J.-C. Deux personnages de leur race, Zénon(474-'94) et Léon III (718-'41) occupèrent le trône de Byzance. Leur capitale, Isaura, au pied du mont Taurus, était une ville riche, fortifiée, que les habitants détruisirent ainsi qu'eux-mêmes par le feu, quand ils ne purent résister plus longtemps aux armes de Perdiccas. Elle fut rebâtie et détruite de nouveau par Servilius.

ISBOSETH, fils de Saül. Il lui succéda en 1057 av. J.-C. Il régna sur les dix tribus, tandis que David ne régna que sur celle de Juda. Il fut tué et sa tête fut portée, par deux membres de la tribu de Benjamin, à David qui fit mettre à mort les messagers au lieu de les récompenser.

ISCHIA [iss-ki-a](anc. *Œnaria* et *Pithecusa*), île de l'Italie, dans la Méditerranée, au N. de l'entrée de la baie de Naples ; 69 kil. carr. ; 24,500 hab. Près de son centre, se dresse le volcan d'Épomée, à 800 m. au-dessus du niveau de la mer ; la dernière éruption de ce volcan eut lieu en 1301. Il y a 12 volcans plus

Château d'Ischia.

petits. Les vallées sont extraordinairement fertiles ; l'île possède de nombreuses sources chaudes très fréquentées. La ville principale, Ischia, sur le côté E. (3,080 hab.), est défendue par un château bâti au xii⁰ siècle et reliée au continent par un môle. Le 28 juillet 1883, un formidable tremblement de terre détruisit presque de fond en comble cette petite ville et quelques bourgades voisines ; plus de 2,000 personnes, dont un grand nombre de touristes et de baigneurs, furent tuées pendant cette catastrophe.

ISCHIAL, ALE adj. [iss-ki-al]. Anat. Qui a rapport à l'ischion.

ISCHIAQUE adj. [iss-ki-]. Anat. Qui appartient à la hanche ou à la région voisine.

* **ISCHION** s. m. [iss-ki-on](nom gr. de la hanche). Anat. Nom qu'on donne à un des trois os qui forment les os innominés : *l'os de la cuisse est enboîté dans l'os ischion, dans l'ischion*.

ISCHL ou **Ischil,** station balnéaire de la

haute Autriche, sur le Traun, à la jonction de plusieurs vallées, entre des montagnes pittoresques, à 40 kil. E.-S.-E. de Salzburg ; 7,130 hab. Bains de soufre, bains de boue et bains de vapeur saline.

* **ISCHURÉTIQUE** adj. Méd. Se dit des remèdes propres à guérir l'ischurie.

* **ISCHURIE** s. f. [iss-ku-rî] (gr. *ischó*, je retiens ; *ouron*, urine). Méd. Rétention d'urine complète.

ISÉE, l'un des dix orateurs de l'Attique (iv⁰ siècle av. J-C.). Il fut instruit dans l'art oratoire par Lysias et Isocrate ; il composa des discours judiciaires pour d'autres orateurs et il fonda une école de rhétorique. On lui attribuait 64 discours dont 11 existent encore. (Leipzig, 1822) ; traduction d'Auger (1783).

ISEGHEM, ville de la Flandre occidentale (Belgique), à 12 kil. N.-N.-O. de Courtray ; 7,060 hab. Manufactures importantes de coton, de toile, de chapeaux, de fil et de rubans.

ISÈRE. I. Anc. *Isara*, grande rivière qui prend sa source au mont Iseran (Savoie), et qui entre, près de Laissaud, dans le dép. auquel elle donne son nom. Elle passe à Moutiers-de-Tarentaise, Conflans, Montmeillan, arrose Grenoble et Romans, et se jette dans le Rhône près de Valence après un cours de 290 kil. Ses principaux affluents sont : l'Arly, l'Arc, l'Ozeins, la Bréda, le Doménon, le Drac et la Bourne. — II. Département de la région du S.-E. de la France, qui tire son nom de la principale rivière qui l'arrose ; situé entre les dép. de l'Ain, de la Loire, de l'Ardèche, de la Drôme, des Hautes-Alpes, de la Savoie et de la Haute-Savoie ; formé du Viennois et du Gésivaudan ; 8,289 kil. carr. ; 580,270 hab. Ce dép. montagneux est presque entièrement couvert par les Alpes dont la chaîne principale le sépare de la Savoie et où se trouve le point culminant, le Grand-Pelvoux (3,934 m.), qui domine vingt autres pics dont le moindre a près de 2,000 m. de haut. Principaux cours d'eau : le Rhône, l'Isère, la Bourbre, le Guiers, le Drac et la Romanche ; sources minérales d'Uriage très fréquentées, eaux thermales de la Motte, eaux ferrugineuses d'Allevart. Commerce de vins et de la liqueur dite de la grande chartreuse, blé, chanvre, cuivre, houille, granit et plâtre ; élevage très important du bétail. — Ch.-l. Grenoble, 4 arr., 45 cant., 555 comm. Cour d'appel et académie universitaire à Grenoble ; évêché à Grenoble, suffragant de Lyon ; ch.-l. d'arr. : Grenoble, Saint-Marcelin, la Tour-du-Pin et Vienne.

ISERLOHN, ville de Westphalie (Prusse), à 30 kil. O. d'Arnsberg ; 16,690 hab. Manufactures importantes de fer, d'acier, de bronze, d'aiguilles, de soie, de velours, de draps, de rubans, de cuir et de papier. Aux environs se trouve le célèbre lac de Felsenmeer et une caverne renfermant des ossements fossiles.

ISERNIA (anc. *Œsernia*), ville du sud de l'Italie, près de la source du Volturno, dans les Apennins, à 36 kil. O. de Campobasso ; 9,070 hab. Elle est entourée d'une muraille moderne bâtie sur les ruines massives d'un ancien mur. Grand commerce.

ISERNORE, ch.-l. de cant., arr. et à 11 kil.

N.-O. de Nantua (Ain), sur l'Oignieu et l'Anconnans ; 1,100 hab.

IS FECIT CUI PRODEST, expression latine devenue maxime de jurisprudence et qui signifie : *celui-là a commis le crime, à qui le crime a profité.* (Voy. CANON et DÉCRÉTALES.)

* **ISIAQUE** adj. [i-zi-a-ke]. Qui appartient à Isis, divinité égyptienne. — **TABLE ISIAQUE,** célèbre monument de l'antiquité sur lequel sont représentés les mystères d'Isis : *la table isiaque est à Turin et a été gravée.*

ISIDORE MERCATOR appelé aussi PECCATOR et PSEUDO-ISIDORE, auteur supposé des fausses décrétales. (Voy. CANON et DÉCRÉTALES.)

ISIDORE. I. de Charax, géographe du 1⁰ᵖ siècle, auteur d'un ouvrage grec, dont il reste seulement des fragments, où l'on trouve la description du monde grec et romain, et de l'empire parthe. — II. de Séville, saint de l'Église latine, mort le 4 avril 636 ; il était évêque de Séville vers l'an 600 et mérita d'être regardé comme l'orateur le plus éloquent, le savant le plus profond et le prélat le plus capable de son temps. Il a laissé des ouvrages précieux pour l'étude de la philologie et de l'état des sciences dans les premiers siècles ; nous citerons seulement : une *Chronique* qui s'étend de la création à l'an 626 de notre ère ; une *Histoire des rois goths, vandales et suèdes* ; 20 livres d'*Étymologies,* espèce d'encyclopédie abrégée de l'érudition au vii⁰ siècle ; des *Commentaires sur l'Ancien Testament,* etc. La meilleure édition de ses œuvres est celle de Rome (1797-1803, 7 vol. in-4⁰). Fête le 4 avril.

ISIGNY, ch.-l. de cant., arr. à 32 kil. N.-O. de Bayeux (Calvados), au fond d'un golfe, sur l'Aure inférieure et à l'embouchure de la Vire ; petit port ; grand commerce de beurre renommé et de salaisons ; cidre estimé : 2,750 hab.

ISIGNY, ch.-l. de cant., arr. et à 20 kil. O. de Mortain (Manche) ; 310 hab.

ISIS. Mythol. Déesse des Egyptiens, sœur et femme d'Osiris, et mère d'Horus, avec lesquels elle formait la triade la plus populaire de la mythologie égyptienne. (Voy. OSIRIS.) Elle était adorée comme la grande bienfaitrice de l'Egypte et comme ayant enseigné à son peuple l'art de cultiver le blé et l'orge. Son culte passa en Grèce et en Italie, et il fut établi à Rome dans le premier siècle av. J.-C. Dans les œuvres d'art, elle est ordinairement représentée sous les traits et avec les attributs de Junon ; elle est vêtue d'une longue tunique garnie d'une guirlande de fleurs de lotus ; elle porte un sistre dans la main droite.

ISLA (José-Francisco), auteur espagnol, né en 1703, mort en 1781. Il était prédicateur jésuite et poète satirique. Sa renommée repose sur son célèbre ouvrage *Historia del famoso predicador Fray Gerundio de Cumpazas,* satire sur les prédicateurs ordinaires. Le premier volume fut imprimé sans la permission en 1758 et les clameurs du clergé empêchèrent la publication du second. Le manuscrit étant parvenu à Londres, Baretti le publia en anglais (1772) et des éditions espagnoles complètes parurent bientôt à Bayonne. Son *Curtas familiares* parut en 1785-'86 (6 vol.).

* **ISLAM** s. m. [i-slamm]. Mot arabe signifiant *entière soumission à Dieu.* Il est employé par les mahométans pour désigner leur religion et aussi la masse entière des croyants ou de ceux qui acceptent la formule de leur foi : Il n'y a d'autre Dieu qu'Allah, et Mahomet est son prophète.

* **ISLAMISME** s. m. Nom que l'on donne quelquefois au mahométisme. — Se dit aussi relativement aux pays mahométans, dans le

même sens que *Chrétienté* par rapport aux pays chrétiens.

ISLAMITE adj. Partisan de l'islamisme, mahométan.

ISLAND (Cap). Voy. MAY (Cap).

ISLANDAIS, AISE s. et adj. Qui est de l'Islande ; qui appartient à ce pays ou à ses habitants.

ISLANDE, île danoise de l'océan Atlantique du Nord, entre 63° 24' et 66° 33' lat. N. et entre 15° 54' et 26° 37' long. O., à environ 240 kil. E. du Groënland et à 1,000 kil. O. de la Norvège ; sa plus grande longueur est de 490 kil., sa plus grande largeur de 300 kil. ; 104,785 kil. carr., dont 42,000 seulement sont habités ; 73,000 hab. Reykiavik, la capitale, renferme environ 1,400 hab. La côte est peu accidentée au sud, mais partout ailleurs elle offre des baies profondes, des fiords et des promontoires avancés. Les îles principales sur la côte sont les îles Vestmanna au S. Les meilleurs ports sont : Reykiavik sur la côte S.-O., Hafnarfiord à l'O., Akureyri au N. et Vopnafiord à l'E. L'Islande paraît être d'origine volcanique. Le principal système montagneux se trouve dans le sud. Il forme une masse triangulaire. Au delà de la masse montagneuse se trouve un grand plateau central haut de 500 à 600 mètres au-dessus du niveau de la mer, et formant un désert couvert de vastes couches de lave. Les principaux volcans, y compris l'Hécla (Voy. HÉCLA), forment une large ceinture volcanique s'étendant depuis le cap Reykjanes au S.-O., jusqu'à Krafla dans le N. Depuis l'année 874, de 27 points différents, 86 éruptions ont eu lieu ; les dernières sont celles de Skapta en 1861 et de Troelladyngjä en 1862. Les grandes couches de lave sont sillonnées de crevasses (*gjä*) ou déchirures en zigzag allant du N.-E. au S.-O. Les principaux lacs sont : le Myvatn (lac Midge) dans le N. et Thingvallavatn dans le S.-O. (14 kil. de long sur 6 de large). Les plus grandes rivières prennent leur source dans les montagnes du S. Les principales sont : la Joekulsa, la Skjalfandafljot, le Joekuldaisa et le Lagarfljot. L'un des traits caractéristiques de l'Islande est le grand nombre de sources intermittentes chaudes que l'on y trouve, principalement dans la division S.-O. (Voy. GEYSENS.) Le climat semble avoir beaucoup changé depuis les premières observations. Les amas flottants de glace du Groënland qui ne visitaient autrefois les côtes que tous les deux ans, y viennent aujourd'hui presque chaque année, entourant des deux tiers de l'île d'une masse compacte, et restant de trois à cinq mois. La température moyenne de l'hiver à Reykiavik est de 29° F., ou 3° C., la température moyenne de l'été est 53° F. ou 12° C. et celle de toute l'année 39° F. ou 4° C., ou à peu près celle de Moscou. Les terres basses et les vallées abritées fournissent d'excellents pâturages. L'Islande est presque un pays sans arbres ; dans certains endroits il y a des taillis de bouleau de 3 à 4 mètres de haut, et dans un ou deux endroits abrités il y a seulement quelques frènes de 10 mètres de haut. Le foin des terres basses est la principale récolte ; on rencontre çà et là dans des endroits abrités quelques champs d'avoine, qui ne mûrit même pas toujours. Les pommes de terre, les carottes, les choux, les laitues, les épinards, le persil, le cresson et les radis sont cultivés. La seule autre production de quelque valeur est la mousse d'Islande. Néanmoins, depuis quelques années l'agriculture s'est améliorée. Parmi les animaux sauvages on trouve plusieurs espèces de renards. Les ours sont des visiteurs fréquemment apportés par les amas flottants du Groënland. Les rennes courent en vastes troupeaux dans les solitudes de l'intérieur. Le veau marin, la baleine et une grande variété de poissons se

trouvent en abondance sur les côtes ; plusieurs espèces d'oiseaux vivent dans le pays. Les animaux domestiques européens, particulièrement les vaches, les chevaux et les moutons, constituent la grande richesse des Islandais. Des dépôts minéraux de cuivre, de fer, de plomb et d'argent se trouvent en plusieurs endroits ; mais on n'a fait aucun essai pour les exploiter. Les Islandais modernes sont les descendants des Norvégiens ou Northmen qui s'établirent dans ce pays en 874 et dans les années suivantes. Le langage qu'ils parlent tous est le plus pur norse. Les hommes sont grands, blonds, aux yeux bleus, avec une constitution endurcie par la rudesse de la température. Ils sont strictement honnêtes, confiants, généreux et hospitaliers. Les femmes sont industrieuses et chastes. L'éducation est universelle, il est presque impossible de trouver un adulte incapable de lire et d'écrire. Les établissements sont dispersés principalement le long de la côte. Il n'existe pas de routes et l'on ne se sert d'aucune espèce de véhicule pour les voyages par terre, le transport des hommes et des marchandises est seulement praticable à cheval et dans certaines saisons. On ne trouve de charbon que dans les villes ; partout ailleurs le seul combustible consiste en excréments de mouton, mêlés avec des os de poissons. On ne fait du feu que dans la cuisine, même en hiver, et seulement lorsqu'on prépare les aliments : les autres chambres restent humides et malsaines. Le principal article de nourriture est la morue que l'on mange avec du beurre aigri. La seule viande est celle du mouton que l'on fait bouillir, que l'on sèche en l'apressant et que l'on conserve sans sel. Des maladies cutanées, occasionnées par le manque de propreté et de nourriture convenable règnent au milieu de la population. Il n'y a aucune espèce de manufactures, excepté celles qui ont pour but la production des articles les plus simples de l'économie domestique. Depuis 1853, le monopole commercial a été aboli et les étrangers jouissent des droits de résidence, de propriété et de commerce que possèdent les indigènes. Il n'y a pas de banque et tout le commerce se fait par voie d'échange. Les importations principales consistent en céréales, pain de froment, café, sucre, esprits, tabac à priser et à fumer. Les articles d'exportation sont : le poisson salé et séché, les œufs de poisson salé, l'huile de foie de morue, la viande salée, le suif, les peaux de mouton, la laine, les bas, les mitaines, une étoffe grossière en laine appelée *vadmel*, l'édredon, des plumes et des chevaux, le tout évalué à environ 3,500,000 fr. La grande exportation du soufre d'autrefois a cessé depuis nombre d'années. — Il y a peu d'écoles primaires dans l'île, mais les enfants sont placés dans différentes familles pour y être instruits. Reykiavik possède un collège classique, littéraire et scientifique ; il y a aussi une école de théologie, une école de médecine, une bibliothèque (10,000 volumes). La nouvelle charte royale de 1874 a donné à l'Islande un ministre résidant à Copenhague et responsable à l'*althing*. Le gouvernement exécutif de l'île est confié au *stiftamtmand* ou gouverneur général, qui habite à Reykiavik, et qui est assisté de trois députés gouverneurs. L'autorité législative, dans tout ce qui n'a pas rapport aux intérêts généraux de la monarchie, appartient à l'*althing*, composé de 36 membres, dont 30 sont élus par le suffrage populaire et 6 sont nommés par la couronne. Le christianisme fut admis, en l'an 1000, comme religion nationale par l'*althing*. En 1554, le luthéranisme fut introduit par Christian III et il est maintenant la religion établie. — L'Islande fut découverte en 860 par Naddoddr, viking norvégien, qui la nomma Snjaland (Terre de neige). Le premier établissement permanent fut créé en 876 à Reykiavik. Vers

928, l'Islande devint une république et resta ainsi pendant trois siècles. En 1262, la majorité du peuple prêta le serment d'obéissance à Haco, roi de Norvège, l'Islande restant indépendante avec ses lois et sa constitution. Après l'union des monarchies danoise et norvégienne en 1387, le roi de Danemark fut reconnu comme souverain d'Islande. D'après une disposition de l'acte d'union de 1262, le commerce de l'île devint graduellement un monopole royal ; et en 1602 il fut loué à une compagnie de Copenhague, entre les mains de laquelle il resta jusqu'en 1787. Le peuple, livré à la merci des commerçants pour les objets de nécessité première, devint la proie de la maladie et de la famine, et la population tomba à environ 30,000 hab. Mais, avec la liberté commerciale la prospérité revint et la population augmenta. D'après la charte royale de 1874, l'indépendance nationale de l'Islande, sous la couronne danoise, est reconnue, cette île jouit d'un système judiciaire et législatif indépendant, de la liberté individuelle et religieuse, d'un gouvernement municipal particulier et de l'égalité de tous les citoyens devant la loi. Les événements intéressants de l'histoire d'Islande sont le voyage d'Eric le Rouge au Groënland (vers 983) et l'établissement dans ce pays de colonies florissantes mais qui eurent peu de durée, et la découverte de l'Amérique (vers 1001) par Leif. La célébration du millième anniversaire du premier établissement en Islande fut présidée en août 1874, par le roi de Danemark, accompagné d'un grand nombre d'étrangers distingués. — **Langue et Littérature**. L'*Islenzka* ou *Islenzk tunga*, langue islandaise, est le langage des Scandinaves qui s'établirent en Islande au IXe siècle. Son nom primitif était *Langue danoise* (*Doensk tunga*) ou *Langage du Nord* (*Norræna* ou *Norrent mâl*) ; mais comme il fut altéré en Danemark et dans la péninsule scandinave, tandis qu'il resta essentiellement le même en Islande, il finit par être appelé *islandique*. On l'appelle aussi *vieux norse*. Il conserve encore, avec des changements très légers d'inflection et d'orthographe, sa première forme connue et il est le plus ancien langage vivant de la famille teutonique. Les premiers caractères dans lesquels fut écrit l'islandique étaient les runes (*rûnir*). Au temps de l'introduction du christianisme, on adopta l'alphabet romain sous la forme alors employée par les Anglo-Saxons et par les Allemands L'alphabet a la lettre double æ (*ail dans* edl), et la lettre ó ; il ne renferme pas c, g, q, ou w. Les voyelles sont accentuées ou non accentuées et sont en conséquence longues ou brèves. Les noms possèdent deux nombres et quatre cas : nominatif, accusatif, datif et génitif. Les adjectifs ont une déclinaison définie et une indéfinie ; l'islandique a seulement un article défini que l'on ajoute au nom comme suffixe et qui précède les adjectifs. Les verbes ont des formes active et passive et des modes indicatif, infinitif, subjonctif et impératif. Ils ont seulement deux temps simples, le passé et le présent ; les autres temps sont formés par des modes auxiliaires. (Voy. Cleasby and Vigfusson's *Icelandic-English Dictionnary*, Oxford, 1868-'74). — La littérature islandique peut être divisée en deux périodes : l'ancienne et la moderne. La première se termina au Ive siècle avec la chute de la république. L'alphabet latin fut employé quand on recueillit les chants païens qui s'étaient transmis oralement d'une génération à l'autre. C'est à l'aide de ces caractères que le prêtre Sæmund Sigfusson appelé le *Savant* (1056-1133), ou quelque ancien savant compatriote l'*Edda* ancienne ou poétique. (Voy. EDDA.) Outre les Eddas, la poésie ancienne se compose généralement de chants de victoire ou d'éloges, d'élégies et d'épigrammes. Aux xe, xie et xiie siècles parurent les célèbres scaldes. Au XIIIᵉ siècle commença la décadence littéraire ; et le XIVᵉ siècle ne produisit que le poème *Lilja* (le Lys), chant en l'honneur de la Vierge, par Eysteinn Asgrimsson. Les historiens et les romanciers furent aussi très nombreux en Islande. Les sagas proprement dites ont été classées en deux divisions : sagas fictives et sagas historiques. Parmi les premières, nous citerons la *Vilkina-saga* (appartenant au même cycle héroïque que le *Niebelungenlied*) ; la *Saga du roi Ragnar Lódbrok*, *Frithiofs saga*, les sagas se rapportant au cycle romantique des Arthuriens et des Carlovingiens, et la *Jeune Edda* ou *Edda* en prose de Snorri Sturlasson. Les sagas historiques consistent en histoires générales, histoires locales, histoires de familles et biographies. Parmi celles qui ont rapport à l'Islande, on remarque l'*Islendingabok*, par Ari Thorgilsson (1068-1148) ; la *Landnamabok*, récit détaillé de la colonisation de l'île ; la *Kristin saga*, récit de l'introduction du christianisme en Islande ; et *Njals saga*, composition classique. Parmi celles qui se rapportent à d'autres contrées, on distingue l'*Orkneyinga saga*, histoire des jarls orknéiens ; la *Fœreyinga saga*, relative aux Feroës ; la *Knytlinga saga*, histoire des rois danois depuis Harold Blaatand jusqu'à Canut VI ; et l'*Heimskringla* ou chronique des rois de Norvège, par Snorri Sturlason. La seconde période, ou période moderne de la littérature islandique, ne commença pas, il s'en faut, avec la fin de l'ancienne ; le XVᵉ et le XVIᵉ siècles produisirent à peine quelques livres religieux sans importance. Au XVIIᵉ siècle, l'étude de l'ancienne littérature et la gloire de l'île commencèrent à renaître. A la tête du mouvement se mirent Arngrim Jonsson (Jonas, 1568-1648), Gudmund Audræ (mort en 1654), Runolf Jonsson (mort en 1654), Arni Magnusson (Magnæus, mort en 1730), et Thormod Torfason (Torfæus, 1636-1719). En théologie, se distinguèrent : Gudbrand Thorlaksson (mort en 1627), l'évêque Thorlak Skulson et Jon Vidalin (1666-1720), tandis que la jurisprudence était représentée par Pal Vidalin (1667-1727). Mais la renaissance réelle des lettres date du milieu du XVIIIᵉ siècle. Les noms suivants doivent être mentionnés : Finn Jonsson (1704-'89), auteur d'une histoire ecclésiastique complète de l'île, continuée par Pétur Pétursson (né en 1808) ; Halfdon Einarson (mort en 1785), auteur d'une histoire littéraire islandaise ; Bjorn Haldorsson (mort en 1794), compilateur d'un grand dictionnaire islandais-latin ; Gudbrand Vigfusson, le premier philologue islandais de l'époque ; Jon Espolin (1769-1836), auteur d'une histoire complète de l'île ; en poésie, Hallgrim Petursson, Jon Thorlaksson (1744-1819), traducteur du *Paradis perdu* ; Bjarni Thorarensen (1786-1841), Jonas Hallgrimsson (1807-'45) ; Sveinbjoern Egilsson (1791-1852), traducteur de l'*Odyssée*, et Benedikt Groendal (né en 1826), traducteur de l'*Iliade*. On a accordé beaucoup d'attention à l'économie politique, et plusieurs noms sont célèbres dans l'histoire naturelle. Parmi les écrivains contemporains, nous citerons : Gisli Brynjulfsson (né en 1827), Jon Thordarson (né en 1819), Magnus Grimsson, Steingrim Thorsteinsson, Sveinn Skulason et E. Magnusson. (Voy. E.-C. Otté : *Denmark and Iceland*, Londres, 1884, in-8°.)

ISLAY ou **Isla** [aï-lé], île de l'Argyleshire (Ecosse), la plus méridionale des Hébrides, à 25 kil. de la côte ; sa longueur est de 36 kil., sa largeur de 25 ; elle renferme 8,450 hab. Quelques-unes des sommités ont 500 m. de haut. Elle possède plusieurs petits lacs et des rivières. Sur un bras de mer, dans Loch Finlaggan, se voient les ruines d'un château où les Macdonalds, les *lords des îles*, résidaient autrefois. Ville principale, Bowmore.

ISLE (L'), rivière qui naît dans le dép. de la Haute-Vienne, traverse les dép. de la Dor-

dogne et de la Gironde, et afflue à la Dordogne, près de Libourne, après un cours de 235 kil. Elle alimente un grand nombre de forges et d'usines et reçoit de nombreux affluents. Elle baigne : le Chalard, Jumilhac-le-Grand, Saint-Vincent, Périgueux, Abzac, Laubardemont, Savignac, etc. Elle est navigable jusqu'à Périgueux et est d'une grande utilité pour le transport des farines de Laubardemont et des vins de l'arr. de Libourne.

ISLE (L'), ch.-l. de cant., arr. et à 22 kil. E. d'Avignon (Vaucluse), sur la Sorgue, près de la route qui conduit à la fontaine de Vaucluse ; 6,500 hab. Lainages ; culture de la garance.

ISLE-ADAM ou **Ile-Adam** (L'), ch.-l. de cant., arr. et à 14 kil. N.-E. de Pontoise (Seine-et-Oise), sur la rive gauche de l'Oise ; 2,800 hab. Carrières de pierres de taille. Fabrique de porcelaine. Il y avait autrefois en cet endroit, dans une île formée par l'Oise, un beau château appartenant au prince de Conti. Ce château a été démoli pendant la Révolution. Aux environs, châteaux et parcs de *Stors* et de *Cassan*.

ISLE-EN-DODON (L'), ch.-l. de cant., arr. et à 38 kil. N.-E. de Saint-Gaudens (Haute-Garonne) ; 2,450 hab.

ISLE-JOURDAIN (L'), ch.-l. de cant., arr. et à 20 kil. N.-E. de Lombez (Gers), sur la rive droite de la Save ; 4,700 hab. Tuileries, briqueteries. Autrefois fortifiée, cette seigneurie fut confisquée, en 1324, par Charles le Bel sur Jourdain-de-l'Ile.

ISLE-JOURDAIN (L'). Voy. ILE-JOURDAIN (L').

ISLE-SUR-LE-DOUBS (L'), ch.-l. de cant., arr. et à 25 kil. N.-E. de Baume-les-Dames (Doubs) ; 2,600 hab.

ISLE-SUR-LE-SEREIN (L'), ch.-l. de cant., arr. et à 14 kil. N.-E. d'Avallon (Yonne) ; 1,000 hab.

ISLY, rivière d'Afrique, sur les frontières du Maroc et de l'Algérie. — BATAILLE D'ISLY, célèbre victoire remportée par le maréchal Bugeaud sur les Marocains, le 14 août 1844 ; elle fut livrée sur la rive gauche de la rivière Isly ; de là son nom. Le maréchal Bugeaud fut, après cet éclatant fait d'armes, créé duc d'Isly.

ISMAËL, fils d'Abraham et d'Agar, servante de ce patriarche. Lorsque Sara, femme d'Abraham, eut, malgré sa vieillesse, mis au monde Isaac, elle conçut une jalousie profonde contre Agar et Ismaël et les fit chasser. Ils errèrent longtemps dans le désert et s'y établirent. Ismaël y épousa une Egyptienne qui lui donna douze fils ; ils devinrent les pères des douze tribus arabes.

ISMAËLIENS. Voy. ASSASSINS.

ISMAÉLITES, descendants d'Ismaël, fils d'Abraham et d'Agar, et qui passe pour le père et le propagateur du peuple arabe.

ISMAÏL ou **Ismail-Tutchkov**, ville de Roumanie (Moldavie), sur le Kilia, bras N. du Danube, à 60 kil. S.-E. de Galatz ; 23,879 hab. Place importante de commerce entre la Russie et la Turquie. La nouvelle ville de Tutchkov lui fut annexée vers 1830. Les Russes, commandés par Souwaroff, prirent d'assaut Ismaïl en 1790, les perdirent 20,000 hommes, et passèrent au fil de l'épée 30,000 hommes de la garnison turque. En 1812, la ville fut cédée à la Russie et resta la forteresse la plus considérable de la province russe de Bessarabie jusqu'en 1856, époque où le traité de Paris la rendit à la Turquie.

ISMAÏLIA, ville de la basse Egypte, sur la rive N. du lac Timsah, sur le canal de Suez et sur les chemins de fer conduisant d'Alexandrie et du Caire à Suez ; environ 4,000 hab. Elle fut fondée en 1863.

ISMÈNE, fille d'Œdipe et de Jocaste ; elle fut condamnée à mort avec sa sœur Antigone pour avoir rendu les honneurs funèbres à Polynice.

ISMID ou **Iskimid** (anc. *Nicomedia*), ville de la Turquie d'Asie, au fond du golfe d'Ismid, à 75 kil. S.-E. de Scutari ; environ 8,000 hab. Elle renferme une petite communauté d'Arméniens convertis au protestantisme. (Voy. NICOMÉDIE.)

ISNARD (**Maximin**), conventionnel girondin, né à Grasse en 1751, mort en 1830. A l'Assemblée législative de 1791, il acquit une certaine célébrité par son éloquence et par sa hardiesse ; il prit part à l'insurrection du 10 août 1792, fut élu à la Convention et ensuite se joignit aux Girondins. Mis en accusation par les Montagnards, ses adversaires, sa force herculéenne lui permit d'échapper à l'arrestation (1793). Après la chute de Robespierre, il reprit son siège et pendant un an il fut membre du conseil des Cinq-Cents. Il s'occupa ensuite de littérature et de philosophie.

* **ISOCÈLE** adj. (gr. *isos*, égal ; *skelós*, jambe). Géom. Se dit d'un triangle qui a deux côtés égaux entre eux : *triangle isocèle*.

ISOCÉLIE s. f. Géom. Caractère de triangle isocèle.

ISOCHROMATIQUE adj. [-kro-] (gr. *isos*, égal ; *chróma*, couleur). Qui a une teinte uniforme.

* **ISOCHRONE** adj. [-kro-] (gr. *isos*, égal ; *chronos*, temps). Qui s'accomplit dans des temps égaux : *oscillation isochrone*.

* **ISOCHRONISME** s. m. Mécan. Egalité de durée dans les mouvements d'un corps : *l'isochronisme des vibrations du pendule*.

ISOCRATE, orateur grec, né à Athènes, l'an 436, mort l'an 334 av. J.-C. Sa timidité naturelle et la faiblesse de sa voix l'empêchèrent de parler en public et il se contenta d'enseigner l'éloquence ; il eut pour élèves les hommes les plus éminents de son temps. Après la victoire remportée par les Macédoniens sur ses compatriotes à Chéronée, il se donna la mort, voulant ainsi réduire à néant l'accusation odieuse dont il avait été l'objet, celle de favoriser l'ambition de Philippe de Macédoine et de travailler ainsi à l'asservissement de la Grèce. Les écrits d'Isocrate sont remarquables par l'élégance et la mélodie du style et on le regarde à juste titre comme un des grands écrivains attiques. Les meilleures éditions de ses œuvres sont celles de Reiske dans les *Oratores græci* (Leipzig, 1775) ; de Baiter dans la *Bibliothèque græco-latine*, de Didot (Paris, 1846), et d'Auger avec traduction française (3 vol. in-8°, Paris).

ISODACTYLE adj. (gr. *isos*, égal ; *daktulos*, doigt). Qui a les doigts égaux.

ISOÉDRIQUE adj. (gr. *isos*, égal ; *edra*, face). Minér. Dont les facettes sont semblables.

ISOGONE adj. (gr. *isos*, égal ; *gónia*, angle). Géom. Qui a les angles égaux.

ISOGRAPHIE (gr. *isos*, égal ; *graphein*, écrire). Fac-simile, reproduction fidèle de l'écriture d'une personne.

* **ISOLANT, ANTE** adj. Phys. Qui ne conduit pas l'électricité, comme le charbon, le verre, etc.

ISOLATIF, IVE adj. Gramm. Se dit des langues dans lesquelles les racines sont employées d'une façon absolument indépendante et sans altération, au lieu de se combiner entre elles et de se modifier par dérivation.

* **ISOLATION** s. f. Phys. Action d'isoler le corps que l'on veut électriser.

* **ISOLÉ, ÉE** part. passé d'ISOLER. — COLONNE ISOLÉE, STATUE ISOLÉE, colonne, statue

qui ne tient point au mur de l'édifice. —
Adj. Lieu solitaire : *un endroit isolé.* — Fig.
Qui vit sans relations de parenté, d'affection
ou de société, qui ne tient à rien ; ou à qui
personne ne s'intéresse : *elle se trouva bien
isolée après la perte de son fils.* — Adminst.
milit. HOMME ISOLÉ, SOLDAT ISOLÉ, celui qui se
trouve n'appartenir momentanément à aucun
corps.

* ISOLEMENT s. m. État d'une personne qui
vit isolée : *vivre dans l'isolement, dans un
grand, dans un complet isolement.* — Archit.
Distance entre deux parties de construction
qui ne se touchent pas. — Phys. Séparation
opérée par des milieux non conducteurs entre
un corps qu'on électrise, et les corps environnants qui pourraient lui enlever son électricité.

* ISOLÉMENT adv. D'une manière isolée,
séparément, à part : *si l'on considère chacun
de ces objets isolément.*

* ISOLER v. a. (lat. *insulatus*, séparé comme
l'est une île). Faire qu'un corps ne tienne à aucun autre : *pour isoler son palais, il a fait
abattre toutes les maisons qui y tenaient.* —
Phys. Faire en sorte que le corps que l'on
veut électriser ne soit en contact avec aucun
de ceux qui pourraient lui enlever son électricité : *on isole un corps en le suspendant à
des cordons de soie ou de crin, en le plaçant
sur de la résine, sur du soufre, sur un tabouret
garni de pieds de verre,* etc. — Fig. : *on l'isola
de ceux qui auraient pu l'éclairer sur sa position.* — S'isoler v. pr. Se séparer de la société : *cet homme trouve moyen de s'isoler au
milieu de la cour.*

* ISOLOIR s. m. Phys. Appareil formé de
substances non conductrices de l'électricité,
et sur lequel on pose les corps que l'on veut
électriser, afin de les isoler des corps environnants. Se dit plus particulièrement d'une
espèce de tabouret ou support de bois garni
de pieds de verre, qui sert ordinairement à
cet usage : *se mettre sur l'isoloir.*

* ISOMÈRE adj. (gr. *isos*, égal ; *meros*, partie). Chim. et Minér. Qui est composé de
parties semblables. — Corps ISOMÈRES, corps
qui se composent des mêmes éléments et en
même nombre, mais *qui diffèrent sensiblement par leurs propriétés.*

ISOMÉRIE s. f. Caractère des corps isomères.

ISOMÉRIQUE adj. Qui appartient à l'isomérie ; qui en a le caractère.

ISOMÉRISME s. m. Chim. Relation qui
existe entre des substances qui, possédant la
même composition élémentaire, ont des propriétés chimiques et physiques essentiellement
différentes. Ainsi le formiate d'éthyle et l'a-
cétate de méthyle — substances très différentes — présentent une composition élémentaire exprimée par la formule $C^8 H^6 O^2$,
quelquefois écrite $C^{12} H^{12} O^4$. Ils sont néanmoins composés de :

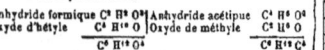

Anhydride formique $C^2 O^4$	Anhydride acétique $C^4 H^6$
Oxyde d'éthyle $C^4 H^6 O$	Oxyde de méthyle $C^4 H^6 O$
$C^6 H^{12} O^4$	$C^8 H^6 C^4$

*Ces composés contiennent réellement diffé-
rents constituants immédiats, ce qui est
prouvé par le fait qu'ils donnent des produits
différents quand ils sont décomposés sous de
semblables conditions. Tous les corps qui
sont ainsi isomériques des uns aux autres
doivent donc posséder des poids équivalents
identiques.* Ces substances sont souvent appelées métamériques (gr. μετά, indiquant
changement ou altération), par opposition
aux substances polymériques (gr. πολύς, beaucoup), qui sont composées d'éléments semblables, unis dans la même proportion relative, mais en quantités absolues différentes,
les poids équivalents dans lesquels ces subs-

tances se combinent avec d'autres corps ne
se ressemblant pas ; c'est ce qui les distingue
des membres de la classe précédente, dans laquelle le nombre relatif et absolu d'équivalents est le même. Un grand nombre de substances polymériques sont connues, et on en
a formé la série entière de composés organiques. Comme exemple, le gaz oléfiant et
la cétine contiennent chacun 85.7 p. 100 de
carbone et 14.3 p. 100 d'hydrogène. Si l'on
ne savait rien de leur action chimique, la
formule empirique CH^2 serait applicable à
tous les deux ; mais l'expérience a montré
que 2 C et 4 H se sont unis pour former le
gaz oléfiant, dont la formule rationnelle est,
en conséquence, $C^2 H^4$ et l'équivalent combinant 28 ; tandis que 16 C et 32 H se sont
unis pour former la céline qui a, par conséquent, pour formule rationnelle $C^{16} H^{32}$ et le
nombre équivalent 224. Entre ces deux corps,
il en existe 14 qui leur sont polymériques ou
qui sont polymériques entre eux. Jusqu'à une
période comparativement récente, l'opinion
dominante parmi les chimistes fut que les
corps de composition semblable devaient posséder nécessairement des propriétés semblables. Toute observation tendant à jeter un
doute sur l'exactitude de cette croyance était
regardée comme erronée. Même la découverte par Woehler et Liebig, que les acides
cyanique et fulminique sont semblables en
composition mais qu'ils possèdent des propriétés très différentes, fut attribuée à une erreur d'observation et généralement discré-
ditée. Les recherches de Faraday sur plusieurs hydrocarbones isomériques en 1825
prouva d'abord la fausseté de cette prétendue loi. Les exceptions furent plus attentivement observées, et Berzelius proposa le
terme *allotropisme* pour exprimer la condition dans laquelle la même substance chimique peut avoir des propriétés différentes
(Voy. ALLOTROPISME.) Dans les corps composés,
il n'est pas toujours facile de distinguer entre
l'allotropisme et l'isomérisme proprement
dit. Des ouvrages importants sur l'isomérisme
ont été publiés par Butlerow, Kekulé, Erlen-
meyer et Gibbs.

ISOMÉTRIQUE adj. (gr. *isos*, égal ; *metron*,
mesure). Minér. Dont les dimensions sont
égales. — PROJECTION ISOMÉTRIQUE, espèce
de dessin, employé principalement par les
ingénieurs, dans lequel le plan en perspective sur le papier peut être considéré comme
faisant des angles égaux avec les trois dimen-

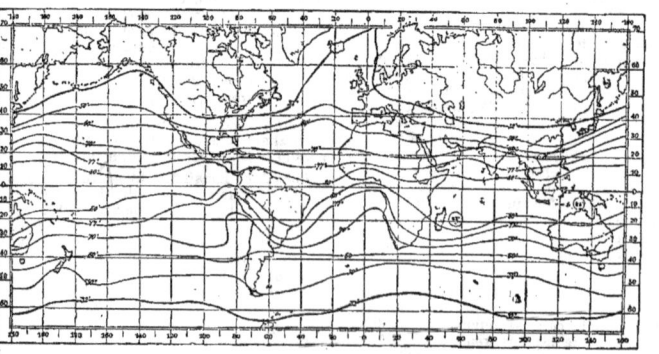

Diagramme I. Lignes isothermes pour le mois de janvier

sions principales de la figure, l'œil étant supposé à une distance infinie. Ainsi des lignes
dans les trois principales directions sont dessinées sur une échelle commune, et il en est
de même pour toutes les parties de chaque
ligne.

ISOMORPHE adj. (gr. *isos*, égal ; *morphé*,
forme). Minér. Qui affecte la même forme
cristalline.

ISOMORPHISME s. m. Chim. Propriété que
possèdent certains corps de pouvoir se remplacer les uns les autres dans des composés
sans causer chez ceux-ci un changement essentiel de forme cristalline. Les corps qui
se remplacent ainsi les uns les autres possèdent
eux-mêmes des formes semblables et on dit
qu'ils sont isomorphes.

ISOPÉRIMÈTRE adj. Géom. Dont les péri-
mètres sont égaux.

ISOPODE adj. (gr. *isos*, semblable ; *pous, podos*, pied). Crust. Qui a les pattes égales ou
semblables. — s. m. pl. Ordre de crustacés
à 14 pattes onguiculées, presque semblables.
Genre type, le *cloporte ; genres principaux :
leptomères, ancées, apseudes, aselles, porcel-
lions, armadilles,* etc.

ISORÉ (Jacques), conventionnel, né à Cau-
vigny (Beauvaisis) en 1758, mort en 1839 ; il
embrassa avec ardeur les idées révolutionnaires, fut élu membre de la Convention en
1792, siégea à la Montagne, et vota la mort du
roi sans appel ni sursis. — Chargé de missions importantes, il rendit d'éminents services pour le ravitaillement de Paris et des
places frontières. Après le coup d'État de
brumaire, il rentra dans la vie privée. Exilé
en 1816 comme régicide, il put rentrer en
1818 et se livra à l'agriculture. On a de lui :
Traité sur la grande culture des terres (Paris,
1802, 2 vol. in-8°).

ISOTÈLE s. m. (gr. *isos*, égal ; *telos*, impôt).
Celui qui jouissait de l'isotélie.

ISOTÉLIE s. f. État civil intermédiaire
entre celui de citoyen athénien et celui d'é-
tranger, et donnant à celui qui en jouissait
des droits semblables à ceux des autres citoyens.

ISOTHÈRE adj. (gr. *isos*, égal ; *theros*, été).
Phys. Qui a la même température moyenne
en été.

* ISOTHERME adj. (gr. *isos*, égal ; *thermos*,
chaud). Qui a la même température moyenne ;
ne s'emploie guère dans cette expression,
LIGNES ISOTHERMES, lignes qui passent par
tous les lieux du globe où la température
moyenne de l'année est la même. On doit à
Humboldt (1817) l'idée des lignes isothermes,
qui a fait faire de grands progrès à la météorologie. Le même savant imagina aussi les
lignes isothères (isos, égal ; *theros*, été), passant par les lieux où la température moyenne
est la même en été ; et les *lignes isochimènes
(isos*, égal ; *keimôn*, hiver) réunissant les
points qui ont une température moyenne

égale en hiver, mais le mot isotherme est généralement employé pour qualifier les lignes de température moyenne, soit diurne, soit mensuelle, soit annuelle, etc. Nos diagrammes I et II donnent la température moyenne de la surface de la terre, au moyen des lignes isothermes, pour janvier et juillet. Ces lignes ont été tracées d'après une masse

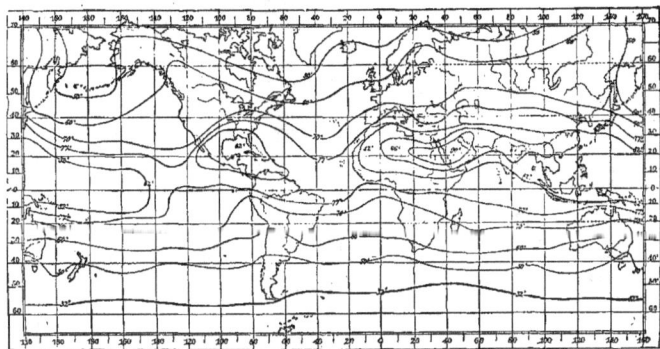

Diagramme II. Lignes isothermes pour le mois de juillet.

d'observations faites par l'amirauté anglaise et par les travaux de Dove, de Maury, de Buchan et de plusieurs autres. La comparaison des lignes isothermes de janvier et de juillet montre quelle est l'influence de l'altitude solaire et de la distribution des continents, des plateaux, des océans, etc. L'analyse plus détaillée et la comparaison de ces températures appartiennent à la climatologie. Les températures moyennes annuelles des points situés sous la même latitude sont d'environ 2°½ F. plus élevées dans l'hémisphère nord que dans l'hémisphère sud. La température moyenne de toute la terre, d'après Dove, dépasse en juillet celles de janvier d'environ 8° F., bien qu'en juillet la terre soit plus éloignée du soleil qu'en janvier dans le rapport de 93 à 90. Dans nos diagrammes, les températures sont marquées en degrés Fahrenheit.

ISPAHAN ou Isfahan (anc. *Aspadana*), ancienne capitale de la Perse, dans l'Irak-Adjemi, à 315 kil. S. de Téhéran, par 32° 39' .lat. N., et 49° 24' long. E.; environ 60,000 hab. Elle est entourée de bosquets, de ver-

Ispahan. — Cour de la Grande Mosquée.

gers, de champs de blé et de vignobles, dans une vaste plaine arrosée par le Zeinderud. Cette rivière.y est traversée par trois ponts massifs; aux environs se trouvent des jardins spacieux et magnifiques. La grande place,

appelée Maidan Schah, mesure plus de 1,60° ares. Sur ses côtés sont deux superbes mosquées et des édifices imposants occupés autrefois par des officiers de la cour, mais actuellement en ruines et désolés. Dans la partie S. de la ville est une vaste promenade appelée Tchahar Bagh, composée de huit jardins, renfermant des palais et des fontaines. Le col-lège de Hussein, la mosquée du schah et la porte d'Ali, à trois étages, sont parmi les plus beaux édifices. Le grand bazar du schah Abbas renferme des centaines de boutiques aujourd'hui inoccupées. Le commerce et l'industrie d'Ispahan, autrefois très importants, ont diminué considérablement. La ville fait son apparition dans l'histoire dès le III° siècle. Elle fut prise par Tamerlan en 1387. Chardin y trouva, en 1673, une population de 600,000 âmes. Elle fut presque entièrement détruite par les Afghans, en 1722. Quoique en ruines, Ispahan est encore la plus imposante et la plus belle ville de la Perse.

ISRAËL, surnom donné à Jacob après sa lutte contre un ange, et signifiant : *fort contre Dieu*; de là le nom d'Israélites donné aux Juifs, ses descendants. — Royaume d'Israël, l'un des deux royaumes qui se formèrent en Palestine, sous Roboam, successeur de Salomon. Il comprenait les dix tribus hébraïques perpétuellement en lutte contre le royaume de Juda. Salmanazar, roi d'Assyrie, mit fin au royaume d'Israël et emmena ses habitants en captivité

'ISRAÉLITE s. Membre du peuple d'Israël : *une belle Israélite.* — Juif, juive : *temple des israélites.* — C'EST UN BON ISRAÉLITE, c'est un homme simple et plein de candeur. — Adjectiv. Se dit en parlant des choses qui appartiennent aux juifs : *culte israélite.*

ISSACHAR, cinquième fils de Jacob et de Lia ; il donna son nom à l'une des douze tribus de la Palestine ; ch.-l., Jezraël.

ISSARLÈS, petit lac situé dans l'Ardèche, à 59 kil. N. de Largentière ; il a environ 90 hect. de superficie.

ISSIGEAC, ch.-l. de cant., arr. et à 18 kil. S.-E. de Bergerac (Dordogne), sur la Banège; 1,050 hab.

ISSOIRE, *Icciodurum, Issiodurum*, ch.-l. d'arr. à 57 kil. S.-S.-E. de Clermont-Ferrand

(Puy-de-Dôme), au confluent de la Couze et de l'Allier, par 45° 32' 27" lat. N. et 0° 54' 50" long. E. : 6,250 hab. Belle église des XI° et XII° siècles. Huile de noix, anisette, cuivre, bestiaux. Cette ville, florissante au temps des Romains, possédait alors une école et un temple célèbres. Elle fut ruinée par les Vandales, saccagée en 1574 par les ducs d'Anjou et de Guise, qui massacrèrent tous les habitants, et soutint encore des sièges en 1577 et 1590.

ISSOUDUN, *Auxellodunum, Exoldunum*, ch.-l. d'arr. à 28 kil. N.-E. de Châteauroux (Indre), sur la Théols et le chemin de fer du Centre, par 46° 56' 54" lat. N. et 0° 20' 49" long. O.; 13,700 hab. Parchemineries, chapellerie, faïence, grains, vins, laines. Riches vignobles aux alentours.—Issoudun passa plusieurs fois, pendant le XII° siècle, sous la domination anglaise. On y battit monnaie. Cette ville soutint, en 1651, contre l'armée de la Fronde, un siège pendant lequel une grande partie de la ville fut détruite par un incendie. Patrie du P. Berthier.

' ISSU, UE part. du verbe *Issir*, qui n'est plus en usage. On ne se sert que pour signifier, venu, descendu d'une personne ou d'une race: *de ce mariage sont issus tant d'enfants.* — COUSINS ISSUS DE GERMAIN, les enfants de deux cousins germains: *il est son cousin issu de germain.* On dit aussi absolument, ILS SONT ISSUS DE GERMAIN.

' ISSUE s. f. Sortie, lieu par où l'on sort: *ce logis n'a point d'issue sur le derrière.* — Passage, ouverture par laquelle une chose peut sortir: *cette eau n'a point d'issue.* — LES ISSUES D'UNE VILLE, D'UNE MAISON, les dehors et les environs. Dans ce sens, ne se dit guère qu'au pluriel: *cette maison de campagne a de belles issues.* — Adv. A L'ISSUE DU CONSEIL, A L'ISSUE DU SERMON, A L'ISSUE DE LA GRAND'MESSE, A L'ISSUE DU DINER, etc., à la sortie du conseil, du sermon, etc. — Fig. Succès, événement final: *bonne, heureuse issue; cela dépend de l'issue de cette guerre.* — Moyen, expédient pour sortir d'une affaire: *je ne vois point, je ne trouve point d'issue à cette affaire.* — Extrémités et entrailles de quelques animaux, comme les pieds, la tête et la queue, le cœur, le foie, le poumon, la rate, etc.: *une issue d'agneau.* — Pl. Ce qui reste des moutures après la farine, comme le son, la recoupe, etc.: *des issues de blé.*

IS-SUR-TILLE, ch.-l. de cant., arr. et à 24 kil. N.-E. de Dijon (Côte-d'Or), sur l'Ignon; 1,300 hab. Forges. Grosse tour carrée, reste d'un château où François I° rendit une célèbre ordonnance sur la police des prisons.

ISSUS, ancienne ville de Cilicie (Asie Mineure), sur le golfe d'Issus, célèbre par la bataille qui fut livrée dans ses environs, en 333 av. J.-C., et dans laquelle Alexandre le Grand fut vainqueur de Darius. Son emplacement exact est incertain.

ISSY, *Issiacum*, comm. du cant., arr. et à 7 kil. N. de Sceaux (Seine); 9,500 hab.

ISSY-L'ÉVÊQUE, ch.-l. de cant., arr. et à 47 kil. S.-E. d'Autun (Saône-et-Loire); 2,000 hab.

ISTAMBOUL. Voy. CONSTANTINOPLE.

ISTAPA ou Istapam, port du Pacifique, sur la côte de Guatémala (Amérique Centrale), à l'embouchure de la rivière Michatoyat. En 1853, elle fut abandonnée pour San José, qui se trouve à 18 kil. au N. L'une et l'autre sont entièrement ouvertes à la mer et les navires ne peuvent approcher à plus de 3 kil. de la terre.

' ISTHME s. m. [iss-me] (gr. *isthmos*, passage). Géogr. Langue de terre entre deux mers ou deux golfes, qui joint une terre à une autre, une presqu'île au continent: *l'isthme de Suez; l'isthme de Panama.*—Anat. Certaines parties qui ont quelque ressemblance de forme avec un isthme : *l'isthme du gosier.*

ISTHMIQUES adj. m. pl. Ne s'emploie que dans cette expression, LES JEUX ISTHMIQUES, jeux *qui*, dans l'ancienne Grèce, se célébraient tous les cinq ans sur l'isthme de Corinthe, en l'honneur de Neptune. — s. f. pl. LES ISTH-MIQUES DE PINDARE, odes du poète Pindare destinées à célébrer les vainqueurs des jeux isthmiques.

ISTRES, ch.-l. de cant., arr. et à 45 kil. O. d'Aix (Bouches-du-Rhône); 3,850 hab

ISTRIE (anc. *Histria*), péninsule et margraviat d'Autriche, sur la côte N.-E. de l'Adriatique ; 4,953 kil. carr.; 292,900 hab. Elle fait partie aujourd'hui de la province du Littoral (voy. LITTORAL), mais elle a sa diète distincte. Territoire généralement montagneux. Excellentes olives, grains, vins, citrons et soie. Villes principales : Capo d'Istria, Pirano, Isola, Rovigno, Pola, Dignano et Pisino. Les habitants des villes sont presque tous Italiens; ceux de la campagne sont d'origine slave. — Dans l'antiquité, les Istriens formaient une tribu illyrienne et exerçaient la piraterie, avant la seconde guerre Punique ils furent soumis par les consuls romains. Plus tard, ils se révoltèrent en vain. Au moyen âge, l'Istrie formait un margraviat séparé. Avant 1799, elle fut divisée entre Venise et la maison d'Autriche. La partie vénitienne fut enlevée à la France par l'Autriche, en 1813.

ISTRIEN, IENNE s. et adj. Qui est de l'Istrie ; qui appartient à ce pays ou à ses habitants.

ISTURIZ (Francisco-Xavier de) [iss-tou-riss'], homme d'État espagnol, né à Cadix en 1790, mort en 1871. Ayant, en 1823, alors qu'il présidait les cortès, voté pour la suspension du pouvoir royal, il fut condamné à mort après l'invasion française; il s'enfuit à Londres et s'engagea dans des affaires commerciales. Il revint lors de l'amnistie de 1834, et fut, pendant quelque temps, en 1835, le conseiller le plus intime de Mendizabal, mais ils se brouillèrent et, en mai 1836, Isturiz remplaça Mendizabal comme président du conseil. Des tumultes populaires qui eurent lieu en août motivèrent de nouveau son exil. Il rentra en 1838; en 1839, il fut de nouveau président des cortès. Il négocia les mariages de la jeune reine et de sa sœur. De 1848 à 1864, il fut successivement ministre en Angleterre, en Russie et en France et, en 1858, il fut encore, pour peu de temps, président du conseil.

ITACISME s. m. Philol. Système d'après lequel l'éta grec (η) se prononce comme un *i*.

ITACISTE s. m. Philol. Partisan de l'itacisme.

ITACOLUMITE s. f. (d'*Itacolumi*,montagne du Brésil). Roche granulaire siliceuse, de structure lamellée, trouvée avec les ardoises talqueuses et plus ou moins mélangée de talc ou de mica. Elle offre un intérêt particulier parce qu'on la rencontre dans les localités des régions aurifères où l'on trouve le diamant. Elle se rencontre au Brésil, dans les montagnes de l'Oural, en Géorgie et dans la Caroline du nord et du sud.

ITA DIIS PLACUIT, expression latine qui signifie : *ainsi l'ont voulu les dieux*, et que l'on emploie quand on veut dire qu'une chose accomplie n'a plus de remède, qu'il n'y a plus à y revenir et qu'il faut s'y résigner.

ITA EST, loc. lat. qui signifie : *il en est ainsi*.

ITALIANISER v. a. Rendre italien, faire adopter à quelqu'un les coutumes, les mœurs italiennes. — Gramm. Donner au langage une terminaison italienne.

ITALIANISME s. m. Gramm. Manière de parler propre à la langue italienne. Ne se dit guère qu'en parlant d'un tour italien, d'une expression italienne transportée dans une autre langue : *il lui échappe souvent des italianismes.*

ITALIE (*Regno d'Italia*), royaume de l'Europe méridionale, comprenant la péninsule Italienne et les îles de Sardaigne et de Sicile. La partie continentale est comprise entre 37° 55' et 46° 40'. lat. N. et entre 4° 10' et 16° 13' long. E. La république de Saint-Marin, comprise géographiquement dans l'Italie, forme un État indépendant. Le royaume est borné au N.-O. par la France, au N. par la Suisse et l'Autriche, au N.-E. par l'Autriche, à l'E. par l'Adriatique et la mer Ionienne, et au S. et à l'O. par la Méditerranée; 288,539 kil. carr.; 28,459,628 hab. — Le royaum.. est divisé en 16 *compartimenti*, comprenant 69 provinces; chacune de celles-ci forme un certain nombre de *circondarii* (districts), comprenant plusieurs communes. — Cap. Rome; villes principales : Naples, Milan, Turin, Palerme, Gênes, Florence, Venise, Messine, Bologne, Catane, Livourne, Padoue, Ferrare, Vérone, Lucques.

TABLEAU STATISTIQUE

PROVINCES et COMPARTIMENTI.	POPULA-TION.	PROVINCES et COMPARTIMENTI.	POPULA-TION.
Alessandria..........	729,710	Arezzo..........	235,744
Cuneo..............	635,400	Firenze..........	790,776
Novara.............	675,926	Grosseto.........	114,295
Torino.............	1,029,343	Livorno..........	121,612
		Lucca...........	284,484
Piémont.:.......	3,070,379	Massa Carrara ...	169,469
		Pisa............	283,310
Genova.............	760,122	Siena...........	205,926
Porto Maurizio.....	132,251		
		Toscane.........	2,208,516
Ligurie........	892,373	Rome (Latium)...	903,472
Bergamo...........	390,775	Aquila..........	353,027
Brescia............	471,568	Campobasso......	365,434
Como..............	515,030	Chieti..........	344,048
Cremona...........	302,138	Teramo.........	254,806
Milano.............	1,114,901	Abruzzi-e-	
Mantua............	295,728	Molise........	1,317,315
Pavia..............	469,831	Avellino.........	392,619
Sondrio............	120,534	Benevento.......	238,425
		Caserta.........	714,131
Lombardie.......	3,680,615	Napoli..........	1,001,245
Belluno............	174,140	Salerno.........	550,159
Padova............	397,763	Campanie.......	2,896,579
Rovigo.............	217,700		
Treviso............	375,704	Bari............	678,148
Udine..............	501,745	Foggia..........	356,267
Venezia............	356,708	Lecce..........	553,298
Verona.............	294,065		
Vicenza............	396,349	Apulie..........	1,587,713
Venise..........	2,814,173	Basilicate.......	524,836
Bologna...........	457,474	Catanzaro.......	433,975
Ferrara............	230,807	Cosenza.........	451,309
Forli..............	251,110	Reggio di Cala-bria....	372,623
Modena............	279,254	Calabre.........	125,907
Parma.............	267,308		
Piacenza...........	225,717	Caltanissetta....	265,930
Ravenna...........	225,764	Catania.........	563,440
Reggio Emilia	244,959	Girgenti........	312,487
		Messina.........	460,924
Émilie..........	2,183,391	Palermo.........	699,151
		Siracusa........	343,036
Ombrie..........	572,060	Trapani.........	283,873
Ancona............	267,338	Sicile..........	2,928,841
Ascoli Piceno......	209,185	Cagliari.........	420,635
Macerata..........	239,713	Sassari.........	261,367
Pesaro-et-Urbino..	223,043	Sardaigne......	682,002
Marches.........	939,279	Total........	26,459,451

— CÔTES. La longueur des côtes de l'Italie continentale est de plus de 3,000 kil. La portion occidentale de la côte du golfe de Gênes est appelée *riviera di Ponente* (rivage du Ponant), elle est élevée et escarpée et s'étend depuis Vintimille jusqu'à Gênes. De Gênes à Spezia s'étend la *Riviera di Levante* (rivage du Levant), basse, mais quelquefois escarpée. De l'Arno au Tibre, la côte est parfois élevée, mais elle est ordinairement basse et marécageuse, dans les anciens États du pape. La côte napolitaine, le long de la mer Tyrrhénienne, est en général escarpée et rocheuse, avec des baies larges et profondes. La partie baignée par la mer Ionienne, depuis le détroit de Messine jusqu'au cap Rizzuto, est garnie de rochers à pic. Au delà de Tarente, la côte est basse et sablonneuse; au fond du golfe de Tarente s'étend le seul district marécageux de la côte de la mer Ionienne. A partir du cap de Santa-Maria-di-Leuca, la côte est brisée par l'éperon sur lequel se trouvent les monts Gargano et San-Angelo, et par les golfes de Manfredonia et de Venise. Les ports principaux sont : à l'ouest, Gênes, Spezia, Livourne, Civita-Vecchia, Gaëte, Naples et Reggio; au sud, Tarente; à l'est, Brindisi, Bari, Ancône, Rimini, Chioggia et Venise. Les îles les plus importantes sur la côte sont : Elbe, Ischia et Caprée dans l'ouest. — MONTAGNES. Le grand système montagneux est formé par les Alpes et les Apennins, comprenant les chaînes subapennines. (Voy. ALPES et APENNINS.) Les montagnes subapennines se trouvent entièrement à l'ouest de la chaîne principale, à laquelle elles ne paraissent pas appartenir géologiquement. — VALLÉES. Parmi les innombrables vallées de la région subalpine, quelques-unes des plus célèbres sont le val di Clusone, la vallée de la Dora Susina au-dessus de Turin, le val d'Aoste et la Valtelline. Le long des Apennins, on trouve le val d'Arno, les vallées du Tibre, du Volturne, etc., et les magnifiques vallées des hautes terres du centre et du sud. — COURS D'EAU. L'Italie n'a que deux rivières importantes.: le Pô et l'Adige; la première, coulant vers l'E. à travers l'Italie supérieure, reçoit le Tessin, l'Adda, l'Oglio, le Mincio, etc., et se dirigeant vers le S.-E. à travers la Vénétie; l'une et l'autre se jettent dans l'Adriatique. Presque tous les autres cours d'eau sont de simples torrents. Parmi les plus remarquables, on cite : la Brenta, la Piave et le Tagliamento, au N., l'Arno et le Tibre au centre, le Garigliano, le Volturne, et le Silaro (Sele) au S. Leurs embouchures sont presque entièrement entourées de marécages insalubres. — CANAUX. Neuf canaux principaux, destinés surtout à l'irrigation, furent construits au moyen âge en Lombardie et en Vénétie. Le plus beau, le Naviglio Grande ou Ticinello, entre le Tessin et Milan, mesure 45 kil. de long et est navigable pour les grands navires. Le Piémont est coupé par environ 250 canaux. — LACS. Les plus grands lacs appartiennent à la haute Italie. Le lac Majeur (lago Maggiore) a 60 kil. de long et une profondeur de 835 m. Le lac de Lugano appartient en grande partie à la Suisse. Le lac de Côme (Como) a 50 kil. de long et est très profond. Le lac Isco mesure 25 kil. de long, et le lac de Garde (Garda), qui appartient en partie au Tyrol, a 50 kil. de long; il y a aussi le lac de Bientina en Toscane, le lac de Pérouse (*Perugia*, anc. *Trasimène*) dans l'Ombrie et les lacs de Bolsena et de Bracciano dans la province de Rome. — GÉOL. L'Italie offre un champ fertile aux géologues. Le granit, le porphyre et le gneiss se trouvent presque partout dans la péninsule. Le Monte Corvo et d'autres pics des Abruzzes sont composés de quartz compact. La masse des Apennins est formée de calcaire, de craie et de grès, avec de la serpentine injectée entre les couches et formant un grand nombre de groupes détachés de collines, particulièrement dans la chaîne Ligurienne. Le gneiss, le mica, l'ardoise, l'ardoise argileuse, l'ardoise talqueuse et la pierre calcaire forment les couches inférieures stratifiées recouvertes par la serpentine; au-dessus s'étend un mélange d'ardoise argileuse, de grès marneux et de pierres calcaires; tandis qu'à la partie supérieure se trouvent des pierres calcaires marneuses et une pierre de grès appelée *macigno*, avec des impressions de plantes marines. C'est la roche stratifiée qui domine dans le N. des Apennins. Dans cette partie de la chaîne, on rencontre des étendues considérables de calcaire cristallisé (marbre) qui dominent au sud, près des côtes de la Méditerranée. Les Alpes

Apuennes à l'extrémité S. des Apennins de Ligurie, renferment les marbres de Carrare. Des restes fossiles d'un intérêt extraordinaire se trouvent dans les différentes parties de la péninsule. — Il y a en Italie quatre districts volcaniques distincts. Le premier, celui des monts Euganéens, s'étend depuis le voisinage de Padoue jusqu'à Este. Le plus vaste se trouve usr le territoire romain, où il y a trois groupes remarquables, les monti Albani, les monti Cimini et le groupe auquel appartient la masse volcanique imposante de Radicofani, à 6 kil. du monte Amiato. La Terra di Lavoro ou Campania Felice (aujourd'hui province de Caserte) forme le troisième district, subdivisé en plusieurs groupes : le groupe Roccamonfina, les champs Phlégréens et le mont Vésuve. Le quatrième et dernier district volcanique se trouve en Apulie; il a pour centre la masse énorme du Monte Volture et pour sommité dominante le Pizzuto di Melfi. — Minés. La richesse minérale de l'Italie fut célèbre dès l'antiquité la plus reculée. Le Piémont possède de l'or, de l'argent, du cuivre, du plomb et du fer. Les Alpes Apuennes, sur la frontière N. de la Toscane, sont traversées par des veines de mercure, de minerai de fer magnétique, de cuivre argentifère et de plomb. Les districts du centre et du sud de la Toscane sont également riches en dépôts métallifères. Pendant le moyen âge, différentes mines de fer, de plomb, de cuivre, d'argent, d'alun et de soufre furent exploitées avec un grand succès à Massa Maritima, appelée ensuite Massa Metallifera pour la distinguer de Massa Carrara. Dans la même région se trouvent les fameux soffioni ou courants de vapeur utilisés pour l'extraction de l'acide borique. Les districts de Sienne et de Grosseto ont des mines d'argent et de cuivre; et dans la Toscane méridionale, on trouve des veines de cuivre, de mercure et des filons d'antimoine. La Calabre possède aussi des filons de fer et d'anciennes mines d'argent. Le produit minéral le plus important du royaume est le soufre, qui est exporté de Sicile en grandes quantités. — Il n'est point de région en Italie qui ne possède un sol naturellement fertile, ou susceptible d'être rendu productif par le travail et par des moyens artificiels. Les vastes plaines sont presque partout cultivables, et les Apennins, dans bien des endroits, sont cultivés en terrasses jusqu'à leur sommet; une partie des marais à l'E. et à l'O. nourrissaient anciennement une nombreuse population; une partie des marais a été desséchée à une époque récente. — Climat. Le climat de l'Italie est considéré comme le plus agréable de toute l'Europe; et pourtant, en proportion du nombre des habitants, la mortalité est plus grande en Italie que dans toute autre contrée européenne. La moyenne de la température annuelle est comme suit : Milan 12° C.; Rome 15°; Naples 18°. — Flore. Les productions végétales sont demi-tropicales. La datte, l'olive, la figue et l'orange viennent dans les terres basses. Sur les terres élevées, à une distance de la côte, il y a des forêts de chênes et de châtaigniers, et sur les plateaux de Pollino et de Sila le pays est couvert de pins et de sapins. L'Italie produit toute espèce de céréales. Les fruits les plus succulents croissent spontanément. La canne à sucre est cultivée dans la basse Italie et en Sicile, et le coton a été introduit avec succès en Calabre et en Sicile depuis 1862. La culture du tabac est toujours limitée. La soie est le produit le plus important. L'olive est indigène dans presque toutes les parties de la péninsule. Environ les 85 centièmes du sol sont productifs. — Vins. La quantité de vins produits annuellement par l'Italie est estimée à 1,600 millions de litres; une petite portion seulement est de bonne qualité. Il y a quarante ans, les vins italiens de qualité supérieure étaient à peine connus, mais leur ré-

putation est aujourd'hui bien établie. Dans plusieurs parties de l'Italie, notamment en Lombardie et en Vénétie, les vignes, au lieu d'être taillées court et d'être attachées à des échalas, grimpent aux troncs des arbres plantés en ligne à cet effet, mais leurs raisins n'atteignent jamais cette perfection qui est nécessaire pour produire des vins de première qualité. Ils donnent un vin léger, acide, qui ne peut se garder longtemps. La réputation des vins d'Asti fait que l'on donne leur nom dans le commerce au barbera, au barolo, au nebbiolo, au brachetto, au grignolino et aux autres variétés de vins du Piémont. Ces vins sont généralement corsés et un peu âpres. Les plaines de Lombardie et de Vénétie donnent une immense quantité de vins, mais ceux-ci sont de médiocre qualité. Ils renferment très peu de sucre ou d'alcool, beaucoup d'acide et peu d'arome. En Toscane, la fabrication du vin a atteint un plus haut degré de perfection que dans les autres parties de l'Italie. Le vin le plus fameux de cette région fut, pendant bien des années, le montepulciano, surnommé autrefois le roi des vins; mais le produit des vignobles de Chianti, près de Sienne, provenant d'un raisin particulier, a obtenu la supériorité, et presque tous les bons vins toscans vendus en bouteilles portent aujourd'hui l'étiquette de Chianti. Le vrai vin de ce nom est plein de bouquet et astringent. Il renferme environ 20 p. 100 d'alcool. Les vins d'Artimino et de Carmignano sont aussi de bonne qualité. On peut y ajouter le verdea, ou vin vert, ainsi nommé à cause de sa couleur, et produit à Arcetri, près de Florence, et le trebbiano surnommé le sirop couleur d'or. Les vins les plus célèbres des anciens Etats du pape sont ceux d'Orvieto et les muscats d'Albano et de Montefiascone. La partie méridionale de la péninsule Italienne donne une grande quantité de vins spiritueux. Ceux de Gallipoli et de Tarente peuvent atteindre la force ordinaire du cognac. Le lacryma-christi, produit le plus remarquable de cette partie de l'Italie, donne son nom à tous les vins rouges sucrés qui y sont fabriqués, bien que le véritable lacryma-christi croisse seulement sur les versants du mont Vésuve. Le vin de Capri, rouge et blanc, est aussi célèbre, mais comme les précédents il est trop souvent falsifié ou factice. La Sicile, autrefois riche en vins, en produit maintenant une seule espèce qui est exportée en grandes quantités; c'est le marsala, vin ambré ou foncé qui doit son nom au port de Marsala. Il est presque toujours fortement alcoolisé avant de quitter l'île et sert à imiter le madère. Des vins rouges sont aussi récoltés en Sicile. La Sardaigne produit une quantité considérable de vins rouges et blancs de bonne qualité. — Faune. Le règne animal n'est pas représenté par de nombreuses espèces en Italie. On y élève les animaux domestiques, communs à toute l'Europe, mais on apporte peu de soins à l'amélioration des races. Les pêcheries de la côte emploient de nombreux navires et de grands capitaux. Les thons et les anchois se prennent en immenses quantités. On obtient des huîtres dans l'Adriatique, mais elles sont d'une qualité médiocre. — Popul. Les Italiens constituent une nationalité compacte, bien qu'ils soient descendus de races différentes, les éléments prédominants étant galliques (celtiques) et romains. Dans la haute Italie l'élément germanique a fourni son contingent; dans l'Italie du sud et en Sicile, les Arabes ont fourni le leur. En 1872, la population italienne était estimée à 330,000 environ. De ceux-ci, il y avait 140,000 Français, 58,000 Albanais, 35,000 Juifs, 30,000 Slovaques, 25,000 Allemands, 21,000 Grecs, et 7,000 Catalans. — Education. Le nombre des universités est de 22, dont 17 royales. Les institutions d'instruction secondaire comprennent 352 gym-

nases et 272 écoles techniques, et, pour les élèves plus avancés, 142 lycées et 89 écoles industrielles spéciales. L'instruction primaire se donne dans 34,213 écoles publiques élémentaires et dans 9,167 écoles particulières, en tout 43,380; le nombre des élèves est de 1,800,000. D'immenses trésors littéraires sont accumulés dans les bibliothèques publiques. (Voy. Bibliothèque et nos articles sur les villes principales.) On trouve presque partout des musées, des cabinets d'arts et des galeries de peinture. Il y a des observatoires à Rome, à Bologne, à Padoue, à Milan, à Florence, à Naples et à Palerme. — Religions. L'Eglise catholique romaine est nominalement la religion d'Etat; mais le clergé est aujourd'hui sous la main du gouvernement civil. Toutes les croyances religieuses sont respectées et l'on compte en Italie 60,000 protestants, 35,000 israélites, 27,000 vaudois, etc. En 1866, le gouvernement s'empara des immenses richesses accumulées par les congrégations religieuses. La hiérarchie catholique comprend en Italie : 47 archevêques et 207 évêques. C'est le pays où il y a le plus de prêtres, relativement à la population. — Industrie et Commerce. L'industrie et le commerce de l'Italie ont beaucoup diminué depuis le moyen âge, mais une nouvelle impulsion a été donnée à l'industrie en Toscane et dans la plus grande partie des provinces du nord. Environ 13 p. 100 des habitants demandent leurs moyens d'existence à des professions industrielles. L'Italie est l'une des premières nations pour l'architecture navale. Des instruments de musique sont fabriqués dans toutes les grandes villes. Les manufactures de soie sont les plus importantes de l'Europe. Parmi les autres industries d'une importance spéciale, nous citerons la fabrication des poteries, des articles en paille, du verre, des fleurs artificielles, du macaroni et d'autres pâtes fines. Les articles principaux d'exportation sont : l'huile, les oranges, le vin, les coraux, le verre, la soie, le riz, le poisson, le bois, les peaux; les objets en paille (Toscane), le marbre, la viande salée; les bœufs, le grain, le fromage (de Parme), la laine; les céréales, la cire, le soufre, le sumac, les amandes, les citrons, la réglisse, l'alcool. La valeur totale du mouvement commercial de l'Italie est à l'importation de 1,175 millions de fr., à l'exportation de 990 millions. Le nombre des navires marchands appartenant au royaume est de 19,600, outre 9,843 bateaux de pêche. Entrées dans les ports italiens : 120,866 navires d'un tonnage de 10,878,460 tonnes. — Chemins de fer 8,775 kil. de voies ferrées. — Postes, 3,420 bureaux, distribuant 168 millions de cartes et de lettres, 154 millions d'imprimés, et 4 millions de mandats-poste. — Télégraphes, 27,700 kil. de lignes. — Gouvernement. Le royaume forme une monarchie représentative, héréditaire dans la ligne masculine de la maison royale de Savoie. Le roi exerce le pouvoir législatif, de concert avec le parlement national composé d'un sénat et d'une chambre des députés. Le sénat est composé de princes de la famille royale et d'un nombre illimité de membres, nommés à vie par le roi. Les membres de la chambre des députés au nombre de 503 sont élus au scrutin de liste par les citoyens âgés de 21 ans, sachant lire et écrire, payant 20 fr. d'impôts, ou appartenant aux classes instruites. Le royaume est divisé en 135 collèges électoraux, formant 503 sections; il y a 2 millions d'électeurs inscrits. Les députés sont nommés pour cinq ans. Les chambres sont convoquées annuellement et leurs séances sont publiques. Le ministère, divisé en neuf départements, est responsable aux chambres. Le gouvernement local des provinces est exercé par des préfets, des sous-préfets et des syndics que nomme le roi, par des conseils élus pour cinq ans. Pour l'administration de la justice, il y a quatre cours de cassation (à Turin, Florence, Naples et Palerme). 24 cours d'appel, 97 cours d'assises, 162 tribunaux civils et correctionnels et 1,908 cours prétoriales. — FINANCES. Les finances du royaume sont dans un état peu satisfaisant, les dépenses ayant excédé considérablement les revenus, pendant longtemps; mais depuis quelques années, la balance a été rétablie. Les recettes sont aujourd'hui en moyenne de 1,550 millions de lires; les dépenses s'élèvent au même chiffre. La dette s'élève à 10 millions de lires. — ARMÉE. Tous les Italiens sont appelés sous les drapeaux à l'âge de 21 ans; mais il y a des catégories. Le temps du service actif est de 3 ans dans l'infanterie, de 4 ans dans la cavalerie, une catégorie ne sert que 6 mois dans l'armée active et passe de suite dans la réserve. L'armée italienne a été organisée comme suit; par la loi du 9 juin 1882:

I. ARMÉE ACTIVE.	
96 régiments de ligne..........	546,300
12 — de bersaglieri.........	47,429
6 — alpins............	67,469
87 districts militaires...........	741,965
Total de l'infanterie.....	548,154
25 régiments de cavalerie......	36,712
12 — d'art. de camp....	
5 brigades d'art. montée.....	67,212
5 régiments d'art. de fort....	
Génie.........	15,887
Carabiniers........	19,630
Invalides, intendance, etc......	27,163
Total.........	714,959

II. MILICE MOBILE.	
88 régiments de ligne et 18 bat. de bersaglieri..........	301,505
36 compagnies alpines.........	3,181
Total de l'infanterie.....	304,686
Artillerie...........	21,636
Génie...........	3,641
Officiers..........	1,664
Total.........	331,802
Officiers de réserve..........	3,793
Milice territoriale..........	930,096
Total général........	1,988,519

— PLACES FORTIFIÉES. Sur la frontière continentale d'Italie, les principaux passages des Alpes sont défendus par des fortifications distribuées d'après un plan établi en 1874. Le bassin du Pô est parsemé de places fortifiées dont quelques-unes ont été abandonnées et déclassées comme trop anciennes, mais dont plusieurs sont en construction sur les plans modernes. Les principales places de cette région sont: Casale, Piacentia, Crémone, Peschiera, Vérone, Mantoue, Legnano (ces quatre dernières formant l'ancien quadrilatère autrichien), Pavie, Boara, Venise, Alexandrie et Bologne. Sur la côte et dans les îles se trouvent les forteresses suivantes: Ventimiglia, Vado, Gênes, Spezzia, Elbe, Mont-Argentero, Civita-Vecchia, Gaëte, Baja et Castellamare; des travaux dans le détroit de Messine, plusieurs places en Sicile; Tarente, Brindisi, Ancône, Brindule et Chioggia. Au nord, la Sardaigne est défendue par les fortifications de l'île de Sainte-Madelaine, et au sud par celle de Cagliari. Rome est entourée de murailles, que protège une ligne de forts; les approches de la capitale au nord et au sud sont couvertes de fortifications.

MARINE.

NAVIRES.	Nombre.	Tonnage.	Chevaux.	Canons.
Navires cuirassés.........	19	125,347	16,130	151
— à hélice.........	16	21,349	17,470	280
— à tubes.........	6	7,960	7,050	80
Navires de guerre......	42	165,056	27,650	611
Navires à hélice.........	14	32,353	3,364	59
— à tubes.........	4	1,010	360	33
Navires de transport.....	17	32,363	3,724	93
— de service local..	12	7,224	665	
Totaux généraux.....	72	196,582	42,030	705

Le personnel de la flotte comprend: 1 amiral, 4 vice-amiraux, 10 contre-amiraux, 36 capitaines de vaisseau, 72 capitaines de frégates et 16,000 officiers, sous-officiers, timoniers, matelots, mécaniciens, artilleurs, torpilleurs, ouvriers, etc. — L'inscription maritime, analogue à l'inscription française, fournit une moyenne de 18,000 marins. — COLONIE. Baie d'Assab, au nord de la mer Rouge, 630 kil. carré; 1,300 hab. — MONNAIES, POIDS ET MESURES. Système décimal métrique français, avec de simples changements de noms: le franc devient une lira (lire), divisée en 100 centesimi; le kilogr. est nommé chilogramma, le mètre, metro, l'hectare ettaro, etc. — HIST. Les premiers habitants de l'Italie furent les Étrusques ou Toscans, les Ombriens, les Osques, les Sicules, les Latins, les Volsques, les Æqui, les Sabins et plusieurs autres tribus, outre les diverses colonies grecques de l'Italie méridionale ou Grande-Grèce. Le nom d'Italie, qui a remplacé le nom grec d'Hespérie ou Hesperia Magna, s'appliquait autrefois seulement à la péninsule qui s'étend au sud de Squillace sur le golfe de ce nom; on l'appliqua ensuite graduellement aux parties septentrionales; au temps d'Auguste, il reçut toute son extension et comprit les provinces de Ligurie, de Gaule cisalpine, de Vénétie et d'Istrie au nord; d'Étrurie, d'Ombrie, de Picénum, du Samnium, du Latium et de Campanie au centre, ou Italie proprement dite; et d'Apulie, de Calabre, de Lucanie et de Bruttium au sud (Grande-Grèce). Poétiquement la contrée était appelée Œnotrie, Ausonie, Opica, Tyrrhénie, Japygie, et Saturnia, en raison de ce que Saturne y avait, disait-on, régné autrefois. Auguste divisa l'Italie en 11 régions. L'histoire primitive de cette contrée se confond dans ses parties principales avec celle de Rome. (Voy. ROME.) Depuis la chute de la division occidentale de l'empire (voy. EMPIRE D'OCCIDENT), la péninsule italienne devint le théâtre de changements continuels et de luttes de dynasties. Odoacre chef du dernier empereur d'Occident, Romulus-Augustule (476 ap. J.-C.) prit le titre de roi d'Italie; en 493, il fut renversé par Théodoric le Grand, roi des Ostrogoths, et pendant quelque temps toute la péninsule resta soumise à la domination des Goths. Les généraux byzantins, Bélisaire et Narsès, l'ayant conquise au VIe siècle, elle fut gouvernée par des vice-rois byzantins (exarques). En 568, les Lombards (Longobards) envahirent l'Italie et y établirent un puissant royaume. Venise, l'exarchat de Ravenne, Rome et les duchés d'Amalfi et de Gaëte se rendirent indépendants de l'empire byzantin. Au VIIe siècle, les Lombards menaçant Rome; le pape invoqua le secours de Pépin, roi des Francs, qui s'empara de quelques territoires dans l'Italie centrale et les céda à l'Église. En 774, Charlemagne soumit le royaume lombard et l'annexa à l'empire franc et en 800, il fut couronné empereur romain par le pape Léon III. Ainsi fut rétabli l'empire d'Occident. En 843, l'empire de Charlemagne fut partagé entre ses petits-fils; les provinces italiennes échurent à Lothaire; mais le règne des Carlovingiens dura à peine une génération. Il fut suivi d'une période de guerre civile et d'anarchie, pendant laquelle Guy de Spolète, Bérenger de Frioul et plusieurs autres fondèrent de fragiles monarchies. Vers le milieu du Xe siècle, Othon Ier, roi d'Allemagne, conquit le N. de l'Italie et obtint la couronne impériale. Les Allemands maintinrent leur autorité pendant tout le XIe siècle. La basse Italie, ayant repoussé les Sarrasins, retourna sous la domination byzantine, et y resta jusqu'au moment où elle fut subjuguée par les Normands français au XIe siècle. Ces nouveaux venus protégèrent le pape contre les empereurs; et les Lombards, ayant divisé leur territoire en plusieurs municipalités florissantes, formèrent une ligue qui s'allia au

pape, s'opposa aux efforts de la dynastie allemande (Hohenstaufen), pour ériger l'Italie en un royaume indépendant. Le parti national prit plus tard le nom de Guelfes, tandis que les partisans de l'empereur étaient connus sous le nom de Gibelins. Une longue lutte amena la victoire des Guelfes; l'empereur Frédéric Ier fut forcé de reconnaître l'autonomie des villes liguées. Comme compensation, il obtint le royaume des Deux-Siciles par le mariage de son fils avec la fille du dernier roi normand. Frédéric II tenta aussi de devenir entièrement maître de l'Italie; mais sa puissance fut renversée dans la haute Italie (1254), au moment où le royaume des Deux-Siciles lui était arraché par Charles d'Anjou. Le XIIIe siècle fut agité par de violentes luttes intestines. Les Guelfes s'identifièrent avec le parti populaire ou démocratique; les Gibelins avec le parti aristocratique. Le parti populaire fut victorieux à Gênes, à Florence et dans les autres républiques, mais il succomba dans différents États (Pise, Vérone, etc.), sous les coups de petits tyrans locaux. Dans la basse Italie, Charles d'Anjou ayant perdu la Sicile par suite d'un soulèvement populaire (Vêpres Siciliennes, 30 mars 1282), consolida sa dynastie à Naples. Vers la dernière moitié du XIVe siècle et pendant le XVe, six États prédominèrent; ce furent: Naples, les États du pape, Florence où les Médicis s'élevèrent au pouvoir suprême, Milan sous les dynasties des Visconti et des Sforza, Venise et Gênes, tandis que les États plus petits devinrent sans importance. Vers le commencement du XVIe siècle, l'Italie fut le théâtre de guerres dévastatrices entre les dynasties rivales de France et d'Autriche; mais, après plusieurs alternatives de succès et de revers, la domination française tomba devant Pavie (1525). A partir de cette époque, l'Italie jouit d'une paix relative qui dura plus de 150 ans. Parme et Plaisance tombèrent entre les mains de la famille Farnèse; par l'empereur Charles-Quint; dans l'extrémité N.-O. de l'Italie, la maison ducale de Savoie obtint le Piémont. De nouveaux troubles et de nouveaux changements furent occasionnés par les guerres de Louis XIV. La Savoie et le Piémont furent occupés à plusieurs reprises par les troupes françaises. En 1706-'67, l'Autriche s'empara de Milan, de Mantoue et de Montferrat, et céda cette dernière ville au Piémont; par la paix d'Utrecht (1713), elle obtint la Sardaigne et Naples, mais, en 1720, elle échangea la première pour la Sicile qui avait été donnée au Piémont. La famille Farnèse s'étant éteinte, Parme et Plaisance furent données, en 1731, au prince espagnol Charles; mais elles échurent à l'Autriche, en 1738, Charles étant monté sur le trône de Naples. En Toscane la famille des Médicis s'éteignit en 1737 et François-Étienne de Lorraine, mari de l'impératrice autrichienne Marie-Thérèse, lui succéda. Parme et Plaisance, conquises par le prince espagnol Philippe, lui furent accordées comme duché héréditaire par la paix d'Aix-la-Chapelle (1748). Ainsi, vers le milieu du XVIIIe siècle, une grande partie de l'Italie était devenue la propriété des dynasties de Lorraine, de Bourbon et de Savoie. En 1796, la Savoie fut annexée à la France; en 1797, Bonaparte donna Venise à l'Autriche et érigea Milan, Mantoue, une partie de Parme et de Modène en république cisalpine; Gênes fut transformée en république ligurienne et la pape en république romaine (1798). Le roi Ferdinand IV de Naples fut chassé; son royaume forma la république parthénopéenne (1799). Par la paix de Lunéville, le duc de Parme obtint la Toscane (royaume d'Étrurie) et Parme tomba au pouvoir de la France. En 1802, la république cisalpine fut changée en république italienne, sous la présidence de Bonaparte, et en 1805, en royaume d'Italie, administré par Eugène de Beauharnais. Guastalla fut annexé au nouveau royaume et Piombino et Lucques furent donnés en fiefs à la sœur de Napoléon, Elisa Bacciochi. Par la paix de Presbourg, Venise, l'Istrie et la Dalmatie furent ajoutées au royaume d'Italie. L'année suivante Guastalla, la république ligurienne, Parme et Plaisance furent annexées à la France, Naples forma un royaume pour Joseph Bonaparte, auquel succéda Murat, roi de Naples, fit cause commune avec l'Au-Dans cette même année, le royaume d'Etrurie et les Etats du pape furent ajoutés à la France; mais l'Istrie et la Dalmatie furent séparées de l'Italie et réunies au nouveau royaume illyrien, tandis qu'une partie du Tyrol fut ajouté à l'Italie. La suprématie de Napoléon en Italie ne fut pas troublée jusqu'au jour où sa puissance fut brisée par la campagne de Russie et par le soulèvement de l'Allemagne. Murat, roi de Naples, fit cause commune avec l'Autriche (11 janv. 1814) et l'armée française fut chassée d'Italie. Murat, qui devait être confirmé dans la possession de Naples, en récompense de son concours, fut détrôné par un mouvement contre-révolutionnaire. D'après les nouveaux arrangements territoriaux du congrès de Vienne, le roi de Sardaigne fut rétabli dans ses premières possessions auxquelles on ajouta Gênes; la Lombardie et la Vénétie furent données à l'Autriche et réunies en un royaume; Modène, Mirandole, Reggio, Massa, et Carrare furent transférés à la dynastie de Hapsbourg-Este; en Toscane, la dynastie de Hapsbourg-Lorraine fut rétablie; Parme, Plaisance et Guastalla devinrent la propriété de l'impératrice Marie-Louise, femme de Napoléon; Lucques échut à la princesse Marie-Louise de la famille des Bourbons, alors; les Etats du pape et le royaume des Deux-Siciles furent rendus à leurs anciens chefs. Mais le mécontentement populaire se traduisit par des conspirations et par la formation de sociétés secrètes (carbonari) en 1820 et 1821; des émeutes éclatèrent à Naples et en Sardaigne; elles furent écrasées par les armées autrichiennes. Les soulèvements populaires de 1834-'32, à Parme, à Modène et dans les Etats pontificaux motivèrent de nouvelles interventions armées des Autrichiens. Les ardents désirs d'unité et de liberté éclatent nourris par des sociétés secrètes, telles que la Giovine Italia (Jeune Italie) et par des hommes tels que Mazzini. Pie IX inaugura un système de réformes modérément libérales; il fut acclamé comme le sauveur politique de son pays. La Toscane et la Sardaigne suivirent son exemple. En 1847, la principauté de Lucques fut réunie à la Toscane, et la famille régnante de Lucques obtint, après la mort de Marie-Louise, le duché de Parme. En janvier 1848, la Sicile se révolta contre le roi de Naples et déclara son indépendance. La révolution française de Février donna le signal à un soulèvement populaire contre le gouvernement de l'Autriche. Le roi de Sardaigne, Charles-Albert, se mit à la tête de l'insurrection nationale, mais il fut vaincu, en deux campagnes, par Radetzky (1848 et 1849). Venise, qui avait proclamé la république, fut réduite en août 1849. Le pape, qui s'était enfui de Rome, fut rétabli par les Français. Le gouvernement autrichien chercha à se concilier le peuple de la Lombardie et de la Vénétie en lui accordant des réformes, mais il ne parvint pas à vaincre son antipathie. Pendant les 10 années qui suivirent, plusieurs insurrections furent tentées, sans pouvoir être étouffées. En 1859, Napoléon III se laissa persuader d'intervenir en faveur de la Sardaigne contre les Autrichiens. La défaite de ces derniers à Magenta (4 juin), amena l'abandon de la Lombardie et leur retraite jusqu'aux lignes du Mincio, où ils furent défaits de nouveau dans la grande bataille de Solferino (24 juin). Une trêve fut suivie des préliminaires de paix à Villafranca; la Lombardie, à l'exclusion des forteresses importantes de

Mantoue et de Peschiera, fut cédée à la Sardaigne qui eut à payer une somme de 210 millions de fr. Venise resta à l'Autriche. Le peuple des duchés et de la Romagne s'unirent pour protester contre les stipulations de ce traité, et ils se donnèrent solennellement à Victor-Emmanuel de Sardaigne; mais celuici refusa pour le moment la couronne qui lui était offerte. Le 24 mars 1860, la Sardaigne céda la Savoie et Nice à la France comme indemnité pour les dépenses de guerre. En 1860, Garibaldi et ses volontaires envahirent le royaume des Deux-Siciles. Cavour, le grand ministre de Victor-Emmanuel, jeta alors le masque; l'amiral Persano et sa flotte soutinrent Garibaldi dans le sud, et les armées sardes, qui avaient arraché au pape ses provinces les unes après les autres, reçurent l'ordre de marcher sur Naples. La fuite de François II à Gaëte et la reddition postérieure de cette forteresse (13 fév. 1861), firent tomber les derniers obstacles qui s'opposaient à l'unité nationale. Le 18 févr., le premier parlement italien s'assembla à Turin et les députés décernèrent à Victor-Emmanuel le titre de roi d'Italie. Garibaldi, blessé par la cession de Nice et de la Savoie à la France et par la présence à Rome des troupes françaises, fit un appel au peuple pour résister aux étrangers, débarqua en Calabre le 24 août 1862, et fut battu et fait prisonnier le 28, par les troupes du gouvernement, à Aspromonte. Le 15 sept. 1864, un traité fut conclu avec la France, stipulant l'évacuation de Rome dans un temps déterminé. Le 13 mai 1865, le roi d'Italie fixa sa résidence à Florence. Le 8 avril 1866, un traité conditionnel d'alliance fut conclu avec la Prusse, dans le but de contraindre l'Autriche à céder la Vénétie, et le 20, la guerre était déclarée. Les Italiens furent battus à Custozza (24 juin) et à Lissa dans l'Adriatique (20 juillet); mais le sort de la guerre fut décidé par la bataille de Sadowa (3 juillet), et François-Joseph renonça à ses possessions italiennes, en faveur de Napoléon III. Par la paix conclue le 3 oct., la Vénétie fut cédée à l'Italie. Les relations amicales entre l'Italie et la France furent mises en danger par l'attaque que firent contre Rome les volontaires de Garibaldi. Le 28 octobre 1867, un corps de troupes françaises débarqua à Civita Vecchia et les forces garibaldiennes furent défaites à Mentana le 3 nov. Au commencement de la guerre franco-allemande, l'empereur des Français retira ses soldats de l'Italie (21 août 1870) : le 12 sept. les troupes du gouvernement prirent possession de Viterbe, et le 20, après une courte résistance, elles entrèrent dans Rome. Au commencement de décembre, le parlement italien déclara Rome la capitale de l'Italie, et le 13 mai 1871, fut passé l'acte connu sous le nom de loi des garanties papales qui définit la situation du pape et règle les relations de l'Eglise et de l'Etat. Le pape devait rester en possession du Vatican et des dépendances connues sous le nom de cité Léonine, du Latran et du château Gandolfo. Le 2 juillet Victor-Emmanuel fit son entrée solennelle à Rome et prit sa résidence au Quirinal ; le 27 nov. il ouvrit le premier parlement italien tenu à Rome. (Voy. VICTOR-EMMANUEL, GARIBALDI, CAVOUR, etc.) — Langue et Littérature. On appelle langue italienne un dialecte particulier qui n'est familier qu'aux classes instruites de la péninsule; le peuple la parle en Toscane et dans certaines parties des provinces adjacentes. Ailleurs, particulièrement en Sicile et en Sardaigne, on emploie des dialectes locaux et l'on ne parle le toscan qu'avec des particularités locales de prononciation et d'expression. Trois théories ont été avancées relativement à la formation et au développement de ce toscan ou langue italienne. La première prétend qu'il co-existait anciennement avec le latin, et, sous le nom de romana

rustica, se conserva après que le latin eut cessé d'être en usage parmi l'aristocratie. D'après la seconde théorie, les dialectes primitifs de l'ancienne Italie vécurent, quoique négligés et proscrits, et ensuite modifiés par le temps, ils concoururent avec le latin à former l'italien moderne. La troisième théorie affirme que l'italien est simplement un latin corrompu sans aucun mélange étranger. Mais aucun fait ne vient à l'appui de cette théorie. Le latin dégénéra en mœso-gothique et, en Italie, du moins, il ne laissa point de descendant direct. Quand le toscan moderne fut employé pour la première fois dans les compositions littéraires, au XIIIe siècle, il était, sous le rapport grammatical, et pour la construction, ce qu'il est aujourd'hui. Dante (1265-1321) le développa et le polit. Au XIVe siècle, il fut encore perfectionné par Pétrarque et Boccace. Dans la dernière partie du XVe siècle et au commencement du XVIe, des artistes et des savants enrichirent la langue d'une terminologie nouvelle, et Machiavel, Pietro Bembo, Giovanni Rucellai, Jacopo Sannazaro, Trissino, Arioste, Tasse, Guarini, etc., l'élevèrent, pour la finesse et la mélodie, au-dessus de tous les autres langages européens. — Cinq mots italiens seulement se terminent par des consonnes (trois liquides), savoir : il, in, con, non, per. Un trop grand nombre de mots se terminent en i (pluriel de e, o, et de l'a masculin); et seconde personne du singulier dans les verbes). Le son de h existe seulement dans la lingua toscana. L'italien a deux lettres sibilantes dures : tch (dans ce, ci) et ch (dans sce, sci); en outre, dji, dji (écrits ge, gi) et les double consonnes ts et dz (écrites l'une et l'autre z). Oggi, fuggire, uccidere et autres mots semblables, exagèrent la dureté par un son de d et de t. Outre les sons mentionnés ci-dessus, il y a b, d, f, l, m, n, p, q, v, comme en français; c sonne comme k dans les mêmes positions que dans le français, ainsi que g dur (écrit ch, gh devant e, i); j a le son particulier de l'y anglais dans yes, mais comme lettre finale, il devient i long; r roule toujours; t est toujours dur; s, se prononce comme dans le français soleil, rose. Les lettres k, w, x et y ne sont pas employées, et ph, th sont représentées par f, t, comme dans filosofia, teatro. H se rencontre seulement dans ho, hai, ha, hanno (latin habeo, habes, habet, habent), et dans les combinaisons ch, gh. L'l et l'n mouillés des Français s'écrivent gli et gn. Les voyelles se prononcent comme dans pâte, pâtte; fête, lèttre; marine; note, pôle; ou (u). L'accent italien est fortement marqué et affecte une des quatre dernières syllabes des mots. L'accent grave marque la finale des mots abrégés, tels que, città, mercè, di, virtù, citò (pour cittade, mercede, die, virtude, lat. quod). L'article défini est multiforme, à cause de la contraction qu'il forme avec des prépositions et avec non, comme del, dalla, al, nello, coi, pel, frai, sugli, nol, etc. Il y a deux formes de masculin, il, lo, pluriel i, gli. La construction est directe, l'inversion fréquente et toute la phraséologie plus libre, plus hardie et plus variable que dans le français. L'aire de la langue italienne comprend toute la péninsule et les îles de Sicile, de Sardaigne, de Corse, etc.; le canton suisse du Tessin, une partie des Grisons et du Valais, le Tyrol méridional, quelques villes de l'Istrie et de la Dalmatie et une partie des îles ioniennes. Un grand nombre de dialectes diffèrent de l'italien cultivé autant que celui-ci diffère de l'espagnol, et quelques-uns même davantage. Dante fait mention de 14 dialectes. Ceux du nord se rapprochent de la langue provençale. K.-L. Fernow distingue 8 sous-dialectes dans le seul toscan, considéré pourtant comme le plus homogène; les variétés d'idiomes montent à près de 1,000. — LITTÉRATURE. Après la règne du pape Grégoire V, l'italien devint le langage du palais et de la chaire, des assemblées législatives, des cours de justice et de toutes les transactions commerciales et légales. Frédéric II en fit le langage de sa cour à Palerme (1212) et de l'université de Naples (1224). Ce prince, ses fils Anzio et Manfred, et son secrétaire Piétro delle Vigne, écrivirent des vers dans cette langue. Un sonnet de Piétro est le plus ancien spécimen de ce genre que l'on connaisse ; mais, plusieurs autres sonnets dus au Sicilien Giacopo da Lentino (vers 1250) et à Guido Guinicelli (mort en 1276), ont une plus grande perfection. On cite ensuite Guido Ghislieri, Fabricio et Onesto ; Guittone d'Arezzo (mort en 1294), Bonagiunta da Lucca, Gallo Pisano et Brunetto Fiorentino, en Toscane ; le chroniqueur napolitain Matteo Spinelli ; et l'historien florentin Ricordano Malespini (mort en 1281) ; l'authenticité de ses ouvrages a été mise en doute. Brunetto Latini (mort en 1294), professeur du Dante, auteur de l'œuvre encyclopédique *Il Tesoro*, appartient aussi à cette époque ; enfin Guido Cavalcanti (mort en 1300) fit entrer la littérature italienne dans cette période brillante et glorieuse que Dante porta à son apogée. Les deux premiers ouvrages du Dante sont écrits en latin, mais il abandonna bientôt cette langue pour l'italien. Son premier poème, la *Vita Nuova*, fut écrit en 1294 ; les autres parurent dans l'ordre suivant : *De Monarchia*, *Convito*, *De Vulgari Eloquio*, et enfin la *Divina Commedia* (commencée après 1300), comprenant l'*Inferno*, le *Purgatorio*, et le *Paradiso*. La *Divina Commedia* est restée le chef-d'œuvre de la littérature italienne ; elle n'a jamais cessé d'exercer son influence sur les écrivains italiens. Pétrarque et Boccace complétèrent avec le Dante ce grand triumvirat poétique et littéraire qui fit du XIV° siècle l'époque glorieuse de la littérature italienne. Pétrarque (1304-74) fut le père de la poésie lyrique italienne. Ses compositions comprennent des sonnets, des chants et des triomphes pleins de sentences souvent citées par les auteurs. Giovanni Boccacio (1313-'75) fut l'admirateur passionné et le biographe sentimental du Dante, et l'ami dévoué de Pétrarque. Sa *Teseide* fut écrite en *ottava rima* qu'il perfectionna. Cet ouvrage et un roman en prose furent ses premières compositions. En 1352, parut son *Decamerone* qui est regardé comme le monument le plus pur que l'on eût encore écrit en prose italienne. Franco Sacchetti de Florence (mort vers 1500) fut l'émule de Boccace dans ses 300 contes, dont 258 existent encore. Un autre Florentin, Ser Giovanni, laissa le *Pecorone*, collections de 50 histoires du même genre. Parmi les premiers historiens nous citerons : Dino Compagni et Giovanni, Matteo et Philippo Willani. Le plus ancien ouvrage ascétique connu en langue italienne est le *Specchio della vera penitanza* de Giacopo Passavanti (mort en 1357), comparable pour la pureté et l'élégance au *Decamerone*. Les ouvrages de Passavanti furent suivis de traités similaires également excellents, par Domenico Cavalca de Pise, Bartolommeo da San Concordio et Agnolo Pandolfini. — Au XV° siècle, l'imprimerie s'introduisit à Venise, à Rome et à Bologne et multiplia les exemplaires des anciens auteurs, corrigés par des érudits ; et les papes à Rome, les Médicis à Florence, les Visconli et les Sforza à Milan, les Gonzague et les d'Este à Mantoue et à Ferrare se firent les protecteurs de la littérature et des arts. Le plus illustre Mécène de cette période fut Cosme de Médicis. Son petit-fils, Laurent le Magnifique, peut être considéré comme le restaurateur de la vera littérature italienne. Sa *Nencia da Barberino* est le premier exemple de poésie rustique italienne ; et sa *Compagnia del Mantellaccio* semble avoir donné la première idée de la satire italienne

en *terza rima*. Angelo Poliziano (1454-'94) écrivit élégamment en italien et en latin. Ses ouvrages les plus célèbres sont la *Giostra* et l'*Orfeo*, premier drame italien régulier et important. Parmi les poètes moins célèbres de cette époque, citons : Burchiello, Girolamo, Benivieni et Giusto de' Conti. Ecrivains épiques : les frères Bernardo, Luca et Luigi Pulci, ce dernier seul acquit une notoriété durable (1431-'87). Son *Morgante Maggiore* ouvre la brillante série italienne des poèmes romantiques de chevalerie. Le *Mambriono* de Cieco da Ferrara mérite d'être comparé au *Morgante*. Le meilleur poème romantique du XV° siècle est l'*Orlando innamorato* de Boïardo. La littérature en prose s'enrichit des écrits de deux artistes, Leone Battista Alberti, auteur d'un élégant dialogue, *Della famiglia*, et Léonard de Vinci (1452-1519), à la fois peintre, sculpteur, architecte, ingénieur, musicien et le meilleur poète improvisateur de son siècle. De nombreux historiens appartiennent aussi à cette époque. Pandolfo Collenuccio écrivit une histoire du royaume de Naples, des dialogues dans le genre de Lucien et le solennel *Inno alla morte*. Les historiens de voyages furent : le Génois Giorgio Interiano, le Vénitien Cadamosto et le Florentin Amerigo Vespucci. Aldo Manuzio (Alde Manuce) rendit des services signalés aux lettres par le soin et le goût qu'il apporta à la publication des classiques. — Le XVI° siècle, le *cinquecento* des Italiens, est connu sous beaucoup de rapports comme l'âge d'or de la littérature italienne et des arts ; alors, florissaient des maîtres tels que Raphaël, Corregio, Michel Ange et Titien. Dans la poésie, s'illustra Arioste (1474-1533). Protégé des ducs de Ferrare, qu'il eut la prétention de décrire dans son poème épique, *Orlando furioso*, l'origine de la maison d'Este. Arioste décocha aussi des satires aux gouverneurs et à la politique de son époque. Son grand rival dans la poésie épique est Torquato Tasso (1544-'95), auteur de la *Gerusalemme liberata*, de *Rinaldo* et d'*Aminta*. Trissino produisit *Sofonisba*, première tragédie italienne ayant un mérite supérieur. Rucellai donna sa *Rosmunda* et *Oreste*. Ces pièces furent surpassées par les tragédies : *Tullia* de Martelli, *Canace* de Sperone Speroni, *Torrismondo* de Torquato Tasso et *Edipo* d'Andrea dell' Anguillara. Dans la haute comédie (*commedia erudita*) les meilleurs spécimens sont : *Calandra* du cardinal Bibbiena, *Cassaria* et *Suppositi* de l'Arioste et *Madragola* et *Clizia* de Machiavel. L'invention de l'opéra appartient aux Florentins, *Daphne*, le premier qui fut composé, ayant été représenté à Florence en 1597. Les mélodrames du Modénais Orazio Vecchio sont regardés par Muratori comme l'origine de l'opéra moderne. Dans la poésie pastorale, outre l'*Aminta* du Tasse, il y eut le *Pastor Fido* de Guarini et l'*Arcadia* de Sannazaro. Les principaux poèmes didactiques sont *Api* de Giovanni Rucellai, *Navigazione* de Bernardino Balbi, *Coltivazione* d'Alamanni et *Caccia* de Valvasone. Vers 1520, une école de poésie burlesque naquit et fut appelée *genere bernesco* d'après Berni, dont *Orlando innamorato* unit la grâce à l'élégance et à l'originalité. Dans la satire, la première place appartient à l'Arioste ; après lui, on peut mentionner : Pietro Aretino, Ercole Bentivoglio et Filippo Nerli. La poésie macaronique atteignit son son amélioration avec Teofilo Folengo (mort en 1544), connu sous le nom de Merlino Cocajo. Les sonnets d'Angelo di Contanzo sont des modèles de perfection que Michel-Ange essaya d'imiter. L'Arioste décerna la palme, pour l'excellence poétique, à Vittoria Colonna (1490-1547) l'une des femmes poètes de son siècle. A la tête des écrivains politiques se distingua Machiavel (1469-1527). Il est connu principalement comme homme d'État par ses discours sur Tite-Live, par ses dialogues

sur l'art de la guerre et particulièrement par son *Principe*, manuel de gouvernement. D'autres écrivains politiques furent Botero, Gianotti et Paruta (1540-'98). Le plus renommé des historiens est Guicciardini (1482-1540), dont l'*Istoria d'Italia* embrasse la période de 1490 à 1534. Paolo Giovio écrivit en latin l'histoire des partis de son temps. Les historiens de Florence furent, outre Machiavel : Nardi, Varchi, Nerli, Segni, Capponi, et Scipione Ammirato ; ceux de Venise, Bembo (1470-1547), Paruta et Contarini ; ceux de Gênes, Giustiniani, Bonfadio et Foglietta ; ceux de Ferrare, Cinzio et Faletti ; et ceux de Naples, Constanzo, Porzio et Summonte. Le principal historien de l'art fut Vasari (1512-'74). Benvenuto Cellini écrivit une autobiographie célèbre et des traités importants sur la bijouterie et sur la sculpture. Vignole et Palladio se distinguèrent par leurs écrits sur l'architecture. Girolamo Cardan et Giordano Bruno se hasardèrent dans des spéculations philosophiques extrêmement hardies. De nombreux romanciers florissaient alors ; parmi eux Bandello tient le premier rang. Vettori et Salviati commentèrent les plus anciens poètes ; et le dernier s'occupa de compiler le *Vocabolario della Crusca*, ouvrage philologique le plus important sur la langue. — Au XVII° siècle, les sciences naturelles fleurirent particulièrement. Alors brilla Galilée (1564-1642) ; ses *Dialoghi* et ses autres ouvrages sont écrits avec élégance. Ses élèves les plus remarquables furent Viviani, Torricelli et Castelli ; les physiciens de cette période furent Borelli, Malpighi, Bellini et Francesco Redi. Les conférences sur le droit public par le jurisconsulte Vincenzo Gravina sont réunies dans son *Origine del Diritto civile* et dans d'autres publications. Les plus grands historiens furent Sarpi, Davila, Bentivoglio et Pallavicini. Le jésuite Bartoli écrivit l'histoire de sa société. Pietro della Valle (mort en 1652) raconta ses voyages en Turquie, en Perse et dans l'Inde. Le premier journal littéraire italien (*Giornale de'letterati*) fut fondé à Rome en 1668. A la tête des poètes de ce siècle, brilla Marini de Naples (mort en 1625), qui créa l'école poétique des marinistes. Parmi ses contemporains et ses successeurs figurent Chiabrera, Guidi, Tassoni et Marchetti. Salvator Rosa (mort en 1673), ses vers satiriques, érotiques et facétieux. Zeno de Venise (mort en 1750) et Métastase (mort en 1782) composèrent des pièces d'opéra d'un mérite poétique remarquable. — Au commencement du XVIII° siècle, la littérature et les sciences furent cultivées avec une nouvelle ardeur. Naples produisit Giannone distingué dans l'histoire, Mazocchi dans l'architecture, Genovesi dans l'économie politique. Gagliani dans l'architecture et un autre du même nom dans l'économie domestique et la philologie. Filangieri fut le chef de Montesquieu dans la philosophie du droit. Marsigli, Cesàrotti, Francesconi, les frères Gozzi, Morelli et d'autres s'illustrèrent à Venise. Dans les villes de Lombardie florissaient Tissol, Spallanzani, Volta, Scarpa, Tamburini, Parini, Beccaria, Maria, Agnesi, Carli et autres, qui consacrèrent leur talent à la littérature, aux arts, aux sciences et au développement de principes politiques et éthiques. La *Mérope* de Maffei fut la meilleure tragédie du commencement du XVIII° siècle. Parini (1729-'99) excella dans la poésie satirique. Parmi les ouvrages de Cesarotti, on remarque une traduction d'Ossian, considérée comme l'une des productions les plus heureuses en italien. Alfieri (1749-1803), chef d'une école tragique importante, exerça une influence prépondérante sur son époque et sur la littérature. Goldoni (1707-'93) est le seul véritable poète comique dont l'Italie puisse se glorifier. Les historiens les plus illustres furent : Muratori (mort en 1750), Maffei, Denina, Mazzuchelli, Tiraboschi et Lanzi (mort en 1810). Campanella continua le mouvement philosophique de Bruno, en opposition à la scolastique, et Vico (1667-1744) fonda la nouvelle science de la philosophie de l'histoire; Gasparo Gozzi, Algarotti, Buonafede, Vanetti, Tartarotti et Alessandro Verri ajoutèrent aussi à la gloire de la littérature en introduisant l'étude des productions étrangères. — La première partie du XIX° siècle, célèbre par les œuvres artistiques de Canova, Longhi, Cicognara, Appiani et Beltrami, fut également remarquable comme âge littéraire. L'auteur qui, sans contredit, exerça la plus grande influence sur la régénération de la poésie fut Vincenzo Monti (1754-1828). Ses poèmes, ses tragédies et sa traduction de l'*Iliade* sont écrits dans un style admirable et nerveux. Ugo Foscolo (1777- 182) appartient à l'école d'Alfieri. Il écrivit *I Sepolcri*, poème lyrique, et d'autres ouvrages en prose et en vers, d'une remarquable puissance. Mezzanotte célébra en vers la lutte des Grecs modernes pour la liberté. Les poèmes lyriques de Léopardi (mort en 1837) sont très estimés. Parmi les poètes épiques et didactiques, on cite : Botta, Ricci, Bagnoli, Arici, Grossi, Sestini, Pananti et Lorenzi. Antonio Cesari (mort en 1873) fut le chef des trecentistes, école qui porta jusqu'à l'affectation son amour des auteurs italiens du XIV° siècle. Prati, Aleardi, et Dall' Ongaro (mort en 1873) sont classés parmi les meilleurs poètes lyriques italiens de notre époque. Le comte Giraud, Romain de naissance, Français d'origine, fit renaître la comédie italienne. Alberto Nota lui fut supérieur et égala Goldoni. A la fin du règne de Charles-Albert, parurent Paolo Ferrari, Gherardi del Testa et Giacometti. Ferrari obtint une grande réputation par ses comédies. D'autres écrivains dramatiques de la période ante-unitairienne sont : Sabbatini, Teobaldo Cicconi, Pietro Corelli, Caterino de' Medici Fortis, Casabianca, Morenco et Montanelli. A l'école classique modifiée de Monti appartiennent les drames de Silvio Pellico (1789-1854), connu principalement par sa *Francesca da Rimini* et *Le mie prigioni*, et ceux de Niccolini. D'après quelques critiques, Giovanni Battista Niccolini est le premier écrivain tragique italien du siècle. *Filippo Strozzi* et *Arnaldo da Brescia* sont ses chefs-d'œuvre. Parmi les écrivains historiques de la première partie du siècle, deux, Vincenzo Coco (mort en 1823) et Carlo Botta (mort en 1837), méritent une mention spéciale. Coco a laissé deux ouvrages importants, *La Rivoluzione di Napoli* et *Platone in Italia*. Les principaux ouvrages de Botta sont *Storia dell' independenza degli Stati Uniti* et une continuation de l'histoire de l'Italie de Guicciardini. Colletta, dans *Storia del reame di Napoli*, complète l'ouvrage de Coco. Amari écrivit l'histoire des Arabes en Sicile et celle des Vêpres Siciliennes. Cesare Cantù commença sa carrière d'historien par *Ragionamenti sulla storia Lombarda del secolo XVII*. En 1837, parut son grand ouvrage, *Storia universale*, sa réputation fut encore augmentée par ses derniers ouvrages. Bianchi Bovini est l'auteur d'une histoire des papes, d'une histoire des Hébreux et d'une monographie du pape Jean. Cesare Balbo écrivit des méditations sur l'histoire, une vie du Dante et un sommaire de l'histoire d'Italie. Les autres historiens du XIX° siècle sont : Gino Capponi, Carlo Troja, Franscini, La Farina, Frederico Sclopis. Luigi Zeni, Romanin, Carlo Gemelli, Giuseppe Rubini, Canette, Canulès, Gallenga, Angello Brofferio, Anelli, Carlo Cattaneo, Federico Torre, Ferrari, L.-C. Farini, Gualterio, Vecchio, Atto Vanucci et Pasquale Villari. Ce dernier est connu comme biographe de Savonarole et de Machiavel. Les auteurs les plus récents sur la science sociale sont : Minghetti, Cibrario, Zamboni et Celestino Bianchi. Parmi les écrivains ecclésiastiques, on cite le bénédictin Tosti, les jésuites Luigi

Taparelli d'Azeglio, Pianciani, Secchi, Passaglia, Perrone, l'abbé Lambruschini et le théatin Ventura. Parmi ceux qui se sont occupés des antiquités nationales : Inghirami, Delfico, Fanucci, Manno, Bras et Pompeo Litta. Visconti (1751-1818) se fit un nom dans l'archéologie classique et Festini dans la numismatique. Angelo Mai, De' Rossi, Borghesi, Gestaldi, Canestrini, Foresi et autres sont les représentants de l'archéologie. Les principaux ouvrages de De' Rossi sont : *La Roma sotterranea cristiana* (1864) et *Inscriptiones Christianæ Urbis Romæ* (1857-'61). Vers la fin du XVIII° siècle et au commencement du XIX°, les sciences naturelles firent de grands progrès, grâce aux travaux de quatre savants : Volta, Galvani, Scalpa et Spallanzani. La science astronomique fut représentée par Piazzi, Oriani, Cagnoli et Plana; la science médicale par Rasori; la science naturelle par Genè; la géographie par Balbi et la jurisprudence par Canningnani et Nicolini de Naples. Plus tard, de Vico et Donati acquirent une grande réputation par leurs découvertes astronomiques et Pianciani comme physicien. Plus tard encore, Schiapparelli, Cappocci et de Gasparis rendirent de grands services à l'astronomie, et parmi les savants contemporains Secchi et Respighi occupent une place distinguée. Avec eux, on doit mentionner les géographes Marmocchi et De Luca, les naturalistes Simonda et de Filippi, le chimiste Piria, les physiciens Melloni, Marianini et Matteucci, et Libri, historien de la science. Ranalli a publié une histoire des beaux-arts. Gioja et Rogmanosi traitèrent des questions philosophiques et de l'économie politique. Manzoni (1784-1873) produisit des modèles de poésie lyrique, de drames historiques et de romans dans : *Adelchi*, *Il conte di Carmagnola*, et *I promessi sposi*. Parmi les autres auteurs de romans historiques, rappelons : Rosini, Cesare Cantù, Grossi, Massimo d'Azeglio (1798-1866) et Guerrazi (mort en 1873). Le roman ayant pour titre *Famiglia* (1850), par Bersezio, est un des meilleurs de ce genre. Le D° Antonio, de Ruffini, est estimé pour ses descriptions de paysages italiens. En philosophie, Gioja et Romagnosi eurent pour successeurs Pasquale Borelli (Lallebasche), le cardinal Gerdil (1718-1802) et Pasquale Galuppi (1770-1846). La philosophie contemporaine compte un grand nombre de représentants en Italie. Le plus célèbre fut Gioberti (1801-'52), dont la théorie philosophique flattait les aspirations nationales de l'Italie. Après Gioberti, viennent le cardinal Rosmini-Serbati (mort en 1855), dont la théorie ontologique rencontra presque autant de faveur que celle de Gioberti, et Mamiani, l'auteur de *Rinnovamento dell' antica filosofia italiana*. Ausonio Franchi est diamétralement opposé à tous ces philosophes, de même que Tommaseo, représentant des écoles spiritualistes et religieuses. La philosophie grecque est représentée par Centofanti, la philosophie sceptique par Giuseppe Ferrari, et l'hégélianisme par le Napolitain Vera. A l'école de Franchi, appartiennent Alfonso Testa et Carlo Cattaneo. Le *Calcolo di probilità des sentimenti umani* (1855) de Mastriani est une tentative faite pour fonder la philosophie sur des bases physiologiques. Giordani peut être considéré comme le fondateur de l'école de critique esthétique dans l'Italie moderne. Cicognara, Pindemonte, Foscolo, Perticari, Basilio Puotti, Mamiani, Giudici, Arcangeli, Ranalli et Giuliani se sont aussi distingués dans cette branche de la science. Parmi les poètes contemporains, on distingue : Giovanni Prati, Frullani, Tigri, Carducci et Zanella; de Spuches, Pardi et autres Siciliens; Barattani, Mercantini, Giotti et de' Marchi. Les poétesses les plus célèbres sont : Francesca Lutti, Alinda Bruaamonte, Emilia Fua et Rosina Musio-Salvo. Nous citerons parmi les

historiens : Ricotti (Savoie), La Lumia (Sicile), Giudici (*Storia dei Comuni italiani*), Celesia (Gênes) et Peluso (Milan); parmi les romanciers : Nievo, Arrighi, Donati, Bezio, de Amicis et signora Teresa de Gubernatis. — Les principaux historiens de la littérature italienne sont : Tiraboschi (1772-'83), Ginguené (1811-'19), G. Maffei (2° éd., 1834), Cimorelli (1845), Emiliano Giudici (1851), Malpaga (1855), Cantù (1865), Lombardi (du XVIII° siècle, 1827-'30); Ugoni (de la seconde moitié du XVIII° siècle, nouvelle édition, 1856-'59) et Levati (du premier quart du XIX° siècle, 1831). —. BIBLIOGR. *Annuario generale dell'Industria e Commercio del regno d'Italia pel 1882* (Florence, in-8°, 1883). *Censimito della Popolazione del regno d'Italia*, 31 déc. 1881 (Rome, 1882). *L'Italie actuelle*, 1827-'30); par Emile de Laveleye (Paris, 1881, in-8°). *Vocabolario geographico-storicostatistico dell' Italia*, par S. Muzzi (Bologne, 2 vol., 1873-'74).

* ITALIEN, IENNE adj. Qui appartient à l'Italie moderne : *la musique italienne*.

ITALIOTE s. et adj. Se disait des habitants de l'Italie avant la domination romaine et particulièrement des Grecs établis en Italie.

* ITALIQUE adj. Se dit de ce qui appartient à l'Italie ancienne : *peuple italique*. — Se dit de la philosophie de Pythagore : *école 'italique*. — Typogr. Se dit d'un caractère un peu incliné de droite à gauche, comme l'écriture. — Substantiv. et au masculin : *voilà un bel italique*. (Acad.). *L'italique sert généralement pour les citations, pour les exemples et pour les passages qui doivent se détacher et frapper la vue*. — Le joli caractère, dont le nom indique l'origine italienne, fut inventé vers la fin du XV° siècle par Alde, pour imiter, dit-on, l'écriture de Pétrarque. Alde Manuce l'Ancien obtint un privilège du pape l'autorisant à se servir seul de ce caractère, à l'exclusion des autres imprimeurs. La ville de Venise lui accorda le même privilège. Alde Manuce, abusant de ce caractère, s'en servit pour imprimer ses ouvrages entiers : *Œuvres de Virgile*, en 1500; *Œuvres d'Horace*, en 1501. L'italique fut introduit en France sous le règne de Louis XI et perfectionné par le graveur Fournier, en 1737. — ~~ AVOIR PINCÉ SON ITALIQUE, ne pas marcher droit par suite d'ivresse (jargon des typographes). — Races et Langages italiques. Les différentes races italiques qui occupèrent la péninsule italienne dans les temps anciens forment une branche distincte de la famille aryenne ou indo-européenne. On ne connaît rien de certain sur les origines des Ligures de la haute Italie (Liguria). Les Gaulois de la haute Italie sont classés parmi les Celtes. Les Vénètes dans la Vénétie occidentale, et les Istriens sont probablement parents des Illyriens, mais les Carni dans la Vénétie orientale sont probablement des Celtes. L'origine des Etrusques n'a pas encore été établie, et ils ont été diversement classés parmi les Sémites, les Indo-Européens et les Touraniens; mais les monuments qui existent de leur langage pourront servir à fixer leur identité. Les Japygiens du sud-est de l'Italie paraissent avoir été composés de plusieurs tribus ou nations, parmi lesquelles on distinguait les Messapiens et les Peucetiens. Les Apuliens proprement dits étaient probablement une branche de la race osque ou ausonienne. Dans la péninsule calabraise se trouvaient les Messapiens ou Calabres propres et les Salentins. Ces deux nations paraissent avoir été étroitement liées avec les races helléniques. Un grand nombre des plus anciennes tribus de l'Italie sont décrites par les auteurs anciens comme appartenant à la race pélasgique. (Voy. PÉLASGES.) Le peuple appelé Opikoi par les Grecs et Osques par les Latins occupait une large portion de l'Italie centrale à une époque très reculée; plusieurs écrivains les identifient avec les Au-

sones des Grecs et les Auruncans des Romains. Les Volsques et les Æqui étaient probablement de race osque. On croit que les Latins ou habitants du Latium avaient été formés d'éléments pélasgiques et italiques qui, lorsque le peuple Latin fit son apparition dans l'histoire, s'étaient déjà fondus en un seul peuple. On a des raisons de supposer que les Osques primitifs et les Sabins ou Sabelliens appartenaient à la même famille ou à la même race. Le territoire primitif des Sabins fut l'Apennin central. Les Samnites et les Piceni ou Picentes étaient des colonies sabines. Les Peligni, également d'origine sabine, avaient pour proches parents les Marsi, les Marrucini et les Vestini. Les Frentani, les Hirpini et les Lucaniens sont habituellement considérés comme des colonies samnites séparées, et les Bruttiens paraissent avoir été composés de Lucaniens conquérants et de serfs œnotriens. Les Sabelliens paraissent avoir formé une race de guerriers conquérants qui se mélangèrent rapidement avec la population osque qu'ils avaient soumise. Le plus ancien peuple de l'Italie était les Ombriens qui, à une époque très reculée, formaient une nation grande et puissante dans le nord de l'Italie centrale. L'opinion généralement acceptée maintenant est que les Ombriens, les Osques, les Latins et les Sabins étaient des branches d'une seule et même race. — LANGAGES. Le groupe italique est divisé en deux classes distinctes : l'ombro - samnite ou ombro-osque et le latin. Ces dialectes sont étroitement alliés l'un à l'autre comme le furent les dialectes primitifs de la Grèce. L'osque et l'ombrien ont été conservés seulement par des inscriptions. Le langage des Latins était parlé avant l'émigration des Samnites, par les Ausoniens dans la Campanie par les Itali proprement dits, dans la Lucanie et dans le Bruttium, et probablement aussi par les Siculiens dans l'est de la Sicile. Dans le Latium, il se transforma en latin, par l'influence des Étrusques et des Ombro-Samnites. (Voy. LATIN.)

ITALUS, roi des Sicules ou des Œnotriens, fils de Télégone et de Pénélope ; il vint s'établir en Italie et lui donna son nom.

ITAMARCA, île de l'Amérique du Sud, à 5 kil. de la côte du Brésil, par 7° 45' lat. S., et 37° 40' long. O. — Ch.-l., Pillas. Sol fertile; bon port.

ITARD (Jean-Marie-Gaspard), chirurgien français né à Oraison (Basses-Alpes), en 1775, mort en 1838. Médecin de l'asile des sourds-muets de Paris, il se fit connaître par ses efforts pour instruire un jeune homme trouvé à l'état sauvage dans les forêts de l'Aveyron, et publia (1804 et 1807) deux mémoires à ce sujet. Il réussit presque aussi bien que Pereira dans l'instruction des sourds-muets. Ses œuvres comprennent un ouvrage d'une grande valeur sur les *Maladies de l'oreille et de l'audition* (1821, 2 vol. in-8°), et un traité sur le pneumo-thorax.

' ITEM adv. [i-tèmm] (mot lat.). De même, de plus. On s'en sert dans les comptes, dans les états que l'on fait : *j'ai donné tant pour cela, item pour cela...* — s. m. Article de compte : *c'est un bon item.* (Fam.) — Fam. VOILA L'ITEM, voilà de quoi il s'agit, voilà le point de la difficulté.

ITE MISSA EST, expression latine que le diacre chante à la fin de la messe et qui signifie : *allez, la messe est terminée.* Ces paroles sont comme une sorte de salut par lequel les officiants se séparent des fidèles et les invitent à quitter l'église.

ITÉRATION s. f. (lat. *iterare*, répéter). Action de recommencer une chose.

' ITÉRATIF, IVE adj. (lat. *iterativus*; de *iterare*, répéter). Prat. Fait une seconde, une

troisième, une quatrième fois : *faire des mandements itératifs.*

' ITÉRATIVEMENT adv. Prat. Pour la seconde, troisième ou quatrième fois : *on l'a sommé itérativement.*

ITHACA, village de l'état de New-York (États-Unis), à 3 kil. de l'extrémité S. du lac de Cayuga, et à 225 kil. S.-O d'Albany; 8,470

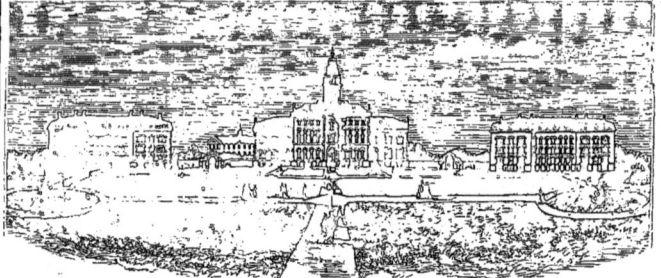
Université Cornell à Ithaca.

hab. Fameuse université Cornell, fondée par Ezra Cornell en 1868.

ITHAQUE, (gr. mod. *Thiaki*), l'une des îles Ioniennes, à 3 kil. E. de Céphalonie ; longue de 22 kil., large de 6 kil. ; 92 kil. carr.; 9,880 hab. Elle est presque entièrement divisée par la rade profonde de Porto-Molo, sur la côte E. Sa surface est montagneuse. Sol léger; près d'un tiers du territoire est cultivé. Climat remarquable par sa salubrité. Capitale et port principal, Vathy, bâtie sur un port de Porto-Molo. On croit qu'Ithaque est l'île célébrée dans les poèmes homériques comme formant le royaume d'Ulysse.

ITHOME, nymphe qui éleva Jupiter et donna son nom à une montagne de la Messénie.

' ITHOS s. m. [i-toss] (gr. *éthos*, morale). Partie de la rhétorique qui traite des mœurs, par opposition à *Pathos* qui traite des passions :

On voit partout chez vous l'*ithos* et le *pathos*.
MOLIÈRE.

' ITINÉRAIRE s. m. (lat. *itinerarius* ; de *iter, itineris*, chemin). Chemin à suivre pour aller d'un lieu à un autre : *je vais vous tracer votre itinéraire.* — Mémoire de tous les lieux par où l'on passe pour aller d'un pays à un autre, et quelquefois aussi des choses qui sont arrivées à ceux qui en ont fait le chemin. Dans ce sens, il se dit principalement lorsqu'on parle de certains voyages topographiques : *itinéraire de Suisse.* — Certaines prières marquées dans les livres d'église pour ceux qui voyagent : *l'itinéraire des clercs.* — Adjectiv. MESURES ITINÉRAIRES, celles dont on fait usage pour mesurer et indiquer la longueur de chemin d'un lieu à un autre : *traité sur les mesures itinéraires des anciens.*

ITON, rivière de France qui prend sa source à 9 kil. N. de Mortagne (Orne), passe à Évreux et afflue dans l'Eure, après un cours de 120 kil. Abondance de truites excellentes.

ITURBIDE (Augustin de) [s. p. i-tour-bi-dé]. Empereur du Mexique, né en 1783, mort le 19 juillet 1824. Officier espagnol, il supprima en 1800 un mouvement révolutionnaire. Lors de la révolution de 1810, Hidalgo offrit à Iturbide de le nommer lieutenant général ; mais celui-ci refusa et se mit en campagne contre les révoltés. A partir de ce moment, jusqu'à la fin de 1815, il prit part à tous les engagements soutenus par les troupes royales. En 1816, le commandement de l'armée du nord lui ayant été retiré, il mûrit un projet de soulèvement qu'il caressait depuis longtemps.

En 1820, ayant obtenu le commandement de l'armée du sud, il agit de concert avec Guerrero qu'il prétendait avoir vaincu. Pendant l'hiver, il s'empara d'un convoi qui se rendait à Acapulco, avec une somme de 2,625,000 fr. Ces ressources lui permirent d'entretenir des agents secrets dans toutes les parties du pays; il promulgua, le 24 fév. 1821, son plan d'indépendance appelé *le plan d'Iguala*, du nom de la ville où il fut proclamé. L'opinion publique obligea le vice-roi de le ratifier. Le 27 sept., Iturbide fit son entrée dans la capitale, et la *junta gubernativa* prescrite par le plan d'Iguila fut organisée. Une régence de trois membres fut nommée avec Iturbide comme président et généralissime. La discorde naquit bientôt et le premier congrès refusa de donner à Iturbide l'argent nécessaire à ses troupes. Mais il avait 16,000 hommes dans la capitale, et ses partisans le proclamèrent empereur le 18 mai 1822. Le 21, cette proclamation fut confirmée par le congrès et il fut couronné le 24 juillet. Obligé d'employer des mesures arbitraires, il perdit bientôt sa popularité, et le 31 oct. il procéda à la dissolution du congrès. Santa-Anna proclama la république à la Vera-Cruz le 2 déc. ; la *junta instituyente* qui avait succédé au congrès fut incapable d'établir l'ordre; la défection devint générale parmi les officiers de l'armée, et les troupes républicaines marchèrent sur la capitale. Iturbide rassembla le congrès et offrit son abdication, mais ce corps, n'acceptant pas l'abdication, annula son élection comme empereur et le bannit en Italie avec une pension de 125,000 fr. Le 11 mai 1823, Iturbide s'embarqua pour Leghorn; mais il se rendit bientôt en Angleterre, et, le 11 mai 1824, il repartit pour le Mexique. Avant son arrivée, le nouveau gouvernement républicain le déclara traître et hors la loi. Le 14 juillet, il arriva à Soto la Marina où il fut arrêté, et le congrès de Tamaulipas le condamna à mort. Il fut fusillé à Padilla ; sa femme vécut plusieurs années à Philadelphie, elle se rendit ensuite à Bayonne. Angel de Iturbide, fils aîné de l'empereur, mourut à Mexico en 1872, laissant un fils qui avait été adopté par Maximilien comme héritier du trône; et en 1873, le plus jeune fils d'Iturbide mourut à Paris, où il avait vécu d'une manière précaire en tenant un établissement de marchand de vins.

ITZAES [it-saïss], puissante famille d'Indiens de l'Amérique centrale qui, à l'époque de la conquête, habitait les îles et les côtes du lac Itza ou Peten dans le Guatemala. Cortès, dans sa marche en 1525, de Mexico à Honduras, atteignit leur pays. En 1698, les Itzaes furent soumis par Manuel de Ursula, gouverneur du Yucatan. Un grand nombre s'enfuirent à l'est et se confondirent avec les autres tribus.

' IULE s. m. (lat. *iulus*, chaton du coudrier). Entomol. Genre d'insectes sans ailes qui appartient à la même famille que les scolopendres. (Voy. MILLE-PIEDS).` — Les *iules*, vulgairement appelés mille-pieds, sont communs dans la terre humide, dans la mousse et quelquefois sous l'écorce des arbres; ils sont inoffensifs et se rendent réellement utiles dans les climats chauds en consommant les substances végétales qui se décomposent.

Iule des sables (Iulus sabulosus).

Dans les régions tempérées, on les a considérés, probablement à tort, comme nuisibles à la végétation. L'*iule terrestre* (*iulus terrestris*). très commun aux environs de Paris, est cendré bleuâtre. L'*iule des sables* (*iulus sabulosus*). beaucoup plus grand, est d'un brun noirâtre, avec deux lignes roussâtres le long du dos, Le grand iule (*iulus maximus*), de l'Amérique du Sud, mesure 18 centim. de long.

IVAN, nom de plusieurs princes russes. (Voy. RUSSIE.)

* IVE ou Ivette s. f. (anc. haut all. *iwa*, if). Bot. Espèce de germandrée ou de bugle, dont les feuilles, légèrement amères et aromatiques, sont employées en médecine.

IVIZA ou Iviça. Voy. BALÉARES.

* IVOIRE s. m. (lat. *ebur*). Nom que l'on donne à la matière des dents d'éléphant, surtout lorsqu'elles ont été détachées de la mâchoire de l'animal pour être mises en œuvre: *morceau d'ivoire*.—Dents ou défenses de certains autres animaux, tels que l'hippopotame, le narval, etc.: *la dent du narval est d'un bel ivoire*. — Poétiq. UN COU D'IVOIRE, un cou bien fait et très blanc. On dit de même, L'IVOIRE DE SON COU, DE SON SEIN, etc.

> Son poil était si beau, d'une couleur si noire !
> Trois marques seulement plus blanches que l'ivoire,
> Ornaient son large front et ses pieds de devant.
>   ANDRIEUX, *Poésies diverses*.

— NOIR D'IVOIRE, poudre noire très fine faite d'ivoire calciné et pulvérisé. — ENCYCL. L'ivoire, substance osseuse qui compose la défense de l'éléphant, est une modification particulière de la dentine. Il est d'habitude, dans le commerce, de comprendre sous ce terme, les défenses de l'hippopotame, des walrus, du narval et de quelques autres animaux; mais d'après Owen et plusieurs autres autorités, le mot ivoire ne doit être strictement appliqué qu'à la défense de l'éléphant. La section transversale de n'importe quelle partie d'une défense d'éléphant montre des lignes circulaires s'entrecoupant de manière à former des losanges avec des limites courbes, ce qui distingue l'ivoire véritable de toute autre substance osseuse ou dentaire. Les principaux lieux qui fournissent l'ivoire se trouvent sur les côtes O. et E. de l'Afrique, dans la colonie du Cap, à Ceylan, dans l'Inde et dans les pays à l'E. du détroit de Malacca. Le meilleur ivoire vient d'Afrique; il est d'un tissu fin et moins susceptible de jaunir que celui de l'Inde. L'analyse suivante de l'ivoire, d'après le *Dictionnaire universel*, donne sa composition moyenne: matière animale, séchée, 24,00; eau, 11,13; phosphate de chaux, 64,00; carbonate de chaux, 0,10. L'ivoire que les marchés russes ont longtemps fourni, provient des défenses de mammouths fossiles trouvées sur les bords des rivières de la Sibérie du nord. L'ivoire fossile est d'une qualité égale à celle de l'ivoire provenant des animaux vivants, et il atteint quelquefois un volume énorme. Les usages de l'ivoire sont très nombreux. Il se polit d'une manière exquise et est sous tous les rapports la substance la plus convenable pour les ornements faits au tour; il peut recevoir les dessins et les gravures les plus délicates. Les Grecs et les Romains l'employaient pour des ouvrages de sculpture, mais les Chinois en font un usage plus commun pour sculpter des figures et ils déploient un talent extraordinaire à le travailler. — Le noir d'ivoire, préparé en calcinant les morceaux et la poudre d'ivoire, est broyé et pulvérisé sur une plaque de porphyre, afin de produire la magnifique matière veloutée qui est l'ingrédient principal de l'encre employée pour l'impression sur cuivre. (Voy. NOIR ANIMAL.) L'ivoire végétal est le noyau du fruit du *phytelephas macrocarpa*.

* IVRAIE s. f. (lat. *ebriacus*, ivre, à cause de la vertu enivrante de l'ivraie). Bot. Genre de graminées hordéacées, comprenant plusieurs espèces que l'on peut cultiver comme fourrage, mais dont l'espèce la plus connue, l'*ivraie enivrante* (*lolium temulentum*), seule graminée vénéneuse, se mêle aux céréales dans les champs et porte des graines noires narcotiques, dont la farine communique des propriétés délétères à celle du froment. — Fig. SÉPARER L'IVRAIE D'AVEC LE BON GRAIN, séparer la mauvaise doctrine d'avec la bonne, ou les méchants d'avec les bons.

IVRÉE (anc. *Eporedia*; ital. *Ivrea*), ville fortifiée d'Italie, sur le Dora Baltea, à 45 kil. N.-N.-E. de Turin; 7,580 hab. Elle est à l'entrée du Val d'Aoste. On croit que sa cathédrale gothique occupe l'emplacement d'un temple d'Apollon. Laine, coton, soie, vermicelle, etc. Eporedia, grande ville de la Gaule cisalpine, offrait une grande importance stratégique. Ivrée fut un marquisat du VIII° au XIII° siècle.

* IVRE adj. (lat. *ebrius*). Qui a le cerveau troublé par les fumées et par les vapeurs du vin ou de quelque autre boisson : *il est ivre, il chancelle.* — Prov. ÊTRE IVRE MORT, être ivre au point d'avoir perdu tout sentiment. On dit populairement de même sens, ÊTRE IVRE COMME UNE SOUPE. — Fig. IVRE DE SANG, qui s'est plu à répandre le sang, qui a commis beaucoup de meurtres. On dit dans un sens analogue, IVRE DE CARNAGE. — Fig. Espèce de transport, de délire, d'égarement qu'une passion produit dans l'âme: *être ivre de joie, d'amour, de bonheur.*

* IVRESSE s. f. État d'une personne ivre: *il n'est pas encore revenu de son ivresse.* — Fig. L'*ivresse des passions, des grandeurs, du succès.* On dit également, L'IVRESSE DES SENS. — Enthousiasme poétique : *la docte ivresse.* — ENCYCL. L'ivresse résulte de l'usage immodéré des boissons fermentées; elle ne vient que successivement et par degrés; c'est d'abord une excitation des facultés intellectuelles, une loquacité et une joie extravagante, ou bien de la tristesse et de la fureur; la raison se perd insensiblement; le vertige rend la marche chancelante et souvent il survient des vomissements et un besoin irrésistible de sommeil. Le triste état fréquemment renouvelé produit le *delirium tremens.* Un léger vomitif ou quelques gouttes d'ammoniaque dans un verre d'eau sucrée remettent l'homme ivre dans son état normal. — Législ. « L'*ivresse publique* n'était pas l'objet de dispositions légales particulières, avant la loi du 23 janv. 1873. Cependant le Code pénal (art. 479, 8°, et 480, 5°) punit de 11 fr. à 15 fr. d'amende les auteurs ou complices de bruits ou tapages injurieux ou nocturnes; et la peine de l'emprisonnement pendant cinq jours au plus peut être prononcée, selon les circonstances. Dans quelques communes seulement, des arrêtés de police défendaient aux débitants de boissons de donner à boire à des gens ivres ou à des enfants. Aux termes de la loi de 1873, toute personne trouvée en état d'ivresse manifeste dans les rues, chemins, places, cafés, cabarets ou autres lieux publics, peut être, par mesure de police, conduite à ses frais au poste le plus voisin, pour y être retenue jusqu'à ce qu'elle ait recouvré la raison. Elle est. traduite devant le tribunal de simple police et punie d'une amende de un à cinq francs. Si l'on constate une récidive dans les douze mois de la première condamnation, le contrevenant est puni de la peine de l'emprisonnement pendant trois jours au plus. En cas de deuxième récidive dans les douze mois de la dernière condamnation, l'inculpé doit être traduit devant le tribunal de police correctionnelle, et il est puni d'un emprisonnement de six jours à un mois et d'une amende de 16 fr. à 300 fr. Celui qui, moins d'un an après cette condamnation, est encore coupable du même délit, est condamné au maximum desdites peines correctionnelles, lesquelles peuvent être élevées au double. Le coupable est en outre déclaré, par ce dernier jugement, incapable d'exercer les droits de vote et d'éligibilité, d'être juré, de remplir aucune fonction publique et aucun emploi administratif, et il est privé pendant deux ans du droit de port d'armes. Sont punis des mêmes peines graduées, les débitants qui ont donné à boire à des gens manifestement ivres, ou les ont reçus dans leurs établissements; et ceux qui ont servi des liqueurs alcooliques à des mineurs âgés de moins de seize ans accomplis. En outre, quiconque a fait boire jusqu'à l'ivresse un mineur de moins de seize ans est puni d'un emprisonnement de six jours à un mois et d'une amende de 16 fr. à 300 fr. Les gardes-champêtres sont chargés, concurremment avec les autres officiers de police, de rechercher, chacun dans sa circonscription, les infractions à la loi sur l'ivresse, et de les constater par procès-verbaux. Le texte de la loi doit être affiché dans la salle principale de chaque débit de boissons. Suivant un arrêt de la cour de cassation du 14 févr. 1876, le vin, le cidre et la bière sont considérés comme liqueurs alcooliques et ne peuvent être servis à des mineurs de moins de 16 ans, à moins que ceux-ci ne soient accompagnés des personnes qui ont autorité sur eux. — Devons-nous attribuer aux sévérités de la loi de 1873 ou bien à d'autres causes la diminution progressive que l'on constate en France dans le nombre des infractions à cette loi? Ces infractions s'élevaient en 1875, y compris les délits de récidive, à 98,482; ce nombre s'est abaissé graduellement jusqu'à 60,174 en 1880. Il y a eu constamment environ 99 condamnations sur 100 poursuites. Les trois condamnations pour infractions ont lieu dans les régions N. et N.-O. de la France, là où la consommation de l'alcool est en moyenne de plus de cinq litres par habitant et par année; tandis que les régions S. et S.-O., où cette consommation ne dépasse pas un litre par habitant ne donnent lieu qu'à 9 p. 100 des poursuites. — En Angleterre, un statut du règne de Jacques Ier, encore en vigueur, réprime l'ivresse en infligeant aux délinquants une amende de 5 shillings au profit des pauvres, ou six heures de détention lorsque l'amende n'est pas payée. S'il y a scandale public, la peine est plus forte. Dans le district de la métropole, toute personne prise en état d'ivresse est punie d'une amende de 10 shillings; en cas de récidive, l'amende est doublée; et si une troisième condamnation est prononcée avant que douze mois soient écoulés depuis la seconde, l'amende est élevée à 40 shillings. On compte annuellement environ 335,000 condamnations pour ivresse et tapage dans tout le Royaume-Uni, savoir: 180,000 en Angleterre, 100,000 en Irlande et 55,000 en Écosse.»
               (CH. Y.)

* IVROGNE adj. [*gn* mll.]. Qui est sujet à s'enivrer ou à boire avec excès : *un valet ivrogne*. — s. m. *Un grand ivrogne*.

* IVROGNER v. n. Boire avec excès et sou-

vent : *il est tous les jours dans les cabarets à ivrogner.*

* **IVROGNERIE** s. f. Habitude de s'enivrer: *l'ivrognerie de cet homme mérite punition.* — Se dit au plur. de l'action même de s'enivrer: *cette femme a beaucoup à souffrir des ivrogneries de son mari.*

* **IVROGNESSE** s. f. Femme sujette à s'enivrer : *c'est une ivrognesse, une vieille ivrognesse.* (Pop.)

IVRY-LA-BATAILLE, village de l'Eure, cant. de Saint-André, sur la rivière de l'Eure, à environ 65 kil. O. de Paris ; arr. et à 34 kil. S.-E. d'Evreux ; 1,050 hab. Manufactures d'instruments à vent. Ce village est célèbre à cause de la victoire décisive remportée, dans la plaine voisine, par Henri IV, le 14 mars 1590, sur les troupes de la Ligue commandées par le duc de Mayenne.

IVRY-SUR-SEINE, village de France, sur la Seine, à 2 kil. environ de l'*enceinte* S. de Paris, arr. et à 9 kil. N.-E. de Sceaux ; 16,000 hab. Asile d'aliénés ; caves immenses taillées dans le roc. Verreries. Le fort d'Ivry a joué un rôle remarquable pendant le siège de Paris en 1870-'71.

* **IXIA** s. f. [i-ksi-a] (allusion à la forme de la fleur que l'on a comparée à la roue d'Ixion). Bot. Genre d'iridées, comprenant plusieurs espèces de plantes bulbeuses cultivées dans les jardins, à cause de leurs fleurs.

IXELLES [i-sè-le], commune suburbaine de Bruxelles, à 3 kil. de cette ville. Distilleries, brasseries, carrières de pierre ; fabr. de toiles.

IXION, prince mythique thessalien, roi des Lapithes. Il eut l'audace de faire la cour à Junon ; Jupiter, irrité, créa un fantôme qui ressemblait à celle-ci ; Ixion devint avec elle le père des Centaures. En punition de son impiété, il fut enchaîné par Mercure à une roue qui tournait perpétuellement dans l'air.

IXODE s. m. [i-kso-de] (gr. *ixodès,* collant). Arachn. Genre d'acharides auquel appartient la *tique* des chiens.

IXTLILXOCHITL (Fernando de Ava), historien indien, descendant des rois de Tezcuc (Mexique), né vers 1568, mort vers 1648. Il était interprète des vice-rois du Mexique. Son ouvrage le plus important est une *Histoire des Chichemecas,* qui, avec la plupart de ses

autres écrits, fut imprimé à Mexico par lord Kingsborough.

IZABAL, port du Guatémala, à 185 kil. N.-E. de Guatémala, sur la côte S. du lac Dulce ; environ 600 hab. C'est le seul port de l'Atlantique pour le commerce avec la capitale. Des navires d'un petit tonnage seulement peuvent arriver jusqu'à Izabal.

IZALCO, volcan de l'Amérique centrale, à 55 kil. N.-O. de San-Salvador. C'est un des volcans les plus curieux. Sa formation commença en 1798, après une série de tremblements de terre destructifs. Les éruptions sont incessantes, et souvent désastreuses pour la ville voisine d'Izalco. Sa hauteur est évaluée à environ 2,000 mètres.

IZALCO, ville de San-Salvador (Amérique centrale), près du volcan d'Izalco, à 55 kil. N.-O. de la ville de San-Salvador ; 5,000 hab. principalement Indiens.

IZERNORE, ch.-l. de cant. Voy. **ISERNORE.**

IZTACCIHUATL, volcan du Mexique, 5,240 m. au-dessus du niveau de la mer, près de Popocatepetl et de la ville de Puebla. Depuis la conquête, il n'a pas eu d'éruption. Son nom signifie *femme blanche.*

J

JABI

* **J** s. m. [ji ou je]. Dixième lettre de la plupart des alphabets européens. On a longtemps appelé cette lettre *I* consonne, parce que sa forme était anciennement la même que celle de l'I, auquel on donnait, par opposition, le nom d'I voyelle : *un grand J* ; *un petit j.* — Le *j* fut distingué de l'*i* par les Hollandais au XVIe siècle et introduit dans l'alphabet comme lettre particulière par Gilles Beys, imprimeur à Paris, en 1550 (Dufresnoy). Il est rarement employé dans l'italien moderne ; en espagnol, il a le son du *ch* allemand. Il a le son de l'*y* du mot anglais *yes,* dans la plupart des langues teutoniques et slaves.

* **JÀ** adv. (lat. *jam,* déjà). On l'employait pour *Déjà.* (Vieux.)

JABÈS ou Jabès-Galaad, ville de l'ancienne Palestine, située au pied des monts Galaad ; elle faisait partie de la demi-tribu de Manassé et fut détruite par les Hébreux. Près de là se trouvait le tombeau de Saül qui avait défait les Ammonites sous les murs de Jabès.

JABIN. I. Roi d'Asor, au pays de Chanaan ; il fut un des cinq rois que vainquit Josué, et périt de la main même de ce chef des Hébreux. — II. Roi d'Asor (environ 1,200 av. J.-C.) ; il opprima les Hébreux pendant quelques années et fut à son tour défait par la prophétesse Déborah.

JABIRU s. m. Ornith. Genre d'échassiers, voisin des cigognes, et comprenant plusieurs espèces de grands oiseaux qui habitent l'Amérique du Sud et l'Afrique. Deux espèces seulement ont été décrites par Gray ; la mieux connue est le *Jabiru américain* (*Mycteria Ame-*

JACA

ricana, Linn.), à bec noir ; sa tête et les deux tiers de son cou sont nus et noirâtres ; la partie inférieure de son cou est d'un rouge brillant ; son plumage est blanc. Il habite le Brésil et la Guyane, où il fréquente les marais pour ychercher des poissons et des reptiles ; il s'élève lentement à une grande hauteur, et vole pendant très longtemps. Il fait son nid sur des arbres élevés et y dépose généralement deux œufs ; la chair des jeunes est tendre et assez bonne à manger.

* **JABLE** s. m. Tonnell. Rainure qu'on fait aux douves des tonneaux, pour arrêter les pièces du fond.

* **JABLER** v. a. Tonnell. Faire le jable des douves.

* **JABOT** s. m. (lat. *gibba,* bosse). Espèce de poche que les oiseaux ont sous la gorge, dans laquelle la nourriture qu'ils prennent est d'abord reçue, et séjourne quelque temps avant de passer dans l'estomac : *gros jabot ; cet oiseau a bien mangé, il a le jabot plein.* — REMPLIR SON JABOT, SE REMPLIR LE JABOT, *manger beaucoup,* faire un bon repas. — Mousseline, dentelle, etc., qu'on attache par ornement à l'ouverture d'une chemise, au devant de l'estomac : *un jabot de dentelle.* — FAIRE JABOT, tirer en dehors le jabot de sa chemise pour en faire parade. Fig. Se rengorger, se donner des airs avantageux.

* **JABOTER** v. n. Caqueter, parler sans cesse, dire des bagatelles : *elle ne fait que de jaboter tout le long du jour.* (Fam.)

JACAMAR s. m. Ornith. Genre de grimpeurs voisin des martins-pêcheurs et comprenant plusieurs espèces d'oiseaux américains re-

JACA

vêtus d'un magnifique plumage où domine le vert. On a décrit 10 espèces de jacamars, répandues dans l'Amérique tropicale et

Jacamar vert (Galbula viridis).

dans quelques-unes des Antilles. Ces oiseaux mènent une vie solitaire dans les forêts humides. Perchés sur des branches nues, les jacamars s'élancent à la poursuite des insectes. Quelques espèces se nourrissent de poissons et de frai. Le *jacamar vert* (*galbula viridis,* Lath.) est de la grosseur d'une alouette, d'un vert brillant, avec une gorge blanche et un abdomen rougeâtre ; le *jacamar de paradis* (*galbula paradisea,* Linn.), présente, avec la même couleur verte métallique, une tête d'un brun violet, la gorge, le devant du cou et le dessous des ailes blancs

JACAMEROPS s. m. Ornith. Genre de grimpeurs très voisin des *jacamars* et dont la seule espèce connue (*galbula grandis*, Lath.), de Cayenne, a le bec d'un guêpier, la gorge et les joues vert doré et le dessus du dos cannelle foncé.

JACANA s. m. (nom brésilien des poules d'eau). Ornith. Genre d'échassiers macrodactyles, dont la particularité la plus remarquable est la grande longueur des doigts qui sont au nombre de quatre, entièrement séparés et tous armés d'ongles longs, droits et aigus; le pouce de l'espèce commune est si long et si aigu qu'il a fait donner à cet oiseau le nom de *chirurgien*. Les jacanas fréquentent les marais, le bord des rivières et les étangs, par paires ou en petites bandes ; ils marchent dans l'eau jusqu'aux genoux, mais ils ne nagent pas, leurs pieds n'étant pas palmés; ils sont monogames ; les femelles font un nid parmi les roseaux et y déposent de quatre à cinq œufs. Plus d'une douzaine d'espèces ont été décrites; la mieux connue est le *jacana châtain* (parra *jacana*, Linn.), noir avec un manteau rouge, les remiges primaires vertes; il est indigène de l'Amérique du Sud ; le *jacana indien* (parra *indica*, Lath.), noirâtre avec des reflets bleus et violets, un manteau d'un vert bronzé, le croupion et la queue d'un rouge sang ; et le *jacana d'Afrique* (parra *africana*, Gmel), avec le front caronculé et d'un noir verdâtre. Ces oiseaux mesurent environ 25 centim. de long.

* **JACASSE** s. f. (de *Jacquot*, nom populaire du perroquet). Pop. Femme, fille qui parle beaucoup : *c'est une jacasse.*

* **JACASSER** v. n. Crier. Ne se dit que de la pie : *cette pie ne fait que jacasser.* — ⁓ Babiller beaucoup : *les femmes aiment à jacasser.*

JACASSERIE s. f. Bavardage. (Fam.)

* **JACÉE** s. f. (lat. *jacea* ; de *jacere*, être couché). Bot. Genre de composées voisin des centaurées, dont quelques espèces sont cultivées dans les jardins, à cause de la beauté de leur fleur. (Voy. CENTAURÉE.)

* **JACENT, ENTE** adj. [ja-san] (lat. *jacens*, qui gît). Jurispr. Se dit des biens qui n'ont point de propriétaire connu, d'une succession dont l'héritier n'apparaît point : *biens jacents.*

* **JACHÈRE** s. f. (lat. *jacere*, reposer). Agric. État d'une terre labourable qu'on laisse reposer : *dans ce pays, une terre est ordinairement en jachère de trois années l'une.* — Se dit aussi de la terre même quand elle repose : *labourer des jachères.* — Les jachères sont aujourd'hui condamnées en principe par tous les agronomes qui s'occupent d'*assolement.* (Voy. ce mot.) On ne croit plus que la terre se fatigue et qu'elle a besoin de repos; mais on sait par expérience qu'elle s'*épuise* vite et qu'il faut lui rendre, au moyen des *engrais*, les éléments que lui ont enlevés les plantes cultivées. Le repos de la terre est imaginaire : elle nourrit, pendant les jachères, des plantes nuisibles au lieu de plantes utiles; voilà toute la différence. — Néanmoins, les jachères sont encore recommandées, lorsqu'elles ont pour objet de nettoyer des champs infestés de mauvaises herbes à racine vivace (chiendent, patenôtre, etc.). Il faut alors, pendant le temps de la jachère, multiplier les labours, les hersages, les scarifications; recueillir soigneusement les mauvaises herbes et les mettre en tas avec de la chaux.

* **JACHÉRER** v. a. Agric. Labourer des jachères, donner le premier labour à une terre qu'on a laissé reposer.

* **JACINTHE** s. f. (altér. d'*Hyacinthe*, n. pr.) Bot. Genre de liliacées, dont plusieurs espèces sont cultivées dans les jardins, à cause de l'élégance et de l'odeur suave de leurs fleurs :

jacinthe double. On dit aussi, HYACINTHE. — ENCYCL. L'espèce type est la *jacinthe d'Orient* (*hyacinthus orientalis*), plante bulbeuse dont l'oignon arrondi se compose de tuniques concentriques. Sa hampe, haute de 20 à 30 centim., se termine par une grappe de fleurs bleues agréablement odorantes. Cette belle plante, qui croît spontanément en Provence, a été répandue dans toute l'Europe, où les semis lui ont fait produire une infinité de variétés à fleurs simples, doubles, blanches, bleues, roses, rouges, panachées, etc. C'est en Hollande, et surtout à Harlem, que cette plante est devenue l'objet d'exploitations considérables depuis le XVIIᵉ siècle. La jacinthe demande un sol riche et léger. On met les oignons en terre vers le mois d'octobre, à 20 centim. de distance les uns des autres et à 10 centim. de profondeur ; on recouvre la terre d'un peu de paille pendant les grands froids; la floraison a lieu en mars et avril; on soutient chaque hampe au moyen d'un petit tuteur. Quand les fleurs se flétrissent, on coupe les hampes; ensuite on enlève les oignons après que les feuilles sont fanées; on les laisse sécher au soleil; on enveloppe chaque oignon dans un papier et on les conserve dans un endroit sec et froid jusqu'au moment de les replanter. —

Jacinthe d'Orient (Hyacinthus orientalis).

Jacinthe des bois.

La *jacinthe sauvage* (*hyacinthus nonscriptus* des anciens botanistes) a été placée successivement dans plusieurs genres différents, et elle est plus voisine de la scille (*scilla*) que de la jacinthe. Ses fleurs sont ordinairement d'un beau violet. Aux environs de Paris, on l'appelle *jacinthe des bois.* — La *jacinthe améthyste* (*hyacinthus amethystinus*), des Pyrénées, porte des fleurs d'un beau bleu.

* **JACINTHE** s. f. Sorte de rubis. Voy. HYACINTHE.

JACKSON, ville du Michigan (Etats-Unis), sur les deux rives de la rivière Grand, à 125 kil. O. de Détroit et à 55 kil. S.-E. de Lansing; 13,860 hab. Mines de charbon bitumineux dans le voisinage, manufactures de produits chimiques, fonderies, etc.

JACKSON. I. Capitale de l'état du Mississipi,

sur la rive droite de la rivière Pearl, à 300 kil. N. de la Nouvelle-Orléans; environ 6,000 hab. Elle est régulièrement bâtie. Maison d'État, asile d'aliénés, institution pour les sourds-muets et les aveugles; hôtel de ville. On y embarque des quantités considérables de coton. — II. Ville de la Louisiane, à 50 kil. N. de Bâton-Rouge; 940 hab. Asile d'aliénés. — III. Ville du Tennessee, sur la rivière Forked Deer, à 100 kil. N.-E. de Memphis ; 10,000 hab.

JACKSON (Andrew), septième président des Etats-Unis, né le 15 mars 1767, mort le 8 juin 1845. A l'âge de 14 ans, il quitta les bancs de l'école pour entrer dans les rangs des défenseurs de l'indépendance américaine. Après la guerre, il se livra à l'étude du droit et fut nommé avocat général du territoire de Tennessee, dans la Caroline du Nord. Peu après, il alla représenter ses concitoyens au congrès en, en 1797, fut élu sénateur. Nommé major général de la milice en 1804, il reçut en 1812, lorsqu'éclata la guerre avec l'Angleterre, le commandement des troupes à la Nouvelle-Orléans. A son arrivée dans cette ville, il n'y trouva ni soldats, ni armes, ni munitions; appliquant alors la loi martiale dans toute sa rigueur, il appela la population entière sous les armes et, grâce à l'énergie de son caractère, il se trouva en mesure de repousser, le 8 janvier 1815, l'assaut des Anglais. Cette victoire rendit extrêmement populaire le nom de Jackson, et cependant les mesures arbitraires et vexatoires qu'il avait cru devoir prendre, dans l'exercice de son commandement, lui valurent des poursuites judiciaires, par suite desquelles il fut condamné à une forte amende. En 1817, il reprit son ancien métier de *chasseur d'Indiens* et se distingua dans la guerre que l'Union déclara aux tribus des Creeks. Puis on le vit, en pleine paix, envahir subitement les Florides et planter le drapeau américain sur les différentes places fortes que l'Espagne possédait encore dans ces contrées. Nommé président en 1828, il obtint, en 1832, le renouvellement de son mandat. On doit lui rendre cette justice que, malgré son incapacité politique notoire, il apporta dans son administration plus de modération qu'on n'était en droit d'en attendre d'un homme que sa rigueur, comme militaire, avait fait surnommer *Bois de fer.* En 1833, il supprima la banque des Etats-Unis, mesure qui suscita une effroyable crise financière; il se fit payer en 1836, par le gouvernement de Louis-Philippe, une indemnité de 25 millions pour dommages causés au commerce de son pays sous Napoléon, mais il dut rétracter publiquement les paroles outrageantes qu'il avait adressées au gouvernement français à cette occasion.

JACKSON (Thomas-Jonathan), général américain, né en 1824, mort en 1863. Il prit ses degrés à West-Point en 1846, servit au Mexique et, en 1852, il devint professeur à l'académie militaire de Virginie, à Lexington. En 1861, il entra dans le service fédéral avec le rang de major. Il fut bientôt nommé brigadier général et il prit part à la première bataille de Bull-Run (21 juillet), où sa brigade resta inébranlable comme un mur de pierre (stone wall), d'où son commandant fut surnommé *Stone wall* Jackson. Au printemps de 1862, Jackson défit, dans la vallée de Shenandoah, les forces supérieures de l'Union commandées par Banks, Frémont, Shields et M. Dowell. Ayant fait sa jonction avec l'armée de Lee, il prit part à la bataille de Cold-Harbor (27 juin). Dans les opérations qui suivirent, il fut envoyé dans le nord et il livra un combat indécis à Cedar Mountain (9 août). Peu après, il fit une marche rapide et joignit l'arrière-garde de Pope, à Bull-Run (29 et 30 août). Après avoir fait prisonnier environ 11.000 hommes à Harper's Ferry (15 sept.), Jackson rejoignit

Lee et prit part à la bataille d'Antietam (17 sept.). Son corps fut engagé à Fredericksburg (13 déc.); il fut nommé lieutenant général. A Chancellorsville (2 mai 1863), à la tête de près des deux tiers des forces confédérées, il tourna la droite de Hooker. Par suite d'une erreur fatale, ses propres soldats *tirèrent sur lui dans une reconnaissance qu'il faisait pendant un moment de calme*; et il fut mortellement blessé.

JACKSONVILLE. I, port de la Floride, la plus grande ville de l'état, sur la rivière Saint-John, à 250 kil. E. de Tallahassee; environ 12,000 hab. Au S.-O. et au N.-E. se trouvent des falaises pittoresques, couvertes de belles résidences et dominant une vue magnifique sur la rivière. — II. Ville de l'Illinois, à 50 kil. S.-O. de Springfield; 9,200 hab.

JACMEL, ville et port d'Haïti, sur la baie de Jacmel, à 45 kil. S.-O. de Port-au-Prince; environ 6,000 hab. Le port est commode, mais il est exposé aux vents du S.; climat accablant.

JACOB, troisième et dernier patriarche des Hébreux, fils d'Isaac et de Rebecca et frère jumeau d'Esaü. Il fut appelé Jacob (*Ya'akob*, teneur de talon), parce que sa main tenait le talon de son frère lors de sa naissance. Obligé de fuir la colère d'Esaü, à qui il avait acheté son droit d'aînesse, il servit sept ans son oncle Laban, pour obtenir sa fille Lia, sept autres années pour obtenir Rachel et six de plus pour avoir un troupeau; il partit alors avec ses biens pour le pays de Chanaan. En route, il rencontra son frère Esaü et se réconcilia avec lui. En raison d'une vision qu'il eut, son nom fut changé en celui d'Israël. Il s'arrêta successivement à Succoth, à Schechem, et à Béthel. Rachel mourut en donnant naissance à Benjamin. Son fils favori Joseph, vendu par ses frères et emmené en Egypte, devint le premier officier de la cour égyptienne, et pendant une famine il fit venir la famille de son père dans ce pays. Israël vécut 17 ans dans la terre de Gessen où il mourut à l'âge de 147 ans. D'après ses dernières volontés, il fut enseveli avec Abraham et Isaac, près du mont de Mamré. Ses douze fils devinrent les chefs des 12 tribus d'Israël.

JACOB (Bibliophile). Voy. LACROIX (*Paul*).

* **JACOBÉE** s. f. (lat. *Jacobus*, Jacques). Bot. Plante à fleurs radiées, espèce de seneçon qu'on nomme aussi HERBE DE SAINT-JACQUES.

JACOBI. I. (Friedrich-Heinrich), philosophe allemand, né en 1743, mort en 1819. Ses premiers ouvrages furent des romans philosophiques : *Woldemar* (1779) et *Eduard Allwill's Briefsammlung* (1781), dont le premier fait connaître son système éthique. Il donna ensuite : *Ueber die Lehre des Spinoza, in Briefen an Mendelssohn* (1785), dans lequel il attaque le spinosisme. Sa doctrine est entièrement développée dans son dialogue ayant pour titre : *David Hume über den Glauben, oder Idealismus und Realismus* (1787). Ses rapports avec la philosophie critique de Kant furent développés dans son essai *Ueber das Unternehmen des Kriticismus, die Vernunft zu Verstande zu bringen* (1802). Ses autres principaux ouvrages sont : *Sendschreiben an Fichte* (1799) et *Von den goettlichen Dingen und ihrer Offenbarung* (1811), qui occasionna une controverse avec Schelling. — II. (Johann-Georg), frère du précédent, poète, né en 1740, mort en 1814. En 1769, il reçut un canonicat à Halberstadt, et en 1784 il devint professeur de belles-lettres à Fribourg. Ses poèmes sont marqués d'une grâce remarquable et d'une grande pureté de diction. Ses œuvres complètes ont été publiées à Zürich (7 vol. 1807-'22). — III. (Maximilien), médecin, fils de S.-H. Jacobi, né en 1775, mort en 1858. Il fut directeur de l'asile des aliénés à Salzbourg

et à Siegbourg. Il publia plusieurs essais sur le traitement des aliénés et un ouvrage sur *la Construction et l'aménagement des Asiles d'aliénés.*

JACOBI. I. (Karl-Gustave-Jakob), mathématicien allemand, professeur à Kœnisberg, né en 1804, mort en 1851. Le nom qu'il s'est acquis dans l'histoire des mathématiques est dû principalement à sa découverte au sujet de la théorie des fonctions elliptiques; son principal ouvrage est le *Fundamenta Nova Theoriæ Functionum Ellipticarum* (1829). — II. (Moritz-Hermann), son frère, né en 1801, mort en 1874. A l'âge de 24 ans, il se rendit en Russie, et attira bientôt l'attention par ses recherches dans les sciences physiques. En 1830, il construisit un petit télégraphe électrique à Saint-Pétersbourg, et en 1832, il en contruisit un 28 kil. entre deux des résidences impériales. En 1837, simultanément avec Thomas Spencer, de Liverpool, il inventa le procédé de l'électrotypie. Il publia dans les collections de l'académie de Saint-Pétersbourg plusieurs mémoires sur les applications de l'électro-magnétisme.

* **JACOBIN, INE** s. Nom qu'on donnait autrefois en France, aux religieux et religieuses qui suivent la règle de saint Dominique : *le couvent des jacobins.* Dans le style grave, on disait, DOMINICAINS et FILLES DE SAINT-DOMINIQUE.

* **JACOBIN** s. m. Membre d'une société politique qui s'établit à Paris en 1789, dans l'ancien couvent des jacobins, et qui se signala plus tard par ses opinions révolutionnaires et démagogiques : *le club des Jacobins.* — Se dit aussi de ceux qui professent des opinions analogues à celles des anciens jacobins : *c'est un jacobin.* — Adj. *Le parti jacobin.* — ENCYCL. Le club des Jacobins fut la plus célèbre association politique de la première révolution. Son origine remonte au *club Breton* établi à Versailles en 1789 et qui s'installa, lors de la translation à Paris de l'Assemblée constituante, dans l'ancien couvent des Jacobins ou dominicains de Saint-Jacques. Ce club admit alors dans son sein quiconque en voulait faire partie, sur la présentation de quatre de ses membres, et s'appela la *Société des Amis de la Constitution.* Ses portes une fois ouvertes ainsi au public, ce club fut le théâtre où les novateurs les plus exaltés cherchèrent à se faire une popularité. Les premiers fondateurs, à la tête desquels se trouvaient La Rochefoucauld, Talleyrand, Roederer, La Fayette, Bailly, Siéyès, firent alors une scission et formèrent une autre réunion qu'ils appelèrent Société de 1789, et, plus tard, *club des Feuillants,* du nom de l'ancien couvent où ils siégeait. L'autre partie, restée fidèle aux principes démocratiques, s'enflamma d'une ardeur nouvelle, s'affilia plus de 1,200 clubs dans les départements et en 1792, elle prit le titre de *Société des Amis de la Liberté et de l'Egalité.* Son influence fut alors prépondérante; elle contribua au renversement de la royauté et à la proclamation de la République et eut bientôt effectivement dans ses mains le gouvernement de la France. Robespierre dut son pouvoir à l'immense popularité qu'il avait su gagner parmi tous les membres de cette Société et sa chute fut le signal de mort de ce club des Jacobins. Le 9 thermidor, Legendre, à la tête de quelques mercenaires, se présenta dans la salle et somma, au nom de la Convention, le club populaire de se dissoudre; le local fut évacué et, le jour suivant, une foule de jacobins montaient sur l'échafaud avec Robespierre. Un décret de la Convention suspendit provisoirement les séances de la Société, et une affiliation réactionnaire, appelée la *Jeunesse dorée,* attaqua et poursuivit sans merci, le bâton à la main, quiconque était suspecté de jacobinisme. Les restes dispersés du parti établirent de nou-

veaux clubs, mais ils ne regagnèrent jamais leur influence.

* **JACOBINISME** s. m. La doctrine, le système politique des jacobins.

* **JACOBITE** s. m. Membre d'une secte chrétienne qui n'admettait en J.-C. que la nature divine. — ENCYCL. Etablis en Syrie et en Mésopotamie, les jacobites tirent leur nom de Jacobus d'Edesse, qui, au XVIᵉ siècle, établit une organisation ecclésiastique permanente parmi les monophysites. A leur tête est un patriarche qui habite un monastère près Mardin. Après le patriarche est le *maphrian,* avec une juridiction épiscopale; il habite dans un monastère près de Mosul. Sous la juridiction du patriarche, il y a aujourd'hui huit métropolitains, et trois évêques. On prétend que les jacobites forment environ 34,000 familles. Dans le service de l'Eglise, ils emploient la langue syriaque. Les jacobites qui se sont joints à la communion catholique romaine sont appelés syriens-unis. Ils ont au patriarche qui a le titre de patriarche d'Antioche, quatre archevêques et huit évêques. La population entière en communion avec l'Eglise est estimée à 30,000 fidèles. (Voy. MONOPHYSITES.) — II. Nom donné en Grande-Bretagne à ceux, qui, après la révolution de 1688, adhérèrent à la cause du roi détrôné Jacques II et de ses descendants. Ils étaient très nombreux et très puissants en Ecosse et ils se soulevèrent sans succès en 1715 et 1745. Leur extinction complète date de la mort du prétendant Charles-Edward en 1788.

JACOBS (Pierre-François), peintre belge, né vers 1780, mort en 1808. Il devint célèbre par sa peinture de *La tête de Pompée présentée à César.*

JACOBY (Johann), publiciste allemand, d'origine juive, né en 1805, mort en 1877. Il se distingua comme médecin, et fut emprisonné en 1841-'43, pour avoir critiqué le gouvernement dans une brochure. D'autres publications le firent condamner en 1845 à un long emprisonnement, mais il fut acquitté en appel. En 1818-'49, il domina un instant le parlement de Francfort et l'assemblée nationale prussienne, comme chef du parti démocratique. En 1864-'65, il fut membre de la chambre des députés. En 1866 et en 1870, il fut de nouveau arrêté. Elu membre du reichstag impérial, il renonça à son siège, déclarant qu'il croyait impossible de transformer un état militaire en état populaire par la voie parlementaire. Ses écrits comprennent *Les Principes de la démocratie prussienne* (1859).

* **JACONAS** s. m. Espèce de mousseline : *une pièce de jaconas.*

JACOTOT (Jean-Joseph), éducateur français, né à Dijon en 1770, mort en 1840. Il fut professeur à Dijon et il servit dans l'armée. Son adhésion au premier Empire, pendant les Cent-Jours, alors qu'il était membre de la Chambre des députés, motiva son expulsion de France. Devenu directeur de l'école militaire de Belgique (vers 1820), il mit en avant son nouveau système d'éducation ayant pour but de mettre chacun à même d'apprendre sans maître. Il établit un journal et publia différents ouvrages pour répandre ses idées. Il rentra en France en 1840.

JACQUAND (Claudius), peintre d'histoire et de genre, né à Lyon en 1805, mort en avril 1878. Elève de Fleury Richard, il débuta au Salon de 1824, vint habiter Paris en 1828 et exécuta un grand nombre de tableaux historiques, dont le plus connu est la toile représentant le *Maire de Boulogne refusant la capitulation de Henri VIII* (hôtel de ville de Boulogne). Ses autres tableaux qui sont nombreux, et dont quelques-uns sont fort remarquables, ornent nos principaux musées.

JACQUARD ou Jacquart (Joseph-Marie), célèbre inventeur du métier à tisser, né à Lyon en 1752, mort en 1834. Il travailla successivement chez un relieur, chez un coutelier et chez un fondeur en caractères, parce que sa santé ne lui permit pas d'aider son père dans le métier de tisseur en étoffes façonnées. Son père étant mort en 1772, force lui fut de reprendre la suite de ses affaires et de diriger la machine fatigante dont on se servait alors pour former les dessins. C'est alors qu'il conçut le projet de créer un nouveau métier plus facile à manœuvrer. Il se ruina dans ses tentatives, et dut abandonner, dans la plus profonde misère, sa courageuse femme, qui, seule à le comprendre et à l'encourager, se chargea de nourrir et d'élever leur enfant. En 1793, il combattit, à Lyon, contre les troupes de la Convention, puis s'engagea dans l'armée républicaine, avec son jeune fils, qui fut tué à ses côtés sur les bords du Rhin. Il revint à Lyon au moment où sa femme y mourait des suites de ses privations. Il eut encore la force d'esprit de continuer ses recherches et de construire son appareil, dont il termina le premier modèle en 1800. Dans cet appareil, le travail si fatigant exécuté par les enfants s'accomplissait automatiquement et le tissage des dessins était simplifié. Il inventa ensuite une machine à fabriquer les filets. Sa plus belle création est son métier à tisser en manœuvrant automatiquement les aiguilles. Ce métier, qui devait faire une révolution dans l'art du tissage, fut présenté à Carnot, qui demanda à l'inventeur : « A ça, prétendez-vous faire un nœud sur une ficelle tendue? » Les explications de Jacquard furent tellement satisfaisantes, qu'il reçut une médaille d'or et un emploi au Conservatoire, avec un traitement de 3,000 fr. Sa machine, qu'il perfectionna dans la suite, ne s'introduisit pas dans les ateliers sans une violente opposition. Ses compatriotes le considérèrent comme voulant les réduire à la misère et à la famine, parce que sa machine exigeait moins de bras que l'ancien métier. La populace envahit sa maison et brisa ses métiers; lui-même faillit être égorgé. Mais bientôt on comprit l'utilité de cette invention, qui ne ruina pas les ouvriers, fit augmenter le prix de la main-d'œuvre, augmenta la quantité et fit diminuer la valeur réelle des produits et répandit le bien-être au milieu des populations industrielles. Sur ses vieux jours, Jacquard fut respecté autant et plus qu'il n'avait été méconnu, détesté et menacé. En 1840, une statue en bronze, œuvre de Foyatier, lui fut érigée sur la place Sathonay, à Lyon.

JACQUELINE DE BAVIÈRE, comtesse de Hainaut, de Hollande, de Zélande et de Frise, née en 1400, morte en 1436. Elle était fille unique et héritière de Guillaume VI (de Bavière), comte de Hollande et de Hainaut, et de Marguerite de Bourgogne. A l'âge de cinq ans, elle fut fiancée au prince Jean, dauphin de France, qui fut empoisonné en 1417; dans cette même année, elle hérita des possessions de son père. Elle épousa son cousin Germain Jean IV, duc de Brabant, adolescent de 16 ans, mais elle le quitta bientôt. L'antipape Benoît XIII ayant annulé son mariage, elle épousa en 1423, Humphrey, duc de Gloucester, qui entra dans le Hainaut avec 5,000 hommes de troupes et réclama ses Etats; mais il retourna en Angleterre et abandonna Jacqueline. Après avoir eu une guerre avec les Bourguignons, qui soutenaient le duc de Brabant (mort en 1426), elle traita avec le duc de Bourgogne qu'elle fit son héritier; elle consentit à ne pas se marier sans son consentement, désavouant ainsi virtuellement son mariage avec Gloucester. Sans égard pour ce traité, Jacqueline épousa, en 1432, François de Borselen, gouverneur de Zélande. Le duc de Bourgogne fit emprisonner Borselen,

dont Jacqueline acheta la liberté au prix de tous ses Etats, se conservant seulement une modeste rente.

JACQUEMART. I. (Albert), auteur français, né à Paris en 1808, mort en 1875. Chef de bureau dans la direction des douanes, il contribua à l'exposition de 1867 et écrivit une histoire complète de la porcelaine et de l'art céramique : *Histoire de la porcelaine* (Lyon, 1841-42, in-4°); *Merveilles de la céramique* (1866, in-18); *Histoire de la céramique* (1872, in-8°). Il a laissé, en outre : *Flore des dames* (1840, in-18); *Langage des fleurs* (1844. in-18). — II. (Jules-Ferdinand), aquarelliste et graveur à l'eau-forte, fils du précédent, né à Paris le 7 septembre 1837, mort le 26 septembre 1881. Il est connu surtout par les belles planches qu'il composa pour illustrer les ouvrages de son père.

JACQUEMONT (Victor), voyageur et naturaliste français, né à Paris en 1801, mort en 1831, à Boulay, d'une inflammation du foie, dont il avait pris les germes dans les forêts empestées de l'île de Salsette. Envoyé par le Muséum d'histoire naturelle de Paris, il explora l'Indoustan, l'Inde septentrionale, l'Himalaya et le Cachemire, jusqu'à la Tartarie chinoise. Sa *Correspondance* (1834) est un livre de voyages des plus attrayants. Le journal de son *Voyage dans l'Inde* (6 vol. in-4°) est plein d'observations zoologiques et botaniques importantes.

JACQUERIE s. f. (de *Jacques Bonhomme*, surnom des paysans français, adopté par Guillaume Caillet ou Charlot, chef de cette insurrection). Soulèvement des paysans contre la noblesse en l'an 1358, pendant la captivité du roi Jean : *la jacquerie fut promptement réprimée*. — Toute insurrection de paysans : *la révolution menaçait de dégénérer en jacquerie*. — Encycl. La lâcheté dont la noblesse avait fait preuve à Poitiers, lui ayant enlevé son prestige, bourgeois et paysans crurent que le moment était venu de briser un joug séculaire. Dans les villes, l'esprit communaliste s'éveilla un instant; dans les campagnes, un soulèvement aussi spontané n'eut point de programme, et ces deux efforts simultanés des classes opprimées ne réussirent pas, faute d'entente commune et d'unité d'action. Le 24 mai 1358, les paysans des environs de Beauvais, réduits à la dernière misère par les exactions des nobles, se soulevèrent sous la conduite d'un nommé Guillaume Caillet ou Charlot. L'insurrection se répandit en peu de jours dans le Beauvaisis, l'Amiénois, le Vermandois, le diocèse de Noyon, la seigneurie de Coucy, le Laonnais, le Soissonnais, le Valais, la Brie et le Gâtinais. Plus de cent mille paysans, armés de faux, de bâtons ferrés et de couteaux, couraient sus aux chevaliers et écuyers et détruisirent plus de 200 châteaux et autres habitations des nobles. Dans le premier moment, la stupeur fut profonde dans la classe ainsi menacée; la duchesse d'Orléans et 300 autres grandes dames se réfugièrent à Meaux. Mais la consternation de la noblesse fut de courte durée. Les chevaliers, bardés de fer, n'avaient point à redouter la lutte avec des gens sans armes, sans discipline, sans habitude de la guerre. 9,000 paysans, qui s'étaient emparés de Meaux, y furent attaqués par une troupe de Gascons que commandaient le comte de Foix et le captal de Buch. Environ 7,000 révoltés furent égorgés; la ville, reprise par les nobles, subit toutes les horreurs d'un pillage. Charlot, surnommé le roi des Jacques, s'étant laissé attirer dans le camp de Charles le Mauvais, sur la foi d'un sauf-conduit, fut couronné d'un trépied de fer rouge et périt, ainsi que ses compagnons, au milieu de mille tourments. Le reste des Jacques fut exterminé près de Montdidier. Cette insurrection de trois se-

maines fut suivie des plus épouvantables représailles, qui dépeuplèrent des cantons entiers.

* **JACQUES** s. m. [ja-ke]. Espèce de sobriquet donné aux paysans au XIVe et au XVe siècles : *la révolte des paysans contre leurs seigneurs en 1358 s'appelle la révolte des Jacques ou la Jacquerie*. Le nom de Jacques est souvent accompagné de l'adjectif *Bonhomme*; alors les deux mots forment une expression collective pour désigner toute la classe des paysans : *Jacques Bonhomme eut beaucoup à souffrir*. — **MAITRE JACQUES**, personnage de l'*Avare* de Molière, à la fois cuisinier et cocher d'Harpagon, et dont le nom s'applique, par ironie, aux personnes qui cultivent plusieurs genres, qui font plusieurs métiers.

JACQUES (lat. *Jacobus*, angl. *James*, all. *Jakob*). Nom de plusieurs saints et de plusieurs personnages célèbres :

I. SAINTS

Jacques le Majeur ou l'ANCIEN, l'un des douze apôtres, fils de Zébédée et de Salomé, et frère de Jean l'Evangéliste; il prêcha l'Evangile aux environs de Jérusalem, et il eut la tête tranchée par ordre d'Hérode Agrippa, l'an 42 de notre ère. Ce fut le premier apôtre qui versa son sang pour la foi du Christ. Une tradition rapporte qu'il vint en Espagne dont il est devenu le patron. Fête le 25 juillet. — **Jacques le Mineur** ou le JUSTE, un des douze apôtres, fils d'Alphée et de Marie, sœur de la Vierge Marie, mort vers 62 ap. J.-C. Il était le cousin de Jésus et fut quelquefois appelé son frère. Après l'ascension de J.-C., les apôtres, d'un commun accord, le placèrent à la tête de l'Eglise de Jérusalem, qu'il gouverna pendant 29 ans, et où il fut le premier concile, l'an 50. Il fut mis à mort à l'instigation du prêtre juif Ananie. Il reste de lui une remarquable *Epître* adressée aux Juifs convertis. Fête le 1er mai.

II. ANGLETERRE

Jacques Ier (Jacques VI d'Ecosse), fils de Henri, lord Darnley, et de Marie, reine d'Ecosse, né le 19 juin 1566, mort le 27 mars 1625. Son règne en Ecosse commença en juillet 1567, lorsque sa mère fut détrônée; le pouvoir passa alors entre les mains du parti protestant. En 1577, le régent Morton ayant été renversé, Jacques reprit le pouvoir. En 1582, quelques nobles s'emparèrent de lui, mais il recouvra sa liberté et passa aux ennemis. Il forma une alliance avec Elisabeth en faveur du protestantisme et écrivit un livre pour prouver qu'il était l'Anté-Christ. En 1589, il épousa Anne, seconde fille de Frédéric II de Danemark. Son *Basilicon Doron* fut publié en 1599. A la mort d'Elisabeth, le 24 mars 1603, Jacques fut nommé roi d'Angleterre par le conseil de la reine, comme descendant de Henri VII. Ses manières grossières produisirent une impression défavorable sur ses nouveaux sujets. Cécile régna sous son nom. En 1604, une paix honteuse fut signée avec l'Espagne. Le complot des poudres fut découvert en 1605. En 1612, deux hérétiques furent brûlés à Smithfield ; ce furent les deux dernières exécutions de cette espèce que l'on vit en Angleterre. Bacon, lord chancelier et pair, fut disgracié en 1621. La guerre fut déclarée à l'Espagne en 1624, et le parlement fut dissous. Un petit corps d'armée fut envoyé sur le continent pour soutenir la cause des protestants, mais sans aucun résultat. Son fils Charles Ier lui succéda, et sa fille Elisabeth, femme de l'électeur palatin, fut l'ancêtre de la dynastie anglaise actuelle. — **Jacques II** (VII d'Ecosse), second fils de Charles Ier et de Henriette-Marie, né le 15 oct. 1633, mort en France le 16 sept. 1701. Il fut nommé duc d'York en 1643. Quand Oxford fut pris en 1646, Jacques reste prisonnier à Fairfax. Il s'échappa en 1648 et s'enfuit dans les Pays-Bas. Après le triomphe définitif des ennemis des Stuarts, en 1651, il entra au service de la France et se distingua sous Turenne. Il joignit ensuite l'armée espagnole et se battit contre les Anglais et les Français. De retour en Angleterre en 1660, il épousa Anne Hyde, fille du comte de Clarendon, le 3 sept. Elle mourut en 1671, et Jacques épousa en 1673, Maria-Beatrice-Eleonora, princesse de la maison d'Este de Modène. Il se distingua dans les guerres contre la Hollande en qualité de commandant de la flotte anglaise. Comme il s'était fait catholique romain, la chambre des communes passa une loi pour l'exclure de la succession ; mais cette loi fut repoussée par les pairs. Jacques se retira à Bruxelles en 1679 ; il rentra dans son pays quand son frère Charles II tomba malade. Comme chef de l'administration, de l'Ecosse, il traita les covenanters avec une grande cruauté. Lors de son avènement au trône, le 6 fév. 1685, sa conduite fut arbitraire et le parlement qu'il avait convoqué fut le plus servile de l'histoire d'Angleterre. L'invasion de l'Ecosse par Argyle et celle de l'Angleterre par Monmouth furent réprimées et suivies de châtiments sans exemple. Jacques prorogea plusieurs fois le parlement et finit par le dissoudre. Il essaya de renverser le système constitutionnel de l'Angleterre et de restaurer la religion catholique. Une révolution devint imminente. En juin 1688, l'archevêque de Canterbury et six évêques furent envoyés à la Tour. Ils furent acquittés, mais la surexcitation ne cessa pas. Le 10 juin, la reine Marie donna naissance à un fils qui plus tard fut surnommé le Prétendant (voy. Stuart); l'opinion populaire fut que l'enfant était supposé. Le 30 juin 1688, Guillaume, prince d'Orange, époux de Marie, fille de Jacques, fut invité à envahir l'Angleterre. Il parût de Hollande avec 15,000 hommes et débarqua à Torbay le 5 nov. Jacques se trouva abandonné de presque tous, même de sa fille Anne. Il s'enfuit d'Angleterre et fut reçu d'une manière grandiose par Louis XIV, qui lui donna une forte pension et le château de Saint-Germain comme résidence. Il descendit en Irlande en 1689, et fut battu à la bataille de la Boyne, le 1er juillet 1690. Il retourna en France, où il habita jusqu'à sa mort.

III. Écosse

Jacques Ier, troisième monarque de la dynastie des Stuarts, né vers 1394, assassiné le 21 février 1437. Il était fils de Robert III et d'Annabella Drummond, et devint héritier de la couronne lors du meurtre de son frère, le duc de Rothesay. En 1405, il se rendait en France lorsqu'il fut fait prisonnier par les Anglais ; il fut retenu pendant 19 ans au château de Windsor, accompagna Henri V en France et écrivit des poésies qui sont encore admirées. Le King's Quhair (livre) fut inspiré par son amour pour Joanna Beaufort, petite-fille de Jean de Gand et de Catherine Swynford, qu'il épousa plus tard. Robert III étant mort en 1406, Jacques fut proclamé roi, et son oncle, le duc d'Albany, fut nommé régent, et garda le pouvoir jusqu'à sa mort, en 1419, en prolongeant la captivité de Jacques par ses intrigues. Son fils Murdoch lui succéda. Le roi, libre enfin après avoir payé une rançon de 4 million de francs, gagna Edimbourg au printemps de 1424 et saisit immédiatement l'administration qu'il dirigea vigoureusement contre les nobles turbulents. Albany, ses deux fils et le comte de Lennox furent exécutés. Jacques travailla à la restauration de l'ordre ; lorsqu'il dégrada le comte de March, il se forma une conspiration à la tête de laquelle se mit sir Robert Graham, qui avait été banni et dont les biens avaient été confisqués. Ce seigneur obtint accès dans les appartements du roi au monastère des dominicains

de Perth et il l'assassina. — Jacques II, fils du précédent et de Jeanne Beaufort, né en 1430, mort le 3 août 1460. Encore enfant, il devint roi et assuma le pouvoir suprême en 1444. Une trève de neuf ans avait été faite avec l'Angleterre, mais en 1448, les Anglais entrèrent en Ecosse et furent battus par le comte de Douglas, dont le frère Ormond gagna bientôt après la bataille de Sark. La trève fut alors renouvelée. En 1449, Jacques épousa Marie, fille du duc de Gueldre. Le roi ayant pris des mesures pour restreindre le pouvoir de Douglas, celui-ci abandonna la cour et vécut comme un souverain indépendant dans ses propres domaines. Une apparente réconciliation s'étant effectuée, le comte visita le château de Stirling où il fut frappé par Jacques et tué ensuite par les seigneurs de la suite du roi. Dans les guerres qui suivirent, le roi triompha et la branche principale de la famille de Douglas fut détruite. En 1459, par un traité entre Jacques II et Henri VI, le premier de ces princes consentit à soutenir le parti de Lancastre. Jacques entra en Angleterre à la tête de 60,000 hommes, mais son armée commit de tels ravages que Henri le pria de se retirer. En 1460, il recommença la guerre contre les yorkistes et mit le siège devant Roxburgh. Pendant qu'il examinait une batterie, l'un des canons éclata et un fragment l'atteignant à l'aine détermina une mort immédiate. — Jacques III, fils du précédent et de Marie de Gueldre, né en 1443, assassiné le 11 juin 1488. Son règne fut un des plus tristes de l'histoire de l'Ecosse. En 1462, Edward IV fit un traité avec le comte de Ross, le lord des îles et Douglas, pour la conquête et le partage de l'Ecosse Ross prit le titre de roi des Hébrides et fut assassiné. La noblesse écossaise était alors divisée entre les vieux lords et les jeunes lords, les premiers étant favorables à la maison de Lancastre, tandis que les autres désiraient la paix avec l'Angleterre. Le parti de la paix triompha ; les Ecossais s'engagèrent à ne donner aucun secours à Henri VI ou à son parti. Grâce au mariage de Jacques avec la princesse Marguerite de Danemark (1469), les îles Orkney et Shetland devinrent la possession permanente de l'Ecosse. L'aristocratie guerrière et illettrée désertait le roi dont les frères, Albany et Marc, se mirent à la tête des nobles ; le premier dut s'enfuir en France et le dernier perdit la vie. Mais les nobles finirent par s'emparer de Jacques, qui fut envoyé au château d'Edimbourg. Redevenu libre, il recommença la lutte et fut tué par une main inconnue pendant sa fuite du champ de bataille de Sauchieburn, près de Bannockburn. — Jacques IV, fils du précédent et de Marguerite de Danemark, né le 14 mars 1472, mort le 9 sept. 1513. Son gouvernement fut des plus énergiques. Les empiétements de Rome furent restreints. La justice fut régulièrement administrée dans les lowlands. Quand Perkin Warbeck fit son apparition en prétendant être le second fils d'Edouard IV d'Angleterre, Jacques lui donna son appui. Warbeck visita l'Ecosse en 1495 et fut royalement reçu. Jacques envahit l'Angleterre, mais il la quitta bientôt. Il épousa la princesse Marguerite d'Angleterre, le 8 août 1503. Les relations entre la France et l'Ecosse étant devenues très intimes, il en résulta un refroidissement avec Henri VIII. En 1513, Jacques envahit l'Angleterre ; il fut battu par le comte de Surrey, à la bataille de Flodden où il fut tué. — Jacques V, fils du précédent et de Marguerite Tudor, né le 10 avril 1512, mort le 13 déc. 1542. Sa mère fut régente pendant les troubles de sa minorité, mais à l'âge de 17 ans, il échappa aux mains des Douglas et devint roi de fait. Une révolte dans les Orkneys fut promptement apaisée et les chefs des îles occidentales se soumirent à

l'autorité du roi. Les hostilités se continuèrent entre l'Angleterre et l'Ecosse. Henri VIII encourageait les rebelles écossais et Jacques soutenait les Irlandais mécontents. En 1533, grâce à la médiation française, on fit une trève qui fut convertie, l'année suivante, en un traité de paix. Jacques persécuta les réformés et en fit brûler quelques-uns ; d'autres furent contraints de prendre la fuite. Henri VIII engagea son neveu à le soutenir dans sa lutte avec Rome, mais les efforts du pape lièrent Jacques à la cause papale. Jacques visita la France en 1536, et épousa Madeleine, fille unique de François Ier. Cette princesse mourut bientôt après ; Jacques épousa alors la duchesse de Longueville, fille du duc de Guise. En 1540, Jacques dirigea avec succès une expédition contre les barons rebelles et annexa les îles Hébrides, les Orkneys, les Shetland et plusieurs autres territoires à la couronne d'Ecosse. Henri VIII demanda une entrevue à son neveu en 1541, mais celui-ci refusa de lui rendre visite. Une guerre éclata et Jacques fit de grands préparatifs pour marcher à la rencontre des Anglais ; mais à Fala Muir et à Solway Moss, son armée féodale indisciplinée posa les armes et le roi mourut de désespoir. Sa fille Marie lui succéda.

JACQUES-DE-L'ÉPÉE (Ordre de Saint-), ordre militaire d'Espagne, institué en 1161 par Ferdinand II, roi de Castille, pour défendre contre les Maures les pèlerins de Saint-Jacques de Compostelle.

JACQUES-DU-HAUT-PAS (Ordre de Saint-), ordre religieux institué en Italie vers le milieu du XIIIe siècle, pour faciliter aux pèlerins le passage des rivières en leur procurant des bacs ; l'ordre se répandit en France et, en 1286, le pape nomma un commandeur général qui résida à Paris, à l'hôpital de Saint-Jacques-du-Haut-Pas.

JACQUES (La tour Saint-), élégante tour du XVIe siècle, qui faisait autrefois partie de l'église Saint-Jacques-de-la-Boucherie (détruite pendant la Révolution) et qui orne aujourd'hui l'un des squares de Paris. Sa plate-forme s'élève à 52 mètres.

JACQUET s. m. Jeu de hasard et de combinaison qui ressemble au jeu de gammon légèrement modifié. — Nom de l'écureuil en Normandie. — Loc. prov. SE LEVER DÈS LE PATRON-JACQUET, se lever de très bonne heure.

JACQUIER (Nicolas), orthopédiste, né à Troyes en 1790, mort en 1859. Il était chirurgien militaire lors de la campagne de 1814 ; il est célèbre par ses ouvrages sur l'orthopédie : Emploi des moyens mécaniques et gymnastiques dans le traitement des difformités du système osseux (1834-'35, 4 vol. in-8°); Manière de réduire les luxations (1838, in-8°), etc.

JACQUIN (Nicolas-Joseph von), baron, botaniste autrichien, né à Leyde en 1727, mort en 1817. En 1753, l'empereur François Ier le chargea de tracer le jardin de Schoenbrunn, et il voyagea dans les Indes occidentales et dans l'Amérique du Sud (1754-'59) pour recueillir des plantes. Il découvrit environ 50 nouvelles espèces dont quelques-unes portent son nom. Ses ouvrages principaux sont: Selectarum Stirpium Americanarum Historia (avec 183 gravures coloriées, 1763) ; Hortus Botanicus Vindobonensis (avec 300 gravures, 1771); Floræ Austriacæ (avec 500 gravures, 1773'-77); et Plantarum rariorum Horli Cæsarei Schœnbrunnensis Descriptiones et Icones (9 vol. in-fol. 1797-1804). Son fils JOSEPH-FRANZ (1767-1839), fut directeur du jardin botanique de Vienne et l'auteur d'un manuel de chimie médicale qui eut plusieurs éditions.

JACQUOT s. m. Nom vulgaire du perroquet.

JACTANCE s. f. (lat. jactancia ; de jactare, vanter). Vanterie : Il a bien de la jactance.

JACTITATION s. f. (lat. *jactitare, fréquen-*
tatif de *jactare*, lancer). Méd. Trouble nerveux qui se traduit par des troubles désordonnés.

JACULATEUR s. m. (lat. *jaculari*, lancer).
Hist. Soldat de la milice byzantine qui portait des armes propres à lancer des projectiles.— Ichtyol. Poisson qui lance des gouttes
d'eau pour faire tomber les insectes à la mer
et en faire sa proie.

JACULATION s. f. Action de lancer.

* **JACULATOIRE** adj. Ne s'emploie que dans
cette locution, ORAISON JACULATOIRE, prière
courte et fervente.

JADDUS, grand-prêtre juif qui refusa à
Alexandre le Grand les vivres et les secours
qu'il lui demandait. Le Macédonien, irrité,
marcha sur Jérusalem; mais aux portes de la
ville, ayant vu venir à sa rencontre Jaddus
escorté des prêtres et des lévites, il tomba à
ses genoux en lui disant qu'en songe il avait
vu un homme semblable à lui qui lui avait
prédit l'empire de l'Asie. A partir de ce jour
les Juifs eurent la protection d'Alexandre.

* **JADE** s. m. Pierre d'une couleur verdâtre
ou olivâtre, fort dure: *un vase de jade.* —
ENCYCL. Le *jade* est un minéral d'une composition variable; il se compose principalement
de silice, de magnésie et de chaux; on le
trouve avec les ardoises et la pierre à chaux
métamorphique. On l'emploie comme pierre
ornementale. Il est tenace, translucide, à
peu près aussi dur que le quartz, d'une couleur bleuâtre, vert léger ou rosé, et susceptible de recevoir un beau poli.

JADE [ja-de] ou **Jahde**, petite rivière navigable de l'Oldenbourg (Allemagne), qui se
jette dans la baie de Jade au S.-O. de l'embouchure du Weser. La baie, qui a une étendue de 180 kil. carr., se forma en 1511
à la suite d'une tempête. Le pays voisin
du Jade fut acheté par la Prusse en 1853
pour former un port de guerre qui fut ouvert
en 1869. Depuis 1863, *le territoire de Jade*,
fait partie de la province de Hanovre; il
forme la station principale de la marine
allemande. (Voy. WILHELMSHAVEN.)

JADIN (Louis-Emmanuel, compositeur, né
à Versailles en 1768, mort en 1853. En 1802,
il devint professeur du Conservatoire de Paris et en 1814, gouverneur des pages de la
musique du roi. Il écrivit 39 opéras et opérettes et 25 autres compositions complètement oubliées.

* **JADIS** adv. [ja-diss; ou jâ-di] (lat. *jam,
déjà*; *dies*, jour). Autrefois, au temps passé,
il y a longtemps: *on pensait jadis tout autrement.* — S'emploie quelquefois adjectivement avec le mot TEMPS: *les bonnes gens du
temps jadis*. (Fam.) — ✳ s. m. *Les guerriers
de jadis*.

JÆGER (Gustav)[ié-ghèr], peintre allemand,
né en 1808, mort en 1871. Il fit d'excellentes
peintures à fresque à Munich et à Weimar, et
en 1847 il devint directeur de l'académie de
Leipzig. Ses productions comprennent *La
Mort de Moïse* et *l'Inhumation du Christ*.

JAEMTLAND.[ièmmt-lànd], læn occidental
de la Suède centrale; 50,760 hab. Il est
montagneux dans l'O. et renferme plusieurs
lacs. Capitale, Ostersund.

JAEN [ja-ain] I, province d'Espagne (Andalousie), arrosée par le Guadalquivir;
13,425 kil. carr.; 392,100 hab. La partie
septentrionale est montagneuse, la partie
centrale forme une vallée irrégulière. Elle
possède de grandes quantités de bœufs, de
beaux chevaux et différents minéraux. Les
principales villes sont : Andujar, Alcala la
Real, Baylen et Ubeda. — II, ville fortifiée,
capitale de cette province, sur la rivière Jaen,
à 60 kil. N. de Grenade; environ 23,000 hab.

La nouvelle **ville** s'étend en dehors des murs,
dans une plaine, sur les bords de la rivière.

JAFFA ou **Yafa** (anc. *Joppa*; hébr. *Yapho*),
ville et port de Palestine, à 53 kil. N.-O. de Jérusalem; environ 10,000 hab. (4,500 musulmans, 5,000 chrétiens et environ 500 étrangers et juifs). Elle forme un labyrinthe d'im-
passes, de ruelles et de rues en ruine. C'est

Jaffa.

le port de Nablus, de Jérusalem et de toute la
contrée jusqu'à Gaza. Les exportations principales sont: le grain, les huiles, le savon, les
raisins, le coton, la laine, la coloquinte, les
oranges et les citrons. La ville est actuellement le lieu de débarquement pour les pèlerins européens qui se rendent à Jérusalem.
La tradition donne à Jaffa une existence an-
tédiluvienne. C'était le port dans lequel le
cèdre et le sapin du Liban pour la construction du temple de Salomon furent débarqués.
Jonas s'y embarqua pour Tarshish. Station
importante pendant les croisades, elle fut
prise par les mahométans à la fin du XIIe
siècle. Elle tomba au pouvoir de Bonaparte
(1799), qui ordonna le
massacre de sa garni-
son.

JAFFNAPATAM ou
Jaffna. I. Péninsule du
district de Ceylan, sur
la côte N.-O.; environ
220,000 hab. Elle est
traversée par deux la-
gunes longues et étroi-
tes et la péninsule ne
possède pas une seule
colline. Les estuaires
peu profondes de la
côte O. renferment de
vastes dépôts d'excel-
lent sel. Les palmiers
de Palmyre fournissent
la nourriture à près
du quart de la popu-
lation. Moutons, bœufs,
tabac. — II. Ville for-
tifiée, ch.-l. de district,
sur la côte O. de la pé-
ninsule, à 300 kil. N.
de Colombo, environ
8,000 hab. Elle ressem-
ble par sa propreté à
une ville hollandaise et
possède de beaux édi-
fices. Manufactures d'é-
toffe de coton, de bijoux et d'huile de coco.

JAGELLON (pol. iâ-ghèl'-lonm), famille
royale polonaise, fondée par Jagello ou Ja-
giello, grand-duc païen de Lithuanie, qui
embrassa le christianisme et devint roi de

Pologne sous le nom de Ladislas II, après
avoir épousé en 1386 la reine polonaise Hedvig, fille de Louis le Grand de Hongrie et de
Pologne. Sa dynastie s'éteignit en 1572. Des
membres de cette maison régnèrent aussi en
Hongrie et en Bohême. (Voy. HONGRIE, LA-
DISLAS II, LITHUANIE et POLOGNE.)

JAGEMANN (Karoline) [iâ-ghe-mânn], actrice allemande, née en 1778, morte en 1847.
Sa grande beauté et ses talents comme comédienne et comme musicienne lui firent
obtenir des succès aussi bien que
dans le drame. Le grand-duc Charles-Auguste de Weimar lui donna le domaine de
Heigendorf avec des titres de noblesse.

JAGGERNAUT ou **Jagannath** (appelée
Pooree par les indigènes), ville du Bengale
(Inde), sur la côte N.-O. de la baie de Bengale, dans la province d'Orissa, à 70 kil. S. de
Cuttack; environ 30,000 hab. A l'extrémité de
la rue principale, qui est très large, s'élève
le fameux temple, sanctuaire le plus saint de
l'Indoustan, visité annuellement par plus de

Entrée principale du temple de Jaggernaut.

un million de pèlerins. Il se trouve dans un
enclos carré, entouré de hautes murailles en
pierre; chaque côté mesure 220 m. Sur le
côté E. est la grande porte, d'où un large
escalier conduit à une terrasse haute de 7 m.

renfermée par une seconde muraille et dont chaque côté mesure 148 m. La grande pagode s'élève de cette terrasse, sur une base de 10 m. carr., à une hauteur de 70 m. au-dessus du sol. La plupart des divinités indoues ont des temples dans son enceinte. Le grand temple est dédié à Krishna et tire son nom de cette divinité: Jaggernaut (proprement Jagannâtha, *seigneur du monde*), Siva et Subhadra sont ensuite les principaux objets d'adoration. Chaque idole est pourvue d'un chariot avec une plate-forme élevée, montée sur des roues. Celui de Jaggernaut ou de Krishna est le plus grand, il a 15 m. de haut et 11 m. carr., il est monté sur 16 roues ayant chacune un diamètre de 2 m. 50. Le *Rath Jatra* ou grande fête de Jaggernaut, a lieu en mars; les idoles sont placées sur leurs chariots pour visiter leur habitation de campagne à environ 2 kil. du temple. Les chariots sont tirés au moyen de longues cordes, par des milliers d'hommes, de femmes et d'enfants. Il y a quelques années des dévots se sacrifiaient parfois en tombant ou en se jetant sous les roues du char; mais depuis peu d'années ces sacrifices sont prohibés. On suppose que le temple actuel a été terminé en 1198. Les Anglais prirent possession de la ville en 1803.

* **JAGUAR** s. m. [ja-gouar]. Mamm. Espèce de carnassier du genre chat, appelé aussi *tigre d'Amérique* ou *grande panthère des fourreurs*. C'est le plus grand des carnivores américains et le plus grand félin après le tigre et le lion. Le jaguar (*felis onca*, Linn.) se trouve en Amérique depuis le Paraguay jusqu'en la rivière Red (Louisiane). Il offre des différences considérables pour la taille et pour le pelage. Sa hauteur, à l'épaule, varie de 75 centim. à

Jaguar (Felis onca).

90 centim., et sa couleur, va du jaune brunâtre au jaune cendré; ses côtés sont marqués de taches noires, renfermant une ou plusieurs autres taches noires plus petites; ses parties inférieures sont blanches. Le jaguar vit solitaire dans les forêts épaisses, particulièrement dans le voisinage des grandes rivières, mais la faim le pousse quelquefois dans les districts cultivés; c'est un excellent grimpeur et un bon nageur, qui fait sa proie d'animaux vivants et de poisson ; il tue et il enlève avec facilité un bœuf ou un cheval, rarement il attaque l'homme à moins qu'il ne soit pressé par la faim, alors il est très redoutable. On l'appelle quelquefois improprement once. (Voy **Once**.)

JAHEL, femme juive qui reçut sous sa tente Sisara, général de Jabin, roi d'Aser, et qui le tua en lui enfonçant un clou dans la tête

JAHN (Friedrich-Ludwig) [yânn], patriote allemand, né en 1778, mort en 1852. En 1809, il se rendit à Berlin comme professeur, et il publia *Deutsches Volksthum*. Il établit des gymnases pour dresser les jeunes gens à la

guerre. Il entra dans Paris en 1816 en qualité de commandant de volontaires. Il fit ensuite de célèbres conférences à Berlin, mais le gouvernement, le regardant comme un révolutionnaire, ferma ses gymnases en 1819, et le fit emprisonner jusqu'en 1825. Il fut ensuite professeur à Fribourg. En 1848, il fut élu membre de l'assemblée nationale de Francfort.

JAHN (Johann), orientaliste allemand, né en Moravie en 1750, mort en 1816. Il fut professeur de théologie dogmatique et de littérature orientale à Vienne jusqu'en 1806, époque où ses vues hétérodoxes le forcèrent à donner sa démission. Il publia des grammaires chaldéenne, arabe, syriaque et hébraïque; *Introductio in Libros Sacros Veteris Testamenti, Biblica Archäologie*, etc.

* **JAÏET** s. m. Voy. **Jais**.

* **JAILLIR** v. n. [ja-ir; *ll* mll.] (lat. *jaculari*, lancer; fréquent. de *jacere*, jeter). Saillir, sortir impétueusement. Se dit surtout de l'eau ou de quelque autre chose de fluide: *l'eau qui jaillit de sa source*; *Moïse fit jaillir une fontaine du rocher*. — Fig. *La lumière jaillit du choc des opinions*.

* **JAILLISSANT, ANTE** adj. Qui jaillit: *il a dans son jardin des eaux jaillissantes*.

* **JAILLISSEMENT** s. m. Action de jaillir: *le jaillissement du sang*.

JAINS ou **Jainas** [djaïnns; djaï-nass), secte religieuse de l'Inde, autrefois puissante dans le Deccan, dispersée aujourd'hui dans toute la péninsule. La croyance des djains, mélange de brahmanisme et de bouddhisme, paraît dater du IIe siècle ap. J.-C. Elle fut introduite sur la côte du Coromandel au VIIIe ou au IXe siècle. Vers 1174, elle devint la religion de la dynastie régnante du Marwar occidental et du territoire soumis au prince de Guzarate.

JAÏR, juge des Hébreux de 1283 à 1261 av. J.-C. Sous son administration, les Philistins firent subir au peuple juif une nouvelle servitude, qui est comptée dans l'histoire comme leur cinquième

JAÏRE, chef de la synagogue; il eut confiance en Jésus qui ressuscita sa fille.

* **JAIS** s. m. [jè] (gr. *gagatès lithos*, pierre gagitique, à cause du fleuve *Gagis*, en Lycie). Substance bitumineuse, solide, et d'un noir luisant, qu'on taille pour en faire divers petits ouvrages, comme des colliers, des bracelets, des boutons de deuil, etc.: *collier de jais*. Le jais est une variété de lignite, que l'on trouve dans différentes mines de houille du midi de la France, d'Espagne, d'Allemagne et d'Angleterre. On travaille le jais surtout à Sainte-Colombe-sur-l'Hers (Aude). On dit aussi **Jayet**. — Certain verre qu'on teint de différentes couleurs, et dont on fait divers ouvrages: *du jais blanc*; *le jais fait de verre est creux ou massif*.

JAL (Auguste), érudit, né à Lyon en 1795, mort en 1873. Il se rendit célèbre par ses ouvrages sur l'archéologie maritime et par l'art nautique et par un *Dictionnaire critique de biographie et d'histoire* (1864, in-8°), ouvrage ayant pour but de corriger les erreurs et de suppléer aux omissions des encyclopédies. Son *Glossaire nautique* (1850, in-4°) n'est pas moins important.

* **JALAGE** s. m. Nom d'un droit seigneurial qui se levait sur le vin vendu en détail.

* **JALAP** s. m. [ja-lapp] (de *Jalapa*, ville du Mexique). Plante dont la fleur ressemble à celle du liseron, dont la racine, qu'on appelle également **Jalap**, est un purgatif violent: *racine, résine de jalap*. — Encycl. On a cru pendant longtemps que le remède appelé *jalap* provenait de la *belle-de-nuit* (Voy. ce

mot.) Mais on est d'accord aujourd'hui qu'il est produit par une convolvulacée du genre *exogonium*. C'est l'*exogonium purga* (nommé quelquefois *ipomœa jalapa*), espèce de liseron qui croît dans les parties élevées du Mexique, à une hauteur d'environ 1,600 m. au-dessus du niveau de la mer; cette plante vient très bien en Europe. Sa racine ne subit aucune

Jalap (Exogonium purga).

autre préparation que l'arrachage et le séchage. Elle a un goût âcre, désagréable; elle forme une poudre d'un gris jaunâtre qui est irritante quand on l'aspire et qui fait éternuer et tousser. Le jalap, employé comme purgatif, agit spécialement sur l'intestin grêle; de 50 centigr. à 2 gr. On l'a recommandé dans le traitement de l'hydropisie, et on le mêle ordinairement, pour cette maladie, avec du bitartrate de potasse. Sous forme de poudre et mêlé avec du calomel, il a été employé dans les fièvres bilieuses et dans la congestion du foie.

JALAPA, ville de l'état de Vera-Cruz (Mexique), à 220 kil. E. de Mexico; environ 40,000 hab. Elle est sur une des pentes du Cerro Macuiltepec, à 1,400 m. au-dessus du niveau de la mer. Les principaux articles de commerce sont le miel et la cire. Poteries et tanneries, fabriques de cigares. Jalapa, en raison de son climat doux et sain, est le rendez-vous favori des riches habitants de la côte.

JALAPINE s. f. Chim. Résine extraite de la racine et de la tige du jalap et de plusieurs autres convolvulacées.

JALAPIQUE adj. Chim. Se dit d'un acide qui résulte de l'hydradation de la jalapine par les alcalis.

* **JALE** s. f. (scandin. *sgala*, écuelle). Espèce de grande jatte ou de baquet.

* **JALET** s. m. Petit caillou rond. Ne s'emploie plus que dans cette locution, **Arbalète a Jalet**, ou *Arc a Jalet*, Arbalète avec laquelle on lance des cailloux, de petites boules de terre cuite, ou même des balles.

JALEY (Jean-Louis-Nicolas), statuaire, né à Paris en 1802, mort en 1866. Son premier travail, qui fut un buste de Mucius Scævola, lui valut le grand prix (1827). Ses meilleures statues représentent *La Pudeur* et la *Prière*.

JALIGNY, ch.-l. de cant., arr. et à 35 kil. N. de la Palisse (Allier); 4,000 hab. Carrières de marbre.

JALISCO, état maritime du Mexique, borné par le Sinaloa, le Durango, le Zacatecas, le Guanajuato, le Michoacan, le Colima et l'océan Pacifique; 101,420 kil. carr.; environ 950,000 hab. Capitale Guadalajara. Il est traversé, du S. au N., par la chaîne de la Sierra Madre, de chaque côté de laquelle se trouvent de magnifiques vallées arrosées par de nombreuses rivières. Le climat est froid dans les montagnes, doux dans la région du centre et extrêmement chaud et malsain sur la côte. Grande variété de bois utile et précieux. Le pays produit du blé, de l'orge, du maïs, le capiscum, le garbanzos, le coton, la canne à sucre, le cacao et le tabac. On y trouve de l'or, de l'argent, du fer, du mercure et du cuivre.

JALLEZ (Camp de), nom sous lequel on désigna, en 1790, un rassemblement de nobles, près du bourg de Jallez (Ardèche).

* JALON s. m. (bret. *gwalen*, gaule). Perche ou grand bâton qu'on plante en terre pour prendre des alignements : *couper des branches d'arbres pour faire des jalons.* — S'emploie dans certaines phrases figurées, surtout en parlant des idées préliminaires ou principales qui servent à diriger dans une étude, dans un travail, etc. : *les grandes époques sont comme des jalons, sont des jalons, à l'aide desquels on se dirige dans l'étude des siècles passés.*

* JALONNEMENT s. m. Action de jalonner.

* JALONNER v. n. Planter des jalons de distance en distance. On le fait aussi actif : *jalonner une allée pour la dresser.* — Art milit. JALONNER UNE LIGNE, UNE DIRECTION, ou simpl., JALONNER, placer des jalonneurs, ou se placer en jalonneur, pour déterminer une direction, un alignement. — Fig. : *ces savants jalonnèrent la route pour ceux qui viendraient après eux.*

* JALONNEUR s. m. Homme chargé de jalonner : *les jalonneurs ont mal placé cet alignement.* — Art milit. Homme qu'on place, ou qui se place, en guise de jalon, pour déterminer d'avance une direction, un alignement : *établir, placer des jalonneurs.*

* JALOUSEMENT adv. Avec jalousie : *il observait jalousement les progrès de son rival.*

* JALOUSER v. a. Avoir de la jalousie contre quelqu'un : *jalouser ses concurrents.* — Se jalouser v. pr. : *on ne voit que trop souvent les gens du même métier se jalouser entre eux.*

* JALOUSIE s. f. Chagrin, dépit qu'on a de ne pas obtenir ou posséder ce qu'un autre obtient ou possède, comme la richesse, les succès, la gloire, les talents, etc. : *grande, violente, furieuse jalousie; les victoires de Miltiade excitaient la jalousie de Thémistocle.* — Amour, crainte que la personne aimée n'éprouve un sentiment de préférence pour quelque autre, ne soit infidèle : *sa femme, sa maîtresse lui donne beaucoup de jalousie.* — Crainte, inquiétude, ombrage qu'un prince, qu'un État donne à d'autres par sa puissance, par ses forces : *les troupes que levait ce prince donnaient de la jalousie à tous ses voisins.* — Treillis de bois ou de fer au travers duquel on voit sans être vu. On le dit surtout d'une espèce de contrevent formé de planchettes minces assemblées parallèlement, de manière qu'on peut les remonter et les baisser à volonté au moyen d'un cordon, et qui servent à se garantir de l'action trop vive du soleil ou de la lumière : *regarder par une jalousie, au travers d'une jalousie.* — Bot. FLEUR DE JALOUSIE, ou simpl., JALOUSIE, fleur que l'on cultive dans les jardins, et que les botanistes nomment AMARANTE TRICOLORE.

* JALOUX, OUSE adj. (lat. *zelosus;* de *zelus,* zèle). Qui a de la jalousie, envieux : *être jaloux de son concurrent.* — s. m. *votre sort fait bien des jaloux.* — Se dit particulièrement en parlant de la jalousie que cause l'amour : *cet homme est jaloux de sa femme.* On l'emploie également, dans ce sens, comme substantif : *c'est un jaloux.* — Prov. IL NE DORT NON PLUS QU'UN JALOUX, il ne saurait dormir. — Fig. et poét. Qui fait obstacle aux désirs : *un voile jaloux dérobait ses charmes à tous les yeux.* — Qui tient beaucoup, qui est fort attaché à

quelque chose : *être jaloux de sa réputation, jaloux de son honneur, de ses droits, de ses prérogatives, de son autorité.* — Qui a cœur, qui est très désireux de : *je suis jaloux d'acquérir, de conserver votre estime.* — Écrit. sainte. Dieu s'appelle LE DIEU JALOUX, pour faire entendre aux hommes qu'il doit être seul adoré. — Mar., mais seulement dans la Méditerranée. Petit bâtiment, barque, etc., qui incline facilement, qui roule et se tourne beaucoup : *cette barque est jalouse.* — Se dit également des berlines et autres voitures semblables, quand elles sont sujettes à pencher d'un côté ou de l'autre.

JAMAICA, ville de l'état de New-York, à environ 15 kil. E. de Brooklyn ; 3,790 hab. Résidence d'un grand nombre de personnes employées à New-York.

JAMAÏQUAIN, AINE adj Qui est de la Jamaïque, qui appartient à cette île ou à ses habitants.

JAMAÏQUE (La) (angl. *Jamaica*), l'une des Grandes Antilles et l'île la plus vaste et la plus riche des Indes occidentales anglaises, dans la mer Caraïbe, à 135 kil. S. de Cuba; sa plus grande longueur de l'E. à l'O. est de 220 kil., sa largeur est de 80 kil.; 10,859 kil. carr.; 580,850 hab. (15,000 blancs, 100,000 mulâtres et 391,707 noirs). Quelques milliers de coolies ont été importés de Calcutta. La côte est profondément découpée dans plusieurs parties, particulièrement à son extrémité E. Les ports principaux sont : Kingston, Morant, Port-Royal, Black-River et Savana-la-Mar sur la côte S., et Montego, Falmouth, Saint-Ann, Port-Maria, la baie d'Anotto et Port-Antonio sur la côte N. Bien que la surface soit extrêmement irrégulière, la partie E. seule peut être appelée montagneuse; les montagnes Bleues y atteignent une élévation de 2,600 m. Les vallées, quoique nombreuses, ne sont pas grandes et occupent un peu plus du dixième de l'étendue de l'île. Dans l'O., quelques-unes des plaines sont marécageuses. On trouve de grandes cavernes dans différentes localités. Les principaux cours d'eau sont le Black et le Minho, le premier est navigable pour de petits bateaux plats et pour des canots jusqu'à 45 kil. de son embouchure. À une époque reculée, les Espagnols exploitèrent à trois reprises différentes les mines d'argent et de cuivre; mais actuellement l'exploitation est entièrement négligée, bien que l'on sache que le plomb existe en grandes quantités, peut-être avec des minerais de fer et d'antimoine. Le pays, dans les régions basses, est entièrement tropical; température moyenne + 22° C.: maximum + 37° C., mais moins de mer pendant le jour, la brise de terre pendant la nuit, tempèrent la chaleur. Dans les districts élevés le thermomètre va de 6° à 20° C. et l'atmosphère est douce et agréable. La saison des pluies comprend avril, mai, septembre, octobre et novembre. La chute annuelle des eaux est d'environ un mètre. La fièvre jaune, la petite vérole, le choléra et le typhus sont mortels sur les côtes et dans les terres basses en général. Des ouragans sont fréquents en été, entre la saison des pluies; ils sont ordinairement d'une grande violence. La Jamaïque a été plusieurs fois désolée par de terribles tremblements de terre. Le sol n'est pas aussi fertile que dans les autres îles des Indes occidentales. On y récolte principalement : le sucre, le piment, le café, le cacao, l'arrowroot, l'indigo, le gingembre, le maïs, l'igname, la cassave, les pommes de terre, la cannelle et les fruits tropicaux. Les essences forestières sont : l'arbre à pain, l'acajou, le cèdre, le bois de fer et autres bois d'ébénisterie; le choux palmier, le cocotier, le gaïac, le cotonnier, le bambou, le fustic, le bois de Brésil et le campêche. Nombreux troupeaux de bœufs et de mules; moutons et porcs. Le commerce se fait surtout avec l'Angleterre.

importations, 45 millions de francs (principalement d'objets manufacturés et de charbon). Exportations, 40 millions (sucre, café, rhum, campêche, gingembre, poivre, etc.)— La Jamaïque est divisée en trois comtés : Surrey à l'E., Cornwall à l'O. et Middlesex au centre. La capitale est Kingston. Le gouvernement appartient à un capitaine général, nommé par la couronne, assisté d'un conseil privé de 8 membres et d'un conseil législatif de 6 membres officiels et de 6 non officiels. Revenu : 12 millions de francs; dépenses : 13 millions; dettes : 17 millions. — Le collège de la Reine fut établi en 1873, à Spanish-Town. Le nombre des écoles élémentaires recevant des secours du gouvernement est de 426, avec 37,496 élèves inscrits. Les principales dénominations religieuses sont : les épiscopaliens, les wesléyens, les méthodistes, les baptistes et les presbytériens unis. — La Jamaïque fut découverte le 3 mai 1494, par Colomb, qui la nomma San-Jago ou Santiago. Le premier établissement espagnol y fut créé par Juan de Esquibal en 1509. Depuis 1655, l'île appartient aux Anglais. Depuis le vote de l'acte pour l'émancipation des esclaves en 1833, les révoltes des noirs y ont été fréquentes. En octobre 1865, un soulèvement général fut accompagné des plus affreuses atrocités. La rébellion fut étouffée dans le sang. En 1873, les îles de Caicos et de Turk furent réunies au gouvernement de la Jamaïque. — Voy. *History of Jamaica from its Discovery to the Present Time,* par W.-J. Gardner (Londres, 1873).

* JAMAIS adv. de temps. (de *já* et *mais,* plus). En aucun temps : *on n'a jamais rien vu de pareil.* On sous-entend quelquefois la négation et le verbe : *son style est toujours ingénieux, jamais recherché.* — Se dit aussi quelquefois sans être négatif, comme dans ces phrases : *c'est ce qu'on peut jamais dire de plus fort, de mieux; la puissance des Normands était une puissance exterminatrice, s'il en fut jamais.* — A JAMAIS, toujours : *c'est dans ce sens qu'on dit : Dieu soit béni à jamais.* — POUR JAMAIS, pour toujours : *adieu pour jamais.* — s. Un temps sans fin : *à tout jamais; au grand jamais je n'irai là.* (Fam.)

JAMALTICA, collection de ruines dans le Honduras, à 30 kil. N. de Comayagua, elles ressemblent à celles de Copan. Elles consistent en une série de tumuli rectangulaires, garnis de pierres; on y monte par des escaliers qui supportent les restes de ce qui paraît avoir été d'anciens édifices. La vallée adjacente est remplie de ruines; on y trouve des vases artistiques et des sculptures.

* JAMBAGE s. m. Chaîne de pierre de taille ou de maçonnerie, qui soutient l'édifice, et sur laquelle on pose les grosses poutres : *une poutre posée sur un jambage de pierre dure, de brique.* — JAMBAGE DE CHEMINÉE, assises de pierres qui soutiennent le manteau d'une cheminée. On dit de même, LE JAMBAGE D'UNE PORTE. — Écrit. Se dit des lignes droites de l'm, de l'n, et de l'u : *les jambages de ces lettres sont mal formés, sont mal liés.* — DROIT DE JAMBAGE. (Voy. CUISSAGE.)

* JAMBE s. f. (gr. *kampé,* courbure). Cette partie du corps humain qui s'étend depuis le genou jusqu'au pied : *la jambe d'un homme, d'une femme.* — Manège : *la science du cavalier consiste dans l'accord de la main et des jambes.* — CE CHEVAL SENT TRÈS BIEN LES JAMBES, il est sensible aux aides de ces parties. — A-t-on JAMBE, jusqu'à la moitié de la jambe : *l'eau lui venait à mi-jambe.* — Partie du corps de certains animaux qui répond à la jambe dans l'homme : *les jambes d'un cheval, d'un bœuf, d'un chien.* — Manège : *retenir la jambe de dedans du cheval, ou celle du dehors, la gauche ou la droite, celle du montoir ou du hors montoir, en mettant la rêne à soi.* — JAMBE DE

CERF, la partie du pied d'un cerf comprise entre le talon et les ergots qu'on appelle Les os. — JAMBE DE BOIS, morceau de bois taillé pour tenir lieu de jambe : *porter, avoir une jambe de bois*. Par ext. Celui qui porte une jambe de bois : *c'est un vieux invalide, une jambe de bois*. — Fam. AVOIR DE BONNES JAMBES, LES JAMBES BONNES, être en état de bien marcher, de marcher longtemps. Fig. N'A-VOIR PLUS DE JAMBES, n'avoir plus la force de marcher. — ALLER, COURIR A TOUTES JAMBES, aller, courir fort vite, soit à pied, soit à cheval : *je trouvai un homme à pied qui courait à toutes jambes*. — Par menace et par exag. JE LUI ROMPRAI BRAS ET JAMBES, je le maltraiterai, je le rouerai de coups. — Fig. et fam. COUPER BRAS ET JAMBES A QUELQU'UN, lui retrancher beaucoup de ses prétentions, de ce qu'il regarde comme ses droits : *cet arrêt nous a coupé bras et jambes*. — Signifie plus ordinairement, ôter à quelqu'un le moyen d'agir, d'arriver à ses fins, de réussir : *la perte de son protecteur lui a coupé bras et jambes*. — Frapper d'étonnement, de stupeur : *cette nouvelle me coupa bras et jambes*. — PRENDRE SES JAMBES A SON COU, partir sur l'heure, s'enfuir. On dit quelquefois, dans le même sens, JOUER DES JAMBES. — AVOIR SES JAMBES DE QUINZE ANS, personne âgée qui est encore ferme sur ses jambes. — RENOUVELER DE JAMBES, recommencer à marcher avec de nouvelles forces, et, fig., reprendre une nouvelle ardeur dans l'affaire, dans l'entreprise dont on s'occupe. — FAIRE JAMBES DE VIN, boire deux ou trois coups, pour être en état de marcher plus délibérément. — CELA NE LUI REND PAS LA JAMBE MIEUX FAITE, ou par ironie, CELA LUI FAIT UNE BELLE JAMBE, se dit de ce qui n'apporte aucun avantage à quelqu'un, de ce dont il ne retire que peu ou point d'utilité : *vous n'en aurez pas la jambe mieux faite, pour l'avoir empêché d'obtenir cet emploi*. — Fig. et fam. FAIRE LA BELLE JAMBE, marcher de manière à faire remarquer qu'on a une belle jambe. — JETER UN CHAT AUX JAMBES A QUELQU'UN, rejeter la faute sur lui, ou lui susciter malignement un embarras. — Prov. et fig. JOUER QUELQU'UN PAR-DESSOUS JAMBE, PAR-DESSOUS LA JAMBE, déranger avec facilité les projets de quelqu'un, et, par supériorité d'esprit ou de conduite, l'amener aux vues que l'on a soi-même : *n'ayez rien à démêler avec lui, il vous jouerait par-dessous la jambe*. — Fig. et fam. TRAITER QUELQU'UN PAR-DESSOUS LA JAMBE, PAR-DESSOUS JAMBE, le traiter comme une personne de peu de considération. — PASSER LA JAMBE A QUELQU'UN, lui donner un croc-en-jambe; fig. et fam., obtenir sur lui un avantage, le desservir. — Prov. et pop. IL A LA JAMBE TOUT D'UNE VENUE COMME LA JAMBE D'UN CHIEN, ou simplement, IL A LA JAMBE TOUT D'UNE VENUE, se dit d'un homme qui n'a pas le gras des jambes marqué. — Se dit, par anal., des deux branches d'un compas, des deux règles mobiles d'un compas de proportion. — JAMBES DE FORCE, se dit de deux grosses pièces de bois qui, étant posées sur les extrémités de la poutre du dernier étage d'un bâtiment, vont se joindre dans le poinçon pour former le comble : *ces jambes de force sont trop faibles, sont trop grosses*. — JAMBE SOUS POUTRE, la chaîne de pierre de taille mise dans un mur pour porter la poutre : *la jambe sous poutre a manqué, il faut la rétablir*.

* JAMBÉ, ÉE adj. Qui a la jambe bien faite. Ne s'emploie guère qu'avec l'adverbe *bien* : *c'est un jeune homme bien jambé*. (Fam.)

* JAMBETTE s. f. Petit couteau de poche dont la lame se replie dans le manche : *porter une jambette dans sa poche*.

* JAMBIER, IÈRE adj. Anat. Qui appartient ou qui a rapport à la jambe : *aponévrose jambière*. — s. m. Muscle jambier : *le jambier antérieur*.

* JAMBIÈRE s. f. Espèce de guêtre en cuir qui recouvre la jambe jusqu'au jarret.

JAMBLIQUE, philosophe grec, né à Chalcis au commencement du IVe siècle de notre ère. Il eut pour maître Porphyre. Le charme de son débit et la clarté de son exposition philosophique attirèrent autour de lui une foule de disciples auxquels il sut inspirer un enthousiasme et une vénération tels qu'ils lui attribuèrent le don des miracles. Sa philosophie est un mélange d'idées néo-platoniciennes et de doctrines pythagoriciennes auxquelles il joignit quelques-unes des théories égyptiennes et chaldéennes; superstitieux en théologie, il donne, en morale, une assez grande part à la liberté et aux passions humaines. On a de lui une *Vie de Pythagore*.

* JAMBON s. m. Cuisse ou épaule d'un cochon ou d'un sanglier, qui a été salée ou fumée : *jambon de sanglier; pâté de jambon*.

* JAMBONNEAU s. m. Diminutif. Petit jambon : *manger du jambonneau*.

JAMES (Saint-), ch.-l. de cant., arr. et à 18 kil. S. d'Avranches (Manche); 3,000 hab. Cette ville fut jadis fortifiée par Guillaume le Conquérant. Fabriques de toiles et de droguets.

JAMES (George-Payne-Rainsford), auteur anglais, né en 1801, mort en 1860. Son meilleur ouvrage est une vie du Prince Noir (1822).

JAMES (Robert), médecin anglais, né en 1703, mort en 1776. Il inventa contre la fièvre, la poudre connue aujourd'hui sous le nom de poudre antimoniale. Il prépara avec le Dr Samuel Johnson A *Medicinal Dictionary* (3 vol. in-fol., 1743-45).

JAMES (Saint-) ou Jamestown, cap. de l'île Sainte-Hélène; 3,000 hab. Port sûr, défendu par des batteries.

JAMESON (Robert), naturaliste écossais, né en 1774, mort en 1854. Pendant près de 50 ans, il fut professeur d'histoire naturelle à Edimbourg. Ses travaux les plus célèbres sont: *System of Mineralogy* (3 vol. 1804-'08), et *External Characters of Minerals*. En 1819, il établit l'*Edinburgh Philosophical Journal*, dont il fut pendant un grand nombre d'années le seul rédacteur.

JAMES RIVER, cours d'eau qui se forme près de la limite occidentale de la Virginie, par l'union des rivières Jackson et Cowpasture. Il se jette au sud de la baie de Chesapeake, dans un vaste estuaire sur lequel se trouve la rade de Hampton. Il est navigable jusqu'à Richmond pour les navires de 130 tonnes; la marée remonte à 225 kil. Principaux tributaires : l'Appomattox sur la droite et le Chickahominy sur la gauche.

JAMESTOWN, village de l'état de New-York, à 105 kil. S.-S.-O. de Buffalo ; 5,340 hab.

JAMESTOWN, premier établissement permanent fondé aux Etats-Unis, sur la rivière James, à 50 kil. au-dessus de son embouchure, par 105 colons anglais en 1607. (Voy. VIRGINIE.) Nathaniel Bacon brûla la ville en 1676.

JAMET (Léon), poète français, né dans le Poitou vers le commencement du XVIe siècle, mort en 1564. Ami de Clément Marot, il vit, comme lui, en butte aux tracasseries des gens d'église, et accusé de favoriser le protestantisme. Obligé de quitter la France, il trouva un asile à la cour de Ferrare auprès de la fille de Louis XII, la duchesse Renée, qui en fit son secrétaire. Il est de lui quelques poésies légères qui ont été insérées dans les œuvres de Marot.

JAMYN (Amadis), poète français, né en 1538, mort en 1585. Ami et disciple de Ronsard, il fut introduit par son protecteur à la cour de Charles IX qui l'accueillit avec faveur et le nomma secrétaire de sa chambre. Il a laissé des *Œuvres poétiques* estimées (Paris,

1575, 2 vol. in-4°). Il s'appliqua surtout à mettre en vers de dix pieds les deux belles épopées d'Homère.

* JAN s. m. (lat. *Janus*, dieu à double face). Jeu de trictrac. Deux tables de jeu : celle dans laquelle on range la pile des dames en commençant la partie, est le *Petit jan*; l'autre est le *Grand jan*. — FAIRE SON PETIT JAN, FAIRE SON GRAND JAN, remplir toutes les cases dans l'une de ces deux parties. — JAN DE RETOUR, se dit lorsque, après avoir passé toutes ses dames dans le jeu de l'adversaire, on revient dans son propre jeu : *faire son jan de retour*.

JANESVILLE, ville du Wisconsin, sur les deux rives de la rivière Rock, à 125 kil. N.-O. de Chicago; 10,115 hab.

JANET-LANGE (Antoine-Louis JANET, dit), peintre français, né à Paris, en 1818, mort en 1872. Elève de Collet, d'Ingres et d'Honoré Vernet, il s'assimila la manière et le genre de ce dernier maître et s'adonna tout d'abord à la peinture religieuse : *le Christ aux Oliviers*, *Isaac bénissant Jacob*, *le Bon Pasteur* furent parmi les plus réussies des toiles de ce genre. L'histoire lui fournit ensuite ses meilleures inspirations ; on cite entre autres : *Napoléon III distribuant des secours aux inondés de Lyon* (1857); *l'Empereur et sa maison militaire à Solférino* (1863), *Episode du siège de Puebla* (1868), *Néron disputant le prix de la course aux chars* (1865), que l'on cite comme son chef-d'œuvre.

JANICULE (Mont), l'une des sept collines de Rome, sur la rive droite du Tibre. Elle tire son nom de Janus, roi d'Italie, dans l'âge d'or.

JANIN (Jules-Gabriel), célèbre critique français, d'origine juive, né à Saint-Etienne en 1804, mort en 1874. Il fit pendant 45 ans le feuilleton hebdomadaire du *Journal des Débats* et il rédigea cette semaine théâtrale avec une verve, un savoir et un brio qui le firent appeler le prince de la critique. Un choix de ses articles forme la base de son *Histoire de la littérature dramatique en France* (4 vol. 1854-'56). Il écrivit aussi *Rachel et la tragédie*, et il fut la première autorité marquante qui proclama le génie de cette actrice. Ses autres œuvres se composent de romans, de contes et de mélanges. Il avait à peine vingt ans quand il écrivit *Ane mort*, son premier ouvrage, bientôt suivi de *Barnave*; puis vinrent la *Confession*, les *Gaîtés champêtres*, la *Normandie*, la *Bretagne*, les *Contes non estampillés*, etc.; enfin, son chef-d'œuvre : *la Fin d'un monde et du neveu de Rameau*. En 1870, il succéda à Sainte-Beuve à l'Académie. Son dernier ouvrage fut *Paris et Versailles il y a cent ans* (1874). La ville d'Evreux, où il a été inhumé, et dont sa veuve fut la bienfaitrice, a donné le nom de Jules Janin à l'un de ses boulevards.

JANINA ou Yanina [yâ'-ni-na], ville de l'Albanie méridionale, capitale de l'Epire (400,000 hab., principalement Grecs), sur une petite péninsule qui domine le lac de Janina, à 128 kil. N.-O. de Larisse; environ 16,000 hab. (9,500 chrétiens, 4,000 musulmans et 2,500 juifs). Les rues sont étroites et tortueuses et la plupart des maisons sont misérables. Manufactures de dentelles d'or, de brocard, de maroquin, de toiles de couleur et d'articles de soie. L'emplacement de Janina et de son lac correspond à celui de la ville et du lac d'Eurœa, dont fait mention Procope. Dans la dernière partie du XIe siècle, elle fut prise par les Normands et au XVe siècle, elle tomba entre les mains des Turcs. Au commencement de ce siècle Janina avait environ 40,000 hab., mais le gouvernement despotique d'Ali-Pacha amena sa ruine. — Le lac de Janina mesure environ 10 kil. de long et près de 5 dans sa plus grande largeur. Sa partie N.-O. est communément appelée lac de Lapsista et sa partie S.-E., lac de Janina. Lo centre est un marais traversé par deux longs canaux qui relient les deux parties ci-dessus.

Janina.

— Janina et l'ancien vilayet turc, qui portait son nom, furent annexés à la Grèce en 1881.

* **JANISSAIRE** s. m. (turc *yeniskeri*; de *yenri askari*, nouvelles troupes). Soldat de l'infanterie turque, qui servait à la garde du Grand Seigneur : *les janissaires firent bien leur devoir dans cette bataille.* — Le corps des janissaires fut formé pour la première fois en 1329, mais ils ne furent organisés régulièrement qu'en 1362, époque où Amurath Iᵉʳ, après la conquête des contrées slaves du sud, réclama un cinquième des prisonniers pour être convertis à l'islamisme et enrôlés comme soldats. Ils furent d'abord divisés en 80, puis en 162 et enfin en 196 *ortas*, comptant chacune nominalement, à Constantinople, 100 hommes et ailleurs 200 ou 300 hommes en temps de paix, mais 500 en temps de guerre. Outre l'*aga*, ou commandant en chef de tout le corps, six officiers étaient attachés à chaque *orta*, le chef étant appelé *orta-bashi*. Sous Soliman le Magnifique, les janissaires formaient les troupes les mieux disciplinées de l'Europe. Après sa mort, quand les sultans cessèrent de conduire en personne leurs armées, l'organisation de cette milice tomba en décadence. Ils se révoltèrent souvent contre le sultan et pillèrent fréquemment les villes confiées à leur garde. Mahmoud II résolut de les exterminer, et le 29 mai 1826 il publia un décret qui, comme il s'y attendait, amena une révolte (15 juin 1826); les janissaires commirent d'horribles excès. Le mufti déploya l'étendard sacré de Mahomet et toutes les classes de la population se joignirent aux troupes régulières. Environ 25,000 janissaires furent tués et ils n'ont jamais été réorganisés.

JANNEQUIN (Clément), compositeur français du XVIᵉ siècle, connu sous le nom de *Clemens non Papa*. Il vécut sous le règne de François Iᵉʳ et composa tour à tour de la musique pour l'Eglise catholique et pour l'Eglise réformée.

JANOT s. m. Niais, imbécile. — COUTEAU DE JANOT, celui dont on a changé plusieurs fois le manche et la lame et qui, cependant, est toujours le même.

JANOTERIE s. f. Niaiserie, extrême simplicité.

* **JANSÉNISME** s. m. [jan-sé-]. Doctrine de Jansénius sur la grâce et la prédestination : *la morale austère du jansénisme.* (Voy. JANSÉNIUS).

* **JANSÉNISTE** s. et adj. Partisan du jansénisme : *il était janséniste.* On dit aussi : *les principes jansénistes.*

JANSÉNIUS (JANSEN) Cornélius, théologien hollandais, né en 1585, mort en 1638. Après avoir étudié et prêché à Paris et à Bayonne, il devint président du collège de Pulcheria à Louvain, en 1617, et professeur de théologie en 1630. En 1635, il fut nommé évêque d'Ypres. Comme Baïus, il adopta sur la grâce la doctrine de saint Augustin, dans son sens le plus rigoureux, et il fut en conséquence opposé aux vues théologiques des jésuites. Malgré l'opposition violente de ces derniers et malgré l'inquisition, il fut soutenu dans ses controverses par le gouvernement espagnol. Son ouvrage, intitulé *Augustinus*, parut deux ans après sa mort. En 1642, Urbain VIII condamna ce livre par la bulle *In eminenti* et le mit à l'index. — Le nom de JANSÉNISTES est appliqué communément aux chrétiens qui, en France particulièrement, considéraient les opinions de Jansénius comme la vraie doctrine de l'Eglise catholique. Parmi les plus remarquables jansénistes français furent : l'abbé de Saint-Cyran (Duvergier de Hauranne), l'ami et le coadjuteur de Jansénius dans son projet de réforme), Antoine Arnaud, sa sœur Angélique, abbesse du couvent cistercien de Port-Royal, Pascal et une communauté de savants qui vivaient dans le voisinage de Port-Royal-des-Champs. Louis XIV donna son appui à l'exécution des mesures des papes contre le jansénisme. Un grand nombre de jansénistes s'enfuirent dans les Pays-Bas et Port-Royal fut supprimé en 1709. Clément XI, par la constitution *Unigenitus* (1713), condamna 101 propositions du célèbre ouvrage de Quesnel sur le Nouveau Testament. Une grande partie du clergé français et du peuple repoussèrent ouvertement la constitution. Une bulle du pape du 2 sept. 1748 menaça d'excommunication tous ceux qui ne voudraient pas se soumettre sans conditions. Un grand nombre firent appel à un concile œcuménique. Le parlement résista avec persévérance aux décrets contre le jansénisme. Quelques-uns des évêques continuèrent de l'encourager et le chapitre général des oratoriens résolut, en 1727, de ne pas accepter la bulle *Unigenitus*. Mais quand la constitution du pape, par un acte de royale acceptance, eut été mise en vigueur comme loi du royaume (1730), la résistance des jansénistes céda graduellement. Le parti janséniste resta très fort parmi le clergé français jusqu'à l'époque de la Révolution, et après la Restauration il trouva encore de nombreux défenseurs. Dans les Pays-Bas, le jansénisme devint une Eglise indépendante. En 1704, Codde, vicaire apostolique de l'archevêché d'Utrech, fut déposé par le pape comme janséniste, mais le chapitre refusa de reconnaître la validité de cette déposition. En 1723, le chapitre choisit un archevêque d'Utrecht. Le pape, informé de cette élection, répondit par un bref condamnatoire. L'archevêque fit appel au premier concile général, mesure qui a été prise depuis par chacun de ses successeurs. En 1873, l'évêque de Deventer, seul évêque survivant des jansénistes, consacra le premier évêque vieux catholique d'Allemagne. L'Eglise janséniste avait 25 congrégations et 25 pasteurs, tous dans les diocèses d'Utrecht et de Harlem, le diocèse de Deventer n'ayant pas de congrégation (1873). En 1874, les jansénistes d'Utrecht, au nombre d'environ 5,000, s'unirent formellement aux vieux catholiques.

JANSON. Voy. JENSON.

JANSSENS (Abraham) [yànn-sènns], peintre flamand, né en 1569, mort vers 1631. Il jouit de la plus haute réputation à Anvers, jusqu'au moment où Rubens vint s'y établir; il était à peine inférieur à ce dernier pour la vigueur du coloris.

* **JANTE** s. f. Pièce de bois courbée qui fait une partie du cercle de la roue d'un carrosse, d'un chariot, d'une charrette, etc. : *il y a une jante rompue.*

JANUS et **JANA**, deux divinités de l'ancienne Rome. On croit que leur nom est une corruption de Dianus et de Diana, désignant le soleil et la lune. Janus présidait au commencement de chaque chose et était en conséquence invoqué en toute occasion, avant les autres divinités. On dit que son culte fut introduit à Rome par Romulus. Numa donna le nom de Janus au premier mois de l'année, romaine et il lui consacra un passage couvert près du Forum. Ce passage, souvent appelé temple, avait deux entrées qui étaient toujours ouvertes en temps de guerre et fermées en temps de paix. On représente quelquefois Janus avec deux et quelquefois avec quatre figures et il fut appelé en conséquence *Bifrons* et *Quadrifrons*. — Le passage ou temple de Janus ne fut fermé que cinq fois en sept siècles : sous Numa (714 av. J.-C.), à la fin de la première guerre punique (235 av. J.-C), et sous Auguste (29, 25 et 5 av. J.-C.).

* **JANVIER** s. m. (lat. *januarius*; de *Janus*, n. pr.) Le premier mois de l'année suivant l'usage actuel : *ce fut Charles IX qui, par l'ordonnance de Roussillon du mois de janvier 1563 établit que l'année, au lieu de commencer à Pâques, commencerait le premier janvier, au premier janvier.*

Janvier d'eau chiche
Fait le paysan riche.

— Janvier se compose de 31 jours. On dit que ce mois fut, ainsi que février, ajouté à l'année romaine par Numa. Il fut nommé d'après la double figure du dieu Janus auquel était consacré son premier jour, qui regardait en arrière sur l'année qui venait de s'écouler et en avant sur l'année qui devait commencer. Primitivement, il n'avait que 29 jours ; mais deux jours y furent ajoutés par Jules César.

JANVIER (Saint) (Ital. *san Gennaro*), martyr chrétien, patron de Naples, né en 272, décapité le 19 sept. 305. Il fut nommé évêque de Bénévent vers 303. On dit qu'il fut livré aux bêtes sauvages pendant la persécution de Dioclétien, mais que ces animaux refusèrent de lui faire du mal et qu'il eut la tête tranchée. Depuis longtemps, il est d'habitude, à Naples, d'exposer le corps et deux petites fioles du sang de saint Janvier à la vénération publique, le 19 sept., jour de la fête du saint, et aussi le premier dimanche de mai et le 16 déc., de même que dans les calamités nationales. Dès que la tête est rapprochée des fioles, on voit le sang devenir liquide, bouillonner, monter dans les bouteilles et descendre de nouveau ce prétendu miracle dure quelquefois pendant huit jours.

JANVIER DE LA MOTTE (Eugène), né à Angers en 1825, mort à Paris en 1884. Au point de vue administratif, il a été l'un des plus remarquables préfets du second Empire et se créa une grande popularité dans le dép. de l'Eure, à la tête duquel il fut pendant 13 ans; sa camaraderie avec les pompiers est restée légendaire. Traduit devant la cour d'assises de la Seine-Inférieure en 1872 et accusé de dilapidation et de malversations, il fut acquitté par le jury qui consacrait ainsi le fameux système des virements. A partir de 1876, l'arr. de Bernay l'a constamment élu comme son représentant à la Chambre des députés.

JANVILLE, ch.-l. de cant., arr. et à 44 kil. S.-E. de Chartres (Eure-et-Loir); 4,300 hab. Bonneterie.

JANZÉ, ch.-l. de cant., arr. et à 26 kil. S.-E. de Rennes (Ille-et-Vilaine); 4,500 hab. Volailles. Fabriques de toile à voile.

JAPET, l'un des Titans de la mythologie grecque, fils d'Uranus et de la Terre et frère de Saturne. Les Grecs le regardaient comme père de la race humaine, par son fils Prométhée; son sort pendant la guerre contre les dieux est raconté de diverses manières. Homère l'emprisonne avec Saturne dans le Tartare; une autre tradition l'ensevelit sous l'île Inarime.

JAPHET, un des trois fils de Noé. Il eut sept fils : Gomer, Magog, Madaï, Javan, Thubal, Mosoch et Thiras, qui peuplèrent une partie de l'Asie et de l'Europe. Les mahométans le mettent au nombre des prophètes envoyés de Dieu.

JAPHÉTIQUE adj. Qui a rapport à Japhet ou à ses descendants. Ce mot s'emploie souvent employé par les ethnologistes au lieu de INDO-EUROPÉEN.

* JAPON s. m. Nom que l'on donne à la porcelaine apportée du Japon : ces tasses et cette théière sont d'ancien japon.

JAPON (sho-koku, Dai Nippon ou Dai Nihon), empire composé d'un groupe d'îles, en face de la côte E. de l'Asie, entouré par l'océan Pacifique, la mer d'Okholsk et la mer du Japon, entre 23° et 16° lat. N., et entre 120° et 155° long. E. Son nom français, corruption du terme Zipangu, employé par Marco-Polo pour désigner ce pays, représente le chinois Shi-pen-Kue qui signifie racine du jour ou royaume du soleil levant. L'empire japonais comprend les îles Kouriles (celles du nord appartenaient autrefois à la Russie), Yezo (Yesso), l'île principale, appelée incorrectement Nippon ou Niphon par les Européens, Shikoku (Sikok), Kiouchiou (Kiusiu), et les îles Riu Kiu ou Liu Kiu (Loutchoo). Il possédait aussi autrefois la partie S. de l'île Karafto ou Saghalien, qui fut cédée à la Russie en 1875. Le nombre total des îles composant le Dai Nippon est d'environ 4,000.

NOTICE STATISTIQUE.

ILES.	KIL. CARRÉS.	HABITANTS.
Hondo (Nippon)	224,731	
Awadji	500	28.509,098
Sado	860	
Oki	340	
Kiouchiou	28.735	
Iki	136	5.319,259
Tsoushima	684	
Shikokou	18.922	2,004,138
Kaitakoushi (Yéso et Kouriles)	93.265	167,806
Okinawa (Lioukiou)	4.828	330,801
Total	382,363	26.357,212
Ogasawarashima (îles Bonin)	54	156
Totaux	382,447	26.357,368

La moyenne de la population est de 95 hab. par kil. carr. — Le Japon est divisé en cercles nommés par rapport à leur position relati-vement à Kioto, l'ancienne capitale; les cercles forment 84 provinces subdivisées en 717 districts ou comtés. Au point de vue gouvernemental, l'empire est divisé en trois fu ou cités impériales et 72 ken ou préfectures. — Capitale: Tokio autrefois Yedo, 830,000 hab.; Villes princ. : Osaka, 295,000 hab.; Kioto, 240,000 hab.; Nagoya, 120,000 hab.; Kanazaoua, Hirochima, 80,000 hab.; Yokohama, 65,000 hab.; Nagasaki, 40,000 hab. ; Hakodadi, 30,000 hab. — Les côtes sont coupées par des baies et de petits bras de mer; il y a 56 grands ports et 290 petits. Il existe un grand nombre de rochers sur les côtes; mais les Japonais ont d'excellentes cartes et chaque promontoire est indiqué par un phare construit depuis 1869. Les Japonais ne donnent jamais de nom à leurs détroits ou à leurs baies, mais aux ports étrangers. Il n'y a pas de grandes rivières, Kawa ou gawa est le nom indigène de rivière. La Tonegawa est le cours d'eau le plus long et le plus large ; il mesure 260 kil. de cours. Les principaux lacs sont : Biwa, Inawashiro, Suwa, Hakone et Chiuzenji. Le lac Biwa ou Otsu a plus de 90 kil. de long et environ 30 de large. La direction générale des chaînes de montagnes va du N. au S. Le pic le plus célèbre est le cône volcanique Fusiyama (proprement Fujisan ou Fujinoyama, le pic du riche Savant), qui a 4,700 m. de haut, à 105 kil. S.-O. de Tokio. Hakuzan ou Shiroyama, dans Kaga a 3,000 m. Il y a quelques volcans en activité, tels que l'Asamayama, l'Asoyama, le Kirishima et l'Yakeyama dans le Nambu. Tout le groupe d'îles est volcanique et les tremblements de terre y sont fréquents; on en a compté jusqu'à 87 dans un jour. En général les trépidations sont légères. Les maisons sont bâties de façon à leur résister ou à les neutraliser. La surface de l'empire forme presque entièrement une suite de montagnes et de vallées. Le sol, principalement diluvien et de lave désagrégée, est en général fertile et bien cultivé, mais de grandes étendues de l'île principale et de Yezo restent sans culture. Le Japon pourrait facilement nourrir le double de sa population actuelle. Presque tout le travail de l'agriculture est fait à la main et avec les instruments les plus grossiers. Le climat ressemble à celui des états américains des côtes de l'Atlantique, bien qu'il soit moins changeant. A Yokohama la température moyenne est de 14° C., et il tombe 1 m. 75 de pluie. La pluie tombe, en abondance au printemps et en été; juin est le mois pluvieux. La neige reste rarement sur la terre plus de 24 heures à Tokio ou au S. de cette ville. Dans les provinces N. de Kioto, sur la côte O., elle séjourne pendant des semaines avec une épaisseur de 2 à 3 m. Au moins une fois, si ce n'est plus souvent, dans l'été et même avant, un cyclone ou tai-fun (typhon) visite le pays, détruisant les habitants et les propriétés sur une effrayante étendue. — Le Japon est riche en or, en argent, en cuivre, en plomb, en mercure, en étain, en charbon, en soufre et en sel. Le fer se rencontre aussi dans plusieurs provinces, mais comme il s'y trouve sous forme d'oxyde magnétique, le prix de la fusion est très élevé; sa qualité, néanmoins, est souvent égale à celle du meilleur fer de Suède. Le cuivre est tellement abondant qu'il n'avait autrefois que la valeur du fer. On extrait d'excellent graphite à Satsuma. Les mines de charbon sont très abondantes à Yezo, à Amakusa, à Karatsu et près de Nagasaki. Le soufre est abondant et excellent; on recueille du pétrole à Echigo, à Suruga, à Yezo, etc. Les indigènes fabriquent l'alun et le vitriol vert et bleu. Dans la plupart des provinces on exploite le granit, le porphyre, l'obsidienne, la syénite, le gneiss, la pierre de taille et une grande variété de pierres tendres propres aux constructions. On trouve des agates, des cornalines, du jaspe très gros et très beau. Les petits grenats sont abondants et on pêche des perles le long des côtes. Les cristaux de roche du Japon ont longtemps été célèbres pour leur volume et leur pureté. La malachite et le cinabre y sont très répandus. On y voit souvent des pétrifications et des fossiles. Les sources minérales sulfureuses et ferrugineuses sont très nombreuses. Il n'y a peut-être pas une autre contrée au monde de la même étendue qui produise autant de variétés de conifères. Le bois de construction est très abondant, à bon marché et très varié. Le mûrier croît à l'état sauvage. L'arbre verni (rhus vernicifera), dont on fait la fameuse laque, produit aussi de l'huile et du suif végétal. On obtient de grandes quantités de camphre du camphrier qui atteint un âge très avancé et une grosseur énorme. Les principaux arbres à fruits sont : le pommier, le poirier, le prunier, l'abricotier, le pêcher, le châtaignier, le noyer, le persimon, le grenadier, le figuier, l'oranger et le citronnier. Le raisin est le meilleur fruit du Japon. On trouve le bambou presque partout et on s'en sert de toutes manières. On y rencontre aussi le buis, le genièvre, le lierre, le palmier, le frêne et un bois noir ressemblant à l'ébène. Le camélia vient à l'état sauvage, souvent à une hauteur de 13 m. Les principaux végétaux comestibles sont: les haricots, les pois, la pomme de terre blanche et sucrée, les carottes, la laitue, les betteraves, les ignames, les tomates, le gingembre, l'aubergine, les citrouilles, les concombres, les champignons, les lis (dont on mange la bulbe), le bambou (dont on mange les jeunes pousses), les épinards, les poireaux, les radis, l'ail, le capiscum, l'endive, le fenouil, les navets, les asperges. Le daikon, radis énorme souvent long ou 60 centim. et épais de 8 centim., forme la base de la nourriture. On consomme de grandes quantités de riz, de millet et de sarrasin; on cultive aussi le maïs, l'orge, le colza, le chanvre, le coton, l'indigo et le tabac qui est très doux. Un grand nombre de spécimens de la flore américaine sont maintenant communs au Japon. La faune japonaise, ainsi que la flore, se rapproche de celle de l'Amérique plus que de celle du continent asiatique. Les singes sont très nombreux. Les animaux domestiques sont maintenant plus communs qu'autrefois, ce qui est dû à l'habitude croissante de manger de la viande. Le poisson est la principale nourriture; les Japonais recherchent particulièrement le poisson cru. Une grande partie de la population s'occupe de pêche. Les reptiles et les insectes sont variés et intéressants. — Le peuple est d'une taille moyenne, il est en général actif et vigoureux; sous le rapport du caractère les Japonais se rapprochent des européens plus que des autres peuples asiatiques. Leur peau varie de nuance, depuis le blanc azuré au foncé presque noir. Leurs yeux sont oblongs, d'un brun très sombre, mais pas aussi obliques que ceux des Chinois. Leur nez est plat, déprimé en haut, rond et ouvert en avant au lieu de l'être en dessous. Leur chevelure n'est pas d'un vrai noir, mais d'un brun très profond, quelquefois rouge; sa noirceur et sa grossièreté sont entretenues par l'habitude universelle de raser la tête des enfants dès leur naissance. Les deux sexes ont les mains et les pieds petits. Les femmes sont ordinairement petites et grosses, quoique souvent très belles et excessivement propres dans leur toilette et très coquettes dans leur coiffure. Les gens de tout âge et de tout sexe se baignent chaque jour dans l'eau chaude. Les femmes mariées et celles qui sont au-dessus de vingt ans se noircissent les dents avec un mélange d'huile de galle et de fer en poudre. En 1868, l'empereur et les nobles de la cour cessèrent cet usage, et un grand nombre de femmes l'ont abandonné. Les femmes mariées rasaient autrefois leurs sourcils, mais cette coutume tombe aussi en désuétude. La fille japonaise, la femme mariée ou la veuve peuvent se reconnaître à leur coiffure. Parmi les hommes, la vieille méthode de se raser la tête en laissant une touffe de cheveux sur le sommet est délaissée en faveur du genre de coiffure des étrangers. Le peuple aime beaucoup la vie militaire et fait d'excellents soldats et de bons marins. Il apprend vite et montre une grande aptitude à acquérir la civilisation européenne. Le respect de la vérité, de la chasteté et de la vie humaine ne caractérisent pas positivement les mœurs japonaises. Le peuple est très industrieux, sociable et ami du plaisir. La musique, la danse et le théâtre sont les amusements favoris de toutes les classes. L'éducation, qui est générale, consiste dans l'art de lire et d'écrire le syllabaire indigène et de compter avec l'abaque. Les femmes sont soigneusement élevées à faire de bonnes ménagères, mais celles des classes inférieures reçoivent très peu d'instruction littéraire. La politesse caractérise la nation; et même parmi les classes inférieures elle est strictement observée. Les règles qui doivent régner dans les rapports sociaux sont établies d'après un système régulier qui est enseigné dans les écoles. Le langage est même unique pour la politesse de ses expressions. Le thé est le breuvage universel. En général les hommes et les femmes fument. Des bâtonnets remplacent le couteau et la fourchette. La nourriture se sert dans des vases en bois enduits de laque et dans des tasses en porcelaine. Le costume ordinaire des deux sexes présente la même forme pour toutes les classes de la société, il diffère principalement par ses couleurs, sa finesse et la valeur des étoffes; celui des classes les plus élevées est en soie et celui des classes inférieures est en toile et en coton; le vêtement se compose de plusieurs robes larges portées les unes sur les autres et serrées par une ceinture. Chaque classe se distingue par des particularités dans l'habillement. Les manches sont très larges et très larges et servent de poches. Les femmes portent des couleurs plus brillantes que les hommes et bordent leurs robes de broderies et d'or. Dans l'intérieur, on porte des bas qui ont une division spéciale pour le gros orteil. Pour l'extérieur, on se sert de pesants sabots de bois ou de semelles de paille. Habituellement les hommes et les femmes ne portent d'autre coiffure que de larges chapeaux pour s'abriter de la pluie et pour se préserver du soleil. L'éventail est employé par les deux sexes. La coutume où étaient les classes élevées de porter deux sabres est presque entièrement abandonnée. Le costume européen devient d'un usage commun chez toutes les classes, et les employés du gouvernement sont forcés de le porter. Les maisons des Japonais sont basses et faites d'un bâti en bois lié avec des branches de roseau ou de bambou; les interstices remplis de boue sont recouverts de plâtre blanc. Les bords des toits sont très larges et une véranda règne autour de la maison. Les fenêtres, les portes et la plupart des séparations sont des bâtis en bois couvert de papier et glissant dans des rainures. Les incendies sont fréquents et causent d'immenses désastres. On estime la ville entière de Tokio brûle tous les sept ans. La polygamie n'est pas permise, mais le concubinage est général. L'empereur peut avoir 12 concubines, bien qu'il ne soit rarement autant. Les divorces sont communs. La prostitution est légalisée, et n'est pas particulièrement honteuse. Dans les villes, elle est confinée dans des quartiers spéciaux et sous l'inspection sévère du gouvernement. Le suicide est très commun et l'ancienne mode de commettre un *haru-kiri* (incision du ventre) est encore en vogue. Autrefois, le peuple japonais était

divisé en huit classes: 1° *kuge*, ou noblesse kioto; 2° *daimios*, ou noblesse yedo; 3° *hatamoto*, ou classe daimio inférieure, comprenant les militaires lettrés, sous le nom général de *samurai*; 4° les prêtres, les employés inférieurs, les médecins, etc.; 5° les fermiers et les propriétaires fonciers sans autre titre; 6° les ouvriers; 7° les marchands; 8° les acteurs, les mendiants, etc. Au-dessous de ceux-ci, il y avait les *eta* (tanneurs, équarrisseurs, pelletiers et toutes les personnes travaillant le cuir), parias du Japon, obligés d'habiter des quartiers séparés dans les villes ou dans les villages. Par un décret de l'empereur actuel, publié en 1871, toutes les incapacités de cette classe du peuple ont été supprimées. — L'agriculture des Japonais est très avancée. L'irrigation est judicieusement appliquée, et les engrais de toute espèce, particulièrement humains, sont soigneusement recueillis et judicieusement employés. Après le riz, c'est le thé qui est l'objet de la principale culture. On emploie partout du sucre grossier, les procédés du raffinage n'étant pas encore bien compris. Les jardiniers du Japon ont découvert l'art de diriger la végétation et d'augmenter le volume des fruits. Leurs arbres et leurs plantes sont conduits dans leur croissance de façon à représenter des oiseaux, des tortues, des quadrupèdes, des hommes, des navires, des montagnes, etc. Les Japonais possèdent une habileté merveilleuse dans l'art des jardins d'ornement. Ils travaillent aussi admirablement les métaux. On façonne dans toutes les parties du pays le fer, le cuivre et l'airain; les sabres du Japon ont été pendant longtemps célèbres. Les Japonais sont habiles à allier et à colorer les métaux, à les graver, à sculpter le bois, à teindre les étoffes, à fondre des statues d'idoles, des lanternes, des canons, etc. Leurs bronzes ont été admirés dans tous les pays. Leurs ouvrages en laque surpassent ceux de toutes les autres nations. La manufacture du verre est encore dans l'enfance. Les Japonais produisent une grande variété d'articles de coton; ils excellent pour les crêpes, les camelots, les brocards, les soies ornées, etc. Le papier, employé à de nombreux usages et qui sert même de mouchoirs, de serviettes, est fabriqué avec le mûrier à papier, et est remarquable par sa souplesse, son lustre, sa résistance et sa douceur. Les manufactures principales de cet article se trouvent à Kioto, à Tokio et à Ozaka. Le peuple déploie la plus grande ardeur et montre la plus grande aptitude à imiter tous les produits des manufactures européennes. Dans presque toutes les maisons de la classe des samurai, on voit des cartes ou des globes, des thermomètres, des baromètres, des horloges et des pompes américaines. Presque tous les Japonais aisés portent des montres. Les indigènes fabriquent, d'après des modèles européens et à bon marché, des télescopes, des microscopes, des couteaux et des canifs. Aujourd'hui, les ouvriers japonais savent fabriquer de très bons canons en fer et en bronze, des boulets, des bombes, des rifles se chargeant par la bouche et par la culasse, de la poudre, des capsules et un grand nombre d'autres articles de guerre. — Le commerce intérieur du Japon est très animé. Les routes sont bonnes et très bien entretenues; on trouve partout des hôtels, des magasins et des écuries. Les marchandises sont transportées par des chevaux de bât, des bœufs et des coolies, le plus souvent, par eau. Les côtes du Japon offrent de grandes facilités pour le cabotage, auquel on emploie un grand nombre de navires, depuis les bateaux pêcheurs, jusqu'aux jonques de 300 tonnes. Des quantités de petits vapeurs voyagent sur les rivières et sur les lacs, conduits par des Japonais qui en sont les propriétaires. Le commerce intérieur se fait surtout dans de grandes foires tenues à

Kioto et dans d'autres villes. Les principaux articles d'exportation sont: le riz, la soie, le thé, le camphre, l'huile végétale et le suif, la cire, les objets en laque, la porcelaine, le soufre, les œufs, le ver à soie et une variété d'articles divers qui trouvent leur écoulement en Chine. — Importations: 30 millions de yens ou dollars; exportations: 40 millions de dollars. — Entrées dans les ports: 1,015 navires, dont 590 anglais, 75 américains, 100 allemands, 35 français, 36 russes, 10 norvégiens, 160 japonais, etc. — Dans les sciences, les Japonais ont cultivé particulièrement la médecine, l'astronomie et les mathématiques. Le système européen de médecine est adopté aujourd'hui par presque tous les docteurs japonais. Au moyen de traductions, les Japonais ont acquis des connaissances étendues en chimie, en botanique et en astronomie. Dans les beaux-arts ils ont fait peu de progrès. Leur musique est très désagréable pour des oreilles européennes, bien que le peuple en soit passionné, Ils montrent beaucoup de goût dans les arts du dessin et de la peinture. Il y a plusieurs styles ou écoles distinctes de dessin et de peinture. Les Japonais bien élevés n'aiment pas les tableaux étrangers à cause de leur réalisme. Leurs peintures d'oiseaux, de fleurs et de fruits sont d'une beauté exquise. Ils connaissent peu l'art plastique et ils conçoivent à peine la forme humaine idéale. Les libraires et les imprimeurs sont nombreux. On imprime seulement un côté du papier, en employant des planches de bois gravées. Tout le peuple aime la lecture, et des bibliothèques ambulantes, portées à dos d'hommes, vont de maison en maison. Leurs drames sont presque toujours fondés sur leur histoire nationale ou sur la tradition. On regarde les acteurs comme une classe très inférieure. — Les deux grandes religions du Japon sont le shinto et le buppo, ou le shintoïsme et le bouddhisme. On suppose que le shinto est la religion primitive, le bouddhisme ayant été introduit plus tard par les Coréens. Le mot *shinto* est chinois, les Japonais appelant cette religion *kami no michi*, le chemin des dieux. L'essence du shinto est le culte des ancêtres et le sacrifice aux héros défunts. Sa forme la plus élevée, c'est un déisme cultivé et intellectuel; dans ses formes inférieures, il consiste en une obéissance aveugle aux ordres du gouvernement et des prêtres. Les prêtres du shinto forment une classe supérieure de la société, mais ils n'ont pas de privilèges spéciaux. Ils se marient et ils ont des familles. Le bouddhisme a accepté les divinités du shinto et les a fait adorer comme des divinités bouddhistes, et les deux religions se mélangèrent graduellement à un tel point que l'existence du shinto a été presque nominale pendant les cinq ou six derniers siècles. En 1868, lorsque le mikado eut rétabli son ancien pouvoir suprême, on enleva de tous les temples shinto de l'empire, les symboles, les images, les autels, etc., bouddhistes. Mais les essais que tenta le gouvernement pour faire revenir tout le peuple à la religion du shinto, n'eurent aucun succès et le bouddhisme es tencore la religion populaire du Japon. Il y a 468,000 prêtres bouddhistes et 460,244 temples et monastères appartenant à ce culte. On compte sept grandes sectes *orthodoxes*, avec 30 subdivisions et 12 sectes *irrégulières* ou *éclectiques*, moins importantes. Quelques-uns des grands temples de Kioto sont des constructions énormes, pouvant contenir 5,000 personnes; quelques-uns renferment jusqu'à 3,000 figures dorées de grandeur naturelle des saints, des sages et des divinités. Les *monastères* sont très nombreux et avaient autrefois beaucoup d'habitants, mais le bouddhisme tombe lentement et le nombre des prêtres et des nonnes a beaucoup diminué. Une grande quantité de Japonais, particulièrement dans les classes les plus élevées, sont adeptes de Confucius, on les appelle ju-sha ou de l'école des philosophes. Il y a très peu d'hostilité entre les diverses formes de religion et quelques personnes les professent toutes. Le culte d'Inari, introducteur déifié du riz au Japon et patron des renards, est répandu dans tout l'empire. Le culte phallique est presque entièrement abandonné dans les villes; mais il existe encore dans les districts ruraux. — Le gouvernement du Japon se compose : 1° de l'empereur; 2° du dai jo kuan ou exécutif suprême, composé du dai jo dai jin, ou premier ministre et du u dai jin et du sa dai jin, premiers ministres inférieurs de droite et de gauche ; 3° du sa in ou chambre gauche du conseil d'État, comprenant sept sangi ou hauts conseillers ; et du u in ou chambre droite du conseil d'État, comprenant tous les ministres et vice-ministres qui sont les chefs des départements, au nombre de neuf. Il y a aussi les préfectures du fu ou cités impériales, des ken ou districts, autrefois provinces, et le département de l'émigration, qui sont sous le dai jo kuan ou gouvernement suprême du Japon. Recettes: 57 millions de yens ; dépenses : 55 millions; dettes: 150 millions. — Il existe au Japon un système de banques nationales basé sur celui des banques nationales des États-Unis et un papier monnaie consistant en billets des banques du gouvernement et des banques nationales. Il y a à Ozaka, un hôtel des monnaies dirigé par des Anglais. Tous les anciens poinçons d'or et d'argent ont été remplacés. Une nouvelle monnaie de cuivre a été émise en 1874. Le service national postal est imité principalement du système américain. — 300 kil. de chemins de fer sont en exploitation. — Il y a 6,000 kil. de lignes télégraphiques. Le pays est divisé en six districts militaires. L'armée compte 110,000 hommes ; les officiers sont instruits dans des écoles militaires, d'après le système allemand. Avant peu, le Japon deviendra une grande nation militaire. En 1872, les Japonais ont établi, d'après les plans dressés par des officiers de l'artillerie française, les 3 arsenaux de Tokio, d'Ozaka et d'Oji. En moins de trois ans les travaux, poussés avec une vigueur extraordinaire, étaient complètement terminés; si bien qu'en 1876, l'arsenal d'Ozaka produisit 200 pièces d'artillerie de campagne, 100 pièces de montagne, avec l'équipement de 3,000 chevaux, ainsi que les voitures et tout ce qui est nécessaire à plusieurs batteries de campagne. Pendant la même année, celui de Tokio donna 93,000 capsules, 45,000 cartouches, 101,000 cartouches Snider, etc. — La flotte compte 31 navires, dont 5 cuirassés et 195 canons; l'équipage est de 5,600 hommes. — Monnaies. Le yen de 100 sens, vaut 5 fr. 16 quand il est en or et 5 fr. 40 quand il est en argent. C'est le dollar de l'Amérique du Nord. — Poids. Le kinn de 160 mommes = 280 grammes. — Le département de l'éducation possède à Tokio un collège médical avec 300 étudiants. L'université impériale a 25 professeurs étrangers et 600 étudiants. L'éducation est donnée par 8 universités, 32 hautes écoles ou académies, 256 écoles de grammaire et 55,000 écoles primaires. L'étude du chinois est négligée; les sciences et les langues étrangères ont la priorité. On a traduit un nombre immense de livres étrangers. En 1872, il y avait 224 étrangers au service du gouvernement; 149 Anglais, 50 Français et 26 Américains. En 1874, il y avait au Japon, environ 2,500 résidents étrangers, non compris les soldats et les marins ; 300 habitaient Tokio. Yokohama, autrefois misérable village de pêcheurs, est maintenant une ville magnifique. En 1874, les missionnaires étaient au nombre de 41 protestants Américains, 42 Anglais, 3 Russes et environ 30 Français catholiques romains. Plusieurs églises chrétiennes indigènes ont été établies. Depuis 1864, les Japonais visitent les pays étrangers et environ 500 s'y sont fixés comme étudiants, principalement en An-

gleterre, aux États-Unis et en France. — L'histoire du Japon commence par une période mythologique. Ce qui paraît appartenir aux annales authentiques ne remonte pas au delà de 660 av. J.-C., les Japonais n'eurent pas d'écrits antérieurs au viii° siècle ap. J.-C. Jimmu Tenno, appelé le premier empereur, chassa, dit-on, le peuple primitif du pays, représenté comme un peuple chevelu et sauvage, ressemblant aux Ainos qui habitent aujourd'hui Yezo et les îles Kouriles. Il est plus probable que ce peuple se mélangea graduellement avec ses conquérants. Jimmu fixa sa capitale près de Kioto et établit des lois. Pendant plusieurs siècles ses successeurs portèrent le titre de mikado et exercèrent le pouvoir le plus absolu. Les femmes n'étaient pas exclues de la succession et dans l'ancienne histoire du Japon, il y eut plusieurs célèbres impératrices. À l'avènement de l'impératrice Suiko, première souveraine du sexe féminin, une tolérance entière fut accordée à la religion bouddhiste. Yezo fut soumis vers l'année 658. En 788, un peuple de l'ouest, que l'on suppose être les Mongols, essaya d'envahir le Japon, mais son armée et sa flotte furent presque anéanties. Pendant trois ou quatre siècles, on vit arriver au pouvoir différents individus appartenant aux grandes familles nobles. La puissance impériale commença de décroître et les princes vassaux, profitant de sa faiblesse, se rendirent presque indépendants. Pour remédier à ces maux, la cour du mikado créa les fonctions de shogun, ou gouverneur généralissime, et nomma à cet office Yoritomo, l'un des héros les plus renommés de l'histoire du Japon, fils d'un noble de la cour de la famille Minamoto et d'une paysanne. Après avoir apaisé la turbulence des grands vassaux, cet officier concentra graduellement entre ses mains le pouvoir du gouvernement, sans dépouiller le mikado de son rang nominal et de la suprématie religieuse. Le rang de shogun fut déclaré héréditaire dans la famille de Yoritomo. À partir de cette époque (1195), le shogun fut regardé comme le seigneur de la terre, et l'influence de l'empereur devint nominale. Kublai Kan, conquérant mongol de la Chine, envahit le Japon en 1274 et en 1281, mais il fut battu. Depuis ce temps, le Japon n'a plus été attaqué par des envahisseurs. De 1331 à 1392, des guerres civiles éclatèrent entre les empereurs rivaux. La période de 1336 à 1573 est connue comme l'époque de la guerre et le pays fut gouverné par 13 shoguns de la famille Ashikaga. À la fin de cette période, trois ou deux grands noms qui ornent l'histoire japonaise se firent remarquer : Nobunaga, Hideyoshi et Iyeyasu. Nobunaga conçut l'idée de réunir tout l'empire sous sa domination, mais il fut tué par un traître avant qu'il eût accompli cette œuvre. Hideyoshi fut plus heureux. Nobunaga persécuta les prêtres bouddhistes et, de concert avec Hideyoshi, il reçut favorablement les jésuites missionnaires pour les opposer aux Bouddhistes. Après la mort d'Hideyoshi (1592), le pays fut déchiré par deux partis, l'un dirigé par les adhérents du jeune enfant de Hideyoshi, l'autre par Tokugawa Iyeyasu. Ce dernier triompha et fonda le shogunat de Tokugawa, qui gouverna le Japon depuis 1603, jusqu'en 1867. Pendant cette période, le pays jouit d'une paix profonde. Yedo devint capitale. Iyeyasu est regardé comme le plus grand caractère de l'histoire japonaise. Son système administratif régna jusqu'à ces derniers temps. Bien que le shogun fût de facto le maître, le mikado (porte illustre ou sublime porte) était le véritable souverain du Japon, et le shogun n'était ni roi, ni empereur, mais gouverneur militaire, commandant en chef. Le terme taïkoun (ou tycoon), qui signifie grand souverain, fut un titre absurde destiné à tromper les étrangers. Le shogun, en assumant ce titre, contribua à la guerre civile de

1866-'69 qui réduisit son pouvoir à celui d'un simple daïmio et restitua à l'empereur son ancienne puissance et ses droits. — Le premier Européen connu pour avoir écrit sur le Japon, est Marco Polo (vers 1300). En 1542, trois marins portugais arrivèrent à Taneshins et environ trois ans plus tard, un aventurier portugais, Fernam Mendez Pinto, fut chassé par le mauvais temps dans un port de l'une des plus petites îles japonaises. Revenu aux établissements portugais de la Chine, il fit de tels récits sur les richesses du Japon, qu'un grand nombre d'aventuriers s'y rendirent. Des missionnaires les imitèrent et, en 1549, le Japon fut visité par saint François-Xavier. Marchands et missionnaires furent favorablement accueillis et un grand nombre d'indigènes se convertirent au christianisme. Tentée par les succès des Portugais, la compagnie hollandaise des Indes orientales envoya en 1598 cinq navires marchands au Japon; un seul y parvint en 1600. En 1609, d'autres navires hollandais arrivèrent et furent bien reçus des Japonais, qui leur cédèrent un port dans l'île de Hirado (appelée par eux Firando), avec des privilèges considérables, pour la fondation d'une factorerie. Les habitudes vicieuses et la conduite inconséquente des chrétiens portugais excitèrent le mécontentement de Hideyoshi, qui publia un édit bannissant les missionnaires. Cet édit fut renouvelé par son successeur en 1596 et 23 prêtres furent mis à mort le même jour à Nagasaki, en 1597. Les chrétiens bravèrent le gouvernement, ce qui amena une terrible persécution en 1612 et en 1614, époque où un grand nombre de Japonais convertis furent exécutés. Les commerçants portugais furent relégués dans l'île de Deshima à Nagasaki. En 1622, un massacre affreux de chrétiens eut lieu près de cette ville. En 1637, le gouvernement japonais découvrit que les chrétiens indigènes avaient formé une conspiration avec les Portugais pour renverser le trône. Des édits furent publiés, bannissant pour jamais les Portugais du Japon et leur commerce fut transféré aux Hollandais. En 1640, les chrétiens opprimés se révoltèrent, s'emparèrent du château de Shimabara et firent une longue et courageuse résistance contre l'armée du shogun ; mais à la fin, leur forteresse fut prise d'assaut et 31,000 furent passés au fil de l'épée. L'année suivante, les Hollandais reçurent l'ordre de fixer leur résidence dans l'île de Deshima ; ils y restèrent pendant plus de deux siècles sans être troublés dans l'exploitation de leur monopole du commerce européen avec le Japon. En 1852, le gouvernement des États-Unis envoya une expédition, sous le commandement du commodore M.-C. Perry, pour demander protection en faveur des marins américains naufragés sur la côte, et s'il était possible pour obtenir un traité. En 1854, le commodore Perry, accompagné de sept bâtiments de guerre, entra dans la baie de Yedo et réussit à faire signer un traité (31 mars) par lequel les ports de Simoda et de Hakodate (écrit ordinairement Hakodadi) furent ouverts au commerce américain. En septembre, les Anglais conclurent un traité par lequel Hakodate et Nagasaki leur furent ouverts. Les Russes et les Hollandais obtinrent de semblables traités. Le 17 juin 1857, un nouveau traité fut négocié à Shimoda par M. Townsend Harris, consul général des États-Unis au Japon, le port de Nagasaki fut aussi ouvert au commerce américain. En 1858, M. Harris conclut à Yedo un traité encore plus favorable, et dans la même année, un nouveau traité fut conclu entre la Grande-Bretagne et le Japon, pour ouvrir plusieurs autres ports. Le Japon a aujourd'hui des traités avec toutes les grandes puissances. En 1860, une ambassade japonaise visita les États-Unis, une autre visita l'Europe en 1861. La signature des traités par le shogun, en 1854, occasionna un mécontentement général et une profonde indignation à la cour impériale de Kioto. A partir de ce jour, le pouvoir du mikado augmenta graduellement jusqu'au moment où le gouvernement de Yedo fut méprisé et bravé ouvertement. Le cri de tous conservateurs japonais était alors : *Respect au mikado et chassez les barbares.* En juillet 1863, les troupes du daïmio de Choshiu (Nagato), agissant d'après les ordres de la cour impériale de Kioto, tirèrent sur les navires des Etats-Unis, de la France, de la Grande-Bretagne et des Pays-Bas. Ces puissances, qui avaient des traités, envoyèrent leurs navires de guerre à Shimonoseki, démolirent les batteries, demandèrent et obtinrent une indemnité de 15,000,000 de fr. Cette victoire ouvrit les yeux au parti anti-étranger, sur la puissance et sur les ressources de ces *barbares extérieurs.* En 1866, dans un conseil de daïmios, convoqué à Kioto, on proposa l'abolition du shogunat. Le shogun accepta sa situation et remit sa démission. Mais cela ne changea pas sérieusement la forme du gouvernement, le mikado prenant simplement pour lui-même l'autorité du shogunat. Pendant l'hiver de 1867-'68, le parti favorable à un retour vers l'ancien régime impérial tenta un *coup d'Etat* hardi. On créa un gouvernement dans lequel les plus hauts emplois furent occupés par les *kuge* ou nobles courtisans de la famille impériale ; les emplois du second ordre furent confiés à des daïmios et à des courtisans, et ceux du troisième sur à des hommes capables, choisis parmi les *samuraï* ou bourgeoisie. Tout le pouvoir fut ainsi abandonné à une coterie composée presque entièrement des hommes des quatre clans de Satsuma, Choshiu, Tosa et Hizen. L'ex-shogun se révolta, mais il fut défait et se soumit. Une petite partie de ses partisans invités à sa soumission, mais les daïmios du nord-est soutinrent bravement une lutte désespérée qui dura six mois ; les impérialistes remportèrent une dernière victoire et soumirent leurs ennemis. Un changement complet et merveilleux s'opéra alors dans la politique étrangère. Jusqu'alors, la cour de Kioto avait été le centre de l'esprit anti-étranger, et le grand objet de la coalition qui renversa le shogunat avait été de centraliser tout le pouvoir entre les mains de l'empereur, de fortifier l'empire et ensuite de chasser tous les étrangers du pays. Mais l'immense supériorité des armes des étrangers, de leur matériel de guerre, de leur discipline, firent abandonner la dernière partie de ce programme. Les représentants étrangers, alors à Hiogo, furent invités à une conférence et à une audience impériale à Kioto. La conversation des nobles de la cour fut entière et spontanée. Dès ce moment, le gouvernement du mikado fut connu et reconnu par tous les étrangers comme pouvoir unique et suprême du Japon. En 1869, la cour impériale abolit les titres de noble de cour et de noble territorial (*kuge* et *daïmio*) et les remplaça par celui de *nobles familles* (*kuazoku*). Au printemps de 1871, tout le pouvoir de l'empire fut centralisé directement à Tokio (Yedo), qui avait reçu son nouveau nom en 1868. En 1871-'73, une ambassade, composée de 49 personnages, visita toutes les nations qui avaient traité avec le Japon. Elle passa sept mois aux Etats-Unis et environ un an en Europe, et rentra au Japon le 13 sept. 1873.—L'empereur *Muts-Hito,* qui a succédé à son père Koméï-Tenno en 1867, a promulgué, le 14 avril 1875, une nouvelle constitution créant deux chambres, d'après le système représentatif européen. — Langue et Littérature. La langue japonaise appartient à la branche polyssyllabique de la division mongolique. Elle n'a point de communauté d'origine avec le chinois, dont elle diffère entièrement par sa construction grammaticale. Mais le vocabulaire japonais s'est enrichi par l'introduction de mots chinois empruntés à la langue chinoise écrite ;

car presque tous les mots japonais indigènes ont un mot chinois équivalent. Les noms de choses, de rapports familiers, et les mots qui expriment les besoins, les sentiments et les intérêts journaliers de la vie domestique sont pour la plupart indigènes, tandis que les termes techniques, philosophiques et scientifiques sont chinois. La langue indigène se parle dans sa plus grande pureté par le peuple et particulièrement par les femmes. Il y a trois styles généraux de composition littéraire. L'un est le pur chinois ; on n'y emploie que des caractères chinois et la construction grammaticale est en concordance avec l'idiome chinois. Un autre, qui est le plus ordinaire, adopte plus ou moins les caractères chinois, mêlés à des mots indigènes écrits avec leurs lettres ; la construction et l'idiome en sont purement japonais. La plupart des œuvres littéraires écrites pour les lecteurs ordinaires appartiennent à ce genre. Il y a encore un autre style écrit presque entièrement en caractères indigènes, avec peu ou point de mélange chinois, destiné à l'usage des femmes, des enfants et des personnes sans éducation. Ce fut après que les Japonais eurent commencé l'étude et la lecture des livres chinois que le syllabaire actuellement employé fut composé. Dans leurs écrits les plus anciens, les caractères chinois furent employés, dans la même composition, avec une double valeur : phonétiquement, pour exprimer simplement les sons syllabiques japonais ; et significativement, pour exprimer en langue indigène l'idée représentée par le caractère. Les caractères furent d'abord employés dans leur forme entière, mais ensuite on les rendit plus faciles à lire et plus expéditifs à écrire de deux manières : l'une appelée *hira-kana,* consiste à écrire le caractère entier sous une forme abrégée cursive ; l'autre, appelée *kata-kana,* consiste à prendre seulement une partie du caractère. Le *hira-kana* est l'espèce de lettre vulgairement employée particulièrement pour les livres destinés au peuple et aux classes sans instruction. Le kata-kana a été peu employé, excepté dans les dictionnaires pour définir la signification des caractères chinois ou dans les ouvrages scientifiques et philosophiques. Dans le hira-kana, il y a plusieurs manières d'écrire la même lettre. — Les lettres japonaises sont au nombre de 48. Chaque lettre représente un son syllabique, excepté le dernier son ou *n* qui est seulement employé comme consonne finale et qui n'est pas compris par les Japonais dans leur syllabaire. Celui-ci ne renferme, suivant eux, que 47 syllabes. Le syllabaire ou alphabet s'appelle *iroha,* de ses trois premières lettres. Voici les signes kata-kana, précédés des caractères chinois, dont ils sont les dérivés et que l'on emploie aussi quelquefois comme capitales :

伊	イ	I	多	タ	ta
呂	ロ	ro	瓦	レ	re
半	ハ	ha, fa	曾	ソ	so
仁	ニ	ni	川	ツ	tu, tsu
保	ホ	ho, fo	子	ネ	ne'
反	ヘ	he, fe	奈	ナ	na
土	ト	ti, tsi, chi	良	ラ	ra
千	チ	ri	牟	ム	mu, m
利	リ	ri	宇	ウ	u
奴	ヌ	nu	井	ヰ	i, wi, yi
流	ル	ru	乃	ノ	no
浮	フ	wo	於	オ	o
和	ワ	wa	久	ク	ku
加	カ	ka		ヤ	ya
与	ヨ	yo			

宋	マ	ma	由	ユ	yu
介	ケ	ke	女	メ	me
不	フ	fu	三	ミ	mi
己	コ	ko	之	シ	si, shi
江	エ	ye	恵	エ	e, we, ye
天	テ	te	比	ヒ	hi, fi
阿	ア	a	毛	モ	mo
散	サ	sa	世	セ	se
幾	キ	ki	須	ス	su

Le tableau suivant est l'iroha de l'hira-kana, précédé des caractères chinois :

以	い	i	宇	う	u, wi, ri
呂	ろ	ro	乃	の	no
波	は	ha, fa	於	お	o
仁	に	ni	久	く	ku
保	ほ	ho, fo	也	や	ya
反	へ	he, fe	末	ま	ma
知	ち	ti, tsi, chi	計	け	ke
利	り	ri	不	ふ	fu
奴	ぬ	nu	己	こ	ko
留	る	ru	江	え	ye
遠	を	wo	天	て	te
和	わ	wa	安	あ	a
加	か	ka	散	さ	sa
與	よ	yo	幾	き	ki
太	た	ta	由	ゆ	yu
礼	れ	re	女	み	mi
曽	そ	so	之	し	si, shi
川	つ	tu, tsu	恵	ゑ	e, we, ye
祢	ね	ne	比	ひ	hi, fi
奈	な	na	毛	も	mo
良	ら	ra	世	せ	se
武	ん	n)			su

Dans la transcription, les sons des consonnes sont les mêmes qu'en français et les voyelles se prononcent comme a dans *pâtre,* é dans *blé,* i dans *machine,* u comme ou dans *loup* (excepté dans les syllabes *tsu, su* et *dzu,* où l'*u* a un son voisin de l'*u* français). Le syllabaire consiste en 72 sons syllabiques y compris l'*n* final ; mais en excluant celui-ci et plusieurs autres qui ont réellement le même son, le nombre des sons syllabiques distincts est réduit à 68. En analysant les syllabes japonaises, nous trouvons qu'elles ont 5 voyelles, *a, e, i, o, u ;* et 19 sons consonnants, *b, ch, d, f, g, h, j, k, m, n, p, r, s, sh, t, ts, w, y* et *x.* Il n'y a pas de sons *l, qu, v, th* ou *x.* Toutes les syllabes des mots indigènes se terminent par une voyelle, excepté dans le temps futur du verbe qui se termine quelquefois en *n.* Dans tous les autres cas, l'*n* final n'est employé que pour épeler des mots chinois. Dans la liaison de certaines syllabes, divers changements euphoniques se présentent ; ainsi *a-hi* devient *ai,* comme dans *aïl ; a-fu,* devient *aou,* comme dans *aoûter.* — La langue japonaise n'a pas d'articles. Le nom est sans inflexion. Le cas se désigne par postposition, comme *neko wa* (chat, nominatif) et *neko no* (d'un chat). Le nombre ne se désigne pas. Quand le nom est employé sans aucuns mots pour marquer son nombre, il doit être pris dans un sens générique ou abstrait. Le pluriel se forme en doublant le mot et en le faisant suivre de divers mots ; il peut encore être marqué à l'aide de mots préfixes signifiant plusieurs, beaucoup, 10,000, etc. Le genre est désigné (quand il doit être exprimé) par les mots *otoko*, mâle, et *onna*, femelle, et, dans les mots chinois, par *nan*, *niyo* ; et pour les animaux et les oiseaux par *o* et *me* (contractions de *osu*, mâle, et de *mesu*, femelle). Tous ces mots sont des préfixes. Les formes radicales des verbes sont aussi des noms. Le mot *te*, main, ajouté aux racines des verbes, dénote l'agent de l'action. Les noms chinois se déclinent ou prennent des postpositions de la même manière que les mots indigènes. Les mots, classés ou employés comme pronoms sont nombreux et peuvent être divisés en pronoms personnels, démonstratifs, interrogatifs, réfléchis, indéfinis, et distributifs. Il n'y a pas de pronom relatif. Dans la conversation, de même que dans les livres, on évite avec soin les pronoms personnels. Dans les livres particulièrement, il est souvent difficile de distinguer la personne qui parle, la personne dont on parle et la personne à laquelle on parle. Cette personne est indiquée principalement par le style du langage que l'on emploie, style qui varie suivant le rang ou la position sociale de la personne à laquelle on parle ou dont on parle. La plupart des mots employés comme pronoms personnels expriment l'humilité de la part de l'interlocuteur et honorent la personne à laquelle on s'adresse. Les anciens nombres cardinaux japonais sont : *f'to*, *h'to*, un ; *f'ta*, deux ; *mi*, trois ; *yo*, quatre ; *itsu*, cinq ; *mu*, *muyu*, six ; *nana*, sept ; *ya*, huit ; *kokonostu*, neuf ; *toŏ*, un dix ; *so*, terminaison des dizaines ; *momo*, cent ; *fo*, terminaison des centaines ; *tsi*, mille ; *yorodzu*, dix mille. A l'exception des nombres ci-dessus, les Japonais emploient la numération chinoise, ainsi que le système des poids et mesures et le calendrier chinois. L'adjectif ne subit pas d'inflexion pour indiquer les cas, des genres, des nombres ou des comparaisons ; mais afin d'exprimer son rapport à d'autres mots comme attributif, prédicatif ou adverbe, il prend, comme suffixes à sa forme radicale, les syllabes *i* ou *ki*, *shi* et *ku* respectivement. Le degré comparatif est marqué au moyen des mots *yori*, de, et *nao*, plus encore. Le superlatif s'exprime à l'aide de quelques adverbes. Les mots chinois prennent la forme adjective attributive au moyen des mots auxiliaires *naru* et *no* ou quand ils qualifient un autre mot chinois, ils le précèdent. Les adjectifs se forment des substantifs en leur ajoutant comme suffixe le mot *rashii* ou *rashiki*, comme, ou *gumashii*. Ils se forment des verbes au moyen de *shii* (contraction de *shiki*, étendre); ainsi, d'*osore*, craindre, on forme *osoroshii*, terrible. Plusieurs formes de verbes agissent aussi comme adjectifs attributifs, savoir : l'indicatif présent en *u* ou *ru*, le prétérit en *ta*, *taru*, et *shi*, l'indicatif négatif en *nu*, *zaru*, et le prétérit négatif en *ji*. Un grand nombre d'adjectifs prennent une lettre substantif *ari* comme suffixe de la forme adverbiale, et ils se conjuguent comme un verbe ; ainsi *samuku*, forme adverbiale de *samu*, et *uri*, être, deviennent *samukaru*, être froid. Dans la construction, l'adjectif attributif et la forme adverbiale précédent toujours le nom et le verbe qu'ils qualifient. Le verbe n'a pas d'inflexions pour exprimer le nombre ou la personne, mais dans le langage poli, on peut distinguer, au moyen de certaines particules ou de mots auxiliaires préfixes ou joints à sa forme radicale, la relation personnelle du verbe. Le verbe a des formes transitive, intransitive, causative, passive, potentielle, négative et désidérative. Il y a trois conjugaisons des temps passé, présent, et futur, des modes indicatif, impératif, conditionnel, conjonctif, concessif, et des participes présents. L'action du verbe devient réciproque en ajoutant le verbe *au*, rencontrer, joindre, à la racine.

Dans les verbes composés, qui sont nombreux, le premier élément prend la forme radicale. Dans une phrase, le sujet et le complément du verbe précèdent toujours ce dernier. Outre la forme adverbiale de l'adjectif, il y a une classe nombreuse d'adverbes formés des noms par l'emploi des postpositions *ni* et *de*, ou par le redoublement du mot. Le participe présent est souvent employé adverbialement. La partie du discours appelée préposition en français doit être classée en japonais comme postposition, puisqu'elle suit toujours le mot auquel elle se rapporte. Les conjonctions copulatives et disjonctives sont nombreuses, mais elles sont surtout exprimées par les modes conjonctif, conditionnel ou concessif du verbe. Il y a quelques verbes, tels que *soro*, *keri*, *shiku* et *sari* dont les modes et les temps sont employés seulement comme conjonctions. La grammaire japonaise la plus compréhensible est celle de J.-J. Hoffmann.
— LITTÉRATURE. On ne peut déterminer l'âge précis des premiers monuments de la littérature japonaise, mais il est peu douteux qu'il existait des compositions en prose et en vers avant l'introduction de l'écriture chinoise. On dit que cette introduction eut lieu dans la quinzième année du règne du mikado Ojin (284 ap. J.-C.); mais on a de bonnes raisons pour croire que l'introduction du langage chinois eut lieu longtemps plus tard. Les plus anciennes compositions, particulièrement les poésies données dans le *Nojiki* et le *Nihongi* et le *Norito* ou liturgies lues aux fêtes des dieux indigènes shinto, se transmettaient oralement. — 1° HISTOIRES. L'ouvrage historique le plus ancien, qui est en même temps le plus ancien document écrit, est le *Kojiki*, en trois volumes, composé par Yasumaro, sur l'ordre du mikado (711-'12 ap. J.-C.). Il est écrit en caractères chinois, dont quelques-uns représentent des mots japonais entiers (*muna*) et d'autres simplement des sons séparés du syllabaire (*kuna*). Le *Kojikiden* est un commentaire important de Motoori Norinaga sur l'ouvrage précédent. Le *Nihongi* ou *Nionshoki*, écrit aussi d'après les ordres du mikado régnant, et achevé en 720, fut composé en pur idiome chinois et les poésies qui s'y rencontrent de temps à autre sont tout ce qu'il renferme de japonais. Ce livre a toujours été lu beaucoup plus que le *Kojiki*. D'autres histoires primitives sont : le *Shoku Nihongi* (20 vol., vers 797), *Nihon Koki* (10 vol., 841), *Shoku Nihon Koki* (vers 869), *Montoku Jitsuroku* (vers 879) et *Sandai Jitsuroku* (20 vol., vers 901). Elles sont toutes écrites dans l'idiome chinois et ne renferment aucun passage en japonais, excepté les discours, attribués aux mikados. Ces ouvrages sont désignés sous le nom général de *Rikkokushi*, ou *Six Souvenirs nationaux*. Le *Nihon Kirraku*, histoire des mikados depuis 884 jusqu'en 1028, est d'une date incertaine et d'un auteur inconnu. Le *Dai-Nihonshi*, en 243 livres qui sont renfermés en 100 volumes, est écrit entièrement en chinois classique. Il fut achevé en 1715, mais il ne fut imprimé pour la première fois en 1851. Araï Hakuseki (1657-1725) fut l'auteur de deux ouvrages historiques importants. L'un d'eux, le *Koshitsu* (5 vol. 1716), cherche à expliquer d'une manière rationnelle les légendes contenues dans le *Kojiki*, dans le *Nihongi*, et dans l'ouvrage appelé *Kujiki*. L'autre, le *Tokushi Yoron* (12 vol. 1724) est un aperçu philosophique des changements qui ont eu lieu à diverses époques dans la distribution du pouvoir gouvernemental au Japon. Les derniers ouvrages historiques de quelque importance sont le *Nihon-guaishi* (22 vol.) et le *Seiki* Rai de Sanyo (1780-1833), écrits tous deux en chinois classique. Un élève de Raï a publié un supplément au *Nihon-guaishi*, donnant l'histoire de plusieurs familles militaires éminentes. — 2° MÉLANGES HISTORIQUES. Le plus ancien ouvrage de ce genre, l'*Okagami*, par Fujiwara no Tam-

chira (vers 1050), raconte les faits qui se passèrent à la cour entre les années 850 et 1035. Cet ouvrage, le *Midzu-Kagami*, par Nakayama Tadachika (1131-'95) et le *Masu-Kagami* par Schijo Fuyuyoski (1464-1514), reçoivent le titre général de *Mitsu-Kagami* ou les *Trois Miroirs*. Le *Yeiguu Monogatari*, en 41 livres, appartient probablement au xiiᵉ siècle. C'est un excellent spécimen de la forme classique du langage japonais. Le *Shohu Yotsugi*, en 10 volumes, est une histoire de la cour entre 1025 et 1170, écrit dans le pur japonais classique. D'autres ouvrages remarquables sont : le *Hogen Monogatari* et l'*Heji Monogatari* (vers la fin du xiiᵉ siècle); le *Hoken Taiki* par Kuriyama Gen (1671-1736), composé dans le style classique chinois ; le *Gempei Seisuiki*, en 48 livres, ouvrage d'un grand mérite littéraire ; l'*Adzuma-Kagami*, en 52 volumes, recueil d'informations pour la période de 1180 à 1266 écrit en très mauvais chinois ; le *Gukuan Sho*, par le prêtre bouddhiste Jichin Osho (xiiiᵉ siècle); le *Jinko-Shoto-Ki*, par Kitabatake Chikafusa (1293-1359), et le *Taiheiki*, en 41 livres (1334-'82). Le *Kamakura Ozoshi* est une collection d'ouvrages historiques sur les événements arrivés à Kamakura entre 1379 et 1479. Son style marque la transition du pur japonais du *Monogatari* au langage moderne. L'*Odai Schiram*, ouvrage de Hayashi Shunsai (1618-'80), fut traduit en français par Klaproth (1840). — 3° Lois. D'après les écrivains indigènes, la première tentative de former un code fut faite en 604 par Shotoku Taishi, qui composa 47 chapitres de lois conservées dans le Vᵉ livre du *Shugai Sho* ; c'est une collection de préceptes moraux plutôt que de lois. On peut mentionner quelques compilations. Le *Yengi Shiki* fut achevé en 927. Les 10 premiers de ses 50 livres sont consacrés à des matières religieuses ; le *Hokuzan Sho*, en 11 livres, par le Dainagon Kinto (966-1041), est, dit-on, la meilleure autorité sur les cérémonies de la cour depuisle règne d'Ichijo Tenno (986-1011); mais il est surpassé en étendue par le *Goka no Shidai*, en 21 livres, par Oye no Masafusa (1041-1111). Le *Giogi Shikimoku*, par le prêtre Giogi (mort en 749), contient des règlements agraires, des lois somptuaires, une statistique de la population et de la quantité de riz et d'autres céréales produits annuellement à cette époque. Un livre très intéressant est le *Nitchiu Gioji*, par le mikado Go-Daigo (1349-'39), qui donne des détails sur la vie journalière des souverains et sur le service des domestiques du palais. Le *Seitotsu*, en 43 livres, par Sto Nagatane, explique les anciennes institutions du Japon par de nombreuses allusions à celles de la Chine, sur lesquelles elles sont basées pour la plupart. L'ouvrage le plus connu ayant rapport aux emplois est le *Shokugen Sho* de Kitabatake Chikafusa. Le *Kuunshoku Biko*, en 8 vol. (1695), est l'examen le plus complet de la constitution de la cour et du gouvernement, et l'un des rares ouvrages de ce genre qui ne soient pas écrits en chinois. Les Japonais attachent une grande importance aux lignées, et il existe plusieurs ouvrages considérables sur la généalogie ; le plus ancien est le *Shinsen Shoji Roku*, préparé en 815. — 4° BIOGRAPHIE. Le plus ancien spécimen de ce genre d'écrits est le *Shotoku Taishi Denriaku*, par Taïra no Motochika, écrit en 992, et donnant la vie de M'mayado no Oji, fils aîné de Yomei Tenno (573-621). Outre des biographies individuelles, il y a de nombreux ouvrages de la nature des dictionnaires biographiques. — 5° POÉSIE. En poésie, les Japonais ne paraissent pas avoir beaucoup dépassé les formes les plus élémentaires. Sauf peu d'exceptions, leur soi-disant poésie consiste en chants de cinq lignes de 31 syllabes, appelés *uta*. Ces chants semblent avoir été dans les temps anciens des compositions spontanées, mais vers le milieu du viiⁱᵉ siècle, ils prirent une forme de conven-

'tion et la versification devint un talent mécanique dont l'habileté dans les jeux de mots était la partie la plus importante. Les chants les plus anciens sont sans doute ceux qui sont donnés dans le *Kojiki* et le *Nihongi*, et ensuite les *Naga-uta*. Un *naga-uta* (ou grand chant) doit consister en lignes non rimées de 5 ou de 7 syllabes alternativement, se terminant par deux lignes de 7 syllabes chacune ; mais cette règle n'est pas strictement observée. Dans les chants plus courts, ordinairement de 31 syllabes de longueur, on admet quelquefois une syllabe de plus. Une autre espèce de chant moins long appelé *Sedoka*, consiste en six lignes, de 5 à 7 syllabes, arrangées dans l'ordre suivant : 5, 7, 7 ; 5, 7, 7, mais elle admet certaines modifications. La date réelle de la compilation appelée *Manyoshiu* est un sujet de discussion ; on croit qu'elle a été commencée au milieu du viiie siècle et complétée au commencement du ixe. L'édition de Chato Chikage (1734-1808), en 30 volumes, appelée *Manyoshiu Ninhuys* est peut être la meilleure. Le *Kokin Wakashiu* fut commencé en 905 et achevé vers 922. La préface est l'un des plus anciens spécimens des compositions japonaises en hirangana, le caractère chinois ayant été employé exclusivement jusqu'à cette époque. Le meilleur commentaire de cette collection est le *Kokin Wakashiu Uchigiki* (20 vol.) par Kamo no Mabuchi. Le *Gosen Wakashiu*, en 20 livres, fut compilé vers le milieu du xe siècle. Le *Shiu Wakashiu* parut un demi-siècle plus tard. Ces trois ouvrages ensemble forment le *Sandaishiu*. Il y a une quantité innombrable d'autres collections, outre 100 chants choisis qui portent chacun le nom de *Hiakushiu Kui*. Le plus connu de ces derniers est le *Hiakuninshiu*, œuvre classique la plus populaire des Japonais ; il fut fait vers 1235. Les commentaires en sont nombreux. F.-V. Dickins (Londres, 1866) a donné une traduction de *Hiakuninshiu* avec des notes. L'*Anthologie japonaise* de Léon de Rosny (Paris, 1871) est un excellent traité sur les différentes espèces de poésies japonaises. — 6° Romans. Le plus ancien est le *Taketori Monogatari*, que l'on attribue quelquefois à Minamoto no Shitagau (911-'83) ; mais quelques écrivains pensent qu'il appartient à la première moitié du ixe siècle. L'*Utsubo Monogatari* est une collection de 44 contes qui remplissent 20 volumes. On l'attribue à l'auteur de l'ouvrage précédent, et c'est évidemment l'une des plus anciennes productions romantiques que l'on existent. On cite encore le *Sumiyoshi Monogatari*, le *Ise Monogatari* (probablement vers 950), considéré comme un excellent spécimen de la prose japonaise ; le *Genji Monogatari*, en 54 livres, par la femme poète Murasaki Shikibu, qui vivait au commencement du xie siècle ; le *Sagoromo*, par sa fille ; le *Torikaibaya* ; le *Konjaku Monogatari*, collection d'histoires japonaises, chinoises et indiennes, par Minamoto no Takakuni (mort en 1077), en 60 volumes ; et le *Tsutsumi Chiunagon Monogatari*, collection de 10 petits contes attribués à Fujiwara no Kanesuke (877-933). — 7° Mélanges. Il y a une petite classe de livres appelés *Soshi* ou mélanges, qui appartiennent à la période classique. Le plus célèbre est le *Tsuredzuregusa*, de Kenko Hoshi (1282-1350). Il contient 244 petits chapitres sur la morale, les anciennes coutumes, les saisons, la conversation, le savoir-vivre et des anecdotes. Les commentaires en sont nombreux. — 8° Journaux ou Mémoires. Le plus ancien est celui de la poétesse Murasaki Shikibu, qui la composa pendant son veuvage. Le *Hojoki*, par Kamo no Chomei (au commencement du xiiie siècle), contient un récit du grand incendie de 1177, de l'ouragan de 1180, du transfert de la capitale à Kioto dans la même année, de la famine de 1181, et du grand tremblement de terre de 948. — 9° Voyages. Le *Tosa Niki*, par Kino Tsurayuki, est un journal du voyage de cet explorateur Tosa à Kioto en 935. Une collection magnifique de fragments de ce genre est le *Fuso Shiuyoshiu*, en 36 volumes, compilé par l'ordre du second prince de Mito. — 10° Drames. Le drame japonais est de trois espèces : le *no*, genre historique, généralement tragique ; le *kiogen* ou basse comédie ; et le *joruri*, mélange des deux précédents. Les premiers drames ont été recueillis et sont connus sous le nom d'*utai* ; ils datent du temps du shogun Ashikaga Yoshimasa (1449-'90), et on les joue encore avec les costumes de cette époque. Les *Kiogen* sont de la même période et possèdent une grande valeur philologique. Les *joruri* sont des pièces modernes, jouées sur le théâtre, par des acteurs et un chœur, ou récitées par une personne seule, accompagnée du luth à trois cordes ou *shamisen*. — 11° Dictionnaires et ouvrages sur la philologie. Le dictionnaire le plus ancien est le *Wamio Ruijiu-sho*, en 20 livres, par Minamoto no Shitagau (911-'83). Il contient un grand nombre de mots japonais avec les caractères chinois correspondants, des définitions et des citations de cinq ou six ouvrages. Il y a un dictionnaire utile en deux volumes appelé *Shinso Jibiki*, avec les caractères chinois de forme carrée et cursive et les équivalents japonais en hira-kana. On commença de faire des dictionnaires en langue japonaise après la renaissance de la science au xviie siècle. Le premier est le *Nihon Shakumei* (1699), par Kaibara Tokushin (1630-1714), dans lequel on essaya de donner les étymologies des mots, arrangés en 23 catégories. Le dictionnaire le plus important de la langue japonaise est le *Vakan Shiori*, de Tanigawa Shisei, qui vécut dans la dernière partie du xviiie siècle. L'arrangement est d'après les 50 sons, ce qui est une grande amélioration sur l'ancien arrangement par catégories. Le *Kogentei* (1765), par Katori Nahiko, liste de mots arrangés alphabétiquement, est regardé comme une bonne autorité. Le *Jion-Kanadzukai*, par Motoöri Norinaga, traite de l'épellation des caractères chinois. Le *Koshi Honji Kio*, de Hirata Atsutane (4 vol.), est un traité soigné sur les sons de la langue japonaise et les diverses modes de transformation qu'ils subissent. — 12° Topographie. En 713, des ordres furent adressés aux gouverneurs de toutes les provinces pour donner des noms heureux aux départements et aux villages, et pour établir la liste des métaux, des plantes, des arbres, des oiseaux, des animaux, des poissons et des insectes produits dans chaque département ; celle de la qualité de la terre, fertile ou non, celle des noms des montagnes, des rivières, des plaines et des marais ; et pour recueillir les légendes locales. Le dernier volume fut achevé en 734. De 66 volumes, un seul et des fragments de 44 autres ont survécu aux ravages du temps et aux guerres civiles. En 1580, parut le *Nihon Kokubun ki*, en 10 livres ; c'est un rapport sur les productions de chaque province, avec cartes. Il y a divers ouvrages descriptifs de différentes provinces et une grande classe d'ouvrages populaires topographiques illustrés. — 13° Littérature de la religion shinto. Les meilleures sources pour l'étude du pur shinto sont les *Kojiki*, les *Nihongi* et les *Norito*, déjà mentionnés, avec les ouvrages de Mortoöri Norinaga et d'Hirata Atsutane sur le même sujet. Le *Kojikiden* du premier est un monument de savoir ; il renferme le *Naobi no Mitama* ou Esprit de Dieu, sommaire des vues de Mortoöri. Le *Kuzuhana* contient des développements plus avancés et de idées. Le *Rekicho Shoshi-Kai* est une collection des discours et des proclamations des premiers mikados avec un commentaire. Hirata Atsutane suivit les principes de Mortoöri dans son *Koshi Seibun*, auquel il ajouta un commentaire en 100 volumes ayant pour titre *Koshiden*. Outre les ouvrages de ces auteurs, il existe certaines collections d'anciens livres shinto qui sont encore considérés comme orthodoxes. Le plus ancien est le *Shinto Gobusho*, contenant 5 ouvrages séparés : 1° *Yamatobime no Seiki* ; 2° *Gochinza Shidaiki* ; 3° *Gochinza Honki* ; 4° *Gochinza Denki* ; 5° *Hoki Honki*. Il y a un commentaire de ces cinq ouvrages, ayant pour titre *Shinto Gobushosho*, par Okada Masanori (1721). Le *Yuiitsu Shinto Mioho Yoshiu* (2 vol.) a pour but de prouver que le shinto et le bouddhisme sont identiques dans leur essence. La majorité des traités sur le shinto, antérieurs au xviie siècle, maintiennent ces vues. Le *Gengenshiu* (8 vol.) par Kitabatake Chikafusa fait exception. Le *Nijiu-issaha ki*, description des 21 principaux temples du shinto, par Fujiwara no Korechika (973-1040) et le *Koro Kojiustuden* sont regardés comme des sources excellentes d'informations par les rigides shintoïstes. Le *Shinto Miomoku Ruijiusho* (6 vol. 1699), description des accessoires du culte du shinto (tels que vêtements, ustensiles) et des fonctions des prêtres, est du à Waturae no Nobuyoshi. — 14° Littérature bouddhiste. Le bouddhisme s'établit solidement au Japon sous le règne de l'impératrice Sinko (593-628). Les ouvrages indigènes en japonais sur le bouddhisme ne sont pas très importants. Les *Shingaku Michi no Hanashi Kiuo Dowa Teshima Dowa* sont des collections de sermons par des prêtres appartenant à une secte éclectique moderne qui font dériver leurs doctrines du confucianisme, du shinto et du bouddhisme. Trois sermons de Kino ont été traduits par A.-B. Mitford (*Histoire de l'ancien Japon*, Londres, 1871). — 15° Fiction moderne. Elle se divise en trois classes : *kesaku bon*, que l'on peut appeler, nouvelles ; *ninjo bon*, romans d'un genre érotique ; et *kusa zoshi*, romans populaires imprimés en hira-kana, et constituant la principale lecture des femmes. L'auteur le plus célèbre dans le premier genre est Bakin. Ses œuvres, au nombre de 20, forment de 5 à 40 volumes chacune. Bakin était un homme d'un grand savoir, et son style est presque classique. Parmi les *ninjo bon*, les plus célèbres sont le *Hiza Kurige* (90 vol.) et le *Misawo Tsuge no Ogushi* (24 vol.) par Jippensha Ikku ; et le *Musume Setsuyo*, par Kiokusanjin. Riuti Tanchiko écrivit *Inaka Genji* (76 vol.), et *Irohabunko* (45 vol.) appartiennent à la classe des *Kusa Zoshi*. Un petit roman du même auteur, intitulé *Ukiyo Kokumai Biobu*, a été mal traduit deux fois, en allemand par A. Pfitzmaier (1840) et en anglais par S.-C. Malan (1871). Le *Chiushingura* a été traduit en anglais par F.-V. Dickins (New-York, 1876). — 16° Mélanges littéraires. Il y a un grand nombre d'ouvrages qui ne peuvent être classés dans les catégories précédentes, et en conséquence les Japonais les classent ensemble dans les catalogues de leurs bibliothèques sous le titre de mélanges littéraires. Ils comprennent des ouvrages bibliographiques, des encyclopédies, des collections de proverbes, etc. — L'histoire de la littérature japonaise peut être divisée en quatre périodes. La première commence bien longtemps avant l'époque qui précéda l'introduction de l'écriture et de la littérature chinoise et s'étend jusqu'à la fin du ixe siècle ap. J.-C. Pendant cette époque, la littérature exclusivement japonaise, se composait de poésies et d'ouvrages de liturgie, le langage chinois étant adopté pour toutes les autres formes. La seconde période s'étend depuis les premières années du xe siècle jusqu'à la fin du xiiie. C'est l'âge de la prose classique. Pendant le xive, xve et xvie siècles, la domination des classes militaires arrêta son développement. Ce fut l'âge sombre du Japon. Le xviie siècle vit commencer la période d'instruction générale. L'art de l'imprimerie fut introduit au xiie siècle. La littérature chinoise fut cultivée avec passion par une succession de savants qui écrivirent aussi en japonais. Le *Tokusi, Yoron, Toga*, le *Gojiriaku*, le *Koshi-tsu*, le *Seiyo Kibun*, le *Sairan Sgen*, et le *Seiyo Dzusetsu* d'Arai Hakuseki, le *Seidan* et le *Keizairon* de Sorai, et le *Keizai-roku* de Dozoi sont des ouvrages d'un grand mérite en langue nationale. Vers le même temps, l'ancienne littérature du Japon commença d'être étudiée avec une grande attention. Les chefs de ce mouvement furent le prêtre Keichiu (1640-1701), Shimokawabe Choriu (1622-'84), et Kada no Adzumamaro (4669-1736), ce dernier peut être, regardé comme le fondateur de l'école moderne du pur shinto. Kamo no Mabuchi lui succéda. Ses commentaires sur le *Manyoshiu*, le *Norito*, l'*Ise Monogatari* et le dictionnaire de *Makura-Kotoba* (intitulé *Kuanjo-Ko*) sont des plus importants. Motoöri Norinaga (1730-1801), continua l'œuvre de Mobuchi; son plus grand ouvrage est le commentaire sur le *Kojiki*. Son style est un modèle de clarté et de facilité et montre ce que le langage japonais aurait pu devenir s'il n'avait pas été déformé par l'introduction des tournures et des mots chinois. Hirata Atsutane (1776-1843) succéda à Motoöri comme chef du shintoïsme moderne. Son *Shutsu-jo Shogo* (7 vol.) est une attaque extrêmement amusante contre le bouddhisme. D'autres écrivains de la même école furent : Tachibana Tsuneki (1704-'62), Katori Nahiko (1723-'82), Ozawa Koan (1723 - 1801), Kato Chikage (1734-1808), Fujitani Nariakira (1735-'76), Murata Harumi (1746-1814), Arakida Hisaoye (1746-1804), Ozaki Masayoshi (1752-1827), Hashimoto Keirio (1760-1806), Mortoöri Rumiwa (1763-1828) et Shimidzu Hamaomi (1776-1824). Les années qui suivirent 1853 ont été une période de troubles politiques et d'influence européenne ; et la composition d'ouvrages originaux a été abandonnée pour des traductions d'ouvrages élémentaires étrangers, principalement sur des sujets scientifiques. Des traductions d'ouvrages tels que *Sourires*, *Self-Help*, *Essai sur la liberté*, de Mill, ont obtenu un succès immense. Au milieu de cette rage pour les livres étrangers a pris naissance un dialecte littéraire corrompu qui menace de remplacer pour toujours la vieille langue japonaise. — BIBLIOGR. *Le Japon, mœurs, coutumes, rapports avec les Européens*, par M. du Pin (Paris, 1868, in-8°). — *La Chine et le Japon, et l'Exposition de 1878*, par Ad. Frout de Fontpertuis (Paris, 1878, in-8°). — *Le Japon, histoire et description, mœurs, coutumes et religion, traités nouveaux avec les Européens*, par Ed. Fraissinet (Paris, 1866, 2 vol. in-12); *le Japon illustré*, par Aimé Humbert (Paris, 1870); *l'Empire japonais*, par Metchnikoff (Genève, 1881); *Géographie universelle*, vol. VII, Japon, par Elisée Reclus (l'Asie orientale, vol. VII, Paris, 1882); *Nipon o Dai Itsi Ran* ou *Annales des empereurs du Japon*, par Isaac Titsingh (Paris, 1834, 4 vol. in-4°), ouvrage corrigé sur l'original japonais-chinois, par M. J. Klaproth.

JAPONAIS, AISE s. et adj. Qui est du Japon; qui concerne ses habitants.

JAPONNER v. a. Donner une nouvelle cuisson aux porcelaines, afin de leur communiquer l'apparence de la porcelaine du Japon.

* **JAPPEMENT** s. m. Action de japper. Ne se dit que des petits chiens.

* **JAPPER** v. n. (all. *jappen*). Aboyer. Se dit plus ordinairement du cri des petits chiens : *ce chien ne fait que japper*.

JAPPEUR, EUSE adj. Qui jappe, qui a l'habitude de japper.

JAPURA ou **Caqueta**, rivière de l'Amérique du S., qui prend sa source dans les monts Pasto de Colombie et se jette dans l'Amazone par plusieurs embouchures. Celle du centre est en face de la ville d'Ega (Brésil), tandis que les embouchures extrêmes de l'E.

et de l'O. sont à 525 kil. l'une de l'autre. Son cours entier est d'environ 1,500 kil.; elle est navigable pour de grands navires pendant plus de 600 kil. Elle forme une partie de la frontière entre le Brésil et l'Equateur.

JAPYGIE. Voy. ITALIQUES (*Races et langues*).

* **JAQUE** s. f. Vieux mot qui signifiait habillement court et serré. N'est plus usité que dans la locution suivante : JAQUE DE MAILLES, armure faite de mailles ou annelets de fer qui couvrent le corps depuis le cou jusqu'aux cuisses : *il avait, il portait une jaque de mailles*.

* **JAQUEMART** s. m. Figure de fer, de plomb ou de fonte, qui représente un homme armé, et qu'on met quelquefois sur le haut d'une tour pour frapper les heures avec un marteau sur la cloche de l'horloge : *le jaquemart qui est sur le clocher de telle église.* — Prov. et par dérision, ÊTRE ARMÉ COMME UN JAQUEMART, se dit d'un homme armé de cuirasse, et embarrassé de ses armes.

* **JAQUETTE** s. f. Sorte d'habillement qui descend jusqu'aux genoux ou plus bas, et qui était anciennement à l'usage des paysans et des hommes du peuple : *une grande jaquette.* — Robe que portent les petits garçons avant qu'on leur donne la culotte : *il était à la jaquette.* — Pop. TROUSSER LA JAQUETTE A UN ENFANT, le fouetter.

* **JAQUIER** s. m. (de *jac*, nom indigène de l'arbre à pain). Bot. Genre de plantes monoïques, dont l'espèce la plus connue est l'*Arbre à pain*. (Voy. ARTOCARPE).

* **JARDE** s. f. Art vétér. Tumeur calleuse qui vient aux jambes d'un cheval et qui est placée en dehors du jarret au lieu que l'éparvin est en dedans. On dit aussi JARDON.

* **JARDIN** s. m. (anc. haut all. *gard*, scandin. *yard*, cour). Lieu découvert, ordinairement fermé de murailles, de fossés, de haies, et joignant les maisons, dans lequel on cultive des légumes, des fleurs, des arbres, etc. : *grand jardin.* — Prov. et fam. FAIRE D'UNE CHOSE COMME DES CHOUX DE SON JARDIN, En disposer comme si l'on en était le maître, le possesseur : *il semble que cela soit à vous, vous en faites comme des choux de votre jardin.* — Prov. et fig. JETER UNE PIERRE, DANS LE JARDIN DE QUELQU'UN, mêler dans un discours des paroles qui s'adressent quelqu'un indirectement : *ne voyez-vous pas qu'en disant telle chose, il jetait des pierres dans votre jardin?* — Fig. Pays fertile et dont la culture est très variée : *la Touraine est le jardin de la France.* — JARDIN D'ACCLIMATATION, établissement où l'on s'occupe de l'acclimatation des animaux et des végétaux utiles ou d'agrément. (Voy. ACCLIMATATION.) — JARDIN BOTANIQUE, jardin où l'on a rassemblé une collection plus ou moins considérable de plantes exotiques et indigènes, pour facilité l'étude de la botanique. (Voy. HORTICULTURE.)

PRINCIPAUX JARDINS BOTANIQUES.

	Créé vers		Créé vers
Padoue	1545	Vienne	1753
Montpellier	1558	Madrid	1755
Leyde	1557	Kiew	1760
Leipzig	1580	Cambridge	1763
Paris (jardin des pl).	1626	Constantine	1773
Iéna	1629	Saint-Pétersbourg	1785
Oxford	1632	Calcutta	1793
Upsal	1657	Dublin	1800
Chelsea	1673-'86	Régent's-Parc	1839
Edimbourg	1680		

— JARDIN FRUITIER, jardin où l'on cultive des arbres fruitiers. On dit aussi *verger*. — JARDIN PAYSAGER, terrain orné de massifs, d'arbres et de fleurs, disposés pour l'agrément. On dit aussi *jardin anglais*. (Voy. PARC.) — JARDIN POTAGER, jardin où l'on cultive des légumes. JARDIN DES PLANTES, grand établissement de Paris, qui fut d'abord un jardin botanique et dans lequel on conserve aujourd'hui des

animaux vivants et diverses collections d'histoire naturelle. Le fondateur de ce jardin, nommé d'abord *jardin du roi*, est Gui de la Brosse, médecin de Louis XIII. Buffon, nommé intendant du jardin du roi en 1739, releva cet établissement; il eut pour successeurs Thouin, de Jussieu, Lemonnier et Bernardin de Saint-Pierre. En 1793, le jardin du roi prit le nom de *Jardin des plantes*. Il comprend un jardin paysager, orné d'une butte couverte d'arbres en labyrinthe; sur le flanc de cette butte s'élève le cèdre du Lyban planté par Daubenton. Près de là, se trouvent de belles serres chaudes. Le jardin botanique proprement dit est divisé en plusieurs carrés qui contiennent une riche collection de plantes médicinales, alimentaires ou d'agrément. La magnifique *ménagerie*, au milieu d'un jardin anglais, renferme une collection d'animaux de toute sorte. — JARDIN ZOOLOGIQUE, parc où l'on conserve des animaux vivants pour l'étude et la curiosité. — *Jardin des racines grecques*, titre d'un ouvrage de Cl. Lancelot (1657, in-12); le *Jardin des racines grecques* se compose de décades plus ou moins burlesquement rimées et dont chaque vers comprend une racine grecque avec ses différentes significations en langue française. Ce livre, autrefois classique, était destiné à être appris par cœur pour faciliter l'étude du grec.

* **JARDINAGE** s. m. L'art de cultiver les jardins, ou travail que l'on fait aux jardins : *il entend bien le jardinage.* — S'emploie aussi comme nom collectif, et se dit des parties d'un terrain qui sont cultivées en jardins : *il n'y a dans cette ville que les deux tiers de maisons, le reste est en jardinage.* — Plantes potagères que le jardin produit : *mener une voiture de jardinage au marché.*

* **JARDINER** v. n. Travailler au jardin. Ne se dit guère que d'une personne pour laquelle ce genre de travail est un amusement, un passe-temps : *il s'occupe à jardiner.* (Fam.)

* **JARDINET** s. m. diminutif. Petit jardin : *il n'y a qu'un jardinet.*

* **JARDINEUSE** adj. f. Joaill. Emeraudes qui ont quelque chose de sombre et de peu net : *une émeraude jardineuse*

* **JARDINIER, ÈRE** s. Celui, celle dont le métier est de travailler aux jardins, ou qui cultive un jardin pour en vendre les produits : *bon jardinier.* — Celui qui entend bien l'ordonnance, la culture, l'embellissement des jardins, et lui en donne les dessins : *cet homme est un très habile jardinier, un excellent jardinier.* (Vieux.) — s. f. Meuble d'ornement qui supporte une caisse dans laquelle on cultive des fleurs : *une jardinière d'acajou.* — Cuis. Mets composé de diverses sortes de légumes, principalement de navets et de carottes : *servir une jardinière pour entremets.* — Couture. Petite broderie de fil, étroite et légère, faite au bord d'une manchette de chemise, ou de quelque autre vêtement semblable. — Adj. Qui a rapport aux jardins : *plantes jardinières.*

* **JARDONS** s. m. pl. Voy. JARDE.

JARGEAU, ch.-l. de cant., arr. et à 20 kil. S.-E. d'Orléans (Loiret), sur la Loire ; 2,625 hab. Vinaigres, vins, andouillettes. Jadis fortifiée, cette ville fut prise par les Anglais en 1420, par le duc d'Alençon en 1421, et par Jeanne Darc et Dunois en 1429. Une ligue y fut formée, en 1412, par Charles d'Orléans et son frère Philippe, qui voulaient venger la mort de leur père assassiné, par Jean sans Peur.

* **JARGON** s. m. (même étymol. que *Argot*). Langage corrompu : *cet homme parle si mal français que je n'entends point son jargon.* — Par mépris, langues étranges qu'on n'entend pas : *je ne sais quelle langue parlent ces gens-*

là, je n'entends pas leur jargon. — Langage particulier que certaines gens adoptent : *les bohémiens, les gueux, les filous ont leur jargon particulier que personne n'entend.* (Fam.)

> Moi je sais le blason, j'en veux tenir école,
> Comme si devers l'Inde on eût eu dans l'esprit
> La sotte vanité de ce *jargon* frivole.
> LA FONTAINE.

* **JARGON** s. m. Joaill. Espèce de diamant jaune.

* **JARGONNER** v. n. Parler un langage barbare, corrompu, non intelligible : *ils jargonnaient ensemble.* — v. a. : *qu'est-ce qu'ils jargonnent ?* (Fam.)

JARNAC, ch.-l. de cant., arr. et à 14 kil. E. de Cognac (Charente); sur la Charente, à 30 kil. O. d'Angoulême ; 5,000 hab. Beau pont. Grand commerce d'eaux-de-vie dites *cognacs.* Victoire du duc d'Anjou sur les protestants commandés par Condé, qui fut tué après l'action (13 mars 1569).

JARNAC (Gui CHABOT, seigneur de), gentilhomme de la cour de Henri II, mort en 1569 ; sa seule célébrité est due à son duel avec La Châteigneraie, en 1547. (Voy. CHÂTEIGNERAIE.) Gui Chabot, craignant de se mesurer avec un adversaire aussi habile que La Châteigneraie, prit des leçons d'un professeur italien, qui lui enseigna une botte secrète, à l'aide de laquelle La Châteigneraie fut vaincu. C'est de là qu'est venue l'expression *coup de Jarnac*, coup décisif, imprévu, porté à un adversaire.

JARNAGES, ch.-l. de cant., arr. et à 31 kil. S.-O. de Boussac (Creuse) ; 750 hab. Beurre, fromages. Foires très fréquentées.

JARNICOTON. Juron à la mode du temps d'Henri IV. Ce prince, qui avait l'habitude de dire *Jarnidieu* (je renie Dieu), en fut fortement repris par son confesseur, le P. Cotton, qui lui conseilla de remplacer son juron favori par celui-ci *Jarnicoton* (je renie Cotton); la variante fit plaisir au roi, qui l'adopta et mit le mot à la mode.

JAROSLAV. Voy. YAROSLAV.

JAROSSE s. f. Bot. Nom vulgaire de la *gesse chiche.* (Voy. GESSE.)

* **JARRE** s. f. (ar. *djara*). Grand vaisseau de terre vernissé dans lequel on met de l'eau, pour la conserver, particulièrement sur les navires: *mettre de l'eau dans des jarres.* — Fontaine de terre cuite dont on se sert dans les maisons.

* **JARRET** s. m. (bret. *gar*, jambe). Partie du corps humain qui est derrière le genou, et qui lui est opposée: *il a le jarret souple.* — Endroit où se plie la jambe de derrière des animaux à quatre pieds : *les jarrets d'un cheval ne sont beaux qu'autant qu'ils sont proportionnés, larges, souples, secs et nerveux.* — Fig. et fam. ÊTRE FERME SUR SES JARRETS, faire bonne contenance. — Espèce de saillie ou de bosse qui est une défectuosité. *cette voûte a un jarret.* — ◊ AVOIR DU JARRET, être bon marcheur.

* **JARRETÉ, EE** adj. Tout quadrupède qui a les jambes de derrière tournées en dedans, et si peu ouvertes, que les deux jarrets se touchent presque en marchant : *je ne veux point de ce mulet, il est jarreté.* — Archit. Surface qui a un jarret : *pilastre jarreté.*

JARRETER v. a. Mettre des jarretières à quelqu'un.

* **JARRETIÈRE** s. f. Sorte de ruban, de courroie, de tissu dont on lie ses bas au-dessus ou au-dessous du genou: *jarretières élastiques.* — Fig. et fam. IL NE LUI VA PAS A LA JARRETIÈRE, il a bien moins de mérite, de capacité, de science que lui.— **Ordre de la Jarretière**, le plus élevé des ordres anglais de chevalerie. Plusieurs écrivains pensent que cet ordre date d'un tournoi qui eut lieu à

Windsor, le 23 avril 1344, et auquel Edward III invita les chevaliers les plus illustres. D'après une ancienne tradition, la comtesse de Salisbury ayant laissé tomber sa jarretière, dans un bal de la cour, le roi la ramassa et, voyant sourire ses courtisans, s'écria vivement : *Honni soit qui mal y pense.* La jarretière, emblème de l'ordre, est en velours bleu sombre, frangée d'or, et porte pour devise les mots du roi

Insignes de l'ordre de la Jarretière.

en lettres d'or; elle se porte à la jambe gauche, au-dessous du genou. Par un statut du 5 janvier 1805, l'ordre se compose du souverain et de 25 chevaliers ; des statuts spéciaux, publiés depuis, admettent des souverains et d'autres personnages. Les chevaliers sont désignés par les lettres K. G., *Knights of the garter.* En 1876, il y avait, outre la reine et le prince de Galles, 48 chevaliers comprenant 5 membres de la famille royale, les principaux souverains étrangers et 25 pairs anglais.

JARRIE (La), ch.-l. de cant., arr. et à 13 kil. E. de la Rochelle (Charente-Inférieure) ; 1,200 hab.

JARRIGE (Pierre de), controversiste français, né à Tulle en 1605, mort en 1660. Entré de bonne heure dans la compagnie de Jésus, il professa la rhétorique à Bordeaux, puis abjura le catholicisme pour se faire protestant ; harcelé par les *Jésuites* mis sur l'échafaud pour plusieurs crimes capitaux par eux commis dans la Guienne. A force d'obsessions, les jésuites finirent par le ramener à eux et il publia plus tard une *Rétractation de sa double apostasie.*

JARROW ou **Yarrow**, ville du comté de Durham (Angleterre), sur la Tyne, à 8 kil. E. de Newcastle ; 18,180 hab. en majorité Irlandais. Ses ateliers pour les navires cuirassés et pour les produits chimiques ont causé son rapide développement. Fameux monastère de saint Benedict Biscop, fondé en 681, et détruit par Guillaume le Conquérant en 1070 ; il en reste encore quelques ruines.

* **JARS** s. m. Le mâle de l'oie domestique : *un beau jars.* — ◊ IL ENTEND LE JARS, il est fin, on ne lui en fait pas accroire aisément.

* **JAS** [jâ]. Mar. Assemblage de deux pièces de bois qu'on jette à l'extrémité de la verge d'une ancre, et qui servent, lorsqu'on jette l'ancre, à la tenir placée de manière qu'une de ses pattes ou becs morde sur le fond. On dit aussi JOUAD.

* **JASER** v. n. (ital. *gazza*, pie). Causer, babiller : *vous jasez beaucoup.* Prov. *Vous jasez bien à votre aise, vous avez les pieds chauds.* (Voy. PIED.) — Fam. Dire et révéler quelque chose qu'on devait tenir secret : *gardez le secret, car si vous allez jaser, vous*

nous perdrez. — Se dit, par ext., des geais et de quelques autres oiseaux, particulièrement des pies, des perroquets, des merles qui parlent : *cette pie jase tout le jour.* — Prov. JASER COMME UNE PIE, COMME UNE PIE BORGNE, parler beaucoup, babiller.

* **JASERIE** s. f. Babil, caquet : *jaserie continuelle.* (Fam.)

* **JASEUR, EUSE** s. Causeur, babillard : *c'est un grand jaseur, une grande jaseuse.* — Celui qui est sujet à redire ce qu'il entend . *défiez-vous de lui, c'est un jaseur.* (Fam.)

JASEUR s. Ornith. Nom donné à un groupe d'oiseaux du genre cotinga, remarquables surtout parce que le bout de la tige des pennes secondaires des ailes s'élargit en disques ovales lisses et rouges. Le jaseur de

Jaseur de Bohême (Ampelis garrulus).

Bohême (*Ampelis garrulus*, Linn.) est un bel oiseau d'environ 18 centim. de long et de 28 centim. d'envergure ; sa couleur générale est gris rougeâtre; ses parties inférieures sont gris d'argent. On le trouve dans les contrées septentrionales extrêmes de l'Amérique, de l'Europe et de l'Asie. Sa nourriture consiste en baies (aubépine, lierre, genièvre) et quelquefois en insectes.

* **JASMIN** s. m. (ar. *iasmin*). Bot. Genre de jasminées, comprenant une quarantaine d'espèces d'arbustes sarmenteux. qui produisent des fleurs odoriférantes : *jasmin d'Espagne.* — Fleurs de cette plante : *jasmin double.* — ENCYCL. Tous les jasmins sont indigènes des pays chauds. Ce sont les plantes favorites des serres; et quand le climat le permet, on les

Jasminum officinale.

cultive en plein air. L'espèce la mieux connue est le *jasmin commun* (*jasminum officinale*) qui fut importé de l'Orient en France vers 1548; il sert à couvrir les murs et les bosquets. Une des plus belles espèces de serre est le *jasminum grandiflorum*, appelé quelquefois jasmin du Malabar ou jasmin d'Espagne.

JASMIN (Jacques), poète provençal, souvent appelé le poète barbier et le dernier des troubadours, né en 1798, mort en 1864. Les privations et la faim furent le partage de son enfance. Après être resté deux ans et demi dans un séminaire, il fut placé comme apprenti chez un barbier; à l'âge de 18 ans il se maria, et s'établit. Ses chants, composés dans un idiome de la *langue d'oc*, trouvèrent de chauds admirateurs parmi ses voisins et ses amis. Il les publia en 1835 sous le titre de *Las papillotos de Jasmin*. Son *Abuglo de Castel-Cuillé* est peut-être le plus populaire de tout ce qu'il écrivit. *Françonetto* (1840) est son plus long poème.

JASMINÉ, ÉE adj. Qui ressemble ou qui se rapporte au jasmin. — s. f. pl. Famille de plantes dicotylédones ayant pour type le genre jasmin.

JASON. Voy. ARGONAUTES.

JASPAGE s. m. Imitation du jaspe au moyen des couleurs.

* **JASPE** s. m. (gr. *iaspis*). Pierre dure et opaque, de la nature de l'agate : *jaspe-onyx*. — ENCYCL. Le jaspe est une variété de quartz se présentant sous forme de masses rocheuses, et formant souvent la plus grande partie de montagnes d'un volume considérable. Il est de différentes nuances : rouge, jaune, brun et vert; ses couleurs sont quelquefois arrangées en bandes, alors on l'appelle jaspe à ruban. Les couleurs proviennent principalement de la présence de différents oxydes de fer. Il était estimé des anciens qui l'employaient pour les camées. En raison de l'extrême dureté de cette pierre et du beau poli qu'elle peut recevoir, elle est très employée pour les objets d'ornements, servant aux mêmes usages que le porphyre. Les plus belles pierres de jaspe proviennent d'Égypte et de l'Oural.

* **JASPÉ, ÉE** part. passé de JASPER. — Peint et bigarré naturellement ou par art d'une manière qui imite le jaspe : *cette tulipe est jaspée.*

* **JASPER** v. a. Bigarrer de diverses couleurs, en imitant le jaspe : *jasper la tranche d'un livre.*

JASPURE s. f. Action de jasper ou résultat de cette action : *la jaspure d'un livre.*

JASSY ou **Yassy** [yâ-si] (roum. *Yash*), ville de Roumanie, sur la Moldavie, sur un tributaire du Prush, à 340 kil. N.-N.-E. de Bucharest; environ 90,000 hab., dont 35,000 juifs. Il y a une université, environ 70 églises grecques, un magnifique hôpital et plusieurs palais. Jassy souffrit beaucoup pendant la guerre de Crimée. Un traité de paix russo-turc y fut conclu en 1792.

JASZBERÉNY [yâss-bé-ré-ni], ville de Hongrie, capitale des districts unis de Jazygie et de Cumanie, sur la Zagyva, à 57 kil. N.-E. de Pesth; 20,240 hab. La croyance populaire est qu'Attila a été enseveli dans un fort dont les ruines se trouvent sur une place publique de cette ville. Grand commerce de vins et de bestiaux.

JATS ou **Jauts**, race indoue, habitant principalement la partie N.-O. entre l'Indus et le Gange. Les Jats sont grands et actifs; ils cultivent bien la terre, au besoin, ils font de bons guerriers. Environ un tiers sont Sikhs.

* **JATTE** s. f. (lat. *gabata*). Espèce de vase de bois, de faïence, de porcelaine, etc., qui est rond, tout d'une pièce, et sans rebord : *grande jatte*. — Fig. et fam. CUL-DE-JATTE, personne estropiée qui ne peut faire usage ni de ses jambes ni de ses cuisses pour marcher : *il est cul-de-jatte.*

* **JATTÉE** s. f. Plein une jatte : *une grande jattée de soupe.*

JAUBERT (Pierre-Amédé-Emilien-Probe), orientaliste français, né à Aix (Bouches-du-Rhône) en 1779, mort en 1847. Il fit plusieurs voyages officiels en Orient et il amena en France un troupeau de chèvres du Thibet. Sous Louis-Philippe, il devint pair de France, professeur de persan au collège de France et directeur de l'école orientale. Ses principaux ouvrages sont : *Voyage en Arménie et en Perse* (1805-'08 : *Eléments de la grammaire Turque*, 1823-'34, in-4°); et une traduction de la *Géographie d'Edrisi* (1836-'40, 2 vol. in-4°).

JAUCOURT. I. (Louis-Chevalier de), littérateur, né à Paris en 1704, mort en 1779. Membre de la Société royale de Londres, des académies de Berlin et de Stockholm, il travailla à l'*Encyclopédie* et y publia de nombreux articles de médecine, de physique et de philosophie. On lui doit aussi une *Vie de Leibnitz* (Leyde, 1774). — II. (Arnail-François), homme d'État, neveu du précédent, né à Paris en 1757, mort en 1852. Il fit partie de l'Assemblée législative, émigra en 1792, rentra en 1799, devint tribun (1802), sénateur (1803); pair de France (1814) et fut un instant ministre de la marine. Il servit aussi Louis-Philippe et Napoléon III.

JAUER, ville de la Silésie prussienne, à 20 kil. S.-S.-E. de Leignitz; 10,410 hab. Manufactures de cuirs, de peaux de daim et de tapis. Au XIVe siècle, elle était la capitale de la principauté de Jauer.

* **JAUGE** s. f. La juste mesure que doit avoir un vaisseau fait pour contenir quelque liqueur ou du grain : *ce tonneau, ce boisseau, cette pinte n'est pas de jauge, n'a pas la jauge.* — Se prend quelquefois pour cette verge de bois ou de fer avec laquelle on mesure la capacité des futailles : *il avait une jauge.* — Futaille qui sert d'échantillon, d'étalon pour ajuster et échantillonner les autres : *cela est échantillonné, étalonné à la jauge et fût de Paris.* — Boîte percée de plusieurs trous, qui sert aux fonteniers à mesurer la quantité d'eau fournie par une source. — Divers instruments qui servent à prendre des mesures : *jauge de charpentier; jauge pour mesurer la grosseur des cordages,* etc.

* **JAUGEAGE** s. m. Action de jauger : *il a fait le jaugeage de ces tonneaux.* — Droit que prennent les jaugeurs : *il y a tant pour le jaugeage et courtage.*

* **JAUGER** v. a. (lat. *æqualificare*, rapporter à une mesure commune). Mesurer un tonneau, une futaille, et, en général, un vase quelconque, pour voir s'il est de la mesure dont il doit être : *il a jaugé ces tonneaux, ces futailles,* etc. — Mesurer un navire pour en connaître la capacité : *méthode pour jauger les navires.*

* **JAUGEUR** s. m. Celui dont l'emploi est de jauger : *maître jaugeur.*

JAUJA, ville du Pérou, département de Junin; à 165 kil. N.-E. de Lima; environ 15,000 hab. Elle est délicieusement située dans la vallée et près de la rive gauche de la rivière Jauja, l'une des branches principales de l'Apurimac. Dans le district de Jauja se trouvent le célèbre couvent de missionnaires d'Ocapa et les ruines d'anciennes villes et de châteaux indiens.

* **JAUNÂTRE** adj. Qui tire sur le jaune : *cela est jaunâtre, de couleur jaunâtre.*

JAUNAYE (La), comm. du cant. d'Aigrefeuille (Loire-Inférieure); c'est là que se conclut la première pacification de la Vendée le 15 février 1795, entre les commissaires de la Convention et Charette.

* **JAUNE** adj. (lat. *galbus*). Qui est de couleur d'or, de citron, de safran : *drap jaune; couleur jaune.* — Fam. ETRE JAUNE COMME UN COING, COMME SOUCI, COMME SAFRAN, avoir le teint fort jaune. — Prov. et fig. MONTRER A QUELQU'UN SON BEC JAUNE, lui faire voir sa sottise, son ineptie, lui montrer qu'il

est encore fort ignorant. On dit aussi, FAIRE PAYER A QUELQU'UN SON BEC JAUNE, lui faire payer sa bienvenue. Dans ces deux phrases, on prononce, et dans la première on écrit plus ordinairement, BÉJAUNE. — RIRE JAUNE, avoir, tout en riant, l'air du mécontentement. — LA RACE JAUNE, une des divisions du genre humain. — s. m. Couleur jaune : *jaune pâle.* — Certaines matières qui ont une couleur jaune et qui servent à teindre ou à colorer en jaune, comme le *jaune de Naples*, et le *jaune de montagne*. — JAUNE D'ŒUF, cette partie de l'intérieur de l'œuf qui est jaune.

— **Fièvre jaune** ou TYPHUS ICTÉRIQUE BILIEUX ou d'AMÉRIQUE, TYPHUS AMARIL, TYPHUS ICTÉRODE, FIÈVRE DE SIAM, FIÈVRE GASTRO-HÉPATIQUE, FIÈVRE PUTRIDE CONTINUE, le *vomito negro* des Espagnols. Maladie épidémique et contagieuse, spéciale aux pays chauds. Dans les cas graves, elle débute par de violents maux de tête, des frissons, des douleurs contusives dans les membres et surtout dans les reins; la figure se colore en jaune et les yeux sont d'un rouge sang; une soif intense se fait sentir et l'on éprouve de violentes douleurs à l'épigastre; surviennent ensuite des nausées et des vomissements opiniâtres de matières bilieuses ou noirâtres, puis l'insomnie et des phénomènes de stupeur; uneteinte jaune envahit toute la surface du corps des hommes blancs qui sont atteints de cette maladie : les selles sont fréquentes et l'urine rare et albumineuse. Si l'état s'aggrave, il survient des hémorragies, des pétéchies et la mort. Cette affection exerce plutôt ses ravages sur les étrangers que sur les indigènes. Quant au traitement, si les forces et l'état du pouls le permettent, on a recours à la saignée, aux vomitifs et aux purgatifs; on emploie également les toniques, le sulfate de quinine à forte dose et les boissons stimulantes. — La fièvre jaune exerce ses ravages en Amérique depuis 1691; on a constaté son apparition aux Iles Baléares, à Livourne et à Cadix dans le courant du XVIIIe siècle. Le Sénégal, on le sait que trop, a été de tout temps un lieu d'invasion pour ce fléau. Au Mexique, la fièvre jaune règne, on peut le dire, à l'état endémique; et elle visite les grandes et les petites Antilles à des époques intermittentes. — « Le *vomito negro*, dit le docteur Duverney, s'annonce par des malaises vagues, une sorte de stupeur, des vomissements bilieux, des saignements de nez, suivis de ces terribles vomissements noirs, qui ne font que très rarement défaut, avec de la fièvre, souvent du délire, et aussi une coloration jaunâtre de la peau. Tel est le prologue. Bientôt la peau jaunit encore, prend cette teinte que tout le monde connaît pour avoir vu des gens ayant la jaunisse; le malade est anxieux, épuisé par d'atroces vomissements noirs de sang décomposé et d'autres accidents analogues; puis toujours des saignements de nez, des taches rouges sur la peau et enfin un abattement profond, inéluctable, qui, au milieu d'un délire horrible, annonce l'approche de la fin. En trois ou quatre jours, quelquefois sept, huit, dix au plus, le drame est terminé. D'autres fois même, il y a des fièvres jaunes sidérantes, suivant une expression technique, c'est-à-dire foudroyantes, qui, en quelques heures, tuent un malade, sans laisser même à tous les symptômes de l'empoisonnement — car c'est un véritable empoisonnement — le temps de se montrer. » — « Il y a chez nous, en Europe, dit le docteur Duverney, une forme très dangereuse de la jaunisse, l'*ictère grave*, comme nous l'appelons en médecine, qui éclate par-ci par-là, sans caractère épidémique, et qui est, à peu près, la même chose que la fièvre jaune; ce sont deux maladies semblables, ayant presque les mêmes symptômes, les mêmes lésions du foie, qui est décoloré, ramolli, où les cellules constitutives, les cellules hépatiques sont, détruites;

les deux affections donnent lieu aux mêmes chances de mort. »

JAUNE (Fleuve). Voy. Hoang-Ho.

JAUNE (Mer), en chinois *Hoang-haï*, grande mer qui s'étend entre la Chine et la presqu'île de Corée. Au N.-O., elle se termine par les golfes de Liaotung et de Petchili. Ce dernier est très important, parce qu'il reçoit plusieurs grands fleuves, parmi lesquels on distingue le Péi-ho et le Hoang-ho. La mer Jaune est peu profonde ; elle doit son nom à la teinte de ses eaux continuellement troubles. Sa long. est de 1,400 kil. ; sa largeur de 600 kil.

JAUNET, ETTE adj. Qui est un peu jaune. — ∾ s. m. pl. Compter ses jaunets, compter son or, ses écus.

* **JAUNIR** v. a. Rendre jaune, peindre ou teindre en jaune : *le soleil jaunit les moissons.* — v. n. Devenir jaune ; *ces fruits commencent à jaunir.*

* **JAUNISSANT, ANTE** adj. Qui jaunit. Ne s'emploie guère que dans le style poétique : *les blés jaunissants.*

Feuillage *jaunissant* sur les gazons épars.

* **JAUNISSE** s. f. Maladie qui jaunit la peau, et qu'on peut attribuer à la présence de la bile dans le sang. Les médecins la nomment Ictère: *cette fille a la jaunisse.* — La jaunisse est caractérisée par une coloration jaunâtre de la peau, du blanc de l'œil et surtout des ongles ; cette coloration plus ou moins foncée est due à la présence de la matière colorante de la bile dans le sang. Cette affection est *symptomatique* ou *idiopathique.* La première se rattache soit à des lésions du foie (voy. Foie, Hépatique, Hypertrophie, Inflammation), soit à un obstacle au cours de la bile (voy. Calcul biliaire), soit à une affection des organes contigus (voy. Gastrite), soit enfin à une altération du sang (voy. Fièvre paludéenne et Fièvre jaune). La seconde existe ordinairement sans fièvre, sans douleur et sans gonflement ; elle n'a pas de gravité et ne dure guère que deux ou trois semaines ; elle cède aux boissons tempérantes (limonade, orangeade, petit lait), aux bains tièdes et aux purgatifs légers. Quant au traitement de la jaunisse symptomatique, il varie suivant les maladies dont elle est une des manifestations.

JAUNISSEMENT s. m. Action de colorer en jaune ; changement par lequel un objet passe à la couleur jaune.

JAVA, île de l'archipel Indien, colonie des Pays-Bas, entre 5° 52' et 8° 6' lat. S. ; et entre 103° 412° 43' long. E. Elle est bornée au N. par la mer de Java ; à l'E. par un détroit qui mesure 3 kil. de largeur et qui la sépare de Bali ; au S. par l'océan Indien et à l'O. par le détroit de la Sonde qui la sépare de Sumatra. Sa longueur de l'E. à l'O. est de 1,000 kil., sa largeur de 90 à 200 kil. ; superficie, y compris l'île voisine de Madura, 134,567 kil. carr. ; 18 millions d'hab. La côte manque de ports ; les principaux sont ceux de Batavia et de Surabaya sur la côte N. La formation géologique de Java est volcanique. Une chaîne de montagnes traverse l'île, avec des pics d'une hauteur de 1,300 m. à 4,000 m. Parmi ces pics il y a 38 volcans, dont quelques-uns sont constamment en activité. Les principaux plateaux sont ceux de Solo et de Kediri ; ils comprennent les districts du centre et la plaine de Bandong dans l'O. Il y a aussi une grande étendue alluviale courant sur le côté N. de l'île. On trouve quelques lacs au milieu des montagnes ; le pays est abondamment arrosé par de nombreux cours d'eau. La plus grande rivière est le Soto qui prend sa source du côté S. de l'île et, après un cours tortueux de 530 kil., se jette par deux embouchures dans le détroit qui sépare Java de Madura.

Pendant la saison humide (d'oct. à mars), le vent d'O. domine ; la saison sèche est caractérisée par des vents d'E. et un beau temps. La température est égale ; le thermomètre, dans les terres basses, s'élève rarement au-dessus de 32° ou descend rarement au-dessous de 21° C. Le climat général est aussi salubre qu'aucun de ceux des autres contrées tropicales. Les minéraux à Java sont peu importants. Des forêts couvrent presque toute l'île. Sur la côte se trouvent les palmiers, les bananiers de 345 m., les fougères dominent, plus haut encore sont des forêts de figuiers. Au-dessus de cette région s'étend celle des chênes et des lauriers, au delà desquels le caractère tropical de la végétation disparaît, et à la hauteur de 3,000 m. la vie botanique est analogue à celle de la zone tempérée. La faune comprend 100 espèces de mammifères, dont 9 espèces de quadrumanes, le tigre du Bengale, les léopards et une espèce de rhinocéros. Il y a plus de 170 espèces d'oiseaux. Les reptiles ordinaires sont : les serpents, les crocodiles, les lézards et les tortues de terre. On y trouve des tortues de mer et les poissons sont très abondants sur les côtes. — Java appartient entièrement aux Hollandais, bien

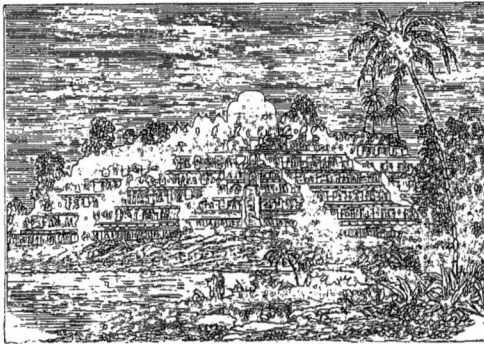

Temple de Borobodo, à Java.

qu'il y ait deux royaumes indigènes, qui comprennent ensemble la quatorzième partie de l'île et qui jouissent d'une indépendance nominale. Ce sont les États de l'empereur de Surakerta et du sultan de Jokjokerta. Le reste de l'île, avec Madura, est divisé en 23 provinces, appelées résidences. Les villes principales sont : Batavia, la capitale, Bantam, Surabaya, Jokjokerta et Samarang. La population indigène comprend deux nations, les Sundese et les Javanais, l'une et l'autre de race malaise. Les Sundese occupent l'extrémité O. de l'île et sont inférieurs aux Javanais sous le rapport du nombre et de la civilisation. Les uns et les autres sont paisibles, dociles, sobres et industrieux. Les Javanais s'occupent presque entièrement d'agriculture. L'île est un des pays du monde où l'on récolte le plus de café ; les autres produits importants sont : le riz, le sucre, l'indigo, le coton, le poivre, le thé et le tabac. Les indigènes excellent dans la manufacture des métaux. Le peuple a fait peu de progrès dans la science. L'architecture est aujourd'hui misérable, quoique le pays abonde en ruines remarquables de temples anciens. Pour le nombre et pour la beauté, ces constructions sont imprenables sans rivales dans les autres parties du monde. Les plus grandes et les plus intéressantes de ces ruines se trouvent à Brambanam, près du centre de l'île, à Borobodo et à Gunong Prau, à 60 kil. S.-O. de Samarang. Wallace dit que le travail et l'habilité dépensés pour la construction des py-

ramides d'Égypte sont insignifiants si on les compare à ce qu'il a fallu en déployer à la construction du temple de Borobodo. Le mahométisme fut établi par les conquérants arabes au xve siècle et il a presque entièrement remplacé le brahmanisme et le boudhisme, anciennes religions du pays. — Le commerce de Java a lieu principalement dans les ports de Batavia, de Samarang et de Surabaya. Les principaux articles d'importations sont : le café, le sucre, le riz, l'indigo, le thé, le tabac, les épices, le caoutchouc, les nids d'oiseaux, le camphre et les joncs. — Exportations : 225 millions de fr. ; importations : 175 millions. — 300 kil. de chemins de fer. — L'unité administrative est le village dont les officiers, élus par le peuple, sont chargés de recevoir les impôts et de maintenir l'ordre. A l'époque de la conquête, deux souverains indigènes gouvernaient l'île. Quand le gouvernement des Pays-Bas acheta la compagnie hollandaise des Indes orientales ses titres de possessions en Orient, il acquit en même temps toutes les terres inoccupées et conserva aux descendants des souverains indigènes leur rang nominal et leurs droits, mais il plaça auprès de chacun d'eux un résident hollandais dont les *recommandations* ont toujours été suivies comme des ordres. Le gouverneur général agit sous le nom de vice-roi des colonies hollandaises dans les Indes orientales. — Revenus de la colonie : 125 millions de gulders ; dépenses : 115 millions. Le surplus des revenus sur les dépenses est dû à ce que l'on appelle le *système de culture*, qui comprend le travail forcé des indigènes dans les plantations de sucre et de café. — Vers le xie siècle, Java fut visitée par les Indous qui y fondèrent des royaumes et convertirent les indigènes au brahmanisme. Marco Polo fit connaître cette île aux Européens vers la fin du xiiie siècle ; cependant il ne la visita pas. Les Indous maintinrent leur domination jusqu'à la seconde moitié du xve siècle. En 1475, un prince mahométan s'éleva au pouvoir suprême et s'empara de presque toute l'île. Les Hollandais vinrent pour la première fois à Java en qualité de commerçants, vers 1595. En 1610, ils obtinrent la permission de bâtir un fort près de l'emplacement actuel de Batavia. Les Portugais et les Anglais, qui avaient établi une factorerie à Bantam, se soumirent à leur suprématie. Après plusieurs guerres avec les gouverneurs indigènes, le principal monarque javanais conféra, en 1749, la souveraineté de l'île aux Hollandais. En 1811, les Anglais virent Java et l'occupèrent jusqu'en 1816, époque où elle fut rendue à la Hollande. (Voy. Sumatra.) — Dans la nuit du 26 août 1883, le volcan de Papandayang se mit à lancer des flammes. La montagne s'effondra tout à coup et à sa place parurent sept pics distincts qui vomissaient des flots de lave. La ville de Bantam fut entièrement couverte par les eaux : 12 à 1,500 personnes furent noyées. Batavia et Serang ont beaucoup souffert. Le détroit de la Sonde a été presque entièrement bouleversé. — Langue et Littérature. Le javanais, parlé à Java et dans plusieurs petites îles voisines, est intimement lié au malais. Il présente cette particularité qu'il emploie des formes et des flexions spéciales, suivant que l'on parle aux personnes supérieures ou à des inférieurs. La littérature javanaise dont on peut suivre l'origine jusqu'au premier siècle de notre ère, est écrite dans une langue entièrement imprégnée d'éléments sanscrits et portant le nom de *kawi*. L'alphabet javanais se compose de 20 consonnes et 6 voyelles; mais ces dernières ne sont que des caractères supplémentaires, comme dans l'arabe. Il est dérivé du devanâgari indou. Le genre et le nombre des noms sont indiqués par des adjectifs. Le cas génitif est formé par inflexion, mais les autres relations de mots sont exprimées ordinairement par des prépositions. Les adjectifs n'admettent pas les distinctions de genre, de nombre ou de cas. Les pronoms sont également invariables. Il n'y a point pour la troisième personne du singulier ou du pluriel, ni pour la seconde personne du pluriel. L'habitude est d'omettre les pronoms et, quand cela est possible, d'employer à leur place les titres des personnes auxquelles on s'adresse; il y a des formes pronominales employées à profusion dans des formes humbles et cérémonieuses du langage. La forme simple du verbe indique le temps présent, mais pour la clarté ou l'emphase quelques mots signifiant *maintenant* ou *encore* sont introduits. Le temps passé s'exprime par des particules signifiant *passé* ou *déjà*. Les particules signifiant *vouloir*, ou exprimant la volonté, indiquent le temps futur. La plupart des parties du langage peuvent être changées les unes pour les autres au moyen de préfixes, de suffixes ou d'infixes, soit seuls, soit combinés. Le langage qui est très riche sous quelques rapports est excessivement pauvre sous d'autres. Il y a deux et même trois noms pour quelques métaux, mais il n'y a pas d'équivalent pour dire métal ou minéral; il n'y a pas de mot pour animal et il y a cinq mots pour chien, six pour porc et sept pour cheval. La littérature javanaise comprend des romans, des chroniques, des histoires, des histoires religieuses, des livres d'astronomie et des livres astrologiques. Les missionnaires ont introduit des ouvrages sur la religion chrétienne. — Voy. Crawfurd, *Histoire de l'archipel Indien*, et *Uber die Kawi sprache*, de Wilhelm von Humboldt. Il y a des grammaires et des dictionnaires javanais en hollandais.

JAVAN, l'un des fils de Japhet; on le regarde comme le père des Ioniens. Ses enfants furent: Elisa, Tharsis, Céthim et Dodanim.

JAVANAIS, AISE s. et adj. Qui est de Java; qui concerne cette île ou ses habitants.

* **JAVART** s. m. Art vétér. Tumeur dure et douloureuse qui vient au bas de la jambe des chevaux, et qui est analogue à celle que, dans l'homme, on appelle Clou ou Furoncle : *il est venu un javart à ce cheval.*

* **JAVEAU** s. m. Eaux et Forêts. Nom qu'on donne à une île formée de sable et de limon par un débordement d'eau.

JAVEL, ancien village de la banlieue de Paris, sur les bords de la Seine, le territoire de Grenelle; célèbre par ses fabriques de produits chimiques. — Eau de Javel, solution d'hypochlorite de potasse, qui sert dans les ménages et les blanchisseries pour le nettoyage du linge et des taches d'encre, de vin, de fruits, etc. Elle doit son nom au lieu principal de sa fabrication.

JAVELAGE s. m. Action ou manière de javeler.

* **JAVELÉ, ÉE** part. passé de Javeler. — Avoines javelées, celle dont le grain est devenu noir et pesant par la pluie qui les a mouillées tandis qu'elles étaient en javelle.

* **JAVELER** v. a. Agric. Mettre les blés par petites poignées, et les laisser couchés sur les sillons, afin que le grain sèche et jaunisse : *il faut javeler ces blés, ces avoines.* — v. n. : *le blé javelle.*

* **JAVELEUR** s. m. Agric. Celui qui javelle : *il y avait tant de javeleurs dans ce champ.* — ∾ Une borne javeleuse, une femme qui sait bien javeler.

* **JAVELINE** s. f. (diminut. de *javelot*). Espèce de dard long et menu : *lancer une javeline.*

* **JAVELLE** s. f. (lat. *capulus*, poignée). Agric. Plusieurs poignées de blé scié, qui demeurent couchées sur le sillon jusqu'à ce qu'on en fasse des gerbes : *mettre du blé, de l'avoine en javelle.* — Petits faisceaux de sarment : *mettez une javelle au feu.*

* **JAVELOT** s. m. (bas lat. *gavelo*, sorte de dard). Espèce de dard, arme de trait : *lancer, darder un javelot.*

JAVIE (La), ch.-l. de cant., arr. et à 15 kil. N.-E. de Digne (Basses-Alpes); 500 hab.

JAVOGUES (Charles), conventionnel montagnard, né à Bellegarde en 1759, mort en 1796. Membre de la Convention, il vota la mort de Louis XVI, sans sursis ni appel, fut nommé commissaire du gouvernement dans les dép. de l'Ain, de la Loire et de Saône-et-Loire, et revint siéger à la Montagne jusqu'à la fin de la Convention; il fut condamné à être fusillé pour avoir pris part à la révolte du camp de Grenelle.

JAVOTTE s. f. Pop. Femme bavarde, babillarde.

JAXARTES, ancien nom du Sir-Darya, fleuve de l'Asie centrale, formé par le Naryn, et par plusieurs autres petites rivières du S. et de l'E. du Khokan. Il donne son nom (Sir-Darya) à la division du Turkestan russe; il se jette dans la mer d'Aral. Le Jaxartes figure dans l'histoire de Cyrus, d'Alexandre et de plusieurs autres conquérants.

JAZET (Jean-Pierre-Marie), graveur, né à Paris en 1788, mort en 1871. Il exécuta des gravures à l'aquatinta, d'après les plus célèbres tableaux de Vernet, de Gros, de Delaroche, etc. — Son fils, Alexandre-Jean-Louis, a gravé la *Déclaration de l'indépendance américaine*, de Trombull (1864).

JAZYGES, tribu sarmate, qui habita d'abord les côtes septentrionales de la mer Noire et de la mer d'Azof. Au temps de l'empereur Claude, les Jazyges se divisèrent en trois nations, dont deux devinrent tributaires des Goths; la troisième, en raison de sa position entre la Pannonie et la Dacie, vécut sous la protection de Rome et fut appelée *Jazyges Metanastæ* ou transplantés. Ce nom disparut lors de la grande invasion des Madgyars. Les Jazyges reparurent comme tribu madgyarisée (hongr. *Jaszok*, homme de l'arc), à une époque plus récente, quand leurs possessions entre le Danube et la Theiss formèrent un district de Hongrie sous le nom de Jazygie (*J'aszsa'g*), ensuite réuni à la Cumanie; 1,100 kil. carr.; 245,530 hab. Capitale, Jazberény.

JAZYGIE. Voy. Jazyges.

J.-C. Abréviation du nom de Jésus-Christ.

* **JE** (gr. *ego*; lat. *ego*; ital. *io*; all. *ich*; angl. *I*). Pronom de la première personne du singulier, et des deux genres. (Voy. Nous.) Il est toujours le sujet de la proposition, ou, comme on parle en gramm., le nominatif du verbe. Quand le verbe commence par une voyelle ou une *h* non aspirée, on élide l'*e* : *je dis, je fais; je vous assure que...* — Est quelquefois séparé du verbe, dans certaines formules, par l'énonciation des qualités de celui qui parle; comme : *je, soussigné, conservateur des hypothèques, certifie que...* — Se met après le verbe, dans les façons de parler interrogatives ou admiratives, comme : *que ferai-je?* soit quand le verbe se trouve enfermé dans une espèce de parenthèse, comme : *vous remarquerez, lui dis-je, que...*

soit quand on l'emploie par manière de souhait, comme : *puissé-je vous voir aussi heureux que vous le méritez!* soit dans ces phrases et autres semblables : *dussé-je en périr, fussé-je au bout du monde*, quand je devrais en périr, quand je serais au bout du monde; soit quand on s'en sert pour exprimer le doute, comme : *peut-être irai-je, peut-être n'irai-je pas;* encore ne sais-je; soit enfin quand il est précédé de la conjonction *Aussi*, ou de certains adverbes semblables, comme : *aussi puis-je vous assurer; malaisément viendrais-je à bout de cela;* lorsqu'il est ainsi placé après le verbe, c'est toujours immédiatement, sans qu'on puisse rien mettre entre deux. — Fam. Je ne sais quoi, ou substantiv. Un je ne sais quoi, se dit d'une qualité, d'un sentiment indéfinissable : *je ne sais quoi, ce je ne sais quoi qui charme, qui séduit.*

JEAN, s'emploie dans cette locution : *nu comme un petit saint Jean*, à peine vêtu de mauvaises guenilles; tout nu, se dit surtout des enfants.

JEAN (gr. *Ioannès*; lat. *Joannes*; ital. *Giovanni*; esp. *Juan*; port. *Jodo*; all. *Johann*; angl. *John*; anc. franç. *Jehan*). Nom de plusieurs saints, de 23 papes, d'un grand nombre de rois, de princes et de personnages divers.

I. — Saints.

I. **Jean-Baptiste**, fils de Zacharie et d'Elisabeth, né quelques mois av. J.-C. dont il devait être le précurseur, décapité par ordre d'Hérode l'an 31. Jusqu'au moment où le Messie commença à prêcher l'Evangile, Jean-Baptiste vécut au désert comme un prophète ascétique, prêchant au peuple le repentir et annonçant la venue prochaine du Messie. Il reconnut publiquement ce Messie dans Jésus qui se présenta à lui sur les bords du Jourdain et qui lui demanda le baptême. Ayant osé censurer le mariage d'Hérode avec sa belle-sœur Hérodias, Jean-Baptiste fut mis en prison et décapité. Fête le 24 juin. — II. **Jean l'Evangéliste**, l'un des douze apôtres, fils de Zébédée et de Salomé et frère de Jacques le Majeur. Il fut le disciple favori du Sauveur et le seul qui l'accompagna au Calvaire; ce fut à lui que le Christ mourant confia sa mère. Après l'ascension de J.-C., Jean resta quelque temps à Jérusalem, mais à partir de cette époque, les Ecritures gardent le silence à son égard. La tradition cependant rapporte qu'il vécut en Asie Mineure et qu'il y gouverna quelques églises; il se retira, à un âge avancé, dans l'île de Patmos, où il composa son *Apocalypse*. Il mourut vers l'an 101 de notre ère. Il a laissé trois *Lettres* et l'*Evangile* qui porte son nom. L'aigle est son emblème. Fête le 27 décembre. D'après une tradition, saint Jean aurait été, pendant la fameuse persécution de Domitien, en l'an 95, conduit à Rome et plongé dans une cuve d'huile bouillante, d'où il serait miraculeusement sorti sain et sauf; il fut ensuite relégué à Patmos. L'Eglise célèbre, le 6 mai, la mémoire de ce martyre, sous le nom de Saint-Jean-Porte-Latine. Cette fête est celle des ouvriers typographes, à cause de l'érudition de saint Jean l'Evangéliste. — III. **Jean l'Aumônier**, né dans l'île de Chypre dont son père était gouverneur, mort en 616. Son surnom d'*Aumônier* lui fut donné à cause de son inépuisable charité. C'est sous son invocation que s'établit l'ordre de Saint-Jean-de-Jérusalem. Fête le 23 janvier. — IV. **Jean Chrysostome**. (Voy. Chrysostome.) — V. **Jean Climaque**, l'un des pères de l'Eglise grecque, né en 525, mort en 605. Il passa 59 années de sa vie dans les déserts du Sinaï et y composa son *Climax* (d'où son surnom) ou *Echelle du ciel*. Fête le 30 mars. — VI. **Jean Damascène**. (Voy. Damascène.) — VII. **Jean de Matha**, fondateur de l'ordre de la Trinité pour le rachat des captifs, né en 1161, mort en 1213. Ses disciples portèrent en

France le nom de *Mathurins*. Fête le 8 février. — VII Jean Népomucène, patron de la Bohême, mort en 1383. N'ayant pas voulu révéler au roi Wenceslas le secret de la confession de la reine Jeanne, sa femme, dont il soupçonnait la fidélité, il fut noyé dans le Moldau. Fête le 16 mai. — IX. Jean de la Croix, fondateur de l'ordre des Carmes déchaussés, né en Espagne en 1542, mort en 1591. Fête le 24 nov. — X. Jean de Dieu, fondateur des religieux hospitaliers qui portent son nom, né en 1495, mort en 1550. Sa vie légère et libertine l'ayant mis aux portes du tombeau, il fit vœu, s'il recouvrait la santé, de se consacrer au soulagement des malheureux. Il fonda ainsi l'ordre de la Charité pour l'assistance des malades et donna à ses disciples la règle de saint Augustin. Fête le 8 mars.

II. — PAPES.

Jean Ier (SAINT), né en 470, mort en 526. Il succéda à Hormisdas en 523. Le roi Théodoric l'envoya à Constantinople auprès de l'empereur Justin pour faire révoquer les édits rendus par ce prince contre les ariens. Ayant échoué dans sa mission, il fut jeté en prison par ordre de Théodoric et il y périt de misère. Fête le 27 mai. — Jean II, né à Rome, mort en 535 ; il combattit avec vigueur les erreurs des eutychiens et des nestoriens. — Jean III, mort en 573. Il succéda, en 560, au pape Pélage. — Jean IV, né à Salone, en Dalmatie, mort en 642 ; il condamna l'erreur des monothélites et combattit l'édit de l'empereur Héraclius qui soutenait ces hérétiques. — Jean V, né à Antioche ; il monta sur le trône pontifical en 685 et mourut l'année suivante. — Jean VI, Grec d'origine, mort en 1705. Il succéda à Sergius en 701 et réussit à éloigner, à force de présents, le duc de Bénévent, Gisulfe, qui ravageait la Campanie. — Jean VII, Grec de naissance, gouverna l'Eglise de 705 à 707. — Jean VIII, né vers 820, mort le 15 déc. 882. Il succéda à Adrien II, le 14 déc. 872. Dès le commencement de son pontificat, sa partialité pour les Français le rendit odieux aux Italiens. Il acheta la paix avec les Sarrasins en leur promettant un tribut annuel. Il approuva la réintégration de Photius sur le siège de Constantinople, mais il prononça ensuite une sentence de déposition contre lui. Sa conduite arbitraire, vacillante et ses nombreuses excommunications lui firent beaucoup d'ennemis et il mourut de mort violente. — Jean IX, né à Tivoli, monta sur le trône pontifical en 898 et mourut l'an 900. Il réhabilita la mémoire du pape Formose, condamnée par Etienne VI. — Jean X (Giovanni Cenci), né vers 884, mort le 2 juin 928. Il fut élu pape en 914 et, conduisant une armée en personne, il déploya une grande énergie contre les Sarrasins. Ayant résisté à Marozia, fille de Théodora, son ancienne protectrice, et au mari de cette princesse, le duc Guido de Toscane, il fut jeté en prison où on l'étouffa. — Jean XI (Giovanni Conti), né en 905, mort en janvier 936. Il fut élevé à la papauté en 931 et devint le docile instrument de Marozia que l'on supposait être sa mère; Alberic, fils de cette dernière, se rendit maître de Rome et mit en prison sa mère et le pape Jean ; il fut élu pape en 965, grâce à l'influence d'Othon le Grand; chassé par les nobles, il fut rétabli par l'empereur et mourut en 972. On lui

attribue l'institution du baptême des cloches. — Jean XIV, pape de 984 à 985. Il était évêque de Pavie lorsque l'influence de l'empereur Othon le fit monter sur le siège pontifical. Trois mois après, l'antipape Boniface le fit enfermer au château Saint-Ange, où il mourut. — Jean XV, pape en 985, ne régna que quelques mois. — Jean XVI, né à Rome, élu pape en 985, mort en 996. Il eut à lutter contre Crescentius qui gouvernait Rome et s'opposa à la déposition d'Arnoul, archevêque de Reims, par Hugues Capet. Sous son pontificat eut lieu la première canonisation solennelle, celle de saint Uldaric, évêque d'Augsbourg. — Jean XVII, né à Rome, élu pape en 1003, mort la même année. — Jean XVIII, né à Rome : il fut élu pape en 1003 et abdiqua en 1009 pour se retirer dans un monastère, où il mourut peu après. — Jean XIX, de la famille des comtes de Tusculum, élu pape en 1024, mort en 1033. Avant son élévation au trône pontifical, il était consul, duc et sénateur de Rome. — Jean XX, nom d'un anti-pape. — Jean XXI, né à Lisbonne ; élu pape en 1276, il mourut 8 mois après sous les débris d'une chambre de son palais, à Viterbe. Il avait tenté sans succès d'empêcher la guerre entre Philippe le Hardi et Alphonse de Castille. Il a laissé plusieurs ouvrages sur la médecine et la théologie. — Jean XXII (Jacques d'Euse), né à Cahors (France) vers 1244, mort en 1334. Il fut élu pape à Lyon en août 1316, comme successeur de Clément V, et siégea à Avignon. En Italie la lutte entre les Guelfes et les Gibelins fit que ces derniers épousèrent la cause de Louis de Bavière, qui réclamait la couronne impériale et qui avait été excommunié par Jean. Les Gibelins furent à leur tour excommuniés comme hérétiques; une croisade fut prêchée contre eux ; pape et empereur envoyèrent chacun leur armée au secours de leurs partisans respectifs. Louis entra dans Rome, déposa le pape et établit l'antipape Nicolas V; mais après son départ, les Guelfes reprirent le pouvoir. — Jean XXIII (Baltassare Cossa), né en 1360, mort en 1419. Soldat et corsaire dans sa jeunesse, il avait acheté le chapeau de cardinal, et ses mœurs se ressentaient de son ancienne vie. Elu pape en 1410, par 19 cardinaux seulement, il se vit en butte aux compétitions de Benoît XIII et de Grégoire XII, élus en même temps que lui. C'était l'époque du grand schisme d'Occident. Le roi de Naples Ladislas le chassa de Rome et l'empereur Sigismond l'engagea à rassembler un concile à Constance pour mettre fin au grand schisme qui désolait l'Eglise et pour réformer les abus ecclésiastiques. Il ouvrit le concile en personne, le 5 nov. 1414. En 1415, il prit l'engagement de renoncer à ses droits à la papauté si ses rivaux en faisaient autant, mais il refusa d'accomplir son serment et se sauva de Constance. En mai, une sentence de déposition fut prononcée contre lui et l'empereur l'envoya prisonnier d'abord à Heidelberg, et ensuite à Munich, où il fut gardé pendant quatre ans. Il se sauva en 1419 et Martin V le nomma évêque de Frascati et cardinal.

III. — ANGLETERRE

I. Jean sans Terre, troisième souverain de la maison des Plantagenets et quatrième fils de Henri II et d'Eléonore d'Aquitaine, né le 24 déc. 1166, mort le 19 oct. 1216. Son père le nomma lord d'Irlande, et, en 1185, il se rendit dans ce pays avec une armée nombreuse, mais il en fut bientôt rappelé. La part de biens que lui légua Henri était sans importance, et c'est à cause de cela qu'il fut nommé Jean sans Terre. Lorsque Richard Ier, successeur de Henri, fut retenu prisonnier en Allemagne, Jean chercha à rendre son emprisonnement perpétuel et à s'emparer de la couronne. Il assiégea les places occupées par les amis de Richard, affirma que son frère

était mort et demanda à être proclamé roi. Richard revint en Angleterre en 1194, s'empara du château de Nottingham qui appartenait à Jean et fit mettre celui-ci en jugement pour crime de haute trahison. Jean était alors en France et Richard y conduisit une armée; mais, sur les prières de leur mère, le roi lui pardonna. Richard mourut en 1199 et légua tous ses Etats à Jean, qui entra ainsi en possession de l'Angleterre et de la Normandie. Son neveu Arthur, duc de Bretagne, était l'héritier légitime de la couronne. Philippe-Auguste de France, épousant la cause de ce dernier, s'empara de l'Anjou, de la Touraine et du Maine au nom d'Arthur ; il s'avançait en Normandie quand Jean y arriva. En 1200, la paix se signa entre Jean et Philippe. Jean, forcé de payer une forte somme, pressura ses sujets, ce qui causa de grands troubles en Angleterre. Les barons obtinrent des privilèges étendus, qui furent spécifiés dans la *Magna Charta* en mai 1201. Les réclamations d'Arthur emmenèrent des insurrections en Anjou et dans le Maine. Hugues de Lusignan épousa la cause du prince breton et la guerre civile éclata dans le Poitou et en Normandie. Arthur et Lusignan assiégeaient Eléonore d'Aquitaine dans le château de Mirebeau (Poitou), lorsque Jean accourut au secours de sa mère. Le 1er août 1202, il battit les assiégeants en bataille rangée et prit tous ceux qui ne furent pas tués ; un grand nombre de prisonniers furent condamnés à mourir de faim. Arthur âgé de 16 ans, était au nombre des captifs. Il fut emprisonné et l'on suppose que son oncle l'assassina de ses propres mains. Jean, accusé de ce meurtre par Philippe-Auguste, reçut l'ordre de comparaître devant les pairs de France. Il refusa de se présenter et fut condamné, comme coupable de lâcheté et de trahison, à perdre les terres qu'il tenait par hommage. En 1203, presque toutes ses possessions en France (excepté la Guyenne) furent prises par Philippe; il dut s'enfuir en Angleterre. En 1206, il débarqua à la Rochelle avec une armée et s'empara d'Angers, mais ensuite il se retira. Ses persécutions contre les prêtres le brouillèrent avec l'Eglise et une bulle d'excommunication fut lancée contre lui en 1209. Il obligea Guillaume, roi d'Ecosse, à reconnaître sa suprématie et il effectua la conquête du pays de Galles. Il conduisit aussi une nombreuse armée en Irlande, où il établit la domination anglaise. En 1213, le pape le déposa solennellement et releva ses vassaux de leur serment d'obéissance. Le roi de France se préparait à mettre la sentence à exécution, lorsque Jean, après avoir réuni une nombreuse armée, plaça son royaume sous la protection du pape dont il devint le vassal. Il envahit alors la France, mais sans succès, bien que sa flotte eût battu précédemment celle de Philippe. Les barons se liguèrent contre lui et le forcèrent de signer la *Magna Charta* (15 juin 1215); il voulut ensuite revenir sur sa parole; mais les barons demandèrent du secours à la France et offrirent la couronne au dauphin Louis, qui descendit en Angleterre à la tête d'une armée. Jean était sur le point de livrer bataille quand il tomba malade et mourut subitement. On attribua sa mort au poison. Son fils Henri III lui succéda.

IV. — ARAGON.

JEAN I, né en 1351, mort en 1395. Fils et successeur de Pierre IV, il fut méprisé et haï de ses sujets à cause des cruautés et des exactions. — Jean II, né en 1397, mort en 1479. Il fit la guerre à son fils don Carlos et à Henri IV de Castille et laissa la couronne à son fils Ferdinand le Catholique.

V. — BOHÊME.

Jean, *dit* l'Aveugle, né en 1296, mort en 1346. Il était fils de l'empereur Henri VII, battit les

Lithuaniens et prit le titre de roi de Pologne. Ayant perdu un œil dans cette expédition, il se confia aux bons soins d'un médecin juif qui lui fit perdre l'autre. Il assista, malgré cela, à la bataille de Crécy et il périt dans l'action.

VI. — BOURGOGNE.

Jean sans Peur, duc de Bourgogne, né en 1370, mort le 10 sept. 1419; il s'appela d'abord comte de Nevers, titre qu'il conserva jusqu'à la mort de Philippe le Hardi, son père. En 1396, il fit partie de l'armée des croisés qui avaient envahi la Hongrie et fit des prodiges de valeur à la bataille de Nicopolis, ce qui lui valut le surnom de *sans Peur*. En 1404, il succéda à son père. Sur ces entrefaites, Charles VI de France étant tombé en démence, la lutte s'engagea entre les deux maisons de Bourgogne et d'Orléans; il mit le comble à la haine qui existait entre les deux familles en faisant assassiner le duc d'Orléans à Paris en 1407. L'année suivante il se porta au secours de Jean de Bavière, prince-évêque de Liège, son beau-frère, que ses sujets tenaient enfermé dans Maëstricht; il vainquit en 1408 et 20,000 Liégeois restèrent sur le champ de bataille. Il revint à Paris et se fit accorder la garde du dauphin qui bientôt se dégagea de sa tutelle; la lutte éclata plus terrible que jamais entre Armagnacs et Bourguignons. Jean fut obligé, un moment, de se réfugier en Flandre, mais la trahison lui livra la capitale qu'il songea alors à se rapprocher du dauphin qui eut avec lui une entrevue près de Melun, en 1419; un second rendez-vous fut indiqué à Montereau, le 10 sept., vers trois heures de l'après-midi, au moment où le duc Jean s'inclinait devant le dauphin, Tanneguy-Duchâtel lui asséna un coup de hache qui l'étendit à terre. — Le meurtre du duc d'Orléans avait fait éclater la guerre civile; celui de Jean sans Peur livra la France aux Anglais.

VII. — BRETAGNE.

Jean Ier, *dit* LE ROUX, né en 1217, mort en 1286. Il était fils de Pierre Mauclerc et fut excommunié comme lui pour avoir attenté aux privilèges des prélats. Il accompagna Louis IX dans sa croisade contre Tunis. — **Jean II,** fils du précédent, né en 1239, mort en 1305; il épousa Béatrix, fille de Henri III d'Angleterre, et fut créé duc et pair du royaume par Philippe le Bel. — **Jean III** *dit* LE BON, né en 1286, mort en 1341; il accompagna Philippe de Valois en 1339 dans son expédition en Flandre et fut quelque temps après condamné à une forte amende pour avoir fait frapper de la monnaie au coin du roi de France. — **Jean IV,** frère du précédent, mort en 1345. Il se fit reconnaître duc de Bretagne en 1341 contre Charles de Blois, que soutenait la France. Assiégé dans Nantes, il fut fait prisonnier et traça quatre ans enfermé au Louvre. Sur ces entrefaites, Jeanne de Montfort, duchesse de Bretagne, avait relevé le drapeau de son mari, et avec le secours du roi d'Angleterre, avait conclu une trêve de trois ans. Jean s'échappa de sa prison en 1345 et mourut la même année. — **Jean V,** fils du précédent, né en 1338, mort en 1399; à la mort de son père, il eut sa mère pour tutrice. Elevé à la cour d'Angleterre, il épousa la fille d'Edouard III, et en 1364, avec l'aide des Anglais, il battit Charles de Blois et du Guesclin à Auray et fut reconnu légitime possesseur de la Bretagne par le traité de Guérande (1365). Il fit traîtreusement prisonnier le connétable de Clisson en 1387, et le rançonna; mais ce dernier s'en vengea et lui fit la guerre pendant près de neuf ans. — **Jean VI,** fils du précédent, né en 1388, mort en 1442; il entra, sous Charles VI, dans le parti des Armagnacs, puis fit alliance avec le duc de Bourgogne et les Anglais; il eut ensuite à se défendre contre

le duc de Penthièvre que lui opposa Charles VII et qui le retint prisonnier pendant cinq ans; il fut délivré par ses barons et, jusqu'à la fin de sa vie, il flotta entre le parti anglais et celui de l'indépendance nationale, signant tantôt un pacte avec le dauphin (1341), tantôt un tout opposé avec l'Angleterre (1342).

VIII. — CASTILLE.

Jean Ier, né en 1358, mort en 1390; il était fils d'Henri II et succéda à son père en 1379; il était renommé pour sa justice et sa bonté. — **Jean II,** né en 1404, mort en 1453. Il fut proclamé roi de Castille à l'âge de deux ans, sous la tutelle de sa mère, Catherine de Lancastre. En 1431 et en 1435, il vainquit les Maures et se laissa dominer par son favori Alvarez de Luna, qu'il finit pourtant mettre à mort.

IX. — CONSTANTINOPLE.

Voy. ORIENT (*Empire d'*).

X. — FRANCE.

Jean I, fils posthume de Louis X le Hutin; ne vécut que quelques jours. — **Jean II,** *dit* LE BON ou LE VAILLANT, second roi de la famille des Valois, né vers 1319, mort à Londres en 1364. Il succéda à son père Philippe VI en 1350. Ses premières mesures furent marquées par le despotisme et la cruauté. Les grands vassaux appelèrent à leur secours Édouard III d'Angleterre. Les Anglais ayant envahi la France, Jean rencontra une des armées, commandée par le Prince Noir, à Maupertuis, près Poitiers; il fut battu le 19 sept. 1356 et emmené prisonnier à Londres. La paix désastreuse de Brétigny (1360) rendit la liberté au roi qui dut sacrifier quelques-unes des meilleures provinces françaises et s'engager à payer une rançon de 3 millions de couronnes. Son fils, le duc d'Anjou, qu'il avait livré comme otage, s'étant échappé d'Angleterre, le roi retourna en captivité.

XI. — POLOGNE.

Jean Ier ou JEAN-ALBERT, roi de Pologne de 1492 à 1501. Il fut vaincu par l'hospodar de Valachie, par le czar, par les Turcs et par les Tartares. — **Jean II Casimir,** roi de Pologne, né en 1609, mort à Nevers (France), le 16 déc. 1672. Il était le plus jeune fils de Sigismond III. En 1638, il s'embarqua à Gênes pour l'Espagne, afin d'y négocier une ligue avec Philippe III contre la France; mais il fit naufrage sur la côte de Provence, et sur l'ordre de Richelieu fut emprisonné deux ans à Vincennes. Il voyagea ensuite, entra à Rome dans l'ordre des Jésuites et fut fait cardinal par Innocent X; mais, après son retour en Pologne, il redevint laïque, et, ayant succédé à son frère Ladislas IV en 1648, il épousa la veuve de celui-ci, Maria-Luisa Gonzaga. Son règne commença au milieu des désastres occasionnés par la révolte des Cosaques sous Chmielnicki. La Russie et la Suède recommencèrent alors leurs attaques. Georges Rakoczy de Transylvanie envahit aussi la Pologne, tandis que les diètes polonaises étaient dissoutes les unes après les autres par l'abus du *liberum veto*. Charles X de Suède traversa triomphalement la Pologne et occupa Cracovie (1655); Jean-Casimir s'enfuit en Silésie. Mais Zarniecki rétablit la fortune de la Pologne par des victoires sur tous ses ennemis; la guerre se termina par des cessions considérables de territoire. Après une révolte de Georges Lubomirski et une guerre civile sanglante de peu de durée, le roi déposa sa couronne, à la diète de Varsovie (16 sept. 1668). A la diète précédente, il avait prédit le démembrement de la Pologne par les maisons de Moscou, de Brandebourg et de Hapsbourg, tel qu'il eut lieu 100 ans après sa mort. Il se retira en France, où il fut convenablement traité par Louis XIV. — **Jean III SOBIESKI,** roi

de Pologne, né en 1625, mort le 17 juin 1696. Il fut envoyé à Paris pour achever son éducation, et entra aux mousquetaires de Louis XIV, sous Condé; mais, en 1648, il retourna dans son pays pour combattre les Cosaques révoltés. Il se battit bravement contre eux, contre les Suédois et contre d'autres envahisseurs. Peu de temps avant l'abdication de Jean-Casimir, il reçut le commandement en chef de l'armée. En 1672, il défit les Turcs et les Tartares, et lorsque le roi Michel, assiégé par les Turcs à Kamenetz, eut signé un traité honteux, il fit rejeter ce traité par le sénat, se rendit en hâte en Podolie et il mit en déroute les Turcs à Khotin (1673). Le roi étant mort peu de jours avant, Sobieski fut alors élu son successeur. Il reprit la guerre, sauva la forteresse de Trembowla, mais ensuite, à Zurawno, il échappa à peine à une capitulation. En 1683, il courut au secours de Vienne qui était assiégée par une armée de 300,000 Turcs. Les Polonais, un peu plus nombreux, furent rejoints par un nombre à peu près égal de troupes allemandes. A peine arrivé devant Vienne, Sobieski donna le signal de l'attaque. Les Turcs furent repoussés dans leurs retranchements et attaqués le jour suivant (12 sept.). La charge fut terrible mais courte; les Turcs furent complètement mis en déroute. Sobieski, après avoir fait une entrée triomphale à Vienne, poursuivit l'ennemi en Hongrie qui fut bientôt rendue à l'empereur. Il essaya ensuite de conquérir la Valachie, mais il échoua. Les dernières années de sa vie furent empoisonnées par les troubles civils. On l'admire comme guerrier mais on l'estime peu comme monarque. Après sa mort ses trois fils furent repoussés du trône par les électeurs, qui donnèrent la couronne de Pologne à Auguste de Saxe. Les *Lettres du roi de Pologne, Jean Sobieski, à la reine Marie-Casimir, pendant la campagne de Vienne,* parurent en 1826.

XII. — PORTUGAL.

Jean I, *dit* LE GRAND, fils naturel de Pierre Ier et d'Inès de Castro, mort en 1433. — **Jean II,** né en 1455, mort en 1495. Il monta sur le trône en 1481 à la mort de son père Alphonse Ier, et fit avec succès plusieurs expéditions en Afrique et dans les Indes. — **Jean III,** mort en 1557. Il recueillit sous ses États l'ordre naissant des jésuites et y établit le tribunal de l'Inquisition. — **Jean IV,** chef de la dynastie de Bragance, né en 1604, mort en 1656. En 1640, il chassa les Espagnols, qui possédaient le Portugal depuis 1580, et soutint une guerre contre les Hollandais qu'il chassa du Brésil en 1654, mais il perdit Ceylan. — **Jean V,** mort en 1750; il monta sur le trône en 1706 à la mort de Pierre II son père, et s'unit avec les Espagnols lors de la guerre dite *de la succession d'Espagne*. — **Jean VI,** né en 1761, mort en 1826. Lorsque les Français eurent envahi le Portugal en 1807, Jean se retira au Brésil et s'y fit nommer empereur; il revint en Portugal en 1821.

XII. — SAXE.

Jean, roi de Saxe, né en 1801, mort le 29 oct. 1873. Il était le plus jeune fils du duc Maximilien de Saxe et de la princesse Caroline de Parme. Il commanda la garde nationale de 1831 à 1846. Son frère, Frédéric-Auguste II, étant mort sans héritier, le 9 août 1854, Jean devint roi. Il se mit du côté de l'Autriche dans la guerre de 1866. Les Prussiens entrèrent en Saxe et l'armée saxonne s'étant retirée en Bohême se battit contre eux à Kœniggraetz le 21 oct., tu roi consentit à payer une forte somme et à céder la forteresse de Kœnigstein. Ensuite la Saxe entra dans la confédération germanique du Nord et ses troupes prirent part à la guerre franco-prussienne de 1870-71. Sous le pseudonyme de Philalethes, Jean publia une traduction de la *Divina Commedia* du Dante, avec des notes critiques et historiques (1839-'49; 2° éd., 1865). Il a laissé en manuscrit la traduction de 70 poèmes anglais.

PERSONNAGES DIVERS.

Jean (JOHANN - BAPTIST - JOSEPH), archiduc d'Autriche, neuvième fils de l'empereur Léopold II et de Maria-Louisa d'Espagne, né en 1782, mort en 1859. Il fut nommé commandant en chef de l'armée d'Autriche en 1800, et fut battu par les Français à Hohenlinden et à Salzbourg. En 1801, il devint directeur en chef du département des fortifications et des ingénieurs. Ministre de la guerre de 1803 à 1805, il fut ensuite nommé commandant de l'armée du Tyrol. En 1809, il fit soulever ce pays contre ses nouveaux maîtres et commanda avec succès l'armée qui y opéra, mais il se retira quand il apprit dans quelle situation critique se trouvait Vienne. Il vécut ensuite dans la retraite à Gratz. En 1848, il fut élu vicaire de l'empire par le parlement de Francfort et se consacra principalement à la protection des intérêts de la maison d'Autriche contre la prépondérance croissante de la Prusse. Son office finit le 20 déc. 1849. — **Jean de Leyde**, fanatique hollandais, né vers 1510, mis à mort en janvier 1536. Son nom véritable était Jean Boccold ou Bockelson. En 1533, il rejoignit les anabaptistes à Münster, assista Matthias de Harlem et après la mort de celui-ci, il prit la popularité comme prophète. Il fut couronné roi de Sion, le 24 juin 1534, mena un train princier, vécut dans la luxure, introduisit la polygamie et le droit d'épouser 15 femmes. La ville fut assiégée par l'évêque de Münster et prise par trahison dans la nuit du 24 juin 1535. Jean, fait prisonnier, fut promené dans une cage de fer, et ensuite torturé et mis à mort. — **Jean de Salisbury**, appelé aussi JOHANNES PARVUS (Jean le Petit), philosophe scolastique anglais, né vers 1120, mort en 1180. Secrétaire de Becket, dont il était, disait-on, l'œil et le bras, il encouragea ce prélat dans sa lutte contre Henri II. En 1176 il fut élu évêque de Chartres, où il passa le reste de sa vie. Il avait une haute réputation comme savant, comme poète et comme orateur. Ses ouvrages ont été réunis en 5 vol. (1848). — **Jean Scot.** (Voy. ERIGÈNE.) — **Jean de Souabe** ou LE PARRICIDE, prince allemand, né en 1289, mort en 1313 ou en 1368. Il était fils du duc Rodolphe de Souabe et neveu de l'empereur Albert Ier; comme l'empereur ne voulut pas lui rendre ses possessions héréditaires lorsqu'il eut atteint sa majorité, le prince entra dans une conspiration avec des nobles mécontents et l'assassina le 1er mai 1308, près de Windisch, en Suisse. Les meurtriers échappèrent tous, Jean s'enfuit en Italie. Son histoire devient ensuite des plus obscures.

JEAN-MAYEN ou **Jan-Mayen**, île volcanique inhabitable, située dans l'océan Arctique, entre l'Islande et le Spitzberg, à environ 300 kil. E. de la côte du Groënland. Elle fut découverte en 1611 par Jean Mayen, navigateur hollandais. Elle renferme le Beerenberg, volcan revêtu de neiges, haut d'environ 2,300 mètres et couvert de vastes glaciers et de chutes d'eau congelées. L'Esk, autre volcan en activité (500 m. de haut), fut découvert par Scoresby en 1817. On trouve dans l'île une grande quantité d'ours, de renards et d'oiseaux de mer.

JEAN-BON SAINT-ANDRÉ (André JEAN BON, dit), célèbre conventionnel montagnard, né à Montauban, le 25 février 1749, mort à Mayence le 10 déc. 1813. Il fut d'abord marin, puis pasteur protestant. Député de Tarn-et-Garonne à la Convention, il vota la mort du roi sans appel ni sursis et entra au comité de salut public en juillet 1793. Chargé du département de la marine, il prit sur les devoirs des capitaines un arrêté tellement bien conçu qu'il

eut force de loi jusqu'au 10 fév. 1843. Il déploya une activité extraordinaire pour nous donner une armée navale sur l'Océan. Il s'embarqua même sur la flotte de Villaret-Joyeuse, et assista aux deux batailles navales du 9 et du 13 prairial an II. Le Directoire le nomma consul à Alger, puis à Smyrne, l'empire fit de lui le préfet du Mont-Tonnerre (Mayence), où il mourut du typhus contracté en soignant les malades de l'armée française.

JEAN (Saint-), grand lac du Canada. Voy. QUEBEC.

JEAN-D'ANGELY (Saint-), Angeriacum, ch.-l. d'arr., à 50 kil. S.-E. de la Rochelle (Charente-Inférieure), sur la rive droite de la Boutonne, par 45° 56' 39" lat. N. et 2° 51' 39" long. O.; 7,200 hab. Belle halle; eaux-de-vie, fabrique de poudre. Etoffes, faïences, souliers dits de Niort. — Cette ville prit son nom d'un monastère fondé en 768, par Pepin le Bref au milieu de la forêt d'Angeriacum.

JEAN-BRÉVELAY (Saint-), ch.-l. de cant., arr. et à 30 kil. S.-O. de Ploërmel (Morbihan); 2,050 hab.

JEAN-DE-BOURNAY (Saint-), ch.-l. de cant., arr. et à 23 kil. E. de Vienne (Isère), sur la Gervonde; 3,200 hab.

JEAN-DE-DAYE (Saint-), ch.-l. de cant., arr. et à 15 kil. N. de Saint-Lô (Manche), sur la rive gauche de la Vire; 275 hab.

JEAN-DU-GARD (Saint-), ch.-l. de cant., arr. et à 28 kil. O. d'Alais (Gard), sur le Gardon-d'Anduze; 4,000 hab.

JEAN-DE-LOSNE (Saint-), ch.-l. de cant., arr. et à 41 kil. N.-E. de Beaune (Côte-d'Or), sur la rive droite de la Saône, à l'entrée du canal de Bourgogne; 1,560 hab.

JEAN-DE-LUZ (Saint-), ch.-l. de cant., arr. et à 21 kil. S.-O. de Bayonne (Basses-Pyrénées), à l'embouchure de la Nivelle, dans le golfe de Gascogne, par 43° 23' 22" lat. N. et 4° 0' 5" long. O. ; 4,100 hab.

JEAN-DE-MAURIENNE (Saint-), ch.-l. d'arr. à 71 kil. S.-E. de Chambéry (Savoie), sur l'Arc, par 45° 16' 36" lat. N. et 4° 0' 34" long. E. ; 573 m. d'altitude à la tour de l'Horloge; 3,400 hab. Evêché.

JEAN-DES-MONTS (Saint-), ch.-l. de cant., arr. et à 46 kil. N.-O. des Sables-d'Olonne (Vendée), près de l'Océan; 4,000 hab.

JEAN-EN-ROYANS (Saint-), ch.-l. de cant., arr. et à 44 kil. N.-E. de Valence (Drôme), sur la rive droite de la Lionne; 2,550 hab.

JEAN-PIED-DE-PORT (Saint-), ch.-l. de cant., arr. et à 30 kil. S.-O. de Mauléon (Basses-Pyrénées), sur la Nive, au pied des ports ou passages de France en Espagne; 1,650 hab.

JEAN-SOLEYMIEUX (Saint-), ch.-l. de cant., arr. et à 16 kil. S. de Montbrison (Loire); 1,300 hab.

JEAN-FESSE s. m. Avare, malhonnête homme.

JEAN-FOUTRE s. m. Homme vil, gredin fieffé. (Voy. FOUTRE.)

JEAN-LE-BLANC s. m. Ornith. Nom vulgaire d'une espèce de faucon (Voy. CIRCAÈTE).

JEAN-JEAN s. m. Fam. Imbécile : me prendrais-tu pour un jean-jean ?

JEANNE (la papesse), personnage fictif ou supposé tel, que l'on prétend avoir succédé à Léon IV dans la chaire pontificale en 855, qu'elle aurait occupée deux ans et quelques mois. La légende est tellement mêlée à l'histoire à ce sujet qu'il est bien difficile de discerner la vérité. La papesse Jeanne a-t-elle existé ? De nombreux et graves documents l'affirment ; d'aussi nombreux et non moins graves documents le nient.

JEANNE Ire, reine de Naples, fille de Charles,

duc de Calabre, et petite-fille de Robert d'Anjou, née vers 1327, morte le 22 mai 1382. A l'âge de sept ans, elle épousa son cousin, André de Hongrie, pour lequel elle n'eut jamais que de l'antipathie. En 1343, elle succéda à son grand-père Robert. Après deux années d'une union très orageuse, son mari fut étranglé en 1345. Peu de temps après, elle épousa un autre de ses cousins, Louis de Tarente, que l'on supposait être son amant et l'un des assassins d'André. Louis le Grand de Hongrie, voulant venger la mort de son frère, envahit le royaume de Naples; mais Jeanne gagna la faveur du pape en lui cédant Avignon, et la médiation du souverain pontife amena le départ des Hongrois. Louis de Tarente mourut en 1362, et Jeanne épousa, en 1363, Jacques d'Aragon, roi de Majorque, qui la quitta bientôt et mourut en 1376. Jeanne épousa alors Othon de Brunswick, ce qui offensa le duc Charles de Durazzo, dont la femme était héritière présomptive du trône. Ce prince envahit le territoire napolitain, s'empara de Jeanne et l'envoya prisonnière à Muro, où elle fut mise à la disposition du roi de Hongrie; elle périt étouffée entre des matelas. — II, reine de Naples, petite-nièce de la précédente et fille du duc Charles de Durazzo, née vers 1370, morte en 1435. Toute jeune, elle fut mariée à Guillaume d'Autriche; quelques années après elle resta veuve et en 1414 elle succéda à son frère Ladislas. Elle mena une vie licencieuse et épousa Jacques de Bourbon, comte de la Marche. Son mari ayant découvert ses infidélités, éloigna ses favoris; mais Jeanne réussit à l'emprisonner dans une forteresse napolitaine, d'où il ne s'échappa que pour quitter le pays et pour se retirer dans un monastère en Bourgogne. Le gouvernement des favoris commença de nouveau et le règne de Jeanne donna pendant quelques années le spectacle d'intrigues, de querelles de cour et d'insurrections populaires. Alfonso d'Aragon lui succéda; il s'empara du trône, bien qu'il en fût exclu par le testament de Jeanne.

JEANNE D'ALBRET. Voy. Albret (JEANNE D').

JEANNE DARC, surnommée LA PUCELLE D'ORLÉANS, héroïne française, née à Domremy (Lorraine), le 6 janv. 1412, brûlée vive à Rouen le 30 mai 1431. Fille de cultivateurs qui auraient pu vivre dans l'aisance s'ils n'eussent été chargés d'une famille de cinq enfants, elle fut élevée comme une humble fille des champs et garda les troupeaux de ses parents jusqu'à l'âge de 18 ans. Les récits des malheurs dont la France était alors accablée excitèrent sa jeune imagination. Exaltée par son enthousiasme religieux, et par ses méditations, elle eut des visions et entendit une voix qui lui recommandait de sauver le royaume. Une prophétie, populaire à cette époque, annonçait qu'une vierge délivrerait la France de ses ennemis et ferait couronner le roi légitime. Possédée de l'idée que cette vierge prédestinée, c'était elle-même. elle demanda à son père l'autorisation d'aller rejoindre le dauphin Charles. Ayant subi un refus, elle se soumit en apparence; mais elle supplia Robert de Baudricourt, capitaine de Vaucouleurs, d'écouter favorablement sa requête et de l'exaucer. Robert céda à ses instances le 25 fév. 1429, revêtue d'un costume de cavalier, elle partit sous l'escorte de Jean de Novelonpont et de cinq hommes de guerre, se rendit à Chinon où le roi Charles VII tenait sa cour; elle fit part à l'entourage du prince de ses visions et de son entreprise. Ses inspirations ayant été soumises à un sévère examen, on écarta l'idée qu'elle fût sous une influence satanique et l'on s'assura qu'à un jour d'un mettrait en présence du roi. C'était une dernière épreuve à laquelle on voulut la soumettre. Charles VII, sous l'habit de courtisan, se mêla à ses gens et fit asseoir à sa place un de ses gentilshommes; on introduisit Jeanne. Sans avoir jamais vu le roi, sans faire attention à celui qui occupait la première place, Jeanne fendit la foule des seigneurs et salua le dauphin qui se défendait encore de l'être, mais qui bientôt crut à la mission de la vierge de Vaucouleurs, quand elle lui eut révélé tout bas un secret qu'il ne croyait connu que de lui seul. La cour de Charles VII dut se laisser persuader à son tour. On arma, on équipa Jeanne; les plus vieux généraux, Lahire tout le premier, durent subir l'ascendant miraculeux de cette fille des champs; le 29 avril, elle arrive devant Orléans; elle prend le commandement des troupes, combat au premier rang, arrache elle-même une flèche qui lui traverse l'épaule, jette la terreur dans l'armée ennemie et délivre ces murailles qu'elle avait promis de sauver (8 mai 1429). Jeanne alors alla chercher le roi à Loches pour le conduire à Reims; toujours faible et toujours indécis, l'indolent Charles VII fit perdre un temps précieux en stériles délibérations et permit aux Anglais de former une nouvelle armée. Aussitôt que l'héroïne put reprendre l'offensive, elle marcha droit à la rencontre de l'ennemi et après quelques heureux coups de main, elle défit complètement les Anglais à la mémorable victoire de Patay (18 juin). Le 17 juillet suivant, Charles VII était sacré à Reims. La mission de Jeanne était terminée; elle voulut se retirer; on la retint malgré ses instances, elle perdit alors confiance en elle-même et entraîna malgré tout le roi sur la route de Paris où elle voulait qu'il se présentât résolument. On se ferait difficilement une idée, disent les chroniques du temps, de l'enthousiasme avec lequel on acclamait Jeanne; les populations s'agenouillaient sur son passage; on l'arrêtait pour lui baiser les mains, mais elle, triste et souriante et comme si l'avenir lui eût dévoilé ses secrets, ne cessait de dire à tous : « Je ne crains rien, sinon d'être trahie ». Après avoir pris Saint-Denis, elle attaqua la capitale et fut blessée le 8 sept. à l'assaut de la porte Saint-Honoré. Malgré elle, mais par ordre du roi, le siège de Paris fut levé; elle se jeta alors dans Compiègne assiégée par les Bourguignons; le 24 mai 1430, ayant fait une sortie à la tête de ses gens d'armes, elle ne put rentrer à temps et demeura prisonnière du bâtard de Wandomme. Jean de Luxembourg, qui commandait le siège, se la fit livrer et la vendit ensuite pour 10,000 livres aux Anglais; l'évêque de Beauvais, Pierre Cauchon, se trouve déjà là comme l'agent de cet odieux marché. Les Anglais décidèrent qu'elle serait jugée comme sorcière et hérétique. Elle fut conduite à Rouen, où allait commencer son procès, mais dès ce moment, en réalité, commença son supplice. Ni son héroïsme, ni son sexe ne trouvèrent grâce devant ses lâches oppresseurs. Pendant deux mois Jeanne fut tenue droite et enchaînée dans une cage de fer et on ne la tira de ses liens qu'au moment où commença son procès, et encore ce fut pour la mettre dans une prison sous la garde de trois ou quatre soudards anglais, qui avaient pour mission de ne lui épargner aucun outrage. Au lieu d'être jugée par un tribunal civil, elle livrée à l'inquisition; Pierre Cauchon, qui tenait son siège de Henri V, roi d'Angleterre, présidait le tribunal infâme que complétaient de nombreux assesseurs arbitrairement appelés, et parmi lesquels figuraient nombre de moines et de prêtres. Le premier interrogatoire eut lieu le 20 fév. 1431. On essaya d'embarrasser Jeanne dans un réseau de subtilités théologiques; on voulut lui persuader ou du moins lui arracher l'aveu que le démon seul l'inspirait. Elle montra, dans ses réponses un sang-froid, une intelligence, une hauteur de sentiments, une éloquence naïve et forte, aussi extraordinaire que ses exploits guerriers; il fallait le cœur vil et méprisable, l'âme vendue de ses juges

iniques pour ne pas en être ému. Pour la trouver coupable, on dut user de ruse et elle signa ingénûment une abjuration qu'elle rétracta plus tard. Condamnée à la prison perpétuelle, elle reçut la défense de porter d'autres habits que ceux de son sexe; mais, pendant la nuit, on eut soin de lui enlever ses habits de femme, de sorte que le lendemain, obligée, à l'approche de ses gardes, de se revêtir de l'armure guerrière qu'on lui avait laissée, elle fut condamnée comme relapse à être brûlée vive et cette sentence fut exécutée sur la place du Vieux-Marché, à Rouen. L'histoire n'a rien de plus saisissant que cette vie et cette mort; mais si l'on ne peut citer le nom de Jeanne sans y joindre la pensée d'héroïsme et de martyre, l'on ne saurait non plus ne pas taxer de lâcheté la conduite de Charles VII qui ne fit rien pour sauver sa libératrice, et qui attendit 25 ans pour reviser son procès et rendre à sa mémoire un honneur qu'elle n'avait jamais perdu. Tous les ans, à Orléans, on célèbre par une procession solennelle en l'honneur de Jeanne, la délivrance de la ville. Le 8 mai 1855, une belle statue équestre, due au sculpteur Foyatier fut inaugurée sur l'une des places publiques de cette ville. Rouen, depuis longtemps déjà, avait élevé à l'héroïne un trop modeste monument. La princesse Marie, fille du roi Louis-Philippe, a sculpté Jeanne Darc : c'est la plus poétique et la plus parfaite de toutes les statues pédestres qu'on en a faites. Ingres l'a représentée au sacre de Reims. La poésie s'est inspirée plusieurs fois de la Pucelle d'Orléans; Chapelain l'a ridiculisée sans intention de le faire; Voltaire a commis la faute impardonnable de la flétrir dans un poème burlesque; Schiller l'a idéalisée dans un beau drame ; mais, quoi que l'on produise, le véritable poème de Jeanne Darc sera toujours dans la simplicité de son histoire. L'évêque d'Orléans, Dupanloup, poursuivait depuis plusieurs années, quand il est mort, le 11 oct. 1878, la béatification de Jeanne Darc. Les pièces de ce procès de béatification ont été transmises officiellement au gouvernement français au Vatican, en mars 1876. — Parmi les histoires de Jeanne Darc, nous citerons : Histoire de Jeanne Darc, par de Barante (1859, in-12); Histoire de Charles VII, par le marquis de Beaucourt (2ᵉ vol.); Histoire de Jeanne Darc, par Lebrun des Charmettes (1817, 4 vol. in-8°); Vie de Jeanne Darc, par A. Desjardins (Paris, 1854), ouvrage qui contient Chronique de la Pucelle, poème du XVᵉ siècle, publié par Vallet de Viriville ; Procès de condamnation et de réhabilitation de Jeanne Darc, par Quicherat (5 vol. in-8°); Jeanne Darc et les conseillers de Charles VII, par Henri Martin ; Vie de Jeanne Darc, par M. Wallon.

JEANNE HACHETTE. Voy. HACHETTE.

JEANNE LA FOLLE, reine de Castille, mère de Charles-Quint, née à Tolède en 1479, morte en 1555. Fille de Ferdinand le Catholique et d'Isabelle, elle épousa, en 1496, Philippe le Beau, archiduc d'Autriche. Sa raison naturellement faible s'altéra de plus en plus par l'indifférence et l'abandon d'un mari qu'elle aimait passionnément, et sa triste existence fut entourée d'un sombre mystère jusqu'à ce que sa raison se perdit tout à fait à la mort de Philippe (1506). Elle resta reine de nom. Ferdinand et Charles-Quint gouvernèrent successivement sous son nom. — JEANNE LA FOLLE, drame en cinq actes et en vers de L. Fontan, représenté pour la première fois à l'Odéon le 26 août 1830. — Opéra en cinq actes; paroles de Scribe, musique de Clapisson, représenté pour la première fois à l'Opéra le 6 nov. 1848.

JEANNE DE BOURGOGNE, reine de France, fille d'Othon IV, comte de Bourgogne, épouse de Philippe le Long, morte en 1325. Accusée d'adultère, elle fut enfermée au château de Dourdan; mais Philippe ayant acquis la

preuve de son innocence, la rappela auprès de lui et eut d'elle un fils et quatre filles.

JEANNE DE FLANDRE, femme de Jean de Montfort, duc de Bretagne. Elle se mit à la tête des partisans de son mari prisonnier au Louvre et soutint un siège dans Hennebont (1342-'43). Son principal adversaire était Jeanne de Penthièvre; c'est de là qu'on donna à la guerre de succession de Bretagne le nom de Guerre des deux Jeannes.

JEANNE DE FRANCE ou de Valois (SAINTE), fille de LouisXI, née en 1464, morte en 1505. A peine âgée de 12 ans, elle épousa son cousin le duc d'Orléans, devenu roi sous le nom de Louis XII, la répudia à cause de sa laideur. Sans murmurer, la vertueuse princesse se retira à Bourges, où elle fonda l'ordre de l'Annonciade. Fête le 4 février.

JEANNE DE PENTHIÈVRE, femme du comte Charles de Blois. Pendant que ce dernier était prisonnier à la Tour de Londres, elle soutint la lutte contre Jeanne de Flandre. (Voy. ce nom.)

JEANNETTE s. f. Croix d'or que l'on suspend au cou avec un ruban. Voy. GRASSE (de).

JEANNIN (LE PRÉSIDENT Pierre), homme d'État, né à Autun en 1540, mort en 1623; il fut d'abord conseiller, puis président au parlement de Bourgogne, plus tard président au parlement de Paris et surintendant des finances. Il s'est rendu surtout célèbre par son opposition au massacre de la Saint-Barthélemy. Les Négociations du président Jeannin suivies de ses œuvres mêlées ont été publiées en 1656 (Paris, in-fol.).

JEANNOT s. m. Niais, nigaud.

JEANRON (Philippe-Auguste), peintre, né le 10 mai 1809, au camp de Boulogne, où son père était chef d'un atelier régimentaire, mort le 9 avril 1877, au château de Combarn (Corrèze), propriété de sa femme, petite-nièce de Mirabeau. Il vint à Paris en 1828, étudia sans maître, se signala aux journées de Juillet 1830, présida peu après la Société libre de peinture et de sculpture, fit des conférences, écrivit des articles de critique d'art et acquit une certaine popularité par les sujets réalistes de ses tableaux, parmi lesquels on cite particulièrement les Douze épisodes de la vie prolétaire (pour Ledru-Rollin); et le fameux Port abandonné d'Ambleteuse (au Luxembourg); il illustra l'Histoire de Dix Ans de Louis Blanc. Directeur des musées (de 1848 à 1850), il obtint de l'Assemblée constituante l'argent nécessaire à la restauration du Louvre, fit classer les toiles par ordre chronologique par école, ouvrit le musée égyptien, reconstitua la chalcographie, organisa les expositions libres et fut nommé directeur du musée de Marseille. Il a écrit l'histoire de l'école française et un traité sur la peinture.

JÉBUS, nom de la ville de Jérusalem avant la conquête de cette ville par les Israélites.

JÉBUSÉENS s. m. pl. Peuple qui habitait le S.-O. de la Palestine avant l'arrivée des Israélites.

JÉCHONIAS, roi de Juda; il monta sur le trône à l'âge de 18 ans, vers 600 av. J.-C., et fut emmené captif à Babylone par le roi Nabuchodonosor; il y resta jusqu'en 562.

JECKER (J.-B.), banquier suisse; l'une des causes de la guerre du Mexique. Usurier de profession, il prêta au président mexicain Miramon environ trois millions et demi de francs, moyennant la remise de quatorze millions en bons du trésor. Juarès, successeur de Miramon, ayant refusé de reconnaître ce traité scandaleux, Jecker se rendit à Paris où il gagna M. de Morny, en lui promettant 30 p. 400 dans les bénéfices de l'affaire. M. de Morny le fit naturaliser Français, pour avoir le droit apparent de prendre en mains ses intérêts, et l'expédition du Mexique commença. Les résultats désastreux de cette aventure et la mort de M. de Morny réduisirent à néant les prétentions de Jecker. Voulant fuir Paris, lorsque la Commune fut proclamée dans cette ville, il se présenta à la préfecture de police pour obtenir un passeport. Il fut arrêté, emprisonné à Mazas et fusillé avec plusieurs autres otages le 26 mai 1871.

JECTISSES adj. f. pl. (rad. *jeter*, ancienne forme de *jeter*). Se dit des terres qui ont été remuées ou rapportées : *il ne faut pas bâtir sur ce fonds, ce sont des terres jectisses.* — Maçonn. PIERRES JECTISSES, pierres qui peuvent se poser à la main, dans toutes sortes de constructions.

JEDBURGH [écoss. djèd'-beu-reu], capitale du Roxburghshire (Écosse), sur la rivière Jed, à 65 kil. S.-E. d'Édimbourg ; 3,330 hab. C'est une ville pittoresque avec d'importantes manufactures. Ruines d'une abbaye, bâtie au XIIᵉ siècle ; château, résidence favorite des premiers rois écossais, servant aujourd'hui de prison.

JEDDAH. Voy. JIDDAH.

JEFFERSON (Thomas) [djè'-fr-s n], troisième président des États-Unis, né à Shadwell (Virginie), le 2 avril 1743, mort le 4 juillet 1826. Auteur de la fameuse déclaration d'indépendance des États-Unis, il se distingua pendant la guerre qui suivit cette déclaration, fut ensuite gouverneur de Virginie (1779-'81), ministre des États-Unis à Paris (1784-'89) et un moment secrétaire d'État pendant la présidence de Washington. Il fut président pendant huit ans (1801-'9) et refusa de se laisser réélire. Il mourut le même jour que John Adam, son prédécesseur à la présidence.

JEFFERSON CITY, ville du Missouri (États-Unis), sur le Missouri, à 180 kil. O. de Saint-Louis ; environ 7,500 hab.

JEFFERSONIE s. f. Bot. Genre de berbéridées, dont l'espèce type est une plante printanière commune dans les forêts des États-Unis depuis New-York jusqu'au Wisconsin, et

Jeffersonia.

ainsi nommée en l'honneur de Thomas Jefferson. Elle est connue populairement sous le nom de feuille jumelle, à cause de sa feuille coupée en deux parties. En Angleterre, la jeffersonie est recherchée pour les bordures.

JEFFERSONVILLE, ville de l'Indiana (États-Unis), sur l'Ohio, presque en face de Louisville ; 7,260 hab.

JEFFREYS (George LORD) [djèf-fress], juge anglais, fameux par sa cruauté et son injustice, né vers 1640, mort en 1689. Instrument de la tyrannie de Jacques II, il se rendit odieux en condamnant tous les personnages qui déplaisaient à ce prince. Arrêté après la fuite du roi, il fut enfermé à la Tour de Londres où il mourut.

JEGUN, ch.-l. de cant., arr. et à 17 kil. N.-O. d'Auch (Gers) ; 1,850 hab.

* **JÉHOVAH** s. m. Nom de Dieu en hébreu : *les Juifs, par respect, ne prononçaient point le nom de Jéhovah.* — Assemblage de caractères

Abbaye de Jedburgh.

qui représente ce nom : *on a gravé un Jéhovah au-dessus de l'autel.*

JÉHOVISME s. m Hist. relig. Culte de Jéhovah.

JÉHOVISTE adj. Hist. sainte. Qualification donnée par certains critiques aux parties de l'Écriture où Dieu est appelé Jéhovah.

JÉHU, dixième roi d'Israël, sacré par le prophète Élisée, l'an 876 av. J.-C. Il fit mettre à mort tous les membres de la maison d'Achab, mais ayant à son tour abandonné le culte du vrai Dieu, il vit ses États ravagés par Hazraël, roi de Syrie.

* **JEJUNUM** s. m. [jé-ju-nomm] (lat. *jejunus*, vide). Anat. Le second intestin grêle, ainsi nommé parce qu'on le trouve souvent vide.

JELALLABAD. I. Ville d'Afghanistan, cap. de la province du même nom, à 140 kil. E. de Caboul. Sa population, qui ne se compose que de 2,000 hab. sédentaires, atteint le chiffre de 20,000 hab. pendant la saison froide. — II. Autre ville de l'Afghanistan, cap. du Seistan, près de l'embouchure de l'Helmund, à 375 kil. S.-O. de Candahar ; 10,000 hab. La résidence d'un prince qui reçoit le titre de roi du Seistan.

JELLACHICH (Joseph) [yèl'-la-tchitch'] (baron JELLACHICH DE BUZIM), général autrichien, né en 1801, mort en 1855. En 1848, ayant été nommé par l'empereur Ferdinand, ban de Croatie, de Slavonie et de Dalmatie, il fortifia l'union des tribus slaves, convoqua une diète et ne tint aucun compte des ordres contraires arrachés à l'Autriche par la Hongrie, qu'il envahit en septembre. Repoussé à Pakozd, il joignit Windischgraetz devant Vienne et défit Perczel à Moor (29 déc.) Le 14 juillet 1849, il fut écrasé par Guyon à Kis-Hegyes. Ses *Gedichte* furent publiées en 1850, et ses chants militaires sont très populaires.

JEMMAPES [jèmm-ma-pe]. I. Village du Hainaut (Belgique) sur la rivière Haine, à 5 kil. O. de Mons ; 11,280 hab. Il est célèbre par la victoire qui y fut remportée le 6 nov. 1792 par 40,000 Français, que commandait Dumouriez, sur 30,000 Autrichiens retranchés dans des positions inexpugnables sur des hauteurs inaccessibles, protégés par une artillerie formidable et commandés par le duc Albert de Teschen. La plupart des villes des Pays-Bas se rendirent aux vainqueurs. Quand la Belgique fut annexée à la France, Jemmapes donna son nom à un département comprenant presque tout le Hainaut. — II. Colonie agricole de la province de Constantine, arr. et à 38 kil. de Philippeville (Algérie) ; 1,200 hab. dont 900 Français.

JENISEI. Voy. YENISEI.

JENNER (Edward), médecin anglais, né à Berkeley, en 1749, mort en 1823. Il étudia sous la direction de John Hunter, et s'établit comme médecin à Berkeley, en 1773. Dès sa jeunesse, son attention se dirigea vers les moyens de prévenir la petite vérole. Il découvrit que le cowpox ou mal du pis des vaches lorsqu'il s'inocule aux trayeuses ne produit pas une maladie dangereuse, et que les gens de la campagne savaient par expérience qu'après cette inoculation, la personne inoculée est à l'abri de l'infection de la petite vérole. Il communiqua ses réflexions à Hunter en 1770, et pendant bien des années, il fit à Berkeley une étude complète des éruptions varioloïdes. S'étant rendu compte de l'efficacité de l'inoculation par le virus du cowpox pour prévenir la petite vérole, il s'assura ensuite avec certitude, que la première de ces maladies pourrait être communiquée d'un être humain à un autre, sans avoir recours directement au vaccin de la vache. Le 17 mai 1796, il vaccina un jeune garçon de huit ans avec le virus provenant d'une pustule de la main d'une fille dont l'occupation était de traire les vaches. Le 1ᵉʳ juillet, il inocula la petite vérole au même jeune garçon, et, comme il l'avait prédit, cette inoculation n'eut pas le moindre effet. Vingt fois l'enfant fut inoculé de la petite vérole, vingt fois le résultat fut le même. En 1798, Jenner se rendit à Londres, où ses confrères le reçurent avec des ricanements d'incrédulité. Il retourna à Berkeley, où il publia son *Inquiry into the causes and effects of the variolæ vaccinæ*, donnant des détails sur 16 cas accidentels de maladie variolique et sur 7 cas de maladie inoculée. La vaccine, adoptée avec succès par quelques médecins de Londres, fut ensuite universellement approuvée par le corps médical. En 1800 Jenner publia *Continuation of facts and observations relating to the variolæ vaccinæ*. En 1800-1, l'*Inquiry* fut traduite dans les principales langues du continent et bientôt la découverte de Jenner fut acclamée comme un bienfait pour l'humanité. En 1802, le parlement accorda à Jenner une récompense de 250,000 fr., et en 1807, une donation de 500,000 fr.

JENNY s. f. [jènn-ni] (mot angl. signifiant *Jeannette*). Machine à filer du coton, inventée par Thomas Higgs et attribuée à Arkwright.

JENSON (Nicolas), célèbre imprimeur, mort vers 1481. Graveur des monnaies à Tours, il fut envoyé à Mayence par Louis XI, vers 1462, pour étudier l'art de l'imprimerie chez Schoeffer ; mais au lieu de revenir en France, il se rendit à Venise, où il établit une imprimerie. Il est l'inventeur des caractères romains. La plus remarquable de ses éditions est le *Decor puellarum*, imprimé vers 1465.

JEOIRE-EN-FAUCIGNY (Saint-), ch.-l. de cant., arr. et à 14 kil. N.-E. de Bonneville (Haute-Savoie) ; 1,800 hab.

JEPHTÉ, neuvième juge d'Israël, fils naturel de Galaad. Les galaadites le choisirent pour chef dans une guerre défensive contre les Ammonites. Il résolut d'attaquer les ennemis dans leur propre pays, et fit serment que s'il était victorieux, il sacrifierait au Seigneur la première personne qui sortirait de sa maison pour venir à sa rencontre. Il battit les Ammonites et, à son retour, sa fille unique sortit de sa maison au son des tambourins pour le féliciter. On dit qu'à la demande même de cette jeune fille, il exécuta son serment, mais quelques commentateurs supposent qu'il la consacra à une virginité perpétuelle. Jephté gouverna Israël pendant six ans.

JEQUITINHONHA [djé-ki-ti-nio'-nia], rivière du Brésil, prenant sa source dans le Rio Frio, province du Minas Geraes et se jetant dans l'Atlantique près de la ville de Belmonte (Bahia). Elle a un cours de 1,125 kil. Son cours supérieur est obstrué par des rapides et des cataractes, et la partie inférieure est navigable seulement pour de petits vapeurs. L'entrée est impraticable, mais le Poassu relie le Jequitinhonha avec la rivière navigable Pardo qui se jette à 60 kil. au N. de l'embouchure de celui-ci.

* JÉRÉMIADE s. f. Se dit, par allusion aux *Lamentations de Jérémie*, d'une plainte fréquente et importune : *c'est une jérémiade*. (Fam.)

JÉRÉMIE, le second des grands prophètes hébreux, né l'an 630 av. J.-C. Persécuté par ses compatriotes, il se rendit à Jérusalem où il prophétisa sous le règne de Sédécias. Ses invectives contre les désordres des Juifs et ses lugubres oracles lui attirèrent les persécutions du roi, qui le fit jeter en prison. La prise et la destruction de Jérusalem par Nabuchodonosor mirent un terme à la captivité du prophète, qui pour se soustraire à l'oppression des conquérants, se retira en Egypte où il mourut. On a de lui un livre de *Prophéties* et ses *Lamentations*, cantiques de deuil sur les épreuves de Jérusalem, sa patrie. Le style de Jérémie, sans avoir la grandiose de celui d'Isaïe, porte cependant l'empreinte d'une âme fortement émue des malheurs de son pays.

, JEREZ, ville d'Espagne. Voy. XÉREZ.

JÉRICHO [jé-ri-ko] l'une des villes les plus florissantes de l'Ancienne Palestine, dans la vallée du Jourdain et près de l'embouchure de ce fleuve dans la mer Morte. Détruite sous Josué, cette ville fut rebâtie sous Adrien et devint une école de prophètes; elle fut dévastée complètement pendant les Croisades et un misérable village, *Kicha*, se trouve maintenant sur son emplacement.

JÉRICHO (Rose de). Voy. ANASTATIQUE.

JÉROBOAM Ier, fondateur du royaume d'Israël, fils de Nebat, de la tribu d'Ephraïm, mort vers 953 av. J.-C. A la mort de Salomon il fut élu par les dix tribus pour le gouverner avec le titre de roi d'Israël; les tribus de Juda et de Benjamin restèrent seules à Roboam (975 av. J.-C.). Jéroboam habitait Shechem qu'il fortifia; il y bâtit des temples à Dan et à Béthel où deux veaux d'or symbolisèrent la divinité. Son but principal était d'élever une barrière à une nouvelle réunion des tribus. — II. Treizième roi d'Israël, fils de Joas; il régna de 823 à 728 av. J.-C. Il fut heureux dans ses guerres, mais son règne fut licencieux et oppressif.

JÉRÔME (Saint) (SOPHRONIUS EUSEBIUS HIERONYMUS), l'un des quatre grands pères de l'Eglise latine, né en Pannonie vers 340, mort à Bethléem le 30 sept. 420. Ses propres écrits donnent son autobiographie presque complète. Il fut élevé à Rome, fut baptisé et prit le nom de Hieronymus en 365; dans un monastère d'Aquiléia, il se consacra à l'étude de l'écriture sainte et de la théologie. Il se

rendit ensuite en Syrie, vécut pendant 4 ans dans une cellule d'ermite au milieu d'un désert près d'Antioche, et en 376 il consentit à recevoir les ordres à condition qu'il ne serait pas obligé de remplir une fonction pastorale. Il s'appliqua de suite à acquérir une connaissance exacte de la topographie biblique et une familiarité complète de l'hébreu et du chaldéen, visitant les lieux les plus célèbres de l'histoire de la Bible. Pour se perfectionner dans la langue grecque, il se rendit à Constantinople vers 380 et devint le disciple de saint Grégoire de Nazianze. Appelé à Rome par le pape Damase en 382, il resta le secrétaire de ce pontife jusqu'à la mort de celui-ci en 384. A la requête du pape, il commença sa revision de la vieille version latine ou italique de la Bible. Il fit aussi la traduction des psaumes appelés *Psalterium romanum* et d'autres ouvrages importants. Ses dénonciations au sujet de la vie mondaine des chrétiens romains lui firent beaucoup d'ennemis. Après l'élection de Siricius, Jérôme partit de nouveau pour l'Orient et fixa enfin sa demeure à Béthléem, où ses amis bâtirent plusieurs monastères, une hôtellerie et un hôpital pour les pèlerins; il eut la direction d'un de ces monastères. Là il acheva sa version latine des Ecritures, qui devint dans les églises d'Occident ce que la version des Septante était dans l'Orient, car elle servit de base à presque toutes les traductions dans les langues nationales de l'Europe. En 416, les pélagiens brûlèrent son établissement et le forcèrent de fuir pour sauver sa vie; mais il y retourna ensuite. Le caractère personnel de saint Jérôme a été le sujet de beaucoup de critiques et de beaucoup d'éloges. Son ardeur le jetait dans les extrêmes. Sa traduction latine de la Bible connue sous le nom de *Vulgate*, est son ouvrage le plus utile et le plus répandu, bien qu'écrit dans une forme corrompue. (Voy. BIBLE.) De nombreuses éditions de ses ouvrages ont été publiées; les meilleures sont celle d'Erasme et d'Œcolampade (9 vol. fol. Bâle, 1516) et celle de Vallarsi (Vérone, 1734-'42, 11 vol., in-fol). Fête le 30 sept.

JÉRÔME BONAPARTE Ier, roi de Westphalie, le plus jeune frère de Napoléon Ier, né à Ajaccio en 1784, mort le 24 juin 1860. A son retour de Saint-Domingue, comme lieutenant de la marine, il épousa aux Etats-Unis, (24 déc. 1803), Elizabeth Patterson, fille d'un marchand de Baltimore. Napoléon s'adressa vainement au pape pour faire annuler ce mariage; il défendit l'enregistrement en France, et frappa de nullité et d'illégitimité les enfants qui naîtraient de cette union; il empêcha les époux d'entrer en France, et fit même arrêter Mme Jérôme à Amsterdam; elle fut obligée de se rendre en Angleterre, où elle donna le jour à un fils (juillet 1805). Jérôme, l'ayant abandonnée, fut rétabli dans la marine et devint successivement contre-amiral, général, héritier présomptif dans le cas où Napoléon n'aurait pas d'héritier mâle, roi de Westphalie (1807) et époux de la princesse Catherine, fille du roi de Würtemberg, alliance que lui imposa Napoléon. Comme roi de Westphalie, il fut l'instrument aveugle de son frère. Les seuls actes qui puissent lui faire pardonner son règne, marqué par une grande prodigalité sans exemple, furent les encouragements qu'il donna aux sciences, la réouverture de l'université de Halle, l'émancipation des juifs et l'adoption du Code Napoléon. En 1812, il se conduisit avec courage comme général, mais il encourut le mécontentement de Napoléon et il rentra dans ses Etats. Cependant il rejoignit l'empereur à Ligny et à Waterloo et sa bravoure fit que Napoléon s'écria : « Mon frère, je vous ai connu trop tard ». Quoique son beau-père lui eût donné l'assurance qu'il serait reçu amicalement dans le Würtemberg, il y fut arrêté et retenu prisonnier jusqu'au milieu

de 1816. Le roi de Würtemberg ne donna rien en mourant à sa fille, qui eut seulement une partie des biens de sa mère et qui fut même dépouillée de ses joyaux. Réduit à la pauvreté, Jérôme habita l'Italie et la Suisse; en 1847, on lui permit de retourner à Paris. En 1848, Louis-Napoléon le nomma gouverneur des Invalides, maréchal en 1850 et président du Sénat en 1852. En 1876, sa première femme habitait encore Baltimore sous le nom de Mme Patterson-Bonaparte. — II. Jérôme-Napoléon, fils unique du précédent par sa première femme, né en 1805, mort en 1870. Il prit ses degrés au collège d'Harvard en 1826, étudia la jurisprudence et épousa miss William de Roxbury; il habita Baltimore et vécut dans l'intimité avec son père. Louis-Philippe lui permit d'habiter pendant un certain temps Paris sous le nom de Patterson; en 1852, il fut autorisé à prendre celui de Bonaparte, mais sans être regardé comme faisant partie de la famille impériale. En 1861, il plaida pour être reconnu comme fils légitime de Jérôme; Berryer soutint sa cause; mais il la perdit. — III. Jérôme-Napoléon, fils de Jérôme Bonaparte par la princesse de Würtemberg, né en 1844, mort en 1847. Il fut officier dans l'armée de Würtemberg jusqu'en 1840; il se retira en raison du mauvais état de sa santé. Un autre fils de Jérôme Bonaparte, le prince Napoléon (né à Trieste en 1822), est devenu, à la mort du prince Impérial, le chef de la famille Bonaparte.

JÉRÔME DE PRAGUE, réformateur religieux bohémien, né vers 1375, brûlé à Constance le 30 mai 1416. Il étudia dans plusieurs universités et organisa celle de Cracovie. Vers 1402, il commença à répandre secrètement les doctrines de Wycliffe en Bohême, et en 1408 il identifia ouvertement ses opinions avec celles de Huss. Ce dernier étant emprisonné à Constance (1414), Jérôme se rendit dans cette ville pour le défendre, mais il s'enfuit en apprenant que cette tentative serait inutile. Il fut arrêté par ordre du concile et fut livré au concile le 23 mai 1415. Sa science et sa facilité d'élocution le mirent à même de répondre à toutes les accusations portées contre lui. Dans un dernier interrogatoire (26 mai 1416), il revint en partie sur ses premières rétractations, et fut de suite condamné. Sa vie a été écrite par Heller (1835) et par Becker (1858).

JÉRÔME PATUROT, principal personnage de deux romans satiriques de Louis Reybaud : *Jérôme Paturot à la recherche d'une position sociale* (1843, 2 vol. in-8°), et *Jérôme Paturot à la recherche de la meilleure des républiques* (1848, in-8°, illustré par Tony Johannot). Jérôme Paturot est le type du jeune homme de bonne famille qui, au sortir du collège, se croit propre à tout et ne sait réussir à rien.

JERROLD Ier (Douglas - William), auteur Anglais, né en 1803, mort en 1857. Il travailla à Londres pendant quelque temps dans une imprimerie. Son premier essai littéraire fut une comédie, *More Frightened than Hurt*, écrite à l'âge de 15 ans et qui obtint un grand succès en 1821. Sa *Black-Eyed Susan*, jouée en 1829, mais écrite longtemps auparavant, eut plus de 300 représentations successives. Les succès de *The Devil's Ducat* en 1830 furent suivis de la production *The Bride of Ludgate* et *The Rent Day*; ce dernier obtint aussi un succès extraordinaire. De 1831 à 1836, Jerrold écrivit *Nell Gwynne*, *The Housekeeper*, *The Wedding Gown* et *Beau Nash*. En 1836, il entreprit de diriger le théâtre du Strand, mais il échoua. Quand le *Punch* parut en 1841, il devint l'un de ses collaborateurs les plus populaires. Ses ouvrages intitulés : Q, *Story of a Feather* et *Caudle Lectures* popularisèrent son nom. *Douglas Jerrold's Wit and Humor* et *The Life and Remains of Douglas Jerrold* par son fils furent publiés en 1858.

JERSEY (anc. *Cæsarea*), la plus grande et la plus importante des îles anglo-normandes, à 22 kil. de la côte de France. Elle mesure environ 22 kil. de long et 45 de large; 446 kil. carr.; 57,000 hab. La côte possède un grand nombre de ports excellents. La surface du sol forme une succession de collines boisées et de vallées fertiles. Les hautes terres au N. sont principalement composées de granit que l'on exporte. Climat doux et sain; culture du pommier; grandes quantités de cidre.

Château du Mont-Orgueil, à Jersey

Manufactures de chaussures et de bonneterie. Construction d'un grand nombre de navires. Les principaux articles d'exportations sont : les bœufs, les pommes de terre et les huîtres. L'élevage des huîtres occupe environ 3,000 personnes et de 400 à 500 navires. Jersey a un gouvernement particulier, appelé *états* ou parlement insulaire. Il se compose du gouverneur et du bailli de la cour royale, des recteurs des 42 paroisses et de 12 constables (un pour chaque paroisse). Les classes supérieures parlent généralement français, mais le peuple emploie un dialecte du vieux normand. Capitale, Saint-Hélier. — Jersey tenait autrefois au continent, dont elle fut séparée par un cataclysme qui en fit une île, au commencement du VIIIe siècle. Elle appartenait à la Normandie, lorsque Guillaume le Conquérant la réunit à l'Angleterre. Presque chaque guerre entre la France et l'Angleterre fut marquée par une attaque sur Jersey, qui est une sorte de sentinelle avancée surveillant les côtes de Normandie et de Bretagne. La dernière tentative d'occupation de la part de la France, fut celle du 6 janv. 1781, sous le baron de Rullecourt, qui fut repoussé, après avoir accompli des prodiges d'audace. Cette île a été de tout temps un lieu d'asile pour les réfugiés français; elle fut habitée par Gabriel de Montgomery, Jean Cavalier, Châteaubriand et des centaines d'émigrés; Salvandy (1848), Victor Hugo, Pierre Leroux, Schœlcher, Leflô, Barbier, Bonnet-Duverdier et plusieurs autres républicains qui, venus après le coup d'État de 1851, furent expulsés au bout de quelque temps; puis Rouher, Baroche, Drouyn de Lhuys et autres chefs bonapartistes, en sept. 1870.

JERSEY (New-). Voy. NEW-JERSEY.

JERSEY CITY, ville du New-Jersey (États Unis), sur la rive droite de l'Hudson, vis-à-vis de la ville de New-York avec laquelle elle communique au moyen de bacs à vapeur; 409,230 hab. Elle est régulièrement bâtie et renferme un grand nombre de belles résidences, d'établissements de commerce et d'édifices publics.

JÉRUSALEM (hébr. *Yerushalaim*, possession de paix; gr. Ἱερουσαλήμ; lat. *Hierosolyma*; arab. *El-Khuds*, la sainte, ou *Khudseh-Sherif*, le noble sanctuaire), ville de Palestine, anciennement capitale du royaume des Hébreux, ensuite de celui de Juda, et maintenant le siège d'un pacha turc. C'est la ville sainte des juifs et des chrétiens et l'une des trois villes saintes des mahométans (la troisième après la Mecque et Médine); par 31° 46' lat. N. et 33° long. E., à 200 kil. S.-S.-O. de Damas, à 50 kil. E. de la Méditerranée et à 25 kil. O. de la mer Morte; son élévation au-dessus du niveau de la Méditerranée est de 600 mètres; environ 20,000 habit., dont 5,500 mahométans, 8,000 juifs et 6,000 chrétiens. Jérusalem est bâtie sur un plateau élevé, mesurant 5 kil. carr.; entre ce plateau et la chaîne de montagne qui court au N. se trouve une dépression basse dans laquelle coulent de petits ruisseaux pendant la saison pluvieuse. Sur les autres côtés les collines s'élèvent brusquement à une hauteur plus grande que celle du plateau. A l'O., au S.-O., au N. et à l'E. de la ville et à environ 3 kil. l'une de l'autre, se trouvent les vallées d'Hinnom et de Josaphat (ou du Cédron), qui bordent la ville dans presque toute leur longueur et s'unissent au S.-E. Un troisième ravin, le Tyropœon, commence dans la ville et, courant au S., rejoint les deux vallées. A l'E., le triple mont des Oliviers s'élève d'une manière abrupte au-dessus de la vallée de Josaphat. Au S. la colline du Mauvais-Conseil surplombe la vallée d'Hinnom qui la sépare de Sion. Autour de Jérusalem la contrée est rocailleuse et peu fertile; cette région tout entière présente un aspect triste et aride. Les différentes parties

Jérusalem. — La Grande Mosquée (Kubbet es-Sakhra).

de l'ancienne Jérusalem furent, à différentes époques, entourées de murs. Les murailles actuelles ont été bâties par le sultan turc Soliman le Magnifique, en 1536-'39. Elles ont 5 mètres d'épaisseur à la base et 8 à 20 mètres de hauteur. Leur circuit total est d'environ 5 kil. La ville a aujourd'hui cinq portes dont la principale est celle de Jaffa à l'O. Ses rues sont étroites, tortueuses, sale et pavées; la rue principale a environ 5 mètres de large et quelques-unes ont seulement de 4 m. et demi à 2 mètres. Les maisons, d'une architecture lourde et massive, à deux ou trois étages, avec peu ou point de fenêtres aux étages inférieurs, sont en terrasses ou en dômes; leurs appartements reçoivent la lumière des cours intérieures. La ville va en pente douce de l'O. à l'E. L'élévation à l'O. du Tyropœon est Sion; celles de l'E. sont Moriah et Ophel; celle du N. est Acre et celle du N.-E. est Bezetha. L'angle S.-E. est occupé par la grande mosquée et par ses vastes et magnifiques terrains sur le mont Moriah, comprenant environ un septième de la ville moderne. Son enceinte correspond, en grande partie, à celle de l'ancien temple, construit par Salomon vers 1012-1005 av. J.-C. Le temple de Salomon mesurait 40 mètres de long sur 20 de large; il était composé de trois parties, le porche, le lieu saint et le saint des saints, et était entouré de tous côtés, sauf sur la façade, de petits appartements à trois étages, disposés pour les prêtres. Le temple s'élevait entre des cours et des cloîtres d'une grande beauté et il était relié, par des ponts en pierre traversant la vallée du Tyropœon, au palais du roi et à la cité sur le mont Sion. Détruit par Nabuchodonosor en 586 av. J.-C., il fut rebâti par Zorobabel vers 520, puis agrandi et embelli par Hérode. Il était entouré d'une cour d'environ 120 mètres de long et de 90 m. de large, ornée de portiques et de dix portes magnifiques. Au delà s'étendait une clôture d'environ 200 m. carrés, entourée de portiques surpassant en splendeur ceux de tous les temples anciens. Le temple était entièrement en marbre blanc; sur ses plafonds, on avait prodigué les dorures. La colline est aujourd'hui couverte de gazon. Vers le milieu de cet enclos, est une large plate-forme presque rectangulaire sur laquelle s'élève la grande mosquée, Kubbet es-Sakhra (dôme du roc), édifice octogonal dont chaque côté mesure 25 m., et qui est surmonté d'un dôme léger et gracieux. Sous ce dôme se trouve le rocher; en dessous est une grotte où on montre les autels de Salomon, de David, d'Abraham et de saint Georges. A environ 150 m. au S. de la Sakhara, dans la partie S.-O. de l'enceinte, se trouve la mosquée Aksa. La construction de ces deux mosquées est attribuée à Abdel Malek en 686; mais quelques écrivains prétendent que l'empereur Justinien bâtit l'Aksa qui était alors l'église de Sainte-Marie. La clôture s'appelle Haram esh-Sherif. L'endroit véritable où le temple s'élevait n'a pas encore été déterminé. Sur le côté S.-O. du haram, la partie encore existante du mur du temple est connue sous le nom de place des Lamentations juives, parce que les juifs s'y assemblent tous les vendredis pour se lamenter. — L'église du Saint-Sépulcre est presque au centre de la partie N. de la ville, à l'endroit où, dit-on, l'impératrice Hélène découvrit la vraie croix. (Voy. CROIX.) Des controverses s'élèvent encore au sujet de l'authenticité des lieux sacrés des chrétiens. Un grand nombre de protestants et quelques catholiques sont d'accord que l'exactitude de leur emplacement n'est pas bien démontrée. L'entrée principale de l'église du Saint-Sépulcre est au sud. Après avoir descendu quelques marches, on arrive à une large cour pavée. Sur la gauche sont les couvent et la chapelle de Saint-Jacques et en face se trouve le couvent d'Abraham ou d'Isaac. La façade de l'église occupe presque tout le côté N. de la cour. Une grande dalle en pierre posée sur le pavé de l'église, près de l'entrée et appelée pierre de l'onction, recouvre, dit-on, celle sur laquelle Joseph posa le corps du Christ pour l'oindre avant de l'ensevelir. A l'est de cette pierre est une chambre dans laquelle passe le visiteur pour arriver à la chapelle d'Adam, qui se termine à un rocher que traverse une large fente: on dit que cette crevasse est due au tremblement de terre qui eut lieu au moment du crucifiement. Un escalier, situé en dehors du cha-

Église du Saint-Sépulcre à Jérusalem.

pelle d'Adam, conduit dans la chapelle basse et voûtée du Golgotha. A l'extrémité E. de celle-ci se trouve une plate-forme d'environ 3 m. 35 centim. de long sur 2 m. 35 centim. de large et 45 centim. de haut. Au centre s'élève un autel, sous lequel un trou creusé dans la plaque de marbre posée sur le plancher, passe pour être celui où fut fixée la croix du Sauveur; et à droite et à gauche on montre les trous où furent placées les croix des larrons. A main droite au S. de la plate-forme, est une autre division appelée la chapelle du crucifiement; c'est l'endroit, où le Christ, dit-on, fut cloué à la croix. Descendant les escaliers, on entre dans la rotonde, d'environ 13 m. de diamètre, entourée de 18 piliers massifs, et surmontée d'un grand dôme ayant une ouverture au sommet. L'espace qui se trouve derrière les piliers est séparé, et divisé entre les différentes sectes chrétiennes. Au centre de la rotonde est le Saint-Sépulcre. Au-dessus se trouve une chapelle de 9 m. de long et de 6 m. de large, surmontée d'un petit dôme. La chapelle est divisée en deux compartiments: celui du devant est appelé chapelle de l'Ange, parce que l'on suppose que c'est là que l'ange s'assit sur la pierre qu'il avait enlevée de dessus le sépulcre. Dans la seconde chambre est la pierre du Christ, élevée d'environ 75 centim. au-dessus du plancher et couverte d'une seule plaque de marbre, dont les bords ont été usés par les baisers des pèlerins. En face de la chapelle qui se trouve au-dessus du sépulcre est la section de l'église grecque, séparée des bas-côtés par de hautes murailles. Cette église est quadrangulaire, et mesure environ 23 m. 35 centim. sur 13 m. Au nord, en montant quelques marches, on arrive à la section de l'église catholique romaine. Un long escalier conduit à l'église d'Hélène, édifice massif grossièrement construit, couronné d'un dôme à fenêtres; c'est là que se tenait Hélène pendant que l'on faisait des recherches pour

trouver la croix. A l'extrémité la plus éloignée, un autre escalier conduit à la grotte où la croix, la couronne d'épine et les clous furent découverts. A environ 35 m. au delà de la croix se trouvent les ruines de l'hôpital des chevaliers de Saint-Jean. — A l'ouest de Jérusalem, à la porte de Jaffa, se dresse la citadelle composée de trois hautes tours carrées. La plus grande et la plus élevée est appelée la tour de David. La partie inférieure est probablement les restes de la tour d'Hippicus, bâtie par Hérode. La partie supérieure, comme celle des autres tours, est d'une construction plus moderne. La tombe de David, aujourd'hui en dehors des murs, au S. de la porte de Sion, est gardée par les mahométans qui y ont une mosquée. Au pied des monts des Oliviers, à une petite distance au N. du jardin de Gethsémani, est la tombe de la Vierge Marie, mentionnée pour la première fois au VIIIe siècle. En dedans de la porte, 60 marches descendent dans la chapelle qui renferme les tombes de Joseph et des parents de la Vierge, ainsi que la tombe vide de la Vierge elle-même. A environ 100 pas de là est la place où eut lieu l'Assomption. — La société anglaise appelée *The Palestine Explorations Fund*, a fait, sous la direction du cap. Warren, plusieurs découvertes importantes à Jérusalem. Sur le côté S.-E. de la ville, où le mur s'élève à 17 m., un puits fut creusé et la fondation fut découverte à une profondeur de 24 m. ce qui donne au mur une hauteur totale de 41 m. Un peu au S. de la vallée des Lamentations des Juifs, 3 grandes pierres s'avancent hors du mur; elles formaient un segment d'une arche faisant partie d'un pont qui traversait le Tyropœon. La distance depuis le mur jusqu'aux côtés escarpés de Sion est de 117 m., a calculé qu'il fallait 5 arches pareilles pour former le pont. Plus loin, au N., on trouve les ruines d'un autre pont semblable. On a trouvé aussi des aqueducs souterrains. — Le chef du pouvoir exécutif et les officiers judiciaires de Jérusalem sont mahométans. La France, les États-Unis, la Russie, l'Angleterre, l'Allemagne, l'Autriche, l'Espagne et la Grèce y ont chacune un consul. La juridiction du pacha de Jérusalem s'étend au N. à 25 kil. de Nablus, au S. jusqu'à Gaza et aux confins de l'Egypte, et à l'E. jusqu'au Jourdain. La plupart des Juifs qui habitent actuellement Jérusalem sont d'origine allemande ou polonaise, ils parlent un dialecte allemand corrompu. Le quartier des Juifs est mal tenu et sale. Leur principal rabbin est élu pour la vie. Les chrétiens grecs sont Arabes, Grecs et Syriens et ne parlent que la langue arabe, excepté le clergé supérieur, qui est composé d'indigènes de la Grèce et de l'Archipel. Ils ont 8 couvents. Le patriarche grec est reconnu officiellement par le gouvernement turc comme le chef de l'Église grecque en Syrie. Les chrétiens latins, ou catholiques romains, ont un patriarche qui exerce une surveillance spirituelle sur toutes les églises catholiques de Syrie, mais qui ne jouit pas de privilèges égaux à ceux des chefs spirituels grecs, juifs et arméniens. Tous les trois ans il est nommé par le pape. Les Arméniens sont au nombre d'environ 200; ils ont un grand couvent et un patriarche qui est reconnu par le gouvernement turc et qui jouit des mêmes

privilèges que le patriarche grec et le rabbin juif. Les protestants sont au nombre d'environ 200. Un évêque anglican y réside, son diocèse comprend la Palestine, la Syrie, la Mésopotamie, l'Egypte et l'Abyssinie. Le titulaire est choisi alternativement par les souverains d'Angleterre et de Prusse. Les Coptes, les Abyssins et les Syriens ont aussi des couvents dans la ville et sont ensemble au nombre de 100 personnes. Les habitants de Jérusalem subsistent surtout de leur commerce avec les pèlerins et les voyageurs. — Le nom primitif de Jérusalem paraît avoir été primitivement Jébus, ou poétiquement Salem et son roi au temps d'Abraham était Melchisedech. Lors de la conquête du pays de Chanaan, la tribu de Juda prit la ville, mais la forteresse resta entre les mains des Jébusites pendant plus de 400 ans. Vers 1046 av. J.-C. David prit d'assaut cette forteresse (Sion), lui donna le nom de cité de David et fit de la place la capitale de son royaume. Depuis cette époque, la ville a été appelée Jérusalem. Elle atteignit l'apogée de sa puissance sous le règne de Salomon. A la sécession des 10 tribus, elle perdit de son importance et resta seulement la capitale du royaume de Juda. Vers 974 av. J.-C. Shishak, roi d'Egypte, prit la ville, pilla le temple et le palais. Depuis cette époque, la ville a été appelée Jérusalem. fut conquise de nouveau et ravagée par Joas, roi d'Israël. Après la mort de Josias à la bataille de Meggido, Jérusalem devint pendant deux ou trois ans tributaire du Pharaon Néchao, roi d'Egypte, après quoi elle tomba au pouvoir des Babyloniens. (Voy. HÉBREUX.) Nabuchodonosor démolit en 586 les murailles et les principales maisons de Jérusalem, pilla et détruisit le temple, et emmena tous les habitants à Babylone, excepté les plus pauvres. Jérusalem resta en ruines jusqu'au retour des Juifs, pendant le règne de Cyrus, conquérant de Babylone (538). Le temple fut rebâti sous Darius. Artaxerces Longue-Main donna ordre à Néhémie de rebâtir la ville en 458. Depuis cette époque jusqu'à l'invasion macédonienne en 332, Jérusalem jouit d'une paix relative. En se rendant à Alexandre sans résistance, elle évita le sort de Tyr et de Gaza. Sous les Ptolémées elle était florissante. Elle passa au pouvoir de la Syrie, avec le reste de la Judée en 198, mais la tyrannie d'Antiochus Epiphane amena la révolte victorieuse des Asmonéens. Judas Maccabée rétablit le temple (165), mais ne pût chasser la garnison qui était restée dans la forteresse d'Acra. Son frère Simon la réduisit, démolit la citadelle et nivela la colline. En 63, Jérusalem, fut prise par Pompée; ses murs furent démolis et des milliers d'habitants furent égorgés. En 54, elle fut pillée par Crassus et en 40 les Parthes la ravagèrent. Hérode la prit en 37 et massacra les habitants. Sous son gouvernement, la ville fut agrandie et embellie. On pense qu'à cette époque elle contenait au moins 200,000 hab. Cette période est marqué par la venue et le crucifiement du Christ. Vers 66 ap. J.-C., les Juifs se révoltèrent et s'emparèrent de Jérusalem. En 70, Titus reprit cette ville, après un siège long et vigoureux, et ses soldats n'épargnèrent ni le sexe ni l'âge. Les murs furent rasés, les habitations démolies, le temple fut brûlé et le mont Moriah fut littéralement labouré. Adrien la rebâtit avec de magnifiques palais, un théâtre, des temples et d'autres édifices publics, et il l'appela Œlia d'après son nom de famille (Œlius). Sur l'emplacement du temple juif, il en éleva un autre à Jupiter Capitolinus, ce qui fit que la ville reçut le surnom de Capitolina. On défendit aux Juifs d'entrer dans Jérusalem ou d'en approcher à une certaine distance, sous peine de mort. Les empereurs chrétiens leur permirent d'y entrer une fois l'an, moyennant le paiement d'une forte somme d'argent. Sous Constantin, Jérusalem était déjà devenu le lieu de pèlerinage du monde chrétien et l'empereur lui donna encore plus d'attraction en faisant bâtir une église sur l'endroit désigné comme le tombeau du Christ. L'empereur Julien permit aux Juifs d'y retourner et il fit une vaine tentative pour rebâtir le temple. Quand Chosroès II de Perse envahit l'empire romain (1614), les Juifs se rangèrent en troupe sous sa bannière et l'aidèrent à prendre Jérusalem. Ils assouvirent leur haine contre les chrétiens, dont plus de 20,000 furent égorgés. En 636, Jérusalem tomba au pouvoir du calife Omar qui traita les habitants avec une grande bonté et une grande générosité. Dans la seconde partie du xiᵉ siècle, la Syrie fut envahie par les Turcs Seljoucides qui en firent une province de leur empire. Les cruautés que les pèlerins chrétiens eurent à souffrir de leur part soulevèrent l'indignation de toute l'Europe occidentale et amena les croisades. Jérusalem fut prise d'assaut par Godefroi de Bouillon, le 15 juillet 1099 et les croisés tuèrent 70,000 musulmans. Godefroy fut nommé gouverneur de Jérusalem ; son frère et successeur prit le titre de roi. En 1187, Saladin, sultan d'Egypte, reprit la ville et chassa tous les chrétiens. Jérusalem passa de nouveau entre les mains des Francs par un traité en 1229 ; elle fut reprise par les Musulmans en 1239, rendue une fois encore en 1243, et conquise définitivement en 1244, par une horde de Turcs Kharesmiens qui avaient envahi l'Asie Mineure. En 1517, la Palestine fut soumise par le sultan Sélim Iᵉʳ, et, depuis lors, Jérusalem est restée sous le gouvernement ottoman.

JÉRUSALEM (Nouvelle-), figure de la nouvelle ville que Jean vit dans les cieux, Apocal., xxi 2. On interprète ce symbole comme désignant la nouvelle Eglise dont il avait reçu l'ordre d'enseigner les doctrines.

JÉRUSALEM DÉLIVRÉE (La), poème épique du Tasse en 20 chants (1575) et l'une des plus grandes épopées qu'ait jamais produites le génie littéraire. La prise de Jérusalem par les croisés, voilà le sujet dans sa noble simplicité ; mais l'auteur a su tirer tant de merveilleux de ses inspirations religieuses et la mythologie du moyen âge, l'intrigue y est menée avec une telle adresse, que le lecteur est fasciné comme malgré lui et s'intéresse à tous les héros.

JERVIS (sia John), comte de Saint-Vincent, amiral anglais, né en 1734, mort en 1823. Il devint capitaine de vaisseau en 1760, contre-amiral en 1787 ; au commencement de la Révolution française, il s'empara de la Martinique et de la Guadeloupe. Il fut nommé amiral de l'escadre bleue en 1795, et le 14 février 1797, en face du cap Saint-Vincent, il battit la flotte espagnole ; il fut créé comte, et fut premier lord de l'amirauté (1801-'04).

JÉSABEL ou **Jézabel**, fille d'Ithobal, roi de Sidon, et femme d'Achab, roi d'Israël. Après avoir introduit à Samarie le culte de Baal, elle persécuta les prêtres du vrai Dieu et fit périr Naboth qui refusait de lui vendre sa vigne. Jéhu, devenu roi, la fit jeter par une des fenêtres de son palais en 876 av. J.-C. et, selon la prophétie d'Elie, elle fut dévorée par des chiens.

JÉSI ou **Iési** [iè'-zi] (anc. *Œsis* ou *Œsium*), ville de l'Italie centrale, sur l'Esino, à 25 kil. S.-O. d'Acône ; 13,880 hab. Manufactures de laine et de soie.

JESI (Samuel), graveur italien, né à Milan vers 1789, mort en 1874. Il grava les œuvres de fra Bartolomeo et de Raphaël et d'admirables portraits de Léon X, et les cardinaux Roni et Giulio de Medici.

JESSE (John-Heneage), auteur anglais, né vers 1815, mort en 1874. Ses ouvrages historiques sont nombreux et intéressants.

JESSÉ ou **ISAÏ**, père de David. Le Christ est quelquefois représenté dans les Ecritures comme descendant de Jessé.

JESSO. Voy. Yezo.

JESSULMEER, ville forte de l'Inde anglaise, capitale d'un Etat indigène du même nom ; à 200 kil. N.-E. d'Hyderabad, sur l'Indus ; de 30,000 à 40,000 hab. C'est une des plus belles villes de cette partie de l'Inde.

' JÉSUITE s. m. Nom des membres de l'ordre religieux appelé Compagnie ou Société de Jésus : *les jésuites furent expulsés de France en 1764*. — Jésuite de robe courte, laïque affilié à l'ordre des Jésuites. — Par dénigr. Personne hypocrite : *c'est un jésuite*. — ᴠ Adjectiv. : *il est devenu jésuite*. — Encycl. La société de Jésus (esp. *Compañia de Jesus*) est un ordre religieux appelé de l'Eglise catholique romaine. L'appellation *Societas jesu* fut insérée dans les formes latines données, en 1540, par Paul III, et, après quelque opposition, ce titre fut formellement approuvé par Grégoire XIV, en 1594 ; le terme jésuite est d'une origine ou plus récente. Ignace de Loyola conçut, peu après sa conversion, l'idée d'une association d'apôtres dévoués particulièrement à la propagation du christianisme chez les infidèles. Dans son idée, leur organisation et leur esprit devaient participer, en quelque sorte, au caractère militaire. Son projet était d'établir le quartier général de sa milice religieuse à Jérusalem ; dans ce but, il visita cette ville comme pèlerin, en 1523 ; mais les moines franciscains lui défendirent d'y rester. Il revint donc en Espagne et se mit à étudier dans les universités ; mais étant tombé sous l'interdiction des inquisiteurs, il se rendit, en 1528, à l'Université de Paris, pour y compléter son instruction. C'est là qu'il gagna bientôt comme adeptes le Savoyard Pierre Lefèvre, François-Xavier, Diego Lainez, Alphonso Salmeron, Nicolas Alfonso de Bobadilla, Espagnols, et le Portugais Simon Rodriguez de Azevedo. En 1534, il leur fit part du projet qu'il avait formé de se rendre en Palestine pour y travailler à la conversion des populations asiatiques. Bientôt après, ils s'engagèrent à renoncer à toutes les dignités et à toutes les possessions mondaines, à faire le voyage de Palestine, à vivre dans la chasteté et dans une pauvreté perpétuelles et à ne recevoir aucun salaire pour leurs fonctions cléricales. En 1537, leur société s'étant augmentée, ils s'assemblèrent au nombre de 13, en Italie, et obtinrent du pape l'autorisation de se rendre en Palestine, l'approbation de leurs œuvres dans ce pays et la permission de recevoir de suite les ordres sacrés. Mais comme la guerre entre Venise et la Turquie rendait impossible le voyage de Palestine, ils se répandirent dans toute la péninsule, enseignant et catéchisant. L'accusation d'hérésie, formulée autrefois contre Ignace en Espagne et à Paris (1554), fut alors renouvelée ; mais la cause ayant été soumise à un juge ordinaire nommé par le pape, l'acquittement solennel d'Ignace et de ses compagnons fut prononcé le 18 nov. 1538. Ignace et ses adeptes délibérèrent sur l'érection de la compagnie en ordre religieux, dans les premiers jours d'avril 1539, et ils signèrent tous un projet de constitution, le 4 mai ; ce projet fut présenté au pape, qui l'approuva. La bulle de confirmation *Regimini militantis ecclesiæ* fut signée le 27 sept. 1540, et promulguée au printemps de 1541. A la fête de Pâques de 1541, Ignace fut choisi à l'unanimité comme général. Se conformant à la volonté du pape et au désir de ses compagnons, il commença par rédiger les constitutions du nouvel ordre. Ce fut seulement en 1550 qu'elles furent assez complètes pour qu'Ignace pût les communiquer à une assemblée des profès. Il s'était donné pour but de créer une société

qui pût convenir à tout le monde, sans distinction, de telle sorte que la différence des pays et des nations, des mœurs et des tempéraments n'exigeassent ni exceptions ni dispenses. En conséquence, sa constitution fut soumise à une épreuve et à un examen sévères et la sanction de l'association entière ne lui fut donnée qu'en 1558, époque où elle fut révisée avec le plus grand soin et confirmée à l'unanimité. (Voy. *Institutum Societatis Jesu*, 2 vol., Avignon, 1827-'38.) — Les jésuites emploient le plus grand discernement dans le choix des candidats qui veulent devenir membres de leur société. Il y a quelques circonstances qui empêchent l'admission, telles que la naissance illégitime ou une origine dégradante, l'hérésie publique ou l'apostasie, le meurtre ou des vices énormes cachés, la marque d'une sentence judiciaire dégradante, le mariage, l'acte d'avoir fait partie, même pour un jour, d'un autre ordre religieux et la folie ou une faiblesse remarquable de l'intelligence. La première probation consiste en une période de quelques semaines, pendant lesquelles on donne à lire au candidat l'*Examen général*, renfermant une série de questions auxquelles il est obligé de répondre. Elles comprennent tous les obstacles possibles à son admission ; il est requis aussi de déclarer s'il est entièrement libre dans sa détermination de se faire jésuite, s'il accepte que toutes les lettres qu'il écrit ou qui lui sont adressées soient ouvertes par le supérieur, s'il consent à ce que le supérieur le réprimande pour toutes les imperfections et pour tous les défauts qu'il remarquera en lui, et enfin s'il consent à n'importe quel grade, quelle occupation, quel emploi qui peuvent lui être assignés dans la société. La seconde probation ou noviciat dure deux ans et un jour. Ces deux années entières sont employées à des œuvres spirituelles. Les novices enseignent les éléments de la doctrine chrétienne aux enfants et aux pauvres, ils servent les malades pendant un mois dans un hôpital quelconque et ils voyagent pendant un autre mois, vivant de la charité publique. Ceux qui sont destinés à la prêtrise sont appelés *novices scolastiques* ; les autres, destinés à devenir frères convers, ne peuvent s'élever plus loin dans les connaissances séculières. Au bout de deux ans, les novices prononcent des vœux simples de pauvreté, de chasteté et d'obéissance. Ceux qui sont destinés à l'étude prennent alors le nom de scolastiques formés (*scholastici formati*). S'ils sont assez jeunes, ils passent deux années, appelées juvenat, à étudier les lettres latines et grecques et la rhétorique ; ensuite ils consacrent trois ans aux sciences et à la philosophie mentale et morale. A la fin du cours de philosophie, on envoie le scholastique enseigner dans un collège. Cet enseignement est suivi de l'étude de la théologie, de l'Ecriture, du droit canon, de l'histoire de l'Eglise, qui dure quatre ans. A la fin de la troisième année, les scholastiques sont élevés à la prêtrise. La quatrième année se termine par l'*examen ad gradum*, examen qui donne aux candidats heureux la qualité pour la profession des quatre vœux, rang le plus élevé de la société. Le candidat arrive ensuite à la troisième *probation* qui consiste en une année passée dans un établissement spécial et sous un maître entièrement versé dans l'ascétisme et dans la connaissance des constitutions de la société. Saint Ignace appelle cette année l'*école du cœur*. Quand les informations spéciales envoyées au général relativement au probataire l'assurent que celui-ci possède la supériorité en vertu et en science requise par les constitutions, il lui accorde le degré de profès des quatre vœux. Les membres de la société qui prononcent les derniers vœux, *socii formati*, sont distingués en trois classes : les profès, les coadjuteurs spirituels et les frères convers ou coadjuteurs temporels. La société des profès (societas professa) constitue le noyau du corps entier; les coadjuteurs, spirituels et temporels, sont seulement des auxiliaires ou des aides. A la société des profès appartiennent les collèges, les séminaires, les maisons et les résidences de l'ordre avec toutes les autres propriétés. Dans la vie ordinaire, les profès ne sont pas distingués des coadjuteurs spirituels; c'est seulement par certaines occupations réservées et par leurs fonctions que leur rang est connu de la majorité de leurs frères. — L'ordre entier est divisé en assistances, actuellement au nombre de cinq, distribuées d'après les races ou les langues de l'Europe, savoir :- celles d'Italie, d'Espagne, de France, d'Allemagne et d'Angleterre. Chaque assistance embrasse plusieurs provinces et plusieurs missions. A la tête de l'ordre est un général (præpositus generalis) qui est élu pour la vie dans une assemblée générale composée des provinciaux et de deux délégués de chaque province. On choisit en même temps les cinq assistants qui formeront son conseil, le secrétaire de la société et un moniteur, dont le service est d'observer la conduite et les actions du général et de le réprimander au besoin. Le général nomme les provinciaux, les recteurs des collèges, des scolasticats, les novicats et les supérieurs des maisons de profès et des résidences, avec l'officier exécutif dans chaque maison, officier appelé ministre. Le provincial, le recteur et le supérieur ont chacun leur conseil formé de quatre consultants et d'un moniteur. Tous les trois ans, des députés élus par les congrégations provinciales se rendent à Rome, où habite le général. Ils composent ce que l'on appelle la congrégation des procureurs: une de leurs principales fonctions est de décider sur la nécessité d'assembler une congrégation générale dans laquelle réside le pouvoir législatif suprême. La congrégation provinciale est composée des provinciaux, des recteurs et des plus anciens membres profès. La durée de l'emploi pour tous les supérieurs au-dessous du général est de trois ans. Les provinciaux visitent annuellement chaque maison dans leur juridiction. Chaque membre, en commençant par le recteur ou le supérieur, doit rendre un compte entier au provincial, de l'état de sa conscience, de ses tentations, de ses épreuves et des difficultés qu'il rencontre dans l'accomplissement de son emploi spécial. Cette pratique est un des points fondamentaux ou substantialia des constitutions et contribue au-dessus de toutes les autres à donner au gouvernement de la société son pouvoir extraordinaire, de même qu'elle rend l'obéissance facile. Un autre objet principal de cette visite annuelle est de corriger tous les abus en matière de pauvreté, l'obéissance et la pauvreté étant le grand ressort de l'ordre. Le quatrième vœu solennel des profès est fait au pape, et il oblige le jésuite d'aller où le souverain pontife peut l'envoyer pour le service de l'Eglise. Le costume adopté par saint Ignace et par ses compagnons était celui des prêtres séculiers espagnols de la meilleure classe. Il consiste en une soutane noire et un manteau; il a été un peu modifié dans différentes provinces. Les Exercices spirituels de saint Ignace ont donné leur empreinte non seulement à son propre caractère religieux et à celui de ses premiers compagnons, mais à l'esprit de la société. Les exercices consistent en séries graduées de méditations sur la création, sur la destinée de l'homme, sur la dégradation et la misère causées par le péché, sur la rédemption et sur la facilité qu'ont les enfants du Christ d'arriver au véritable héroïsme en imitant le Sauveur par la pauvreté, le travail, l'humiliation, les souffrances et la mort. Les méditations sont entremêlées de règles pour l'examen de conscience, pour la pratique des austérités, des pénitences, pour la résistance aux ten-

tations, pour une distribution juste des aumônes, pour modérer les appétits dans le boire et dans le manger et enfin pour conformer son jugement à celui de l'Eglise. Ces exercices, quand ils sont entièrement accomplis dans la retraite, durent plus d'un mois et ils sont divisés en quatre époques ou semaines. — La société se répandit avec une rapidité sans exemple. L'activité de ses missionnaires chez les infidèles commença en 1541, époque où François-Xavier s'embarqua pour les Indes orientales. Il fonda la mission du Japon en 1549, mais une persécution éclata contre les catholiques et le dernier membre de l'établissement des jésuites fut mis à mort en 1636. En 1584, le P. Rogerius pénétra en Chine où le nombre des convertis fut très grand. Une controverse avec plusieurs autres ordres, parce que les jésuites se conformaient aux coutumes païennes en Chine et dans l'Inde, fut décidée par le pape contre les jésuites et cela porta un coup fatal à la prospérité de leurs missions dans ces pays. La Cochinchine (1614) et le Tonkin (1627) devinrent de même des champs pour les jésuites; les congrégations du Tonkin comptaient, en 1640, 100,000 membres, qui furent cruellement persécutés. La mission la plus célèbre des jésuites était celle du Paraguay, où ils christianisèrent et civilisèrent une population indigène de 100,000 à 200,000 âmes. Avec le consentement des autorités espagnoles, ils gardèrent le pouvoir civil sur les Indiens. La prospérité de ces missions fut interrompue, en 1750, quand l'Espagne céda sept paroisses au Portugal, et les Indiens résistèrent à l'exécution de ce projet. Au bout de quelque temps, néanmoins, le premier état de choses et la domination des jésuites furent rétablis, et ils continuèrent de l'exercer jusqu'à la suppression de l'ordre en Espagne. La première mission des jésuites en Californie fut établie par le P. Eusebius Kühn ou Kino, en 1683; graduellement, ils fondèrent 16 établissements de missions. En 1611, les jésuites établirent leur première mission dans les possessions françaises de l'Amérique. Québec resta le centre d'où leurs missionnaires étaient envoyés au loin. Après la restauration de l'ordre, les jésuites reprirent leurs missions parmi les Indiens du Missouri, en 1824, et les étendirent graduellement à plusieurs autres tribus. En 1840, la mission de l'Orégon fut fondée par le P. Smet. D'autres missions furent établies parmi les tribus près du fleuve des Amazones au Brésil (1549), au Pérou (1567), au Mexique (1572), aux Antilles (1700), au Congo et à Angola et sur la côte O. de l'Afrique (1560) et en Turquie (1627), où ils effectuèrent la soumission d'un grand nombre d'églises orientales à l'autorité du pape. — Dans tous les pays où les jésuites se sont établis, des abus de pouvoir et des rivalités d'influence leur ont créé des ennemis et ont amené souvent leur expulsion. — Dès 1547, Bobadilla, l'un des compagnons d'Ignace de Loyola, fut chassé d'Allemagne, pour avoir écrit contre l'Intérim d'Augsbourg. — La Sorbonne lança la première, en 1554, une condamnation des doctrines jésuitiques; néanmoins, les successeurs de Loyola parvinrent à se faire admettre en France, en 1562. — En 1560, le jésuite Gonzalès Sylvera fut supplicié au Monomotapa, comme espion. — En 1578, les jésuites furent expulsés d'Anvers, pour s'être opposés à la pacification de Gand. — L'année suivante, ils durent évacuer l'Angleterre; mais ils revinrent aussitôt et, en 1581, Campian, Skerwin et Briant furent mis à mort, comme ayant conspiré contre Elisabeth. Ils étaient encore nombreux lorsqu'on prit contre eux de nouvelles mesures en 1586 et en 1602. — Après l'attentat de Jean Chatel (voy. CHATEL), en 1594, le parlement de Paris rendit contre la société de Jésus un arrêt d'expulsion dont nous extrayons le passage suivant : « Ordonne

que les prêtres et écoliers du collège de Clermont et tous autres, soi-disant de ladite société, comme corrupteurs de la jeunesse, perturbateurs du repos public, ennemis du roi et de l'Etat, videront les lieux devant trois jours, après la signification du présent arrêt, hors de Paris et autres villes et lieux où sont leurs collèges, et une quinzaine après, hors du royaume, sous peine, où ils y seront trouvés, le dit temps passé, d'être punis comme criminels et coupables dudit crime de lèse-majesté. Seront les biens, tant meubles qu'immeubles à eux appartenant, employés en œuvres pitoiables, et distribution d'iceux faite, ainsi que par la cour sera ordonné... » — Le 7 janvier 1595, fut pendu, en place de Grève, le P. Guignard, auteur d'écrits faisant l'apologie du régicide. — En 1598, les jésuites furent expulsés de Hollande comme convaincus de complicité dans l'assassinat de Maurice de Nassau. — En 1599, Mariana publia une apologie du régicide. — Expulsés de France en 1594, comme nous l'avons dit, les jésuites obtinrent, en 1604, du roi Henri IV, l'autorisation de rentrer. — En 1605, Oldecorn et Garnet, auteurs de la conspiration des poudres, furent condamnés à mort. — En 1606, les jésuites furent chassés de Venise comme rebelles aux décrets du sénat. — L'assassinat de Henri IV, par Ravaillac, souleva contre les principes des jésuites de violentes récriminations; mais ils ne furent pas inquiétés. — En 1618, l'ordre fut banni de Bohême, comme infectant les esprits de la doctrine pernicieuse de l'infaillibilité du pape; l'année suivante, on prit en Moravie une mesure analogue pour la même cause. — En 1631, les jésuites furent chassés du Japon, après une guerre civile effroyable. — Malte les expulsa, en 1643, comme dépravés. C'est vers cette époque qu'ils entreprirent contre les jansénistes, une lutte qui dura trois quarts de siècle et qui se poursuivit presque partout au milieu des persécutions. Un jésuite, le P. Lachaise, confesseur de Louis XIV, ayant glissé Mme de Maintenon dans la couche royale, fit agir celle-ci sur l'esprit du souverain et obtint, par ce moyen, la révocation de l'édit de Nantes, acte plus désastreux que la Saint-Barthélemy. — En 1713, le jésuite Jouvency, dans une histoire de sa société, place les régicides au nombre des martyrs. — En 1723, Pierre le Grand bannit les jésuites de toute l'étendue de son empire. — L'attentat de Damiens (1757) fournit de nouvelles armes aux ennemis des jésuites, parce qu'ils publièrent aussitôt une édition de leurs auteurs classiques, où la doctrine du régicide est enseignée. — Le résultat de cette publication fut l'assassinat du roi de Portugal (1758). La société comptait alors plus de 22,000 membres. Les premiers ministres de Portugal (Pombal), d'Espagne (Aranda) et de France (Choiseul) résolurent, presque à la même époque, d'expulser les jésuites de leur pays. Un édit royal, du 3 sept. 1759, déclara les jésuites des traîtres, supprima l'ordre en Portugal, au Brésil et dans les autres colonies portugaises et confisqua leurs propriétés. Ils furent expulsés de France en 1764. Leur expulsion de l'Espagne eut lieu en 1767. En même temps, l'ordre fut supprimé à Naples, à Parme et à Malte. Le 10 déc. 1768, toutes les cours de Bourbons (France, Espagne, Naples et Parme) demandèrent au pape Clément XIII d'apporter diverses modifications aux règlements organiques de la société. C'est alors que le pape Clément XIII, après avoir consulté le père Ricci, général de l'ordre, fit au roi cette fameuse réponse : Sint ut sunt, aut non sint (qu'ils soient comme ils sont, ou qu'ils ne soient point). C'est pourquoi, le 9 mai 1767, le Parlement rendit contre les jésuites le fameux arrêt d'expulsion, où il était dit que : « Pour demeurer sous la dépendance de leur général, ils ont abdiqué leur souverain et leur patrie ; que cette soumission sans bornes à un régime et à un général chargés, en Espagne, de crimes d'Etat, rend leur séjour, dans quelque pays que ce soit, incompatible avec la sûreté publique, et dispose tous les membres de ladite société à devenir à tout instant rebelles à toute puissance légitime ; que le vice inhérent à leur institut et à leur morale, attentatoire à la sûreté des souverains, constamment enseigné et soutenu par ladite société, se développe de la manière la plus effrayante, depuis un nombre d'années, par les attentats qui ont déjà attiré la proscription de cette société dans trois royaumes ; considérant enfin qu'attendu l'unité de système, de principes et de conduite qui est de l'essence de ladite société, il ne peut y avoir ni sûreté pour la personne des rois, ni tranquillité dans les Etats, tant qu'il y existera aucun membre de ladite société ; a déclaré tous les membres publics et secrets ennemis de toute puissance et de toute autorité légitime... ordonne que tout un chacun de ceux qui étaient membres de ladite société à l'époque du 6 avril 1761 seront tenus de se retirer hors du royaume dans quinzaine de la publication du présent arrêt, etc. » Clément XIII étant mort en 1769, les Bourbons, alors maîtres de la plus grande partie de l'Europe, réussirent à faire élire Clément XIV (Ganganelli), et la cour de Vienne consentant aussi à la suppression des jésuites, ce nouveau souverain pontife lança, le 24 juillet 1773, le fameux bref, *Dominus ac redemptor noster*, par lequel fut ordonnée la suppression de la société de Jésus dans tous les Etats de la chrétienté. Ce bref, bien qu'il n'eût pas été signé ni publié avec les formalités canoniques ordinaires, fut promptement mis à exécution. L'espérance d'une restauration prit naissance avec l'arrivée de Pie VII au pontificat (1800). Sollicité par Ferdinand IV, le pape autorisa, en 1804, l'introduction de l'ordre dans le royaume des Deux-Siciles ; et, le 7 août 1814, il lança une bulle de restauration. En 1824, les jésuites reçurent la direction du collège romain, et, en 1836, celle du collège de la Propagande ; on leur enleva cette dernière charge en 1850. A Modène, en Sardaigne et à Naples, ils furent rétablis en 1815. Ils entreprirent leurs fameuses missions en France au commencement de la Restauration. Ils retournèrent en Lombardie en 1837, à Parme et à Venise en 1846 et en Toscane (pour peu de temps) en 1846. La révolution de 1848 les chassa de presque tous les Etats d'Italie. Après le succès de la contre-révolution de 1849, ils retournèrent dans presque tous les pays italiens, mais ils furent expulsés de nouveau par les mouvements de 1859-'60. L'établissement du royaume d'Italie fut signalé par la suppression finale de l'ordre dans la péninsule. Quand Rome devint la capitale de l'Italie, en 1870, le parlement italien décréta la suppression de tous les ordres religieux et de toutes les corporations. — Par un décret de 1829, dom Miguel de Portugal les admit ; mais dom Pedro les exila en 1834 ; depuis cette époque, il n'y a plus eu de communautés de jésuites reconnues dans ce pays. — En Espagne, Ferdinand VII, après sa restauration en 1814, les mit en possession de tous leurs premiers droits et de leurs propriétés. Ensuite ils furent plusieurs fois bannis et rappelés. Après la révolution de 1868, ils furent une fois de plus chassés de l'Espagne et on leur permit seulement de résider dans les colonies. — En France, pendant les règnes de Louis XVIII et de Charles X, ils obtinrent d'être tolérés. La révolution de Juillet 1830 les bannit de nouveau, *pour toujours*, du territoire français ; mais ils ne l'abandonnèrent point. En 1845, la Chambre des députés requit le gouvernement de fermer leurs maisons, mais aucun décret ne fut rendu contre eux, et, après un court intervalle,

ils reprirent leurs travaux. En 1873, ils étaient au nombre de 2,482, non compris les membres appartenant à la mission de New-York et du Canada. Lors de leur expulsion ou plutôt de leur dispersion, en exécution des décrets de 1880, ils étaient au nombre de 2,464. — Dans les Pays-Bas, le roi Guillaume Ier leur permit de former des établissements et après la séparation de la Belgique de la Hollande, leur nombre augmenta dans le premier de ces pays. En 1873, la province belge comptait 643 membres et la province de Hollande 313. — Le gouvernement d'Autriche les admit en Galicie qui, en 1820, forma une province séparée de l'ordre. La révolution de 1848 menaça leur existence en Autriche ; mais, en 1849, leurs établissements augmentèrent rapidement. Les événements de 1848, qui les chassèrent de tant de pays, leur ouvrirent un vaste champ d'action dans un grand nombre d'Etats allemands, où il leur fut permis, pour la première fois, depuis leur restauration, de tenir des missions pendant huit jours et plus. Mais la part active que les théologiens de l'ordre prirent à la propagation du dogme de l'infaillibilité pontificale et la coalition des députés ultramontains avec les séparatistes au reichstag amenèrent leur suppression et leur expulsion de l'empire allemand en 1873. La province d'Allemagne comptait alors 764 membres et celle de Galicie 230. — Les jésuites furent rappelés en Suisse, dès 1814, par le gouvernement du Valais. En 1847, ils furent chassés de la république et il leur a été défendu depuis, par la confédération fédérale, d'y retourner. — En Grande-Bretagne et en Irlande, ils possèdent aujourd'hui plusieurs collèges florissants et d'autres établissements, et ils entretiennent des missions dans la Guyane, à la Jamaïque et à Melbourne (Australie). Un ukase impérial, du 25 mars 1820, supprima l'ordre entièrement dans toute la Russie et la Pologne. — Les jésuites accompagnèrent lord Baltimore, quand il s'embarqua pour la baie de Chesapeake et ils furent les premiers directeurs religieux des habitants catholiques nouvellement établis dans le Maryland et les tribus indiennes du voisinage. Depuis la restauration de l'ordre, leurs progrès ont été rapides. Ils sont divisés en deux provinces (Maryland et Missouri) et forment plusieurs missions importantes. La mission de New-York, fondée primitivement par la province de France, mais indépendante aujourd'hui, comprend l'état de New-York et le Canada ; elle possède des missions parmi les tribus indiennes du lac Supérieur. La mission de la Nouvelle-Orléans dépend de la province de Lyon. La province de Naples a environ 25 missionnaires au Nouveau-Mexique et au Colorado, et la province de Turin, 120 en Californie et chez les Indiens des montagnes Rocheuses. Le nombre des jésuites aux Etats-Unis et au Canada, en 1871, était de 1,062. Ils dirigent plusieurs collèges. Au Mexique et dans les états de l'Amérique centrale et du sud, ils ont été tour à tour reçus ou chassés, suivant les fluctuations politiques. Les jésuites ont des missions chez presque toutes les nations non-catholiques du monde, particulièrement chez les Indiens de l'Amérique du Nord, en Turquie, dans l'Inde et en Chine. Le nombre des jésuites varie entre 10,000 et 11,000 ; celui de leurs missionnaires est de 1,800. — L'ordre a eu les 22 généraux suivants :

#	Nom	Dates
1.	Ignace de Loyola, Espagnol	1541-'56
2.	Jacques Laynez, Espagnol	1558-'65
3.	François de Borgia, Espagnol	1565-'72
4.	Everard Mercurian, Belge	1573-'80
5.	Claude Acquaviva, Napolitain	1581-1615
6.	Mutius Vitelleschi, Romain	1615-'45
7.	Vincent Caraffa, Napolitain	1646-'49
8.	Alex. Gottofredi, Romain	21 janv. 12 mars 1652
9.	Goswin Nickel, Allemand	1652-'64
10.	Jean-Paul Oliva, Génois	1664-'81
11.	Charles de Noyelle, Belge	1682-'86
12.	Thyrus Gonzalez, Espagnol	1687-1705
13.	Michel-Ange Tamburini, Modénais	1706-'30
15.	François Retz, Bohémien	1730-'50
16.	Ignace Visconti, Milanais	1751-'55
17.	Louis Centurioni, Génois	1755-'57
18.	Laurent Ricci, Florentin	1758-'73
19.	Thaddée Brzozowski, Polonais	1814-'20
20.	Louis Fortis, Véronais	1820-'29
21.	Jean Roothaan, Hollandais	1829-'53
22.	Pierre Beckx, Belge	1853

Parmi les jésuites qui ont été canonisés ou béatifiés, les plus célèbres sont : Ignace de Loyola, François-Xavier, François Borgia, François Régis, Louis de Gonzague et Stanislas Kostka. — Avant la suppression de l'ordre, les jésuites comptaient dans leurs rangs quelques-uns des plus grands savants de l'Europe. L'ouvrage littéraire le plus considérable de leur société est l'*Acta Sanctorum* (Bollandistes), commencé au xviie siècle et qui se continue encore. Nombre d'écrivains de cet ordre ont soutenu le droit au tyrannicide, et sur plusieurs autres points d'éthique ils ont été accusés d'avoir des principes vicieux, même par certains auteurs catholiques ; et, pour cette raison, quelques-uns des écrits des jésuites ont été censurés par Rome. A ces accusations, les jésuites répondent qu'aucune des doctrines censurées n'était particulière à l'ordre ni partagée par tous ses membres.

JÉSUITIQUE adj. Qui appartient, qui est propre aux jésuites. Ne se dit qu'en mauvaise part : *morale jésuitique*.

JÉSUITISME s. m. Système de conduite des jésuites ou de leurs adhérents ; caractère de ce qui est propre aux jésuites ou conforme à leur doctrine. — Fig. C'est du jésuitisme, c'est un acte qui semble manquer de franchise et de sincérité.

JÉSUS s. m. Sorte de papier de grand format, qui s'emploie principalement dans l'imprimerie, et dont la marque portait autrefois le nom de Jésus (I. H. S.).

JÉSUS-CHRIST [jé-zu-kri] (Ἰησοῦς, forme grecque de l'hébreu *Jehosuah* ou *Joshua*, aide de Jéhovah, sauveur ; Χριστος, traduction grecque de l'hébreu *Messiah*, oint), fondateur de la religion chrétienne, né à Bethléem, ville de Judée, sous le règne de l'empereur Auguste et crucifié aux portes de Jérusalem, sur la montagne du Golgotha, à l'âge de 33 ou 34 ans. Les parents de Jésus, Joseph et Marie, tous deux de la race de David, étaient pauvres et habitaient Nazareth ; le charpentier Joseph était déjà fiancé à Marie quand *il la trouva ayant dans son sein l'enfant du Saint-Esprit*, et l'Ecriture ajoute *qu'il ne la connut pas jusqu'à ce qu'elle eût mis au monde son premier né*; l'enfant naquit à Bethléem où Joseph et Marie s'étaient rendus pour obéir à un édit de l'empereur Auguste qui faisait alors le recensement de ses sujets. On ne saurait déterminer avec une certitude historique complète l'année et le jour où cet événement s'accomplit ; mais on le place généralement en l'an 750 de Rome, le 25 décembre, ou l'an du monde 4004 ou 4963 selon l'*Art de vérifier les dates*. Huit jours après sa naissance, l'enfant fut circoncis selon les prescriptions de la loi judaïque et reçut le nom de Jésus. Bientôt après, trois hommes sages (Magi) vinrent de l'Orient, guidés par une étoile, trouvèrent l'enfant dans la crèche où il était né et l'adorèrent en lui offrant des présents. Ensuite, quand les jours de la purification voulus par la loi furent écoulés, Marie l'emmena à Jérusalem pour le présenter au temple où le vieillard Siméon le reconnut pour le *sauveur du monde*, *la lumière des nations et la gloire d'Israel*. A ce moment déjà, de graves dangers menaçaient la vie de Jésus. Le roi Hérode, redoutant que le Messie qui venait de naître ne lui enlevât son trône, avait donné des ordres pour faire périr tous les enfants mâles de Bethléem et des environs, âgés de moins de deux ans. Avertis dans un songe, les parents de Jésus le menèrent en Egypte ; ils ne revinrent à Nazareth qu'après la mort d'Hérode, arrivée quelques mois plus tard. L'Evangile, seul document qui nous puisse renseigner à cet égard, ne parle que d'un seul incident de la jeunesse de Jésus; elle nous le montre à l'âge de 12 ans, s'entretenant et discutant dans le temple de Jérusalem avec les docteurs de la loi; jusqu'à l'âge de 30 ans, il vécut avec Joseph et Marie, travaillant pour gagner son pain et ne laissant en rien soupçonner sa mission et son origine. Son apparition publique commença à l'époque où, sur les bords du Jourdain, Jean baptisait en exhortant les hommes à la pénitence et en annonçant la venue prochaine du Messie promis. Jésus, en effet, se présenta à Jean pour recevoir le baptême; il fut reconnu par celui-ci comme le Messie et fut baptisé; il était alors dans sa 29ᵉ année. Il se retira ensuite au désert où il vécut 40 jours sans prendre de nourriture et où il permit au démon de le tenter. Quelque temps après, il choisit ses apôtres et commença à prêcher sa doctrine et à opérer des prodiges. Ses guérisons miraculeuses et le nombre toujours croissant de ceux qui croyaient en lui et qui le reconnaissaient pour le Messie excitèrent la haine jalouse des Pharisiens, qui cherchèrent à le perdre dans l'esprit du peuple et à lui faire du mal. Quand arriva la troisième pâque, c'est-à-dire la troisième année de son ministère, Jésus quitta la Judée et parcourut les contrées de Tyr et de Sidon, multipliant ses miracles, ses paraboles, ses enseignements, ses anathèmes contre les Pharisiens, annonçant sa passion et la ruine des Juifs, envoyant, çà et là, 72 disciples pour seconder les apôtres et annoncer sa doctrine, nommant Pierre chef de son Église et se transfigurant devant trois de ses apôtres; enfin, après avoir reçu l'hospitalité dans la maison de Marthe, il fit son entrée à Jérusalem, monté sur un âne; le peuple l'y reçut en triomphe. Il sortait chaque soir de Jérusalem pour échapper à ses ennemis et reparaissait chaque jour dans le temple pour instruire le peuple et confondre les Pharisiens. Enfin, à la quatrième et dernière pâque qu'il fit avec ses disciples, il annonça que l'un d'eux le trahirait, désignant Judas Iscariote comme le traître; il institua l'eucharistie après avoir lavé les pieds de ses apôtres et se retira sur la montagne des Oliviers, avec une grande agonie d'esprit, il pria au jardin de Gethsémani; c'était le lieu que Judas avait choisi pour le trahir. L'apôtre infidèle vint, à la tête d'une troupe d'hommes armés et leur désigna son maître en l'embrassant; c'était le signal convenu. Jésus se livra lui-même pendant que ses apôtres prenaient la fuite. Traîné d'Anne à Caïphe, de Caïphe à Pilate, de Pilate à Hérode et enfin ramené à Pilate, Jésus, mis au-dessous de Barabbas, fut flagellé, couronné d'épines, revêtu de pourpre et finalement condamné à mort et crucifié entre deux voleurs. Sur le soir, Joseph d'Arimathie, noble juif et disciple du Christ, demanda son corps et l'ensevelit; c'était dans l'après-midi du vendredi. Le troisième jour (appelé depuis dimanche ou jour du Seigneur), Jésus ressuscita, se montra à ses apôtres et à une foule de peuple, resta environ 40 jours au milieu des siens, leur donnant ses dernières instructions et les chargeant de parcourir toutes les nations et de leur donner le baptême et la foi; enfin le quarantième jour après sa résurrection il se rendit avec ses apôtres sur la montagne des Oliviers, leur assura qu'il serait avec eux par son esprit jusqu'à la consommation des siècles, les bénit, s'éleva au ciel et disparut à leurs yeux. L'Eglise a institué un certain nombre de fêtes pour rappeler aux fidèles le souvenir de la vie du Sauveur.

Voici les principales :

Noël ou naissance de Jésus	25 décembre
Sa Circoncision	1ᵉʳ janvier.
Adoration des Mages ou Épiphanie	6 janvier.
Présentation de Jésus au temple	2 février.
Institution de l'Eucharistie	le jeudi saint.
Passion et mort de J.-C.	vendredi saint.
Résurrection	Pâques.
Ascension	40 jours après Pâques.

La personne et l'œuvre de Jésus-Christ ont été le sujet de longues et sérieuses discussions. Dès les premiers temps, Arius niait la divinité du Christ et se voyait condamner par le concile de Nicée en 325; de siècle en siècle, des voix s'élevèrent qui attaquaient le christianisme, soit dans sa base en niant la divinité de son fondateur, soit dans sa doctrine en rejetant les points essentiels. Nous nous contenterons, pour notre époque, de signaler la Vie de Jésus, du Dʳ Strauss, qui est comme le résumé de la critique rationaliste allemande et qui produisit une si vive impression lorsqu'elle parut en 1835; la plus remarquable réplique qui lui fut faite est celle de Neander (1837). De nos jours, la Vie de Jésus d'Ernest Renan (Paris, 1863) opéra une véritable révolution dans le monde religieux et littéraire; Renan considère l'histoire de la Bible comme un roman purement légendaire; des répliques ne tardèrent pas à paraître dans toute l'Europe et jusqu'en Amérique; l'une des plus remarquables est celle de M. l'abbé Freppel.

* JET s. m. [jè] (lat. jactus; de jacere, jeter). Action de jeter, ou mouvement qu'on imprime à un corps en le jetant : le jet d'une bombe, d'une pierre. — LE JET DES BOMBES, l'art de lancer les bombes. — ARME DE JET, toute arme propre à lancer des corps avec force, comme une arbalète, une fronde, etc. — JET DE PIERRE, se dit d'autant d'espace qu'en peut parcourir une pierre qu'un homme jette de toute sa force. — Mar. Action de jeter à la mer une partie du chargement dont on veut se débarrasser pour une raison quelconque. C'est ordinairement pendant une tempête et lorsqu'on est poursuivi par l'ennemi qu'on se décide au jet des marchandises : jet de marchandises. — JET ET CONTRIBUTION, perte que doivent supporter les marchands lorsque le navire a été forcé de faire le jet. — Pêche. LE JET D'UN FILET, se dit en parlant d'un filet qu'on jette pour prendre du poisson. ACHETER LE JET DU FILET, acheter tout le poisson qui sera pris par le coup de filet. — Peint. LE JET D'UNE DRAPERIE, la manière plus ou moins naturelle dont les mouvements, le jet d'une draperie sont rendus dans un tableau : des draperies d'un beau jet. — Fonderie. Action d'introduire, de faire couler la matière dans le moule, lorsqu'elle est en fusion. On ne l'emploie guère que dans cette locution adverbiale, D'UN SEUL JET, qui se dit en parlant d'une pièce dont toutes les parties sont fondues à la fois dans un seul moule : fondre, couler une figure d'un seul jet. — Fig. D'UN SEUL JET, composition faite avec rapidité et sans y revenir à plusieurs fois : cette pièce de vers a été faite d'un seul jet. On dit aussi, CE N'EST QU'UN PREMIER JET, en parlant de ce qui n'est qu'ébauché, des idées que l'on s'est hâté de fixer sur la toile ou sur le papier, dans un moment d'inspiration. On dit dans le même sens, LE PREMIER JET D'UN OUVRAGE. On dit encore, adverbialement, DU PREMIER JET, du premier coup, sans qu'il ait été nécessaire d'y revenir : j'ai fait cette tirade du premier jet. — Se dit aussi, en termes de fonderie, des ouvertures ménagées pour donner passage à la matière en fusion, et la distribuer dans toutes les parties du moule. — Liquide qui jaillit avec force en filet, en colonne, etc. : un jet de sang. On dit de même : un jet de vapeur. — JET D'EAU, eau qui s'élance d'une fontaine jaillissante, et qui s'élève : un beau jet d'eau. — JET DE LUMIÈRE, rayon de lumière qui paraît subitement. — JET D'ABEILLES, nouvel essaim qui sort de la ruche. — Bourgeons, scions que poussent les arbres, les vignes : cet arbre a fait, a donné de beaux jets cette année. — CETTE CANNE EST D'UN SEUL JET, elle n'a point

de nœuds, elle n'est point entée : voilà une canne d'un seul jet, d'un beau jet. — On dit quelquefois absol., UN JET, une canne d'un seul jet : voilà un beau jet. — Fauconn. Menue courroie qu'on met autour de la jambe de l'oiseau : ôter les jets à un oiseau.

* JETÉ s. m. Un des pas de la danse : jeté battu.

* JETÉE s. f. Amas de pierres, de sable, de cailloux et autres matériaux jetés à côté du canal qui forme l'entrée d'un port, liés fortement, et ordinairement soutenus de pilotis, pour servir à rompre l'impétuosité des vagues : faire une jetée à l'entrée d'un port. — Construction de bois ou de pierre que l'on fait dans un cours d'eau pour en redresser le lit. — Amas de pierres, de sable et de cailloux jetés dans la longueur d'un mauvais chemin pour le rendre plus praticable : ce chemin est devenu très commode depuis qu'on y a fait une jetée.

* JETER v. a. (lat. jacio). Je jette. Je jetais. J'ai jeté. Je jetterai. Jetant. Lancer avec la main ou de quelque autre manière : jeter des pierres; jeter quelque chose au feu. — JETER UN CHALE, UNE MANTE, UN MANTEAU, etc., SUR SES ÉPAULES, SUR LES ÉPAULES DE QUELQU'UN, mettre avec quelque promptitude un châle, etc., sur ses épaules, sur les épaules de quelqu'un. On dit aussi, CE VÊTEMENT, CETTE DRAPERIE, etc., EST JETÉE AVEC GRACE, AVEC ÉLÉGANCE, en parlant d'un vêtement, d'une draperie disposée avec une négligence qui a de la grâce, etc. — Peint. JETER UNE DRAPERIE, donner une certaine disposition aux plis de la draperie dont on revêt une figure : ce peintre jette mal ses draperies. — Mar. JETER L'ANCRE, la faire tomber dans la mer, pour arrêter le navire. JETER LE PLOMB, LA SONDE, laisser tomber la sonde pour connaître la hauteur de l'eau ou la qualité du fond. JETER LE LOCH, lancer à la mer le loch pour connaître combien le navire a fait de route pendant un temps donné. — JETER SES CARTES, les jeter; se dit aussi au piquet et à l'écarté, des cartes dont on se défait pour en prendre d'autres. — JETER LES FONDEMENTS D'UN ÉDIFICE, les asseoir, les établir. Fig. JETER LES FONDEMENTS D'UN EMPIRE, D'UN ROYAUME, D'UNE RÉPUBLIQUE, etc. fonder un empire, etc. — JETER UN PONT SUR UNE RIVIÈRE, construire, établir un pont sur une rivière. Se dit surtout en parlant des ponts que l'on fait à la hâte pour le passage des troupes, des armées. — Prov. et fig. JETER DE L'HUILE SUR LE FEU, DANS LE FEU, exciter une passion déjà très vive, très violente; aigrir des esprits qui ne sont déjà que trop aigris. — IL NE JETTERAIT PAS SA PART AUX CHIENS, se dit d'un homme qui se croit bien fondé dans les prétentions qu'il a sur quelque chose. — JETER SON BIEN, JETER TOUT PAR LES FENÊTRES, dissiper son bien en folles dépenses : c'est un homme d'ordre, et qui ne jette point son bien par les fenêtres. On dit aussi : c'est un homme d'ordre et qui ne jette rien. — JETER UNE MARCHANDISE A LA TÊTE, l'offrir à vil prix : il y avait tant de gibier au marché, qu'on le jetait à la tête. — JETER UNE CHOSE A LA TÊTE DE QUELQU'UN, la lui offrir sans qu'il la demande : ne pensez pas que je lui jette mon bien à la tête, que je lui jette ma fille à la tête. On dit de même, il se pronom personnel, SE JETER A LA TÊTE DE QUELQU'UN, et absol., SE JETER A LA TÊTE, s'offrir à lui avec empressement, et sans être recherché : il ne faut pas se jeter à la tête des gens. — JETER QUELQUE CHOSE AU NEZ DE QUELQU'UN, le lui reprocher. — JETER LA PIERRE A QUELQU'UN, lancer contre lui une accusation. — JETER DE LA POUDRE AUX YEUX, éblouir, surprendre par de faux brillants, par des raisons spécieuses, etc. : il a jeté de la poudre aux yeux de toute l'assemblée. — JETER LE FROC AUX ORTIES, renoncer à la profession monacale; et, par ext., renoncer à l'état ecclésiastique. Se dit aussi de toute personne qui, par inconstance, renonce

à quelque profession que ce soit. — Jeter le grappin sur quelqu'un, se rendre maître de son esprit. — Prov. et fig. Jeter son plomb sur quelque chose, porter ses vues sur quelque chose, former un dessein pour parvenir à quelque chose ; il a jeté son plomb sur cet emploi. — Jeter le manche après la cognée, abandonner une affaire, une entreprise, par chagrin, par dégoût, par découragement. — Jeter son bonnet par-dessus les moulins, braver les bienséances, l'opinion publique : cette femme a jeté son bonnet par-dessus les moulins. — Jeter sa langue aux chiens, renoncer à deviner quelque chose : il m'est impossible de trouver le mot de cette énigme, je jette ma langue aux chiens. — S'il disait, s'il faisait telle chose, il ne serait pas bon à jeter aux chiens, tout le monde le blâmerait et crierait après lui. — Jeter sa gourme, se dit d'un jeune homme qui, à ses débuts dans le monde, fait beaucoup de folies. — Jeter un voile sur quelque chose, le passer sous silence ; jetons un voile sur le passé, sur les horribles détails de ce crime. — Jeter quelqu'un dans un cachot, dans les fers, le mettre ou le faire mettre au cachot, en prison. — Guerre. Jeter des hommes, jeter de l'infanterie, de la cavalerie, jeter des munitions, des vivres, etc., dans une place, les y faire entrer promptement dans le besoin. — Fauconn. Jeter le faucon, le laisser partir pour le vol. En parlant de l'autour, on dit, Lacher. — S'emploie aussi fig., tant au sens physique qu'au sens moral, dans l'acception de mettre, placer, diriger, envoyer, etc., et souvent avec l'idée d'une certaine violence, de quelque soudaineté ou rapidité dans l'action : quand le Créateur nous jeta sur la terre. — Jeter les yeux sur quelqu'un, avoir sur quelqu'un des vues particulières : il a jeté les yeux sur ce jeune homme pour en faire son gendre. — Jeter des propos, avancer des propos qui vont indirectement à insinuer ou à découvrir quelque chose : ce ministre a jeté des propos de paix, de guerre. — Jeter des soupçons contre quelqu'un, faire soupçonner quelqu'un. — Jeter au sort, décider quelque chose par la voie du sort. — Le sort en est jeté, le parti en est pris. On dit dans le même sens, Le dé en est jeté. (Voy. Alea jacta est.) — Jeter son dévolu sur quelqu'un, sur quelque chose, arrêter ses vues, fixer son choix sur quelqu'un, sur quelque chose. — Impr. Jeter un blanc, ménager, laisser un blanc. On dit à peu près de même, Jeter une espace, un interligne. — Pousser avec violence, tant au propre qu'au figuré : jeter un homme par terre. — Jeter une maison, une cloison, un mur, etc., par terre, démolir, abattre une maison, une cloison, etc. On dit dans le même sens, Jeter bas. — Mar. Jeter son navire à la côte, ou Se jeter à la côte, s'y échouer exprès, afin d'éviter un danger plus grand. — Pousser, envoyer, lancer hors de soi : un animal qui jette son venin. — Jeter des larmes, pleurer : il ne jeta pas une larme. — Jeter un soupir, un cri, faire un soupir, un cri. Fig et fam. Jeter les hauts cris, se récrier, se plaindre hautement. — Fig. et fam. Cet homme jette un vilain coton, il perd son crédit, sa réputation. On dit ironiquement, dans le même sens, Il jette un beau coton. On dit aussi d'un homme atteint d'une maladie qu'il le fait dépérir, Il jette un mauvais coton. — Il a jeté tout son venin, dans l'emportement de la colère, il a dit tout ce qu'il avait sur le cœur contre un tel. — Jeter son feu, tout son feu, faire et dire tout ce qu'inspire la colère, de manière que l'on en est plus tôt apaisé. — Jeter feu et flamme, se livrer à de grands emportements de colère. — Jeter son feu, faire d'abord preuve de talent, de génie, et ne pas réaliser ensuite les espérances que l'on avait données de soi. On dit dans un sens analogue : cet auteur a jeté son feu, tout son feu dans le premier acte de sa tragédie, dans son premier volume. — Se dit particul. des ulcères, des abcès, etc. —

cet abcès jette du pus. Absol. : ces ulcères, ces pustules jettent beaucoup. — Se dit également des chevaux : ce cheval jette sa gourme, une fausse gourme. Absol. : ce cheval jette, il est morfondu. — Se dit en outre des mouches à miel qui produisent et mettent dehors un nouvel essaim : ces mouches n'ont point jeté cette année. — Se dit encore des arbres et des plantes qui produisent des bourgeons ou des scions : cette vigne a bien jeté du bois. Absol. : les arbres commencent à jeter. — Jeter de profondes racines, s'enraciner profondément. Se dit au propre et au figuré : ces arbres ont jeté de profondes racines ; cet abus avait jeté de si profondes racines, qu'il était bien difficile de l'extirper. — Véner. Ce cerf jette sa tête, il quitte son bois. — Calculer avec des jetons : jetez ces sommes-là. (Vieux.) — Fonderie. Faire couler du métal fondu dans quelque moule, afin d'en tirer une figure : jeter une figure, une statue en bronze. — Fig. et fam. Cela ne se jette pas en moule, cet ouvrage ne peut se faire qu'avec beaucoup de soin et de temps. — Se jeter v. pr. Se lancer, se précipiter, se porter impétueusement dans, contre, vers quelqu'un ou quelque chose : il s'est jeté dans mes bras. — Ce fleuve, cette rivière se jette dans telle autre, ce fleuve, cette rivière se rend, va se perdre dans telle autre. — Se jeter sur quelque chose, s'y porter avidement : les soldats se jetèrent sur ces provisions et les pillèrent. — Entrer, se réfugier précipitamment en quelque endroit : on poursuivit le voleur, mais il se jeta dans une allée obscure et disparut. — Se jeter dans un couvent, s'y retirer.

JÉTHRO, prêtre du pays de Madian ; il reçut sous sa tente Moïse qui avait tué un Égyptien, le garda 40 ans auprès de lui, et lui fit épouser sa fille Séphora.

JETON s. m. Pièce de métal, d'ivoire, etc., plate et ordinairement ronde, dont on se servait autrefois pour calculer des sommes, et dont on se sert encore pour marquer et payer au jeu : jetons de cuivre ; compter avec des jetons. — Jeton de présence, jeton de métal que l'on donne, dans certaines sociétés ou compagnies, à chacun des membres qui sont présents à une séance, à une assemblée. — Prov. Entre faux comme un jeton, avoir un caractère faux.

JETTATORE s. m. [djèt-ta-to-ré](mot ital. qui signifie jeteur). Sorcier, jeteur de sorts, en Italie.

JETTATURA s. f. Sorcellerie, mauvais œil, en Italie.

JEU s. m. (lat. jocus). Divertissement, récréation, tout ce qui se fait par esprit de gaieté et par pur amusement : les jeux de l'enfance. — Jeux d'esprit, certains petits jeux qui demandent quelque facilité, quelque agrément d'esprit. On appelle aussi fig., Jeux d'esprit, certaines productions d'esprit qui n'ont aucune solidité, comme les anagrammes, les énigmes, les bouts-rimés, etc. — Jeu d'esprit, simple exercice d'esprit, suite d'idées hasardées qui ne sont fondées sur rien de sérieux : cette dispute n'est qu'un jeu d'esprit. — Jeux de main, jeux où l'on se frappe légèrement les uns les autres : la main chaude est un jeu de main. On appelle aussi Jeux de main, l'action de lutter, de se porter des coups réciproques en plaisantant : les jeux de main finissent souvent par des querelles. — Jeux de main, jeux de vilain, ou au singulier, Jeu de main, jeu de vilain, les jeux de main ne conviennent qu'à des gens mal élevés. — C'est un rude jeu, se dit d'un jeu qui va jusqu'à blesser quelqu'un. On dit proverbialement, dans le même sens, Jeux de prince qui ne plaisent qu'à ceux qui les font ; ou absol., Ce sont jeux de prince. — C'est un jeu à se rompre le cou, les jambes, etc., se dit d'une action qui expose à se tuer à se rompre les jambes, etc. — Le jeu lui plaît, se dit en par-

lant d'une personne qui veut recommencer à faire une chose qui lui plaît. — Ce n'est pas un jeu d'enfant, ce n'est pas jeu d'enfant, se dit d'une affaire grave et sérieuse, ou d'un engagement dont on ne peut se dédire. — Prendre quelque chose en jeu, le prendre en plaisanterie. — Cela passe le jeu, cela est plus fort que le jeu, cela passe la raillerie. — Fam. Ce n'est qu'un jeu, se dit d'une chose qu'on fait facilement : les plus grandes fatigues, les plus grandes difficultés ne sont qu'un jeu pour lui. — Se faire un jeu de quelque chose, y mettre son plaisir. Ne se dit qu'en mauvaise part : il se fait un jeu de mes tourments. — Se jouer de quelque chose, en disposer arbitrairement, selon son caprice : ce conquérant se fit un jeu des lois et des coutumes des vaincus. — Jeu de mots. Allusion fondée sur la ressemblance des mots : ce jeu de mots est assez heureux, assez plaisant. — Jeu de la nature, action de la nature qui produit une chose bizarre, extraordinaire ; ou chose même qui est ainsi produite : on admire le jeu de la nature dans les pierres qui représentent des arbres, des animaux, des ruines. — Les jeux de la scène, les représentations théâtrales. — Les jeux sanglants de Mars, la guerre, les combats. — C'est un jeu du hasard, se dit ce qui n'est qu'un effet du hasard. — Le jeu, les jeux de la fortune, les vicissitudes de la fortune. — s. m. pl. Certaines divinités allégoriques qui sont censées présider à la gaieté, à la joie : les Jeux, les Ris et les Grâces. — Exercice de récréation qui a de certaines règles, et auquel on hasarde ordinairement de l'argent : il y a des jeux de hasard, comme le passe-dix, le trente et quarante, le biribi. Les phrases suivantes et d'autres semblables s'appliquent surtout aux jeux de commerce ou de hasard, comme les cartes et les dés : la passion du jeu. — Par ext. Jeu de bourse, toute espèce d'agiotage sur les fonds publics. — Académies de jeux, ou jeux publics, lieux où l'on donne à jouer à toutes sortes de jeux. — Maison de jeu, lieu où l'on ne joue habituellement qu'à des jeux d'argent : les banquiers d'une maison de jeu. — La ferme des jeux, la ferme des maisons de jeu. — Il y a grand jeu dans cette maison, il s'y rassemble beaucoup de joueurs. — Tenir un jeu, donner à jouer chez soi ou en public : on tient un jeu dans cette maison. — Tenir le jeu de quelqu'un, jouer pour quelqu'un. — Mettre au jeu, donner, déposer son enjeu. — L'argent qui est sur le jeu, sur jeu, la somme des enjeux, ce que les joueurs ont mis au jeu : il y avait cent francs sur le jeu, sur jeu. — Tenir jeu, continuer à jouer avec une personne qui perd. — Couper jeu, se retirer avec gain, et ne vouloir plus tenir jeu. — Aux jeux de hombre, Ouvrir le jeu, faire la première vade. Fermer le jeu, tenir la dernière vade, et ne point faire de renvi. — Entrer en jeu, se dit, à certains jeux de cartes, de celui qui, ayant levé une main, est à son état de jouer comme il lui plaît. Cela signifie aussi, fig. et fam., entrer dans une affaire, dans une discussion, avoir son tour, soit pour agir, soit pour parler, etc. — D'entrée de jeu, dès le commencement du jeu : il se mit à jouer, et d'entrée de jeu il perdit la moitié de son argent. Fig. et fam., d'abord : d'entrée de jeu il fit voir son extravagance. — Se piquer au jeu, s'opiniâtrer à jouer malgré la perte : il se pique aisément au jeu. Fig. et fam. Se piquer, être piqué au jeu, en parlant d'une personne qui veut venir à bout de quelque chose, malgré les obstacles qu'elle y trouve. — Jouer bon jeu, bon argent, jouer sérieusement et avec l'intention de payer sur-le-champ. On dit, dans un sens anal., Jouer de franc jeu. — Bon jeu, bon argent, cela est bon, sérieusement : ils se sont battus bon jeu, bon argent. — Le jeu ne vaut pas la chandelle, la chose dont il s'agit ne mérite pas les soins qu'on prend, les peines qu'on se donne, la dépense qu'on fait. — A quel jeu l'a-t-on

PERDU? se dit en parlant d'un homme qui ne va plus dans une maison, dans une compagnie où il avait coutume d'aller. — METTRE QUELQU'UN EN JEU, le citer sans sa participation, le mêler, à son insu, dans une affaire : il m'a mis en jeu mal à propos. On dit aussi, METTRE UNE CHOSE EN JEU, la faire agir, l'employer : il mit en jeu toutes les ressources de son imagination. — Se prend aussi pour les règles de jeu, la manière dont il convient de jouer, ou dont une personne joue : ce n'est pas mon jeu que de jouer ainsi. — C'EST SON JEU, se dit en parlant de celui qui fait précisément ce qui convient le plus à ses intérêts, ce qu'il doit faire pour réussir : c'est son jeu de tirer l'affaire en longueur. On dit de même : c'est un homme qui sait bien son jeu. — Assemblage des cartes qui viennent à chacun des joueurs, et dont il doit se servir ; points qu'on amène aux dés ; ou, en général, situation dans laquelle on se trouve par rapport à son adversaire, à quelque jeu que ce soit : avoir une carte de trop dans son jeu. — DONNER BEAU JEU, donner des cartes qui font un jeu favorable. — DONNER BEAU JEU, FAIRE BEAU JEU A QUELQU'UN, lui présenter une occasion favorable de faire ce qu'il souhaite. On dit, dans un sens analogue, AVOIR BEAU JEU. — PERDRE A BEAU JEU, perdre quoiqu'on ait un beau jeu ; et, fig. et fam., échouer dans une tentative dont le succès paraissait assuré. — A BEAU JEU BEAU RETOUR, se dit pour faire entendre qu'on saura bien rendre la pareille, ou même qu'on l'a déjà rendue. — A TOUT VENANT BEAU JEU, se dit pour exprimer qu'on en est en état de tenir tête à tous ceux qui se présenteront. — FAIRE VOIR BEAU JEU A QUELQU'UN, le maltraiter, lui nuire par vengeance, par un mouvement de colère ; ou l'emporter sur lui dans une discussion. — SI ON LE FACHE, ON VERRA BEAU JEU, se dit pour donner à entendre qu'on ne peut s'attaquer à quelqu'un sans éprouver les effets de son ressentiment. — FAIRE BONNE MINE A MAUVAIS JEU, dissimuler adroitement et cacher le mécontentement qu'on éprouve, ou le mauvais état où l'on est. Dans le même sens, on dit simplement, BONNE MINE ET MAUVAIS JEU, en parlant d'une personne qui, sous une apparence de joie, cache du chagrin et de l'inquiétude. — JOUER A JEU SûR, être certain du succès des moyens qu'on emploie dans une affaire. — JOUER BIEN SON JEU, se comporter adroitement en quelque affaire, savoir bien dissimuler pour arriver à ses fins. — CACHER SON JEU, dissimuler son habileté en feignant de ne pas savoir bien jouer. Dans une acception plus figurée, CACHER, COUVRIR SON JEU, cacher ses desseins, ses vues, etc., ou les moyens qu'on met en œuvre pour réussir. On dit dans le même sens : le jeu de cet homme est fort caché, fort couvert. — Aux jeux de cartes, AVOIR LE JEU SERRÉ, ne jouer qu'à beau jeu, et ne point le hasarder. Fig., agir avec beaucoup de prudence, de réserve, de manière à ne pas donner prise sur soi aux échecs. JOUER LE JEU SERRÉ, se dit d'un joueur qui n'étend pas assez son jeu. Au trictrac, LE JEU DE CE JOUEUR EST SERRÉ, les cases les plus éloignées sont faites, et s'il amène des cinq ou des six, il ne pourra les jouer utilement. — Ce qui sert à jouer à certains jeux : un jeu d'échecs. UN JEU ENTIER, un jeu qui contient cinquante-deux cartes. UN JEU DEPIQUET, un jeu qui ne contient que trente-deux cartes. — Ce que l'on met au jeu : jouer gros jeu, petit jeu. — J'Y VAIS DU JEU, JE SUIS DU JEU, et par abrév., J'EN SUIS, expressions qu'on emploie, au jeu du brelan, et aux autres jeux de renvi, pour avertir que l'on joue une somme pareille à celle qui est sur le jeu. — JOUER BEAU JEU, jouer le jeu que les autres veulent. — JOUER GROS JEU, JOUER UN JEU A SE PERDRE, s'engager dans une affaire où l'on hasarde beaucoup pour sa réputation, sa fortune, pour sa vie. — TIRER SON ÉPINGLE DU JEU, se dégager adroitement d'une mauvaise affaire : il s'était mis

dans ce parti, dans une fâcheuse intrigue, mais il a tiré son épingle du jeu. Il signifie particul., retirer à temps les avances qu'on avait faites dans une affaire qui devient mauvaise. — Se dit encore, au jeu de paume, de chacune des divisions de la partie : une partie de quatre jeux, de six jeux. — ETRE A DEUX DE JEU, se dit de deux personnes qui ont, l'une à l'égard de l'autre, un avantage ou un désavantage égal. On le dit aussi de deux personnes qui se sont rendu réciproquement de mauvais offices. On le dit encore de deux personnes qui ont été également maltraitées dans quelque affaire. — Par ext. Lieu où l'on joue à certains jeux : un jeu de paume. — s. m. pl. Spectacles publics des anciens, comme les courses, les luttes, les combats de gladiateurs, etc., tels étaient chez les Grecs, les jeux Olympiques, les jeux Néméens, etc. ; et chez les Romains, les jeux séculaires, les jeux du cirque, les jeux scéniques, etc. — JEUX DE PRIX, se dit en parlant des anciens ou des modernes, des jeux, des exercices qui exigent de la force ou de l'agilité ou de l'adresse, et dans lesquels un prix est destiné au vainqueur, tels que la lutte, la course, le jeu de l'arc, le tir au fusil, etc. — JEUX FLORAUX. (Voy. FLORAL.) — Se dit aussi du maniement des hautes armes : le jeu de la hallebarde. — Façon d'escrimer, de faire des armes : je sais son jeu. — SAVOIR LE JEU DE QUELQU'UN, connaître sa manière d'agir. — Manière de jouer d'un instrument de musique : avoir le jeu beau, le jeu brillant, le jeu large, hardi. — C'EST LE VIEUX JEU, se dit de certaines vieilles habitudes, ou de plaisanteries rebattues. — JEU D'ORGUES, instrument qu'on appelle aussi simplement ORGUES. — LE JEU DE FLUTES, LE JEU DE TROMPETTES, LE JEU DE CLAIRON, se dit des registres qui servent dans les orgues, à imiter le son des flûtes douces, celui des trompettes, etc. On dit aussi, LE PLEIN JEU, en parlant de ce qui sert, dans le même instrument, à produire des sons plus forts. — JEU DE VIOLE, se disait autrefois de quatre ou cinq violes de différentes grandeurs, pour jouer les différentes parties de la musique. — Manière dont un comédien remplit ses rôles : ce comédien a le jeu brillant, touchant, pathétique. — JEU DE THÉATRE, certains effets de scène qu'on produit surtout par les gestes et par les expressions du visage : ces jeux de théâtre plaisent beaucoup au public, jeu muet. — Prov. C'EST UN JEU JOUÉ, se dit d'une feinte concertée entre deux ou plusieurs personnes. — En parlant de certains ouvrages d'art, se dit de l'aisance, de la facilité du mouvement qu'ils doivent avoir : le balancier de cette horloge n'a pas assez de jeu. — Peint. IL Y A DU JEU DANS CETTE COMPOSITION, se dit d'un tableau où il y a du mouvement, une variété d'aspects, où les objets ne sont point entassés, et laissent entre eux l'espace nécessaire à la facilité de leur mouvement. — Action d'un ressort : le jeu d'un ressort ; et aussi action régulière et combinée des diverses parties d'une machine : le jeu d'une machine ; étudier le jeu des organes du corps humain. — S'emploie quelquefois, fig., dans le sens qui précède : le jeu des passions humaines. — Archit. hydraulique, JEU D'EAU, se dit de la diversité des formes que l'on fait prendre aux jets d'eau en variant celle des ajutages. — Mécan. JEU DE PISTON, espace que parcourt à chaque coup le piston dans son corps de pompe. — Mar. UN JEU DE VOILES, assortiment complet de toutes les voiles d'un bâtiment. UN JEU D'AVIRONS, le nombre d'avirons nécessaires pour un canot. — Législ. « Le jeu est considéré par le Code civil comme un contrat aléatoire ; et il peut donner lieu à une action pour le paiement de la dette qui en résulte ; sauf au tribunal à réduire la demande, si elle lui paraît excessive. Cela s'applique exclusivement aux jeux dans lesquels on emploie l'adresse et l'exercice du corps : tels que les armes, les courses à pied, à cheval ou en voiture. Le jeu de

paume, etc. S'il s'agit de jeux de hasard, la loi n'accorde aucune action. Mais, dans aucun cas, le perdant ne peut répéter ce qu'il a volontairement payé, à moins qu'il n'y ait eu, de la part du gagnant, vol, supercherie ou escroquerie (C. civ. 1964 à 1967). Le commerçant failli peut être déclaré banqueroutier simple, s'il a consommé de fortes sommes dans des jeux de bourse ou dans des opérations de pur hasard (C. comm. 585). Les lois romaines et les ordonnances des rois de France défendaient de jouer de l'argent ; mais ces défenses furent constamment méprisées. Le Consulat, par un décret du 24 juin 1805, prohibait en principe les maisons de jeux ; mais, voulant tirer quelque profit de cette funeste passion humaine, il autorisait, contrairement aux dispositions formelles du Code pénal, quelques privilégiés à ouvrir des maisons de jeu à Paris et dans les stations thermales, moyennant le versement de redevances dans la caisse de la police secrète. Les ordonnances royales du 5 août 1848 et du 19 juillet 1820 concédèrent à la ville de Paris le privilège de l'exploitation des jeux publics, à charge de payer au Trésor une somme de 5,500,000 fr. Enfin la loi de finances du 18 juillet 1836 prohiba définitivement les jeux publics, à compter du 1er janvier 1838. Ce bon exemple a été suivi par les autres Etats de l'Europe ; et la principauté de Monaco est aujourd'hui le dernier refuge où la passion du jeu peut librement donner carrière à ses excès. — L'article 410 du Code pénal punit d'un emprisonnement de six mois et d'une amende de 100 fr. à 6,000 fr., ceux qui ont tenu des maisons de jeu de hasard, ainsi que tous les administrateurs, préposés et agents de ces établissements. Les coupables peuvent être de plus, à compter du jour où ils auront subi leur peine, interdits pendant cinq ans au moins et dix ans au plus, de l'exercice de certains droits civiques, civils et de famille. Les fonds ou effets trouvés exposés au jeu sont confisqués, ainsi que les meubles, instruments, ustensiles, appareils destinés au service des jeux et les effets mobiliers dont les lieux sont garnis ou décorés. Le législateur est moins sévère à l'égard des personne qui tiennent des jeux de hasard dans les rues, chemins, places ou lieux publics ; il leur inflige seulement, en outre de la confiscation des tables, instruments et enjeux, une amende de 6 fr. à 10 fr. ; mais, en cas de récidive, les inculpés sont traduits devant le tribunal de police correctionnelle et ils sont punis d'un emprisonnement de six jours à un mois et d'une amende de 16 fr. à 200 fr. (C. pén. 475, 5°, 477, 478). » (CH. Y.)

* JEUDI s. m. (lat. jovis dies, jour de Jupiter). Cinquième jour de la semaine : jeudi dernier. — Prov. et pop. LA SEMAINE DES TROIS JEUDIS, TROIS JOURS APRÈS JAMAIS, ou simpl., LA SEMAINE DES TROIS JEUDIS, jamais : je vous le donnerai la semaine des trois jeudis. — JEUDI GRAS, le jeudi qui précède le mardi gras. — JEUDI SAINT, ou JEUDI ABSOLU, ou JEUDI DE L'ABSOUTE, le jeudi de la semaine sainte.

* JEUN (A) loc. adv. (lat. jejunus, qui est vide). On l'emploie en parlant d'une personne qui n'a rien mangé de la journée : il est encore à jeun.

Il lui fallut à jeun retourner au logis.
LA FONTAINE.

* JEUNE adj. (lat. juvenis). Qui n'est guère avancé en âge : un jeune homme, une jeune fille. — Se dit quelquefois par rapport aux emplois, aux dignités qu'on ne donne ordinairement qu'à des hommes faits ou à des personnes déjà avancées en âge : ce précepteur me paraît bien jeune. — JEUNES DE LANGUE, jeunes gens que quelques gouvernements entretiennent pour apprendre les langues orientales, et devenir capables de servir de drogmans. Dans cette dénomination, JEUNES est pris substantivement. — Se dit aussi, surtout au sens moral et dans le style élevé, de ce qui appartient, de ce qui est propre à une personne jeune : *cette pensée enflammait son jeune courage.* — LE JEUNE ÂGE, l'âge, le temps où l'on est jeune : *dans mon jeune âge.* On dit de même, surtout en poésie, JEUNES ANS, JEUNES ANNÉES, JEUNE SAISON : *dès ses plus jeunes ans.* On dit encore fam.; DANS SON JEUNE TEMPS, etc.— UNE JEUNE BARBE, un jeune homme : *il veut décider de tout, et ce n'est qu'une jeune barbe.* — Fig. et fam. IL A LA BARBE TROP JEUNE, se dit d'un jeune homme, quand il veut faire des choses qui demandent plus de maturité, plus d'expérience qu'on n'en peut avoir à son âge. — CETTE COULEUR EST JEUNE, elle ne convient qu'à des personnes jeunes : *cette couleur est trop jeune pour moi.* — Se dit particul. pour cadet, par opposition à aîné : *un tel, le jeune.* — Se dit aussi, par apposition à ancien, pour distinguer certains personnages historiques. *Pline le jeune, Denys le jeune.* — Se dit, par ext., de celui qui a encore quelque chose de l'ardeur, de la vivacité et de l'agrément de la jeunesse : *il ne vieillit point, il est toujours jeune.* On le dit. dans le même sens, de ce qui appartient aux personnes : *il a le visage aussi jeune que s'il n'avait que vingt ans.* — AVOIR ENCORE LE GOÛT JEUNE, LES GOÛTS JEUNES, se dit d'une personne avancée en âge qui conserve les inclinations de la jeunesse. — Étourdi, évaporé, qui n'a point encore l'esprit mûr : *mon Dieu, qu'il est jeune!* — Se dit également des animaux, par rapport à l'âge qu'ils vivent ordinairement : *un jeune chien.* — IL EST FOU COMME UN JEUNE CHIEN, se dit d'un jeune garçon étourdi et folâtre. — Prov. JEUNE CHAIR ET VIEUX POISSON, la viande des jeunes bêtes est la plus délicate, et les plus grands poissons sont ordinairement les meilleurs. — Se dit pareillement des arbres et des plantes : *un jeune chêne.* — Se dit particulièrement, dans l'administration forestière, des baliveaux de l'âge du taillis, par opposition aux *baliveaux modernes,* qui ont deux ou trois âges, et aux *baliveaux anciens,* qui ont plus de trois âges.

JEUNE-FRANCE s. m. Nom que se donnèrent, en 1830, les membres d'un groupe de jeunes écrivains et d'artistes appartenant à la nouvelle école romantique et qui se distinguaient surtout par l'excentricité de leur tenue et l'exaltation de leurs théories. Le plus célèbre des Jeune-France fut Th. Gautier.

JEÛNE s. m. (lat. *jejunium*). Pratique religieuse, acte de dévotion, qui consiste à s'abstenir d'aliments par esprit de mortification : *l'usage du jeûne est de la plus haute antiquité ; les fêtes d'Eleusine étaient accompagnées de jeûnes.*— Se dit particul. du jeûne des catholiques, qui consiste à s'abstenir de viande en ne faisant qu'un repas dans toute la journée, soit à dîner avec une légère collation à souper, soit à souper avec une légère collation à dîner : *le jeûne est de précepte ecclésiastique ; dans l'ancienne Eglise, le jeûne se pratiquait d'une autre manière qu'à présent.*

Un prélat déjeunait; le chabbé vint chez lui :
« Mettez-vous là, mon cher ». L'abbé discret refuse :
« J'ai déjeuné deux fois; je ne puis. — « Belle excuse !
Vous déjeunerez trois ». — « Non, c'est jeûne aujourd'hui. »
                      Lacouvé.

— IL A FAIT BIEN DES JEÛNES QUI N'ÉTAIENT PAS DE COMMANDEMENT, il a été longtemps sans trouver de quoi manger. — Toute abstinence d'aliments : *un trop long jeûne ruine la santé.* — Toute autre espèce d'abstinence ou de privation : *depuis un mois, mon médecin m'a défendu de ne rien lire ; c'est un long jeûne qu'il m'a imposé.*

JEÛNEMENT adv. Nouvellement. Chasse. N'est usité que dans cette phrase, CERF DE DIX CORS JEUNEMENT, cerf qui a pris depuis peu un cors de dix andouillers de chaque côté.

JEÛNER v. n. S'abstenir d'aliments, ou de certains aliments, par esprit de dévotion,

de mortification : *dans l'ancienne Eglise, on jeûnait jusqu'au soleil couché.* — Manger peu, manger moins qu'il ne faut, ou même ne point manger du tout, soit par une abstinence volontaire, soit par une abstinence forcée et faute d'aliments : *c'est un avare qui fait jeûner ses domestiques.* — S'abstenir ou être privé de certaines jouissances, etc. : *il y a plus de six mois que je n'ai pu aller au spectacle : c'est trop longtemps jeûner.*

JEUNESSE s. f. Cette partie de la vie de l'homme, qui est entre l'enfance et l'âge viril; ou l'état d'une personne jeune : *durant la jeunesse ; il eut une jeunesse étourdie, une jeunesse folle.* — Adv. et fam. DE JEUNESSE, dès la jeunesse : *il est accoutumé à cela de jeunesse.* — JEUNESSE EST FORTE A PASSER, ou mieux, EST DIFFICILE A PASSER, dans la jeunesse on a bien de la peine à modérer ses passions. On dit à peu près dans le même sens, IL FAUT QUE JEUNESSE SE PASSE, on doit avoir de l'indulgence pour les fautes que la vivacité et l'inexpérience de la jeunesse font commettre. — AVOIR UN AIR DE JEUNESSE, paraître encore jeune, quoique l'on soit déjà d'un certain âge. — Collectiv. Ceux qui sont dans l'âge de la jeunesse, et même ceux qui sont encore dans l'enfance : *enseigner la jeunesse; corriger la jeunesse.* — LA JEUNESSE REVIENT DE LOIN, les personnes jeunes réchappent souvent des maladies les plus dangereuses. Cela se dit aussi pour faire entendre que la jeunesse peut revenir de grandes erreurs, de grands égarements. — SI JEUNESSE SAVAIT ET VIEILLESSE POUVAIT, si la jeunesse avait de l'expérience, et que la vieillesse eût de la force. — Collectiv. Ceux qui sont de l'âge de vingt ans à trente-cinq ans environ : *il y avait à ce bal bien de la jeunesse.* — S'entend quelquefois, dans ce dernier sens, du sexe masculin seulement : *toute la jeunesse de la ville s'exerçait.* — Se dit quelquefois, pop., d'une personne jeune, et surtout d'une jeune fille : *c'est une jeunesse, une jolie jeunesse.* — Se dit aussi, dans un sens analogue au premier, en parlant des animaux et des arbres : *cet animal est très foldtre de jeunesse.* — Jeunesse dorée. Nom donné après le 9 thermidor, à une faction réactionnaire qui, sous la direction de Fréron, affectait un costume recherché et des mœurs élégantes, se présentait comme vengeresse des victimes de la Terreur et pourchassait les Jacobins partout où elle les rencontrait. La jeunesse dorée se composait surtout des *Incroyables* et des *Merveilleuses.*

JEUNET, ETTE adj. dimin. Qui est extrêmement jeune : *il est tout jeunet; elle est bien jeunette.* Il est familier, et ne s'emploie guère qu'au féminin.

JEUNEUR, EUSE s. Celui, celle qui jeûne. N'est guère usité qu'avec l'adjectif GRAND : *c'est un grand jeûneur.* (Fam.)

JEURES (Saint-), ch.-l. de cant., arr. et à 11 kil. d'Yssingeaux (Haute-Loire), sur un affluent du Moulins; 2,700 hab.

JEYPOOR (djè-pour). 1. Etat radjpoute indigène de l'Inde : 39,500 kil. carr.; environ 1,500,000 hab. Il est plat et mal arrosé, et possède quelques-unes des citadelles les plus fortes de l'Inde. Le gouvernement appartient à un rajah héréditaire qui paie à la Grande-Bretagne un tribut annuel de 1,000,000 de fr.—

II. Capitale de l'Etat ci-dessus, à 240 kil. S.-O. de Delhi; environ 60,000 hab. C'est une des villes les plus attrayantes de l'Indoustan. Parmi ses mosquées et ses temples on trouve des spécimens exquis de l'architecture indoue la plus pure. Jey Singh fonda cette ville au commencement du XVIIIe siècle pour remplacer Amber, son ancienne capitale.

JÉZABEL. Voy. JÉSABEL.

JEZRAEL, ville de l'ancienne Palestine, résidence du roi Achab, près de l'extrémité E. de la plaine à laquelle elle donna son nom. Cette dernière est connue sous le nom de plaine d'Esdraëlon et s'étend depuis la Méditerranée près du Carmel, jusqu'au Jourdain.

JHANSI, ville fortifiée de l'Inde, dans les provinces du N.-O., capitale d'un petit état du même nom, annexé aux possessions britanniques en 1854, à 180 kil. S.-S.-E. d'Agra. Le 4 juin 1857, éclata une révolte des troupes indigènes, et 67 Européens furent massacrés. Le 11 avril 1858, les Anglais prirent la ville d'assaut et 5,000 rebelles furent tués.

J. H. S. Voy. I. H. S.

JHYLUM ou **Jelum** (anc. *Hydaspes*; sanscr. *Vitastâ*; indou moderne, *Behul*), la plus occidentale des cinq grandes rivières du Punjaub (Inde anglaise). Elle prend sa source dans l'Himalaya (Cachemire du S.), arrose la vallée du Cachemire pendant 180 kil. et se joint au Chenaub, après un cours de 675 kil.

JIDDAH ou **Jeddah** [djid-da], ville de l'Hedjaz (Arabie), sur la mer Rouge, à 100 kil. O. de la Mecque; environ 18,000 hab. Elle est située au milieu d'un désert stérile, borné par une chaîne de collines basses, dépourvues d'arbres ou de végétation. Elle est entourée de murs et a neuf portes dont six font face à la mer. Celle-ci se retire graduellement en

Jiddah.

raison de la formation journalière des récifs de coraux sur la côte. Le port est le meilleur de la mer Rouge, mais il est de difficile entrée à cause des bancs de coraux. Le climat est accablant pour les Européens, le thermomètre montant de 25° à 42° C., et s'élevant encore bien davantage pendant le simoun. Environ 120,000 pèlerins, se rendant à la Mecque ou à Médine traversent annuellement la ville. Le commerce est très considérable. Les principaux articles d'exportation sont : le café, la gomme, les épices, le baume, l'encens, les essences, le séné, la casse, l'ivoire, la nacre, les perles, les écailles de tortue, les plumes d'autruche, le corail, les dattes, la coutellerie, la quincaillerie et le cuir. Jiddah, fut bombardée en 1858 par les Anglais, pour venger le massacre du consul anglais et d'un certain nombre de chrétiens.

JIHOUN. Voy. OXUS.

JOAB, guerrier hébreu, mort vers 1015 av. J.-C. Généralissime des armées royales, il contribua par sa valeur à la plus grande partie des conquêtes de David, son oncle. Après la mort de Saül, il battit les troupes d'Abner qu'il assassina quand celui-ci se fut réconcilié avec David. Il subjugua ensuite les Jébuséens, défit Absalon et le tua malgré la défense du roi; il fit périr de la même manière Amasa, son rival. Salomon, après son avènement au trône, le fit mettre à mort.

JOACHAZ. I, fils et successeur de Jéhu, roi d'Israël, mort en 832 av. J.-C. Vaincu par Hazaël, roi de Syrie, il s'humilia devant Dieu qui suscita son fils Joas pour rétablir les affaires d'Israël. — **II**, fils et successeur de Josias, roi de Juda; fut détrôné par Néchao, roi d'Egypte, et alla mourir dans ce pays.

JOACHIM, roi de Naples. Voy. MURAT.

JOACHIM (Saint), époux de sainte Anne et père de la vierge Marie. Fête le 20 mars.

JOACHIMSTHAL [iô-'a-'himms-tâl], ville de Bohême, dans une vallée de l'Erzgebirge, à 15 kil. N. de Carlsbad; 6,570 hab. Célèbres mines de plomb, d'étain, de fer et d'argent. Le terme *thaler* tire son origine de cette place, où les comtes Schlick, gouverneurs locaux, au commencement du XVIe siècle, firent monnayer le guldengroschen qui fut ensuite connu sous le nom de *joachimsthaler* et ensuite sous celui de *thaler*. L'incendie du 31 mars 1873 détruisit l'église de Saint-Joachim avec les célèbres peintures de Dürer et de Granach et environ les trois quarts des maisons; celles-ci ont été en partie reconstruites.

JOAD ou **Joïada**, grand prêtre d'Israël; il sauva des mains d'Athalie et éleva dans le Temple le jeune Joas, qui devint roi de Juda.

* **JOAILLERIE** s. f. [*ll* mll.] (rad. *joyau*). Art, métier, commerce de joaillier : *il se mêle de joaillerie*. — Marchandises qui consistent en joyaux, en pierreries, etc. : *une pacotille de joaillerie*.

* **JOAILLIER, IÈRE** s. [jo-a-ié; *ll* mll.]. Celui, celle qui travaille aux joyaux, en pierreries, ou dont la profession est d'en vendre : *riche joaillier*.

JOAL, comptoir français du Sénégal, arr. a 80 kil. S. de Gorée.

JOANNE (Adolphe-Laurent), écrivain, né à Dijon, en 1813, mort le 1er mars 1881. Se fit recevoir avocat en 1836, écrivit dans plusieurs journaux, fut l'un des fondateurs de l'*Illustration* en 1843, et se fit connaître surtout par la grande entreprise des *Guides* qui portent son nom. Il a publié en outre de nombreux ouvrages de géographie ou de voyages : les principaux sont un *Dictionnaire des communes de France* (1864), une collection des *Géographies départementales*, un *Voyage illustré dans les cinq parties du monde* (1849).

JOANNES (île de). Voy. MARAJO.

JOANNY (Jean-Baptiste-Bernard BRISE-BARRE, *dit*), acteur français, né à Dijon, en 1775, mort en 1849. Après avoir suivi différentes professions, il parut sur la scène en 1797; il succéda à Talma au Théâtre-Français (1826-'41) et copia tellement le grand tragédien, qu'on le surnomma *le Talma de la province*.

JOAS, roi d'Israël, fils et successeur de Joachaz, mort en 817 av. J.-C. Il remporta plusieurs victoires sur Benhadad, roi de Syrie, et conquit Jérusalem après avoir défait Amasias, roi de Juda.

JOAS, roi de Juda, fils d'Ochosias, mort l'an 831 av. J.-C. Il fut élevé dans le Temple par Joad, et devint roi de Juda après la mort de son aïeule que Joad fit massacrer. Après la mort de son bienfaiteur, Joas céda à ses pas-

sions et fit périr Zacharie, fils de Joad. Il fut puni de ce crime par une invasion du roi de Syrie et fut égorgé par ses propres serviteurs.

JOATHAN, roi de Juda, mort en 737 av. J.-C. Il releva les murs de Jérusalem et imposa un tribut aux Ammonites; il lutta avec succès contre Rasin, roi de Syrie, et vainquit Phacée, roi d'Israël.

JOB, personnage biblique qui vivait dans l'Idumée à une époque incertaine. Ce fut un homme d'une probité et d'une piété éminentes, jouissant d'une grande richesse et d'une haute réputation. Dieu permit à Satan de mettre sa vertu à l'épreuve. Il supporta la perte de ses biens et même de ses enfants sans se plaindre. Il fut ensuite attaqué d'une maladie terrible, mais sa patience ne fut pas ébranlée. Dieu lui rendit alors avec la santé le double des biens qu'il avait perdus et une nouvelle et nombreuse famille. — Le livre de Job, un des livres de l'Ancien Testament, ainsi nommé à cause du patriarche dont il renferme l'histoire; mais il n'est nullement certain que Job en soit l'auteur. Il n'y a rien dans l'antiquité ni même dans la Bible qui surpasse en richesse et en magnificence la poésie de ce livre. Il a été traduit en vers français par Levavasseur (1826) et par Baour Lormian (1847).

JOBARD, ARDE adj. Crédule à l'excès, facile à duper. (Fam.) — s. Homme niais, crédule : *c'est un jobard*.

JOBARDER v. a. Duper, mystifier.

JOBARDERIE s. f. Niaiserie, bêtise.

JOBERT (Antoine-Joseph), connu sous le nom de JOBERT DE LAMBALLE, célèbre chirurgien, né à Matignon (Côtes-du-Nord), en 1802, mort en 1867. Orphelin et sans fortune, il fut l'enfant de ses œuvres et parvint, jeune encore, à la réputation. Il eut alors la malheureuse idée de s'enrichir par un mariage et n'eut pas de peine à s'apercevoir de suite qu'il n'avait pas épousé le bonheur. La séparation fut immédiate. Le dégoût de la vie s'empara de lui, et un jour qu'il se présentait à la caisse de Rothschild pour toucher un mandat, il fut pris d'un accès de folie, se précipita sur le caissier, et essaya de le tirer hors de son guichet, en criant : « Ça va, l'enfant se présente bien, encore une douleur ! » On eut beaucoup de peine à lui arracher le patient et à conduire le pauvre fou chez le docteur Blanche, où il mourut.—Comme chirurgien, Jobert a imaginé plusieurs opérations nouvelles pour le traitement des maladies de la matrice; ses procédés d'intussusception sont généralement adoptés aujourd'hui. Il a laissé un grand nombre d'articles scientifiques publiés dans les journaux de son époque et plusieurs ouvrages, parmi lesquels nous citerons : *Sur les hémorroïdes* (Paris, 1828, in-4°); *Traité théorique et pratique des maladies chirurgicales du canal intestinal* (1829, 2 vol. in-8°), ouvrage couronné par l'Institut; *Traité de chirurgie plastique* (1849, 2 vol.), etc.

JOCASTE. Mythol. Femme de Laïus et mère d'Œdipe ; elle épousa son fils sans le connaître, et eut de lui Etéocle et Polynice, Antigone et Ismène.

* **JOCKEY** s. m. [jo-kè; angl. djo'k-i] (mot angl. qui a signifié *fripon* et par anal. *maquignon*; du vieux franç. *jacquet*, homme de peu). Très jeune domestique principalement chargé de conduire la voiture en postillon. — Aujourd'hui. Domestique qui monte les chevaux dans les courses.

* **JOCKO** s. m. Mamm. Espèce de singe,

qu'on nomme aussi PONGO. — ⁓ Espèce de pain : *du pain jocko*.

* **JOCRISSE** s. m. (lat. *jocari*, jouer, plaisanter). Se dit d'un benêt qui se laisse gouverner, ou qui s'occupe des soins les plus bas du ménage : *c'est un jocrisse*. (Pop.) — Se dit aussi d'un valet niais et maladroit.

JOCRISSERIE s. f. Niaiserie d'un jocrisse.

JODE (Pieter de), L'ANCIEN, graveur flamand, né en 1570, mort en 1634. Il grava des ouvrages d'après le Titien, à Venise, et d'après Jean Cousin, à Paris. Son *Christ donnant les clefs à saint Pierre*, d'après Rubens, et exécuté après son retour à Anvers, est son chef-d'œuvre. — (Pieter de), le JEUNE, grava aussi un grand nombre d'œuvres célèbres

JODELLE (Etienne), sieur de Lymodin, poète français, né à Paris en 1532, mort en 1573; le premier, en France, il composa des tragédies imitées des Grecs, avec prologues et chœurs. Il fut l'un des membres de la pléiade de Charles IX. Auteur de *Cléopâtre captive* et de *Didon se sacrifiant*, il joua le rôle principal de la première de ces pièces, en 1552, à l'hôtel de Reims, puis au collège de Boncour, devant Henri II. Ses œuvres ont été réunies en 1574 (1 vol. in-4°).

JŒCHER (Chrétien-Théophile), écrivain allemand (1694-1758). Son œuvre capitale est un *Dictionnaire général des savants* (Leipzig, 1750-'51, 4 vol. in-4°).

JOËL, le second des douze petits prophètes hébreux. Quelques critiques supposent qu'il prophétisa sous le règne d'Uzzias, entre 800 et 780 av. J.-C., tandis que, d'après d'autres, il vécut dans les premiers temps du roi Joas.

JOENKOEPING ou **Joenkjoeping**. **I**. province suédoise, au S. de l'intérieur de la Suède; 11,526 kil. carr.; 186,850 hab. Elle est traversée par plusieurs chaînes de montagnes et arrosée par les rivières Nissa et Em et par le lac Wetter. Elle est riche en fer et autres minéraux. — **II**. Capitale de cette province, sur une langue de terre, à l'extrémité S. du lac Wetter, à 267 kil. S.-O. de Stockolm ; 12,644 hab. Célèbres fabriques d'allumettes suédoises. Eaux minérales dans le voisinage.

JOGUES (Isaac), missionnaire jésuite français, né en 1607, tué par les Mohawks à Caughnawaga, état de New-York, le 18 oct. 1646. Envoyé au Canada en 1636, il voyagea parmi les Hurons et les Dinondadies. En 1642, il pénétra jusqu'à Sault-Sainte-Marie. A son retour, il fut pris par les Iroquois, conduit au Mohawk et soumis à de durs traitements. Il fut condamné à mort, mais il s'échappa et se rendit en France. Revenu au Canada, il voulut reprendre sa mission chez les Mohawks, mais ceux-ci le mirent à mort. Il a écrit une longue lettre en latin pour décrire sa captivité et donner des nouvelles de son compagnon, René Goupil. Ses lettres ont été publiées par la société historique de New-York (1847-'48); ainsi que son *Novum Belgium* avec traduction et notes (1862). La *Vie de Jogues* fut publiée à Paris en 1873.

JOHANNES SECUNDUS, poète hollandais, dont le vrai nom était JAN EVERARD, né en 1511, mort en 1536. Ses poèmes sont écrits en pur latin classique et les *Basia* (*Baisers*, Utrecht, 1539) ont été mis par ses admirateurs au rang des poèmes lyriques de Catulle.

JOHANNISBERG. Voy. ALLEMAGNE (*vins d'*).

JOHANNOT, famille d'artistes qui se fixa en Allemagne après la révocation de l'édit de Nantes et qui revint en France après la Révolution. — **I** (François), introduisit la lithographie à Paris en 1806, et se ruina. Il mourut à Manheim en 1838. — **II** (Charles), graveur, frère du précédent, né à Offenbach-sur-le-Mein (Hesse) en 1783, mort à Paris en 1825. Ses gravures au pointillé pour une édition de l'*Aminta* du Tasse (1813) et son *Trompette blessé*, d'après Horace Vernet, sont considérés comme des chefs-d'œuvre. — III (**Charles-Henri-Alfred**), peintre, frère du précédent, né à Offenbach-sur-le-Mein, en 1800, mort en 1837. Son *Naufrage de don Juan* (1831) et son *Cinq-Mars* établirent sa réputation et lui valurent des commandes de Louis-Philippe. — IV (**Tony**), célèbre graveur, frère des précédents, né à Offenbach, en 1803, mort à Paris en 1852. Il a laissé une infinité de vignettes illustrant les publications de son époque et aussi plusieurs tableaux.

JOHN-BULL. Voy. BULL.

JOHN (Saint-), rivière de l'Amérique du N., longue de 675 kil. Elle prend sa source sur la frontière du Maine et de Québec (Canada).

JOHN (Saint-), lac du Canada. Voy. QUÉBEC.

JOHN (Saint-), ville et port de mer du nouveau-Brunswick, à l'embouchure de la rivière Saint-John, dans la baie de Fundy, à 80 kil. S.-S.-E. de Fredericton et à 495 kil. O.-N.-O d'Halifax; environ 50.000 hab. Quelques rues sont très escarpées et ont été taillées dans le roc à une profondeur de 10 à 13 m. Avant la conflagration des 20 et 21 juin 1877, époque où les deux tiers de la ville furent détruits, elle possédait plusieurs beaux édifices publics. Le port, l'un des plus magnifiques de l'Amérique, n'est jamais bloqué par la glace. Manufactures importantes, forges et fonderies, clous, instruments tranchants, cuir, chaussures, savon, chandelles, papier, articles de coton, cordages, chapeaux, voitures, etc. — Saint-John fut fondée par les loyalistes qui quittèrent les États-Unis à la fin de la révolution américaine.

JOHN (Saint-), capitale de Terre-Neuve, ville la plus occidentale de l'Amérique du Nord, dans la partie S.-E. de l'île, sur le côté N. d'une rade qui porte le même nom, à 95 kil. N. du cap Race, à 775 kil. E.-N.-E. d'Halifax, 28,890 hab. Environs pittoresques et bien cultivés. Exportation du produit des pêcheries; morue, peaux de veaux marins, huile de foie de morue et de veaux marins.

JOHNS (Saint-) (fr. *Saint-Jean*), capitale du comté de Saint-Johns (Québec, Canada), sur la rivière Richelieu, à 30 kil. S.-E. de Montreal; 3,030 hab. Commerce considérable de bois de construction, de grains, etc.

JOHNSBURY (Saint-), ville du Vermont (Etats-Unis), à 60 kil. E.-N.-E. de Montpellier; 4,665 hab. Manufactures d'instruments agricoles.

JOHNSON (**Andrew**) [djonn'-s'n], dixtième président des États-Unis, né à Raleigh le 29 décembre 1808, mort le 31 juillet 1875. Il apprit le métier de tailleur avant d'étudier l'alphabet, émigra dans le Tennessee et y épousa une femme instruite qui se fit son professeur. Quoique démocrate, il soutint l'unité de l'Union et fut élu vice-président en 1864, avec Lincoln comme président. A la mort de celui-ci, il lui succéda, en vertu de la constitution et continua sa politique républicaine unioniste. Ses adversaires l'accusèrent d'avoir commis plusieurs abus de pouvoir; mais le sénat, constitué en haute cour, l'acquitta le 16 mai 1868.

JOHNSON (**Samuel**), auteur anglais, né le 18 sept. 1709, mort le 13 déc. 1784. Son père, Michael Johnson, libraire à Lichfield, mourut à la fleur de l'âge, laissant sa famille dans la pauvreté. Dès sa naissance, le jeune Johnson fut affligé d'une maladie scrofuleuse qui le défigura et le rendit presque aveugle et presque sourd. En 1728, il fut admis au collège de Pembroke (Oxford), où il étudia environ trois ans, mais la pauvreté le força de quitter cet établissement sans avoir terminé ses études. Il se rendit à Birmingham où il écrivit dans un journal et fit une traduction

du *Voyage en Abyssinie* du père Lobo. En 1736, il épousa Mᵐᵉ Sorter, veuve, beaucoup plus âgée que lui. Il ouvrit ensuite une école à Edial Hall, près de Lichfield, mais il n'eut que trois élèves, parmi lesquels David Garrick et son frère. En 1737, il se rendit à Londres avec Garrick; il écrivit dans le *Gentleman's Magazine* dont il devint gérant. Au commencement de 1744, il publia *Life of Richard Savage*. L'année suivante, il donna la préface et l'index du *Harleian Miscellany observations* on the *Tragedy of Macbeth*. En 1747, il commença son *Dictionary of the English Language*, qui l'occupa pendant les sept années suivantes. En 1748, il fonda le *Ivy Lane Club* et la même année, il publia *The Vanity of Human Wishes*, imitation de la dixième satire de Juvénal. Le 20 mars 1750, Johnson publia le premier numéro du *Rambler*, qui parut deux fois par semaine pendant deux ans. Son dictionnaire, terminé en 1755, augmenta sa réputation sans l'enrichir. Forcé de travailler sans relâche pour gagner sa vie, il publia un grand nombre d'articles dans le *Literary Magazine* de Newberg. Au printemps de 1759, parut son plus célèbre ouvrage, *Rasselas*, *Prince of Abyssinia* qu'il écrivit dans les veillées d'une semaine et qu'il envoya à l'imprimeur, aussitôt écrit; il reçut pour cet ouvrage 2,500 francs. Indolent par tempérament, il travaillait seulement *quand il y* était forcé par la nécessité, restant longtemps au lit et perdant de longues heures à visiter ses amis. En 1762, il reçut du roi une pension de 7,500 francs. Au commencement de 1765, il donna une édition de Shakspeare, avec une préface, des notes et des commentaires; La fondation du *Literary Club* est due principalement à Reynolds et à Johnson. Entre 1770 et 1775, Johnson publia plusieurs pamphlets politiques, pour soutenir le gouvernement. Le dernier, *Taxation no Tyranny* (1775), fut écrit pour contredire la remontrance du congrès américain contre la taxe; il y soutint le gouvernement britannique dans ses mesures contre les colonies et prédit la prompte soumission de l'Amérique. Son dernier ouvrage littéraire considérable est *The Lives of the English Poets* (4 vol. 1779-'81). (Voy. Pozzi, 1766.)

JOHNSON (sir **William**, BARONNET) général anglais, né en Irlande en 1745, mort en Johnstown (Etats-Unis), le 11 juillet 1774. En 1738, il s'établit sur un terrain du Mohawk, à environ 36 kil. de Schenectady et entra en relations avec les Indiens sur lesquels il obtint une grande influence parce qu'il parlait leur langue; les Mohawks l'adoptèrent et le choisirent pour sachem. Créé major-général et commandant en chef des forces provinciales destinées à l'expédition contre Crown-Point, il battit complétement le baron Dieskau sur le lac George. On lui vota 125,000 francs et il fut créé baronnet. Nommé seul directeur des affaires des Six Nations et des autres Indiens du N. (1756), il conserva cette fonction pendant toute sa vie. En 1756 et en 1757, il tenta, avec ses Indiens, de secourir Oswego et le fort William Henri et, en 1758, il assista à l'échec de Ticonderoga. Dans l'expédition du général Prideaux contre le fort Niagara en 1759, sir William Johnson commanda en second et força la garnison de se rendre. En 1760, il dirigea les Indiens alliés pendant l'expédition canadienne d'Amherst et assista à la capitulation de Montreal et à la reddition du Canada.

JOHNSTON (**George**), médecin écossais, né en 1587, mort en 1641. Il habita la France pendant 20 ans, devint médecin de Charles Iᵉʳ vers 1632, et principal du collège Marischal à Aberdeen, en 1637. Il était très estimé comme poète latin. Ses principaux ouvrages sont : *Parerga et Epigrammata* (1632), *Cantici Salomonis Paraphrasis Poetica* (1633) et *Paraphrasis Poetica Psalmorum Davidis* (1637).

JOHNSTON (**George**), naturaliste écossais, né en 1798, mort en 1855. Il pratiqua la médecine à Berwick-on-Tweed. Ses ouvrages les plus importants sont *History of British Zoophytes*, *History, of British Sponges et Lithophytes*, *Introduction to Conchology* et the *Natural History of the Eastern Borders*.

JOHNSTON (**James F.-W.**), chimiste et agronome écossais, né vers 1796, mort en 1855. Il fut chimiste de la société d'agriculture d'Ecosse et conférencier en chimie et en minéralogie à l'université de Durham. Ses ouvrages comprennent : *Elements of Agricultural Chemistry and Geology*, *Catechism of Agricultural Chemistry and Geology*, *Lectures on Agricultural Chemistry and Geology*, *Treatise on Experimental Agriculture*, *Notes on North America* et *Chemistry of Common Life*.

JOHNSTONE, ville du Renfrewshire (Ecosse), à 15 kil. O. de Glasgow; 6,890 hab. Manufactures de coton, fonderies de fer et de cuivre.

JOHNSTOWN. I. Village de l'etat de New-York sur la crique Cayadutta, branche de la rivière Mohawk, à 60 kil. N.-O. d'Albany; 3,280 hab. Manufactures diverses. — II. Bourg de Pennsylvanie, à la jonction de la crique Stony et de la rivière Conemaugh, sur le canal et sur le chemin de fer de Pennsylvanie, à 120 kil. E. de Pittsburgh; 6,030 hab. Etablissements métallurgiques considérables.

JOIE s. f. (lat. *gaudium*). Mouvement vif et agréable que l'âme ressent dans la possession d'un bien réel ou imaginaire : *mouvement de joie; tressaillir de joie.* — FEU DE JOIE, feu qu'on allume dans les rues, dans les places publiques, en signe de réjouissance : *on fit des feux de joie pour la naissance de ce prince, pour la prise de cette ville.* — Fam. QUE LE CIEL VOUS TIENNE EN JOIE, ancien souhait de politesse. — Fam. ÊTRE A LA JOIE DE SON CŒUR, et mieux, ÊTRE DANS LA JOIE DE SON CŒUR, être transporté de joie. — FAIRE LA JOIE, ÊTRE LA JOIE DE QUELQU'UN, être pour lui un grand sujet de joie, faire son bonheur : *ce jeune homme est la joie de ses parents.* — Prov. SE DONNER AU CŒUR JOIE, ou mieux, à CŒUR JOIE DE QUELQUE CHOSE, en jouir pleinement, abondamment, s'en rassasier. On dit dans le même sens, S'EN DONNER à CŒUR JOIE. — Gaieté, humeur gaie : *cet homme est toujours en joie.*

Plus d'amour, partant plus de joie.
LA FONTAINE.

— pl. Plaisirs, jouissances : *les joies d'une mère.* — UNE FILLE DE JOIE, une prostituée.

JOIGNANT, ANTE adj. (rad. *joindre*). Qui est contigu. Ne se dit que des maisons, des jardins, et autres possessions en terres : *une maison joignante à la mienne.* — Est quelquefois préposition; et alors signifie, tout proche, sans qu'il y ait rien entre deux : *une maison joignant, tout joignant la sienne.*

JOIGNY ch.-l. d'arr. à 20 kil. N.-O. d'Auxerre (Yonne), sur la rive droite de l'Yonne et sur le chemin de fer de Paris à Lyon, par 47° 59' lat. N. et 1° 3' 43" long. E.; 6,300 hab. Draps, toile, armes, capsules, ustensiles de chasse, raisiné.

JOINDRE v. a. (lat. *jungere*). *Je joins, nous joignons. Je joignais. Je joignis. J'ai joint. Je joindrai. Je joindrais. Joins. Que je joigne. Que je joignisse. Joignant. Joint, jointe.* Approcher deux choses l'une contre l'autre, en sorte qu'elles se touchent ou qu'elles se tiennent : *ces pièces de bois n'ont pas été jointes, ne sont pas bien jointes.* — JOINDRE LES MAINS, approcher les deux mains en sorte qu'elles se touchent en dedans : *joindre les mains pour prier Dieu.* — AVOIR DE LA PEINE A JOINDRE LES DEUX BOUTS DE L'ANNÉE, ou simpl. à JOINDRE LES DEUX BOUTS, fournir difficilement à sa dépense annuelle. — Ajouter, mettre une chose avec une autre, en sorte qu'elles fassent un tout, ou que l'une soit le complément de l'autre : *joignez cette maison à la vôtre; on a joint à l'ouvrage une table analytique des matières.* — Unir, allier : *joindre l'utile à l'agréable.* — Se réunir à : *l'escadre de tel chef va joint l'armée navale.* — Atteindre, attraper : *quoiqu'il fût parti avant moi, je le joignis bientôt.* — JOINDRE QUELQU'UN, se rencontrer avec lui, parvenir à le trouver et à lui parler : *si une fois je puis le joindre, je lui parlerai comme il faut. Depuis 8 jours que nous sommes à Paris l'un et l'autre, nous n'avons pu nous joindre une seule fois.* — v. n. *Ces planches, cette porte, ces fenêtres ne joignent pas bien.* — Se joindre v. pr. *L'endroit où une chose se joint à une autre; depuis 8 jours que nous sommes à Paris, nous n'avons pu nous joindre.*

*JOINT, JOINTE part. passé. de JOINDRE.— CI-JOINT, ici joint, ou joint à ceci. Ne se dit que d'un écrit, d'une pièce que l'on joint à une lettre, à un mémoire, etc: *les papiers ci-joints.* Il reste invariable quand le substantif qui suit est employé sans article, ou lorsque, précédant un substantif qui a l'article, il commence la phrase : *vous trouverez ci-joint copie de sa lettre.* — Joint que loc. conj. Ajoutez que, outre que : *il n'a pas fait votre affaire, parce qu'il était malade, joint qu'il n'avait pas les papiers nécessaires.* On dit plus ordinairement, JOINT A CE QUE, JOINT A CELA QUE.

* JOINT s. m. Articulation, endroit où deux os se joignent : *il a le bras cassé au-dessus du joint.* — Se dit aussi en parlant de quelques autres choses, comme des pierres, des pièces de menuiserie : *remplir les joints des pierres.* — TROUVER LE JOINT, trouver la meilleure façon de prendre une affaire.

* JOINTÉ, ÉE adj. Art vétér. S'emploie surtout avec les mots *Court* et *Long*, pris adverbial. CHEVAL COURT-JOINTÉ, CHEVAL LONG-JOINTÉ, cheval qui a le paturon trop court et disproportionné, ou qui a cette partie trop longue: *les chevaux court-jointés deviennent aisément boulets et droits sur leurs membres.*

* JOINTÉE s. f. Autant que les deux mains rapprochées peuvent contenir : *une jointée d'orge.*

* JOINTIF, IVE adj. Archit. et Menuis. Qui est joint : *les lattes de ce plafond sont jointives.*

* JOINTOYER v. a. Maçonn. Remplir les joints des pierres avec du mortier ou du plâtre.

* JOINTURE s f. Joint : *toutes les jointures du corps.* Il est moins usité que JOINT, lorsqu'on parle d'autre chose que des os.

JOINVILLE (Jean, SIRE DE) chroniqueur français, né au château de Joinville vers 1224, mort vers 1319. En 1248 il se réunit à la croisade de Louis IX avec 700 hommes d'armes. Il combattit avec bravoure, fut fait prisonnier et mis en liberté avec le roi; il passa 4 ans avec saint Louis en Palestine, revint avec lui en France en 1254, et resta son ami intime et son conseiller. Ses *Mémoires* sont d'une valeur inestimable et n'ont jamais été surpassés pour la simplicité et pour la grâce. Ils furent achevés vers 1309. Les meilleures éditions des *Mémoires* de Joinville sont: celle de Ducange (1680, in-fol.), et celle de Capperronier (1761), publiée par Daunou et Naudet (1840) dans le 20° vol. du *Recueil des historiens de France.*

JOINVILLE, ch.-l. de cant., arr. et à 17 kil. S.-E. de Vassy (Haute-Marne), sur la Marne; 3,900 hab.

JOINVILLE-LE-PONT, comm. du cant. de Charenton-le-Pont, arr. et à 18 kil. N.-E. de Sceaux (Seine), sur la rive droite de la Marne; 2,900 hab.

* JOLI, IE adj. Gentil, agréable. Ne se dit

guère que de ce qui est petit en son espèce, et qui plaît plutôt par la gentillesse que par la beauté : *un joli enfant; une jolie personne.* — Fig. C'EST UN JOLI SUJET, se dit d'un jeune homme qui se distingue et se fait estimer par sa bonne conduite, par son mérite. On a dit, dans le même sens, IL EST JOLI GARÇON. — Ironiq. et pop. IL EST JOLI GARÇON, se dit d'un homme qui s'est enivré, qui a été battu, qui est en mauvais état : *vous venez du cabaret, vous voilà joli garçon.* Se dit également de celui qui a mis ses affaires en désordre par la débauche, par sa mauvaise conduite : *il a dissipé son bien, il s'est fait joli garçon.* On dit aussi, dans une acception analogue au premier sens, IL EST DANS UN JOLI ÉTAT. — LE TOUR EST JOLI, le tour est plaisant. On dit de même, IL LUI A JOUÉ UN JOLI TOUR. — Se dit fam. de ce qui est avantageux : *le voilà maintenant dans une très jolie position.* Se dit aussi de ce qui est digne d'être apprécié, remarqué : *ce militaire a fait une jolie action à tel siège, à telle bataille.* (Vieux.) — Se dit souvent, par iron. et fam., d'une personne ou d'une chose déplaisante, ridicule, etc.: *je vous trouve bien joli; vous tenez là de jolis discours.* — s. m. *Le beau est au-dessus du joli; cela passe le joli.* — LE JOLI DE L'AFFAIRE EST QUE... le plaisant, le plus piquant de l'affaire est que.

JOLI-CŒUR s. m. Homme qui fait l'aimable; *ce sont des jolis-cœurs.*

* JOLIET, IETTE adj. Dimin. de joli. N'est guère d'usage qu'au féminin et est très familier : *elle est joliette.*

JOLIET, ville de l'Illinois (Etats-Unis), sur les rivières des Plaines et de l'Illinois et le canal du Michigan, à 60 kil. S.-O. de Chicago; 7,670 hab.

JOLIETTE, ville sur la rivière l'Assomption (Canada), à 65 kil. N.-N.-E. de Montréal; 3,050 hab. Produits agricoles et bois; plusieurs manufactures.

* JOLIMENT adv. D'une manière jolie; bien: *cela est joliment travaillé.* — Se dit quelquefois par iron., dans le langage fam.: *j'ai joliment arrangé le drôle.* — Se dit encore, dans un langage très fam., pour beaucoup, extrêmement: *elle l'a joliment tancé.*

* JOLIVETÉ s. f. Babioles, bijoux, et certains petits ouvrages qui n'ont pas ou qui ont peu d'utilité. On ne l'emploie guère qu'au pluriel: *il sait faire mille petites jolivetés.* — Gentillesses d'un enfant : *cet un* aimable *enfant; il fait, il dit cent petites jolivetés.* (Vieux.)

JOLLIET ou Joliet (Louis), l'un des premiers explorateurs du Mississipi, né à Québec en 1645, mort en 1700. Il acquit la connaissance des langues indiennes et de la topographie de l'ouest. Choisi par Talon en 1672 pour traverser le Mississipi, il partit, de Michilimackinac, le 17 mai 1673, avec le P. Marquette, se rendit à la baie Green et, en juin, il entra dans la région du Mississipi. S'étant avancé assez loin pour savoir que le fleuve se jette dans le golfe du Mexique et non le Pacifique, il revint sur ses pas le 17 juillet, remonta l'Illinois et arriva au lac Michigan. Jolliet, ayant perdu ses cartes et ses papiers, fit de mémoire un récit succinct de son exploration. Il ne lui fut pas permis de continuer ses recherches dans l'O.; mais il fit une expédition à la baie d'Hudson. Il fut nommé hydrographe royal à Québec et dessina de nombreuses cartes. En 1697, il obtint la seigneurie de Joliette qui appartient encore à sa famille.

JOLY, I (Claude), chanoine de Paris, né en 1607, mort en 1700. On a de lui : *Traité sur la réformation des maîtres canoniques* (1670, in-12) et *Recueil des maximes véritables et importantes pour l'institution du roi contre la pernicieuse politique du cardinal Mazarin* (1652),

ouvrage qui fut brûlé par la main du bourreau. — II. (Guy), neveu du précédent; il fut secrétaire du cardinal de Retz, se brouilla avec lui et prit le parti de la cour. Il a publié des *Mémoires historiques* de 1648 à 1665 (Amsterdam, 1718, 2 vol. in-12) qui sont la contre-partie des *Mémoires* du cardinal. — III. (Antoine-François), archéologue et poète comique, né en 1672, mort en 1753; il a laissé sur le Grand cérémonial de France un manuscrit qui ne forme pas moins de 12 vol. in-fol. et quelques comédies en vers. — IV. (le P. (Joseph-Romain), capucin, né en 1715, mort en 1805. On a de lui: *Histoire de la prédication* (1767), la *Géographie sacrée et les monuments de l'Histoire sainte* (1772), *l'ancienne géographie universelle comparée à la nouvelle* (1801, 2 vol. in-8°). — V. (Joseph), littérateur, né à Salins en 1772, mort en 1840. Il a laissé: *Sophocle et Aristophane*, comédie en deux actes (1797), *Epître sur l'indépendance des gens de lettres* (1805, in-8°), etc. — VI. (Jean-Baptiste-Jules de), architecte, né en 1788, mort en 1860. Il organisa les expositions industrielles du Louvre en 1823-1827 et appropria à sa nouvelle destination le palais Bourbon dont il devint l'architecte : il joignit à l'étude de l'architecture celle de la lithographie où il excella.

JOMARD (Edme-François), géographe français, né à Versailles en 1777, mort en 1862. Il fut secrétaire de la commission scientifique égyptienne et passa 18 ans à préparer ses *Observations sur l'Egypte ancienne et moderne*, qu'il publia en 4 vol. (1830). Ses autres ouvrages sont consacrés principalement à la géographie et à l'archéologie égyptienne. Il encouragea l'établissement de notre Société de géographie et devint, en 1828, conservateur-administrateur à la bibliothèque royale. Abbas pacha lui conféra le titre de bey.

JOMELLI (Nicolò) [djo-mèl-li], compositeur italien, né en 1714, mort en 1774. Son *Errore amoroso* et son *Odoardo*, joués à Naples avant qu'il eût 24 ans, établirent sa réputation, qui fut augmentée à Vienne (1750) par *Achille in Sciro*, par sa musique de *Didone* et de plusieurs autres livrets de son ami Métastase. Il fut maître de chapelle de Saint-Pierre(1751-'53) et ensuite directeur de musique à Stuttgart jusqu'en 1768, époque où il revint à Naples. Le *Miserere* fut le dernier et le plus célèbre de ses ouvrages.

JOMINI (Henri, BARON), historien militaire français, né à Payerne, cant. de Vaud (Suisse), le 6 mars 1779, mort à Passy le 24 mars 1869. Entré dans l'armée française en 1804, il devint aide de camp et chef d'état-major du maréchal Ney en Allemagne et en Espagne; et offrit à Napoléon, sur le champ de bataille d'Austerlitz son *Traité des grandes opérations militaires, ou Histoire critique et militaire des guerres de Frédéric II, comparées à celles de la Révolution* (5 vol. 1804-'05 ; 4° édit. 1851, 3 vol.) Il donna sa démission en 1808 et offrit ses services à l'empereur Alexandre; mais Napoléon le força de revenir. En 1812, il fut successivement gouverneur de Wilna et de Smolensk, et rendit d'importants services pendant la retraite de Moscou. Après la victoire de Bautzen, Ney demanda pour lui le grade de général de division; mais Berthier, que le protégeait pas, le mit injustement aux arrêts, pour lui enlever tout espoir d'avancement. Jomini, irrité, passa en Russie, où il fut nommé aide de camp de l'empereur; en France, il fut condamné à mort comme déserteur. L'opinion qu'il avait trahi, en livrant les plans du gouvernement français, était entièrement fausse, d'après la déclaration même de Napoléon. Jomini s'abstint de prendre une part active aux opérations des alliés, contre la France. Mais il accompagna le czar à Paris en 1815, et fut décoré par Louis XVIII. Il essaya en vain de sauver Ney. Après avoir publié sa célèbre *Histoire critique et militaire des campagnes de la Révolution de 1792 à 1801*, écrite en collaboration avec le colonel Koch (15 vol. 1819-'24), il retourna en Russie, servit en 1828 contre la Turquie; organisa, en 1830, l'académie militaire russe et se rendit de nouveau à Saint-Pétersbourg, quand éclata la guerre de Crimée. Ses autres ouvrages principaux sont: *Principes de stratégie* (Paris, 1818, 3 vol. in-8°); *Vie politique et militaire de Napoléon* (Paris, 1827, 4 vol. in-8°); *Précis de l'art de la guerre* (Paris, 1838, 2 vol. in-8°; 6ᵉ édit. 1855, 2 vol.).

JONAS, cinquième des petits prophètes hébreux; il prophétisa dans le royaume d'Israël, sous Jéroboam II; ayant reçu de Dieu l'ordre de se rendre à Ninive et d'y annoncer la chute prochaine de cette ville, il craignit d'entreprendre sa mission et s'embarqua à Joppa pour Tarshish. Surpris par une tempête, il fut jeté à la mer et avalé par une baleine, vécut trois jours et trois nuits dans le ventre de ce cétacé et fut rejeté vivant sur le rivage. Il accomplit ensuite sa mission, et porta les Ninivites au repentir.

JONATHAN, frère de Judas Macchabée. Voy. JUIFS.

JONATHAN (Frère), nom familier du peuple des Etats-Unis, pris collectivement, comme John Bull est celui du peuple anglais. Washington, ayant une confiance illimitée en *Jonathan* Trumbull, gouverneur du Connecticut, avait accoutumé de dire, avant de prendre une détermination dans les circonstances les plus difficiles de sa carrière accidentée: « Consultons frère Jonathan », et cette phrase, passée en proverbe, est venu le sobriquet national accepté par les Américains.

JONATHAS, fils de Saül; il sauva Israël en battant les Philistins; mais il faillit être mis à mort par ordre de son père pour avoir mangé un rayon de miel, contrairement à l'ordre qui avait été donné aux Hébreux de garder l'abstinence. Lié d'amitié avec David, il refusa de le livrer à Saül ou de le faire périr et l'avertit des dangers qu'il courait. Il périt sur le mont Gelboé dans une bataille contre les Philistins. David le pleura longtemps et composa un hymne en son honneur.

· JONC s. m. [jon] (lat. *juncus*). Bot. Genre de joncées, comprenant plusieurs espèces de plantes, à tige droite et flexible, qui croissent ordinairement le long des eaux, ou même dans l'eau, et qui servent ordinairement à faire des liens, des nattes, des cannes, etc. : *jonc de marais*. — Se dit aussi de quelques autres plantes qui ne sont pas de véritables joncs, telles que le JONC MARIN (l'ajonc), le JONC FLEURI (le butome à ombelles), le JONC ODORANT (l'acore roseau), etc. — Se dit quelquefois absol. d'une canne de jonc: *acheter un jonc.* — ETRE DROIT COMME UN JONC, avoir la taille bien droite: *cette jeune fille est droite comme un jonc.* — Espèce de bague dont le cercle est égal partout: *un jonc de diamants.* — ⸭ Argot. PLOYER, CASSER SON JONC, mourir.

JONCÉ, ÉE adj. Bot. Qui ressemble au jonc ou qui s'y rapporte. — s. m. pl. Famille de plantes monocotylédones ayant pour type le genre jonc.

· JONCHÉE s. f. Toutes sortes d'herbes, de fleurs et de branchages dont on jonche les rues, les églises, etc., un jour de cérémonie: *jeter de la jonchée.* — Petit fromage de crème ou de lait caillé, fait dans une espèce de panier ou de claie de jonc : *une jonchée de crème.* — ⸭ Quantité d'objets qui jonchent le sol :

> La principale *jonchée*
> Fut donc des principaux rats.
> LA FONTAINE.

· JONCHER v. a. (rad. *jonc*). Parsemer de jonc, de feuillages, de fleurs, de branchages verts, pour une cérémonie: *les habitants jonchèrent les rues d'herbes odoriférantes.* — Se dit aussi, fig., en parlant d'une grande quantité d'objets que l'on épand, ou qui sont épars çà et là: *les débris dont l'ouragan avait jonché le sol.*

· JONCHETS s. m. pl. (rad. *joncher*). Certains petits bâtons fort menus, que l'on jette confusément les uns sur les autres pour jouer à qui en retirera le plus avec un crochet, sans en faire remuer d'autres que celui qu'on cherche à dégager: *des jonchets d'ivoire.* Quelques-uns disent HONCHETS.

· JONCTION s. f. (lat. *junctio*). Action de joindre; union; réunion : *les deux armées opérèrent leur jonction.*

JONES (Anson), président de la république du Texas, né en 1798, mort par suicide à Houston (Texas), le 7 janvier 1858. En 1833, il s'établit comme médecin à Brazoria (Texas) et servit ensuite comme chirurgien dans l'armée texienne. En 1837-'38, il fut représentant au congrès du Texas, en 1838-'39, ministre à Washington et en 1841-'44, secrétaire d'Etat du Texas. En septembre 1844, il fut élu président et conserva cette charge jusqu'à l'annexion du Texas aux Etats-Unis.

JONES (Inigo), surnommé le *Vitruve anglais*, né vers 1572, mort en 1652. Il étudia à Venise le style de Palladio qu'il introduisit en Angleterre. En 1605, il fut employé par Jacques Iᵉʳ à préparer les machines des divertissements que composait Ben Jonson, et il entreprit la construction de plusieurs édifices publics considérables. Son plan pour le palais de Whitehall est considéré comme son chef-d'œuvre. Ses publications consistent en un divertissement et plusieurs essais. Sa vie a été écrite par Peter Cunningham (1848).

JONES (John-Paul), célèbre corsaire américain, né en Ecosse en 1747, mort en 1792. Son nom était John Paul, il prit plus tard celui de Jones. Après plusieurs voyages, il entra dans la marine américaine en 1775 comme lieutenant. Commandant du sloop la *Providence*, de 12 canons et de 70 hommes, il fit 16 prises pendant une croisière de six semaines entre les Bermudes et le canal de Canso. Il fut nommé capitaine en 1776 et reçut le commandement de l'*Alfred* et celui du *Ranger* en 1777. Il fit plusieurs prises et détruisit les pêcheries de Cap Breton. En nov. 1777, il partit pour l'Europe, harassa le commerce des Ecossais et attaqua hardiment Whitehaven. En 1778, il prit le navire de guerre le *Drake*, et février 1779, Jones fut nommé commandant du navire marchand le *Duras*, qu'il transforma en vaisseau de guerre, de 42 canons, et qu'il nomma le *Bonhomme-Richard*. En peu de mois, il prit ou détruisit 26 navires, et jeta l'épouvante sur la côte orientale d'Angleterre. Le 23 sept., le *Bonhomme-Richard* se trouvait en face de Flamborough Head avec l'*Alliance* et la *Pallas*, navires de 32 petits canons, lorsque parut la flotte anglaise : le combat s'engagea. Le *Richard* aborda la *Serapis* (50 canons et 320 hommes) commandée par le capitaine Pearson, et après une lutte terrible de près de trois heures, l'Anglais se rendit. Le *Richard*, complètement désemparé pendant ce combat, coula presque aussitôt. La *Serapis* avait beaucoup moins souffert. C'était un navire neuf et bien supérieur. Jones eut le bonheur d'y faire passer son monde; il l'amena au Texel. A son arrivée en France il fut reçu avec de grands honneurs, Louis XVI lui donna une épée à poignée d'or. En 1781, il fit voile pour les Etats-Unis, où le congrès lui vota une médaille d'or. Il dirigea ensuite la construction de l'*America*, navire de guerre de première classe; il se rendit ensuite à Paris, prit du service en Russie avec le rang de contre-

amiral, se brouilla avec l'amiral (le prince de Nassau), se retira du service et s'établit à Paris où il mourut dans la pauvreté et l'obscurité. — Voy. *Mémoires de Paul Jones, écrits en anglais par lui-même et traduits sous ses yeux par le citoyen André*, Paris, l'an VI, in-12.

JONES (Owen), architecte anglais, né en 1809, mort en 1874. Son chef-d'œuvre est Saint-James's hall dans Piccadilly. Il donna avec Jules Goury, les dessins de l'Alhambra, publiés sous le titre de *Plans, Elevations, Sections and Details of the Alhambra*, avec une notice sur les rois de Grenade, la traduction des inscriptions arabes par Gayangos et 101 gravures. Les travaux d'architecture, de sculpture du palais de cristal de Sydenham et les peintures décoratives de cet édifice furent faits sous sa direction. La variété et la nouveauté de ses conceptions donnèrent lieu à des critiques; mais il vécut assez pour les voir généralement adoptées. Il a préparé avec Goury *Views on the Nile* et a publié des ouvrages sur l'ornement, etc.

JONES' BORO, village de Georgie (Etats-Unis), à 30 kil. S. d'Atlanta; 540 hab. Une bataille y fut livrée le 31 août 1864. Le général Howard ayant été envoyé par Sherman pour s'emparer du chemin de fer, fut attaqué par Hardee qui le repoussa avec une perte de 1,400 hommes. Comme conséquence immédiate, les confédérés évacuèrent Atlanta dans la nuit du 1ᵉʳ septembre.

· JONGLER v. n. (lat. *joculari*, se livrer à des jeux). Faire des tours d'adresse, des tours de passe-passe. — Se dit particulièrement d'un jeu qui consiste à faire sauter plusieurs boules ou autres objets qui s'entre-croisent en passant d'une main à l'autre.

· JONGLERIE s. f. Charlatanerie, tour de passe-passe. — Fig. et fam. Toute fausse apparence par laquelle une personne cherche à en imposer : *je ne suis pas la dupe de ses jongleries.*

· JONGLEUR s. m. (lat. *joculator*, celui qui joue). Espèce de ménétrier qui allait, chantant des chansons, dans les cours des princes et dans les maisons des grands seigneurs. — Joueur de tours de passe-passe, bateleur, charlatan : *un jongleur, un vendeur d'orviétan.* — Fig. et fam. Tout homme qui cherche à en imposer par de fausses apparences: *il déjoua les ruses de ces jongleurs politiques.*

· JONQUE s. f. (chin. *tchouën*, bateau; portug. *junco*, navire). Sorte de vaisseau fort en usage dans les Indes et en Chine : *une jonque chinoise.*

· JONQUILLE s. f. [jon-ki-ieu ; *ll* mll.] (rad. *jonc*). Bot. Espèce de narcisse, que l'on cultive dans les jardins à cause de l'élégance de son port et du parfum que ses fleurs répandent. — Fleur de cette plante : *jonquille simple; des plants parfumés de jonquille.*

> Allez, trop aimables *jonquilles,*
> Nouvelles fleurs que le hasard
> Sauve du frimas, du brouillard,
> Des bannetons et des chenilles
> Le comte HAMILTON.

JONSON (Benjamin), appelé ordinairement Ben Jonson, dramaturge anglais, né en 1573 ou en 1574, mort en 1637. Il était fils posthume d'un ecclésiastique et fut élevé à l'école de Westminster; il travailla quelque temps comme maçon, servit ensuite comme soldat dans la campagne de Flandre. A l'âge de 20 ans, il débuta au théâtre, mais obtint peu de succès comme acteur. En 1596, parut sa *Comedy of Humors*, qui fut refaite et jouée au théâtre du Globe en 1598 sous le titre de *Every Man in his Humor*, avec Shakspeare comme acteur. Il produisit ensuite *Every Man out of his Humor* (1599), *Cynthia's Revels* (1600), le *Pœtaster* (1602) et *Sejanus*, tragédie (1603). Peu après l'avènement de Jacques Ier, il fut emprisonné avec Chapman et Marston, pour avoir écrit en collaboration avec eux *Eastward Hoe*, renfermant quelques réflexions sur la nation écossaise. Ils furent bientôt graciés et Jonson s'occupa de composer des divertissements pour la cour. Entre 1605 et 1611 parurent ses comédies : *Volpone, Epicœne or the Silent Woman, The Alchemist* et la tragédie de *Catilina*. En 1619, il fut nommé poète lauréat avec une pension de 100 marks. Charles Ier le secourut, mais son imprévoyance fut cause qu'il resta toujours dans l'embarras. Il écrivit avec Dryden deux ou trois drames appelés *ses dotages*.

JONSSON (Finn), historien islandais, né en 1704, mort en 1789. Il fut élevé à Copenhague, devint pasteur en Islande et, en 1754, fut nommé évêque de Skalholt. Il écrivit plusieurs ouvrages en latin et en islandais ; le plus remarquable est *Historia ecclesiastica Islandiæ*, publié par son fils Hannes Finsson, qui lui succéda comme évêque.

JONZAC, ch.-l. d'arr., à 39 kil. de la Rochelle (Charente-Inférieure), sur la Seugne, par 45° 26' 45'' lat. N. et 2° 46' 26'' long. O. ; 3 300 hab

JOODPOOR ou **Marwar.** I. Le plus grand des états indigènes Rajpoot de l'Inde ; 93,240 kil. carr. ; environ 1,800,000 hab. Blé et coton. Le maharajah paie à la Grande-Bretagne un tribut annuel considérable. — II. Capitale de l'état ci-dessus, à 450 kil. S.-O. de Delhi, population : 150,000 hab. La plus grande partie de la citadelle est occupée le palais royal ; grand nombre de temples ; ouvrages en ivoire et quincaillerie.

JOONPOOR ou **Jaunpoor,** ville de l'Inde, sur le Goonstee, à 55 kil. N.-O. de Benarès ; environ 16,000 hab. Son pont est l'un des plus beaux de l'Inde. Ruines d'édifices magnifiques.

JOPPÉ. Voy. **Jaffa.**

JORAM, roi de Juda, mort en 885 av. J.-C. Il n'eut pas le courage d'arrêter les progrès de l'idolâtrie que sa femme Athalie favorisait et vit ses Etats ravagés par les Philistins.

JORAM, roi d'Israël, fils d'Achab. Il a laissé, comme son père, une renommée d'impiété dans l'histoire hébraïque, et il tomba sous les coups de Jéhu, son général, qui extermina toute la famille de Joram et régna à sa place.

JORDAENS (Jacob) [ior-dànns], peintre flamand, né à Anvers en 1594, mort en 1678. Il excella à représenter les bacchanales ; ses chefs-d'œuvre sont : *le Satyre et le Passant qui souffle le chaud et le froid,* et *Pan et Syrinx*. Ses toiles sont très nombreuses.

JORDAN (Camille), homme d'Etat français, né à Lyon en 1771, mort en 1821. Chef des insurgés de Lyon en 1793, il émigra, rentra dans sa ville natale en 1797, fut élu au conseil des Cinq-Cents, et ensuite exilé après le 18 fructidor, jusqu'en 1800. En 1802, il dénonça les fraudes commises lors de l'élection de Bonaparte au consulat à vie, dans un pamphlet célèbre, et se retira de la vie politique jusqu'en 1816, époque où il fut nommé député. Il fut un des pères de l'école politique doctrinaire. — Voy. *Camille Jordan et Madame de Staël,* par Sainte-Beuve (1868).

JORDAN (Charles-Etienne), écrivain français, né à Berlin en 1700, mort en 1745. Il appartenait à une famille protestante française et se fit prêtre. En 1736, il devint assistant littéraire du prince héritier de Prusse qui, à son avènement au trône, sous le nom de Frédéric II (1740), le nomma conseiller intime et administrateur des académies nationales. Il resta jusqu'à sa mort le compagnon inséparable du roi. Ses ouvrages comprennent : *Histoire d'un voyage littéraire*

en 1733, *en France, en Angleterre et en Hollande.*

JORNANDÈS ou, suivant les anciens manuscrits, **Jordanès,** historien goth., qui vécut *vers le milieu du* VIe *siècle. D'abord secrétaire du roi des Alains en Mœsie, il se convertit au christianisme et se fit moine. Il a laissé *De Getarum sive Gothorum origine et Rebus gestis,* extrait de l'*Histoire des Goths* de Cassiodore. Cet ouvrage est généralement imprimé avec son *De Regnorum et Temporum successione,* tableau synoptique de l'histoire universelle.

JORULLO [jo-roul-'yo], volcan du Mexique, dans le Michoacan, à 240 kil. S.-O. de Mexico. Il se forma à la suite de tremblements de terre successifs (juin 1759) et s'éleva à 500 m. au-dessus de la plaine de Malpais. Cinq autres cônes volcaniques plus petits se soulevèrent à la même époque. L'écoulement de la lave ne cessa qu'en février 1760. Pendant plusieurs années encore, des nuages d'acide sulfureux et de vapeurs aqueuses sortirent de la région voisine. En 1827, l'émission de vapeur cessa complètement et depuis cette époque la montagne n'a donné aucun signe d'activité.

JOSAPHAT, quatrième roi de Juda, né vers 930 av. J.-C., fils et successeur (915) du roi Asa, mort en 890. Il montra beaucoup de zèle à punir l'idolâtrie et à réformer l'administration de la justice. Il obtint un tribut des Philistins et des Arabes et entretint une armée qui domina les pays voisins. Il se joignit à Achab, roi d'Israël, et à son successeur pour combattre les Syriens et les Moabites. Dans les dernières années de son règne, son fils Joram fut associé au gouvernement.

JOSAPHAT (Vallée de), voisine de Jérusalem, au pied de la montagne des Oliviers, célèbre par la victoire que Josaphat y remporta sur les Ammonites et les Moabites. Une croyance populaire place dans cette vallée le lieu du dernier jugement ; cela tient à une prophétie de Joël toute métaphorique et mal comprise, *Josaphat* signifiant *jugement de Dieu.*

JOSÉFINOS. Voy. **Afrancesados.**

JOSEPH adj. [jo-zèph]. Papet. Nom que l'on donne à une sorte de papier mince et transparent : *une feuille de papier joseph.*

JOSEPH, fils de Jacob et de Rachel. Ses frères, jaloux de la préférence que lui accordait leur père, le vendirent à une caravane de marchands arabes. Conduit en Egypte, il y devint ministre du Pharaon. Pendant une famine ses frères se rendirent en Egypte pour y acheter du blé ; il leur pardonna et les établit avec Jacob dans le pays de Gessen. Il mourut à l'âge de 110 ans. Ses deux fils Manassé et Ephraïm devinrent chefs de tribus.

JOSEPH (Saint), époux de Marie. mère de J.-C. Il était de la tribu de Juda et descendant de David. Saint Mathieu et saint Luc donnent sa généalogie. On ne sait pas où il est né. On suppose qu'il mourut avant la crucifiement du Christ, mais les Ecritures parlent peu de lui. Fête le 19 mars.

JOSEPH Ier, empereur d'Allemagne de la maison de Hapsbourg, fils aîné de Léopold Ier par sa troisième femme, né le 26 juillet 1678, mort le 7 avril 1711. Il fut couronné roi de Hongrie en 1687 et roi de Rome en 1690, il succéda au trône impérial en 1705. Il hérita d'une double guerre : contre Louis XIV pour la succession de son frère Charles au trône d'Espagne et contre les patriotes hongrois soulevés à la voix de François Rákoczy. Les victoires de Marlborough et d'Eugène firent que d'abord il triompha des Hongrois. Il fonda l'académie des arts à Vienne et une banque nationale. Son frère Charles VI lui succéda.

JOSEPH II, empereur d'Allemagne, fils aîné

de François Ier et de Marie-Thérèse, né le 13 mars 1741, mort le 20 février 1790. Il était ambitieux et obstiné ; mais il donna des preuves d'une grande capacité. Les langues, les mathématiques, la tactique et la musique étaient ses études favorites. Il ne prit aucune part à la guerre de Sept ans. Il fut nommé roi titulaire de Rome en 1764 et devint empereur d'Allemagne à la mort de son père en 1765, mais ce n'était plus guère alors qu'un vain titre ; des possessions héréditaires de sa mère, il ne reçut que la dignité d'assistant sans aucune influence réelle, bien qu'il fût mis à la tête des affaires militaires. Il rendit à l'Etat 22 *millions de florins d'obligations* et toutes les propriétés que son père avait achetées pendant son règne. Il voyagea beaucoup incognito. En 1770, il conçut, avec Frédéric le Grand, le projet de démembrer la Pologne de concert avec Catherine II de Russie. Cet acte fut exécuté en 1772 et ajouta la Galicie et les Zips à l'Autriche. Quelques années plus tard la Bukowine était enlevée à la Turquie. A la mort de sa mère (1780) il hérita de ses trônes, et commença de mettre en pratique ses idées de réforme. L'égalité, la centralisation et l'uniformité furent ses principes dirigeants. Le servage fut aboli et la presse fut presque entièrement libre ; environ 700 couvents renfermant 36,000 jeunes moines furent fermés ; les bulles du pape furent soumises au *placet regium* ; et, par un édit de tolérance, les protestants jouirent des mêmes prérogatives que les catholiques. La façon arbitraire dont ces mesures furent exécutées souleva de violentes récriminations. En Transylvanie une révolte sanglante des paysans valaques contre *les nobles* fut difficilement écrasée et punie cruellement. En 1787, Joseph projeta avec Catherine une guerre contre la Turquie ; il ouvrit la campagne par une attaque inattendue sur Belgrade, mais il subit un échec qui fut suivi de la défaite de Lugos (1788) et de plusieurs autres désastres. Le Brabant, qui était depuis longtemps en révolte ouverte, déclara son indépendance. Peu de temps avant sa mort, que quelques-uns attribuèrent au poison, Joseph découragé abrogea toutes ses innovations (janv. 1790), sauf la tolérance religieuse et l'abolition du servage.

JOSEPH (le P.), confident intime du cardinal de Richelieu, dont le nom réel était François Leclerc du Tremblay, né en 1577, mort en 1638. Sa mère appartenait à la famille Lafayette. Il servit dans l'armée sous le nom d'emprunt de *baron de Mafflée,* entra dans les ordres, devint capucin et fut employé par Richelieu en qualité de secrétaire. Il encouragea les missions étrangères, se fit l'avocat d'une croisade contre les Turcs et déploya un talent merveilleux dans l'expédition des affaires politiques. Ses mémoires manuscrits (4 vol.) se trouvent à la bibliothèque nationale. Gérôme l'a représenté dans sa toile célèbre : *L'Eminence grise.*

JOSEPH BONAPARTE, successivement roi de Naples et d'Espagne, fils aîné de Carlo-Maria Bonaparte, né à Corte, en 1768, mort à Florence en 1844. Il épousa, en 1794, Mlle Clary, fille d'un riche négociant marseillais et sœur de la femme de Bernadotte. Après avoir occupé plusieurs emplois militaires et diplomatiques, il fut élu au conseil des Cinq-Cents en 1798, prépara le coup d'Etat de brumaire et l'établissement du nouveau gouvernement consulaire ; membre du Tribunat et du Conseil d'Etat, il prit des mesures conciliatrices qui contribuèrent beaucoup à l'affermissement du pouvoir de Napoléon. Il négocia avec succès des traités avec les Etats-Unis, en 1800, avec l'Espagne (Lunéville) en 1801, avec l'Angleterre (Amiens) en 1802, et le Concordat avec Rome. Napoléon, en devenant empereur, lui offrit la couronne de Lombardie, mais il préféra rester en France comme héritier présomptif, et partager le poids de l'administration pendant l'absence de son frère. Nommé roi de Naples, le 30 mars 1806, il introduisit plusieurs réformes dans son royaume et dut abdiquer, en juin 1808, pour accepter, malgré ses appréhensions, la couronne d'Espagne. Forcé d'exécuter les ordres impérieux de Napoléon, il souleva de suite la colère de ses sujets, et chercha vainement à se rendre populaire. Entré à Madrid le 12 juillet, il fut chassé de sa capitale le 29 du même mois, et y fut réinstallé, par Napoléon en personne, le 4 décembre. Livré à lui-même, il eût peut-être amené les orgueilleux Espagnols à reconnaître son gouvernement; mais ses généraux, et particulièrement Soult, n'exécutaient d'autres ordres que ceux de l'empereur et détruisaient, par leurs mesures arbitraires, l'effet produit par son caractère droit et honnête. Il se plaignit à son frère, qui lui donna tort et l'accusa même de causer l'insuccès des armes françaises en Espagne. Découragé, il n'aspirait qu'à descendre de ce trône usurpé, lorsque l'arrivée de Wellington le força, pour la troisième et dernière fois, de fuir sa capitale (1813). Rentré en France, il reçut de Napoléon la lieutenance générale de l'empire et le commandement supérieur de la garde nationale de Paris, avec la direction de la régence confiée à Marie-Louise (1814). En mars, il se retira à Blois et, après la chute de l'empereur, il se réfugia en Suisse, où il acheta la terre de Prangins. Nommé pair de France et connétable de l'empire, pendant les Cent-Jours, il associa ses efforts à ceux de Lafayette et des autres chefs du parti libéral, pour essayer de réveiller la nation, à laquelle un régime constitutionnel était promis. Après Waterloo, il accompagna Napoléon jusqu'à Rochefort, proposa de le remplacer comme prisonnier et s'embarqua ensuite pour les Etats-Unis, qu'il habita sous le nom de comte de Survilliers. Sa fortune s'élevait à douze millions de fr. La révolution de 1830 lui donna quelque espérance de restauration napoléonienne; il revint en Europe en 1832, retourna aux Etats-Unis en 1837 et, au bout de deux ans, quitta le nouveau monde et habita ensuite alternativement Londres et Florence. Sa femme mourut en 1845, laissant deux filles : Zénaïde-Charlotte-Julie (née à Paris en 1800, morte à Rome le 8 août 1854), épouse de son cousin, le prince Charles de Canino, et Charlotte (née en 1802, morte en 1839), épouse de Napoléon-Louis, second fils de Louis Bonaparte. Les Mémoires et Correspondances du roi Joseph ont été publiés à Paris (10 vol. in-8°, 1853).

JOSEPH (Saint-), rivière qui prend sa source dans le Michigan (Etats-Unis), et se jette dans le lac Michigan à Saint-Joseph, après un cours de 375 kil.

JOSEPH (Saint-), ville du Missouri (Etats-Unis), sur la grande courbe E. de la rivière Missouri, à 390 kil. N.-O. de Saint-Louis et à 585 O.-S.-O. de Chicago; 19,565 hab. Commerce considérable des produits agricoles de l'Ouest. Manufactures importantes, farine, amidon, ébénisterie, wagons, laines, fontes, etc.

JOSEPH D'ARIMATHIE, juif de la tribu d'Ephraïm et riche habitant de Jérusalem. Après le crucifiement du Sauveur, il alla trouver Pilate et lui réclama le corps de Jésus qu'il ensevelit. D'après une tradition du moyen âge, il serait venu en Provence et en Grande-Bretagne. Fête le 17 mars.

JOSÈPHE (Flavius), historien juif, né vers 37 ap. J.-C., mort vers 100. Son père appartenait à la famille sacerdotale la plus élevée et sa mère descendait des princes Asmonéens. Il reçut une éducation savante. A 26 ans,

il fut envoyé à Rome pour plaider la cause de quelques prêtres juifs qui avaient été arrêtés par le procurateur Félix ; non seulement il obtint la mise en liberté de ses amis, mais il reçut plusieurs présents de l'impératrice Poppæa, femme de Néron. Il essaya de prévenir la révolte des juifs, mais il finit par se laisser entraîner dans le parti de la guerre et fut nommé général, avec mission de défendre la province de Galilée. En 67, à l'arrivée de Vespasien, il se retira dans Jotapata, où il résista à l'armée romaine pendant 47 jours. Pour échapper au massacre qui suivit l'assaut de cette ville, il se présenta devant Vespasien et, d'un ton prophétique, annonça à cet officier que l'empire romain lui appartiendrait un jour ainsi qu'à ses fils. Après le siège de Jérusalem, il accompagna Titus à Rome, où il passa le reste de sa vie dans des occupations littéraires. Ses principaux ouvrages sont une Histoire de la guerre des juifs, écrite d'abord en hébreu, traduite ensuite par lui-même en grec et publiée vers 75 ; et un traité sur les Antiquités judaïques écrit en grec, achevé vers 93. — Les Œuvres de Josèphe ont été publiées, en 1726, par Havercamp, avec trad. lat. de J. Hudson (Amsterdam, 2 vol. in-fol.) ; et, en 1827, par Richter (Leipzig); elles ont été traduites en français par le P. Joachim Gillet (Paris, 1756, 4 vol. in-4°), et par l'abbé Glaire (Paris, 1846, in-4°) ; les Antiquités judaïques et la Guerre des juifs ont été traduites par Arnaud d'Andilly (1681).

JOSÉPHINE (Marie-Josèphe-Rose TASCHER DE LA PAGERIE), impératrice des Français, première épouse de Napoléon Ier, née aux Trois-Islets (Martinique), le 23 juin 1763, morte à la Malmaison le 29 mai 1814. Amenée en France à l'âge de 15 ans, elle y épousa, le 13 déc. 1779, le vicomte Alexandre de Beauharnais, dont elle eut deux enfants, Eugène et Hortense. En 1786, intervint un jugement qui sépara les deux époux et acquittait Joséphine, accusée d'indignité par son mari. Elle se retira dans sa famille à la Martinique. La révolte des nègres la ruina et la força de se réfugier en France, où elle se réconcilia avec le comte de Beauharnais, dont elle partagea ensuite la destinée avec un véritable dévouement. Lorsque le comte fut emprisonné, elle essaya de le faire évader et fut arrêtée (1794). C'est dans sa prison qu'elle fit la connaissance de Hoche. (Voy. ce nom.) Tallien, touché de ses malheurs, parvint, avec beaucoup de peine, à lui sauver la vie. Rendue à la liberté, après le 9 thermidor, elle fut la plus séduisante, la plus aimable et la plus frivole des jeunes femmes qui formèrent la cour de Barras. (Voy. ce nom.) Les libéralités du dictateur l'enrichirent; elle épousa le général Bonaparte, qui avait six ans de moins qu'elle (9 mars 1796) et qui avait demandé sa main à la suite d'une démarche honorable du jeune Eugène Beauharnais. (Voy. EUGÈNE.) Par l'influence de Joséphine, le commandement de l'armée d'Italie fut donné à Bonaparte, qui se couvrit de gloire. Pendant l'expédition d'Egypte, Joséphine habita la Malmaison, où elle tint une cour aussi brillante que celle de Barras. Les sœurs de Bonaparte censuraient vertement la conduite de leur belle-sœur et ne cessèrent, jusqu'à la fin, d'éveiller les soupçons jaloux de leur frère ; mais celui-ci, soit qu'il dissimulât, soit que réellement il ne s'aperçût de rien, répondait invariablement : Je ne connais qu'un défaut à Joséphine ; elle est dépensière ». Sacrée impératrice le 2 déc. 1804, elle eût régné jusqu'à la fin sur le cœur de son époux, si elle lui eût donné un héritier. Au milieu des scènes bien cruelles, où la douceur, la bonté et le dévouement furent de son côté, elle consentit à un divorce qui fut consommé le 16 déc. 1809. Elle se retira à la Malmaison. Napoléon resta jusqu'à la fin plein

d'affection et même de tendresse pour les enfants de son premier mari.

JOSIAS, seizième roi de Juda, fils du roi Amon, auquel il succéda vers 640 av. J.-C., à l'âge de huit ans ; mort vers 609. Dans la dix-huitième année de son règne, il fit réparer et embellir les temples négligés, et, excité par la lecture du livre de la loi, récemment découvert, il détruisit tous les vestiges de l'idolâtrie. Il fut tué à la bataille de Megiddo, livrée à Néchao, roi d'Egypte.

JOSIKA (Miklos)[io'-ji-ka], baron, romancier hongrois, né en Transylvanie, en 1796, mort en 1865. Lors de la réunion de la Transylvanie à l'Autriche, en 1848, il devint membre de la chambre haute de la diète hongroise et membre du comité de défense sous Kossuth. Après la révolution, il vécut à Dresde et à Bruxelles. Ses nouvelles historiques comprennent : Le dernier des Bathoris, Les Bohémiens en Hongrie. Zrinyi le poète, Stephen Josika et Francis Rakocy II.

JOSQUIN DES PRÉS ou Deprés (Jodocus PRATENSIS), compositeur français, né dans le Hainaut vers 1450, mort en 1531. Il fut surnommé avec justice le père de l'harmonie moderne, et il fut considéré de son temps comme un compositeur merveilleux. Il imagina la plupart des méthodes et des formes de composition avant Palestrina et les autres maîtres. Telle était sa connaissance du contrepoint et telle était sa facilité de conception, que toutes les subtilités de l'art lui semblaient connues. Après avoir étudié à Paris et à Rome, il devint premier chanteur ou maître de chapelle de Louis XII. Il postulait pour un canonicat ; le roi retarda sa nomination en disant: Laissez-moi faire. Josquin des Prés, pour lui rappeler sa promesse, composa une messe sur les notes la sol fa re mi, la musique d'une partie du 119e psaume (Memor esto verbi tui servo tuo) et un motet sur les mots, Je n'ai pas d'héritage dans la terre des vivants. Le bénéfice lui fut alors accordé.

JOSSELIN DE COURTENAY. I. Seigneur français, mort en 1131; il prit part à la première croisade et reçut la souveraineté de quelques villes sur les bords de l'Euphrate et celle d'Edesse en 1118. — II. Fils et successeur du précédent, fut aussi lâche que son père était brave, laissa prendre Edesse, fut emmené prisonnier à Alep et mourut de misère en 1147. — III. Fils du précédent; il fut pris par les Turcs en 1165 et racheté seulement dix ans après par son beau-frère, Baudouin IV, qui lui donna la charge de sénéchal du royaume de Jérusalem.

JOSSELIN, ch.-l. de cant., arr. et à 15 kil. N.-O. de Ploërmel (Morbihan), sur l'Oust et le canal de Brest; 2,700 hab.

JOSUÉ, successeur de Moïse, fils de Nun, de la tribu d'Ephraïm. Il fut désigné par Moïse, à l'âge de 83 ans, pour commander les Israélites, les conduire dans la Terre promise et partager la contrée entre les tribus. (Voy. JUIFS.) Il gouverna Israël pendant 25 ans. Son histoire est racontée dans le livre canonique qui porte son nom.

JOTA s. m. (esp. hrota). Lettre espagnole qui a la forme de notre j, mais qui n'a pas d'analogue pour le son dans notre langue; nous ne pouvons mieux la rendre que par hr.

JOTIQUE s. et adj. Du Jutland ; qui appartient à ce pays ou à ses habitants : races jotiques; princes jotiques de la période légendaire de l'histoire anglo-saxonne. — s. m. Dialecte danois appelé aussi jutlandais.

* **JOUABLE** adj. Qui peut être joué : cette pièce n'est pas jouable.

* **JOUAIL** [l mll.]. Mar. Voy. JAS.

* **JOUAILLER** v. n. Jouer petit jeu, et seule-

ment pour s'amuser : *il ne fait que jouailler.* (Fam.)

JOUAN ou **Juan** (GOLFE DE). Petit golfe de France formé par la Méditerranée, sur les côtes du dép. des Alpes-Maritimes, séparé à l'E. par une presqu'île de la rade d'Antibes et du golfe de Napoule, à l'O. par le cap de la Croisette, 7 kil. de long sur 5 de profondeur. C'est là que Napoléon 1ᵉʳ débarqua le 1ᵉʳ mars 1815 pour reconquérir l'empire de France.

JOUAN-DE-L'ISLE (Saint-), ch.-l. de cant., arr. et à 24 kil. S.-E. de Dinan (Côtes-du-Nord), sur la Rance; 700 hab.

* **JOUBARBE** s. f. (lat. *Jovis barba,* barbe de Jupiter). Bot. Genre de crassulacées, comprenant un grand nombre d'espèces d'herbes ou de sous-arbrisseaux à feuilles charnues, épaisses, disposées en rosette à la base de la tige ou sur ses ramifications; à fleurs en corymbes. Les plantes de ce genre se trouvent dans les montagnes de l'Europe du sud et du centre, dans les Canaries et dans différentes

Joubarbe des toits (Sempervivum tectorum).

parties de l'Asie et de l'Afrique. La *joubarbe des toits* ou *joubarbe commune (sempervivum tectorum,* Linn.) a des feuilles très épaisses, succulentes, circulairement disposées autour d'une tige courte. Elle pousse dans les sols les plus pauvres et les plus secs. En Europe, elle est très commune sur les toits des maisons couvertes de chaume. Une petite espèce

Joubarbe toile d'araignées (Sempervivum arachnoideum).

très remarquable est la *joubarbe toile d'araignées (sempervivum arachnoideum),* d'origine alpine; ses rosettes, de 2 centim. de large, poussent ensemble en larges groupes; ses feuilles sont reliées par des fils duveteux qui passent de l'extrémité d'une feuille à celle de l'autre, de telle sorteque sa plante semble être enveloppée d'une toile qu'une araignée indus-

trieuse aurait tissée tout autour d'elle. Quand il y a des quantités de moineaux dans la localité où croît cette plante, elle n'atteint pas son état de perfection, parce que ces oiseaux la dépouillent pour s'emparer de son duvet qui

Joubarbe arborescente (Sempervivum arboreum).

sert à leurs nids. La *joubarbe arborescente (sempervivum arboreum),* des Canaries, a un tronc de plus d'un mètre de haut; ce tronc se divise en branches terminées chacune par une belle rosette de feuilles vertes ou bordées de jaune ou de pourpre dans certaines variétés. C'est une plante de serre, recherchée aussi comme plante d'ornement pour fenêtres.

JOUBERT (Barthélemy-Catherine), général français, né à Pont-de-Vaux (Ain), en 1769, mort en 1799. Il s'engagea en 1791, gagna l'admiration de Bonaparte par sa bravoure, particulièrement lors de l'invasion du Tyrol, fut envoyé à Paris avec les trophées des victoires en Italie, et devint successivement général en chef en Hollande, à Mayence et en Italie (août 1798), où il occupa rapidement le Piémont. Il donna sa démission en 1799, mais il fut réintégré, s'empara d'Acqui et opéra une jonction avec les restes de l'armée de Naples sous Championnet. Avant d'avoir le temps de mettre à exécution son projet de retraite, il fut attaqué à Novi à la pointe du jour, le 15 août 1799, par Suvaroff, et il tomba en conduisant ses soldats au feu.

JOUBERT (Joseph), moraliste français, né à Montignac (Périgord), en 1754, mort en 1824. Il fut élevé au collège de Toulouse et se rendit à Paris, en 1778. En 1792, il se retira à Villeneuve (Bourgogne), où il passa le reste de sa vie. En 1809, il fut nommé l'un des régents de l'Université. Un choix des *Pensées de J. Joubert* a été publié en 1842 (2 vol. in-8°).

* **JOUE** s. f. [joû] (lat. *gena*). Partie du visage de l'homme qui est au-dessous des tempes et des yeux, et qui s'étend jusqu'au menton : *avoir une fluxion sur la joue.* — Fam. DONNER SUR LA JOUE, COUVRIR LA JOUE A QUELQU'UN, lui donner un soufflet. — TENDRE LA JOUE, présenter la joue : *cet enfant vous tend la joue, pour qu'on vous l'embrassiez.* — COUCHER, METTRE EN JOUE, ajuster son fusil et viser, pour tirer sur quelqu'un, sur quelque chose : *j'ai couché l'animal en joue.* — On dit elliptiquement, dans les commandements militaires, EN JOUE, FEU. — COUCHER EN JOUE, observer, ne pas perdre de vue une personne ou une chose sur laquelle on a quelque dessein : *il était dans un coin, il la regardait, il la couchait en joue.* — Partie de la tête du cheval qui répond à la joue dans l'homme : *ce cheval a trop de joue.* — Mar. Partie arrondie de la coque d'un navire, qui est comprise entre le mât de misaine et l'étrave : *ce vaisseau a la joue forte.*

* **JOUÉ, ÉE** part. passé de JOUER. — Au jeu de dames, de trictrac. DAME TOUCHÉE, DAME

JOUÉE, lorsqu'on a touché une dame, on est obligé de la jouer. — Prov. C'EST UN JEU JOUÉ, se dit d'une feinte concertée entre deux ou plusieurs personnes.

* **JOUÉE** s. f. Archit. Épaisseur du mur dans l'ouverture d'une porte, d'une fenêtre, d'un soupirail : *cette fenêtre a beaucoup de jouée.* On dit, dans un sens analogue, LA JOUÉE D'UN ABAT-JOUR, D'UNE LUCARNE.

* **JOUER** v. n. (lat. *jocari*). Se récréer, se divertir, s'ébattre, folâtrer : *ces enfants jouent ensemble.* — Fig. JOUER AVEC SA VIE, AVEC SA SANTÉ, etc., n'user d'aucun ménagement pour conserver sa vie, sa santé, etc. On dit aussi quelquefois, JOUER AVEC LA VIE, ne point la regarder comme une chose sérieuse, et agir en conséquence. — CE CHEVAL JOUE AVEC SON MORS, cheval qui mâche son mors avec action. — JOUER SUR LE MOT, SUR LES MOTS, faire des allusions, des équivoques sur les mots : *il aime à jouer sur le mot.* — Se mettre en danger de; et, dans cette acception, il est toujours suivi de la préposition *à : cet homme joue à se faire pendre.* — Se divertir, s'occuper à un jeu quelconque : *jouer à colin-maillard, à la main-chaude.* — Se dit quelquefois absol. en parlant de l'habitude de jouer à des jeux de commerce ou de hasard, et se prend ordinairement dans un sens défavorable : *c'est un homme qui joue.*

> *Jouerez-vous éternellement,*
> *Vous qui jouez si malheureusement?*
> *Disait une dame à son frère.*
> — Je quitterai le jeu, reprit-il en colère,
> *Quand vous quitterez vos amours.*
> — Oh! le méchant! dit-elle, il veut jouer toujours.

— A certains jeux de cartes, FAIRE JOUER, nommer la couleur dans laquelle le coup doit être joué : *c'est lui qui fait jouer.* On dit aussi, JOUER SANS PRENDRE, ou simplement JOUER, et FAIRE JOUER SANS PRENDRE, ou simplement FAIRE JOUER, jouer, obliger l'adversaire à jouer sans écarter et sans prendre de nouvelles cartes : *jouez-vous? faites-vous jouer?* — Au quadrille et au tri. JOUER SANS PRENDRE, jouer sans demander le roi. — Prov. et par exager., IL JOUERAIT LES PIEDS DANS L'EAU, se dit d'un joueur déterminé. — Fam. et en plaisant. NE JOUER QUE POUR L'HONNEUR, ou activement, NE JOUER QUE L'HONNEUR, jouer sans intéresser le jeu. — ᴠᴠ JOUER AU ROI DÉPOUILLÉ, quand plusieurs personnes sont autour de quelqu'un pour le piller, le ruiner. — * JOUER AU PLUS SÛR, choisir de deux expédients celui où il y a le moins de risque, dont les inconvénients paraissent moins grands et le succès plus certain. JOUER A JEU SUR, être certain du succès des moyens qu'on emploie dans une affaire. — JOUER AU FIN, AU PLUS FIN, employer l'adresse, la finesse pour venir à bout de ses desseins. — JOUER DE BONHEUR, réussir dans une affaire où l'on avait à craindre d'échouer. On dit dans le sens contraire, JOUER DE MALHEUR. — JOUER A QUITTE OU DOUBLE, ou JOUER QUITTE OU DOUBLE, risquer, hasarder tout, pour se tirer d'une mauvaise affaire. — JOUER A QUI PERD GAGNE, se dit lorsqu'un désavantage apparent procure un avantage réel. — JOUER DE SON RESTE, prendre un moyen extrême après lequel on n'a plus de ressource. Signifie aussi, achever de consumer son bien : *il a si bien joué de son reste, qu'il en est à l'aumône.* Se dit encore en parlant du dernier parti, des dernières ressources qu'on tire de sa place, de sa situation, etc. : *ce ministre joue de son reste.* — S'emploie quelquefois avec le nom de l'espèce de monnaie qu'on met au jeu : *jouer aux écus, aux louis.* — S'emploie aussi, à certains jeux de cartes, avec le nom de la couleur danslaquelle on joue : *jouer en carreau, en cœur, en trèfle,* etc. — Se servir de l'instrument qui est nécessaire pour jouer à tel ou tel jeu : *jouer du battoir.* — JOUER DES GOBELETS, faire des tours de passe-passe avec des gobelets. On le dit aussi, fig. et fam., d'un fourbe, d'une personne qui cherche à tromper ceux avec qui elle traite. — JOUER DES MAINS, badiner avec les mains, se donner des coups l'un à-l'autre avec les mains : *c'est une très mauvaise habitude que de jouer des mains.* — JOUER DE L'ESPADON, JOUER DU BATON A DEUX BOUTS, etc., les manier avec adresse. On dit, dans un sens analogue, JOUER DU DRAPEAU. — Fig. et pop., JOUER DES JAMBES, courir. On le dit surtout d'une personne qui s'enfuit : *il se mit aussitôt à jouer des jambes.* — JOUER DE LA PRUNELLE, jeter des œillades, faire quelques signes des yeux. Se dit ordinairement en parlant des signes qu'un homme et une femme se font l'un à l'autre, quand ils sont d'intelligence. — JOUER DES COUTEAUX, se battre à l'épée. — JOUER DE LA POCHE, tirer de l'argent de sa poche pour payer. — JOUER DU POUCE, compter de l'argent pour payer. — Par ext., se servir d'un instrument de musique, en tirer des sons : *jouer du violon, de la harpe, de la flûte, du hautbois,* etc. — Se mouvoir, agir d'une certaine façon. En ce sens, il se dit surtout des ressorts, des machines, etc. : *ce ressort joue en sens inverse de l'autre.* — Avoir l'aisance et la faculté du mouvement : *ce ressort joue bien, ne joue point.* — Fig. FAIRE JOUER TOUTES SORTES DE RESSORTS, employer tout son pouvoir, tous les moyens dont on peut disposer. — Se dit aussi des cascades, des jets d'eau, etc., qu'on lâche pour les faire couler ou jaillir : *on fit jouer les eaux.* Autrefois, on disait activement, dans le même sens, ON JOUA LES EAUX. — Se dit encore, d'une mine que l'on fait sauter, d'une pièce d'artillerie, d'un artifice que l'on fait partir, en y mettant le feu : *la mine, le fourneau joua.* On dit, dans un sens analogue, FAIRE JOUER UNE POMPE, la faire aller. — v. a. Faire, en parlant d'un jeu ou d'une partie de jeu, d'un coup au jeu, etc. : *jouer un jeu, jouer une partie.* — A la paume. JOUER UNE BALLE, pousser une balle. — JOUER UNE CARTE, jeter une carte. — JOUER CŒUR, JOUER CARREAU, etc., jouer une carte de ces couleurs. — Au piquet. JOUER BIEN LES CARTES, tirer tout le parti possible de ses cartes : *il écarte bien, mais il joue mal les cartes.* — JOUER LE JEU, jouer suivant les règles du jeu : *vous ne jouez pas le jeu.* — Fig. et fam. JOUER BIEN SON JEU, se comporter adroitement en quelque affaire, savoir bien dissimuler pour arriver à ses fins : *il a bien joué son jeu.* — JOUER UN JEU, le savoir bien jouer, le jouer par préférence, être dans l'usage, dans l'habitude de le jouer : *quel jeu jouez-vous ?* — Se dit aussi en parlant de ce que l'on hasarde au jeu : *jouer gros jeu.* — Fam. IL JOUERAIT JUSQU'A SA CHEMISE, il jouerait tout ce qu'il a. — JOUER GROS JEU, s'engager dans une affaire, où l'on hasarde beaucoup pour sa réputation, pour sa fortune, pour sa vie. — JOUER SA VIE, s'exposer témérairement. — JOUER QUELQU'UN, jouer avec quelqu'un. En ce sens, ne se dit que dans cette phrase des jeux de paume et de volant : *je l'ai joué au battoir.* — Fig. et fam. JOUER QUELQU'UN PAR-DESSOUS JAMBE, PAR-DESSOUS LA JAMBE, déranger avec facilité les projets de quelqu'un, et, par supériorité d'esprit ou de conduite, l'amener aux vues que l'on a soi-même : *n'ayez rien à démêler avec lui, il vous jouerait par-dessous la jambe.* — JOUER QUELQU'UN, le tromper, l'abuser : *il le joue depuis trois ans, en lui faisant espérer cet emploi.* — JOUER LES DEUX, tromper deux personnes ou deux parties qui ont des intérêts opposés, en faisant semblant de les servir l'une contre l'autre. — JOUER UNE PIÈCE, UN TOUR A QUELQU'UN, lui jouer un tour ou malin ou méchant : *il a voulu me jouer un tour auprès d'un tel.* On dit neutralement, dans le même sens : *s'il me joue de celui-là, je lui en jouerai d'un autre.* — Exécuter un air, un morceau de musique sur un instrument, avec des instruments : *jouer un air.*

Mais écoutons : ce berger joue
Les plus amoureuses chansons.
LA MOTTE.

— Représenter, et se dit en parlant soit de la pièce de théâtre qu'on représente, soit du personnage qu'on est chargé d'y représenter : *jouer une comédie, une tragédie, une farce ; on a joué Andromaque.* Absol. : *ce comédien joue fort bien.* — JOUER LA COMÉDIE, exercer la profession de comédien : *il veut jouer la comédie.* Absol. : *cet acteur a cessé de jouer.* — JOUER LA COMÉDIE, signifie, par ext., faire des actions plaisantes pour exciter à rire ; et, fig., feindre des sentiments qu'on n'a pas, chercher à paraître ce qu'on n'est pas réellement : *vous le croyez affligé, il joue la comédie.* — Fig. JOUER LA DOULEUR, LA SURPRISE, etc. , JOUER L'AFFLIGÉ, JOUER L'HOMME D'IMPORTANCE, etc., feindre d'être affligé, d'être surpris, d'être un homme d'importance, etc. — Par ext., JOUER TEL RÔLE, figurer dans quelque affaire en telle ou telle qualité, ordinairement pour faire ou pour faciliter quelque tromperie : *le prétendu mariage eut lieu : un tel joua le rôle de prêtre, et deux valets du séducteur celui de témoins.* — Fig. JOUER UN RÔLE, figurer dans quelque affaire, dans certains événements, y prendre part, soit à son avantage, soit d'une manière fâcheuse, avilissante, etc. : *il vit bien qu'il jouait le rôle de dupe.* On le dit quelquefois de choses personnifiées : *le rôle que joue la mémoire dans les opérations de l'entendement.* On dit aussi, mais seulement en parlant des personnes : *jouer un mauvais personnage, un sot personnage,* etc. — JOUER UN GRAND RÔLE, faire une grande figure, occuper une grande place dans l'État. On dit, par opposition, JOUER UN PETIT PERSONNAGE, être dans un poste peu honorable, ou avoir peu d'influence dans une affaire. — Railler quelqu'un, le tourner en ridicule sur le théâtre : *c'est un tel qu'on a joué dans cette pièce, sous un nom emprunté.* — Chose qui en imite une autre, qui en a l'apparence : *ce papier joue le velours.* — Se jouer, v. pr. Folâtrer, voltiger : *cet enfant se joue avec tout ce qu'on lui donne.* Se dit quelquefois, poétiquement, des choses : *un ruisseau qui semble se jouer, qui se joue dans la prairie.* — FAIRE QUELQUE CHOSE EN SE JOUANT, faire quelque chose en s'amusant, en badinant, sans application et sans peine : *cet ouvrage aurait paru difficile à tout autre, il l'a fait en se jouant.* — SE JOUER DE QUELQUE CHOSE, surmonter, braver sans peine, et, comme en se jouant, ce qui, pour d'autres, semble difficile, dangereux, etc. : *ces hommes robustes se jouent des travaux les plus rudes;*

.... La main des Parques blêmes
De vos jours et des miens se joue également.
LA FONTAINE.

— Fig. SE JOUER DE QUELQUE CHOSE, s'en moquer, le traiter d'une manière frivole ou dérisoire, témoigner qu'on n'en fait point de cas : *c'est un homme sans foi, il se joue de ses engagements.* Signifie aussi, disposer de quelque chose arbitrairement et selon ses caprices : *se jouer de la vie des hommes.* — Jurispr. féodale. On disait qu'UN SEIGNEUR POUVAIT SE JOUER DE SON FIEF, lorsqu'il lui était permis de le démembrer, et même d'en vendre une partie, sans qu'il fût tenu dû au suzerain, pourvu qu'il retint la foi entière et quelque droit seigneurial et domanial sur la partie aliénée : *ce seigneur n'avait pas le droit de se jouer de son fief.* — Fig. SE JOUER DE QUELQU'UN, se moquer de lui, le railler adroitement : *ne voyez-vous pas qu'on se joue de vous ?* On dit, dans un sens analogue, LE CHAT SE JOUE DE LA SOURIS QU'IL A PRISE, LE TIGRE SE JOUE DE SA PROIE, etc., lorsqu'il feint, à plusieurs reprises, de la laisser échapper, pour la ressaisir aussitôt. — SE JOUER DE QUELQU'UN, le décevoir, tromper ses projets, ses conjectures, etc. : *la fortune se joue des hommes.* — SE JOUER DE QUELQU'UN, le tromper en lui donnant de belles paroles : *il m'a longtemps fait des promesses, donné des projets, et se joue de moi.* — SE JOUER A QUELQU'UN, l'attaquer inconsidérément : *ne vous jouez pas à lui, il*

n'entend pas raillerie.* On dit aussi, NE VOUS JOUEZ PAS A CELA, NE VOUS Y JOUEZ PAS, ne soyez pas assez fou, assez téméraire pour faire cela, vous vous en repentiriez.

JOUEREAU s. m. [jou-rô]. Celui qui ne joue pas bien à quelque jeu, ou qui joue petit jeu.

* **JOUET** s. m. Bagatelle qu'on donne aux enfants pour les amuser, et avec laquelle ils jouent : *le hochet est le jouet ordinaire des petits enfants.* — Se dit, par ext., d'une chose avec laquelle jouent les animaux : *le jouet d'un chat, d'un jeune chien.* — Fig. Personne dont on se joue, dont on se moque : *pensez-vous qu'il veuille être votre jouet ?* — Se dit quelquefois au figuré, surtout dans le style poétique, de choses et s'abandonne à l'action impétueuse des éléments : *un vaisseau qui est le jouet des vents, des flots, des tempêtes.* — Se dit plus souvent au sens moral, dans une acception analogue : *être le jouet de la fortune, du sort, des événements.* — Manège. Petite chaînette suspendue à la brisure du canon qui forme l'embouchure : *mettre un jouet dans la bouche du cheval, pour en solliciter l'action.*

* **JOUEUR, EUSE** s. Celui, celle qui joue, qui folâtre avec quelqu'un. En ce sens, il ne s'emploie que dans ses locutions familières, UN RUDE JOUEUR, UNE RUDE JOUEUSE, une personne qui ne sait point jouer, folâtrer, sans blesser ceux avec qui elle joue. — C'EST UN RUDE JOUEUR, c'est un homme à qui il ne fait pas bon se jouer. — Celui qui joue à quelque jeu : *il n'y a de règles : combien sont-ils de joueurs ?* — LA BALLE CHERCHE LE JOUEUR, VA AU JOUEUR, se dit quand l'occasion de faire quelque chose se présente à celui qui est le plus capable de s'en bien acquitter. On dit elliptiquement, dans le même sens, AU BON JOUEUR LA BALLE, et LA BALLE AU JOUEUR. — BEAU JOUEUR, BON JOUEUR, se dit d'un homme qui joue franchement, et qui est d'une humeur égale, soit qu'il gagne, soit qu'il perde. On dit dans le sens contraire, MAUVAIS JOUEUR. — Se dit absol. de celui qui a la passion du jeu, qui fait en quelque sorte métier de jouer : *ne donnez point votre fille à ce jeune homme, c'est un joueur.* — JOUEUR D'INSTRUMENT, celui qui joue de quelque instrument de musique. Ne se dit guère aujourd'hui que des musiciens de bas étage : *joueuse de harpe.* — JOUEUR DE FARCES, JOUEUR DE GOBELETS, JOUEUR DE MARIONNETTES, se dit de ceux qui divertissent le public par des farces, etc.

* **JOUFFLU, UE** adj. (rad. joue). Qui a de grosses joues : *cette femme est trop jouffiue.* — s. : *gros joufflu, grosse joufflue.* (Fam.)

JOUFFROY (Théodore-Simon), philosophe français de l'école éclectique, né aux Ponlets (Doubs) en 1796, mort en 1842. En 1814, il fut admis à l'école normale, et en 1817, on le nomma suppléant à la chaire de philosophie. La suppression de l'école normale le priva de son emploi ; il traduisit la *Philosophie morale* de Dugald Stewart (1826) et commença la traduction des ouvrages de Thomas Reid (6 vol., 1828-'35). En 1828, il fut nommé professeur suppléant de philosophie ancienne à la Faculté des lettres de Paris, et, en 1830, professeur adjoint d'histoire de philosophie moderne ; c'est en cette qualité qu'il mit au jour son *Cours de droit naturel* (3 vol., 1835-'42). En 1831, il entra à la Chambre des députés, et en 1833 il fut nommé à la chaire de littérature et de philosophie grecque au collège de France. En 1838, il abandonna le professorat pour devenir bibliothécaire de l'Université. Parmi ceux de ses ouvrages qui n'ont pas encore été mentionnés, nous citerons : *Mélanges philosophiques* (1833), *Nouveaux mélanges philosophiques* (1842), et *Cours d'esthétique* (1843).

JOUFFROY D'ARBANS (Claude-François-Dorothée, MARQUIS DE), célèbre mécanicien françhis, né à Roche-sur-Rognon (Haute-Marne), vers 1751, mort en 1832. L'idée d'appliquer la vapeur à la navigation lui fut suggérée en 1775 par l'examen de la pompe à incendie de Chaillot; mais découragé par des expériences peu satisfaisantes, par un rapport de l'Académie des sciences et par l'indifférence du gouvernement, il se rendit en Angleterre et ne rentra en France qu'après le Consulat. En 1816, il publia *Les Bateaux à vapeur* et reçut l'autorisation de former une compagnie. Son premier vapeur fut lancé sur la Seine le 20 août; mais cette entreprise finit d'une manière désastreuse. Ses prétentions à la priorité de la découverte de la navigation à vapeur ont été soutenues par Arago et par l'Académie des sciences. Fulton lui-même rendit justice à notre compatriote.

* JOUG s. m. [joug. on fait légèrement sentir le *g* final, même devant une consonne] (lat. *jugum*). Pièce de bois qu'on met par-dessus la tête des bœufs, et avec laquelle ils sont attelés pour tirer, pour labourer : *mettre les bœufs au joug.* — Servitude, sujétion : *joug pesant, rude, insupportable.* — LE JOUG DU MARIAGE, le lien du mariage : *il est marié, le voilà sous le joug.* — Se dit, dans l'Histoire romaine, d'une pique attachée en travers au bout de deux autres piques fichées en terre, et sous laquelle on faisait passer des ennemis vaincus : *faire passer une armée sous le joug.*

* JOUIR v. n. (lat. *gaudere*). Avoir l'usage, la possession actuelle de quelque chose, el en tirer tous les fruits, tous les émoluments, tous les avantages, etc. : *jouir d'une entrée à un spectacle.* On l'emploie souvent absol. : *il faut le laisser jouir.* — Se dit, dans une acception plus étendue, en parlant de toute chose qui procure du bien-être, de l'avantage, de l'agrément, etc. : *jouir d'une longue aisance.* On le dit quelquefois des animaux et des choses : *les animaux qui jouissent de la faculté de...* — Profiter d'une chose qu'on a, qu'on possède, en goûter le plaisir, l'agrément, etc. : *savoir jouir de sa fortune.* Dans ce sens, on le dit quelquefois absol., surtout lorsqu'il s'agit des biens de la fortune ou des plaisirs : *il est riche, mais il ne sait pas jouir.* — JOUIR DE L'EMBARRAS DE QUELQU'UN, DE SON AFFLICTION, DE SA DÉTRESSE, etc., éprouver du plaisir à le voir ou à le savoir embarrassé, affligé, malheureux, etc. — JOUIR DE QUELQU'UN, avoir la liberté, le temps de conférer avec lui, de l'entretenir, d'en tirer quelque service, quelque plaisir : *nous jouirons de lui pendant son séjour à la campagne.* — JOUIR D'UNE FEMME, avoir commerce avec elle.

* JOUISSANCE s. f. Usage et possession de quelque chose : *jouissance paisible.* — Finances. JOUISSANCE DE TELLE ÉPOQUE, se dit en parlant de l'époque de l'année où le Trésor public paye .les intérêts d'une rente inscrite au grand livre : *jouissance du vingt-deux mars.* — ACTION DE JOUISSANCE, action supplémentaire qui, sans porter d'intérêt, donne droit à une part dans le dividende. — Fam. AVOIR LA JOUISSANCE D'UNE FEMME, avoir commerce avec elle. — Plaisir, volupté: pour lui, *ce travail est une jouissance.* — Législ. « Le mot *jouissance* a presque toujours, dans la loi, la signification d'usage des choses. La jouissance fait partie du droit de propriété (C. civ. 544); mais elle en est quelquefois séparée, comme il arrive dans le cas d'usufruit, de droits d'usage et d'habitation (id. 625 et s.), de réserve spéciale faite par un donateur (id. 949), et dans certaines sociétés civiles (id. 1837, 4851). Mais, si l'on dit avec raison que le locataire ou le fermier jouit de la chose louée, le propriétaire en conserve néanmoins la jouissance proprement dite, puisqu'il perçoit les loyers ou les fermages. Le père, durant le mariage, et, après la dissolution du mariage, le survivant des père et mère ont un droit *de jouissance légale*, une sorte d'usufruit sur les biens de leurs en-

fants, jusqu'à ce que ceux-ci aient atteint l'âge de dix-huit ans accomplis, ou qu'ils soient émancipés. Celui qui profite de ce droit est tenu : 1° de supporter les charges que la loi impose à tout usufruitier ; 2° de pourvoir à la nourriture, à l'entretien et à l'éducation des enfants, selon leur fortune; 3° de payer les arrérages et intérêts arriérés grevant les biens au moment où commence sa jouissance; 4° de payer les frais funéraires et de dernière maladie de la personne dont l'enfant a hérité. Le droit de jouissance légale ne s'exerce pas sur les biens que l'enfant a acquis par un travail séparé de celui de ses parents, ni sur ceux qui lui ont été donnés ou légués sous la condition expresse que ses père et mère n'en auront pas la jouissance (C. civ. 384 et s.). Le survivant des père et mère est dispensé de vendre les meubles dont il a la jouissance légale, s'il préfère les garder pour les remettre en nature; mais il doit, dans ce cas, faire estimer ces meubles par un expert; celui-ci est choisi par le subrogé tuteur et prête serment devant le juge de paix (id. 453). Le défaut d'inventaire après la mort de l'un des époux fait perdre à l'époux survivant la jouissance légale des revenus de ses enfants mineurs (id. 1442). Cette jouissance légale cesse pour la mère, en cas de second mariage (id. 386). En est privé comme indigne, le père ou la mère qui a été condamné pour excitation de ses enfants à la débauche (C. pén. 335). » (CH. Y.)

* JOUISSANT, ANTE adj. Jurispr. Qui jouit: *mujeur usant et jouissant de ses droits.*

* JOUJOU s. m. (rad. *jouer*). Jouet d'enfant: *il faut lui donner un joujou pour l'apaiser.*

* JOUR s. m. (ital. *giorno*; du lat. *diurnus*, journalier; de *dies*, jour). Clarté, lumière que le soleil répand lorsqu'il est sur l'horizon, ou qu'il en est proche : *le jour et la nuit.*

> J'étais las, attendant chez moi votre retour,
> Qu'on fit du jour la nuit, et de la nuit du jour.
> REGNARD. *Le Joueur*, acte I, sc. VII.

> Derrière ce lutrin, ainsi qu'au fond d'un antre,
> A peine sur son banc on discernait le chantre;
> Tandis qu'à l'autre banc, le prélat radieux,
> Découvert au grand jour, attirait tous les yeux.
> BOILEAU. *Le Lutrin.*

> Le jour n'est pas plus pur que le fond de mon cœur.
> RACINE. *Phèdre.*

— ELLE EST BELLE COMME LE JOUR, se dit d'une très belle personne. On dit dans un sens analogue, CET ENFANT EST BEAU COMME LE JOUR. — CLAIR COMME LE JOUR, ce qui est évident ou facile à comprendre, ce qui est sans obscurité : *cette proposition est aussi claire que le jour.* — C'EST LE JOUR ET LA NUIT, OU C'EST LA NUIT ET LE JOUR, se dit de deux choses ou même de deux personnes qui diffèrent beaucoup entre elles. On dit dans le même sens: *ces deux personnes, ces deux choses ne se ressemblent pas plus que le jour et la nuit.* — Fig. LE GRAND JOUR, la publicité : *il ne redoute pas le grand jour pour ses actions.* On dit quelquefois simpl. LE JOUR. — CET HOMME CRAINT LE JOUR, il craint de se montrer, d'être connu. On dit aussi LE GRAND JOUR DE LA PUBLICITÉ : *cet ouvrage, fort loué avant l'impression, ne soutient pas le grand jour de la publicité.* — BRULER LE JOUR, se dit quand on allume des flambeaux pendant qu'il fait encore jour. — IL EST JOUR CHEZ LUI, CHEZ ELLE, se dit en parlant d'une personne qui vient de se lever et chez laquelle on peut entrer : *je crois qu'il n'est pas encore jour chez un tel.* — On dit aussi, IL EST PETIT JOUR CHEZ LUI, CHEZ ELLE, en parlant d'une personne qui ne fait que de s'éveiller. — DEMI-JOUR, clarté faible : *se placer dans le demi-jour.* — PERCÉ A JOUR, percé de part en part, en sorte qu'on voie le jour au travers. On dit dans un sens analogue, BRODERIE A JOUR, et POINTS A JOUR. — CET ÉDIFICE, CETTE MAISON EST A JOUR, TOUT A JOUR, se dit d'un édifice, d'une maison dont les

portes et les fenêtres ne sont pas encore placées ou n'existent plus. — Poétiq. VOIR LE JOUR, être né, vivre : *depuis que je vois le jour.* On dit aussi, METTRE AU JOUR, donner la naissance, CEUX A QUI JE DOIS LE JOUR, QUI M'ONT DONNÉ LE JOUR, ceux de qui je suis né. PERDRE LE JOUR, mourir, etc. — VOIR LE JOUR, se dit aussi, fig., des choses qu'on expose au jour, qu'on retire du lieu où elles étaient cachées, enfouies : *il y a bien des années que ce meuble n'a vu le jour.* On le dit quelquefois en parlant de la publication des ouvrages d'esprit : *ce livre n'a vu le jour qu'après la mort de son auteur.* — METTRE UN LIVRE, UN OUVRAGE AU JOUR, le faire imprimer, le rendre public : *quand mettrez-vous vos poésies au jour?* — Toute autre clarté que celle du jour : *le jour artificiel que donne les bougies, les lampes.* — Fig. *Rien n'est plus propre à jeter du jour sur ces questions.* — Manière dont un objet est frappé de la lumière : *ce tableau devrait être placé dans un autre jour.* — FAUX JOUR, lumière qui éclaire mal les objets, de manière à les faire voir autrement qu'ils ne sont : *dans la boutique de ce marchand il y a un faux jour, de faux jours qui trompent sur la couleur des étoffes.* — METTRE QUELQUE CHOSE DANS SON JOUR, le placer à son jour convenable, de manière qu'on puisse le bien voir : *cette étoffe n'est pas dans son jour.* — S'emploie aussi, fig., dans le sens qui précède : *il me présenta la chose sous un jour si avantageux que j'acceptai sa proposition.* — Peint. Imitation de la lumière qui se répand sur les objets représentés dans un tableau : *dans ce tableau, le jour vient d'en haut, le jour vient de tel côté.* — PLACER, METTRE UN TABLEAU A SON JOUR, le placer de manière que le jour de l'endroit où l'on expose vienne du même côté que le jour par lequel les objets représentés dans le tableau paraissent éclairés : *ce tableau n'a pas été placé à son jour, n'est pas dans son jour.* — Peint. Touches les plus claires d'un tableau : *savoir bien mêler les jours et les ombres.* — Fenêtres, ouvertures qu'on fait aux bâtiments, pour qu'ils puissent recevoir le jour : *un jour bien pratiqué.* — TIRER DU JOUR D'UN CERTAIN CÔTÉ, pratiquer de ce côté une fenêtre, une ouverture. — Archit. JOUR DROIT, celui qui est communiqué par un abat-jour. FAUX-JOUR, fenêtre percée dans une cloison pour opérer un passage de dégagement, un petit escalier, etc. — Jurispr. JOUR DE COUTUME, jour, fenêtre que le propriétaire d'une maison fait ouvrir dans un mur non mitoyen. JOUR DE SERVITUDE, ouverture ou fenêtre faite dans un mur, en vertu d'une convention particulière. JOUR DE SOUFFRANCE, ouverture ou fenêtre donnant sur la propriété d'un voisin qui le souffre ou qui l'a permis. On dit dans le même sens : *cette maison a des jours sur la maison voisine.* — Certaines ouvertures par où le jour, l'air peut passer : *ces planches ne sont pas bien jointes, il y a du jour entre deux.* — SE FAIRE JOUR, se faire ouverture et passage : *il s'est fait jour au travers des ennemis.* On l'emploie aussi fig. : *tôt ou tard la vérité se fait jour.* — Fig. Facilité, moyen pour venir à bout de quelque affaire : *je vois jour à cette affaire* — Certain espace de temps par lequel on divise les mois et les années. Se dit proprement de l'espace de vingt-quatre heures, que l'on appelle *Jour civil*, et que se prend parmi nous, d'un minuit à l'autre ; mais on le dit souvent aussi du temps qui s'écoule entre le lever et le coucher du soleil, et que l'on nomme par opposition *Jour naturel*. Le sens du discours suffit ordinairement pour déterminer quelle est, de ces deux acceptions, celle que le mot doit recevoir : *il y a tant de jours au mois, d la semaine, dans l'année; le jour de ses noces; un jour de bataille; souhaiter le bon jour, donner le bon jour à quelqu'un; bon jour, monsieur.* Dans ces trois dernières phrases, on écrit plus ordinairement Bonjour en un seul mot. (Voy. Bonjour). — Jour, jour de réception, jour où une maîtresse de maison reçoit ses amis : *le mardi est le jour de Mme X...* — Se dit quelquefois par rapport à la saison, à l'état de l'atmosphère, de la température : *un jour de printemps, d'été, d'automne.* — Jour astronomique, l'espace de vingt-quatre heures solaires moyennes, compté d'un midi à l'autre. — Jours complémentaires, s'est dit, dans le calendrier républicain, des cinq ou six jours que l'on comptait à la fin de l'année, pour compléter le nombre de trois cent soixante-cinq ou de trois cent soixante-six jours, les mois de ce calendrier n'étant chacun que de trente jours. — Les beaux jours, les premiers jours du printemps : *remettez votre voyage aux beaux jours.* — Fig. Les beaux jours, le temps de la première jeunesse, ou les temps les plus heureux de la vie : *ses beaux jours sont passés.* — Les jours gras, les derniers jours du carnaval, qui sont le jeudi, le dimanche, le lundi et le mardi : *pendant les jours gras.* — Un bon jour, un jour de grande fête : *le jour de Pâques est un bon jour.* — Prov. Bon jour, bonne œuvre, une bonne action faite en un jour solennel : *ils se sont réconciliés le jour de Pâques : bon jour, bonne œuvre.* On le dit plus ordinairement par ironie : *il a volé le jour de Noël : bon jour, bonne œuvre.* — Pop. Faire son bon jour, faire ses dévotions, recevoir la communion. — Fam. C'est aujourd'hui son mauvais jour, il est dans son mauvais jour, il a aujourd'hui un accès de la maladie, de la mauvaise humeur ou de la mélancolie, etc., à laquelle il est sujet. On dit de même : *c'est son jour de fièvre, son jour de mauvaise humeur, de mélancolie.* — Prov. Les jours se suivent et ne se ressemblent pas, l'humeur, la condition des gens, l'état des choses sont sujets à changer du jour au lendemain. — Jours de barbe, les jours où l'on a l'habitude de se faire la barbe. Jour de médecine, le jour où une personne malade prend médecine. — Jour critique, jour où il arrive ordinairement quelque crise, dans certaines maladies : *le septième et le neuvième sont ordinairement des jours critiques.* On le dit aussi des jours où les femmes ont leurs règles. — Prendre le jour de quelqu'un, prendre le temps, le moment qui lui convient : *je prendrai votre jour.* On dit dans un sens analogue, Il a pris son jour pour cette affaire, il a choisi le temps qui lui convenait le mieux. — Fam. Gagner sa vie au jour la journée, vivre au jour la journée, au jour le jour, n'avoir pour subsister que ce qu'on gagne chaque jour par son travail. — Vivre au jour le jour, au jour la journée, s'inquiéter peu du lendemain, être sans prévoyance. — A chaque jour suffit sa peine, suffit son mal, il ne faut pas se tourmenter inutilement sur l'avenir, se faire des chagrins d'avance. — Faire du jour la nuit et de la nuit le jour, dormir le jour et veiller la nuit. — Mettre quelqu'un a tous les jours, l'employer trop souvent, se familiariser trop avec lui, ne point user de discrétion à son égard : *quand on a un aussi bon protecteur, il ne faut pas le mettre à tous les jours.* On dit aussi, Se mettre a tous les jours, s'exposer trop, se prodiguer : *il ne faut pas qu'un général d'armée s'expose si souvent aux périls, qu'il se mette trop à tous les jours.* (Vieux.) — Le saint du jour, se dit d'un homme qui est à la mode ou en crédit depuis peu. — Le goût du jour, le goût qui règne présentement : *c'est le goût du jour.* On dit dans un sens analogue : *les élégants du jour.* — Etre a son dernier jour, être au jour, au moment où l'on doit mourir. On dit dans le même sens : *jusqu'à mon dernier jour.* — Comm. Se mettre a jour, mettre toute sa correspondance, tous ses comptes en règle. On dit aussi, Etre a jour. — Jour pour jour, a pareil jour, le même jour à plusieurs mois ou à plusieurs années de distance : *il y a dix ans jour*

pour jour que cet événement est arrivé.—Tous les jours, signifie quelquefois de jour en jour : *il devient tous les jours plus intraitable.* — Adverbial. Un jour, se dit d'une époque indéterminée dans le passé ou dans l'avenir : *je lui dis, un jour, qu'il m'était impossible de...* — Fam. Un beau jour, un certain jour : *un beau jour, il prit la fuite.* — Comm. Jours de faveur, ou Jours de grace, dix jours de délai qu'on accordait autrefois à celui sur lequel une lettre de change était tirée. — Grands jours, se disait autrefois d'une assemblée ou compagnie extraordinaire de juges, tirés ordinairement des cours supérieures, qui avaient commission d'aller dans les provinces éloignées pour écouter les plaintes des peuples et faire justice : *les grands jours étaient a Clermont en Auvergne.* — Ecriture sainte. L'Ancien des jours, Dieu. Mourir plein de jours, mourir très vieux. — Fig. Temps plus ou moins long, pour exprimer la rapidité avec laquelle il s'écoule ou s'est écoulé : *la vie de l'homme n'est qu'un jour.*

<blockquote>
L'amour est le plaisir d'un jour,
L'hymen le bonheur de la vie.
Scribe et G. Delavigne. *La Somnambule*, acte I, sc. ii, 1819.
</blockquote>

— s. m. pl. Certaine durée, certaine époque, par rapport à ce qui s'y passe, aux événements qui la remplissent : *aux premiers jours du monde; nous ne reverrons plus ces jours heureux; les jours de notre enfance.* — La vie, l'existence : *la fin de nos jours; je tremblais pour vos jours.* — Législ. « Les jours ou fenêtres ne peuvent être pratiqués dans un mur mitoyen par l'un des propriétaires de ce mur sans le consentement de l'autre. Le propriétaire d'un mur non-mitoyen joignant immédiatement l'héritage d'autrui, peut pratiquer des jours dans ce mur, aux conditions suivantes : 1° ces jours doivent être garnis d'un treillis en fer dont les mailles n'aient pas plus d'un décimètre d'ouverture ; 2° ils doivent être en outre garnis d'un châssis à verre dormant; 3° ils doivent être établis à vingt-six décimètres au moins au-dessus du plancher, si c'est au rez-de-chaussée; et à dix-neuf décimètres, s'il s'agit d'étages supérieurs. Si le mur n'est pas à la limite des deux terrains, on peut avoir, au lieu de ces jours dits de souffrance, des vues droites ou fenêtres d'aspect, mais seulement lorsque le mur est à dix-neuf décimètres au moins de la propriété voisine, en comptant depuis le parement extérieur du mur ou des saillies jusqu'à la ligne de séparation des deux propriétés. Les vues de côté, dites obliques peuvent être pratiquées à six décimètres de distance du fonds voisin. Ce sont là des servitudes établies par la loi; mais ces servitudes peuvent être modifiées, accrues, restreintes ou supprimées, au profit de l'une des propriétés voisines et aux dépens de l'autre, soit en vertu d'un titre, soit par prescription à la suite d'une possession trentenaire (C. civ., 675 et s.) ».   (Ch. Y.)

JOURDAIN (héb. ha-Yarden, le descendant; appelé aujourd'hui par les Arabes de la Palestine *esh-Sheriah* ou *Sheriat el-Kebir*, la grande place d'arrosement), la seule grande rivière de Palestine. Ses sources sont sur les pentes méridionales du Liban et de l'Anti-Liban, près du village de Hasbeiya. Sous le nom de Hasbany, il coule à l'O. et ensuite au S., reçoit de petits tributaires, entre dans la plaine marécageuse de Huleh, se grossit des eaux du Leddan, du Dan ou Daphné et du Banias. Après avoir traversé le lac de Thibériade ou de Gennesareth, le Jourdain entre dans une large vallée ou *ghor*, à travers laquelle son cours est si tortueux que sur une longueur de 80 kil., et sur une largeur de 6 à 8 kil., il fournit un parcours de 300 kil. et franchit 27 rapides formidables. Il se jette dans la mer Morte à l'extrémité septentrionale de celle-ci, après un cours total de 180 kil. en

ligne directe. Ses principaux affluents sont le Zarka (Jabbok) et le Sheriat el-Mandhur ou Yarmuk.

JOURDAIN (Monsieur), principal personnage du *Bourgeois gentilhomme* de Molière. C'est le type du marchand qui a fait fortune et qui, pour faire oublier sa condition passée, veut acquérir les belles manières de l'homme du monde, prend des leçons de danse, d'escrime et de philosophie et finalement se fait duper par tout le monde. « *Faire de la prose sans le savoir* » est une des locutions pittoresques passées dans notre langue et destinées à transmettre à la postérité l'étonnement de M. Jourdain quand il apprit de son professeur de philosophie que lui, M. Jourdain, possédait depuis 40 ans une telle science.

JOURDAN (Antoine-Jacques-Louis), médecin français, né à Paris en 1788, mort en 1848. Il fut chirurgien de l'armée et des hôpitaux militaires, et écrivit de nombreux ouvrages parmi lesquels : *Traité complet des maladies vénériennes* (1826, 3 vol. in-8°); *Pharmacopée universelle* (Paris, 1827, 2 vol. in-8°); *Dictionnaire des termes scientifiques* (1834, 2 vol. in-8°); des traductions de Hahnemann et de différents auteurs allemands, anglais, italiens et latins.

JOURDAN (Jean-Baptiste, comte), maréchal de France, né à Limoges en 1762, mort en 1833. Il servit comme simple soldat pendant cinq ans en Amérique sous le comte d'Estaing, et fut congédié en 1784. Il se fit alors commis chez un marchand mercier et épousa une lingère de Limoges. Abandonnant son commerce quand éclata la Révolution, il fut élu lieutenant de la garde nationale, se distingua en Belgique sous Dumouriez et devint général de division en 1793 et général en chef de l'armée de Sambre-et-Meuse en 1794. Sa victoire de Fleurus (26 juin) sauva la France. En 1795, il déploya une énergie extraordinaire et parvint à traverser le Rhin pour porter la guerre en Allemagne. En 1796, il battit Clerfayt à Altenkirchen; mais, défait près de Würzbourg par l'archiduc Charles, il fut obligé de battre en retraite et donna sa démission. En 1797, il fut élu au conseil des Cinq-Cents où il fit adopter la loi sur la conscription militaire. Il était président de ce corps en octobre 1798, quand il prit le commandement de l'armée du Danube. Après une campagne courte et malheureuse, il revint à Paris, fut réélu au conseil des Cinq-Cents, se montra peu favorable aux projets de Bonaparte, et fut exclu du Corps législatif formé après le 18 brumaire. Néanmoins il fut envoyé en mission spéciale dans le Piémont, fit accepter dans ce pays la domination française, devint maréchal et gouverneur de Naples en 1806. Il resta au service du roi Joseph en Espagne, de 1808 à 1813, et fut ensuite traité par Napoléon avec une froideur qui ressemblait à une disgrâce. En 1814, ayant adhéré à la déposition de l'empereur, il fut nommé pair de France. Il soutint Napoléon pendant les Cent-Jours, mais se rallia ensuite aux Bourbons qui le nommèrent comte et pair. Après la révolution de Juillet 1830, il fut pendant quelques jours ministre des affaires étrangères; on le nomma ensuite gouverneur des Invalides.

JOURDAN (Louis), journaliste, né à Toulon en 1810, mort en juin 1881. Séduit par les doctrines saint-simoniennes, il voyagea en Italie, en Grèce, et dans l'Afrique septentrionale, cherchant à répandre partout les idées du père Enfantin. Il fonda plusieurs journaux qui ne vécurent pas, et, rentré en France, il collabora au *Magasin pittoresque*, à l'*Illustration*, etc. Il fut, pendant plus de trente ans, directeur du journal *le Siècle*.

JOURDAN-JOUVE (Mathieu), dit Coupe-Têtes, né à Saint-Just en 1769, guillotiné à Paris le 27 mai 1794. Successivement boucher, garçon maréchal, contrebandier, soldat et palefrenier, il était marchand de vins à Paris en 1789, lorsque éclata la Révolution. On lui attribue la mort du gouverneur de la Bastille, Delaunay. Devenu en 1791 le chef des volontaires de Vaucluse, il fit d'horribles exécutions dans ce dép., et dirigea. le massacre de la Glacière à Avignon. Le comité de salut public le livra au tribunal révolutionnaire, qui le condamna comme ayant fait arrêter un représentant du peuple.

JOURD'HUI s. m. Abréviation de *aujourd'hui*; n'est usité que dans cette expression, *le jourd'hui, ce jourd'hui*, pour ce jour actuel.

* **JOURNAL** adj. m. (lat. *diurnalis*, forme allongée de *diurnus*, journalier). Qui est relatif à chaque jour. Ne se dit guère que dans cette locution, LIVRE JOURNAL, registre où l'on écrit, jour par jour et de suite, ce qu'on a reçu ou payé, acheté ou vendu, etc. On a dit aussi dans le même sens, PAPIER JOURNAL, PAPIERS JOURNAUX. — s. m. Relation jour par jour de ce qui se passe ou s'est passé en quelque pays, en quelque endroit, en quelque affaire, etc. : *il a un journal de la campagne de Flandre de telle année.* — Ouvrage quotidien ou périodique qui se publie par feuilles, par numéros, et qui fait connaître, soit par de simples annonces, soit par des articles raisonnés, les nouvelles politiques, scientifiques et littéraires, les ouvrages nouveaux, etc. : *publier un journal; j'ai lu cela dans le journal, dans les journaux.* — Sorte de publication périodique qui paraît par cahiers de plusieurs feuilles et que l'on appelle plus souvent REVUE. — Métrol. Ancienne mesure agraire, établie sur la quantité moyenne de terrain qu'un homme peut labourer en un jour : *le journal saintongeais vaut 33 ares 33 centiares.* — ENCYCL. On appelle journal toute publication quotidienne ou périodique, destinée principalement à enregistrer les événements du jour, et à donner les nouvelles politiques, littéraires, scientifiques, commerciales, industrielles, agricoles et autres. — On pourrait considérer comme des journaux les *Acta diurna* des Romains (voy. ACTA DIURNA), qui avaient remplacé comme publication officielle, les *Grandes Annales* (voy. ANNALES); on pourrait aussi appeler journaux les écrits périodiques qui se répandaient à l'état de manuscrit, pendant le moyen âge. Peu avant l'emploi de l'imprimerie, les Italiens eurent des publications périodiques manuscrites. Plusieurs volumes manuscrits de la *Gazette de Venise* sont conservés à la bibliothèque Magliabecchienne, et un exemplaire imprimé, daté de 1570, se trouve au musée Britannique. — Les premiers journaux français remontent à la publication du *Mercure François* (1605-'45), et à la *Gazette* publiée par Théophraste Renaudot en 1631 et continuée sous le nom de *Gazette des Recueils* et de *Gazette de France* jusque vers 1789; à la *Gazette burlesque*, née vers le milieu du XVII° siècle; au *Mercure galant* (1672), qui devint le *Mercure de France* (1717) et mourut en 1815; au *Journal de Paris* ou *Poste du soir* (1777-1825). Le journalisme français ne commença réellement à se développer que pendant la période révolutionnaire, après que Mirabeau eut lancé son *Courrier de Provence* (2 mai 1789); près de 800 feuilles virent le jour depuis 1789 jusqu'en 1800. Il y eut, entre autres publications politiques, le *Moniteur*, journal officiel, les *Actes des Apôtres*, l'*Ami du Roi*, le *Vieux Cordelier*, le *Père Duchesne*, etc. Le 17 janvier 1800, Bonaparte supprima tous les journaux, sauf treize; et sous l'Empire, Napoléon n'en laissa subsister que cinq, dont le *Moniteur* et le *Journal de l'Empire* (ex-*Journal des Débats*, propriété de la famille Bertin, depuis 1800). La condition de la presse ne s'améliora pas beaucoup sous la Restauration, qui n'autorisa guère que la fondation de

journaux royalistes : le *Nain jaune* (dans lequel Louis XVIII ne dédaignait pas d'écrire), le *Conservateur* (1818-'20, avec Chateaubriand pour collaborateur), la *Minerve*, etc. Le règne de Louis-Philippe, plus favorable au développement de la presse, vit naître la *Tribune* de Raspail, le *Bon Sens* de Cauchois-Lemaire, le *Monde* de Lamennais, etc. Le *Constitutionnel*, qui avait atteint un tirage de 25,000 sous la Restauration, comme organe de l'opposition, arriva à l'apogée de son influence sous la direction de Véron; mais le *National* (1830-'51) devint plus populaire, grâce au talent de rédacteurs tels que Thiers, Mignet, Carrel, etc. Tout à coup parut Emile de Girardin (voy. ce nom), le véritable créateur du journalisme à bon marché. Il mit à 40 fr. par an le prix de l'abonnement à son journal la *Presse*, fondé en 1836. Ce fut comme un coup de foudre. Force fut aux publications rivales d'imiter cet exemple. De Girardin imagina le système de réclames et d'annonces adopté aujourd'hui en France. Cela lui permit de faire des bénéfices tout en payant régulièrement ses rédacteurs; la *copie* devint en quelque sorte une denrée ayant sa valeur vénale. Comme moyen d'attraction, il logea le roman-feuilleton au rez-de-chaussée de sa feuille, et son exemple étant imité par les directeurs de la *Presse*, du *Siècle* et du *Constitutionnel*, il en résulta une hausse subite dans le prix du manuscrit. Eugène Sué, Alexandre Dumas, et vingt autres écrivains à la mode furent richement rémunérés. Ainsi, d'un côté, le prix du journal diminua de moitié pour le public, et de l'autre les bénéfices permirent de payer régulièrement et au quintuple des rédacteurs qui ne subsistaient qu'avec peine auparavant. C'est de cette époque seulement que la situation d'homme de lettres devint vraiment indépendante et recherchée. Trois mois après la révolution de 1848, environ 400 nouveaux journaux avaient pris naissance; un grand nombre étaient ultra-socialistes ou démocrates. Après les journées de Juin 1848, les journaux furent de nouveau soumis au cautionnement et à l'impôt du timbre, plusieurs suspendirent leur publication. Les conditions imposées à la presse sous le second Empire lui furent extrêmement défavorables. Pendant cette période de compression, il ne naquit guère que des journaux littéraires. En 1853, les principaux journaux quotidiens de Paris étaient le *Journal des Débats*, la *Presse*, le *Siècle*, le *Constitutionnel*, le *Pays*, la *Patrie*, l'*Univers*, l'*Assemblée nationale*, la *Gazette de France*, l'*Union* et le *Charivari*. Le *Moniteur* resta journal officiel jusqu'en 1869, époque où il fut remplacé par le *Journal officiel*. Lorsque naquit un peu de liberté, on vit paraître le *Temps*, la *France*, l'*Avenir national*, l'*Opinion nationale*, la *Liberté*, le *Courrier français*, l'*Époque*, le *Paris-Journal*, le *Gaulois* et le *Figaro*. La *Lanterne* de Rochefort (1868), publication hebdomadaire consacrée entièrement à des attaques contre l'empereur et contre ses partisans, obtint un succès et une influence des plus considérables. Le second empire fut témoin dans le journalisme d'une révolution presque aussi féconde que celle qu'avait opérée E. de Girardin. Nous voulons parler de la création des petits journaux à cinq centimes. Le premier qui parut fut le *Petit Journal* de Millaud, ayant Timothée Trimm (Léo Lespès) pour rédacteur en chef (1862). Ce journal se sont nombreux concurrents, en devenant politiques, lorsque des lois moins étouffantes leur permirent de ne plus s'occuper exclusivement de littérature, pénétrèrent et firent pénétrer leurs idées dans toutes les classes de la société et dans les localités les plus isolées; aussi le nombre des lecteurs se chiffrait par milliers il y a un demi-siècle, se monte aujourd'hui à plusieurs millions. Grâce au bon marché des publications périodiques, le journal

est devenu un objet de première nécessité, dont le public ne pourrait plus se priver. La révolution de septembre 1870 permit la création d'une multitude de nouveaux journaux, dont plusieurs obtinrent un succès temporaire considérable. L'insurrection de la Commune, excitée par les journalistes révolutionnaires et dirigée par eux, fit éclore un nombre immense de journaux populaires; mais un ou deux seulement survécurent à la chute de la Commune. Paris possède aujourd'hui environ 800 journaux et publications périodiques (voy. PÉRIODIQUE), dont plusieurs journaux illustrés. Parmi ces derniers, nous citerons le *Magasin pittoresque*, le *Musée des familles*, l'*Illustration*, l'*Univers illustré*, etc. — Le plus ancien journal anglais hebdomadaire avait pour titre *The Weekly Newes from Italie, Germanie*, etc. (1622). Le premier compte rendu parlementaire fut fait en 1641; le premier journal consacré exclusivement aux annonces et aux renseignements sur la marine, parut en 1657. Les journaux anglais s'occupaient alors principalement des affaires étrangères. La politique intérieure fut à peine discutée jusqu'après l'abolition de la chambre de l'étoile en 1641. Pendant la guerre civile, plusieurs journaux se firent remarquer par leur excentricité, leur grossièreté et leur amertume. Après la restauration, la censure devint plus rigoureuse. La presse fut soumise pendant longtemps à des persécutions, et l'acte de licence ne fut aboli qu'après l'avènement de Guillaume et de Marie. Le premier journal commercial, le *City Mercury*, fut publié en 1675, le premier journal littéraire, le *Mercurius Librarius* en 1680, le premier journal de sport le *Jockey's Intelligencer* en 1683 et la première feuille médicale en 1686. La première feuille quotidienne fut le *Daily Courant* (1709). Le *North Briton* parut pour la première fois en 1762. Les lettres de Junius commencèrent à paraître dans le *Public Advertiser* et contribuèrent puissamment à accroître l'importance politique de la presse quotidienne. Le *Times*, destiné à éclipser tous les autres journaux anglais, parut d'abord (1785) sous le nom de *Daily Universal Register*. Le *Morning Chronicle* et le *Morning Post* furent, vers le commencement du siècle, les journaux les plus importants de Londres, et, tous deux, eurent un grand mérite littéraire et une grande influence politique; Coleridge, Southey, Lamb, Wordsworth et plusieurs de leurs amis écrivaient pour le *Post*, tandis que Fox et Sheridan étaient collaborateurs du *Chronicle*. Le premier journal du soir a été établi dès 1778, la première feuille du dimanche parut en 1788. Le succès remarquable du *Times* fut attribué à son attitude ferme à l'égard du gouvernement et à une liberté d'allures dégagée de tous les partis, au moyen efficace d'obtenir des nouvelles de première main, à un soin constant d'améliorer les ressources matérielles du journal, et surtout à l'application de la vapeur à ses presses en 1814. Le *Political Register*, journal hebdomadaire de Cobett, établi au commencement du siècle, arriva, en 1817, à un tirage de 50,000 exemplaires par semaine. Un nouveau stimulant fut donné à l'entreprise des journaux en 1836 par la réduction de l'impôt du timbre de quatre pence à un penny. L'*Economiste*, célèbre pour ses collections de statistiques financières et commerciales, fut établi en 1834. L'*Illustrated London News*, le premier des grands journaux illustrés, fut fondé en 1842 par Herbert Ingram. Le *Daily News* fut établi en 1846, sous la direction de Charles Dickens. L'abolition de l'impôt du timbre en 1855 fut suivie d'une réduction dans le prix des journaux et de la fondation d'un grand nombre de feuilles hebdomadaires et journalières à un penny. Parmi les journaux quotidiens établis depuis 1855, le *Daily Telegraph*, le *Standard* et le *Pall Mall Gazette* occupent une place importante parmi les journaux dirigeants de Londres. Le *London Gazette*, organe pour les actes officiels, les nominations, etc., paraît deux fois par semaine. Il y a plus de 150 journaux hebdomadaires à Londres; ils comprennent le *Punch* et des organes littéraires, tels que l'*Athenæum*, le *Saturday Review*, le *Spectator* et l'*Academy* et un très grand nombre de journaux consacrés à des branches spéciales de la science et des arts, etc. Parmi les journaux hebdomadaires qui atteignent le plus grand tirage, on cite l'*Illustrated London News* et le *Graphic*; ce dernier est un journal illustré d'un très grand mérite artistique. — Les principaux journaux politiques publiés aujourd'hui à Rome sont la *Gazzetta ufficiale del Regno d'Italia*, l'*Opinione* et le *Diritto*, fondés d'abord à Turin et transportés successivement à Florence et à Rome, et l'*Italie* publiée en français et regardée comme l'organe du ministère des affaires étrangères. — Le premier journal régulier d'Espagne fut celui de la cour, *Diario de Madrid*, fondé vers le milieu du xviii° siècle. Les journaux satiriques et spirituels ont joué un rôle important dans l'histoire du journalisme espagnol. — Les journaux allemands furent précédés de la publication irrégulière de nouvelles, dont un des plus anciens spécimens, daté de 1494, est conservé à la bibliothèque de l'université de Leipzig. Des sommaires d'événements, généralement en latin, furent publiés en Allemagne à des intervalles réguliers pendant le xvi° siècle. Le premier journal régulier fut une feuille hebdomadaire fondée en 1615 à Francfort. A l'imitation de celle-ci, le *Frankfurter Oberpostamts-Zeitung* fut fondé en 1616. Commencé comme journal hebdomadaire, il devint quotidien quelques années plus tard et il a existé jusqu'en 1866. Il se fonda des journaux dans toutes les villes principales de l'Allemagne; mais vers le milieu du xvii° siècle ces publications, devenues pour la plupart l'objet des rigueurs gouvernementales, ne donnaient généralement que des renseignements officiels. L'histoire de la presse allemande est sans importance jusqu'à la Révolution française, époque où un grand nombre de feuilles politiques prirent naissance. En 1798 parut à Tübingen l'*Allgemeine Zeitung*, destiné par ses succès et la permanence à surpasser tous les autres journaux allemands. En 1819, un décret du bundestag soumit la presse à une censure excessivement sévère. La révolution française de 1830 eut pour contre-coup en Allemagne un nouvel essor du journalisme radical. La révolution de 1848 fut accompagnée de la fondation d'une grande quantité de journaux, la plupart très violents et d'une existence éphémère. Les guerres de 1866 et de 1870-'71, l'unification et la prépondérance politique de l'empire allemand ont donné à la presse allemande une grande influence en Europe. On compte en Prusse 931 journaux exclusivement politiques; en Bavière, 250; en Saxe, 149; dans le Würtemberg, 102; à Bade, 72; dans la Hesse, 53; dans le Mecklembourg-Schwerin, 51; dans les autres États de l'empire, 445; total, 1,743 publications purement politiques. Les principaux journaux quotidiens de Berlin sont : *Vossische Zeitung*, *Volkszeitung*, *Staatsbürgerzeitung*, *Nationalzeitung*, *Neue Preussische Zeitung* (appelé ordinairement *Kreuzzeitung*), *Nord-deutsche Allgemeine Zeitung* (semi-officiel), *Post* et *Zukunft* (démocrates). Les principaux journaux des autres villes, sont : l'*Augsburger Allgemeine Zeitung*, déjà mentionné, le *Kœlnische Zeitung*, le *Hamburger Correspondent* et le *Deutsche Allgemeine Zeitung* de Leipzig. — La presse autrichienne est très inférieure à celle de l'empire allemand. Néanmoins, depuis dix ans, la presse viennoise a obtenu une grande influence. Les principaux journaux de cette ville, outre le *Wiener*

Zeitung, journal officiel, sont le *Neue freie Presse* (qui rivalise avec les premiers journaux de l'empire allemand), la *Presse* et l'*Abendpost*. Plusieurs journaux à bon marché sont très répandus : *Morgenpost*, *Fremdenblatt* et *Vorstadtzeitung*. — Les principaux journaux polonais paraissent à Cracovie et à Lemberg. Le siège principal de la presse tchèque se trouve à Prague. Le premier journal hongrois se publia en latin en 1721 ; le premier qui fut écrit en langue nationale parut en 1781, à Presbourg. Le nombre total des journaux et des publications périodiques semblables était, en 1868, de 205, dont 53 politiques; 111 imprimés en Hongrois, 29 dans les langues slaves, 55 en allemand, 6 en roumain et 4 en italien. — Des journaux furent fondés dans les Pays-Bas longtemps avant qu'il y en eût en Grande-Bretagne, en France ou en Allemagne. Le plus ancien paraît avoir été le *Nieuwe Tydinghen*, publié à Anvers par Abraham Verhoeven en 1605. — A Bruxelles, il y ent au moins deux journaux entre 1637 et 1645. Les *Annales politiques* de cette ville furent célèbres au dernier siècle. Les journaux belges les plus remarquables sont le *Moniteur belge*, feuille officielle, l'*Indépendance belge*, organe du parti libéral, et le *Nord*, organe russe, publié à Bruxelles et dirigé avec beaucoup de talent. Les journaux indépendants sont l'*Echo de Bruxelles* et le *Journal de Belgique*, publiés l'un et l'autre à Bruxelles. — La Hollande a de nombreux journaux, mais aucun ne possède une grande importance politique. — Relativement à sa population, la Suisse a une littérature périodique plus populaire que n'importe quelle autre nation européenne et la presse suisse, politique ou littéraire, est particulièrement florissante. En 1868, il y avait dans ce pays 375 journaux de toutes classes, dont 246 imprimés en allemand, 116 en français et 13 en italien. La plupart de ces journaux circulent dans un petit rayon, discutent les affaires locales et ont peu d'influence politique; mais quelques-uns, comme le *Der Bund* à Berne, la *Neue Züricher Zeitung*, le *Journal de Genève* et la *Gazette de Lausanne* sont connus et lus un peu partout. — Pierre le Grand prit une part personnelle à la fondation du premier journal russe publié à Moscou en 1703. Des journaux paraissent une ou deux fois par semaine existent dans presque toutes les villes principales des gouvernements russes, mais les sièges principaux du journalisme sont Saint-Pétersbourg et Moscou. La *Gazette du Sénat*, le *Journal de Saint-Pétersbourg* (français), la *Poste du Nord*, l'*Invalide russe* et la *Gazette de la Police*, ont un caractère officiel. Parmi les autres journaux quotidiens de Saint-Pétersbourg, nous citerons : l'*Enfant de la Patrie*, la *Gazette de Saint-Pétersbourg* et la *Gazette commerciale*, cette dernière publiée en russe et en allemand, et le *Golos* (la Voix). Les principaux journaux quotidiens de Moscou sont : le *Messager russe*, la *Gazette de la Police* et la *Gazette de Moscou*, journal politique le plus ancien et le plus influent de l'empire. Varsovie possède un certain nombre de journaux polonais. — Le premier journal américain fut publié à Boston le 25 sept. 1690. Il devait paraître une fois par mois, mais il fut supprimé immédiatement. Il en existe un exemplaire dans les bureaux des papiers de l'État ayant pour titre : *Publick Occurrences both Foreign and Domestik*. Le *Boston News Letter*, publié par John Campbell parut le 24 avril 1704 et continua de paraître toutes les semaines jusqu'en 1776. Il fut imité par le *Boston Gazette*, 21 déc. 1719. Le 17 août 1721, James Franklin, frère aîné de Benjamin Franklin, établit à Boston le *New England Courant* (hebdomadaire). Le 16 oct. 1725 William Bradford commença la publication du *New-York Gazette*, premier journal de cette ville. En 1728, Benjamin Franklin établit à

Philadelphie le *Pennsylvania Gazette*, qui fut continué jusqu'au 3 nov. 1845, et fut alors fondu avec le *North American*. Le *Massachusetts spy* (Boston) date du 7 mars 1771 ; l'*Evening post*, de 1801; le *Sun*, de 1833; le *New-York herald*, de 1835; la *Tribune*, de 1841 ; le *New-York Times*, de 1850; le *Monde*, de 1860. Il y a environ 300 journaux allemands aux États-Unis; un certain nombre sont rédigés en français, en espagnol, en italien, en suédois, en danois, en hollandais, en gallois, en bohémien, en polonais et en portugais. Dans le territoire indien, il y a des journaux imprimés en cherokee et en chactaw. Le recensement général donne 7,000 journaux américains, ayant un tirage moyen de 20,842,475 numéros et un tirage annuel de 1,508,548,250 exemplaires. D'après l'*American Newspaper Directory* de Rowell (New-York) le nombre des journaux publiés aux États-Unis en 1876 se décompose ainsi : quotidiens 738 ; tri-hebdomadaires, 70; bi-hebdomadaires, 124; hebdomadaires, 6,235. Dans l'Amérique britannique, il y a 44 journaux quotidiens, 20 tri-hebdomadaires, 14 bi-hebdomadaires et 287 hebdomadaires. — Un calcul approximatif élève à 23,400 le nombre de tous les journaux du globe, politiques ou autres : 13,600 paraissent en Europe, 400 en Asie, environ 150 en Afrique, 100 en Australie, et 9,150 en Amérique. Des 13,600 journaux européens, 3,770 paraissent en Allemagne, 2,500 dans la Grande-Bretagne, 2,000 en France, 1,326 en Italie, 1,200 en Austro-Hongrie, 500 en Russie, etc. — Législ. « Les journaux et les autres écrits périodiques qui, pendant si longtemps, ont été l'objet de lois rigoureuses et de l'arbitraire administratif, peuvent aujourd'hui être publiés sans autorisation préalable et sans dépôt de cautionnement, pourvu que chaque journal ait un gérant français, majeur, jouissant de ses droits civils et civiques, et qu'avant la première publication, il ait été déposé au parquet du procureur de la République, une déclaration signée du gérant. Cette déclaration, faite sur papier timbré, doit contenir : 1° le titre du journal ou écrit périodique et son mode de publication; 2° le nom et la demeure du gérant; 3° l'indication de l'imprimeur où il doit être imprimé. Toute mutation dans les conditions ci-dessus énumérées doit être déclarée dans les cinq jours. En cas de contravention à ces dispositions, le propriétaire, le gérant, ou à défaut, l'imprimeur sont punis d'une amende de 50 à 500 fr. ; et, si le journal ou écrit continue à paraître avant que lesdites formalités aient été remplies, les mêmes personnes sont solidairement passibles d'une amende de 100 fr. par chaque numéro publié à partir de la première condamnation. Au moment de la publication de chaque feuille ou livraison, deux exemplaires signés du gérant doivent être déposés au parquet du tribunal; et dans les villes où il n'y a pas de tribunal de première instance, à la mairie. Pareil dépôt doit être fait, en outre : au ministère de l'intérieur, pour le département de la Seine ; et partout ailleurs, à la préfecture, à la sous-préfecture ou à la mairie, selon les villes. Chacun de ces dépôts doit être effectué sous peine de 50 fr. d'amende contre le gérant. Le nom du gérant doit être imprimé au bas de tous les exemplaires, à peine contre l'imprimeur de 16 à 100 fr. d'amende par chaque numéro publié en contravention à cette disposition. Le gérant est tenu, sous peine d'une amende de 100 à 1,000 fr., d'insérer gratuitement, en tête du plus prochain numéro, toutes les rectifications qui lui sont adressées par un dépositaire de l'autorité publique, au sujet des actes de sa fonction qui auraient été inexactement rapportés par le journal ou écrit périodique. Ces rectifications ne peuvent dépasser en étendue le double de l'article auquel elles répondent. Le gérant est également tenu, sous peine d'une amende de 50 à 500 fr., d'insérer, dans les trois jours de leur réception ou dans le plus prochain numéro, les réponses de toutes personnes nommées ou désignées dans le journal. Cette insertion est faite à la même place et avec les mêmes caractères que l'article qui l'a provoquée, et elle est gratuite jusqu'à concurrence du double de la longueur de l'article, le prix du surplus devant être calculé sur le tarif des annonces judiciaires. La circulation des journaux publiés à l'étranger peut être interdite par une délibération spéciale délibérée en conseil des ministres; et la circulation d'un numéro de ces journaux peut être empêchée par une décision du ministre de l'intérieur. La mise en vente ou la distribution faite sciemment, au mépris de l'interdiction, est punie d'une amende de 50 à 500 fr. (L. 29 juillet 1881, art. 5 à 14). Pour la distribution des journaux, voy. COLPORTAGE, et pour ce qui concerne les injures, etc., proférées par la voie des journaux voy. DIFFAMATION. — L'un des nombreux décrets-lois qui, en 1852, ont mis en vigueur le régime arbitraire indispensable au rétablissement de l'empire, celui du 17 février, relatif à la presse, contient une disposition encore applicable à Paris, et aux termes de laquelle les *annonces légales* qui sont publiées dans les journaux pour la validité des procédures ou des contrats doivent, à peine de nullité de l'insertion, être insérées dans le journal ou les journaux de l'arrondissement qui sont désignés chaque année par le préfet. Un décret, rendu le 28 déc. 1870 à Tours par la délégation du gouvernement de la Défense nationale, a décidé au contraire que les annonces judiciaires et légales peuvent être insérées dans tout journal publié dans le département, au choix des parties; mais cette faculté ne s'applique pas à la ville de Paris. En effet, la délégation de Tours, ne pouvait légiférer pour la capitale où les annonces restent encore soumises aux dispositions de l'article 23 du décret du 17 février 1852, lesquelles dispositions n'ont pas été abrogées formellement par l'art. 68 de la loi du 29 juillet 1881 sur la presse. — **Journal officiel.** Ce journal est publié par le gouvernement et les frais de ce service sont portés au budget de l'Etat (L. 28 déc. 1880). Le journal officiel sert à la promulgation des lois et des décrets (Déc., 5 nov. 1870; déc., 6 avril 1876). Il contient divers documents officiels et notamment les comptes rendus *in-extenso* des débats recueillis par les services sténographiques du Sénat et de la Chambre des députés. On y trouve aussi les exposés des motifs des propositions de loi, les rapports des commissions parlementaires, etc. » (CH. Y.)

JOURNALIER, IÈRE adj. Qui se fait chaque jour : *c'est un travail journalier.* — Inégal, qui est sujet à changer : *son esprit est journalier.* — s. m. Homme qui travaille à la journée : *c'est un pauvre journalier.*

JOURNALISME s. m. Etat du journaliste : *il a peu réussi dans le journalisme.* — Ensemble des journaux d'une ville ou d'un pays : *le journalisme parisien.* — Influence en bien ou en mal des journaux : *la puissance du journalisme.*

JOURNALISTE s. m. Celui qui fait, qui rédige un journal, qui travaille, comme rédacteur, à un journal : *la profession de journaliste.*

JOURNÉE s. f. (lat. *diurnus*, journalier). L'espace de temps qui s'écoule depuis l'heure où l'on se lève, jusqu'à l'heure où l'on se couche : *il a passé la journée tristement.* — Fam. VIVRE AU JOUR LA JOURNÉE, n'avoir pour subsister que ce qu'on gagne chaque jour par son travail ; et, prov. et fig., s'inquiéter peu du lendemain, être sans prévoyance. — Travail d'un ouvrier pendant un jour : *il tra-

vaille à la journée.* — MENTIR A LA JOURNÉE, avoir l'habitude de mentir. — FAIRE TANT PAR SES JOURNÉES QUE... faire en sorte par son travail, par ses soins, par son industrie, que... : *il a tant fait par ses journées, qu'il est venu à bout de telle chose.* En mauvaise part et par plaisanterie : *il a tant fait par ses journées qu'il a été chassé de la cour.* (Vieux). — Salaire qu'on donne à un ouvrier pour le payer du travail qu'il a fait pendant un ou plusieurs jours : *il a bien gagné sa journée; on lui doit quinze journées.* — Chemin qu'on fait d'un lieu à un autre dans l'espace d'une journée : *il a une journée de chemin de ce lieu à tel autre.* — Un jour de bataille, ou la bataille même : *ce fut une grande journée; la journée de Poitiers, de Bouvines, de Rocroy, de Fleurus,* etc. — Jour où se sont passés des événements mémorables : *la journée des barricades.* — Littér. Division des pièces de l'ancien théâtre espagnol : *comédie en trois journées.*

JOURNELLEMENT adv. Tous les jours, chaque jour : *il travaille à cela journellement.*

JOURNET (Jean), surnommé l'*Apôtre du fouriérisme*, né à Carcassonne en 1799, mort en 1861. Etudiant en pharmacie, à Paris, il fut recherché comme carbonaro et s'enfuit en Espagne, où il prit du service dans l'armée de l'indépendance (1823). Fait prisonnier, il fut rendu à la liberté, après une longue détention, et s'établit comme pharmacien à Limoux où il se maria. Il se convertit ensuite au fouriérisme, et abandonna sa famille et sa profession pour se livrer entièrement à l'apostolat de l'association. Il écrivait de petites brochures qu'il jetait par torrents sur les têtes des spectateurs dans les théâtres. Il fut enfermé à Bicêtre en 1841, comme atteint de monomanie, parvint à en sortir, grâce à de hautes influences, voyagea en province, prêchant de café en café, visitant les personnalités marquantes et déployant une éloquence aussi zélée qu'infructueuse. Le coup d'Etat mit fin à son apostolat.

JOUSOUF ou **Jusuf**, général français, né à l'île d'Elbe en 1805, mort en 1866. Enlevé par des corsaires barbaresques, pendant une traversée qu'il faisait pour se rendre dans un collège d'Italie, il fut vendu au bey de Tunis, qui le fit élever dans son harem. Il s'enfuit après une aventure galante et se réfugia à Alger, où il entra dans la police. Lors de la réorganisation des spahis, en 1831, il fut nommé capitaine de cette troupe indigène. Quelques actes de courage lui valurent le titre de bey de Constantine, et pour le placer effectivement à la tête de son beylik, le maréchal Clausel, entreprit la malheureuse expédition de 1836 (voy. CONSTANTINE et CLAUSEL). Jousouf passa colonel en 1841, général de brigade en 1851, général de division en 1856. Il se convertit au catholicisme en 1845, pendant un voyage qu'il fit à Paris.

JOUTE s. f. (prép. lat. *juxta*, près de). Combat à cheval d'homme à homme, avec la lance : *s'exercer à la joute.* — JOUTE SUR L'EAU, sorte de divertissement dans lequel deux hommes, placés chacun sur l'avant d'un bateau, tâchent de se faire tomber dans l'eau, en se poussant l'un l'autre avec de longues lances, au moment où les bateaux s'approchent : *à telle fête, il y eut une joute sur l'eau.* — Se dit aussi en parlant de certains animaux qu'on fait combattre les uns contre les autres : *la joute des coqs.*

JOUTEL (Henri), explorateur français, né à Rouen en 1651. Il fut commandant du premier fort bâti au Texas, par La Salle et ensuite de celui de Saint-Louis (nov. 1685). Joutel accompagna La Salle dans sa dernière expédition en janvier 1687. Quand La Salle fut assassiné, il gagna le Canada, par l'Illinois; il arriva en France en 1688. En 1713, parut son

Journal historique du dernier voyage que feu M. de La Salle fit dans le golfe du Mexique.

JOUTER v. n. Combattre avec des lances l'un contre l'autre : *s'exercer à jouter.* — FAIRE JOUTER DES COQS, DES CAILLES, les faire combattre. — Fig. Discuter : *je ne vous conseille pas de jouter contre lui.*

JOUTEUR s. m. Celui qui joute : *un grand, un habile jouteur.* — Fam. C'EST UN RUDE JOUTEUR, c'est un homme avec lequel il ne fait pas bon se mesurer. On le dit au propre et au figuré.

JOUVENCE s. f. (lat. *juventa*, jeunesse). Jeunesse. N'est usité que dans cette locution, LA FONTAINE DE JOUVENCE, fontaine fabuleuse qu'on suppose avoir la vertu de rajeunir.

JOUVENCEAU s. m. Jeune homme qui est encore dans l'adolescence. On ne le dit que par plaisanterie : *vous êtes un joli jouvenceau de me venir donner de semblables conseils.*

JOUVENCELLE s. f. Jeune fille : *une aimable jouvencelle.* Il est vieux, mais on l'emploie quelquefois encore dans le style badin.

JOUVENCY (Le père), savant jésuite, né à Paris en 1643, mort à Rome en 1719. Il professa d'abord la rhétorique à Caen, puis à Paris, et donna des éditions expurgées de Juvénal, de Perse, de Térence, d'Horace, de Martial et d'Ovide. Son *Histoire de la Société de Jésus* (Rome 1710), dans laquelle il fit l'apologie du régicide, fut supprimée en France par arrêt du parlement; il a laissé quelques ouvrages écrits en latin avec élégance et pureté.

JOUVENET (Jean), peintre français, né à Rouen vers 1645, mort à Paris en 1717. Il fut président de l'Académie de peinture. Ses chefs-d'œuvre sont : *Esther devant Assuérus; Jésus guérissant un paralytique,* la *Descente de croix* et la *Pêche miraculeuse.*

JOUX I. (**Fort de**), fort de France, situé dans le dép. du Doubs, sur la frontière de la Suisse; il est bâti sur un mamelon isolé, haut d'environ 200 m. au milieu des montagnes du Jura, et domine la ville de Pontarlier et la route de Lausanne. Mirabeau y fut enfermé et Toussaint-Louverture y mourut. — II. (**Lac de**), lac du canton de Vaud (Suisse), au pied du Jura; il a 10 kil. de long sur 2 de large. Il est sujet à des crues subites. — III. (**Vallée de**), vallée que forme le Jura et qui se trouve située partie en France, partie en Suisse; elle a 26 kil. de long. Stérile en France, elle est fertile et verdoyante en Suisse. Elle fut occupée au XIIe siècle par des moines prémontrés et servit de refuge à beaucoup de calvinistes après la révocation de l'édit de Nantes.

JOUXTE prép. (lat. *juxta*). Vieux mot qui signifie proche : *jouxte le palais;* et coformément à : *jouxte la copie originale.*

JOUY (Victor-Joseph-Etienne DIT de), littérateur et auteur dramatique, né à Jouy (près de Versailles), vers 1764, mort en 1846. Volontaire à 13 ans, il combattit dans la Guyane, dans l'Inde, en Belgique (1793), émigra, se maria en Angleterre, rentra après le 9 thermidor et obtint sa retraite en 1797, pour se consacrer entièrement à la littérature. Il devint célèbre en 1807 en publiant *La Vestale,* poème lyrique, avec musique de Spontini; il composa divers libretti dont le mieux oublié est celui de *Guillaume Tell* pour Rossini. Tippo-Sahib, qu'il avait connu dans l'Inde, le héros de l'une de ses tragédies (1813); il obtint un certain succès avec sa tragédie de *Sylla* (1822), ses essais ont été réunis sous le titre de l'*Ermite de la Chaussée-d'Antin* (1846, 2 vol. in-12), sous la Restauration. Il fut mis en prison avec son ami Jay pour avoir attaqué le gouvernement; ils publièrent en collaboration, leurs amusants *Ermites en prison* (1823, 2 vol. in-12) et *Ermites en liberté* (1824, 2 vol. in-12). A partir de 1830, de Jouy fut bibliothécaire du Louvre. Il réunit ses ouvrages en 27 vol. (1823-'27). L'Académie française lui ouvrit ses portes en 1815.

JOVE (Paolo Giovio) (PAULUS JOVIUS) historien italien, né en 1483, mort en 1552. Il fut protégé par les papes Léon X et Clément VII, par Charles-Quint et par François 1er; écrivain vénal, il se fit combler d'honneurs et de faveurs et fut nommé évêque de Nocera. Son ouvrage le plus important est intitulé : *Historiarum sui temporis ab anno 1494, ad annum 1547, libri XLV*, ouvrage clair, élégant, mais partial et inexact, qui a été traduit en français par Denys Sauvage (Lyon, 1552, in-fol.)

JOVELLANOS (Gaspar-Melchior de), [ho-vèl-ià'-noss], poète espagnol, né en 1744, mort en 1811. En 1767, il fut nommé-assesseur de la cour criminelle de Séville, en 1774, juge de la même cour, et en 1778, alcade de la maison du roi et de la cour à Madrid. Comme ami de Cabarrus, il fut banni de la cour par Godoy, mais il fut rappelé en 1797 et nommé ministre de la justice. En 1801, Godoy le fit transporter à Majorque d'où il ne retourna qu'en 1808. Membre de la première junte centrale, il devint l'esprit dirigeant des patriotes au moment le plus sombre de la lutte de l'Espagne pour son indépendance. Ses ouvrages comprennent des poèmes lyriques et didactiques, des épîtres, des odes et d'autres compositions en vers, un drame et divers essais. Eymard a traduit en français son *Honnête criminel* (1777). Ses œuvres complètes ont été publiées à Madrid (1832, 8 vol. in-8°).

* **JOVIAL, ALE** adj. (lat. *jovialis*, qui appartient à Jupiter). Gai, joyeux : *esprit jovial*. N'a point de pluriel au masculin.

* **JOVIALEMENT** adv. D'une manière joviale. (Fam.)

JOVIALIÉS s. f. pl. Anciennes fêtes en l'honneur de Jupiter.

* **JOVIALITÉ** s. f. Gaieté bruyante : *ses jovialités me fatiguent.*

JOVIEN, IENNE adj. Qui a rapport à Jupiter : *période jovienne.*

JOVIEN (Flavius-Claudius-Jovianus), empereur romain, mort en 364, après un règne de sept mois. Il était capitaine des gardes du corps de l'empereur Julien; après la mort de ce dernier, il fut proclamé empereur par les légions. Pour délivrer l'armée traquée par Sapor, roi de Perse, il consentit à une paix ignominieuse. Dès qu'il eut mis le pied sur le territoire romain, il abrogea les édits de Julien contre les chrétiens.

JOVIN I. Noble Gaulois qui accompagna l'empereur Julien dans sa guerre contre les Perses et mourut en 370. Son tombeau existe encore à Reims. — II. Gaulois d'origine, se fit proclamer empereur à Mayence en 411 et fut mis à mort l'année suivante dans Valence.

JOVINIEN, moine hérétique de Milan, mort en 412. Il soutenait que la mère du Christ n'était point demeurée vierge après l'enfantement du Sauveur, que le baptême suffit pour le salut et que tous les péchés sont égaux; il eut beaucoup de partisans et fut condamné par une assemblée d'évêques réunis à Milan et par le pape Sirice.

* **JOYAU** s. m [joua-iô] (lat. *gaudium*, joie). Ornement précieux d'or, d'argent, de pierreries, qui sert à la parure des femmes, comme sont les bracelets, les pendants d'oreilles, etc. : *beau joyau.* — Jurispr BAGUES ET JOYAUX, les pierreries, perles et autres semblables objets de prix qui appartiennent à une mariée, et que son contrat de mariage

lui donne le droit de reprendre après la mort de son mari : *les bagues et joyaux de cette femme furent estimés cinquante mille francs.*— LES JOYAUX DE LA COURONNE, les joyaux qui appartiennent à la couronne.

JOYEUSE, petit pays de l'ancienne France (Velay), où était Saint-Didier-en-Joyeuse (Haute-Loire).

JOYEUSE, *Gaudiosa*, ch.-l. de cant., arr. et à 13 kil. S.-O. de Largentière (Ardèche); 2,250 hab. Élève de vers à soie.

JOYEUSE, ancienne famille du Gévaudan, dont les membres les plus connus sont : I. (Guillaume, VICOMTE DE), mort en 1592. Il fut d'abord destiné à l'état ecclésiastique et nommé évêque d'Aleth, avant d'avoir reçu les ordres; mais son caractère belliqueux l'appelant au métier des armes, il fut fait lieutenant général du royaume, puis maréchal de France en 1592. — II. (Anne, DUC DE), fils du précédent, né en 1561, mort en 1587. Il fut l'un des mignons de Henri III, qui le maria à Marguerite de Lorraine, sœur de la reine, le fit amiral, duc, pair et gouverneur de la Normandie. Envoyé dans le Gévaudan et la Guienne contre les protestants, il fut tué à la bataille de Coutras. — III. (François DE), frère du précédent, né en 1562, mort en 1615. Il fut successivement évêque de Narbonne, archevêque de Toulouse, de Rouen, puis cardinal; il s'entremit pour la réconciliation de Henri IV avec le pape, présida l'assemblée générale du clergé en 1605, devint légat du pape, sacra Louis XIII et présida les états généraux de 1614. Il eut, dit-on, la première idée du canal du Languedoc. — IV. (Henri DE), frère des deux précédents, né en 1567, mort en 1608. Il se signala contre les protestants dans plusieurs combats en Languedoc; mais, après la mort de son frère tué à Coutras et la perte de sa femme, il se retira du monde et fut capucin sous le nom de *frère Ange*. En 1592, il sortit de son couvent pour se mettre à la tête des catholiques du Languedoc et fut un des derniers soutiens de la Ligue. Ayant fait sa soumission à Henri IV, il reçut le bâton de maréchal de France. En 1600 il rentra dans son cloître et mourut à Rivoli, en faisant, pieds nus, le voyage de Rome.—V (Jean Armand, MARQUIS DE), maréchal de France, né en 1631, mort en 1710 ; il commandait l'aile gauche de l'armée française à la bataille de Nerwinde et reçut, en 1703, le gouvernement des Trois-Évêchés.

* **JOYEUSEMENT** adv. Avec joie : *nous allâmes et nous revînmes joyeusement.*

* **JOYEUSETÉ** s. f. Plaisanterie, bon mot pour rire. On ne le dit guère que par raillerie : *c'est un homme de belle humeur, qui dit force joyeusetés.* (Fam.)

* **JOYEUX, EUSE** adj. [joua-ieû] (rad. *joie*). Qui a de la joie, qui est rempli de joie : *cela l'a rendu plus joyeux.* — MENER UNE VIE JOYEUSE, MENER JOYEUSE VIE, vivre dans les plaisirs, se livrer au plaisir. — Fam. BANDE JOYEUSE, compagnie de gens qui ne cherchent qu'à se réjouir : *voici la bande joyeuse.* — Qui exprime la joie : *des cris, des chants joyeux.* — Qui donne, qui inspire de la joie : *une joyeuse nouvelle.* — LE DROIT DE JOYEUX AVÈNEMENT, se disait d'un impôt qu'on payait autrefois au roi de France lors de son avènement au trône : *Louis XVI fit remise du droit de joyeux avènement.*

JOZÉ (Antonio). dramaturge portugais, mort le 23 sept. 1745. Ses pièces comiques sont très populaires, particulièrement *Don Quichotte* et *Esope*. Étant d'origine juive, il fut accusé de judaïsme par l'Inquisition et solennellement brûlé vif.

JUAN D'AUTRICHE (don), général espagnol, fils naturel de l'empereur Charles-Quint, né probablement en 1547, mort en 1578. Il ne

connut le secret de sa naissance qu'à l'âge de 15 ans; admis à la cour, il s'y fit admirer par sa beauté, par son amour pour la gloire, et par ses talents militaires. Philippe II lui témoigna la plus tendre affection et ses compatriotes finirent par lui porter une vénération ressemblant à l'idolâtrie. En 1568, il commanda une expédition heureuse contre les corsaires barbaresques. La même année éclata la grande insurrection des Maures de Grenade et don Juan fut envoyé chez eux comme commandant en chef nominal ; mais, en raison de sa jeunesse, le roi lui donna un conseil qui ne fit que l'embarrasser; son principal exploit fut la prise de Galera (6 fév. 1570). Par ses ordres, les habitants furent passés au fil de l'épée. En 1571, il fut nommé commandant en chef d'un immense armement organisé, par la sainte Ligue, contre les Turcs; il gagna la célèbre victoire navale de Lépante, le 7 oct. En 1573, il prit Tunis et conçut le projet de s'élever un trône sur les ruines de Carthage, mais le roi, devenu jaloux de sa gloire, déjoua ses plans ambitieux. Don Juan fut alors de mettre en liberté et d'épouser Marie, reine d'Écosse, et de régner avec elle sur toute l'Angleterre. Nommé gouverneur général des Pays-Bas, en 1576, il reçut les instructions contradictoires de tout concilier sans faire aucune concession. Avant même d'avoir pu se faire reconnaître comme gouverneur, il fut obligé de signer l'*édit perpétuel* (12 fév. 1577) et de renvoyer les soldats espagnols. Guillaume d'Orange, dont l'autorité était reconnue dans les provinces de Hollande et de Zélande, pénétrant la duplicité de la politique de Philippe II, refusa de se soumettre à l'édit perpétuel, et se tint à l'abri de toute surprise. Don Juan, désireux de rétablir la paix, mais déterminé à maintenir la suprématie royale et à supprimer l'hérésie, crut devoir prendre des mesures militaires. Il rappela, par petits détachements, les troupes qu'il avait renvoyées en Lombardie. Pendant ce temps, l'archiduc Matthias d'Autriche fut accepté nominalement par les états généraux comme gouverneur des Pays-Bas, tandis que le pouvoir réel fut placé entre les mains de Guillaume d'Orange. Les hostilités commencèrent. Le 31 janvier 1578, Alexandre Farnèse surprit et anéantit les forces des États près de Gembloux, mais, faute de ressources don Juan ne put profiter complètement de cette victoire. Pendant toute son administration, il avait reçu très peu de secours de Philippe II, qui, prévenu par son ministre Perez, soupçonnait son frère d'aspirer au trône. Atteint subitement d'un mal inconnu, don Juan mourut dans une misérable cabane, au camp de Namur. Son corps présentait des traces d'empoisonnement.

JUANES ou Joanes (Vicente), peintre espagnol de Valence, né en 1523, mort en 1579. Ses chefs-d'œuvre sont : le *Baptême du Christ*, dans la cathédrale de Valence et six toiles représentant la vie de saint Étienne, dans le palais royal de Madrid. Sa *Sainte Cène* est au Louvre.

JUAN-FERNANDEZ, île volcanique de l'océan Pacifique du sud, par 33° 38' lat. S. et 81° 9' 20" long. O., à environ 630 kil. O. de Valparaiso ; c'est une dépendance du Chili. Elle mesure environ 20 kil. de long et 6 de large. Une petite partie détachée, à l'extrémité S.-O., est appelée île de Santa-Clara. A environ 130 kil. O. se trouve une petite île nommée Mas-à-Fuera (la plus éloignée de la terre), pour la distinguer de Juan-Fernandez, nommée Mas-à-Tierra (la plus près du continent). La partie N.-E. de Juan-Fernandez s'élève à 1,000 m. et forme une montagne appelée El Yunque (l'Enclume). La partie S.-O. est moins élevée. Le seul ancrage est la baie de Cumberland, dans la partie N.-E. Le premier habitant de l'île fut un Espagnol, qui lui donna son nom.

Des chèvres y furent introduites anciennement et s'étant multipliées, elles approvisionnaient les boucaniers qui avaient fait de l'île leur lieu de rendez-vous. Un intérêt romanesque s'attache à cette île à cause d'*Alexandre Selkirk*, dont les aventures ont peut-être donné à de Foë l'idée de *Robinson Crusoé*. Selkirk laissé dans cette île sur sa demande, en 1704, y demeura seul pendant 5 ans. — En 1879, l'île de Juan-Fernandez fut louée par le gouvernement chilien à un nommé *Von Rodt*, natif de Berne, ancien officier autrichien et ensuite officier français pendant le siège de Paris, qui émigra au Chili après la guerre civile de la Commune. Von Rodt a colonisé cette île et l'a mise en culture.

JUAN Y SANTACILLA (Jorge), connu sous le nom de DON JORGE JUAN, explorateur espagnol, né en 1712, mort en 1774. En 1733, il explora une grande partie de la côte américaine. En 1735, il accompagna l'expédition scientifique d'Ulloa dans l'Amérique du Sud. Il fut ensuite commandant de la marine et inspecteur des ports. On lui doit la partie scientifique de la *Relacion* d'Ulloa (Madrid, 1748, 5 vol. in-4°) ; traduction française de Mauvillon (Amsterd., 1752, 2 vol. in-4°) ; il rédigea aussi, en collaboration avec Ulloa, une *Dissertation sur le méridien de démarcation entre les domaines de l'Espagne du Portugal* (Madrid, 1749), trad. franç. (Paris, 1776). Il a laissé un *Traité de mécanique appliquée à la construction des vaisseaux* (Madrid, 1664, 2 vol. in-4°), trad. franç. de Levêque (Nantes, 1783, 2 vol. in-4°).

JUAREZ (Benito-Pablo) (joua-rèss), président de la république du Mexique, né près de Tixtlan (Oajaca), le 21 mars 1806, mort à Mexico le 18 juillet 1872. Très jeune, il perdit ses parents qui étaient des Indiens d'une condition modeste. Il était âgé de 12 ans, lorsqu'un moine d'Oajaca, frappé de son intelligence précoce, le prit dans sa famille et l'envoya ensuite au séminaire. Juarez termina ses études au collège d'Oajaca, où il devint professeur de philosophie naturelle de 1829 à 1831 ; il se fit admettre au barreau en 1834, devint juge (1842-'45) et gouverneur de l'état d'Oajaca (1847-'52). Exilé par Santa-Anna, il séjourna deux ans à la Nouvelle-Orléans. En juillet 1855, il se rendit à Acapulco où il prit parti en faveur du général Alvarez contre Santa-Anna. Alvarez, proclamé président le 4 oct., nomma Juarez ministre de la justice et des cultes. En cette qualité, Juarez abolit les cours spéciales ecclésiastiques et militaires. Lorsque Comonfort succéda à Alvarez (11 déc.), il nomma Juarez gouverneur d'Oajaca. En 1857, celui-ci fut réélu comme gouverneur constitutionnel ; en même temps il fut élu président de la cour suprême de justice, position équivalente à celle de vice-président de la république. En octobre Comonfort le nomma ministre de l'intérieur. A la chute de l'administration de Comonfort, Juarez se rendit à Guanajuato, lança un manifeste, forma un cabinet et, en vertu de ses pouvoirs constitutionnels de vice-président, il fut reconnu comme président par tous les états en janvier 1858 ; mais les forces réactionnaires l'empêchèrent d'entrer dans la ville de Mexico jusqu'au 11 janv. 1861. En mars, il fut confirmé dans la présidence par une élection générale. Il signala le commencement de son administration par la suppression des ordres religieux, par la confiscation des biens de l'Eglise (juin 1861) et par la suspension pour deux années du paiement des intérêts de la dette étrangère (17 juillet), ce qui motiva l'intervention (31 octobre) de la France, de l'Angleterre et de l'Espagne, et l'invasion de la république par les forces alliées qui débarquèrent à la Vera-Cruz le 8 déc. Juarez ayant promis de payer les intérêts des dettes nationales, l'Angleterre

et l'Espagne refusèrent de commencer les hostilités, mais le gouvernement français, poussé par Jecker (voy. ce nom), déclara la guerre à Juarez le 16 avril 1862. Juarez, se défendit pied à pied ; vaincu, il établit le siège de son gouvernement à El Paso del Norte le 15 août 1865. Son mandat étant expiré le 30 nov., il déclara que son administration se prolongerait jusqu'à ce que la paix fût rétablie et jusqu'à de nouvelles élections constitutionnelles. En juin 1866, Juarez reprit l'offensive. Maximilien, abandonné par les Français, fut arrêté à Querétaro et fusillé le 19 juin 1867. Le 16 juillet, Juarez rentra dans la capitale, et en octobre il fut réélu président constitutionnel. Les cinq années qui suivirent furent marquées par une série de révoltes dont la principale fut celle de Porfirio Diaz. Juarez, réélu en 1871 rétablit la tranquillité en 1872.

JUBA Iᵉʳ, roi de Numidie, mort en 46 av. J.-C. Il monta sur le trône à la mort de son père Hiempsal, Lors de la lutte entre César et Pompée, il prit parti pour ce dernier, et battit Curio, lieutenant de César (49). En 46, César le défit à Thopsus. Juba erra pendant quelques jours en *fugitif* et se fit tuer par un de ses esclaves. — II. Fils du précédent, fut emmené captif à Rome et devint l'un des favoris d'Octave qui, en l'an 30 av. J.-C., lui rendit le royaume de son père. Il a écrit des ouvrages aujourd'hui perdus.

* **JUBÉ** s. m. (du *Jube, domine, benedicere*, que l'on y chante avant la lecture des leçons). Espèce de tribune, lieu élevé dans une église en forme de galerie, et qui est ordinairement entre la nef et le chœur : *chanter l'évangile au jubé*. — Prov. et fig. VENIR A JUBÉ, se soumettre, venir à la raison par contrainte, malgré qu'on en ait : *je le ferai bien venir à jubé*.

* **JUBILAIRE** adj. Qui appartient au jubilé : *année jubilaire*. Il est quelquefois synonyme de JUBILÉ, adjectif : *docteur jubilaire*. (Voy. ci-après JUBILÉ.)

JUBILANT, ANTE adj. Qui jubile : *avoir l'air jubilant*.

* **JUBILATION** s. f. Réjouissance : *il y avait grande jubilation dans cette maison*.

* **JUBILÉ** s. m. (lat. *jubilæus*; de l'hébr. *iobel*). C'était, chez les Juifs, dans la loi de Moïse, une solennité publique qui se célébrait de cinquante ans en cinquante ans, et lors de laquelle toutes sortes de dettes étaient remises, tous les héritages restitués aux anciens propriétaires, et tous les esclaves rendus à la liberté : *les Juifs ne vendaient pas leurs biens et leurs terres à perpétuité, mais seulement jusqu'à l'année du jubilé*. — Signifie, dans la religion catholique, une indulgence plénière, solennelle et générale, accordée par le pape en certains temps et en certaines occasions : *le pape a accordé le jubilé*. — FAIRE SON JUBILÉ, faire toutes les pratiques de dévotion ordonnées par la bulle du jubilé. — Fam. FAIRE JUBILÉ, signifie, en termes de jeu, brouiller le jeu, de manière qu'il n'y ait ni perdants, ni gagnants. — Adj. Se dit d'un religieux, d'un chanoine, d'un docteur qui a cinquante ans de profession, de service, de doctorat : *chanoine jubilé*. — ENCYCL. Le premier jubilé qui fut accordé dans l'Eglise romaine remonte à l'an 1300, sous le pape Boniface VIII ; on l'appelait alors *Grande indulgence*, le nom *Jubilé* ne fut employé que sous Sixte IV, en 1473. Le jubilé régulier ne devait revenir, d'après les décrets de Boniface VIII, que tous les 100 ans ; Clément VI en limita le retour à 50 ans ; Grégoire XI et Urbain VI à 33 et Paul II à 25. Il y a aussi un jubilé à l'avènement de chaque pape qui peut encore en prescrire dans les circonstances particulières et exceptionnelles.

JUBILER v. n. (bas lat. *jubilare*, appeler à haute voix). Se réjouir.

JUBINAL (Louis-Michel-Achille), littérateur et homme politique, né à Paris le 24 octobre 1810, mort en octobre 1876; auteur d'ouvrages historiques et archéologiques, parmi lesquels: *Anciennes tapisseries historiées* (1837, 2 vol.), ouvrage remarquable ; *Armeria real de Madrid* (1837, 2 vol. in-fol.), etc. Après le coup d'Etat, Jubinal adressa à Napoléon III une série de pièces de vers apologétiques. Il fut député sous l'Empire.

* **JUCHÉ, ÉE** part. passé de JUCHER. — Art vétér. CHEVAL JUCHÉ, cheval dont le boulet se porte tellement en avant, qu'il marche et repose sur la pince : *un cheval, un mulet juché*. On dit plutôt BOULETÉ, lorsqu'il s'agit des pieds de devant.

* **JUCHER** v. n. (lat. *jugum*, joug). Se dit des poules et de quelques autres oiseaux qui se mettent sur une branche, sur une perche pour dormir : *les poules juchent dans le poulailler*. S'emploie, dans le même sens, avec le pron. pers. : *quand les poules se juchent*. — Fig. et pop. Personne logée très haut, ou placée dans un lieu élevé et peu convenable : *il est allé jucher à un quatrième étage, à un cinquième*.

* **JUCHOIR** s. m. L'endroit où juchent les poules.

JUDA, l'une des 12 tribus de la Palestine dans la Judée proprement dite; elle tirait son nom de Juda, quatrième fils de Jacob, et fut, de toutes les tribus, la plus nombreuse et la plus puissante. — Royaume de Juda, un des deux Etats juifs, formés après la mort de Salomon, lors du schisme des 10 tribus. Les tribus de Juda et de Benjamin restèrent attachées à la maison de David et formèrent le royaume de Juda, rival de celui d'Israël.

* **JUDAÏQUE** adj. Qui appartient aux Juifs : *la loi judaïque*. — Hist. nat. PIERRES JUDAÏQUES, pierres que l'on trouve en Judée, en Palestine, en Silésie, etc., et qui ressemblent à des olives.

* **JUDAÏQUEMENT** adv. D'une manière judaïque.

* **JUDAÏSANT, ANTE** adj. Qui suit les pratiques religieuses des Juifs. — CHRÉTIENS JUDAÏSANTS, juifs convertis au christianisme qui conservaient encore néanmoins quelques-unes de leurs anciennes pratiques.

* **JUDAÏSER** v. n. Suivre et pratiquer en quelques points les cérémonies de la loi judaïque : *c'est judaïser que de garder le jour du sabbat*.

* **JUDAÏSME** s. m. La religion des Juifs : *faire profession du judaïsme*.

JUDAÏTE s. m. Habitant du royaume de Juda. — Hist. eccl. Nom d'une secte juive formée sous Ponce Pilate et qui refusait d'obéir à l'autorité romaine.

* **JUDAS**. — On ne le met point ici comme nom propre du disciple qui trahit J.-C., mais seulement à cause de son emploi dans le sens de traître : *c'est un Judas, un vilain Judas*. (Fam.) — Prov. et fig. BAISER DE JUDAS, le baiser d'un traître. — Fig. Petite ouverture pratiquée à un plancher, pour voir ce qui se passe au-dessous : *ouvrir, fermer le judas*.

JUDAS ISCARIOTE, l'un des 12 apôtres, celui qui trahit le Christ; il fut nommé trésorier des apôtres et s'engagea avec les princes des prêtres juifs à leur livrer Jésus moyennant 30 pièces d'argent. Après avoir mis son projet à exécution, il se pendit de désespoir.

JUDAS MACCHABÉE. Voy. JUIFS.

JUDAS, surnommé HALLEVI, le *Lévite*, rabbin espagnol, nommé par les Arabes ABUL

Hassan, mort en Palestine vers 1140. Il se distingua comme médecin, comme théologien et comme poète. Son ouvrage principal est le *Kuzari* (*le Khazar*), exposition du judaïsme, écrit en arabe et traduit en hébreu, en latin, en espagnol et en allemand. Ses œuvres ont été plusieurs fois imprimées et traduites.

JUDE (Saint) (gr. Ἰούδας), surnommé Thaddeus ou Lebbeus, l'un des apôtres, parent de Jésus. On ne connaît aucune circonstance de sa vie. Il est vénéré dans l'Eglise d'Occident le 8 octobre. L'authenticité de l'épître qui lui est attribuée a été mise en doute à une époque très ancienne.

JUDÉE, nom employé dans l'ancienne géographie pour désigner d'abord toute la Palestine ou terre des Juifs ; ensuite le royaume méridional des Hébreux, ou royaume de Juda par opposition à celui des 10 tribus d'Israël ; et enfin la division S. de la Palestine à l'O. du Jourdain (du temps des Asmonéens et des Romains). — Argot. La petite judée, la préfecture de police.

JUDELLE s. f. Ornith. Sorte d'oiseau aquatique.

JUDENBACH, village de Saxe-Meiningen (Allemagne), grand centre de commerce entre l'Allemagne du N. et l'Allemagne du S. La taverne habitée par Luther en 1530 fut sauvée de la démolition en 1873 par le marchand Fleischmann de Sonnenberg.

JUDICAËL, roi de la Bretagne (Armorique), mort en 658. Il céda le trône à son frère Salomon et se retira au couvent de Saint-Meen en 612. Salomon étant mort sans enfants (632), il reprit sa couronne pour l'abandonner encore en 638, sur les instances de saint Eloi, et se retirer dans son monastère où il mourut.

JUDICATIF, IVE adj. (lat. *judicatus*, jugé). Gramm. Synon. peu usité de Indicatif.

JUDICATION s. f. (lat. *judicatio*). Philos. Action de former un jugement.

JUDICATUM SOLVI (ju-di-ka-tomm-sol-vi) (lat. *judicatum*, chose jugée ; *solvi*, être payé). Expression empruntée du latin, et dont on se sert au Palais dans cette locution, Caution judicatum solvi, la caution qu'on peut obliger un étranger à fournir lorsqu'il veut intenter une action devant les tribunaux de France contre un Français : *la caution judicatum solvi est exigée pour assurer le payement des frais et dommages-intérêts auxquels le procès pourrait donner lieu.* — Législ. « En toutes matières, autres que celles de commerce, les étrangers demandeurs ou intervenants dans une instance judiciaire, sont tenus, si le défendeur le requiert dès le début et avant de présenter toute autre exception, de fournir caution pour le paiement des frais et des dommages-intérêts auxquels ils pourraient être condamnés. On donne à cette caution le nom de *judicatum solvi*. Le jugement qui ordonne la caution fixe la somme à concurrence de laquelle elle sera donnée, et le délai dans lequel elle le sera. Si l'étranger consigne cette somme, ou s'il justifie que ses immeubles situés en France sont de valeur suffisante pour en répondre, il est dispensé de donner caution (C. civ. 16 ; C. proc. 166, 167, 423, 517). (Voy. Caution ».)   (Ch. Y.)

JUDICATURE s. f. État, condition, profession du juge, de toute personne employée à l'administration de la justice : *charge de judicature.*

JUDICIAIRE adj. Qui est relatif à la justice à l'administration de la justice : *les membres de l'ordre judiciaire.* — Qui se fait en justice, par autorité de justice : *acte judiciaire.* — Témoin judiciaire, toute personne appelée à

déposer en justice. — Bail judiciaire, se disait autrefois du bail d'un héritage saisi réellement, fait à la poursuite du commissaire aux saisies réelles. On disait, dans un sens analogue, Fermier judiciaire. — Combat judiciaire, manière de procéder, en justice, qui consistait à soutenir son droit en se battant contre son adversaire. — Rhét. Genre judiciaire, celui des trois genres d'éloquence par lequel on accuse ou l'on défend : *ce discours est dans le genre judiciaire.* — Astrologie judiciaire, l'art prétendu de connaître l'avenir par l'observation des astres : *l'astrologie judiciaire est une pure chimère.* — s. f. faculté de juger, d'apprécier : *cet homme a la judiciaire excellente.* (Fam.)

JUDICIAIREMENT adv. En forme judiciaire : *informer judiciairement contre quelqu'un.*

JUDICIEUSEMENT adv. Avec jugement, d'une manière judicieuse : *il agit toujours judicieusement.*

JUDICIEUX, EUSE adj. Qui a le jugement bon : *un homme judicieux.* — Fait avec jugement : *réflexion judicieuse*

JUDITH, fille de Merai de la tribu de Ruben, veuve de Manassès, célèbre comme libératrice de Béthulie, sa ville natale, alors assiégée par le général assyrien Holopherne. Elle se rendit au camp de l'ennemi, joua le rôle de transfuge, séduisit Holopherne par ses charmes et, au bout de trois jours, étant seule avec lui dans sa tente, elle profita du moment où il était ivre pour lui trancher la tête. Les Assyriens, frappés de terreur en apprenant la mort de leur général, furent facilement vaincus le jour suivant. Le récit de cette anecdote se trouve dans le livre de Judith (Ancien Testament).

JUDITH DE BAVIÈRE, deuxième femme de Louis le Débonnaire, morte en 843. En 823, elle donna le jour à Charles le Chauve et détermina son époux à frustrer les trois enfants qu'il avait eus d'un premier mariage et à constituer un royaume en faveur de Charles. Pépin, Louis et Lothaire se révoltèrent et firent enfermer leur belle-mère au couvent de Sainte-Radegonde, à Poitiers. Elle reparut l'année suivante, mais écartée de nouveau par une nouvelle révolte des fils de Louis, elle resta en prisonnière dans la forteresse de Tortone ; elle reprit enfin son ascendant et mourut à Tours.

JUGAL, ALE, AUX adj. Qui a rapport à la joue : *les os jugaux.*

JUGE s. m. (lat. *judex*). Celui qui juge, qui a le droit et l'autorité de juger : *Dieu est le souverain juge, le juge suprême.* — Se dit, particul., d'un homme préposé par autorité pour juger, pour rendre la justice aux particuliers : *plaider, procéder, par-devant tel juge ; ils sont juges souverains en cette partie.* — Se dit quelquefois, collect. et absol., pour tribunal : *renvoyer devant le juge par devant le juge.* — Juges de rigueur, les juges qui doivent prononcer selon la rigueur de la loi ; à la différence des arbitres, qui peuvent se décider d'après l'équité naturelle. Juges de rigueur, s'est dit aussi des juges subalternes ; à la différence des juges qui prononçaient en dernier ressort, et qui se permettaient quelquefois d'adoucir la rigueur de la loi. — Juges naturels, ceux que la loi assigne aux accusés, aux parties, suivant leur qualité et l'espèce de la cause : *nul ne peut être distrait de ses juges naturels.* — Juges ordinaires, se disait autrefois des juges à qui appartenait naturellement la connaissance des affaires civiles ou criminelles ; à la différence des juges de privilège, et de ceux qui étaient établis par commission : *il demanda son renvoi par devant les juges ordinaires.* On appelait aussi Juges ordinaires, ceux qui servaient toute l'année, à la différence de ceux qui ne ser-

vaient que par semestre. — Juges royaux, se disait autrefois, par opposition aux Juges des seigneurs, de ceux qui rendaient la justice au nom du roi. — Juge délégué, celui qui était commis pour connaître d'une affaire particulière. Il se disait par opposition à Juge permanent. — Juge-commissaire, juge désigné par le tribunal dont il fait partie pour procéder à certaines opérations, et en faire son rapport, s'il y a lieu : *nommer un juge-commissaire.* — Juge d'instruction, magistrat établi pour rechercher les crimes et délits, en recueillir les preuves ou indices, et faire arrêter et interroger les prévenus : *il fut interrogé par le juge d'instruction.* — Juge de paix, magistrat principalement chargé de juger sommairement, sans frais, et sans ministère d'avoués, les contestations de peu d'importance, et de concilier, s'il se peut, les différends dont le jugement est réservé aux tribunaux civils ordinaires : *les juges de paix ne sont pas nommés à vie.* — Juges consulaires, juges pour les affaires commerciales, juges au tribunal de commerce. — Grand juge, titre qu'on donnait, sous l'Empire, au ministre de la justice. — Vou maje, ou maje, titre qu'on donnait, dans quelques provinces méridionales de la France, au lieutenant du sénéchal. — Juge botté, se disait anciennement d'un juge qui n'était pas gradué. On ne le dit plus que figurément et par dénigrement d'un juge sans lumières et sans capacité ; encore cette acception est-elle peu usitée. — Toute personne choisie pour prononcer sur un différend, ou au jugement, à l'opinion de laquelle on s'en rapporte sur quelque chose : *il vous a reconnu pour juge.* — Juges du concours, personnes chargées de prononcer dans un concours. — Juges du camp, ceux qui dans les combats judiciaires, dans les joutes et combats de chevaliers, étaient chargés de veiller à ce que tout se passât loyalement et suivant l'usage. — Se dit, par ext., de celui qui est capable de juger d'une chose : *les gens de goût sont les juges naturels des productions littéraires.* — Se faire, s'établir, se constituer juge de quelqu'un, de quelque chose, prétendre avoir le droit de juger ; se croire capable de juger. — Prov. De fou juge briève sentence, les ignorants décident sans examiner. — Se dit fig., dans un sens analogue à celui qui précède, en parlant des sens, de la conscience, etc. : *les sens sont quelquefois des juges bien trompeurs ; la conscience est juge de la moralité des actions.*

Le juge sans reproche est la postérité.

Mathurin Régnier.

— Se dit aussi de certains magistrats suprêmes qui gouvernaient le peuple juif, durant la période qui commence à la mort de Josué et qui finit à la naissance de Samuel. — Le livre des juges, ou simplement, Les Juges, le septième livre de l'Ancien Testament, qui contient l'histoire des Juifs pendant la domination des juges. — Législ. « Le nombre des juges de première instance est fixé, pour chaque tribunal, par le tableau B, annexé à la loi du 30 août 1883. Ils sont nommés, ainsi que les juges suppléants, par le président de la République ; ils doivent être âgés de 25 ans, être licenciés en droit et avoir suivi le barreau pendant deux ans, sauf les exceptions prévues par la loi. Les parents ou alliés, jusqu'au degré d'oncle et de neveu inclusivement, ne peuvent être simultanément membres d'un même tribunal ; mais il est accordé des dispenses par le chef de l'État, pour les tribunaux composés de moins de huit juges. En cas d'empêchement d'un juge, il doit être remplacé par un juge d'un autre tribunal ou par l'un des juges suppléants, afin de compléter le nombre indispensable à la validité des jugements, lequel nombre est de trois au moins et doit toujours être impair. A défaut de suppléant, on appelle un avocat attaché au barreau, et à son défaut un avoué, en suivant l'ordre du tableau (Décr. 30 mars 1808; L. 20 avril 1810). Un juge ne peut, à peine de nullité, siéger dans une affaire, lorsque l'un des avocats ou des avoués des parties en cause est son parent ou allié, jusqu'au troisième degré inclusivement (L. 30 août 1883, art. 10). L'un des juges de chaque tribunal de première instance est désigné par décret et pour trois ans pour instruire les affaires criminelles du ressort, et il prend le nom de *juge d'instruction*; il y en a plusieurs dans les tribunaux composés de plus de deux chambres (Décr. 18 août 1810), et l'on en compte vingt-deux à Paris (L. 30 août 1883). On donne le nom de *juge commissaire* à celui des juges qui est délégué par le tribunal dont il fait partie pour remplir une fonction spéciale dans une affaire, et l'on nomme *juge rapporteur* celui qui est chargé de faire un rapport, soit lorsque la cause a été mise en délibéré, soit lorsqu'une instruction par écrit a été ordonnée et dans quelques autres cas. Les *juges de paix* occupent le degré inférieur de la juridiction civile et de la juridiction criminelle. Ils doivent être âgés de 30 ans; ils sont nommés par le chef de l'État et révocables par lui. (Voy. JUSTICE DE PAIX). Les membres des tribunaux de commerce reçoivent aussi le nom de *juges consulaires*. Ils sont élus dans chaque arrondissement, au scrutin de liste, par les citoyens français, commerçants et patentés depuis cinq ans au moins. Sont éligibles, les électeurs inscrits, âgés de 30 ans, ainsi que les anciens commerçants français ayant exercé leur profession pendant cinq ans au moins dans l'arrondissement, et y résidant. Nul ne peut être élu juge de tribunal de commerce, s'il n'a été juge suppléant pendant un an au moins. (L. 8 décembre 1883) ». (CH. Y.)

* JUGÉ, ÉE part. passé de JUGER. — Jurispr. LA CHOSE JUGÉE, se dit d'un point de contestation qui a été jugé par les tribunaux : *le respect dû à la chose jugée.* — JUGEMENT PASSÉ EN FORCE DE CHOSE JUGÉE, décision qui ne peut plus être réformée par aucune voie légale, attendu que la partie condamnée ne s'est pas pourvue dans le délai fixé. — BIEN JUGÉ, MAL APPELÉ; MAL JUGÉ, BIEN APPELÉ, formules employées dans les arrêts, quand un juge supérieur confirme ou casse la sentence d'un juge subalterne. On dit substantivement, dans le même sens, LE BIEN JUGÉ, MAINTENIR LE BIEN JUGÉ. — C'EST UN HOMME JUGÉ, c'est un homme dont on connaît le peu de mérite, le peu d'honnêteté.

* JUGEMENT s. m. Action de juger, de prononcer une décision; ou la décision prononcée. On l'emploie surtout en termes de jurispr.: *il se réserva le jugement de certaines affaires.* En parlant des cours supérieures, on dit, ARRÊT. — METTRE QUELQU'UN EN JUGEMENT, lui faire un procès criminel. ESTER EN JUGEMENT, être partie dans un procès : *la femme ne peut ester en jugement sans l'autorisation de son mari.* — JUGEMENT DE DIEU, dessein, décret de la justice, de la Providence, de la miséricorde divine : *adorer les jugements de Dieu.* — JUGEMENT DE DIEU, se dit particulièrement de preuves extraordinaires, comme le duel, l'épreuve du feu, du fer chaud, etc., auxquelles on recourait anciennement pour décider certaines contestations. — LE JUGEMENT DERNIER, le jugement par lequel Dieu jugera les vivants et les morts, à la fin du monde. On dit dans le même sens, LE JUGEMENT UNIVERSEL, LE GRAND JUGEMENT, LE JUGEMENT FINAL; et absolument, LE JUGEMENT, surtout dans cette locution : *le jour du jugement.* — JUGEMENT PARTICULIER, celui par lequel Dieu juge les âmes aussitôt après la mort. — Acte de l'entendement par lequel on décide qu'il y a ou qu'il n'y a pas convenance entre deux idées : *en logique, tout jugement qu'on exprime est une proposition.* — Avis, sentiment, opinion : *je me rends à votre jugement.* — Approbation ou condamnation de quelque action morale : *vous pensez mal de votre prochain, vous en faites de mauvais jugements, des jugements téméraires.*

> Selon que vous serez puissant ou misérable,
> Les jugements de cour vous rendront blanc ou noir.
> LA FONTAINE.

— Faculté de l'entendement qui compare et qui juge : *c'est un homme de bon jugement; sa passion lui ôte le jugement.* — Le Jugement de Midas, comédie en 3 actes, par de d'Hèle, musique de Grétry, représentée à Paris (Comédie Italienne) en 1778. — Législ. « On donne le nom de *jugements* aux décisions rendues dans les formes légales par les juges de paix, par les tribunaux de première instance jugeant civilement ou correctionnellement, par les tribunaux de commerce, par des arbitres, par les conseils de prud'hommes par les tribunaux militaires et maritimes, etc. On distingue les jugements *contradictoires*, qui ont été rendus en présence des parties ou de leurs représentants, des jugements rendus *par défaut* ou *par contumace*. (Voy. ces mots.) On distingue aussi les jugements *définitifs* des jugements *avant faire droit*. Ceux-ci peuvent être *provisoires*, *préparatoires* ou *interlocutoires*. Les jugements provisoires sont ceux par lesquels le tribunal ordonne des mesures immédiates, propres à pourvoir aux inconvénients dont pourraient souffrir les parties en instance ou les objets litigieux pendant la durée de l'instruction. Les jugements préparatoires sont rendus pour l'instruction de la cause et tendent à la mettre en état de recevoir le jugement définitif. Les jugements interlocutoires sont ceux par lesquels le tribunal ordonne une preuve, une vérification ou une instruction qui préjuge le fond (C. pr. 452). Les jugements sur demandes incidentes sont aussi rendus avant faire droit. On distingue encore les jugements rendus *en premier ressort*, c'est-à-dire dont on peut interjeter appel, des jugements rendus *en dernier ressort*. Les jugements des tribunaux de première instance doivent être rendus à la pluralité des voix par des magistrats siégeant en nombre impair et par trois juges au moins. Lorsque, dans une affaire, les membres d'un tribunal siègent en nombre pair, le dernier des juges dans l'ordre du tableau doit s'abstenir; le tout à peine de nullité (L. 30 août 1883, art. 4). Tout jugement doit être rendu publiquement, à peine de nullité; et il doit être motivé (L. 20 avril 1810, art. 7). Les jugements sont écrits à l'audience, par le greffier, sous la dictée du président et sur une feuille appelée *plumitif*; puis, après la vérification de la feuille par le président, ils sont portés en minute sur le registre dit *feuille d'audience*; (Décr., 30 mars 1808). La rédaction d'un jugement doit contenir : le nom des juges qui y ont assisté; celui du procureur de la République, s'il a été entendu; les noms des avoués en cause; les noms, professions et demeures des parties; leurs conclusions; l'exposé sommaire des points de fait et de droit; enfin les motifs et le dispositif du jugement et les signatures du président et du greffier (C. pr. 138 et s.). Les jugements définitifs, rendus par les tribunaux de simple police et par les tribunaux correctionnels, doivent contenir l'énoncé des faits, être motivés et énoncer les termes de la loi appliquée. Les jugements ne peuvent être mis à exécution qu'après signification et sur production d'une grosse portant le même intitulé que les lois et terminée par un mandement aux officiers de justice (id. 545). (Voy. GROSSE.) Tous les jugements sont soumis à la formalité de l'enregistrement dans le délai de vingt jours, sous peine d'amende pour le greffier. Il est perçu, selon le contenu du dispositif, des droits fixes ou des droits proportionnels. Dans certains cas, l'enregistrement a lieu gratis ». (CH. Y.)

JUGEOTE s. f. Jugement : *dis-moi donc là-dessus ta petite jugeote.* — AVOIR DE LA JUGEOTE, avoir du bon sens.

* JUGER v. a. (lat. *judicare*). Décider une affaire, un différend en qualité de juge : *juger un procès.*

> . . . Huissier, faites faire silence!
> Quelle pitié! voilà quatre causes, je pense,
> Que nous jugeons, sans en entendre un mot.
> SAINT-GLAS.

— Prov. et fig., JUGER SUR L'ÉTIQUETTE DU SAC, ou absol., SUR L'ÉTIQUETTE, porter son jugement sur quelque affaire, sur quelque personne, sans avoir examiné les pièces, les raisons : *vous y allez bien légèrement, vous jugez sur l'étiquette du sac.* — JUGER UNE PERSONNE, juger son procès : *je serai jugé demain.* On dit dans un sens analogue : *Dieu viendra juger les vivants et les morts.* — Décider comme arbitre, et comme étant choisi par ceux qui sont en différend : *c'est notre arbitre, il nous jugera.* On l'emploie, dans le même sens, avec la préposition de : *regardez-nous jouer, vous jugerez des coups.* — Reconnaître la convenance ou la disconvenance de deux idées : dès que l'enfant est en état de raisonner et de juger. — Se former, avoir, énoncer un avis, une opinion sur une personne ou sur une chose : *vous jugez cet homme trop sévèrement.* — S'emploie souvent aussi, dans le sens qui précède, avec la préposition de, ou un équivalent : *juger des gens sur l'apparence, sur la mine.* On dit dans un sens analogue : *l'œil juge des couleurs; l'oreille juge des sons.* — Décider du défaut ou de la perfection de quelque chose : *il juge bien de la poésie, de la peinture.* — Décider en bien ou en mal du mérite d'autrui, de ses pensées, de ses sentiments, du motif de ses actions : *bien juger, mal juger de quelqu'un, ou de ses actions.* Absol.: *ne jugez point, si vous ne voulez être jugé.* — JUGER DES COUPS, regarder des joueurs et apprécier en quoi ils jouent bien ou mal. — Fig. JUGER DES COUPS, être simple spectateur des événements, les louer ou les blâmer sans y prendre part. — Absol. Se figurer, se persuader : *vous pouvez bien juger qu'il ne fut pas content.* — JUGER D'AUTRUI PAR SOI-MÊME, estimer les sentiments d'autrui par les siens : *jugez d'autrui par vous-même, et voyez si vous seriez bien aise qu'on se conduisît ainsi avec vous.* — Conjecturer : *si j'en juge par ce premier essai, nous réussirons.* — Jeu de paume, JUGER LA BALLE, prévoir où la balle doit tomber; et, fig. et fam., prévoir quel tour une affaire prendra. — Croire, estimer que, être d'avis, d'opinion que, etc: *si vous jugez qu'il puisse remplir cette mission.* — Se juger v. pr.: *il se juge lui-même très sévèrement.* — Se croire : *vous en jugez-vous capable?*

JUGÈRE s. m. (lat. *jugerum*, arpent). Mesure agraire usitée chez les Romains et dont la valeur est d'environ 25 ares.

JUGERIE s. f. Ressort, juridiction d'un juge. (Vieux.)

JUGEUR, EUSE adj. Celui, celle qui se plaît à juger, à critiquer.

JUGLANDÉ, ÉE adj. (lat. *juglans*, noyer; de *Jovis*, génitif de *Jupiter*, et de *glans*, gland). Bot. Qui ressemble au noyer ou qui s'y rapporte. — s. f. Famille d'arbres dicotylédones dont le genre noyer est le type et qui comprend en outre le genre carya.

JUGLANDINE s. f. Chim. Principe amer du brou de noix vert.

JUGON, ch.-l. de cant., arr. et à 24 kil. O.-S.-O. de Dinan (Côtes-du-Nord); 500 hab. Ruines d'anciennes fortifications.

* JUGULAIRE adj. (lat. *jugularis*). Anat. Qui appartient à la gorge : *les glandes jugulaires.* — s. f. Les veines jugulaires : *les jugulaires; on l'a saigné à la jugulaire.* — s. Mentonnières d'un shako, d'un casque, etc., qui sont

de cuir, et recouvertes de lames de métal : *baisser, relever les jugulaires d'un shako.*

JUGULER v. a. (lat. *jugulare*). Etrangler.

JUGURTHA, roi de Numidie, mort en l'an 104 av. J.-C. Il était fils illégitime de Mastanabal, et petit-fils de Massinissa, roi de Numidie. Il servit brillamment sous Scipion dans la guerre contre Numance, et son oncle Micipsa en mourant (118) le laissa héritier de son royaume conjointement avec ses deux fils Hiempsal et Adherbal. Jugurtha assassina Hiempsal; Adherbal, effrayé, s'enfuit à Rome et se mit sous la protection du sénat qui partagea la Numidie entre Jugurtha et lui. Jugurtha voulant régner seul, envahit le territoire d'Adherbal, le fit prisonnier à Cirta (112) et le mit à mort, ainsi que tous ses partisans. Une armée fut envoyée de Rome pour le déposer; mais Jugurtha acheta la paix à des conditions si faciles que le préteur Cassius fut envoyé pour lui offrir un sauf-conduit et le prier de venir à Rome témoigner contre les lâches généraux qui s'étaient laissé corrompre à prix d'or. Traduit devant le peuple romain, Jugurtha osa comparaître alors qu'il venait de faire assassiner dans Rome même le jeune Massiva qu'on aurait pu lui opposer. Chassé de Rome, il s'éloigna en s'écriant : « *Ville à vendre, il ne te manque qu'un acheteur* ». La guerre lui fut déclarée de nouveau, et Q. Cæcilius Metellus la poussa avec vigueur et fut remplacé par Marius (107). Jugurtha forma une alliance avec son beau-père Bocchus, roi de Mauritanie; complètement défait après une lutte désespérée, et trahi par Bocchus, qui le livra enchaîné à Sylla, questeur de Marius, il orna le triomphe de Marius (1er janv. 104) et fut ensuite jeté en prison où on le laissa mourir de faim.

* JUIF, IVE adj. et s. (lat. *judæus*; gr. *ιουδαιος*) Celui, celle qui professe la religion judaïque : *les juifs de Pologne, d'Allemagne, de France.* — Prov., ÊTRE RICHE COMME UN JUIF, être fort riche. — Fig. et fam., Celui qui prête à usure ou qui vend exorbitamment cher, et, en général de quiconque cherche à gagner de l'argent par des moyens injustes et sordides : *c'est un juif, il prête à quinze pour cent.* — Le **Juif errant**, personnage légendaire dont le vrai nom serait Ahasvérus et que la tradition fait naître sept ou huit ans av. J.-C. dans la tribu de Nephtali. Le Christ montant au calvaire et succombant sous le poids de sa croix aurait demandé à se reposer un peu devant la maison d'Ahasvérus, mais celui-ci, qui partageait la haine de ses compatriotes contre le Sauveur, lui dit avec mépris: «Marche, marche!» Et alors, nous dit toujours la légende, l'impitoyable juif entendit clairement une douce voix qui lui dit : « C'est toi, mon ami, qui marcheras toujours»; la prophétie s'accomplit, car le Juif errant marche encore. Cette vieille légende, dans laquelle d'aucuns ont voulu voir une allégorie relative à la dispersion des Juifs, a été rendue populaire par une complainte que tout le monde a chantée et qui commence ainsi :

> Est-il rien sur la terre
> Qui soit plus surprenant
> Que la grande misère
> Du pauvre Juif errant?

Edg. Quinet y a puisé le sujet d'un poème philosophique et Eug. Sue le thème d'un roman qui a joui d'une vogue immense et où l'auteur attaque de front les membres de la compagnie de Jésus. — **La Juive**, opéra en 5 actes, représenté à Paris (Académie de musique), le 23 févr. 1835, livret de Scribe, musique d'Halévy, dont cette pièce est l'une des œuvres principales.

JUIFS, Hébreux ou ISRAÉLITES (hébr. *Ibrim, Benei Yisrael, Yehudim*), peuple sémitique, dont les ancêtres firent leur première apparition, dès l'aube de l'histoire, sur les bords de l'Euphrate, du Jourdain et du Nil, et, dont les descendants se trouvent aujourd'hui disséminés dans presque toutes les villes du monde. L'événement qui se trouve au seuil de l'histoire des Juifs est raconté dans le premier livre de Pentateuque; c'est l'émigration (vers 2000 av. J.-C.) du sémite Abraham. (Voy. CHALDÉE.) Descendant d'Eber, il fut, comme tel, appelé Ibri (Hébreu), ou immigrant venant d'au delà (éber) de la *grande rivière*. Le nom d'*Israélites* fut donné à ses descendants à cause d'un surnom de Jacob, et celui de *Yehudim* (Juifs) leur fut appliqué à une époque beaucoup plus récente (pour la première fois vers 742 av. J.-C.), quand la maison de Juda représenta le peuple tout entier. Se séparant de ses parents idolâtres, Abraham passa de la Mésopotamie au pays de Chanaan ou Palestine, où il mena la vie d'un riche nomade, adorant le *Créateur du ciel et de la terre*, au service duquel il se consacra, lui et sa maison, par le pacte de la circoncision. S'étant rendu en Egypte pendant une famine et étant reparti de nouveau, il sauva son neveu Loth, de la captivité dans laquelle le tenait Amraphel, roi de Shinar, et s'établit enfin près d'Hébron. De ses deux fils, l'un, Isaac, fut le deuxième patriarche hébreu, tandis qu'Ismaël, qu'il avait eu d'Agar, se fixait en Arabie. Isaac eut deux fils, Jacob (plus tard Israël), qui imita la vie paisible de ses pères en Palestine, et Esaü (ou Edom), qui s'établit dans Seir (Idumée). Jacob eut 12 fils, parmi lesquels Joseph qu'il chérit particulièrement, ce qui excita l'envie de ses autres frères; ceux-ci le vendirent secrètement comme esclave. Emmené en Egypte, il s'y éleva, grâce à sa sagesse, au rang de premier ministre de l'un des Pharaons. Ce prince lui permit de faire venir toute la famille de son père, au nombre de 70 hommes, et l'établir dans la province de Goshen ou Gessen (à l'E. de la branche pélusiaque du Nil). Jacob adopta les deux fils de Joseph, Manassés et Ephraïm. Après la mort de Joseph, les Hébreux furent réduits en esclavage. Le temps qu'ils demeurèrent *dans la maison de la servitude* est resté incertain, car il y a dans les Ecritures des témoignages qui parlent de 430 ans, d'autres de 210 ans; on ne peut non plus préciser la date exacte de leur sortie d'Egypte ou Exode qui, selon quelques-uns des plus célèbres critiques égyptologues, eut lieu vers 1300 av. J.-C., tandis que, d'après un passage de la Bible (1 Rois VI. 1), elle eut avoir lieu au commencement du XVe siècle. Un libérateur naquit au moment de l'oppression de ce peuple était portée à l'extrême; c'était Moïse, le plus jeune fils d'Amram, descendant de Lévi, troisième fils de Jacob; tout enfant, il fut condamné à périr dans le Nil avec tous les nouveau-nés des Israélites; mais l'amour de sa mère, Jocabed, et de sa sœur Miriam le sauva, ainsi que la compassion d'une fille de Pharaon. Adopté comme un fils par la princesse qui lui donna le nom de Moïse (sauvé des eaux), il fut nourri par sa mère, et joignit à l'éducation égyptienne la plus élevée les sentiments d'un véritable Hébreu. Ayant aperçu un Egyptien qui frappait un de ses frères, il le tua, s'enfuit chez les Madianites où il épousa Séphora, fille de Jéthro, prêtre ou prince sage de ce pays; il en eut deux fils. Il s'occupa, pendant longtemps, de soigner les troupeaux de son beau-père et de les mener dans les déserts du Sinaï. Ce ne fut qu'au déclin de sa vie qu'il retourna en Egypte, pour y devenir le *pasteur de son peuple*. Accompagné de son frère Aaron annonçant à ses frères leur prochaine délivrance au nom de l'Eternel, il se rendit au palais du roi Pharaon, lui montra sa supériorité sur ses prêtres, et s'attira l'admiration des ministres et du peuple (Exode XI 3) Pharaon fut forcé, à la suite d'une série de désastres humiliants, de faire droit à sa demande, c'est-à-dire de permettre aux Israélites de quitter l'Egypte. Ils se réunirent à Ramossès, point central du pays de Goshen, à l'E. du delta du Nil, sur les confins de la Syrie. Au lieu de marcher vers le N.-E., ce qui les eût directement conduits vers la terre de Chanaan, mais ce qui les eût mis dans l'obligation de traverser le territoire ennemi des Philistins, ils se dirigèrent au S.-E. et arrivèrent à Phi-hahiroth, qui se trouvait à quelques kil. au S. de la ville actuelle de Suez, en un point où le golfe de Suez se rétrécit subitement. Les Egyptiens, revenant sur leur précédente décision, se mirent à leur poursuite avec une armée immense et un grand nombre de chars de guerre et de cavaliers. Ils acculèrent les fugitifs à la mer, et se disposaient à les exterminer, lorsqu'un vent, soufflant de l'E. avec une violence extraordinaire, repoussa les eaux et mit à sec, en cet endroit, les eaux de la mer Rouge. Les Hébreux se hâtèrent de profiter de cette issue pour échapper à leurs ennemis. Les Egyptiens ayant essayé de les poursuivre par le même chemin, furent engloutis jusqu'au dernier par le retour des eaux. Après avoir repoussé une attaque des Amalécites, Moïse conduisit son peuple au mont Sinaï où il reçut les 10 commandements de Dieu. Ces commandements ou base d'un *pacte entre Dieu et Israël* constituent avec les statuts, les préceptes, etc., qui furent promulgués successivement (formant ensemble, d'après les rabbins, 365 obligations positives et 248 obligations négatives) la loi Mosaïque (*Torath Mosheh*), qui est contenue principalement dans le second et dans le troisième livre et qui est répétée dans le cinquième livre du Pentateuque. Cette loi resta pendant 15 siècles et elle est encore, sauf pour un parti strictement national, le code général des Hébreux. Elle établit un culte, sous la direction des Aaronites (*Kohenim*); trois fêtes pour la commémoration des grands événements nationaux, pour les actions de grâces et pour les réjouissances; un jour de jeûne et de repentance; la lecture périodique de la loi; une éducation générale donnée par les lévites; un jour de repos par semaine (sabath) pour le peuple et pour les animaux; un repos d'un an, accordé à la terre tous les sept ans et l'extinction de certaines dettes à la fin de la même période; l'obligation d'entretenir les veuves, les orphelins, les pauvres et les étrangers; des juges, etc.; un code pénal sévère; des règles strictes pour la conservation de la santé et de la propreté; la circoncision, comme marque corporelle du pacte avec Dieu, et un grand nombre d'autres rites et de cérémonies ayant pour but de préserver la nationalité du peuple de Dieu, ainsi que les vérités et les principes de la foi. Le premier recensement fit connaître que le peuple hébreu comprenait 22,000 lévites du genre masculin au-dessus d'un an, et 603,550 hommes des autres tribus au-dessus de 20 ans (dont 22,273 premiers nés). Les provisions étaient insuffisantes; l'eau manquait, les dangers renaissaient à chaque pas; le peuple formait une masse indisciplinée d'esclaves émancipés. Moïse était encore sur le mont Sinaï quand les Hébreux obligèrent son frère Aaron, de leur donner un dieu visible, sous forme de veau d'or, imitation de l'Apis égyptien. Moïse rétablit l'ordre par le massacre des rebelles idolâtres, mais il désespéra presque de sa mission et il désira la mort. Un culte solennel fut alors établi et on ordonna les sacrifices. Ayant contourné les territoires des Edomites, des Moabites et des Ammonites, il conquit ceux de Sihon, roi des Amorites et d'Og, roi de Bashan (Batanée), à l'E. du Jourdain, les donna aux tribus de Ruben et de Gad et à la demi-tribu de Manassés; Moïse mourut sur le mont Nébo avant d'entrer dans la Terre promise. Josué, son élève et son successeur, prit la direction des 13 tribus d'Israël, nommées d'après les 11 fils de

Jacob et les deux fils de Joseph; il les mena dans la terre de Chanaan (ou Palestine proprement dite), qui fut conquise après une guerre d'extermination et qui devint le partage des tribus de Juda, d'Ephraïm, de Manassès (l'autre demi-tribu), de Benjamin, de Siméon, de Zabulon, d'Issachar, d'Asher, de Nephtali et de Dan. Les lévites, qui devaient vivre au moyen de dîmes, ne reçurent aucun territoire particulier, mais on leur donna un certain nombre de villes dans chaque tribu. Peu de temps après la mort de Josué, l'idolâtrie et l'anarchie devinrent générales. Certaines parties du pays n'étaient pas encore complètement conquises. L'inimitié et les attaques fréquentes des tribus idolâtres furent moins pernicieuses que leurs relations amicales en temps de paix. Mais des hommes héroïques parurent de temps en temps, repoussèrent les ennemis, rétablirent l'ordre et les lois et furent reconnus comme chefs et comme juges, au moins par une partie de la population. L'histoire de cette période de fédéralisme républicain sous des Juges (*shophetim*) se trouve dans le livre des juges, suite du livre de Josué. Mais la critique travaille en vain à mettre par ordre chronologique les événements saillants de cette histoire. Ehud délivra Israël de l'oppression des Moabites. Samgar mit en déroute les Philistins. Barac, inspiré par la prophétesse Débora, gagna avec elle une victoire signalée dans la Palestine septentrionale sur l'armée du roi de Chanaan, comptant 900 chars de guerre en fer. Gédéon, avec 300 hommes choisis, dispersa un camp immense de Madianites et d'Amalécites, extermina les envahisseurs et refusa la dignité royale qui lui était offerte par le peuple reconnaissant; mais Abimélech, son fils, fut roi de Sichem pendant quelque temps. Jephté, de Giléad, combattit victorieusement les Ammonites et porta la guerre dans leur pays. Samson brava et humilia les Philistins; c'était un Nazaréen d'une force prodigieuse, dont les exploits aventureux ressemblent à ceux des héros légendaires de la Grèce. La plus grande anarchie régna ensuite. La concubine d'un lévite ayant été outragée jusqu'à la mort, lors de son passage à Gibéon (tribu de Benjamin), par quelques-uns des habitants de cette ville, son amant coupa son corps par morceaux et les envoya à toutes les tribus en priant de le venger. Le peuple, assemblé à Mizpah, demanda aux Benjamites de livrer les criminels. Les Benjamites refusèrent et une guerre sanglante s'en suivit, dans laquelle ils furent presque tous exterminés. Le petit livre de Ruth qui renferme l'histoire idyllique de la veuve moabite de ce nom, est un supplément au livre des Juges. Le premier livre de Samuel commence par la continuation de ce dernier. Le prêtre Eli fut le dernier des juges. Son élève, le prophète Samuel, rétablit le culte exclusif du Seigneur, mit en déroute les Philistins, se fit restituer l'arche qui avait été capturée par les Philistins et ouvrit des écoles de prophètes, qui résidèrent à Rama, sa ville natale, et qui visitèrent régulièrement Bethel, Gilgal et Mizpah. Ses fils se conduisirent bien différemment; leur corruption, et plus encore le désir d'être dirigés par un chef militaire puissant, décida les Hébreux à demander la nomination d'un roi, afin d'être gouvernés *comme toutes les autres nations*. Le prophète, quoique profondément attristé quand on lui proposa de changer la forme mosaïque du gouvernement, fut obligé de se soumettre au vœu national. Saül, fils de Kish, fut élu roi, et la constitution de la monarchie (I Sam. X. 25) fut écrite et déposée dans le sanctuaire. Ce nouveau gouvernement se rendit populaire par des victoires. Mais une expédition contre les Amalécites n'ayant pas été exécutée suivant les ordres de Samuel, celui-ci tourna son influence contre Saül et oignit se-

crètement un jeune berger nommé David, comme son successeur. David tua le géant philistin Goliath et devint gendre de Saül; chassé par la jalousie de celui-ci, il se réfugia avec une bande de proscrits, vers les frontières méridionales du pays. Le règne de Saül se termina par une catastrophe. Une bataille fut livrée contre les Philistins au mont Gelboé, les *Hébreux s'enfuirent*, Jonathan et deux autres fils de Saül perdirent la vie et le roi se tua lui-même avec son épée. David se rendit à Hébron et il y fut oint comme roi par sa propre tribu de Juda, tandis qu'Abner, général de Saül, proclamait à Mahanaïm, un fils survivant du roi défunt, Isboseth, qui fut reconnu par toutes les autres tribus (vers 1055 av. J.-C.). Plus tard, Abner et Isboseth furent assassinés et David devint seul roi. *Il fit de Jérusalem sa capitale*, organisa le culte national ainsi que le pouvoir militaire de l'Etat et étendit au N.-E. les limites de son royaume jusqu'à l'Euphrate et au S.-O. jusqu'à la mer Rouge. La justice fut administrée exactement; la poésie (principalement des psaumes) et la musique fleurirent. Joab occupa presque continuellement le commandement en chef de l'armée. Mais le palais du roi fut souvent souillé de crimes et son fils, Absalon, fit naître une terrible insurrection qui se termina par sa mort. Salomon, fils de David, commença son règne (environ 1045) par l'exécution de son demi-frère Adonias et par celle du vieux Joab, qui avait conspiré contre lui; il se rendit fameux par sa sagesse et son savoir, ainsi que par la splendeur de sa cour et la prospérité de son royaume. Il fit construire le temple, ce qui, plus que tout le reste, contribua à sa gloire; il fonda des villes et équipa, de concert avec les habitants de Tyr, des expéditions maritimes qui portèrent la marchandise jusqu'au lointain pays d'Ophir. On mentionne parmi ses œuvres littéraires, 3,000 proverbes et 1,005 chants. Le livre des *Proverbes* et le gracieux *Cantique des cantiques* portent son nom. (Ce dernier, néanmoins, est ainsi que l'*Ecclésiaste*, attribué par les critiques à une époque beaucoup plus récente). Mais, tandis qu'il professait la *sagesse* dans ses écrits, ses exemples personnels enseignaient l'extravagance et la folie. Sa cour était corrompue autant que splendide. L'idolâtrie s'y trouvait publiquement encouragée. Le peuple, accablé de charges, envoya à son fils et successeur Roboam (975), une députation conduite par Jéroboam de la tribu d'Ephraïm, pour demander une diminution d'impôts. Roboam fit une réponse arrogante, dont la conséquence fut une *défection immédiate de dix tribus* qui proclamèrent roi Jéroboam. Juda et Benjamin restèrent fidèles à la maison de David; l'Etat des Hébreux se divisa donc en deux royaumes distincts. La partie septentrionale, comprenant les pays situés au N. de Benjamin et ceux qui se trouvent à l'E. du Jourdain, fut appelée Israël; sa capitale fut d'abord Sichem, ensuite Tirzah et finalement Samarie (Shomeron). La partie méridionale appelée Juda (nom de sa tribu principale) conserva le sanctuaire dans l'ancienne capitale et eut l'assistance des lévites et des prêtres. Pour détruire tout rapport entre les deux royaumes, Jéroboam fit revivre l'idolâtrie égyptienne, admit des non lévites aux fonctions de prêtres, et introduisit de nouvelles fêtes et même un nouveau calendrier. Avec l'idolâtrie, le despotisme et la corruption devinrent permanentes dans l'Etat du nord. L'usurpation suivit l'usurpation; les conspirations, les révoltes et les régicides se succédèrent. La maison de Jéroboam disparut dans son fils, Nadab, fut renversé par Baasa. Ela, fils de ce dernier, fut assassiné par son général Zimri; un autre général, Amri, se révolta et Zamri, après un règne de sept jours, se fit brûler dans son palais. Amri bâtit Samarie et

eut pour successeur, son fils Achab, dont la femme, Jézabel, princesse de Sidon, propagea avec fanatisme le culte de Baal. Achab ayant été mortellement blessé par les Syriens (897), ses deux fils, Ochasias et Joram, régnèrent successivement après lui; mais, avec ce dernier, la maison d'Amri fut exterminée par le général Jéhu (884), que le prophète Elie déclara oint du Seigneur et qui détruisit le culte de Baal. Sa dynastie, soutenue par l'influence d'Elisée, fut prospère sous bien des rapports; elle comprit les rois Joachas, Joas, Jéroboam II, et Zacharie assassiné par Sellum (773). Sellum éprouva, un mois plus tard, le même sort de la main de Manahem, dont le fils Phacéia fut tué et remplacé par son cocher Phacée. Osée, meurtrier de celui-ci, fut le dernier roi d'Israël. Cet Etat, constamment exposé aux attaques violentes de Juda, des Philistins, des Moabites et des Syriens de Damas, reprit quelque force, grâce aux victoires remportées sous les règnes de Joas et de Jéroboam II; mais il devint ensuite une proie facile pour les Assyriens. Manahem se reconnut tributaire du roi Phul. Un autre prince assyrien, Téglath-Phalasar, conquit ses provinces orientales et septentrionales, et Salmanasar détruisit complètement le royaume d'Israël en s'emparant de Samarie (721), en faisant Hoshea prisonnier et en dispersant les habitants dans les provinces N.-E. de son empire, où ils disparurent bientôt parmi leurs voisins. Elie, Elisée, Amos, Osée, Michée et d'autres prophètes avaient vainement essayé d'arrêter l'accroissement du mal. Dans l'Etat rival de Juda, la dynastie de David se continua en ligne directe de succession jusqu'à la dernière période. L'ennemi commun de la dynastie et du peuple fut l'idolâtrie qui régnait dans Israël; leur sauvegarde commune fut la loi de Moïse. Néanmoins, la corruption conduisit souvent le gouvernement et le peuple à imiter l'un et l'autre les exemples pernicieux de leurs voisins. Cette tendance se manifesta dès le commencement du règne de Roboam, règne dont l'événement le plus important fut l'invasion de Sésac(Sheshonk), roi d'Egypte. Roboam et son fils Abia firent continuellement la guerre à Jéroboam. Le successeur d'Abia fut Asa qui détruisit l'idolâtrie, repoussa une invasion des Ethiopiens et résista aux attaques de Baasa en faisant alliance avec la Syrie. Josaphat, son fils, allié avec Nhab, fit la guerre à Benadab de Syrie (897) et soumit l'Idumée. Joram, fils du précédent, épousa Athalie, sœur d'Achab, et perdit l'Idumée. Ochozias s'attacha également à la maison d'Achab, dont il partagea le sort (884). En apprenant sa mort, sa mère, Athalie, usurpa le gouvernement et extermina tous les princes du sang, excepté Joas, enfant d'un an qui fut sauvé par sa tante Josabeth et qui fut caché dans le temple. Six ans plus tard, un vieux prêtre, nommé Joad, fit naître une insurrection et plaça Joas sur le trône. Après qu'Athalie eût été tuée, Joas périt victime d'une conspiration (838). Son fils, Amazias, fit une heureuse expédition en Idumée; mais ensuite, fait prisonnier par Joas, roi d'Israël, il mourut assassiné. Le règne d'Osias dura 52 ans et fut des plus prospères. Jonas et Joël se distinguèrent parmi les prophètes de cette période. Joathan, fils d'Osias, remplit les fonctions de régent pendant les dernières années du règne de celui-ci et continua, depuis la mort de son père (759), son règne bienfaisant; mais son fils Achaz introduisit de nouveau l'idolâtrie. Rezin et Pekoh, alliés contre lui, s'avancèrent jusqu'à Jérusalem, qui ne fut sauvée que grâce au secours de Téglath-Phalasar. Achaz se déclara le sujet de son libérateur assyrien. L'état de décadence de la nation provoqua les plaintes immortelles d'Isaïe et de Michée. Le fils d'Achaz, Ezéchias, suivit presque entièrement les injonctions d'Isaïe qui lui conseilla d'abolir les abus et de résister aux Assyriens; le roi fut assez puissant pour braver la corruption générale, pour déjouer les complots de la cour et pour entretenir le courage du peuple pendant la grande invasion de Sennachérib. Le royaume de Juda échappa au sort de celui d'Israël, qui avait été, quelques années auparavant, conquis par les Assyriens et qui commençait alors à être repeuplé principalement par des Cuthéens, peuple idolâtre soumis aux Assyriens. Le mélange des rites de ce peuple avec celui des habitants du territoire de Samarie, forma plus tard le culte samaritain (*Kuthim*). Le règne de Manassès, fils d'Ézéchias, fut plus long que celui d'Osias et plus malheureux que celui d'Achaz. Amon, fils de Manassès, marcha sur les traces de son père, mais il fut assassiné au bout de deux ans de règne. Josias, son fils, imitateur zélé d'Ézéchias, fut soutenu par Nahum, par Zophonie et par le jeune Jérémie. La puissance des Babyloniens devenant alarmante, Néchao, roi d'Egypte, ayant entrepris une campagne contre ce peuple, en passant par la Philistie, Josias s'opposa à sa marche et succomba à Megiddo. Son fils, Joachaz, fut conduit prisonnier en Egypte, et Joachim (ou Eliacim), jeune frère du précédent, fut nommé roi à sa place. Mais la victoire que les Babyloniens remportèrent sur Néchao, près de l'Euphrate, réduisit Joachim à l'état de vassal des vainqueurs. Il se révolta malgré les avertissements de Jérémie. Les Chaldéens envahirent le pays voisin. Après la mort de son père et le siège de Jérusalem, Jéchonias, fils de Joachim, termina la guerre en se rendant volontairement à Nabuchodonosor qui l'envoya en captivité à Babylone, avec sa famille, son armée et des milliers des citoyens les plus importants. Mattaniah, un oncle du roi détrôné, fut nommé son successeur sous le nom de Sédécias (598). Ce prince, poussé par un patriotisme égaré, se révolta contre Nabuchodonosor. Jérémie employa en vain tout son zèle pour empêcher un événement si funeste, dont le résultat fut un second siège de Jérusalem par Nabuchodonosor (588). Cette ville succomba après une résistance désespérée. Le roi fut pris, et quand il eut assisté au massacre de ses enfants, on lui ôta la vue et on l'envoya enchaîné à Babylone. Le temple fut brûlé et tous les citoyens notables ou riches furent emmenés en captivité. Gedaliah, nommé vice-roi à Mizpah, fut assassiné. L'annihilation de l'Etat de Juda fut complète. Le livre des Lamentations contient des élégies touchantes au sujet de cette fin tragique. Ézéchiel aussi pleura la dispersion de sa nation. Habacuc, Jérémie, le livre de Job et quelques psaumes appartiennent à cette époque. Mais Babylone, prison de la nation juive (ce nom était alors devenu le plus familier), était destinée à devenir le berceau de sa régénération. Les hommes les plus éminents y avaient été envoyés, et leur activité fit revivre l'esprit de religion et de nationalité, comme il est prouvé par les nombreuses productions littéraires de cette époque, toutes brûlantes d'enthousiasme et d'espérances. La cour, source de corruption, n'existait plus; les prêtres de Baal et de Moloch avaient disparu avec les autels de leurs idoles; les bosquets voluptueux d'Astaroth ne pouvaient être transportés sur la terre de la sombre captivité; on se souvenait avec regret de Sion. Les véritables conseillers du peuple, qui avaient prédit tout ce qui était arrivé, trouvèrent alors des oreilles plus attentives. La délivrance qu'ils promettaient devait être bientôt confirmée. Babylone fut conquise par Cyrus (538) et ce prince permit aux Juifs de retourner dans leur pays, où ils pouvaient lui être utiles en formant une espèce d'avant-poste contre l'Egypte. La première et la plus nombreuse des troupes de patriotes qui rentrèrent dans leur pays comprit plus de 42 000

personnes, sous la conduite de Zorobabel, prince de la maison de David. Mais les Samaritains idolâtres, que les Juifs ne voulurent pas admettre dans le nouveau temple, s'efforcèrent d'empêcher la reconstruction de Jérusalem et de ses fortifications. Néanmoins, Darius confirma pleinement la permission de Cyrus (521). Les prophètes Aggée et Zacharie (assistés peut-être par Abdias qui semble avoir été leur contemporain), animèrent Zorobabel, les prêtres et le peuple d'un nouveau zèle, et, cinq ans plus tard, le temple était terminé (516). Les événements racontés dans le livre d'Esther se rapportent probablement au règne de Xerxès I. Sous le règne d'Artaxerxès, Ezra, le pieux écrivain (ou critique, *sopher*), ramena à Jérusalem une nouvelle colonie de Juifs, revenant d'au delà de l'Euphrate; il acheva la restauration de la loi de Moïse. Néhémie, nommé gouverneur par Artaxerxès (445), fortifia Jérusalem et rétablit l'ordre. Dans cette œuvre pieuse, il fut assisté de Malachie, le dernier des prophètes connus. L'inimitié des Samaritains resta des plus vives jusqu'à une période plus avancée, leur séparation ayant été sanctionnée par l'érection d'un temple rival sur le mont Gérizim. Le temple juif, sur le mont Moriah, eut une suite de grands prêtres héréditaires, choisis dans la descendance directe de Josué. Jaddus, qui occupait ce poste très important à l'époque de la conquête de l'empire perse par Alexandre, détourna, dit-on, la colère de ce conquérant (332). Ezra, le *sopher*, ses contemporains, *les hommes de la grande assemblée* (anshei keneseth haggedolah), et les sopherim successifs, sont les auteurs d'une grande réformation judaïque. Les écritures sacrées, restes d'une littérature étendue, furent rassemblées, rendues accessibles et arrangées en canon. Le *Pentateuque* fut lu publiquement, enseigné dans les écoles, expliqué, interprété (midrash) et traduit en langue chaldéenne que le peuple avait adoptée en Babylonie avec les diverses notions orientales concernant les anges, les esprits et les autres êtres surnaturels. Les traditions légales ou religieuses, explicatives ou complémentaires de la loi de Moïse, furent rétablies, d'après les prophètes et les anciens et formèrent un système de loi orale. Pendant un siècle et demi, la Judée resta province des successeurs d'Alexandre en Egypte et en Syrie, des Ptolémées et des Séleucides. Le raffinement, la science et la philosophie des Grecs se répandirent parmi les Juifs, particulièrement parmi les colonies florissantes d'Alexandrie et des autres villes des Ptolémées. Une partie du peuple, surtout les gens riches, adoptèrent les idées épicuriennes, et finirent par s'organiser en secte qui niait l'immortalité de l'âme, rejetait l'autorité de la tradition et adhérait au sens littéral de la loi de Moïse; tandis que les enseignements des stoïques s'accordaient mieux avec la vie plus austère des partisans de la *grande assemblée* qui maintinrent leur prépondérance sur le peuple. Comme secte, les premiers furent appelés Saducéens; ceux de la secte ascétique reçurent le nom de Pharisiens. Outre ceux-ci, les Esséniens parurent vers la fin de cette période, formant les communautés recluses, industrieuses et socialistes, et pratiquant surtout la médecine, le mysticisme et l'ascétisme. La langue grecque devint communément parlée et la traduction grecque du *Pentateuque* faite en Egypte, sous Ptolémée Philadelphe, par 72 savants, fut employée dans les synagogues égyptiennes. Les plus hautes autorités étaient les grands prêtres et le sanhédrin de Jérusalem, collège de 70 vieillards avec un président. Après la mort d'Alexandre (223), la Judée changea souvent de maître, jusqu'à ce qu'elle fût attachée définitivement à l'empire de Ptolémée Soter, sous lequel Simon le Juste remplit les fonctions du grand prêtre et An-

tigone de Socho celles de président du sanhédrin. Antiochus le Grand, de Syrie, chassa les Egyptiens de la Judée (198). Les Juifs eurent bientôt raison de déplorer ce changement de dynastie. Les Séleucides étaient dans l'intention d'helléniser leur empire, les trésors qui avaient été accumulés dans le temple de Jérusalem tentaient leur avarice. La dignité de grand prêtre fut mise à l'encan. Osias en fut privé au profit de son frère Jason, qui offrit 360 talents à la cour de Syrie; un troisième frère, Ménélas, lui arracha cette dignité en donnant 300 talents de plus et il encouragea scandaleusement les projets d'Antiochus Epiphane. Antiochus le soutint contre ses ennemis et châtia Jérusalem (170). Pendant la seconde expédition de ce roi contre l'Egypte, le bruit courut qu'il était mort; Jérusalem se souleva contre ses officiers. Mais les Juifs hellénisés ouvrirent les portes au roi, lorsqu'il revint et il en résulta un massacre sans pareil (169). Antiochus détruisit les murs de la ville et décréta l'introduction générale et obligatoire de l'idolâtrie grecque. Tout acte de résistance fut puni avec une extrême cruauté. Les Juifs furent vendus comme esclaves et massacrés par milliers. Le roi étant parti pour une expédition contre les Parthes (167), son général Apollonius continua son œuvre, mais il éprouva bientôt un échec. Matathias, vieux prêtre du village de Modin, de la maison des Asmonéens, ayant, ainsi que ses cinq fils, Jean (Johanan), Simon, Judas, Eléazar et Jonathan, reçu l'ordre de sacrifier à Jupiter, mit l'épée à la main pour défendre sa foi. Le peuple accourut en foule avec lui dans le désert, et les révoltés se répandirent partout pour renverser les autels des oppresseurs. Le mépris de la mort leur donna la victoire et la victoire engendra de nouveaux guerriers. A la mort du vieux patriote (166), le commandement échut à Judas qui mérita le surnom de Marteau (*Makkab*, d'où vient le nom de *Macchabées*, employé pour *Asmonéens*). Jérusalem fut reconquise, le temple fut purifié, et un traité fut conclu avec les Romains. La lutte devint bientôt désespérée. Eléazar (ou peut-être un autre guerrier du même nom) et Judas lui-même (160) tombèrent pendant une attaque héroïque contre les Syriens. Les frères survivants se réfugièrent de nouveau dans le désert du Sud, ils entreprirent une guerre irrégulière dans laquelle Jean fut tué. Mais les luttes prolongées pour la succession au trône de Syrie, entre les rois et les usurpateurs qui suivirent Antiochus Eupator, fils et successeur (164) d'Epiphane, donnèrent à Judas et, ensuite à Simon, l'occasion de rétablir la fortune des Juifs. L'amitié de Jonathan fut bientôt recherchée par les prétendants rivaux, et il fut reconnu comme grand prêtre, stratège et ethnarque de Judée. Plus tard, attiré dans une entrevue, il fut assassiné avec ses fils. Simon s'empara de la citadelle de Jérusalem et fut proclamé roi indépendant. La liberté de la Judée était rétablie lorsque ce vieillard fut assassiné avec ses deux fils, par son gendre Ptolémée (135). Jean Hyrcan, le seul fils qui lui survécut, résista à l'invasion d'Antiochus Sidetes, conquit l'Idumée et la ville de Samarie, qu'il détruisit avec le temple du mont Gerizim. Les Samaritains furent ainsi écrasés; mais les Saducéens obtinrent une grande influence sous son règne et les dissensions religieuses prirent un caractère pernicieux. Jean Hyrcan et ses fils Aristobule (106-'5) et Alexandre Jannée (105-'78) appartenaient au petit nombre des Macchabées qui moururent d'une mort naturelle. Aristobule prit le titre de roi; mais il souilla sa dignité par des actes horribles. Alexandre Jannée se montra également barbare dans une guerre de six ans contre la majorité de son peuple qui l'abhorrait comme tyran débauché et comme castes céen. Sa veuve Alexandra (ou Salome) choisit ses conseillers dans le parti national. Elle nomma son fils aîné Hyrcan grand prêtre et elle se réserva le gouvernement politique. Aristobule, le plus jeune de ses deux fils, chercha des partisans parmi les Saducéens, et, après la mort d'Alexandra (71) une longue guerre civile éclata entre les deux frères, qui finirent par appeler les Romains. Scaurus, lieutenant de Pompée, prit le parti du plus jeune (63). Mais Pompée revint sur cette décision, assiégea Aristobule dans Jérusalem, prit la ville et le temple et confirma Hyrcan comme grand prêtre, ethnarque tributaire des Romains, mais son astucieux ministre iduméen, Antipater, devint le gouverneur effectif. Aristobule et ses deux fils, Alexandre et Antigone, firent des efforts désespérés, mais infructueux, pour recouvrer leurs dignités. Antigone obtint le secours des Parthes, qui, ayant vaincu Crassus (53), envahirent la Judée et emmenèrent Hyrcan en captivité. Mais Antigone finit par être vaincu par le fils d'Antipater, Hérode, qui avait gagné la faveur d'Antoine et d'Octave et qui inaugura, sous leurs auspices, comme roi indépendant, la dernière dynastie de Judée, celle des Iduméens (39). Ce prince, appelé comme par ironie le Grand, était l'esclave de ses passions comme il était celui des Romains; il fut le maître sanguinaire de ses sujets. Par ambition, il voulut rivaliser de gloire avec Salomon et rebâtit le temple, mais cela ne l'empêcha pas de sacrifier tout ce qui était sacré en rampant devant ses protecteurs étrangers. L'amour du peuple pour la maison nationale des Macchabées fut étouffé dans le sang de ses derniers descendants. Antigone, le vieil Hyrcan attiré dans un piège, la propre femme d'Hérode, la belle Mariamne, petite-fille d'Hircan et d'Aristobule, sa mère Alexandra, les deux fils que le tyran avait eus de Mariamne, périrent successivement par ses ordres ou à son instigation, et enfin, cinq jours avant sa mort, il fit égorger son fils Antipas qu'il avait eu d'une autre femme. Auguste partagea les États entre ses trois fils survivants. Archelaüs reçut la Judée, la Samarie et l'Idumée; Philippe eut la Perée septentrionale, et Hérode Antipas, la Galilée avec quelques légères augmentations. — Les institutions religieuses et littéraires du peuple avaient atteint pendant ce temps une condition florissante dans les écoles rivales des 'hakhamim (savants), de Hillel, le Babylonien, président du sanhédrin, et de l'austère Shammai, sous le règne d'Hérode. Plusieurs livres des Apocryphes sont dus à cette période. En Afrique, les Juifs avaient fourni leur contingent aux poésies et à l'histoire hellénistiques (Jason, Alexandre Polyhistor, Ézéchiel, etc.); et Philon d'Alexandrie se fit remarquer parmi les philosophes platoniciens, à l'époque où le christianisme prit naissance en Judée. (Voy. Jésus.) Archelaüs fut emmené captif en Gaule, sous Auguste (8. ap. J.-C), et des procurateurs distincts gouvernèrent la Judée, la Samarie et l'Idumée. Quand Philippe mourut, ses États furent annexés à la Syrie par Tibère (35), mais ils furent donnés ensuite par Caligula à Hérode Agrippa, petit-fils d'Hérode, qui, sous Claudius, parvint à réunir toute la Palestine. Après la mort de ce prince (44), le pays fut gouverné de nouveau par des procurateurs, et une petite portion seulement fut donnée plus tard à son fils Agrippa II (53). La condition du pays devint affreuse. Les empereurs, qui étaient alors les plus vils des hommes, réclamaient les honneurs divins; les procurateurs s'enrichissaient par leurs extorsions; les petites cours hérodiennes imitèrent effrontément celle de Rome; des voleurs infestèrent les régions montagneuses; des imposteurs et des fanatiques excitèrent à la révolte. Le gouvernement de Néron, représenté par le procurateur Gessius Florus, poussa le peuple au désespoir. « Mort aux Romains! » devint le cri des fanatiques et des pauvres. Jérusalem et de nombreuses places fortes furent prises par les insurgés (66). Les Romains furent mis en déroute près de Jérusalem. Les enthousiastes organisèrent alors une levée générale. Josèphe, l'historien, fut chargé d'armer la Galilée. Mais Vespasien s'approchait déjà du nord (67); et Titus, son fils, amena d'Égypte de nouvelles légions. Les Juifs se battirent avec une valeur macchabéenne, mais l'armée de Josèphe fut écrasée aux environs de Jotapata et la guerre civile fit rage dans Jérusalem, entre les modérés et les terroristes. Vespasien s'empara de la plus grande partie des forteresses (68). Quand il fut proclamé empereur par ses légions (69), Titus prit le commandement. Jérusalem se défendit avec la dernière opiniâtreté. Les Romains résolurent de la prendre par la famine, la peste vint à leur aide. Le château d'Antonia et avec lui la seconde muraille furent emportés, en juin 70. En août, le temple fut pris d'assaut et brûlé. La partie supérieure de la ville fortifiée tomba en septembre. Jérusalem fut rasée jusqu'au sol, Hérodium, Machœrus et Masada se défendirent encore pendant quelque temps. Un million de Juifs périrent dans cette guerre. Les dernières et encore plus furieuses convulsions populaires de ce peuple dispersé eurent lieu à Cyrène, en Égypte, à Chypre et en Palestine, sous les règnes de Trajan et d'Adrien. Bar-Cokhéba tomba avec sa dernière forteresse, Bethar. Ces terribles insurrections sont connues seulement par des passages historiques épars, remplis d'exagération. L'Œlia Capitolina d'Adrien s'éleva sur l'emplacement de Jérusalem et les décrets impériaux défendirent aux Juifs de pénétrer dans son enceinte. — Des calamités antérieures avaient dispersé des multitudes de Juifs captifs, esclaves et fugitifs dans les provinces plus reculées de l'empire médo-persan, dans toute l'Asie Mineure, en Arménie, en Arabie, en Égypte, à Cyrène, à Chypre, en Grèce et en Italie. Les Romains achevèrent l'œuvre de dispersion, et on trouva bientôt des Juifs dans les régions du mont Atlas, des deux côtés des Pyrénées, sur le Rhin et sur le Danube. La Palestine, néanmoins, resta pendant quelque temps un centre national, par ses écoles de Jamnia, de Lydda, de Tibériade, etc. Les présidents du sanhédrin (patriarches, nesûm) de la maison de Hillel, les Gamaliels et les Siméons, leurs disciples (professeurs ou savants), Akiba et autres, furent célèbres pendant cette période douloureuse. Les rabbins qui leur succédèrent (rabbi, mon maître), dont cinq élèves d'Akiba, Siméon, Nathan, etc., continuèrent leur œuvre, rassemblant et développant les décisions (collectivement halakhad) de la loi orale qui fut ensuite rédigée en code écrit (Mishnah) par le patriarche Juda le Saint et par son école, pendant les règnes plus doux des Antonins. Ces ouvrages devinrent la base d'études religieuses pendant les trois siècles suivants en Palestine, de même que dans la Babylonie (à Sura, à Pumbeditha, à Nehardea, etc). Les professeurs les plus renommés de cette époque sont connus sous le nom d'amoraim. Après de nouvelles persécutions par les empereurs chrétiens et par les rois de Perse, qui détruisirent leurs écoles, les résultats de leurs études furent encore rassemblés, dans les deux Gemaras ou Talmuds (littéralement, études) : la gemara Palestinienne et la gemara Babylonienne. D'autres productions des tanoim et des amoraim furent divers traités d'éthique, d'histoire et de légendes, et des écrits cosmogoniques (collectivement Haggadah), des prières (tephilloth), des additions à la paraphrase chaldéenne (Targum) des écritures, un nouveau calendrier admirablement adapté aux devoirs religieux du peuple, par Hillei (340) et quelques fragments grecs par Aquilée et par Symmaque. Le chaldéen, quelquefois mélangé d'hébreu, était alors généralement employé dans les œuvres littéraires. De tous les empereurs, Julien seul se montra favorable aux Juifs; il essaya même de rebâtir le temple de Sion. Héraclius les châtia pour avoir aidé les Perses à conquérir Jérusalem (616). Peu de temps après, Mahomet, à la suite d'une longue lutte, se rendit maître des forteresses des Juifs indépendants d'Arabie, qui, depuis les temps les plus reculés, dominaient dans la péninsule, autant par la force que par leur littérature. Omar et ses généraux se rendirent maîtres de la Syrie et de la Perse, soumettant ainsi la plus grande partie des Juifs orientaux au gouvernement de l'Islam. Sous les caliphes, les études juives renaquirent, particulièrement à Babylone, sous la conduite des princes de la captivité. Saadia, le traducteur du Pentateuque en arabe (mort en 941) et Haï (mort en 1037) furent des théologiens, des poètes et des linguistes éminents. Alors furent composés les nombreux ouvrages d'Haggadah, connus aujourd'hui pour la plupart sous le nom de Midrashim; des écrits sur l'éthique, les notes critiques de la Masora et le Targum de Jérusalem; des résumés du Talmud; alors on fit des études médicales, astronomiques et linguistiques et des spéculations cosmogoniques (Kabbalah) furent poursuivies. Une secte anti-rabbinique, celle des Karaïtes, fut fondée vers le milieu du VIIIe siècle, dans la Babylonie. Les études littéraires étaient aussi florissantes chez les Juifs d'Afrique, à Fez et à Kairwan. La langue arabe était généralement employée par les savants. — La condition politique et intellectuelle des Juifs fut bien plus mauvaise dans les États chrétiens. Ils furent persécutés par les Francs, par les Visigoths et par les Byzantins. Des fugitifs se montrèrent chez les Khazars de la mer Caspienne (parmi lesquels ils répandirent leur religion), en Russie, pour peu de temps seulement, et en Hongrie. Leur situation en Italie, en Sicile et en Sardaigne était comparativement tolérable, qu'ils durent souvent à l'influence des papes. Bari et Otrante devinrent les sièges des études juives. Le célèbre Eleazer ben Kalir et d'autres écrivains de piyutim (chants liturgiques rimés en hébreu), vécurent en Italie aux IXe et Xe siècles; le lexicographe Nathan brilla au XIe siècle. De l'Italie, la science juive se répandit dans les villes du Rhin, en Lorraine et en France. Aux XIe et XIIe siècles, nous trouvons, dans la France du nord, Gerson, la lumière des exilés, le commentateur Salomon ben Isaac et les auteurs des Tosafoth (additions) talmudiques. L'Espagne, après la conquête des Sarrasins, vit la condition la plus prospère dont les Juifs aient joui au moyen âge. Ils y occupaient alors des emplois civils et s'élevèrent à de hautes dignités sous un grand nombre de princes maures et chrétiens. Au Xe siècle, vécurent en Espagne, le lexicographe Menahem et l'astronome Hassan; au XIe siècle, les savants talmudiques Samuel Hallevi et Isaac Alfasi (de Fez) et Salomon ben Gabirol, également célèbre comme poète hébreu et comme philosophe arabe; au XIIe siècle le voyageur Benjamin de Tudela, le poète philosophe Judas Hallevi, le grand critique, philosophe et poète Aben Ezra, et enfin Moïse Maimonides, qui, comme philosophe et comme juriste, surpassa de beaucoup tous ses contemporains. La diffusion du savoir parmi les Juifs atteignit alors son apogée en Europe, ou bien qu'en Égypte, où Maimonides s'enfuit après une persécution à Cordoue (1157), et où, lui et son fils Abraham remplirent les fonctions de médecins à la cour du sultan. En Espagne, parmi le grand nombre d'écrivains des XIIIe, XIVe et XVe siècles, brillèrent Harizi, Aben Sid, l'un des auteurs des Tables Alfonsines, Albo, Nahmanides, Addereth et Behai. En Provence et en Languedoc, entre les XII° et XV° siècles, nous trouvons le grammairien Kimhi, les poètes Jedaiah et Calonymus, le philosophe Levi ben Gerson, les quatre Tibbons, tous traducteurs de l'arabe en hébreu, et le lexicographe Isaac Nathan. L'Italie eut le poète Immanuel, imitateur du Dante, le cabaliste Recanate, un grand nombre de grammairiens et de traducteurs, et enfin le philosophe Elias del Medigo. L'Allemagne eut les talmudistes Meir, Asher et Isserlin. Pendant la première partie de cette longue période d'activité littéraire, les Juifs jouirent (sauf quelques interruptions) de la paix et de la prospérité, en Espagne, en Portugal, en Italie, en Grèce, dans les îles de la Méditerranée, en Hongrie et en Pologne ; mais en Angleterre, en France et en Allemagne leur condition était déplorable. Exclus de toute occupation honorable, chassés de place en place, forcés de subsister presque exclusivement de travaux mercantiles et d'usure, confirmés dans des quartiers étroits et portant des marques sur leurs vêtements, pillés par des barons sans loi et par des princes besogneux, massacrés par la populace et par des paysans révoltés, chassés par les moines, brûlés par les croisés, tourmentés par des accusations et par des procès monstrueux, les Juifs de ces pays présentent dans leur histoire au moyen âge un épouvantable tableau plein d'horreur et de tristesse. Edouard Ier leschassa d'Angleterre (1290) et Charles VI les expulsa de France (1395). Dans les villes du Rhin, pendant la grande désolation de la *mort noire* (1348-'50), les Juifs, accusés d'empoisonner les puits, furent brûlés par milliers sur les places publiques ; quelquefois ils se brûlèrent eux-même avec leur famille dans les synagogues ; dans presque toutes les villes impériales, la persécution fut générale. Les villes de Suisse imitant leurs voisins, bannirent presque tous les Juifs. Avec l'influence croissante de l'inquisition, les Juifs de l'Europe méridionale partagèrent le même sort. Ils furent parqués dans des quartiers séparés (ghetti) des villes de l'Italie ; en 1493, tous les Juifs de Sicile (environ 20,000 familles), furent chassés. En Espagne, lors d'une longue sècheresse (1391-'92), les habitants juifs furent massacrés dans plusieurs villes. Leur expulsion totale fut effectuée par Ferdinand, et par Isabelle (1492) ; plus de 70,000 familles cherchèrent un refuge en Portugal (pour quelques mois), en Afrique, en Italie, en Turquie et dans d'autres pays. La cinquième partie ne survécut pas aux horreurs de l'exil, des naufrages et de la famine. Les Juifs de Portugal furent bannis bientôt après (1495), par le roi Emmanuel et par Jean vola leurs enfants au-dessous de 14 ans. Ces persécutions poussèrent la masse des Juifs européens en Pologne et en Turquie, et elles furent suivies d'un système d'oppression, d'extorsion et de dégradation dans presque toutes les parties de l'Europe, pendant les 250 années qui suivirent. Le goût des études et des recherches disparut alors. Des spéculations cabalistiques remplacèrent la philosophie, produisant en Pologne différentes écoles d'enthousiastes religieux, appelés *hasidim* (piétistes). Un audacieux Juif turc, Shabthai Tzebi, fut proclamé, par ses partisans cabalistiques, le messie attendu par Israël, et il trouva de nombreux adhérents (1666) ; leur illusion ne fut détruite que par la conversion obligatoire de leur messie au mahométisme. Néanmoins la littérature et la science trouvèrent encore des amateurs particulièrement dans le nord de l'Italie, en Turquie et en Hollande ; outre les talmudistes ou commentateurs de cette époque, don I. Abarbanel, O. Bartenura, J. Karo, auteur de l'abrégé talmudique ou code *Shul'han'arukh*, Alsheikh, M. Isserels, J. Eybeschütz, J. Emden, Elias de Wilna, etc., nous trouvons les philosophes et les médecins de science Bibago, A. Zacchuto, J. del Medigo et Nieto ; et parmi les poètes, les linguistes

et les écrivains historiques, Elies Lavita, A. de Rossi, D. Gans, Manasseh ben Israel, Leo de Modena, B. Mussaphia, M.-H. Luzzato, J. Heilprin, Azulai, etc. Hors des limites de l'empire turc, il y eut à peine une littérature juive en Orient, bien qu'il existât et qu'il existe encore des communautés juives en Perse, dans le nord de l'Arabie, dans le Turkestan et l'Afghanistan, et quelques colonies dispersées, plus ou moins mélangées, dans l'Inde, en Chine, en Cochinchine, en Abyssinie et dans d'autres pays de l'Afrique, datant d'une époque très ancienne et fondées en partie par des Portugais et des Espagnols. En Europe, la dernière des grandes luttes religieuses se terminant par la paix de Westphalie (1648), les grandes persécutions contre les juifs cessèrent. Ils devinrent riches et puissants dans les républiques de Hollande, de Venise et furent réadmis en Angleterre par Cromwell, en Danemark et en France ; ils se répandirent aussi en Hollande et les Anglais dans diverses parties de l'Amérique. Ils rentrèrent en Russie sous Pierre le Grand et furent reçus en Suède. Le développement général de la liberté fut encouragé dans le siècle de la philosophie par l'apparition de Spinoza et de Mendelssohn (1729-'86), au milieu de ce peuple si longtemps méprisé. L'influence du second de ces grands hommes sur les juifs et sur les chrétiens fut immense, grâce à ses ouvrages et grâce aux œuvres de ses amis (le grand poète hébreu Wessely, Euchel, Löwe, Friedländer, etc., parmi les juifs, et Lessing, Dohm, etc., parmi les chrétiens) et ses admirateurs purent dire : « *Entre Moïse* (le législateur) *et Moïse* (Mendelssohn), *il y a seulement un Moïse* (Maimonides) ». Le progrès devint alors général parmi les Juifs et le noble philosophe vécut assez pour voir la première aurore de l'égalité dans le pays de Franklin et de Jefferson. La révolution dans le pays de Voltaire et de Rousseau vint ensuite, et les triomphes de la France détruisirent les institutions du moyen âge sur le Rhin et sur le Pô. Les droits des Juifs furent reconnus en Hollande, en Belgique, en Danemark, dans certaines parties de l'Allemagne, dans le Canada et dans la Jamaïque ; en 1848-'49, dans toute l'Allemagne, en Italie et en Hongrie ; et plus tard en Norwège et en Angleterre. Les mouvements de 1848-'49 montrèrent les immenses progrès faits par les juifs et par l'opinion publique depuis Mendelssohn et Lessing. Les juifs Crémieux, Goudchaux et Fould furent ministres de la République française ; Jacoby devint le chef de l'opposition au parlement de Berlin, Riesser fut vice-président de celui de Francfort ; le Dr Fischhof se mit à la tête des affaires à Vienne, après la fuite de la cour. Dans le grand nombre d'écrivains juifs (non compris tous les convertis au christianisme comme Heine, Neander ou Gans), nous mentionnerons seulement quelques noms : les talmudistes Jacob de Lissa, Bonet, Eger, Sopher ; les poètes hébreux ou les critiques S. Cohen, Wolfsohn, Bensev, Heidenheim, Landau, Reggio, Krochmal, Rappaport, S.-D. Luzzato ; les publicistes sur des sujets juifs en langues modernes, Zunz, Jost, Riesser, Geiger, Fürst, Philippson, Salvador, Munk, Frankel, M. Sachs, Herzfeld, Steinschneider, Grätz, Neubauer ; les philosophes Maimon et Ben David ; les astronomes W. Beer, Stern, Slonimski, l'ichthyologiste Bloch ; le physiologiste Valentin ; l'anatomiste Hirschfeld ; le botaniste Pringsheim ; les poètes Kuh, M. Beer, Frankl, Léon Halévy ; les auteurs de mélanges Auerbach et Bernstein ; les orientalistes Weil, Oppert, Levy, Munk. La politique, le droit, la médecine et les arts, y compris le théâtre (Mlle Rachel, etc.), ont eu de nombreux représentants, particulièrement parmi les juifs et la France. — Le nombre des Juifs répandus dans toutes les parties du monde peut être

évalué à 6 millions au moins ou à 7 millions au plus. — Le LANGAGE HÉBREU appartient à la branche chananaitique des langues sémitiques. (Voy. SÉMITIQUE.) Sous le rapport de la richesse, l'hébreu surpasse toutes les autres langues sémitiques, excepté l'arabe. Il manque de technicité grammaticale, particulièrement dans les modes et dans les temps et il pèche, en conséquence, un peu sous le rapport de la précision ; mais pour l'euphonie, la concision et la puissance, il n'est surpassé par aucune autre langue. Son entière pureté se montre dans les premiers livres de la Bible, dans les poésies de Judas Hallevi, d'Aben Ezra, etc., et dans les poèmes modernes de Wessely et autres. Les écrits en prose, postérieurs à la captivité de Babylone, sont généralement imprégnés d'aramaismes ; l'idiome mélangé de Gemara a été appelé chaldaïque. (Voy. TALMUD.) Trois espèces d'alphabets hébreux sont en usage : 1° le carré, appelé aussi l'assyrien (proprement le babylonien), que l'on suppose avoir été introduit par Ezra ; c'est le plus employé dans l'impression ; 2° le rabbinique ou alphabet du moyen âge, employé principalement dans les commentaires et dans les notes ; 3° le cursif. On croit que le plus ancien alphabet hébreu ressemblait à celui des Phéniciens (voy. ALPHABET), et que c'est celui qui se trouve sur les monnaies macchabéennes. L'écriture va de droite à gauche. L'alphabet consiste en 22 lettres ou consonnes, appelées *aleph*, *beth*, etc. Les voyelles sont exprimées par des marques placées en dessus ou en dessous des lettres. Cinq lettres (*kaph*, *mem*, *nun*, *pe*, *tsade*) ont une forme finale séparée. Il n'y a pas de lettres capitales. Les accents et les marques de ponctuation sont très nombreux. Les exemples suivants montreront les caractères intéressants de la langue : *kol* (une) voix, *hakkol*, la voix ; *gan*, jardin, *haggan*, le jardin ; *dod*, oncle, *dodah*, tante ; *dod zaken*, un vieil oncle, *dodah zekenah*, une vieille tante ; *dodim zekenim*, vieux oncles, *dodoth zekenoth*, vieilles tantes ; *oznayim alpayim*, deux (un couple d') oreilles, milliers. *Banim*, fils, *banoth*, filles ; *benei David*, *benoth David*, fils, filles de David. *Ani gadol*, je suis grand, *hem gedolim*, ils sont grands. *Koli*, ma voix, *kolo*, sa voix, *kolam*, leur voix (*kolan*, langage des femelles). *Lemoskeh*, à Moïse, *kemosheh*, comme Moïse ; *bo*, dans lui, *lo*, à lui ; *bein mosheh vedavid*, entre Moïse et David. *Min*, de ; *gadol middavid*, plus grand que David ; *haggadol baaretz*, le plus grand de la terre. *Shamor*, garder ; *eshmor*, je garderai ; *tishmor*, tu garderas ; *nishmor*, nous garderons ; *sha marti*, j' (ai) gardé ; *shamarnu*, nous gardions ; *anishomer* (je suis gardant), je garde ; *ha shomer*, il garde ; *shamur*, (il) gardait ; *nishmar*, (il) fut gardé ; *hishtammer*, (il) gardait lui-même ; *lishmor*, pour garder ; *bishmor*, en gardant ; *shemarani*, (il) gardait moi ; *shemaro*, (il) gardait lui ; *yishmerenu*, (il) nous gardera ; *shomer*, gardien ; *mishmar*, garde, surveillant. *Akhal*, (il) mange ; *ikkel*, (il) consumait ; *heekhil*, (il) faisait manger ; *nekkhal*, (il) fut mangé ; *ukkal*, (il) fut consumé.

JUIGNÉ (Antoine-Éléonore-Léon LECLERC DE), archevêque de Paris et constituant, né en 1728, mort en 1811. Successivement grand vicaire de Carcassonne, agent du clergé en 1760, évêque de Châlons en 1764, archevêque de Paris en 1781 ; il fit partie des états généraux, émigra en 1792 et rentra en France en 1802.

JUILLAC, ch.-l. de cant., arr. et à 29 kil. N.-O. de Brives (Corrèze) ; 2,000 hab. Commerce de bestiaux et de vins.

JUILLET s. m. [jui-iè ou ju-iè ; *ll* mll] (lat. *Julius*, Jules). Septième mois de l'année, composé de 31 jours. Ce mois fut primitivement appelé par les Romains *quintus* (*cinquième*) ; il était, en effet, le cinquième mois de l'année latine qui, avant Numa, commençait en mars. Ce nom fut changé en celui de *juillet*, sur la proposition de Marc-Antoine, en l'honneur de Julius César, qui était né le 12 de ce mois. — **Journée du 14 juillet 1789,** marquée par la prise de la Bastille, et dont l'anniversaire fut célébré par les fêtes de la Fédération (1790-'92. Le 14 juillet est maintenant un jour de fête nationale. (Voy. Bastille.) — **Journées du 17 juillet 1791.** (Voy. Bailly.) — **(Ordonnances de)**, nom donné aux fameuses ordonnances rendues le 25 juillet 1830, par le ministère Polignac, contre la presse, la Chambre et la loi électorale; elles servirent de prétexte à la révolution qui s'accomplit deux jours après. — **Journées des 27, 28, 29 juillet 1830.** Elles virent éclater, au nom de la charte d'abord, une insurrection provoquée par les ordonnances de Charles X; cette révolte, qui devint bientôt une révolution populaire, amena la chute de Charles X et fit monter sur le trône Louis-Philippe d'Orléans. (Voy. Charles X.)

JUILLY, commune de l'arr. de Meaux (Seine-et-Marne), où se trouve un célèbre collège fondé en 1639 et dirigé par les Oratoriens.

* **JUIN** s. m. [juain] (lat. *junius*, que quelques-uns font dériver de *Juno*, et d'autres de *juniores*, parce qu'il était le mois des jeunes gens, comme mai était celui des personnes âgées). Sixième mois de l'année, composé de 30 jours. Il était le quatrième du vieux calendrier latin, et, dans l'origine, il n'avait que 26 jours. On dit que Romulus lui donna 30 jours, Numa en fit le cinquième mois et lui enleva un jour qui lui fut rendu par Jules César. — **Journée du 20 juin 1792.** Cette journée fut faite par les faubouriens de Saint-Marcel et de Saint-Antoine; quelques revers essuyés par l'armée de Rochambeau, le refus que faisait Louis XVI de sanctionner certains décrets de l'Assemblée législative, le renvoi du ministre, firent accuser ce prince de trahison par les clubs; la foule, sous les ordres de Santerre, Legendre, Sergent, etc., envahit les Tuileries en demandant le rappel des ministres et la sanction des décrets; Louis XVI reçut avec sang-froid les manifestants, malgré les menaces que fit entendre Legendre dans une adresse qu'il lut au roi. Louis XVI répondit qu'il ferait ce que la Constitution lui ordonnerait de faire; ce fut alors qu'on le coiffa du bonnet phrygien et qu'il se montra à la foule ameutée. Pétion arriva avec la garde nationale et fit évacuer les Tuileries. — **Journée du 2 1793,** journée célèbre dans l'histoire de la Convention nationale; les sections, à l'instigation du club des Jacobins et poussées par la Commune, se soulèvent; 80,000 hommes sous la conduite de Henriot, marchent sur les Tuileries où siège la Convention, envahissent l'Assemblée et font décréter l'arrestation des girondins. Ce fut le triomphe du parti de la Montagne et le commencement de la Terreur. — **(1832, journées de).** On donne ce nom à l'émeute qui fut provoquée et qui éclata à Paris les 5 et 6 juin, à l'occasion des funérailles du général Lamarque, ancien député de l'opposition. Des barricades furent élevées dans les quartiers Saint-Antoine, Saint-Denis, Saint-Martin, et la résistance fut surtout vive au cloître Saint-Merry. Il fallut employer les troupes de ligne et la garde nationale pour vaincre l'émeute; le 6, au soir, la victoire restait à la royauté. Il y eut plusieurs centaines de tués et de blessés. — **(1848, journées de).** Guerre civile de 4 jours qui éclata dans Paris le 23 juin 1848; l'œuvre du parti socialiste qui se souleva à l'occasion de la suppression des ateliers nationaux; l'insurrection commença le 23 dans les quartiers Saint-Denis, Saint-Martin et Saint-Jacques, où de nombreuses barricades furent élevées; le 26, l'Assemblée, voyant l'insurrection devenir générale, déclara Paris en état de siège.

La répression, dirigée par le général Cavaignac, coûta la vie à ses collègues Négrier, Duvivier, Bréa, Damesme, Bourgon, Regnault et François; à un nombre considérable de soldats, de gardes nationaux et de gardes mobiles qui étaient venus des départements pour porter secours à l'armée de Paris; l'archevêque Affre fut tué le 25, au moment où il portait aux insurgés des paroles de paix. — **(1849, journée du 13).** Vingt à trente mille hommes, partis du Château-d'Eau, marchèrent vers l'Assemblée législative pour protester contre l'expédition romaine; le général Changarnier déboucha sur les boulevards à la tête de plusieurs régiments de ligne et dispersa les émeutiers. Quarante députés de la Montagne, réfugiés aux Arts et Métiers d'où ils dirigeaient le mouvement, furent bloqués par le 62e de ligne qui mit en état d'arrestation tous ceux qui ne purent réussir à prendre la fuite.

* **JUIVERIE** s. f. (rad. *juif*). Quartier d'une ville habité par les juifs: *la juiverie de Metz.* — Fam. Marché usuraire: *c'est une vraie juiverie.*

* **JUJUBE** s. m. (gr. *zizuphon*; ar. *zizouf*). Fruit du jujubier, qui consiste en un noyau à deux loges renfermé dans une enveloppe pulpeuse, et qui s'emploie fréquemment en médecine comme pectoral et adoucissant. — Suc extrait de la jujube. — **Pâte de jujube**, préparation adoucissante faite avec une décoction de jujube à laquelle on ajoute de la gélatine et du sucre.

* **JUJUBIER** s. m. Bot. Genre de rhamnées, type de la tribu des *zizyphées*, comprenant plusieurs espèces d'arbres ou d'arbrisseaux épineux qui habitent, pour la plupart, les régions chaudes de l'ancien continent. Le

Jujubier commun (Zizyphus vulgaris).

jujubier commun (zizyphus vulgaris), petit arbre indigène d'Asie, atteint, dans son pays natal, de 7 à 10 mètres de haut; mais il ne porte de fruits qu'à l'état d'arbrisseau. Le fruit renferme un seul noyau osseux entouré d'une pulpe charnue, qui est un peu acide quand elle est fraîche, et qui est sucrée et agréable au goût quand elle est sèche. En Orient, on mange le fruit frais et le fruit sec, on le considère comme un adoucissant; le sirop et la pâte de jujube sont employés en Europe contre les rhumes et les catarrhes. Les anciens Romains introduisirent le jujubier en Italie et cet arbre se répandit en Espagne et dans le midi de la France.

JUJUY [jou-joui]. I. Province de la République Argentine, bornée au N. et à l'O. par la Bolivie et à l'E. par le Gran Chaco; 93,195 kil. carr.; 66,000 hab. Au N.-O. s'étend une plaine élevée appelée la Puna, à l'E. de laquelle le pays s'incline doucement vers les plaines du Chaco. Le lac Casabindo,

dans la Puna, fournit des quantités inépuisables de sel, dont la majeure partie est exportée. L'asphalte, le pétrole, l'or, l'argent, le cuivre, le fer et le mercure abondent dans la plupart des districts. Le climat est doux et salubre. On cultive en grande quantité le riz, le maïs, la canne à sucre et le tabac. Elevage des bœufs, des mules, des moutons, des chèvres, des llamas et des vigognes. — II. **San Salvador de,** capitale de cette province, sur le Rio San Francisco, dans une vallée fertile, à 1,333 mètres au-dessus du niveau de la mer, à 1,315 kil. N.-O. de Buenos-Ayres; 3,080 hab. Dans le voisinage se trouvent des sources chaudes salines, efficaces contre le rhumatisme chronique.

* **JULE** s. m. Entomol. Voy. Iule.

* **JULE** s. m. Nom d'une monnaie qui a cours en Italie, et surtout à Rome: *le jule vaut environ trente centimes, et tire son nom du pape Jules II.*

* **JULEP** s. m. [ju-lèpp] (bas lat. *julapium*). Pharm. Potion adoucissante et calmante, ordinairement composée de sirops et d'eau distillée, auxquels on ajoute parfois des mucilages ou des acides.

JULES (Saint), soldat romain, fut dénoncé comme chrétien par ses chefs et subit le martyre l'an 302 de notre ère. Fête le 27 mai.

JULES, nom de trois papes. — I (Saint), mort en 352. Il fut élu pape le 6 févr. 337; il convoqua un concile général à Sardique où la conduite de saint Athanase contre les Eusébiens fut approuvée. Fête le 12 avril. — II (Giuliano della Rovere), né en 1441, mort le 21 févr. 1513. Son oncle Sixte IV le fit cardinal et il se distingua comme général plutôt que comme prélat. Il fut élu pape en 1503, chassa César Borgia des Etats pontificaux et s'occupa d'augmenter le pouvoir du saint-siège. En 1508, il s'associa à la fameuse ligue de Cambrai pour le démembrement de la république vénitienne. Les troupes de la ligue furent partout heureuses; le doge implora la paix et le pape ayant atteint son but s'unit avec les Vénitiens et Ferdinand d'Aragon pour chasser les Français d'Italie; il fit campagne en personne et déploya de véritables talents militaires. Il posa la première pierre de l'église de Saint-Pierre et il fut le protecteur de Michel-Ange, de Bramante et de Raphaël. — III (Gian-Maria del Monte), né en 1487, mort le 23 mars 1555. Il fut nommé cardinal en 1536 et succéda à Paul III en 1550. Il ouvrit de nouveau les séances du concile de Trente, confirma l'institution des jésuites et prit parti pour Charles-Quint dans sa querelle avec Ottavio Farnèse et les Français, mais il fut forcé de signer une trêve avec ses ennemis en avril 1552.

JULES ROMAIN (Giulio Peppi *dit*), peintre et architecte, né en 1492, mort en 1546. Elève de Raphaël, il travailla avec lui au Vatican et au palais Borgia et, après la mort de son maître, il acheva quelques-uns de ses tableaux et mit la dernière main à la *Transfiguration*; il prit ensuite Michel-Ange pour modèle, eut la protection des papes et fit de véritables chefs-d'œuvre; sa *Défaite de Maxence* le mit au rang des plus grands maîtres. On a de lui: le *Déluge*, la *Flagellation, Judith*, la *Nativité, Vénus et Vulcain*, la *Vierge, l'Enfant Jésus et saint Jean*, etc.

JULIA DOMNA, femme de Septime Sévère, morte en 217; elle vit périr ses deux fils, Géta et Caracalla, et ne laissa mourir de faim.

JULIE, fille de Jules César et de Cornélie et femme du grand Pompée, morte l'an 55 av. J.-C. Elle empêcha pendant quelque temps la rivalité de son père et de son époux d'éclater en guerre civile.

JULIE (Sainte), noble carthaginoise, morte

vers l'an 439. Sous la persécution de Gensé-ric, elle fut vendue comme esclave et con-duite en Syrie; sa douceur lui attira les bonnes grâces de son maître; elle la suivit en Corse; mais ayant refusé de prendre part à une fête païenne, elle fut mise à mort par ordre du gouverneur de l'île.

JULIEN, ENNE adj. Qui appartient à Jules César. — ÈRE JULIENNE, ANNÉE JULIENNE. (Voy. ANNÉE et CALENDRIER.) — PÉRIODE JULIENNE, nombre d'années produit en multipliant le cycle lunaire 19 par le cycle solaire 28 et le résultat par l'indiction romaine 15; ce qui donne pour résultat général 7,980 ans. La période julienne fut imaginée par Joseph Scaliger vers 1583, et fut dite *Julienne* en l'honneur de JULES Scaliger, père de l'inven-teur. Elle commence 4,713 ans avant notre ère. La période julienne avait pour but d'é-viter toute ambiguïté dans la supputation des périodes qui ont précédé l'ère chrétienne, avantage que présente aussi l'ère de la créa-tion du monde. En soustrayant 4,743 de la période julienne, on trouve l'année de notre ère; et si l'on cherche une année antérieure à la venue de J.-C., on soustrait la période julienne de 4,714.

JULIEN (Saint), originaire d'Occident; mort en 370. Il fut emmené tout jeune en Orient comme esclave; là, il fut élevé dans la foi chrétienne; devenu libre après la mort de son maître, il entra dans un monastère et y mourut. Fête le 9 juin.

JULIEN (Flavius-Claudius-Julianus), sur-nommé l'*Apostat*, empereur romain, né 334 apr. J.-C., mort le 26 juin 361. Il était neveu de Constantin le Grand. Julien fut élevé dans le christianisme, mais, sous l'influence des philosophes platoniciens, il embrassa le paga-nisme, bien qu'il ne le professât pas publi-quement. Constance II le fit surveiller et mettre plusieurs fois en prison; mais, en 355 il le proclama César et lui donna sa sœur Hé-lène en mariage. Julien reçut le gouverne-ment des provinces transalpines avec le com-mandement des forces qui devaient chasser au delà du Rhin les envahisseurs allemands de la Gaule. Ayant réussi dans cette dernière entreprise, il acquit une telle popularité que, lorsque Constance lui ordonna en 360 d'en-voyer ses meilleures troupes à la guerre de Perse, celles-ci le proclamèrent empereur. Il fit une marche admirable le long du Da-nube contre Constantinople, mais la mort subite de Constance lui donna la possession complète de l'empire. Alors, il professa ou-vertement le paganisme, et, bien qu'il pro-clamât une tolérance universelle, il exclut les chrétiens des emplois civils et militaires, leur défendit d'enseigner la grammaire et la rhétorique dans les écoles, et écrivit un traité volumineux contre les prétendues erreurs du christianisme. En 363, il fit la guerre aux Perses, remporta une victoire sous les murs de Ctésiphon et marcha dans le dé-sert à la recherche de Sapor, roi de Perse; mais il fut surpris par l'ennemi et blessé mortellement. Julien s'efforça d'imiter la tempérance et la simplicité des premiers Ro-mains, et il fut infatigable dans l'exercice de ses devoirs publics. Il possédait des talents littéraires et oratoires à un haut degré, il écrivit d'une manière convenable sur diffé-rents sujets. Les plus remarquables de ses ou-vrages encore existants sont : *Les Césars* ou *Le Banquet* et le *Misopogon* (*Ennemis de la barbe*). Nous avons une édition des œuvres complètes de Julien traduites en français par Tourlet (Paris, 1821, 3 vol. in-8°).

JULIEN (Stanislas-Aignan), orientaliste français, né à Orléans en 1799, mort en 1873. Gail, professeur de grec au collège de France, le nomma son substitut en 1821, et en 1832 il devint professeur de chinois. Il traduisit

des contes, des poèmes, des drames et d'autres livres; publia : *Voyage des pèlerins bouddhistes* (3 vol. 1853-'58) et une nouvelle grammaire chinoise. Au moment de sa mort il préparait un dictionnaire chinois complet.

JULIEN L'AFRICAIN. Voy. AFRICANUS.

JULIEN (Saint-), ch.-l. d'arr., à 25 kil. N. d'Annecy (Haute-Savoie), par 46° 8' 35'' lat. N. et 3° 44' 46'' long. E.; 465 m. d'altitude; 4,350 hab. Cette ville est à 10 kil. S.-O. de Genève.

JULIEN-CHAPTEUIL (Saint-), ch.-l. de cant., arr. et à 17 kil. E. du Puy (Haute-Loire), près de la Sumène; 3,300 hab. Restes d'un vieux château.

JULIEN-LARS (Saint-), ch.-l. de cant., arr. et à 14 kil. N.-E. de Poitiers (Vienne); 900 hab. Tuileries, briqueteries, fours à chaux.

JULIEN-DU-SAULT (Saint-), ch.-l. de cant., arr. et à 10 kil. N.-O. de Joigny (Yonne); 2,450 hab. Commerce de bois, de charbon et de vins; fabriques d'acier poli; tanneries.

JULIEN-DE-VOUVANTES (Saint-), ch.-l. de cant., arr. et à 14 kil. S.-E. de Châteaubriant (Loire-Inférieure); 4,950 hab. Fabrication de chaux, tanneries.

JULIEN-SUR-LE-SURAN (Saint-), ch.-l. de cant., arr. et à 34 kil. S. de Lons-le-Saulnier (Jura); 720 hab. Elève de mulets.

JULIENNE adj. fém. Voy. JULIEN.

JULIENNE s. f. Cuis. Potage fait avec plusieurs sortes d'herbes et de légumes: *servir une julienne*. On dit aussi : *potage à la ju-lienne*.

JULIENNE s. f. Bot. Genre de crucifères, qui se rapprochent beaucoup des giroflées, et dont plusieurs espèces sont employées en médecine, ou cultivées dans les jardins d'a-grément.

JULIENNES (Alpes), partie de la chaîne des Alpes, comprise entre le mont Terglou et le mont Kleck, par lequel elles se rattachent aux Alpes Dinariques.

JULIERS (anc. *Juliacum*, all. *Jülich*), ville de la Prusse rhénane, à 28 kil. N.-E. d'Aix-la-Chapelle; 5,120 hab. Elle forma primiti-vement avec le district environnant un comté impérial qui devint duché en 1357 et qui fut réuni à Clèves au commencement du XVIe siècle. Après l'extinction de la maison de Clèves (1609), la contestation pour la posses-sion de Jülich fut l'un des préludes de la guerre de Trente ans. Cette contestation ne se termina pas avant 1666, époque où Juliers et Berg furent donnés aux comtes palatins de Neubourg. Annexé à la République fran-çaise en 1794, Juliers devint le ch.-l. du dép. de la Roër; il passa à la Prusse, en 1815. Quelques localités de l'ancien duché furent attachées au Limbourg hollandais.

JULIETTE, une des héroïnes de Shaks-peare; la fiancée de Roméo dans *Roméo et Juliette*.

JULIOMAGUS, ville de l'ancienne Gaule dans la troisième lyonnaise, ch.-l. des Ande-caves. Aujourd'hui Angers.

JULLIEN (Louis-Georges), compositeur né à Sisteron en 1812, mort en 1860. Ses talents précoces pour le violon et pour la musique en général, furent développés par Cherubini. Il se rendit à Londres en 1839, organisa des promenades-concerts pendant plusieurs années et, en 1853, il produisit un opéra *Pietro il Grande*. En cette année, il commença une tournée musicale aux Etats-Unis. Il se ruina dans la suite et mourut dans un asile de fous à Paris.

JULLIEN DE LA DRÔME (Marc-Antoine), con-ventionnel montagnard, né à Bourg-de-Péage en 1744, mort en 1821. Le dép. de la Drôme

le choisit pour son représentant à la Conven-tion, où il siégea à la Montagne; il vota la mort du roi sans sursis ni appel. Il fut nom-mé par le Directoire administrateur du dép. de la Drôme et, fidèle à ses idées républicai-nes, ne voulut rien accepter de l'Empire. Après la deuxième Restauration, il fut interné à Barcelonnette.

JUMART s. m. (vient probablement de *jument*). Animal qu'on supposait engendré soit d'un taureau et d'une ânesse, ou d'un âne et d'une vache, soit d'un cheval et d'une vache, ou d'un taureau et d'une jument. (Voy. BAF et BIF.)

JUMEAU, ELLE adj. (lat. *gemellus*). Se dit de deux ou de plusieurs enfants nés d'un même accouchement : *deux frères jumeaux*. On le dit quelquefois en parlant des animaux: *deux chiens jumeaux*. — s. : *elle accoucha de deux jumeaux*. — Fruits quand il s'en trouve deux joints ensemble; et alors il ne s'emploie jamais que comme adjectif : *des abricots ju-meaux*. — LITS JUMEAUX, deux lits de même forme et de même dimension, placés paral-lèlement dans la même pièce. — Anat. MUS-CLES JUMEAUX, ou substantiv., JUMEAUX, deux petits muscles qui concourent au mouve-ment de la jambe; et, ARTÈRES, VEINES JUMEL-LES, NERFS JUMEAUX, certaines artères, etc., qui aboutissent, qui se perdent dans les muscles jumeaux.

JUMEAUX, ch.-l. de cant., arr. et à 16 kil. S.-E. d'Issoire (Puy-de-Dôme), sur la rive droite de l'Allier; 4,300 hab. Mine de baryte sulfatée, construction de bateaux.

JUMELÉ, ÉE adj. Blas. Se dit d'un sau-toir, d'un chevron, de toute pièce formée de deux jumelles.

JUMELER v. a. Mar. Consolider, renforcer: *jumeler un mât*. — Techn. Ajuster ensemble, accoupler deux objets semblables.

JUMELLES s. f. pl. Charpent. Se dit de deux pièces de bois montantes qui entrent dans la composition d'un pressoir. Se dit en général, dans presque tous les arts, de deux pièces de bois ou de métal qui sont sembla-bles, et qui entrent dans la composition d'une machine ou d'un outil : *les jumelles d'une presse de bois*. — Blas. Deux petites faces, bandes, barres, etc., parallèles, qui n'ont que le tiers de la largeur ordinaire. — Espèce de double lorgnette dont on se sert principalement au spectacle.

JUMENT s. f. (lat. *jumentum*). Cavale, la femelle du cheval: *être monté sur une jument*. — Prov., fig. et pop. JAMAIS COUP DE PIED DE JUMENT NE FIT MAL A CHEVAL, un galant homme ne s'offense point de recevoir un coup ou une injure d'une femme.

JUMIÈGES, village de la Seine-Inférieure, arr. et à 27 kil. O. de Rouen près de la Seine; 2,000 hab. — Abbaye de Jumièges, célèbre abbaye de bénédictins, fondée dans le village de ce nom par saint Philibert, en 654, et dont on ne voit plus que les ruines majes-tueuses. Détruite par les Normands en 841, elle fut relevée dix ans plus tard par Guil-laume Longue-Epée. Les écoles de Jumièges étaient déjà célèbres sous Guillaume le Con-quérant; ce fut à ce prince que l'historien Guillaume de Jumièges dédia son histoire *De Ducibus Normanniæ*. Agnès Sorel mourut à Jumièges. La révolution en fit une ruine.

JUMILHAC-LE-GRAND, ch.-l. de cant., arr. et à 45 kil. E. de Nontron (Dordogne), sur la rive gauche de l'Isle; 2,700 hab. Beau châ-teau féodal, l'un des plus curieux du Péri-gord.

JUMNA [djomm'-na], rivière de l'Indoustan, le principal tributaire du Gange. Elle prend sa source dans le Gurwhal, au pied du Jum-notri; après un cours d'environ 450 kil., elle entre dans les plaines de l'Indoustan, et se divise en plusieurs branches; elle passe à Delhi, à Agra, à Muttra, à Etawah et à Calpee, et se jette dans le Gange à Allahabad, à 1,290 kil. de sa source. Ses principaux affluents sont: le Chumbul, le Sinde, le Betwa, la Cane et l'Hindoun. Elle a été rendue navigable jusqu'à Calpee (environ 225 kil.) Les principaux canaux d'irrigation qu'elle alimente mesurent près de 900 kil. de long.

JUMONVILLE, officier français, né en 1725, tué au Canada en 1755. (Voy. WASHINGTON.)

JUNG (Joachim) [ioung], philosophe allemand, né en 1587, mort en 1657. Il fut professeur de mathématiques à Giessen (1609-'14) ensuite il étudia la médecine à Padoue, et en 1629, il devint recteur du Johanneum de Hambourg. Leibnitz le place après Copernic et Galilée et peu au-dessous de Descartes. Ses ouvrages comprennent *Geometria Empirica* (1688).

JUNG-BUNZLAU [ioung-bounn's'-laou], ville de Bohême, sur l'Iser, à 45 kil. N.-E. de Prague; 8,695 hab. Elle occupe l'emplacement d'une ancienne ville de Bunzlau, détruite pendant la guerre hussite et pendant la guerre de Trente ans.

JUNGERMAN (Godefroy), célèbre correcteur de l'imprimerie Wechel (Francfort), né à Leipzig, mort en 1610. Publia de bonnes éditions d'auteurs classiques, entre autres les *Commentaires de César* et l'*Hérodote* avec la traduction latine de Valla.

JUNGFRAU [ioung-fraou] (la *fille* ou la *vierge*), montagne pittoresque ou plutôt groupe de montagnes de Suisse, formant l'une des chaînes des Alpes bernoises et séparant les cantons du Valais et de Berne. Elle a 4,167 m. de haut. En 1828, le pic le plus élevé fut atteint par quelques paysans du Grindelwald, et en 1841 par Agassiz, accompagné du professeur Forbes, d'Edimbourg.

JUNGHUHN (Franz-Wilhelm) [ioung-hounn] naturaliste allemand, né en 1812, mort en 1864. Il fut d'abord chirurgien dans l'armée prussienne; en 1835, il se rendit dans les Indes orientales hollandaises, explora les îles, particulièrement Java et Sumatra, au compte du gouvernement hollandais. Son ouvrage le plus important traite de la botanique, de la géographie et de la géologie de Java (3 vol., 1851-'54). En 1851, fut commencé, sous la direction de plusieurs naturalistes, l'ouvrage intitulé *Plantæ junghuhnianæ*.

• **JUNGLE** s. f. [jon-gle] (sansc. *jangala*, désert). Dans les Indes orientales, plaine marécageuse, couverte de roseaux et de broussailles épaisses : *les tigres sont nombreux dans les jungles.*

JUNGMANN (Jozef-Jakob) [ioung-mànn], philologue slave, né en Bohême en 1773, mort en 1847. Il fut professeur à l'université de Prague. Il a publié une chrestomathie bohémienne, une histoire du langage et de la littérature bohémienne et un dictionnaire complet bohémien-allemand.

JUNG-STILLING (Johann-Heinrich JUNG), mystique allemand, né en 1740, mort en 1817. Il fut successivement charbonnier, tailleur, professeur, étudiant en médecine à Strasbourg. Il fit des opérations pour la cataracte à Elberfeld, enseigna l'économie rurale en différents lieux et devint conseiller privé à Bade. Son ouvrage le plus populaire est une autobiographie. L'amour et le mariage sont traités avec un enthousiasme spécial dans ses contes et dans ses romans allégoriques et mystiques. Dans ses derniers ouvrages, il se montre comme inspiré et comme théosophiste. Son *Apologie der Theorie der Geisterkunde* est remplie de narrations merveilleuses.

JUNIATA, rivière de Pennsylvanie, qui prend

sa source au pied des montagnes Alleghany, et se joint à la Susquehanna, à 22 kil. au-dessus d'Harrisburg.

JUNIEN (Saint-), ch.-l. de cant., arr. et à 11 kil. N.-E. de Rochechouart (Haute-Vienne), près du confluent de la Vienne et de la Glane ; 8,220 hab. Collège; commerce de chevaux et de mulets, chapellerie, ganterie, poterie.

JUNIOR adj. Mot latin qui signifie *plus jeune* et qui s'emploie quelquefois à la suite d'un nom de personne pour la distinguer de frères ou de parents plus âgés : *Auguste junior.*

JUNIUS, pseudonyme d'un écrivain anglais, auteur de *Lettres politiques* qui parurent dans le *Public advertiser*, de Londres, entre le 21 janvier 1769 et le 21 janvier 1772. Elles étaient dirigées contre le ministère de lord North, contre les chambres, la magistrature et le souverain. Ecrites avec infiniment de talent, de verve, d'esprit et même de méchanceté, ces lettres sont restées le modèle du genre satirique et frondeur. — Leur auteur est resté inconnu. En France, ce pseudonyme a été pris par divers écrivains, mais sans beaucoup de succès.

JUNIUS I (Franciscus) (FRANÇOIS DU JON), théologien protestant, né en France en 1545, mort à Leyde en 1602. Il devint ministre d'une congrégation wallonne à Anvers en 1565 et, en 1573, il fut appelé par l'électeur palatin, à Heidelberg, où, en collaboration avec Tremellius, il fit une traduction latine de l'Ancien Testament. Il devint ensuite professeur à Leyde. Ses *Opera theologica* furent publiées en 2 vol. in-fol. (Genève, 1607). — II. (Franciscus), son fils, philologue, né en 1589, mort en 1677. Il se rendit en Angleterre en 1620 et fut pendant 30 ans bibliothécaire du comte d'Arundel. Il publia une édition des Evangiles gothiques d'Ulfila avec un commentaire; mais son plus grand ouvrage est son *Glossarium gothicum*, en cinq langues. Il écrivit aussi un traité *De Pictura veterum*, qu'il traduisit en anglais.

JUNIVILLE, ch.-l. de cant., arr. et à 13 kil. S.-E. de Rethel (Ardennes), 1,300 hab. Filature de laines, commerce de bestiaux et de bois.

• **JUNON** s. f. Astron. Planète qui est entre Vesta et Cérès, et qui fait sa révolution autour du soleil en mille cinq cent quatre-vingt-onze jours, la rapidité moyenne de sa course étant d'environ 65 millions de kil. à l'heure. Sa distance du soleil est évaluée à 385 millions de kil., et son diamètre est d'environ 2,450 kil. Cette planète a été découverte le 1er septembre 1804 par Harding, de Lilienthal, près Brême.

JUNON. Mythol. Déesse appelée HÉRA par les Grecs; fille de Saturne et de Rhéa; sœur et femme de Jupiter. Elle fut surnommée par les Grecset par les Romains BασΩια et *Regina*, comme étant reine des cieux; Ταμίλια et *Pronubia*, comme protectrice du mariage; Ειλείθυια et *Lucina*, comme présidant aux accouchements. Elle fut mère de Mars, d'Hébé et de Vulcain. Son culte était pratiqué principalement à Argos, à Samos, à Sparte et à Rome.

JUNOT (Andoche), duc d'Abrantès, général, né à Bussy-le-Grand (Côte-d'Or), en 1771, mort en 1813. Il gagna la faveur de Napoléon à Toulon, en Italie et en Egypte; il la perdit par ses indiscrétions et par celles de sa femme; rentra en faveur par la prise d'Abrantès (nov. 1807), qui lui valut son titre, par celle de Lisbonne (déc.) et de plusieurs autres places espagnoles. Battu par les Anglais, il évacua le Portugal en vertu de la convention Cintra (août 1808). Il servit ensuite à Saragosse et en Allemagne et fut blessé en Espagne. Il mécontenta Napoléon pendant la

campagne de Russie (1812), et fut relégué à Venise comme gouverneur général de l'Illyrie. Il se tua pendant un accès de fièvre chaude, en sautant par une fenêtre de la maison de son père, à Montbard. Il eut pour enfants : le duc NAPOLÉON-ANDOCHE JUNOT D'ABRANTÈS (1807-'51) qui écrivit des livres frivoles après avoir quitté le service diplomatique; ADOLPHE-ALFRED-MICHEL, né en 1810, mort en 1859 d'une blessure qu'il reçut à Solférino; JOSÉPHINE, née en 1802, femme de lettres, épouse de James Ainel; CONSTANCE, née en 1803, femme de Louis Aubert; a écrit des articles de modes.

• **JUNTE** s. f. [jon-te] (esp. *junta*; du lat. *jungere*, joindre). Nom qu'on donne à différents conseils, en Espagne et en Portugal. — Les juntes sont des espèces de comités qui se réunissent ordinairement d'eux-mêmes pour donner leur opinion sur un sujet déterminé. Napoléon convoqua en 1808, à Bayonne, une junte de notables qui offrit la couronne à Joseph Bonaparte. Mais aussitôt des juntes provinciales, réunies spontanément, se déclarèrent contre les Français et appelèrent le peuple à la révolte. Tant que dura la lutte, une junte centrale siégea à Aranjuez, puis à Séville et à Cadix. Il y eut encore des juntes libérales en 1836 et des juntes révolutionnaires en 1868.

• **JUPE** s. f. (ar. *jubbet*, pelisse courte de dessous). Partie de l'habillement des femmes qui descend depuis la ceinture jusqu'aux pieds : *jupe de dessus.*

JUPIN, surnom de Jupiter; n'est employé que par les poètes et dans le langage familier ou badin:

> Un jour le bonhomme *Jupin,*
> Ayant bu quelques coups de vin,
> De sa raison perdit l'usage
> Et créa l'homme à son image.
>   T. DE M.

JUPITER [ju-pi-tèrr] (lat. *Jovis*), appelé ZEUS par les Grecs, le plus grand des dieux de la mythologie grecque et romaine, fils de Saturne et de Rhea, frère de Neptune, de Pluton, de Vesta, de Cérès et de Junon. Arrivé à l'âge viril, Jupiter détrôna son père et obtint l'empire de l'univers, qu'il partagea avec ses frères Neptune et Pluton, se réservant les cieux et l'atmosphère. Il fixa sa résidence sur le sommet de l'Olympe et prit successivement pour femmes Métis, Themis, Eurynome, Cérès et Mnémosyne, Latone et Junon. Il était le plus puissant des dieux, le maître suprême des mortels et des immortels. Ses temples les plus célèbres, en Grèce, étaient ceux de Dodone et d'Olympie; ce dernier renfermait la célèbre statue colossale de lui par Phidias. — Jupiter Ammon. (Voy. AMMON.)

• **JUPITER** s. m. [ju-pi-tèrr]. Astron. Planète qui est entre Pallas et Saturne, et qui fait sa révolution autour du soleil en quatre mille trois cent trente-trois jours. — Jupiter est la plus grande planète de notre système et la cinquième dans l'ordre de distance du soleil, si l'on ne tient pas compte des astéroïdes. (Voy. ce mot.) Il est désigné par le signe ♃. Jupiter parcourt son orbe à une distance moyenne de 794,461.000 kil. du soleil, sa plus grande distance étant de 805,000,000 de kil. et sa plus petite distance de 730 millions. Jupiter fait sa révolution autour du soleil dans une période moyenne de 4,332 jours 5848, et sa période synodique moyenne est de 398 jours 867. Divers calculs ont donné des dimensions différentes pour Jupiter; mais nous devons prendre 135,000 kil. comme l'étendue la plus probable (en nombres ronds) de son diamètre équatorial. Son diamètre polaire est beaucoup moindre, la compression de cette planète étant estimée diversement de $\frac{1}{14}$ à $\frac{1}{17}$. Nous pouvons prendre $\frac{1}{15}$ comme moyenne; son axe polaire serait donc d'environ 8,700 kil. de moins que son diamètre équatorial. Son volume est d'environ 1,235 fois celui de la terre, mais sa densité étant seulement du quart de celle de la terre, sa masse n'excède pas celle de la terre dans une proportion aussi considérable. Jupiter opère sa rotation sur son axe en moins de 10 heures. La période donnée par Beer et Mädler est de 9 heures 55 minutes 26 secondes 5324. Jupiter est accompagné de quatre satellites dont les éléments sont donnés dans le tableau suivant :

N°	Révolution sidérale	Distance en rayons de Jupiter	Inclinaison de l'orbite sur l'équateur de Jupiter.	DIAMÈTRE apparent	DIAMÈTRE en kil.	Masse, celle de Jupiter étant 1
	J. h. m.					
I	1 18 20	6,05	0' 7"	1.02"	3.540	0.000017328
II	3 13 4	9,62	1 6	0.94	3.150	0.000023225
III	7 3 43	15.35	5 3	1.49	5.160	0.000088497
IV	19 16 32	26,99	0 24	1.27	4.500	0.000042659

Ces quatre satellites reçoivent les noms de Io, Europa, Ganymède et Calisto. — L'apparence du disque de Jupiter fait supposer que cette planète est enveloppée d'une profonde atmosphère vaporeuse chargée de masses de nuages. Une série de bandes larges, alternativement sombres et éclairées, et de couleurs différentes, s'étendent en travers du disque, dans le sens des latitudes de la planète. Des nuages ronds paraissent flotter dans l'atmosphère; et on croit généralement qu'ils sont l'indice d'une condition comparativement intense de chaleur dans laquelle se trouve encore la planète. — Les Chaldéens connaissaient cette planète plus de 3,000 ans av. J.-C. Quelques personnes attribuent à Simon Mayr (Marius) la découverte des satellites de Jupiter, en 1609; mais elle est due en réalité à Galilée (8 janvier 1610). (Voy. ASTRONOMIE.)

* **JUPON** s. m. (diminut. de *jupe*). Courte jupe que les femmes mettent sous les autres jupes : *jupon de ratine, de basin.*

JURA, île située vis-à-vis de la côte O. d'Argyleshire (Ecosse), l'une des Hébrides intérieures, longue de 40 kil.; 229 kil. carr.; 760 hab. Le loch Tarbert, à l'O., coupe l'île en deux parties. A l'E., le détroit du Jura, large de 8 kil., la sépare du continent.

JURA (all. *Leberberg*), chaîne de montagnes entre la Suisse et la France, s'étendant sur une longueur d'environ 270 kil., depuis le cours du Rhône dans le département de l'Ain jusqu'à celui du Rhin supérieur, avec une largeur moyenne de 45 kil. Ses principaux sommets sont : la crête de la Neige, le Reculet de Toiry (1,720m.), le mont Tendre (1,680 m.), le Dôle, le Pié de Marmiers, le Chasseron, le Chasseral (1,610), le Crédo et le Colomby. Les couches principales sont celles des calcaires de formation oolithique, dites couches jurassiques à cause de leur abondance dans cette chaîne. La continuation des mêmes calcaires en Souabe et en Franconie est appelée le Jura allemand et est divisée par le Danube et l'Altmühl en trois parties : Jura de la Forêt-Noire, Jura de la Souabe et Jura de Franconie.

JURA, département frontière, appartenant à la région orientale de la France; il doit son nom à la chaîne de montagnes qui le traverse; il est situé entre les dép. de la Haute-Saône, de la Côte-d'Or, de Saône-et-Loire, du Doubs et le canton suisse de Vaud; formé d'une partie de la Franche-Comté; 4,994 kil. carr.; 285,263 hab. Le dép. peut se diviser en trois régions distinctes: celle des montagnes, celle des coteaux et celle des plaines. La première forme un chaos de chaînons, de pics, d'arêtes, de roches calcaires déchiquetées, de vallées remplies de belles grottes et dont de jolis lacs occupent le fond ; dans cette région se trouve le point culminant du dép., la cime

du Noirmont (1,550 m. d'altitude); la région des collines est riche en vignobles et celle des plaines est assez fertile, surtout au N. Cours d'eau : l'Oignon, le Doubs, la Seille, la Bienne, la Loue, la Valserine et l'Ain. Terrains jurassiques; mines de fer, de sel gemme, de houille, de tourbe, de marbre et d'albâtre; pâturages, forêts; récoltes de blés et de vins estimés; élève de bons chevaux, mulets, bestiaux; grand commerce d'horlogerie, de papeterie, etc.; fromages façon gruyère. — Ch.-l., Lons-le-Saulnier, 4 arr., 32 cant., 584 comm. Places fortes : Saint-André et Bélins à Salins et fort des Rousses. Evêché à Saint-Claude, suffragant de Lyon. Cour d'appel et académie à Besançon ; ch.-l. d'arr., Lons-le-Saulnier, Arbois, Dôle et Saint-Claude.

JURANÇON village du dép. des Basses-Pyrénées, arr. et à 2 kil. O. de Pau. Récolte de vins fins rouges et blancs très estimés.

* **JURANDE** s. f. (rad. *jurer*). La charge de juré d'un métier, ou le temps pendant lequel on l'exerçait : *les jurandes ont été abolies en France.* — Corps des jurés : *la jurande était assemblée.* (Vieux.) — Dans les anciennes corporations de métiers, on nommait jurande l'ensemble des jurés, gardes ou syndics qui étaient chargés de veiller au maintien des statuts et règlements. Ces jurés faisaient de fréquentes visites dans les ateliers et les magasins. Ils avaient le droit de saisir et de détruire tous les produits fabriqués qui n'étaient pas conformes aux prescriptions réglementaires Ils imposaient de fortes amendes au profit de la corporation et s'opposaient ainsi aux progrès de l'industrie, alors qu'ils prétendaient seulement en garantir la bonne foi et la perfection. Cette juridiction était despotique et violente à l'égard des maîtres comme envers les ouvriers ou apprentis. En outre, chaque jurande soutenait contre les autres corps de métiers des procès coûteux et interminables, pour la défense des privilèges respectifs. Turgot, obtint en 1776, l'abolition des jurandes ; mais elles ne tardèrent pas à être rétablies, par suite des réclamations de ceux qui tiraient profit des privilèges et détestaient le progrès. Leur suppression définitive fut enfin décrétée par l'Assemblée constituante (L. 6-17 mars 1791). (Voy. CORPORATION et MAITRISE.)   (Ch. Y.)

JURASSIEN, IENNE adj. Géog. Habitant du Jura, qui appartient à cette montagne ou qui la concerne.

* **JURASSIQUE** adj. Géol. Se dit des terrains secondaires dont le Jura fournit de nombreux exemples.

* **JURAT** s. m. (lat. *juratus*). Nom que l'on donnait aux consuls ou échevins de Bordeaux: *les jurats de Bordeaux.*

* **JURATOIRE** adj. (lat. *jurare*). Jurispr. N'est usité que dans cette locution, CAUTION JURATOIRE, serment que fait quelqu'un en justice de représenter sa personne, ou de rapporter quelque chose dont il est chargé: *on l'a élargi à sa caution juratoire.*

* **JURÉ, ÉE** part. passé de JURER. — ENNEMI JURÉ, ennemi irréconciliable et déclaré.

* **JURÉ, ÉE** adj. Se disait autrefois dans les corporations, de celui avait fait les serments requis pour la maîtrise : *chirurgien juré; juré crieur.* — Se disait aussi, dans les corps d'artisans, des hommes qui étaient préposés pour faire observer les statuts et règlements à ceux de leur métier: *les maîtres jurés.* Dans ce sens, il s'employait quelquefois substantiv.: *il était juré de communauté.* — ECOLIER JURÉ, celui qui avait fait ses études de philosophie dans l'université, et qui en avait le certificat, pour être ensuite reçu maître ès arts. — s. m. Chacun des citoyens appelés à prononcer sur l'existence d'un délit, d'un crime, et

sur la part que l'accusé y a prise : *les jurés ne sont juges que du fait.*

* **JUREMENT** s. m. Serment qu'on fait en vain, sans nécessité et sans obligation: *on ne vous croira pas, malgré tous vos jurements.* — Se dit plus ordinairement dans le sens de blasphème, imprécation, exécration: *il fit d'horribles jurements.*

* **JURER** v. a. Affirmer par serment, en prenant Dieu ou quelqu'un, ou quelque chose à témoin : *jurer sa foi.* — Assurer, certifier une chose : *je vous jure qu'il n'en est rien.* — Blasphémer : *il ne fait que jurer le nom de Dieu.* — Confirmer, ratifier une chose par serment; ou s'engager par serment à quelque chose : *quand la paix fut jurée par les deux rois; vous jurez de dire la vérité.* — Promettre fortement, quand même ce serait sans jurer : *ils se sont juré une amitié éternelle.* — Résoudre fermement une chose : *jurer la mort de quelqu'un, jurer sa ruine, sa perte.* — v. n. Affirmer ou s'engager par serment : *il en a juré par son Dieu et par sa foi.* Prov. IL NE FAUT JURER DE RIEN, il ne faut jamais répondre de ce qu'on fera, ni de ce qui peut arriver. — Faire des serments sans nécessité, par emportement, ou par mauvaise habitude: *on ne croit pas ceux qui jurent tant.* — Blasphémer : *j'ai horreur de l'entendre jurer.* — Fig. Deux choses dont l'union est choquante : *des airs évaporés jurent avec des cheveux gris.* — Se dit aussi d'un violon ou de quelque autre instrument, lorsqu'il rend un son aigre : *un violon qui jure sous l'archet.*

* **JUREUR** s. m. Celui qui jure beaucoup par mauvaise habitude ou par emportement : *c'est un jureur, un grand jureur du nom de Dieu.*

* **JURIDICTION** s. f. (lat. *jus, droit; dicere,* dire). Pouvoir du juge, de celui qui a droit de juger : *juridiction ecclésiastique; conflit de juridiction.* — DEGRÉ DE JURIDICTION, chacun des tribunaux devant lesquels une même affaire peut être successivement portée : *cette affaire a passé par les deux degrés de juridiction.* — Ressort, étendue du lieu où le juge a pouvoir de juger : *la juridiction de cette cour est fort étendue.* — Fig. et fam. CELA N'EST POINT DE VOTRE JURIDICTION, se dit à quelqu'un qui se mêle d'une chose qu'il n'entend pas. — Se dit aussi quelquefois, des corps mêmes de judicature : *ce juge appartient à telle juridiction.* — Législ. « La juridiction est le pouvoir de rendre la justice. Cette définition est au moins celle de la juridiction contentieuse, dont nous nous occupons ici. Il y a divers ordres de juridictions : car on distingue les juridictions administrative, civile, commerciale, criminelle, maritime, militaire, etc. (Voy. JUSTICE.) Dans la plupart de ces ordres, il y a plusieurs degrés de juridiction, et chaque degré possède des attributions spéciales, y compris, pour quelques-uns, le pouvoir de réformer ou de reviser certaines décisions émanant des degrés inférieurs. L'étendue des attributions, autrement dit la compétence de chacune des juridictions et de chaque degré, est rigoureusement déterminée par la loi. (Voy. CONFLIT.) Le ministre de la justice est investi d'un droit de surveillance sur les magistrats de toutes les juridictions civiles et commerciales. Il peut infliger une réprimande à un magistrat, et a aussi le droit exclusif de citer ceux de la juridiction civile devant le conseil supérieur de la magistrature. Ce conseil formé de la cour de cassation, toutes chambres réunies, exerce les pouvoirs disciplinaires les plus étendus, y compris le droit de prononcer la déchéance, à l'égard des présidents et conseillers de la cour de cassation et des cours d'appel, des présidents, juges et juges suppléants des tribunaux de première instance, et des juges de paix (L. 30 août 1883, art. 14, 16, 17). »
     (Cu. Y.)

* **JURIDICTIONNEL, ELLE** adj. Qui est relatif à la juridiction : *droit, pouvoir juridictionnel.*

* **JURIDIQUE** adj. Qui se fait en justice, qui est conforme à la manière de procéder en justice : *sentence juridique.*

* **JURIDIQUEMENT** adj. D'une manière juridique : *une sentence prononcée juridiquement.*

JURIEU (Pierre), théologien protestant français, né à Mer (Orléanais) en 1637, mort en 1713. Il fut ordonné en Angleterre, et succéda à son père comme pasteur de l'église réformée de Mer ; il devint ensuite professeur de théologie et d'hébreu à l'académie de Sedan et après la suppression de celle-ci, en 1681, ministre de l'église wallonne de Rotterdam, où il entra en violente controverse avec tout le monde, amis ou ennemis, et particulièrement avec Bayle. Le principal de ses nombreux ouvrages est une *Histoire critique de dogmes et de croyances depuis Adam jusqu'au Christ.*

* **JURISCONSULTE** s. m. (lat. *jus*, droit ; *consulere*, consulter). Celui qui est versé dans la science du droit et des lois, et qui fait profession de donner son avis sur des questions de droit : *savant jurisconsulte.*

* **JURISPRUDENCE** s. f. (lat. *jus*, droit ; *prudentia*, connaissance). La science du droit et des lois : *il est savant en jurisprudence.* — Ensemble des principes de droit qu'on suit dans chaque pays ou dans chaque matière : *la jurisprudence romaine.* — Manière dont un tribunal juge habituellement telle ou telle question : *la jurisprudence de la cour n'a jamais varié sur ce point.* — Législ. « Le mot *jurisprudence*, dans son acception la plus étendue, comprend l'ensemble des règles du droit : c'est-à-dire les lois, les décrets, ainsi que les applications qui en sont faites par les cours et tribunaux, et les interprétations données par les auteurs. Le plus souvent, ce mot est employé pour signifier exclusivement la manière dont la loi est appliquée et interprétée par la juridiction compétente. (Voy. ARRÊT.) — La jurisprudence des cours et tribunaux ne peut équivaloir aux lois ; car il est interdit aux magistrats de statuer par voie de disposition générale et réglementaire (C. civ. 5, 1351 ; C. pén. 127). » (CH. Y.)

* **JURISTE** s. m. Celui qui écrit, qui a écrit sur les matières de droit : *un savant juriste.*

JURJURA, chaîne de montagnes de l'Algérie formant une division du petit Atlas, sur la rive gauche du Saman. C'est dans cette montagne que se trouve le défilé des Portes-de-fer, par lequel communiquent les deux provinces d'Alger et de Constantine.

* **JURON** s. m. (lat. *jurare*). Certaine façon de jurer dont une personne se sert habituellement : *Ventre-saint-gris était le juron de Henri IV.* — Se dit aussi de toute espèce de jurement : *lâcher un juron, un gros juron.*

* **JURY** ou **Juri** s. m. (anc. fr. *jurée*) Jurispr. crim. Le corps, la réunion des jurés. Se dit, soit de tous les citoyens qui peuvent être jurés, soit de tous les jurés désignés pour une session, ou seulement des douze jurés auxquels une affaire est soumise : *dresser la liste générale du jury ; déclaration, décision du jury.* — JURY D'ACCUSATION, jury qui décide s'il y a lieu d'admettre une accusation. JURY DE JUGEMENT, jury qui décide si l'accusé est coupable des faits qui lui sont imputés : *nous n'avons en France que le jury de jugement.* — Usage de faire prononcer sur les faits criminels par des jurés : *l'établissement du jury en France.* — Certaines commissions chargées d'un examen particulier : *le jury de l'exposition des produits de l'industrie.* — JURY D'EXPROPRIATION, jury qui statue sur les indemnités à accorder en cas d'expropriation. — Législ. « Le *jury criminel* n'a été établi en France qu'en 1791,

au moment où les tribunaux remplacèrent les bailliages, les parlements et les juges extraordinaires, lesquels disparurent alors avec leur affreux cortège des questions préalables, et avec les peines atroces qu'ils infligeaient. L'institution du jury a été modifiée plusieurs fois, depuis sa création jusqu'en 1872, surtout en ce qui concerne la formation des listes, l'âge et le choix des jurés, et la majorité des voix nécessaire pour la condamnation. Il serait trop long de faire ici le résumé historique de ces modifications. Suivant la législation en vigueur, la liste annuelle du jury criminel comprend : pour le département de la Seine, 3,000 noms ; et, pour tout autre département, un juré par 500 hab. sans que le total puisse être inférieur à 400 ni supérieur à 600 noms. Ce nombre est réparti, par arrondissement et par canton, proportionnellement à la population, en vertu d'un arrêté préfectoral, et sur l'avis conforme de la commission départementale. Dans chaque canton, une commission composée du juge de paix président, de ses suppléants et des maires de toutes les communes du canton dresse, tous les ans, dans la première quinzaine du mois d'août, une liste préparatoire contenant un nombre de noms double de celui fixé pour le contingent du canton. Dans les cantons formés d'une seule commune, la commission se compose des membres ci-dessus énumérés, auxquels se joignent deux conseillers municipaux désignés par leurs collègues. Dans les communes divisées en plusieurs cantons, il y a autant de commissions que de cantons ; et chaque commission est composée, indépendamment du juge de paix et de ses suppléants, du maire de la ville ou d'un adjoint désigné par lui, de deux conseillers municipaux désignés par le conseil, et des maires des communes rurales comprises dans le canton. Nul ne peut remplir les fonctions de juré, à peine de nullité des déclarations de culpabilité auxquelles il aurait concouru, s'il n'est âgé de 30 ans, s'il ne jouit des droits politiques, civils ou de famille, ou s'il est dans un des cas d'incapacité ou d'incompatibilité prévus par la loi. Ne peuvent être jurés les domestiques et serviteurs à gages, et les personnes qui ne savent pas lire et écrire en français. Sont dispensés des fonctions de juré : les septuagénaires, ceux qui ont besoin pour vivre de leur travail manuel et journalier, et ceux qui ont rempli lesdites fonctions pendant l'année courante ou l'année précédente. Dans le courant de septembre, une liste récapitulative est dressée, pour chaque arrondissement, par une commission composée du président du tribunal civil, président, des juges de paix et des conseillers généraux. En cas d'empêchement, le conseiller général du canton est remplacé par le conseiller d'arrondissement, et, s'il y en a deux dans le canton, par le plus âgé. Cette commission procède d'abord à la revision des listes cantonales avant de former celle de l'arrondissement. Elle peut ajouter à chacune de ces listes, jusqu'à concurrence d'un quart en plus, des personnes qui n'y ont pas été inscrites ; elle peut aussi élever ou abaisser d'un quart le contingent de chaque canton, pourvu que celui fixé pour l'arrondissement tout entier ne soit pas modifié. La liste d'arrondissement, définitivement arrêtée et signée séance tenante, est transmise avant le 1er décembre au greffe de la cour ou à celui du tribunal qui est chargé de la tenue des assises. En outre, la commission de l'arrondissement où se tiennent les assises, choisit cinquante noms parmi les jurés de la ville où auront lieu lesdites assises, et elle forme ainsi la liste spéciale des jurés suppléants. Enfin le premier président de la cour d'appel, ou le président du tribunal chef-lieu d'assises dresse, dans la première quinzaine de décembre, la liste

annuelle du département, en classant par ordre alphabétique tous les noms portés sur les listes d'arrondissement. Il arrête également la liste des jurés suppléants. Dix jours au moins avant l'ouverture des assises trimestrielles, le même magistrat, en audience publique, tire au sort, parmi tous les noms de la liste annuelle, les trente-six jurés qui doivent former la liste de la session. Il tire de la même manière quatre jurés suppléants parmi les cinquante noms de la liste spéciale (L. 21 novembre 1872). Si les noms d'un ou de plusieurs jurés ayant rempli lesdites fonctions pendant l'année courante ou l'année précédente viennent à sortir de l'urne, ils sont immédiatement remplacés sur la liste de session par d'autres jurés tirés au sort (L. 31 juillet 1875). On remplace de même ceux des jurés désignés par le sort et qui, depuis la formation de la liste annuelle, sont décédés ou ont été légalement privés de la capacité d'exercer les fonctions de juré. Au jour indiqué pour le jugement, la cour d'assises statue souverainement sur les causes d'absence des jurés de session. Celui qui, sans excuse valable, ne s'est pas rendu à son poste est condamné à une amende de 200 fr. à 500 fr. pour la première fois, de 1,000 fr. pour la seconde fois, et de 1,500 fr. pour la troisième. Cette dernière fois, il est de plus déclaré incapable de remplir à l'avenir les fonctions de juré ; et l'arrêt est imprimé et affiché à ses frais. Si, au jour indiqué pour le jugement de chaque affaire, il y a moins de trente jurés présents, ce nombre est complété par les quatre jurés supplémentaires, dans l'ordre de leur inscription ; et, en cas d'insuffisance, le président désigne au sort, parmi les jurés de la liste spéciale et subsidiairement parmi les jurés de la ville inscrits sur la liste annuelle, ceux qui doivent compléter le nombre de trente. Avant l'ouverture de l'audience, le président tire au sort, pour chaque affaire, parmi la liste de la session, les douze jurés qui doivent former le jury de jugement. A ce moment, l'accusé et son conseil d'abord, le ministère public après eux, récusent tels jurés qu'ils jugent à propos, à mesure que les noms sortent de l'urne. L'accusé et le ministère public peuvent exercer un nombre égal de récusations ; et si les jurés présents sont en nombre impair, l'accusé peut exercer une récusation de plus. Le jury de jugement est formé dès l'instant où il est sorti de l'urne douze noms de jurés non récusés ; et les récusations s'arrêtent lorsqu'il ne reste plus que douze jurés. Il est ainsi procédé successivement au tirage des jurys de jugement pour chacune des affaires qui doivent être jugées par le jury lui-même. Dans chaque affaire, le chef du jury est le premier juré désigné par le sort, ou celui que les autres jurés désignent eux-mêmes de son consentement. Lorsque l'accusé est introduit, le président adresse aux jurés se tenant debout et découverts, un discours textuellement dicté par la loi et qui les invite à prêter serment de juger avec impartialité. Chacun des jurés prête le serment en levant la main. Pendant les débats, les jurés peuvent, en demandant la parole au président, adresser eux-mêmes des questions aux témoins, pourvu que ceux-ci ont achevé leur déposition. Lorsque les débats sont clos, le président donne lecture au jury des questions auxquelles il aura à répondre ; il lui rappelle que ses décisions ne peuvent se former qu'à la majorité et il remet au chef du jury les pièces du procès. Les jurés se rendent alors dans leur chambre pour délibérer et pendant cette délibération l'audience est suspendue. Les jurés votent au scrutin secret, d'abord sur le fait principal, ensuite sur chacune des circonstances indiquées par les questions écrites, enfin sur la question (posée verbalement) des circonstances atténuantes. La déclaration du jury ne doit exprimer le résultat du scrutin sur les circonstances atténuantes qu'autant que le vote est affirmatif. A la rentrée des jurés dans l'auditoire, le chef du jury lit la déclaration et la remet signée par lui au président. La mission du jury est alors terminée. Immédiatement après le dépouillement de chaque scrutin, les bulletins sont brûlés en présence des jurés. (C. inst. crim. 312 et s.; L. 13 mai 1836; L. 21 nov. 1872). Il est interdit de rendre compte, par la voie de la presse, des délibérations intérieures des jurys, sous peine d'une amende de 100 fr. à 2,000 fr.; et le juré qui par son indiscrétion a donné lieu à cette publication interdite, peut être poursuivi comme complice (L. 29 juillet 1881, art. 39). Les fonctions de juré sont gratuites; mais une indemnité est allouée pour frais de voyage à ceux qui ont été obligés de se transporter à plus de 2 kil. de leur résidence actuelle. Cette indemnité ne leur est payée que sur leur demande et sur la remise de la copie de leur notification. Les frais de voyage sont fixés à 2 fr. 50 par chaque myriamètre parcouru en allant et en revenant (Tarif criminel, art. 90 et s.; Décr. 7 avril 1813, art. 4) — Il existe, en matière civile, plusieurs jurys ayant des attributions particulières. Le jury d'expropriation fixe les indemnités dues aux personnes expropriées pour cause d'utilité publique.(Voy. Expropriation.)Un jury spécial a été institué par la loi du 21 mai 1836 pour le règlement des indemnités résultant de l'établissement ou de l'élargissement des chemins vicinaux.(Voy. Chemin.)On donne souvent et d'une manière impropre le nom de jury médical à des commissions composées de membres des conseils d'hygiène et qui sont chargées de visiter, au moins une fois chaque année, les officines de pharmaciens, ainsi que les maisons de droguerie et d'épicerie, afin de vérifier la qualité des drogues et médicaments, et ce en exécution de l'arrêté du 25 thermidor an XI et du décret du 23 mars 1859. »   (Ch. Y.)

* JUS s. m. [jû] (lat. jus, bouillon). Suc, liqueur que l'on tire de quelque chose, soit par pression, soit par coction, soit par préparation : ces pommes ont bien du jus, rendent beaucoup de jus. — Prov. Le jus de la vigne, le jus de la treille, le vin. — Jus de réglisse, le suc de la racine de réglisse préparé, soit en blanc, soit en noir : un bâton de jus de réglisse. — Pop. Avoir du jus de navet dans les veines, manquer d'énergie.

* JUSANT s. m. [ju-zan] (Vieux fr. jus, en bas). Mar. Reflux de la marée : ces navires attendent le jusant pour sortir du port. On dit, Flot et jusant, pour flux et reflux.

* JUSQUE (lat. usque). Préposition qui mar que un certain terme au delà duquel on ne passe pas, qu'on n'excède point : depuis la Loire jusqu'à la Seine. — On écrit quelquefois, Jusques, avec une s à la fin, quand une voyelle suit ; et l'on fait sentir la liaison : jusques au ciel. — Fam. Jusqu'à tant que, se dit quelquefois pour jusqu'à ce que. — Marque aussi quelque excès, quelque chose qui va au delà de l'ordinaire, soit en bien, soit en mal : il aime jusqu'à ses ennemis.

* JUSQUIAME s. f. [juss-ki-a-me] (gr. hus, porc; kuanos. fève). Bot. Genre de solanées, dont l'espèce commune, la jusquiame noire, (hyosciamus niger) ou hanebane, est vénéneuse, narcotique, d'une odeur désagréable, et s'emploie en médecine comme calmant. Les plantes du genre 'usquiame sont des herbes assez rares et très dangereuses, que l'on trouve sur les tas de décombres et sur l'emplacement de vieilles masures; elles sont remarquables par la beauté et la singularité de leurs fleurs, ainsi que par la fétidité et la viscosité de leurs tiges et par les dents et les angles de leurs feuilles. Il y a plusieurs es-

pèces de jusquiame, mais la plus commune en Europe est l'hyocyamus niger. Ses graines, petites, plates, en forme de rognons, ressemblent à des haricots, d'où est venu le nom classique d'hyoscyamus, c'est-à-dire, haricot

Jusquiame noire (Hyoscyamus niger).

de porc, parce que, dit-on, les cochons peuvent les manger avec impunité, tandis que les autres animaux évitent de le faire. La jusquiame est employée en médecine sous forme de teinture et d'extrait fluide. Son action ressemble à celle de la belladone et du stramonium, diminuant d'abord et augmentant ensuite la fréquence du pouls et produisant la sécheresse de la gorge, des maux de tête, le délire et la dilatation des pupilles. On l'emploie dans certaines affections nerveuses et contre quelques formes de névralgies et d'insomnie, et quelquefois pour diminuer l'irritabilité qui cause la toux.

JUSSEY, ch.-l. de cant., arr. et à 35 kil. N.-O. de Vesoul (Haute-Saône), sur l'Amance; 3,000 hab. Fabrique d'horlogerie.

JUSSIEU (de), famille de botanistes français. I. (Antoine), né à Lyon en 1686, mort en 1758. Parmi ses essais, on distingue un Discours sur les progrès de la botanique (1718). Il édita l'ouvrage posthume de Barrelier sur les plantes de France, d'Espagne et d'Italie et publia une nouvelle édition des Institutiones Rei Herbariæ, de Tournefort, avec un appendice (1719). Son Traité des vertus des plantes, résumé de ses conférences à la faculté de médecine de Paris, fut publié en 1772. — II. (Bernard), son frère, né à Lyon en 1699, mort en 1777. En 1725, il publia l'Histoire des plantes des environs de Paris, de Tournefort, avec additions et annotations. Il conçut un système de classification basé sur les affinités naturelles des plantes et il l'appliqua en 1759 à l'arrangement du jardin botanique royal de Trianon. Son Catalogue a été regardé comme la fondation du système naturel, développé ensuite par Antoine-Laurent. — III. (Antoine-Laurent), neveu du précédent, né à Lyon en 1758, mort en 1836. Dès 1773, il présenta à l'Académie des sciences un Mémoire sur les Renonculacées, dans lequel les premiers principes du système naturel sont clairement indiqués, et, l'année suivante, il mit ce système en pratique par la replantation des plantes dans le Jardin du roi. En 1778, il commença la publication de son grand ouvrage Genera plantarum secundum ordines naturales disposita, juxta Methodum in Horto regio Parisiensi exaratum, anno 1774, qui ne fut terminé qu'en 1789. Le rapprochement de toutes les plantes qui sont alliées par des points essentiels de structure, et l'établissement des affinités réelles des plantes par la comparaison de tous leurs organes, tels sont

les caractères distinctifs du système de Jussieu, qui a remplacé le système artificiel ou sexuel de Linné. — IV. (Adrien), fils du précédent, né à Paris en 1797, mort en 1853. Son ouvrage le plus important est intitulé Cours élémentaire d'histoire naturelle : partie botanique (Paris 1848), traité élémentaire des plus importants. Son article sur la Taxonomie botanique, publié dans le Dictionnaire universel d'histoire naturelle (1848) est aussi très apprécié. — V. (Laurent-Pierre), cousin du précédent, né à Villeurbane (Rhône) en 1792; il se fit connaître par des ouvrages sur l'éducation et par d'autres ouvrages populaires, parmi lesquels Simon de Nantua, ou le marchand forain (1818), qui eut plus de 30 éditions. — Son frère Alexis, né en 1802, mort en 1866, fut archiviste de la Charente. Il a laissé plusieurs ouvrages politiques et une Histoire de N.-D. de Bezines (1857).

* JUSSION s. f. (lat. jussio; de jubere, ordonner). Commandement. Se disait autrefois de lettres scellées, adressées par le prince aux juges d'une compagnie supérieure, ou d'une autre, pour leur enjoindre de faire quelque chose qu'ils avaient refusé de faire : troisième jussion; après trois jussions réitérées.

* JUSTAUCORPS s. m. (fr. juste; au, corps). Espèce de vêtement à manche qui descend jusqu'aux genoux et qui serre le corps : justaucorps de drap.

* JUSTE adj. (lat. justus de jus, droit). Equitable, qui est conforme au droit, à la raison et à la justice : un arrêt, une sentence juste.

Il est juste, grand roi, qu'un meurtrier périsse.
                              Corneille.

s. m. la science du juste et de l'injuste. — Fondé, légitime : de justes prétentions, de justes espérances. — Se dit également des personnes qui jugent ou qui agissent selon l'équité : ce magistrat est très juste. — Par exclam. Juste Dieu! Juste ciel! — Qui observe exactement les devoirs de la religion, qui unit la piété à la vertu : il était juste et craignant Dieu. Dans ce sens, on l'emploie souvent comme substantif : Dieu fait luire le soleil sur les justes et sur les pécheurs. — Le séjour, la demeure des justes, le paradis, le ciel. — Qui est exact, ou qui s'ajuste bien, qui convient bien, qui est tel qu'il doit être: balance juste. — Cette montre, cette pendule, etc., est juste, elle marque exactement l'heure. — Prov. Cela est juste comme l'or, se dit de ce qui a précisément le poids, la qualité, etc., qu'il doit avoir. — Particul. Qui a le caractère de la justesse et du bon sens : cette pensée est plus brillante que juste. — Qui apprécie bien, qui juge des choses avec exactitude : avoir l'oreille juste, le coup d'œil juste. — Qui est plus court, plus étroit, etc., qu'il ne faut. Dans ce sens, il se dit surtout des vêtements, et on ne l'emploie guère qu'avec les adverbes bien, trop, etc. : ce tailleur m'a fait mon habit bien juste. On dit adverbial. Etre chaussé trop juste, avoir des souliers trop étroits. — Se dit aussi d'une arme de jet qui porte droit au but : cette arbalète est juste. — Se dit pareillement de celui qui tire, quand il donne au point où il vise : c'est un bon tireur, il est bien juste. — adv. Dans la juste proportion, ou juste. — adv. Dans la juste proportion, ou faut parler bien juste devant vous. — Précisément : voilà tout juste l'homme qu'il nous faut. — Au juste, loc. adv. Justement et précisément Se dit du prix, du nombre, du poids et de la mesure : je vous dirai au juste ce que cela coûte, à combien cela me revient. — ∼ Par le juste et l'injuste, par tous les moyens. Ne se dit guère qu'en lat. : per fas et nefas. — Comme de juste, comme il est juste : vous serez payé comme de juste.

* JUSTE s. m. Habillement de paysanne. (Vieux.)

JUSTE LIPSE (Justus Lipsius), célèbre philologue, né près de Bruxelles en 1547, mort en 1606. Successivement catholique, luthérien, calviniste, et revenu enfin au catholicisme, il donna l'exemple d'un esprit versatile et fort peu convaincu. Il fut professeur d'histoire à Iéna, à Leyde et à Louvain. Ses ouvrages sont très nombreux. Critique, historien, politique et philosophe, il aborda tous les sujets. Son *Commentaire sur Tacite* est son chef-d'œuvre.

* **JUSTEMENT** adv. Avec justice : *il agit justement.* Dans la juste proportion, ni plus ni moins qu'il ne faut, précisément : *vous entrez justement dans ma pensée.*

JUSTE-MILIEU s. m. Polit. Système de gouvernement qui consiste à concilier ou du moins à vouloir concilier toutes les opinions. — Pop. et fam. Derrière : *envoyer sa botte dans le juste-milieu de quelqu'un.*

JUST-EN-CHAUSSÉE (Saint-), ch.-l. de cant., arr. et à 17 kil. N. de Clermont (Oise); 2,500 hab. Il tire son nom d'une chaussée ou voie romaine dite de Brunehaut. Commerce de bonneterie.

JUST-EN-CHEVALET (Saint-), ch.-l. de cant., arr. et à 30 kil. S.-O. de Roanne (Loire), près de Bois-Noirs; 2,525 hab.

* **JUSTESSE** s. f. (fr. *juste*). Qualité de ce qui est juste, exact, convenable, tel qu'il doit être : *cette balance est d'une grande justesse, d'une extrême justesse.* — Qualité qui fait apprécier les choses d'une manière exacte : *la justesse de l'oreille, la justesse du coup d'œil.* — Manière de faire une chose avec exactitude, avec précision, sans faute ni écart : *il manie un cheval, il va sur les voltes avec une justesse parfaite.*

JUSTI (Karl-Wilhelm) [iouss'-ti], théologien allemand, né en 1767, mort en 1846. Il fut professeur de théologie à Marbourg et y devint ministre de l'église protestante. Il est surtout connu par son *Nationalgesaenge der Hebraer* (5 vol., 1803'-18).

* **JUSTICE** s. f. (lat. *justitia*; de *jus*, droit). Vertu morale qui fait que l'on rend à chacun ce qui lui appartient, que l'on respecte tous les droits d'autrui : *la justice est la première des vertus.* — JUSTICE COMMUTATIVE, celle qui regarde le commerce, les ventes, etc., et qui, dans l'échange d'une chose contre une autre, oblige à rendre autant qu'on reçoit. — JUSTICE DISTRIBUTIVE, celle par laquelle on adjuge à chacun ce qui lui appartient, on distribue les récompenses et les peines. — Bon droit, raison : *ne comptez pas tant sur la justice de votre cause.* — Pouvoir de faire droit à chacun, de récompenser et de punir; ou exercice de ce pouvoir : *la justice humaine; les magistrats chargés par le souverain d'exercer la justice, de rendre la justice au peuple.* — AVOIR JUSTICE D'UN JUGE, obtenir qu'il s'occupe de l'affaire, qu'il l'a juge. — DÉNI DE JUSTICE, le refus qu'un juge fait de juger. — FAIRE JUSTICE DE QUELQU'UN, punir, châtier, traiter quelqu'un comme il le mérite. Il se dit au propre et au figuré : *on a fait justice de ces brigands.* On dit de même, FAIRE JUSTICE DE QUELQUE CHOSE : *l'opinion publique a fait prompte, a fait bonne justice de ces impostures.* — Signifie particul. l'action de reconnaître le droit de quelqu'un à quelque chose, d'accueillir sa plainte, etc.; et, dans une acception plus étendue, l'action d'accorder à une personne ce qu'elle demande et qu'il est juste qu'elle obtienne : *soyez certain que l'on vous fera justice, que justice vous sera faite.* On dit à peu près dans le même sens : *il n'y a plus de justice, il n'y a pas de justice en ce pays.* — SE FAIRE JUSTICE A SOI-MÊME, se venger soi-même, se payer par ses mains, etc., sans avoir recours aux voies ordinaires de la justice : *on ne doit pas se faire justice à soi-même.* — Absol. SE FAIRE JUSTICE, se condam-

ner quand on a tort : *examinez votre conduite, et faites-vous justice à vous-même.* — RENDRE JUSTICE A QUELQU'UN, LUI RENDRE LA JUSTICE QUI LUI EST DUE, etc., apprécier ses bonnes qualités, sa conduite, etc. : *je lui rends justice, il a fait tout ce qu'il pouvait faire.* — Désigne aussi les tribunaux, les officiers et magistrats qui sont chargés d'administrer la justice : *les gens de justice; déférer quelqu'un à la justice.*

> La Justice a les yeux bandés,
> Nous en sommes persuadés;
> Elle ne regarde personne :
> Mais pour voir s'il est bon et beau,
> L'argent que son greffier lui donne,
> Elle lève un coin du bandeau.
> DE CAILLY.

Sous le nom de GENS DE JUSTICE, sont compris quelquefois les officiers inférieurs. — Fam. SE BROUILLER AVEC LA JUSTICE, s'exposer aux poursuites de la justice pour quelque méfait. On dit dans un sens analogue : *ce qu'il a fait le brouillera, pourrait bien le brouiller avec la justice.* — Juridiction : *justice civile; justice criminelle.* — JUSTICE SEIGNEURIALE, celle qui s'exerçait au nom des seigneurs, et que l'on nommait aussi JUSTICE SUBALTERNE, par opposition à la justice exercée au nom du roi, qu'on appelait JUSTICE ROYALE. On disait de même : *la justice de ce seigneur, de cette terre s'étend sur tant de paroisses.* Par ext., on appelait aussi JUSTICE, les fourches patibulaires : *ce seigneur avait tant de piliers à sa justice.*— HAUTE JUSTICE, juridiction d'un seigneur dont le juge connaissait de toutes les affaires civiles et criminelles, excepté des cas royaux. MOYENNE JUSTICE, justice d'un seigneur dont le juge connaissait de toutes les actions civiles, mais ne pouvait juger au criminel que les délits dont la peine n'excédait pas soixante et quinze sous d'amende. BASSE JUSTICE, celle des seigneurs dont le juge connaissait seulement des droits dus aux seigneurs, des actions personnelles au civil jusqu'à soixante sous parisis, et des délits dont l'amende n'excédait pas dix sous parisis : *ce seigneur avait, dans sa terre, haute, moyenne, basse justice.*— Rectitude que Dieu met dans l'âme par sa grâce : *la justice originelle.*— Se prend aussi, dans le langage de l'Ecriture, pour l'observation exacte des devoirs de la religion : *souffrir persécution pour la justice.*— Législ. « Le droit de rendre la justice était considéré, sous la monarchie, comme l'un des attributs de la royauté. Les seigneurs féodaux en furent investis, comme délégués du roi, et ce pouvoir devint héréditaire dans leurs mains, en même temps que les domaines ou bénéfices qui, primitivement, avaient été confiés aux leudes à titre temporaire. La justice royale était rendue par les prévôts, les baillis et les sénéchaux royaux, les présidiaux, les parlements et le conseil privé du roi ou conseil des parties. Cette juridiction, d'abord restreinte, s'étendit de plus en plus, au fur et à mesure que la royauté prenait de la puissance. Les cours des aides, la cour des monnaies, les juges des eaux et forêts, les chambres des comptes et un grand nombre d'autres juridictions spéciales connaissaient des affaires de leur compétence. La haute justice appartenait aux grands vassaux dans toute l'étendue de leur territoire, et leur donnait le droit de juger toutes les causes civiles ou criminelles, hormis les cas royaux, et de condamner à toutes les peines, même à celle de mort. La moyenne justice, dont il y avait peu d'exemples, et la basse justice étaient exercées par les seigneurs d'un ordre inférieur. Elles étaient bornées à la connaissance des petits délits, de quelques affaires civiles, et de ce qui concernait l'acquit des droits seigneuriaux. La justice ecclésiastique était rendue par les officialités, par des juges délégués pour certaines causes, etc. Elle statuait sur tout ce qui concernait la validité des mariages, et, pendant longtemps, elle revendiqua un grand

nombre d'affaires criminelles ou même purement civiles, afin de mieux étouffer les hérésies, de frapper les dissidents, et aussi afin d'enlever aux autres juridictions la connaissance des actes coupables commis par les clercs, les réguliers, ou par les dignitaires de l'Eglise. L'ordonnance de Villers-Cotterets (10 août 1539) arrêta dans une certaine limite ces empiètements commis sur la juridiction séculière. Il fut admis ensuite que les juges d'église ne pouvaient condamner à des peines corporelles et afflictives; et, afin que les crimes commis par les ecclésiastiques ne demeurassent pas impunis, tout cas royal fut déclaré délit privilégié, lorsqu'il s'agissait d'un ecclésiastique. Alors le juge séculier était seul compétent, sauf à ce que l'instruction eût lieu conjointement par le juge d'église et par le juge royal, lorsque cela était requis par l'ecclésiastique accusé ou par le promoteur du diocèse (édit de Melun de 1580, art. 22). Cependant les juges d'église pouvaient condamner un ecclésiastique à la prison perpétuelle dans un monastère ou séminaire. La *justice consulaire*, origine de nos tribunaux commerciaux, a été d'abord instituée à Paris au XVI° siècle. Elle était rendue par des juges-consuls élus par les corps des marchands. Ces juridictions si diverses discutaient sans cesse sur les limites de leur compétence respective; les frais de justice étaient excessifs; les magistrats, souvent ignorants, étaient rendus cupides par la vénalité des charges de judicature et par la coutume de taxer eux-mêmes les honoraires ou épices qu'ils recevaient des plaideurs. En matière criminelle, la question préalable appliquée aux accusés, avec ses raffinements les plus cruels, obtenait d'eux l'aveu de fautes même lorsqu'ils ne les avaient pas commises. Pour la plupart des crimes ou délits, la peine était laissée à la discrétion du juge. Quelques-unes des peines étaient dignes des peuples les plus barbares. Le supplice de la roue était appliqué aux assassins et aux voleurs de grands chemins; le gibet ou potence servait pour les vilains; la décollation par l'épée était le privilège des nobles; les incendiaires et les sacrilèges étaient brûlés vifs, et l'écartèlement était réservé aux régicides. L'abolition des justices seigneuriales, votée par l'Assemblée nationale dans la nuit du 4 août 1789, et l'organisation des tribunaux civils et criminels, faite en 1790 et 1791, furent un des plus grands bienfaits parmi toutes d'autres dus à la Révolution française. Nous avons parlé ailleurs des différentes cours qui rendent la justice en France. (Voy. CONSEIL, COUR, JURY.) Nous parlerons plus loin des tribunaux civils, correctionnels et de commerce. (Voy. TRIBUNAL.) — Justice maritime. La juridiction spéciale à l'armée de mer comprend 1° à terre : des conseils de guerre et des conseils de révision permanents; des tribunaux maritimes et des tribunaux de revision permanents; 2° à bord : des conseils de guerre, des conseils de révision et des conseils de justice. La composition et la compétence de ces conseils et tribunaux, leur nombre, leur siège et leur ressort, la procédure à suivre pour l'instruction des affaires qui leur sont déférées, et les peines qu'ils doivent appliquer pour les différents crimes ou délits, sont ainsi que ce qui concerne le personnel, les archives et les dépenses du service de la justice maritime, déterminés par le Code de justice de l'armée de mer du 4 juin 1858 et promulgué du 21 du même mois. La loi du 31 déc. 1875 a apporté à la justice maritime les modifications apportées au Code de justice militaire de l'armée de terre par les lois des 18 mai et 18 nov. précédents. Un décret-loi du 24 mars 1852 a organisé la juridiction disciplinaire spéciale au personnel de la marine marchande. Ce décret attribue le droit de connaître des fautes de discipline commises par ce personnel et de prononcer les peines qu'elles comportent, sans appel ni recours : 1° aux commissaires de l'instruction maritime ; 2° aux commandants des bâtiments de l'Etat ; 3° aux consuls de France ; 4° aux capitaines des navires de commerce sur des rades étrangères, en l'absence de bâtiment de l'Etat et de consul de France ; 5° aux capitaines des navires en mer. Le même décret institue les tribunaux maritimes commerciaux, lesquels connaissent des délits maritimes commis dans la marine marchande, la connaissance des délits communs étant laissée aux tribunaux correctionnels. — Justice militaire. La justice proprement dite, distincte du pouvoir disciplinaire, est rendue, dans l'armée de terre : par les conseils de guerre et les conseils de revision permanents dont nous avons fait connaître la composition (voy. Conseil) ; par les conseils de guerre et les conseils de revision non permanents, aux armées, ou dans les communes, départements et places de guerre en état de siège ; enfin, dans certains cas, par les prévôts des armées. En principe, les tribunaux militaires ne statuent que sur l'action publique, et c'est aux tribunaux civils qu'il appartient de prononcer ensuite, s'il y a lieu, sur les actions civiles. La compétence des conseils de guerre, des conseils de revision et des prévôtés, la procédure à suivre et les peines qui peuvent être appliquées sont déterminées par le Code de justice militaire du 9 juin 1857, qui a été modifié sur quelques points par la loi du 18 mai 1875, et coordonné, par celle du 18 nov. suivant, avec la loi du 27 juillet 1872 sur le recrutement de l'armée, et avec les lois du 24 juillet 1873, du 13 mars et du 6 nov. 1875. — Justices de paix. Les justices de paix sont des tribunaux inférieurs qui ont été institués, dans chaque canton, par la loi des 16-24 août 1790. Les juges de paix doivent être âgés de 30 ans (Constitution du 5 fructidor an III, art. 209) ; ils sont nommés, ainsi que les deux suppléants attachés à chaque justice de paix, par le chef de l'Etat, qui a aussi le pouvoir de les révoquer. Leurs attributions sont multiples. Tantôt ils tiennent des audiences de conciliation, afin de régler à l'amiable les différends et d'éviter les procès (voy. Conciliation) ; tantôt ils tiennent des audiences civiles, dans lesquelles ils statuent sur les affaires de leur compétence, soit à charge d'appel devant le tribunal d'arrondissement (L. 25 mai 1838 ; L. 2 mai 1855) ; tantôt ils tiennent des audiences de simple police et connaissent des contraventions, c'est-à-dire des infractions à la loi pénale qui donnent lieu à une amende n'excédant pas 15 fr., ou à un emprisonnement dont la durée ne dépasse pas cinq jours (C. inst. crim. 137 et s. ; L. 27 janv. 1873) ; tantôt ils président des conseils de famille, ils procèdent à des appositions ou à des levées de scellés ; ils sont officiers de police judiciaire et, à ce titre, ils reçoivent des dénonciations, des déclarations de témoins, ils dressent des procès-verbaux, etc. (C. inst. crim. 48 et s. ; 283), etc. Chaque juge de paix est assisté d'un greffier, lequel tient les minutes des jugements et autres actes, ainsi que le répertoire de ces actes. Dans les villes qui renferment plusieurs justices de paix, il n'y a qu'un seul tribunal de police, et il y a, pour ce tribunal un greffier particulier (L. 28 floréal an X). Nous évitons de donner ici la nomenclature des actions civiles qui sont de la compétence des juges de paix, en vertu des lois de 1838 et de 1855 ; car il est probable que très prochainement, cette compétence sera étendue tant en premier ressort qu'en dernier ressort, au grand avantage des justiciables. Cette réforme est devenue encore plus urgente depuis l'application de la loi du 30 août 1883, qui a

réduit le nombre des magistrats composant les tribunaux de première instance et les cours d'appel. — Déni de justice. Il y a déni de justice, lorsque le juge compétent refuse de juger, sous prétexte d'insuffisance de la loi, ou refuse de rendre une décision sur une affaire en état. (Voy. Déni.) » (Ch. Y.)

JUSTICIABILITÉ s. f. Etat, condition d'un justiciable.

* JUSTICIABLE adj. Qui doit répondre devant certains juges : il est domicilié à Versailles, et par conséquent justiciable de la cour de Paris. — s. : je ne suis pas votre justiciable.

* JUSTICIER v. a. [juss-ti-si-é]. Punir quelqu'un d'une peine corporelle, en exécution de sentence ou d'arrêt : il a été justicié.

* JUSTICIER s. m. [juss-ti-sié]. Celui qui aime à rendre, à faire justice ; ce prince était grand justicier. — S'emploie aussi, tant adjectiv. que substantiv., celui qui a droit de justice en quelque lieu : il en était seigneur justicier.

* JUSTIFIABLE adj. Qui peut être justifié : sa conduite n'est pas justifiable.

* JUSTIFIANT, ANTE adj. Théol. Qui rend juste intérieurement. N'est guère usité que dans ces deux locutions : la grâce justifiante ; la foi justifiante.

* JUSTIFICATIF, IVE adj. Qui tend, qui sert à justifier quelqu'un, ou à prouver ce qu'on avance, ce qu'on allègue : fait justificatif ; les pièces justificatives d'une histoire, d'une relation, d'un rapport.

* JUSTIFICATION s. f. Action de justifier quelqu'un, ou de se justifier ; ou les preuves qui servent à justifier : j'entreprendrai leur justification. — Signifie quelquefois, la preuve que l'on fait de quelque chose par titres, par témoins, etc. : la justification d'un fait. — Ecrit. Action et effet de la grâce pour rendre les hommes justes : la justification des pécheurs. — Typogr. Longueur des lignes, prise et arrêtée sur le format. — Bonne justification, ligne bien de longueur dont l'espacement est régulier.

* JUSTIFIER v. a. (lat. justus, juste ; facere, faire). Montrer, prouver déclarer que quelqu'un est innocent, qu'il ne mérite point de châtiment, de blâme : il a été justifié de ce crime. On le dit également en parlant des actions, des paroles, etc. : je dois justifier ma conduite, mes actions. — Faire qu'une chose soit juste, légitime : les qualités du défunt justifient bien les regrets de ses amis. — Prouver, faire voir qu'une chose n'était point fausse, erronée, mais fondée : on disait que ce conseil était dangereux, mais l'événement l'a justifié. — Montrer la vérité de ce qu'on avance, de ce qu'on allègue : justifier un fait. On dit aussi, Justifier de quelque chose, mais seulement en termes de Jurispr. : il devra justifier de sa qualité. — Donner la justice intérieure : Dieu l'a justifié par sa miséricorde. — Typogr. Donner à une ligne la longueur qu'elle doit avoir : justifier son composteur, justifier une ligne. — Absol. : cet ouvrier justifie bien. — Se justifier v. pr. Se montrer, se prouver innocent : je vous aiderai à vous justifier.

JUSTIN. I. (l'Ancien), empereur d'Orient, né en 450, de parents barbares, mort en 527 ; il était parvenu, grâce à son courage, au rang de préfet du prétoire, lorsque le parti catholique le fit élire empereur à la mort d'Anastase ; il travailla à propager la foi et à rétablir la concorde entre le pape et les évêques d'Orient. En mourant, il laissa son héritage à son neveu Justinien. — II (le Jeune), né en Illyrie, mort en 578. Il succéda à son oncle Justinien Ier en 565 et gagna la faveur populaire par sa vertu et ses sentiments généreux ; mais bientôt il devint l'instigateur du

meurtre de son cousin Justin, vendit les emplois et les charges et recouvra, par sa rapacité, les sommes qu'il avait employées à payer les dettes de ses prédécesseurs. Pendant son règne, les Lombards envahirent l'Italie et les Perses ravagèrent la Syrie et prirent Dara ; à cette nouvelle, il donna des signes de folie et le gouvernement échut à l'impératrice Sophie, qui persuada l'empereur (574) d'adopter Tibère, capitaine de sa garde.

JUSTIN (Saint) ou Justin le Martyr, le plus ancien des pères de l'Eglise après l'époque apostolique, né en Palestine, vers l'an 105, mort à Rome en 165. Versé dans les connaissances philosophiques de Zénon, d'Aristote et de Platon, il se fit chrétien vers l'an 132 et composa, en 143, un ouvrage de polémique contre l'hérétique Marcion. Pendant la persécution d'Antonin le Pieux, il adressa à cet empereur et au peuple romain une première Apologie pour défendre la cause des chrétiens. En 150, il eut, à Ephèse ou à Corinthe, au sujet de la divinité de la religion chrétienne, une longue discussion avec un savant juif nommé Tryphon. La persécution des chrétiens ayant recommencé sous Marc-Aurèle, Justin adressa à cet empereur une seconde Apologie. Il fut emprisonné et mis à mort. Fête le 13 avril. Des éditions de ses œuvres complètes ont été données par dom Maran (gr.-lat., Paris, 1442, in-fol.), par Oberthur (Wurtzbourg, 1777, 3 v. in-fol.) et par Otto (Iéna, 1847-'50, 5 vol. in-8°).

JUSTIN (Justinus), historien latin qui vécut probablement à Rome au IIIe ou au IVe siècle. Son Historiarum Philippicarum Libri XLIV est l'abrégé d'un ouvrage perdu de Trogue Pompée, historien de l'époque d'Auguste ; l'original avait une grande valeur, mais Justin semble en avoir fait des extraits plutôt que d'avoir résumé tout l'ouvrage. Les meilleures éditions de son abrégé sont celles de Cantel, Ad usum Delphini (1677), de Frotscher (Leipzig, 1827-'30, 3 vol. in-8°). Il a été traduit en français par Claude de Seyssel (1559, in-fol.), par Pierrot et Boitard (1827, 2 vol. in-8°).

JUSTINE (Sainte), vierge et martyre, patronne de Padoue. Elle subit le martyre sous l'empereur Dioclétien. Fête le 7 oct. — Une autre sainte du même nom, martyrisée à Nicomédie, est fêtée le 26 sept.

JUSTINIEN Ier (Flavius-Anicius-Justinianus), surnommé le Grand, empereur d'Orient, né en Bulgarie en 482 ou en 483, mort le 14 nov. 565. Il fut élevé au pouvoir par son oncle Justin Ier, qui, peu de temps avant sa mort, en 527, l'adopta comme co-empereur à la requête du sénat. Il épousa Théodora, connue depuis longtemps comme une comédienne, et une prostituée et méprisée comme l'une des plus viles créatures ; il se l'associa néanmoins. L'influence démoralisatrice et despotique de cette femme impudique resta puissante jusqu'à sa mort, arrivée dans la vingt-deuxième année de leur règne. Après avoir apaisé des dissensions intérieures, Justinien tourna son attention vers les intérêts extérieurs de son vaste empire. Il acheta de Chosroès, de Perse, une trêve, et il envoya Bélisaire en Afrique contre Gélimer qui avait usurpé le pouvoir dans le royaume vandale. Bélisaire battit Gélimer, réduisit la Sicile et Naples, et entra à Rome (536). En 539, il réduisit Ravenne ; mais Justinien, poussé par la jalousie, le rappela. Après une autre disgrâce, il fut envoyé de nouveau en Italie pour empêcher la prise de Rome par Totila, mais il échoua ; Narsès le remplaça, s'empara de Rome en 552 et conquit l'Italie. Le règne de Justinien fut marqué par la tyrannie, la violence, de folles dépenses, la persécution violente des hérétiques samaritains, juifs et païens et par de continuelles intrigues de cour ; mais ce prince eut le grand mérite d'avoir préparé, avec la collaboration de Tribonien et d'autres juristes, le code de lois romaines qui porte son nom. (Voy. Droit civil.) Il rebâtit l'*église de Sainte-Sophie*. Son neveu, Justin II, lui succéda. — II. (Rhinotmète, Nez coupé), empereur d'Orient, né en 669, mort en 711. Il succéda à son père Constantin IV (Poganatus), en 685. Son règne fut marqué principalement par des guerres avec les Sarrasins, des persécutions contre les manichéens, la rapacité et les exactions de ses ministres. Il fut battu par les Bulgares, en 688, et les Arabes s'emparèrent de l'Arménie. En 695, Leontius, son général, le chassa du trône, lui fit couper le nez et le bannit en Crimée. En 705, Justinien, secouru par les Bulgares, recouvra le trône, mais ses atrocités soulevèrent une nouvelle révolte et il fut détrôné et tué par Philippicus Bardanes, qui lui succéda.

* JUTE s. m. Fibre de différentes espèces de plantes du genre corrète (Voy. Corrète.) Les espèces qui fournissent cette fibre sont annuelles, indigènes de l'Asie, et croissent à une hauteur de 3 à 4 mètres. La matière textile est renfermée dans l'écorce de tiges que l'on coupe quand la plante commence à fleurir et que l'on fait macérer dans l'eau jusqu'à ce que les fibres se séparent facilement; elles ont de 3 à 4 mètres de long, ressemblent au lin, mais sont beaucoup plus douces et plus soyeuses. On emploie le jute principalement dans la fabrication de la toile d'emballage et des sacs grossiers qui servent au transport du riz, du café et d'autres denrées orientales; il sert aussi à faire des cordages, mais il est sujet à pourrir sous l'eau.

JUTES, *Juti*, peuple de la famille gothique qui occupait la Chersonèse cimbrique et dont on retrouve le nom dans le *Jutland* actuel.

* JUTEUX, EUSE adj. Qui a beaucoup de jus: *pêche juteuse.*

JUTLAND (dan. *Jylland* [iul-lànn]). péninsule irrégulière, formant la principale division continentale du Danemark, bornée par la mer du Nord, le Skager Rack, le Cattégat, le Petit Belt et le Schleswig; 25,265 kil. carr.; 868,571 hab. Le Jutland forme la partie principale de l'ancienne Chersonèse cimbrique. C'était le pays des Jutes, qui envahirent la Bretagne (Grande-Bretagne) au vᵉ siècle. Surface généralement unie, sablonneuse et stérile au centre. Grand nombre d'étangs et de marais,

mais peu de rivières. Agriculture, pêcheries, manufactures de laine, d'armes à feu et de poterie. Le Jutland est divisé en quatre districts appelés *stifts*: Aalborg, Aarhuus, Viborg et Ribe. Capitale, Viborg; centre commercial, Aarhuus.

JUTLANDAIS, AISE adj. Qui est du Jutland, qui appartient à ce pays ou à ses habitants.

JUVÉNAL (Decius-Junius Juvenalis), poète satirique latin, mort vers l'an 125 ap. J.-C. On sait peu de choses de sa vie, sinon qu'Aquinum fut sa résidence de prédilection et qu'il fut l'intime ami de Martial. Il ne se montra poète que fort tard. Peut-être son génie satirique ne s'enflamma-t-il qu'après avoir vu la turpitude des hommes et des mœurs de son siècle; toujours est-il que l'époque de décadence qu'il traversa fournit à sa critique acerbe une riche collection de tableaux; empereurs, sénat, peuple, femmes, philosophes, poètes, etc., il a tout passé en revue; mais on voudrait que sa vertu indignée eût été sa seule inspiratrice et sa seule muse; malheureusement il se complaît dans les infamies qu'il raconte et Martial, son ami, nous révèle que cet inflexible censeur des vices de son temps, assiégeait les antichambres des grands, mendiait leurs faveurs et tendait la main à la fortune. Ajoutons, pour être juste, qu'il n'y a pas que des peintures cyniques dans Juvénal; on y rencontre de ces belles et charmantes inspirations qui, si elles n'ont pas la gaieté facile et la bonne humeur d'Horace, brillent néanmoins au plus haut degré par la vigueur et l'énergie du coloris. Il a laissé 16 satires. Les meilleures éditions de Juvénal sont celles *Ad usum Delphini* (Paris, 1684); de Ruperti (Leipzig, 1802, 2 vol. in-8º); d'Achaintre (Paris, 1810, 2 vol. in-8º). Juvénal a été traduit en prose par Dussaulx (Paris, 1770, 1 vol. in-8º), revu par Pierrot (1825-'30, 2 vol. in-8º); en vers par Raoul (1812), Méchin (1817), Bouzique (1843) et J. Lacroix (1846).

JUVÉNAL DES URSINS. I. (Jean), magistrat français, né à Troyes en 1350, mort en 1431. Il avait été chancelier de France, conseiller au Châtelet et avocat au parlement, lorsque, en 1388, il fut choisi par le gouvernement de Charles VI pour réorganiser la prévôté de Paris. Magistrat intègre et énergique, il soutint fermement la royauté contre les divisions du moment : chancelier, il refusa de mettre son seing sur des pièces de dépenses qu'il trouva

excessives et se retira du conseil du roi; comme prévôt, il favorisa le commerce de la navigation de la Seine et fut le premier qui imagina l'expropriation légale pour cause d'utilité publique. En reconnaissance de ses services, la ville de Paris lui donna l'hôtel *des Ursins*, dont il prit le nom. — II. (Jean), fils du précédent, né en 1388, mort en 1473. Comme son père, il fut d'abord magistrat; il entra ensuite dans les ordres, fut évêque de Beauvais (1432), de Laon (1444) et archevêque de Reims (1449). Il est l'auteur d'une *Chronique de Charles VI* et fut un des évêques qui révisèrent la sentence prononcée à Rouen contre Jeanne Darc. — III. (Guillaume), frère du précédent, né en 1400, mort en 1472. Il fut successivement conseiller au parlement (1423), lieutenant général du Dauphiné, bailli de Sens, chancelier de France (1445), servit au siège de Caen (1449) et présida les états de Tours en 1468.

* JUVÉNILE adj. (lat. *juvenis*, jeune). Qui appartient à la jeunesse; *une action juvénile, un talent juvénile.*

JUVÉNILEMENT adv. D'une manière juvénile.

JUVIGNY-SOUS-ANDAINE, ch.-l. de cant., arr. et à 13 kil. S.-E. de Domfront (Orne); 1,500 hab. Commerce de grains, bestiaux, laines, bois et chanvre.

JUVIGNY, ch.-l. de cant., arr. et à 10 kil. N.-O. de Mortain (Manche); 800 hab. Commerce de laines.

JUXTALINÉAIRE adj. (lat. *juxta*, auprès; franç. *linéaire*). Ne s'emploie guère que dans la locution Traduction juxtalinéaire, traduction faite dans l'ordre logique et non mot à mot.

* JUXTAPOSÉ, ÉE part. passé de Juxtaposer. — Noms juxtaposés, substantifs réunis, comme *arc-en-ciel, porte-plume.*

* JUXTAPOSER (Se) v. pron. (lat. *juxta*, auprès; franç. *poser*). Phys. Se dit des molécules matérielles qui viennent se joindre successivement à d'autres déjà réunies en une masse sensible : *un minéral croît par l'agrégation successive de molécules qui se juxtaposent.*

* JUXTAPOSITION s. f. Phys. Action des molécules qui se juxtaposent : *les cristaux qui se forment avec lenteur dans une dissolution tranquille, augmentent graduellement de volume par juxtaposition.*

K

* K s. m. [ka ou ke]. Lettre consonne : la nzième lettre du système graphique phénicien, de plusieurs autres alphabets sémitiques et de la plupart des alphabets européens. Elle se prononce en français comme *q* ou comme *c* dans *ca, co, cu.* On ne l'emploie guère que dans quelques noms propres, comme *Stockholm, York, Locke*, etc., et dans quelques mots tirés du grec ou des langues étrangères.

* KABAK s. m. Nom que les Moscovites donnent à une espèce d'estaminet où l'on

vend du vin, de la bière, de l'eau-de-vie, des cartes, etc.

* KABIN s. m. Chez les Mahométans, somme d'argent que le mari est tenu de payer à la *femme qu'il répudie.*

KABOUL. Voy. Caboul.

KABYLE adj. (ar. k'balla; de *kuebila*, tribu; ou peut-être de *Djebel*, montagne). De la Kabylie; qui appartient à la Kabylie ou à ses habitants : *tribu kabyle.* — Substantiv. Indi-

gène de la Kabylie : *les Kabyles sont les paysans indigènes de l'Algérie.* (Voy. Berbères et Lybiens.)

KABYLIE, contrée habitée par les Kabyles. — Kabylie algérienne; on donne ce nom au pays compris entre Dellys, Aumale, Sétif et Bougie; 7,655,000 kil. carr.; 358,000 hab. La Kabylie est divisée en tribus, tout à fait indépendantes les unes des autres, se gouvernant elles-mêmes, et dont la fédération n'a point d'institutions centrales. Les devs d'Alger n'exerçaient aucune autorité sur la Kabylie, et lorsque les Français occupèrent Bougie en 1833, ils ne purent soumettre les tribus, même les plus voisines. Après quelques expéditions sans résultat, la Kabylie ne fit sa soumission qu'en 1847; toutefois elle se révolta en 1851, 1853, 1854 et 1857, et ce ne fut guère qu'en 1857 qu'elle fut complètement réduite.

KACHAN ou **Kaschan**, ville de Perse (Irak-Adjémi), à 152 kil. N.-O. d'Ispahan ; 30,000 hab. Commerce de soieries, velours, tapis, tissus de coton ; on y travaille l'or, l'argent et le cuivre ; elle contient au moins 30 mosquées.

KACHEMIRE. Voy. CACHEMIRE.

KADICHAH, première femme de Mahomet, née en 564, morte en 628. Elle eut du prophète quatre fils et quatre filles.

KÆMPFER (Engelbrecht) [kémmp'-fer], voyageur allemand né en 1651, mort en 1716, il fut successivement secrétaire de l'ambassade suédoise en Perse, chirurgien de la compagnie hollandaise des Indes-Orientales et médecin de l'ambassade hollandaise au Japon, et il publia *Amœnitates Exoticæ* (1712), ouvrage relatif à la Perse et aux autres contrées de l'Asie occidentale. Son *Histoire du Japon et description de Siam* fut d'abord publiée en anglais (1727).

KAF. Voy. CAF.

KAFÉRISTAN, contrée de l'Asie centrale, bornée au N. par le Badakhshan, à l'E. par le Chitral et au S. et à l'O. par le Caboul ; 51,461 kil. carr. ; 700,000 hab. Le sol est très escarpé et le climat varie beaucoup. Cette région, presque inaccessible, tire son nom du mot *kafirs* ou infidèles, appliqué à ses habitants par les Mahométans de l'environnement et avec lesquels ils sont presque continuellement en guerre. Les *Kafirs* affirment qu'ils descendent des troupes d'Alexandre le Grand ; ils diffèrent pour la forme du visage, pour les mœurs et pour la religion des tribus environnantes. Leur langage est un dialecte du Persan. Ils fabriquent d'excellent vin et en boivent avec excès. On ne leur connaît aucun gouvernement régulier, mais ils sont divisés en tribus. On les distingue quelquefois en Kafirs noirs et en Kafirs blancs ; les premiers sont vêtus de peaux de chèvres noires ; les seconds portent un vêtement de coton blanc.

KAFFA ou **Kafa**, contrée de l'Afrique orientale, au S. de l'Abyssinie et à l'O. du Somauli ; consistant en un plateau étendu, entre deux branches de la rivière Gojeb ou Godafo. Les habitants, qui sont gouvernés par un roi absolu, offrent le type abyssin et se prétendent chrétiens. Le café qui, on le suppose, a reçu son nom d'après ce pays (turc *kahve*), y est indigène. La ville principale, Bonga, renferme 6,000 ou 7,000 habitants.

KAFFA, Caffa ou **Feodosia** (*Theodosia*), port maritime de la Russie méridionale, sur la côte S.-E. de la Crimée, sur une baie de la mer Noire, à 90 kil. N.-E. de Siméropol ; 8,490 hab., non compris la garnison. Elle est située près de l'emplacement de l'ancienne Théodosia, fondée par les Milésiens et l'une des villes de l'ancien royaume du Bosphore. Les Génois y établirent une colonie au XIIIe siècle ; au XIVe, elle fut entourée de fortifications formidables dont on voit encore les restes. Les Turcs s'en emparèrent en 1475.

Elle fut prise par les Russes en 1770 et leur fut cédée par le traité de Jassy, en 1792.

KAFRARIA ou **Kafirland**. Voy. CAFRERIE.

KAGOSHIMA ou **Kogosima**, ville du Japon, dans la partie S. de l'île de Kiushiu, renommée pour sa vaste rade, de 60 kil. de long et de 8 à 20 de large. Cette ville est la capitale du prince féodal Satsuma.

KAHLENBERG [kă-lènn-bèrg], montagne d'Autriche, sur le Danube, entre Vienne et Klosterneuburg, composée du Kalenberg propre ou Josephsberg, et du Leopoldsberg (où se trouve un château en ruine) s'élevant à une hauteur d'environ 300 m. au-dessus de la rivière. On l'appelle aussi le *Wiener Wald* et elle est le dernier contrefort des Alpes Noriques au N.-E.

* **KAHOUANNE** s. f. Espèce de tortue dont l'écaille s'emploie dans les ouvrages de marqueterie.

KAÏ-FONG ou **Caï-Fung**, ancienne cap. de la Chine, près du fleuve Hoang-ho, à 650 kil. S.-S.-E. de Pékin. En 1642, cette ville étant assiégée par 100,000 rebelles, le commandant de place fit rompre les digues et noya tous les assiégeants, plus 300,000 habitants.

* **KAÏMAC** s. m. Espèce de crème en usage chez les Orientaux.

KAIROUAN ville fortifiée de Tunisie (Afrique), à 130 kil. S.-E. de Tunis ; environ 15,000 hab. Elle renferme un grand nombre de constructions élégantes. La mosquée d'Akbar, édifice magnifique, renferme une bibliothèque d'une grande valeur. Kairouan étant considérée par les Mahométans comme la ville la plus sainte de l'Afrique, on ne permettait avant la conquête française à aucun marchand chrétien ou juif d'y habiter. Elle est située au milieu d'une vaste plaine nue et aride. Elle est entourée d'une enceinte continue de 5 à 6 m. de hauteur, laquelle est percée de trois portes : l'une au N., l'autre à l'O., la troisième à l'E. Cette enceinte est précédée de quelques gourbis et d'un faubourg de quelques maisons bâties en terre. La kasbah fait partie de l'enceinte, mais elle forme une sorte de bastion extérieur. Les rues et les ruelles de l'intérieur de la ville se croisent à angles aigus et forment un fouillis inextricable. Quelques minarets, de forme assez lourde, indiquent l'emplacement des mosquées. Celles-ci sont rigoureusement fermées. Le palais du gouverneur est une grande maison, sans style. La seule industrie de Kairouan est la fabrication des burnous

Kaffa.

et des tapis de laine, et du maroquin jaune pour bottes et pour pantoufles.

KAISARIYEH, ville de l'Asie Mineure, à 250 kil. S.-E. d'Angora ; de 25,000 à 50,000

hab. Elle est le centre d'un grand commerce d'exportation. Cette ville, appelée anciennement Mazaca, fut la capitale de la Cappadoce jusqu'à ce que cette contrée devint une province romaine ; alors le nom de la ville fut changé en celui de Césarée, d'où elle tire son nom moderne. (Voy. CÉSARÉE II.)

KAISERLICK s. m. [kaï-zèr-lik]. Nom que l'on donne, par dénigrement, aux soldats autrichiens.

KAISERSLAUTERN [kaï'-zèrss-laou-tern], ville de Bavière, dans le Palatinat, sur la Lauter, à 50 kil. O.-N.-O. de Spire ; 22,780 hab. Manufactures de toile, de coton, de bonneterie et de fer. Hoche y fut repoussé le 30 nov. 1793 par le duc de Brunswick.

KAISERSWERTH [kaï'-zèrs-vert], ville de la Prusse rhénane, sur le Rhin, à 9 kil. N.-N.-O. de Dusseldorf ; 2,140 hab., célèbre par la maison de diaconesses évangéliques, fondée par le pasteur Fliedner.

* **KAKATOÈS** s. m. [ka-ka-toŭa ; quelques personnes disent, par corruption, ka-ta-koŭa]. (Voy. CACATOIS.)

KAKODYLE ou **Cacodyle** s. m. (gr. *kakos*, mauvais ; *ulê*, matière). Chim. Substance liquide, incolore, très vénéneuse, composée d'arsenic, de carbone et d'hydrogène ($As^2 C^4 H^{12}$). Le cacodyle est plus pesant que l'eau ; sa vapeur [grav. spec. 7-1] a une odeur des plus répugnantes et prend feu en présence de l'air ; il bout à 170 C. et se solidifie en prismes carrés à 6°.

KALAFAT [kă-la-făt'], ville fortifiée de Roumanie, dans la Petite Valachie, sur le Danube, en face de Widin, à 235 kil. O.-S.-O. de Bucharest ; environ 2,500 hab. Elle est d'une grande importance stratégique. En 1829, les Russes y perdirent 10,000 hommes pendant leurs opérations contre les Turcs. Plusieurs engagements sérieux eurent lieu dans ses environs en 1854.

KALAHARI (Désert de), région du S. de l'Afrique, entre la rivière Orange et 20° lat. S. Son élévation moyenne au-dessus du niveau de la mer est de 200 mètres. Ce désert n'est pas entièrement dépourvu de végétation, parce qu'il est rafraîchi par de fortes rosées.

KALAMATA, ville de la Grèce, capitale de la nomarchie de Messénie, à 2 kil. du golfe de Koron, au sud du Péloponèse ; environ 6,000 hab. Exportation de laine, de soie écrue, d'huile, de fromage et de figues. On suppose qu'elle occupe l'emplacement de l'ancienne Phérée. Elle devint importante pendant les croisades, appartint à Venise et fut occupée par les Turcs pendant la guerre de 1821, époque où elle fut l'une des premières villes que délivrèrent les Grecs, et la première où une assemblée législative grecque se réunit.

KALAMAZOO, village du Michigan (Etats-Unis), sur la rive O. de la rivière Kalamazoo, à environ 90 kil. de son embouchure et à 215 kil. O. de Detroit ; 11,750 hab.

KALAMAZOO, rivière qui prend sa source dans le Michigan et après un cours tortueux, de près de 300 kil., se jette dans le lac Michigan. Elle est navigable en toute saison pour les navires de 50 tonnes jusqu'à Allegan, à 56 kil. du lac.

KALCKREUTH [kălk-roït], (Friedrich-Adolf von, COMTE) général prussien, né en 1737, mort en 1818. Il entra dans l'armée en 1752 et fut nommé colonel en 1788. En 1793, il força Mayence à capituler ; en 1807, il défendit Dantzig et, lors de la reddition de cette place il reçut les mêmes conditions honorables qu'il avait accordées à Mayence ; il fut nommé maréchal.

* **KALÉIDOSCOPE** s. m. (gr. *kalos*, magnifique ; *eidos*, image ; *scopein*, voir). Phys. Instrument formé d'un tube opaque, contenant des miroirs et garni à l'intérieur de petits

objets de couleur et de dimensions différentes,
dont les combinaisons modifiées par chaque
mouvement de l'appareil offrent une grande
variété. Le kaléidoscope fut inventé par
David Brewster en 1814 et perfectionné en
1817.

KALERGIS (Demetrius) [kâ-lèr'-ghiss], général grec, né vers 1803, mort en 1867. Il se
distingua dans la guerre de l'indépendance,
encouragea le mouvement révolutionnaire de
1843 et fut successivement adjudant du roi
Othon et ministre de la guerre (1855'-56). En
1859, il fut nommé ambassadeur à Paris et en
1864, premier écuyer du roi George.

KALGAN ou **Changkiakau**, ville de Chine,
province de Chihli, à 170 kil. N.-O. de Pékin
renommée comme station commerciale entre
la Russie et la Chine et ville de commerce considérable.

KALGOUEF ou **Kalgouev**, île de la Russie
d'Europe, dans l'océan Glacial arctique; elle a
90 kil. de long, sur 60 de large. Les quelques
Samoyèdes qui l'habitent font le commerce
de duvet, de plumes, de peaux de cygne et
de renard, d'oies salées, etc.

KALI s. m. Bot. Nom que les Arabes donnent
à la soude. Se dit particul., en français, d'une
espèce de soude à feuilles épineuses qui croît
abondamment sans culture sur les bords de la
mer, dans les parties méridionales de l'Europe.

KALIDASA [kâ-li-dâ'-sa], poète indien, qui,
d'après la tradition, vivait à la cour du roi
Vikramaditya, dans le premier siècle av. J.-C.;
mais plusieurs savant croient qu'il existait au
IIᵉ siècle apr. J.-C. à la cour du roi Bhoja. Sa
meilleure production est le drame *Sakuntala*
qui, traduit en anglais par sir William Jones
en 1789, éveilla immédiatement l'intérêt des
Européens pour la littérature sanscrite.
D'autres pièces dramatiques et lyriques du
même auteur ont été traduites en allemand,
en français et en latin. Fauche a donné en
français une traduction des *Œuvres* de ce poète
(1860, 2 vol. in-8°).

KALISCH. Voy. KALISZ.

KALISCH (David), poète humoristique allemand, d'origine juive, né à Breslau en 1820,
mort en 1872. En 1848, il fonda à Berlin le
Kladderadatsch, journal satirique, qu'il publia
en collaboration avec Dohm; il a laissé plusieurs pièces populaires.

KALISPELS ou **Pends d'oreilles**, tribu d'Indiens de la famille Selish, vivant dans les
territoires de Montana, d'Idaho, de Washington et dans l'Amérique anglaise. Braves, mais
pacifiques, ils ont fait de grands progrès, dus
principalement aux missions fondées par les
P. P.-J. de Smet en 1844.

KALISZ [kâ-liche] (all. *kalisch*). I. Gouvernement O. de la Russie d'Europe, en Pologne,
bornée par la Prusse; 11,373 kil. carr.
669,260 hab. — II. Capitale du gouvernement
ci-dessus, sur la frontière prussienne, à
193 kil. S.-O. de Varsovie; 16,960 hab. Elle
fut prise en 1656 par les Suédois. Les Russes
et les Saxons y remportèrent une victoire sur
Charles XII, en 1706, et les Russes sur les
Français en 1813. Peu après, une alliance y fut
formée entre le czar et le roi de Prusse.

KALIUM s. m. Chim. Ancien nom du potassium.

KALKBRENNER. I. (Christian), compositeur
allemand, né à Berlin en 1806. Il fut,
pendant plusieurs années, au service du prince
Henri, frère de Frédéric le Grand, comme
compositeur; il enseigna ensuite le chant à
l'Académie de musique de Paris. Il composa
des opéras et des morceaux pour piano. Son
histoire de la musique (non achevée) fait
autorité pour ce qui concerne la musique
juive et la musique grecque. — II. (Freidrich),
son fils, né en 1784, mort en 1849. Il devint

célèbre à Paris comme pianiste; ses compositions sont encore estimées. Il arrangea les
symphonies de Beethoven pour piano. Avant
1823, il enseigna pendant plusieurs années
en Angleterre.

KALM (Peter), botaniste suédois, né en
1715, mort en 1779. Il fit un voyage scientifique dans l'Amérique du Nord (1748-'51) et
fut nommé professeur d'histoire naturelle à
Abo. Ses *Voyages dans l'Amérique du Nord*
ont été traduits en anglais par John Reinhold
Forster (2 vol., 1772).

KALMAR. Voy. CALMAR.

KALMIE s. f. (de *Kalm*, n. pr.). Bot. Genre
d'éricacées, comprenant plusieurs espèces
d'arbustes toujours verts de l'Amérique du
Nord et ainsi nommé en l'honneur de Peter
Kalm. L'espèce la mieux connue et la plus
remarquable est le *laurier de montagne (kal-*

Kalmia latifolia.

mia latifolia), formant quelquefois un petit
arbre de 5 à 7 mètres de haut: cette kalmie
se trouve sur les collines rocailleuses, dans
les ravins des montagnes et aussi dans les
pâturages humides et pierreux, depuis le
Canada jusqu'à la Floride. Ses feuilles sont
dispersées en bouquets ou en touffes de 5 à
8 centim. de long, d'un vert brillant et d'une
texture coriace. Ses fleurs varient du blanc
pur au rose sombre; la corolle, magnifique
avant et après son éclosion, est monopétale,
et présente la forme d'un plat ou d'une cloche
peu profonde. Le laurier des montagnes est
l'une des plantes américaines recherchées en
Europe. La *kalmie à feuilles étroites (kalmia
angustifolia)*, également très répandue, est
beaucoup plus petite, n'atteignant pas plus
d'un mètre de haut. Cette plante passe, chez
les fermiers, pour empoisonner les moutons.

KALMOUK, E ou **Calmouck, e**, s. et adj.
(du tartare *khalmik*, apostat), nom russe d'un
peuple de race mongole qui habite certaines
parties de la Russie et de la Chine. Le nom
que se donnent les Kalmouks est celui de
Derben Eret ou les Quatre-Alliés, parce qu'ils
forment quatre tribus, savoir : les Kloschots,
dans le Thibet oriental; les Dzungars, qui
donnent leur nom à la Dzungarie; les Derbets
ou Tchoros, qui occupent la sieppe entre le
Don et le Volga, et qui sont associés aux Cosaques du Don; enfin, les Torgots, tribu de
Dzungarie, qui émigra sur le Volga en 1662,
et qui revint sur l'Emba en 1771. Avant cette
dispersion, les Kalmouks étaient appelés
Elents. C'est l'un des plus laids et des moins
civilisés parmi tous les peuples de l'Asie. Ils
descendent des barbares de Scythie bien
connus dans l'antiquité. Ils parlent une
langue dure, abondante en sons gutturaux;
quelques-uns ont adopté le christianisme ou
le mahométisme, mais la religion de la
grande majorité est la forme lamaïque du
bouddhisme. Ils sont nomades et vivent en
tribus plus ou moins nombreuses appelées
khotons.

KALOCSA [kol'-o-tchâ], ville de Hongrie,
près de la rive E. du Danube, à 105 kil. S. de
Pesth; 16,310 hab. Siège d'un archevêque
catholique romain. Beaucoup de vins.

KALOUGA. I. Gouvernement central de Russie, borné par Smolensk, Moscou, Tula et Oler;
30,923 kil. carr.; 996,260 hab. Surface généralement unie. Rivière principale, l'Oka. Plus
de la moitié des terres est couverte de forêts.
Fer, charbon, craie et gypse. — II. Capitale du
précédent, sur l'Oka, à 150 kil. S.-O. de Moscou; 38,610 hab. Commerce considérable.
Manufactures, lieu de bannissement politique.

KALW. Voy. CALW.

KAM, province dépendant de l'empire
chinois dans la partie orientale du Thibet;
ch.-l. Bathang; pays montagneux; arrosé par
plusieurs cours d'eau dont le plus important
est le Lou-Kiang. On trouve communément
dans les montagnes l'argent, le fer, le cuivre
et le plomb.

KAMA s. m. Sorte de large poignard dont
se servent les Turcs.

KAMA, rivière de Russie, et principal affluent du Volga. Elle prend sa source dans
une branche des monts Oural, et se joint au
Volga après un cours de 1,800 kil., à 60 kil.
de Kazan. Reliée à une branche de la Dwina
par un canal de 18 kil. de long, elle établit une
communication entre la mer Caspienne et la
mer Blanche.

KAMÉLA ou **Kamala**, s. m. Poudre glandulaire et poils obtenus des capsules du *rottlera
tinctoria*, petit arbre de l'ordre *euphorbiacées*,
qui croît dans les Indes orientales. Cette
poudre, très purgative à fortes doses, agit
quelquefois violemment, occasionnant des
nausées, mais rarement le vomissement. Elle
a été longtemps employée dans l'Inde contre
le ténia.

KAMEHAMEHA, nom d'une famille de souverains des îles Hawaï. — I. Appelé Nui (le
Grand), né en 1753, mort le 8 mai 1819. D'abord gouverneur de la partie O. de Hawaï, il
étendit son autorité sur toute l'île en 1796,
et ensuite sur tout le groupe. Il introduisit
plusieurs réformes et encouragea l'agriculture
et le commerce. — II. Fils du précédent, appelé Iolani ou Liholiho, né en 1797, mort le
14 juillet 1824. Sous l'influence des missionnaires américains qui arrivèrent en 1820, il
abolit l'idolâtrie; il accorda aux missionnaires
de nombreux privilèges et encouragea leurs
efforts pour instruire le peuple. Il se rendit
avec la reine Emma en Angleterre en 1823 et tous
deux moururent à Londres. — III. Appelé
Kauikeaouli, frère du précédent, né en 1814,
mort le 15 déc. 1854. Il octroya à ses sujets
une constitution libérale, encouragea les
progrès de l'éducation et de la civilisation
dans ses Etats, s'alliant avec succès aux empiétements des Français et des Anglais. —
IV. Fils de Kekuanaoa, gouverneur d'Oahu, et
fils adoptif du précédent sous le nom d'Alexandre Liholiho, né en 1834, mort le 30 nov.
1863. La reine Emma et lui furent mieux
élevés que leurs prédécesseurs. Le remords
d'avoir tué un de ses compagnons dans un
accès d'ivresse et le chagrin de la perte de
son fils unique hâtèrent sa mort. Il traduisit
le *Book of Common Prayer* dans la langue indigène. — V. Appelé Lot, frère aîné du précédent, né en 1830, mort le 11 déc. 1872. En
1864, il mit de côté la constitution donnée
par Kamehameha III et il en proclama une
plus absolue. Il mourut sans se marier et la
ligne directe des Kamehamehas finit avec
lui.

KAMENETZ ou **Kamieniec** [kâ-'mé-nèts;
kâmm-ièun'-ietss], ville de Russie, capitale
de la Podolie, sur le Smotritza, à 60 kil. N.
du Dniester, à 355 kil. N.-O. d'Odessa;
21,620 hab. (dont plus de 10,000 Israélites).

Elle fait un commerce considérable avec la Moldavie, particulièrement en pelleteries.

Kamenetz.

Les Turcs s'emparèrent de la ville en 1672 et la gardèrent jusqu'à la paix de 1699.

KAMENZ. Voy. CAMENZ.

* **KAMICHI** s. m. [ka-mi-chi]. Grand oiseau noir de l'ordre des échassiers, famille des *palamédéinés*, dont la tête est ornée d'une espèce de casque, et dont les ailes sont armées d'éperons : *le kamichi habite dans les marécages de la Guyane et du Brésil.* Le kamichi cornu

Kamichi cornu (Palamedea cornuta).

(*palamedea cornuta,* Linn.), est plus gros qu'une oie, il mesure environ 1 m. 30 centim. de long ; il est noirâtre avec une tache rouge sur chaque épaule, les parties inférieures de la poitrine sont blanches. Les kamichis vivent généralement par paires dans les districts inondés du Brésil et de la Guyane, particulièrement près de la mer ; ils sont sauvages et timides, ont une voix perçante qu'ils font entendre à la moindre alarme ; ils perchent quelquefois sur les arbres ; leur nourriture consiste en graines, en plantes aquatiques et peut-être en reptiles. Ils s'apprivoisent facilement.

KAMIENIEC. Voy. KAMENETZ.

KAMIESCH (Baie de), c'est-à-dire *baie des Roseaux,* baie formée par la mer Noire sur la côte de Crimée, au S. et près de Sébastopol ; elle est protégée par des fortifications. Elle servit de station à la flotte française lors de l'expédition de Russie en 1855.

KAMMIN. Voy. CAMMIN.

KAMPEN, ville de l'Overyssel (Pays-Bas), sur l'Yssel, à 12 kil. O.-N.-O de Zwolle ; 15,660 hab. Manufactures importantes, commerce considérable.

KAMTCHADALE s. m. Indigène du Kamtchatka.

KAMTCHATKA [kamm-chatt'-ka], grande péninsule de l'empire russe formant une partie de la province du littoral (Sibérie orientale), environ 1,200 kil. de long du N. au S. ; 1,206,260 kil. carr. ; environ 20,000 hab. Les côtes, baignées par la mer d'Okhotsk et la mer du Kamtchatka, sont dangereuses à cause des récifs qui les entourent. Une chaîne élevée de montagnes volcaniques traverse le pays dans une direction S.-O. avec plusieurs pics de 2,000 à 5,000 m., plusieurs volcans en activité. De nombreuses rivières prennent leurs sources dans les hauteurs. Le Kamtchatka, avec son affluent, la Yelovka, est navigable sur une longueur de 225 kil. La partie la plus fertile de la péninsule s'étend le long de la vallée de cette rivière ; le reste du pays est peu propre à la culture. Le climat est très rude et la gelée règne en toutes saisons. Les tremblements de terre sont fréquents et violents. Les montagnes du sud sont couvertes de forêts, mais dans la partie la plus septentrionale, le produit principal est le lichen. Les Kamtchadales, principale tribu indigène, sont de petite taille, robustes, paisibles, honnêtes, paresseux et intempérants. Les Koriaks, qui vivent au N. de 58°, sont nomades. La capitale et le port principal est Petropawlovsky, sur la baie d'Avatcha.

* **KAN** s. m. Prince, commandant chez les Tartares, les Persans, etc. : *le kan des Tartares.* — Lieu où les caravanes se reposent : *nous atteignîmes le kan avant la nuit.*

KANAGAWA [kâ-na-gâ'-oua], ville du Japon, sur la côte O. d'une rade de la baie de Yedo, à 25 kil. S.-S.-O de Tokio (Yedo) ; environ 4,000 hab. Dans la ville et dans son voisinage se trouvent plusieurs temples célèbres. Kanagawa donne son nom au *ken* ou préfecture, qui comprend la contrée autour de Yokohama.

KANAK, AKE ou Canaque s. et adj. Se dit des indigènes de la Nouvelle-Calédonie et de ce qui se rapporte à ces indigènes : *les Kanaks; industrie kanake.*

KANDAHAR. Voy. CANDAHAR.

* **KANDJAR** ou Kangiar s. m. Sorte de poignard à lame très large, dont se servent les Asiatiques et les Africains.

KANE (Elisha Kent), explorateur arctique américain, né en 1820, mort le 16 fév. 1857. Il s'embarqua sur le commodore Parker en 1843, comme médecin de l'ambassade de Chine, et, avant son retour, il fit un long voyage en Asie et en Europe. En 1846, il s'embarqua sur la frégate *United-States* pour la côte d'Afrique, se joignit à une caravane et visita le Dahomey. En nov. 1847, il se rendit au Mexique, où il fut blessé lors d'une rencontre avec l'ennemi. En mai 1850, il partit de New-York comme chirurgien et naturaliste de l'expédition commandée par le lieutenant de Haven, équipée aux frais de Henry Grinnell, pour rechercher sir John Franklin. Il publia un récit de cette expédition, *Narrative of the Expedition in Search of sir John Franklin* (1854.) Une autre expédition ayant été équipée par Grinnell et George Peabody, le Dr Kane, commandant l'*Advance,* partit de New-York le 30 mai 1853, et y revint en oct. 1855, ayant abandonné le navire dans la glace, et voyagé 84 jours en bateaux et en traîneaux

jusqu'aux établissements danois de la côte du Groënland. Le résultat de ce voyage fut la découverte de ce que l'on supposa être une mer polaire libre. Kane publia alors sa *Second Grinnell Expedition in Search of sir John Franklin* (1856). — Voy. *Life of Dr E.-K. Kane,* par William Elder M. D. (1857).

* **KANGUROO** ou Kangourou s. m. [kangou-rou]. Mamm. Genre de marsupiaux, comprenant plusieurs espèces de quadrupèdes de l'Australie et des îles voisines, remarquables par le volume de leur queue, sur laquelle ils s'appuient en sautant, et par l'extrême longueur de leurs membres postérieurs. Les kanguroos se nourrissent de végétaux, broutant comme les ruminants, et comme eux, d'après Owen, remâchant parfois les aliments contenus dans le premier estomac ; ils varient de hauteur, depuis celle de l'homme jusqu'à celle du lièvre ; quand ils broutent, ils posent à terre leurs pieds de devant, mais autrement ils se reposent sur le trépied formé par leurs jambes postérieures et leur queue, en ayant la partie antérieure du corps légèrement inclinée en avant. Ce sont les seuls marsupiaux qui ne soient pas nocturnes. Les espèces les plus grandes et les mieux

Grand kanguroo.

connues sont le grand kanguroo (macropus giganteus, Shaw), découvert en 1770 sur la côte de la Nouvelle-Galles du Sud pendant le premier voyage de Cook ; un mâle adulte possédé par le musée britannique, mesure 1 m. 75 centim. depuis l'extrémité du nez jusqu'à la racine de la queue ; cette dernière ayant 1 m. 30 cent. ; la femelle est d'environ un tiers plus petite. Le poil est doux et d'une longueur médiocre ; gris brun en dessus et plus pâle en dessous ; les pieds et l'extrémité de la queue sont noirs. Ces animaux recherchent les collines herbeuses, les plaines et les contrées découvertes, où ils broutent l'herbe et les buissons peu élevés. Leurs pieds de devant leur sont préhensiles ; ils les emploient dans les divers soins qu'ils donnent aux jeunes. Les kanguroos ne vont pas généralement en troupes. Leur peau est estimée comme produisant un cuir dont on fait des souliers et des gants ; leur chair est regardée comme un mets délicat.

KANKAKEE [kanh-kâ'-ki], ville de l'Illinois (États-Unis), sur la rivière Kankakee, à 80 kil. S.-S.-O. de Chicago ; 8,000 hab., dont 4,000 Français. Journal français.

KANO, ville de l'Afrique centrale, capitale d'une province du même nom dans le Houssa, par 12° lat. N. et 6° 20' long. E. ; environ 40,000 hab., dont presque la moitié sont esclaves. Son mur de terre de 10 m. de haut forme un circuit de plus de 25 kil. Le principal article du commerce est la toile de coton teinte de différentes couleurs. Parmi les autres articles d'exportation, on cite le cuir, les outres, les sandales, les peaux de moutons teintes, la noix de Kola et l'ivoire. On exporte annuellement 5,000 esclaves. La province de Kano comprend un district vaste

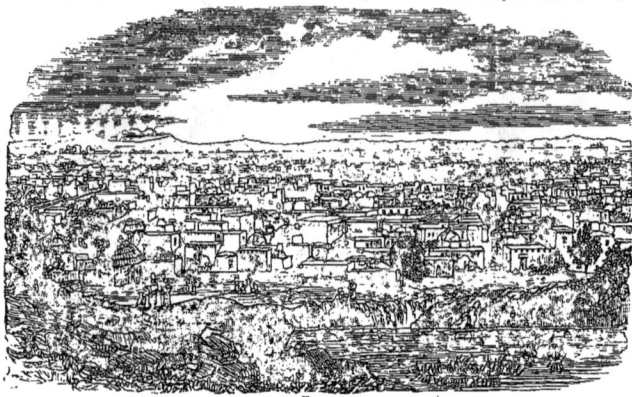

Kano.

et fertile, avec une population de plus de 500,000 hab.

KANSAS [angl. kann'-s's], tribu d'Indiens de la famille Dakota, branche des Osages, auxquels ils ressemblent pour la physionomie, le caractère, les mœurs et le langage. En 1673, Marquette les indique sur sa carte comme habitant le Missouri, au delà des Missouris et des Osages. Ils établirent bientôt des relations amicales avec les Français qui, en 1700, empêchèrent les Illinois et leurs alliés de les attaquer. Ils firent la paix avec les Osages en 1806. Le gouvernement américain signa un traité de paix avec les Kansas, le 28 oct. 1815. A cette époque, ils vivaient sur la rivière Kansas, à l'embouchure de la Saline, au nombre d'environ 1,500 dans 130 huttes en terre. En 1825, Nampawarah, ou Plume-Blanche, et d'autres chefs cédèrent toutes leurs terres dans le Missouri en conser-

State seal of Kansas.

vant seulement une réserve de 50 kil. sur le Kansas. En 1835, les méthodistes commencèrent parmi eux une mission qui obtint un heureux succès. Étant continuellement en guerre avec les Pawnees, ils diminuèrent rapidement. En 1849, ils se rassemblèrent sur le Neosho ; leurs terres furent envahies par les blancs. En 1872, le gouvernement donna des ordres pour vendre leur réserve de 80,000 acres. La moitié du produit de la vente fut employée à l'achat de nouvelles terres dans les réserves du territoire indien. En 1850, la tribu était d'environ 1,300 individus; en 1860, elle n'en comptait que 803; en 1872, elle était tombée à 593 Indiens.

KANSAS, rivière des Etats-Unis d'Amérique, formée dans l'état du même nom par la réunion des rivières Republican et Smoky-Hill, près de Junction-City. Le Kansas baigne Topeka et se jette dans le Missouri près de Kansas-City, après un cours de 300 kil.

KANSAS, état de l'Union américaine, entre 37° et 40° lat. N. et entre 97° et 104° 20' long. O. ; borné par le Nebraska, le Missouri, le territoire Indien et le Colorado. Une partie de la frontière N.-E. est formée par la rivière Missouri ; 212,578 kil. carr. : 996,096 hab. ; 103 comtés ; cap., Topeka : villes princ.: Atchison, Lawrence, Leavenworth. La population du Kansas n'était que de 8,500 hab. en 1855, de 107,000 en 1860 et de 365,000 en 1870. Elle comprend 60,000 étrangers, dont 15,000 Allemands, 12,000 Irlandais. 7,000 Anglais, 6,000 Canadiens, 5,000 Suédois, 1,500 Français, etc.; elle renferme, en outre, un millier d'Indiens. Le territoire forme un plateau ondulé qui descend doucement de l'O. à l'E., et qui présente une succession de riches prairies, de collines herbeuses, de fertiles vallées et de bouquets d'arbres, le long des torrents. Principaux cours d'eau : le Kansas et ses affluents, l'Osage, le Missouri, le Neosho, le Verdigris, l'Arkansas et le Cimarron. Vastes gisements de charbon bitumineux à l'E. Climat agréable et relativement doux, favorable aux phtisiques et aux asthmatiques. Température moyenne annuelle : 11° C. ; printemps, 11° ; été, 22° ; automne, 12° ; hiver 7°. — Les plaines de l'O. sont couvertes de buffalo grass. Principales plantes ligneuses : chêne, orme, noyer, sycomore, frêne blanc, etc. Buffalo, élan, cerf, antilope, chien de prairie, écureuil, crapaud cornu, poule de prairie, grouse, dindon sauvage, oie sauvage, etc. Grande production de froment, d'orge, de maïs, de seigle, d'avoine, de pommes de terre, de coton, de tabac, etc. — Le gouverneur et ses ministres sont élus pour 2 ans, par le peuple. Le sénat se compose de 38 membres élus pour 4 ans ; la chambre des représentants se compose de 124 membres élus pour 2 ans. Les juges de la cour suprême sont élus par le peuple pour 6 ans ; les autres juges le sont pour 4 ans. — Dette : 1,500,000 dollars ; dépenses : 515,000 dollars. Nombreuses écoles publiques ; 160 journaux ; 600 bibliothèques (300,000 volumes). Principales dénominations religieuses : catholiques romains (81,000 fidèles), méthodistes (55,000), baptistes (45,000), presbytériens (8,000), etc. — Le Kansas fut annexé aux Etats-Unis en 1803, comme faisant partie de la Louisiane ; il fut organisé en territoire en 1854, époque où commença l'immigration. La majorité des habitants s'étant déclarée favorable au main-tien de l'esclavage, les antiesclavagistes prirent les armes et il en résulta une guerre civile sanglante en 1855. (Voy. JOHN BROWN.) Le Kansas fut organisé en état le 29 janv. 1861.

KANSAS-CITY, ville du Missouri, la seconde de l'état en population et en importance, sur la rive droite de la rivière Missouri, au-dessous de l'embouchure de la rivière Kansas et près de la frontière du Kansas, à 425 kil. N. de Saint-Louis ; 60,000 hab. Le Missouri y est traversé par un pont de 400 m. Commerce de bœufs et de porcs ; salaisons considérables.

KANSOU, province N.-O. de la Chine, bornée par la Mongolie et le désert de Gobi ; 674,890 kil. carr. ; environ 15 millions d'hab. Elle comprend une grande partie de l'ancien royaume de Tangut, et est traversée par le Hoang-Ho. Les chaînes des monts Peling et Sinling ont dans quelques endroits 3,000 m. de haut. Climat froid ; le sol n'est pas généralement fertile, excepté à l'E. du Hoang-Ho. Elève de bœufs et de moutons ; grande quantité d'animaux sauvages. Capitale, Lanchow.

KANT (Emmanuel) [kànnt], métaphysicien allemand, né à Kœnigsberg, le 22 avril 1724, mort le 12 fév. 1804. Son premier ouvrage (La vraie mesure des forces vivantes, 1746) contenait une critique acerbe des arguments de Leibnitz et de Descartes. En 1755, il publia sur la théorie des cieux un traité anonyme, dans lequel il prophétisa la découverte de nouvelles planètes et le changement des nébuleuses en étoiles. En 1762, parut son ouvrage intitulé : Le seul moyen de démontrer l'existence de Dieu, proposant une nouvelle forme de preuves ontologiques et rejetant les trois autres arguments. L'existence de Dieu, dit-il, n'est pas une conception, et, en conséquence, ne peut être prouvée ; mais sa nonexistence renferme une contradiction logique. En 1770, il devint professeur à l'université de Kœnigsberg. Son discours d'ouverture, De mundi sensibilis atque intelligibilis forma et principiis, contient les germes de son système métaphysique. Toutefois, la série d'ouvrages par lesquels il a fait époque dans l'histoire de la philosophie ne date que de sa Kritik der reinen vernunft (Critique de la raison pure, 1781). En 1783 parurent ses Prolégomènes de toute métaphysique future, exposition plus populaire et analyse plus complète des questions et des problèmes agités dans sa Critique. Il s'efforça alors de neutraliser les résultats négatifs du système de raison pure par son Grundlegung der Metaphysik der Sitten (Métaphysiques d'éthiques, 1785), et Metaphysische Anfangsgründe der Naturwissenschaft (Eléments métaphysiques de sciences naturelles, 1786), complétant l'exposition de ses vues dans ces deux branches de philosophie. En 1787, il publia la seconde édition de sa Critique de la raison pure, omettant la préface de la première édition et l'altérant pour éviter l'accusation d'idéalisme qui avait été généralement portée contre ses méditations. Sa Kritik der practishen vernunft (Critique de la raison pratique, 1788), avait pour but d'exposer les données de la nouvelle philosophie par rapport à Dieu, à la liberté et à l'immortalité. C'est une nouvelle exposition et une application plus rigoureuse de ce qu'il avait déjà donné dans son esquisse des Métaphysiques d'éthiques; il contribua par là à accréditer son système parmi ceux qui l'avaient repoussé en voyant les conclusions, négatives en apparence, de la Critique de la raison pure. En 1790, Kant ajouta à ses travaux sa Critique du jugement qui développa plus entièrement les principes de métaphysique des sciences naturelles et servit de supplément à plusieurs de ses autres traités. — Avec cet ouvrage se terminèrent les productions métaphysiques, de la carrière philosophique de Kant. Ses ouvrages postérieurs forment, d'après son propre jugement, sa période pratique; il appliqua alors aux différentes sciences les principes qu'il avait exposés. Ce fut en 1793, par la publication de *La Religion dans les limites de la raison pure*, que sa philosophie le mit en opposition directe avec la théologie orthodoxe. Outre les grands ouvrages dont nous venons de parler, Kant écrivit aussi plusieurs traités moins importants, et qui auraient suffi cependant pour faire la réputation littéraire d'un homme. En 1784, il publia un essai intitulé *Idées sur l'histoire universelle*, à un point de vue cosmopolite et, en 1795, *Un projet de paix perpétuelle*. La longue carrière qu'il fut donné à Kant de parcourir fut toujours celle d'un philosophe uniquement occupé de ses idées et de ses travaux ; il était d'un caractère noble, de mœurs sévères, et poussait la régularité dans l'emploi de son temps jusqu'à une ponctualité mathématique. On lui a reproché l'aridité de ses écrits et l'emploi d'une terminologie barbare, inintelligible à quiconque n'est pas versé dans l'étude de ses œuvres; mais on lui pardonne aisément ce défaut en considération des vues neuves et profondes qu'expriment ces termes si obscurs en apparence. Kant avait des connaissances spéciales dans presque tous les genres. Dans ses vues politiques, il sympathisait chaudement avec les esprits les plus profonds de l'époque, et son idée fixe était qu'il devait y avoir, dans l'État, séparation des pouvoirs afin d'obtenir un véritable ordre social; il fut aussi un défenseur zélé de la liberté d'opinion et de la liberté de la presse; et comme littérateur, il a des pages émouvantes, dignes de nos premiers écrivains, lorsque par exemple, il considère le beau dans le caractère des individus et des peuples. Les meilleures éditions des ouvrages de Kant sont par Hartenstein (édition augmentée en 8 vol., 1867-'69) et par Schubert et Rosenkranz (11 vol., 1840-42). Sa vie fut écrite en 1804 par Borowsky et par Jachmann dans des lettres. Une version de la *Critique de pure raison*, par M.-D. Meiklejohn, fut publiée dans la Bibliothèque philosophique de Bohn (1855). Ses principaux ouvrages philosophiques ont été traduits en français par J. Tissot et Barni (Paris, 1841-1854, 1 vol. in-8°).

KANTEMIR. Voy. CANTEMIR.

* KANTISME s. m. Système de philosophie fondé à la fin du XVIII° siècle par Emmanuel Kant. L'influence des écrits de Kant commença à se faire sentir en même temps que la Révolution française changeait la face de l'Europe. Alors que le matérialisme dominait en France, que Thomas Reid combattait par les principes du sens commun le scepticisme écossais et que le dogmatisme le plus absolu dominait l'esprit allemand, un philosophe parut qui, avec une puissance sans égale d'analyse et de synthèse, prétendit démontrer à chaque système philosophique qui l'avait précédé toute l'inanité de ses principes et l'étroitesse de ses vues; c'était Kant, et c'était le dogmatisme de Wolf et le scepticisme de Hume qu'il voulait attaquer de front; c'était avec eux qu'il prétendait en finir, et pour cela, il entreprit de faire la critique de la raison humaine, de marquer ses bornes et en étendue et de mesurer sa portée. Contre les matérialistes et les sceptiques, il prouva que l'esprit ou plutôt l'entendement possède a priori des principes de *savoir*; et contre les dogmatistes il maintint que l'expérience seule peut conduire à la certitude de l'existence réelle ou *objective* et que, même dans cet ordre de faits, nous ne pouvons encore être assurés que les choses soient telles qu'elles nous apparaissent. Il faisait cependant une exception en faveur des vérités morales, de la loi du devoir dont nous pouvons percevoir la réalité objective et la certitude absolue. Ce système devint le point de

départ du plus remarquable mouvement philosophique qui se soit produit depuis l'époque des Grecs. La spéculation allemande en reçut une active impulsion. Ceux qui étaient opposés à Kant et ceux qui partageaient ses vues reconnaissaient également la puissance de ses conceptions. Reinhold défendit d'abord et modifia ensuite son système. Schulze, Beck et Bradili essayèrent de le ramener à des formes plus populaires. Krug écrivit un nouvel *Organon* et Fries un nouveau *Criticisme de la raison*. Hamann, Herder et Jacobi développèrent leurs systèmes qui firent de la base de la philosophie une croyance avec une référence constante aux principes de Kant. La philosophie positive d'Herbart prétendit avoir la clef véritable du kantisme. Fichte déploya son idéalisme subjectif comme le résultat logique de la *philosophie critique*. Mais il est facile de constater en parcourant les productions les plus récentes de la spéculation allemande, que Kant n'a été surpassé par aucun de ses successeurs.

* KANTISTE s. m. Partisan de la philosophie de Kant.

KAOLAK, comptoir français du Sénégal, arr. de Gorée, à 130 kil. de l'embouchure du Saloum.

* KAOLIN s. m. Nom chinois d'une terre qui entre dans la composition de la porcelaine. — Le kaolin est une terre argileuse, réfractaire, blanche et friable; c'est l'argile la plus pure, appelée *terre à porcelaine*. Sa gravité spécifique est d'environ 2-2. Séparé de la silice libre, il présente la composition moyenne suivante :

Silice	47 %
Alumine	40 %
Eau	13 %

Formule : $Al^3 O^3 2 SiO^2 + 2$ aq (ou $Al^2 O^3 3 Si O^2 + 2$ aq). On peut le considérer comme dérivé du feldspath à base de potasse ou orthose, qui a pour formule $K^2 O^1 Al^2 O^3 6 Si O^3$, la transformation ayant lieu par la perte de toute la potasse et des deux tiers de la silice, et par l'union avec 2 équivalents d'eau. Cette séparation du kaolin et du feldspath a lieu, immédiatement après la sortie de la carrière, au moyen d'un lavage particulier. — Le kaolin fut d'abord employé en Chine et au Japon; puis en Saxe (commencement du XVIII° siècle); à Saint-Yrieix, près de Limoges (fin du XVIII° siècle). Il y a aussi des carrières de kaolin à Cherbourg, aux environs de Bayonne, dans le bassin de l'Allier et dans celui de la Bièvre.

KAPPEL, village de Suisse, à 15 kil. S. de Zürich, célèbre par la défaite de l'armée protestante et par la mort de Zwingle (oct. 1531).

KAPTCHAK, dénomination par laquelle on désignait, au moyen âge, le pays situé au S. de la mer Caspienne.

KARA (mer de), bras de l'océan Arctique, situé entre la Nouvelle-Zemble et la côte N.-O. de la Sibérie. De juillet à septembre 1876, elle fut visitée pour la première fois par Nordenskjoeld jusqu'aux estuaires des rivières Obi et Yenisei. Une grande partie est gelée presque toute l'année.

KARA GEORGE. Voy. CZERNY (George).

* KARABÉ. Voy. CARABÉ.

KARAHISSAR. Voy. AFIUM KARAHISSAR.

KARAÏTE. Voy. CARAÏTE.

KARAK, petite île rocailleuse du golfe Persique, mesurant 27 kil. de circonférence, à 60 kil. de Bushire; environ 3,000 hab. Elle a un bon port, particulièrement à l'abri des coups de vent du N.-O.

KARAKORUM ou Mustag (MONTAGNES DE), appelé aussi *Tsung-Ling*, chaîne de l'Asie centrale, séparant le Cachemire anglais de

la Tartarie chinoise. Un des pics, le Dapsang, mesure 8,566 m. de haut et plusieurs autres surpassent 8,000 mètres.

KARAMAN. Voy. CARAMAN.

KARAMSIN (proprement Karamzin). (NIKOLAÏ), historien russe, né en 1765, mort le 3 juin 1826. Il voyagea beaucoup et devint publiciste à Moscou. Ses *Lettres d'un voyageur russe* (1797-1801) furent reçues avec un grand enthousiasme, et en 1803, Alexandre Iᵉʳ le nomma historiographe de Russie. Son *Histoire de Russie* depuis la période la plus ancienne jusqu'à l'avènement de la maison de Romanoff (12 vol.) a été traduite en plusieurs langues. Traduction française par Jauffret, Saint-Thomas et Divoff (1819-'26, 11 vol. in-8°).

KARASOU-BAZAR, ville de Crimée, à 45 kil. E.-N.-E. de Siméropol; 11,670 hab. principalement Tartares. Elle présente une apparence orientale, mais elle est très active. Il se fait la ville se trouvent plusieurs colonies allemandes. Les Tartares firent leur capitale de Karasou-Bazar en 1736; mais elle fut prise et brûlée par les Russes en 1737.

* KARAT. Voy. CARAT.

* KARATA s. m. Espèce d'aloès qui croît en Amérique, et dont les sauvages tirent une sorte de fil qui leur sert à faire de la toile, des filets, des hamacs, etc. — Se dit d'une autre espèce d'aloès, fort commune aux Antilles et à la Jamaïque, dont le fruit assez semblable à une prune, est d'un goût aigre-doux fort agréable.

KARDEC (Hippolyte-Léon-Denizard RIVAIL), plus connu sous le pseudonyme d'ALLAN), spirite français, né à Lyon en 1803, mort en 1869. Dans sa jeunesse, il étudia particulièrement la philosophie et les sciences, et dès qu'il entendit parler des tables tournantes, il fit des expériences et essaya d'établir un ensemble de doctrines religieuses et morales basées sur le spanu-naturalisme. Dans ce but, il écrivit le *Livre des Esprits*, le *Livre des Médiums*, l'*Imitation de l'Évangile suivant le spiritisme*, et fonda la *Revue spirite* (1858).

KARDSZAG [kord'-sog], ville de Hongrie, autrefois capitale de la Grande Cumanie, à 135 kil. E.-S.-E. de Pesth; 14,490 hab. Commerce de blé, de vins et de melons.

KARÉLIE, partie méridionale de la Finlande.

KARÉLIEN, IENNE s. et adj. De la Karélie; qui appartient à ce pays ou à ses habitants.

KAREN s. m. [ka-rain]. Linguist. Langue de l'Inde.

KARENS, peuple barbare du Burmah, de Siam et de certaines parties de la Chine. Les Karens habitent les jungles et les montagnes au nombre de 200,000 à 400,000, la plupart dans le Burmah anglais. Leur nombre, à Siam, est estimé à 50,000. Ils se comptent par familles, et chaque famille, bien qu'elle compte 200 ou 300 individus, habite une seule maison. Ces habitations sont d'immenses constructions, bâties en forts poteaux et en bambous et divisées en compartiments; les habitants y vivent sous un régime patriarchal qui est la seule forme reconnue de gouvernement. Les prédications des missionnaires américains parmi les Karens commencèrent en 1828.

* KARI s. m. Sorte d'épices qu'on apporte des colonies et qui sert à faire des sauces très fortes.

KARIKAL, comptoir français dans l'Inde, sur la côte de Coromandel, à 115 kil. S. de Pondichéry, dans le delta du Cavéry, qui peut recevoir des bâtiments de 150 tonneaux et y forme un assez bon port. 53,000 hab. dans la ville; 92,000 hab. dans le territoire, qui est très fertile et qui occupe 130 kil carr.; il est divisé en 7 districts renfermant 107 aldées. Karikal fut cédé aux Français par le sultan de Tanjaour, en 1739.

KARLI. Voy. CARLEE.

KARLSBAD. Voy. CARLSBAD.

KARLSBURG. Voy. CARLSBURG.

KARLSKRONA. Voy. CARLSCRONA.

KARLSRUHE. Voy. CARLSRUHE.

KARLSTAD. Voy. CARLSTAD.

KARLSTADT, ville fortifiée de Croatie, sur la Kulpa, à 45 kil. S.-O. d'Agram; 5,175 hab. Citadelle et arsenal considérables; place importante de commerce. Elle fut bâtie en 1579 pour servir de rempart contre les Turcs.

KARNAK. Voy. THÈBES.

KARNATIC. Voy. CARNATIC.

KARPATHES. Voy. CARPATHES.

KARS, ville fortifiée de l'Arménie russe, sur une plaine accidentée de 2,000 à 2,333 m. au-dessus du niveau de la mer, à 150 kil. N.-E. d'Erzeroum; environ 12,000 hab. Paskevitch la prit en 1828. En 1855, elle fut défendue avec vigueur par les Anglais et les Turcs contre le général russe Mouravief. Une tentative d'assaut (29 sept.) échoua après une lutte sanglante; mais, deux mois plus

Kars.

tard, la ville, réduite par la famine et par le choléra dut capituler. Elle fut rendue à la Turquie en août 1856. Attaquée de nouveau pendant la guerre de 1877, elle résista et repoussa les assaillants, le 13 juillet et le 4 octobre. La victoire des Russes à Aladja-Dagh (14-15 oct.) amena les vainqueurs devant la ville de Kars, qui fut prise le 18 nov. après une sanglante bataille de 12 heures. Les Russes y firent 10,000 prisonniers et y prirent 100 canons. Kars fut cédée à la Russie par le traité de Berlin (13 juillet 1878).

KARSTÉNITE s. f. (de *Karsten*, nom d'un minéralogiste allemand mort en 1810). Minér. Sulfate de chaux anhydre naturel.

KASAN. Voy. KAZAN.

KASBIN. Voy. CASBIN.

KASCHAU [ka'-chaou] (hong. *Kassa*), ville du N. de la Hongrie, capitale du comté d'Abauj, sur l'Hernad, à 195 kil. N.-E. de Pesth; 21,750 hab. C'est l'une des villes les mieux bâties de la Hongrie et sa cathédrale est la plus belle construction du pays en ancien gothique. Commerce considérable. Kaschau a joué un rôle important dans les luttes des protestants contre l'Autriche. En 1848-'49, les Hongrois y furent battus deux fois.

KASHAN, ville de l'Irak-Adjemi (Perse), à 135 kil. N.-O. d'Ispahan; environ 15,000 hab. Elle s'élève au milieu d'une plaine stérile près de l'extrémité du Grand Désert salé. Manufactures de brocarts et d'ustensiles de

cuivre. Près de là se trouve un magnifique palais entouré de jardins.

KASHGAR. I. Province du Turkestan oriental, dans le bassin du Kizil Darya qui se jette, après un cours de 750 kil., dans la rivière Yarkand. Quelques parties, très fertiles, produisent du blé, de l'orge, du riz, du coton et du lin. Cette province était autrefois comprise dans le grand royaume tartare de l'Asie centrale; après que celui-ci fut démembré, plusieurs factions mahométanes se disputèrent la possession de Kashgar. Les Chinois s'en emparèrent au milieu du xviiie siècle. Ils l'occupèrent 108 ans. Vers 1863, des révoltes éclatèrent; elles eurent pour résultat l'expulsion des Chinois et la soumission de Kashgar à Mohamed-Yakub-Bey, chef du Khokan, et qui devint souverain du Turkestan oriental. — II. Capitale du Turkestan oriental, par 39° 29' lat. N. et 74° long. E., à environ 160 kil. N.-O. de Yarkand; de 60,000 à 70,000 hab., la plupart Tartares. Elle se trouve dans une plaine, entre deux bras du Kizil Darya; elle est entourée d'une muraille en terre, flanquée de tours, à environ 50 m. les unes des autres; on dit qu'elle renferme 28,000 maisons. Commerce considérable de thé, de toiles peintes, d'indiennes et d'articles russes. Hivers très froids. La ville a été visitée par Marco Polo; et dans les temps modernes par Adolf Schlagintweit (qui y fut assassiné en 1857), par Robert-B. Shaw et George-W. Hayward (1869) et par l'ambassade anglaise, sous les ordres de sir Douglas Forsyth en 1873-'74.

KASTAMOUNI, villayet de Turquie (Asie Mineure), borné par la mer Noire et le Kizil Irmak (Halys), à 53,636 kil. carr.; environ 772,000 hab. Il comprend l'ancienne Paphlagonie et une partie de la Bithynie. Capitale, Kastamouni; environ 40,000 hab.

* **KATAKOUA** s. m. Voy. CACATOIS.

KATER (Henri), mathématicien anglais, né en 1777, mort en 1835. Il fut employé au relevé trigonométrique de l'Inde, devint capitaine dans l'armée et se retira en 1814. Parmi ses plus importants travaux, nous citerons la détermination de la longueur exacte du pendule à secondes et la recherche de la diminution de la gravité terrestre, du pôle à l'équateur. Dans les *Philosophical Transactions* de 1825-'28 ont paru les descriptions de son *Collimateur flottant*. Il publia *An account of the Construction and Verification of certain Standards of Linear Measure* pour le gouvernement russe (1832).

KATIF, ville du Nedjed (Arabie), sur le golfe Persique; environ 6,000 hab. Elle se trouve à l'extrémité O. d'une baie formée par deux longs promontoires; elle est populeuse, humide et sale. Commerce peu important depuis qu'il s'est transporté à l'île de Bahrein, à 45 kil. S.-E.

KATMANDOU ou **Catmandoo**, ville de l'Inde, capitale du Népaul, à 230 kil. de Patna; population évaluée de 20,000 à 50,000 hab.

KATRINE (Loch) [kat'-rinn], lac du Perthshire (Écosse), à 15 kil. de Callander. Il est entouré de montagnes élevées et de ravins rocailleux. C'était autrefois un lieu de rendez-vous pour les voleurs; près de son rivage se trouve *Ellen's isle* de la *Dame du Lac*, de Scott.

KATYDIDE s. f. [onomat. du cri de cet animal). Entom. Genre de sauterelles américaines. L'espèce principale (*cyrtophyllus concavus*, Scudd.) mesure environ 4 cent. de long, son corps, long de 2 cent., est d'un vert pâle; ses ailes et les couvertures de ses ailes sont plus foncées; les couvertures des ailes sont plus

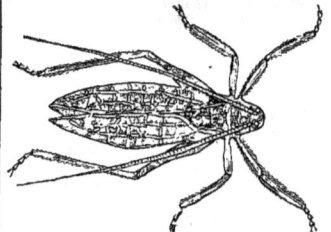

Katydide (Cyrtophyllus concavus).

longues que les ailes et elles renferment le corps dans leur concavité, se joignant en dessus et en dessous comme les valves de la cosse d'un pois. Le mâle est un musicien des plus sonores et des plus persévérants. Caché sous les feuilles pendant le jour, il monte, à la nuit, sur les branches les plus élevées des arbres et y appelle les femelles.

KATZBACH, petite rivière de la Silésie prussienne, qui se jette dans l'Oder à 45 kil. N.-O. de Breslau, après un cours de 55 kil. Elle est célèbre par une victoire que remportèrent sur ses bords, près de Leignitz, les Prussiens et les Russes commandés par Blücher contre les Français commandés par Macdonald (26 août 1813). Blücher reçut le titre de prince de *Wahlstatt*, du nom d'un village voisin.

KAUAÏ ou **Atauaï,** île principale du groupe N.-O. des îles Hawaï; 1,418 kil. carr.; 5,650 hab. Elle est irrégulièrement circulaire, montagneuse et mesure environ 45 kil. de diamètre. Le pic le plus élevé est Waialeale, qui a environ 2,000 m. Sucre; élevage des bœufs; exportation de peaux, de suif et de laine.

KAUFFMANN (Maria-Angelica) [kaouf'-mànn], peintre suisse, née en 1741, morte en 1807. Elle étudia à Milan et à Rome, où elle peignit les portraits de Winckelmann et, de plusieurs autres célébrités. En 1765, elle accompagna lady Wentworth en Angleterre et, lors de l'établissement de l'académie royale, elle en fut un des 36 premiers membres. Trompée par un imposteur qui se donnait le titre de comte de Horn, elle l'épousa et obtint son divorce. Elle épousa, en 1781, l'artiste italien Zucchi et retourna à Rome en 1782.

KAULBACH (Wilhelm von) [kaoul-bach], peintre allemand, né en 1805, mort en 1874. Son père était un habile mais pauvre graveur d'Arolsen. Le sculpteur Rauch fit admettre le fils à l'académie de Düsseldorf. Il devint l'élève le plus distingué de Cornélius, et en 1825 il le suivit à Munich, où il passa le reste de sa vie (les 25 dernières années comme directeur de l'académie). Sous la direction de Cornélius, il dessina (1825'-28) plusieurs fresques pour les nouveaux édifices et les palais de Munich. Son *Asile d'aliénés* le rendit célèbre comme réaliste. Son grand ouvrage, la *Bataille des Huns* ou la *Bataille fantôme* montra toute la puissance de son génie pour l'allégorie. En 1838, il termina son chef-d'œuvre, *La destruction de Jérusalem par Titus*, carton colossal, qu'il peignit ensuite à l'huile pour la nouvelle Pinakothek (1846). Vers la même époque, il commença ses fameux dessins sur l'histoire du genre humain, pour le nouveau musée de Berlin, dessins qui furent exécutés par ses élèves et achevés en 1860. Parmi ses autres travaux sont : l'*Assassinat de César, La bataille de Salamine*, pour la *Bataille de Salamine*, et l'*Ouverture de la tombe de Charlemagne par Othon le Grand* (musée germanique de Nuremberg). Son protestantisme fervent, qui le brouilla, dans la dernière partie de sa vie avec Cornélius, catholique zélé, est fortement exprimé dans son *Don Pedro de Anhuer, l'inquisiteur*. Peu de temps avant sa mort, il travailla à un grand carton, *Le Déluge*, et il termina son saint Michel, patron de l'Allemagne. Ses dessins pour *Reineke Fuchs, Faust*, etc. sont célèbres.

KAUNITZ (Wenzel Anton PRINCE) [kaounitss], homme d'Etat autrichien, né en 1711, mort en 1794. Il devint chambellan de l'empereur Charles VI, voyagea et fut nommé, en 1735, conseiller aulique. Il acquit par un mariage le comté de Rietberg. Son influence grandit sous Marie-Thérèse, lorsque, après diverses missions diplomatiques et une courte administration des Pays-Bas autrichiens, il signa le traité d'Aix-la-Chapelle (1748). Peu de temps après, il devint ministre d'Etat, mais il se rendit bientôt, comme ambassadeur, en France où, avec l'aide de Mme de Pompadour, il obtint (1756) l'alliance française contre Frédéric II. Il avait été nommé chancelier en 1753 et, à la conclusion de la guerre de Sept ans, il fut fait prince. S'étant montré opposé au premier partage de la Pologne, il fut blâmé par Frédéric II, perdit la protection de Joseph II pour n'avoir pas encouragé l'annexion de la Bavière, regagna son influence sous le règne de peu de durée de Léopold II, et donna sa démission après l'avénement de François (1792).

KAWA ou **Kava** s. m. Boisson enivrante préparée avec le suc d'une espèce de poivre et qui est en usage dans les îles de l'Océanie.

KAZAN ou **Kasan**. I. Gouvernement de la Russie d'Europe ; 63,715 kil. carr. ; 1,902,815 hab., comprenant environ 300,000 Tartares

et plusieurs tribus finnoises. Principaux cours d'eau : le Volga et son affluent le Kama. Surface généralement plate, dont près de la moitié est couverte de forêts gi-

boyeuses. Sol fertile ; pêcheries productives. Kazan, avec les gouvernements voisins de Pensa, de Simbirsk, de Viatka et de Perm, faisait autrefois partie de la Horde d'Or des Tartares mongols, ou khanat de Kiptchak ; il avait été occupé successivement par les Finnois, les Bulgares et les Tartares. Le Khanat fut pendant des siècles, la terreur de la Russie, et il résista à cette puissance jusqu'au milieu du XVIe siècle, époque où il fut conquis par le czar Ivan le Terrible et annexé à la Russie. — II. Cap. du gouvernement ci-dessus, sur la Kazanka, à environ 5 kil. dessus du confluent de celle-ci et du Volga, à 645 kil. E. de Moscou ; 93,000 hab., dont environ le quart de mahométans. Elle se compose de la ville proprement dite, et de la partie fortifiée (Kreml). Elle est célèbre par son université, ouverte en 1814, et dont l'enseignement porte principalement sur l'étude des langues vivantes asiatiques. Manufactures considérables, commerce très étendu. C'est le centre commercial entre la Russie et la Sibérie. Près de Kazan se trouve le couvent de Semiozernoi, possédant une madone qui opère des miracles, et qui est patronne de la ville.

KEAN (Edmund) [Kinn], célèbre acteur anglais, né en 1787, mort en 1833. Fils d'un machiniste et d'une actrice, il s'enrôla de bonne heure dans une troupe de comédiens ambulants, puis il s'essaya dans la tragédie, où il réussit. Engagé en 1814 au théâtre de Drury-Lane, à Londres, il y joua avec un succès prodigieux la comédie et la tragédie et jusqu'à sa mort il fut en possession de la faveur du public. En 1820-'21, il fit un voyage aux Etats-Unis où il gagna des sommes fabuleuses qu'il dissipa avec la prodigalité la plus licencieuse et la plus insensée. Alexandre Dumas, dans une pièce qui fut jouée avec succès au Variétés en 1846 et qui avait pour titre Kean ou DÉSORDRE ET GÉNIE, a su faire ressortir la vie excentrique de ce grand acteur, son luxe effréné, son génie aviné et ses orgies de taverne.

KECSKEMET [kètch-ke-mètt], ville de Hongrie, à 100 kil. S.-E. de Pesth ; 41,200 hab. Eglises catholiques, protestantes et grecques, gymnase catholique, lycée. Commerce de bœufs et de chevaux.

KEECHIES [ki-tchiz], tribu d'Indiens, primitivement du Texas. Après que le Texas fut devenu une partie des Etats-Unis, les Keechies et d'autres Indiens furent placés sur une réserve de l'Etat. En 1875, il y avait environ 90 Keechies sur la réserve Wichita dans le territoire Indien. Ils sont de la même souche que les Pawnees.

KEELHAULING s. m. [kīl-'hâl-ign] (angl. *keell*, kille; *to haul*, traîner). Supplice barbare encore en usage à bord des bâtiments de la marine anglaise et qui consiste à attacher avec des cordes le corps des condamnés, à le jeter à la mer au haut de la passerelle, le hisser de nouveau au moyen de poulies et à recommencer encore jusqu'à ce que mort s'ensuive.

KEENE [kī-ne], ville du New-Hampshire (Etats-Unis), sur la rivière Ashuelot, à 135 kil. N.-O. de Boston ; 9,970 hab.

KEEPSAKE s. m. [kĭpp'-sè-'ke] (angl. *souvenir d'affection*; *de to keep*, garder; *sake*, affection). Mot anglais dont on se sert pour désigner certains livres élégamment exécutés et reliés qui sont destinés à être offerts en cadeaux et comme souvenirs.

KEF ou **El-Keff**, ville fortifiée de Tunisie, à 135 kil. S.-O. de Tunis ; environ 6,000 hab. C'est la clef de la Tunisie sur la frontière algérienne dontelle est éloignée de 45 kil. Elle est entourée d'une muraille romaine et on suppose qu'elle occupe l'ancien emplacement de Sicca Venerea.

KEHL [kèl], village d'Alsace-Lorraine (Allemagne), sur la rive droite du Rhin, vis-à-vis de Strasbourg ; 2,610 hab. Les fortifications, bâties par les Français sous Louis XIV, furent rasées quand la place fut rendue à l'Allemagne en 1697, rebâties pendant la Révolution et démolies de nouveau en 1815. Kehl souffrit beaucoup du feu des Français en 1870, quand les Allemands commencèrent à faire sauter le pont du nouveau chemin de fer (29 juillet). Le village fut transféré de Bade à l'Alsace-Lorraine en 1871 ; mais la ville de Kehl (1,830 hab.) qui le touche, sur la Kinzig, appartient encore à Bade.

KEIGHLEY ou **Keithley** [kiss'-lé], ville du Yorkshire (Angleterre), sur l'Aire, à 25 kil. O.-N.-O. de Leeds ; 15,970 hab. Manufactures de papier, de toile, de laine et d'articles de coton.

KEIGHTLEY (Thomas) [kaïtl'-lé], auteur anglais, né en 1789, mort en 1872. Il vécut à Londres, assista T. Crofton Croker dans les *Fairy Legends of Ireland*, et publia des histoires de Rome, de la Grèce et d'Angleterre, et d'autres ouvrages comprenant le *Shakspeare Expositor* (1867).

KEILL (John) [kil], mathématicien écossais, né en 1671, mort en 1721. En 1710, il devint professeur d'astronomie à Oxford. Il fut adversaire de Burnet, de Leibnitz et des autres partisans des théories newtoniennes. La meilleure édition de ses ouvrages est celle de Milan (1742).

KEITH I (George), diplomate prussien, né en Ecosse en 1685, mort en 1778. Banni pour avoir pris part à la rebellion de 1715, il s'enfuit en Espagne et plus tard en Prusse, où il devint ami de Frédéric le Grand. Il fut nommé ambassadeur prussien à Paris en 1751, gouverneur de Neufchâtel en 1754 et envoyé à Madrid en 1759. Ses propriétés de l'Ecosse lui furent ensuite rendues. — II. (James), son frère, général, né en 1696, mort en 1758. Il fut aussi banni en 1715, s'enfuit en France, et en 1717 il se rendit en Espagne, ensuite en Russie, où il se distingua contre les Turcs (1736-'37) et contre la Suède ; après la paix d'Abo (1743), il devint successivement ambassadeur à Stockholm et maréchal de camp. Mais entouré d'ennemis, il donna sa démission et offrit ses services à Frédéric le Grand, qui le nomma gouverneur de Berlin en 1749. Il accompagna le roi, dont il gagna l'admiration dans plusieurs campagnes mémorables, particulièrement dans la retraite d'Olmütz et à Hochkirch, où il fut tué.

KEITH (George-Keith-Elphinstone) vicomte,

amiral anglais, né en Ecosse en 1746, mort en 1823. Il fut nommé capitaine de vaisseau en 1775. Commandant la frégate *Perseus*, il participa à l'attaque des Anglais contre Bunker flill et à la prise du fort Mifflin sur le Delaware en nov. 1777. En 1793, il servit sous lord Hood, à Toulon; en 1795, comme vice-amiral, il prit possession de Cape Town, et ensuite il conquit Ceylan, Cochin, Malacca et les Moluques. En août 1796, il prit l'escadre hollandaise en face de la baie de Saldanha. En mars 1800, il assiégea Gênes et coopéra ensuite avec Abercrombie aux opérations militaires d'Egypte. Il fut créé baron en 1801 et vicomte en 1814; son titre est revenu à sa fille. (Voy. FLAHAUT DE LA BILLARDERIE.)

KÉLAT, capitale du Béloutchistan et ch.-l. d'une province qui porte son nom, à 275 kil. S.-E. de Candabar; environ 12,000 hab. Elle est située sur la pente d'une colline, à 2,000 m. au-dessus du niveau de la mer; elle est entourée d'une muraille en terre, de 6 m. de haut flanquée de bastions. Elle fut prise par les Anglais en 1839 et en 1840.

KELLERMANN [kè-lèr-mann] I (François-Christophe), duc de Valmy et général français, né à Strasbourg en 1735, mort à Paris en 1820. Après avoir fait quelques études spéciales, il embrassa la carrière des armes et entra, en 1750, en qualité de cadet, dans le régiment de Lowendahl; en 1756, il obtint une lieutenance plus volontaires d'Alsace et fit avec ce corps la guerre de Sept ans. En 1771, il fit partie du corps d'officiers français envoyés en Pologne par Louis XV pour seconder la confédération de Bar; colonel en 1784, il fut nommé maréchal de camp en 1788. Kellermann embrassa alors avec enthousiasme la cause de la Révolution, en 1791, il sut, avec une petite armée de 10,000 hommes, préserver l'Alsace et la Lorraine de l'invasion autrichienne; en 1792, après d'habiles manœuvres, il trompa la vigilance des alliés et alla attendre le duc de Brunswick sur les hauteurs de Valmy où sa brillante conduite décida du succès de la journée. Mandé à la barre de la Convention sur une accusation de Custine, Kellermann se justifia et fut envoyé comme général en chef à l'armée des Alpes. Devenu de nouveau suspect et rappelé à Paris, il fut enfermé à l'Abbaye où il resta 13 mois; en 1795, il fut renvoyé à la tête de son armée des Alpes, où il fut bientôt remplacé par Schérer et ensuite par Bonaparte que Kellermann seconda puissamment, soit en l'aidant à vaincre, soit en lui assurant les fruits de ses victoires. Comblé de faveurs par Napoléon Ier, sénateur, maréchal, duc de Valmy, commandant de toutes les troupes de réserve sur le Rhin, Kellermann n'en vota pas moins la déchéance de l'empereur en 1814 et accepta de la Restauration le titre de pair de France; il siégea toujours avec le parti libéral et vota pour toutes les libertés publiques. — II. (François-Etienne), fils du précédent, né à Metz en 1770, mort en 1856; aide de camp de son père à l'armée des Alpes et d'Italie, il décida la victoire de Marengo par une brillante charge de cavalerie. Nommé alors général de division (1800), il prit part à la bataille d'Austerlitz et fut un des principaux lieutenants de Junot dans la campagne de Portugal. Elevé à la pairie par l'empereur en 1815, il en fut éliminé à la seconde Restauration et ne siégea à la Chambre haute qu'après la mort de son père.

KEMBLE (John-Mitchell), historien anglais, né en 1807, mort en 1857. Après des recherches très étendues pour retrouver les manuscrits de la période anglo-saxonne, il fit, en 1834-'35, des conférences à Cambridge sur la littérature et le langage anglo-saxons, et publia *The anglo-saxon poems of Beowulf, The traveller's Song* et *The Battle of Finnesburgh with glossary and historical Preface.* Il rédigea

la *British and ForeignReview* (1835-'44). En 1839, il commença la publication de sa collection de chartes anglo-saxonnes : *Codex diplomaticus ævi saxonici.* Pendant quelques années il dirigea la publication des ouvrages archéologiques des sociétés Ælfric et de Camden. En 1849, parurent ses *Saxons in England* (nouv. éd. 1876). Il habita le N. de l'Allemagne (1849-'55), et en 1854 il fit creuser les tumuli de la lande de Lüneburg. En 1857 parurent ses *State Papers and Correspondance illustrative of the social and Political state of Europe from the Revolution* (1688) *to the Accession of the House of Hanover.*

KEMPELEN (Wolfgang), baron, mécanicien hongrois, né en 1734, mort en 1804. En 1769, il étonna l'Europe par son automate joueur d'échecs. Il inventa aussi un automate humain qui parlait. Il écrivit des poèmes allemands, un drame et une comédie. Il fut conseiller impérial des finances, directeur des salines de Hongrie et référendaire de la chancellerie hongroise à Vienne.

KEMPIS (Thomas à) [kèmm'-piss], écrivain ascétique allemand, né en 1380, mort en 1471. Il entra en 1399, dans un couvent de chanoines réguliers du mont Saint-Agnès, dont son frère était prieur. Distingué par une éminente piété et une humilité profonde, il fut élu en 1425 sous-prieur du monastère et maître des novices. Ses ouvrages, tous écrits en latin, se composent de sermons, d'hymnes, de soliloques et de dissertations religieuses. Le livre *De Imitatione Christi* a fait seul passer à la postérité le nom de Thomas à Kempis, parce qu'un grand nombre de commentateurs et d'écrivains ecclésiastiques l'en regardent comme l'auteur; mais la paternité en revient plus probablement à Gerson. (Voy. ce mot.)

KEMPTEN, ville de Bavière, sur l'Iller, à 96 kil. S.-O. de Munich; 12,680 hab. Elle comprend l'Altstadt luthérienne, autrefois ville impériale libre dans une vallée, et la Neustadt catholique, sur une colline. Manufactures de papier et de coton.

KENAIENS, nom donné généralement à la grande division de la famille Athabascane, qui habite l'Alaska. Ce mot est dérivé de *Kenai*, péninsule située entre le bras de mer de Cook et le détroit de Prince-Guillaume. Un grand nombre de Kenaiens ont été tués dans des guerres avec les Esquimaux. En 1869, on évaluait leur nombre à 25,000. Ils se rapprochent des Tartares pour les pratiques religieuses, la scarification, l'incinération des morts, l'infanticide, les castes, etc. Les hommes se peignent la figure et portent des écailles d'hyaqua dans le nez, tandis que les femmes se tatouent de lignes au menton.

KENDAL ou **Kirkby-Kendal**, ville du Westmoreland (Angleterre), sur le Kon, à 60 kil. S. de Carlisle; 13,450 hab. Ville manufacturière importante et l'une des plus anciennes du royaume; ses draps verts étaient célèbres au temps de Shakspeare.

KÉNÉBIA, établissement français acquis en 1858, à 4,100 kil. de Saint-Louis, suivant le Sénégal et la Falémé, et à 25 kil. de Farabana, cap. du Bambouk.

KENEH ou **Ghenéh** (anc. *Cœnopolis*), ville de la haute Egypte, sur la rive droite du Nil, à 70 kil. N. des ruines de Thèbes; environ

10,000 hab. Centre du commerce avec la côte d'Arabie.

KENILWORTH [kènn-il-oueurth], village du Warickshire (Angleterre), à égale distance (8 kil.) de Leamington, de Warwick et de Coventry, renferment les ruines du château de Kenilworth. Il ne reste de la construction primitive que la tour de César, mais on admire les ruines considérables des constructions postérieures. Le château de Kenilworth fut fondé par Geoffrey de Clinton, trésorier de Hanri Ier, et il passa à la couronne. Il fut donné

Tour de César, à Kenilworth.

né par la reine Elisabeth à Dudley, comte de Leicester. Le roman de *Kenilworth*, par Scott, est relatif à ce comte et à sa femme infortunée, Amy Robsart.

KENNEBEC, fleuve du Maine (Etats-Unis); il prend sa source principale dans le lac Moosehead, sur la frontière entre les comtés de Somerset et de Piscataquis, coule au S. pendant environ 193 kil. et se jette dans l'Atlantique par la baie de Sheepscott. Son plus grand tributaire est l'Androscoggin. Il a des chutes à Waterville.

KENNETH I, roi d'Ecosse de 601 à 605; il avait succédé à Aïdan. — II. Il régna de 833 à 854; en succédant à son père Alpin, il eut à soutenir une guerre contre les Anglais et les Pictes; après avoir soumis complètement ces derniers, il se rendit maître de toute l'Ecosse. — III. Il gouverna l'Ecosse de 969 à 994. Il eut à réparer les maux causés par son prédécesseur Cullen, repoussa les pirates danois, battit les Anglais et dota l'Ecosse de son premier code de lois; il commit toutes sortes d'infamies pour rendre le trône héréditaire dans sa famille; il périt assassiné.

KENOSHA [ki-no'-cha], ville du Wisconsin (Etats-Unis), sur le lac Michigan, à 50 kil. S. de Milwaukee; 4,960 hab. Bon port, manufactures importantes.

KENT [kènnt], comté d'Angleterre, formant l'extrémité S.-E. de la Grande-Bretagne, séparé de l'Essex par la Tamise et borné par la mer du Nord et le détroit de Douvres; 4,069 kil. carr.; 847,507 hab. La frontière N. est couverte de vastes marécages. L'extrémité E. du comté forme l'île de Thanet, terminant le North Foreland. Surface montagneuse; sur plusieurs points des côtes E. et S.-E., il se trouve de hautes falaises crayeuses. Ses côtes E. et S.-E. sont rendues dangereuses par des bancs de sable, dont le principal est le fameux banc de Goodwin. Ports principaux : Douvres, Folkestone et Gravesend. Les **Downs**, entre les bancs de Goodwin et le continent, possèdent les rades les plus fréquentées de la côte anglaise. Margate et Ramsgate sont des bains de mer renommés. La Medway est la rivière principale. Le **Kent** est particulièrement un comté agricole. Les houblons y sont cultivés sur une grande échelle. Les villes principales, outre les ports nommés ci-dessus, sont : Canterbury (sa capitale), Rochester, Greenwich, Maidstone et Chatham. — Les Romains firent dans le **Kent** leur premier débarquement et le comté a été le théâtre d'un grand nombre de batailles importantes, d'insurrections, etc. Il forma un royaume de l'heptarchie anglo-saxonne. Il est riche en antiquités romaines et saxonnes, en édifices historiques et en ruines, et ses édifices religieux, y compris la cathédrale de Canterbury et le prieuré d'Aylesford, ont une grande célébrité.

KENT (Edward-Augustus, DUC DE) quatrième fils de George III d'Angleterre et père de la reine Victoria, né en 1767, mort en 1820. Il servit dans l'armée, fut nommé gouverneur de la Nouvelle-Ecosse et créé duc de Kent et de Strathearne et gouverneur en chef des forces britanniques dans l'Amérique du Nord. En mai 1818, il épousa la veuve du prince de Leiningen, la plus jeune fille du duc de Saxe-Cobourg. La reine Victoria fut leur unique enfant.

KENTUCKY [kènn-teuk'-i], état de l'Union américaine, entre 36° 30' et 39° 6' lat. N. et entre 84° 20' et 92° long. O.; borné par le cours de l'Ohio (qui le sépare de l'Illinois, de l'Indiana et de l'Ohio), par la Virginie occidentale, la Virginie, le Tennessee et par le fleuve Mississipi (qui le sépare du Missouri); 104,632 kil. carr.; 1,648,690 hab.; 116 comtés. Cap., Francfort; villes principales : Covington, Lexington, Louisville, Newport, etc. La population ne comptait que 75,000 hab. en 1790. Elle comprend aujourd'hui 235,000 nègres, 35,000 Allemands, 25,000 Irlandais, 5,000 Anglais, 2,000 Français, 1,500 Suisses, etc. —

Sceau de l'état de Kentucky.

Territoire uni à l'O., couvert par les rameaux des monts Cumberland au S.-E. Principaux cours d'eau : le Big-Sandy, le Licking, le Kentucky, le Salt-River, le Green-River, le Cumberland et le Tennessee, affluents de l'Ohio; ce dernier borne l'Etat au N. ; le Mississipi le limite à l'O. — Charbon de terre, pierre à chaux; minerais de plomb; sources salées, sulfureuses, chalybées; hématite. — Climat agréable mais variable. Température moyenne annuelle + 13° C. En hiver, le thermomètre descend souvent — à 10° C., rarement au-dessous de — 15°; en été, il atteint + 38°. — Flore : liriodendron tulipifera, orme, chêne, frêne, etc., dans les hautes terres; érable à sucre, chêne, châtaignier, noyer, cerisier, pommier, pêcher; chanvre, tabac, froment, maïs, orge, foin. — Faune : chevaux, bétail à cornes. — Sénat de 38 membres élus pour 4 ans; chambre de 100 représentants élus pour 2 ans; gouverneur et

magistrats supérieurs de l'Etat, élus pour 4 ans. Tous les juges sont élus par le peuple. Dette : 190,000 dollars; revenus : 1,450,000 dollars; dépenses : 1,400,000 dollars. — 7,000 écoles publiques; écoles séparées pour les petits nègres. 150 journaux; 6,000 bibliothèques (2 millions de vol.). — Principales dénominations religieuses : baptistes (1,400 organisations), méthodistes (1,000), christians (450), presbytériens (400), catholiques romains (200). — Le territoire du Kentucky fut visité pour la première fois par John Finley, en 1767. Le pays de *Kan-tuck-kee* (terre sombre et sanglante) n'était point occupé d'une façon permanente par les sauvages. Les Anglais commencèrent à le coloniser vers 1775 ; il forma un territoire en 1790 et un Etat en 1792. Sa constitution actuelle date de 1800.

KENTUCKY, rivière de l'état de Kentucky (Etats-Unis); elle prend sa source dans les montagnes du Cumberland. Ses principaux tributaires sont les *Fourches du nord*, du centre et du sud, qui se réunissent près du village de Proctor. Le Kentucky se jette dans l'Ohio, après un cours de 400 kil.

KEOKUK [ki'-o-keuk], ville de l'Iowa (Etats-Unis), dans l'angle S.-E. de l'état, au pied des rapides du Mississipi, à 3 kil. au-dessus de l'embouchure du Des Moines, à 310 kil. au-dessus de Saint-Louis et à 245 kil. S.-E. de Des Moines; 11,850 hab. Manufactures diverses.

· **KÉPI** s. m. Sorte de coiffure légère que portent les soldats en petite tenue, et dont la mode s'introduisit dans nos troupes après la prise d'Alger. — Coiffure des élèves des lycées, etc.

KEPLER (Johann), célèbre astronome allemand, né dans le Würtemberg, le 27 déc. 1571, mort le 15 nov. 1630. Il fut élevé à Tübingen et étudia l'astronomie sous Moestlin, disciple de Copernic. En 1594, il devint professeur de mathématiques à l'université de Gratz et publia un almanach pour 1595; en 1596, il donna son *Mystère cosmographique*, renfermant une théorie fantaisiste sur l'ordre des corps célestes. Il accepta ensuite l'invitation de Tycho-Brahé de venir à Prague pour l'aider dans la préparation de nouvelles tables astronomiques, que l'empereur Rudolph II avait l'intention de substituer à celles qui avaient été calculées d'après les systèmes ptolémaïques et de Copernic. Tycho mourut peu de temps après et Kepler lui succéda. A partir de ce moment, il fut constamment plongé dans des embarras pécuniaires, à cause de la négligence que mettait l'empereur à lui payer ses appointements, et il fut obligé de gagner sa vie en tirant des horoscopes et en écrivant des almanachs populaires. Dans son traité d'optique, *Supplément à Vitellio*, publié en 1604, il réussit merveilleusement à analyser la structure de l'œil. Dans son ouvrage sur l'optique, intitulé *Dioptrique* (1611), il décrivit le télescope astronomique ayant deux lentilles convexes, au moyen desquelles on voit les objets renversés. Mais ses découvertes sont éclipsées par celles dont il parle dans sa *Nouvelle Astronomie ou Commentaires sur le mouvement de Mars* (1609), qui constituent les deux premières des trois grandes lois du mouvement planétaire, appelées lois de Kepler. (Voy. ASTRONOMIE.) Malgré la réputation que ces brillantes découvertes lui fut pas payé, et l'empereur Rudolph ne lui permit pas d'accepter le professorat de mathématiques à Linz, mais l'empereur Matthias l'y autorisa en 1612. En 1616, parurent les *Ephémérides* et entre 1618 et 1622, les sept livres de son *Epitome de l'astronomie copernicienne*, qui fut placé par l'inquisition sur la liste des livres prohibés; en 1619, il publia ses *Harmonies du Monde*, remarquables comme

renfermant la troisième de ses célèbres lois. Les tables rudolphines furent publiées en 1627. En 1629, il se rendit à Jagan, en Silésie, et bientôt après il obtint un professorat à l'université de Rostock. En 1630, il alla à Ratisbone et fit un autre effort inutile pour obtenir de l'assemblée impériale le paiement de son arriéré qui montait à 8,000 couronnes. Le chagrin et la fatigue produisirent une fièvre qui lui fut fatale. L'ardeur et la patience avec lesquelles Kepler se livra à la science n'ont point d'égales chez les savants modernes. Entre 1594 et 1630, il publia 33 ouvrages et laissa, en outre, 22 volumes de manuscrits.

KEPPEL (Augustus, VICOMTE), amiral anglais, fils du deuxième comte d'Albermarle, né en 1725, mort en 1786. Il entra dans la marine en 1740 et devint capitaine de vaisseau en 1744. En 1762, il fut nommé contre-amiral de l'escadre bleue, et en juillet 1778, étant alors amiral de l'escadre rouge et commandant d'une flotte de vaisseaux de ligne, il livra un combat sans résultat à l'escadre française commandée par d'Orvilliers, à la hauteur d'Ouessant. Il fut ensuite premier lord de l'amirauté et, en avril 1782, il fut créé vicomte Keppel d'Elvedon, dans le Suffolk.

KÉRAPHYLLEUX, EUSE adj. (gr. *kéras*, corne; *phullon*, feuille). Art vétér. Se dit du tissu corné de la paroi du sabot, qui forme, à sa face interne, de nombreuses lames verticales s'engrenant avec les lames correspondantes du tissu podophylleux.

KÉRATITE s. f. (gr. *keras*, corne). Méd. Inflammation de la cornée. Elle peut provenir des mêmes causes que la conjonctivite dont elle est souvent la conséquence. La cornée est d'abord terne, dépolie, verdâtre, puis jaunâtre et granulée. On ne peut bien l'examiner qu'à l'aide de l'*ophtalmoscope*. La kératite est toujours accompagnée de douleurs, de photophobie et de larmoiement. On conseille comme traitement les compresses d'eau chaude sur les paupières, les vésicatoires à la nuque et des collyres au sulfate de zinc ou à l'atropine. Le traitement des *taies* consiste dans l'usage des collyres astringents, surtout au nitrate d'argent, longtemps continués.

KÉRATOCÈLE (gr. *keras*, corne; *kélé*, tumeur). Chir. Hernie de la cornée transparente.

· **KÉRATOPHYTE** s. m. (gr. *keras*, *keratos*, corne; *phuton*, plante). Nom donné par les anciens naturalistes à toute production polypeuse dont la substance est transparente comme la corne.

KERCKHOVE (Joseph-Romain-Louis KERCK-HOFFS, comte de), médecin et archéologue, né en 1789, à Nuth, duché de Limbourg, mort en 1867, à Malines. Il suivit l'armée française en qualité de chirurgien militaire dans les campagnes de 1812 à 1815, puis devint chef du service de santé des hôpitaux militaires de Liège et d'Anvers. Il fonda, en 1843, avec le concours de plusieurs savants belges et étrangers, l'Académie d'archéologie de Belgique, dont il fut pendant vingt ans le président. Il a publié un grand nombre d'ouvrages et de mémoires, parmi lesquels nous citerons : *Des maladies observées à la Grande Armée française pendant les Campagnes de Russie et d'Allemagne* (1814, in-8°); *Hygiène militaire* (1815, in-8°); *Recueil d'observations sur la fièvre adynamique* (1818, in-8°); *Traité sur le service de santé militaire* (1822, in-8°); *Considérations pratiques sur les fièvres intermittentes* (1825, in-8°); *Considérations sur le choléra morbus* (1831, in-8°). Nous devons cette notice sur de Kerckhove à l'un de ses neveux, Auguste Kerckhoffs, né à Nuth, le 19 janvier 1835, naturaliste français en 1873, et aujourd'hui professeur de l'Université. M. Kerckhoffs, qui a produit plusieurs travaux sur les langues étrangères, entre autres des recherches sur la tragédie allemande au XVIIe siècle, *Daniel Casper von Lohenstein's Trauerspiele* (Paderborn, 1877, in-8°), et une étude très intéressante sur les écritures chiffrées. *La Cryptographie militaire, ou des chiffres usités en temps de guerre* (Paris, 1883, in-8°), a aussi fourni à notre *Dictionnaire* plusieurs articles biographiques et littéraires.

KÉRATRY (Auguste-Hilarion de), auteur et homme d'Etat français, né à Rénnes en 1769, mort en 1859. Elu député en 1818, 1822 et 1827, il favorisa l'avènement de Louis-Philippe qui le créa pair de France en 1837. Comme membre de l'Assemblée législative en 1849, il exaspéra les radicaux et cependant Louis-Napoléon n'eut pas d'adversaire plus déterminé; au 2 déc. 1851, il fut mis en prison et remis en liberté peu après; il a laissé quelques écrits philosophiques et plusieurs romans.

KERGUÉLEN ou Ile de la Désolation, île inhabitée de l'océan Indien; par environ 49° lat. S., et 68° long. E.; environ 150 kil. de long et 75 de large. Le port de Christmas, à son extrémité N., présente la forme d'un fer à cheval. En 1874, cette île fut choisie pour servir de station américaine et anglaise pendant l'observation du passage de Vénus.

KERGUÉLEN-TRÉMAREC (Yves-Joseph de), navigateur français, né à Quimper, en 1745, mort en 1797. C'était un officier d'une grande expérience; il découvrit, en 1772, une terre antarctique qu'il nomma terre de Kerguélen; il la visita de nouveau en 1774. Il a publié un récit de ses voyages (Paris, 1782, in-8°), ouvrage très rare, dont presque toute l'édition fut détruite par ordre du gouvernement.

KERMAN ou Kirman. I. Province S.-E. de la Perse (anc. *Caramanie*), bornée par l'Afghanistan, le Béloutchistan et le golfe Persique; 170,000 kil. carr.; environ 300,000 hab. Elle est coupée, de l'E. à l'O., par une chaîne de montagnes appelées Jebel Abad, au N. de laquelle s'étend presque partout une solitude sauvage; au S. se trouve une région généralement alpine. On y cultive la rose blanche pour son atar, et le mûrier blanc pour l'élevage des vers à soie. — **II.** Capitale de la province ci-dessus, à 520 kil. S.-E. d'Ispahan; environ 30,000 hab. Elle est entourée d'une muraille en terre et possède une citadelle. Ses bazars sont vastes et bien approvisionnés.

KERMANCHAH, ville de l'Irak-Adjemi (Perse), à 120 kil. O.-S.-O. d'Hamadan; environ 25,000 hab. Elle est entourée d'une muraille en terre, de près de 5 kil. de circonférence. Dans les environs se trouvent des inscriptions de Béhistoun taillées dans le roc. (Voy. CUNÉIFORMES.) Dans cette ville, on fabrique les célèbres tapis de Perse.

• **KERMÈS** s. m. [kèr-mèss]; (ar. *kermes*; du sanscr. *karmi*, ver). Entom. Espèce de cochenille qui vit sur un petit chêne vert de l'Europe méridionale (*quercus coccifera*), et qui donne une belle teinture écarlate: *le kermès est aujourd'hui beaucoup moins employé pour la teinture que la cochenille du Mexique*. Par opposition au sens qui suit, on dit KERMÈS ANIMAL. — KERMÈS MINÉRAL ou *poudre des chartreux*, préparation de sulfure d'antimoine et de carbonate de chaux cristallisé. C'est une poudre insipide, d'un brun pourpre. A petite dose (de 5 à 20 centigr. dans les 24 heures), le kermès est employé en médecine comme expectorant dans les bronchites capillaires et à la fin des pneumonies. A plus forte dose (de 40 à 120 centigr. en potion), c'est un contro-stimulant.

• **KERMESSE ou Karmesse** s. f. (holland. *kermis*; de *kerk*, église; *misse*, messe). Nom qu'on donne, en Hollande et en Belgique, à des foires annuelles qui se célèbrent avec

des processions et avec des mascarades, des danses et autres divertissements. — Tableau représentant une kermesse: *les kermesses de Téniers.*

KERRY, comté du S.-O. de l'Irlande, dans le Munster, borné par l'Atlantique et l'estuaire du Shannon; 4,799 kil. carr.; 196,020 hab. Côte très découpée par des baies et des bras de mer. Plusieurs lacs magnifiques, y compris ceux de Killarney. La surface au S.-O. est sauvage et montagneuse. Carn Tual, montagne la plus élevée de l'Irlande, mesure 1,037 m. Le climat est le plus doux de l'Irlande. Les pêcheries sont importantes. Capitale, Tralee.

KERSAINT I (Gui-François DE KOETNOMPREN, comte de), marin français, né en 1707, mort en 1759. Issu de l'une des plus anciennes familles de la Bretagne, il se distingua, en 1757, au combat naval des Caïques contre les Anglais. A Quiberon, il coula sous le *Thésée* et 600 hommes d'équipage. — **II (Gui-Pierre, COMTE DE)**, fils du précédent, capitaine de vaisseau, né à Paris en 1742, mort en 1793. Elu député à la première Législative par le département de Seine-et-Oise, il s'attacha au parti de la Gironde et fut réélu à la Convention. Lors du jugement de Louis XVI, il vota l'appel au peuple et la réclusion jusqu'à la paix. Après le procès du roi, il donna sa démission de vice-amiral et de député en termes qui furent trouvés injurieux pour la Convention; il fut arrêté et exécuté. On a de lui de nombreux articles insérés dans le journal le *Bon Sens* et des articles de marine. — **III (Gui-Pierre, COMTE DE)**, frère du précédent, marin et administrateur, né en 1747, mort en 1822. Il était capitaine de vaisseau lorsqu'il reçut, en 1787, la mission de porter en Cochinchine l'ambassadeur de France et de faire des observations hydrographiques sur les côtes de ce pays; il émigra en 1790 et rentra en France en 1803; nommé préfet maritime d'Anvers, en 1812, il fut créé vice-amiral lors de la première Restauration en 1815, il devint préfet de la Moselle. — **IV (Claire de)**, duchesse de Durfort-Duras, fille du conventionnel Gui-Pierre, née en 1778, morte en 1829. Après la mort de son père, elle se rendit à la Martinique avec sa mère, qui avait dans cette île de riches possessions. Devenue orpheline et par suite à la tête d'une immense fortune, elle vint à Londres où elle épousa le duc de Duras que Louis XVIII créa pair de France; elle se consacra ensuite aux lettres et fit paraître successivement *Eurêka, Edouard, Olivier*, etc., ainsi que des *Réflexions chrétiennes* où elle se révéla écrivain de talent.

KERTCH (anc. *Panticapæum* ou *Bosporus*),

Kertch.

ville de Crimée sur le détroit d'Yénikalé, commandant l'entrée de la mer d'Azof; à 170 kil. E.-N.-E. de Simféropol; environ

22,450 hab. La ville actuelle est d'une date récente; elle est bien bâtie en pierres. Port libre fortifié qui s'accroît rapidement. — Panticapæum, capitale de l'ancien royaume de Bosporus, fut fondé par les Milésiens au VIe siècle av. J.-C. Les Génois s'en emparèrent en 1280, les Turcs en 1475 et les Russes en 1771. Parmi les nombreux tumuli du voisinage les plus extraordinaires sont ceux de la montagne appelée par les Tartares Altun-Obo.

KESWICK (kèz'-ik), ville du Cumberland (Angleterre), sur la Greta, à 36 kil. S.-S.-O. de Carlisle; 2,780 hab. Elle est bien bâtie et possède deux musées: elle est très fréquentée des touristes. La vallée de Keswick est renommée pour ses paysages pittoresques.

KETH ou Quaiche s. m. Mar. Bâtiment en usage chez les Anglais et les Hollandais. Il est ordinairement à poupe carrée, bien construit, bon voilier et orné d'une poulaine; son gréement consiste en deux mâts, un grand mât et un mât d'artimon.

KETMIE s. f. [kètt-mi] (ar. *khatmiyy*, sorte de mauve). Bot. Genre de malvacées, type de la tribu des hibiscées, comprenant environ 150 espèces d'herbes, d'arbustes et même d'arbres, répandues surtout dans les régions

Ketmie des jardins (Hibiscus Syriacus).

tropicales. La *ketmie rose de Chine* (*hibiscus rosa sinensis*), arbrisseau de 2 à 3 m. de haut, a produit plusieurs variétés à fleurs doubles diversement colorées. La *ketmie abel-mosch*, (*hibiscus moscheutos*), la *mauve rose des marais* des Américains, est souvent très abondante dans les marais saumâtres et le long des rivières des Etats-Unis orientaux. Elle atteint de 1 m. 30 centim. à 2 m. 35 de hauteur, elle a de nombreuses fleurs roses (rarement blanches) de 10 à 12 centim. de diamètre. C'est une des fleurs les plus remarquables du milieu de l'été. La *ketmie des jardins*, ou *ketmie de Syrie* (*hibiscus Syriacus*), est un arbrisseau énorme à fleurs pourpres, introduit dans nos jardins il y a plus de deux siècles. Cette ketmie est connue dans les catalogues des jardins et des serres sous le nom d'*althæa frutex*; on l'appelle aussi *rose de Sharon*. Elle fleurit tard en été, vient dans presque tous les sols et présente une si grande variété de fleurs qu'elle est regardée à juste titre comme l'un des arbrisseaux d'ornement les plus importants. La *ketmie blanchâtre* (*hibiscus incanus*), plante herbacée de la Caroline, porte des fleurs jaunes, la *ketmie élégante* (*hibiscus speciosus*), également de la Caroline, a des fleurs écarlates ; la *ketmie comestible* (*hibiscus esculentus*), appelée *gombo*, originaire des Indes Orientales et cultivée dans les Antilles et en Algérie, porte des fleurs d'un beau jaune soufre, remplacées par une capsule renfermant un mucilage comestible et une graine globuleuse, grosse comme la vesce.

KEW [kiôô], village de Surrey (Angleterre), sur la rive S. de la Tamise, à 12 kil. S.-O. de

Le musée de Kew.

Saint-Paul de Londres, célèbre pour son jardin botanique royal, le plus riche du monde, comprenant 75 acres. Il renferme, parmi des trésors sans nombre, une collection considérable d'arbres et de plantes de l'Australie.

KEY (Îles de) ou KI [ki], îles de l'archipel Indien, à 80 kil. O. des îles Arroo, par 6° lat. S. et 131° long. E. Elles sont habitées par des Malais et des Haraforas, qui exportent l'écaille de tortue et des nids d'oiseaux comestibles. Ces îles furent explorées, en 1870, par le navigateur italien Cerrute.

KEYS [kîs] Géogr. Nom anglais des *Cayes* ou îles madréporiques situées près des côtes. — FLORIDA Keys, suite de petites îles madréporiques qui prolongent la Floride au S.-O.

KEY-WEST I [kî-ouèst] (esp. *Cayos huescos*), l'une des Keys de la Floride, à 70 kil. du

Key-West.

cap Sable, environ 7,000 hab. Elle a 12 kil. de long et de 2 à 4 de large, et ne s'élève guère à plus de 4 m. au-dessus du niveau de la mer. Elle est de formation corailleuse; le sol,

peu profond, consiste en coraux désagrégés avec un peu de matières végétales décomposées. Pas de source. Près de la ville est un étang salé. L'air est pur et le climat est sain. Le thermomètre s'élève rarement au-dessus de 38° et ne descend jamais au point de congélation. Le peuple parle l'espagnol ou un patois de cette langue. — II. Ville et station navale, occupant environ les trois huitièmes de l'île ; c'est la ville la plus méridionale des États-Unis, à 645 kil. S.-E. de Tallahassee, à 165 kil. N.-E. de la Havane, par 24° 32' lat. N. et 83° 58' long. O.; environ 5,000 hab. Les maisons sont petites et presque toutes en bois. Key-West possède un beau port, accessible par plusieurs canaux aux navires de 7 m. de tirant d'eau. Clef de la principale entrée du golfe du Mexique, elle est bien fortifiée. Câbles télégraphiques pour Cuba et pour le continent. Commerce important; pêche à la tortue et aux éponges.

KHALED, l'un des plus grands généraux de Mahomet, mort en 642.

KHALIFE. Voy. CALIFE.

KHAN. Voy. KAN.

KHANDEISH. Voy. CANDEISH.

KHANIA. Voy. CANÉE (La).

KHANPOOR, ville du N.-O. de l'Indoustan, à 135 kil. S.-S.-O. de Bhawalpoor; environ 10,000 hab. Elle est reliée avec l'Indus, qui est à environ 45 kil. de distance, par un canal navigable.

KHARISM ou Khovaresm, au moyen âge, désignation du kanat de Khiva; et à une époque plus récente, nom de la partie centrale de ce kanat. Le nom des habitants paraît être identique avec celui des Chorasmii mentionnés par d'anciens écrivains. La Syrie fut envahie par une horde de Kharesmiens (Carizmiens ou Corasmiens), fuyant les Mongols, vers 1243.

KHARKOW. I. Gouvernement du S. de la Russie d'Europe, dans l'Ukraine ; 54,493 kil. carr.; 2,070,000 hab. Territoire plat couvert de nombreuses forêts, traversé par le Donetz, l'Oskal, ses principaux tributaires, et les tributaires du Dniéper. Villes principales : Kharkov, Akhtyaka et Bogudukhov.—II. Capi-

tale de ce gouvernement, à 600 kil. S.-O. de Moscou; 105,000 hab. Cathédrale, plusieurs églises, deux couvents, théâtre, université fondée en 1804, jardin botanique, musée, et bibliothèque ; manufactures de chapeaux de feutre, de tapis, de savon, d'eau-de-vie et de cuir. Les foires d'hiver sont très fréquentées par les commerçants de toutes les parties de l'empire.

KHARTOUM, ville du Sennaar (Afrique), centre du gouvernement égyptien dans le Soudan, sur le Bahr-el-Azrek ou Nil Bleu, presque au point de jonction de ce cours d'eau avec le Nil Blanc; environ 50,000 hab. La ville se trouve à environ 455 m. au-dessus du niveau de la mer. Les inondations du Nil Blanc atteignent fréquemment la muraille en terre dont elle est entourée. La population est formée d'un mélange d'Égyptiens, de Berbères, d'Arabes, de Turcs, de Juifs, d'Européens et de nègres; Khartoum fait un commerce considérable d'ivoire ; c'est le lieu de rendez-vous des marchands d'esclaves qui visitent annuellement par milliers le pays des nègres. Lors de l'expédition de Gordon pour soumettre le Soudan, ce général anglais fut assiégé dans cette ville et forcé de capituler le 14 avril 1884, après une longue résistance.

* KHÉDIVE s. m. (mot persan qui signifie *seigneur*). Titre du vice-roi d'Égypte, depuis le 14 mai 1867. (Voy. ÉGYPTE.)

KHEMNITZER. Voy. CHEMNITZER.

KHERASKOFF (Mikhail), poète russe, né en 1733, mort en 1807. Auteur de la *Rossiade*, poème épique sur la conquête de Kazan par Ivan le Terrible; et de *Vladimir*, poème sur la conversion au christianisme du czar Vladimir.

KHERSON ou Cherson. I. Gouvernement du S. de la Russie d'Europe, bordé par la mer Noire ; 71,148 kil. carr.; 2,075,000 hab. Il consiste principalement en une plaine immense presque dénuée d'arbres, mais couverte de riches pâturages. Les rivières principales sont : le Dniéper, le Bog et le Dniester. Les pêcheries sont importantes, particulièrement sur le Dniester. Les minéraux comprennent le salpêtre, des agates et des grenats. Les produits agricoles principaux sont le blé, le lin, le chanvre et le tabac. Le centre du commerce et des manufactures est à Odessa. — II. Capitale de ce gouvernement à l'embouchure du Dniéper, à 75 kil. E. de la mer Noire et à 135 kil. N.-E. d'Odessa ; 49,600 hab. Elle est le siège de plusieurs institutions scientifiques. Kherson fut fondée en 1778 par Potemkin, dont le tombeau se trouve dans la cathédrale ; cette ville était destinée par Catherine II à devenir le Saint-Pétersbourg du sud de l'empire.

KHIVA. I. Kanat du Turkestan indépendant (Asie centrale), entre 36° et 44° lat. N., et entre 49° et 60° 10' long. E.; 110,000 kil. carr.; environ 1,500,000 hab. On suppose que le territoire de Khiva a été jadis le lit d'une mer intérieure immense, plus profonde, dont il ne reste plus que la mer Caspienne et la mer d'Aral. C'est aujourd'hui une vaste plaine aride, au milieu de laquelle se trouve l'oasis de Khiva, longue d'environ 300 kil., sur 115 kil. de large, et contenant une population de près de 1,000,000 d'hab. L'Amou-Darya (Oxus) est mis en relation avec cette oasis au moyen d'un grand nombre de canaux d'irrigation. Le climat de l'oasis est variable. Le sol, abondamment arrosé, produit des fruits et des végétaux admirables. On y élève en grande quantité des moutons, des chèvres, des chevaux, des ânes et des chameaux. Manufactures d'articles de laine, de soie, de toile, de cuivre et de poteries. Le kanat est peuplé d'Uzbecks, de Turcomans, de Kirghises, de Sarts (ou Tajiks) et de Persans. Les Uzbecks, race prédominante, habitent des villages et des villes. Les Sarts descendent de l'ancienne population persane de Khiva. Avant la dernière guerre il y avait 40,000 Persans, en majorité esclaves. Les divisions politiques du kanat correspondent au nombre des grandes villes qui ont des beys ou gouverneurs. Les villes les plus intéressantes sont : Khiva, la capitale; Yeni (nouveau) Urgenj et Kunya (vieux) Urgenj, longtemps capitale du kanat. D'autres villes importantes sont : Hazar-asp, Kungrad, Tash-hauz, Gurlen, Khoja-Ili, Shah-Abat, Kilij-Bay, Mangit et Kiptchak. — Le Khiva faisait probablement partie de l'empire parthe vers 150 av. J.-C. Du IIIᵉ au Xᵉ siècle, il fut uni à la Perse. Il forma ensuite un royaume indépendant jusqu'à l'époque où il fut conquis par Genghis khan au XIIIᵉ siècle; à la fin du

Mosquée du palais de Khiva.

XIVᵉ siècle, il fut pris par Tamerlan. Il tomba sous le gouvernement des Uzbecks, tribu turque, qui fonda le kanat ou royaume de Khiva. Pierre le Grand envoya une armée contre les Khivans en 1717; cette armée fut battue. Depuis cette époque, les Kans ont saisi toutes les occasions de manifester des sentiments hostiles envers les Russes. Une expédition russe contre Khiva, sous le général Perovski en 1839-'40, fut désastreuse. En 1872, une autre expédition russe fut repoussée; mais en 1873, Kungrad fut prise, et le 10 juin les Russes entrèrent dans Khiva. Le Khan s'enfuit, mais quelques jours après, il revint et signa un traité de paix qui le forçait de payer une indemnité de 2 millions de roubles. Son indépendance fut reconnue, mais la frontière orientale de son territoire fut portée à la rivière Amou Darya. — II. Capitale de ce kanat, dans la vallée de l'Amou Darya, par 41° 22' lat. N. et 58° 4' long. E.; environ 6,000 hab. Les maisons, construites de boue, sont irrégulièrement bâties. La citadelle peut être isolée de la ville extérieure au moyen de quatre portes. Le palais du kan est un édifice mesquin et les bazars ne sont pas comparables à ceux des autres villes orientales. La mosquée, attachée au palais du kan, est une grande tour ronde ornée d'arabesques.

KHODAVENDIGHIAR ou *Brusa*, vilayet de la Turquie d'Asie, borné au N. par la mer de Marmara; *environ* 1 million d'hab. Il est traversé par de hautes montagnes, comprenant le Keshish Dagh (anc. *Olympus*) et des tributaires de la rivière Sakaria; il y a de nombreux lacs. Il comprend la partie méridionale de l'ancienne Bithynie, la Mysie et la partie O. de la Phrygie. Capitale, Brousse.

KHOI ou *Choi*, ville de l'Aderbaidjan, (Perse), au N. du lac Urumiah, à 85 kil. N.-O. de Tabriz; environ 20,000 hab. Elle est bien fortifiée et l'une des villes les plus attrayantes de la Perse. Manufactures d'articles de laine et de coton; principales productions : grains, coton et fruits.

KHOKAN ou Kokand. I. Contrée de l'Asie

centrale, anciennement l'un des trois grands kanats du Turkestan occidental, entre 39° et 43° lat. N., et entre 67° et 73° long. E., en partie dans une vallée longue d'environ 230 kil., large de 95 kil. Elle est entourée au S. et au S.-E., de chaînes élevées qui séparent le bassin de l'Amou Darya (Oxus) de celui du Sir Darya (Jaxartes), rivière principale du Khokan. L'élévation générale du pays est de plus de 500 mètres au-dessus de la mer; climat doux dans la principale vallée. Sol extrêmement productif, beaux pâturages; blé, orge, riz, coton, chanvre, lin, sorgho, pois, haricots, garance et tabac. L'industrie principale est la manufacture de la soie. Charbon, fer, naphte et pétrole. La population, qui comprend des Uzbecks, des Tajiks, des Kirghizes et des Kiptchaks, est évaluée à 3 millions d'hab. La Russie annexa le Kanat en 1876, comme province, sous l'ancien nom de Ferghana. — II. Capitale de ce Kanat, au S. du Sir Darya, à environ 330 kil. E.-N.-E. de Samarcande, à 543 mètres au-dessus du niveau de la mer; environ 75,000 hab.

KHORAÇAN ou *Khorassan*, province du N.-E. de la Perse, bornée par le Khiva et l'Afghanistan; 272,560 kil. carr.; environ 850,000 hab. Une grande partie du territoire est couverte par un grand désert salé appelé Koubir. Les productions des districts cultivés sont : le coton, le lin, le tabac et les plantes aromatiques; manufactures de soie, de laine, d'étoffes de poils de chèvres, de tapis, de fusils et de lames de sabre. Meshed est la capitale et les autres villes principales sont : Yezd, Tabas ou Toubass et Nishapur. A environ 60 kil. N.-O. de Nishapur se trouvent les célèbres mines de turquoises. Les deux tiers des habitants sont Persans et habitent la ville, le reste se compose de Turcomans et de Kurdes nomades. — La province comprend les anciens territoires de Parthia, de Margiana et d'Aria. En 813, Taher, gouverneur de ce pays, se révolta contre les califes et pendant un certain temps, ses successeurs restèrent indépendants. La province appartient à la Perse depuis 1510.

KHOTIN ou *Chocim*, ville fortifiée de Russie (Bessarabie), sur le Dniester, près de la frontière de Galicie; 18,150 hab. C'était anciennement une ville de Moldavie; elle forma ensuite un rempart important de l'empire turc contre les Polonais. En 1673, Jean Sobieski y mit en déroute l'armée de Mohamet IV. La place fut prise deux fois par les Russes, mais rendue aux Turcs et cédée finalement par la paix de Bukarest à la Russie en 1812.

KHOUZISTAN (anc. *Susiana*), province occidentale de la Perse, bornée par la Turquie et le golfe Persique; 104,480 kil. carr.; environ 400,000 hab. Sa surface est montagneuse au N.; mais dans le S. elle est moins accidentée. Les rivières principales sont : le Kerkha et le Karun. Le Khouzistan renferme d'immenses pâturages et produit le riz, le maïs, l'orge, le coton, la canne à sucre, les dattes et l'indigo. Les villes principales sont : l'Huster, Dizful (cap. de la province), Ahwaz et Mohammerah. Les habitants sont tajiks, chrétiens sabéens, lurs, erdelens et arabes. (Voy. ELAM.)

KIAKHTA ou *Kiachta*, ville de Transbaïkalie (Sibérie), à environ 150 kil. S. du lac Baïkal, à 835 m. au-dessus du niveau de la mer; 4,290 hab. Grand centre de commerce entre la Russie et la Chine; l'établissement chinois de Maimachin se trouve à un kil. de la ville basse. On y tenait autrefois des foires annuelles où les productions russes étaient échangées contre les produits chinois, le thé principalement. Le commerce, estimé anciennement à 40 millions par an, est tombé depuis que toute la ligne frontière a été ouverte au commerce en 1860.

KIANGSI, province S.-E. de la Chine; 177,656 kil. carr.; environ 26 millions d'hab. Elle est arrosée principalement par le Kankiang et ses affluents. La partie E. produit le thé vert et la partie O. le thé noir. Manufactures d'excellentes porcelaines et d'étoffes de Nankin. Capitale, Nanchang.

KIANGSOU, province de Chine, sur la côte N.-E.; 103,959 kil. carr.; environ 39 millions d'hab. Elle est généralement plate et constitue une des régions les plus fertiles de la Chine; elle renferme plusieurs lacs, des rivières et des canaux. Elle exporte plus de riz que toute autre province chinoise et elle produit des céréales, du coton, du thé et de la soie. Elle possède plusieurs belles villes. Capitale, Nankin.

KICKAPOUS, tribu de la grande famille algonquine, découverte dans le Visconsin vers la fin du XVIIᵉ siècle; ils sont maintenant répandus dans le territoire Indien, dans les réserves du Kansas et aux environs de Santa-Rosa, au nombre d'environ 600. Les Kickapous mexicains ne sont plus guère qu'au nombre de 700.

KIDD (William), marin, né en Ecosse, exécuté à Londres le 24 mai 1701. Il navigua dès son enfance et se distingua comme corsaire contre les Français dans les Indes occidentales. En 1695, on organisa en Angleterre une compagnie pour la suppression de la piraterie. L'*Adventure Galley* fut confiée à Kidd avec ordre d'agir contre les Français et de croiser contre les pirates. Il fit voile de Plymouth le 23 avril 1696, prit un navire de pêche français devant Terre-Neuve et arriva à New-York avec sa prise vers le 4 juillet. Il s'embarqua ensuite avec un équipage de 154 hommes pour Madagascar, principal rendez-vous des pirates; il y arriva en janvier 1697. En 1698, le bruit se répandit en Angleterre que Kidd était devenu pirate, et des ordres furent donnés pour son arrestation. En avril 1699, il arriva dans les Indes occidentales sur le *Quidah Merchant* et fit voile vers le nord avec environ 40 hommes vers le San Antonio. Il débarqua dans la baie de Delaware, navigua sur la côte du détroit de Long-Island, et enterra quelques ballots de marchandises et des trésors dans l'île Gardiner. Il débarqua à Boston, le 1ᵉʳ juillet 1699, fut arrêté par le gouverneur et envoyé en Angleterre où, après un procès des plus injustes, sans pouvoir se défendre ni faire entendre de témoins, il fut déclaré coupable de piraterie et du meurtre de William Moore, homme de son équipage; il fut pendu au dock Exécution avec neuf de ses associés.

KIDDERMINSTER, bourg du Worcestershire (Angleterre), sur le Stour, à 20 kil. N. de Worcester; 19,470 hab. Manufactures de tapis.

KIEL, ville et port du Holstein (Prusse), capitale de la province du Schleswig-Holstein et du district de Kiel (comprenant le Holstein), sur le Kieler-Hafen, beau port de la Baltique, à 70 kil. N.-E. de Hambourg; 45,000 hab. Université, observatoire, bibliothèque de 140,000 volumes, jardin botanique, école navale, qui fut transférée de Berlin en 1863, et autres institutions navales; quais et arsenaux. La rade mesure environ 15 kil. de long et 2 kil. de large; elle est défendue par plusieurs forts et doit former un lien entre la Baltique et la mer du Nord, au moyen d'un nouveau canal meilleur que le canal actuel de l'Elder. Manufactures de sucre, de savon, d'articles de laine; fonderies, ateliers de machine et de construction pour la marine. Kiel appartenait autrefois à la ligue Hanséatique. Une insurrection en faveur de l'indépendance du Schleswig-Holstein eut pour résultat l'établissement d'un gouvernement provisoire (26 mars 1848). Par la convention de Gastein

(14 août 1865), Kiel, détaché du reste du Hols-tein, devait être gardé par la Prusse comme

Kiel

port fédéral allemand; c'est aujourd'hui le port le plus important de tout l'empire.

KIELCE. I. Gouvernement de Russie, en Pologne, borné par la Galicie; 10,092 kil. carr.; 614,741 hab. Il est arrosé par la Vistule, la Nida et la Pilica. — II. Capitale de cette province, à 145 kil. S.-O. de Varsovie; 7,840 hab. Dans le voisinage se trouvent des mines de fer, de cuivre, de plomb et de charbon.

KIENTCHÉOU ou **Kioungtchaou,** ville de la Chine, capitale de l'île de Hainan, en face de la côte S. de Kouangtoung; environ 200,000 hab. C'est l'un des ports ouverts aux étrangers.

KIEV ou **Kieff.** I. Gouvernement S. de la Russie d'Europe, arrosé par le Dniéper et ses affluents; 51,000 kil. carr.; 2,585,750 hab. C'est la partie la plus fertile de l'Ukraine ou petite Russie. Climat généralement doux et sec; chaleur excessive pendant l'été. Les principales occupations sont l'agriculture et l'élevage des bestiaux. — II. Capitale du gouvernement ci-dessus, sur la rive droite du Dniéper, à 305 kil. N. d'Odessa; 130,000 hab. Elle se

Kiev — Monastère Petcherski

compose de quatre parties : la vieille ville, le Petcherski ou fort neuf, tous les deux sur une montagne escarpée, le Podol ou ville basse entre les collines et la rivière, et la ville de Vladimir ajoutée à la précédente par l'impératrice Catherine II. La vieille ville renferme la cathédrale de Sainte-Sophie, construction magnifique du IIe siècle. Le fort contient le grand monastère Petcherski, dont il reçut son nom, et les catacombes de Saint-Antoine qui attirent des pèlerins de toutes les parties de la Russie. Le Podol, partie commerçante de

la ville, est régulièrement bâti et embelli de jardins. Kiev, possède une université importante et une académie théologique grecque. Manufactures et commerce de peu d'importance. Dans la dernière partie du IXe siècle, cette ville devint la résidence des princes de Novogorod. Vers le milieu du XIIe siècle, elle fut privée de son rang. Après être restée environ trois siècles entre les mains des Polonais, elle fut annexée de nouveau à la Russie en 1667.

KIF-KIF, jargon. Egal, pareil : C'EST KIF-KIF, c'est la même chose.

KILDARE [kil-dé-re], comté d'Irlande dans le Leinster ; 1,693 kil. carr.; 84,200 hab. Sa surface est plate ou ondulée. Exportation de grains et de farines par la rivière Barrow et les canaux Royal et Grand. Les rivières Liffey et Boyne traversent aussi le comté. Le Curragh de Kildare, près du centre, est une plaine de 4,858 acres appartenant au gouvernement et employée pour les exercices militaires et les courses. Les villes principales sont : Naas, (la capitale), Athy et Kildare.

KILIAN (Corneille), correcteur, qui, pendant cinquante ans, travailla dans l'imprimerie de Plantin, à Anvers (XVIe siècle). Il fit, en vers latins, une apologie des correcteurs contre les auteurs.

KILIMANJARO ou **Kilima Ndscharo** (proprement *Kilima Njaro*, montagne neigeuse), la plus haute montagne connue de l'Afrique, dans le pays de Jagga, à environ 270 kil. de la côte E., par 3° 40' lat. S. et 34° long. E. Elle est couronnée de neiges perpétuelles et son sommet s'élève à 6,116 m. au-dessus du niveau de la mer. Elle fut découverte en 1848, par Rebmann.

KILKENNY. I. Comté de l'Irlande dans le Leinster ; 2,053 kil. carr.; 109,310 hab. Sa surface est variée par quelques collines d'environ 300 m. de haut. Le comté est traversé par la rivière Nore et limité à l'E. et au S. par les rivières Barrow et Suir. Abondance d'anthracite de qualité inférieure. Carrière de beau marbre noir près de Kilkenny. On y trouve divers piliers en pierre de l'ère païenne, des cromlechs et des cairns. — II. Capitale de ce comté formant elle-même un

Cathédrale de Saint-Canice, à Kilkenny.

comté, sur la Nore, à 95 kil. S.-O. de Dublin ; 43,610 hab. Elle renferme : la cathédrale de Saint-Canice ou Kenny, érigée au XIIe siècle et ayant une tour ronde de 33 m. de haut; deux monastères, un couvent, les ruines d'un monastère franciscain, un château bâti par Stronghow, le collège de Kilkenny ou école de grammaire et Saint-Kyran, séminaire catholique romain.

KILLALA, baie, port, ville et évêché d'Irlande (comté de Mayo); la ville se trouve à 13 kil. de Ballina; 1,100 hab. C'est à Killala que débarqua le général Humbert en 1798. (Voy. HUMBERT.)

KILLARNEY, ville d'Irlande, comté de Kerry, à 70 kil. N.-N.-O. de Cork; 5,190 hab. Elle est à environ 4 kil. E. d'une suite de trois lacs célèbres par leur beauté pittoresque et très fréquentés des touristes. Le lac supérieur

Ruines du château de Ross, à Killarney.

ou le plus méridional renferme 12 îlots, et le lac inférieur en contient 30. Celui du centre et celui de l'extrémité inférieure sont appelés aussi Muckross ou lac de Tore et Lough Leane. Sur la péninsule, entre le lac du centre et le lac inférieur, sont les ruines du château de Ross, forteresse du XVe siècle, et celles de l'abbaye de Muckross. Sur le côtes S.-O. et S.-E. s'élèvent de hautes montagnes.

KILMARNOCK, bourg d'Ayrshire (Ecosse), sur l'Irvine, à 30 kil. S.-O. de Glasgow, et à 12 kil. du port de Troon; 22,960 hab. Manufactures de châles, de tapis, d'articles de laine, de gazes, de mousselines, de bonneterie et de chaussures.

KILO (du gr. *chilioi*, mille). Métrol. Préfixe indiquant la multiplication par mille de l'unité principale. — * s. m. Abréviation de kilogramme : *trois kilos.*

* **KILOGRAMME** s. m. (de *kilo* et *gramme*). Poids de mille grammes, équivalant à un peu plus de deux livres et demie de l'ancien poids de marc : *cinq cents kilogrammes.* On dit souvent par abréviation, dans le commerce, KILO : *cinquante kilos.*

KILOGRAMMÈTRE s. m. [-gramm-mè-] Instrument pour mesurer l'intensité d'une force par le poids sur lequel elle agit. — Unité de mesure du travail des machines : *le kilogrammètre équivaut à l'effort nécessaire pour élever un kilogramme à la hauteur d'un mètre.*

* **KILOLITRE** s. m. Mesure de capacité qui contient mille litres.

KILOMÉTRAGE s. m. Action de kilométrer.

* **KILOMÈTRE** s. m. *Mesure itinéraire de mille mètres qui vaut environ cinq cents toises ou un quart de lieue ancienne.*

KILOMÉTRER v. a. Placer des pierres ou des pieux pour indiquer la distance des kilomètres.

* **KILOMÉTRIQUE** adj. Qui appartient au kilomètre, qui a rapport au kilomètre.

KILOMÉTRIQUEMENT adv. En kilomètres, par kilomètres : *distance mesurée kilométriquement.*

KILOSTÈRE s. m. Mille stères.

KILWA ou Quiloa, ville de l'Afrique orientale, dans une île en face de la côte de Zanguebar; par 8° 57' lat. S. et 37° 17' long. E.; environ 7,000 hab. Elle est tributaire du sultan de Zanzibar et c'est l'un des principaux poris d'exportation pour les esclaves. Le nom de Kilwa se donne aussi à l'île sur laquelle cette ville est bâtie.

KIMHI ou Kimchi (David), savant Hébreu qui vivait à Narbonne (France), au commencement du XIIIe siècle. Ses écrits exégétiques et linguistiques sont encore considérés comme des modèles par les hébraïsants. Ils comprennent une grammaire, une défense de Maïmonides et des commentaires sur les prophètes, les psaumes et d'autres portions de l'Ecriture. Son père et son frère furent aussi deux savants remarquables.

KINBURN ou Kilbourn, forteresse de la Russie d'Europe, à l'embouchure du Dniéper, à 15 kil. S. d'Otchokow. Souwarow y battit les Turcs le 28 juin 1788. Le 17 oct. 1855, les flottes anglo-françaises bombardèrent le fort de Kinburn. (Voy. CUIRASSÉ.) La garnison capitula le même jour.

KINCARDINESHIRE ou The Mearns, comté 'Ecosse, borné par la mer du Nord; 1,005 kil. arr.; 34,640 hab. Les rivières principales ont : la Dee, le North Esk, le Bervie et la ye. Capitale, Stonehaven.

KINÉSITHÉRAPIE s. f. (gr. *kinesis*, mouvement; *therapeia*, guérison). Guérison des aberrations du mouvement naturel par des mouvements artificiels ou gymnastiques. Ce système de traitement fut imaginé par Peter-Henrik Ling.

* **KING** s. m. Livres sacrés des Chinois contenant la doctrine de Confucius.

KING-CHARLES s. m. [kign-tcharlss] (mot angl. qui signifie *roi Charles*). Espèce de petit épagneul d'agrément, gros à peine comme les deux poings et à long poil, à grandes oreilles, à barbes de poils qui frangent ses pattes, à crâne proéminent et à museau très petit.

KING'S [kignss], comté d'Irlande, province de Leinster, 1,595 kil. carr.; 75,780 hab. Principaux lacs : Loughs Fin, Boara, Annaghmore et Pallas. Le Shannon, la Boyne, la Barrow et la Brosna sont les plus grandes rivières. Les villes principales sont Parsonstown et Tullamore (la capitale).

KING'S LYNN. Voy. LYNN REGIS.

KINGSTON [kignss-'t'n], ville de l'état de New-York, sur la rive O. de la rivière Hudson, à environ 135 kil. au-dessus de New-York et à 93 au-dessous d'Albany; 20,480 hab. Commerce considérable. Fabriques importantes de ciment hydraulique.

KINGSTON, port de l'Ontario (Canada), sur le Saint-Laurent, à 260 kil. O.-S.-O. de Montréal et à 225 N.-E. de Toronto; 12,410 hab.

Kingston (Canada).

Port profond et commode. Poste militaire le plus important du Canada après Québec et Halifax. De 1841 à 1844, Kingston fut la capitale du Canada.

KINGSTON, ville maritime, capitale de l'île de la Jamaïque, sur la côte S. de cette île, par 18° lat. N., et 79° 10' long. O.; environ 35,000 hab. Elle est située sur la pente d'un contre-fort des montagnes Bleues, au N. d'une baie magnifique défendue par deux forts. Elle est en amphithéâtre avec des rues larges et régulières, des maisons en briques ou en bois, peintes en vert et en blanc. La baie ou rade a une profondeur moyenne de 12 m. et offre un bon ancrage pour 1,000 navires. Le climat est chaud et généralement malsain pour les Européens. Les principaux articles d'exportation sont : le café, le sucre, le tabac, le bois de teinture et un rhum très estimé.

KINGSTON-UPON-THAMES, ville du Surrey (Angleterre), sur la Tamise, à l'embouchure de l'Ewel, à 15 kil. O.-S.-O. de Londres; 15,260 hab. Elle renferme une ancienne église cruciforme, un bel hôtel de ville et plusieurs écoles. Sur l'emplacement occupé par Kingston se trouvait jadis une ville ou station romaine. Plusieurs rois saxons furent couronnés dans cette ville.

KINGSTOWN [kignss-taounn], port de mer et station balnéaire d'Irlande, à 12 kil. S.-E. de Dublin, sur la baie de Dublin; 16,390 hab. Excellent port artificiel. Le port de refuge est composé de deux jetées et d'un brise-lames; plus de 2,000 navires entrent annuellement dans le port.

KINGTCHÉIN, ville ou district du Kiangsi (Chine), à 150 kil. N.-E. de Nantchung; plus de 500,000 hab. Elle renferme des milliers de fourneaux et des centaines de manufactures de porcelaine, dont la fabrication y est centralisée depuis plus de 800 ans.

* **KININE**. Voy. QUININE.

KINKAJOU ou Kincajou s. m. Mamm. Genre de carnassiers plantigrades, comprenant plusieurs espèces de petits quadrupèdes, qui se rapprochent des ours par leur marche plantigrade et par leur dentition, mais qui en diffèrent par d'autres caractères : langue mince, longue, extensible, museau court et arrondi, queue longue, poilue et prenante, comme celle des sapajous; orteils séparés et ongles très comprimés. Ces animaux se trouvent dans l'Amérique tropicale. Le *kinkajou commun* ou *potto* (*cercoleptes caudivolvulus*, Illig.), à peu près de la grosseur d'un chat, brun jaunâtre ou brun rougeâtre, ressemble aux makis pour la forme et pour les mœurs. Il est nocturne et excellent grimpeur; il est omnivore comme les autres plantigrades; l'habitude où il est de piller les nids des abeilles sauvages l'a fait surnommer les *ours du miel*. On le rencontre dans la Guyane, la Colombie, le Pérou et quelques îles des Indes occidentales. Gracieux et folâtre, il est souvent apprivoisé et traité comme le favori de la maison.

* **KINO** s. m. Nom appliqué à divers extraits astringents végétaux, obtenus d'arbres qui appartiennent à des genres et même à des ordres différents, et dont le caractère essentiel est de contenir une grande proportion d'acide tannique, avec plus ou moins de résine ou de gomme. Le kino des Indes orientales est obtenu du *pterocarpus marsupium;* celui des Indes occidentales du *coccoloba uvifera;* celui de Botany Bay de l'*eucalyptus resinifera.* Le kino est employé en médecine comme astringent dans la diarrhée.

KINROSS-SHIRE, comté du S.-E. de l'Ecosse, borné par le Fifeshire et le Perthshire; 202 kil. carr.; 7,198 hab. Le Loch Leven couvre 3,300 acres. Le reste du territoire est plat et bien cultivé. Capitale, Kinross; ville principale, Milnathort.

KINSALE [kinn-sé-le], ville d'Irlande, à 18 kil. S.-O. de Cork, sur l'estuaire du Bandon; 5,250 hab.

* **KIOSQUE** s. m. (turc *kieuchk*, belvédère). Mot emprunté du turc; se dit de certains pavillons dont on décore les jardins, les parcs et qui sont dans le goût oriental. — Petite boutique sur la voie publique où l'on vend des journaux.

KIOTO (souvent appelée *Miako*, équivalent indigène du chinois *Kioto*, capitale, le nom réel étant HEIAN ou HEIANJO), ville et pendant longtemps capitale du Japon, dans la partie S.-O. de l'île principale, sur le Kamogana, à 355 kil. S.-O. de Tokio (Yedo); 567,334 hab. Elle se trouve dans une vaste plaine entourée de montagnes couvertes de bosquets, de jardins, de temples et de pagodes. Elle possède 2,413 autels shinto, 3,514 temples bouddhistes, et de nombreux monastères des deux sexes. Kioto est fameuse pour ses manufactures d'articles de laque, de soie, de porcelaine et d'armes. Elle possède une école pour les langues étrangères et les sciences. Elle devint la capitale en 794. En 1864, pendant une guerre civile, presque toute la ville fut brûlée. En 1868, le mikado se transporta à

Yedo, appelée depuis Tokio (capitale orientale), tandis que Kioto fut nommée Saikio (capitale occidentale).

KIOUKIANG, ville du Kiangsi (Chine), sur le Yangste, près de l'extrémité N. du lac Poyang, à 340 kil. S.-O. de Nankin. Elle a souffert de la rebellion du Taïpings et fut presque entièrement détruite par les troupes impériales; mais elle se releva bientôt.

KIOUCHIOU, Kiusiu ou XIMO, île du Japon, séparée au N. de l'île principale par un détroit de 4 kil. de large. Elle est entourée de rochers inaccessibles, et de bas-fonds; elle renferme plusieurs volcans en activité. Une grande partie du territoire est très fertile et bien cultivée. Capitale, Nagasaki.

KIOWAS ou Kioways, tribu d'Indiens de l'Amérique du Nord, appartenant à la famille Shoshone. Leurs terres un peu et leurs terrains de chasse étaient sur le Paducah. Les hommes portent les cheveux longs et tressés, tombant souvent jusqu'aux genoux, tandis que la chevelure des femmes est coupée court. Vers 1840, leur nombre était de 1,800. En 1859, les Texiens les chassèrent; ils se retirèrent entre les rivières Canadian et Arkansas. Le traité d'août 1869 assigna aux Kiowas 3,549,440 acres dans la partie S.-O. du territoire Indien. Ils étaient alors au nombre de 1,928, mais ils étaient turbulents et ne s'occupaient pas d'agriculture. En 1870, ils tuèrent plusieurs blancs et envahirent le Texas. L'année suivante, ils s'emparèrent d'un train et tuèrent un grand nombre de personnes. Santanta et Big Tree, leurs chefs, furent arrêtés, conduits à Jacksborough (Texas), où ils furent condamnés à mort; cette peine fut commuée en un emprisonnement à vie. Ils furent ensuite graciés. En 1875, on transporta 1,070 Kiowas dans le territoire Indien.

KIPTHCAK ou Kaptchak, nom de l'une des plus anciennes races mongoliennes ou tartares et nom des terres habitées par cette race, au S.-E. de la Russie et à l'O. de l'Asie. Le Deshti Kiptchak, ou désert de Kiptchak des écrivains orientaux, comprend de vastes steppes sur les cours inférieurs du Dniéper, du Don, du Volga, du Yaïk ou Oural, et entre les mers Noire et Caspienne. Dans la première moitié du XIIIᵉ siècle, les Mongoles fondèrent le khanat de Kiptchak, ou de la Horde d'Or, qui s'étendait de l'intérieur de la Russie d'Europe jusqu'aux sources du Sir Darya ou Jaxartes. Vers le milieu du XVᵉ siècle, Kazan, Astrakan et Krim (Crimée) se séparèrent du Kiptchak et formèrent des Khanats indépendants.

KIRBY (William) [keur'-bè], naturaliste anglais, né en 1759, mort en 1850. Il fut recteur de Barham (Suffolk). Il a publié Monographia Apium Angliæ (2 vol., Ipswich, 1802), premier ouvrage scientifique anglais de ce genre. Avec Spence de Hull, il prépara Kirby and Spence' Introduction to Entomology (4 vol., 1815'-26). En 1830, il donna Habits and Instincts of Animals, with reference to natural Theology, et ensuite il écrivit la description des insectes dans la Fauna Boreali-Americana de sir John Richardson.

KIRCHER (Athanasius), savant allemand, né en 1602, mort en 1680. Il fut professeur de philosophie et de langues orientales à Würzbourg et de mathématiques à Rome. Il écrivit des ouvrages remarquables sur l'égyptologie, fit plusieurs inventions et organisa pour le collège des jésuites à Rome un célèbre musée d'instruments, d'histoire naturelle et d'antiquités. Son Mundus subterraneus renferme tout ce que l'on savait à son époque en fait de géologie.

KIRCHHEIM [kirk'-'haïm] (KIRCHHEIM-UNTER-TECS), ville du Würtemberg, sur la Lauter, près du Teck, à 30 kil. S.-O. d'Ulm;

6,100 hab. Forges, manufactures de coton, de toile et autres articles; commerce important de laine, de moutons et de bœufs.

KIRGKIZ ou Kirguis, peuple nomade de la Russie d'Asie, occupant une région appelée steppes du Kirgkiz, qui s'étendent depuis la mer Caspienne jusqu'à la frontière russo-chinoise des monts Altaï et depuis la mer d'Aral jusqu'au Tobol et à l'Irtish. Leur première résidence se trouvait plus à l'est. Le gouvernement estime le nombre des Kirgkiz à 1,700,000, occupant un territoire de 1,778,393 kil. carr. Ils sont divisés en petites, moyennes et grandes hordes, politiquement indépendantes les unes des autres. Ils appartiennent à la race turco-tartare. Ils ressemblent aux Uzbecks dont ils parlent la langue. C'est un des peuples les plus barbares de l'Asie, et les efforts du gouvernement russe pour les civiliser ont été infructueux. Leur religion est un mahométisme corrompu. Quelques tribus du Turkestan oriental sont désignées quelquefois sous le nom de Kirgkiz orientaux.

KIRCALDY [keur-kâl'-di], port du Fifeshire (Ecosse), sur la rive N. du frith de Forth, à 20 kil. N. d'Edimbourg; 12,430 hab. Commerce considérable, manufactures de jute et de toile, moulins, brasseries, distilleries et ateliers de construction.

KIRKCUDBRIGHT [keur-kou'-bri], comté du S.-O. de l'Ecosse, borné par le frith de Solway; 2,470 kil. carr.; 41,860 hab. Avec le comté de Wigtown et une partie de l'Ayr et du Lanark, il forme le district montagneux de Galloway. Rivières principales : la Dee, le Filect, le Ken et l'Urr. Beaucoup de petits lacs. On exporte en grande quantité les bœufs de Galloway. Le comté est renommé pour son miel. — KIRKCUDBRIGHT, cap. de ce comté, sur un port sur la Dee, à 9 kil. du frith de Solway et à 35 kil S.-O. de Dumfries; 2,470 hab.

KIRKE (sir David), aventurier anglais, né en France en 1596, mort dans l'hiver de 1655-'56. Il commanda trois navires envoyés en 1627, pour détruire les établissements français du Canada et de la Nouvelle-Ecosse. Il battit la escadre française près de Gaspé (18 juillet 1628), il s'empara de toutes les provisions, munitions et armes destinées à Québec. En 1629, il quitta de nouveau l'Angleterre avec ses frères et força Champlain de rendre Québec. La Nouvelle-Ecosse fut aussi soumise par lui. Kirke fut créé chevalier par Charles Iᵉʳ en 1633, et obtint une concession à Terre-Neuve. Il se consacra à la colonisation de ce pays, dont il fut le gouverneur pendant 20 ans.

KIRKES (William Senhouse), médecin anglais, né vers 1820, mort en 1864. Il est connu surtout comme auteur du Handbook of Physiology. Ses articles sur le Detachement of fibrinous Deposits from the Interior of the Heart ont attaché son nom aux travaux faits sur l'embolie.

* KIRSCH-WASSER s. m. [kirch'-vâ-ser] (all. kirsche, cerise; wasser, eau). Mot emprunté de l'allemand, qui signifie eau de cerise et qui se dit d'une espèce d'eau-de-vie obtenue par distillation du suc des cerises sauvages. On dit souvent par abrév. KIRSCH : une bouteille de kirsch.

KISHENEV ou Kishinev, capitale de la Bessarabie (Russie), sur le Byk, tributaire du Dniester, à 110 kil. N.-O. d'Odessa; 102,430 hab. Collège ecclésiastique; manufactures de lainages, de cuir et de savon.

KISSINGEN [kiss'-sign-ènn], station balnéaire thermale de la basse Franconie (Bavière), sur le Saale, à 40 kil. N.-E. de Vürzbourg; 2,590 hab. Il y a cinq sources : la Pandur et la Ragoczy (ferrugineuses), la Max, la Thérésa et le Soolensprudel (salines). La température

de la dernière est 20° C., celle des autres d'environ 50° C. Les eaux de la Pandur et du Soolen sont employées en bains; les autres en boisson. Ces eaux s'exportent en grande quantité. Environ 10,000 baigneurs et buveurs d'eau visitent annuellement Kissingen. On fabrique du sel de diverses sources qui se trouvent près de la ville. Les Prussiens battirent les Bavarois à Kissingen, le 10 juillet 1866.

KISTNAH ou Krishna, grand fleuve du S. de l'Inde; il prend sa source dans les Ghauts occidentales, à Mahabulishwar, à environ 60 kil. de la côte de Malabar, et se jette dans la baie de Bengale près de Masulipatam, en formant un delta très étendu. Son cours est de 1,200 kil. Ses principaux tributaires sont : la Wurna, la Malpruba, la Gutpurba, la Beemah, la Toongabudra et le Mussy. Elle est rocailleuse, rapide et, des rivières de l'Inde, la plus riche en pierres précieuses.

KITTATINNY ou Blue Mountains, chaîne de montagnes qui commence dans l'état de New-York, traverse la partie N. O. du New-Jersey, passe en Pennsylvanie et remonte dans l'Alabama. Son élévation varie de 200 m. à 900 m. au-dessus du niveau de la mer.

KITTERY, ville du Maine (Etats-Unis), à l'embouchure de la rivière Piscataqua; 3,340 hab.

KITTLITZ (E.-H. von, BARON), naturaliste allemand, né en 1798, mort en 1874. Il était neveu de Diebitsch, se joignit à Lütke dans un voyage autour du monde et publia: Végétation des côtes et des îles du Pacifique, et un récit de ses voyages dans l'Amérique russe.

KIWI-KIWI. Voy. APTERYX.

KLADNO, ville de Bohême, à 20 kil. N.-N.O. de Prague; 11,100 hab. Près de là se trouvent des mines de charbon et de fer très importantes. Forges et hauts fourneaux.

KLAGENFURTH [klâ-ghènn-fourt], cap. de la Carinthie (Autriche), à 60 kil. N.-N.-O. de Laybach; 15,000 hab. Manufactures de laine, de soie et de mousseline.

KLAMATH, fleuve de Californie, long d'environ 375 kil. Il prend sa source dans le lac Klamath inférieur au S. de l'Orégon, et se jette dans le Pacifique.

KLAMATHS, nom que l'on donne à deux ou trois tribus distinctes qui vivent dans l'Orégon et en Californie. Les Klamaths cultivent quelques terrains, ils ont un grand nombre de chevaux et quelques bœufs, plusieurs se sont faits bûcherons. En 1875, il y avait 546 Klamaths dans l'Orégon et environ 1,125 dispersés le long de la rivière Klamath, en Californie.

KLAPROTH I (Martin-Heinrich), chimiste allemand, professeur à Berlin, né en 1743, mort en 1817. Il découvrit le zirconium, le titanium, l'uranium et le tellurium. — II (Heinrich-Julius von), son fils, voyageur et orientaliste, né en 1783, mort en 1835. Le gouvernement russe l'envoya, en 1805, avec une ambassade, à Pékin, mais il fut rappelé avant d'avoir passé la frontière; il resta six mois à Irkoutsk, où il étudia plusieurs langues asiatiques. En 1806, il explora seul une vaste étendue des frontières chinoises. Il fut ensuite envoyé en mission dans le Caucase, et publia un récit de cette expédition. En 1812, par suite d'un grave abus de confiance commis au préjudice du gouvernement russe, il dut quitter la Russie et vint s'établir à Paris. Dans les questions qui avaient trait à la géographie ou à la philologie asiatique, Klaproth fit longtemps autorité; mais depuis quelque temps on, a été à même de constater que ses itinéraires dans l'Asie centrale devaient beaucoup à la fantaisie, sinon à l'imposture. On a de lui : Archives pour la langue, l'histoire et la littérature asiatique (Pétersbourg, 1810, in-6°),

Description géographique et historique du Caucase oriental (Weimar, 1814), *Asia polyglotta* (Paris, 1823, avec atlas in-fol.), *Tableaux historiques de l'Asie depuis Cyrus jusqu'à nos jours* (Paris, 1824-'26, 4 vol.), *Examen critique des travaux de Champollion sur les hiéroglyphes* (Paris, 1832).

KLAUSENBOURG [klaou-zènn-bourg] (hongr. *kolosvár*), ville de Transylvanie, cap. du comté du même nom et, avant 1848, de toute la contrée, à 340 kil. S.-O. de Pesth; 30,000 hab., principalement madgyars. Eglises catholiques romaines, grecques et protestantes; université ouverte en 1872 et collège unitarien, le seul qu'il y ait en Europe. Centre commercial et manufactures de porcelaine. Sous le nom de Claudiopolis, elle fut colonie romaine, et fit partie de la Dacie. Elle fut prise par le général Bem le 25 déc. 1848.

KLAUSTHAL. Voy. CLAUSTHAL.

KLÉBER (Jean-Baptiste) [klé-bèr], l'un des plus célèbres généraux de la première République française, né à Strasbourg, le 9 mars 1753, assassiné au Caire le 14 juin 1800. Il était fils d'un maçon qui, le destinant à la profession d'architecte, l'envoya étudier à Paris dans les ateliers de Chalgrin, où le futur général resta deux ans. Il revint à Strasbourg en 1771. Une circonstance toute fortuite changea sa vocation. Se trouvant dans un café de Strasbourg, il prit parti pour deux étrangers que l'on insultait et qui se trouvèrent être deux nobles Allemands. Ces personnages l'emmenèrent à Munich et le firent admettre à l'école militaire de cette ville. Le colonel Kaunitz, frère du ministre, alors tout puissant en Autriche, offrit ensuite à Kléber une lieutenance dans son régiment. Au bout de huit années de service dans l'armée autrichienne, Kléber, désespéré de n'avoir aucun avancement parce qu'il n'était pas noble, rentra dans son pays, où il devint inspecteur des bâtiments publics à Belfort. En 1792, il fut l'un des premiers à s'engager dans le 4e bataillon du Haut-Rhin. Sa haute stature, son air fier, sa tournure martiale lui valurent d'emblée, autant et plus que son passé militaire, le grade d'adjudant-major; il devint adjudant-général pendant le siège de Mayence. Après l'arrestation de Custine, il eut le courage de déposer en faveur de son chef devant le tribunal révolutionnaire, et cette noble conduite fut presque aussitôt récompensée par les épaulettes de général de brigade. Envoyé en Vendée, il combattit les royalistes à Corfou (19 sept. 1793), à Cholet (17 oct. 1793) et partagea avec Marceau l'honneur de la victoire de Savenay (22 déc.). Kléber fit alors une entrée triomphale à Nantes, où on lui offrit une couronne de lauriers. Appelé, en 1794, à l'armée du Nord, comme général de division, il rejoignit Jourdan sous les murs de Charleroi et décida du gain de la bataille de Fleurus, battit le prince d'Orange au pont de Marchiennes, força Mons, Louvain et entoura Maestricht où il entra après 11 jours de siège. Chargé, en 1795, du commandement de l'aile gauche de l'armée de Sambre-et-Meuse, il dirigea le brillant passage du Rhin à Dusseldorf. En 1796, il battit, sur les hauteurs d'Altenkirchen, le prince de Würtemberg, le prince Charles à Ukrad, le général Kray à Kaldieck et entra à Francfort. Destitué par le Directoire, Kléber vivait obscurément à Chaillot, où il s'occupait de rédiger ses *Mémoires militaires*, quand Bonaparte le choisit pour concourir à l'expédition d'Egypte. Blessé à l'assaut d'Alexandrie, il conduisit la division d'avant-garde dans l'expédition de Syrie, traversa le désert, s'empara de Gaza et de Jaffa, remporta la victoire du mont Thabor, et lors de la levée du siège d'Acre couvrit la retraite de l'armée épuisée, dont il devint le commandant en chef après la fuite de Bonaparte. Il signa avec sir Sidney Smith le traité d'El-Arish, en vertu duquel il

était permis aux Français de quitter l'Egypte avec armes et bagages; il était sur le point de rendre les forteresses aux Turcs quand il fut averti que le traité n'avait pas été ratifié à Londres, et que les Anglais voulaient le forcer à se rendre sans condition. Alors il attaqua l'armée turque, remporta la brillante victoire d'Héliopolis (20 mars 1800), reprit le Caire et se trouva le maître incontesté de toute l'Egypte. Il était sur le point de conclure la paix avec les Turcs, quand il fut poignardé dans son jardin, au Caire, par un jeune fanatique nommé Solyman. Kléber fut un des plus grands généraux qu'ait produits la Révolution; il joignait à l'extérieur le plus imposant les talents et les qualités qui commandent le respect et la confiance du soldat; honnête avant tout, il n'entacha d'aucun excès sa noble carrière. Sa statue, en bronze, œuvre de Ph. Grass, a été élevée, en 1840, sur une des places de Strasbourg. La biographie de Kléber a été écrite par Ernouf (1867) et par Pajol (1877).

KLEIST (Heinrich von), poète allemand, né en 1776, mort en 1811. Il se battit contre les Français et fut emprisonné pendant l'occupation de Berlin. Il se rendit célèbre parmi les poètes de l'école romantique. On l'appelle le Werther politique de son époque. Il se suicida avec la femme d'un négociant.

* **KLEPHTE.** Voy. CLEPHTE.

KLIN, ville de la Russie d'Europe, sur la Sestra, à 90 kil. N.-O. de Moscou; 6,650 hab. Elle possède un palais impérial et fut autrefois le siège héréditaire de la famille Romanoff.

KLIPPER. Voy. CLIPPER.

KLOPSTOCK (Friedrich-Gottlieb), l'un des grands poètes de l'Allemagne, né en 1724, mort en 1803. Il étudia avec enthousiasme les classiques anciens et après avoir lu et relu Virgile et Homère, le désir lui vint de composer une épopée allemande; mais les idées religieuses s'étant peu à peu emparées de son esprit, il changea ses vues et conçut son *Messias* (Messiade), dont les trois premiers chants furent publiés en 1748. En 1751, il se rendit à Copenhague sur l'invitation du premier ministre danois, Bernstorff, qui lui offrit une pension de 1,500 francs, afin de le mettre à même de terminer son épopée. En route, il devint amoureux de Margaretha (Meta) Moller, fille d'un marchand de Hambourg, et la célébra sous le nom de Cidli; il l'épousa en 1574. Elle mourut quatre ans après. Klopstock résida alors alternativement à Brunswick, à Quedlinburg et à Blankenburg jusqu'en 1763, époque où il retourna à Copenhague. En 1771, il se rendit à Hambourg avec le rang de conseiller de la légation danoise. En 1792, il contracta un second mariage avec Johanna Elisabeth von Dimpfel. La Révolution française venait d'éclater. Elle s'annonçait avec des principes d'émancipation et de liberté qui séduisirent Klopstock et il la chanta dans ses *Odes*; il reçut en récompense le titre de citoyen français. Klopstock est l'un des poètes modernes les plus remarquables; sa *Messiade* le place à côté de Milton et ses *Odes* n'ont rien à envier à l'inspiration de Pindare. Sa poésie est ferme, enthousiaste, énergique et gracieuse, et sa longue existence a été constamment en harmonie avec la pureté de ses œuvres. La dernière et la meilleure édition de ses ouvrages est celle de Leipzig (1839, 9 vol. in-8°).

KLOTZ (Gustave), architecte alsacien, né à Strasbourg, en 1810, mort le 24 janv. 1880. Conduisit les travaux de la cathédrale de Strasbourg et les réparations qu'elle dut subir après le bombardement de 1870.

KNELLER (SIR Godfrey) [nèl'-ler], peintre de portraits anglais, né en Allemagne en 1648,

mort en 1723. Il arriva à Londres en 1674 et, après la mort de sir Peter Lely, il devint peintre de la cour. Il fit les portraits des dames de la cour et de dix souverains et ceux d'un nombre immense de célébrités. Ses toiles ont une grande valeur.

KNIEBIS (Monts) [kné-biss], chaîne principale de la basse Forêt-Noire, traversant les frontières du Würtemberg et de Bade. Elle renferme plusieurs stations thermales.

KNIGHT (Charles) [naïtt], éditeur et auteur anglais, né en 1791, mort en 1873. Il fut d'abord libraire à Windsor, et en 1823 il fonda le *Knight's quaterly Magazine*, qui contient les premières productions littéraires de Macaulay, de Praed, etc. Il devint ensuite éditeur et agent de la société pour la diffusion des connaissances utiles à Londres. Parmi ses nombreuses publications sont le *Penny Magazine* (1832-'45) qui eut, à une époque, un tirage de 200,000 exemplaires par semaine; le *Penny Cyclopædia*, *Pictorial Bible*, *London Pictorially Illustrated*, *Half Hours with the best Authors*, *Pictorial Shakespere*, et *English Cyclopædia*. Le plus important de ses nombreux écrits est *The Popular History of England* (8 vol.). Il fut le fondateur de ce genre de littérature à bon marché qui a exercé une influence si bienfaisante. Son *autobiographie* parut en 1873.

KNIGHT (Richard-Payne), auteur anglais, né en 1750, mort en 1824. Il fut administrateur du musée britannique, auquel il légua sa collection d'antiquités, principalement de bronzes et de monnaies grecques estimées à 1,250,000 francs. Il fit paraître, en 1786, sur le culte de Priape, un ouvrage qui fut imprimé secrètement. Son *Analytical Essay on the Greek Alphabet* démontra la fausseté de certaines inscriptions que l'on prétendait avoir été trouvées en Laconie. La plus populaire de toutes ses publications est *Analytical Inquiry into the Principle of Taste*.

KNIPPERDOLLING (Bernhard), anabaptiste allemand, né vers la fin du XVe siècle, exécuté le 23 janvier 1536. Il s'associa à Rothmann, à Jean Mathias ou Matthiesew, à Jean Boccald, de Leyde, etc., fanatiques qui, en 1534, s'emparèrent de Munster, proclamèrent le partage des biens et la polygamie. Tous ceux qui se refusèrent à adopter leurs théories furent chassés de la ville ou tués. Knipperdolling fut nommé stathouder. Après la prise de la ville par une armée catholique, en 1536, il fut mis à mort au milieu de tourments épouvantables.

KNOBLECHER (Ignaz), voyageur allemand, né en Carniole, en 1819, mort en 1858. Vicaire général apostolique de l'Afrique centrale, il habita Khartoum. En 1849, ayant reçu l'ordre d'établir une mission parmi quelques tribus nègres, près de l'Equateur, il remonta le Nil en compagnie d'un autre prêtre, et, le 14 janv. 1850, il atteignit les Rapides par 4° 49' lat. N., point le plus éloigné qu'eût alors atteint une expédition; il franchit les Rapides et, le 16, il arriva à Logwek, par 4° 10'. Il a publié un récit de ses explorations.

KNOLLES (Robert) [nolss], général anglais, né en 1317, mort en 1406. Il assista à la bataille d'Auray (1364), soutint à Brest puis à Derval des sièges homériques et quitta la France après le siège de Nantes; il était cruel et peu loyal, et les fondations pieuses qu'il a faites dans ses terres du comté de Kent n'ont pu faire oublier son passé.

* **KNOUT** s. m. [knoutt] (russe *knut*), instrument de supplice employé autrefois en Russie. C'était un fouet à lanières de cuir tressées avec du fil de fer. Une condamnation à 100 ou 120 coups équivalait à une sentence de mort. Le knout fut aboli par l'empereur

Nicolas, qui lui substitua le *pletf*, espèce de fouet à lanières de cuir beaucoup moins dangereux.

KNOWLES (James-Shéridan) [nôh'-lss], dramaturge anglais, né en Irlande, en 1784, mort en 1862. A l'âge de 22 ans, il débuta à Dublin comme acteur. En 1815, son *Caius Gracchus* obtint un grand succès à Belfast. *Virginius* fut sa seconde pièce. Il donna ensuite, *Beggar of Bethnal Green*, *Hunchback*, *Wife*, *The Love Chase*, *Woman's Wit*, *The Maid of Mariendorpt*, etc., etc. En 1845, il abandonna la scène et devint prédicateur baptiste. Il publia deux ouvrages de polémique : *The Rock of Rome* et *The Idol Demolished by its own Priest*, et deux romans, *George Lovel* et *Henry Fortescue*. Ses pièces ont été réunies en 3 vol. (1841-'43).

KNOX (John) [nokss], réformateur écossais, né en 1505, mort en 1870. Il était professeur de philosophie à l'université de Saint-Andrew, quand la réforme se déclara en Écosse. Il en embrassa les principes avec ardeur et en prêcha ouvertement les doctrines. Fait prisonnier par les Français, il fut détenu sur les galères pendant 19 mois. Il devint ensuite chapelain d'Edward VI et refusa un évêché par scrupule de conscience. A l'avènement de la reine Marie Stuart, il s'enfuit à Genève où il devint pasteur d'une petite congrégation anglaise. Pendant qu'il était dans cette ville, il fut condamné, en Écosse, à être brûlé vif comme hérétique. A cette époque (1558), l'Angleterre et l'Écosse étaient gouvernées par des femmes; il publia un essai ayant pour titre *The first blast of the trumpet against the Monstrous Regiment of Women*. Invité par les protestants écossais à reprendre ses travaux dans son pays natal, il débarqua à Leith en 1559 et prêcha avec un succès tel que les magistrats s'unirent avec les habitants pour ravager les églises et les monastères et établir le culte réformé. Dans cet intervalle, la guerre civile éclatait entre la régente Marie de Guise, assistée par les troupes françaises, et les lords de la congrégation qui imploraient le secours d'Élisabeth. Après une lutte de 12 mois, la religion réformée fut établie légalement en Écosse. Knox garda sa place de ministre dans la métropole, où la violence de ses discours lui attira de nombreuses inimitiés. En 1572, il s'éleva publiquement dans un éloquent discours contre le massacre de la Saint-Barthélemy qui avait produit sur lui une impression d'horreur. Si Knox a exercé sur ses contemporains une influence considérable, il le dut moins à ses connaissances dogmatiques qu'à l'énergie de son caractère et à sa profonde conviction. Le plus connu de ses écrits est son *Histoire de la réforme en Écosse*.

KNOXVILLE, ville du Tennessee (États-Unis), sur la rivière Holston, à 6 kil. au-dessous du French Broad et à 250 kil. E. de Nashville; environ 15,000 hab. Centre commercial de l'Est Tennessee. Manufactures importantes. Institutions nombreuses. Pendant peu de temps, à l'époque de la guerre civile en 1863, elle fut un point stratégique important. Le général Burnside la défendit vigoureusement pendant quelques semaines contre Longstreet, jusqu'à l'époque où il fut secouru par Sherman, au commencement de décembre.

KNYPHAUSEN (BARON) [knipp'-haou-zènn], général allemand, né vers 1725, mort en 1789. Il servit dans les guerres de Frédéric le Grand et, en 1776, il reçut du gouvernement anglais le commandement de 12,000 mercenaires de Waldeck et de Hesse, qui s'étaient vendus pour combattre les Américains. Il prit part aux batailles de Long-Island et de Withe-Plains, à la prise du fort Washington, à la victoire de Brandywine en 1777. En juin 1780, commandant temporaire de New-York, il fut une

descente dans les Jersey avec 5,000 hommes. Le 23, il revint avec des forces plus nombreuses, soutint un combat indécis contre le général Greene, brûla Springfield, et se retira à Staten-Island.

KOCK (Charles-Paul de), vaudevilliste et romancier français, né à Passy, en 1794, mort à Paris en 1871. Il était fils d'un banquier hollandais décapité sous la Terreur, et fut lui-même de bonne heure placé devant un bureau et chargé de faire des calculs d'intérêt ou des bordereaux d'escompte; au milieu de ses comptes, il trouva moyen, dès l'âge de 15 ans, de donner libre carrière à ses goûts littéraires et il produisit son premier roman, *l'Enfant de ma femme*, dont le titre seul sonna si mal aux oreilles de ses patrons qu'ils le prièrent poliment de suivre exclusivement la carrière des lettres et de quitter leurs bureaux; c'était le remettre dans sa véritable voie. Il produisit alors et presque successivement une centaine de romans qui obtinrent un grand succès et firent la réputation de leur auteur. Nous citerons seulement, parmi les plus remarquables : *Gustave* ou le *Mauvais sujet* (1821), *Mon voisin Raymond* (1822), *Monsieur Dupont* (1824), *André le Savoyard* (1825), *la Laitière de Montfermeil* (1827), *la Femme, le Mari et l'Amant* (1829), *le C...* (1834), *la Pucelle de Belleville* (1834), *Tourlourou* (1837), *Moustache* (1838), *l'Homme aux trois Culottes* (1841), *la Famille Gogo* (1844), *l'Amant de la Lune* (1847), *Monsieur Chérami* (1858), etc., etc. Paul de Kock a été un romancier fécond; et si quelques critiques ont pu lui faire un reproche du décolleté de certains de ses romans, on n'a jamais pu les taxer d'immoralité. A l'étranger, Paul de Kock a joui longtemps d'une vogue incontestée et ses œuvres ont été traduites dans toutes les langues.

KOEKKOEK (Bernard-Cornélis) [kouk'-kouk), peintre de paysage hollandais, né à 1803, mort en 1862. Il était fils de Johannes-Hermn Koekkoek, célèbre peintre de marines, et fonda une école de dessin à Clèves.

KŒNIG (Friedrich) [keu'-nig], inventeur de la presse mécanique, né à Eisleben (Saxe), le 17 avril 1774, mort à Oberzell (Bavière), le 17 janv. 1833. Comme la plupart des inventeurs, il eut une existence fort tourmentée. En 1801, il conçut la première idée de sa machine et s'adressa inutilement au gouvernement russe pour obtenir les moyens pécuniaires de mettre son projet à exécution. Sa demande et ses dessins restèrent enfouis dans les cartons de l'administration russe. En 1807, alors qu'il habitait Londres, il communiqua ses idées à un compatriote, Andreas Friedrich Baüer (de Stuttgard), qui était mécanicien dans la Cité. Ils se mirent en relations avec un imprimeur londonien, Thomas Bensley et l'éditeur du *Times*, Richard Taylord; ils purent en obtenir les fonds nécessaires à leur entreprise. Après trois années de travail, ils exécutèrent (1811) leur première presse mécanique, dans laquelle la pression s'obtenait au moyen d'une platine, comme dans la presse à bras. En 1812, ils construisirent, pour le *Manual Register*, une machine à pression cylindrique. Le 28 nov. 1814, le *Times* s'imprimait sur une machine sortant de leurs ateliers. En 1816, ils donnaient la première machine à rétiration. Mais les inventeurs ne purent jouir en paix du fruit de leurs travaux : deux mécaniciens

anglais, Cowper et Applegath, s'approprièrent leurs découvertes. C'est alors que Kœnig, avec son fidèle associé Baüer, se retira à Oberzell (Bavière) pour y fonder un établissement qui prit une extension considérable et qui encore aujourd'hui occupe le premier rang en Allemagne pour la construction des machines à imprimer.

KŒNIGGRÆTZ [keu'-nig-grêts](boh. *Hradec Králové*), ville fortifiée de Bohème, au confluent de l'Elbe supérieur et de l'Adler, à 95 kil. N.-E. de Prague; 5,515 hab. Belle cathédrale. La victoire qui fut remportée aux environs le 3 juillet 1866, par les Prussiens sur les Autrichiens, est connue généralement sous le nom de bataille de Sadowa (Voy. SADOWA).

KŒNIGINHOF [kou'-ni-ghinn-hoff] (boh. *Kralodvor*), ville de Bohème, sur l'Elbe, à 95 kil. N.-E. de Prague ; 6,225 hab. Le *Rukopis Kralodvorsky*, manuscrit d'une collection de poèmes bohémiens, ayant près de 600 ans, suivant Palacky, fut découvert dans l'église paroissiale par Hanka en 1817.

KŒNIGSBERG [keu-nigss-bèrg], l'une des plus fortes citadelles de la Prusse, cap. de la province de Prusse, à 500 kil. N.-E. de Berlin ; 126,636 hab. Elle est divisée en Altstadt à l'O., Loebenicht à l'E., et Kneiphof, île basse du Prégel; elle a quatre faubourgs. Elle est mise en relation par le Prégel avec Pillau, qui lui sert de port, sur la Baltique, à l'entrée du Frisches Haff. Plus de 3,000 navires entrent annuellement dans ce port. Le commerce se fait principalement avec l'An-

Cathédrale de Kœnigsberg.

gleterre. Principaux articles d'exportation: blé, bois de construction, lin et chanvre; importations: produits coloniaux, fer, charbon et coton; manufactures de tissus et de sucre. L'édifice public le plus remarquable est la cathédrale gothique. Ce palais était autrefois la résidence des grands maîtres de l'ordre Teutonique, qui fondèrent la ville en 1255-'57, il devint ensuite celle des premiers ducs de Prusse. L'université, fondée en 1544, par le duc Albert et appelée université Albertine, possède une bibliothèque de plus de 220,000 volumes, cinq chaires de clinique, un jardin botanique et un célèbre observatoire.

KŒNIGSHÜTTE [keu'-nigs-hu-te], ville de la Silésie prussienne, à 130 kil. S.-E. de Breslau ; 26,040 hab. Elle fut formée en 1869, de divers domaines, comprenant le vieux Kœnigshütte. Environ 3,000 ouvriers sont employés dans les mines de charbon du gouvernement.

KŒNIGSMARK I (Philip-Christopher, COMTE DE), officier suédois, né vers 1650, tué le 1er juillet 1694. Colonel de l'armée suédoise, il se rendit, en 1692, à la cour de Hanovre, où il essaya d'enlever sa cousine, la belle et malheureuse électrice Sophie-Dorothée à son mari, le futur George Iᵉʳ d'Angleterre, qui le fit arrêter au moment de l'enlèvement et le fit brûler dans un four. — II. (Maria-Aurora), sa sœur, née vers 1670, morte en 1728, célèbre par sa beauté et son esprit, elle devint la maîtresse d'Auguste II de Saxe et de Pologne et mère du maréchal de Saxe. Elle passa les dernières années de sa vie dans la retraite comme prieuresse de Quedlinbourg. Elle laissa en manuscrit des pièces dramatiques et des poèmes.

KŒNIGSTEIN [keu'-nig-staïne], ville de Saxe, à 30 kil. S.-E. de Dresde; environ 3,000 hab. Elle est située d'une manière pittoresque, vis-à-vis de la forteresse de Kœnigstein, position inexpugnable, accessible seulement au N.-O., sur une masse de rochers de 200 m. de haut, rive gauche de l'Elbe. Le commandant est nommé par l'empereur d'Allemagne, bien que la garnison soit saxonne.

KŒNIGSWARTER (Jean-Louis), économiste et jurisconsulte français, né à Amsterdam en 1816, mort en déc. 1878; naturalisé en 1848; auteur d'ouvrages de droit et d'histoire qui le firent nommer correspondant de l'Institut et membre de la Société des antiquaires de France.

KŒPPEN (Friedrich), philosophe allemand, né 1775, mort en 1858. Il fut prédicateur à Brême (1804'-7) et professeur à Landshut, jusqu'à l'époque de la dissolution de l'université de cette ville, en 1826, et ensuite à Erlangen. Il écrivit sur les systèmes de Kant, de Fichte et de Schelling, adopta les opinions de Jacobi et, dans ses derniers ouvrages, essaya de démontrer la compatibilité de la philosophie critique et du christianisme, basant la foi et la morale sur le sentiment intérieur personnel.

KŒRNER (Karl-Theodor), poète allemand, né à Dresde en 1791, tué près de Rosenberg (Mecklenbourg), le 26 août 1813. Encouragé par Schiller, qui était un ami intime de son père, il publia des poèmes en 1810 et ensuite des pièces de théâtre. Ses tragédies Zriny et Rosamunda sont très remarquables. Il se joignit aux chasseurs noirs de Lützow en mars 1813 et tomba pendant qu'il poursuivait des Français. Sa bravoure et son génie en firent une idole nationale. Il composa son célèbre Chant de l'épée dans la nuit qui précéda sa mort, en attendant, dans un bois, le moment d'attaquer l'ennemi. Son père publia ses chants guerriers sous le titre de la Lyre et l'Epée avec sa biographie et un choix de ses ouvrages.

KŒROES ou Nagy-Kœroes [no-di'-keureuch], ville de Hongrie, à 65 kil. S.-E. de Pesth ; 20,400 hab., presque tous Magyars et s'occupant d'agriculture.

KŒSLIN, ville de Poméranie (Prusse), à 165 kil. N.-E. de Stettin; 14,820 hab. Elle a été rebâtie en 1718 après un grand incendie.

KŒTHEN [keu-tènn], ville d'Anhalt (Allemagne), à 55 kil. N.-O. de Leipzig; 14,440 hab. Palais avec bibliothèque et différentes collections; nombreuses rafineries de sucre; commerce de grains, de laine, etc. C'était autrefois la capitale de l'Anhalt-Kœthen.

KŒVAR, district de la Hongrie orientale, borné par la Transylvanie; 51,750 hab. Capitale, Nagy-Somkut.

KOH-I-NOOR. Voy. DIAMANTS.

KOTOMO, ville de l'Indiana (Etats-Unis), sur un affluent du Wabash, à 85 kil. N. d'Indianapolis; 2,180 hab.

KOLA, ville de Russie, cap. du cercle de Kem, à environ 540 kil. N.-O. d'Archangel; 1,070 hab. C'est la ville la plus septentrionale de la Russie d'Europe; bon port.

KOLAPOOR [ko-la-pour'], état indigène du Deccan (Inde) ; 9,000 kil. carr. ; environ 500,000 hab. Il est traversé par les montagnes des Ghauts et par la Kistnah. Sol excessivement fertile. Les races principales sont celles de Muhrattes et des Ramooses. L'autorité des rajahs de Kolapoor est seulement nominale. — Kolapoor, cap. de cet état, se trouve à 280 kil. S.-E. de Bombay.

KOLDING [kôl-dign], ville du Jutland (Danemark), sur le Koldingflord (large baie du Petit Bell), à environ 45 kil. O.-S.-O. de Fridericia; 5,400 hab. Les troupes du Schleswig-Holstein y battirent les Danois et prirent la ville d'assaut, le 23 avril 1849.

KOLIN, ville de Bohême, sur l'Elbe, à 55 kil. E. de Prague; 9,460 hab. Vieux château. Frédéric le Grand y fut battu par les Autrichiens, le 18 juin 1757.

KOLLAR (Jan), savant slave, né en Hongrie en 1793, mort en 1852. En 1819, il devint ministre protestant à Pesth et en 1849, professeur d'archéologie à Vienne. Il fut le plus zélé, sinon le premier défenseur du panslavisme et développa ses opinions dans des œuvres poétiques écrites pour la plupart en tchèque. Son ouvrage le plus célèbre est Slavy dcera (la fille de la Gloire). Ses œuvres ont été réunies en 4 vol. (Prague, 1860-'65).

KOLOMNA, ville de Russie, près des confluents de la Moskova et de l'Oka, à 95 kil. S.-E. de Moscou; 18,810 hab. En 1237, les Russes y furent écrasés par les Mongols commandés par Batou Khan.

KOLOSHES, nom donné par les Russes à une famille de tribus indiennes, de la côte N.-O. d'Amérique. Les Koloshes sont rusés, hardis, perfides et adroits. Ils brûlent leurs morts. En 1741, Behring visita les Koloshes qui détruisirent deux de ses embarcations avec leurs équipages. Baranov, fondateur de Sitka, s'étant absenté de ce poste en 1800, les Koloshes assassinèrent presque toute la garnison. On évalue leur nombre à environ 12,000.

KOMORN. Voy. COMORN.

KONG, chaîne de montagnes de l'Afrique occidentale, courant presque parallèlement à la côte, sur la frontière N. de la Haute-Guinée, et se terminant sur l'Atlantique en plusieurs promontoires dont les principaux sont le cap Verga et le cap Sierra Leone.

KONGSBERG, ville de Norvège, au pied du mont Jonsknuden, à 65 kil. S.-O. de Christiania; environ 5,000 hab. Mines d'argent; on y a trouvé des masses énormes d'argent natif.

KONIÈH ou Koniah (anc. Iconium), ville d'Asie Mineure, cap. du vilayet de ce nom

Koniéh.

(environ 100,000 kil. carr.; 750,000 hab), à 620 kil. S.-E. de Constantinople; 40,000 hab.

Ses murailles ont été construites avec les restes de l'ancien Iconium. Konièh renferme plus de 100 mosquées, dont deux sont d'une admirable magnificence. Elle possède aussi plusieurs medreses ou collèges, et la tombe de Mevlevi Jelal ed-Din, célèbre saint musulman, fondateur des mevlevi ou derviches tourneurs. Manufactures de tapis et de cuir bleu et jaune; commerce actif avec Smyrne. — L'ancienne Iconium était la capitale de la Lycaonie. Les souverains seljoucides de Roum firent de la ville leur capitale à la fin du IIᵉ siècle. Ibrahim Pacha y battit l'armée du sultan, le 30 déc. 1832.

KOOTENAYS, tribu d'Indiens du N.-O. des Etats-Unis et de la Colombie anglaise. Ils forment une famille distincte des Têtes Plates avec lesquels ils ont été longtemps alliés. Ils comprennent les Kootenays et les Plathowes, et sont connus dans la contrée sous le nom de Skalzi. Ils sont doux et indolents, vivant de pêche et de chasse; mais ils ont fait peu de progrès en civilisation.

KOPECK s. m. Monnaie de cuivre usitée en Russie et qui vaut à peu près quatre centimes de France. Il faut cent kopecks pour faire un rouble.

KOPP (Joseph-Eutych), historien suisse, né en 1793, mort en 1866. Il était professeur de grec à Lucerne (1819-'41), devint membre du conseil d'Etat et président de la commission d'éducation, et il fut renvoyé (1845) à cause de l'opposiion qu'il fit au rétablissement des jésuites. Il contesta l'authenticité de l'histoire de Guillaume Tell. Son Geschichte der eidgenoessischen Bünde (5 vol. 1845-'62) fut continué par Alois Lütolf et Arnold Busson (1872).

KOPPARBERG (autrefois FAHLUN), län ou district de Suède, dans le Svealand, limité par la Norvège; 186,620 hab. Il est très montagneux. Célèbres mines de cuivre et de fer. Les habitants sont dalécarliens. Capitale, Sahlun.

KORAÏCHITE. Voy. CORÉISCHITE.

KORAN. Voy. CORAN.

KORAT, territoire neutre de l'Asie, gouverné par un prince indépendant, sur les frontières de Siam et du Camhodge; environ 60,000 hab. Korat, la capitale, est à 210 kil. N.-E. de Bangkok; environ 7,000 hab.

KORDOFAN, contrée de l'Afrique orientale, soumise au khédive d'Egypte, bornée par la Nubie et les montagnes du Déir et séparée par des déserts du Nil Blanc à l'E. et du Darfour à l'O.; environ 400,000 hab. Dans la saison des pluies, la terre est couverte d'une végétation abondante, mais pendant la sécheresse, tout est brûlé. La population se compose de nègres, d'Arabes et d'émigrants du Dongola. L'esclavage a été aboli en 1857. Cap., El-Obéid.

KORNEGALLE, ville de l'île de Ceylan, à 85 kil. N.-E. de Colombo, célèbre par un ancien temple où l'empreinte du pied de Boud-dha est creusée dans le rocher. Ruines d'une ville qui fut jadis l'une des capitales de Ceylan.

KORRIG. Mythol. celt. Nom que l'on donne à un personnage qui est pour ainsi dire la personnification vivante de la science humaine, c'est le druidisme fait homme.

KORRIGAN s. m. Nom que l'on donne, en Bretagne, à des esprits malfaisants que les uns considèrent comme des fées, les autres comme des nains hideux.

KORTETZ ou **Cortitz**, île de Russie dans le Dniéper, à environ 60 kil. S. d'Yekaterinos-lav. Ce fut l'une des forteresses des Cosaques jusqu'au moment de leur déplacement en 1784, époque où l'île, avec ses seize villages, dont le principal porte le nom de Kortetz, fut choisi par Catherine II pour y fonder un établissement agricole d'Allemands mennonites.

KORVEI ou **Corvey** [kor-vaï], village de Westphalie (Prusse), sur le Weser, à 65 kil. S.-E. de Minden, environ 600 hab. Il devint célèbre à cause de son abbaye de bénédictins fondée au commencement du 11e siècle, et branche de celle de *Corbie* (Picardie), d'où vient le nom (*Corbeia Nova*). Cet établissement religieux rivalisa avec Fulda comme centre de missions pour la diffusion du christianisme. Après avoir appartenu au duché de Nassau (1803) et au royaume de Westphalie (1807) Korvei fut donné à la Prusse (1815). Le pape supprima l'abbaye en 1816. En 1821, le roi de Prusse fit de son territoire, en faveur du landgrave de Hesse-Rheinfels-Rothenbourg, une principauté qui appartient aujourd'hui au prince de Hohenlohe-Schillingsfürst, duc de Ratibor et prince de Korvei. Dans l'abbaye se trouvait le *Chronicon corbeiense* publié pour la première fois en 1824, et considéré comme la plus haute autorité en ce qui concerne l'histoire du moyen âge ; mais son authenticité a été mise en doute par Ranke. Néanmoins, les *Annales corbeienses* comprises dans le 3e vol. des *Monumenta Germaniæ Historica* de Pertz sont considérées comme authentiques.

KOSCIUSZKO (Todenz THADDÉE) [koch-jouch'-ko], patriote polonais, né en 1746, mort le 15 oct. 1817. Il fit ses études à l'académie militaire de Varsovie et à celle de Versailles. A son retour en Pologne, il fut nommé capitaine. En 1776, il se rendit en Amérique où il offrit ses services à Washington. C'était l'époque de la guerre de l'Indépendance ; il se lia avec Lafayette et fut nommé officier du génie ; blessé sous les murs de New-Yorktown, il fut nommé général de brigade et l'ordre de Cincinnati récompensa la bravoure dont il avait fait preuve pendant la guerre de l'Indépendance. Il revint alors en Pologne et fut admis dans les rangs de l'armée en qualité de major-général. Sous les ordres de Poniatowski, il combattit les Russes pour la défense de la constitution du 3 mai 1791, et se distingua à Zielence (18 juin 1792) et à Dubienka (17 juillet). Après le second partage de la Pologne, ses compatriotes firent un complot et le nommèrent dictateur et général en chef. Il lança alors à Cracovie un manifeste contre les Russes (24 mars 1794) et avec une troupe rassemblée à la hâte et armée de faux, il marcha à la rencontre de l'ennemi. A Raclawice (4 avril), il mit en déroute avec 5,000 hommes un corps d'armée russe ne près de 10,000 soldats. Laissant la conduite du gouvernement à un conseil national organisé par lui, il marcha à la recherche de l'armée prussienne. Il fut battu

par le roi de Prusse à Szczekociny (6 juin). Incapable d'arrêter l'anarchie qui existait, Kosciuszko déposa la dictature et se retira avec son armée à Varsovie qu'il défendit avec succès contre les assiégeants prussiens et russes. Après la levée du siège, il réorganisa son armée et s'avança pour arrêter les progrès des forces russes commandées par Souvaroff et par Fersen, mais il fut mis en déroute et succomba sous le nombre à Maciejowice (10 oct.). Kosciuszko tomba couvert de blessures, fut pris par les Russes et emprisonné pendant deux ans à Saint-Pétersbourg. En 1797, il visita les Etats-Unis, de là il se rendit en France et en 1816 il se retira en Suisse où il mourut.

KOSEGARTEN (Johann-Gottfried-Ludwig), orientaliste allemand, né en 1792, mort en 1860. Il fut professeur de littérature orientale à Greifswald (1815-'47) et à Iéna (1817-'24). Il publia des poésies et des annales arabes, des fables indiennes, traduisit en allemand un poème indien et (en collaboration avec Iken) des contes persans.

KOSEL, ville fortifiée de la Silésie prussienne, sur l'Oder, à 40 kil. S.-S.-E. d'Oppeln ; environ 4,500 hab. Elle fut la capitale d'un duché de 1306 à 1359.

KOSLOV. Voy. KOZLOV.

KOSTROMA. I. Gouvernement de l'est de la Russie d'Europe ; 84,695 kil. car. ; 1,176,100 hab. Il est traversé par la Volga, qui reçoit la Kostroma et l'Unzha. Territoire plat, couvert d'un grand nombre de lacs et de grandes forêts. — II. Capitale du gouvernement ci-dessus, sur la Volga, à 285 kil. N.-E. de Moscou ; 27,178 hab. C'est l'une des villes les plus intéressantes de la Russie.

KOTAH. I. Etat indigène de l'Inde, dans le Rajpootana, borné au N.-O. et à l'O. par le Chumbul ; environ 430,000 hab. Le rajah de Kotah est soumis à l'Angleterre, paie un tribut et possède des troupes irrégulières commandées par des officiers anglais. — II. Capitale du gouvernement ci-dessus, sur le Chumbul, à 290 kil. S.-O. d'Agra. Commerce important.

KOTSCHY (Theodor), botaniste allemand, né dans la Silésie autrichienne en 1813, mort en 1866. Il accompagna Russegger en Afrique, explora l'Asie Mineure, la Perse, et l'Egypte ; et fut le premier qui donna des détails sur la flore du Nil. Il rédigea la partie botanique des ouvrages de Russegger, et publia : *les Chênes d'Europe et de l'Orient*.

KOTTBUS [kot-bouss], ville du Brandebourg (Prusse), sur la Sprée, à 65 kil. S.-S.-O. de Frankfort-sur-l'Oder ; 22,650 hab. dont un grand nombre de Wends. Vieux palais royal original. Manufactures d'étoffes.

KOTZEBUE I (August-Friedrich-Ferdinand von), [kot'-sé-boû], dramaturge allemand, né à Weimar en 1761, assassiné le 23 mars 1819. Après avoir publié ses ouvrages en 1781, il accompagna l'ambassadeur prussien à Saint-Pétersbourg, où il devint secrétaire du gouverneur général russe. En 1785, il épousa la fille du lieutenant général von Essen, reçut un haut emploi dans la magistrature et des lettres de noblesse. Après la mort de sa femme, en 1790, il visita Paris et resta ensuite en Russie jusqu'en 1798, époque où il fut nommé poète du théâtre de la cour à Vienne. Rentré à Saint-Pétersbourg en 1800, il fut banni en Sibérie, pour avoir écrit des pamphlets contre l'empereur Paul. En 1801, il dut sa liberté à une pièce, *le Cocher de Pierre le Grand*, qui flattait l'empereur. Il publia une description romanesque de son exil, reçut une terre en Livonie, devint directeur du théâtre allemand à Saint-Pétersbourg et conseiller impérial. En 1802, il retourna à Berlin ; mais il se rendit de nouveau en Russie (1806-'17), après quoi il résida alternativement à Weimar et à Manheim,

dirigea un journal hebdomadaire et fut chargé par le gouvernement russe de le renseigner sur l'opinion publique en Allemagne. Quand on apprit qu'il correspondait avec le czar et qu'il écrivait des articles tournant en ridicule la *Burschenschaften*, un étudiant, nommé Sand, se rendit à Manheim et le frappa au cœur d'un coup de poignard en s'écriant : *Voilà pour vous, traître à votre patrie*. Méprisé de Gœthe, de Schiller et des autres grands poètes de Weimar, Kotzebue avait essayé de s'en venger dans son *Doctor Bahrdt mit der eisernen Stirn*. Parmi ses premiers romans, celui qui obtint le plus de succès fut *Leiden der Ortenbergischen Familie*. Sa renommée repose sur ses tragédies, ses comédies et ses farces au nombre de 211. — II (Otto von), son fils, navigateur russe, né en 1787, mort en 1846. Il accompagna Krusenstern dans son voyage autour du monde et en 1815 il reçut le commandement du *Rurik*, navire équipé par le comte de Rumiantzeff pour un voyage d'exploration dans lequel il fut accompagné par le poète Chamisso et par les naturalistes Esch choltz et Choris. Après avoir découvert plusieurs îles, des baies et, au N.-E. du détroit de Behring, un canal qui porte son nom, il revint en Europe en 1818. En 1823-'26, il fit un troisième voyage autour du monde comme capitaine d'une frégate impériale ; il découvrit plusieurs îles, rassembla des matériaux scientifiques importants et visita la basse Californie, les îles Sandwich et les îles Philippines. — III. (Moritz von), frère du précédent, général, né en 1789, mort en 1861. Il accompagna aussi Krusenstern dans son voyage autour du monde, entra dans l'armée russe en 1806, fut prisonnier des Français (1812-'14) et publia en 1815 un récit de ses aventures. Il visita la Perse en 1817 comme attaché de l'ambassade russe. Son père prépara une description de son voyage. Il devint enfin général russe et membre de la division polonaise du sénat russe.

KOUAN s. m. Bot. Plante dont la graine sert à faire du carmin.

KOUANGSI ou **Quangsi**, province méridionale de la Chine, bornée par le Tonkin ; 203,405 kil. carr. ; environ 7 millions d'hab. Elle est est montagneuse et arrosée par les bras du Tao ou Si-Kiang. Grandes productions de riz ; on exploite l'or, l'argent et le mercure. Ville principale, Wuchow ; capitale Kwein.

KOUANGTOUNG, province la plus méridionale de la Chine, bornée par le golfe de Tonkin et la mer de Chine ; 206,585 kil. carrés ; environ 19 millions d'hab. Production de sucre, de thé, de riz, de soie, de tabac et de fruits. Articles de laque, de soie et de coton. Sur la côte se trouvent plusieurs îles, dont Hainan. Capitale, Canton.

KOUBAN, territoire de la Russie, dans la Ciscaucasie et dans la lieutenance de Caucasie ; 96,266 kil. carr. ; 672,225 hab., dont près de 100,000 Mahométans. Il comprend les territoires des Cosaques du district de Kouban (plus de 300,000 hab.) et ceux des districts transkubaniens (plus de 100,000 hab.) Capitale Yekaterinodar. Le principal cours d'eau est le Kouban, qui mesure 750 kil. de long ; il prend sa source en Circassie, au pied du mont Elbruz, et se jette dans une baie de la mer Noire.

KOUBBA s. f. Nom donné, dans le Maroc et dans la province d'Oran, aux tombeaux des Marabouts

KOUBLAÏ-KHAN, fondateur de la 20e dynastie ou dynastie Mongole des empereurs chinois, mort en 1294. Il était petit-fils de Genghis-Khan. Vers 1250, il fut invité par les Chinois à les secourir pour chasser les Tartares orientaux. Ayant effectué ce projet, il s'établit en Chine, et en 1260, il prit le titre d'empereur. Il réforma l'armée et l'administration civile et appela à sa cour des hommes de lettres de tous pays, parmi lesquels Marco Polo. Il échoua dans sa tentative de conquérir le Japon, mais il soumit le Tonkin et la Cochinchine, et il étendit les limites de son empire de la mer Arctique au détroit de Malacca et de la mer Jaune à l'Euxin.

KOUDOU s. m. Antilope du S. de l'Afrique (*strepsiceros Kudu*), remarquable par sa hauteur (1 m. 35 à l'épaule) et par ses longues cornes qui forment une spirale de deux tours et demi.

KOUÉITCHÉOU, province du S.-O. de la Chine; 167,840 kil. carr.; environ 5 millions d'hab. Elle est accidentée et montagneuse. Céréales, riz, tabac, cassia, et bois de construction, cuivre, fer, plomb et mercure. La plus grande rivière est le Wu, tributaire du Yangtsee. Capitale, Kweiyang.

KOULI-KHAN. Voy. Nadir-Shah.

KOULJA. I. Province du Turkestan russe (Asie centrale); 75,000 kil. carr.; 114,340 hab. Après l'expulsion des Chinois du bassin de l'Ili, cette région fut gouvernée pendant quelque temps par le sultan de Taranji. Il se soumit aux Russes, en 1871. — II. Ville appelée aussi Ili, capitale de la province ci-dessus et autrefois capitale de la Dzungarie; environ 30,000 hab. Elle est sur l'Ili, à environ 425 kil. de l'embouchure de cette rivière dans le lac Balkash.

KOULOUGLI ou **Cólougli** s. m. (turc *Koulá*, esclave: *oghli*, fils). Algérien né d'un soldat turc et d'une femme indigène.

KOUM, ville de l'Irak-Adjemi (Perse), à 110 kil. S.-O. de Téhéran; environ 8,000 hab. Elle renfermait jadis une population de 100,000 âmes. Dans son enceinte se trouve la tombe de Fatime, proche parente du prophète. Les bazars sont nombreux et considérables. On suppose que la ville occupe l'emplacement de l'ancienne Choana et qu'elle a été bâtie au commencement du IXᵉ siècle.

KOUMISS s. m. (kou-miss). Liqueur alcoolique distillée par les Calmouks du lait fermenté des juments.

KOUR, **Koor** ou **Kúra** (anc. *Cyrus*), fleuve de la Géorgie russe; il prend sa source dans le vilayet turc d'Erzeroum, après un cours d'environ 1,200 kil., il se jette par trois embouchures dans la mer Caspienne, à 120 kil. S.-S.-O. de Bakou. Ses principaux affluents sont l'Aras et l'Alazan. Tiflis est sur ses bords.

KOURDISTAN. Voy. Kurdistan.

KOURILES (Îles), archipel de 26 petites îles, situées dans l'océan Pacifique, appartenant au Japon et s'étendant depuis l'extrémité S. du Kamtchatka jusqu'à Yezo, entre 42° et 51° lat. N. et entre 143° et 155° long. E., sur une étendue de plus de 1,050 kil. de longueur. Ces îles sont divisées en grandes et en petites Kouriles; avant 1875, ces dernières étaient soumises à la Russie. Il y a de 8 à 10 volcans en activité, dont l'un, dans l'île d'Alaïd, mesure 4,000 m. de hauteur. Plusieurs de ces îles sont inhabitées et plusieurs sont inhabitables à cause du manque d'eau. Les habitants des îles du N. ressemblent aux Kamtchadales. Ceux des îles du S., que l'on appelle Ainos, se rapprochent sous quelques rapports des Japonais. (Voy. Aïno). Ces îles furent découvertes en 1713 par les Russes.

KOURSK. I. Gouvernement méridional de la Russie, 46,455 kil. carr.; 1,954,807 hab. Cours d'eau principaux : le Seim, le Vorskl et l'Oskol. — II. Capitale de ce gouvernement, sur le Tuskar, à 420 kil. S.-O. de Moscou; 31,670 hab. Commerce considérable avec Saint-Pétersbourg et Moscou.

KOUSCH ou **Cush**, nom du fils aîné de

Cham, ainsi que de la région méridionale du monde scriptural, l'Éthiopie des septantes de la Vulgate et d'autres versions. L'opinion des critiques modernes (qui du reste a prévalu) est que Kousch, dans son sens limité, désigne l'Éthiopie. Ils donnent aussi ce nom à plusieurs régions de l'Asie situées le long des côtes de la mer du S. et habitées par des peuples d'origine hamitique.

KOUSCHITE s. et adj. Du pays de Kousch; qui appartient à ce pays ou à ses habitants. On dit aussi Cuchite.

KOUSSO, **Kosso** ou **Cusso** s. m. Nom abyssin des fleurs et des cimes de la *Brayera anthelmintica*, petit arbre de l'ordre des *rosacées*, croissant sur les hauts plateaux de l'Abyssinie. On exporte en Europe le kousso en masse jaune verdâtre, sèche et serrée. Cette drogue, employée depuis longtemps par les indigènes comme remède contre le ténia, a été introduite chez nous comme ténifuge; mais c'est un médicament très coûteux.

KOUTOUZOFF (Mikhail), prince de Smolensk, général russe, né en 1745, mort le 28 avril 1813. Il se distingua dans les campagnes de Crimée, en 1784, devint major général et dirigea en 1790, sous Souvaroff, l'assaut contre Ismaïl. En 1791, il fut nommé lieutenant général et prit part à la victoire de Matchin, remportée sur les Turcs. Il fut ambassadeur à Constantinople en 1793, et occupa ensuite divers autres emplois militaires et diplomatiques. En 1805, il entra en Allemagne avec 50.000 hommes et là éprouver un échec au corps de Mortier à Dürrenstein. A Austerlitz, il commandait les forces alliées, mais on ne le rendit pas responsable du désastre. Il conclut la paix de Bucharest en mai 1812. En août, il fut nommé au commandement des troupes russes opposées à la grande armée de Napoléon. Le 7 sept. il hasarda une bataille à Borodino contre toute l'armée française conduite par Napoléon en personne. Bien que l'issue fût en faveur des Français qui entrèrent bientôt à Moscou, l'orgueil national russe se fit une gloire de cette résistance obstinée contre l'ennemi, et Koutouzoff fut nommé maréchal. Il mit ensuite en déroute (18 oct.) l'avant-garde française à Vinkovo. Le 24, se livra la bataille de Malo-Yaroslavetz, après laquelle Napoléon ne fut plus maître de sa ligne de retraite. Poursuivant les Français, Koutouzoff battit le corps du prince Eugène Beauharnais à Smolensk (16 nov.) et les deux jours suivants Davoust et Ney à Krasnaoi. Il fut alors créé prince de Smolensk. Après le passage de la Bérésina, il poursuivit les Français. Il avait atteint Bunzlau (Silésie prussienne) quand il mourut d'une attaque de typhus.

KOVNO (pol. *Kowno*). I. Gouvernement occidental de Russie; 3,991 kil. carr.; 1,456,040 hab. Il est traversé par le Niémen et ses affluents. Ses produits principaux sont : le chanvre et le bois de construction. Kovno est presque identique avec l'ancienne province maritime lithuanienne de Samogitie (lith. et pol. *zmudz*), qui formait un duché de la couronne polonaise. — II. Capitale de ce gouvernement, au confluent de la Vilia et du Niémen, à 630 kil. S.-S.-O. de Saint-Pétersbourg; 34,000 hab., dont plus de la moitié sont des Juifs. Commerce très actif. A environ 5 kil. de la ville se trouve un magnifique couvent de camaldules.

KOZLOW, ville de Russie, à 60 kil. N.-N.-O. de Tambor, sur le Lesnoï-Voronezh; 25,530 hab. — Pour *Koslow* en Crimée, voy. Eupatoria.

KRACK s. m. Effondrement financier : le krack de Vienne, le krack de l'Union générale.

KRAGEROE, port de commerce norvégien, sur le Skager-Rack, à 140 kil. S.-S.-O. de

Christiania; 2,000 hab. Exportation de bois, de fer, de harengs, etc.

KRAJOVA. Voy. Krayova.

KRAPF (Johann-Ludwig), missionnaire et explorateur, né et mort en Allemagne (1810-'84), visita Zanzibar et la côte orientale d'Afrique, de 1837 à 1852; fut l'un de ceux qui découvrirent le lac Nyassa et les chaînes de montagnes couvertes de glaces qui bordent cette mer équatoriale. Il a donné le récit de ses *Voyages dans l'Afrique orientale*. (1858, 2 vol.) et en anglais, un *Vocabulary of six East African languages* (1850).

KRASNAOI, ville de Russie, gouvernement et à 46 kil. S.-O. de Smolensk, sur la Svinaia; 3,000 hab. Victoire des Français sur les Russes le 15 août 1812; pendant la retraite de Russie, les ennemis, commandés par Koutouzoff, y prirent une sanglante revanche pendant une série de combats livrés du 14 au 18 nov. 1812.

KRASSO [kroch-o], comté méridional de Hongrie, borné au N. par le Maros et à l'E. par la Transylvanie; 6,040 kil. carr.; 259,680 hab., principalement Roumains. Capitale, Lugos; ville principale, Krasso.

KRASZNA [kroch'-nâ]. I. Comté oriental de la Hongrie, borné au S.-E. par la Transylvanie; 1,150 kil. carr.; 62,715 hab., presque tous Roumains. Capitale, Szilàgy-Somlyo. — II Ville de Hongrie sur la Kraszna, à 8 kil. S.-E. de Szilàgy-Somlyo; 3,130 hab.

KRAYOVA ou Krajova, ville de Roumanie, capitale de la Petite Valachie, près de la rivière Shyl, à 470 kil. O. de Bucharest; 22,770 hab. Commerce considérable : salines dans les environs. Les Russes l'occupèrent en 1853 et les Turcs la reprirent en 1854.

KREMENTCHOUG, ville de Russie, à 80 kil. S.-S.-O. de Poltava, à l'entrée du Kagamlyk, dans le Dniéper; 30,480 hab.

KREML ou Kremlin, se dit, en Russie, de

Porte sacrée au Kremlin.

toute forteresse ou quartier situé au milieu

d'une ville et entouré de murs et de bastions. Le *Kremlin de Moscou*, l'un des quatre quartiers principaux de cette vieille cité, a près de 3 kil. de circuit et est entouré d'un mur qui mesure quelquefois jusqu'à 18 m. de haut. ; il est flanqué de vieilles tours et de nombreux bastions. Sur la porte Spasski ou du *Rédempteur* se trouve une peinture du Christ devant laquelle tout le monde est forcé de se découvrir, même le czar. — Le Kremlin renferme actuellement quelques monastères,

Le Kremlin de Moscou.

l'ancien palais du patriarche de Moscou et de nombreuses églises dont la plus remarquable est celle du Couronnement et celle des Sépultures ; il faut aussi citer le clocher de la cathédrale de l'Assomption, où se trouve la plus grosse cloche du monde. Dans cette cathédrale, tous les czars, depuis Ivan le Terrible, ont été couronnés. La tour d'Ivan Veliki (le Grand) est surmontée d'une croix dorée qui se trouve à une hauteur de près de 109 m. La plus grande des 34 cloches de cette tour pèse 64 tonnes. Le czar Kolokol (voy. CLOCHE) est sur un piedestal de granit au pied de la tour. Lors de l'incendie de 1812, le Kremlin fut épargné.

KREMNITZ, (hong. *Kœrmœcz-Banya*), ville minière de la Hongrie, dans le comté de Bars, à 125 kil. N. de Pesth ; 8,450 hab. Les mines d'or et d'argent comprennent environ 12 puits principaux et un grand nombre de puits moins importants, dont les produits ont diminué considérablement. Les ducats autrichiens sont frappés à la monnaie de Kremnitz. Cette ville fut fondée au XIIe siècle par des émigrants allemands dont les descendants forment la population actuelle.

KREMS, ville de la basse Autriche, sur le Krems et le Danube, à 50 kil. O.-N.-O. de Vienne ; 6,420 hab. Manufactures de soie, de velours et d'articles d'acier.

KREMSIER (krèmm-zir), ville de Moravie, sur la Marz ou Morawa, à 30 kil. S.-S.-E. d'Olmütz ; 9,830 hab. Elle fut le siège du reichstag autrichien, du 15 nov. 1848 au 7 mars 1849.

KREUTZER s. m. [kreu-tzèr] (all. *kreutz*, croix). Ancienne monnaie d'Allemagne qui était la soixantième partie du florin. — Monnaie de l'empire austro-hongrois, qui est la centième partie d'un florin.

KREUZNACH. Voy. CREUZNACH.

KRISHNA Voy. INDE.

KRONSTADT, port de mer de la Russie. (Voy. CRONSTADT.)

KRONSTADT (hong. *Brassó*), ville dans la

division saxonne de Transylvanie, près de la frontière de Valachie, à 95 kil. E.-S.-E. d'Hermannstadt ; 27,670 hab., principalement Allemands et Roumains. C'est la ville la plus grande, la plus florissante et la plus pittoresque de la Transylvanie ; elle se compose d'une ville extérieure et de trois faubourgs, comprenant la magnifique ville haute ou Bolgar, résidence favorite des riches Roumains. Kronstadt possède 3 gymnases, des mines de fer et de cuivre, des manufactures de laine, de toile et de cuir. Son origine remonte au commencement du XIIIe siècle ; au XVIe siècle, elle fut le point d'où rayonna sur la Transylvanie la réforme propagée par Honterus, disciple de Melanchton, et introducteur présumé des premières presses à imprimer (1533).

KROU ou *Kruk* ou *Kroumen*, race nègre, de la côte occidentale d'Afrique, dont le territoire s'étend depuis le cap Mesurado, sur la rivière Saint-Paul, jusqu'à Saint-Andréas, district connu sous le nom de la côte de Poivre. On emploie les Kroumens comme matelots, bateliers et artisans.

KROTOSCHIN (pol. *Krotoszyn*), ville de Prusse, à 70 kil. S.-E. de Posen ; 8,060 hab. dont plus de 2,000 Juifs. Elle donne son nom à une principauté médiatisée qui fut donnée en 1819 au prince de Thurn-et-Taxis. Commerce considérable de laine. Manufactures d'étoffes, de chicorée et de tabac.

KROUMIRS, confédération de tribus indépendantes qui habitent l'angle N.-O. de la Tunisie, près de la frontière algérienne. Plusieurs fois les Kroumirs, qui ne reconnaissent que nominalement le pouvoir du bey de Tunis, firent des incursions sur notre territoire africain. Le 29 mars 1881, une de leurs troupes passa la frontière et repoussa nos soldats indigènes. Le lendemain, les kroumirs attaquèrent une compagnie du 59e de ligne, qui ne fut délivrée que par l'arrivée de 4 compagnies de zouaves. Cette agression fut le prétexte invoqué par le gouvernement français pour envahir la Tunisie.

KRÜDENER (Juliane DE VIETINGHOFF, *baronne de*), mystique russe, née à Riga en 1764, morte en 1824. Elle fut élevée chez son père, le baron Vietinghoff, l'un des plus riches propriétaires de Livonie, épousa, à l'âge de 18 ans, un diplomate russe, le baron Krüdener ; mais ses nombreuses infidélités amenèrent une séparation en 1791. Après avoir mené une vie aventureuse, elle se rendit à Paris en 1803, et y publia un roman, *Valérie*, sorte d'autobiographie qui obtint un brillant

succès. De retour à Riga, elle résolut de changer de vie et de se consacrer entièrement à la conversion des pécheresses et à la consolation des affligés. En 1811, à Paris, elle tint dans sa maison des assemblées religieuses qui attirèrent les personnages les plus marquants. Elle prédit, dans un moment d'extase, le retour de Napoléon et le peu de durée de son nouveau règne. A partir du moment où sa prédiction se réalisa, elle devint une sorte d'oracle pour l'empereur de Russie (voy. ALEXANDRE), auquel elle suggéra l'idée de la Sainte-Alliance. Elle rentra en Russie en 1818, mais ne put obtenir l'autorisation de prêcher en public. En 1824, elle entreprit, avec la princesse de Gallitzin, de fonder en Crimée une colonie de ses disciples. Elle mourut en arrivant à Karasou-Bazar. Sa *Vie* a été écrite par Charles Eynard (Paris, 1849, 2 vol. in-8°.)

KRUG (Wilhelm-Traugott) [kroug], philosophe allemand, né en 1770, mort en 1842. Il fut un des propagateurs de la philosophie kantienne et proposa un système appelé *synthétisme transcendant* pour concilier l'idéalisme et le réalisme. En 1804, il succéda à Kant comme professeur de logique et de métaphysique, à Kœnisgberg et il devint professeur de philosophie à Leipzig 1809-'34. Depuis 1813, il était le principal champion du libéralisme allemand. On distingue parmi ses ouvrages, *Allgemeines Handwoerterbuch der philosophischer Wissenschaften* (4 vol., 1827-'28).

KRUSENSTERN (Adam-Johann von), [krou'-zenn-stèrn], navigateur russe, né en 1770, mort en 1846. En 1803-'06 il fit le tour du globe, explorant principalement les côtes septentrionales du Pacifique en Amérique et en Asie. Les résultats de cette exploration ont été donnés dans *Reise um die Welt* (3 vol.), traduit en plusieurs langues.

KUGLER (Franz-Théodor), auteur allemand, né à Stettin en 1808, mort en 1858. En 1837, il publia son fameux *Manuel de l'histoire de la peinture*. Il a laissé aussi une *Histoire de l'architecture*, une *Histoire de Frédéric le Grand*, une *Histoire moderne de Prusse*, des poèmes et des drames.

KULM [koulm] (boh. *Chlumec*), village de Bohême, à 12 kil. N.-E. de Teplitz, célèbre par la grande bataille qui y fut livrée entre les alliés et les Français (29-30 août 1813). Après sa victoire de Dresde (27 août), Napoléon marchait sur la Silésie, quand Schwarzenberg, arrivant de Bohême, le força de revenir sur ses pas. L'empereur envoya Vandamme avec 30,000 hommes contre l'ennemi. Schwarzenberg fut obligé de reculer sur Teplitz, et les alliés se trouvaient dans une position dangereuse, quand le général russe Eugène de Würtemberg accourut à leur secours. Pressé vigoureusement (29 août), Eugène fit une résistance désespérée ; les renforts envoyés par le roi de Prusse obligèrent enfin Vandamme à se rendre avec 10,000 hommes, après en avoir perdu 5,000 et plus de 80 pièces d'artillerie.

KULM, ville de Prusse. Voy. CULM.

KUMANIE. Voy. CUMANIE.

KUMAON, district des provinces N.-O. de l'Inde britannique, borné par le Népaul ; 18,000 kil. carr. ; 430,300 hab. Territoire très accidenté. Rivières principales : Kalee, Goonka, Aluknunda, Surju et Goriganga. Or, plomb, cuivre et fer. Couvertures de toiles grossières et de coton, nattes de bambous et paniers ; nombreux temples. Le district devint province britannique en 1815. Capitale, Almora.

KUNERSDORF [kou'-nèrss-dorf] ; village de Prusse, près de Francfort-sur-l'Oder, célèbre par une victoire remportée le 12 août 1759 par les Russes et les Autrichiens commandés par Soltikoff et Laudon sur Frédéric II

' es alliés, avec une armée de 60 à 90,000 hommes, en perdirent 18,000 d'après quelques-uns, 24,000 suivant d'autres; les Prussiens, avec une armée de 40,000 à 50,000 hommes en perdirent 19,000, ou d'après quelques autres, 26,000 hommes.

KUNTH (Karl-Sigismund) [kounth], botaniste allemand, né en 1788, mort en 1850. Il s'associa à Alexander von Humboldt, à Paris, en 1813, pour continuer, après la mort de Willdenow, l'édition de la collection botanique d'Humboldt et de Bonpland. En 1819, il devint professeur de botanique à Berlin. Il continua les monographies de Bonpland sur les *melastomées* et sur les plantes équinoxiales et il publia *Nova Genera et Species Plantarum*.

KUOPIO [kou-o-pi-o]. I. Læn ou gouvernement méridional de Finlande (Russie); 37,568 kil. carr.; 226,430 hab. Lacs et plaines sablonneuses. Elevage des bœufs et des chevaux, pêcheries. — II. Capitale de ce læn, sur le lac Kalla, à 335 kil. N.-O. de Saint-Pétersbourg; 5,600 hab. Foires périodiques très fréquentées.

KURDE ou **Kourde** s. et adj. Qui est du Kurdistan, qui appartient à ce pays ou à ses habitants.

KURDISTAN ou **Kourdistan** (pays des Kurdes), région de l'Asie occidentale, comprise principalement dans le bassin du Tigre, entre 34° et 39° lat. N. et entre 37° et 45° long. E. et appartenant en partie à la Turquie, et en partie à la Perse; 100,000 kil. carr.; de 800,000 à 3 millions d'hab. Le Kurdistan persan est compris principalement dans la province d'Irak-Adjemi et le Kurdistan turc se trouve dans le vilayet de Diarbeki. Des chaînes de montagne de 1,000 à 4,000 m. de haut couvrent le nord de cette contrée, dont la partie S. est basse et unie. Les rivières principales sont : le Tigre, le Grand Zab, le Petit Zab, le Diyalah et l'Adhem. Les plus grands lacs sont ceux de Van et d'Urumiah. Le sol est très fertile. La température varie de l'extrême chaleur au froid excessif. Ce pays possède peu de richesse minérales. Des forêts garnissent les montagnes. Grains, riz, tabac, lin, chanvre et fruits des climats tempérés. Les troupeaux constituent la richesse des habitants. — On suppose que les Kurdes sont les descendants des anciens Carduques. Leur teint est clair, leur type est l'un des plus beaux de l'Asie. Ils font d'excellents cavaliers, deviennent habiles dans l'usage des armes, sont audacieux, un peu enclins au brigandage, mais hospitaliers. Les hommes âgés, seuls, portent la barbe. Les femmes sont traitées avec plus de respect que dans la plupart des contrées orientales. Une partie des Kurdes mène une existence stationnaire, et l'autre partie est nomade. Leurs chefs exercent un pouvoir despotique sur leurs tribus et ils sont presque constamment en guerre les uns avec les autres. Les tribus kurdes, plus sauvages, maintiennent leur indépendance avec plus de succès que les tribus kurdes de Turquie. Les Kurdes sont divisés en trois classes ou castes entièrement distinctes : guerriers (*sipahs*), cultivateurs (*rayahs*) et paysans (*koilu*). Le langage des Kurdes appartient à la section iranienne de la famille indo-européenne. Il est intimement lié au néo-persan, mais son vocabulaire est fortement mélangé de mots turcs et arabes. Il s'écrit avec l'alphabet persan-arabe; en fait de littérature, il ne possède que des chants. La majorité du peuple professe le mahométisme. Environ 100,000 hab. sont chrétiens nestoriens, et sont connus dans le pays sous le nom de kaldans. (Voy. NESTORIENS.)

KURRACHEE ou **Karachi**, ville maritime du Sinde (Inde), dans la présidence de Bombay,

capitale du district du même nom, à 140 kil. S.-O. d'Hydrabad; environ 30,000 hab. Centre commercial important.

* **KURTCHIS** s. m. pl. Chez les Persans, corps de cavalerie composé de l'ancienne noblesse.

KÜSSNACHT, village de Schwyz (Suisse), au pied du Rigi, sur la branche septentrionale du lac de Lucerne et à 12 kil. N.-E. de la ville de Lucerne; 2,860 hab. Il est célèbre par les souvenirs qui se rattachent à Guillaume Tell. — Il y a un autre village du même nom sur le lac, à 6 kil. S.-S.-E. de Zürich; environ 2,500 hab.

KUSTENDJI [kouss-tènn-dji] ou **Kistendjeh**, ville de la Dobroudja (Roumanie), à 105 kil. N.-E. de Silistrie, sur la mer Noire; environ 5,000 hab. Le port est peu profond, mais il offre un bon ancrage pendant l'été. La ville fut appelée Constantia dans les temps anciens, du nom d'une sœur de Constantin le Grand, qui la bâtit; les Grecs modernes l'appellent encore Konstantza.

KÜSTRIN ou **Cüstrin**, ville fortifiée du Brandebourg (Prusse), près du confluent de la Warthe dans l'Oder, à 65 kil. E. de Berlin; 11,210 hab. Raffinerie de sucre. Commerce actif. Autrefois capitale du Neumark. Les Russes bombardèrent la ville (le 15-22 août 1758). Après la bataille d'Iéna (1806) le commandant prussien la rendit aux Français qui l'occupèrent jusqu'en 1814.

KUTAIËH ou **Kutaya**, ville du Khodavendighiar (Turquie d'Asie), à 255 kil. N.-E. de Smyrne, sur le Kutaïèh-su, branche supérieure principale du Pursak; environ 60,000 hab. Centre d'un district où l'on manufacture les

Kutaïèh.

fameux tapis turcs; commerce et industrie considérables. La ville possède environ 30 mosquées, trois églises arméniennes et grecques, des fontaines, des bains, des bazars et de belles habitations particulières avec jardins.

KUTAÏS. I. Gouvernement de la Russie d'Asie, dans la Caucasie, borné par la mer Noire et la Turquie, et comprenant les territoires de la Mingrétie et de l'Iméréthie; 20,707 kil. carr.; 605,694 hab. La plus grande partie est montagneuse. Les rivières principales sont l'Ingur et le Rion (ancien Phase). — II. Capitale de ce gouvernement, sur le Rion, à 175 kil. O.-N.-O. de Tiflis; 12,170 hab. presque tous Arméniens et Juifs. Elle se trouve sur l'emplacement de l'ancienne *Cutatisium* ou *Cytæa*, capitale de la Colchide.

KUTTENBERG [kout-tènn-bèrg], ville de Bohême, à 60 kil. E.-S.-E. de Prague;

12,750 hab. Manufactures de sucre de betteraves, importantes mines d'argent. En 1300, les premiers groschens d'argent y furent frappés. elle produisait alors de grandes quantités d'argent. Les Hussites brûlèrent la ville le 6 janv. 1422.

KUYP (Albert). Voy. CUYP.

KYESTÉINE s. f. (gr. *kuein*, être enceinte). Pellicule qui se forme sur l'urine des femmes enceintes, quand on la conserve pendant quelques jours.

* **KYMRIQUE.** Voy. CYMRIQUE.

KYMRIS, peuple de l'Europe ancienne, d'origine scythique et que l'on a identifié avec les Cimbres et les Cimmériens.

* **KYNANCIE.** Voy. CYNANCIE.

KYRIE ELEISON s. m. [ki-ri-é-é-lé-i-sonn] (gr. *kureê*, seigneur; *eleison*, ayez pitié de nous). Liturg. cathol. Invocation que l'on fait au commencement de la messe et qui consiste à répéter alternativement un certain nombre de fois : *Kyrie eleison, Christe eleison*.

* **KYRIELLE** s. f. (de *Kyrie eleison*, parce que ces mots se trouvent au commencement de toutes les litanies). Litanie. (peu us. en ce sens). — Fig. et fam. Longue suite de choses ennuyeuses ou fâcheuses : *une longue kyrielle d'injures*.

* **KYSTE** s. m. (gr. *kusté, kustis*, poche). Chir. Membrane en forme de vessie qui renferme des humeurs ou autres matières : *extirper un kyste*. — Le kyste est une sorte de sac sans ouverture qui varie de dimension et qui se développe accidentellement dans les tissus. Il y a les KYSTES SÉREUX qui contiennent de la sérosité, les KYSTES DEMI-SOLIDES qui renferment une matière molle assez semblable au miel, à la gelée ou à du riz cuit et qui selon leur natures appellent kystes *sébacés, melicériques, gommeux, colloïdes, etc.*; ils siègent au cuir chevelu et à la surface du corps; communément on les appelle *loupes*. Enfin il y a les KYSTES HYDATIQUES qui consistent en entozoaires ou animaux qui vivent là en parasites. — Les Kystes sont ordinairement indolents et bénins; mais ils prennent quelquefois une extension considérable. Pour guérir ceux qui sont extérieurs, il suffit de les ouvrir avec le bistouri et de cautériser avec la pierre infernale ou même de les ouvrir légèrement et de presser fréquemment.

* **KYSTIQUE** adj. Qui appartient, qui a rapport au Kyste.

* **KYSTOTOME.** Voy. CYSTOTOME.

* **KYSTOTOMIE.** Voy. CYSTOTOMIE.

L

* L s. m., quand on prononce *le;* et s. f., quand on l'appelle *elle* [è-le]. Consonne; douzième lettre de l'alphabet phénicien ainsi que des autres systèmes graphiques sémitiques et de la plupart des alphabets européens. Le son qu'elle produit est dit lingui-dental, parce qu'il est formé en plaçant l'extrémité de la langue contre les dents incisives supérieures. — *L* MOUILLÉE, son particulier à la langue française, qui se rapproche du *gl* des Italiens. On mouille ordinairement cette lettre quand elle est double et précédée de AI, EI, OUI, I : *travailler* [tra-va-ié]. *veiller* [vè-ié], *fouiller* [fou-ié], *brillant* [bri-ian]; on la mouille aussi presque toujours dans les mots qui finissent en AIL, EIL, UEIL, OUIL, IL : *travail* [-vaï], *réveil* [-vèï], *cercueil* [-keuï], *œil* [euï], *fenouil* [-nouï], *péril* [pé-rie]. Quelquefois la lettre L ne se prononce point à la fin des mots terminés en IL : *sourcil* [sour-si]. Ces distinctions sont marquées en leur lieu dans notre Dictionnaire.

* LA art. fém. et pron. relat. Voy. LE.

* LÀ adv. démonstrat. (lat. *illac.* par là). En ce lieu, sur ce point, en cet endroit : *j'ai du mal là.* Se dit aussi d'un lieu considéré comme différent de celui où l'on est ; et, dans ce sens, il est opposé à ICI : *allez-vous-en là, je vous attendrai ici.* — Se dit de même en parlant du temps : *revenez demain; d'ici là, j'aurai arrangé votre affaire.* — Se met quelquefois au commencement d'un membre de période, et il marque la différence des lieux sans aucun rapport au plus ou au moins de distance : *le peintre avait rassemblé dans un même tableau plusieurs objets différents : là une troupe de bacchantes, ici un groupe de jeunes gens; là un sacrifice, ici une réunion de philosophes.* — Se joint à quelques adverbes de lieu, pris au sens physique ou au sens moral, et il le précède toujours : *là-haut; là-bas.* — ÇA ET LA, de côté et d'autre : *tous ces meubles étaient jetés çà et là.* — Se met souvent à la suite des pronoms démonstratifs et des noms, pour leur donner une désignation plus précise : *celui-ci, celui-là.* — N'est employé quelquefois que par une espèce de redondance, et pour donner plus de force au discours : *c'est là une belle action.* — Dans le style familier, s'emploie explétivement, pour insister sur quelque circonstance, pour exciter l'attention ou le souvenir de celui à qui l'on parle : *voyez-vous toujours ce certain monsieur, là, qui disait de si plaisantes choses?* — Placé à la suite de certains verbes signifie, à ce point, à ce parti, à cette chose : *s'en tenir là.*

Laissons *là* pour jamais et le père et la fille.
COLLIN D'HARLEVILLE. *L'Inconstant,* acte Ier, sc. Ire.

— Tant au sens physique qu'au sens moral, se joint aux prépositions *de, dès, par* et *jusque.* — DE LA, de ce lieu-là, de ce point-là : *quand vous serez près de là.* — DE LA, se dit aussi en parlant du temps, de la durée : *à quelques jours, à quelques heures, à quelques minutes de là.* — DE LA, au sens moral, signifie, de cette cause-là, de ce sujet-là, de cette chose-là : *de là sont venues les guerres civiles.* Dans ce sens, il se construit quelquefois avec *que* : *de là que cet homme a eu quelques torts, ne le croyez*

pas méchant. (Vieux.) — _{**··**} Quelquefois on supprime le verbe qui doit suivre *de là* et l'on dit : *de là nos malheurs* ; au lieu de dire : *de là sont venus nos malheurs.* — *** DE-LA** OU DELA, prép. (Voy. DELA.) — Dès LA, dès lors, dès ce temps-là : *il leur échut une succession et dès là ils se brouillèrent.* (Vieux.) — Dès LA, cela étant : *c'est votre père, et dès là vous lui devez du respect.* (Vieux.) — PAR LA, par ce lieu-là, par ce point-là : *passez, prenez par là.* — Fig. PAR LA, par ce parti, par ce moyen, par ces paroles : *il faut en passer par là.* — PAR-CI PAR-LA, en divers endroits, de côté et d'autre: *nous avons couru par-ci par-là.* — PAR-CI PAR-LA, à diverses fois, à diverses reprises et sans aucune suite : *il m'a entretenu de cette affaire par-ci par-là.* — JUSQUE-LA, jusqu'à ce lieu : *allez, venez, avancez, reculez jusque-là.* — JUSQUE-LA, jusqu'à ce temps : *venez à deux heures, je vous attendrai jusque-là.* — JUSQUE-LA, s'emploie aussi au sens moral : *quoi! il a pu vous insulter jusque-là!*

* LÀ LÀ. Loc. fam., espèce d'interject. qu'on emploie tantôt pour apaiser, pour consoler, tantôt pour réprimer, pour menacer : *là là, rassurez-vous, il n'y a rien à craindre.* On dit aussi, à peu près dans ce sens, LA seul : *là, en voilà assez.*

Là !... sérieusement, vous refusez sa main ?
COLLIN D'HARLEVILLE. *L'Inconstant,* acte Ier, sc. Ire.

— Adv. Sert de réponse à certaines questions, et signifie médiocrement : *est-il fort savant ? Là là.*

* LA s. m. (A est long). Mus. La sixième note de la gamme. C'est aussi le nom du signe qui représente cette note : *entonner le la.* — DONNER LE LA, faire sonner le *la* sur son instrument, afin qu'un autre musicien puisse mettre le sien à l'unisson. On dit dans un sens analogue, PRENDRE LE LA. — Fig. et par ext. DONNER LE LA, donner le ton, diriger. — Se dit aussi de la troisième corde de quelques instruments : *remettez un la à ce violon.*

LAALAND, île du Danemark, dans la Baltique; 1,198 kil. carr. ; 62,000 hab. Son sol est plat et fertile. Avec Falster et plusieurs autres îles, elle forme le district de Maribœ (90,740 hab.) Capitale, Maribœ.

LABADIE (Jean de), mystique français, né à Bourg-en-Guyenne en 1610, mort en 1674. Il s'était fait jésuite ; mais en 1650, il passa au protestantisme et fut nommé pasteur à Montauban, où il fonda une nouvelle secte mystique se rapprochant du quiétisme de son ancienne communion et appelée labadisme. Banni, en 1656, pour sédition, il se rendit à Genève et de là à Middlebourg (Hollande), où il fit de nombreux prosélytes. Il gagna même à sa doctrine la princesse palatine Elisabeth. Les labadistes n'existent plus.

LABADISME. s. m. Doctrine de Labadie : *le labadisme se répandit dans le pays de Clèves, où il compte encore quelques rares adeptes.*

LABADISTE s. Partisan du labadisme.

LABAN, fils de Béthuel et frère de Rebecca, femme d'Isaac ; il vivait à Harada, en Mésopo-

tamie, et donna successivement pour femmes à son neveu Jacob, ses deux filles Lia et Rachel.

LABARRAQUE (Antoine-Germain), chimiste, né à Oloron en 1777, mort en 1850. Devenu pharmacien à Paris, il découvrit les moyens d'assainir l'art du boyaudier par l'emploi des chlorures de chaux et d'oxyde de sodium, appelé depuis *Liqueur de Labarraque,* et appliqua sa découverte à l'assainissement des lieux infects, au curage des égouts, etc., et il décrivit ses procédés dans l'*Art du boyaudier* (1822, 1 vol. in-8°), et dans l'*Emploi des chlorures d'oxyde de sodium et de chaux* (Paris, 1825, 1 vol. in-8°).

LA BARRE (Antoine-Joseph LE FÈVRE, chevalier de), officier de marine, né à Abbeville au commencement du XVIIe siècle, mort en 1688. Nommé gouverneur de la Guyane, il enleva Cayenne aux Hollandais (1663). — Lieutenant général en 1667, il attaqua et battit les Anglais qui bloquaient l'île de Saint-Christophe (Antilles). Il a publié un livre sur la Guyane.

LA BARRE (Jean-François LEFEBVRE, chevalier de), étudiant, né à Abbeville, en 1747, mort en 1766. Faussement accusé d'avoir, sur le pont de sa ville natale, mutilé un crucifix, il fut, pour ce fait, condamné à subir la question, à avoir la langue et la main droite coupée et ensuite à être brûlé vif. Ce fut par indulgence que le Parlement de Paris permit qu'il eût la tête tranchée avant d'être livré aux flammes. La Barre subit avec courage son cruel supplice. Voltaire a flétri le fanatisme qui l'avait condamné, et la Convention, en 1793, réhabilita la mémoire du jeune étudiant.

LA BARTHE-DE-NESTE, ch.-l. de cant., arr. et à 25 kil. E. de Bagnères-de-Bigorre (Hautes-Pyrénées); 750 hab. Ruines d'un vieux château.

LABARTHE-RIVIÈRE, station balnéaire, arr. et à 6 kil. O. de Saint-Gaudens (Haute-Garonne). Eaux sulfatées calciques; tempér. 24°. — Névralgies, maladies de l'utérus.

* LABARUM s. m. [la-ba-romm] (mot lat.) Hist. Étendard impérial sur lequel Constantin fit mettre une croix et le monogramme de J.-C.

LABASSÈRE, station balnéaire, cant., arr. et à 14 kil. de Bagnères-de-Bigorre (Hautes-Pyrénées). Eaux sulfurées sodiques, froides ; tempér. 13° 8'. Affections catarrhales ou tuberculeuses des poumons et des bronches. L'eau est transportée de la source à Bagnères, où l'on s'en sert en boisson, en pulvérisation, dans un établissement spécial. Elle est d'une stabilité complète.

Labarum, d'après une médaille de Valentinien Ier.

LABASTIDE-MURAT. Voy. BASTIDE.

LABAT (Jean-Baptiste), dominicain français, né à Paris en 1663, mort en 1738. Envoyé comme missionnaire aux Antilles (1694-1705), il y fonda en 1703 la ville de la Basse-Terre, et y occupa les emplois les plus élevés de son ordre. En 1704, il prit une part active à la défense de la Guadeloupe contre les Anglais et visita en qualité d'ingénieur tout l'archipel des Antilles. De retour à Paris en 1716, il s'y occupa de la publication de ses nombreux écrits. On a de lui : *Nouveau voyage aux îles de l'Amérique contenant l'histoire naturelle de ce pays, l'origine, les mœurs*, etc. (Paris, 1722, 6 vol. in-12), *Nouvelle relation de l'Afrique occidentale* (1728, 5 vol. in-12), etc., etc. Labat a traité avec soin les productions botaniques des contrées qu'il a parcourues.

LA BAUCHE, station balnéaire, cant. et à 5 kil. des Echelles (Savoie). Eaux ferrugineuses bicarbonatées; tempér. 12°. — Chlorose, anémie, dyspepsie, lymphatisme, maladies du sang. Bains, boisson et cure d'air. L'eau supporte le transport sans altération.

LABBE s. m. Ornith. Genre de palmipèdes longipennes aux grands voiliers, voisin des mouettes et des goélands et comprenant plusieurs espèces d'oiseaux qui habitent les hautes latitudes des hémisphères du nord et du sud. Les labbes poursuivent les mouettes et les autres oiseaux marins, y compris l'énorme albatros, pour les forcer à dégorger une partie de leur nourriture; ils se nourrissent aussi de cétacés, d'œufs et de jeunes oiseaux de mer.

Labbe cataracte (Stercorarius cataractes).

Le *labbe commun* ou *labbe cataracte* (*stercorarius cataractes*, Temm.), commun en hiver sur nos côtes septentrionales, mesure environ 70 centim. de long; envergure, 1 m. 45; bec, 5 centim., sa couleur en dessus est d'un brun sombre; ses plumes sont mouchetées de gris; les parties inférieures sont d'un brun sombre grisâtre. On le trouve dans les mers du nord de l'Europe, particulièrement aux environs des Orkney et des îles Shetland, où on en tue un grand nombre pour s'emparer de leurs plumes; on le trouve aussi sur les côtes de Californie.

LABDANUM s. m. [lab-da-nomm]. Voy. LADANUM.

LA BEAUMELLE I (Laurent ANGLIVIEL DE LA), auteur français, né dans le Gard en 1726, mort en 1773. Ses *Mémoires pour servir à l'histoire de Mme de Maintenon* (1756) furent accueillis avec une grande faveur. Dans sa longue lutte avec Voltaire, il n'eut pas toujours le dessous. A l'époque de sa mort, il s'occupait d'écrire, sur les Œuvres de Voltaire, des commentaires dont ceux de la *Henriade* sont seuls terminés. Voltaire fit supprimer cet ouvrage, mais il en existe une édition de Fréron (1775). — II (Victor-Laurent-Suzanne-Moïse), son fils (1772-1831), fut colonel du génie dans l'armée de don Pédro et publia des pamphlets sur le Brésil, etc.

LABÉDOLLIÈRE (Emile GIGAULT DE), journaliste et écrivain, né à Paris le 24 mai 1814, mort en 1883. Neveu du comte L. Gigault de la Bédollière de Bellefont, dont il prit le

second nom, il suivit quelque temps les cours de l'école des chartes et débuta dans la littérature, en 1833, par une *Vie politique du marquis de Lafayette*, qui lui valut l'accès des journaux. Attaché au *Siècle*, avec le titre de bibliothécaire, il fut chargé, en 1850, du courrier quotidien de ce journal. En 1857, il se porta sans succès candidat de l'opposition aux élections du Corps législatif. Aux approches des élections générales de 1869, M. de la Bédollière fut l'un des fondateurs d'un journal politique quotidien de grand format à cinq centimes, le *National*, où il rédigea le bulletin quotidien et de nombreux articles. On cite principalement de M. de la Bédollière : *Soirées d'hiver* (1838); *Nouvelle morale en action* (1839); *Beautés des victoires et conquêtes des Français* (1841); la *Sirène* (1845); *Histoire des mœurs et de la vie privée des Français* (1847); *Histoire de la garde nationale* (1848); le *Nouveau Paris, histoire des vingt arrondissements de Paris; Naples et Palerme ou l'Italie;* le *Congrès de la Paix* (1856); la *Guerre de l'Inde* (1859); la *Guerre d'Italie* (1859); la *Guerre du Mexique* (1861-'68); la *Guerre de l'Allemagne et de l'Italie* (1866); la *France et la Prusse* (1867); *Histoire de la guerre de 1870-71; Bazaine et la capitulation de Metz* (1873); *Histoire générale des peuples anciens et modernes* (1879). Ces ouvrages, écrits avec beaucoup de talent, ont obtenu, pour la plupart, une grande popularité. Emile de la Bédollière a traduit, en outre, les œuvres de Fenimore Cooper, la *Case de l'oncle Tom*, les romans de Dickens, etc.

LABÉDOYÈRE (Charles-Angélique-François HUCHET, comte de), officier français, né à Paris en 1786, mort le 19 août 1815. Aide de camp de Lannes et du prince Eugène, il se distingua en maintes occasions dans la campagne de 1812 et fut dangereusement blessé à Lutzen en 1813. Il tenait garnison à Vizille en qualité de colonel du 7e de ligne, lorsque Napoléon, échappé de l'île d'Elbe, marcha sur Grenoble; il eut ordre de lui barrer le passage; mais à la vue de leur ancien chef, les soldats mirent la crosse en l'air et acclamèrent Napoléon; Labédoyère sentit aussi toutes ses affections se réveiller et se joignit à l'empereur, qui le prit pour aide de camp et le nomma général de division et pair de France. A Waterloo, il fut un des derniers à abandonner Napoléon. Compris dans la liste des généraux accusés d'avoir trahi le roi, il allait partir pour l'Amérique lorsqu'il fut arrêté à Paris, où il était venu embrasser une dernière fois sa femme et son fils. Traduit devant un conseil de guerre, il se défendit lui-même avec une énergique simplicité; il fut condamné à mort et fusillé dans la plaine de Grenelle.

* **LABEUR** s. m. (lat. *labor*, travail). Travail pénible et suivi : *grand labeur*. Hors de ces sortes de phrases, il n'est guère usité que dans la poésie et dans le style soutenu. — CES TERRES SONT EN LABEUR, elles ne sont pas en friche, elles sont façonnées, cultivées. — Typogr. Ouvrage de longue haleine, susceptible d'occuper plusieurs ouvriers pendant un certain temps et que l'on tire à grand nombre. Se dit par opposition à *travaux de ville* ou *ouvrages de ville*.

* **LABIAL, ALE, AUX** adj. (lat. *labium*, lèvres). Qui a rapport aux lèvres : *articulation labiale*. — LETTRE LABIALE, ou simplement et substantivement, LABIALE, celle qui se prononce avec les lèvres. B, P, F, V, M, *sont des consonnes labiales, sont des labiales.* — Jurispr. OFFRES LABIALES, offres de payer, faites de bouche ou par écrit, sans qu'il y ait exhibition réelle des deniers.

LABIATIFORME adj. (lat. *labia*, lèvres; *forma*, forme). Bot. Se dit d'une corolle dont la forme se rapproche de celle dont le limbe est partagé en deux limbes.

LABIATION s. f. (lat. *labia*, lèvres). Bot. Etat d'un calice ou d'une corolle labiée, d'une plante chez laquelle la corolle ou le calice présentent ce caractère.

* **LABIÉ, ÉE** adj. (lat. *labium*, lèvre). Bot. Se dit de certaines plantes dont la fleur est découpée en forme de lèvres, et de la fleur même de ces plantes : *plante labiée*. On dit, dans un sens analogue, CALICE LABIÉ. — s. f. *La lavande est une labiée*. — **Labiées** s. f. pl. Famille de plantes dicotylédones gamopétales irrégulières, à étamines hypogynes, comprenant les genres à fleurs labiées et divisée en 11 tribus : 1° *ocimoïdées* : basilic, germaine, lavande, etc.; 2° *satureïnées* : sarriette, origan, thym, hysope; 3° *mélissinées* : mélisse, calament, etc.; 4° *menthoïdées* : pogostémon, menthe, pied-de-loup; 5° *monardées* : sauge, romarin, monarde; 6° *népétées* : chataire, dracocéphale, etc.; 7° *stachydées* : brunelle, scutellaire, mélite, crapaudine, marrube, bétoine, stachyde ou épiaire, galéopside, agripaume, lamier, ballote, phlomide; 8° *ajugoïdées* : améthyste, germandrée, bugle, etc.; 9° *scutellarinées* : scutellaire, etc.; 10° *prostanthérées* : prostanthère, etc.; 11° *prasiées* : prasium, etc.

LABIENUS I (Titus) [la-bié-nuss], général romain, mort en 45 av. J.-C. Il fut tribun en 63 et, en 58, lieutenant de César dans la Gaule Cisalpine. Il soumit les Trévires en 54, prit une part active à la campagne contre Vercingétorix en 52, et se crut l'égal de César en génie militaire. Quand éclata la guerre civile en 49, il entra dans le parti de Pompée et se distingua peu, si ce n'est par son arrogance et sa cruauté. Après la défaite de Pharsale, il s'enfuit en Afrique avec le reste de l'armée et après la défaite de Thapsus, il se retira en Espagne. En 45, il combattit de nouveau contre César à Munda, où il périt. — II. (Quintus), fils du précédent, suivit le parti de Brutus et après la défaite de Philippes, se retira chez les Parthes. Il s'unit à ceux-ci dans leurs guerres avec les Romains; fait prisonnier par Ventidius, lieutenant d'Antoine, il fut mis à mort. — Les *Propos de Labiénus*, célèbre pamphlet dû à la plume de M. A. Rogeard et qui parut en 1865; c'était une réponse à la *Vie de César*, de Napoléon, mais une réponse critique et acerbe, écrite avec une verve et une malice incisive qui piqua au vif le héros de décembre qui s'y reconnaissait à chaque ligne. La brochure fut supprimée et l'auteur condamné par coutumace à l'amende et à la prison; on n'en lut que plus avidement le pamphlet, qui fit le tour de l'Europe.

* **LABILE** adj. (lat. *labilis*; de *labi*, tomber). Caduc, sujet à manquer. N'est guère usité que dans cette expression, MÉMOIRE LABILE, mémoire faible qui manque souvent au besoin : *il a la mémoire labile.* — Bot. Partie qui se détache et tombe aisément.

LA BILLARDIÈRE (Jacques-Julien HOUTON DE), naturaliste français, né à Alençon en 1755, mort en 1834. En 1786, il fut envoyé en missions scientifiques en Syrie et en Palestine; il explora les montagnes du Liban. Il accompagna d'Entrecasteaux dans le Pacifique en 1791, et fut emprisonné à Java après les Hollandais en 1793-'95. Ses collections comprennent 4,000 plantes, principalement des espèces nouvelles. On lui doit : *Icones plantarum Syriæ* (1791-1812, 1 vol. in-4°); *Sertum Austro-Caledonicum* (Paris, 1824, 2 vol. in-8°).

LABIO-NASAL, ALE adj. (lat. *labium*, lèvre; franç., *lèvre*). Gramm. Se dit de la lettre *bl*, parce qu'on la prononce à la fois des lèvres et du nez; la lettre *M* est une *lettre labio-nasale*. — On dit du son composé par cette lettre : *son labio-nasal*.

LA BISSACHÈRE (Pierre-Jacques LE MONNIER DE), missionnaire français, né à Bourgueil en 1764, mort en 1830. Envoyé en Toukin en 1790, il y passa 17 ans et visita la Cochinchine, le Cambodge, etc. La relation de ses voyages a paru sous ce titre : *Exposé statistique du Tonkin, de la Cochinchine, du Cambodge*, etc. (Londres, 1811, 2 vol. in-8°.)

LABLACHE (Luigi), chanteur italien, d'origine française, né à Naples en 1791, mort en 1858. Il fit ses débuts en 1812 comme chanteur buffo. En 1817, il parut au théâtre de la Scala à Milan dans la *Cenerentola* de Rossini, et obtint un tel succès que Mercadante écrivit pour lui l'opéra de *Elisa e Claudio*. De 1830 jusqu'au moment de sa mort, il chanta principalement à Paris et à Londres. Sa voix de basse, des plus pures, sans égale sous le rapport de la sonorité, de la flexibilité et de l'étendue, était encore mise en relief par le talent mimique de l'acteur.

LA BOÉTIE. Voy. Boétie *(La)*.

* **LABORATOIRE** s. m. (lat. *laborare*, travailler). Local disposé pour y exécuter les opérations de la chimie : *voilà un vaste laboratoire, un laboratoire bien complet*. — Se dit, par ext., des ateliers garnis de fourneaux, où les distillateurs, confiseurs, limonadiers, etc., font leurs préparations.

LABORDE (Jean-Benjamin de), compositeur français, né à Paris en 1734, mort le 22 juillet 1774. Il était valet de chambre et favori de Louis XV, et il publia plusieurs opéras qui obtinrent du succès. Il a composé des ouvrages sur la *musique ancienne* et sur la *musique moderne* (4 vol., 1780). Il devint fermier général après la mort de Louis XV et fut envoyé à l'échafaud sous la Terreur.

LABORDE I (Jean-Joseph, MARQUIS DE), financier, né en Espagne en 1724, guillotiné à Paris, le 18 avril 1794. Il devint banquier de la cour et marquis, et fournit au roi les fonds nécessaires pour envoyer des troupes en Amérique; il géra gratuitement les affaires de son ami Voltaire, et fut exécuté comme conspirateur royaliste. — II. (Alexandre-Louis-Joseph, COMTE DE), son fils, né à Paris en 1774, mort en 1842. Il servit dans l'armée autrichienne jusqu'en 1797; en 1800, il accompagna l'ambassade de Lucien Bonaparte en Espagne, explora le pays et publia le *Voyage pittoresque et historique de l'Espagne* (4 vol. grand in-fol., 1807-'18) et plusieurs autres itinéraires semblables en Espagne, en France et en Autriche. Il fut presque constamment membre de la Chambre des députés de 1822 à 1840; après la révolution de 1830, il fut préfet de la Seine et aide de camp de Louis-Philippe. — III. (Léon-Emmanuel-Simon-Joseph, COMTE), fils du précédent, né à Paris en 1807, mort en 1869. Il voyagea en Orient et publia avec Linant : *Voyage dans l'Arabie Pétrée* (1830-'33), et *Flore de l'Arabie Pétrée* (1833) et donna seul le magnifique *Voyage en Orient* (1837-'62). Il laissa inachevé *Les anciens monuments de Paris* et plusieurs autres ouvrages ayant principalement rapport aux arts. Il fut élu député en 1841, et s'occupa peu de politique. Pendant plusieurs années, il fut administrateur des antiquités du Louvre. En 1867, il fonda le musée des archives de l'hôtel de Soubise.

LABORDE (Baume de), baume pharmaceutique composé d'oliban, de térébenthine, de storax, de benjoin, de plantes aromatiques, de genièvre et de thériaque, le tout infusé dans l'huile d'olive. On l'emploie contre les gerçures de la peau, les douleurs, et pour hâter la suppuration des plaies.

* **LABORIEUSEMENT** adv. Avec beaucoup de peine et de travail : *il est une classe d'hommes qui passent laborieusement leur vie à ne faire que des riens*.

* **LABORIEUX**, **EUSE** adj. Qui travaille beaucoup, qui aime le travail : *un homme très laborieux*. — Se dit aussi des choses, et alors

il signifie, pénible, qui coûte beaucoup de travail, de fatigues, d'efforts : *vie laborieuse, longues et laborieuses recherches*.

LABORIOSITÉ s. f. Qualité d'une personne laborieuse; caractère, nature d'une chose laborieuse.

LABOR IMPROBUS OMNIA VINCIT. Loc. lat. tirée des *Géorgiques* de Virgile et qui veut dire : *Un travail opiniâtre vient à bout de tout*.

LABOUAN, île anglaise de l'archipel Malais, sur la côte N.-O. de Bornéo; 116 kil. carr.; 4,900 hab. Le principal établissement est Victoria à l'extrémité S.-E., siège du gouvernement et bon port. Dans l'intérieur se trouvent des étendues marécageuses de jungles. L'exportation de charbon, de sagou, de nids d'oiseaux, de perles et de camphre. En 1855, la colonie fut érigée en siège épiscopal. L'île fut cédée à la Grande-Bretagne en 1846 par le sultan de Brunai.

LABOULAYE (Edouard-René LEFÈBVRE DE) [la-bou-lè], jurisconsulte et homme politique, né à Paris le 18 janvier 1811, mort le 26 mai 1883. Licencié en droit en 1833, il abandonna un instant la jurisprudence pour exercer avec son frère, Charles-Pierre, l'industrie de fondeur en caractères. Il publia en 1839, une *Histoire du droit de propriété foncière en Europe depuis Constantin jusqu'à nos jours*, couronnée par l'Académie des inscriptions et belles-lettres; en 1842, une traduction de l'*Histoire de la procédure civile chez les Romains*, de F. Walter. Il se fit inscrire au barreau en 1842 et donna l'année suivante : *Recherches sur la condition civile et politique des femmes depuis les Romains jusqu'à nos jours*. Il fut nommé professeur de législation comparée au collège de France en 1849 et publia successivement : *De l'Esclavage* (1855); *Histoire politique des États-Unis de 1620 à 1799* (3 vol. 1855-'66), *Les États-Unis et la France* (1862), *Paris en Amérique* (1863); *Mémoires et correspondance de Franklin* (1866), ouvrages dans lesquels il se montrait fervent admirateur des mœurs et des institutions américaines. Pendant la guerre de sécession, il se fit le défenseur des États du Nord. Son roman allégorique *Le Prince Caniche* (1868, in-8°) obtint un vif succès. Il a donné aussi un grand nombre d'œuvres littéraires, telles que : *Souvenirs d'un voyageur*, *Abdallah*, roman arabe; *Contes bleus* (1863) et écrivit dans le *Journal des Débats*, dans la *Revue des Deux-Mondes*, etc. Adversaire du régime impérial, il posa inutilement sa candidature à Paris en 1863, dans le Bas-Rhin en 1866, en Seine-et-Oise en 1869. Pour le consoler de son échec, les étudiants de Strasbourg lui envoyèrent un magnifique encrier. Laboulaye ayant ensuite accepté quelques faveurs de l'Empire pour l'un de ses fils, et ayant soutenu le plébiscite du 8 mai, fut supprimé, jusqu'à la fin de sa vie par cette phrase restée célèbre : « *Rendez l'encrier* ». Le département de la Seine l'élut à l'Assemblée nationale en 1871; il y siégea au centre gauche, dont il devint le vice-président. Nommé administrateur du collège de France en 1873 et sénateur inamovible le 16 décembre 1875.

* **LABOUR** s. m. Façon qu'on donne aux terres en les labourant : *labour à la bêche*; *labour à la charrue*. — CETTE PIÈCE DE TERRE EST EN LABOUR, elle est préparée pour recevoir la semence.

LABOUR (Terre de) (ital. *Terra di Lavoro*, lat. *Laborinus pagus*), partie de la Campanie située dans l'ancienne province du royaume de Naples; 9,700 kil. carr.; 780,000 hab. Ch.-l., Caserte; villes princ.: Arpino, Aquino, Aversa, Capoue, Nola, Gaëte, etc.

* **LABOURABLE** adj. Propre à être labouré : *cette ferme a deux cents arpents de terres labourables*.

* **LABOURAGE** s. m. Art de labourer la terre : *il a quitté le labourage pour le commerce*. — Ouvrage, travail du laboureur : *je donne quatre cents francs pour le labourage de ma terre*.

LABOURD (le) (basq. *Laphur-duy*, solitude; lat. *Lapurdensis pagus*), petit pays de l'ancienne France, situé entre le golfe de Gascogne, l'Adour, la basse Navarre : Saint-Jean-de-Luz, Guiche, Andaye, etc. Le Labourd forme aujourd'hui l'arr. de Bayonne (Basses-Pyrénées).

LABOURDONNAIS ou Labourdonnaie (Bertrand-François, MAHÉ DE), officier de la marine française, né à Saint-Malo en 1699, mort vers 1755. Il entra au service de la compagnie française des Indes orientales en 1718 et devint en 1734, directeur général des îles de France et de Bourbon qu'il amena à un haut degré de prospérité et d'importance. En 1746, pendant la guerre avec l'Angleterre, il improvisa une flotte, dispersa les escadres de l'amiral Barnet devant Madras et Bourbon, cette ville, qui se rendit le 21 sept. Il accepta une rançon d'environ 9,500,000 fr. pour le rachat de Madras, parce qu'il avait reçu l'ordre de ne garder aucune des possessions anglaises; mais Dupleix, gouverneur général des Indes françaises, déclarant nuls les articles de la capitulation, transporta tous les biens des Anglais de Madras à Pondichéry et brûla Madras, pendant que Labourdonnais était été obligé par un orage de prendre la mer. Rappelé en France, Labourdonnais fut jeté à la Bastille, où il resta quatre ans, sans qu'on lui fit connaître les accusations portées contre lui. En 1751, son innocence fut reconnue. Il mourut dans la misère peu de temps après. Le gouvernement accorda à sa veuve une pension de 2,400 livres. Il a laissé des *Mémoires* justificatifs (1750-'54, in-4°).

LABOURDONNAYE I (Anne, COMTE DE), général français, né à Guérande en 1747, mort en 1793. Il se distingua pendant la guerre de Sept ans, se rallia à la Révolution, contraignit les Autrichiens à lever le siège de Lille et s'empara d'Ypres, de Furnes, de Bruges, de Gand et d'Anvers. Rappelé à la suite de dissentiments avec Dumouriez, il fut envoyé en Vendée et là à l'armée des Pyrénées; il n'y resta que peu de temps et quitta l'armée. — II. (François-Régis, COMTE DE), homme politique français, né à Angers en 1767, mort en 1839. Il servit dans l'armée de Condé sous les ordres de la République, s'unit aux Vendéens et prit part aux négociations qui amenèrent la pacification de l'Ouest. Il accueillit avec joie la Restauration, fit partie de la chambre introuvable et joua le principal rôle dans l'expulsion de Manuel en 1823; après le renversement du ministère Villèle (1829), il fit partie du cabinet Polignac, mais il n'en conserva que quelques mois son portefeuille de l'intérieur; il recula devant le coup d'État en 1830 et donna sa démission. Charles X le fit pair de France.

* **LABOURER** v. a. (lat. *labor*, travail). Remuer, retourner la terre avec la charrue, la bêche ou la houe, etc. : *labourer la terre*; *labourer une allée pour la nettoyer*. — S'emploie aussi absol. : *labourer avec les bœufs, avec des chevaux*. — LABOURER A DEUX CHARRUES, A TROIS CHARRUES, occuper deux charrues, trois charrues pour le labourage de ses terres. — Par analogie, de certains animaux et des choses qui font sur la superficie de la terre à peu près le même effet que la charrue, la bêche, etc. : *les taupes ont labouré tout mon jardin*. — Manège. CE CHEVAL LABOURE LE TERRAIN, se dit d'un cheval qui butte. — Mar. Ancre qui ne tient pas sur le fond où on l'a jetée, ou navire qui passe par un endroit où il y a peu d'eau, et qui touche fond sans être

arrêté : *cette ancre laboure le fond*, ou simplement *laboure*. — *Fig.* et fam. Avoir beaucoup à souffrir : *il aura bien à labourer avant de parvenir à son but.* — Fig. et pop. LABOURER SA VIE, avoir beaucoup de peine, d'embarras, de traverses.

* **LABOUREUR** s. m. Celui dont l'état est de labourer, de cultiver la terre : *bon, pauvre, riche laboureur.*

LABRADOR, péninsule de l'Amérique du Nord, anglaise, entre 49° et 63° lat. N., et entre 58° et 84° long. O., bornée par la baie d'Hudson, le détroit d'Hudson, l'océan Atlantique et le golfe et la rivière de Saint-Laurent ; 1,087,700 kil. carr. La partie orientale, depuis le cap Chudleigh jusqu'à l'entrée du détroit d'Hudson, appartient à Terre-Neuve ; le reste forme une partie des états du Canada. Dans un sens restreint le Labrador comprend seulement la côte baignée par l'Atlantique. La population sédentaire de la partie appartenant à Terre-Neuve est de 2,420 hab. La partie de Québec renferme 3,600 hab. permanents (1,310 Indiens Montagnais). Les établissements sont dispersés le long de la côte du Saint-Laurent et jusqu'au cap Webuck, au N. du passage d'Hamilton. Il y a quelques postes de la compagnie de la baie d'Hudson très éloignés les uns des autres, principalement près des côtes de la baie et du détroit d'Hudson. Dans l'intérieur, il y a des bandes nomades de Nasquapee, de Mistassini et d'Indiens Montagnais au nombre de 4,000 à 5,000 La côte N. du passage d'Hamilton est occupée par des Esquimaux, au nombre d'environ 1,500, dont 1,200 sont sous la surveillance des missionnaires moraves qui possèdent quatre stations : Nain, fondée en 1774 ; Okkak en 1776 ; Hopedale en 1782, et Hebron en 1830. — Les côtes du Labrador sont accidentées et escarpées. L'intérieur, d'après le professeur Hind, forme un plateau élevé, glacial et stérile. Les plus hautes montagnes s'étendent le long de la côte E. Minerai de fer, pierre calcaire, granit, hornblende, lapis olaris, hématite et labradorite. Dans le sud se trouve une végétation rabougrie de peupliers, de sapins, de bouleaux et de saules ; l'herbe recouvre les vallées pendant quelques semaines de l'été. Il existe peu de végétaux dans le nord, excepté les mousses et des lichens. Aucun grain n'arrive à maturité, mais les pommes de terre, les navets hollandais, les choux et d'autres légumes robustes réussissent assez bien. Les hivers sont excessivement froids. Les animaux à fourrure sont communs. Les chiens et les rennes, seuls animaux domestiques, sont les uns et les autres employés comme bêtes de somme. La richesse principale du Labrador consiste en pêcheries, exploitées par les habitants de la côte et par un grand nombre de goëlettes de Terre-Neuve, des provinces canadiennes et des Etats-Unis ; elles occupent plus de 30,000 hommes. On estime la valeur annuelle des pêches des côtes du Labrador à plus de 25 millions de fr. — Le Labrador fut découvert par Jean Cabot en 1497 ; les côtes furent ensuite explorées par Sébastien Cabot et Henry Hudson. Les Portugais appelaient ce pays *Terra-Loborador* (terre cultivable) pour la distinguer du Groënland.

LABRADORITE s. f. (de *Labrador*, pays où se trouve particulièrement ce minéral.) Minér. Variété de feldspath. (Voy. ce mot.)

LABRAX s. m. [la-brakss] (gr. *labrax*, loup marin). Icht. Genre d'acanthoptérygiens labroïdes, comprenant plusieurs espèces de poissons qui vivent dans presque toutes les eaux du monde et estimés partout pour la table et par les pêcheurs. La principale espèce européenne est le *labrax lupus*. Parmi les espèces américaines se trouvent : 1° le

labrax de mer ou labrax noir (*centropristis nigricans*), dont la couleur générale est d'un bleu noir légèrement bronzée. Son poids varie de 250 grammes à 8 kilog. 500 ; 2° le

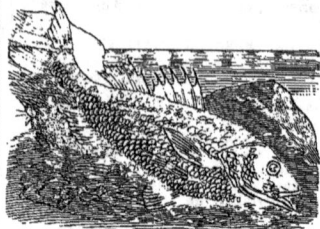
Labrax rayé (Labrax lineatus).

labrax rayé (*labrax lineatus*), qui passe l'hiver dans les baies profondes, chaudes et boueuses, et remonte les rivières au printemps à la poursuite de l'éperlan et de l'alose.

LABRE s. m. (lat. *labrum*, lèvre). Hist. nat. Lèvre supérieure des mammifères. — Pièce de la bouche des insectes, qui occupe la place de la lèvre supérieure. — Bord externe des coquilles univalves. — Icht. Genre type des labroïdes, comprenant de nombreuses espèces de poissons assez gros, robustes et brillant de magnifiques couleurs. On les

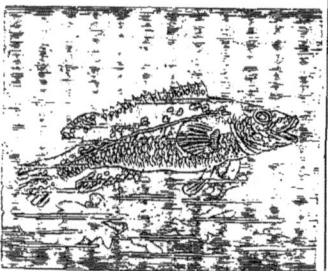
Vieille de mer (Labrus maculatus).

voit généralement en bandes parmi les rochers, se cachant sous les herbes marines et se nourrissant de crustacés, de mollusques et d'oursins de mer. Une des espèces les plus communes dans les mers tempérées de l'Europe est le labre ballan ou *vieille de mer* (*labrus maculatus*, Bloch), long d'environ 36 centim., bleu ou vert, avec des taches oranges ou de nuances de différentes teintes.

LABRE (Benoit-Joseph, SAINT), né à Amettes en 1748, mort à Rome en 1783. Il édifia, dit-on, le peuple de Rome par sa pauvreté volontaire et tout évangélique, par ses longues et pénibles austérités et aussi par son inépuisable charité, mais il poussa l'exagération de la pénitence jusqu'à vivre dans un état de malpropreté qui est passé en proverbe. Déclaré *Vénérable* par Pie VI en 1792, il fut béatifié par Pie IX en 1860 et canonisé en 1875.

LABRÈDE, ch.-l. de cant. arr. et à 16 kil. S. de Bordeaux (Gironde), 1,000 hab. Commerce de troupeaux ; belle église romaine ; patrie de Montesquieu.

LABRIT, Lebret ou ALBRET, ch.-l. de cant., arr. et à 28 kil. N. de Mont-de-Marsan (Landes) ; 500 hab. Quelques ruines du château d'Henri IV.

LABROÏDE adj. (franç. *labre* ; gr. *eidos*, aspect). Icht. Qui ressemble ou se rapporte au labre. — s. m. pl. Famille de poissons acanthoptérygiens ayant pour type le genre labre.

LABROSSE (Pierre de), mort en 1276 ; d'abord barbier de saint Louis, il devint ensuite favori de Philippe le Hardi ; puis ayant odieusement calomnié la reine Marie, il fut pendu.

LABROSSE (Guy de), médecin de Louis XIII, né à Rouen, mort en 1641. Botaniste distingué, il donna à Louis XIII le terrain qui est devenu le Jardin des Plantes. Il fut le premier intendant de cet établissement en 1626 et s'appliqua dès lors à faire venir de toutes parts les plantes qui pouvaient y être cultivées. On a de lui : *Traité de la peste* (1623) ; *De la nature, vertu et utilité des plantes et dessin du Jardin royal de médecine* (1650, in-fol.).

LABROUSTE (Pierre-François-Henri), architecte, né et mort à Paris (1801-'75). En 1843, il commença la construction de la bibliothèque Sainte-Geneviève, le plus beau spécimen du style romantique ou néo-grec, dont il était l'un des créateurs. Parmi ses autres œuvres, nous citerons : l'hôpital de Lausanne, la prison d'Alexandrie, la bibliothèque nationale et l'école de Sainte-Barbe-des-Champs.

LABRUGUIÈRE, ch.-l. de cant., arr. et à 9 kil. S.-E. de Castres (Tarn), 2,000 hab. Draps, tuiles, briques.

LA BRUNERIE (Guillaume DODE DE), maréchal de France, né à Saint-Geoire (Isère), en 1775, mort en 1851. Il se distingua sous Kléber et Moreau, prit part aux campagnes de Prusse et de Pologne, dirigea le siège de Saragosse, et fit les campagnes de Russie et d'Italie ; rallié aux Bourbons, il devint inspecteur général du génie et fut nommé maréchal en 1847.

LA BRUYÈRE (Jean de), célèbre moraliste, né à Dourdan (Seine-et-Oise) en 1645, mort en 1696. Il venait d'acheter une charge de trésorier de France à Caen, lorsque Bossuet le fit venir à Paris pour inventer l'histoire à Louis de Bourbon, petit-fils du grand Condé. Il resta jusqu'à la fin de sa vie attaché à ce prince en qualité d'homme de lettres. En 1688, il publia ses *Caractères* qui lui attirèrent beaucoup de lecteurs et beaucoup d'ennemis. Imitateur de Théophraste, il surpassa incontestablement son modèle. Le style de La Bruyère est concis, élégant, varié, plein d'images gracieuses, éloquentes ou familières, simples ou ironiques. Ses *Caractères* ont suffi pour faire passer son nom à la postérité et cependant il eut de la peine à être admis à l'Académie française ; il eut besoin de crédit pour vaincre l'opposition des gens de lettres qu'il avait offensés, mais il n'avait pour lui Bossuet, Racine, Boileau et le cri public. Les meilleures éditions des *Caractères* sont : celle que Walckenaër a donnée en 1845 (Didot, in-8°) et celle de Dutailliers (1855, 2 vol. in-18). La Bruyère a été traduit dans toutes les langues.

* **LABYRINTHE** s. m. (gr. *laburinthos*). Antiq. Edifice composé d'un grand nombre de chambres et de galeries dont la disposition était telle, que ceux qui s'y engageaient parvenaient difficilement à en trouver l'issue : *les plus célèbres labyrinthes étaient celui d'Egypte et celui de Crète, construit, disait-on, par Dédale sur le modèle du premier.* — Jardin. Se dit d'un petit bois coupé d'allées tellement entrelacées, qu'on s'y peut égarer facilement : *le labyrinthe de Versailles.* — Fig. Grand embarras, complication d'affaires embrouillées : *il est engagé dans un labyrinthe fâcheux.* — Anat. Cavité intérieure de l'oreille, parce qu'elle contient plusieurs conduits diversement dirigés, tels que le limaçon et les canaux semi-circulaires.

LABYRINTHIFORME adj. Hist. nat. Qui est en forme de labyrinthe.

LABYRINTHIQUE adj. Qui appartient ou qui convient à un labyrinthe.

LABYRINTHODON s. m. (franç. *labyrinthe;* gr. *odons odontos,* dent). Reptile fossile gigantesque, ainsi nommé par le professeur Owen à cause de la structure complexe labyrinthique de ses dents; le même animal avait été appelé antérieurement *cheirotherium* par Kaujy à cause de la ressemblance de ses traces aux empreintes de la main humaine. Cet animal, qui possède le caractère des

Labyrinthodon restauré.

sauriens et des batraciens, ressemblait probablement à une grenouille gigantesque d'environ 3 ou 4 m. de long. Des empreintes et des os du labyrinthodon ont été trouvés dans les trias d'Angleterre et d'Allemagne. Après un examen de la tête et des dents, des vertèbres, du pelvis et des os des extrémités, le professeur Owen rétablit un animal intermédiaire entre le crocodile et la grenouille. Pictet l'appelle *mastodonsaurus* et le considère comme un saurien à cause de la présence d'écailles sur la peau et de la forme des dents.

* **LAC** s. m. [lak] (lat. *lacus*). Grande étendue d'eau environnée par les terres : *il sort une rivière de ce lac.*

LAÇAGE s. m. Action de lacer.

LA CAILLE (Nicolas-Louis de), astronome français, né à Rumigny en 1713, mort en 1762. A l'âge de 25 ans, il devint professeur de mathématiques au collège Mazarin à Paris. Il prit part (1739-'40) à la vérification de l'arc du méridien et il prouva l'aplatissement de la terre vers les pôles. Par des observations simultanées faites par lui au cap de Bonne-Espérance et par Lalande à Berlin, il établit la distance de la lune et des planètes Mars et Vénus. La Caille fit des catalogues des étoiles de l'hémisphère austral et les publia plusieurs traités sur les mathématiques, l'astronomie, la mécanique et l'optique. Parmi ses principaux ouvrages, nous citerons : *Leçons de mathématiques* (1741), *Leçons d'astronomie* (1743), *Leçons de mécanique* (1746), *Tables solaires* (1758), etc.

LA CAILLE (Jean de), imprimeur et libraire, né à Paris, mort en 1720; auteur de l'*Hist. de l'imprimerie et de la librairie,* (Paris, 1689, in-4°).

LA CAILLE, station minérale, à 9 kil. d'Annecy (Haute-Savoie), et à 15 kil. de Genève. Eaux sulfureuses alcalines; température 31°. Maladies de la peau et des muqueuses, du larynx et des bronches, des fonctions digestives, des voies urinaires. Maladies du système osseux.

LA CALPRENÈDE (Gauthier de Costes, *seigneur de*), romancier français, né près de Sarlat, mort en 1663. Ce fut un des auteurs les plus féconds de son temps; en 1642, il fit paraître *Cassandre* (10 vol. in-8°), en 1647, *Cléopâtre* (10 vol. in-8°) et en 1664 *Pharamond* (7 vol. in-8°). Il écrivit aussi pour le théâtre une douzaine de tragédies.

LA CAPELLE-MARIVAL, ch.-l. de cant., arr. et à 21 kil. N.-O. de Figeac (Lot); 1,200 hab.

LACAUNE ou **La Caune,** ch.-l. de cant., arr. et à 40 kil. E.-N.-E. de Castres (Tarn), sur le Gyas; 1,400 hab. Eglise consistoriale calviniste.

LACCIFÈRE adj. (lat. *lacca,* laque; *fero,* je porte). Bot. Se dit des plantes qui produisent de la laque.

LACÉDÉMON, fils de Jupiter et de Taygète, il donna son nom à tout le pays qui composait son royaume et appela sa capitale Sparta, du nom de sa femme.

LACÉDÉMONE. Voy. SPARTE et LACONIE.

LACÉDÉMONIEN, IENNE s. et adj. Habitant de Lacédémonie; qui appartient à cette ville, à ce pays ou à ses habitants.

LACENAIRE (Pierre-François), assassin fameux, né près de Lyon en 1800, exécuté à Paris en 1836. Son naturel indiscipliné et son indélicatesse naissante (il volait dès son tout jeune âge) lui firent prédire par son père ce qu'il serait un jour. En effet, il devint vite voleur et assassin; son procès fut des plus retentissants, il a laissé des *Mémoires.* — C'EST UN NOUVEAU LACENAIRE, se dit pop. d'un voleur de grand chemin, d'un assassin.

LACÉPÈDE I (Jean de), poète français, né à Marseille en 1550, mort en 1625, il a laissé quelques poésies religieuses et des *Théorèmes spirituels* (Toulouse, 1613-'24, 2 vol. in-4°). — II. (Bernard-Germain-Etienne DE LA VILLE, *comte de*), naturaliste français, né à Agen en 1756, mort en 1825. Il étudia la philosophie naturelle et la musique, composa plusieurs opéras et écrivit *Poétique de la musique,* pour exposer les principes de Gluck (2 vol., 1785). Il avait publié antérieurement des ouvrages sur l'électricité et la physique générale. Buffon le prit comme assistant. Son *Histoire des quadrupèdes ovipares et des serpents* (2 vol. in-4°, 1788-'89) et son *Histoire naturelle des reptiles* (1789) ont été souvent réimprimées comme suite aux ouvrages de Buffon. Favorable à la Révolution, il présida en 1791, l'Assemblée nationale, fut l'adversaire de Danton et, après le 9 thermidor, il fut nommé à la chaire d'herpétologie, créée au Jardin des plantes. Sous Napoléon, il occupa plusieurs emplois, devint président du Sénat en 1803, grand chancelier de la Légion d'honneur et peu après ministre d'Etat. Ses nombreux travaux témoignent d'un grand talent descriptif. Parmi les plus importants, on cite l'*Histoire naturelle des poissons* (6 vol.), *Les âges de la nature* et l'*Histoire de l'espèce humaine* (2 vol.), etc.

* **LACER** v. a. (rad. *lacs*). Serrer avec un lacet : *lacer un corps, un corset, un bas de peau.* On l'emploie aussi avec le pronom personnel : *cette femme s'est lacée elle-même.* — Mar. LACER LA VOILE, attacher à la vergue une partie de la voile, ce qui est nécessaire quand on fait route par un vent violent. — Se dit en outre d'un chien qui couvre sa femelle : *je crains qu'un mâtin n'ait lacé cette chienne.*

* **LACÉRATION** s. f. Jurispr. Action de lacérer un écrit, un livre : *le jugement ordonne la lacération de cet écrit, comme d'un libelle injurieux.*

LA CERDA, nom d'une ancienne famille espagnole dont les membres les plus remarquables sont : I. (Ferdinand de), enfant de Castille, né en 1254, mort en 1275. Il était fils aîné du roi Alphonse X et gendre de saint Louis. Il mourut avant son père et ses enfants furent dépossédés du trône par leur oncle Sanche IV. — II. (Alphonse de), dit LE DÉSHÉRITÉ, fils du précédent, mort en 1327. Il fit de vains efforts pour reconquérir le trône et se retira en France où Charles le Bel le créa baron de Lunel. — III. (Louis de), amiral de

France et fils aîné du précédent; servit sous Philippe de Valois contre les Anglais auxquels il prit Guérande, en 1345 — IV. (Charles de), frère du précédent, mort en 1351; il était favori du roi Jean le Bon. La descendance des La Cerda s'éteignit en 1430; elle est encore représentée dans la ligne féminine par les ducs de Médina-Cœli.

* **LACÉRER** v. a. (lat. *lacerare*). Déchirer. Ne se dit guère qu'en parlant du papier et en termes de Jurispr. : *ce livre fut lacéré et brûlé par arrêt du parlement.*

* **LACERNE** s. f. (lat. *lacerna*). Antiq. rom. Habit grossier qui ne fut d'abord en usage que pour la campagne, et dont ensuite on se servit à la ville pour se garantir de la pluie.

* **LACERON** s. m. Voy. LAITERON.

LACERTIEN, IENNE adj. [-tiain] (lat. *lacerta,* lézard). Zool. Qui ressemble ou qui se rapporte au lézard. — s. m. pl. Famille de reptiles sauriens dont le lézard est le type.

* **LACET** s. m. [la-sè] (dimin. de *lacs*). Cordon plat ou rond, de fil ou de soie, ferré par un bout ou par les deux bouts, qu'on passe dans des œillets pour serrer une partie de vêtement quelconque, et principalement les corps et les corsets des femmes : *serrer un lacet.* — Lacs avec lequel on tend les perdrix, les lièvres, etc.: *prendre un lièvre au lacet.* — Fig. pl. Pièges, embûches : *je me suis laissé prendre aux lacets de cet intrigant.*

LA CHABEAUSSIÈRE (Ange-Etienne-Xavier POISSON DE), littérateur français, né à Paris en 1752, mort en 1820. Il fut nommé administrateur de l'Opéra en 1798 et joua un certain rôle dans la littérature de la Révolution. On a de lui l'*Intrigante,* comédie en 5 actes et en vers (1776), *les Maris corrigés, le Sourd, Azémia,* etc.

LACHAGE s. m. Abandon (Pop. et fam.)

LA CHAISE D'AIX I. (François de), jésuite français, né au château d'Aix en Forez en 1624, mort en 1709. Après avoir été admis chez les jésuites, il professa la philosophie à Lyon et y devint provincial de son ordre. En 1675, il devint confesseur de Louis XIV et fut chargé de la feuille des bénéfices. Par un principe de conscience, il favorisa le mariage du roi avec Mme de Maintenon. En 1685, il provoqua la révocation de l'édit de Nantes et la condamnation des *Maximes des saints* de Fénelon; il contribua beaucoup au développement de son ordre, surtout comme ordre enseignant, et il obtint la création de l'Académie des inscriptions dont il fut membre. — II. (Cimetière du Père), nom donné par le peuple au plus beau cimetière de Paris, établi là où fut la maison de campagne que Louis XIV fit bâtir à son confesseur sous la dénomination de *Mont Louis.* Situé au N.-E. de la capitale, sur le penchant et sur le plateau d'une haute colline, le cimetière du Père La Chaise domine tout Paris; sa superficie est de 50 hectares environ et s'étend de jour en jour. C'est le cimetière de l'aristocratie et toutes les célébrités parisiennes y ont un caveau de famille; elles semblent vouloir former là, à l'ombre des sycomores et des vieux marronniers, une silencieuse cité où l'on ne retrouve plus d'autres distinctions sociales que celles que rappellent les titres, inscriptions, blasons, armoiries gravés sur tous les mausolées.

LACHALOTAIS. Voy. CHALOTAIS (La).

LACHAMBEAUDIE (Pierre), fabuliste, né à Sarlat en 1806, mort en 1872. Employé de commerce, saint-simonien, écrivant pour vivre, il fut compromis au coup d'Etat de 1851, mais bientôt relâché. Ses *Fables* ont eu plusieurs éditions.

LACHAMBRE (Martin CUREAU DE), médecin de Louis XIV, né au Mans en 1594, mort en 1669. Il était membre de l'Académie française. On a de lui : l'*Art de connaître les hommes* (1653), les *Caractères des passions* (3 vol., 1640-'62) et *Système de l'âme* (1664).

LA CHAPELLE (Jean de), littérateur français, né à Bourges en 1655, mort en 1723. Employé par Louis XIV comme agent diplomatique, il se consacra au théâtre pour lequel il composa quelques tragédies qui n'eurent d'autre succès que celui que sut leur attirer le talent de l'acteur Baron. Il était de l'Académie française.

LA CHAUSSÉE (Pierre-Claude Nivelle de), poète dramatique, né à Paris en 1692, mort en 1754. Il fut encouragé dans la carrière des lettres par le succès de son *Epître à Clio* et opéra une véritable révolution dans le genre dramatique. Il donna *Mélanide* (1741); *L'Ecole des mères* (1744), *La Gouvernante* (1747); on lui reproche son style larmoyant.

* **LÂCHE** adj. (lat. *laxus*, large). Qui n'est pas tendu, qui n'est pas serré comme il pourrait ou devrait l'être : *ce nœud, cette ceinture est trop lâche*. — Toile, drap, étoffe lâche, toile, drap, étoffe dont la trame n'est pas assez battue ou la chaîne assez serrée. — Ventre lâche, ventre trop libre : *avoir le ventre lâche*. — Temps lâche, temps mou : *il fait un temps lâche*. — Fig. Style lâche, style qui manque d'énergie et de concision : *cela est écrit d'un style lâche*. — Fig. Qui manque de vigueur et d'activité : *cet ouvrier est lâche au travail*. — Poltron, qui manque de courage : *ce soldat est lâche*. — Qui n'a que des sentiments vils, méprisables : *c'est être bien lâche que d'abandonner son ami*. Se dit également des actions honteuses, indignes d'un homme d'honneur : *il a tenu une conduite, un procédé, fait une action bien lâche*. — s. Poltron, homme sans cœur : *il n'y a que les lâches qui en usent de la sorte*. — Fam. C'est un grand lâche, c'est un homme très mou, très paresseux : — Saint lâche, grand paresseux : *c'est un grand saint lâche*.

* **LÂCHEMENT** adv. Mollement, avec nonchalance, sans vigueur : *il travaille bien lâchement*. — Ecrire lâchement, écrire sans force, sans précision. — Sans cœur et sans honneur, avec bassesse : *s'enfuir lâchement*.

* **LÂCHER** v. a. Détendre, desserrer quelque chose : *cette corde est trop tendue, lâchez-la un peu*. — Cet aliment lâche le ventre, ou simplement lâche, il rend le ventre libre : *les mauves, les pruneaux lâchent le ventre*. — Manège. Lâcher la bride, la main a un cheval, lui tenir la bride moins court, pour le laisser ou le faire courir. — Fig. et fam. Lâcher la main, la bride, la gourmette a quelqu'un, lui donner plus de liberté qu'à l'ordinaire : Lâcher la bride a ses passions, s'y abandonner entièrement. — A certains jeux de cartes, lâcher la main, le laisser aller à un autre, quoiqu'on ait de quoi le lever. — Lâcher la main, céder de ses prétentions, diminuer du prix qu'on demandait d'une chose. — Lâcher pied, lâcher le pied, reculer, s'enfuir. — Lâcher pied, céder, montrer de la faiblesse : *n'allez pas lâcher pied dans cette occasion; tenez ferme*. — Escrime. Lâcher la mesure, reculer devant son adversaire. — Laisser aller, laisser échapper. Il s'applique aux personnes et aux choses : *il tenait cela dans ses mains, il l'a lâché*. — Fig.: lâcher un livre, un pamphlet dans le public. — Lâcher prise, laisser aller ce qu'on tient avec force. Fig. Cesser une poursuite, une dispute, un combat, etc., ou rendre malgré soi ce qu'on a pris. — Lâcher les chiens, les laisser courre après la bête : *lâcher une laisse de lévriers*. — Chasse du vol, lâcher l'autour, l'épervier, etc., le laisser partir. — Fig. et fam. Lâcher une personne après une autre, la mettre à sa poursuite, pour l'inquiéter, pour la tourmenter, ou pour l'amener à faire quelque chose qu'on

désire. — Lâcher les huissiers après un débiteur, leur donner charge de faire contre lui des actes de leur ministère. — Lâcher la bonde d'un étang, lâcher une écluse, lever la bonde d'un étang, lever la vanne d'une écluse. On dit aussi dans le même sens, Lâcher les eaux. — Lâcher le robinet d'une fontaine, le tourner de manière que l'eau s'échappe. — Ce malade lâche tout sous lui, il ne peut retenir ses excréments. — Fam. Lâcher de l'eau, uriner. Lâcher un vent, laisser échapper un vent par en bas. — Fig. Lâcher une parole, lâcher un mot, dire inconsidérément quelque chose qui peut nuire ou déplaire : *lâcher une épigramme contre quelqu'un*. Signifie aussi, dire une chose avec quelque dessein : *il lâcha un mot qui fit une grande impression*.

> Je veux qu'on soit sincère et qu'en homme d'honneur,
> On ne lâche aucun mot qui ne parte du cœur.
> Molière.

— Fig. et fam. Lâcher la parole, lâcher le mot, dire le dernier prix qu'on veut avoir ou donner, quand on discute les conditions d'un marché ou donner son consentement, dans une négociation, après avoir fait quelques difficultés : *le mot est lâché, vous ne pouvez vous en dédire*. — Lâcher un coup de fusil, un coup de pistolet, un coup de canon, faire partir ces armes, en tirer un coup : *il lui lâcha un coup de pistolet dans la tête*. — Pop. Lâcher un coup, donner un coup : *il lui lâcha un soufflet*. — Au jeu de la paume, Lâcher la balle, ne point toucher, la laisser passer. — v. n. S'échapper, se détendre : *prenez garde que la corde ne lâche*. — Négliger l'exécution d'un travail, d'une durée. — Lâcher un cran, abandonner. — * Se lâcher v. pr. Se détendre, se débander : *un ressort qui se lâche*. — Tenir des propos offensants, indiscrets, indécents : *il se repentit de s'être tant lâché devant eux*. — Se lâcher de, livrer avec peine.

LACHÉSIS (la-ké-ziss), nom d'une des trois Parques, qui avait plus spécialement pour charge de tenir la quenouille.

Clotho *filum retinet*, Lachesis *net*, Athropos *occat*.

LACHESNAYE-DUBOIS (Aubert de), littérateur, né dans le Maine en 1699, mort en 1784. Il entra d'abord dans l'ordre des Capucins; puis, renonçant au cloître, se mit à faire des articles littéraires. On a de lui : *Dictionnaire d'agriculture* (1751), *Dictionnaire militaire* (1758), *Dictionnaire domestique* (1762), etc.

* **LÂCHETÉ** s. f. Poltronnerie, défaut de courage : *il a montré bien de la lâcheté*. — Action basse, indigne : *ne point défendre ses amis absents est une lâcheté*. En ce sens, il se dit au pluriel : *il a fait mille lâchetés*.

LÂCHEUR, EUSE s. Homme, femme sur qui l'on ne peut compter. — s. m. Jargon. Qui n'est point partisan des liaisons amoureuses sérieuses.

* **LACINIÉ, ÉE** adj. (lat. *lacinia*, déchirure). Bot. Se dit des feuilles découpées de manière à figurer des lanières étroites et longues : *la tige de l'artichaut a ses feuilles laciniées*.

* **LACIS** s. m. [la-si]. Espèce de réseau de fil ou de soie : *un lacis bien fin*. — Anat. se dit, par anal., d'un réseau plus ou moins compliqué, formé de vaisseaux ou de nerfs.

* **LACK** s. m. Mot qui, dans l'Inde, signifie cent mille, et qui s'emploie dans cette expression : Un lack de roupies, cent mille roupies d'argent.

LACLOS (Pierre-Ambroise-François Choderlos de), écrivain français, né à Amiens en 1741, mort en 1803. Après 30 ans de services militaires, il devint secrétaire du duc d'Orléans et travailla sourdement au renversement de Louis XVI. Il dirigea le journal du club des Jacobins, fut le premier à demander la déposition du roi et, avec Brissot, il rédigea

dans ce but une pétition qui fut signée au champ de Mars le 17 juillet 1791, et qui amena le massacre que l'on reprocha avec tant d'amertume à Lafayette et à Bailly. Au moment de sa mort, Laclos était inspecteur général de l'armée de l'Italie méridionale. Il a laissé plusieurs ouvrages, dont un célèbre roman licencieux *Les Liaisons dangereuses* (1782, 4 vol.).

LACOMBE I. (Le P. François), religieux barnabite, qui fut avec Mme Guyon un des plus fervents adeptes du quiétisme; l'amour pur, se reposant en Dieu, qui fait le fond de cette doctrine, troubla tellement le cerveau du pauvre barnabite qu'il en devint fou. Il mourut dans une maison religieuse où il avait été enfermé par ordre de l'archevêque de Paris. — II. (Dominique), prélat français, né à Montrejeau en 1749, mort en 1823. Il adopta les principes de la Révolution, prêta le serment à la constitution civile du clergé, fut député à l'Assemblée législative et nommé évêque d'Angoulême après le Concordat. Malgré la sagesse de son administration, il eut de nombreuses difficultés avec son clergé; le gouvernement de la Restauration lui suscita mille embarras et ses obsèques même donnèrent lieu à de graves désordres. — III. (Francis), publiciste français, né à Toulouse en 1818, mort en 1867. Journaliste à Paris, il écrivit un ouvrage sur l'organisation du travail (1848), des histoires de la bourgeoisie de Paris, de la monarchie en Europe et de la papauté, etc.

LA CONDAMINE (Charles-Marie de), géographe français, né à Paris en 1701, mort en 1774. Il déploya une grande valeur au siège de Rosas (1719), visita l'Orient et l'Afrique, et en 1735 le Pérou, pour mesurer une portion de l'arc du méridien. Il a découvert que la déflection d'une ligne à plomb pour une masse de montagnes suffit pour faire connaître la hauteur de celles-ci. On dit qu'il a introduit le caoutchouc en Europe. Il entra à l'Académie française en 1760. Ses principaux ouvrages sont : *Voyages dans l'Amérique méridionale* (1745, in-8e); *Figure de la Terre* (1749, in-4e); *Voyage à l'Equateur* (1744, in-4e); *Pyramides de Quito* (1751, in-4e); *Mémoires sur l'inoculation* (2 vol. in-12), des poésies, des opuscules, etc.

LACONIE, Laconica ou **Lacédémone**, division du S.-E. de l'ancien Péloponèse, bornée par la Messénie, l'Arcadie et l'Argolide. La Laconie occupe une longue vallée, arrosée au N. par les montagnes d'Arcadie, à l'E. et au S., par deux chaînes parallèles, le Parnon et le Taygète, et ouverte seulement au S. du côté de la mer. Le sommet principal du Taygète, le Taletum (aujourd'hui Saint-Elie) a 2,400 m. de haut; le point le plus élevé du Parnon, est d'environ 2,000 m. L'Eurotas, rivière principale (aujourd'hui Iris ou Vasilipotamos) coule à travers la vallée et se jette dans le golfe de Laconie. Lacédémone ou Sparte, ancienne capitale, s'élevait sur ses rives. Il n'y a pas d'autre ville importante. (Voy. Sparte.) La Laconie moderne, nomarchie du royaume de Grèce, occupe presque le même territoire; 3,436 kil. carr.; 105,350 hab. Capitale, Sparte.

LACONIEN, IENNE s. et adj. Habitant de la Laconie; qui appartient à ce pays ou à ses habitants.

* **LACONIQUE** adj. Concis à la manière des habitants de la Laconie, des Lacédémoniens : *discours laconique*.

* **LACONIQUEMENT** adv. En peu de mots. laconique, d'une manière laconique : *il lui répondit laconiquement*.

* **LACONISME** s. m. *Expression* ou *phrase concise et énergique*, à la manière des Lacédémoniens. Quand, à une longue lettre par laquelle Philippe, roi de Macédoine, les menaçait de sa vengeance, s'il entrait victorieu-

dans leur ville, ils se contentèrent de répondre Si, c'était un *laconisme*. — Se dit aussi, en général, de la grande concision du langage ou du style : *il se pique de laconisme*.

LACORDAIRE I. (Jean-Baptiste-Henri), dominicain et prédicateur célèbre, né à Recey-sur-Ource (Côte-d'Or) en 1802, mort en 1861. Après avoir étudié le droit à Dijon, il vint faire son stage d'avocat à Paris en 1821 ; ses débuts ne furent pas brillants et sa profession ne le satisfaisait pas ; il se livra alors à l'étude de la théologie. Entré au séminaire de Saint-Sulpice en 1823, il en sortit prêtre en 1827. Nommé aumônier du collège Henri IV, il se lia avec Lamennais, dont la doctrine et les vues firent sur lui tant d'impression qu'il a été appelé *l'un des meilleurs ouvrages* de Lamennais. De concert avec ce dernier et avec Montalembert, il fonda, en 1830, le journal *l'Avenir*, défenseur de l'autorité absolue du pape et du peuple. Il fut bientôt poursuivi et condamné pour avoir ouvert avec Montalembert et de Coux une école libre sans autorisation, tandis que Grégoire XVI, en 1832, réprouvait les théories de *l'Avenir*. Lamennais protesta dans ses *Paroles d'un croyant* ; Lacordaire se sépara alors ouvertement de lui, et se joignit à Montalembert pour se soumettre à la sentence du pape, et dans une brochure qu'il publia, il déclara son obéissance sans réserve au siège de Rome. En 1834, il commença ses célèbres conférences dans la chapelle du collège Stanislas, et y discuta avec une puissance remarquable les problèmes qui agitaient la société française. En 1835, l'archevêque de Paris l'invita à faire les conférences du carême à Notre-Dame. Il répudia solennellement les doctrines de *l'Avenir* dans sa *Lettre sur le Saint-Siège*, publiée pendant sa visite à Rome en 1836 ; dans un second voyage qu'il y fit en 1838, il prit l'habit de saint Dominique. Il publia la *Vie de saint Dominique* en 1840 et reparut à Notre-Dame en 1841. Il prêcha ensuite dans les principales villes de France, électrisant les auditeurs par son éloquence d'un genre nouveau. En 1848, il siégea en habit de dominicain à l'Assemblée constituante, mais il donna bientôt sa démission en voyant l'impopularité de ses théories. En 1853, il fut chassé de Paris pour son attaque audacieuse quoiqu'indirecte et son défi à Napoléon III, dans un sermon de charité qu'il fit à l'église Saint-Roch, le 10 février ; il donna alors sa démission de provincial des dominicains de France, et se consacra entièrement au collège de Sorèze (Tarn), qui lui appartenait. Il succéda à Alexis de Tocqueville à l'Académie française, et dans son discours d'inauguration (2 fév. 1860), il fit le panégyrique des institutions libres américaines. Ses conférences sur *Dieu* et sur le *Christ* sont remarquables. Ses œuvres ont été réunies en 6 vol. (1858). Montalembert a été un de ses biographes et Sainte-Beuve a décrit d'une manière brillante sa puissance comme orateur. — II. (Jean-Théodore), son frère (1801-'70), fit quatre voyages dans l'Amérique du Sud entre 1825 et 1832, et explora ensuite le Sénégal. Il devint professeur de zoologie à Liège en 1835, professeur d'anatomie comparée en 1838 et doyen de la faculté des sciences en 1850. Il a écrit sur l'entomologie.

LACRETELLE I (Pierre-Louis de), littérateur français, né à Metz en 1751, mort en 1824. Jeune encore, il se fit connaître comme juriste et comme écrivain ; en 1787, il fut nommé membre de la commission sur la législation pénale. A l'Assemblée législative, il fit partie de la minorité qui soutenait la constitution de 1791. Il s'opposa à l'accusation de Lafayette en 1792 et quitta Paris, où il ne rentra qu'après le 9 thermidor. En 1804, il fit partie du Corps législatif, mais il n'accepta aucun emploi ni sous l'Empire, ni sous la Restauration

et il fut l'adversaire de la royauté dans le journal la *Minerve française*, dont il était un des rédacteurs. Il écrivit sur la philosophie, la littérature et la politique, et succéda à La Harpe à l'Académie. — II. (Jean-Charles-Dominique de), frère du précédent, historien, né à Metz en 1766, mort en 1855. Comme secrétaire du duc de la Rochefoucauld-Liancourt, il coopéra à l'infructueuse tentative de fuite de la famille royale. Il composa un célèbre récit de l'exécution du roi, fut proscrit en 1795 et emprisonné (1797-'99). Il fut censeur impérial (1810-'14), ensuite censeur royal jusqu'en 1827, époque où il fut remplacé pour s'être opposé aux restrictions que l'on proposait d'apporter à la liberté de la presse. Il fut anobli en 1822. Il fut professeur d'histoire à la faculté des lettres de 1812 à 1848. Il a écrit sur l'histoire de France, depuis le commencement des guerres religieuses jusqu'à l'avènement de Louis-Philippe, plusieurs ouvrages imbus de l'esprit de parti ; les plus connus sont : *Précis historique de la Révolution française* (1801-'06, 5 vol. in-18) ; *Histoire de la Révolution française* (1821-'25, 6 vol. in-8°) ; *Histoire du Consulat et de l'Empire* (1846, 4 vol.) Il avait remplacé Esménard à l'Académie française.

LACROIX (Jean-François de), conventionnel né à Pont-Audemer en 1754, guillotiné le 20 avril 1794. Avocat à Gand, il fut envoyé par le département d'Eure-et-Loir à la Législative, puis à la Convention, dont il devint président, combattit les girondins et fut sacrifié en même temps que Danton à la haine jalouse de Robespierre.

LACROIX (Paul) (LE BIBLIOPHILE JACOB), érudit, né à Paris en 1808. Depuis 1855, il fut directeur de la bibliothèque de l'arsenal à Paris. Son activité littéraire fut prodigieuse. Outre une revue artistique et plusieurs autres publications périodiques, il a donné des contes et des romans historiques : l'*Histoire du XVIe siècle en France* (1834, 2 vol.), et un grand nombre d'ouvrages divers et de traductions. Ses œuvres comprennent : *Les Arts au Moyen Age et au temps de la Renaissance ; Manières, Usages et Coutumes des mêmes époques*, avec 440 gravures (1871) ; *Vie militaire et religieuse au Moyen Age* (1872) ; *Histoire de la prostitution* (1851-'54, 6 vol.) ; *Histoire de Nicolas Ier* (1864-'73), etc.

LACROIX (Paul-Joseph-Eugène), architecte, né à Paris en 1814, mort en 1873. Il était frère de lait de Napoléon III. Comme architecte de l'Élysée (1852), il dessina l'agrandissement de ce palais et de celui des Tuileries. Il exécuta aussi le monument du maréchal Ney.

LACROIX (Sylvestre-François), mathématicien français, né à Paris, en 1765, mort en 1843. Il s'instruisit lui-même, et, à peine âgé de 17 ans, il devint professeur à Rochefort, puis à l'école militaire et consécutivement dans les principales institutions de Paris. Il fut un des premiers membres de l'Institut. Son *Cours de mathématiques* comprend l'arithmétique, l'algèbre, la géométrie et la trigonométrie. Il écrivit aussi des traités sur le *Calcul différentiel et intégral*, sur la géographie mathématique et physique et sur les assurances maritimes. Ce dernier ouvrage lui valut un prix académique de 6,000 francs. Peu d'hommes ont rendu autant de services à l'enseignement.

LA CROSSE, ville du Wisconsin (Etats-Unis), sur le Mississipi, à l'embouchure des rivières Black et la Crosse, à 295 kil. O.-N.-O. de Milwaukee ; 14,020 hab.

LACRYMA-CHRISTI s. m. (mots lat. qui signifient *larme du Christ*). Vin très renommé que l'on récolte au pied du Vésuve. (Voy. ITALIE (*vins d'*.)

* **LACRYMAL, ALE, AUX** adj. (lat. *lacryma*,

larme). Anat. Qui a rapport aux larmes : *glande, humeur lacrymale*. — Chir. FISTULE LACRYMALE, ulcère à l'angle interne de l'œil, avec perforation du conduit des larmes : *avoir une fistule lacrymale*.

* **LACRYMATOIRE** s. m. Antiq. rom. Se dit de petits vases de terre cuite ou de verre, déposés dans la plupart des tombeaux, et qui, selon toute apparence, contenaient les huiles odorantes, dont on parfumait le bûcher avant de l'allumer : *on a cru longtemps, avec peu de vraisemblance, que les lacrymatoires servaient à recueillir les larmes répandues aux funérailles du mort.* — Adjectiv. : *urne, vase lacrymatoire.*

* **LACS** s. m. [là] (lat. *laqueus*). Cordon délié : *autrefois le sceau était attaché aux édits avec des lacs de soie de diverses couleurs.* — Nœud coulant qui sert à prendre des oiseaux, des lièvres et autre gibier : *un lacs de crin.*

> .... Ce blé couvrait d'un *lacs*
> Les menteurs et traîtres appas.
>
>   La FONTAINE.

— Corde qui a une certaine longueur, et que l'on emploie pour abattre les chevaux : *abattre un cheval avec le lacs.* — Fig. Piège, embarras dont on a de la peine à se tirer : *elle le retient dans ses lacs.* — LACS D'AMOUR, cordons repliés sur eux-mêmes, de manière à former un 8 renversé : *un chiffre fait en lacs d'amour.*

LACTAIRE adj. (lat. *lactarius* ; de *lac*, lait). Qui a rapport au lait, à l'allaitement : *régime lactaire*. — s. m. Zool. Poisson très recherché pour son goût délicat ; on le trouve dans la rade de Pondichéry où on l'appelle vulgairement *pêche-lait*, à cause de sa délicatesse et de sa blancheur.

LACTAMIDE s. f. (lat. *lac, lactis*, lait ; franç. *amide*). Chim. Amide neutre de l'acide lactique.

LACTANCE (Firmianus LACTANTIUS), apologiste chrétien, né vers 260, mort vers 325. Il était païen et écrivit une collection d'énigmes, intitulée *Symposion*, ce qui engagea Dioclétien à l'inviter, en 301, à ouvrir une école d'éloquence à Nicomédie, où il resta jusqu'en 342. Devenu chrétien vers cette époque, il écrivit, pour défendre la foi persécutée, son grand ouvrage *Institutiones Divinæ*. En 312, il fut appelé à Trèves par l'empereur Constantin pour diriger l'éducation de son fils Crispus, et il y resta jusqu'à sa mort. Lactance est appelé le Cicéron chrétien et saint Jérôme dit qu'il était de beaucoup l'homme le plus savant de son époque. Les meilleures éditions de ses œuvres sont celles du P. Édouard de Saint-François-Xavier (Rome, 1754-'59, 14 vol. in-8°) et de la Patrologie de Migne.

* **LACTATE** s. m. Chim. Sel produit par la combinaison de l'acide lactique avec une base. (Voy. LACTIQUE.)

* **LACTATION** s. f. Méd. Action d'allaiter un enfant, de le nourrir avec du lait.

* **LACTÉ, ÉE** adj. (lat. *lacteus*). Qui a rapport au lait, ou qui est de la couleur du lait. N'est usité que dans les expressions suivantes : — Méd. DIÈTE LACTÉE, régime dans lequel les malades font du lait leur principal aliment. — Anat. VAISSEAUX LACTÉS, VEINES LACTÉES, petits conduits qui sont dispersés dans le mésentère, et qui des intestins portent le chyle au réservoir de Pecquet. — Bot. PLANTES LACTÉES, plantes qui abondent en sucs laiteux. On dit aussi dans le même sens, PLANTES LACTIFÈRES ou LAITEUSES. — Astron. VOIE LACTÉE, blancheur irrégulière qui entoure le ciel en forme de ceinture, et dans laquelle on observe un nombre infini de petites étoiles. (Voy. GALAXIE.)

LACTÉIFORME adj. (lat. *lac*, lait ; franç. *forme*). Qui a l'apparence du lait.

LACTESCENCE s. f. Qualité d'un liquide qui ressemble au lait.

LACTESCENT, ENTE adj. [la-ktè-san]. Bot. Qui contient un suc laiteux ; qui blanchit l'eau.

* **LACTIFERE** adj. (lat. *lac, lactis*, lait ; *fero*, je porte). Physiol. Qui porte, qui conduit, qui produit le lait ; VAISSEAUX, CONDUITS LACTIFÈRES, vaisseaux ou conduits qui amènent le lait au dehors.

* **LACTIFUGE** adj. (lat. *lac, lactis*, lait ; *fugo*, je chasse). Méd. Qui fait passer le lait dans le sein d'une nourrice.

LACTINE s. f. Sucre de lait. On prépare en Suisse la lactine comme article de nourriture ; elle est employée par les homéopathes comme véhicule de leurs médicaments et comme aliment pour les jeunes enfants pendant le travail de la dentition, parce qu'elle est moins sujette que le sucre de canne à produire des aigreurs. Les cristaux du sucre de lait sont réunis et décolorés par du noiranimal et par des cristallisations renouvelées. Ils ont pour formule : $C^{14} H^{12} O^{12} + 5 H O$. Ils sont durs et graveleux, peu solubles dans l'eau et dans l'alcool, légèrement sucrés et ne fermentent pas facilement.

* **LACTIQUE** adj. Chim. Se dit d'un acide qui existe dans le lait aigri : *acide lactique*. — Se dit d'un éther obtenu en distillant à parties égales du lactate de chaux, de l'alcool anhydre et de l'acide sulfurique. — ENCYCL. L'acide lactique est le produit de la décomposition de toute espèce de sucre en solution, sous l'influence de certaines substances sucrées ou de ferments frais. Le lait, qui renferme de la lactine, se change en lait aigre par la conversion de son sucre en acide lactique, qui peut être représenté par l'équation suivante : $C^{12} H^{12} O^{12} + H^2 O$, ou $C^{12} H^{24} O^{12} = 4C^3 H^6 O^3$, les molécules du sucre se rangeant en quatre fois le nombre des groupes. Dans l'économie animale, on pense que l'acide lactique joue un rôle important à cause de la propriété qu'il possède de dissoudre de grandes quantités de phosphate de chaux nouvellement précipité ; c'est ce qui a amené sa prescription en médecine. Les sels formés par cet acide avec des bases sont appelés lactates. Le seul qui soit important est le lactate de fer, très employé en médecine comme stimulant et comme tonique. Il a été introduit dans le pain, appelé pain chalybé.

LACTO-BUTYROMÈTRE. Voy. BUTYROMÈTRE.

LACTO-DENSIMÈTRE s. m. Instrument qui donne la densité du lait et fait connaître la quantité d'eau dont il aurait pu être additionné. Il fut inventé, en 1841, par M. Quévenne.

LACTOMÈTRE s. m. (lat. *lac, lactis*, lait ; gr. *metron*, mesure). Sorte d'aréomètre aussi nommé LACTO-DENSIMÈTRE. (Voy. ce mot et GALACTOMÈTRE.)

LACTORATES, peuple de la Gaule ancienne dont la capitale était *Lactora*, aujourd'hui *Lectoure*.

LACTOSCOPE s. m. (lat. *lac*, lait ; gr. *skopéô*, j'examine). Instrument destiné à faire connaître la qualité du lait en déterminant la quantité de beurre qu'il renferme.

LACTOSE s. f. Chim. Sucre de lait. Voy. LACTINE.

* **LACTUCARIUM** s. m. [-ri-omm] (lat. *lactuca*, laitue). Suc laiteux de la laitue obtenu par incision et desséché au soleil : *sirop de lactucarium*.

LACTUCINE s. f. Chim. Substance fournie par la laitue.

LACTUCIQUE adj. Chim. Se dit d'un acide que l'on extrait d'un suc de laitue épaissi.

LACTYLE s. m. Chim. Radical de l'acide lactique.

LACUÉE DE CESSAC (Jean-Gérard, COMTE DE), général français, né près d'Agen en 1752, mort en 1841. Elu à l'Assemblée législative, il s'y déclara l'adversaire de Dumouriez et il fut successivement membre du Conseil des Anciens (1795), du Conseil d'Etat, directeur de l'Ecole polytechnique et enfin ministre de la guerre (1807). Il entra à la Chambre des pairs en 1831. On a de lui un *Guide des officiers particuliers en campagne* (1815, 2 vol. in-8°) et le *Dictionnaire d'art militaire* de l'Encyclopédie méthodique.

LACUNAIRE adj. Minér. Qui offre des interstices avec les points de jonction ; qui est pourvu de lacunes : *corps lacunaire*.

* **LACUNE** s. f. (lat. *lacuna*, petit lac). Interruption, vide dans le texte d'un auteur, dans le corps d'un ouvrage, etc. : *cet auteur ne nous est pas parvenu en entier ; ce qui nous en reste présente des lacunes, de grandes lacunes.*

LACURNE DE SAINTE-PALAYE (Jean-Baptiste de), archéologue, né à Auxerre, en 1697, mort en 1781. Membre de l'Académie des inscriptions, en 1724, et de l'Académie française en 1758, il se livra spécialement à des recherches sur l'histoire de France. Il a laissé : *Mémoires sur l'ancienne chevalerie considérée comme une établissement politique et militaire* (Paris, 1781, 3 vol. in-12) et plus de 100 volumes de manuscrits.

* **LACUSTRE** adj. (lat. *lacustris* ; de *lacus*, lac). Hist. nat. Qui vit dans l'eau, autour des grands lacs et des grands étangs : *plante lacustre*. — Géol. TERRAINS LACUSTRES, certaines couches du sol qui paraissent avoir été déposées au fond des eaux douces. — CITÉS LACUSTRES, bourgades bâties sur pilotis dans les lacs de la Suisse, de la Savoie, de la haute Italie et de plusieurs autres pays, avant l'époque historique. — ENCYCL. Cette classe d'habitations préhistoriques existait sous différentes formes dans diverses parties du monde, mais

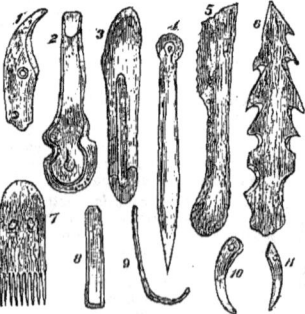

Instruments en os, en silex et en bois, trouvés à Moossedorf. — 1. Couteau en dent de sanglier. — 2. Ciseau en os. — 3. Couteau en os. — 4. Alène en os. — 5. Scie en silex, avec manche de sapin. — 6. Harpon en corne de cerf. — 7. Peigne en bois d'if. — 8. Coin en sapin. — 9. Hameçon en défense de sanglier. — 10, 11. Aiguilles en défenses de sanglier.

on les trouve dans leur plus grande perfection et on les a entièrement explorées en Suisse. Les hommes qui les habitaient reçoivent le nom de Lacustriens. En Ecosse et en Irlande, les ruines de ce genre sont appelées crannoges. Il y a deux espèces de cités lacustres, celles qui sont construites avec des fascines et celles qui le sont sur pilotis. Les premières étaient bâties sur une fondation de roseaux ou de troncs d'arbres, mêlés ensemble par couches horizontales, alternativement avec des couches de terre glaise ou de gravier, la masse tout entière étant enfoncée dans l'eau et maintenue

en place par quelques pieux ou pilotis. Les habitations sur pilotis sont construites sur des plates-formes que supportaient des pilotis enfoncés profondément dans le fond du lac et dont l'extrémité supérieure sortait de l'eau. Les habitations en fascines étaient ordinairement construites dans de petits lacs dont le fond était trop mou pour tenir solidement des pilotis, tandis que les habitations sur pilotis étaient construites sur les grands lacs, où les vagues eussent balayé une fondation de fascines. Les constructions lacustres représentent tous les degrés de la civilisation des peuples éteints depuis l'âge de pierre jusqu'à l'aurore de l'âge de fer. On suppose que les plus anciennes sont celles du lac Moossedorf (Suisse), et les plus récentes celles d'Irlande. — En 1829, une excavation sur la côte du lac de Zürich, à Obermeilen, révéla l'existence d'anciens pilotis et de quelques autres antiquités. En 1853-'54, un grand nombre de pilotis furent trouvés dans une petite haie, entre Obermeilen et Dallikon, et des restes semblables ont été découverts ensuite dans les lacs de Constance, de Genève, de Bienne, de Neufchâtel, de Morat et dans plusieurs lacs plus petits de la Suisse. De 20 à 50 établissements ont été explorésdans chacun des grands lacs, et un nombre immense d'ustensiles en corne, en os, en pierre, en bronze et en terre ont été trouvés, ainsi qu'un petit nombre

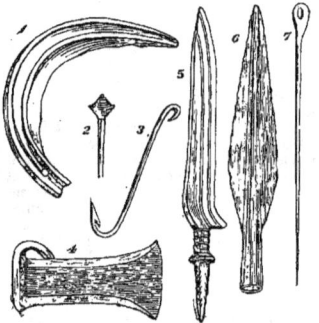

Instruments de bronze trouvés à Unter Uhlieden. — 1. Faucille. — 2. Epingle. — 3. Hameçon. — 4. Celt muni de sa douille. — 5. Couteau. — 6. Pointe de lance. — 7. Epingle.

d'objets en or, en bois ou en fer, le tout mêlé avec des ossements d'animaux et, dans quelques cas, avec des restes humains. Le spécimen le plus parfait des cités lacustres de l'âge de pierre se trouvait dans le petit lac de Moossedorf, près de Berne. Une baisse artificielle de l'eau, dans l'hiver de 1835, mit à découvert une habitation à chaque extrémité du lac. On trouva les restes d'un pont qui réunissait au rivage l'établissement oriental. Les ustensiles gisaient non dans la boue du fond de l'ancien lac, mais dans une couche immédiatementau-dessus, et consistant en tourbe peu ferme, en gravier, en terre glaise, en bois et en charbon, d'une épaisseur de 12 à 75 centim. Les habitations lacustres des marais tourbeux offrent, sous quelques rapports, plus de facilité aux recherches que celles qui sont encore sous l'eau. Le meilleur spécimen de ce genre fut découvert, en 1858, à Robenhausen, près du lac Pfaeffikon, dans le canton de Zürich. L'espace couvert de pilotis forme un quadrilatère irrégulier de près de trois acres ; il reste encore les piles d'un pont qui le réunissait au rivage. Presque toute la côte de l'Untersee était garnie d'habitations lacustres ; celles de Wangen ont été explorées avec soin. Des constructions en fascines se trouvent à Niederwyl et à Wauwyl. A Nidau-Steinberg, sur le lac de

Bienne, il y a un établissement lacustre dans lequel on a trouvé des objets de bois, de corne, d'os, d'argile, de silex, de bronze, de fer et d'or. A Morges, on a trouvé des moules pour fondre des hachettes en bronze. La seule cité lacustre qui présente les caractères distinctifs de l'âge de fer est à Marin, sur le lac de Neuchâtel. On a plusieurs fois essayé d'évaluer l'âge de ces établissements, de rétablir la forme et la grandeur de leurs constructions supérieures et d'estimer le nombre de leurs habitants; mais on n'y est pas parvenu d'une manière satisfaisante. On ne connaît pas mieux la raison qui poussait les premiers hommes à construire des habitations au milieu des eaux : il est présumable qu'en s'isolant ainsi de la terre, ils se mettaient à l'abri des attaques de leurs ennemis. Des constructions semblables ont été découvertes depuis en Italie, en Bavière, en Saxe, dans le Jura français et dans d'autres parties de la France, de l'Allemagne et en Danemark. La première exploration de « crannoges » eut lieu en 1839, près de Dunshauglin, comté de Meath (Irlande). Le lac de Lagore ayant été mis à sec, un monticule circulaire de 173 m. de circonférence, que l'on avait considéré jusqu'alors comme une île, se trouva être une construction artificielle. Les anciennes annales de l'Irlande rapportent que cette île fut pillée et brûlée par un chef ennemi, en 848. On a découvert depuis plus de 50 crannoges en Irlande, et autant en Écosse.

LACUSTRIEN, IENNE s. Habitant d'une cité lacustre.

LACUSTRIN, INE adj. Qui contient, qui forme des lacs. On trouve, au centre de l'Afrique et dans l'Amérique septentrionale, de vastes systèmes lacustrins.

LADAKH ou **Thibet Central**, état de l'Asie centrale, soumis au Cachemire; environ 73,438 kil. carr.; 150,000 hab. Territoire élevé et inégal, s'étendant principalement entre la chaîne du Karakorum et celle de l'Himalaya occidental; l'Indus coule au N.-O. entre ces chaînes à une hauteur de près de 3,000 m. Climat froid et aride; sol stérile. Fer, plomb, cuivre et soufre. Les habitants sont presque tous Thibétains, ils font le commerce de laine. Le pays fut conquis par Gbolab Singh, rajah de Cachemire, en 1835. Capitale, Leh.

LADANUM ou **Labdanum** s. m. [la-da-nomm] (gr. *ladanon*). Gomme-résine d'une odeur agréable, obtenue par exsudation de plusieurs espèces d'arbrisseaux du genre *cistus*, principalement du *ciste de Crète*, arbuste toujours vert qui croît dans les îles de l'archipel grec et dans certaines voisines. Le ladanum était autrefois employé en fumigation et comme stimulant expectorant. Il entrait aussi dans certains emplâtres.

LADINO s. m. Terme appliqué dans l'Amérique centrale, particulièrement dans le Nicaragua et le Guatémala, aux métis ou sang-mêlés, descendants de blancs et d'Indiens.

LADISLAS (Saint) (hongr. *Laszlo*), roi de Hongrie (1077-'95). (Voy. **HONGRIE**.) Fête le 27 juin.

LADISLAS (pol. *Wladislaw*) nom de plusieurs princes polonais. — Ier, dit *Hermann*, duc de Pologne (1081-1102), succéda à son frère Boleslas. — II. Roi de Pologne, né vers 1350, mort le 31 mai 1434. Il était fils d'Olgerd de Lithuanie, et comme prince païen, il reçut le nom de Jagello. (Voy. JAGELLON.) Il succéda à son père comme grand-duc; en 1386, il épousa Hedvig, fille de Louis le Grand, roi de Hongrie et de Pologne, se fit chrétien et reçut la couronne de Pologne. Il mit en déroute les chevaliers Teutoniques à la bataille de Grünwald (1410). La Pologne fut gouvernée par sa dynastie jusqu'en 1572. — III. Son fils et successeur,

ayant été élu roi de Hongrie (sous le nom d'Uladislas I) fit la guerre aux Turcs et tomba à la bataille de Varna (1444). — IV. Fils de Sigismond III, né en 1595, roi de Pologne en 1632, mort en 1648. Il essaya de se déclarer czar de Russie, s'empara de plusieurs territoires russes et repoussa les Turcs.

LADOGA, lac de Russie, le plus grand de l'Europe, entouré par les gouvernements de Viborg, d'Olonetz et de Saint-Pétersbourg, et situé entre 59° 58' et 61° 46' lat. N. et entre 27° 30' et 30° 35' long. E. ; long de 205 kil., large de 125 kil. ; 18,120 kil. carr. Il renferme plusieurs îles dont quelques-unes sont habitées. Il est relié par des rivières et des canaux aux autres grands lacs, à la mer Blanche, à la Baltique et à la mer Caspienne.

LADRE adj. (corrupt. de *Lazare*). Lépreux, attaqué de lèpre, de ladrerie : *il est ladre*; *il a été déclaré ladre*. — Fig. Insensible, soit physiquement, soit moralement : *il est ladre, il ne sent pas les coups*. — Excessivement avare : *c'est un homme très ladre*. (Fam.) — s. Fait au féminin *Ladresse* : *c'est un ladre, c'est une ladresse*. — Fig. LADRE VERT, homme d'une avarice sordide. — Art véter. : *ce cheval a du ladre*, se dit d'un cheval qui a le tour des yeux, le bout des naseaux ou le tour des lèvres dénués de poil.

LADRERIE s. f. Lèpre, maladie qui couvre la peau de pustules et d'écailles : *être entaché de ladrerie*. — Fig. et fam. Avarice sordide : *voyez un peu la ladrerie de cet homme*. — Hôpital destiné aux lépreux. — Aujourd'hui le mot *Ladrerie* ne s'emploie plus que pour désigner une maladie particulière aux porcs. Elle est caractérisée par la formation d'une multitude de tumeurs hydatiques occupant, sous forme de vésicule, la peau, les viscères, la graisse, etc. Cette maladie résiste à tout traitement; l'animal qui en est atteint perd toute sa valeur; il serait même dangereux de se nourrir de sa chair, car il est démontré que les entozoaires introduits chez l'homme y produisent le *ténia*.

LANDRONES, nom espagnol des îles Mariannes, [là-'ro-nèss]. (Voy. MARIANNES (îles).) — Il y a aussi deux autres petits groupes appelés Ladrones; l'un à l'embouchure de la baie de Canton (Chine); l'autre dans le Pacifique, à 15 kil. en face de la côte de Colombie.

LADY s. f. [lé-di] (anglo-sax. *hláfdige*, dame; fém. de *hláford*, seigneur). Titre qui appartient, en Angleterre, aux femmes des lords et des chevaliers, et qu'on donne aussi, par courtoisie, aux filles des lords et des chevaliers baronnets, en y joignant les noms de baptême : *lady Marie*.

LAEKEN ou **Laken** [là-'k'n], village de Belgique et faubourg de Bruxelles; on y remarque un magnifique palais bâti, en 1782, par Marie-Christine et qui sert aujourd'hui de résidence d'été à la famille royale; Napoléon l'acheta en 1806 et le meubla pour Joséphine. En 1814, il l'habita pendant quelque temps avec Marie-Louise; il est maintenant la propriété de la Belgique.

LÆLIUS NÉPOS I. (Caïus), général romain, né vers l'an 235 av. J.-C. Il accompagna Scipion en Espagne et commanda la flotte qui prit Carthagène. Envoyé en Afrique, il fit prisonnier Syphax, roi de Numidie, et s'empara de sa capitale; il commandait la cavalerie romaine à la bataille de Zama et sa bravoure décida de la victoire. Préteur en 196, consul en 190, il fut chargé ensuite du gouvernement de la Gaule cisalpine. — II (Caïus-Sapiens), fils du précédent, né vers 186, mort vers 115. Il fut tribun du peuple en 151, préteur en 145 et consul en 140. Avant son consulat, il fit avec succès une campagne contre Viriathus en Lusitanie. Au commencement

de sa carrière politique, Lælius inclina pour le parti populaire, mais ensuite il soutint l'aristocratie. En 132, il aida les consuls contre les partisans de Tiberius Gracchus, et en 130, il s'opposa à l'admission de la rogation Papirienne. Sa conduite lui valut le surnom de *Sapiens*, le Sage. Il est le Lælius du *De Amicitia* de Cicéron.

LAENNEC (René-Théodore-Hyacinthe) [lann-nèk], médecin français né à Quimper en 1781, mort en 1826. Il s'établit à Paris en 1800; en 1816, il devint médecin en chef de l'hôpital Necker, où il appliqua l'auscultation à la découverte des maladies de poitrine. Son *Traité de l'auscultation médiate et des maladies des poumons et du cœur* (1819; 4e éd. 1836, 3 vol.), opéra une véritable révolution dans le monde savant et fit appeler son auteur à la chaire de médecine au collège de France. Il a laissé un grand nombre de monographies insérées dans la plupart des revues médicales de l'époque.

LÆNSBERGH ou **Lænshert** (Mathieu), chanoine de Saint-Barthélemy de Liège vers l'an 1600. On le regarde comme le fondateur du fameux *Almanach de Liège*, dont le plus vieil exemplaire connu remonte à 1636; mais on n'est pas certain que ce soit le premier.

LAER ou **Laar** (Pieter van) [lar]. (Voy. BAMBOCCIO.)

LÆTITIA (Maria-Letizia RAMOLINO, appelée pendant l'Empire *Madame Mère*, ou plus populairement *Madame*), épouse de Carlo-Maria Bonaparte (voy. BONAPARTE), née à Ajaccio en 1750, morte à Rome en 1836. Femme d'un aspect imposant et d'une nature courageuse, elle partagea avec son mari les fatigues de la vie des camps jusqu'au moment où elle donna le jour à Napoléon. Attachée au parti français, elle quitta la Corse, lorsque les Anglais occupèrent cette île en 1793 et arriva à Marseille, après avoir couru mille dangers. Elle y vécut dans l'indigence jusqu'à la nomination de Bonaparte au commandement de l'armée d'Italie. Quand il devint premier consul, elle se fixa à Paris, où elle mena une existence simple et modeste. Napoléon, devenu empereur, la combla de biens; mais il lui reprochait souvent sa prédilection pour Lucien et sa répulsion pour Joséphine. Quoique très économe, Madame Mère se montra toujours prodigue dans les œuvres de charité; elle mit de côté une fortune qui lui permit de secourir, plus tard, ses enfants tombés dans le besoin. En 1815, elle s'établit à Rome. Elle repoussa avec indignation l'accusation de conspirer pour la restauration des Bonaparte.

LA FARE I. (Charles-Auguste, MARQUIS DE), poète français, né à Valgorge en 1624, mort en 1712. Il embrassa la carrière des armes, servit avec distinction contre les Turcs en 1664, puis contre la Hollande en 1672. Ami de Chaulieu, il composa quelques poésies légères dédiées pour la plupart à Mme de Caylus et de la Sablière. On ne les trouve guère que réunies avec celles de Chaulieu. Il a laissé aussi des *Mémoires* sur Louis XIV. — II. (Henri, CARDINAL DE), petit-fils du précédent, né à Luçon en 1752, mort en 1829. Il était évêque de Nancy en 1789. Émigré en 1791, il ne rentra en France qu'en 1814, se mit au service des Bourbons, fut nommé pair de France, archevêque de Sens en 1821 et cardinal en 1823.

LAFARGE (Marie CAPELLE), femme tristement célèbre par le crime d'empoisonnement dont elle fut accusée; née à Villers-Hellon en 1816, morte en 1852. En 1838, elle épousa le maître de forges Pouch-Lafarge, du Glandier (Corrèze) et le prit bientôt en aversion, quand elle eut découvert qu'il n'était pas aussi riche qu'il l'avait dit. Après seize mois de mariage, son mari mourut d'une maladie étrange, et comme on prouva qu'elle avait acheté de l'arsenic, elle fut arrêtée. Pendant qu'elle était en prison, elle fut convaincue d'avoir volé les diamants d'une parente et condamnée en avril 1840 à deux ans de prison. Elle nia le vol et l'empoisonnement; elle se fit défendre par trois avocats éminents et elle eût été probablement acquittée sans Orfila qui, en examinant les restes de son mari, y découvrit la présence de l'arsenic. Raspail attaqua ce rapport, et une violente discussion s'en suivit. Mme Lafarge, déclarée coupable par le jury, fut condamnée aux travaux forcés à perpétuité. Dans sa cellule, à Montpellier, elle écrivit ses *Mémoires* publiés en 1841-'42. En 1845, elle fut envoyée dans un couvent, et, en raison de sa santé chancelante, elle fut mise en liberté en juin 1852. Jusqu'au dernier moment, elle protesta de son innocence. Ses *Heures de prison* parurent en 1853.

LA FARINA (Giuseppe), auteur italien, né à Messine en 1815, mort en 1863. En 1837, et en 1839, il fut chassé de Sicile; en 1848, il devint membre du parlement et du cabinet républicain sicilien, et en 1861, membre du parlement italien. Son ouvrage le plus important est son *Histoire d'Italie de 1815 à 1850*. (6 vol.)

LA FAYE [la-fè] (Jean-François, LÉRIGET DE), poète français, né en 1674, mort en 1731; il embrassa d'abord la carrière des armes et fut chargé de missions importantes à Utrecht, à Gênes et à Londres; puis il s'adonna exclusivement à la littérature; rimeur facile et gai, *il fut admis à l'Académie française en 1730*.

LAFAYETTE, ville de l'Indiana (Etats-Unis), sur la rive E. de la rivière Wabash, à 95 kil. N.-O. d'Indianopolis; environ 30,000 hab. Elle est bâtie sur un terrain élevé et renferme un grand nombre de beaux édifices. Près du

Lafayette. — Université Purdue.

milieu de la ville, une place publique renferme un puits artésien qui donne une eau sulfureuse possédant des propriétés curatives. Manufactures nombreuses et importantes. Salaisons de porcs. Institutions diverses. Siège de l'université de Purdue.

LA FAYETTE I. [la-fa-iè-te] (Gilbert MOTIER DE), maréchal de France appartenant à une noble famille d'Auvergne; il battit les Anglais à Baugé (voy. ce mot), en 1421. — **II.** (Louise MOTIER DE), fille d'honneur de la reine Anne d'Autriche, et l'une des maîtresses platoniques du roi Louis XIII. Elle entra au couvent de la Visitation en 1637 et y mourut en 1665. Mme de Genlis a publié en 1842 un roman intitulé : *Mademoiselle de La Fayette*.

LA FAYETTE ou **Lafayette** (Marie-Madeleine) PIOCHE DE LA VERGNE, comtesse de), femme de lettres née à Paris en 1634, morte en 1793. Elle se maria à vingt ans et fut ad-

mise aux réunions littéraires de l'hôtel de Rambouillet; elle fut l'amie de La Rochefoucauld, de La Fontaine, de Segrais, de Mme de Sévigné; elle a laissé plusieurs ouvrages estimés : *La Princesse de Clèves* (1678), *Zaïde* (1670), *la Comtesse de Montpensier, Mémoires de la Cour*, etc. Ses *Œuvres* ont été publiées avec celles de Mmes Tencin et de Fontaines (Paris, 1814; 5 vol. in-8°).

LAFAYETTE ou **La Fayette** (Marie-Jean-Paul-Roch-Yves-Gilbert MOTIER, *marquis de*), homme d'Etat et général français, né au château de Chavagnac (Auvergne), le 6 sept. 1757, mort le 20 mai 1834. Son père, le marquis de Lafayette, fut tué dans une bataille en Allemagne, à l'âge de 25 ans, et sa mère mourut bientôt après, le laissant héritier d'une grande fortune. Il l'envoya au collège du Plessis à Paris, et, à l'âge de 16 ans, il épousa une demoiselle encore plus jeune que lui, la fille du comte d'Ayen, fils du duc de Noailles. En 1776, il se trouvait à Metz avec son régiment de dragons dans lequel il était capitaine, quand il apprit que les colonies américaines avaient déclaré leur indépendance. Ayant résolu d'aller discipliner les troupes inexpérimentées des révoltés, il fit équiper secrètement un navire à Bordeaux. L'ambassadeur anglais pénétra son dessein et le gouvernement donna des ordres pour l'arrêter, mais il envoya son navire à Pasages (Espagne) et, échappant aux gens qui le poursuivaient, il gagna ce port et mit de suite à la voile. Il était accompagné de 11 officiers. Après une traversée longue et orageuse, il débarqua avec ses compagnons dans la nuit du 24 avril 1777, près de Georgetown. Arrivé à Philadelphie, il adressa une lettre au congrès, demandant la permission d'entrer dans l'armée comme volontaire et de servir sans appointements. Le congrès le nomma major-général dans l'armée des Etats-Unis (31 juillet 1777). Il assista à la bataille de Brandywine (11 sept.) où il se trouva au plus fort du combat et reçut une balle dans la jambe. En décembre, il fut nommé commandant de la division du général Stephen, qui avait été destitué. On projetait alors une expédition contre le Canada; le commandement en fut donné à Lafayette qui se rendit à Albany, point désigné comme quartier général, mais après avoir attendu trois mois, il reçut l'ordre de rejoindre l'armée à Valley-Forge. Il retourna au camp en avril 1778, et le 18 mai il fut envoyé par Washington à Barren-Hill où il prit position avec 2,100 hommes et cinq pièces de canon. Sir Henry Clinton, dans la nuit du 19 mai, envoya le général Grant avec 5,000 hommes pour le surprendre, mais il déjoua le général anglais par un mouvement habile et retourna sain et sauf à Valley-Forge. Le 28 juin, à Monmouth, il se battit bravement sous le général Lee. Quelques semaines plus tard, il partit avec deux brigades d'infanterie pour aider les généraux Greene et Sullivan à chasser les Anglais de Rhode-Island. Ces généraux avaient d'abord été assistés dans cette tentative par la flotte française du comte d'Estaing, mais ce dernier s'étant retiré à Boston, Lafayette lui fut envoyé pour le persuader de revenir à Newport. Pendant son absence, un engagement eut lieu le 29. août, et il arriva à temps pour diriger l'évacuation de l'île. Lafayette crut de son devoir, à la fin de la campagne de 1778, de retourner en France, et de se mettre

à la disposition de Louis XVI. qui était alors en guerre avec les Anglais. Il s'embarqua à Boston en janvier 1779. Il fut reçu avec des démonstrations extraordinaires d'enthousiasme par toutes les classes de la société française. Il ne négligea pas les intérêts des Etats-Unis. Ce fut surtout grâce à ses efforts personnels que l'armée de Rochambeau fut envoyée en Amérique. Lafayette rejoignit Washington au quartier général de l'armée le 11 mai 1780 et lui apporta le premier la nouvelle qu'il avait réussi à lui faire procurer par la France un secours d'hommes et d'argent. Une flotte française, conduisant Rochambeau et 6,000 soldats, arriva à Newport le 10 juillet. Washington envoya Lafayette pour se concerter avec Rochambeau sur les opérations futures. Lafayette fut l'un des 14 officiers généraux qui composèrent la cour convoquée à Tappau (29 sept.) pour juger le major André. Pendant l'invasion de la Virginie par Arnold, au commencement de 1781, Washington envoya Lafayette avec 1,200 hommes pour accourir à la défense de cet état. Il déjoua Cornwallis, qui se battit en retraite vers Yorktown et qui s'y retrancha définitivement. Lafayette lui coupa la retraite au S. et attendit des renforts qui arrivèrent quelques semaines plus tard avec Washington et Rochambeau. Ses services pendant le siège de Yorktown, où, avec Rochambeau, il commanda plusieurs attaques, lui valurent les remerciements publics de Washington, le lendemain de la capitulation de Cornwallis. A la fin de la campagne, il revint en France où il fut reçu avec le plus grand enthousiasme; sur sa demande, on envoya de suite en Amérique de nouveaux secours en hommes et en argent. L'enthousiasme se répandit en Espagne où une expédition de 60 vaisseaux de ligne et 24,000 hommes de troupes fut organisée pour être placée sous les ordres de Lafayette, qui conduisit 8,000 hommes à Cadix. Peu après son arrivée dans cette ville il apprit la conclusion de la paix à Paris; et par une lettre qu'il envoya de Cadix (5 fév. 1783), le congrès reçut la première nouvelle de ce traité. En 1784, sur l'invitation de Washington, il visita les Etats-Unis, débarqua à New-York le 24 août et reçut partout des témoignages d'affection et de respect. Rentré en décembre, il se consacra à améliorer la condition politique des protestants français et à préparer les esprits à l'abolition de l'esclavage dans les colonies. En 1787, il fut membre de l'Assemblée des notables. En 1789, il proposa à l'Assemblée constituante une déclaration des droits populaires, ressemblant à la déclaration de l'indépendance américaine, et, peu après, il fut nommé commandant de la garde nationale de Paris. Ce fut à son instigation que le drapeau tricolore fut adopté (26 juillet). Son courage et son sang-froid, pendant les tumultes des 5 et 6 oct., sauvèrent la vie au roi et à la reine. Après la cérémonie de l'adoption de la Constitution (14 juillet 1790), au Champ-de-Mars, il donna sa démission de commandant de la garde nationale de Paris, et il se retira en province dans ses propriétés. Quand la guerre fut déclarée à l'Autriche (20 mars 1792), il fut nommé commandant de l'une des armées et il remporta les victoires de Philippeville, de Maubeuge et de Florennes. Adversaire des Jacobins, il essaya de lutter contre leur influence grandissante; mais le règne de la Terreur ayant été établi, des commissaires furent envoyés à l'armée avec ordre d'arrêter Lafayette. Il s'enfuit dans l'intention de se réfugier en Hollande (17 août), mais il fut pris par une patrouille autrichienne, traité comme un criminel et emprisonné dans les forteresses de Wesel, de Magdebourg, puis dans la citadelle d'Olmütz. Cette détention lui occasionna une maladie qui mit ses jours en danger. Ses amis ne purent, pendant longtemps, connaître son sort; mais, à la fin, le Dr Eric Bollmann apprit qu'il était enfermé à Olmütz, et, avec un jeune Américain, Francis-K. Huger, il forma un plan d'évasion qui réussit. Lafayette se sauva de prison, mais il fut arrêté de nouveau et enfermé plus étroitement qu'auparavant. (Voy. Bollmann.) On fit alors de grands efforts en Europe et en Amérique pour obtenir sa mise en liberté ; mais les autorités autrichiennes restèrent sourdes à toutes les demandes, et il ne fut relâché qu'à l'époque où Napoléon demanda formellement sa mise en liberté, pendant les conférences préliminaires de Léoben, qui précédèrent le traité de Campo-Formio. Rendu à la liberté le 19 sept. 1797, après cinq ans d'un emprisonnement qui avait été partagé par sa femme pendant 22 mois, il se retira dans le Holstein, où il vécut dans la retraite jusque vers la fin de 1799, époque où il se rendit dans sa propriété de la Grange, à environ 60 kil. de Paris. Napoléon, lors d'une entrevue personnelle, essaya en vain de lui faire accepter la dignité de sénateur, rien ne put le faire sortir de sa retraite. Pendant les Cent-Jours, Napoléon ayant accordé au peuple une Chambre des représentants, Lafayette en fut élu membre et y prit son siège ; il refusa d'entrer à la Chambre des pairs. Il fut élu président de la Chambre, mais il refusa d'accepter cet office. Il prit peu de part aux débats jusqu'au retour de Napoléon après Waterloo ; il se mit alors à la tête de ceux qui demandèrent l'abdication de l'empereur. Lors de l'entrée des alliés à Paris, il retourna à la Grange. En 1818, il fut élu à la Chambre des députés, où il vota constamment pour toutes les mesures libérales. En 1824, sur l'invitation du congrès américain, il visita de nouveau les Etats-Unis, à l'occasion du cinquantenaire de la délivrance. Débarqué à New-York le 15 août, il visita les principales villes de chacun des 24 états, et reçut partout un accueil qui fit ressembler son voyage à une continuelle procession triomphale. En décembre, le Sénat lui vota un don de 1 million de francs et une vaste étendue de territoire. (Voy. Bunker Hill.) Le 7 sept. 1825, il quitta Washington. Pendant la révolution de Juillet 1830, il fut nommé commandant en chef de la garde nationale de Paris ; son expérience et son énergie rendirent les plus grands services à la cause libérale. Sacrifiant ses préférences républicaines, il se déclara en faveur d'une monarchie constitutionnelle qu'il appelait la meilleure des républiques. Louis-Philippe fut nommé roi, grâce à l'influence de Lafayette. Celui-ci donna bientôt sa démission de commandant de la garde nationale et se borna à remplir ses fonctions de représentant du peuple. En suivant les obsèques d'un collègue de la Chambre des députés, il contracta un rhume qui occasionna sa mort. — Voy. Mémoires, correspondance et manuscrits du général Lafayette (1836-'40 ; 8 vol. in-8o) ; Regnault-Warin : Mémoires pour servir à la vie du général Lafayette (1824, 2 vol. in-8o).

LA FÈRE. Voy. Fère (La).

LA FERTÉ. (Pour les différentes localités qui portent ce nom, voyez Ferté.)

LA FERTÉ (Henri de Senneterre, duc de), maréchal de France, né à Paris en 1600, mort en 1680 ; il se distingua au siège de la Rochelle, à Rocroi, à Lens, défit le duc de Lorraine à la bataille de Saint-Nicolas (1650), et reçut en récompense le bâton de maréchal. Fait prisonnier par les Espagnols à Valenciennes, il fut racheté par le roi en 1656 et s'empara de Gravelines et de Montmédy, en 1658.

LA FEUILLADE. Voy. Feuillade (La).

LAFFEMAS I (Barthélemy de), valet de chambre de Henri IV, né à Beausemblant (Dauphiné) en 1545, mort vers 1612. Il a laissé sur le travail de la soie une pièce intéressante insérée dans

les Archives curieuses de l'Histoire de France (1re série, t. XIV). Parmi ses autres ouvrages, nous citerons ses Remontrances sur l'abus des charlatans, pipeurs et enchanteurs (1601, in-8o). — II. Son fils (1589-1650), magistrat qui fut l'instrument des vengeances de Richelieu. Il devint lieutenant civil en 1638.

LAFFITTE (Jacques), banquier et homme politique, né à Bayonne, le 24 oct. 1767, mort à Paris le 26 mai 1844. Fils d'un charpentier de Bayonne, il entra comme expéditionnaire dans une étude de notaire à l'âge de 12 ans, quitta son pays en 1788 et vint à pied à Paris où, après avoir végété un instant, il parvint à se faire admettre en qualité de teneur de livres et aux appointements de 1,200 fr. par an, chez un riche banquier suisse appelé Perregaux, qui lui accorda bientôt toute sa confiance, le nomma son caissier, le prit même pour associé et finit par lui laisser sa maison en 1809. L'habileté consommée de Laffitte dans tous ce qui concerne les affaires de banque, le fit arriver à une grande fortune, à Liège en 1864 ; en 1809 et gouverneur de cet établissement de 1814 à 1819, fonctions qu'il remplit gratuitement. Il avança deux millions au gouvernement provisoire en 1814. L'année suivante, Louis XVIII, au moment de partir pour Gand, déposa chez lui une somme considérable, et quatre mois plus tard, Napoléon, quittant Paris pour la dernière fois, lui remit cinq millions de fr. Comme le banquier offrait un reçu à l'empereur, ce dernier répondit : « C'est inutile. Je vous connais, M. Laffitte ; vous n'avez jamais aimé mon gouvernement, mais vous êtes un honnête homme. » Laffitte fut élu député en 1816 et réélu en 1817 ; il prévint la crise financière de 1818 en achetant une grande quantité de valeurs françaises. Il prit une part importante à l'établissement des caisses d'épargne et à la création de plusieurs institutions de bienfaisance. A la fin de la Restauration, son influence politique devint prépondérante et sa maison fut le centre de l'opposition libérale. Il maria sa fille unique avec le fils aîné du maréchal Ney. Sa fortune était alors employée à soutenir les 5 millions de fr. Il était l'ami de Béranger, le protecteur de Thiers et l'ardent partisan de Louis-Philippe, qu'il considérait comme le seul homme capable de sauver le pays en cas de révolution. Après avoir fait de vaines remontrances à Charles X au sujet des ordonnances de juillet 1830, il proposa de créer un gouvernement provisoire avec Louis-Philippe comme lieutenant général, et en réconciliant ce prince avec Lafayette, il empêcha ce dernier de faire proclamer la république. A l'avènement de Louis-Philippe, il fut nommé ministre d'Etat et le 3 nov. président du conseil avec le portefeuille des finances. Mais ses sentiments étaient trop libéraux pour qu'il pût s'accorder longtemps avec le roi ; il donna sa démission en mars 1831. Dans l'intervalle, ses affaires, qu'il avait négligées, avaient périclité ; il dut vendre une partie de ses propriétés. Le roi le sauva d'une faillite ; il liquida sa maison et se retira avec une fortune de 7 à 8 millions. Il fut réélu à la Chambre des députés en 1837, 1839 et 1842. Ses mémoires ne sont pas encore publiés. Son éloge fut prononcé par Arago. — Voy. Marshal : Souvenirs de Jacques Laffitte (1844, 3 vol.)

LAFITAU (Joseph-François), jésuite missionnaire français, né à Bordeaux en 1670, mort en 1740. Il se rendit au Canada en 1712, il s'établit à la mission iroquoise de Sault-Saint-Louis. En 1716, il découvrit le ginseng et présenta, à ce sujet, un mémoire au régent de France (réimprimé à Montréal en 1858). Ses Mœurs indiennes comparées à celles des anciennes nations parurent en 1724. Il écrivit aussi une Histoire des découvertes des Portugais dans le Nouveau Monde.

LA FLÈCHE, ch.-l. d'arr., à 39 kil. S.-O. du Mans (Sarthe), sur le Loir et à 256 kil. S.-O. de Paris ; par 47o 42' 4" lat. N. et 2o 27' 47" long. O. ; 9,500 hab. Le vaste château construit par Henri IV, au milieu d'un parc magnifique, sert depuis le règne de Napoléon Ier de prytanée ou école militaire. Le collège des jésuites de la Flèche était très célèbre avant la Révolution. Cette ville souffrit beaucoup pendant les guerres de Vendée.

LAFLEUR s. m. Type de l'ancien valet de comédie, se distinguant des Scapins par son honnêteté et sa droiture.

LAFONT (Charles), auteur dramatique, né à Liège en 1809, mort à Paris en 1864 ; ses principales productions, nous citerons : La Famille Moronval (1834), Le Chef-d'œuvre inconnu (1837), Un Cas de conscience (1839), Ivan de Russie (1841), la Folle de la Cité (1843), etc., etc.

LAFONT (Pierre-Chéri), acteur français, né à Bordeaux en 1801, mort en 1873. Il débuta au Vaudeville en 1823, obtint de brillants succès aux Variétés (1839-'49) et ensuite sur d'autres scènes parisiennes. Cet acteur comique, d'une élégance et d'une grâce singulières, était aussi populaire à Londres qu'à Paris.

LA FONTAINE (Jean de), l'un des plus grands poètes de France et, sans contredit, le premier de nos fabulistes, né à Château-Thierry le 8 juillet 1621, mort à Paris le 13 avril 1695. Son père, Charles de la Fontaine, maître des eaux et forêts, le mit au séminaire de Saint-Magloire, dans l'intention de faire de lui un prêtre, mais la vocation manquait absolument et le jeune La Fontaine quitta la soutane sans avoir appris autre chose qu'un peu de latin et plusieurs histoires égrillardes qu'il devait plus tard mettre en vers. Son père, très inquiet sur l'avenir d'un jeune homme qui lui paraissait tout à fait nul et que les distractions faisaient la risée de tous ceux qui avaient l'occasion de le fréquenter, crut le rendre un peu plus sérieux en lui faisant épouser Marie Ericart, fille du lieutenant au bailliage de la Ferté-Malon (1647) ; après quoi, il lui transmit sa charge. Un jour, un officier, en garnison à Château-Thierry, déclama devant le futur poète, l'ode de Malherbe sur la tentative d'assassinat commise en 1605 sur Henri IV. Ce fut un trait de lumière : La Fontaine, enthousiasmé, sentit quelle était sa véritable vocation. A partir de ce moment, il se livra à l'étude des poètes antiques et surtout de nos vieux écrivains nationaux, de nos fabulistes et des conteurs italiens. Une traduction de l'Eunuque de Térence n'obtint aucun succès (1654). Le caractère de sa femme ne sympathisant point avec le sien, il s'éloigna peu à peu du toit conjugal et finit par se fixer définitivement à Paris ; il avait négligé les devoirs de sa charge autant que ses devoirs matrimoniaux ; il fut présenté à Fouquet, qui le devina et le nomma son poète, aux appointements de 1,000 livres, à condition d'en acquitter chaque quartier par une pièce de vers. Lorsque Fouquet fut disgracié, son poète s'honora en restant fidèle à ce généreux Mécène, en faveur duquel il dédia à plusieurs reprises et sans se décourager aux roi Louis XIV des pièces de vers dont les plus connues sont une très belle élégie et une Ode au roi. Quelques années après la chute de Fouquet, La Fontaine fut recueilli par la duchesse de Bouillon, nièce de Mazarin ; ses amis lui firent ensuite obtenir la charge de gentilhomme servant de la duchesse douairière d'Orléans dont il reçut une pension. Mais la première de ses deux protectrices fut exilée et la seconde vint à mourir ; le poète reçut chez Mme de la Sablière une hospitalité qui dura vingt années. Ayant eu la douleur de survivre à sa bienfaitrice, il allait tomber dans la misère, lorsque M. d'Hervart lui permit de terminer ses jours sous son toit hospitalier. La Fontaine fit, vers la fin de sa vie, d'austères pénitences en expiation des vers licencieux que l'on trouve dans quelques-unes de ses premières productions et particulièrement dans ses *Contes* et dans ses *Nouvelles* (1665-'75), où la morale n'est pas toujours respectée. Son véritable titre de gloire est son recueil de *Fables* (1668-'94), chefs-d'œuvre inimitables dans lesquels on ne sait ce que l'on doit le plus admirer, de la grâce pleine de variété dans le récit, de la simplicité du style, de l'harmonie prosodique, de la diversité des caractères, de la finesse pleine de bonhomie des appréciations, de la moralité des enseignements, ou de l'exactitude des observations; c'est un livre qui se trouve entre toutes les mains et qui a mérité d'être traduit ou imité dans toutes les langues. — La Fontaine a donné, en outre, un roman mythologique, *Psyché* (1669), un charmant poème narratif, *Adonis* (1669) et des poèmes *Philémon et Baucis*, et les *Filles de Minée*, qui, sans avoir d'autre prétention que d'être des imitations d'Ovide, n'en portent pas moins l'empreinte d'une puissante originalité; parmi ses comédies, *La Coupe enchantée* (voy. COUPE) mérite seule une mention particulière. La Fontaine fut admis à l'Académie le 2 mai 1684. Les principales des innombrables éditions des *Fables* de La Fontaine, sont celle de Nodier (Paris, 1818, 2 vol. in-8°); celle de Walkenaer (Paris, 1827, 2 vol. in-8°); l'édition *parisienne* de Crapelet, avec 75 vignettes sur bois (Paris, 1830, 2 vol. in-32) et celle de Mame, avec illustrations de Doré (1867). Les *Pièces de théâtre* de J. La*Fontaine* ont été publiées séparément à la Haye en 1702 (in-12); elles comprennent *La Coupe enchantée*, *Le Florentin*, *Je vous prends sans vert*, *Ragotin*, etc. Ses œuvres complètes ont été publiées par Walkenaer (1819-'20, 18 vol.); et par Pauly (1876, 6 vol.). Sa biographie a été écrite par Walkenaer (4e éd. 1875). Voy. TAINE : *La Fontaine et ses Fables* (5e éd. 1875).

LAFONTAINE (Henri-Jules-Auguste), romancier allemand, né à Brunswick en 1756, mort en 1831. Il fut aumônier de régiment, puis pasteur à Halle. Il a écrit plus de 80 romans, dont les plus connus sont : l'*Homme singulier*; l'*Arcadie*; les *Histoires de famille*; *Vie d'un pauvre ministre de village*, le *Journal de Charles*; *Blanche et Mina*; *Raphael*; *Charles et Emma*; *Emilie*; *Walter*, la *Famille de Hulden*, etc. Les œuvres de ce romancier, qui forment souvent une lecture fort attrayante pour la jeunesse, ont été imitées et traduites plusieurs fois en français.

LAFORCE, ch.-l. de cant., arr. et à 11 kil. O. de Bergerac (Dordogne); 1,600 hab.

LAFORCE, nom d'une famille de la Guyenne, connue dès le xie siècle. — I. (François de Caumont, DUC DE), né en 1524, massacré lors de la Saint-Barthélemy (1572). — II. (Jacques Nompar de Caumont, DUC DE) fils du précédent, né en 1559, mort en 1652. Il devint un des plus dévoués compagnons de Henri IV lorsque le Béarnais se fut mis à la tête des protestants; obtint sous Louis XIII le bâton de maréchal, prit part, en 1630, à l'expédition d'Italie, vainquit les Espagnols à Carignan et fit une série de campagnes heureuses contre les ducs d'Orléans et de Lorraine. En 1638, il se retira dans ses terres où il travailla à ses *Mémoires*. — III. (Armand, DUC DE), fils du précédent, né en 1580, mort en 1675; il suivit son père dans presque toutes ses expéditions et fut créé duc et pair en 1652. — IV.(Henri Nompar de Caumont, MARQUIS DE CASTELNAU, duc de), frère du précédent, né en 1582, mort en 1678; il prit part aux agitations des protestants dans le midi de la France, se distingua au siège de Montauban,

où il tua le duc de Mayenne, et a laissé des *Mémoires* publiés avec ceux de son père (Paris, 1842, 4 vol. in-8°). — V. Henri-Jacques, DUC DE, né en 1675, mort en 1726. Il fut membre de l'Académie française; mêlé assez malheureusement à l'agiotage de Law, il fut poursuivi par le parlement.— VI. (Louis-Joseph, DUC DE) mort en 1838; petit-fils du maréchal de Tourville, il fut pendant l'émigration, aide de camp du comte de Provence (depuis Louis XVIII) et entra à la Chambre des pairs à la seconde Restauration.

LAFOSSE (Antoine de, SIEUR D'AUBIGNY), poète français, né à Paris en 1653, mort en 1708. Il étudia l'antiquité et composa quatre tragédies péniblement versifiées. Ses œuvres ont été publiées en 1747 (2 vol. in-12).

LAFRANÇAISE. Voy. FRANÇAISE.

LAFRANCE (Jules), statuaire, né à Paris, mort le 27 janvier 1881. Grand prix de Rome en 1870. Son dernier ouvrage et son chef-d'œuvre est la statue de F. Sauvage, inaugurée à Boulogne-sur-Mer en 1881.

LA FRESNAYE (Jean VAUQUELIN DE), poète français, né en 1536, mort en 1606; il fut avocat au bailliage de Caen et composa un *Art poétique français* en trois chants; il est également l'auteur de satires, épigrammes, sonnets, etc., publiés en 1612 (Caen, 1 vol. in-8°).

LA FUENTE Y ALCANTARA (Miguel) [lâ-fouènn'-té-i-âl-kânn'-ta-ra], historien espagnol (1817-1850). Il mourut à la Havane, peu après son arrivée comme procureur général à Cuba. Sa renommée repose sur son *Historia de Granada* (4 vol. 1843-'48 ; 2 vol. 1851).

LA GALISSONNIÈRE (Roland-Michel BARRIN, *marquis de*), marin français, né à Rochefort en 1693, mort en 1756. Il fut gouverneur général du Canada (1747-'49), devint amiral et battit en 1656 l'amiral Byng à Minorque.

LAGÉNIFORME adj. (lat. *lagena*, bouteille; franç. *forme*). Hist. nat. Qui a la forme d'une bouteille.

LAGHOUAT, ar. *El Aghouath* ou *El Arhouath* (les *Ravins*), ville d'Algérie, ch.-l. du cercle du même nom, dans la subdivision de Médéa, au S. de la province d'Alger; située à 0° 30' 45" de long. E. et 33° 48' 24" de lat. N., à 466 kil. S. d'Alger et à 347 kil. S. de Médéa; 3,000 hab. — Pittoresquement située au milieu d'une verdoyante oasis fécondée par les eaux de l'oued Mzi (ancien *Nigris*), à l'entrée du Sahara algérien dont elle domine et observe l'immensité fauve, Laghouat forme deux amphithéâtres se faisant face, et, par conséquent deux quartiers distincts s'étageant sur les flancs de deux mamelons allongés de l'E. à l'O., dont les sommets sont distants l'un de l'autre de 1,800 m. environ. Entourée d'une enceinte crénelée percée de cinq portes, la ville est, en outre, défendue par les forts Morand et Bouscarin dont les noms perpétuent la mémoire de deux vaillants officiers tués à la prise de la ville en 1852. — Dans les premiers temps de l'invasion arabe, Laghouat ne se composait que d'une unique bourgade appelée *Ghath* ou *Rath* (singulier de *Aghouath*, c'est-à-dire le *Ravin*). Ses habitants, issus de la tribu berbère des Maghraoua, de la grande famille zénatienne, déjà renommés pour leur bravoure, se firent surtout remarquer par la résistance intrépide qu'ils opposèrent à la domination arabe. Après qu'ils eurent embrassé l'islamisme, leur bourgade, grâce à sa situation avantageuse entre Tell et Sahara, prospéra tellement qu'elle se trouva un jour trop étroite pour sa population; une partie des habitants alla s'établir sur le mamelon voisin qui, lui aussi, ne tarda pas à se couvrir de maisons. Les deux qçour frères furent appelés ensemble *El Aghouath* (pluriel de

Ghath), c'est-à-dire *les Ravins*; toutefois, les habitants du qçar oriental prirent le nom distinctif de Oulad Hhallaf, et ceux du qçar occidental celui de Oulad Serim. — Malheureusement la discorde ne tarda pas à se mettre entre les deux villes; les habitants, oubliant leur commune origine et méconnaissant les avantages qu'une étroite union pouvait leur procurer, se fortifièrent sur leurs mamelons respectifs; leurs sanglantes rivalités, auxquelles se trouvèrent trop souvent mêlées les tribus nomades circonvoisines, furent un perpétuel obstacle au développement de leur puissance et de leur prospérité. — En 1844, les Oulad Hhallaf, dans un but de domination sur les voisins, offrirent spontanément leur soumission à la France; leur chef, Ahhmed, fut en effet revêtu du titre de *khalifa* (lieutenant-gouverneur), et les Oulad Serim, ainsi que plusieurs tribus nomades des environs, subirent son autorité. — Un saint du pays, Si Aissa, avait, paraît-il, prédit dans les premières années du xviiie siècle, que les Français viendraient un jour museler les deux lions qui, vivant dans la même cage, ne pouvaient s'entendre. — Cependant un marabout aussi habile qu'énergique, Mohammed ben Abd-Allah, déjà maître d'Ouargla, réussit à s'emparer de Laghouat après avoir soulevé les tribus environnantes et à unir enfin les deux qçour contre la domination étrangère. Les généraux Youssouf et Pélissier marchèrent contre la cité rebelle devant laquelle ils opérèrent leur jonction le 3 déc. 1852. La situation de la ville et les murs de clôture des innombrables jardins qui l'entouraient semblaient favorables à la défense; mais l'attaque fut terrible et décisive. Dès le premier jour du siège, le tombeau monumental du prophète Si Aissa, situé sur un mamelon qui dominait un des côtés de la ville, fut enlevé malgré une résistance désespérée. De là, les assiégeants battirent la place et l'enceinte, et le 4, l'assaut fut livré. Une lutte barbare et sans merci s'engagea alors dans les rues et dans les maisons transformées en forteresses; après le combat, les vainqueurs se trouvèrent maîtres d'un immense charnier humain d'où s'exhalèrent bientôt des miasmes pestilentiels et au-dessus duquel planèrent, pendant plus d'un mois, des nuées de corbeaux voraces accourus de tous les points de l'horizon pour se repaître de cadavres. — Cependant le marabout était parvenu à s'échapper à la faveur de la nuit avec une vingtaine de ses principaux partisans; les quelques Laghouatis échappés au massacre avaient aussi émigré et la ville resta longtemps déserte. Après quelques hésitations, les vainqueurs prirent le parti de s'établir dans la place et d'en rappeler les habitants survivants. Sa situation à l'entrée du Sahara en faisait un excellent poste de ravitaillement pour les colonnes expéditionnaires du S. Maîtres de Laghouat, nous tenions en respect les tribus aussi nombreuses que belliqueuses et influentes des Oulad Sidi Cheikh, des Larbâ et des Oulad Naïl; nous menacions Aïn Madhi, la cité sainte de l'ordre religieux d'El Tdjiani, ainsi que les qçour des Beni Mzab, et nous pouvions nous porter rapidement sur Ouargla, le dernier refuge du marabout Si Mohhammed ben Abd-Allah. Bientôt, en effet, Aïn Madhi ouvrit ses portes sacrées; Ouargla et les qçour qui en dépendent se soumirent à Si Hhamza, notre khalifa du S. et les Beni Mzab acceptèrent notre protectorat (déc. 1853). — Après cette œuvre de pacification, Laghouat ne tarda pas à se relever de ses ruines et sa population s'accrutte rapidement; au lieu des ruelles étroites, tortueuses et sales de l'ancienne cité, on vit s'ouvrir des rues larges et droites aboutissant à une place centrale, belle et spacieuse, autour de laquelle se groupèrent d'élégantes constructions. On y remarque deux hazards indigènes dont l'un est surmonté d'une jolie coupole mauresque, l'hôtel du commandant supérieur, le bureau arabe, le cercle militaire et le pavillon du génie. Les autres principaux monuments sont l'ancienne qasba, aujourd'hui transformée en magasins, une mosquée neuve de l'aspect le plus gracieux, l'école, etc. — Les eaux de l'oued Mzi, retenues par des barrages et habilement dirigées dans d'innombrables canaux, arrosent outre une vaste plaine, naguère inculte, une belle oasis de plus de 200 hectares, divisée elle-même en deux parties. Nourris par le sol chaud et humide, 28,000 vigoureux palmiers, quantité d'orangers et d'autres arbres fruitiers, y donnent à profusion les produits les plus savoureux; les plantes potagères les plus variées y abondent en toutes saisons.

(V. LARGEAU.)

LAGIDE s. et adj. Descendant de Lagus; qui appartient à la race de Lagus. — s. m. pl. Se dit de la dynastie des rois grecs qui gouvernèrent l'Égypte après la mort d'Alexandre : *sous le gouvernement des Lagides.*

LAGNIEU, ch.-l. de cant., arr. et à 50 kil. N.-O. de Belley (Ain); 2,500 hab. Commerce de fil; chanvre et blé.

LAGNY, ch.-l. de cant., arr. et à 21 kil. S.-O. de Meaux (Seine-et-Marne); 4,200 hab. Commerce de plâtre, volailles, fruits et fromages de Brie; ancienne place forte brûlée par les Anglais en 1356; ancienne abbaye de bénédictins.

LAGO (Saint-) la prison de Saint-Lazare.

LAGOMYS s. m. [-miss] (gr. *lagôs*, lièvre; *mus*, rat). Mamm. Genre de léporidés, comprenant les lièvres sans queue. La taille des lagomys ne dépasse pas celle du cochon d'Inde. Ces animaux ne se trouvent que dans les districts alpins ou subalpins; ils se réunissent pendant le jour blottis au fond de leur terrier ou sous des pierres; la nuit venue, ils se répandent dans les environs et s'y nourrissent d'herbages qu'ils amassent en tas pour faire leurs provisions d'hiver. L'animal de ce genre le plus connu est le *pika* (*lagomys princeps*, Rich.) des montagnes Rocheuses, grisâtre en dessus, pointillé de noir et d'un blanc jaunâtre.

LAGOPÈDE s. m. (gr. *lagôs*, lièvre; lat. *pes, pedis*, pied). Ornith. Sous-genre du grand genre tétras, caractérisé surtout par ce que très court, ne portant à terre que sur l'ongle, et par les tarses et des doigts entièrement recouverts de plumes, ce qui fait que les pieds de ces oiseaux ressemblent à ceux du lièvre. Les lagopèdes ne se trouvent que

Lagopède de la baie d'Hudson (LAgopus albus).

dans les régions glaciales et sur les montagnes couvertes de neige. Nous en avons deux espèces seulement en Europe : 1° le *lagopède commun d'Europe* (*lagopus mutus*, Leach), appelé aussi *perdrix blanche*. On le trouve dans les Pyrénées et dans les Alpes; il est long de 30 à 35 centim., à bec noir, court et robuste;

son plumage d'été est brun cendré tacheté de points plus foncés. Il aime les régions septentrionales élevées, depuis le Groënland jusqu'aux highlands d'Ecosse; 2° le *lagopède d'Ecosse* ou *poule de marais* (*lagopus scoticus*, Steph.) paraît être particulier à la Grande-Bretagne et il est abondant dans les districts montagneux d'Ecosse. Il est très estimé comme gibier; il se nourrit des sommités des bruyères et de baies des pays montagneux. On l'appelle aussi *grouse d'Ecosse*. Sa chair, excellente, dégage un fumet aromatisé; elle est d'une couleur grise peu agréable. Le *lagopède de la baie d'Hudson* ou *grouse des saules* (*lagopus albus*, Aud.) mesure environ 35 centim. de long et 50 centim. d'envergure; son plumage est roux ou châtain orangé sur la tête et sur le cou, noir sur le dos; la plus grande partie des ailes et du dessous du ventre est blanche, la queue d'un noir brun; en hiver l'oiseau est entièrement blanc avec la queue noire. Il se rencontre dans les parties septentrionales de l'Amérique et il est commun dans le Labrador oriental, à Terre-Neuve et dans les territoires du N.-O. et rarement dans les Etats-Unis du Nord. En hiver sa chair est sèche; mais elle est tendre, avec une saveur aromatique agréable en été. Le *lagopède de rocher* (*lagopus rupestris*, Leach) mesure 30 centim. de long. En été, les plumes de son dos sont noires marquées de bandes d'un brun jaunâtre et mouchetées de blanc; en hiver, elles sont blanches, avec la queue noire (les quatre plumes du milieu blanches). Cet oiseau se trouve dans l'Amérique arctique. Le *lagopède à queue blanche* (*lagopus leucurus* Swains) a un bec mince, le plumage d'été brun noirâtre avec des barres jaunes brunâtres; en hiver, il est entièrement blanc; il mesure 28 centim. de long et 45 centim. d'envergure; on le trouve dans les montagnes Rocheuses.

* **LAGOPHTALMIE** s. f. [la-go-ftal-ml] (gr. *lagôs*, lièvre; *ophtalmos*, œil). Méd. Maladie des paupières, qui sont tellement retirées, que l'œil reste ouvert pendant le sommeil, comme chez les lièvres.

LAGOR, ch.-l. de cant., arr. et à 16 kil. S.-E. d'Orthez; 1,100 hab.

LAGOS [là'-goss], ville de l'Algarve (Portugal), à 165 kil. S.-S.-E. de Lisbonne, sur la côte N.-O. de la baie de Lagos; environ 8,000 hab. Grand commerce de thons et de sardines. Dans la baie de Lagos, le 17 août 1759, une flotte anglaise, commandée par Boscawen, battit l'escadre française de de la Clue. C'est en vue de la baie de Lagos que Tourville surprit la grande flotte marchande anglo-hollandaise, en brûla une partie et captura le reste, le 27 juin 1693.

LAGOS, établissement anglais sur la côte du Dahomey (Afrique occidentale), comprenant l'île de Lagos, appelée Eko par les indigènes, et la côte, depuis la rivière Yerewa, près de Badagry, jusqu'à Ode; 60,230 hab., dont 92 seulement sont blancs. La ville de Lagos renferme une population de 36,005 hab., dont 82 blancs. C'était autrefois l'une des stations principales du commerce des esclaves sur la côte. Elle fut cédée à la Grande-Bretagne en 1861. Elle renferme plusieurs églises de missionnaires et des écoles.

LAGOSTOME s. m. (gr. *lagôs*, lièvre; *stoma*, bouche). Mamm. Bec de lièvre, difformité de la lèvre supérieure. — Mamm. Genre de rongeurs plus connu sous le nom de viscaches. (Voy. ce mot.)

LAGOTIS s. m. [-tiss] (gr. *lagôs*, lièvre; *ous, otos*, oreille). Mamm. Genre de mammifères rongeurs voisin du chinchillas et des viscaches. (Voy. HÉLAMYS.)

LAGOTRICHE s. m. (gr. *lagôs*, lièvre; *thrix, thricos*, poil). Mamm. Genre de sajous qui habitent l'Amérique.

LAGRANGE (Joseph-Louis, COMTE DE) géomètre et astronome français, né à Turin en 1736, mort à Paris le 10 avril 1813. Il devint professeur de géométrie dans sa ville natale en 1755 et forma avec ses élèves une société scientifique dont les mémoires sont devenus célèbres. En 1764 et 1766, il remporta des prix académiques pour ses mémoires sur la libration de la lune et des satellites de Jupiter. En 1766, Frédéric le Grand le nomma directeur de mathématiques à l'académie de Berlin, comme successeur d'Euler; et il y resta 20 ans pendant lesquels il prépara son grand ouvrage *La Mécanique analytique* (Paris, 1787). A la mort de Frédéric il se rendit en France, où il fut nommé pensionnaire vétéran de l'Académie, on lui donna un logement au Louvre. Il devint ensuite administrateur de la Monnaie avec Monge et Berthollet, professeur à l'Ecole normale et à l'Ecole polytechnique, chef de bureau des longitudes, sénateur et comte. Une édition complète de ses Œuvres a été publiée en 1867-'76 aux frais du gouvernement (7 vol.). Cette magnifique publication a été revue par M. Serret, de l'Institut. Elle comprend : l'*Addition à l'algèbre d'Euler*, la *Mécanique analytique*, la *Théorie des fonctions analytiques*, la *Résolution des équations numériques*, les *Leçons sur le calcul des fonctions*, etc.

LA GRANGE (RIVET DE), savant bénédictin, né à Confolens en 1683, mort en 1749. Son ouvrage principal et auquel il a consacré sa vie tout entière est *Histoire littéraire de France* (9 vol. in-4°).

LAGRANGE-CHANCEL (François-Joseph DE CHANCEL dit), poète dramatique né à Périgueux en 1676, mort en 1758. Il rima en apprenant à lire et il n'avait que 14 ans quand il composa sa première tragédie, *Jugurtha*. Encouragé par Racine, il donna dans la suite *Oreste et Pylade, Méléagre, Athamasis, Alceste, Méduse et Cassandre*; il composa ensuite contre le régent un pamphlet sous le titre *Les Philippiques*, qui lui valut d'être enfermé aux îles Sainte-Marguerite d'où il s'évada. Il donna en 1758 une édition de ses Œuvres (5 vol. in-12).

LA GRANJA ou San-Ildefonso, petite ville de la Nouvelle-Castille (Espagne), à 55 kil. N.-N.-O. de Madrid. Beau palais bâti par Philippe V (1724-'27). C'est dans cette ville que les Espagnols arrachèrent à Marie-Christine la restauration de la constitution de 1812 (août 1836).

LA GRASSE, ch.-l. de cant. Voy. GRASSE.

LAGRÉE (Ernest-Marie-Louis-de Gonzague DOUDART DE), marin et voyageur français, né à Saint-Vincent-de-Mercuze (Isère) en 1823, mort en Chine en 1868. Enseigne de vaisseau en 1847, lieutenant en 1854, il fit partie du corps expéditionnaire en Crimée et se signala devant Sébastopol. En 1862, il fut envoyé en Cochinchine et, par ses habiles négociations, amena le protectorat de la France sur le Cambodge.

LAGRENÉE (Louis-Jean-François), peintre, né à Paris en 1724, mort en 1805. Elève de Carle van Loo, il fut admis à l'Académie de peinture en 1755; appelé en Russie par Catherine II, il fut nommé directeur de l'académie de Saint-Pétersbourg. Parmi ses toiles remarquables on cite : *Sara et Agar*, la *Chaste Suzanne*, les *Grâces lutinées par les Amours, Alexandre consolant la famille de Darius*, etc. On l'a surnommé l'*Albane français*.

LA GUAYRA ou Laguaira [là-gouaï'-ra], ville de Vénézuéla, capitale de l'état de Bolivar, sur la mer Caraïbe, à 8 kil. N.-E. de Caracas dont elle est le port; 6,770 hab. Elle se compose seulement de deux rues, sur une étroite bande de terre, entre les montagnes et la mer. Son port est une baie profonde avec plusieurs criques. L'ancrage n'est pas sûr et le débarquement est souvent dangereux ; cependant La Guayra est le port le plus fréquenté de la côte. Les principaux articles d'exportation sont : le café, le cacao, l'indigo, les peaux et la salsepareille. Le climat est sain, bien que la chaleur soit excessive.

LA GUIOLE, ch.-l. de cant., arr. et à 24 kil. N.-E. d'Espalion (Aveyron) ; 1,950 hab. Commerce de draps, fabrique de bonneterie.

* **LAGUNE** s. f. (ital. *lagona*, augmentat. de *lago*, lac). Espèce de petit lac ou de flaque d'eau dans les lieux marécageux. Ne se dit guère qu'au pluriel et en parlant du terrain couvert ou coupé par les eaux de la mer sur lequel la ville de Venise est bâtie : *les lagunes de Venise*.

LAGURE s. m. (gr. *lagós*, lièvre ; *oura*, queue). Bot. Genre de graminées, tribu des avenacées, suivant quelques savants, ou des agrostidées, suivant d'autres, et comprenant plusieurs espèces qui croissent dans le bassin méditerranéen. — Mamm. Genre de rongeurs, voisin des campagnols, dont l'espèce type habite la Sibérie et la Tartarie.

LAGUS, père de Ptolémée Soter, et fondateur de la dynastie égyptienne et de la dynastie des Lagides (IVᵉ siècle avant J.-C.).

LA HALLE (Adam de). Voy. ADAM.

LA HARPE (Frédéric-César), homme d'État suisse, né en 1754, mort en 1838. Il fut successivement précepteur d'un jeune noble Russe, du futur empereur Alexandre Iᵉʳ et de son frère Constantin. Catherine II le congédia en 1793 à cause de ses idées révolutionnaires au sujet de la réorganisation de la confédération helvétique. Rentré dans son pays, il obtint l'intervention du Directoire français et accomplit ainsi la révolution de 1798. Il devint le membre dirigeant du directoire exécutif de l'Helvétie qui fut dissous après le 18 brumaire. Il fut arrêté et s'enfuit à Paris. En 1814, il reçut la visite de l'empereur Alexandre qui le nomma général dans l'armée russe. Si La Harpe ne put lui faire adopter ses plans démocratiques au sujet de la Suisse, il contribua du moins à la conservation de la confédération et à la libération de son propre canton, celui de Vaud, qui fut soulevé à la domination de Berne. A partir de 1815, La Harpe habita Lausanne.

LA HARPE (Jean-François de), critique français, né à Paris en 1739, mort à Paris le 11 février 1803. Il était à peine sorti du collège d'Harcourt, où il avait été admis comme boursier, qu'il fut enfermé à Bicêtre pour une chanson imprudente composée contre ses professeurs ; il sortit de là, après quelques mois de détention, aigri pour toujours. En 1763, il donna le *Comte de Warwick*, tragédie en cinq actes, son premier et son meilleur ouvrage de théâtre. Cette pièce valut à son auteur l'amitié de Voltaire à qui elle avait été dédiée, mais elle n'empêcha pas les trois tragédies qui la suivirent de recevoir du public le plus froid accueil. *Timoléon* (1764), *Pharamond* (1765), *Gustave Vasa* (1766) tombèrent coup sur coup et décidèrent le poète à se cabler et désenchanté à se retirer à Ferney, où il resta près de deux ans. Il se fit alors connaître comme critique au *Mercure de France ;* l'Académie couronna ses éloges de Fénelon (1769) et de Catinat (1775) ; ces triomphes ranimèrent sa confiance, il composa le drame de *Mélanie* qui flattait les idées libérales d'alors et qui lui ouvrit les portes de l'Académie (1776). Ses adversaires lui firent expier chèrement ce succès en le criblant de leurs traits satiriques. Gilbert alla jusqu'à dire que La Harpe,

Tout meurtri des faux pas de sa muse tragique,
Tomba de chute en chute au trône académique.

Toutes les pièces qu'il donna ensuite, les

Barmécides (1778), *Jeanne de Naples* (1781), *Philoctète* (1783), *Coriolan* (1784), *Virginie* (1786), furent attaquées sans pitié et ne reparurent plus sur la scène, excepté *Philoctète* et *Coriolan* qui obtinrent quelque succès. La Harpe avait embrassé avec ardeur les principes de la Révolution et il se montra jacobin ardent et convaincu. Enfermé sous la Terreur, il brûla ce qu'il avait adoré jusque-là et se déclara l'adversaire du parti philosophique dont il avait toujours préconisé les doctrines. Après le 9 thermidor, il fut remis en liberté et il reprit ses *leçons de littérature* commencées en 1786 au *Lycée* (aujourd'hui l'*Athénée*) et qu'il continua pendant 12 années. De ces leçons réunies, il forma l'ouvrage sur lequel repose sa réputation de critique et qu'il a intitulé *Lycée* ou *Cours de littérature ancienne et moderne* (1799-1805, 12 vol. in-8°) ; si l'antiquité s'y trouve trop superficiellement traitée, la littérature moderne n'a guère été mieux analysée ailleurs, et son ouvrage n'en demeure pas moins une œuvre très remarquable de critique littéraire. La Harpe a publié aussi en 1804, *Correspondance littéraire adressée à S. A. I. le grand-duc de Russie, depuis 1774 jusqu'à 1789* (Paris, 4 vol. in-8°), ouvrage qui lui perdit dans l'opinion publique. Les meilleures éditions de La Harpe sont : celle de Lefèvre (Paris, 1816, 15 vol. in-8°) ; celle d'Auger (Paris, 1813, 8 vol. in-12), celle de Saint-Surin (Paris, 1821, 16 vol. in-8°).

LA HAYE. Voy. HAYE.

LA HAYE-DESCARTES, ch.-l. de cant., arr. et à 29 kil. S.-O. de Loches (Indre-et-Loire) ; 2,200 hab. Commerce de pruneaux, de vin et de miel.

LA HAYE-PESNEL, ch.-l. de cant., arr. et à 15 kil. N.-O. d'Avranches (Manche) ; 1,200 hab. Commerce de bestiaux.

LA HAYE-DU-PUITS, ch.-l. de cant., arr. et à 31 kil. N.-O. de Coutances (Manche) ; 1,700 hab. Commerce de bestiaux.

LA HIRE ou **La Hyre** (Etienne VIGNOLLES *dit*) l'un des plus vaillants capitaines du roi Charles VII, né en 1390, mort à Montauban le 11 janv. 1442 ; les Bourguignons lui donnèrent son surnom (*ira*, colère) à cause de la brusquerie de son caractère. On le trouve pour la première fois dans l'histoire en 1418 au siège de Coucy ; il escorta Jeanne Darc à Orléans, essaya de la délivrer à Rouen, mais fut pris par les Anglais. — Les jeux de cartes ont perpétué son nom sous les traits du valet de cœur.

LA HOGUE. Voy. HOGUE (La).

LA HONTAN (Armand-Louis DE DELONDARCE DE), baron de la Hontan et Herlèche, voyageur français, né près de Mont-de-Marsan vers 1667, mort en 1715. Il arriva au Canada comme soldat en 1683 et prit part aux expéditions contre les Indiens. En 1688, il fut envoyé à Michilimackinac et à Sault-Sainte-Marie, et prétendit avoir découvert et exploré la rivière Long, branche du Mississippi, qu'il fut accusé de peupler de tribus fictives. Nommé ensuite lieutenant du roi à Terre-Neuve et en Acadie, il arriva dans ce pays en 1693, eut des difficultés avec le gouverneur de Brouillon et se sauva en Portugal. Après avoir cherché vainement à obtenir l'autorisa-

tion de se justifier, il publia ses *Nouveaux voyages de M. le baron de Lahontan dans l'Amérique septentrionale* (2 vol. La Haye, 1703 ; vol. II, relatif principalement aux Indiens). Un troisième vol., *Dialogue de M. le baron de Lahontan et d'un sauvage dans l'Amérique, avec les voyages du même en Portugal*, parut en 1704. Ce dialogue est écrit dans le but de répandre ses idées contre les missionnaires. La vérité et la fiction paraissent être mêlées d'une façon inextricable dans ces ouvrages, et ses adversaires n'eurent pas de peine à répandre le bruit que les récits de cet explorateur sont faux d'un bout à l'autre.

LAHORE, ville de l'Inde, cap. du Pundjaub, à environ 2 kil. de la rive E. du Ravee, à 393 kil. N.-O. de Delhi ; 98,930 hab. Elle est entourée d'une muraille en brique et défendue par une citadelle et des ouvrages exté-

Tombeau de Runjeet Singh, à Lahore.

rieurs. Le fossé a été comblé ; on y a établi des jardins et planté des arbres. La ville renferme plusieurs belles mosquées, des temples et des tombes. Lahore possède peu d'activité commerciale, elle a cependant quelques manufactures d'articles de laque, de miroirs et de soieries. Le pays environnant est couvert de ruines considérables attestant la magnificence de l'ancienne ville, qui fut la capitale de la dynastie des Gaznévides, au XIIᵉ siècle. Runjeet Singh fut nommé rajah en 1799 et, après sa mort, les Anglais s'emparèrent du territoire (1849), qui fut réuni au reste du Pundjaub.

LAHORE (Le Roi de), opéra. Voy. ROI DE LAHORE (Le).

LAHORIE (Victor-Claude-Alexandre, FANNEAU DE), général français, né à Gavron en 1766, mort en 1812. Chef d'état-major de Moreau, il fut compromis avec lui et s'expatria. Revenu en France, il y conspira de nouveau et fut enfermé à la Force jusqu'en 1812, époque où Malet le fit entrer dans son complot ; il fut arrêté et fusillé.

LAHR, ville d'Allemagne (grand-duché de Bade), sur le Schutter, à 36 kil. N. de Fribourg ; 8,490 hab. Manufactures de tabac, de cuir, de vinaigre et de tabatières. Depuis 1800, on y publie l'almanach le plus populaire de l'Allemagne, le *Der Lahrer hinkendé Bote*, tiré à 800,000 exemplaires en 1873.

* **LAI, LAIE** adj. (anc. forme du mot *laïque*). Laïque : traduire *un ecclésiastique en cour laïe.* — FRÈRE LAI, MOINE LAI, frère servant qui n'est point destiné aux ordres sacrés. On a dit aussi, SŒUR LAIE, pour SŒUR CONVERSE, qui est seul usité maintenant. — MOINE LAI, se disait autrefois d'un laïque, ordinairement homme de guerre invalide, que le roi plaçait dans une abbaye de nomination royale, pour y être entretenu. — s. m. *Les clercs et les lais.*

* **LAI** s. m. [lè] (anc. all. *liod*, chant). Dans la littérature du moyen âge, sorte de petit poème sur des sujets sérieux ou passionnés, empruntés le plus souvent'à d'anciennes légendes : *les lais de Marie de France*. — GRAND LAI, poème de 12 stances de deux différentes mesures sur deux rimes. — PETIT LAI, poème de 4 stances, de deux mesures différentes et sur deux rimes. — Le lai était suivi d'un *virelai* roulant sur les mêmes rimes, avec la différence que la rime dominante du premier terminait chaque strophe du second.

LAIBACH. Voy. LAYBACH.

* **LAÏC.** Voy. LAÏQUE.

* **LAÎCHE** s. f. [lè-che] (anc. haut all. *lisca*, fougère). Bot. Genre de cypéracées comprenant plus de 500 espèces de plantes vivaces à rhizome souterrain, allongé et quelquefois traçant. On a décrit 93 espèces françaises, dont 50 se trouvent aux environs de Paris. La *laiche des sables* (carex arenaria), consolide les sables qu'elle fixe sur le bord de la mer par son rhizome formant des souches rampantes. On l'appelle aussi *souchet*. La *laiche des montagnes*, en raison des propriétés médicinales de son rhizome. La *laiche étoilée* (carex stellulata) et la *laiche blanchâtre* (carex canescens), appelées vulgairement *herbes coupantes*, blessent le palais et la bouche des bestiaux ; c'est pourquoi on les détruit dans les prairies, soit à la pioche, soit à la charrue.

LAÏCISME s. m. Doctrine reconnaissant aux laïques le droit de s'ingérer dans les affaires de l'Eglise. Le laïcisme dominait en Angleterre au XVIe siècle.

LAÏCITÉ s. f. Caractère de ce qui est laïque, d'une personne laïque.

* **LAID, LAIDE** adj. (anc. haut all. *leid*, désagréable). Qui a quelque défaut remarquable dans les proportions, dans les formes ou dans les couleurs qui constituent la beauté naturelle de l'espèce humaine : *homme laid, femme laide*.

> A peine eut-il vu son portrait
> Que Jupiter fit la grimace :
> « Je n'aurais jamais cru, dit-il, être aussi laid ».
>
> T. DE M.

— Se dit aussi des animaux dont la conformation ou la couleur est désagréable : *voilà un chien bien laid*. — Fig. et fam. C'EST UN LAID MAGOT, se dit d'un homme extrêmement laid ; et, C'EST UNE LAIDE GUENON, d'une femme extrêmement laide. — Se dit généralement de tout ce qui est désagréable à voir : *cette maison, cette tapisserie, cette étoffe est fort laide*. — Signifie, au sens moral et fam., déshonnête, contraire à la bienséance, au devoir : *ce que vous faites là, ce que vous dites là est bien laid*. — Prov. IL N'Y A POINT DE LAIDES AMOURS, on trouve toujours belle la personne qu'on aime. — Substantiv. *Fi ! le laid ! Fi ! la laide !* — s. m. La satiété du beau nous fait aimer et préférer le laid.

* **LAIDEMENT** adv. D'une manière laide et déshonnête.

* **LAIDERON** s. f. Jeune fille ou jeune femme laide : *c'est une laideron*. (Fam.)

* **LAIDEUR** s. f. Difformité, défaut remarquable dans les proportions, dans les formes ou dans les couleurs qui constituent la beauté naturelle de l'espèce : *grande laideur*. — Se dit, au sens moral, en parlant des vices et des actions vicieuses ou malhonnêtes : *la laideur du vice*.

LAIDIR v. n. Devenir laid.

* **LAIE** s. f. [lè] (bas bret. *leha*). Femelle du sanglier : *une laie avec ses marcassins*.

* **LAIE** s. f. [lè] (bas lat. *leia*). Eaux et For. Route étroite percée dans une forêt, dans une futaie : *tracer, faire une laie dans une forêt*.

LAIGLE, ch.-l. de cant., arr. et à 30 kil. N.-E. de Mortagne (Orne); 5,000 hab. importantes fabriques d'aiguilles, d'épingles, d'ob-

jets de fil de fer et de laiton ; rubans et dentelles ; tanneries et papeterie. Laigle possède un tribunal de commerce et une chambre consultative des manufactures.

LAIGNES, ch.-l. de cant. arr. et à 17 kil. O. de Châtillon (Côte-d'Or); 4,300 hab. Commerce de laines et de chanvre.

* **LAINAGE** s. m. Marchandise de laine : *faire commerce de lainage*. — Se dit aussi de la toison des moutons : *ce mouton, ce bélier, cette brebis a un beau lainage*. — Façon qu'on donne aux draps en les tirant avec des chardons, pour en faire ressortir le poil.

* **LAINE** s. f. Poil doux, épais et frisé qui croît sur la peau des moutons, et de quelques autres animaux : mouton mérinos, alpaca, vigogne, chèvre de Cachemire, chèvre d'Angora, chèvre des montagnes Rocheuses. — BÊTES A LAINE, béliers, moutons, brebis et agneaux : *ce fermier a deux troupeaux de bêtes à laine*. — Prov. et fig. SE LAISSER MANGER LA LAINE SUR LE DOS, souffrir tout, ne pas savoir se défendre ; *il se laisse, il ne se laisse pas manger la laine sur le dos*. — TIRER LA LAINE, voler de nuit les manteaux dans les rues. On appelait ceux qui commettaient ces sortes de vols TIREURS DE LAINE. — LAINE DE MOSCOVIE, le duvet que l'on tire adroitement de la peau des castors, sans offenser le grand poil. — Se dit aussi des cheveux épais et crépus des nègres. — La laine est par sa structure une modification du poil ; comme lui

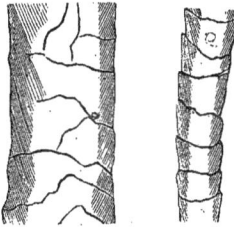

Laine de Southdown et laine saxonne vues au microscope.

elle se compose d'un épithélium et d'une écorce ; mais elle ne renferme pas de moelle. L'épithélium consiste en petites plaques minces qui se recouvrent l'une l'autre, donnant à la surface une apparence écailleuse, comme on peut le voir dans nos figures, qui représentent des sections grossies de laine du Southdown et de Saxe. Les rainures écailleuses donnent à la laine sa rugosité et la propriété de feutrer. Sa structure la rend parfaitement propre à être filée. La laine varie de caractère suivant les races particulières de moutons sur lesquels elle se produit et aussi suivant la nature du sol, suivant la nourriture et suivant le climat. Une sécrétion huileuse appelée *suint*, accompagne la formation de la laine. En règle générale, les moutons qui fournissent la laine la plus fine sont ceux qui produisent relativement la plus grande quantité de suint. Le mouton saxon en donne souvent de 60 à 75 p. 100 de laine, tandis que les laines grossières en contiennent seulement de 20 à 50 p. 100. Le suint donne de la flexibilité aux fibres ; ordinairement la finesse des fibres correspond à la finesse du tissu et de la peau sur laquelle elle pousse. La longueur de la laine est généralement de 13 à 25 centim., mais si on laisse longtemps l'animal sans le tondre, les fibres deviennent plus grossières et arrivent à une longueur de 80 centim. et davantage. Le poids d'une toison d'alpaca est de 5 à 6 kil. La laine la plus blanche est celle de la chèvre d'Angora, dont la toison pèse de 1 à 2 kil., est exempte de duvet, très soyeuse, ondulée ou bouclée et d'une longueur de 10

centim. La laine de la chèvre de Cachemire est courte, mais douce, riche et brillante. — L'élevage des moutons remonte aux temps les plus reculés. Les tissus de laine de la Grèce et de l'Italie étaient excellents. Pline a décrit plusieurs variétés de moutons espagnols à laine fine. L'acclimatation du mérinos espagnol a été essayée en France par Colbert vers 1670, mais elle ne réussit pas avant 1786. Ce mouton fut introduit en Saxe vers la même époque. La Grande-Bretagne est actuellement le premier marché de laine du monde. Les importations, en 1875, ont atteint près de 180,000 tonnes. La production de la laine domestique a été estimée à 82,000 tonnes en 1874 et à 80,000 tonnes en 1875. La laine est produite en grande quantité en Russie, en Allemagne, en France et en Espagne. Outre ces pays, qui emploient presque entièrement les laines qu'ils produisent, les trois principales sources de production sont: l'Australie, l'Afrique méridionale et la Plata dans l'Amérique du Sud. D'après le recensement de 1870, le produit de la laine aux Etats-Unis a été de 50,000 tonnes, mais en 1875, la Californie seule a produit 22,250 tonnes et l'Ohio 8,342 tonnes. — A l'époque de la conquête macédonienne, les indigènes de l'Inde tissaient des châles d'une grande beauté. Les Grecs aussi tenaient déjà des Egyptiens plusieurs procédés concernant la manufacture des laines; les Romains, les Espagnols et les Byzantins reçurent à leur tour des leçons des Grecs. Les Romains des deux sexes portèrent des vêtements de laine dès les temps les plus reculés. Au XIe siècle une société de fabricants de draps se forma dans les Pays-Bas. Au XIIIe siècle la beauté des étoffes espagnoles était célèbre. Des manufactures d'étoffes de laine se créèrent plus tard en Flandre, en Angleterre et en France. Un grand nombre de tisseurs flamands s'établirent en Angleterre, sur l'invitation d'Edward III. Au commencement du XVIIIe siècle, le Yorkshire prit un rang important et devint le principal siège de la fabrication des lainages. La Grande-Bretagne compte aujourd'hui 2,700 manufactures de laine, avec 5 millions et demi de broches et 140,000 métiers. Cette industrie occupe 300,000 hommes. L'exportation des lainages est évaluée à 22 millions de fr., pour le Royaume-Uni. — Les manufactures de France restèrent sans importance jusqu'au jour qui suivit immédiatement l'édit de Nantes (1598) et l'émigration dans notre pays des tisserands espagnols chassés par l'intolérance de Philippe III. Vers le milieu du XVIIIe siècle, nos manufactures de laine prirent de l'extension et les draps français sont maintenant les meilleurs en qualité. La valeur totale de la production en laine aux Etats-Unis, en 1810, fut évaluée à 128 millions de fr. De nos jours, on compte aux Etats-Unis, 3,500 manufactures, occupant 120,000 ouvriers et produisant pour un milliard de laines filées, tissées, etc. Les principaux centres de l'industrie des laines aux Etats-Unis sont : le New-Hampshire, le Massachusetts, Rhode Island, le Connecticut, New-York et la Pennsylvanie. En 1870, le Massachusetts était le premier pour les lainages, New-York pour la bonneterie et la Pennsylvanie pour le tissage des laines et pour les tapis.

* **LAINER** v. a. Faire sortir le poil du fond d'une étoffe de laine, par l'opération du lainage : *lainer du drap*.

* **LAINERIE** s. f. Collectif. Toute sorte de marchandises de laine : *la lainerie s'est bien vendue à cette foire*.

LAINEUR, EUSE s. Ouvrier, ouvrière qui laine le drap.

* **LAINEUX, EUSE** adj. Qui a beaucoup de laine, qui est extrêmement fourni de laine.

Se dit des moutons, et des étoffes faites de laine : *il y a des pays où les moutons sont plus laineux qu'ailleurs.* — Bot. Plantes ou parties de plantes qui sont couvertes de poil imitant la laine ou un tissu drapé, telles que la molène, etc. : *plante, tige laineuse.*

LAINEZ. Voy. LAYNEZ.

LAING (Alexander GARDON), voyageur anglais, né en 1794, mort en 1826. Il servit comme soldat dans les Indes occidentales pendant plusieurs années; en 1820, il se rendit à Sierra Leone et devint aide de camp du gouverneur, sir Charles Mac Carthy. A son retour en Angleterre, il fut nommé major et publia : *Travels through the Timannee, Kooranko, und Soolima Countries, to the sources of the Rokelle and niger in the year 1822.* Il s'embarqua pour Tripoli en 1825, à la tête d'une expédition d'exploration et le 26 juillet 1826, il se joignit à une caravane pour Tombouctou, où il arriva le 18 août. Il en partit le 22 sept. pour Ségo, mais fut tué en route par les Arabes.

* **LAINIER** s. m. Marchand qui vend des laines en gros, en écheveau, etc. Dans ce sens, il est vieux. — Se dit plutôt maintenant d'un ouvrier en laine.

* **LAÏQUE** ou **Laïc** adj. (gr. *laikos*, de *laos*, peuple ; lat. *laicus*). Qui n'est ni ecclésiastique, ni religieux, ni du clergé séculier, ni du clergé régulier : *une personne laïque.* — Qui est propre aux personnes laïques : *de condition laïque.* — Substantiv. : *un laïque* ; *les ecclésiastiques et les laïques.*

LAIRD s. m. (forme du mot *lord*). En Ecosse, propriétaire d'un bien, d'un manoir.

LAIRESSE (Gérard de), peintre flamand, né en 1640, mort en 1711. Il vécut à Liège et à Amsterdam, et excella dans les sujets mythologiques et dans les bacchanales. Etant devenu aveugle, il dicta des discours sur la théorie et la pratique de la peinture (1707).

* **LAIS** s. m. [lè] (de *laisser*). Eaux et Forêts. Jeune baliveau de l'âge du bois, qu'on laisse quand on coupe le taillis, afin qu'il vienne en haute futaie. — Jurispr. Atterrissement, alluvion, ce que la mer ou une rivière donne d'accroissement à un terrain : *les lais et relais de la mer.* — Législ. « Les lais, autrement dit les atterrissements, accroissements ou alluvions qui se forment successivement et imperceptiblement sur les bords des cours d'eau navigables ou non, ou les *relais* ou portions de leur lit que les eaux laissent à sec en se retirant insensiblement de l'une des rives sur l'autre, appartiennent au propriétaire riverain. S'il s'agit d'une rivière navigable, cet accroissement est soumis à la servitude du marchepied ou du chemin de halage. (Voy. CHEMIN.) Si le cours d'eau a transporté par une force subite, d'une rive à l'autre ou sur un point inférieur, une partie considérable et reconnaissable d'un champ riverain, le propriétaire de ce champ peut réclamer sa propriété; mais il doit former sa demande dans l'année, et passé ce délai il n'est plus recevable, à moins que le propriétaire du champ auquel la partie enlevée a été unie n'ait pas encore pris possession de celle-ci. Lorsqu'un cours d'eau, abandonnant son ancien lit, se forme un nouveau cours, les propriétaires ainsi dépossédés prennent le lit abandonné, dans la proportion du terrain qui leur a été enlevé. Les lais qui se forment dans les rivières navigables appartiennent à l'Etat; dans les autres cours d'eau, les lais ainsi formées par alluvion sont la propriété des riverains du côté où les lles se sont formées; et, si une lle se forme au milieu, elle appartient aux riverains des deux côtés en prenant pour ligne de partage le milieu de la rivière. Les lais et relais que forment les lacs et étangs appartiennent au propriétaire du lac ou de l'étang et ne profitent pas aux riverains (C. civ. 556 et s.). Les *lais et relais de la mer* appartiennent à l'Etat ; mais ils font partie du domaine privé, et c'est à tort que le texte (altéré dans l'édition de 1807) de l'article 538 du Code civil, les a classés dans le domaine public. On ne doit pas confondre ces lais et relais avec les rivages de la mer qui sont des parties alternativement couvertes et découvertes par le flot (Ord. marine, 1681, tit. VII, art. 1er). Les lais et relais de la mer font donc partie du domaine privé de l'Etat; et, comme tels, ils peuvent être concédés ou aliénés par le gouvernement (L. 16 sept. 1807, art. 41). »

(CH. Y.)

LAÏS s. f. Femme galante qui mène grand train.

LAÏS, nom de deux courtisanes de l'ancienne Grèce. — I, (Laïs), l'ANCIENNE, vivait au temps de la guerre du Péloponèse. On suppose qu'elle était native de Corinthe. On la regardait comme la plus belle femme de son époque; elle se rendit fameuse par son avarice et son humeur changeante. Au nombre de ses amants fut le philosophe Aristippe, qui lui dédia deux de ses ouvrages. Dans sa vieillesse, elle se livra à l'intempérance et mourut à Corinthe. — II, (Laïs), la JEUNE, native d'Hyccara (Sicile), vécut à l'époque de Philippe et d'Alexandre le Grand. Elle se rendit à Athènes dans sa jeunesse et devint la rivale de Phryné, mais étant tombée amoureuse d'un jeune Thessalien nommé Hippolocus, elle l'accompagna dans son pays. Sa beauté excita la jalousie de quelques femmes qui l'attirèrent dans un temple de Vénus, où elles la lapidèrent.

LAISSAC, ch.-l. de cant., arr. et à 47 kil. N.-O. de Millau (Aveyron); 1,400 hab. Fabriques de poterie.

* **LAISSE** s. f. (bas lat. *laxa*; de *laxus*, lâche). Corde dont on se sert pour mener des chiens attachés : *une laisse de chiens.* — UNE LAISSE DE LÉVRIERS, deux lévriers, qu'ils soient ou ne soient pas attachés. — Se dit aussi en parlant d'un chien seul que l'on conduit avec un cordon, un ruban : *mener son chien en laisse.* — MENER QUELQU'UN EN LAISSE, le gouverner, lui faire faire tout ce qu'on veut. — Espèce de cordon de chapeau, fait de crin, de fil, de soie, etc.

* **LAISSÉES** s. f. plur. Vén. La fiente du loup et des autres bêtes noires.

* **LAISSER** v. a. (lat. *laxare*, lâcher). Quitter; se séparer d'une personne ou d'une chose qui reste dans l'endroit dont on s'éloigne : *il a laissé son fils à Paris.* — LAISSER QUELQU'UN LOIN DE SOI, LOIN DERRIÈRE SOI, le devancer beaucoup. Se dit au propre et au figuré. — Ne pas emmener, ne pas emporter avec soi : *il a laissé son fils avec son précepteur.* — Oublier de prendre avec soi : *j'ai laissé ces papiers sur mon bureau.* — Confier, mettre en dépôt : *il a laissé tous ses papiers à son avocat.* — LAISSER UNE CHOSE AU SOIN, A LA DISCRÉTION, A LA PRUDENCE, etc., DE QUELQU'UN, la confier, l'abandonner au soin, à la discrétion, la remettre à la prudence de quelqu'un. On dit dans le même sens, JE VOUS EN LAISSE LE SOIN, LA CONDUITE, etc. — Donner une chose à quelqu'un pour qu'il la remette à un autre : *je ne l'ai point trouvé chez lui, j'ai laissé votre lettre à son domestique.*

  J'ai vite écrit deux mots et laissé mon adresse.
    COLLIN D'HARLEVILLE, *L'Inconstant*, acte Ier, sc. v.

— Ne pas ôter, ne pas retirer de quelque endroit ou de chez quelqu'un une chose ou une personne que l'on peut en. ôter, en retirer : *il laisse son enfant en nourrice.* — Ne pas ôter une personne ou une chose de la place où elle est, de la situation où elle se trouve : *laissez-moi auprès du feu.* — Par ext. Ne pas changer l'état où se trouve une chose. Ainsi on dit : LAISSER UN CHAMP EN FRICHE, ne pas le cultiver ;

LAISSER UN OUVRAGE IMPARFAIT, ne pas l'achever ; LAISSER UNE CHOSE INTACTE, ne point l'endommager, ou n'en rien prendre, etc. — Fig. et fam. LAISSER QUELQU'UN DANS LA NASSE, l'abandonner dans une méchante affaire où ou l'a engagé, et dont on se tire soi-même. — LAISSER QUELQU'UN DANS L'EMBARRAS, DANS LE DANGER, DANS LA MISÈRE, ne pas lui donner les secours qu'on pourrait ou qu'on devrait lui donner. — LAISSER QUELQU'UN EN PAIX, EN REPOS, LE LAISSER TRANQUILLE, souffrir, permettre, ne pas empêcher qu'il demeure en paix, en repos; ne pas l'importuner, ne pas le tourmenter. On dit dans le même sens : *laissez-moi là.* — LAISSEZ LE MONDE COMME IL EST, ne vous embarrassez pas de ce qui se passe dans le monde, ne prétendez pas le réformer. — LAISSER QUELQU'UN EN SON PARTICULIER, le laisser seul. — LAISSER QUELQU'UN MAÎTRE D'UNE CHOSE, la laisser entièrement à sa disposition. — LAISSER UN OUVRIER SANS OUVRAGE, ne pas lui fournir d'ouvrage. — LAISSER A L'ABANDON, ne prendre aucun soin de : *c'est un homme qui laisse tout à l'abandon.* — LAISSER EN BLANC, réserver, dans un écrit, une place, un espace qu'on remplira plus tard : *laissez, dans votre projet d'acte, deux lignes en blanc.* — Prov. et fig. IL VAUT MIEUX LAISSER SON ENFANT MORVEUX QUE DE LUI ARRACHER LE NEZ, il est de la sagesse de tolérer un petit mal, lorsqu'on risque, en voulant y remédier, d'en causer un plus grand — Manège. LAISSER LA BRIDE SUR LE COU A UN CHEVAL, lui rendre la main, le laisser aller de lui-même. — LAISSER LA BRIDE SUR LE COU A QUELQU'UN, l'abandonner à lui-même, à ses caprices, à ses volontés. — Ne pas prendre, ne pas enlever, ne pas détruire ce qu'on pourrait prendre, enlever, détruire, etc. : *les brigands ne lui ont rien laissé, ne lui ont laissé que sa chemise.* — NE LAISSER QUE LES QUATRE MURAILLES, tout emporter, tout enlever d'une maison ou d'un appartement. — Abandonner : *cette rivière a laissé son ancien lit.* — Perdre, en parlant de tués et de blessés : *ils ont laissé quinze mille hommes sur le champ de bataille.* — LAISSER UN CHEMIN, UNE MAISON, A DROITE, SUR LA DROITE, prendre sur la gauche, en sorte que le chemin, la maison, soit sur la droite. — LAISSER LA QUELQU'UN, QUELQUE CHOSE, rompre avec quelqu'un, discontinuer quelque chose : *laissez là cette femme, elle vous perdra.* — LAISSER QUELQU'UN POUR MORT, s'en éloigner avec la conviction qu'il est mort : *son assassin l'avait laissé pour mort, mais il n'était qu'évanoui.* — Fam. LAISSEZ-LE POUR CE QU'IL EST, n'ayez aucun égard aux injures, aux outrages d'un pareil homme. — CETTE MARCHANDISE EST A PRENDRE OU A LAISSER, il faut en donner le prix demandé, ou l'on ne l'aura pas. — IL Y A A PRENDRE ET A LAISSER DANS CES MARCHANDISES, il s'y trouve du bon et du mauvais, et il faut savoir choisir. On dit fig., dans le même sens : *il y a à prendre et à laisser dans cette affaire, dans cette entreprise, dans ce que vous proposez.* — JE VOUS LAISSE A PENSER CE QUI EN ARRIVERA; JE VOUS LAISSE A JUGER S'IL PROFITA DE L'OCCASION, etc., c'est à vous à penser aux conséquences de cela; je vous donne à juger, etc. — LAISSER BEAUCOUP A PENSER, se dit d'une personne qui s'exprime mystérieusement ou avec finesse. On dit à peu près dans le même sens, CELA LAISSE BEAUCOUP A PENSER, cela donne matière à bien des réflexions. — LAISSER QUELQUE CHOSE, LAISSER BEAUCOUP A FAIRE, ne pas épuiser une matière ; et dans le sens contraire, NE RIEN LAISSER A DIRE, A FAIRE. — LAISSER A DÉSIRER, n'être pas entièrement satisfaisant : *cet ouvrage a du mérite, cependant il laisse beaucoup à désirer.* — NE PAS LAISSER DE, NE PAS LAISSER QUE DE, ne pas cesser, ne pas s'abstenir, ne pas discontinuer de : *il ne faut pas laisser d'aller toujours votre chemin.*

  Je n'ai pu m'empêcher de l'embrasser d'abord;
  Mais je ne laisse pas d'être fort en colère.
    COLLIN D'HARLEVILLE, *L'Inconstant*, acte Ier, sc. x.

On dit dans des sens analogues : IL EST PAUVRE, MAIS IL NE LAISSE PAS D'ÊTRE HONNÊTE HOMME, la mauvaise fortune n'empêche pas qu'il ne soit honnête homme. IL NE LAISSE PAS QUE DE GAGNER BEAUCOUP A CE MARCHÉ, il y gagne beaucoup. CETTE PROPOSITION NE LAISSE PAS D'ÊTRE VRAIE, QUE D'ÊTRE VRAIE, ce qu'on objecte contre n'empêche pas qu'elle ne soit vraie. CELA NE LAISSE PAS QUE D'ÊTRE EMBARRASSANT, QUE D'ÉTONNER, etc., cela est embarrassant, cela étonne, etc. — Fam. LAISSEZ QUE, permettez, souffrez que : laissez que je vous réponde. — LAISSEZ DONC, finissez. LAISSEZ, LAISSEZ, c'est assez, ne continuez pas. — LAISSER LA VIE, et pop., LAISSER SES OS EN QUELQUE OCCASION, y mourir. — LAISSER DES POILS, DES PLUMES EN QUELQUE ENDROIT, se dit d'un animal, d'un oiseau, dont il est resté des poils, des plumes, dans l'endroit par où il a passé. On dit de même, LAISSER DES TRACES, DES VESTIGES, etc. — LAISSER DES PLUMES, faire quelque perte, et particulièrement une perte d'argent : il a laissé quelques plumes dans ce procès. — LAISSER DES TRACES, DES VESTIGES. Se dit des marques qui demeurent de quelqu'un, de quelque chose. Ces expressions s'emploient également au propre et au figuré : cet homme a laissé des traces de son passage; cet événement a laissé des traces. — Passer sous silence : ie laisse une infinité d'autres preuves, d'autres détails. — LAISSONS CELA, ne parlons plus de cela. — Céder : je lui en laisse l'honneur. — LAISSER UNE CHOSE A UN CERTAIN PRIX, A BON COMPTE, consentir à la vendre pour un certain prix, etc. : je vous laisse ce cheval pour six cents francs. — LAISSER LE CHAMP LIBRE A QUELQU'UN, ne pas vouloir se mettre en concurrence avec quelqu'un, ou se retirer, abandonner ses prétentions. — Se dit dans un sens analogue mais avec une nuance de dédain, de choses qu'on juge indigne de soi : laissez les larmes à des âmes faibles.—Léguer, transmettre par des dispositions testamentaires : il a laissé une somme considérable à l'hôpital de la ville. — Se dit également en parlant des personnes ou des choses qui ont été à quelqu'un, et qui subsiste après sa mort : il laisse une femme et des enfants; cet homme a laissé ses affaires en bon, en mauvais état. — Se dit, dans un sens analogue, en parlant du souvenir, de l'opinion, etc., qui reste de quelqu'un lorsqu'il est mort, ou seulement lorsqu'il a quitté le lieu où il était : il a laissé une bonne, une mauvaise réputation après lui. — Se dit pareillement, tant au sens physique qu'au sens moral, en parlant de la sensation, de l'impression qui reste de quelque chose, ou de ses suites, etc. : cette liqueur laisse un bon goût, un mauvais goût. — Suivi d'un infinitif, signifie, permettre, souffrir, ne pas empêcher : je l'ai laissé sortir. — LAISSER FAIRE, LAISSER DIRE, ne pas se soucier, ne se pas mettre en peine de ce que fait ou dit quelqu'un : laissez-les dire. Prov. : il faut bien faire, et laisser dire. — JE ME SUIS LAISSÉ DIRE TELLE CHOSE, j'ai oui dire telle chose, mais sans y ajouter grande foi. — LAISSEZ FAIRE, LAISSEZ PASSER, sorte de dicton adopté par les économistes du XVIIIe siècle partisans de la liberté du commerce, pour caractériser leur doctrine. — LAISSER VOIR, montrer, découvrir : cette percée laisse voir une vaste plaine. — Fig. LAISSER VOIR SA PENSÉE, parler, agir, de manière à faire deviner sa pensée. — LAISSER TOUT ALLER SOUS SOI, se dit d'un enfant ou d'une personne infirme qui n'a pas la force de retenir ses excréments. — LAISSER TOUT ALLER, négliger entièrement ses affaires. — LAISSER TOUT TRAÎNER, ne mettre rien à sa place, laisser tout en désordre. — Chasse. LAISSER COURRE LES CHIENS, ou simpl., LAISSER COURRE, les découpler, les fait courent après la bête. — Se laisser v. pr. est toujours suivi d'un verbe neutre : se laisser tomber. — SE LAISSER ALLER, se relâcher, ne pas tenir ferme, suivre ses mouvements naturels, sans projet,

sans réflexion. — CETTE JEUNE FILLE S'EST LAISSÉE ALLER, elle a cédé à la séduction. — SE LAISSER MOURIR, mourir : il s'est laissé mourir il y a trois mois. — On ne doit pas confondre l'emploi qui vient d'être indiqué, avec celui où le verbe qui suit Laisser est actif, et régit le pronom, comme dans ces phrases : se laisser tromper, séduire; se laisser battre; se laisser injurier.

Un président interrogeant
Un criminel impardonnable.
Lui demandait s'il se sentait coupable
Des crimes dont on l'accusait :
— C'est par que tout cela, dit-il, sans se défendre;
J'ai bien fait pis : je me suis laissé prendre.
DE SAINT-ÉVERTE.

— SE LAISSER BATTRE, signifie quelquefois simplement, être battu; et alors il est familier. — Fig. et fam. CE LIVRE, CET OUVRAGE SE LAISSE LIRE, on le lit sans fatigue, sans ennui. CELA SE LAISSE MANGER, on le mange avec plaisir. — SE LAISSER PÉNÉTRER, ne pas cacher avec assez de soin ses intentions, ses projets. — SE LAISSER GOUVERNER, CONDUIRE, MENER, et, fig., fam., SE LAISSER MENER PAR LE NEZ, laisser prendre de l'empire sur soi, et n'avoir pas la force de s'y opposer.

* LAISSER s. m. Ne s'emploie guère que dans cette phrase : avoir le prendre et le laisser, avoir le choix.

* LAISSER ALLER s. m. Sorte d'abandon, de négligence : avoir du laisser aller.

LAISSER-COURRE s. m. Vén. Lieu où l'on découple les chiens lorsque l'on chasse. (Voy. COURRE.)

LAISSE-TOUT-FAIRE s. m. Sorte de tablier que portaient les femmes aux XVIIe et XVIIIe siècles : des laisse-tout-faire.

L'homme le plus grossier et l'esprit le plus lourd,
Sait qu'un laisse-tout-faire est un tablier court.
BOURSAULT.

* LAISSEZ-PASSER s. m. Nom donné à un permis de circulation pour les personnes et pour les choses.

* LAIT s. m. [lè] (lat. lac, lactis). Liqueur blanche qui se forme dans les mamelles de la femme pour la nourriture de son enfant, et dans celles des animaux mammifères femelles pour la nourriture de leurs petits : cette nourrice n'a point de lait, a beaucoup de lait.

Par sa bonté, par sa substance,
Le lait de mon ânesse a refait ma santé;
Et je dois plus, en cette circonstance,
Aux ânes qu'à la faculté.
FONTENELLE.

— JEUNE LAIT, lait d'une femme accouchée depuis peu. LAIT D'UN AN, lait d'une femme accouchée depuis un an. VIEUX LAIT, lait d'une femme accouchée il y a longtemps. — FIÈVRE DE LAIT, fièvre qui vient aux femmes dans les premiers jours de leurs couches. (Voy. FIÈVRE.) — LAIT RÉPANDU, se dit de certaines maladies auxquelles sont exposées les femmes qui n'allaitent pas, ou qui cessent d'allaiter : elle est malade, elle est morte d'un lait répandu. — FRÈRES DE LAIT, SŒURS DE LAIT, l'enfant de la nourrice et le nourrisson qui a sucé le même lait. — DENTS DE LAIT, les premières dents qui viennent aux enfants : cet enfant a perdu toutes ses dents de lait. Se dit aussi en parlant des animaux : ce cheval est trop jeune pour travailler, il a encore ses dents de lait. — CAFÉ AU LAIT, mélange de lait et de café. — Pop. BOIRE DU LAIT, être content. — Prov. AVOIR UNE DENT DE LAIT CONTRE QUELQU'UN, LUI GARDER UNE DENT DE LAIT, lui vouloir du mal depuis longtemps, avoir quelque ancienne rancune contre lui. — VACHE A LAIT, vache à laquelle on a enlevé son veau, et dont le lait est employé pour les besoins de l'homme. — Fig. et fam. VACHE A LAIT, se dit d'une personne, et par ext. d'une chose dont on tire un profit continuel : cette dupe-là est une vache à lait pour lui. — VEAU DE LAIT, COCHON DE LAIT, veau, cochon qui tette

encore, ou qu'on ne nourrit que de lait. — PETIT-LAIT, ou LAIT CLAIR, la sérosité qui se sépare du lait lorsqu'il se caille : prenez un verre de petit-lait, de lait clair, pour vous rafraîchir. — LAIT DE BEURRE, espèce de petit-lait qui reste dans la baratte, après qu'on a fait le beurre. — LAIT COUPÉ, lait dans lequel on a mis une portion d'un autre liquide : lait coupé avec du bouillon, avec de l'eau d'orge. — Fig. SUCER AVEC LE LAIT UNE DOCTRINE, UNE OPINION, UN SENTIMENT, recevoir, dès l'enfance, une doctrine, une opinion, un sentiment : ce sont des principes qu'il a sucés avec le lait. On dit à peu près dans le même sens : il a sucé le lait de la doctrine évangélique, le lait des saines doctrines, etc.; le vin est le lait des vieillards. — Prov. IL AVALE CELA DOUX COMME LAIT, se dit d'un homme qui reçoit avidement toutes sortes de louanges, ou qui, par lâcheté, par dissimulation, passe doucement sur les choses qu'on lui dit pour le piquer. — Fam. S'EMPORTER COMME UNE SOUPE AU LAIT, s'abandonner facilement et promptement à la colère : on ne peut rien lui dire, il s'emporte comme une soupe au lait. — BOUILLIR DU LAIT A QUELQU'UN, lui faire plaisir : c'est lui bouillir du lait que lui parler de ses vers, de cette femme. Dans cette phrase, le verbe bouillir est actif. — IL EST SI JEUNE, QUE, SI ON LUI TORDAIT LE NEZ, IL EN SORTIRAIT ENCORE DU LAIT, se dit d'un très jeune homme qui vient se mêler de choses au-dessus de son âge et de sa capacité. — SOUPE DE LAIT, s'applique adjectivement aux chevaux qui sont d'un blanc tirant sur l'isabelle, et aux pigeons de la même couleur : chevaux soupe de lait. — Se dit, par analogie, d'une certaine liqueur blanche qui est dans les œufs frais, quand ils sont cuits à point pour être mangés à la coque : cet œuf est bien frais, il a bien du lait. — Suc blanc qui sort de quelques plantes et de quelques fruits : lait de figuier; le lait qui sort du tithymale est corrosif. — Certaines liqueurs artificielles qui ont une ressemblance de couleur avec le lait : prendre du lait d'amande. — LAIT DE POULE, jaune d'œuf délayé dans de l'eau chaude, avec du sucre. — LAIT D'AMANDE. (Voy. Amande.) — LAIT DE BEURRE. (Voy. Babeurre.) — LAIT DE CHAUX. (Voy. Chaux.)—SUCRE DE LAIT. (Voy. Lactine.)—LAIT VÉGÉTAL. (Voy. Galactodendron.) — ENCYCL. Le lait est généralement d'un blanc jaunâtre; quelquefois d'un blanc bleuâtre; il est entièrement opaque. Sa gravité spécifique, d'après Scherer, varie de 1,048, à 1,045. D'après Simon, la moyenne de la gravité spécifique du lait humain est de 1,032. Il a existé une différence d'opinion entre les chimistes sur la question de savoir si le lait normal a une réaction acide ou une réaction alcaline. Il est probable que la nourriture de l'animal exerce une influence, et l'observation a montré que le lait récemment sécrété est alcalin, tandis que celui qui a été gardé dans les mamelles pendant quelque temps est acide. L'opacité du lait dépend de nombreuses globules microscopiques jaunes d'une substance graisseuse de $\frac{1}{5000}$ à $\frac{1}{750}$ de cent. en diamètre. D'après Chevreul, le beurre de vache est composé de stéarine, de margarine et d'oléine, avec de petites quantités de butyrine, de coprolie et de caprine; mais des analyses récentes de Heintz et de plusieurs autres prouvent la non-existence de la margarine et montrent qu'il se compose de palmitine et d'une petite quantité de stéarine, avec de petites quantités de glycérides, abandonnant, par saponification, les acides myristique et butyrique. Il y a eu récemment une importante discussion relativement à l'existence d'une enveloppe caséeuse ou albumineuse, ou membrane, comme quelques-uns l'appellent, autour des globules. Le tableau suivant donne la composition de plusieurs espèces de lait; la première colonne présente le résultat moyen de dix analyses faites par le professeur Poggiale; les quatre suivantes ont été four nies par MM. Henri et Chevalier, et la dernière par le Dr Samuel-R. Percy, de New-York, comme étant la composition du lait chez une femme en bonne santé. L'albumine dans ces analyses est comprise avec la caséine.

CONSTITUANTS	VACHE	ANESSE	CHÈVRE	BREBIS	FEMME	FEMME
Eau...........	86,28	91,55	86,80	85,42	87,98	69,20
Beurre.........	4,38	0,11	3,32	4,20	3,55	2,60
Sucre de lait...	5,27	6,08	5,18	5,00	6,50	6,00
Caséine.......	3,80	1,82	4,02	4,50	1,52	2,00
Sels divers.....	0,27	0,34	0,58	0,68	0,45	0,20
Totaux.......	100,00	100,00	100,00	100,00	100,00	100,00

De ces constituants, le plus uniforme dans ses proportions est le sucre de lait ou *lactine;* mais la quantité peut en être augmentée par l'usage d'aliments saccharins, comme on le constate quand on nourrit des vaches avec des carottes et des betteraves. Le sucre de lait est cristallisable, mais il est moins sucré et moins soluble dans l'eau que le sucre de canne. Le lait d'animaux malsains produit souvent, quand on le calcine, une grande proportion de sulfate de chaux ; quand le lait est exposé à une température chaude, il fermente et engendre l'acide lactique qui a la même composition que le sucre de lait. Sous certaines conditions la fermentation vineuse peut ensuite avoir lieu, le sucre de lait étant converti en sucre de raisin, ce qui produit une liqueur spiritueuse en usage chez les Tartares. — Le lait est facilement falsifié en substituant aux ingrédients naturels différentes matières à bon marché. La fraude ne peut être découverte que par une habile vérification d'un chimiste. La non-pureté du lait peut tenir à des causes naturelles aussi bien qu'à des causes artificielles. Le microscope fournit un témoignage assez satisfaisant dans les deux cas, des granules d'amidon et des particules calcaires étant facilement dévoilées, particulièrement les dernières, par l'addition d'un peu d'acide. Les cas les plus simples de maladie du lait sont occasionnés par l'état fiévreux de l'animal producteur. Cette maladie fait assembler les globules en groupe, comme s'ils possédaient un certain degré de vitalité ressemblant un peu à celles des globules du sang. Le professeur James Law, de l'université Cornell, a fait, relativement aux champignons du lait de vache quelques recherches d'un véritable intérêt pratique. Il en arrive à la conclusion que plusieurs des formes les plus basses de la vie végétale vivent dans l'eau que boivent les vaches et se perpétuent dans le sang de ces animaux, avant de passer dans leur lait. D'après les recherches du professeur Gerlach, de Hanovre, il paraît certain que la tuberculose peut être communiquée au système humain par le lait de vaches tuberculeuses. En France, pour préserver le lait de la putréfaction, on fait combiner la partie solide avec d'autres matières, et on la sépare ainsi sous forme solide des portions aqueuses; mais le résultat de cette combinaison n'est pas exactement du lait. On l'évapore aussi jusqu'à consistance de sirop et ensuite, par l'addition de sucre, on en fait un composé solide de lait et de sucre ; et par une troisième méthode, on le conserve en en chassant l'air et en fermant hermétiquement les bouteilles pendant qu'elles sont soumises à la chaleur de l'eau bouillante (100° C.). De cette manière, on a pu conserver du lait pendant 5 ans et demi. Aux États-Unis, un brevet fut accordé, en 1856, à Gail Borden pour du lait condensé. Par son procédé, le lait, dès qu'il est tiré de la vache, est immédiatement refroidi à environ 45° C. Presque aussitôt, on le chauffe rapidement dans un vase entouré d'eau chaude à 85° C.; alors on ajoute du sucre blanc raffiné dans la proportion d'environ une partie de sucre

pour neuf de lait. Ensuite on met le tout dans des boîtes; on fait le vide et on condense le lait à consistance crémeuse épaisse.

*LAITAGE s. m. Collectiv. Le lait, ce qui vient du lait, ce qui se fait avec le lait, comme beurre, crème, fromage : *il ne vit que de laitage.*

*LAITANCE ou Laite s. f. Sperme des poissons mâles, substance blanche et molle, ressemblant à du lait caillé: *la laite, la laitance d'un hareng.*

*LAITE. Voy. LAITANCE.

*LAITÉ, ÉE adj. Se dit des poissons qui ont de la laite, de la laitance : *carpe laitée.* — Prov. et fig. POULE LAITÉE, homme faible et sans vigueur.

LAITÉE s. f. Portée d'une chienne.

*LAITERIE s. f. Lieu où l'on serre, où l'on met le lait des vaches, des chèvres, des brebis, etc.; où l'on fait la crème, le beurre, les fromages, etc. : *une laiterie bien exposée, bien propre, bien fraîche.*

*LAITERON s. m. (rad. *lait*, à cause du suc de ces plantes). Bot. Genre de composées, tribu des chicoracées, sous-tribu des lactucées, comprenant une cinquantaine d'espèces de plantes herbacées ou arborescentes. Le *laiteron cilié* (*sonchus ciliatus*), appelé aussi *lait d'âne*, est commun aux environs de Paris, ainsi que le *laiteron âpre* (*sonchus asper*) et le *laiteron des champs* (*sonchus arvensis*).

*LAITEUX, EUSE adj. Se dit de certaines plantes qui ont un suc de la couleur du lait: *le tithymale est une plante laiteuse.* — Se dit aussi de certaines choses qui ont une couleur de lait : *liqueur laiteuse.* — CETTE OPALE EST LAITEUSE, le blanc en est trouble.

*LAITIER s. m. Fonderie. Sorte de matière vitrifiée qui nage au-dessus de quelques métaux en fusion.

*LAITIER, IÈRE s. Celui, celle qui fait métier de vendre du lait : *la laitière n'est point encore venue.* — C'EST UNE BONNE LAITIÈRE, se dit d'une vache qui donne beaucoup de lait. — Fam. CETTE NOURRICE EST UNE BONNE LAITIÈRE, se dit d'une nourrice qui a beaucoup de lait. — Adjectiv. VACHE LAITIÈRE, vache à lait, vache nourrie uniquement pour donner du lait.

*LAITON s. m. (lat. *luteum*). Alliage de cuivre et de zinc qu'on appelle souvent CUIVRE JAUNE: *boucles de laiton.* (Voy. AIRAIN.)

LAITONNÉ, ÉE adj. Techn. Garni de fils de laiton.

*LAITUE s. f. (lat. *lactuca*; de *lac, lactis*, lait). Bot. Genre de composées, tribu des

Laitue romaine.

chicoracées, sous-tribu des lactucées, comprenant une soixantaine d'espèces d'herbes

annuelles ou vivaces dont les principales sont : 1° la LAITUE CULTIVÉE (*lactuca sativa*), qui a produit plus de 150 variétés que l'on classe en trois races principales : *laitue pommée*, à tête arrondie comme un chou ; *laitue frisée*, à feuilles crépues et découpées, ayant pour sous-race les laitues chicorées ; *laitue romaine* ou *chicon*, à feuilles allongées, non bosselées ni ondulées. Les laitues constituent par excel-

Laitue pommée.

lence les salades que l'on sert sur nos tables; c'est un aliment très rafraîchissant, calmant et même narcotique, en raison du suc laiteux qu'elles contiennent. 2° la LAITUE VIVACE (*lactuca perennis*) se rencontre dans les champs humides. 3° la LAITUE SAUVAGE (*lactuca sylvestris*) croît dans les sols argileux et humides. Son suc amer a été proposé comme succédané de l'opium : on l'appelle *lactucarium*. 4° la LAITUE VIREUSE (*lactuca virosa*) habite les endroits humides et sombres, le long des haies; son suc âcre est légèrement narcotique.

LAÏUS, roi de Thèbes, époux de Jocaste et père d'Œdipe. Un oracle ayant prédit qu'il serait tué par son fils, Laïus fit exposer Œdipe sur le mont Cithéron ; sauvé plus tard, Œdipe tua son père sans le connaître.

LAÏUS. École polyt. Discours.

*LAIZE s. f. (lat. *latus*, large). Manufacture. Différence ordinairement légère, en plus ou en moins, de la largeur réelle d'une étoffe à sa largeur légale ou convenue : DRAP QUATRE TIERS, GRANDE OU PETITE LAIZE, c'est-à-dire, qui a un peu plus ou un peu moins de quatre tiers : *dans les bonnes fabriques, on est scrupuleux sur les laizes.* — Se dit aussi quelquefois de la largeur même : *ce châle cinq quarts a bien sa laize.*

LA JONQUIÈRE (Jacques DE TAFFANEL, *marquis de*), marin français, né près d'Albi en 1680, mort à Québec en 1753. En 1711, il se distingua à Rio-de-Janeiro, fit des prodiges de valeur en 1744 devant Toulon, et commandait la flotte française au glorieux combat du Finistère (1747); il fut nommé plus tard gouverneur du Canada.

LAKANAL (Joseph), homme politique, né à Serres, (Ariège) en 1762, mort à Paris en 1845. Membre de la société de la doctrine chrétienne, il enseigna la philosophie à Moulins, adhéra à la constitution civile du clergé (1791), fut envoyé à la Convention par les électeurs de l'Ariège, vota la mort du roi sans sursis ni appel, fut nommé président du comité de l'instruction publique, provoqua le décret qui débaptisa les villes dont les noms rappelaient des souvenirs féodaux, l'établissement de la première ligne télégraphique, l'organisation des écoles normales, le maintien du jardin des plantes sous le nom de Muséum, et plusieurs autres mesures importantes. Entré aux Cinq-Cents en 1795, il fit décider la création de l'Institut et devint membre de l'Académie des sciences morales et politiques. Après le 18 brumaire, il ne conserva qu'une chaire à l'école centrale de la rue Saint-Antoine. Banni par la Restauration, il se réfugia aux Etats-Unis, où il se fit planteur. Il rentra en France en 1833 et reprit sa place à l'Institut l'année suivante. Le 24 septembre 1882, on lui a érigé, à Foix, une statue, œuvre de Picault. On a de lui : *Exposé sommaire des travaux de J. Lakunal*, Paris, 1838, in-8°. Son *Eloge* a été prononcé par Mignet (Paris 1857).

LALANDE (Joseph-Jérôme LE FRANÇAIS DE), illustre astronome français, né à Bourg le 11 juillet 1732, mort à Paris le 4 avril 1807; il fit ses études chez les jésuites et commença dans la dévotion une vie qui devait finir dans l'athéisme. Il étudia le droit à Paris et suivit en même temps les leçons d'astronomie au collège de France; grâce à l'amitié de l'astronome Le Monnier, il fut envoyé à Berlin pour observer la distance de la lune à la terre en concordance avec la mission de La Caille au Cap. Là il conquit la faveur du grand Frédéric et l'amitié des philosophes Voltaire, d'Argens, La Mettrie, etc.; là aussi il perdit tous ses premiers principes religieux. A vingt et un ans, il fut admis à l'Académie des sciences (1753), dirigea la *Connaissance des temps* et se fit une réputation universelle quand il publia sa carte des passages de Vénus pour 1761 et 1769 dans laquelle l'instant des deux passages était marqué pour tous les pays du monde. Successeur de Delisle (1762) dans la chaire d'astronomie au collège de France, il s'y multiplia pendant 46 ans pour dresser des monuments à la science dont il se disait le missionnaire. Il s'occupa aussi de la navigation sur laquelle il publia des ouvrages importants; il donna les résultats de ses calculs, au moyen desquels la distance entre la terre et la lune avait été définitivement obtenue. Il était très excentrique et professait le plus audacieux athéisme. On a de lui : *Exposition du calcul astronomique* (1762), *Traité d'astronomie* (2 vol. in-4°), ouvrage très complet et qui obtint un immense succès; *Réflexions sur les comètes qui peuvent approcher de la terre* (1773), *Réflexions sur les éclipses du soleil* (1778); *Abrégé de navigation théorique, historique et pratique* (1793), *Abrégé d'astronomie* (1795), *Catalogue de mille étoiles circumpolaires* (1796), *Voyage en Italie en 1765-'66* (Paris, 1768, 8 vol. in-12 et 1786, 9 vol. in-12), etc., etc.

LALBENQUE ch.-l. de cant., arr. et à 18 kil. S.-E. de Cahors (Lot), 2,150 hab. Commerce de chapeaux de paille.

LALINDE ch.-l. de cant., arr. et à 21 kil. E. de Bergerac (Dordogne), 2,000 hab.

LALLA-MAGHRNIA, poste militaire situé sur la frontière du Maroc, dans la subdivision de Tlemcem (province d'Oran, Algérie); ce poste ne compte que 150 Européens. Marché arabe important.

LALLA-ROUKH. 1. Poème oriental de Thomas Moore paru en 1817. — II. Opéra en deux actes (paroles de Hipp. Lucas et Michel Carré, musique de Félicien David), représenté pour la première fois à l'Opéra-Comique le 12 mai 1862. Le livret est tiré du poème de Thomas Moore.

LALLATION s. f. [lal-la-si-on]. Prononciation vicieuse de la lettre *l*. (Voy. LAMBDA-CISME).

LALLEMAND (Claude-François), médecin français, né à Metz en 1790, mort en 1854. Il fut professeur de clinique chirurgicale à Montpellier (1819-'45). Ses *Recherches anatomico-pathologiques sur l'encéphale et ses dépendances* (1820-'36) ont été traduites en un grand nombre de langues.

LALLY-TOLLENDAL (Thomas-Arthur, COMTE) [lal-li], baron de Tullendally ou Tollendal en Irlande, général français et à Romans en 1702, mort le 9 mai 1766. Il était fils de sir Gérard Lally, loyaliste irlandais qui accompagna Jacques II dans son exil en France. Il

se distingua par sa bravoure dès l'âge de 12 ans. En 1745, à la tête d'une brigade irlandaise, il assura la victoire des Français à la bataille de Fontenoy, et Louis XV le nomma brigadier général sur le champ de bataille. La même année, il rejoignit Charles-Edward en Ecosse et lui servit d'aide de camp à la bataille de Falkirk. Il proposa avec force une attaque sur l'Inde britannique. Nommé gouverneur général des établissements français en Orient, il arriva à Pondichéry le 28 avril 1758; mais les agents de la compagnie des Indes orientales conspiraient sourdement contre lui et ses ressources étaient insuffisantes. Néanmoins, la côte de Coromandel fut rapidement conquise. Il fit le siège de Madras en décembre et s'empara de la ville noire, mais abandonné par la flotte française et incapable de payer ses soldats mutinés, il fut obligé de se retirer devant une flotte anglaise. Peu après, il fut assiégé dans Pondichéry par un ennemi dix fois supérieur en nombre (22,000 hommes et 14 navires). Il résista pendant dix mois, mais il fut forcé de se rendre à discrétion (14 janvier 1761), au général Coote. Il fut emmené prisonnier à Londres. Informé des accusations portées contre lui par ses ennemis personnels, il obtint sa liberté sur parole, entra volontairement à la Bastille où on le laissa 19 mois sans l'interroger. Il fut accusé de trahison et de concussion par les gens mêmes qui avaient causé sa ruine, et après une procédure des plus iniques, il fut condamné à mort, et décapité. Plus tard, son procès fut revisé et la sentence fut annulée en 1778, par le parlement, qui réhabilita la mémoire de Lally-Tollendal.

LALLY-TOLLENDAL (Trophime-Gérard, MARQUIS DE), publiciste français, fils légitimé du précédent, né à Paris en 1751, mort en 1830. Il fut élevé sous le nom de Trophime, dans l'ignorance de son origine paternelle jusqu'à la veille de l'exécution de son père. Pendant 12 ans, il travailla sans relâche à obtenir l'annulation de la sentence et obtint l'assistance de Voltaire. En 1789, il fut un des députés des nobles aux états généraux; il se montra très modéré, mais après les événements des 5 et 6 octobre, il émigra jusqu'en 1792, époque où il revint combattre les jacobins; il fut emprisonné, mais il s'échappa. Sous la seconde Restauration, il fut nommé pair de France et entra à l'Académie française en 1816.

* **LAMA** s. m. (thibét. *bLama*). Nom de prêtre de Bouddha, au Thibet et chez les Mongols : *les lamas sont regardés comme les incarnations de différentes divinités*. (Voy. LAMAÏSME).

* **LAMA** ou **Llama** [la-ma; ou lia-ma, *l* mll.] s. m. Hist. nat. Quadrupède ruminant du Pérou, semblable à un petit chameau, mais sans bosse : *le lama était, au Pérou, la seule bête de somme avant la conquête de ce pays par les Espagnols.* (Voy. GUANACO.)

LAMA, ch.-l. de cant., arr. et à 66 kil. S.-O. de Bastia (Corse), 500 hab. Grand commerce d'huile d'olive.

LAMAÏSME s. m. (thibét. *bLama*, seigneur, maitre, professeur [on le prononce *liama*, en mouillant la lettre *l*; quant au *b*, il ne se prononce pas, et à ce sujet nous devons faire ici l'observation que pour conserver, en lisant l'article ci-dessous, l'épellation et la prononciation des Thibétains, on ne doit faire sentir le son d'aucune des petites lettres non accompagnées d'une voyelle et suivies d'une consonne]). Religion dominante du Thibet et de quelques autres parties de l'Asie. C'est une forme du bouddhisme modifié par l'adoption de quelques-unes des doctrines et des pratiques du sivaïsme (*religion de l'Inde*) et du shamanisme ou culte de l'esprit (superstition mongolienne). D'après les annales

thibétaines et chinoises, le bouddhisme se propagea au Thibet vers le commencement du VIIe siècle. Pendant cent ans il fit peu de progrès. Plus tard, il reçut une nouvelle impulsion, mais au IXe siècle, le pouvoir des prêtres, devenu insupportable, causa une persécution sanglante et le bouddhisme fut retardé de nouveau dans son développement pendant un certain temps. Au XIe siècle, un savant bouddhiste, Jobo-Atisha, introduisit plusieurs réformes. Kun-dGa-ssRing-po, supérieur du monastère de Ssa-skya, vers 1070, fut dit-on le premier grand lama du Thibet. Sous Kublis khan et ses successeurs, le bouddhisme fut protégé. En 1373, l'empereur chinois Tai-tsu, voulant amoindrir le pouvoir du lama de Ssa-skya, conféra des dignités et des titres égaux à quatre lamas. Cette politique fut imitée par les empereurs qui lui succédèrent; mais le lama de Ssa-skya fut encore regardé comme le plus élevé en dignité. En 1403, un lama, nommé bTsong-khapa, commença une grande réforme. Il est vénéré dans le Thibet, en Mongolie et parmi les Kalmoucks presque autant que Bouddha lui-même. Il établit le célibat des prêtres, créa la secte ou ordre du dGe-lugss (de vertu), écrivit plusieurs ouvrages et fonda divers monastères. L'organisation de la hiérarchie lamaïstique est essentiellement telle que la laissa bTsong-kha-pa. A la tête se trouvent deux lamas égaux en sainteté qui se donnent mutuellement la consécration. L'un, appelé dalaï lama, réside à Potala près de Lassa. L'autre appelé pantchhen lama et aussi tesho lama et bogdo lama (particulièrement par les Européens), réside à bKra-Shiss-Lhun-po, près de gShiss Ka rTse ou Dzigartchi. Bien qu'en théorie les deux lamas soient égaux sous tous les rapports, le dalaï lama gouverne une plus grande étendue de territoire religieux et son influence est beaucoup plus grande que celle du logdo lama. Leurs partisans croient que ces deux lamas ne meurent jamais réellement. Quand le corps du l'un d'eux périt, il s'incarne immédiatement dans quelque enfant de quatre à cinq ans, que doivent découvrir les lamas du second rang restés sous la direction du grand lama survivant. Ces prêtres prennent l'enfant sous leur direction et lui donnent une éducation conforme à la haute fonction qu'il doit remplir. A l'époque actuelle, leur choix tombe toujours sur quelque enfant désigné par l'empereur de Chine. Après les deux grands lamas viennent immédiatement les *khutuktus* ou vicaires, qui peuvent être comparés aux cardinaux et aux archevêques de l'Eglise romaine, il y en a de sept à dix; mais quelques auteurs pensent qu'il en existe un plus grand nombre. Ils représentent l'autorité du dalaï lama dans les différentes provinces et presque tous les pouvoirs civils se trouvent entre leurs mains. Ces thèmes obtiennent quelquefois ce rang. La troisième classe de lamas se compose de ceux que l'on appelle *khubilghans* ou incarnés et dont le nombre est très grand. Les deux grands lamas, les Khutukus et les Khubilghans, considérés comme des incarnations des saints qui ont existé autrefois, constituent la partie de la hiérarchie à laquelle une sainteté particulière est attachée. La hiérarchie comprend plusieurs ordres inférieurs. Nulle part ailleurs les ordres religieux ne comptent autant de membres relativement à la population. Il y a un grand nombre de lamas vagabonds ou mendiants et quelques ermites qui vivent dans des cavernes. Sauf ces exceptions, tous les lamas sont moines ou nonnes et voués au célibat. En Mongolie les lamas forment environ le huitième de la population. Le principal lama ou *gegen khutuku*, est considéré comme l'égal des deux grands lamas du Thibet. Il réside à Urga, sur la route de Pékin à Kiakhta. Au Thibet, la grande métropole du lamaïsme est Lassa;

dans cette ville et dans son voisinage se trouvent 30 grandes lamaseries, dont quelques-unes renferment jusqu'à 15,000 lamas. Cette vaste horde de prêtres et de moines est entretenue soit par le travail manuel des moines, soit par les revenus de leurs immenses propriétés immobilières, soit par de certains arts ayant pour but d'exploiter la superstition du peuple; car ces moines sont médecins, astrologues, diseurs de bonne aventure et magiciens. Ils disent des messes pour les âmes défuntes jusqu'à ce qu'elles soient délivrées de Yama, le juge infernal, et prêtes à entrer dans leur nouvelle existence. Ils impriment tous les livres; et ils possèdent presque exclusivement toutes les connaissances littéraires. Il y a trois grandes fêtes lamaïques et un grand nombre d'autres fêtes moins importantes. Les temples lamaïques sont entourés des bâtiments nécessaires pour pourvoir aux besoins temporels et spirituels des lamas, le tout formant le *dGon-pa*, monastère ou lamaserie. — Le grand corps de la littérature lamaïque est contenu en deux immenses collections : la bKa' hGyur (prononcez *Kanjour*), en 100 volumes, dont une copie se trouve à la bibliothèque nationale de Paris, et la *bsTan hGyur* (*Tanjour*), en 225 volumes. La bibliothèque impériale de Saint-Pétersbourg possède ces deux collections. La *Kanjour* est regardée comme sacrée et la *Tanjour* simplement comme une haute autorité. L'une et l'autre se composent principalement de traductions du sanskrit ou prakrit. Les lamaïstes ne connaissent aucun culte de dieux. L'essence de tout ce qui est saint est comprise dans une trinité idéale, désignée sous le nom de *dKonmTchhog-gSsum*, trois joyaux précieux, savoir : le Bouddha, la Doctrine et la Prêtrise. Bien au-dessous de cette trinité, il y a un grand nombre d'êtres bons et mauvais que les lamas doivent rendre favorables.

LAMAÏSTE ou **Lamaïte** s. m. Adorateur du grand lama.

LA MALLE (Dureau de). Voy. *Dureau*.

LA MALOU, station balnéaire de l'arr. de Béziers, cant. et à 8 kil. de Bédarieux (Hérault); 12 sources de 16 à 35°. Eaux bicarbonatées sodiques, ferro-crénatées et arsénicales. — Rhumatisme articulaires aigus ou chroniques, névralgies rebelles, chorées, hémiplégies, paraplégies de natures diverses, maladie de la moelle épinière, chlorose, anémie, maladies utérines. — Trois établissements de bains : *la Malou-le-Bas, la Malou-le-Centre* et *la Malou-le-Haut*. — Trois buvettes: *la Vernière, Capus* et *Bourges*.

*LAMANAGE s. m. Mar. Travail, profession des pilotes lamaneurs.

*LAMANEUR s. m. Pilote qui connaît particulièrement l'entrée d'un port, et qui y réside pour conduire les navires étrangers à l'entrée et à la sortie. On dit aussi, *Locman*. — S'emploie quelquefois adjectivement, Pilotes Lamaneur.

*LAMANTIN s. m. (altér. de *manate*, nom galibi de cet animal). Mamm. Genre de cétacés herbivores dont les mamelles sont sur la poitrine. La femelle du lamantin est appelée quelquefois Femme marine et Vache marine, tandis que le mâle est appelé Boeuf marin. — Quelques naturalistes ont enlevé récemment ce genre à l'ordre des cétacés et l'ont placé dans un ordre nouveau appelé sirénoïdes et qui est intermédiaire entre l'ancien ordre des pachydermes et celui des cétacés. Le lamantin a un corps allongé en forme de poisson, comme celui des baleines; ses membres antérieurs sont aplatis en nageoires et ses membres postérieurs sont représentés seulement par un pelvis rudimentaire; sa queue ovale a environ le quart de la longueur du corps et se termine en une expansion caudale

arrondie, plate et horizontale; sous ce rapport, il se rapproche des cétacés. Il habite les bords de la mer (particulièrement vers les embouchures des fleuves) et les fleuves eux-mêmes, restant près de la terre et se nourrissant d'algues et de plantes aquatiques. La plus grande et la mieux connue des espèces est le

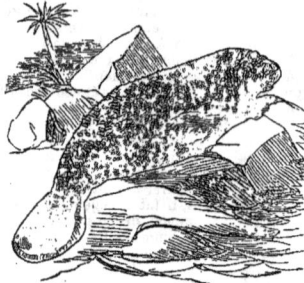

Lamantin de la Floride (Manatus latirostris).

lamantin de la Floride (*manatus latirostris*, Harlan), qui habite le golfe du Mexique et les Indes occidentales; il atteint quelquefois une longueur de 5 à 7 m., mais il a généralement 4 m. On les voit ordinairement en petites troupes, associées pour protection mutuelle et pour la défense de leurs jeunes. La chair du lamantin est saine et agréable au goût. Le *lamantin de l'Amérique du Sud* (*manatus australis*, Wiegm.), ordinairement long de 3 m. à 3 m. 50 centim., est assez commun vers les embouchures des grandes rivières du nord du Brésil et de la Guyane; il remonte les cours d'eau à plusieurs centaines de kil., et on le trouve même dans les lacs d'eau douce de l'intérieur; la chair de ce mammifère aquatique est considérée comme poisson par l'Église catholique romaine au Brésil; salée et séchée au soleil, elle constitue une viande excellente; l'huile de lamantin est d'une bonne qualité et exempte d'odeur; on tanne la peau pour en faire des harnais et des fouets, et elle est remarquable par sa force et sa durabilité.

LAMARCHE, ch.-l. de cant., arr. et à 36 kil. S.-E. de Neufchâteau (Vosges); 1,400 hab. Patrie du maréchal Victor.

LAMARCK (Jean-Baptiste-Pierre-Antoine de Monet de), naturaliste français, né à Bazentin (Picardie) en 1744, mort en 1829. En 1793, ayant acquis une grande réputation comme physicien et comme botaniste, il fut nommé à la chaire des invertébrés au Muséum d'histoire naturelle à Paris. En 1809, parut sa *Philosophie zoologique*, dans laquelle sa théorie du développement des fonctions animales est entièrement établie. D'après son opinion, de nouveaux organes peuvent se produire chez les animaux par le seul effort de la volonté, mise en action par la création de nouveaux besoins, et les organes ainsi obtenus peuvent se transmettre par la génération. Favorable à la théorie de la génération spontanée, il est considéré comme le créateur de la théorie de la variation des espèces que Darwin a développée. Son chef-d'œuvre est l'*Histoire naturelle des animaux sans vertèbres* (7 vol. in-8°, 1815-'22). Outre les ouvrages déjà cités, il a laissé: *Recherches sur les causes des principaux faits physiques* (Paris, 1794, 2 vol. in-8°), *Histoire naturelle des végétaux classés par familles* (1802-'26), *Recherches sur l'organisation des corps vivants* (1802, 1 vol. in-8°), etc., etc.

LAMARMORA (Alfonso Ferrero, *Cavaliere* de), général italien, né à Turin le 47 nov. 1804, mort à Florence le 5 janv. 1878. Il sortit en 1823 de l'Académie militaire avec le

grade de lieutenant d'artillerie, parvint au grade de major en 1845, introduisit de nombreuses réformes dans l'armée sarde, se distingua pendant la guerre contre l'Autriche en 1848, fut nommé général de brigade, mit une grande énergie à rétablir l'ordre après la défaite de Novare (1849), réprima l'insurrection de Gênes, fut récompensé par le titre de lieutenant général, reçut le portefeuille de la guerre (3 nov. 1849) et réorganisa l'armée piémontaise. Pendant la guerre de Crimée, il commanda le corps de 17,000 hommes que Victor-Emmanuel mit au service des alliés et qui se distingua à la Tchernaïa. A son retour, il reçut le grade de général d'armée. Principal conseiller militaire du roi pendant la guerre de 1859, il agit, tour à tour comme ministre de la guerre et comme diplomate, en faveur de l'agrandissement du royaume de Sardaigne. Il devint chef du cabinet pendant la retraite temporaire de Cavour après la paix de Villafranca; il fut encore premier ministre en 1864-'66. Ayant, par l'intermédiaire du général Govone, conclu une alliance avec la Prusse, il prit le commandement de l'armée comme chef d'état-major et endossa la responsabilité de la défaite de Custozza (24 juin 1866). L'insuccès de son action militaire amena de violentes discussions au parlement italien; on l'accusa d'être gagné à la politique de Napoléon III; il dut renoncer à ses fonctions ministérielles et à celles de chef de l'état-major général et ne conserva que son siège à la Chambre des députés. Continuellement attaqué par les journaux dévoués à M. de Bismarck, il prit tout à coup l'offensive par la publication d'un volume de mémoires diplomatiques sous le titre de *Un po più di luce* (Un peu plus de lumière), livre aussitôt traduit en allemand et en français (1873) et qui eut un grand retentissement dans toute l'Europe. Lamarmora y établit, à l'aide de documents officiels, que M. de Bismarck, lors de ses négociations avec le général Govone en 1866, avait formellement déclaré être prêt à céder aux Français une partie de la Prusse rhénane, si Napoléon voulait se montrer favorable aux projets de la Prusse relativement à l'Allemagne du Nord et à l'Autriche. M. de Bismarck eut beau donner en pleine Chambre des députés un démenti à cette allégation (16 janv. 1874), le scandale n'en fut pas moins profond. Le gouvernement italien ayant blâmé l'attitude de Lamarmora, celui-ci donna sa démission de député et rentra dans la vie privée. Il a publié en 1875 : *Un épisode de la régénération italienne* (in-8°).

LAMARQUE (François), conventionnel montagnard, né dans le Périgord en 1753, mort en 1832. Député de la Dordogne à l'Assemblée législative, il proposa la confiscation des biens des émigrés; réélu à la Convention, il siégea à la Montagne, vota la mort du roi sans sursis ni appel. Chargé en 1793 d'aller notifier à Dumouriez les décrets de la Convention, il fut livré à l'ennemi par ce général et fut emprisonné jusqu'en 1795. Il fit partie du Conseil des Cinq-Cents et accepta en 1800 la préfecture du Tarn. A la seconde Restauration, il fut banni comme régicide et obtint en 1819 l'autorisation de rentrer en France, où il sécut dans la retraite.

LAMARQUE (Maximilien), comte, général français, né à Saint-Sever (Landes) en 1770, mort en 1832. Il se distingua en Espagne, à Hohenlinden et à Austerlitz, prit part à l'invasion de Naples, étouffa l'insurrection de la Calabre, enleva Capri à sir Hudson Lowe (1808), combattit bravement à Wagram et commanda l'arrière-garde quand les Français évacuèrent l'Espagne. Exilé par la seconde Restauration pour avoir soutenu la cause de Napoléon pendant les Cent-Jours, il rentra en 1818 et devint député en 1828. En 1830, il fut un des 221 membres qui dénoncèrent les agissements de Charles X. Après l'avènement de Louis-Philippe, il fut l'adversaire de la politique de paix à tout prix. L'honnêteté de ses vues et son éloquence martiale lui acquirent une grande popularité, et ses funérailles (5 juin 1832) furent le signal d'une formidable insurrection qui ne fut apaisée qu'après quarante-huit heures d'effusion de sang.

LAMARTINE (Alphonse-Marie-Louis DE PRAT DE), poète français, né à Mâcon le 21 oct. 1790, mort à Passy le 1er mars 1869. Son nom de famille était de Prat, il emprunta celui de Lamartine à son oncle maternel. Son père, officier de *cavalerie*, fut emprisonné pendant la Terreur et se retira ensuite dans ses terres de Milly, où le futur poète reçut sa première éducation qu'il termina chez les Pères de la foi, à Belley; on lui apprit surtout à abhorrer la Révolution et l'Empire. Déjà la mélancolique tristesse de l'enfant faisait pressentir l'imagination rêveuse et poétique de l'homme. De 1811 à 1813, Lamartine visita l'Italie après un court séjour à Lyon. Rentré en France au moment où s'écroulait le régime impérial, il s'engagea dans les gardes du corps de Louis XVIII, et, pendant les Cent-Jours, il se retira en Suisse. Revenu en France avec la seconde Restauration, il ne tarda pas à se fatiguer de la vie militaire, et vers la fin de 1816, il alla chercher, dans les vallées de la Savoie, un repos plus en harmonie avec ses goûts rêveurs; c'est là qu'il connut l'*Elvire* des *Méditations*. Paris le revit en 1817 et quelques salons aristocratiques applaudirent ses premiers essais. Le modeste volume de ses inspirations ne trouva pas d'éditeur; ce fut seulement en 1820 que le libraire Nicolle se décida à faire imprimer les *Méditations poétiques*, dont le succès fut pourtant prodigieux. A l'exception de quelques traductions de lord Byron, la littérature française n'avait encore produit aucun spécimen de ce genre sentimental et passionné; ce fut comme la révélation d'une nouvelle langue lyrique plus douce et plus flexible. Quel souffle, en effet, et quelle harmonie enchanteresse dans *le Lac*, chef-d'œuvre, où se trouvent réunies, dans le plus mélancolique contraste, et les joies de la nature et les tristesses humaines.

Ainsi toujours poussés vers de nouveaux rivages,
Dans la nuit éternelle emportés sans retour,
Ne pourrons-nous jamais sur l'océan des âges
Jeter l'ancre un seul jour ?

Quels religieux accents dans *le Crucifix!*

Toi que j'ai recueilli sur sa bouche expirante
Avec son dernier souffle et son dernier adieu,.....

Ce volume, qui avait été si long à trouver un éditeur, en raison même de sa nouveauté, se vendit, en 4 ans, à 45,000 exemplaires, ce qui était alors un nombre invraisemblable. Lamartine fut considéré comme le premier poète de France, comme le poète de la religion et de la royauté, bien supérieur à Béranger, trop populaire aux yeux des lettrés de cette époque, et d'ailleurs bonapartiste. A peine les *Méditations* eurent-elles paru, que leur auteur, inconnu la veille, fut nommé d'emblée secrétaire à l'ambassade de Florence, puis secrétaire de légation à Naples. En passant à Genève, il épousa Mlle Birch, jeune et belle Anglaise qui lui apporta une grande fortune. En 1824, il fut envoyé à Florence comme secrétaire, puis chef de légation; c'est là qu'il publia le dernier chant de *Childe-Harold*, où il mit dans la bouche de Byron une apostrophe à l'Italie que le colonel Pepe regarda comme une insulte; un duel s'en suivit et Lamartine fut blessé au poignet. C'est vers cette époque que son oncle maternel le fit son héritier, à la condition qu'il prendrait le nom de Lamartine. Pendant son séjour en Italie, il composa plusieurs œuvres poétiques, qui consolidèrent sa réputation : *Nouvelles Méditations* (1823) et la *Mort de Socrate*, ouvrages empreints d'un fort sentiment religieux et

d'un esprit de dévouement pour les Bourbons autant que d'une amère aversion pour la Révolution et pour l'Empire. De retour en France en 1829, Lamartine y publia ses *Harmonies poétiques et religieuses*, où le rêveur apparaît tout entier et semble s'endormir à la cadence de ses vers comme à la voix paisible le nautonnier s'endort à la cadence des flots. Après la publication des *Harmonies*, Lamartine fut admis à l'Académie française (1er avril 1830). — La révolution de Juillet l'empêcha d'aller occuper, à Athènes, le poste de ministre plénipotentiaire auquel le ministère Polignac l'avait appelé. Après un double échec électoral à Dunkerque et à Toulon, le poète résolut de faire un voyage en Orient. A cet effet, il dépensa un million pour fréter un navire et partit avec toute sa maison en déployant un luxe et une faste qui lui coûta plus tard amèrement reprochés. En abordant à Beyrouth (1832), il perdit sa fille Julia qu'il adorait et qui espérait trouver sous le ciel oriental un climat plus doux que celui de sa patrie; elle succomba à une maladie de poitrine. Lamartine, douloureusement affecté, devint de plus en plus rêveur; il parcourut l'Orient, les yeux au ciel. Dans le même moment, les électeurs de Bergues (Nord), le rappelaient en France en le nommant député. Le 4 janv. 1834, il parut pour la première fois à la tribune et se déclara conservateur indépendant. En 1835, il publia *Les Souvenirs d'un voyage en Orient* (3 vol. in-8°), où la fantaisie et l'imagination tiennent trop souvent la place de la réalité. *Jocelyn*, qui parut en 1836, annonçait, chez Lamartine, l'abandon des dogmes révélés, la *Chute d'un ange* confirma cette chute du poète (1838). Les fautes et l'expulsion des Bourbons en faisant évanouir toutes ses illusions, avaient abattu la verdeur d'enthousiasme qui le faisait poète et ses derniers vers témoignent des luttes qui se livrèrent alors dans son esprit. La *Chute d'un ange* est le plus étrange monument d'incohérence que l'on ait jamais composé dans notre langue. Abandonnant la poésie, ou, pour mieux dire abandonné par elle, Lamartine se lança à corps perdu dans la politique : « On peut regretter le passé, dit-il; mais nos jours ne doivent pas se consumer en vaines lamentations; je veux entrer dans les rangs du peuple, penser, parler, agir comme lui ». A la Chambre, il fut un orateur brillant et se montra toujours l'adversaire obstiné du gouvernement de Louis-Philippe, dans tous ses discours, notamment dans ceux qu'il prononça sur l'abolition de l'esclavage, sur la peine de mort, sur le libre échange, sur les chemins de fer, sur la question de la régence, il se sépara violemment du ministère et se rapprocha de plus en plus de l'opposition. Adversaire acharné de Thiers et de Guizot, il prédisait, dès 1839, les événements de 1848, qu'il favorisa d'avance par son *Histoire des Girondins* (1846, 6 vol. in-8°), et par son discours de Mâcon. Le 24 février (voy. FÉVRIER), il poussa nettement à la proclamation de la République, à l'établissement d'un gouvernement provisoire et entraîna ses collègues à l'hôtel de ville. Nommé membre du gouvernement provisoire avec le portefeuille des affaires étrangères, il le fut, pendant quelque temps, l'homme populaire de la France et cette popularité ne fit que s'accroître quand on l'eut vu repousser, sur le perron de l'hôtel de ville, les individus qui prétendaient y arborer le drapeau rouge. Le 6 mars, dans un manifeste diplomatique, il annonça que la République voulait la paix. Nommé à la Constituante par dix départements, il se crut appelé à la future présidence de la République, mais au contraire, il le perdit de sa popularité; le 15 mai, il ne put empêcher l'Assemblée d'être envahie; le 24 juin, il se retira et céda la place à Cavaignac; il obtint seulement 17,910 suffrages pour la présidence. Nommé par un

seul département à l'Assemblée législative en 1849, il se retira de la politique après le coup d'Etat du 2 déc. 1851. Il se remit alors au travail pour combler les brèches de sa fortune et fit paraître successivement ces productions dont la plupart furent éphémères ou même qu'on lut à peine : *Les Confidences* (1849), *Raphaël* (1849), *Les Nouvelles Confidences* (1851), l'*Histoire de la Restauration* (1851-'63, 6 vol. in-8°), *Histoire de la Turquie* (1854, 6 vol. in-8°), *Histoire de la Russie* (1855, 2 vol. in-8°), le *Nouveau Voyage en Orient* (1853, 2 vol. in-8°), entrepris à la demande du Sultan. Pour le mettre à l'abri de la gêne, une souscription publique fut ouverte et la municipalité de Paris lui offrit une villa en 1860. Le gouvernement de Napoléon III lui assura en viager le revenu d'un capital de 500,000 francs; mais tout cela n'empêcha pas sa vieillesse de s'écouler dans un isolement attristé; il survécut à sa gloire et rien, dans ses dernières productions, ne rappelle le poète des *Harmonies*; c'est à peine si, dans ses *Confidences*, où il a le tort de mettre à jour des souvenirs trop intimes, la mémoire de Graziella lui inspire les vers suivants :

Sur la plage sonore où la mer de Sorrente
Déroule ses flots bleus aux pieds de l'oranger,
Il est, près du sentier, sous la haie odorante,
Une pierre petite, étroite, indifférente
Aux pas distraits de l'étranger!
La girofiée y cache un nom sous ses gerbes,
Un nom que nul écho n'a jamais répété!
Quelquefois seulement le passant arrêté
Lisant l'âge et la date en écartant les herbes,
Et sentant dans ses yeux quelques larmes courir,
Dit : Elle avait seize ans! C'est bien tôt pour mourir!

Lamartine donna encore une série des *Vies des grands hommes*, un *Cours familier de littérature*, un drame (*Toussaint-Louverture*), etc. Sa correspondance a été publiée par sa nièce (4 vol. 1873). La ville de Mâcon lui a érigé une statue due au ciseau de Falguière (18 août 1878).

LAMARTINIÈRE (Antoine-Auguste BRUZEN DE), compilateur et géographe, né en 1662, mort en 1746. On a de lui : *Dictionnaire historique, géographique et critique* (la Haye, 1726-'30, 10 vol. in-fol.), *Essai sur l'origine et les progrès de la géographie* (Amsterdam, 1722), *Etat politique de l'Europe* (la Haye, 1742-'49, 13 vol. in-12).

LAMASERIE s. f. Confrérie ou couvent de lamas.

LAMASTRE ch.-l. de cant., arr. et à 30 kil. S.-O. de Tournon (Ardèche); 1,000 hab. Église calviniste; commerce de châtaignes.

LAMB (Charles) [lamm], auteur anglais (1775-1834). Son père, domestique d'un juge d'Inner Temple, avait publié un volume de circonstances. Charles entra, à l'âge de 15 ans, dans une maison de commerce et se retira avec une pension en 1825. Il a laissé un grand nombre d'ouvrages dont les principaux sont : *Rosamund Gray, Specimens of English Dramatic poets who lived about the Time of Shakespeare*.

LAMBALLE, ch.-l. de cant., arr. et à 20 kil. S.-E. de Saint-Brieuc (Côtes-du-Nord), 4,000 hab. Commerce de grains, bestiaux, chevaux, miel; collège communal.

LAMBALLE (Marie-Thérèse-Louise DE SAVOIE-CARIGNAN, *princesse* de), née à Turin en 1749, tuée le 3 septembre 1793. Elle contracta, très jeune, une union malheureuse avec le prince de Lamballe, fils du duc de Bourbon-Penthièvre. Après la mort de son époux, en 1768, on projeta de la marier avec Louis XV; mais Choiseul fit abandonner cette idée. Marie-Antoinette, à son avènement, la nomma surintendante de sa maison royale. L'étroite intimité dans laquelle la reine vivait avec Mme de Lamballe, devenue sa favorite, fit naître dans l'entourage du roi, les plus odieuses calomnies, que les courtisans répandirent dans le public, de telle sorte que, lorsque la Révolution éclata, Mme de Lamballe partagea avec sa souveraine le mépris, l'animosité, la haine du peuple soulevé. Elle se trouvait avec la reine lors des terribles journées du 20 juin et du 10 août 1792; elle l'accompagna à l'Assemblée législative et ensuite au Temple, mais le 10 août, elle fut séparée de Marie-Antoinette et enfermée à la Force où elle tomba victime du massacre de septembre. Sa tête fut portée au Palais-Royal où le duc d'Orléans, son beau-frère, fut forcé de la saluer; elle fut ensuite promenée sous les fenêtres de la reine, au Temple. Sa beauté, son intelligence et la douceur de son caractère l'ont rendue célèbre. M. de Lescure a écrit sa vie en 1864.

LAMBDA s. m. Gramm. Nom de la douzième lettre de l'alphabet grec (λ), correspondant à notre *l*.

LAMBDACISME s. m. (rad. *lambda*). Gramm. Prononciation vicieuse de la lettre *l*, qui consiste à la mouiller ou à en faire le redoublement d'une façon arbitraire et abusive.

LAMBDOÏDE adj. (gr. *lambda*; *eidos*, aspect). Se dit de la troisième suture du crâne qui a la forme d'un lambda.

* **LAMBEAU** s. m. (lat. *lamberare*, déchirer). Morceau, pièce d'une étoffe déchirée : *son habit est tout en lambeaux*. — Morceau de chair déchirée : *sa chair tombait par lambeaux, en lambeaux*. — Fig. Partie détachée, fragment, débris : *on n'a retenu que quelques lambeaux de ce discours*.

* **LAMBEL** s. m. (autre forme de *lambeau*). Blas. Certaine brisure dont les puînés chargent en chef les armes de leur maison. Le *lambel* est formé d'un filet à trois pendants au moins à six pendants au plus, et dont les extrémités ne touchent pas les bords de l'écu.

LAMBERT (Saint), évêque de Maestricht. Il fut assassiné à Liège en 708, par Dodon, beau-frère de Pépin d'Héristal. Fête le 17 septembre.

LAMBERT-LI-CORS, c'est-à-dire *le Court*, poète français du XIIe siècle, né, selon les uns à Châteaudun, selon les autres à Châtellerault ou à Nantes; ce fut lui qui commença l'*Alexandriade*. (Voy. ce mot.)

LAMBERT (Gustave), marin et explorateur français, mort à Buzenval le 17 janv. 1871. Il conçut l'idée gigantesque de constater la place exacte du pôle N., d'y placer une bouée et d'y planter le drapeau de la France; il fit dans ce but des conférences et des souscriptions publiques; mais il ne put obtenir la somme nécessaire; il attendait patiemment l'appui du gouvernement lorsqu'éclata la guerre de 1870-'74; alors il s'engagea comme simple soldat et fut tué devant l'ennemi.

LAMBERT (Ferdinand-Ambroise), prêtre constitutionnel, né en 1762, mort en 1847. Marie-Antoinette, condamnée à mort, refusa son ministère parce qu'il avait prêté serment à la constitution civile du clergé. Aumônier de la garde de Paris, il assista avec Talleyrand à la fête de la Fédération.

LAMBERT (Johann-Heinrich), savant, né à Mulhouse (Alsace), en 1728, mort en 1777. Il fut successivement commis expéditionnaire, secrétaire d'un journaliste à Bâle, précepteur à Coire et ensuite en 1770, conseiller supérieur du *comité des travaux* à Berlin et, en 1774, directeur de l'*Almanach astronomique*. La mesure de l'intensité de la lumière devint une science dans sa *Photometria* (1760) et

la théorie de réfraction est développée dans *Les propriétés remarquables de la route de la lumière par les airs* (1759); parmi ses autres ouvrages, on cite : *Kosmologische briefe* (1761) et *Neues Organon* (1764).

LAMBESC, ch.-l. de cant., arr. et à 21 kil. N.-O. d'Aix (Bouches-du-Rhône); 2,800 hab. Siège des assemblées de Provence de 1644 à 1786; fabriques d'huile, de soude, de tuiles.

LAMBESSA ou **Lambèse**, colonie pénitentiaire française d'Algérie, à 95 kil. S.-S.-O. de Constantine; pop. de la ville, environ 400 hab. Elle se trouve sur l'emplacement de l'ancienne Lambese ou Lambæsa, l'une des villes les plus importantes de la Numidie et appartenant aux Massylii. Sous les Romains, une légion y fut stationnée; on y trouve un grand nombre de ruines, des statues, des tombes et des inscriptions. La ville fut détruite par les Vandales au ve siècle; son emplacement fut retrouvé en 1844. On y créa une colonie pénitentiaire, où l'on transporta des insurgés de 1848, et un grand nombre des victimes du coup d'État (1851) et de la loi de sûreté générale (1858).

LAMBETH, paroisse et faubourg de Londres, à 3 kil. S.-O. de la cathédrale de Saint-Paul, sur la rive S. de la Tamise; 379,120 hab. Le *palais de Lambeth*, résidence urbaine de l'archevêque de Canterbury, est situé sur un terrain bas, près de la rivière; il est entouré de jardins de 12 acres d'étendue. Il com-

Palais de Lambeth.

prend la tour des Lollards, fondée en 1440, la salle du banquet, une chapelle avec une belle voûte en chêne sculpté. La paroisse renferme plusieurs églises, des institutions charitables et d'autres édifices publics, de nombreuses manufactures et l'amphithéâtre d'Astley.

LAMBIC s. m. [lan-bik]. Espèce de bière très forte qui se fabrique à Bruxelles.

* **LAMBIN, INE**, (de *Lambin*, n. pr.). Celui, celle qui agit habituellement avec lenteur : *c'est un vrai lambin; c'est une lambine*. — adj. *Êtes-vous assez lambin*.

LAMBIN (Denis), philologue, né à Montreuil-sur-Mer en 1516, mort de peur dans la nuit de la Saint-Barthélemy, en 1572. Il fut nommé professeur de grec au collège de France en 1561. Lent dans le travail et lourd dans son argumentation, il a donné naissance au mot *lambiner*.

* **LAMBINER** v. n. Agir lentement : *il ne fait que lambiner*.

* **LAMBOURDE** s. f. Charpent. Pièce de bois de charpente qui sert à soutenir un parquet ou les ais d'un plancher : *poser des lambourdes*. — Pièces de bois qu'on met le long des murs ou des poutres, pour soutenir les bouts des solives, lorsqu'ils n'entrent pas dans les murs

ou ne portent pas sur les poutres. — Maçonn. Espèce de pierre tendre et calcaire : *lambourde d'Arcueil, de Saint-Maur*, etc.

* **LAMBREQUINS** s. m. pl. (lat. *ambrices*, lattes). Blas. Ornements qui pendent du casque et entourent l'écu. — Archit. Découpures de bois ou de tôle, imitant le coutil et couronnant un pavillon, une tente, un store, etc.

* **LAMBRIS** s. m. [lan-bri] (lat. *ambrices*, lattes). Revêtement de menuiserie, de marbre, de stuc, etc., sur les murailles d'une salle, d'une chambre, etc. : *les panneaux de ce lambris sont de bois de sapin, et les pilastres de chêne*. — LAMBRIS D'APPUI, lambris de deux à trois pieds de haut qui règne autour d'une pièce : *les lambris d'appui de la salle à manger sont de marbre, ceux du salon sont de chêne*. — LAMBRIS FEINT, imitation d'un lambris par le moyen de la peinture. — Enduit de plâtre fait au dedans d'un grenier, d'un galetas, sur des lattes jointives clouées aux chevrons. — Revêtement de menuiserie appliqué aux solives d'une salle, d'une chambre, etc., et où l'on forme quelquefois des caissons : *des lambris peints et dorés*. On dit dans le même sens, LAMBRIS DE PLAFOND. — Par ext. et poétiq. DE VASTES LAMBRIS, DES LAMBRIS DORÉS, DE RICHES LAMBRIS, etc., se dit de la décoration intérieure d'une maison vaste et magnifique : *le bonheur se trouve rarement sous des lambris dorés*. — Fig., en poésie, LE CÉLESTE OU LES CÉLESTES LAMBRIS, le ciel.

* **LAMBRISSAGE** s. m. Ouvrage de celui qui a lambrissé : *le lambrissage de cette pièce est riche, est beau, a coûté beaucoup de peine, de temps, d'argent*.

* **LAMBRISSÉ, ÉE** part. passé de LAMBRISSER. — CHAMBRE LAMBRISSÉE, se dit particulièrement d'une chambre sous le toit, dont l'intérieur est revêtu d'un enduit de plâtre.

* **LAMBRISSER** v. a. Revêtir de lambris : *lambrisser de bois les murs d'une chambre à coucher, d'un cabinet*.

* **LAMBRUCHE** ou **Lambrusque** s. f. (lat. *labrusca*). Espèce de vigne sauvage. On disait autrefois LAMBRUNCHE.

Bel aubespin fleurissant,
 Verdissant
Le long de ce beau rivage,
Tu es vestu jusqu'au bas
 Des longs bras
D'une lambrunche sauvage.
    RONSART.

— Espèce de vigne de l'Amérique septentrionale.

LAMBRUSCHINI (Luigi) [lamm-brouss-ki'-ni], prélat italien, né en 1776, mort en 1854. Il devint successivement évêque de Sabine, archevêque de Gênes, nonce du pape en France et cardinal (1831). Sous Grégoire XVI, il fut ministre des affaires étrangères et ministre de l'instruction publique. En 1846, lorsque l'on procéda au remplacement de ce pape décédé, il obtint le plus de voix au premier tour de scrutin. Sous Pie IX, il fut membre du conseil d'État en 1848, il accompagna le pape à Gaète, et rentra avec lui à Rome, en 1853.

LAME s. f. (lat. *lamina*). Morceau de métal plat, de peu d'épaisseur, et ordinairement plus long que large : *lame de cuivre, d'étain, de plomb, d'argent, d'or*. — Se dit aussi, surtout au pluriel, de l'or ou de l'argent trait, battu, ou aplati entre deux cylindres, qu'on lait entrer dans la fabrication de quelques étoffes, de quelques broderies, de quelques galons, pour les rendre plus riches et plus brillants : *la robe de cette femme était toute couverte de lames.* — Hist. nat. Parties minces et plates, espèces de feuillets qui garnissent ou composent certaines productions naturelles : *les lames qui garnissent le chapeau des agarics.* — LES LAMES D'UN TRICTRAC, les languettes pointues qui sont tracées au fond du trictrac. On les nomme plus ordinairement FLÈCHES. — Menuis. LAMES DE PERSIENNES, petites lames de bois minces assemblées dans les montants d'une persienne. LAMES DE JALOUSIE, lattes qui composent une jalousie. — Fig. et fam. C'EST UNE BONNE LAME, se dit d'un homme qui manie bien l'épée; et, C'EST UNE FINE LAME, d'une femme fine et rusée. — LA LAME USE LE FOURREAU, se dit des personnes en qui une grande activité d'âme ou d'esprit nuit à la santé. — Fer de plusieurs autres armes, et de beaucoup d'instruments propres à percer, tailler, couper, trancher, raser, gratter, etc. : *lame de sabre, de couteau de chasse, de poignard, de baïonnette, de fleuret.* — Mar. Vague de la mer : *il vint une lame qui couvrit le vaisseau.* — VIEILLE LAME, terme d'amitié entre anciens militaires.

• LAMÉ, ÉE adj. Ne se dit que des étoffes enrichies de lames d'or ou d'argent : *étoffe lamée, lamée d'or, lamée d'argent.*

LAMECH I. Patriarche hébreu, fils de Mathusalem et père de Noé; il vécut plus de 700 ans. — II. Descendant de Caïn; il donna le premier l'exemple de la polygamie; il fut le père de Jabel, le premier des nomades; de Jubal, l'inventeur de la musique; de Tubalcaïn, le premier qui ait forgé le fer; et de Naamah, qui inventa l'art de tisser la laine.

LAMEGO, ville de Beira (Portugal), à 110 kil. E.-N.-E. de Coimbre; environ 9,000 hab. Elle doit sa célébrité à ce que, suivant une tradition, les cortès y rédigèrent, en 1143, la constitution du royaume de Portugal nouvellement créé.

LAMELLAIRE adj. [-mèl-lè-]. Hist. nat. Se dit d'un corps qui se présente sous forme de lame ou de lamelle.

• LAMELLE s. f. (diminut. *lame*). Didact. Petite lame. Se dit de tout organe mince des végétaux et des animaux quand il a une certaine consistance.

• LAMELLÉ, ÉE et plus souv. Lamelleux, euse adj. [la-mèl-lé -; -mèl-leû]. Hist. nat. Qui est garni de lames ou feuillets, ou qui se laisse diviser en lames, en feuilles : *le chapeau de certains champignons est lamellé en dessous.*

LAMELLIBRANCHE adj. [-mèl-li-] (de *lamelle* et de *branchie*). Ichtyol. Qui a les branchies en forme de lamelle. — s. m. pl. Classe de mollusques acéphales, caractérisée par des branchies en forme de lamelles.

LAMELLICORNE adj. [-mèl-li-] (de *lamelle* et *corne*). Entom. Qui a les antennes formées de lamelles. — s. m. pl. Sixième et dernière famille des coléoptères pentamères, caractérisée par des antennes terminées en une massue. Les lamellicornes se partagent en deux tribus : 1° *scarabéides*, dont les antennes sont en massue feuilletée (bousiers, aphodies, lethrus, géotrupes, ægialies, trox, oryctes, scarabées, hexodons, rutèles, hannetons, amphicomes, anisonyx, goliates, trichies, cétoines, crémastocheiles); 2° *lucanides*, à massue composée d'articles disposés en manière de peigne (sinodendres, æsales, lamprimes, lucanes ou cerfs-volants, passales).

LAMELLIFÈRE adj. (fr. *lamelle*; lat. *fero*, je porte). Zool. Qui porte des lamelles.

LAMELLIFORME adj. Hist. nat. Qui a la forme d'une lamelle ou petite lame.

LAMELLIROSTRE adj. [-mèl-li-] (de *lamelle*

et *rostre*). Ornith. Qui a le bec muni de lamelles. — s. m. pl. Quatrième et dernière famille de palmipèdes, caractérisée par un bec épais, revêtu d'une peau molle plutôt que d'une véritable corne, à bords garnis de lames ou de petites dents. Cette famille comprend les deux genres : *canards* (cygnes, oies, bernaches, canards, macreuses, garrots, eiders, millouins, souchets, tadornes); et *harles* (harles et piettes).

LAMENNAIS (Hugues-Félicité-Robert de), [la-me-nê], écrivain français, né à Saint-Malo, le 19 juin 1782, mort le 27 février 1854. Il choisit la carrière ecclésiastique après une longue hésitation et il publia, en 1808, *Réflexions sur l'état de l'Eglise*. Ce fut la première protestation contre la philosophie matérialiste régnante. Dans un ouvrage postérieur, il attaqua le gallicanisme. Au retour des Bourbons, il publia une attaque violente contre Napoléon; pendant les Cent-Jours, il vécut à Guernesey, et fut ensuite professeur à Londres et à Paris. En 1816, il reçut les ordres et en 1817, il publia le premier volume de son *Essai sur l'indifférence en matière de religion*. Il trouva dans toute l'Europe; Lamennais essayait d'opposer au protestantisme et à la philosophie le principe de l'autorité ecclésiastique et l'absolutisme de la foi. Comme principal collaborateur du *Conservateur*, journal fondé par Chateaubriand, Villèle et plusieurs autres, il se montra plus tard ecclésiastique que sincère royaliste, et, en 1820, il se sépara de son parti avec un certain nombre de ses collègues appelés les *incorruptibles* et il attaqua violemment le ministère Villèle. Le second volume de son *Essai* (1820) développa une nouvelle théorie d'autorité intellectuelle basée sur le consentement universel du genre humain. Les deux derniers volumes (1824), il chercha à démontrer que le christianisme seul possède le double caractère d'universalité et de perpétuité. Cet ouvrage fut unanimement attaqué par la Sorbonne et par les évêques de France. Dans son écrit intitulé *De la religion considérée dans ses rapports avec l'ordre civil et catholique* (2 vol. 1825-'26), il essaie d'établir que la suprématie spirituelle absolue du saint-siège est la solution de toute question sociale; à la suite de cette publication, il fut jugé et condamné par le tribunal civil. Après la révolution de 1830, son avoué fut d'allier la démocratie avec la suprématie papale et le libéralisme avec les idées catholiques. Il fonda, en collaboration avec Lacordaire, Montalembert et Gerbet, le journal l'*Avenir*, ayant pour devise *Dieu et liberté : le pape et le peuple.* Il demandait la décentralisation administrative, l'extension du droit électoral, la liberté des cultes, la liberté de conscience universelle et égale pour tous, l'instruction libre et la liberté de la presse. Par une lettre encyclique, datée du 15 août 1832, Grégoire XVI condamna formellement les doctrines de l'*Avenir*. Une soumission dogmatique fut demandée à Lamennais qu'il finit par signer. Sa rupture définitive avec l'Eglise catholique romaine date de la publication de ses *Paroles d'un croyant* (1834). Ce livre fut traduit immédiatement dans toutes les langues de l'Europe et il eut plus de 100 éditions en peu d'années; il fut condamné par le pape comme un livre *petit en grosseur, mais immense en perversité.* En 1837, Lamennais publia *Le Livre du peuple* et fonda le journal le *Monde*, destiné à être l'organe de l'extrême démocratie. En 1840, l'un de ses pamphlets le fit emprisonner pendant un an. Il prit part à la révolution de 1848, comme l'un des principaux et peut-être comme le plus habile écrivain du parti républicain; il fut un des représentants de Paris à l'Assemblée constituante. Après le coup d'État du 2 déc. 1851, il se retira de la vie publique et occupa ses dernières années à la traduction du *Dante*.

Lamennais a été à la fois l'un des plus habiles défenseurs et l'un des plus redoutables adversaires de la papauté.

LAMENTABILE [la-main-ta-bi-lé]. Mot italien qui signifie *lamentable* et que l'on emploie dans les compositions musicales pour indiquer un mouvement grave, mélancolique et plaintif.

• LAMENTABLE adj. Déplorable, qui mérite d'être pleuré : *une mort lamentable.* — Douloureux, qui porte la pitié : *un discours, un accent, un ton de voix lamentable.*

• LAMENTABLEMENT adv. D'un ton lamentable, d'un ton propre à exciter la pitié : *il nous conta ses adversités si lamentablement que.*

• LAMENTATION s. f. (lat. *lamentatio*). Plainte accompagnée de gémissements et de cris : *on n'entendit que lamentations.* Souvent il signifie seulement, expression de douleur et de regret : *après une longue lamentation.* — LES LAMENTATIONS DE JÉRÉMIE, sorte de poème que ce prophète a fait sur la ruine de Jérusalem : *on chante à Ténèbres les Lamentations de Jérémie.* — Les *Lamentations de Jérémie*, forment l'un des livres canoniques de l'Ancien Testament, le troisième du *Megilloth*. Il renferme cinq élégies sur le sort de Jérusalem et sur les malheurs de son peuple.

• LAMENTER v. a. [la-man-té] (lat. *lamentari*). Déplorer, regretter avec plaintes et gémissements : *lamenter la mort de ses parents, la ruine de sa patrie.* — Dans le sens actif, il n'est guère usité qu'en poésie. — v. n. : *vous avez beau pleurer et lamenter.* Cet emploi est peu usité. — Se lamenter v. pr. : *vous vous lamentez en vain.*

• LAMENTIN. Voy. LAMANTIN.

LAMENTIN (Le), ch.-l. de quartier ou de canton. arr. et à 8 kil. N.-E. de la Pointe-à-Pitre (Guadeloupe), 4,600 hab. Fabriques de sucre et source thermale.

LAMETH, noble famille de Picardie dont les membres les plus remarquables sont : I (Augustin-Louis-Charles, MARQUIS DE), homme politique né à Paris en 1755, mort en 1834. Sous l'Empire, il siégea au Corps législatif comme député de la Somme. — II (Théodore, COMTE DE), né à Paris 1756, mort 1854. Après s'être distingué dans la guerre de l'indépendance américaine, il revint en France, où les électeurs du Jura l'envoyèrent à l'Assemblée législative; il y fit partie de la la droite et lorsque la République fut proclamée, il se retira en Suisse et disparut de la scène politique, excepté pendant les Cent-Jours où le dép. de la Somme l'élut député. — III (Charles-Malo-François COMTE DE), frère du précédent, né à Paris en 1757, mort en 1832. Élu à l'Assemblée nationale, il siégea à gauche et vota toutes les lois qui diminuaient l'autorité royale. Après avoir servi l'Empire, comme officier, il fut élu député sous la Restauration où il siégea dans l'opposition. — IV. (Alexandre-Théodore-Victor, COMTE DE), frère du précédent, né en 1760, mort en 1819. Il se distingua comme ses frères, en Amérique, sous Rochambeau, siégea à la gauche de l'Assemblée nationale où il mit toute sa vigueur à sacrifier les droits de la noblesse et du clergé. Il fut préfet sous l'Empire, puis aux Cent-Jours et député de l'opposition sous la Restauration.

LA METTRIE (Julien, OFFRAY DE), philosophe français, né à Saint-Malo en 1709, mort en 1751. A Leyde, il traduisit en français plusieurs ouvrages de son professeur Boerhaave, il fut nommé médecin d'un régiment français (1742), et perdit son emploi en 1745, après la publication de son *Histoire naturelle de l'âme*, dans laquelle il nie l'immatérialité de l'âme humaine. En 1746, ses libelles contre ses collègues le forcèrent à se réfugier en Hollande, d'où il fut aussi expulsé à cause de son ouvrage athéiste *L'Homme-machine* (1748), qui fut suivi de plusieurs autres écrits semblables. Frédéric le Grand fit de lui son lecteur et écrivit son éloge. L'édition la plus complète de ses œuvres est celle de Berlin (1796).

LAMIA, *mj.* Zeitoun, ville de Grèce, dans la Phtiotide, près du golfe Maliac (golfe de Zeitoun); environ 4,000 hab. Elle a donné son nom à une guerre des confédérés grecs contre Antipater (323-322 av. J.-C.), qui fut assiégé pendant quelque temps dans cette ville.

LAMIAQUE s. et adj. De Lamia; qui appartient à cette ville ou à ses habitants. — GUERRE LAMIAQUE, guerre qui éclata en 323 av. J.-C. entre Athènes, excitée par Démosthène (voy. ce nom) et Antipater, gouverneur de Macédoine. Athènes et ses alliés levèrent une armée dont le commandement fut confié au général athénien Léosthène. Antipater vaincu se réfugia à Lamia, où il fut assiégé pendant quelques mois. Léosthène périt pendant le siège et, en 332, l'arrivée de Leonnatus força les confédérés à s'éloigner un instant, ce qui permit à Antipater de s'échapper. Il rejoignit Cratère, et avec l'aide de ce général, remporta la victoire décisive de Cranon, qui termina la guerre lamiaque.

* **LAMIE** s. f. (lat. *lamia*). Icht. Genre de squales d'une grandeur extraordinaire: *il y a des lamies qui pèsent jusqu'à trente milliers.* — Les *lamies* ou *touilles* diffèrent des requins par un museau pyramidal, sous la base duquel sont les narines. L'espèce la plus commune dans nos mers est la *squale nez* (*squalus cornubicus*), à nez conique criblé de pores, à dents longues et aiguës, à queue portant de chaque côté une carène saillante. — Se dit aussi de certains êtres fabuleux qui passaient, chez les anciens, pour dévorer les enfants, et qu'on représentait ordinairement avec une tête de femme et un corps de serpent. — ∾ Entom. Genre de coléoptères tétramères longicornes, comprenant plusieurs espèces d'insectes qui font entendre, quand on les saisit, un bruit particulier produit par le frottement du corselet contre l'écusson. Leurs larves s'attaquent aux racines et aux troncs des arbres. La plus belle espèce des environs de Paris est la *lamie charpentier* (*acanthocinus œdilis*), brune avec un duvet gris, avec 4 points noirs sur le corselet et 2 bandes noires sur les élytres; elle vit dans les racines du saule et de l'osier.

* **LAMINAGE** s. m. Action de laminer.

LAMINAIRE adj. (lat. *lamina*, lame). Minér. Qui est composé de lames parallèles plus ou moins étendues. — s. f. Bot. Genre d'algues marines fucacées (voy. ALGUE), comprenant plusieurs espèces à frondes fibreuses, membraneuses ou coriaces, dépourvues de côtes. La *laminaire sucrière* (*laminaria saccharina*) est très commune sur nos côtes atlantiques. La *laminaire digitée* (*laminaria digitata*), également répandue sur nos côtes, est aussi appelée *fouet des sorcières*

* **LAMINER** v. a. (rad. *lame*). Réduire un métal en lame, en lui donnant une épaisseur uniforme par une compression toujours égale: *laminer du plomb.*

* **LAMINERIE** s. f. Atelier dans lequel on lamine les métaux.

* **LAMINEUR** s. m. Ouvrier qui lamine les métaux.

* **LAMINEUR, EUSE.** Anat. Voy. CELLULAIRE.

* **LAMINOIR** s. m. Machine composée de deux cylindres d'acier, entre lesquels on fait passer des lames de métal, pour en réduire plus ou moins l'épaisseur, suivant qu'on rapproche plus ou moins les cylindres: *métal passé au laminoir.*

LAMMERMOOR ou **Lammermuir** [lamm'-meur-mour], chaîne de collines marécageuses qui s'étend en Ecosse sur les comtés de Haddington et de Berwick. — LUCIE DE LAMMERMOOR. (Voy. LUCIE.)

LAMOIGNON, illustre famille française du Nivernais qui tire son nom du fief de *Lamoignon*, situé à Donzi (Nièvre), et dont les membres les plus remarquables sont : I. (Christophe de), né en 1367, mort en 1636; il fut président au parlement de Paris. — II. (Guillaume de), né à Paris en 1617, mort en 1677. Il fut nommé, par Mazarin, premier président au parlement de Paris et dans le procès de Fouquet, il montra une telle impartialité qu'il s'attira la haine de Colbert. C'est lui qui donna à Boileau l'idée du *Lutrin*. — III. (Chrétien-François de), un de nos premiers avocats généraux, né à Paris en 1644, mort en 1709. Il avait pour familiers : Bourdaloue, Regnard, Racine et Boileau.

LAMOIGNON DE MALESHERBES. Voy. MALESHERBES.

LA MONNOYE (Bernard de), philologue, né à Dijon en 1641, mort à Paris en 1728. En 1700, il donna les *Noëls bourguignons*; élu à l'Académie française en 1713, sa réception y fut marquée par *l'inauguration du fauteuil*; il a laissé en outre: *Poésies françaises et latines*; *Commentaires sur les jugements des savants*, etc.

LAMORICIÈRE (Christophe-Louis-Léon, JUCHAULT DE), général français, né à Nantes le 5 févr. 1806, mort en son château de Prouzel, près d'Amiens, le 10 sept. 1865. Il fit 18 campagnes en Afrique. La célébrité des zouaves est due en partie à l'intrépidité dont il fit preuve dans leur corps, où il entra capitaine en 1832 et d'où il sortit général en 1840. Peu après avoir été élu à la Chambre en 1846, il organisa l'expédition contre Abd-el-Kader, qui termina la guerre d'Algérie. Il fut réélu en 1847. En 1848, il adhéra au gouvernement provisoire et siégea à l'Assemblée constituante. Pendant les sanglantes journées de Juin, il eut trois chevaux tués sous lui. Il fut ministre de la guerre, sous Cavaignac, jusqu'en déc., et combattit vivement la candidature de Louis-Napoléon à la présidence. Président du comité constitutionnel à la Législative, il se montra l'adversaire des radicaux. Au coup d'Etat, il fut enfermé dans la forteresse de Ham jusqu'au 9 janv. 1852; il fut ensuite exilé jusqu'en 1857. A cette époque, bien qu'il eût refusé de reconnaître l'Empire, on lui permit de revenir à l'occasion de la mort de l'un de ses enfants. Avec le consentement du gouvernement français, Pie IX le nomma en avril 1860, commandant en chef des zouaves pontificaux et des autres troupes romaines. Les généraux sardes Cialdini et Fanti anéantirent son armée à Castelfidardo (18 sept.), et l'assiégèrent dans Ancône, où ils le forcèrent à capituler (29 sept.).

LA MORLIÈRE (Charles-Louis-Auguste DE LA ROCHETTE DE), littérateur, né à Grenoble en 1701, mort en 1785. Il fut l'un des claqueurs attitrés de Voltaire en 1749 et des juges du bon goût au théâtre. Soupçonné d'infidélité et d'indélicatesse, il fut enfermé à Saint-Lazare.

LA MOTHE-HOUDANCOURT (Philippe, COMTE DE), maréchal de France, né en 1605, mort en 1657, il se distingua en Italie et dans les Pays-Bas. En 1641, il reçut de Louis XIII le gouvernement de la Catalogne; disgracié pour un échec subi devant Lérida (1644), il fut déféré au parlement de Grenoble qui le justifia. Réintégré dans son commandement, il soutint et dirigea la malheureuse défense de Barcelone en 1652 et rentra à Paris en 1657.

LAMOTHE-LANGON (Etienne-Léon de), littérateur, né à Montpellier en 1786, mort en 1864. Il a laissé de nombreux romans dont plusieurs ont eu quelques succès; nous citerons entre autres: *M. le Préfet, Légendes*, etc.

LA MOTTE-FOUQUÉ (Friedrich-Heinrich-Karl, DE LA MOTTE, baron Fouqué, ordinairement appelé), écrivain allemand, d'une ancienne famille normande qui émigra de la France à la suite de la révocation de l'édit de Nantes, né à Brandebourg en 1777, mort en 1843. Il servit dans l'armée prussienne et fut blessé à Kulm (1813). Ses romans, ses poèmes épiques et ses drames sont d'une remarquable originalité; on y trouve la peinture de la chevalerie idéale du moyen âge. On cite parmi ses romans: *Undine, Sintram* et *Thiodolf*.

LAMOTTE-HOUDARD (Antoine de), poète et critique, né à Paris en 1672, mort en 1731. Il débuta au théâtre, entra ensuite à la Trappe, dont il sortit pour composer un opéra intitulé : l'*Europe galante*; il ne se fit un nom que comme critique ; il fut admis à l'Académie française en 1710. On a de lui : *Inès de Castro, Issé, Sémélé*, etc.

LAMOTTE-PIQUET (Toussaint-Guillaume, COMTE DE), amiral français, né à Rennes en 1720, mort en 1791. Il s'engagea en 1737 dans la marine royale, où il gagna tous ses grades. De 1737 à 1783, il fit 28 campagnes; entre autres, il prit une part brillante à la bataille d'Ouessant (1778), au combat de Fort-Royal (1779); il captura 26 vaisseaux de l'escadre de Rodney (1781) et reçut le titre de lieutenant général des armées royales.

LA MOTTE-VALOIS (Jeanne DE LUZ DE SAINT-REMY, comtesse DE), aventurière française, née à Fontète (Champagne) vers 1756, morte en Angleterre en 1791. Après avoir épousé le comte de Lamotte, elle se mit dans les bonnes grâces de Marie-Antoinette et du cardinal de Rohan, auquel elle fit croire que la reine lui témoignerait peut-être de l'affection s'il lui offrait certain magnifique collier de diamants estimé à 1,600,000 fr. Elle persuada à une D^{lle} d'Oliva, qui ressemblait à Marie-Antoinette, de prendre la place de celle-ci à un rendez-vous de nuit avec Rohan dans les jardins de Versailles. Avec la signature réelle de Rohan et une fausse signature de la reine, elle acheta le collier à crédit (2 févr. 1786), le vendit à Londres et, pendant plusieurs mois, elle cacha son vol en produisant des lettres dans lesquelles la reine dont on avait imité l'écriture, reconnaissait avoir reçu le collier. Le joaillier, fatigué d'attendre, écrivit directement à la reine et découvrit l'intrigue. Sur la demande de Marie-Antoinette, Mme de la Motte fut arrêtée, ainsi que le cardinal de Rohan. Après un débat public, le cardinal fut déchargé de toute accusation, tandis que la comtesse fut condamnée à être fouettée, marquée sur l'épaule et emprisonnée pour la vie. Elle s'échappa le 5 juin 1787 et s'enfuit à Londres où elle publia un ignoble libelle contre la reine. Un manuscrit mutilé publié en 1858, renferme la version de la Motte-Valois relativement à cette affaire, dont la meilleure appréciation a été donnée par Louis Blanc dans son *Histoire de la Révolution française*.

LAMOURETTE (Adrien), évêque constitutionnel, né à Frévent en 1742, mort sur l'échafaud en 1794. Vicaire général d'Arras en 1789, il se lia avec Mirabeau et dut à cette amitié d'être nommé évêque de Lyon en 1791, après avoir prêté serment à la constitution civile du clergé. Envoyé à la Législative, il eut une heure de célébrité ; il monta à la tribune et dans un pathétique discours ne fit entendre que des mots de concorde, de réconciliation, de fraternité et, le soir, on ne parlait que du *baiser Lamourette*; le mot est resté.

* LAMPADAIRE s. m. (lat. *lampadarius;* du gr. *lampas,* lampe). Hist. anc. Nom d'un officier qui portait des flambeaux devant l'empereur, l'impératrice, et devant quelques autres personnes considérables. — Espèce de lustre ou de candélabre propre à soutenir des lampes : *les lampadaires sont ordinairement de bronze.*

* LAMPADISTE s. m. Antiq. On appelait ainsi, chez les Grecs, ceux qui disputaient le prix à la course des flambeaux.

* LAMPADOPHORE s. m. (gr. *lampas, lampados,* lampe; *phoros,* qui porte). Antiq. On nommait ainsi, chez les Grecs, ceux qui portaient les lumières dans les cérémonies religieuses. — Se dit aussi dans le même sens que LAMPADISTE.

LAMPADOPHORIES s. f. pl. [-fo-rî] Ant. gr. Fêtes célébrées à Athènes en l'honneur de Minerve, de Vulcain et de Prométhée et dans lesquelles des coureurs devaient parcourir une distance déterminée, en tenant une torche allumée.

* LAMPAS s. m. [lan-pa ou lan-pass]. Etoffe de soie qu'on tirait originairement de la Chine, et qui est, en général, à grands dessins, d'une couleur différente de celle du fond : *le lampas sert surtout à l'ameublement.*

* LAMPAS s. m. (lat. *lambere,* lécher). Art vétér. Engorgement ou allongement de la membrane qui tapisse le palais du cheval près des dents incisives. C'est ce qu'on nomme autrement FÈVE : *ce cheval ne mangera que quand vous lui aurez ôté le lampas.* — Pop. HUMECTER LE LAMPAS, se mouiller le palais, boire du vin : *il humecte volontiers le lampas.*

LAMPASCOPE s. m. (gr. *lampas,* lampe; *skopéo,* je regarde). Phys. Sorte de lanterne magique qui se pose sur une lampe ordinaire.

* LAMPE s. f. (gr. *lampas,* de *lampô,* je brille). Nom que l'on donna d'abord au vase, à l'ustensile où l'on met une mèche et de l'huile pour éclairer. — Par ext. Tout vase employé à produire la lumière et quelquefois la chaleur, par la combustion de matières inflammables (huile, graisse, cire, alcool, etc.). La forme simple de cet ustensile était connue des anciens Hébreux et resta en usage jusqu'à la fin du dernier siècle. C'était un vase métallique bas et ovale muni d'une poignée à une extrémité et d'un bec à l'autre extrémité. Le premier perfectionnement des lampes consista à remplacer le bec par un long col s'élevant à une certaine distance du réservoir de l'huile, pour réduire la largeur de l'ombre projetée par la lampe. La seconde amélioration fut de faire des mèches plates, de façon à amener à l'état de combustion active la plus grande quantité possible d'huile pour produire le plus grand nombre de particules de carbone incandescent. Un perfectionnement encore plus grand fut celui de la lampe d'Argand, dans laquelle la mèche était en forme de cylindre creux et arrangée de façon qu'un courant d'air pût passer dans le cylindre et venir en même temps à sa surface externe. L'addition d'une cheminée de verre, imaginée primitivement par Argand, augmenta la provision d'air en produisant le tirage de l'air par en haut. (Voy. ARGAND.) En 1800, Carcel inventa un ingénieux mouvement d'horlogerie pour faire monter l'huile depuis le réservoir placé au pied de la lampe jusqu'au foyer, alimentant ainsi régulièrement ce foyer, tandis que l'excédent de l'huile retombe dans le réservoir. — On donne particulièrement le nom de *lampe modérateur,* à une lampe mécanique dans laquelle l'huile est mise en mouvement par la détente d'un ressort à boudin. — On appelle *lampe hydrostatique,* une lampe dont le mécanisme est basé sur la différence de densité entre le liquide combustible et un

autre liquide. — La *lampe pneumatique* est celle dans laquelle l'huile monte à la mèche par l'effet de la pression de l'air. — On donne aussi le nom de lampes aux appareils qui servent à éclairer au moyen d'une mèche qui plonge dans du pétrole ou dans une essence. — LAMPE DE SÛRETÉ, appareil d'éclairage employé par les mineurs, et ainsi appelé parce qu'il est disposé de manière à ne pouvoir mettre le feu aux gaz inflammables. En 1813, le Dr W.-R. Clanny, de Sunderland (Angleterre), inventa la première véritable lampe de sûreté. Dans celle-ci, la communication avec l'air extérieur était interceptée par l'eau, à travers laquelle il était forcé de passer. Cet appareil était trop embarrassant pour être pratique. En 1815, George Stephenson et sir Humphry Davy inventèrent tous deux des lampes de sûreté basées sur d'autres principes. La lampe de Davy est représentée par notre fig. 1. Le cylindre en toile métallique, à travers lequel l'air était admis, servait aussi de passage à la lumière. Cette toile métallique présentait un obstacle parfait au passage de la flamme dans les

Fig. 1. — Lampe de sûreté de Davy.

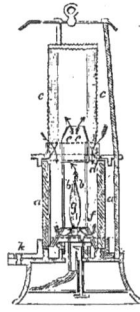

Fig. 2. — Lampe de sûreté de Mackworth.

mélanges les plus explosifs, à moins que ceux-ci ne fussent chassés par des courants dans l'enveloppe de la lampe, ou que la lampe ne fût portée trop rapidement au milieu des gaz inflammables. Parmi les différentes modifications de la lampe de Davy, on distingue la lampe de sûreté de Mackworth, représentée par notre fig. 2. Cette lampe est enveloppée par un fort verre extérieur *aa;* elle possède une cheminée mince intérieure *bb.* L'air alimente la flamme dans la direction des flèches à travers trois toiles métalliques : 1° l'enveloppe de toile métallique *cc;* 2° la toile métallique *d* qui supporte le couvercle de laiton *ee* de la cheminée de verre *bb;* 3° la toile métallique conique *f,* qui, avec son châssis sert à supporter le verre de la cheminée. Ce châssis conique pousse l'air vers la flamme et, de manière à produire une combustion plus parfaite et une lumière blanche. Cette lampe brûle avec une flamme égale dans des courants d'air capables d'éteindre toute autre lampe; et si le verre extérieur se brise, il y a encore à l'intérieur une lampe de sûreté. — IL N'Y A PLUS D'HUILE DANS LA LAMPE, se dit d'une personne qui se meurt d'épuisement, dont les forces naturelles s'éteignent. — VEILLER COMME UNE LAMPE, se dit d'une personne qui aime à veiller. — IL NE FAUT PAS METTRE LA LAMPE ALLUMÉE SOUS LE BOISSEAU, il ne faut ni ôter ni refuser à autrui les moyens de s'éclairer, de s'instruire. — Archit. CUL-DE-LAMPE, certain ornement de lambris ou de voûte, qui est fait comme le dessous d'une lampe d'église. Se dit aussi de certains cabinets saillants en dehors d'une maison, et dont la partie inférieure a cette forme. — Imprim. CUL-DE-LAMPE (voy. ce

mot à son ordre alphabétique) : *édition ornée de vignettes, fleurons et culs-de-lampe.*

LAMPE-À-MORT s. m. Ivrogne endurci.

LAMPÉDOUSE (*Lopadusa*), île de la Méditerranée entre Malte et la côte orientale de l'État de Tunis. Depuis l'annexion du royaume de Naples, cette île appartient à l'Italie.

* LAMPÉE s. f. Grand verre de vin : *il en but cinq ou six lampées.* (Pop.)

* LAMPER v. a. (lat. *lambere,* lécher). Boire avidement de grands verres de vin : *en un instant il eut lampé cinq ou six verres de vin.* — Absol. : *il aime à lamper.*

* LAMPERON s. m. Petit tuyau ou languette qui tient la mèche dans une lampe.

* LAMPION s. m. (diminut. de *lampe*). Petit vaisseau de terre, de fer-blanc ou de verre, dans lequel on met du suif ou de l'huile avec une mèche, pour faire des illuminations. — Vase de verre qu'on suspend au milieu des lampes d'église, entre le panache et le culot. — Argot. ŒIL.

* LAMPISTE s. m. Ouvrier qui fait et vend des lampes.

LAMPISTERIE s. f. Lieu où l'on garde, où l'on apprête les lampes.

LAMPOURDAN (Le), ancien petit pays de France, connu aussi sous le nom de LE LABOURD. (Voy. ce mot).

LAMPRIDE (*Ælius Lampridius*), historien latin qui vivait au commencement du IVe siècle sous le règne de Dioclétien. Il a laissé de *Vies d'Héliogabale, de Commode, d'Alexandre Sévère,* etc. Il a été traduit par M. Laas d'Aguen, dans la *Bibliothèque latine-française* de Panckoucke (Paris, 1847, in-8°).

LAMPRILLON s. m. [ll mll]. (Voy. LAMPROYON).

* LAMPROIE s. f. [lan-proâ] (lat. *lambere,* lécher; *petra,* pierre). Icht. Genre de cyclostomes, comprenant plusieurs espèces de poissons de mer, de forme cylindrique et allongée, qui ont de chaque côté, sept trous pour la respiration, et qui, au printemps, remontent les fleuves et les rivières. La *lamproie commune d'Europe* ou lamproie, anguille, comme on l'appelle souvent (*petromyzon marinus,* Linn.), atteint une longueur de plus d'un mètre; sa couleur est jaunâtre, marbrée de brun. N'ayant pas de vessie à air et étant

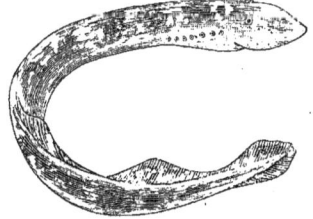

Lamproie d'Amérique (Petromyzon Americanus).

dépourvue de nageoires latérales, elle se trouve généralement près du fond et pour éviter d'être emportée par les courants, elle s'attache aux pierres à l'aide de sa langue; de la même manière elle s'attache aux gros poissons qu'elle dévore; au moyen de ses ouïes d'une forme particulière qui consistent en sept petits sacs fixes ayant chacun une ouverture extérieure à travers laquelle passe l'eau, sa respiration peut s'opérer indépendamment de la bouche. Ces lamproies sont très répandues en Europe, depuis la Méditerranée jusqu'aux mers arctiques. La nourriture de la lamproie se compose de toute substance animale tendre, particulièrement de chair de poissons. La plus commune des espèces d'Amérique est le *petromyzon Americanus* (Lesueur), mesurant environ 80 centim de long. Sa couleur est d'un brun olivâtre en dessus, avec des taches d'un brun noirâtre et d'un brun sombre uniforme en dessous. Elle est assez commune dans les rivières de la Nouvelle-Angleterre et de New-York, particulièrement près de leurs embouchures. Elle remonte les chutes d'eau en s'accrochant aux rochers.

·LAMPROYON ou **Lamprillon** s. m. Espèce de petite lamproie : *manger des lamproyons.*

LAMPSAQUE (lat. *Lampsacus*), ancienne ville grecque de la Mysie (Asie Mineure), sur l'Hellespont, près du point où il devient la Propontide. Son nom primitif était Pityusa, mais il fut changé par des colons ioniens de Phocée et de Milet. Elle possédait un excellent port et un commerce très étendu. Elle se soumit successivement aux Perses, aux Macédoniens, aux Athéniens et aux Romains. A l'époque de Strabon, c'était encore une ville d'importance. Son territoire était fameux pour ses vins. Son nom est encore conservé dans celui de Lapsaki, petit village à 8 kil. S. de Gallipoli, près de l'emplacement probable de l'ancienne ville.

LAMPYRE s. m. (gr. *lampros*, brillant). Entom. Genre de coléoptères pentamères serricornes, famille des malacodermes, comprenant plusieurs espèces d'insectes appelés *vers luisants* ou *mouches lumineuses*, en raison de la lumière phosphorescente qu'ils projettent dans l'obscurité. Les deux sexes sont lumineux, bien que la lumière soit plus forte chez la femelle et qu'elle soit même souvent presque imperceptible chez le mâle. Cette lumière ne provient pas du thorax, comme dans le pyrophore (*elater*), mais elle est produite par la partie postérieure de l'abdomen sur ses faces supérieure et infé-

Lampyre luisant (Lampyris noctiluca).

rieure. Le *lampyre luisant* (*lampyris noctiluca*, Linn.) est la plus grande espèce européenne, le mâle mesure environ 2 centim. de long et la femelle 2 centim. et demi. Dans les deux sexes, les points lumineux paraissent comme quatre taches brillantes, deux sur le segment abdominal antépénultième et deux sur le

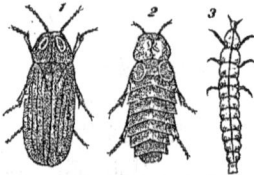

Lampyre splendidula (Lampyris splendidula).
1. Mâle. 2. Femelle. 3. Larve.

segment postérieur suivant. Le *lampyris splendidula* est commun en Allemagne; le mâle a des ailes d'un gris brun; les taches lumineuses se composent de deux bandes transversales sur la surface inférieure des deux segments pénultièmes abdominaux, et chez la femelle l'abdomen tout entier répand une faible lumière. Les œufs, les larves et les nymphes de ce lampyre sont lumineux; les œufs éclosent au bout de quelques se-

maines, et les larves ressemblent aux femelles parfaites; elles viennent bien en captivité quand on les tient dans la terre ou dans l'herbe humide; on les nourrit de vers et de limaces qu'elles tuent avec leur mâchoire arquée et acérée dont elles dévorent avec avidité; au bout de huit jours les larves deviennent nymphes et, huit jours après, elles passent à l'état d'insectes parfaits.

LAMPYRIDE adj. Entom. Qui ressemble au lampyre ou qui s'y rapporte. — s. m. pl. Tribu des coléoptères ayant pour type le genre lampyre et comprenant, en outre, les genres malachies, téléphores, silis, driles, lycus, atopes, cébrions, etc.

LAMURE ou **Mure-sur-Azergue** (LA), ch.-l. de cant., arr. et à 23 kil. N.-O. de Villefranche (Rhône); 4,500 hab. Commerce de toiles, clous, marbres.

LANARK, ville du Lanarkshire (Ecosse), sur la Clyde, à 35 kil. S.-E. de Glasgow et à 46 kil. S.-O. d'Edimbourg; 5,400 hab. L'occupation principale est le tissage. Fabriques de chaussures, brasseries et moulins. A environ 2 kil. au S., se trouve le village manufacturier de New-Lanark, sur la Clyde; environ 1,700 hab. Il fut fondé par David Dale en 1784.

LANARKSHIRE ou **Clydesdale**, comté d'Ecosse; 2,302 kil. carr.; 765,340 hab. Il est traversé par la Clyde. Les chutes de Bonnington, de Corra Linn et de Stonebyres attirent un grand nombre de touristes. Les montagnes du Lowther, au S., renferment de grands pâturages et des mines de plomb importantes. Vastes dépôts de houille et de tourbe: considérables mines de fer. Le Clydesdale est remarquable par ses vergers et sa race de chevaux de trait. Capitale Lanark; ville principale, Glasgow.

LANCASHIRE ou **Lancaster** [lann-ka-chir], comté du N.-O. de l'Angleterre, borné par la mer d'Irlande; 4,860 kil. carr.; 2,849,495 hab. La longue chaîne appelée l'épine dorsale de l'Angleterre le sépare du Yorkshire à l'E. Rivières principales: Duddon, Lune, Wyre, Ribble, Mersey et Irwell; des terrains carbonifères couvrent une étendue de 1,000 kil. carr. au S. et au S.-O. On y trouve aussi du cuivre, du fer et du plomb. Les tourbières sont remarquables. Les districts manufacturiers comprennent les villes de Manchester, de Bolton, de Preston, de Blackburn, d'Oldham, d'Ashton, de Stockport, de Bury, de Chorley, de Wigan et de Rochedale. Capitale, Lancaster; principale ville commerciale, Liverpool.

LANCASTER, ville de Pennsylvanie, sur la rivière Conestoga, au milieu d'un riche pays agricole, à 950 kil. de Philadelphie; 20,240 hab. Commerce considérable de houille et de bois de construction. Manufactures importantes. Elle fut fondée vers 1718.

LANCASTER, ville de l'Ohio (Etats-Unis), sur la rivière et le canal Hocking, à 50 kil. S.-E. de Colombus; 7,730 hab. Pénitencier de l'Etat pour jeunes garçons. Manufactures d'instruments agricoles, moulins, brasseries, etc.

·LANCASTER, bourg municipal d'Angleterre, capitale du Lancashire, sur la Lune à 70 kil. N.-E. de Liverpool; 17,250 hab. Elle est bâtie principalement sur le côté d'une colline dont

Château de Lancaster.

le sommet est couronné d'une église et d'un château. Un pont de cinq arches traverse la rivière et un magnifique aqueduc réunit les deux rives du canal. Le château, remarquable par sa grandeur et par son élégance, renferme les cours de justice, la prison, le pénitencier, etc. Manufactures de coton, de toile à voile et de cordages. Commerce considérable.

LANCASTER (SIR James), navigateur anglais, né vers 1550, mort en 1620. Il s'embarqua à Plymouth en 1591, visita Ceylan et Sumatra, et ruina le commerce espagnol et portugais. Il commanda la première expédition envoyée par la compagnie des Indes Orientales (1601); il rentra en Angleterre en 1603. Il fut créé chevalier par la reine Elisabeth.

LANCASTRE (Détroit de), canal conduisant depuis la baie de Baffin à l'O. jusqu'au détroit de Barrow dans l'Amérique arctique. Sa longueur est d'environ 375 kil., sa largeur d'environ 95 kil. Il fut découvert par Baffin, en 1616.

LANCASTRE (Maison de). Voy. ANGLETERRE.

LANCASTRIEN, IENNE s. et adj. Partisan de la maison de Lancastre et du parti de la Rose rouge.

·LANCE s. f. (celt. *lankia*). Arme d'hast. ou à long bois, qui est terminée par un fer pointu, et qui est fort grosse vers la poignée: *la poignée, le tronçon de la lance.* (Voy. ARME.) — LANCE BRISÉE, lance dont on se servait dans les joutes, et qui était à demi sciée près du bout, en sorte qu'elle pouvait facilement se briser. — LANCE A OUTRANCE, OU LANCE A FER ÉMOULU, lance dont le fer était pointu, et avec laquelle on combattait à outrance. LANCE COURTOISE, OU LANCE MOUSSE, OU LANCE FRETTÉE, OU LANCE MORNÉE, lance dont le fer n'était pas pointu, et qui était garnie au bout d'une sorte d'anneau qu'on appelait *frette* ou *morne.* — Manège. LA MAIN DE LA LANCE, la main droite du cavalier. LE PIED DE LA LANCE, le pied droit du cheval. Fig. COUP DE LANCE, marque naturelle que quelques chevaux ont entre la poitrail et l'épaule. — BAISSER LA LANCE, fléchir, mollir, se relâcher: *il a tenu bon plus d'un an, mais enfin il a baissé la lance.* On dit aussi, BAISSER LA LANCE DEVANT QUELQU'UN, lui céder, reconnaître sa supériorité. — ROMPRE UNE LANCE, ROMPRE DES LANCES POUR QUELQU'UN, le défendre contre ceux qui l'attaquent: *on vous attaquait rudement dans cette compagnie, j'ai rompu bien des lances pour vous.* On dit dans un sens différent, ROMPRE UNE LANCE AVEC QUELQU'UN, CONTRE QUELQU'UN, disputer avec lui. — IL EST VENU, IL EST RETOURNÉ A BEAU PIED SANS LANCE, il est venu, il est retourné à pied. — LE ROYAUME DE FRANCE NE PEUT TOMBER DE LANCE EN QUENOUILLE, les femmes ne peuvent hériter du trône de France. — Se prenait autrefois pour un gendarme armé d'une lance : *une compagnie de cent lances*. — LANCE FOURNIE, s'est dit d'un homme d'armes ayant tout son accompagnement, qui consistait en un certain nombre de soldats, de valets et de chevaux. — Longue pique dont certains corps de cavalerie sont armés : *ce régiment a reçu sa fourniture de lances*. — LANCE DE DRAPEAU, D'ÉTENDARD, bâton surmonté d'un fer de lance, et auquel est attaché le drapeau, l'étendard. — Long bâton garni d'un tampon, pour jouter sur l'eau. — LANCE A FEU, fusée emmanchée qui sert à mettre le feu à une pièce d'artillerie ou d'artifice. — Météore igné dont la forme est à peu près celle d'une lance. — Deux instruments de chirurgie, dont l'un sert à faire l'opération de la fistule lacrymale, et l'autre à percer la tête du fœtus mort et arrêté en passage.

LANCE (George), peintre anglais, né en 1802, mort en 1864. Ses sujets favoris étaient les fruits, les fleurs et le gibier. Il peignit aussi des toiles historiques et de fantaisie.

LANCÉ. Gris : *je l'ai rencontré, il était fortement lancé*.

LANCELOT (DOM Claude), grammairien français, né à Paris vers 1615, mort en 1695. Il aida beaucoup les solitaires de Port-Royal dans l'organisation et dans la direction de leurs écoles; il a écrit des grammaires latine, grecque, italienne, espagnole et une *Grammaire générale et raisonnée*, connue sous le nom de *Grammaire de Port-Royal*, souvent réimprimée. Après la dispersion de la société de Port-Royal en 1660, il fut précepteur jusqu'en 1672, après quoi, il se retira à l'abbaye de Saint-Cyran et, en 1680, à Quimperlé. (Voy. JARDIN DES RACINES GRECQUES.)

LANCELOT DU LAC, héros de la mythologie anglaise, l'un des chevaliers de la table ronde du roi Arthur. Il conduisit la reine Guinèvre à la cour, et la plupart de ses aventures ont pris naissance d'une intrigue qu'il eut avec elle. Il fait le sujet d'un roman célèbre, traduit du latin en anglo-normand par Walter Mapes au XIIᵉ siècle. Tennyson a fait de Lancelot le héros de son *Elaine* et de *Guinèvre*.

LANCEMENT s. m. Action de lancer un navire à l'eau.

* LANCÉOLÉ, ÉE adj. (rad. *lance*). Bot. Qui a la forme d'un fer de lance : *c'est une plante à feuilles lancéolées*.

* LANCER v. a. (rad. *lance*). Darder, jeter en avant avec force, avec raideur, pour atteindre au loin : *lancer un trait, un dard, un javelot*. Poétiq. et dans le style soutenu : *Dieu lance le tonnerre, lance la foudre*. — Fig. *Lancer un regard de colère*. — Vénerie. LANCER LA BÊTE, LE CERF, LE SANGLIER, LE LOUP, LE LIÈVRE, etc., les faire sortir de l'endroit où ils sont, pour lancer les chiens. — Mar. LANCER UN VAISSEAU A LA MER, DANS UN FLEUVE, etc., le faire descendre du chantier à la mer, dans un fleuve, en le laissant glisser sur un plan incliné. CE VAISSEAU LANCE BABORD, LANCE TRIBORD, se dit d'un vaisseau qui, se détournant accidentellement de sa route, se jette à gauche ou à droite. Dans cette dernière phrase, *lancer* est employé neutralement. — Manège. LANCER UN CHEVAL, le faire partir très vite, au galop. — Fig. et fam. LANCER QUELQU'UN DANS LE MONDE, l'y pousser, l'y introduire. — Fig. et fam. LANCER UNE AFFAIRE, la faire connaître, l'accréditer. — Lancer (Se) v. pr. Se jeter avec impétuosité, avec effort : *il se lança dans le bois*. — Fig. et fam. SE LANCER DANS LE MONDE, DANS LA LITTÉRATURE, DANS LES AFFAIRES, y entrer, s'y produire, s'y jeter avec peu de réflexion.

LANCEROTE. Voy. LANZAROTE.

* LANCETTE s. f. Instrument de chirurgie,

servant à ouvrir la veine, à percer un abcès, etc. : *donner un coup de lancette*.

LANCEUR, EUSE adj. Celui, celle qui lance, qui hasarde une opération financière ou commerciale.

* LANCIER s. m. Cavalier dont l'arme principale est une lance : *on a levé un régiment de lanciers*.

LANCIÈRE s. f. Ouverture par laquelle s'écoule l'eau quand les vannes qui la donnent au moulin sont fermées.

LANCIFOLIÉ, ÉE adj. Bot. Dont les feuilles ressemblent à un fer de lance.

LANCIFORME adj. Qui a la forme d'une lance.

* LANCINANT, ANTE adj. Méd. Il n'est guère usité que dans cette locution, DOULEUR LANCINANTE, douleur qui se fait sentir par élancements.

LANCINATION s. f. Elancement; action de ce qui se fait sentir par élancements.

LANCINER v. n. (lat. *lancinare*, couper). Méd. Se faire sentir par élancements : *une douleur qui lancine*.

LANCISI (Giovanni-Maria) [lânn-tchi'-zi], médecin italien, né en 1654, mort en 1720. Il fut professeur d'anatomie au collège de la Sapience (Rome), et devint chanoine en 1684. Il a écrit principalement sur l'anatomie, la philosophie naturelle et les mathématiques.

LANCRET (Nicolas), peintre, né à Paris en 1690, mort en 1743. Disciple et quelque peu imitateur de Watteau, il fut, en 1719, nommé membre de l'Académie de peinture à titre de *peintre des fêtes galantes*. Il a laissé : *Les Eléments*, *Les quatre parties du monde*, *Les cinq sens*, *La Marmotte en vie*, etc., etc.

LANDAIS, AISE s. et adj. Habitant des Landes; qui appartient aux Landes ou à leurs habitants.

LANDAIS (Napoléon), lexicographe et littérateur français, né à Paris en 1803, mort en 1852. On a de lui : *Dictionnaire général et grammatical des dictionnaires français* (Paris, 1834, 2 vol.), *Grammaire générale et raisonnée de toutes les grammaires françaises* (1836, gr.in-8°) et quelques romans.

* LANDAMMAN s. m. [lan-da-mann] (all. *land*, terre; *amman*, bailli). Titre du premier magistrat dans quelques républiques de la Suisse : *les fonctions de landamman sont temporaires*.

* LANDAU ou Landaw s. m. (all. *landaw*). Sorte de voiture à quatre roues, dont le dessus est formé de deux soufflets, qui se replient à volonté : *il se promenait dans un landau fort élégant*.

LANDAU, forteresse de la Bavière rhénane, sur la Queich, à 30 kil. N.-O. de Carlsruhe; 7,580 hab. Elle a une église dont les protestants et les catholiques se servent en commun. Pendant la guerre de Trente ans, elle fut prise sept fois. Elle a appartenu à la France de 1680 à 1815 (sauf de 1702 à 1703 et de 1704 à 1713); elle fut fortifiée par Vauban. Elle soutint un siège formidable de neuf mois en 1793.

* LANDE s. f. (anc. haut all. *lant*, terre; bas lat. *landa*). Grande étendue de terre inculte et stérile : *un pays plein de landes*.

Il s'éloigne des chiens, les renvoie aux calendes,
Et leur fait arpenter les landes
LA FONTAINE.

— On appelle *landes* de vastes étendues de terres arides formées de couches imperméables d'argile, de sable fin et de matières ferrugineuses et recouvertes parfois d'une légère couche de terre végétale. La plus grande élévation des landes au-dessus du niveau de la mer ne dépasse pas 80 mètres.

Les plus célèbres landes de la France sont celles qui s'étendent entre l'Adour et la Gironde et qui ont près de 3,000 kil. carr. Elles bornent l'Océan sur une longueur de plus de 160 kil. Quelques pauvres hameaux y forment des sortes d'oasis; les habitants s'y servent habituellement d'échasses. On y cultive aujourd'hui les pins, le seigle et le millet. La Sologne, l'Anjou et la Bretagne renferment également des landes considérables.

LANDEN, petite ville de Belgique, dans la province de Liège, arr. et à 33 kil. N.-O. de Hay; elle fut le berceau de Pépin de Landen, tige de la famille des Carlovingiens.

LANDER (Richard), explorateur anglais, né en 1804, mort en 1834. En 1825, il accompagna le capitaine Clapperton dans sa seconde expédition en Afrique et publia ensuite *Records of capt. Clapperton's Last Expedition to Africa* (2 vol., 1829-'30). En 1830-'31, accompagné de son frère John, il recommença ses explorations et fut le premier qui put certifier que le Niger et le Benoowee ou Tchadda ou Yéu nissent. On a publié un récit de cette expédition. En 1832, il repartit avec un brick et deux petits bateaux à vapeur pour entrer en relations commerciales avec les tribus du Niger. Le 20 janvier 1834, il fut blessé dans un combat avec les indigènes de la contrée d'Eboe, mais il gagna Fernando-Po, où il mourut. En 1835, parut le récit de ce voyage rédigé par les officiers qui avaient survécu; *Narrative of the Expedition into the Interior of Africa by the River Niger*.

LANDERIRETTE, mot qui n'a aucun sens propre et qui sert de refrain à un grand nombre de chansons populaires : *chanter landerirette*.

LANDERNEAU, ch.-l. de cant., arr. et à 21 kil. N.-E. de Brest; 8,000 hab. Collège comm. Manufactures de cuirs; commerce de toiles de lin, de toiles à voiles, chapeaux, cire, céréales, élevage des chevaux pour la remonte de la cavalerie. Bonne rade, belle église gothique. — Iron. Il y aura du bruit dans Landerneau, cette affaire fera du bruit.

LANDES, dép. maritime de la région S.-O. de la France, entre le dép. de la Gironde, le golfe de Gascogne, les départements des Basses-Pyrénées, du Gers et du Lot-et-Garonne; il est formé d'une partie de l'ancienne province de Guienne, et doit son nom à la nature des terres qui couvrent la presque totalité de son territoire; 9,321 kil. carr.; 304,140 hab. Principaux cours d'eau : l'Adour, la Midouze, le Luy, les gaves de Pau et d'Oloron; la Bidouze, la Leyre, etc. Le dép. des Landes se divise en 4 régions naturelles : 1° la Chalosse, au S. de l'Adour, qui offre des vallées et des collines fertiles; 2° les *Dunes* le long de la mer; ce sont de vastes amoncellements de sable plantés de forêts de pins; 3° le *Maransin*, longue bande de territoire qui sépare les Dunes des Landes proprement dites; 4° les *Landes*, immense plaine de sables qui reposent sur une couche de tuf; en hiver, les parties basses se transforment en marécages; en été, dans les parties non plantées, elles présentent l'aspect et la température d'une région torride. — Pays généralement plat, traversé par quelques collines peu élevées (le plus haut culminant du dép. à l'E. de Lauret n'a que 218 m.), mais généralement fertiles. Les Landes, au milieu desquelles les étangs de Cazau, de Biscaros, de Mimizan, de Parentis, etc., occupent près de 40,000 hectares de terrain. Sur la côte, aucun asile sûr n'est offert au navigateur. Exploit. de fer, houille, marbre, kaolin, etc.; commerce de miel, grains, maïs, pommes de terre, vins, etc.; élève de chevaux, moutons, porcs, volailles. Sources minérales à Dax, Saubusse, Gamarde, Préhac, Pouillon, Mont-de-Marsan. Sore, etc. — Ch.-l., Mont-de-Marsan; 3 arr., 28 cant., 331 comm. Evêché à Aire, suffragant de l'archevêché d'Auch. L'instruction publique relève de l'académie de Bordeaux et les tribunaux sont du ressort de la cour d'appel de Pau. Ch.-l. : d'arr. Mont-de-Marsan, Dax, Saint-Sever.

LANDEUX, EUSE adj. Couvert de landes; qui est en nature de landes : *pays landeux.*

* LANDGRAVE s. m. [land-gra-ve] (all. *land*, pays; *graff*, comte, juge). Titre, dignité de quelques princes d'Allemagne. Ce nom signifie, comte du pays : *le landgrave de Hesse.*

* LANDGRAVIAT s. m. État, pays soumis à un landgrave : *le landgraviat de Hesse.*

* LANDIER s. m. (bas lat. *anderia*). Gros chenet de fer servant à la cuisine. — ◦◦ Nom vulgaire de l'ajonc.

LANDIT s. m. (lat. *indictum*, foire; de *indicere*, indiquer). Foire célèbre établie à Saint-Denis en 1109.

LANDIVISIAU, ch.-l. de cant., arr. et à 23 kil. S.-O. de Morlaix (Finistère); 3,200 hab. Fabriques de toiles, tanneries.

LANDIVY, ch.-l. de cant., arr. et à 46 kil. N.-O. de Mayenne (Mayenne); 2,000 hab. Toiles et bestiaux.

LANDON (Charles-Paul), peintre et littérateur, né en 1760, mort en 1826. Il devint conservateur du Musée du Louvre et a publié *Annales du Musée et de l'école moderne des Beaux-Arts* (Paris, 1801-'17, 29 vol. in-8º), *Vies et œuvres des Peintres les plus célèbres* (1803-'17, 28 vol. in-4º), etc., etc.

LANDRECIES [lan-dre-sî], ch.-l. de cant., arr. et à 16 kil. O. d'Avesnes (Nord); 4,100 hab. Place de guerre. Commerce de bétail, beurre, lin. En 1543, Landrecies résista à Charles-Quint qui l'assiégeait avec 50,000 hommes. Prise par les Autrichiens en 1793, elle fut reprise par les Français l'année suivante.

LANDRY ou Landri, maire du palais de Neustrie ; devenu l'amant de Frédégonde, il assassina le roi Chilpéric (584) et défit le roi d'Austrasie, Childebert, alors en guerre avec le roi Clotaire II.

LANDRY ou Landri (SAINT), évêque de Paris, mort vers 656. Il a fondé l'Hôtel-Dieu et se distingua par une inépuisable charité. Fête le 3 juin.

LANDSBERG [lânnts-'bèrg], ville du Brandebourg (Prusse), sur la Warthe, à 60 kil. N.-E. de Francfort-sur-l'Oder; 21,445 hab. Elle est entourée de murailles et bien construite; fonderies, manufactures de lainages, de toiles, de bonneterie, de cuir, de papier, etc.

LAND'S END (anc. *Bolerium Promontorium*),

Land's End.

pointe la plus occidentale de la Grande-Bretagne, à l'extrémité O. de la Cornouailles.

Elle est formée de falaises de granit, qui s'élèvent à 20 m. au-dessus de la mer. A environ 2 kil. se trouvent les dangereux rochers appelés les Longships, sur lesquels se dresse un phare à feu fixe, à une hauteur de 30 m. au-dessus de la marée haute. Sur la péninsule se trouvent les curiosités naturelles appelées *loggin.*

LANDSHUT [lânnts-'hout], ville de Bavière, capitale du district de la basse Bavière, sur l'Isar, à 60 kil. N.-E. de Munich ; 14,790 hab.

LANDSHUT, ville de la Silésie prussienne, sur le Bober, près du Landshuter Kamm, cime de la Riesengebirge, à 75 kil. S.-O. de Breslau ; 5,845 hab. Commerce considérable de toiles. En juin 1760, le général autrichien Laudon y fut battu par les Prussiens.

LANDSKRONA, ville de Suède, dans le laen de Malmoe, à 25 kil. N.-N.-E. de Copenhague ; 7,330 hab. Bon port; forte citadelle; divers établissements industriels ; exportation de maïs, de poisson, de poix, de bois de construction et d'alun.

LANDSTURM s. m. [land-stourm] (all. *land*, pays; *sturm*, tocsin). Nom donné en Allemagne et en Suisse, à la levée en masse de tous les hommes valides en état de porter les armes.

* LANDWEHR s. f. [land-vèr] (all. *land*, pays; *wehr*, défense). Nom donné, en Prusse, et dans d'autres États de l'Allemagne, à une partie de la population qui est armée pour servir d'auxiliaire aux troupes de ligne : *la landwehr reçut l'ordre de marcher.*

* LANERET s. m. Oiseau de proie, le mâle du lanier.

LANFRANC, archevêque de Canterbury, né à Pavie vers 1005, mort en 1089. En 1046, il fut nommé prieur de l'abbaye du Bec. Guillaume de Normandie le nomma conseiller d'État, et, en 1066, abbé d'un monastère à Caen, où il établit une école. Guillaume le fit ensuite élire au siège de Canterbury ; il fut sacré en 1070. A l'avènement de Guillaume le Roux, on lui confia la direction du gouvernement. Il établit des écoles, des couvents, des hôpitaux, et il construisit des églises et des cathédrales. Ses ouvrages (nouv. éd., 2 vol., 1844-'45) se composent de commentaires, de lettres et de sermons.

LANFRANC (Giovanni LANFRANCO), peintre italien, né en 1581, mort en 1647. Son chef-d'œuvre est la coupole de San Andrea della Valle, à Rome ; il y travailla quatre ans, et exécuta ensuite beaucoup d'autres travaux moins importants.

LANFREY (Pierre) [lan-frè], historien, né à Chambéry en 1828, mort à Paris le 16 nov. 1877. Il termina ses études au collège Bourbon (Paris) et débuta, en 1855, par l'ouvrage intitulé : *L'Église et la Philosophie du XVIIIᵉ siècle* (in-18). Il collabora ensuite au *Temps*, au *Siècle*, à la *Revue des Deux-Mondes*, et donna successivement : *Essai sur la Révolution française* (1858) ; *Histoire politique des papes* (1860); *Lettres d'Everard* (1860) ; *Rétablissement de la Pologne* (1862) : *Études et portraits politiques* (1863) : Son *Histoire de Napoléon Iᵉʳ* (5 vol., 1867-'75), dans laquelle il énonça et rétablit les faits avec le plus scrupuleuse exactitude, souleva les plus vives critiques et fut traduite en plusieurs langues. Après avoir servi dans les mobiles de la Savoie (1870), Lanfrey devint successivement membre de l'Assemblée nationale et ministre de France à Berne. Il se démit de cet office en 1873 et fut élu sénateur à vie en 1875.

LANGADAIS (Le), ancien pays de France, dans la basse Auvergne, compris aujourd'hui dans le département de la Haute-Loire.

* LANGAGE s. m. Emploi que l'homme fait des sons et des articulations de la voix, pour exprimer ses pensées et ses sentiments: *on a*

publié de nombreux écrits sur l'origine du langage. — Par ext. Cris, chant, etc., dont les animaux se servent pour se faire entendre : *les oiseaux ont une sorte de langage.* — Fig. Tout ce qui sert à exprimer des idées et des sensations : *langage du geste, des yeux.* — Idiome d'une nation : *le langage des Turcs.* — Discours, style, manière de s'exprimer: *langage naïf, pur, simple, sans ornement.* — Manière dont on parle de quelque chose, eu égard au sens plutôt qu'aux mots ou à la diction : *vous me tenez là un étrange langage.*

Ce *langage* m'étonne, il faut que je le dise.
COLLIN D'HARLEVILLE, *L'Inconstant*, acte III, sc. II.

— CHANGER DE LANGAGE, changer d'opinion.

Son nez meurtri le force à *changer de langage.*
LA FONTAINE.

* LANGE s. m. (lat. *laneus*, en laine). Morceau d'étoffe ou de toile, dont on enveloppe les enfants au berceau : *des langes fins, de beaux langes.*

LANGEAC, ch.-l. de cant. et à 28 kil. S.-O. de Brioude (Haute-Loire); 4,500 hab. Mines de houille, carrières de grès, meules à aiguiser; commerce de dentelles. Pierres druidiques aux environs.

LANGEAIS, ch.-l. de cant., arr. et à 30 kil. N.-E. de Chinon (Indre-et-Loire), sur la rive droite de la Loire ; 3,400 hab. Château remarquable. C'est là que fut célébré, en 1491, le mariage de Charles VIII avec Anne de Bretagne. Commerce d'huile.

LANGELAND, île du Danemark, entre les îles de Laaland et de Fünen ; longueur du N. au S. 50 kil., largeur moyenne 5 kil.; 275 kil. carr.; 48,400 hab. Capitale, Rudkioebing.

LANGENSALZA, ville de la Saxe prussienne, sur la Salza, à 35 kil. N.-O. d'Erfurt : 9,900 hab. Manufactures de toiles et construction de machines. Les Hanovriens y repoussèrent les Prussiens, le 27 juin 1866, mais ils se rendirent le jour suivant.

LANGLANDE, Langelande ou LONGLAND (Robert), auteur supposé de la *Vision of Piers Ploughman*, né dans le Shropshire (première moitié du XIVᵉ siècle). On ne sait rien de lui, sinon ce qu'en rapportent des traditions qui remontent au moins au XVIᵉ siècle, et d'après lesquelles il aurait été élevé à Oxford et serait devenu moine à Malvern. Son poème, que l'on suppose avoir été écrit vers 1362, fut l'admiration des réformateurs religieux et politiques, et fut suivi d'un grand nombre d'imitations dont le plus important fut *Piers Ploughman's Crede*, écrite vers 1393 par quelque partisan de Wycliffe, qui y attaqua le clergé et principalement les moines. En 1550, la *Vision of Piers Ploughman* fut imprimée par les réformateurs.

LANGLE I. (Paul-Antoine-Marie FLEURIOT DE), navigateur, compagnon de l'*Astrolabe* et compagnon de La Pérouse, né au château de Kerlouet (Côtes-du-Nord), en 1744, massacré avec plusieurs autres, le 11 déc. 1787, dans l'île de Maouna, à l'ouest de l'archipel des Navigateurs. Ses restes ont été retrouvés dans l'île de Tutuila (anc. Maouna), par un missionnaire français, le P. Vidal. — II. (Alphonse-Jean-René, VICOMTE DE), marin, né à Prudelau, près de Morlaix, le 16 mai 1809, mort en juillet 1880. Fit les campagnes d'Alger, d'Anvers, de Crimée, etc. Prit une grande part à la défense de Paris et fut élu député en 1871.

LANGLÈS (Louis-Mathieu) [lan-glèss], orientaliste français, né à Péronne en 1763, mort en 1824. Il traduisit du persan les *Institutions politiques et militaires*, que l'on suppose avoir été écrites par Tamerlan en langue mongole; publia le dictionnaire mantchou-français du P. Amiot, fut l'un des promoteurs de l'établissement de la société de géographie et de l'école spéciale des langues orientales, fut le premier administrateur de cette école, y enseigna le persan et, par son enthousiasme et ses libéralités, contribua à l'extension des études orientales.

LANGLOIS (Jean-Charles), peintre français, né à Beaumont-en-Auge (Calvados), en 1789, mort en 1870. Il servit pendant plusieurs années dans l'armée; il exécuta des panoramas de batailles, dont le principal fut la prise de Malakoff. .

LANGLOIS (Victor), orientaliste français, né à Dieppe en 1829, mort en 1869. Il explora la Cilicie et la Petite Arménie en 1852-'53; il découvrit des figurines en terre cuite dans les nécropoles de Tarse, et plus de 80 nouvelles inscriptions grecques; il donna la description de ses recherches en quatre ouvrages (1854-'61).

LANGOBARDS. Voy. LOMBARDS.

LANGOGNE, ch.-l. de cant., arr. et à 44 kil. N.-E. de Mende (Lozère); 3,500 hab. Commerce de mulets et de bestiaux, lainages.

LANGON, ch.-l. de cant., arr. et à 16 kil. N. de Bazas (Gironde); 4,500 hab. Ruines d'anciennes fortifications; vins blancs estimés.

LANGOUREUSEMENT adv. D'une manière langoureuse : *regarder langoureusement.*

LANGOUREUX, EUSE adj. Qui est en langueur : *il a été longtemps malade, il est encore tout langoureux.* Il est peu usité et se sens. — Par dérision, FAIRE LE LANGOUREUX AUPRÈS D'UNE FEMME, lui faire la cour d'une manière doucereuse et fade. — Qui marque de la langueur : *il a un air langoureux.*

LANGOUSTE s. f. (lat. *locusta*). Crust. Genre de décapodes macroures, tribu des locustes, caractérisé par 4 paires de pattes semblables, terminées en pointes et non en pinces comme chez les écrevisses. La *langouste commune* (*palinurus quadricornis*), répandue sur nos côtes, longue de 50 à 60 centim. et pesant jusqu'à 15 et même 20 livres, présente un test dur et épineux armé de deux fortes pointes au-dessus des yeux; ses antennes sont plus longues que le reste du corps. La langouste, très commune dans la Méditerranée, constituait l'un des mets favoris des anciens Romains, qui la nommaient *locusta*, (sauterelle), à cause de la forme de ses pattes. On la fait cuire et on la sert comme le homard.

LANGRES, *Andomatunum, Civitas Lingonum,* ch.-l. d'arr. à 34 kil. S.-E. de Chaumont (Haute-Marne) et à 220 kil. S.-E. de Paris, sur une montagne, près de la source de la Marne; 10,500 hab., par 47°51'53" lat. N. et 2°59'55" long. E., à 400 m. au-dessus du niveau de la mer; c'est la ville la plus élevée du N. de la France; place de guerre de 1re classe. Commerce très actif; coutellerie renommée; vaste entrepôt de mercerie, épicerie, grains, farines, rouennerie. — Langres est une des plus anciennes villes de la Gaule; elle était la capitale des Lingones. Ravagée par les Vandales en 407, brûlée par Attila en 451, elle fut annexée à la couronne de France en 1179. Patrie de Diderot.

LANGROIS, OISE s. et adj. De Langres qui concerne ses habitants.

LANGTOFT (Peter), chroniqueur anglais, de la fin du XIIIe et du commencement du XIVe siècle. Il fut chanoine de Saint-Austin; il fit une traduction en vers français de la *Vie of Thomas à Becket* de Bosenham, en français en vers métriques français une *Chronique d'Angleterre,* depuis l'époque de la guerre de Troie jusqu'à la fin du règne d'Edward 1er (publiée en vers anglais en 1725).

LANGTON (Stephen), prélat Anglais, né vers 1160, mort en 1228. Il étudia à Paris, et devint chanoine de Notre-Dame et chancelier de l'université. Il fut nommé cardinal en 1206

par son ancien condisciple Innocent III; en 1207, il fut sacré archevêque de Canterbury. En 1213, il se joignit aux barons pour mettre fin au mauvais gouvernement de Jean. Ayant refusé d'excommunier les barons, d'après les ordres d'Innocent, il fut suspendu de ses fonctions d'archevêque jusqu'en 1246. En 1223, il se plaça de nouveau à la tête des barons pour demander à Henry III la confirmation de leurs libertés. Ses écrits ont péri, mais c'est à lui que l'on doit la division de la *Bible* par chapitres.

LANGUE s. f. [lan-ghe] (lat. *lingua*). Corps charnu, musculeux, mobile, symétrique, placé dans la bouche, à l'entrée du canal alimentaire et qui est le principal organe de la succion, de la déglutition et de la phonation; la langue concourt également à la mastication et à la gustation. — Chez l'homme, la langue est un organe formé de muscles et recouvert d'une membrane qui offre de nombreuses aspérités ou *papilles* et qui enveloppe un réseau vasculaire et nerveux très sensible. En dessous de la langue, la muqueuse forme un repli nommé *filet* ou *frein.* (Voy. FILET.) — Lorsque la langue est rouge ou pointillée de rouge foncé, surtout vers les extrémités, elle indique une inflammation du canal digestif; recouverte d'un enduit jaunâtre ou blanchâtre, elle dénonce un embarras gastrique; sa sécheresse, sa couleur noire, son aspect fendillé sont des symptômes fâcheux dans les fièvres graves. — Se dit particul. de la langue considérée comme organe de la parole : *prenez garde à votre langue, elle vous perdra.* — Chasse et Manège. DONNER DE LA LANGUE, appeler, exciter le chien, le cheval, par un bruit qui se fait en appuyant fortement la langue contre le palais et la retirant vivement. On dit dans un sens analogue, mais seulement un termes de Manège, *Aidez, appel de la langue.* — JE LUI VERRAIS TIRER LA LANGUE D'UN PIED DE LONG, QUE JE NE LUI DONNERAIS PAS UN VERRE D'EAU, se dit en parlant d'une personne dont on n'a nulle compassion. — AVOIR SOIF A AVALER SA LANGUE, avoir une grande soif. — ENNUYEUX A AVALER SA LANGUE, se dit de ce qu'on ne peut voir, entendre ou lire, sans éprouver un excessif ennui. — MINCE COMME LA LANGUE D'UN CHAT, COMME UNE LANGUE DE CHAT, se dit d'une chose mince et déliée. — AVOIR LA LANGUE GRASSE, avoir la langue épaisse, éprouver quelque embarras dans la prononciation, prononcer mal certaines consonnes, principalement les r. On dit plus ordinairement aujourd'hui, dans le même sens, LANGUE GRAS, GRASSEYER. — AVOIR LA LANGUE BIEN PENDUE, avoir une grande facilité de parler. — AVOIR LA LANGUE BIEN AFFILÉE, parler beaucoup avec facilité, avoir beaucoup de babil. — AVOIR UNE GRANDE VOLUBILITÉ DE LANGUE, avoir une grande rapidité. — CETTE OPÉRATION LUI A DÉNOUÉ LA LANGUE, elle lui a donné plus de facilité pour parler. — DÉNOUER, DÉLIER LA LANGUE A QUELQU'UN, faire rompre le silence à quelqu'un qui voulait le garder : *la peur lui avait lié la langue, l'argent le lui a dénouée, la lui a déliée.* — LA LANGUE LUI VA TOUJOURS, cette personne babille continuellement. — IL A BIEN DE LA LANGUE, IL A LA LANGUE BIEN LONGUE, IL NE SAURAIT TENIR SA LANGUE, il parle beaucoup, il dit tout ce qu'il sait, il ne saurait garder un secret. — Par exclamation, QUELLE LANGUE! Quel bavard! quelle bavarde! — IL A LA LANGUE DORÉE, C'EST UNE LANGUE DORÉE, se dit de quelqu'un qui tient des discours faciles, élégants, propres à séduire. — N'AVOIR POINT DE LANGUE, se dit d'une personne qui parle très peu, ou qui, devant parler, garde le silence : *vous ne dites rien, est-ce que vous n'avez pas de langue?* — ÊTRE MAÎTRE, N'ÊTRE PAS MAÎTRE DE SA LANGUE, savoir, ne pas savoir se taire : *il est trop peu maître de sa langue, pour que je lui confie mon secret.* — NE PAS SAVOIR CONDUIRE SA LANGUE, MAL GOUVERNER SA LANGUE, dire des choses

qu'il faudrait taire, commettre des indiscrétions. — LA LANGUE LUI A FOURCHÉ, se dit en parlant d'une personne qui, par méprise, a prononcé un mot pour un autre à peu près semblable. — AVOIR UN MOT SUR LA LANGUE, SUR LE BOUT DE LA LANGUE, croire qu'on est près de trouver, de dire un mot qu'on cherche dans sa mémoire. — C'EST UNE MAUVAISE LANGUE, UNE MÉCHANTE LANGUE, UNE LANGUE DANGEREUSE, UNE LANGUE DE SERPENT, UNE LANGUE DE VIPÈRE, se dit d'une personne qui aime à médire, à déchirer la réputation d'autrui. — COUP DE LANGUE, médisance ou mauvais rapport que l'on fait : *donner un coup de langue, le coup de langue.* Prov.: *un coup de langue est pire qu'un coup de lance.* — SE MORDRE LA LANGUE, s'arrêter au moment de dire ce qu'on ne doit pas ou ce qu'on ne veut pas exprimer : *j'allais lui dire quelque chose de mortifiant, mais je me suis mordu la langue.* — SE MORDRE LA LANGUE D'AVOIR PARLÉ, s'en repentir : *je n'ai pas eu plus tôt lâché cette parole, que je m'en suis mordu la langue.* — IL FAUT TOURNER SEPT FOIS SA LANGUE DANS SA BOUCHE AVANT DE PARLER, il faut, avant de parler, mûrement réfléchir. — BEAU PARLER N'ÉCORCHE POINT LA LANGUE, il est toujours bon de parler honnêtement. — JETER SA LANGUE AUX CHIENS, renoncer à deviner quelque chose : *votre énigme est trop difficile, je jette ma langue aux chiens.* — QUI LANGUE A, A ROME VA, qui sait parler, s'expliquer, peut aller partout. — PRENDRE LANGUE, s'informer de ce qui se passe, de l'état d'une affaire, du caractère, des dispositions de ceux avec qui l'on doit traiter : *on envoya quelques gens en avant pour prendre langue.* — Se dit, par similitude, de certaines choses qui ont la forme d'une langue : *le Saint-Esprit est descendu sur les apôtres en langues de feu.* — LANGUE DE TERRE, certain espace de terre beaucoup plus long que large, qui ne tient que par un bout aux autres terres, et qui est environné d'eau sur les autres côtés : *il y a sur la côte de Provence plusieurs langues de terre qui s'avancent dans la mer.* Se dit aussi des pièces de terre longues et étroites qui sont enclavées dans d'autres terres: *il y a une langue de terre labourable qui traverse la prairie.* — LANGUE-DE-CERF, ou SCOLOPENDRE, plante de la famille des capillaires. — LANGUE-DE-CHIEN. (Voy. CYNOGLOSSE.) — LANGUE-DE-SERPENT, ou OPHIOGLOSSE, plante ainsi nommée parce qu'elle a une double feuille, dont la plus petite a quelque rapport avec la langue d'un serpent. Il se dit aussi des dents de poisson pétrifiées; et, en ce sens, il est synonyme de GLOSSOPÈTRE. — ‟ AVALER SA LANGUE, mourir. — " Idiome d'une nation : *la langue grecque, la langue latine, la langue française.* — Prov. L'USAGE EST LE TYRAN DES LANGUES, l'usage prévaut sur les règles de la grammaire. — ON NE S'ENTEND PAS, C'EST LA CONFUSION DES LANGUES, dans une conversation où tout le monde parle à la fois. — LANGUE PRIMITIVE, celle qu'on suppose que les hommes ont parlée la première : *les nombreuses dissertations des érudits n'ont pu nous conduire à savoir quelle était la langue primitive.* — LANGUE PRIMITIVE ou ORIGINELLE, se dit aussi de celle qu'on suppose ne s'être formée d'aucune autre. — LANGUE MÈRE ou MATRICE, celle qui, n'étant formée d'aucune autre langue connue, a servi à en former d'autres. Et, par opposition, LANGUE DÉRIVÉE, celle qui est formée d'une autre. — LANGUE MORTE, celle qu'un peuple a parlée, mais qui n'existe plus dans les livres. Et, par opposition, LANGUE VIVANTE, celle qu'un peuple parle actuellement. On dit, dans le même sens, LANGUE ANCIENNE ou SAVANTE, par opposition à LANGUE MODERNE ou VULGAIRE. — LANGUE LITTÉRALE. (Voy. LITTÉRAL.) — LANGUES SÉMITIQUES, langues que l'on regarde comme ayant été parlées par les enfants de Sem et par leurs descendants. Ces langues sont l'hébreu et plusieurs autres sorties de la même source, telles que l'arabe, le syriaque, etc.

LANGUE NATURELLE OU MATERNELLE, celle du pays où l'on est né, par opposition à LANGUE ÉTRANGÈRE, celle d'un autre pays. — LANGUE NATIONALE, celle que parle généralement une nation, aussi par opposition à LANGUE ÉTRANGÈRE. — LA LANGUE SAINTE, la langue hébraïque. — LANGUE SACRÉE, toute langue dans laquelle sont écrits des livres qu'on suppose inspirés par la Divinité. — LANGUE TRANSPOSITIVE, celle où les rapports des mots entre eux sont indiqués par leurs terminaisons, et où, par conséquent, on n'est pas obligé de les placer suivant l'ordre analytique de la pensée : *le latin, le grec, sont des langues transpositives.* — LANGUE PHILOSOPHIQUE, langue où l'on suppose que la génération des mots suivrait exactement celle des pensées, où il n'y aurait ni anomalies, ni distinction du propre et du figuré, etc. — LANGUE UNIVERSELLE, langue qui serait commune à tous les peuples : *Leibnitz a conçu le projet d'une langue universelle.* — MAITRE DE LANGUE, celui qui enseigne une langue vivante : *maitre de langue anglaise, de langue italienne.* — ENFANTS DE LANGUE, JEUNES DE LANGUE, jeunes gens que quelques gouvernements entretenaient pour apprendre les langues orientales, et devenir capables de servir de drogmans. — Langage, manière de parler, abstraction faite de l'idiome dont on se sert : *personne n'a mieux parlé que lui la langue du sentiment, la langue de l'amour.* — LA LANGUE D'UNE SCIENCE, D'UN ART, l'ensemble des locutions dont on se sert plus particul. dans une science : *la langue des mathématiques.* — S'est dit autrefois des différentes nations ou divisions de l'ordre de Malte : *la langue de Provence, d'Auvergne, de France, d'Aragon,* etc. — ∿ LANGUE VERTE, langage irrégulier, bas langage. — ENCYCL. — Origine et classification des langues. Le problème de l'origine du langage a été agité dès la plus haute antiquité. Platon se demande dans le Cratyle si l'homme a créé les mots, ou s'ils lui sont innés. Lucrèce et Epicure font traverser au langage toutes les phases d'une invention lente et progressive, opinion qui a été partagée par Diodore de Sicile, Vitruve, Horace et même par quelques pères de l'Eglise, saint Grégoire de Nysse, par exemple. A partir du IVᵉ siècle, l'amour du merveilleux déplaça la question : philosophes et théologiens soutinrent que l'hébreu avait été la langue primitive de l'humanité et cette hypothèse fut admise comme une vérité incontestable pendant tout le moyen âge ; aussi la linguistique de l'époque se borna-t-elle à démontrer plus ou moins ingénieusement comment l'hébreu s'était scindé en tant de dialectes divers, et comment on peut faire remonter à cette source commune des langues telles que le grec, le latin, l'allemand, le persan, le turc. Leibnitz fut le premier qui osa combattre le vieux préjugé : il fit comprendre que la filiation des langues ne peut être établie sur une similitude apparente entre quelques mots isolés, mais qu'elle doit être basée sur la communauté des éléments constitutifs de chacune d'elles. Pour les philosophes français du XVIIIᵉ siècle, le langage était le résultat d'une *convention* : après que les premières sociétés humaines eurent reconnu, disent-ils, l'insuffisance du *langage naturel* (gestes et cris instinctifs), elles songèrent à la *parole*, et posèrent les bases du *langage articulé*. Le président de Brosses prétendit, de son côté, qu'à l'origine de l'humanité le choix des sons ou des mots avait dû être déterminé par le désir d'imiter ou de peindre l'objet par la parole : c'est la théorie de l'*onomatopée*, qui fut développée plus tard par Herder ; Condillac défendit celle de l'*interjection* ou des cris instinctifs. Dans la réaction qui se produisit dans les idées philosophiques, au commencement du XIXᵉ siècle, le langage devint une *révélation divine*, et cette opinion fut soutenue non sans éclat par de Bonald, de

Maistre, Lamennais et Gioberti. L'origine du langage a été traitée depuis sous des points de vue différents par Jacob Grimm, Steinthal, Renan, Max Muller, Whitney, etc. : c'est une question des plus complexes, qui demande de vastes connaissances, tant en linguistique qu'en anthropologie, et dont la solution ne nous paraît pas encore pouvoir être donnée, dans l'état actuel de la science. La question est en effet intimement liée à celle de l'origine de l'espèce humaine : les évolutionistes se trouvent en face du *mutum et turpe pecus* d'Horace et ont à choisir entre la théorie de l'onomatopée et celle de l'interjection, à moins de combiner les deux ; les créationistes ne peuvent guère admettre qu'une origine plus ou moins surnaturelle ou miraculeuse. Aussi les linguistes sont-ils moins préoccupés aujourd'hui de rechercher les origines du langage que de retrouver les liens de parenté, qui pourraient unir entre eux les divers groupes de langues ; et, de même que les anthropologistes se posent la question de savoir s'il y a eu une ou plusieurs races primitives, on peut se demander en linguistique s'il y a eu une ou plusieurs langues primitives. A l'exception des orthodoxes, comme Max Muller, les linguistes les plus autorisés se refusent à admettre une langue primitive commune ; ils prétendent, et non sans de bonnes raisons, qu'il y a un abîme infranchissable, non seulement entre des langues comme le français et le chinois, mais encore entre des langues à procédés grammaticaux semblables, telles que le sanscrit et l'hébreu. En présence cependant des centaines de siècles d'existence que l'anthropologie reconnaît à l'humanité, et des doutes si graves qui planent encore sur la pluralité originelle des races, il est permis de trouver leurs affirmations tant soit peu hasardées. — Il est impossible de déterminer le nombre exact des langues ; mais Max Muller pense qu'il ne peut guère s'élever à moins de 900. Schleicher divise toutes les langues du globe en trois classes: langues *monosyllabiques* ou *isolantes,* langues *agglutinatives,* langues *à flexions.* — Les langues à flexions correspondent à deux groupes de langues bien définis ; les langues *aryennes* ou *indo-européennes,* dont nous allons donner le tableau, et les langues *sémitiques,* dont les principaux représentants sont : le phénicien, le chaldéen, l'hébreu, le syriaque, l'arabe.— Les langues monosyllabiques sont : le chinois, l'annamite, le siamois, le birman, le thibétain. — Les langues agglutinantes comprennent toutes les autres langues et principalement : le basque, le finnois, le hongrois, le turc, le mongol, les idiomes de la Sibérie, les langues de l'Australie, celle de l'Afrique méridionale, et toutes les langues des anciens peuples de l'Amérique. — Voici le tableau des langues indo-européennes ; les mots en italiques représentent les langues mortes:

I. GROUPE HINDOU : *sanscrit, prâkrit, pali,* bengali, sindhi, népali, kachmirien, hindoustani, mahratte, etc.

II. GROUPE ÉRANIEN : *zend,* perse, *pehlvi,* parsi, arménien, persan, afghan, béloutche, kourde, ossète, etc.

III. GROUPE HELLÉNIQUE : grec et ses différents dialectes.

IV. GROUPE ITALIQUE : *latin, osque, ombrien, étrusque(?),* provençal, français, portugais, espagnol, italien, ladin, roumain.

V. GROUPE CELTIQUE : *a, gaulois, cornique,* breton, gallois : *b,* irlandais, erse, manoux.

VI. GROUPE GERMANIQUE : *a, gothique ; b,* nordique, islandais, norwégien, suédois, danois ; *c, saxon, frison,* anglais, hollandais, flamand ; *d,* ancien et moyen *haut-allemand,* allemand.

VII. GROUPE SLAVE : *a, slavon ecclésiastique,* russe, ruthène, bulgare, serbo-croate, wende ; *b,* polonais, tchèque, sorbe.

VIII. GROUPE LETTIQUE : *prussien,* lithuanien, lette.

— Schleicher établit que les langues indo-européennes proviennent d'une mère commune dont il est possible de reconstituer la structure primitive ; Max Muller est d'avis qu'elles ont débuté par l'état monosyllabique du chinois et passé ensuite par la phase agglutinante du turc, avant d'arriver à l'état synthé-

tique actuel. — **Affinités des langues aryennes.** — **Loi de Grimm.** La parenté des langues aryennes entre elles est basée à la fois sur la communauté des racines et sur une identité complète de structure grammaticale. La communauté des racines dans les langues germaniques et les autres langues du rameau indo-européen a été admirablement établie par les travaux de Jacob Grimm : nous allons exposer brièvement ici la loi qui a présidé à leur évolution et qui est connue dans la science du langage sous le nom de *lautverschiebung* ou *loi de Grimm.* Cette évolution des racines dans la famille germanique constitue un des phénomènes les plus curieux de la linguistique, et appartient à la fois au domaine de la philologie et de la physiologie. — On entend par *loi de Grimm* le déplacement régulier des trois ordres de consonnes observé dans les mots qui sont communs aux langues germaniques entre elles, et dans ceux qui leur sont communs avec les autres langues aryennes, principalement avec le sanscrit, le grec et le latin. — On sait que la plupart des langues monosyllabiques et agglutinantes manquent de certaines consonnes propres à nos langues indo-européennes : les Chinois, par ex., n'ont pas la lettre *R*; les Hottentots n'ont pas *N*, ni *V*; les Arabes n'ont pas de *P*; l'*S* est inconnu dans les dialectes australiens, et les Indiens des Six-Nations n'ont aucune des labiales *B, P, V, P, M.* D'autres, comme les Hawaïens, confondent les sons au point de ne sentir aucune différence entre *K* et *T, G* et *D, L* et *R.* Lors donc que ces peuples adoptent un mot étranger, où une de ces consonnes se présente, ils sont obligés de la remplacer par la lettre de leur alphabet qui leur paraît s'en rapprocher le plus. C'est ainsi que les Chinois disent *Eu-lo-pa* et *Ya-me-li-ka* pour Europe et Amérique, et que les Tonkinois appellent les Français *Fa-lang-sa*; les habitants des îles de la Société prononçaient le nom du capitaine Cook *Toutou*; et lorsque les Mohawks veulent répéter les mots papa ou mama, ils croient reproduire bien fidèlement le son entendu en disant *nana.* La même chose s'observe chez les enfants, qui n'arrivent que graduellement à articuler les différentes consonnes, soit que leur oreille ne sache pas les distinguer, soit que les organes de la voix n'aient pas encore acquis le degré de souplesse voulu. — Mais ces diverses substitutions de consonnes, bien que régulières et fixes au sein de la même langue, n'ont qu'une analogie éloignée avec les permutations phoniques auxquelles se rapporte la loi de Grimm. Pour bien saisir la signification de cette loi, il importe d'avoir sous les yeux le tableau des muettes.

	LABIALES	DENTALES	GUTTURALES
Douces.........	B	D	G
Fortes..........	P	T	K. c
Aspirées.......	PH. f. v.	TH. s. z	CH. h

Si l'on compare l'anglais avec l'allemand, on trouvera que là où l'anglais a une *douce,* l'allemand met une *forte,* et que là où l'anglais met une *forte* ou une *aspirée,* l'allemand emploie une *aspirée* ou une *douce* : en d'autres termes, les consonnes de l'anglais se trouvent avancées d'un *degré* en allemand; et ce qui vient d'être dit de l'anglais s'applique également bien aux autres langues germaniques, telles que le hollandais, le danois, le suédois, l'islandais. En voici quelques exemples :

	ANGLAIS	HOLLANDAIS	ALLEMAND
Profond.	DeeP	DieP	TieF
Sourd.	DeaF	DooF	TauB
Chasser.	DriVe	DryVen	TreiBen
Temps.	TiDe	Tyd	ZeiT
Plonger.	DucK	DuiKen	TauCHen
Faire.	maKe	maKen	maCHen

— En fait de noms propres, un bel exemple

de Lautverschiebung est fourni par le mot *TolBiaC = ZulPiCH*. — Des permutations analogues se remarquent dans le passage du latin au français : *reciPere = receVoir*, *de-Bere = deVoir*, *caPut = cheF*, *eBrius = iVre*, *Tunc = Donc*, *Crassus = Gras*. — Les différents dialectes populaires de l'Allemagne sont encore caractérisés, aujourd'hui comme il y a dix siècles, par la différence d'un degré dans l'échelle des muettes : les patois du sud correspondent à l'allemand littéraire, tandis que ceux du nord se trouvent au même degré que l'anglais et le hollandais : *ich weet* et *Men-neke*, dit le peuple de Berlin, pour *ich weiss es Männchen*. — Quoique la loi de Grimm souffre de nombreuses exceptions, il n'en est pas moins vrai que sa connaissance facilite singulièrement l'étude des mots anglais ou allemands à celui qui possède déjà une de ces deux langues. Mais nous n'avons encore fait qu'établir un parallèle entre l'allemand et les autres langues germaniques : si l'on compare, à leur tour, ces langues avec le latin, le grec et le sanscrit, le même phé-nomène de substitution s'observe, de telle façon qu'on peut se représenter les trois ordres de consonnes se mouvant dans un cercle, et établir en principe que les consonnes douces en latin deviennent des *fortes* en anglais et des aspirées en allemand, et ainsi de suite pour les au-tres; l'allemand élève donc ces consonnes de *deux* de-grés par rapport au latin, au grec et au sanscrit.

Quelques exemples feront ressortir la règle.

Sans. Dvau	Lat. Duo	Ang. Two	All. Zwei
Trayas	Tres	Three	Drëi
Tvam	Tu	THou	Du
Tanus	Tenuis	THin	Dün
Tvar	TurBa	TTorP	DorF
BHrATar	FraTer	BroTHer	BruDer
aD	eDere	eaT	eSSen
Dam	Domare	Tame	Zæhmen
laiP	laBi	leaP	lauFen
DiC	DiCere	TeaCH	ZeiGen
KuP		HoPe	HoFFen

— On pourrait se demander si les nombreux Espagnols qui confondent *B* et *V*, et pronon-cent *Vueno* pour *Bueno*, n'appliquent pas eux aussi une des règles que nous venons d'ex-poser. Nous ne le pensons pas : il n'y a làqu'une prononciation vicieuse, importée par les co-lons romains, et commune autrefois à plu-sieurs provinces de l'Italie. Mais nous croyons, en retour, que l'habitude qu'ont les Allemands, surtout ceux du sud, de prononcer les *B* et *D* français comme des *P* et des *T*, et vice versâ, habitude dont eux-mêmes ne savent guère se rendre compte, doit être rapportée à une observation inconsciente de la loi de Grimm. — On a imaginé bien des solutions au problème philologique que pose la loi de Grimm, mais aucune d'elles n'a éclairé d'un jour tant soit peu satisfaisant les faces multi-ples et complexes de la question. (KERCKHOFFS.) — **Langue universelle.** On appelle ainsi un langage conventionnel, débarrassé de toutes les difficultés de grammaire, d'orthographe et de prononciation, inhérentes à nos langues tant anciennes que modernes, et qui serait adopté, grâce à ce caractère de grande sim-plicité, par tous les peuples civilisés pour leurs relations internationales. Lorsqu'on consi-dère que les rivalités de nation à nation, au-jourd'hui plus fortes que jamais, s'opposeront toujours à l'adoption d'une langue euro-péenne, telle que le français, l'allemand ou l'anglais, comme idiome international, et que, d'ailleurs, la connaissance de ces lan-gues exige de longues et laborieuses études, on doit reconnaître que cette idée d'une langue universelle, déjà réalisée pour le code télégraphique de la marine, est loin d'être aussi déraisonnable qu'on le prétend

généralement. — Leibnitz paraît avoir été le premier qui ait conçu l'idée d'une langue universelle ou *spécieuse générale*, comme il la nommait; mais, ainsi qu'il l'écrivait à Thomas Burnet, il recula devant les difficul-tés de l'entreprise; Descartes et le P. Mersenne y songèrent également ' mais le seul ouvrage sérieux qui ait été composé, au xviie siècle, sur cette question est assurément l'*Essai d'un caractère graphique réel et d'une langue philo-sophique* de Wilkins (Londres, 1688). Malheu-reusement le travail de l'évêque anglais, comme d'ailleurs les diverses langues uni-verselles imaginées, dans ces dernières an-nées, par Sudre, Caumont, Holmar, Gajewski et autres, pèchent gravement du côté de la pratique. Nous ferons cependant une réserve en faveur du système de langue universelle ou *volapük* (littéralement : *universi lingua*), proposé récemment par M. *Schleyer*, système qui nous paraît d'une grande simplicité et qui compte déjà de nombreux partisans en Allemagne. — Voici, au surplus, quelques règles qui pourront donner une idée des théories grammaticales de l'auteur.

SUBSTANTIF : une seule déclinaison et pas d'article. Nom. Le père, *fat*; gén. du père, *fata*; dat. au père, *fatè*; acc. le père, *fati*. On ajoute un *s* au pluriel : *fats, fatas, fatès, fatis*.

ADJECTIF : toujours invariable et formé par l'addition du suffixe *ik* au substantif : nature, *nat*; naturel, *natik*. Degrés de comparaison : plus naturel, *natikum*; le plus naturel, *natikün*. Adverbe : naturellement, *natiko*.

NOMS DE NOMBRE : 1, *bal*; 2, *tel*; 3, *kil*; 4, *fol*; 5, *lul*; 6, *mäl*; 7, *vel*; 8, *jöl*; 9, *zül*; 10, *bals*; 20, *tels*; 90, *kils*.

PRONOM : *Je*, nous : *ob, obs*; mon, notre : *obik. obsik*.
Tu, vous : *ol, ols*; ton, votre : *olik, olsik*.
Il, ils : *om, oms*; son, leur : *omik, omsik*.

VERBE : Un seule conjugaison avec des dé-sinences pronominales.
J'aime, nous aimons : *lofob, lofobs*.
Tu aimes, vous aimez : *lofol, lofols*.
Il aime, ils aiment : *lofom, lofoms*.

Divers temps : formés au moyen d'aug-ments.
J'aimais, *ælæfob*; j'ai aimé, *elæfob*.
J'avais aimé, *ilæfob*; j'aimerai, *olæfob*.
Ex. Il a aimé le père : *alæfom fati olik*.

Passif : caractérisé par la consonne *p*.
Je suis aimé, *pálofob*; j'étais aimé, *pælæfob*.
J'ai été aimé, *pelæfob*; j'avais aimé, *pilæfob*.
Infinitif : aimer, *lofam*; avoir aimé, *elæfam*.
Etre aimé, *palæfan*; avoir été aimé, *pelæfan*.

— Il se publie, depuis quatre ans, un journal en langue volapük, intitulé VOLAPÜKABLED (litt. *Universi Linguæ Diarium*). (KERCKHOFFS.) — Légis. « Les *jeunes de langues*, ainsi nommés d'après la traduction littérale d'une expression turque, étaient de jeunes garçons de 9 à 10 ans, que, sur la proposition de Colbert, on envoyait, à partir de l'année 1669, séjourner à Constantinople ou à Smyrne pour y apprendre de bonne heure la langue parlée dans les échelles du Levant, afin qu'ils devinssent plus tard des drogmans ou interprètes, au service des agents consu-laires français en Orient. En 1700, on installa l'école des jeunes de langues à Paris, dans le collège des jésuites qui devint le collège Louis le Grand. Cette école subsiste aujour-d'hui et elle a toujours pour but de fournir à notre diplomatie, en Orient et sur la côte septentrionale de l'Afrique, des drogmans et agents, pourvus des connaissances géogra-phiques et linguistiques nécessaires à leur mission. Les jeunes de langues sont nommés par le ministre des affaires étrangères, et choisis parmi les fils, petits-fils et neveux des secrétaires interprètes et des drogmans. Ils sont entretenus au lycée de Vanves ou au lycée Louis le Grand, et ils passent chaque année des examens, jusqu'à ce qu'ils soient en état de suivre les cours de l'*École des*

langues orientales vivantes. Ils reçoivent alors pendant trois ans, une subvention annuelle de 1,200 fr. — Cette dernière école, organi-sée par un décret de la Convention du 21 germinal an III, fut d'abord installée dans les dépendances de la Bibliothèque nationale. On y enseignait l'arabe, le turc et le persan. Des élèves français, anglais, allemands et russes y affluèrent bientôt. L'école rendit des services importants à la France, dès l'année 1798, en fournissant des interprètes à l'expé-dition d'Egypte. Trois nouvelles chaires y fu-rent fondées successivement, et affectées à l'a-rabe vulgaire, au grec vulgaire et à la langue arménienne. En 1869, l'institution, qui tom-bait en décadence, fut réorganisée et, trans-portée au collège de France. Enfin elle a été, en 1873, définitivement installée rue de Lille. A la suite de la conquête de la Cochinchine par les Français, on y a créé une chaire de langue annamite. L'école reçoit aujourd'hui de 40 à 50 élèves, et plus de 80 auditeurs libres. »
(CH. Y.)

LANGUEDOC, ancienne province du sud de la France, bornée au S.-É. par la Méditer-ranée. Elle correspond presque à la *Gallia Narbonnensis* des Romains; fut nommée pen-dant quelque temps *Gothie* après avoir été envahie par les Visigoths (409); ceux-ci furent conquis par les Sarrasins que repoussa Charles Martel au viiie siècle. Pendant le moyen âge, le Languedoc forma la *Septi-manie* (probablement parce qu'il contenait sept grandes villes); il fut établi par Charle-magne en *duché de Septimanie*, que remplaça le comté de Toulouse au xe siècle. Son nom (langue d'oc) vient de la langue parlée par ses habitants au moyen âge. Après avoir joui d'un degré de civilisation tout à fait incom-parable, le Languedoc, patrie des *troubadours* et surtout pays de la liberté municipale et religieuse, fut envahi par les croisés du nord de la France. (Voy. ALBIGEOIS.) Jamais il ne put se relever de ce désastre, et sa nationalité fut étouffée par les excès de l'inquisition. De-venu presque sauvage, il considéra son an-nexion à la couronne de France comme le plus grand des bienfaits (1271). Les luttes des catholiques et des huguenots l'ensanglan-tèrent encore et sa population fut décimée après la révocation de l'édit de Nantes. Sous l'ancienne monarchie, il possédait un parle-ment qui siégeait à Toulouse. Son assemblée des notables se réunissait à Montpellier. Il forme aujourd'hui les départements de l'Aude, du Tarn, de l'Hérault, de la Lozère, de l'Ar-dèche et du Gard; et une partie de la Haute-Garonne et de la Haute-Loire.

LANGUEDOCIEN, IENNE s. et adj. Habitant du Languedoc; qui appartient à cette pro-vince ou à ses habitants. — s. m. Dialecte parlé dans le Languedoc

*LANGUETTE s. f. [lan-ghè-te]. Ce qui est taillé, découpé, etc., en forme de petite lan-gue : *tailler un morceau d'étoffe en languette*. — Petite pièce mobile de métal, qui, en s'é-levant ou s'abaissant, ouvre ou ferme les trous faits à un instrument à vent : *la languette d'un hautbois, d'une clarinette*. — Petite pièce de fer d'une balance, qui sert à marquer l'é-quilibre quand elle est d'aplomb : *la languette d'une balance*. On l'appelle aussi *Aiguille*. — Maçonn. Séparation de quelques pouces d'é-paisseur faite de pierres, de briques ou de plâtre, dans l'intérieur des souches de chemi-née, dans un puits mitoyen, etc. : *diviser un puits, un tuyau de cheminée par une languette*. — Menuis. Espèce de tenon continu formé par le rabot sur l'épaisseur d'une planche, et fait pour entrer dans une rainure : *assem-blage à languettes et rainures*. — Orfèvr. Petit morceau d'argent ou d'or que les orfèvres laissent en saillie à chaque pièce qu'ils fon-dent, et qui sert à faire l'essai avant de mar-quer la pièce du poinçon légal.

* **LANGUEUR** s. f. [lan-gheur] (lat. *languor*; de *languere*, languir). Abattement, état d'une personne faible et malade : *grande langueur.* — Sorte d'abattement moral et physique, causé par les fatigues de l'esprit, par les peines de l'âme, et principalement par celles qui viennent de l'amour : *l'excès du travail l'a mis dans un état de langueur dont il a peine à sortir; une secrète langueur s'est emparée de son âme.* — LANGUEUR D'ESTOMAC, état d'un estomac qui a perdu le ton, le ressort dont il a besoin pour bien faire ses fonctions. — Fig. IL Y A DE LA LANGUEUR DANS CET OUVRAGE, souvent cet ouvrage manque de chaleur, de force, d'intérêt, de mouvement. — pl. État d'affaiblissement, d'abattement : *il ne sent point les langueurs de l'âge.*

* **LANGUEYER** v. a. [lan-ghé-ié]. Visiter la langue d'un porc, pour voir s'il est sain ou ladre : *langueyer un porc.*

* **LANGUEYEUR** s. m. Celui qui est commis pour langueyer les porcs : *le langueyeur doit dire si le porc est ladre ou non.*

LANGUIDE adj. [lan-ghi-de](lat. *languidus*). Languissant, faible. (Peu usité.)

* **LANGUIER** s. m. La langue et la gorge d'un porc, quand elles sont fumées : *des languiers du Mans, d'Anjou.*

* **LANGUIR** v. n. [lan-ghir] (lat. *languere*). Être dans un état d'abattement et de faiblesse causé par quelque maladie qui ôte peu à peu les forces : *il est pulmonique, il y a trois ans qu'il languit.* — Souffrir de la continuité, de la durée d'un supplice, d'un châtiment, d'un besoin, d'un mal physique autre que la maladie : *on le fit languir dans de cruels tourments.* — Se dit, fig., en parlant des peines de l'esprit et de l'âme : *ne le faites pas languir après ce que vous lui avez promis.* — Se dit aussi, fig., des végétaux qui ne sont pas en bon état, qui poussent faiblement, qui donnent peu de fruits : *cette arbre languit, ces fleurs languissent faute d'eau.* — LA NATURE LANGUIT, TOUTES CHOSES LANGUISSENT PENDANT L'HIVER, la nature est alors comme engourdie. — Se dit encore, fig., des ouvrages d'esprit qui manquent de force, de chaleur, de vivacité : *ces vers languissent.* On dit aussi, dans des sens analogues : LA CONVERSATION LANGUISSAIT, personne ne soutenait la conversation, on la laissait tomber. LES NOUVELLES LES PLAISIRS LANGUISSENT, il y a peu de nouvelles importantes, il y a peu de divertissements. LES AFFAIRES LANGUISSENT, on n'en fait guère. L'AFFAIRE LANGUIT, elle traîne en longueur, on ne l'expédie point.

° **LANGUISSAMMENT** adv. D'une manière languissante, avec langueur : *il laissait tomber languissamment ses paroles.*

° **LANGUISSANT, ANTE** adj. Qui languit : *il est languissant dans un lit.* — Se dit aussi des choses, tant au sens physique qu'au sens moral : *vieillesse languissante.* — REGARDS LANGUISSANTS, regards qui marquent beaucoup d'abattement ou beaucoup d'amour.

* **LANICE** adj. (lat. *lanicus*, de laine). N'est usité que dans cette expression, BOURRE LANICE, bourre qui provient de la laine.

* **LANIER** s. m. (lat. *laniare*, déchirer). Ornith. Femelle du laneret, qui est une grande espèce de faucon : *le lanier est un oiseau de leurre.* — ⁓ Espèce de faucon, intermédiaire entre le gerfaut et le faucon voyageur. Le lanier (*falco lanarius*) mesure environ 50 centim. de long.

* **LANIÈRE** s. f. (lat. *laniare*, déchirer). Sorte de courroie longue et étroite : *la lanière d'un fouet.*

° **LANIFÈRE** adj. (lat. *lana*, laine ; *fero*, je porte). Qui porte de la laine. Se dit des animaux et des plantes qui produisent une matière laineuse ou cotonneuse.

LANIGÈRE adj. (lat. *lana*, laine ; *gero*, je porte). Hist. nat. Dont les poils sont comparables à la laine.

* **LANISTE** s. m. (lat. *lanista*). Antiq. Celui qui achetait, formait ou vendait des gladiateurs.

LANJUINAIS (Jean-Denis, COMTE), homme d'État, né à Rennes le 12 mars 1753, mort à Paris le 13 janv. 1827. Éminent professeur de droit ecclésiastique, il devint, en 1789, membre dirigeant de l'Assemblée constituante. A la Convention, il lutta contre les ultra-révolutionnaires et, en 1793, il fut arrêté comme girondin ; mais il s'échappa. En 1795, il reprit son siège à la Convention et devint le président de cette assemblée. Lors de l'organisation du Directoire, il fut élu par 73 départements au Conseil des Anciens. Il entra au Sénat après le 18 brumaire, fit de l'opposition au consul et à l'empereur; en 1808, il vota pour la déchéance de Napoléon, bien que celui-ci l'eût fait comte en 1808. Il présida la Chambre pendant les Cent-Jours et ensuite il fut nommé pair. C'était un orientaliste distingué. Ses œuvres ont été réunies en 4 vol. in-8° (1832). Elles comprennent : *Pièces historiques et politiques* (t. 1er), *Constitutions de la nation française* (t. II), *Opinions et fragments sur la religion* (t. III), *Recherches sur les langues, la littérature, la religion et la philosophie des Indiens* (t. IV).

LANKESTER (Edwin) (1814-'74), médecin anglais. Ses travaux comprennent : *Vegetable Physiology, A School Manual of Health* et *What Shall we Teach*, ou *Physiology in Schools.*

LANMEUR, ch.-l. de cant., arr. à 12 kil. N.-E. de Morlaix (Finistère); 2,500 hab. Commerce de grains.

LANNEMEZAN, ch.-l. de cant., arr. et à 26 kil. N.-E. de Bagnères-de-Bigorre (Hautes-Pyrénées); 1,400 hab.

LANNES. I. (Jean), duc de Montebello, maréchal de France, né à Lectoure en 1769, mort en 1809. Il s'engagea en 1792, suivit Bonaparte en Italie en 1796, se fit remarquer par son intrépidité à Arcole, gagna de nouveaux lauriers en 1797 et fut dangereusement blessé à Aboukir, où il fut nommé général de division. Il contribua à la Révolution du 18 brumaire. En qualité de commandant de l'avant-garde de l'armée d'Italie, avec laquelle Napoléon avait traversé le Saint-Bernard, il accomplit une série de brillants exploits en écrasant les Autrichiens à Montebello. A Marengo, il soutint, pendant sept heures, l'attaque des Autrichiens protégés par une puissante artillerie. En 1804, il se rendit comme ministre à Lisbonne, mais il fut rappelé en raison de sa rapacité et de son incapacité. Il devint maréchal en 1804, fit la campagne d'Autriche de 1805, et combattit à Iéna (1806) où il commandait le centre de l'armée française. En 1807, il prit part à la campagne contre les Russes terminée le 14 juin par la bataille de Friedland. Il dirigea en Espagne, le siège mémorable de Saragosse, ville qui, après une résistance prolongée, capitula le 21 fév. 1809. En Allemagne (1809), il décida principalement de la victoire d'Eckmühl (22 avril). A Ratisbonne, voyant ses hommes hésiter, il saisit une échelle d'escalade, les mena à travers un ouragan de mi-

traille et emporta la place pour faire peine en quelques minutes (23 avril). A la bataille sanglante d'Aspern et Essling, il occupa le village qui porte ce dernier nom (21 mai) malgré les attaques répétées des Autrichiens. Le 22 mai 1809, il conduisit des troupes nombreuses contre le centre de l'ennemi ; mais il fut forcé de repasser le pont qui réunissait le Danube à l'île de Lobau dans laquelle les Français furent obligés de se retirer. Il était descendu de cheval et parcourait le front de la ligne de ses troupes lorsqu'il fut frappé par un boulet ; il mourut neuf jours après. — Sa statue en marbre s'élève sur la principale promenade de Lectoure. — II. (Napoléon), son fils (1801-'74), fut créé pair par Louis XVIII ; mais il ne siégea que sous Louis-Philippe, qui l'employa dans la diplomatie. En 1847-'48, il fut ministre de la marine; en 1849, il fut élu à l'Assemblée législative, en 1858, il fut ministre des États-Unis de Russie et en 1864, sénateur.

LANNILIS, ch.-l. de cant., arr. et à 23 kil. N. de Brest (Finistère); 3,200 hab. Fonderies, poteries de terre.

LANNION, ch.-l. d'arr., à 65 kil. N.-O. de Saint-Brieuc (Côtes-du-Nord); 7,500 hab., par 48°44' lat. N. et 57° 48' 1'' long. O. Tanneries, brasseries, coutellerie, armureries. Commerce de grains, bestiaux, chevaux, lin, chanvre. Eaux minérales ferrugineuses froides.

LANNOY, ch.-l. de cant., arr. et à 10 kil. N.-E. de Lille (Nord); 1,900 hab. Filatures de coton, fabriques de couvertures de coton, commerce de fleurs.

LANOUAILLE, ch.-l. de cant., arr. et à 54 kil. S.-E. de Nontron (Dordogne) ; 1,600 hab. Forges.

LA NOUE (François de), général français, né en Bretagne en 1531, mort le 4 août 1591. Il appartenait à une illustre famille calviniste de Bretagne, et devint l'un des chefs les plus vaillants de l'armée huguenote; il fut nommé, en 1578, grand maréchal de camp dans l'armée des Pays-Bas. En 1580, il fut pris par les Espagnols, qui le gardèrent prisonnier pendant cinq ans. Il se distingua ensuite sous Henri IV et fut tué pendant qu'il assiégeait Lamballe. Le surnom de *Bras-de-Fer* lui avait été donné, parce qu'il avait laissé son bras gauche à Fontenay-le-Comte (1570), et qu'il l'avait remplacé par un bras de fer. Ses *Discours politiques et militaires* (1587, in-4°), ont eu un grand nombre d'éditions et ont été traduits en allemand et en anglais.

LANSING [lann-sign], capitale du Michigan

Capitole de l'état de Michigan, à Lansing.

(États-Unis), sur la rivière Grand, à 130 kil. N.-O. de Détroit; 7,450 hab. La nouvelle maison d'État a coûté 6 millions de francs. Commerce important. Manufactures d'ouvrages en bois, usines métallurgiques.

LANSINGBURGH [lann-sign-beur], village de l'état de New-York (Etats-Unis), sur la rive E. de la rivière Hudson, vis-à-vis l'embouchure du Mohawk; 6,370 hab.

LANSLEBOURG, ch.-l. de cant., arr. et à 53 kil. E. de Saint-Jean-de-Maurienne (Savoie), sur la rive gauche de l'Arc, au pied de la montée du mont Cenis; 1,500 hab.

* **LANSQUENET** s. m. [lan-ske-nè] (all. *landskenechte*; de *land*, pays plat; *knecht*, serviteur). On appelait autrefois ainsi un fantassin allemand. — Sorte de jeu de hasard que l'on joue avec des cartes : *jouer au lansquenet*. — Les lansquenets parurent dans les milices allemandes vers la fin du xv⁰ siècle. Charles VIII prit à sa solde une troupe de 6,000 de ces soldats, qui se distinguèrent à Ravenne; Henri II en eut 9,000 à son service; Henri IV en entretenait 7,000. Après lui, les soldats allemands cessèrent d'être employés dans l'armée française sous le nom de lansquenets.

LANTA, ch.-l. de cant., arr. et à 26 kil. N. de Villefranche-de-Lauraguais (Haute-Garonne); 1,400 hab.

* **LANTANIER** s. m. Bot. Genre de plantes de la famille des verbénacées ou gattiliers, qui renferme des arbrisseaux propres aux contrées chaudes de l'Amérique et de l'Océanie : *le lantanier à feuilles de mélisse*. On dit aussi LANTANA.

LANTARA (Simon-Mathurin), paysagiste, né à Oncy en 1729, mort en 1778; il a peu produit, mais ses œuvres ont été recherchées. Les plus connues sont : la *Rencontre fâcheuse*, le *Pêcheur amoureux*, l'*Heureux baigneur*, la *Nappe d'eau*, etc., etc.

* **LANTERNE** s. f. Ustensile de verre, de corne, de toile, ou d'autre matière transparente, dans lequel on enferme une lumière : *lanterne ronde, carrée*. — LANTERNE SOURDE, sorte de lanterne faite de manière que celui qui la porte voit sans être vu, et qu'il en cache entièrement la lumière à volonté. — IL VEUT FAIRE CROIRE QUE DES VESSIES SONT DES LANTERNES, il veut faire croire des choses absurdes et bizarres. — METTRE A LA LANTERNE, s'est dit pop., dans la Révolution, pour pendre quelqu'un aux cordes d'un réverbère, sorte d'assassinat dont on cite plusieurs exemples dans les émeutes de 1789 à 1793. La populace, en réclamant des exécutions, avait l'habitude de crier : « A la lanterne ». — En terme d'essayeur d'or et d'argent, espèce de petite armoire dont le dessus et les côtés sont vitrés, pour empêcher l'action de l'air sur les trébuchets, ou balances très fines, qui y sont placés. — Archit. Sorte de tourelle ouverte par les côtés, posée sur le comble d'un édifice, et ordinairement au-dessus d'un dôme, d'une coupole : *la lanterne du dôme des Invalides*. — Espèce de cage circulaire ou carrée, garnie de fenêtres et de vitraux, et placée au-dessus d'un édifice pour en éclairer l'intérieur par en haut : *la lanterne de la salle de la Bourse*. — Espèce de loge ou de cabinet placé dans quelques salles d'assemblées publiques, et d'où, sans être vu, on peut voir et écouter : *lorsque le roi tenait un lit de justice, ou qu'il y avait quelqu'autre acte public au parlement, les dames se plaçaient dans les lanternes de la grand'chambre*. — Mécan. Petite roue formée de plusieurs fuseaux, dans laquelle engrènent les dents d'une autre roue. — pl. Fig. et fam. Fadaises, contes absurdes, ridicules : *tout ce qu'il nous a dit là, ce sont des lanternes.* — Presse. On donna ce nom à quelques publications périodiques dont voici les principales: En 1790, *La Lanterne des Français*, dirigée par Baillio ; en 1834, *La Lanterne magique*; en 1848, *La Lanterne du quartier Latin*; en 1869, *La Lanterne de Rochefort. Ecrite avec infiniment d'esprit*

et de verve et qui fit à l'Empire une si violente opposition ; en 1877, *La Lanterne*, de Montprofit, journal quotidien à cinq centimes, dont Mayer devint plus tard le directeur politique. — LANTERNE MAGIQUE, instrument d'optique qui, au moyen de lentilles et de verres peints, fait voir différents objets sur une

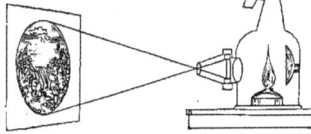
Lanterne magique.

toile ou sur une muraille blanche : *montrer la lanterne magique*. C'EST UNE LANTERNE MAGIQUE, UNE VRAIE LANTERNE MAGIQUE, se dit d'une société où un grand nombre de personnes ne font que passer, et se succèdent les unes aux autres. On dit, dans le même sens, LE MONDE EST UNE LANTERNE MAGIQUE.

* **LANTERNER** v. n. Etre irrésolu en affaires, perdre le temps à des riens : *il ne fait que lanterner et n'avance à rien.* — v. a. Remettre quelqu'un de jour en jour, l'amuser par de vaines paroles : *vous me lanternez depuis long-temps.* — S'emploie aussi, activ. et absol., dans le sens de tenir des discours frivoles et ridicules : *je ne sais ce qu'il me vient lanterner tous les jours.* (Fam.)

* **LANTERNERIE** s. f. Irrésolution, difficulté futile qui retarde quelque affaire : *il est d'une lanternerie qui ne finit point.* (Fam.) — Fadaise, discours frivole et ridicule : *il ne nous a dit que des lanterneries.*

* **LANTERNIER** s. m. celui qui fait des lanternes; celui qui est chargé d'allumer les lanternes publiques. Il est peu usité dans ces deux sens. — Fig. et fam. Homme irrésolu, indéterminé et faisant mille choses, avec qui l'on ne peut rien conclure: *vous ne finirez jamais rien avec lui, c'est un lanternier, un franc lanternier* — Diseur de fadaises : *n'écoutez pas ce qu'il dit, c'est un lanternier, un vrai lanternier.*

LANTHANE s. m. (gr. λανθάνειν, rester caché). Métal rare découvert en 1841 par Mosander dans l'oxyde de cerium; symbole, La; équivalent chimique, 92. Il forme des sels astringents incolores qui donnent un précipité blanc avec les oxolates solubles.

LANTIER (Etienne-François), littérateur, né à Marseille en 1734, mort en 1826. Après avoir suivi pendant quelque temps la carrière militaire, il se consacra tout entier aux lettres. Il publia des *Contes en vers et en prose* (1782), *Voyage d'Anténor en Grèce et en Asie* (Paris, 1798, 3 vol. in-8⁰). Ses Œuvres complètes ont

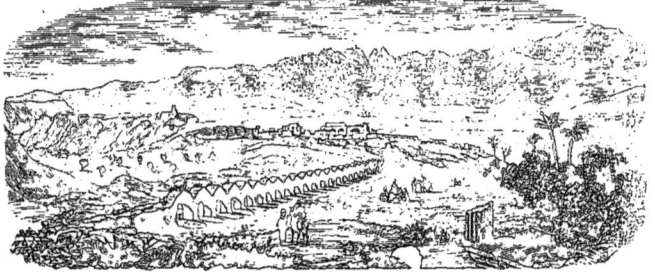
Ruines de Laodicée.

été publiées en 1836 (Paris, 4 vol. gr. in-8⁰).

* **LANTIPONNAGE** s. m. Action de lanti-

ponner, discours frivole et importun : *point de lantiponnage.* (Fam.)

* **LANTIPONNER** v. n. Tenir des discours frivoles, inutiles et importuns : *il ne fait que de lantiponner, au lieu de venir au fait.* Il est populaire. — S'emploie aussi activement : *que me vient-il lantiponner?*

* **LANTURLU** ou **Lanturelu**. Façon de parler tirée d'un refrain de chanson, et qui n'a aucun sens propre. On l'emploie pour marquer un refus accompagné de mépris, ou pour indiquer une réponse évasive : *il lui a répondu lanturlu.* (Fam.)

* **LANUGINEUX, EUSE** adj. (lat. *lanuginosus*; de *lanigo*, duvet). Bot. Se dit de toutes les parties des plantes, feuilles, fruits, tiges, etc., qui sont couvertes d'une espèce de duvet semblable à la laine ou au coton : *la pêche est un fruit lanugineux.*

LANUVIUM (aujourd'hui *Cività Lavigna*), ancienne ville d'Italie, dans le Latium, à 30 kil. S.-S.-E. de Rome. Elle fut fondée à une époque très reculée, probablement par une colonie d'Albe, et elle devint célèbre par son temple de Junon Sospita. Elle souffrit beaucoup pendant les guerres civiles; il en existe encore quelques ruines.

LANVOLLON, ch.-l. de cant., arr. et à 23 kil. N.-O, de St-Brieuc (Côtes-du-Nord); 1,500 hab.

LANZAROTE, île la plus au N.-E. du groupe des Canaries, par 29⁰ 2' lat. N. et 16⁰ 8' long. O., à 135 kil. de la côte d'Afrique; longueur 55 kil., largeur moyenne 15 kil.; 798 kil. carr.; environ 18,000 hab. La principale production est le vin. Toutes les montagnes y sont volcaniques; le pic principal, Montana-Blanca, à 600 m. de haut.; le plus remarquable des volcans en activité est Temanfay. Capitale, Teguise; port principal, Arecife.

LAOCOON [la-o-ko-onn], héros troyen, fils de Priam et d'Hécube, selon les uns, ou d'Anténor, suivant les autres, et prêtre d'Apollon ou de Neptune. Il conseilla aux habitants de Troie de ne pas recevoir le cheval de bois ; en punition de son impiété envers un objet consacré à Minerve, deux serpents monstrueux s'enroulèrent autour de lui et de ses deux fils et les étouffèrent. Cette histoire forme le sujet d'un chef-d'œuvre de la sculpture antique ; Pline dit que ce chef-d'œuvre est dû aux Rhodiens Agesandre, Polydore et Athénodore. On le découvrit à Rome en 1506, et il fut placé au Vatican.

LAODAMIA, princesse mythique grecque, fille d'Acaste et femme de Protésilaus, héros thessalien, qui, au siège de Troie, fut le premier Grec tué sur la terre asiatique. Elle supplia les dieux de lui permettre de parler à son mari pendant trois heures seulement; Mercure lui conduisit Protésilaus, mais quand celui-ci fut forcé de s'en retourner, Laodamia expira.

LAODICÉE Géogr. anc. Nom de six villes grecques de l'Asie, situées en Syrie, en Phrygie, en Lycaonie, en Cœlo-Syrie, en Médie, et en Mésopotamie, fondées par Seleucus-Nicator, premier roi de Syrie, et par quelques-uns de ses successeurs. Deux de ces villes méritent une notice particulière. — I. Laodicea ad Lycum, ville de Phrygie, située sur le Lycus, tributaire du Méandre. Elle reçut son nom de Laodice, épouse d'Antiochus-Theos. Sous les Romains, bien qu'elle fût visitée par de fréquents tremblements de terre destructeurs, elle devint une des villes les plus opulentes de l'Asie Mineure. Elle fut détruite, en 1402, par Tamerlan. Paul adressa aux chrétiens de Laodicée une épître que l'on suppose perdue, mais quelques-uns pensent que la soi-disant épître aux Ephésiens était réellement écrite aux habitants de Laodicée. La ville d'Eski-Hissar est bâtie sur son emplacement. — II. Laodicea ad Mare, ville de Syrie, à 80 kil. S.-O. d'Antioche, fondée par Seleucus-Nicator et ainsi nommée de Laodice, mère de ce prince. Elle était renommée pour son vin, sa splendeur et la sûreté de son port. Hérode le Grand y construisit un aqueduc dont les ruines existent encore. Son emplacement est occupé aujourd'hui par Latakieh. (Voy. LATAKIEH.)

LAOMÉDON, roi de Troie, fils d'Ilus et père de Priam. Devenu parjure envers Hercule, il vit ses Etats ravagés et périt au milieu des ruines de sa ville. (Voy. TROIE.)

LAON [lan] *Bibrax, Lugdunum Clavatum, Laudanum*, place forte de première classe, et ch.-l. du dép. de l'Aisne, à 143 kil. N.-E. de Paris, par 49° 33' 54" lat. N., 1° 17' 49" long. E., et 181 m. d'altitude à l'horloge, construite en partie sur le sommet d'une colline isolée en forme de V et comprenant une citadelle moderne et la ville proprement dite qu'entourent d'anciennes fortifications; 12,139 hab. Les faubourgs de Laon, au nombre de cinq, sont situés au bas de la côte. — Promenades magnifiques formant une ceinture autour des anciens murs; de là, la vue s'étend au N. jusqu'à 40 et 60 kil. — Fabrique de pains d'épices et biscuits, grand commerce de grains et de légumes; les artichauts et les asperges de Laon sont très renommés. Quatre lignes de chemins de fer y aboutissent: Laon à la frontière belge, Laon à Tergnier, Laon à Soissons et Paris, Laon à Reims. Trois lignes en construction : Laon à Mézières, Laon au Cateau et Laon à Château-Thierry. La façade occidentale de sa vaste cathédrale gothique a été récemment restaurée. Beau musée d'antiquités. Fameuse école dans laquelle enseignèrent Abélard et Anselme de Canterbury. Eglise Saint-Martin, hôtel de la préfecture, autrefois abbaye de Saint-Jean, hôpital général, hôtel de ville, bibliothèque (25,000 vol.), musée, arsenal Saint-Vincent, casernes d'artillerie, casernes d'infanterie, collège municipal de garçons, collège municipal de filles ; institution de sourdes-muettes; école normale de garçons; école normale de filles. Patrie de Lothaire, de saint Remi, de l'astronome Méchain, du publiciste Bodin, du constituant Devisme et du maréchal Serrurier, auquel une statue a été élevée. C'est dans ses murs qu'est né le P. Marquette, jésuite qui a découvert le Mississipi et la Louisiane. Déjà importante au temps des Romains, Bibrax fut prise et pillée par les différents peuples qui envahirent la Gaule. Laon devint la résidence de Brunehaut en 575, et les rois francs y résidèrent fréquemment jusqu'à l'accession des Capétiens (987). Devenu le domaine propre de ses évêques, elle fut l'une des premières à se constituer en commune, soutint contre l'évêque Gaudri une lutte sanglante, pendant laquelle le roi Louis le Gros, que des historiens ont représenté comme le protecteur des communes, vendit à prix d'or son appui au prélat (1112). Laon soutint, en 418, un siège contre Jean sans Peur (c'était le trentième depuis la fondation de cette ville). Les Bourguignons la

cédèrent aux Anglais en 1419; dix ans plus tard, les bourgeois chassèrent l'étranger et se donnèrent à Charles VII. En 1589, le cardinal de Bourbon y fut reconnu roi, sous le nom de Charles X; mais, le 2 août 1594, Henri IV s'empara de cette capitale d'une royauté éphémère et la démantela. Le 9 et 10 mars 1814, Napoléon livra, sous les murs de la ville, une bataille désespérée aux alliés (principalement aux Prussiens) commandés par Blücher; il fut vaincu et se retira après avoir subi de grandes pertes. En 1815, Laon, quoique démantelée, soutint un siège de deux semaines contre les alliés. Elle se rendit aux Allemands le 9 sept. 1870. Les Français venaient à peine d'évacuer la citadelle et les Allemands commençaient à y entrer, lorsqu'un garde du génie, nommé Henriot, mit le feu à un magasin de poudre qu'il fit sauter et causa un grand ravage dans la ville et dans la forteresse. Le grand-duc Guillaume de Mecklembourg-Schwerin fut meurtri; 95 Allemands, 300 gardes mobiles furent tués ou blessés et le général Theremin d'Hame, commandant la ville, fut blessé et mourut peu de temps après. Cette ville est classée comme place forte de première classe, depuis le 29 décembre 1881. Cinq forts, sept redoutes et de nombreuses batteries couvertes sont construits dans un assez vaste périmètre:

LAONNAIS, AISE s. et adj. [la-nè]. Habitant de Laon : qui concerne cette ville ou ses habitants.

LAONNAIS (Le), ancien pays de l'Ile-de-France, habité primitivement par les *Landuni*, peuplade gauloise qui a donné son nom à la ville de Laon. Sa cap. était Laon; ses villes principales: Crépy-en-Laonnais, Coucy, Corbigny, Prémontré, Notre-Dame-de-Liesse. Sans jamais cesser de faire partie du domaine royal, il forma, au moyen âge, le comté épiscopal de Laon, dont le titulaire était l'un des douze pairs de France. Laon possède encore le titre d'évêché; mais la résidence du prélat est à Soissons.

LAOS, contrée d'Asie, dans l'Indo-Chine, bornée par la Chine, l'Annam, Siam et le Burmah; environ 1,500.000 hab. Elle est traversée par le fleuve Mékong ou Cambodge, et elle est séparée du Burmah par le Salwen. Sol fertile qui produit beaucoup de bois. Mines d'étain et de fer. Les habitants, appelés Laos, ressemblent aux Burmeses pour la religion, les mœurs et le langage. La plupart des tribus dépendent de Siam.

LAO-TSEU, Lao-Tsée ou **Lao-Kiun**, célèbre moraliste chinois, né vers 600 av. J.-C. Le fond de sa doctrine est la métempsycose et compte plus de 100 millions d'adeptes en Chine. Lao-tseu est l'auteur du *Tao-te-King*, un des livres sacrés des Chinois, dont la morale se rapproche beaucoup du bouddhisme. M. Abel Rémusat a traduit en français un des principaux ouvrages de cette secte, le *Livre des récompenses et des peines* (Paris, 1816, in-8°).

LAPALISSE ou **La Palice**, ch.-l. d'arr., à 50 kil. S.-E. de Moulins (Allier), sur la Bèbre; 3,000 hab., par 46° 14' 58" lat. N. et 1° 18' 6" long. E. Cette ville fut longtemps la propriété des sires de La Palisse, dont le château, aujourd'hui en ruines, domine la ville.

LA PALISSE (Jacques de Chabannes, seigneur de), tué en 1525 à la bataille de Pavie. Sa mort fut chantée par ses soldats dans un refrain longtemps populaire:

    Monsieur de *La Palisse* est mort,
    Mort devant Pavie,
    Un quart d'heure avant sa mort
    Il était encore en vie.

Voy. CHABANNES.

LA PAZ [là-pàss]. I. Département occidental de la Bolivie, borné par le Pérou; 108,425 kil.

carr., 519,665 hab., dont environ les neuf dixièmes sont Aymaras. Territoire très accidenté, renfermant quelques-unes des montagnes les plus élevées et des vallées les plus profondes du continent américain. On y trouve de grandes quantités de bois d'ébénisterie ; presque toutes les productions des pays tempérés et des pays tropicaux y croissent en abondance, dans différentes localités. Le coca, cultivé partout, fait l'objet d'un commerce très étendu. Elevage d'un grand nombre de bœufs, de chevaux, de mules, de moutons et de porcs; les vigognes, les alpacas, les llamas et les guanacos sont abondants. On trouve de l'or et de l'argent dans plusieurs endroits; mais la principale richesse minérale provient des mines de cuivre de Corocoro. Principal cours d'eau, le Desaguadero. — II. **La Paz de Ayacucho**, capitale du département ci-dessus, à environ 450 kil. N.-N.-O. de Sucre; 84,000 hab., dont les neuf dixièmes sont Aymaras. Elle est à 3,705 m. au-dessus du niveau de la mer, bâtie en amphithéâtre dans une vallée profonde, formée par le Chuquiapo, torrent qui descend d'un pic voisin appelé Illimani (haut de 5,000 m.). Magnifique cathédrale; université, école de médecine, etc. L'*Alameda* est une délicieuse promenade, et le cimetière, ou *panteon*, l'un des plus beaux de l'Amérique du Sud. La Paz, principal entrepôt commercial de la république, doit son importance à sa situation à l'E. du port péruvien d'Arica. Son commerce consiste surtout dans la vente des feuilles de coca et dans l'exportation du cuivre. Cette ville fut fondée en 1548.

LA PAZ, port du Mexique, capitale de la basse Californie, dans une baie du même nom, à l'O. du golfe de Californie, à 360 kil. N.-O. de Mazatlan; environ 500 hab. Climat chaud et malsain.

LAPER v. n. (lat. *lambere*, lécher). Boire en tirant avec la langue. Se dit de quelques quadrupèdes et particul. du chien : *ce chien fait bien du bruit en lapant.* — v. a.: *ce chien a lapé en un instant la jatte de lait qu'on lui avait donnée.*

LAPEREAU s. m. Jeune lapin de trois ou quatre mois ou au-dessous : *une tourte de lapereaux.*

LA PÉROUSE (Jean-François de Galaup, comte de), célèbre navigateur, né à Albi, le 22 août 1741, mort à la mer en 1788 ou 1789. Engagé de bonne heure dans la marine, il prit part, dès 1759, au combat de Belle-Isle, où il fut grièvement blessé; il servit dans la guerre de l'indépendance de l'Amérique et fut, en 1780, appelé au commandement d'un vaisseau de ligne. Deux ans plus tard, chargé d'aller ruiner avec une escadre les établissements anglais de la baie d'Hudson, il montra dans cette expédition une sagacité remarquable, une haute intelligence des ressources de la navigation, et sut échapper aux éléments réunis contre lui. Louis XVI le nomma commandant d'une expédition pour l'exploration du Pacifique. Il s'embarqua à Brest en 1785, doubla le cap Horn et s'avança vers la côte N.-O. de l'Amérique. Il explora la côte depuis le mont Saint-Elie jusqu'à Monterey (Californie), d'où il passa en Asie. En 1787, il suivit la côte depuis Manille jusqu'à Petropavlovsk, et découvrit les détroits entre les îles Saghalien et Yezo. Faisant voile au S., il toucha à Manoa, l'une des îles Samoa, où il ne put les atteindre que pour en recevoir son soin, jusque-là, d'expédier en Europe le résultat de ses minutieuses explorations et le journal de ses excursions. A partir de février 1788, époque où il se trouvait à Botany-Bay, on n'entendit plus jamais parler de lui. En sept. 1791, d'Entrecasteaux partit à sa recherche : ce fut en vain: aucun vestige, aucune épave ne purent signaler le sort de la Pérouse. Ce ne fut qu'en sept. 1827, que le capitaine anglais Dillon, étant à la hauteur des Nouvelles-Hébrides, découvrit, au milieu des récifs dont est hérissé le pourtour de la plus grande île du groupe des Vanikoro, des débris de navires et une multitude d'objets ayant appartenu à la *Boussole* et à l'*Astrolabe*, les deux navires que commandait La Pérouse. Dillon donna à cette île le nom de l'infortuné marin. En 1828, Dumont d'Urville reconnut l'exactitude des faits rapportés par Dillon et éleva sur le rivage un monument à la mémoire de ses compatriotes. Les débris rapportés en France par Dillon et par Dumont d'Urville se trouvent au *Musée de la marine*, au Louvre.

* **LAPIDAIRE** adj. (lat. *lapidarius*; de *lapis*, pierre). N'est guère usité que dans cette expression, STYLE LAPIDAIRE, style des inscriptions, qui sont ordinairement gravées sur la pierre, le marbre, etc. : *la langue latine est particulièrement propre au style lapidaire.*

* **LAPIDAIRE** s. m. Celui qui taille ou qui vend des pierres précieuses.

    Un jour un coq détourna
    Une perle, qu'il porta
    Au beau premier *lapidaire.*
          LA FONTAINE.

— ⟿ Auteur qui traite de pierres précieuses.
— ENCYCL. Tout l'appareil nécessaire au lapidaire se compose presque exclusivement de roues ou de disques pour user, fendre et polir la surface des minéraux. Ces roues ont à peine quelques centimètres de diamètre; elles sont faites de plomb, d'étain, de bronze ou de fer et de divers alliages tendres; quelques-unes, employées à polir les minéraux les moins durs, sont en saule ou en acajou. Ces disques

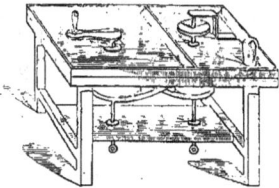

Table de lapidaire.

sont revêtus de poudre de diamant humide ou d'émeri et d'eau. Les différents disques employés par les lapidaires sont ajustés à un pivot vertical, de sorte qu'ils tournent horizontalement au-dessus de la surface de la table. Ils sont généralement conduits à la main. Dans les Indes Orientales, les roues sont en coryndon ou en émeri dans de la laque. Elles sont placées sur un axe horizontal, qui opère sa révolution au moyen d'une corde d'arc.

LAPIDATEUR s. m. Celui qui lapidait : *les lapidateurs de saint Étienne.*

* **LAPIDATION** s. f. Action d'assommer quelqu'un à coups de pierres, et supplice de ceux qu'on faisait mourir ainsi : *la lapidation de saint Étienne.*

* **LAPIDER** v. a. (lat. *lapidare*; de *lapis*, pierre). Tuer à coups de pierres : *les Juifs lapidaient les adultères, les blasphémateurs.* — Attaquer, poursuivre à coups de pierres : *comme il sortait du village, les enfants se mirent à le lapider.* — Se dit hyperboliq. de plusieurs personnes qui se déchaînent contre quelqu'un : *quand je leur ai reproché leur conduite, elles ont pensé me lapider, j'ai vu l'heure qu'elles m'allaient lapider.*

* **LAPIDESCENT, ENTE** adj. (lat. *lapidescens*). Qui a la dureté de la pierre.

* **LAPIDIFICATION** s. f. Formation des pierres: *la lapidification diffère de la pétrification, qui*

s'empare de substances animales, végétales ou minérales, pour les convertir en pierre.

* **LAPIDIFIER** v. a. (lat. *lapis*, pierre; *fieri*, devenir). Donner à une substance la dureté de la pierre : *il y a des sucs propres à lapidifier les substances qu'ils pénètrent.* — Lapidifier (Se) v. pr. *Un corps qui se lapidifie.*

* **LAPIDIFIQUE** adj. Se dit des substances propres à former les pierres : *les sucs lapidifiques.*

LAPIE (Pierre), géographe, né à Mézières en 1779, mort à Paris en 1850. On lui doit de nombreuses publications, entre autres : *Atlas complet pour le précis de la géographie de Malte-Brun* (1812), *Mémoire sur le cadastre de la France* (1816), *Atlas classique et universel de géographie ancienne et moderne* (1828), etc.

LA PIERRE (Jean de), prieur de Sorbonne. Allemand d'origine et nommé *Von Stein*, il rattacha son nom à la création de l'imprimerie à Paris, en se joignant à Guillaume Fichet, pour engager Ulric Gering à s'établir dans cette ville. Il fut l'éditeur des premiers ouvrages qui sortirent des presses de Gering.

LAPILLEUX, EUSE [la-pil-leû] (lat. *lapillus*, diminut. de *lapis*, pierre). Bot. se dit d'un fruit dont la chair renferme de petits corps durs : *poire lapilleuse.*

* **LAPIN, INE** s. (lat. *lepus*, lièvre). Mamm. Sous-genre de léporidés, comprenant des espèces de rongeurs qui se distinguent du lièvre par des jambes et des oreilles plus courtes, par un corps plus ramassé, par une couleur grisâtre, et surtout par l'habitude de vivre dans un terrier. IL EST BRAVE COMME UN LAPIN, se dit d'un homme habillé de neuf; IL EST PROPRE COMME UN LAPIN, d'un homme qui est d'une propreté remarquable, et, IL COURT COMME UN LAPIN, d'un homme qui court ou qui marche avec vitesse; C'EST UNE LAPINE, UNE VRAIE LAPINE, c'est une femme qui fait beaucoup d'enfants; C'EST UN FAMEUX LAPIN, UN RUDE LAPIN, se dit, ironiq. ou plaisamm., en parlant d'un homme peu redoutable. — VOLER AU LAPIN, se dit des conducteurs d'omnibus qui sonnent à leur cadran moins de voyageurs qu'il n'en monte et empochent la différence. — C'EST LE LAPIN QUI A COMMENCÉ, locution proverbiale et familière exprimant l'état de légitime défense qu'un coupable invoque souvent pour son excuse. Il est probable qu'un chasseur réprimandé pour avoir tué un de ces inoffensifs animaux aura dit pour sa défense : C'est le lapin qui a commencé. — LAPIN DE GOUTTIÈRE. (Voy. CHAT.) — ENCYCL. On donne particulièrement le nom

Lapin commun (Lepus cuniculus).

de lapin au *lepus cuniculus* d'Europe et au *lepus sylvaticus* de l'Amérique du Nord. — Le lapin d'Europe (*lepus cuniculus*, Linn.) mesure environ 35 centim. de long; sa queue est de 8 centim. ainsi que ses oreilles; sa couleur générale est grisâtre ou blanche en dessous et rougeâtre sur le dos et sur le cou. A l'état sauvage, le lapin habite toute l'Europe (sauf l'extrême nord) et le nord de l'Afrique. On

croit qu'il est originaire d'Espagne, mais il est répandu dans toutes les parties du monde. Les lapins s'apprivoisent facilement et dans cet état ils varient de couleur, de grosseur et de fourrure; les couleurs dominantes sont le noir, le blanc et le gris; dans les variétés d'un gris argenté, les poils sont les uns noirs et les autres blancs; le lapin angora est remarquable par la blancheur et la douceur de sa fourrure; dans les variétés à oreilles courtes, le volume du corps est de trois à quatre fois celui du corps d'un lapin sauvage et les oreilles sont plus ou moins inclinées. A l'état domestique, le lapin ne s'accouple pas comme à l'état sauvage et il perd plus ou moins l'habitude de creuser son terrier; sa chair est toujours moins haute en fumet, mais elle est plus délicate et plus facile à digérer; les mâles domestiques tuent parfois les jeunes. — Le lapin gris d'Amérique (*lepus sylvaticus*, Bach.) a environ 40 centim., jusqu'à la racine de la queue. Sa couleur, sur le dos, est d'un brun légèrement jaunâtre; il se trouve dans presque tous les États-Unis, depuis les parties sud du New-Hampshire jusqu'à la Floride et dans l'ouest, jusqu'au Missouri supérieur. Il ne creuse pas de terriers comme le lapin d'Europe et il se rapproche davantage des lièvres. — ÉCON. DOM. Les lapins domestiques ou de clapiers se distinguent en *lapins gris, lapins riches ou argentés, lapins d'Angora* et *lapins albinos* (blancs avec des yeux rouges). Ces races principales ont produit une infinité de variétés, parmi lesquelles on distingue le *lapin gris des Ardennes* (Sedan et Givet), le *lapin flamand d'Oudenarde*, etc. On donne le nom de *léporide* au produit du croisement du lapin avec le lièvre. — La gestation dure de 30 à 31 jours, et la portée est ordinairement de 8 à 12 petits. Les jeunes lapins sont sujets au *gros ventre*, maladie presque toujours due à une habitation malsaine, privée d'air et de lumière, à une mauvaise nourriture ou aux émanations d'une litière corrompue. — Le lapin se sert à la broche (piqué au lard), en gibelotte, à l'étuvée, en fricassée de poulet, etc. — Législ. « Les lapins des garennes sont considérés comme faisant partie du fonds dans lequel ils sont placés, et ils sont immeubles par destination (C. civ. 524); mais, s'ils passent d'une garenne dans une autre, ils ne peuvent être revendiqués par l'ancien propriétaire (C. civ. 564). Le vol de lapins, n'étant pas spécialement prévu par la loi, est puni d'un emprisonnement d'un an à cinq ans, et le coupable peut être en outre condamné à une amende de 16 fr. à 500 fr. (C. pén. 401). Sous l'ancien régime, les lapins ne pouvaient être détruits, ainsi que tout autre gibier, que par les seigneurs; et l'on sait combien l'agriculture eut à souffrir de cet odieux privilège. Les dégâts commis par les lapins dans les champs qui avoisinaient les bois étaient incalculables, et le paysan ne pouvait réclamer aucune indemnité pour ces dommages. La conservation des bois eux-mêmes était compromise par l'extrême multiplication de ces rongeurs; c'est pourquoi le règlement général des eaux et forêts (édit d'août 1669) enjoignait aux officiers des chasses de détruire, tous les six mois, terriers et lapins dans les forêts royales. L'Assemblée nationale, en abolissant par son fameux décret du 11 août 1789, le droit exclusif de la chasse et des garennes ouvertes, donna à chaque propriétaire la faculté de détruire toute espèce de gibier sur ses possessions. Aux termes de la loi du 30 avril 1790, les propriétaires, possesseurs ou fermiers pouvaient se servir de filets et d'autres engins pour détruire les lapins ou tout autre gibier dans les terres et dans les terres non closes. Ce droit n'a pas été retiré par la loi du 3 mai 1844, bien qu'elle ait abrogé la précédente; mais il appartient au préfet de désigner, par des arrêtés pris sur l'avis de conseils généraux, les espèces d'animaux nuisibles que le propriétaire peut détruire en tout temps sur ses terres, et de déterminer les conditions d'exercice de ce droit. L'emploi du furet et des bourses est autorisé pour prendre les lapins. La loi du 22 janvier 1874 n'a pas modifié en ce point celle de 1844. Ainsi, en dehors des conditions ordinaires auxquelles la chasse est soumise (voy. Chasse), la destruction des lapins doit être autorisée par arrêté préfectoral. Lorsque ces animaux, devenus trop nombreux dans un bois, causent de graves dégâts dans les champs voisins, les propriétaires ou fermiers de ces champs peuvent réclamer une indemnité au propriétaire du bois. Cette réclamation est généralement admise par les tribunaux, lorsqu'elle est justifiée (C. civ. 1383); car il y a négligence de la part du propriétaire d'un bois, lorsqu'il laisse les lapins y pulluler au point de causer un dommage aux voisins. »   (Ch. Y.)

LAPINER v. n. Mettre bas en parlant de la lapine.

LAPINIÈRE s. f. Endroit où l'on élève des lapins.

* **LAPIS** s. m. [la-piss] (lat. *lapis*, pierre). Sorte de pierre dure et opaque, d'un bleu plus ou moins foncé et ordinairement parsemée de petites veines de pyrite semblables à l'or : *de beau lapis*. On dit aussi ordinairement, LAPIS-LAZULI [la-piss-la-zu-li]. — Encycl. Le *lapis*, lapis-lazuli, LAZULITE, *outremer* ou *spath bleu* est un minéral remarquable par sa magnifique couleur bleu d'azur et très estimé comme pierre d'ornement. On le trouve ordinairement sous une forme massive, d'une structure compacte ou granulaire. Certains cristaux, assez rares, ont 12 côtés. Ce minéral est un silicate de soude, de chaux et d'alumine avec un sulfure probablement de fer et de sodium. Les analyses donnent des résultats différents. Celui de Clément et de Desormes est le suivant : silice, 35.8; alumine, 34.8; soude, 23.2; carbonate de chaux, 3.1; soufre, 3.1 — 100. La dureté du minéral est 5.5, sa gravité spécifique, 2.38; gravité de ses cristaux, 2.959. On le tire de Perse, de Chine, du lac Baïkal (Sibérie), de Bokhara et, depuis peu, du Chili et de la Californie. Son principal usage est de faire une couleur bleue d'outremer. Néanmoins, des préparations artificielles lui sont aujourd'hui substituées.

LAPITHES, dans les légendes grecques, peuple des montagnes de la Thessalie, descendant de Lapithès, fils d'Apollon et de Stilbe. Il fut gouverné par Pirithoüs, fils d'Ixion, se rendit célèbre par sa lutte avec les centaures. La lutte étant terminée, Pirithoüs invita les centaures à une fête, à l'occasion de son mariage avec Hippodamie. Échauffés par le vin, les invités essayèrent d'enlever la fiancée et plusieurs autres jeunes femmes; une lutte s'engagea : les Lapithes furent victorieux. On leur attribue l'invention des mors et des brides.

LAPITO (Louis-Auguste), peintre français, né à Saint-Maur, près de Paris, en 1805, mort en 1874. Un de ses plus beaux paysages fut détruit dans l'incendie du palais du quai d'Orsay pendant la Commune (1871).

LAPLACE (Cyrille-Pierre-Théodore), navigateur français, né en mer en 1793, mort à Brest le 24 janv. 1875. Il commanda deux expéditions de circumnavigation, et les décrivit dans son *Voyage autour du monde* (5 vol., 1833-'39) et dans sa *Campagne de circumnavigation* (4 vol., 1843-'48). Nommé vice-amiral en 1853, il se retira en 1858.

LAPLACE (Pierre-Simon, marquis de), astronome français, né à Beaumont (Calvados) le 28 mars 1769, mort à Paris le 5 mars 1827. D'Alembert lui procura, en 1768 ou 1769, une place de professeur de mathématiques à

l'école militaire de Paris. La Révolution le jeta dans la politique. Il fut d'abord républicain radical; mais ensuite il courtisa Bonaparte, qui lui confia le ministère de l'intérieur. Dans cet office, il montra si peu de capacité que, dans les six semaines, il fut remplacé et créé sénateur. Sous l'Empire, il fut comblé d'honneurs. Néanmoins, en 1814, il vota pour la déchéance de son bienfaiteur. Louis XVIII le récompensa par le titre de marquis. Après la seconde Restauration des Bourbons, ses occupations furent purement scientifiques. Comme physicien et mathématicien, Laplace est le premier après Newton. Pour la connaissance des principes physiques, il fut probablement supérieur à n'importe quel analyste contemporain, et son invention du calorimètre servant à la mesure des capacités caloriques des corps, ses règles pour les mesures barométriques et ses théories relatives à l'attraction capillaire, aux marées, à la réfraction atmosphérique prouvent que, dans le domaine de la physique générale, son esprit n'était pas moins actif que dans celui de l'analyse mathématique. Il couronna sa glorieuse carrière par sa *Mécanique céleste*, dans laquelle il chercha à classer sur une base uniforme scientifique les matériaux relatifs à l'application de l'analyse à l'astronomie physique. Le résultat de ses travaux parut en 16 livres publiés en 5 vol. in-4°, avec 4 vol. de supplément, entre 1799 et 1825. Les autres principaux ouvrages de Laplace sont : sa *Théorie analytique des probabilités* (1812), traité le plus profond qui ait paru sur ce sujet; son *Exposition du système du monde* (1796, 2 vol. in-8°), résumé des connaissances astronomiques modernes qui n'a jamais été surpassé pour la clarté et pour l'élégance, et plus de 40 mémoires importants, principalement sur des sujets astronomiques. Les œuvres de Laplace ont été réimprimées au frais du gouvernement (1843-'48, 7 vol in-4°).

LAPLEAU, ch.-l. de cant., arr. et à 43 kil. E. de Tulle (Corrèze); 1,000 hab. Mines de houille

LAPLUME, ch.-l. de cant., arr. et à 13 kil. S.-O. d'Agen (Lot-et-Garonne); 600 hab.

LA POMMERAIS (Désiré-Edmond, Courty de), médecin, né à Neuville-aux-Bois (Loiret) en 1830, mort sur l'échafaud le 9 juin 1864; il s'est rendu tristement célèbre par l'empoisonnement de son ancienne maîtresse, Mme de Pauw; son procès fut des plus retentissants et donna lieu à d'intéressantes discussions scientifiques sur la nature et l'efficacité de l'empoisonnement par la digitaline.

LAPON, ONE adj. Qui est de la Laponie; qui appartient à ce pays ou à ses habitants.

LAPONIE (laponais, Sameanda et Somellada), terre habitée par les Lapons, partie la plus septentrionale de la péninsule scandinave et du continent européen, bornée par l'océan Arctique, la mer Blanche et le golfe de Bothnie et comprise dans la Suède, la Norvège et la Russie. Les côtes sont indentées de baies nombreuses et garnies de petites îles. Près du golfe de Bothnie, le territoire forme une plaine couverte principalement de pins et de sapins. Le terrain s'élève ensuite et se termine graduellement par des pics rocheux qui atteignent jusqu'à 2,000 m. de haut. Les rivières principales sont : la Tornéa, le Kemi, le Kalix, la Lulea, la Pitea, l'Umea, la Tana, et l'Alten. La température moyenne annuelle au cap N. est d'environ — 1° C. En hiver, le soleil reste pendant plusieurs semaines au-dessous de l'horizon et en été le jour dure plusieurs semaines. — Des 160,000 hab. de la Laponie, environ 15,000 ou 20,000 seulement sont Lapons (division de la race finnoise). Les Lapons sont de très petite taille avec des

cheveux noirs plats, et une peau jaune. Ils portent des fourrures avec des pantalons et des souliers de peaux de rennes. Les habitations des montagnards sont de petites tentes. Les Lapons des bords de la mer construisent des cabanes en bois. Ils se nourrissent presque exclusivement d'animaux. Les femmes sont habiles à confectionner des vêtements et les hommes à tailler des outils dans le bois. Ils chassent généralement avec l'arc et la flèche, quelquefois avec le fusil. La polygamie n'est pas défendue, mais elle est rare. Le renne qui fournit des aliments, des vêtements et des moyens de transport, constitue toute la fortune du Lapon de la montagne. Les Lapons appartiennent à l'Église luthérienne en Suède et en Norvège et à l'Église grecque en Russie. Le langage lapon est voisin du finnois, mais on y a récemment incorporé un grand nombre de mots suédois.

LAPONNERAYE (Albert), historien français, né à Tours en 1808, mort en 1849. Il fut professeur et journaliste à Marseille. En 1831, ses conférences sur l'histoire de la Révolution française furent suspendues comme républicaines et le conférencier fut plusieurs fois jeté en prison. Il publia une *Histoire de France depuis la Révolution* (1831-'34, in-8°), une édition des *Œuvres de Robespierre* (1842, 3 vol. in-8°), une *Histoire universelle* non terminée (8 vol., 1845-'46), une *Histoire de Coligny* (1830, in-8°), un *Dictionnaire historique* (1835-'36, 2 vol. in-8°), un *Catéchisme républicain* (1836, in-32), etc.

LA POPELINIÈRE (Henri Lancelot-Voisin de), historien calviniste, né dans le bas Poitou en 1540, mort en 1608. Il joua, dans les guerres de religion, un rôle important, défit les catholiques devant l'île de Ré en 1594 et rédigea la protestation de ses coreligionnaires contre la décision des états de Blois, en 1576. Il a laissé : *Vraie et entière histoire des derniers troubles depuis* 1562; *Histoire de France depuis* 1550 (La Rochelle, 1581, 2 vol. in-fol.), etc.

LA PORTE, ville de l'Indiana (États-Unis), à 20 kil. du lac Michigan, à 225 kil. N.-O. d'Indianapolis; 6,580 hab.

LAPRADE (Pierre-Martin-Victor-Richard de), poète français, né à Montbrison le 13 janvier 1812, mort à Lyon le 13 déc. 1883. Après avoir fait son droit à Aix, Laprade se consacra tout entier aux muses et subit l'influence de Lamartine, à laquelle il ne put jamais se soustraire. Son poème le plus étendu et peut-être le plus remarquable est *Psyché*. Ses satires ne nous paraissent pas avoir la grande envolée qu'exige ce mode poétique, même quand nous nous rappelons que ces satires lui valurent, en 1861, sa révocation de professeur à la Faculté des lettres de Lyon. Laprade fut élu membre de l'Académie française en remplacement d'Alfred de Musset, le 11 février 1858. Le département du Rhône le nomma député à l'Assemblée nationale; mais, dès 1873, Laprade donna sa démission pour cause de santé. Depuis cette époque, il a traîné une existence languissante qui n'a été qu'une longue suite de douleurs. On a de lui : *les Parfums de Madeleine* (1841), *Odes et Poèmes* (1844), *Poèmes évangéliques* (1852), *Pernette* (1868), *le Livre d'un père* (1879), etc.

* **LAPS** s. m. [lapss] (lat. *lapsus*, chute). N'est d'usage qu'au singulier, et dans cette locution, Laps de temps, espace de temps : *après un grand laps de temps*.

* **LAPS, APSE** adj. Dr. can. Tombé. Ne se dit que de celui qui a quitté la religion catholique après l'avoir embrassée volontairement. Ne s'emploie qu'avec la réduplicatif Relaps : *il est laps et relaps*.

LAPSUS s. m. [la-psuss] (mot latin qui signifie faute, erreur, méprise). Oubli, inadvertance : *un lapsus de mémoire*. — Lapsus

LINGUÆ, erreur de langage, faute qui consiste à employer, en parlant, un mot pour un autre. — LAPSUS CALAMI, erreur de plume.

LAPTOT s. m. Nom que l'on donne, dans le Sénégal, aux indigènes que les Européens emploient comme domestiques.

LAPURDUM [-domm] (du mot cantabre *lapur*, piraterie). Ville de l'ancienne Gaule dans la Novempopulanie; c'est aujourd'hui Bayonne.

*LAQUAIS [la-kè] (esp. *lacaio;* de l'ar. *la-kaithos,* enfant trouvé). Valet de livrée, destiné principalement à suivre son maître ou sa maîtresse : *grand, petit laquais.*

Le garde, le *laquais,* surtout le jardinier,
Sont bien vos serviteurs, et sans cérémonie.

Monsieur, vont s'en aller tous trois de compagnie,
COLLIN D'HARLEVILLE, *Monsieur de Crac,* sc. XVII.

— Prov. et fam. MENTIR COMME UN LAQUAIS, mentir avec impudence, mentir habituellement. On dit de même, AVOIR L'AME D'UN LAQUAIS, avoir l'âme basse.

*LAQUE s. f. [la-ke] (persan *lak*). Gomme-résine, d'un rouge jaunâtre, que certains insectes déposent sur plusieurs espèces d'arbres des Indes Orientales : *la laque entre dans la composition des vernis; de la cire d'Espagne et de quelques teintures.* — Se dit quelquefois adjectiv., *Gomme laque.* — La laque est l'exsudation résineuse des brindilles et des branches de diverses espèces d'arbres des Indes Orientales, occasionnée par la piqûre de l'insecte nommé *coccus ficus,* qui fourmille sur les arbres à suc laiteux. Le suc forme une incrustation autour des branches et c'est dans cette incrustation que les insectes creusent les cellules destinées à contenir leurs œufs. La laque est d'un brun rougeâtre foncé et d'une fracture brillante; il est astringent et amer. Elle colore la salive en rouge et il produit une teinture rouge peu inférieure à la vraie cochenille. La matière colorante s'extrait facilement au moyen de l'eau chaude. La laque est, pour la plus grande partie, soluble dans l'alcool, ainsi que dans une solution aqueuse de borax, ce qui permet de la distinguer de la plupart des résines communes avec lesquelles elle est falsifiée. La laque brute, coupée avec les branches, est connue sous le nom de gomme en bâton. Sa masse colorante, enlevée en partie au moyen de l'eau, est appelée laque en grains; fondue en masses, on la nomme laque en pain. La variété la plus commune, appelée laque en écaille, est préparée en faisant fondre la gomme en grains et en la passant à travers des sacs en toile fine, sur une surface unie en bois, où on la laisse durcir. Elle sèche en feuilles minces qui se brisent en petits fragments. La laque est employée principalement à faire des vernis, de la cire à cacheter, du ciment pour réparer la porcelaine brisée, etc., et (avec le caoutchouc) la colle marine. — Terre alumineuse, teinte d'un suc colorant, qu'on emploie dans la peinture : *laque de Venise, de Florence* — s. m. Beau vernis de la Chine, noir ou rouge; meuble qui en est revêtu : *on n'a pu encore parvenir à imiter parfaitement le beau laque de la Chine.*

LAQUEDIVES (Îles), groupe de petites îles coralliennes de l'océan Indien, composé de 20 amas d'îlots, à 150 kil. de la côte de Malabar, entre 10° et 12° 40' lat. N. et entre 70° et 72° long. E.; environ 7,000 hab. Les laquedives furent découvertes, en 1499, par Vasco de Gama; elles dépendent de l'Inde britannique. Les navigateurs les visitent rarement à cause des récifs dangereux dont elles sont entourées. Le cocotier fournit leur principale nourriture aux habitants qui forment une race inoffensive, d'origine arabe, et professant une espèce de mahométisme.

LAQUEUX, EUSE adj. Qui est de la nature ou de la couleur de la laque : *gomme laqueuse.*

LA QUINTINIE (Jean de), agronome, né dans l'Angoumois en 1626, mort en 1688; il étudia en Italie l'agriculture et le jardinage et fut appelé à Versailles par Louis XIV; il créa les jardins potagers de Versailles, de Chantilly, de Rambouillet, etc. Il a laissé sur son art un ouvrage publié après sa mort : *Instruction pour les jardins fruitiers et potagers* (1746, 2 vol. in-4°).

LAR, ville de Perse, capitale du Laristan, à 255 kil. S.-S.-E. de Chiraz; environ 12,000 hab.

LARA (Maison de), illustre famille de Castille issue de Ferdinand Gonzalès, comte de Castille et de Lara, mort en 970. Son frère, Gonzalès Gustios, seigneur de Salas et de Lara, fut le père des sept infants de Lara. — **Les sept infants de Lara.** Une vieille chronique espagnole rapporte que Gonzalès Gustios ayant eu querelle avec son beau-frère, Ruy Vélasquez, fut livré par ce dernier à Almanzor, gouverneur arabe de Cordoue, qui attira les sept enfants de Gonzalès, dits les *sept infants de Lara,* dans une embuscade et les fit périr. Gonzalès se vengea de cette trahison en séduisant Zaïde, fille d'Almanzor et le fils qu'il en eut tua plus tard Ruy Vélasquez. Lope de Véga a tiré de cette chronique un drame célèbre; Byron fit aussi paraître, en 1814, son poème de *Lara;* plusieurs livrets d'opéra ont été tirés du poème de Byron.

LARACHE, appelée aussi El-Araïche ou Al-Arich (le jardin), ville fortifiée du Maroc, capitale de la province d'Azgar, sur la côte Atlantique, par 35° 12' 50'' lat. N.; 8° 29' 24'' long. O., à 70 kil. S.-S.-O. de Tanger; environ 5,000 hab. Elle s'élève sur deux collines qui dominent la rive méridionale du torrent l'El-Khos ou Luccos; elle est entourée de murailles et renferme une bourse, un bazar, une belle mosquée et un château en ruines. Exportations de grain, de laine, de peaux, de fèves et de liège. On suppose qu'elle occupe l'emplacement de l'ancienne ville romaine de Lixus; sur la rive opposée se trouvent les ruines de la colonie phénicienne Lex ou Lix. Elle a été célèbre par ses vergers et ses jardins, négligés maintenant, et on suppose que l'île fabuleuse et le jardin des Hespérides étaient à l'embouchure du torrent. Larache fut bombardée par les Français en 1765.

LARAGNE, ch.-l. de cant., arr. et à 40 kil. S.-O. de Gap (Hautes-Alpes); 980 hab. Commerce de draps et de toiles.

*LARAIRE s. m. (lat. *lararium;* de *lares,* lares). Antiq. rom. Sorte de chapelle domestique où l'on plaçait les dieux lares.

LA RAMÉE, faux prince, pendu en place de Grève en 1596. A l'âge de 23 ans, il voulut se faire passer pour le fils de Charles IX et prétendit à la couronne; ses agissements, par trop extraordinaires, le firent considérer comme dangereux. On l'accusa même d'attenter à la vie de Henri IV; il fut arrêté et condamné.

LA RAMÉE (Pierre). Voy. RAMUS.

LARAMIE, ville du territoire wyoming, à 2,000 m. au-dessus du niveau de la mer, à 80 kil. O.-N.-O. de Cheyenne; 2,500 hab.

LARBIN s. m. Valet de cartes. — Domestique. (Pop.)

LARCHE, ch.-l. de cant., arr. et à 11 kil. S.-O. de Brive (Corrèze); 800 hab.

LARCHER (Pierre-Henri), helléniste, né à Dijon en 1726, mort en 1812. Il donna une savante réplique à la *Philosophie de l'Histoire* de Voltaire, lit une traduction d'Hérodote (1786, 7 vol. in-8°), importante pour les notes géographiques et chronologiques qui l'accompagnent. Il avait plus de 80 ans quand il fut nommé professeur de littérature grecque à la faculté des lettres.

*LARCIN s. m. [lar-sain] (lat. *latrocinium;*

de *latro,* larron). Genre de vol, action de celui qui dérobe, qui prend furtivement et sans violence : *faire, commettre un larcin.* — Chose dérobée : *il alla cacher, porter son larcin en tel endroit.* — Passage ou pensée qu'un auteur prend d'un autre, pour se l'approprier : *les plus beaux endroits de son livre sont des larcins, sont autant de larcins.* — FAIRE UN DOUX LARCIN, dérober un baiser à une femme.

*LARD s. m. [lar] (lat. *lardum*). Couche de graisse qui se trouve entre la peau et la chair du porc : *une tranche, une flèche, un quartier, un morceau de lard.* — IL EST VILAIN COMME LARD JAUNE, il est très avare. — FAIRE DU LARD, conserver ou augmenter son embonpoint, en dormant la grasse matinée : être gras à lard, être fort gras.

Oisif et gras à *lard,* le jeune solitaire
S'ennuya.....

FLORIAN.

— Partie grasse qui est entre la peau et la chair de la baleine, du marsouin, et d'autres gros poissons de même espèce : *du lard de baleine.*

LARDACÉ, ÉE adj. Pathol. Qui a l'apparence du lard : *tissu lardacé.*

*LARDÉ, ÉE part. passé de LARDER. — Typogr. Se dit de toute composition dans laquelle il entre beaucoup d'italique, de petites capitales, etc.

LARDER v. a. Mettre des lardons dans la viande : *larder de la viande dru et menu, la larder de gros lard.* S'emploie aussi absol. : *un rôtisseur qui larde bien, qui larde proprement.* — LARDER QUELQU'UN DE COUPS D'ÉPÉE, le percer de plusieurs coups d'épée. — LARDER QUELQU'UN D'ÉPIGRAMMES, DE BROCARDS, etc., lui lancer coup sur coup plusieurs épigrammes, plusieurs brocards. — LARDER SES DISCOURS, SES ÉCRITS DE CITATIONS, DE MOTS GRECS OU LATINS, etc., faire, en parlant, en écrivant, un usage trop fréquent de citations, de mots grecs ou latins.

LARDNER (Dionysius), savant anglais, né à Dublin en 1793, mort en 1859. Il reçut les ordres et il fut, pendant quelque temps, chapelain du collège Trinity (Dublin); mais il renonça ensuite aux fonctions cléricales. Pendant sa résidence à l'université de Dublin, il publia plusieurs ouvrages sur les mathématiques. En 1828, il donna *Popular Lectures on Steam Engines;* il fut nommé premier professeur de philosophie naturelle et d'astronomie à l'université de Londres. Sa *Cabinet Cyclopædia,* à laquelle collaborèrent les auteurs les plus éminents, fut commencée en 1830 et continuée jusqu'en 1844 (132 vol.). Il s'enfuit avec la femme du capitaine Heavyside (il épousa après la mort de son mari) en 1840 et pendant cinq ans, il habita les Etats-Unis, où il fit, dans les principales villes, une série de conférences.

*LARDOIRE s. f. Sorte de brochette pointue par un des bouts, pour piquer la viande et y laisser les lardons contenus dans l'autre bout, qui est creux et fendu en plusieurs branches : *grosse, petite lardoire.*

*LARDON s. m. (dimin. de *lard*). Petit morceau de lard coupé en long, qu'on introduit dans la viande avec une lardoire : *menus lardons.* — Se dit, fig. et fam., d'un brocard, d'un sarcasme, d'une raillerie piquante contre quelqu'un : *le pauvre homme fut mal accommodé, chacun lui donna, lui jeta son lardon.*

LARDONNER v. a. Couper, tailler en lardons. — Fig. Poursuivre de sarcasmes.

LARDURE s. f. Défaut produit dans une étoffe par des fils mal enlacés.

*LARE s. m. et adj. masc. (lat. *lar, laris*). Nom que les anciens Romains donnaient à leurs dieux domestiques, autrement appelés PÉNATES : *cette figure représente un dieu lare.*

— Poétiq. Les lares, la maison, la demeure : *abandonner, revoir ses lares, les lares paternels.* — Dieu domestique des anciens Romains, génie protecteur de chaque maison. Le culte des lares avait pris naissance en Égypte par suite de l'usage de conserver dans chaque famille les momies des parents. Les esprits du bien seulement étaient honorés comme lares. Les lares familiers avaient à leur tête le *lar familiaris* qui était vénéré comme fondateur de la famille. Les lares publics ou augustes étaient considérés comme les esprits protecteurs de la ville et ils avaient un temple dans la *via Sacra.* Dans les grandes maisons, les images des lares familiers avaient leur appartement séparé, appelé *ædicula* ou *lararium.* (Voy. Pénates).

LA RENAUDIE (Godefroy de Barré, *seigneur de*). Zélé protestant, né dans le Périgord, mort en 1560. Il fut le chef effectif de la conjuration d'Amboise dont Condé était l'âme. Il fut trahi, et se fit tuer en se défendant.

LA RÉOLE. Voy. Réole.

LA REVEILLÈRE-LÉPAUX (Louis-Marie de), conventionnel, né à Montaigu en 1753, mort en 1824. Elevé par les oratoriens d'Angers, imbu dès son enfance, des idées royalistes, il n'en adopta pas moins avec ardeur les principes de la Révolution et fut envoyé à la Convention par le dép. de Maine-et-Loire; il vota la mort du roi sans appel ni sursis et fut proscrit avec les girondins. Il parvint à se cacher chez un ami et ne reparut qu'au 9 thermidor. Il fut un des principaux auteurs de la constitution de l'an III et fut élu président du Conseil des Cinq-Cents. Appelé également à la présidence du Directoire, son influence y fut nulle. La théophilanthropie, que La Reveillère approuva solennellement dans un discours qu'il lut à l'Institut, dont il était membre, acheva de le perdre en le ridiculisant. Il donna sa démission de président du Directoire et disparut de la scène publique.

LA REYNIE (Nicolas-Gabriel de), lieutenant de police, né à Limoges en 1624, mort en 1709. On dut à sa vigilance et à son zèle l'assainissement, la propreté et la sûreté des rues de Paris; il éclaira la ville, réorganisa le guet et fit d'excellents règlements sur la police et la salubrité. Il présida la *Chambre ardente* (voy. ce mot) chargée de rechercher les empoisonneurs.

* **LARGE** adj. (lat. *largus,* abondant). Se dit d'un corps considéré dans l'extension qu'il a d'un de ses côtés à l'autre, et par opposition à long ou à étroit : *ce champ, ce jardin est large, plus long que large.* — Un cheval large du devant, un cheval a beaucoup de poitrail. — Une large blessure, une grande blessure. — Une large base, une base étendue. — Avoir la conscience large, être peu scrupuleux sur la probité, le devoir. — Faire du cuir d'autrui large courroie, être libéral du bien d'autrui. — S'emploie quelquef. au fig., dans le sens d'étendu : *je vous fais une large concession.* — Libéral, qui aime à donner : *il est large envers les employés.* On disait autref.: Autant dépend (pour *dépense*) chiche que large, l'économie mal entendue ne fait point de profit. — Pop. Large des épaules, avare. — Arts du dessin; qui est fait par masses et à grands traits, qui n'a rien de maigre, de mesquin, de timide : *des contours, des draperies, des lumières larges.* — Adverbial. Peindre large, peindre d'une manière large. Manège. Ce cheval va large, trop large, il s'étend sur un trop grand terrain; il se porte de côté. — s. m. Largeur : *ce royaume a trois cents lieues de long, et deux cents de large.* — Mar. La haute mer, la partie de la mer qui est éloignée des côtes : *prendre le large.* — La mer vient du large, les vagues sont poussées par le vent de la mer, et non par celui de

la terre. Prendre le large, gagner le large, s'enfuir. — Au large, loc. adv. Spacieusement: *il est logé bien au large.* — Être au large, être dans l'opulence; et, Mettre au large, mettre dans un état plus commode, plus opulent : *il est au large maintenant.* — Au long et au large, loc. adv. En tout sens, et avec autant de développement qu'il est possible, S'étendre au long et au large, acquérir beaucoup de terrain, d'espace autour de soi. — En long et en large, loc. adv. En longueur et en largeur alternativement. On ne l'emploie guère que dans cette phrase, Se promener, aller en long et en large. On dit quelquefois dans le même sens, De long en large. — Du long et du large, loc. adv., qui n'est guère usité que dans cette phrase populaire, Il en a eu, on lui en a donné du long et du large, il a été bien battu, ou bien moqué.

* **LARGEMENT** adv. Abondamment, autant et plus qu'il ne faut : *il a été payé largement.* — Peindre, dessiner, composer largement, d'une manière large. (Voy. Large, dans les Arts du dessin.)

LARGENTIÈRE ch.-l. d'arr., à 42 kil. S.-O. de Privas (Ardèche); 3,500 hab., par 44° 32' 31" lat. N. et 1° 57' 44" long. E. Cette ville doit son nom aux mines de plomb argentifère qui s'y exploitaient au xiiie siècle. Fabrique de soie ouvrée; commerce de soie grège, laine, toiles, fer, etc. Tanneries, teintureries.

L'ARGENTIÈRE, ch.-l. de cant. (Voy. Argentière.)

* **LARGESSE** s. f. Libéralité, distribution d'argent ou d'autre chose : *ce n'est pas un homme qui fasse de grandes largesses.* — Pièces de largesse, pièces d'or et d'argent que les hérauts jetaient parmi le peuple au sacre des rois et aux autres grandes cérémonies.

* **LARGEUR** s. f. Etendue d'une chose considérée d'un de ses côtés à l'autre, par opposition à longueur : *la largeur d'un fossé, d'une rue, d'une rivière.*

LARGHETTO adv. [lar-ghètt-to] (mot ital. dimin. de *largo,* large). Mus. Se dit d'un mouvement plus lent que l'adagio et moins lent que le largo. — s. m. Morceau qui doit être exécuté larghetto.

* **LARGO** adv. (ital. *largo,* large). Mus. Ce mot, placé en tête d'un morceau, indique qu'on doit le jouer d'un mouvement très lent.

* **LARGUE** adj. m. [lar-ghe] (rad. large). Mar. Est usité principalement dans cette locution, Vent largue, le vent qui s'écarte au moins d'un quart de vent de la route que l'on tient : *aller vent largue.* — s. Haute mer: prendre le largue. On dit plus ordinairement, Le large.

* **LARGUER** v. a. Mar. Lâcher une manœuvre, lâcher ou filer le cordage qui retient une voile par le bas : *larguer l'écoute.*

LARGILLIÈRE (Nicolas), peintre, né à Paris en 1656, mort en 1746. Ses portraits, au nombre de plus de quinze cents, sont demeurés célèbres; on l'a surnommé le Van Dyck français.

LA RIBOISIÈRE (Jean-Ambroise Baston, comte de), général français, né à Fougères en 1759, mort en 1812; il commandait l'artillerie de la garde impériale et joua un rôle important à Austerlitz, Iéna, Eylau, Dantzig, Friedland; à la Moskova, il fit des prodiges de valeur et mourut de chagrin de la perte de son fils tué, dans cette bataille.

LARIDON s. m. Nom donné à un chien par La Fontaine dans l'*Education.*

> Faute de cultiver la nature et ses dons
> Oh! combien de Césars deviendraient Laridons.
> La Fontaine.

LARIFLA. Mot qui n'a aucun sens et qui

entre dans le refrain de quelques chansons plaisantes.

* **LARIGOT** s. m. [la-ri-gô]. Espèce de flûte ou de petit flageolet, qui n'est plus en usage et qu'imite un des jeux de l'orgue qu'on appelle : *le jeu du larigot.* — Boire a tire-larigot, boire excessivement.

LARISSE (turc *Yenishehr,* nouvelle ville), ville de Thessalie, sur la Selembria (anc. *Peneus*) à 105 kil. S.-S.-O. de Salonique: environ 20,000 hab. Siège d'un archevêque grec et d'un pacha turc. Larisse a été fondée, dit-on, par Acrisius, roi d'Argos. Elle a donné le jour à Achille; voilà pourquoi Racine fait dire à ce héros :

> Et jamais dans *Larisse* un lâche ravisseur
> Me vint-il enlever ou ma femme ou ma sœur.
> *Iphigénie,* acte IV, sc. vi.

LARISTAN, province méridionale de la Perse, bornée par le golfe Persique; 68,500 kil. carr. Dans l'antiquité, elle formait une partie de la Caramanie. Territoire aride et sablonneux. La côte est occupée par les Arabes. Cap., Lar.

LA RIVE. I. (Charles-Gaspard de), chimiste suisse, né en 1770, mort en 1834. Il étudia à Édimbourg et devint président de la société royale de médecine. En 1799, il retourna à Genève, où il fut membre du conseil représentatif; il fonda le musée d'histoire naturelle et un jardin botanique. — II. (Auguste de), son fils, né en 1801, mort en 1873. Il devint professeur à l'académie de Genève et publia la *Bibliothèque universelle.* Il défendit par ses expériences la théorie électro-chimique au sujet des batteries galvaniques, et il reçut le prix Montyon de 3,000 fr. pour ses inventions galvano-plastiques. Son ouvrage principal est *Traité d'électricité théorique appliquée* (3 vol., 1854-'58).

LA RIVIÈRE (Jean Bureau de). I. Premier chambellan de Charles V et de Charles VI. Ayant essayé de mettre fin à la mauvaise administration des oncles de Charles VII, il fut arrêté et jeté en prison. Il mourut en 1400. — II. Maître de l'artillerie sous Charles VII et sous Louis XI. Il fit faire de grands progrès à l'artillerie et contribua à chasser les Anglais du territoire français.

* **LARIX** s. m. [la-rikss]. Bot. Mot emprunté du latin pour désigner le genre mélèze dans lequel on distingue le *laris* européen dit vulgairement *mélèze* et le laris américain, appelé *pin rouge.*

* **LARME** s. f. (lat. *lacryma*). Goutte d'humeur limpide qui sort de l'œil, par l'effet d'une impression vive, soit physique soit morale : *il a souffert l'amputation sans jeter une larme.*

> Mes yeux depuis six mois étaient ouverts aux larmes.
> J. Racine, *La Thébaïde,* acte I, sc. i.

— Pleurer a chaudes larmes, être tout en larmes, fondre en larmes, se noyer dans ses larmes, pleurer abondamment. — S'abreuver de larmes, vivre dans les larmes, vivre de larmes, pleurer sans cesse, vivre dans la douleur, dans l'affliction. — Sécher, essuyer ses larmes, se consoler. Essuyer les larmes de quelqu'un, calmer son affliction, le consoler. Mêler ses larmes à celles de quelqu'un, partager sa douleur, s'affliger avec lui. — Avoir recours aux larmes, pleurer pour fléchir, pour attendrir celui qu'on supplie.

> N'accorderez-vous rien aux *larmes* d'une mère?
> J. Racine, *La Thébaïde,* acte II, sc. iii.

— Avoir toujours la larme a l'œil, s'attendrir très facilement. — Avoir des larmes dans la voix, se dit d'une personne qui a quelque chose d'ému et de touchant dans la voix : *cette actrice a des larmes dans la voix.* — Avoir le don des larmes, pleurer à volonté. — Prov. et fig., Larmes de crocodile, larmes hypocrites que répand une personne dans le dessein d'en tromper une autre, comme le crocodile feint, dit-on, de gémir pour attirer sa proie. — Ornement, figurant à peu près une larme, qu'on fait entrer, comme un symbole de tristesse, dans la décoration des catafalques, des mausolées, etc. : *un drap mortuaire semé de larmes.* — Se dit, par similitude et fam., d'une goutte, d'une petite quantité de vin ou de quelque autre liqueur : *une larme de vin.* — pl. Suc qui coule de plusieurs arbres ou plantes, soit naturellement, soit quand on les taille : *les larmes de la vigne, du sapin.* — LARMES DE CERF. (Voy. LARMIÈRES.) — LARME DE VERRE, ou LARME BATAVIQUE, goutte de verre fondu en forme de larme, et qui, dès qu'on en rompt la pointe, se réduit en poussière. — LARME DE JOB, plante graminée à feuilles de maïs, dont les semences ont la forme d'une larme.

* **LARMIER** s. m. Archit. Partie saillante au haut d'un édifice, d'un ouvrage de maçonnerie, destinée à éloigner l'eau de pluie, à la faire tomber en gouttes à une distance convenable du pied de l'édifice, etc. : *le larmier de la corniche.* — Se dit aussi d'une pièce de bois mise en saillie au bas d'un châssis de croisée, de porte, pour empêcher l'eau de pénétrer dans l'intérieur. — Dessin. Angle de l'œil le plus rapproché du nez et dans lequel se forment les larmes : *le larmier de cet œil est bien dessiné.*

* **LARMIÈRES** s. f. pl. Fentes qui sont au-dessous des yeux du cerf, et d'où sort une liqueur jaune qu'on nomme LARMES DE CERF. Quelques-uns disent LARMIERS.

LARMIERS s. m. pl. Méd. vét. Parties qui, dans le cheval, répondent aux larmes de l'homme : *saigner un cheval aux larmiers.*

* **LARMOIEMENT** s. m. Ecoulement de larmes involontaire et continuel : *le larmoiement est un des symptômes de la rougeole.*

* **LARMOYANT, ANTE** adj. Qui fond en larmes : *on la trouva toute larmoyante.* — Qui est propre à faire verser des larmes; et il ne s'applique, en ce sens, qu'à un genre de comédies plus attendrissantes que gaies : *le comique larmoyant.* — S'emploie quelquefois substantivement, au masculin, dans cette acception : *le mélange du comique et du larmoyant forme un genre de comédie réprouvé par les critiques d'un goût sévère.*

* **LARMOYER** v. n. [lar-moua-ié]. Se conjugue comme EMPLOYER. Pleurer, jeter des larmes : *il ne fait que larmoyer.*

LARMOYEUR, EUSE adj. Qui pleure facilement et sans motif.

LARNAKA ou Larnica (anc. *Citium*), port principal de Chypre, à 35 kil. S.-E. de Nicosie; environ 40,000 hab. Dans la ville basse se trouvent les bazars et les maisons de commerce; la ville haute renferme une cathédrale et un couvent. Exportation de safran, de chiffons, de coton, de peaux de mouton et de chèvres, d'orge et de sumac.

LAROCHE (Jean de), oratorien, né à Nantes en 1656, mort en 1711; il prêcha deux carêmes à la cour de Louis XIV et a laissé 3 recueils de *Sermons* (Paris, 1725-1730, 9 vol. in-12).

LAROCHE (le P.), bénédictin, né en Normandie vers 1740, mort en 1806. On lui doit des éditions d'Helvétius (Paris, 1795, 14 vol. in-8°) et de Montesquieu (Paris, 1795, 12 vol. in-18).

LA ROCHE, ch.-l. de cant., arr. et à 8 kil. S.-O. de Bonneville (Haute-Savoie); 3,000 hab. Blanchisseries de cire, tanneries; commerce de fer et articles d'horlogerie.

LA ROCHE, ville de Belgique (Luxembourg), sur l'Ourthe, à 14 kil. E.-S.-E. de Marche; 2,000 hab.

LA ROCHE-ABEILLE, commune de France, arr. de Saint-Yrieix (Haute-Vienne). Victoire des protestants commandés par Coligni et Henri de Béarn sur les catholiques en 1569.

LA ROCHE-AYMON (Charles-Antoine de), général, né en 1772, mort en 1849. Après la désastres subis par l'armée prussienne en 1806, il fut un de ses réorganisateurs. Maréchal de camp au retour des Bourbons, il fut créé pair de France et fit la campagne d'Espagne en 1823. Il a laissé des *Mémoires sur l'art de la guerre* (Paris, 1857, 5 vol. in-8°, avec atlas) et plusieurs autres ouvrages.

LA ROCHE-BERNARD, ch.-l. de cant., arr. et à 50 kil. S.-E. de Vannes (Morbihan); 1,200 hab. Commerce de grains, bestiaux, beurre.

LAROCHE-CANILLAC, ch.-l. de cant., arr. et à 25 kil. S.-E. de Tulle (Corrèze); 500 hab.

LA ROCHE-DERRIEN, ch.-l. de cant., arr. et à 20 kil. E. de Lannion (Côtes-du-Nord); 1,000 hab. Charles de Blois y fut battu et fait prisonnier en 1547.

LA ROCHE-SUR-YON. Voy. ROCHE.

LA ROCHEFOUCAULD (autrefois *la Roche*), ch.-l. de cant., arr. et à 21 kil. N.-E. d'Angoulême (Charente), 2,100 hab. Cette petite ville, ancien chef-lieu de district, a été le berceau de la puissante famille des Rochefoucauld, devenus ducs de la Rochefoucauld; elle est dominée par le château, vieux manoir et monument historique, reconstruit aux XIVᵉ et XVᵉ siècles. Ce charmant édifice de la Renaissance est flanqué de quatre grosses tours dominées elles-mêmes par un donjon plus élevé, bâti, dit-on, sous Charlemagne. Un escalier monumental, surmonté du buste de l'architecte Fontant, est extrêmement remarquable.

LA ROCHEFOUCAULD, une des plus anciennes et des plus illustres familles françaises, dont le nom primitif était Foucauld (*Fulcaldus*) et qui possédait la seigneurie de la Roche dès le IXᵉ siècle, d'où est venu la Rochefoucauld. Parmi les membres les plus éminents de cette vieille famille nous citerons : I. (**François de**), conseiller de Louis XII et parrain de François Iᵉʳ, auquel il donna son prénom que porta toujours depuis l'aîné de la famille. — II. (**François de**), fils du précédent; il reçut en 1539 le roi Charles-Quint dans son château de Verteuil; il avait épousé Anne de Polignac. — III. (**François**, PRINCE DE MARSILLAC), massacré dans la nuit de la Saint-Barthélemy; gouverneur et lieutenant général en Champagne, il fut fait prisonnier à la bataille de Saint-Quentin en 1557, paya une rançon de 100,000 livres et embrassa le calvinisme; Charles IX, qui avait de l'amitié pour lui, essaya de le retenir à la cour le soir du 24 mai, ce fut inutilement; il subit le sort de ses coreligionnaires. — IV. (**François**, DUC DE), prince de Marsillac, moraliste français, né à Paris le 15 déc. 1613, mort le 17 mars 1680. Il fut compromis dans les conspirations contre Richelieu, fut emprisonné huit jours à la Bastille (1637) et vécut dans la retraite jusqu'à la mort du cardinal (1642). Il retourna ensuite à la cour, s'attacha au duc d'Enghien (Condé), en formant une liaison avec la duchesse de Longueville, sœur de ce prince. Dans les guerres et les intrigues de la Fronde, il servit le parti du parlement (1650) et vécut ensuite dans la retraite et le recueillement. A ses relations avec Mᵐᵉ de Longueville, succéda l'amitié de Mᵐᵉˢ de Sablé, de Sévigné et de Lafayette, et sa maison devint le rendez-vous des beaux esprits et des savants de l'époque; ce fut le monde qu'étaient Boileau, Racine et Molière. Ses *Mémoires sur la régence d'Anne d'Autriche* (1662) sont un monument curieux pour l'histoire de la Fronde; ses *Maximes et Réflexions morales* (1665, in-12),

pétillantes d'esprit, se ressentent trop de la passion dominante de l'époque, l'égoïsme. Ses *Œuvres complètes*, publiées en 1825, comprennent sa *Correspondance*. — V. (**Alexandre de**), fils du précédent, né en 1690, mort en 1762. Avec lui s'éteignit la descendance mâle de l'auteur des *Maximes*. — VI. (**François de**) cardinal, né en 1558, mort en 1645; évêque de Clermont, puis de Senlis, il devint grand aumônier en 1618 et s'occupa surtout de la réforme des abbayes. — VII. (**Frédéric-Charles de**), né en 1633, mort en 1690; il servit d'abord dans l'armée française, se distingua sous Turenne, puis passa au service du Danemark, et de l'Angleterre où il fut nommé pair d'Irlande et comte de Lifford. — VIII. (**Frédéric-Jérôme de**), cardinal, né en 1701, mort en 1757: il fut successivement évêque de Bourges, ambassadeur à Rome, grand aumônier (1756) et chargé des bénéfices. En 1750 et en 1755, il présida les assemblées générales du clergé. — IX. (**Louis-Alexandre**), né en 1743, mort en 1792. Il fut député de la noblesse de Paris aux états généraux de 1789, fit partie de ceux qui se réunirent au tiers état, vota l'abolition des ordres religieux. Devenu suspect, il fut massacré à Gisors. — X. (**François-Alexandre-Frédéric**, DUC DE *Larochefoucauld-Liancourt*), philanthrope français, né en 1747, mort en 1827. De bonne heure, il établit une ferme modèle sur sa propriété de Liancourt, près de Clermont, une école des arts et métiers, semblable à celle de Châlons; il en fut inspecteur général pendant 23 ans. Après la destruction de la Bastille, il dit au roi que ce mouvement populaire n'était pas une émeute, mais bien une révolution; il devint président de l'Assemblée constituante. Ses efforts pour sauver le roi le mirent en péril; il s'enfuit en Angleterre et visita ensuite les Etats-Unis et le Canada; il rentra en France en 1799; introduisit l'introduction de la vaccine, inaugura le système des dispensaires et des écoles pour l'instruction mutuelle, et établit la première caisse d'épargne en France; il fut l'un des adversaires de la traite des nègres. Appelé par Louis XVIII à la Chambre des pairs, il déplut au gouvernement par ses idées libérales et fut disgracié par Charles X. On a de lui : *Travail des comités de mendicité* (1790, in-8°), *Des prisons de Philadelphie* (1796, in-8°), *Voyage aux Etats-Unis*, (1800, 8 vol. in-8°) etc., etc. Le jour de ses funérailles, la police empêcha par la force les élèves de l'école des Arts et métiers de porter son cercueil, qui fut jeté dans la boue, se brisa pendant la lutte et fut avec peine replacé sur le corbillard. — XI. (**Alexandre**, COMTE DE) né en 1767, mort en 1841. Ambassadeur à Vienne et en Hollande, il fut député sous la Restauration et nommé pair en 1831. — XII. (**Dominique de**), né en 1713, mort en 1800. Successivement grand vicaire de Bourges, archevêque d'Albi (1747), de Rouen (1759), cardinal (1778); il présida les assemblées du clergé (1780 et 1782), fut député aux états généraux (1789), refusa de prêter le serment constitutionnel, il s'exila en 1790 et habita Bruxelles et Munster.

LAROCHEFOUCAULD (Hospice de), maison de retraite pour les vieillards, fondée, vers la fin du XVIIIᵉ siècle, par la vicomtesse de Larochefoucauld, et située à Paris, avenue d'Orléans.

LA ROCHEJAQUELEIN 1. (Henri DU VERGER, comte de), célèbre chef vendéen, né au château de la Durbelière (près de Châtillon) en 1772, mort à Nouaillé le 4 mars 1794. Officier de la garde constitutionnelle de Louis XVI en 1791, il quitta ce poste pour rejoindre le marquis de Lescure en Vendée et fut acclamé chef par les paysans de Châtillon, qu'il enflamma par ces paroles : « Mes amis, si j'avance, suivez-moi; si je recule, tuez-moi; si je meurs, vengez-moi. » Animés par son exemple, ils attaquèrent les républicains aux Aubiers, en mars 1793, avec une force irrésistible et les battirent constamment après avoir opéré leur jonction avec les royalistes de l'Anjou. Le 4 mai, La Rochejaquelein fut le premier à escalader les murailles de Thouars et il montra une égale bravoure à Fontenay (16 mai), au siège de Saumur (juin), à Luçon et à Cholet, où les principaux chefs vendéens furent tués ou mis hors de combat. Lescure mourant le fit, malgré sa grande jeunesse, nommer généralissime de la nouvelle armée rassemblée à Varades après la défaite de Cholet. Il marcha vers la côte de Bretagne dans l'espoir de recevoir des secours de l'Angleterre, occupa Laval (octobre) et y remporta une sanglante victoire, qui coûta 12,000 hommes et 19 canons aux républicains. Le 14 nov. ses troupes, au nombre de 30,000 hommes, attaquèrent Granville; mais, faute d'artillerie, elles furent obligées de battre en retraite et il dut abandonner le projet de marcher sur Caen. Pendant la retraite vers la Loire, il battit les républicains à Pontorson. Ces derniers se rallièrent à Dol (21 nov.), au nombre de 36,000 soldats, avec une nombreuse artillerie; mais ils furent de nouveau complètement battus et perdirent 6,000 tués et blessés à Antrain. Une autre victoire des Vendéens, à la Flèche, pouvait leur permettre de reprendre l'offensive. Mais des mutineries forcèrent La Rochejaquelein de continuer sa marche rétrograde. Le 3 déc., il attaqua infructueusement Angers. Forcé de se replier, après sa grave échec, il regagna la Flèche, s'empara du Mans (10 déc.) et y fut écrasé par 40,000 hommes sous Marceau, Westermann et Kléber (13 déc.). Son armée en déroute abandonna presque toute son artillerie. Après avoir rallié les restes des troupes à Laval (14 déc.), il essaya de traverser la Loire près d'Ancenis; ses hommes ayant été tués ou dispersés, il fut obligé de se cacher dans une forêt. Il continua la guerre d'escarmouche, en sortant fréquemment des bois qui lui servaient de retraite. Il fut tué d'un coup de pistolet dans la tête par un soldat républicain qu'il avait surpris et qui refusa de se rendre. — II (Louis du Verger, marquis de) son frère, né à Saint-Aubin-de-Beaubigné en 1777, tué le 4 juin 1815. Il combattit à Saint-Domingue dans les rangs de l'armée anglaise, fut amnistié en 1801, protégea la fuite du roi à Gand en 1815, souleva la Vendée pendant les Cent-Jours, débarqua à Saint-Gilles, et commanda une armée insurrectionnelle de quelques milliers d'hommes qui furent battus par le général Travot près de Mathis. Il tomba au commencement de l'action. — Son fils (Henri-Auguste-Georges, 1805-'67); il fut un des chefs de la légitimité démocratique sous Louis-Philippe et sous la République de 1848, mais il devint impérialiste et sénateur après le 2 déc. 1851. — III. (Marie-Louise-Victoire de Donnissan, marquise de), femme de Louis du Verger, née à Versailles en 1772, morte en 1857. Son premier mari fut le marquis de Lescure. Elle partagea les dangers de la première guerre vendéenne, échappant presque par miracle après la déroute des royalistes à Savenay (1793), et elle donna dans ses Mémoires (1815) une peinture vivante de ses aventures. Après la mort de son second mari, elle s'établit à Orléans.

LA ROCHELLE. Voy. Rochelle.

LA ROCHE-POSAY, station balnéaire, arr. et à 24 kil. E.-S.-E. de Châtellerault (Vienne). Source nitro-sulfureuse, ferrugineuse, froide. Atonie, chlorose, rhumatisme, goutte, gravelle, herpétisme. affections du larynx et de l'arrière-gorge.

LAROMIGUIÈRE (Pierre), philosophe français, né à Livignac-le-Haut en 1756, mort en 1837. Il était professeur de philosophie au collège de Toulouse (1784-'90), il se rendit ensuite à Paris et, en 1811, fut appelé à la chaire

de philosophie à la faculté des lettres. Ses Leçons de Philosophie ont été adoptées dès leur publication pour l'instruction publique en France.

LA RONCIÈRE-LE NOURY (Camille-Adalbert-Marie, Clément, baron de), amiral, né à Turin, le 31 oct. 1813, mort le 14 mai 1881. Fils du général comte de la Roncière et neveu du général baron Le Noury, qui l'adopta, il entra à l'école navale et gagna laborieusement les grades d'enseigne (1834), de lieutenant (1843) et de capitaine de vaisseau (3 février 1855), fit plusieurs expéditions scientifiques, militaires ou diplomatiques, devint contre-amiral en 1861, fut chargé d'opérer le rapatriement de l'expédition du Mexique en 1867, reçut le titre de vice-amiral à son retour; dirigea, en 1870, l'expédition de la Baltique, reçut ensuite le commandement des marins attachés à la défense des forts de Paris, combattit à Champigny, le 8 déc. 1870; défendit le Bourget, le 21 du même mois; fut élu député de l'Eure le 8 février 1871, siégea au centre droit, fut appelé au commandement de l'escadre de la Méditerranée et écrivit, en sept. 1875, une lettre offensante pour le gouvernement qui, le révoqua. Le département de l'Eure l'envoya au Sénat le 30 juin 1876; il suivit la ligne politique des bonapartistes.

LAROQUE. Voy. Roque.

LAROQUEBROU. Voy. Roquebrou.

LA ROTHIÈRE, village du dép. de l'Aube, à 10 kil. au-dessus de Brienne et à 18 kil. de Bar-sur-Aube. Le 1ᵉʳ février 1814, Napoléon, à la tête de 40,000 Français, y livra l'une de ses dernières et de ses plus sanglantes batailles à 160,000 Allemands et Russes commandés par Blücher et Schwarzenberg. Les alliés couchèrent sur le champ du combat; mais, dès le lendemain matin, ils se replièrent sur Troyes.

LAROUSSE (Pierre-Athanase), encyclopédiste, né à Toucy (Yonne), le 23 oct. 1817, mort en 1875. Il fut nommé, en 1837, directeur de l'école professionnelle, fondée par Guizot, à Toucy; en 1851, il fonda à Paris une librairie classique et donna Fleurs latines (1862), Fleurs historiques (1863). Il entreprit, en 1864, la publication du Grand Dictionnaire universel du XIXᵉ siècle, qui ne fut terminé qu'en 1878 (16 vol. gr. in-4°).

LARREY (Dominique-Jean, baron), chirurgien français, né à Beaudéan, près de Bagnères-de-Bigorre, en juillet 1766, mort à Lyon le 25 juillet 1842. Il visita l'Amérique comme chirurgien de marine; en 1792, il devint chirurgien militaire et servit pendant les guerres de la Révolution française; il fut ensuite nommé chirurgien en chef et récompensé pour son invention des ambulances volantes. En Égypte, à Austerlitz, à Eylau, à Essling et à Wagram, au milieu des plus grands périls, il porta ses soins aux soldats blessés; en Espagne et en Russie, il se fit bénir de tous en soignant les ennemis aussi bien que les Français. Grièvement blessé à Waterloo et il allait être tué, quand il fut reconnu par un soldat prussien qui le conduisit à Blücher, dont il avait sauvé le fils. Une pension qui lui avait été accordée sous l'Empire lui fut rendue en 1818. Napoléon, dans son testament, lui laissa 100,000 francs et dit: « Si jamais l'armée élevait un monument à la reconnaissance, ce devrait être à Larrey ». Ses découvertes relatives aux blessures par les armes à feu, au choléra, à l'ophthalmie, au tétanos, à l'extraction de corps étrangers introduits dans le crâne, et aux amputations furent toutes les plus haute importance. Il n'y a qu'un peu de branches de la chirurgie sur lesquelles il n'ait avancé des vues nouvelles et importantes. On a de lui: Relation historique et chirurgicale de l'expédition d'Orient (Paris, 1803, in-8°); Mémoires de médecine et de chirurgie militairs (Paris,

1812-'34, 5 vol. in-8°); Clinique chirurgicale (Paris, 1829-'36, 5 vol. in-8° avec atlas), etc.— Trois statues lui ont été élevées: l'une (œuvre de David), dans la cour du Val-de-Grâce à Paris; l'autre (œuvre de Robinet), dans la salle de l'Académie; la troisième, due à M. Badiou de la Tronchère, à Baudéan.

*LARRON, ONNESSE s. (lat. latro). Celui, celle qui dérobe, qui prend furtivement quelque chose: fin, subtil larron. — Un larron d'honneur, un séducteur.—Fig. L'occasion fait le larron, souvent l'occasion fait faire des choses répréhensibles, auxquelles on n'aurait pas songé. — Donner la bourse a garder au larron, confier la garde de l'argent, le soin de la dépense à celui dont on devrait le plus se défier. On dit proverbialement, dans le même sens, Au plus larron la bourse. — Ils s'entendent comme larrons en foire, ils sont d'intelligence pour faire quelque chose de blâmable. — Il ne faut point crier au larron, se dit quand une marchandise n'a été vendue que ce qu'elle vaut. — Se dit particul. des deux voleurs qui furent mis en croix avec Notre-Seigneur Jésus-Christ, quoiqu'on n'entende pas ordinairement ce mot un voleur de grand chemin: Notre-Seigneur fut crucifié entre deux larrons. — Typogr. Pli qui se trouve dans une feuille de papier mise sous la presse, et qui cause une défectuosité dans l'impression. — Petit morceau de papier qui vient s'intercaller entre la forme et la feuille à imprimer, et qui, après l'impression, laisse en blanc la place qu'il occupait sur la feuille. — Libr. Pli d'un feuillet qui n'a pas été rogné, quand on a relié le livre: le relieur a laissé plusieurs larrons dans ce volume. — Ponts et chaussées. Larron d'eau, canal pratiqué pour l'écoulement des eaux.

*LARRONNEAU s. m. Petit larron, qui ne dérobe que des choses de peu de valeur. Il est familier.

LARRONNER v. n. Faire le larron, dérober.

LARRONNERIE s. f. Action de larronner; repaire de larrons.

LARTON s. m. Argot. Pain.

LARTONNIER s. m. Argot. Boulanger.

LARUNS, ch.-l. de cant., arr. et à 33 kil. S.-S.-E. d'Oloron (Basses-Pyrénées); 1,500 hab. Haut fourneau pour le traitement du cuivre; exploitation de marbre et mines de plomb; eaux minérales.

LARVAIRE s. f. Nom donné à de petits corps cylindriques, poreux, percés dans leur centre, trouvés dans les couches de calcaire coquillier.

*LARVE s. f. (lat. larva). Entomol. L'insecte dans l'état où il est en sortant de l'œuf, et où il passe un temps plus ou moins long avant ses métamorphoses: la chenille est la larve du papillon.

LARVÉ, ÉE adj. Pathol. Se dit de certaines fièvres ou affections fiévreuses et qui ont le caractère de l'intermittence.

*LARVES s. f. pl. Antiq. Nom que les poètes donnaient aux génies malfaisants, aux âmes des méchants, qui, selon la croyance superstitieuse, se montraient, revenaient, sous des figures hideuses, pour tourmenter les vivants.

*LARYNGÉ, ÉE adj. Anat. Qui appartient au larynx: muscles, nerfs laryngés. — Méd. Phtisie laryngée, phtisie dont le siège est le larynx.

LARYNGIEN, IENNE adj. Anat. Synonyme de laryngé: muscle laryngien.

*LARYNGITE s. f. Méd. Inflammation du larynx. — Encycl. La laryngite est l'inflammation de la muqueuse du larynx; on en distingue plusieurs espèces: 1° la laryngite aiguë simple; 2° la laryngite striduleuse, ou faux croup; 3° la laryngite pseudo-membraneuse ou croup; 4° la laryngite sous-muqueuse ou œdème de la glotte; et 5° *la laryngite chronique.* — I. **Laryngite aiguë simple** ou ANGINE LARYNGÉE. Généralement, elle n'est qu'une affection légère dont le symptôme principal et souvent même le seul consiste dans la *raucité de la voix* et même quelquefois dans *l'aphonie* complète. D'autres fois, on éprouve, au niveau de la glotte, une douleur aiguë et il survient *une toux* provoquée par des picotements; rarement il y a douleur vive ou fièvre; cette affection, qui peut durer jusqu'à 10 jours, se complique quelquefois de l'angine gutturale et de la bronchite. Comme traitement, il suffit, si la laryngite est légère, de garder le silence, de se tenir dans un appartement modérément chaud, et de prendre quelques boissons sudorifiques et des bains de pieds. Lorsque la laryngite est rebelle, on fait, matin et soir, des frictions d'huile de croton au moyen de la larynx; on donne un émetho-cathartique et on fait des fumigations émollientes. — II. **Laryngite striduleuse** ou FAUX CROUP. Elle est particulière aux enfants et accompagnée de violents accès de *suffocation* et de *toux rauque.* Elle débute ordinairement la nuit, subitement, par une toux ayant tous les symptômes et tous les caractères du croup, c'est-à-dire rauque et sifflante, ressemblant à l'aboiement d'un jeune chien; la respiration est accélérée, entrecoupée, sonore et pénible; il y a de l'agitation sans extinction complète de la voix : on ne trouve ni gonflement des ganglions maxillaires, ni fausses membranes dans les matières vomies; on ne constate qu'une simple tuméfaction œdémateuse des lèvres de la glotte qu'il est quelquefois assez difficile de discerner du croup vrai. Cette affection guérit d'elle-même, il est bon cependant de donner des antispasmodiques des bains tièdes et même quelques vomitifs; on peut encore appliquer quelques sinapismes aux extrémités inférieures. — III. **Laryngite pseudo-membraneuse.** (Voy. CROUP.) — IV. **Laryngite sous-muqueuse** ou ŒDÈME DE LA GLOTTE. Maladie rare, caractérisée par une douleur vive au larynx, par une fièvre intense et par la tuméfaction du cou. Le malade éprouve la sensation d'un corps étranger qui l'étouffe et il fait sans cesse de efforts pour l'expulser; respiration très embarrassée (*inspiration difficile et expiration facile*). Comme traitement, employer des cautérisations, les insufflations d'alun, les sangsues au niveau du larynx et les frictions sur le cou avec l'onguent napolitain. — V. **Laryngite chronique,** ULCÉREUSE ou NON ULCÉREUSE. La voix est constamment altérée, parfois voilée ou dure, parfois rauque; crachats grisâtres expectorés après une toux au moins quinteuse. La *laryngite non ulcéreuse* est peu grave, mais il n'en est pas de même de la *phtisie laryngée* ou *laryngite ulcéreuse,* qui s'accompagne de dépérissement et des signes de la tuberculisation pulmonaire. Comme traitement, garder le silence et soigner l'état général de la poitrine; saison aux Eaux-Bonnes, à Enghien ou à Cauterets; vapeur de goudron, de baume de tolu et garganismes émollients.

LARYNGOSCOPE (franç. *larynx*; gr. *skopéo*, j'examine). Chir. Appareil chirurgical à l'aide duquel on peut observer le fond de la bouche, le pharynx et la partie supérieure du larynx.

LARYNGOTOME s. m. (franç. *larynx*; gr. *tomé*, section). Chir. Instrument à l'aide duquel on pratique la laryngotomie.

* **LARYNGOTOMIE** s. f. Chir. Opération par laquelle on ouvre le larynx. (Voy. BRONCHOTOMIE).

* **LARYNX** s. m. [la-rainkss] (gr. *larynx*). Anat. Partie supérieure de la trachée-artère : *le larynx est un des organes de la respiration, et le principal instrument de la voix.* — Le larynx est une cavité cartilagineuse située à la base de la langue, à la partie supérieure

du cou. A l'ouverture du larynx se trouve *l'épiglotte,* sorte de couvercle qui ferme complètement l'entrée de ce canal pendant la déglutition et empêche ainsi l'entrée des aliments dans les voies aériennes; sur les côtés se trouvent les *cordes vocales* dont la tension plus ou moins forte donne un son plus ou moins aigu.

* **LAS** [lass, ou là], Interjection plaintive que l'on emploie quelquefois pour HÉLAS!

— Ah! quel malheur! dit-on; *las !* il chantait si bien.
                                      FLORIAN.

* **LAS, ASSE** adj. [lâ] (lat. *lassus*). Fatigué, qui éprouve le sentiment de la lassitude : *j'ai bien fait du chemin aujourd'hui, j'ai beaucoup travaillé, je suis las, bien las, fort las.* — Dégoûté, ennuyé à l'excès de quelque chose que ce soit : *je suis las d'entendre des sottises.* — UN LAS D'ALLER, un homme mou, paresseux et lâche. — FAIRE QUELQUE CHOSE DE GUERRE LASSE, le faire après avoir longtemps résisté : *je lui ai cédé de guerre lasse.*

LA SABLIÈRE. I. (Antoine RAMBOUILLET, *sieur de*), financier et poète, né à Paris en 1624, mort en 1679. Il n'a guère composé que des madrigaux légers édités par Ch. Nodier dans la *Collection des petits classiques français* (Paris, 1828, in-16). — II. (Marguerite HUSSEIN, *dame de*), femme du précédent, née en 1626, morte en 1693. La Fontaine l'a immortalisée en l'honorant de son amitié et en acceptant une longue hospitalité chez elle. Sa maison servait pour ainsi dire de retraite aux gens de lettres et fut le rendez-vous des beaux esprits du temps au milieu desquels, du reste, son savoir et son intelligence lui avaient marqué sa place.

LASAGNE ou **Lazagne** s. f. [*gn* mll] (ital. *lasagna*). Cuis. Pâte d'Italie en forme de rubans larges et ondés.

LA SALLE, ville de l'Illinois (Etats-Unis), sur la rivière Illinois, à 150 kil. O.-S.-O. de Chicago ; 5,200 hab. Commerce considérable de houille et d'Allemagnes importantes.

LASALLE, ch.-l. de cant., arr. et à 30 kil. N.-E. du Vigan (Gard) ; 2,000 hab. Fabrique de bonneterie.

LA SALLE (Antoine de), romancier français né en 1396, mort en 1462. On a de lui : *Histoire et plaisante chronique du petit Jéhan de Saintré et de la jeune dame des Belles Cousines* (Paris, 1724, 3 vol. in-12).

LA SALLE (Antoine-Charles-Louis COLLINET, *comte de*), né à Metz en 1775, mort à Wagram en 1809. Engagé volontaire en 1794, il devint général de cavalerie et conquit tous ses grades à la pointe de l'épée; il se distingua à Rivoli, aux Pyramides, en Espagne et pendant toute la campagne d'Allemagne.

LA SALLE (Jean-Baptiste), prêtre français, fondateur des frères des écoles chrétiennes, né à Reims en 1651, mort en 1719. Il fut ordonné en 1671 et fonda, à Reims, une institution consacrée à l'éducation des enfants pauvres et qui se répandit rapidement dans toute la France. A Paris, les professeurs laïques attaquèrent les frères des écoles chrétiennes et les firent chasser de la ville. Ils achetèrent, à Rouen, l'établissement de Saint-Yon, qui devint le centre de l'institution. Ses *Règles de la bienséance et de la civilité chrétiennes* et les *Douze vertus d'un bon maître* ont été souvent réimprimées. La Salle a été béatifié. Rouen lui a élevé une statue.

LA SALLE (Robert CAVELIER, *sieur de*), explorateur français, né à Rouen en 1643, assassiné au Texas le 19 mars 1687. Venu au Canada au commencement de 1666, il s'établit à Montréal et obtint des Sulpiciens, seigneurs de l'île, une concession de terrain où il fonda l'établissement de la Chine. En 1669, il partit pour une expédition d'exploration et descendit

l'Ohio jusqu'aux chutes où Louisville a été bâtie. Lorsque Frontenac eut construit le fort de Frontenac, sur la baie de Quinté, La Salle se rendit en France où il fut anobli et nommé gouverneur de ce fort et de tout l'établissement (13 mai 1675). Il en fit bientôt le centre du commerce des fourrures, et le Canada fut divisé en deux grandes organisations antagonistes, cherchant toutes deux à s'emparer du monopole des pelleteries. La Salle retourna en France, et en mai 1678, obtint la permission de continuer ses explorations dans l'ouest pendant cinq ans, de bâtir des forts et de jouir du monopole du commerce des peaux de buffles. Etant retourné au fort de Frontenac, il établit un poste près de l'embouchure du Niagara, organisa une expédition et visita en bateaux les lacs Erié, Saint-Clair, Huron et Michigan jusqu'à la baie de Green. Son expédition atteignit en canots l'embouchure de la rivière Saint-Joseph, où il établit un comptoir appelé fort Miami. Il remonta ensuite le Saint-Joseph, poussa jusqu'à Kankakee et rencontra un village illinois. Il forma une alliance avec cette tribu et en 1680, il commença, près de la ville actuelle de Péoria, un établissement qu'il appela fort Crèvecœur. En déc. 1681, La Salle partit du fort Miami avec une expédition, remonta le Chicago, descendit l'Illinois et le Mississipi jusqu'au golfe du Mexique, et le 9 avril 1682 il déploya le pavillon français à l'embouchure du Mississipi et prit possession formelle du territoire arrosé par ce fleuve. Au retour, il jeta les fondements du fort Saint-Louis à Starved Rock, sur l'Illinois, et en novembre 1683, il arriva à Québec laissant à Tonty le commandement de l'ouest, avec ordre de venir à sa rencontre à l'embouchure du Mississipi. Il se rendit alors en France et, par lettres patentes du 14 avril 1684, il fut nommé commandant de toute la contrée depuis le fort Saint-Louis jusqu'à la Nouvelle-Biscaye. Une expédition de 280 personnes partit de Rochefort le 1er août avec quatre navires. Elle entra dans le golfe du Mexique et jeta l'ancre en face de l'entrée de la baie de Matagorda, à plus de cent lieues de l'embouchure du Mississipi. La Salle débarqua avec ses colons. Un navire avait fait naufrage, et Beaujeu, officier de marine, qui commandait l'expédition, partit avec deux des vaisseaux, emportant avec lui toutes les provisions et les munitions destinées aux colons. La Salle construisit alors un fort appelé Saint-Louis, et il essaya de cultiver le sol. Quelques-uns des colons furent tués par les Indiens, d'autres périrent. Leur nombre était réduit à moins de 40 en janvier 1687. Laissant la moitié de ses colons dans le fort, La Salle partit le 7 janvier pour l'Illinois. Il avait atteint la rivière Trinity quand une révolte éclata et il fut assassiné par deux de ses compagnons. Ceux qui étaient restés au fort Saint-Louis furent presque tous massacrés par les Indiens Clamcoet. Sept seulement survécurent et retournèrent en France, après de longues années.

LASCARIS. I. (Andreas-Joannes), surnommé RHYNDACENUS, philologue grec, né en Asie Mineure vers 1445, mort en 1535. A la chute de l'empire byzantin, il se rendit en Italie et trouva un asile à la cour de Lorenzo de Médicis qui l'envoya deux fois en Grèce pour rassembler des manuscrits. Il se rendit à Paris vers 1495; en 1503 et en 1505, Louis XII l'envoya comme ambassadeur à Vienne. En 1513, sur l'invitation de Léon X, il se chargea de la direction du collège grec et de la presse à Rome; et il donna des éditions d'un grand nombre de classiques grecs. En 1518, il retourna à Paris et se rendit ensuite à Rome où il mourut. — II. (Constantin), grammairien grec de la même famille que le précédent, né à Constantinople, mort en 1593. Francesco Sforza, duc de Milan, lui confia l'éducation de sa fille. Il enseigna ensuite à Rome, à Naples et à Messine. Sa *Grammatica græca* (Milan, 1476) fut le premier livre grec imprimé en Italie.

LAS CASAS [lass-kâ-sass] (Bartolomé de), prêtre espagnol, apôtre des Indiens d'Amérique, né à Séville en 1474, mort à Madrid en 1566. Il accompagna Colomb dans ses second, troisième et quatrième voyages. Il entra dans l'ordre des dominicains, se rendit à Hispaniolia en 1502 et y reçut les ordres en 1510. Deux ans après, il accompagna Velasquez à Cuba comme aumônier et, en 1515, il s'embarqua pour l'Espagne et fut nommé *protecteur universel des Indiens.* Pour arrêter l'extermination des Indiens, il proposa l'introduction des esclaves nègres. En 1527, il se rendit comme missionnaire et prédicateur dans le Nicaragua et le Guatémala, puis au Pérou et au Mexique, et en 1539 il retourna en Espagne. Charles-Quint le nomma évêque de Chiapas (Mexique), et à l'âge de 69 ans, il quitta le Mexique pour la huitième fois. Ayant refusé les sacrements à ceux qui avaient réduit les Indiens en esclavage, il encourut l'hostilité des planteurs et la désapprobation de l'Eglise. Il retourna en Espagne, en 1551. Un de ses ouvrages les plus importants, l'*Histoire générale des Indiens*, n'a jamais été publié. Sa *Relation de la destruccion de las Indias* (Séville, 1552, in-4°) a été traduite en français sous le titre de *Tyrannies et cruautés des Espagnols* (Anvers, 1679, in-4°). Ses *Œuvres*, réunies à Séville (1552, 5 part., in-4°) ont été données en français (Paris, 1822, 2 vol. in-8°).

LAS CASES [lass-ka-ze] (Emmanuel-Augustin-Dieudonné, SEIGNEUR DE LA CAUSSADE, comte de), historien français, né au château de Las Cases, près de Revel (Haute-Garonne) en 1766, mort le 15 mai 1842. Il servit dans la marine, émigra avec les royalistes au commencement de la Révolution et fut employé, par le prince de Condé, à des missions diplomatiques. Après la défaite des Prussiens en Champagnie, il s'enfuit à Londres. Quelque temps après le rappel des émigrés, il devint chambellan de Napoléon et remplit ensuite des emplois importants. Il suivit l'empereur à Sainte-Hélène et se consacra avec son fils à consoler l'illustre prisonnier. Chaque soir, il écrivait ce que Napoléon avait dit ou fait dans la journée. Ayant écrit à Lucien Bonaparte une lettre dans laquelle il commentait le traitement auquel l'ex-empereur était soumis, il fut arrêté le 27 nov. 1816 et privé de sa liberté pendant 13 mois; ce ne fut qu'après la mort de Napoléon qu'on lui permit de retourner en France. Il a publié le *Mémorial de Sainte-Hélène* (8 vol., 1822-'23) qui lui rapporta, dit-on, 2 millions de francs. Il fut élu en 1831 et en 1839, à la Chambre des députés. Il a donné aussi un *Atlas historique et géographique* et une autobiographie.

LAS CENIZAS [lass-sé-ni-sass] (les Cendres), volcan du Guatémala (Amérique centrale), appartenant au groupe des volcans du Pacaya, à 30 kil. S.-O. de la ville de Guatémala, à 1,600 m. de hauteur.

LASCIATE OGNI SPERANZA, VOI CH'EN-TRATE, vers célèbre du Dante, fragment de l'inscription placée par le poète sur la porte de l'enfer :

Laissez toute espérance, vous qui pénétrez dans ces lieux.

* **LASCIF, IVE** adj. [lass-sif], (lat. *lascivus*). Fort enclin, fort porté à la luxure : *le bouc est un animal très lascif.* — Se dit aussi des choses qui portent, qui excitent à la luxure : *une posture, une danse lascive.*

* **LASCIVEMENT** adv. d'une manière lascive : *regarder lascivement.*

* **LASCIVETÉ** s. f. Forte inclination à la luxure : *la lasciveté l'a entraîné dans beaucoup d'excès, a ruiné entièrement sa santé.* — Ce

qui porte, ce qui excite à la luxure : *il y a beaucoup de lasciveté dans ce tableau, dans ces vers.*

LA SERRE (Jean PUGET DE), littérateur, né à Toulouse en 1606, mort en 1665. Il publia plus de 100 vol. sur toutes sortes de sujets, morale, philosophie, histoire, théâtre; mais il n'est plus guère connu que par les épigrammes de Boileau et les madrigaux de Maynard; il fut historiographe de France.

LA SOURCE (Marie-David-Albin), conventionnel, né à Anglès en 1762, mort sur l'échafaud en 1793. Révolutionnaire enthousiaste, il fut député à la Convention et vota la mort du roi sans appel ni sursis, attaqua Robespierre et s'attira la haine des montagnards. Arrêté et condamné à mort, il adressa à ses juges ces paroles prophétiques : « Je meurs dans le moment où le peuple a perdu la raison; mais vous, vous saurez le jour où il la recouvrera ». (30 oct.).

LAS PILAS, volcan éteint dans la chaîne des Marrabios (Nicaragua). Un orifice s'ouvrit en avril 1850 et forma un cône de plusieurs centaines de mètres de hauteur; mais l'éruption cessa vers la fin du mois et ne s'est pas renouvelée depuis.

LASSA ou H'LASSA, ville de l'Asie, capitale du Thibet, sur un affluent du Sampo ou Dzang-bo-tzin, à 900 kil. N.-N.-E. de Calcutta; environ 50,000 hab., dont une grande partie sont des prêtres bouddhistes ou lamas. Elle est entourée d'une muraille, renferme quelques beaux édifices, possède un commerce considérable et est le rendez-vous des marchands de toutes les parties de l'Asie. Au N.-O. de la ville, et relié à elle par deux avenues, se dresse le Bouddhala ou montagne de Bouddha, sur laquelle s'élève une construction magnifique à quatre étages, couronnée d'un dôme doré. C'est la résidence du dalai lama ou grand lama, souverain pontife bouddhiste de l'Asie centrale; les pèlerins y affluent de toutes les parties de l'Inde orientale.

* **LASSANT, ANTE** adj. Qui fatigue : *des discours lassants et ennuyeux.*

LASSAY, ch.-l. de cant., arr. et à 20 kil. N.-O. de Mayenne (Mayenne); 2,400 hab. Beau château du IXᵉ siècle.

* **LASSER** v. a. (lat. *lassare*). Fatiguer, causer de la lassitude : *c'est un travail qui me lasse extrêmement.* — S'emploie quelquefois absol.: *cette sorte de danse lasse beaucoup.* — S'emploie aussi au sens moral : *une trop grande contention lasse l'esprit.* — Ennuyer, dégoûter : *il lasse tout le monde par ses importunités.* — Se lasser v. pr. Se fatiguer, devenir las : *on se lasse à force de marcher.* — Se dégoûter.

Nous nous lassons de tout; nos plaisirs ont leur fin.
L. RACINE.

— SE LASSER DE, se dit quand on veut marquer le désir de cesser l'acte qui cause la lassitude.

Vous lassez-vous déjà d'avoir posé les armes?
J. Racine, la Thébaïde, acte II, sc. III.

— SE LASSER A, s'emploie quand on veut seulement désigner l'acte qui cause la lassitude : *on se lasse à rester debout.*

LASSEUBE, ch.-l. de cant., arr. et à 12 kil. N.-E. d'Oloron (Basses-Pyrénées); 2,000 hab. Exploitation de bois pour la marine.

LASSIGNY, ch.-l. de cant., arr. et à 24 kil. N. de Compiègne (Oise); 900 hab.

LASSIS s. m. [la-st]. Espèce de bourre de soie; étoffe faite avec cette bourre.

* **LASSITUDE** s. f. Abattement où l'on se trouve après un travail excessif de corps ou d'esprit : *tomber de lassitude.* — Se dit aussi d'un état, d'une sensation semblable causée par une mauvaise disposition de santé : *je ne sais d'où me vient cette lassitude.* — Ennui,

dégoût : *il a renoncé à cette correspondance par pure lassitude d'avoir toujours les mêmes choses à dire.*

LASSO s. m. (esp. *lazo*). Lanière de cuir dont on se sert, dans l'Amérique espagnole, pour prendre les bœufs sauvages ou s'emparer d'un ennemi. Les chasseurs au lasso sont des cavaliers intrépides et agiles qui manient avec une incomparable dextérité une longue courroie de cuir de bœuf graissée, étirée et formant un nœud coulant. Ils jettent ce lacet autour des cornes ou du cou de l'animal qu'ils veulent atteindre. Le lasso peut, dans certains cas, devenir une arme dangereuse pour l'homme.

LASSO (Orlando di) ou ORLANDUS LASSUS, compositeur flamand, né en 1520, mort en 1594. Il vécut à Anvers et à Munich et fut l'un des plus fameux compositeurs de son siècle; il excella dans l'harmonie et fut un des premiers qui employa les passages chromatiques. Il composa des chants et de la musique sacrée. Ses œuvres ont été publiées à Paris : *Mélanges d'Orland Lassus* (1576) et *Continuation des Mélanges* (1584).

* **LAST** ou Laste s. m. (anc. haut all. *hlast*). Comm. mar. Se dit d'un certain poids, d'une certaine mesure qui diffère selon les lieux et les denrées, mais qui est ordinairement de deux tonneaux ou quatre milliers : *un navire chargé de cent lasts de froment, de farine, de houblon, etc.*

LASTEYRIE (Ferdinand-Charles-Léon, COMTE DE), archéologue et homme politique, fils du philanthrope Lasteyrie-Dusaillant et cousin de Lafayette, né à Paris le 15 juin 1810, mort en mai 1879. Fut député de la Seine depuis 1841 jusqu'en 1851. Jeté en prison pendant quelque temps pour avoir protesté contre le coup d'État, il ne reparut plus sur la scène politique et échoua aux élections de 1857 à Paris. Ses importants travaux sur l'archéologie du moyen âge le firent entrer à l'Académie des inscriptions et belles-lettres (1860). Son chef-d'œuvre est une *Histoire de la peinture sur verre d'après ses monuments en France* (in-fol. 1837-'58). Parmi ses autres ouvrages, on cite : *Manufactures de Sèvres et des Gobelins* (1850); *Théorie de la peinture sur verre* (1852), etc.

LASTEYRIE (Adrien-Jules, MARQUIS DE), homme politique, cousin du précédent et petit-fils, par sa mère, du général Lafayette, né au château de la Grange (Seine-et-Marne) en 1810, mort en nov. 1883. Il fut élu député en 1842 et représentant du peuple à l'Assemblée constituante de 1848 et à la Législative de 1849 où il siégea parmi les royalistes. Exilé par le coup d'État du 2 déc. 1851, il fut admis à rentrer en France quelques mois après et vécut dans la retraite jusqu'en 1869, époque à laquelle, après une lutte courageuse, il échoua de quelques centaines de voix devant le candidat officiel. En 1871, à Paris et en Seine-et-Marne, il opta pour ce dernier département et fut l'un des premiers désigné par l'Assemblée nationale pour siéger au Sénat. Elu sénateur inamovible le 10 déc. 1875, il siégea au centre gauche.

LASTEYRIE-DUSAILLANT (Charles-Philibert, COMTE DE), agronome et publiciste, né à Brives-la-Gaillarde en 1759, mort à Paris en 1849. Il introduisit en France les moutons mérinos d'Espagne, s'occupa de la culture du riz, de l'indigotier, de la chicorée sauvage; établit en France la première fabrique de plumes métalliques ainsi que la première lithographie; il fut membre d'une foule de sociétés savantes et écrit nombre d'ouvrages d'agriculture et d'instruction élémentaire.

* **LASTING** s. m. [lass-tain] (angl. *lasting*, qui dure, durable). Étoffe de laine rasée, brillante et solide.

LA SUZE (Henriette DE COLLIGNY, comtesse de), femme poète, née à Paris en 1618, morte en 1673. Ses poésies ont été réunies en un volume (Paris, 1656).

LATAKIÈH (anc. *Laodicea*), ville de Syrie, à 180 kil. N. de Beyrout; environ 7,000 hab. Elle est située sur un promontoire rocheux, qui s'avance à près de 3 kil. dans la mer en face de Chypre, et est entourée de bosquets; elle se compose d'une ville haute, qui occupe une position élevée et d'une ville basse, appelée la Scala, qui s'étend le long de la côte. Latakièh et Alexandrette servent de ports à Alep. Le principal article d'exportation est le tabac, qui est d'une qualité supérieure. Grand commerce d'éponges, de noix de galle, de laine, de poils de chameaux, etc. Latakièh renferme plusieurs ruines d'anciennes constructions. (Voy. LAODICÉE.)

* LATANIER s. m. Bot. Genre de palmiers, tribu des borassinées dont les deux espèces principales, le *latanier de Bourbon* (*latania Bonica*) et le *latanier rouge* (*latania rubra*) croissent à l'île Maurice et à la Réunion. Leurs feuilles élégantes et flexibles, servent à fabriquer divers petits objets de vannerie artistique.

* LATENT, ENTE adj. [la-tan] (lat. *latens*; de *lateo*, être caché). Caché, qui n'est pas apparent. — Phys. CHALEUR LATENTE, chaleur qui n'est point sensible au thermomètre. — Méd. vétér. VICES LATENTS, MALADIES LATENTES, certaines maladies des chevaux, dont les symptômes peuvent rester longtemps cachés: *la pousse, la morve et la courbature sont des vices latents.* — Pathol. Se dit des maladies qui n'offrent pas de symptôme apparent : *l'incubation est le temps pendant lequel une affection reste latente.*

* LATÉRAL, ALE, AUX adj. (lat. *lateralis*, de *latus*, côté). Qui appartient au côté de quelque chose : *les sinus latéraux du cerveau.*

* LATÉRALEMENT adv. De côté, sur le côté.

LATERA STAGNUM (aujourd'hui, *Etangs de Maguelonne et de Pérols*). Antiq. Lac du territoire de Nemausus, dans la Gallia Narbonensis, et réuni à la mer par un canal. Sur ce lac s'élevait la forteresse du même nom (*château de la Latte*).

* LATERE (A). Expression lat. Voy. LÉGAT.

LATEX s. m. [la-tèkss] (lat. *latex*, liquide). Bot. Suc propre aux végétaux et qui est souvent d'aspect laiteux.

LATHAM (John), ornithologue anglais, né en 1740, mort en 1837. Il fut l'un des fondateurs de la Société linnéenne. Ses ouvrages ont été réunis sous le titre de *General History of Birds* (1821-'24).

* LATHYRUS s. m. [la-ti-russ] (gr. *lathuros*, pois chiche). Nom scientifique du genre gesse.

LATICIFÈRE adj. (lat. *latex*, liquide; *fero* je porte). Qui contient du latex.

* LATICLAVE s. m. (lat. *latus*, large; *clavus*, clou). Tunique bordée par devant d'une large bande de pourpre, et garnie de nœuds ou boutons de pourpre ou d'or, imitant des têtes de clous : *le laticlave était le vêtement des sénateurs et de la plupart des magistrats.*

LATIMER (Hugh), réformateur anglais, né vers 1490, brûlé à Orford le 16 oct. 1555. Il fut élevé à Cambridge et se fit protestant vers 1520. En 1530, il favorisa le divorce d'Henry VIII avec Catherine, fut nommé chapelain du roi et reçut le bénéfice de West Kington (Wiltshire). Il fut nommé évêque de Worcester en 1535. Il quitta son siège lors de l'admission des six articles en 1539 et fut emprisonné (1541-'47). Après l'avènement d'Édouard VI, il refusa de reprendre son évê-

ché. A l'avènement de Marie, il fut enfermé à la Tour. En 1554, on le mena à Oxford avec Cranmer et Ridley pour soutenir une controverse avec plusieurs docteurs de l'université. Condamné comme hérétique, il fut emprisonné pendant plus d'un an et envoyé au bûcher avec Ridley.

* LATIN, INE adj. (lat. *latinus*). Qui est du Latium, qui appartient à ce pays ou à ses habitants. LA LANGUE LATINE, la langue des anciens Romains. UN DISCOURS LATIN, UNE HARANGUE LATINE, un discours, une harangue en langue latine. MOT LATIN, mot de la langue latine. DICTIONNAIRE GREC ET LATIN, LATIN ET FRANÇAIS, dictionnaire où le sens des mots grecs est expliqué en latin, etc. — LE PAYS LATIN, le quartier qu'occupait autrefois l'Université de Paris et où sont encore plusieurs lycées, la Sorbonne, le collège de France, les écoles de droit et de médecine. On dit aussi : LE QUARTIER LATIN. — L'EGLISE LATINE, toute l'Église d'Occident, par opposition à l'Église grecque ou d'Orient : *les Pères de l'Église latine.* On dit de même, LE RIT LATIN, le rit de l'Église romaine. On appelle aussi substantiv. *Latins*, ceux qui sont de l'Église latine : *les Latins et les Grecs diffèrent de croyance et de pratique en plusieurs points* — Mar. VOILE LATINE, voile faite en forme de triangle. Cette espèce de voile est plus en usage sur la Méditerranée que sur l'Océan. — s. m. La langue latine : *enseigner, apprendre le latin.*

Traducteurs, éditeurs, faiseurs de commentaires,
Qui nous parlez toujours de grec ou de *latin*...
                                    FLORIAN.

— DU LATIN DE CUISINE, de fort mauvais latin. — IL EST AU BOUT DE SON LATIN, se dit d'un homme qui ne sait plus où il en est, qui ne sait plus que dire, que faire. IL Y A PERDU SON LATIN, se dit d'un homme qui a travaillé inutilement à quelque chose, qui y a perdu son temps et sa peine. — EMPIRE LATIN DE CONSTANTINOPLE, empire formé par les croisés et les Vénitiens et qui dura de 1204 à 1261. — Langue et littérature latines. Le latin est une branche de la famille aryenne ou indo-européenne ; il fut parlé par les Latins ou habitants du Latium, dans l'Italie centrale, probablement dès le commencement du xᵉ ou du xvᵉ siècle avant notre ère. Il devint ensuite la langue de la république romaine et de l'empire; on le parla dans toute la péninsule italienne ; il fut presque universellement adopté, avec quelque corruption inévitable, en Afrique, en Espagne, en Gaule, en Bretagne, en Pannonie et en Dacie. Il cessa d'être une langue vivante vers le viiiᵉ siècle de notre ère, quand il donna naissance aux idiomes romans; mais il continua d'être employé comme langue de l'Église, du droit et de la science en général jusqu'aux deux derniers siècles. De nos jours même, un grand nombre d'ouvrages scientifiques, particulièrement ceux qui traitent de droit et de philologie, sont écrits en latin. Cette langue se rapporte plus étroitement au grec qu'à aucun autre langage connu. Sous l'influence des langues parlées dans les différents districts italiens, les Latins formèrent une langue nouvelle avec les matériaux importés par les Pélasges. (Voy. ITALIE, RACES ET LANGAGES.) Les plus anciennes inscriptions latines dont on puisse certifier la date appartiennent à la seconde moitié du vᵉ siècle de Rome. De 250 environ av. J.-C. jusqu'à 500 ap. J.-C., période pendant laquelle le latin eut une littérature, il n'éprouva que peu de changements grammaticaux; mais son vocabulaire s'enrichit constamment. Le latin atteignit son plus haut point de perfection au iᵉʳ siècle av. J.-C.; ensuite il s'altéra. Avec les commencements d'une littérature vint aussi un développement d'expressions grecques, particulièrement pour les objets d'art et de science. Quelques mots, comparativement peu nom-

breux, furent empruntés aux nations barbares avec lesquelles la nation romaine avait des rapports. — On n'a pu retracer d'une manière complète et certaine l'histoire de l'alphabet latin. Cicéron et Quintilien disent qu'il était composé primitivement de 21 lettres et se terminait par la lettre *x*: mais les plus anciens monuments connus montrent seulement 20 caractères. Mommsen, F. Lenormant et autres savants paléographes pensent que la lettre qui disparut fut le *z*. On suppose que l'alphabet grec arriva à Rome par la Sicile ou par Cumes. Kirchhoff fut le premier à s'apercevoir que la variété œollo-dorique de l'alphabet grec, employée dans les colonies chalcidiennes, avait une grande affinité avec les caractères latins. La prononciation du latin, comme on l'enseigne maintenant, n'est pas uniforme. Les savants, dans chaque contrée, le prononcent comme ils prononcent leur propre langue. Néanmoins, on reconnaît deux méthodes distinctes, l'une anglaise, l'autre continentale, employant respectivement les sons anglais et les sons italiens des voyelles. Aucune de ces méthodes ne rend le latin comme les Romains le parlaient, les consonnes étant mal prononcées dans les deux méthodes. On est à peu près sûr de ce qu'était la prononciation romaine et on croit qu'elle finira par être adoptée. Les voyelles se prononçaient presque comme dans l'italien. Parmi les consonnes *c* et *g* étaient toujours durs, *j* comme *i* dans *hier*, *v* comme *ou* dans *oui*; dans *ch*, *ph* et *th*, chaque lettre conservait sa prononciation séparée et *m* quelquefois n'avait pas de son. La grammaire de la langue latine de Roby, depuis Plaute jusqu'à Suétone, contient un exposé de prononciation. — En latin, noms, pronoms, adjectifs et verbes, sont inflectifs; les autres mots ne le sont pas. Les inflexions des noms, des pronoms et des adjectifs sont les mêmes en principe, celles des verbes sont tout à fait distinctes. Les noms ont six cas : nominatif, génitif, datif, accusatif, vocatif et ablatif; il y a trois genres: masculin, féminin et neutre et les nombres sont le singulier et le pluriel. Dans les verbes, il y a deux voix, l'actif et le passif. Les verbes déponents ont une forme passive, mais une signification active. Il y a quatre modes, indicatif, subjonctif, infinitif et impératif, et six temps, savoir: trois dénotant une action incomplète, le présent, le futur et l'imparfait; et trois dénotant une action complète, le parfait, le plus-que-parfait et le futur parfait. La voix passive s'emploie au moyen de participes combinés avec certains temps du verbe *esse*, être. — L'étude de la langue latine et de ses monuments fut très négligée à partir de l'an 500 ap. J.-C., c'est-à-dire quand le latin eut cessé d'être parlé par un peuple distinct; et lorsque les races germaniques s'établirent dans les pays romains, le clergé seul parla latin et ce langage fut relégué dans les monastères où, d'ailleurs, les restes des bibliothèques avaient aussi été transportés. Au viᵉ siècle, Boëtius et Cassiodore seuls employaient encore le latin dans la littérature. L'ouvrage le plus important de cette époque est le sommaire de la philologie latine de Priscien. L'ordre des moines bénédictins, qui commençait alors à être florissant, favorisa la copie des bons livres et conserva ainsi les auteurs anciens. Les moines, en Irlande, trouvèrent moyen de préserver les monuments de la littérature de Rome et les Anglo-Saxons convertis devinrent d'habiles traducteurs du latin ; ils copièrent et traduisirent un grand nombre de manuscrits. Charlemagne établit dans les écoles les quelles on étudiait le latin; il encouragea la copie des anciens manuscrits et fonda une bibliothèque. Le roi Alfred, fondateur de l'université d'Oxford, contribua beaucoup à la conservation et à la traduction des anciens manuscrits. L'Allemagne, sous les Othons et sous leurs successeurs, s'associa aux travaux entrepris ailleurs. Quant aux textes eux-mêmes et aux dictionnaires, ils restèrent la propriété exclusive de l'Italie. Les moines carthusiens et cisterciens furent très utiles pendant le xiiᵉ siècle. L'Italie, vers cette époque, occupa le rang le plus élevé dans les études latines. Pétrarque, Boccace et Poggio Bracciolini, rassemblèrent et multiplièrent les manuscrits. Après 1465, quand les premières imprimeries furent établies en Italie, on vit paraître un grand nombre de critiques auxquels on doit surtout les *éditions princeps.* La France et l'Allemagne commencèrent alors à cultiver avec zèle les études latines. Avec Dorat et Lambin à leur tête, les Français firent des méthodes d'interprétation une science permanente. Les savants latins les plus éminents du xviᵉ siècle furent Reuchelin, Erasme et Scaliger. Mélanchton aussi fut remarquable comme grammairien et comme professeur. La guerre de Trente ans fut désastreuse pour les lettres: c'est à peine si, avant le milieu du xviiiᵉ siècle, on fit des efforts sérieux pour arrêter les progrès de la décadence. Pendant ce temps, les Pays-Bas offrirent un asile sûr aux études latines. La Hollande introduisit une méthode dans la philologie latine et lui donna une base scientifique sur laquelle elle repose encore aujourd'hui. L'Angleterre produisit un homme qui dégagea les études latines des erreurs dans lesquelles les savants des autres contrées étaient tombés. Richard Bentley fut le père de la science critique du latin. A la fin du dernier siècle, les anciens manuscrits et les anciennes éditions devinrent plus dignes de foi et plus complètes. Les travaux du siècle actuel eurent pour résultat la recomposition presque totale des ouvrages des auteurs latins favoris. L'accroissement des études historiques et juridiques, avec Niebuhr en tête, favorisèrent l'éclaircissement de plusieurs passages obscurs et négligés et facilitèrent beaucoup l'intelligence des anciens ouvrages latins. Les Allemands occupent sans contredit la première place dans les études latines et leurs travaux forment la base de la plupart des éditions en latin publiés dans les autres contrées. — Littérature. L'histoire de la littérature latine peut être divisée en plusieurs périodes bien définies. La première période, jusqu'à la publication des poèmes de Livius Andronicus, vers 240 av. J.-C., ne compte aucun monument littéraire. La seconde période s'étend jusqu'à la mort de l'empereur Auguste (14 ap. J.-C.). Cette période peut être subdivisée en *âge des archaïsmes, âge cicéronien* ou *de prose artistique* et *l'âge d'Auguste* ou *de poésie artistique.* Ces deux dernières subdivisions sont généralement comprises en une seule et appelées l'âge d'or de la littérature. La troisième période s'étend jusqu'à la mort de Marc-Aurèle (480); mais, à partir du règne d'Adrien (117-138), la littérature fut caractérisée par une telle décadence de goût qu'elle demande à être traitée à part. La quatrième période est une période d'anarchie littéraire; le latin de Cicéron cesse d'être un modèle vivant de la langue littéraire et le langage du peuple domine. Cette période se termine avec le commencement de l'âge gothique ou époque de Boëtius et de Cassiodore, vers l'an 500. — Première période ou *commencement de la littérature latine.* Les documents les plus anciens que nous connaissons sont les chants religieux et les pièces politiques. Parmi ceux-là, les chants saliens sont probablement de la plus haute antiquité. Un d'eux, existant encore, est un chant de danse des frères Arval, en l'honneur de Mars, et il revêt une forme très primitive du langage. Les *Annales Maximi,* considérées par Quintilien comme le début de la prose latine, les registres des familles, les livres des oracles et les calendriers albains et romains sont aussi d'une grande antiquité. La loi des 12 Tables

date d'environ 450 av. J.-C. — Seconde période. Livius Andronicus fut le premier qui transplanta la littérature grecque à Rome, par la représentation d'un drame et la traduction de l'*Odyssée.* Son successeur, Nævius, vers 235, eut plus de facilité et un rhythme plus mâle. Les événements de la seconde guerre punique donnèrent le goût des écrits historiques que les auteurs contemporains, Fabius Pictor et Cincius Alimentus, essayèrent de satisfaire, en écrivant principalement en grec. Le meilleur prosateur latin fut Caton l'Ancien. Du temps de Caton, apparut le père de la poésie latine, Quintus Ennius (mort en 169); il abandonna le mètre saturnien et introduisit les rhythmes grecs. Cæcilius Statius (mort en 168) et Maccius Plautus profitèrent de ses leçons; ils introduisirent dans leurs imitations des comédies grecques le langage, les pensées et les mœurs des plébéiens. Le tragique Pacuvius fut aussi un successeur d'Ennius. En 166, on représenta le premier drame de Térence; ses imitations de Ménandre furent assez exactes, ses dialogues témoignaient de beaucoup de goût et son langage fut parfaitement mesuré et très spirituel. Lucilius (vers 120) créa une nouvelle forme de poésie populaire, la satire. Le siècle de Cicéron fut inférieur en productions littéraires. Le seul poète véritable fut Lucrèce; ses compositions respirent le matérialisme sceptique. Catulle est connu par ses exquises poésies lyriques, ses élégies et ses épigrammes. Térence fut probablement le plus grand savant de l'antiquité. Les fragments de Cornelius Nepos (vers 54) sont écrits dans un style simple, sobre et coulant. Les *Commentaires* de César sont parmi les plus magnifiques monuments de la littérature latine. Mais l'écrivain romain le plus clairvoyant et le plus artistique fut Salluste (vers 45). Le maître en éloquence et en composition philosophique fut, sans contredit, Cicéron. Sur l'ancienne langue simple et sans règle s'était ainsi formée la latinité classique. Le siècle d'Auguste, qui commence 30 ap. J.-C., 13 ans après la mort de Cicéron, offre un grand contraste. Auguste, bien qu'il fût lui-même un personnage peu versé en littérature, fit tout ce qui dépendait de lui pour favoriser les progrès littéraires. Les classes les plus riches devinrent à leur tour les protectrices des hommes de lettres et elles constituèrent le public auquel s'adressaient ordinairement les auteurs. La jurisprudence, la grammaire et la rhétorique reçurent aussi une vive impulsion. Mais la gloire du siècle d'Auguste, ce fut la poésie. Les poètes étudiaient avec assiduité l'art grec, et leurs poèmes sont empreints d'hellénisme et d'imitations grecques. La puissance de forme, correcte au point de vue de la grammaire et de la flexion rhythmique, riche en images et parfaite dans la mesure, mérite la plus grande admiration, car l'élégance facile des écrits n'y laisse pas soupçonner la grande difficulté du travail. Ce siècle produisit dans une égale perfection tous les genres de poésie depuis l'*epos* (récit) jusqu'à l'épître poétique et au poème didactique. Les élégies raffinées de Tibulle célèbrent ses amours et ses exploits militaires en Gaule; Properce abonde en images riches; la phraséologie classique de Virgile reste un modèle du genre pendant cinq siècles. Ovide excelle en narrations heureuses et Horace fut sans égal pour la pureté du langage. Tandis que la poésie était à son apogée, la prose historique était à son déclin, bien que l'histoire de Rome de Tite Live ait été universellement reconnue comme une production classique. — Troisième période. La troisième période, depuis 14 ap. J.-C. jusqu'en 180, a porté longtemps le nom de latinité de l'âge d'argent. Le despotisme brutal, commençant avec Tibère, pesa sur l'esprit romain jusqu'à la mort de Domitien. La

poésie souffrit le plus. Pendant les 23 années du règne de Tibère, Manilius Phædrus, l'auteur des *Fables,* est le seul poète. La rhétorique tomba lentement aussi de la hauteur où elle était parvenue. Germanicus composa plusieurs ouvrages en vers. Velleius Paterculus écrivit un abrégé de l'histoire romaine en bon style. Valère-Maxime fit une collection d'anecdotes. Cornelius Celsus fut un écrivain prolixe et un encyclopédiste. Pendant les règnes de Caligula, de Claude et de Néron, le principal auteur fut Sénèque. Ses écrits philosophiques charment par l'abondance des connaissances et par l'élévation de la pensée. Ses tragédies déploient une quantité exagérée de mots et de figures de rhétorique. Quinte-Curce écrivit une histoire développée d'Alexandre le Grand. Columelle écrivit 12 livres sur l'agriculture et Pomponius Mela une description du monde. Valerius Probus est le grammairien le plus éminent de son temps. Avec le style ampoulé qui caractérise cette période, Perse écrivit six satires. Un écrivain fertile en prose et en vers fut Lucain, l'auteur de la *Pharsale,* poème épique inachevé sur la guerre civile entre Pompée et César. On croit que pendant le règne de Néron commença le genre romantique attribué à Pétrone; bien qu'il ne reste plus de cet auteur que quelques fragments, ils sont importants, parce qu'ils représentent spécialement les mœurs et le langage du peuple de cette époque. Sous Vespasien et Titus florissait Pline l'Ancien, dont l'encyclopédie de sciences naturelles est parvenue jusqu'à nous. Parmi les poètes de cette époque est Valerius Flaccus dont les 10 livres d'*Argonautica* montrent une diction élégante, mais peu claire. Silius Italicus (mort en 101) écrivit 17 livres de *Punica,* imitant Homère et Virgile. Le plus grand ouvrage de Papinius Status fut la *Thebais,* en 12 livres, laquelle, de même que son *Achilleis* (incomplet), sont écrits dans un langage lourd; il montra plus de talent dans sa *Silvæ.* Martial laissa 15 livres d'épigrammes. Le prosateur le plus éminent de son siècle est Quintilien, qui écrivit sur l'art oratoire. Julius Frontinus, excellent ingénieur, fut l'auteur d'un ouvrage populaire sur la tactique, et d'un ouvrage en deux livres *De Aquis urbis Romæ,* écrit dans un style concis et raffiné. Entre 96 et 117, sous Nerva et Trajan, la littérature, bien qu'elle fût grandement à son déclin, eut un grand nombre d'écrivains dans toutes les branches. Le poète le plus éminent fut Juvénal, dont les satires décrivent éloquemment et d'une manière frappante les vices de la société romaine. L'écrivain en prose le plus remarquable est Tacite; comme historien, il suivit les meilleures sources, les passant au crible d'une critique sévère et indiquant seulement ses propres vues, mais écrivant toujours d'un ton mélancolique et rempli d'amertume. Pline le Jeune a écrit, sur un grand nombre de sujets, des lettres égotistes, mais d'un style coulant et gracieux. Sous Adrien (117-138), le littérateur le plus important fut Suétone. Ses *Viri Illustres* et *Vies des douze Césars* sont inexacts comme chronologie, bien que tirés de bonnes sources; le style est rempli de fleurs de rhétorique, mais monotone. Florus écrivit un abrégé de l'histoire romaine jusqu'à Auguste, c'est un ouvrage de rhétorique inexact. Justin l'historien vécut peut-être vers cette époque. Le principal grammairien du siècle est Terentius Scaurus. Cælius Aurelianus laissa deux ouvrages mal écrits sur l'art médical. Parmi les écrivains en vers, nous trouvons Annianus, Ælius Verus, etc.; l'époque d'Adrien ne produisit pas de poète bien remarquable. L'époque des Antonins (138-180) termine cette période. L'excellent règne d'Antonin le Pieux n'empêcha pas le déclin de la littérature latine. Fronto, homme sans génie et sans goût, fut la plus haute autorité du temps. Son érudition et son affectation devinrent à la mode. Les recherches historiques n'étaient pas en grande faveur. Les plus fameux des nombreux ouvrages du juriste Gaius, les *Res Cotidianæ* et les *Institutiones*, sont excessivement gracieux, vifs et naturels; le dernier servit de base aux *Instituta* de Justinien. Les productions poétiques de cette époque sont insignifiantes, excepté le *Pervigilium Veneris* et le poème épique badin *Vespa*. La littérature du règne de Marc-Aurèle (161-180) resta sous l'influence de Fronto et de ses élèves Victorinus, Silanus et Festus. Les 20 livres des *Noctes Atticæ*, par Aulu-Gellie, sont importants pour plusieurs branches de littérature et pour la connaissance de cette époque. Apulée, philosophe platonicien et rhéteur, possédait de l'originalité, de la facilité et de la vivacité. Le juriste Scævola écrivit 40 livres de *Digesta*; on les employa beaucoup dans les *Pandectes*. — QUATRIÈME PÉRIODE, 180 à 500. C'est la période de la dissolution de la littérature romaine. Depuis le temps de l'avènement de Commode jusqu'à la mort de Septime-Sévère (180-211), la religion chrétienne gagna du terrain, même parmi les classes instruites et elle fut défendue par l'éloquent Minucius Felix et par Tertullien. Le grand juriste Papinien se distingua par sa clarté, et les plus importants de ses ouvrages, *Quæstiones* et *Responsa*, furent employés dans les collections de Justinien. Parmi les juristes de la première moitié du IIIᵉ siècle se trouve Ulpien. Trois grammairiens de cette époque jouissent de quelque célébrité : Julius Romanus, Juba et Censorinus; ils s'occupèrent de rhétorique. Martial écrivit un ouvrage considérable sur l'agriculture. Marius Maximus écrivit les biographies complètes des empereurs postérieurs à Nerva, mais sans attention et sans exactitude. Les ouvrages de saint Cyprien sont en partie d'un caractère apologétique. Parmi les écrivains en vers furent Alfius Avitus et Marianus, l'auteur de *Lupercalia*. Dans la seconde moitié du IIIᵉ siècle, parurent Nemesianus, un poète; Aquila Romanus, un rhéteur : et Nonius Marcellus, auteur d'un lexique qui existe encore. Avec Dioclétien (284-305) parurent les orateurs panégyristes, qui consacrèrent leur éloquence aux vertus surhumaines et aux actions des empereurs. La Gaule était alors le théâtre principal de cet art. Les *Scriptores Augustæ Historiæ*, tels que Ælius Spartianus, Valcatius Gallicanus et Trebellius Pollio, manquent de talent et de capacité. Marius Plautius Sacerdos écrivit un *Ars Grammatica;* Terentianus de Mauritanie un manuel métrique, et Arnobius sept livres pour expliquer sa conversion au christianisme; il fut le professeur d'éloquence du célèbre Lactance, qui surpassa tous les autres écrivains chrétiens par la pureté et l'élégance de sa diction. Le déplacement de la résidence impériale à Constantinople imposa un nouveau caractère à la littérature du IVᵉ siècle. C'est l'époque de la plus grande splendeur dans la littérature chrétienne. Les études grammaticales se poursuivirent alors ; ans s'occuper des questions historiques et savantes. Firmicus écrivit un système d'astrologie. Donatus vient vers le milieu du IVᵉ siècle, il est l'auteur de plusieurs livres importants sur la grammaire et de commentaires sur Térence et sur Virgile. Palladius écrivit 14 livres sur l'agriculture. La littérature historique de l'époque se compose de courts abrégés par Aurelius Victor, par Eutropius et par Sextus Rufus. Le seul discours latin qui existe de cette époque est celui de Claudius Mamertinus, qui donne un portrait fidèle du caractère de Julien comme prince. Hilarius (Hilaire), évêque de Poitiers, fut un écrivain fertile sur la théologie. Avienus écrivit des poèmes, principalement didactiques, sur des sujets historiques et il montra

toujours une grande pureté de forme et de pensée. Les compositions du rhéteur Magnus Ausonius ont peu de valeur comme poésie, mais ils sont intéressants pour la représentation fidèle des personnes et des affaires de son siècle. Les hymnes chrétiennes de Damasus (mort en 384) sont les premières qui soient parvenues jusqu'à nous. On peut assigner aussi à cette époque la plus ancienne traduction de la Bible (*Itala*). A partir du règne de Théodose Iᵉʳ, le polythéisme s'éteignit graduellement. Symmaque et Ammianus Marcellinus furent en réalité les derniers représentants du polythéisme en littérature. Le dernier fit une suite de 31 livres à l'histoire de Tacite. Sa diction est obscure et fatigante. Le nombre et l'importance des écrivains chrétiens augmenta journellement. Au-dessus de tous fut saint Ambroise, ses hymnes devinrent célèbres. Saint Jérôme fut le plus savant écrivain chrétien ; il interpréta et traduisit les livres de la Bible. Prudentius écrivit des poèmes sur des sujets chrétiens, et peu de temps après lui, Sulpicius Severus et Orosius traitèrent l'histoire au point de vue chrétien. Claudien (Claudius Claudianus) fut l'auteur païen le plus important de la fin du IVᵉ et du commencement du Vᵉ siècle. Il imita la diction et la mesure des poètes de l'âge classique avec un succès parfait. Saint Augustin (mort en 430) est l'intelligence la plus remarquable de son époque. Au commencement du Vᵉ siècle, vivait aussi le Breton Pelagius, fondateur du pélagianisme, son jeune ami Cælestius, le traducteur Anianus, et parmi d'autres écrivains chrétiens, Helvidius et Innocentius. Macrobius écrivit un commentaire du rêve de Scipion par Cicéron et sept livres de *Saturnalia*. A la même époque, peut-être, Arianus composa ses 42 fables. Martianus Capella écrivit une encyclopédie des sept arts libéraux, production bien prétentieuse. Les nations gouvernantes étaient alors des barbares, et les nations conquises se soumettaient avec un sombre désespoir. Par degrés, les productions littéraires s'éteignirent. Les sciences et la littérature passèrent graduellement dans les mains du clergé. On peut mentionner quelques autres noms : Rutilius Namatinus; Sidonius Apollinaris, Domnulus et Mamertus Claudianus dans la poésie ; Peregrinus, l'évêque romain Léon Iᵉʳ, le prêtre gaulois Salvianus Arnobius (le Jeune), Cerealis, Gelasius, Gennadius et d'autres écrivains religieux ; Victor Vitensis et l'Espagnol Idacius, historiens.

LATINEUR s. m. Personne qui connaît le latin, qui parle ou qui écrit en latin.

LATINI (Brunetto). savant italien, né vers 1230, mort en 1294. Il fut le chef des Guelfes de Florence et après leur chute (1260) il enseigna la philosophie et les lettres à Paris. Après la défaite des Gibelins, il retourna à Florence, où il fut l'ami et le professeur du Dante. Sa renommée repose sur son *Livre du trésor*, compilation philosophique écrite en français. Chabaille, a publié, dans ses *Documents inédits de l'histoire de France*, ceux des manuscrits de Latini qui se trouvent à la Bibliothèque nationale de Paris.

* **LATINISÉ, ÉE** part. passé de LATINISER. — En matière de controverse, UN GREC LATINISÉ, un Grec qui adopte les sentiments de l'Église latine.

* **LATINISER** v. a. Donner une terminaison, une inflexion latine à un mot d'une autre langue : *Tite-Live a latinisé tous les noms étrangers qui entrent dans son Histoire.*

* **LATINISME** s. m. Construction, tour de phrase propre à la langue latine: *son français est plein de latinismes.*

* **LATINISTE** s. m. Celui qui entend et parle la langue latine : *un habile latiniste.*

* **LATINITÉ** s. f. Langage latin : *belle, bonne latinité.* — LA BASSE LATINITÉ, le latin corrompu qu'écrivaient les auteurs du dernier temps où le peuple parlait encore la langue latine, alors très défigurée.

LATINUS, roi légendaire du Latium, père de Lavinie qu'il donna en mariage à Enée.

LATIROSTRE adj. (lat. *lutus*, large; *rostrum*, bec). Ornith. Qui a le bec large et aplati.

* **LATITUDE** s. f. Géogr. Hauteur du pôle sur l'horizon, ou distance d'un lieu à l'équateur, mesurée en degrés sur le méridien : *Paris est à quarante-huit degrés, cinquante minutes, quatorze secondes de latitude nord.* — Astron. Angle que fait, avec un plan parallèle à l'écliptique, la ligne droite qui passe par un astre et par un centre donné sur ce plan : *latitude australe.* — Se dit, par ext., des différents climats, considérés par rapport à leur température : *à la différence des animaux, l'homme peut vivre sous les latitudes les plus opposées.* — Se prend fig., au moral, dans le sens d'étendue, d'extension : *ce principe peut avoir une grande latitude.*

LATITUDINAIRE adj. Théol. Qui est d'une morale trop relâchée et qui ouvre trop largement la voie du ciel. — Substantiv. Membre d'une secte qui croyait au salut de tout le genre humain (XVIᵉ et XVIIᵉ siècles).

LATITUDINARISME s. m. Théol. Système des latitudinaires.

LATIUM. L'une des principales divisions de l'ancienne Italie. Ses frontières ont varié suivant les temps. Primitivement, le Latium formait au S. du Tibre un petit territoire habité par les Latins; mais, dans son acception la plus récente, il comprit la vallée inférieure du Liris, et embrassa tous les pays situés entre le Tibre, les territoires des Sabins et des Samnites, la Campanie et la mer Tyrrhénienne. Une partie de la côte, entre Antium et Terracine, est couverte par les marais Pontins; d'autres portions sont renommées pour leur fertilité. Parmi les villes les plus remarquables, on citait : Rome, Alba, Longa, Lavinium, Antium, Corioli, Ardea et Tusculum. Les Latins, race pélasgique, chassèrent les Siculi et formèrent une ligue de 30 villes, dont Alba devint la principale. Cette ligue fut renversée par la grande victoire des Romains près du mont Vésuve (340 av. J.-C.).

LATOBRIGI, peuple de la Gallia Belgica, mentionné comme voisin des Helvetii.

* **LATOMIE** s. f. (gr. *latomia*; de *las*, pierre; *temnô*, je coupe). Hist. anc. Carrière où l'on renfermait des prisonniers.

LATONE (grec Λητώ). Mythol. gr. Fille du Titan Cœnus et de Phébé; elle fut, avant Junon, femme de Jupiter, qui la rendit mère d'Apollon et de Diane. Quelques écrivains la considèrent non comme la femme, mais comme la concubine de Jupiter. D'après la fable, Latone, alors enceinte et persécutée par la jalouse Junon, ne put trouver de repos que lorsqu'elle arriva à l'île flottante de Délos qui lui offrit un refuge. (Voy. DÉLOS.)

LA TOUCHE (de) grammairien français, mort vers 1730. Après la révocation de l'édit de Nantes, La Touche chercha un refuge en Angleterre, où il eut pour protecteur le duc de Glocester; il y publia la première bonne *Grammaire française.*

LATOUCHE-TRÉVILLE (Louis-René LEVASSOR DE), amiral français, né à Rochefort en 1745, mort en 1804. Député de la noblesse aux états généraux; il fut un de ceux qui demandèrent la réunion avec le tiers état; il fit, en qualité de contre-amiral, les campagnes de Cagliari, de Nice et de Naples. Arrêté en 1793, il fut remis en liberté après le 9 thermidor:

il organisa ia flottille de Boulogne et repoussa Nelson en 1804; en 1803, il commanda l'escadre envoyée à Saint-Domingue; en 1804, il débloqua Toulon que menaçaient les Anglais.

LA TOUR-D'AUVERGNE, ch.-l. de cant., arr. et à 55 kil. O. d'Issoire (Puy-de-Dôme); 2,200 hab. Ancien château des seigneurs de ce nom.

LA TOUR-D'AUVERGNE (Théophile-Malo Corret de), surnommé le *premier grenadier de France*, né à Carhaix (Finistère) le 23 nov. 1743, tué à Oberhausen (Bavière), le 27 juin 1800. Il servit dans les armées françaises et espagnoles, se distingua dans l'armée républicaine à Chambéry et dans les Pyrénées. Il refusa de l'avancement, disant qu'il n'était bon qu'à commander une compagnie de grenadiers. Toutes les compagnies de cette arme étant réunies, il se trouva, bien qu'il n'eût encore que le titre de capitaine, à la tête de 8,000 hommes qui firent partie de l'avantgarde et devinrent la terreur de l'ennemi sous le nom de *colonne infernale*. Pendant un voyage en mer pour sa santé, La Tour d'Auvergne fut fait prisonnier par un corsaire anglais, mais il fut échangé en 1797. Après avoir combattu sous Masséna, en Suisse, il rejoignit les grenadiers en Allemagne en 1800 et tomba sous la lance d'un uhlan, en s'écriant que c'était ainsi qu'il voulait mourir. Jusqu'en 1814, chaque jour, à l'appel, son nom continua d'être prononcé et alors le plus ancien sergent répondait : « Mort au champ d'honneur ». Il a écrit *Nouvelles recherches sur la langue, l'origine et les antiquités des Bretons* (1792; 2e éd. 1801). Biographie par Buhot de Kersers (2e éd. 1874).

LATOUR-DE-FRANCE. ch.-l. de cant., arr. et à 27 kil. N.-O. de Perpignan (Pyrénées-Orientales); 1,500 hab. Vins et eaux-de-vie.

LA TOUR-DU-PIN, ch.-l. d'arr., à 64 kil. N.-N.-O. de Grenoble, par 45° 33' 50" lat. N. et 3° 6' 44" long. E.

LA TOUR-MAUBOURG, famille française dont les principaux membres sont : I. (Marie-Charles-César **Fay**, *comte de*), général français, né dans le Soissonnais en 1758, mort en 1831. Lorsque Louis XVI fut arrêté à Varennes, il fut un des commissaires chargés de le ramener à Paris; arrêté par les Autrichiens avec Lafayette, il partagea sa captivité; membre du Corps législatif en 1801, il entra au Sénat en 1806 et fut plus tard membre de la Chambre des pairs, où il professa toujours les idées libérales. — II. (Marie-Victor-Nicolas, **Fay**, *marquis de*), général français, frère du précédent, né en 1768, mort en 1850. Aide de camp de Kléber, il prit part à l'expédition d'Egypte, aux campagnes de Prusse et de Pologne et devint général de division. Après la chute de Napoléon, il entra à la Chambre des pairs, fut nommé ministre de la guerre en 1819 et gouverneur des Invalides en 1822. Démissionnaire lors de la révolution de 1830, il devint gouverneur du duc de Bordeaux. — III. (Just-Pons-Florimond **de Fay**, *marquis de*), diplomate, né en 1781, mort en 1837; il fut successivement ambassadeur à Constantinople, à Naples et à Rome, et, 1831 il en reçut un siège à la Chambre des pairs. — IV. (Armand-**Charles**), né en 1801, mort en 1845. Il ut un des signataires de l'acte d'indépendance de la Belgique.

LATRAN, nom d'un palais et d'une église de Rome, appelés ainsi parce qu'ils furent bâtis sur les propriétés de Plautius Lateranus qui fut mis à mort par Néron. Le palais futfondué par l'empereur Maximien à sa fille Fausta, seconde femme de Constantin, par Constantin au pape Melchiades en 312. Il devint la résidence des papes jusqu'à l'époque de leur translation à Avignon (1309); il fut brûlé vers cette époque et rebâti en 1585; converti en asile d'orphelins en 1693, il devint, en 1843, un dépôt

d'œuvres d'art pour lesquels il n'y avait pas de place au Vatican. Dans ce palais se trouve la *santa scala*, ou escalier sacré, que l'on dit être celui de la maison de Pilate où le Christ monta et descendit, et qui fut apporté de Jérusalem par Hélène, mère de Constantin le Grand. Il est composé de 28 marches en marbre, recouvertes en bois et constamment usées par les genoux des pèlerins. La *santa scala* conduit à la chapelle de Léon III appelée le *Sancta Sanctorum*; le pape seul peut y officier. Sur l'autel est un tabernacle en argent renfermant le portrait du Christ attribué à saint Luc. — Une basilique ou salle de justice, touchant au palais de Latran fut, d'après quelques-uns, assignée par Constantin au culte chrétien; mais suivant d'autres, Constantin y fit construire une église consacrée en 324 sous le titre de Saint-Sauveur. Cette église fut ren-

Latran (église et palais).

versée par un tremblement de terre en 896 rebâtie par Sergius III (904-911), détruite par le feu en 1308 et rebâtie mais pour être brûlée de nouveau en 1360. Urbain V la rétablit en 1364 et elle fut complètement achevée en 1559. La façade principale, construite en 1734, est regardée comme la plus belle qu'il y ait à Rome. L'entrée du milieu possède deux portes en bronze qui appartenait, dit-on, au temple de Saturne. Au-dessus est un balcon d'où les papes donnent la bénédiction les jours de grande fête. Cette église est la cathédrale des évêques de Rome, et elle a suprématie sur toutes les autres églises du monde catholique. Tous les papes y sont couronnés. Devant cette église se trouve le plus grand monolithe connu, obélisque de granit rouge de 50 mètres de haut, couvert d'hiéroglyphes, sur un piédestal élevé à la mémoire de Thothmes IV; il fut apporté d'Héliopolis à Alexandrie par Constantin; et de là à Rome par Constance. — (Latran Conciles de). Onze conciles ont été tenus dans la basilique de Latran; les cinq suivants sont considérés par les juristes catholiques romains comme œcuméniques. — I. Le 9e concile œcuménique (ou le 10e, si le concile de Jérusalem est compris dans la liste) et le premier concile général tenu en Occident, convoqué par Calixte II qui le présidait. Il s'ouvrit le 18 mars et fut terminé le 5 avril 1123. L'objet principal de la convocation était de terminer la longue querelle au sujet des investitures, en promulgant le concordat conclu à Worms entre le pape et l'empereur Henry V, 23 sept. 1122. — II. Le 10e concile général fut convoqué par Innocent II, qui le présida. Il s'ouvrit le 20 avril 1139. Il condamna l'antipape Anaclet II et anathématisa les doctrines et les adhérents d'Arnold de Brescia, de Pierre de Bruys et de l'hérésie manichéenne. — III. Le 3e concile général de Latran fut convoqué par Alexandre III pour confirmer la paix conclue à Venise entre lui et Frédéric Ier en 1177. Il siégea les 2, 14 et 19 mars 1179, et il

promulgua 27 canons ou lois, qui exigeaient les deux tiers des voix dans les votes pour le choix d'un pape, l'âge de 30 ans accomplis pour un candidat à l'épiscopat et de 25 pour les dignités inférieures; l'administration des ordres ou des sacrements sans rétribution; l'entretien d'écoles libres; et l'exemption de tout impôt pour les églises, les cimetières et les prêtres. — IV. Le 4e concile de Latran fut convoqué par Innocent III; commencé le 11 nov. 1215 il fut clos le 30 nov. Le pape présida. Dans la première session, il présenta une profession de foi solennelle; elle fut acceptée; le terme de *transsubstantiation* y fut employé pour la première fois au sujet du changement du pain et du vin eucharistiques. Toutes les hérésies contraires y furent frappées d'anathème, et il fut décrété que tous les hérétiques connus, après leur condamnation par un tribunal ecclésiastique, seraient remis au bras séculier. Les dernières mesures prises par le concile furent pour la continuation des croisades. — V. Le 5e concile de Latran (le 19e concile œcuménique) fut convoqué par Jules II, pour neutraliser l'influence de l'assemblée schismatique, appelée à Pise en 1511 par une partie des cardinaux agissant sous les ordres de l'empereur Maximilien et de Louis XII de France. Il fut ouvert, le 3 mai 1512, par Jules en personne. La France fut placée sous interdit. Léon X présida les dernières sessions, dans lesquelles les cardinaux schismatiques furent réconciliés avec l'Eglise. Le concile fut clos le 16 mars 1517.

LATREILLE (Pierre-André), naturaliste français, né à Brives-la-Gaillarde, le 29 novembre 1762, mort le 6 février 1833. Il reçut les ordres en 1786, mais il se consacra à l'entomologie. Après avoir été arrêté deux fois pendant la Révolution, il devint, en 1798, directeur du département entomologique du musée d'histoire naturelle; il succéda à Lamarck, comme professeur, en 1829. Ses ouvrages comprennent : *Histoire naturelle des crustacés et des insectes* (14 vol., 1802-'05); *Histoire naturelle des fourmis* (1802, in-8°); *Genera crustaceorum et insectorum* (4 vol., 1806-'09 in-8°), et *Cours d'entomologie* (1831-'33, 2 vol.); *Familles naturelles du règne animal* (1825), etc.

LATREILLIE s. f. Genre de crustacés décapodes, de la famille des oxyrhynques, dont l'espèce type vit dans la Méditerranée.

LA TRÉMOILLE ou **La Trémouille**. Voy. Tré-moille

LATREUTIQUE adj. (gr. *latreuô*, j'adore). Théol. Se dit du culte que l'on rend à Dieu comme Etre souverain : *culte latreutique*.

LATRIE s. f. (gr. *latreia*, culte). N'est usité que dans cette locution, Culte de latrie, culte d'adoration que l'on rend à Dieu seul; par opposition à Culte de dulie, culte de respect et d'honneur que l'on rend aux saints.

LATRINES s. f. pl. (lat. *latrina*). Lieu où l'on satisfait les besoins naturels : *il y avait à Rome des latrines publiques*.

LA TRONQUIÈRE, ch.-l. de cant., arr. et à 27 kil. de Figeac (Lot); 560 hab.

L'ATTAIGNANT (Gabriel-Charles de), poète français né à Paris en 1696, mort en 1779. Il eutra dans les ordres et n'en mena pas moins une vie licencieuse, fréquentant les plus mauvais lieux, rimant des vers galants, des couplets satiriques et des chansons égrillardes ou badines dont une seule est restée populaire. C'est celle qui a pour refrain :

J'ai du bon tabac dans ma tabatière...

* **LATTE** s. f. (all. *latte*). Morceau de bois refendu selon son fil, long, mince, étroit, que l'on attache avec des clous sur les chevrons, pour porter la tuile, ou dans l'intérieur, sur la charpente, pour recevoir l'enduit de plâtre des plafonds et des cloisons : *un cent de lattes*. — ⁓ Sabre de cavalerie.

* **LATTER** v. a. Garnir de lattes : *le comble de cette maison est posé, il ne reste plus qu'à le latter*. — Absol. *La charpente du toit est faite, il ne reste plus qu'à latter*.

* **LATTIS** s. m. Ouvrage de lattes . *faire un lattis*.

LATUDE (Henri MASERS DE), prisonnier d'Etat français, né à Montagnac en 1725, mort en 1805. Après avoir servi dans l'armée, il étudia les mathématiques à Paris. Espérant gagner la protection de M⁰⁰ de Pompadour et faire fortune à la cour, il conçut la folle idée de faire savoir à la favorite du roi qu'il avait vu mettre à la poste une boîte qui lui était adressée et dont il soupçonnait le contenu comme étant dangereux. Lorsque cette boîte fut livrée, on trouva qu'elle renfermait seulement une poudre inoffensive et on obtint la certitude que Latude l'avait envoyée lui-même; il fut arrêté le 1ᵉʳ mai 1749; renfermé à la Bastille et dans d'autres prisons, il s'échappa trois fois, il fut incarcéré de nouveau (1777) jusqu'au 18 mars 1784, époque où Mᵐᵉ Legros, assistée par le cardinal de Rohan et par Mᵐᵉ Necker, obtint sa liberté, avec une petite pension, elle le prit même dans sa maison. En 1793, il attaqua les héritiers de Mᵐᵉ de Pompadour en dommages-intérêts, et on lui accorda 60,000 livres; il en reçut seulement 40,000. Il a laissé des *Mémoires* (1792, 3 vol. in-18). Il avait déjà publié : *Hist. d'une détention de trente-neuf ans* (Amsterdam, 1787, in-8°).

LAUBAN [laou-bânn], ville de la Silésie prussienne, à 55 kil. O.-S.-O. de Leignitz; 10,092 hab. Commerce et industrie du tissage.

LAUBARDEMONT (Jacques-Martin de), magistrat français, né en 1590, mort en 1653. Devenu conseiller d'Etat grâce à la faveur de Richelieu, il se montra juge inique, sans honneur et sans foi : c'est lui qui présida au jugement d'Urbain Grandier, de Cinq-Mars et de de Thou ; la volonté de Richelieu lui dictait ses sentences. Il mourut méprisé de ses concitoyens.

LAUD (William) [lâdd], prélat anglais, né en 1573, mort le 10 janvier 1645. Il reçut les ordres en 1601 et devint, en 1628, évêque de Londres. Confident de Charles Iᵉʳ, il joua un rôle politique important. Il devint chancelier d'Oxford en 1630, et, en 1633, il fut nommé archevêque de Cantorbéry. En 1634, il fut nommé *membre du comité du commerce et des revenus du roi*, bientôt après commissaire du trésor et censeur de la presse (1637). Immédiatement après l'assemblée du long parlement en 1640, il fut accusé de haute trahison et enfermé à la Tour. Après un emprisonnement de plus de trois ans, il fut mis en jugement, condamné et exécuté.

* **LAUDANUM** s. m. [lô-da-nomm] (mot d'origine incertaine). Pharm. Préparation, extrait d'opium, liquide ou solide. Il existe deux sortes de laudanum : le laudanum de Sydenham et le laudanum de Rousseau; le premier contient, outre l'opium, du girofle, du safran et de la cannelle, le tout macéré dans du vin de Malaga ; le second se prépare

avec de l'opium, de l'alcool et du miel, fermentés avec de la levure de bière; ce second laudanum est une fois plus actif que le premier; on n'emploie ces préparations qu'à très petites doses.

* **LAUDATIF, IVE** adj. (lat. *laudare*, louer). Qui loue. Ne se dit que des écrits et des discours : *genre laudatif*.

LAUDATOR TEMPORIS ACTI. Loc. lat. tirée d'Horace et signifiant : *faisant l'éloge du temps passé*. — Se dit souvent des personnes âgées qui trouvent que, de leur temps, c'est-à-dire quand elles étaient en pleine vigueur, tout allait mieux.

* **LAUDES** s. f. pl. (lat. *laudare*, louer). Liturg. cathol. La seconde partie de l'office divin, celle qui se dit immédiatement après les matines : *on est à laudes*.

LAUDON ou **Loudon** (GIDEON-ERNST, baron de), général autrichien, né en Livonie, d'ancêtres écossais, en 1746, mort le 14 juillet 1790. Après avoir servi dans plusieurs armées, il s'illustra pendant la guerre de Sept ans, comme lieutenant-colonel d'un corps de partisans chargé de soutenir l'armée autrichienne, et dans la même année, il devint général, bien que les batailles auxquelles il participa eussent été presque toujours désastreuses pour l'Autriche. En 1758, il contribua à faire lever le siège d'Olmütz et il inquiéta la retraite de Frédéric. En 1759, il termina une série de brillants exploits par la déroute des Prussiens à Kunersdorf (12 août). Il gagna la bataille de Landshut (19 juin 1760), prit la forteresse de Glatz et couvrit la retraite de Daun après la défaite des Autrichiens à Leignitz(15 août), avec tant d'habileté que Frédéric s'écria : « Nous devons apprendre de Laudon comment il faut battre en retraite; il entra le champ de bataille comme un conquérant ». Enfin il prit d'assaut, sans investissement préalable (1ᵉʳ oct. 1761), la ville importante de Schweidnitz. Pendant la guerre de la succession de Bavière, il empêcha, par une concentration habile de ses forces sur l'Isar, une jonction entre le prince Henri de Prusse et Frédéric. Sa carrière se termina avec la campagne contre les Turcs, en 1788-'89, qu'il acheva brillamment par la prise de Belgrade; il fut nommé généralissime.

LAUDONNIÈRE (René GOULAIN DE). Voy. RIBAULT (JEAN).

LAUENBOURG, duché de l'Allemagne du Nord, borné par Lübeck, le Mecklembourg, le territoire de Hambourg, le Hanovre et le Schleswig-Holstein, 1,172 kil. carr., 49,830 habit., presque tous protestants. Il est arrosé par l'Elbe, et renferme de nombreux lacs, d'immenses forêts et un sol très fertile. L'agriculture et l'élevage des bœufs sont les principales occupations. Capitale, Ratzebourg. Vers 1190, ce territoire fut conquis par Henri le Lion de Saxe, sur une tribu slave des Polabs et il fut gouverné par des princes saxons jusqu'en 1689, époque où il tomba au pouvoir du Brunswick-Lüneburg-Celle; peu de temps après, il devint la possession du Hanovre. En 1815, il fut cédé à la Prusse qui fut transféré de suite au Danemark en échange de la Poméranie suédoise. En 1864, le Danemark le céda à l'Autriche et à la Prusse. En 1865, le roi de Prusse acheta les droits de la première de ces puissances pour 1,875,000 thalers et le garda sous sa souveraineté personnelle jusqu'en 1876, époque où il fut incorporé à la monarchie prussienne.

LAUFACH, ville de Bavière (basse Franconie), 1,100 hab. Le 13 juillet 1866, les Prussiens, commandés par Wrangel, s'en emparèrent après une rude bataille.

LAUGIER (Auguste-Ernest-Paul), astronome, né à Paris en 1812, mort en 1872. Il fut le premier qui expliqua le mouvement

des taches solaires. En 1853, il détermina exactement la latitude de l'observatoire de Paris, qu'il fixa à 48° 50' 11. 19". Il s'associa avec Arago dans ses recherches sur les lois physiques du globe et dans ses travaux sur le magnétisme et la photométrie. Ses principaux ouvrages sont : *Rotation du soleil* (1841); *Taches du soleil* (1842), etc. Il entra à l'observatoire de Paris en 1834, à l'Académie des sciences en 1843 et au bureau des longitudes la même année.

LAUGIER (César DE BELLECOUR, comte de), auteur italien, d'origine française, né en 1789, mort en 1865. Il se distingua à Curtatone (mai 1848), en qualité de commandant des troupes toscanes, contre les Autrichiens ; mais en 1849 il devint l'adversaire des patriotes et il s'enfuit jusqu'à la restauration de Léopold II, dont il fut le ministre de la guerre jusqu'en octobre 1851. Ses ouvrages volumineux comprennent : *Fastes et vicissitudes des peuples italiens de 1801 à 1815* (13 vol. 1829-'32).

LAUGIER (Jean-Nicolas), graveur, né à Toulouse en 1785, mort à Argenteuil en 1865; auteur d'un grand nombre de planches estimables, parmi lesquelles la *Peste de Jaffa*, d'après Gros; le *Zéphyr*, d'après Prudhon; la *Belle Jardinière*, d'après Raphaël; la *Sainte-Anne*, d'après Léonard de Vinci.

LAUJON (Pierre), poète et chansonnier, né à Paris en 1727, mort en 1811. Il fut secrétaire du prince de Condé et débuta dans les lettres par une pastorale, *Daphnis et Chloé*, représentée à l'Opéra en 1747. Il se fit surtout connaître comme chansonnier. Admis à l'Académie française en 1807, il publia en 1811 ses *Œuvres choisies* (4 vol. in-8°).

LAUMONITE s. f. (de *Laumont*, n. pr.) Minéral que l'on trouve dans les cavités de roches amygdaloïdes, ainsi que dans la syénite et dans le porphyre; le minéralogiste français Laumont l'observa en 1785 dans les mines de plomb de Bretagne. Elle se cristallise en rhomboïdes obliques, elle est transparente et d'un éclat vitreux; dureté, 3.5 à 4; gravité spécifique, 2.3 à 4. C'est un silicate hydraté d'alumine et de chaux.

LAUMONT (François-Pierre-Nicolas GILLET DE), minéralogiste, né à Paris en 1747, mort en 1834. Il explora toutes les contrées de la France dont il sut découvrir les richesses minières et houillères. Il fut un des organisateurs de l'école des mines.

LAUNAY (Emmanuel-Louis-Henri de). Voy. ANTRAIGUES.

LAUNCESTON [lannss'-t'n], ville de Tasmanie, sur le Thamar, à 135 kil. N.-O. d'Hobart Town ; 10,670 hab.

LA UNION [la-ou-ni-ônn], ville de San-Salvador, sur la côte S.-O. à la rade de la Union, partie de la baie de Fonseca, à 150 kil. S.-E. de San-Salvador; environ 7,000 hab. C'est un des principaux ports de la république.

LAUNITZ. I. (Nikolaus-Karl-Eduard SCHMIDT VON DER), sculpteur allemand, né en 1797, mort en 1869. Il aida Thorwaldsen à Rome à réparer les marbres Eginètes. Après 1829, il vécut à Francfort où il exécuta le monument de Gutenberg. — II. (Robert Eberhard), son neveu, né en 1806, mort en 1870. Il s'établit à New-York en 1828 et il fut le premier maître de Crawford. Ses œuvres comprennent le monument de Pulaski à Savannah et celui du général George-H. Thomas à Troy (New-York).

LAURAGUAIS, AISE s. et adj. [lô-ra-ghè]. Habitant du Lauraguais; qui appartient à ce pays ou à ses habitants.

LAURAGUAIS (Le), petit comté de France qui faisait partie du bas Languedoc et se trouvait entre le haut Languedoc et l'Albigeois; il pour cap. Castelnaudary. Il est auj. compris dans les dép. de la Haute-Garonne et de l'Aude.

LAURE. Voy. Pétrarque.

*'**LAURÉAT** adj. m. [lo-ré-a] (lat. *laureatus*; de *laurus*, laurier). Se dit des poètes qui ont reçu solennellement une couronne de laurier: *Pétrarque est un poète lauréat.* — Se dit, par ext., de ceux qui ont remporté un prix dans un concours académique; et, dans ce sens, on l'emploie quelquefois substantiv.: *un jeune lauréat.* — S'emploie aussi pour désigner des poètes qui, dans quelques cours, sont pensionnés pour célébrer les événements remarquables. — ∾ Au fém. **Lauréate.**

LAURENT (Auguste), chimiste, né à la Folie, près de Langres, le 14 novembre 1807, mort à Paris en 1853. Au sortir de l'école des mines, il fut nommé, en 1831, répétiteur du cours de chimie à l'école centrale des arts et manufactures. Il se fit connaître par ses études sur les combinaisons chlorées de la naphtaline, par son ingénieuse théorie des noyaux et des atomes groupés autour d'eux comme des appendices. C'était entrer en lutte contre l'idée dualistique. A l'aide de cette nouvelle conception, Laurent créa une classification des composés organiques. Il rangea les corps par séries qui embrassaient tous les corps renfermant un radical ou l'un de ses dérivés. Sa méthode ne fut pas admise, bien que Léopold Gmelin en ait fait la base de son mémorable *Traité de chimie.*

LAURENT (Saint), martyrisé le 10 août 258. L'un des sept archidiacres de Rome sous Sixte Ier, il fut chargé des trésors de l'église et persista dans son refus de les délivrer au préfet romain, qui le fit battre de verges et ensuite rôtir sur un large gril. (Voy. Escurial.)

LAURENT (Saint), fleuve et golfe de l'Amérique du Nord. Le fleuve proprement dit, qui conduit à l'Océan toutes les eaux de tous les grands lacs, commence à Kingston, au pied du lac Ontario et coule d'abord entre l'état de New-York et l'Ontario (Canada), et ensuite à travers la province de Québec. On le considère habituellement comme se terminant entre le cap Chatte au S. et la Pointe des Monts au N. A sa sortie du lac Ontario, il a 4 kil. de large et dans la partie la plus étroite il a rarement moins de 3 kil. A son embouchure, il a plus de 45 kil. de large. Le lac Saint-Peter est une expansion qu'il forme au-dessus de Trois-Rivières et le lac Saint-François en est une autre située au-dessus de Montréal. Ses îles principales sont: Montréal, l'île Jésus, l'île Perrot, les îles d'Orléans et les îles Thousand. L'influence de la marée se fait sentir jusqu'au lac Saint-Peter. Ses principaux tributaires au N. sont: l'Ottawa, le Saint-Maurice, le Saguenay et le Bettiamite ou Bersimis; ceux du S., qui sont de moindre importance, sont les rivières Oswegatchie, Grass, Raquette, Chambly ou Saint-John), Saint-Francis et Chaudière. Le Saint-Laurent arrose un territoire de plus de 1 million de kil. carrés. Les premiers géographes français, regardant les grands lacs comme une expansion de ce fleuve, firent de la rivière Nipigon, sur le côté N. du lac Supérieur, la source principale du Saint-Laurent. D'autres ont considéré comme telle la rivière Saint-Louis qui se jette à l'extrémité S.-O. du lac Supérieur. Dans l'un et l'autre cas, la longueur totale serait de plus de 3,000 kil. Le Saint-Laurent est navigable pour des vaisseaux jusqu'à Montréal. Au-dessus de ce point, où des rapides empêchent la navigation, des canaux permettent aux navires de remonter jusqu'au lac Supérieur. — Le golfe de Saint-Laurent est borné au N. par le Labrador, à l'E. par les îles de Terre-Neuve et le cap Breton, au S. par la Nouvelle-Ecosse et à l'O. par le Nouveau-

Brunswick et Québec. Son étendue est estimée à 200,000 kil. carrés.

LAURENT (Saint-), ch.-l. de cant., arr. et à 10 kil. E. de Corte (Corse); 500 hab.

LAURENT (Saint-), ch.-l. de cant., arr. et à 26 kil. N. de Saint-Claude (Jura); 1,100 hab. Fromagerie; commerce de céréales.

LAURENT-DE-CHAMOUSSET (Saint-), ch.-l. de cant., arr. et à 25 kil. O. de Lyon (Rhône); 1,700 hab. Filatures de coton.

LAURENT-DU-PONT (Saint-) ch.-l. de cant., arr. et à 29 kil. N. de Grenoble (Isère); 2,200 hab. Près de là se trouve la Grande-Chartreuse.

LAURENT-ET-BENON (Saint-), ch.-l. de cant., arr. et à 20 kil. S.-E. de Lesparre (Gironde); 2,500 hab. Vins excellents; résines, brais et goudrons.

LAURENT-SUR-GORRE (Saint-), ch.-l. de cant., arr. et à 13 kil. S.-O. de Rochechouart (Haute-Vienne); 2,400 hab.

LAURENT-SUR-SÈVRE (Saint-), ch.-l. de cant., arr. et à 59 kil. de la Roche-sur-Yon (Vendée); 2,500 hab. Dans l'église se trouve le tombeau du P. Grignon de Montfort.

LAURENTIE (Pierre-Sébastien)[lô-ran-sl], publiciste, né au Houga (Gers), le 24 janv. 1793, mort en février 1876; il débuta par le professoral, devint répétiteur à l'école polytechnique en 1848, puis entra à la *Quotidienne,* en 1819, fut nommé inspecteur général des études en 1822 et révoqué en 1826; il fonda, en 1830, le *Courrier de l'Europe* et dirigea l'*Union* jusqu'à sa mort. Doyen des journalistes de Paris, il était l'objet d'un respect universel. Il a publié une *Histoire de France* (8 vol. in-18, 1841-'63), une *Histoire de l'empire romain* (4 vol. in-8°, 1861-'62), et plusieurs autres ouvrages conçus dans l'esprit légitimiste et catholique romain.

LAURENTIENS (Monts), chaîne de l'Amérique anglaise septentrionale s'étendant depuis le Labrador jusqu'à l'océan Arctique. Hauteur générale, de 600 à 500 m., avec quelques pics de 1,200 m.

LAURENTUM, ancienne ville du Latium, sur la côte, entre Ostie et Lavinium, à 25 kil. S.-S.-E. de Rome. On pense qu'elle était la capitale de Latium quand Énée et les Troyens arrivèrent en Italie. Sous l'empire romain, elle fut incorporée à Lavinium. Laurentum a donné son nom au territoire qui s'étend depuis l'embouchure du Tibre jusqu'aux environs d'Ardée.

*'**LAURÉOLE** s. f. (dimin. de *laurus,* laurier). Bot. Nom donné à plusieurs espèces de plantes du genre *Daphne.* La *lauréole mâle* est le *daphné laureola.* On appelle *lauréole femelle* le *daphné mézéréon.*

*'**LAURIER** s. m. (lat. *laurus*). Bot. Genre de laurinées, qui comprenait autrefois plusieurs centaines d'espèces, parmi lesquelles les arbres produisant le camphre et la cannelle, le benjoin, etc.; mais les botanistes placent aujourd'hui ces arbres dans d'autres genres de la même famille et ne laissent que deux espèces dans le genre laurier. Le *laurier vrai* ou *laurier noble* (*Laurus nobilis*) est indigène du S. de l'Europe, où il atteint une hauteur de 20 m.; c'est un bel arbre toujours vert, dont les feuilles, d'un sombre brillant, ont une odeur aromatique agréable; ses baies noires, de la grosseur de petites cerises, sont également aromatiques. La coutume où l'on était jadis de couronner avec des feuilles de cet arbre le poète qui avait remporté un prix a donné naissance à l'expression *poète lauréat.* (Voy. Baccalauréat.) Le laurier sert principalement de plante d'ornement. Ses feuilles sont employées dans la cuisine pour donner du parfum aux mets; les meilleures espèces de li-

gues sont toujours emballées avec quelques feuilles de laurier, pour chasser les insectes.

Laurier noble (Laurus nobilis).

— Le laurier était, dans l'antiquité, consacré à Apollon, comme symbole de la supériorité poétique de ce dieu; on en fit plus tard l'un des attributs de Mars et des victoires guerrières; et fig., on l'a consacré à la gloire, au succès, au triomphe :

Généreux Montausier, dont l'âme vigilante
Assure le repos des bergers de Charente;
Qui des *lauriers* de Mars tant de fois couronné,
Des *lauriers* d'Apollon fais gloire d'être orné.

Segrais. *Églogue.*

Du vert *laurier* superbe est la couronne ;
Moins d'apparence a le pale olivier ;
Mais plus amer est le fruit du *laurier,*
Plus doux le fruit que l'olivier nous donne.

Joachim du Bellay.

Qu'un superbe *laurier* soit votre diadème.

J. Racine, *la Thébaïde,* acte IV, sc. III.

— Fig. Cueillir des lauriers, moissonner des lauriers, remporter des victoires. Flétrir ses lauriers, souiller sa gloire. Etre chargé de lauriers, avoir acquis beaucoup de gloire S'endormir sur ses lauriers, ne point poursuivre une carrière glorieusement commencée. Se reposer sur ses lauriers, jouir d'un repos mérité par des succès éclatants. — La seconde des deux espèces de ce genre est le *laurier des Canaries,* à feuilles plus grandes.

LAURIER (Clément), homme politique, né au Blanc en 1831, mort à Marseille le 20 sept. 1878. Avocat remarquable et secrétaire de Crémieux, il fut secrétaire général au ministère de l'intérieur au 6 sept., fit partie de la délégation de Tours, négocia à Londres, en 1870, l'emprunt Morgan de 250 millions. Elu député en 1871, il quitta les rangs de la gauche en 1873 pour entrer au centre droit, où il siégea jusqu'à sa mort.

LAURIER-AVOCAT s. m. Nom vulgaire de l'Avocatier. (Voy. ce mot.)

LAURIER-BENJOIN s. m. Nom vulgaire du benjoin odorant. (Voy. Styrax.) — pl.: *des lauriers-benjoins.*

*'**LAURIER-CERISE** s. m. Espèce de cerisier (*prunus lauro-cerasus*), appelé aussi *laurier-amande* et qui n'a de commun avec le laurier qu'une certaine ressemblance dans la forme des feuilles. C'est un arbuste toujours vert, qui ne dépasse guère 4 m. de haut. Il est originaire des environs de Trébizonde et fut introduit en Europe vers la fin du xvie siècle. Ses feuilles sont toxiques à cause de la quantité d'acide hydrocianique qu'elles renferment. On en obtient, par distillation, le laurier du commerce, le *kirschwasser* allemand, et d'autres préparations dangereuses. Les feuilles fraîches sont usitées en infusions sédatives dans les affections nerveuses et les palpitations du cœur : 3 ou 4 feuilles par tasse. L'eau distillée a les mêmes propriétés : 1 à 2 cuillerées par jour. La feuille est encore

employée en topique sur les ulcères et sur les brûlures pour en hâter la cicatrisation. — Le laurier-cerise offre une grande ressemblance avec le laurier de Portugal (*prunus Lu-*

Laurier-cerise (Prunus lauro-cerasus).

sitanica), qui a des propriétés semblables. Le laurier-cerise d'Amérique (*prunus Caroliniana*) est un petit arbre toujours vert, dont les feuilles sont un poison pour les bœufs. On dit au pluriel, *des lauriers-cerises*.

LAURIÈRE, ch.-l. de cant., arr. et à 36 kil. N.-E. de Limoges (Haute-Vienne); 1,400 hab. Papeteries.

LAURIER-ÉPURGE s. m. Nom vulgaire du Daphné lauréole. — pl. : *des lauriers-épurges*.

* **LAURIER-ROSE** s. m. Bot. Genre d'apocynées, comprenant 5 ou 6 espèces d'arbrisseaux à feuilles roides, épaisses, opposées ou verticillées, à fleurs en cimes terminales colorées

Laurier-rose commun (Nerium oleander).

de teintes très vives. Le *laurier-rose commun* (*nerium oleander*), appelé aussi *oléandre*, croît spontanément dans l'Europe méridionale. Ses grandes fleurs odorantes sont roses, quelquefois blanches, pourpres, panachées, partiellement ou entièrement doubles. — Le *laurier-rose de l'Inde* (*nerium odoratum*) a des feuilles plus étroites; c'est un arbuste de serre ou d'appartement; il est extrêmement vénéneux dans toutes ses parties. Une infusion de ses feuilles-tue les insectes, et celle de son écorce empoisonne les rats. — *Laurier-rose des Alpes*, nom vulgaire du rhododendron des Alpes. On dit au pl. : *des lauriers-roses*.

LAURIER-SAUCE s. m. Nom vulgaire du laurier commun.

* **LAURIER-TIN** s. m. Nom vulgaire de la viorne-tin. — pl. *lauriers-tins*.

LAURIER-TULIPIER s. m. Nom vulgaire des magnoliers. — pl. *des lauriers-tulipiers*.

LAURINÉ, ÉE adj. Bot. Qui ressemble ou qui se rapporte au laurier. — s. f. pl. Famille de plantes dycotylédones dialypétales périgynes ayant pour type le genre laurier et comprenant, en outre, les genres camphrier, camelier, avocatier, benjoin, sassafras, nectandre, etc.

LAURIQUE adj. Chim. Se dit d'un acide contenu dans les baies de laurier.

LAURISTON (Jacques-Alexandre-Bernard Law, *marquis de*), général français, petit-neveu de John Law, né à Pondichéry en 1768, mort en 1828. Il se lia avec Bonaparte à l'école militaire de Paris, se distingua au siège de Valenciennes et, sous le Consulat, devint aide de camp de Bonaparte en Italie. Il servit ensuite dans la flotte de l'amiral Villeneuve à la Martinique et à Trafalgar. En 1807, il s'empara de Raguse en représailles de ce que les Russes occupaient le port de Cattaro. En 1809, il remporta de nouveaux lauriers à la bataille de Raab, et en amenant 100 pièces de canon devant l'artillerie ennemie, il contribua puissamment à la victoire de Wagram. Il négocia le mariage de Napoléon avec Marie-Louise, fut fait comte et nommé ambassadeur en Russie; il commanda l'arrière-garde dans la retraite de 1812, occupa Leipzig pendant la bataille de Lützen, tourna l'aile droite de l'ennemi à Bautzen, prit Breslau le 1er juin 1813 et fut fait prisonnier à Leipzig; il ne fut rendu à la liberté qu'après la paix de Paris. Il s'abstint de rejoindre Napoléon pendant les Cent-Jours, devint successivement pair et marquis et maréchal en 1824.

LAURIUM, promontoire de la Grèce au S. de l'Attique. On supposait que ses célèbres mines d'argent, de plomb, de zinc et ses dépôts d'antimoine étaient épuisés depuis le commencement de notre ère. Une compagnie étrangère, ayant acheté le terrain et ayant obtenu une concession du gouvernement en 1863, ouvrit de nouveau les mines avec tant de succès qu'elle éveilla la jalousie des Grecs, ce qui amena une intervention diplomatique de la France et de l'Italie et la vente des mines en 1873, à une compagnie grecque.

LAUSANNE, ville de Suisse, capitale du canton de Vaud, près de la côte N. du lac de Genève, à 48 kil. N.-E. de la ville de Ge-

Lausanne.

nève et à environ 1 kil. d'Ouchy, son port, sur le lac; 26,520 hab. Elle est bâtie sur trois contreforts escarpés du mont Jorat; le plus élevé est couronné de l'ancienne cathédrale. L'institution principale d'éducation est l'Aca-

démie, autrefois gymnase. Il y a une bibliothèque cantonale de près de 100,000 volumes. Manufactures d'étoffes de laine, de papier, de cuir et de bijouterie; commerce important de vins. Gibbon a composé dans cette ville la plus grande partie de sa *Décadence et chute de l'empire romain*.

LAUTERBOURG, ville forte d'Alsace-Lorraine, à 20 kil. S.-S.-E. de Wissembourg.

LAUTREC, ch.-l. de cant., arr. et à 14 kil. N.-O. de Castres (Tarn); 3,500 hab. Commerce de bestiaux, volailles, melons.

LAUTREC (Odet DE Foix, *seigneur de*), illustre capitaine français, mort en 1528. En 1511, il accompagna Louis XII en Italie et fut, la même année, nommé gardien du concile de Pise. Blessé à Ravenne, il se distingua à Marignan et contribua à la conquête du Milanais; battu ensuite à la Bicoque, il assista au désastre de Pavie et mourut au siège de Naples.

LAUZERTE, ch.-l. de cant., arr. et à 18 kil. N. de Moissac (Tarn-et-Garonne); 2,600 hab. Commerce de grains, vins et bestiaux.

LAUZÈS, ch.-l. de cant., arr. à 22 kil. E. de Cahors (Lot); 400 hab.

LAUZET (le) ch.-l. de cant., arr. et à 21 kil. N.-O. de Barcelonnette (Basses-Alpes); 800 hab.

LAUZUN, ch.-l. de cant., arr. et à 30 kil. N.-E. de Marmande (Lot-et-Garonne); 1,300 hab. Ancienne baronie.

LAUZUN (Antonin NOMPAR DE CAUMONT, *duc, de*), maréchal de France, né en Gascogne en 1633, mort le 19 nov. 1723. Brillant cavalier, il devint le favori d'un grand nombre de dames de la cour, des plus éminentes et des plus belles; Louis XIV en fit son confident; il était sur le point d'épouser la petite-fille de Henri IV, Mlle de Montpensier, lorsque Louvois et Mme de Montespan le firent jeter en prison où il resta plusieurs années; Mlle de Montpensier qu'il avait, dit-on, épousée secrètement, obtint enfin sa liberté. En 1688, Lauzun fut chargé de ramener en France les Stuarts déchus et il accompagna Jacques II en Irlande où il combattit à la journée de la Boyne. Rentré en grâces auprès de Louis XIV, Lauzun fut fait duc (1692) et en 1695, devenu veuf de Mlle de Montpensier, il épousa la belle-sœur du duc de Saint-Simon. Mme de Sévigné, La Bruyère et Saint-Simon célèbrent à l'envi Lauzun dans leurs *Mémoires*. Quant aux *Mémoires du duc de Lauzun*, ils sont d'un membre de la famille Lauzun-Biron. (Voy. BIRON.)

LAUZUN (Armand-Louis DE GONTAUT-BIRON, *duc de*). (Voy. BIRON.)

.* **LAVABO** s. m. (mot lat. qui signifie : *je laverai*). Culte cathol. Prière que le prêtre dit en lavant ses doigts durant la messe : *la messe en est au lavabo* — Par ext. Petit linge dont le prêtre qui dit la messe se sert pour essuyer ses doigts. — Se dit aussi, dans le langage ordinaire, d'un meuble de toilette, souvent en forme de trépied, qui porte un pot à l'eau et sa cuvette.

* **LAVAGE** s. m. Action de laver : *le lavage des vitres*. — Se dit aussi d'une trop grande quantité d'eau répandue pour laver : *vous avez jeté trop d'eau sur ce plancher, quel lavage avez-vous fait là ?* — Se dit plus ordinairement des aliments et des breuvages où l'on a mêlé plus d'eau qu'il ne fallait : *cette soupe n'est pas faite, ce n'est qu'un lavage, qu'un mauvais lavage.* — Se dit aussi de l'eau ou de quelque autre breuvage pris en trop grande quantité : *vous vous trouverez mal de tout ce lavage.* — MÉDECINE EN LAVAGE, médecine étendue dans beaucoup d'eau. — Métall. Opération qui consiste à laver le minerai, pour séparer de la partie terrestre et pierreuse, la partie propre à être fondue : *le lavage des métaux.* — ∾ Argot. Vente pour cause de misère.

LAVAL (Gilles de), dit le MARÉCHAL DE RETZ, né en 1396, mort en 4440; il se distingua sous Charles VII dans les guerres contre les Anglais et devint maréchal de France. Accusé d'horribles débauches et de meurtres commis en Bretagne, il fut poursuivi et condamné; il fut pendu et brûlé à Nantes.

LAVALETTE, ch.-l. de cant. Voy. VILLEBOIS-LAVALETTE.

LAVAL (*Lavallum, Vallum Suedonis*), ch.-l. du dép. de la Mayenne, sur la rivière Mayenne, à 65 kil. E.-S.-E. de Rennes et à 283 kil. O. de Paris; par 48° 4' 7'' lat. N. et 3° 6' 39'' long. O.; 27,900 hab. Commerce de vins, d'eau-de-vie, de laine, de fer, de trèfle et de marbre. Usines métallurgiques, fabriques considérables de toile. L'insurrection royaliste, appelée la chouannerie, prit naissance en 4791 près de Laval, qui fut envahi par l'armée vendéenne; et une brillante victoire fut remportée dans ses environs les 26 et 27 octobre 1793 sur les républicains commandés par le général Léchelle.

LA VALETTE (Antoine-Marie DES CHAMANS, comte de), officier français, né à Paris en 1769, mort en 1830. Comme officier de la garde nationale, il fut un des derniers défenseurs du roi au 40 août 1792. Il se distingua dans l'armée républicaine sur le Rhin et dans la Vendée et devint adjudant et secrétaire particulier de Bonaparte, qu'il accompagna en Egypte. Il épousa une nièce de Joséphine et devint enfin directeur général des postes et fut fait comte. Après la seconde Restauration, il fut condamné à mort pour avoir assisté Napoléon pendant les Cent-Jours, mais sa femme le fit évader la veille de l'exécution du jugement et il se sauva à Munich. Il fut gracié en 4822 et put rentrer en France. Napoléon lui légua 300,000 fr. Il a laissé *Mémoires et Souvenirs* (Paris, 4831).

LA VALETTE (Charles - Jean-Marie-Félix, MARQUIS DE), diplomate, né à Senlis le 25 nov. 4806, mort le 2 mai 4880. Secrétaire d'ambassade en 1837, ministre plénipotentiaire à Constantinople en 1851, il fut nommé sénateur en 4853; ambassadeur à Rome en 4861, il devint, l'année suivante, ministre des affaires étrangères, puis de l'intérieur en 4865 et reprit le portefeuille des affaires étrangères en 4868; il sortit du cabinet après le message du 42 juillet 4869 et fut envoyé comme ambassadeur à Londres en 4870; il donna sa démission le 4 sept. et rentra dans la vie privée.

LA VALETTE (Jean PARISOT DE). Voy. VALETTE.

LA VALETTE (Antoine), jésuite français, né en 1707, mort en 1762. Supérieur de toutes les missions que les Jésuites possédaient en Amérique et préfet apostolique des Antilles, Lavalette mêla le commerce à l'administration des biens de son ordre. Deux navires chargés par lui de marchandises et expédiés en Europe furent capturés par les Anglais, il fit banqueroute et entraîna dans sa débâcle deux négociants marseillais qu'il ruina complètement. Il s'ensuivit un procès retentissant dans lequel la Compagnie de Jésus refusa de reconnaître la solidarité de ses membres, rejeta de son sein Lavalette et en appela au parlement. Le parlement répondit par un arrêt de confiscation de leurs biens (6 août 4764) et un décret royal les expulsa (9 mars 4764).

LA VALLIÈRE (Françoise-Louise DE LA BAUME LE BLANC, *duchesse de*), maîtresse de Louis XIV, née à Tours en 1644, morte en 1740. De naissance noble, elle devint demoiselle d'honneur d'Henriette d'Angleterre, belle-sœur de Louis XIV. Elle était d'une beauté remarquable, modeste et accomplie et grandement aimée et respectée de tous ceux qui la connaissaient. Bien qu'elle eût conçu une sincère affection pour le roi, elle résista longtemps à ses avances. Elle en eut quatre enfants, dont deux furent légitimés: Mlle de Blois, qui épousa le prince de Conti, et le comte de Vermandois. En 4674, elle prit le voile dans un couvent de Carmélites du faubourg Saint-Jacques et elle passa le reste de sa vie dans la pénitence, la piété et la charité. — Son petit-neveu, LOUIS-CÉSAR DE LA VALLIÈRE (4708-'80), fut un bibliophile célèbre.

LAVALLOIS, OISE adj. Habitant de Laval, qui appartient à cette ville ou à ses habitants.

LAVAL-MONTMORENCY (François-Xavier de), le premier évêque catholique romain de Québec, né à Laval en 4622, mort en 4708. Il fut ordonné prêtre en 4645 et devint archidiacre d'Evreux en 4653. Il était connu sous le nom d'abbé de Montigny. Il fut nommé vicaire apostolique de la Nouvelle-France et évêque *in partibus* de Petræa en 4658; il arriva à Québec le 46 juin 4659, et revint en France en 4662, pour y obtenir des missionnaires et des secours pécuniaires. Il fonda le séminaire de Québec (26 mars 4663). Ses mesures sévères contre la vente de liqueurs enivrantes aux Indiens le mirent en conflit avec les autorités coloniales, mais il triompha de toute opposition. En 4674, étant de nouveau en France, il fut nommé évêque titulaire de Québec.

* **LAVANCHE** ou **Lavange** s. f. Voy. AVALANCHE.

* **LAVANDE** s. f. (lat. *lavare*, laver, à cause

Lavande commune.

de l'usage que l'on en faisait jadis dans les

bains). Bot. Genre de labiées ocimoïdées, comprenant plusieurs espèces d'herbes vivaces ou de sous-arbrisseaux à feuilles étroites et odorantes, qui habitent surtout le sud de l'Europe, les Canaries, le N. de l'Afrique, etc. La lavande commune (*lavandula vera*, Linn.) forme dans les sols secs, profonds et chauds, un buisson compact, hémisphérique, fleurissant abondamment chaque année. Ses fleurs sont lilas ou pourpres; on cultive une variété à fleurs blanches. Les fleurs séchées servent à faire des *sachets* pour parfumer les tiroirs; ses fleurs fraîches distillées avec de l'alcool produisent l'esprit de lavande; distillées avec de l'eau, elles donnent l'huile de lavande employée dans la parfumerie. La lavande est un stimulant aromatique, mais on l'emploie rarement seule en médecine.

LAVANDERIE s. f. Lieu où les lavandières lavent leur linge.

LAVANDIER s. m. Nom qu'on donnait dans la maison du roi, à ceux qui avaient la charge de faire blanchir le linge.

LAVANDIÈRE s. f. Femme qui lave le linge. Il est peu usité : on dit, BLANCHISSEUSE.

LAVARDAC, ch.-l. de cant., arr. et à 7 kil. N.-O. de Nérac (Lot-et-Garonne); 2,500 hab. Fabriques de bouchons; eaux-de-vie.

LAVARDENS, station minérale, cant. de Jegun, arr. d'Auch; 4,080 hab. Eaux bicarbonatées calciques. Dyspepsie, gastralgie, fièvres intermittentes.

LAVARDIN (Jean DE BEAUMANOIR DE) maréchal de France, né en 4554, mort en 4644; il s'attacha à Catherine de Médicis, servit sous Joyeuse, à la bataille de Coutras (4587) et se rallia à Henri IV, qui le nomma gouverneur du Maine (4595); il était dans la voiture de Henri IV, quand ce roi fut assassiné; Louis XIII le nomma ambassadeur à Londres.

LA VARENNE (Guillaume FOUQUET, *marquis de*), né à la Flèche en 4560, mort en 1616. Confident de Henri IV, c'est lui que le roi chargeait de ses messages amoureux; il fut nommé gouverneur de sa ville natale et y fonda un collège de jésuites.

* **LAVARET** s. m. Icht. Genre de salmonés voisin des truites, dont il se distingue par une bouche très peu fendue, souvent dépourvue de dents, par des écailles plus grandes et par une dorsale moins longue que haute en avant. Le *houtain* ou *hautain* (*salmo oxyrhyncus*), remarquable par une éminence molle au bout du museau, vit dans la mer du Nord, où il poursuit les bandes de harengs. La *marène* (*salmo maræna*), commune dans les lacs de Suisse, a une chair blanche, savoureuse et sans petites arêtes.

* **LAVASSE** s. f. Se dit de la pluie lorsqu'elle tombe tout à coup, avec impétuosité, et qu'elle coule à grands ruisseaux : *il vint tout à coup une grande lavasse*. Il est peu usité. — Fam. CETTE SAUCE NE VAUT RIEN DU TOUT, CE N'EST QU'UNE LAVASSE, QUE DE LA LAVASSE. Il y a trop d'eau dans cette soupe; elle est fade, insipide.

LAVATER (Johann-Kaspar), inventeur de la théorie physiognomonique, né à Zurich en 4741, mort en 4801. Il devint pasteur à Zurich en 4764. Le charme particulier de ses discours mystiques, son caractère bienveillant et sa vie sans tache le firent universellement aimer. En 4767, il publia *Schweitzerlieder*. Son *Aussichten in die Ewigkeit* (3 vol., 4768-'73) fut la première série d'ouvrages dans lesquels il soutenait la perpétuité des miracles, l'irrésistibilité de la prière et la nécessité pour chacun de croire, pour être sauvé, que Dieu s'est incarné dans le Christ crucifié. Cette dernière doctrine est le fond du christomanie. A partir de cette époque, il fut le chef et presque l'idole des mystiques. Sa célébrité se répandit dans les pays étrangers; elle était due principalement à son ouvrage intitulé *Physiognomiche Fragmente*(1775-'78). Son système de physiologie, qui laissait une large part à l'imagination, ne fut guère qu'un amusement pour les oisifs. Pendant les dernières années de sa vie, il s'associa aux efforts des Suisses pour conquérir la liberté. Quand Masséna prit Zürich (26 sept. 1799), Lavater reçut un coup de fusil dans la rue, pendant qu'il soignait les blessés; il languit pendant plus d'un an, et mourut après de cruelles souffrances, des suites de sa blessure. Ses *Fragments physiognomoniques* ont été traduits en français par Moreau, avec 500 gravures (Paris, 1806-'07, 9 vol. in-4°).

LAVAUR(*Vaurum, Verau Vora*), ch.-l. d'arr. du dép. du Tarn, sur l'Agout, à 42 kil. S.-O. d'Albi : par 43° 41' 59'' lat. N., et O° 30' 58'' long. O.; 7,500 hab., grand commerce de soie. Elle fut la plus forte citadelle des Albigeois et fut prise par Simon de Montfort en 1211.

*LAVE s. f. (ital. *lava*). Matière fondue et enflammée, que les volcans vomissent dans le temps de leur éruption, et qui s'écoule en torrents : *la lave, les laves du Vésuve*. (Voy. VOLCAN.)

* LAVÉ, ÉE part. passé de LAVER. — adj. Ne s'emploie qu'en parlant de certaines couleurs peu vives et peu chargées comme dans ces expressions : CHEVAL DE POIL BAI LAVÉ, cheval de poil bai clair. — Peint. COULEUR LAVÉE, couleur faible et déchargée.

LAVEAUX (Jean-Charles TEIBAULT DE), écrivain, né à Troyes en 1749, mort en 1827. Successivement professeur de langues à Bâle, à Stuttgard et à Berlin, il rédigea en 1792, le *Journal de la Montagne* et devint inspecteur des prisons. La Restauration lui enleva tout emploi. On a de lui : *Cours théorique et pratique de la langue et de la littérature françaises* (Berlin, 1788, in-8°), *Dictionnaire français-allemand et allemand-français* (1788, 2 vol. in-8°), *Nouveau Dictionnaire de la langue française où l'on trouve tous les mots de la langue usuelle, les étymologies, l'explication détaillée des synonymes*, etc. (Paris, 1820, 2 vol. in-6°), etc., etc

LAVELANET, ch.-l. de cant., arr. et à 26 kil. E. de Foix (Ariège); 3,000 hab. Fabriques de draps; commerce de bois.

LAVE-MAINS s. m. Petit réservoir d'eau placé à l'entrée d'un appartement.

* LAVEMENT s. m. Action de laver. En ce sens, il n'est guère usité que dans ces locutions, qui appartiennent au langage de l'Église : *le lavement des pieds; le lavement des autels*. — Clystère, remède liquide qu'on introduit par l'anus dans les intestins : *lavement rafraichissant*. — Le lavement est un moyen très utile pour désobstruer l'intestin, pour le tonifier ou pour faire absorber des remèdes qu'on ne peut faire prendre par la bouche. Le lavement est émollient, anti-septique, calmant, astringent, purgatif, etc., suivant les substances contenues dans le liquide; il ne remonte pas au delà de la valvule iléocœcale.

LAVENTIE, ch.-l. de cant., arr. et à 18 kil. N.-E. de Béthune (Pas-de-Calais); 4,000 hab. Toiles, miel.

* LAVER v. a. (lat. *lavare*). Nettoyer avec de l'eau, ou avec quelque autre liquide : *laver du linge; la pluie a bien lavé les rues*. — Absol. Se laver les mains avant le repas : *ne voulez-vous pas laver?* — DONNER A LAVER A QUELQU'UN, lui présenter de l'eau et un linge, quand il va se mettre à table, afin qu'il se lave les mains. — PIERRE A LAVER, pierre en forme de table, dont la surface est légèrement creusée, et sur laquelle on lave la vaisselle, les formes d'imprimerie, etc. : *il n'y a point de pierre à laver dans cette cuisine*. — LAVER LA TÊTE A QUELQU'UN, lui faire une sévère réprimande. —

A LAVER LA TÊTE D'UN ANE, D'UN MORE, ON PERD SA LESSIVE, on perd les peines qu'on prend pour instruire une personne stupide, indocile, obstinée, ou pour lui faire entendre raison. — JE M'EN LAVE LES MAINS, se dit pour faire entendre qu'on ne veut point prendre ou qu'on n'a point pris de part à une affaire, et qu'on ne doit pas être responsable des suites. — LAVER UNE TACHE, LAVER QUELQU'UN D'UNE TACHE, se dit en parlant de choses qui flétrissent l'honneur, qui ternissent la réputation : *c'est une tache dont rien ne peut le laver, dont il ne se lavera jamais*. — LAVER SES PÉCHÉS AVEC SES LARMES, pleurer ses péchés. SE LAVER D'UN CRIME, s'en purger, s'en justifier. — LAVER UNE INJURE, UN OUTRAGE DANS LE SANG DE QUELQU'UN, se venger de quelque insulte flétrissante, en tuant ou blessant celui de qui on l'a reçue: *suivant un préjugé cruel, il est des affronts qu'on ne lave que dans le sang*. — CE FLEUVE LAVE LES MURS DE TELLE VILLE, il passe auprès des murs, au pied des murs de telle ville, il les baigne. — LAVER UN LIVRE, LAVER LES FEUILLETS D'UN LIVRE, les tremper dans une eau chargée d'acide muriatique, pour en ôter les taches. — LAVER DU PAPIER, le tremper dans une eau chargée d'alun, pour lui donner plus de consistance et l'empêcher de boire. — Dess. LAVER UN DESSIN, ombrer, colorier un dessin en étendant, sur ses différentes parties, une ou plusieurs teintes d'encre de Chine, de bistre ou d'autre couleur délayée dans de l'eau de gomme : *laver un dessin sur un trait au crayon, à l'encre, à la plume*. — ⁓ Jargon. LAVER SON LINGE, purger une condamnation.

LAVERDIÈRE (Charles-H.), historien canadien, (1826-'73). Il était prêtre et bibliothécaire de l'université de Laval (Québec). Il travailla à la publication des *Jesuit Relations* (1858); publia et compléta le second volume du *Cours d'Histoire* de Ferland; et en collaboration avec l'abbé Casgrain, il réunit les voyages de Champlain qu'il publia (5 vol., in-4°, 1870). Il fit paraître aussi le *Journal des jésuites* (1871) et écrivit l'*Histoire du Canada à l'usage des maisons d'éducation* et un récit *Notre-Dame de la Recouvrance à Québec*.

LAVERGNE (Alexandre-Marie-Anne DE LAVEISSIÈRE DE), littérateur, né à Paris en 1808, mort en avril 1879. Il appartenait à une ancienne famille noble d'Auvergne et fut chef de bureau au ministère de la guerre. Il a produit quelques romans à succès : le *Comte de Mansfeld*(1840), la *Pension bourgeoise*(1841), la *Duchesse de Mazurin* (1842, 2 vol. in-8°); la *Recherche de l'inconnu* (1843, 2 vol. in-8°); *Il faut que jeunesse se passe*(1851, 3 vol. in-8°); le *Chevalier du silence* (1864, in-18), etc. Il donna, entre autres pièces, M¹¹ᵉ *Aïssé*, en collaboration avec Paul Foucher (Théâtre-Français, 1856).

LAVERGNE (Louis-Gabriel-Léonce GUILHAND DE), littérateur et économiste, né le 24 janv. 1809, à Bergerac (Dordogne), mort en janv. 1880. Professeur de littérature à Montpellier en 1838, il entra au Conseil d'État en 1852, fut nommé député en 1846, démissionna en 1848, et collabora à des revues d'économie politique. Nommé membre de l'Académie des sciences morales en 1855, il fut élu député de la Creuse à l'Assemblée nationale de 1871 et sénateur inamovible en 1875.

° LAVETTE s. f. Petit morceau de linge dont on se sert pour laver la vaisselle.

* LAVEUR, EUSE s. Celui, celle qui lave : *laveur de vaisselle*.

LAVEY, station minérale du cant. de Vaud (Suisse), sur le Rhône, à 12 kil. N.-O. de Martigny. Source chlorurée sodique. Rhumatismes.

LAVIE (Pastilles de), pastilles au lacto-phosphate de chaux, employées quand il s'agit

de réveiller les forces vitales, d'augmenter la nutrition, de combattre la diathèse lymphatique, les engorgements des ganglions et surtout les maladies de poitrine.

LA VIGNE (André de), poète et historien, né en 1457, mort en 1527. On a de lui : *Ballades de bruyt commun sur les alliances des rois, des princes*, etc. (in-4°); *Libelle des cinq villes d'Italie* (Lyon, in-4°); *Epitaphes en rondeau de la reine* (in-8°), etc.

LAVINIE, fille de Latinus, roi des Latins et fiancée à Turnus, lorsque Énée débarqua en Italie, tua Turnus et épousa Lavinie; cet épisode a fourni à Virgile le sujet d'une de ses plus belles pages.

LAVINIUM, ancienne ville d'Italie, dans le Latium, près de la mer, entre Laurentum et Ardea, à environ 25 kil. S. de Rome. On dit qu'elle fut fondée par Énée et nommée d'après la femme Lavinia. Il en fit la capitale du Latium, mais dans les temps historiques elle n'eut jamais beaucoup d'importance politique.

LAVIQUE adj. Minéral. Qui a le caractère de la lave.

*LAVIS s. m. (rad. *laver*). Dess. Manière de colorier un dessin avec de l'encre de Chine, du bistre, de la sépia ou quelque autre substance colorante : *lavis à l'encre de Chine, au bistre*.

LAVIT, ch.-l. de cant., arr. et à 18 kil. S.-O. de Castelsarrasin (Tarn-et-Garonne); 1,580 hab.

* LAVOIR s. m. Lieu destiné à laver. Se dit plus particulièrement d'un réservoir d'eau où on lave le linge : *lavoir commun*. — LAVOIR DE CUISINE, lieu où on lave la vaisselle. — Se dit, dans les communautés et dans les sacristies, du lieu où on se lave les mains. — Se dit, dans les manufactures, de certains appareils destinés à laver les substances qu'on y emploie; et, dans les mines, de la machine dont on se sert pour laver le minerai. — ⁓ Argot. Confessionnal.

LAVOISIER (Antoine-Laurent), créateur de la chimie moderne, né à Paris en 1743, guillotiné le 8 mai 1794. De bonne heure il devint fermier général. En 1776, placé par Turgot à la tête de la régie des salpêtres, il introduisit de grandes améliorations dans la manufacture de la poudre. Il fut membre de la commission des poids et mesures en 1790, et prit une grande part à la préparation du nouveau système décimal. Son essai *De la richesse nationale de la France* (1791) le plaça parmi les écrivains les plus distingués en économie politique. Mais toute son énergie a été consacrée aux recherches chimiques qu'il poursuivit sans relâche depuis 1772 jusqu'à sa mort. Il rendit d'immenses services à la science et établit la nouvelle théorie chimique de combustion, réforma la nomenclature de la chimie, inventa la citerne pneumatique, le gazomètre, etc., et trouva la nouvelle théorie qualifiée *antiphlogistique*, par opposition à la célèbre théorie du *phlogistique* émise par Stahl à la fin du XVIIᵉ siècle. (Voy. CHIMIE.) Il fut condamné à mort avec les autres fermiers généraux. Une édition complète de ses ouvrages a été publiée aux frais du gouvernement (Paris, 4 vol., 1864-'68). Elle comprend son fameux *Traité de chimie* (1786, 2 vol. in-8°).

LAVOULTE, ch.-l. de cant., arr. et à 21 kil. N.-E. de Privas (Ardèche); 4,600 hab. Culture de la vigne et du mûrier. Mines de fer; hauts fourneaux; fonderie et fabrique de projectiles de guerre. Vaste château qui fut la propriété des ducs de Ventadour.

LAVOÛTE-CHILHAC, ch.-l. de cant., arr. et à 18 kil. S. de Brioude (Haute-Loire); 750 hab.

LAVURE s. f. N'est guère usité que dans cette locution, LAVURE DE VAISSELLE, D'ÉCUELLES, eau qui a servi à laver la vaisselle, les écuelles. — Fam. et par exag. LAVURE DE VAISSELLE, bouillon, potage fade et insipide, où il y a trop d'eau. — Action de laver un livre avant de le relier. — Orfèv. et Monn. Opération par laquelle on retire l'or ou l'argent des cendres, des terres auxquelles il est mêlé, ou des creusets dans lesquels on l'a fondu. — Se dit aussi, au plur., des parcelles d'or ou d'argent qui proviennent de cette opération, et de celles qu'on tire des balayures.

LAW (John DE LAURISTON) [angl. là; la prononciation française, lass, ne s'explique pas], financier, né en 1671, mort en 1729. Un duel où il tua son adversaire, le força de s'expatrier; il vint en France; de là, il se rendit en Hollande où il fit une étude spéciale des opérations de banque dans les bureaux de la banque d'Amsterdam. En 1700, il retourna en Ecosse et publia un ouvrage encourageant l'établissement d'une banque qui posséderait entre ses mains toutes les sources des revenus de l'Etat et les emploierait comme capital; le parlement repoussa son projet. A l'avènement du duc d'Orléans, comme régent, Law revint à Paris avec une fortune de plus de 2,500,000 francs gagnés au jeu. Les affaires financières de France étaient alors dans le plus grand embarras; on écouta Law et avec le patronage du régent, il établit, en 1716, une banque soutenue par l'autorité royale. Ses actions furent bientôt prises et des affaires trèslucratives s'engagèrent. Il organisa ensuite la compagnie du Mississipi ou des Indes Occidentales, fondée sur le projet de colonisation et dans le but de tirer profit des possessions françaises dans l'Amérique du N. Il étendit son capital à 624,000 actions de 550 francs chaque, et dans la fièvre de jeu qui s'ensuivit, les actions arrivèrent à 35 ou 40 fois leur valeur nominale. Law fut nommé contrôleur général des finances. Mais la diminution constante des espèces en France et l'émission continuelle des billets du gouvernement, détruisirent la compagnie et Law prit la fuite. Il n'avait pas fait sa part; il agit toujours honnêtement et avec un grand désir d'améliorer le bien-être public; il reçut une pension de 20,000 livres de la France jusqu'à la mort du régent; il tomba ensuite dans l'obscurité et mourut dans la pauvreté à Venise.

LAWFELD, village de Hollande, dans le duché de Limbourg, à 6 kil. O. de Maëstricht. Le maréchal de Saxe y remporta une brillante victoire sur le duc de Cumberland, le 2 juillet 1747; les Français y battirent également les Autrichiens en 1794.

LAWRENCE [là-rènn-se], ville du Massa-

City Hall, à Lawrence.

chusets, sur les deux rives de la rivière Merimack, à environ 40 kil. de son embou-

chure et à 50 kil. N. de Boston; 34,910 hab. Manufactures de coton et de laine qui emploient 11,000 ouvriers. Elle reçut son nom de la famille Lawrence, de Boston.

LAWRENCE, ville du Kansas, sur les deux rives de la rivière Kansas; à 105 kil. de son embouchure, à 35 kil. S.-E. de Topeka et 45 S.-O. de Leavenworth; 7,268 hab. Le 25 août 1863, elle fut surprise par une bande de guerillas confédérés.

LAWRENCE (SIR Henry MONTGOMERY), général anglais, né à Ceylan en 1806, mort en 1857. Il se distingua dans les campagnes de Sutlej, fut agent pour le gouverneur général sur la frontière N.-O. et résident à Lahore (1846-'49), et ensuite chef du conseil d'administration du Punjaub, devint colonel et agent dans le Rajpootana (1852-'57). Il fut nommé brigadier général et chef militaire commandant d'Oude; il dirigea la mémorable défense de Lucknow jusqu'au moment de sa mort. Il fut mortellement blessé par un éclat de bombe le 2 juillet. Il a écrit *Adventures of an Officier in Runjeet Singh's Service.*

LAWRENCEBURG [là-rènn-s'-beur], ville d'Indiana (Etats-Unis), dans l'angle S.-E. de l'état, sur la rivière Ohio, à 35 kil. au-dessous de Cincinnati et à 135 kil. S.-E. d'Indianapolis; 3,160 hab.

LAXATIF, IVE adj. [la-ksa-tiff] (lat. *laxativus*, de *laxare*, relâcher). Méd. Qui a la vertu, la propriété de lâcher le ventre, de purger lentement et sans irritation. — s. m. : *un bon laxatif.*

LAXIFLORE adj. (lat. *laxus*, lâche; *flos*, fleur). Bot. Dont les fleurs sont très écartées les unes des autres.

LAXIFOLIÉ, IÉE adj. (lat. *laxus*, lâche; *folium*, feuille). Bot. Dont les feuilles sont écartées les unes des autres.

LAXITÉ s. f. Etat de ce qui est distendu, lâche.

LAY, grande rivière de la Vendée, formée dans le canton de Chantonnay par la réunion du grand et du petit Lay; elle se jette dans la mer en face de l'île de Ré, après un cours de 104 kil., dont 22 navigables.

LAYA. I. (Jean-Louis), littérateur, né à Paris en 1751, mort en 1833. Il se fit, au moment de la Révolution, une grande réputation comme auteur dramatique. Il donna, en 1789, *Jean Calas;* en 1790, *Dangers de l'opinion,* et l'*Ami des lois* en 1793, au moment où l'on jugeait Louis XVI; c'était une protestation contre l'anarchie de l'époque; Laya fut mis hors la loi et emprisonné jusqu'au 9 thermidor. Rendu à la liberté, il continua à écrire pour le théâtre, fut admis à l'Académie française en 1817 et professeur à la Faculté des lettres de Paris. Les Œuvres de Laya ont été publiées en 1833 (Paris, 5 vol. in-8°). — II. (Léon), fils du précédent, né à Paris en 1809, mort en 1872; il a beaucoup travaillé pour le théâtre. Nous citerons seulement : *La Liste de mes maîtresses* (1828), *Un Mari du bon temps* (1840), *Une Maîtresse anonyme* (1842), l'*Etourneau* (1844), *Le duc Job* (1859), la *Loi du cœur* (1862), etc., etc.

LAYBACH ou Laibach [lai-bak], capitale de la Carniole (Autriche), sur la rivière Laybach, à 70 kil. N.-E. de Trieste; 23,060 hab. Elle est d'une grande antiquité et elle possède de

nombreuses églises et des écoles. Manufactures de toile, de laine et de soie. De 1809 à 1813, elle fut le siège du gouvernement français pour les provinces illyriennes. Un congrès de monarques européens y eut lieu en 1821 pour régler les affaires d'Italie.

LAYE s. f. [lè]. Sorte de boîte où sont renfermées les soupapes de l'orgue et qui sert comme le réservoir du vent.

*LAYER** v. a. [lè-ié]. Eaux et Forêts. Tracer une laie, une route étroite dans une forêt : *layer un bois, une forêt.* (Voy. LAIE.)

*LAYETIER** s. m. Celui qui fait des layettes, des caisses de bois blanc.

*LAYETTE** s. f. [lè-iè-te] (anc. haut all. *lada,* coffre). Tiroir d'armoire où l'on serre des papiers : *mettre des papiers dans une layette.* — Se dit aussi d'un coffret de bois : *petite layette.* Dans ce sens et dans celui qui précède, il est peu usité. — Linge, langes, maillot, et tout ce qui est destiné pour un enfant nouveau-né : *préparer une layette.*

LAYETTERIE s. f. Profession du layetier; commerce de layettes.

*LAYEUR** s. m. [lè-ieur]. Eaux et Forêts. Celui qui trace les laies dans une forêt, ou qui marque le bois qu'on veut layer.

LAYNEZ ou Lainez (DIÉGO) [lai-nèss], second général de la société de Jésus, né en Espagne en 1512, mort en 1565. Il se joignit à Loyola à Paris, fut ordonné prêtre à Venise en 1537, fut nommé professeur de théologie scholastique à Rome, et fut ensuite envoyé dans les missions. Il parut au concile de Trente, en mai 1546, comme un des théologiens du pape. En 1550, il fut nommé provincial de l'ordre dans la haute Italie. Il ouvrit les débats au concile de Trente, rassemblé de nouveau en 1551. En 1556, après la mort de Loyola, Laynez gouverna l'ordre en qualité de vicaire général jusqu'en 1558, époque où il fut élu général à l'unanimité. En 1562, il assista de nouveau au concile de Trente où il se distingua. Laynez fut remarquable par son zèle infatigable pour l'établissement d'écoles libres, de collèges et d'universités.

LAYON s. m. [lè-ion]. Chasse. Route pratiquée dans les tirés pour faciliter la marche des chasseurs.

LAZAGNE s. f. (de *lasagne,* pâte d'Italie très mince). — Argot. Lettre.

LAZARE (Saint), frère de Marthe et de Marie et que Jésus ressuscita quatre jours après qu'on l'avait mis dans le tombeau. — Lazare (ORDRE DE SAINT-), ordre religieux et militaire établi à Jérusalem vers 1120 pour soigner les lépreux et protéger les pèlerins. En 1572, cet ordre fut réuni à celui de Malte; il tirait son nom du pauvre de l'Evangile.

*LAZARET** s. m. (bas lat. *lazarus,* ladre, lépreux). Lieu préparé dans quelques ports, principalement dans ceux de la Méditerranée pour y faire passer la quarantaine aux personnes, aux effets et aux marchandises, qui viennent des pays infectés ou soupçonnés d'être infectés d'une maladie contagieuse : *le lazaret de Marseille.*

*LAZARISTE**, membre d'un ordre religieux fondé par saint Vincent de Paul : *les lazaristes.* — Les lazaristes, établis à Paris en 1625, furent ainsi appelés du prieuré de Saint-Lazare, leur première résidence officielle. Leur véritable nom est *Prêtres de la Congrégation de la Mission.* En 1625, la comtesse de Joigny conseilla à saint Vincent de Paul et à Antoine Portail de fonder une congrégation de prêtres missionnaires chargés des Bons-Enfants. La société fut approuvée en 1632 par Urbain VIII, qui en nomma Vincent supérieur. Alexandre VII, lança une bulle en 1655 qui en régla les constitutions. Après deux années de retraite, le candidat se lie par des vœux de pauvreté, de chasteté et d'obéissance et fait le vœu de pourvoir aux besoins spirituels des pauvres. Le costume des lazaristes est celui du clergé séculier. Quand les constitutions furent formellement acceptées en 1658, les lazaristes avaient déjà formé des établissements et fondé des missions dans presque toutes les contrées catholiques de l'Europe. Des missions furent également fondées dans les contrées païennes. A Madagascar, une maison lazariste fut ouverte à la colonie française, le fort Dauphin, sur la côte E., en 1648. En 1783, les lazaristes remplacèrent les jésuites supprimés dans le Levant et dans la mission chinoise. Il y a maintenant de nombreux établissements de lazaristes dans l'empire turc; les principaux sont à Constantinople, à Alexandrie, à Smyrne, à Damas et à Beyrout. Avant 1789, les lazaristes en France dirigeaient 49 séminaires théologiques pour former le clergé séculier. En 1809, leur opposition aux plans de l'empereur de fonder une Église nationale, les fit supprimer. Dans l'Amérique du Sud ils ont des collèges et des séminaires théologiques à Caraca et à Bahia avec des résidences à Rio de Janeiro, Congonhas et Santa Catharina. Les lazaristes vinrent aux Etats-Unis, en 1817, avec l'évêque Dubourg, de la Nouvelle-Orléans. L'établissement de Germantown est leur maison centrale dans ce pays. Le nombre total des lazaristes dans les deux hémisphères est à peu près de 3,000.

* LAZARONE s. m. [lât-sa-rò'-né] (ital. lazzarone; du bas lat. lazarus, lépreux, ladre). Se dit à Naples de certains hommes du peuple qui vivent dans la paresse et la misère. — Au pluriel on dit des LAZARONI. — Les lazaroni forment à Naples la classe des portefaix, des marchands ambulants, des bateliers et des mendiants. Leur nom est dérivé de celui de Lazare, le mendiant de la parabole. On estimait autrefois le nombre des lazaroni à 40,000; ils n'avaient pas de domicile fixe, mais ils possédaient un chef élu formellement reconnu par le gouvernement; ils ont joué un rôle important dans les révolutions politiques. Récemment, on a fait des efforts pour améliorer leur condition et on ne les reconnaît plus comme formant une classe distincte. Le nom de lazaro fut d'abord donné par les Espagnols, aux êtres dégradés qui vivaient à Naples sans moyens d'existence et sans domicile. Mazaniello fut l'un des chefs élus par ces vagabonds(1647). En 1793, Ferdinand IV enrôla plusieurs milliers de ces gens sans aveu pour combattre la révolution. Le 15 mai 1848 les lazaroni combattirent, avec la complicité de la cour, les plus effroyables ravages dans la ville de Naples.

LAZISTAN, province turque de l'Asie Mineure, à l'extrémité S.-E. de la mer Noire. Villes principales, Batoum, Alina et Rizèh. Son principal port, Batoum, fut cédé à la Russie par le traité de Berlin; mais la partie occidentale du Lazistan est demeurée turque. Les habitants de la portion cédée résistèrent d'abord à leur annexion; mais la plupart furent soumis par persuasion, et les autres émigrèrent.

* LAZULI. Voy. LAPIS.

* LAZULITE s. m. Nom que les minéralogistes donnent au lapis-lazuli.

LAZZARI (Donato). Voy. BRAMANTE D'URBINO.

* LAZZI s. m. [la-zi] (ital. plur. de lazzo). Action, mouvement, geste bouffon dans la représentation des comédies : les comédies italiennes sont pleines de luzzi. — Par ext. Mauvaise plaisanterie et bouffonnerie faite ailleurs qu'au théâtre : il s'en est tiré par des lazzi. Quelques-uns écrivent au pluriel, LAZZIS.

* LE, LA, LES. (Les étymologistes pensent que nous avons formé notre le et notre la des pronons latins ille, illa, illud. De la dernière syllabe du mot masculin ille, nous aurions fait le; de la dernière syllabe du féminin illa, nous aurions fait la; c'est ainsi, du reste, que de la première syllabe de ille nous avons fait il, et que du féminin illa nous avons fait le pronom elle.) Le premier de ces trois mots est l'article du nom masculin, au singulier : le jour. Le second est l'article du nom féminin, au singulier : la nuit. Le troisième est l'article du pluriel, et il est commun aux deux genres : les jours; les nuits. — Si les prépositions de ou à se trouvent devant l'article masculin ou singulier, et que le nom suivant commence par une consonne ou par une h aspirée, on change de le en du et à le en au : du mois, au mois; du héros; au héros. Si le nom commence par une voyelle ou par une h non aspirée, la préposition et l'article n'éprouvent aucun changement; mais l'article, soit masculin, soit féminin, s'élide : de l'enfant, à l'enfant; de l'honneur, à l'honneur; de l'amitié, à l'amitié. Quant à l'article du pluriel, la même contraction a lieu, quelle que soit la lettre qui commence le mot suivant. Pour de les, on dit des, et pour à les, on dit aux : des héros; aux héros. — On répète l'article devant des substantifs qui sont réunis par la conjonction ET : le père et la mère de cet enfant. — On répète l'article devant plusieurs adjectifs qui modifient un substantif quand ces adjectifs expriment des idées tout à fait distinctes ou contradictoires : les bonnes et les mauvaises actions de cet homme. — L'article se met quelquefois en français devant les noms propres par imitation de l'italien, mais l'usage qu'on en fait est beaucoup plus restreint que dans cette langue. On l'applique aux noms italiens d'écrivains, d'artistes : le Titien, le Tasse, le Corrège, l'Arioste; à un peintre français qui avait longtemps vécu à Rome : le Poussin; à des actrices : la Duparc, la Dumesnil; à des femmes connues en mal ou dont on veut parler avec une familiarité dénigrante. — L'article au pluriel peut se mettre devant un nom propre sans idée de pluralité, par une sorte d'emphase : les Corneille, les Racine sont la gloire du théâtre français. — Il se met aussi quelquefois devant un nom propre avec l'idée de pluralité et alors ce nom propre prend la marque du pluriel : les Virgiles sont rares.

* LE, LA, LES. Pronoms relatifs, dont le premier est pour le genre masculin, le second pour le féminin, le troisième pour les deux genres au pluriel. Ils accompagnent toujours un verbe, et ils remplacent un substantif déjà exprimé : voilà un bon livre, je vous engage à le lire; quand vous aurez des nouvelles, faites-les-moi savoir; le livre que vous cherchez, le voici. Dans cette phrase, le voici est l'équivalent de vous le voyez. — Le, tient quelquefois la place, soit d'un adjectif, soit d'un verbe, ou plutôt d'une proposition; alors il signifie CELA, et il est invariable : cette femme est belle et se sera longtemps; nous devons défendre l'honneur et l'intérêt de nos parents, quand nous le pouvons sans injustice; je n'ai pas été enrhumé de l'hiver et je le suis depuis les chaleurs. — Cette règle, établie par les grammairiens du XVIIe siècle, n'entra pas sans opposition dans le langage des gens du monde. En voici une preuve. Madame de Sévigné s'informait un jour de la santé de Ménage, son professeur : «Je suis enrhumé, madame, lui répondit-il. — Je le suis aussi », dit la marquise. Et sur l'observation de Ménage, qu'il aurait été mieux de dire je le suis : «Vous direz comme il vous plaira; mais, pour moi, je croirais avoir de la barbe, si je disais autrement ». — LE et LA, toutes les fois qu'ils sont devant un verbe qui commence par une voyelle, s'élident dans l'écriture et se prononcent : je le vis, je l'aimai.

* LE s. m. (lat. latus, côté). Largeur d'une étoffe entre ses deux lisières : un lé de velours, de satin, de taffetas, de toile, de percale. — DEMI-LÉ, la moitié de la largeur d'un lé : c'est assez d'un demi-lé pour cela.

LE. Voy. LEH.

LEACH (William-Elfort), naturaliste anglais, (1790-1836). Il fut administrateur de l'histoire naturelle au musée britannique jusqu'en 1818. Un de ses ouvrages les plus importants est Crustaceology (1813); il y sépare les myriapodes, les arachnides et les insectes des crustacés, qui sont tous groupés par Linné sous le nom d'insectes. Ses autres principaux ouvrages sont : le Zoölogical Miscellany (3 vol., 1814-'17) et la première division de l'History of the British Crustacea.

LEADER s. m. [lî'-deur]. Mot anglais qui signifie chef. Se dit habituellement de l'homme politique qui dans les réunions parlementaires joue le principal rôle parmi les membres de son parti : Gambetta fut le leader de la gauche.

LEAKE (SIR John) [lî'-ke], amiral anglais, né en 1656, mort en 1720. En 1702, il chassa les Français de Terre-Neuve; en 1705, il fit lever le siège de Gibraltar assiégé par les Français et les Espagnols; il secourut Barcelone en 1706, s'empara de Carthagène et réduisit ensuite les îles Baléares et la Sardaigne. En 1707, il fut nommé commandant en chef de la flotte et en 1709 contre-amiral.

LEAMINGTON [lèmm-ign-t'n] ou Leamington-Priors, ville et station balnéaire du Warwickshire (Angleterre), sur la rivière Leam, à 30 kil. S.-E. de Birmingham; 22,730 hab. C'est une des plus belles villes de l'Angleterre. Manuf. de gants. Ses sources minérales découvertes en 1797, sont de trois natures : sulfureuses, salines et chalybées.

LÉANDRE. Voy. HÉRO.

LÉANDRE (Saint), archevêque de Séville, né à Carthagène en 540, mort en 596. Il combattit l'arianisme et fut exilé par le roi Léovigilde; rappelé ensuite par Récarède, il présida en 589 le troisième concile de Tolède. Fête le 13 mars. On a de lui Liber de institutione virginum et contemptu mundi (Rome, 1661, in-4).

LEAR (Le roi), tragédie de Shakspeare (1606), imitée par Ducis en 1783.

LÉARQUE, sculpteur grec, né à Rhegium, dans l'Italie méridionale, vers l'an 616 av. J.-C. Pausanias fait mention d'une statue de Jupiter qu'on lui est attribuée; elle était faite de pièces de bronze forgées à Sparte; on la considère comme la plus ancien ouvrage de ce genre.

LEAVENWORTH [lèv'-eun-ouerth], ville du Kansas (Etats-Unis), la plus grande de l'état, sur la rive droite du Missouri, à 750 kil. de son embouchure, à 35 kil. N.-O. de Kansas; 15,140 hab. Commerce important. Manuf. considérables. Ecole normale et pénitencier de l'état.

LE BAILLY (Antoine-François), fabuliste, né à Caen en 1756, mort en 1832. Il a laissé un livre intitulé Fables Nouvelles (Paris, 1784, 1 vol. in-12), qui lui a valu un nom parmi les fabulistes; ses fables, composées avec rondeur et bonhomie, ne manquent ni de clarté ni d'élégance. On a aussi de lui quelques opéras : Corisandre (1792), Œnone (1812), Diane et Endymion (1814).

LEBANON. I. Bourg de Pennsylvanie, sur la crique Quitopahilla, à 35 kil. N.-E. de Harrisburg; 7,630 hab. Usines métallurgiques. — II. Ville du Tennessee, sur une branche de la rivière Cumberland, à 45 kil. E. de Nashville; 2,030 hab. — III. Ville du Kentucky, sur la crique Hardin, à 65 kil. S.-O. de Francfort,

1,930 hab. — IV. Village de l'Ohio, sur la crique Turtle, à 45 kil. N.-E. de Cincinnati; 1,750 hab. — V. Ville de l'Illinois, à 35 kil. E. de Saint-Louis; 2,120 hab.

LEBAS (Jean-Baptiste-Appollinaire), ingénieur français, né dans le Var en 1797, mort en 1873. Il fut conservateur du musée naval du Louvre et membre du conseil de l'amirauté, où il se retira en 1858. Il avait été chargé par le gouvernement d'aller chercher à Louqsor l'obélisque que le vice-roi d'Egypte avait donné à la France, et il publia l'*Histoire de cette translation* (Paris, 1839, 1 vol. in-4°).

LE BAS (Louis-Hippolyte), architecte français, né à Paris en 1782, mort en 1867. Il fut architecte des travaux publics et professeur à l'école des beaux-arts à Paris. Au nombre de ses ouvrages se trouve l'église de Notre-Dame-de-Lorette.

LE BAS (Philippe), archéologue français, né à Paris en 1794, mort en 1861. Il fut précepteur de Louis-Napoléon (1820-'27), enseigna ensuite le grec à Paris et en 1842, commença une exploration officielle de la Grèce et de l'Asie Mineure. Il rassembla les résultats de cette exploration dans son *Voyage archéologique en Grèce et en Asie Mineure*, ouvrage non terminé. Il a publié d'autres ouvrages sur l'archéologie.

LEBAS (Philippe-François-Joseph), conventionnel, né à Frévent en 1765, mort en 1794. Il se montra fougueux partisan de la Révolution et fut envoyé par ses concitoyens du Pas-de-Calais à la Convention. Ami de Robespierre, il partagea toutes ses idées et lui resta fidèle, jusqu'à la fin de sa vie. Après avoir reçu mission d'aller faire prévaloir les principes révolutionnaires dans les dép. du Nord, du Haut et du Bas-Rhin, Lebas assista à la prise de Charleroi et à la victoire de Fleurus. Revenu à Paris, il reprit sa place au comité de sûreté générale; mais au 9 thermidor, quand il entendit décréter d'accusation Robespierre, Couthon, Saint-Just et ses autres amis, il demanda à partager leur sort. Envoyé à la Force avec ses collègues, il fut délivré par le peuple et porté en triomphe à l'Hôtel de Ville; mais sur le point d'être arrêté de nouveau, il se tira un cœur un coup de pistolet.

LEBEAU (Charles), historien, né à Paris en 1701, mort en 1778. Il est connu surtout par son ouvrage intitulé: *Histoire du Bas Empire*, (1756-'79, 22 vol. in-12, et 1836, 21 vol. in-8°). En 1752, il obtint la chaire d'éloquence au collège de France et, en 1755, il fut nommé secrétaire perpétuel de l'Académie des inscriptions.

LEBEUF (L'ABBÉ Jean), historien, né à Auxerre en 1687, mort en 1760. Homme très érudit, il fut un des collaborateurs de du Cange et a laissé une foule d'opuscules parmi lesquels nous citerons: *De l'état des sciences dans l'étendue de la monarchie française sous Charlemagne* (Paris, 1734, 1 vol. in-12); *Dissertations sur plusieurs circonstances du règne de Clovis* (1738), etc., etc. En 1741, il fut nommé membre de l'Académie des inscriptions.

LEBLANC DE GUILLET (Antoine BLANC dit), littérateur, né à Marseille en 1730, mort en 1779. Il entra dans la congrégation de l'Oratoire et se livra d'abord à l'enseignement qu'il quitta bientôt pour la littérature et le théâtre. On a de lui: *Mémoires du comte de Guisnes*, *L'heureux Evénement* (1763), *Manco-Capac* (1782), *les Druides* (1772), *Adéline* (1775), *Virginie* (1786), etc., etc.

LEBLOND (Jacques-Christophe), peintre et graveur allemand, né à Francfort-sur-le-Mein en 1670, mort à Paris en 1741. Il excella dans la miniature et la gravure des planches coloriées; il a laissé quelques portraits très recherchés, entre autres; ceux de *Van Dyck*,

du prince Eugène, du cardinal Fleury, du roi George II, et plusieurs gravures de premier ordre : *la Fuite en Egypte*, *le Christ au Tombeau*, *la Vénus couchée*, etc., etc.

LE BON (GHISLAIN, François-Joseph), conventionnel, né à Arras en 1765, guillotiné en 1795. Entré tout jeune dans l'ordre des Oratoriens, il se jeta avec ardeur en plein courant révolutionnaire, et fut nommé, en 1796, curé constitutionnel de Neuville-Itasse. Devenu maire d'Arras et procureur-syndic du Pas-de-Calais, il fut nommé député à la Convention. Envoyé en mission dans son département (oct. 1793), il fit arrêter quelques jacobins ardents et ordonna la mise en liberté de détenus suspects d'aristocratie. Dénoncé comme coupable de modérantisme, poursuivi par la haine aveugle d'une faction jalouse, Le Bon se vit traîner à la barre de la Convention; il y fut défendu par Barère qui, tout en improuvant certaines mesures que Le Bon avait cru devoir prendre, déclara que lui seul avait sauvé Cambrai; Le Bon fut renvoyé absous; mais le 7 mai 1795, sur de nouvelles accusations, ou plutôt sur de nouvelles délations, une commission de 24 membres fut nommée pour examiner sa conduite. Il se défendit sur tous les chefs, rejeta la responsabilité de ses actes sur l'ancien comité de salut public et sur la Convention elle-même. «Si j'étais coupable en exécutant vos décrets, dit-il, étiez-vous donc innocents en les faisant?» Renvoyé devant le tribunal criminel de la Somme, il fut condamné à mort.

LEBON (Philippe), ingénieur et chimiste français, né à Bruchay en 1769, mort à Paris en 1804. Il est l'inventeur de l'éclairage au gaz. Ses essais commencèrent, en 1797, sur les gaz provenant de la combustion du bois; il fit part de ses observations à l'Institut, prit un brevet d'invention en 1800 et publia le résultat de ses recherches dans un mémoire intitulé *Thermolampes ou poêles qui chauffent avec économie*, etc. (1801); mais on ne fit guère attention à la découverte du chimiste parce que le gaz ainsi obtenu n'était point épuré, éclairait mal et avait une odeur désagréable. Ce ne fut que lorsque les Anglais eurent perfectionné la découverte de Lebon que la France comprit toute la valeur de l'invention.

LE BRETON (Guillaume). Voy. GUILLAUME LE BRETON.

LEBRUN (Charles), peintre français, né à Paris en 1619, mort en 1690. Il termina ses études à Rome sous la direction de Nicolas Poussin et devint en 1662 directeur de l'Académie de peinture nouvellement créée à Paris, et de plus administrateur des Gobelins. Il devint alors l'arbitre du goût et exerça sur les arts une véritable dictature. Ses œuvres capitales sont: les *Batailles d'Alexandre* peintes pour le Louvre, et l'*Histoire de Louis XIV*, représentée dans la grande galerie du palais de Versailles; on cite encore parmi les plus belles toiles, le *Martyre de saint Etienne*, le *Crucifix entouré par les Anges*, la *Madeleine aux pieds du Sauveur*, aujourd'hui en Russie, etc.

LEBRUN (Charles-François), duc de Plaisance, homme d'Etat français, né à Saint-Sauveur-Landelin en 1739, mort en 1824. En 1789, il se montra favorable aux réformes politiques et sociales et fut élu aux états généraux. Incarcéré deux fois pendant le règne de la Terreur, il entra au Conseil des Anciens en 1795 et après le 18 brumaire il fut nommé troisième consul par Bonaparte; après le couronnement de Bonaparte aux Anges, il devint architrésorier et duc. Il fut aussi gouverneur général de Ligurie et de Hollande. En 1819, il devint pair. Il a traduit l'*Iliade*, l'*Odyssée* et la *Gerusalemme liberata*. On lui a élevé une

statue à Coutances (1847), sur la place du Palais-de-Justice.

LEBRUN (Marie-Louise-Élisabeth), femme peintre française, née à Paris en 1755, morte en 1842. Elle eut la protection de Marie-Antoinette et fut admise à l'Académie de peinture, d'où les femmes furent exclues depuis. Elle fit un mauvais mariage, et visita divers pays. Elle donna de remarquables portraits de lady Hamilton en bacchante, du prince de Galles, de lord Byron et de M*me* de Staël en Corinne. D'après ses *Souvenirs* (3 vol., Paris, 1835-'37), elle exécuta plus de 650 portraits, 200 paysages suisses et anglais et 15 autres toiles.

LEBRUN (Pierre-Antoine), poète français, né à Paris en 1785, mort en 1873. Il reçut une pension de 1,200 fr. pour son poème sur la bataille d'Austerlitz. Il fut directeur de l'imprimerie royale (1831-'48); en 1853, il fut nommé sénateur. Ses œuvres complètes (51 vol., 1844-'63) comprennent des poèmes en l'honneur de Napoléon Ier, *Marie Stuart*, tirée de la tragédie de Schiller, et plusieurs autres drames. Il entra à l'Académie française en 1828.

LEBRUN (Ponce-Denis ECOUCHARD), surnommé *Lebrun-Pindare*, poète français, né à Paris en 1729, mort en 1807. Sa femme, d'une beauté remarquable, et représentée sous le nom de *Fanny* dans ses poèmes, obtint une séparation légale après une union orageuse de 14 ans. Ecouchard-Lebrun reçut une pension de la cour; mais après la chute du roi, il chanta la république et se rendit également agréable au premier consul qui lui donna une pension en 1800. Ses œuvres ont été publiées par Ginguené (Paris, 1811, 4 vol. in-8°).

LECCE [lét-ché]. I. Province S.-E. d'Italie (autrefois Terra d'Otranto) en Apulie, bien que dans l'antiquité son territoire formât la division appelée Calabre ou Messapia; 8,530 kil. carr.; 493,590 hab., dont 40,000 Arnautes et Grecs. Elle est bornée par les mers Adriatique et Ionienne et par le golfe de Tarente; elle est traversée par les Apennins; elle est sujette à de grandes sécheresses. Elle produit du maïs, du coton, du tabac, du vin et des olives. — II. Capitale de la province ci-dessus, à 32 kil, S.-S.-E. de Brindisi; 23,250 hab. Manufactures de tabac et de coton. L'huile de Lecce, excellente pour la table, constitue un article de commerce important. Lecce fut un comté normand au moyen âge; en 1489, le comte Taucrède de Lecce devint roi de Sicile.

LECH (anc. *Licus*), tributaire du Danube; il prend sa source dans le lac Formanin (Vorarlberg, Autriche), à une hauteur de 1,800 m. Il baigne une partie du Tyrol et les plus beaux rapides de l'Allemagne, et termine son cours d'environ 270 kil. près de Lechsend. Ses principaux affluents sont le Vils et la Wertach. Sa rapidité empêche la navigation. La plaine de Lechfeld, entre le Lech et la Wertach fut témoin d'une victoire mémorable d'Othon Ier sur les Hongrois (10 août 955). Tilly fut mortellement blessé le 5 avril 1632, près de Rain, en voulant empêcher les troupes de Gustave-Adolphe de traverser cette rivière.

* LÈCHE s. f. Tranche fort mince de quelque chose qui se mange : *une lèche de pain*. (Fam.)

* LÈCHE, ÉE part. passé de LÉCHER. — UN OURS MAL LÉCHÉ, un homme mal fait, difforme, ou un homme mal élevé, grossier.

* LÈCHE-DOIGTS (À) loc. adv. et fam. On l'emploie en parlant de choses qui se mangent, et qui sont données en trop petite quantité: *il nous a fait servir d'assez bonnes choses, mais il n'y en avait qu'à lèche-doigts.*

* LÈCHEFRITE s. f. Ustensile de cuisine, ordinairement de fer, qu'on met sous la broche pour recevoir la graisse et le jus de la viande que l'on fait rôtir : *grande, petite léchefrite.*

LÉCHELLE, général français, né à Puyréaux (Charente), mort à Nantes en 1793. Nommé, malgré sa notoire incapacité, commandant en chef de l'armée de l'Ouest en 1793 et chargé d'opérer contre les Vendéens, il remporta sur eux quelques avantages, notamment à Mortagne et à Cholet; mais, vaincu par sa faute à Laval, il fut emprisonné à Nantes, où il mourut.

* LÉCHER v. a. (anc. haut all. *lecchon*). Passer la langue sur quelque chose : *lécher un plat.* — Peint. Fig. Finir son ouvrage avec un soin excessif et minutieux : *ce peintre a le tort de lécher, de trop lécher ses ouvrages.* — Se dit, quelquef.. en parlant des ouvrages d'esprit : *il lèche ses écrits au point de les rendre secs et froids.* Dans cette acception, il est fam. — **Se lécher** v. pr. *Un chat qui se lèche.* — Fam. ON S'EN LÈCHE LES DOIGTS, C'EST A S'EN LÉCHER LES DOIGTS, cela est excellent à manger. — ↘ S'EN LÉCHER LES BARBES, faire entendre qu'on voudrait encore d'une chose, tant elle est bonne.

LÉCHEUR, EUSE adj. Fam. Gourmand, personne friande, parasite.

LECHEVALIER (Jean-Baptiste), archéologue français, né à Treilles en 1752, mort en 1836. Pendant qu'il était secrétaire de légation à Constantinople sous Choiseul-Gouffier, il explora la Troade (1785-'86). Son *Voyage de la Troade* (3ᵉ éd., 1802), suscita plusieurs controverses, et son essai, *Ulysse-Homère* (1829), qui tendait à prouver qu'Ulysse était l'auteur des poèmes homériques, fut considéré comme absurde. Parmi ses autres ouvrages se trouve *Voyage de la Propontide et du Pont-Euxin* (1800). Il vécut plusieurs années en Angleterre, et en 1805 il fut nommé bibliothécaire de Sainte-Geneviève à Paris.

LÉCHON, ONNE s. et adj. Qui aime les léchonneries.

LÉCHONNER v. a. Fam. Embrasser à diverses reprises.

LÉCHONNERIE s. f. Action de léchonner, d'embrasser fréquemment.

LE CLERC (Jean), théologien protestant, d'origine française. né à Genève en 1657, mort en 1736. En 1684, il devint professeur de littérature, de philosophie et d'hébreu au collège des Remontrants à Amsterdam. C'était un homme de grande érudition et il exerça une influence immense sur les opinions théologiques de son temps. Ses travaux comprennent de volumineuses collections : *Bibliothèque universelle et historique* (1686, 26 vol. in-12); *Bibliothèque choisie* (1703, 27 vol.) et *Bibliothèque ancienne et moderne* (1714, 28 vol.); *Vie du cardinal Richelieu; Commentarii philologici et paraphrasis in Vetus Testamentum; Ars critica* et une autobiographie.

LECLERC (Jean-Baptiste), littérateur et conventionnel, né à Angers en 1756, mort en 1826; il se jeta avec enthousiasme dans le mouvement révolutionnaire et fut député à la Convention en 1792; vota la mort du roi sans appel ni sursis, et, après la chute des Girondins, donna sa démission. Très lié avec Lareveillère-Lépaux, il travailla à fonder le culte *philanthropique* qu'il appelait la religion naturelle, présida le Corps législatif après le 18 brumaire, fut exilé sous la Restauration et rappelé par le ministère Decaze. On a de lui : *Mes Promenades champêtres* (Paris, 1788, 1 vol. in-8°); *Idylles et Contes champêtres* (Paris, 1798, 2 vol. in-8°), etc., etc.

LECLERC (Perrinet), bourgeois de Paris qui vécut au xvᵉ siècle et qu'un acte de trahison

a rendu célèbre. N'ayant pu obtenir justice des Armagnacs qui l'avaient maltraité, il déroba les clefs de la porte Saint-Germain, dont son père était gardien, et ouvrit cette porte aux Bourguignons en 1518. Il s'en suivit un effroyable massacre.

LECLERC (Sébastien), graveur français, né à Paris en 1637. mort en 1714. Il fut d'abord employé aux Gobelins et devint professeur de perspective à l'Académie des beaux-arts (1672-1702). Il publia des traités sur la géométrie, l'architecture et la perspective, et près de 4,000 dessins remarquables par leur exactitude et leur élégance.

LECLERC (Victor-Emmanuel), général français, né à Pontoise en 1772, mort le 2 nov. 1802. Après avoir acquis quelque célébrité militaire, il contribua à l'établissement du consulat; il épousa Pauline, sœur de Bonaparte et devint général de division. En 1801, Napoléon le nomma capitaine général de l'expédition de Saint-Domingue, destinée à rétablir l'esclavage dans cette colonie; il arriva à Samana au commencement de 1802 avec une flotte et plus de 30,000 hommes. Le 1ᵉʳ mai, fut conclue une trève pendant laquelle Toussaint-Louverture fut envoyé prisonnier en France. Les noirs furieux recommencèrent les hostilités, tandis que les Français étaient décimés par la fièvre jaune à laquelle Leclerc succomba. (Voy. HUMBERT.)

LECLERCQ (Michel), auteur dramatique français, né à Paris en 1777, mort en 1851. Ses proverbes et comédies de salon eurent un immense succès; ils parurent en 1828 (6 vol. in-8°). Leclercq a surtout brillé par une grande finesse d'observation jointe à une exquise délicatesse de pensée.

LECOINTE-PUYRAVEAU (Michel-Mathieu), conventionnel, né à Saint-Maixent en 1750, mort à Bruxelles en 1825. Député à la Convention, il se prononça d'abord, lors du procès du roi, pour l'appel au peuple, puis il vota la mort sans sursis; il protesta contre l'écrasement du parti girondin, défendit Biron devant le tribunal révolutionnaire et combattit énergiquement les Jacobins en 1795. Membre des Cinq-Cents, puis du Tribunat en 1800, il remplit sous l'Empire diverses fonctions de police et s'exila sous la Restauration.

LECOINTRE (Laurent), conventionnel, né à Versailles en 1750, mort en 1805. Commandant de la garde nationale de Versailles, il fut élu à la Constituante, puis à la Convention où il vota la mort du roi sans appel ni sursis. Au 31 mai, il attaqua violemment les Girondins et après le 9 thermidor il dénonça Collot d'Herbois, Billaud-Varennes et leurs compagnons. Il fut exilé sous le Consulat et mourut dans la misère.

LECOMTE (Pierre), régicide français, né en 1798, guillotiné à Paris, le 8 juin 1846. Garde général des forêts du duc d'Orléans, il se vit, par sa mauvaise conduite, privé de ses appointements; attribuant cette punition au roi Louis-Philippe, il résolut de le tuer, et le 16 avril 1846, à Fontainebleau, il tira deux coups de feu sur la voiture du roi; personne ne fut atteint. Arrêté et mis en jugement, Lecomte fut condamné à la peine des parricides.

LECOMTE (Jules), journaliste et écrivain dramatique, né à Boulogne-sur-Mer en 1814, mort à Paris en 1864. Lieutenant de marine en 1832, il quitta cette carrière pour la littérature et donna successivement : *Pratique de la pêche à la baleine* (1833); *Relations d'un naufrage sur les côtes d'Afrique* (1833); *l'Abordage* (1835); *l'Ile de la Tortue* (1837) ; *le Capitaine Sabord* (1839, 2 vol. in-8°) ; *la Femme pirate* ; *le Forban des Cyclades* (1846, 3 vol.), etc., etc.

LECOMTE (Claude-Martin), général fran-

çais, né à Thionville en 1818, massacré à Paris, le 18 mars 1871. Au sortir de l'école d'application d'état-major, il fit plusieurs campagnes en Afrique, prit part à la guerre d'Orient et fut promu lieutenant-colonel, après la campagne d'Italie, colonel peu de temps après, général de brigade le 3 septembre 1870. Il commanda, dans la nuit du 17 au 18 mars 1871, les troupes qui devaient s'emparer des canons de Montmartre. Entouré par les gardes nationaux et abandonné par ses propres soldats qui mirent la crosse en l'air, il fut conduit au Château-Rouge, puis dans la rue des Rosiers où, après un simulacre de jugement, il fut fusillé, en même temps que le général Clément Thomas.

* LEÇON s. f. (lat. *lectio*; de *legere*, lire). Instruction qu'on donne, ordinairement dans une classe et du haut d'une chaire, à ceux qui veulent apprendre quelque science, quelque langue : *leçon de droit, de théologie, de médecine, de chimie, de botanique, de littérature, d'arabe, de latin, de grec.* — Se dit aussi en parlant de toutes sortes d'arts, d'exercices et de sciences, qu'on enseigne en particulier à un seul élève ou à peu d'élèves à la fois : *donner, prendre des leçons de dessin, de musique, de danse, d'équitation, d'escrime, de géographie, d'histoire, de grammaire.* — Par ext. Instructions, conseils donnés à une personne relativement sa conduite dans la vie ou dans quelque affaire : *un ami sage lui avait donné de bonnes leçons, dont il a mal profité.*

> Cette leçon vaut bien un fromage, sans doute.
> LA FONTAINE.

— FAIRE A QUELQU'UN SA LEÇON, signifie aussi quelquefois, faire une réprimande : *il me parlait malhonnêtement; mais je lui ai bien fait sa leçon.* On dit dans le même sens, DONNER UNE LEÇON, UNE BONNE LEÇON A QUELQU'UN. — Fig. Enseignements, avertissements utiles que l'on reçoit des choses : *les leçons de l'expérience sont perdues pour la plupart des hommes.* — PROV. IL EN FERAIT LEÇON, DES LEÇONS, se dit d'un homme qui possède parfaitement une science, qui connaît bien une chose. — Ce que le maître donne à l'écolier à apprendre par cœur : *cet écolier apprend, étudie, récite sa leçon.* — Se dit aussi du texte d'un auteur, par comparaison à une ou plusieurs autres copies du même texte : *il y a deux diverses leçons de ce texte.* — Fig. et fam. Récit qui diffère d'un autre relatif au même fait : *vous racontez ainsi l'aventure; mais il y a une autre leçon, une leçon différente.* — Se dit, dans la liturgie catholique, de certains petits chapitres de l'Écriture ou des Pères, qui font partie du *Bréviaire*, et que l'on récite lors que l'on chante à matines : *il y a trois leçons à chaque nocturne.*

LECOCQ (Robert), évêque de Laon, né à Montdidier au commencement du xivᵉ siècle, mort en 1368. Il fut d'abord avocat, puis maître des requêtes au parlement de Paris, entra dans les ordres et fut nommé évêque de Laon en 1351. D'accord avec Étienne Marcel, il se fit le chef du mouvement démocratique que se produisit dans les états généraux en 1357, et, après la mort du prévôt, s'enfuit auprès de Charles le Mauvais, qui lui donna l'évêché de Calahorra, en Navarre.

LECOQ (Henri), naturaliste français, né à Avesnes (Nord) en 1802, mort en 1871. Il fut longtemps professeur d'histoire naturelle à Clermont-Ferrand et directeur du cabinet de minéralogie et du jardin botanique de cette ville; il écrivit sur la botanique, la géologie, et l'agriculture. Son ouvrage principal est *Etude de la géographie botanique de l'Europe* (9 vol., 1854-'58).

LECOURBE (Claude-Joseph, COMTE), général français, né à Lons-le-Saulnier en 1760, mort à Belfort en 1815. Chef de brigade à Fleurus, il s'y conduisit en héros et devint, en Allemagne, un des meilleurs lieutenants de Moreau; l'affection qu'il portait à son chef et l'appui qu'il lui donna pendant son procès, amenèrent sa disgrâce; rentré au service en 1816, le roi lui donna le titre de comte. Pendant les Cent-Jours, il commanda l'armée du Jura et se maintint sous Belfort, où il mourut.

LECOUVREUR (Adrienne), actrice française, née à Fisme (Champagne) vers 1690, morte en 1730. Sa vocation se manifesta dès sa jeunesse, alors qu'elle était simple blanchisseuse. En 1717, elle parut à la Comédie-Française et éclipsa bientôt toutes ses rivales dans la tragédie et dans la comédie. Au nombre de ses amants, dont elle eut plusieurs enfants, fut le maréchal de Saxe. Elle mourut subitement. La rumeur publique prétendit qu'elle avait été empoisonnée par la duchesse de Bouillon, autre maîtresse du maréchal; mais cela ne fut jamais prouvé. On refusa d'enterrer ses restes dans un lieu consacré. Voltaire, qui passait pour avoir été un de ses amants, écrivit *La Mort de Mlle Lecouvreur*, pamphlet qui le fit chasser de Paris. Rachel a personnifié admirablement dans le drame *Adrienne Lecouvreur*.

* **LECTEUR, TRICE** s. (lat. *lector*). Celui, celle qui lit à haute voix et devant d'autres personnes : *c'est un bon lecteur, un fort bon lecteur, un lecteur infatigable.* — Celui, celle dont la fonction est de lire : *dans les maisons d'éducation, il y a ordinairement un lecteur ou une lectrice de semaine, pour lire au réfectoire.* — Se dit, particul., de celui qui lit seul ou des yeux quelque ouvrage; et, en ce sens, il n'est guère usité qu'au masculin : *l'essentiel pour un écrivain est de plaire à son lecteur, à ses lecteurs.* — Avis au lecteur, espèce de petite préface, dans laquelle l'auteur disait ordinairement, *Ami lecteur.* — Avis au lecteur, c'est un avis au lecteur, se dit d'un conseil ou d'un reproche, exprimé d'une manière indirecte et générale, avec dessein que telle personne s'en fasse l'application : *vous entendez bien ce qu'il vient de dire, c'est un avis au lecteur.* Se dit aussi d'un événement, d'un malheur qui peut servir d'instruction à quelqu'un, et l'avertir de prendre garde à lui : *ne vous hasardez pas dans cette affaire; plusieurs s'y sont ruinés, c'est un avis au lecteur.* — Se disait autrefois, chez quelques religieux, des régents, des docteurs qui enseignaient la philosophie, la théologie : *un tel, lecteur en théologie, lecteur en philosophie.* — **Lecteurs royaux**, les professeurs du collège royal de France : *lecteur royal en philosophie, en mathématiques, en arabe, en hébreu,* etc. — Dans l'Eglise romaine, un des quatre ordres qu'on appelle *Les quatre mineurs.*

LECTIONNAIRE s. m. Liturg. Livre dans lequel se trouvent les leçons de l'office.

* **LECTISTERNE** s. m. (lat. *lectum*, lit; *sternere*, couvrir). Antiq. rom. Festin sacré que l'on offrait aux principaux dieux dont les statues étaient placées sur des lits magnifiques autour d'une table dressée dans un de leurs temples : *on ordonnait les lectisternes dans les calamités publiques.*

LECTOURE, Lactora, ch.-l. d'arr., à 36 kil. N. d'Auch (Gers), sur la rive droite du Gers; (7,500 hab.); par 43° 56' 5" lat. N. et 1° 42' 51" long. O. Fabriques de serges et de grosses draperies, tanneries, filatures de laine; on y remarque une antique fontaine de Diane et la belle promenade du Bastion d'où l'œil découvre jusqu'aux Pyrénées; vieille église gothique. Commerce de vins, eaux-de-vie, bestiaux. — Ancienne cité ibérienne, Lectoure reçut la civilisation des Phocéens et elle devint, sous les Romains, une des grandes cités de la Gaule méridionale. Elle fut prise

par Charles VII en 1455, par Louis XI en 1473 et son château servit de prison au duc de Montmorency en 1632. Au moyen âge, elle était une place militaire importante. Anc. cap. des Lectorates. — Baume de Lectoure ou Baume de Condom, baume pharmaceutique très actif que l'on prend comme stimulant et sudorifique, par gouttes sur du sucre. C'est un mélange de safran, de musc et d'ambre gris, tenus en dissolution dans les huiles essentielles.

* **LECTURE** s. f. (lat. *lectus*, lu). Action d'une personne qui lit à haute voix : *on fit la lecture du contrat de mariage en présence de tous les parents.* — Action, habitude de lire seul et des yeux pour son plaisir : *la lecture de cet ouvrage est très attachante.*

> *La mère en prescrira la lecture à sa fille.*
> Piron. *La Métromanie*, acte III, sc. vii.

— pl. *Il a bien profité de ses lectures.* — Instruction qui résulte de la lecture : *c'est un homme qui n'a point de lecture, qui n'a aucune lecture, qui a beaucoup de lecture, qui est d'une prodigieuse lecture.* — Art de lire : *il enseigne la lecture et l'écriture aux enfants.* — Se dit souvent par opposition à représentation, en parlant d'une pièce de théâtre : *cette pièce a réussi à la représentation, mais je doute qu'elle se soutienne à la lecture.* — Comité de lecture, jury de lecture, assemblée devant laquelle on lit les ouvrages destinés à un théâtre, et qui jugent s'ils méritent d'être représentés. — Cabinet de lecture, lieu où, moyennant une rétribution, on lit des journaux et des livres.

LÉDA. Mythol. gr. Fille du roi Thestius ou Glaucus et femme de Tyndare. Elle eut, de ce dernier, Castor et Clytemnestre et de Jupiter, Pollux et Hélène. D'après Homère, Tyndare est le père de Castor et de Pollux. Suivant la légende la plus commune, Jupiter transformé en cygne et poursuivi par un aigle, se réfugia sur le sein de Léda, qui, au bout de neuf mois, produisit deux œufs, dont l'un donna naissance à Pollux et à la belle Hélène, l'autre à Castor et à Clytemnestre.

LE DAIN (Olivier), favori de Louis XI, né en Flandre, et pendu à Courtray en 1484. Successivement barbier du roi, comte de Meulan, ambassadeur à Gand, gouverneur de Saint-Quentin et gentilhomme de la chambre du roi, il fut tout puissant pendant le règne de Louis XI; mais aussitôt après la mort du roi, la régente Anne de Beaujeu le sacrifia à la haine populaire.

LEDEBOURG (Karl-Friedrich von), voyageur allemand, né à Stralsund en 1785, mort en 1851. En 1811, il devint professeur d'histoire naturelle à Dorpat (Russie). En 1826, il explora les monts Altaï et décrivit ses recherches en 2 vol. (1829-'30) et la flore de l'Altaï en 4 vol. (1829-'34). Dans cet ouvrage ainsi que dans *Icones Plantarum Novarum Floram Rossicam illustrantes* (5 vol. in-fol., 1829-'34), il eut pour collaborateurs les compagnons de voyage Meyer et Bunge. Il a publié aussi *Flora Rossica* (3 vol. 1842-'51).

LÉDIGNAN, ch.-l. de cant., arr. et à 17 kil. S. d'Alais (Gard); 650 hab.

LEDRU-ROLLIN (Alexandre-Auguste, Ledru dit), homme politique, né à Paris le 2 fév. 1806, mort à Fontenay-aux-Roses, le 31 déc. 1874. Il s'appelait Ledru et il ajouta au nom celui de Rollin, son trisaïeul. Ses débuts furent comme avocat furent heureux et son *Mémoire sur les événements de la rue Transnonain* (1834) fit une grande sensation. A partir de ce moment, il devint le conseil des plaideurs et le collaborateur de la plupart des journaux de l'opposition et des républicains. Vers cette même époque, il devint directeur. du *Journal du Palais*, du *Répertoire du Journal du Palais*, rédacteur

du *Droit* et avocat à la cour de cassation (1838). En 1841, il fut élu député, mais en même temps condamné à 6 mois de prison et à 3,000 fr. d'amende pour sa profession de foi républicaine; en 1845-'46, parut sa *Jurisprudence administrative en matière contentieuse de 1789 à 1831* (9 vol.). En 1845, il fit paraître un manifeste socialiste qui fut reçu avec enthousiasme par la classe ouvrière; mais non par les classes moyennes; en 1847, il dirigea toutes les démonstrations républicaines de province. Le 26 février 1848, il parla contre la régence de la duchesse d'Orléans et fut nommé membre du gouvernement provisoire. Ne voulant pas aller aussi loin que Louis Blanc, il tomba graduellement dans l'esprit du peuple, quoique, en qualité de ministre de l'intérieur, il publiât des circulaires révolutionnaires et nommât des commissaires spéciaux ayant pour mission de développer les sentiments démocratiques en province. Il maintint la tranquillité dans Paris, déjoua la tentative insurrectionnelle du 16 avril, protégea la *Presse* et Emile de Girardin contre la populace et fit consentir les démocrates au retour de l'armée dans Paris. L'insurrection du 15 mai augmenta la méfiance générale; il aida à déjouer le but des insurgés, mais il défendit courageusement Louis Blanc et Caussidière. A l'Assemblée, on admira particulièrement ses discours contre l'état de siège après l'insurrection de Juin, les explications de cette insurrection et sa protestation contre l'expédition française à Rome. Aux élections présidentielles de 1848, il obtint seulement 370,149 voix; mais sa popularité s'accrut bientôt par ses appels éloquents en faveur des institutions républicaines et il fut élu à l'Assemblée législative dans cinq dép. Il fit alors, mais en vain, de vigoureux efforts pour empêcher les républicains romains d'être écrasés par les armes françaises, et le 11 juin 1849 il demanda la mise en accusation du président Louis-Napoléon et du cabinet tout entier. Le 13, il fit une tentative insurrectionnelle qui n'aboutit pas et, après s'être caché pendant trois semaines, il s'enfuit, et fut condamné par contumace à la transportation perpétuelle. Il vécut à Londres, où il publia *De la décadence de l'Angleterre* et *La loi anglaise.* En 1857, il fut accusé, avec Mazzini, de comploter contre la vie de Napoléon III; de nouveau, il fut condamné à la transportation et fut exclu des amnisties de 1860 et 1869. Mais on lui permit de rentrer en France au commencement de 1870. Le 8 février 1871, il fut élu à l'Assemblée, mais il donna sa démission parce que l'élection avait été faite dans des circonstances tellement désastreuses qu'elles ne lui avaient pas paru entièrement libres. En mars 1874, il fut réélu et ne siégea que peu de temps.

LEDUS ou **Ledum**, ancien nom d'une petite rivière de la Gaule narbonnaise (aujourd'hui *Les* ou *Lez*, près de Montpellier).

LEE (Nathaniel), poète dramatique anglais, né vers 1648, mort en 1692; auteur de plusieurs tragédies, parmi lesquelles *Alexandre le Grand* et *Lucius Junius Brutus.*

LEE (Robert-Edmond) [lt], général américain, né en Virginie en 1810, mort en 1870. Pendant la guerre de 1861-'65, il fut commandant en chef des forces confédérées. A la fin de la guerre, il se retira de la vie politique, mais devint gouverneur du collège de Lexington, en Virginie, et y resta jusqu'à sa mort.

LEE (Samuel), savant orientaliste anglais, né en 1783, mort en 1852; à l'époque de sa mort il était recteur de Barley et professeur d'hébreu à l'université de Cambridge. Il est l'auteur d'une *Grammaire hébraïque* (1830), d'un *Dictionnaire hébreu, chaldéen et anglais* (1840) et de plusieurs autres ouvrages.

LEEDS [lidsz], ville du West-Riding (Yorkshire (Angleterre), sur la rivière Aire, à 35 kil. O.-S.-O. d'York; 259,242 hab. C'était probablement autrefois une station romaine. Comme ville manufacturière, elle remonte seulement au xvie siècle. Environ 24,000 per-

Leeds Maison de ville.

sonnes y travaillent dans plus de 100 manufactures de lainage. Dans le district environnant il y a plus de 100 mines de houille. A environ 3 kil. de Leeds se trouvent les ruines de l'abbaye de Kirkstall. École libre de grammaire fondée en 1552; école industrielle de Burmantofts, ouverte en 1848.

LEER [lèr], ville de Hanovre (Prusse), près de l'embouchure de la Leda, à 25 kil. S. d'Aurich; 9,340 hab. Navigation considérable et construction de navires; manufactures.

LEEUWARDEN [leu'-ouâr-dènn], ville des Pays-Bas, capitale de la Frise, sur l'Ee, à 15 kil. de la mer, à 105 kil. N.-E. d'Amsterdam; 27,410 hab. Elle renferme l'ancien palais des princes d'Orange et plusieurs manufactures.

LEEUWENHOEK (Antonius von) [leô'-ouènnhouk], naturaliste hollandais, né en 1632, mort en 1723. Il fut d'abord marchand et ensuite fabricant d'instruments d'optique à Delft. Il fut un des premiers à employer le microscope dans les recherches anatomiques et physiologiques, et fit un grand nombre de découvertes au moyen du microscope simple qu'il avait fabriqué. Il s'est particulièrement signalé par la découverte des globules rouges du sang (1673), des animalcules infusoires (1675), et des spermatozoaires (1677). Ses écrits, publiés pour la plupart dans les *Philosophical Transactions* anglaises, furent réunis et édités en hollandais et en latin (Delft, 1695).

LE FAURE (Amédée), publiciste, né à Paris en 1838, mort dans la même ville le 23 nov. 1881. Il se fit une spécialité des questions militaires, écrivit dans les journaux la *France*, le *Télégraphe*, publia une *Hist. de la guerre franco-allemande*, une *Hist. de la guerre d'Orient*; le *Procès de Trianon* et un *Code des lois militaires* (en collaboration avec M. Pradier-Fodéré). Élu député en 1879, il fut immédiatement désigné pour les délicates et laborieuses fonctions de rapporteur du budget de la guerre. Il contracta, pendant un voyage en Tunisie, les germes d'une intoxication paludéenne, avec accidents typhiques et complication de méningite, et il succomba après une douloureuse agonie.

LEFEBVRE (Charlemagne-Théophile) [lefèvre], voyageur français, né à Nantes en 1811, mort en 1859. Il était officier de marine. En 1839'-43, il explora l'Abyssinie en compagnie des naturalistes Dillon et Petit, qui y périrent; lui-même succomba plus tard aux suites d'une

fièvre qu'il avait contractée dans ce pays. Il écrivit les deux premiers volumes et une partie du troisième du *Voyage en Abyssinie* publié par le gouvernement, sur la demande de l'Académie (Paris, 6 vol. in-8°).

LEFEBVRE (François-Joseph), duc de Dantzig, maréchal de France, né à Ruffach (Haut-Rhin), en 1755, mort en 1820. Engagé en 1773 comme simple soldat, il était général de division en janvier 1794 et se distingua particulièrement à Fleurus. Le 4 juin 1796 il conduisit l'avant-garde de l'armée de Kléber contre les positions autrichiennes à Altenkirchen, et le 25 mars 1799, à Stockach, avec 8,000 hommes, il tint tête pendant plusieurs heures à une armée de 36,000 Autrichiens. Ayant aidé Bonaparte à renverser le Directoire, il devint sénateur, et en 1804 maréchal. A Iéna, il commandait l'infanterie de la garde. Dantzig se rendit à lui le 24 mai 1807, après un siège de 51 jours et il fut nommé duc. Il servit ensuite en Espagne, se battit à Eckmühl, à Wagram et fit la campagne de Russie comme commandant en chef de la garde impériale. La Restauration le fit pair de France.

LEFEBVRE - DESNOUETTES (Charles) [dénouè-te], général français, né à Paris en 1773, mort en 1822. Engagé volontaire, il était aide de camp de Bonaparte à Marengo, colonel à Austerlitz, général de division en 1808; il commença alors le siège de Saragosse, mais rejoignit bientôt le corps de Bessières, fut fait prisonnier et envoyé en Angleterre. Pendant qu'il était en prison sur parole, il s'enfuit et, en 1809, il commanda les chasseurs de la garde dans la guerre d'Autriche. Il contribua à la victoire de Bautzen, le 21 mai 1813, et se battit avec une grande intrépidité à Fleurus et à Waterloo. Ayant déserté les Bourbons au retour de Napoléon de l'Ile d'Elbe, il fut condamné à mort après la seconde Restauration et il s'enfuit aux États-Unis, où il essaya de fonder une colonie de réfugiés français dans le sud. Désireux de rentrer en France, il s'embarqua et périt dans un naufrage sur la côte d'Irlande.

LEFÈVRE (appelé aussi FAVRE) (Pierre), le premier compagnon d'Ignace de Loyola à Paris, né en Savoie en 1506, mort en 1546. Loyola avait été son élève au collège Sainte-Barbe. Ordonné prêtre en 1534, il obtint de Rome en 1537, pour Loyola et ses compagnons, l'autorisation du pape de se rendre en Palestine. En novembre, il devint professeur au collège de la Sapience, à Rome et il fut le premier jésuite qui entra en Allemagne; il travailla avec succès à Worms, à Spire, à Nuremberg, à Mayence et à Cologne, et ensuite dans les Pays-Bas, en Portugal et en Espagne, où il fonda de nombreux collèges de jésuites. En 1872, les honneurs qu'on lui rendait en Savoie comme à un saint, furent sanctionnés par Pie IX. Fête 1er août. Sa *Vie*, par le P. Giuseppe Boero, contient ses mémoires, ou autobiographie.

LEFÈVRE (Tanneguy) (lat. *Tanaquillus Faber*), savant philologue, né à Caen en 1615, mort en 1672. Après la mort de Richelieu, son protecteur, il embrassa le protestantisme et donna des éditions estimées de Longin, Lucrèce, Phèdre, Térence, Anacréon, Aristophane, etc., et des *Vies des poètes grecs* (Saumur, 1665, in-12). Il fut le père de Mme Dacier.

LEFORT ou **Le Fort** (FRANÇOIS), général russe, né en Suisse en 1656, mort en 1699. Il entra dans l'armée russe en 1674 et, après la mort de Féodor III, il prit une part active au mouvement qui éleva Pierre à l'autorité suprême en 1689; il devint son premier ministre, fut nommé général-amiral et réorganisa l'armée et la marine. Il aida à apaiser l'insurrection des Strélitzes et il mourut des suites des blessures qu'il avait reçues dans ses luttes contre les insurgés.

LEFRANC DE POMPIGNAN. Voy. POMPIGNAN.

LEFUEL (Hector-Martin), architecte, né à Versailles, le 14 oct. 1810, mort le 31 déc. 1880. En 1839, il remporta le grand prix de Rome; nommé, en 1848, architecte des châteaux de Meudon et de Fontainebleau, il remplaça Visconti comme architecte du Louvre (1854), et termina ce palais, en 1857, après avoir modifié les plans de son prédécesseur. En 1855, il dirigea les travaux de l'exposition universelle et fut nommé membre de l'Institut; il devint plus tard architecte du Louvre et des Tuileries.

* **LÉGAL, ALE, AUX** adj. (lat. *legalis*; de *lex*, loi). Qui est établi par la loi, qui est selon la loi, qui résulte de la loi : *des formes légales*. — MÉDECINE LÉGALE, application des connaissances médicales à différentes questions de droit, pour les éclaircir et en faciliter la décision : *traité de médecine légale*. — Se dit, particul., de ce qui concerne la loi de Dieu donnée par Moïse : *les cérémonies légales*.

* **LÉGALEMENT** adv. D'une manière légale : *cela n'est pas fait légalement*.

* **LÉGALISATION** s. f. Attestation par laquelle un fonctionnaire public compétent certifie qu'un acte est authentique et que foi doit y être ajoutée : *un acte qui manque de légalisation*. — Se dit aussi de l'action de légaliser : *ce magistrat est chargé de la légalisation de tels ou tels actes*. — Législ. « La légalisation est une formalité indispensable pour faire usage de certains actes ou écrits. Elle consiste dans la vérification des signatures par le fonctionnaire compétent, lequel en certifie la vérité et appose, à côté de sa propre signature, le sceau de sa fonction. Les signatures écrites par des particuliers sur des demandes, pétitions, réclamations, attestations, etc., sont légalisées par le maire; mais celui-ci peut exiger que les signatures soient apposées en sa présence. Le maire légalise aussi les exemplaires des journaux contenant des annonces légales et qui sont signées par le gérant (C. pr. 698). En principe, la légalisation de la signature d'un fonctionnaire, magistrat ou officier ministériel, est exigée lorsque la pièce doit être produite hors du territoire sur lequel s'étend sa fonction. Les signatures des fonctionnaires administratifs sont légalisées par leurs supérieurs, suivant l'ordre hiérarchique. Les extraits des registres de l'état civil, ainsi que les expéditions et les brevets délivrés par les notaires sont légalisés soit par le président du tribunal de l'arrondissement, soit par le juge de paix, dans les cantons où ne siège pas le tribunal; et il est alloué au greffier vingt-cinq centimes par légalisation, pour les pièces non dispensées du timbre (C. civ. 45; L. 25 ventôse an XI, art. 28; L. 2 mai 1861). Les actes passés à pays étranger et dont on veut faire usage en France, sont légalisés par les consuls français, et ces légalisations doivent être elles-mêmes légalisées par le ministre des affaires étrangères (Ord. 25 octobre 1833). » (CH. Y.)

* **LÉGALISER** v. a. Attester, certifier l'authenticité d'un acte public, afin qu'il puisse faire foi hors du ressort où il a été passé : *faire légaliser une procuration, un acte de naissance, de décès, un passe port pour l'étranger*. — Se légaliser v. pr. Être légalisé. *Tout pas-*

seport pour l'étranger doit se légaliser à l'ambassade.

* **LÉGALITÉ** s. f. Caractère, qualité de ce qui est légal : *on a contesté la légalité de ces formes, de ces moyens, de ces mesures.*

* **LÉGAT** s. m. (lat. *legatus*, envoyé). Cardinal préposé par le pape pour gouverner quelque province de l'État ecclésiastique : *légat de Ferrare.* — LÉGAT A LATERE [la-tè-ré] ou simplement LÉGAT. Cardinal envoyé avec des pouvoirs extrordinaires, par le pape, auprès de quelqu'un des princes chrétiens, à un concile, etc. : *le légat a latere présenta ses lettres.* — LÉGAT-NÉ DU SAINT-SIÈGE, qualité que prennent quelques prélats : *l'archevêque duc de Reims se qualifiait de légat-né du Saint-Siège.* — Dans l'ancienne Rome, on donnait le nom de LÉGAT aux ambassadeurs, aux lieutenants des consuls, des proconsuls et des préteurs, et, plus tard, aux délégués de l'empereur, aux gouverneurs des provinces. Aujourd'hui ce nom est réservé aux envoyés extraordinaires du Saint-Siège ; les représentant ordinaires portent les noms de *nonces* et *d'internonces.*

* **LÉGATAIRE** s. Jurispr. Celui ou celle à qui on fait un legs : *légataire particulier.*

LÉGATIN, INE adj. Qui a rapport à un légat, aux légats : *cour légatine.*

* **LÉGATION** s. f. Charge, office, emploi du légat : *le pape a donné la légation de cet province à tel cardinal.* — Étendue du gouvernement d'un légat dans l'État ecclésiastique. En ce sens, on n'applique guère ce mot qu'au Bolonais et au Ferrarais : *dans toute la légation de Bologne ; dans toute l'étendue de la légation de Ferrare.* — Les légations étaient formées des 20 divisions administratives des Etats de l'Eglise ; chaque légation avait à sa tête un légat. Les légations se révoltèrent en 1859-'60 et furent annexées au royaume d'Italie. — Temps que durent les fonctions d'un légat : *cela se passa pendant sa légation.* — Diplom. Commission que quelques puissances donnent à une ou plusieurs personnes, pour aller négocier auprès d'une puissance étrangère : *il y a des conseillers et des secrétaires de légation.* — Se dit aussi collectiv., non seulement de l'ambassadeur, de l'envoyé ou du ministre plénipotentiaire, mais encore des conseillers, des secrétaires employés sous lui et payés par le gouvernement : *la légation anglaise.* — Se dit encore de l'hôtel que ces personnes habitent : *je suis allé à la légation de Suède.*

* **LÉGATOIRE** adj. Hist. anc. N'est usité que dans cette expression, PROVINCE LÉGATOIRE, province gouvernée par un lieutenant sous les empereurs romains.

* **LÈGE** adj. (holl. *leeg*, vide). Mar. Se dit d'un bâtiment qui n'a pas de charge complète, et dont la carène n'entre pas assez dans l'eau : *ce vaisseau est lège et n'a pas de stabilité.* — BATIMENT QUI FAIT SON RETOUR LÈGE, bâtiment qui revient sans charge, à vide, bâtiment sur son lest.

LEGÉ, ch.-l. de cant., arr. et à 40 kil. S. de Nantes (Loire-Inférieure) ; 4,000 hab. Eglise en granit.

* **LÉGENDAIRE** s. m. Auteur de légendes : *on reproche à la plupart des anciens légendaires d'avoir été trop crédules.* — Adj. qui a le caractère de la légende : *c'est un récit légendaire.* — Se dit aussi des personnes : UN PERSONNAGE LÉGENDAIRE, un personnage dont la vie a donné lieu à des légendes.

* **LÉGENDE** s. f. [lé-jan-de] (lat. *legenda*, choses qui doivent être lues). Ouvrage contenant le récit de la vie des saints : *une vieille légende.* — LÉGENDE DORÉE, compilation de vies des saints, composée à la fin du XIIIᵉ siècle. — Par dénig. Ecrit long et ennuyeux par ses détails, d'une longue suite de choses fastidieuses : *il nous a apporté une grande légende des actions de ses ancêtres.* — Inscription gravée circulairement près des bords et quelquefois sur la tranche d'une pièce de monnaie, d'un jeton, d'une médaille : *les anciens écus de six francs avaient pour légende,* SIT NOMEN DOMINI BENEDICTUM. — Se dit quelquefois de l'âme d'une devise, de ce qu'on peut y lire : *Louis XIV avait pour devise le soleil avec cette légende :* NEC PLURIBUS IMPAR. — Paroles qu'on trouve inscrites dans un tableau ou dans une estampe et qui semblent sortir de la bouche des personnages. — Se dit aussi d'une liste placée sur un plan d'architecture, sur une carte topographique et pour expliquer les lettres, les signes, les couleurs par lesquels on indique les différentes parties ou les endroits remarquables. — La **Légende des siècles**, une des œuvres les plus poétiques de Victor Hugo (1859).

LEGENDRE (Adrien-Marie), mathématicien français, né à Toulouse en 1752, mort en 1833. En 1774, il devint professeur à l'Ecole militaire de Paris et, en 1783, il succéda à d'Alembert à l'Académie française. En 1787, il fut nommé, avec Cassini et Méchain, pour faire la réunion trigonométrique des observatoires de Greenwich et de Paris. On a de lui : *Eléments de géométrie* (1794) ; *Exercice de calcul intégral* (1814-19, 3 vol. in-4°) ; *Théorie des nombres* (2 vol. in-4°, 1830) ; *Nouvelle méthode pour déterminer l'orbite des comètes* (1805).

LEGENDRE (Louis), conventionnel, né à Paris en 1755, mort en 1797. Il était boucher de profession ; lors de la Révolution, il se mit à la tête des mouvements populaires des 13 et 14 juillet et de celui qui suivit le retour de Varennes ; il fut un des fondateurs du club des Cordeliers, et le 20 juin, ce fut lui qui présenta le bonnet phrygien à Louis XVI. Élu par les Parisiens à la Convention, il vota la mort du roi sans appel ni sursis. Acharné contre les girondins, il vola leur proscription ; il abandonna Danton et Robespierre, ses amis, lorsqu'il les vit arrêtés. Président de la Convention, il lança le décret d'accusation contre Carrier, et, aux 12 germinal et 13 vendémiaire, il était à la tête des troupes conventionnelles. Il entra au Conseil des Cinq-Cents, puis aux Anciens

LEGENTIL (Guillaume-Joseph DE LA GALAISIÈRE), voyageur et astronome, né à Coutances en 1725, mort en 1792. Il passa huit ans à explorer l'océan Indien et il a laissé sur ses recherches : *Voyage dans les mers de l'Inde*, ouvrage fort apprécié.

* **LÉGER, ÈRE**, adj. (lat. *levis*). Qui ne pèse guère : *un corps léger, l'air est plus léger que l'eau.* — PIÈCE DE MONNAIE LÉGÈRE, pièce qui ne pèse pas ce qu'elle doit peser : *le louis d'or est léger d'un grain, de deux grains.* — TERRE LÉGÈRE, terre meuble, qu'on remue aisément. — TROUPES LÉGÈRES, troupes qu'on emploie hors de ligne pour reconnaître, harceler, poursuivre l'ennemi. — CAVALERIE LÉGÈRE, se dit par opposition à la cavalerie pesamment armée. INFANTERIE LÉGÈRE, les corps de chasseurs à pied. ARTILLERIE LÉGÈRE, celle dont les canonniers sont à cheval. — Man. De CHEVAL EST LÉGER A LA MAIN, la bouche bonne, les jarrets bons, il ne s'appuie pas sur les mors. — AVOIR LA MAIN LÉGÈRE, se dit d'un cavalier qui se sert bien des aides de la main ; d'un chirurgien qui opère facilement et adroitement ; d'un joueur d'instruments qui exécute avec aisance et prestesse ; d'une personne qui met de la liberté et de la rapidité dans son écriture. — Par ext. et fam. AVOIR LA MAIN LÉGÈRE, être prompt à frapper : *il a la main légère.* Dans le même sens, IL EST LÉGER DE LA MAIN, se dit aussi d'un filou qui

dérobe adroitement. — Fig. AVOIR LA MAIN LÉGÈRE, user de son pouvoir, de son autorité avec modération : *pour bien gouverner, il faut avoir la main légère.* — Prov. ETRE LÉGER D'ARGENT, n'en avoir guère. — Fig. AVOIR LE SOMMEIL LÉGER, se réveiller au moindre bruit. — QUE LA TERRE LUI SOIT LÉGÈRE! Formule empruntée des anciens pour souhaiter le repos aux morts. — En parlant des aliments, signifie facile à digérer : *il y a des viandes plus légères que d'autres à l'estomac.* — S'applique à certaines boissons qui sont peu de force : *une infusion légère.* — PRENDRE UN LÉGER REPAS, UN REPAS LÉGER, prendre un repas frugal, où l'on mange peu. — Dispos et agile : *je me sens aujourd'hui plus léger qu'à l'ordinaire.* — Fam. JE SUIS ALLÉ LA DE MON PIED LÉGER, j'y suis allé à pied. — AVOIR LA VOIX LÉGÈRE, chanter aisément les passages difficiles. — Dans les arts du dessin, se dit de ce qui est l'opposé de lourd, de massif, de ce qui porte un caractère de délicatesse et de facilité. En peinture : *concours légers* Archit., Sculpt., Ciselure, etc. : *ouvrages légers, ornements légers.* S'emploie aussi par opposition à grossie, opaque : *une vapeur légère.* — Peint. COULEUR LÉGÈRE, couleur aérienne et transparente. — Fig. Peu important, peu considérable : *raisons légères ; un sujet bien léger.*

> Mais, fût-il inconstant, c'est un *léger* défaut,
> Dont près de vous, sans doute, il guérirait bientôt,
> COLLIN-D'HARLEVILLE. *L'Inconstant*, acte II, sc. VIII.

> Pouvez-vous refuser cette grâce *légère*
> Aux larmes d'une sœur, aux soupirs d'une mère?
> J. RACINE. *La Thébaïde*, acte II, sc. III.

— Signifie quelquef. au moral, superficiel : *prendre une légère teinture de quelque science.* — Volage, inconstant dans ses sentiments ou dans ses opinions : *un esprit léger ; avoir le cœur léger.*

> Je suis *léger*, volage, et j'ai bien des défauts ;
> COLLIN-D'HARLEVILLE. *L'Inconstant*, acte III, sc. II.

— CET HOMME A LA TÊTE LÉGÈRE, LE CERVEAU LÉGER, L'ESPRIT LÉGER, C'EST UNE TÊTE LÉGÈRE, il est peu sage, peu sensé. — Inconsidéré : *cette femme est bien légère dans sa conduite et dans ses discours.* — En parlant du style, s'emploie quelquefois dans le sens d'agréable et facile : *cet auteur et le style léger.* — POÉSIE LÉGÈRE, poésie dont les sujets sont peu importants, et dont le principal caractère est la facilité, l'abandon : *il a réussi dans la poésie légère.* Se dit, au pluriel, des pièces de vers qui appartiennent à ce genre de poésie : *on a réuni en un volume toutes ses poésies légères.* — **À la légère**, loc. adv., ne se dit guère, au propre, qu'en parlant des armes et des habits qui pèsent peu : *être armé à la légère, être vêtu à la légère.* — Fig. Inconsidérément, sans beaucoup de réflexion : *entreprendre quelque chose à la légère.*

LÉGER (Saint) (*Leodegarius*), né vers 616, mort en 678. Issu d'une illustre famille des Gaules, il devint évêque d'Autun et fut emprisonné pour avoir osé condamner les mœurs du roi Childéric. Accusé plus tard d'avoir trempé dans la mort du roi, il fut massacré près d'Arras. Fête 2 octobre.

LÉGER-SOUS-BEUVRAY (Saint-), ch.-l. de cant., arr. à 19 kil. S.-O. d'Autun (Saône-et-Loire) ; 1,650 hab.

* **LÉGÈREMENT** adv. D'une manière légère, par opposition à pesante : *être vêtu, armé légèrement.* — Signifie aussi, peu, au sens physique et au sens moral : *souper légèrement ; il a été puni bien légèrement pour une faute si grave.* — Inconsidérément, avec irréflexion : *il se conduit, il parle fort légèrement.* — Avec facilité et délicatesse : *ce tableau est légèrement touché.*

* **LÉGÈRETÉ** s. f. Qualité de ce qui est léger, peu pesant : *la légèreté de l'air.* — Agilité, vitesse : *marcher, courir avec légèreté.* —

Il a une grande légèreté de main, se dit d'un homme qui écrit avec aisance et célérité, et d'un joueur d'instruments dont le jeu est facile et brillant ; Il a une grande légèreté de pinceau, se dit d'un peintre dont la touche est légère. Il a beaucoup de légèreté dans la voix, se dit d'un chanteur qui fait aisément les passages difficiles.—Inconstance, instabilité : je crains la légèreté de son esprit, de son caractère.

Avec tant de moyens de te faire connaître,
Tu seras donc connu par ta légèreté !
Collin-d'Harleville. L'Inconstant, acte I⁰ʳ, sc. x.

— Irréflexion, imprudence : la légèreté de sa conduite, de ses discours, lui a causé beaucoup de désagréments. — Se dit quelquefois d'une faute commise par légèreté, d'un tort peu grave : cette légèreté ne méritait pas une si grande punition. — Agrément, facilité, en parlant de style et de conversation : il a de la légèreté dans la conversation, dans le style.

LÉGIFÉRER, v. n. (lat. lex, loi, fero, je porte). Faire des lois.

LÉGION s. f. (lat. Antiq. rom. Corps de gens de guerre composé d'infanterie et de cavalerie : la première légion ; la deuxième, la quatorzième légion. (Voyez Armée.) — S'est dit en France, au temps de François Iᵉʳ, de certains corps d'infanterie, et dans les premières années de la Restauration, se disait des régiments d'infanterie de ligne : la légion d'Indre-et-Loire. — S'est dit aussi des corps de garde nationale divisés par arrondissements : le colonel d'une légion. Se dit encore aujourd'hui des brigades de la gendarmerie. — Fig. et fam. Un grand nombre de personnes : une légion de parents, de neveux, de cousins. Dans le style de l'Écriture : des légions d'anges. — S'appeler légion, expression figurée, empruntée de l'Évangile, par laquelle on indique qu'un individu en représente un grand nombre d'autres : dans l'Évangile, Jésus demande au démon quel est son nom, le démon répond : Je m'appelle légion. — Légion d'honneur, ordre institué en France pour récompenser les services et les talents distingués : grand chancelier, grand officier, commandant, officier, chevalier, membre de la Légion d'honneur. — Législ. « Les ordres de chevalerie ont été abolis en France par la loi du 6 août 1791 ; mais les mœurs ne se transforment qu'avec lenteur, et l'ancien régime, au lieu de fortifier les vertus civiques et désintéressées, avait affaibli pour longtemps le caractère de la nation, en développant outre mesure la passion des honneurs et le goût des distinctions sociales. Bonaparte, qui n'hésitait pas à se servir de toutes les faiblesses humaines, ne manqua pas à faire revivre l'inégalité entre les citoyens, en rétablissant les titres de noblesse et ceux de chevalerie, dans le but d'exploiter à son usage un puissant moyen d'action ; car la vanité excite les hommes et surtout les Français, au point d'obtenir d'eux plus d'efforts que n'en obtiendraient le sentiment du devoir et le pur patriotisme. — L'ordre de la Légion d'honneur, créé par la loi du 29 floréal an X (19 mai 1802), remplaça les armes d'honneur que le gouvernement républicain décernait aux militaires qui s'étaient distingués par des actions d'éclat, et il servit aussi à récompenser des services civils. Cette institution a été réorganisée depuis sa fondation, d'abord par l'ordonnance royale du 26 mars 1816, puis par le décret-loi du 16 mars 1852. Le gouvernement de la Défense nationale abolit la décoration de la Légion d'honneur pour les services civils ; mais ce décret, bientôt mis en oubli, a été abrogé formellement par la loi du 25 juillet 1873. L'ordre de la Légion d'honneur a pour grand-maître le chef de l'État, et il est administré par un grand-chancelier assisté du conseil de l'ordre. Les membres de l'ordre sont nommés ou promus par décrets, et ils sont classés suivant la hiérarchie sui-

vante : des chevaliers en nombre illimité ; des officiers dont le nombre est limité à 4,000 ; 1,000 commandeurs ; 200 grands-officiers, et 80 grands-croix, Les brevets ayant été prodigués par le second Empire et plus encore par le gouvernement de M. Thiers, il fut décidé (L. 25 juillet 1873) que, afin d'en réduire le nombre, il ne serait fait qu'une nomination sur deux extinctions, dans les différents grades ; mais cette proportion a été ensuite élevée aux trois quarts, pour les militaires et marins (L. 10 juin 1879). Les officiers, sous-officiers et soldats de terre et de mer, en activité de service, qui sont nommés ou promus dans l'ordre de la Légion d'honneur, ont droit à un traitement annuel dont ils conservent la jouissance après leur admission à la retraite. Ce traitement est de 250 fr. pour les chevaliers, de 500 fr. pour les officiers, de 1,000 fr. pour les commandeurs, de 2,000 fr. pour les grands-officiers, et de 3,000 fr. pour les grands-croix. La qualité de membre de la Légion d'honneur se perd par les mêmes causes que celles qui font perdre les droits de citoyen. Aucune peine infamante ne peut être exécutée contre un membre de la Légion avant qu'il n'ait été dégradé de son titre. Cette dégradation est prononcée par le président de la cour d'assises ou du conseil de guerre, immédiatement après la lecture de l'arrêt ou du jugement de condamnation. (Arr. des consuls, 24 ventôse, an XII ; Décr. 16 mars 1852.) En outre, les divers grades de l'ordre et les prérogatives qui y sont attachées peuvent être révoqués, ou suspendus à la suite de condamnations correctionnelles ou même d'actes non prévus par la loi pénale, mais portant atteinte à l'honneur. Ces exclusions et suspensions sont prononcées par le chef de l'État, sur la proposition du grand-chancelier et après avis du conseil de l'ordre. Enfin, la peine disciplinaire de la censure peut être infligée par le grand-chancelier. (Décr. 14 avril 1874.) La médaille militaire, créée par le décret-loi du 22 janvier 1852, est rattachée à la grande-chancellerie de la Légion d'honneur, pour la délivrance des brevets et pour le service de l'allocation annuelle de 100 fr. attribuée aux médaillés. L'institution de la Légion d'honneur possède un budget particulier. Les rentes sur l'État et les autres revenus qui composent sa dotation s'élèvent annuellement à environ 7 millions de francs ; et elle reçoit du Trésor public un supplément de dotation qui excède 10 millions. Elle est chargée de payer les traitements des membres de l'ordre qui y ont droit, ainsi que ceux des médaillés militaires. Elle pourvoit aussi aux dépenses de la maison d'éducation de Saint-Denis et de ses succursales d'Écouen et des Loges. Ces trois maisons, dont l'organisation a été reconstituée par un décret du 30 juin 1881, sont destinées à élever gratuitement des filles légitimes de la Légion d'honneur, au nombre de 800. Une seule peut être admise par famille, sauf lorsqu'il s'agit d'orphelines de père et de mère. Des élèves payantes, filles, petites-filles, sœurs ou nièces des membres de l'ordre, peuvent être admises au nombre de 115. Les élèves sont reçues dans ces maisons à l'âge de neuf à onze ans, et elles en sortent à l'âge de dix-huit ans. »
                    (Ch. Y.)

LÉGIONNAIRE s. m. Soldat dans une légion romaine : les légionnaires firent des merveilles en cette occasion. — Membre de la Légion d'honneur : il était simple légionnaire, il a été nommé officier. — Adj. : soldat légionnaire.— Épées légionnaires, épées qui étaient à l'usage des légions romaines, et dont quelques-unes se voient encore dans les cabinets d'antiquités. Dans cette locution, légionnaire est féminin.

LÉGISLATEUR, TRICE s. Celui, celle qui

donne des lois à un peuple : Moïse fut le législateur des Hébreux ; Lycurgue et Solon sont des législateurs célèbres. — Se dit aussi en parlant des lois religieuses : Jésus-Christ, le législateur des chrétiens. — Par ext. Celui, celle qui établit les principes d'un art, d'une science : Boileau est le législateur de la poésie française, du Parnasse français. — Se dit quelquef., absol., du pouvoir qui fait les lois : c'est au législateur qu'il appartient d'expliquer la loi. — Adj. Ce prince, guerrier et législateur, policealesnations qu'il avait soumises; Sémiramis à la fois guerrière et législatrice, étonna l'Asie.

LÉGISLATIF, IVE adj. Qui fait les lois : pouvoir législatif. — Corps législatif, ensemble des pouvoirs qui font la loi. S'est dit particul. sous la Constitution de l'an VIII et sous celle de 1852 de la Chambre des députés. — Qui est de la nature des lois, qui porte le caractère des lois : acte législatif, dispositions législatives.

LÉGISLATION s. f. (lat. legislatio), Droit de faire les lois : dans les gouvernements absolus, la législation n'appartient qu'au monarque. — Se dit aussi du corps même des lois : corriger les vices, remplir les lacunes de la législation. — Se dit encore de la science, de la connaissance des lois : il est habile en législation. — Législation comparée, étude des lois, des différents pays comparées entre elles. — Encycl. « La législation d'un peuple est l'ensemble des lois et règlements en vigueur, auxquels les citoyens sont tenus d'obéir. L'ancienne législation civile était formée, dans les provinces situées au nord de la Loire, par les coutumes locales, dont les lacunes étaient comblées par le droit romain ; et, dans les provinces du midi, par la loi romaine du Bas Empire et par la jurisprudence des parlements. Il faut y joindre, pour chaque circonscription judiciaire, les arrêts de règlement, et pour la France entière, les ordonnances royales, les édits et déclarations du roi ; car, sous la monarchie, la législation dépendait absolument du bon plaisir du monarque : « Si veut le roi, si veut la loi », disait un axiome juridique. Les décrétales et les autres lois canoniques étaient appliquées dans les matières qui étaient de la compétence des tribunaux ecclésiastiques. Une faible partie de ces anciens monuments législatifs n'ayant pas été abrogée, est encore en vigueur aujourd'hui. La législation intermédiaire se compose des lois rendues depuis le 5 mai 1789 jusqu'à la promulgation des codes français. La législation française actuelle comprend non seulement les lois qui sont délibérées par le Parlement, suivant les formes prescrites par la Constitution, mais aussi les décrets légalement rendus par le pouvoir exécutif et qui ont pour objet de compléter les dispositions de certaines lois et d'en assurer l'exécution. Il nous semble que l'on doit comprendre également dans la législation les arrêtés ministériels, les règlements préfectoraux et même les arrêtés municipaux concernant la police locale ; car la sanction de ces arrêtés se trouve dans la loi elle-même. La jurisprudence qui est la manière dont les tribunaux appliquent la loi est en dehors de la législation. Les commentateurs écrits par les auteurs en éclaircissent et interprètent la loi forment ce que l'on appelle la doctrine. Enfin la connaissance de la législation, de la jurisprudence et de la doctrine constitue la science du droit. La législation est dite civile, commerciale, criminelle, administrative, etc., selon son objet. La législation comparée s'occupe des législations étrangères, dans le but de les mettre en parallèle avec la nôtre. Cette étude est trop négligée, bien que la chaire qui lui est consacrée au collège de France ait été illustrée par des professeurs éminents. (Voy. Décret, Droit, Jurisprudence, Loi, etc. »
                    (Ch. Y.)

LÉGISLATIVEMENT adv. En suivant la marche législative.

* **LÉGISLATURE** s. f. Les trois pouvoirs qui concourent à la confection des lois : *la législature vient de décider une grande question.* — Assemblée législative : *législature nombreuse, complète.* — Période de temps qui s'écoule depuis l'installation d'une assemblée législative, jusqu'à l'expiration de ses pouvoirs : *pendant la première, pendant la seconde législature.*

* **LÉGISTE** s. m. (lat. *lex, legis,* loi). Celui qui connaît ou qui étudie les lois : *tous les légistes sont du même avis sur cette question.*

* **LÉGITIMAIRE** adj. Jurispr. Qui appartient à la légitime : *droits légitimaires.*

* **LÉGITIMATION** s. f. Changement d'état d'un enfant naturel que ses père et mère reconnaissent par mariage subséquent, et qui acquièrent par là les droits des enfants nés en légitime mariage : *autrefois la légitimation pouvait s'opérer par lettres de chancellerie.* — Action de légitimer, sans qu'il y ait mariage entre le père et la mère : *la légitimation des enfants naturels de Louis XIV.* — Reconnaissance authentique et juridique des pouvoirs d'un envoyé, d'un député, etc. : *après la légitimation de ses pouvoirs auprès de la diète, il est entré en fonctions.* — Législ. « La légitimation des enfants naturels peut avoir lieu de deux manières : 1° par la reconnaissance de l'enfant, faite par acte authentique et par l'un et l'autre des parents, et suivie du mariage subséquent des père et mère ; 2° par la reconnaissance formelle faite par le père et mère, dans l'acte de leur mariage. En aucun cas, la légitimation ne peut avoir lieu après le mariage des parents. Les enfants adultérins ou incestueux ne peuvent être légitimés. La légitimation peut avoir pour objet un enfant décédé, et elle profite alors à ses descendants. La légitimation donne à l'enfant les mêmes droits que s'il était né du mariage par lequel il est légitimé ; mais il n'y a pas rétroactivité, c'est-à-dire que ces droits ne datent que du jour du mariage qui les confère (C. civ. 331 à 333). »   (Ch. Y.)

* **LÉGITIME** adj. (lat. *legitimus*). Qui a les conditions, les qualités requises par la loi : *autorité légitime.* — Souverain légitime, souverain qui règne en vertu d'un droit héréditaire consacré par une longue possession. — Enfant légitime, enfant né durant le mariage ou après la mort du père, dans le délai que fixe la loi. — Intérêt légitime, intérêt de l'argent au taux fixé par la loi.—Juste, équitable, fondé sur la raison, ou conforme à des règles établies : *il a un sujet fort légitime de se plaindre de vous.* — Législ. Légitime défense, droit de se défendre contre un agresseur : *un peuple qui défend son territoire est en état de légitime défense.* — Jurispr. Droit que possède toute personne, de repousser toute agression violente. (Art. 328 et 329 du C. pén.)

* **LÉGITIME** s. f. Jurispr. Portion assurée par la loi à certains héritiers sur la part héréditaire qu'ils auraient eue en entier, si le défunt n'en avait disposé, totalement ou partiellement, par donations entre-vifs ou testamentaires : *un père ne peut pas ôter la légitime à son fils.* — Législ. « On donnait autrefois le nom de *légitime* à la part de leurs biens que les parents devaient laisser à leurs enfants, et dont, en conséquence, ils ne pouvaient disposer au profit d'autres personnes, par donation ou par testament. Chez les Romains, la légitime des enfants, quel que fût leur nombre, était fixée au quart de la succession. Justinien l'éleva au tiers, et lorsqu'il y avait cinq enfants ou plus, à la moitié. Les diverses coutumes de la France attribuaient une légitime, non seulement aux enfants, mais à tous les héritiers du sang : et la quotité variait

selon la nature des biens et selon le degré de parenté des héritiers. A défaut d'enfants du défunt, les ascendants avaient droit au tiers de la succession. Aujourd'hui, la part que la loi réserve aux descendants ou aux ascendants est appelée *réserve légale*, par opposition à la portion de biens disponible ou *quotité disponible.* »   (Ch. Y.)

* **LÉGITIMEMENT** adv. Conformément à la loi, à l'équité, à la raison, aux règles établies : *un bien légitimement acquis.*

* **LÉGITIMER** v. a. Donner à un enfant naturel les droits des enfants nés en légitime mariage : *son mariage a légitimé deux enfants qu'il avait eus auparavant.* — Faire reconnaître son titre, son pouvoir, pour authentique et juridique : *il a fait légitimer ses pouvoirs, sa commission.* — Justifier, rendre excusable : *la dureté des parents ne légitime point l'ingratitude des enfants.*

* **LÉGITIMISTE** s. m. Polit. Partisan de la légitimité, de la branche aînée des Bourbons. — Adjectiv. Le parti légitimiste.

.* **LÉGITIMITÉ** s. f. Qualité de ce qui est conforme à la loi, à la justice, à la raison, ou aux règles établies : *on attaqua la légitimité de son mariage.*—Particul. Etat, qualité d'un enfant légitime : *il s'agit de sa légitimité.* — Polit. Droit des princes que l'on appelle légitimes : *la légitimité.* — Législ. « La légitimité est l'état de l'enfant conçu pendant le mariage (C. civ. 312). (Voy. Conception.) Elle peut être, dans certaines circonstances, reniée par le mari de la mère ; et elle peut aussi être contestée par les héritiers du mari, ainsi que nous l'avons exposé au mot Désaveu. La légitimité se prouve par l'acte de naissance, à la condition que l'identité de l'enfant soit elle-même établie. A défaut d'acte de naissance, la légitimité peut être prouvée par la *possession d'état*, laquelle résulte de faits dont les principaux sont : que l'individu a toujours porté le nom du père auquel il prétend appartenir ; que le père l'a traité comme son enfant et a pourvu, en cette qualité, à son éducation, à son entretien et à son établissement ; et qu'il a été reconnu constamment comme tel dans la famille et dans la société. Lorsque la possession d'état est conforme à l'acte de naissance, nul ne peut, même l'enfant, contester la légitimité, alors même que l'état de célébration du mariage des parents ne pourrait pas être représenté. Enfin, à défaut d'acte de naissance et de possession d'état, la légitimité peut être prouvée par témoins, pourvu qu'il y ait un commencement de preuve par écrit, ou que des présomptions suffisantes déterminent le tribunal à admettre la preuve par témoins. (C. civ., 497, 319 et s.). »   (Ch. Y.)

LEGNAGO [lé-nià-go ; *gn* mll.], ville d'Italie (province de Vérone), sur l'Adige, à 75 kil. de son embouchure ; environ 10,000 hab. Elle forme, avec Vérone, Peschiera et Mantoue, le fameux quadrilatère. En 1796, les Français prirent la place et démolirent les ouvrages, qui furent rebâtis par les Autrichiens.

LEGNANO [lé-nià-no ; *gn* mll.], ville d'Italie, à 25 kil. N.-O. de Milan, sur l'Olona ; environ 6,500 hab. L'empereur Frédéric Barberousse y fut battu, le 29 mai 1476, par les Milanais.

LEGOUVÉ (Gabriel-Marie-Jean-Baptiste), poète français, né à Paris en 1764, mort en 1812. La *Mort d'Abel*, représentée aux Français (1792), commença la réputation de Legouvé. Son *Epicharis et Néron* (1793), dans lequel Néron représentait Robespierre, obtint un grand succès, grâce au jeu de Talma. La *Sépulture*, les *Souvenirs*, la *Mélancolie* parurent de 1798 à 1800. Enfin son chef-d'œuvre, le *Mérite des femmes* (1801), ouvrit à l'auteur les portes de l'Académie.

LEGRAND (Jacques-Guillaume), architecte,

né à Paris en 1743, mort en 1807. Il a construit, avec Molinos, la Halle aux draps, le théâtre Feydeau, etc. On lui doit : *Parallèle de l'architecture ancienne et moderne* (Paris, 1799, in-4°); *Galerie antique* (Paris, 1806, in-fol.); *Essai sur l'histoire de l'architecture* (Paris, 1810, 1 vol. in-fol.)

* **LEGS** s. m. [lè] (lat. *legatum*, chose léguée). Don fait par testament ou par autre acte de dernière volonté : *legs universel, particulier.* — Législ. « Il y a trois sortes de legs ou dispositions testamentaires. 1° Le *legs universel* est celui par lequel le testateur attribue à une ou plusieurs personnes l'universalité des biens qu'il laissera à son décès. Ce legs a remplacé *l'institution d'héritier* qui était en usage chez les Romains et dans les anciennes provinces françaises dites de droit écrit ; mais celle-ci avait des effets plus étendus que le legs universel, car elle donnait toujours à l'institué la saisine des biens et elle le chargeait personnellement de toutes les dettes de la succession. Dans les pays coutumiers, tantôt l'institution d'héritier était interdite, tantôt elle équivalait au legs universel. Aujourd'hui la saisine des biens n'appartient au légataire universel que si le testateur n'a pas laissé d'héritier à réserve, et, même dans ce cas, le légataire est tenu, lorsque le testament est olographe ou mystique, de se faire envoyer en possession par ordonnance du président du tribunal de l'arrondissement. S'il y a des héritiers réservataires, descendants ou ascendants, le légataire universel doit leur demander la délivrance des biens légués. 1° La jouissance de ces biens, à compter du jour du décès du testateur, à la condition qu'il ait formé dans l'année sa demande en délivrance. Il est tenu des dettes de la succession, proportionnellement à la part qu'il en recueille. 2° Le *legs à titre universel* est celui par lequel le testateur attribue soit une quote-part des biens dont il peut disposer, soit tous ses immeubles ou tous ses meubles, soit une quote-part de ses meubles ou de ses immeubles. Le légataire à titre universel est tenu de demander la délivrance de son legs aux héritiers à réserve, s'il en existe ; à défaut de ceux-ci, au légataire universel ; et à défaut du légataire universel, aux héritiers appelés dans l'ordre qui est établi par la loi pour les successions. 3° Le *legs particulier* est toute disposition testamentaire qui n'est ni universelle, ni à titre universel. Le légataire particulier doit demander la délivrance de son legs aux héritiers ou à celui des autres légataires qui a été chargé de l'acquitter. Il n'a droit aux fruits de la chose léguée qu'à compter du jour de sa demande en délivrance, à moins que le legs n'ait fixé une autre époque. Si le legs particulier consiste en une rente viagère ou en une pension alimentaire, la jouissance commence dès le jour du décès. Lorsque le testateur a nommé un exécuteur testamentaire, celui-ci doit acquitter les legs, s'il a reçu la saisine des biens de la succession. Sinon il ne l'a pas reçue, il doit seulement veiller à la délivrance des legs (C. civ. 1002 et s.). Les legs qui excèdent la quotité disponible sont réduits à cette quotité, la réduction est faite proportionnellement, sur tous les legs, quelle que soit leur qualité (id. 920 et s.). Les divers cas de caducité des legs ont été détaillés au mot Caducité. Les legs faits aux communes ou aux autres établissements publics ne peuvent être acceptés et délivrés qu'après l'accomplissement des formalités imposées à ces établissements pour recevoir des libéralités. (Voy. Donation.) Les legs sont soumis, de même que les successions, à un droit proportionnel de mutation dont le taux varie suivant le degré de parenté existant entre le testateur et le légataire. (Voy. Mutation.) Les actes de délivrance de legs sont assujettis à un droit fixe gradué, déterminé par les lois des 28 fév. 1872

et 19 février 1874. (Voyez Délivrance.) »
(Ch. Y.)

* **LÉGUER** v. a. Donner par testament ou par autre acte de dernière volonté : *il lui a légué dix mille écus par son testament, par son codicile*. — Transmettre : *il a légué son talent, sa probité, son courage à son fils.* — Se léguer v. pr. *Ce sont de ces choses qui se lèguent.*

LÉGUEVIN, ch.-l. de cant. et arr., à 18 kil. O. de Toulouse (Haute-Garonne), sur le Courbet; 900 hab.

* **LÉGUME** s. m. (lat. *legumen*). Se dit proprement de certaines graines qui viennent dans des gousses, comme les pois, les fèves, etc. : *légumes nourrissants, savoureux.* — Se dit, généralement, de toute sorte d'herbes potagères, de plantes, de racines bonnes à manger : *les épinards, les artichauts, les salsifis sont d'excellents légumes.* — Bot. Gousse : *le fruit de cette plante est un légume.*

LÉGUMIER adj. Qui a rapport aux légumes : *jardin légumier.* — s. m. Plat creux dans lequel on sert les légumes.

LÉGUMINE s. f. Sorte de caséine qui se trouve dans les graines des légumineuses et dans les amandes.

* **LÉGUMINEUX, EUSE** adj. Bot. Ne s'emploie guère qu'au féminin, et se dit de certaines plantes dont la fleur est irrégulière, et dont le fruit est une gousse, comme le pois, la fève, le haricot, l'acacia, le genêt, etc. : *plante légumineuse.* — s. f. pl. Bot. Famille de plantes à laquelle on donne plus communément le nom de Papilionacées. (Voy. ce mot.)

LÉGUMISTE s. et adj. Qui se nourrit exclusivement de légumes. On dit mieux Végétarien.

LEH ou Le [lè], ville de Cachemire (Inde), capitale du Ladakh, à 6 kil. N. de l'Indus et à 3,000 mètres au-dessus du niveau de la mer, à 235 kil. E. de Serinagur ou Cachemire; de

Palais du rajah, à Leh.

5,000 à 12,000 hab. Elle est entourée d'une muraille défendue par des tours. Les maisons sont construites en pierre ou en briques non cuites. L'édifice le plus remarquable est le palais du rajah, énorme masse de maçonnerie qui se dresse sur un pic rocheux, au centre de la ville.

LEHON (Charles-Aimé-Joseph, comte), homme d'État belge, né en 1792, mort en 1868. Envoyé par la ville de Tournay à la Chambre des Pays-Bas, il fit partie de la députation chargée d'offrir à Louis-Philippe la couronne de Belgique pour son fils le duc de Nemours; nommé plus tard ambassadeur de Belgique à Paris, il négocia le mariage du roi Léopold avec la princesse Louise d'Orléans; de 1852 à 1857, il siégea à la Chambre des députés belge et rentra ensuite dans la vie privée.

LE HOUX (Jean). Voy. Houx (Le)

LEIBNITZ ou **Leibniz** (Gottfried-Wilhelm) [lébb-niz; all. laïbe-nitss], philosophe allemand, né à Leipzig en juillet 1646, mort le 14 nov. 1716. Sa première éducation fut très soignée et lui-même aimait à s'instruire. A l'âge de 15 ans, il entra à l'université de Leipzig, et se livra principalement à l'étude des mathématiques, de la philosophie et de la jurisprudence; ses thèses pour les grades de bachelier et de licencié en droit furent des plus remarquables. Le grade de docteur lui ayant été refusé à cause de sa jeunesse, il quitta sa ville natale et n'y revint jamais. A l'université d'Altdorf, il soutint ses thèses pour le doctorat, en 1666, avec un succès tellement brillant qu'on lui offrit immédiatement une place de professeur. Il la refusa. En 1668, il composa son *Nova Methodus discendæ docendæque Jurisprudentiæ*, et en 1669 son *Corporis juris reconcinnandi Ratio.* Il abandonna bientôt la science de la jurisprudence et se fit connaître comme philosophe en publiant et annotant l'*Antibarbarus Philosophus* de Nizolius (1670), dans lequel il place Aristote au-dessus de Descartes; il écrivit, pour défendre la Trinité, *Sacrosancta Trinitas* (1671), ouvrage théologique dirigé contre le Polonais socinien Wissowatius, qui avait fait ériger un temple à l'union des trois confessions chrétiennes, et il adressa à l'Académie des sciences de Paris et à la Société royale de Londres deux mémoires remarquables sur les lois du mouvement. Avec Cassini, Huygens et autres, il se consacra particulièrement à l'étude des mathématiques et de la physique, et il se fit une réputation européenne par ses idées hardies et saisissantes sur toutes les branches de la science. En 1672, il se rendit à Paris, et proposa à Louis XIV la conquête de l'Égypte et la publication d'un dictionnaire universel des sciences. En 1673, il visita l'Angleterre, où il connut Newton, Boyle, Oldenburg, Wallis et Collins; il y fut élu membre de la Société royale en cette année. Il resta en France jusqu'en 1676, époque où il retourna à Londres. Revenu à Hanovre, résidence du duc de Brunswick, il devint le bibliothécaire de ce prince qui l'occupa pendant six ans à mettre en ordre et à enrichir sa bibliothèque. Au congrès de Nimègue (1677), il y eut une discussion au sujet du droit de préséance entre les princes qui étaient électeurs et ceux qui ne l'étaient pas. Leibnitz soutint la cause de ces derniers dans un traité contenant cette déclaration ultramontaine plutôt que protestante, que tous les États de la chrétienté devraient former un seul corps, ayant le pape pour chef spirituel et l'empereur comme chef temporel. Cette idée d'une grande théocratie se manifeste dans plusieurs de ses écrits. En 1682, il fut un des fondateurs des *Acta eruditorum* de Leipzig auxquels il fournit plusieurs articles. Employé à écrire l'histoire de la maison de Brunswick, Leibnitz visita les principales bibliothèques et les principales archives de l'Allemagne et de l'Italie pour recueillir des matériaux, et il écrivit le *Codex Juris Gentium Diplomaticus* (2 vol. 1693-1700), avec une préface qui est un de ses chefs-d'œuvre; *Accessiones historicæ* (2 vol., 1698-1700);

Scriptores rerum Brunsvicensium illustrationi inservientes (3 vol. 1707-'11) et les *Annales Imperii occidentis Brunsvicensis* (publiées d'abord par Pertz, 2 vol., 1843-'45). Sa *Protogæa* (1749), dissertation sur l'état du globe avant la création de l'homme, était destinée à servir d'introduction à ce dernier ouvrage. On doit à son influence la fondation de l'Académie des sciences de Berlin, dont il devint le premier directeur en 1702. En 1704, il composa son étude de la philosophie de Locke : *Nouveaux essais sur l'entendement humain*; il montra l'étendue de son savoir dans le premier volume des *Miscellanea Berolinensia* (1710); il collabora au *Journal de Trévoux* et au *Journal des Savants*, et publia en français (1710) sa *Théodicée*, le plus noble monument de son génie, dans lequel il traite les principaux problèmes de la philosophie et de la foi. Une controverse qu'il eut avec Newton, au sujet de la découverte du calcul différentiel, remplit d'amertume les dernières années de sa vie. Il y a peu de doute que la méthode des fluxions différentielles de Newton et la méthode des infiniment petits de Leibnitz fussent des découvertes indépendantes l'une de l'autre, mais la priorité de publication appartient à Leibnitz qui donna un sommaire des principes du calcul différentiel dans les *Acta eruditorum* en 1684. — Les principales spéculations métaphysiques de Leibnitz sont contenues dans ses ouvrages intitulés *Théodicée, Nouveaux essais, Système nouveau de la nature* (1695), *De ipsa natura* (1698), dans le fragment intitulé *Monadologie* (1714) et dans des parties de sa correspondance. D'après Leibnitz, la doctrine de Descartes qui affirme que la substance consiste essentiellement dans l'extension, n'explique pas les mouvements constants et les développements de la nature. C'est pourquoi, à moins que chaque phénomène ne soit regardé comme un produit direct de l'esprit divin, Leibnitz maintient qu'un pouvoir quelconque inhérent, causatif et initiatif doit être attribué à la matière. Ce pouvoir ne peut résider dans la masse de la matière, puisque celle-ci est infiniment divisible et qu'elle peut être, en conséquence, réduite à zéro d'extension, jusqu'à ce qu'elle ait perdu toute propriété matérielle. De là sa doctrine des monades comme éléments actifs simples des choses, véritables atomes vivants de la nature et forces immatérielles, indivisibles et finales de l'univers, non influencées par un principe extérieur, mais changeant continuellement sous l'influence d'un principe intérieur. Toutes les monades contiennent une énergie interne en vertu de laquelle elles se développent spontanément et sont à proprement parler des *âmes.* Toutes sont indépendantes les unes des autres, chacune ayant ses propres moyens de développement et formant un microcosme ou image vivante de tout l'univers. Dans chaque monade on peut lire l'histoire du monde, depuis le commencement jusqu'à la fin, chacune étant une espèce de déité (*parvus in suo genere deus*); Dieu est la monade absolue, première, dont toutes les autres sont engendrées. Leibnitz déduisait de là sa doctrine d'*harmonie préétablie*, comprenant l'harmonie entre toutes les parties de la matière, entre le futur et le passé et entre les décrets divins et la liberté humaine; Leibnitz étudiait irrégulièrement parfois avec excès Il ne se rendit jamais. Ses ouvrages philosophiques ont été publiés par Erdmann (1840). L'édition complète de Pertz est en 12 vol. (1843-'62). Les *Œuvres de Leibnitz*, de Foucher de Careil, d'après des documents originaux, avec notes (1859 et suiv.) doivent comprendre plus de 20 vol.

LEICESTER [lèss-t'r] (anc. *Ratæ*), ville manufacturière d'Angleterre, capitale du Leicestershire, sur la Soar, à 435 kil. N.-N.-O. de Londres; 95,220 hab. Manufactures de bonneterie. Elle est le centre d'un grand district agricole et lainier. Sous les Romains, aussi bien que sous les Saxons, Leicester était une

Porte Newark, à Leicester.

place d'importance; elle possède un grand nombre d'anciennes ruines.

LEICESTERSHIRE [lèss-te-chir], comté central de l'Angleterre; 2,071 kil. carr.; 269,311 hab. Il est enfermé dans le bassin du Trent dont le principal tributaire est la Soar. L'Avon forme la frontière S. sur une longueur d'environ 12 kil. Mines de charbon; calcaire, gypse, ardoise, pierres à aiguiser et argile. Capitale, Leicester.

LEICHHARDT (Ludwig), explorateur allemand, né en 1813, mort en 1848. Il se rendit en Australie en 1841 et il quitta la baie de Moreton en août 1844 avec plusieurs compagnons, traversa le pays qui forme aujourd'hui la colonie de Queensland et la partie S. de la péninsule d'York, fit le tour du golfe de Carpentarie et atteignit la colonie de Victoria le 17 déc. 1845; il retourna par mer à Sydney, où il arriva le 29 mars 1846. En octobre, il partit de nouveau, espérant trouver un passage direct à travers l'Australie jusqu'à la côte N. Sa dernière lettre fut datée de Fitzroy Downs, à l'O. de la baie de Moreton, 8 avril 1848; à partir de ce moment, on n'eut plus de ses nouvelles. Leichhardt a écrit *Journal d'une expédition par terre en Australie depuis la baie de Moreton jusqu'au port Essington* (1847) et *Beitraege zur Geologie von Australien* (1855).

LEIGNÉ-SUR-USSEAU, ch.-l. de cant., arr. et à 43 kil. N.-O. de Châtellerault (Vienne); 350 hab.

LEININGER. Voy. LINANGE.

LEINSTER [linn'-steur], l'une des quatre provinces de l'Irlande, formant la partie S.-E. de l'île, longue de 190 kil. du N. au S., large de 125 kil.; 19,735 kil. carr.; 1,339,200 hab. Elle est divisée en comtés de Carlow, de Dublin, de Kildare, de Kilkenny, de King, de Longford, de Louth, de Meath, de Quenn's, de Westmeath, de Werford et de Wicklow, en outre des villes de Dublin, de Kilkenny et de Drogheda qui forment elles-mêmes chacune un comté. Côte généralement basse. Six rivières navigables : le Shannon, le Barrow, la Nore, la Boyne, la Liffey et le Slaney. Territoire en partie plat et en partie ondulé renfermant le grand marécage d'Allen. Au XIIᵉ siècle le Leinster était divisé en deux royaumes, Meath au nord et Legania ou Leinster propre au sud.

LEIPA [lai-pa], ville de Bohême, sur la Bolzen, à 65 kil. N.-E. de Prague; 9,250 hab. Manufactures d'étoffes, de toile, d'articles d'acier et de coton.

LEIPZIG [all. laip'-sik], ville de la Saxe, sur la Pleisse, au point où elle reçoit l'Elster et

plusieurs autres petites rivières, à 115 kil. O.-N.-O. de Dresde; 220 kil. S.-O. de Berlin, et 1,210 de Paris; 151,000 hab. La plupart des anciennes fortifications, sauf la citadelle de Pleissenburg qui renferme l'Observatoire, ont été converties en promenades publiques et en jardins. La place la plus animée est l'Augustusplatz; la plus pittoresque, en raison de ses édifices bizarres particulièrement l'hôtel de ville, est la Marktplatz. Près de cette place est la cave d'Auerbach, rendue célèbre par le *Faust* de Gœthe. L'université est une des plus anciennes de l'Allemagne. Son 450ᵉ anniversaire fut célébré en 1859. Parmi les édifices principaux de cette université, on cite l'*Augusteum*, avec une salle de lecture, des musées d'histoire naturelle et une bibliothèque de 200,000 volumes. En 1688, Thomasius y introduisit la langue allemande comme langue universitaire en remplacement du latin; elle a conservé ses propriétés foncières qui sont très considérables, et elle entretient près de 200 étudiants pauvres. Vers le milieu du XIXᵉ siècle, la politique anti-libérale du gouvernement saxon obligea plusieurs professeurs éminents à quitter leurs chaires et le nombre des étudiants tomba en 50 ans, de 1,300 à 800. Mais l'université est redevenue plus prospère que jamais, et le comptait en 1880 environ 3,000 étudiants. Un conservatoire de musique y a été fondé par Mendelssohn-Bartholdy en 1843. Malgré l'importance de ses trois foires commerciales annuelles, Leipzig est surtout connue comme centre peut-être unique en Allemagne pour la librairie et l'imprimerie (plus de 200 maisons). Manufactures de tabac, de cigares et de pianos. — Leipzig était déjà une ville au commencement du XIᵉ siècle. Son importance commerciale commença 200 ans plus tard. Elle souffrit beaucoup pendant la guerre de Trente ans; la grande victoire de Gustave-Adolphe sur Tilly (7 sept. 1631) fut remportée à Breitenfeld dans son voisinage. Les 16 et 19 oct. 1813, se livra la bataille de Leipzig, appelée par les Allemands la grande *Voelkerschlacht* (bataille des nations), qui précipita la chute de Napoléon. L'empereur fut attaqué

le 16, par le prince de Schwarzenberg qui commandait l'armée principale alliée composée d'environ 160,000 Prussiens, Russes et Autrichiens. Napoléon essaya de percer le centre des ennemis; alors Schwarzenberg fit avancer ses réserves, et l'empereur ayant agi de la même façon, il en résulta une bataille générale, pendant laquelle Murat fut sur le point de prendre le czar et le roi de Prusse; mais les Français, tenus en échec par le grand nombre de leurs adversaires, ne remportèrent aucun avantage décisif le 16, excepté à l'O. de la ville, où Bertrand délogea les Autrichiens et conserva une ligne de retraite par Lindenau; mais les alliés furent renforcés par l'armée de Blücher forte de 60,000 hommes. Par un accord tacite, les hostilités furent suspendues le dimanche 17; Napoléon, qui connaissait sa faiblesse, fit, ce jour-là une tentative inutile pour obtenir un armistice. La bataille recommença le 18 oct.; Napoléon avec 160,000 hommes et 800 pièces d'artillerie, se trouvait en face de 300,000 hommes et de près de 1,400 pièces de canon, parce que Schwarzenberg avait reçu le renfort des réserves russes commandées par Bennigsen et de l'armée du nord de Bernadotte. De plus, les Français furent affaiblis au moment décisif par la défection d'un corps de troupes saxonnes et wurtembergeoises qui tout à coup se tourna contre eux. Les alliés ayant fini par pénétrer dans le faubourg de Schoenfeld, Napoléon donna le signal de la retraite qui s'effectua par Lindenau au milieu d'une effroyable confusion. Le 19, au point du jour, les alliés forcèrent l'entrée de la ville et une lutte terrible s'engagea avec l'arrière-garde française, encombrée d'immenses bagages, d'artillerie et de masses de blessés. Au plus fort de la mêlée, on fit sauter trop tôt le pont de Lindenau, seul passage sur l'Elster, et on laissa ainsi 12,000 soldats et 25,000 malades et blessés aux mains des alliés. Macdonald traversa la rivière à la nage avec son cheval, mais le prince Poniatowski se noya en essayant d'imiter son exemple. La perte totale des Français pendant les trois jours de bataille fut de 60,000 hommes, celle des alliés de 50,000. A deux heures de l'après-midi, le carnage cessa et Napoléon battit en retraite vers le Rhin.

LEISSÈGUES (Corentin-Urbain-Jacques BERTRAND DE), né à Hauvec (Finistère), le 25 août 1758, mort à Paris le 22 mars 1832. En 1793, il reprit la Guadeloupe sur les Anglais venaient de nous enlever et reçut le titre de contre-amiral. En 1806, il soutint contre l'amiral Duckworth le combat de Santo-Domingo et défendit Venise (1809-'11); il se rendit ensuite aux îles Ioniennes, qu'il ne quitta qu'en 1816.

Hôtel de ville et place du marché, à Leipzig.

LEITH [lith], ville de l'Edinburghshire (Écosse), sur la Water-of-Leith, à son confluent avec le frith de Forth près d'Edimbourg, dont elle est le port; 62,000 hab. Manufactures nombreuses, toiles à voile, verres, savon, peintures et produits chimiques. Commerce considérable. Le port est un des plus commodes de la côte.

LEITHA [laï-ta] (hong. *Lajta*), rivière d'Autriche, qui prend sa source à Haderswerth dans la basse Autriche; elle sépare les deux grandes divisions de la monarchie austro-hongroise, connues, à cause de cela, sous les noms de Cisleithanie et de Transleithanie; elle se jette près d'Altenburg, en Hongrie, dans un bras du Danube. Sur sa rive droite se trouvent les monts de Leitha, hauts de 533 à 699 mètres.

LEITMERITZ [laïtt-me-rits] (boh. *Litomerice*), ville de Bohême, sur l'Elbe, à 50 kil. N.-O. de Prague; 10,023 hab. Elle est la capitale d'un cercle des plus fertiles que l'on appelle le paradis de la Bohême. Magnifique cathédrale; grand commerce, importantes pêcheries de saumon. Ce district produit les meilleurs vins de Bohême, et on y polit la plus grande partie des verres de Bohême.

LEITOMISCHL [laï-to-mich'l] (boh. *Litomysl*), ville de Bohême, sur la Laucna, à 125 kil. E.-S.-E. de Prague; 7,020 hab. Elle possède l'une des plus belles églises de Bohême, des manufactures de toile et environ 100 distilleries d'eau-de-vie.

LEITRIM [lï'-trimm], comté N.-O. de l'Irlande, dans le Connaught, borné par le lac de Donegal; 1,588 kil. carr.; 95,330 hab. Le Lough Allen le divise en deux parties presque égales. Les principaux cours d'eau sont le Shannon, le Rinn et le Bonnet. Manufactures de toile, de laine, de poterie grossière. Les villes principales sont Carrick-sur-Shannon; (la capitale), Manor Hamilton et Mohill.

LE JAY (Guy-Michel), doyen de Vézelay, né à Paris en 1588, mort en 1674; édita une célèbre *Bible polyglotte* (Voy. BIBLE).

LEJEAN (Guillaume), voyageur français, né à Plouégat-Guérand (Finistère) en 1825, mort le 1ᵉʳ février 1871. Il explora la Turquie d'Europe en 1857, le Nil supérieur et le Nil Blanc en 1860-'61. Il fut nommé consul en Abyssinie en 1862, et fut emprisonné et chassé par le roi Théodore en 1863. En 1865, il se rendit au Cachemire, mais il ne put atteindre Boukhara et il reprit ses voyages en Turquie. Il a publié *Voyage aux deux Nils* (1865); *Théodore II* (1865); *Ethnographie de la péninsule turco-hellénique* (1860). Sa biographie a été écrite par Cortambert (1872).

LEJEUNE (Louis-François), baron, général et peintre français, né à Strasbourg en 1775, mort à Toulouse en 1848. Il s'engagea en 1792, se distingua à Marengo et à Austerlitz et dans les batailles postérieures, et en 1809, après la bataille d'Essling, il traversa la rivière pour arriver à l'île de Lobau où Napoléon était enfermé, et il rapporta à Bessières et à Masséna les ordres de l'empereur, ce qui décida le gain de la bataille de Wagram. Sous Louis-Philippe, il fut directeur de l'école des beaux-arts et de l'industrie à Toulouse. Sa toile représentant la bataille de Marengo fut achetée en 1801 par le gouvernement. Ses autres tableaux comprennent les batailles d'Aboukir, des Pyramides et de Borodino.

LE JEUNE (Paul), missionnaire français, né à Poligny en 1592, mort en 1664. Il se rendit au Canada en 1632 en qualité de père supérieur des missions des jésuites, après que le pays eut été cédé à la France. Il y resta jusqu'en 1639, époque où il revint en France comme procureur des missions étrangères.

On a de lui des *Sermons* (Toulouse 1662, 10 vol. in-8°, et Lyon, 1826, 15 vol. in-8°).

LEKAIN (Henri-Louis-Caïn), tragédien français, né à Paris en 1728, mort en 1778. Il travaillait avec son père qui était orfèvre, quand Voltaire, frappé de son talent en le voyant jouer dans une représentation intime, le mit à même de paraître au Théâtre-Français, où, après 17 mois, il obtint un engagement régulier. Ses succès ont été aussi grands que ceux de Talma et de Rachel. Il excellait dans les tragédies de Voltaire.

LÉLÈGES, peuple primitif de l'Asie Mineure; Hérodote nous le montre occupant les îles de la mer Egée et se répandant plus tard dans le Péloponèse; c'était probablement une tribu des Pélasges.

LELEWEL (Joachim) [lèl-èv-el], historien polonais, né en 1786, mort en 1861. Professeur d'histoire à Wilna, il fut destitué en 1822, à cause de ses discours révolutionnaires. En 1830, il fut élu à la diète et, après l'insurrection du 29 novembre, il devint membre des divers gouvernements révolutionnaires. Après la chute de Varsovie, il se rendit à Paris, où il se mit à la tête d'un comité démocratique polonais; mais il fut banni de France. Il s'établit à Bruxelles, où il fit des conférences d'histoire à la nouvelle université. Parmi ses nombreux ouvrages en polonais, en français, en allemand se trouvent : *Traités sur des sujets géographiques et historiques; Numismatique du moyen âge; la Pologne au moyen âge; Géographie des Arabes, et Géographie du moyen âge*, avec un atlas gravé par lui-même.

LE LORRAIN (Robert), sculpteur, né à Paris en 1666, mort en 1743. Reçu à l'Académie en 1701, il y fut nommé professeur (1717) et recteur (1737). On a de lui un *Faune*, une *Vierge*, un *Bacchus*, le *Christ sur la croix*, etc., toiles qui manquent de netteté.

LELY (SIR Peter), peintre anglais, né en Westphalie en 1617, mort en 1680. Il se rendit en Angleterre en 1641, se consacra presque exclusivement à la peinture des portraits et surpassa bientôt tous ses contemporains. Il fit le portrait de Charles Iᵉʳ, et devint le peintre de la cour de Charles II, qui le créa chevalier. Il excellait dans les portraits de femme et produisit la fameuse série des *Beautés de la cour de Charles II*. La plus célèbre de ses toiles historiques est *Susanne et les vieillards*.

LEMAIRE (Nicolas-Eloi), philologue, né à Triaucourt en 1767, mort en 1832. Il devint professeur de rhétorique à Paris en 1790 et professeur de poésie latine au collège de France en 1811; il a publié plusieurs poèmes latins originaux. Il se mit en tunais pas sa *Bibliotheca classica latina* (154 vol, Paris, 1818 et seq.), comprenant 18 poètes et 16 prosateurs.

LEMAÎTRE (Frédérick), l'un des acteurs les plus originaux et peut-être le plus puissant de notre temps, né au Havre en 1800, mort le 16 janvier 1876. Il débuta sur la scène en 1823. En 1834, il devint célèbre dans le rôle de Robert Macaire. Excepté au Théâtre-Français, il remporta de brillants succès sur presque tous les théâtres de la capitale et particulièrement à l'Ambigu-Comique, dans des rôles comiques ou tragiques; on l'appela souvent le Talma des boulevards. Parmi ses plus grands succès, outre Robert Macaire, cite Don César de Bazan et Toussaint-Louverture. Il eut toujours la plus grande part à ses succès des pièces dans lesquelles il jouait; quelques-unes même lui durent entièrement la vie.

LEMAISTRE DE SACY. Voy. SACY.

LEMAN (Lac) (anc. *Lemanus*). Voy. GENÈVE (*Lac de*).

LE MANS. Voy. MANS.

LEMARROIS (Jean-Léonard-François, COMTE), né à Briquebec en 1776, mort et 1836. Aide de camp de Napoléon, il le suivit dans presque toutes ses campagnes et fut nommé pair de France pendant les Cent-Jours. On lui a érigé une statue dans sa ville natale.

LEMBERG ou **Leopol** (pol. *Lwów*), capitale de la Galicie autrichienne, sur un tributaire du Bug, à 300 kil. E. de Cracovie; 110,000 hab., dont plus de 30,000 Juifs. La ville proprement dite est petite, mais les faubourgs sont très étendus. Université fondée en 1784. Archevêques catholique romain, grec uni, arménien uni; directeur général protestant. Manufactures d'étoffes et de toiles; c'est l'un des principaux marchés de grains de l'Autriche. Elle fut fondée au XIIIᵉ siècle et fut prise par les Turcs en 1672: elle cessa alors d'être une forteresse importante. En 1772, lors du premier partage de la Pologne, à laquelle elle avait appartenu pendant plus de 400 ans, elle passa aux Autrichiens. Elle fut bombardée pendant le soulèvement, le 2 novembre 1848.

LEMBEYE, ch.-l. de cant., arr. et à 30 kil. N.-E. de Pau (Basses-Pyrénées); 1,100 hab.

LÉMERY (Nicolas), chimiste, né à Rouen en 1645, mort en 1715. Dans ses conférences à Montpellier et à Paris, il dépouilla la science de tout charlatanisme et gagna l'estime de Voltaire. Son *Cours de chimie* (1675) a eu plus de 30 éditions, dont la meilleure est celle de Baron (1756); il fut traduit en plusieurs langues et regardé comme la plus haute autorité pendant près d'un siècle. Sa *Pharmacopée universelle* et son *Traité universel des drogues simples* eurent aussi un grand nombre d'éditions. En raison de ce qu'il était protestant, on lui retira sa licence en 1681 et, après la révocation de l'édit de Nantes, la nécessité le força d'embrasser le catholicisme (1686). Ses fils Louis (1677-1743) et JACQUES, connu sous le nom de Lémery jeune (1678-1721), furent des médecins et des écrivains distingués.

LEMIERRE (Antoine-Marin), poète français, né à Paris en 1721, mort en 1793. Après plusieurs succès remportés aux concours de poésie à l'Académie française, il travailla pour le théâtre et donna successivement : *Hypermnestre* (1758); *Guillaume Tell* (1766); la *Veuve de Malabar* (1770), etc., etc. Il entra à l'Académie française en 1781. (Voy. CACOPHONIE.)

LEMME s. m. [lè-me] (gr. *lemma*, prise) Mathém. Proposition dont la démonstration est nécessaire pour une autre proposition qui doit la suivre.

LEMMING s. m. [lèmm-maing]. Mamm. Genre de petits rongeurs, de la sous-famille des campagnols, comprenant plusieurs espèces de rats qui vivent surtout dans les régions

Lemming de Norvège (Myodes lemmus).

arctiques des deux hémisphères. Le *lemming de Norvège* (*Myodes lemmus*, Pall.) a un corps ramassé, long de 12 centim., une tête courte et large, des jambes courtes et fortes et des poils rudes, hérissés; ses pieds de devant sont pourvus de griffes très longues, fortes et destinées à fouir; ses pieds de derrière sont courts, larges, armés de griffes; sa queue courte est couverte de poils épais. Sa couleur, en dessus, est rougeâtre et brunâtre, avec des points noirs; en dessous, elle est d'un blanc jaunâtre. Son habitat naturel est la région montagneuse de la Laponie et de la Norvège, d'où il descend, à des intervalles irréguliers, en troupes immenses, qui dévorent sur leur chemin toute la verdure et qui commettent autant de dégâts que les sauterelles. Les lemmings se nourrissent de plantes, de graines, de racines et de toute matière végétale qui se trouve sur leur chemin. L'espèce américaine la mieux connue est le *lemming de la baie d'Hudson* (*Myodes torquatus*, Key et Blas., ou *Myodes Hudsonius*, Wagner), animal circumpolaire, inoffensif, vivant dans des terriers ou sous des pierres, se nourrissant de racines et de substances semblables.

LEMNIEN, IENNE s. et adj. Habitant de Lemnos; qui appartient à cette île ou à ses habitants.

LEMNISCATE s. f. [lé-mni-ska-te] (*gr. lémniskos*, ruban). Géom. Lieu des points tels que le produit de leurs distances à deux points fixes est constant.

LEMNISQUE s. m. [lèmm-ni-ske] (*gr. lémniskos*). Signes conventionnels ainsi figurés :-, —‒ dans les manuscrits anciens; le premier indique les passages tirés de l'Écriture sainte; le second indique les transpositions. — Nom du ruban qu'on attachait aux couronnes et aux palmes du vainqueur.

LEMNOS (aujourd'hui *Stalimni*, *Stalimene* ou *Limni*), île turque de l'archipel grec, située à environ 60 kil. O.-S.-O. des Dardanelles; longueur 35 kil.; plus grande largeur 30 kil.; environ; 10,000 hab., 488 kil. carrés. Elle est presque divisée en deux par la baie de Paradiso au N. et par celle de Sant' Antonio au S; sa surface est généralement montagneuse et son sol léger. Sa capitale, Castro de Limni (anc. *Myrina*) sur la côte O., est la résidence d'un évêque grec et du gouverneur turc. Cette île a été fameuse depuis les temps les plus reculés comme produisant une espèce de terre, *terra Lemnia* que les anciens supposaient avoir des vertus médicinales extraordinaires. Dans l'antiquité, Lemnos était consacrée à Vulcain.

LEMOINE (Jacques-Albert-Félix), philosophe, né en 1825, mort en sept. 1875; a laissé des mémoires sur le sommeil, sur l'âme et le corps, sur l'animisme et le vitalisme, sur la physionomie et la parole, sur l'habitude, etc.

LEMOINE-MONTIGNY (Adolphe), auteur dramatique et administrateur, né à Paris en 1812, mort le 6 mars 1880. Il fut directeur du Gymnase dramatique, qui devint, sous son administration, l'une des premières scènes littéraires de Paris. Il épousa la célèbre actrice Rose Chéri. (Voy. Chéri.)

LE MONNIER (Pierre-Charles), astronome français, né à Paris en 1715, mort en 1799. Il accompagna Maupertuis à Tornea en 1736, pour mesurer un degré en Laponie; et après son retour, ayant introduit les instruments supérieurs et les méthodes de Flamsteed, il amena de grandes améliorations dans l'astronomie pratique. En 1768, il observa en Écosse une éclipse solaire et il parvint à mesurer le diamètre de la lune sur le disque du soleil. Il collabora pendant plus de 50 ans aux mémoires de l'Académie des sciences et publia divers ouvrages dont les principaux sont: *Histoire céleste* (1761, in-4°); *Théorie des comètes* (1784, in-8°); *Astronomie nautique lunaire* (1771, in-8°), etc.

LE MOYNE, famille canadienne qui a joué un grand rôle dans l'histoire de notre colonie américaine. **Charles Le Moyne** (né en France en 1626, mort en 1683), alla au Canada en 1641, se distingua dans des combats avec les Indiens, fut anobli par Louis XIV en 1668 et devint seigneur de Longueil et de Châteauguay. Il fut pendant longtemps capitaine de Montréal. Il eut onze fils, dont les plus célèbres sont les suivants. I. (Charles), baron de Longueil, né en 1656, mort en 1729. Il fut blessé dans une action contre les Anglais commandés par Phips, qui attaquait Québec en 1690; il fut nommé gouverneur de Montréal et commandant général de la colonie. — II. (Paul), sieur de Maricourt, né en 1663, mort en 1704. Il commanda un corps de troupes françaises contre les Iroquois et en 1701 il négocia la paix avec eux. — III. (Joseph), sieur de Sérigny, né en 1668, mort en 1734. En 1694 et 1697, il amena de France les escadres destinées à opérer contre les Anglais dans la baie d'Hudson. Il explora les côtes de la Louisiane en 1718-'19, assista à la prise de Pensacola sur les Espagnols en 1719, fut nommé capitaine de vaisseau en 1720 et gouverneur de Rochefort en 1723. — IV. (Antoine), sieur de Châteauguay, né en 1683, mort en 1747. Il vint de France à la Louisiane en 1704 avec des émigrants; il fut nommé commandant des troupes en 1717 et lieutenant du roi dans la colonie en 1718. Il devint gouverneur de la Martinique en 1727 et de l'Île Royale ou cap Breton en 1745. — Outre ceux-ci, trois autres frères obtinrent aussi une certaine célébrité. Jacques, sieur de Sainte-Hélène, né en 1659, blessé mortellement dans la défense contre Phips en 1690. François, sieur de Bienville I, né en 1666, tué dans une bataille livrée aux Iroquois en 1691. Louis, sieur de Châteauguay, né en 1676, blessé mortellement à Fort-Nelson en 1694. (Voy. Bienville et Iberville.)

LEMPA, fleuve du San-Salvador; il prend sa source dans le lac de Guija, traverse la chaîne de montagnes volcaniques de la côte et se jette dans le Pacifique par 13° 22' lat. N. et 90° 32' long. O. Une grande partie de son cours est navigable. Il est sujet à des inondations subites dans ses parties inférieures.

LÉMUR s. m. Mamm. Nom scientifique du genre Maki.

* **LÉMURES** s. m. pl. (lat. *lemures*). Mythol. rom. Fantômes, mânes: *suivant Apulée, les lémures des bons étaient les lares, les lémures des méchants étaient les larves*. — Les esprits nommés lémures hantaient la terre pendant la nuit et possédaient un grand pouvoir sur les vivants. Les larves étaient les esprits des hommes mauvais; on les croyait, tandis que les lares ou âmes des gens vertueux exerçaient sur le genre humain une influence bienfaisante. Pour se rendre favorables les larves, les Romains célébraient annuellement en mai une fête appelée *lemuria* ou *lemuralia*.

* **LÉMURIENS** s. m. pl. Zool. Famille de l'ordre des quadrumanes, renfermant des animaux qui, par leur forme, se rapprochent des quadrupèdes. Genres principaux: maki, ludri, loris, galago, tarsier.

LÉMURIES s. f. pl. Voy. Lémures.

LÉNA, fleuve de la Sibérie orientale; il prend sa source à l'O. du lac Baïkal, près d'Irkoutsk, passe à Yakoutsk, et se jette dans l'océan Arctique. Sa longueur est d'environ 3,750 kil. Le Vitim, l'Aldan et le Viliui sont ses tributaires les plus importants; il est navigable dans la plus grande partie de son cours.

LE NAIN (Louis, Antoine et Mathieu dits

LES FRÈRES), peintres célèbres qui vivaient vers le milieu du XVIIe siècle; ils naquirent à Laon et moururent, les deux premiers en 1648 à trois jours de distance, le troisième en 1677. Ils étaient surtout peintres de portraits et il est assez difficile de détacher la personnalité des trois frères dans leurs œuvres, tant leur manière est identique; ils furent admis tous les trois à l'Académie de peinture le 1er mars 1648. Entre autres productions. ils ont laissé: la *Crèche*, *Un maréchal dans sa forge*, l'*Abreuvoir*, le *Repas villageois*, le *Joueur de vielles*, etc., etc.

LÉNAPES. Voy. Delawares.

LENCAS, tribu d'Indiens occupant les hauts plateaux d'Otoro et d'Intibucat, au S.-O. du Comoyagua et de l'Honduras. Ils habitent les villes des montagnes d'Opoteca, de Guajiquero, de Lauteroque, d'Intibucat, de Yamalauguira, etc., au nombre de 35,000 à 40,000. Ils sont industrieux, sobres, paisibles et braves.

LENCLOÎTRE, ch.-l. de cant., arr. et à 17 kil. O. de Châtellerault (Vienne); 1,900 hab. Grand commerce de bestiaux.

L'ENCLOS (Ninon de), Voy. Ninon.

* **LENDEMAIN** s. m. (contract. de *le en demain*). Le jour qui a suivi ou qui suivra celui dont on parle: *ils partirent le lendemain*. — Du jour au lendemain, très promptement: *on a vu des fortunes se faire et se défaire du jour au lendemain*. — Prov. Il n'y a pas de bonne fête sans lendemain, se dit lorsque, après s'être diverti un jour, on propose de se divertir encore le jour suivant.

LENDIT. Voy. Landit.

* **LENDORE** s. Personne lente et paresseuse, qui semble toujours assoupie: *c'est un lendore, une grande lendore*. (Pop.)

LENGLET-DUFRESNOY (Nicolas), savant ecclésiastique, né à Beauvais en 1674, mort en 1755. Il fut d'abord agent politique du régent et aida le ministère à découvrir le complot de Cellamare (1748). Ses allures indépendantes d'écrivain le firent mettre cinq fois à la Bastille; il a laissé une quantité d'ouvrages qui dénotent plus d'érudition que de bon goût et de bonne foi; nous citerons seulement: *Méthode pour étudier l'histoire* (Paris, 1712, 2 vol. in-12); *Méthode pour étudier la géographie* (1716, 4 vol. in-12 et 1768, 10 vol.), etc.

* **LÉNIFIER** v. a. (lat. *lenis*, doux; *facere*, faire). Adoucir au moyen d'un lénitif.

* **LÉNITIF, IVE** adj. (lat. *lenitus*, adouci). Médec. Qui adoucit les humeurs, et qui calme les douleurs, ou qui purge doucement: *remède lénitif*. — s. m.: *le miel est un bon lénitif*. — Fig. Adoucissement, soulagement, consolation: *cette agréable nouvelle fut un grand lénitif à sa douleur*.

LENNEP, ville de la Prusse rhénane, sur la rivière Lennep, à 36 kil. E. de Düsseldorf; 7,780 hab. Manufactures de laine, d'articles en fer, etc.

LENNOX. Voy. Dumbartonshire.

LENOIR (Alexandre), archéologue, né à Paris en 1761, mort en 1839. Il s'appliqua à l'étude des beaux-arts, et pendant la Révolution, il sauva de la destruction un grand nombre d'œuvres précieuses. Il fut autorisé à déposer ses collections au couvent des Petits-Augustins; elles formèrent le noyau du célèbre *Musée des monuments français*, qui fut fermé sous la Restauration; les monuments qui avaient appartenu autrefois aux églises et aux couvents leur furent rendus. Lenoir fut alors employé à l'embellissement des palais et des monuments; il publia *Musée des monuments français* (8 vol., 1804); *la Franc-maçonnerie rendue à sa véritable origine*

(5 vol., 1818); et *Nouveaux essais sur les hiéro-glyphes* (4 vol., 1819-'22).

LENOIR (Richard). Voy. Richard.

LENORMAND (Marie-Anne-Adélaïde), célèbre devineresse, née à Alençon, le 27 mai 1772, morte le 25 juin 1843. Elle était couturière à Paris avant de s'associer avec Mⁿᵉ Gilbert et avec un jeune garçon boulanger nommé Flammermont. Elle fut emprisonnée pendant plusieurs mois; puis elle ouvrit un cabinet de divination où, pendant 40 ans, elle fut constamment consultée; la cour impériale contribua beaucoup à sa prospérité. Elle fut arrêtée en 1809 pour avoir fait des révélations indiscrètes, et en 1821, pour les allusions désagréables contenues dans *La Sibylle au congrès d'Aix-la-Chapelle*. Ses *Souvenirs de la Belgique* (1822) et ses *Mémoires historiques et secrets de l'impératrice Joséphine* (1829) sont ses écrits les moins mauvais.

LENORMANT (Charles), archéologue français, né à Paris en 1802, mort en 1859. En 1825, il devint inspecteur des beaux-arts; en 1828, il accompagna Champollion le jeune en Egypte, et en 1848 il fut nommé professeur d'égyptologie au collège de France. Ses ouvrages se composent de : *Trésor de numismatique et de glyptique* (5 vol.); *Elite des monuments céramo-graphiques* (4 vol.), *Musée des antiquités égyptiennes*. — Sa femme Amélie, nièce de Mᵐᵉ Récamier, a publié : *Souvenirs et Correspondance tirés des papiers de Mᵐᵉ Récamier* (3ᵉ éd. 1860) et *Mᵐᵉ Récamier, les amis de sa jeunesse* (1872), ouvrages traduits en anglais par Isaphene-M. Luyster (Boston, 1867 et 1875).

LE NÔTRE (André), architecte et dessinateur, né à Paris en 1613, mort en 1700. L'essai qu'il fit de son talent, comme dessinateur de jardins, au château de Vaux, lui fit confier par Louis XIV la direction de tous ses parcs et jardins. On lui doit les parcs de Versailles, de Saint-Cloud, de Meudon; les jardins des Tuileries, de Marly, de Chantilly, la magnifique terrasse de Saint-Germain et le parterre du Tibre à Fontainebleau. Appelé en Angleterre, il y dessina les parcs de Greenwich et de Saint-James.

LENOX, ville du Berkshire (Massachusets, Etats-Unis), sur la rivière Housatonic, à 175 kil. O. de Boston et à 190 kil. N.-E. de New-York; 1,850 hab. Carrières de marbre, minerai de fer et manufactures diverses.

LENS [lanss ou lan] (*Lentium, Lendum*), ch.-l. de cant., arr. et à 19 kil. S.-E. de Béthune (Pas-de-Calais); 9,300 hab. Autrefois place forte. Condé y vainquit les Espagnols en août 1648. Commerce de toiles, de dentelles et d'eaux-de-vie. Mines de charbon dans les environs.

* **LENT**, **LENTE** adj. [lan] (lat. *lentus*). Tardif, qui n'est pas vif dans ses mouvements, dans ses actions, qui n'agit pas avec promptitude: *l'âne est un animal lent et pesant.* — Se dit aussi de certaines facultés et de certaines choses dont l'action ou l'effet manque de promptitude : *avoir un esprit lent, une imagination lente.* — Méd. Fièvre lente, fièvre continue, peu intense et qui suit une marche chronique.

* **LENTE** s. f. (lat. *lens, lendis*). Œuf de pou : *avoir des lentes à la tête, dans les cheveux.*

* **LENTEMENT** adj. Avec lenteur : *marcher, se mouvoir, agir, parler, manger lentement.*

* **LENTEUR** s. f. Manque d'activité et de célérité dans le mouvement et dans l'action : *grande lenteur, lenteur insupportable.* — Se dit, fig., de l'imagination, de l'esprit, comme dans cette phrase, Avoir une grande lenteur

d'imagination, une grande lenteur d'esprit, imaginer, concevoir difficilement et avec peine. — Se dit aussi en parlant de l'action d'une pièce de théâtre, d'un roman : *il y a trop de lenteur dans la marche, dans l'action de cette pièce de théâtre, de ce roman.*

LENTIBULARIÉ, ÉE adj. [lan-] (bas lat. *lentibulum*, petite lentille). Qui ressemble ou qui se rapporte à l'utriculaire ou lentibulaire.

LENTICELLE s. f. Bot. Petite tache brune qui se trouve sur l'écorce des arbres.

LENTICELLÉ, ÉE adj. Bot. Qui présente des lenticelles.

* **LENTICULAIRE** adj. Qui a la forme d'une lentille : *verre lenticulaire.*

* **LENTICULÉ, ÉE**, et **Lentiforme** adj. Voy. Lenticulaire.

* **LENTIFORME** adj. Qui a la forme d'une lentille.

LENTIGINEUX, EUSE adj. Affecté de lentigo.

LENTIGO s. m. Pathol. Taches de rousseur. (Voy. Éphélides.)

* **LENTILLE** s. f. [lan-ti-ieu; ll mll.] (lat. *lens, lentis*; celt. *lentil*). Bot. Genre de papilionacées, tribu des viciées, comprenant plusieurs espèces d'herbes grêles dont la graine petite, plate, ronde, amincie par les bords, et de couleur roussâtre, est ordinairement employée comme aliment : *semer des lentilles.* — Graines de lentille : *des lentilles fricassées; une purée de lentilles.* — Lentille d'eau, ou lentille de marais, plante qui flotte sur les eaux stagnantes, et dont la feuille a la forme d'une lentille. — Encycl. La lentille ou graine

Lentille cultivée (Ervum lens).

de la *lentille cultivée* (*ervum lens*), est employée comme aliment depuis les temps les plus reculés. Son usage est très commun en Europe. La plante est mince et ramifiée, haute de 25 à 35 centim.; elle porte de petites fleurs semblables à celles des pois et auxquelles succèdent des gousses contenant de une à quatre graines rondes, aplaties, biconvexes. La préparation vendue comme aliment pour les enfants sous les noms de revalenta et d'ervalenta arabica se compose de farine de lentilles à laquelle on ajoute du sucre et du sel. Les lentilles sont regardées comme très nourrissantes et comme faciles à digérer. — Les lentilles se plaisent particulièrement dans un sol sec, sablonneux, perméable; on les sème vers la fin de mars, en lignes ou à la volée (150 litres par hectare). Coupées peu après la floraison, elles donnent un bon fourrage, qui peut être consommé en vert ou desséché. — s. f. pl. Taches de rousseur ou *éphélides.* (Voy. ce mot.) — Lentille s. f. Dioptr. Corps solide, transparent, taillé en forme lenticulaire et destiné à réfracter la lu-

mière. Il existe six formes de lentilles. (Voy. nos figures.)

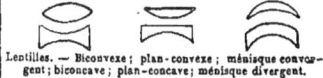
Lentilles. — Biconvexe ; plan-convexe ; ménisque convergent; biconcave; plan-concave; ménisque divergent.

Pour l'action et l'emploi de ces diverses lentilles, voy. Optique. La matière employée pour la construction des lentilles des instruments d'optique est généralement le crown-glass (qui contient très peu de plomb) et le flint glass (qui renferme beaucoup de plomb et possède une grande puissance de réfraction). Les meilleurs spécimens de verres pour les plus grandes lentilles sortent de la manufacture de Chauce de Birmingham (Angleterre). Ces verres sont fabriqués par un procédé inventé par Guinand, opticien suisse; le secret de cette invention n'a jamais été dévoilé. — Horlog. Lentille de pendule, poids de suivre, de forme lenticulaire, qui est attaché à l'extrémité du pendule ou balancier.

LENTILLEUX, EUSE adj. Qui est parsemé de lentilles.

* **LENTISQUE** s. m. Espèce de pistachier que l'on cultive dans le Levant et particulièrement dans l'île de Chio, pour en tirer la résine connue sous le nom de Mastic ou de Manne du Liban.

LENTULUS, nom d'une famille patricienne de l'ancienne Rome dont le membre le plus illustre fut Publius Lentulus Sura; successivement questeur, édile curule, préteur et consul, il se jeta dans la conspiration de Catilina. Ayant essayé d'entraîner dans sa conjuration les députés des Allobroges, il fut dénoncé au Sénat par Cicéron qui le fit arrêter et étrangler dans la prison Capitoline (63 av. J.-C.)

LÉOBEN [lé-o-bènn], ville de Styrie, sur la Mur, à 15 kil. O.-S.-O. de Bruck; 3,090 hab. Elle est célèbre par son école des mines. Les préliminaires d'un traité entre la République française et l'Autriche y furent conclus le 18 avril 1797 et furent suivis de la paix de Campo-Formio. (Voy. ce mot.)

LEOBSCHÜTZ [lé-op-chutss], ville de la Silésie prussienne, capitale de la principauté médiatisée de Jaegerndorf, qui appartient au prince de Liechtenstein, à 50 kil. S. d'Oppeln; 11,425 hab.

LÉOCHARÈS [lé-o-ka-rèss], sculpteur athénien, né vers 350 av. J.-C. Il fut l'un des artistes employés par Artémise de Carie à l'érection du tombeau de son mari Mausole. Son chef-d'œuvre était sa statue de bronze, l'*Enlèvement de Ganymède par l'oiseau de Jupiter*, dont la meilleure copie existante se trouve à Rome. Sa statue de *Zeus Ceraunius* était aussi très célèbre.

LÉODAMAS. I. Fils d'Etéocle; il fut un des sept capitaines qui défendirent Thèbes, assiégée par les Argiens. — II. Célèbre orateur athénien qui vivait dans la première moitié du IVᵉ siècle av. J.-C.

LÉOGANE, ville de l'île de Haïti, à 26 kil. O. de Port-au-Prince; autrefois importante, mais bien déchue depuis que Dessalines la détruisit presque entièrement.

LEOMINSTER [lèmm'-inn-steur], ville du Massachusets (Etats-Unis), sur la rivière Nashua, à 70 kil. O.-N.-O. de Boston; 5,200 hab. Manufactures diverses.

LEOMINSTER [lèmm-steur], bourg d'Angleterre, à 20 kil. N.-N.-O. d'Hereford; 5,800 hab. Manufactures de peaux, de gants et de chapeaux.

LÉON (lat. *leo*, lion). Nom d'un grand nombre de personnages célèbres.

Papes

LÉON I. (Saint), surnommé LE GRAND, né vers 390, mort en 461. Il fut employé par plusieurs papes dans des missions très importantes, et, en 440, il fut unanimement choisi comme successeur de Sixte III. Ses premiers actes comme pape furent de rétablir l'harmonie et la discipline parmi les Églises d'Afrique, de la Gaule et de l'Italie. Eutychès, condamné comme hérétique à Constantinople (448), fit un appel à Léon et fut alors soutenu par l'empereur Théodose II, ce qui amena la convocation, à Éphèse (449), du concile connu sous le nom de *brigandage d'Éphèse* dans lequel Léon fut excommunié. Ces procédés violents furent annulés par le concile général de Chalcédoine (451) que présidèrent les légats de Léon. En 452, le pape amena Attila à accepter une rançon pécuniaire des Romains et à se retirer au delà du Danube. Après que Rome eut été pillée par Genséric en 455, Léon se consacra au rachat des captifs et à soulager la détresse publique. Outre une grande collection de *Sermons*, il reste 173 lettres de saint Léon traitant de matières ecclésiastiques et adressées à des souverains contemporains, à des évêques et aux conciles. Ses ouvrages ont été souvent publiés. Fête le 11 avril à Rome, le 10 nov. à Paris. — II. (Saint), mort en 684. Il succéda à Agathon en 682; il reste peu de choses de lui. Fête le 28 juin. — III. Né en 750, mort en 816. Il s'était déjà rendu célèbre par sa science et son éloquence, quand il fut appelé à succéder à Adrien Ier (25 déc. 795). Le 25 avril 799, Léon fut attaqué par une bande armée que conduisaient deux prêtres, Paschal et Campolo, neveux d'Adrien Ier; ils essayèrent de lui crever les yeux et de lui couper la langue et l'emprisonnèrent dans un couvent voisin. Ayant été délivré par ses sujets, il se rendit à Paderborn où Charlemagne le reçut avec honneur et lui donna une escorte pour retourner à Rome. Le jour de Noël, 800, Léon couronna Charlemagne empereur d'Occident. Il existe 43 lettres de ce pontife. — IV. (Saint), né vers 800, mort le 17 juillet 855. Il fut élu pape à l'unanimité le 30 janv. 847. L'empereur l'aida à entourer le Vatican de fortifications. (Voy. CITÉ LÉONINE.) En 849, pendant que l'on travaillait encore aux fortifications, les Sarrasins débarquèrent en grand nombre à Ostie. Par l'énergie du pape et à la faveur d'un orage terrible, les envahisseurs furent complètement mis en déroute. La ville de Porto fut aussi rebâtie par Léon comme point de défense en 852. Le 2 déc. 853, il tint à Rome un concile de 67 évêques. Fête le 17 juillet. — V. Il était moine bénédictin quand il fut élu pape; mort en 904. — VI. Romain de naissance, il succéda à Jean X en 928 et mourut l'année suivante. — VII. Mort en 939. Élu pape en 936, il s'était déclaré opposé au mariage des prêtres. — VIII. Il fut élu pape en 963, par l'autorité de l'empereur Othon le Grand et du vivant même de Jean XII (voy. ce nom); il est regardé comme intrus. — IX. (Saint), né en 1002, mort en 1054. C'est pendant son pontificat que s'opéra la séparation définitive de l'Église grecque qui avait à sa tête Michel Cérulaire. Fête le 19 avril. — X. (Giovanni de Medici), né en 1475, mort le 1er déc. 1521. Il était le second fils de Laurent le Magnifique et fut destiné à l'Église dès sa naissance; avant sa huitième année, il fut déjà appelé à de hautes dignités et à l'âge de 13 ans, il fut créé cardinal par Innocent VIII. Laurent ne négligea rien pour rendre son fils digne du rang qu'il occupait dans l'Église. Léon habita Florence en 1492, en qualité de légat du saint-siège. En 1494, il fut chassé avec ses frères par les citoyens; il visita alors l'Allemagne, les Pays-Bas, la France. Il revint à Rome en 1503 et, après l'avènement de Jules II, il fut employé aux affaires les plus

importantes. Il fut élu à la papauté le 11 mars 1513. Louis XII de France, qui avait été excommunié et dont le royaume avait été placé en interdit par Jules II, avait signé un traité avec les Vénitiens, qui s'engageaient, par ce traité, de l'aider à s'emparer de Milan. Le nouveau pape forma de suite un contre-traité avec Henri VIII d'Angleterre, l'empereur Maximilien, Ferdinand d'Aragon et les cantons suisses, alliance qui eut pour résultat la défaite des Français à Novare (6 juin 1513); Louis XII se réconcilia alors avec le pape. Léon reconstruisit l'université de Rome, fonda, sur le mont Esquilin, l'institut grec établit une presse pour l'impression du grec, et encouragea, en même temps, la culture de toutes les langues orientales. Il ouvrit de nouveau le cinquième concile général de Latran (27 avril 1513). Afin d'unir plus étroitement à sa personne le collège des cardinaux, Léon créa 31 nouveaux cardinaux, dont la plupart étaient Florentins. La victoire de François Ier à Marignan (13 sept. 1515) fut suivie d'un traité avec le pape qui abandonna au roi de France Parme et Plaisance; Bologne fut annexée aux États pontificaux et l'autorité des Médicis fut établie de nouveau à Florence. Le concile de Latran fut clos avec une grande solennité en 1517 et une bulle fut lancée demandant à tous les princes chrétiens de former une ligue contre les Turcs. On activa les travaux de l'église de Saint-Pierre et on offrit des indulgences à tous ceux qui contribueraient par un don en argent à sa construction, ce qui amena en Allemagne la querelle entre Luther et les dominicains et ce qui conduisit graduellement à la réforme. Luther, appelé à Rome en 1548, refusa de comparaître et en appela du pape à un concile général. Léon, en même temps, s'efforçait d'unir les souverains d'Europe contre les Turcs; mais il ne peut effectuer qu'une ligue défensive entre l'Angleterre, la France et l'Espagne. Le 15 juin 1520, Léon lança une bulle condamnant les écrits de Luther comme hérétiques. Luther brûla publiquement cette bulle à Wittemberg le 10 déc. En 1521, il condamna le système espagnol de réduire les Indiens d'Amérique en esclavage. Le 28 juin 1519, Charles d'Espagne avait été élu empereur sous le nom de Charles-Quint; François Ier, son rival, se décida à la guerre. Il paraît certain que Léon résolut dans cette conjoncture d'exécuter le projet qu'avait formé Jules II, de chasser d'Italie les Français et les Espagnols, en profitant des dissensions des deux monarques. Il leva un corps de 6,000 Suisses auxiliaires et pendant qu'il négociait avec François Ier, Pérouse fut annexée par force aux États du pape et une tentative fut faite sur Ferrare. François, devinant les desseins réels du pape, rompit les négociations, et Léon réunit ouvertement ses troupes à celles de l'empereur. Après une série de succès, les armées alliées entrèrent à Milan le 19 nov. 1521; Parme et Plaisance furent ensuite occupées. Au milieu des réjouissances qu'occasionnèrent ces événements, Léon mourut tout à coup. On l'a accusé de manquer de bonne foi politique, d'avoir souvent fait preuve d'une trop exagérée pour sa famille, etc. Il mérita, par son amour pour les lettres et les arts, l'honneur de donner son nom à son siècle; Raphaël et Michel-Ange, sous la haute protection du pape, produisirent leurs chefs-d'œuvre; Jules Romain, Léonard de Vinci, le Titien, André del Sarto et le Corrège brillèrent sous son règne. L'histoire de Léon X a été écrite en latin par Fabroni (Pise, 1797) et en français; par Audin (Paris, 1850, 2 vol. in-48). — « Assis pendant neuf ans à peine sur le trône pontifical, Léon X a doté tout un siècle de la gloire de ses œuvres et de son nom. Chalcondyle, Ange Politien sont ses premiers maîtres, et l'élève, doué des plus rares dispositions,

fait des progrès surprenants, surtout dans l'étude des philosophes anciens. Il cultive avec un égal succès les sciences et les arts... On comprend toute l'influence qu'il dut exercer sur des esprits déjà préparés, le prodigieux développement des sciences, des arts et des lettres pendant la courte durée de son pontificat... A sa voix, Jean Lascaris et Marc Musure viennent à Rome pour y répandre la connaissance de la langue grecque; un collège de jeunes Grecs est fondé; une imprimerie est établie dans le palais du saint-père au Monte-Cavallo, pour multiplier les auteurs grecs... Aug. Archimbold apporte du fond de la Westphalie un manuscrit des cinq premiers Livres des annales de Tacite, que le protecteur des lettres ne croit pas payer trop cher au prix de 500 sequins, en faveur des études latines. » (Crapelet.) — XI. (Alexandre de Médicis), mort en 1605, ne fut pape que 26 jours. — XII. (Annibal della Genga), né en 1760, mort en 1829. Successeur de Pie VII, le 28 sept. 1823, il gouverna l'Église avec une fermeté qui lui suscita des querelles en France et en Autriche; il s'efforça de supprimer le brigandage et la mendicité dans ses États. En annonçant un jubilé pour 1825, il envoya aux nations chrétiennes une circulaire où il dénonçait les sociétés secrètes et les sociétés bibliques.

Empereurs d'Orient

LÉON I. (Flavien), surnommé LE THRACE ou LE GRAND, empereur d'Orient, né vers 400 ap. J.-C., mort en 474. A la mort de Marcien, en 457, il était tribun militaire; il fut proclamé empereur par les soldats et confirmé par le Sénat. Il appliqua les mesures de ses prédécesseurs contre les Eutychéens. En 466, il battit les Huns. En 468, il prépara avec Anthemius, empereur d'Occident, contre Genséric, roi des Vandales en Afrique, une immense expédition qui échoua. Les Goths envahirent la Thrace et menacèrent Constantinople pendant deux ans. — II. (le Jeune), mort vers 474; il était petit-fils du précédent et lui succéda à peine âgé de 4 ans. Il ne vécut que peu de temps. — III. (Flavien), L'ISAURIEN, né vers 660, mort en 741. Sous Anastase II, il fut commandant en chef des troupes en Asie et quand, en 716, Théodose III s'empara de la couronne, Léon le déclara usurpateur et se rendit lui-même maître de l'empire. Le siège de Constantinople par Omar II, dura deux ans. La flotte arabe fut mise en déroute dans deux engagements et consumée en partie par le feu grégeois; quelques navires seulement regagnèrent les ports de Syrie. En 726, Léon promulgua un édit pour enlever les images de toutes les églises de l'empire, et il fit ainsi naître le parti des iconoclastes et une lutte qui dura près de 120 ans. Les dernières années de son règne furent remplies par des guerres avec les Sarrasins. — IV. (le Kazare), mort en 780. Il succéda à son père Constantin Copronyme, en 775, épousa la célèbre Irène et mourut au moment où il allait recommencer la persécution contre les partisans du culte des images. — V. (Flavien), surnommé L'ARMÉNIEN; il régna de 813 à 820. Il était commandant des troupes en Asie sous Michel I. En 813, Léon et l'empereur conduisirent une expédition contre les Bulgares et ils furent battus près d'Andrinople. Michel retourna à Constantinople. L'armée, mécontente, proclama Léon empereur et Michel se retira dans un couvent. Les Bulgares subirent alors une terrible défaite à Mésambria en 814. En 815, Léon chercha à rétablir l'unité et les humilia 'à un tel point qu'ils restèrent tranquilles pendant 74 ans. Il protégea les iconoclastes, et sa sévérité contre les partisans des images lui suscita de nombreux ennemis. Il fut assassiné dans sa chapelle par des conspirateurs du parti de Michel le Bègue, son successeur et autrefois son favori, qui avait été condamné à mort pour trahison. — VI. (Flavien), surnommé LE PHILOSOPHE, né vers 865, empereur en 886, mort en 911. Il fut associé à son père Basile Iᵉʳ, deux ans avant de lui succéder. En 904, les Sarrasins prirent et pillèrent Thessalonique. En 911, ils battirent la flotte grecque près de Samos. Léon détruisit les derniers restes de l'autorité du sénat. Les principaux écrits qui lui sont attribués sont 33 oraisons, principalement sur des sujets théologiques, un traité important sur la tactique militaire et un ouvrage sur les *Oracles*.

LÉON l'Africain (originairement AL-HASSAN IBN MOHAMMED), voyageur maure, né vers 1485, mort vers 1526. Dans sa jeunesse, il habita quatre ans Tombouctou; il explora ensuite l'intérieur de l'Afrique, visita Tombouctou une seconde fois, se rendit à 600 kil. au S. de cette ville jusqu'à Gago, d'où il traversa le Bornou et la Nubie; il visita l'Égypte, la Turquie, la Perse et d'autres contrées orientales. Il fut pris par des corsaires chrétiens et emmené à Rome en 1517. Depuis cette époque, il habita principalement Rome, où il embrassa le christianisme et fut nommé professeur d'arabe. Il écrivit sa célèbre description de l'Afrique, composée en arabe et publiée en italien après sa mort. La meilleure version latine est celle des Elzevirs (1632); trad. franç. dans le *Recueil des voyages*, de Temporal (Anvers, 1556).

LÉON le Grammairien, historien byzantin du XIᵉ siècle; il a laissé sous le titre de *Chronographie* l'histoire des empereurs d'Orient de 813 à 949. Ce livre a été traduit en français par le président Cousin.

LÉON. I. Ancien royaume d'Espagne, divisé aujourd'hui entre les provinces de Léon, de Zamora et de Salamanque, borné par le Portugal; 40,422 kil. carr.; 881,940 hab. Principaux cours d'eau : le Douro et ses tributaires. Le climat est doux au printemps, chaud en été et excessivement froid en hiver. Le royaume de Léon formait anciennement une partie de la province romaine d'Hispania Tarraconensis. Il devint royaume en 913 et fut uni à la Vieille-Castille au XIᵉ siècle, et, après une courte séparation, réuni au XIIIᵉ siècle (Voy. ESPAGNE.) — II. Province de l'Espagne septentrionale; 15,977 kil. carr.; 350,090 hab. Les parties du N.-O. sont montagneuses, mais l'E. s'étendent de vastes plaines ondulées, propres à l'agriculture. On trouve dans les montagnes du fer, du plomb, de l'antimoine, du charbon et du marbre; le fer seul est exploité. Les villes principales sont Léon (la capitale), Astorga et Almansa. — III. Capitale de la province ci-dessus au confluent du Torio et de la Bernesga, à 270 kil. N.-N.-O. de Madrid, environ 10,000 hab. Elle est bâtie sur la pente d'une colline, et est entourée d'un mur octogone avec onze portes. Manufactures de toile, de cuir, de chapeaux et de poterie. Léon fut fondée par les Romains qui l'appelaient *Legio*, des sept légions qu'y tenaient garnison au temps d'Auguste.

LÉON, ville du Guanajuato (Mexique), sur le Rio Torbio, à 150 kil. N.-O. de Mexico; environ 100,000 hab. Elle se trouve dans une vallée fertile, à environ 1,500 m. au-dessus du niveau de la mer; elle est généralement bien bâtie. C'est l'une des villes les plus florissantes et les plus commerçantes du Mexique. Tanneries importantes. Léon fut fondée en 1576; mais son importance commerciale ne date que de 1855.

LÉON, ville du Nicaragua, capitale du département du même nom; à 85 kil. N.-O. de Managua; environ 25,000 hab. Elle renferme de nombreux édifices publics; sources d'eaux thermales et minérales. Manufactures peu importantes.

LÉON (Pays de) (*Leonensis pagus*). Partie de la Bretagne ancienne comprenant le territoire de Saint-Pol-de-Léon.

LÉON (Isla de). Voy. CADIX.

LÉON (Ponce de). Voy. PONCE DE LÉON.

LÉONAIS, AISE s. et adj. Habitant de la ville ou du pays de Léon.

LÉON (Saint-), ch.-l. de cant., arr. et à 92 kil. E. de Limoges (Haute-Vienne); 3,400 hab. Lainages, porcelaines, papeteries et tanneries. Patrie de Gay-Lussac.

LÉONARD, surnommé LIMOUSIN, peintre émailleur, né à Limoges en 1480, mort en 1550. Parmi les œuvres qui lui ont survécu, on cite les quatre médaillons du tombeau de Diane de Poitiers et les portraits de François de Guise, de Henri II et du connétable de Montmorency, conservés au Louvre.

LEONARDO DA PISA ou **Leonardo Bonacci** [bo-nât-chi] ou BONACCIO [bo-nât'-cho], mathématicien italien, né vers 1170. On l'appelait aussi FIBONACCI, abréviation de *filius Bonacci*. Bien que le système arabe d'arithmétique fût connu en Europe avant le temps de Bonacci, il augmenta beaucoup cette connaissance, et d'après quelques-uns il est le premier qui introduisit l'algèbre en Europe. Son ouvrage principal est le *Liber Abaci*. Il est aussi l'auteur d'ouvrages sur l'analyse diophantine et sur la géométrie. Une magnifique édition du *Liber Abaci* fut publiée à Rome en 1857.

LEONARDO DA VINCI. Voy. VINCI.

LÉONCE, empereur byzantin, mort en 705. Après avoir détrôné et fait exiler Justinien II, il fut à son tour renversé par un usurpateur, Absimarus, qui fit enfermer Léonce dans un monastère après lui avoir fait couper le nez. Sept ans après, Justinien, qui avait repris le pouvoir, le fit mettre à mort.

LEONHARD (Karl-Cæsar von), géologue allemand, né en 1779, mort en 1862. Après avoir occupé des emplois importants dans la principauté de Hanau, il devint, en 1818, professeur de minéralogie et de géologie à Heidelberg. De 1830 à 1858, il publia, en collaboration avec Bronn le *Jahrbuch für Mineralogie, Geognosie, Geologie und Petrefactenkunde*.

LÉONIDAS, roi de Sparte, fils du roi Anaxandride; il succéda à son demi-frère Cléomène en 491 av. J.-C. En 480, il conduisit les Spartiates aux Thermopyles où il tomba héroïquement avec sa troupe. (Voy. THERMOPYLES).

* LÉONIN, INE adj. (lat. *leoninus*). Qui appartient au lion, qui est propre au lion. Il est principal. usité dans cette locution, SOCIÉTÉ LÉONINE, où tous les avantages sont pour un ou pour quelques-uns des associés au détriment des autres. On dit dans le même sens, UNE MAXIME LÉONINE.—Législ. « On donne le nom de *contrat léonin* à toute convention aux termes de laquelle l'une des parties doit supporter, dans les pertes, une proportion plus élevée que celle des bénéfices dont elle est appelée à profiter. Le législateur a souvent considéré une telle convention comme une duperie; et il l'a déclarée nulle, notamment lorsqu'il s'agit des conditions de la communauté établie conventionnellement entre époux par le contrat de mariage (C. civ. 1521); lorsqu'il s'agit d'un bail à cheptel simple (id. 1811); et lorsque, dans un acte de société, on a stipulé que l'un des associés aurait la totalité des bénéfices, tout son apport serait affranchi de toute contribution aux pertes (id. 1855). » (CH. Y.)

* LÉONIN, INE adj. Se dit de certains vers latins dont les deux hémistiches riment ensemble :

Sensibus erratis ad solem ne sedeatis;
Mingere cum bumbis, res est saluberrima lumbis.

Les vers *léonins* sont ainsi nommés parce que l'on attribue leur invention au chanoine Léonincus, qui vivait au milieu du XIIᵉ siècle; d'autres prétendent que les premiers vers léonins sont dus au pape Léon II. — On donne aussi le nom de *vers léonins* à ceux qui sont entremêlés de français et de latin; telle est la chanson des vacances si connue dans nos collèges.

Vivent les vacances
Denique tandem,
Car les pénitences
Habebunt finem, etc.

Ou ce quatrain que l'on trouve si souvent sur la première page des livres de nos écoliers :

Aspice Pierrot pendu
Qui librum n'a pas rendu,
Si librum reddidisset
Pierrot pendu non fuisset.

On cite aussi le couplet suivant de Panard :

Bacchus, cher Grégoire,
Nobis imperat (nous commande);
Chantons tous sa gloire,
Et quisque bibat (et que chacun boive),
Hâtons-nous de faire
Quod desideras (ce qu'il désire);
Il aime son frère
Qui sæpe bibat (qui boive souvent).

LÉONINE (Cité) (*Città Leonina et Borgo*), nom donné à la partie de Rome qui comprend la basilique et le palais du Vatican, le château Saint-Ange, l'hôpital du Saint-Esprit, et le faubourg environnant. C'est le quartier que Léon IV (847-'55) entoura d'une muraille afin de protéger les églises et les établissements religieux contre les attaques des Sarrasins qui, au temps de son prédécesseur, avaient remonté le Tibre et pillé les basiliques de Saint-Pierre et de Saint-Paul. La possession de la cité Léonine fut conservée au pape, lors de l'entrée des troupes italiennes à Rome (20 sept. 1870.)

* LÉONURUS ou **Léonure** s. m. (gr. *léon*, lion; *oura*, queue). Bot. Plante de la famille des labiées. (Voy. QUEUE-DE-LION.)

* LÉOPARD s. m. (lat. *leopardus*; de *leo*, lion; *pardus*, panthère). Mamm. Quadrupède carnassier du genre chat, qui a la peau tavelée, tachetée, marquetée : *le léopard est un animal fort vif.* — Fig. et poét. Les LÉOPARDS ou le LÉOPARD d'Angleterre, par allusion aux léopards qui figurent dans ses armoiries. —

Felis leopardus.

ENCYCL. Le *léopard* (*felis leopardus*, Linn.), est un carnassier de l'Afrique et de l'Inde, souvent confondu avec la panthère africaine (*felis pardus*, Linn.) mais plus petit que celle-ci, d'un jaune plus pâle et avec des rangées plus nombreuses de taches. Il est très gracieux, mince et actif; son corps mesure environ 1 m. 15 de longueur; la queue 40 centim.; sa hauteur est de 65 centim.; le fond de sa fourrure est d'un jaune fauve, blanchâtre en dessous; les côtés et le dos sont marqués de nombreux cercles formés de deux à cinq taverns noires. Il habite les forêts épaisses, où il fait sa proie des antilopes, des daims et d'autres animaux tels que moutons, lièvres, poules... L'espèce africaine se nomme GUÉPARD. (Voy. ce mot.)

LÉOPARDÉ, ÉE adj. Dont la peau est tachetée comme celle du léopard. — Blas. Se dit du lion, quand il semble marcher : *lion léopardé.*

LEOPARDI (Giacomo, COMTE), poète italien, né en 1798, mort en 1837. A l'âge de 16 ans, il écrivit un commentaire sur la *Vie de Plotinus*, de Porphyre, et vers la même époque une dissertation sur la vie et les écrits des principaux rhéteurs du 11ᵉ siècle. A l'âge de 20 ans, il se rendit célèbre dans toute l'Italie par l'éloquence et l'énergie de ses accents patriotiques. Leopardi a mérité d'être placé au nombre des plus éminents critiques de l'Italie moderne. Parmi ses poèmes, *Il sabato dell villagio* et *La sera del di difesta* sont remarquables par leur style magnifique; son ode *A l'Italie* est la plus connue. — Sa biographie a été écrite par Bouché-Leclerc (1874) et par Baragiola (1877).

LEOPOL. Voy. LEMBERG.

LÉOPOLD s. m. Numism. Monnaie d'or et d'argent frappée pour l'empereur Léopold après le traité de Ryswick. Le léopold d'or valait un louis de France et le léopold d'argent équivalait à l'écu.

LÉOPOLD Iᵉʳ, empereur d'Allemagne, né le 9 juin 1640, mort le 5 mai 1705. Quatrième fils de Ferdinand III, il était destiné à l'Eglise, mais la mort de ses frères le rendit héritier du trône. Avant le décès de son père, en 1657, il avait été couronné roi de Hongrie, mais les Turcs occupaient une grande partie de cette contrée. La victoire de Montecuculli sur les Turcs à Saint-Gothard sur la Raab (1ᵉʳ août 1664) fut suivie d'une paix regardée comme honteuse, ce qui, joint à un grand nombre d'autres griefs, amena une conspiration, dont es chefs furent exécutés à Neustadt, près de Vienne, en 1671. Bientôt éclata la grande insurrection hongroise, sous Tœkœlyi, et, en 1683, eut lieu l'invasion de l'Autriche par les Turcs que commandait Kara Mustapha. Léopold s'échappa de Vienne; mais la grande victoire de Sobieski sauva sa capitale et son trône. L'œuvre de délivrance fut complétée par la paix de Carlovitz (1699). Deux guerres avec la France furent terminées par les traités de Nimègue (1678) et de Ryswick (1697); Léopold légua à son fils aîné et successeur Joseph Iᵉʳ la guerre de la succession d'Espagne et la grande insurrection hongroise dirigée par François Rakoczy. La maison de Hapsbourg s'affermit sous le règne de Léopold, qui hérita des droits de la branche tyrolienne de la famille de Hapsbourg

LÉOPOLD II, empereur d'Allemagne, né en 1747, mort en 1792. Il était fils de François Iᵉʳ et de Marie-Thérèse; en 1765, il succéda à son père sur le trône de Toscane. Doux, humain, et très instruit, mais très dissolu, il gouverna habilement son grand-duché. A la mort de son frère, Joseph II, en 1790, il appela au gouvernement des possessions autrichiennes. Les violentes réformes et l'ambition de Joseph avaient soulevé le mécontentement de ses sujets et avaient fait naître de complications avec les puissances étrangères. Léopold s'empressa d'entrer en arrangement avec Frédéric-Guillaume II; il fut unanimement élu empereur d'Allemagne; il pacifia la Hongrie, rendit aux Belges leurs anciens privilèges, donna la Toscane à son fils Ferdinand, conclut une paix avec la Turquie (4 août 1791), prit des mesures pour faire face au progrès de la Révolution française et conclut une alliance avec la Prusse (février 1792); mais il mourut subitement de la dysenterie. Son fils aîné, François, lui succéda.

LÉOPOLD Iᵉʳ (Georges-Chrétien-Frédéric), roi des Belges, né à Cobourg le 16 déc. 1790, mort au château de Læken le 10 déc. 1865. Fils du duc François de Saxe-Cobourg-Saalfeld,

il reçut une brillante éducation, entra au service militaire de la Russie et, en 1808, se trouvait aux côtés de l'empereur Alexandre Iᵉʳ, à Erfurt, en qualité de général; mais il fut forcé, par l'influence de Napoléon, de quitter l'armée russe en 1810. En février 1813, il rejoignit Alexandre et prit part aux batailles de Lützen, de Bautzen et de Leipzig. En 1816, il épousa la princesse Charlotte d'Angleterre; après la mort de celle-ci en 1817, il habita Londres. En 1830, il refusa la couronne de Grèce. En juin 1831, il fut élu roi des Belges et monta sur le trône le 21 juillet. En 1832, il épousa la fille de Louis-Philippe, la princesse Louise, qui mourut en 1850. C'était un des hommes les plus riches de l'Europe. Il montra beaucoup d'habileté dans l'accomplissement de ses devoirs de roi constitutionnel, soit dans les affaires intérieures, soit dans les affaires étrangères. Ses relations avec la cour d'Angleterre furent particulièrement intimes. (Voy. BELGIQUE.)

LÉOPOLD II, grand-duc de Toscane et archiduc d'Autriche, né en 1797, mort en 1870. Fils du grand-duc Ferdinand III, il lui succéda en 1824, devint le plus libéral des souverains de l'Italie, donna une constitution à son duché en 1847 et se joignit même à la guerre contre l'Autriche en 1848, mais il ne contenta pas entièrement les Toscans. Il se sauva à Naples en février 1849, et retourna à Florence en juillet sur la demande de ses sujets, mais non avant l'arrivée des troupes autrichiennes. Malgré ses dispositions tolérantes et sa sympathie pour les lettres et les arts, son règne devint odieux. Il refusa de soutenir la cause de l'Italie en 1859, et abdiqua en vain en faveur de son fils Ferdinand IV. Ses Etats furent annexés à ceux de Victor-Emmanuel le 22 mars 1860. Il passa le reste de sa vie principalement dans son château de Brandeis en Bohême.

LÉOPOLD Iᵉʳ, prince d'Anhalt-Dessau, général allemand né en 1676, mort en 1747. En qualité de commandant d'un régiment prussien, il participa à la prise de Namur par Guillaume III d'Orange (1695) et il fut nommé major général. En 1698, il prit les rênes de sa principauté et, bientôt après, il épousa la fille d'un droguiste. Il se rendit cher au peuple, malgré sa rudesse et ses dispositions despotiques, mais il était très exigeant envers les riches. Son génie militaire se manifesta dans plusieurs batailles en 1702 et particulièrement le 20 sept. 1703 (lors de sa retraite à Hœchstædt) et à la bataille de Blenheim le 3 août 1704. En 1705-'07 il gagna de nouveaux lauriers sous le prince Eugène. En 1709, il était à la bataille de Malplaquet. Peu après il fut nommé commandant des troupes auxiliaires prussiennes et en 1711 il aida Marlborough devant Arras. En 1712, il devint général feld-maréchal et conseiller privé du roi. Après la mort de Frédéric Iᵉʳ (1713), son influence augmenta sous le nouveau roi Frédéric-Guillaume Iᵉʳ. Il inventa la baguette de fusil en fer et le pas cadencé; Carlyle le considère comme l'inventeur de la tactique militaire moderne qui fit de l'infanterie prussienne la première infanterie du monde. En 1745, il commandait une armée considérable et termina la lutte en chassant Charles XII de Stralsund (15 déc.) Dans l'hiver de 1744-'45, successeur de Frédéric à la tête de l'armée silésienne, il battit les Autrichiens à Neustadt et près de Jœgerndorf, de qui ne repoussa de la Silésie. En mars, il se tourna contre la Saxe et termina la guerre par la bataille décisive de Kesselsdorf (15 déc. 1745). — Son fils et successeur Léopold II Maximilien, mourut en 1751, et ses autres fils Moritz et Dietrich moururent l'un en 1760 et l'autre en 1769.

LÉOSTHÈNE, général athénien, qui commanda les forces confédérées grecques dans

la guerre lamiaque (323 av. J.-C). A la mort d'Alexandre, les Athéniens résolurent de faire un effort pour chasser les Macédoniens de la Grèce, et Léosthène fut désigné pour diriger les opérations militaires. Il battit Antipater près des Thermopyles, mais il fut blessé mortellement devant Lamia.

LÉOTADE (Louis, BONAFOUS, *frère*), économe au pensionnat Saint-Joseph, à Toulouse, né en 1812 mort en 1850. En 1847, il fut accusé d'attentat à la pudeur et d'homicide volontaire sur la personne d'une jeune fille; traduit en cour d'assises, il fut, après des débats qui eurent un grand retentissement, condamné aux travaux forcés à perpétuité.

LÉOVIGILDE ou **Leuvigilde**, roi des Visigoths d'Espagne, mort en 586. Appelé au trône en 569, il reprit aux Grecs Cordoue, soumit les Vasques, détruisit les Suèves à Braga et conquit la Galice; il avait Tolède pour capitale.

LÉPADOGASTRE s. m. (gr. *lépas*, patelle; *gaster*, ventre). Icht. Genre de poissons malacoptérygiens, de la famille des discoboles, comprenant plusieurs espèces qui vivent dans les mers d'Europe.

LEPAGE (Marie-Anne). Voy. DU BOCCAGE.

LÉPANTE (anc. *Naupactus*; grec mod. *Epacto*). I. Ville de Grèce, en Acarnanie, sur la côte N. du golfe du même nom, à 20 kil. N.-E. de Patras; environ 3,000 hab. Elle est bâtie sur une colline commandée par un château. C'était anciennement une ville très forte des Locriens Ozoliens. Les Athéniens l'occupèrent après des guerres de Perse. Philippe de Macédoine la donna aux Etoliens, mais les Romains la rendirent aux Locriens. Au moyen âge, elle fut occupée par les Vénitiens qui y soutinrent, en 1477, un siège de quatre mois contre les Turcs qui se retirèrent avec une perte de 30,000 hommes. Elle fut cédée aux Turcs en 1697. — II. (Golfe de), appelé aussi golfe de Corinthe, entre la côte N. de la Morée et du Péloponèse et le continent de la Grèce; environ 115 kil. de long. de l'E. à l'O. A son extrémité O. est le golfe de Patras qui est relié avec lui par un détroit d'un peu plus de 2 kil. de large, appelé le détroit de Lépante et quelquefois Petites Dardanelles. Il est célèbre par la grande bataille navale, qui y fut livrée le 7 oct. 1574, lors de la guerre engagée contre le sultan turc Sélim II, par Philippe II d'Espagne, le pape Pie V et les républiques de Venise et de Gênes. La flotte chrétienne, sous le commandement de don Juan d'Autriche, se composait de 300 navires portant 79,000 hommes; et la flotte turque de 250 galères et d'un grand nombre de vaisseaux plus petits, portant 120,000 hommes. Après une action de quatre heures, les Turcs, longtemps défaits, perdirent 200 navires, 25,000 hommes tués, et 5,000 prisonniers. Plus de 12,000 captifs chrétiens, enchaînés aux bancs des galères turques, furent mis en liberté. La perte des alliés fut de 7,600 hommes. La décadence de la puissance turque date de cette bataille.

LÉPAS s. m. Hist. nat. Coquillage univalve. Voy. PATELLE.

LEPAUTE (Jean-André), horloger français, né à Thonne-la-Longue, près de Montmédy, en 1709, mort à Saint-Cloud en 1789. On lui doit la plupart des horloges qui décorent les édifices publics de Paris. En 1753, il construisit, pour le palais du Luxembourg, la première horloge horizontale qu'on eût vue dans la capitale; il devint l'intime ami de l'astronome Lalande. On lui doit un *Traité d'horlogerie* (Paris, 1755, in-4°). Son frère Jean-Baptiste a construit l'horloge de l'hôtel de ville de Paris et son neveu Pierre-Basile celles des Tuileries et du Palais-Royal.

LEPAUTE (Nicole-Reine-Etable DE LABRIÈRE,

dame), mathematicienne française, née à Paris en 1723, morte en 1788. Elle épousa, en 1748, Jean-André Lepaute et elle écrivit la plus grande partie de son *Traité d'horlogerie* (1755). En 1757, elle aida Clairaut et Lalande à calculer l'attraction de Jupiter et de Saturne sur la comète prédite par Halley. Elle collabora à *la Connaissance des temps*, annuaire astronomique de l'Académie des sciences, (1754-'59) et écrivit *Exposition du calcul astronomique*.

LEPAUTRE. I. (Antoine), architecte français, né en 1614, mort en 1690. Il a construit les ailes du palais de Saint-Cloud et dessiné la cascade; il a laissé *Œuvres d'architecture* (1652); un choix de ses plus belles compositions a été imprimé (Paris, 1851, 1 vol. in-8°). — II. (Pierre), fils du précédent, né en 1639, mort en 1744. On a de lui *Enée et Anchise*, aux Tuileries, et *Arric et Pœtus*, à la Chambre des députés.

LE PAYS (René), sieur du Plessis-Villeneuve, né en 1626, mort en 1690. Il doit sa célébrité comme poète aux épigrammes que lui a lancées Boileau; il avait d'ailleurs le bon esprit de ne point s'en fâcher. On a de lui : *Amitiés, Amours et Amourettes* (Grenoble, 1664), *Zélotide, Histoire galante* (Paris, 1665), etc.

L'ÉPÉE (C.-M., ABBÉ DE) Voy. EPÉE.

LE PELETIER (Pierre), poète français, mort en 1680. Il n'eût jamais passé à la postérité si Boileau, dans quelques-unes de ses satires n'avait eu soin de révéler son existence :

Et j'ai tout Peletier
Roulé dans mon office en cornets de papier.

Satire III.

Sa naïveté allait jusqu'à prendre pour de sérieux éloges les pointes acérées que lui décochait l'auteur du *Lutrin*.

LE PELLEY (Georges-René Pléville), marin français, né à Granville le 26 juin 1726, mort à Paris le 2 oct. 1805. Entraîné par un penchant irrésistible pour la profession de marin, il s'échappa du collège à l'âge de douze ans, et vint au Havre où il s'embarqua comme mousse sous le nom de Duvivier, afin d'échapper aux recherches de sa famille. Après avoir fait plusieurs campagnes à la pêche de la morue, il fut reçu lieutenant à bord d'un corsaire havrais. Lieutenant de frégate en 1745, il commanda l'*Hirondelle* pendant la guerre de Sept ans, fut mis à la tête du port de Marseille en 1770. En 1778, il fit toute la guerre de l'Amérique et y rendit de tels services que la nouvelle république lui conféra l'ordre des Cincinnati. Chargé de la vente des nombreuses prises faites sur les Anglais, il accomplit cette mission avec tant de célérité et tant d'honnêteté que l'amiral d'Estaing voulut récompenser son zèle en lui donnant deux pour cent sur les quinze millions, produit de la vente. Pléville refusa. Pendant la Révolution, il fit partie des comités de la marine et du commerce (1794) et fut envoyé au congrès de Lille comme ministre plénipotentiaire (1797). Cette mission n'était pas encore terminée qu'il fut nommé ministre de la marine en remplacement de Truguet. Son âge et sa santé le forcèrent à donner sa démission en avril 1798, au moment où on venait de le nommer vice-amiral. Il devint sénateur en 1799 et grand-officier de la Légion d'honneur en 1804.

LEPELTIER DE SAINT-FARGEAU (Louis-Michel), conventionnel, né à Paris en 1760, mort en 1793. Député de la noblesse aux états généraux en 1789, il embrassa la cause démocratique; nommé plus tard à la Convention, il vota la mort du roi sans appel ni sursis. La veille de l'exécution du roi, Lepeltier se trouvant au comptoir du restaurant Février, au Palais-Royal, pour régler sa dépense fut abordé par un garde du corps, nommé

Pâris qui lui demanda s'il s'appelait bien Lepeltier et s'il avait volé la mort du roi : sur sa réponse affirmative, Pâris lui plongea un large couteau dans le cœur et l'étendit à ses pieds; Lepeltier ne put que dire qu'il était heureux de verser son sang pour la liberté. Ses œuvres ont été publiées à Bruxelles (1826, 1 vol. in-8°).

LEPÈRE (Jean-Baptiste), architecte, né à Paris en 1761, mort en 1844. Il a élevé la colonne de la place Vendôme, a dirigé l'érection de la statue équestre de Henri IV au Pont-Neuf et commencé la construction de l'église Saint-Vincent-de-Paul.

LEPIC (Louis, COMTE), général français, né à Montpellier en 1765, mort en 1827. Nommé colonel après Marengo, il se signala à Austerlitz, gagna le grade de général de brigade à Eylau et fut nommé divisionnaire en 1813; il prit part à la bataille de Waterloo et fut mis à la retraite à la rentrée des Bourbons.

LÉPIDOCARPE adj. (gr. *lepis*, écaille, *karpos*, fruit). Bot. Qui a des fruits écailleux.

LÉPIDOCÈRE adj. (gr. *lepis*, écaille; *keras*, corne). Entom. Dont les antennes sont chargées de petites écailles.

LÉPIDODENDRÉ, ÉE adj. Qui ressemble au lépidodendron ou qui s'y rapporte. — s. f. pl. Famille de végétaux fossiles, voisine des lycopodiacées et ayant pour type le genre lépidodendron.

LÉPIDODENDRON s. m. (gr. *lepis*, écaille; *dendron*, arbre). Bot. Genre de végétaux fossiles. (Voy. FOSSILES.)

LÉPIDOPE s. m. (gr. *lepis*, écaille; *pous*, pied). Icht. Genre de scombéroïdes, dont les ventrales sont réduites à deux pièces écailleuses, mobiles et pointues, et dont le corps, semé d'une poussière argentée, a l'apparence de grands rubans d'argent. Le *lépidope argenté* (*lepidopus argyreus*), seule espèce connue, se trouve dans les mers européennes; on l'appelle quelquefois jarretière.

LÉPIDOPODE adj. (gr. *lepis*, écaille; *pous*, *podos*, pied). Dont les pattes sont remplacées par deux petites plaques écailleuses.

LÉPIDOPOME adj. (gr. *lepis*, écaille; *pôma*, opercule). Icht. Dont les opercules sont écailleux.

• **LÉPIDOPTÈRE** adj. (gr. *lepis*, écaille; *pteron*, aile). Entom. Qui a les ailes écailleuses. — Qui appartient à l'ordre des lépidoptères. — s. m. Insecte qui appartient à l'ordre des lépidoptères : *c'est un lépidoptère.* — s. m. pl. Ordre d'insectes, caractérisé par quatre ailes couvertes d'une poussière écailleuse et par une trompe roulée en spirale. Les insectes de cet ordre subissent la série complète des métamorphoses; et c'est sous l'état de larves ou *chenilles* qu'ils se rendent nuisibles à l'agriculture et à l'économie domestique. (Voy. CHENILLE). Leurs habitudes à l'état parfait ont servi de base à la classification de leurs nombreuses espèces, que l'on a groupées de la façon suivante : 1° LÉPIDOPTÈRES DIURNES ou *papillons de jour*, groupe nombreux qui comprend les plus brillants papillons. (Voy. PAPILLON.) 2° LÉPIDOPTÈRES CRÉPUSCULAIRES, comprenant les *sphinx*, les *sésiades*, les *zygénes* (aglaope, atychie, etc.). 3° LÉPIDOPTÈRES NOCTURNES ou *papillons de nuit*, groupe le plus nombreux, comprenant les *hépiales*, les *bombyx*, les *noctuelles*, les *cossus*, les *pyrales*, les *alucites*, les *teignes*, les *phalènes*, les *galléries*. C'est au groupe des bombyx qu'appartient le *ver à soie*.

LÉPIDOPTÉROLOGIE s. f. Traité sur les lépidoptères ou partie de la zoologie qui a trait à ces insectes.

LÉPIDOSIREN s. m. [lé-pi-do-si-rènn] (gr. *lepis*, *lepidos*, écaille; *seiren*, sirène). Zool.

Genre d'animaux vertébrés possédant certains caractères des poissons et des reptiles, ce qui fait que les naturalistes ne sont pas d'accord sur la classe à laquelle ils appartiennent. Un lépidosiren fut découvert par le Dr Natterer dans l'Amazone, en 1837, et classé par lui et par Fitzinger dans le genre des batraciens pérennibranches. Son squelette est en partie osseux et en partie cartilagineux; son corps ressemble pour la forme à celui d'un poisson

Lépidosiren.

et est recouvert d'écailles cycloïdales. Les lépidosirens respirent par les ouïes et par les poumons; ils prennent l'eau par les narines. Respirant l'air comme les batraciens et l'eau comme les poissons, ils constituent de véritables amphibies. On les trouve en grande quantité dans les rizières, où ils restent sous l'eau pendant plus de la moitié de l'année; les indigènes les retirent de la boue vers la fin de la saison sèche et les regardent comme un mets délicat.

LÉPIDOSTÉE s. m. (gr. *lepis*, *lepidos*, écaille; *osteon*, os). Icht. Genre de ganoïdes, comprenant une vingtaine d'espèces, toutes américaines. Comme chez les autres ganoïdes, le corps est couvert d'écailles brillantes et comme émaillées, tellement dures qu'il est impossible de les percer avec une lance; leur émail est semblable à celui des dents, et les écailles contiennent de la fluorine et les substances des os. Les lépidostées sont assez communs dans les rivières de l'ouest des Etats-Unis et dans les lacs qui communiquent avec le golfe du Mexique et avec le Saint-Laurent. Ils fréquentent les endroits peu profonds pleins de roseaux ou d'herbe; ils se chauffent au soleil comme le brochet et dévorent leur proie vivante avec une grande

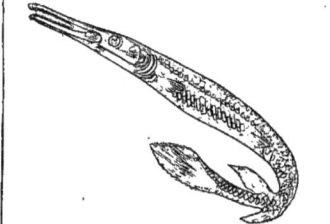

Lepidosteus osseux.

voracité. Le *lépidostée commun* (*lepidosteus osseus*, Linn.), appelé aussi brochet osseux et poisson de Buffalo, atteint une longueur de 1 m. 70 centim. On le trouve dans les lacs Erie, Huron et Champlain, dans l'Ohio et ses tributaires et dans les autres rivières de l'ouest. Le *lépidostée alligator* (*lepidosteus ferox*, Raf.) habite le Mississipi, l'Ohio et leurs tributaires, il a généralement de 1 m. 35 centim. à 2 m. de long; d'après Rafinesque il atteint quelquefois une longueur de 4 m.; il est aussi redoutable que l'alligator; sa cotte de maille impénétrable, ses dents solides, sa taille énorme, sa force et son agilité doivent en faire un poisson formidable, bien que probablement il ne soit pas supérieur à l'alligator, également bien armé et également puissant. Le genre voisin *polypterus* (Geoff.) du Nil, du Sénégal et des autres rivières de l'Afrique, est caractérisé par de semblables écailles émaillées et par une quantité de petites nageoires, s'étendant depuis le milieu du corps jusqu'à la queue.

LEPIDUS, nom d'une illustre famille romaine de la *Gens Emilia;* ses membres les plus connus sont : I. M. **Æmilius,** mort en 152 av. J.-C. Il fut l'un des trois personnages envoyés en Egypte en 201 pour être les gardiens du jeune roi Ptolémée V; il fut nommé édile en 192, préteur en 191, et consul en 187. En 180, il devint *pontifex maximus;* en 179 censeur et en 175 une seconde fois consul. Il fut nommé six foix *princeps senatus.* — II. M. **Æmilius Porcina,** consul en 137 av. J.-C.; il fut envoyé en Espagne pour diriger la guerre contre les Numantins, mais, au lieu de remplir sa mission, il ravagea le territoire des Vaccæi avec lesquels les Romains étaient en paix; rappelé pour ce fait, il fut privé de son commandement et mis à l'amende. Cicéron dit qu'il était l'orateur le plus éloquent de son époque. — III. M. **Æmilius,** dans la guerre civile entre Marius et Sylla, il épousa d'abord la cause de celui-ci qu'il abandonna bientôt pour s'attacher à Marius. En 81 av. J.-C., préteur en Sicile, il se rendit odieux aux habitants. En 79, il fut élu consul avec l'aide de Pompée. Ayant échoué dans sa tentative d'effectuer l'abrogation des lois de Sylla, il se retira en Etrurie, leva une armée et marcha sur Rome. Il eut pour adversaires sous les murs de cette ville Pompée et Catule et il fut complètement battu (77). — IV M. **Æmilius,** triumvir, mort en 43 av. J.-C. Il fut préteur en 49 et, lors de l'explosion de la guerre civile, il prit le parti de César qui lui confia le gouvernement de Rome pendant son absence. En 48, il reçut le commandement de la province d'Espagne citérieure. En 47, César le fit son *magister equitum* et en 46, son collègue dans le consulat. Quand César fut assassiné (44) Lepidus suivit le parti d'Antoine et il fut nommé *pontifex maximus.* Il se rendit ensuite dans ses provinces proconsulaires d'au delà des Alpes, où il maintint une neutralité armée jusqu'à ce qu'Antoine se fût joint à lui après sa défaite de Mutina. Les deux généraux entrèrent en Italie en 43, et formèrent le triumvirat avec Octave. Dans cette combinaison, Lepidus ne compta pour rien; il ne reçut que les provinces d'Espagne et la Gaule narbonnaise. Après la bataille de Philippes, on lui retira ses provinces, mais en 40 il reçut celle d'Afrique. En 36, appelé en Sicile par Octave pour l'aider contre Sextus Pompée, il essaya de se rendre indépendant de son collègue, mais ses troupes l'abandonnèrent; il fut alors privé de toute participation au gouvernement et il fut placé sous une surveillance sévère à Circeii.

LÉPONTIEN, IENNE adj. Qui appartient aux Lépontiens; qui a rapport à ce peuple. — ALPES LÉPONTIENNES. (Voy. *Alpes.*)

LÉPONTIENS (lat. *Lepontii*), ancien peuple des Alpes, dans le pays duquel César place les sources du Rhin et Pline celles du Rhône. Leur souvenir se retrouve dans le nom du *Val Leventina.* Leur ville principale était *Oscela* (Domo d'Ossola).

LÉPORIDE adj. (lat. *lepus, leporis,* lièvre; gr. *eidos,* forme). Mamm. Qui ressemble au lièvre. — s. m. Produit du croisement du lapin avec le lièvre. Il a été découvert par M. Roux, d'Angoulême, qui appela les léporides ou hybrides du lièvre et du lapin *eugénésiques,* c'est-à-dire féconds entre eux. En 1850, M. Roux produisit ce qu'il appela le *trois-huit* (quart lapin et trois quarts lièvre); mais ces croisements n'ayant pu être obtenus par d'autres expérimentateurs, on en conclut que les prétendus léporides répandus par milliers dans le commerce par le producteur angoumoisin étaient tout simplement une race particulière de lapins.

LÉPORIDÉ, ÉE adj. (lat. *lepus, leporis,* lièvre). Mamm. Qui ressemble au lièvre, ou qui s'y rapporte. — s. m. pl. Famille de rongeurs comprenant les genres *lièvres* et *lagomys.*

* **LÈPRE** s. f. (gr. *lepros,* ladre). Pathol. Ladrerie, maladie générale caractérisée par des tubercules à la peau, qui ronge lentement le patient et qui, après avoir été très commune en Europe pendant le moyen âge, a presque disparu aujourd'hui. C'est la maladie que les médecins nomment *éléphantiasis tuberculeuse.* — Fig. *La lèpre du péché.* — Dans le langage médical moderne, se dit d'une maladie de peau s'annonçant par de petites élevures solides, entourées de taches roussâtres, circulaires et un peu proéminentes. (Voy. Psoriasis.) — Encycl. Pendant le moyen âge on appelait lèpre, l'éléphantiasis tuberculeuse, l'éléphantiasis des Arabes, les maladies écailleuses de la peau (lèpre et psoriasis) et autres maladies chroniques de la peau rendues dominantes et invétérées par une mauvaise nourriture et le manque de propreté. La même confusion existait autrefois chez les anciens Hébreux et les Egyptiens. Les Hébreux apportèrent avec eux ces maladies en Palestine. Il semblerait que les hôpitaux, pour le soulagement ou pour la protection des malades lépreux, étaient inconnus dans l'antiquité. Les malades étaient isolés, dans des villages qu'ils occupaient exclusivement et dont on trouve encore des exemples en Orient. Avec le flux de l'émigration vers l'ouest pendant la décadence de l'empire romain, la lèpre se dissémina en Europe, et pendant le moyen âge, elle exista à un degré effrayant. En Occident, ses principaux ravages datent des premières croisades. L'isolement des malades était encore universellement pratiqué; mais, sous l'influence du christianisme, un esprit plus humain présida au traitement des lépreux; on construisit des hôpitaux et des asiles. Aux XIIIᵉ et au XIVᵉ siècles, ces édifices se comptaient par milliers dans chaque pays. Mais, même dans cet état de choses, les lépreux étaient complètement et pour toujours rejetés de la société et considérés comme morts légalement et politiquement. La lèpre a disparu avec les progrès de la civilisation et, excepté dans la Norvège et dans quelques pays méridionaux, elle est complètement inconnue en Europe. En Orient, elle existe encore.

* **LÉPREUX, EUSE** adj. Qui a la lèpre : *une femme lépreuse.* — s. *Les dix lépreux de l'Evangile.*

LEPRINCE DE BEAUMONT (Jeanne-Marie), femme de lettres, née à Rouen en 1711, morte en 1780. Elle se consacra aux travaux littéraires et composa un grand nombre d'ouvrages moraux dont les plus connus sont : *Le triomphe de la vérité* (1748); *Nouveau Magasin français* (Londres, 1750-55, 3 vol. in-8°); *Instructions pour les jeunes dames entrant dans le monde* (1764, 4 vol.); *Contes moraux* (1774, 2 vol.) *Nouveaux Contes moraux* (1776, in-8°). Parmi ses contes, plusieurs intéressent encore et se trouvent dans tous les recueils. Ce sont : le *Prince chéri,* la *Belle et la Bête,* etc.

* **LÉPROSERIE** s. f. Hôpital pour les lépreux : *il fonda une léproserie.*

LEPTOSPERME adj. (gr. *leptos,* mince; *sperma,* graine). Bot. Dont les graines sont très petites.

* **LEQUEL, LAQUELLE** adj. relatif et conjonctif composé de l'article *le, la* et de l'adj. *quel, quelle.* Il est synonyme de QUI : *duquel, de laquelle, auxquels, desquelles.* — S'emploie en parlant des personnes et des choses et, presque toujours avec *du, des, la, au, à la, aux;* alors il n'est point sujet de la proposition dont il est l'antécédent : *c'est un homme duquel je vous réponds.* — S'emploie quelquefois comme sujet de la proposition qu'il joint à son antécédent lorsque l'emploi de *qui* pourrait produire une équivoque : *un homme est là levé au milieu de l'assemblée, lequel a parlé d'une manière extravagante.* — S'emploie aussi

comme sujet en style de prat. et d'administ. : *on a entendu trois témoins, lesquels on dit...* — Quel est celui, quelle est celle; en ce sens il est toujours interrogatif : *lequel aimez-vous le mieux de ces deux tableaux-là?* — Celui celle qui, etc. : *parmi ees étoffes, voyez laquelle vous plairait le plus.*

LÉRÉ, ch.-l. de cant., arr. et à 20 kil. N. de Sancerre (Cher); 1,600 hab.

LÉRIDA. I. Province du N.-E. de l'Espagne, dans la Catalogne, bornée au N. par les Pyrénées et par la frontière de la France; 13,366 kil. carr.; 330,368 hab. Rivière principale: Segre. Soie, miel, mines de fer, de cuivre, de plomb, de zinc et de charbon. — II. Ville fortifiée (anc. *Ilerda*), capitale de cette province sur la Segre; à 350 kil. E. de Madrid; environ 20,000 hab. C'est un poste militaire important regardé comme la clé de la Catalogne et de l'Aragon. L'université, qui avait autrefois quelque réputation, fut supprimée par Philippe V. L'ancienne Ilerda était la capitale des Ilergetes. Raymond Béranger d'Aragon enleva Lérida aux Maures et en fit sa capitale. Elle fut prise par les Français en 1707 et en 1810.

LÉRINS (Iles de), groupe d'îles du dép. des Alpes-Maritimes, dans la Méditerranée, composé de Saint-Honorat, qui est fortifiée (anc. *Lerina* ou *Planasia*) et de Sainte-Marguerite (anc. *Lero*), vis-à-vis de Cannes, entre les caps Roux et Guaroupe, et de plusieurs îlots et bancs de sable. Sainte-Marguerite mesure environ 3 kil. de long; elle renferme un château qui sert de prison d'État. L'homme au masque de fer et Bazaine y furent emprisonnés. Saint-Honorat, plus petite, mais plus attrayante, doit sa célébrité à la plus ancienne abbaye des Gaules qui y fut fondée par saint Honorat. Elle devint au vᵉ siècle le principal centre théologique de l'Europe. Elle fut détruite par les Sarrasins, rebâtie ensuite et supprimée à la Révolution.

LERME (François DE SANDOVAL DE BOXAS, comte, puis duc DE), homme d'Etat espagnol, mort en 1625. Il fut pendant 20 ans le vrai chef de la monarchie sous Philippe III. Il fit un traité avec l'Angleterre et la France, essaya de conquérir les Provinces-Unies, mais les 50,000 hommes que lui coûta la prise d'Ostende l'amenèrent à conclure une trêve de 12 ans (1609). Impopulaire depuis lors, il ne sut qu'être tour à tour faible et violent. Il chassa les Maures, confisqua leurs biens et activa par là la décadence de l'Espagne Il succomba devant les intrigues de son propre fils et, à la mort du roi, il avait été condamné à de fortes restitutions. Dans les dernières années de sa carrière politique, il avait embrassé l'état ecclésiastique et reçu le titre de cardinal.

LERMONTOFF (Mikhail), poète russe, né en 1814, mort en 1841. Il était officier de la garde impériale. Son poème sur la mort de Pushkin fut tellement désagréable à l'empereur Nicolas, que ce prince l'envoya servir dans l'armée du Caucase, où il composa la plus grande partie de ses autres poésies qui furent publiées à Saint-Pétersbourg après sa mort. Il écrivit aussi un roman intitulé *Un héros de notre temps.* Un officier, qui crut se reconnaître dans le héros, provoqua l'auteur en duel et le tua.

LERNE, petit marais de l'ancienne Argolide, célèbre par le lac où les Danaïdes jetèrent la tête de leurs époux après les avoir égorgés, et par l'hydre fameuse qu'y tua Hercule.

LÉRO (anc. *Leros*), petite île de l'archipel Grec, appartenant aux Sporades, à environ 45 kil. S. de Samos; environ 14 kil. de longueur et 6 de largeur; 3,000 hab. Elle est célèbre par son miel. La ville principale du même nom est sur la côte E. Elle est le siège d'un évêque grec. Château; commerce important.

* LÉROT s. m. (dimin. de *loir*). Espèce de petit loir gris à taches noires autour de l'œil et derrière l'oreille. On le nomme aussi Liron. Le lérot (*myoxus nitela*) est roux vineux sur le dos, gris sur les flancs et blanc dessous. Sa queue, plus longue que son corps, est très touffue à l'extrémité. Ses mœurs sont les mêmes que celles du loir et il commet les mêmes déprédations dans les espaliers et dans les vergers. C'est le loir du nord de la France.

LEROUX (Pierre), socialiste français, né à Paris en 1798, mort dans la même ville en 1871. Il fut compositeur d'imprimerie et ensuite correcteur, et, en 1824, l'un des rédacteur du *Globe*, journal philosophique et littéraire, organe du parti *doctrinaire*. Après la révolution de 1830, Leroux fit du *Globe* l'organe du saint-simonisme. Il se sépara d'Enfantin en 1831 et, avec Jean Reynaud, il publia la *Revue encyclopédique* (1832-'35). En 1840 parut son œuvre la plus importante : *De l'Humanité, de son principe et de son avenir*. En 1841, il fonda, avec Viardot et George Sand, la *Revue indépendante*; et, en 1845, il établit une imprimerie à Boussac (Creuse). Il fut membre des Assemblées constituante et législative (1848-'54) et après le coup d'Etat du 2 déc., il s'établit dans une ferme de l'île de Jersey. Ses nombreux ouvrages embrassent, d'un côté, des doctrines religieuses et métaphysiques qui penchent vers le mysticisme et d'un autre côté un système d'organisation sociale.

LEROY (Pierre), prêtre et écrivain français qui vivait vers la fin du xvie siècle; il a écrit la première partie de la *Satire Ménippée*.

LEROY D'ÉTIOLLES (Jean-Jacques-Joseph), chirurgien français, né à Paris en 1798, mort en 1860. En 1822, il présenta à l'Académie de chirurgie des instruments pour l'opération de la lithotritie, et en fut reconnu l'inventeur, bien que Civiale et Amussat réclamassent la priorité. Au nombre de ses nombreuses inventions est un forceps, pour lequel il reçut un prix. Il a écrit des ouvrages sur la lithotritie, l'urologie, la glande prostate, la vessie, etc.

LEROY DE SAINT-ARNAUD. Voy. Saint-Arnaud.

LERWICK [ler'-ik], ville d'Ecosse, capitale des îles Shetland, sur le détroit de Bressay, côte E. de Mainland, à 30 kil. N.-E. de la pointe de Sumburgh; 3,450 hab. Dans le voisinage se trouvent les ruines d'un château que l'on suppose d'origine picte.

* LES. Plur. des articles *le* et *la*, ainsi que du pronom relatif de la troisième personne. (Voy. La.)

LE SAGE (Alain-René), écrivain, né à Sarzeau (Morbihan) en 1668, mort en 1747. Il fut élevé au collège des jésuites à Vannes et il fut, pendant plusieurs années, receveur des impôts en Bretagne. Il se rendit à Paris en 1692, pour étudier la philosophie et le droit, et fut reçu avocat; mais il ne pratiqua pas. Il resta inconnu jusqu'au moment où l'abbé de Lyonne devint son protecteur et lui fit étudier et admirer la littérature espagnole. De 1700 à 1707, il traduisit plusieurs pièces du théâtre espagnol; toutes échouèrent; mais une petite pièce qu'il tira de son propre fonds : *Crispin rival de son maître* obtint un brillant succès. Son roman le *Diable boiteux* (1707) eut en peu de temps deux éditions. Dans sa pièce de *Turcaret*, il attaqua la corruption et les vices ignobles des financiers. Il donna ensuite *Gil Blas de Santillane* (2 vol. 1715; vol. III, 1724; vol. IV, 1735), l'un de nos romans les plus populaires, dans lequel

il décrit la vie et le caractère des Espagnols; ce chef-d'œuvre a été traduit dans toutes les langues. Soit seul, soit avec plusieurs associés, Le Sage composa plus de 100 opéras comiques, presque tous excessivement populaires. Parmi ses derniers ouvrages furent : *Roland amoureux* (1717-'21); les *Aventures de Robert dit le chevalier de Beauchesne* (1732); *Histoire d'Estévanille Gonzalès* (1734), traduction libre de l'espagnol; *Une journée des Parques* (1735), et le *Bachelier de Salamanque* (1736). Les meilleures éditions des *Œuvres complètes* de Le Sage sont celles de 1821-'22 (12 vol. in-8°) et de 1828 (12 vol. in-8°). M. Patin a finement esquissé le talent de Le Sage dans un *Eloge* que l'Académie française couronna en 1822.

LESBIAQUE adj. Qui se rapporte à l'île de Lesbos.

LESBIEN, IENNE s. et adj. Habitant de Lesbos; qui appartient à cette île ou qui s'y rapporte.

LESBOS. Voy. Mytilène.

LESCAR, ch.-l. de cant., arr. et à 8 kil. N.-O. de Pau (Basses-Pyrénées); 1,900 hab. Laines filées et bonneteries.

LESCARBOT (Marc), seigneur de Saint-Audebert, historien français, né à Vervins vers 1570, mort vers 1630. Il se rendit en Acadie en 1605, et fut avec Poutrincourt l'un des fondateurs de Port-Royal. Revenu en France, il publia *Histoire de la Nouvelle-France* (1609; 2e éd. augmentée en 1866). Un de ses poèmes publié dans ses *Muses de la Nouvelle-France*, traite de la défaite des Indiens Armouchiquois (1607).

LESCOT (Pierre), architecte français, né à Paris en 1510, mort en 1571. En 1541, il éleva la façade du Louvre et lui a donné ce cachet et cette richesse que tout le monde admire. On a de lui : *Salle des Cent-Suisses, Fontaine des Innocents*, etc.

LESCUN (Thomas, seigneur de) surnommé le *maréchal de Foix*, maréchal de France, mort à Milan en 1525. Il gouverna le Milanais en l'absence de son frère Lautrec et fit de sa défaite à la Bicoque; il racheta sa faute à la bataille de Pavie, où il fut blessé à mort.

LESCURE (Louis-Marie, marquis de), général vendéen, né en 1766, mort en 1793. Lors du premier soulèvement de la Vendée, Lescure fut arrêté et emprisonné à Bressuire; délivré par les paysans, il se mit à leur tête, battit Quétineau à Thouars, s'empara de cette ville, de Fontenay et de Saumur; il prit part aux affaires de Tiffauges, de Montaigu, de Clisson, de Chatillon, etc. Blessé à mort dans les bois de la Tremblaye, en marchant sur Cholet, il expira près de Fougères.

LESDIGUIÈRES (François de Bonne, *duc de*), maréchal de France, né à Saint-Bonnet (Dauphiné) le 1er avril 1543, mort à Valence le 28 déc. 1626. Destiné d'abord à la magistrature, il se dégoûta bientôt de cette profession et s'enrôla en 1562 comme simple grenadier; il avait dès son jeune âge embrassé la religion réformée; ses talents militaires l'élevèrent bientôt au premier rang de l'armée protestante, dont il devint le généralissime en 1575. La ligue n'avait pas d'adversaire plus redoutable. Après l'assassinat de Henri IV, Lesdiguières accompagna Louis XIII au siège de Saint-Jean-d'Angély et de Montauban et en 1622, après avoir abjuré le protestantisme, il fut élevé à la dignité de connétable.

* LÈSE [lè-ze] (lat. *læsus*, part. passé *lædere*, blesser). Blessé, violé. — S'emploie principalement avec le mot de Majesté : *crime de lèse-majesté humaine, de lèse-majesté divine*. — Se joint quelquefois par allusion, à d'au-

tres substantifs féminins : *crime de lèse-humanité, de lèse-nation*; *en désobéissant à l'ordonnance du médecin, vous commettez un crime de lèse-faculté*.

* LÉSER v. a. Faire tort : *je craindrais de vous léser*. — Chir. Blesser : *la poitrine a été profondément lésée*.

LESFARGUES (Bernard), imprimeur et poète, né vers l'an 1600. On a de lui un *Histoire d'Alexandre le Grand*, et une traduction des *Discours de Cicéron contre Verrès*.

LESGHIENS, peuple guerrier du Caucase, habitant les parties occidentales du Daghestan, au nombre d'environ 300,000. Les différentes tribus de ce peuple ne formèrent une communauté qu'au moment où Shamyl les réunit contre les Russes.

* LÉSINE s. f. [lé-zi-ne]. Epargne sordide et raffinée jusque dans les moindres choses : *il est d'une lésine qui passe toute croyance.*

* LÉSINER v. n. User de lésine : *il lésine sur tout.*

* LÉSINERIE s. f. Acte de lésine : *il a fait une grande lésinerie.* — Vice de caractère qui porte à lésiner : *cet homme est d'une lésinerie incroyable.*

LÉSINEUX, EUSE adj. Qui lésine.

* LÉSION s. f. (lat. *læsio*). Dommage, préjudice qu'on souffre dans quelque transaction, dans quelque marché, dans quelque contrat : *le vendeur est reçu à revenir contre la vente, quand il y a lésion d'outre moitié du juste prix.* — Chir. Blessure : *ce coup de feu lui a fait une lésion légère, une lésion profonde, considérable aux intestins.* — Lésion organique du cœur, du poumon, altération du cœur, du poumon, produite par quelque cause interne. — Législ. « La lésion est, en droit civil, le préjudice qui résulte d'un contrat, pour l'une des parties, sans qu'il y ait eu violence, dol ou manœuvres frauduleuses. Elle n'est pas une cause de nullité des contrats; mais elle suffit, dans certains cas, pour obtenir la rescision ou annulation des engagements pris. L'action en rescision pour cause de lésion est limitée à un petit nombre d'actes pour les personnes majeures jouissant de tous leurs droits civils (C. civ. 1118), et sa durée est fixée à dix ans (id. 1304). Celui qui a accepté purement et simplement une succession ne peut être restitué contre cette acceptation pour cause de lésion, excepté dans le cas où, par suite de la découverte d'un testament qu'il n'avait pas connu, ladite succession se trouverait diminuée de plus de moitié (C. civ. 783). Les partages faits entre cohéritiers, et ceux qui sont faits par un ascendant peuvent être rescindés, lorsque l'un des cohéritiers se trouve lésé de plus du quart de ses droits légaux, en estimant les objets suivant leur valeur à l'époque de l'acte de partage (id. 887 et s.; 1079). Le vendeur d'un immeuble peut, dans le délai de deux années du jour de la vente, demander la rescision du contrat de vente, s'il prouve qu'il a été lésé de plus de sept douzièmes de la valeur de l'immeuble. L'acheteur ne peut jamais réclamer la rescision de la vente pour cause de lésion. Cette action n'est pas admissible lorsque la vente a été faite en justice, lorsqu'il s'agit d'un contrat d'échange ou d'une transaction. La rescision d'un contrat de vente par suite de lésion ne peut être prononcée avant que le tribunal ait d'abord admis par jugement que la preuve de la lésion serait faite, et sans qu'un rapport ait été fait ensuite par trois experts choisis par les parties ou nommés d'office (id. 1674 et s., 1706, 2052). La simple lésion donne lieu à la rescision en faveur du mineur non émancipé, contre toutes sortes de conventions, et en faveur du mineur émancipé, contre toutes conventions qui excèdent les bornes de sa capacité. Il en est de même pour l'interdit ou tout autre incapable. La prescription de dix ans, à laquelle l'action est soumise, ne commence à courir contre le mineur que du jour où il a atteint sa majorité. Pour l'interdit, elle ne court que du jour où l'interdiction est levée (id. 4304 et s.). En ce qui concerne les actes faits par une personne placée dans un établissement d'aliénés et non interdite, la prescription ne commence à courir qu'à dater de la signification à elle faite de ces actes ou de la connaissance qu'elle en a eue, après sa sortie définitive de la maison d'aliénés. (L. 30 juin 1838, art. 39). L'incapable n'est plus admis à demander la rescision pour cause de lésion, lorsqu'il a ratifié ou exécuté ses engagements, postérieurement à l'époque où l'incapacité a cessé (C. civ. 1341, 1338). » (Cn. Y.)

LESLEY (John) [lès'-li], prélat écossais, né en 1527, mort en 1596. En 1554, il devint professeur de droit canon à Aberdeen; il s'opposa à l'introduction du protestantisme et, lors de l'avènement de Marie, il fut nommé évêque de Ross. Sa fidélité à la reine l'entraîna dans des intrigues dangereuses. Après l'emprisonnement de Marie au château de Bolton, il fut enfermé pendant longtemps à la Tour de Londres. En 1573, on lui permit de se rendre en France et, en 1593, il fut nommé évêque de Coutances (Normandie). Il a écrit plusieurs ouvrages en anglais et en latin; nous citerons: *De Origine, Moribus et Rebus Gestis Scotorum* (Rome, 1578; réimprimé en Hollande en 1675).

LESLIE (Charles-Robert), peintre anglais, né à Londres en 1794, mort en 1859. Son père était horloger à Philadelphie. Après avoir fait son apprentissage chez un libraire, le jeune Leslie vint en Angleterre et étudia la peinture. Ses œuvres comprennent des scènes familières de Shakspeare, Addison, Sterne, Pope, Goldsmith, Fielding, Smollett, Cervantes, Le Sage et Molière. Parmi ses pièces historiques sont *The Coronation of the Queen* et *The Christening of the Princess Royal*. En 1847, il devint professeur de peinture à l'Académie royale. Il est aussi l'auteur des *Memoirs of John Constable*, *Life and Times of sir Joshua Reynolds*, et *Autobiographical Recollections*.

LESNEVEN, ch.-l. de cant., arr. et à 26 kil. N.-E. de Brest (Finistère); 2,900 hab. Commerce de grains, bestiaux, toiles.

LESPARRE, ch.-l. d'arr., à 59 kil. N.-O. de Bordeaux (Gironde), par 45° 48' 30" lat. N. et 3° 16' 52" long. O.; 2,200 hab. Commerce de vins, grains, bestiaux, etc. Fabriques de lainages.

LESPÉDÈZE s. f. Bot. Genre de légumi-

Lespedeza striata.

neuses dont on a décrit plusieurs espèces,

toutes exotiques. L'espèce nommée *luzerne du Japon* (*lespedeza striata*) est aujourd'hui répandue aux États-Unis, comme plante nettoyante qui fait disparaître les herbes les plus difficiles à extirper d'un terrain.

LESPÈS (Napoléon dit Léo), journaliste et romancier, né à Bouchain (Nord) en 1815, mort à Paris en avril 1875. Au sortir du régiment (1840), il écrivit dans divers journaux jusqu'en 1862, époque où il fonda, avec le banquier Millaud, le *Petit Journal*, dans lequel, sous le pseudonyme de *Timothée Trimm*, il publia de spirituelles causeries quotidiennes qui ont joui d'une grande popularité. Après avoir accompli, pendant sept années, cette tâche difficile, il passa au *Petit Moniteur* en 1869, avec des avantages considérables; mais sa vogue alla continuellement en baissant. Vers la fin de sa vie, il écrivit à l'*Événement*.

LESPINASSE (Julie-Jeanne-Éléonore de), femme de lettres, née à Lyon en 1732, morte en 1776. Fille illégitime de la comtesse d'Albon, elle devint la compagne de la marquise du Deffand, belle-sœur de sa mère, de 1753 à 1764; celle-ci la renvoya parce qu'elle était jalouse de l'impression que cette jeune fille avait produite sur d'Alembert. Mlle de Lespinasse aimait le comte espagnol de Moura, dont la mort la plongea dans la plus grande affliction. Pendant de longues années, sa société fut recherchée par les gens distingués. Ses lettres parurent en 1809 (nouvelle et complète édition en 1876).

LESSAY, ch.-l. de cant., arr. et à 21 kil. de Coutances (Manche); 4,500 hab. Grand commerce de bestiaux.

LESSE. Voy. LAISSE.

LESSING (Gotthold-Ephraïm), auteur allemand, né à Camenz en 1729, mort le 5 février 1781. Son père, qui était prêtre, l'envoya à Leipzig pour y étudier la théologie, mais Lessing se passionna pour le théâtre et produisit quelques pièces dramatiques comprenant : *Der junge Gelehrte*, *Der Freigeist*, et *Die Juden*. Vers la fin de 1748, il publia à Berlin un volume de poèmes sous le titre de *Kleinigkeiten*. De 1732 à 1760, il s'occupa constamment des travaux littéraires, il traduisit de l'espagnol *Examen de los ingenios* de Huarte, publia plusieurs volumes de fables, d'épigrammes et de chants et compléta la tragédie de *Miss Sara Sampson* (1755). Il publia à Berlin avec Nicolaï et Mendelsohn, ses amis intimes, la *Bibliothek der schönen Wissenschaften*, ouvrage périodique littéraire, et il fonda en collaboration avec Nicolaï le *Literaturbriefe*, dans le but de dégager la religion de toute sentimentalité et la littérature de toute frivolité. De 1760 à 1765, il fut secrétaire du général von Tauenzien, gouverneur de Breslau, où il écrivit son célèbre drame *Minna von Barnhelm*. En 1766, il publia son fameux *Laokoon*, où *über die Grenzen der Malerei und Poesie*. En 1767, il devint directeur d'un théâtre à Hambourg et publia son *Dramaturgie* (1767-'79) journal périodique de critique littéraire. Son *Emilia Galotti* (1772) est encore considéré comme l'une plus admirable tragédie du théâtre allemand. En 1770, il fut nommé premier bibliothécaire à Wolfenbüttel et en 1774 parut le premier des *Wolfenbüttelsche Fragmente eines Ungenannten*, manifeste contre les bases historiques du christianisme écrites par Reimarus, professeur à Hambourg, mais publié et défendu par Lessing. Son principal adversaire fut le pasteur Goeze, contre lequel il dirigea son admirable satire *Anti-Goeze*. Il donna sa profession de foi sous une forme poétique et dramatique dans son *Nathan der Weise* (1779). Sa dernière œuvre littéraire fut *Erziehung des Menschengeschlechts* (1780). Ses dernières années furent absorbées par des controverses. On l'a souvent appelé le Luther

de la littérature allemande, du drame et de l'art allemand. Ses ouvrages ont été réunis en 13 vol. (1838-'40). Sa vie a été écrite par Adolf Stahr.

LESSIVAGE s. m. Action de lessiver et résultat de cette action.

* **LESSIVE** s. f. [lè-sive] (lat. *lixivium*). Eau chaude que l'on verse sur du linge à blanchir, qui est entassé dans un cuvier, et sur lequel on a mis un lit de soude ou de cendre de bois neuf : *bonne lessive*. — Action de lessiver, de couler la lessive : *ce linge ne sera tout à fait blanc qu'après plusieurs lessives*. — Se dit encore du linge qui doit être mis à la lessive, qui doit être lessivé : *toute ma lessive est tirée, donnée*. — Toute sorte d'eau détersive, rendue telle par de la cendre, ou par quelque autre matière convenable : *faire une lessive pour dégraisser les cheveux*. — Prov. et fig. À LAVER LA TÊTE D'UN MORE, LA TÊTE D'UN ANE, ON PERD SA LESSIVE, inutilement on se donne beaucoup de soin et de peine pour faire comprendre quelque chose à un homme qui n'en est pas capable, ou pour corriger un homme incorrigible. — Fig. et fam. IL A FAIT UNE LESSIVE, UNE FORTE, UNE FURIEUSE LESSIVE, il a fait une perte considérable au jeu. — Chim. Opération qui consiste à verser plusieurs fois de l'eau chaude ou froide sur des matières terreuses ou autres, pour en extraire les parties solubles qu'elles contiennent.

* **LESSIVER** v. a. Nettoyer, blanchir au moyen de la lessive ; faire la lessive : *il faut lessiver deux fois ces draps de lit, pour qu'ils redeviennent blancs*. — Chim. Verser à plusieurs reprises de l'eau chaude ou froide sur des matières terreuses ou autres, pour en extraire les parties solubles qu'elles contiennent: *on a lessivé ces terres, afin d'en tirer du salpêtre*.

LESSIVEUR, EUSE s. Personne qui lessive, qui fait la lessive. — s. f. Appareil qui sert à faire des lessivages économiques. — Dans les petits ménages, où l'on ne peut se procurer les grands appareils de lessive et où l'on manque de place pour les installer, on se sert aujourd'hui des *lessiveuses*, de l'une dites belges, les autres dites *américaines*. — 1° LESSIVEUSE OU LAVANDIÈRE BELGE. Elle se compose d'un tonneau contenant 150 litres et défoncé par l'un de ses bouts. Le fond enlevé est remplacé par un couvercle que traverse dans le milieu un long bâton droit, semblable au manche d'une hèche. Ce bâton porte, de distance en distance, des échelons, comme le bâton d'un perroquet; sa partie supérieure est saillante d'environ 50 centim. au-dessus du couvercle et se termine par une poignée horizontale. On met le linge dans ce tonneau avec de l'eau de savon bouillante; on replace le couvercle et, à l'aide de la poignée, on agite vivement le bâton, par un mouvement de va-et-vient pendant dix minutes. Le linge se nettoie parfaitement. Le linge lessivé jusqu'à ce qu'il soit refroidi. Après quoi, l'on vide le tonneau, on le remplit d'eau fraîche et on agite de nouveau le linge dans cette eau. — 2° LESSIVEUSE AMÉRICAINE. C'est l'appareil le plus simple, le plus commode et le moins coûteux. Aujourd'hui, chaque petit ménage devrait avoir sa lessiveuse, aussi bien que sa machine à coudre. Voici la description sommaire de cet utile appareil. Il se compose d'une marmite évasée, portative, en tôle, munie d'un couvercle. Dans cette marmite, on place une rondelle mobile, en tôle, percée de trous et qui touche les parois, sans pouvoir descendre jusqu'au fond, parce qu'elle est soutenue par un cone de tôle (également percé de trous). Du centre de cette rondelle et du cone qui la soutient, s'élève un tuyau, qui va jusqu'à la partie supérieure de la marmite et qui se termine par un chapatignon d'arrosage. Voici comment on opère:

après avoir fait tremper le linge pendant quelques heures dans l'eau froide, on le presse. Puis on le range sur la rondelle autour du tuyau; on le maintient, en dessus, à l'aide d'un anneau et de crochets dont l'appareil est muni; car il faut qu'il baigne et qu'il ne surnage pas trop. Ensuite on emplit la marmite avec de l'eau contenant par chaque litre, 50 grammes de carbonate de soude (cristaux de soude) et un peu de savon noir (on a eu soin de faire dissoudre ces substances dans de l'eau bouillante). On place le tout sur un fourneau ordinaire (à moins que l'on ait préféré se procurer un de fourneaux qui se vendent avec l'appareil). Le lessivage se fait de lui-même. L'eau bouillante se met en mouvement dans le tube et se répand continuellement sur le linge. La ménagère n'a plus à s'en occuper. Ayant mis sa lessive en train le soir, elle place deux morceaux de charbon de Paris sous la lessiveuse lorsque l'eau est bouillante et, le lendemain, elle trouve sa lessive terminée; elle n'a plus qu'à retirer son linge, à le laver et à le rincer. Les plus petites lessiveuses américaines peuvent contenir le linge sali en une semaine par une famille de quatre ou cinq personnes; elles coûtent de 10 à 15 fr. (sans le fourneau) et durent fort longtemps, parce qu'elles sont en fer galvanisé. Chaque lessivage coûte 35 cent. en charbon, carbonate de soude et savon noir.

* LEST s. m. [lèsst] (all. *last*, poids). Mar. Pierres, sable ou autres matières pesantes, dont on charge le fond d'un bâtiment pour lui faire prendre la quantité d'eau convenable, et pour lui donner de la stabilité: *ils prirent des carreaux de marbre pour servir de lest.* — Le navire est parti, est retourné sur son lest, il est parti, retourné, sans prendre de chargement. — Sable que les aéronautes placent dans la nacelle d'un ballon et qu'ils jettent pour l'alléger.

* LESTAGE s. m. Action de lester un bâtiment.

* LESTE adj. (all. *list*, ruse). Qui a de la facilité, de la légèreté dans ses mouvements: *ce vieillard est encore fort leste.* — Avoir la main leste, être prompt à frapper. — Qui est équipé de manière à exécuter avec facilité tous ses mouvements: *on est bien leste avec cette sorte de vêtement.* — Un équipage leste, une voiture attelée de chevaux vifs et légers. — Se dit aussi des vêtements légers et dégagés qui laissent aux mouvements toute leur liberté: *un habillement, un vêtement leste.* — Se dit, fig., d'une personne adroite, prompte à trouver des expédients, et les mettre en usage: *c'est un homme leste en affaires.* — Se dit aussi, fig. et en mauvaise part, d'une personne légère, peu scrupuleuse sur les principes, les égards et les convenances: *c'est un homme leste en procédés, leste dans ses propos; cette femme est fort leste dans ses actions et dans ses discours.* — Se dit également des choses, et signifie, léger, inconsidéré, inconvenant: *une réponse leste.*

* LESTEMENT adv. D'une manière leste: *il marche fort lestement.* — Fig. Avec dextérité et promptitude: *il s'est lestement tiré de ce mauvais pas.* — Avec une légèreté répréhensible: *cette femme agit, parle, se conduit bien lestement.*

* LESTER v. a. Mar. Mettre du lest dans un bâtiment: *le vaisseau manqua de périr dans la tempête, parce qu'on ne l'avait pas bien lesté.* — Fig. et fam. Se lester l'estomac, ou absol., Se lester, prendre de la nourriture: *je me suis bien lesté l'estomac, je me suis bien lesté avant de me mettre en route.*

* LESTEUR s. m. Mar. Bateau qui sert à transporter le lest. On dit aussi quelquefois adjectivement, Bateau lesteur, bateau qui,

dans le port, est employé à porter du lest aux navires.

LESTOCQ (Jean-Hermann, comte), médecin et favori d'Elisabeth de Russie, né à Hanovre vers 1695, mort en 1767. Il se rendit en Russie en 1713, devint chirurgien de Pierre le Grand, mais fut exilé en 1718 pour cause d'immoralité. Catherine Iʳᵉ le rappela en 1725 et le nomma médecin de sa fille Elisabeth. Sous son influence, Elisabeth emprisonna en 1741 le jeune czar Ivan et monta elle-même sur le trône; elle nomma Lestocq conseiller privé. En 1748, il fut accusé de haute trahison, dépouillé de ses emplois et de ses titres, frappé du knout et exilé. Pierre III le rappela et Catherine II lui donna un petit domaine en Livonie.

LESTRIGON, ONNE s. Se dit d'un peuple barbare qui, dans l'antiquité, habitait le sud de l'Italie.

LESUEUR (Eustache), peintre français, né à Paris en 1617, mort en 1655. Il fut toujours pauvre et longtemps méconnu; mais son chef-d'œuvre, *Saint Paul guérissant les malades par l'imposition des mains*, lui valut le surnom du Raphaël français. Sa grâce de touche et de composition est remarquable dans les 19 peintures qui se trouvent au *Salon des Muses* de l'hôtel Lambert (Paris) et plus encore peut-être dans les 22 peintures représentant la *Vie et la mort de saint Bruno.*

LE SUEUR (Jean-François), compositeur français, né à Abbeville le 15 janv. 1763, mort à Chaillot le 6 oct. 1837. Il fut maître de chapelle de Napoléon (1804-'14) et ensuite directeur royal de musique. Il composa de nombreux opéras, tels que *Paul et Virginie* et *Télémaque*, plusieurs messes et des oratorios; il a écrit sur la musique adaptée aux solennités sacrées.

LESURQUES (Joseph), né à Douai en 1764, mort sur l'échafaud en 1793. Accusé d'avoir assassiné le courrier de Lyon près de Lieusaint, et reconnu coupable par le tribunal de Paris, Lesurques fut, par la plus déplorable des erreurs judiciaires, condamné à mort et exécuté. Le véritable assassin, un nommé Dubosc, à qui Lesurques ressemblait d'une façon frappante, fut reconnu plus tard.

LESZCZYNSKI [lèch-tchinn-ski]. Voy Stanislas Iᵉʳ.

LÈTE ou Lette s. (bas lat. *leti*). Ancien peuple du N. de l'Europe, dont le nom se retrouve dans celui des *Lithuaniens* et dans celui des *Lètes* de Courlande. (Voy. Létique.) Quelques tribus lètes se fixèrent dans les Gaules vers la fin de l'empire romain; ainsi l'on trouve les *Lœti actores* à Ivoy, les *Lœti Batavi* à Bayeux et à Coutances, les *Lœti Batavi Contraginenses* à Noyon, les *Lœti Batavi Nemetacenses* à Arras, les *Lœti Franci* à Rennes, les *Lœti Gentiles* à Reims, les *Lœti Gentiles* au Mans, les *Lœti Lingones* en Belgique, etc., etc.

LE TELLIER. I. (Michel), chancelier de France, né en 1603, mort en 1685. La protection de Séguier le tira de la magistrature et en fit un intendant, celle de Mazarin en fit un secrétaire d'Etat; il partagea pendant la Fronde la mauvaise fortune du cardinal et contribua à la perte du surintendant Fouquet, son rival en crédit (1661); chancelier et garde des sceaux à la mort d'Aligre (1677), il se distingua par sa rigueur contre les protestants; ce fut lui qui signa la fameuse déclaration révoquant l'édit de Nantes. Son principal mérite est d'avoir rétabli, au ministère de la guerre, l'ordre et l'activité qui assurèrent les succès de la régence et, plus tard, ceux de Louis XIV. Bossuet en Fléchier ont illustré sa mémoire par leurs Oraisons funèbres. — II. (Michel), jésuite, né à Vire en 1643, mort en 1719. Après avoir fait ses

études au collège des jésuites de Caen, il entra dans cette compagnie en 1661 et passa par tous les degrés de la hiérarchie, professeur, théologien, recteur, provincial. En 1709, après la mort du P. La Chaise, il devint confesseur de Louis XIV et obtint du pape la bulle *Unigenitus* contre les jansénistes (1713). Après la mort du roi, le régent l'exila. On a de lui: *Défense des nouveaux chrétiens et des missionnaires de la Chine, du Japon et des Indes* (1687, 2 vol. in-12); *Histoire des cinq propositions de Jansénius* (Liège, 1699, in-12), etc.

* LÉTHARGIE s. f. (gr. *léthargia*; de *léthê*, oubli; et *argeia*, inaction). Sommeil profond et maladif, qui ôte l'usage de tous les sens et dans lequel les phénomènes les plus apparents de la vie sont suspendus: *être en léthargie.* — Fig. Grande insensibilité, extrême nonchalance: *tirer quelqu'un de sa léthargie.* — Encycl. La léthargie est caractérisée par un sommeil profond et prolongé simulant la mort; les phénomènes vitaux sont en effet suspendus dans leur action et il arrive que les personnes plongées dans cet état voient et entendent tout ce qui se passe autour d'elles sans pouvoir faire un signe, sans pouvoir articuler un son.

* LÉTHARGIQUE adj. Qui tient de la léthargie: *état, repos, sommeil léthargique.* — Fig. Nonchalant, indolent, insensible: *âme léthargique; indolence léthargique.*

* LÉTHÉ (gr. *léthê*, oubli). Mythol. Suivant les poètes anciens, fleuve des Enfers où les ombres des morts allaient boire pour oublier le passé. — S'emploie quelquefois, fig., dans le sens d'*Oubli*: il a bu de l'eau du Léthé, il est fort oublieux, il manque de mémoire.

* LÉTHIFÈRE adj. (lat. *lethum*, mort; *fero*, je porte). Qui cause la mort: *le suc de cet arbrisseau est léthifère.*

LÉTIQUE ou **Lettique** adj. Qui appartient ou qui a rapport aux Lètes ou Lettes. — Race létique, subdivision N.-O. du groupe Léto-Slave ou Slavo-Létique de la famille aryenne ou indo-européenne, comprenant les Lithuaniens, les anciens Prussiens et les Lètes. La branche lithuanienne embrasse les Lithuaniens proprement dits, qui occupent la partie E. des gouvernements russes de Kovno, de Wilna, de Courlande et de Grodno; environ 750,000 hab.; les Samogitiens ou Shamaites qui habitent l'ancienne Samogitie, aujourd'hui comprise presque entièrement dans le gouvernement de Kovno (environ 500,000 hab.) et les Lithuaniens prussiens dans la partie N.-E. de la Prusse orientale; environ 150,000 hab. Les anciens Prussiens ont été germanisés et leur langue a disparu depuis le xviiᵉ siècle; ils habitaient la région de la Baltique entre la Vistule et le Niémen. Les Lètes proprement dits ou *Létons* habitent principalement la Courlande, le Vitebsk et le Kovno, et sont évalués à un million d'hab. (Voy. Lithuanie et Slave.)

LÉTO. Voy. Latone.

L'ÉTOILE (Pierre de). Voy. Estoile.

LETOURNEUR. I. (Pierre), littérateur, né à Valognes en 1736, mort à Paris en 1788. Il obtint un grand succès comme traducteur et a successivement publié: *Les Nuits et Œuvres diverses d'Young* (Paris, 1769, 4 vol. in-8°), *Théâtre de Shakspeare* (1776 et suiv., 20 vol. in-8°, version reproduite et corrigée par Guizot 1824, 13 vol. in-8°), *Ossian* (1777, 2 vol. in-8°), *Clarisse Harlowe* (1784-'87, 10 vol. in-8°) etc. — II. (Charles-Louis-François-Honoré), conventionnel, né à Granville en 1751, mort en 1817. Il était capitaine du génie au moment de la Révolution. Nommé à la Législative puis à la Convention par le département de la Manche, il vota la mort du roi, mais avec appel au peuple. Membre du Directoire en 1796, il fut, en 1800, préfet de la Loire-Inférieure, maître des comptes en 1810 et banni comme régicide par la Restauration.

LETRONNE (Antoine-Jean), archéologue français, né à Paris en 1787, mort en 1848. Il fut nommé inspecteur général de l'université en 1819, professeur d'histoire au collège de France en 1831, professeur d'archéologie en 1838 et gardien des Archives du royaume en 1840. Il réfuta les assertions de Dupuis relativement aux Zodiaques découverts à Esné et à Denderah, et il montra qu'ils datent de l'époque des Césars. Il a laissé : Essai sur la topographie de Syracuse (1813), Dissertation sur la statue vocale de Memnon, son chef-d'œuvre (1833), et une foule de Mémoires insérés dans les revues allemandes, anglaises et italiennes. Il a donné une édition des Œuvres de Rollin (1821-'25, 30 vol. in-8°). Son Recueil des inscriptions grecques et latines de l'Egypte n'était pas terminé à sa mort.

LETTE, LETTIQUE, LETTON. Voy. Lète, Létique.

LETTRAGE s. m. Action de marquer avec des lettres.

* LETTRE s. f. [lè-tre] (lat. littera). Chacun des caractères alphabétiques : cet enfant commence à connaître ses lettres. — Ecrire un mot en toutes lettres, l'écrire sans abréviation. Ecrire un nombre en toutes lettres, l'écrire non en chiffres, mais avec des mots. — Dire, écrire une chose en toutes lettres, la dire, l'écrire sans rien taire, sans rien dissimuler : je ne lui ai rien caché de cette aventure, je la lui ai dite, je la lui ai écrite en toutes lettres. — Cet homme est écrit sur mon livre en lettres rouges, il a des torts, des vices, des défautsqueje n'oublieraijamais. — Cela devrait être écrit, imprimé, gravé en lettres d'or, se dit d'une belle sentence, d'une parole remarquable, etc. — Ses actions sont écrites en lettres de sang dans l'histoire, se dit d'un personnage cruel et sanguinaire. — C'est un sot en trois lettres, il est extrêmement sot. — Lettres numérales, les lettres dont les Romains se servaient pour exprimer les nombres et que nous avons prises d'eux : il y a sept lettres numérales, C, D, I, L, M, V, X. — Lettre dominicale, lettre employée dans le calendrier pour désigner le dimanche d'une année donnée. Pour déterminer le jour où tombe Pâques, ou pour résoudre quelqu'autre problème semblable, on plaçait autrefois à la suite l'une de l'autre les sept premières lettres de l'alphabet vis-à-vis des jours du mois, en plaçant la lettre A au 1er janvier et en répétant les sept lettres, aussi souvent qu'il était nécessaire pour arriver au 31 décembre. La lettre qui tombe vis-à-vis du premier dimanche de janvier doit coïncider avec chaque dimanche de la même année : c'est la lettre dominicale pour l'année, sauf si l'année est bissextile, car alors le 19 février et le 1er mars ayant la lettre D, la lettre dominicale est pour les dix derniers mois la lettre précédente de l'alphabet. Le cycle des lettres dominicales est de 28 ans. — Lettres hiéroglyphiques, se dit improprement de certaines figures, de certains caractères dont se servaient les anciens Egyptiens. — Lettre initiale, lettre qui commence un mot ou un nom propre. Dans le même sens, on dit souvent Initiale : il n'a signé que les lettres initiales, que les initiales de son nom. — Ensemble des caractères dont on se sert pour la composition d'un ouvrage : nous n'avons plus de lettre, tout a été employé. — Son ou articulation même que chaque caractère de l'alphabet représente : on divise les lettres en voyelles et en consonnes. — En parlant d'un texte, se dit du sens littéral par opposition au sens figuré ou extensif : la lettre tue, mais l'esprit vivifie. — A la lettre, au pied de la lettre, selon le sens littéral, selon le propre sens des paroles :

il ne faut pas prendre cette phrase, cette expression à la lettre, au pied de la lettre. — Fig. A la lettre, exactement, ponctuellement : cela est vrai à la lettre. — Aider à la lettre, suppléer à ce qui manque à quelque passage obscur ou défectueux. — Fig. Aider a la lettre, entrer dans l'intention de celui qui parle ou qui écrit, en expliquant ce qu'il a dit ou écrit d'une manière obscure : ce qu'il veut dire n'est pas clair, il faut aider à la lettre. Se dit aussi, familièrement, d'une personne qui altère un peu la vérité soit pour tromper, soit pour amuser ceux qui l'écoutent. — Lettre morte, se dit d'un titre sans valeur d'un pouvoir révoqué, d'un testament annulé par un autre, d'un traité qui ne doit pas recevoir d'exécution : cette convention est devenue lettre morte. — Epître, missive, dépêche : j'ai reçu votre lettre, vos lettres. — Les lettres de Cicéron, de Pline, de Mme de Sévigné, de Voltaire, recueil de lettres écrites par Cicéron, par Pline, par Mme de Sévigné, par Voltaire. — Lettre en chiffres, lettre écrite en caractère de convention, dont la valeur n'est connue que des correspondants. — Lettre circulaire, se dit de plusieurs lettres écrites dans les mêmes termes, et adressées à différentes personnes pour le même sujet : le ministre a écrit, a envoyé une lettre circulaire à tous les préfets. On dit absolument dans le même sens, Une circulaire : sa circulaire est partie. — Lettre de change. Comm. Se dit d'une traite faite de place à place, par laquelle un banquier ou un négociant tire sur son correspondant une somme d'argent au profit ou à l'ordre d'un tiers, qui en a fourni la valeur par lui-même ou par un autre : les lettres de change sont d'une grande utilité dans le commerce. — Lettre de crédit, lettre dont le porteur est autorisé à toucher de l'argent du correspondant auquel elle est adressée : donner, porter, présenter une lettre de crédit. — Lettre de marque, commission dont tout capitaine ou patron d'un navire armé en course doit être pourvu. (Voy. Course.) — Lettre de voiture, lettre qui contient l'indication des objets dont un voiturier est chargé et sur la présentation de laquelle il est payé de son salaire. — Lettre close, lettre du souverain contre-signée par un secrétaire d'Etat et cachetée du sceau de Sa Majesté : envoyer une lettre close. Autrefois les lettres closes s'appelaient aussi Lettre de cachet : envoyer en exil ou enfermer par lettre de cachet. — Lettres closes, se dit d'une secret qu'on ne peut ou qu'on ne doit pas pénétrer : je n'y comprend rien, c'est pour moi lettres closes. — Lettre de service, lettre par laquelle le ministre de la guerre annonce à un officier qu'il est appelé à exercer les fonctions de son grade. On dit quelquefois, Lettres de service, au pluriel, quoiqu'il n'y en ait qu'une : ce lieutenant général a reçu ses lettres de service. — Lettre de passe, lettre en vertu de laquelle un militaire passe d'un corps à un autre : ce capitaine vient d'obtenir la lettre de passe, les lettres de passe qu'il demandait. — Lettre de créance, lettre qui porte qu'on doit donner confiance à celui qui la remet : l'ambassadeur présenta ses lettres de créance. — Lettre de créance, se dit aussi de la lettre qu'un banquier ou un négociant donne à un voyageur, comme lettre de change ou de crédit, pour toucher de l'argent quand il en aura besoin : il a des lettres de créance sur Hambourg. — Lettre de récréance, lettre qu'un prince envoie à son ambassadeur ou ministre pour le présenter au prince d'auprès duquel il le rappelle; ou lettre qu'un prince donne à l'ambassadeur ou ministre rappelé d'auprès lui pour la remettre au prince qui le rappelle. — Lettre de cachet, se disait autrefois d'une lettre du roi, contre-signée par un secrétaire d'Etat, fermé du cachet de Sa Majesté, et qui contenait un ordre de sa part. — Pl. Certains actes expédiés en chancellerie au nom du prince, et dont plusieurs sont

abolis par nos lois nouvelles : lettres patentes. — Les lettres de mer sont des lettres émanant de l'autorité du port d'où est parti le vaisseau; elles sont scellées du sceau de la ville, et font mention du nom et du port du vaisseau, de celui à qui il appartient, et du capitaine qui le monte. — Ces lettres de chancellerie s'appelaient généralement Lettres royaux, l'usage ayant autorisé cette façon de parler, quoique ces deux mots soient de genre différent. — Se dit pareillement de certains actes qui s'expédient sous le sceau de quelque autorité, ou de quelque communauté ou compagnie ecclésiastique ou séculière : lettres de tonsure, de prêtrise. — Lettres apostoliques, lettres des papes, nommées plus communément depuis plusieurs siècles, Rescrits, Brefs, etc. — Connaissances que procure l'étude en général, et, en particulier, celle de la littérature proprement dite : un homme de lettres. — Les belles-lettres, la grammaire, l'éloquence et la poésie. On dit aussi mais rarement, dans le même sens, Les lettres humaines. — Par excellence, Les saintes lettres, l'Ecriture sainte. — Estampe, gravure avant la lettre, épreuve tirée avant qu'on ait gravé au bas de la planche l'inscription qui en indique le sujet. Estampe avec la lettre grise, épreuve tirée lorsque l'inscription n'est encore gravée qu'au trait. — Estampe après la lettre épreuve tirée avec l'inscription au bas. — Chaque caractère de l'alphabet sous le rapport de sa forme dans les diverses écritures : grande, petite lettre. — Typogr. Caractère de matière représentant en relief une des lettres de l'alphabet : lettre haute, basse; lettre capitale; œil de la lettre; lever la lettre. — Ensemble des caractères dont on se sert pour la composition d'un ouvrage : nous n'avons plus de lettre, tout a été employé. — Lettre grise ou Historiée, grande lettre capitale ornée de certaines figures, et ordinairement gravée sur du bois ou sur du cuivre. — Lettre moulée, lettre imprimée ou lettre parfaitement écrite, qui ressemble à une lettre imprimée. — Lettre de deux points, celle qui, placée au commencement d'une partie quelconque d'un ouvrage, porte sur les deux premières lignes ou sur plusieurs des premières lignes. « On n'en fait plus guère usage que dans les ouvrages d'Eglise, mais lorsqu'elle est ornée, elle figure encore dans les publications illustrées. » (Th. Lefèvre). — Lettre montante, lettre qui diffère de la précédente en ce qu'elle s'aligne par le pied avec la première ligne. Aujourd'hui on l'emploie peu. — Lever la lettre. (Voy. Lever.) — Législ. « La lettre missive peut contenir une procuration (C. civ. 1984) ou tout autre engagement pour lequel un acte en forme n'est pas indispensable. Elle peut servir de commencement de preuve par écrit, lorsqu'elle émane du débiteur et permettre ainsi la preuve par témoins pour justifier une réclamation excédant la somme de 150 fr. (id. 1347). Les lettres contenant des menaces peuvent donner lieu à une plainte et à l'application de peines correctionnelles. (Voy. Menace.) Le transport des lettres est réservé exclusivement à l'administration des postes. (Voy. Postes.) Toute suppression ou ouverture de lettres confiée à la poste, commise ou facilitée par un fonctionnaire ou un agent du gouvernement ou de l'administration des postes, est punie d'une amende de 16 à 500 fr. et d'un emprisonnement de trois mois à cinq ans. Le coupable est de plus interdit de toute fonction ou emploi public, pendant au moins au moins et dix ans au plus (C. pén. 187). — Un juge d'instruction peut, au cours d'une instruction, se faire délivrer par les agents des postes certaines lettres adressées à un inculpé, ou émanées de lui, ou présumées contenir des renseignements sur l'affaire qu'il instruit. La violation du secret des lettres par un simple particulier n'est pas un délit puni par la législation en vigueur. Cependant la loi du 29 août 1790 déclarait le secret des lettres inviolable ; et le Code pénal de 1791 punissait quiconque avait brisé le cachet et violé le secret d'une lettre confiée à la poste. Les tribunaux se trouvant aujourd'hui désarmés, lorsque le fait n'est pas imputable à un fonctionnaire, le considèrent seulement comme un quasi-délit pouvant donner lieu à d'es dommages-intérêts (Trib. corr. de la Seine, 3 mai 1884). — Les *lettres de cachet* ou *lettres closes* étaient des ordres royaux revêtus du cachet particulier du roi, tandis que les *lettres patentes*, ordonnant l'exécution des arrêts du conseil, ou conférant des autorisations, des privilèges, etc., étaient non closes et portaient le sceau de l'État. On sait quel usage arbitraire a été fait des lettres de cachet, pendant les deux derniers siècles, pour enfermer dans les prisons d'État, sans jugement ni procédure, ceux qu'aucun tribunal n'eût osé condamner. On nommait *lettres royaux*, celles adressées par le roi à des juges royaux ; telles étaient les lettres de grâce, de légitimation, de noblesse, de bénéfice d'âge, de répit, de rescision, etc. Par les lettres d'abolition, le roi pouvait s'opposer à toutes poursuites contre des criminels ; les lettres de pardon s'appliquaient au cas qui n'entraînaient pas de peines afflictives. Il y avait aussi les lettres de rémission, les lettres de revision d'un procès, les lettres de rappel de ban (bannissement) ou des galères, de commutation, de réhabilitation, etc., qui toutes dépendaient de la volonté personnelle du roi (Ord. de 1670, tit. XVI.) — Les *lettres de jussion* étaient adressées par le roi à un parlement lorsqu'il avait refusé d'enregistrer une ordonnance ou un édit qui lui semblait arbitraire ; et l'enregistrement qui devait rendre l'édit exécutoire dans le ressort, était alors fait en vertu de cette invitation impérative. — La *lettre de change* diffère du billet à ordre, en ce qu'au lieu d'être souscrite par le débiteur, elle émane du créancier. Cet admirable instrument, dont le commerce de toutes les nations fait aujourd'hui un usage si fréquent, paraît avoir été inventé dès la fin du XIIᵉ siècle. La lettre de change doit être écrite sur papier au timbre proportionnel de cinq centimes par cent francs (L. 29 juillet 1881). Elle doit toujours être tirée d'un lieu sur un autre, être datée, énoncer la somme, le nom de celui qui doit payer, l'époque et le lieu où le paiement doit s'effectuer, et la valeur fournie, soit en espèces, soit en marchandises, soit en compte, soit autrement. Sont réputées simples promesses : les lettres de change signées par des femmes non commerçantes, celles qui contiennent des indications fausses de noms, de qualités, de domiciles ou de lieux. Celles souscrites par des mineurs non commerçants sont nulles. La lettre de change peut être tirée : soit à vue ou présentation, soit à plusieurs jours ou mois de vue, soit à plusieurs jours ou mois de date, soit à jour fixe ou déterminé, soit en foire. La loi a entouré la lettre de change de nombreuses garanties (C. comm. 110 à 186) ; mais l'une d'elles, la contrainte par corps a été abolie par la loi du 22 juillet 1867. (Voy. Effet, Endossement, Protêt, etc.) — La *lettre de crédit* est adressée par un banquier ou un négociant à l'un de ses correspondants, afin de l'inviter à remettre au porteur de cette lettre ins les inscrivant au débit au compte du signataire, les fonds que réclamera le porteur, jusqu'à concurrence d'une certaine somme. La lettre de crédit n'est pas transmissible comme la lettre de change, et elle n'est point assujettie à aucune formalité légale. — Les *lettres de marque* étaient des autorisations données à des armateurs par le ministre de la marine ou le gouverneur d'une colonie, d'équiper en course leurs navires, dans le but de faire des prises, en

s'emparant sur mer de bâtiments portant le pavillon ennemi. Ces lettres de marque conféraient le titre de corsaires à ceux qui montaient les navires ainsi armés ; et le droit des gens ne permet pas de leur infliger, lorsqu'ils sont faits prisonniers, le même traitement qu'à des pirates. La course ayant été abolie par les principales puissances maritimes de l'Europe, aux termes du traité de Paris (1856), il ne peut plus être délivré de lettre de marque. — La *lettre de voiture*, faite sur papier timbré et signée par l'expéditeur ou par le commissionnaire de transport, forme contrat entre l'expéditeur et le voiturier, ou entre l'expéditeur, le commissionnaire et le voiturier. Elle doit indiquer sa date, la nature et le poids ou la contenance des objets à transporter, le délai dans lequel le transport doit être effectué, le nom et le domicile du commissionnaire s'il y en a un, le nom du destinataire, le nom et le domicile du voiturier, le prix du transport et l'indemnité à payer pour cause de retard. Elle présente, en marge, les marques et numéros des objets à transporter. (C. comm. 101, 102). (Voy. Voiturier.) Pour toute lettre de voiture non timbrée, la contravention constatée est punie d'une amende de 30 fr., due solidairement par l'expéditeur et par le voiturier (L. de finances, 11 juin 1842, art. 7). »
(Ch. Y.)

* **LETTRÉ, ÉE** adj. Qui a des lettres, du savoir : *un homme lettré, une femme lettrée.*

L'homme *lettré* se tut ; il avait trop à dire.
    — La Fontaine.

— s. Classe d'hommes, qui, à la Chine, cultivent les lettres et exercent les emplois publics : *les lettrés de la Chine ; la classe des lettrés.*

* **LETTRINE** s. f. (Dimin. de *lettre*). Typogr. Petite lettre placée au-dessus ou à côté d'un mot pour renvoyer le lecteur à des notes placées à la marge ou au bas de la page. — Se dit aussi des majuscules que l'on met au haut des colonnes ou des pages d'un dictionnaire, pour indiquer les initiales des mots qui s'y trouvent. — Se dit des lettres qui se mettent dans les pages, dans les colonnes mêmes d'un dictionnaire, pour indiquer le changement de la syllabe initiale des mots.

LETTRIQUE adj. Qui a rapport aux lettres de l'alphabet : *science lettrique.*

* **LEU** s. m. Ancienne forme provinciale du mot *loup*, conservée seulement dans cette locution, A LA QUEUE LEU LEU, à la suite les uns des autres. (Voy. Queue.)

LEU (Saint), archevêque de Sens. Il vivait au milieu du VIᵉ siècle. Calomnié auprès du roi Clotaire II, il fut envoyé en exil, mais le roi ayant reconnu plus tard son innocence, le rappela et le réintégra dans son diocèse. Fête le 1ᵉʳ sept. — Un autre saint Leu ou Loup, qui vivait à Bayeux au IVᵉ siècle, est également célèbre. Fête le 1ᵉʳ août.

LEU (Saint-) ch.-l. de cant. de l'arr. Sous-le-Vent (Réunion) ; 10,500 hab.

LEUCADE (*Leucas*, auj. *Sainte-Maure*), île de la mer Ionienne, sur la côte de l'Acarnanie ; elle tire son nom de Leucadius, frère de Pénélope ; elle avait pour capitale Néricos. Une autre ville, Phara, se trouvait plus au S., auprès du promontoire célèbre d'où les amants malheureux se précipitaient dans la mer pour se guérir de leur passion ; c'est ce que l'on appelait le *Saut de Leucade*. Sapho fut, dit-on, la première à essayer de ce remède ; Vénus fit aussi le saut du cap après la mort d'Adonis. — L'île appartint successivement aux Romains, aux Vénitiens et aux Turcs ; elle fut reprise par les Vénitiens qui la conservèrent jusqu'en 1797, et depuis subit le sort des autres îles Ioniennes.

LEUCATE (*Leocata*), vaste étang du dép. de l'Aude.

LEUCHTENBERG, principauté médiatisée de Bavière, dans le haut Palatinat ; 220 kil. carr. ; 6,500 hab. Capitale, Pfreimdt (1,600 hab.). En 1817, le roi Maximilien-Joseph vendit 5 millions de francs cette principauté avec une partie de celle d'Eichstædt à son gendre Eugène de Beauharnais. Comme le fils d'Eugène, Charles-Auguste-Eugène-Napoléon, (1810-'35), mourut deux mois après son mariage avec la reine Marie de Portugal, Leuchtenberg revint à son frère Max-Eugène-Joseph-Napoléon (1817-'52). Ce prince épousa en 1839 la grande duchesse russe Maria, fille de Nicolas. Il reçut le titre d'Altesse impériale et ses quatre fils celui de princes Romanovski. Le chef de la famille est aujourd'hui le duc Nicolas-Maximilien (né en 1843).

LEUCI, peuple du S.-E. de la Gallia Belgica, établi au S. des Mediomatrici, entre la Matrona et la Mosella ; ville princ., Tullum (*Toul*).

LEUCINE s. f. (gr. *leukos* blanc). Chim. Corps qui se produit par la putréfaction de la caséine.

LEUCIPPE, philosophe grec, né environ 480 av. J.-C. On prétend qu'il fut le disciple de Pythagore, de Mélissus et de Zénon et le précepteur de Démocrite auquel il apprit les premiers principes de la théorie des atomes que ce philosophe développa plus tard et constitua en système philosophique.

LEUCIQUE adj. (gr. *leukos*, blanc). Chim. Se dit d'un acide extrait de la leucine.

LEUCISQUE s. m. (lat. *leukos*, blanc). Icht.

Leuciscus cephalus.

Nom scientifique du genre Able.

* **LEUCITE** s. f. (gr. *leukos*, blanc). Minér. Silicate aluminico-potassique que l'on trouve aux environs de Rome.

LEUCOCYTE s. m. (gr. *leukos*, blanc ; *kutos*, objet creux). Physiol. Globule blanc du sang.

LEUCOFAO ou **Latafao**, lieu où Frédégonde défit les Austrasiens (596) et où fut livrée, en 860, une bataille entre Ebroïn et Pépin d'Héristal. Auj. Laffaux (Aisne).

LEUCOL s. m. (gr. *leukos*, blanc ; lat. *oleum*, huile). Chim. Synon. de Quinoléine.

LEUCOMA s. m. (gr. *leukôma*, objet blanc). Physiol. Tache blanche sur la cornée transparente de l'œil.

LEUCOPÉTRA, lieu de l'ancienne Grèce près de l'isthme de Corinthe où le consul Mummius défit les Achéens (146 av. J.-C.).

LEUCOPHYLLE adj. (gr. *leukos*, blanc ; *phullon*, feuille). Bot. Dont les feuilles sont blanches.

* **LEUCORRHÉE** s. f. (gr. *leukos*, blanc ; *rhéô*, je coule). Méd. Catarrhe utérin, maladie des femmes connue sous le nom impropre de Fleurs blanches. — La leucorrhée résulte de causes extrêmement variées, comme une constitution faible et lymphatique, une habitation froide et humide, les déviations de l'utérus, la grossesse, les émotions morales, etc. — Symptômes. Il se produit un écoulement muqueux, blanchâtre, tantôt transparent et visqueux, tantôt opaque, jaunâtre et fétide. Si l'écoulement devient permanent la femme

pâlit et tombe dans un état de tristesse et de langueur, elle éprouve des tiraillements à l'estomac et des douleurs névralgiques et donne tous les signes l'un état chloro-anémique. Le spéculum seul laisse voir d'où vient l'écoulement, si c'est du col utérin ou de la muqueuse vaginale; en tout cas, cette affection n'est pas grave par elle-même, mais elle est souvent fort opiniâtre. En général, c'est bien plus par les soins hygiéniques que par les agents thérapeutiques que l'on vient à bout de s'en rendre maître. S'il y a anémie, on donne les ferrugineux et les toniques; si l'écoulement vient d'une excitation locale, on conseille le repos, la continence, les bains de siège. Dans tous les cas, ces derniers sont efficaces ainsi que des injections aromatiques et astringentes, telles que la décoction d'écorces de chêne et de feuilles de noyer, l'eau de goudron, une solution de chlorate de potasse ou des bains de siège sulfureux.

LEUCTRES, ancienne ville de Béotie (Grèce), entre Thespie et Platée, célèbre par une victoire remportée dans ses environs par les Thébains sur les Spartiates (8 juillet 311 av. J.-C.). Le lieu du combat est marqué par un tumulus où l'on suppose que reposent les 1,000 Spartiates qui furent tués.

* **LEUDE** s. m. (all. *leute*, gens). Nom que, dans les premiers temps de la monarchie, on donnait à de grands vassaux qui suivaient volontairement leur roi à la guerre.

* **LEUR** pron. pers. plur. qui signifie, à eux, à elles. Il se place immédiatement devant le verbe, et se dit principalement des personnes : *il aime ses enfants, il ne leur refuse rien.*

> Croyez-moi, quelque éclat qui les puisse toucher,
> Ils refusent l'encens qu'on *leur* veut arracher.
>   J. Racine, *Alexandre*, acte II, sc. II.

— Se dit quelquefois des animaux, des plantes, et même des choses inanimées : *ces chevaux sont rendus, faites-leur donner un peu de vin.*

* **LEUR** adj. Il fait au pluriel *Leurs*, et signifie, d'eux, d'elles, qui appartient à eux, à elles. Il est ordinairement relatif aux personnes : *les enfants doivent du respect à leur père, à leur mère, à leurs parents.* — Se dit quelquefois relativement aux animaux, aux plantes, et même aux choses inanimées : *nos chiens ont pris leur cerf; l'hiver ôte à nos campagnes tout leur agrément.* — Précédé de l'article *Le, la, les,* s'emploie pronominalement : *les gens sages conservent leurs amis, et les fous perdent les leurs.*

> Des princes mes neveux j'entretiens la fureur,
> Et mon ambition autorise la *leur.*
>   J. Racine, *La Thébaïde,* acte III, sc. VI.

— Quoique d'ordinaire il soit relatif aux personnes, on le peut dire des animaux, et même des choses inanimées : *mes orangers ont perdu la moitié de leurs feuilles, ils ont encore toutes les leurs.* — s. Ce qui est à eux, à elles : *qu'ils gardent ce qu'ils ont, je ne veux rien du leur.* —s. pl. Parents, amis, ceux qui leur sont attachés : *ils travaillent pour eux et pour les leurs.*

LEURET (François), anatomiste français, né à Nancy en 1797, mort en 1851. Vers 1827, il devint l'aide d'Esquirol, son professeur. En 1834, parurent ses *Fragments psychologiques* et en 1840, son *Traitement moral de la folie* qui l'éleva au premier rang des psychologistes et le fit nommer directeur en chef de Bicêtre.

* **LEURRE** s. m. (anc. haut all. *luoder*, charogne). Fauconn. Morceau de cuir façonné en forme d'oiseau, dont les fauconniers se servent pour rappeler les oiseaux de fauconnerie, lorsqu'ils ne reviennent pas au réclame : *jeter le leurre en l'air.* — Oiseau de leurre. (Voy. Oiseau.) — Fig. Chose dont on se sert artificiellement pour attirer quelqu'un et le tromper : *on vous promet cet emploi, mais c'est un leurre.*

* **LEURRER** v. a. Fauconn. Dresser un oiseau au leurre : *ces oiseaux-là ne sont pas aisés à leurrer, me se leurrent pas facilement.* — Se dit, fig., en parlant des personnes, et signifie, les attirer par quelque espérance pour les tromper : *on l'a leurré de cet espoir.* — Se leurrer v. pr. Se laisser séduire, s'abuser : *il se leurre de cette espérance.*

> D'un chimérique espoir je me suis donc *leurré!*
> Collin d'Harleville. *L'Inconstant,* acte III, sc. XI.

LEUTHEN, village de la Silésie prussienne, à environ 15 kil. O. de Breslau; 1.000 hab. Frédéric le Grand y battit complètement les Autrichiens le 5 déc. 1757.

LEUTSCHAU, (hongr. *Löcse*), ville du N. de la Hongrie, capitale du comté de Zips, à 190 kil. N.-N.-E. de Pesth; 6,890 hab. C'était autrefois la ville la plus florissante et l'une des principales forteresses de la haute Hongrie; mais elle est tombée en décadence à la suite des guerres civiles du XVII° siècle.

LE VAILLANT (François), voyageur français, né dans la Guyane hollandaise en 1753, mort en 1822; il a donné le récit de ses explorations africaines et de ses aventures dans son *Voyage dans l'intérieur de l'Afrique de 1784 à 1785* (1790), et *Second voyage dans l'intérieur de l'Afrique* (1796); il publia en un style magnifique et des illustrations précieuses : *Histoire naturelle des oiseaux d'Afrique* (1796-1812, 6 vol. in-fol.); *Histoire naturelle des perroquets* (1801-'05, 2 vol.), etc., etc.

* **LEVAIN** s. m. (rad. *lever*). Substance capable d'exciter un gonflement, une fermentation interne dans le corps avec lequel on la mêle : *le levain de bière se nomme levure.* — Particul. Morceau de pâte aigrie qui, étant mêlée avec la pâte dont on veut faire le pain, sert à la faire lever, à la faire fermenter : *faire un levain, du levain.* — Par ext. Humeurs du corps humain, quand on les suppose viciées de manière à causer quelque désordre, à produire quelque altération : *il se sent incommodé, il y a à craindre que ce ne soit quelque mauvais levain qui s'amasse dans son estomac.* — Fig. Mauvaises impressions que le péché laisse dans l'âme : *se défaire du vieux levain du péché.* — Fig., et, quelquefois, germes de certaines passions violentes : *leur haine n'est pas si bien apaisée, qu'il n'en reste quelque levain.* — Levain en poudre, poudre qui a la propriété de faire lever instantanément la pâte. On emploie communément pour cet objet un carbonate alcalin (tel que le bicarbonate ou le sesqui-carbonate de soude), combiné avec du lait sûr, de l'acide tartrique ou du bitartrate de potasse et quelquefois du phosphate de chaux.

* **LEVANT** adj. m. Qui se lève. N'est usité que dans l'expression, Soleil levant : *je serai là à soleil levant, au soleil levant.* — Prov. et fig. Adorer le soleil levant, faire sa cour à la puissance nouvelle, à la faveur naissante.

* **LEVANT** s. m. (ital. *Levante,* l'orient). nom donné d'abord par les Vénitiens et les Génois aux régions situées à l'E. de l'Italie). L'orient, relativement au lieu où l'on est, la partie de l'horizon où le soleil se lève : *les quatre points cardinaux sont le levant, le couchant, le midi et le septentrion.* — Le Levant d'été, le point où le soleil se lève sur notre horizon au solstice d'été; et, Le Levant d'hiver, celui où il se lève au solstice d'hiver. — Se dit particul. des régions ou pays, situé au côté où le soleil se lève, comme la Turquie, la Perse, l'Asie Mineure, la Syrie, etc. : *les peuples, les marchandises du Levant.* — Dans un sens plus étendu, toutes les contrées de l'Orient jusqu'à l'Eu-phrate et le Nil. — Par *Scale del Levante* (échelle du Levant), les Italiens comprennent principalement les ports commerciaux de la Méditerranée situés en Asie Mineure et en Syrie. Les commerçants d'origine européenne et établis dans l'empire ottoman sont souvent appelés Levantins.

* **LEVANTIN, INE** adj. Natif des pays du Levant : *les peuples levantins.* — s. : *les Levantins.* (Voy. Levant.)

* **LEVANTINE** s. f. Étoffe de soie toute unie : *robe de levantine.*

LEVASSEUR (Thérèse), femme française qu'a rendue célèbre sa liaison avec J.-J. Rousseau, née à Orléans en 1721, morte en 1801. Dénuée de toute intelligence, non seulement elle était indigne de celui qui l'avait élevée jusqu'à lui; mais elle exerça sur la vie entière du philosophe une funeste influence et elle l'abreuva d'amertume. Après la mort de J.-J., l'Assemblée nationale n'en vota pas moins une rente de 1,200 livres à M*** Levasseur.

LEVASSEUR (René), conventionnel, né au Mans en 1747, mort en 1834. Envoyé à la Convention par le dép. de la Sarthe, il vota la mort du roi, et le 25 déc. 1793 il prononça aux jacobins un éloge pompeux de Marat. Après le 9 thermidor, il combattit vivement la réaction, fut incarcéré pendant quelques mois et ensuite employé dans l'armée jusqu'en 1815. Emmené en exil par les Prussiens en 1816, il fut gardé à Cologne et rendu à la liberté après une courte détention.

* **LÈVE** s. f. (rad. *lever*). Espèce de cuiller de bois à long manche dont on se sert au jeu de mail, pour lever la boule.

* **LEVÉ, ÉE** part. pass. de Lever. — Aller partout tête levée, la tête levée, le front levé, aller partout sans rien craindre, sans appréhender aucun reproche, aucun affront. — Fig. et fam. Prendre quelqu'un au pied levé, prendre quelqu'un au moment où il se dispose à partir, à s'éloigner. Il signifie aussi, dans une acception plus figurée, prendre quelqu'un au mot, ou lui faire une demande, sans lui donner le temps de la réflexion. — Voter par assis et levé, manifester son vote, dans une assemblée délibérante, en se levant, ou en restant assis. — Être levé, être sorti du lit : *il est levé et habillé; il n'est pas encore levé.* — s. m. Mus. Le temps de la mesure où on lève le pied ou la main.

LEVEAU ou **Levau (Louis),** architecte français, né en 1612, mort en 1670. Il construisit le château de Vaux pour Fouquet, l'église Saint-Sulpice, l'hôtel Lambert, une partie du château de Vincennes, le pavillon de Marsan aux Tuileries, etc. L'Institut a été élevé sur ses plans.

* **LEVÉE** s. f. Action de lever, de recueillir certaines choses; et ce qui se lève, se recueille. Se dit des fruits et principalement des graines; alors il signifie, récolte : *la levée des fruits lui appartient.* — En parlant des droits, des deniers, des impôts, etc., signifie collecte, perception, recette : *la levée des deniers, des droits de l'État, des impôts.* — Soldats, troupes qu'on lève, qu'on enrôle : *une levée de soldats, de troupes.* — Levée en masse, appel à tous les citoyens en état de porter les armes, qui ne se fait que dans les grands dangers, particulièrement dans le cas d'invasion étrangère. — La Levée d'un siège, la retraite des troupes qui tenaient une place assiégée. — La Levée du scellé, l'action par laquelle l'officier de justice lève un scellé : *assister, s'opposer, être présent à la levée du scellé.* —Faire la levée d'un corps, d'un cadavre, enlever, par autorité publique, un cadavre, un corps mort, et le faire porter au lieu où il doit être inhumé, ou exposé pour être reconnu : *procès-verbal de la levée d'un corps.* — La Levée du corps.

action de prendre le corps d'un mort à sa demeure pour le transporter à l'église, de là au cimetière. — Chir. LA LEVÉE DE L'APPAREIL, l'action d'ôter l'appareil mis sur une blessure : *assister à la levée de l'appareil, du premier appareil.* — LEVÉE DE BOUCLIERS, démonstration par laquelle les soldats romains témoignaient leur résistance aux volontés de leur général. — Fig. LEVÉE DE BOUCLIERS, opposition ou attaque contre une personne, contre un corps, faite avec éclat et sans succès : *il a fait une levée de boucliers bien imprudente, bien extraordinaire.* — Ordre qui fait cesser une punition, une défense : *la levée des arrêts.* — Heure où une assemblée, une compagnie se lève pour finir la séance : *attendez la levée du conseil.* — Opération des agents de la poste lorsqu'ils viennent retirer de la boîte les lettres qui y ont été jetées : *première levée.* — Se dit aussi collectiv. des lettres qu'on retire de la boîte à chaque levée : *la levée de deux heures n'a pas été considérable.* — Techn. Ce qu'on lève sur la largeur d'une étoffe pour un habit, ce qu'on lève d'une pièce de toile pour des chemises, etc. — Course de bague. Action de celui qui lève la lance, pour enfiler la bague : *faire une levée de bonne grâce.* — Jeu de cartes, main qu'on a levée : *il n'a pas fait une levée.* — Élévation de terre ou de maçonnerie, en forme de digue, de berge, pour retenir les eaux d'un canal, d'une rivière, pour servir de chemin à travers un marais, etc. : *la levée de la Loire.*

LEVENS, ch.-l. de cant., arr. et à 22 kil. de Nice (Alpes-Maritimes); 1,600 hab.

* LEVER v. a. (lat. *levare*). *Je lèverai; je lèverais.* Hausser, faire qu'une chose soit plus haute qu'elle n'était : *levez cela plus haut.* — LEVER LA TOILE, LE RIDEAU, lever la toile, le rideau qui cache le théâtre aux spectateurs. — LEVER LES YEUX AU CIEL, tourner les yeux vers le ciel. LEVER LES YEUX SUR QUELQU'UN, le regarder. LEVER LES YEUX SUR, aspirer à : *il osa lever les yeux sur cette héritière.* — IL N'OSE PAS LEVER LES YEUX, se dit d'un homme qui, ayant quelque reproche à se faire, craint de voir et d'être vu. — J'EN LÈVERAIS LA MAIN, j'en ferais serment. — LEVER LA MAIN, LEVER LE BATON, LEVER LE SABRE SUR QUELQU'UN, le mettre en état de le frapper. — LEVER LE PIED, s'enfuir subitement et secrètement, pour cause de mauvaises affaires. — LEVER LES ÉPAULES, témoigner, en levant les épaules, du mécontentement ou du mépris : *c'est à faire lever les épaules. Il n'y a rien à répondre à cela, il n'y a qu'à lever les épaules.* — LEVER LA CRÊTE, s'enorgueillir, s'en faire accroire : *il commence à lever la crête, et à vouloir faire l'entendu.* Il signifie aussi, se montrer, paraître avec plus de hardiesse. — Se dit également, dans ce dernier sens, LEVER LA TÊTE. — LEVER L'ÉTENDARD, se déclarer chef d'un parti, d'une faction : *lever l'étendard de la révolte.* Et, LEVER L'ÉTENDARD CONTRE QUELQU'UN, se déclarer ouvertement contre lui. — CELA LÈVE LA PAILLE, se dit d'une chose singulière, extraordinaire ou décisive. — Redresser une personne ou une chose qui était couchée ou penchée : *lever un enfant sur ses pieds, un malade sur son séant.* — LEVER QUELQU'UN, l'aider à se lever et à s'habiller : *son valet de chambre le lève, est allé le lever.* — FAIRE LEVER UN LIÈVRE, FAIRE LEVER DES PERDRIX, faire partir un lièvre, faire partir des perdrix. Dans ces phrases, *Lever* est neutre. — LEVER LE LIÈVRE, faire le premier une proposition, ou trouver un expédient dont les autres ne s'étaient point avisés. — Oter, enlever, retirer, écarter : *le chirurgien a levé le premier appareil.* — Jard. LEVER UN ARBRE, UNE PLANTE EN MOTTE, arracher un arbre, une plante, avec la portion de la botte qui tient à leurs racines, afin de les transplanter. — LEVER LE MASQUE A QUELQU'UN DANS UN BAL, soulever son masque pour chercher à le reconnaître. — LEVER LE

MASQUE, agir ouvertement et sans se contraindre, après avoir tenu quelque temps une autre conduite. On ne le dit guère qu'en mauvaise part. — Mar. LEVER L'ANCRE, retirer l'ancre ou les ancres qu'on avait jetées à la mer pour arrêter le vaisseau : *toute la flotte leva l'ancre, et mit à la voile.* — Typogr. LEVER LA LETTRE, prendre les lettres les unes après les autres dans les cassetins et les arranger dans le compositeur pour en faire des mots et des lignes. On dit aussi *composer.* — Un ouvrier *lève bien la lettre,* lorsqu'il la lève habilement et sans faux mouvements, etc. — LEVER UNE DIFFICULTÉ, UN EMPÊCHEMENT, UN OBSTACLE, DES DOUTES, UN SCRUPULE, faire cesser une difficulté, un empêchement, écarter un obstacle, dissiper des doutes, un scrupule. — LEVER LES DÉFENSES; LEVER L'INTERDIT, L'EXCOMMUNICATION; LEVER UNE OPPOSITION; LEVER LA CONSIGNE, etc., révoquer des défenses, un interdit, une excommunication, une opposition, une consigne, etc. — LEVER LE SIÈGE D'UNE PLACE, retirer les troupes qui la tenaient assiégée : *il a levé le siège.* — CE GÉNÉRAL A LEVÉ LE CAMP, il a fait décamper son armée. CETTE ARMÉE A LEVÉ LE CAMP, elle a décampé. CES TROUPES ONT LEVÉ LE PIQUET, elles se sont retirées avec quelque précipitation. — LEVER LA GARDE, LEVER LA SENTINELLE, retirer des soldats qui sont de garde, retirer un soldat qui est en faction. — LEVER LA SÉANCE, déclarer que la séance est terminée, que les membres de l'assemblée doivent se séparer : *le président a levé la séance à trois heures.* — Se dit au trictrac, quand le joueur a passé toutes ses dames dans le jan de retour, et qu'il les lève ensuite sur la bande : *je lève deux dames à chaque coup.* Il s'emploie aussi absol. dans ce sens : *j'aurai levé avant vous.* — Jeu de carte. LEVER LES CARTES ou LEVER LA MAIN, faire la main, enlever les cartes jouées, celle que l'on avait étant supérieure : *j'ai déjà levé deux mains, trois mains.* — Couper une partie sur un tout. Se dit principalement en parlant des étoffes : *lever sur la longueur de la toile de quoi faire les poignets des chemises.* Se dit également en parlant des animaux qui servent à la nourriture, et dont on coupe un membre ou quelque partie : *lever une épaule, un gigot de mouton.* — Percevoir, recueillir, rassembler, ramasser, emporter : *lever les fruits d'une terr..* On a dit de même autrefois : *lever les rent.. seigneuriales, la dîme.* — LEVER DES SOLDATS, UNE COMPAGNIE, UN RÉGIMENT, DES TROUPES, UNE ARMÉE, enrôler des soldats, mettre des troupes sur pied, mettre une armée sur pied. — LEVER UN CORPS, faire emporter un corps mort. Cela ne se dit que lorsqu'on procède à l'enlèvement par autorité publique : *c'est au maire de la commune du mort à lever le corps.* — LEVER UN CORPS SAINT, tirer du tombeau avec cérémonie, pour l'exposer à la vénération des fidèles. — LEVER UN ENFANT, LEVER UN PETIT ENFANT, se dit en parlant d'un petit enfant exposé que l'autorité fait emporter à l'hôpital. — LEVER UN ARRÊT, UNE SENTENCE; LEVER UN ACTE CHEZ UN NOTAIRE, s'en faire délivrer une expédition. — LEVER LE PLAN D'UNE PLACE, DE QUELQUE LIEU, prendre les mesures nécessaires pour tracer ce plan, le tracer. — LEVER BOUTIQUE, LEVER MÉNAGE, commencer à tenir boutique, à tenir ménage. — Manège. LEVER UN CHEVAL A CABRIOLE, A PESADES, A COURBETTES, manier un cheval à cabrioles, etc. — v. n. Se dit des plantes, des graines qui commencent à pousser et à sortir de terre : *on a semé là du gland, voilà des chênes qui commencent à lever.* — Se dit de la pâte qui fermente : *le levain fait lever la pâte.* — Se lever. v. pr. Se dresser, se mettre debout sur ses pieds : *se lever de son siège.* — SE LEVER DE TABLE, quitter la table, après ou pendant le repas. — SE LEVER POUR UNE PROPOSITION, CONTRE UNE PROPOSITION, se lever, dans une assemblée délibérante, pour l'admission ou pour le rejet d'une proposition : *les trois quarts de*

l'assemblée se sont levés contre la proposition. — Absol. SE LEVER, sortir du lit : *il se lève de bon matin.* — Prov. et fig. IL FAUT SE LEVER BIEN MATIN POUR L'ATTRAPER, il est très fin, très difficile à tromper. — Se dit aussi du soleil et des astres qui commencent à paraître sur l'horizon : *le soleil se lève à telle heure.* On dit en ce sens, Le jour se lève de bonne heure dans ce mois-ci. — LE VENT SE LÈVE, il commence à souffler.

* LEVER s. m. L'heure, le temps auquel on se lève : *il faut aller chez lui à l'heure de son lever, à son lever, pour le trouver.* On dit aussi, LE LEVER tout court, en parlant du moment où le roi reçoit dans sa chambre, après qu'il est levé : *je suis allé au lever.* — LE LEVER DU SOLEIL, LE LEVER DES ÉTOILES, l'instant où le soleil et les étoiles commencent à paraître sur l'horizon. On dit, dans un sens analogue, LE LEVER DE L'AURORE.

> Veux-tu que j'aille là m'établir botaniste,
> Et goûter le plaisir unique et sans pareil
> D'assister, chaque jour, au lever du soleil?
>
> COLLIN D'HARLEVILLE. *L'Inconstant*, acte III, sc. XII.

— LE LEVER DE LA TOILE, LE LEVER DU RIDEAU, l'instant où on lève la toile, le rideau qui cache le théâtre aux spectateurs : *au lever du rideau, la pièce commence.* — LE LEVER DES PLANS, partie de l'arpentage qui a pour objet de prendre les mesures nécessaires pour tracer un plan. On dit aussi LE LEVÉ DES PLANS.

* LEVER-DIEU. s. m. Temps de la messe où le prêtre élève l'hostie : *il n'est arrivé qu'au lever-Dieu.* Il est invariable.

LEVERRIER (Urbain-Jean-Joseph), astronome français, né à Saint-Lô le 11 mars 1811, mort à Paris le 23 sept. 1877. Il obtint un petit emploi à l'Ecole polytechnique, et se consacra à l'étude des problèmes d'astronomie spéculative, et particulièrement des irrégularités des corps célestes. Deux mémoires à ce sujet, secondant les observations de Lagrange et affirmant que les masses des planètes Jupiter, Saturne et Uranus sont suffisantes pour assurer la stabilité du système solaire, furent soumis en 1839 à l'Académie des sciences. Arago engagea le jeune auteur à étudier avec attention l'orbite et les perturbations de Mercure; le succès de Leverrier dans ce travail le conduisit à reviser les tables encore imparfaites d'Uranus. Convaincu que les mouvements de cette planète ne peuvent s'expliquer par l'attraction des corps connus, il indiqua (1er janv. 1846) à l'Académie des sciences, dans l'espace de 10°, la place où une nouvelle planète pouvait être vue le 1er janv. 1847. Cette planète, c'était Neptune, qui fut observée par l'astronome allemand Galle dès le 23 sept. 1846; Leverrier avait fait une erreur de 2° seulement. On créa pour lui une chaire d'astronomie mathématique à la faculté des sciences et la Société royale d'Angleterre lui envoya la médaille d'or de Copley. La priorité de sa magnifique découverte lui fut contestée en faveur d'un jeune géomètre anglais de Cambridge, M. Adams, qui était arrivé à la même conclusion vers la même époque. En 1848, Leverrier prit part à la politique. D'abord démocrate, il siégea ensuite à la Législative parmi les impérialistes. Après le coup d'Etat du 2 déc. 1851, il fut nommé sénateur et, au bout de quelque temps, inspecteur général de l'instruction publique. En 1853, à la mort d'Arago, il devint directeur de l'Observatoire. Révoqué en 1870, pour des raisons complètement étrangères à la politique, il fut nommé de nouveau en 1872. Certaines perturbations de Mercure le conduisirent en 1859, à supposer l'existence d'une planète ou peut-être d'une série de petits corps se mouvant entre Mercure et le soleil. Cette observation fut suivie de l'assertion du Dr Lescarbault que, dès le 25 mars de la même année, il avait observé la nouvelle planète nommée Vulcain; mais des recherches postérieures n'ont pu établir son existence. En 1861, Leverrier fit une communication importante relative à la planète Mars et aux astéroïdes et, depuis lors, il passa la plus grande partie de son temps à faire des recherches à ce sujet.

LÉVET, ch.-l. de cant., arr. et à 18 kil. S. de Bourges (Cher); 1,100 hab.

LEVEUR, EUSE s. Celui, celle qui lève.— Typogr. Ouvrier qui lève les feuilles imprimées. — LEVEUR DE LETTRES, compositeur qui travaille très rapidement.

LEVEZON, chaîne de montagnes de la France méridionale séparant la rivière du Tarn de celle du Lot et de l'Aveyron. Les points culminants de cette chaîne nue et stérile atteignent jusqu'à 1,000 mètres.

LÉVI, troisième fils de Jacob et de Lia. Ses descendants ne participèrent pas à la division des terres de Chanaan et ils furent dispersés dans les autres tribus; mais ils formèrent une caste à part réservée aux emplois sacerdotaux. Moïse et Aaron appartenaient à cette tribu. (Voy. LÉVITES.)

* **LÉVIATHAN** s. m. (forme du mot hébreu *livyathan*). Animal monstrueux, mentionné dans le livre de Job, que quelques commentateurs croient être la baleine, d'autres le crocodile.

LEVIE, ch.-l. de cant., arr. et à 21 kil. N.-É. de Sartène (Corse); 1,760 hab. Commerce de bestiaux et de chevaux.

* **LEVIER** s. m. (rad. *lever*). Bâton, barre de fer ou de quelque autre matière solide, propre à soulever, à remuer des fardeaux : *un gros levier.* — LE POINT D'APPUI D'UN LEVIER, le corps sur lequel le levier a son point fixe: *l'éloquence est un puissant levier pour remuer la multitude.* — ENCYCL. Tout levier a un *point d'appui* (*f*, dans nos figures), le corps à mouvoir se nomme *résistance* (*w*); la force qui agit sur le levier est la *puissance* (*p*). La distance de la résistance ou de la puissance au point d'appui est appelée *bras du levier.* Il existe trois genres de leviers. Leviers du premier genre (fig. 1); le point d'appui (*f*) se trouve entre la puissance (*p*) et la résistance (*w*) et divise le levier en deux bras, ordinairement d'inégale longueur, la puissance agissant en raison directe de la longueur du bras qui lui correspond. Il est évident que, pour produire l'équilibre, la puissance doit être plus grande ou moins grande que la résistance suivant qu'elle est moins éloignée ou plus éloignée que celle-ci du point d'appui. Le fléau de la balance est un levier de ce genre.

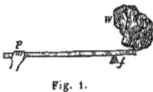

Fig. 1.

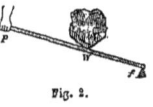

Fig. 2.

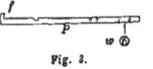

Fig. 3.

Levier du second genre (fig. 2): la résistance (*w*) est entre le point d'appui (*f*) et la puissance (*p*). La brouette est l'application la plus populaire d'un levier de ce genre. *Levier du troisième genre* (fig. 3); la puissance (*p*) se trouve entre la résistance (*w*) et le point d'appui (*f*). La pince à sucre, l'étau, la pincette; etc., sont des exemples de ce levier.— Dans tous les genres de levier, le rapport de la puissance à la résistance pour produire l'équilibre est évalué en proportion inversé de la distance de l'application de ces forces à partir du point d'appui. Dans l'état d'équilibre, la force qui, à elle seule, produit sur le levier le même effet que la puissance et la résistance réunies se nomme *résultante.* Pour

qu'il y ait équilibre, il faut que la résultante passe par le point d'appui, et alors *le produit de la puissance par sa distance au point d'appui, est égal au produit de la résistance par sa distance au même point,* principe découvert par Archimède. Comme les distances que parcourent la puissance et la résistance sont en proportion de leur distance respective du point d'appui, il en résulte que lorsque l'on fait mouvoir un poids par le moyen d'un levier, ce que l'on gagne en puissance on le perd en rapidité, et *vice versa.* — Quand un ou plusieurs leviers du même genre ou de genres différents sont combinés ensemble, le système prend le nom de *levier composé.* Les *bascules* sont des combinaisons de cette espèce.

LEVIER, ch.-l. de cant., arr., et à 24 kil. N.-O. de Pontarlier (Doubs); 1,300 hab. Commerce de fromages.

LÉVIGER v. a. (lat. *levis*, léger). Chim. Réduire en poudre impalpable en délayant dans un liquide qui laisse précipiter la matière après l'avoir dissoute.

LÉVIRAT s. m. (lat. *levir*, beau-frère). Mariage du beau-frère et de la belle-sœur, obligatoire d'après la loi de Moïse.

* **LEVIS** adj. (rad. *lever*). N'est usité que dans cette expression : PONT-LEVIS, pont qui se baisse et se lève pour ouvrir ou fermer le passage d'un fossé : *on leva, on abaissa le pont-levis du château.* — Fam. CULOTTE A PONT-LEVIS, culotte qui a par devant une pièce qui s'abat et se relève à volonté. (Vieux.)

LÉVIS ou **Point-Lévi**, ville du Bas-Canada, sur le Saint-Laurent, en face de Québec; 7,000 hab.

LÉVIS I (François-Gaston, DUC DE), maréchal de France, né à Ajac (Languedoc) en 1720, mort à Arras en 1787. Compagnon d'armes de Montcalm au Canada et son successeur après la perte de Québec, il se maintint longtemps encore à Montréal, mais ne put sauver la colonie. Il commandait l'avant-garde de Condé à Johannisberg; il fut fait maréchal en 1783. — II (Pierre-Marc-Gaston, DUC DE), né en 1755, mort en 1830. Il fut membre de l'Assemblée constituante et, pendant quelque temps, il soutint les idées nouvelles; il émigra en 1792 et fut blessé à Quiberon. Rentré en France après le 18 brumaire, il se consacra à la littérature, fut nommé membre du conseil privé par Louis XVIII, et entra à l'Académie française. On a de lui : *Considérations morales sur les finances* (1816, in-8°); l'*Angleterre au commencement du XIXᵉ siècle* (1814, in-8°); *Des emprunts* (1818), etc.

* **LÉVITE** s. m. Israélite de la tribu de Lévi, destiné au service du temple : *les lévites avaient le second rang dans le service du temple.* — Les lévites, dans un sens général, sont tous les descendants de Lévi ; mais on donne plus particulièrement ce nom à ceux qui étaient employés aux offices inférieurs du temple, pour les distinguer des prêtres qui étaient de la famille d'Aaron, branche de la même tribu. Une partie de ces derniers étaient chargés de la garde du tabernacle, tandis que les autres furent répartis dans 48 villes qui leur furent assignées dans la terre de Chanaan. On leur accordait la dixième partie du produit des terres appartenant aux autres tribus.

* **LÉVITE** s. f. Robe ample que portaient jadis les femmes. — Longue redingote d'homme.

* **LÉVITIQUE** s. m. Nom du troisième livre du *Pentateuque*, qui établit les cérémonies du culte.

* **LEVRAUDER** v. a. Harceler, poursuivre quelqu'un comme un lièvre, ne s'emploie

qu'au figuré : *il est triste d'être sans cesse levraudé par des critiques de mauvaise foi.* (Fam.)

* **LEVRAUT** s. m. Jeune lièvre : *petit levraut.*

* **LÈVRE** s. f. (lat. *labrum*). Partie extérieure et charnue qui borde la bouche, qui couvre les dents, et qui aide à la formation des sons, à l'articulation des mots : *la lèvre supérieure.*

Et l'ange du départ sur ses lèvres muettes
Répandait de la mort les pâles violettes.
CASIMIR. *Poésies.*

— IL LE DIT DES LÈVRES, MAIS LE CŒUR N'Y EST PAS, il exprime un sentiment qu'il n'éprouve pas; il fait une promesse qu'il n'a pas dessein de tenir. — N'HONORER DIEU QUE DES LÈVRES, QUE DU BOUT DES LÈVRES, se dit des hypocrites qui ne prient Dieu que de bouche. — RIRE DU BOUT DES LÈVRES, rire sans en avoir envie, à contre-cœur. Dans le même sens, SON RIRE NE PASSE PAS LES LÈVRES. — JE L'AVAIS SUR LE BORD DES LÈVRES, se dit lorsque, au moment de prononcer un nom, de dire quelque chose, on ne s'en souvient plus. — Fig. AVOIR LE CŒUR SUR LES LÈVRES, être franc et sincère. — Fig. AVOIR LA MORT SUR LES LÈVRES, être près de mourir, ou avoir la figure d'un mourant. — Fig. SE MORDRE LES LÈVRES DE QUELQUE CHOSE, s'en repentir : *je n'ai pas eu plutôt lâché cette parole, que je m'en suis mordu les lèvres.* — Fig. et prov. ENTRE LA COUPE ET LES LÈVRES IL PEUT SE PASSER BIEN DES CHOSES, se dit pour exprimer l'incertitude des choses humaines qui peuvent changer en un instant. — Manège. CE CHEVAL S'ARME DE LA LÈVRE, IL SE DÉFEND DES LÈVRES, il a les lèvres si épaisses, qu'elles lui ôtent le sentiment des barres, en sorte que l'appui du mors ne devient sourd et trop ferme. —Chir. Se dit, par anal., des bords d'une plaie : *les lèvres de sa plaie sont vermeilles, commencent à se rapprocher.*—Anat. Les bords extérieurs ou intérieurs de la vulve : *les grandes lèvres.* — Bot. Certaines découpures, à peu près en forme de lèvres, qui caractérisent les fleurs des plantes nommées, par cette raison, PLANTES LABIÉES : *les fleurs de la sauge, de la mélisse, etc.*, ont deux lèvres, *l'une supérieure, l'autre inférieure.*

* **LEVRETTE** s. f. La femelle du lévrier : *une petite levrette.* — ∾ Race de petits chiens lévriers. (Voy. CHIEN.)

* **LEVRETTÉ, ÉE** adj. [le-vrè-té]. Qui a la taille mince comme un lévrier : *épagneul levretté.*

* **LÉVRIER** s. m. (lat. *leporarius*, sous-entendu *canis*, chien qui chasse le lièvre). Sorte de chien haut monté sur jambes, qui a la tête longue et menue, le corps fort délié, et dont on se servait beaucoup autrefois pour la chasse du lièvre : *beau, grand lévrier.* — Se dit, fig. et fam., des gens qu'on met à la poursuite de quelqu'un : *la justice a mis les lévriers aux trousses du fripon.* — Législ. « L'emploi des lévriers dans la chasse à tir a été interdit par l'ordonnance réglementaire du 20 août 1814. La loi sur la chasse ne défend implicitement l'usage, même pour la chasse à courre; et elle donne seulement aux préfets la faculté de prendre des arrêtés autorisant l'emploi des chiens lévriers pour la destruction des animaux malfaisants ou nuisibles (L. 22 janv. 1874). Les chasseurs qui se sont servis de ces chiens, sans y avoir été autorisés, sont passibles d'une amende de 16 à 100 francs (L. 3 mai 1844, art. 11). » (CH. Y.)

* **LEVRON** s. m. Dimin. Lévrier au-dessous de six mois ou environ : *beau, jeune levron.* — Sorte de lévrier de fort petite taille. *voilà un joli levron.*

LEVROUX, ch.-l. de cant., arr. et à 20 kil. N.-O. de Châteauroux (Indre); 4,200 hab. Commerce de grains, vins, laines fines; mégisseries et tanneries. Restes d'un château fort.

LÉVULOSE s. f. (lat. *lævus*, gauche). Chim. Sorte de sucre de la famille des glucoses et qui fait dévier à gauche le plan de polarisation de la lumière.

LEVURE s. f. Écume que fait la bière quand elle bout et dont les boulangers et les pâtissiers se servent quelquefois au lieu d'autre levain: *il a été défendu aux boulangers de mettre de la levure dans le petit pain.* — Ce qu'on lève de dessus et de dessous le lard à larder: *une levure, des levures de lard.* — Écume qui s'élève à la surface de la bière et des autres liqueurs pendant la fermentation et qui consiste principalement en globules microscopiques d'une plante cryptogame. Cette plante se trouve aussi dans la variété de levure qui se développe dans la fermentation sédimentaire. (Voy. BRASSAGE.) Son histoire commence avec sa découverte dans la bière par Leeuwenhoek en 1680; mais les observations microscopiques de ce savant furent négligées pendant longtemps, et ce ne fut guère que vers 1837 que Cagniard de la Tour les reprit et, comme on l'a dit, redécouvrit la *plante ferment*. Il déclara que, par l'influence de cette plante, l'équilibre des molécules du sucre est rompu; il mesura le diamètre des cellules et leur trouva $\frac{1}{1000}$ de centimètre et observa aussi que ces cellules se développent par germination. Turpin plaça le champignon de la fermentation dans le genre *torula*, créé par Persoon, et cette classification a été conservée jusqu'à une époque récente; depuis quelques années, plusieurs naturalistes donnent à cette plante le nom de *mycoderma vini*; les *torulas* ont un mycélium et on pense généralement que les ferments n'en ont jamais. Meyen, les considérant comme des champignons, créa un genre nouveau pour eux sous le nom de *saccharomyces*; Kützing les place parmi les algues dans un genre séparé appelé *cryptococcus*; il n'a pas été positivement décidé si la présence de cette plante est nécessaire pour le commencement de fermentation vineuse. (Voy. FERMENTATION.) Le plus éminent partisan de l'affirmative est Pasteur, qui a fait de nombreuses expériences, non seulement sur la nature du ferment, mais surtout pour combattre les théories de la génération spontanée. La composition chimique de la levure est remarquable par une grande proportion d'azote.

LÉVY (Michel), libraire, né à Phalsbourg le 17 nov. 1819, mort en mai 1875. Fonda à Paris l'importante maison qui porte son nom.

LEWES [lou-iss], ville du Sussex (Angleterre), sur l'Ouse, à 65 kil. S. de Londres; 10,755 habit. Commerce important.

LEWISBURG [le-iss-bourg], ville de Pennsylvanie, sur le bras O. de la rivière Susquehanna, à 75 kil. N. d'Harrisburg; 3,120 hab. Commerce considérable.

LÉWISIE s. f. [lé-oui-zî]. Bot. Genre de de portulacées, ainsi nommé en l'honneur du capitaine Meriwether Lewis qui découvrit, dans sa première expédition d'exploration avec Clarke, l'espèce type, la *léwisie vivace* (*lewisia rediviva*). La racine de cette plante est épaisse; elle se divise en plusieurs branches; ses feuilles sont linéaires étroites, succulentes:

Lewisia rediviva.

au milieu d'elles s'élèvent plusieurs tiges courtes portant chacune une seule fleur rose, large de trois centim. La léwisie se trouve depuis les montagnes au N. de l'Arizona jusqu'à celles de l'Orégon; elle sert d'aliment aux Indiens. Sa racine est enveloppée d'une écorce sombre, l'intérieur est blanc et féculent; quoique amère, même quand elle est cuite, cette racine est très nourrissante.

LEWISTON [le-hiss-t'n], ville du Maine

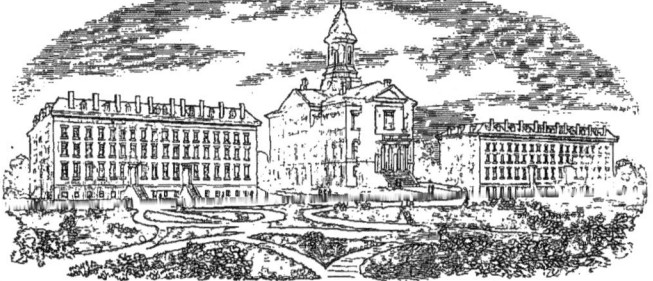

Collège Bates, Lewiston (Maine).

(États-Unis), sur la rivière Androscoggin, vis-à-vis d'Auburn, à 55 kil. N. de Portland; environ 20,000 hab. Manufactures de coton et de laine qui emploient 8,300 ouvriers; chaussures, briques, voitures, fenêtres, portes, etc. Collège de Bates; superbe établissement fondé en 1863 et dirigé par les baptistes libres.

LEXICOGRAPHE s. m. [lè-ksi-ko-gra-fe] (gr. *lexicon*, lexique; *graphô*, j'écris). Auteur d'un lexique, d'un dictionnaire. Se dit aussi de celui qui s'occupe d'études, de travaux lexicographiques.

LEXICOGRAPHIE s. f. Science, art du lexicographe : *la lexicographie exige une grande rectitude d'esprit et beaucoup de connaissances.*

LEXICOGRAPHIQUE adj. Qui appartient à la lexicographie : *art, science lexicographique.*

LEXICOLOGIE s. f. Partie de la science du langage qui s'occupe des mots considérés par rapport à leur valeur et à leur étymologie.

LEXICOLOGIQUE adj. Qui a rapport à la lexicologie.

LEXINGTON [lèkss-ign-t'n]. I. Ville du Massachusets (États-Unis), à 15 kil. N.-O. de Boston et à 12 kil. E. de Concord; 2,510 hab. Elle fut le théâtre de la première rencontre entre les Anglais et les Américains dans la lutte révolutionnaire. Cet engagement, dans lequel les Anglais remportèrent l'avantage, fut suivi du soulèvement du pays tout entier et la nuit suivante, le gouverneur royal et

Collège des arts, université du Kentucky, à Lexington.

Université Washington-et-Lee, à Lexington (Virginie).

l'armée anglaise se trouvèrent assiégés dans Boston. — II. Ville du Kentucky (États-Unis), sur un bras de la rivière Elkhorn, tributaire du Kentucky, à 100 kil. S.-E. de Louisville et à 30 S.-E. de Frankfort, 14,800 hab. Commerce important et manufactures considérables. Université fondée en 1859; la ville date de 1775. — III. Ville du Missouri (États-Unis), sur la rivière Missouri, à 180 kil. N.-O. de Jefferson; 4,370 hab. Commerce et manufactures importantes. En sept. 1861, il y eut un vif engagement entre les fédérés au nombre de 3,000 et les forces confédérées quatre fois plus nombreuses, commandées par le général Price; la ville et la garnison furent obligées de se rendre le 21. — IV. Ville de la Virginie (États-Unis), sur la North River, à 175 kil. N.-O. de Richmond; 3,000 hab. Elle doit sa célébrité à l'université Washington-et-Lee, dont la création remonte à 1796.

LEXIQUE s. m. [lè-ksi-ke](gr. *lexicon*, *lire*; de *legein*, lire). Dictionnaire. Se dit particulièrement des dictionnaires grecs. — Adjectiv. MANUEL LEXIQUE, petit dictionnaire dont l'usage est facile et fréquent. — Dictionnaire des locutions et des formules propres à certains auteurs : *le lexique d'Homère*. (Voy. DICTIONNAIRE.)

LEXOVII ou Lexobii, peuple de la Gallia Lugdunensis, sur le bord de l'Océan, à l'O. de l'embouchure de la Sequana. Cap., Noviomagus (Lisieux).

LEXOVIEN, IENNE s. et adj. Habitant de Lisieux ; qui concerne cette ville ou ses habitants.

LEYDE ou Leiden [lè-de ; ou laï-d'n] (holl. *Leijden*; anc. *Lugdunum Batavorum*), ville de la Hollande méridionale (Pays-Bas), sur le vieux Rhin, à 15 kil. N.-E. de la Haye; 37,000 hab. Elle est entourée de nombreux moulins à vent, de villas, de jardins et de vergers, et traversée par plusieurs canaux. La

Hôtel de ville de Leyde.

Breede Straat, avec son pittoresque hôtel de ville, passe pour une des plus belles rues de l'Europe. L'université, qui fit autrefois surnommer Leyde l'Athènes de l'Occident, a encore 700 étudiants et 40 professeurs. Parmi ses plus célèbres institutions, on remarque un musée d'histoire naturelle, un cabinet d'anatomie comparée, un musée égyptien, la collection japonaise de Siebold (dans le musée national d'ethnographique) une bibliothèque de 90,000 volumes et 14,000 manuscrits comprenant quelques manuscrits orientaux des plus rares. Au XVIIe et au XVIIIe siècles, l'imprimerie y était une branche importante d'industrie, ainsi que la manufacture des laines fines. Au XVIIe siècle, on estimait la population à 100,000 âmes. Leyde a perdu de son importance, mais sa population a doublé depuis un siècle et elle est encore le plus grand marché hollandais pour la laine et les lainages ; elle possède un grand nombre de manufactures et un commerce important. — Le siège de Leyde et sa défense héroïque contre les Espagnols (31 oct. 1573-3 oct. 1574), forment un des épisodes les plus intéressants de l'histoire de la république hollandaise. Le prince d'Orange fit rompre les digues et un vent favorable poussa les eaux si rapidement que plus de 4,000 assiégeants furent noyés. Le même vent entraîna vers la ville la flotte de ravitaillement ; et détourna la faim de la famine. Néanmoins, 6,000 habitants furent victimes de la faim et des épidémies. Le prince d'Orange fonda l'université en 1575 en souvenir de ces événements. Les pères pèlerins après leur arrivée d'Angleterre à Amsterdam, où 1608, se rendirent à Leyde en 1609 et y

restèrent jusqu'au moment de leur embarquement pour l'Amérique en 1620. En 1699, une fièvre faisait des ravages dans la ville, lorsque le docteur de la Boe imagina un traitement qui fut accusé d'avoir causé, à lui seul, la mort de plus des deux tiers des habitants. Le 12 janv. 1807, l'université et une partie de la ville furent détruites par l'explosion d'un vaisseau chargé de poudre. — Leyde a donné son nom à un condensateur d'électricité inventé dans cette ville par Kleist, Muskenbroek et autres savants, vers 1745. (Voy. BOUTEILLE DE LEYDE et ÉLECTRICITÉ.)

LEYDEN (John), auteur écossais, né en 1775, mort en 1811. Ses ouvrages les plus importants sont un *Historical Account of Discoveries and Travels in Africa* (augmenté et complété par Hugh Murray, 1817), et An *Essay on the Languages and Literature of the Indo-Chinese nations*, publié dans le 10e vol. des *Asiatic Researches*. Ses autres œuvres poétiques ont été publiées à Londres en 1819.

LEYDEN (Lucas van), appelé aussi LUCAS DAMMEZ, peintre hollandais, né en 1494, mort en 1533. A l'âge de 14 ans, il grava le célèbre *Mahomet tuant Sergius*. Il peignit à l'huile, à la détrempe et sur verre. Son chef-d'œuvre est *le Jugement dernier* (hôtel de ville de Leyde). Il fut également célèbre comme graveur.

LEYS (Jean-Auguste-Henri) [lè; ou laïss], peintre belge, né en 1815, mort en 1869. En 1833, son *Combat d'un Grenadier et d'un Cosaque* attira l'attention (Anvers); en 1849, il devint l'un des directeurs de l'Académie des beaux-arts. Il exposa à Paris (1855) *le nouvel An en Flandre* et plusieurs autres toiles pour lesquelles il obtint la grande médaille d'or. A partir de cette époque il se consacra entièrement à la peinture historique. En 1863, il fut créé baron; ses peintures brillent particulièrement par leur magnifique coloris.

* **LEZ** adv. [lè] (lat. *latus*, côté). A côté de, proche de, tout contre. N'est plus usité que dans quelques noms de lieux, comme le *Plessis-lez-Tours, Saint-Denis-lez-Paris*, etc.

* **LÉZARD** s. m. [lè-zar](lat. *lacerta*). Erpét. Genre de reptiles sauriens, famille des lacertiens, comprenant des espèces rampantes, à formes gracieuses, à couleurs ordinairement éclatantes. Les lézards sont inoffensifs ; ils rendent de nombreux services à l'agriculture, en leur qualité d'insectivores. Aplatis sur les pierres ou sur les rochers, en plein soleil, ils attendent, au passage, les insectes microscopiques que leur langue visqueuse, vivement projetée, ramène dans leur bouche. Quelques-uns sautent constamment pour atteindre les insectes ailés ; d'autres grimpent sur les arbres ou le long des murailles pour trouver leur proie dans les crevasses et dans les trous ; on en voit qui se laissent flotter sur l'eau et nagent en imprimant de petits mouvements à leur queue. Les lézards varient de longueur depuis quelques centimètres, jusqu'à 1 m. et au delà ; leurs teintes varient beaucoup suivant le sexe, l'âge et la saison. Leur queue fragile se détache facilement ; mais elle repousse en peu de temps. Leur corps étant écailleux, il en résulte que, chez eux, le sens du toucher est peu développé ; ils entendent difficilement et ne possèdent que peu d'odorat ; mais la rapidité et l'humidité de leur

langue témoignent d'un grand développement du sens du goût ; leur vue est ordinairement perçante. Leurs couleurs dominantes sont différentes teintes de vert, de jaune, de gris, de noir, de blanc, de bleu et de rouge. Ils recherchent pour leur nourriture, les insectes, les mollusques terrestres, les vers et les œufs; quelques grandes espèces mangent les petits oiseaux, les petits mammifères et les petits reptiles. Dans l'Amérique du Sud, on considère comme très délicate la chair des plus grandes espèces. — Le grand genre lézard est aujourd'hui divisé en deux sous-genres: les *pléodontes* et les *cœlodontes*. Les *pléodontes* (gr. *pléos*, plein ; *odous*, *odontos*, dent), qui appartiennent tous au nouveau monde, se distinguent par des dents pleines, solidement fixées dans un creux du bord externe de la mâchoire. Les *cœlodontes* (gr. *koïlos*, creux), qui appartiennent à l'ancien monde, ont des dents creusées d'un canal intérieur et légèrement attachées aux mâchoires. — Parmi les espèces européennes, nous citerons le *lézard ocellé* (*lacerta ocellata*) de l'Europe méridionale, long de 40 centim., vert, avec des lignes noires et de grandes taches bleues arrondies sur les flancs ; le *lézard vert* (*lacerta viridis*) de l'Europe tempérée, long de 40 à 45 centim., remarquable par sa grande vivacité et par ses brillantes couleurs, qui varient du vert au brun piqueté de jaune; le *lézard gris* (*lacerta agilis*), de 10 à 20 centim., le plus répandu chez nous; il est agile, gracieux, familier, facile à apprivoiser, et considéré comme *l'ami de l'homme*.

* **LÉZARDE** s. f. Fente, crevasse qui se fait dans un ouvrage de maçonnerie : *ce mur est plein de lézardes*.

* **LÉZARDÉ, ÉE** adj. Qui a des lézardes.

* **LÉZARDER** (Se) v. pr. Se fendre, se crevasser : *ce mur se lézarde*.

LÉZARDIEUX, ch.-l. de cant., arr. et à 33 kil. N.-E. de Lannion (Côtes-du-Nord); 2,400 hab. Petit port de commerce sur le Trieux.

LEZAY, ch.-l. de cant., arr. et à 12 kil. N.-E. de Melle (Deux-Sèvres); 2,600 hab. Tuileries, briqueteries, fours à chaux.

LÉZIGNAN, ch.-l. de cant., arr. et à 25 kil. O. de Narbonne (Aude); 4,600 hab. Eaux-de-vie.

LÉZIN (Saint) (*Licinius*), évêque d'Angers, vécut vers le commencement du VIIe siècle ; il était parent du roi Clotaire. Fête le 13 févr.

LEZOUX, ch.-l. de cant., arr. et à 15 kil. S.-O. de Thiers (Puy-de-Dôme); 3,600 hab. Commerce de grains, bestiaux, volailles, fil, chanvre ; poteries.

LHA-SSA, ville du Thibet. Voy. LASSA.

L'HERMITE (François, *dit* TRISTAN), poète et auteur dramatique, né en 1601, mort en 1655. Il fit partie de l'Académie française, et ses tragédies, grâce au mauvais goût du temps, balancèrent un instant le succès de Corneille.

L'HERMITE ou L'Ermite (Pierre). Voy. PIERRE.

L'HERMITE ou L'Ermite (TRISTAN), grand prévôt de l'hôtel de Louis XI. (Voy. TRISTAN.)

L'HERMITTE ou l'Hermite (JEAN-MARTHE-ADRIEN), amiral français, né à Coutances en 1766, mort en 1826. En 1793, ses croisières dans la Manche amenèrent la capture ou la perte de plus de 60 navires anglais. En 1799, il s'illustra à l'île de France et au cap de Bonne-Espérance. En 1805, il commanda la flotte envoyée de Lorient à la poursuite des Anglais et leur fit subir des pertes énormes. Contre-amiral en 1809, vice-amiral en 1816.

LHERS (Le), rivière du dép. de l'Ariège qui prend sa source au bois de Drazet, se grossit du Riveillon et se jette dans l'Ariège après un cours de 120 kil.

LHOMOND (Charles-François), grammairien, né à Chaulnes en 1727, mort à Paris le 31 déc. 1794. Simple et modeste professeur de sixième au collège du Cardinal-Lemoine, Lhomond s'est acquis une réputation dont le souvenir ne périra pas; se consacrant tout entier à l'instruction et à l'éducation de la jeunesse, il a laissé de nombreux ouvrages classiques dont les principaux sont : *De viris illustribus* (1784) ; *Grammaire latine et française* (1779) ; *Epitome historiæ sacræ* (1784); *Histoire abrégée de l'Eglise* (1787) ; *Histoire abrégée de la réligion ayant la venue de J.-C.* (1789), etc.

L'HÔPITAL (François de), maréchal de France, né en 1583, mort en 1660. Après avoir embrassé l'état ecclésiastique et être devenu évêque de Meaux, il suivit la carrière des armes, se distingua en Lorraine dont il devint gouverneur (1639), fut fait maréchal en 1643 et commanda l'aile gauche à Rocroy. Il avait épousé, en 1630, une ancienne maîtresse de Henri IV, Charlotte des Essarts.

L'HÔPITAL ou **L'Hospital** (Michel de), homme d'Etat français, né à Aigueperse vers 1505, mort en 4573. Il fut président de la cour des comptes (1554-'60) et ensuite chancelier de France jusqu'en 1568. Il provoqua l'édit de Romorantin qui prohibait l'inquisition en France; l'ordonnance d'Orléans, code administratif, judiciaire et religieux; l'édit de pacification pour le libre exercice du culte protestant, et l'ordonnance de Moulins pour réformer l'administration de la justice. Sa femme et toute sa famille s'étant converties au protestantisme, on envoya une troupe pour le protéger lors du massacre de la Saint-Barthélemy. Sa statue décore le péristyle du palais Bourbon. Les *Œuvres complètes* de L'Hospital ont été publiées pour la première fois en 1824 (7 vol. in-8°); elles se composent de *Poésies latines*, d'un *Traité sur la réformation de la justice*, et de *Harangues parlementaires*.

LHUIS, ch.-l. de cant., arr. et 24 kil. S.-O. de Belley (Ain); 1,200 hab.

LIA, fille aînée de Laban et femme de Jacob. Ce patriarche en eut six fils : Ruben, Siméon, Lévi, Juda, Issachar, Zabulon et une fille, Dina.

LIAGE s. m. Action de lier.

* **LIAIS** s. m. [li-è] (celt. *liach*, pierre plate). Pierre calc're ire dure, d'un grain très fin, qui est propre à faire des sculptures : *liais d'Arcueil*.

* **LIAISON** s. f. [li-è-zon] (lat. *ligatio*). Union, jonction de plusieurs corps ensemble : *ces pièces sont si bien jointes, qu'on n'en voit pas la liaison*. — Calligr. Trait délié qui joint les unes aux autres les lettres, ou les parties d'une même lettre. — Mus. Trait recourbé dont on couvre les notes qui doivent être liées. — Cuis. Se dit de jaunes d'œufs délayés, et d'autre matières (farine. fécule, coulis de viande, essences, réductions, etc.) propres à épaissir une sauce : *des jaunes d'œufs, mêlés de crème ou de consommé, servent à faire des liaisons*. — Maçonn. Mortier, plâtre qui sert à jointoyer les pierres. — Maçonnerie en liaison, celle qui est faite de manière que le milieu d'une pierre est posé sur le joint de deux autres. — Gramm. Se dit de certains mots qui servent à lier les périodes, et qu'on nomme autrement Conjonctions : *les liaisons rendent la pensée plus claire et le style plus coulant*. — Fig. Ce qui lie les parties d'un discours les unes aux autres : *cette période n'a point de liaison avec la précédente*. — La liaison des scènes est bien observée dans cette tragédie, dans cette comédie, les scènes y sont amenées les unes par les autres. — Fig. Connexion et rapport que des affaires ont les

unes avec les autres : *cette affaire a de la liaison avec celle dont vous vous occupez*. — Fig. Union qui existe entre les personnes : *il y a peu de liaison entre ces deux personnes, entre ces deux familles*. — s. f. pl. Se prend, dans un sens analogue au précédent, pour sociétés, accointances : *cet homme a des liaisons qui me sont suspectes*.

* **LIAISONNER** v. a. Maçonn. Arranger les pierres d'un édifice de façon que le milieu des unes porte sur les joints des autres : *bien liaisonner une construction*. — Se dit, dans un sens analogue, en parlant des briques, des pavés, etc. — Remplir les joints de mortier.

LIAMONE, rivière de Corse qui donna son nom à un dép. français de 1793 à 1811. Sartène en était le ch.-l.

LIANCOURT, ch.-l. de cant., arr. et 7 kil. S.-E. de Clermont (Oise) ; 4,000 hab. Filatures de coton et de laine. Berceau de la famille des La Rochefoucauld-Liancourt.

* **LIANE** s. f. (rad. *lier*). Nom donné à diverses plantes sarmenteuses et grimpantes de l'Amérique.

* **LIANT, ANTE** adj. Souple, élastique, qui a un mouvement facile et doux : *cette voiture a des ressorts bien liants*. — Qui n'est pas cassant : *du bois liant*. — Fig. Doux, complaisant, affable, propre à former des liaisons : *caractère, esprit liant*. — Substantiv. Douceur, affabilité, complaisance, esprit de conciliation : *il a beaucoup de liant dans l'esprit, dans le caractère*.

LIAOTOUNG. Voy. Shingking.

* **LIARD** s. m. (de Gigue *Liard*, maître des monnaies, à Crémieu, qui fit frapper pour la première fois ces pièces de monnaie). Petite monnaie de cuivre valant trois deniers. Les liards, qui n'eurent d'abord cours que dans la province du Dauphiné, furent introduits dans le reste du royaume par Louis XI. — N'avoir pas un liard, n'avoir pas le liard, être fort pauvre, ou être sans argent pour le moment. — Je n'en donnerais pas un liard, se dit en parlant d'une chose dont on ne fait aucun cas. — Il se ferait fesser pour un liard, est excessivement avare. On dit, dans le même sens, Il couperait un liard en deux.

* **LIARDER** v. n. Boursiller, donner chacun une petite somme : *nous avons été obligés de liarder pour faire un écu entre nous tous*. — Lésiner, payer liard à liard. Il est familier dans les deux sens.

* **LIARDEUR, EUSE** adj. Avare.

* **LIAS** s. m. [li-ass] (mot angl.). Géol. Système de couches marneuses et argileuses sur lequel reposent les terrains oolithiques : *le lias est riche en fossiles*.

* **LIASIQUE** ou **Liassique** adj. Qui est formé de lias, qui appartient au lias : *terrain liasique*.

* **LIASSE** s. f. (rad. *lier*). Amas de papiers liés ensemble et ordinairement relatifs à un même objet : *liasse de lettres*. — Particul. Papiers d'affaires et de procédure : *l'avoué avait oublié de prendre sa liasse avant de se rendre au palais*.

* **LIBAGE** s. m. Quartier de pierre, ou gros moellon dur, équarri grossièrement, et qu'on emploie dans les fondements d'un édifice.

LIBAN, Libanus ou Djebel Libnan (la montagne Blanche), la plus occidentale des deux chaînes de montagnes qui s'étendent en Syrie ; c'est une ramification de la chaîne du Taurus; elle s'étend au S.-S.-O. sur une ligne parallèle à la côte. La chaîne orientale est appelée Anti-Liban ou Djebel esh-Shurki. Le Liban proprement dit, qui s'étend à l'E. de l'ancienne Phénicie, est le plus élevé ; il atteint une moyenne d'environ 2,000 m. ; son point culminant, le Djebel Timaroun est à

3,075 m. Sur le côté O., la chaîne forme des éperons qui se terminent sur la Méditerranée en promontoirs escarpés. A l'E., s'étend la vallée élevée de la Cœlo-Syrie, appelée aujourd'hui El-Boukaa et qui sépare cette chaîne de l'Anti-Liban : elle est traversée par le cours supérieur de l'Aasy (Orontes) et par celui du Litany (Leontes); elle a près de 150 kil. de long et de 15 à 30 kil. de large. Au S., se trouve la vallée du Jourdain. La formation géologique générale est carbonifère et calcaire; on dit que la blancheur du calcaire a fait donner à la montagne le nom de Liban (hébr. *laban*, blanc). Les végétaux sont rares; mais on trouve disséminés çà et là, dans le Liban, de beaux massifs d'arbres dont les fameux cèdres forment la partie la plus remarquable; les portions inférieures de la chaîne sont bien arrosées et bien cultivées. Les régions habitables du Liban sont principalement occupées par les Maronites et les Druses.

LIBANIEN IENNE s. et adj. Habitant du Liban ; qui concerne cette montagne ou ses habitants.

LIBANIUS, sophiste et rhéteur grec, né à Antioche en 314 ap. J.-C., mort vers 392. Il enseigna la rhétorique à Constantinople , (d'où, en raison de sa grande popularité, ses rivaux obtinrent son expulsion comme sorcier), à Nicomédie et à Antioche. Il était païen, mais il entretint des relations amicales avec un grand nombre de chrétiens; saint Basile et saint Chrysostome furent ses élèves. Plusieurs de ses discours et de ses autres compositions existent encore.

LIBANOMANCIE s. f. (gr. *libanos*, encens; *manteia*, divination). Pratique divinatoire que les anciens exerçaient au moyen de l'encens.

* **LIBATION** s. f. [-si-on] (lat. *libatio*, de *libare*, verser). Effusion, soit de vin, soit d'autre liqueur, que les anciens faisaient en l'honneur d'une divinité : *les libations étaient pratiquées par les Juifs dans leurs sacrifices*.— Fam. et fig. Faire des libations, boire du vin largement, par plaisir plus que par besoin : *nous avons fait à ce dîner de nombreuses, d'amples libations*.

LIBATOIRE adj. Se dit des vases qui servaient aux libations.

LIBAU (li-baou), port de mer de Russie, sur la Baltique et sur la rivière Libau, à 185 kil. O.-S.-O. de Riga ; 10,770 hab. C'est la ville commerciale la plus importante de la Courlande ; son port est peu profond.

LIBAVIUS (André), médecin et chimiste allemand, né à Halle, vers le milieu du xvie siècle, mort à Cobourg en 1616. Il a découvert le bichlorure d'étain, connu sous le nom de *liqueur fumante de Libavius*. — Ses écrits sont nombreux et variés. Le principal est son *Alchimia* (Francfort, 1606, in-fol.). Le premier, il a parlé de la transfusion du sang.

* **LIBELLE** s. m. [li-bè-le] (lat. *libellus*, dimin. de *liber*, livre). Ecrit, ordinairement de peu d'étendue, injurieux, diffamatoire, et le plus souvent calomnieux : *libelle calomnieux, séditieux, diffamatoire*

* **LIBELLÉ, ÉE** part. passé de Libeller. — s. m. Rédaction d'un acte judiciaire ou administratif : *libellé d'un exploit*.

* **LIBELLER** v. a. [li-bèl-lé]. Prat. Rédiger judiciairement, dans les formes de la demande judiciaire : *il fallait mieux libeller cet exploit*. — Fin. Libeller un mandement, une ordonnance, spécifier la destination de la somme qu'y est portée.

* **LIBELLISTE** s. m. [-bèl-li-]. Auteur d'un libelle, faiseur de libelles : *c'est un mauvais métier que celui de libelliste*.

* **LIBELLULE** s. f. [li-bèl-lu-le] (lat. *libellula*, petit livre). Entom. Genre type des libelluliens, comprenant un grand nombre d'insectes qui ont quatre ailes étendues horizontalement au repos. Les libellules, appelées aussi demoiselles ou mouches-dragons, ont une tête globuleuse, les yeux gros, contigus ou très rapprochés, l'abdomen en forme d'épée et des ocelles sur les côtés d'un tubercule transverse. Les espèces les plus répan-

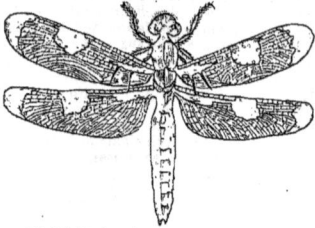

Libellule à trois taches (Libellula trimaculata).

dues en France sont : la *libellule aplatie* (*libellula depressa*), longue de 3 centim., d'un brun jaunâtre, avec du noir à la base des ailes, deux lignes jaunes sur le corselet et l'abdomen brun ; la *libellule commune* (*libellula vulgata*), dont l'abdomen est moins plat, et la *libellule à trois taches*, représentée dans notre figure.

LIBELLULIEN, IENNE adj. Entom. Qui ressemble ou qui se rapporte aux libellules. — s. m. pl. Famille d'insectes névroptères subulicornes, caractérisée par quatre grandes ailes presque égales, réticulées, diaphanes, semblables à une gaze transparente. L'élégance de ces insectes qui composent cette famille leur a valu le nom populaire de demoiselles. Tous les libelluliens affectionnent le voisinage des eaux ; les femelles déposent leurs œufs sur les plantes aquatiques ; les larves et les nymphes vivent dans l'eau. Les larves ressemblent assez à l'insecte parfait, sauf qu'elles manquent d'ailes et d'yeux lisses, et qu'elles ont l'abdomen moins allongé ; chez les nymphes se rencontrent des rudiments d'ailes. À l'état parfait, les libelluliens ont un vol léger et gracieux ; ils sont revêtus des couleurs les plus éclatantes et les plus belles. Ils se font remarquer parmi les insectes les plus voraces et les plus cruels, s'élançant avec rapidité et férocité sur les moucherons, les moustiques, les papillons et sur presque tous les insectes ailés à corps mou ; ils mangent même des animaux de leur propre espèce. Inoffensifs pour l'homme, ils se rendent, au contraire, utiles en détruisant un grand nombre d'insectes nuisibles. Les principaux genres de cette famille sont : les *libellules*, les *æshnés* et les *agrions*. (Voy. ces mots.) Quelques naturalistes classent les *éphémères* dans la même famille.

LIBER. Voy. Bacchus.

* **LIBER** s. m. [li-bèrr] (lat. *liber*, livre, parce que le liber de certains arbres a servi de papier aux anciens). Bot. Partie intérieure de l'écorce, formée de couches minces et superposées qui se détachent comme des feuillets concentriques. Le liber de certaines plantes fournit une matière textile (chanvre, lin, etc.) ; celui du tilleul (*tilia*) a été jadis employé comme papier ; il sert encore à fabriquer des cordages, des nattes et même des toiles grossières.

* **LIBERA** s. m. [li-bé-ra] (lat. *libera*, de livre ; impérat. de *liberare*, délivrer). Liturg. cathol. Prière que l'Église fait pour les morts, et qui commence par ce mot : *chanter un libera, le libera.*

LIBÉRABLE adj. Qui peut être libéré ou qui se trouve dans les conditions exigées pour être libéré.

* **LIBÉRAL, ALE, AUX** adj. (lat. *liberalis*, qui appartient à une personne libre). Qui aime à donner, qui se plaît à donner : *généreux et libéral.* On dit aussi, Main libérale : *vous avez reçu des biens infinis de sa main libérale, de ses mains libérales.* — Qui est digne d'un homme libre et, en ce sens, s'emploie surtout dans les locutions suivantes : Éducation libérale, éducation propre à former l'esprit et le cœur. — Arts libéraux, par opposition aux Arts mécaniques, ceux qui appartiennent plus particulièrement à l'esprit, et où les facultés intellectuelles ont plus de part que les facultés physiques : *la peinture, la sculpture sont des arts libéraux.* — Qui est favorable à la liberté civile et politique : *opinion, idée libérale.* — s. m. Personne qui a des opinions libérales : *c'est un libéral.*

* **LIBÉRALEMENT** adv. D'une manière libérale : *donner libéralement.* — D'une manière favorable à la liberté civile et politique : *il pense, il écrit, il parle fort libéralement.*

LIBÉRALES s. f. pl. Fêtes que l'on célébrait à Rome et dans quelques autres villes d'Italie, en l'honneur de Bacchus.

* **LIBÉRALISME** s. m. Doctrine, opinion des libéraux. — Ensemble de ceux qui professent les idées libérales.

* **LIBÉRALITÉ** s. f. (lat. *liberalitas*). Penchant, disposition à donner avec discernement : *grande libéralité ; la libéralité tient le milieu entre la prodigalité et l'avarice.* — Don même que fait une personne libérale : *voilà une libéralité extraordinaire.*

* **LIBÉRATEUR, TRICE** (lat. *liberator*). Celui, celle qui a délivré une personne, une ville, un peuple de captivité, de servitude, ou de quelque grand péril : *voilà mon libérateur ; le libérateur de la patrie.*

LIBÉRATIF, IVE adj. Qui délivre ou qui libère : *moyens libératifs.*

* **LIBÉRATION** s. f. Jurispr. Décharge d'une dette ou d'une servitude : *les lois sont toujours favorables à la libération du débiteur.* — La libération de l'État, l'acquittement, l'amortissement de la dette publique. — La libération du service militaire, le renvoi chez eux des hommes qui ont fait leur temps de service. — La libération du territoire, la délivrance du territoire qui cesse d'être occupé par l'étranger. — Législ. « En droit civil, la *libération* est l'extinction des obligations. Elle s'opère notamment : par le paiement de la dette, ou par les offres réelles suivies de la consignation, par la novation, la remise volontaire, la compensation, la confusion, la perte de la chose, la nullité ou la rescision de l'obligation, par l'effet de la condition résolutoire, et par la prescription (C. civ. 1234 et s.). Le débiteur d'une rente viagère se trouve libéré par le décès du créancier. Il est de principe que c'est au créancier à justifier de l'obligation ; mais c'est au débiteur à prouver le fait qui a produit sa libération (id. 1315). La remise volontaire, par le créancier au débiteur, du titre sous signature privée, fait preuve de la libération, et la preuve contraire n'est pas admissible. Au contraire, si la créance résulte d'un acte notarial ou d'un jugement, la remise de la grosse est seulement une présomption de la libération, et la preuve contraire est admissible (id. 1282 et s.). L'écriture mise par le créancier, à la suite, en marge ou au dos d'un titre qui est resté en sa possession, ou d'un double qui est entre les mains du débiteur, fait foi, quoique non signée ni datée, lorsqu'elle tend à établir la libération. Les registres et papiers domestiques du créancier

font également preuve de la libération du débiteur lorsqu'ils énoncent expressément la recette en paiement de la dette (id. 1331, 1332). Un tuteur n'est libéré que par l'approbation du compte de tutelle avec quittance pour solde. Un mandataire, un dépositaire, etc., ne sont libérés que par la décharge émanant du mandant, du déposant ou de leurs représentants. (Voy. Décharge.) La libération d'un comptable public est constatée par le certificat de quitus qui lui est délivré par l'administration dont il dépend, après que les comptes de toute sa gestion ont été régulièrement apurés (Ord. 22 mai 1825 et 25 juin 1835). En matière criminelle, la *libération d'un condamné* résulte soit de l'accomplissement de sa peine, soit de la prescription acquise, soit de la grâce accordée par le chef de l'État. — La *libération conditionnelle*, qui consiste à accorder la liberté, sous certaines conditions de surveillance et de conduite, à des condamnés dont la peine n'est pas encore expirée, est appliquée, en France, à des jeunes détenus des colonies pénitentiaires, en vertu de l'article 9 de la loi du 5 août 1850. Le décret-loi du 28 mars 1852 et la loi du 30 mai 1854 ont autorisé le gouvernement à accorder une *libération anticipée* aux condamnés transportés dans les colonies pénales, lorsqu'ils se seraient rendus dignes de cette faveur par leur conduite, leur travail et leur repentir. En Angleterre, le système de la libération conditionnelle, adopté dès 1853 pour tous les détenus condamnés, et perfectionné par les *acts* de 1857 et de 1864, a donné d'excellents résultats. On a constaté, depuis son application une diminution du nombre des crimes dans le Royaume-Uni. Ce régime a été successivement admis en Allemagne (1871), en Danemark (1873), en Suisse, dans les cantons de Neufchâtel et de Vaud (1875), et dans le royaume des Pays-Bas (1884). Des projets s'élaborent pour l'introduire en Autriche, en Italie et en Portugal. C'est dans les États-Unis d'Amérique que les premiers essais de cette réforme pénitentiaire ont été tentés. En France, le projet de loi sur la récidive, présenté au Sénat par M. Bérenger, est encore à l'étude ; mais on en a détaché ce qui est relatif à la libération conditionnelle, de façon à en former une loi spéciale. On établirait, dans les lieux de répression, un système de punitions et de récompenses, basé sur la conduite et sur le travail journalier des condamnés dont la peine prononcée serait d'au moins six mois. Chacun d'eux pourrait, après avoir subi la moitié de sa peine, obtenir d'être mis en liberté conditionnellement, si sa conduite et son travail avaient été satisfaisants jusque-là. Cette faveur pourrait être révoquée par le ministre de l'intérieur, en cas d'inconduite notoire ou d'infraction aux conditions spéciales exprimées dans le permis de libération. Enfin des sociétés de patronage des libérés seraient subventionnées par l'État. On ne peut qu'approuver l'extension d'un tel régime à tous les condamnés ; mais nous croyons que la réforme la plus urgente est celle qui concerne l'aménagement intérieur des prisons. La transformation des prisons départementales, prescrite par la loi du 5 juin 1875, est à peine commencée et, dans presque toutes, une promiscuité déplorable existe entre les inculpés de tout âge et les criminels les plus endurcis. » (Ch. Y.)

LIBÈRE ou **Liberius**, saint et pape, né vers 300, mort en 366. Il fut diacre de l'Église romaine et élu pape en mai 352. Le pape et d'autres prélats ayant été maltraités pour avoir, au concile d'Arles (353), refusé de souscrire à un édit impérial condamnant Athanase, Libère envoya une lettre de reproches à l'empereur Constance et demanda qu'un autre concile fût convoqué à Milan en 355. En réponse, l'empereur menaça de mort tous ceux qui ne se soumettraient pas immédiatement à sa volonté, et Hilaire, légat du pape, fut fouetté publiquement. Libère protesta immédiatement; il fut arrêté, entraîné pendant la nuit et conduit à Milan. On lui donna trois jours pour réfléchir ; mais il resta inébranlable; il fut alors exilé à Berœa en Thrace. Constance, voulant faire dominer ses opinions théologiques, entra à Rome en avril 357. En 358, Libère fut rétabli sur son siège. Quelque temps après, il fut forcé de se cacher dans les catacombes pour avoir excommunié tous ceux qui avaient signé la confession arienne rédigée au concile de Rimini. Blondel et la plupart des historiens protestants, aussi bien qu'un grand nombre d'écrivains catholiques romains, l'accusent d'avoir obtenu son rappel de l'exil en condamnant saint Athanase et en signant les formulaires doctrinaux rédigés à Sirmium par les ariens. Fête le 23 sept.

*LIBÉRÉ, ÉE part. passé de LIBÉRER. — FORÇAT LIBÉRÉ, forçat mis en liberté après avoir subi sa peine.

*LIBÉRER v. a. (lat. *liberare*). Jurispr. Délivrer de quelque chose qui incommode, qui est à charge : *il veut libérer sa maison de cette servitude.* — Se Libérer v. pr.: *j'ai transigé avec lui pour me libérer des poursuites qu'il faisait contre moi.* — Particul. S'acquitter : *il est toujours permis à un débiteur de se libérer.*

LIBERIA, république de nègres émancipés, sur la côte de la Guinée supérieure (Afrique occidentale), fondée par quelques philanthropes des États-Unis, en 1822, pour servir d'asile aux nègres devenus libres et pour montrer que la race nègre peut se gouverner elle-même. L'expérience n'est pas considérée comme ayant réussi; mais la république conserve son existence. Le royaume voisin de Medina lui a été annexé en 1880. Exportation de café, de sucre, d'huile de palme, d'indigo, etc. La ville principale est *Monrovia.* L'étendue de la république est d'environ 37,000 kil. carr., avec environ 900 kil. de côtes; sa population est estimée à 1,400,000 hab., appartenant tous à la race nègre, et dont environ 18,000 sont Americo-Libériens et le reste indigène. — La constitution est imitée de celle des États-Unis.

LIBÉRIEN, IENNE adj. Bot. Qui appartient au Liber. s. et adj. Habitant de l'État de Libéria.

*LIBERTÉ s. f. (lat. *libertas*). Le pouvoir d'exercer sa volonté, en agissant ou n'agissant pas : *liberté entière, absolue, illimitée.* Métaphys. Libre arbitre, faculté donnée à l'âme de choisir entre diverses choses, de se déterminer pour l'une ou pour l'autre : *la question de la liberté a été débattue par la plupart des écoles de philosophie; sans la liberté, il n'y aurait point de moralité dans les actions des hommes.*

La *liberté*, dans l'homme, est la santé de l'âme.
VOLTAIRE. 2° disc. sur la *liberté*

— LIBERTÉ D'INDIFFÉRENCE, faculté attribuée à l'homme par certains philosophes de se décider indépendamment de tout motif de décision. — LIBERTÉ NATURELLE, pouvoir que l'homme a naturellement d'employer ses facultés à faire ce qu'il regarde comme devant lui être utile ou agréable : *dans l'état social, la liberté naturelle est restreinte par les conventions établies pour l'utilité commune.* — LIBERTÉ CIVILE, pouvoir de faire tout ce qui n'est pas défendu par les lois : *la liberté civile ne peut exister sous un pouvoir arbitraire et absolu.* — LIBERTÉ POLITIQUE, ou simplement LIBERTÉ, jouissance des droits politiques que la constitution de certains pays accorde à chaque citoyen : *la grande charte obtenue du roi Jean par les*

Anglais, est le fondement de leur liberté politique.

La *liberté* n'est rien quand tout le monde est libre.
CORNEILLE, *Sertorius*, acte IV, sc. VI.

— LIBERTÉ DE CONSCIENCE, droit que tout homme a d'adopter les opinions religieuses qu'il croit conformes à la vérité, sans pouvoir être inquiété à cet égard par l'autorité publique. — LIBERTÉ DES CULTES, droit que les sectateurs des diverses religions ont d'exercer leur culte, et d'enseigner leur doctrine. — LIBERTÉ DE PENSER, droit de manifester sa pensée sans contrainte. — LIBERTÉ DE PENSER, signifie aussi, manière hardie de penser sur les matières de religion, de morale, de gouvernement : *il a une grande liberté de penser.* Ce sens vieillit. — LIBERTÉ D'ÉCRIRE, droit de manifester par écrit sa pensée. — LIBERTÉ DE LA PRESSE, droit de manifester sa pensée par la voie de l'impression et surtout par la voie des journaux. — LIBERTÉ INDIVIDUELLE, droit que chaque citoyen a de n'être privé de la liberté de sa personne que dans les cas prévus et selon les formes déterminées par la loi: *les lois garantissent aux Français leur liberté individuelle.* — LIBERTÉ DU COMMERCE, faculté que les commerçants ont d'acheter et de vendre, tant à l'intérieur qu'à l'extérieur, sans être soumis à des lois gênantes, à des règlements prohibitifs. — LIBERTÉ DES MERS, droit que toutes les nations ont de naviguer librement sur les mers. — Se dit souvent par opposition à servitude, et signifie, l'état d'une personne de condition libre : *dans les temps anciens, ceux qui étaient pris à la guerre perdaient leur liberté et devenaient esclaves.* — Se dit aussi par opposition à captivité : *il était prisonnier de guerre, on l'a laissé en liberté sur parole.*

Douce *liberté* désirée,
Déesse, où t'es-tu retirée,
Me laissant en captivité ?
Hélas ! le moi ne te détourne !
Retourne, ô *liberté*, retourne,
Retourne, ô douce *liberté*!
DESPORTES. *Chanson.*

— Se dit encore par opposition à contrainte: *les règles de l'étiquette nuisent à la liberté de la conversation.* — Indépendance de caractère, d'état, de conduite : *il ne se met à la suite de personne; il aime trop sa liberté.* — État d'un cœur libre exempt de passion : *cette femme lui a fait perdre sa liberté.* — LIBERTÉ D'ESPRIT, état d'un homme qui a l'esprit dégagé de toute préoccupation : *je n'ai pas la liberté d'esprit nécessaire pour m'occuper de ce travail.* — LIBERTÉ DE LANGAGE, ou simplement LIBERTÉ, franchise, hardiesse : *il a toute la liberté de langage d'un homme qui ne dépend de personne.* — Manière d'agir libre, familière, hardie. Dans cette acception, se dit en bien et en mal, et s'emploie souvent au pluriel: *agir avec une honnête liberté.* — Par plaisant. LIBERTÉ GRANDE, permission que l'on s'accorde d'agir, de parler avec une familiarité hardie : *je vous demande pardon de la liberté grande.* — Dans la conversation, on dit souvent, par politesse, J'AI PRIS, JE PRENDS, JE PRENDRAI LA LIBERTÉ DE FAIRE TELLE CHOSE, pour dire, j'ai fait, je fais, je ferai telle chose : *je prends la liberté de vous rappeler votre promesse.* — DEMANDER LA LIBERTÉ, demander la permission : *je vous demande la liberté de vous écrire, de me promener dans votre jardin.* — Facilité, aisance dans les mouvements du corps, dans les opérations de la main, etc.: *il a une grande liberté d'action, de mouvement, de geste, de langue, de parole.* Dans ce sens, il se dit aussi en parlant des choses inanimées : *ce ressort n'a pas assez de liberté, ne joue pas avec assez de liberté.* — LIBERTÉ DE VENTRE, facilité avec laquelle le ventre fait ses fonctions. — Manège. LIBERTÉ DE LANGUE, espace d'arcade pratiquée dans la gourmette du mors, à l'effet de loger la langue du cheval. — pl. Franchises, immunités ; *la conquête*

fit perdre à cette province toutes ses libertés. — LES LIBERTÉS DE L'ÉGLISE GALLICANE, la conservation, par l'Église de France, de l'ancien droit commun de toutes les Églises. — EN LIBERTÉ, loc. adv. Librement : *parler, agir en liberté, en toute liberté, en pleine liberté.* — Manège. SAUTEUR EN LIBERTÉ, cheval dressé à faire des sauts pour accoutumer le cavalier à se tenir ferme en selle. — Législ. « La liberté est la faculté qui appartient à tout citoyen de faire ce qui n'est pas défendu par les lois. La *liberté de conscience* est celle qui permet à chacun de professer ouvertement sa croyance religieuse, quelle qu'elle soit, sans subir aucune contrainte et sans encourir aucune peine ni exclusion. Cette liberté, qui fait encore défaut dans plusieurs pays d'Europe, n'a été assurée, dans les écoles publiques de France, que par la loi du 28 mars 1882. La *liberté des cultes* n'existe pas encore aujourd'hui en France, bien qu'elle y ait été proclamée deux fois, en 1792 et en 1848. (Voy. CULTE.) La *liberté du commerce et de l'industrie* est restreinte par la loi, soit pour s'opposer à la fraude, soit pour assurer au Trésor public et aux communes des ressources fiscales. La *liberté de la presse* a été sagement réglée par la loi du 29 juillet 1881, et la *liberté de réunion* par la loi du 30 juin précédent. La *liberté d'association* présenterait encore en France trop de dangers pour que le législateur pût l'accorder à tous, sans réserve et sans contrôle. La loi du 24 mars 1884 sur les syndicats professionnels est un grand pas fait en avant dans cette matière où les mœurs ne peuvent être devancées par les lois. On est forcé de tenir compte de la puissance de certaines associations dont les chefs sont des étrangers, et dont l'extension a été trop longtemps favorisée par l'ignorance générale et par la complaisance ou la complicité des gouvernements. La *liberté des enchères* ne doit pas être entravée ou troublée, soit par des voies de fait, violences ou menaces, soit par dons ou promesses, avant ou pendant les enchères ou les soumissions, sous peine, contre ceux qui ont entravé ou troublé cette liberté, d'un emprisonnement de quinze jours à trois mois et d'une amende de 100 à 5,000 francs. (C. p. 412.) Quiconque a porté atteinte à la *liberté de l'industrie ou du travail*, en amenant une cessation concertée de travail par des violences, voies de fait, menaces ou manœuvres frauduleuses, dans le but de forcer la hausse ou la baisse des salaires, est puni d'un emprisonnement de six jours à trois an et d'une amende de 16 à 3,000 francs, ou de l'une de ces deux peines seulement (id. 414). Les amendes, défenses, proscriptions et interdictions employées dans le même but par des ouvriers ou des patrons ne sont plus punissables depuis la loi du 24 mars 1884 qui a abrogé l'article 416 du Code pénal. Nous avons fait connaître, aux mots ARRESTATION et DÉTENTION, quelles sont les garanties données par la loi à la *liberté individuelle* contre les détentions illégales. Non seulement tout acte des agents du gouvernement qui trouble les citoyens dans l'usage de cette liberté est un attentat puni par la loi (id. 114 et s.); mais il peut en outre donner lieu à des poursuites disciplinaires (Décr. sur la gendarmerie, 1er mars 1854, art. 614), ainsi qu'à des dommages-intérêts (C. civ. 1382 et s.), et les dommages-intérêts prononcés ne peuvent être au-dessous de 25 francs par jour de détention illégale et pour chaque individu (C. p. 117). Alors même qu'un individu a été arrêté légalement, la loi veut qu'il soit mis en liberté, lorsque le fait qui a causé l'arrestation n'est ni un crime, ni un délit entraînant la peine de l'emprisonnement (C. just. crim., 128 et s.; L. 17 juillet 1856). Autrefois, lorsque le tribunal correctionnel avait prononcé l'acquittement d'un prévenu, la mise en liberté de celui-ci pouvait être suspendue pendant dix jours, en exécution de l'art. 206 du Code d'instruction criminelle qui fixait ce délai pour la notification de l'appel du ministère public. La durée de cette suspension fut réduite à trois jours par la loi du 28 avril 1832. Enfin celle du 14 juillet 1865 a décidé que le prévenu acquitté doit être mis en liberté immédiatement et nonobstant appel. Il en est de même lorsque la chambre des mises en accusation découvre aucune trace de l'un délit prévu par la loi ou qu'elle ne trouve pas d'indices suffisants de culpabilité (C. inst. crim. 229); et lorsqu'un accusé traduit devant une cour d'assises est déclaré non coupable par le jury (id. 358). — Le Code d'instruction criminelle avait autorisé le juge d'instruction à accorder la *mise en liberté provisoire*, moyennant caution, des individus inculpés de crime ou de délit ; la loi du 4 avril 1855 abrégea la durée de la détention préventive, et celle du 14 juillet 1865 est venue accroître les facilités de la libération provisoire. En matière correctionnelle, tout inculpé doit être mis en liberté provisoire, lorsqu'il n'a pas été jugé dans le délai de cinq jours après son interrogatoire, mais à la condition : 1° qu'il ait un domicile ; 2° qu'il s'agisse d'un délit passible de moins de deux ans d'emprisonnement; 3° que le prévenu n'ait pas été déjà condamné, soit pour crime, soit à un emprisonnement de plus d'une année (C. inst. crim. 113 à 126). On constate que la mise en liberté provisoire est peu usitée en France, malgré l'extension que la loi lui a donnée. Quatre pour cent seulement des inculpés en bénéficient, soit d'office, soit sur leur demande. Dans le Royaume-Uni, la célèbre loi anglaise rendue en 1679 et connue sous le nom d'*Habeas corpus*, donne le droit à toute personne arrêtée de réclamer, à tout juge de délivrer un mandat ou *writ*, en vertu duquel cette personne doit être conduite, dans les trois jours, devant le magistrat qui a lancé le mandat. Celui-ci, après avoir interrogé l'inculpé, peut le mettre en liberté pure et simple, ou sous caution, ou le maintenir en état d'arrestation. — Pour ce qui concerne la *contrainte par corps*, voy. Contrainte. » (Ch. V.)

LIBERTICIDE adj. (lat. *libertas*, liberté ; *cædere*, tuer). Qui tend à détruire la liberté.

* **LIBERTIN, INE** adj. (lat. *libertinus*, qui appartient aux affranchis). Déréglé dans ses mœurs, dans sa conduite : *ce jeune homme est devenu fort libertin.* — s. : *c'est un libertin, un grand, un franc libertin.* — Se dit quelquefois des choses, dans plusieurs sens, d'une manière licencieuse : *des contes libertins, des contes licencieux.* Cet homme mène une vie libertine, sa conduite est déréglée. Il est d'une humeur bien libertine, il hait toute espèce de sujétion, de contrainte. — Imagination libertine, imagination vagabonde et sans frein: *son imagination libertine l'écarte sans cesse de son sujet.* — Enfant, écolier dissipé, qui néglige ses devoirs pour le jeu: *il est fort libertin.* En ce sens, il est plus souvent substantif:*c'est un petit libertin.* — Qui fait profession de ne point s'assujettir aux lois de la religion, soit pour la croyance, soit pour la pratique. En ce sens, qui a vieilli, il ne s'employait guère que substantivement : *les libertins et les esprits forts.*

* **LIBERTINAGE** s. m. (rad. *libertin*). Déréglement dans les mœurs, dans la conduite : *vivre dans le libertinage, dans un libertinage continuel.* Licence des opinions en matière de religion: *il fait profession de libertinage.* Dans ce sens, il a vieilli. — Libertinage d'esprit, d'imagination, légèreté, inconstance dans les idées, qui fait qu'on passe d'un objet à un autre, sans s'arrêter à aucun : *cet écrivain s'abandonne à un libertinage d'imagination qui l'entraîne dans beaucoup d'écarts.*

* **LIBERTINER** v. n. Faire le libertin, se

livrer au libertinage : *depuis qu'il ne voit plus mauvaise compagnie, il a cessé de libertiner.* — Enfants, écoliers trop dissipés : *cet enfant ne fait que libertiner.* — Se libertiner v. pr. : *il commence à se libertiner.* (Fam.)

LIBERTY, ville du Missouri (Etats-Unis), sur la rivière de ce nom, à 25 kil. N.-E. de la ville de Kansas; 1,700 hab.

LIBERUM-VETO s. m. [li-bè-romm-vé-to] (lat. *liberum*, libre; franç. *veto*). Droit qu'avait, en Pologne, chaque député d'annuler par son opposition une résolution de la diète. Ce fut une cause d'anarchie.

* **LIBIDINEUX, EUSE** adj. (lat. *libido*, *libidinis*, plaisir). Dissolu, lascif : *appétits libidineux.* Il est peu usité.

LIBIDINOSITÉ s. f. Caractère de ce qui est libidineux.

LIBITINAIRE s. m. Antiq. rom. Officier romain chargé de présider aux funérailles.

* **LIBITUM** (Ad). Voy. Ad libitum.

LIBOCÈDRE s. m. (lat. *libanus*, encens; *cedrus*, cèdre). Petit genre d'arbres conifères toujours verts. On trouve deux espèces de libocèdres en Nouvelle-Zélande, deux dans les montagnes du Chili et une dans les sierras de Californie. L'espèce américaine, nommée

Libocedrus decurrens.

par Torrey *libocedrus decurrens*, atteint une hauteur de 40 à 45 mètres, avec un tronc de 2 à 3 mètres de diamètre, dénué de branches jusqu'à une hauteur de 30 à 35 mètres. Son bois, qui est jaunâtre, est très estimé ; on le regarde comme supérieur au bois de rouge lui-même pour la durée. Son feuillage, d'un vert brillant, produit le meilleur effet dans les jardins paysagers.

LIBOURNE, *Condate*, ch.-l. d'arr. du dép. de la Gironde, au point de jonction de l'Isle avec la Dordogne, à 25 kil. E.-N.-E. de Bordeaux, par 44° 55′ 2″ lat. N. et 2° 35′ 5″ long. O.; 14,960 hab. Elle possède un vaste port et de nombreuses manufactures de laine et d'autres articles; commerce important de vins qui se vendent sous le nom de bordeaux. Au XIII° siècle, *Condate* fut fortifiée par Leyburn, chevalier anglais, dont elle prit le nom. Elle fut l'une des principales bastides ou villes libres affranchies par Edouard Ier, pour encourager le commerce du vin avec l'Angleterre. Au XVI° siècle, elle devint le foyer de l'insurrection des paysans connus sous le nom de *guitres*. Le duc de Vendôme s'en empara pendant les guerres de la Fronde.

* **LIBRAIRE** s. m. (lat. *librarius*; de *liber*, livre). Marchand de livres : *cet écrivain s'est mis aux gages d'un libraire; le libraire qui vend de livres d'occasion s'appelle bouquiniste.* On dit, en parlant d'une femme qui fait le commerce de livres, Une marchande libraire. — Imprimeur-libraire, celui qui imprime et

vend des livres. — Libraire-éditeur, libraire qui achète les manuscrits des auteurs et les fait imprimer pour les vendre. On dit ordinairement éditeur et quelquefois libraire. Le mot *éditeur*, employé seul, s'applique quelquefois à l'homme de lettres, ou au savant qui revoit et publie les ouvrages d'un autre, comme font les érudits, les commentateurs, les interprètes des livres anciens ; mais ordinairement un éditeur est un libraire qui fait imprimer et vend les œuvres des auteurs. — Libraire d'assortiment ou libraire-commissionnaire, celui qui achète aux éditeurs, moyennant certaines remises, des publications qu'il se charge de distribuer aux libraires, ses clients. Cet intermédiaire entre l'éditeur et les libraires proprement dits, reçoit aussi le nom de *commissionnaire en librairie*. — Encycl. Chez les anciens Grecs, la librairie se nommait *bibliopole*. (Voy. ce mot; voy. aussi Bibliopège.) Le mot grec bibliopole fut latinisé ; il fit en latin le nom de *librarius* du copiste des manuscrits; très souvent, le bibliopole était à la fois libraire (copiste), antiquarius (antiquaire ou bouquiniste). Par ses soins, le manuscrit, recopié à un certain nombre d'exemplaires et relié, était ensuite expédié aux débitants de province. On suppose que le bibliopole ou éditeur payait à l'auteur un certain droit, proportionné au nombre d'exemplaires vendus; il plaçait son nom sur le livre qu'il faisait fabriquer, et quelquefois même son nom remplaçait celui de l'auteur. Vers la fin de l'empire romain, on commença de donner aux marchands de livres le nom de *stationarii*, qui leur fut conservé pendant une partie du moyen âge. Du reste, le commerce de la librairie, si florissant en Grèce, à Rome et dans tout l'empire romain, particulièrement en Gaule, disparut à peu près complètement pendant l'effroyable cahos du moyen âge; c'est tout au plus si quelques moines s'occupèrent à recopier quelques manuscrits. Lorsque renaquit le goût des études, l'Université se fit la patronne des libraires, les déclara ses suppôts et devint, pour ainsi dire, le seul éditeur responsable de tous les livres qui se propageaient par leurs mains. « Par de fréquents statuts, dont les plus anciens sont de 1275, de 1316 et de 1323, l'Université de Paris prit ses sûretés à l'égard des libraires «en même temps qu'elle avait garanti les intérêts de l'auteur à qui les libraires achetaient le livre, et ceux de l'amateur à qui ils le vendaient. Auprès de ces deux parties, le libraire, surtout quand il n'était pas *stationnaire*, c'est-à-dire lorsqu'il n'avait ni boutique, ni étalage, le libraire dis-je, n'était réellement qu'un courtier de l'Université, assermenté par elle, n'achetant et ne vendant que d'après sa permission » (Paul Lacroix et Edouard Fournier.) Le louage des livres était l'une des branches les plus importantes du commerce de la librairie, parce que les amateurs peu fortunés n'avaient d'autre ressource que de louer des manuscrits pour les recopier. — L'invention de l'imprimerie fit disparaître les copistes, mais donna une importance bien plus grande au commerce de la librairie; les premiers imprimeurs furent en même temps éditeurs. Les lois draconiennes éditées par les Valois, à peine adoucies par Henri IV, furent rétablies en partie par les successeurs de ce prince. (Voy. Imprimerie.)

* **LIBRAIRIE** s. f. La profession de libraire, le commerce des livres : *un fonds, un magasin, une boutique de librairie.* — Se dit aussi d'un magasin, d'une boutique de libraire : *établir une librairie.* — Signifiait, autrefois, *la librairie du roi.* Cette acception s'est conservée longtemps dans les actes publics. — Légist. « La librairie, de même que l'imprimerie, a été pendant longtemps soumise à des règlements qui en faisaient un monopole. (Voy. Imprimerie.) Celui qui vou-

lait exercer la profession de libraire devait être muni d'un brevet délivré par le ministre de l'intérieur, faute de quoi, il était passible de prison et d'amende. Le décret du 10 sept. 1870 a rendu libre cette profession, en imposant seulement l'obligation d'une déclaration préalable. Cette formalité a été elle-même supprimée par l'article 1er de la loi du 29 juillet 1881 sur la presse. Mais, en vertu des articles 23 et suivants de cette loi, et de la loi du 2 août 1882, la mise en vente d'écrits obscènes ou contenant provocation à des crimes ou délits peut donner lieu à des poursuites contre les libraires. L'impôt de la patente, auquel tout libraire est assujetti, varie non seulement suivant la population des communes où il est établi, mais aussi selon qu'il s'agit d'un libraire-éditeur, d'un libraire non éditeur, d'un agent de librairie ou d'un colporteur avec voiture, avec bête de somme ou avec balle. »   (Ch. Y.)

*LIBRATION s. f. (lat. *libratio*, balancement). Astron. Balancement apparent de la lune autour de son axe, mouvement par lequel elle nous cache et nous découvre alternativement une partie de sa surface. (Voy. LUNE.)

*LIBRE adj. (lat. *liber*). Qui a le pouvoir de faire ce qu'il veut, d'agir ou de n'agir pas : *l'homme est né libre.* — LES VOLONTÉS SONT LIBRES, se dit pour exprimer qu'on laisse à quelqu'un la liberté de faire ou de ne pas faire telle chose : *allez-vous-en, si cela vous plaît, les volontés sont libres.* — À L'HOMME A SON LIBRE ARBITRE, il est maître de choisir entre le bien et le mal. — Se dit souvent par opposition à esclave, servile ; *c'est un homme de condition libre.* — Se dit également par opposition à captif, prisonnier : *il était prisonnier, mais à présent il est libre.* — Indépendant : *il est libre, et ne dépend de personne.* — Particul. Qui n'est pas marié : *le commerce entre personnes libres est moins coupable que l'adultère.*

Je n'ai que cinquante ans, je suis libre, je l'aime.
COLLIN D'HARLEVILLE. *L'Inconstant*, acte III, sc. IV.

— Se dit aussi en parlant des États où le peuple participe à la puissance législative, soit par lui-même, soit par ses mandataires, et où les droits civils et politiques sont garantis par la constitution : *un État libre ; gouverner des hommes libres.* — VILLES LIBRES, en Allemagne, villes qui, n'étant soumises à aucun prince, sont gouvernées par leurs propres magistrats : *les villes hanséatiques sont des villes libres.* — Qui n'éprouve aucune contrainte, aucune gêne : *on est fort libre dans cette maison.* — Licencieux, indiscret, téméraire, s'applique aux choses comme aux personnes : *il est bien libre avec les femmes.* — Les phrases ou locutions qui suivent, des acceptions plus ou moins voisines de ces divers sens : LES SUFFRAGES NE SONT PAS LIBRES DANS CETTE ASSEMBLÉE, on n'ose y dire son avis, y voter selon sa conscience. — LE COMMERCE EST LIBRE DANS CE PAYS, il n'y est point entravé par des lois prohibitives. — LA PRESSE EST LIBRE DANS CE PAYS, les écrits destinés à l'impression n'y sont point soumis à une censure préalable. — LES MERS SONT LIBRES, on peut y naviguer sans aucune crainte des corsaires ou des ennemis. — LES PASSAGES, LES CHEMINS SONT LIBRES, on peut y aller sans rencontrer aucun embarras, aucun empêchement, aucun danger. On dit de même, LA CAMPAGNE EST LIBRE, les ennemis ne l'occupent plus. — Fam. LES CHEMINS SONT LIBRES, se dit pour témoigner à une personne qui veut s'en aller, qu'on ne fera aucun effort pour la retenir, pour la garder près de soi. — ESPACE LIBRE, espace qui n'est point occupé, rempli. On dit de même, CETTE PLACE EST LIBRE, personne ne l'occupe, on peut la prendre, s'y mettre. — AVOIR SES ENTRÉES LIBRES CHEZ QUELQU'UN, avoir la facilité d'entrer à toute heure chez lui. On dit à peu près dans le même sens, AVOIR LIBRE ACCÈS, UN

LIBRE ACCÈS AUPRÈS DE QUELQU'UN. — Fig. AVOIR LE CHAMP LIBRE, avoir la liberté de faire une chose : *rien ne vous empêche de lui faire cette demande ; vous avez le champ libre.* — Fig. LAISSER A QUELQU'UN LE CHAMP LIBRE, ne point s'opposer à ses prétentions, ne point se mettre en concurrence avec lui : *vous pouvez continuer vos démarches, je vous laisse le champ libre.* — AVOIR SON TEMPS LIBRE, n'avoir point d'occupation obligée. On dit aussi dans le même sens, ÊTRE LIBRE : *je suis libre à présent, je n'ai plus rien qui m'occupe.* — AVOIR LE CŒUR LIBRE, n'être pas amoureux. — N'AVOIR PAS L'ESPRIT LIBRE, être tellement préoccupé, qu'on est incapable de s'appliquer. — VERS LIBRES, ceux où l'on admet différentes mesures, et qui ne sont pas soumis au retour d'un rhythme régulier : *pièce écrite en vers libres.* — TRADUCTION LIBRE, traduction qui n'est pas littérale, où l'on ne s'est pas asservi à suivre exactement le texte. — PAPIER LIBRE, se dit par opposition à papier timbré : *il suffit que cette quittance soit écrite sur papier libre.* On dit, dans le même sens, PAPIER MORT, — Libre, joint, devant un substantif, signifie, exempt, affranchi de : *libre de soins, de crainte, de passion, de soucis, d'inquiétude, de toute sorte d'engagement.* — LIBRE DE, devant un verbe, signifie, qui a la liberté de : *vous êtes libre d'accepter ou de refuser.* On dit aussi : *il vous est libre d'accepter ou de refuser ; libre à vous de sortir ou de rester, etc.* — Qui a de la facilité, de l'aisance, qui n'est point gêné dans ses mouvements : *avoir une contenance libre, un air libre.* En ce sens, il se dit aussi des choses inanimées : *cette roue, ce ressort, cette pièce est libre dans ses mouvements.* — PINCEAU, CRAYON, BURIN LIBRE, pinceau, crayon, burin manié avec facilité par l'artiste qui s'en sert. — AVOIR LA VOIX LIBRE, LA PAROLE LIBRE, n'avoir point d'empêchement dans la voix, dans la parole : *il a été longtemps un peu bègue ; maintenant il a la parole parfaitement libre.* — AVOIR LA MAIN LIBRE, écrire légèrement, faire des traits avec hardiesse. — AVOIR LE VENTRE LIBRE, aller facilement à la garde-robe, n'être pas constipé.

*LIBRE-ÉCHANGE s. m. Écon. polit. Système d'après lequel les transactions commerciales entre les peuples sont affranchies de prohibitions et de taxes élevées. Le principe du libre-échange fut établi par l'Anglais Adam Smith dans son ouvrage intitulé *Richesse des Nations* (1776) ; plus tard, la même idée fut reprise, en Angleterre, par Cobden, et en France par Bastiat, Michel Chevalier, Dupont-White, Garnier, etc. Sous l'influence de ces économistes, un traité de commerce fut signé à Paris, le 23 janv. 1860, entre l'Angleterre, représentée par lord Cowley et Richard Cobden, et la France, représentée par Baroche et Rouher. L'Assemblée nationale détermina, le 15 mars 1871, que ce traité cesserait d'être en vigueur le 15 mars 1872. Un nouveau traité, signé à Paris le 29 janv. 1873, a été restreint par le traité de mai 1882. (Voy COMMERCE.)

*LIBRE-ÉCHANGISTE s. m. Partisan du libre-échange.

*LIBREMENT adv. Avec liberté, sans gêne, sans contrainte : *agir, vivre, penser, parler, écrire librement.*

Un peu trop librement peut-être je m'exprime.
COLLIN D'HARLEVILLE. *L'Inconstant*, acte II, sc. VIII.

*LIBRETTISTE s. m. Auteur d'un libretto.

*LIBRETTO s. m. [li-brè-to] (mot ital., dimin. de *libro*, livre). Paroles d'un opéra par opposition à la musique. — Plur. Des LIBRETTI ou des LIBRETTOS.

LIBRI-CARRUCCI (Guillaume-Brutus-Icile-Timoléon, comte) [li-bri-ka-rout-chi], mathématicien français, né à Florence en 1803, mort en 1869. Professeur de mathématiques

à Pise, il dut se réfugier en France lors des mouvements politiques de 1830. Il se fit naturaliser Français ; on créa pour lui l'emploi d'inspecteur général des bibliothèques de France. Ses ouvrages comprennent *Histoire des sciences mathématiques en Italie depuis la Renaissance jusqu'à la fin du XVIIe siècle* (1838-'41). En 1850, il fut accusé d'avoir détourné dans plusieurs bibliothèques des livres et des manuscrits pour la somme de plus de 500,000 fr.; il fut condamné à 10 ans de travaux forcés. Il se sauva en Angleterre où il habita longtemps et où l'on crut à son innocence. Il rentra ensuite à Florence.

LIBURNIE. Géogr. anc. District montagneux de l'Illyricum, le long de l'Adriatique, aujourd'hui compris dans la Croatie et la Dalmatie. Les Liburniens formaient un peuple de pirates, leurs navires très rapides et voguant au moyen d'une immense voile latine, furent adoptés par les Romains sous le nom de *naves liburnæ* ou simplement *liburnæ.* Les Liburniens furent les premiers Illyriens qui se soumirent à Rome.

LIBURNIEN, IENNE s. et adj. De la Liburnie ; qui appartient à ce pays ou à ses habitants.

LIBYE. Géogr. anc. Nom donné à l'Afrique ou à la partie qui va de l'Egypte à l'Atlantique. C'était aussi le nom d'un district situé entre l'Egypte et la Marmarique, souvent appelé Libye extérieure. (Voy. LIBYENS.) — Désert de Libye, partie du Sahara ou Grand Désert, à l'E. du Fezzan et du pays des Tibbous ; ce désert mesure environ 1,500 kil. de long, de Tripoli à Darfour et à Waday, et de 750 à 900 kil. de large. Ses frontières à l'E. étaient l'Egypte et la Nubie. Il renferme des oasis. — Mer de Libye, nom donné par les géographes anciens à la partie de la Méditerranée qui baigne les côtes du N. de l'Afrique, depuis la côte E. de la province romaine d'Afrique jusqu'à la côte S. de la Crète et à la frontière d'Egypte. Les deux Syrtes lui appartenaient.

LIBYEN, ENNE s. et adj. Habitant de la Libye ; qui appartient à ce pays ou à ses habitants. — s. m. pl. Nom d'un groupe de peuples de l'Afrique septentrionale, allié par la langue aux Egyptiens et aux Ethiopiens. C'est à cette race qu'appartiennent les Imocharh ou Amazirges, qui sont vulgairement connus sous les noms de Touaregs et de Berbères. C'est une race nomade très étendue, habitant tout le N. de l'Afrique et particulièrement les oasis situés entre les Etats arabes du nord et les territoires nègres de l'intérieur. Ils forment de nombreuses tribus indépendantes portant des noms distincts. Ceux qui occupent les districts montagneux entre Alger et Tunis sont appelés Kabyles ; et les habitants des montagnes du Maroc méridional sont nommés Chellouhs ou Cheulloulis. Les Imocharh parlent la langue ta-mashek (*tamaseq*). (Voy. SÉMITIQUE.) Quelques savants placent la race houssa dans le groupe libyen. La langue houssa est très répandue dans le N.-O. de l'Afrique. Il est probable que les Berbères modernes sont les descendants directs des anciens Libyens. Civilisés et puissants sur mer et sur terre, ils occupaient, dans des temps reculés, toute la côte du nord de l'Afrique, à l'exception du delta du Nil. Il paraîtrait que la flotte de Thothmès III, vers 1600 av. J.-C., détruisit leur puissance sur mer, mais qu'ils continuèrent leurs incursions en Egypte par terre ; à une période plus récente, ils formèrent une confédération avec les Pélasges et regagnèrent leur puissance maritime. Pendant le XIVe siècle av. J.-C., associés aux Thyrrénéens et aux Achéens, ils envahirent la basse Egypte dont ils s'emparèrent presque entièrement. Des colonies chananéennes s'établirent dans l'Afrique proprement dite (régions au sud du cap Bon) et peu à peu se forma la nation libyo-phénicienne. Après la fondation de Carthage par les Phéniciens, et après celle de Cyrène par les Grecs, les Libyens furent forcés de se retirer dans l'intérieur. Affaiblis, ils demandèrent des secours à l'Égypte contre les Cyrénéens, vers 570 av. J.-C.; mais ils furent défaits et soumis. L'élévation rapide des puissances carthaginoise, grecque et romaine enleva aux Libyens toute leur importance.

LIBYQUE adj. Qui appartient à la Libye. — MER LIBYQUE, mer qui avoisine les côtes de la Libye.

LICATA ou Alicata, port de la Sicile, à 40 kil. S.-E. de Girgenti, à l'embouchure du Salso; environ 17,000 hab. Grand commerce de grains, de fruits, de vins, de macaroni, de soude et de soufre. Elle occupe probablement l'emplacement de l'ancienne Phintias, bâtie par le tyran de ce nom vers 280 av. J.-C., pour y transporter les habitants de Gela.

* **LICE** s. f. (bas lat. *licia*, pieu). Lieu préparé pour les courses de tête ou de bague, pour les tournois, les combats à la barrière, et autres exercices de ce genre : *entrer dans la lice, en lice.* — Fig. Se dit en parlant de discussions, de contestations publiques, soit de vive voix, soit par écrit : *il n'a point osé entrer en lice avec un dialecticien si habile, un orateur si éloquent.* — Se dit aussi des lieux où se passent les discussions, où il y a, en quelque sorte, des combats de la parole : *le barreau est une lice ouverte au talent oratoire.*

* **LICE** ou Lisse s. f. (lat. *licium*, trame). Manuf. Se dit des fils verticaux à mailles d'un métier à tisser dans chacun desquels sont passés un ou plusieurs des fils horizontaux de la chaîne : *lices à perles.* — TAPISSERIE A HAUTE OU DE HAUTE LICE, ou simplement HAUTE LICE, sorte de tapisserie dont la chaîne est tendue verticalement sur le métier. — TAPISSERIE A BASSE ou DE BASSE LICE, ou simplement BASSE LICE, celle dont la chaîne est tendue horizontalement sur le métier : *il se fait aux Gobelins des tapisseries de haute et de basse lice.*

* **LICE** s. f. (lat. *lycisca*). Femelle d'un chien de chasse : *il y a dans toutes les meutes des lices destinées à faire race.* — CETTE LICE EST NOUÉE, elle a été couverte, et elle a retenu.

* **LICENCE** s. f. [li-san-se] (lat. *licentia*; de *licet*, il est permis). Permission : *ce religieux était sorti sans en avoir demandé la licence à son supérieur.* — Permission spéciale, accordée par le gouvernement, pour exporter ou pour vendre certaines marchandises : *il obtint une licence pour envoyer mille pièces de vin en pays étranger.* — Se dit aussi, dans les facultés de théologie, de droit et de médecine, du degré qui est entre celui de bachelier et celui de docteur. — Se disait également, autrefois, du temps que l'on passait sur les bancs avant de pouvoir obtenir le degré de licencié : *faire, commencer, achever sa licence.* — Liberté trop grande, contraire au respect, à la retenue et à la modestie : *c'est un homme qui prend des licences, qui se donne de grandes licences.* — Liberté excessive, dérèglement, insubordination : *arrêter, réprimer la licence de la jeunesse, la licence des soldats, du peuple, du vainqueur.* — En poésie, se dit de toute liberté que le poète se donne, dans ses vers, contre la règle et l'usage ordinaire : *il y a en poésie des licences que la raison autorise et que le goût approuve.* — Se dit quelquefois, dans un sens analogue, en peinture, en sculpture, en architecture, en musique : *il y a des licences heureuses dans le tableau, dans ce groupe.* — Législ. « En matière de contributions indirectes, on nomme *licence* l'autorisation accor-

dée par l'administration d'exercer certaines professions industrielles ou commerciales. Cette licence n'est délivrée que moyennant le paiement d'un droit annuel dont le taux varie selon la profession et selon les lieux où elle est exercée. Sont assujettis à la licence, notamment : ceux qui se livrent à la fabrication ou au débit des boissons; les fabricants et les marchands d'huiles autres que les huiles minérales; les fabricants de cartes à jouer, de sucre indigène, de papier, d'acide stéarique, de cierges ou bougies; les fabricants et les marchands entrepositaires d'acide acétique ou de vinaigre; les entrepreneurs de voitures publiques à service régulier, et les personnes qui exercent la profession de logeur. A Paris, les marchands et débitants de boissons sont dispensés de la licence dont le droit est compris dans la taxe unique. (Voy. BOISSON.)(L. 28 avril 1816, 25 mars 1817, 4 septembre 1871, 30 décembre 1873, 17 juillet 1875 etc.). Dans la hiérarchie universitaire, la *licence* est le second grade que confèrent les facultés de théologie, de droit, des lettres et des sciences. (Voy. FACULTÉ.) Les épreuves de la licence en droit sont déterminées par le décret du 28 décembre 1880, celles de la licence ès lettres par le décret du 25 du même mois, et celles des trois licences ès sciences (mathématiques, physiques et naturelles) par le décret du 15 juillet 1877. Nul ne peut se présenter aux épreuves de la licence devant une faculté, s'il n'a déjà obtenu le grade de bachelier. Le diplôme de licencié doit être produit par tout candidat au grade de docteur, sauf dans les facultés de médecine où les deux premiers degrés sont remplacés par des examens. (Voy. BACCALAURÉAT et DOCTORAT.) Des *bourses de licence* sont accordées, par voie de concours, aux étudiants des facultés. (Voy. BOURSE.) »   (CH. Y.)

* **LICENCIÉ, ÉE** part. passé de LICENCIER. — Adj. masc. Qui a pris ses degrés de licence. — Subs. : *c'est un licencié.*

* **LICENCIEMENT** s. m. Action de licencier, de congédier. N'est d'usage qu'en parlant des troupes : *la paix a été suivie du licenciement d'une partie de l'armée.*

* **LICENCIER** v. a. (rad. *licence*). Congédier. Ne se dit qu'en parlant des troupes : *après la paix, on licencia une partie de l'armée.* — Se Licencier v. pr. S'émanciper, sortir des bornes du devoir, de la modestie : *c'est un homme qui se licencie en paroles.* Dans ce sens, il a vieilli.

* **LICENCIEUSEMENT** adv. D'une manière licencieuse : *vivre, penser, parler, écrire licencieusement.*

* **LICENCIEUX, EUSE** adj. Déréglé, désordonné, contraire à la pudeur : *mener une vie licencieuse.*

* **LICET** s. m. [li-sètt] (mot lat. qui signifie *il est permis*). Permission : *obtenir un licet.*

* **LICHEN** s. m. [li-kènn] (gr. *leichen*, dartre, croûte). Bot. Nom que l'on donne vulgairement à toutes les plantes de la famille des lichénacées ou thallogènes. (Voy. LICHÉNACÉES.) — Pharm. LICHEN D'ISLANDE, ou *lichen* proprement dit, espèce de lichen, du genre *cétraire*, qui constitue un tonique léger et amer, usité comme expectorant et analeptique dans les catarrhes pulmonaires et dans la phtisie : de 15 à 30 gr. par litre d'eau en décoction. Cette *cétraire* (*cetraria islandica*, Acharius), commune dans le nord de l'Europe et de l'Amérique, se compose d'une touffe plate de frondes, profondément divisées, cartilagineuses, d'une couleur olivâtre foncée. Presque tout le lichen d'Islande employé en médecine vient de l'Islande et de la Norvège. Dans les pays où il abonde, on l'emploie comme nourriture après l'avoir débarrassé de son principe amer en le trempant

dans l'eau froide : on le fait sécher, on le réduit en poudre, on le met en galettes, ou on le fait bouillir et on le mange avec du lait. Trempé dans l'eau chaude, il donne un breuvage mucilagineux adoucissant.

LICHEN s. m. Méd. On donne ce nom à de petites élevures pleines et solides, rosées ou de la couleur de la peau, agglomérées, miliaires et accompagnées d'un prurit plus ou moins intense. On distingue le LICHEN SIMPLEX et le LICHEN AGRIUS. Le premier peut être *aigu* ou *chronique*; dans le 1er cas, il a son siège soit à la face, soit au tronc, et le prurit est peu vif; dans le 2e cas, l'éruption est plus lente, mais le prurit est plus intense. Le lichen agrius peut aussi être *aigu* ou *chronique*. Dans tous les cas, on conseille les lotions alcalines mercurielles et arsénicales : le goudron, le calomel en bains, lotions ou applications sur la peau.

LICHÉNACÉ, ÉE adj. Bot. Qui ressemble à un lichen. — s. f. pl. Famille de plantes acotylédones (ou cryptogames), comprenant des végétaux entièrement cellulaires, connus vulgairement sous le nom de *lichens* et improprement appelés *mousses* par le peuple. — Les *lichénacées* sont quelquefois nommées *thallogènes* par les botanistes, parce que leur partie végétative est le thallus. Elles forment

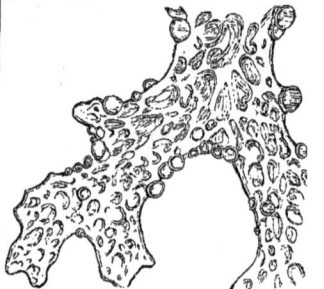
Fig. 1. — Lichen pulmonaire (sticta pulmonacea

une famille de petites plantes vivaces qui se développent et se multiplient sur les troncs d'arbres, sur les rochers, sur les murs, où leurs amas ressemblent à des croûtes. Presque inconnues dans les pays méridionaux, elles deviennent plus abondantes à mesure que l'on s'avance vers le pôle; elles souillent et dégradent les monuments, les statues dans les contrées froides et humides; susceptibles de résister aux températures les plus froides, elles constituent la totalité de la flore des pays voisins du pôle. La partie végétative des

Fig. 2. — Graphis elegans.

lichénacées est le *thallus* qui peut être regardé comme la plante proprement dite puisqu'il remplit toutes les fonctions de la racine, de la tige et des feuilles; il varie excessivement pour la forme, la texture et la couleur. Quand le thallus forme une expansion plate, on dit qu'il est *foliacé*, comme dans le lichen pulmonaire (fig. 1); s'il est droit et cylindrique comme dans la *cladonie* (voy. CÉNOMYCE), il est dit *fruticuleux*; chez d'autres, il forme une simple croûte, alors il est dit *crustacé*; et quand il est caché sous les fibres de l'écorce des arbres, il est dit hypophleux. Quelle que soit la forme du thallus, il consiste entièrement en tissu cellulaire et sa surface manque de stomates. La structure du thallus n'est pas homogène, mais le microscope y fait découvrir différentes couches distinctes. Les organes de fructification, appelés *apothécies*, sont quelquefois cachés dans les tissus du thallus; mais ils sont plus ordinairement à sa surface ou sur ses bords, où on les voit comme des disques de diverses formes. Dans les lichens graphis (fig. 2), par exemple, les apothécies sont allongées ou forment des taches irrégulières, comparables aux lettres japonaises; des lichens semblables, appartenant à des genres voisins, sont très communs sur l'écorce du chêne et des autres arbres des forêts. Les apothécies, rarement de la même couleur que les thallus, sont noires, brunes, jaunes ou d'un rouge de diverses nuances. Les lichénacées jouent un rôle important dans l'économie de la nature et il est probable qu'elles ont été la première forme de végétation sur la roche nue. Elles croissent très presque toutes les substances alternativement sèches et humides; très peu vivent continuellement sous l'eau. Dénuées de racines et vivant de l'air atmosphérique, peu leur importe la matière à laquelle elles se fixent.— On a décrit plus de 2,000 espèces de lichénacées, que l'on classe ordinairement en deux tribus : 1° GYMNOCARPES, comprenant les espèces à apothécies ouvertes et étalées en forme de disque : corniculaire, physie, cétraire, urcéolaire, cénomyce, graphis, etc. 2° ANGIOCARPES, espèces à apothécies closes ou nucléiformes: endocarpe, verrucaire, etc.

LICHER v. n. (corrupt. de *lécher*). Pop. Boire ou manger avec gourmandise.

LICHETTE s. f. Petit morceau. (Pop.)

LICHEUR, EUSE s. Personne qui aime à lécher.

LICHFIELD [litch'-fild], ville du Straffordshiré (Angleterre), formant un comté, sur un bras du Trent, à 165 kil. N.-O. de Londres; 7,380 hab. La cathédrale mesure 165 m. de

Cathédrale de Lichfield.

long, 54 m. de large au transept; elle possède trois flèches dont l'une, celle du centre, s'élève à 94 m. de haut. La cathédrale fut fondée au VII° siècle, mais l'édifice actuel date des XII° et XIII° siècles. Statue colossale du D' Johnson. Papier, toile, voitures, harnais; brasseries considérables.

LICHTENBERG (George-Christoph), physicien allemand, né en 1742, mort en 1799. En 1770, il fut nommé professeur de mathe-

matiques à Gœttingen et ensuite professeur de philosophie expérimentale dans la même ville. Parmi ses ouvrages (9 vol., 1800-'06), il en est un qui tourne en ridicule la science de Lavater.

LICHTENSTEIN (Martin - Heinrich - Karl), naturaliste allemand, né en 1780, mort en 1857. Il étudia la médecine, accompagna le gouverneur hollandais Janssens au cap de Bonne-Espérance et publia *Reisen im südlichen Afrika* (1810-'11); et plusieurs ouvrages zoologiques. En 1811 il devint professeur de zoologie à Berlin et, en 1813, directeur du musée zoologique.

LICINIEN, IENNE adj. Qui a rapport à l'ancienne famille romaine Licinia. — Lois LICIENNES, nom de différentes lois proposées par C. Licinius Stolo, tribun du peuple (375 av. J.-C.) (Voy. AGRAIRE.) Une autre loi du même nom (56 av. J.-C.) punissait sévèrement les réunions illégales des électeurs; et une autre loi licinienne, due à P. Licinius Crassus (103 av. J.-C.), limita les dépenses de table.

LICINIUS (Flavius-Licinianus), empereur romain, né en 263, mort en 324. Il était fils d'un laboureur, et Galérius mourant l'associa à l'empire en 307. Après deux guerres malheureuses contre Constantin, il perdit la plupart de ses provinces d'Orient (323), fut relégué à Thessalonique, dépouillé de la pourpre et étranglé l'année suivante.

LICITATION s. f. Jurispr. Vente, au plus offrant et dernier enchérisseur, d'une maison, d'un héritage qui appartient en commun à plusieurs cohéritiers ou copropriétaires, et qui ne peut se partager commodément : *vendre une maison par licitation*. — Législ. « On nomme licitation la mise en vente aux enchères d'un objet indivis, faite dans le but d'arriver au partage. (Voy. INDIVISION.) Les copropriétaires sont seuls admis à porter des enchères, à moins que l'un d'eux n'ait demandé l'admission des étrangers. Si l'un des copropriétaires est un mineur, un interdit ou un absent, les étrangers sont nécessairement appelés à enchérir. Si l'un des propriétaires indivis est déclaré adjudicataire, c'est là seulement un partage déclaratif de propriété, soumis aux règles juridiques des partages ; et il en résulte notamment que le droit d'enregistrement n'est perçu que sur ce qui excède la part des étrangers, et aux taux de 4 p. 100 sur les immeubles et de 2. p. 100 sur les meubles. En outre, l'adjudication des immeubles n'est pas soumise à la formalité et aux droits de la transcription

(L. 28 mars 1855). Au contraire, si l'acquéreur est un étranger, il y a vente, c'est-à-dire translation de propriété, et, par suite, il y a lieu à la transcription de l'adjudication. La licitation entre majeurs, jouissant de leurs droits civils, peut avoir lieu devant un notaire choisi par les colicitants; mais pour la licitation immobilière faite en justice, des formes particulières sont prescrites par le Code de procédure civile (art. 972 et s.) » (CH. Y.)

LICITATOIRE adj. Qui a rapport à la licitation.

* **LICITE** adj. (lat. *licitus*; de *licet*, il est permis). Qui est permis par la loi : *ce n'est pas une chose licite*.

* **LICITEMENT** adv. D'une manière licite, sans aller contre la loi : *peut-on faire licitement telle action?*

* **LICITER** v. a. (lat. *licitari*; de *licere*, être permis). Jurispr. Mettre à l'enchère une maison, un héritage, etc., qui appartient à plusieurs cohéritiers ou copropriétaires : *autrefois on licitait les charges, les rentes*.

LICKING. I. Rivière du Kentucky (Etats-Unis); elle prend sa source dans les montagnes du Cumberland et, après un cours de plus de 300 kil., elle se jette dans l'Ohio, à Newport, vis-à-vis de Cincinnati. — II. Rivière de l'Ohio, prenant sa source près du centre de l'état de ce nom et se jetant dans le Muskingum à Zanesville, après un cours de 105 kil.

* **LICOL.** Voy. LICOU.

* **LICORNE** s. f. (lat. *unicornis*). Quadrupède fabuleux qui, selon quelques relations, aurait une corne au milieu du front, et du reste serait semblable à un petit cheval : *la licorne sert de support à l'écu d'Angleterre*. — LICORNE DE MER, cétacé, nommé autrement NARVAL, qui porte à l'extrémité de sa mâchoire supérieure une dent en forme de corne, droite et longue quelquefois de quinze ou seize pieds.

* **LICOU** ou **Licol** s. m. Lien de cuir, de corde ou de crin, qu'on met autour de la tête des chevaux, des mulets, et d'autres bêtes de somme, pour les attacher, au moyen d'une ou deux longes, au râtelier, à l'auge, etc. : *licou à une longe, à deux longes*. — Licol n'est plus usité qu'en poésie, devant une voyelle. En prose, on dit et on écrit toujours, Licou.

* **LICTEUR** s. m. (lat. *lictor*). Officier public qui marchait devant les premiers magistrats de Rome, et qui portait une hache placée dans un faisceau de verges : *les licteurs faisaient à la fois office d'appariteurs et de bourreaux*. — Les premiers rois de Rome étaient toujours précédés de 12 licteurs qui portaient les *fasces* et les *secures*. Dans les derniers temps, les licteurs accompagnaient les consuls et les autres magistrats.

* **LIE** s. f. [li] (lat. *limus*, limon). Ce qu'il y a de plus grossier dans une liqueur, et qui va au fond : *lie de vin*. Quand on dit, absolument, DE LA LIE DE VIN, on entend de la lie de vin. — COULEUR LIE DE VIN, couleur d'un rouge violacé. — BOIRE LE CALICE JUSQU'A LA LIE, souffrir une humiliation complète, une douleur longue et cruelle, un malheur dans toute son étendue. — LA LIE DU PEUPLE, la plus vile et la plus basse populace; et, LA LIE DU GENRE HUMAIN, LA LIE DES NATIONS, les hommes les plus corrompus, des hommes très vils et très méchants : *c'est un homme de la lie du peuple*.

* **LIE** adj. [li] (lat. *lætus*, joyeux). Vieux mot qui signifiait, gai, joyeux, et qui n'est plus usité que dans cette phrase familière, FAIRE CHÈRE LIE, faire bonne chère avec gaieté.

* **LIÉ, ÉE** part. passé de LIER. — JOUER EN

PARTIES LIÉES. jouer avec la condition que l'enjeu appartiendra à celui qui aura gagné le plus de parties sur un nombre déterminé : *ils ont joué un louis en trois parties liées.*

LIEBENAU, ville de Bohême où les Prussiens, commandés par le général von Horn, remportèrent leur première victoire sur les Autrichiens, le 26 juin 1866.

LIEBHARD (Joachim). Voy. CAMERARIUS.

LIEBIG (Justin von), [all. li-bi'h], baron, chimiste allemand, né en 1803, mort en 1873. Professeur à l'université de Giessen, en 1826, il installa un laboratoire de chimie pratique, le premier de ce genre que l'on vit en Allemagne. En 1832, avec le professeur Geiger, d'Heidelberg, il publia les *Annalen der Pharmacie.* En 1840, il donna *Die organische Chemie in ihrer Anwendung auf Agricultur;* puis *Chemische Briefe* et *Die Thierchemie, oder organische Chemie in ihrer Anwendung auf Physiologie und Pathologie.* Plusieurs de ses mémoires, publiés dans les *Annalen,* ont été réunis sous le titre de *Chemische untersuchungen uber das Fleisch und seine Zubereitung zum Nahrungsmittel* (1847) et *Die ursachen der saeftebewegung im thierischen Organismus* (1848). Liebig compila pour Poggendorf le *Handwoerterbuch der Chemie* (9 vol., 1837-'64), et collabora au *Handbuch der Pharmacie* de Geiger (1839); la partie de son travail consacrée à la chimie organique parut ensuite séparément. En 1855, il publia son *Grundsaetze der Agriculturchemie,* en 1856, *Theorie und Praxis der Landwirtschaft,* en 1859, *Naturwissenschaftliche Briefe über die moderne Landwirthschaft.* Un de ses sujets favoris était la fermentation et son explication de ce phénomène, comme étant dû à l'action d'une substance dont les molécules sont dans un état de transition sur les corps fermentant, fut soutenue pendant longtemps et avec habileté; on ne peut dire qu'elle ait encore été remplacée, bien qu'il y ait une tendance générale à adopter strictement la théorie des germes imaginée par Pasteur. Liebig resta à Giessen jusqu'en 1852, époque où il devint professeur de chimie à Munich. En 1860, il fut nommé président de l'Académie des sciences de Munich. — En France, Liebig est populaire à peu près uniquement à cause de l'extrait de viande qui porte son nom.

LIECHTENSTEIN, principauté indépendante qui, jusqu'en 1866, fit partie de la confédération germanique, bornée par le Vorarlberg, l'Autriche et par les cantons suisses des Grisons et de Saint-Gall, dont elle est séparée par le Rhin; 178 kil. carr.; 8,320 hab. Sol fertile, produisant le lin, le vin et des fruits. Bois de construction; excellents pâturages. Capitale, Liechtenstein ou Vaduz. Le prince de Liechtenstein appartient à la famille d'Este; ses propriétés en Autriche, en Prusse et en Saxe couvrent près de 5,500 kil. carr. avec plus de 600,000 hab. C'est donc l'un des plus riches propriétaires de l'Allemagne. Ses ancêtres furent élevés au rang de princes souverains au XVIIe siècle. Le prince actuel, Johann II (né en 1840), duc de Troppau et de Jaegerndorf, etc., est le petit-fils de Johann-Joseph (1760-1836), qui prit une part remarquable aux campagnes du Rhin et d'Italie, et qui, en 1805, conclut le traité de Presbourg.

LIED s. m. [lîd]. Mot allemand qui signifie, romance, chanson, ballade. Plur. LIEDER.

* **LIÉGE** s. m. (lat. *levis,* léger). Espèce de chêne vert, dont l'écorce est épaisse, spongieuse et fort légère : *les glands de liège.* — Écorce de cet arbre : *le liège est fort léger, et nage sur l'eau.* — ENCYCL. Deux espèces de chênes (voy. CHÊNE) produisent le liège; ce sont le *chêne-liège* (*quercus suber*) et le *chêne occidental* (*quercus occidentalis*); mais c'est le premier surtout qui donne le liège du com-

merce; ce chêne croît abondamment en Espagne, en Portugal, en Italie, en Algérie et dans le sud de la France. Dans notre colonie algérienne, les forêts de chêne-liège s'étendent sur 430,730 hectares. Lorsque le chêne-liège a

Liège. – Décortication.

été élevé en futaie très claire jusqu'à l'âge de vingt à vingt-cinq ans, il subit une opération qui doit préparer la production du liège; c'est le *démasclage,* c'est-à-dire l'enlèvement de l'écorce mâle qui ne produit rien, ni conséquemment, la mise à nu de la *mère* (enveloppe cellulaire et liber); une nouvelle écorce se forme et la subérisation de cette écorce produit le liège. C'est à quarante ans seulement que l'arbre fournit cette subérisation avec les qualités réclamées pour les lièges du commerce. L'enlèvement du liège constitue l'opération de la *tire,* qui se fait en pleine sève, (de juin à la fin d'août). Mais le soleil, fort intense à cette époque de l'année, frappe alors directement les arbres mis à nu et il se produit fatalement des insolations qui en font périr un grand nombre; d'un autre côté, la pluie vient laver l'enveloppe cellulaire et lui ôte une grande partie de sa qualité, ainsi

que de sa force de reproduction. Pour obvier à ces inconvénients, un grand propriétaire, M. Capgrand-Mèthes, a découvert, depuis 1870, qu'il fallait recouvrir le liège de bandes de carton de cellulose. Après trois mois de revêtement, les planches de liège sont parfaitement sèches et peuvent être directement envoyées au fabricant, sans passer à l'usine où les opérations de bouillage, de raclage et de séchage étaient jusqu'à présent indispensables.

LIÉGE (all. *Lüttich*). I. Province (flam. *Luikerland*) de Belgique, bornée par la Prusse rhénane; 2,895 kil. carr.; 635,080 hab., partie tout Wallons et catholiques romains. La partie occidentale est une plaine fertile, les parties S. et E. sont traversées par des rameaux des Ardennes. Les rivières principales sont la Meuse et l'Ourthe. Cette province renferme la station thermale de Spa et les grandes villes manufacturières de Verviers et de Seraing. — II. Ville (flam. *Luik* [loïk]), capitale de la province ci-dessus, dans une plaine entourée de montagnes, à 35 kil. O.-S.-O. d'Aix-la-Chapelle, à 90 kil. S.-E. de Bruxelles; 127,000 hab. La Meuse la divise en ville haute ou ancienne et en ville basse ou nouvelle. Elle renferme 10 faubourgs et 11 places publiques; elle est défendue par une citadelle et par le fort Chartreuse. L'église de Saint-Jacques possède quelques-uns des spécimens les plus remarquables du gothique fleuri et ciselé. L'ancien palais du prince évêque, qui sert maintenant de palais de justice, occupe un des côtés de la place Saint-Lambert; c'est un édifice grandiose, orné d'un magnifique portique. L'université, fondée par le roi de Hollande en 1817, compte environ 500 étudiants; elle comprend une école des mines et une école polytechnique; on y trouve aussi d'autres institutions importantes. Liège est la principale ville industrielle de la Belgique; manufactures de quincaillerie, de drap, de verre, d'articles de laine et de coton, et particulièrement d'armes à feu. Au VIIe siècle, il y avait un village appelé Legia ou Leodium sur l'emplacement où s'élève aujourd'hui la ville de Liège. Un évêché y fut établi au VIIIe siècle, et l'évêque fut nommé prince souverain au Xe. Charles le Téméraire voulant protéger l'évêque, Louis de Bourbon, punit avec sévérité les citoyens rebelles et fit démolir les fortifications, en 1468, il fit détruire la plus grande partie de la ville et massacrer un grand nombre des habitants. Guillaume de la Marck, le sanglier des Ardennes, assassina Louis de Bourbon en 1482, afin d'obtenir la mitre pour son fils. La ville

Cour du palais de Justice, à Liège.

fut occupée plusieurs fois par les Français sous le règne de Louis XIV. Marlborough prit d'assaut la citadelle, le 23 oct. 1702. Les évêques furent chassés en 1789, mais ils furent rétablis par les troupes autrichiennes. En 1794, Liège fut annexée à la France et devint le ch.-l. du département de l'Ourthe. En 1814, elle fut comprise dans le nouveau royaume des Pays-Bas. En 1830, les turbulents Liégeois furent les plus enthousiastes partisans de l'indépendance belge.

LIÉGEOIS, OISE s. et adj. Habitant de la ville ou de la province de Liège; qui concerne cette ville ou cette province, ainsi que leurs habitants.

LIÉGEUX, EUSE adj. De la nature du liège.

LIEGNITZ (lig'-nitss], ville de la Silésie prussienne, sur la Katzbach, à 55 kil. O.-S.-O. de Breslau; 31,450 hab. Il y a cinq faubourgs et des manufactures de toile, de bonneterie, etc. Les ducs de la famille polonaise de Piast gouvernèrent le territoire de Leignitz jusqu'en

Une rue de Liegnitz.

1675. Frédéric le Grand y remporta une victoire sur les Autrichiens le 15 août 1760; les champs voisins de Wahlstatt furent le théâtre de la grande bataille du 9 avril 1241 contre les Mongols, et de celle du 26 août 1812, dans laquelle Blücher battit les Français (bataille de Katzbach).

LIEN s. m. [li-ain] (rad. *lier*). Ce qui sert à lier : *un lien de paille, de jonc, d'osier.* — Corde ou chaîne avec laquelle un prisonnier est attaché. En ce sens, il se met ordinairement au pluriel : *il était dans les liens.* — Fig. Esclavage, dépendance. On l'emploie principalement en parlant des amants : *il trouve ses liens bien doux.* — Matière crimin. ETRE DANS LES LIENS D'UN DÉCRET, D'UN MANDAT D'ARRÊT, se dit d'une personne contre laquelle un décret, un mandat a été décerné. — LIEN RELIGIEUX, engagement contracté par ceux qui sont dans les ordres sacrés, ou qui ont fait des vœux monastiques. — Fic. TRAÎNER SON LIEN, n'être pas tout à fait échappé d'un danger, affranchi d'une passion, délivré d'une mauvaise affaire. On dit proverbialement, dans le même sens, N'EST PAS ÉCHAPPÉ QUI TRAÎNE SON LIEN. — Tout ce qui attache et unit les personnes ensemble : *le lien du mariage; par sa douceur, par sa modération, il était le lien des esprits opposés qui formaient cette société.*

La foi, ce nœud sacré, ce lien précieux.
BRISSUR.

— Jurispr. DOUBLE LIEN, parenté entre enfants d'un même père et d'une même mère, c'est-à-dire, entre frères et sœurs germains. LIEN SIMPLE, parenté entre frères et sœurs qui ne sont pas nés du même père ou de la même mère,

LIÉNARD DE BEAUJEU (Daniel), héros franco-canadien, qui vainquit au fort Duquesne, avec un détachement de sauvages et une poignée de Français, le général Brad-

dock, à la tête de 3,000 soldats (9 juillet 1755). Les deux généraux (français et anglais) furent tués dans le combat.

LIENTERIE s. f. [li-an-te-rî] (gr. *leios*, glissant; *enteron*, intestin). Méd. Espèce de dévoiement dans lequel on rend par les selles, peu de temps après le repas, les aliments tels qu'on les a pris. Cette forme de diarrhée s'observe surtout dans l'entérite des jeunes enfants. On la traite par la pepsine (20 à 40 centigr. avant chaque repas), par la viande crue, hachée et roulée en boulettes dans de la poudre de sucre, par l'eau de Vichy, les opiacés, le sirop d'éther, la décoction froide de simarouba ou de camomille.

LIENTÉRIQUE adj. Méd. Qui tient de la lienterie : *flux lientérique.*

LIER v. a. (lat. *ligare*). Serrer avec un lien ou avec quelque autre chose que ce soit: *lier le bras, la main, le corps.* — Par exag. C'EST UN FOU A LIER, c'est un extravagant. — Fig. LIER LES MAINS A QUELQU'UN, le réduire à l'inaction dans une affaire. AVOIR LES MAINS LIÉES, être empêché d'agir dans une affaire : *je ne veux pas qu'on me lie les mains, je ne veux pas avoir les mains liées.* — LIER LA LANGUE, empêcher de parler : *le respect, la crainte de vous déplaire m'a lié la langue* — Faire un nœud : *lier les cordons de ses souliers.* — Joindre ensemble différentes parties par quelque substance qui s'incorpore dans les unes et dans les autres : *il faut mettre quelque chose dans cette composition pour lier les ingrédients.* — LIER UNE SAUCE, lui donner de la consistance : *le cuisinier a mal lié cette sauce.* — LIER LES LETTRES, les joindre l'une à l'autre par certains petits traits : *liez mieux vos lettres.* — Musiq. LIER DES NOTES, passer, exécuter deux ou plusieurs notes d'un même coup d'archet, ou d'un seul coup de langue sur un instrument à vent, ou d'un seul coup de gosier en chantant. — LIER LES IDÉES, LES PROPOSITIONS, LES PENSÉES, LES PARTIES D'UN DISCOURS, etc., les unir entre elles, les enchaîner les unes aux autres : *cet homme ne lie pas bien ses idées, ses pensées.* — LIER UNE PARTIE DE PROMENADE, DE DIVERTISSEMENT, etc., projeter une partie de promenade, de divertissement, et prendre jour pour la faire. — IL A BIEN LIÉ, MAL LIÉ SA PARTIE, il a bien concerté, il a mal concerté son affaire, son entreprise. — LIER AMITIÉ AVEC QUELQU'UN, contracter amitié avec quelqu'un. — LIER CONVERSATION, COMMERCE, SOCIÉTÉ AVEC QUELQU'UN, entrer en conversation, en commerce, faire société avec lui : *nous avons lié conversation ensemble.* — Signifie fig., en parlant des personnes, attacher, unir, enchaîner ensemble: *ils sont liés d'une étroite amitié.* — Astreindre, obliger : *les paroles, les contrats lient les hommes.*

Et puis je ne veux plus de chaîne qui me lie...
COLLIN D'HARLEVILLE. *L'Inconstant*, acte 1er, sc. xii.

Par nul engagement je ne la crus liée...
Id. acte III, sc. xi.

— Dans le langage de l'Église, LIER ET DÉLIER, refuser ou donner l'absolution. — Se lier v. pr. CES INGRÉDIENTS NE PEUVENT PAS SE LIER, ils ne peuvent pas s'unir, s'incorporer ensemble. IL FAUT REMUER CETTE SAUCE JUSQU'A CE QU'ELLE SE LIE, jusqu'à ce qu'elle s'épaississe, Fig LES SCÈNES DE CETTE PIÈCE SE LIENT MAL ENTRE ELLES, elles ne sont point amenées les unes par les autres. — IL FAIT QUE VOUS RACONTEZ SE LIE A UNE AVENTURE DONT J'AI CONNAISSANCE, il a du rapport avec cette aventure, il s'y rattache. — SE LIER PAR UN SERMENT, UN VŒU, etc., s'astreindre à quelque obligation par un serment, par un vœu, etc. — Se dit, particul., tant dans le sens réfléchi que dans le sens réciproque, des personnes qui forment une liaison entre elles : *je me suis lié avec lui.*

LIERNAIS, ch.-l. de cant , arr. et à 57 kil.

N.-O. de Beaune (Côte-d'Or); 1,200 hab. Vins estimés.

LIERRE s. m. [liè-re] (anc. franç. *hierre*; du lat. *hedera*; le mot franç. moderne a été formé par agglutination de l'article, vers le xvIIe siècle). Bot. Genre d'araliacées, comprenant un petit nombre d'arbrisseaux grimpants, à feuilles alternes, persistantes, à fleurs blanchâtres ou verdâtres, en cimes ou en panicules. La seule espèce européenne, le *lierre*

Lierre commun (Hedera helix).

commun (*hedera helix*), grimpe sur les murs et sur les arbres au moyen de crampons ou griffes qui naissent de sa tige; il atteint quelquefois de grandes proportions; il n'est pas rare, surtout dans les pays chauds, de rencontrer des individus dont la tige mesure 25 et même 30 centim. de diamètre. Quelquefois, le lierre, quand il ne trouve pas à sa portée un appui sur lequel il puisse grimper, s'étend sur le sol, que recouvre bientôt son feuillage élégant; mais, plus ordinairement, il revêt de ses branches rampantes et de ses feuilles vert sombre les ruines, les vieux arbres et les rochers, auxquels il donne un charme pittoresque. Dans les jardins paysagers, on l'utilise pour cacher certains murs ou certains objets dont l'aspect serait désagréable. On l'accuse d'étouffer les arbres dans ses replis. — Dans l'antiquité, on l'avait consacré à Osiris et à Bacchus; il est resté l'emblème de l'amitié. Ses fruits sont purgatifs; ses feuilles servent à entretenir la fraîcheur des cautères et des vésicatoires. — Lierre terrestre, genre de labiées, tribu des népetées, voisin du genre cataire, auquel on le réunit quelquefois, et comprenant une seule espèce d'herbe vivace, un peu couchée, longue de 30 centim., à feuilles pétiolées, arrondies, vertes sur les deux faces. Cette plante, appelée aussi *glécome hédéracé (glecoma heredacea)*, croît abondamment à l'ombre de nos bois ou de nos murs. Légèrement stimulante et expectorante, elle est employée dans la bronchite et les pneumonies : de 10 à 20 gr. par litre d'eau en infusion.

LIERRE, ville de Belgique, sur la Nèthe, à 45 kil. S.-E. d'Anvers; 45,660 hab. Raffineries de sel et manufactures de toiles cirées et de coton.

LIESSE s. f. (lat. *lætitia*). Joie. N'est plus guère usité que dans cette phrase familière, *Vivre en joie et en liesse*, et dans cette expression, *Notre-Dame de liesse.* — Se

LIESSE (Notre-Dame de), village du dép. de l'Aisne, arr. et à 15 kil É.-N.-E. de Laon; 1,554 hab. Église du xive siècle, où une statue de la Vierge attire de nombreux pèlerins. C'est à Notre-Dame de Liesse que Louis XI vint jurer, en 1469, d'être fidèle au traité de Péronne. La naissance de Louis XIV, après un pèlerinage d'Anne d'Autriche et du roi

Louis XIII à N.-D. de Lies:e, fit placer le royaume sous la protection de la Vierge.

LIESTAL, ville de Suisse, capitale du demi-canton de la campagne de Bâle, sur l'Ergolz, à 12 kil. S.-E. de Bâle ; 3,870 hab. Manufactures de gants, de tapisserie et de papier.

* **LIEU** s. m. (lat. *locum*). Espace qu'un corps occupe : *tout corps occupe un lieu, remplit un lieu.* — Espace pris absolument, sans considérer aucun corps qui le remplisse, et vu seulement sous le rapport de la dimension, de la situation, ou de quelque autre circonstance qui le distingue : *c'est le plus beau lieu du monde.* — Se dit aussi par rapport à la destination : *un lieu d'assemblée, de récréation.*

> Tout cérémonial de ces *lieux* est banni.
>
> COLLIN D'HARLEVILLE. *L'Inconstant*, acte 1er, sc. 1re.

— **LE LIEU SAINT**, **LE SAINT LIEU**, l'église, le temple. — **LES SAINTS LIEUX**, les lieux de la terre sainte qui sont célèbres par les mystères de notre rédemption : *visiter les saints lieux.* — **LES HAUTS LIEUX**, les autels consacrés chez les juifs aux fausses divinités. — **LIEU DE SURETÉ**, signifie quelquefois, prison ; et alors il est familier : *cet étourdi s'est fait mettre en lieu de sûreté.*

> Son discours dura tant, que la maudite engeance
> Eut le temps de gâter en cent *lieux* le jardin.
>
> LA FONTAINE. *L'Écolier, le Pédant et le Maître d'un jardin.*

— Endroit désigné, indiqué ; et alors on le met souvent au pluriel : *nous irons sur les lieux.* Les appartements et les différentes pièces d'une maison, d'une ferme, etc. : *il faut visiter les lieux, et voir s'ils sont en état.* — Prov. **N'AVOIR NI FEU NI LIEU**, être vagabond, sans demeure assurée ; ou être extrêmement pauvre. — **LIEU DE PLAISANCE**, maison de campagne uniquement destinée à l'agrément. — **LIEU DE FRANCHISE**, **LIEU D'ASILE**, lieu où, en vertu de quelque privilège, on est à l'abri de certaines poursuites : *autrefois les églises étaient des lieux d'asile.* — **MAUVAIS LIEU**, maison de débauche : *hanter les mauvais lieux.* — **LIEUX D'AISANCES**, ou simplement **LIEUX**, les latrines. — Géom. **LIEU GÉOMÉTRIQUE** ou simplement **LIEU**, ensemble des points qui ont une propriété commune. La circonférence est le lieu géométrique des points également distants d'un point donné appelé centre ; l'ellipse est le lieu géométrique des points dont la somme des distances à deux points donnés appelés foyers est constante. — Astron. Point du ciel auquel répond une planète, une comète. Comme nous les voyons de la surface de la terre, nous les rapportons à un point différent de celui où elles seraient vues du centre de la terre ; ce qui fait qu'on distingue le **LIEU APPARENT** du **LIEU VÉRITABLE** : la différence s'appelle **PARALLAXE**. — Place, rang : *il tient le premier lieu.* Dans ce sens, il a vieilli, et ne se dit guère qu'en termes de Palais : *chaque créancier reprend en son lieu.* — Prat. **ÊTRE AU LIEU ET PLACE DE QUELQU'UN**, avoir la cession de ses droits et actions. On dit de même, **SUBROGÉ EN SON LIEU ET PLACE.** — **EN PREMIER LIEU**, **EN SECOND LIEU**, **EN TROISIÈME LIEU**, **EN DERNIER LIEU** premièrement, secondement, troisièmement, enfin. — **TENIR LIEU DE**, remplacer, suppléer : *votre amitié me tient lieu de tout.* — Se prend quelquef. pour maison ou famille, comme dans ces phrases : **CETTE PERSONNE VIENT DE BON LIEU**, elle est de bon lieu, elle est de bonne famille. **IL S'EST ALLIÉ EN BON LIEU**, il s'est bien allié. **IL SENT LE LIEU D'OU IL VIENT**, il a les habitudes, les goûts des gens de sa classe. — Bas lieu, basse extraction : *un homme de bas lieu.* — **J'AI APPRIS CELA DE BON LIEU** ; **JE TIENS CELA DE BON LIEU**, **CETTE NOUVELLE VIENT DE BON LIEU**, de bonne part, de personnes bien instruites et dignes de foi. — Fam. **ON A PARLÉ DE VOUS EN BON LIEU**, ou a parlé de vous en bonne compagnie. — **EN HAUT LIEU**, dans la maison d'un souverain, d'un prince, ou de quelque personne très considérable :

on parla de lui en haut lieu. — Signifie aussi, l'endroit, le temps convenable pour dire, pour faire quelque chose : *ce n'est pas ici le lieu de parler de cela, le lieu de disputer.* — Fig. Moyen, sujet, occasion : *nous verrons s'il y a lieu de vous servir, s'il y a lieu de vous faire payer, s'il n'y a pas lieu de craindre, de douter, d'espérer.* — **AVOIR LIEU**, se dit en parlant de l'époque d'un événement : *cet événement eut lieu l'an dernier.* — Endroit ou passage d'un livre : *en quel lieu Platon l'a-t-il dit ?* — Rhétor. **LIEUX COMMUNS**, **LIEUX ORATOIRES**, ou simplement **LIEUX**, sources générales d'où un orateur peut tirer ses arguments et ses moyens : *Aristote a traité des lieux communs.* — **LIEUX COMMUNS**, se dit aussi de certains traits généraux qui peuvent s'appliquer à tout, ou certaines réflexions générales qu'on fait entrer dans un sujet particulier : *il a commencé l'éloge de ce magistrat par un lieu commun sur la justice.* — **LIEUX COMMUNS**, se dit encore des idées usées, rebattues : *il ne dit que des lieux communs.*

> Il est des *lieux communs*, et cependant fort beaux,
> Qui, depuis deux mille ans, semblent toujours nouveaux.
>
> COLNET. *L'Art de dîner en ville*, chant II.

— **AU LIEU DE**, loc. prép., qui signifie, à la place de, en place de : *au lieu de mon frère que j'attendais, il est venu un homme de sa part.* — **AU LIEU DE**, marque aussi opposition, différence : *je pris un volume de Racine, au lieu d'un volume de Corneille.* — **AU LIEU QUE**, se dit, dans une acception pareille, pour tandis que : *il ne songe qu'à ses plaisirs, au lieu qu'il devrait veiller à ses affaires.*

* **LIEUE** s. f. (celt. *leig*; lat. *leuca*; esp. *legua*; angl. *league*). Mesure itinéraire, dont l'étendue varie selon les provinces, selon le pays : *la lieue commune de France était de deux mille deux cent quatre-vingt-deux toises ou quatre mille quatre cent quarante-quatre mètres et demi à vingt-cinq lieues par degré; aujourd'hui on compte par la lieue de quatre kil.* — **LIEUE DE POSTE**, lieue de deux mille toises, ou quatre kil. — **LIEUE DE PAYS**, lieue qui diffère de la lieue commune, et dont la longueur est déterminée par l'usage particulier de telle ou telle contrée : *il n'y a que trois lieues d'ici à cette ville, mais ce sont des lieues de pays qui valent bien quatre lieues ordinaires.* — **LIEUE KILOMÉTRIQUE**, lieue de 4 kil. — **LIEUE DE TERRE**, lieue de 25 au degré ou de 4 kil. 444. — **LIEUE DE FRANCE**, lieue de 4 kil. — **LIEUE DE BRETAGNE et D'ANJOU**, lieue de 4 kil. et demi. — **LIEUE DE BEAUCE**, lieue de 3 kil. et quart. — **LIEUE DE BOURGOGNE**, lieue de 5 kil. — **LIEUE DE PROVENCE ET DE GASCOGNE**, lieue de 6 kil. — **LIEUE D'ANGLETERRE**, lieue de 3 kil. 570. — **LIEUE MARINE**, lieue de vingt au degré ou d'un peu plus de 5 kil. et demi. **LIEUE CARRÉE**, espace carré, qui a une lieue de chaque côté. — adv. **UNE LIEUE A LA RONDE**, dans l'étendue d'une lieue en tous sens. S'emploie dans un sens moins rigoureux pour exprimer une certaine étendue à peu près d'une lieue de rayon : *ce bruit a été entendu une lieue à la ronde.* — **ÊTRE A CENT LIEUES**, A **MILLE LIEUES D'UNE CHOSE**, **N'EN PAS APPROCHER DE CENT LIEUES**, **DE MILLE LIEUES**, en être fort éloigné : *vous n'avez garde de trouver le nœud de cette question, de cette affaire, vous n'en approchez pas de cent lieues, vous en êtes à cent lieues.* — **IL N'ÉCOUTE PAS**, **IL EST A MILLE LIEUES D'ICI**, se dit d'un homme distrait, qui ne fait pas attention à ce qu'on lui dit. — **SENTIR QUELQU'UN D'UNE LIEUE**, pressentir, deviner : *j'étais sûr que vous viendriez, je vous ai senti d'une lieue.* Il se dit aussi en parlant des choses : *j'ai senti d'une lieue la proposition qu'il vient de nous faire.* — **IL SENT SON FRIPON D'UNE LIEUE**, on juge aisément à ses manières, à son air, que c'est un fripon.

* **LIEUR**, **EUSE** s. (rad. *lier*). Celui, celle qui lie des bottes de foin, des gerbes de blé, etc. .

* **LIEUTENANCE** s. f. Charge, office, emploi, grade de lieutenant : *il a une lieutenance dans l'artillerie, dans le dixième régiment.*

* **LIEUTENANT** s. m. Officier qui est immédiatement au-dessous d'un chef, qu'il supplée dans certains cas : *lieutenant-colonel d'un régiment de cavalerie, d'infanterie.* — **LIEUTENANT GÉNÉRAL DES ARMÉES DU ROI**, ou simpl. **LIEUTENANT GÉNÉRAL**, officier qui occupait le second grade dans les armées : *il y avait quatre lieutenants généraux dans cette armée.* Au lieu de lieutenant général, on dit aujourd'hui, **GÉNÉRAL DE DIVISION.** — **LIEUTENANT DE ROI**, ou **COMMANDANT D'ARMES**, celui qui commandait en l'absence du gouverneur, dans une place de guerre. — **LIEUTENANT CIVIL**, celui qui connaissait des causes civiles. — **LIEUTENANT CRIMINEL**, celui qui connaissait des causes criminelles. — **LIEUTENANT GÉNÉRAL**, celui qui présidait le tribunal d'une sénéchaussée, d'un bailliage. — **LIEUTENANT GÉNÉRAL DE POLICE**, magistrat qui avait à Paris la direction de la police. — Se dit aussi, en général, de ceux à qui le souverain, ou le chef d'une armée, délègue, dans certains cas, une portion de son autorité : *le roi, avant de partir, nomma son frère lieutenant, lieutenant général du royaume.*

* **LIEUTENANT-COLONEL** s. m. Officier supérieur qui, dans la hiérarchie militaire, vient immédiatement après le colonel et le supplée en cas d'empêchement. Ce grade fut institué en 1665 pour l'infanterie et en 1668 pour la cavalerie.

* **LIEUTENANTE** s. f. Se disait de la femme de certains magistrats qui portaient le titre de lieutenants : *madame la lieutenante civile.*

LIEUVIN (Le) (*Lexuinus pagus, Lisvinus comitatus*). Petit pays de l'ancienne France, situé dans la haute Normandie, entre la Seine, le pays d'Ouche, le Roumois, la campagne du Neubourg et le pays d'Auge. — Ch.-l., Lisieux. Villes principales, Orbec, Bernay ; fait aujourd'hui partie des dép. du Calvados et de l'Eure.

LIEVEN (Dorothée, **PRINCESSE DE)** [li-venn], femme diplomate russe, née vers 1785, morte en 1857. Son père, Christoph von Benkendorff, avait épousé une plébéienne allemande, fille de chambre et favorite de la femme de Paul Ier. Elle reçut une brillante éducation et épousa le prince Christoph Lieven, ambassadeur à Berlin, de 1811 à 1812, et ensuite à Londres jusqu'en 1834. Dans ces deux capitales, elle eut une grande influence et renseigna le gouvernement russe par sa correspondance officielle et particulière. A son retour en Russie, le prince Lieven devint gouverneur du césarévitch (Alexandre II). En 1837, elle s'installa à l'hôtel Talleyrand, à Paris et après la mort de son mari (10 janv. 1839), sa maison resta un centre politique. Elle avait des relations amicales avec presque tous les hommes d'État éminents, excepté avec Palmerston qui se défiait de son influence et dont elle devint l'ennemie implacable. Elle était protestante et Guizot fut l'un de ses admirateurs. Après la révolution du 24 février 1848, elle se retira à Londres, mais elle revint à Paris pendant la présidence de Louis-Napoléon. Sa maison passa pour être le quartier général du parti orléaniste. Lors de la guerre de Crimée, elle se retira à Bruxelles, qui lui permit de revenir à Paris en janvier 1855.

* **LIÈVRE** s. m. (lat. *lepus*). Mamm. Genre de léporidés comprenant plusieurs espèces de rongeurs, dont les plus connus en France sont le lièvre proprement dit et le lapin. Espèce type de ce genre, comprenant des quadrupèdes très sauvages, d'une grande rapidité à la course, fort timides, à longues oreilles, à courte queue et d'une taille un peu supérieure à celle du lapin.

Rien ne sert de courir, il faut partir à point :
Le *lièvre* et la tortue en sont un témoignage.
           La Fontaine.

— Chair du lièvre : *pâté de lièvre.*

Les connaisseurs gourmands du *lièvre* font grand cas.
           F. de Neufchateau.

— Etre peureux comme un lièvre, être fort peureux, fort timide. — Gentilhomme a lièvre, se disait autrefois d'un gentilhomme qui avait peu de revenu, et qui était réduit à vivre de sa chasse. — Avoir un bec-de-lièvre, être bec-de-lièvre, avoir, naturellement la lèvre supérieure fendue : *il est né avec deux becs-de-lièvre.* — C'est vouloir prendre les lièvres au son du tambour, se dit lorsqu'une personne fait grand bruit d'un dessein qui aurait besoin d'être tenu secret pour réussir. — Lever le lièvre, être le premier à faire quelque ouverture, à proposer quelque chose dont les autres ne s'étaient point avisés : *c'est lui qui a levé le lièvre.* — C'est la que gît le lièvre, c'est là le secret, le nœud de l'affaire. — Il a une mémoire de lièvre ; c'est une mémoire de lièvre, qui se perd en courant, il a peu de mémoire, une chose lui en fait aisément oublier une autre. — Il ne faut pas courir deux lièvres a la fois ; qui court deux lièvres n'en prend aucun, quand on poursuit deux affaires à la fois, on s'expose à ne réussir ni dans l'une ni dans l'autre.

Ah dame ! on ne court pas deux lièvres à la fois.
           Racine.

— Courir le même lièvre, ambitionner la même place, rechercher la même femme. — Astron. Nom d'une constellation de l'hémisphère austral. — Encycl. Les lièvres sont répandus dans toutes les parties du monde, à l'exception de l'Australie ; dans le nouveau monde, ils sont à peu près inconnus au S. de

Lièvre commun d'Europe (Lepus timidus).

l'équateur. Le *lièvre commun d'Europe* (*lepus timidus*, Linn.) a les oreilles plus longues que la tête, le corps allongé, les jambes plus longues que celles du lapin ; le pelage d'un gris jaunâtre, jaspé de brun, de noir ou d'ocre en dessus; l'abdomen, les côtés intérieurs des membres et la queue blancs, le dessus de la queue et les oreilles noirâtres; il mesure de 45 à 50 centim. de long et pèse de 4 à 6 kilog. Il existe des variétés noires et des variétés blanches; mais toutes présentent le même pelage en hiver. Le lièvre vit dans toute l'Europe, excepté dans les régions les plus froides. Il se nourrit exclusivement de végétaux; sa chair noire, délicate et nutritive, est universellement estimée. Le lièvre de montagne, ordinairement moins gros que le lièvre de plaine, a la chair plus parfumée et plus grasse; le lièvre de marais est appelé lièvre ladre quand sa chair a pris un mauvais goût. En général, on estime les femelles plus que les mâles et les adultes (lièvres trois quarts) plus que les jeunes. Le lièvre se chasse aux chiens courants qui le

forcent; au fusil, avec chiens courants ou chiens d'arrêt ; à l'affût, le matin dès l'aurore ou pendant le crépuscule du soir; avec des oiseaux de proie; au filet et au collet. Il se fait chasser en arpentant la plaine, par de grands circuits, décrit mille détours, invente des ruses pour dépister les chiens et revient immanquablement à son gîte, quand il est fatigué ou quand il croit avoir réussi à tromper l'ennemi. Craintif et rusé, il est difficile à surprendre et dort les yeux ouverts.

Lièvre du Nord (Lepus Americanus).

La femelle, très féconde, produit dès l'âge de 8 mois et fait chaque année 4 ou 5 portées de 3 à 4 petits qui quittent leur mère au bout de 3 semaines. Le gîte du lièvre est une légère anfractuosité du sol. Cet animal peut vivre de 8 à 10 ans. Il dort le jour. On n'a jamais pu le domestiquer. On le met surtout à la broche et en civet. La principale espèce américaine est le *lièvre du Nord* (*lepus Americanus*).

LIFE-BOAT s. m. [laïf-bôtt] (angl. *life*, vie; *boat*, embarcation). Bateau de sauvetage : *des life-boats* [laïf-bôtts].

LIFFRÉ, ch.-l. de cant., arr. et à 17 kil. N.-E. de Rennes (Ille-et-Vilaine) ; 3,000 hab.

* LIGAMENT s. m. [-man] (lat. *ligamen*). Anat. Partie blanche et fibreuse qui sert à attacher des os ou des viscères, et quelquefois à les soutenir : *les ligaments du foie.*

* LIGAMENTEUX, EUSE adj. Anat. Qui est de la nature des ligaments. — Bot. Plantes dont les racines et les tiges sont grosses et tortillées en forme de cordage.

* LIGATURE s. f. Chir. Nœud de fil, ou autre lien avec lequel on serre un vaisseau pour prévenir ou arrêter l'écoulement du sang ; l'action, la manière de placer ce nœud: *appliquer une ligature.* — Petit cordon de fil, de soie, etc., dont on sert la base de certaines tumeurs pour les faire tomber en mortification. — Bande, ordinairement de drap ou de toile avec laquelle on serre la partie supérieure du bras, du pied pour faire l'opération de la saignée : *serrer, lâcher la ligature.* — Ecrit. et imprim. Petit cordon de plusieurs lettres liées ensemble, et quelquefois de mots entiers dont toutes les lettres sont unies les unes aux autres d'un seul trait de plume : *la belle écriture arabe a beaucoup de ligatures.*

LIGATURER v. a. Chir. Serrer avec une ligature.

* LIGE adj. (all. *ledec* ou *ledic*, libre). Féod. Vassal tenant une certaine sorte de fief qui le liait, d'une obligation plus étroite que les autres, envers son seigneur dominant : *vassal lige; homme lige.* — Fief lige, héri-age lige, terre lige, terre possédée sous la charge de l'hommage lige et des obligations qu'il imposait.

LIGER ou Ligeris, ancien nom de la *Loire*. La Liger arrosait les territoires des Arverni, des Ædui et des Carnutes, et séparait le pays des Namnètes de celui des Pictones.

LIGIER (Pierre), acteur français, né à Bordeaux en 1797, mort en 1872. Il fut le dernier élève de Talma et débuta sous les auspices de celui-ci en 1819. Malgré des désavantages physiques, il produisait de grands effets, particulièrement dans la manifestation des passions violentes. *Richard III* fut une de ses meilleures créations.

* LIGNAGE s. m. (rad. *ligne*). Race, famille : *un homme de haut lignage.* (Vieux.)

Imprudence, babil et sotte vanité
Et vaine curiosité
Ont ensemble étroit par-ntage :
Ce sont enfants tous d'un *lignage.*

* LIGNAGER s. m. Jurispr. Celui qui est du même lignage : *les lignagers, dans la coutume de Paris, avaient les quatre quints des propres.* — Adj. N'est guère usité que dans cette locution, Retrait lignager, action par laquelle un parent du côté et ligne d'où était venu à un vendeur l'héritage par lui vendu pouvait, dans un délai fixé et à la charge d'observer certaines formalités, retirer cet héritage des mains de l'acquéreur, en lui remboursant le prix qu'il en avait payé : *le retrait lignager a été aboli par notre Code civil.*

LIGNARD s. m. Soldat d'infanterie de ligne.

* LIGNE s. f. [gn mll.] (lat. *linea*). Trait simple, considéré comme n'ayant ni largeur ni profondeur. Il s'emploie surtout dans les sciences mathématiques : *ligne droite; ligne courbe; ligne brisée.* En termes de fortification : Ligne rasante. (Voy. Fichant, Rasant.) — Ligne équinoxiale, ou simpl., Ligne, le cercle de la sphère qui est également distant des deux pôles du monde, et qu'on appelle autrement l'Equateur : *les peuples qui sont sous la ligne.* — Passer, couper la ligne, traverser l'équateur et passer d'un hémisphère à l'autre, d'une latitude nord à une latitude sud, et réciproquement. — Ligne méridienne, ligne droite tirée du nord au sud dans le plan du méridien. (Voy. Méridien, enne.) — Mathém. Ligne de foi, droite tracée sur l'alidade d'un cercle ou de tout autre instrument gradué et servant à indiquer la direction du centre du cercle ou à l'objet visé : *la ligne de foi se prolonge sur le limbe et marque le degré où finit l'arc cherché.* — Artill. Ligne de tir, axe d'un canon ou d'un fusil indéfiniment prolongé. Ligne de mire, ligne qui unit l'œil du tireur au point d'arrivée du projectile. — Mar. Lignes d'eau, coupes horizontales de la partie submergée de la carène du vaisseau, parallèlement à la flottaison, qui est elle-même la plus haute des *lignes d'eau* une fois que le corps de vaisseau. — Ligne de démarcation. (Voy. Démarcation.) — Ligne de marcation. On donna ce nom à la ligne tracée sur la mappemonde par Alexandre VI, qui, son autorité pontificale, donnait aux Espagnols les terres qu'ils découvriraient à l'ouest de cette ligne, et aux Portugais celles qu'ils découvriraient à l'est. On appela ensuite Ligne de démarcation, celle qui fut fixée d'accord entre ces peuples, et qui déclinait de la *ligne de marcation* d'Alexandre VI. — Aller quelque part en droite ligne, y aller sans faire de détours : *pressé d'arriver à sa garnison, il y est allé en droite ligne.* — C'est un homme qui a toujours marché sur la même ligne, qui s'est tracé une ligne dont il ne s'est jamais écarté, il s'est fait des règles de conduite qu'il a constamment suivies. — Suivre la ligne du devoir, de l'honneur, tenir une conduite conforme au devoir, à l'honneur. — Etre, marcher sur la même ligne, avoir le même rang. Ces deux écrivains, ces deux artistes sont sur la même ligne, ils sont égaux en mérite, en réputation. — Etre en première ligne, mettre en première ligne, être au premier rang, placer au premier rang : *il est en première ligne parmi les écrivains de notre temps.* — Fig. Etre hors de ligne, être d'un

ordre supérieur, d'un ordre à part. Se dit des personnes et des choses : *c'est un homme hors de ligne, on ne doit lui comparer personne; cet ouvrage est d'un genre tout particulier; il est hors de ligne.* — Se dit particul. des traits ou plis du dedans de la main, dont le principal s'appelle vulgairement LA LIGNE DE VIE : *les charlatans, qui se mêlent de chiromancie observent les lignes de la main.* — Manège. Espace droit ou circulaire que parcourt le cheval, soit au cercle, soit au pilier, soit sur le carré du manège : *ligne de la volte; lignes du carré.* — Escr. Se dit absol. de la ligne qui est directement opposée à l'adversaire, et dans laquelle doivent être les épaules, le bras droit et l'épée. — Peinture, Sculpture, Architecture. Se dit de l'effet général produit par la réunion et la combinaison des diverses parties d'une composition : *ce groupe, ce monument, ce paysage offre de belles lignes, des lignes simples, grandes,* etc. — Ecrit. et Imprim. Les caractères rangés sur une ligne droite dans une page : *il y a tant de mots à chaque ligne, et tant de lignes à chaque page.* — Typogr. Mots allignés sur une justification, et dont un certain nombre constitue une page. — LIGNE PLEINE, celle dont la matière occupe toute la justification. — LIGNE DE BLANC, celle dans laquelle il n'entre que des cadrats. — LIGNE PERDUE, celle qui, pleine ou non, se trouve placée entre deux blancs. — LIGNE POINTÉE, celle qui ne contient que des points. — LIGNE DE TÊTE, celle qui contient le folio et le titre courant, et qui se place en tête de la page. — LIGNE DE PIED, ligne qui est blanche ou qui ne contient que la signature ou la tomaison. — TIRER A LA LIGNE, écrire des phrases inutiles dans le seul but d'allonger un article payé à tant la ligne. Typogr. LIGNE A VOLEUR, ligne blanchie à dessein, de façon qu'il reste un mot pour commencer une ligne nouvelle payée comme entière. — Ce qui est écrit dans une ligne : *à chaque ligne de cet écrit, on trouve des termes impropres.* — Fam. DEUX LIGNES, une courte missive : *je vous écrirai deux lignes pour vous prévenir de mon arrivée.* — METTRE UN MOT, UN PASSAGE A LA LIGNE, commencer par ce mot, par ce passage, un nouvel alinéa : *mettez ce passage à la ligne.* — ECRIRE HORS LIGNE, écrire à la marge. — METTRE EN LIGNE DE COMPTE, TIRER EN LIGNE DE COMPTE, employer, comprendre dans un compte; et, fig., tirer mention d'une chose, la rappeler, en tirer avantage : *je ne mets pas en ligne de compte ce que j'ai fait pour vous.* — LIRE ENTRE LES LIGNES, voir dans un écrit un sens caché que l'auteur y a mis et lu dissimulant. — Cordoau, ficelle, dont les maçons, les charpentiers, les jardiniers et autres se servent pour dresser leurs ouvrages : *tirer une muraille à la ligne, une muraille en ligne droite.* — Fils de crin au bout desquels est attaché un hameçon, et dont les pêcheurs se servent pour prendre du poisson : *pêcher à la ligne.* — LIGNE DORMANTE, ligne qui demeure fixée dans l'eau, sans qu'on la tienne. — Corderie. Se dit d'un petit cordage à trois torons, d'une ligne à une ligne et demie de diamètre, qui sert à un grand nombre d'usages dans la marine : *ligne goudronnée.* — Guerre, direction générale de la position des troupes, soit pour combattre, soit pour s'exercer aux grandes manœuvres : *la ligne appuyait sa droite au village, et sa gauche au pied de la montagne* — SE PORTER SUR LA LIGNE, se diriger vers la position qu'on doit occuper dans la ligne. — ENTRER, RENTRER EN LIGNE, SE METTRE EN LIGNE, ÊTRE EN LIGNE, se placer, se replacer, ou être placé dans la direction générale de la ligne. — ROMPRE LA LIGNE, se porter trop en avant, ou rester trop en arrière de la direction générale de la ligne. Dans le premier cas, on dit aussi, FORCER LA LIGNE, et dans le second, REFUSER LA LIGNE. — LIGNE DE DIRECTION, ligne qu'un

corps militaire en campagne, ou dans les grandes manœuvres, doit suivre pour se porter de sa position actuelle à celle qu'on veut lui faire occuper. — LIGNE D'OPÉRATION, ligne qu'une armée ou plusieurs corps, destinés à la même opération, doivent suivre constamment, et de laquelle ils doivent, par leurs manœuvres, chercher à se rapprocher sans cesse, quand ils ont été forcés de s'en éloigner : *le Danube est la ligne d'opération de cette armée.* — Rang d'une armée en ordre de bataille ou de campement, suite de bataillons ou d'escadrons placés les uns près des autres sur la même ligne, et faisant face du même côté : *l'armée était rangée sur trois lignes, était campée sur trois lignes.* — LIGNE PLEINE, celle où la droite d'un corps s'appuie à la gauche du corps qui est à sa droite; par opposition à *Lignes à intervalles,* celle dans laquelle on laisse vide un espace assez étendu entre la gauche d'un corps et la droite d'un autre. — MARCHER EN LIGNE, par opposition à MARCHER EN ÉCHELONS, se dit d'une armée qui, en marchant, conserve l'alignement général et partiel : *l'armée marchait en ligne.* — PAR PELOTON ou PAR SECTION EN LIGNE, commandement par lequel on ordonne à une troupe qui est en marche par le flanc, de se partager et de se former en pelotons ou en sections. — TROUPE DE LIGNE, troupe destinée à combattre en ligne, par opposition à TROUPE LÉGÈRE ou IRRÉGULIÈRE. On dit de même : INFANTERIE DE LIGNE. — Absol. et collectiv. LA LIGNE, les corps composant la troupe de ligne : *il est entré dans la ligne.* — Tactique navale. Toute réunion de bâtiments de guerre qui sont rangés, qui gouvernent sur un même rumb de vent : *former, serrer, ouvrir, couper, doubler, rompre, enfoncer la ligne.* — LIGNE DU PLUS PRÈS, ligne de bâtiments de guerre qui fait un angle de soixante-sept degrés trente minutes avec le lit du vent. On la nomme LIGNE DU PLUS PRÈS TRIBORD, lorsque les bâtiments qui la forment reçoivent le vent par la droite, et LIGNE DU PLUS PRÈS BABORD, lorsqu'ils le reçoivent par la gauche. — VAISSEAU DE LIGNE, grand vaisseau de guerre, ayant au moins cinquante pièces de canon, et pouvant se mettre en ligne. On dit dans un sens analogue, ÉQUIPAGE DE LIGNE. — En termes de fortification, signifie retranchement. Dans ce sens, on l'emploie d'ordinaire au pluriel : *travailler aux lignes.* On dit plus particul., d'une suite d'ouvrages de fortification, permanents ou passagers, destinés à couvrir une armée ou un corps d'armée dans son camp, à fermer une trouée ou un débouché, à empêcher les approches d'une place : *les lignes de Weissembourg.* — LIGNES CONTINUES, par opposition à LIGNES A INTERVALLES, celles qui se suivent sans interruption, qui n'offrent aucun intervalle entre les ouvrages dont elles sont composées. — LIGNES D'APPROCHE, tranchées qu'on ouvre pour approcher d'une place qu'on assiège. — LIGNES DE CONTRE-APPROCHE, tranchées que les assiégés ouvrent pour enfiler les travaux des assiégeants. — LIGNES DE CIRCONVALLATION, retranchements continus ou à intervalles, dont une armée couvre son camp, pour empêcher que l'ennemi ne jette du secours dans la place qu'elle assiège. — LIGNES DE CONTREVALLATION, retranchements qu'on élève du côté de la place qu'on assiège, quand la garnison en est forte, et que l'on craint les sorties. — LIGNES DE COMMUNICATION, tranchées qu'on ouvre d'une parallèle à l'autre, pour faciliter les communications.— LIGNES PARALLÈLES, ou simpl. PARALLÈLES, lignes que font les assiégeants pour lier leurs tranchées, les protéger et garder leurs batteries. — LIGNE DE DÉFENSE, ou LIGNE DE FRONTIÈRE, ligne que, dans le système défensif d'un Etat, occupent ou doivent occuper les places fortes, les camps retranchés et les lignes. — LIGNE DE DOUANES, bureaux de douane placés le long d'une frontière, d'une limite.

On dit de même, à l'armée : LIGNE DE POSTES. — LIGNE TÉLÉGRAPHIQUE, suite de télégraphes qui corre·pondent entre eux. — Douzième partie d'un pouce : *cette règle a deux pieds six pouces quatre lignes de long.* — LIGNE D'EAU, la cent quarante-quatrième partie d'un pouce d'eau : *il y a cinq pouces trois lignes d'eau dans son jardin.* — Généal. La suite des membres d'une race, d'une famille. — LIGNE ASCENDANTE, ligne des ascendants; LIGNE DESCENDANTE, ligne des descendants.

LIGNE, LIGNUM, *LIgniacum,* village du Hainaut (Belgique), arr. et à 24 kil. E. de Tournay; 4,100 hab. Erigé en duché par Rodolphe, ce village a été le berceau de la famille qui porte son nom.

LIGNE (Charles-Joseph, PRINCE DE), général autrichien, fils de Claude Lamoral II, viceroi de Sicile, né à Bruxelles en 1735, mort en 1814. Il fut nommé colonel en 1758, en récompense de la bravoure qu'il avait montrée à Hochkirch et il devint lieutenant général en 1771. En 1782, il fut envoyé comme diplomate en Russie; Catherine II lui donna un vaste domaine en Crimée. En 1789, comme général d'artillerie, il eut une part importante à la prise de Belgrade par Laudon. Il fut nommé maréchal de camp en 1808. Ses ouvrages sont presque tous compris dans ses *Mélanges militaires, littéraires et sentimentaires* (34 vol., 1795-1811; abrégés par Mme de Staël, *Lettres et Pensées* (2 vol.) et dans ses *Œuvres posthumes* (6 vol., 1817).

LIGNÉ, ch.-l. de cant., arr. et à 17 kil. N.-O. d'Ancenis (Loire-Inférieure); 2,600 hab. Ruines d'un vieux château.

* **LIGNÉE** s. f. Race, descendance : *avoir une nombreuse lignée.*

* **LIGNETTE** s. f. Ficelle de médiocre grosseur, pour faire des filets.

* **LIGNEUL** s. m. Fil enduit de poix dont se servent les cordonniers.

* **LIGNEUX, EUSE** adj. Bot. De la nature ou de la consistance du bois : *plantes ligneuses; fibres ligneuses.* — LE CORPS LIGNEUX, le bois de l'arbre.

LIGNICOLE adj. (lat. *lignum,* bois; *colo,* j'habite). Zool. Qui habite dans les bois.

LIGNIÈRES, ch.-l. de cant., arr. et à 26 kil. O. de Saint-Amand (Cher); 3,100 hab. Ruines du château qu'habita Jeanne de France, fille de Louis XI. Pâtés renommés.

LIGNIFIER (Se) v. pr. Se convertir en bois.

LIGNINE s. f. Chim. Nom donné à l'un des principes immédiats de la matière incrustante du bois.

* **LIGNITE** s. m. Charbon fossile, de formation récente, qui conserve des traces de substances végétales. (Voy. HOUILLE.)

LIGNIVORE adj. Qui ronge le bois.

LIGNON, rivière de France qui prend sa source dans les monts du Forez, à 16 kil. de Montbrison (Loire) et se jette dans la Loire après un cours de 50 kil. — Les rives du Lignon sont célèbres depuis que d'Urfé y a placé la scène des bergers de son *Astrée :*

> O rives du *Lignon!* ô plaines du Forez
> Lieux consacrés aux amours les plus tendres.
> FONTENELLE.

LIGNY, village de Belgique, à 20 kil. O.-N.-O. de Namur. Blücher y fut battu avec de grandes pertes par Napoléon, après une lutte désespérée, le 16 juin 1815, deux jours avant la bataille de Waterloo.

LIGNY-EN-BARROIS, ch.-l. de cant., arr. et à 16 kil. S.-E. de Bar-le-Duc (Meuse); 4,200 hab. Fabriques de toiles de coton. Commerce de vins, laines, bois. Ancienne seigneurie.

LIGNY-LE-CHÂTEL, ch.-l. de cant., arr. et à 21 kil. N.-E. d'Auxerre (Yonne); 1,400 hab. Filatures, tuileries.

LIGOTTAGE s. m. Action de ligotter.

LIGOTTER v. a. (lat. *ligare*, lier). Attacher fortement avec des liens de manière à empêcher tout mouvement des mains et des bras.

*LIGUE s. f. [li-ghe] (bas lat. *liga*, action de lier). Union, confédération de plusieurs États, pour se défendre ou pour attaquer : *ligue défensive; ligue offensive*. — Complot, cabale que plusieurs particuliers font ensemble pour réussir dans quelque projet; et alors se dit presque toujours en mauvaise part : *ce grand écrivain eut bien de la peine à se défendre contre la ligue de ses ennemis*. — VIVE LE ROI, VIVE LA LIGUE, s'est dit de ceux qui se rangeaient alternativement et selon leur intérêt du côté du souverain ou du côté des ligueurs; se dit également de ceux qui changent aisément d'opinion et de parti. — LIGUE ACHÉENNE. (Voy. *Achéenne*.) — LIGUE D'AUGSBOURG. (Voy. *Augsbourg*.) — LIGUE DU BIEN PUBLIC. (Voy. *Bien public*). — LIGUE CADDÉE ou ligue de la Maison-de-Dieu (*gottes-hous-Bund*), l'une des trois Ligues grises, comprenant la partie septentrionale du pays des Grisons; ch.-l., Coire. — LIGUE DE CAMBRAI. (Voy. *Cambrai*.) — LIGUE DES DIX JURIDICTIONS ou *dix droitures* (Zehn-Geritchte-Bund), fédération démocratique, comprenant la partie orientale des Ligues grises; ch.-l. Davos. — LIGUES GRISES, ou *ligues des Grisons*, nom que porta, jusqu'en 1803, la confédération des trois petites républiques qui composaient le corps des Grisons, et qui formèrent ensuite un canton de la Confédération helvétique (19 févr. 1803). La première de ces trois ligues ou confédérations démocratiques fut la ligue Caddée, formée en 1400 pour l'indépendance de la Suisse. En 1424, les populations habitant à l'O. de la ligue Caddée se soulevèrent à leur tour et formèrent la *Ligue grise* proprement dite (*Gran-Bund*); ch.-l., Hanz. En 1436, une autre partie de la Suisse proclama son indépendance sous le nom de *Ligue des dix juridictions*. Ces trois confédérations conclurent en 1471, l'alliance perpétuelle des *Ligues grises*. (Voy. *Hanséatique*.) — LIGUES LOMBARDES, nom de plusieurs confédérations de villes républicaines lombardes, ayant pour but de restreindre la puissance des empereurs d'Allemagne. La première se forma en 1167, entre Milan, Pavie, Venise, Modène, etc. Le 29 mai 1176, les troupes de cette association latine vainquirent l'empereur Frédéric Barberousse à Legnano; et ce prince fut forcé d'accepter la paix de Constance (1183). — Une nouvelle ligue se forma en 1226, contre Frédéric II. — LIGUE DES GUEUX. (Voy. *Gueux*.) — LIGUE SAINTE, alliance formée en 1511, contre le roi de France Louis XII par le pape Jules II, Ferdinand le Catholique, Henri VIII, les Vénitiens et les Suisses. Les Français remportèrent d'abord un succès à Ravenne (voy. GASTON DE FOIX); mais ensuite Louis XII, vaincu à Novare et à Guinegatte, demanda la paix en 1515. — LIGUE DE SMALCALDE, coalition formée entre l'électeur de Brandebourg, et les autres princes d'Allemagne, en faveur du protestantisme, le 31 déc. 1530. (Voy. CHARLES-QUINT.) L'empereur, voulant voir les rois de France et d'Angleterre se joindre à cette ligue, signa le traité de Passau, accordant la liberté de conscience à ses sujets (31 juillet 1532). — LIGUE DE SAINT-SÉBASTIEN, ligue catholique formée en 1870 pour la restauration du pouvoir temporel des papes. Cette ligue a tenu à Londres son quatrième congrès, le 20 janv. 1874. — SAINTE LIGUE ou *Sainte union*, coalition formée, en 1576, par les partis bourgeois, municipal et populaire, dans le but apparent de combattre les progrès du calvinisme, mais avec l'intention

réelle de renverser le roi légitime Henri III, pour donner la couronne aux Guises. A nos articles HENRI III et HENRI IV, nous avons fourni sur cette confédération catholique des détails suffisants. Nous ajouterons ici que la ligue, exploitant la foi du peuple, le réduisit à la dernière extrémité; pendant la guerre civile qu'elle fit éclater, la nation fut livrée à tous les maux; les Espagnols parvinrent à régner en maîtres à Paris, où leurs troupes tenaient garnison, au moment où le roi national Henri IV y entra. En effet, après l'assassinat du Balafré, les vœux secrets des ligueurs et surtout des Seize, étaient favorables à la réunion des deux couronnes de France et d'Espagne. Autant la ligue sembla populaire tant qu'elle conserva le pouvoir, autant elle fut honnie après sa chute. La *Satire Ménippée* contribua à la ridiculiser.

— **Ligue française de l'enseignement.** « Cette œuvre, qui sera l'une des plus importantes de notre époque, a débuté bien modestement, en 1866, à Beblenheim, petit village d'Alsace, où Jean Macé remplissait les modestes fonctions de professeur dans un pensionnat de jeunes filles. C'est là que l'auteur de l'*Histoire d'une bouchée de pain* et de plusieurs autres ouvrages de vulgarisation scientifique qui sont très répandus, jeta les premiers fondements de la ligue. Elle ne comptait à l'origine que quatre membres : Jean Macé, fondateur, et trois adhérents qui étaient : Larmier, sergent de ville; Antoine Marmier, conducteur de trains, et Jean Petit, tailleur de pierres. Dans le but de relever la France que le second Empire avait tant abaissée au point de vue moral, Jean Macé avait entrepris de réunir en un faisceau toutes les volontés, tous les efforts et tous les sacrifices de la partie éclairée de la population, afin de donner à l'instruction, la lumière, la vérité. C'est ainsi que, sous l'inspiration du fondateur de la *ligue*, des associations ou *cercles* s'établirent dans quelques villes de France, puis dans les bourgs et même dans les villages. Ces cercles, indépendants les uns des autres et de la ligue centrale, ne s'occupant d'aucune polémique, d'aucune question politique ou religieuse, échappèrent ainsi sinon aux anathèmes du clergé catholique, du moins aux méfiances du gouvernement de l'Empire, et ils purent, au moyen des cotisations de leurs adhérents, ouvrir des bibliothèques populaires, subventionner des écoles et répandre les meilleurs livres d'éducation. La chute de l'Empire fit comprendre à tous que, si l'on voulait éviter de nouveaux désastres, il fallait éclairer le suffrage universel, trop longtemps abusé, et ranimer les sentiments de patriotisme. La *ligue*, dont le but répondait aux besoins du pays, prit alors un développement subit. Laissant de côté toute autre question, elle ne s'est occupée que de sa mission qui est de répandre partout l'instruction, et principalement dans les communes rurales. En 1872, le cercle parisien prit l'initiative d'une pétition adressée par la nation aux pouvoirs publics, et réclamant l'instruction obligatoire, gratuite et laïque. Grâce à l'admirable activité de M. Emmanuel Vauchez, secrétaire général de la ligue de l'enseignement, cette pétition réunit le chiffre, jusqu'alors inouï, de 1,267,267 signatures, non compris plus de 100,000 autres ayant le même objet et remises directement aux députés à l'Assemblée nationale. On peut affirmer que, sans cette imposante manifestation de l'opinion publique, la France n'aurait pas obtenu aussi promptement les lois de 1881 et de 1882, qui ont permis à l'enseignement primaire dans notre pays, de se mettre en marche pour atteindre et pour arriver même à dépasser un jour les peuples qui nous devancent encore aujourd'hui. La ligue française de l'enseignement compte plus de 800 *sociétés républicaines d'instruction*, cercles

locaux ou autres associations qui lui sont rattachées; et, comme son œuvre est loin d'être achevée, elle étend son action, au fur et à mesure que son influence s'accroît et que ses ressources augmentent. Un grand nombre d'écoles, de bibliothèques rurales ou régimentaires ont été dotées par elle. Elle a entrepris notamment de seconder les généreux efforts tentés par M. Georges, sénateur des Vosges, et par plusieurs autres patriotes, pour développer en France l'éducation civique et militaire de la jeunesse française. Nous aurions trop à dire, s'il fallait détailler ici tout le bien fait par la ligue ou par les initiatives privées qu'elle a suscitées. Le cercle parisien de la ligue de l'enseignement, qui est le centre de toutes les associations, a été reconnu comme établissement d'utilité publique par un décret du 4 juin 1880; mais la ligue n'en reste pas moins une œuvre privée, indépendante de l'État, de même que toutes les sociétés qu'elle patronne sont indépendantes d'elle. » (CH. Y.)

LIGUEIL, ch.-l. de cant., arr. et à 18 kil. S.-O. de Loches (Indre-et-Loire); 2,100 hab. Aux environs, une masse de coquillages sur une étendue de plusieurs kil. connus sous le nom de *falun de Touraine* et employés comme engrais.

*LIGUER v. a. Unir dans une même ligue : *il a ligué tous les princes chrétiens contre le Turc*. — Se Liguer v. pr. : *il se ligua avec les mécontents pour exciter une sédition; toute l'Italie se ligua pour la défense de sa liberté*.

*LIGUEUR, EUSE s. Se dit seulement des personnes qui étaient de la Ligue, du temps de Henri III et de Henri IV : *c'était un ligueur furieux*.

LIGULACÉ, ÉE adj. Bot. Qui a la forme d'une ligule.

LIGULE s. f. (dimin. de *lingua*, langue). Entom. Lèvre inférieure des insectes. — Bot. Appendice lamellaire naissant au sommet de la gaîne dans les feuilles des graminées.

LIGUORI (Alphonse-Marie de) [li-go-ri; ital. li-gouo'-ri], saint de l'Église catholique romaine, né près de Naples le 26 sept. 1696, mort le 1er août 1787. Il étudia d'abord le droit, puis se fit prêtre en 1722, se consacra à l'instruction et à la réforme des classes ignorantes et vicieuses, et il en établit fonda un ordre en 1732. (Voy. RÉDEMPTORISTES.) En 1762, il fut nommé évêque de Sant-Agata del Goti. Ardent adversaire du jansénisme et du rigorisme, il publia plusieurs ouvrages théologiques, entre autres : *Théologie morale* (Naples, 1755, 2 vol. in-4°); *Histoire et réfutation des hérésies* (1770); *Vérité de la foi* (1781). Canonisé par Grégoire XVI. Fête le 2 août.

LIGUORISTE s. m. Hist. ecclés. Membre d'une association fondée en Italie, par saint Liguori, pour l'enseignement et la propagation de la foi.

LIGURIE. Géogr. anc. District de l'Italie septentrionale, qui, lors de la division de l'empire romain par Auguste, embrassa la province moderne de Gênes, le territoire de Nice et quelques parties voisines. Les habitants appelés Ligyes par les Grecs, et Ligures par les Romains, formaient un peuple fort, actif, guerrier, d'une origine incertaine, occupant dans les temps primitifs un territoire très étendu. Les Romains les divisèrent en Ligures transalpins et Liguriens cisalpins. Les habitants de la chaîne maritime reçurent le nom particulier d'*Alpini*, et ceux des Apennins, le nom de *Montani*. Leurs tribus étaient très nombreuses, de chaque côté des Alpes. Leur contrée fut d'abord envahie par les Romains entre la première et la seconde guerre punique, mais ils ne furent subjugés qu'après la fin de la dernière de ces guerres. Parmi les principales villes de la Ligurie, on remarquait Genua (Gênes), Nicœa (Nice), Polentia (Pollenza), Asta (Asti) et Dertona (Tortona).

LIGURIEN, IENNE ou **Ligure** s. et adj. Habitant de la Ligurie; qui appartient à cette province ou à ses habitants. — RÉPUBLIQUE LIGURIENNE, république formée, en mai 1797, sur les ruines de la république de Gênes et réunie à la France en 1805.

LILACÉ, ÉE adj. (rad. *lilas*). Bot. Qui ressemble au lilas ou qui s'y rapporte. — s. m. pl. Famille de plantes dicotylédones, ayant pour type le genre lilas, et plus connue sous le nom d'oléacées.

* **LILAS** s. m. [li-lâ] (persan, *lilac*). Bot. Genre d'oleinées, tribu des fraxinées, comprenant plusieurs espèces d'arbrisseaux d'ornement qui fleurissent des premiers au printemps, et qui portent de petites fleurs par bouquets très odorants et très nombreux : *lilas blanc; lilas rouge ou violet.* — Adjectiv. Couleur bleue mêlée de rouge, qui est le plus ordinairement celle du lilas : *la couleur lilas est fort agréable.* — ENCYCL. Le *lilas commun*

Lilas de Charles X.

(*syringa vulgaris*), espèce que l'on trouve à l'état sauvage en Perse et dans l'Europe orientale, fut porté de Constantinople dans les jardins d'Europe, en 1597. Il forme d'épais bosquets à cause des nombreux rejetons qu'il produit; mais si on détruit ceux-ci il peut devenir un arbre haut de 7 mètres et davantage. La couleur normale de ses fleurs est d'un bleu rose pâle; mais il a produit des variétés blanches, rouges, violettes, à fleurs simples ou doubles; parmi les plus belles variétés se distingue celle qui est appelée *lilas de Charles X*, remarquable par d'énormes panicules de fleurs magnifiques. Le *lilas de Perse* (*syringa persica*) est un petit arbuste délicat de 1 à 2 mètres de haut, avec des grappes de fleurs moins serrées et plus pâles que celles du lilas commun.

* **LILIACÉE** adj. f. Bot. Analogue au lis : *plante liliacée.* — s. f. : *une liliacée.* — s. f. pl. Famille de plantes monocotylédones périspermées, divisée en quatre sous-ordres : 1° ASPHODÉLÉES (tribus des asparagées, des anthéricées et des *hyacinthées* ou *jacinthées*); 2° AGAPANTHÉES; 3° ALOINÉES; 4° TULIPACÉES.

LILLE [li-le] (lat. *Insula*, flam. *Ryssel*; anc. franc. *Lisle*), ville forte de première classe et ch.-l. du dép. du Nord, sur la Deule et sur un canal navigable, à 11 kil. de la frontière belge, à 236 kil. N.-E. de Paris; par 50° 38' 44" lat. N. et 0° 43' 37" long. E.; 43,000 hab. en 1789; 72,000 en 1841; 160,000 en 1881. La Deule s'y divise en plusieurs branches, et emplit les fossés des fortifications et de la citadelle, qui est le chef-d'œuvre de Vauban et la première de l'Europe, après celle de Turin. La ville ancienne forme un ovale irrégulier, d'une circonférence de 6 à 7 kil., si l'on n'y comprend pas les murs de terre qui enveloppent le tout, et qui sont eux-mêmes entourés d'un fossé. Elle présente un aspect imposant, dû à son étendue, à ses fortifications, à ses canaux, à ses places et à ses édifices publics. Les villes françaises peuvent lui être comparées, pour la largeur de ses rues tirées au cordeau, pour la régularité de ses constructions et pour la propreté qui y règne partout. On y remarque la place d'Armes, plusieurs églises, des couvents, des hôpitaux, des casernes, une bourse, un hôtel de ville (jadis palais des ducs de Bourgogne), un hôtel des Monnaies, un marché aux grains, un théâtre, une magnifique esplanade le long d'un canal; un jardin botanique, plus une manufacture de tabac occupant 1,200 ouvriers; 30 places publiques et autant de ponts; de nombreuses institutions d'éducation, comprenant des écoles de dessin, de peinture, avec une remarquable collection de tableaux des anciens maîtres, une université libre. Lille rivalse avec les villes manufacturières d'Angleterre pour la filature des cotons qui y occupe plus de 30 établissements. Le lin est cultivé sur une grande échelle dans les campagnes voisines et la manufacture des toiles y est l'industrie la plus importante. Cette ville fut fondée au IXe siècle et fortifiée au XIe siècle. Après avoir partagé la fortune de la Flandre, elle fut annexée à la France par Louis XIV en 1667 et devint la capitale des Flandres françaises. En 1708, le prince Eugène et Marlborough la prirent après un siège de trois mois, malgré la défense héroïque du maréchal de Boufflers. Elle revint à la France par la paix d'Utrecht en 1713. Elle fut assiégée en 1792 par les Autrichiens qui, après un bombardement terrible, furent repoussés avec de grandes pertes (7 oct. 1792). — Lille a vu naître le trouvère Gauthier de Châtillon, l'historien Oudegherst, le géographe Gosselin et le littérateur Panckouke.

LILLEBONNE, *Juliobona*, ch.-l. de cant., arr. et à 40 kil. E. du Havre (Seine-Inférieure), sur la Bolbec, près du Becquet; 5,300 hab. Fabrique de calicots et d'indiennes; filatures de coton; importantes tanneries. — Dans les environs se trouvent les ruines d'un château fort bâti par Guillaume le Conqué-

rant. La ville renferme de nombreuses ruines romaines; son théâtre romain est le monument de ce genre le mieux conservé qu'il y ait dans le nord de l'Europe. Ptolémée parle de Juliobona comme étant la ville principale des Caleti, tribu armoricaine qui occupait le pays de Caux actuel.

LILLERS [li-lié; *ll* mll.]. ch.-l. de cant., sur la Nave, arr. et à 13 kil. N.-O. de Béthune et à 37 kil. N.-N.-O. d'Arras (Pas-de-Calais); 7,000 hab. Autrefois fortifié. Brasseries, tuileries, tanneries, poteries. C'est là que fut foré le premier puits artésien de France, en 1126. Ce puits se voit encore dans les jardins d'un ancien couvent de dominicains; il est presque à sec maintenant.

LILLIPUT [li-li-putt], pays peuplé de nains, imaginé par Swift, dans son roman de *Gulliver*.

* **LILLIPUTIEN, IENNE** s. et adj. [li-li-pu-si-ain] (rad. *Lilliput*). Habitant de Lilliput; qui appartient à Lilliput ou à ses habitants. — C'EST UN LILLIPUTIEN, c'est un personnage de petit taille.

LILLOIS, OISE s. et adj. [li-louâ]. Qui de Lille; qui concerne cette ville ou ses habitants.

LILYBÉE, *Lilybæum.* Voy. MARSALA.

LIMA, capitale du Pérou, et ch.-l. d'un département et d'une province qui portent son nom, à 12 kil. de Callao (son port sur le Pacifique); par 12° 2' lat. S., et par 79° 27' long. O., 110,000 hab. Elle forme un triangle, dans une plaine qui descend en pente douce vers la mer; elle mesure 4 kil. de long. sur 3 de large, et est arrosée par le Rio Rimac. La partie inférieure du sud et la plus grande est entourée de fortes murailles bâties en 1683. Les rues, larges de 12 mètres, sont tracées à angles droits, et généralement bien pavées. La partie entourée de murailles a 12 portes, dont les plus belles sont celles de Callao et de Maravillas; l'autre partie, entourée de montagnes, a deux entrées : la Guia et la Piedra Liza. Les maisons sont couvertes de terrasses; la plupart n'ont que deux étages, les tremblements de terre étant très communs. La plaza Mayor, la plus vaste de ses 33 places publiques, renferme plusieurs fontaines. Les

Calles de la Coca et de Bodegones, à Lima.

côtés N.-O. et S.-O. sont garnis de colonnes de pierres et d'arcades qui datent de 1693 et sous lesquelles se trouvent de brillants magasins. Les plus remarquables de ses nombreux et beaux édifices sont : la cathédrale, le palais de l'archevêque, celui du gouverneur, l'hôtel de ville, tous construits par

Francisco Pizarro, qui fut enterré sous le grand autel de la cathédrale. La Monnaie, qui date de 1565, est pourvue de machines modernes. L'université de Lima fut fondée en 1551 ; l'édifice actuel date de 1576. Les huit collèges nationaux sont : les collèges de jurisprudence, de théologie, de médecine et d'obstétrique, l'école des arts et métiers, l'école navale et militaire, les écoles intermédiaire et normale. La bibliothèque nationale possède environ 40,000 volumes. Il y a de nombreuses institutions charitables, dont plusieurs sont entretenues par des étrangers. Le cimetière général, en dehors de la porte de Maravilla, est un des plus beaux du nouveau continent. Parmi les promenades publiques, la principale est le Paseo de los Descalzos, avec de délicieuses allées et avenues, et une route pour les voitures et les cavaliers. Peu de villes américaines possèdent plus de belles statues. Les principaux lieux d'amusement sont : le théâtre (bâtion 1614), le cirque de la Plaza de Acho (la plus vaste arène du monde pour les combats de taureaux ; elle peut contenir 9,000 spectateurs) et le Coliseo. L'industrie est très restreinte. Lima est le centre principal du commerce péruvien qui a lieu par l'intermédiaire du port de Callao. Cette ville, fondée le 6 janvier 1535 par Francisco Pizarro, fut d'abord appelée Ciudad de los Reyes (ville des Rois), et ensuite Lima (probablement par corruption du mot indien Rimac). Elle a souvent subi des tremblements de terre, dont les plus terribles furent ceux de 1582, de 1586, de 1630, de 1678, de 1697, de 1746, de 1828 et de 1868. En 1854, la fièvre jaune y exerça d'affreux ravages ; c'est la seule épidémie désastreuse dont on se souvienne.

* LIMACE s. f. ou Limas s. m. (gr. *leimax*; lat. *limax*). Moll. Grand genre de gastéropodes pulmonés terrestres, comprenant un grand nombre de mollusques rampants, sans coquille, de forme allongée, et à quatre tentacules : *les limaces se plaisent dans les lieux humides.* — Art vétér. Inflammation d'une portion de la peau des onglons du bœuf, causée par la malpropreté, la terre, les graviers, etc., et combattue par des bains locaux et des soins de propreté. Les ulcérations qu'elle détermine se pansent à l'eau-de-vie, à l'onguent égyptiac, etc. — Encycl. Chez les limaces, le manteau forme, sur le dos, une sorte de bouclier ; la tête porte quatre tentacules, dont deux longs pourvus d'yeux, et deux plus courts placés en avant des premiers et horizontaux ; ces tentacules jouissent de la propriété singulière de s'étendre ou de se replier en eux-mêmes comme les doigts d'un gant. Toute la peau de ces animaux est couverte d'une sécrétion muqueuse au moyen de laquelle ils s'attachent aux surfaces. Leur marche, d'une lenteur proverbiale, s'effectue par les contractions des disques ou pieds situés sur la surface de leur ventre. On trouve les limaces dans les zones tempérées des deux hémisphères. Exclusivement herbivores, elles se rendent très nuisibles dans les jardins potagers, où elles attaquent tous les végétaux frais, particulièrement les jeunes salades, les choux, les fraises et les fruits. On les tue par des solutions de tabac, de sels et d'autres irritants; elles font la proie des hérissons et de plusieurs autres animaux, particulièrement des canards. L'hiver, elles s'enfoncent dans la terre et s'y engourdissent. D'une désespérante fécondité, elles pondent des centaines d'œufs, qui peuvent subir, sans perdre la propriété d'éclore, les alternatives du froid et du chaud les plus excessifs. Les espèces les plus redoutables sont : la grosse limace (*limax rufus*), ordinairement rouge, à variétés brunes, jaunes, blanches, grises ; la *limace cendrée* (*limax maximus*), souvent tachetée ou

rayée de noir, commune sous les écorces d'arbres pourris ; la *limace des caves* (*limax flavus*), roussâtre, jaune ou verdâtre ; la *loche* (*limax agrestis*), petite, blanchâtre, à cornes noires, abondante dans les potagers dont elle est le fléau.

* LIMAÇON s. m. (rad. *limace*). Moll. Nom donné à tous les mollusques rampants semblables aux limaces, mais habitant une coquille dont l'ouverture est en forme de croissant : *cet homme vit retiré chez lui comme un limaçon dans sa coquille.* — Anat. Partie osseuse du labyrinthe de l'oreille, qui a la forme d'une coquille de limaçon. — Archit. Escalier en limaçon, escalier qui tourne autour d'un noyau.— Encycl. Les *limaçons*, appelés aussi *colimaçons* et *hélices*, forment un grand genre de mollusques pulmonés terrestres, dont les espèces, au nombre de plus de 1,500, sont répandues dans toutes les régions du globe, depuis les plaines chaudes et humides jusqu'à une hauteur de 3,000 m. sur les montagnes. A l'approche des froids, ces mollusques rentrent dans leur coquille dont ils ferment l'ouverture au moyen d'un opercule membraneux, qui reçoit le nom particulier d'épiphragme, et qui est formé de leur mucus desséché ou populairement de leur bave. Leur corps, en spirale et distinct de leur *pied*, est terminé par une tête courte et rétractile qui porte quatre tentacules également rétractiles, semblables à ceux des limaces, et dont les deux plus grands sont munis d'yeux. A la moindre apparence de danger, les limaçons rentrent leur tête sous leur coquille. Leur bouche, armée de fortes lèvres cornées en croissant, renferme une espèce de langue, nommée odontophore, et couverte d'un nombre immense de dents microscopiques qui forment râpe. Leurs œufs ronds et demi-transparents, sont déposés sur le sol ou à quelques centimètres sous terre, suivant les espèces. Le type de ce groupe de mollusques est l'hélice ou escargot (*helix*), qui comprend, entre autres espèces : l'*hélice romaine* ou *escargot de vigne* (*helix pomatia*, Linn.), dont la grosseur varie suivant les contrées et dont la coquille est ordinairement d'un gris brun, ou rougeâtre ou cendré. C'est l'escargot comestible, dont il se fait une grande consommation dans l'Europe méridionale, particulièrement dans les pays catholiques, pendant le carême, parce que sa chair est maigre. Les deux principales variétés françaises sont l'escargot de Saintonge, petit et gris foncé, et l'escargot de Bourgogne, gros et cendré. Après avoir fait jeuner ces animaux pendant quelques jours, on les fait cuire soit à *la saintongeaise* (sur le gril), soit *à la bourguignonne* (à l'eau et assaisonnés de fines herbes) : dans les deux cas, c'est un mets d'amateur. L'*escargot de jardin* (*helix aspersa*, Linn.) est également comestible ; on le fait surtout bouillir dans du lait que l'on donne aux poitrinaires.

LIMAGE s. m. (rad. *limer*). Action ou manière de limer.

LIMAGNE (La), *Alimania*, contrée de l'ancienne France, s'étendant au N. de la basse Auvergne, le long de l'Allier. Villes princ., Clermont-Ferrand et Riom. Elle forme aujourd'hui la partie N. du dép. du Puy-de-Dôme. Fruits renommés.

* LIMAILLE s. f. [*ll* mll.] (rad. *limer*). Les petites parties de métal que la lime fait tomber : *la limaille de fer est un remède.*

* LIMANDE s. f. (rad. *lime*). Poisson plat, du genre *plie*, de forme rhomboïdale, dont une ligne saillante entre les yeux qui sont très grands, et à peau couverte d'écailles très âpres. Il ne faut pas confondre ce poisson avec le carrelet ni avec la plie, qui ont la peau noire, rude. — ∞ Homme nul et plat

comme le poisson de ce nom. — Faire la limande, faire l'obséquieux.

LIMANDER v. a. Envelopper un cordage avec une limande,

LIMAY, ch.-l. de cant., arr. et 1 kil. N.-E. de Mantes (Seine-et-Oise) ; 1,300 hab. Carrières de pierres ; commerce de vins.

LIMAYRAC (Paulin), écrivain et journaliste français, né à Caussade (Tarn-et-Garonne), en 1817, mort en 1868. Il débuta à la *Revue de Paris* en 1840, passa à la *Revue des Deux-Mondes* (1843), collabora à la *Presse* (1852), au *Pays* (1854) et devint rédacteur en chef du *Constitutionnel* en 1862 ; préfet du Lot en 1868.

LIMBAIRE adj. Bot. Qui a rapport au limbe d'une corolle.

* LIMAS. Voy. Limace.

* LIMBE s. m. (lat. *limbus*, bord). Mathém. et Astron. Bord. : *le limbe d'un instrument de mathématique.* — Bot. Le limbe d'une corolle, d'un calice, le bord supérieur et plus ou moins évasé d'une corolle, d'un calice. Le limbe d'une feuille, la partie plane et plus ou moins large d'une feuille.

* LIMBES s. m. pl. Lieu où, selon quelques théologiens, étaient les âmes de ceux qui étaient morts dans la grâce de Dieu, avant la venue de Notre-Seigneur, et où vont celles des enfants morts sans baptême : Jésus-Christ, *après sa mort, tira des limbes les patriarches, les prophètes.*

LIMBOURG. I. Territoire divisé aujourd'hui entre les Pays-Bas et la Belgique et borné par la Prusse rhénane. Il formait un comté à une époque très reculée. Un comte fleuri, gendre de Frédéric de Luxembourg, duc de basse Lorraine, le gouverna au xi⁰ siècle. Son fils, Henri (mort en 1119), qui avait hérité de vastes domaines dans le Luxembourg, paraît avoir été le premier duc titulaire du Limbourg. Ce pays fut cédé par l'un de ses descendants au duc Jean Ier de Brabant, par l'intermédiaire de qui il tomba ensuite successivement au pouvoir des maisons de Bourgogne et d'Autriche. Le traité de Westphalie (1648) divisa le Limbourg entre l'Espagne et la république hollandaise. En 1795, il passa à la France, et en 1815, au royaume des Pays-Bas. Il fut divisé, après la révolution belge de 1830, entre les Pays-Bas et la Belgique ; mais ses frontières ne furent définitivement fixées qu'en 1839. — II. Province hollandaise, séparée du Limbourg belge par la Meuse, 2,204 kil. carr. ; 245,000 hab., en majorité catholiques. Elle est généralement plate, et dans le N.-O. elle renferme un grand nombre de landes et de marais. Sa partie la plus fertile se trouve dans les vallées de la Meuse, de la Roer et des autres rivières. Fabrication de genièvre. Depuis 1839 jusqu'en 1867, cette province fit partie de la Confédération germanique. Capitale, Maestricht.—III. Province belge, bornée au N.-E. et à l'E. par la précédente ; 2,412 kil. carr. ; 240,000 hab. La vallée de la Meuse renferme de bons pâturages ; mais ailleurs, sauf au S. et au centre, on ne trouve guère que des landes stériles. Mines de fer, de plomb, de calamine, etc. Capitale, Hasselt.—IV. Ville de Belgique, autrefois capitale du territoire de Limbourg, aujourd'hui province et à 25 kil. E. de Liège ; environ 3,000 hab. ; jadis très populeuse et fortifiée, elle est aujourd'hui presque en ruine, excepté son faubourg Dolhain. Manufactures d'étoffes ; mines de zinc et de charbon dans le voisinage. Le célèbre fromage du Limbourg se fabrique en grande partie dans la ville voisine de Herve.

LIMBOURG-SUR-LE-LAHN, ville de Hesse-Nassau (Prusse), à 25 kil. N.-E. d'Ems ; 5,160 hab. La superbe cathédrale de Saint-George, pittoresquement située et dominée par sept tours, est un spécimen de l'architecture byzantine la plus récente, mélangée avec le plus ancien style gothique aigu. Au moyen âge, Limbourg, d'une importance considé-

Cathédrale Saint-George, à Limbourg-sur-le-Lahn.

rable, était l'une des villes principales de l'ancien duché de Nassau. Une nouvelle édition des *Chroniques de Limbourg*, continuée jusqu'en 1616, fut publiée par Vogel en 1828.

* **LIME** s. f. (lat. *lima*). Outil de fer ou d'acier, plus ou moins long et étroit, d'une forme plate, ronde ou triangulaire, dont la surface est couverte d'entailles qui se croisent, et qui sert à dégrossir, à couper, à polir des métaux et quelquefois du bois : *grosse, petite lime* — Lime douce, lime dont les entailles sont très peu profondes, et qui polit le métal en le limant.— Lime sourde, lime qui ne fait pas de bruit quand on l'emploie : *couper des barreaux de fer avec une lime sourde*. Se dit, fig. et fam., d'une personne qui agit secrètement pour quelque mauvais dessein, ou qui, sous un air taciturne, cache de la malignité.— S'emploie, fig., en parlant des ouvrages d'esprit. Ainsi on dit, Passer, repasser la lime sur un ouvrage de prose, de poésie. — Travailler à le corriger, à le perfectionner ; et dans ces sens analogues : *il faut encore donner quelques coups de lime à cet écrit, pour en faire disparaître les négligences, les aspérités*.

* **LIME** s. f. Sorte de petit citron qui a une eau fort douce et que, par cette raison, l'on appelle Lime douce. — Ce citron en miniature a la peau fine et d'un jaune verdâtre ; son jus peut remplacer celui du citron.

LIMÉEN, ÉENNE s. et adj. Qui est de Lima ; qui concerne cette ville ou ses habitants.

* **LIMER** v. a. Couper, dégrossir, amenuiser, polir avec la lime : *limer un canon de fusil, un ressort de pendule, une grille de fer*. — Se dit, fig., en parlant des ouvrages d'esprit ; et alors il signifie, corriger avec soin, polir, perfectionner : *il a été six mois à limer ce poème, cette pièce d'éloquence*.

LIMERICK (comté de), S.-O. de l'Irlande, dans le Munster ; 2,755 kil. carr.; 192,000 hab. Il est montagneux au N.-E., au S. et au S.-O. Ses rivières principales sont : le Shannon, la Maigue et la Deel. Mines de fer, de cuivre et de plomb. Elevage des bestiaux. Blé, avoine, seigle, pommes de terre et navets. Villes princ. : Limerick, Rathkeale et Newcastle. Nombreux restes cyclopéens, ouvrages

militaires en terre, anciens châteaux et ruines de maisons religieuses. — II. Capitale de ce comté, formant elle-même un comté sur l'estuaire du Shannon, à 165 kil. O.-S.-O. de Dublin ; 50,000 hab. Elle renferme la ville anglaise, sur une île du Shannon, la ville irlandaise et Newton-Pery sur la rive gauche de la rivière. Ces trois parties sont réunies par cinq ponts. Les approches du pont de Thomond étaient gardées autrefois par un fort et par le château du roi Jean.

Pont Thomond et château du roi Jean, à Limerick.

Newton-Pery est la partie la plus attrayante de la ville. Les principaux édifices publics sont : le palais de Justice, les prisons, la douane, la chambre de commerce, la bourse, la halle aux toiles, les marchés de grains et de beurre, les salles de réunion, les casernes et les hôpitaux. Les rues des nouveaux quartiers sont larges et régulières et l'apparence de la ville est animée. Filage et tissage du lin; fabriques de dentelles; moulins, fonderies, habilement militaires, distilleries, tanneries et ateliers de construction pour les navires. Commerce étranger très actif. — Limerick se rendit aux parlementairiens en 1651. Ce fut la dernière place d'Irlande qui se soumit à Guillaume III, en 1691.

LIMETTIER s. m. Bot. variété d'oranger.

* **LIMIER** s. m. Gros chien de chasse avec lequel le veneur quête et détourne la bête, pour la lancer quand on veut la courir : *dresser un chien pour en faire un limier*. (Voy. Chien.)— Limier de police, espion : *les limiers de police, de la police sont à ses trousses*.

* **LIMINAIRE** adj. (lat. *limen*, seuil). Se dit d'un prologue, d'une épître servant de préface à un livre.

* **LIMITATIF, IVE** adj. Qui limite, qui renferme dans des bornes certaines. — Jurispr. Assignat limitatif, disposition limitative, assignat, disposition dont l'objet est tellement déterminé, que le légataire n'a rien à demander, à prétendre sur le surplus des biens du testateur.

* **LIMITATION** s. f. Fixation, restriction, détermination : *il a obtenu un congé sans aucune limitation de temps*.

* **LIMITE** s. f. (lat. *limes, limitis*, lisière). Borne, ce qui sert à séparer un territoire, un terrain, d'un territoire, d'un terrain contigu ou voisin : *les Pyrénées sont la limite de la France du côté de l'Espagne,*

sont la limite qui sépare l'Espagne de la France. — S'emploie plus ordinairement au pluriel : *les montagnes, les rivières sont les limites naturelles des pays*. — S'emploie également au sens moral : *son ambition est sans limites; la limite qui sépare l'erreur de la vérité n'est pas toujours facile à marquer, à fixer, à reconnaître*. — Mathém. Toute grandeur dont une autre grandeur peut approcher à l'infini sans jamais l'égaler exactement : *la méthode, la théorie des limites*.

* **LIMITER** v. a. Borner, donner des limites : *la mer limite ce royaume au midi et au couchant*. — Se dit, fig., en parlant du prix et de la quantité des choses, du nombre des personnes, de la durée du temps : *dans certaines villes, on limite le prix du pain*. — Au sens moral : *limiter les pouvoirs d'un procureur fondé*.

* **LIMITROPHE** adj. (lat. *limitrophus*). Qui est sur les limites : *pays, terres limitrophes*.

LIMMAT, rivière de Suisse : elle sort du lac de Zurich et se jette dans l'Aar près de Brugg ; elle baigne Zurich.

LIMOGES (*civitas Lemovicum*), ch.-l. du dép. de la Haute-Vienne, sur la Vienne, à 325 kil. S.-O. de Paris, par 45°49'52" lat. N. et 1°4' 48" long. O.; 60,000 hab. Cette ville, bâtie en amphithéâtre, sur le penchant d'une colline, contient plusieurs places publiques remarquables et quelques beaux édifices, entre autres le palais épiscopal et la cathédrale Saint-Etienne. La manufacture de la porcelaine y prospéra après la découverte du kaolin en 1768; mais l'art d'émailler, qui avait rendu Limoges célèbre, du xive au xviiie siècle, a perdu de son importance. Grand commerce de grains, de vins, d'eau-de-vie, de fer, de cuivre, d'étain et de kaolin. Limoges était anciennement la

Limoges

ville principale de la tribu des *Lemovices*, elle devint importante sous les Romains. Cédée aux Anglais par le traité de Brétigny, elle forma une partie de l'Aquitaine sous Edouard (le Prince Noir), qui, en 1370, fit passer au fil de l'épée plus de 40,000 de ses habitants révoltés. C'est une des villes de France où l'on trouve le plus de couvents des deux sexes. Patrie du pape Clément VI, de Dorat, de d'Aguesseau, de Vergniaud, de Jourdan, etc.

LIMOGNE, ch.-l. de cant., arr. et à 36 kil. E. de Cahors (Lot); 1,400 hab.

* **LIMON** s. m. (lat. *limus*, boue). Boue, terre détrempée, bourbe : *les anguilles et quelques autres poissons se tiennent dans le limon.* — S'emploie, fig., au sens moral, et signifie, extraction, origine, nature : *il se troit pétri d'un autre limon que les autres hommes.*

* **LIMON** s. m. L'une des deux branches de la limonière d'une voiture : *le limon droit, gauche d'une charrette.* — Archit. Pièce de bois ou de pierre, taillée en biais, qui supporte les marches et la balustrade d'un escalier.

* **LIMON** s. m. (pers. *laimun*). Bot. Fruit du limonier et particul. sorte de citron très juteux. — Herbe de limon. Sous le nom d'huile d'herbe de limon, on importe de Ceylan et des autres parties de l'Orient une huile très employée en parfumerie. Cette huile provient, d'après quelques auteurs, de l'*andropogon schœnanthus,* et suivant d'autres de l'*andropogon citratum.* La plante que l'on connaît dans les serres sous le nom d'herbe de limon est l'*andropogon schœnanthus;* ses feuilles écrasées répandent une odeur des plus agréables, semblable à celle de la verveine.

* **LIMONADE** s. f. Boisson qui se fait avec du jus de limon ou de citron, de l'eau et du sucre : *la limonade est rafraîchissante.* — LIMONADE GAZEUSE, limonade saturée d'acide carbonique. — LIMONADE PURGATIVE DE ROGÉ, 60 gr. de citrate de magnésie, dans un demi-litre d'eau sucrée. Cette limonade agréable purge à peu près comme l'eau de Sedlitz.

* **LIMONADIER, IÈRE** s. Celui, celle qui fait et qui vend de la limonade, de l'orgeat, des liqueurs, du café, du chocolat, des glaces, etc.

LIMONÉ, ÉE adj. Bot. Qui se rapporte ou qui ressemble à la limonie. — s. f. pl. Tribu d'aurantiacées ayant pour type le genre limonie.

LIMONER v. a. Débarrasser du limon : *limoner une anguille.*

LIMONEST, ch.-l. de cant., arr. et à 9 kil. N.-O. de Lyon (Rhône); 1,200 hab.

* **LIMONEUX, EUSE** adj Bourbeux, plein de limon : *eau limoneuse.*

LIMONIE s. f. Bot. Genre d'aurantiacées, comprenant plusieurs espèces qui habitent l'Asie tropicale.

* **LIMONIER** s. m. Cheval qu'on met aux limons : *ce cheval est trop petit pour être limonier.*

* **LIMONIER** s. m. Bot. Espèce d'oranger vulgairement appelé citronnier. Le *limonier* (*citrus limonium*) est un arbre originaire de l'Inde septentrionale et cultivé depuis longtemps chez les Arabes qui l'ont introduit dans différentes parties de l'Asie et de l'Afrique. Il fut introduit en Europe au moyen âge. Il est naturalisé aujourd'hui dans les Indes occidentales et dans plusieurs autres parties de l'Amérique. On en compte plus de 30 variétés. Le limon ou fruit du limonier est estimé pour son jus acide et son écorce aromatique. Il sert à faire des boissons rafraîchissantes appelées limonades. Son jus contient de 2 p. 100 d'acide citrique, avec du mucilage et une matière extractive amère. L'huile de limon est contenue dans des réceptacles de la partie extérieure de l'écorce. Les extraits de limon, employés pour l'usage domestique, sont une solution plus ou moins concentrée de cette huile dans l'alcool. Pour les caractères botaniques du genre, voir ORANGE.

* **LIMONIÈRE** s. f. Espèce de brancard formé par les deux limons adaptés au-devant d'une voiture. — Se dit aussi d'une voiture à quatre roues, ayant, au lieu d'un timon, un brancard formé par deux limons.

* **LIMONITE** s. f. (rad. *limon*). Minér. Sorte de minerai de fer.

* **LIMOSINAGE** s. m. Ouvrage de maçonnerie fait avec des moellons et du mortier : *maçonnerie de limosinage.*

LIMOURS, ch.-l. de cant., arr. et à 21 kil. E. de Rambouillet (Seine-et-Oise); 1,200 hab. Ecole modèle d'agriculture; pépinières; poteries.

LIMOUSIN, INE s. et adj. Qui est du Limousin; qui concerne ce pays ou ses habitants.

LIMOUSIN, *Lemovicensis ager,* ancienne province de la France centrale, formant aujourd'hui les départements de la Haute-Vienne, de la Corrèze, de la Creuse et de la Dordogne; elle se divisait en haut et bas Limousin; le premier avait pour ch.-l. Limoges; le second, Tulle. Habitée autrefois par les *Lemovices,* cette province fut réunie par Auguste à la première Aquitaine; elle fut ensuite occupée par les Visigoths et passa aux Anglais, en 1152, par le mariage d'Eléonore avec Henri Plantagenet; reprise par Philippe-Auguste en 1203, elle fut rendue aux Anglais par saint Louis en 1259 et définitivement acquise à la France en 1369. Les beaux chevaux du Limousin sont particulièrement propres à la cavalerie.

* **LIMOUSINE** s. f. Manteau de poil de chèvre ou de grosse laine que portent les rouliers et dont on se sert aussi dans les campagnes.

LIMOUX, ch.-l. d'arr., à 30 kil. S.-O. de Carcassonne (Aude), par 43° 3' 15" lat. N. et 0° 7' 9" long. O.; 7,500 hab. Commerce de draps; vins blancs estimés, doux, légers, parfumés et spiritueux connus dans le commerce sous le nom de blanquette de Limoux.

* **LIMPIDE** adj. (lat. *limpidus*). Clair, net, transparent : *cette eau-de-vie est bien limpide.*

* **LIMPIDITÉ** s. f. Qualité de ce qui est limpide : *cette eau est d'une limpidité admirable.*

LIMULE s. m. Crust. Genre de crustacés xyphosures, comprenant 5 ou 6 espèces d'étranges animaux, semblables à de colossales araignées qui porteraient une carapace. Leur corps est divisé en deux parties et recouvert d'un test solide, de deux pièces; leur partie postérieure se termine par une queue en forme de stylet dont on redoute la pointe.

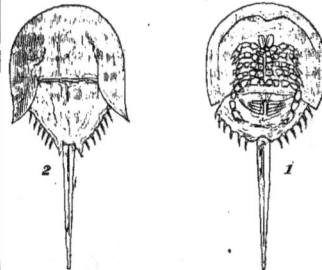

Limule des Moluques. — 1, surface inférieure; 2, surface supérieure.

Le limule des Moluques (*limulus Moluccanus*) de la mer des Indes atteint de 60 centim. à 1 m. de long. Ses œufs et sa chair sont recherchés par les Malais; sa queue, fixée au bout d'un morceau de bois, constitue une arme redoutable. Le *limule cyclope* (*limulus Polyphemus*), de la Caroline, de la Floride et

du golfe du Mexique, est d'une couleur brune foncée.

* **LIMURE** s. f. Action de limer : *la limure de cette grille sera longue.* — Etat d'une chose limée : *cette tabatière est d'une limure parfaite.* — Se dit, quelquef., dans le sens de limaille.

* **LIN** s. m. [lain] (celt. *llin*, fil; d'où le lat. *linum*). Bot. Genre de linées, comprenant environ 60 espèces d'herbes ou d'arbrisseaux, et dont une espèce est cultivée comme plante textile.

> Vous souvenant, mon fils, que, caché sous ce lin,
> Comme eux vous fûtes lin, et comme eux orphelin.
>   *Athalie,* acte IV, sc. III.

— GRIS DE LIN, couleur qui ressemble à celle de la fleur de lin : *le gris de lin est une couleur fort douce.* — adj. *couleur gris de lin.* — ENCYCL. L'espèce textile ou *lin usuel* (*linum usitatissimum*) produit le fil de lin, obtenu des fibres qui recouvrent ses tiges creuses et employé depuis les temps les plus reculés. Ses graines fournissent l'huile de lin; et avec le résidu, on fabrique des tourteaux qui sont employés pour nourrir et engraisser les bœufs. Ses graines mucilagineuses servent en médecine. Le lin est une plante annuelle, de 75 cent. à 1 m. de haut, portant de peti-

Lin usuel (Linum usitatissimum).

tes feuilles lancéolées, distribuées alternativement sur les tiges; celles-ci se terminent par des fleurs d'un bleu délicat auxquelles succèdent des capsules globuleuses de la grosseur d'un petit pois et contenant des graines ovoïdes, lisses. Cette plante, cultivée maintenant dans presque toutes les parties du monde, paraît avoir été connue d'abord en Egypte, ou peut-être dans les plaines élevées de l'Asie centrale. Quoiqu'elle soit, sans aucun doute, indigène des climats chauds, ses fibres atteignent leur plus grande qualité dans les régions tempérées. — Le lin se cultive en grand dans nos départements du Nord, en Belgique, en Hollande, dans l'Allemagne du Nord, en Irlande et en Italie. Il a produit trois variétés principales : 1° LIN FROID ou *lin d'été*, qui rend beaucoup de filasse et qui est le plus répandu en Flandre et en Belgique, où l'on cultive ses trois sous-variétés : *lin commun*, haut de 70 centim.; *lin de Riga*, plus élevé, à filasse estimée; *lin à fleurs blanches* rustique, à filasse plus grosse; 2° LIN CHAUD ou *lin d'hiver*, peu élevé mais produisant beaucoup de grains et recherché pour cette raison quand on se donne pour but la récolte exclusive de la graine du Midi. — 3° LIN MOYEN, cultivé surtout dans le Midi. — Il prospère dans toutes les terres fraîches, profondes, riches en phosphates et en silicates alcalins bien ameublies par le labour, bien brisées par le rouleau ou le traîneau, et surtout bien drainées. — La première opération pour la préparation de la fibre, est de plonger les tiges dans l'eau et de les répandre sur la pelouse jusqu'à ce que l'on obtienne la fermentation de la matière glutineuse qui colle les fibres les unes aux autres. Quelquefois, on n'emploie que le trempage; d'autres fois, on se contente d'exposer les fibres à la pluie, sur une pelouse; mais la combinaison des deux procédés est préférable. Cette opération dure de 6 à 20 jours. On peut en réduire la durée à 60 heures, en trempant les tiges dans de l'eau chauffée à 32° C. En 1851, le chevalier Claussen a inventé une méthode pour réduire les fibres à la condition de coton en les plongeant dans une faible solution alcaline, et en chassant ensuite l'alcali par une ébullition dans de l'eau qui contient un peu d'acide sulfurique. — Lorsque le lin a été roui, suivant l'expression technique, on passe les tiges à la *broie* (voy. ce mot) pour briser les fibres ligneuses, et ensuite on les tille et on les peigne pour enlever l'écorce ou tille et toutes les autres matières non textiles. Ordinairement ces opérations se font aujourd'hui avec des machines perfectionnées. La filasse ainsi obtenue est ensuite étalée en rubans uniformes et conservée jusqu'au moment d'être filée. — Parmi les espèces de lin d'ornement, on distingue le *lin*

Linum grandiflorum.

à grandes fleurs (*linum grandiflorum*), plante annuelle très brillante, provenant d'Algérie, haute d'environ 40 centim. et donnant une grande quantité de fleurs écarlates éclatantes. Les brillantes fleurs bleues du gracieux *linum perenne* du Missouri reposent sur des tiges si délicates qu'à une petite distance ces fleurs semblent flotter sans support. — Toile de lin. (Voy. Toile.)—Graine de lin. La graine de lin sert à préparer une décoction mucilagineuse très émolliente usitée dans l'inflammation des organes génito-urinaires. — Farine de lin. La farine de lin sert à la confection de cataplasmes (voy. ce mot) émollients que l'on met sur les phlegmons et sur les inflammations extérieures. Il faut employer de la farine fraîchement moulue; on la délaie dans de l'eau chaude, sans la faire bouillir. La vieille farine est presque toujours rance et irritante. — Huile de lin, huile exprimée des graines de lin et très employée dans les arts, principalement pour la peinture, les vernis gras et l'encre d'imprimerie. Elle est le type de la classe des huiles siccatives, parce qu'elle possède au plus haut degré la propriété de former une masse résineuse dure par l'oxydation et l'exposition à l'air. Ainsi employée, elle forme une pâte avec la substance poudreuse qui lui donne du corps et, en séchant, elle agit comme ciment et comme vernis. Pour l'obtenir, on broie les graines dans un moulin, soit après les

avoir fait griller, soit dans leur état naturel; et la farine ainsi obtenue est ensuite soumise à une puissante pression hydraulique. Quand on les fait griller, on détruit la matière gommeuse de l'enveloppe intérieure des graines, et l'on obtient une huile plus débarrassée de mucilage, mais plus colorée et plus âcre que celle qui provient des graines crues. L'huile de lin fraîchement pressée est d'un jaune d'or, elle brunit avec l'âge. Fraîche et pressée à froid, elle ne présente aucun goût désagréable; mais l'huile du commerce offre toujours une odeur et un goût particuliers. Gravité spécifique, 0-940; point d'ébullition, 315° C.; elle se solidifie à environ — 20°. Outre ses usages dans les arts, l'huile de lin est encore très utile en médecine, soit à l'intérieur comme laxatif, à la dose de 70 gr., soit comme corps gras dans certaines maladies.

LIN (Saint), pape et successeur de saint Pierre, mort en 78. Fête le 23 sept.

LINACÉ, ÉE adj. Bot. Qui ressemble au lin ou qui s'y rapporte.

LINAIGRETTE s. f. (rad. *lin* et *aigrette*). Bot. Genre de cypéracées, tribu des scirpées, comprenant plusieurs espèces d'herbes à grandes tiges portant des aigrettes longues et soyeuses. Ces plantes habitent les lieux marécageux.

* LINAIRE s. f. Plante ainsi nommée parce que ses feuilles ont de la ressemblance avec celles du lin. On la nomme aussi Lin sauvage.

LINANGE, (all. *Leiningen*), ancienne principauté, comprise aujourd'hui dans la Bavière, la Hesse et le duché de Bade.

* LINCEUL s. m. [lain-seul] (lat. *linceolum*, petit linge). Drap de toile dont on se sert pour ensevelir un mort : *il n'y avait pas même un linceul pour l'ensevelir.*

LINÇOIR s. m. Forte pièce de bois qui, dans un plancher, recouvre un vide et reçoit l'extrémité des solives.

LINCOLN [linn'-k'n] *Lindum colonia*, ville

Cathédrale de Lincoln.

d'Angleterre, capitale du Lincolnshire, et formant elle-même un comté sur le Witham, à 180 kil. N.-O. de Londres; 28,000 hab. C'est une ville très ancienne, irrégulièrement bâ-

tie sur le penchant d'une colline. Sa cathédrale, l'une des plus belles du royaume, mesure 174 m. de long et 86 de large. Fabrication d'instruments agricoles.

LINCOLN [linn'-k'n], ville du Nebraska (Etats-Unis), sur la rive droite de Salt-Creek, tributaire de la rivière Platte, à 105 kil. S.-O. d'Omaha; environ 9,500 hab. Commerce et manufactures considérables.

LINCOLN (Abraham), seizième président des États-Unis, né dans le comté de Hardin (aujourd'hui Larue)(Kentucky), le 12 fév. 1809, mort à Washington le 15 avril 1865. Il appartenait à une pauvre famille de pionniers, qui, poussée par le besoin, émigrait peu à peu vers le centre des États-Unis et qui se fixa, en 1816, dans l'Indiana, où le futur président de la république se mit à travailler aux champs avec son père, après avoir été à l'école pendant un an à peine. Son père étant mort, il émigra dans l'*Illinois* et se fixa à Decatur (1830). Taillé (en raison de sa force herculéenne et de sa hauteur de 6 pieds 4 pouces) pour réussir dans ces pays alors neufs, il amassa quelque argent à couper du bois dans les forêts et à fabriquer des *fenns* (palissades). En 1831, il construisit un train de bois et se laissa descendre jusqu'à la Nouvelle-Orléans. Dans cette ville, il assista au débarquement d'un convoi de nègres africains. La vue de ces malheureux et le bruit des chaînes dont ils étaient chargés produisirent sur son esprit une impression tellement douloureuse, qu'il jura de consacrer sa vie à la libération des esclaves. A partir de ce jour, il n'eut plus d'autre ambition que d'entrer dans la vie politique. Pendant la guerre contre les Indiens (voy. Black-Hawk), il s'engagea et fut de suite élu capitaine d'une compagnie de volontaires (1832). Une circonstance fortuite faillit renverser ses espérances. Voulant augmenter son capital, il s'associa, en 1833, avec un négociant de profession, nommé Berry, et ouvrit une boutique d'épicier. Malheureusement, Berry était un ivrogne comme on n'en avait peut-être pas encore vu dans le pays du whiskey. En quelques années, il but cinq ou six fois la valeur du magasin. Lincoln, confiant dans ses capacités, lui avait abandonné la direction des affaires commerciales, pour ne s'occuper que d'un bureau de poste qu'il avait obtenu à Salem (Illinois). Le bureau de poste, peu important, fut fermé en 1836, presque au moment où Berry faisait banqueroute. Insensible aux coups du sort, Lincoln montra à l'énergie et l'honnêteté de son caractère en réunissant les créanciers de son associé et en prenant l'engagement de les désintéresser. Il reprit un instant la hache, dans les forêts qui couvraient alors les bords de l'Illinois, se tit tour à tour marchand et homme de loi, et finit par payer son dernier créancier en 1849, c'est-à-dire treize ans après la faillite. Pendant ce temps, il n'avait cessé de faire de la politique anti-esclavagiste et s'était fait élire, dès 1846, au congrès, où sa vive opposition à l'administration du président Polk avait été remarquée. En 1849, il proposa un bill pour l'abolition de l'esclavage. Élu au sénat par la convention républicaine de Springfield (juin 1858), il prononça aussitôt un discours à sensation dans lequel on remarquait cette déclaration restée célèbre : « Une maison divisée ne peut se soutenir; on ne peut supporter indéfiniment que la moitié de la nation soit esclave et l'autre moitié soit libre. Je ne pense pas que la maison doit tomber; mais j'espère qu'elle cessera d'être divisée ». Une brillante lutte oratoire, soutenue pendant quatre ans contre Douglas, chef du parti esclavagiste, se termina par l'élection de Lincoln à la présidence de la république (nov. 1860). C'était la déclaration de guerre des républicains antiesclavagistes aux démocrates esclavagistes. Lorsque le nouveau président prit possession de son siège (4 mars 1861), sept États avaient déjà passé des ordonnances de sécession et quatre autres se disposaient à imiter cet exemple. (Pour les détails de la guerre civile, voy. ÉTATS-UNIS.) Vers la fin de la lutte, un obscur comédien (voy. BOOTH) pénétra dans la loge qu'occupait le président au Ford's théâtre et lui tira traîtreusement un coup de pistolet dans la tête (14 avril 1865). Transporté dans une maison voisine, Lincoln y expira le lendemain matin, à sept heures. Ses restes reposent dans le cimetière d'Oak-Ridge, près Springfield. Une statue colossale en bronze lui a été élevée dans le parc Lincoln (Washington), au moyen d'une souscription des noirs émancipés (1876).

LINCOLNSHIRE, comté N. de l'Angleterre, borné au N. par l'Humber et par son estuaire, et à l'E. par la mer du Nord; 7,126 kil. carr.; 436,600 hab. Une grande partie du territoire est au-dessous du niveau de la mer, contre laquelle il est protégé par des digues. De vastes étendues de terres enlevées à la mer sont aujourd'hui les plus productives de la Grande-Bretagne. Rivières principales : Trent, Witham, Welland et Ancholme. Belles espèces de bœufs, de chevaux et de moutons. Capitale, Lincoln.

LINDAU, ville de Bavière, sur deux îles du lac de Constance, à 37 kil. E.-S.-E. de Constance; 5,425 hab. Le port de Maximilianshafen a été agrandi. Lindau fut une ville libre jusqu'en 1803.

LINDET. I. (Robert-Thomas), conventionnel, né à Bernay en 1743, mort en 1823. En 1789, il était curé de sa ville natale, lorsque les électeurs l'envoyèrent aux états généraux; il vota la constitution civile du clergé, fut évêque de l'Eure et se maria en 1792. A la Convention, il vota la mort du roi sans appel ni sursis, fit partie du Conseil des Anciens. Exilé en 1816 comme régicide, il rentra peu de temps après et vécut dans l'obscurité. — II. (Jean-Baptiste-Robert), frère du précédent, mort en 1825. Député à la Convention, il siégea à la Montagne; ce fut lui qui fit le rapport sur les crimes imputés à Louis XVI, dont il vota la mort; il fit partie du Conseil des Cinq-Cents, trempa dans la conspiration de Babœuf. Après le 18 brumaire, il rentra dans la vie privée.

LINDLEY (John), botaniste anglais, né en 1799, mort en 1865. Il écrivait les parties descriptives de l'Encyclopédie des plantes de Loudon (1829), arrangées d'après le système de Linné, lorsqu'il se convertit au système naturel, et, en 1830, il publia son Introduction to the natural system of Botany. En 1833, parut son Nexus plantarum, en 1846, son Vegetable Kingdom, et sa Flora medica (1838), et, en collaboration avec M. Hutton, The fossil flora of Great Britain; à partir de 1841, il rédigea le Gardener's Chronicle, journal hebdomadaire. The Treasaury of Botany, dictionnaire botanique populaire, fut achevé après sa mort, par Masters.

LINDSAY, ville de l'Ontario (Canada), sur la rivière Scugog, à 85 kil. N.-E. de Toronto; 4,050 hab. Grand commerce de bois et de grains; manufactures diverses.

LINÉ, ÉE adj. Bot. Qui ressemble ou qui a rapport au lin.—s. f. pl. Famille de géranioldées, ayant pour type le genre lin, et comprenant, en outre, le genre radiole.

* LINÉAIRE adj. Didact. Qui a rapport aux lignes, qui se fait par des lignes: étude du dessin linéaire.—Algèb. Qui est du premier degré ou qui n'admet qu'une seule solution : équation linéaire. — Bot. FEUILLE LINÉAIRE, feuille très étroite dans toute sa longueur : les feuilles de la plupart des graminées sont linéaires.

* LINÉAL, ALE adj. Jurispr. Qui est dans l'ordre d'une ligne : succession linéale.

*LINÉAMENT s. m. Trait, ligne délicate, ou première trace, premier rudiment d'un être, d'un objet : les physionomistes prétendent juger du caractère par les linéaments du visage. — S'emploie quelquefois, au sens moral : il n'a encore tracé que les premiers linéaments de son ouvrage.

LING (Peter-Henrik), poète suédois, né à Ljunga en 1776, mort en 1839. Il conçut le projet d'employer la gymnastique à la régénération de l'espèce humaine et publia dans ce but : Principes généraux de la gymnastique (Upsal, 1834-'40). Il a laissé encore quelques drames et un poème pastoral. Sa méthode de traitement des maladies par la gymnastique (voy. KINÉSITHÉRAPIE) a été adoptée, et l'on a recours aux exercices du corps, comme auxiliaires des médicaments, surtout dans les maladies chroniques et dans les cas de difformité.

LINGARD (John), historien anglais, né en 1771, mort en 1851. Il fut ordonné prêtre catholique en 1795. Son principal ouvrage est : History of England from the first invasion by the Romans to the accession of William and Mary in 1688 (8 vol., 1819-'30; revue, 10 vol.; 1849; traduct. française par Roujoux, 1825-'29, 17 vol. in-8°), œuvre capitale et impartiale. Lingard a publié, en outre : Antiquité de l'Église anglo-saxonne (1809, 2 vol. in-8°); Nouvelle version des quatre Évangiles, etc., etc.

* LINGE s. m. (rad. lin). Toile mise en œuvre selon les différents usages auxquels on veut l'employer : mettre du linge à la lessive. — LINGE DE CORPS, chemises, mouchoirs, etc. LINGE DE TABLE, nappes, serviettes, etc. LINGE DE CUISINE, tabliers, torchons, etc. On dit, particul., en parlant du linge de corps : il a bien du linge. Un morceau de linge : se frotter avec des linges chauds. — IL EST BLANC, ELLE EST BLANCHE COMME UN LINGE, se dit d'une personne qui a blêmi subitement. — IL N'A PAS PLUS DE FORCE QU'UN LINGE MOUILLÉ, il est d'une faiblesse extrême de corps ou de caractère. On dit fig., dans le même sens : c'est un linge mouillé. — IL FAUT LAVER SON LINGE SALE EN FAMILLE, il ne faut pas mettre le public dans la confidence de fâcheuses affaires domestiques.

LINGENDES (Jean de), poète, né à Moulins vers 1580, mort en 1616; a surtout réussi dans les stances. A laissé des Sonnets, des Stances, une Ode à Marie de Médicis, Les changements de la bergère Iris (Paris, 1618, in-12) et une traduction des Epîtres d'Ovide (1615, in-8°).

* LINGER, ÈRE s. Celui, celle qui fait commerce de toile, qui vend, qui fait du linge, qui travaille en linge et, dans une communauté, celui, celle qui a la garde et le soin du linge : marchand linger, marchande lingère.

* LINGERIE s. f. Commerce de linge, métier de linger, de lingère : elle sait bien la lingerie. — Se dit aussi, dans les hôpitaux, dans les collèges, dans les grandes maisons, etc., du lieu où l'on serre le linge : aller à la lingerie.

LINGONES ou Lingons. I. Puissant peuple de la Gaule transalpine, dont le territoire s'étendait, depuis le pied du mont Vogesus et depuis les sources de la Matrona et de la Mosa, jusqu'au pays des Treviri au N., et jusqu'à celui des Sequani, dont ils étaient sépa-

rés au S. par l'Arar. Ville princ., Andematurinum, plus tard Lingones (Langres). — II. Branche de la nation ci-dessus mentionnée, qui émigra dans la Gaule cisalpine à la suite des Boii, dont elle partagea ensuite le sort. Les Lingones se fixèrent à l'E. des Boii, dans le voisinage de Ravenne et jusqu'à la mer Adriatique.

* LINGOT s. m. [lain-go] (angl. ingot). Barre ou morceau de métal fondu, qui n'est ni monnayé ni ouvragé. Se dit principalement en parlant de l'or et de l'argent : de l'or, de l'argent en lingot. — Chasse. Petit morceau de fer ou de plomb, de forme cylindrique, dont on charge quelquefois le fusil, au lieu de balles : tirer un sanglier avec des lingots.

* LINGOTIÈRE s. f. Moreau de fer creux et long, destiné à recevoir le métal en fusion qui doit former le lingot.

* LINGUAL, ALE, AUX adj. [lain-goual] (lat. lingua, langue). Qui appartient, qui a rapport à la langue. Anat. Muscle, nerf lingual. — Gramm. Se dit des articulations, des consonnes formées par les différents mouvements et les différentes positions de la langue. D, T, L, N, R sont des consonnes linguales. Dans ce sens, il s'emploie quelquefois substantivement, au féminin : une linguale..

LINGUET s. m. [lain-ghè]. Mar. Pièce de bois ou de fer dont on se sert pour arrêter le cabestan. — Comm. Espèce de satin.

LINGUET (Simon-Nicolas-Henri), avocat et publiciste, né à Reims en 1736, mort en 1794. Après avoir fait son droit et avoir exercé quelque temps la profession d'avocat, il fut, en 1774, rayé du tableau de l'ordre pour avoir trop abusé du droit de railler ses confrères; il se fit journaliste; il visita diverses contrées de l'Europe et publia à Londres ses Annales politiques, qui lui valurent deux ans de Bastille quand il eut l'idée de rentrer en France; il sortit de prison en 1782, passa en Belgique, reçut du roi Joseph II une pension pour ses écrits sur la navigation de l'Escaut, revint en France en 1791, fut condamné à mort par le tribunal révolutionnaire et exécuté. Histoire, littérature, économie politique, jurisprudence, diplomatie, Linguet aborda tous les genres et en traita même quelques-uns avec une supériorité marquée. On a de lui : Mémoires sur la Bastille (Londres, 1812), ouvrage souvent réimprimé; Histoire du siècle d'Alexandre (Paris, 1762, in-12); le Fanatisme des philosophes (1764); Histoire des révolutions de l'empire romain (1766, 2 vol. in-12); Histoire impartiale des jésuites (1768), etc., etc.

* LINGUISTE s. m. [lain-ghi-ste; on prononce ui diphtongue] (lat. lingua; langue). Celui qui écrit sur les principes et les rapports des langues, ou qui en fait une étude spéciale : un savant, un habile linguiste.

* LINGUISTIQUE s. f. [ui diphtongue]. Étude des principes et des rapports des langues, science de la grammaire générale appliquée aux diverses langues : depuis quelques années, la linguistique a fait de grands progrès. — Société de linguistique. L'idée de cette société, fondée en février 1864, est due à MM. de Charency et Antoine d'Abbadie. Elle obtint l'autorisation du gouvernement le 8 mars 1866. Elle a pour but l'étude des langues, celle des légendes, des traditions et des coutumes pouvant éclairer la science ethnographique. Le 30 mai 1876, elle fut reconnue d'utilité publique et, depuis, elle est en possession d'une allocation annuelle fournie par le ministère de l'instruction publique. Elle a des collaborateurs dans tous les pays.

* LINIER, IÈRE adj. Qui a rapport au lin : compagnie linière.

LINIÈRE s. f. Agric. Terre semée en lin.

LINIÈRE (François PAYOT, chevalier de), poète français, né à Paris en 1628, mort en 1704. Il avait d'abord, par son esprit et sa grâce, mérité les éloges de Boileau ; mais quand il eut critiqué le *Passage du Rhin*, il se vit rudement maltraité par le poète irrité, qui lança maintes épigrammes contre Linière.

* **LINIMENT** s. m. [li-ni-man] (lat. *linimentum; de linire,* oindre). Méd. Médicament fait d'huile et d'autres substances, qui s'emploie en friction, et qui est propre à adoucir, amollir et résoudre : *résoudre une tumeur par des liniments.* — LINIMENT OLÉO-CALCAIRE. Contre les brûlures du premier et du deuxième degré. Mêler 20 gr. d'huile d'olive ou d'amande douce avec 20 gr. de suif fondu et 10 gr. de chaux éteinte. — *Autre.* 500 gr. d'eau de chaux et 64 gr. d'huile d'amande douce.

LININE s. f. (rad. *lin*). Chim. Substance cristalline que l'on trouve dans le lin.

LINITION s. f. (lat. *linitio*). Action d'oindre, d'enduire.

LINKOEPING ou **Linkjœping**, ville de Suède, capitale du læn du même nom ou Ostergœtland, à 165 kil. S.-O. de Stockholm ; 7,155 hab. Commerce et industrie considérables.

LINLITHGOW, ville d'Écosse, capitale du Linlithgowshire, sur le lac Linlithgow, à 30 kil. N.-O. d'Édimbourg ; 3,690 hab. Ruines d'un magnifique palais fondé par Edouard Ier d'Angleterre. Ancienne église fondée par David Ier et considérée comme l'un des

Ruines du palais de Linlithgow.

spécimens les plus parfaits de l'architecture gothique en Ecosse.

LINLITHGOWSHIRE ou **West-Lothian**, comté oriental d'Ecosse, borné par le frith de Forth, 328 kil. carr.; 40,695 hab. Dans le sud se trouvent des landes et des marécages très étendus. Rivières principales : Almond et Avon. L'agriculture est dans un état très avancé. Capitale, Linlithgow.

LINNÉ (Carl von), *Linnæus,* célèbre naturaliste suédois, né le 2 (13) mai 1707 à Rashult, province de Samaland, mort à Upsal le 10 janv. 1778. Il était fils d'un ministre évangélique, qui le mit en apprentissage chez un cordonnier ; mais un médecin de Vexiœ, lui reconnaissant d'heureuses dispositions, le prit chez lui, lui enseigna la botanique, l'envoya étudier à l'université de Lund (1727), puis à celle d'Upsal (1728) comme élève en médecine. Il parvint à y remplacer provisoirement à la chaire de botanique le professeur Rudbeck, trop âgé pour continuer son cours. En 1731, Linné fut commissionné par l'académie royale des sciences d'Upsal pour faire une exploration botanique en Laponie. Le résultat de ses recherches fut sa *Flora Laponica* (1737). Mal récompensé de ses travaux, il quitta sa patrie et se rendit en Hollande, où il publia la première ébauche de son *Systema naturæ,* sous forme de tableau,

en 14 pages in-fol. A Amsterdam, Boerhaave le mit en relation avec un banquier nommé Clifford, qui possédait à Hartekamp, près de Harlem, une magnifique maison de campagne avec un jardin plein de plantes rares et une riche bibliothèque. Sur l'invitation de cet homme généreux, Linné s'établit à Hartekamp et, pendant plusieurs années put se livrer à ses études. Il y termina son *Systema naturæ* (1735, 7 vol.), contenant une classification des animaux et qui fut imprimé 13 fois du vivant de l'auteur et traduit dans presque toutes les langues européennes. C'est dans la même retraite qu'il composa ses *Genera plantarum* (1737 ; 9e éd. 1830'-34, 2 vol.) développant le fameux système artificiel de classification nommé *système linnéen* et basé sur les parties sexuelles des plantes. Parmi les autres ouvrages importants qu'il composa à la même époque, nous citerons : *Fundamenta botanica* (1736 ; 8e éd., Paris, 1774); *Hortus Cliffortianus* (1737), œuvre splendide dans laquelle il décrit les collections de son bienfaiteur, et *Classes plantarum* (1738). Rentré dans sa patrie en 1738, Linné essaya de s'y créer des ressources en pratiquant la médecine ; mais en dépit de sa *réputation comme* naturaliste, il ne trouva pas de clientèle et fut heureux d'accepter la chaire de médecine à Upsal en 1741, chaire qu'il échangea bientôt pour celle de botanique. L'autorité de son nom attira une foule d'élèves, avides de recevoir ses leçons. Il fut anobli en 1757, et passa le reste de sa vie à Upsal, dans l'aisance, entouré du respect de ses concitoyens. Toutes les sociétés savantes se firent un honneur de le compter au nombre de leurs membres. Les principales publications de cette période de son existence sont les suivantes : *Flora suecica* (1745); *Animalia Sueciæ* (1745) ; *Fauna Sueciæ* (1746); *Philosophia botanica* (1751), ouvrage capital pour l'étude de son système de classification; *Systema vegetabilium* (6e éd. 1825-'28, 4 volumes), et *Species plantarum* (1753, 3 vol.; 5e éd. 1797-1810, 6 vol.). Le système sexuel ou artificiel de Linné, adopté de suite par tous les savants, est aujourd'hui remplacé par le système naturel de Jussieu de de Candolle et de leurs continuateurs.

LINNÉE s. f. [linn-né]. Bot. Genre de capri-

Linnæa borealis.

foliacées, comprenant de jolies petites plantes

toujours vertes, dont les branches minces rampent sur la terre et portent de petites feuilles arrondies, opposées, qui couvrent le sol d'un épais tapis. La tige émet de proche en proche des branches courtes verticales, portant chacune à leur sommet deux fleurs gracieuses, penchées en forme de cloche, blanches ou couleur de rose, et très odorantes. La Linnæa borealis, seule espèce connue, se trouve dans toute l'Europe septentrionale, en Asie et dans l'Amérique du Nord.

LINNÉEN, ÉENNE adj. Qui se rapporte à Linné.

LINOIS (Charles-Alexandre-Léon DURAND, comte de), marin né à Brest le 27 janvier 1761, mort à Versailles en 1848 ; il fit toutes les guerres de l'Indépendance américaine. Enseigne en 1781, lieutenant en 1791, prisonnier des Anglais en 1794, capitaine à son retour, il assista l'année suivante au combat de Groix, où son vaisseau, le *Formidable,* tomba au pouvoir de l'ennemi. Deux fois blessé, Linois perdit l'œil gauche dans ce combat. Un prompt échange le rendit à la marine. Il prit part à l'expédition d'Irlande en qualité de chef de division. Nommé contre-amiral en 1799, il remporta avec 3 vaisseaux seulement, contre 6 vaisseaux anglais, le 6 juillet 1801, dans la baie d'Algésiras, l'un des rares succès maritimes de cette époque de notre histoire. Fait prisonnier en 1806, il ne fut rendu à la liberté qu'en 1814, reçut de Louis XVIII le titre pair, verneur de la Guadeloupe, fut forcé de capituler dans cette île et prit sa retraite en 1815.

LINOLÉATE s. m. (fr. *lin ;* lat. *oleum,* huile). Chim. Sel formé par la combinaison de l'acide linoléique avec une base.

LINOLÉIQUE adj. Chim. Se dit d'une variété d'acide oléique que l'on rencontre dans les graines de lin et de pavot; on l'extrait par saponification de l'huile de lin. Formule C[18] H[32] O[2].

LINOLÉUM s. m. [li-no-lé-omm] (fr. *lin ;* lat. *oleum,* huile). Toile de jute, enduite d'huile de lin.

* **LINON** s. m. Sorte de toile de lin, très claire et très déliée : *de la toile de linon,* ou plus ordinairement, DU LINON.

* **LINOT, NOTTE** s. (rad. *lin,* parce que cet oiseau se nourrit de graines de lin, qu'il préfère à toute autre). Ornith. Genre de fringilles comprenant plusieurs espèces de petits oiseaux de plumage gris, à bec conique, dont le chant est très agréable. Le nom de la femelle s'emploie communément, même en parlant du mâle : *le chant d'une linotte.* — IL A UNE TÊTE DE LINOTTE, C'EST UNE TÊTE DE LINOTTE, il a bien peu de jugement, son esprit est fort léger. — ᴖᴖ SIFFLER LA LINOTTE, boire plus que de raison. Signifie aussi, être en prison. — ENCYCL. Le genre linotte se rapproche du genre chardonneret par la forme du bec, l'aspect général du corps et surtout par les mœurs. La femelle seule s'occupe de la construction du nid et de l'incubation ; pendant ce temps le mâle pourvoit à sa nourriture. Ces oiseaux font deux ou trois pontes par an. La *linotte commune* ou *grande linotte (linota cannabina),* longue de 14 centim. et de 25 centim. d'envergure, habite l'Europe. Chez le mâle adulte, le plumage d'hiver est d'un brun rougeâtre en dessus avec des grivelures plus foncées; chez la femelle, les parties supérieures sont grivelées de brun sombre et de jaune grisâtre ; les parties inférieures sont d'un gris jaunâtre. En été, la gorge est blanchâtre, avec des raies brunes, le dos et les couvertures des ailes sont d'un brun rougeâtre ; le dessous de la tête et la poitrine rougeâtre. Le vol de cet oiseau est rapide et ondulé. Les linottes se suivent par bandes en hiver et restent toute l'année chez nous. La ponte est de 4 à 6 œufs oblongs,

d'un blanc azuré, tachetés de petits points avec quelques traits bruns ou d'un rouge brique. Le mâle vit 5 ou 6 ans en captivité. La linotte ne multiplie pas en captivité; mais accouplée avec le serin, elle donne d'assez jolis métis. On nourrit les jeunes linots avec

Linotte commune (Linota cannabina).

du grain de navette écrasé et mêlé à du jaune d'œuf durci; quand ils mangent seuls, on leur donne toute espèce de graines; mais ils préfèrent toujours celles du lin, du plantain, de la rave, de la laitue, de la navette et du millet. On peut leur apprendre des fragments d'air à l'aide d'une serinette ou d'un flageolet. Les mâles, qui seuls chantent, se reconnaissent à 3 ou 4 plumes blanches qu'ils ont aux ailes; ils apprennent facilement à imiter le chant du rossignol, de la fauvette ou de tout autre voisin de cage. La *petite*

Petite linotte (Linota linaria). — 1. Mâle. 2. Femelle.

linotte ou *cabaret* (*linota linaria*) nous quitte d'avril à septembre pour émigrer dans le nord de l'Europe; le mâle et la femelle adultes portent une calotte rouge; longueur de 12 à 13 centim. La *linotte de montagne*, ou *à bec rouge* (*linota montana*), habite le nord de l'ancien continent; elle a la gorge jaune et les pieds noirs; elle ne nous visite que dans les hivers rigoureux et supporte mal la captivité.

LINSELLES, bourg du cant. de Tourcoing, arr. et à 15 kil. N. de Lille (Nord); 4,500 hab. Victoire des Anglo-Hollandais sur les Français, le 18 août 1793.

* **LINTEAU** s. m. [lain-tô] (lat. *limes*, limite). Pièce de bois, de pierre, ou même de fer, qui se met en travers au-dessus de l'ouverture d'une porte ou d'une fenêtre, pour en former la partie supérieure et soutenir la maçonnerie : *il faut mettre là un linteau.* — Serrur. Bout de fer placé au haut d'une porte ou d'une grille, pour recevoir les tourillons.

LINUS. Mythol. Fils d'Apollon et de Terpsichore et frère d'Orphée; il était musicien et poète et inventa, dit-on, le rhythme et la mélodie et apprit à jouer de la lyre à Hercule, qui le tua d'un coup de cet instrument, à la suite d'une réprimande que le maître avait adressée à l'élève.

LINZ [linntss] ou **Lintz**, capitale de la haute Autriche, au confluent de la Traun et du Danube, à 155 kil. O. de Vienne; 42,000 hab. Les anciennes fortifications ont été en partie détruites. Lainages, toiles de lin, soie, coton; musée national.

* **LION, ONNE** s. (*gr. léon; lat. leo*). Mamm. Grand carnivore du genre chat, très fort et très courageux : *on appelle le lion le roi des animaux.* — C'EST UN LION, UN VRAI LION, IL EST HARDI COMME UN LION, il est très brave. SE DÉFENDRE COMME UN LION, se défendre avec un très grand courage. — C'EST UNE LIONNE, UNE VRAIE LIONNE, ELLE EST COMME UNE LIONNE, se dit d'une femme en fureur. — COUDRE LA PEAU DU RENARD A CELLE DU LION, joindre la ruse à la force. — Fig. et fam. C'EST L'ANE COUVERT DE LA PEAU DU LION, se dit d'un faux brave qui prend un ton menaçant. — A L'ONGLE ON CONNAÎT LE LION, il suffit d'un seul trait, d'un mot, pour juger du caractère ou du génie d'un homme. — Prov. et fig. PARTAGE DU LION, partage où le plus fort s'empare de tout. — LION MARIN, quadrupède du genre des phoques, qui porte une crinière. — Astron. LE LION, le cinquième signe du zodiaque, qui est ordinairement indiqué, dans les cartes astronomiques, par la figure d'un lion : *le soleil entre dans le Lion vers la fin de juillet.* — Élégant : *lion, lionne du jour.* — ENCYCL. Le lion (*felis leo*) est le plus grand et le plus majestueux des animaux qui composent le grand genre chat; il habite l'Afrique et quelques districts de l'Asie; la variété la mieux connue et la plus terrible est celle d'Afrique. Le lion mâle se reconnaît à une crinière épaisse, brune ou noirâtre, qui lui

Lion d'Afrique.

vient vers l'âge de trois ans et qui s'allonge à mesure qu'il vieillit. Une touffe de poils, à l'extrémité de la queue, distingue le lion du tigre et des autres chats. Sa couleur ordinaire est d'un roux plus ou moins foncé; mais il existe une grande différence d'individu à individu. La longueur du lion adulte est de 2 m. à 2 m. 10 depuis l'extrémité du museau jusqu'à la naissance de la queue, et sa hauteur au garrot est de 1 m. à 1 m. 25. La lionne, plus petite que le mâle, est plus élancée, d'une forme plus gracieuse, plus agile dans ses mouvements et plus impétueuse dans ses passions. Les lions vivent solitaires, sauf dans la saison de l'accouplement. Ils recherchent les plaines découvertes et bien arrosées où viennent paître les troupeaux d'herbivores; ils se retirent, pendant le jour dans les fourrés, où ils s'endorment, non loin d'une source où ils puissent venir se désaltérer. Vers le crépuscule du soir, le lion se réveille et sort de sa retraite; il fait entendre deux ou trois rugissements rauques que l'on a comparés au bruit du tonnerre et qui jettent la terreur dans le voisinage. Pendant toute la nuit le terrible chasseur se promène dans l'obscurité, jusqu'à ce qu'il ait rencontré quelque innocente proie de bêtes sauvages. Sa force égale son courage : d'un coup de patte, il peut renverser un bœuf; d'un coup

de ses puissantes mâchoires, il peut lui briser les reins; il prend sa proie dans sa gueule et peut l'emporter sans fatigue dans son repaire; mais quelquefois il la dévore sur place. Pressé par la faim, il se rapproche des habitations et vient y enlever un animal domestique, qu'il emporte en sautant par dessus les clôtures les plus élevées; un cheval ne lui pèse guère plus qu'une souris dans la gueule d'un chat. A défaut d'autre proie, il vient chercher une victime humaine jusqu'au milieu du cercle des feux nocturnes allumés par les caravanes de voyageurs. Mais il recherche surtout les antilopes, les zèbres, les gnous, les girafes et les bœufs. Le lion de Barbarie a été parfaitement décrit par Jules Gérard, surnommé le *Tueur de lions;* il se distingue des variétés du Sénégal, du Cap, etc., par des particularités assez importantes, dues aux influences du climat. — La variété asiatique est inférieure à l'africaine sous le rapport de la taille, de la force et du courage; la crinière du mâle est moins longue; la couleur générale de la robe est plus pâle et plus uniforme; la tête est moins large et le port moins noble. On connaît particulièrement le lion de Perse et le lion du Guzarate.—D'après Pline et Hérodote, certaines parties de l'Europe étaient jadis habitées par ce redoutable animal, qui ne s'y trouve plus aujourd'hui que solidement enfermé dans les cages de fer de nos ménageries. Le lion d'Amérique se nomme *couguar* ou *puma.* (Voy. COUGUAR.)

LION (Golfe du), autrefois *Leonis Sinus, Gallicus Sinus* ou *Mare Gallicum*, golfe de la Méditerranée occidentale, borné à l'E. par le cap Creuz (Espagne) et à l'E. par le cap Sicié près de Toulon. Le Rhône, l'Hérault et l'Aude se jettent dans le golfe du Lion dont les eaux viennent baigner Port-Vendres, Cette, Marseille, etc. Il forme sur les côtes de vastes lagunes. Il est sujet à de fortes brises.

LION-D'ANGERS (Le), ch.-l. de cant., arr. et à 14 kil. S.-E. de Segré (Maine-et-Loire); 2,600 hab. Commerce de bestiaux, vins, cidre.

LION-SUR-MER, commune du cant. de Douvres, arr. et à 15 kil. de Caen (Calvados). Bains de mer très fréquentés; plage à fond de sable.

* **LIONCEAU** s. m. Le petit d'un lion.

LIONNE (Hugues DE BERNY, *marquis de*) homme d'État, né à Grenoble en 1611, mort à Paris en 1671. Mazarin, qui l'avait pris en amitié, le nomma conseiller d'État en 1643, secrétaire de la régente Anne d'Autriche en 1646, puis grand maître des cérémonies en 1653. Ambassadeur auprès du conclave, il assista, en 1655, à l'élection du pape Alexandre VII, fut nommé ministre plénipotentiaire pour le traité des Pyrénées (1659) et devint ministre des affaires étrangères de 1661 à 1671. Ce fut lui qui prépara la cession de la Lorraine à la France. Ce fut un homme d'État remarquable.

LIORAN, montagne de France, située dans le dép. du Cantal et dont l'altitude est de 1,420 m. Elle est considérée comme le centre des anciens grands cratères de l'Auvergne; de belles forêts couvrent ses crêtes.

LIPAN, tribu d'Indiens Apaches qui habitait le Texas, avant la réunion de ce pays aux États-Unis, et qui se retirèrent au Mexique en 1854.

LIPARÉEN, ÉENNE s. et adj. Qui est des îles Lipari; qui appartient à ces îles ou à leurs habitants.

LIPARI. I (anc. *Æoliæ* ou *Vulcaniæ insulæ*), groupe de 17 îles volcaniques de la mer Tyrrhénéenne, à 44 kil. au N. de la Sicile et appartenant à la province italienne de Messine; 25,000 hab. Les îles principales sont : Lipari,

Vulcano, Stromboli, Panaria, Alicudi, Salina et Felicudi. Stromboli possède un volcan encore actif. Lipari (anc. *Liparia*), la plus vaste du groupe, mesure environ 28 kil. de circonférence et renferme une population de 18,000 hab. Elle exporte dans toute l'Europe la pierre ponce dont son sol est presque en-

Ville de Lipari.

tièrement composé. Les autres productions des îles Lipari sont : les fruits, le vin, le coton, le maïs, les pois, les fèves, etc. — II. Cap. de ce groupe, sur la côte orientale de l'île de Lipari, à 60 kil. N.-O. de Messine ; 6,000 hab. Sa forteresse fut presque entièrement bâtie par Charles-Quint.

LIPETZK, ville de la Russie d'Europe, gouvernement de Tambov. Sur la rive droite du Voronej, à 143 kil. de Tambov, et à 350 kil. S.-S.-E. de Moscou ; 17,000 hab. Usines de fer ; sources minérales.

LIPOGRAMMATIQUE adj. Se dit des ouvrages d'où l'on affecte d'exclure une ou plusieurs lettres de l'alphabet : *les ouvrages lipogrammatiques sont des productions de mauvais goût, sont de vraies puérilités.*

LIPOGRAMME s. m. (gr. *leipô*, je laisse ; *gramma*, lettre). Littér. Ouvrage dans lequel on s'est imposé l'obligation de ne pas faire entrer une ou plusieurs lettres de l'alphabet.

LIPOMATEUX adj. Pathol. Qui est de la nature des lipomes.

LIPOME s. m. (gr. *lipos*, graisse ; lat. *lipoma*). Méd. Tumeur venant d'une hypertrophie locale du tissu adipeux. (Voy. Loupe.)

LIPONA (comtesse de) ; anagramme de *Napoli* ; nom que prit la femme de Murat après la mort de ce dernier.

LIPOTHYMIE s. m. (gr. *lipothymia*, défaillance). Méd. Privation momentanée du sentiment et du mouvement.

* **LIPPE** s. f. (all. *lippe*, lèvre). La lèvre d'en bas, lorsqu'elle est trop grosse ou trop avancée : *avoir une grosse lippe.* — Fam. FAIRE SA LIPPE, FAIRE UNE GROSSE LIPPE, UNE VILAINE LIPPE, faire la moue, bouder.

LIPPE, rivière d'Allemagne, qui prend sa source dans la principauté de Lippe-Detmold, coule à l'O., entre dans la province prussienne de Westphalie, arrose Paderborn et se jette dans le Rhin près de Wessel.

LIPPE ou **Lippe-Detmold**, principauté de l'empire d'Allemagne, bornée au N.-E. par la principauté de Hesse-Nassau, à l'E. par la province de Hanovre et par le Waldeck, et partout ailleurs par la Westphalie ; 1,134 kil. carr. ; 121,000 hab. (dont 4,000 catholiques, 116,000 protestants et 4,000 juifs). Cette principauté est traversée par la chaîne des monts Teutoburg, qui y reçoivent le nom particulier

de *Lippe'scher Wald ;* elle est arrosée par la Werre et par plusieurs autres tributaires du Weser. Lin et bois de construction. Cap., Detmold. Constitution du 6 juillet 1836, modifiée le 3 juin 1876. Diète composée d'une seule chambre de 21 députés élus. Monarchie constitutionnelle et héréditaire. Recettes : 990,000 marcs ; dépenses : 980,000 marcs ; dette : 1,200,000 marcs. Armée incorporée dans les troupes prussiennes.

LIPPE-SCHAUM-BOURG. Voy. SCHAUMBOURG-LIPPE.

* **LIPPÉE** s. f. Bouchée : *deux ou trois bonnes lippées.* (Fam. et vieux.) — Signifie quelquef. repas ; et, dans ce sens, il s'emploie toujours avec l'épithète de *franche*, comme dans ces phrases : IL A EU LA UNE FRANCHE LIPPÉE, il a fait un bon repas qui ne lui a rien coûté. C'EST UN CHERCHEUR DE FRANCHES LIPPÉES, c'est un parasite de profession.

LIPPI. I. (Fra Filippo), peintre florentin, né en 1410, mort en 1469. D'une famille pauvre, il fut contraint, par la misère, de se retirer dans un couvent de carmes à Florence. Etant novice au monastère *del Carmine* pendant que Masaccio décorait celui-ci de ses admirables fresques, il put, à loisir, examiner les créations de l'illustre peintre. Son talent se révéla alors et il s'enfuit à Ancône, où il resta 18 ans ; il étudia le dessin et produisit de charmantes compositions. Il acquit, à Naples et à Rome, une telle célébrité que Médicis le rappela à Florence. En 1459, il peignait les murs du couvent de Santa Margherita du Prato, quand il séduisit une jeune novice nommée Lucrezia Buti. Le pape lui accorda une dispense pour le mettre à même d'épouser cette jeune fille ; mais comme il négligea de le faire, la famille de Lucrezia le fit empoisonner. On considère généralement comme l'un des plus grands peintres italiens avant Raphaël. — II. (Filippino), fils naturel du précédent, et de Lucrezia Buti, né en 1460, mort en 1505. Il peignit à Rome dans une chapelle de l'église de la Minerve la *Vie de saint Thomas d'Aquin.* Son chef-d'œuvre est la *Vierge apparaissant à saint Bernard.* — III. (Lorenzo), peintre et poète, né à Florence en 1606, mort en 1664. On a de lui un poème héroï-comique, *Il Malmantile racquistato* (1678, in-4º). Ses tableaux sont estimés.

* **LIPPITUDE** s. f. (lat. *lippire*, avoir la chassie). Méd. Ecoulement trop abondant de la chassie.

* **LIPPU, UE** adj. Qui a une grosse lèvre : *les nègres sont lippus.* Il est familier. — s. : *c'est un gros lippu.*

LIPSE (Juste). Voy. JUSTE-LIPSE.

LIPTO (all. *Liptau*), comté de la Hongrie septentrionale, arrosé par la Waag ; 2,250 kil. carr. ; 80,000 hab., presque tous Slaves. Or, argent, cuivre et fer. Capitale, Szent-Miklos.

LIQUATION s. f. (li-koua-si-on) (lat. *liquatio*, fonte ; de *liquare*, fondre). Opération de métallurgie qui consiste à séparer, par une douce chaleur, un métal très fusible d'un autre beaucoup moins fusible, avec lequel il est allié : c'est ainsi qu'on retire du cuivre de quelque minerai, après avoir uni celui-ci au plomb. La *liquation* s'appelle aussi

ressuage. — PIÈCES DE LIQUATION, gâteaux de cuivre allié au plomb.

* **LIQUÉFACTION** s. f. (li-kué-fa-ksi-on) (lat. *liquefactio* ; de *liquefacere*, liquéfier). Changement d'état d'une substance qui, par l'effet de la chaleur, passe de l'état solide à l'état liquide : *la liquéfaction de la cire.*

* **LIQUÉFIABLE** adj. (li-ké-) Qui peut être amené à l'état liquide.

* **LIQUÉFIER** v. a. (li-ké-) (lat. *liquefacere*). Fondre, rendre liquide : *le feu liquéfie le plomb.* — Se liquéfier v. pr. : *la cire se liquéfie par la chaleur.*

* **LIQUEUR** s. f. (li-keur) (lat. *liquor*). Substance fluide et liquide : *l'eau est la plus abondante des liqueurs.* — Se dit particul. de certaines boissons qu'on obtient par la distillation, et d'autres boissons dont la base est l'eau-de-vie ou l'esprit-de-vin : *liqueur spiritueuse* ; *l'abus des liqueurs est contraire à la santé.* — *Poésie.* LA LIQUEUR BACHIQUE, le vin. — * VINS DE LIQUEUR, certains vins qu'on boit en petite quantité, à l'entremets et au dessert. — * CE VIN A DE LA LIQUEUR, TROP DE LIQUEUR, se dit d'un vin ordinaire qui a trop de douceur — LIQUEURS FRAICHES, boissons rafraîchissantes, telles que la limonade, l'eau de groseille, de grenade, etc.

* **LIQUIDAMBAR** s. m. (li-ki-) (de *liquide* et *ambre*). Bot. Genre d'arbres résineux de la famille des amantacées, dont une espèce, originaire de l'Amérique septentrionale, produit le *styrax liquide.* Cet arbre, dont le nom scientifique est *liquidambar styraciflua*, atteint jusqu'à 20 m. de haut et 70 centim. de diamètre ; il se trouve dans le bassin du Missouri. Son exsudation, appelée aussi *liquidambar*, est un produit résineux demi-fluide, avec une belle couleur d'ambre.

* **LIQUIDATEUR** adj. Chargé de travailler, de présider à une liquidation de comptes, ou de créances : *commissaire liquidateur.* — s. : *le liquidateur de cette affaire, de ce compte.*

* **LIQUIDATION** s. f. Jurispr. Fin. et Comm. Action par laquelle on règle, on fixe ce qui était indéterminé, en toute espèce de comptes : *liquidation de dépens, d'intérêts, de compte.* — LIQUIDATION D'UNE SOCIÉTÉ DE COMMERCE, se dit des opérations relatives au payement des dettes et au partage entre les associés de l'actif restant, lorsque la société cesse. — *Légist.* La *liquidation des dépens et frais* d'une instance est faite, en matière sommaire, par le jugement qui les adjuge. Dans les autres matières, elle est réglée suivant les tarifs annexés aux codes, et la taxe en est faite par l'un des juges, sur les bases de ces tarifs (C. prat. 543, 544). La *liquidation des dommages-intérêts* réclamés par le demandeur est faite par le jugement qui condamne à les payer (id. 128, 523, et s.). La *liquidation des fruits*, c'est-à-dire la reddition des comptes de recettes et de dépenses des tuteurs, des mandataires, gérants ou comptables, lorsqu'elle n'est pas faite à l'amiable et qu'elle est poursuivie en justice, a lieu en vertu d'un jugement et devant un juge-commissaire (id. 526 et s.). La *liquidation d'une société commerciale* devient nécessaire lorsqu'il y a dissolution de cette société. Le liquidateur est choisi par l'assemblée des sociétaires ou nommé par le tribunal de commerce. La *liquidation d'une succession*, d'une communauté, d'une société civile ou de tout autre intérêt indivis, peut être faite à l'amiable entre majeurs jouissant de leurs droits civils. Elle peut être demandée en justice par toute personne se trouvant dans l'indivision ou par l'un de ses créanciers. Les formalités de la liquidation judiciaire sont tracées par la loi (C. civ. 823 et s. ; C. pr. 966 et s.). S'il s'agit d'une succession ou d'une

communauté entre époux, le tribunal commet pour procéder à la liquidation, un notaire qui établit des rapports, reprises et prélèvements à effectuer, les masses active et passive, la balance, les droits respectifs des parties, les attributions ou abandonnements à faire à chacune, les charges et conditions à imposer, les soultes à payer, etc. Lorsqu'il y a, parmi les co-partageants, des mineurs, des interdits ou des absents, les formalités judiciaires sont indispensables, et la liquidation doit être homologuée par le tribunal. Le jugement qui nomme le notaire liquidateur commet, s'il y a lieu, un juge sur le rapport duquel il statue, en cas de contestations. — En langage de bourse, on nomme *liquidation* l'époque à laquelle, selon les usages, doit avoir lieu la livraison des titres et valeurs vendus à terme, ainsi que le règlement des primes. A la Bourse de Paris, la liquidation a lieu périodiquement deux fois par mois, le 15 et le dernier jour de chaque mois. » (Ch. Y.)

* **LIQUIDE** adj. [li-ki-de] (lat. *liquidus;* de *liquere,* être clair). Qui coule ou tend à couler : *les corps liquides; ce breuvage est trop épais, il n'est pas assez liquide.* — Métal liquide, métal en état de fusion. — Poésie. Le liquide empire, la plaine liquide, la mer; et, Le liquide élément, l'eau. — Confitures liquides, marmelades, gelées, confitures qui sont dans du sirop. — Gramm. Consonnes liquides, ou simpl. et substantiv. Liquides. Les quatre lettres L, M, N, R, qui, étant employées à la suite d'une autre consonne dans une même syllabe, sont coulantes, et se prononcent aisément. — Fig. En parlant d'argent, signifie, net et clair, qui n'est point sujet à contestation, qui n'est point chargé de dettes : *il lui reste dix mille écus de bien clair et liquide.* — En matière de dettes, la compensation ne doit se faire que de liquide a liquide, c'est-à-dire d'une somme liquide à une autre somme qui lui soit aussi. — s.: *Les liquides ont plus d'action sur les autres corps que les solides.* — Se dit, particul., des boissons spiritueuses, acides ou fermentées : *droits sur les liquides.* — Se dit également, surtout en médecine, de quelques autres boissons ou aliments liquides, tels que le lait, le bouillon, les consommés, etc. : *couper du lait avec un autre liquide.*

* **LIQUIDER** v. a. Jurispr. Fin. et Comm. Régler, fixer ce qui était indéterminé : *on a liquidé les dépens.* — Liquider son bien, payer ses dettes en vendant une partie de son bien, de manière que le restant soit libre de créances. — Se liquider v. pr. s'acquitter, éteindre ses dettes : *je ne lui dois plus rien, je me suis liquidé avec lui.*

* **LIQUIDITÉ** s. f. Qualité des substances liquides.

* **LIQUOREUX, EUSE** adj. [li-ko-]. Qui est comme de la liqueur. Ne se dit guère que de certains vins qui ont une douceur particulière, comme les vins muscats et quelques autres : *des vins liquoreux.*

* **LIQUORISTE** s. Celui, celle qui fait et vend des liqueurs : *un fonds de liquoriste.*

* **LIRE** v. a. (lat. *ligere,* du gr. *legein*). *Je lis, tu lis, il lit, nous lisons, vous lisez, ils lisent. Je lisais. Je lus, vous lûtes, ils lurent. Je lirai. Lis. Que je lise. Que je lusse. Lisant. Lu.* Parcourir des yeux ce qui est écrit ou imprimé, et le parcourir avec la connaissance de la valeur des lettres, soit qu'on profère les mots, soit qu'on ne les profère pas : *apprendre à lire.*

Vous avez le vingt fois et relu cette lettre.
Collin d'Harleville. *L'Inconstant,* acte II, sc. 1.

— Prononcer à haute voix ce qui est écrit ou imprimé : *il lit distinctement; ce prince avait l'usage de se faire lire quelque bon livre pendant ses repas.* — Se dit encore en parlant des lectures qu'on fait pour son instruction ou pour son amusement : *lire avec application.* — On dit de

même, Lire une lettre, un billet, un avis, etc. — Fig. C'est un ouvrage qu'on ne peut lire, se dit d'un ouvrage ennuyeux, ou mal écrit, ou licencieux. — Fig. et fam. Ce livre, cet ouvrage se laisse lire, on le lit sans fatigue, sans ennui. — Lire la musique, parcourir des yeux une musique notée, avec la connaissance des sons que les notes figurent, et des diverses modifications que ces sons doivent recevoir : *il ne sait pas lire la musique.* — Se dit encore en parlant de quelque livre qu'un professeur explique à ses auditeurs, et qu'il prend pour sujet des leçons qu'il leur donne : *ce professeur nous lisait Homère.* — Comprendre ce qui est écrit ou imprimé dans une langue étrangère : *il ne parle pas l'anglais, mais il le lit avec assez de facilité.* — Fig. Pénétrer quelque chose d'obscur ou de caché : *lire dans la pensée, dans le cœur, dans les yeux de quelqu'un.*

Je lis, à livre ouvert, dans le fond de son âme...
Andrieux. *Le Trésor,* acte II, sc. IV.

LIRE s. f. (ital. *lira*). Monnaie d'Italie qui vaut un franc.

* **LIRON** s. m. Voy. Lérot.

* **LIS** s. m. [liss; mais on prononce *fleur de li* en terme de blason] (lat. *lilium*). Bot. Genre de plantes bulbeuses qui portent, sur une haute tige, des fleurs à six pétales : *planter des lis.* — Se prend le plus souvent pour la fleur du lis blanc : *blanc comme un lis.* — Fig. Teint de lis, teint de lis et de rose, teint extrêmement blanc, teint blanc et vermeil. On dit de même poétiquement, Les lis de son teint, de son visage. — Armoiries, Fleurs de lis, figure imitant à peu près trois fleurs de lis unies ensemble, celle du milieu droite, et les deux autres ayant leurs sommités courbées en dehors : *l'écu de France avait trois fleurs de lis d'or en champ d'azur.* — Poét, Lis, se disait autrefois de la France : *le trône des lis.* — Siècle, être assis sur les fleurs de lis, s'est dit de ceux qui exerçaient quelque charge de magistrature, et surtout des membres d'une cour supérieure; par allusion aux tapis semés de fleurs de lis dont leurs sièges étaient couverts. — Fleur de lis, signifie aussi la marque représentant une fleur de lis, qu'on imprimait anciennement, avec un fer chaud, sur l'épaule des malfaiteurs condamnés à une peine afflictive et infamante : *il avait la fleur de lis sur l'épaule.* (Voy. Fleurdeliser.) — Encycl. Le nom de lis est souvent appliqué à des plantes semblables aux véritables lis, ou qui appartiennent à la même famille.

Lis à longues fleurs.

comme l'hémérocalle (*hemerocallis*), ou à des plantes très éloignées de cette famille, comme le nénuphar (*nymphæa*). Le lis proprement dit (*lilium*) est le type d'une grande famille, les *liliacées.* Le genre *lilium* comprend des plantes à bulbes écailleuses d'où sort une tige simple, droite, feuillée, que terminent de

larges fleurs éclatantes. — Parmi le grand nombre d'espèces cultivées dans nos jardins, la plus ancienne et la mieux connue est le lis blanc (*lilium candidum*), qui fut importé du Levant il y a environ trois siècles. C'est le lilium longiflorum du Japon a de 35 à 45 centim. de haut avec d'une à trois fleurs en forme d'entonnoir, de 10 à 12 cent. de long et d'un parfum exquis. Le *lis géant rare* (*lilium giganteum*) du Népaul, a une tige de plus de 3 m. de haut avec de 8 à 20 fleurs pendantes et odorantes qui sont blanches à l'extérieur et teintes de violet à l'intérieur. Le *lis tigré* (*lilium tigrinum*) de la Chine, a une tige cotonneuse de 1 m. 35 à 4 m. 85 centim. et de nombreuses fleurs

Lis doré (Lilium auratum).

rouge orangé tachetées de noir. Le *lis doré* (*lilium auratum*), originaire du Japon, a été introduit récemment en Europe; sa tige mesure seulement environ 70 centim. de haut; elle porte deux ou trois fleurs; mais quand elle est bien cultivée, la plante atteint une hauteur de 2 m. à 2 m. 35 et donne près de 100 fleurs qui ont de 12 à 15 et même 20 centim. de large, blanches avec une bande de jaune clair tout le long des sépales. Le *lis Martagon* (*lilium Martagon*) croît spontanément dans les montagnes de l'Europe méridionale et aussi dans l'Altaï; sa tige luisante est haute d'un mètre; sa fleur est rougeâtre, ponctuée de pourpre foncé ou de noir. Le lis *bulbifère* (*lilium bulbiferum*) à tige brunâtre; ses fleurs sont nombreuses, grandes et de couleur rouge orangé. Le *lis pompon* (*lilium pompon-nine*), qui croît en Sibérie et en Orient, porte trois ou quatre fleurs pendantes d'un rouge ponceau très beau. On trouve cinq espèces de lis à l'E. du Mississipi, plusieurs sont particulières à la côte du Pacifique. Le plus commun est le *lis jaune sauvage* (*lilium Canadense*) que l'on trouve dans les prairies humides depuis le Canada jusqu'en Géorgie. La plus brillante espèce d'Amérique est le *lis superbe* (*lilium superbum*), qui est abondant dans le Canada et les Etats-Unis; sa tige, haute de 1 à 3 m., produit quelquefois seulement 3 ou 4 fleurs, mais souvent de 30 à 60 en une large grappe pyramidale; les fleurs sont renversées retournées, sur le bord, d'une belle couleur orange ou d'un rouge orangé avec de nombreuses taches pourpre. Le plus remarquable lis de l'extrême O. des Etats-Unis (Farwest) est le *lilium Washingtonianum* de sierras, qui porte de nombreuses fleurs pendantes, d'abord d'un blanc pur, ensuite mouchetées de lilas et de l'odeur la plus exquise. — On donne le nom de *lis du Nil* à la *richardia Africana*, appelée aussi *calla Œthio-pica*. (Voy. CALLA.) — Lis des vallées, nom vulgaire du muguet commun (*convallaria ma-jalis*), plante annuelle à tige simple, mince, qui porte une grappe de petites fleurs

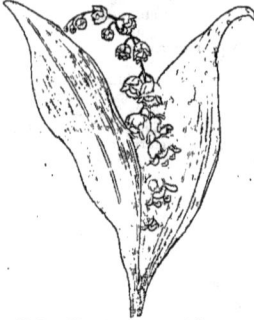

Lis des vallées (Convallaria majalis).

blanches en forme de cloche, inclinées, odorantes; la baie renferme quelques graines et devient rouge en mûrissant. Il y a des variétés de feuilles à bandes jaunes, à fleurs lilas et à fleurs doubles.

LISBONNE (port. *Lisboa*), cap. et principale ville maritime du royaume de Portugal, capitale de la province d'Estramadure, sur la rive droite du Tage, et à environ 14 kil. de son embouchure, par 38° 42' 18" lat. N. et 11° 25' 33" long. O.; 249,000 hab. Elle est bâtie en amphithéâtre, sur une série de collines. Les rues de l'ancienne ville sont étroites, tortueuses et malpropres, tandis que celles de la ville basse, le long du fleuve, sont larges et bien entretenues. Les maisons de la pre-

Lisbonne, vue prise de la rive méridionale du Tage.

mière de ces parties ne sont guère que des masures, tandis que celles de la seconde sont bien bâties. Le palais des Necessidades domine un magnifique paysage sur le fleuve, et ses jardins renferment de riches collections botaniques. C'est dans le palais Ajuda qu'ont lieu ordinairement les réceptions de la cour. Les autres résidences royales sont le palais de Belem, la Quinta de Cima, servant aujourd'hui d'école militaire, et un nouveau palais, bâti en 1855. D'après la tradition, la cathédrale fut d'abord une mosquée. Les autres églises les plus remarquables sont : São Vicente de Fora, dans laquelle sont enterrés les souverains de la maison de Bragance, São Antonio

da Sé, Nossa Senhora da Grassa, Nossa Senhora dos Martyres, Santa Engracia et São Roque. Nombreux couvents. Parmi les autres édifices publics, nous citerons : le castello de São Jorge, l'arsenal militaire, l'arsenal naval, la douane, la bourse, la monnaie, l'institut polytechnique, et le grand aqueduc, qui conduit les eaux de plusieurs sources situées à 15 kil. N.-O. de la ville et les amène au réservoir Mãi d'Agua, après avoir traversé la vallée d'Alcantara, sur des arches hautes de 80 m. Hôpitaux et institutions charitables. 5 théâtres, musée d'histoire naturelle, bibliothèque nationale, avec plus de 150,000 vol.; jardin botanique; académie des sciences, fondée en 1778; académie royale de marine; observatoire, collège militaire, académie royale d'artillerie et du génie, école royale de Vincente de Fora pour la philosophie, les sciences et les langues anciennes; école royale de dessin et d'architecture. Le circo dos Touros, pour les combats de taureaux, peut recevoir un nombre immense de spectateurs. Port vaste, qui est l'un des plus beaux de l'Europe. L'entrée du Tage est défendue par deux forts. Manufactures de coton, de lainages, de soieries; toiles à voiles, cordages, joaillerie, papier, produits chimiques, bougies, poterie. Exportation de vin, d'huile d'olive, de café, de cire brute, de liège, de minéraux (antimoine, manganèse, etc.), de cotonnades, de conserves de fruits, etc. Exportation : 40 millions de fr. (dont 20 millions de vins); importation : 60 millions. On ne sait rien de bien exact, relativement à la fondation de Lisbonne, bien que plusieurs historiens indigènes l'attribuent gravement à Ulysse, d'où serait venu son nom primitif d'*Olisipo*, qui a formé Lisbonne. Jules César accorda à cette ville les droits d'un *municipium* et l'appela *Felicitas Julia*. Les Mores, qui s'en emparèrent en 711, la nommèrent *Lichbouna* et la conservèrent jusqu'en 1147, époque où elle leur fut enlevée par le comte Affonso Henriques (plus tard roi sous le nom d'Alphonse Ier). Le siège du gouvernement y fut transféré en 1433. L'événement le plus mémorable de son histoire est le grand tremblement de terre du 1er novembre 1755, qui y fit périr environ 40,000 personnes et détruisit presque toute la ville.

LISBONNIN, INE s. et adj. Habitant de Lisbonne; qui appartient à cette ville ou à ses habitants.

* **LISÉRÉ** s. m. [li-zé-ré] (rad. *lisère*). Ruban fort étroit dont on borde un habit, un gilet, etc.; *liséré d'or, d'argent, de soie.* — Se dit aussi d'une raie plus ou moins étroite qui

borde un ruban, un mouchoir, etc., et qui est d'une couleur différente de celle du fond : *un ruban blanc avec un liséré rose.*

* **LISERON** s. m. (diminut. de *lis*). Bot. Genre type de la famille des convolvulacées, comprenant plus de 100 espèces de plantes à fleurs en entonnoir, et qui la plupart sont grimpantes, et s'entortillent autour de plantes voisines. — Les principales espèces sont : le *liseron à balais* (*convolvulus scoparius*), le *liseron guimauve* (*convolvulus althæoides*), le *liseron des champs* (*convolvulus arvensis*), etc.

* **LISET** s. m. [li-zè]. Le convolvulus des haies, appelé aussi GRAND LISERON.

LISETTE s. f. [li-zè-te]. Entom. Nom vulgaire de plusieurs insectes qui rongent les bourgeons de la vigne et des arbres fruitiers. — Nom ordinaire des soubrettes. — Personnage créé par les chansonniers : la *Lisette de Béranger.*

* **LISEUR, EUSE** s. [li-zeur]. Celui, celle qui a l'habitude de lire beaucoup : *c'est un grand liseur, une grande liseuse* (Fam.)

LISIBILITÉ s. f. Qualité de ce qui est lisible ou facile à lire.

* **LISIBLE** adj. Qui est aisé à lire : *son écriture n'est pas belle, mais elle est lisible.* — Fig. CELA N'EST PAS LISIBLE, se dit d'un ouvrage très mal écrit, très ennuyeux.

* **LISIBLEMENT** adv. D'une manière lisible : *ce manuscrit n'est pas écrit lisiblement.*

* **LISIÈRE** s. f. [li-ziè-re] (anc. franç. *hite*, bande). Ce qui termine des deux côtés la largeur d'une étoffe; la partie où la trame s'est bouclée par le retour de la navette sur elle-même : *dans quelques étoffes, la lisière est d'un autre tissu et d'une autre couleur que le fond.* — Par ext. Bandes d'étoffe, cordons, attachés par derrière aux robes des petits enfants, et servant à les soutenir quand ils marchent : *tenir un enfant par la lisière.* — IL SERA TOUJOURS A LA LISIÈRE, C'EST UN HOMME QU'ON MÈNE A LA LISIÈRE, PAR LA LISIÈRE, se dit d'un homme qui se laisse gouverner. — Extrémités d'une province, d'un pays considéré comme limitrophe d'un autre : *les villages qui sont sur la lisière de cette province.* On dit aussi, LA LISIÈRE, LES LISIÈRES D'UN BOIS, D'UNE FORÊT.

LISIEUX, ch.-l. d'arr. du dép. du Calvados, sur la Touques, à 46 kil. E. de Caen ; par 49° 8' 50" lat. N. et 2° 6' 36" long. O.; 12,650 hab. Commerce de toiles cretonnes, draps et cotonnades; nombreuses fabriques et filatures. — Cette ville, très ancienne, était autrefois la capitale des Lexovii et du comté du Lieuvin. Prise par Philippe-Auguste en 1203, par les Anglais en 1415, par Charles VII en 1448, par les protestants en 1571 et par Henri IV en 1589. Presque toutes les anciennes maisons sont en bois. Cathédrale gothique. Ancien palais épiscopal, aujourd'hui palais de justice.

LISLE, ch.-l. de cant., arr. et à 11 kil. de Gaillac (Tarn); 4,500 hab. Briqueteries; commerce de vins et de grains.

LISLE I (Guillaume de ou DELISLE), géographe, né à Paris en 1675, mort en 1726. Il a été l'un des plus grands géographes de son temps. Outre 134 cartes dont Buache a donné une édition (1789), il a laissé : *Traité du cours des fleuves; Conjectures sur la position de l'île de Méroé* (1708); *Justification des mesures des anciens en géographie* (1716), etc. Fontenelle a fait son *Éloge.* Il fut professeur de géographie de Louis XV, qui créa pour lui, en 1718, le titre de premier géographe du roi, avec une pension de 1,200 livres. — II. (Joseph-Nicolas de), frère du précédent, né à Paris en 1686, mort en 1768. En 1714, il entra à l'Académie des sciences; en 1726, il fut appelé par Catherine Ire à Saint-Pétersbourg, où il dirigea l'Observatoire pendant 20 ans. Il fut ensuite professeur au collège royal de France. On a de lui : *Mémoires pour servir à l'histoire de l'astronomie, de la géographie et de la physique* (1738), et *Mémoires sur les nouvelles découvertes au nord de la mer du Sud* (1752), etc.

LISOIR s. m. Techn. Pièce de bois transversale sur laquelle portent les ressorts auxquels on suspend une voiture.

LISSA, île des États autrichiens, dans la mer Adriatique, à 35 kil. S.-O. de Spalato; 400 kil. carr.; 7,000 hab. Port militaire fortifié sur les côtes de la Dalmatie. — Bataille de Lissa, bataille navale engagée le 20 juillet 1866, aux abords de l'île de ce nom, entre les flottes italienne et autrichienne. Ce fut la première bataille livrée depuis la création des navires cuirassés. L'escadre italienne, composée de 12 cuirassés et de 21 autres navires, sous les ordres de l'amiral Persano, fut battue par l'escadre autrichienne, forte de 7 cuirassés et de 19 navires et commandée par l'amiral Tegetthoff.

LISSA (pol. *leszno*), ville de Prusse, à 64 kil. S.-O. de Posen; 12,000 hab., dont 4,000 juifs. Pendant la guerre de Trente ans, elle fut le principal siège des frères bohémiens, qui y avaient été recueillis au XVIe siècle, par le comte Leszczynski, et qui y possédaient leurs plus fameuses écoles.

LISSAGE s. m. Action de lisser.

* **LISSE** adj. (anc. haut all. *lise*, doux). Uni et poli : *surface lisse.* — COLONNE LISSE, colonne dont le fût est uni, sans cannelures et sans ornements.

* **LISSE** s. f. Voy. LICE.

* **LISSE** s. f. Mar. Voy. PRÉCEINTE.

* **LISSER** v. a. Rendre lisse : *lisser du linge.*

* **LISSEUR, EUSE** adj. Ouvrier qui lisse la surface d'un papier ou d'une étoffe.

* **LISSOIR** s. m. Instrument de verre, de marbre, d'ivoire ou d'autre matière dure, avec lequel on lisse le linge, le papier, etc. : *lissoir de verre, de marbre.*

* **LISTE** s. f. (anc. haut all. *lista*, bande). Catalogue de plusieurs noms. Se dit ordinairement des personnes : *liste des conseillers d'État, des membres d'un tribunal, des membres de l'Académie.* — Se dit aussi des choses : *la liste des promotions.* — LISTE CIVILE, somme votée par le Corps législatif pour les dépenses de la couronne, dans les monarchies constitutionnelles : *cette dépense est à la charge de la liste civile.* — Législ. « La liste électorale dressée dans chaque commune, comprend tous les Français âgés de vingt et un ans accomplis, et n'étant dans aucun des cas d'incapacité prévus par la loi. Ainsi que nous le faisions pressentir au mot *Élection*, cette liste est aujourd'hui unique, et elle sert à la fois aux élections municipales et aux élections politiques. Aux termes de la loi sur l'organisation municipale du 5 avril 1884 (art. 14), la liste électorale doit comprendre : 1o tous les électeurs qui leur domicile réel dans la commune depuis six mois au moins; 2o ceux qui ont été inscrits au rôle de l'une des quatre contributions directes ou au rôle des prestations, en nature et qui, s'ils ne résident pas dans la commune, ont déclaré vouloir y exercer leurs droits électoraux; 3o ceux des habitants de l'Alsace-Lorraine qui ont opté pour la nationalité française et déclaré fixer leur résidence dans la commune, conformément à la loi du 19 juin 1871; 4o ceux qui sont assujettis à une résidence obligatoire dans la commune en qualité, soit de ministres des cultes reconnus par l'État, soit de fonctionnaires publics. On doit également inscrire sur la liste électorale les citoyens qui ne remplissaient pas les conditions d'âge et de résidence ci-dessus indiquées, lors de la forma-

tion de la liste, mais qui les remplissent avant sa clôture définitive. (Voy. ÉLECTION.) » (CH. Y.)

* **LISTEL** s. m. Archit. Petite moulure carrée et unie qui surmonte ou qui accompagne une autre moulure plus grande, ou qui sépare les cannelures d'une colonne, d'un pilastre. Il fait au pluriel LISTEAUX.

* **LISTON** s. m. Blason. Petite bande qui porte la devise.

* **LIT** s. m. (lat. *lectus*). Meuble sur lequel on se couche pour dormir ou pour se reposer. On comprend ordinairement sous ce nom tout ce qui compose ce meuble, savoir : le bois de lit, le tour de lit, le ciel de lit, la paillasse ou le sommier, les matelas, le lit de plume, le chevet ou le traversin, les draps, la couverture, la courtepointe, etc. : *il est si pauvre, qu'il n'a pas un lit où se coucher.* — ILS FONT LIT A PART, se dit d'un mari et d'une femme qui ne couchent point ensemble; et, ILS NE FONT QU'UN LIT, d'un mari et d'une femme qui couchent ensemble. — ALLER DU LIT A LA TABLE ET DE LA TABLE AU LIT, ne faire que manger et dormir. — PRENDRE LE LIT, s'aliter pour cause de maladie. — GARDER LE LIT, NE PAS QUITTER LE LIT, demeurer au lit à cause de quelque incommodité. — ETRE AU LIT DE LA MORT, AU LIT DE MORT, SUR SON LIT DE MORT, être à l'extrémité : *je l'ai vu sur son lit de mort.* On dit aussi, A SON LIT DE MORT, avant de mourir, en mourant : *à son lit de mort, il a fait restitution de ce qu'il s'était injustement approprié.* — MOURIR DANS SON LIT, mourir d'une mort naturelle. — LIT DE MISÈRE, lit où l'on place une femme pour l'accoucher. — LIT DE DOULEUR, lit dans lequel est couchée une personne souffrante, gravement malade ; *j'ai passé un grand mois sur le lit de douleur.* — LIT NUPTIAL, le lit où les nouveaux mariés couchent la première nuit de leurs noces : *le curé vint bénir le lit nuptial.* — LIT DE PARADE, lit tendu dans une chambre, plutôt pour l'ornement que pour l'usage. — LIT DE PARADE, se dit aussi d'un lit où l'on expose, durant quelques jours les princes ou grands seigneurs après leur mort, avant de les inhumer. — LIT DE REPOS, petit lit bas, sans rideaux et sans pavillon, où l'on se repose pendant le jour. — LIT EN BATEAU, lit dont la forme a quelque ressemblance avec celle d'un bateau. — LIT DE SANGLE, lit fait de sangles, et plus souvent d'un morceau de coutil attaché à deux longues pièces de bois, soutenues par des pieds ou jambages qui se croisent. — LIT DE CAMP, lit dont le bois se démonte de manière qu'on peut le transporter facilement. — LIT DE CAMP, se dit aussi d'une espèce de couchette formée de planches inclinées, qui sert de lit dans un corps de garde. — LIT DE VEILLE, lit qu'on dresse dans la chambre d'un malade pour le veiller. — LIT MÉCANIQUE, lit disposé de manière à changer la literie d'un malade sans avoir à le déplacer. — LIT ORTHOPÉDIQUE, espèce de lit qui renferme un mécanisme propre à redresser les personnes contrefaites. — Se prend quelquefois pour le bois et le fond du lit : *un lit de bois de noyer, d'acajou, de merisier, de chêne;* et quelquefois pour le tour du lit : *un lit d'été, d'hiver.* On dit, dans un sens analogue à la première acception, UN LIT DE FER. — Se prend aussi pour les matelas et le lit de plume sur lesquels on se couche : *un bon lit.* — FAIRE LE LIT, FAIRE UN LIT, le mettre en tel état que l'on puisse y coucher : *faites mon lit.* On dit aussi : *accommoder un lit.* — Prov. et fig. COMME ON FAIT SON LIT ON SE COUCHE, il faut s'attendre au bien ou au mal qu'on s'est préparé par la conduite qu'on a tenue, par les mesures qu'on a prises. — LIT DE PLUME, toile ou coutil rempli de plume, et de la grandeur du lit. — Se dit, par ext., de tout lieu où l'on peut se coucher : *il couche sur la terre, c'est là son lit.* — LIT DE JUSTICE, trône sur lequel le roi s'asseyait dans le parlement de Paris, lorsqu'il y tenait une séance solennelle : *le roi*

étant dans son lit de justice, séant en son lit de justice. Se dit aussi de la séance même : *le roi tint, ce jour-là, son lit de justice.* — MOURIR AU LIT D'HONNEUR, mourir à la guerre, dans un combat, à l'attaque ou à défense d'une place. On le dit aussi, fig., d'un homme qui meurt dans l'exercice d'une profession honorable : *il est mort au lit d'honneur.* — Fig. Mariage : *les enfants du premier lit, du second lit.* — Canal dans lequel coule une rivière : *la Durance change souvent de lit.* On dit aussi, LE LIT DE LA MER, DE L'OCÉAN. — Mar. LE LIT DU VENT, D'UN COURANT, la direction du vent, d'un courant, LE LIT D'UN BANC DE PIERRE DANS LA CARRIÈRE, D'UNE ASSISE DANS UNE CONSTRUCTION DE PIERRE, le dessus et le dessous d'un banc de pierre, d'une assise. — Fig. Couche d'une chose quelconque qui est étendue sur une autre : *dans ce terrain vous trouverez un lit de terre, puis un lit d'argile, puis un lit de sable.* — ENCYCL. Le lit dut être à l'origine d'une très grande simplicité; des feuilles desséchées, des branches entrelacées, des peaux d'animaux unies entre elles, durent pendant longtemps servir de lit à l'homme; mais l'industrie se

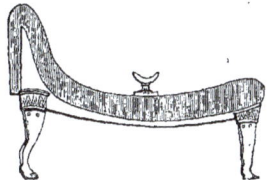

Ancien lit égyptien.

développa avec les besoins de l'humanité et ne tarda pas à apporter à ces lits primitifs d'utiles perfectionnements. Les habitants des Indes Orientales dorment sur de légers charpoy portatifs, ou nattes; les Japonais sur des nattes avec un morceau de bois en place d'oreiller. Les Chinois se servent de lits bas, couverts de nattes et de couvertures piquées. Les nations de l'Europe continentale emploient généralement le lit français, avec des matelas faits de matières différentes. Les lits allemands sont remarquables par leur peu de longueur; on place généralement dessus un large oreiller de duvet ou édredon, qui sert à couvrir la personne. En Angleterre, le vieux *quatre colonnes* forme encore l'ornement des chambres des maisons de campagne. Le fameux lit de Ware, auquel fait allusion Shakspeare, a 3 m. carr.; il est en chêne

Grand lit de Ware.

sculpté. Il fut probablement construit vers l'an 1500 et il a été longtemps conservé dans une auberge de Ware (Hertfordshire). Les Grecs et les Romains avaient des lits supportés sur des châssis et ressemblant aux nôtres. Les anciens Gaulois couchaient sur des peaux. Les Égyptiens avaient une couche d'une forme particulière, si nous en jugeons d'après leurs inscriptions. — Hist. « On donnait le nom de *lit de justice* à des séances solennelles d'u i parlement, dans lesquelles le roi présidait, entouré de tout le cortège et de tout l'ap;areil de la royauté, exigeait des magistra s, sous la menace de l'incarcération et de l'exil, qu'ils enregistrassent et rendissent exécutoires des ordonnances royales qu'ils s'étaient refusés à admettre. L'histoire mentionne no amment : le lit de justice tenu à Paris par Louis XIV, le 22 oct. 1652, pendant la Fronde ; celui du 12 sept. 1715; celui du 3 avril 17.0 ; celui du 15 avril 1771; et le dernier en date, celui du 8 mai 1788. » (Ch. Y.)

* LITANIES s. f. pl. (gr. *litaneia*; lat. *litaniæ*). Prière faite en l'honneur de Dieu, de la Vierge et des saints, en les invoquant les uns après les autres : *dire, réciter, chanter les litanies.* — Au singulier, se dit, fig., d'une longue et ennuyeuse énumération : *il nous a fait une longue litanie de ses prouesses, de ses plaintes, de ses chagrins.* — Les litanies furent employées dans les processions vers 469; les litanies de la vierge Marie furent introduites par le pape Grégoire 1er, vers 595.

LITCHFIELD, ville du Connecticut (Etats-Unis), à 33 kil. N.-O. de Newhaven et à 50 kil. O. de Hartford; 6,000 hab. Commerce d'horlogerie.

LITCHI s. m. Fruit chinois produit par un petit arbre, le *nephelium litchi*, famille des sapindacées. Il est globuleux, et d'un diamètre d'environ 4 centim. Frais, il est plein d'une

Litchi

pulpe gélatineuse, blanche, presque transparente, délicieuse, renfermant une seule graine. Les Chinois placent le litchi au-dessus de tous les autres fruits de leur pays.

* LITEAU s. m. (rad. *liste*). Se dit des raies colorées qui traversent, d'une lisière à l'autre, certaines nappes et serviettes de linge uni, et qui sont à quelque distance des extrémités. On ne l'emploie guère qu'au pluriel : *des serviettes à liteaux.*

* LITEAU s. m. Chasse. Lieu où le loup se repose pendant le jour.

* LITÉE s. f. (rad. *lit*). Chasse. Réunion de plusieurs animaux dans le même gîte, dans le même repaire.

* LITERIE s. f. (rad. *lit*). Ensemble des objets qui composent un lit, et particulièrement les matelas et les couvertures : *la literie d'un hôpital.*

* LITHARGE s. f. (gr. *lithos*, pierre; *arguros*, argent). Protoxyde de plomb fondu et cristallisé en lames : *le vin, dans lequel on a mis de la litharge, est très nuisible.* — Encyc. La litharge, Pb O, se présente sous forme de petites lames blanches (*litharge d'argent*), jaunes (*litharge d'or*), roses ou rouges. La litharge du commerce est ordinairement blanche, sous forme de petites écailles isolées. Quand elle est pulvérulente, on la nomme

massicot. Le protoxyde de plomb se trouve dans l'ocre de plomb naturel ; il se forme aussi artificiellement en chauffant le plomb. On l'obtient par en calcinant un sel de plomb (nitrate basique, carbonate basique, oxalate basique). La litharge absorbe l'acide carbonique de l'air et se convertit partiellement en carbonate. C'est un poison violent qui entre dans la composition de certains fards et qui sert à falsifier les vins. On l'emploie dans la fabrication du cristal, du flintglass, du strass, de l'émail, de certains vernis, etc. (Voy. Plomb.)

* LITHARGÉ, ÉE ou lithargiré, ée adj. Altéré avec de la litharge : *la vente du vin lithargé est défendue et punie.*

LITHÉRÉTEUR s. m. (gr. *lithos*, pierre; *erethizô*, je stimule). Chir. Instrument à l'aide duquel on extrait par aspiration les graviers et débris de pierre contenus dans la vessie.

* LITHIASE ou Lithiasie s. f. (gr. *lithos*, pierre). Médec. Formation de la pierre dans le corps humain. — Se dit aussi d'une maladie des paupières, laquelle consiste en de petites tumeurs dures et comme pétrifiées, qui se forment sur leurs bords.

LITHIASIQUE adj. Chim. Se disait autrefois de l'acide urique et de certains sels.

LITHINE s. f. Chim. Oxyde de lithium. La lithine fut découverte en 1817 par Arfwedson, dans la pétalite ; on l'a trouvée depuis dans la lépidolite, le spodumène et dans plusieurs autres variétés de mica et de feldspath, ainsi que dans le tabac et dans certaines eaux minérales. Comme elle dissout facilement l'acide urique, on l'a recommandée dans le traitement de la goutte.

LITHIUM s. m. (gr. *lithos*, pierre). Minér. Métal alcalin, dont on attribue la découverte à Bunsen. Symbole, Li ; équivalent chimique, 7. Il est doux, ductile, blanc, plus tenace que le plomb. Il fond à 180° et ne se volatilise qu'à la chaleur rouge. C'est le plus léger des métaux connus, sa gravité spécifique étant seulement 0-5936. Il a pour oxyde la lithine. On le croyait autrefois extrêmement rare; mais Bunsen et Kirchhoff ont découvert, par l'analyse, au moyen du spectroscope, qu'il est très répandu dans la nature, mais en quantité infinitésimale. Trois sels de lithium (carbonate, citrate et murure) ont été étudiés; on les a employés dans le traitement de la goutte, ainsi que la lithine.

LITHOCHROME s. m. (gr. *lithos*, pierre; *chrôma*, couleur). Celui qui fait de la lithochromie. — Adjectiv. Qui est obtenu par la litochromie.

LITHOCHROMIE s. f. Lithographie en couleurs.

LITHOCHROMISTE s. m. Imprimeur en lithochromie.

LITHOCHROMOGRAPHIE s. f. (gr. *lithos*, pierre; *chrôma*, couleur; *graphô*, j'écris). Techn. Impression en couleur sur pierre.

LITHOCHRYSOGRAPHIE s. f. (gr. *lithos*, pierre; *krusos*, or; *graphô*, j'écris). Techn. Impression sur pierre en or et en couleur.

* LITHOCOLLE s. f. (gr. *lithos*, pierre; fr. *colle*). Ciment dont les lapidaires se servent pour attacher et assujettir les pierres précieuses qu'ils veulent tailler sur la meule.

LITHODOME s. m. (lat. *lithodomus*, du gr. *lithos*, pierre; *domos*, demeure). Moll. Genre d'acéphales, comprenant plusieurs espèces de coquillages bivalves, appelées *pholas* (Linn.) et *lithodomus* (Cuv.) et qui ont le pouvoir de pénétrer dans les rochers les plus durs. Le *pholas dactylus* (Linn.) a environ 5 centim. de

long et de 15 à 20 de large ; on le trouve sur les côtes de l'Europe, particulièrement

Lithodome (Pholas dactylus)

dans les roches calcaires ; on le mange sur les bords de la Méditerranée.

LITHOFRACTEUR s. m. (lat. *lithos*, pierre; lat. *frangere*, briser). Composition explosible d'une grande puissance. C'est une modification de la dynamite, inventée vers 1868 par Engels, de Cologne. Les Allemands en firent usage pendant la guerre de 1870-'71.

* LITHOGRAPHE s. m. (gr. *lithos*, pierre ; *graphein*, écrire). Celui qui imprime par les procédés de la lithographie. On dit aussi, *Imprimeur lithographe.*

* LITHOGRAPHIE s. f. Procédé par lequel on obtient sur du papier, au moyen de la presse, l'empreinte de ce qui a été dessiné ou écrit sur une pierre d'une espèce particulière, avec un crayon ou avec une encre d'une certaine composition : *la lithographie est une invention nouvelle.* —Se dit aussi des épreuves, des feuilles imprimées par ce procédé : *cette lithographie est nette, pâle, effacée.* — Se dit, par ext., dans un sens analogue à celui de l'imprimerie, de l'atelier d'un lithographe : *établir une lithographie.* — Encycl. L'art de la lithographie, inventé en 1796, à Munich, par Aloys Senefelder, consiste à tracer sur une pierre calcaire, appelée *pierre lithographique*, avec un corps savonneux, les traits ou les dessins qu'on veut reproduire sur le papier ou sur les tissus. Les pierres lithographiques dont on se sert le plus communément, sont celles de Solenhaufen (Bavière) ; elles sont calco-argileuses et offrent un grand avantage pour la facilité de leur exploitation, celui de se trouver par couches d'une égale épaisseur et d'être naturellement unies sur toutes leurs faces. Les pierres de Châteauroux sont excellentes pour l'écriture et celles de Bellay et de l'Aube leur sont de beaucoup inférieures. Une pierre lithographique de bonne qualité doit être sans tache, d'un grain très fin, d'un ton uniforme, pesante et spongieuse. Une fois tirée de la carrière, la pierre doit être passée au *dressage*, c'est-à-dire placée sur une table, où, avec un tamis, on la couvre de grès légèrement humecté ; sur cette pierre ainsi disposée, on en place une seconde de même dimension, et, par un mouvement circulaire, on frotte les pierres jusqu'à ce que le grès soit usé ; on opère ainsi jusqu'à ce que le dressage soit parfait. Si on destine la pierre à l'écriture, on la polit ; si c'est au crayon, on la graine. Le *polissage* s'opère au moyen de la pierre ponce; quant au *grainage*, il s'opère de la même façon que le dressage, mais avec du grès plus fin. — L'artiste, après avoir poncé sa pierre, dessine l'envers les objets au moyen d'un crayon composé de savon, de cire, de suif, de gomme laque et de noir de fumée ; ou à l'aide d'une plume d'acier très fine trempée dans de l'encre lithographique (voy. ENCRE) ; puis il fixe son dessin en étendant sur cette pierre, avec un pinceau, un mélange composé d'acide nitrique très étendu d'eau ou d'acide hydrochlorique, auquel il ajoute de l'eau gommée et cet acide s'unit avec l'alcali du savon et le neutralise. Dès que l'effet produit par l'acide est reconnu suffisant, on répand sur la pierre de l'eau gommée pure et on laisse sécher. On lave ensuite la pierre avec de l'eau pure pour enlever la couche de gomme, puis, avec de l'acide nitrique, on fait disparaître les traces du dessin. Les parties dessinées laissent une trace presque invisible produite par les corps gras de l'encre ou du crayon qui restent fixés sur la pierre. Un bon dessin au crayon peut produire 3,000 épreuves ; un dessin à la plume en donne deux fois autant. Quelques imprimeurs ont obtenu 30,000 épreuves de dessins photolithographiques. — Le dessin une fois tracé et lavé, nous avons dit plus haut on place la pierre dans un chariot, espèce de caisse où elle est maintenue solidement à l'aide de vis en fer ; on l'humecte avec une éponge fine et on étend l'encre à imprimer avec un rouleau. On place alors une feuille de papier blanc un peu humide sur la pierre, on la recouvre d'une seconde, dite maculature, et on abat dessus un châssis de fer garni d'un cuir fort et tendu, et l'on soumet le tout à la pression d'un râteau, dans les presses à bras, ou d'un cylindre dans les machines. On construit aujourd'hui des presses qui produisent jusqu'à 1,000 épreuves à l'heure. — La lithographie, introduite à Vienne en 1802, à Rome et à Londres en 1807, ne commença à prospérer en France que vers 1814, grâce aux efforts du comte de Lasteyrie, à Paris, et d'Engelmann à Mulhouse. Motte, Chevalier, Lemercier, Jobard, la perfectionnèrent ensuite et elle atteignit rapidement son apogée avec les dessins de Charlet, d'Horace Vernet, de Fragonard, de Pérot, de Daguerre, de Gavarni, de Daumier, etc. On doit à Lemercier l'invention de l'autographie, au comte de Lasteyrie la méthode de l'impression des fac-similés, à Engelmann le perfectionnement de la chromolithographie. — On nomme aussi chromolithographie la lithographie en couleur ; c'est un procédé long et minutieux, surtout quand les couleurs et les teintes sont nombreuses. Chaque couleur est imprimée séparément sur une pierre qui ne porte qu'une couleur. Il arrive souvent que l'on est forcé d'employer 10 ou 15 pierres séparées, et, dans certaines œuvres d'art, on a recours à 30 ou 40 tirages successifs, parce que plusieurs couleurs doivent être appliquées les unes sur les autres pour produire des variations de teintes et d'ombres. — L'art de produire des dessins sur la pierre au moyen de la lumière, reçoit le nom de photolithographie.

* **LITHOGRAPHIER** v. a. Imprimer par les procédés de la lithographie : on a lithographié les figures de ce livre.

* **LITHOGRAPHIQUE** adj. Qui a rapport à la lithographie, qui s'emploie dans la lithographie : imprimerie lithographique.

LITHOLABE s. m. (gr. lithos, pierre ; labein, prendre). Chir. Instrument destiné à saisir les calculs dans la vessie et à les fixer pendant qu'on les broie.

* **LITHOLOGIE** s. f. (gr. lithos, pierre ; logos, discours). Hist. nat. Traité ou discours sur les pierres.

* **LITHOLOGUE** s. m. Celui qui s'occupe de lithologie, qui écrit sur cette science.

LITHONTRIPTEUR s. m. (gr. lithos, pierre ; tribó, je broie). Chir. Instrument propre à broyer la pierre dans la vessie. On dit aussi LITHOTRITEUR.

* **LITHONTRIPTIQUE** adj. Méd. Se dit des médicaments qu'on a crus propres à dissoudre la pierre dans la vessie. — s. m. On n'a point encore trouvé de véritables lithontriptiques.

* **LITHOPHAGE** adj. (gr. lithos, pierre ; phagó, je mange). Hist. nat. Qui mange la pierre. Se dit de certains coquillages qui s'introduisent dans les rochers et s'y creusent des demeures. On l'emploie quelquefois substantivement.

LITHOPHANIE s. f. (gr. lithos, pierre ; phainó, je brille). Composition blanche et transparente dont on fait des plaques qui, traversées par la lumière, représentent des dessins ou des paysages.

* **LITHOPHYTE** s. m. (gr. lithos, pierre ; phuton, plante). Hist. nat. Production marine qui tient de la pierre par sa dureté, et de la plante par sa forme ; diverses espèces de polypiers sont des lithophytes.

* **LITHOTOME** s. m. (gr. lithos, pierre ; tomé, section). Instrument de chirurgie avec lequel on fait une ouverture à la vessie, pour en tirer la pierre.

* **LITHOTOMIE** s. f. Chir. Taille ou opération par laquelle on extrait une pierre de la vessie.

* **LITHOTOMISTE** s. m. Chirurgien qui s'applique particulièrement à l'opération de la taille.

* **LITHOTRITEUR** s. m. (gr. lithos, pierre ; lat. tero, je broie). Chir. Instrument avec lequel on broie la pierre dans la vessie.

* **LITHOTRITIE** s. f. Chir. Opération par laquelle on broie la pierre dans la vessie, en y introduisant un lithotriteur par le canal de l'urètre : la lithotritie est d'invention récente.

LITHOTYPOGRAPHIE s. f. (gr. lithos, pierre ; fr. typographie). Procédé permettant de reporter sur pierre une impression typographique et d'imprimer ce report à l'aide de la presse lithographique. On reproduit ainsi les vieilles gravures, les vieux manuscrits et l'on obtient des fac-similés parfaits.

LITHOXYLE s. m. (gr. lithos, pierre ; xulon, bois). Minér. Bois pétrifié.

LITHUANIE (lith. Letuva ; pol. Litwa, all. Lithauen), vaste territoire qui appartient aujourd'hui à la Russie, sauf une petite portion annexée à la Prusse orientale ; environ 250,000 kil. carr. Pays plat et bas, couvert en partie de terres sablonneuses, de forêts et de marais. Principaux cours d'eau : Niémen, Düna, Wilia, Dnieper, Bérésina ; Pripet. Grande production de blé, de grains, de chanvre, de lin, de miel, de bois. L'aurochs se trouve encore dans les grandes forêts de Grodno. Climat doux et sain. La population se compose de Lithuaniens, de Polonais, de Russes, de Tartares et de Juifs. — La Lithuanie, tributaire de diverses principautés russes, recouvra son indépendance vers le XIIIe siècle. Son grand-duc Mindog, s'étant converti au christianisme vers 1245, reçut du pape le diadème royal et se fit couronner à Novogrodek. Au commencement du XIVe siècle, Gedimin s'empara de la Wolhynie et des principautés de Kiev et de Tchernigov. Son fils Olgerd assiégea trois fois Moscou. Jagellon, fils de ce dernier, devint, par un mariage, roi de Pologne et réunit les deux couronnes. (Voy. POLOGNE.) En 1772, époque du premier démembrement de la Pologne, la Lithuanie se composait presque entièrement des territoires formant aujourd'hui les gouvernements russes de Wilna et de Grodno (Lithuanie proprement dite), de Kovno, de Vitebsk, de Mohilev, de Minsk et de Suwalki. — Le lithuanien, branche du lettique, se parle dans plusieurs parties de la Prusse orientale, en Samogitie et dans la Lithuanie proprement dite. Il ne possède guère d'autre littérature que des chants populaires, des hymnes religieuses et liturgiques et autres poésies. — Il n'a pas d'article et possède trois genres pour les noms et pour les adjectifs ; sept cas de déclinaison, comme dans le polonais.

LITHUANIEN, IENNE s. et adj. Qui est de la Lithuanie ; qui appartient à ce pays ou à ses habitants. — s. m. Langue parlée en Lithuanie.

* **LITIÈRE** s. f. (lat. lectica). Paille ou autre espèce de fourrage, qu'on répand dans les écuries, dans les étables, sous des chevaux, des bœufs, des moutons, etc., afin qu'ils se couchent dessus : litière fraîche. — CE CHEVAL EST SUR LA LITIÈRE, il est malade ou estropié à ne pouvoir sortir de l'écurie. — Prov. et fig. ÊTRE SUR LA LITIÈRE, se dit d'un homme qui est malade au lit, et de celui que l'âge ou de grandes fatigues ont mis hors d'état d'agir : il n'a plus la force de travailler, le voilà maintenant sur la litière. — FAIRE LITIÈRE D'UNE CHOSE, la prodiguer, la répandre avec profusion : il ne tient point compte de l'argent, il en fait litière.

* **LITIÈRE** s. f. Sorte de voiture ou de chaise, ordinairement couverte, portée sur deux bracards par deux chevaux ou deux mulets, l'un devant, l'autre derrière : une grande litière.

* **LITIGANT, ANTE** adj. (lat. litigare, plaider). Jurispr. Plaidant ou qui plaide : il y a plusieurs parties litigantes dans cette affaire. (Il est vieux.)

* **LITIGE** s. m. Jurispr. Contestation en justice : cette terre est en litige. — Toute sorte de contestations : cet événement peut occasionner un litige.

* **LITIGIEUX, EUSE** adj. Qui est ou qui peut être en litige : droit litigieux. — Qui se plaît dans les contestations, dans les litiges : esprit litigieux.

* **LITISPENDANCE** s. f. (lat. lis, litis, procès ; pendere, être en suspens). Jurispr. Le temps durant lequel un procès est pendant en justice : vous ne devez pas rester en possession durant la litispendance. (A vieilli.)

* **LITORNE** s. f. (gr. litos, petit ; ornis, oiseau). Espèce de grive à tête cendrée : la litorne est moins bonne à manger que la grive ordinaire. — La litorne (turdus pilaris, Linn.) est un oiseau d'Europe qui fréquente les

Litorne (Turdus pilaris).

champs découverts, par troupes plus ou moins nombreuses ; elle est très timide, se nourrit de baies d'aubépine et d'autres petits fruits à pulpes, de vers, de larves, d'insectes, de graines et de grains. Sa chair possède un fumet agréable.

* LITOTE s. f. (gr. *litotes*, petitesse). Figure de rhétorique, qui consiste à se servir, par modestie ou par égard, d'une expression qui dit le moins pour faire entendre le plus. C'est ainsi que Chimène, lorsqu'elle dit à Rodrigue, VA, JE NE TE HAIS POINT, veut dire qu'elle l'aime toujours. — Dans le langage familier, on emploie souvent cette figure ; ainsi l'on dit : CE N'EST PAS UN SOT, pour dire, il est intelligent ; IL N'EST PAS LAID, il est beau garçon.

* LITRE s. f. (lat. *listra*). Grande bande ou ceinture noire, qu'aux obsèques d'un prince, d'un grand, d'un homme constitué en dignité, on tend autour de l'église ou de la chapelle, en dedans ou en dehors, et sur laquelle sont appliqués ou peintes les armoiries du défunt. — DROIT DE LITRE, droit que les seigneurs-patrons fondateurs et les seigneurs hauts justiciers avaient de faire peindre leurs armoiries au dedans ou au dehors des églises ou chapelles.

* LITRE s. m. (gr. *litron*). Nouvelle mesure de capacité, d'un décimètre cube, et qui répond à une pinte et un vingtième environ : *le litre, pour les liquides, contient à peu près une pinte et un vingtième ; et, pour les matières sèches, il équivaut à environ un litron et un quart.*

* LITRON s. m. Ancienne mesure de capacité, qui contenait la seizième partie d'un boisseau, ou trente-six pouces cubes : *le litron a été remplacé par le litre.*

LITTA (Pompeo) [litt'-ta], historien italien, né à Milan en 1781 mort en 1852. On a de lui *Famiglie celebri italiane* (1819-'52), œuvre des plus remarquables. En 1848, il fut nommé ministre de la guerre dans le gouvernement provisoire de la Lombardie et colonel de la garde nationale de Milan.

* LITTÉRAIRE adj. (lat. *litterarius* ; de *litteræ*, belles-lettres). Qui appartient aux belles-lettres : *société, journal littéraire.* — LE MONDE LITTÉRAIRE, ceux qui cultivent les lettres : *cet ouvrage a fait une grande sensation dans le monde littéraire.* — CABINET LITTÉRAIRE, salon dans lequel on peut lire ou louer des livres. — CERCLE LITTÉRAIRE, cercle où l'on s'occupe de littérature.

* LITTÉRAIREMENT adv. Sous le rapport littéraire : *ce discours, considéré littérairement, n'est pas sans mérite.*

* LITTÉRAL, ALE, AUX adj. (lat. *litteræ*, lettres). Qui est suivant la lettre, conforme à la lettre : *le sens littéral de ce passage de l'Ecriture sainte est très différent du sens allégorique.* — TRADUCTION, VERSION LITTÉRALE, celle qui est faite mot à mot : *sa traduction manque d'élégance, elle est trop littérale.* — Se dit aussi de la langue grecque telle qu'elle est dans les auteurs anciens, par opposition à la langue grecque telle qu'on la parle maintenant dans la Grèce et dans les îles de l'Archipel. Il se dit aussi de la langue arabe, dans le même sens : *le grec littéral est fort différent du grec vulgaire ou moderne ; il sait bien l'arabe littéral, mais il n'entend pas l'arabe vulgaire.* — Fam. CET HOMME EST TROP LITTÉRAL, il prend trop les choses au pied de la lettre. — Algèb. GRANDEURS LITTÉRALES, grandeurs qui sont exprimées par des lettres.

* LITTÉRALEMENT adv. A la lettre : *ce passage, pris littéralement, signifie tout autre chose que ce que l'auteur a voulu faire entendre.*

* LITTÉRALITÉ s. f. Attachement scrupuleux à la lettre, dans une traduction : *il n'est pas facile, dans une traduction, de concilier la littéralité avec l'élégance.*

* LITTÉRATEUR s. m. Celui qui est versé dans la littérature, qui en fait profession : *un profond littérateur.*

* LITTÉRATURE s. f. La science qui com-

prend la grammaire, l'éloquence et la poésie, et qu'on appelle autrement BELLES-LETTRES : *l'étude de la littérature a beaucoup d'attrait pour les jeunes gens.* — Connaissance des règles, des matières et des ouvrages littéraires : *cet homme a une vaste et profonde littérature.* — Ensemble des productions littéraires d'une nation, d'un pays, d'une époque : *le dix-septième et le dix-huitième siècle ont été les temps les plus florissants de la littérature française.* Parmi les principales histoires de la littérature en général, nous citerons : *Cours de littérature* de la Harpe ; *Eléments de littérature,* de Marmontel ; *Cours de littérature* par Frédéric Schlégel ; *Littérature générale,* de Lemercier ; *Lettres sur la littérature,* par Alfred de Musset ; *Essais de littérature et de morale,* par Saint-Marc Girardin ; *Cours de littérature,* par Géruzez ; *Cours familier de littérature,* par Lamartime. Quant aux littératures spéciales, nous citerons, pour la littérature grecque et romaine : Schœll, Alexis, Pierron, Egger ; pour la littérature française : Villemain, Philarète Chasles, Saint-Marc Girardin, Sismondi, Géruzez, Nettement, Demogeot, Nisard ; pour la littérature anglaise : Mézières, Chateaubriand, Henri Taine ; pour la littérature allemande : Julian Schmidt, Gervinus. La littérature dramatique a eu pour principaux historiens : Jules Janin et Saint-Marc Girardin.

LITTLE-FALLS, village de l'état de New-York (Etats-Unis), à 105 kil. N.-O. d'Albany ; 6,000 hab.

LITTLE-ROCK, capitale de l'Arkansas, sur l'Arkansas, à environ 400 kil. de son embouchure et à 240 kil. O.-S.-O. de Memphis (Tennessee) ; 25,000 hab., dont 10,000 nègres. Collège Saint-Jean ; arsenal de l'Union ; évê-

Le Capitole, a Little-Rock.

ché catholique romain et nombreuses institutions catholiques. Little-Rock date de 1820. Pendant la guerre civile, elle fut possédée par les confédérés jusqu'au 10 sept. 1863.

* LITTORAL, ALE, AUX, adj. (lat. *littoralis,* de *littus,* rivage). Qui appartient aux bords de la mer, aux côtes : *il a visité la partie littorale du royaume, de ce département.* — OISEAUX LITTORAUX, oiseaux qui fréquentent particulièrement les côtes, et dont la plupart se nourrissent de poissons. PLANTES LITTORALES, plantes qui croissent ordinairement sur les bords de la mer. POISSONS, MOLLUSQUES LITTORAUX, poissons qui vivent dans les eaux du bord de la mer. — s. m. Se dit des côtes qui bordent une mer ou un pays : *le littoral de la Baltique, de l'Adriatique.*

LITTORAL ou **Litorale** (mots lat. et ital. signifiant : *riveran* ; all. *küstenland*), province de la monarchie austro-hongroise, sur les bords septentrionaux de l'Adriatique et ren-

fermant les îles voisines ; elle comprend les comtés de Gœrz et de Gradisca, le margraviat d'Istrie et le district de Trieste ; 7,988 kil. carr. ; 650,000 hab. — Un Littoral oriental ou Littoral hongrois, situé sur la même mer, figure dans l'histoire d'Autriche. Il forme aujourd'hui une partie de la Croatie. Ses villes principales sont : Buccari et Porto-Re.

LITTORINE s. f. (lat. *littoralis,* de rivage). Moll. Genre de gastéropodes marins trochoïdes, établi par Férussac. La *littorine littoralé (littorina littoralis,* Linn.), qui se trouve en quantité sur les côtes de France, est ronde, brune, avec des raies longitudinales noirâtres ; sa coquille est épaisse et nacrée à l'extérieur ; elle est ovipare et vit dans les herbes marines entre la marée haute et la marée basse. C'est un article de grande consommation pour les classes pauvres de nos rivages. On l'appelle aussi *vigneau.* La *littorine grossière (littorina rudis,* Mat.), qui se trouve sur toutes les côtes atlantiques d'Europe, est ovovivipare.

Littorine (Littorina rudis).

LITTRÉ (Maximilien-Paul-Emile), savant et philologue, né à Paris le 1er février 1801, mort le 2 juin 1881. Il fut d'abord interne des hôpitaux, rédigea plusieurs articles dans le *Dictionnaire de médecine,* et se livra en même temps à ses études de philologie comparée ; sa traduction des œuvres d'Hippocrate (10 vol., 1839-'64) lui ouvrit les portes de l'Académie des inscriptions. Il devint alors un des plus fervents adeptes d'A. Comte et publia en 1845, un *Traité de la philosophie positive.* (Voy. POSITIVISME.) En 1854, il devint rédacteur en chef du *Journal des savants.* Ce ne fut qu'en 1863 qu'il commença à faire paraître son grand *Dictionnaire de la langue française,* considéré comme supérieur à tout ce qui avait paru dans ce genre. Il se présenta alors à l'Académie française et fut repoussé deux fois, grâce aux efforts de l'évêque d'Orléans, Dupanloup, qui, voyant un athée en Littré, écrivit contre l'illustre savant son fameux pamphlet l'*Athéisme à la porte de l'Académie,* mais ne put empêcher son élection en 1871. Littré entra sous la coupole de l'Institut et l'évêque n'y parut plus. Elu député par le dép. de la Seine en 1871, il fut nommé sénateur à vie en décembre 1875. En 1871, il avait été nommé professeur d'histoire et de géographie à l'école polytechnique. Littré a été l'une des plus vastes intelligences de notre temps en même temps qu'il fut un des savants les plus modestes. Il a laissé en outre : *Vie de Jésus* (traduction du Dr Strauss, Paris, 1840, 2 vol. in-8º) ; *Auguste Comte et la philosophie positive* (1863) ; *Médecine et médecins* (1872), etc., etc. On lui doit aussi une édition des *Œuvres complètes d'Armand Carrel* (1857).

* LITURGIE s. f. (gr. *leitos,* public ; *ergon,* œuvre). L'espèce et l'ordre des cérémonies et des prières qui constituent le service divin : *la liturgie de l'Eglise latine.* — La liturgie étant l'ensemble des cérémonies du culte, a dû nécessairement subir les variations diverses des cultes eux-mêmes. Chez les Hébreux, les cérémonies se trouvent complètement expliquées dans l'Ancien Testament. Dans les premiers siècles de notre ère, les sectes hérétiques, en se séparant de l'Eglise. ne changèrent rien à la liturgie; les Nestoriens sont les seuls qui n'aient pas imité cet exemple. En Orient, les plus remarquables liturgies sont celles des Cophtes, des Syriens, des Nestoriens et des Arméniens. Les Eglises d'Occident ne reconnaissent que quatre liturgies: celles de Rome, de Milan, des Gaules et d'Espagne; on nomme cette dernière *liturgie mozarabique* à cause du mélange du rit chrétien avec le rit maure ou arabe.

* **LITURGIQUE** adj. Qui a rapport à la liturgie : *ouvrage liturgique*.

* **LITURGISTE** s. m. Celui qui a composé quelque ouvrage sur la liturgie, ou qui en fait une étude spéciale : *Pierre le Chantre était un des plus savants liturgistes*.

* **LITUUS** s. m. Antiq. rom. Petit bâton courbé que les augures portaient de la main droite pour déterminer les diverses régions célestes : *le lituus augural*.

* **LIURE** s. f. (rad. *lier*). Câble d'une charrette, qui sert à lier, à maintenir les fardeaux dont on la charge. — Se dit aussi, en termes de Mar., surtout au pluriel, de plusieurs tours de corde qui lient deux objets ensemble, qui fixent une chose à une autre : *les liures du beaupré*.

LIUVA. Deux rois visigoths ont porté ce nom. Le premier, mort en 572, fonda le royaume de Narbonne qu'il laissa à son frère Léovigilde; le second (581-603), fils de Récarède et petit-fils de Léovigilde, fut tué par l'usurpateur Witéric.

LIVADIE (*Lébadée* des anciens), ville de Grèce, ch.-l. de la Béotie, sur la rivière Hercyne, à 90 kil. N.-O. d'Athènes; 10,000 hab. Autrefois la plus florissante des villes de la Grèce septentrionale, elle était capitale de la province de Livadie, comprenant tout le territoire grec, au N. de l'isthme de Corinthe; mais elle fut presque détruite pendant la guerre de l'indépendance.— Dans l'antiquité, elle était fameuse à cause de la grotte de Trophonius et de la fontaine du Lethé.

LIVAROT, ch.-l. de cant., arr. et à 18 kil. S.-O. de Lisieux (Calvados) ; 1,700 hab. Fromages renommés.

LIVÊCHE s. f. (lat. *levisticum*). Bot. Genre d'ombellifères angélicées, comprenant plusieurs espèces de plantes européennes. La *livêche officinale* (*ligusticum levisticum*), appelée aussi *ache de montagne*, est une herbe vivace, haute d'environ 2 m., à fleurs jaunes, en ombelles terminales; elle croît dans le Languedoc, le Dauphiné, etc. Sa racine et ses fruits ont des propriétés aromatiques, toniques et carminatives.

LIVERNON, ch.-l. de cant., arr. et à 18 kil. N.-O. de Figeac (Lot) ; 850 hab. Pierre de taille et albâtre.

LIVERPOOL [liv'-eur-poul], grande ville d'Angleterre, la seconde sous le rapport de la population et la première au point de vue du commerce maritime, dans le Lancashire, sur la Mersey, à 6 kil. de son embouchure, à 305 kil. N.-O. de Londres et à 50 kil. S.-O. de Manchester; 560,000 hab. Belles places de Saint-George, de la Reine, d'Abercrombie, Clayton et Cleveland. Marché couvert de Saint-Jean. Douane dans le style ionique avec un dôme élevé; maison de ville avec les statues de Canning et de Roscoe; bourse, occupant trois côtés d'une place dont la maison de ville occupe le quatrième côté; superbe monument élevé à Nelson. Le palais de Saint-George, terminé en 1854 et considéré comme le plus bel édifice public de la ville,

est construit dans le style corinthien; il sert aux réunions publiques, aux concerts, etc. Evêché catholique, créé par Pie IX en 1850. Elégante église du collège d'Angleterre. Ecoles de sourds-muets et d'aveugles; nom-

Palais de Saint-George, à Liverpool.

breuses institutions charitables. Musée d'histoire naturelle et de beaux-arts dans l'Institut royal. Bibliothèque publique libre et musée fondés en 1857. Jardin botanique à Edgehill; jardin zoologique à West-Derby. Raffineries de sucre; fabriques de savon; construction de navires. Fameux docks de Birkenhead. — Liverpool doit son importance surtout à sa marine et à son commerce; elle sert d'entrepôt aux districts industriels du nord de l'Angleterre; elle est la principale station anglaise pour les transatlantiques; elle est le premier port d'émigration du monde. Dansson port et dans celui de Birkenhead s'embarquent la moitié des produits anglais pour l'exportation et arrivent la moitié des produits coloniaux importés dans la Grande-Bretagne. Liverpool est le premier marché de coton qu'il y ait au monde, et l'un des principaux

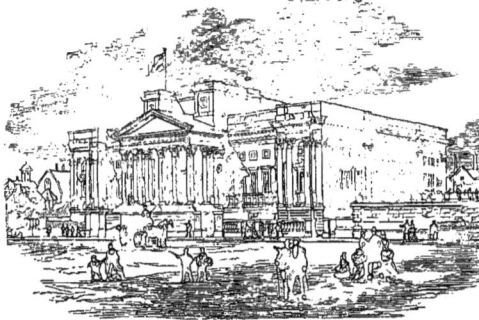

Bibliothèque publique et musée, à Liverpool.

pour le commerce des grains. 5,000 navires au long cours et 8,500 caboteurs entrent annuellement dans son port, qui possède à lui seul, 2,500 navires. — Roger de Poitiers, l'un des compagnons de Guillaume le Conquérant, construisit un château pour la défense des vastes domaines qui lui échurent sur les bords de la Mersey, lors du partage du pays conquis. Autour de sa demeure féodale se forma la ville de Liverpool, qui fut déclarée bourg libre en 1229. La population s'élevait à peine à 5,000 hab. en 1669; mais l'extension du commerce avec les colonies

anglaises ne tarda pas à donner une grande importance à cette ville. Au commencement du xviiie siècle, Liverpool ne possédait qu'un dock; on en construisit plusieurs autres; 25 docks et bassins y ont été ouverts de 1830 à 1860. Après l'abolition du monopole de la compagnie des Indes orientales, en 1833, Liverpool devint la rivale de Londres pour le commerce avec l'Orient; mais sa prospérité est encore due surtout aux transactions commerciales avec les Etats-Unis.

LIVERPOOL, ville de la Nouvelle-Ecosse, sur la rive droite de la Mersey, à 70 kil. S.-O. de Halifax; 4,000 hab.

* **LIVIDE** adj. (lat. *lividus*). Qui est de couleur plombée, bleuâtre et tirant sur le noir : *la peau devient livide à la suite d'une forte contusion*.

* **LIVIDITÉ** s. f. Etat de ce qui est livide : *la lividité du teint, de la peau*.

LIVIE (Livia-Drusilla), épouse de l'empereur Auguste, née l'an 56av. J.-C., morte l'an 29 de notre ère. Elle était fille de Livius Drusus, et épousa d'abord Tiberius-Claudius Nero (voy. CLAUDIUS) qui, parfait courtisan. divorça pour l'offrir à Auguste, après la victoire de ce triumvir. Elle était déjà mère de Tibère ; et peu de mois après son second mariage, elle donna le jour à Drusus. Belle, gracieuse, aimable, spirituelle, elle sut conserver l'affection de l'empereur; mais pour préparer l'avènement de Tibère, à l'exclusion des propres enfants de son mari, elle eut recours, dit-on, au poison, et fut accusée d'avoir fait périr Marcellus, Agrippa, les trois fils d'Agrippa et Auguste lui-même. Tibère, qui lui devait tout, poussa l'ingratitude jusqu'à la chasser de la cour; il ne voulut plus jamais entendre parler d'elle, et n'assista même pas à ses funérailles.

LIVINGSTONE (David) [liv'-ign-steunn], célèbre explorateur anglais, né à Blantyre, près de Glasgow (Ecosse), le 19 mars 1813, mort à Itala, non loin du lac de Bemba (Afrique centrale); le 1er mai 1873. Après avoir étudié la théologie et la médecine à

Glasgow, il se rendit à Port-Natal (Afrique), en 1840, comme missionnaire de la société des missions de Londres, étudia les langues indigènes et, au bout de quelque temps, se rendit à la mission de Kuruman, chez les Bechuana, à 900 kil. N.-E. de Cape-Town. De 'à, il visita les tribus voisines auxquelles il enseigna l'Evangile. En 1849, il partit à la recherche du lac Ngami, qu'il découvrit le 1er août. Ayant exploré les bords de ce lac et ceux de la rivière Zouga, qui lui sert de déversoir, il revint dans la colonie anglaise et organisa une grande expédition qui dura quatre ans (1852-'56). Il traversa l'Afrique méridionale du cap de Bonne-Espérance, à Linyanti, par le lac Ngami. De Linyanti, il se rendit à la côte occidentale d'Afrique, par 10° lat. S.; puis il revint à Linyanti et descendit le Zambèze jusqu'à la mer. Il avait parcouru plus de 18,000 kil. de territoires dont la plupart n'avaient pas encore été explorés, et il fut le premier voyageur européen qui pût se glorifier d'avoir traversé cette partie de l'Afrique d'une côte à l'autre. Débarqué en Angleterre le 22 déc. 1856, il y fut accueilli avec une sorte de vénération et reçut deux médailles d'honneur des Sociétés de géographie de Londres et de Paris. Il publia en 1857 : *Missionary travels and researches in South Africa*, ouvrage traduit en français par Mme H. Loreau, sous le titre de: *Voyages et recherches d'un missionnaire dans l'Afrique méridionale*. En 1858, les secours du gouvernement anglais et le produit d'une souscription le mirent à même de pousser plus loin ses explorations. De Quilimane, à l'embouchure du Zambèze, il remonta d'abord ce fleuve et suivit ensuite, vers le nord, celui des affluents qui lui amène les eaux du lac Nyassa; il découvrit ce lac en septembre 1859, visita jusqu'en 1863 les territoires qui l'environnent et releva complètement le pays au nord du Zambèze. Rentré en Angleterre en 1864, il publia, l'année suivante : *Relation de l'expédition du Zambèze et de ses affluents* (traduction franç. de Mme Loreau, 1866, in-8°). Reparti pour l'Afrique en avril 1865, il resta plusieurs années sans pouvoir faire parvenir de ses nouvelles en Europe. En nov. 1869, on reçut de lui une lettre datée de juillet 1868 et annonçant qu'il se trouvait alors sur les bords du lac Bangouélo. Des communications ultérieures firent savoir qu'il se croyait dans la région des sources du Congo, et l'on a reconnu depuis que cette opinion était exacte. Le nouvel encore de lui une lettre datée d'Ujiji, 13 mai 1869. Deux ans plus tard, l'opinion publique s'émut de son long silence : on le crut mort. Le journal américain, le *New-York Herald*, envoya à sa recherche l'un de ses correspondants, Henry-M. Stanley, qui arriva à Zanzibar le 6 janv. 1874, se mit en route vers l'intérieur de l'Afrique le 21 mars, avec 192 compagnons, et retrouva l'illustre explorateur à Ujiji, sur le lac Tanganyika le 10 novembre. Livingstone et Stanley firent ensemble un voyage d'exploration jusqu'à l'extrémité septentrionale du lac Tanganyika. Stanley quitta Livingstone à Unyanyembe, en 1872, et arriva en Angleterre en juillet; quelques mois plus tard, il publia : *Comment j'ai trouvé Livingstone*. Livingstone avait résolu de rester encore une année en Afrique, malgré l'état de maladie où il se trouvait. Au mois d'août 1872, il visita le pays à l'E. du lac Bangouélo et les sources qui forment la Loualaba. A partir de ce moment, on perdit sa trace pendant plusieurs années; mais les recherches postérieures ont certifié qu'il avait atteint sa destination en contournant la partie inférieure du lac; on suppose qu'il se rendit un peu plus tard au nord, pour explorer certaines mines de cuivre de la région du Katanga. Le lieutenant Cameron, envoyé à sa recherche, arriva à Zanzibar, le 13 mars 1873, atteignit Unyanyembe, le 4 août et y apprit que l'illustre explorateur avait succombé à la maladie qu'il avait contractée depuis longtemps sous le climat africain. Le corps de Livingstone, transporté en Angleterre, repose dans l'abbaye de Westminster. *Le dernier journal de David Livingstone, comprenant ses explorations et ses découvertes dans l'Afrique centrale et puis 1865 jusqu'aux derniers jours de sa vie*, a été publié par Horace Waller en 1874 ; la *Vie personnelle de Livingstone*, par G. Blaikie, a paru en 1880. — Le 18 mars 1879, on inaugura, à Glascow (Ecosse), une colossale statue en bronze, érigée en l'honneur du célèbre voyageur.

LIVONIE (all. *Livland*), gouvernement de la Russie occidentale, sur le golfe de Livonie ou baie de Riga; 47,029 kil. carr., 1,160,000 hab., y compris les villes d'Œsel, de Mœn, etc.; territoire généralement uni ou légèrement ondulé. Forêts, marais, lacs, dont le plus vaste est le Peipus; principal cours d'eau, la Düna. Climat froid et humide jusqu'à la fin de mai; très chaud pendant les trois mois de l'été. Seigle, orge, lin, houblon et chanvre. Dans les forêts, on rencontre l'ours, le loup, le lynx et le renard ; sur les côtes, on prend le phoque et un grand nombre de poissons. La population rurale se compose de Lettons, Lives ou Livoniens proprement dits, appartenant à la race finnique, et d'Esthoniens, qui sont de la même race, tandis que les Allemands, les Suédois et les Russes forment la classe des nobles, du clergé et de la bourgeoisie. La plupart des habitants sont luthériens. Cap. Riga, v. princ. Dorpat, siège de l'université. Au commencement du XIIIe siècle, l'ordre des chevaliers porte-glaive fut fondé en Livonie pour imposer le christianisme aux habitants; cet ordre, s'étant associé à celui des chevaliers teutoniques, finit par subjuguer tous les pays qui entourent le golfe de Riga ; mais bientôt les Russes et les Polonais leur disputèrent ces possessions que les Suédois se firent céder en 1660. La Russie acquit définitivement la Livonie, en vertu du traité de Nystadt (1721).

LIVONIEN, IENNE s. et adj. Qui est de la Livonie; qui appartient à cette province ou à ses habitants.

LIVOURNE (ital. *Livorno*; ang. *Leghorn*). I. Province de l'Italie centrale, dans la Toscane, comprenant la ville de Livourne et l'île d'Elbe; 326 kil. carr., 121,612 hab. — II. Ville maritime, capitale de cette province, à 75 kil. S.-O. de Florence; 97,100 hab., dont 10,000 juifs; elle est d'une origine relativement moderne et possède peu d'édifices remarquables. La façade de la cathédrale a été construite d'après les dessins d'Inigo Josset. Eglises anglicane, écossaise, presbytérienne, grecque et arménienne ; belle synagogue, école navale et technique, et diverses autres institutions d'éducation, scientifique et charitable. Un grand nombre de maisons particulières sont élégantes et la campagne voisine est couverte de villas. Comme port méditerranéen, Livourne prend son rang après Marseille, Gênes, Trieste et Smyrne. Manufactures de coraux, de soie, de laine, de coton, de chapeaux, d'albâtre, de porcelaine, de poterie, de cuir et de tabac.

LIVOURNIN, INE s. et adj. Qui est de Livourne ; qui concerne cette ville ou ses habitants.

* **LIVRABLE** adj. Qui peut être livré.

LIVRADAIS (Le), ancien pays de la basse Auvergne, compris aujourd'hui dans le dép. du Puy-de-Dôme. Ville princ., Ambert.

LIVRADE (Sainte-), ch.-l. de cant., arr. à 11 kil. S.-O. de Villeneuve-sur-Lot (Lot-et-Garonne); 2,800 hab. Commerce de *prunes d'Agen*.

* **LIVRAISON** s. f. (rad. *livrer*). Comm. Action de livrer de la marchandise qu'on a vendue : *il a fait livraison, il a reçu livraison de tant de pièces d'étoffe*.—Libr. Chaque partie d'un ouvrage qu'on publie par volumes ou par cahiers, à des époques plus ou moins rapprochées les unes des autres : *la première livraison de ce dictionnaire vient de paraître*.

* **LIVRE** s. m. (lat. *liber*, écorce intérieure des arbres). Assemblage de plusieurs feuilles de papier, de vélin ou de parchemin, imprimées ou écrites à la main, cousues ensemble, et formant un volume, recouvert de papier, de carton, de parchemin, de basane, de veau, de maroquin, etc. — Le mot grec *biblos* et le mot latin *liber*, d'où est venu *livre*, ont strictement la même signification littérale; ils veulent dire *écorce* et indiquent suffisamment que, chez les anciens Grecs comme chez les premiers Romains, les livres étaient écrits sur des écorces d'arbre; l'ivoire, le bois, le métal et autres substances souples et pliables, soit animales, soit végétales, brutes ou préparées, furent également employés pour écrire; avec cette distinction que, quand il s'agissait de sujets très importants, on employait de préférence l'ivoire ou le bronze, tandis que pour les sujets moins graves, on employait des feuilles de bois couvertes de cire qui laquelle on écrivait à l'aide d'un *style*. Les livres en bois ou en métal étaient de forme carrée; ceux de papyrus ou de parchemin étaient cylindriques. Les livres cylindriques étaient roulés autour d'un morceau de bois rond (buis ou ébène), et c'est de là qu'est venu notre mot *volume* (lat. *volvere*, tourner). Pour d'autres détails, voy. nos articles BIBLIOPÉGE, BIBLIOPOLE, BULLE, LIBRAIRE, BIBLIOTHÉQUE, etc. Pendant la période de ténèbres qui suivit la chute de l'empire romain, on ne fit que fort peu de livres; du reste, on manquait de matière première. Le commerce étant interrompu, il devint impossible de se procurer du papyrus; le parchemin, plus seul par les scribes du moyen âge, finit par être si rare et si coûteux que l'on se vit forcé de gratter les anciens manuscrits pour transcrire des copies de livres sacrés ou de pieuses légendes. (Voy. PALIMPSESTE.) Après Charlemagne, les livres furent plus soignés. L'étude s'était alors réfugiée au fond des monastères; les moines s'occupèrent particulièrement à la transcription, à l'enluminure et à la reliure des manuscrits, et s'acquittèrent de cette tâche avec une habileté presque incroyable. Les livres qui sortirent de leurs mains atteignaient un prix très élevé, et lorsqu'on les exposait en public, comme ceux que l'on mettait sur les pupitres dans les églises, il était prudent de les maintenir solidement à l'aide de chaînes. Des statuts spéciaux protégeaient les livres, dont la possession et les mutations donnaient lieu aux plus graves négociations. Un livre passait d'un personnage à son héritier en vertu d'un testament, dans des formes aussi solennelles que s'il se fût agi d'un fief. C'est que ce livre, objet d'une extrême rareté, valait tout un domaine et produisait quelquefois plus que cent arpents de terre. On le louait aux riches personnages désireux de s'instruire, qui payaient d'avance le prix de la location et déposaient en outre des gages énormes, répondant de la restitution du trésor à eux confié. Le roi de France lui-même n'était pas exempt de ce dépôt humiliant, lorsque des moines lui prêtaient quelques manuscrits de leur bibliothèque, pour qu'il en fît faire des copies destinées aux collections de la couronne. — Peu à peu, s'introduisit en Occident l'industrie de la papeterie, qui précéda de fort peu celles de la xylographie et de la typographie; alors la matière première devenant abondante et les méthodes de reproduction étant beaucoup plus économiques, les livres cessèrent d'atteindre un prix inaccessible; le savoir se répandit d'abord dans

les classes bourgeoises, et aujourd'hui, grâce au bon marché des publications de toute sorte, le travailleur peut se procurer des livres et s'instruire. — Parmi les acheteurs de notre dictionnaire, il en est probablement beaucoup qui ignorent comment un livre voit le jour. Quelques mots d'explication ne seront donc pas inutiles. La publication d'un livre est une grosse affaire qui exige l'avance d'un capital assez considérable et l'habile collaboration de plusieurs corps de métiers. On appelle *auteur*, l'homme de lettres ou le savant qui conçoit le plan d'un ouvrage poétique, littéraire ou scientifique, et qui le compose à l'état de manuscrit. Le manuscrit est en réalité un livre, mais un livre qui n'a qu'un seul exemplaire.. La première difficulté qui se présente est de le multiplier et de le répandre. L'auteur est presque toujours pauvre. Et quand même il serait riche, il ne possède pas l'aptitude commerciale qu'il faut pour écouler une édition; et il est rare qu'un auteur qui s'adresse directement au public n'en arrive pas à perdre le peu d'argent qu'il possède. Pour tourner cette difficulté, l'auteur est forcé d'avoir recours à un *éditeur*, dont l'action, quand il est honnête et généreux, se rapproche de celle d'un Mécène. L'auteur encore inconnu trouve difficilement un éditeur, et lui cède presque toujours son manuscrit pour un prix dérisoire. Mais, en général, les libraires qui s'occupent de la publication des livres, le font avec conscience et l'on cite comme des exceptions heureusement fort rares, les exploiteurs qui usent de dol pour acquérir les manuscrits d'auteurs pauvres et inconnus, ou pour obtenir le droit de les signer. Ordinairement l'auteur cède son manuscrit moyennant une somme stipulée et quelquefois pour une certaine portion des bénéfices; on conçoit que dans une opération aussi aléatoire, il ne peut y avoir de règle fixe. Une fois en possession du manuscrit, l'éditeur le remet à l'imprimeur, chargé de le composer, de le mettre en pages, de fournir des épreuves, souvent de le clicher, et toujours de l'imprimer à un nombre d'exemplaires fixé par l'éditeur. (Pour les détails, voy. IMPRIMERIE, COMPOSITION, CORRECTION, EPREUVE, CLICHAGE, etc.) Les ouvrages illustrés fournissent, en outre, du travail au dessinateur et au graveur, presque toujours aujourd'hui au clicheur en galvanotypie et souvent au lithographe. (Voy. GRAVURE, GALVANOTYPIE, GILLOTAGE, LITHOGRAPHIE, etc.) Tant d'opérations si diverses, si artistiques et qui exigent tant d'habileté et de savoir sont fort coûteuses, et pourtant, quand on ajoute leur prix au droit d'auteur, on trouve que le tout additionnel, n'atteint pas la valeur du papier. C'est surtout la cherté de celui-ci qui met obstacle à la publication des livres. L'ouvrage, une fois imprimé, passe chez le relieur ou chez le brocheur. (Voy. RELIURE.) Mais rien n'est encore fait: c'est au contraire en ce moment que surgissent les véritables difficultés. L'éditeur, en voyant arriver dans son magasin un livre dont il a fixé le tirage suivant les probabilités de la vente, se demande avec anxiété quelle sera l'appréciation du public. Pour lancer sa publication, le Mécène dépense encore des sommes assez importantes en réclames, en annonces ou en affiches, en même temps qu'il distribue un certain nombre d'exemplaires de son livre aux commissionnaires chargés de le répandre parmi les libraires. Le public, seul juge en matière d'œuvres de l'intelligence, s'intéresse à la publication qui lui est offerte, ou bien il la dédaigne; dans le premier cas, l'édition s'écoule en peu de temps et est remplacée par de nouveaux tirages; l'éditeur rentre dans ses fonds et fait des bénéfices; ses appréhensions cessent rapidement. A ses yeux, l'auteur est un grand homme qu'il faut s'attacher par des liens d'or, en attendant que la postérité lui dresse des statues. Mais ce cas est l'exception. Sept ou huit fois sur dix, les acheteurs restent sourds à toutes les avances et l'éditeur s'entête vainement à ajouter des frais de réclames à ceux de l'impression et du papier. Le *four* est plus ou moins complet, plus ou moins ruineux. Parfois toute vente est impossible et les exemplaires, après être restés enfouis dans les coins les plus obscurs des librairies de province, reviennent à l'éditeur et constituent les *rossignols* que l'on écoulera ensuite lentement et à perte, en les vendant très bon marché à des colporteurs, ou que les colporteurs eux-mêmes mépriseront et qui, vendus au poids, iront subir leur dernière humiliation chez l'épicier du coin. Car, loin de ressembler aux autres matières premières qui, mises en œuvre, conservent toujours au moins une partie de leur valeur, le papier, une fois noirci par l'imprimeur, vaut juste ce que l'estime le public; et celui-ci le plus souvent ne le trouve plus bon qu'à envelopper du poivre ou de la chandelle. D'autres fois, le livre rencontre quelques appréciateurs et l'éditeur ne boit qu'un demi-bouillon. — LIVRE IN-FOLIO, IN-OCTAVO, etc. (Voy. FORMAT.) LIVRE EN FEUILLES, les feuilles imprimées d'un livre qui n'est encore ni broché ni relié: *acheter un livre en feuilles pour le faire relier à sa fantaisie.* — COLLATIONNER UN LIVRE, voir si un livre est complet, s'il n'y manque point quelque feuille. — LIVRE DÉPAREILLÉ, volume séparé des autres volumes d'un même ouvrage, par la perte ou par la destruction de ceux-ci: *il n'a que des livres dépareillés.* — Registre sur lequel on inscrit ce qu'on reçoit et ce qu'on vend, ses dettes actives et ses dettes passives, etc.: *livre de compte, livre de dépense; étudier la tenue des livres.* — ETRE PORTÉ, ou simplement, ETRE SUR LE LIVRE D'UN MARCHAND, y être inscrit pour marchandise achetée: *il est sur le livre de ce marchand pour telle somme.* — LIVRE JOURNAL, registre où l'on inscrit jour par jour et de suite ce qu'on a reçu ou payé, acheté ou vendu, etc. — LIVRE DE RAISON, LIVRE D'EXTRAIT, GRAND LIVRE, registre où les négociants portent tous leurs comptes par *doit* et *avoir*. — LIVRE DE BORD, registre sur lequel on inscrit les passagers et les marchandises qui sont à bord d'un navire. — LIVRE DE LOCH, registre sur lequel on inscrit, outre les routes mesurées par le loch, les variations du vent, les divers incidents ou accidents du voyage. — LIVRE BLANC, livre qui est tout de papier blanc, sur lequel on n'a encore rien écrit. — Ouvrage d'esprit, soit en prose, soit en vers, d'assez grande étendue pour faire au moins un volume: *un excellent livre; un livre plein d'érudition.* — COMMENCER, ACHEVER UN LIVRE, en commencer, en achever la lecture. — MAUVAIS LIVRE, livre dangereux, condamnable. — LIVRES ÉLÉMENTAIRES, ceux qui contiennent les éléments de quelque science. — LIVRES CLASSIQUES, ceux dont le temps et une approbation universelle ont consacré le mérite, et qui font autorité. Cette expression s'applique plus particulièrement aux ouvrages littéraires. On appelle aussi LIVRES CLASSIQUES, ceux qui servent dans les classes à l'instruction de la jeunesse. — LIVRES DE BIBLIOTHÈQUE, ouvrages d'une grande étendue, qu'on ne lit pas de suite ordinairement, mais que l'on consulte au besoin. N'AVOIR JAMAIS MIS LE NEZ DANS UN LIVRE, être fort ignorant. — Fig. DÉVORER UN LIVRE, DÉVORER DES LIVRES, les lire avec une extrême avidité, avec une extrême promptitude. — SÉCHER, PALIR SUR LES LIVRES, lire avec une assiduité excessive. — Fam. ON FERAIT UN LIVRE DE SES FOLIES, avec le récit de ses folies, on remplirait un volume. — Fam. PARLER COMME UN LIVRE, parler avec facilité, mais en termes recherchés ou trop arrangés pour la conversation. Il s'emploie quelquefois en bonne part, et, signifie, s'exprimer heureusement sur toute sorte de sujets. — J'Y RÉUSSIRAI, ou J'Y BRULERAI MES LIVRES, je mettrai tout en œuvre pour le succès de cette affaire. — Fig. LE LIVRE, LE GRAND LIVRE DE LA NATURE, la nature observée, étudiée dans les effets et dans les causes: *le livre de la nature est ouvert sous nos yeux.* — LE LIVRE DU MONDE, la fréquentation, le commerce, la pratique du monde, par lesquels on apprend à vivre dans la société: *il n'est rien de tel que de lire dans le livre du monde.* — ETRE ÉCRIT DANS LE LIVRE DE VIE, être prédestiné à jouir d'un bonheur éternel. — Fig. CELA ÉTAIT ÉCRIT DANS LE LIVRE DU DESTIN, se dit d'un événement où l'on croit voir quelque fatalité. — Une des principales parties qui forment la division de certains ouvrages: *cet auteur a distribué, divisé son ouvrage en douze livres.*. — Livres apocryphes, ceux que l'Eglise ne reçoit pas, ne reconnaît pas pour authentiques. (Voy. APOCRYPHE.) — Livres canoniques. (Voy. CANON DES ÉCRITURES.) — Livre bleu, livre à couverture bleue, dans lequel sont réunis les documents relatifs aux affaires étrangères de France. — Livres d'église, livres de prières, livres qui servent au clergé pour célébrer l'office divin, et aux fidèles pour suivre les prières qui se récitent ou se chantent à l'église. LIVRES DE DÉVOTION, livres qui servent aux exercices de dévotion, qui contiennent des prières, des oraisons mystiques, etc. — Fin. Le grand-livre, la liste générale des créanciers de l'Etat. Le grand-livre de la dette publique fut créé le 24 août 1793, sur la proposition de Cambon, pour l'inscription de toutes les rentes nominatives dues par l'Etat. Le grand-livre est fait en deux exemplaires, dont l'un reste au ministère des finances et dont l'autre est déposé aux archives; il se divise en trois parties: 1° grand-livre de la dette publique proprement dite, ou dette consolidée, titre fondamental de toutes les rentes inscrites au profit des créanciers de l'Etat; 2° grand-livre de la dette publique viagère; 3° grand-livre des dotations. — Livres historiques, livres de la Bible contenant des récits historiques. — Livre jaune, livre à couverture jaune, dans lequel sont réunis les documents relatifs aux affaires intérieures de France. — Livre d'or, registre où étaient inscrits les noms des nobles, dans quelques républiques italiennes: Gênes, Bologne, Milan, Florence, etc. Celui de Venise, créé à la suite de la révolution aristocratique de 1297 et source unique du patriciat et du pouvoir, fut détruit par les Français en 1797, comme l'avait été celui de Gênes, peu de temps auparavant; mais il en existe encore des copies. — Sous la Restauration, on donna le nom de livre d'or au registre sur lequel on inscrivit le nom des pairs de France. — Livres prophétiques, livres de la Bible contenant des prophéties. — Livre rouge, registre secret des dépenses de Louis XV et de Louis XVI; la partie du livre rouge contenant les dépenses secrètes de Louis XVI fut publiée par l'Assemblée constituante (1er avril 1790). On y trouva la preuve que les frères du roi, les Polignac, les Noailles; les Ségur et presque tous les membres les plus orgueilleux des grandes familles obtenaient, par une sorte de mendicité, le droit de plonger leurs mains parasites dans le trésor de l'Etat; 230 millions de livres avaient, en 15 ans, été gaspillés, au milieu de la misère publique. La publication du livre rouge porta un coup terrible à l'aristocratie. Son nom lui venait de la couleur de sa reliure. — ETRE ÉCRIT SUR LE LIVRE ROUGE, ETRE SUR LE LIVRE ROUGE, être marqué, noté pour quelques fautes qu'on a commises. — Livres sacrés, LIVRES CANONIQUES, livres de l'Ecriture sainte qui sont reçus de toute l'Eglise. — Chaque religion possède ses livres sacrés. Chez les chrétiens, ces livres sont l'*Ancien Testament* et le *Nouveau Testament* (voy. BIBLE); chez les musulmans, c'est le *Coran*; chez les brahmanes, ce sont les *Védas*;

les bouddhistes ont les *Soutras ;* les confucianistes, possèdent les *Kings;* les parsis, l'*Avesta;* à Rome, il y avait les livres *Sibyllins.* — **Livres sapientiaux,** livres de la Bible qui sont plus particulièrement destinés à l'instruction morale des hommes, tels que la Sagesse, les Proverbes, etc. — **A livre ouvert,** loc. adv. LIRE LA MUSIQUE, CHANTER, ACCOMPAGNER A LIVRE OUVERT, sans avoir besoin de préparation. TRADUIRE UN AUTEUR A LIVRE OUVERT, le traduire facilement à la première lecture. — A l'ouverture du livre, loc. adv. En ouvrant le livre : *je suis tombé, à l'ouverture du livre, sur le passage dont j'avais besoin.* — Législ. « Les *livres de commerce,* que tout commerçant est tenu d'avoir, sont : 1° un *livre-journal* qui présente, jour par jour, ses dettes actives et passives, les opérations de son commerce, ses négociations, acceptations et endossements d'effets, et généralement tout ce qu'il reçoit et paie, à quelque titre que ce soit. Ce livre doit relever en outre, mois par mois, le relevé des sommes employées à la dépense de la maison du commerçant; 2° un registre *copie de lettres,* sur lequel sont transcrites les lettres expédiées et relatives au commerce. Les reçues doivent être mises en liasses; 3° un *livre d'inventaires,* sur lequel sont transcrits les inventaires que le commerçant est tenu de faire chaque année, et qui doivent comprendre le relevé de ses effets ou valeurs mobiliers ou immobiliers, de ses créances et de ses dettes. Le livre-journal et le livre d'inventaires sont cotés, paraphés et visés sans frais, soit par l'un des juges du tribunal de commerce, soit par le maire ou l'un de ses adjoints. Tous les livres prescrits doivent être tenus par ordre de dates, sans blancs, lacunes, ni transports en marge, et ils doivent être conservés pendant dix ans au moins après leur clôture. Les livres de commerce peuvent être admis par les tribunaux comme preuves de faits de commerce entre commerçants, à la condition qu'ils aient été tenus régulièrement. Ils font toujours foi contre celui qui les a tenus; mais ils ne peuvent être invoqués pour preuve de fournitures faites à des personnes non marchandes. Si les livres prescrits par la loi n'ont pas été tenus ou l'ont été irrégulièrement, le commerçant qui tombe en faillite peut être déclaré banqueroutier simple; et si un failli a détruit ou soustrait ses livres de commerce, il est déclaré banqueroutier frauduleux (C. civ. 1329 et s.; C. comm. 8 et s., 586, 594). Les livres de commerce d'un failli sont, au moment de la levée des scellés, arrêtés par le juge de paix qui les remet aux syndics, et ceux-ci doivent les arrêter de nouveau en présence du failli (C. comm. 474, 475). Les livres de commerce sont dispensés du timbre, depuis le 1er janvier 1838, en vertu de la loi du 20 juillet 1837, laquelle a, par suite de cette dispense, accru de trois centimes additionnels le principal de la contribution des patentes. » (CH. Y.)

LIVRE s. f. (lat. *libra*). Poids contenant un certain nombre d'onces, plus ou moins, selon les différents usages des lieux et des temps, et qui remplace à peu près le demi-kilogramme : *à Paris et dans sa plus grande partie de la France, la livre était de seize onces.*

LIVRE s. f. Monnaie de compte valant vingt sous, qui a été remplacée par le franc : *la livre tournois était de vingt sous, la livre parisis de vingt-cinq sous.* En calculant, on pouvait employer ce mot dans tous les cas, et dire : *une livre, deux livres, trois livres, quatre livres, cinq cents livres,* etc.; mais, dans le langage ordinaire, on disait plutôt : *vingt sous, quarante sous, un écu, quatre francs, cent sous, six francs, sept francs, deux mille francs.* Cependant, lorsque la somme ne faisait pas un compte rond, on préférait le mot *livre,* et l'on disait, par exemple : *trois livres cinq sous, quatre livres dix sous.* — S'em-

ployait toujours, et on l'emploie très souvent encore, en parlant d'un revenu annuel : *avoir dix mille livres de rente, vingt mille livres de rente.* — AU SOU, AU MARC LA LIVRE, au prorata de ce que chacun a mis de fonds dans une entreprise, ou de ce qui lui est dû dans une affaire commune : *partager, payer au marc la livre.* Depuis l'établissement du système décimal, on dit, AU MARC LE FRANC. — FAIRE DE CENT SOUS QUATRE LIVRES, ET DE QUATRE LIVRES RIEN, dissiper son bien en mauvais marchés. — **Livre sterling.** (Voy. STERLING.)

* **LIVRÉE** s. f. Habits dont l'étoffe et les galons rappellent, par les dessins et par les couleurs, les armoiries du maître qui en revêt ses gens. — Par ext., habits d'une couleur convenue, ordinairement galonnés, que portent les domestiques d'une même maison : *belle, riche livrée.* — Se dit collectiv. de tous les gens portant une même livrée : *toute la livrée du prince accourut au bruit.* — Se dit aussi de tous les laquais en général : *la livrée se mutina.* — GENS DE LIVRÉE, les domestiques portant livrée. — LA LIVRÉE DE LA NOCE, LA LIVRÉE DE LA MARIÉE, les rubans de couleur qu'aux noces de village on donne à un certain nombre de jeunes gens, de jeunes filles. — Fig. LA LIVRÉE, LES LIVRÉES DE LA MISÈRE, DE LA SERVITUDE, DE LA FAVEUR, etc., les marques extérieures auxquelles on peut reconnaître la misère, la servitude, la faveur, etc. : *il est à genoux devant tout ce qui se montre avec les livrées de la faveur.* — Vén. Se dit du poil de certains animaux, qui est marqueté jusqu'à un certain âge.

* **LIVRER** v. a. (lat. *liberare*, délivrer). Mettre en main; mettre une chose au pouvoir, en la possession de quelqu'un, selon les conventions faites avec lui : *livrer de la marchandise.* — Mettre aux mains, au pouvoir, en parlant des personnes : *livrer un coupable à la justice, aux mains, entre les mains de la justice.*

> Enchaîne ta maîtresse en livrant ton rival.
>   J. RACINE. *Alexandre,* acte III, sc. II.

— Livrer par trahison : *livrer une ville; livrer la place.* — LIVRER UN MANUSCRIT, UN OUVRAGE A L'IMPRESSION, le faire imprimer. — TEL VEND QUI NE LIVRE PAS, on s'engage quelquefois à faire plus qu'on ne veut ou qu'on ne peut. — LIVRER UNE BATAILLE, UN COMBAT, UN ASSAUT, donner une bataille, un combat, un assaut. On dit aussi, LIVRER BATAILLE. — LIVRER BATAILLE, LIVRER COMBAT POUR QUELQU'UN, soutenir fortement les intérêts de quelqu'un. — Aux jeux de dés. LIVRER CHANCE, amener un nombre de points qui devient la chance de l'adversaire. — JE VOUS LIVRE CET HOMME-LA PIEDS ET POINGS LIÉS, je vous réponds qu'il fera ce que vous voudrez, que vous en disposerez comme il vous plaira. — JE VOUS LIVRE CET HOMME-LA MARIÉ AVANT QU'IL SOIT PEU, JE VOUS LE LIVRE RUINÉ DANS UN AN, etc., je vous assure qu'il sera marié dans peu, qu'il sera ruiné dans un an. — JE VOUS LE LIVRE CHEZ VOUS A TELLE HEURE, je vous réponds que je le mènerai chez vous à telle heure, que je l'obligerai de s'y rendre. SI VOUS AVEZ BESOIN DE LUI DANS TELLE AFFAIRE, JE VOUS LE LIVRE, je vous réponds qu'il vous servira. — Livrer en proie, exposer à ; et *livrer* il est toujours suivi de la préposition à : *livrer une ville au pillage, la livrer à la fureur du soldat.* — Se dit, fig., dans un sens analogue : *livrer ses secrets à un imprudent.*

> ... Fortune, achève mon ouvrage,
> Et livre-les tous deux aux transports de leur rage !
>   J. RACINE. *La Thébaïde,* acte IV, sc. II.

— LIVRER AU BRAS SÉCULIER, se disait du renvoi que le juge ecclésiastique faisait au juge laïque, pour prononcer ou pour appliquer des peines afflictives. — Fig. et fam. LIVRER AU BRAS SÉCULIER, abandonner ce dont on ne se soucie plus, et dont on ne veut pas profiter. — LES RESTES DU DINER ONT ÉTÉ LIVRÉS AU BRAS SÉCULIER, c'est-à-dire ont été laissés aux

domestiques. — Chasse. LIVRER LE CERF AUX CHIENS, mettre les chiens après le cerf. — Se *livrer* v. pr. S'abandonner à : *se livrer à la joie, à la douleur, au désespoir, à ses passions, aux plaisirs, à l'amour.* — SE LIVRER A QUELQU'UN, se confier, s'abandonner à lui : *il s'était entièrement livré à des gens qui le trahissaient,* etc. — Absol. C'EST UN HOMME QUI NE SE LIVRE PAS, c'est un homme très circonspect, très réservé. — Jeux. Donner imprudemment quelque avantage à son adversaire : *je me suis livré; je me livre toujours.*

* **LIVRET** s. m. Dimin. Petit livre. Se dit particul. d'un petit livre dans lequel les ouvriers et les domestiques sont tenus de faire inscrire les époques où ils sont entrés chez leurs différents maîtres, celles où ils en sont sortis, etc. : *cet ouvrier a perdu son livret.* — LIVRET DE LA CAISSE D'ÉPARGNE, petit registre délivré par les caisses d'épargne à chaque déposant et contenant les versements et les remboursements. — Se dit aussi d'un petit livre qui contient le catalogue et l'explication des morceaux d'une collection : *le livret du musée.* — Arithm. Se dit d'une table qui contient tous les produits possibles des neuf premiers chiffres. — Au Pharaon et à la Bassette. Les treize cartes qu'on donne à chacun des pontes. — Législ. « Les *livrets d'ouvriers* furent imposés par un édit de 1749 afin d'assujettir plus fortement les ouvriers aux règlements tyranniques des corporations de métiers. Un autre édit de 1781 infligeait une amende de cent livres à l'ouvrier qui avait quitté son maître sans une permission écrite de celui-ci, et une amende de trois cents livres au maître qui avait occupé un ouvrier, dont le livret n'était pas en règle. Le livret fut supprimé pendant quelques mois, en 1776, sur l'initiative de Turgot; il fut encore aboli en 1791; mais il fut prescrit de nouveau sous le Consulat. Le second Empire, par la loi du 22 juin 1854, qui est encore en vigueur, a soumis à l'obligation du livret tous les ouvriers et ouvrières attachés aux manufactures, fabriques, usines, mines, carrières, chantiers, ateliers et autres établissements industriels, et même les ouvriers travaillant chez eux pour des patrons. Le patron doit inscrire, sur le livret , la date de l'entrée de l'ouvrier chez lui, la date de la sortie et l'acquit des engagements; mais il ne peut y ajouter aucune annotation favorable ou défavorable à l'ouvrier. Le décret réglementaire du 30 avril 1855 oblige l'ouvrier à représenter son livret à toute réquisition des agents de l'autorité, et il donne le modèle du livret d'ouvrier et celui du registre correspondant, qui doit être tenu par les chefs d'établissements. Les contraventions à la loi de 1854 sont punies d'une amende de 1 à 45 francs, et le juge de paix peut en outre prononcer la peine de l'emprisonnement pour cinq jours au plus. Cette loi rigoureuse, qui a eu surtout pour but de soumettre la classe ouvrière à une surveillance inquisitoriale, est tombée peu à peu en désuétude, par suite du progrès des mœurs, lesquelles tendent à devenir de plus en plus égalitaires et démocratiques. La Chambre des députés a adopté, le 12 juin 1882, un projet de loi qui abroge toutes les dispositions antérieures relatives aux livrets d'ouvriers; mais le Sénat n'a pas admis ce projet, et il semble que l'accord devra se faire par la suppression de l'obligation et par le maintien du livret qui sera seulement facultatif pour l'ouvrier. » (CH. Y.)

LIVRON, bourg du cant. de Loriol, arr. et à 19 kil. S. de Valence (Drôme); au confluent de la Drôme et du Rhône; 4,500 hab. Fabrique d'instruments aratoires, moulins, marbreries; commerce de vins et de grains.

LIVRY (Emma), célèbre danseuse, née à Paris en 1842, morte à Neuilly en 1863. Son vrai nom était Emma Emarot. Elle débuta, dès l'âge de seize ans sur la scène de l'Opéra et devint de suite l'émule plutôt que la rivale de Mlle Taglioni, qui ne fut pas la dernière à lui prédire un avenir des plus brillants. Emma Livry allait obtenir un triomphe dans la *Muette de Portici*, lorsque le 15 déc. 1862, pendant la répétition générale de cette pièce, le feu prit à ses vêtements; elle ne tarda pas à mourir des suites de ce terrible accident.

* **LIXIVIATION** s. f. (lat. *lixivium*, lessive). Opération chimique qui consiste à laver les cendres ou autres matières, pour en tirer les parties solubles qu'elles contiennent.

* **LIXIVIEL, ELLE** adj. Chim. S'est dit des sels alcalins obtenus par la lixiviation ou le lavage des cendres : *sel lixiviel*.

LIZIER (Saint-), ch.-l. de cant., arr. et à 3kil. N.-O. de Saint-Girons (Ariège); 1,200hab. Dépôt de mendicité.

LIZY-SUR-OURCQ, ch.-l. de cant., arr. et à 16 kil. N.-E. de Meaux (Seine-et-Marne); 1,600 hab.

* **LLAMA** s. m. [lla-ma; *ll* mll.]. Voy. LAMA.

LLANELLY [gall. slâ-nèss-li], port du Carmarthenshire (pays de Galles), sur la Burry, à 22 kil. S.-E. de Carmarthen; 16,000 hab. Fer, cuivre, plomb, argent et charbon de terre.

LLANO s. m. [lià'-no; *ll* mll]. Nom donné, dans l'Amérique méridionale, à de vastes plaines couvertes de grandes herbes.

LLANQUIHUÉ[liànn-ki'-oué], prov. du Chili, sur le Pacifique, et séparé de Chiloé par un détroit; 18,493 kil. carr.; 50,000 hab. Vastes forêts et lacs des plus pittoresques; climat doux et sain, sol extrêmement fertile; nombreux troupeaux de bœufs et de porcs. Cap., Puerto-Montt.

LLORENTE (don Juan-Antonio) [lio-rènn-té], prêtre et auteur espagnol(1756-1823). Commissaire de l'inquisition en 1785 et secrétaire général du saint-office en 1789, il essaya d'apporter quelques réformes dans la constitution de ce terrible tribunal, ce qui motiva son arrestation en 1791. Plus tard, il embrassa avec ardeur le parti des Français, fut nommé conseiller d'État par le roi Joseph et fut chargé d'écrire l'histoire de l'inquisition, lorsque le saint-office eut été aboli. En même temps, le roi lui confia l'administration des biens déclarés nationaux. Exilé en 1814, Llorente se fixa à Paris, où il termina sa fameuse *Histoire de l'Inquisition d'Espagne*, d'abord publiée en espagnol, mais aussitôt traduite en français (4 vol. 1817-'18). Immédiatement, l'auteur fut suspendu de ses fonctions ecclésiastiques. Après l'apparition des *Portraits politiques des papes* (1822), il reçut l'ordre de quitter la France et se retira à Madrid, où il ne tarda pas à mourir. Il a laissé plusieurs autres ouvrages.

LLOYD s. m. [lo-idd]. Nom donné à diverses compagnies de navigation et d'assurances maritimes. — Le *Lloyd anglais* fut fondé vers 1710 dans un café tenu par un nommé Edward Lloyd et situé près de la Bourse. C'est une société d'armateurs, d'assureurs, de négociants, de capitalistes, qui se réunissent pour prendre connaissance des nouvelles commerciales et autres. Le Lloyd publie une gazette maritime. — Le *Lloyd autrichien* ou *Lloyd de Trieste*, fondé en 1833 par le baron Bruck, constitué en société d'assurance seulement, s'occupe aujourd'hui de la navigation entre Trieste et le Levant, au moyen d'une flotte de bateaux à vapeur qui se chargent du transport des dépêches; il publie des livres et un journal. — Le *Lloyd de l'Allemagne du Nord (Norddeutscher Lloyd)*, constitué à Brême en 1857, s'occupe surtout d'émigration et de navigation transatlantique. — Le *Lloyd russe* a son siège à Odessa.

LÔ (Saint-); *Briovera, Sanctus Laudus*, ch.-l. du dép. de la Manche, sur une éminence qui domine la rive droite de la Vire; à 287 kil. O., de Paris; par 49° 6' 59" lat. N., et 3° 23' 55" long. O.; 9,400 hab. Dépôt d'étalons; commerce de draps, de calicots, de dentelles, de coutellerie, de miel et de beurre. Appelée dans l'origine *Bourg-l'Abbé*, cette ville reçut son nom actuel de saint Laud ou Lô, évêque de Coutances, qui y fonda une église. Saint-Lô, fortifié par Charlemagne et rasé plus tard par Rollon, fut rétabli, en 1096, par Henri, fils de Guillaume le Conquérant ; il eut beaucoup à souffrir pendant les guerres de religion. Église Notre-Dame, ancienne cathédrale du xve siècle, surmontée de deux flèches élégantes; église Sainte-Croix, du xie siècle, considérée comme le monument le plus complet de l'architecture saxonne et entièrement rebâtie en 1860. — Fabrique de beaux draps, dits de Saint-Lô, de coutils de *Canisy*, de serges, de rubans de fil, de dentelles; tanneries. Patrie du cardinal du Perron.

LOANDA (Saint-Paul de)(port. *São Paulo de Loanda*), ville de la côte d'Angola (Afrique occidentale), au S. du Congo et vis-à-vis une île du même nom. C'est la capitale des possessions portugaises dans la basse Guinée. Grand commerce avec le Brésil; 12,000 hab.

LOANGEOIS, OISE adj. Qui est du Loango ; qui appartient à ce pays ou à ses habitants.

LOANGO, royaume de la basse Guinée (côte de l'Afrique occidentale), au N. de l'embouchure du Congo ou Zaïre. Le nom de Loango est souvent étendu à toute la côte comprise entre le cap Lopez et le Congo. Parmi les différents royaumes de cette région, nous citerons ceux de Loango, de Cabinda ou Angoy et de Kakongo. Le plus puissant est le premier, qui exerce une sorte de suprématie sur les autres. Le fleuve Loango, appelé aussi Kakongo ou Chiloango, est formé par la réunion de la Lukulla et du Loango Luiz ou Ruiz; il sépare les royaumes de Loango et de Kakongo. Les Européens ont établi de nombreux comptoirs à l'embouchure des rivières et sur les côtes. Exportation d'huile, de gomme, de cire, d'ivoire, de café, de coton, de bois de teinture et de cuivre.

LOANO, ville d'Italie, sur le golfe de Gênes et à 56 kil. S.-O. de cette ville ; 4,500 hab. Le 23 nov. 1795, le général Schérer y défit complètement les Austro-Sardes.

LOASA s. m. Bot. Genre de loasées, comprenant plusieurs espèces de plantes originaires du Chili et du Pérou. Le *loasa bigarré (loasa picta)* du Pérou porte de belles fleurs blanches et jaunes; mais il est couvert de poils brûlants qui en rendent l'approche difficile.

LOASÉ, ÉE adj. Bot. Qui ressemble au loasa; qui se rapporte à cette plante. — s. f. pl. Famille de plantes exotiques ayant pour type le genre loasa et comprenant, en outre, le genre bartonia.

LOBAIRE adj. Hist. nat. Qui est divisé en lobes.

LOBAU, île du Danube, à 9 kil. S.-E. de Vienne. Elle fut occupée et fortifiée par les Français en 1809, avant la bataille de Wagram. Napoléon fit de son nom le titre d'un comté qu'il donna au général Mouton. (Voy. l'art. suivant.)

LOBAU (Georges MOUTON, comte de) général français, né à Phalsbourg en 1770, mort en 1838. Simple soldat en 1792, il prit une grande part à la seconde campagne d'Italie, devint aide de camp de Joubert en 1798, et de Napoléon en 1805. Dès lors, il figura dans toutes les campagnes de l'Empire. Général

de division en 1807, après Friedland, il enleva à la baïonnette la ville de Médina et celle de Burgos. Sa belle conduite à Eckmühl, à Essling et dans l'île de Lobau où il sauva un corps d'armée qui y avait été abandonné après Essling, lui valut son titre de comte de Lobau. Après Leipzig, il fut envoyé prisonnier en Hongrie; il se battit à Waterloo et resta prisonnier des Anglais de 1815 à 1818. En 1828, le dép. de la Meurthe l'envoya à la Chambre des députés; il prit part à la Révolution de 1830, remplaça Lafayette à la tête de la garde nationale (1830), fut fait maréchal (1831) et nommé pair de France. Il réprima avec vigueur les émeutes de 1832 et de 1834.

* **LOBE** s. m. (gr. *lobos*). Anat. Division d'une partie du corps formée par des sillons ou des échancrures : *lobes du cerveau*. — Bout inférieur de l'oreille. — Bot. Division large et arrondie de certaines feuilles. — LOBES SÉMINANT, ou simpl LOBES, les deux corps charnus qui sortent de la semence des dicotylédones lorsqu'elle germe, et qui, dans plusieurs de ces plantes, se transforment en deux feuilles.

* **LOBÉ, ÉE** adj. Bot. Qui est divisé en lobes : *feuille lobée*.

LOBEIRA ou **Loveira** (Vasco de), écrivain portugais du xive siècle, connu surtout comme auteur du célèbre roman intitulé *Amadis de Gaule*.

LOBEL ou **de l'Obel** (Matthias), botaniste flamand, né à Lille en 1538, mort en 1616. Il émigra en Angleterre et devint médecin de Jacques Ier. Ses ouvrages les plus importants sont intitulés : *Stirpium Adversaria Nova* (1570) et *Plantarium historia* (1576).

LOBÉLIACÉ, ÉE adj. Bot. Qui ressemble à la lobélie ou qui s'y rapporte. — s. f. pl. Famille de plantes, voisine des campanulacées et comprenant environ 23 genres et plus de 350 espèces exotiques, dangereuses ou suspectes en raison de l'extrême âcreté du suc laiteux qu'elles contiennent. Genre type : lobélie; genres principaux : clintonie, centropogon, etc.

LOBÉLIE s. f. (de Lobel, n. pr.). Bot. Genre de lobéliacées, qui comprend un certain nombre d'espèces de plantes herbacées ou sous-frutescentes. L'espèce principale, la *lobélia*

Lobélie cardinale (Lobelia cardinalis).

cardinale (*lobelia cardinalis*) des États-Unis porte de magnifiques fleurs écarlates. La *lobélie tabac (lobelia inflata)*, de l'Amérique du Nord, renferme un alcaloïde liquide volatil particulier, la lobéline, et l'acide lobélicol. Cette herbe constitue un violent émétique, dont l'action est accompagnée de nausées et de prostration. — Nous n'avons, en Europe, que trois espèces de ce genre; nous citerons la *lobélie brûlante (lobelia urens)*, charmante plante des environs de Paris, à fleurs bleues

Lobelia inflata.

presque sessiles; elle est vénéneuse ainsi que la plupart des autres.

LOBINEAU (Gui-Alexis), savant bénédictin, né à Rennes en 1666, mort en 1727. On a de lui : *Histoire de Bretagne* (Paris, 1707, 2 vol. in-fol.); *Histoire des saints de la Bretagne* (in-fol.); *Histoire de la ville de Nantes*, etc. Il collabora au *Glossaire* de Ducange.

LOBO (Jernimo), jésuite portugais, né à Lisbonne en 1593, mort en 1678. En 1621, il fut envoyé aux missions des Indes et dans l'Abyssinie en 1634; il devint, plus tard, recteur, puis provincial de la maison de son ordre à Goa. On a de lui *Historia de Æthiopia* (Coïmbre, 1559, in-fol.), traduite en français par Joachim Legrand sous le titre : *Voyage historique d'Abyssinie traduit du portugais* (Paris, 1728, grand in-4°).

LOBOS (Iles) ou **ILES DES PBOQUES**, nom de trois îles péruviennes, situées dans le Pacifique. La principale, Lobos de Tierra, par 6° 29' lat. S. et 83° 12' long. O., mesure 8 kil. de long. sur 3 de large. A environ 50 kil. S.-S.-E. de cette île, se trouvent les deux autres, qui se nomment Lobos de Afuera. Elles sont couvertes de plus de 2 millions de tonnes de guano.

LOBULAIRE adj. (rad. *lobule*) Hist. nat. Qui a la forme d'un lobule.

LOBULE s. m. Anat. Petit lobe : *chaque lobe de cet organe se divise en une multitude de lobules.*

LOBULÉ, ÉE adj. Hist. nat. Qui est divisé en lobules.

LOBULEUX, EUSE adj. Hist.nat. Qui a de nombreux lobules.

LOBULISATION s. f. Physiol. Transformation en lobules ou en organe lobulé.

LOCAL, ALE, AUX adj. (lat. *localis*; de *locus*, lieu). Qui appartient à un lieu, qui a rapport à un lieu : *coutume locale*. — MÉMOIRE LOCALE, celle qui retient particulièrement la disposition et l'état des lieux et des choses. — Peint. COULEUR LOCALE, couleur propre à chaque objet, indépendamment de la distribution particulière de la lumière et des ombres. — COULEUR LOCALE, se dit, par ext., en parlant de quelques ouvrages de littérature : *dans ce poème, dont l'action se passe en Grèce, la couleur locale est parfaitement observée.* — Méd. AFFECTION LOCALE, maladie bornée à un seul organe, à un seul endroit du corps. On dit, dans le même sens, TRAITEMENT LOCAL. — s. m. Lieu considéré par rapport à sa disposition et à son état : *le local de cette imprimerie est trop resserré.*

LOCALEMENT adv. D'une manière locale.

* **LOCALISATION** s. f. Didact. Action de localiser, de se localiser.

* **LOCALISER** v. a. Didact. Désigner l'endroit où réside une cause morbide : *cette théorie médicale localise la fièvre dans les intestins.* — Se localiser v. pr. : *le mal s'est localisé dans le côté gauche.*

* **LOCALITÉ** s. f. Particularité ou circonstance locale. S'emploie surtout au pluriel : *certaines lois doivent être modifiées en raison des localités.* — Se dit aussi des lieux mêmes quant à ce qu'ils ont de particulier : *connaître les localités.*

LOCARNO (all. *Luggarus*), ville de Suisse, à 18 kil. S.-O. de Lugano et à 15 kil. S.-O. de Bellinzona, sur la côte septentrionale du lac Majeur; 3,000 hab. C'est l'un des trois ch.-l. du canton du Tessin et le siège du gouvernement cantonal. Port de commerce; culture de la vigne; foires importantes.

* **LOCATAIRE** s. (lat. *locatarius; de locare*, louer). Celui, celle qui tient une maison ou une portion de maison à louer : *il n'a qu'un locataire dans sa maison; cette femme est ma locataire.* — PRINCIPAL LOCATAIRE, la personne qui loue du propriétaire une maison, pour la sous-louer en totalité ou par parties : *le principal locataire, la principale locataire de cette maison, n'y a pas son appartement.* — Législ. Les droits et les devoirs des locataires ont été résumés au mot BAIL On trouvera aussi quelques renseignements spéciaux, aux mots CONGÉ, INCENDIE, LOCATIF, etc.

LOCATERIE s. f. « On donnait autrefois le nom de *locaterie* ou de *locatairerie* à des baux en usage en France, surtout dans les provinces méridionales. La locaterie perpétuelle ne transmettait pas la jouissance, mais seulement la jouissance à perpétuité, à charge d'une redevance annuelle. Ce contrat a été formellement interdit par la loi du 29 décembre 1790. (Voy. EMPHYTÉUSE. » (CH. Y.)

LOCATEUR, EUSE s. Propriétaire qui donne à bail.

* **LOCATIF, IVE** adj. Ne s'emploie guère que dans ces locutions : RÉPARATIONS LOCATIVES, celles qui sont à la charge du locataire, et, VALEUR LOCATIVE, ce qu'un immeuble peut rapporter, quand on le donne à loyer. — Législ. « La loi donne le nom de *réparations locatives* celles que le locataire est tenu de faire à ses frais, à moins qu'il n'y ait clause contraire dans le bail, ou à moins qu'elles ne soient occasionnées soit par vétusté, soit par force majeure. C'est l'usage des lieux qui détermine quelles sont les réparations locatives; mais, en ce qui concerne les baux de maisons d'habitation, la loi indique ellemême, comme devant incomber à la charge du locataire, les réparations qui sont à faire : aux âtres, contre-cœurs, chambranles et tablettes de cheminée; au récrépiment du bas des murailles, à la hauteur d'un mètre; aux pavés et carreaux des chambres, lorsqu'il y en a seulement quelques-uns de cassés; aux vitres, portes, croisées, planches de cloisons ou de fermeture de boutiques; aux gonds, targettes et serrures. S'il n'a pas été fait d'état des lieux, le locataire est présumé, sauf preuve contraire, les avoir reçus en bon état de réparations locatives, et il doit les rendre tels. Il est tenu des dégradations qui arrivent soit par son fait, soit par le fait des personnes de sa maison ou de ses sous-locataires (C. civ. 1731, 1732, 1736, 1754, 1755). Le privilège que la loi accorde au propriétaire pour le paiement de ses loyers s'applique aussi aux réparations locatives (id. 2102). Les juges de paix connaissent, sans appel, jusqu'à la valeur de cent francs, et à charge d'appel, pour toute demande supérieure, des actions concernant les réparations locatives (L. 25 mai 1838); et c'est le juge de la situa-

tion des biens qui est compétent (C. pr. 3). En matière d'assurance contre l'incendie, on nomme *risques locatifs* la responsabilité des locataires, à l'égard du propriétaire, en cas de sinistre, et quelquefois aussi, la responsabilité inverse du propriétaire à l'égard du locataire, dans le même cas. (Voy. INCENDIE.)»
(CH. Y.)

* **LOCATION** s. f. Action par laquelle le propriétaire d'une chose la donne à quelqu'un, à titre de louage ou de bail. Ce terme est corrélatif de celui de *Conduction*, qui signifie l'action par laquelle on prend une chose à titre de louage ou de bail. Dans l'usage ordinaire, on emploie aussi en ce dernier sens le mot de *Location*, celui de *Conduction* n'étant guère usité qu'en Jurisprudence. — Pour la législ., voy. BAIL. — LOCATION DE LOGES, action de louer des loges au spectacle : *il est préposé à la location des loges.*

* **LOCATIS** s.m. [lo-ka-tiss]. Mauvais cheval de louage : *prendre un locatis*. Il est familier et peu usité.

LOCATURE s. f. Agric. Espèce de maison coloniale agricole donnée à ferme et dont on peut devenir propriétaire au moyen d'une faible annuité.

* **LOCH** s. m. [lok] (angl. *log*). Mar. Instrument qui sert à mesurer la vitesse du sillage d'un navire. Il se compose de 3 parties, savoir : 1° d'un *bateau*, petite planche de bois ordinairement triangulaire ou quelquefois secteur de cercle, lesté sur un côté avec du plomb, de manière à se tenir verticalement dans l'eau; 2° d'une *ligne de loch*, longue corde attachée au bateau, et divisée en parties égales ou *nœuds* qui ont chacun 15 m. 43 (120e partie d'un mille marin de 60 au degré); 3° d'un *dévidoir* autour duquel on enroule la ligne et qui se déroule librement. — Pour mesurer le temps, on se sert d'un sablier qui marque trente secondes, et l'on dit que le navire *file* deux, trois, quatre ou cinq nœuds à la demi-minute, quand il s'éloigne de deux, trois, etc., nœuds de son bateau de loch, pendant le temps marqué par le sablier. Mesurer, à l'aide du loch, le filage du navire est ce qu'on appelle *jeter le loch*. On nomme *table de loch* une ardoise ou un tableau noir où se trouvent des divisions par colonnes, pour marquer les heures où le loch a été jeté et le nombre de nœuds qui y correspondent. Cet appareil, très simple, était employé dès 1577. On a imaginé plusieurs instruments, plus exacts mais plus compliqués, destinés à le remplacer.

* **LOCHE** s. f. (armoricain *loutek*). Icht. Genre de cyprinoïdes, à tête petite, à corps allongé, couvert de petites écailles et enduit de mucosité, à bouche peu fendue, sans dents, munie de lèvres propres à sucer. Trois espèces habitent nos rivières et nos étangs. La *loche*

Loche franche (Cobitis barbatula).

franche (cobitis barbatula), longue de 12 à 15 centim., est pointillée de brun sur fond jaune; elle a 6 barbillons à la lèvre supérieure. Elle est commune dans les cours d'eau clairs, rapides et peu profonds, où elle aime à se mettre en embuscade pour attendre les petits vers et les insectes dont elle se nourrit. On la prend quelquefois à la main, malgré sa vivacité. Pour rendre encore plus délicate sa chair fine et recherchée, on la noie souvent dans du lait ou dans du vin. On la mange en friture. Elle se multiplie assez facilement dans les viviers d'eau courante. Les deux autres espèces, beaucoup moins estimées, sont: la *loche d'étang* (*cobitis fossilis*) et la *loche de rivière* (*cobitis tænia*).

* **LOCHER** v. n. Branler, être près de tomber. Ne se dit que d'un fer de cheval : *regardez aux pieds de ce cheval, j'entends un fer qui loche.* — Prov. et fig. AVOIR TOUJOURS QUELQUE FER QUI LOCHE, être valétudinaire, et avoir souvent de petites incommodités. — Prov. et fig. IL Y A QUELQUE FER QUI LOCHE, il y a quelque chose qui empêche cette affaire d'aller bien.

LOCHES, *Castrum Luchæ*; celt. *loch*, *louch*, marais; ch.-l. d'arr. du dép. d'Indre-et-Loire, sur l'Indre, à 41 kil. S.-E. de Tours, par 47° 7' lat. N. et 1° 20' 25" long. O.; 5,100 hab. Fabriques de draps, toiles; papeteries; tanneries; commerce de bois, grains et bestiaux. Le duc d'Alençon, le cardinal de la Balue, Commines, Georges d'Amboise et Ludovic Sforza furent enfermés au donjon de Loches aujourd'hui en ruines. Ce qui reste du château (XIIIᵉ siècle) est très curieux à visiter. Collégiale de Saint-Ours; tour Saint-Antoine, ancien beffroi; palais de Charles VII, aujourd'hui sous-préfecture.

LOCHIAL, ALE, AUX, adj. Méd. Qui a rapport aux lochies.

* **LOCHIES** s. f. pl. [lo-chî] (gr. *locheia*; de *lochos*, femme en couches). Méd. Évacuation utérine qui a lieu après l'accouchement, et qu'on appelle ordinairement VIDANGES.

LOCKE (John), philosophe anglais, né en 1632, mort le 28 oct. 1704. D'abord médecin, il guérit d'un abcès lord Ashley (plus tard comte de Shaftesbury) et le membre du fameux ministère de la cabale le prit sous sa haute protection. Depuis longtemps, Locke s'occupait de philosophie; en 1670, il commença son *Essai sur l'entendement humain*, dont la publication ne fut entreprise qu'en 1690 (trad. française par Coste, 1700, 4 vol. in-4°). Ashley, accusé de trahison, ayant été forcé de se réfugier en Hollande (1683), Locke le suivit, et continua de résider à Amsterdam, après la mort de son protecteur. Il y publia, en français, dans la fameuse *Bibliothèque universelle et historique* de Le Clerc : *Nouveau mémento* (1686); un abrégé de son *Essai de l'entendement* (1687) et sa *Lettre sur la tolérance* (1688). Rentré en Angleterre après la révolution de 1688, il dut à sa situation d'ancien exilé la protection du nouveau gouvernement, qui créa pour lui une riche sinécure. En moins de 14 ans, il vit paraître 6 éditions de son chef-d'œuvre, l'*Essai sur l'entendement humain*, qui fut traduit en plusieurs langues et répandit sa réputation dans toute l'Europe. Il publia, en 1690, deux *Traités sur le gouvernement civil* pour défendre les principes de la Révolution de 1688 et pour établir que les titres du roi Guillaume, basés sur le consentement du peuple, étaient les seuls titres vraiment légaux. Il donna ensuite successivement : *Pensées relatives à l'éducation* (1693) et *Sagesse du christianisme* (*Reasonableness of christianity* (1695). La faiblesse de sa santé le força de se démettre de tout emploi public en 1700, et de se retirer à Oates (Essex), dans la maison de campagne de son ami Francis Masham. Son excellent traité sur la *Conduite de l'entendement* ne fut publié qu'après sa mort. Son *Essai sur l'entendement*, fruit de longues méditations, fut composé à différents intervalles, il est écrit dans un style familier et vigoureux. Son but était de rechercher l'origine, la certitude, et l'étendue des connaissances humaines; et sa méthode, entièrement psychologique, est basée sur l'observation patiente et minutieuse des phénomènes de la conscience. Dans sa théorie de l'origine empirique de nos idées, il démontre que nos facultés naturelles sont capables de

former les idées que nous possédons; que l'action de ces facultés naît de l'expérience, et que l'intelligence, par conséquent, peut être comparée à une feuille de papier blanc, vierge de tout caractère, et sur laquelle, viennent s'imprimer les événements. Il explique plus particulièrement cette théorie en établissant une distinction entre la *sensation* et la *réflexion* comme sources de nos idées. La première est l'observation du monde extérieur; la seconde est l'observation de nos opérations intimes. Par un long et minutieux raisonnement, il tend à réduire les idées d'espace, de temps, d'infini, de causalité, d'identité personnelle, de substance, de bien et de mal, dans les seules limites de l'expérience. Il soutenait dans sa théorie de perception que l'esprit n'a pas une connaissance immédiate des choses; mais qu'elle lui vient par l'intervention des idées; que le savoir est réel seulement lorsqu'il y a conformité entre nos idées et la réalité des choses; et que les idées peuvent être entièrement inadéquates (ce en quoi la philosophie de Locke diffère surtout du criterium de Descartes). La théorie de Locke contient le germe d'un scepticisme complet; elle a donné naissance au système de Berkeley, qui niait l'existence du monde matériel, et à celui de Hume qui faisait consister tout le savoir humain dans le doute universel. — La biographie de Locke a été publiée en 1829 par lord King, descendant de sa sœur. La meilleure édition complète de ses œuvres est celle de 1823 (10 vol.).

LOCK HAVEN, ville de Pennsylvanie (Etats-Unis), sur le bras occidental de la Susquehannah, à 175 kil. N.-N.-O. de Harrisburg; 7,000 hab.

LOCKISME s. m. Système philosophique de Locke.

LOCKISTE adj. Partisan de la philosophie de Locke.

LOCKPORT I. Ville des Etats-Unis d'Amérique dans l'état de New-York, sur le canal de Hudson au lac Erié, à 40 kil. N.-N.-E de Buffalo; 14,500 hab. — II. Ville des Etats-Unis dans l'état de l'Illinois, à 40 kil. S.-O. de Chicago, sur le canal de Michigan; 4,000 hab. Commerce important.

LOCLE (Le), ville de Suisse, cant. et à 45 kil. N.-O. de Neufchâtel; 11,000 hab. Horlogerie, dentelles, joaillerie. Le Locle ayant été détruit par un incendie en 1833, les maisons que l'on y a reconstruites depuis, sont toutes séparées les unes des autres. Dans les environs le trop-plein de la petite rivière Bied est conduit au Doubs par un tunnel long d'environ 300 m., creusé dans un rocher calcaire.

* **LOCMAN.** Voy. LAMANEUR.

LOCMINÉ, ch.-l. de cant., arr. et à 25 kil. S.-E. de Pontivy (Morbihan); 1,800 hab. Pelleteries, vins.

LOCO adv. Mot tiré de l'italien et qui signifie *à la place*. Mus. Se met après un passage qui doit être exécuté à l'octave haute ou basse et signifie qu'il faut reprendre les notes qui suivent comme elles sont écrites, sans transposition. — *Loco citato*, mots latins employés souvent dans les citations et qui signifient *au lieu cité* précédemment.

* **LOCOMOBILE** s. f. (lat. *locus*, lieu; *mobilis*, mobile). Sorte de machine à vapeur portative servant à l'agriculture ou à l'industrie.

* **LOCOMOTEUR, TRICE** adj. (lat. *locus*, lieu; *motus*, mû). Qui opère la locomotion : *muscles locomoteurs*.

* **LOCOMOTIF, IVE** adj. Qui a rapport à la locomotion. N'est guère usité que dans cette expression, FACULTÉ LOCOMOTIVE, faculté de changer de lieu par un acte de sa volonté.

* **LOCOMOTION** s. f. (lat. *locus*, lieu; *motus*, mouvement). Changement de lieu en vertu de la faculté locomotive : *la locomotion est une faculté commune à presque tous les animaux.*

* **LOCOMOTIVE** s. f. Machine à vapeur montée sur roues qui sert à la traction des voitures placées sur une voie ferrée ou à d'autres usages. — La première locomotive qui obtint le succès désirable fut celle que construisit George Stephenson, en 1814; elle parcourait une moyenne de 6 milles à l'heure. En 1829, sa fameuse *Rocket* obtint le prix de 12,500 fr. promis pour la meilleure locomotive, par les directeurs de la compagnie du chemin de fer Liverpool-et-Manchester; la Rocket dévorait une moyenne de 50 kil. à l'heure. La *North-Star* (Etoile du Nord), construite en 1839, parcourait près de 60 kil., et l'on en fabriqua plus tard dont la vitesse alla jusqu'à 110 kil. à l'heure.

LOCRÉ (Jean-Guillaume), BARON DE ROISSY, jurisconsulte français, né à Leipzig en 1758, mort à Nantes en 1840. Ami de Cambacérès, il fut son collaborateur dans le classement du code des lois nouvelles et fut nommé secrétaire des Anciens, puis du Conseil d'Etat jusqu'à la Restauration. On a de lui : *Esprit du Code Napoléon; Esprit du Code de commerce; Procès-verbaux du conseil d'Etat.*

LOCRES, *Locri Epizephirii* (Locres de l'Ouest), ancienne ville de l'Italie méridionale, sur la côte S.-E. du Brutium, à l'embouchure du fleuve Sagra. C'est auj. *Gerace* dans la Calabre ultérieure 1ʳᵉ. Fondée au VIIᵉ siècle av. J.-C. par une colonie venue de la Locride, elle eut pour législateur Zaleucus. Plus tard, elle fut l'alliée de Syracuse, de Pyrrhus d'Epire (280), d'Annibal (216) et tomba au pouvoir des Romains en 205. Elle existait encore au VIᵉ siècle après J.-C., et il est probable qu'elle fut détruite par les Sarrasins.

LOCRIDE, *Locris*, contrée de l'ancienne Grèce, habitée par les Locriens, descendants supposés des Lélèges et séparée par la Phocide en deux parties, la *Locride orientale*, sur la mer Egée et la *Locride occidentale*, sur le golfe de Corinthe. On pense que les Locriens occupèrent primitivement toute la Grèce septentrionale et le golfe de Corinthe jusqu'au détroit d'Eubée; mais que, plus tard, les Phocéens et les Doriens finirent par les repousser sur les deux côtes. Dans la Locride orientale se trouvaient les Locriens Opontiens et les Locriens Epicnémides, ainsi nommés, les premiers à cause d'Oponte, leur capitale; les seconds à cause du mont Cnémide. La partie occidentale, habitée par les Locriens Ozoles, avait pour villes princip. : Amphissa, Naupacte (auj. Lépante) et Eupalium.

LOCRIEN, IENNE s. et adj. Géogr. Qui est de Locres ou de la Locride, qui appartient à ces pays ou à leurs habitants.

LOCULAIRE adj. (lat. *loculus*, petit endroit). Bot. Qui est divisé en plusieurs loges ou cavités. Ce mot est presque toujours précédé des nombres *uni*, *bi*, *tri*, *quatri*... *multi*, et sert alors à désigner le nombre des loges dans les fruits.

LOCUSTE s. f. Zool. Genre d'insectes généralement appelés SAUTERELLES. — Crustacé nommé vulgairement *chevrette*, *crevette* ou *salicoque*.

LOCUSTE, fameuse empoisonneuse dont Agrippine se servit pour se défaire de Claude et que Néron employa pour faire périr Britannicus. Galba la fit mettre à mort vers l'an 68 après J.-C.

LOCUSTIEN, IENNE adj. Entom. Qui ressemble à la sauterelle ou qui s'y rapporte.

* **LOCUTION** s. f. (lat. *locutio*; de *loqui*, parler). Expression, façon de parler spéciale ou particulière. : *une locution nouvelle*.

LODESAN, ANE s. et adj. Qui est de Lodi; qui appartient à cette ville ou à ses habitants. — s. m. Territoire qui a Lodi pour ch.-l.

LODÈVE, *Luteva, Forum Neronis,* ch.-l. d'arr. du dép. de l'Hérault, au pied des Cévennes, à 52 kil. N.-O. de Montpellier, sur la rive gauche de la Lergues, par 43°43'57" lat. N. et 0°58'48" long. E.; 9,500 hab. Importantes fabriques de draps pour l'armée; huiles d'olives, savons; vins estimés, fruits. Au moyen âge, Lodève fut gouvernée par des vicomtes et ensuite par des évêques souverains, contre lesquels les habitants se révoltèrent plusieurs fois.

LODI, ville du roy. d'Italie, dans l'ancienne Lombardie, à 31 kil. S.-E. de Milan sur la rive droite de l'Adda; 20,000 hab. (y compris la population des faubourgs). Elle fut bâtie en 1158 par l'empereur Frédéric Barberousse, à environ 10 kil. de Lodi Vecchio, que les anciens Romains avaient nommée *Laus Pompeia,* en l'honneur de son fondateur, le père du grand Pompée. Lodi Vecchio ayant été détruit par les Milanais, en 1158, l'empereur bâtit un fort dans une nouvelle position et ce fut l'origine d'une nouvelle ville. On y remarque une belle place entourée d'arcades, plusieurs palais, une cathédrale ornée de magnifiques bas-reliefs et l'église de l'Incoronata, attribuée à Bramante et qui offre un spécimen exquis du style renaissance; cette église renferme des tableaux de Calisto de Lodi, dont le talent se rapproche à s'y méprendre de celui du Titien. — Majolique; poterie imitation de celle de Delft; produits chimiques. Les fameux fromages parmesans se fabriquent presque exclusivement dans les environs de Lodi. — **Bataille de Lodi,** bataille livrée le 10 mai 1796 entre les Français sous les ordres de Bonaparte, et les Autrichiens commandés par Beaulieu, et dans laquelle ces derniers furent complètement défaits. Le général Bonaparte fit preuve, dans cette journée, d'une rare énergie; voyant plier la colonne française à l'entrée du pont da Lodi, sur l'Adda, il saisit un drapeau et, au plus fort de la mêlée, se jeta en avant et entraîna ses soldats. En souvenir de cette brillante action, le général Bonaparte fut, par ses troupes, acclamé *caporal,* titre sous lequel on l'appela désormais dans les camps.

LODOMIRIE ou **Wladimirie,** ancienne contrée de la Pologne occidentale, ainsi appelée du nom de Lodomir ou Wladimir le Grand à la fin du X⁰ siècle. Lors du premier démembrement de la Pologne, en 1772, l'Autriche donna le nom de Galicie-et-Lodomirie à la portion qui lui était échue.

· LODS s. m. pl. (germ. *laod,* charges), Jurispr. Il n'est usité que dans l'expression, Lods ET VENTES, redevance qu'un seigneur avait droit de prendre sur le prix d'un héritage vendu dans sa censive ou dans sa mouvance : *payer les lods et ventes; remettre entièrement à quelqu'un les lods et ventes.*

LODZ, ville de la Pologne russe, gouvernement de Piotrkow, à 120 kil. S.-O. de Varsovie; 50,000 hab., presque tous Allemands. C'était, en 1825, un simple hameau qui dut son rapide développement à ses manufactures de lainages.

· LOF s. m. (anglo-saxon *lof, lofe,* vent). Mar. Le côté que le navire présente au vent. ALLER AU LOF, VENIR AU LOF, aller au plus près du vent. VIRER LOF POUR LOF, virer vent arrière, pour mettre au vent un des côtés du bâtiment au lieu de l'autre.

· LOFER v. n. Mar. Venir au lof.

LOFFICIAL (Louis-Prosper), conventionnel, né à Angers en 1747, mort en 1815. Député à la Convention, il vota contre la mort du roi et se prononça pour l'appel et le sursis. Après le 9 thermidor, il prit la défense des Vendéens, dénonça Carrier et le fit condamner à mort. Il fut membre du Conseil des Cinq-Cents et plus tard conseiller à la cour d'Angers.

LOFFODEN ou **Lofoten,** groupe d'îles de l'océan Glacial arctique, sur la côte occidentale de la Norvège, entre 67° et 69° 30' lat. N. et entre 10° et 15° long. E.; 47,000 hab. Pêche de la morue et du hareng, employant jusqu'à 20,000 pêcheurs. A l'extrémité S.-O. des îles Loffoden, se trouve le tourbillon périlleux du Mælstrom, produit par le courant entre les îles Moskenes et Vær. Les îles principales de ce groupe sont Andœ, Langœ, à l'E. et à l'O., Vaagœ, Flagstatœ et Hindœ. Elles abondent en magnifiques paysages et sont visitées chaque année par plus de 3,000 bateaux pêcheurs. Leurs rivages sont couverts d'oiseaux de mer, particulièrement d'eiders.

LOFTUS (William-Kennet), archéologue anglais (1820-'58). Il habita la Turquie d'Asie (1849-'52), comme membre de la commission des frontières turco-persanes et explora les emplacements des anciennes villes du Tigre et de l'Euphrate. A la suite d'un nouveau voyage dans les mêmes régions, il donna, en 1857, *Travels and Researches in Chaldæa and Susiana.* On lui attribue la découverte de Warka, que l'on suppose être l'Erek de la Bible.

LOGANSPORT, ville de l'Indiana (Etats-Unis), sur la Wabash, à 120 kil. N.-O. d'Indianapolis; 10,000 hab.

· LOGARITHME s. m. (gr. *logos,* raison, rapport; *arithmos,* nombre). Mathémat. Nombre pris dans une progression arithmétique, et répondant à un autre nombre pris dans une progression géométrique : *tables de logarithmes.* — Les logarithmes sont des nombres ayant avec les nombres naturels un rapport tel, que la multiplication et la division de ces derniers, leur élévation à une puissance quelconque et l'extraction des racines puissent s'opérer respectivement par l'addition, par la soustraction, par la multiplication et par la division des premiers. Cette magnifique découverte du rapport des nombres les uns avec les autres est due à John Napier, seigneur de Merchiston (Ecosse), qui publia, en 1614, le premier ouvrage dans lequel il en soit parlé. La théorie générale des logarithmes est très simple. Tous les nombres peuvent être considérés comme les puissances de quelque autre nombre pris pour *base.* Dans un système de logarithmes dont 8 est la base, les logarithmes sont les exposants des puissances auxquelles 8 doit être élevé pour produire un nombre cherché. Ainsi :

$$\frac{1}{3} = \log. 2; \qquad \frac{5}{3} = \log. 32;$$
$$\frac{2}{3} = \log. 4; \qquad \frac{6}{3} = \log. 64;$$
$$1 = \log. 8; \qquad \frac{7}{3} = \log. 128;$$
$$\frac{4}{3} = \log. 16; \qquad \frac{8}{3} = \log. 256, \text{ etc.}$$

Les principes des logarithmes peuvent s'établir de la façon suivante : soit *a* la base du système, *m* un nombre quelconque et *x* son logarithme, le rapport entre le nombre *m* et son logarithme est exprimé par l'équation *a* ˣ = *m*. Dans cette équation, *x* considéré par rapport à *a,* est appelé l'exposant ou l'indice de *a;* considéré par rapport à *m,* il est appelé le logarithme de *m.* C'est-à-dire que le logarithme d'un nombre est l'exposant de la puissance à laquelle la base doit être élevée pour produire ce nombre. Soient *m* et *n* deux nombres dont les logarithmes respectifs sont *x* et *y;* soit *a* la base; on a

$$a^x = m; \qquad a^y = n$$

En multipliant ensemble les premiers membres de ces équations, nous avons :

$$a^x \times a^y = a^x + y = mn;$$

C'est-à-dire :

$$x + y = \log. mn,$$

ou le logarithme du produit de deux nombres égale la somme des logarithmes de ces nombres eux-mêmes. En divisant la première des équations ci-dessus par la seconde de ces équations, nous avons :

$$\frac{a^x}{a^y} = \frac{m}{n}, \quad \text{ou } a^{x-y} = \frac{m}{n},$$

c'est-à-dire :

$$x - y = \log. \frac{m}{n},$$

ou le logarithme du quotient d'une quantité divisée par une autre est égal au logarithme du dividende, moins le logarithme du diviseur. Si, dans l'équation

$$a^{x-y} = mn$$

nous faisons *m* = *n,* d'où *x* = *y,* nous aurons :

$$2x = \log. m^2.$$

2ˣ est donc le logarithme de *m* ², c'est-à-dire que le logarithme du carré d'un nombre égale deux fois le logarithme de ce nombre lui-même; et le logarithme d'une puissance quelconque d'un nombre est le produit du logarithme de ce nombre par l'exposant de la puissance. Enfin, le logarithme d'une racine quelconque d'un nombre est égal au logarithme de ce nombre divisé par l'indice de la racine. Le système de logarithmes aujourd'hui universellement adopté est celui que proposa Henry Briggs, professeur de géométrie à Oxford, en 1616. Briggs employait, comme base de son système, le nombre 10, qui s'adapte le mieux à la notation décimale. Dans ce système, le logarithme d'un nombre quelconque est l'exposant de la puissance à laquelle le nombre 10 doit être élevé pour produire le premier nombre; ainsi, puisque 10⁰ = 1, 10¹ = 10, 10² = 100, 10³ = 1,000, 10⁴ = 10,000, etc., 0, 1, 2, 3, 4, etc., sont respectivement les logarithmes de 1, 10, 100, 1,000, 10,000, etc. Un nombre compris entre 1 et 10 aura pour logarithme une fraction entre 0 et 1; et un nombre entre 10 et 100 aura pour logarithme un nombre compris entre 1 et 2, etc. Les nombres entre 100 et 1,000 auront pour logarithmes des nombres plus grands que 2 et plus petits que 3, ou 2 plus une fraction. Ainsi log. 250 = 2.39794, car 10⁻¹·³⁹⁷⁹⁴ = 250, etc. — Dans le but de rendre les logarithmes utiles aux calculs, les logarithmes de tous les nombres compris dans des limites convenables sont calculés et arrangés en tableaux, appelés *tables de logarithmes;* les nombres naturels s'y trouvent dans la première colonne et les logarithmes en face d'eux, dans les colonnes voisines. Les *logarithmes napériens* sont appelés aussi *logarithmes naturels* ou *hyperboliques; ceux* de Briggs ont reçu le nom de *logarithmes vulgaires.* Le logarithme naturel d'un nombre est égal au logarithme vulgaire multiplié par 2.3025851 ou divisé par 0.4342945. — Les premières tables de logarithmes vulgaires ont été dressées par Briggs et complétées par A. Vlacq. Prony a dressé des tables à 60 décimales; Callet en a donné à 7 décimales et Lalande à 5 décimales seulement (1802).

· LOGARITHMIQUE adj. Mathémat. Qui a rapport aux logarithmes, qui est de la nature des logarithmes : *courbe, spirale logarithmique.* — s. f. : *la logarithmique est une courbe asymptotique.*

· LOGE s. f. (ital. *loggia;* du lat. *locus,* lieu). Petite hutte : *cet ermite s'est fait une petite loge.* — Se dit aussi d'un petit logement pratiqué ordinairement au rez-de-chaussée d'une maison, près de la porte d'entrée, et destiné à l'habitation du portier : *la loge d'un portier, d'un suisse.* — Se dit également d'une galerie, d'un portique en avant-corps, pratiqué à l'un des étages d'un édifice, pour jouir de la vue du dehors et de la fraîcheur de l'air. On ne l'emploie guère, dans ce sens, qu'en parlant des édifices d'Italie : *les loges du Vatican.* — LA LOGE PONTIFICALE, celle d'où le pape donne la bénédiction. — LES LOGES DE RAPHAEL, peintures à fresque, exécutées par Raphaël ou par ses élèves sous sa direction, dans les loges du Vatican. — Se dit encore des petites boutiques que certains marchands occupent durant la tenue des foires. — Se dit en outre des petits cabinets rangés par étages au pourtour d'une salle de spectacle, séparés les uns des autres par des cloisons, et ayant vue sur le théâtre : *les loges du Théâtre-Français, de l'Opéra.* — LOGES DÉCOUVERTES, espèces de loges qui n'ont pas de plafond, et qui ne sont séparées des autres cloisons à hauteur d'appui. — AVOIR LOGE A UN SPECTACLE, avoir loué une loge pour l'année : *il a loge à tous les spectacles.* — COUPONS DE LOGE, billets que se partagent entre elles les personnes qui ont loué ensemble une loge. — JOUR DE LOGE, jour où l'on a le droit de jouir d'une loge qu'on a louée, pour un certain temps, avec d'autres personnes : *c'est demain mon jour de loge.* — Prov. et fig. ETRE AUX PREMIÈRES LOGES, se trouver dans la position la plus favorable pour être témoin de quelque chose. — Pl. Se dit, par ext., des spectateurs qui sont dans les loges : *les loges ont applaudi pendant que le parterre sifflait.* — Se dit aussi, dans les théâtres, des chambres, des cabinets où les acteurs s'habillent : *aller voir un acteur dans sa loge.* — Se dit encore, à l'école des beaux-arts, des chambres où l'on enferme séparément ceux qui prennent part à un concours de peinture, de sculpture, d'architecture, afin de s'assurer qu'ils ne seront point aidés dans l'exécution du programme. — Fig. Assemblée, réunion de francs-maçons : *aller en loge.* — Établissements de commerce formés par des Européens en Asie, en Afrique), etc. — Se dit encore, dans quelques maisons destinées aux aliénés, des espèces de cellules où l'on enferme les fous. — Ménageries. Petites chambres où l'on enferme les bêtes féroces : *la loge du lion, du tigre.* On dit dans le même sens, par ext., LA LOGE D'UN CHIEN. — Dans un buffet d'orgues, lieu où sont les soufflets. — Bot. Petites cellules ou cavités, ordinairement séparées par des cloisons, dans lesquelles sont renfermés les pépins de certains fruits.

• **LOGÉ, ÉE** part. passé de LOGER. — ETRE LOGÉ, avoir un logement : *être logé commodément, fort à l'étroit.* — IL EN EST LOGÉ LA, se dit d'un homme borné dans ses idées par la prévention, la crédulité, le défaut de lumières ou l'opiniâtreté ; et d'un homme que le changement de fortune réduit à un état fâcheux. — NOUS EN SOMMES LOGÉS LA, et ironiquement, NOUS VOILA BIEN LOGÉS, se dit en parlant d'une affaire dont la conclusion a mal tourné, ou se trouve arrêtée par une difficulté imprévue.

• **LOGEABLE** adj. Où l'on peut loger commodément : *maison fort logeable.*

• **LOGEMENT** s. m. Signifie, en général, le lieu où on loge, et plus particulièrement, le domicile habituel, le lieu où on habite ordinairement : *je voudrais trouver un logement pour la nuit.* — LOGEMENT GARNI, celui qui se loue meublé. — IL Y A BEAUCOUP DE LOGEMENT DANS CETTE MAISON, il y a place pour loger beaucoup de monde. — Se disait aussi des logis désignés pour le roi et pour les personnes de sa suite, dans un voyage : *faire les logements de la cour.* — Se dit aussi en parlant des troupes qui sont en marche dans un pays ami, et qu'on loge chez les particuliers : *une ville fort sujette au logement des gens de guerre.* — Guerre. LES ASSIÉGEANTS ONT FAIT UN LOGEMENT SUR LA CONTRESCARPE, SUR LA DEMI-LUNE, etc., ils s'y sont retranchés, pour se mettre à couvert et se maintenir dans le poste qu'ils y

ont pris. — Législ. « Nous avons parlé, au mot HYGIÈNE, des *commissions des logements insalubres* que la loi du 13 avril 1850 autorise les conseils municipaux à instituer, mais que l'on ne voit encore fonctionner qu'à Paris et dans un petit nombre de grandes villes. — Le *logement militaire* est une charge que la loi impose à tous les habitants (L. 7 avril 1790; L. 10 juillet 1791, tit. V, art. 1er). Les maires des lieux dits *gîtes d'étape* sont chargés de pourvoir au logement des troupes de passage et des militaires voyageant isolément : et ils doivent répartir équitablement cette charge entre les habitants. Afin de pourvoir au logement militaire, dans le cas de mobilisation totale ou partielle de l'armée, les maires doivent faire, tous les trois ans, un recensement des parties d'habitation pouvant être affectées aux hommes ou aux chevaux, en tenant compte, d'une part, de la situation particulière de chaque habitant ; d'autre part, des conditions stipulées par les règlements pour le logement des militaires de chaque grade, et pour le logement des animaux et du matériel. En cas de *cantonnement*, il n'est pas tenu compte de ces dernières conditions. En toutes circonstances, les troupes ont droit à avoir part au feu et à la lumière, ainsi qu'à faire usage des ustensiles de cuisine. Les habitants ne peuvent jamais être délogés de leur chambre ni de leur lit. Le maire ne peut, hors le cas de mobilisation, envahir le domicile des absents ; et il peut seulement faire loger ailleurs à leurs frais. Le refus de logement est une contravention qui peut donner lieu à une peine de police, et au remboursement des frais de logement faits d'office. Sont dispensés de fournir le logement dans leur domicile, mais non obligés d'y suppléer à leurs frais : les détenteurs de caisses publiques, les veuves et filles vivant seules, et les communautés religieuses de femmes. Lorsque la durée du logement excède trois nuits, ou lorsque les troupes sont cantonnées et manœuvrent, ou encore lorsqu'il y a rassemblement par suite d'une mobilisation dont un décret fixe la durée, les habitants ont droit à une indemnité qui est payée par le ministre de la guerre et par l'entremise des receveurs municipaux. Il en est de même en cas de dégâts causés par les troupes en logement ou en cantonnement. Lorsque le logement est gratuit, le fumier des animaux du corps de troupe appartient à l'habitant qui les a logés. Les indemnités sont ainsi fixées pour chaque journée, savoir : En cas de *logement* : par officier, 1 fr. 50; par sous-officier, 0,15 c. ; par soldat, 0,10 c. ; par cheval, 0,05 c. et le fumier. En cas de *cantonnement* : par homme, 0,05 c. ; par cheval, 0,05 c. et le fumier (L. 3 juillet et Décr. 2 août 1877). En ce qui concerne le logement des troupes à demeure, ou *casernement*, nous dirons seulement que la propriété des casernes a été attribuée aux villes par le décret du 23 avril 1810, à charge de payer les dépenses d'entretien des bâtiments ; mais la loi des finances du 15 avril 1818 (art. 46) limite cette charge à un prélèvement sur les produits de l'octroi, lequel prélèvement est généralement remplacé par un abonnement avec l'État, sur les bases de 7 fr. par an, par chaque homme caserné, et de 3 fr. pour chaque cheval. » (CH. Y.)

• **LOGER** v. n. Habiter, demeurer dans une maison : *les hôtelleries étaient si pleines qu'il ne put trouver où loger.* — LOGER A LA BELLE ÉTOILE, coucher en plein air, n'avoir pas de retraite assurée. — Fig. Au sens moral : *rarement une âme forte loge dans un corps efféminé.* — v. a. Donner la retraite, le couvert à quelqu'un dans un logis : *où logerez-vous tout ce monde-là ?* — S'emploie, fig., au sens moral : *toutes les folies qu'un cerveau humain peut loger sont rassemblées dans sa tête.* — Prov. et fig. LOGER LE DIABLE DANS SA BOURSE, n'avoir

pas le sou. — **Se loger** v. pr. Prendre un logement : *il s'est logé dans un hôtel garni.* — Disposer, arranger, décorer un logement pour l'occuper : *il vient de dépenser beaucoup d'argent pour se loger.* — Se bâtir une maison : *il s'est logé très agréablement à la campagne.* — Guerre, SE LOGER SUR LA CONTRESCARPE, SUR LA DEMI-LUNE, etc., s'y établir, s'y retrancher, s'y mettre à couvert. Ne se dit que des assiégeants. — Chir. LA BALLE S'EST LOGÉE DANS TELLE PARTIE, la balle qui l'a frappé lui est restée dans telle partie du corps.

• **LOGETTE** s. f. Dimin. Petite loge. (Peu usité.)

• **LOGEUR, EUSE** s. Celui, celle qui tient des chambres garnies pour les ouvriers et les gens de la classe indigente.

• **LOGICIEN** s. m. (rad. *logique*). Celui qui possède bien la logique, qui raisonne avec justesse et avec méthode : *bon, grand, excellent, puissant logicien.* — Se disait autrefois, dans les collèges, d'un écolier qui étudiait en logique.

• **LOGIQUE** s. f. (gr. *logikos*; de *logos*, raisonnement). Science qui enseigne à raisonner juste : *les règles de la logique.* — Ouvrage sur l'art de raisonner : *la logique de Condillac.* — Signifiait autrefois, en termes de collège, la première des deux classes où l'on enseignait la philosophie : *il n'est cette année qu'en logique, et il étudiera en physique l'année prochaine.* — Sens droit, disposition à raisonner juste : *il a une logique naturelle, fort sûre, fort droite.* — Raisonnement, méthode, suite dans les idées : *il n'y a point de logique dans cet ouvrage.* — Se dit quelquefois, fig., d'une manière particulière de raisonner : *chercher dans un bienfait un motif intéressé, c'est la logique des ingrats.* — adj. Conforme aux règles de la logique : *ce raisonnement n'est pas trop logique.* — ANALYSE LOGIQUE, décomposition d'une proposition en ses parties, telles que le sujet, le verbe et l'attribut. — ENCYCL. La logique est la science du raisonnement. A proprement parler et plus strictement, c'est la science de déduire les idées ou conceptions les unes des autres et de les établir en propositions, en arguments et en systèmes. Elle se trouve ainsi limitée à la méthode du raisonnement. La logique commence avec les idées ; nos idées d'objets sont des totalités complexes, mais le raisonnement peut les décomposer en leur attribuant des propriétés connues ; ces propriétés, ou, pour mieux dire, les termes qui les décrivent deviennent les qualités que nous pouvons attribuer aux objets ; ainsi nous pouvons affirmer P de M et M de S et ensuite, retranchant le terme commun moyen M, nous pouvons affirmer P de S, proposition dérivée par déduction des deux prémisses, ou propositions primaires, exemple :

L'homme est un animal,
Or tout animal est mortel,
Donc l'homme est mortel.

Cette formule :

M est P, S est M, donc S est P

est appelée syllogisme, terme qui comprend toute combinaison possible de deux propositions dont on peut déduire une troisième, qui est appelée pour cela même conclusion. Les conclusions de syllogismes précédents peuvent devenir les prémisses d'autres syllogismes *ad infinitum*; les prémisses peuvent être négatives aussi bien qu'affirmatives ; on dit les S ne sont pas P aussi bien que les S sont P. Les prémisses peuvent aussi ne comprendre qu'une partie du sujet et alors elles sont dites particulières, comme : quelques S sont P ou quelques S ne sont pas P. Il y a donc quatre propositions fondamentales 1° *affirmative universelle* : toutes les S sont P;

2° *négative universelle* : aucune S n'est P; **3°** *affirmative particulière* : quelques S sont P, et **4°** *négative particulière* : quelques S ne sont pas P. Pour plus de commodité, ces propositions ont été désignées par les quatre premières voyelles : A, *affirmative universelle ;* E, *négative universelle ;* I, *affirmative particulière ;* O, *négative particulière*, et leur signification a été exprimée dans les phrases suivantes :

Asserit A, negat E, verum universaliter ambo ;
Asserit I, negat O, sed particulariter ambo.

En combinant ces quatre propositions de toutes les manières possibles, trois par trois, nous obtenons 63 propositions différentes, appelées modes ; parmi ces modes néanmoins, il n'y en a que onze qui donnent des conclusions rigoureuses, savoir :

1.	A,	A,	A.	7.	E,	A,	E.
2.	A,	A,	I.	8.	E,	A,	O.
3.	A,	E,	E.	9.	E,	L,	O.
4.	A,	E,	O.	10.	I,	A,	I.
5.	A,	I,	I.	11.	O,	A,	O.
6.	A,	O,	O.				

On remarque aussi que la position du moyen terme est d'une importance essentielle; ainsi si le mode A A A est écrit ainsi qu'il suit : tous les M sont P, tous les S sont M, donc tous les S sont P ; il est évident que si M est compris dans la classe P et si S est compris dans la classe M, S devra être compris également dans la classe P. Mais si le même mode est écrit ainsi, tous les P sont M, tous les S sont M, il ne s'ensuit pas que tous les S soient P; en effet, les hommes sont des animaux, les chevaux sont également des animaux, il ne s'ensuit pas pour cela que les hommes soient des chevaux. Chaque mode des syllogismes a ce que l'on est convenu d'appeler des figures, lesquelles sont au nombre de 4; les 11 modes possédant chacun 4 figures donnent donc 44 syllogismes, dont 19 seulement sont considérés comme stricts et rigoureux; ils sont désignés par les voyelles capitales dans l'hexamètre mnémonique suivant :

bArbArA, cElArEnt, dArII, fErIOgus, prioris ;
cEsArE, cAmEstrEs, fEstInO bArOkO, secundæ ;
Tertia dArAptI, dIsAmIs, dAtIsI fElAptOn,
bOkardO, fErIsOn, habet; quarta insuper addit,
brAmAntIp, cAmEnsEs, dImArIs, fEsApO, frEsIsOn.

Quand l'une des prémisses est sous-entendue dans l'énoncé, le syllogisme est appelé *enthymème* (voy. ce mot); quand plusieurs prémisses sont employées pour arriver à la même conclusion, plusieurs syllogismes sont, en fait, abrégés en une seule formule nommée *sorite*. Une proposition conditionnelle ou disjonctive peut devenir la prémisse majeure et alors le syllogisme est complété comme suit : Si A est B, C est D ; or, A est B; donc C est D ; c'est le syllogisme conditionnel ou hypothétique. Dans le suivant : ou A est B ou C est D ; or, A n'est pas B, donc C est D, c'est le syllogisme disjonctif. Dans la confection des syllogismes, il y a, pour l'emploi des mots et des termes, certaines lois à observer qui, violées, conduisent nécessairement à l'erreur. Nous en donnons quelques-unes : 1° le moyen terme ne peut être pris deux fois particulièrement, il doit être pris au moins une fois universellement; 2° les termes de la conclusion ne peuvent pas être plus étendus que les prémisses; 3° on ne peut tirer aucune conclusion de deux prémisses négatives; 4° deux propositions affirmatives ne peuvent avoir une négative pour conclusion ; 5° s'il y a dans les prémisses une proposition négative, la conclusion devra toujours être négative; 6° deux prémisses particulières ne peuvent donner aucune conclusion, etc. — Aristote a été le créateur de la logique et ses travaux sont restés la base de la plupart des traités de logique qui ont paru dans la suite. Six livres distincts

constituent son *Organon* : 1° le traité des *Catégories;* 2° celui de l'*Interprétation;* 3° les *Premiers analytiques* ou *Traité du syllogisme;* 4° les *Derniers analytiques;* 5° les *Topiques;* 6° le *Traité des sophismes.* Après lui, deux de ses disciples, Théophraste et Eudème, continuèrent ses travaux sans y rien ajouter; Épicure fit de la logique une partie de la physique. — A Rome, la philosophie ne compta pas un seul logicien proprement dit. — Le moyen âge vit régner despotiquement la logique, au nom d'Aristote et, avec Abélard, elle avait pris une importance capitale; son emploi donna naissance à la méthode scolastique qui consiste à appliquer les formules du raisonnement aux termes ou aux principes généraux déduits des termes par définition, ou autrement. Cette méthode est naturellement légitime, et même la seule légitime en mathématique et dans toutes les sciences à priori ou démonstratives. Mais dans les sciences naturelles les principes premiers ou fondamentaux reposant sur les faits de la nature, leur observation, leur analyse, leur classification et les inductions à en tirer doivent précéder toute déduction valable. Cependant l'induction n'avait pas entièrement échappé à l'attention d'Aristote qui la définissait : « La méthode par laquelle nous passons des exemples particuliers aux vérités générales ». Toutes les sciences naturelles commencent par induction. Le *Novum organum*, de Bacon, avait pour but de montrer la nécessité de cette méthode et son application pratique, plutôt que d'établir le terrain philosophique sur lequel elle repose. Loin de détruire la logique d'Aristote, il ne faisait que la compléter en montrant la nécessité de joindre l'induction au procédé déductif. Descartes allait plus loin; il substituait les règles de sa *Méthode* aux préceptes si nombreux et, il faut l'avouer, souvent si obscurs de la logique scolastique qui retrouva cependant de vigoureux défenseurs dans Leibnitz et dans Wolff, son disciple. La *Logique de Port-Royal* d'Arnauld et de Nicole, parue en 1682, fit revivre un instant le système d'Aristote, en ravivant le goût pour les études philosophiques. Cet ouvrage se divise en quatre parties d'après les quatre opérations principales de la pensée : concevoir, juger, raisonner, ordonner; ce qui donne lieu à traiter des *idées*, du *jugement*, du *raisonnement* et de la *méthode*. Les *idées* y sont considérées sous cinq points de vue différents : 1° selon leur nature et leur origine ; 2° selon leur diversité objective ; 3° selon qu'elles sont simples ou composées; 4° selon leur particularité ou leur universalité; 5° selon leur clarté ou leur obscurité. Dans la seconde partie, qui traite du *jugement*, les auteurs s'occupent des mots en tant qu'ils forment des propositions et des propositions elles-mêmes. Dans la troisième partie, on y traite du *raisonnement*, il est tout spécialement question des espèces, des règles et des formes du syllogisme. La quatrième partie, la *méthode*, a pour objet de trouver le véritable critérium de certitude. — En Allemagne, Kant, dans sa philosophie, donna à la logique une place nouvelle. Depuis Hegel, cette science a suivi presque toujours la direction que ce philosophe lui avait imprimée, mais, dès 1832, Beneke publia son *Lehrbuch der Logik als Kunstlehre*, sorte de protestation contre la domination de l'école hégélienne et qui était basée sur une connaissance plus approfondie de la science. Nous citerons encore comme n'appartenant pas à l'hégélianisme les *Elementa logices Aristotelicæ* de Trendelenburg (6e éd. 1868) et le *System der Logik und Geschichte der logischen Lehren* (1868). En 1872, Robert Grassmann a publié *Die Begriffslehre oder Logik, zweites Buch den Formenlehre oder Mathematik*, dans lequel il traite de la logique comme branche des mathématiques. — En Angleterre et en Ecosse,

la logique semble reprendre quelque faveur. En 1826, l'archevêque Whateley publia ses *Éléments de logique*, dans lesquels il regarde la logique comme ayant principalement rapport aux mots ; son œuvre donna naissance au *Système de logique ratiocinative et inductive* de John Stuart Mill (1843), dans lequel l'auteur traite des principes fondamentaux de cette science plutôt que des formules de raisonnement. En 1847, de Morgan publia son *Traité de logique*, essayant de rétablir la science sur de nouvelles bases, mais dans lequel l'auteur semble ignorer la différence entre l'unité et l'individualité. Dans l'Inde, la logique, aussi ancienne comme science que dans la Grèce, a son code et ses lois dans les *Nyâya*. — Bibliogr. Pour tout ce qui a trait à la logique, à son objet, à son sens et son histoire, voyez : Gassendi, *De origine et varietate Logicæ* (Lyon, 1658); Buhle, *Recherches sur l'état de la Logique chez les Grecs avant Aristote ;* Dugald Stewart. *Considérations sur la Logique d'Aristote ;* Hegel, *De la Logique* (1842-16, 3 vol. in-8°); Destutt de Tracy, *Logique* (Paris, 1825, 2 vol.); la *Logique*, de Bossuet, ouvrage posthume (Paris, 1828, 1 vol. in-8°); *Logique déductive et inductive*, de John Stuart Mill ; Tissot, *Essai de Logique objective* (Paris, 1868, in-8°); Fulleborn, *Histoire de la Logique chez les Grecs ;* Barthélemy Saint-Hilaire, *De la Logique d'Aristote* (1838, 2 vol. in-8°); *L'Art de penser et de raisonner* de Condillac (1780); Damiron, *Traité de Logique* (1836); Charma, *Leçons de Logique* (1840); Duval-Jouve, *Traité de Logique* (1843); Waddington-Kastus, *Essais de Logique* (in-8°); Richard Whateley, *Éléments de Logique* (Londres, 1829), etc., onc.

* LOGIQUEMENT adv. D'une manière conforme à la logique : *procéder, raisonner, discuter logiquement.*

* LOGIS s. m. [lo-jî] (rad. *loge*). Habitation, maison : *la dame, le maître du logis.*

Volontiers gens boiteux haïssent le logis.
                                        LA FONTAINE.

— CORPS DE LOGIS, masse ou partie principale d'un bâtiment : *un corps de logis entre deux pavillons.* Il signifie aussi, logement détaché de la masse du bâtiment principal : *il occupe un petit corps de logis sur le devant.* — IL N'Y A PLUS PERSONNE AU LOGIS, se dit d'un homme qui est devenu imbécile, hébété, ou qui, étant à l'agonie, a perdu connaissance. — LA FOLLE DU LOGIS, l'imagination. — Hôtellerie : *le Cheval-Blanc est un bon logis; c'est un des meilleurs logis de la route.* — Désigne quelquefois, la maison de celui qui parle: *il y a longtemps que vous n'êtes venu au logis.* — MARÉCHAL DES LOGIS, sous-officier des troupes à cheval, chargé des détails du service, de la discipline intérieure d'une compagnie et, notamment de tout ce qui concerne le logement : *le grade de maréchal des logis répond à celui de sergent dans l'infanterie.* — MARÉCHAL DES LOGIS était aussi le titre des officiers chargés de faire préparer les logements pour la cour en voyage : *premier maréchal des logis chez la reine.* — IL VA, IL EST ALLÉ MARQUER LES LOGIS, se dit de celui qui se détache d'une compagnie pour prendre les devants, et arriver le premier au lieu où elle se rend.

* LOGOGRAPHE s. m. (gr. *logos*, discours; *graphein*, écrire). Littér. anc. Les premiers prosateurs et historiens grecs: Hérodote trouva des matériaux pour son histoire dans les écrits des logographes. — S'est dit dans le sens de STÉNOGRAPHE.

LOGOGRAPHIE s. f. Moyen d'écrire aussi vite que la parole à l'aide de scribes écrivant alternativement.

* LOGOGRIPHE s. m. (gr. *logos*, discours; *griphos*, énigme). Sorte d'énigme consistant en un mot dont les lettres, diversement combinées, forment d'autres mots qu'il faut également deviner : *les logogriphes ne valent pas la peine qu'on prend à les deviner ; avec orange, on peut former organe, onagre, orage, ange, rang, rage, gare,* etc. — Le logogriphe tient le milieu entre le *rébus* et l'*énigme* proprement dite. Voici quelques exemples de ce jeu d'esprit ; on donne le nom de *pied* à chaque lettre dont un mot est composé ; celui de *tête* à la première lettre, celui de *queue* à la dernière, celui de *cœur* à celle du milieu, et celui de *corps* au mot entier :

> Je suis fort triste avec ma tête,
> Et souvent fort gai sans ma tête.
> Je te détruis avec ma tête,
> Et je te nourris sans ma tête.
> On me fait tous les jours sans tête,
> Et qu'une fois avec ma tête.

Les mots sont : *trépas, repas.*

Sur quatre pieds j'entends et sur trois je réponds.

Mots : *ouie, oui.*

> Vous pouvez, sans fatigue extrême,
> Cher lecteur, me décomposer ;
> Car je n'ai que six pieds, sans y rien transposer
> Ôtez-moi la douzième, je suis toujours le même ;
> Ôtez-m'en deux encore, et sachez bien
> Qu'à ma nature ainsi vous n'aurez changé rien.

Le mot est *rocher* dans lequel on trouve *roche* et *roc.* — Le journal *le Mercure* publia, en 1758, sur le logogriphe, une sorte de traité que l'on attribue à La Condamine. — Fig. Langage obscur : *ce philosophe a mis toute sa doctrine en logogriphes.*

LOGOGRIPHIQUE adj. Qui tient du logogriphe, qui est obscur.

' LOGOMACHIE s. f. (gr. *logos*, discours ; *maké*, combat). Didact. Dispute de mots : *il y a beaucoup de discussions qui ne roulent que sur une logomachie.*

' LOGOS s. m. [lo-goss] (mot gr. qui signifie *verbe, parole*). Philos. platonicienne. Dieu considéré comme la raison du monde, comme contenant en soi les idées éternelles, archétypes de toutes choses. — Dans la théol. chrétienne, s'emploie pour désigner la seconde personne de la sainte Trinité et le même sens que VERBE.

LOGOTHÈTE s. m. (gr. *logos*, discours ; *tithémi*, je place). Sorte de chancelier de l'empire byzantin chargé de répondre aux ambassadeurs.

LOGROÑO [lo-gro'-nio]. I. Province de Vieille-Castille (Espagne), bornée au N. par l'Ebre et arrosée par les affluents de ce fleuve ; 5,037 kil. carr. ; 174,425 hab. Territoire fertile au N., où il renferme de vastes pâturages et produit du vin et de l'huile ; montagneux et stérile au S., où l'on rencontre de riches mines de fer, de cuivre, d'étain, d'antimoine, de marbre et de houille. Cap., Logroño ; villes princ. : Calahorra et Arnedo. — II. Cap. de cette province, sur l'Ebre, à 240 kil. N.-N.-E. de Madrid ; 12,000 hab. Elle est bien bâtie et entourée de murailles. Vin, huile, eau-de-vie, toiles de lin, lainages et toiles de chanvre, chapeaux, cuirs, cartes et chandelles. L'Ebre y est traversé par un magnifique pont de 12 arches construit en 1138.

LOHENGRIN (*Loherangrin*, c'est-à-dire *Garin le Loherain* ou *le Lorrain*), héros d'un poème allemand du XIII° siècle, attribué à Wolfram d'Eschenbach. Lohengrin, monté dans une nacelle que remorque un cygne, délivre et épouse l'héritière du duc de Brabant. Ce poème, très populaire en Allemagne, fait le sujet d'un opéra romantique de Richard Wagner, représenté à Weimar en 1850.

LOHENSTEIN (Daniel, CASPER DE), poète et romancier, un des chefs de l'école de Silésie, et le principal auteur tragique allemand du XVII° siècle, né à Nimptsch en 1635, mort à Breslau en 1683. Il était à peine âgé de 14 ans, lorsqu'il composa son *Ibrahim Pacha*, la pre-

mière *tragédie régulière* qui ait été représentée en Allemagne. Ses autres pièces sont : *Cléopâtre, Agrippine, Epicharis, Ibrahim Sultan* et *Sophonisbe*. Les tragédies de Lohenstein, comme celles de Gryphius, sont remplies d'horreurs et d'atrocités ; le style en est prétentieux, et l'action, qui manque généralement d'unité, disparaît sous un amas de tirades déclamatoires et ampoulées. On y rencontre des scènes d'une immoralité révoltante : telle est, par exemple, au 3° acte d'*Agrippine*, celle où Néron est provoqué à l'inceste par sa propre mère. (Chose incroyable, mais parfaitement établie aujourd'hui, cette pièce fut représentée à Breslau, pendant le carême de l'année 1669, par les élèves du collège de la Madeleine !) — Sa meilleure pièce est *Cléopâtre* : sans être complètement libre des défauts que nous venons de mentionner, elle possède du moins tous les éléments d'une tragédie, dans le sens que nous attachons aujourd'hui à ce mot, et doit être, à ce titre, considérée comme la *première* tragédie allemande. Lohenstein a encore composé de poésies lyriques et un énorme roman, très estimé au XVII° siècle, *Arminius et Thusnelda*. Son père avait été anobli, en 1643, sous le nom de Lohenstein ; c'est pour cette raison que les premières tragédies de l'auteur ont été publiées sous son ancien nom de famille : *Casper*. Voy. C.-Aug. Kerckhoffs, *Daniel Casper von Lohenstein's Trauerspiele*.

' LOI s. f. (lat. *lex*). Acte de l'autorité souveraine, qui règle, ordonne, permet ou défend : *faire, établir, porter une loi.* — LES LOIS DE LA NATURE, dans le sens physique, les lois constantes qui règlent l'ordre du monde physique : *les lois de l'attraction, du mouvement, de la pesanteur, de la réfraction de la lumière, sont des lois de la nature.* — LES LOIS DE LA NATURE, au sens moral, et, plus ordinairement, LA LOI NATURELLE, les sentiments et les principes de justice et de bienveillance, sans lesquels les sociétés humaines ne pourraient subsister, et que l'auteur de la nature a imprimés dans le cœur de tous les hommes : *aimer ses père et mère, être reconnaissant envers ses bienfaiteurs, sont des lois de la nature.* On dit quelquefois en ce sens, LA LOI DE NATURE : *il se faut entr'aider, c'est la loi de nature.* — LA LOI DIVINE, signifie quelquefois, la loi naturelle ; et, plus souvent, les préceptes positifs donnés par la révélation. On dit aussi, dans l'un et l'autre sens, LES LOIS DIVINES. — LA LOI ANCIENNE, ou absolument, dans le langage de l'Écriture, LA LOI, la loi de Moïse, la loi des Juifs : *les livres de la loi.* — LA LOI NOUVELLE, OU LA LOI DE GRACE, la loi de Jésus-Christ, la loi des chrétiens. — LES LOIS HUMAINES, les lois établies par les hommes pour le maintien et l'ordre des sociétés : *cette action viole toutes les lois, divines et humaines.* — LES LOIS DE LA GUERRE, le droit des gens. — LES LOIS DE LA GUERRE, les maximes que les nations sont convenues d'observer les uns pendant la guerre. — LA LOI FONDAMENTALE D'UN ÉTAT, celle qui règle la nature, l'étendue et l'exercice des pouvoirs du gouvernement. On dit aussi, dans ce sens, LA LOI CONSTITUTIONNELLE, ou LA LOI DE L'ÉTAT, ou simplement LA LOI, toute règle qui est reçue dans l'État, et qui a force de loi, soit qu'elle ait rapport au gouvernement général, soit qu'elle fixe le droit des particuliers : *observer, exécuter la loi.*

> L'intérêt de l'État leur servira de loi.
> J. RACINE, *La Thébaïde*, acte I, sc. v.

— LOIS POLITIQUES, celles qui ont pour objet la conservation de l'État, abstraction faite des sociétés et des individus qu'il renferme. — LOIS ORGANIQUES, celles qui ont pour objet de régler le mode et l'action des institutions ou établissements dont le principe a été consacré par une loi précédente. — LOIS CIVILES, celles qui règlent les droits et les devoirs,

les intérêts et les rapports des citoyens entre eux. — LOIS CRIMINELLES, celles qui déterminent les délits, les crimes, la manière de les poursuivre, et les peines qui y sont applicables. — LOI PÉNALE, celle qui prononce quelque peine. — LOI FISCALE, celle qui règle la quotité et le mode de perception des contributions publiques. — LOI BURSALE, celle qui a pour objet de procurer l'argent à l'État, dans un cas de nécessité extraordinaire. — LOI SOMPTUAIRE, celle qui a pour objet de réprimer le luxe. — LOI MARTIALE, loi qui autorise l'emploi de la force armée dans certains cas, et après avoir rempli certaines formalités. — LOI AGRAIRE, loi qui, chez les Romains, réglait le partage ou l'administration des terres conquises. — LOI ANNONAIRE, celle qui pourvoyait à ce que les vivres n'enchérissent pas. — LOI MUNICIPALE, loi qui règle l'administration des communes. — LOI D'EXCEPTION, loi qui déroge momentanément à la loi constitutionnelle ou à quelque autre loi générale. — LA LOI DU TALION, celle qui veut qu'on traite un coupable de la même manière qu'il a traité ou voulu traiter les autres. — HOMME DE LOI, celui qui fait profession d'interpréter les lois, jurisconsulte : *consulter un homme de loi, les gens de loi.* Se dit aussi quelquefois, surtout au pluriel, des gens de justice, des officiers ministériels près des tribunaux. — FAIRE LOI, tenir lieu d'une loi, avoir l'autorité, la force d'une loi : *dans les langues vivantes, l'usage fait loi.* — SE FAIRE UNE LOI DE QUELQUE CHOSE, s'en imposer à soi-même l'obligation : *il s'est fait une loi de la discrétion.* — FAIRE, DONNER, DICTER, IMPOSER LA LOI, commander, ordonner avec autorité : *cet homme veut faire, donner, imposer la loi partout où il est.* — N'AVOIR NI FOI NI LOI, être sans religion et sans morale. — NÉCESSITÉ N'A POINT DE LOI, un extrême péril, un extrême besoin, peuvent rendre excusables des actions répréhensibles en elles-mêmes. — CE QUE JE VOUS DIS, C'EST LA LOI ET LES PROPHÈTES, c'est une vérité incontestable. — Puissance, autorité : *Alexandre rangea toute l'Asie sous sa loi, sous ses lois.*

> Un roi qui fait trembler tant d'États sous ses lois,
> N'est pas un ennemi que méprisent les rois.
> J. RACINE, *Alexandre*, acte I, sc. II.

— ÊTRE SOUS LES LOIS D'UNE FEMME, être esclave de ses volontés, de ses caprices. — SUBIR, RECEVOIR LA LOI DE QUELQU'UN, se soumettre à sa volonté. — Par ext. Se dit de certaines règles, de certaines obligations de la vie civile ; et, dans cette acception, on l'emploie plus ordinairement au pluriel qu'au singulier : *les lois de l'honneur, du devoir, de la bienséance, de la politesse, de l'honnêteté, de la société,* etc. — LES LOIS DE LA GRAMMAIRE, DE LA SYNTAXE, les règles établies, en matière de langage, par la grammaire, par la syntaxe : *toutes les langues ont des locutions particulières, dans lesquelles on s'affranchit des lois ordinaires de la grammaire.* — Législ. « Nous n'avons pas à parler ici des lois en en général qui, suivant l'admirable définition de Montesquieu, sont « les rapports nécessaires qui dérivent de la nature des choses ». Nous ne parlerons pas non plus de la *loi naturelle*, qui doit être la règle des actions humaines, mais n'a d'autre sanction que la voix de la conscience. Nous nous bornerons à traiter des *lois positives*, c'est-à-dire de celles qui émanent du pouvoir législatif, auxquelles tous les citoyens sont assujettis, et dont l'exécution et la sanction sont assurées par le pouvoir exécutif et la sanction assurées par le pouvoir judiciaire. Le président de la République a l'initiative des lois, concurremment avec les membres du Sénat et ceux de la Chambre des députés ; il les promulgue, lorsqu'elles ont été votées par les deux Chambres (voy. PROMULGATION) ; il en surveille et en assure l'exécution (Constitution du 25 fév. 1875, art. 3). Les lois sont exécutoires dans toute l'étendue du territoire français, en vertu de la promulgation qui en est faite (C. civ., art. 1er). La loi ne dispose que pour l'avenir; elle n'a point d'effet rétroactif (id. 2). En conséquence, elle ne peut s'appliquer qu'aux faits postérieurs à la promulgation, à moins qu'elle ne prescrive elle-même la rétroactivité. Parmi les lois, les unes obligent indistinctement les Français et les étrangers qui se trouvent sur le territoire français: ce sont les *lois de police et de sûreté*. D'autres, celles qui concernent l'état et la capacité des personnes, notamment la majorité, le mariage, etc., régissent tous les Français, même ceux qui résident en pays étranger: ce sont les *lois personnelles*, que l'on nomme aussi, en langage juridique, le *statut personnel*. Les *lois réelles* (ou *le statut réel*) s'occupent des biens; elles régissent les immeubles situés en France quoiqu'ils appartiennent à des étrangers (id. 3). Quant au droit de propriété sur les meubles, il dépend souvent du statut personnel. Enfin, en vertu de cet axiome de droit : *Locus regit actum*, les *lois qui régissent la forme des actes* sont applicables dans toute l'étendue du pays où les actes sont faits (id. 47, 470, 499). Il est interdit aux juges de refuser de juger, sous prétexte du silence, de l'obscurité ou de l'insuffisance de la loi. Ceux qui s'y refuseraient pourraient être poursuivis pour déni de justice (id. 4). [Voy. DÉNI.] En matière criminelle, lorsque la loi est muette, le juge doit déclarer l'inculpé non coupable. En matière civile, il doit, à défaut de disposition formelle de la loi, prononcer un jugement selon les analogies ou selon l'équité. Et, comme il appartient exclusivement au Parlement de faire les lois, il est formellement défendu aux juges de prononcer par voie de disposition générale et réglementaire sur les causes qui leur sont soumises (id. 5); autrement, ils peuvent être déclarés coupables de forfaiture et punis de la dégradation civique (C. pén. 127). L'interprétation des lois ne peut être faite d'une manière générale et obligatoire que par le législateur lui-même; et la Cour de Cassation n'a le pouvoir de les interpréter d'une façon définitive que dans chaque cas particulier. Le Conseil d'État a été investi, pendant une certaine période, du pouvoir d'interpréter les lois, et les avis qu'il rendait à cet effet, sous la forme de règlements d'administration publique, avaient l'autorité légale; mais ce pouvoir, qui lui avait été attribué par la loi du 16 septembre 1805, lui fut retiré par celle du 30 juillet 1828. Les *conventions font loi entre les parties contractantes*; mais elles ne peuvent déroger aux lois qui intéressent l'ordre public et les bonnes mœurs (C. civ. 6). Elles ne peuvent non plus contenir des stipulations que la loi a interdites formellement (id. 791, 815, etc.). » (CH. Y.)

* LOI s. f. Monn. Aloi, titre auquel les monnaies doivent être alliées et fabriquées.

LOIGNY, petit village de l'arr. de Châteaudun, cant. d'Orgères (Eure-et-Loir). Le 2 déc., 1870, un combat acharné y fut livré entre les Bavarois et les volontaires de l'Ouest; 5,000 Allemands restèrent sur le champ de bataille ; mais cette journée nous coûta plus de 7,000 hommes, tant tués que blessés ou faits prisonniers.

° LOIN adv. de lieu. [louain] (lat. *longe*). A une grande distance: *bien loin ; pousser loin ses conquêtes, ses victoires*. S'emploie aussi fig.: *Aristote a été loin, bien loin dans la connaissance des choses naturelles.*

Vous poussez un peu loin vos vœux précipités.
J. RACINE, Alexandre, acte III, sc. I.

— ALLER LOIN, faire fortune, s'élever à de hauts emplois: *ce jeune homme a de l'esprit, il est actif, laborieux, il ira loin, il peut aller loin.* On dit de même, CET EMPLOI PEUT LE MENER LOIN. — IL EST MALADE, IL N'IRA PAS LOIN, il mourra bientôt. AVEC LA DÉPENSE QU'IL FAIT, CET HOMME N'IRA PAS LOIN, il sera bientôt ruiné. — Prov. PAS A PAS ON VA LOIN, quand on va toujours, on ne laisse pas d'avancer beaucoup, quoiqu'on aille lentement. Se dit au propre et au figuré. — NE PAS VOIR PLUS LOIN QUE SON NEZ, QUE LE BOUT DE SON NEZ, avoir peu de lumières, peu de prévoyance. — IL NE LE PORTERA PAS LOIN, se dit d'un homme par qui on a été offensé, et signifie qu'on se vengera de lui avant peu. — RENVOYER BIEN LOIN QUELQU'UN, QUELQUE CHOSE, repousser fortement, vivement des propositions, des ouvertures. — Est aussi adv. de temps: *vous parlez de me payer dans deux ans, c'est me remettre bien loin.* — De loin, loc. adv. de lieu. D'une grande distance: *parler de loin.* — Prov. A BEAU MENTIR QUI VIENT DE LOIN, celui qui revient d'un pays fort éloigné peut raconter tout ce qu'il veut, sans craindre qu'on le démente. — VOIR DE LOIN, avoir beaucoup de prévoyance, pressentir longtemps d'avance ce qui doit arriver. — VOIR VENIR QUELQU'UN DE LOIN, voir où il en veut venir, quelle est son intention, malgré les détours qu'il prend, soit dans ses discours, soit dans ses démarches. — REVENIR DE LOIN, DE BIEN LOIN, réchapper d'une maladie très grave, ou de quelque grand danger. On dit de même, proverbialement et figurément, LA JEUNESSE REVIENT DE LOIN. — NE CONNAÎTRE QUELQU'UN NI DE PRÈS NI DE LOIN, ne pas le connaître du tout. — NOUS SOMMES PARENTS, MAIS DE LOIN, nous sommes parents à un degré éloigné. — Est aussi locution adverbiale de temps: *vous me parlez du temps de notre première enfance, c'est parler de loin, c'est se souvenir de loin.* — Du plus loin, d'aussi loin que, loc. conjonct. De loin, de la plus grande distance possible: *du plus loin que je l'ai aperçu, j'ai couru au-devant de lui.* — Ces locutions s'appliquent aussi au temps . *du plus loin que je me souvienne, qu'il m'en souvienne, la chose était ainsi.* — C'EST DU PLUS LOIN QU'IL ME SOUVIENNE, se dit d'une chose dont le souvenir est presque effacé. — Au loin, loc. adv. de lieu. A une grande distance: *voyager, chasser au loin.* — Au plus loin, loc. adv. de lieu. A la plus grande distance possible : *au plus loin que ma vue puisse s'étendre, je n'aperçois rien.* — Loin à loin, de loin à loin, de loin en loin, loc. adv. De à grandes distances, à de longs intervalles: *planter des arbres loin à loin.* — Ces locutions s'appliquent aussi au temps: *il ne vient plus me voir que de loin à loin, de loin en loin.* — Loin de. Loc. prépos. qui a une signification tout à fait analogue à celle de *Loin*, employé seul, comme adverbe: *loin d'ici ; loin du lieu où vous êtes.*

Un moment loin de vous me durait une année.
J. RACINE, La Thébaïde, acte II, sc. I.

— Cette locution s'emploie souvent au figuré: *il est encore loin de la perfection.* On l'emploie aussi elliptiquement : *loin ces héros sans humanité.* — ÊTRE LOIN DE SON COMPTE, se tromper dans son raisonnement, dans son calcul, dans ses prétentions, dans ses espérances. — ILS SONT ENCORE TOUS DEUX LOIN DE COMPTE, BIEN LOIN DE COMPTE, se dit de deux personnes qui ont une convention, un marché à faire, et qui ne peuvent tomber d'accord: *nous sommes loin de compte ensemble.* — Prov. LOIN DES YEUX, LOIN DU CŒUR, on oublie les absents, on se refroidit à leur égard. — ÊTRE loin, BIEN LOIN DE FAIRE UNE CHOSE, avoir des dispositions toutes contraires à celles qui pourraient porter à faire une chose: *je suis loin de penser ainsi.*

Aussi je suis bien loin de me justifier.
COLLIN D'HARLEVILLE. L'Inconstant, acte III, sc. II.

— BIEN LOIN, ou simpl. LOIN, au commencement d'une phrase, se construisant avec la prépos. *de*, suivie d'un verbe à l'infinitif, ou avec la conjonction *que*, suivie d'un verbe au subjonctif, signifie, au lieu de, tant s'en faut que: *loin de me remercier, il m'a dit des injures.*

Et cet illustre effort, loin d'affaiblir vos droits,
Vous rendra le plus juste et le plus grand des rois.
J. RACINE. La Thébaïde, acte Ier, sc. III.

— Loin DE, s'applique quelquefois au temps: *nous sommes encore loin de Pâques..* — Loin de là, loc. adv. Au contraire: *on vous dit de cesser vos démarches; loin de là, redoublez-les.*

LOING (Le), anc. *Lupia*, rivière qui prend sa source à Sainte-Colombe (Yonne), traverse les dép. de l'Yonne, du Loiret, de Seine-et-Marne, et se jette dans la Seine près de Moret, après un cours de 130 kil. il avoir arrosé Châtillon-sur-Loing, Montargis et Nemours. Le Loing n'est pas navigable, maisil alimente le canal du Loing qui, par celui de Briare, fait communiquer la Seine à la Loire.

* LOINTAIN, AINE adj. Qui est fort loin du lieu où l'on est ou dont on parle. Ne se dit que des pays, des climats, des régions et des peuples: *des terres, des régions lointaines.* — Qui est à une grande distance, mais à portée, *les montagnes lointaines.* — Se dit quelquef. du temps : *les jours lointains.* — s. m. Éloignement : *apercevoir dans le lointain.* — Peint. LE LOINTAIN D'UN TABLEAU, ce qui paraît le plus reculé à la vue, dans le fond d'un tableau : *cette figure fait partie des lointains.*

* LOIR s. m. (lat. *glis, gliris*). Mamm. Genre de rongeurs du grand genre *mus* (rat), comprenant de gracieux animaux agiles, élégamment ornés, qui vivent sur les arbres et les arbustes, dans les forêts, dans les jardins et dans les vergers, où ils se rendent extrêmement nuisibles. Leur queue est longue et ornée de poils en pinceau. Essentiellement hibernants, ils se font un nid d'herbe pour s'y plonger dans un sommeil léthargique. Ils placent ce nid soit dans un trou de mur, soit dans une haie ou sur un arbre. Pendant les nuits d'été, ils attaquent les fruits du verger et surtout de l'espalier ; poussés par la faim, ils détruisent quelques escargots. Nous avons en France trois espèces de loirs. Le loir proprement dit (*myoxus glis,*

Loir muscardin (Muscardinus avellanarius).

Linn.), long d'environ 15 centim., au bout du museau à l'origine de la queue, brun cendré en dessus, blanchâtre en dessous; avec des moustaches fortes et une queue presque semblable à celle d'un écureuil. Il fait un nid de mousse dans les arbres creux, s'accouple au printemps, et produit quatre ou cinq petits par portée ; il se trouve dans le sud de l'Europe et en Italie, où, dans l'antiquité il servait d'aliment. Quand la saison froide approche, il se roule en boule et on le trouve dans cet état en hiver, dans les trous d'arbres et les fentes de rochers. Le *lérot* (*myoxus nitela* ou *mus quercinus*) est à peu près de la grosseur du précédent, avec la queue un peu moins longue. Il est répandu dans toute la France. On ne met fin à ses déprédations qu'en le guettant pendant la nuit et en le détruisant avec le fusil. Le *loir muscardin* (*muscardinus avellanarius*, Linn.) n'est guère plus grand qu'une souris; mais sa tête est plus courte, son museau moins pointu et ses yeux plus grands. Il habite les forêts.

LOIR (Le), *Lidericus*, rivière qui prend sa source dans l'étang de Cernay (Eure-et-Loir), traverse le dép. de Loir-et-Cher, de la Sarthe, de Maine-et-Loire, arrose Bonneval, Châteaudun, Fréteval, Vendôme, Montoire, la Châtre, Château-du-Loir, le Lude, la Flèche et Durtal et se jette dans la Sarthe, à 8 kil. N. d'Angers, après un cours de 250 kil., dont 113 navigables au moyen d'écluses. Le Loir a pour principaux affluents sur sa rive gauche : la Conie, le Long et la Meaulne; sur sa rive droite : la Thironne, le Fouchard, l'Ozanne et la Braye.

LOIRE (La), *Liger*, grand fleuve de la France; il naît dans les Cévennes, au mont Gerbier-des-Joncs (Ardèche), coule d'abord au N.-O., puis à l'O. en traversant les dép. de la Haute-Loire et de la Loire, il sépare ensuite le dép. de Saône-et-Loire de celui de l'Allier, arrose ceux de la Nièvre, du Loiret, de Loir-et-Cher, d'Indre-et-Loire, de Maine-et-Loire, de la Loire-Inférieure et se jette dans l'océan Atlantique au-dessous de Saint-Nazaire après un cours de 1,130 kil.; il baigne le Puy, Saint-Rambert, Roanne, Digoin, Nevers, Briare, Gien, Orléans, Beaugency, Blois, Amboise, Tours, Saumur, Ancenis, Nantes et Paimbœuf; il est navigable depuis Roanne sur une longueur de 750 kil; ses principaux affluents sont, sur la rive droite : le Furens, l'Arroux, la Nièvre, la Maine et l'Erdre; sur la rive gauche : l'Allier, le Loiret, le Cher, l'Indre, la Vienne, le Thouet et la Sèvre-Nantaise. On a obvié aux obstructions formées par des sables changeants dans la partie inférieure du cours de la Loire, au moyen du *Canal latéral à la Loire*. (Voy. CANAL.) Ce fleuve est sujet à de terribles débordements et il a fallu, pour en atténuer les effets, élever à droite et à gauche les digues appelées *levées de la Loire*; les inondations de 1846, 1856 et 1881 ont été particulièrement désastreuses. Dans son cours supérieur, la Loire traverse avec impétuosité de pittoresques montagnes, puis, arrivée dans la plaine, elle coule majestueusement au milieu d'un ravissant paysage, arrosant d'admirables prairies et fertilisant ses rives au point que sa vallée a été surnommée le *Jardin de la France*. Son bassin est évalué au quart du territoire français.

LOIRE, dép. de la région centrale de la France; doit son nom au fleuve qui le traverse dans toute son étendue, du S. au N.; situé entre les dép. de Saône-et-Loire, de l'Allier, du Puy-de-Dôme, de la Haute-Loire, de l'Ardèche, de l'Isère et du Rhône. Ce dép. fut d'abord compris dans celui du Rhône; mais, en 1793, après le siège de Lyon, la Convention dédoubla ce dernier dép., et celui de la Loire fut alors formé de l'ancien Forez et d'une partie du Lyonnais et du Beaujolais; 4,759 kil. carr.; 599,836 hab. Ce dép. montagneux est traversé au S.-E. par la chaîne des Cévennes qui prend les noms de *montagnes du Lyonnais, du Beaujolais et du Charolais*; à l'O., la vallée de la Loire est bornée par les *monts du Forez*, où se trouve l'un des géants de la France centrale, point culminant du dép., Pierre-sur-Haute (1,640 m. d'altitude). Le dép. de la Loire appartient presque tout entier au bassin du grand fleuve qui lui donne son nom; cependant une partie de la région S.-E. appartient au bassin du Rhône; industrie extrêmement développée; immenses richesses minérales, inépuisables bassin houiller, le plus important de France après celui du dép. du Nord. Sol peu fertile en céréales et en vins; élève de gros bétail; culture du mûrier, dans le bassin du Rhône; de la garance, du pastel, du safran; grande exportation de marrons, industrie très active. Elevage du ver à soie. Fabrique d'étoffes et de rubans de soie, mousselines, fers, aciers, fameuses armes, principalement à Saint-Etienne; verres, toiles et papiers; exploitation de fer, plomb, marbre, pierres. Climat girondin, froid et sain dans la montagne, doux dans la vallée de la Loire, chaud dans celle du Rhône et malsain dans les marécages du Forez. Les principaux affluents de la Loire dans ce dép. sont : la Dondaine, le Bouzon, le Furens, la Mare, la Coise, la Foix, le Lignon du Nord et l'Aix ; le Gier afflue au Rhône; sources minérales à Saint-Galmier, Saint-Alban, Montbrison, Moingt, Sail-sous-Couzan, Roanne, Sail-les-Bains, Sail-en-Douzy, Crémeau, etc. — Ch.-l. Saint-Etienne, 3 arr. 30 cant. et 328 communes. Ce dép. forme, avec celui du Rhône le diocèse de Lyon, siège de l'archevêque; cour d'appel et académie à Lyon. Ch.-l. d'arr. : Saint-Etienne, Montbrison et Roanne; Montbrison fut le ch.-l. jusqu'en 1855.

LOIRE (Haute-), dép. de la région centrale de la France; doit son nom à sa situation physique sur le cours supérieur de la Loire; situé entre les dép. de la Loire, du Puy-de-Dôme, du Cantal, de la Lozère et de l'Ardèche, formé de l'ancien Velay et de quelques portions de l'Auvergne, du Forez et du Gévaudan ; 4,962 kil. carr.; 316,464 hab. Ce dép. est presque entièrement limité à l'E. au S. et à l'O. par les hautes montagnes du Vivarais et de la Margeride; dans les montagnes du Vivarais, se trouve le point culminant du dép., le mont Mézenc (1,766 m.). Sol montueux, peu fertile et volcanique même dans certaines parties, assez productif dans les vallées et dans les plaines; récolte de céréales et de vins communs; élève de mulets, porcs et bêtes à cornes; mines de houille, zinc, cuivre, plomb; pierres à aiguiser; exploitation de marbre; sources minérales à Serville, les Poudreaux, Margeaix, Laprat, la Souchère, Andruéjols, Prades, Paulhac, etc.; ce dép. est arrosé par la Loire, dont les principaux affluents sont: la Méjeanne, la Borne, la Sumère, l'Arzon, le Lignon du Sud, l'Ance et par l'Allier, qui reçoit le Chapeauroux, l'Auze et la Sénouire. — Ch.-l., le Puy, 3 arr., 28 cant., 262 communes. Evêché au Puy, suffragant de Bourges, Cour d'appel à Riom. Les établissements de l'instruction publique sont du ressort de l'académie de Clermont-Ferrand. Ch.-l. d'arr. : le Puy, Brioude, Yssingeaux.

LOIRE-INFÉRIEURE, dép. maritime appartenant à la région occidentale de la France; doit son nom à sa position physique par rapport au cours de la Loire ; situé entre les dép. d'Ille-et-Vilaine, du Morbihan, de la Vendée, de Maine-et-Loire et limité à l'O. par l'océan Atlantique; formé du comté de Nantes qui comprenait la partie méridionale de la Bretagne; 6,874 kil. carr.; 643,625 hab.; 115 kil. de côtes découpées d'anses et de baies. La surface de ce dép. est généralement plate, sillonnée d'un grand nombre de cours d'eau et entrecoupée de collines peu élevées; le point culminant du dép. à l'E. de Rougé n'a guère que 115 m. d'altitude; climat humide; gras pâturages; mines de fer, houille, kaolin, ardoises, tourbe, aimant; céréales, vins, cidre, lin; élève d'abeilles, de chevaux et mulets, conserves alimentaires; industrie manufacturière importante; usines à fer; fonderies considérables à Indret; fabriques de toiles, cotonnades, produits chimiques; chantiers de construction maritime; corderies, tanneries, raffineries, mégisseries, brasseries, verreries, pêcheries. Grand commerce avec l'Amérique et les Indes. La Loire partage le dép. en deux parties inégales; elle reçoit l'Erdre, le Donneau, la Chézinne, le Brivé, la Divate, le Chenau et la Sèvre-Nantaise; la Vilaine, qui borde ce dép. dans une longueur de quelques kil., reçoit le Samnon, le Don et l'Isar; un autre petit fleuve côtier, le Falleron, passe à Machecoul et se jette dans la baie de Bourgneuf. Le dép. de la Loire-Inférieure renferme le plus grand lac de France, le lac de Grand-Lieu, qui mesure plus de 3,800 hectares de superficie, et 8 kil. de long sur 6 de large. Ports principaux : Nantes, Saint-Nazaire, le Croisic, le Pouliguen, Portnichet, la Basse-Indre, Chantenay, le Pellerin, Paimbœuf, Pornic et Bourgneuf. — Ch.-l., Nantes; 5 arr., 45 cant., 215 communes. Le dép. forme le diocèse de Nantes, suffragant de Tours; cour d'appel et ch.-l. universitaire à Rennes. Ch.-l. d'arr. : Nantes, Saint-Nazaire, Paimbœuf, Ancenis et Châteaubriant.

LOIRET. I. *Ligerulus*, petite rivière qui prend sa source à 7 kil. d'Orléans, au milieu du parc du Château de la Source; elle sort de deux gouffres nommés: le Bouillon et l'Abîme; elle est navigable dès sa source et sert d'abri, pendant l'hiver, aux bateaux de la Loire; elle baigne Olivet, Saint-Hilaire et, après un cours de 12 kil., afflue à la Loire à Saint-Mesmin; elle reçoit les eaux du Lozin et de l'Archel. — II. Dép. qui appartient à la région centrale de la France; il tire son nom de la rivière qui l'arrose dans un parcours de 12 kil.; situé entre les dép. de Seine-et-Marne, de Seine-et-Oise, d'Eure-et-Loir, de Loir-et-Cher, de la Nièvre et de l'Yonne; formé du Gâtinais, de l'Orléanais et d'une partie de la Sologne; 6,771 kil. carr.; 368,526 hab. Le dép. du Loiret est traversé par une chaîne de collines qui sépare le bassin de la Loire de celui de la Seine. La Sologne, entre Cernay et Châtillon-sur-Loire, se trouve le point culminant du dép. (244 m.). Territoire divisé en deux parties distinctes : la vaste plaine de la *Beauce*, fertile mais monotone, et le *Gâtinais* proprement dit, moins fertile, mais d'un aspect plus varié. Agriculture très avancée; céréales en surabondance, chanvre, lin, colza; vins d'Orléans et de Beaugency; élève de bétail et d'abeilles; carrières de pierres; lainages, bonneteries, vinaigre, poteries. Ce dép. est arrosé dans le versant de la Loire par la Loire qui reçoit le Nord-Yèvre, la Loue, la Laisse, le Loiret, la Mauve et la Cosson; dans le versant de la Seine, par le Loing et l'Essonne; le Loiret renferme la plus vaste forêt de France, celle d'Orléans, dont l'étendue est de 40,800 hectares. Source minérale ferrugineuse, acidulée et chaude à Ferrières; sources ferrugineuses froides à Segrais, Châteauneuf-sur-Loire, Noyers, Beaugency et l'Hermitage; 4 canaux traversent le dép.: celui d'*Orléans*, de *Briare*, du *Loing* et le *Canal latéral à la Loire*. — Ch.-l., Orléans; 4 arr., 34 cant., 349 comm. Evêché à Orléans, suffragant de Paris; cour d'appel à Orléans; les établissements d'instruction publique sont du ressort de l'Académie de Paris. Ch.-l. d'arr. : Orléans, Gien, Montargis, Pithiviers.

LOIR-ET-CHER, département de la région centrale de la France; doit son nom aux deux rivières, le Loir et le Cher, qui le traversent; situé entre le dép. d'Eure-et-Loir, de la Sarthe, d'Indre-et-Loire, de l'Indre, du Cher et du Loiret; formé du Blaisois, du Vendômois et d'une partie de la Sologne, 6,350 kil. carr.; 275, 713 hab. Bien que ne renfermant aucune montagne, le territoire du dép. est cependant assez élevé; il se compose de deux vastes plateaux séparés l'un de l'autre par la vallée de la Loire; le plateau du nord renferme : 1° le *perche vendômois*, pays entrecoupé de jolies rivières, de frais vergers, de ravissantes prairies et où se trouve le point culminant du dép. (526 m.), près de Fontaine-Raoul; 2° la *Beauce*. Le plateau du sud, au contraire, ne présente guère qu'un aspect aride et stérile, c'est la *Sologne*. Agriculture et industrie développées; commerce de vins, grains, chanvre; grands troupeaux de moutons; mines de fer, usines, verreries; draps, toiles, papeteries. Ce dép. qui appartient tout entier au bassin de la Loire, est traversé par le fleuve de ce nom qui y a pour principaux affluents : la Cize, le Loir, le Cosson, le Beuvron et le Cher; sources minérales à Saint-Denis et à Saint-Mandé. — Ch.-l., Blois; 3 arr., 24 cant., 297 comm. Évêché à Blois, suffragant de Paris; les tribunaux ressortissent à la cour d'appel d'Orléans; Paris est le ch.-l. académique. Ch.-l. d'arr. : Blois, Romorantin, Vendôme.

LOIRON, ch.-l. de cant. arr. et à 13 kil. O. de Laval (Mayenne); 1,100 hab. Toiles et fil.

LOISEAU (Jean-François), conventionnel, né en 1750, mort en 1822. Au début de la Révolution, il se fit remarquer par son civisme ardent et fut envoyé à la Convention par le dép. d'Eure-et-Loir; il vota la mort du roi sans appel ni sursis; nommé plus tard, par le Directoire, commissaire extraordinaire dans l'Eure-et-Loir, il purgea ce dép. des *chauffeurs* qui l'infestaient. Après le 18 brumaire, il rentra dans la vie privée; à la seconde Restauration, il fut exilé comme régicide, mais, quelque temps après, on lui permit de rentrer en France.

LOISEL (Antoine), jurisconsulte, né à Beauvais en 1536, mort à Paris en 1647. Il a laissé plusieurs ouvrages remarquables : *Institutes coutumières* (Paris, 1607; nouv. éd. 1783, avec commentaire de Laurière); *Dialogue des avocats du Parlement de Paris* (nouv. éd., par Dupin, 1818, Paris).

LOISELEUR-DESLONGCHAMPS (Auguste), orientaliste, né à Paris en 1805, mort en 1840. Il a donné une traduction française des *Lois de Manou* (1832-'33, 2 vol. gr. in-8°); un *Essai sur les fables indiennes* (1838, in-8°); *Amarakocha*, dictionnaire sanscrit (1839-'45, 2 vol. in-4°), etc.

* LOISIBLE adj. Qui est permis : *cela n'est pas loisible.*

* LOISIR s. m. (lat. *licere*, être permis). Temps dont on peut disposer sans manquer à ses devoirs : *avoir du loisir.* — Fam. IL EST BIEN DE LOISIR, IL FAUT QU'IL AIT BIEN DE LOISIR DE RESTE, se dit d'un homme qui s'amuse à des bagatelles, ou qui se mêle d'affaires qui ne le regardent point. — Espace de temps suffisant pour faire quelque chose commodément : *donnez-moi le loisir de faire ce que vous désirez; cet ouvrage demande du loisir.* — loisir, loc. adv. À son aise, à sa commodité, sans se presser: *vous ferez cela à loisir.* On dit aussi dans le même sens, A MON LOISIR, A VOTRE LOISIR, A SON LOISIR. — IL S'EN REPENTIRA A LOISIR, se dit d'un homme qui fait quelque chose dont on croit qu'il sentira longtemps les suites. On dit aussi dans le même sens, IL AURA TOUT LE LOISIR DE S'EN REPENTIR.

LOIZEROLLES (Jean-Simon AVOD DE), héros d'une légende contre révolutionnaire, né à Paris en 1752, décapité la veille du 9 thermidor. Il fut arrêté, ainsi que son fils, FRANÇOIS-SIMON (1772-1843), et lors de l'appel du nom de ce dernier, il se présenta à sa place et monta pour lui sur l'échafaud. Cette invraisemblable substitution ne fut divulguée que beaucoup plus tard et le fils l'exploita pendant toute sa vie pour s'en faire une sorte de célébrité. Les historiens réactionnaires prétendirent même que les buveurs de sang, non contents d'avoir assassiné le père, avaient réparé leur méprise en égorgeant le fils; et le récit de ces horribles exécutions se trouve tout au long dans l'*Histoire de la Révolution*, de M. Thiers, publiée du vivant même de la prétendue seconde victime, qui se garda bien de réclamer. La vérité, c'est que le fils Loizerolles dédia à Napoléon une foule de pièces de vers (*Le Roi de Rome*, etc.),

dénuées de toute poésie, et que, sous la Restauration, il publia des poèmes royalistes et traita Napoléon de *Moloch* devant lequel il avait été forcé de s'agenouiller.

LOJA, ville de la république de l'Equateur, ch.-l. d'une prov. qui porte le même nom, à 400 kil. S.-O. de Quito; environ 10,000 hab. Elle est dans une délicieuse vallée située à 2,000 m. au-dessus du niveau de la mer, près de la frontière méridionale de la république. Dans les environs se trouvent l'or, le mercure, le charbon et un beau marbre veiné; mais la véritable richesse du pays, c'est le quinquina.

LOJA, ville d'Espagne, sur le Genil, à 40 kil. S.-O. de Grenade; environ 16,000 hab. Manufactures de lainages. Loja a une grande importance stratégique comme clef de Grenade; elle fut prise par Ferdinand et Isabelle en 1486

* LOK s. m. Méd. Voy. LOOCH.

LOKEREN, ville de la Flandre orientale (Belgique) à 20 kil. N.-E. de Gand; 18,000 hab. Toiles de lin et de coton, dentelles, etc.

LOKMAN, fabuliste arabe, représenté dans le Coran comme contemporain de David, mais que d'autres traditions donnent comme un esclave éthiopien, laid et difforme, comme Esope, avec lequel il se pourrait que la légende l'ait confondu. La vie de Lockman n'est pas plus authentique que celle d'Esope, et les fables attribuées au premier sont d'origine grecque et ne furent répandues chez les Arabes que par une version syriaque.

LOLA MONTÈS (Maria-Dolores PORRIS Y MONTEZ, *dite*), célèbre aventurière, née en Espagne en 1824, morte à New-York en 1861. Sa mère était une belle créole qui courait le monde et qui eut des maris dans presque tous les pays anglais et espagnols, ce qui explique l'incertitude qui existe sur la paternité de Lola Montès. Cette dernière, aussi belle que sa mère, épousa, toute jeune, un officier anglais, nommé James, qui tenait garnison dans l'Inde; mais elle poussa si loin sa bonté envers les compatriotes de son mari, que celui-ci se crut le droit de faire des observations et qu'elle le quitta, sans l'avertir, pour suivre un autre officier qui se rendait en Europe. A peine arrivé à Londres son protecteur eut l'ingratitude de l'abandonner; mais, après quelques larmes, elle trouva des consolateurs. Son caractère volage la conduisit dans les principales capitales de l'Europe, où elle eut pour admirateurs tout ce que la politique comptait alors d'illustrations. L'un d'eux, pressé de terminer son union fragile avec elle, la fit entrer dans un corps de ballet, en Espagne. Elle obtint bientôt comme danseuse un succès égal à celui qui avait accompagné sa carrière d'amoureuse. Engagée au théâtre de la Porte-Saint-Martin à Paris, elle eut la fantaisie de danser sans maillot et vit casser son contrat. A Berlin, elle cravacha un gendarme qui voulait l'empêcher de suivre le roi et dut quitter cette capitale. Reçue froidement à Varsovie, elle insulta le public et revint, en compagnie de Liszt à Paris, où quelques badauds lui firent une ovation. Outrageusement sifflée à l'Opéra, elle dut quitter notre capitale, après le duel qui coûta la vie à Dujarrier, son amant, qui lui légua 20,000 fr. Elle parut sur la scène de Munich. Le roi de Bavière tomba amoureux fou de ses charmes en lui voyant danser un fandango, dans l'intimité. L'influence de Lola Montès devint si grande que le ministère Abel tomba pour avoir osé faire quelques objections lorsque le roi proposa de la nommer comtesse de Landsfeld. Les étudiants ayant manifesté de mauvaises intentions envers la favorite, l'université de Munich fut fermée; mais, en mars 1848, les émeutes dégénérèrent en révolution, et la danseuse

quitta son royal amant. L'année suivante, elle épousa légitimement un officier anglais nommé Health; mais elle avait négligé de rechercher si son premier mari était mort. Poursuivie pour cause de bigamie, elle se sauva à Madrid, où Health la suivit; elle parvint à se débarrasser, et il mourut peu après, presque au moment où elle apprenait officiellement que son premier époux, James, venait, lui aussi, de la faire veuve. Elle voyagea ensuite en Amérique et en Australie, épousa, en Californie, un nommé Hull, qui fut bientôt forcé de la quitter, et elle s'adonna ensuite à la dévotion.

* LOLLARD s. m. Nom sous lequel on désigna les sectateurs de Wiclef, célèbre hérésiarque anglais du xive siècle : *les lollards.*

LOLLARD (Walter), hérésiarque allemand, né en Angleterre vers la fin du xiiie siècle, mort en 1322; il enseignait que les démons reprendraient un jour la place de saint Michel et des anges qui seraient damnés à leur tour; il ne reconnaissait aucune cérémonie du culte, ni l'utilité des sacrements; le mariage, selon lui, n'était qu'une prostitution jurée. Il se fit beaucoup d'adeptes en Allemagne; douze apôtres, qu'il avait choisis, parcouraient l'Allemagne pour réchauffer le zèle de ses partisans. L'Inquisition l'arrêta au milieu de ses succès et le fit brûler à Cologne. Les Lollards, partisans de Walter Lollard, se virent en Allemagne, en butte à toutes sortes de persécutions: ils passèrent en Flandre et de là en Angleterre, où ils se confondirent avec les partisans de Wiclef; ceux qui restaient encore en Allemagne suivirent la doctrine de Jean Huss.

LOMBARD (Pierre), *Petrus Lombardus*, dit *le maître des sentences*, théologien scolastique, né à Novarre vers 1100, mort vers 1160; élève d'Abélard, il fut le premier qui obtint le grade de docteur à l'Université de Paris; il fut professeur de théologie, puis évêque de Paris (1159). Il a laissé : *Sententiarum libri IV* (Nuremberg, 1474 et Venise, 1477, 1480, 1486, in-fol.), collection de passages patrologiques, contenant les opinions des Pères relativement aux questions théologiques controversées. Cet ouvrage, pendant longtemps manuel scolaire et texte d'innombrables commentaires, a été réimprimé à Paris, en 1841.

LOMBAGO. Voy. LUMBAGO.

* LOMBAIRE adj. (rad. *lombes*). Anat. Qui appartient aux lombes: *la région lombaire.*

LOMAGNE, *Leomania*, petit pays de l'ancienne France, dans le bas Armagnac; ch.-l., Lectoure; v. pr., Beaumont-de-Lomagne et Lavit-de-Lomagne. Auj., la Lomagne est répartie dans les dép. du Gers et de la Haute-Garonne.

LOMBARD, ARDE s. et ad. [lon-bar] (Paul Diacre, qui était Lombard de naissance, fait venir le nom de ses compatriotes de *longobardi*, longues barbes; Vossius et d'autres étymologistes dérivent le mot lombard de l'anc. all. *long barte*, grande hallebarde. Mais ces deux opinions ne sont mentionnées ici que parce qu'elles sont admises par tous les auteurs français. Les mots *Langobardi*, *Longobardi* viennent de *Lange Bärde*, nom que l'on applique encore à un district des environs de Magdebourg. *Bœrd* signifie, en bas allemand, *vallée fertile*; et il est reconnu par Paul Diacre lui-même, que lorsque les Lombards quittèrent la Scandinavie, ils se nommaient *Vinili*, et qu'ils ne reçurent le nom de *Longobardi* qu'après leur établissement sur les bords de l'Elbe). De la Lombardie; qui appartient à ce pays ou en est habitant.

* LOMBARD s. m. Nom que l'on donnait autrefois aux *banques de prêt* dans les Pays-Bas, en France et en Angleterre, parce que, dans ces pays, ce furent de riches négocian-

émigrés d'Italie et plus particulièrement de la Lombardie, qui introduisirent ce genre d'opérations. On ne dit plus un *lombard*, on dit un *mont-de-piété*.

LOMBARD DE LANGRES (Vincent), écrivain français, né en 1765, mort en 1830. On a de lui *Le 18 Brumaire, Mémoires anecdotiques*.

LOMBARDIE, division de l'Italie septentrionale, bornée au N. par les Alpes qui la séparent de la Suisse et du Tyrol, à l'E. par la Vénétie, au S. par Parme, Plaisance et la Ligurie, et à l'O. par le Piémont ; 23,527 kil. carr.; 3,600,000 hab. Elle est divisée en provinces de Bergame, de Brescia, de Côme, de Crémone, de Mantoue, de Milan, de Pavie et de Sondrio. Presque toute la Lombardie forme une plaine qui descend des Alpes vers le Pô ; abondamment arrosée et admirablement cultivée, elle est une des régions les plus riches et les plus productives du globe. La province de Sondrio et la plus grande partie de celles de Côme et de Bergame sont montagneuses; parmi les sommets les plus célèbres, on cite le Splügen. Les principaux cours d'eau sont le Pô et ses tributaires : le Tessin, l'Olona, l'Adda, l'Oglio, la Chiese et le Mincio ; parmi les lacs, on remarque le Lago Maggiore et le lac de Lugano, partagés entre la Suisse et l'Italie, le lac de Côme et le lac de Garde, qui est le plus grand et l'un des plus beaux de l'Italie. Nul autre pays d'Europe n'est aussi bien cultivé que la Lombardie ; nulle part ailleurs on n'entend et on ne pratique mieux l'art de l'irrigation. Les laiteries, remarquables par leur étendue et leur propreté, produisent en grande quantité le fromage nommé *parmesan*, parce qu'il fut d'abord exporté de Parme. Comme dans tous les pays riches, la propriété y est très divisée ; chaque propriétaire possède de 3 à 10 hectares ; les petits cultivateurs, qui sont aussi les plus nombreux, sont appelés *coloni* et occupent de petites maisons entourées de moins d'un hectare et demi de terre; on élève aussi en Lombardie le ver à soie ; le vin y est abondant, mais généralement d'une qualité inférieure ; le tiers du sol arable est consacré à la culture du maïs. Soie, coton, lainages, toile de lin et fer. — La Lombardie faisait autrefois partie de la Gaule Cisalpine ; elle doit son nom actuel aux Lombards, *Longubardi* ou *Langobardi*, ancien peuple germanique de race suève, qui apparaît pour la première fois dans l'histoire sur les rives de l'Elbe, au temps de l'empereur Auguste. Après la destruction finale de leurs ennemis, les Hérules et les Gépides, les Lombards traversèrent les Alpes juliennes sous les ordres de leur roi victorieux Alboïn, et fondèrent, en 568, au N. de l'Italie, un puissant État avec des institutions féodales. Leur royaume dura plus de deux siècles, et eut pour principaux monarques : Autharis, qui embrassa le christianisme ; Rotharis, auteur d'un code de lois écrites (643) ; Grimoald, qui réforma les lois du précédent ; Luitprand, conquérant de Ravenne (728) ; Astolphe, qui essaya de s'emparer de Rome ; et Didier, dernier prince, sous lequel le royaume de Lombardie fut conquis par Charlemagne, en 774. Sous les successeurs de Charlemagne, les villes lombardes, ayant Milan à leur tête, devinrent riches et puissantes et adoptèrent les institutions républicaines. Après une longue lutte contre les empereurs, lutte pendant laquelle elles formèrent une ligue, ces villes devinrent indépendantes, en vertu du traité de Constance (1183) ; les Visconti parvinrent à dominer à Milan, ville dont Giovanni Galeazzo Visconti devint duc en 1395. Sa fille Valentine ayant épousé Louis, duc d'Orléans, les rois de France prétendirent ensuite à la possession du duché de Milan. Charles-Quint soutint François Sforza contre les Français, et, en 1540, après la mort de Sforza, il donna

Milan à son fils Philippe, considérant le duché comme fief vacant de l'empire. Le Milanais resta possession espagnole jusqu'en 1705, époque où il fut conquis par les Autrichiens. En 1796, Bonaparte s'empara de la Lombardie, qui fit successivement partie de la république cisalpine, de la république italienne (1801) et du royaume d'Italie (1805). Elle fut restituée à l'Autriche en 1815 et réunie à Venise pour former le royaume lombard-vénitien appartenant à l'empire d'Autriche. Par le traité de Zurich (10 nov. 1859), la Lombardie fut abandonnée à Victor-Emmanuel, sauf Mantoue et Peschiera, qui lui furent données par le traité de Vienne (3 oct. 1867).

* **LOMBES** s. m. pl. (lat. *lumbi*). Anat. Partie inférieure du dos, composée de cinq vertèbres et des chairs qui y sont attachées.

LOMBEZ, *Lombaria*, ch.-l. d'arr., à 40 kil. S.-E. d'Auch (Gers), sur la Save, au milieu d'une plaine fertile, par 43° 28' 30" lat. N. et 1° 28' 11" long. O.; 1,800 hab. Eglise du XIVᵉ siècle (Mon. hist. en briques).

LOMBOK (*Tanak Sassac*), île de l'archipel Indien, entre Bali et Sumbaoua; 5,670 kil. carr.; environ 250,000 hab. Elle est d'origine volcanique et traversée par deux chaînes de montagnes presque parallèles, entre lesquelles s'étend une plaine ondulée, bien arrosée et très fertile. Riz, coton, café, maïs et tabac; armes à feu et coutellerie; exportation de bœufs, de peaux, de corne, de coton, de tabac, d'huile de coco, de viande séchée et de bois de construction. Ville princ., Amponam, sur le détroit de Lombok, qui sépare Lombok de Bali. La capitale est Mataram, village situé dans l'intérieur des terres, à 6 kil. de la ville précédente. Le gouvernement est une monarchie absolue; les brahmanes forment la classe gouvernante; mais le peuple est généralement musulman.

* **LOMBRIC** s. m. [lon-brik] (lat. *lumbricus*, ver de terre). Zool. Genre d'annélides chétopodes, dont une espèce est connue sous le nom de VER DE TERRE. —Se dit aussi d'une espèce de ver intestinal. — ENCYCL. Le type de

Lombric (Lumbricus terrestris).

ce genre est le *ver de terre* (*lumbricus terrestris*, Linn.), animal bien connu, dont le corps est long, cylindrique, contractile, divisé par des plis transversaux en un grand nombre d'anneaux apparents (quelquefois 150). Les lombrics vivent dans les terrains humides, où ils creusent des galeries dans toutes les directions; ils avalent la terre à mesure qu'ils avancent; leur nourriture consiste principalement en végétaux tendres; ils se nourrissent aussi de matières animales. Ils sont très abondants à la surface de la terre pendant et après les pluies nocturnes. Ils nuisent quelquefois à la beauté des allées des jardins à cause des petites buttes de terre qu'ils élèvent; mais ils sont inoffensifs pour la végétation; et se rendent utiles en permettant à l'air et à l'eau de pénétrer dans la terre par les canaux qu'ils creusent dans toutes les directions; ils ameublissent le sol et jettent une poussière fine autour des racines de l'herbe. Ils fournissent de la nourriture aux oiseaux, aux taupes, aux grenouilles, etc. On les emploie comme appât pour certaines espèces de poissons.

LOMBRICAL, ALE, AUX adj. Anat. Se dit de plusieurs muscles de la main et du pied, qui ressemblent à des vers.

LOMÉNIE (Louis-Léonard de), littérateur, né en 1818, à Saint-Yrieix (Haute-Vienne),

mort à Menton le 2 avril 1878. Sous le pseudonyme de *Un homme de rien*, il commença, à l'âge de 22 ans, la publication d'une longue série de biographies politiques et littéraires, sous le titre de *Galerie des contemporains illustres* (10 vol., 1840-57). Ampère le choisit pour son suppléant à la chaire de littérature du collège de France, en 1845 ; et de Loménie devint titulaire de cette chaire en 1854. Son ouvrage le plus intéressant est *Beaumarchais et son temps; Etudes sur la société française* (1855, 2 vol. in-8°). Il fut élu à l'Académie française en janv. 1874.

LOMÉNIE DE BRIENNE, nom d'une vieille famille française dont les membres les plus connus sont : I. (Antoine de), né en 1560, mort en 1638. Nommé par Henri IV ambassadeur à Londres en 1595, il devint secrétaire d'État en 1606. Il légua à la bibliothèque royale 340 vol. de pièces historiques connues sous le nom de *Manuscrits* ou *Fonds de Brienne*. — II. (Henri-Auguste de), fils du précédent, homme d'État, né à Paris en 1594, mort en 1666. Nommé en 1615, par Louis XIII, gouverneur des Tuileries, il fut chargé de dresser les articles du contrat de mariage de Henriette de France avec le prince de Galles, il fut secrétaire d'État aux affaires étrangères pendant la minorité de Louis XIV. On a de lui : *Mémoires concernant les événements des règnes de Louis XIII et de Louis XIV* (1661, in-fol.). — III. (Louis-Henri de), fils du précédent, né en 1635, mort en 1698; après avoir été secrétaire d'État sous Louis XIV, il quitta le monde et entra à l'Oratoire (1663); il n'y resta que 5 ans; s'étant épris d'une folle passion pour une princesse de Mecklembourg, il fut, par ordre du roi, enfermé à Saint-Lazare où il resta 18 ans. On a de lui : *Recueil de poésies chrétiennes et diverses* (1676, 3 vol. in-12), *Itinerarium* (Paris, 1660). — IV. (Etienne-Charles de), prélat et homme d'État, né à Paris en 1727, mort à Sens en 1794. Il entra dans les ordres, se lia avec Turgot et, en 1760, fut nommé évêque de Condom, archevêque de Toulouse en 1763, entra à l'Académie en 1770 et remplaça Calonne comme contrôleur général des finances. Indécis et incapable, il fit rendre le timbre des édits impopulaires et relégua à Troyes le parlement qui refusait de les enregistrer; il suspendit les paiements du Trésor et céda enfin la place à Necker (1789). Archevêque de Sens depuis un an, il fut nommé cardinal en quittant le ministère; il accepta la constitution civile du clergé (1791), et se démit du cardinalat. Quand on vint pour l'arrêter en 1794, on le trouva mort dans son lit. On a de lui : *Oraison funèbre du Dauphin* (1766, in-4°).

LOMME, comm. du cant. d'Haubourdin (Nord), à 5 kil. de Lille ; 3,800 hab. On y voit un ancien manoir des Templiers devenu plus tard une commanderie de l'ordre de Malte.

LOMOND, mécanicien français qui vivait vers la fin du XVIIIᵉ siècle ; ingénieux et inventif, il apporta divers changements et de grandes améliorations dans la machine à filer le coton et fut le véritable inventeur de la télégraphie électrique. Arthur Young fit une relation de cette découverte dans le récit de son voyage en France (1787).

LOMOND (Loch-), le plus grand lac d'Ecosse, à 25 kil. N.-O. de Glasgow, entre les comtés de Dumbarton à l'O., de Perth et de Stirling à l'E. Longueur, 40 kil.; largeur, 10 kil. Magnifiques paysages. Les fameuses grottes de Rob-Roy se trouvent sur sa rive orientale au pied du Ben-Lomond.

LOMPE s. m. (angl. *lump*, bloc). Icht. Genre de malacoptérygiens subbrachiens, famille des discoboles de Cuvier, dont l'espèce principale, le *lompe commun* (*cyclopterus lumpus*, Linn.), appelé aussi *gras-mollet*, *lièvre de mer* et *bouclier*, se trouve dans les mers du Nord, où il se nourrit de méduses et d'autres animaux gélatineux. Sa taille varie de 20 à 25 centim. de long.; et il pèse jusqu'à 15 livres. Son aspect bizarre et rebutant, sa

Lompe (Cyclopterus lumpus).

forme disgracieuse, sa peau visqueuse lui ont valu différents noms. Sa chair est molle et insipide. Il est jaunâtre en dessous et d'un bleu d'ardoise avec des taches noirâtres en dessus.

LOMZA. 1. Gouvernement de la Pologne russe, borné par la Prusse; 12,087 kil. carr.; 500,900 hab. Il est arrosé par le Bug et par son affluent la Narew. Villes princ. : Lomza, Pultusk et Ostrolenka. — II. Cap. de ce gouvernement, sur la Narew, à 110 kil. N.-E. de Varsovie; 11,000 hab. Papier, cuir et lainages. Elle était jadis très importante; mais ayant été détruite par les Suédois, elle ne s'est jamais entièrement relevée.

LONATO, ville d'Italie, près du lac de Garde, à 20 kil. E.-S.-E. de Brescia; 7,000 hab. Victoire de Bonaparte sur Wurmser, le 3 août 1796.

LONDINIÈRES, ch.-l. de cant., arr. et à 14 kil. N. de Neufchâtel (Seine-Inférieure); 1,100 hab.

LONDON [lonn'-d'n ou leunn'-deunn], nom anglais de la ville de Londres.

LONDON, ville de l'Ontario (Canada), sur la Thames, à 175 kil. E.-N.-E. de Détroit; 30,000 hab. Fameuses sources sulfureuses très fréquentées.

LONDONDERRY. I. [lonn'd'n-dèr-ri, ou leunn-dé-ri], comté de l'Ulster (Irlande), borné par l'Atlantique; 2,114 kil. carr.; 475,000 hab. Principaux cours d'eau: Foyle, Bann et Roe. — II. Cap. de ce comté, sur la Foyle, à 200 kil. N.-N.-E. de Dublin; 26,000 hab. Belle cathédrale; collège Foyle. — L'ancienne ville de Derry, appelée d'abord Derry-Calgach, se forma autour d'un couvent fondé par saint Colomban en 546. En 1608, les troupes du roi anglais Jacques Ier la brûlèrent presque entièrement. Ayant été donnée, avec son territoire à une société formée par des bourgeois de Londres et ayant été repeuplée au moyen d'une émigration d'habitants de Londres, elle reçut son nouveau nom de Londonderry et devint la forteresse du protestantisme en Irlande. Elle ferma ses portes à Jacques II en décembre 1688. Les troupes catholiques commandées par le général français Rosen, essayèrent d'y entrer de vive force; mais la garnison et les habitants se défendirent avec un courage désespéré, et les assiégeants durent se retirer quand ils eurent perdu 9,000 hommes, après 101 jours de siège (20 avril-30 juillet 1689).

LONDONER s. m. Habitant de Londres : des Londoners. On dit ordinairement LONDO-NIEN.

LONDONIEN, IENNE s. et adj. De Londres; qui appartient à cette ville ou à ses habitants.

LONDRES (angl. London [lonn-d'n]), métropole de l'Angleterre, capitale de l'empire britannique, sur la Tamise, à 92 kil. de la mer, en suivant les sinuosités du fleuve, et

à 66 kil. en ligne droite, à 362 kil. N.-O. de Paris; par 54° 30' 49" lat. N. et 2° 25' 57" long. O. (au centre du dôme de la cathédrale Saint-

Londres et ses environs.

Paul). — Londres est la plus grande ville de l'univers: avec ses dépendances, elle renferme 4 millions d'hab. La population complète du globe étant évaluée à 1,455 millions d'hab., celle de Londres en est donc la 364e partie. Cette ville immense renferme deux fois autant d'hab. que le royaume de Danemark et presque autant que ceux de Suède et de Portugal. L'Espagne entière est à peine quatre fois aussi peuplée que Londres. La superficie de cette superbe capitale est de 316 kil. carr. Sa population, qui n'était que de 50,000

Palais Buckingham.

hab. au XIIe siècle, atteignit 200,000 hab. au XVIIe siècle; elle était de 960,000 en 1801; de 1,380,000 en 1821; de 1,950,000 en 1841; de 2,800,000 en 1861; de 3,300,000 en 1871; de 3,815,000 en 1881. Londres appartient aux trois comtés de Middlesex, de Surrey et de

Kent; il est divisé en 28 districts, dont 20 appartiennent au comté de Middlesex, 5 au comté de Surrey et 3 au comté de Kent. La police métropolitaine rayonne sur un grand nombre de villages et de paroisses des environs (sauf sur la Cité, qui a sa police particulière) et étend sa surveillance surtout le comté de Middlesex et sur une partie des comtés de Surrey, de Kent, d'Essex et de Hertford. Dans ces limites beaucoup plus étendues, Londres renfermerait près de 5 millions d'habitants. Londres comprend 10 bourgs parlementaires: Cité, Westminster, Chelsea, Marylebone, Hackney, Finsbury, Tower Hamlets, Lambeth, Southwark et Greenwich. Chacun de ces bourgs élit deux membres à la chambre, excepté la Cité, qui en nomme quatre. — Les principales rues sont : Cheapside, Fleet street, Temple Bar, le Strand, Charing-Cross, Newgate street, Holborn viaduct, Oxford street, Tottenham court road, Hampstead road, Euston road (la plus longue de Londres; 5 kilom.), Saint-John's Wood, Edgeware road, City road. D'autres voies principales aboutissent au pont de Londres (long de 300 m.), au pont de Westminster (400 m.), au nouveau pont de Blackfriars (420 m.), au pont de Southwark (250 m.), à celui de Waterloo, l'un des plus beaux du monde (410 m.), et à un grand nombre d'autres ponts, parmi lesquels nous citerons celui du Vauxhall. Les quartiers du centre, particulièrement ceux de la Cité, d'Holborn et du

Strand, sont les plus animés; ceux de l'est et du sud renferment les principaux établissements industriels et les classes laborieuses; au nord, la classe moyenne habite de beaux quartiers, comme ceux d'Islington et de Hampstead; à l'ouest, où se trouvent les districts de West End, et le quartier très pauvre de Chelsea, on admire de magnifiques parties, telles que Westminster et Kensington, de beaux squares, plusieurs riches hôtels et de célèbres parcs, comme Hyde park, Regent's park, les immenses jardins zoologique et botanique de Kensington. Parmi les palais de West End, on cite ceux de Buckingham, de Saint-James, etc. C'est surtout dans Pall-Mall que se rencontrent les clubs. Quartiers mouvementés de Piccadilly, de Belgravia (comprenant les squares Belgrave et Eaton). Regent street est, sans contredit, la plus belle des rues de Londres, celle qui renferme les plus riches magasins. Bond street et Piccadilly rivalisent avec elle: Haymarket donne sur la place de Waterloo. Covent Garden est peu agréable. excepté du côté de Hyde park, où se trouve un arc de triomphe surmonté d'une statue équestre de Wellington. En été, tout le West End est le rendez-vous des gens d'affaires et de la fashion anglaise. — Les chambres du parlement se dressent sur la rive gauche de la Tamise, entre ce fleuve et l'abbaye de Westminster; c'est un immense palais qui renferme la chambre des lords et celle des communes, et qui fut terminé en 1852. Le principal ministère est Whitehall. La ville ne

compte pas moins de 1,500 monuments religieux (2,500 en y comprenant ceux des districts adjacents). Les principaux sont: la cathédrale Saint-Paul et l'abbaye de Westminster. La première, brûlée en 1666, fut reconstruite en 1710; la seconde fut fondée au VIIe siècle et terminée au XIIIe siècle. Les souverains anglais, depuis Edouard le Confesseur jusqu'à la reine Victoria, y ont été couronnés et la plupart y sont enterrés; presque tous les grands hommes d'Angleterre y ont un monument funèbre. — Principaux hôpitaux: celui des marins à Chelsea, celui des soldats à Greenwich, et ceux de Saint-Bartholomew, de Smithfield (1547), de Westminster (1719), de Guy (1721), de Saint-George (1733), de Londres (1740), de Charing-Cross (1818), etc.; asile de Bedlam pour les aliénés. Les écoles subsistent au moyen de taxes et de souscriptions; dans les quartiers ouvriers, les trois quarts des enfants sont élevés dans la plus complète ignorance; à côté de celle misère intellectuelle, les classes riches trouvent à leur portée des centaines d'écoles, et l'université de Londres qui leur confère les grades. Parmi les écoles, nous citerons le collège du roi, l'école Saint-Paul, le collège Saint-Pierre, l'école nommée Christ's Hospital ou l'école des Jacquettes bleues, établissement d'éducation fondé en 1552; le collège catholique romain. — 50 bibliothèques, dont la principale est le British Museum. (Voy. ce mot.) Parmi les nombreux musées, nous citerons ceux de South Kensington (1858), la National Gallery, celui de Burlington house. — L'Albert memorial, à Hydepark, est un curieux monument élevé à la mémoire du prince Albert, sur le lieu où ce prince avait fait construire le palais de cristal de 1851. Albert y est représenté assis; aux quatre angles du monument sont figurées: l'Asie, l'Amérique, l'Europe et l'Afrique. Les bas-reliefs représentent 169 personnages célèbres, de grandeur naturelle. — Sur Trafalgar square se dresse le monu-

ment de Nelson, colonne très élevée, mais qui pèche absolument contre les règles de la proportion architecturale. La plupart des grands souverains et des personnages illustres de l'Angleterre ont leur statue dans la capitale; nous ne citerons que celles de Wellington, dans Hyde park, au Royal Exchange, et celles de Victoria au Royal Exchange et à l'hôpital Saint-Thomas. — Parmi les théâtres, on distingue: Drury-Lane (opéra), Covent Garden (opéra italien, bâti en 1858); Opéra national (commencé en 1877), et 40 scènes dramatiques ou comiques: Haymarket, Adelphi, Prince de Galles, etc. — Prisons: Newgate, Millbank, Pentonville, etc. — La police de la métropole comprend 10,000 policemen et n'a pas de rivale. — Le gouvernement de la plus grande partie de la métropole appartient au secrétaire de l'intérieur, qui a sous ses ordres les commissaires de police. Mais la partie de la ville appelée Cité, est sous le contrôle exclusif de la corporation de Londres, l'un des corps municipaux les plus riches et les plus influents de l'univers. Cette corporation comprend le lord-maire, 25 aldermen, 4 shérifs et 206 conseillers municipaux. Le lord-maire est élu annuellement par les aldermen; il doit d'abord avoir été shérif et peut être réélu. Les aldermen sont élus à vie, un par chacu'i des 26 quartiers de la cité. — Le tunnel de la Tamise, chef-d'œuvre du Français Brunel (voy. TUNNEL), a été remplacé par un nouveau tunnel moins sujet aux accidents et qui livre passage à un chemin de fer. Plusieurs autres voies souterraines ont été construites sur son modèle. Les eaux trouvent un facile écoulement, grâce à un système de drainage admirablement compris. La Tamise, grand réservoir de Londres, fournit l'eau à toute la ville. — La seule fortification métropolitaine et la plus célèbre citadelle de l'Angleterre est la Tour de Londres, dont on fait remonter l'origine à Jules César; elle a été, dans les temps passés, fameuse comme prison d'Etat et comme lieu d'exécution. — Rien ne peut donner une idée du spectacle grandiose que présente l'activité commerciale de la Cité sur les rives de la Tamise. Le port, qui s'étend à plus de 10 kil. au-dessous du pont de Londres, renferme une véritable forêt de mâts; il peut recevoir les plus gros navires. Le commerce principal a lieu dans les docks West-India, East-India, London, Saint-Ca-

Chambres du parlement.

Abbaye de Westminster.

Albert Memorial Monument.

tharine, Victoria, Commercial, etc., et dans le canal du Régent, long de 13 kil. L'abondance extraordinaire des capitaux fait de

phère est continuellement obscurci par la fumée et par les brouillards ; mais le climat, quoique humide, n'est pas considéré comme

Trafalgar Square.

Londres le régulateur des marchés monétaires de l'univers. Cette ville est en relations commerciales avec toutes les parties du monde ; elle équipe des flottes de vaisseaux marchands ; le commerce des grains se fait à

La Tour de Londres.

malsain. — La première mention authentique de l'existence de Londres (Londinium) se trouve dans Tacite. Environ 100 ans après l'invasion de Jules César, cette ville fut prise par Claudius et appelée Augusta. En l'an 61 après J.-C., les Bretons, commandés par Boadicée, s'en emparèrent et la brûlèrent, mais elle fut aussitôt reconstruite. On croit que Constantin le Grand la fit entourer de murailles et y érigea un siège épiscopal. Sous la domination des Saxons, Londres devint probablement la capitale du royaume saxon oriental. Saint-Paul et Saint-Pierre, Westminster y furent construits peu après l'introduction du christianisme. Sous le règne d'Egbert, Londres devint la métropole des monarchies saxonnes réunies ; l'in-

Mark lane ; celui des produits coloniaux à Mincing lane : celui du charbon sur les bords de la Tamise ; celui de la laine près du Guidhall ; il y a un magnifique marché de fleurs et de fruits à Covent Garden. Le nombre moyen des navires que l'on trouve à Londres est de 1,000 pour le port et de 600 à 700 dans les docks. La principale industrie de la ville est celle de la soie, qui emploie plus de 100,000 personnes, particulièrement des femmes; ensuite viennent, par ordre d'importance, les fils télégraphiques, les voitures, les horloges, les montres, la bijouterie, les instruments de mathématiques, de chirurgie et de musique; le sucre raffiné et surtout l'ale et le porter. Les plus vastes brasseries sont celles de Barclay, Perkins et Cie, de Trumau, Hambury, Buxton et Cie, etc. Un double système de railways souterrains enveloppe Londres, le principal est le chemin de fer métropolitain. Les gares des chemins de fer présentent une animation dont nos gares françaises ne peuvent donner une idée. — Principaux cimetières : Norwood, Kensal Green, Brompton et Highgate. — Température moyenne de l'année : 10° C. La mortalité est de 19,9 pour 1,000; l'atmos-

vasion danoise lui fut désastreuse, mais sa prospérité se releva sous le règne d'Alfred. Guillaume le Conquérant, auquel la Cité se

Londres. — Christ's Hospital.

soumit aussitôt après la bataille d'Hastings, lui accorda une charte qui existe encore. En 1100, Henri Ier lui donna une nouvelle charte, qui servit de modèle à la Magna Charta ; cette

charte rétablit les privilèges dont les Londoners avaient joui avant la conquête et leur permit d'élire leur conseil municipal. En 1191, le principal magistrat de la ville fut pour la première fois nommé lord mayor (lord-maire). Pendant la guerre des Roses, Londres soutint presque toujours la maison d'York, et pendant les guerres religieuses qui désolèrent l'Europe, cette ville se peupla de réfugiés et s'enrichit de leur industrie. La peste, qui l'avait ravagée en 1349 et en 1604, reparut de juin à décembre 1665 et fit périr plus de 60,000 personnes. L'année suivante, le 2 septembre, un incendie détruisit presque entièrement la ville, qui comptait alors environ 200,000 hab. En 1685, des milliers d protestants, chassés de France, s'établirent à Spitalfields, où ils introduisirent l'industrie de la soie. A partir de cette époque, Londres n'a cessé de s'accroître avec une rapidité extraordinaire.

LONDRÈS s. m. [londrèss]. Sorte de cigares Lavanais qui, dans le principe, fut spécialement fabriqué pour l'Angleterre.

* LONDRIN s. m. Drap léger fait à l'imitation de quelques draps de Londres : les londrins se fabriquent dans nos provinces méridionales.

* LONG, ONGUE adj. (lat. longus). Se dit des objets considérés dans leur étendue, d'un bout, d'une extrémité à l'autre, et par opposition à court : la harpe a des cordes plus longues les unes que les autres. — HABIT LONG, la soutane et le long manteau que portent les ecclésiastiques : il était en habit long. — VUE LONGUE, vue qui discerne les objets à une grande distance. — LUNETTE DE LONGUE VUE, ou simplement LONGUE VUE, lunette d'approche, lunette avec laquelle on voit les objets éloignés. — AVOIR LES DENTS LONGUES, BIEN LONGUES, être affamé, après avoir été longtemps sans manger. — IL A LES BRAS LONGS, LES MAINS LONGUES, son pouvoir s'étend bien loin. — Elliptiq. — PRENDRE LE PLUS LONG, SON PLUS LONG, aller en quelque lieu par le plus long chemin : vous êtes venu ici par telle rue, vous avez pris le plus long. — PRENDRE LE PLUS LONG, se servir des moyens les moins propres à faire réussir promptement ce qu'on a entrepris. — Se dit aussi d'une surface considérée dans sa plus grande dimension, et par opposition à large : la surface d'un parallélogramme est le produit de la longueur, qu'on appelle le côté, multipliée par la largeur, qu'on appelle la base. — Qui dure plus ou moins longtemps : en été, les jours sont longs ; le temps est long à qui attend; il y a un très long temps que vous n'êtes venu.

Il est trop long : l'amour, surtout dans sa naissance,
Ne tient guère, chez moi, contre une longue absence.
COLLIN D'HARLEVILLE. L'Inconstant, acte Ier, sc. III.

— BAIL A LONGUES ANNÉES, BAIL A LONG TERME, bail dont la durée s'étend au delà du nombre d'années des baux ordinaires. — OUVRAGE, AFFAIRE DE LONGUE HALEINE, ouvrage, affaire qui demande beaucoup de temps et de soin. — VOYAGE DE LONG COURS, voyage par mer, dont le but et le terme sont fort éloignés. — IL NE LA FERA PAS LONGUE, il ne vivra pas longtemps. — SYLLABE LONGUE, VOYELLE LONGUE, syllabe, voyelle dont la prononciation doit avoir plus de durée que celle d'une syllabe, d'une voyelle brève : a est long dans pâte et bref dans rate. (Voy. plus loin LONGUE s. f.) — Se dit particul. des ouvrages d'esprit, soit que l'on en considère l'étendue, soit qu'on ait égard au temps nécessaire pour les lire, les réciter, les entendre : cet ouvrage est trop long. — Lent, tardif : cet ouvrier est bien long à tout ce qu'il fait. — s. m. Longueur, par opposition à largeur : ces rideaux ont deux mètres de long. — S'ÉTENDRE DE SON LONG, TOUT DE SON LONG, tomber à terre, ou se coucher, en déployant ou en laissant aller son corps dans toute sa longueur. — SCIEUR DE LONG, ouvrier qui scie des pièces de bois en long, pour faire des planches. — Adverbial. IL NOUS EN A DIT LONG, BIEN· LONG, il nous a dit beaucoup de choses sur tel sujet. EN SAVOIR LONG, BIEN LONG, être fin, rusé, difficile à surprendre. — Signifie aussi, en savoir plus qu'il ne faut : *cette fille en sait long*. — Savoir beaucoup de choses défavorables sur quelqu'un : *il en sait long sur votre compte*. — De long, en long loc. adv. En longueur, dans le sens de la longueur : *il faut mettre ce bois de long, en long*. — Fam. TIRER DE LONG, s'esquiver, s'enfuir : *quand il eut fait son coup, il tira de long*.

> La colombe l'entend, part et tire de long.
>   LA FONTAINE.

— Fig. TIRER DE LONG, apporter des délais dans une affaire. — EN LONG ET EN LARGE, en longueur et en largeur alternativement. N'est guère usité que dans cette phrase, SE PROMENER, ALLER EN LONG ET EN LARGE. On dit aussi quelquefois, dans le même sens, DE LONG EN LARGE. — Au long, tout au long, loc. adv. Amplement. *... cet auteur en parle au long dans son ouvrage*. — De longue main, loc. adv. Depuis longtemps : *il est mon ami de longue main*. — Le long, tout le long, tout du long ; au long de, loc. préposit. En côtoyant : *allez tout le long, tout du long de l'eau, tout le long de la prairie, du chemin, au long du bois*. — IL EN A EU TOUT DU LONG DE L'AUNE, se dit d'un homme qui a été fort malmené, fort maltraité, de quelque manière que ce soit. On dit aussi dans le même sens : *on lui en a donné tout du long*. — Tout le long, tout du long de, signifient aussi, pendant toute la durée de : *il a jeûné tout le long du carême ; il s'est diverti tout du long de l'année*.

> Aurais-je, je vous prie, joué tant de douceur
> Écouté tout du long l'offre de votre cœur?
>   *Tartufe*, acte IV, sc. v.

— A la longue, loc. adv. Avec le temps : *il marche bien les premiers jours; mais, à la longue, il se lasse*.

LONGANIME adj. (lat. *longus*, long ; *animus*, esprit). Qui a de la longanimité.

' **LONGANIMITÉ** s. f. Patience avec laquelle un être puissant et bon endure les fautes, les insultes qu'il pourrait punir : *on ne saurait trop louer la longanimité de ce prince*. — Patience, courage dans le malheur : *il a supporté ses maux avec une longanimité exemplaire, méritoire*.

LONG-BRANCH, fameuse station balnéaire maritime de l'état du New-Jersey (Etats-Unis), à 45 kil. S. de New-York ; 5,000 hab.

LONGCHAMPS [lon-chan], ancienne abbaye de religieuses, fondée près du bois de Boulogne, à l'extrémité septentrionale du village de Boulogne, par sainte Isabelle, sœur de saint Louis ; elle est aujourd'hui supprimée ; mais elle a laissé son nom à la promenade la plus aristocratique des environs de Paris. — Hippodrome de Longchamps, situé à l'extrémité du bois de Boulogne, bordé par la Seine et dominé par les coteaux de Suresnes ; sa situation et son étendue (66 hectares) en font le plus beau champ de courses de France.

' **LONGE** s. f. (rad. *long*). Cuis. Moitié de l'échine d'un veau ou d'un chevreuil, depuis le bas de l'épaule jusqu'à la queue : *une longe de veau, de chevreuil*. — Se dit plus particul. d'une longe de veau : *manger d'une bonne longe*. — Manège. Corde de chanvre, de crin ou un morceau de cuir coupé en long, en forme de courroie, de lanière, qui sert à attacher un cheval ou à le conduire quand on ne le monte pas : *la longe d'un cheval*. — MARCHER SUR SA LONGE, DANS SA LONGE, s'embarrasser dans les mesures qu'on prend, dans les discours qu'on tient. — Corde d'une certaine étendue, placée à

l'anneau du caveçon, et qui sert à tenir un cheval que l'on trotte sur des cercles : *trotter un cheval à la longe, à la plate-longe*.

LONGEAU, ch.-l. de cant., arr. et à 14 kil. S. de Langres (Haute-Marne) ; 400 hab.

LONGEPIERRE (Hilaire-Bernard DE REQUELEYNE, *baron de*), né à Dijon en 1659, mort en 1721. Il a laissé *Médée*, tragédie en 5 actes, qui eut du succès ; on lui doit aussi : *Sésostris*, *Electre*, ainsi que des traductions en vers d'Anacréon, de Sapho, de Bion et de Théocrite.

' **LONGER** v. a. Marcher le long de : *le cerf a longé cette route*. — Mar. LONGER LA CÔTE, naviguer le long de la côte de manière à ne pas perdre la terre de vue. — S'étendre le long de ; et, en ce sens se dit des choses : *un bois qui longe la côte*.

LONGET (François-Achille), célèbre physiologiste, né à Saint-Germain-en-Laye en 1811, mort à Bordeaux en 1871. Médecin distingué, il doit, en raison de ses découvertes et de ses observations sur le système nerveux être placé au rang des premiers praticiens du siècle. Il fut professeur de physiologie à la faculté de Paris. On a de lui : *Recherches expérimentales sur les conditions nécessaires à l'entretien et à la manifestation de l'irritabilité musculaire, avec application à la pathologie* (1841); *Sur les fonctions des muscles et des nerfs du larynx, et sur l'influence du nerf accessoire de Willis dans la phonation* (1841); *Traité d'anatomie et de physiologie du système nerveux de l'homme et des animaux vertébrés* (1842, 2 vol. in-8°); *Traité de physiologie* (Paris, 1850-'61, 2 vol. in-8°), etc., etc.

LONGEVILLE-LES-METZ, petit village du cant. de Metz, situé sur la rive gauche de la Moselle, au pied du mont Saint-Quentin, cédé à l'Allemagne en 1871. La bataille qui s'y livra le 14 août 1870, est souvent confondue avec celle de Borny (Voy. ce mot.)

LONGÉVITAL, ALE, AUX adj. Qui a le caractère de la longévité.

' **LONGÉVITÉ** s. f. (lat. *longa*, longue; *vita*, vie). Longue durée de la vie : *la longévité des carpes, des corbeaux, des cerfs*. — D'après la statistique, la moyenne de la vie humaine est de 29 ans pour les femmes et de 24 ans pour les hommes. Avant le déluge, les patriarches vivaient, suivant la Bible, 600 ans, 700 ans et même 900 ans, puisque, d'après la tradition, Mathusalem mourut à l'âge de 969 ans. A notre époque, on compte les centenaires. (Voy. ce mot ; voy. aussi HUPPAZOLI.) « Le plus curieux exemple actuel de longévité est celui de Michel Solis, dont M. Louis Figuier a fait connaître l'existence, et qui atteint un âge qu'on estime supérieur à 160 ans. Solis, l'homme le plus vieux du monde, est un métis de Bogota, dans la république de San-Salvador. Il vit d'une façon extrêmement régulière, et il attribue son extrême vieillesse à sa sobriété. Hallier parle d'un homme qui succomba à 169 ans; Easton, de Salisbury, d'un ménage, John Rovin et sa femme, dont l'un mourut à 172 ans et l'autre à 164; et Pritchard, entre autres, d'un mulâtre qui vivait, en 1797, à Fredericktown (Amérique du Nord), âgé de 180 ans et de Saint-Mongah ou Kentiga qui, en 1781, atteignit 185 ans. » (*Revue d'anthropologie*.)

LONGFELLOW (Henry-Wadsworth) [lôgn'-fel-lô], éminent poète américain, né à Portland (Maine), le 27 févr. 1807, mort au commencement de l'année 1882. Après avoir terminé ses études au collège Bowdoin, en 1825, il y accepta, l'année suivante, la chaire de langues et de littérature modernes. Il quitta l'enseignement en 1829; mais il redevint professeur en 1835 et entra à l'université Harvard pour y enseigner les langues

modernes et les belles-lettres. Il visita l'Europe en 1835, abandonna définitivement l'enseignement en 1854, et continua d'habiter Cambridge. Il visita de nouveau l'Europe en 1868-'69, et fut reçu partout avec de grandes marques d'admiration. Ses œuvres, qui jouissent d'une grande popularité dans les pays anglo-américains, comprennent : *Coplas de Manrique*, traduction (1833); *Outre-Mer· Pèlerinage au delà des mers* (1835); *Hyperion* (1839); *Voix de la nuit et autres poèmes* (1839); *Ballades et autres poèmes* (1841); *Poèmes sur l'esclavage* (1842); *L'Etudiant espagnol* (1843); *Poètes et poésie d'Europe* (1845); *Le Beffroi de Bruges* (1846); *Evangeline* (1847); *Kavanah*, conte (1849); *Seaside and fireside* (1850); *La Légende d'or* (1851); *Le Chant d'Hiawata* (1855); *Contes de Wayside Inn* (1863); *Fleur-de-Luce* (1867); *Tragédies de la Nouvelle-Angleterre* (1867); *La Divine Tragédie* (1872); une collection de ses derniers poèmes, sous le titre d'*Aftermath* (1874). L'œuvre la plus remarquable de ses derniers poèmes a été la traduction de la *Divina Commedia*, du Dante (3 vol., 1867-'70).

LONGFORD, comté d'Irlande, à l'extrémité N.-O. du Leinster; 1,090 kil. carr.; 65,000 hab. Production de beurre; fameux lac Gowna. Principal cours d'eau, l'Inny. — Cap. Longford (4,500 hab.), sur le Camlin, à 110 kil. O.-N.-O. de Dublin.

LONGHI (Giuseppe), graveur célèbre, né en 1766 à Monga (Lombardie), mort en 1831. Parmi ses œuvres, on distingue: la *Madeleine*, du Corrège; la *Décollation de saint Jean-Baptiste*, de Gérard Dow; le *Mariage de la Vierge*, de Raphaël; le *Jugement dernier*, de Michel-Ange (inachevé), la *Vision d'Ezéchiel*, d'après Raphaël, la *Madonna del lago*, d'après Léonard de Vinci; la *Galatée* de l'Albane. Parmi ses chefs-d'œuvre, on cite les planches si connues sous le nom de *Fasti di Napoleone il grande*, d'après les dessins d'Appiani.

LONGICORNE adj. Zool. Qui a les cornes ou les antennes longues. — s. m. pl. Entom. Famille de coléoptères tétramères, comprenant des genres caractérisés par de très longues antennes : *capricornes* (spondyle, prione, lamie, callichrome, callidie), *nécydales, sténocores* (rhagie, lepture).

' **LONGIMÉTRIE** s. f. Géom. Art de mesurer les longueurs dans les lieux accessibles; se dit aussi de l'art de mesurer par la trigonométrie les lieux dont on ne peut approcher.

LONGIN (Dionysius-Cassius LONGINUS), célèbre rhéteur grec qui vivait vers le IIIe siècle de notre ère. Il suivit les leçons de l'école philosophique d'Alexandrie et professait avec éclat l'art oratoire à Athènes, lorsque Zénobie, reine de Palmyre, le fit venir à sa cour pour lui enseigner les lettres grecques; il devint même son principal ministre. L'empereur Aurélien s'étant emparé de Palmyre, se fit livrer Longin, l'accusant d'avoir dicté contre lui à la reine Zénobie une lettre pleine de fierté et le fit livrer au supplice. La gloire de Longin repose entièrement sur son *Traité du sublime*, où il se montre critique éloquent, original, plein de verve et de goût en même temps qu'écrivain brillant et concis; c'est moins une étude philosophique sur la nature et les sources du sublime qu'un examen ingénieux et élégant des éléments et des modèles du sublime oratoire et poétique. Boileau, qui a donné en 1674 la première traduction française de ce qui nous reste de ce chef-d'œuvre, admire la délicatesse de l'auteur et la sublimité de l'ouvrage. Fénelon ne craint pas de le mettre au-dessus de la *Rhétorique* d'Aristote. La première édition du *Traité du sublime* est celle de Bâle (1554, in-4°); viennent ensuite celles d'Utrecht (1694, in-4°, gr.-lat.), de Londres (1724), de Leipzig (1769); les meilleures traductions sont avec celle de Boileau, celles de Lancelot (1775, in-8°) et de Pujol (Toulouse, 1853, in-8°).

LONGIPENNE adj. (lat. *longa*, longue; *penna*, aile). Ornith. Qui a de longues ailes. — s. m. pl. Famille de palmipèdes, comprenant des oiseaux dont les plumes des ailes sont fort longues et dont le vol est très puissant : pétrel, albatros, goéland, mouette, stercoraire, hirondelle de mer, bec-en-ciseaux, etc.

LONGIROSTRE adj. (lat. *longum*, long; *rostrum*, bec). Ornith. Qui a le bec long. — s. m. pl. Famille d'échassiers à bec grêle, long et faible : ibis, bécasse, échasse, avocette, courlis, barge, maubèche, alouette de mer, combattant, chevalier, etc.

LONG-ISLAND [longn'-aï-la'nd], île de l'état de New-York (Etats-Unis), longue de 180 kil., large de 25 kil. ; 2,643 kil. carr. ; 750,000 hab., dont 570,000 dans la seule ville de Brooklyn. Long-Island est baignée par le détroit de Long-Island au N., par l'Atlantique au S. et à l'E., par les Narrows au S.-O., par la baie de New-York à l'O. et par l'East-River au N.-O. Les côtes, profondément découpées, forment de nombreuses baies dont la plus vaste est celle de Gardiner, à l'E. Territoire peu élevé, arrosé par plusieurs petits torrents. Climat relativement doux. D'après Stiles (*Hist. de la ville de Brooklyn*), le premier établissement européen dans Long-Island date de 1636. Les Anglais, qui prirent possession de la partie orientale de l'île en 1640, finirent par chasser les Hollandais. Aussitôt après la proclamation de l'indépendance des colonies anglaises, les révoltés se fortifièrent dans Long-Island. Les Anglais débarquèrent 9,000 soldats allemands dans cette île le 22 août 1776, et le 27 du même mois, le général William Howe ordonna l'attaque des positions américaines. Les révoltés ayant perdu 2,000 hommes tués ou blessés et 1,000 prisonniers se retirèrent à New-York, et à partir de ce moment jusqu'à la fin de la guerre, Long-Island appartint aux Anglais. (Voy. Brooklyn.)

LONG-ISLAND CITY, ville de l'état de New-York (Etats-Unis), dans l'île de Long-Island, au N. de Brooklyn et vis-à-vis de New-York ; 20,000 hab.

LONG-ISLAND (Détroit de), détroit qui s'étend au nord de l'île de Long-Island et qui sépare cette île des états de New-York et de Connecticutt ; 175 kil. de long., de 3 à 35 kil. de large. A l'O. il donne dans l'East-River et à l'O. il communique avec l'Atlantique au moyen d'un passage étroit nommé Race.

***LONGITUDE** s. f. (lat. *longitudo*; de *longus*, long). Geogr. Distance en degrés d'un lieu quelconque à un premier méridien : *on compte les degrés de longitude depuis le premier méridien convenu*. — Astron. Distance, en degrés, qui existe entre un astre rapporté à l'écliptique, et le point équinoxial du printemps. (Voy. *Bureau*.) — Bureau des longitudes. (Voy. *Bureau*.) — Encycl. On donne le nom de *longitude* à un arc de l'équateur, compris entre le méridien d'un lieu et un autre méridien d'où l'on part pour compter les degrés et qui est appelé *premier méridien*. Les anciens géographes faisaient passer le premier méridien dans l'île de Fer (Canaries) (voy. Fer), et ce méridien est encore conservé par les géographes de l'Allemagne et de l'Europe orientale, mais on le fait passer par une petite île située à l'E. de l'île de Fer. Bien que dans les calculs approximatifs on place cette île à 20° O. de l'observatoire de Paris, le méridien de l'île de Fer se trouve réellement à 20° 30'. Le premier méridien des cartes anglaises est celui de Greenwich, par 2° 20' 14" O. de Paris; celui des cartes françaises est celui qui passe à l'observatoire de Paris; celui des cartes espagnoles passe à l'observatoire de Madrid par 6° 0' 54" O. de Paris; celui des cartes des Etats-Unis passe à l'observatoire de Washington par 79° 23' 5" O. de Paris.

***LONGITUDINAL, ALE, AUX** adj. Didact. Qui est étendu en long : *les membranes qui composent les vaisseaux sont tissues de deux plans de fibres, les unes circulaires, les autres longitudinales*.

***LONGITUDINALEMENT** adv. En longueur : *mesurer une chose longitudinalement*.

***LONG-JOINTÉ, ÉE** adj. Manège. Se dit d'un cheval, d'une jument dont les articulations inférieures sont trop longues : *ce cheval est long-jointé, trop long-jointé*.

LONGJUMEAU, ch.-l. de cant., arr. à 20 kil. N.-O. de Corbeil (Seine-et-Oise); 2,000 hab. Grand marché pour bestiaux, fruits, légumes; tanneries, mégisseries. Traité de paix entre les catholiques et les protestants (23 mars 1568).

LONGNY, ch.-l. de cant., arr. et à 20 kil. E. de Mortagne (Orne); 2,000 hab. Forges et haut fourneau.

LONGOBARDS. Voy Lombards.

LONGRINE s. f. Techn. Pièce de bois de charpente disposée au-dessus d'un pilotage, et dessus se sa longueur.

***LONGTEMPS** [lon-tan] adv. Il exprime un long espace de temps : *cela dure longtemps, trop longtemps*.

> Et c'est vous retenir trop *longtemps* en ces lieux.
> L. Racine. *Alexandre*, acte I, sc. III.

LONGTON, ville du Staffordshire (Angleterre), à 50 kil. S. de Manchester; 20,000 hab.

***LONGUE** s. f. Syllabe longue : *le dactyle est composé d'une longue et de deux brèves*. — Observer les longues et les brèves, être très cérémonieux, être très circonspect et exact en tout ce qu'on fait. — Il en sait les longues et les brèves, se dit d'un homme habile et intelligent en quelque affaire. — Mus. anc. Note carrée ayant une queue à droite et valant 8 temps, ou 2 brèves, dans la mesure à deux temps ou 3 brèves dans la mesure ternaire. — A la longue, loc. adv. (Voy. à la fin de l'art. Long.)

LONGUÉ, ch.-l. de cant., arr. et à 18 kil. S. de Beaugé (Maine-et-Loire); 4,300 hab. Commerce de grains, fruits, chanvre, bestiaux.

***LONGUEMENT** adv. Durant un long temps: *vivre longuement*. — D'une manière trop longue : *il a parlé longuement et nous a fort ennuyés*.

***LONGUET, ETTE** adj. Dimin. de *Long*. Qui est un peu long : *son discours a été longuet, un peu longuet*.

***LONGUEUR** s. f. Dans le sens où *long* est opposé à *court*, l'étendue d'un objet considéré d'un bout à l'autre : *la longueur d'un bâton, d'une lance, d'une allée, d'une route*. — Epée de longueur, épée de défense, plus longue que les petites épées qu'on portait ordinairement à la cour et à la ville. — Etendue d'une surface considérée dans sa plus grande dimension, par opposition à largeur : *cette cour a vingt mètres de longueur, sur dix de largeur*. — Se dit aussi en parlant de la durée du temps : *la longueur du temps lui a fait oublier...*

> Patience et *longueur* de temps
> Font plus que force ni que rage.
> La Fontaine.

— Se dit en parlant des ouvrages d'esprit considérés sous le rapport de l'étendue, ou sous celui du temps qu'on met à les lire, à les réciter, à les entendre : *le longueur d'un ouvrage, d'un discours, d'un sermon*. — Ce qui est superflu, ce qui surabonde : *il y a des longueurs dans ce discours, dans cette tragédie*.

—Lenteur dans les actions, dans les affaires : *je suis ennuyé de ses longueurs*. — En longueur, loc. adv. Dans le sens de la longueur : *scier, fendre, mesurer en longueur*. Cette locution s'emploie aussi pour marquer de longs délais : *cette affaire traîne en longueur*.

LONGUEVILLE, ch.-l. de cant., arr. et à 16 kil. S. de Dieppe (Seine-Inférieure); 710 hab. Briqueterie, fours à chaux. Ruines d'un château fort. Longueville fut érigé en comté (1423) en faveur de Dunois, bâtard d'Orléans, et en duché (1505).

LONGUEVILLE, nom d'une famille française qui tire son nom du duché de Longueville (voy. l'article ci-dessus) et dont les principaux membres furent : I. (François Ier d'Orléans, *comte de*), fils du célèbre Dunois ; il est la tige de la famille. Il mourut en Bretagne (1491). — II. (François II d'Orléans, *comte de*), fils du précédent, mort en 1512. Ce fut lui qui obtint de Louis XII l'érection du comté de Longueville en duché (1505). — III. (Louis d'Orléans, *duc de*), frère du précédent, mort en 1516 ; il se distingua à Agnadel et à Marignan, fut fait prisonnier à la bataille de Guinegate (1513) et emmené en Angleterre où il négocia le mariage de Louis XII avec Marie, sœur de Henri VIII. — IV. (Claude d'Orléans, *duc de*), fils du précédent, tué à la bataille de Pavie (1525). — V. (Léonor d'Orléans, *duc de*), fils du précédent, mort en 1573, après le siège de la Rochelle; Charles IX lui avait accordé, en 1571, le titre de prince du sang. — VI. (Henri Ier d'Orléans, *duc de*), fils du précédent, né en 1568, mort en 1595, gouverneur de la Picardie. Il gagna sur les ligueurs la bataille de Senlis (1589). — VII (Henri II d'Orléans, *duc de*), fils du précédent, né en 1595, mort en 1663. Filleul de Henri IV et son protégé, il fut successivement gouverneur de la Picardie et de la Normandie. A 21 ans, il épousa Louise de Bourbon-Soissons. Allié de Condé et des princes contre le maréchal d'Ancre, il fit, en 1626, partie des conjurés réunis à Fleury dans le but de tuer le cardinal de Richelieu ; se distingua comme général en Italie et en Allemagne. Veuf en 1637, il épousa, en 1642, la sœur du grand Condé. Après avoir été membre du conseil de régence pendant la minorité de Louis XIV, il fut nommé, en 1645, l'un des négociateurs de la paix de Munster ; en 1648, poussé par sa femme, il se jeta dans la Fronde et essaya de soulever la Normandie ; il fut arrêté, en 1650, avec les princes de Condé et de Conti et relâché quelque temps après. — VIII. (Anne-Geneviève de Bourbon-Condé, *duchesse de*), femme du précédent, née en 1619, morte à Paris le 15 avril 1679. Son fiancé, le prince de Joinville, étant mort, elle épousa à 23 ans un homme qui en avait 47 et ne fut pas un modèle de fidélité conjugale. Sa liaison avec Marcillac, le futur duc de la Rochefoucauld, éveilla la jalousie de son époux, qui l'appela auprès de lui à Munster, où il négociait la paix (1645). Rentrée à Paris en 1647, elle se jeta dans la querelle de la Fronde, dont elle devint l'âme et dont la Rochefoucauld était le chef. Sœur de Condé et de Conti, belle, admirée de tous, elle gagna à sa cause de nombreux partisans ; après la paix (1649), elle reparut à la cour, où la froideur de la reine-mère et de Mazarin lui prouvèrent que son attitude passée n'était pas oubliée ; elle ne put supporter patiemment cette injure et sa haine pour le cardinal s'en accrut ; elle n'eut pas de peine à ranimer celle de Conti à détacher du parti du roi le prince de Condé, son frère aîné. Bientôt l'arrestation des deux princes fut décidée par Mazarin. La Rochefoucauld fut jeté en prison, comme Conti. Au moment où Mme de Longueville donnait le jour (26 janv. 1649) à un fils dont l'auteur des *Maximes* passait pour le père,

Peu après, Conti et le grand Condé furent appréhendés, et le duc de Longueville partagea la mauvaise fortune de ses beaux-frères. La duchesse, prévenue à temps, s'enfuit pendant la nuit, arriva en Normandie, essaya d'y faire naître une insurrection, faillit être tuée à Dieppe, s'embarqua au Havre pour Rotterdam, et atteignit la citadelle de Stenay, dont elle prit le commandement. Elle y rencontra Turenne, qui s'y était réfugié; elle le gagna à la cause de la Fronde et accepta l'assistance de l'Espagne contre la France. Son mari et Condé ayant été relachés en 1651, elle l'abandonna et s'engagea dans une nouvelle expédition révolutionnaire à Bordeaux, avec La Rochefoucauld, le duc de Nemours, Condé et Conti. Elle ne put s'entendre avec ce dernier, et Bordeaux entra en négociation avec le duc de Vendôme, qui l'assiégeait. Après l'amnistie générale de 1660, la duchesse de Longueville rentra dans la vie privée. La mort de sa mère, l'abandon de son amant et l'insuccès de ses entreprises politiques la jetèrent dans la dévotion; elle vécut pendant quelque temps dans différents couvents et rejoignit ensuite son mari en Normandie. A la mort de celui-ci (1663), elle se voua entièrement à la vie religieuse et entra aux Carmélites. Son excessive piété la fit surnommer: *Mère de l'Eglise*. On dit que son influence procura aux jansénistes la paix dite de Clément IX (1668). Son fils, le duc de Longueville, fut tué dans une bataille en 1672. Sa vie a été écrite par M. Cousin (1853, 1 vol. in-8°).

LONGUE-VUE s. f. Lunette d'approche.

LONGUS, écrivain grec du IVe ou du Ve siècle de notre ère; il a laissé *Daphnis et Chloé*, roman pastoral, où les amours de ses héros sont racontées de la manière la plus naïve, la plus gracieuse et la plus délicate. Les meilleures éditions sont celles de Columbani (Florence 1598); de Baden (Leipzig, 1777); de Coray (Paris, 1802); de P.-L. Courier (Rome, 1810 et 1813, avec la traduction d'Amyot complétée).

LONGUYON, ch.-l. de cant., arr., et à 40 kil. N.-O. de Briey (Meurthe-et-Moselle); 2,300 hab. Forges à fer, hauts fourneaux, fours d'affinerie, fonderie, martinets.

LONGWOOD [logn-oûd], nom de la résidence assignée à Napoléon Ier dans l'île de Sainte-Hélène (10 déc. 1815 — 5 mai 1821).

LONGWY [lon-gvi], ch.-l. de cant., arr., et à 42 kil. N.-E. de Briey (Meurthe-et-Moselle), sur le Chiers, et à 52 kil. N.-N.-O. de Metz; 4,200 hab. Fabriques de tapis; passementeries. C'est une ville forte de seconde classe, dont l'importance militaire date de Vauban. Elle fut cédée à la France en 1678 et fut prise par les Prussiens le 23 août 1692 et le 18 sept. 1815, après des sièges désastreux; elle fut la première à capituler le 23 janv. 1871, après un bombardement de neuf jours.

LONS-LE-SAULNIER [lon-le-sô-nié], *Ledo Salinarius*, ch.-l. du dép. du Jura, sur la Vaille, à 110 kil. N.-E. de Lyon, par 46° 40' 28" lat. N. et 3° 13' 13" long. E.; 10,000 hab. Commerce de grains, bois, fils de fer, clouterie, tanneries. Prise par Henri IV, en 1595, et par le duc de Longueville, en 1629. Patrie de Rouget de l'Isle et du général Lecourbe. — Les habitants se nomment *Lédoniens*. — Cette ville doit son nom aux sources salées qui y furent découvertes au IVe siècle et qui, encore exploitées, produisent plus de 20,000 quintaux de sel par an. Etablissement d'eaux minérales salines, employées contre la goutte et les rhumatismes.

* **LOOCH** ou **lok** s. m. [lok] (arabe *looq*, du verbe *loaka*, lécher). Méd. Potion médicinale,

adoucissante et calmante, plus consistante que les sirops ordinaires et ayant pour base une substance huileuse, tenue en suspension par un mucilage. Le looch ordinaire ou *looch blanc* se compose: 1° de 12 amandes douces et 2 amandes amères pilées ensemble; 2° de 15 gr. d'huile d'olive battue avec 8 gr. de gomme adragante et une cuillerée de sirop de gomme. On réunit les deux mélanges et on y ajoute une demi-cuillerée d'eau de fleur d'oranger. On peut y joindre une substance active : kermès, opium, etc. — Les loochs blancs sont employés contre les affections des voies aériennes, soit pour faciliter l'expectoration, soit pour calmer les irritations.

LOOKOUT (Cap) [lou-kaoutt], promontoire situé sur la côte orientale de la Caroline du Nord, à 130 kil. S.-O. du cap Hatteras.

LOOS, commune du dép. du Nord, arr. et à 5 kil. S.-O. de Lille; 5,150 hab. Filature de coton, lin, produits chimiques. Son ancienne abbaye sert auj. de lieu de détention.

LOPE DE VÉGA. Voy. Véga.

LOPEZ [lo-pèss]. I. (Carlos-Antonio), président de la république du Paraguay, né en 1790, mort le 10 sept. 1862. Il reçut son éducation au séminaire ecclésiastique d'Ascencion, échappa aux persécutions de son oncle, le dictateur Francia, et, après la mort de celui-ci, en 1840, il fut nommé secrétaire de la junte suprême, puis l'un des deux consuls élus pour trois ans en 1841. A l'échéance de son mandat, le congrès l'élut président pour dix ans. Réélu pour trois ans en 1854, il cut encore le pouvoir pour dix ans en 1857, et obtint le droit de désigner son successeur. Son gouvernement, très arbitraire, ne fut pas violent ni sanguinaire. Son aversion pour les étrangers faillit plusieurs fois l'entraîner dans des guerres; mais il sut éviter des conflits armés, et sa longue administration augmenta le bien-être des Paraguayens. — II. (Francisco-Solano), président du Paraguay, fils du précédent, né en 1827, mort le 1er mars 1870, frère, qui le destinait à lui succéder, le fit voyager en Europe, comme diplomate en 1854. Il y fit connaissance d'une Irlandaise, qui se faisait appeler Mme Lynch, et qui était l'épouse d'un officier français qu'elle avait abandonné. Cette femme le suivit et exerça sur lui la plus grande influence, presque jusqu'à la fin de sa vie. A son retour dans le Paraguay, Lopez, nommé ministre de la guerre, mit son pays en état de soutenir une guerre étrangère, dans le but d'arracher des territoires au Brésil, à la Bolivie et à la république Argentine. Le testament de son père l'ayant désigné pour la présidence, le congrès lui confia le pouvoir pour dix ans. Le 11 nov. 1864, il commença les hostilités en saisissant un bateau à vapeur brésilien; le mois suivant, il envahit le Brésil. Des actes d'hostilité, commis sur le territoire de la république argentine amenèrent un traité d'alliance entre les deux Etats attaqués (14 avril 1865) et l'Uruguay s'associa aux deux alliés le 1er mai. En quelques mois, Lopez perdit les territoires qu'il avait envahis. Attaqué dans son propre pays, il y soutint la lutte pendant quatre ans, fit une levée de tous les hommes valides, de 12 à 70 ans et remporta quelques succès passagers. Mais, le 21 fév. 1868, la flotte alliée bombarda Ascencion, et le dictateur, réduit à former des régiments de femmes, vit se resserrer rapidement le cercle de ses ennemis. Aigri, affolé par ses revers, il en arriva à commettre des actes insensés. Soupçonnant le vice-président et les ministres de vouloir le trahir, il les fit arrêter, conduire à son quartier général et mettre à la torture. Au milieu des tourments, il leur arracha des aveux et leur fit dénoncer des centaines de prétendus complices riches et influents.

Pendant les derniers mois de 1868, il mit à mort, par la torture, plus de 500 personnes, tout ce qui restait au Paraguay d'intelligent et d'instruit. Mais ces excès précipitèrent sa chute. Sa sanglante défaite à Villeta (11 déc. 1868) fut suivie de sa fuite et du soulèvement du peuple. Pendant qu'il battait en retraite vers l'extrême limite septentrionale du Paraguay, un gouvernement provisoire le mit hors la loi (17 août 1869). Il erra encore quelque temps à la tête d'une petite troupe et fut tué par des soldats brésiliens auxquels il essayait d'échapper en traversant la rivière Aquidaban. Son armée, forte encore de 1,500 hommes, posa aussitôt les armes.

LOPEZ (Narciso), révolutionnaire cubain, né à Vénézuéla en 1799, mort le 1er sept. 1851. Fils d'un riche négociant, il entra dans l'armée espagnole et y gagna le grade de colonel. Ayant abandonné le service en 1822, il se rendit à Cuba, puis en Espagne, revint à Cuba et résolut d'enlever cette île à la domination espagnole. Il organisa, aux Etats-Unis, trois expéditions qui ne réussirent pas (1849-1830-1851). Les Espagnols finirent par le faire prisonnier avec plusieurs centaines d'aventuriers de différentes nationalités. Il fut condamné à mort.

LOPHIODON s. m. [-fi-] (gr. *lophos*, crête; *odous*, *odontos*, dent). Nom donné par Cuvier au *tapirotherium* de Blainville. C'est un animal fossile, semblable au tapir et découvert dans les dépôts tertiaires éocènes de l'Europe centrale. La plus grande des huit espèces mentionnées par Pictet est le *lophiodon isselense* (Cuv.), de la grosseur d'un petit rhinocéros.

LOPHOBRANCHE adj. (gr. *lophos*, huppe; *branchia*, branchie). Icht. Dont les branchies sont en forme de houppes et disposées par paires le long des arcs branchiaux. — s. m. pl. Ordre de poissons osseux ou fibreux, dont les branchies, au lieu d'avoir la forme d'un peigne, sont disposées en touffes rondes, distribuées par paires le long des arcs branchiaux. Cet ordre comprend les genres: syngnathe, hippocampe, solénostome et pégase.

LOPHOPHORE s. m. [lo-fo-fo-re] (gr. *lophos*, aigrette; *phoros*, qui porte). Ornith. Genre de gallinacés, groupe des phasianidés, comprenant des espèces à joues nues, dont la tête est surmontée d'une aigrette semblable à celle du paon, mais dont la queue est plane. La seule espèce décrite est le *lophophore res-*

Lophophore impey (*Lophophorus impeyanus*).

plendissant (*lophophorus Impeyanus*, Vieill.; *lophophorus refulgens*, Temm.), long de 60 centim. Son plumage présente toutes les teintes changeantes du vert, du bleu, du violet, du jaune d'or et du bronze. Ses couleurs brillent du plus bel éclat métallique et ses plumes sont douces et veloutées au toucher. Le milieu de son dos est d'un blanc pur; les pennes de sa queue sont d'un roux brillant, avec des barres transversales d'une teinte plus terne. Ce bel oiseau habite le Népaul et les montagnes de l'Himalaya. On le nomme quelquefois *faisan Impey* en l'honneur de *lady* Impey, qui l'a fait connaître.

* **LOPIN** s. m. (anc. haut all. *luppa*, lambeau). Morceau de quelque chose qui se mange, et principalement de viande. Pop. et ne se dit guère qu'en plaisanterie : *il en a emporté un bon lopin, de bons lopins.* — Par ext. Portion de quelque chose qui était à partager : *il a eu, il a emporté, il a attrapé un bon lopin de cette succession.*

* **LOQUACE** adj. [lo-koua-se] (lat. *loquax*; de *loqui*, parler). Qui parle beaucoup : *cet homme est bien loquace.*

* **LOQUACITÉ** s. f. Habitude de parler beaucoup : *cet homme est d'une loquacité fatigante.*

* **LOQUE** s. f. [lo-ke] (anc. haut all. *loc.*) Pièce, morceau d'une étoffe, d'une toile usée et déchirée : *cet habit s'en va en loques, est en loques, tombe en loques.*

* **LOQUÈLE** s. f. [lo-kuè-le] (lat. *loquela*; de *loqui*, parler). Facilité à parler des choses communes en termes communs : *il a de la loquèle.* (Fam.)

* **LOQUET** s. m. [lo-kè] (anc. fr. *loc*, serrure ; de l'anglo-sax. *locce*). Sorte de fermeture très simple que l'on met aux portes qui n'ont point de serrure, et à celles dont le pène est dormant : *cette porte ne ferme qu'au loquet.*

* **LOQUETEAU** s. m. Petit loquet qu'on met ordinairement aux volets en haut d'une fenêtre, et auquel on attache un cordon, afin de pouvoir les ouvrir et les fermer aisément.

LOQUETEUX, EUSE adj. Qui est couvert de loques. (Vieux.)

* **LOQUETTE** s. f. (dimin. de *loque*). Petite pièce, petit morceau : *une loquette de morue.* (Pop.)

LORCA (anc. *Eliocroca*), ville d'Espagne, province et à 50 kil. S.-O. de Murcie, sur la Sangonera ; 53,000 hab. Ancien château maure, jadis considéré comme la clef de la Murcie. Poudre, salpêtre, soie, toiles de lin, cuirs, poterie.

* **LORD** s. m. [lor] (anglo-sax. *laford*, seigneur). Titre d'honneur usité en Angleterre. Il signifie *Seigneur*, et MILORD veut dire *Monseigneur : lord Buckingham; la chambre des lords, des pairs d'Angleterre.* — LORD-MAIRE. (Voy. MAIRE.)

LORDOSE s. f. (gr. *lordôsis*, courbure). Anat. Courbure anormale de la colonne vertébrale en avant. C'est l'opposé de cyphose ou bosse.

LORENZO (San-), ch.-l. de cant., arr. et à 21 kil. de Corte (Corse) ; 500 hab.

LORET (Jean), écrivain français né à Carentan (Manche), en 1600, mort en 1665. Il est surtout connu par sa *Muse historique,* gazette burlesque à l'adresse de Mme de Longueville et qui eut beaucoup de succès ; il en paraissait un numéro par semaine ; le recueil complet forme 3 vol. in-fol. M. Pezet a écrit : *Recherches sur l'origine des journaux et esquisse historique sur J. Loret* (Bayeux, 1850, in-8°).

LORETTE (ital. *Loreto* ou *Loretto*), ville d'Italie, dans la province de Macerata, à 5 kil. de l'Adriatique, à 20 kil. N.-E. de Macerata et à 18 kil. S. d'Ancône ; 10,000 hab. Elle n'est célèbre que par sa cathédrale dédiée à la Vierge et où se rendent d'innombrables pèlerins venus de tous les coins du monde pour vénérer la *Santa Casa,* que l'on prétend n'être autre que la maison habitée par la Vierge à Nazareth et que les Anges auraient transportée de Galilée en Dalmatie (1291), de là en Italie (1294), près de Recanati, dans un petit bois de lauriers (*laureto*), enfin, en 1295, en ce dernier endroit aux lieux où on la voit aujourd'hui.

LORETTE s. m. Femme galante. Ce mot, qui date de 1840, vient sans doute du quartier de Notre-Dame-de-Lorette, à Paris, où les femmes de mœurs légères habitent en grand nombre. (Voy. BRÉDA.)

LORGES, commune de l'ancien Orléanais, à 28 kil. N.-E. de Blois (Loir-et-Cher) ; a donné son nom à la maison de Lorges.

LORGES. I. (Jacques DE MONTGOMERY, seigneur de), mort en 1562, il servit sous François Ier, ravitailla Mézières occupé par Bayard et saccagea Lagny en 1544. Il fut le père de Montgomery qui tua Henri II. — II. (Guillaume-Aldonce DE DURFORT DE DURAS, duc de), né en 1630, mort en 1702, fit ses premières armes sous Turenne, son oncle, se distingua en Flandre et en Hollande, sauva l'armée du Rhin après la mort de Turenne, par une habile retraite et fut nommé maréchal de France (1676) ; il commanda en Alsace (1692) et rejeta Montecuculli au delà du Rhin (1693). — III. (Louis DE DURFORT-DURAS, duc de), général français, né en 1714, mort en 1775 ; servit en Italie (1733-'34), à l'armée du Rhin (1735), se distingua à Fontenoy et à la prise de Tournay (1745), devint lieutenant général (1748), reçut un commandement en Guienne et fut fait duc (1759).

LORGNE adj. [gn mll.](abréviation du vieux français *Calorgne*). Borgne.

* **LORGNER** v. a. (rad. *lorgne*). Regarder en tournant les yeux de côté, et comme à la dérobée : *lovgner quelqu'un, quelque chose.* — Regarder avec une lorgnette : *au spectacle, il lorgne toutes les femmes.* — LORGNER UNE FEMME, la regarder de manière à faire croire qu'on a du goût pour elle. — Fig. LORGNER UNE CHARGE, UNE PLACE, UN HÉRITAGE, avoir des vues sur une charge, sur une place, sur un héritage.

LORGNERIE s. f. Action de lorgner : *les lorgneries d'un fat.* (Fam.)

* **LORGNETTE** s. f. [lor-niè-te; gn mll.]. Petite lunette d'approche, dont on se sert pour voir les objets peu éloignés : *lorgnette de spectacle.* On a longtemps attribué l'invention des lorgnettes binoculaires au capucin Schyrleus de Rheita, qui a donné une description de cet appareil en 1645 ; il y avait déjà 20 ans au moins que cet instrument était connu en France, car dès 1625, un fabricant de Paris, nommé D. Chorez, avait offert au roi une lorgnette binoculaire.

* **LORGNEUR, EUSE.** Celui, celle qui lorgne. Il est familier.

* **LORGNON** s. m. Petite lunette à un seul verre, qu'on porte ordinairement suspendu à un cordon.

LORGUES, ch.-l. de cant., arr. et à 11 kil. S.-O. de Draguignan (Var) ; 4,200 hab. Draps, toiles, faïence, huiles ; commerce d'eau-de-vie.

LORI s. m. Mamm. Genre de quadrumanes,

Lori indolent (Stenops tardigradus). 2. Crâne. 3. Patte de devant.

famille des lémuriens, voisin des makis et

comprenant des animaux à tête ronde, à oreilles courtes et velues. Les loris sont nocturnes, et si lents dans leurs mouvements qu'on les appelle quelquefois makis indolents. Ils vivent sur les arbres et se nourrissent de fruits, d'insectes et de petits oiseaux qu'ils surprennent pendant leur sommeil. L'*apose* (stenops potto, Ill.), est d'une couleur rougeâtre ; il habite la côte d'Or (Guinée). Le *lori indolent* (stenops tardigradus) est d'un gris jaunâtre ; il est aussi lent que le paresseux ou unau. On le trouve dans le Bengale, à Siam, à Bornéo et à Sumatra.

LORIENT, ch.-l. d'arr. et port militaire du dép. du Morbihan, sur le Scorf, à l'embouchure de cette rivière dans l'Océan, à 489 kil. O.-S.-O. de Paris, et à 56 kil. 1/2 N.-O. de Vannes, par 47° 44' 45'' lat. N. et 5° 41' 30'' long. O. ; 38,000 hab. Commerce de cire, de miel, de beurre, d'eau-de-vie, de vins, de liqueurs, de sardines, de lainages, de cotonnades et de poterie. L'origine de *Lorient* ou l'*Orient* date de 1666, époque où la compagnie des Indes Orientales prit possession du village de Loc-Roc-Yan (*lieu du rocher de Jean*), et y fit de grands travaux. Mais la ville ne prit de l'accroissement que lors de la formation de la Cie dite des *Indes,* après la chute de la précédente (1719). Elle devint, en 1770, l'une des quatre stations de la marine militaire. Elle possédait alors de vastes magasins et des chantiers de construction. Les Anglais tentèrent vainement de s'en emparer en 1746. La Révolution ruina le commerce de Lorient ; mais cette ville devint chef-lieu d'un des cinq arrondissements maritimes de France. La Restauration y éleva une digue sous forme de quai, nettoya le port, agrandit les chantiers et construisit des magasins, ainsi qu'un bassin de carénage et une cale couverte. Sur la place du Marché s'élève, depuis 1833, la statue en bronze de l'enseigne de vaisseau Bisson.

LORIOL, ch.-l. de cant., arr. et à 21 kil. S.-O. de Valence (Drôme) ; 3,600 hab. Filature de soie.

* **LORIOT** s. m. (lat. *aureolus,* de couleur d'or ; ou mieux, onomatopée du chant de cet oiseau). Ornith. Genre de dentirostres, voisin des merles et des grives, et comprenant plusieurs espèces d'oiseaux migrateurs, répandues dans diverses parties de l'ancien monde. Les loriots vivent solitaires ou par paires ; ils voyagent quelquefois en petites troupes. Ils se tiennent ordinairement à la cime des arbres, dans les bois ou dans les vergers ; ils volent en faisant, comme le pinson, de grandes ondulations, et vont d'arbre en arbre à la recherche de leur nourriture. Leur chant est sonore, moelleux et quelquefois plaintif. Leur parure est d'une couleur générale jaune, et brillante, plus ou moins entrecoupée de marques d'un noir profond ; leur puissance de vol est considérable, quelques-uns déploient une adresse extraordinaire dans l'architecture de leurs nids. Le *loriot d'Europe* ou *loriot doré* (*oriolus galbula,* Linn.), un peu plus grand que le merle, nous arrive vers la fin d'avril et repart au mois d'août, après avoir niché. Son corps est d'un jaune clair brillant, ses ailes et l'espace compris entre son bec et son œil sont d'un beau noir ; la femelle est d'un vert jaunâtre en dessus, nuancée en dessous de jaunâtre et de blanc pur, avec les ailes d'un noir cendré. La longueur de cet oiseau est d'environ 25 centim. Il habite la lisière des bois, au bord des eaux, et se nourrit de fruits. Il suspend son nid vers l'extrémité des branches basses des arbres élevés, au moyen de brins de paille ou de chanvre. La femelle y dépose quatre ou cinq œufs d'un blanc pur, avec quelques taches noires. L'incubation dure de 20 à 21 jours. Son chant, qu'il répète à satiété pendant les beaux jours d'été, peut être rendu par les mots *oriol, oriol,* d'où vient son nom, n'en déplaise à nos étymologistes en *us*. La beauté de cet oiseau fait qu'on le recherche pour l'ornement des cages ou des volières ; mais il est extrêmement sauvage et difficile à élever, et il vit rarement plus de deux ans en captivité. Dans les localités où il peut se nourrir de figues, sa chair devient très grasse et est alors considérée comme un mets délicat.

LORIQUET (le P.), célèbre jésuite, né à Epernay en 1767, mort en 1845. Il entra d'abord chez les *Pères de la foi* en 1801 ; puis, à la Restauration, devint supérieur de la maison d'Aix, et organisa presque aussitôt à Saint-Acheul, près Amiens, une maison d'éducation qui devint célèbre. On a de lui une foule de livres à l'usage de la jeunesse et qui portent comme initiales la fameuse devise de la Société de Jésus : A. M. D. G. (*Ad Majorem Dei Gloriam*). Le plus célèbre de ses ouvrages est son *Histoire de France* que l'on ne retrouve plus nulle part et qui n'est, en résumé, que le travestissement de l'histoire de notre pays. La première édition, qui remonte à 1823 (2 vol. in 18), aussi de nombreuses protestations et provoqua d'acerbes discussions dans lesquelles la loyauté et la bonne foi du jésuite ne jouèrent pas toujours un beau rôle.

LORMES, ch.-l. de cant., arr. et à 35 kil. S.-E. de Clamecy (Nièvre) ; 3,000 hab. Briqueteries, tuileries, fours à chaux ; commerce de bois et laines ; exploitation de pierres de taille.

LOROUX (Le), ch.-l. de cant., arr. et à 19 kil. N.-E. de Nantes (Loire-Inférieure) ; 4,100 hab. Commerce de vins et de bestiaux.

LORQUIN, ch.-l. de cant., arr. et à 10 kil. S.-O. de Sarrebourg (Meurthe-et-Moselle). Tanneries.

LORRAIN, AINE s. et adj. Qui est de la Lorraine ; qui appartient à cette province.

LORRAIN (Claude GELÉE, dit *Claude*), peintre de paysages, né au château de Chamagne, près de Mirecourt (Lorraine), vers 1600, mort à Rome en 1682. Il passa la plus grande partie de sa vie à Rome. Dès l'âge de 30 ans, il fut regardé comme un des plus grands maitres de son temps. Plusieurs de ses toiles représentent des vues de Rome et de ses environs (Tibre et Campagne de Rome). Ses sujets favoris étaient le lever et le coucher du soleil. Le dessin de cette ne lui étant pas familier, il dut souvent emprunter le crayon d'artistes spéciaux. On l'a surnommé le *Raphaël du paysage*. Les galeries du Louvre possèdent 16 de ses tableaux d'un admirable coloris et d'une vérité saisissante.

LORRAINE (lat. *Lotharingia* ; all. *Lothringen*). Ancienne province du N.-E. de la France, bornée par la Belgique, le Luxembourg et l'Allemagne et comprenant autrefois les territoires qui forment aujourd'hui les départements de la Meuse, de Meurthe-et-Moselle et des Vosges, outre différents districts cédés à l'Allemagne en 1871. Une petite partie de ce pays, entre Metz et les Vosges, où la langue allemande s'est conservée, se nomme Lorraine allemande. La province de Lorraine se divisait autrefois en duché de Lorraine (avec Nancy, Epinal, etc.), duché de Bar, et les *trois évêchés* (Metz, Toul et Verdun). Lors de la division de l'empire carlovingien, le royaume de Lothaire, fils de l'empereur Lothaire Ier, reçut le nom de *Lothars Ryk* (*Lothariregnum*), d'où vinrent les noms de *Lotharingen*, Lorraine et *Lothringen* (vers 855). Les possessions de Lothaire s'étendaient de la Moselle à la mer du Nord. A la mort de ce prince, en 869, ses possessions furent divisées, mais une partie conserva le titre de duché et fut attachée à l'empire d'Allemagne. La basse Lorraine reçut plus tard le nom de Brabant ; la haute Lorraine ou Lorraine proprement dite, fut

donnée au XIe siècle par l'empereur Henri III à Gérard d'Alsace, fondateur d'une dynastie de ducs qui, sauf quelques interruptions, gouvernèrent la Lorraine jusqu'en 1737. Ce duché, sans limites naturelles et formé d'une manière arbitraire entre la France et l'Allemagne, a été de tout temps un brandon de discorde entre ces deux pays. Les trois évêchés furent donnés à la France, par la paix de Westphalie (1648). La paix qui intervint après la guerre de la succession de Pologne, attribua le duché de Lorraine et de Bar à l'ex-roi de Pologne, Stanislas Leszczynski, beau-père de Louis XV, et il fut convenu que le duché serait annexé à la France après la mort de son souverain. Le duc légitime français, qui devait plus tard épouser Marie-Thérèse, reçut comme compensation la réversion de la Toscane. Stanislas mourut en 1766, et la Lorraine fut annexée à la France. A l'époque de la Révolution, elle forma les départements de la Meuse, de la Moselle, de la Meurthe et des Vosges. Le premier Empire nous coûta quelques petits districts cédés à la Prusse en 1815 ; le second Empire nous fit perdre toute la Lorraine allemande, y compris la ville et le territoire de Metz (479,000 hab. dont environ 170,000 parlaient français) ; le territoire cédé comprenait une partie du dép. de la Meurthe, de la Moselle et un canton des Vosges. — L'ancien gouvernement de Lorraine, ch.-l. Nancy, comprenait : 1° le *duché de Lorraine*, réuni à la France en 1766 ; 2° le *Barrois* (voy. ce mot) ; 3° les *trois évêchés* ; 4° le *Luxembourg français* (Thionville, Montmédy, Longwy), cédés par l'Espagne en 1659 ; 5° le duché de *Carignan*, acquis la même année ; 6° la *Lorraine allemande* ou pays de la Sarre, acquise en 1743 ; 7° le *duché de Bouillon*, enlevé par Louis XIV à l'évêque de Liège.

LORRAINE (Maison de), l'une des plus anciennes et des plus illustres familles françaises ayant régné sur le duché du même nom, et qui contracta des alliances avec plusieurs maisons souveraines. Elle eut pour fondateur Gérard, de la famille des ducs d'Alsace, que l'empereur Henri III nomma, en 1048, duc héréditaire de haute Lorraine. Elle se divisa en un grand nombre de branches : celles de Vaudemont, de Mercœur, de Guise, de Joyeuse, de Chevreuse, de Mayenne, d'Aumale, d'Elbeuf, d'Harcourt, etc.

LORRAINE (Charles DE GUISE, dit *le Cardinal de*), homme d'Etat, frère du second duc de Guise, né en 1525, mort en 1574. A l'âge de 13 ans, il reçut l'archevêché de Reims et, en 1547, il fut fait cardinal ; il fut envoyé en mission à Rome en 1555 ; il eut, en 1558, une secrète intelligence à Péronne avec l'évêque d'Arras (plus tard cardinal Granvelle), ministre de Philippe II, et il en résulta une paix entre la France et l'Espagne et l'alliance de ces deux puissances contre les protestants. Charles de Lorraine ayant déplu à Diane de Poitiers, se vit supplanter dans la faveur du roi Henri II par le connétable de Montmorency. Il siégea au concile de Trente, en 1562, et il la menace, si le concile ne se déclarait pas supérieur au pape, de présenter une protestation signée par 120 évêques ; il protégea les lettres, mais se montra, pendant toute sa vie, ambitieux, présomptueux et vain.

LORREZ-LE-BOCAGE, ch.-l. de cant., arr. et à 32 kil. S.-E. de Fontainebleau (Seine-et-Marne) ; 650 hab.

LORRIS, ch.-l. de cant., arr. et à 21 kil. S.-O. de Montargis (Loiret) ; 2,400 hab. La Coutume de Lorris était autrefois célèbre parmi toutes celles de France. (Voy. AMENDE.)

LORRIS (Guillaume de). Voy. GUILLAUME.

* **LORS** adv. de temps [lor]. (lat. *hora*, heure ; d'où l'on fit *ore* et l'*ore*). Alors, temps dont on parle. On ne l'emploie main-

tenant que dans les locutions suivantes : POUR LORS, en ce temps-là : *je voulais le secourir dans sa détresse, mais pour lors je n'avais pas d'argent*. — DÈS LORS, dès ce temps-là : *dès lors il commença à me prendre en haine*. — DÈS LORS, se dit aussi pour de là ou dès là, par forme de conséquence : *cet accusé s'enfuit ; dès lors il devint suspect à leurs yeux*. — Lors de, loc. prépos. Dans le temps de, au moment de : *lors de son élection, de son avènement à la couronne, de son mariage*.

* **LORSQUE** conjonct. [lor-ske] (de *lors* et *que*). La lettre *e* s'élide seulement devant les pronoms IL, ELLE, ON et devant UN, UNE. Quand : *j'en jugerai lorsque je serai mieux informé*. — Quelquefois *lors* est séparé de *que* par un autre mot : *c'est un homme qui a le secret de plaire, lors même qu'il contredit*.

LORY ou **Lori** s. m. (onomat. du cri de cet oiseau). Ornith. Genre de préhenseurs, intermédiaire entre les perroquets et les perruches, et comprenant plusieurs espèces de magnifiques oiseaux qui habitent les Indes orientales et les archipels de l'océan Pacifique du sud. Les lorys ont ordinairement la queue de longueur moyenne, arrondie ou en coin ; leurs jambes sont vigoureuses ; leurs ailes sont longues et pointues ; le fond de leur plumage est d'un brillant écarlate. Le genre

Lory de Papouasie (Charmosyna Papuensis).

lory embrasse une demi douzaine d'espèces, qui habitent Bornéo, les Moluques et la Papouasie. L'une des plus belles est le *lory à tête pourpre* (*lorius domicella*, Briss.), long de 30 centim., d'une couleur écarlate, avec du jaune sur la poitrine. Les amateurs le recherchent en raison de sa beauté, de sa vivacité, de sa docilité et surtout de la perfection avec laquelle il imite la parole. Le *lory à tête noire* (*lorius tricolor*, Steph.), [gros comme un pigeon, est écarlate et violet ; il prononce très distinctement le mot *lory*, d'où vient le nom du genre auquel il appartient. Le *lory de Papouasie* (*charmosyna Papuensis*, Wagl.) est très élégant. Le fond de son plumage est un brillant écarlate.

* **LOS** s. m. [loss] (lat. *laus*). Vieux mot qui signifie louange.

* **LOSANGE** s. f. [lo-zan-je] (esp. *losa*, carreau à paver). Géom. Parallélogramme dont les quatre côtés sont égaux sans que les angles soient droits : *d'après les règles du blason, les filles portent l'écu de leurs armoiries en losange*.

LOS ANGELES [loss-ann'-djé-lèss], ville de Californie (Etats-Unis), sur la rivière de Los Angeles, à 600 kil. S.-S.-E. de San-Francisco ; 6,000 hab.

LOS HERREROS. Voy. BRETON DE LOS HERREROS.

LOSSE. Voy. LOUSSEAU.

* **LOT** s. m. (celt. *lod*, partage). Portion

d'un tout qui se partage entre plusieurs personnes. Se dit principal. en matière de succession : *faire des lots.* — Ce qui échoit dans une loterie à chacun des billets gagnants : *le gros lot lui est échu.* — Fig. et au sens moral. Destinée, sort, partage : *la misère et la douleur sont devenues le lot de cette famille.*

Travailler est le *lot* et l'honneur d'un mortel.
VOLTAIRE.

LOT [lo, ou lott.] I. Petit· fleuve de France qui prend sa source dans les Cévennes (Lozère), arrose Mende, Espalion, Entraigues, Cahors, Villeneuve-d'Agen; baigne les dép. de la Lozère, de l'Aveyron, du Lot, de Lot-et-Garonne, et va se jeter dans la Garonne au-dessous d'Aiguillon, après un cours de 450 kil., dont 306 navigables; le Lot a pour principaux affluents : la Coulagne, la Truyère, le Cellé, la Dourdon et la Diège. — II. Département de la région S.-O. de la France; doit son nom à la rivière du Lot qui le traverse de l'E. à l'O.; situé entre les dép. de la Corrèze, de la Dordogne, de Lot-et-Garonne, de Tarn-et-Garonne, de l'Aveyron et du Cantal; formé d'une partie de la province de Quercy; 5,211 kil. carr.; 280,269 hab. Plusieurs chaines de montagnes, venant du Cantal et de l'Aveyron et appartenant au grand plateau central couvrent le département. La plus importante de ces ramifications est celle qui sépare le bassin du Lot de celui de la Dordogne. Sa sommité la plus élevée, le Bastide-du-Haut-Mont (781 m.), est en même temps le point culminant du département. Pays agricole, fertile en grains; bons vins de Cahors et de Grandcoustan; vins noirs pour mélanges, châtaignes, chanvre, tabac; culture du mûrier pour l'élève des vers à soie; fameuses truffes, connues dans le commerce sous le nom de TRUFFES DU PÉRIGORD; élève de porcs et de volailles; carrières de marbre, pierres meulières et lithographiques; industrie manufacturière peu développée, importante industrie de la préparation des prunes. Principaux cours d'eau : la Dordogne, la Cere, le Lot et le Cellé; sources minérales à Miers, la Garde et Granat. — Ch.-l., Cahors; 3 arr., 29 cant.; 321 communes. Evêché à Cahors, suffragant d'Albi; les tribunaux ressortissent à la cour d'appel d'Agen; Toulouse est le chef-lieu·académique. Ch.-l. d'arr. : Cahors, Gourdon, Figeac.

LOTÉ, ÉE adj. (lat. *lotus,* lotier). Bot. Qui ressemble ou qui se rapporte au lotier. — s. f. pl. Tribu de papilionacées, ayant pour type le genre lotier et comprenant 4 sous-tribus : génistées, trifoliées, galégées, astragalées.

LOT-ET-GARONNE, dép. de la région S.-O. de la France; doit son nom aux deux rivières qui le traversent dans toute son étendue; situé entre les dép. de la Dordogne, du Lot, de Tarn-et-Garonne, du Gers, des Landes et de la Gironde; formé de l'Agénois, d'une partie du Condomois et du Bazadais; 5,333 kil. carr.; 324,081 hab. Pays de plaines et de collines; sol fertile sur les bords du Lot et de la Garonne, stérile dans les districts sablonneux appelés *landes;* beaucoup d'étangs et de marécages à l'ouest du territoire; récolte de grains, chanvre, châtaignes, tabac, liège; vins estimés presque entièrement réduits en eaux-de-vie; toiles à voiles, poteries, minoteries, ganteries; exploitation de fer, hauts fourneaux; tanneries, papeteries, filatures de laine; élève considérable de volailles. Princ. cours d'eau : la Garonne, le Lot, le Dropt, le Gers, la Bayse. — Ch.-l., Agen, 4 arr., 35 cant., 319 communes. Le département de Lot-et-Garonne forme le diocèse d'Agen, suffragant de Bordeaux; cour d'appel à Agen; ch.-l. universitaire, Bordeaux; ch.-l. d'arr. : Agen, Marmande, Nérac et Villeneuve.

° **LOTERIE** s. f. (rad. *lot;* ital. *lottera,* jeu dans lequel décide le sort ou *lotto*). Sorte de jeu de hasard où l'on fait des mises, pour lesquelles on reçoit des billets portant des numéros; celui ou ceux de ces numéros qui sortent, lorsque le tirage a lieu, donnent droit à un lot, à la propriété d'un objet : *faire une loterie.* — Se dit plus particul. d'une espèce de banque établie par quelques gouvernements, dans laquelle les particuliers font des mises, et courent la chance de perdre leur argent ou de gagner des sommes plus ou moins considérables : *établir, créer une loterie.* — GAGNER UN EXTRAIT, UN AMBE, UN TERNE, UN QUATERNE, A LA LOTERIE, avoir dans son billet un, deux, trois, quatre des numéros sortis de la roue de fortune, au tirage de la loterie. — C'EST UNE LOTERIE, c'est une affaire de hasard. On dit aussi, C'EST UN TERNE A LA LOTERIE, en parlant d'un avantage, d'un bien que le hasard seul procure. — CE MONDE EST UNE LOTERIE, le hasard règle la plupart des choses de ce monde. — Jeu de cartes, dont les règles et les termes sont analogues à ceux de la loterie proprement dite. — Sorte d'amusement de société à l'aide duquel on distribue sous forme de loterie. des cadeaux aux personnes présentes. — **Légist.** « Les empereurs romains avaient créé des loteries dans le but de distribuer des sommes d'argent au peuple qui assistait aux représentations du cirque. L'Italie a conservé cette coutume jusqu'à nos jours, mais au profit des gouvernements; et cette source immorale alimente encore aujourd'hui le trésor public de plusieurs Etats de l'Europe. Les loteries furent importées en France au commencement du XVIe siècle; François Ier les autorisa par un édit de 1539, et elles ne tardèrent pas à se multiplier, malgré la résistance des parlements qui les regardaient à juste titre comme une cause de ruine pour les particuliers. Le trésor royal en tirait des redevances très élevées; et, le 30 juin 1776, après le renvoi de Turgot, on créa le monopole de la loterie royale de France, afin de subvenir aux dilapidations qui épuisaient les finances de l'Etat. En l'an II, la Convention prohiba les loteries particulières et abolit la loterie nationale, laquelle fut ensuite rétablie par le Directoire (le 9 vendémiaire an VI), et n'a été définitivement supprimée que le 1er janvier 1836, en vertu de la loi du 21 avril 1832. La loterie royale, qui survécut à la Révolution, était établie à Paris et dans quatre autres villes. Les tirages avaient lieu deux fois par mois, et chaque fois on faisait sortir 5 numéros de la roue qui en contenait 90. Les joueurs pouvaient placer leur mise : sur l'un de ces 90 numéros, ou, ainsi que l'on disait alors, par *extrait;* sur deux numéros, par *ambe;* sur trois, par *terne;* sur quatre, par *quaterne;* sur cinq à la fois, par *quine.* Le gain s'élevait, depuis quinze fois la mise pour l'extrait simple, jusqu'à un million de fois pour le quine. On pouvait placer depuis 12 sous jusqu'à 40,000 livres sur l'extrait simple, et seulement 3 livres sur le quine. Dans les dernières années de son existence, la loterie royale rapportait annuellement, au trésor public, un bénéfice de 10 à 12 millions. « Les gouvernements, dit M. E. de Parieu « (*Traité des impôts,* t. III, p. 388); profi- « tèrent de la vérité de cette observation formulée dans une maxime latine : *Mundus « vult decipi, ergo decipiatur.* Les effets attachés à la tolérance des loteries ne pouvaient cependant être toujours méconnus. Le jeu, en dévorant les plus petites épargnes, arrête la formation des capitaux et fait disparaître trop souvent ceux qui s'étaient déjà formés. Il détourne des récompenses modestes du travail et nourrit dans l'esprit des populations la cupidité et l'amour du lucre. L'espoir de parvenir subitement et sans peine à la fortune engage

« bien des gens à risquer non seulement de « modestes épargnes, leurs réserves pénible- « ment amassées, mais souvent l'argent qui « ne leur appartient pas et dont la perte « plonge des familles entières dans le malheur. » Ajoutons qu'en France les dépôts dans les caisses d'épargne n'ont commencé à prendre de l'accroissement qu'après la suppression de la loterie. Le Code pénal de 1810 (art. 410) inflige des peines correctionnelles à ceux qui tiennent des loteries non autorisées; et, par une autre disposition (art. 475, 5°), il punit d'une amende de 6 à 10 fr. ceux qui établissent des jeux de loterie dans les rues, chemins, places ou lieux publics. Cependant après la suppression de la loterie nationale, les loteries particulières se réinstallèrent, et il fallut que la loi du 17 mai 1836 les supprimât toutes et défendît d'en établir de nouvelles. Aux termes de cette loi, les loteries de toutes espèces sont prohibées. Il en est de même des ventes d'immeubles, de meubles et de marchandises effectuées par la voie du sort, ou auxquelles seraient attachés des primes ou autres bénéfices dus au hasard; ainsi que de toutes opérations offertes au public pour faire naître l'espérance d'un gain qui serait acquis par la voie du sort. Ceux qui contreviennent à ces prohibitions sont punis des mêmes peines que ceux qui tiennent une maison de jeu de hasard; c'est-à-dire d'un emprisonnement de deux à six mois et d'une amende de 100 à 6,000 fr. (C. pén. 400). (Voy. JEU.) En outre, les fonds ou objets mis en loterie sont confisqués; mais s'il s'agit d'un immeuble, la confiscation est remplacée, à l'égard du propriétaire, par une amende qui peut s'élever jusqu'à la valeur estimative dudit immeuble. En cas de récidive, l'emprisonnement et l'amende peuvent être portés au double du maximum fixé par la loi. Ceux qui ont colporté des billets d'une loterie non autorisée, ou qui, par un moyen quelconque de publication, en ont facilité l'émission, sont punis d'un emprisonnement de quinze jours à trois mois et d'une amende de 100 à 2,000 fr. Sont exceptées de ces prohibitions, les loteries d'objets mobiliers exclusivement destinés à des actes de bienfaisance ou à l'encouragement des arts, pourvu qu'elles soient autorisées dans les formes légales. Les autorisations sont délivrées : pour le département de la Seine, par le préfet de police; et pour les autres départements, par les préfets, sur la proposition des maires. Lorsque le capital de la loterie ne dépasse pas 2,000. fr. l'autorisation peut être donnée par le sous-préfet; et lorsqu'il excède 5,000 fr., le préfet ne doit autoriser la loterie qu'après en avoir référé au ministre de l'intérieur. Les tirages ont lieu sous la surveillance de l'autorité municipale, et, si elle le juge convenable, en présence de ses délégués. Il doit être justifié que le produit de la loterie a été exclusivement appliqué à la destination indiquée dans l'arrêté d'autorisation (Ord. 29 mai 1844; Décr. 13 avril 1861, art. 6; Inst. min. div.). C'est avec raison que le préfet de police, dans une circulaire du 10 janvier 1883, considère comme étant interdites par la loi les loteries déguisées sous le nom de *tombolas,* ainsi que toutes celles que des marchands organisent dans un but de réclame et qui ont souvent l'apparence d'être purement gratuites. Nonobstant la loi de 1836, les loteries publiques ont été rétablies en France, par suite de l'autorisation accordée à la maison de banque le *Crédit foncier,* ainsi qu'à plusieurs villes ou départements, à ajouter des lots en argent au remboursement de leurs emprunts, lequel s'opère à la suite de tirages au sort. Ces gouvernements obérés ont aussi recours à ce moyen de remplacer, par l'appât d'un gain aléatoire, le crédit qui leur fait défaut; et l'on sait quels désastres financiers ont été causés en France par l'emprunt du Mexique et par un grand nombre de spéculations semblables. »   (CH. Y.)

LOTH, fils de Haran et neveu d'Abraham. Son histoire se trouve dans la Genèse (XI-XIX). Il accompagna Abraham en Egypte, lors d'une famine, et retourna avec lui dans la terre de Chanaan. Abraham lui proposa une séparation de leurs biens, à cause des querelles continuelles de leurs bergers, et Loth choisit pour lui-même la région du Jourdain, jusqu'au S. de Sodome. Il fut fait prisonnier, mais Abraham le délivra. Il se fixa alors à Sodome ; mais après la destruction de cette ville, il se sauva à Zoar, avec sa femme et ses deux filles. Le récit ajoute que sa femme s'étant retournée pour regarder en arrière, fut changée en statue de sel. Loth se cacha dans une grotte des montagnes qui avoisinent Zoar. Ses filles, qui avaient abandonné leurs époux à Sodome pour le suivre, l'enivrèrent avec du vin et devinrent mères de Moab et d'Ammon, ancêtres des Moabites et des Ammonites.

LOTHAIRE Ier, troisième empereur d'Occident, né en 795, mort en 855 ; il était fils de Louis le Débonnaire et de la reine Hermengarde, fut associé à l'empire en 817 et devint roi d'Italie en 822. Après la naissance de Charles le Chauve, il s'allia à ses frères Louis et Pepin, et par deux fois battit son père et le détrôna. (Voy. Louis le Débonnaire.) Il devint empereur à la mort de ce dernier, en 840 ; mais il se laissa entraîner à faire la guerre à ses frères Louis et Charles, et fut vaincu à Fontenoy, le 25 juin 841 ; il conserva l'empire par le traité de Verdun (843), et reçut une partie de la France, à laquelle son fils, Lothaire, donna son nom. (Voy. Lorraine.) Il abdiqua ensuite, partagea ses États entre ses trois fils et se retira dans un couvent. — II. Fils du précédent, né en 825, mort en 869 ; son père lui donna en partage le territoire qui devint Lotharii regnum, Lotharingie d'où Lorraine. Il s'allia tour à tour avec ses oncles Louis le Germanique et Charles le Chauve. Il s'attira les foudres de l'Église en répudiant Teutberge pour épouser Valdrade et il mourut au milieu des embarras que lui causa cette répudiation. — III. Empereur d'Allemagne, surnommé le Saxon, né en 1075, mort en 1137. Il épousa Richenza, fille du duc de Saxe, succéda à Henri V en 1125 et fut couronné roi d'Allemagne à Aix-la-Chapelle, le 13 sept. Il s'allia avec le pape Innocent II contre le duc de Souabe, qui fut vaincu (1132). Lothaire fut couronné empereur des Romains par le pape en 1133 ; il chassa d'Italie l'antipape Anaclet.

LOTHAIRE, roi de France, né en 941, mort en 986. Il était fils de Louis d'Outre-Mer et de Gerberge ; monté sur le trône en 954, il fut constamment sous la tutelle de Hugues Capet ; vaincu par Othon II d'Allemagne, il dut lui céder la Lorraine en 980.

LOTHARINGIE. Voy. Lorraine.

* **LOTI, IE** part. passé de Lotir. — Fam. Bien loti, qui a été bien partagé ou favorisé par le sort, de quelque manière que ce soit : elle a fait un bon mariage, elle est bien lotie. — Le voilà bien loti, se dit par ironie de quelqu'un qui a fait un mauvais choix, qui est trompé dans ses espérances, ou lésé de quelque manière que ce soit.

* **LOTIER** s. m. (lat. lotus ; gr. lotos). Bot. Genre de papilionacées, tribu des lotées, voisin de la luzerne, et comprenant plus de 150 espèces d'herbes à feuilles trifoliées. L'espèce la plus répandue en France est le lotier corniculé (lotus corniculatus), vivace, haut de 20 à 30 centim., et constituant un fourrage précoce et assez abondant. Le lotier odorant (lotus suaveolens), de l'Europe méridionale,

est cultivé dans les jardins d'agrément, sous les noms de trèfle musqué et de faux baume du Pérou. Le lotier comestible (lotus edulis), ori-

Lotier corniculé (Lotus corniculatus).

ginaire d'Egypte, donne des fruits tendres et succulents.

* **LOTION** s. f. [lo-si-on] (gr. louô, je lave ; lat. lotio). Chim. Action de laver des terres, des cendres, ou autres matières, pour en extraire les parties solubles qu'elles contiennent : tirer les sels d'un mixte par plusieurs lotions réitérés. — Pharm. Action de laver un médicament dans l'eau ou dans quelque liqueur convenable. — Méd. Action de laver quelque partie du corps, pour l'adoucir, l'amollir, la rafraîchir, la déterger, etc. Se dit aussi de la liqueur quelconque employée à cet usage. — Ablution, bain : les lotions fréquentes sont en usage dans les pays chauds.

* **LOTIR** v. a. Faire des lots, des portions d'une succession à partager entre plusieurs personnes : lotir une succession, les effets d'une succession.— Se dit aussi en parlant de toutes les autres choses qu'on partage entre plusieurs personnes : des libraires ont acheté cette bibliothèque en commun, ils vont la lotir entre eux.

* **LOTISSAGE** s. m. Opération de docimastique, qui consiste à former un tas avec le minéral pulvérisé, et à y prendre de quoi en faire l'essai.

* **LOTISSEMENT** s. m. Action de faire des lots. Se dit principalement en parlant de marchandises.

* **LOTO** s. m. (rad. lot). Jeu d'origine italienne, ressemblant à une loterie, et qu'on joue avec des numéros, dont les uns sont sur des boules qu'on tire au hasard, les autres sur des tableaux distribués aux joueurs : le loto fut inventé à Naples vers le XVIIIe siècle. — Se dit aussi des objets dont on se sert pour jouer à ce jeu : acheter des lotos. — Loto-Dauphin, sorte de loto moins simple que le loto ordinaire.

LOTOPHAGES, ancien peuple de l'Afrique septentrionale, ainsi appelé parce qu'il se nourrissait du fruit du lotos ou lotus, sorte de jujubier, qui, disait-on, avait la vertu de faire oublier leur patrie à ceux qui en mangeaient. D'après Homère (Od. IX, 84 et suiv.), Ulysse, ayant visité les Lotophages pendant ses voyages, ils essayèrent de retenir ses compagnons en leur offrant des lotos. Les Arabes ont conservé la même croyance relativement à la vertu du lotos, appelé le fruit de la destinée et qui fait les délices des bienheureux reçus dans le paradis de Mahomet.

LOTOS s. m. [lo-toss]. Synon. de Lotus.

* **LOTTE** s. f. (lat. lota). Icht. Genre de gadoïdes, comprenant plusieurs espèces dont le menton est muni d'un long barbillon pen-

dant. La lotte commune (lota vulgaris), longue de 30 à 60 centim., pèse jusqu'à trois livres. Elle se cache sous les pierres ou dans des trous comme les anguilles, et vit dans toutes

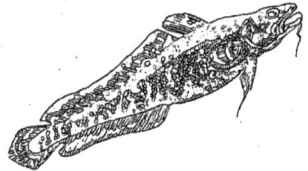

Lotte commune (Lota vulgaris).

nos eaux douces ; elle guette les petits poissons et les insectes que le courant lui apporte. Elle a la vie très dure. Sa chair est blanche, ferme et de bon goût ; on recherche surtout son foie, qui est très volumineux et dont on fait de riches garnitures de ragoût ou de vol-au-vent. La lotte s'apprête comme l'anguille.

Lingue (Lota molva).

La lingue ou morue longue (lota molva), atteint jusqu'à 1 m. 30 de long. C'est un poisson de mer aussi abondant que la morue et qui se pêche dans les mêmes parages que celle-ci.

LOTTINOPLASTIQUE s. f. (du nom de Lottin, inventeur contemporain). Méthode nouvelle de moulage des bas-reliefs.

* **LOTUS** ou **Lotos** s. m. [lo-tuss ; lo-toss]. Plante aquatique du genre nénuphar, qui croît dans les Indes et en Egypte, et qu'on trouve figurée sur plusieurs monuments égyptiens : la fleur du lotus est un des attributs d'Isis. (Voy. Nélombo.) — Dans Homère, le lotos est un fruit délicieux du pays des Lotophages (voy. ce mot), qui fait oublier la patrie aux étrangers qui en goûtent. On identifie quelquefois l'arbre qui le portait au lotus arborescent des modernes ou jujubier des Lotophages (zizyphus lotus), arbrisseau des côtes de Barbarie, haut de 1 m. 50, à fruits presque ronds, roussâtres. gros comme des prunelles, à pulpe agréable à manger, renfermant un noyau osseux.

* **LOUABLE** adj. Qui est digne de louange : une action, une conduite louable. — Ne s'emploie, en parlant des personnes, qu'avec la préposition de suivie d'un verbe à l'infinitif : vous êtes louable, bien louable de vous être conduit ainsi. — Méd. Qui est de la qualité requise : des matières, des déjections louables. — Titre d'honneur que se donnent ordinairement les assemblées des cantons suisses : les louables cantons de Zurich, de Berne, etc.

* **LOUABLEMENT** adv. D'une manière louable : il s'est conduit très louablement dans cette affaire.

* **LOUAGE** s. m. Transport, cession de l'usage de quelque chose, faite par le propriétaire pour un certain temps, moyennant un certain prix : donner, prendre, tenir à louage.— Domestique de louage, domestique dont on loue le service pour peu de temps. — Législ. « Dans l'ancien droit français, le mot louage comprenait toutes les espèces de baux, hormis les baux à ferme ou à labourage qui s'appliquaient aux fonds productifs de fruits, et hormis également les baux d'ouvrages à prix fait. Le Code civil distingue deux sortes de contrats de louage ; celui des choses et celui d'ouvrage et d'industrie ; puis il divise encore ces contrats en bail à loyer, bail à

ferme, loyer du travail ou du service, bail à cheptel, et devis, marché ou prix fait. (Voy. BAIL, CHEPTEL, etc.) »   (CH. Y.)

* **LOUANGE** s. f. Discours par lequel on relève le mérite de quelqu'un, de quelque action, de quelque chose : *grande louange.*— Fam. CHANTER LES LOUANGES DE QUELQU'UN, le louer, dire du bien de lui : *nous avons chanté vos louanges.* — ‿‿ VOILA DES VERS A SA LOUANGE, se dit ironiq. d'un écrit, d'un discours où il y a quelque chose de fâcheux, de désagréable pour quelqu'un.

* **LOUANGER** v. a. Louer, donner des louanges. Ne se dit qu'en plaisantant : *c'est un homme qui aime à être louangé.*

* **LOUANGEUR, EUSE** s. Celui, celle qui est dans l'habitude de donner des louanges sans discernement : *c'est un fade louangeur, un louangeur à gages, un louangeur fastidieux.*— Adj. *Il n'est pas louangeur.*

* **LOUCHE** adj. (lat. *luscus*, borgne). Dont les yeux ont une différente direction : *cette femme est louche.* — Se dit aussi, des yeux mêmes et du regard : *avoir les yeux louches, le regard louche.* — Fig. Qui n'est pas clair, net, transparent : *ce vin est louche; ces perles ont un œil louche.* — S'emploie aussi, fig., au sens moral. Ainsi on dit : CETTE PHRASE, CETTE EXPRESSION EST LOUCHE, le sens n'en est pas clair, n'en est pas bien déterminé. CETTE ACTION EST LOUCHE, l'intention en est équivoque. — s. m. : *cela jette du louche dans la phrase; il y a du louche dans cette affaire, dans la conduite de cet homme.* — ‿‿ s. f. La police. — LA LOUCHE RENIFLE, la police tient la piste.

* **LOUCHE** s. f. (bas lat. *lochea*, transformation du *conchlear*, cuiller). Grande cuiller à long manche avec laquelle on sert le potage.

* **LOUCHER** v. n. Avoir des yeux dont l'un n'a pas la même direction que l'autre : *voilà un bel enfant, c'est dommage qu'il louche.* — ‿‿ Faire loucher, embarrasser.

LOUCHERIE ou **Louchement** s. m. Action, habitude de loucher.

* **LOUCHET** s. m. (dimin. de *louche*, cuiller). Sorte de hoyau propre à fouir la terre.

LOUCHET (Louis), conventionnel, mort en 1815; il vota la mort du roi sans appel ni sursis; au 9 thermidor, ce fut lui qui, dit-on, provoqua l'arrestation de Robespierre. Sous le Consulat, il fut receveur général de la Somme.

LOUCHEUR, EUSE adj. Qui louche.

LOUDÉAC, ch.-l. du dép. des Côtes-du-Nord, à 50 kil. S. de Saint-Brieuc; par 48° 10' 36'' lat. N. et 5° 5' 30'' long. O.; 7,500 hab. Fabriques de toiles à voile; papeterie, faïenceries, forges, miel, cire, cidre; carrières d'ardoises.

LOUDES, ch.-l. de cant., arr. et à 15 kil. N.-O. du Puy (Haute-Loire); 1,600 hab.

LOUDUN, ch.-l. d'arr. du dép. de la Vienne; à 54 kil. N.-N.-O. de Poitiers, par 47° 0' 37'' lat. N. et 2° 15' 16'' long. O.; 5,500 hab. Vins, truffes, chanvre; moutons, graines oléagineuses, cire jaune; commerce de dentelles.— Anc. cap. du Loudunois; cette ville embrassa la réforme et fut prise par les catholiques en 1569. Elle est célèbre par le procès intenté, pour crime de sorcellerie, au curé Urbain Grandier. (Voy. GRANDIER.)

LOUDUNOIS, OISE s. et adj. Qui est de Loudun; qui appartient à cette ville ou à ses habitants.

* **LOUÉ, ÉE** part. passé de LOUER. ‿ *Dieu soit loué!* Sorte d'exclamation par laquelle on témoigne son contentement de quelque

chose : *Dieu soit loué! me voilà délivré de cet importun.*

LOUÉ, ch.-l. de cant., arr. et à 30 kil. O. du Mans (Sarthe); 1,700 hab. Fabriques de toiles et papier; exploitation de marbre.

LOUÈCHE ou **Lonesche** (all. *Leuk*), petite ville du Valais suisse, sur le Rhône, à 25 kil. N.-E. de Sion; environ 1,200 hab. A 8 kil. au N., se trouvent les sources thermales de Leukerbad avec un vaste établissement de bains. Eaux sulfatées calciques à 51° C. Contre les tempéraments lymphatiques ou scrofuleux; engorgements des viscères abdominaux.

* **LOUER** v. a. (lat. *locare*). Donner à louage : *louer une maison à quelqu'un.* — Prendre à louage : *il va quitter sa maison, il en a loué une autre.* — Se louer v. pr. Se donner à louage, engager son service, son travail pour un salaire : *c'est un pauvre homme qui se loue à la journée.* — S'emploie de la même manière en parlant des choses qu'on prend à loyer : *les appartements se louent fort cher dans ce quartier.*

* **LOUER** v. a. (lat. *laudare*). Honorer et relever le mérite de quelqu'un, de quelque action, de quelque chose, par des termes qui témoignent l'estime qu'on en fait : *louer hautement, dignement, finement, délicatement, grossièrement.* — Absol. *Il ne sait pas louer.* — Se louer v. pr. Se donner des louanges : *c'est un homme qui se loue à tout propos.* — SE LOUER DE QUELQU'UN, DE QUELQUE CHOSE, témoigner qu'on est satisfait : *j'ai sujet de me louer de lui, il en a fort bien usé avec moi.*

* **LOUEUR, EUSE** s. Celui, celle qui fait métier de donner quelque chose à louage : *un loueur de chevaux, de voitures, de chambres garnies.*

* **LOUEUR, EUSE** s. Celui, celle qui donne des louanges. Ne se dit guère que en mauvaise part, et en parlant d'un flatteur qui loue à tout propos : *c'est un loueur perpétuel.* (Vieux.)

LOUGHBOROUGH [lof-borr-ro], ville du Leicestershire (Angleterre), à 12 kil. N.-N.-O. de Leicester; 12,000 hab.

* **LOUGRE** s. m. (angl. *lugger*). Mar. Espèce de bâtiment à deux mâts et à un foc très léger, dont se servent particulièrement les pirates et les contrebandiers.

LOUHANS, *Lovineum*, ch.-l. d'arr. du dép. de Saône-et-Loire, à 60 kil. N.-E. de Mâcon, sur la rive gauche de la Seille; par 46° 37' 44'' lat. N. et 2° 53' 40'' long. E.; 4,000 hab. Grains, farines, bois, bétail, volailles; tanneries.

* **LOUIS** s. m. Monnaie d'or, ainsi appelée, depuis Louis XIII, du nom des rois qui l'ont fait frapper : *le louis d'or fabriqué en 1640 valait dix francs.* Quand on dit absolument, on entend ordinairement un louis d'or de vingt-quatre francs : *payer en beaux, en bons louis.* — On donne quelquef. à la pièce de vingt francs le nom de louis : *il a perdu vingt louis au jeu.* — Lors du retour des Bourbons, en 1814, Louis XVIII fit frapper des pièces de 20 fr. qui furent appelées *louis* ou *louis d'or.*

LOUIS (lat. *Ludovicus, Lodoïx*; anc fr.*Hlodwig* ou *Clovis*; all. *Ludwig*; ital. *Ludovico*; angl. *Lewis*). Nom d'un grand nombre de personnages célèbres.

I. SAINTS.

LOUIS. I. Évêque de Toulouse, né en 1274, mort en 1297. Il était fils du roi de Naples, Charles le Boiteux; il entra dans l'ordre de Saint-François et se fit remarquer par son éminente piété. Canonisé en 1317, par Jean XXII. Fête 11 avril. — II. (de Gonzague), né en 1567, mort le 21 juin 1591. Il entra à l'âge de 18 ans dans la compagnie de Jésus

et renonça au marquisat de Castiglione en faveur de son frère. Lors de la peste de Rome il contracta cette maladie en se vouant au soin des malades. Il fut canonisé en 1726 par Benoît XIII. Fête le 21 juin. — III. (de France). Voy. LOUIS IX.

II. ALLEMAGNE.

LOUIS I. Voy. LOUIS LE DÉBONNAIRE, roi de France. — II. (Le Germanique) né en 806, mort en 876. Il était le troisième fils de Louis le Débonnaire et, en 817, il obtint en partage la Germanie et la Bavière; plusieurs fois il se révolta contre son père, s'allia avec Charles le Chauve et battit Lothaire à Fontenoy (841). Le traité de Verdun (843) lui assigna les pays situés sur la rive droite du Rhin; le pays des Grisons et une partie de la Lorraine lui revinrent en 869 en vertu du traité de Mersen, conclu avec Charles le Chauve. Il laissa trois fils, Carloman, Louis le Saxon et Charles le Gros. — III. (Le Saxon), fils du précédent, mort en 882. Il monta sur le trône en 876, battit, près d'Andernach, son oncle Charles le Chauve, roi de France, qui voulait le déposséder de ses États, envahit à son tour la France en 872. En 880, son frère Carloman lui céda la Bavière; défait par les Normands dans le Lunebourg (884), il mourut à Francfort. — IV. (L'Enfant), fils d'Arnulf, roi de Germanie, né en 893, mort en 911. Pendant son règne, qui commença en 908, l'autorité royale qui n'était qu'entre les mains d'un enfant, fut complètement annulée par les seigneurs, et l'Allemagne fut ravagée de toutes parts par les Hongrois. — V. (Le Bavarois), né vers 1285, mort le 11 oct. 1347. Il était fils de Louis le Sévère, duc de Bavière, et de Mathilde, fille de l'empereur Rodolphe Ier de Hapsbourg. A la mort de son père, il devint co-régent avec son frère aîné Rodolphe dans leurs possessions héréditaires. En oct. 1314, il fut élu successeur de l'empereur Henri VII, par la majorité des électeurs, tandis que Frédéric le Beau, d'Autriche, également petit-fils de Rodolphe de Hapsbourg, était proclamé par la minorité sous le nom de Frédéric III. Il en résulta une longue guerre qui se termina par la bataille d'Ampfing ou de Mühldorf (28 sept. 1322). Battu et fait prisonnier, Frédéric ne recouvra la liberté en 1325 qu'en renonçant à ses prétentions au trône. Le pape Jean XXII désapprouva ce traité (1323), excommunia Louis et offrit l'empire au roi de France, Charles le Bel (1324). Louis épousa Marguerite de Hollande en 1324, relâcha Frédéric en 1325, et lui donna la Bavière. Il passa aussitôt en Italie (1327), déclara que le pape était hérétique, se fit couronner roi à Milan et à Rome par les évêques de Venise et d'Aleria et plaça sur le siège pontifical Pierre de Corbière (Nicolas V), qui le sacra empereur (1328); il fut chassé d'Italie par Robert, roi de Naples, et excommunié de nouveau par les papes Benoît XII et Clément VI (1346), qui suscitèrent ses rivaux en Allemagne. En 1347, il se préparait à envahir de nouveau l'Italie, lorsqu'il mourut tout à coup.

III. ANJOU.

LOUIS I. Duc d'Anjou, né en 1339, mort en 1384; second fils de Jean II, roi de France, il remplaça son père comme otage en 1360, dans la prison de Londres, d'où il s'échappa. En 1365, il fut envoyé pour ménager un accommodement entre la veuve de Charles de Blois et Jean de Montfort. En qualité de lieutenant des armées du roi, il battit les Anglais en Guienne (1373) et en Languedoc (1377). Clément VII le couronna roi de Sicile et de Jérusalem en 1382, mais il ne monta pas sur le trône. — II. Fils du précédent, né en 1377, mort en 1417. Il fut couronné roi de Naples à Avignon par Clément VII (1389), mais il fut battu par son rival Ladislas et ne put prendre possession de son gouvernement.

En 1409, il fut rappelé par les Napolitains et reconnu roi par le pape Alexandre V et le concile de Pise, et à son tour il défit Ladislas (1411). De nouveau abandonné par ses sujets, il revint en France et se préparait à retourner à la conquête de Naples, quand il mourut à Angers. — III. Fils du précédent, né en 1403, mort en 1434. Il hérita des prétentions de son père au royaume de Sicile et de Naples; il débarqua en Italie (1420) et força Jeanne II de le reconnaître pour héritier à la place d'Alphonse d'Aragon; il fut chassé par son rival et mourut au siège de Tarente.

IV. Bavière.

LOUIS Iᵉʳ (Ludwig-Karl-August), né le 25 août 1786, mort le 28 fév. 1868. Il servit dans le contingent bavarois des armées de Napoléon (1806-'09), succéda à son père Maximillion Joseph, se distingua comme protecteur des lettres et des arts, fit construire l'Odéon, la Basilique, la Pinakothèque, le Walhalla et d'autres monuments publics; il a publié 2 vol. de poésies. Son administration fut d'abord populaire, mais ensuite le parti ultramontain domina et la colère publique s'accrut à cause de l'influence supposée de Lola-Montès sur le roi. En 1848, des troubles éclatèrent à Munich, et, peu après, le roi abdiqua en faveur de son fils Maximilien. Son second fils était Othon, roi de Grèce de 1832 à 1862.

V. France.

LOUIS I. (Le Pieux ou LE DÉBONNAIRE), roi des Francs et empereur d'Occident, né en 778, mort en 840. Il était le troisième fils de Charlemagne et d'Hildegarde, fut associé en 813 à la dignité impériale qu'il partagea avec son père, auquel il succéda en 814. Il permit aux Saxons, dispersés par Charlemagne, de rentrer dans leur pays. D'un caractère faible, il se laissa diriger par les grands et par le clergé, et en 817, se sentant impuissant à supporter le fardeau de l'empire, il le partagea avec ses fils: Louis eut la Bavière, Pépin l'Aquitaine et Lothaire l'Italie. Son neveu Bernard, que le partage privait de l'Italie, se révolta; mais il fut vaincu, fait prisonnier et condamné à mort; on lui fit grâce de la vie; mais on lui creva les yeux et il en mourut (818). Ce fut pour Louis un remords de toute sa vie et il se soumit à une pénitence solennelle en 822, à Attigny, ce qui lui valut le mépris de ses contemporains. Du reste, la tendresse de Louis pour son jeune fils Charles le Chauve qu'il avait eu de Judith, sa seconde femme, lui fut plus fatale que sa rigueur envers son neveu. Il voulut procéder à un nouveau partage de ses États en 829; les trois aînés de ses fils prirent les armes, déposèrent l'empereur et l'enfermèrent avec Judith dans un monastère (830). Rétabli sur le trône par le peuple, l'année suivante, le faible roi fut de nouveau attaqué par Lothaire, Louis et Pépin (832); le pape Grégoire IV se joignit aux fils rebelles; Louis le Débonnaire, abandonné par son armée, fut déclaré déchu dans la plaine de Rotfeld (Champ du mensonge), près Colmar, par les leudes, fut amené à Compiègne où un concile présidé par l'archevêque de Reims le condamna à la pénitence canonique pour le reste de ses jours (833). Les trois frères se brouillèrent ensuite, Lothaire fut chassé et Louis replacé sur le trône (835), mais ayant partagé de nouveau ses États entre ses seuls Louis et Charles en 839, une nouvelle coalition l'obligea à reprendre les armes; il mourut au début de la campagne. Sous son règne commença la dissolution de l'empire carlovingien. — II. (Le Bègue), né en 846, mort à Compiègne en 879. Il était fils de Charles le Chauve et d'Hermantriède; roi d'Aquitaine en 867, il succéda à son père sur le trône de France en 877 et fut sacré à Compiègne par Hincmar, archevêque de Reims, et à Troyes

par le pape Jean VIII. Faible de corps et d'esprit, ce prince ne fit que passer sur le trône et il dut signer des traités humiliants avec ses grands feudataires rebelles. — III. Né en 863, mort en 882; fils du précédent, il régna conjointement avec Carloman, son frère, et eut en partage la Neustrie avec une partie de l'Austrasie. Dès le commencement de son règne, il acheta la paix à Louis de Germanie au prix de la Lorraine entière qu'il lui céda. Boson s'adjugea aussi la Provence et en fit un royaume. En 881, les Normands apparurent et furent battus à Saucourt par Louis, qui mourut quelque temps après, par accident, à Saint-Denis. — IV. (D'Outre-Mer), né en 919, mort le 10 sept. 954. Il était fils de Charles le Simple et, après la déposition de son père (922), il fut emmené en Angleterre, où il vécut avec sa mère, qui était sœur du roi Athelstan, et cette circonstance lui valut son surnom; rappelé par les grands de Neustrie et d'Aquitaine, il fut sacré à Reims en 936; mais la couronne que lui placèrent sur la tête Hugues, comte de Paris, et Guillaume de Normandie n'était que le symbole d'une royauté dérisoire; il était à peu près sans domaines. Louis, qui avait l'âme fière, employa tous les moyens pour relever le prestige royal; mais les moyens matériels lui faisaient défaut. En 937, il eut à repousser une formidable invasion hongroise. Deux ans plus tard, les habitants de la Lorraine s'offrirent à lui, et, pour réunir leur pays à ses domaines, il s'engagea dans une guerre malheureuse contre Othon de Germanie et contre les grands vassaux de la couronne. Battu par Hugues de Paris devant Laon, en 941, il dut faire la paix et abandonner ses prétentions sur la Lorraine. Il tomba peu de temps après au pouvoir du duc de Normandie, qui le livra à Hugues; il ne recouvra sa liberté, grâce à l'intervention d'Othon et du pape, qu'en renonçant à la Normandie et cédant Laon au duc de France. A peine la paix fut-elle conclue que Louis mourut d'un accident de chasse. Il eut pour successeur son fils Lothaire. — V. (Le Fainéant), fils de Lothaire et dernier roi de la dynastie carlovingienne, né en 966, mort en 987. Il monta sur le trône en 986 et ne fut instrument dans les mains de Hugues Capet, son protecteur. (Voy. Hugues Capet.) Il mourut empoisonné. — VI. (Le Gros), né en 1078, mort le 11 août 1137. Fils de Philippe Iᵉʳ et de Berthe de Hollande, première épouse de ce prince, il fut associé au gouvernement en 1100 et ne régna qu'en 1108. A partir du règne de Louis le Gros, la royauté s'affranchit peu à peu de la tutelle des nobles et fit accepter sa prédominance dans tout le royaume. Pendant 10 ans, Louis soutint une lutte acharnée contre les grands vassaux; il fit appel aux milices des communes et à l'Église et combattit les sires de Coucy, du Puiset, de Montlhéry, les comtes de Corbeil, de Mantes, d'Étampes, de Montfort, de Montmorency, etc. De 1115 à 1125, il eut surtout à combattre Henri Iᵉʳ, roi d'Angleterre et duc de Normandie. Le but du roi de France était d'assurer la Normandie à Guillaume Cliton, fils de Robert Courte-Heuse. Battu à Brenneville (1119), il fit le salut de sa couronne au clergé qui arma de toute part les paroisses, et il obtint la paix par l'entremise du pape Calixte II; il se tourna contre Henri V d'Allemagne, qu'il repoussa (1124); en 1130, il soutint le pape Calixte II contre Anaclet. Le règne de Louis le Gros mérite d'être signalé comme une époque de réveil pour l'intelligence humaine. L'université de Paris était florissante; c'était l'époque d'Abélard, de Suger et de saint Bernard. — VII. (Le Jeune), fils du précédent, né en 1119, mort à Paris le 18 sept. 1180. Il épousa Éléonore de Guienne et succéda à Louis le Gros en 1137; il ne crut pas utile de se faire sacrer comme ses prédécesseurs; il s'engagea même une lutte

avec le pape Innocent II, allié de Thibault IV, comte de Champagne. Pendant cette expédition, Louis poursuivit son ennemi jusqu'en Champagne, incendia Vitry (1143) et fit périr près de 1,300 hab. dans les flammes. Le remords d'une cruauté qu'il n'avait point ordonnée le toucha si profondément qu'il ne crut pouvoir mieux réparer ce désastre qu'en prenant part à la seconde croisade que prêchait saint Bernard (1145); il partit avec son allié Conrad III, empereur d'Allemagne, laissant la régence à Suger. Cette expédition n'aboutit qu'à des désastres et les alliés revinrent en Europe après avoir perdu leur armée devant Antioche et Damas (1149). L'excessive dévotion de Louis VII n'était pas du goût de la galante Éléonore, aussi les infortunes du roi de France, comme époux, ne furent pas moins tristes pour lui que ses désastres, et, malgré l'opposition de Suger, il dut accepter le divorce avec Éléonore, qui porta ensuite à Henri Plantagenet d'Angleterre, son second mari, les États qu'elle avait d'abord réunis au royaume de France, c'est-à-dire : la Touraine, le Poitou, la Saintonge, l'Angoumois et l'Aquitaine. Louis épousa en 3ᵉˢ noces Alix de Champagne, de qui il eut Philippe-Auguste. Henri Plantagenet étant devenu roi d'Angleterre en 1154, la guerre éclata entre les deux époux d'Éléonore à propos du comté de Toulouse et elle se prolongea avec des alternatives diverses jusqu'à la mort de Louis VII. Celui-ci avait été le protecteur de Thomas à Becket et des enfants de Henri contre leur père. Les historiens nous représentent ce monarque comme fort dévot, d'une douceur extrême, mais d'une incapacité politique telle que l'habileté de Suger elle-même n'avait pu la contre-balancer. — VIII. (Le Lion), fils de Philippe-Auguste et d'Isabelle de Hainaut, né en 1187, mort le 8 nov. 1226. Après la déposition de Jean sans Terre, les barons anglais l'élurent roi d'Angleterre (1216); Louis alla prendre possession de cette couronne, mais ne put la garder (Voy. Henri III d'Angleterre). Il fut couronné à Reims avec Blanche de Castille en 1223; il commença aussitôt une campagne pour chasser les Anglais de France. Il leur enleva l'Aunis, la Saintonge, le Limousin, le Périgord, et n'accorda une trève de 4 ans à Henri III que moyennant 30,000 marcs d'argent (1224). Après avoir rétabli l'influence française dans les Flandres, il entreprit une croisade contre les Albigeois, perdit la moitié de son armée devant Avignon, mais prit enfin la ville après un siège de 3 mois et la traita cruellement (1226). Il mourut pendant une épidémie à Montpensier, en Auvergne, on soupçonna le comte de Champagne de l'avoir fait empoisonner. Il laissa la régence à l'illustre Blanche de Castille. — IX. (Saint), fils du précédent, né à Poissy le 25 avril 1215, mort devant Tunis le 25 août 1270. Il n'avait que onze ans à la mort de son père et, pendant sa minorité, la reine Blanche, sa mère, exerça la régence. Blanche avait l'âme grande, fière et chrétienne, et elle éleva son fils pour les devoirs du chrétien, de l'homme et du prince. Les chroniques du temps nous rapportent ces paroles qu'elle adressait souvent à son fils : «Mon fils, vous savez combien vous m'êtes cher, et cependant j'aimerais mieux vous voir conduire au tombeau que de vous savoir coupable d'un seul péché mortel »; unissant à une grande vertu, une rare sagesse politique, elle sut contenir l'ambition des grands seigneurs féodaux, refréner les empiétements du clergé et défendre les droits de son fils avec une énergie toute virile. A dix-neuf ans, Louis épousa Marguerite de Provence; la reine-mère sépara pendant six ans les deux époux et se montra toujours jalouse de l'influence de Marguerite sur le roi. La trève de Saint-Aubin, conclue avec les grands vassaux, fut rompue en 1241; Louis marcha contre eux et contre leur allié,

Henri d'Angleterre, les battit à Taillebourg (1242) et par le traité de Bordeaux s'assura une partie de la Saintonge. Cependant le roi eut assez de générosité pour épargner les vaincus et pour pardonner au comte de la Marche, principal auteur de la guerre. A ce moment-là tout l'Orient tremblait devant une invasion des Kharismiens, qui avaient inondé la Terre Sainte et saccagé Jérusalem. Louis était malade et presque mourant lorsque le bruit de ce désastre parvint en Europe (1244); il fit alors vœu de partir pour une croisade s'il revenait à la santé, et cela malgré les sages objections de sa mère. Au mois de mai 1248 tout fut prêt. Louis partit avec sa femme, ses deux frères Robert et Charles et l'élite de la noblesse, laissant la régence à Blanche de Castille. L'expédition fut assez heureuse d'abord, d'Aigues-Mortes (août 1248) à Chypre (lieu du rendez-vous de toutes les forces, composées de Français et d'Anglais), de Chypre à Damiette que l'on prit en débarquant (juin 1249), mais où l'on perdit cinq mois. Marchant ensuite sur le Caire, Louis rencontra l'ennemi à Mansourah où l'imprudente valeur du comte d'Artois, son frère, lui fit engager la bataille (1250); il s'empara du camp sarrasin et s'y cantonna, mais bientôt la maladie et les assauts multipliés de l'ennemi lui ayant fait perdre son frère et la moitié de son armée, Louis IX ordonna la retraite, pendant laquelle, enveloppé par l'ennemi, il dut se rendre à discrétion, avec 30,000 hommes (5 avril 1250). Par sa fermeté et sa grandeur d'âme, il étonna les vainqueurs qui le relâchèrent lui et les débris de son armée au prix de Damiette et de sept millions de francs (8,000 besants d'or). Après sa délivrance, il passa près de 4 ans en Palestine, réparant les places qui restaient aux chrétiens, Césarée, Jaffa, Sidon, Saint-Jean-d'Acre. La mort de sa mère (1253), le rappela dans ses États où il revint avec 500 hommes seulement; il se montra alors réformateur énergique et éminent législateur. — Les Établissements de Saint-Louis sont un beau monument de son génie; il interdit le combat judiciaire, les duels, réprima la vénalité de la justice, l'avidité des créanciers, les gains usuraires; il enleva aux barons leur droit arbitraire de justice et appela les clercs devant les tribunaux ordinaires. Son économie répara les brèches que sa croisade avait faites; ses largesses pour les pauvres et ses nombreuses fondations d'hospices étaient accomplies avec un profond discernement, et il est peut-être, entre tous nos monarques, le seul que sa piété profonde et son zèle catholique n'ait pas entraîné à d'imprudentes concessions; car ce fut lui qui contribua le plus à éteindre non seulement les foudres de Rome, mais encore les peines et les excommunications que les évêques ou de simples curés lançaient sur leurs diocèses ou sur leurs ouailles. Il modéra les rigueurs de l'Inquisition que les mœurs du temps ne lui permettaient pas d'abolir et souvent il en infirma les décisions. Il se plaisait à rendre lui-même la justice à son peuple et la forêt de Vincennes a conservé le souvenir des jugements que le sage monarque a rendus au pied de ses vieux chênes. L'hôpital des Quinze-Vingts, la Sainte-Chapelle, la Sorbonne s'élevèrent sous son patronage. Des scrupules de conscience lui firent rendre à l'Angleterre ce qu'elle avait perdu dans le Limousin et la Saintonge; il plaça Charles d'Anjou, son frère, sur le trône de Naples et de Sicile qu'il avait refusé pour lui-même. De nouveaux désastres subis par les chrétiens appelèrent encore son attention vers l'Orient; une nouvelle croisade fut résolue. Déjà malade, il s'embarqua à Aigues-Mortes le 1er juillet 1270, à la tête de 60,000 hommes et aborda, sur une plage déserte à trois lieues de Tunis. Il établit son camp au milieu des ruines de Carthage;

mais la peste décima ses troupes et l'enleva lui-même au bout d'un mois de séjour. Déjà un de ses fils avait succombé au fléau. Saint Louis voulut avant d'expirer être tiré de son lit et étendu sur la cendre; ses dernières pensées furent pour Dieu, Jérusalem et la France. Son autre fils et successeur, Philippe III, qui était aussi sur le point de mourir, recouvra la santé et sauva les restes de l'armée. Aucun roi ne fut plus digne que Louis IX de l'admiration des hommes; aussi l'Église en fit un saint et ce fut justice, car, dit Joinville, « il aima Dieu de tout son cœur et agit en conformité de son amour ». Sa fête se célèbre le 25 août, et jusqu'en 1793, ce jour-là, l'Académie française faisait prononcer tous les ans un panégyrique de Louis IX. La Vie même de saint Louis fut écrite au xiiie siècle par Joinville, son ami, par Geoffroy de Beaulieu, son confesseur, et par Guillaume de Nangis; puis, plus tard, par Filleau de la Chaise (Paris, 1689, 2 vol. in-4°), et par l'abbé de Choisi (1689); elle l'a été de nos jours par M. de Villeneuve-Trans (Paris, 1839, 3 vol. in-8°); MM. Beugnot et Mignet ont aussi laissé des Mémoires sur saint Louis. — X. (Le Hutin), né en 1289, mort le 5 juin 1316. Il était l'aîné des trois fils de Philippe le Bel et lui succéda en 1314. Incapable de gouverner, il laissa les rênes du pouvoir à Charles de Valois, son oncle. Les ligues féodales arrachèrent au roi d'importantes concessions, entre autres la Charte aux Normands et reprirent leurs prérogatives. Louis X sacrifia à la vengeance de son oncle le surintendant des finances, Enguerrand de Marigny, de Presles, etc. Sa guerre en Flandre fut des plus malheureuses (1315). Sa gourmandise causa sa mort. — XI. Fils de Charles VII et de Marie d'Anjou, né à Bourges en 1423, mort au château de Plessis-lez-Tours le 30 août 1483. Jaloux de l'influence qu'Agnès Sorel exerçait sur Charles VII, Louis se révolta contre son père en prenant part à la Praguerie (voy. ce mot) et reçut après sa soumission, le gouvernement du Dauphiné (1440). Dans la guerre contre les Anglais, il se distingua en plusieurs occasions et délivra la France des bandes d'écorcheurs en les menant au secours de l'empereur Frédéric, contre les Suisses, qu'il défit près de Bâle (1444). Soupçonné d'avoir empoisonné Agnès Sorel, il se mit en sûreté dans ses états du Dauphiné, qu'il gouverna comme une principauté indépendante(1446). Marguerite d'Écosse, qu'il avait épousée en 1436, était morte en 1445; il contracta, en 1451, sans l'assentiment de son père, un second mariage avec Charlotte, fille du duc de Savoie. La querelle entre Charles VII et son fils s'envenima au point que le roi leva des troupes en 1456 et marcha, à la tête d'une puissante armée contre le dauphin, qui fut obligé de se retirer en Bourgogne, à la cour de Philippe le Bon, où il reçut une magnifique hospitalité. Il se lia d'abord d'amitié avec le comte de Charolais (plus tard connu sous le nom de Charles le Téméraire), mais bientôt ils se vouèrent une haine réciproque. A la mort de Charles VII (22 juillet 1461), Louis se fit sacrer à Reims. « Aucun prince, dit Sismondi, n'avait tant réfléchi sur l'art de régner, n'avait tant étudié la politique, le caractère et les passions des hommes; aucun ne parlait avec autant d'élégance et d'adresse; mais aussi, aucun n'avait moins de respect pour sa parole et pour la vérité ». Pour détruire la grande féodalité, il résolut de s'appuyer sur le peuple et il fut le premier à reconnaître l'importance de la bourgeoisie. En 1465, une coalition de princes se forma contre lui sous le nom de Ligue du bien public, et ayant à sa tête le duc de Berri, propre frère du roi. Les deux armées se rencontrèrent à Montlhéry (16 juillet 1465); la journée fut indécise et Louis, redoutant un siège de Paris, traita avec les seigneurs à des conditions onéreuses qu'il

refusa d'exécuter plus tard. En 1467, Charles le Téméraire, qui avait succédé à son père Philippe le Bon, forma une nouvelle ligue, que Louis crut dissoudre en se rendant à Péronne, auprès de son rival. Il y était à peine arrivé que l'on vint annoncer au duc de Bourgogne la révolte de Liège. Transporté de fureur, et persuadé que le roi de France en était l'instigateur, Charles fit enfermer son hôte dans la tour même où Charles le Simple avait été assassiné. Le roi ne se tira de là qu'en signant un traité humiliant par lequel il cédait au duc de Bourgogne les villes de la Somme et à son frère la Normandie; il fut même contraint d'assister au siège de Liège et à la prise de cette ville. Aussitôt échappé des mains du duc de Bourgogne, le roi de France protesta contre le traité qui lui avait été arraché; l'assemblée des notables, réunie à Tours en 1470, déclara que tout ce qui avait été consenti à Péronne devait être considéré comme nul et non avenu. Le cardinal La Balue, qui avait conseillé au roi le voyage de Péronne et qui, d'ailleurs, avait des intelligences auprès du Téméraire, fut enfermé dans une cage de fer et y resta près de onze années. Une nouvelle ligue fut alors formée par les grands vassaux, ligue dont le frère du roi était l'instigateur, et Charles le Téméraire le chef; la mort du duc de Berri (24 mai 1472) arriva si opportunément que Louis fut soupçonné de n'y avoir pas été étranger et d'avoir employé le poison pour se débarrasser de son frère. Aussitôt Charles le Téméraire, se posant en vengeur du jeune prince, qui était son gendre, se jeta sur la Picardie qu'il ravagea par le fer et le feu. Mais il dut s'arrêter devant l'héroïque résistance de Beauvais. (Voy. Hachette.) Le roi d'Angleterre, Édouard IV, excité par le duc de Bourgogne, débarqua à Calais le 6 juin 1475, à la tête d'une formidable armée, mais la paix de Picquigny mit fin à cette invasion. Louis put alors s'occuper de ses ennemis intérieurs. Les maisons féodales d'Armagnac, d'Alençon, de Saint-Pol, de Nemours, furent tour à tour abattues (1473-77). Pendant ce temps, le duc Charles mourait devant Nancy (1477); le roi déposséda alors de la plus grande partie de ses États, Marie, veuve du duc de Berri et fille unique du Téméraire. Il saisit le duché de Bourgogne proprement dit, la Franche-Comté, l'Artois et les villes de la vallée de la Somme. En vain Maximilien d'Autriche, second époux de Marie, voulut s'opposer, par la force des armes, à ce démembrement du domaine des ducs de Bourgogne. Le roi, vaincu à Guinegatte (4 août 1479), se releva dans les négociations et conserva ses conquêtes par le traité d'Arras (23 déc. 1482). Vers ce même temps, il donna l'exemple d'une rare sagacité politique; il refusa d'entreprendre la conquête de l'Italie que ses successeurs, moins sages, devaient entreprendre et qui fut si ruineuse pour la France. Mais s'il n'accepta point l'héritage du bon René d'Anjou en ce qui concernait Naples et la Sicile, il n'en profita pas moins d'un testament dans lequel il avait eu l'adresse de se faire donner les immenses États de René. Il réunit sans contestation, à la couronne l'Anjou, le Maine, la Provence, le Roussillon et la Cerdagne, et la France devint puissance prépondérante sur la Méditerranée (1480). A partir de ce moment, nulle maison féodale n'osa entrer en lutte avec la royauté. On peut donc dire que Louis XI fut l'un des principaux ouvriers de l'unité territoriale de la France; il facilita l'action du pouvoir central sur les provinces par la création de trois parlements nouveaux, plus à portée des justiciables (Grenoble, 1453; Bordeaux, 1462; Dijon, 1477); il provoqua la création de nouvelles manufactures, réunit, par des routes qui existent encore, la capitale à toutes les frontières françaises; et pour la première fois depuis la chute de l'empire romain, les voyageurs purent entreprendre, sans crainte d'être dépouillés vingt fois par des hobereaux ou des brigands titrés, le voyage de Paris en Flandre, en Espagne ou en Italie. A Louis XI revient l'honneur d'avoir détruit ces mille barrières féodales qui arrêtaient les marchands de seigneurie en seigneurie. Ayant tracé des routes et creusé des canaux, ayant établi la sécurité sur ces voies commerciales, il alla plus loin, il imagina les postes (1467) et les organisa presque du premier coup telles qu'elles ont existé pendant plusieurs siècles, jusqu'à l'emploi des chemins de fer. Le commerce étant ainsi encouragé et rassuré, la marine marchande prit de suite une grande extension. Louis perfectionna aussi l'exploitation des mines ; il appela de Grèce et d'Italie des savants et des ingénieurs ; établit l'imprimerie à Paris (1469), à Lyon, à Angers, à Poitiers et à Caen, fonda les universités de Valence, de Bourges, de Caen et de Besançon, et réforma l'administration de la justice. Quant aux crimes dont l'histoire a rejeté la responsabilité sur la mémoire de Louis XI, il faut dire, pour être juste, qu'au égard aux mœurs du temps, le roi de France était peut-être encore le moins pervers des princes de son siècle et qu'il ne faut pas aller chercher dans Comines la vérité sur un roi qui l'avait comblé de bienfaits et dont plus tard il sembla prendre à tâche de ternir la mémoire. Il ne faut pas non plus juger Louis XI avec nos idées modernes. L'histoire et le roman ont exagéré ses défauts ; car, en suivant attentivement toutes les phases de son règne et toutes les améliorations qu'il a apportées dans son gouvernement, on ne peut que dire que ce fut un grand roi qui fit de grandes choses. Et pourtant sa mémoire est exécrée, en raison de l'astuce qui présida presque toujours à ses actions, en raison surtout de sa perfidie et de sa froide cruauté. Affaibli par une vie tourmentée et par les remords que lui causait sa superstition, Louis XI passa les dernières années de sa vie enfermé au château de Plessis-lez-Tours, au milieu d'une garde nombreuse, dominé par son médecin Jacques Coitier, et tout entier aux pratiques d'une dévotion exagérée ; morose et soupçonneux, il s'entoura de gens comme Olivier Ledain, et Tristan l'Ermite, et mourut le 28 août, en demandant les prières de saint François de Paule. Sa vie a été écrite par Duclos (Paris 1745-'46, 4 vol. in-12). C. Delavigne a composé une tragédie de *Louis XI*. — XII. (Le père du peuple), 8° roi de la maison de Valois, né à Blois le 27 juin 1462, mort le 1er janvier 1515. Fils du duc Charles d'Orléans, et arrière-petit-fils du roi Charles V ; il fut élevé sous la direction de Louis XI, qui le força d'épouser sa seconde fille Jeanne en 1476. A la mort de son beau-père, il se trouva premier prince du sang et, pendant la minorité de Charles VIII, il essaya de disputer la régence à Anne de Beaujeu ; l'habileté de Jeanne l'ayant écarté des affaires, il se retira en Bretagne, se ligua avec les Bretons et les Anglais, mais il fut battu et pris par La Trémoille à Saint-Aubin-du-Cormier (1488). Retenu pendant trois ans à la tour de Bourges, il profita de sa solitude forcée pour orner et cultiver son esprit, puis il obtint son pardon de Charles VIII qu'il accompagna en Italie (1494), et auquel il resta fidèle ; mais il ne fut pas heureux dans ses prétentions sur le Milanais, dont il se regardait comme l'héritier, du chef de son aïeule, Valentine Visconti ; il y fut battu par Ludovic Sforza. En 1498, Charles VIII mourant sans enfant laissa le duc d'Orléans son héritier, il prit le nom de Louis XII et inaugura son règne par la clémence en pardonnant à tous ses ennemis, à Anne de Beaujeu et à son vainqueur La Trémoille. « Le roi de France, dit-il, ne venge pas les querelles du duc d'Orléans. » Il n'avait jamais éprouvé d'amour pour la

fille de Louis XI ; il demanda au pape et obtint son divorce pour épouser Anne de Bretagne, veuve de Charles VIII (1499) ; il partit alors pour conquérir le duché de Milan, prit Ludovic Sforza et l'emmena prisonnier en France. En 1500, il conclut secrètement, avec Ferdinand d'Aragon, un traité qui lui assurait la moitié du royaume de Naples. Mais la querelle reprit bientôt et Gonzalve de Cordoue, chef des Espagnols, défit les Français à Seminara, à Cérignoles et sur le Garigliano (1503) et finalement parvint à les chasser de l'Italie méridionale. En 1508, Louis XII forma contre la république de Venise la ligue de Cambrai avec l'empereur Maximilien, Ferdinand d'Aragon et le pape Jules II. Le roi de France venait de battre les Vénitiens à Agnadel (1509), lorsque le pape se sépara tout à coup de lui et forma avec Maximilien, Henri VIII et Ferdinand la sainte Ligue dans le but de chasser les Français de toute l'Italie. Ces derniers en effet, après quelques succès, furent complètement défaits à Novare en 1513 et perdirent tout ce qu'ils possédaient en Italie. Les confédérés envahirent alors la France et Louis étant menacé en même temps par la Suisse et par les Espagnols, offrit la paix qui fut signée à Orléans (1514). On laissa à Ferdinand la Navarre ; le Milanais resta à Maximilien Sforza ; Henri VIII reçut un million pour rendre Boulogne et Tournai, et Louis épousa en troisièmes noces Marie, sœur du roi d'Angleterre. Quelques mois après, il mourut, emportant les regrets de toute la nation. — XIII (Le Juste), deuxième roi de la maison de Bourbon, fils aîné de Henri IV et de Marie de Médicis, né à Fontainebleau le 27 sept. 1601, mort à Saint-Germain-en-Laye le 14 mai 1613. Il succéda à son père en 1610 et, sa mère exerça la régence pendant sa minorité, ou plutôt d'indignes favoris gouvernèrent la France. Le premier fut le Florentin Concini (voy. ce mot), dont le despotisme insolent jeta dans la rébellion les Condé, les Conti et autres chefs de l'aristocratie. Le traité de Sainte-Menehould (1614), en déclarant Louis majeur mit, pour un temps, fin aux discordes civiles. Le roi épousa, en 1615, Anne d'Autriche, fille de Philippe III d'Espagne. Malheureusement il continua l'ère des favoris ; de Luynes fit assassiner Concini (1617), et devint duc, pair et connétable. Les mécontents se soulevèrent au nom de Marie de Médicis, disgraciée depuis la chute de son favori. Louis XIII fit preuve d'un grand courage personnel à la bataille des Ponts-de-Cé (1620), où il mit en déroute les troupes de sa mère. L'année suivante, une révolte plus sérieuse, celle des protestants, éclata dans le Midi. Louis soumit quelques places ; mais il échoua devant Montauban, et de Luynes périt pendant la lutte. En 1624, le cardinal de Richelieu, évêque de Luçon, réconcilia le roi avec sa mère et ne tarda pas à être nommé premier ministre. Pendant 18 années, ce grand homme d'État gouverna le royaume sous le nom du faible Louis XIII, qui ne pouvait vivre sans directeur. Richelieu, reprenant vigoureusement la politique de Henri IV, dirigea les destinées non seulement de la France, mais celles de l'Europe entière (Voy. RICHELIEU). Ce ministre habile mena alors de front l'abaissement de la maison d'Autriche et la destruction de l'aristocratie ; sous sa main puissante, les événements se précipitèrent ; la ville de la Rochelle, place forte du calvinisme et secourue par les Anglais, fut assiégée par lui et en personne et prise par la famine (1627-'28). Louis court protéger le nouveau souverain de Mantoue, le duc de Nevers, que menace le duc de Savoie, il force le Pas de Suze (1629), y bat le duc de Savoie, fait lever aux Espagnols le siège de Cozal, prend Pignerol et rétablit le duc de Nevers dans ses États. Sur ces entrefaites, une intrigue de cour avait failli renverser Richelieu ; la journée des Dupes (voyez ce mot),

rendit le cardinal plus puissant que jamais (1630), et l'on vit le roi sacrifier aux vengeances du cardinal, sa mère, sa femme et tous les grands seigneurs qui avaient conspiré contre lui ; le supplice de Cinq-Mars (voy. ce nom) fut une preuve de l'omnipotence du premier ministre. La fin du règne de Louis fut marquée par la guerre de Trente ans (voy. TRENTE), et la France était sur le point de signer une paix avantageuse lorsque mourut Richelieu (1642). Louis ne lui survécut que cinq mois. La vie privée de ce prince fut sans éclat comme sans grandeur ; il passait ses journées à la chasse ou à faire des lectures dévotes, et il n'eut jamais l'énergie de lutter soit contre les tracasseries de sa mère, soit contre l'impérieux ascendant du cardinal. On doit à ce dernier la fondation de l'Académie française (1635). Voy. *Hist. de la France sous Louis XIII*, par Bazin (1838-'40 ; 4 vol. in-8°) ; *Hist. de Louis XIII*, par Malingre (1846). — XIV. (Le Grand), né à Saint-Germain le 16 sept. 1638, mort à Versailles le 1er sept. 1715. Il était fils aîné de Louis XIII et d'Anne d'Autriche qui, après être restés sans enfants et avoir, pendant 22 ans, vécu pour ainsi dire séparés l'un de l'autre, finirent par se rapprocher et firent un pèlerinage à Notre-Dame-de-Liesse. D'après les Mémoires du temps et la malignité publique, cette réconciliation entre le roi et la reine vint fort à propos couvrir les intrigues d'Anne d'Autriche et du duc de Buckingham. Louis avait cinq ans lorsque mourut son père ; et sa mère devint régente avec le cardinal Mazarin pour premier ministre. La France se trouva en peu de temps plongée dans le désordre ; plusieurs grands seigneurs, espérant voir revenir le temps de la féodalité, essayèrent de se rendre indépendants. La guerre existait avec l'Espagne et l'Allemagne, et de toutes parts la frontière était menacée par de puissantes armées. Les finances, mal organisées, étaient livrées à la dilapidation, et les impôts rentraient mal. A ces maux se joignirent les troubles de la Fronde. (Voy. ce mot.) Le jeune souverain, élevé au milieu de la misère publique et manquant lui-même parfois du nécessaire, se vit, pendant cinq années, le jouet d'un ministre intrigant ou d'une noblesse factieuse ; souvent obligé d'éviter l'émeute, il parcourut ses États comme un fugitif. Pendant ce temps, Condé remportait sur les Espagnols et les Allemands les victoires de Rocroi (1643), de Fribourg (1644), de Nordlingen (1645), et de Lens (1648), victoires couronnées par le traité de Westphalie qui cédait la plus grande partie de l'Alsace à la France (24 oct. 1648). La Fronde aboutit à la journée des Barricades (27 août 1648), et ensuite à la guerre civile. Le prince de Condé (voy. ce mot) soulève le Midi et se retire ensuite en Flandre pour se mettre au service des Espagnols. Mazarin, chassé deux fois de la cour, reprend le pouvoir et le conserve jusqu'à sa mort (1653), bien que Louis XIV se fût déjà, depuis deux ans, déclaré majeur, à l'âge de 13 ans, et eût assumé l'autorité royale (1651). Louis était rentré définitivement à Paris en 1652. Son instruction avait été des plus négligées et l'on peut dire que c'est aux impressions et aux souvenirs qu'il conserva de ces temps d'anarchie qu'il faut surtout attribuer le despotisme dont plus tard il fit preuve et l'aversion qu'il témoigna toujours pour Paris. Il fit sa première campagne sous Turenne devant Arras, qui fut sauvé. En 1659, fut signée la paix des Pyrénées, et le mariage de Louis avec Marie-Thérèse d'Autriche, fille de Philippe IV, en fut la conséquence (1660), avec l'espérance secrète de donner plus tard à la maison de Bourbon tout l'héritage de la monarchie espagnole. Mazarin mourut en 1661. Au lendemain de cette mort, le monarque de 23 ans annonça en quelles mains allait tomber l'autorité ; M. de Harlay lui ayant demandé à qui il fallait s'adresser désormais pour les affaires de l'État : « A moi », répondit Louis. Dès ce moment, en effet, on vit en lui l'unique maître de la France et il le fut jusqu'à la fin. Convaincu par Colbert des exactions criminelles du surintendant Fouquet, et peut-être plus blessé du faste et de la magnificence de celui-ci que de son infidélité, il le fit arrêter à Nantes (1661), et condamner à une détention perpétuelle. Colbert succéda à Fouquet. Louis s'entoura d'hommes supérieurs : Le Tellier, Louvois, de Séguier, de Lionne. « Alors, dit Voltaire, la discipline est rétablie dans les troupes, l'ordre est mis dans les finances dérangées par un long brigandage ; la magnificence et la décence embellissent la cour ; les plaisirs même ont de l'éclat et de la grandeur ; tous les arts sont encouragés et tous sont employés à la gloire du roi et de la France. » Jaloux jusqu'à l'excès de l'honneur de sa couronne, Louis contraint l'Espagne à une réparation éclatante de l'affront reçu à Londres en 1661, par l'ambassadeur d'Estrades, qui avait dû céder le pas à Vatteville, ambassadeur d'Espagne ; il humilie le pape Alexandre VII, dont le frère avait eu querelle avec l'ambassadeur français à Rome ; il secourt la maison d'Autriche contre les Turcs (1664), et le Portugal contre la branche espagnole (1665), il envoie sa marine renaissante contre les flottes barbaresques (1665), et les force à respecter le commerce des nations chrétiennes. L'énergie et la détermination déployées par le jeune roi dans ces différentes affaires produisirent une profonde impression dans toute l'Europe et lui attirèrent l'estime, l'admiration et une sorte de vénération de la noblesse et du peuple dont il flattait les sentiments patriotiques. Par une réaction psychologique qui s'explique d'elle-même, la nation, lasse des troubles et du désordre, s'abandonna au pouvoir absolu d'un souverain qui se montrait digne de l'exercer. C'est pourquoi, son fameux mot : « l'État, c'est moi » peint bien la situation et marque l'apogée de la monarchie sans contrôle. Sous l'influence d'une administration plus régulière, le commerce prit un accroissement rapide ; des manufactures s'élevèrent à Cherbourg, Louviers, Abbeville, Sedan, aux Gobelins, à Tours, à Lyon, etc. La plupart des grands monuments nationaux furent fondés à cette époque ; entre autres créations merveilleuses, nous citerons les ports, les arsenaux et les fortifications de Brest, de Rochefort, de Lorient, du Havre, de Cette, de Toulon et de Dunkerque, acquis en 1662. La littérature, les sciences et les arts, généreusement protégés, prirent un développement et jetèrent un éclat qui seuls eussent suffi pour illustrer le règne. C'est alors que furent créés nos académies, notre observatoire et une foule d'institutions artistiques ou scientifiques. Paris fut repavé, mieux éclairé en peu de temps le plus propre, la plus tranquille des capitales de l'Europe. En 1667, fut promulguée la fameuse ordonnance civile et en 1670 parut un code criminel perfectionné. A la mort de Philippe IV, son beau-père (1665), le roi demanda la place de la dot de la reine, que l'Espagne avait négligé de lui payer, les provinces de Franche-Comté et de Flandre, et pour faire valoir sa prétention, il envahit la Flandre et prit, en trois semaines, une douzaine de villes importantes, parmi lesquelles la place très forte de Lille. Une triple alliance se forma le 23 janvier 1668, entre la Hollande, l'Angleterre et la Suède, pour obliger la France et l'Espagne de faire la paix ; Louis n'en continua pas moins le cours de ses conquêtes et soumit la Franche-Comté. Mais au traité d'Aix-la-Chapelle, il rendit cette province à l'Espagne et ne conserva que la Flandre (2 mai 1668). Il s'efforça ensuite de briser diplomatiquement la coalition qui s'était formée contre lui et qui s'était étendue aux États allemands, et ayant réussi en 1660,

à détacher l'Angleterre de son alliance avec la Hollande (voy. Charles II), il recommença ses opérations militaires en 1670, par la prise de possession de la Lorraine. Désireux d'anéantir la république hollandaise et agissant malgré les appréhensions de Colbert, il se mit en 1672 à la tête d'une armée de 100,000 hommes, envahit les Provinces Unies et se rendit maître en quelques mois de trois provinces et de 40 forteresses. C'est pendant cette expédition qu'eut lieu le fameux passage du Rhin. Les Hollandais lui envoyèrent des députés pour demander la paix ; mais Louis, devenu arrogant, demanda 20 millions de livres comme indemnité, la cession d'un vaste territoire, l'exercice public de la religion catholique dans toutes les Provinces Unies et voulut imposer plusieurs autres conditions humiliantes. Les Hollandais résolurent de mourir plutôt que de se soumettre. Guillaume d'Orange fut élu stathouder et commandant en chef ; les digues furent coupées et tout le pays se trouva submergé. L'orgueil du vainqueur avait irrité tous les peuples de l'Europe. De formidables alliances se formèrent contre la France et Louis, laissant Vauban pour fortifier les places qu'il avait prises, se hâta de rentrer à Paris pour aviser aux moyens de lutter sans trop de désavantage contre l'empereur d'Allemagne, les rois d'Espagne et de Danemark et l'électeur de Brandebourg. La guerre se prolonge six années de suite sur nos frontières du N. et de l'E. Condé triomphe à Senef (1674), Turenne bat les impériaux à Seintzheim, Enzheim, envahit le Palatinat et meurt au milieu de son triomphe (1674). Condé le remplace, pendant que Louis en personne prend Bouchain, Valenciennes, Gand, Cambrai, Ypres (1676-'78), et conclut les traités de Nimègue (1678 et 1679), en vertu desquels il conserve la Franche-Comté, la plupart de Flandre française, l'Alsace et quelques-unes de ses conquêtes sur le Rhin. C'est l'apogée du règne ; mais le roi n'est pas satisfait ; il lui faut des conquêtes et des victoires. Sous de vains prétextes, il s'empare de plusieurs places du Rhin et entre dans Strasbourg (sept. 1681). Une troisième coalition se forme entre l'empire d'Allemagne et l'Espagne, qui la soutient d'abord seule et perd Courtrai et Luxembourg. Tout pliait sous l'effort de nos armes et la devise Nec pluribus impar, avec l'emblème du soleil, semblait justifiée. Le traité de Ratisbonne (août 1684) abandonna au roi de France sa conquête du Luxembourg. Alger fut deux fois bombardé par Duquesne (1683-'84) ; le doge de Gênes vint à Versailles demander merci (1685) ; la cour romaine, humiliée dans l'affaire de la régale (1682), le fut encore dans la question du droit d'asile (1685), et sous un futile prétexte Avignon fut saisi. Ne connaissant plus de limites à sa puissance, Louis se fit décerner le nom de Grand par ses poètes et par ses écrivains, et sa statue s'éleva sur la place des Victoires. (Voy. Feuillade.) Mais la mort, en frappant les ouvriers de sa grandeur, lui rappela que tout est périssable. Colbert, Valbelle, le comte de Vermandois, Turenne, Vivonne, Corneille, Molière n'étaient plus. Le 30 juillet 1683, mourut la malheureuse et respectable Marie-Thérèse, qui n'avait jamais obtenu du roi que le plus dédaigneux abandon, son époux lui ayant toujours préféré des maîtresses telles que La Vallière, Montespan, Fontanges, etc., dont il avait eu plusieurs enfants adultérins, mais légitimés. Mme de Maintenon, qui s'était emparée de la confiance du roi, parvint, grâce à l'influence du P. La Chaise, à se faire épouser secrètement en 1685, et cette femme prépara Louis à commettre la grande faute de son règne, la révocation de l'Édit de Nantes (17 oct. 1685). Cet acte impolitique désola le royaume et chassa 100,000 familles industrieuses qui portèrent à l'étranger, avec le secret de leur industrie, la haine du per-

sécuteur. A l'intérieur, la France fut ensanglantée par les Dragonnades et par la révolte des Camisards en 1703. La guerre recommença peu de temps après. Le mécontentement et les craintes de l'Europe amenèrent la ligue d'Augsbourg entre la Hollande, l'Autriche, l'Espagne, la Bavière et la Savoie. Louis se prépara à la lutte avec son énergie ordinaire et il prit lui-même l'offensive en sept. 1688, par l'invasion du Palatinat ; mais ses armées, n'étant plus commandées par Condé et par Turenne, reçurent de nombreux échecs. Le génie militaire du duc de Luxembourg rétablit l'honneur des armes françaises à Fleurus (1690), à Leuze (18 oct. 1691), Steinkerque, Neerwinden (1693), etc. La Révolution de 1688 avait élevé au trône d'Angleterre le prince d'Orange, et Louis XIV, voulant rétablir les Stuarts sur leur trône héréditaire, fit envahir l'Irlande par une armée que commanda Lauzun ; l'incapacité de Jacques II qui se fit battre à la Boyne (1690), et surtout la défaite navale de Tourville à la Hogue (1692), affermirent Guillaume III sur le trône. Catinat soumit la Savoie et força le Piémont par les victoires de Staffarde (1690), et de la Marsaille (1692). La paix fut conclue à Ryswick (sept. 1791) ; de toutes ses conquêtes, Louis ne garda que Strasbourg ; il eut l'humiliation de reconnaître Guillaume III comme roi d'Angleterre. Charles II d'Espagne mourut le 1er nov. 1700 ; il ne laissait pas d'héritier et fit son testament en faveur de Philippe, duc d'Anjou, petit-fils de Louis XIV. Ce testament fut accepté au roi de France par cette phrase : « Il n'y a plus de Pyrénées ». Cet événement amena en 1701 la guerre désastreuse de la succession d'Espagne qui dura douze années. L'Autriche, l'Angleterre, la Hollande, la Prusse et le Hanovre se liguèrent contre le grand roi dont la puissance et l'ambition éveillaient les craintes de tous les peuples. Cette grande lutte mit en péril la couronne même de Louis XIV, dont les armées, épuisées dans des combats successifs, finirent par être écrasées sous les efforts du prince Eugène, de Marlborough et de plusieurs habiles généraux. Les flottes françaises n'osèrent plus prendre la mer ; et c'est à peine si quelques corsaires eurent encore le courage de braver le pavillon anglais. En 1704, la défaite d'Hœchstœdt chassa les Français de l'Allemagne ; celle de Ramillies (1706) leur fit perdre une partie des Pays-Bas et celle de Turin leur coûta toute l'Italie. — La guerre se concentra alors dans les Flandres et en Espagne. En 1708, la prise de Lille, de Gand et de Bruges ouvrit aux alliés la route de Paris, tandis que l'archiduc Charles fut proclamé roi à Madrid. A ces maux se joignit une affreuse disette. Louis XIV demanda inutilement la paix ; la nation fit un suprême effort ; Villars, vaincu à Malplaquet en 1709, sauva la France à Denain en 1712, et les traités d'Utrecht, avec la Hollande et l'Angleterre (11 avril 1713), de Rastadt et de Bade, furent enfin conclus (1714). La France conserva l'Alsace et Strasbourg, la Cerdagne et le Roussillon, l'Artois, la Flandre et la Franche-Comté. Un an après, Louis meurt et son corps, au dire des chroniques du temps, est porté à Saint-Denis au milieu des réjouissances populaires et des feux de joie de la foule. — Le long règne de Louis XIV exerça une grande influence sur les destinées de la France et jamais autocrate ne fut plus constamment et plus servilement obéi. Jamais le roi ne convoqua les états généraux et ne consulta même le Parlement, à qui il ordonna d'enregistrer purement et simplement les édits de la couronne. Il amusa la noblesse et la ruina par des dépenses exagérées en ne lui laissant aucun pouvoir politique ; il se servit, au contraire, de la bourgeoisie, plus éclairée et plus docile, et lui livra toutes les fonctions publiques, financières et judiciaires ; il fut également maître du clergé et plus d'une fois il, opposa ses décisions aux prétentions du saint-siège. — Cette administration intérieure et les grands travaux entrepris sous ce règne sont autant et plus l'œuvre des ministres de Louis que la sienne propre. Colbert, Louvois, Vauban (voy. ces mots) donnent au commerce et à l'industrie une impulsion inconnue jusqu'alors. Par leurs soins les Antilles sont colonisées, la compagnie des Indes créée; le canal du Languedoc unit deux mers; Paris a ses boulevards, Versailles son palais et l'on établit des relations jusqu'à Siam. Mais ce qui appartient plus particulièrement au roi, c'est la protection généreuse accordée aux lettres, aux sciences et aux arts, et c'est avec raison que l'on a pu donner le nom de Siècle de Louis XIV à une époque illustrée par des poètes tels que : Corneille, Racine, Molière, La Fontaine, Boileau, etc., etc.; par des orateurs sacrés tels que : Bossuet, Fénelon, Massillon, Bourdaloue; par des philosophes comme : Pascal, Descartes, Mallebranche, La Bruyère, Fontenelle, etc.; ce règne vit aussi des artistes comme : Poussin, Le Brun, Lesueur, Mignard, Le Nôtre, Mansard, etc. Sous la brillante impulsion de ces hommes de génie, on vit s'élever le Val-de-Grâce, l'Observatoire, les portes Saint-Denis et Saint-Martin, les Invalides, la colonnade du Louvre, Versailles, Marly, etc. — A côté de ces merveilles du génie ou de la science, Louis XIV trop souvent donna l'exemple de la faiblesse et de la fragilité humaine; non seulement il légitima ses bâtards, mais il les dota au détriment de la nation; il est vrai que sur le déclin de sa vie, il chercha, par une dévotion exagérée, à expier ses fautes. Un grand nombre d'ouvrages ont été écrits sur le règne de Louis XIV. Nous citerons seulement le Siècle de Louis XIV, par Voltaire; l'Histoire de Louis XIV, par Pellisson; les Mémoires de Saint-Simon; les Mémoires politiques et militaires relatifs à la succession d'Espagne, par Mignet et Pelet; les Œuvres de Louis XIV publiées par le général de Grimoard (Paris, 1806, 6 vol. in-8°), etc. — XV. (Le Bien-Aimé), arrière-petit-fils et successeur du précédent, né à Versailles le 15 fév. 1710, mort dans la même ville le 10 mai 1774. Il était le troisième fils de Louis, duc de Bourgogne, second dauphin, et de Marie-Adélaïde de Savoie. Il porta d'abord le titre de duc d'Anjou, et à la mort de son frère aîné, celui de dauphin. En 1715, il fut appelé à recueillir la succession de Louis XIV; pendant sa minorité, qui dura jusqu'en 1723, le gouvernement resta entre les mains du régent, Philippe d'Orléans, et lorsque le roi eut été déclaré majeur, Philippe conserva le pouvoir, avec le titre de premier ministre; mais il mourut dans la même année et fut remplacé par le duc de Bourbon. Un des premiers actes de ce dernier fut le mariage du roi avec Marie Leszczynska, fille de Stanislas Leszczynski, roi dépossédé de Pologne (5 sept. 1725). L'année suivante, l'évêque de Fréjus, Fleury, précepteur de Louis XV, fit exiler le duc de Bourbon et prit sa place. En 1733, Auguste II, roi de Pologne, étant mort, Stanislas fit valoir ses prétentions au trône vacant; elles furent appuyées par la France; celles de Frédéric-Auguste de Saxe le furent par l'Autriche et la Russie. Il en résulta une guerre (1733-'35), dans laquelle la France victorieuse gagna la cession définitive de la Lorraine que lui reconnut le traité de Vienne (18 nov. 1738). La mort de l'empereur Charles VI alluma une conflagration universelle. Malgré les conventions du traité de Vienne qui assuraient à Marie-Thérèse la succession paternelle, Louis favorisa les envahissements du roi de Prusse et de Charles-Albert, électeur de Bavière. Les forces françaises furent d'abord battues, mais le maréchal de Saxe rétablit l'honneur de nos armes et les Pays-Bas autrichiens furent presque entièrement conquis (1745-'67).

Cette guerre se termina par la paix d'Aix-la-Chapelle (18 oct. 1748). Pendant plusieurs années après son mariage, Louis avait conservé une chasteté de mœurs peu commune parmi les rois de l'époque; mais, vers 1737, il se plongea dans la plus grossière débauche. La reine fut entièrement négligée et l'histoire du gouvernement n'est que l'histoire des diverses maîtresses du roi. Les plus célèbres furent Mmes de Châteauroux, de Pompadour et du Barry. Pendant la guerre de Sept ans (1756-'63), la France perdit toute prépondérance dans l'Inde, toutes ses possessions dans l'Amérique du Nord et les îles de Grenade, de la Dominique et de Tabago dans les Indes occidentales. A l'intérieur, le royaume était troublé par des conflits entre les autorités ecclésiastiques et civiles. La fin du règne de Louis XV se passa dans des luttes entre le roi et le Parlement; l'autorité royale finit par triompher; mais les vices personnels du souverain et son mauvais gouvernement préparèrent la chute de la monarchie qui tomba sous son successeur. Néanmoins, au milieu de la détresse nationale et du désordre général des affaires publiques, un grand mouvement intellectuel se manifesta en France. La tendance sceptique de l'époque se développa dans les écrits de Voltaire, de Rousseau, de Diderot, de d'Alembert, de Condillac, d'Helvétius et dans des œuvres telles que le Dictionnaire encyclopédique. — XVI. Petit-fils et successeur du précédent, né à Saint-Germain-en-Laye le 23 août 1754, mort sur l'échafaud à Paris le 21 janvier 1793. Il était le troisième fils du dauphin Louis et de Maria-Josépha, fille d'Auguste III roi de Pologne et électeur de Saxe; il devint héritier présomptif à la mort de son père, en déc. 1765. Le 16 mai 1770, il épousa Marie-Antoinette, archiduchesse d'Autriche, et le 10 mai 1774 il devint roi. Il commença son règne par de grandes réformes dues surtout à l'influence de Turgot, ministre des finances; il abolit les plus criants abus féodaux, parut favoriser la vive opposition de la noblesse. Il donna l'exemple de l'économie en réduisant les dépenses de sa maison et le nombre de ses gardes. Après plusieurs changements, les finances furent confiées au célèbre Necker. Le 6 février 1770, Louis conclut avec les Etats-Unis un traité d'alliance qui motiva une guerre avec la Grande-Bretagne. Cette guerre coûta à la France 1 milliard 400 millions de livres et elle affaiblit le principe monarchique en répandant les idées républicaines et révolutionnaires. Necker, désireux d'éviter une banqueroute, tenta plusieurs réformes, mais l'opposition de la cour le força à abandonner le pouvoir en 1781. Parmi ses successeurs se distingua Calonne (voy. ce nom), qui marqua son passage au pouvoir par des dilapidations sans bornes. La reine et la cour se donnèrent au plaisir et à la prodigalité. En 1785, une escroquerie, par laquelle un joaillier de Paris fut volé d'un collier de diamants d'une valeur immense, produisit un scandale extraordinaire et la reine perdit toute estime, malgré la probabilité de son innocence. (Voy. LA-MOTHE-VALOIS.) Une assemblée de notables fut réunie en fév. 1787, pour étudier le moyen de créer de nouveaux impôts; mais elle ne put y réussir et le Trésor suspendit ses paiements. Necker fut rappelé au ministère en 1788, et les états généraux, que l'on avait tenus à l'écart depuis 1614, durent enfin être convoqués à Versailles, le 5 mai 1789. (Voy. FRANCE.) Après une discussion de plusieurs semaines sur la question de savoir si l'on délibérerait en commun, ou séparément par états, le tiers état se déclara Assemblée nationale (17 juin); Necker prépara un plan de monarchie constitutionnelle, mais la noblesse persuada au roi d'avoir recours aux mesures de violence, et le 20 juin la salle de l'Assemblée fut fermée par la force armée; le 23 juin,

Louis monté sur son trône fit un discours à l'Assemblée et proposa l'établissement des droits constitutionnels; mais ses concessions furent reçues avec froideur et à la fin de la séance, il voulut dissoudre l'Assemblée; le tiers état résolut de résister; le clergé et la noblesse se joignirent à lui, sur l'ordre du faible roi. Une garde nationale se forma spontanément de presque tous les citoyens capables de porter les armes; elle élut La Fayette pour commandant. Toujours irrésolu, le roi se laissa persuader de révoquer Necker et d'entourer Paris d'une puissante armée. La capitale se souleva; la Bastille fut prise le 14 juillet. Trois jours après, Louis accompagné de l'Assemblée nationale, visita Paris et fut conduit au milieu du peuple armé jusqu'à l'hôtel de ville, où il reçut Bailly; il dut se montrer au public portant sur la poitrine les couleurs tricolores qui venaient d'être déclarées nationales. Il fut ensuite reconduit à Versailles. Mais le jour même, les princes du sang, excepté Monsieur (plus tard Louis XVIII) et les principaux chefs de la faction aristocratique, se sauvèrent du royaume. Necker fut rappelé et rétabli aux finances; à partir de ce moment la Révolution marcha à pas de géant. Une émeute furieuse (5 oct.) envahit Versailles, prit possession du palais et força le roi, la reine et la famille royale à revenir à Paris, où on leur permit d'habiter les Tuileries. Louis se considéra comme prisonnier. Ayant voulu, en avril 1791, visiter son palais de Saint-Cloud, une émeute le retint aux Tuileries; il résolut alors de quitter secrètement la capitale pour se réfugier au milieu des armées étrangères formées à la frontière. Le plan auquel il s'arrêta fut de conduire la famille royale à Montmédy, à environ 300 kil. de Paris. Le 20 juin, il commença l'exécution de son projet qui ne réussit pas parce que le roi lui-même s'obstina à ne prendre aucun soin de dissimuler son visage. Il fut arrêté par la garde nationale à Varennes (voy. DROUET) et ramené à Paris comme prisonnier. Le lendemain de son retour, un décret de l'Assemblée nationale le suspendit de ses fonctions royales, et une surveillance sévère fut exercée sur lui et sur sa famille. En septembre, on lui rendit toute liberté pour le mettre à même d'accepter la nouvelle Constitution du royaume; et après plusieurs jours de réflexion, Louis y donna son adhésion. Pendant une courte période, le roi jouit d'une paix relative et même d'une certaine popularité. Mais ses veto, particulièrement celui qui avait rapport au décret de l'Assemblée législative pour la défense de Paris contre les Autrichiens et les Prussiens, causèrent une telle irritation que le 20 juin 1792 une émeute s'empara du palais et menaça le roi. L'invasion de la France par les Prussiens et les Autrichiens souleva une fureur extraordinaire à Paris, et le 10 août, le peuple prit les Tuileries d'assaut et massacra les Suisses. Louis et sa famille cherchèrent un refuge à l'Assemblée nationale qui passa un acte suspendant l'autorité royale et plaça le roi et sa famille sous la garde des représentants. Le Temple, ancienne forteresse érigée par les chevaliers du Temple, fut assigné comme prison à la famille royale, le 13 août. Le 21 sept., la Convention nationale proclama la République. En décembre, commença le procès du roi accusé de plusieurs crimes, principalement d'avoir conspiré pour renverser la Constitution. Conduit devant la Convention les 11 et 26 déc., Louis présenta une défense digne et énergique; mais il fut trouvé coupable par un vote presque unanime le 15 janv. 1793, condamné le 20 par une majorité de quelques voix seulement (387 contre 721 votants) et guillotiné le 21. Les partisans de la monarchie légitime le considèrent comme un martyr. — XVII. Dauphin et roi titulaire de France, fils du précédent, né à Versailles le 27 mars 1785, mort le 9 juin 1795. Il était le troisième fils de Louis et de Marie-Antoinette et devint dauphin par la mort de son frère aîné, Louis-Joseph, le 4 juin 1789. Il fut emprisonné au Temple avec la famille royale, et, lors de l'exécution de son père, il fut proclamé roi par son oncle, plus tard Louis XVIII, et reconnu comme tel par la plupart des cours européennes. Cette manifestation intempestive alarma le gouvernement révolutionnaire; et, le 3 juillet 1793, à 10 heures du soir, l'enfant fut arraché des bras de sa mère et emporté, malgré ses cris, dans une autre partie de la prison; il y fut traité avec une cruauté systématique et tenu dans un confinement solitaire. En mai 1795, un médecin fut appelé auprès de lui et reconnut qu'il se mourait de la scrofule. D'après les récits officiels, il décéda à 2 heures de l'après-midi le jour suivant (9 juin); son cadavre fut reconnu par plusieurs officiers de l'état civil et un examen *post mortem* fut fait par quatre médecins distingués; le 10, ses restes furent enterrés dans le cimetière de Sainte-Marguerite. — Les principaux *personnages* qui ont prétendu être Louis XVII sont : Eleazar Williams, qui mourut en 1858 (voy. WILLIAMS); Hervagault, fils d'un tailleur, mort en 1812; Bruneau, mort en prison vers 1818; Hébert, qui se faisait appeler baron de Richemont et duc de Normandie et qui mourut vers 1855, après plusieurs arrestations et de nombreuses aventures; et Naundorff, Prussien, qui mourut en 1845 et dont la prétention fut inutilement renouvelée auprès des tribunaux français en 1851 et 1874. — XVIII. (Louis-Stanislas-Xavier), né à Versailles le 17 novembre 1755, mort le 16 septembre 1824. Il était le quatrième fils du dauphin, fils de Louis XV, et de Maria-Joséplia de Saxe; il reçut à sa naissance le titre de comte de Provence et, lors de l'avènement de son frère Louis XVI, celui de *Monsieur*. Pendant la plus grande partie du règne de son frère, il passa la majeure partie de son temps dans les études philosophiques et littéraires et dans de petites intrigues contre le roi, la reine et les hommes au pouvoir. Lorsqu'éclata la Révolution, il vécut dans une retraite relative. En 1790, il se défendit publiquement d'avoir trempé dans la conspiration du marquis de Favras et fut acquitté; mais, en juin 1791, il émigra et se forma une sorte de cour armée à Coblentz; après la mort de Louis XVI, il prit le titre de régent de Louis XVII, et vécut successivement en Angleterre et sur le continent jusqu'à la chute de Napoléon, en 1814; il rentra alors comme un triomphateur et put s'asseoir sur le trône de ses ancêtres. Vieux et infirme, entouré d'un parti ultra-royaliste qui désirait prendre une revanche, il ne posséda ni la sympathie du peuple, ni la fidélité de l'armée, et à peine le captif de l'île d'Elbe apparut-il sur les côtes de France que Louis se vit abandonné de tout le monde. Il quitta Paris et se retira à Gand le 20 mars 1815. Mais la bataille de Waterloo le replaça sur le trône et il rentra à Paris le 8 juillet. La France se trouvait alors dans une condition déplorable. Les troubles succédaient aux troubles, les conspirations aux conspirations. Le roi accorda une charte dont presque toutes les parties importantes furent violées peu à peu. Une amélioration sensible dans la paix de l'Etat succéda au congrès d'Aix-la-Chapelle (1818) qui remit la France au rang des grandes puissances et qui fit évacuer son territoire; mais le ministre Decazes, dont la politique était conciliatrice pour les libéraux fut forcé d'abandonner son portefeuille après l'assassinat du duc de Berry (1820). L'événement postérieur le plus important fut, en 1823, l'intervention d'une armée française commandée par le duc d'Angoulême pour la restauration de Ferdinand VII d'Espagne.

VI. Hollande

LOUIS-BONAPARTE I. Troisième frère de Napoléon, né à Ajaccio le 2 sept. 1778, mort à Livourne le 25 juillet 1846. Il fut élevé en France, entra fort jeune au service, suivit son frère en Italie et en Egypte, fut nommé colonel sous le Consulat, puis général de brigade, et épousa, le 3 janv. 1802, Hortense Beauharnais. (Voy. HORTENSE.) Général de division et conseiller d'Etat en 1804, il fut nommé l'année suivante gouverneur du Piémont et peu de temps après général de l'armée du Nord, à la tête de laquelle il occupa la république batave. Son frère lui imposa la couronne de Hollande (5 juin 1806), ainsi qu'il lui avait imposé son mariage avec Hortense. Louis fut aussi malheureux comme roi que comme époux. Dès les premiers jours, Napoléon s'immisça dans les affaires intérieures de son royaume et la politique impériale trouva dans la reine Hortense un de ses plus fidèles soutiens. La vie en commun étant devenue impossible, Hortense, accusée par son mari de liaisons criminelles avec l'amiral Verhuel, quitta le roi vers le mois d'octobre 1807 et donna le jour le 20 avril 1808 à Louis-Napoléon. Louis transféra successivement sa capitale de la Haye à Utrech et à Amsterdam, qui devint définitivement, en 1808, le siège du gouvernement. Cette mesure lui attira l'animosité d'une partie de ses sujets, et le mécontentement devint général lorsque le roi de Hollande fut forcé, sur l'ordre de l'empereur, et malgré toutes ses réclamations, de mettre en vigueur le blocus continental. C'était la ruine du commerce hollandais. Malgré les mesures qu'il prit pour interdire l'entrée des navires britanniques dans les ports de son royaume, la contrebande se fit sur une large échelle et Napoléon l'accusa de la favoriser. Apprenant que des troupes françaises marchaient pour occuper la Hollande, Louis vint se justifier à Paris où on le retint prisonnier; il ne recouvra la liberté qu'en jurant de coopérer d'une manière plus active à la guerre contre l'Angleterre et d'interdire absolument tout commerce avec elle. Dans l'impossibilité où il se trouva de tenir ce dernier engagement, en raison du mauvais vouloir et même de l'opposition de ses sujets, il abdiqua, le 3 juillet 1810, en faveur de l'aîné de ses enfants survivants, Napoléon-Louis, et laissa la régence à Hortense; puis il quitta Amsterdam peu avant l'annexion de la Hollande à la France; il protesta contre cette mesure de l'empereur, affirma à plusieurs reprises ses droits comme roi et s'établit à Teplitz sous le nom de *comte de Saint-Leu*. Il repoussa avec indignation toutes les offres de compensation qui lui furent faites pour la perte de son trône et défendit à Hortense d'en accepter aucune. Dans un de ses moments de colère, Napoléon déclara qu'il aimerait mieux rendre le trône de Hollande à la maison d'Orange que d'y replacer son frère. Pendant la guerre de l'indépendance hollandaise, Louis fit une tentative infructueuse pour recouvrer sa couronne; ensuite il revint à Paris malgré la défense formelle de Napoléon et continua de faire entendre ses plaintes et ses récriminations. En 1815, il se retira à Florence. Il méprisa le duché de Saint-Leu que Louis XVIII avait donné à Hortense et repoussa l'annuité de 2,500,000 fr. que lui avait accordée le traité de Fontainebleau. Il a publié : *Documents historiques sur la Hollande* (1820, 3 vol. in-8°), où il traite des événements de son règne; plusieurs volumes de poésies, *Marie ou les Hollandais* (1800), roman de mœurs hollandaises, etc. — II. (Napoléon-Louis), fils du précédent, né à Paris le 11 oct. 1804, mort à Forli le 17 mars 1831. Il fut nommé grand-duc de Clèves-et-Berg en 1809; sa garde fut transférée de sa mère à son père par décision judiciaire en 1815. Il épousa en 1827 sa cousine Charlotte,

fille du roi Joseph. En 1831, il s'associa aux carbonari et prit part au mouvement révolutionnaire italien; il mourut de la rougeole.

VII. Hongrie

LOUIS I (Le Grand), né en 1326, mort le 14 sept. 1382. Il était fils de Charles-Robert de Hongrie, auquel il succéda en 1342; soumit la Transylvanie et la Valachie révoltées, occupa Averse où Charles de Durac fut tué, et prit possession du royaume de Naples (1347-1350) pour punir la reine Jeanne de l'assassinat d'André. (Voy. JEANNE.) Il enleva Zara aux Vénitiens et conquit la Moldavie et la Bulgarie. Couronné roi de Pologne en 1370, comme successeur de Casimir le Grand, il ne put s'y maintenir qu'en faisant épouser sa fille à Jagellon. Sa fille Marie lui succéda en Hongrie, et Hedvig en Pologne. — II. Fils de Ladislas VI né en 1506, mort en 1526. Roi à 10 ans, il fut le jouet des grands et périt à Mohacz où Soliman anéantit son armée.

Princes et personnages divers

LOUIS DE FRANCE, communément appelé *Monseigneur, Dauphin* ou *Grand Dauphin*, fils unique de Louis XIV et de Marie-Thérèse, né à Fontainebleau en 1661, mort à Meudon le 14 avril 1711. Bossuet fut son précepteur. C'est pour lui que fut faite la collection d'auteurs latins dite *Ad usum Delphini*.

LOUIS, dauphin de France, né à Versailles en 1729, mort à Fontainebleau en 1765; il était fils de Louis XV et de Marie Leszczynska; en 1745, il épousa Marie-Thérèse d'Autriche et en 1747 Maria-Josépha de Saxe dont il eut quatre fils : le duc de Bourgogne (mort en 1771), Louis XVI, Louis XVIII et Charles X.

LOUIS DE GRENADE, auteur ascétique espagnol, né en 1503, mort en 1588. Il se fit dominicain et réforma en Espagne les couvents de son ordre. Il a laissé de nombreux ouvrages estimés.

LOUIS (Antoine), célèbre chirurgien, né à Metz en 1723, mort à Paris en 1792. Il rédigea les articles de chirurgie pour le *Dictionnaire encyclopédique*. Il fut chirurgien de la Charité (1757), chirurgien major de l'armée du Haut-Rhin en 1761; secrétaire perpétuel de l'Académie de chirurgie (1764). Il est connu surtout pour la part qu'il prit à l'introduction en France de l'instrument de supplice que l'on nomma d'abord *Louisette* et qui devint la *Guillotine*. (Voy. ce mot.)

LOUIS (Joseph-Dominique, BARON), homme d'Etat et financier, né à Toul en 1775, mort en 1837. Il embrassa d'abord l'état ecclésiastique, et lors de la Révolution, il adopta les idées nouvelles; assista Talleyrand comme diacre à la fête de la Fédération (1790), fut ministre plénipotentiaire en Danemark (1792), émigra, devint employé au ministère de la guerre après le 18 brumaire et fut ensuite nommé maître des requêtes et conseiller d'Etat; ministre des finances en 1816, 1818 et 1831, il soutint le crédit public en montrant un respect inviolable pour les droits des créanciers de l'Etat, rétablit les droits réunis sous le nom de *Contributions indirectes*, signa le séquestre des biens de la famille impériale, fit créer les *petits grands-livres*, innovation qui fit participer les départements aux avantages des placements sur l'Etat. En 1832, il fut nommé pair de France.

LOUIS (Pierre-Charles-Alexandre), médecin français, né à Aï (Marne) en 1787, mort à Paris en 1872. Il acquit une grande réputation par ses *Recherches anatomico-pathologiques sur la phtisie* (1828, 2 vol. in-8°), *Recherches sur les membranes muqueuses de l'estomac* (1826) et par plusieurs autres ouvrages d'une grande portée. Il abandonna la pratique en 1854 avec la réputation d'être le premier pathologiste de l'Europe. Il démontra l'importance de la statistique médicale et soutint que le véritable savoir médical ne peut s'obtenir que par l'étude d'un grand nombre de cas semblables et en notant avec soin la proportion de ceux dans lesquels se manifeste chaque symptôme particulier ou chaque accident; c'est ce que l'on a appelé *méthode numérique*.

LOUIS (Ordre de Saint-). Ordre institué par Louis XIV en 1693, supprimé à la Révolution, rétabli en 1815 et définitivement supprimé en 1830. Il était destiné à récompenser les services militaires. La croix à huit pointes et fleurdelisée portait d'un côté l'image de saint Louis avec cette légende *Ludovicus Magnus instituit*, de l'autre une épée nue dans une couronne de lauriers avec ces mots *Bellicæ virtutis præmium*; le ruban était rouge-feu. Les membres de l'ordre recevaient une pension selon leur rang.

LOUIS (Saint-), ville principale de l'état de Missouri (Etats-Unis), sur la rive droite du fleuve Mississipi, à 30 kil. au-dessous du point où ce fleuve reçoit le Missouri, à 275 kil. au-dessus de l'embouchure de l'Ohio, à 1,800 kil. de la Nouvelle-Orléans et à 190 kil. E. de Jefferson City; 354,000 hab. (dont 30,000 noirs). Sous le rapport de la population, c'est la sixième ville des Etats-Unis. Saint-Louis renferme plus de 75,000 Allemands et 35,000 Irlandais. C'est une grande et belle ville, bien bâtie en briques et en pierres. Elle renferme de vastes places, un jardin botanique et plusieurs parcs. Parmi ses monu-

Nouveau palais de justice.

ments, nous citerons la maison de ville, le nouveau palais de justice, l'arsenal, l'hôtel de la poste, et de nombreuses écoles. Le Mississipi y est traversé par un pont magnifique. Toutes les industries y sont prospères, et le commerce s'y accroît avec une grande rapidité : farines, grains, lard, conserves de porc et de gibier, coton. Nombreuses écoles catholiques; 150 églises, 10 journaux quotidiens. Saint-Louis, fondé par les Français en 1764, fut vendu aux Etats-Unis par Napoléon en 1803, en même temps que la Louisiane. Depuis cette époque, la ville, qui n'était alors qu'une bourgade, s'est accrue avec une rapidité presque incroyable.

LOUIS (Saint-), ch.-l. de la colonie française du Sénégal, dans la petite île sablonneuse du même nom; à 3 et 15 kil. des deux embouchures actuelles du Sénégal; à 4,060 kil. S. de Brest; 25,000 hab. Port avec un bon mouillage. Phare à feu fixe, par 16° 0' 48" lat. N. et 18° 51' 10" long. O. Saint-Louis s'élève au milieu d'un paysage aride, se compose, en majeure partie, de cases de paille et présente un aspect monotone, avec ses maisons à toits plats et ses rues alignées. Deux ponts le font communiquer avec la côte de Barbarie et avec l'intérieur. Commerce de poudre d'or, de gomme, d'ivoire, de cire, de bœufs, de miel; grand commerce de bois de construction; climat mal sain. Ville fondée par les Français en 1626. L'arrondissement de Saint-Louis comprend les établissements de Gandiole, de Mérinaghen, de Dagana et de Podor.

LOUISA DE MECKLEMBOURG - STRÉLITZ (Luise-Augusta-Wilhelmine-Amalie), reine de Prusse, née en 1770, morte en 1810. Elle était fille du duc de Charles de Mecklembourg-Strélitz et épousa, le 24 déc. 1793, Frédéric-Guillaume qui devint roi de Prusse en 1797; elle poussa son mari à déclarer la guerre à la France (1805), suivit l'armée, fit conclure le traité de Postdam; encouragea le roi à de nouvelle résistances, l'empêcha de trailer même après Eylau, mais fut forcée de s'humilier après Friedland, et implora vainement la générosité du vainqueur à Tilsitt. Les malheurs de son pays la conduisirent au tombeau. C'est la reine la plus populaire de Prusse. Sa vie a été écrite par Elizabeth Harriet Hudson (Londres, 1874, 2 vol.)

LOUISA-ULRICA, reine de Suède, née en 1720, morte en 1782. Sœur du roi de Prusse Frédéric le Grand, elle épousa le futur roi Adolphe-Frédéric de Suède (1744). Femme lettrée, elle fonda l'académie de Stockholm et fut l'amie de Linné. Elle dirigea, en 1756, le complot des *bonnets* contre la diète et en 1772 inspira le coup d'Etat accompli par son fils, Gustave III. Son ingérence dans le domaine de la politique lui ayant attiré d'implacables inimitiés, elle termina ses jours dans la solitude.

LOUISBOURG, ville ruinée de la province de Nova Scotia (Canada), sur la côte S.-E. de l'île du Cap-Breton, par 45° 54' lat. N. et 57° 32' long O. Cette ville, autrefois si puissante, ne se compose plus que de quelques cabanes de pêcheurs. Après que les fautes de Louis XIV eurent coûté à la France notre belle colonie d'Acadie (1713), un grand nombre de colons quittèrent ce pays et se retirèrent dans l'île du Cap-Breton où ils fondèrent Louisbourg, ainsi nommé en l'honneur du roi. Le gouvernement éleva autour de cette ville de gigantesques fortifications qui mesuraient 5 kil. de circonférence et s'étendaient au S. du Goulot de la rade qui lui formait un magnifique port facile à défendre. Bientôt, cette ville devint un nid de corsaires qui coururent toutes les mers voisines, harcelèrent le commerce anglais et détruisirent les pêcheries britanniques. En 1745, le général anglais William Pepperell leva dans la Nouvelle-Angleterre 4,100 hommes pour détruire la forteresse de Louisbourg; son armée, embarquée sur 100 vaisseaux et soutenue par une escadre que commandait le commodore Warren, arriva devant Louisbourg le 30 avril 1745. Le débarquement s'opéra le jour même. La place était défendue par une garnison de 1,600 hommes sous les ordres du Duchambon. Après un siège de 49 jours, elle capitula le 17 juin; mais elle fut rendue à la France en 1748. Le gouvernement de Louis XV y envoya de nouvelles troupes et elle devint plus redoutable que jamais pour le commerce anglais. Le 28 mai 1758, le général Amherst s'embarqua à Halifax avec 14,000 hommes et une flotte de 20 vaisseaux de ligne et 18 frégates dans l'intention de prendre Louisbourg, alors défendu par le chevalier de Drucourt avec 3,400 hommes. La rade étant protégée contre toute attaque par une flotte de 8 navires et l'entrée du port étant fermée par 3 frégates que l'on y coula, le débarquement des Anglais s'effectua à la crique du Cormoran le 8 juin. Après une vaillante résistance, la ville se rendit, le 26 juillet; 5,637 marins et soldats français furent conduits prisonniers en Angleterre; quant aux habitants de la ville. la flotte anglaise les transporta en France et les fortifications furent rasées.

LOUISE DE LORRAINE, reine de France, née en 1553, morte en 1601. Elle était fille de Nicolas de Lorraine, épousa Henri III en 1575, fut en butte aux tracasseries de Marie de Médicis, et se retira du monde après la mort du roi.

LOUISE DE SAVOIE, régente de France, née en 1476, morte en 1531. Elle était fille de Philippe, duc de Savoie, et de Marguerite de Bourbon et, en 1448, elle épousa Charles de Valois, duc d'Angoulême, qui la laissa veuve à 18 ans avec deux enfants, dont l'un fut François Ier et l'autre Marguerite de Valois. Elle vécut dans son château de Cognac jusqu'à la mort d'Anne de Bretagne, femme de Louis XII, qui la détestait. Douée d'une beauté remarquable, mais aussi d'un esprit insinuant et dominateur, elle ne parut à la cour qu'après le mariage de son fils avec la fille du roi de France. Sous le règne de François Ier, Louise de Savoie, tant qu'elle vécut, fut la véritable reine de France, et quand le roi partit pour le Milanais, ce fut à elle à qui il confia la régence. Les plus déplorables souvenirs se rattachent à l'administration de Louise, qui joignait à une grande dépravation de mœurs une cupidité sans égale. Secondée dans ses concussions par le chevalier du Prat, elle fut cause des revers de Lautrec en Italie (1522), et fit condamner à mort, après un procès des plus iniques, le surintendant Semblançay, qu'elle accusait de ses propres détournements. Le connétable de Bourbon fut l'une de ses victimes; elle le poursuivit avec la rancune d'un amour dédaigné et le jeta dans le parti de Charles-Quint. Elle confia l'armée d'Italie à ce même Bonnivet, et, lorsque François Ier eut été fait prisonnier à Pavie (1525), elle réussit par ses négociations à le faire mettre en liberté, moyennant une rançon qu'elle oublia de payer. En 1529, elle fit avec Marguerite d'Autriche le traité de Cambrai, dit *paix des dames*. Elle mourut d'une épidémie qui ravageait la France et, à sa mort, on trouva dans ses coffres un million cinq cent mille écus d'or.

LOUISE-BONNE s. f. Variété de poire douce et fondante.

LOUISETTE ou **Louison** s. f. (de *Louis*, célèbre chirurgien, qui fit adopter en France l'instrument de supplice appelé aujourd'hui *guillotine*). Nom que l'on donna d'abord à la guillotine (1792).

LOUISIANE (La), nom que l'on donna d'abord à la vaste colonie française située à l'embouchure et sur le cours du Mississipi, jusqu'au point où ce fleuve reçoit le Missouri. — Nom que l'on donne aujourd'hui à l'un des états méridionaux de l'Union américaine, comprenant seulement les territoires situés entre 28° 59' et 33° lat. N., et entre 86° 20' et 91° 50' long. O., et borné par le S. et le Mississipi, de l'Arkansas et du Texas, et au S., par le golfe du Mexique. La Louisiane est divisée en 57 paroisses, qui correspondent aux comtés des autres états. Cap., la Nouvelle-Orléans, qui est, en même temps, le centre commercial de l'état; v. princ., Baton Rouge (auc. cap.) et Shreveport. 126,180 kil. carr. La population, qui n'était que de 76,000 hab. en 1810, compte aujourd'hui 940,000 hab. (dont 410,000 Nègres, 25,000 Allemands, 22,000 Irlandais; 14,000 Français, 4,000 Anglais, 2,000 Italiens, 1,900 Cubains et 1,500 Espagnols; le surplus se compose presque entièrement de *créoles* ou descendants des anciens colons français). Territoire généralement bas et uni. C'est à peine si le sol, dans la partie méridionale, s'élève à 3 m. au-dessus du niveau de la mer; aussi est-il sujet à de fréquentes inondations. Une grande partie du delta du Mississipi est couverte de marécages, et la côte est bordée de vastes marais salants. Au nord de ceux-ci s'étendent des prairies et ensuite quelques chaînes de collines. La côte (4,800 kil.) est découpée de profondes baies et de grandes lagunes communiquant avec la mer par des passes étroites (lacs Borgne, Pontchartrain, Mermenteau, Calcasieu, etc.) Les principales baies sont celles de Barataria, Timbalier, Terrebonne, Caillou, Atchafalaya, Côte-Blanche et Vermilion. Les îles Chandeleur (Aubreton, Sound, etc.), Lost, Marsh et autres protègent autant de bonnes rades. Principal cours d'eau : le Mississipi, qui borne l'état au N.-E. et le traverse au S.; il reçoit la Red-River, grossie de la Black-River. Les autres petits fleuves sont : la Pearl (limite au S.-E.), les Bayous qui forment le delta du Mississipi, l'Atchafalaya, qui communique avec le Bayou de Large, le Calcasieu et la Sabine, qui borne l'état au S.-O. Climat très chaud pendant l'été. Les exhalaisons méphitiques des marais font naître, en automne, des fièvres paludéennes. Température moyenne de la Nouvelle-Orléans + 23° C. Température du printemps, 19°; de l'été, 27°; de l'automne, 22°; de l'hiver 14°. Le sol le long des rivières est d'une exubérante fertilité, il est couvert de bois et de champs de cannes à sucre. Tous les fruits du midi de l'Europe mûrissent dans la Louisiane; le coton y vient à merveille. Ce pays produit presque tout le sucre consommé aux États-Unis. — Le gouvernement est confié par la constitution de 1868, à un gouverneur, à un lieutenant-gouverneur (président

Sceau de l'état de Louisiane.

du sénat, *ex officio*) et à des ministres élus par le peuple pour 4 ans. Le pouvoir législatif appartient à une assemblée générale composée d'un sénat de 36 membres élus pour 4 ans et d'une chambre de 120 représentants élus pour 2 ans. Les cinq juges de la cour suprême sont nommés pour 8 ans par le gouverneur; les juges des districts sont élus pour 4 ans et les juges de paix pour 2 ans. — Recettes, 24 millions de francs; dépenses, 17 millions de francs; dette, 100 millions. — 1,100 écoles publiques; nombreuses institutions d'éducation supérieure; 2,400 bibliothèques (850,000 vol.), dont seulement quatre appartiennent à l'Etat; 640 organisations religieuses possédant 606 édifices; dénominations les plus nombreuses : baptistes (227

organisations); épiscopaliens (36); méthodistes (213); catholiques romains (103); presbytériens (37). 104 publications périodiques, dont 9 journaux quotidiens. — La Louisiane fut découverte en 1541, par Ferdinand de Soto, visitée, en 1582, par M. de la Salle et colonisée, en 1673, par Louis XIV dont elle prit le nom. En 1717, la Louisiane fut donnée à la Compagnie occidentale ou Compagnie du Mississipi et le fameux financier Law, désireux d'y attirer des colons, prétendit qu'elle était couverte d'or; le premier établissement fut fondé à Mobile, mais des milliers de Français périrent des fièvres et toute idée de colonisation fut pendant quelque temps abandonnée. En 1762, la Louisiane fut cédée à l'Espagne qui la rétrocéda à la France en 1800. Napoléon la vendit aux États-Unis (1803), moyennant une somme de 90 millions dont 60 millions seulement entrèrent dans les caisses de l'État. La Louisiane formait alors un immense territoire qui fut divisé pour former plusieurs États; l'état actuel de la Louisiane fut admis dans l'Union le 8 avril 1812; il fut envahi en janv. 1815 par les Anglais qui furent repoussés. Le 26 janv. 1861, la convention de l'état passa une ordonnance de sécession et la Louisiane fut l'un des premiers états que les troupes nationales réduisirent à l'obéissance; en avril 1862 une flotte fédérale, commandée par l'amiral Farragut, bloqua toute la côte pendant que le général Butler, envahissait le pays. La Nouvelle-Orléans fut prise ainsi que les autres villes de la Louisiane, qui ne rentra dans l'Union qu'en 1865; depuis cette époque, le pays a été souvent troublé par des luttes armées entre les blancs et les nègres.

LOUIS-PHILIPPE, roi des Français, né à Paris le 6 oct. 1773, mort à Claremont le 26 août 1850. Il était fils de Philippe-Égalité, duc d'Orléans, et de Louise de Bourbon-Penthièvre. En 1785, lorsque son père devint duc d'Orléans, il échangea son titre primitif de duc de Valois contre celui de duc de Chartres avec le rang de colonel dans l'armée. Transporté d'enthousiasme par la Révolution de 1789, il s'associa activement au club des jacobins. Il fut nommé commandant de la place de Valenciennes en août 1791, et lieutenant général en septembre de l'année suivante; et en cette qualité il déploya un grand courage aux batailles de Valmy, de Jemmapes et de Nerwinde. Dumouriez ayant trahi, fut appelé, ainsi que son jeune ami Louis-Philippe, à comparaître devant le terrible comité du salut public; ils s'enfuirent. Louis-Philippe se réfugia à Mons; son père et les autres membres de sa famille furent arrêtés, et le 6 nov. 1793, son père monta sur l'échafaud. Louis-Philippe, ne voulant pas accepter le grade qui lui était offert dans l'armée étrangère pour combattre sa patrie, se rendit en Suisse, où il rejoignit sa sœur Adélaïde, qu'il fit entrer, avec Mme de Genlis, dans un couvent près de Baumgarten. Le dénûment dans lequel il se trouvait le força d'accepter une place de professeur au collège de Reichenau, où il prit le nom de Chabaud, il enseigna les mathématiques et la géographie pendant huit mois. Après l'exécution de son père, il passa quelque temps à Baumgarten sous le pseudonyme de Corby et successivement visita à pied le Danemark, la Suède, la Norvège, la Laponie et la Finlande. Après un séjour de quelque temps à Hambourg, il prit en 1796 la route de Philadelphie et, en compagnie de ses frères, le duc de Montpensier et le comte de Beaujolais, qui étaient venus le rejoindre, il parcourut en aventurier les États-Unis d'Amérique. En 1800, il vint en Angleterre et se fixa à Twickenham, puis à Londres. Montpensier mourut en 1807 et Beaujolais en 1808. Louis-Philippe se retira à Messine, puis avec sa mère et sa sœur, à la cour que Ferdinand IV tenait à Palerme sous

la protection de l'Angleterre. Il épousa la fille de ce prince, Marie-Amélie, en 1809. Sa réconciliation avec la branche aînée de Bourbon ayant été effectuée en 1799, la chute de Napoléon permit à Louis-Philippe de rentrer en France (1814). Pendant les Cent-Jours, il se retira à Twickenham. Après la seconde Restauration, il s'attira le mécontentement de la cour par son opposition aux mesures réactionnaires, et il se retira de nouveau dans sa propriété de Twickenham jusqu'en 1817. Il se mit dans les meilleurs termes avec Charles X, auquel il essaya vainement d'inspirer des mesures libérales. Le charme de sa conversation fascinait tous ceux qui l'approchaient et il s'attira surtout l'estime publique par l'aménité de ses manières et par ses vertus domestiques. Pendant la révolution de Juillet 1830, Louis-Philippe accepta le titre de lieutenant général du royaume et, à l'ouverture des Chambres, le 7 août de la même année, la déchéance de l'ancienne dynastie ayant été prononcée, Louis-Philippe fut proclamé roi des Français par 219 voix sur 252 votants. Les six premières années de son règne se passèrent à combattre les légitimistes, les bonapartistes et les républicains; mais l'esprit révolutionnaire ne put être éteint et la situation du roi fut entourée de périls comme l'attestèrent les insurrections de Lyon (1831 et 1834), de Grenoble et de Paris (1834), ainsi que les diverses conspirations républicaines et les nombreux attentats à la vie du roi, dont le plus formidable fut celui de Fieschi (28 juillet 1835). (Voy. Fieschi.) En 1836, une tentative d'insurrection militaire en faveur de Louis-Napoléon fut promptement réprimée à Strasbourg. De 1836 à la fin de 1840, l'histoire de son règne est celle de la lutte parlementaire entre Thiers, Guizot, Molé et Soult, qui se succédèrent alternativement au pouvoir. En 1840, eut lieu à Boulogne la seconde tentative insurrectionnelle de Louis-Napoléon qui fut emprisonné à Ham. En 1842, Louis-Philippe fut péniblement éprouvé, par le terrible accident qui coûta la vie à son fils aîné, le duc d'Orléans, dont la mort fut justement regardée comme une calamité nationale. Parmi les autres événements importants de ce règne se trouvent la conquête (déjà commencée sous Charles X) et la colonisation de l'Algérie. La mauvaise récolte de 1847 et la disette qui en fut la conséquence amenèrent des troubles et des émeutes dans les diverses contrées du royaume. La presse démocratique et socialiste devint extrêmement active, l'opposition demanda de nouvelles réformes. A la suite des journées de Février (voy. ce mot), Louis-Philippe abdiqua le 24 en faveur de son petit-fils, le comte de Paris; mais la Chambre des députés sanctionna la chute de la monarchie. Dans la matinée du 25, Louis-Philippe venait à peine de quitter la capitale sous un déguisement, lorsqu'il apprit la proclamation de la République. Il se sauva en Angleterre, où il passa le reste de ses jours à Claremont, près de Londres. En 1872, ses restes furent rapportés en France et inhumés à Dreux, (Voy. Orléans, *duché*.) A l'extérieur, Louis-Philippe se montra partisan de la paix. Néanmoins, le 11 juillet 1831, les passes du Tage furent forcées par une flotte que commandait le contre-amiral Roussin : quelques coups de canons tirés sur Lisbonne forcèrent le roi de Portugal à réparer les dommages causés à deux de nos nationaux; mais une réclamation de l'Angleterre, le roi désavoua les actes de Roussin. Le 23 février 1832, les troupes françaises entrèrent à Ancône et empêchèrent ainsi les Autrichiens d'occuper les États pontificaux. En même temps la Belgique était délivrée (voy. Belgique); mais le roi, cédant encore aux susceptibilités de l'Angleterre, refusa pour lui et pour son fils la couronne de ce nouveau royaume. Le 28 nov. 1838, l'amiral Baudin bombarda Saint-Jean d'Ulloa (fort de la Vera-Cruz), mais presque aussitôt, Louis-Philippe rappela les troupes d'Ancône, pour ne pas déplaire davantage aux Anglais. En 1840, M. Thiers, alors chef du cabinet, fit ramener en France les cendres de Napoléon. Par le traité de Londres (15 juillet 1840), l'Angleterre enleva la Syrie au pacha d'Egypte, malgré la volonté de la France. A force de souplesse, M. Guizot, successeur de M. Thiers (29 oct.), parvint à faire rentrer notre gouvernement dans le concert européen. Comme compensation aux humiliations subies par notre orgueil, M. Guizot fit occuper quelques petites îles de l'océan Pacifique : Marquises (1er mai 1842), Taïti (9 nov.). Vers la même époque nous acquîmes Mayotte et Nossi-Bé. Mais en 1843, le missionnaire anglais Pritchard souleva la population taïtienne, et le gouvernement, après avoir étouffé cette sanglante insurrection, eut la faiblesse d'accorder une forte indemnité à celui qui l'avait causée. En même temps, l'Angleterre arrachait notre drapeau de la Nouvelle-Zélande et de la Nouvelle-Calédonie; elle prétendit même, en 1841, rétablir le droit outrageant de visite, sous prétexte de réprimer la traite. La conquête de l'Algérie se poursuivait avec une grande lenteur. L'empereur du Maroc, protecteur d'Abdel-Kader et poussé par de vagues promesses des résidents anglais, osa nous attaquer. Le prince de Joinville bombarda Tanger sous les yeux de la flotte anglaise irritée (6 août 1844) et occupa l'île de Mogador (14 août) pendant que le général Bugeaud remportait la brillante victoire d'Isly; après quoi le gouvernement français signa la paix sans réclamer d'indemnité, et l'on se consola en disant que « la France est assez riche pour payer sa gloire ».

LOUISVILLE, ville principale du Kentucky (Etats-Unis), située près des rapides de l'Ohio, à environ 610 kil. du confluent de cette rivière et à 70 kil. O. de Francfort; 125,000 hab., dont 20,000 noirs. Grand commerce de

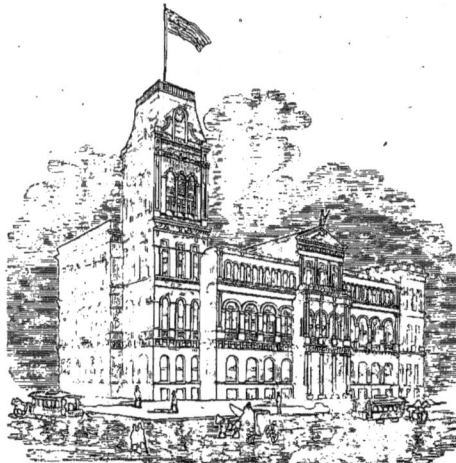

Louisville. Maison de ville.

tabac en feuilles, dont une partie considérable est achetée pour le compte du gouvernement français; il s'en exporte aussi beaucoup en Allemagne, en Angleterre et au Canada. Bière et wiskey. Nombreuses écoles; bibliothèque publique contenant 35,000 volumes. Riche musée d'histoire naturelle renfermant plus de 100,000 sujets. Louisville fut fondée en 1778 par des Français, qui lui donnèrent son nom en l'honneur de Louis XVI.

LOULAY, ch.-l. de cant., arr. et à 12 kil. N. de Saint-Jean-d'Angély (Charente-Inférieure); 650 hab.

LOULOU s. m. Sorte de chien-loup dont le vrai nom est *chien de Poméranie* (voy. CHIEN) : *des loulous.*

*LOUP s. m. [lou] (lat. *lupus*). Mamm. Animal du genre chien, dont la sauvagerie, la voracité, la force et la ruse ont de tout temps été proverbiales. — Il fait, au fém., *louve.* — IL FAIT UN FROID DE LOUP, le temps est très rigoureux. — ETRE ENRHUMÉ COMME UN LOUP, être fort enrhumé. — MANGER COMME UN LOUP, manger beaucoup. — MARCHER A PAS DE LOUP, marcher sans bruit et à dessein de surprendre. — ETRE CONNU COMME LE LOUP BLANC, être extrêmement connu. — LA FAIM CHASSE LE LOUP HORS DU BOIS, FAIT SORTIR LE LOUP DU BOIS, la nécessité détermine un homme à faire, même contre son inclination, beaucoup de choses pour se procurer de quoi vivre. — QUAND ON PARLE DU LOUP ON EN VOIT LA QUEUE, se dit lorsqu'un homme survient au moment où l'on parle de lui. — IL A VU LE LOUP, il a vu le monde, il est aguerri et expérimenté — IL FAUT HURLER AVEC LES LOUPS, il faut s'accommoder aux manières, aux mœurs, aux opinions de ceux avec qui l'on vit, ou avec qui l'on se trouve, quoiqu'on ne les approuve pas entièrement. — LE LOUP MOURRA DANS SA PEAU, rarement un méchant s'amende. — QUI SE FAIT BREBIS, LE LOUP LE MANGE, ceux qui ont trop de bonté, de douceur, encouragent les méchants à leur nuire. — BREBIS COMPTÉES, LE LOUP LES MANGE, les précautions ne garantissent pas toujours d'être trompé; l'excès de précautions est dangereux. — LES LOUPS NE SE MANGENT PAS, les méchants s'épargnent entre eux. — ENTRE CHIEN ET LOUP, le moment du crépuscule pendant lequel on entrevoit les objets, sans pouvoir les distinguer : *il était entre chien et loup, quand nous crûmes apercevoir plusieurs personnes.* — SE METTRE A LA GUEULE DU LOUP, s'exposer à un péril évident qu'on pouvait éviter. — TENIR LE LOUP PAR LES OREILLES, être dans une situation difficile, pressante et ne savoir comment en sortir. — DONNER LA BREBIS A GARDER AU LOUP, donner à garder quelque chose à une personne dont on devrait se défier. — ENFERMER LE LOUP DANS LA BERGERIE, mettre laisser quelqu'un dans un lieu, dans un poste où il peut faire aisément beaucoup de mal. Il signifie aussi laisser fermer une plaie avant qu'il en soit temps, ou faire rentrer un mal qu'il fallait attirer au dehors. — SAUT DE LOUP, fossé assez large pour n'être pas franchi par un loup, et qu'on creuse au bout des allées d'un parc pour les fermer sans ôter la vue de la campagne. — LOUP MARIN, nom vulgaire du phoque.— LOUP DE MER, marin à qui un séjour constant sur mer a fait perdre tout usage du monde. — BRODERIE, DÉCOUPURE A DENT DE LOUP, broderie, découpure qui forme une suite d'angles aigus. — Astron. LE LOUP, constellation de l'hémisphère austral. — Espèce de masque de velours noir, que les dames portaient autrefois pour garantir leur visage du hâle. — ∿ Appareil servant à briser la laine. — Typogr. Solution de continuité dans un manuscrit envoyé à l'imprimerie. — Dette criarde. FAIRE UN LOUP, contracter une dette. — ENCYCL. Le loup est un gros chien féroce, indomptable, que l'on n'a jamais pu domestiquer ni même familiariser; le type du voleur de grands chemins, du brigand nocturne, de l'assassin lâche ou hardi, suivant les circonstances. Le *loup d'Europe (canis lupus*, Linn.) a résisté à tous les efforts que l'on a faits pour le détruire, sauf dans les îles Britanniques, où les derniers représentants de son espèce ont été exterminés en 1710. En France, il devient de plus en plus rare et ne se rencontre guère que dans le fond des forêts et dans les pays montagneux. Poussé par la faim, il sort quelquefois de ses retraites et ose encore enlever quelque mouton égaré; mais il est devenu tellement craintif que la vue d'un enfant armé d'un bâton le met en fuite. Pendant la nuit, la moindre étincelle le fait sauver. Dans les pays, où il peut se réunir en troupes nombreuses, sa nature audacieuse se révèle par

Loup d'Europe (Canis lupus).

des attaques contre l'homme et les grands animaux. Telle est sa force, qu'il étrangle facilement un cheval; telle est sa voracité, qu'il fait mentir le proverbe et dévore ceux de ses semblables qui ont été tués pendant une expédition; telle est sa rapidité, que lorsqu'il emporte un mouton, il court plus vite que le berger, en sorte qu'il n'y a que les chiens qui puissent l'atteindre. Infatigable, il épuise les meutes lancées sur sa piste, et mérite sa réputation d'être l'animal le plus difficile à forcer à la course. Tout en lui est repoussant : odeur infecte, corps toujours maigre et

Loup des prairies (Canis latrans).

élancé, mine basse, physionomie méchante, à cause de son regard oblique, œil étincelant pendant le jour, brillant pendant la nuit, hurlement lugubre et effrayant, naturel pervers : il est complet. Il mesure 1 m. 35 de long (dont 35 centim. pour la queue) et environ 68 centim. de haut. Son pelage est d'un gris fauve en dessus et d'un blanc jaunâtre sale en dessous; sa queue est droite. La louve produit en hiver, après une gestation de 63 jours, de 5 à 9 petits qui naissent les yeux fermés. Au bout de six semaines, les *louveteaux* commencent à sortir avec leur mère qui leur apprend à chasser le lièvre et le lapin et toute sorte de gibier à poil et à plumes. A six mois, les louveteaux perdent leurs dents de lait, et sont appelés *louvarts;* vers l'âge de 12 mois, ils quittent le fort maternel et deviennent loups; après leur seconde année, ils sont en état de reproduire et reçoivent le nom de *vieux loups*. — La variété appelée *loup noir* (*canis lycaon*) est d'un pelage plus foncé que celui du loup ordinaire; ses yeux sont plus rapprochés et plus petits. Ce loup, extrêmement féroce, habite le nord des deux mondes et se trouve quelquefois dans les montagnes de France. (*Canis occidentalis*, Rich.) Le *loup gris*, commun dans l'Amérique du Nord, est ordinairement gris en dessus avec un mélange de points noirs qui lui donnent une apparence grisâtre; il a de 1 m. 15 à 1 m. 35 de long, dont 35 à 40 centim. pour la queue. Autrefois les loups gris étaient très nombreux dans toute l'Amérique du Nord; on les trouve encore dans l'ouest de ce pays: ils suivent à la piste les troupeaux de buffles et font leur proie de ceux qui restent en arrière; ils poursuivent aussi les cerfs et parfois ils attaquent et dévorent les chevaux et même les hommes quand ils sont poussés par la faim. Le *loup des prairies* (*canis latrans*, Say), le *coyote* des Mexicains, est intermédiaire entre le renard et le loup d'Europe, c'est le représentant américain du chacal de l'ancien monde; il mesure de 70 à 80 centim. de long dont 35 à 40 centim. pour la queue. Sa voix est une espèce de jappement saccadé, d'où lui est venu le nom de loup aboyeur. — Le *loup rouge* ou *loup à crinière* (*canis jubatus*), des pampas de la Plata, est grand et élancé. — CHASSE. Bien que peu nombreux aujourd'hui chez nous, les loups n'en sont pas moins poursuivis de toutes les manières. On en détruisit 8,384 dans l'hiver de 1828-'29; et l'on en tue encore un millier chaque année. Ils se rendirent redoutables dans les Vosges en 1875. Pour les détruire tous les moyens sont licites : traquenard, fosse, double enceinte, appâts empoisonnés, coups de fusil; mais les véritables chasses, celles qui donnent de fortes émotions, sont la *battue* et la *chasse à courre*. Dans la première, les *tireurs* entourent en grand nombre les bois où le loup a établi son repaire et des *rabatteurs* refoulent l'animal vers les traqueurs en faisant un vacarme épouvantable. Dans la seconde, après avoir jugé le loup par ses empreintes nommées *flatrures*, par ses allures et par ses *laissées*, on lance à sa suite une meute de limiers spécialement dressés pour cet objet et que l'on excite en criant : « Harlou! vloo! harlou ! » Le vieux loup pique presque toujours droit devant lui; il peut faire 150 kil. et l'on renonce ordinairement à le forcer. Mais les louveteaux et les louvarts tournent comme le lièvre et finissent par tomber sous le plomb des tireurs, ou par être étranglés par la meute. La mort d'un animal doit toujours être suivie d'une curée, malgré la répugnance que les chiens manifestent d'abord pour la chair du loup. — « Législ. Les loups sont naturellement classés parmi les animaux malfaisants que le propriétaire, possesseur ou fermier peut détruire en tout temps sur ses terres; et il n'est pas nécessaire, pour que ce droit puisse s'exercer qu'un arrêté préfectoral ait désigné les loups parmi les animaux nuisibles que l'on peut chasser; car la loi reconnaît que tout propriétaire ou fermier peut repousser et détruire, même avec des armes à feu, les bêtes fauves qui portent dommages à ses propriétés (L. 3 mai 1844, art. 9 modifié par L. 22 janvier 1874). La destruction des loups a de tout temps été l'objet de mesures spéciales. (Voy. LOUVETERIE.) On a reconnu que l'un des meilleurs moyens de diminuer le nombre des loups est de donner des primes en argent à ceux qui les ont détruits. Voici quelles sont aujourd'hui les primes accordées par la loi et qui sont à la charge de l'Etat: 100 fr. par tête de loup ou de louve; 150 fr. par tête de louve pleine; 40 fr. par tête de louveteau. Est con-

sidéré comme louveteau l'animal dont le poids est *inférieur à huit kilog*. Celui qui, ayant tué un loup, désire recevoir la prime allouée, doit en faire, dans les 24 heures, la déclaration au maire de la commune sur le territoire de laquelle le loup a été détruit; et il doit représenter le corps entier de l'animal couvert de sa peau. Le maire dresse un procès-verbal après les constatations faites. Celui qui a tué l'animal doit le faire dépouiller; mais il peut réclamer la peau, la tête et les pattes. Le reste est enfoui aux frais de la commune dans une fosse ayant au moins 1 m. 35 de profondeur, ou est transporté dans un établissement d'équarrissage. (L. 3 août, Décr. 28 nov. 1882). » (CH. Y.)

LOUP (Saint). I. Né vers le commencement du Vᵉ siècle, mort en 478; fut évêque de Troyes en 427 et passa en Angleterre avec saint Germain d'Auxerre pour combattre les pélagiens; à son retour, il préserva sa ville de la fureur d'Attila. Fête le 29 juillet. — II. Un autre saint du même nom mort en 542, fut évêque de Lyon et présida, en 538, le concile d'Orléans. — Pour les autres saints du même nom, voy. LEU.

LOUP (Saint-), ch.-l. de cant., arr. et à 19 kil. N.-E. de Parthenay (Deux-Sèvres); 4,500 hab. Tanneries; commerce de moutons et de laines.

LOUP, *Lupus*. Nom de plusieurs ducs de Gascogne. I. Mort en 774. Charlemagne lui donna l'investiture du duché de Gasgogne. — II. Petit-fils du précédent; détruisit à Roncevaux l'arrière-garde de Charlemagne qui le fit mettre à mort. — III. (Sanche) fils du précédent, lui succéda en 778. En 819, Louis le Débonnaire réunit le duché de Gascogne à la France.

LOUP DE FERRIÈRES, *Servatus Lupus*, écrivain ecclésiastique français, né vers 805, mort en 882. Il entra jeune à l'abbaye de Ferrières, puis alla à Fulda où il se lia avec Eginhard qui lui procura le moyen de s'instruire en lui donnant des livres. Il devint familier de Louis le Débonnaire et succéda à Othon comme abbé de Ferrières (842). On a de lui 134 *Lettres* dont la première édition parut à Paris en 1588, des *Hymnes* et des *Homélies*.

* LOUP-CERVIER s. m. [lou-sèr-vié] (lat. *lupus*, loup; *cervarius*, qui attaque les cerfs). Quadrupède carnassier ressemblant à un grand chat, mais à queue courte, et avec des pinceaux de poils aux oreilles : *le loup-cervier est probablement le lynx des anciens*. (Voy. LYNX.)

* LOUPE s. f. Méd. Tumeur enkystée qui vient sous la peau, qui s'élève en rond, et augmente quelquefois jusqu'à une grosseur prodigieuse : *il lui est venu une loupe à la tête, sous la gorge*. — Méd. On donne le nom de loupe aux tumeurs sous-cutanées, indolentes, circonscrites, mobiles et susceptibles pour la plupart d'acquérir un volume considérable; les unes sont enkystées et contiennent quelquefois une matière blanche ou jaunâtre et consistante comme du suif; d'autres fois une substance jaunâtre et liquide comme la synovie; les autres sont dépourvues de kystes et ne sont qu'une hypertrophie du tissu cellulograisseux, on les nomme alors LIPOME et STÉATOME. Les kystes des premières ne sont que des follicules cutanés dilatés par l'accumulation de la matière sécrétée et dont l'orifice ne s'est point agrandi de manière à pouvoir lui donner issue. Lorsqu'ils sont devenus très volumineux, ils s'ouvrent au dehors et il s'établit alors une fistule intarissable ou bien le kyste se vide pour se reformer à mesure que la matière s'y accumule à nouveau. Quant aux loupes non enkystées, elles peuvent devenir très volumineuses et ne subir aucune altération, mais quelquefois aussi leur tissu de-

vient lardacé, dur et par la suite cancéreux. Le lipome diffère du stéatome en ce ce dernier a plus de pesanteur, son tissu est plus dense, sa couleur et sa consistance se rapprochent davantage de celles du suif et il est plus susceptible de s'enflammer et de passer à l'état cancéreux. La seule méthode qui convienne pour le traitement des loupes est de les enlever. — Bot. Excroissance ligneuse qui vient aux troncs et aux branches de quelques arbres : *les loupes d'orme servent à faire de jolis ouvrages de tabletterie*. — Verre convexe des deux côtés, qui grossit les objets à la vue, et qu'on appelle autrement LENTILLE : *se servir d'une loupe pour lire de très petits caractères*. — Joaill. Se dit d'une pierre précieuse que la nature n'a pas achevée : *loupe de saphir, de rubis*, etc. — ⁓ Argot. Paresse.

LOUPE (La). ch.-l. de cant., arr. et 25 kil. N.-E. de Nogent-le-Rotrou (Eure-et-Loir); 1,500 hab. Commerce de bestiaux et de cidre; ruines d'un château fort.

LOUPER v. n. (rad. *loupe*). Vagabonder, paresser.

LOUPEUR, EUSE s. m. Rôdeur, vaurien, drôlesse.

* LOUPEUX, EUSE adj. Qui a des loupes : *un arbre loupeux*.

* LOUP-GAROU s. m. (franç. *loup*; anc. all. *warulf*, homme loup). Homme que des gens ignorants, superstitieux, accusent d'être sorcier, et de courir, la nuit, par les rues et les champs, transformé en loup : *on a tort de faire peur des loups-garous aux enfants*. — Fig. et fam. Homme d'une humeur farouche, qui ne veut avoir de société avec personne : *n'allons point chez cet homme-là, c'est un vrai loup-garou, un franc loup-garou*.

LOUP-SUR-SÉMOUSE (Saint-), *Grannum*, ch.-l. de cant., arr. et à 30 kil. N.-O. de Lure (Haute-Saône), sur l'Angronne et au pied des Vosges; 2,800 hab. Fabriques de chapeaux de paille et de kirsch.

LOUQSOR ou Luxor, ville d'Egypte, sur la rive droite du Nil, à 46 kil. N. d'Esné, occupant probablement l'emplacement de l'ancienne Thèbes. C'est de là qu'a été apporté l'obélisque dressé à Paris en 1836, sur la place de la Concorde; il date du temps de Ramsès II ou de Sésostris. (Voy. THÈBES.)

LOURCINE, nom d'un hôpital situé à Paris dans la rue du même nom, sur l'emplacement d'un ancien couvent de cordeliers et consacré, depuis 1836, au traitement des affections syphilitiques seulement.

* LOURD, LOURDE adj. [lour] (lat. *horridus*, qui a fait le vieux franç. *orde*, *ord*, puis *lourd*, par agglutination de l'article). Pesant, difficile à remuer, à porter. En ce sens, il est opposé à *léger* : *un fardeau trop lourd, trop lourd*. — Fig. AVOIR UNE MAISON BIEN LOURDE, avoir une maison, un ménage très coûteux. On dit de même, C'EST UNE CHARGE BIEN LOURDE, en parlant de ce qui occasionne beaucoup de dépense : *six enfants sont une charge bien lourde pour le pauvre homme*. — UNE LOURDE TACHE, UNE LOURDE BESOGNE, une tâche, une besogne difficile et rude à faire. — Qui se remue avec peine, avec effort; et alors il est opposé à *dispos*, *agile* : *les chevaux de Flandre sont lourds; cet homme, qui était autrefois fort agile, est devenu bien lourd*.

Renvoyez, dit quelqu'un, les ânes qui sont *lourds*.
         LA FONTAINE.

— FAIRE UNE LOURDE CHUTE, tomber de haut, tomber de tout son poids. — UNE LOURDE FAUTE, UNE LOURDE BÉVUE, une faute, une bévue grossière. — Se dit, fig., en parlant de l'esprit, et signifie, qui manque de légèreté, de facilité, de promptitude, de finesse, de grâce : *c'est un homme lourd, bien lourd, un esprit lourd*. — S'applique également à la manière de converser, au style, etc.: *une conversation lourde; un style lourd.* — S'emploie souvent aussi, dans une acception analogue, en peinture, en sculpture, etc.: *la touche de ce peintre est lourde; ses contours, ses ciels sont lourds.*

* **LOURDAUD, AUDE** s. Grossier et maladroit : *c'est un lourdaud, un gros lourdaud.* — ∾ Portier.

* **LOURDEMENT** adv. Pesamment, rudement : *marcher, tomber lourdement.* — Fig. Gauchement, sans finesse : *plaisanter lourdement.* — Grossièrement : *vous vous trompez lourdement si vous croyez que...*

* **LOURDERIE** s. f. Faute grossière contre le bon sens, contre la civilité, contre la bienséance : *il a fait une étrange lourderie.* Est familier et peu usité. On dit aussi LOURDISE.

LOURDES, ch.-l. de cant., arr. et à 13 kil. N.-E. d'Argelès (Hautes-Pyrénées), dans un ravin près du Gave de Pau, à peu de distance du lac de Lourdes; 5,000 hab. Tribunal de 1re instance de l'arr.; exploitation d'ardoises et de marbre, mouchoirs, crépons bas rayés. Lourdes, qui fut fortifiée par J. César, a conservé de vastes ruines romaines, Eglise commencée vers le xe siècle. L'antique château de Lourdes, considéré jadis comme imprenable, paraît avoir été construit au xie siècle sur les ruines des fortifications élevées par J. César. Il appartint d'abord aux comtes de Bigorre, résista victorieusement aux Anglais, leur fut livré par le traité de Brétigny, repoussa toutes les attaques des Français jusqu'au moment où les Anglais quittèrent définitivement l'Aquitaine, soutint d'autres sièges pendant les guerres de religion et de la Fronde, devint une prison, et fut plus tard réparé de façon à devenir une citadelle. La grotte de Massabielle, qui se trouve sur le bord du Gave, non loin de la ville, est célèbre comme ayant été le théâtre de plusieurs apparitions de la Vierge à une jeune fille de 12 ans, nommée Bernadette Soubirous (février 1858). La grotte, transformée en sanctuaire, fut surmontée d'une église monumentale (1864) et une foule de pèlerins viennent annuellement y faire leurs dévotions. On n'y compta pas moins de 20,000 personnes le 6 octobre 1872. L'eau d'une source voisine fait l'objet d'un grand commerce d'exportation.

* **LOURDEUR** s. f. Pesanteur. Ne se dit guère que au figuré : *cet écrivain est d'une lourdeur assommante.* Il est beaucoup plus usité dans les arts du dessin qu'en littérature.

* **LOURDISE** s. f. Sa signification est la même que celle de LOURDERIE. (Voy.)

* **LOURE** s. f. (anc. scandin. *lúdr*, musette). Mus. Sorte de danse grave dont l'air, qui porte le même nom, se bat à deux temps, et d'un mouvement marqué : *jouer, danser une loure.*

* **LOURER** v. a. Mus. Lier les notes en appuyant sur la première de chaque temps : *il faut lourer ces notes, cet air.*

LOURISTAN, province de Perse, bornée par l'Irak-Adjemi, le Fars et le Khouzistan; environ 50,000 kil. carr.; pop. inconnue. Territoire très montagneux, d'une fertilité extraordinaire dans les vallées, et habité par des tribus nomades, dont la plus féroce est celle des Bakhtiyari. La seule ville, Khorremabad, à 150 kil. S. de Hamadan, contient environ 4,000 huttes, une forteresse et un palais.

LOUROUX-BÉCONNAIS (Le), ch.-l. de cant., arr. et à 27 kil. N.-O. d'Angers (Maine-et-Loire); 2,600 hab.

LOUSSE s. f. Argot. Gendarmerie départementale.

LOUSSEAU, Lousset, Lossn s. m. Petit réservoir destiné à recevoir l'eau dans le fond des embarcations qui n'ont pas de pompe.

LOUSTALOT (Elysée), publiciste français, né à Saint-Jean-d'Angély en 1762, mort à Paris le 19 sept. 1790. Il devint rédacteur, en 1789-'90, du célèbre journal *les Révolutions de Paris;* quand il mourut les cordeliers et les jacobins portèrent le deuil pendant trois jours. — Pseudonyme sous lequel se sont cachés divers écrivains de mérite.

* **LOUSTIC** s. m. [lou-stik] (all. *lustig*, jovial). Boufon en titre attaché aux anciennes compagnies suisses, qui avait pour mission d'égayer ses camarades et de les préserver de la nostalgie. — Par ext. Farceur de caserne. — Boufon, qui cherche à faire rire par de grosses plaisanteries : *c'est un vrai loustic.*

LOUSTO s. m. Argot. Prison : *aller à l'ousto.*

LOU-TCHOU, Liou-Kiou ou **Riou-Kiou**, groupe d'îles japonaises situées au N. de l'océan Pacifique, entre 24° et 29° lat. N. et entre 125° et 132° long. E. Elles se composent d'environ 36 îles et d'un grand nombre de petits îlots. La plus grande des îles est Okinaoua ou Grande Lou-Tchou, longue d'environ 110 kil. Territoire des plus pittoresques. Riz, sucre, froment, coton, tabac, sagou, bananes, etc.; ivoire végétal. Le peuple vit habituellement dans des villages entourés de bambous dont les sommités entrelacées forment des avenues ombreuses. Principal port, Napa, ville qui se trouve sur une petite île. Cap., Chouri, à peu de distance de Napa dans la même île. L'archipel compte environ 40 autres villes. La population se compose de Japonais et de Lou-Tchouans qui ont une grande affinité de race, mais ces derniers sont plus efféminés et plus intelligents. Leur visage est orné d'une longue barbe noire; les hautes classes sont très instruites. L'administration se fait au nom d'un roi et est entre les mains de l'aristocratie qui se compose, comme en Chine, de la classe lettrée. Ces îles furent visitées par le cap. Basil Hall en 1816 et par le commodore Perry en 1852.

LOUTH [laouth], comté du Leinster (Irlande), sur la mer d'Irlande; 818 kil. carr.; 84,000 hab. Territoire montueux au N., uni ou ondulé au S. et généralement fertile. Cap., Dundalk; ville princ., Drogheda.

LOUTH, ville du Lincolnshire (Angleterre), sur la Lud, à 40 kil. N.-E. de Lincoln; 11,000 hab. Tapis, savon, ale.

* **LOUTRE** s. f. (lat. *lutra*). Mamm. Genre de carnivores digitigrades aquatiques, du groupe des martres, comprenant plusieurs espèces de quadrupèdes à corps allongé, à pattes palmées jusqu'à l'extrémité des cinq doigts, à fourrure précieuse, formée d'une bourre épaisse et délicate et d'un poil soyeux bien lustré. La *loutre commune* (*lutra vulgaris*) se trouve dans toute l'Europe et dans l'Asie méridionale. Elle est longue de 1 m. 10 (dont 35 centim. pour la queue). Sa couleur en dessus est d'un brun sombre brillant, en dessous d'un brun plus pâle, avec les parties inférieures de la tête et le cou d'un gris pâle. Son pelage est bien fourni et assez moelleux, surtout en hiver. Excellente plongeuse et rapide nageuse, elle fait de grands ravages dans les viviers. Elle vit dans des trous naturels, au bord des lacs et des cours d'eau, et change souvent de domicile, ce qui la rend difficile à surprendre. Vers la fin de l'hiver, elle tapisse sa demeure de brins de bois et d'herbe sèche, et y dépose 3 ou 4 petits qu'elle soigne pendant deux mois. Elle est nocturne, très farouche, presque introuvable. Mais elle a l'habitude de rechercher les pierres blanches pour s'y établir quand elle dévore

un poisson, et cette singularité de ses mœurs met souvent sa défiance en défaut. Le chasseur établit deux ou trois pierres sur les bords qu'elle fréquente et, dissimulé derrière un taillis ou dans le branchage d'un arbre, il la salue d'un coup de fusil pendant qu'elle écaille soigneusement sa proie avant de la manger. La chasse au chien est dangereuse pour ce dernier, parce que la loutre a la mâchoire solide comme un étau et la dent acérée comme une aiguille. On prétend que, malgré son naturel sauvage, on peut l'apprivoiser et même la dresser à rapporter le poisson qu'elle a pris. Sa chair est un mets maigre, dont les catholiques peuvent faire usage en carême. Sa fourrure est employée

Loutre commune du Canada (Lutra Canadensis).

en chapellerie. La *loutre du Canada* (*lutra Canadensis*), si connue chez les fourreurs, est très semblable à celle d'Europe pour le pelage et les mœurs; mais son corps est un peu plus gros et plus long. Elle devient de plus en plus rare dans les pays colonisés. Sa fourrure est recherchée surtout pour faire des coiffures et des gants. — *Loutre de mer*, animal qui se rapproche du phoque autant que de la loutre et qui vit sur les côtes septentrionales du Pacifique. La *loutre de mer* (*enhydra marina*) devient très rare, à cause de l'avidité que les chasseurs mettent à s'emparer de sa belle fourrure épaisse et brillante. Son corps, très allongé, mesure 1 m. 60 (dont 35 centim. pour la queue); la femelle porte deux mamelles ventrales. Chez l'adulte la couleur de la robe, en hiver, est d'un brun châtain, avec une nuance grisâtre à la tête et au cou. Ses poils sont fins et très longs.

LOUVAIN s. m. Fameuse bière fabriquée à Louvain : *boire du louvain, un verre de louvain.*

LOUVAIN (flam. *Leuven*, all. *Löwen*), ville du Brabant méridional (Belgique), sur la Dyle, à 22 kil. N.-E. de Bruxelles; 33,000 hab. Cette ville possède un magnifique hôtel de ville gothique, l'une des plus belles cathédrales de toute la Belgique et une université fondée vers 1425. Cette université est encore la principale école belge de théologie catholique; elle est fréquentée par environ 800 étudiants (6,000 au xvie siècle), et contient 20 chaires (autrefois 43); elle fut fermée par les Français en 1797, ouverte de nouveau par le gouvernement hollandais en 1817, refermée par le gouvernement belge en 1834 et rétablie en 1835, par les évêques comme université catholique libre. On trouve à Louvain un grand nombre de tableaux précieux des maîtres flamands dans la cathédrale et dans un musée particulier. Bière renommée dite de *Louvain*. Les navires de 150 tonneaux peuvent remonter jusqu'à cette ville par le canal de Louvain; bien que son activité prenne de l'accroissement, Louvain est aujourd'hui une ville désolée si on compare son aspect à celui qu'elle présentait au commencement du xive siècle, alors qu'elle était la capitale du Brabant et qu'elle renfermait une population d'environ 200,000 hab., et près de 4,000 manufactures de draps. Les tisserands s'étant révoltés contre le duc de Brabant, en 1382, furent punis avec une grande rigueur; un grand nombre furent bannis et se réfugièrent en Angleterre.

— La fondation de Louvain est attribuée à Jules César, dont l'ancien château porte le nom, bien qu'il ait été bâti au IXe siècle, contre les Normands. Les murailles du moyen âge, aujourd'hui presque entièrement transformées en boulevards, mesuraient 11 kil. de circonférence. Louvain se soumit à don Juan

Maison de ville à Louvain.

d'Autriche, et fut ensuite assiégée par Guillaume d'Orange et par Frédéric-Henri de Nassau. Les Français s'en emparèrent en 1746 et en 1792; les Autrichiens en 1793; les Français l'annexèrent à la France en 1794. Louvain devint ch.-l. du dép. de la Dyle. Près des murailles, se livra en août 1831, entre les Hollandais et les Belges, un engagement pendant lequel Léopold Ier faillit être fait prisonnier.

LOUVANAIS, AISE s. et adj. Qui est de Louvain; qui concerne cette ville ou ses habitants.

LOUVARD ou **Louvart** s. m. Jeune loup de six mois à un an.

LOUVAY DE COUVRAY ou **Louvet**, conventionnel, né à Paris en 1760, mort en 1797. Auteur des *Amours du chevalier de Faublas* (1787-'89), et rédacteur de la *Sentinelle*, il fut envoyé à la Convention par le dép. du Loiret; il y vota la mort du roi avec appel au peuple. Décrété d'accusation avec 21 de ses collègues girondins, il parvint à se cacher et à raconter ses aventures dans *Quelques notices pour l'histoire et le récit de mes périls depuis le 31 mai 1793* (Paris, 1795, in-8°). Il rentra à la Convention, après le 9 thermidor, la présida, collabora à la rédaction de la constitution de l'an III et entra aux Cinq-Cents; en 1797, il fut nommé membre de l'Institut. On a encore de lui *Émilie de Varmont*, où l'auteur cherche à établir la nécessité du divorce. Sur ses derniers jours, il avait repris son ancien métier de libraire et s'était couvert de ridicule en épousant la fameuse Lodoïska, femme galante à la mode pendant la période révolutionnaire. Cette femme s'attacha tellement à lui qu'elle fut inconsolable de sa mort et qu'il fallut la

surveiller de près pour l'empêcher de s'empoisonner.

* **LOUVE** s. f. (lat. *lupa*). Femelle du loup: *Rémus et Romulus furent, dit-on, allaités par une louve.* — C'EST UNE LOUVE, se dit d'une femme très adonnée à la débauche.

* **LOUVE** s. f. Outil de fer qu'on place dans un trou fait exprès à une pierre, et qui sert à l'enlever.

LOUVEL, assassin du duc de Berry, né à Versailles en 1783, guillotiné à Paris le 7 juin 1820. Orphelin dès son tout jeune âge, il avait été recueilli par une sœur aînée, qui le plaça à Versailles à l'institution des *Enfants de la Patrie;* il fut ensuite mis en apprentissage chez un sellier et s'affilia aux théophilanthropes. En 1811, Louvel se trouvait à Metz. Les hontes de l'invasion lui firent verser des larmes de rage, ce fut alors qu'il jura d'*exterminer tous les Bourbons.* Il voulut, dans le principe, frapper Louis XVIII, et dans ce but, se rendit à pied à Calais; il voulut ensuite attenter aux jours du duc de Valmy et du comte d'Artois. De Calais, il vint à Paris et quand il eut vu l'enthousiaste accueil fait à l'étranger dans les murs de la capitale, quand il eut vu les fêtes données en l'honneur de Louis XVIII, son indignation ne connut plus de bornes. Il partit pour l'île d'Elbe, où le maître sellier des écuries impériales le prit à son service. Après Waterloo, il accompagna les équipages de Napoléon jusqu'à la Rochelle et là, il présida, pour ainsi dire, à la fabrication de l'arme, qui dans sa pensée devait débarrasser la France du dernier des Bourbons. Armé de son couteau, il se rendit à Versailles vers la fin de 1815 et s'y fit même employer aux écuries royales, suivant partout les princes pour trouver une occasion favorable à son crime. La première victime qu'il choisit fut le duc de Berry, second fils de Monsieur, frère du roi. Pendant quatre années, morne et taciturne, il mûrit son projet et attendit son heure. Le 13 fév. 1820, il crut le moment propice. C'était un mardi-gras. Le duc sortait de l'Opéra, vers onze heures du soir, en compagnie de la duchesse, sa femme, lorsque Louvel mit la main sur l'épaule gauche du prince, le frappa profondément au côté droit et s'enfuit. Arrêté presque aussitôt, l'assassin fut écroué à la Conciergerie, et le duc mourait dans la matinée du lendemain. La police crut voir en Louvel l'instrument de sourdes intrigues et de partis factieux, et tout fut employé pour l'amener à dénoncer ses complices ou ses conseils. Dans l'instruction, comme devant la Chambre des pairs, constituée en haute cour de justice, Louvel ne se démentit pas; il déclara qu'après le duc de Berry, il aurait tué le duc d'Angoulême, parce qu'il regardait tous les membres de la famille royale comme traîtres envers leur pays; il jura même, au cours du procès, un discours justificatif où il déclarait que les Bourbons ayant porté les armes contre la France, avaient perdu leur titre de citoyen et n'avaient pas le droit de rentrer en France, et surtout d'y vouloir régner. Louvel fut condamné à la peine de mort, et nia jusqu'à la fin avoir eu des complices.

* **LOUVER** v. a. Faire un trou dans une pierre pour y mettre la louve: *louver une pierre.*

LOUVERTURE (Toussaint). Voy. TOUSSAINT.

* **LOUVET, ETTE** adj. Ne se dit qu'en parlant de la couleur du poil d'un cheval, lorsqu'elle approche de la couleur du poil du loup: *cheval louvet.*

LOUVET (Pierre), avocat et historien, né près de Beauvais en 1569 ou 1574, mort en 1646. Il a laissé: *Coutumes de divers bailliages observées en Beauvaisis* (Beauvais, 1615-'18, in-4°); *Histoire de la ville et cité de Beauvais* (Rouen, 1613, in-8°); *Histoire et antiquités du Beauvaisis* (Beauvais, 1631, in-8°), etc.

LOUVETAGE s. m. Techn. Action de louveter la laine.

* **LOUVETEAU** s. m. Petit loup qui est encore sous la mère: *prendre la louvet ses louveteaux.* — ~~ Franc-maçonn. Fils de franc-maçon: *les louveteaux peuvent se présenter à l'initiation dès l'âge de dix-huit ans.*

* **LOUVETER** v. n. Se dit d'une louve qui fait ses petits. — ~~ Soumettre la laine au loup pour la briser.

* **LOUVETERIE** s. f. [lou-ve-te-rî]. Équipage pour la chasse du loup: *les capitaines de louveterie sont chargés de la destruction des loups.* — Se dit aussi du lieu destiné à loger cet équipage. — Législ. « L'institution des louvetiers remonte, en France, à l'époque mérovingienne; et deux capitulaires de Charlemagne, datées de 800 et 813, prescrivent aux intendants de nommer chacun deux louvetiers dans leur gouvernement. Pendant la féodalité, un grand nombre de seigneurs avaient auprès d'eux des officiers louvetiers. Les louvetiers royaux étaient investis de privilèges qui rendaient leurs charges très lucratives pour le titulaire, mais très onéreuses pour les habitants des campagnes. En exécution de plusieurs édits ou ordonnances, chaque paroisse devait fournir tous les trois mois, pour la chasse aux loups, un homme par feu, avec les chiens et les armes convenables. Ces chasses causaient souvent de plus grands dommages que la présence des loups. En 1785, la louveterie fut réorganisée de façon à rendre de véritables services; mais elle disparut bientôt avec l'ancien régime. Après la Révolution, les administrations des départements, des districts et des communes organisaient elles-mêmes des battues, lorsqu'elles étaient jugées nécessaires; et la Convention accorda des primes très élevées pour la destruction des loups (L. 11 ventôse an III). La loi du 10 messidor an V (abrogée par L. 3 août 1882, voy. LOUP) diminua le taux des primes, et elle autorisa le pouvoir exécutif à laisser subsister et même à former des battues. L'Empire, qui cherchait à s'entourer des oripeaux de la Monarchie, créa la vénerie impériale et y adjoignit une louveterie. Le règlement du 1er germinal an XIII autorisait le grand veneur à donner des commissions de capitaine général, de capitaine et de lieutenant de louveterie, et l'uniforme fut décrit avec soin pour chaque grade. Une ordonnance royale du 14 août 1830 a placé la louveterie sous la direction et la surveillance de l'administration des forêts, et la loi de 1844 n'ayant pas aboli cette institution surannée, elle subsiste encore aujourd'hui dans certaines contrées. Les services qu'elle rend sont contestables, et plusieurs propositions de loi ont demandé qu'elle disparût définitivement. La nomination des officiers de louveterie appartient aujourd'hui aux préfets (Déc. 25 mars 1852, art. 5, 17°). Ces fonctions sont absolument gratuites et sont conférées pour une année seulement. Les lieutenants de louveterie ont le droit de chasser le sanglier dans les forêts de l'État, même dans celles dont la chasse est louée (Ord. 24 juillet 1832); mais ils doivent entretenir à leurs frais un équipage de chasse et diriger, sous la surveillance des agents forestiers, les battues que le préfet a ordonné de faire. Les maires sont chargés de prendre, en temps de neige, les mesures nécessaires pour détourner les loups et les sangliers du territoire de la commune; et, à l'effet de les détruire, ils peuvent requérir les habitants, avec armes et chiens propres à la chasse de ces animaux (L. 5 avril 1884, art. 90). Tout habitant requis pour concourir à une battue prescrite par l'autorité administrative est tenu de se rendre sur les lieux, aux jours et heures indiqués, et de donner son concours sans indemnité, sous peine d'une amende de 10 fr. (Arrêt du Conseil, 26 février 1697). Ces

battues peuvent être pratiquées dans tous les bois et autres terrains non clos, et même contre le gré des propriétaires. » (CH. Y.)

* **LOUVETIER** s. m. Ne s'employait guère autrefois que dans cette dénomination, GRAND LOUVETIER, officier de la maison du roi, qui commande l'équipage pour la chasse du loup.
— Se dit, maintenant, d'un propriétaire qui s'est engagé à entretenir un équipage pour chasser le loup. Voy. LOUVETERIE.

* **LOUVIERS** s. m. Sorte de drap fabriqué dans la ville de Louviers : un beau louviers.

LOUVIERS, Luparia, ch.-l. d'arr. du dép. de l'Eure, à 22 kil. N. d'Evreux et à 110 kil. de Paris, sur l'Eure et le canal de la Villette; par 49° 12′ 48″ lat. N. et 1° 10′ 2″ long. O.; 10,970 hab. Manufactures des plus beaux draps fins de France dont la première fabrique paraît remonter au XIIIe siècle. Le tissage y fut perfectionné en 1684 et la filature du coton y date de 1789. Louviers contient aujourd'hui environ 40 manufactures importantes de draps. Autrefois place forte redoutable, Louviers fut saccagé par Edouard III et résista pendant cinq mois au duc de Bedford, qui finit par s'en rendre maître et fit raser les fortifications(1430).

LOUVIGNÉ-DU-DÉSERT, ch.-l. de cant., arr. et à 16 kil. N.-E. de Fougères (Ille-et-Vilaine); 3,500 hab. Tanneries.

LOUVOIS (François-Michel LETELLIER, marquis de), homme d'Etat, né à Paris le 18 janvier 1641, mort dans la même ville le 16 juillet 1691. Il était fils du chancelier Michel Letellier et fut nommé, jeune encore, secrétaire au ministère de la guerre; à l'âge de 21 ans, il épousa une riche héritière, Anne de Souvré, marquise de Contravaux. Jaloux du succès maritimes de Colbert, il fit entreprendre au roi les guerres les plus injustes et les plus coûteuses pour ruiner les finances dont son rival avait l'administration. De 1666, époque où il assuma la direction du département de la guerre jusqu'à la paix de Nimègues, en 1678, il s'occupa constamment à dresser les plans de campagne et à en assurer l'exécution. La cruelle dévastation du Palatinat (1674), et la révocation de l'édit de Nantes sont dues à son influence. Il conçut le projet de l'hôtel des Invalides, de la place Vendôme, du palais de Versailles, et accomplit différentes réformes militaires. Après la mort de Colbert (1683), il devint à peu près omnipotent; il montra à Mme de Maintenon son zèle contre les huguenots en organisant les terribles Dragonnades. En 1688, quand la guerre éclata entre la France et les puissances continentales, il déploya toutes les ressources de son intelligence; mais son orgueil finit par irriter le roi, particulièrement après le siège et la prise de Mons, en 1691, moment où Louis XIV, regrettant d'avoir appliqué les horribles mesures que lui avait suggérées son ministre, lui fit d'amers reproches. Louvois tomba malade et une mort soudaine, que l'on attribua au poison, et qui arriva après une entrevue orageuse qu'il eut avec le roi, le sauva seul d'une disgrâce complète.

* **LOUVOYER** v. n. [lou-voua-ié]. Mar. Faire plusieurs routes en zigzag au plus près du vent, en lui présentant tantôt un côté du bâtiment, tantôt l'autre : nous fûmes contraints de louvoyer. — Fig. Dans le langage ordinaire, prendre des détours pour arriver à un but où l'on ne peut aller directement : c'est une affaire difficile, on ne pourra réussir qu'en louvoyant.

* **LOUVRE** s. m. (lat. lupara). Se dit des maisons superbes et magnifiques, par allusion au palais qui porte ce nom à Paris : ce n'est pas la maison d'un particulier, c'est un Louvre.

LOUVRE, monument public de Paris, situé vers le centre de cette ville. Il se compose de l'ancien et du nouveau Louvre; l'ancien Louvre forme un quadrilatère presque carré. Il renferme une vaste collection artistique. La façade orientale, formée d'une colonnade de 28 colonnes corinthiennes accouplées, est l'un des plus beaux chefs-d'œuvre d'architecture que l'on puisse trouver au monde. — En 1204, Philippe-Auguste fit bâtir, en dehors de l'enceinte de Paris, une tour appelée Lupara (louveterie). C'était alors une forteresse qui servait en même temps de prison. Sous le règne de Charles V, le Louvre fut agrandi; on y établit une ménagerie garnie de lions et de panthères, des volières, et on l'entoura de magnifiques jardins. Ce fut dans la grosse tour à trois étages que Charles V fit transporter sa riche bibliothèque; c'était déjà la demeure du souverain. François Ier fit raser jusqu'au sol cette agglomération de tours et de corps de logis (1528) et, sur l'emplacement du Louvre, il fit commencer un magnifique édifice dans le style nouveau appelé Renaissance (1529). Le premier architecte du Louvre fut Pierre Lescot, qui eut pour collaborateur le sculpteur Jean Goujon. Le corps des bâtiments, dû à la coopération de ces deux maîtres, est celui qui se présente en façade au S.-O. sur la grande cour carrée; il fut continué sous

La cour du Louvre.

le règne de Henri II; on y admire surtout les figures de la façade et les grandes cariatides de la salle des Suisses, dues à la main de Jean Goujon. Le logis de la reine remonte à Catherine de Médicis et fut l'œuvre de l'architecte Chambiges. Quelques-unes des sculptures de sa façade sont attribuées à Barthélemy Prieur; à l'extrémité méridionale s'ouvre la fenêtre par laquelle Charles IX tira, dit-on, sur les protestants dans la nuit de la Saint-Barthélemy. Sous Louis XIV, Colbert fit construire, sur les dessins du peintre Lebrun, la galerie d'Apollon; il confia à Claude Perrault l'achèvement de l'œuvre de Pierre Lescot. Perrault est l'auteur de la grande colonnade (1666-'70) et éleva la façade qui regarde la Seine et celle qui fait face à la rue de Rivoli; mais il ne les acheva point et, pendant un siècle et demi, elles restèrent sans toitures. Pendant la Révolution, le Louvre devint propriété nationale. En juillet 1793, toutes les collections royales y furent transférées. Telle est la véritable origine des musées contenus dans ce palais. Le mur de terrasse, les parapets et les trottoirs du quai du Louvre furent construits en 1803, et Napoléon fit terminer les bâtiments du vieux Louvre (musée des antiques, musée égyptien, etc.) Le 28 février 1848, un décret ordonna l'achèvement du Louvre. La première pierre des nouvelles ailes de ce palais fut posée le

25 juillet 1852 et le travail, poursuivi sous la direction de M. Visconti, qui fut remplacé à sa mort par M. Lefuel, coûta environ 30 millions de francs (14 août 1857). La galerie qui longe la rue de Rivoli fut prolongée jusqu'aux Tuileries; deux galeries parallèles partirent du Louvre et vinrent se relier à des corps de logis en façade sur la place du Carrousel. Entre la place du Carrousel et le Louvre, on dessina un élégant jardin; plus tard, on éleva l'aile de bâtiments percée de deux grandes portes qui relient le Louvre aux Tuileries du côté de la Seine. Ces deux palais n'en formèrent plus qu'un seul, d'une grandeur et d'une splendeur sans égales. Napoléon Ier, ayant décrété que le Louvre deviendrait un musée, y fit déposer les plus belles collections de peintures, de statues et de beaux-arts qu'il y eût au monde. Les principaux chefs-d'œuvre italiens, qui le décorèrent alors, en ont été enlevés depuis et sont retournés à leurs légitimes propriétaires. Le Louvre eut beaucoup à souffrir de la guerre civile de 1871; la bibliothèque fut brûlée. — Musées du Louvre : de peintures, de dessins, de gravures, de sculptures antiques, de bronzes antiques, de sculptures du moyen âge et de la Renaissance, de sculpture moderne, assyrien, égyptien, d'antiquités grecques, étrusques et romaines, américain, de marine, ethnographique, des souverains, etc.

LOVANOIS, OISE. Voy. LOUVANAIS.

LOVAT (Simon FRAZER, lord), pair d'Ecosse; né en 1667, décapité à la Tour de Londres le 9 avril 1747. Ayant été mis hors la loi pour avoir épousé de force une de ses cousines afin de s'emparer de ses propriétés, il s'enfuit en France, embrassa la cause de Jacques II et se convertit au catholicisme. En 1702, il retourna en Ecosse comme espion, mais vendit au gouvernement anglais le secret de sa mission. Après son retour en France, sa trahison fut découverte et il se vit condamner à 10 ans de prison. En novembre 1714, il s'évada, revint en Angleterre, épousa chaudement la cause hanovrienne, se mit à la tête du clan des Frazers et fut richement récompensé (1715). Mais, en 1729, il entra de nouveau en communication avec les Stuarts, conspira pendant plusieurs années et, en 1745, il essaya vainement de faire soulever les jacobites en faveur de Charles-Edouard. Après la défaite de celui-ci, il se cacha en Ecosse, fut découvert, jugé par la chambre des lords et condamné à mort. Un volume de ses mémoires autobiographiques a été publié en 1797.

LOVELACE s. m. (angl. love, amour; lace, lacs). Séducteur de femmes; c'est le nom du héros du roman de Richardson, *Clarisse Harlowe*, type du libertin qui consacre tout son talent à tromper les femmes.

LOVELACE (Richard), poète anglais, né à Wolwich, dans le comté de Kent, en 1618, mort en 1658. Brillant seigneur à la cour de Charles I⁰ʳ, il s'attacha fidèlement à lui dans son malheur, prit du service en France et fut blessé à Dunkerque. Miss Lucy Sacheverell, pour laquelle il éprouvait une violente passion, ayant cru à sa mort faussement annoncée, se maria; il en éprouva un chagrin mortel et, à son retour en Angleterre, vers 1648, il la chanta sous le nom de *Lucasta* (*chaste lumière*); puis, triste et découragé, il mourut dans la misère. On a de lui : *Lucasta* (1649 et 1817, 2 vol.); *Poésies posthumes* (1659 et 1818, in-12).

*° **LOVER** v. a. Mar. Ne s'emploie guère que dans cette expression, *lover un câble*, le ployer en rond. — Se lover v. pr. : *ce serpent se love*.

LOWE (sir Hudson) [lô], officier anglais, né en Irlande en 1769, mort en 1844. Il servit dans l'armée anglaise pendant toutes les guerres de la Révolution et de l'Empire, organisa la fameuse légion corse qui combattit Napoléon en Egypte, se distingua à Aboukir, à Alexandrie, réunit une nouvelle troupe de Corses, à la tête de laquelle il fit la campagne de Naples et celles de Sicile. Après la prise de Capri, il fut nommé commandant de cette île jusqu'en 1808, et la rendit au général Lamarque. Il coopéra à la conquête des îles Ioniennes, dont il resta pendant 2 ans l'administrateur militaire et civil. Il fut nommé chevalier et major général en 1814. Chargé de la garde de Napoléon à Sainte-Hélène, en 1815, il prit les mesures énergiques pour prévenir l'évasion de son prisonnier et s'acquitta de ses devoirs avec une grande sévérité, suivant les Français; avec beaucoup de douceur, s'il faut en croire les Anglais. Pendant que son nom n'était prononcé qu'avec horreur sur les bords de la Seine, sa conduite reçut de grands éloges de l'autre côté du détroit. Il fut nommé commandant de l'armée de Ceylan en 1825, et lieutenant général en 1830, et rentra en Angleterre l'année suivante. Souffleté par le fils Las Cases, en pleine rue de Londres, il refusa de demander à son insulteur toute réparation par les armes, et publia en français, pour sa défense : *Mémorial relatif à la captivité de Napoléon à Sainte-Hélène* (2 vol. 1830).

LOWELL (lô-èl), ville du Massachusetts (Etats-Unis), sur le Merrimack, à 50 kil. N.-O. de Boston; 62,000 hab. Importantes manufactures de coton, tapis, etc.

LOWENDHAL (Ulric-Frédéric WOLDEMAR, *comte de*), maréchal de France, né à Hambourg en 1700, mort en 1755. Petit-fils d'un enfant naturel de Frédéric III, roi de Danemark, il s'engagea de bonne heure et conquit tous ses grades sur les champs de bataille. Etant au service d'Auguste de Pologne il se distingua au siège de Cracovie (1733); il entra ensuite dans l'armée russe et reçut en qualité de général d'artillerie au siège d'Otchakoff. Attiré en France par le maréchal de Saxe, il accepta, en 1743, le grade de lieutenant général, commanda la réserve à Fontenoy (1745), prit Gand, Oudenarde, Ostende, Newport (1745), et emporta d'assaut Bergop-Zoom (1747); il fut nommé maréchal de France pour ce brillant fait d'armes et prit part au siège de Maestricht. Après la paix d'Aix-la-Chapelle, il rentra dans la vie privée. L'Académie des sciences l'avait admis au nombre de ses membres honoraires.

LOWER (Richard) [laou'-eur], médecin anglais (1631-'91); il fut le premier qui réussit à opérer la transfusion du sang. Il a laissé : *Tractatus de corde, item de motu et calore sanguinis et chyli in eum transitu* (1669).

LOWESTOFT [lô'-stoft], ville maritime du Suffolk (Angleterre), à 60 kil. N.-E. d'Ipswich; 17,000 hab. Construction de navires; commerce considérable.

LOXA. Voy. LOJA.

*° **LOXODROMIE** s. f. [lo-kso-] (gr. *loxos*, oblique; *dromos*, course). Mar. Chemin qu'un bâtiment fait sur mer, ou ligne courbe qu'il décrit en suivant toujours le même rumb de vent.

*° **LOXODROMIQUE** adj. Mar. Qui a rapport à la loxodromie : *ligne loxodromique*. — TABLES LOXODROMIQUES, tables par lesquelles on peut calculer le chemin que fait un bâtiment.

*° **LOYAL, ALE, AUX** adj. [loua-ial ou lo-ial] (rad. *loi*). Sans fraude, d'une quantité bonne et convenable : *marchandise bonne et loyale*. — Jurispr. LOYAUX COUTS, LES FRAIS ET LOYAUX COUTS, les frais légitimement faits. UN BON ET LOYAL INVENTAIRE, un inventaire fait fidèlement et régulièrement. — Fig. Fidèle, sincère, droit, franc, plein d'honneur et de probité : *c'est un homme loyal*.

*° **LOYALEMENT** adv. Avec fidélité, franchise, bonne foi : *vendre loyalement*.

LOYALISME s. m. Hist. S'est dit, en Angleterre, du dévouement aux princes de la famille des Stuarts et, en Amérique, du dévouement aux intérêts de l'Angleterre lors de la guerre de l'indépendance.

LOYALISTE s. m. Individu qui professe le loyalisme.

LOYALTY (îles), angl. *Iles de la Loyauté*, le plus important des groupes d'îles dépendant de la Nouvelle-Calédonie. Les Loyalty se composent de cinq îles et de nombreux îlots qui gisent à environ 60 milles marins, à l'E. de la Nouvelle-Calédonie; 2,147 kil. carr.; 13,335 hab., dont la moitié appartient à la religion chrétienne. Quatre îles seulement sont habitées, savoir, en allant du S.-E. au N.-O. : 1° *Maré*, longue de 34 kil., large de 29 kil.; 4,300 hab., dont 1,500 catholiques, 2,000 protestants et 800 paiens anthropophages; territoire denué d'eau avant que l'on y creusât des puits; 2° *Lifou*, à environ 30 milles de la précédente, longue de 60 kil.; large de 30 kil.; 7,500 hab., dont 2,000 catholiques; territoire aujourd'hui approvisionné d'eau par des puits; 3° *Uvéa*, à environ 30 milles de la précédente; 1,200 hab., presque tous chrétiens; 4° *Eo*, rocher madréporique couronné de cocotiers et habité par une centaine de Kanaques catholiques. — Les îles Loyalty, formées de coraux recouverts de sables et d'humus, présentent des rivages presque partout escarpés et inabordables. Le mouillage le moins dangereux s'est formé par la baie de Sandal, sur la côte O. de Lifou. On trouve dans l'intérieur des îles de vastes forêts de cocotiers, de pandanus, de figuiers, de bananiers. Dans les endroits où la nature du sol se prête à l'agriculture, on cultive l'igname et le taro, ainsi que plusieurs plantes introduites par les missionnaires. Climat salubre; terribles tempêtes giratoires en janvier. Rats, roussettes, perroquets, tourterelles, énormes pigeons, tortues, etc.

*° **LOYAUTÉ** s. f. [loua-iô-té ou lo-iô-té] (rad. *loi*) Fidélité, probité; *c'est un homme qui a beaucoup de loyauté*.

*° **LOYER** s. m. [loua-ié ou lo-ié] (rad. *louer*). Le prix du louage d'une maison : *prendre une maison à loyer*. — On dit aussi, DONNER UNE FERME A LOYER; mais, en parlant du prix qu'on paye ou qu'on reçoit pour le bail d'une ferme, on ne se sert point du mot *loyer* : on dit FERMAGE. (Voy. BAIL.) — Salaire, ce qui est dû à un serviteur, à un ouvrier pour ses services, pour son travail : *on ne doit point retenir le loyer du serviteur et du mercenaire*. Dans ce sens, il est peu usité. — Récompense :

les bonnes actions trouvent leur loyer dans l'estime publique. Dans ce sens, il a vieilli et n'est point d'usage au pluriel.

LOYOLA (SAINT Ignace de), [lo-io-la], fondateur de l'ordre des Jésuites, né en Espagne en 1491, mort à Rome le 31 juillet 1556. Il était le onzième enfant d'une famille noble de la Biscaye (Espagne), et il entra à 14 ans comme page au service de Ferdinand le Catholique, qu'il accompagna dans ses guerres. Il paraissait destiné à un brillant avenir, quand une blessure, qu'il reçut au siège de Pampelune le rendit boiteux; pendant sa longue convalescence, il lut la *Fleur des Saints* et les *Actes des martyrs*. Son imagination chevaleresque s'échauffa et il résolut de se vouer au service du Christ et de sa Mère. Après des jeûnes et des mortifications sans nombre, il fit un voyage en Terre Sainte. Il vint ensuite à Paris pour y faire ses humanités (1528), et il y jeta les fondements de son ordre avec six des principaux adeptes qu'il s'était attachés, au nombre desquels était François-Xavier; ils firent vœu, dans l'église de Montmartre, de travailler à la conversion des infidèles; la *Société de Jésus* était fondée. (Voy. JÉSUITES.) Elle fut approuvée par le pape Paul III (27 sept. 1540), et Ignace, qui avait reçu les ordres sacrés à Venise le 24 juin 1537, fut nommé général des jésuites en 1540. A sa mort, l'ordre était répandu dans l'Europe entière. Ignace fut canonisé par Grégoire XI en 1622. Fête le 31 juillet. Ses *Exercices spirituels* ont reçu l'approbation des papes.

LOYSEAU DE MAULÉON (Alexandre-Jérôme) avocat, né à Paris en 1728, mort en 1771. Reçu avocat au Parlement de Paris, en 1751, il se lia avec J.-J. Rousseau et contribua avec Voltaire à la réhabilitation de Calas. Ses *Plaidoyers* et ses *Mémoires* ont été réunis et publiés en 1762 (2 vol. in-4°) et en 1780 (3 vol. in-8°).

LOYSON (Charles), poète français, né à Château-Gontier en 1791, mort en 1820. Nommé maître de conférences à l'école normale, puis professeur dans un lycée de Paris, il collabora au *Journal des Débats*; mais ses goûts le portèrent plutôt vers la poésie. En 1814, il entra dans l'administration, devint chef du secrétariat de la librairie et fut, l'année suivante chef de bureau au ministère de la justice. Il a laissé *Epitres et Elégies* (Paris, 1819, in-12).

*° **LOZANGE** s. f. Voy. LOSANGE.

LOZÈRE (Mont), *Lesura mons*. I. Montagne de la chaîne des Cévennes dans le département de la Lozère, au S.-E. de Mende. Le Lot et le Tarn y prennent naissance. — II. Département de la région méridionale de la France; doit son nom à la chaîne de montagnes qui le sillonne du centre à l'Est; entre les départements de la Haute-Loire, du Cantal, de l'Aveyron, du Gard et de l'Ardèche; formé de la plus grande partie du Gévaudan; 5,169 kil. carr.; 143,565 hab. C'est l'un des départements de France où l'altitude moyenne est le plus considérable; il est presque entièrement couvert de montagnes qui le parcourent dans tous les sens, présentant des vestiges d'anciens volcans, des rochers abrupts, des sites sauvages ou gracieux, formant çà et là de vastes grottes ornées de stalactites. Au N. se trouvent les montagnes de la Margeride, au S. la chaîne granitique de l'Aigoual, à l'E. les Cévennes, où se trouve le pic de Finiels, point culminant du département (1,702 m.). Principaux cours d'eau : l'Allier, le Lot, le Tarn et le Gard. Sol pauvre, climat rigoureux. Châtaignes, quelques vignes; élève de moutons et de vers à soie. Peu d'industrie; soies, cuirs, lainages; mines de plomb, argent, cuivre, antimoine. Sources minérales à Bagnols-Choldette. — Ch.-l., Mende; 3 arr., 24 cant., 191 comm.; évêché à Mende, suffragant d'Albi; cour d'appel à Nîmes; les établissements d'instruction publique sont dans le ressort de l'académie de Nîmes. Ch.-l. d'arr. : Mende, Florac et Marvejols.

LUALABA, grande rivière de l'Afrique centrale, qui porte ses eaux au Congo et qui paraît même être, d'après Stanley, la principale branche de ce fleuve. La Lualaba sert le déversoir aux lacs Bangouélo, Moero, Ulenge, Sankorra, etc.

LUBBOCK (sir John-William) [leub'-bok], astronome anglais (1803-'65). Son ouvrage principal est sa *Théorie de la lune et perturbations des planètes.*

LÜBECK, l'une des trois villes libres de l'empire d'Allemagne, sur la Trave, à 45 kil. N.-E. de Hambourg; 297 kil. carr., en y comprenant son territoire, qui enveloppe la ville et s'étend jusqu'à la Baltique; 64,000 hab., presque tous protestants, dont 54,000 pour la ville et ses faubourgs. La cathédrale possède des sculptures sur bois et des peintures de Memling; l'église Sainte-Marie, l'un des plus beaux édifices de l'ancien gothique qu'il y ait dans l'Allemagne du Nord, contient des tableaux de Holbein et de Van Dyck. La maison de ville renferme la *hanse*, ou salle dans laquelle se réunissaient autrefois les députés de 85 villes hanséatiques. C'est à Lübeck que siège la cour suprême des villes libres d'Allemagne. Le commerce de cette

Place du marché à Lübeck.

ville a décru; néanmoins, 2,500 navires (dont 750 vapeurs) la visitent annuellement. Principaux articles d'importation : coton, soie, nouveautés, quincaillerie, produits coloniaux, zinc, etc. Exportation de grains, de bétail, de laine, de bois, de fer et de poisson. Manufactures de tabac, de savon, de papier, de cartes à jouer, de toiles de lin, de cotonnades et de fer. — Gouvernement républicain, composé d'un sénat (14 membres élus à vie) et d'un conseil de la bourgeoisie (120 délégués élus pour six ans). Recettes, 3 millions de marcs; dépenses égales aux recettes; dettes, 23 millions de marcs. Les villes de Lübeck, Hambourg et Brême fournissent à l'armée d'Allemagne les régiments 75 et 76. — Lübeck fut fondée au commencement du XIIᵉ siècle, par Adolphe II, comte de Holstein, sur l'emplacement d'une ancienne ville slave du même nom, qui avait été détruite quelque temps auparavant. Elle fut cédée par lui, en 1158, à Henri le Lion, de Bavière, qui promulga le code connu sous le nom de *das Lübische Recht*. Déclarée ville impériale libre en 1226, elle fonda la ligue hanséatique vers 1240, eut à repousser plusieurs attaques des Danois et perdit une grande partie de son importance après la guerre de Trente ans. Les Français la prirent d'assaut le 6 nov. 1806, et Napoléon l'incorpora à son empire en 1810; elle fut, jusqu'à la bataille de Leipzig, l'une des sous-préfectures du département des Bouches-de-l'Elbe. Redevenue ville libre, elle se joignit à la confédération de l'Allemagne du Nord le 18 août 1866 et entra dans l'empire d'Allemagne en 1871. Sa constitution actuelle date du 7 avril 1884.

LUBECKOIS, OISE s. et adj. Qui est de Lübeck, qui appartient à cette ville ou à ses habitants.

LUBERSA, ch.-l. de cant., arr. et à 17 kil. N.-O. de Brive (Corrèze); 3,600 hab. — Commerce de fruits et bestiaux.

* **LUBIE** s. f. (lat. *libido*, plaisir). Caprice extravagant : *il a des lubies.* (Fam.)

LUBIN (Saint), *Leobinus*, né à Poitiers, évêque de Chartres en 554, mort en 556. Fête le 14 mars.

LUBLIN [lou'-blinn]. I. Gouvernement de la Pologne russe, borné par la Galicie; 16,838 kil. carr.; 862,000 hab. Territoire uni et fertile, arrosé par le Bug, la Vistule et leurs affluents. — II. Cap. de ce gouvernement sur la Bistricza, à 150 kil. S.-E. de Varsovie; 35,000 hab. dont 15,000 Juifs. Commerce de bestiaux et de chevaux; tissus de laine, verreries.

* **LUBRICITÉ** s. f. Lascivité excessive : *rien ne lui coûte pour satisfaire sa lubricité.*

* **LUBRIFIER** v. a. (lat. *lubricus*, lubrique; *fieri*, devenir). Didact. Oindre, rendre glissant : *la mucosité des intestins sert à les lubrifier.*

* **LUBRIQUE** adj. (lat. *lubricus*). Qui a ou qui exprime, qui inspire de la lubricité: *homme, femme lubrique.*

* **LUBRIQUEMENT** adv. D'une manière lubrique : *danser lubriquement.* (Peu usité.)

LUC (Saint), évangéliste, né à Antioche. Il fut le disciple et le compagnon de saint Paul, le suivit en Macédoine, en Grèce et à Rome. Après le martyre de son maître, il parcourut en prêchant l'Evangile, l'Italie, la Gaule, l'Asie Mineure et l'Egypte et vint mourir en Achaïe. Il a laissé le 3ᵉ *Evangile* et la tradition lui attribue les *Actes des Apôtres.* Fête le 18 octobre.

LUC (Le), ch.-l. de cant., arr. et à 38 kil. S.-O. de Draguignan (Var); 3,500 hab. Commerce de marrons, bouchons de liège.

LUCA GIORDANO. Voy. GIORDANO.

LUCAIN (*Marcus-Annæus Lucanus*), poète latin, né à Cordoue l'an 38, mort à Rome l'an 65 de notre ère. Neveu de Sénèque, il fut élevé à la cour de Claude et reçut une éducation brillante. Doué d'un esprit vif et d'une imagination facile, il jouit auprès de Néron, son condisciple, d'une faveur marquée, fut nommé questeur et augure. Mais ayant osé disputer le prix de poésie à l'empereur son maître, il se vit en butte à la haine de Néron, qui lui défendit de lire ses ouvrages en public. Exaspéré par cette persécution et cette injustice, le poète ne garda plus de mesure; il se jeta dans la conspiration de Pison avec toute la vivacité d'un ressentiment personnel; mais le complot fut découvert. Par peur de la mort, Lucain dénonça ses amis et même sa mère Acilia; cette lâcheté ne lui sauva pas la vie. Néron lui accorda seulement la faveur de choisir son supplice; il se fit ouvrir les veines; il avait 27 ans. Il avait composé beaucoup de poésies qui ne nous sont point parvenues : nous n'avons de lui que la *Pharsale* (19 livres) dont le sujet est la guerre civile entre César et Pompée. Editions principales : celle d'Oudendorn (Leyde, 1728), celle de Burmann (1740), de Weber (Leipzig, 1821-'31, 3 vol. in-8°). Traduction française par Brébeuf (1658), par Marmontel (1766), par Chasles et Courtaud (Paris, 1835-'36, 2 vol. in-8°).

LUCANE s. m. (lat. *lucanus*). Entom. Genre de coléoptères lamellicornes, tribu des lucanides, comprenant des insectes chez lesquels la massue des antennes est composée de trois à quatre feuillets; la tête des mâles est munie d'une corne. L'espèce type, commune chez nous en été, est le *lucane cerf-volant*, qui atteint de 4 à 5 centim. de long. Il vole le soir autour des vieux arbres; sa couleur est d'un brun noirâtre. La femelle, nommée *biche*, a les mandibules beaucoup moins développées que chez le mâle. Leurs larves vivent dans l'intérieur des chênes et restent plusieurs années sous cette forme.

LUCANIDE adj. Qui appartient aux lucanes ou qui s'y rapporte. — s. m. pl. Tribu de coléoptères lamellicornes ayant pour type le genre lucane et comprenant, en outre, les genres passale, platycère, synodendre, etc.

LUCANIE, ancienne contrée montagneuse de l'Italie méridionale ou grande Grèce, située entre le Brutium au S., le Samnium, le golfe de Tarente à l'E. et la mer Tyrrhénienne à l'O., eut à l'origine par les Chones ou Œnotriens, auxquels vinrent s'adjoindre plus tard des colons grecs qui fondèrent le long des côtes Pæstum ou Posidonium, Héraclée, Sybaris et Elée ou Vélie. La Lucanie fait aujourd'hui partie de la Calabre citérieure et de la Basilicate. — Territoire montagneux et bien arrosé. Parmi les villes qui y fleurirent à diverses époques, on cite, outre celles dont nous avons déjà parlé : Métaponte, Thurium ou Thurii sur la côte orientale; et Pandosie ou Potentia dans l'intérieur. Le pays, après avoir été subjugué par les Samnites, se soumit aux Romains en 272 et perdit sa nationalité pendant la guerre civile entre Marius et Sylla (88).

LUCANIEN, IENNE s. et adj. Qui est de la Lucanie; qui appartient à cette province ou à ses habitants.

* **LUCARNE** s. f. (lat. *lucerna*; de *lux*, lumière). Ouverture, petite fenêtre pratiquée au toit d'une maison, pour donner du jour aux greniers, aux galetas, aux chambres du comble : *petite lucarne.* — ⸺ Lorgnon, monocle.

LUCAS (Hippolyte-Julien-Joseph), littérateur, né à Rennes le 20 décembre 1807, mort en novembre 1878. Après avoir suivi les cours de la faculté de droit, il collabora à divers journaux et donna même au théâtre plusieurs drames, tels que les *Nudes* (1844), *Alceste* (1847), *Médée* (1855); il fut alors nommé bibliothécaire à l'Arsenal et chargé de la critique dramatique et du feuilleton littéraire au journal le *Siècle.* On a de lui : *Histoire philosophique et littéraire du Théâtre-Français* (1843, 2 vol. in-8°); *Curiosités dramatiques et littéraires* (1855, in-12); *Portefeuille d'un journaliste* (1836); *Documents relatifs à l'histoire du Ciel* (1861). Parmi ses romans, nous citerons : *la*

Pêche d'un mari (1862); il a aussi laissé quelques livrets d'opéras.

LUCAS (Charles-Jean-Marie), économiste français, né à Saint-Brieuc en 1803, mort en 1874. Nommé en 1830 inspecteur général des prisons, il fonda, en 1833, la Société de patronage des jeunes libérés de la Seine et en 1847 la colonie agricole pénitentiaire du Val d'Yèvre, près de Bourges. On a de lui : *Du système pénitentiaire en Europe et aux Etats-Unis* (1826-'30, 3 vol. in-8°) ; *Du système pénal en général et de la peine de mort en particulier* (1827, in-8°) ; *Recueil des débats législatifs sur la peine de mort* (1830) ; *Des moyens et des conditions d'une réforme pénitentiaire en France* (1868), etc., etc.

LUCAS (Paul), voyageur célèbre, né à Rouen en 1664, mort en 1737. Son commerce de joaillerie l'ayant appelé à Constantinople, en Syrie et en Égypte, il prit du service dans les troupes vénitiennes, fit la course aux Turcs et revint en France (1696). Il fit un nouveau voyage dans le Levant pour y recueillir des pierres antiques, des médailles et des manuscrits ; dépouillé par un corsaire, il réussit à faire de nouvelles collections qu'il déposa au cabinet royal. Louis XIV le nomma son antiquaire. On a de lui : *Voyage au Levant* (Paris, 1704, 2 vol. in-12) ; *Voyage dans la Grèce, l'Asie Mineure, la Macédoine et l'Afrique* (1710, 2 vol. in-12) ; *Voyage dans la Turquie d'Asie, la Syrie, la Palestine, la haute et basse Egypte* (1719, 3 vol. in-12).

LUCAS DE LEYDE, peintre, né à Leyde en 1494, mort en 1533. Dès l'âge de 12 ans, il produisit sur toile la *Légende de saint Hubert*, puis il donna *Tentation de saint Antoine* et *Conversion de saint Paul*. Il exécuta, dans son lit, son chef-d'œuvre, *Jésus guérissant l'aveugle de Jéricho*. Ses tableaux authentiques sont fort rares ; on cite seulement, l'*Adoration des mages*, au musée d'Anvers, l'*Adoration des bergers*, à Notre-Dame de Tournai, et le *Jugement dernier*, à l'hôtel de ville de Leyde.

LUCAS (Cap San). Voy. SAN LUCAS.

LUCATEL (Baume de), baume pharmaceutique qui a une grande analogie avec le baume de Geneviève et que l'on emploie utilement pour panser les plaies et les ulcères atoniques ; on l'a recommandé également dans la phtisie. Il se compose de 45 gr. d'huile d'olive, 30 de cire jaune, 10 de vin de Malaga. On fait chauffer sur un feu doux et l'on ajoute ensuite : 45 gr. de térébenthine, 3 de poudre de santal rouge, 8 de baume noir du Pérou.

LUCAYES. Voy. BAHAMA.

LUCE. Voy. LUCIUS.

LUCE DE LANCIVAL (Jean-Charles-Julien), poète, né à Saint-Gobain (Aisne) en 1766, mort en 1810. Il fut successivement professeur de rhétorique, prédicateur, grand-vicaire et auteur dramatique. Il a laissé 6 tragédies, entre autres, *Mucius Scævola*, en 3 actes (1793), et *Hector*, en 5 actes (1809) ; il redevint plus tard professeur de rhétorique sous *Folliculus*, satire dirigée contre le critique Geoffroy. Collin de Plancy a recueilli ses œuvres (1826, 2 vol. in-8°).

LUCENA [lou-sé'-na]. Ville d'Andalousie (Espagne), à 50 kil. S.-S.-E. de Cordoue ; environ 20,000 hab. Toiles de lin, poteries. Les Maures assiégèrent vainement cette ville en 1483.

LUCENAY-L'ÉVÊQUE, ch.-l. de cant., arr. et à 15 kil. N.-O. d'Autun (Saône-et-Loire) ; 1,100 hab.

LUC-EN-DIOIS, ch.-l. de cant., arr. et à 24 kil. S.-E. de Die (Drôme) ; 950 hab. Célèbre fontaine publique.

LUCERA ou Nocera [lou-; no-tché'-ra], ville de l'Italie méridionale, à 16 kil. O.-N.-O. de Foggia ; 15,000 hab. Elle fut construite au XIIIe siècle sur l'emplacement de Luceria, l'une des plus anciennes villes d'Apulie, qui avait été détruite par les Byzantins. Ses premiers habitants furent les Sarrasins dont la mosquée sert aujourd'hui de cathédrale.

LUCERNE (all. Luzern [lou-tsèrn'], I. Canton central de la Suisse, 4,500 kil. carr. ; 135,000 h., en majorité catholiques, romains ; c'est l'un des 14 cantons où l'on parle le pur allemand. La partie méridionale appartient au bassin de la Reuss qui traverse le lac de Lucerne, et la partie septentrionale appartient à celui de l'Aar ; les autres principaux lacs sont le Sempach et le Baldegg ou Heidegg. Le lac de Pilatus est depuis longtemps desséché. Le canton n'est montagneux qu'au sud, sur les confins de l'Unterwalden et de l'Oberland bernois, où néanmoins les plus hauts sommets du Pilatus n'atteignent pas la limite des neiges perpétuelles. Le sol produit un excédent de grain. Ce canton se rendit indépendant en 1832 et se joignit à la confédération

Lucerne.

suisse ; il forme le centre et le principal des 7 cantons catholiques. Le renversement de sa constitution libérale en 1841, et l'admission des jésuites en 1844 préludèrent à la guerre du Sonderbund en 1847 ; une nouvelle constitution fut adoptée en 1863. — II. Capitale du canton ci-dessus, à l'extrémité N.-O. du lac de Lucerne, à 45 kil. S.-S.-O. de Zürich ; 15,000 hab. Elle est dominée par les monts neigeux des Alpes de Schwytz, à 15 kil. du mont Rigi ; la Reuss qui la baigne y est traversée par plusieurs ponts bizarres. Lucerne est entourée d'un cercle d'anciennes tours de guetteurs et de vieilles murailles. On prétend que le nom de cette ville vient d'une lumière (*lucerna*) qu'on y entretenait jadis pour guider les voyageurs. Elle fut construite au VIIIe siècle et appartint d'abord aux abbés de Murbach qui l'abandonnèrent à la maison de Hapsbourg ; prise par les Français en mars 1798, elle fut capitale de la république helvétique jusqu'au moment où elle devint le foyer d'une insurrection qui fut réprimée en octobre 1802. — III. (Lac de), amas d'eau situé entre les cantons d'Uri, d'Unterwalden, de Schwytz et de Lucerne, dont le seul nom allemand *Vierwaldstädter-see* ou *lac des Quatre Cantons*. Il s'élève à environ 300 m. au-dessus du niveau de la mer et est divisé en plusieurs baies ou embranchements. Le nom de *lac de Lucerne* doit être donné principalement à son bras occidental ; la baie d'Alpnach se trouve au S. du lac proprement dit ; celle de Küssnacht s'étend au N. et celle de

Buochs s'allonge à l'E. et à l'O. ; tandis que la baie d'Uri constitue l'extrémité S.-E. du lac. La longueur de cet amas d'eau est de 40 kil. ; sa largeur varie beaucoup. Il est sujet à de violentes brises qui s'élèvent simultanément en différents points de l'horizon. Le lac de Lucerne est célèbre par ses magnifiques paysages et par le souvenir de Guillaume Tell.

LUCHETTO DA GENOVA [lou-kèt'-to-dâ-djé'-no-va]. Voy. CAMBIASO.

LUCHON ou Bagnères-de-Luchon, *Balneariæ Lixonienses*, puis *Baicgnières*, ch.-l. de cant., arr. et à 48 kil. S.-O. de Saint-Gaudens (Haute-Garonne), 798 kil. de Paris et 6 kil. de la frontière d'Espagne ; 3,950 hab. Petite ville célèbre par ses eaux minérales et thermales, bien située au milieu de la pittoresque vallée de Luchon, environnée de montagnes qui sont couvertes de pâturages et de forêts, et sous un climat d'une douceur parfaite. L'établissement balnéaire, construit en 1840, est l'un des plus beaux de l'Europe ; il renferme tous les appareils connus. Les eaux thermales de 49° à 68°, ou froides à 17°, sont fournies par 54 sources, riches en sulfure de sodium et contenant du sulfate de soude, du sulfate de chaux, un peu de muriate de soude, des traces d'acide hydrochlorique, etc. On recommande les eaux de Luchon pour les maladies scrofuleuses, les affections graves de la peau, dont certaines paralysies qui ne proviennent point d'altérations du cerveau, dans les vieux ulcères et les rhumatismes chroniques. On les prend en boissons, pures ou coupées avec du lait ; en bains d'eau, d'étuve, de piscine, de vapeur, en douches et en inhalations. Plus de 10,000 baigneurs et buveurs d'eau visitent Luchon chaque année. Cette ville possède des promenades agréables : allées d'Etigny, Quinconces, allée des Soupirs, allée de la Pique, etc. On visite aux environs le lac d'Oo, la grotte de Gargas, la vallée du Lys, les cascades du Gouffre Infernal, le pic de Montregu, les grottes du Castillon, les panoramas de Burat. — Ascension du mont Nethou (3,404 m.) et exploration de plusieurs autres pics des Pyrénées.

LUCIA-DI-TALLANO (Santa-), ch.-l. de cant., arr. et à 15 kil. N. de Sartène (Corse) ; 1,100 hab.

* **LUCIDE** adj. (lat. *lucidus*). Clair, lumineux. N'est guère d'usage qu'au figuré : *un esprit lucide*. — AVOIR DES INTERVALLES LUCIDES, se dit d'une personne dont la tête est dérangée, et à qui la raison revient par intervalles.

* **LUCIDITÉ** s. f. Qualité, état de ce qui est lucide. On ne l'emploie guère qu'au figuré :

cet auteur est remarquable par sa lucidité, par la lucidité de son style.

LUCIE (Sainte), vierge et martyre, mise à mort à Syracuse, pendant la persécution de Dioclétien et de Maximien, en 304. Fête le 13 décembre.

LUCIE (Sainte-), l'une des petites Antilles anglaises, à 30 kil. S. de la Martinique et à 40 kil. N.-N.-E. de Saint-Vincent; 644 kil. carr.; 36,000 hab. Climat humide et malsain, sol montagneux et volcanique avec une petite plaine près de l'extrémité S., et des marais sur la côte. Sa possession a été l'objet de querelles continuelles entre les Caraïbes, les Français et les Anglais; le traité de Paris (1814) la donna définitivement à ces derniers. — Ch.-l., Castrie ou le Carénage, excellente rade, sur la côte O. L'île est sujette à de terribles ouragans. Les montagnes fournissent du bois de construction et de teinture. Le soufre est abondant presque partout. Sucre et cacao dans les vallées.

LUCIE DE LAMMERMOOR, Lucie est l'un des principaux personnages du roman : *la Fiancée de Lammermoor*, par Walter Scott. — Cammarano a tiré de ce roman le sujet d'un livret d'opéra italien sur lequel le compositeur Donizetti fit un chef-d'œuvre, écrit à Naples, en 1834, et représenté à Paris, aux Italiens, en 1837, et au théâtre de la Renaissance, en 1839. — Alphonse Royer et G. Waëz traduisirent cet opéra pour l'Académie de musique, où il fut représenté en 1846.

LUCIEN (gr. *Loukianos*; lat. *Lucianus*), sophiste et moraliste grec, né à Samosate vers 120 après J.-C., mort vers l'an 200. Jeune encore, il fut mis en apprentissage chez son oncle qui était statuaire; puis, ayant cru voir en songe la Science qui lui promettait un renom immortel, il se livra à l'étude des lettres et entra au barreau. S'étant fait ensuite rhéteur, il parcourut une partie de l'Asie, ainsi que la Grèce, l'Italie et les Gaules, où il demeura plusieurs années, promenant de ville en ville ses improvisations et vivant du produit de son éloquence. De retour à Athènes, il renonça à l'art frivole du rhéteur et suivit assidûment les leçons du philosophe Démonax. Ce fut à cette époque que, sous l'impulsion de connaissances nouvelles, il s'attaqua aux préjugés, aux superstitions de ses contemporains, à leurs dieux, au paganisme et aux philosophes; il composa alors 26 *Dialogues des dieux*, 15 *Dialogues marins*, 30 *Dialogues des morts*, et 15 *Dialogues des courtisanes*; il avait déjà donné quelques productions légères, comme le *Deuil*, le *Maître du rhéteur*, *Phalaris*, *Hippias* ou le *Bain*, le *Jugement des voyelles*, l'*Éloge de la mouche*, l'*Éloge de la patrie*, etc. Nommé, par Marc-Aurèle, intendant d'une partie de l'Egypte, il écrivit sa fameuse *Apologie* pour répondre aux attaques des administrés. Il a laissé encore le *Goutteux tragique*, le *Pied léger* et 42 *Épigrammes* ainsi que quelques pièces, telles que l'*Histoire véritable*, *De la manière d'écrire l'histoire*, productions dirigées contre les mauvais historiens; les *Littérateurs à la solde des grands*, contre les gens de lettres qui prostituent leur talent pour complaire aux puissants du jour. Lucien peut être regardé comme le plus brillant écrivain grec du 11ᵉ siècle; son style, toujours correct et d'une élégance soutenue, s'élève à la hauteur des écrivains antiques dont il a la clarté et la simplicité; il a su dévoiler les travers de ses contemporains avec un admirable bon sens, un esprit et une verve intarissables; et si, quelquefois, l'obscénité se glisse sous sa plume, s'il se complaît dans les scènes trop libres, s'il se joue des choses réputées saintes jusqu'alors, il faut reconnaître qu'il vivait à une époque étrangement propre à l'immoralité et au doute. On a voulu flétrir Lucien

en l'accusant d'avoir déserté le temple des chrétiens après y avoir été admis; c'est une grossière erreur. Lucien ne fut d'aucune religion, d'aucune secte et s'il ne vit dans les disciples de Jésus que de nouveaux cyniques qu'il attaqua comme tous les autres, il n'en loue pas moins la charité et le désintéressement des chrétiens. Dans la *Vente des Philosophes*, il fait mettre à l'encan les fondateurs des diverses sectes par le crieur public Mercure. Le manuscrit de Lucien, apporté en Italie par le Sicilien Aurispa, fut imprimé pour la première fois à Florence en 1496. Les diverses éditions sont celles de Bourdelot (Paris, 1615, in-fol.), de Benoît (Saumur, 1619, 2 vol. in-8º), *Cum notis variorum* (Amsterdam, 1687, 2 vol. in-8º), de Deux-Ponts (1789-'93, 10 vol. in-8º), de Didot (Paris, 1840, gr. in-8º) et de Bekker (Leipzig, 1853, 2 vol. in-8º). Toutes ces éditions ont des traductions latines. Lucien a été traduit en français par Perrot d'Ablancourt (1654, 2 vol. in-4º), par l'abbé Massieu (Paris, 1784, 6 vol. in-8º), Belin de Ballu (Paris, 1789, 6 vol. in-8º), enfin par M. E. Talbot (Paris, 1857, 2 vol. in-12º).

LUCIEN (Saint), l'un des plus anciens théologiens chrétiens, né à Samosate vers 250, mort vers 310. Après avoir été ordonné, il ouvrit à Antioche une école théologique suivie par de nombreux élèves. Il fut excommunié comme hérésiarque par trois évêques successifs d'Antioche. Ses opinions théologiques servirent plus tard de base à l'arianisme; mais Lucien se soumit à l'Eglise. Il mourut en prison à Nicomédie, après avoir subi la torture. Fête le 7 janvier. Il avait écrit deux petits traités sur la foi chrétienne et plusieurs lettres dont il ne reste qu'un fragment. On lui doit en outre une revision de la Bible des Septante, laquelle revision a été généralement admise dans les Eglises d'Orient.

LUCIEN BONAPARTE, prince de Canino, second frère de Napoléon Iᵉʳ, né à Ajaccio, le 21 mars 1775, mort à Viterbe le 29 juin 1840. Ardent révolutionnaire, il fut arrêté après la chute de Robespierre; mais Barras le fit relâcher, grâce à l'influence de Napoléon; il fut nommé commissaire des guerres; élu au conseil des Cinq-Cents en 1798, il devint président de cette assemblée; il joua le rôle principal dans la révolution du 18 brumaire et, témoin de la défaillance de son frère, il le sauva en abandonnant son fauteuil présidentiel et en se retirant au milieu des troupes. Ministre de l'intérieur, il inaugura le système de centralisation administrative; mais Napoléon ne le trouvant pas assez soumis, et Fouché l'ayant pris en aversion, il fut envoyé comme ambassadeur à Madrid. Dans ce poste, il amena l'Espagne à coopérer aux opérations contre le Portugal; en mars 1801; mais Godoy fit avorter ses projets. Napoléon l'accusa alors de faire le jeu de l'Angleterre et sa mission se termina au commencement de 1802. Il entra ensuite au Tribunat et aida son frère à devenir consul à vie; mais il encourut le mécontentement de celui-ci par son second mariage. En 1806, il s'établit à Rome, refusa, en 1807, une couronne qui eût été la récompense de son divorce et s'établit, près de Viterbe, dans une propriété que le pape convertit pour lui en principauté de Canino. Ne s'y trouvant pas en sécurité contre la colère de Napoléon qui le reniait, il s'embarqua pour les Etats-Unis, mais fut capturé par un croiseur anglais et retenu prisonnier en Angleterre jusqu'en avril 1814, époque où il retourna à Rome. Il secourut généreusement Napoléon pendant les Cent-Jours, devint membre du gouvernement comme prince impérial, bien que cette qualité ne lui eût pas été reconnue par la Chambre des pairs, parla vainement en faveur du maintien de l'empire après Waterloo, et en faveur du fils de Napoléon après

l'abdication de l'empereur et proposa plus tard, à plusieurs reprises, de délivrer le prisonnier de Sainte-Hélène. Protecteur des arts et des lettres, il fut le bienfaiteur de plusieurs hommes qui devinrent célèbres, et Béranger lui porta toute sa vie la plus profonde reconnaissance. Ses œuvres comprennent trois poèmes : *Charlemagne* ou l'*Eglise délivrée* (Londres, 2 vol. 1814); la *Cyrnéide* ou la *Corse sauvée* (Rome, 1819), et *Bathilde, reine des Francs* (10 chants, 1820), ouvrages des plus médiocres; un roman, *la Tribu indienne* (1799), des *Mémoires*, publiés en 1836; *Mémoire sur les vases étrusques* (1836). Voy. *Mémoire secret sur la vie privée politique et littéraire de Lucien Bonaparte* (1819, 2 vol.) — Sa première femme, Christine-Eléonore Boyer (morte en 1800), fille d'un aubergiste, lui donna deux filles : 1º *Charlotte* (1796-1865), qui épousa d'abord le prince Mario Gabrielli et ensuite le Dʳ Centamori; 2º *Christine-Egypta* (1798-1847), épouse en premières noces du comte suédois Arved Posse, et, en secondes noces, de lord Dudley Coutts-Stuart. De sa seconde femme, Alexandrine-Laurence Bleschamp, épouse divorcée du banquier Jouberton et morte à Sinigaglia le 12 juillet 1855, Lucien eut 8 enfants, dont 4 filles, savoir : 1º *Jeanne*, qui mourut peu de temps après avoir épousé le comte Honorati; 2º *Marie*, morte en 1858, épouse du comte Vicenzio Valentini; 3º *Constance*, morte en 1876, qui fut abbesse dans un couvent de Rome; 4º *Lætitia* (1804-'71), femme de sir Thomas Wyse, ministre anglais à Athènes; elle en eut deux filles, dont l'une épousa le général hongrois Türr et l'autre M. de Ratazzi; les quatre fils de Lucien sont : 1º *Charles-Lucien-Jules-Laurent*, prince de Canino et Musignano (1803-'57), qui épousa, en 1822, Zénaïde, fille de son oncle Joseph, se rendit à Philadelphie où il publia *American Ornithology* (1825-'33, 4 vol. in-4º). Revenu en Italie en 1828, il y donna en italien, en français et en latin des ouvrages sur l'ornithologie américaine et européenne et sur d'autres branches de l'histoire naturelle. Il soutint Pie IX jusqu'à la fuite du pape à Gaëte; mais ensuite il se laissa nommer par les patriotes romains vice-président de l'assemblée constituante. Lorsque l'armée française eut mis fin à la république romaine (juillet 1849), Charles-Lucien se rendit en France, où sa qualité de neveu le plus immédiat de Napoléon Iᵉʳ effraya tellement son cousin Louis-Napoléon Bonaparte, que ce prince le fit arrêter sans bruit et conduire sur les côtes d'Angleterre; lorsque tout danger de rivalité eut disparu, le président de la République française lui permit de rentrer en France (1850), et le nomma directeur du Jardin des plantes en 1854. Il avait la réputation d'être l'ornithologiste le plus éminent de son époque. Sa femme, morte en 1854, l'assista dans ses travaux et traduisit les œuvres de Schiller; elle lui donna 12 enfants, dont 4 moururent jeunes. Ses filles épousèrent : l'une, le marquis Roccagiovine; l'autre, le comte Primoli; une troisième, le comte Campello; une quatrième, le prince Placido Gabrielli; et la cinquième, le comte Cambacérès. Son fils aîné, Joseph-Lucien-Charles-Napoléon, fut remplacé comme chef de la famille par Lucien-Louis-Joseph-Napoléon, né en 1828, et fut poursuivi par son frère, Napoléon-Grégoire-Jacques-Philippe, né en 1839; 2º *Louis-Lucien*, né en 1843; 3º *Pierre-Napoléon*, connu sous le nom de prince Pierre Bonaparte, né en 1815; 4º *Antoine*, né en 1816.

LUCIENNES ou Louveciennes, *Lupicinus*, petite ville de Seine-et-Oise, à 7 kil. N. de Versailles et à 2 kil. S.-E. de Marly. Louis XV y fit construire en 1772, pour Mᵐᵉ du Barry, un magnifique château, aujourd'hui propriété particulière.

LUCIFER s. m. [lu-si-fèrr] (lat. *lux*, lumière; *fero*, je porte). Astron. Nom classique de la planète Vénus, quand elle est étoile du matin. Les Grecs l'appelaient *Phosphoros*. La même étoile, vue le soir, après le coucher du soleil, se nomme poétiquement *Vesper, Hesper* ou *Nocturnus*. Dans la mythologie, Lucifer, fils du titan Astrée et d'Aurore, était chargé, conjointement avec les Heures, de garder les chevaux et le char du Soleil. — L'un des noms appliqués au démon. En ce sens, il se trouve pour la première fois dans les *Prophéties d'Isaïe* (XIV, 12), où le roi de Babylone est comparé à l'étoile du matin.

LUCIFER, évêque de Cagliari, mort en 370. Légat en 354, il défendit si vigoureusement au concile de Milan saint Athanase contre les ariens, que l'empereur Constance le tint prisonnier jusqu'en 361. Envoyé à Antioche pour apaiser la querelle des eustathiens et des méléciens, Lucifer prit parti pour les premiers et se mit à la tête du schisme qui éclata, lorsque le concile d'Alexandrie eut condamné les eustathiens. Il se retira en Sardaigne (363) et y fonda la secte des lucifériens. Ses écrits ont été publiés à Paris (1568) et à Venise (1778, in-fol.).

LUCIFÉRIANISME s. m. Secte fondée par Lucifer en 363.

LUCIFÉRIEN, IENNE s. Partisan du *luciférianisme*. Les lucifériens ne se séparaient pas des catholiques pour le dogme; mais ils prétendaient avec les hérétiques que les hérétiques devaient être rebaptisés.

LUCIFUGE adj. (lat. *lux*, lumière; *fugere* fuir). Qui fuit la lumière.

LUCILINE s. f. Huile d'éclairage analogue à l'huile de pétrole.

LUCILIUS (Caïus-Ennius), satirique romain, né dans le Latium en 148 av. J.-C., mort à Naples en 103. Ami intime de Scipion, il le suivit au siège de Numance. On peut le regarder comme le créateur de la satire antique, à laquelle il donna la forme que perfectionnèrent plus tard Horace, Perse et Juvénal. Il composa 30 livres dont il nous reste plus de 800 fragments, publiés par H. Estienne (1564) et par Dousa (Leyde, 1597). La meilleure édition avec traduction française est celle de M. Corpet (Paris, 1845, 1 vol. in-8° dans la *Bibliothèque latine-française de Panckoucke*).

LUCINE. Mythol. Déesse qui présidait aux accouchements. Elle avait des temples dans la campagne romaine, en Crète et à Athènes. D'après Hésiode, elle était fille de Jupiter et sœur d'Hébé et de Mars; mais, plus tard, on l'identifia avec Junon et Diane.

* **LUCIOLE** s. f. (diminutif du lat. *lux*, lumière). Un des noms du ver luisant et de la mouche luisante.

LUCIUS I. (Saint), pape, succéda à saint Corneille en 252, mort l'année suivante. Fête le 6 mars. — II. (Gérard CACCIANAMICI), pape; succéda, en 1144, à Célestin II. Les Romains le chassèrent en 1145 et il fut mortellement blessé en essayant de rentrer à Rome. — III. (Ubaldo ALLUCINGOLI), pape, mort à Vérone en 1185. A dater de son élection, les cardinaux, mettant en pratique le décret du concile de Latran, se réservèrent seuls le droit de vote pour le choix d'un pape.

LUCKENWALDE [louk-ènn-vâl-de], ville du Brandebourg (Prusse), sur la Nuthe, à 50 kil. S.-O. de Berlin; 14,000 hab.

LUCKNER (Nicholas) [louk'-ner], maréchal de France, né à Campon (Bavière) en 1722, guillotiné à Paris le 5 janv. 1794. Il se distingua dans l'armée prussienne durant la guerre de Sept ans, passa dans l'armée française avec le grade de lieutenant général en 1763 et fut nommé maréchal en 1791. Au commencement de l'année suivante, il prit

Courtrai et Menin, mais évacua aussitôt sans raison les Pays-Bas. Au mois de juillet 1792, il reçut le commandement général des trois armées de Belgique et battit les Autrichiens, près de Valenciennes, le 19 août. Ayant encore évacué le pays conquis, il fut appelé à la barre de la Convention et destitué, bien qu'il justifiât sa conduite. Pendant la Terreur, le comité de Salut public le remit en accusation comme ayant conspiré avec les étrangers.

LUCKNOW, capitale de la province d'Oude (Inde anglaise), sur la rivière Goomtee, à 68 kil. N.-E. de Cawnpore; 262,000 hab. Les rues sont généralement étroites et mal bâti. La ville renferme de nombreux édifices publics, dont cinq palais royaux. Dans le voisinage, les rois d'Oude possédaient plusieurs belles maisons de campagne; l'une des plus élégantes est la Dilkoucha (délices du cœur). On nomme *Constantia* une curieuse habitation érigée par un Français, Claude Martin, qui s'engagea dans les troupes anglaises et acquit une grande opulence. Un monument encore plus beau, est le collège la Martinière, qui rappelle le nom de notre compatriote et

La Martinière, à Lucknow.

qui reçoit des élèves de caste inférieure. (Voy. MARTIN.) Les catholiques et plusieurs sectes protestantes possèdent des missions à Lucknow. — Le siège du gouvernement de l'ancien royaume d'Oude fut transporté de Fyzabad à Lucknow en 1775, et cette ville fut la résidence royale jusqu'à l'annexion du royaume à l'empire britannique. Pendant la révolte de 1857, une petite troupe d'Anglais défendit héroïquement Lucknow contre toute une armée de rebelles. Après 12 mois de siège, la garnison se fraya un chemin à travers les ennemis et parvint à se sauver par un prodige d'audace. Quelques mois plus tard, la ville fut reprise par les Anglais.

LUÇON, ch.-l. de cant., arr. et à 29 kil. O. de Fontenay-le-Comte (Vendée); 6,200 hab. Collège; évêché suffragant de Bordeaux et dont le cardinal de Richelieu fut un des titulaires. Cette ville fut saccagée par les protestants en 1568. Toile de lin, porcelaine. Victoire de 2,500 républicains commandés par Tucy, sur 25,000 Vendéens sous les ordres de d'Elbée, le 13 août 1793. — PAIX DE LUÇON, paix consentie le 17 janv. 1800, par les différents chefs vendéens.

LUÇON ou Manille. Voy. LUZON.

LUÇONNOIS, OISE s. et adj. Habitant de Luçon; qui appartient à cette ville ou à ses habitants.

LUCQUE (ital. *Lucca*. [louk'-ka]). I. Province de l'Italie centrale (Toscane), bornée par la Méditerranée; 1,493 kil. carr.; 285,000 hab. Territoire montagneux ne renfermant qu'une

seule rivière, le Serchio; le sol, admirablement cultivé, produit des olives, des marrons, des figues, des amandes et des citrons. — II. Ch.-l de la province ci-dessus, dans la vallée du Serchio, à 15 kil. N.-E. de Pise et à 60 kil. O de Florence, par 43° 50' 49" lat. N. et 8° 10' 26" long. E.; 22,000 hab. La piazza del Mercato (place du Marché) occupe l'emplace ment et conserve la forme de l'ancien amphithéâtre. Les principaux édifices publics sont : l'hôtel de ville, le palais ducal, le palazzo pretorio, le palazzo Mansi, et le Palazzo Borghi (aujourd'hui occupé par un hospice). La cathédrale, dédiée à saint Martin, date du XIe siècle. Coton, laines, papier, draps. Les célèbres bains de Lucques se trouvent à environ 24 kil. de la ville. — Lucques (lat. *Luca*) fit autrefois partie de l'Etrurie, mais son origine étrusque a été mise en doute; elle tomba entre les mains des Ligures, devint colonie romaine en 167 av. J.-C., forma un duché lombard en 572 ap. J.-C., fut annexée à l'empire franc et à l'empire germanique, conquit son indépendance et proclama la république au XIIe siècle. En 1797, les Français s'en emparèrent et, en 1805, Napoléon la donna comme principauté à sa sœur Elisa. Après la chute de l'empereur, la ville fut occupée par les Autrichiens, et l'infante espagnole Marie-Louise, fut nommée régente. Elle fut remplacée, en 1824, par son fils Charles-Louis dont le groom (un Anglais nommé Ward, mort en 1858), devint premier ministre. Dès qu'éclata le mouvement italien en 1847, Charles-Louis céda Lucques à la Toscane en échange de Parme et de Plaisance. La province de Lucques entra dans le royaume d'Italie en 1860.

LUCQUOIS, OISE s. et adj. Habitant de Lucques; qui concerne cette ville ou ses habitants.

* **LUCRATIF, IVE** adj. Qui apporte du gain, du lucre : *un commerce lucratif.*

LUCRATIVEMENT adv. D'une façon lucrative.

* **LUCRE** s. m. (lat. *lucrum*, gain). Gain, profit dû sur l'industrie, d'un négoce, d'un travail mercenaire, de l'exercice d'une charge, d'un emploi : *travailler pour le lucre.*

LUCRÈCE (Titus Lucretius Carus), poète latin, né à Rome l'an 95, mort l'an 55 av. J.-C. On sait peu de chose sur sa vie; il fut le contemporain et l'ami d'Atticus, de Catulle et de Cicéron, qui revit ses œuvres. Il fit dit-on, le voyage d'Athènes et suivit les leçons de Zénon; ce fut là sans doute qu'il s'inspira du génie d'Epicure, adopta sa philosophie, et conçut le projet de la transmettre à sa patrie dans le langage des Muses. Il fit paraître son poème *De natura rerum*, où l'on admire la force de l'expression et l'énergie des couleurs, et dans lequel Lucrèce développe la théorie atomistique. Les diverses éditions sont celles de Lambin (1563), d'Havercamp (Leyde, 1725), de Bentley (Londres, 1796) et de Lemaire (Paris, 1835). Lucrèce a été traduit en vers par M. de Pongerville (1823, 2 vol. in-8°), en prose par Lagrange (1768) et par M. de Pongerville (Paris, 1836, 2 vol. in-8°). D'après la *Chronique* d'Eusèbe, qui est à peu près la seule autorité que l'on puisse consulter pour ce qui concerne Lucrèce, ce poète philosophe avait été rendu fou par un philtre, et c'est dans ses moments de lucidité qu'il composa ses ouvrages ; Eusèbe ajoute qu'il se suicida. Il est admis aujourd'hui que cette histoire de philtre et de folie est une invention de quelque ennemi des épicuriens.

LUCRÈCE, *Lucretia*, fille de Spurius Lucretius et femme de Tarquin Collatin ; ayant été déshonorée par un fils de Tarquin le Superbe elle divulgua son affront à son mari en présence de son père et de Brutus et se poignarda sous leurs yeux en leur faisant jurer de la venger. Le serment fut tenu. (Voy. Tarquin.) Il existe des tragédies de *Lucrèce* par Arnault (1792) et par Ponsard (1843).

LUCRÈCE BORGIA. (Voy. Borgia.) — Lucrèce Borgia, drame en 3 actes et en prose, l'un des plus habilement charpentés de tout l'œuvre de Victor Hugo ; représenté au théâtre de la Porte-Saint-Martin, le 2 févr. 1833.

LUCRIN (Lac), *lacus Lucrinus*, petit lac de la Campanie, au fond du golfe de Baïes. En 1538, une éruption volcanique l'a presque entièrement comblé ; ce n'est plus qu'un marais.

LUC-SUR-MER, charmante station balnéaire maritime du département du Calvados, cant. et à 3 kil. de Douvres et à 15 kil. N. de Caen. Pêcheries importantes.

LUCTUEUX, UEUSE adj. (lat. *luctus*, deuil). Douloureux, triste, pénible. — Chef d'une lucumonie.

* **LUCUBRATION** s. f. Voy. Élucubration.

LUCULE s. f. (dimin. du lat. *lux*, lumière). Astron. Nom donné à des places plus lumineuses qu'on remarque sur la surface du soleil.

* **LUCULLUS** s. m. [lu-kul-lus] (nom d'un riche romain, célèbre par son luxe). Désigne les personnes qui déploient une grande somptuosité, particulièrement dans leur table : *c'est un Lucullus ; dîner de Lucullus*.

LUCULLUS (Lucius-Licinius), l'un des plus grands généraux de la période de décadence qui précéda la chute de la république romaine, né vers l'an 109 av. J.-C., mort vers l'an 57. Il servit avec distinction à la guerre sociale et accompagna Sylla, comme questeur, en Grèce et en Asie (88). Pendant le siège d'Athènes, il réunit les forces navales des alliés de Rome, et battit la flotte de Mithridate devant Ténédos. En 80, il revint à Rome pour y remplir l'office d'édile curule, auquel il venait d'être élu en même temps que son jeune frère Marcus. En 74, il fut consul avec M. Aurelius Cotta. Ayant été désigné pour diriger la seconde guerre contre Mithridate, il établit une sévère discipline dans ses troupes et remporta les victoires de l'Æsopus et du Granique, conquit le Pont, pilla Tigranocerte (ville de l'Arménie), soumit le Bosphore et se disposait à conquérir l'empire des Parthes, lorsque ses soldats, enrichis, comme lui des dépouilles des vaincus, refusèrent de le suivre. Privé de son commandement, qui fut confié à Pompée, il rentra à Rome après huit ans d'absence, et y obtint trois années plus tard, les honneurs du triomphe (63). Il avait acquis, en pays ennemis, une fortune insolente, et ne possédait plus d'autre ambition que de satisfaire ses appétits sensuels ; aussi n'essaya-t-il pas de lutter contre l'élévation de Pompée, son rival et son ennemi personnel. Il éblouit, pendant quelque temps, le peuple romain par l'éclat du faste qu'il étala dans ses somptueuses villas. Ses dîners attirèrent autour de lui une nuée de patriciens ruinés qui firent son cortège ordinaire, et ses dernières années se passèrent dans la démence, suite inévitable d'une vie d'orgie. Ses moindres repas coûtaient 50,000 deniers (42,000 francs). Ses caprices n'étaient pas moins onéreux : il fit creuser une montagne pour introduire l'eau de mer dans un de ses viviers. L'histoire lui fait une gloire d'avoir compté quelques gens

de lettres parmi les innombrables parasites qu'il faisait asseoir à sa table. Pompée l'avait surnommé le Xerxès romain. On cite de lui plusieurs reparties. Un jour que son cuisinier ne lui avait préparé qu'un repas ordinaire, alléguant qu'il ne recevait personne ce jour-là : *Lucullus dîne chez Lucullus*, fit observer le sybarite, et il fallut lui servir un dîner aussi somptueux que s'il avait eu cent convives. On lui attribue l'introduction du cerisier en Italie. (Voy. Cerise.) Il réunit une riche bibliothèque qu'il ouvrit aux gens lettrés.

LUCUMON s. m. Nom porté par les membres d'une caste dominante en Etrurie ; on était *lucumon* chez les Etrusques comme on était *patricien* à Rome. — Chef d'une lucumonie.

LUCUMONIE s. f. Pays administré par un lucumon. — Dignité de lucumon. — Division militaire en Etrurie.

LUDE (Le), ch.-l. de cant., arr. et à 22 kil. E.-S.-E. de la Flèche (Sarthe) ; 2,500 hab. Tanneries, commerce de toiles, grains, bestiaux, marrons.

LÜDERS (Alexander-Nikolayevitch), général russe (1790-1874). Il prit part à la guerre de Finlande (1808) et aux campagnes de 1812-14 contre Napoléon. En 1831, il commanda une brigade en Pologne et se distingua à la prise de Varsovie. Il servit dans le Caucase, de 1843 à 1845, et combattit victorieusement le général Bem, pendant la guerre de Hongrie. Il venait de recevoir le commandement suprême des troupes de Crimée et se préparait à mener vigoureusement les hostilités, lorsque la paix fut signée en 1856. Il fut nommé lieutenant général de Pologne en 1861 et comte en 1862.

LUDINGTON, ville du Michigan (Etats-Unis), sur le lac Michigan, à l'embouchure de la rivière nommée Père-Marquette, à 400 kil. N.-O. de Détroit ; 3,000 hab.

LUDION s. m. (lat. *ludus*, jeu). Petite figure qui flotte dans une carafe pleine d'eau et qu'on peut faire descendre ou monter par la pression de l'air.

LUDLOW, bourg du Shropshire (Angleterre), sur la Teme, à 350 kil. de Shrewsbury ; 6,000 hab. Ecole libre de grammaire fondée sous le règne d'Edouard VI ; théâtre ; bibliothèque.

LUDOLPHE LE CHARTREUX, savant moine né en Saxe vers 1300, mort en 1370. Il fut prieur de la Grande-Chartreuse de Strasbourg et a laissé de nombreux ouvrages, entre autres : *Vita Christi* (1474, in-fol.), traduit en français par Guillaume Le Menand (Paris, 1490).

LUDRE (Marie-Isabelle *dite* La Belle de), connue au XVIIe siècle par ses aventures avec Charles de Lorraine, par l'admiration qu'elle provoqua à la cour de France et la faveur dont elle jouit près de Louis XIV sur le cœur duquel elle balança un instant l'influence de Mme de Montespan.

LUDWIGSBURG [loud'-vikss-bourg], ville de Würtemberg, à 12 kil. N. de Stuttgard ; 15,000 hab. Vaste palais royal, entouré de beaux jardins et contenant une riche collection de tableaux ; école militaire, arsenal, fonderie de canons ; manufactures de linages et de cotonnades ; toiles de lin, joaillerie, orgues

LUDWIGSHAFEN [loud'-viss-hà-fènn], ville du Palatinat (Bavière), sur le Rhin, en face de Manheim ; 13,000 hab. On l'appelait autrefois *Rheinschanze* (redoute du Rhin) et elle sert de tête de pont à la ville de Manheim. Son nouveau nom lui fut donné en 1843.

* **LUETTE** s. f. [lu-è-te] (vieux franç. *uvette* ; du lat. *uva*, raisin, à cause de sa forme). Partie charnue, saillante, au milieu du voile du palais, à l'entrée du gosier : *il a la luette enflée, relâchée, engorgée*.

* **LUEUR** s. f. [lu-eur] (rad. *luire*). Lumière faible ou affaiblie : *lueur blafarde ; lueur passagère*. — Fig. Légère apparence : *il y a quelque lueur de raison dans ce qu'il dit*.

LUGANO [lou-gà'-no], ville de Suisse, cap. du canton du Tessin ; alternativement avec Locarno et Bellinzona ; sur le lac Lugano, à 55 kil. N.-O. de Milan ; 6,500 hab. C'est un actif entrepôt du commerce entre la France et l'Italie. — Le lac de Lugano, long d'environ 30 kil. et d'une largeur moyenne de 3 kil, appartient en partie à l'Italie et en partie à la Suisse ; ses magnifiques paysages attirent de nombreux touristes. La Tresa le fait communiquer avec le lac Majeur.

LUGANSKI (Kosak) [lou-gànn'-ski]. Voy. Dahl (*Vladimir Ivanovitch*).

LUGDUNENSIS GALLIA. Voy. Gaule.

LUGDUNUM. I. Ville principale de la Gallia Lugdunensis, au pied d'une colline (Fourvières), au confluent de l'Arar (Saône) et du Rhodanus (Rhône), fondée par des fugitifs de Vienne, qui se trouvait plus bas sur le Rhône. (Voy. Lyon.) — II. Lugdunum Batavorum, ville principale des Bataves aujourd'hui *Leyde.* — III. Lugdunum Convenarum, ville principale des Convenæ, en Aquitaine, aujourd'hui *Saint-Bertrand-de-Comminges*.

LUGENFELD (all. *Champ du mensonge*), lieu situé près de Colmar (Alsace) et où Louis le Débonnaire, attaqué par ses fils (833), fut abandonné de toute son armée.

LUGNY, ch.-l. de cant., arr. et à 24 kil. N. de Mâcon (Saône-et-Loire) ; 750 hab. Vins ordinaires.

LUGO [lou'-go]. I. Province du N.-O. de l'Espagne (Galice), sur le golfe de Gascogne ; 9,808 kil. carr. ; 416,000 hab. Territoire très montagneux. Principaux cours d'eau : Minho, Sil, Eo. La côte, des plus tempétueuses, est terminée par le cap Estaca, pointe la plus septentrionale d'Espagne. Les habitants sont presque tous bouviers, muletiers et pêcheurs. Fer, antimoine, plomb, granit et marbre. Cap., Lugo ; villes princ. : Mondoñedo, et Rivero. — II. (Lucus Augusti), cap. de cette province, sur le Minho, à 75 kil. S.-E. de la Corogne ; 23,000 hab. La ville est entourée d'épaisses murailles et renferme une cathédrale qui date de 1129. Lainages, toiles de lin, cuir, chapeaux, savon, vin, huile. Au ve siècle, Lugo fut la capitale des Suèves.

LUGOS [lou'-goch], ville de la Hongrie méridionale, cap. du comté de Krasso, divisée par la Temes, à 55 kil. S.-E. de Temesvar ; 12,000 hab. Grand commerce de vins. Elle fut le dernier refuge de l'armée hongroise et du gouvernement national en 1849.

* **LUGUBRE** adj. (lat. *lugubris ; de lugere*, pleurer). Funèbre, qui marque, qui inspire une sombre tristesse : *voix lugubre*.

* **LUGUBREMENT** adv. D'une manière lugubre : *chanter lugubrement*.

* **LUI**, pronom de la troisième personne (lat. *ille, hic*, celui-ci). Il est du nombre singulier, et presque toujours du genre masculin. Cependant, quand la préposition *à* est sous-entendue, comme dans cette phrase, *vous lui parlerez*, il est commun aux deux genres, mais dans deux cas seulement. Le premier, lorsqu'il précède le verbe : *j'ai rencontré votre sœur, et je lui ai parlé*. Le second, quand le verbe est à l'impératif : *si vous voyez ma mère, remettez-lui ce livre*. Hors de là, il n'appartient qu'au genre masculin : *c'est lui qui me l'a donné, c'est à lui que je le tiens*.

Vous croyez que, mon cœur s'engageant sous sa loi,
Je souscrirais aux lois dont il fait pour moi ?
    1. Racine. *Alexandre*, acte I, sc. III.

— Ne se dit guère que des personnes ou des choses personnifiées, ou encore quand il est mis pour Soi : *les Francs qui envahirent la Gaule lui donnèrent leur nom*.

—Lui-même, en personne : *il vint lui-même.*

Madame, c'en est fait, voici le roi *lui-même.*
        J. Racine. *La Thébaïde,* acte I, sc. ii.

— Pour lui-même, pour sa propre personne, indépendamment de toute considération d'intérêt : *il était aimé pour lui-même.*

LUIGI (Andrea di) [lou-i'-dji], appelé aussi L'Ingegno [linn-djé'-nio] et *Andrea di Assisi,* peintre italien, mort après 1511. Il fut l'élève et le rival de Raphaël.

LUINI ou Lovini (Bernardino), [lou-i'-ni; lo-vi'-ni], peintre italien, né vers 1460, à Luini, sur le lac Majeur, mort après 1530; il fut élève de Léonard de Vinci et devint un des plus grands peintres de l'École milanaise; sa composition et son dessin sont irréprochables et son expression est imposante et gracieuse. Ses deux chefs-d'œuvre sont un *saint Jean enfant jouant avec l'agneau,* à Milan, et une *Hérodiade,* au musée de Florence. Ses autres chefs-d'œuvre, que l'on a souvent pris pour des œuvres de Léonard de Vinci, se trouvent à Lugano et à Saronno. Il a laissé des fresques remarquables.

* LUIRE v. n. (lat. *lucere*). *Je luis, tu luis, il luit, nous luisons; je luisais; je luirai; je luirais; que je luise; luisant; lui.* Éclairer, jeter, répandre de la lumière : *quand le soleil luit.*

Le ciel d'un feu plus beau *luit* après un orage.
                  André Chénier.

— Prov. Le soleil luit pour tout le monde, il est des avantages dont chacun a le droit de jouir. — Se dit aussi des corps polis qui réfléchissent la lumière : *je vois luire dans ce sable quelque chose qui ressemble à de l'or.* — Fig. et au sens moral. Paraître, briller : *le gouverneur de cette place ne s'est pas rendu, tant qu'il a vu luire quelque espoir de secours.* Un nouveau jour nous luit, notre destin change.

Quelle étrange valeur, qui, ne cherchant qu'à nuire,
Embrase tout sitôt qu'elle commence à *luire;*
     J. Racine. *Alexandre,* acte II, sc. ii.

* LUISANT, ANTE adj. Qui luit, qui jette quelque lumière : *un ver luisant.* — Qui a quelque éclat, qui réfléchit quelque lumière : *des couleurs luisantes.*—s. m. : *le luisant d'une étoffe.* — s. f. Astron. Certaines étoiles qui brillent d'un éclat particulier : *la luisante de la Lyre.*

* LUITES s. f. pl. Vén. Testicules d'un sanglier. (Voy. Suites.)

LUITPRAND ou Liutprand, roi des Lombards, né vers 690, fils et successeur d'Ansprand (712), mort en 744. Allié d'abord du pape Grégoire II contre Léon l'Isaurien (auquel il enleva l'exarchat de Ravenne et toutes les provinces au N. de Rome, en 728), il se tourna ensuite contre ce pape et contre son successeur Grégoire III, se réconcilia avec Zacharie et rendit les conquêtes faites sur l'Église. A l'intérieur, il fut un sage et habile administrateur. Ses lois restèrent en vigueur dans l'Italie méridionale jusqu'au XIIIe siècle et dans le royaume de Naples jusqu'au XVIe siècle. En 739, il marcha, à la tête d'une armée, au secours de Charles Martel et chassa de Provence les Sarrasins. Il laissa la Lombardie puissante et prospère; il eut pour successeur son neveu Hildebrand, qui régnait conjointement avec lui depuis 736.

LUITPRAND ou Liutprand, historien lombard, né vers 920, mort en 972. Il fut diacre de la cathédrale de Pavie, et ensuite chancelier de Bérenger II, qui l'envoya en ambassade à Constantinople. Ayant encouru la colère de Bérenger et de sa femme en 950, il se sauva à la cour de l'empereur Othon Ier, qui le nomma, en 961, évêque de Crémone et l'envoya à Rome. Il fut encore ambassadeur à Constantinople en 968 et en 971. Ses Œuvres, publiées à Anvers (1640, in-fol.),

comprennent une chronique de 960 à 964 et une histoire générale de l'Europe de 888 à 948.

LUKNOW. Voy. Lucknow.

LULLE ou Lulli (Raymond), *Raimundo Lullio,* philosophe et alchimiste espagnol, né à Palma (île Majorque) en 1234, lapidé à Bougie en 1315. Après avoir passé sa jeunesse dans la dissipation et les plaisirs, il se retira subitement du monde et se livra à l'étude des sciences et de la philosophie des Arabes; il entra dans le tiers-ordre de Saint-François et vécut 9 ans comme un ermite sur la montagne de Ronda. Il fit paraître *Ars generalis sive magna,* où il prétendait démontrer par le raisonnement la vérité des dogmes chrétiens. Grâce au patronage de Jacques II d'Aragon et de Philippe le Bel, sa doctrine put se répandre en Europe et y être publiquement enseignée (1298). Lulle fit trois voyages dans l'Afrique septentrionale pour y combattre les partisans d'Averroès; il y fut mis à mort. Ses Œuvres complètes ont été publiées à Mayence par Salzinger (1721-42, 10 vol. in-fol.). Elles comprennent son Grand Art (Ars magna ou Ars Lulliana), sorte de logique combinant certaines classes d'idées et résolvant des questions scientifiques; et son *Arbor scientiæ,* espèce d'encyclopédie appliquant sa méthode à toutes les sciences. — Lulle fut l'un des innombrables alchimistes, qui cherchèrent la pierre philosophale; mais, s'il ne la trouva pas, il fit néanmoins faire un grand pas à la science en fixant l'attention sur les produits volatils de la décomposition des corps pendant la distillation.

LULLI ou Lully (Jean-Baptiste) [lu-li], célèbre compositeur, né à Florence en 1633, mort à Paris le 22 mars 1687. Il était âgé de 10 ans lorsque le duc de Guise, frappé de sa précoce intelligence, le prit pour page, l'amena en France et le donna à Mlle de Montpensier, qui l'occupa dans ses cuisines, en qualité de marmiton. Tout en surveillant le rôti, le jeune Lulli se livrait à des improvisations sur un violon. Le comte de Nogent ayant vanté son talent, Mlle de Montpensier lui fit donner des leçons et l'admit au nombre des musiciens de sa maison. C'est vers cette époque qu'il composa le fameux air : *Au clair de la lune.* Quelques plaisanteries de mauvais goût l'ayant fait congédier, il se fit recevoir dans la bande des violons de la chambre du roi, puis devint, à 19 ans, directeur d'une nouvelle compagnie d'exécutants appelés *les petits violons,* et composa une foule de morceaux qui charmèrent le roi et lui valurent le titre de directeur de musique à la cour. Ami et collaborateur de Molière, il mit en musique plusieurs comédies de cet auteur : la *Princesse d'Élide,* l'*Amour médecin,* etc. Il joua même les rôles de Pourceaugnac et du mufti dans le *Bourgeois gentilhomme.* Louis XIV ayant fondé une salle d'opéra, Lulli en fut nommé directeur (1672). Il écrivit, dans l'espace de 15 ans, 19 opéras, sur des livrets de Quinault. Les principaux sont : *Alceste* (1674), *Thésée* (1675), *Atys* (1676), *Bellérophon* (1679), *Proserpine* (1680), *Persée* (1682), *Armide* (1686). Lulli est le père de la musique dramatique française; on le considère comme le créateur de notre musique orchestrale. On lui doit l'invention de l'*ouverture* et celle du *largo,* qui est l'introduction générale à la fugue.

LULLISME s. m. Doctrine philosophique de Raymond Lulle.

LULLISTE s. et adj. Partisan de Raymond Lulle ou qui concerne sa doctrine. — Partisan de la musique de Lulli.

LULU s. m. Espèce d'alouette des bois, un peu plus petite que le cochevis ou alouette huppée. Le lulu, appelé aussi cujelier *(alauda arborea),* a une petite huppe; il se distingue par un trait blanchâtre autour de la tête; le

mâle porte une petite touffe pointue derrière chaque oreille.

* LUMACHELLE s. f. [lu-ma-chè-le] (ital. *lumachella,* colimaçon). Espèce de marbre où se trouvent des débris de coquilles.

* LUMBAGO s. m. [lon-ba-go] (lat. *lumbi,* lombes). Méd. Rhumatisme dans les lombes, dans les reins : *avoir un lumbago.* — Le lumbago est une simple douleur sans gonflement ni rougeur et même sans chaleur locale ayant son siège dans la région lombaire. Cette douleur, cependant, qui force le malade a se tenir courbé en avant, est quelquefois assez intense pour provoquer une fièvre légère. Ses causes sont le plus souvent ou un courant d'air frais sur les reins, ou la flexion du corps trop longtemps prolongée en avant, ou le soulèvement d'un fardeau. Quelques-uns regardent cette affection comme une inflammation musculaire, d'autres comme une névralgie, d'autres enfin comme un rhumatisme. Quoi qu'il en soit de sa nature, son traitement est très simple : repos absolu, transpiration, applications narcotiques, bains chauds ou de vapeur et sangsues dans les cas plus rebelles.

LUMBRES, ch.-l. de cant., arr. et à 13 kil. S.-O. de Saint-Omer (Pas-de-Calais); 1,000 hab.

LUMBRICAIRE s. f. (lat. *lombricus,* lombric). Icht. Nom donné à des empreintes d'intestins de poissons fossiles, qu'on avait prises d'abord pour un genre de vers.

* LUMIÈRE s. f. (*lumen, luminis*). Ce qui éclaire, et qui rend les objets visibles : *les physiciens ne s'accordent point sur la nature de la lumière pure, éblouissante, douce.*

Et moi je ne veux plus, tant tu m'es odieux,
Partager avec toi la *lumière* des cieux !
    J. Racine. *La Thébaïde,* acte IV, sc. iii.

— Absol. Bougie, chandelle, lampe allumée : *apportez-nous de la lumière, une lumière.* — Écrit. Anges de lumière, enfants de lumière, se dit par opposition à Anges de ténèbres, enfants de ténèbres. — Commencer a voir la lumière, la lumière du jour, naître. Jouir de la lumière, vivre. Perdre la lumière, être privé de la lumière, mourir, être mort. — Il a perdu la lumière, il est privé de la lumière, de la lumière du jour, il est devenu aveugle. — Mettre un livre, un ouvrage en lumière, l'imprimer, le rendre public, le mettre en vente. Cet ouvrage n'a point encore vu la lumière, il n'a point encore paru dans le public. Ces phrases sont peu usitées. — Fig. Mettre une vérité en lumière, la démontrer et la répandre. — Peinture. Effets de la lumière imités dans un tableau : *belle distribution, belle économie, belle intelligence de lumière.* — Ouverture du petit trou par où l'on met le feu à un canon, à un fusil, etc. : *la lumière de ce canon est bouchée.* — Se dit pour les instruments de mathématiques à pinnules, du petit trou à travers lequel on aperçoit l'objet observé. — Signifie, en termes de facteur d'orgues, l'ouverture par laquelle le vent entre dans un tuyau. — Mar. Lumière de la pompe, ouverture pratiquée au corps de pompe et par laquelle l'eau sort du corps de pompe et dans la manche où le tuyau conduit. — Fig. Publicité ou examen : *les fripons, les fourbes craignent la lumière.* — Intelligence, clarté d'esprit ou savoir, connaissance, et en général tout ce qui éclaire et guide l'esprit : *lumière naturelle; je compte sur vos lumières pour me bien conduire dans cette affaire.* — Éclaircissement, indice sur quelque affaire, sur quelque sujet : *je n'ai aucune lumière sur cette affaire.* — Se dit en outre, fig., d'un homme d'un rare savoir, d'un mérite transcendant : *cet écrivain a été la lumière de son siècle, une des grandes lumières de son temps.* — Encycl. La lumière est la force naturelle qui, agissant sur la rétine, produit la sensation de la vision. Elle a aussi une influence importante sur l'affinité chimique, et la plupart des plantes et des animaux ne peuvent conserver sans elle leur santé pendant un temps considérable. Les sources de lumière sont les corps lumineux par eux-mêmes, tels que le soleil, les étoiles fixes, certains météores, les planètes qui n'ont point refroidi au-dessous du point de chaleur rouge et les corps terrestres en état d'incandescence et de phosphorescence. Les anciens Grecs savaient que les rayons de lumière proviennent d'objets éclairés, et qu'ils sont réfléchis aussi bien que réfractés par les surfaces, d'après certaines lois. Mais tous les anciens philosophes avaient des opinions contradictoires sur le rapport de la lumière avec la vision; ils croyaient que cette fonction vitale s'accomplit par quelque chose qui va de l'œil à l'objet, et cette idée domina jusqu'au commencement du xie siècle, époque où elle fut détruite par Alhazen, astronome arabe qui paraît avoir été le premier à s'apercevoir que la vison se produite par des rayons de lumière allant de l'objet à l'œil. — On a soutenu deux théories principales pour expliquer le phénomène de la lumière : la théorie d'émission ou corpusculaire et la théorie ondulatoire. La théorie d'émission date de Descartes, qui pensa que la lumière consiste en petites particules émises par des corps lumineux, susceptibles de rebondir comme des balles élastiques ou d'être réfléchies par des surfaces; il expliqua la production des couleurs en prétendant qu'un mouvement gyratoire est donné à ces particules sous certaines circonstances. Mais Newton fut le réel fondateur de la théorie d'émission, parce qu'il développa presque toutes les doctrines au moyen desquelles on la soutint pendant plus d'un siècle. La théorie ondulatoire prétend que l'espace entre les corps célestes est occupé par une sorte de matière impondérable qui est infiniment élastique et d'une ténuité extrême, de façon qu'elle occupe non seulement l'espace entre les corps, mais qu'elle entre aussi en eux et accomplit sa fonction d'ondulation dans leur intérieur et entre leurs particules. Cette matière subtile est appelée éther luminifère ou éther cosmique, et on attribue la propriété lumineuse d'un corps à un mouvement vibratoire rapide de ses molécules, mouvement qui se propage dans l'éther sous forme d'ondes. Ces ondes se répandent dans toutes les directions à partir du point lumineux, et ressemblent sous ce rapport aux ondes sonores; le point lumineux, comme celui de l'origine du son, devient le centre d'une sphère. Mais les ondes se propagent dans des sens différents, suivant qu'il s'agit de lumière ou de son. La sphère de son est formée par des expansions et des condensations alternatives de l'air, les ondes consistant en lames alternativement plus denses ou moins denses, et le mouvement des particules aériennes ayant lieu dans la direction des rayons de la sphère. Pour la lumière, la propagation se fait aussi dans la direction des rayons, mais on suppose que le mouvement des particules d'éther a lieu dans une direction transverse, comme me le représente en section notre fig. 1. L'oscillation transverse dans une ligne de particules d'éther, se produisant en ligne droite à partir de la source de lumière (du centre à a), est appelée rayon; et la partie d'un rayon embras-

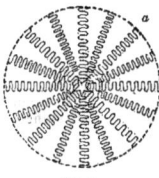

Fig. 1.

sant les phases d'une oscillation est nommée une onde. Dans notre figure les vibrations sont représentées comme ayant lieu dans un plan. Quelques savants regardent

chaque rayon lumineux comme cylindrique et comme fait de vibrations transverses qui se croisent comme les diamètres d'un cylindre; mais on peut supposer que chaque rayon vibre dans un plan et qu'il y a d'innombrables rayons parallèles aux plans, qui se répandent en tous sens et se croisent dans toutes les directions. La rapidité de la lumière étant environ un million de fois aussi grande que celle du son, il en résulte, d'après la théorie ondulatoire, que l'air ou n'importe quelle autre forme pondérable de matière connue, ne serait pas un milieu assez subtil pour sa propagation. Ainsi il faut supposer qu'il existe quelque autre milieu possédant les propriétés mécaniques nécessaires. Ce milieu avait été imaginé par les anciens, et, en 1664, Hooke proposa une théorie fondée sur l'existence du mouvement vibratoire d'un agent semblable à celui qui transmet le son par l'air. Cette théorie ne reçut l'appui d'aucune preuve expérimentale ou mathématique; mais, dans les mains d'Huygens, elle prit bientôt une forme capable de permettre l'explication de la plupart des phénomènes de lumière, en concordance avec les principes mathématiques établis. Plusieurs des phénomènes de lumière ne furent point expliqués par Huygens et firent naître une foule d'hypothèses; mais ce savant avait tracé les principes fondamentaux qui servent à expliquer les phénomènes observés alors et depuis lors. L'une des hypothèses postérieures les plus importantes fut celle des vibrations transverses qui fut proposée (1801-'03) avec le principe d'interférence qui en découle, par le Dr Thomas Young, d'Angleterre; ce qui fait qu'un grand nombre de ses compatriotes le regardent comme le réel fondateur de la théorie ondulatoire. Néanmoins le principe d'interférence ne fut pas parfaitement établi ni généralement appliqué avant que Fresnel n'eût fixé sur ce sujet la puissance analytique de son grand génie mathématique. Euler, Malus, Cauchy, Arago, Biot, sir David Brewster, sir William Hamilton, sir G.-B. Airy et d'autres investigateurs y ont aussi collaboré. — Rapidité de la lumière. La rapidité de la lumière est si grande que son passage d'un point à un autre point de notre globe est instantané et ne peut se calculer par un intervalle de temps assez sensible. Les premières déterminations de sa rapidité furent forcément faites d'après des observations sur les corps célestes. Roemer, astronome danois, établit en 1675 une évaluation à l'aide d'observations sur les éclipses du premier satellite de Jupiter. Les calculs, faits d'après les données ainsi obtenues montrent que la vélocité de la lumière est d'environ 290,000 kil. par seconde. Elle a été aussi déterminée par des observations entre deux points de la terre, à l'aide d'instruments pouvant marquer des intervalles de temps qui autrement seraient insensibles. En 1849, M. Fizeau mesura le temps qu'il faut à la lumière pour aller de Suresnes à Montmartre et pour en revenir, et il trouva que la rapidité est de 280,000 kil. par seconde, ce qui concorde presque avec les résultats des observations astronomiques. Une autre méthode exige une distance de moins de 4 mètres; c'est celle qui est basée sur le principe du miroir tournant, employé d'abord par Wheatstone dans ses expériences sur la durée de l'étincelle électrique. Cette méthode fut proposée par Arago et mise en pratique par Foucault, Fizeau et Bréguet. Le caractère important de ce genre d'expérience est le passage d'un rayon lumineux à travers un long tube renfermant un liquide, dans lequel la rapidité de la lumière se trouve retardée; fait qui confirme puissamment la vérité de la théorie ondulatoire dont une des conséquences est que la lumière a une plus grande vélocité dans l'air et dans les gaz que dans

les liquides, tandis que la théorie d'émission conduit à une conclusion opposée. — Absorption et émission. Sous le rapport des propriétés qui permettent à la lumière de se transmettre à travers les corps, ou qui permettent à ceux-ci de l'absorber, les corps sont classés en transparents, translucides et opaques. Quelques corps ont le pouvoir de transmettre les rayons non lumineux, mais non les rayons lumineux du spectre solaire; on les appelle corps diathermanes. L'air sec et le sel gemme sont presque parfaitement transparents en même temps que diathermanes, ou, comme on le dit quelquefois, transparents à tous les rayons, visibles et invisibles. Le sel gemme est presque le seul solide connu ayant cette propriété. — Réflexion et réfraction. Quand un rayon de lumière rencontre la surface d'un nouveau milieu, une partie est toujours renvoyée ou réfléchie, tandis qu'une autre partie se répand dans le nouveau milieu et est détournée en même temps de sa direction primitive, ou réfractée. Les angles faits par les rayons incidents et les rayons réfléchis avec la perpendiculaire abaissée sur la surface du nouveau milieu sont appelés respectivement les angles d'incidence et de réflection; ils sont toujours égaux entre eux. La lumière est réfléchie régulièrement ou irrégulièrement. L'image formée sur un miroir est régulièrement réfléchie; mais les surfaces rugueuses réfléchissent la lumière irrégulièrement dans toutes les directions sans former d'image. Les rayons réfractés sont défléchis soit vers la perpendiculaire, soit à partir de celle-ci, selon la puissance réfringente du second milieu. Quand le pouvoir réfringent de ce dernier est plus grand, la direction des rayons va vers la perpendiculaire, et quand il est moindre, elle s'en éloigne. Ptolémée mesura la réfraction du verre et de l'eau à différents angles et il observa que l'angle d'incidence est plus grand que l'angle de réfraction, mais il se trompa en supposant que la proportion est invariable pour différents angles. Willebrord Snell, vers 1621, démontra que dans la réfraction, il y a une proportion exacte entre les sinus des angles d'incidence et de réfraction, et non entre les angles eux-mêmes. Alhazen avait montré, longtemps auparavant, que les angles varient en raison de ce que les rayons incidents sont plus ou moins obliques; mais il ne put trouver la loi de ces variations. La découverte d'Alhazen, néanmoins, n'empêcha pas les mathématiciens d'adhérer généralement à la vieille théorie de Ptolémée jusqu'au moment où Képler prouva de nouveau qu'elle était fausse, et en publia la correction approximative en 1604. Les lois de simple réfraction sont les suivantes: 1° à un angle d'incidence le rapport des sinus des angles d'incidence et de réfraction est constant pour deux milieux, semblables; mais il varie avec différents milieux; ce rapport est appelé l'indice de réfraction; 2° les rayons incidents et les rayons réfractés sont dans le même plan, qui est perpendiculaire au plan séparant les deux milieux. L'indice de réfraction de l'air à l'eau est 4/3. Quand on calcule les indices de réfraction pour les milieux en général, l'air est considéré comme le premier milieu. Les indices de réfraction de quelques substances sont donnés dans le tableau suivant, et sont calculés pour la couleur jaune;

SUBSTANCES	INDICES de Réfraction	SUBSTANCES	INDICES de Réfraction
Flint glass.........	1.570	Rubis...........	1.779
Sel gemme.........	1.545	Feldspath.........	1.764
Baume du Canada..	1.532	Tourmaline.......	1.668
Spath fluor........	1.436	Diamant..........	2.500
Emeraude..........	1.585	Sulfure de carbone..	1.678

Les phénomènes de réflexion et de réfraction s'expliquent par la théorie de l'émission, en supposant que les particules lumineuses projetées et les particules des corps exercent une action mutuelle, soit répulsive, soit attractive. On suppose que, dans certaines positions, les particules de lumière sont repoussées et en conséquence réfléchies; dans d'autres positions elles sont attirées et elles passent en conséquence dans le milieu où elles sont réfractées. Dans la théorie des ondes, on suppose que, lorsqu'une onde de lumière atteint la surface d'un second milieu d'une élasticité différente, elle donne naissance à deux ondes, une dans chaque milieu, et que ces deux ondes diffèrent de l'onde primitive. Mais les différentes parties de l'onde incidente atteindront la surface à différents moments, et chacune de ces parties *sera le centre de deux ondes nouvelles*, dont l'une se propagera dans le premier milieu avec la rapidité d'un rayon incident et l'autre se propagera dans le second milieu avec une rapidité dépendant de la densité des particules éthérées qui y sont contenues; de sorte qu'un nombre infini d'ondes partielles seront réfléchies et réfractées, formant, par leur union, des ondes grandes ou primaires à angles droits avec les rayons réfléchis ou réfractés. Les phénomènes de réflexion et de réfraction, tels que la formation des images, la combustion au moyen de lentilles et de miroirs, sont traités dans l'article Optique. — *Dispersion*. Jusqu'ici la lumière a été considérée comme homogène, c'est-à-dire composée de rayons ayant la même longueur d'onde: mais la lumière, telle que nous la connaissons, est composée, c'est-à-dire qu'elle consiste en innombrables rayons de différents degrés de réfrangibilité, découverte que nous devons à Newton. Si un rayon de lumière solaire est reçu dans une chambre obscure à travers une petite ouverture circulaire en D (fig. 2), il produira une tache lumineuse sur un écran en F, et le diamètre de l'image sera égal à celui de l'ouverture. Si la lumière passe à travers un

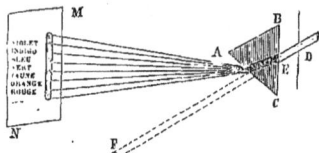

Fig. 2. — Spectre solaire

prisme A B C, placé horizontalement, tous les rayons déclineront vers la base du prisme, mais non à degré égal. Sur l'écran M N sera reproduit un spectre allongé, d'une largeur égale à celle du diamètre du rayon primitif et composé d'innombrables rayons de différents degrés de réfrangibilité, et d'une infinité de nuances dont sept principales sont susceptibles d'être distinguées par l'œil humain, savoir: violet, indigo, bleu, vert, jaune, orange et rouge; le violet est la couleur qui est la plus réfractée, et le rouge est celle qui l'est le moins. Toutes ces couleurs n'occupent pas un espace égal; le violet ayant la plus grande étendue et l'orange la moindre étendue. Newton a prouvé que la lumière blanche est composée de ces différentes couleurs, non seulement en la décomposant, mais aussi en recombinant les rayons colorés et en reproduisant alors la lumière blanche. Il montra aussi que les rayons conservent toujours dans chaque partie du spectre leur couleur caractéristique quand ils sont isolés et quand ils passent un à un à travers des prismes, et qu'ils ne se dispersent pas comme ils font dans la lumière blanche. D'après la théorie de Young, qui a été soutenue habile-

ment par Helmholtz, la couleur résulte de l'impression produite par des rayons de différente *réfrangibilité* sur *trois espèces* d'éléments nerveux dans la rétine, dont un seul est impressionné par la lumière rouge, un autre par la verte, et l'autre par la violette. Les corps lumineux émettent aussi des rayons invisibles aussi bien que des rayons visibles; ces rayons invisibles sont également dispersés par un prisme; ceux qui sont le plus réfran*gibles se trouvent au delà du violet et ceux qui le sont moins se placent après le rouge*. Les rayons invisibles les plus réfrangibles sont appelés actiniques ou chimiques et les moins réfrangibles sont dits calorifiques ou rayons de chaleur. La portion visible du spectre est aussi éclairée en différents degrés dans diverses parties, la plus grande proportion de lumière se trouvant à la partie qui correspond aux rayons jaunes. D'après Fraunhofer, la quantité de lumière contenue dans chaque partie du spectre est la suivante : rouge, 94; orange, 640; jaune, 1,000; vert, 480; bleu, 168; indigo, 31; violet, 6. Quand une substance diathermane, comme le sel gemme, sert de milieu dispersant, la plus grande quantité de chaleur est contenue dans la partie du spectre qui s'étend au delà du rouge. Newton supposait que le spectre était continu; mais on a trouvé après un examen rigoureux qu'il est interrompu par certaines bandes sombres ou lignes représentant des espaces vides, qui ont des positions fixes. Un prisme de peu de puissance dispersive ne montre pas ces lignes, parce que les couleurs sont superposées; mais quand on emploie une succession de prismes, le spectre est allongé de sorte qu'on voit facilement les lignes et que l'on distingue les positions qu'elles occupent. Ces lignes sombres peuvent changer de position les unes par rapport aux autres, suivant la substance qui sert à la réfraction; mais par rapport aux couleurs, elles ne changent pas de position, la substance de réfraction ayant sur l'étendue des couleurs un effet semblable à celui qu'elle possède sur la position des lignes. La vapeur d'une substance a le pouvoir d'absorber les rayons que cette substance émet quand elle est en état d'incandescence, de sorte que, lorsqu'il y a dans l'atmosphère solaire des vapeurs de différents corps incandescents, quelques-uns des rayons provenant des masses incandescentes sont absorbés et laissent à leur place ces lignes sombres. Ces lignes sombres (ayant une position définie eu égard à la réfrangibilité des rayons) ont servi à déterminer les longueurs des ondes des différents rayons. La table suivante donne *les longueurs des ondulations*, en parties de centimètres, et le nombre d'ondulations accomplies en une seconde, correspondant aux différentes lignes sombres et aux autres parties du spectre, d'après les calculs de Fraunhofer:

PLACE DANS LE SPECTRE	LONGUEUR DES ondulations	NOMBRE DES ONDULATIONS PAR SECONDE
Ligne B............	0,0000677	451,000,000,000,000
Ligne C............	0,0000646	473,000,000,000,000
Milieu du rouge......	0,0000610	500,000,000,000,000
Ligne D............	0,0000579	527,000,000,000,000
Milieu de l'orange....	0,0000574	532,000,000,000,000
Milieu du jaune......	0,0000563	562,000,000,000,000
Ligne E............	0,0000518	590,000,000,000,000
Milieu du vert.......	0,0000500	606,000,000,000,000
Ligne F............	0,0000479	641,000,000,000,000
Milieu du bleu.......	0,0000464	652,000,000,000,000
Milieu de l'indigo....	0,0000442	694,000,000,000,000
Ligne G............	0,0000422	733,000,000,000,000
Milieu du violet.....	0,0000416	733,000,000,000,000
Ligne H............	0,0000387	789,000,000,000,000

Plusieurs de ces lignes sombres furent obser-

vées, pour la première fois, par Wollaston en 1802; mais, comme elles ont été depuis étudiées plus complètement par Fraunhofer, elles sont appelées lignes de Fraunhofer. Ce dernier en compta plus de 600 et assigna des positions fixes à 354 d'entre elles. Il en choisit 7 comme points de comparaison et les désigna par les lettres B, C, D, E, F, G, H; quelques-unes sont simples, quelques-unes doubles et d'autres composées d'un groupe de lignes fines, comme E. (Voy. la fig. dans l'art. Spectre.) Sir David Brewster en compta environ 2,000, et depuis lors, Kirchhoff, Bunsen et plusieurs autres en ont étendu le nombre à plus de 3,000. Dans d'autres espèces de lumière, comme celle des étoiles fixes, des flammes, des étincelles électriques, l'analyse découvre des bandes pareilles, mais qui diffèrent de position et de magnitude, de sorte que chaque espèce de lumière a son propre système de bandes. (Voy. Spectre.)— *Double réfraction*. Dans ce que l'on a dit jusqu'à présent au sujet de la réfraction, on a supposé qu'elle a lieu dans une seule direction, pour le même milieu, et le même angle d'incidence; mais cela n'est pas exact pour la majorité des milieux réfringents; cela n'est vrai que pour ceux qui ont une structure homogène ou cristalline semblable dans toutes les directions. Les liquides, le verre recuit et les cristaux dont la forme fondamentale est le cube, possèdent seuls la propriété de réfraction simple. Toutes les substances transparentes de forme régulière, dans lesquelles il y a un état inégal de compression ou de cohésion des molécules, possèdent la propriété de réfracter un rayon de lumière dans deux directions. Tels sont les cristaux des systèmes dimérique et hexagonal, et le verre soumis à une pression inégale dans différentes directions. Il y a une direction que l'on appelle axe optique, dans laquelle un rayon de lumière n'est pas divisé par ces cristaux, et il y a aussi l'axe crystallographique. Les cristaux qui ne produisent qu'une direction sont dits à un seul axe. Quelques cristaux ont deux axes optiques ou axes à travers lesquels il n'y a pas de double réfraction; ils appartiennent aux systèmes de cristallisation trimérique, monoclinique et triclinique, et ils sont appelés cristaux à *deux axes*. Le *phénomène de double réfraction* fut d'abord découvert par Erasme Bartholin, philosophe danois, dans le spath d'Islande, et le rapport de ce savant fut publié en 1669. Quelques années plus tard, Huygens fit, sur ce sujet, des recherches qui établirent les lois générales de la double réfraction. Le spath d'Islande possède la propriété de double réfraction au degré le plus élevé. Il se cristallise sous une grande variété de formes, dont toutes peuvent être réduites par le clivage à la forme rhomboïdale. — *Interférence et diffraction*. Quand deux rayons de lumière se rencontrent sous un très petit angle dans des circonstances qui font que quelques-unes des crêtes des ondes se correspondent et s'identifient, tandis que d'autres, séparées par une demi-longueur d'onde, se détruisent mutuellement, le phénomène de l'interférence se produit. On a trouvé que les deux rayons de lumière doivent, pour produire ce phénomène, provenir de la même source. Young a découvert et expliqué ce principe; mais Fresnel en a donné les démonstrations les plus complètes. La divergence des rayons de lumière, passant près de la limite d'un milieu opaque, de manière à produire interférence, s'appelle diffraction. Ce phénomène fut d'abord observé et expliqué en partie par Grimaldi vers le milieu du xvii° siècle. Il remarqua que le cercle lumineux formé sur un écran, lorsque les rayons passent à travers un très petit orifice dans une chambre obscure, est borné par des franges qui s'étendent dans l'ombre au delà de la projection géométrique. De plus, en admettant la lumière par deux petites ouvertures assez rapprochées l'une de l'autre pour que les franges de cette lumière projetées sur un écran se recouvrent en une extrémité de chacun des deux points lumineux, il observa que, bien que l'espace occupé par le point où les franges se recouvrent fût plus brillamment éclairé, ses bords étaient assombris par des bandes ou franges plus que dans les autres parties du spectre; de cette découverte, il déduisit la proposition que la lumière ajoutée à la lumière peut produire un obscurcissement. — *Diffraction du spectre.* Si un morceau de verre est marqué de lignes parallèles très fines que l'on peut faire à l'aide d'une pointe de diamant (de 250 à 1,500 par centimètre), et si l'on regarde à travers ce verre dans la direction d'une fente parallèle au tracé des lignes, on verra un grand nombre de spectres tellement purs que l'on y distinguera plusieurs des lignes de Fraunhofer. Ces spectres peuvent être examinés avec avantage par l'emploi du télescope. — *Couleur des lames minces; anneaux de Newton.* Les phénomènes connus sous ces noms furent d'abord examinés par Boyle et par Hooke, mais furent ensuite complètement décrits par Newton. On les observa dans les bulles de savon, dans les lames de mica et de sélénite et dans d'autres cristaux, dans les lames fines du verre ou des autres substances transparentes ou encore dans les couches d'air qui se trouvent entre deux lames transparentes. Toute disposition au moyen de laquelle un rayon lumineux peut être réfléchi de deux surfaces adjacentes, ou transmis à travers deux plaques de manière à produire interférence des rayons, développe les couleurs dont nous venons de parler. Si l'ouverture d'un petit cylindre creux, comme, par exemple, d'un brin de paille, est plongée dans de l'eau de savon et, si on la retire aussitôt, elle se trouve fermée par une espèce de membrane qui produit successivement toutes les couleurs; en tenant cette membrane dans une position verticale, on la voit d'abord blanche, si elle est d'une certaine épaisseur; mais l'évaporation et la descente de ses particules la rendant plus mince, elle présentera bientôt, en commençant par sa partie supérieure, toute une brillante série des couleurs de l'arc-en-ciel, arrangées horizontalement. Au bout d'un moment, la partie supérieure de la membrane perd sa couleur et semble noire, et, en devenant plus mince, elle éclate. Ce sont les phénomènes qui réjouissent les enfants quand ils font des bulles de savon. Si l'on jette à la surface de l'eau une goutte d'huile ou d'essence de térébenthine, il s'y forme aussitôt une petite membrane qui présente la même série des couleurs de la bulle de savon. — Newton produisit les couleurs et expliqua leur formation en pressant ensemble une surface sphérique et une surface plane de verre; cela eut pour effet une diminution graduelle ou une augmentation d'épaisseur de la couche d'air entre les surfaces qui causa l'interférence nécessaire et la décomposition de la lumière comme conséquence, d'où résulta la production d'anneaux colorés dont chacun contenait les sept couleurs primaires de l'arc-en-ciel. — *Polarisation de la lumière.* Quand un rayon de lumière vient d'une source lumineuse par elle-même, et quand il passe à travers un milieu homogène, il présente, sur toutes ses faces, les mêmes propriétés jusqu'à ce qu'il rencontre un obstacle; un rayon de cette espèce se compose de lumière ordinaire ou naturelle; mais après qu'il a été réfléchi ou réfracté, il a perdu plusieurs de ses propriétés; quelques-uns de ses rayons ont été amortis. Quand la réflexion a lieu sous un certain angle, presque tous les rayons sont oblitérés, sauf ceux qui gisent dans un plan déterminé. Si le rayon qui a été ainsi réfléchi par un

miroir est reçu obliquement par un autre miroir, et si l'on fait tourner ce dernier autour du rayon, en ayant soin de ne pas changer l'angle d'incidence, l'intensité du faisceau deux fois réfléchi variera à mesure que changera la position du miroir. Si le second miroir est placé de telle sorte que son plan de réflexion soit parallèle au plan de réflexion de la première surface, le rayon sera réfléchi sans diminution. Mais si le second miroir a son plan de réflexion perpendiculaire à celui du premier, le rayon ne sera pas réfléchi ou son intensité sera diminuée. Quand un rayon de lumière provenant d'une source lumineuse tombe sur une plaque de verre à l'angle de polarisation, la portion de ce rayon qui est réfractée est également polarisée partiellement. Si la portion qui a passé à travers une plaque est ensuite transmise successivement à travers plusieurs autres ayant leurs surfaces parallèles, sa polarisation devient presque complète. Les plans de polarisation des rayons réfléchis et réfractés forment des angles droits les uns avec les autres, et sont les plans de polarisation des rayons ordinaires et extraordinaires dans le spath d'Islande. Si deux lames de tourmaline (cristal négatif à un seul axe, que l'on a eu soin de couper en sections parallèles à son axe) sont placées à angles droits l'une sur l'autre (fig. 3), la combinaison sera opaque; si on les place diagonalement l'une sur l'autre (fig. 4), l'opacité ne sera pas complète; et si on les place parallèlement l'une sur l'autre (fig. 5), la lumière les traversera comme si elles ne formaient qu'un seul morceau. La lumière, en passant à travers la première lame de tourmaline, a été polarisée parce que ses vibrations ont été réduites à un seul plan, c'est pourquoi, si l'on veut que tous

Fig. 3   Fig. 4   Fig. 5.

les rayons, qui ont traversé la première plaque puissent passer à travers la seconde, il faut placer parallèlement les axes des deux lames. Différents appareils sont employés quand on veut faire des recherches sur les propriétés de la lumière polarisée; mais ils consistent toujours en deux parties principales : un polarisateur et un analyseur. Dans le cas précédent des lames de tourmaline (fig. 3, 4 et 5), celle à travers laquelle passe d'abord la lumière est le polarisateur et l'autre est l'analyseur. On emploie généralement le spath d'Islande et le prisme de Nicol. Le polariscope de Malus use de réflexion au lieu de réfraction. — *Polarisation elliptique et circulaire; interférence de lumière polarisée.* Quand les rayons polarisés subissent l'action de forces qui tendent à changer leur plan de vibration, on suppose qu'ils décrivent des courbes formant soit des ellipses, soit des cercles, suivant les composants qui produisent la résultante. Une vibration elliptique peut résulter de l'action de deux vibrations rectilignes, à angle droit l'une par rapport à l'autre. Si une lame d'un cristal à double réfraction, coupée parallèlement à son axe, est interposée entre le polarisateur et l'analyseur d'un appareil de polarisation, les effets qui se produisent dépendent de la position de cette lame aussi bien que de la situation respective du polarisateur et de l'analyseur. Quand la lame interposée a ses axes parallèles ou perpendiculaires au plan du polarisateur ou de l'analyseur, et quand ceux-ci ont leurs plans à angle droit, rien n'est changé aux phénomènes qui se produisent; seulement, le polarisateur devient

analyseur si l'axe de la lame lui est perpendiculaire, et alors il intercepte les rayons polarisés. Quand la lame interposée forme un angle de 90°, elle laisse passer les rayons, qui sont ensuite interceptés par l'analyseur proprement dit. Mais si on la fait tourner graduellement, la portion de lumière qui traverse l'analyseur augmente jusqu'à ce que la lame ait atteint 45°, elle diminue jusqu'à ce qu'elle disparaisse à 90°. Si la lame interposée est suffisamment épaisse, la lumière transmise est blanche; mais si elle est très mince, les plus magnifiques couleurs apparaissent, et leurs teintes varient avec chaque changement d'inclinaison de la plaque. Des plaques minces de mica ou de sélénite, ayant de $\frac{1}{77}$ à $\frac{1}{10}$ de centim. d'épaisseur, sont les plus convenables pour produire ces effets. — La polarisation ayant toujours lieu quand les rayons de lumière sont réfléchis par des surfaces à angles déterminés, il en résulte que la plus grande partie de la lumière transmise, au moyen de l'air, est plus ou moins polarisée, puisqu'elle a été réfléchie par les surfaces des innombrables particules de la poussière et de la vapeur atmosphérique, particules qui forment toujours des angles les unes avec les autres. Si l'on examine le ciel à travers un prisme de Nicol, on trouve que la plus grande polarisation a lieu dans les rayons dont les directions forment des angles droits avec le soleil; c'est-à-dire que, si le soleil est à l'horizon, la plus grande polarisation a lieu dans les rayons provenant d'un arc qui traverse le zénith et dont chaque extrémité touche l'horizon à 90° de la position du soleil. Si le soleil est au zénith la plus grande quantité de polarisation se produit dans l'horizon circulaire. Il est donc bien évident que si un appareil polarisant a son axe placé perpendiculairement à la route du soleil, une lame interposée de sélénite ou de tout autre cristal biréfringent, en causant l'interférence de la lumière polarisée, fournira des indications qui permettront de connaître l'heure. C'est sur ce principe qu'est basé l'instrument appelé horloge polaire. (Voy. HORLOGE.) — Les rayons de chaleur, identiques en nature aux rayons de lumière, doivent être gouvernés comme ceux-ci par des lois de double réfraction et de polarisation. Malus et Bérard ont fait à ce sujet des expériences concluantes en 1810. En employant un morceau de sel gemme rhomboïdal, semblable au rhombe de Fresnel, en cristal de Saint-Gobain, Forbes découvrit que la chaleur est polarisée circulairement comme la lumière. Knoblauch et plusieurs autres ont démontré que les rayons de la chaleur subissent la diffraction et l'interférence comme ceux de la lumière. — *Lumière zodicale.* (Voy. ZODIACAL.) — *Lumière électrique.* (Voy. ÉLECTRICITÉ.) — *Aberration de la lumière des corps célestes.* La rapidité de la terre dans son orbite étant d'environ 29 kil. à la seconde et celle de la lumière étant de 290,000 kil. à la seconde, il en résulte que la lumière va 10,000 fois plus vite que la terre. Une rapidité égale diminuerait de moitié la direction de l'aberration (ou 90°), qui deviendrait 45°. Donc une rapidité de $\frac{1}{10,000}$ seulement fera dévier l'angle d'environ $\frac{1}{10,000}$ de 45° ou de 16 secondes. (Voy. ABERRATION.) L'aberration dans les instruments d'optiques est traitée à notre article Optique.

LUMIGNON s. m. [gn. mll.] Bout de la mèche d'une bougie, d'une chandelle ou d'une lampe allumée : *quand j'ai voulu moucher la bougie, le lumignon est tombé.* — Ce qui reste d'un bout de bougie ou de chandelle qui achève de brûler : *voilà une bougie qui va finir, il ne reste plus qu'un petit lumignon.*

LUMINAIRE s. m. (lat. *lumen*). Corps naturel qui éclaire. Il n'est employé, en ce sens, que dans cette phrase de l'Écriture .

Dieu fit deux grands luminaires, l'un pour présider au jour, et l'autre pour présider à la nuit. — Se dit aussi collectivement des torches et des cierges dont on se sert à l'église pour le service divin : *il faut tant pour le luminaire, pour entretenir le luminaire.*

* **LUMINEUSEMENT** adv. D'une manière lumineuse. Ne s'emploie qu'au figuré : *on ne pouvait discuter plus lumineusement qu'il ne l'a fait.*

* **LUMINEUX, EUSE** adj. Qui a, qui jette de la lumière : *corps lumineux.* — Se dit, fig., de l'esprit et des productions de l'esprit : *il y a des traits lumineux dans ce discours, dans cet ouvrage.* — UN PRINCIPE FÉCOND ET LUMINEUX, un principe dont on tire sans peine beaucoup de conséquences importantes.

LUMINIFÈRE adj. (lat. *lumen, luminis*, lumière ; *fero*, je porte). Qui conduit la lumière : *éther luminifère.*

LUMME s. m. [lu-me]. Ornith. Nom vulgaire du plongeur à gorge noire.

LUNA ou **Séléné**, déesse de la mythologie païenne. Chez les Grecs, *Séléné* (ou la lune) était fille d'Hypérion et de Théia ; elle était sœur d'Hélios (le soleil) et d'Eos (l'aurore) ; on l'appelait quelquefois *Phébé*, à cause du nom de Phébus donné à son frère. Elle eut d'Endymion 50 filles ; et Zeus la rendit mère d'Ersa, de Némée et de Pandie. On la représentait vêtue d'une longue robe et d'un voile qui formait un arc au-dessus de sa tête et qui était surmonté d'un croissant. Plus tard on l'identifia avec Artémis ou Diane.

LUNA (Pedro de) [lou'-na], antipape, sous le nom de Benoît XIII, né en Espagne en 1334, mort en 1424. Grégoire XI le nomma cardinal et l'antipape Clément VII l'envoya à Paris comme légat. Après la mort de Clément (1394), les cardinaux d'Avignon l'élurent, à condition qu'il travaillerait à mettre fin au schisme qui désolait alors l'Église. Mais il ne tint point sa promesse et le concile de Pise le déposa en 1409, ainsi que son rival Grégoire XI à leur place Alexandre V. L'Aragon, la Castille et l'Écosse soutinrent encore Luna, jusqu'au moment où il fut déposé par le concile de Constance (14 juillet 1417). Il s'enferma dans la forteresse de Péniscola (Valence) et s'y maintint jusqu'à sa mort.

* **LUNAIRE** adj. (lat. *lunaris*, de *luna*, lune). Qui appartient à la lune : *montagne lunaire.* — ANNÉE LUNAIRE. (Voy. ANNÉE.) — CADRAN LUNAIRE, cadran analogue au cadran solaire, mais sur lequel la lumière de la lune supplée à celle du soleil. — Cycle lunaire ou CYCLE MÉTONIQUE, période de 19 années solaires contenant 235 mois lunaires et 6,940 jours. Dans le système de Méton, les années ordinaires étaient de 354 ou 355 jours formant 12 mois ; les années embolismiques comprenaient 13 mois et 384 jours. Le cycle de 19 années se composait donc de 12 années ayant 12 mois et de 7 années embolismiques ou de 13 mois. Tel fut la période astronomique adoptée par les Grecs en 432 av. J.-C. Ce fut le premier calendrier exact de l'antiquité. À la fin de chaque cycle, l'erreur sur 19 années solaires n'était que de 9 heures 33 minutes ; elle était de 7 heures 29 minutes sur les 235 mois lunaires. Calippe essaya de remédier à cette inexactitude en retranchant 1 jour à chaque quatrième cycle, et la période lunaire calippique se composa de 76 années semblables à celles que l'on admit plus tard dans le calendrier Julien. Grâce à cette correction, le cycle lunaire est le meilleur des calendriers, si l'on en excepte le calendrier grégorien. Le cycle lunaire fut en usage en Grèce, en Macédoine, en Asie Mineure, etc. Il a servi de modèle au calendrier juif.

* **LUNAIRE** s. f. (lat. *lunaris*, de *luna*, lune).

Bot. Genre de crucifères, dont deux espèces habitent l'Europe centrale et méridionale : *on mange en salade la racine de la lunaire annuelle.*

* **LUNAISON** s. f. Temps qui s'écoule depuis le commencement de la nouvelle lune, jusqu'à la fin du dernier quartier : *observer les lunaisons.*

LUNALILO (William-Charles), [lou-na-li'-lo], sixième roi des îles Hawaï, né à Honolulu, le 31 janv. 1835, mort le 3 févr. 1874. (Voy. HAWAÏ.)

LUNARIEN, IENNE s. (lat. *lunaris*, de *luna*, lune). Habitant supposé de la lune : *les lunariens.*

LUNARIFOLIÉ, ÉE adj. (lat. *luna*, lune ; *folium*, feuille). Bot. Dont les feuilles sont orbiculaires.

LUNAS, ch.-l. de cant., arr. et à 12 kil. S.-O. de Lodève (Hérault) ; 1,500 hab. Mines de cuivre et de plomb.

* **LUNATIQUE** adj. Qui est soumis aux influences de la lune. Ne s'emploie guère au propre qu'en parlant d'un cheval qui est sujet à une fluxion périodique sur les yeux, dont la diminution et l'augmentation ont été mal à propos attribuées au cours de la lune. — Se dit, fig. et fam., pour fantasque et capricieux : *il est lunatique.* — Se prend quelquefois substantiv., soit au propre, soit au figuré ; et alors ne se dit guère que des personnes : *le lunatique de l'Évangile.*

LUNCH s. m. [leunn'-ch] (mot angl. qui signifie *morceau*). Repas accessoire qui se fait, selon l'usage anglais, entre le déjeuner et le dîner.

LUNCHER v. n. Faire un lunch, un petit goûter.

LUND [lounnd], ville de Suède, dans le læn de Malmœ, à environ 10 kil. du Sound et à 33 kil. E. de Copenhague ; 11,000 hab. Université ouverte en 1668 et la seule de Suède, outre celle d'Upsal ; elle renferme une riche bibliothèque, des musées et des collections d'histoire naturelle. Lund est une ville très ancienne ; on dit qu'elle renfermait 80,000 hab. avant l'introduction du christianisme. Au moyen âge, elle fut le siège du primat du Nord ; mais son archevêché a été aboli sous le règne de Gustave Ier.

* **LUNDI** s. m. (lat. *lunæ dies*, jour de la lune). Le second jour de la semaine. — LUNDI GRAS, lundi de la semaine où finit le carnaval. — LUNDI SAINT, celui de la semaine sainte. — FAIRE LE LUNDI, ne pas travailler le lundi.

LUNDY'S LANE (Bataille de), nommée aussi bataille de Bridgewater ou du Niagara, bataille livrée sur les bords du Niagara, le 25 juillet 1814, entre les Américains et les Anglais, qui furent vaincus.

* **LUNE** s. f. (lat. *luna*). Planète, plus petite que la terre, dont elle est satellite et autour de laquelle elle tourne à peu près en vingt-sept jours : elle l'éclaire, pendant la nuit, suivant ses phases, de la lumière qu'elle réfléchit du soleil : *le corps, l'orbite, le cercle, le globe, le disque, les phases, les quartiers, les taches de la lune.* — LUNE ROUSSE, lune d'avril : *on craint la lune rousse, à cause des vents froids et secs dont elle est ordinairement accompagnée, et qui font tort aux fruits.* — ABOYER A LA LUNE, crier contre une personne à qui l'on ne peut faire de mal. — CE CHEVAL EST SUJET A LA LUNE, il a la vue grasse, sa vue se charge et s'obscurcit de temps en temps. — VOULOIR PRENDRE LA LUNE AVEC LES DENTS, vouloir faire une chose impossible. — C'EST UNE LUNE, UN VISAGE DE PLEINE LUNE, se dit d'une personne qui a le visage fort plein et fort large. — AVOIR DES LUNES, être sujet à des fantaisies, à des caprices. — PRENDRE

QUELQU'UN DANS SA BONNE LUNE, DANS SA MAUVAISE LUNE, avoir affaire à lui quand il est de bonne humeur, de mauvaise humeur. — FAIRE UN TROU A LA LUNE, s'en aller furtivement, et sans payer ses créanciers. — Poétiq. Mois : *depuis quatre lunes.* — Fig. LA LUNE DE MIEL, le premier mois du mariage. — Nom que les anciens chimistes donnaient à l'argent. — CLAIR DE LUNE, clarté que la lune renvoie sur la terre. — EMPIRE DE LA LUNE, pays imaginaire. — PROMETTRE LA LUNE, promettre quelque chose qu'on ne peut donner. — ENCYCL. La lune, étant notre satellite, est le corps céleste le plus rapproché de nous ; c'est un sphéroïde opaque non lumineux par lui-même mais qui brille à nos yeux parce qu'il réfléchit la lumière du soleil. La distance apogée de la lune à la terre est de 405,457 kil. ; sa distance périgée, de 363,249 kil. ; et sa distance moyenne de 384,353 kil. La lune opère sa révolution autour de la terre en 27 jours 32166, ce qui est sa révolution sidérale moyenne. C'est ce mouvement que sont dues les phases mensuelles, dont le cours n'est complet que dans un mois lunaire ou révolution synodique d'une longueur moyenne de 29 jours 53069 ; car ces phases dépendent de la position de

Pleine lune, photographiée par M. Draper, de New-York.

la lune relativement au soleil qui s'avance constamment dans la direction de son mouvement, si bien que lorsqu'elle a terminé 360° de son orbite, il lui reste encore à parcourir avant d'avoir achevé le cours de ses phases, un arc d'environ 29° accompli par la marche du soleil pendant un mois. La première période est le mois sidéral ; la seconde est le mois synodique. Quand elle n'est pas éclipsée, la lune a toujours un hémisphère éclairé ; et ses phases dépendent de la quantité d'hémisphère éclairé tourné vers la terre. Pendant les périodes de ces phases, la lune est successivement *nouvelle*, dans son *premier quartier*, *pleine lune*, dans son *troisième* ou *dernier quartier* ou dans son *déclin*. — La constance des caractères physiques du disque de la lune prouve bien qu'elle nous présente toujours le même hémisphère. Pour qu'il puisse en être ainsi, il faut donc qu'elle tourne sur son axe précisément dans le même temps qu'elle met à opérer une révolution dans son orbite ; et telle est la loi de mouvement qui se retrouve pour tous les satellites. Mais il n'est pas tout à fait exact de dire que la lune présente constamment le même hémisphère à chacun des observateurs qui se trouvent sur la surface de la terre. Son axe de rotation étant incliné d'un degré et demi sur son orbite, elle paraît avoir, dans le cours de chaque révolution, une inclinaison alternative ou balancement en avant et en arrière, sur un arc d'environ 13° ; et elle expose alternativement à nos yeux les régions situées immédiatement au delà de ses pôles N. et S. Ce n'est pas tout. Comme l'orbite de la lune, ainsi que celui de tous les autres corps planétaires, est une ellipse, sa rapidité orbitale n'est pas uniforme; elle est plus grande quand la lune est plus près de la terre. Il y a donc des moments où notre satellite se trouve en avant de sa position moyenne et d'autres où elle reste en arrière de celle-ci; et comme sa rotation sur son axe est absolument uniforme, il en résulte que nous pouvons voir, au delà des limites ordinaires de la lune, tantôt une zone orientale, et tantôt une zone occidentale. L'arc dans lequel elle oscille ainsi atteint plus de 15°. D'un autre côté, l'observateur placé à la surface de la terre aperçoit sur le disque de la lune au moment de son lever des points qui disparaissent à mesure que son élévation augmente, tandis que, sur le bord opposé, d'autres points, d'abord invisibles, deviennent apparents à mesure que l'astre s'élève : c'est un phénomène purement optique qui équivaut à une oscillation d'un arc de 2°. Ces différentes oscillations sont appelées les *librations* de la lune; la première est sa *libration en latitude*, la seconde sa *libration en longitude;* la troisième sa *libration diurne.* Le plan de l'orbite de la lune forme avec celui de l'écliptique un angle de 5° 8' 47''. C'est ce que l'on nomme l'*inclinaison de l'orbite lunaire.* L'orbite de la lune coupe donc l'écliptique en deux points opposés appelés *nœuds.* Le point où elle passe du sud au nord de l'écliptique est son *nœud ascendant,* et celui où elle passe de l'hémisphère boréal à l'hémisphère austral est son *nœud descendant.* Le point de l'orbite de la lune le plus rapproché de la terre se nomme *périgée;* le point le plus éloigné est l'*apogée;* les deux sont appelés *apsides.* Les nœuds sont dans un état continuel de rétrogradation, sur l'écliptique, en raison de l'action attractive du soleil; le nœud ascendant parcourt, de l'est à l'ouest, la circonférence entière de l'écliptique en 6,793 jours solaires et ⅓ de jour ou en 18 ans ₁₀⁶. La *ligne des apsides* ou position du grand arc a un mouvement rapide vers l'est et décrit une circonférence entière en 8 ans 8503. — L'*évection* de la position de la ligne des apsides par rapport à celle des syzygies ou de la ligne qui joint le soleil à la terre; sa plus grande valeur s'élève à 1° 20' 29''. On ne distingue sur la surface de *la lune* aucune trace d'amas d'eau ou d'atmosphère, bien que quelques observateurs pensent que la lune a des lacs, des mers et est entourée d'air. — Vu au télescope, notre satellite présente un aspect désolé et sauvage; sa surface paraît creusée de cavernes ayant des milliers de mètres de profondeur et dominée par des montagnes d'une grande élévation. Des pics isolés se dressent abruptement çà et là au milieu de plaines immenses et atteignent une hauteur de 2,000 à 3,000 mètres. Une admirable carte de la lune a été dressée par les observateurs prussiens Beer et Mædler, dont l'ouvrage intitulé *Der Mond* doit être consulté toutes les fois que l'on veut connaître exactement la constitution physique de la lune. Il donne à l'un des pics lunaires une hauteur de 7,000 mètres. Les dimensions de la lune sont les suivantes : diamètre, 3,474 kil. (0,2729 du diamètre de la terre); circonférence, 10,925 kil.; superficie, 38 millions de kil. carr. (¼ fois la superficie de l'Europe ou la 13° partie de la surface de la terre); volume, 22 milliards de kil. cubes (49° partie du volume de notre globe); poids, 78 quintillions de tonnes; densité, rapportée à celle de l'eau, 3,55; rapportée à celle de la terre, 0,615; lumière, 300,000 fois plus faible que celle du soleil.

LUNE (Monts de la), *Djebel-el-Kamar,* nom donné par les anciens géographes à une prétendue chaîne de montagnes qui aurait cou-

vert le centre de l'Afrique orientale, au S. du Darfour, du Kordofan et de la Nubie, et qui se serait étendue jusqu'à un grand lac intérieur. On y plaçait les sources du Nil et elles contenaient les plus hauts sommets de l'Afrique.

LUNÉ, ÉE adj. Qui a la forme d'un croissant. — *Fam.* Qui est dans une certaine disposition d'humeur : *être bien ou mal luné.*

LÜNEBOURG, ville du Hanovre (Prusse), à 45 kil. S.-E. de Hambourg et à 105 kil. N.-N.-E. de Hanovre, sur l'Ilmenau; 18,000 hab. Raffineries de sucre, brasseries, sel; grand commerce de chevaux. De 4267 à 1369, cette ville fut la résidence des ducs de Lünebourg; puis ville hanséatique, et, jusqu'en 1813, ch.-l. du département de l'Elbe-Inférieur, dans le royaume français de Westphalie. Les immenses bruyères qui s'étendent de cette ville jusqu'à Celle et à Verden, sont appelées *Lüneburger Heide.*

LUNEL, *Lunela,* ch.-l. de cant., arr. et à 24 kil. N.-E. de Montpellier (Hérault); 6,300 hab. Par le canal qui porte son nom, cette ville est en communication avec la Méditerranée, le Rhône et le canal du Languedoc et devient par là un entrepôt important pour le commerce du pays. Collège communal; fabriques d'esprits et d'eaux-de-vie; vin muscat renommé; raisins secs.

* LUNETIER s. m. Faiseur, marchand de lunettes.

LUNETIÈRE s. f. *Bot.* Nom vulgaire des biscutelles, genre de crucifères.

* LUNETTE s. f. Instrument composé d'un ou de plusieurs verres, taillés de manière à faire voir les objets plus grands qu'à l'œil nu, ou à rendre la vue plus nette et plus distincte : *regarder avec une lunette.* — LUNETTE CONVEXE, lunette qui grossit les objets. — LUNETTE CONCAVE, lunette qui diminue les objets. — LUNETTE D'APPROCHE, LUNETTE DE LONGUE VUE ou A LONGUE VUE, ou simplement LUNETTE, lunette qui grossit ou qui rapproche les objets : *monter une lunette.* On appelle aussi cette espèce de lunette LONGUE-VUE. (Voy. TÉLESCOPE.) — LUNETTE ACHROMATIQUE, lunette qui laisse voir les objets sans couleur étrangère, sans iris. (Voy. ACHROMATIQUE.) — LUNETTE D'OPÉRA, lunette dont on se sert particulièrement dans les salles de spectacle. (Vieux.) — LUNETTE MÉRIDIENNE OU DES PASSAGES, lunette montée sur un axe fixe, à l'aide de laquelle on observe le passage des astres au méridien. — LUNETTE DE NUIT, lunette à l'aide de laquelle on observe les objets de loin pendant la nuit. — SERPENT A LUNETTES, nom vulgaire du naja. — Deux verres de lunettes assemblés dans une même enchâssure, de manière à pouvoir être placés au devant des deux yeux : *une paire de lunettes.* — CHACUN VOIT AVEC SES LUNETTES, A TRAVERS SES LUNETTES, chacun a sa manière de voir, de penser; chacun juge des choses suivant ses goûts, ses intérêts, ses préjugés. — IL N'A PAS DE BONNES LUNETTES, IL A MIS SES LUNETTES DE TRAVERS, SES LUNETTES SONT TROUBLES, il ne voit pas juste dans cette affaire. — Petits ronds de feutre qu'on met, dans les manèges, à côté des yeux des chevaux ombrageux, pour les monter plus facilement : *on ne saurait monter ce cheval, s'il n'a des lunettes.* — Au jeu des dames, METTRE DANS LA LUNETTE, placer une dame entre deux dames de son adversaire, en sorte que l'une des deux est forcée. — Jeu des échecs, DONNER UNE LUNETTE, mettre son adversaire à même d'attaquer deux pièces avec un pion. — *Archit.* Petit jour réservé dans le berceau d'une voûte.—Se dit aussi, dans le même art, d'une petite baie voûtée pratiquée dans les côtés d'une voûte. — *Fortif.* Petite demi-lune : *on place ordinairement les lunettes des deux côtés d'une demi-lune, en manière de contre-garde.* (Voy. TENAILLON.) — *Horlog.* La partie

de la boîte d'une montre dans laquelle on place le verre. — L'ouverture ronde du siège d'un privé, ou d'une chaise percée. — Cet os fourchu qui est au haut de l'estomac d'un poulet, d'une perdrix, etc. : *lever la lunette d'un chapon.* — ENCYCL. On donne particulièrement le nom de lunettes aux bésicles dont l'emploi a pour but de protéger les yeux ou d'obvier à leur défectuosité. L'œil est une chambre où un système de lentilles projette une image sur un écran que représente la rétine. Pour qu'il y ait une parfaite pénétration de cette image, il faut que les courbes des lentilles soient bien symétriques et que la puissance réfractive du système soit exactement réglée sur la distance de la rétine. Dans l'œil normal ou emmétropique, ces conditions existent; mais on rencontre une foule de déviations : 1° disproportion entre la puissance réfractive de l'œil et la distance de la rétine; si la puissance réfractive est proportionnelle trop grande, les rayons des objets éloignés arriveront à un foyer situé à une certaine distance en avant de la rétine, c'est ce qui constitue l'état de *myopie,* résultant soit d'une excessive convexité du système des lentilles de l'œil, soit d'une trop grande profondeur de l'organe d'avant en arrière; pour remédier à ce défaut, on emploie des verres concaves; 2° la condition opposée à la myopie est aussi très commune; elle a lieu quand la puissance réfractive des lentilles de l'œil est trop faible, de manière que les rayons d'objets éloignés viennent à un foyer en arrière de la rétine, ce qui fait que la vision des objets est obscure; cela constitue la condition appelée *hypermétropie;* de même que dans la myopie, la déviation de la condition normale peut exister soit dans la puissance réfractive, soit dans la profondeur de l'œil. L'œil dans lequel la prunelle n'est pas assez profonde est nécessairement hypermétropique, et l'œil normal peut le devenir dans la vieillesse, toutes les fois que la lentille cristalline de l'œil vient à manquer, et un haut degré d'hypermétropie résulte nécessairement de l'enlèvement de la cataracte. Ce défaut est suppléé en augmentant la puissance réfractive de l'œil par un verre bi-convexe. La 3° espèce d'erreur optique à laquelle on puisse remédier par des verres est le défaut symétrique dans la courbe de la cornée, dans laquelle il y a deux méridiens opposés d'une courbure inégale; cette condition est appelée *astigmatisme* et est généralement congénitale; elle a pour conséquence de faire voir sans netteté les objets. Pour la correction de ce défaut on porte un verre à courbe cylindrique; 4° un des troubles les plus communs de la vue est le défaut de l'œil qui ne peut amener à son foyer les rayons d'objets rapprochés. Cette faculté réside dans un petit muscle par l'action duquel la convexité, par conséquent la puissance réfractive des lentilles cristallines, est temporairement augmentée; mais la substance des lentilles cristallines devenant continuellement de plus en plus dure et de moins en moins sensible, il en résulte que la même action musculaire produit de moins en moins d'effet sur elles. La puissance de réunir en un foyer les rayons d'objets rapprochés diminue donc lentement et la vue finit par ne plus permettre d'apercevoir les objets les plus à portée de la main. Cette condition est celle des *presbytes* auxquels on recommande l'usage de verres bi-convexes qui diminuent la divergence des rayons lumineux. On commence avec des verres d'un long foyer et l'on diminue peu à peu, le plus lentement possible, à mesure que la vue s'affaiblit davantage. — Les lunettes étaient inconnues aux anciens; on s'accorde généralement en à faire remonter l'invention à Alexandre de Spina, moine de Florence (Italie), vers 1285; d'autres l'attribuent à Roger Bacon (1280); Manni dit que cette invention est due à Salvino qui mourut en 1317; sur la tombe de ce dernier, à Florence, on lit cette inscription : « *Qui giace Salvino degli Armati, inventore degli occhiali : Dio gli perdoni le peccata* », c'est-à-dire : « Ici gît Salvino de Armati, inventeur des lunettes : Que Dieu lui pardonne ses péchés ! »

LUNÉVILLE, ch.-l. d'arr. du dép. de Meurthe-et-Moselle, sur la Vezouse, près de son confluent avec la Meurthe, à 30 kil. S.-E. de Nancy; par 48° 35' 35'' lat. N. et 40 9' 22'' long. E. ; 16,500 hab. Commerce de grains, vins, eaux-de-vie, chanvre, lin, bois; fabriques de draps; faïences renommées; filatures de laine et de coton; blanchisseries de toiles; ganterie. Vastes quartiers de cavalerie et célèbre école d'équitation. Les Français enlevèrent Lunéville à la maison de Lorraine, en 1638; il la démantelèrent aussitôt. — Paix de Lunéville. Le 9 fév. 1801, un traité fut signé à Lunéville entre la France et l'Autriche; il confirmait le traité de Campo-Formio et donnait pour limites à la France le Rhin et les Alpes; à l'Autriche, l'Adige; reconnaissait les républiques Ligurienne, Helvétique, Batave, Cisalpine, en leur laissant la faculté de choisir leur constitution; sécularisait certains Etats ecclésiastiques en Allemagne, pour indemniser les princes qui avaient été dépossédés de leurs Etats sur la rive gauche du Rhin. C'était le premier traité de paix conclu entre la République française et l'Autriche.

LUNICOLE s. (lat. *luna*, lune; *colo*, j'habite). Habitant de la lune.

LUNIFÈRE adj. (lat. *luna*, lune ; *fero*, je porte). Hist. nat. Qui présente une tache en forme de croissant.

LUNIFORME adj. Qui a la forme d'un croissant.

* **LUNI-SOLAIRE** adj. Astron. Se dit de ce qui est composé de la révolution du soleil et de celle de la lune : *le cycle luni-solaire.*

LUNULAIRE adj. Qui a la forme d'une lunule.

* **LUNULE** s. f. Géom. Figure qui a la forme d'un croissant.

LUNULÉ, ÉE adj. Echancré en forme de croissant.

LUPANAR s. m. (mot lat. formé de *lupa*, louve). Maison de débauche : *le lupanar était un appendice du cirque.*

LUPATA (**Monts**). Nom que certains géographes donnent à la chaîne de montagnes qui commence au S. du Monomotapa et se termine près du Zanguebar.

LUPERCAL, ALE, AUX adj. (lat. *lupercalis*; de *Lupercus*, nom du dieu Pan). Qui a rapport aux lupercales : *jeux luperceaux.* — * s. f. pl. Fêtes annuelles de la purification et d'expiation, que les Romains célébraient annuellement le 15 février en l'honneur de Lupercus (surnommé *Februus*, de *februum*, purge), dieu de la fertilité. Les prêtres mettaient en lanières les peaux des boucs qui avaient été sacrifiés et couraient dans les rues en frappant les gens qu'ils rencontraient, surtout les femmes, qui recherchaient cette sorte de flagellation comme écartant la stérilité. Antoine, le jour où il offrit le diadème à César, officiait comme prêtre de Lupercus. Les lupercales subsistèrent jusqu'en 496, époque où le pape Gélase les abolit.

* **LUPIN** s. m. (lat. *lupinus*, dérivé, pense-t-on, de *lupus*, loup, parce que cette plante dévore la terre comme le loup fait des animaux). Bot. Genre de papilionacées, tribu des lutées, sous-tribu des génistées, comprenant plus de 80 espèces d'arbrisseaux, de sous-arbrisseaux ou d'herbes, à feuilles digitées, ordinairement à 5 folioles ; à fleurs en grap-

pes terminales, à gousse coriace, oblongue, renfermant deux ou plusieurs graines. Quelques-unes de ces plantes habitent l'Europe et l'Afrique; mais en majorité elles sont américaines. Le *lupin à fleurs blanches* (*lupinus albus*), originaire d'Orient, naturalisé dans l'Europe méridionale, est annuel, poilu, blanchâtre, haut de 50 cent., avec des feuilles lisses en dessus, poilues en dessous et des gousses lisses. Ses graines, considérées jadis comme un aliment exquis, sont encore recherchées en Italie et en Egypte. Chez nous, on cultive le lupin blanc comme plante four-

Lupin à plusieurs feuilles (Lupinus polyphyllus).

ragère. Le *lupin jaune* (*lupinus luteus*), du midi de la France, produit un bon effet dans les jardins d'agrément. Le *lupin bigarré* (*lupinus varius*), de Provence, a les fleurs panachées de blanc et d'azur ou de pourpre. Le *lupin d'Egypte* (*lupinus Termis*), a les fleurs blanches, bleuâtres au sommet. Parmi les nombreuses espèces américaines, on cite. le *lupin sauvage* (*lupinus perennis*), du Canada et des Etats-Unis ; le *lupin à plusieurs feuilles* (*lupinus polyphyllus*), haut d'un mètre et demi, à fleurs bleues ou pourpres.

LUPULIN, INE adj. (de *lupulus*, nom lat. du houblon). Bot. Qui ressemble au houblon.

LUPULINE s. f. (rad. *lupulus*). Espèce de luzerne à fleurs jaunes. — Chim. Poussière résineuse, aromatique, amère, jaunâtre, qui recouvre les cônes du houblon, à l'époque de la maturité.

LUPUS s. m. (lat. *lupus*, loup). Méd. Dermatose tuberculeuse caractérisée par le développement à la surface de la peau de tubercules plus ou moins volumineux, livides, indolents, solitaires ou en groupe, lesquels sont suivis, tantôt d'ulcères ichoreux ou rongeants (*lupus excedens*), tantôt d'une altération profonde de la structure de la peau sans ulcération consécutive (*lupus non excedens*); la première de ces affections, que l'on désigne vulgairement sous le nom de *dartre rongeante* attaque le plus souvent les ailes du nez, la commissure des lèvres, les joues, la face dorsale des mains, etc. Le lupus, quelle que soit sa forme, ne s'observe jamais que chez les personnes affectées de scrofules ou ayant une tendance manifeste à cette maladie. Cependant les remèdes employés contre les scrofules sont généralement insuffisants pour arrêter le lupus. Il faut, tout en soumettant le malade au traitement général des scrofuleux, enlever la partie malade de la peau à l'aide des caustiques et, de préférence, à l'aide du caustique de Vienne.

LURCY-LÉVY, ch.-l. de cant., arr. et à 46 kil. N.-O. de Moulins (Allier); 1,500 hab. Commerce de bestiaux, porcelaines et poteries.

LURE, *Lutera*, ch.-l. d'arr. du dép. de la Haute-Saône, à 28 kil. E.-N.-E. de Vesoul, dans une plaine arrosée par l'Ognon; par 47°

41' 14'' lat. N. et 4v 9' 19'' long. E. ; 4,000 hab. Commerce de vins, grains, bois, froment, kirsch ; bonneteries, tuileries, chamoiseries, usines de fer et d'acier. Cette ville possédait autrefois une célèbre abbaye de bénédictins dépendante du monastère de Luxeuil; les bâtiments forment aujourd'hui la sous-préfecture.

LURI, ch.-l. de cant., arr. et à 32 kil. N. de Bastia (Corse); 2,000 hab. Vins, huiles.

LURIDE adj. (lat. *luridus*). Qui est d'un jaune sale, livide.

LURIDITÉ s. f. Coloration jaune sale de la peau.

* **LURON, ONNE** s. Le masculin se dit d'un homme joyeux et sanssouci, d'un bon vivant, ou même d'un homme vigoureux et déterminé; et le féminin, d'une femme réjouie, décidée, qui ne s'effarouche pas aisément : *c'est un luron, un bon luron; quelle luronne !* (Pop.)

LURY-SUR-ARNON, ch.-l. de cant., arr. et à 30 kil. N.-O. de Bourges (Cher); 850 hab. Grand commerce de vins et d'huile. Cette petite ville, jadis importante et fortifiée, eut beaucoup à souffrir des guerres de religion qui la ruinèrent.

LUSACE (all. *Lausitz* [laou'-sitss)], région d'Allemagne qui constituait jadis les deux margraviats de haute Lusace et de basse Lusace, entre le Brandebourg, la Silésie, la Bohême et Meissen; 11,000 kil. carr. Les habitants sont en partie Allemands et en partie Slaves descendants des Lusici. La Lusace devint tributaire de l'empire germanique au xe siècle. Elle resta pendant longtemps un objet de litige entre la Pologne, la Bohême, le Brandebourg et Meissen. Soumise à la maison d'Autriche en 1526, elle se révolta contre Ferdinand II pendant la guerre de Trente ans, fut conquise par Jean-Georges de Saxe, et lui fut cédée en 1635. Le traité de Vienne (1815), donna à la Prusse toute la basse Lusace et une partie de la haute Lusace; la première fut annexée à la province de Brandebourg; la seconde augmenta la Silésie. Le surplus de la haute Lusace forme le cercle de Bautzen (Saxe). Gœrlitz, Luckau et Guben sont les villes principales de la Lusace prussienne; Bautzen, Zittau et Camenz sont celles de la division saxonne.

LUSIADES (**Les**) (portug. *Os Lusiadas*), célèbre poème épique portugais de Camoëns où l'auteur célèbre la découverte des Indes Orientales par Vasco de Gama; c'est l'histoire du Portugal poétisée, et l'unité d'intérêt consiste surtout dans le sentiment patriotique qui y règne d'un bout à l'autre. Il y a dans ce poème d'admirables morceaux pleins de grandeur, de noblesse et de grâce. Les meilleures éditions sont celle de D. José-Maria de Souza (Paris, 1817, in-4°); et celle de Freyre de Carvalho (Lisbonne, 1843). Ce poème a été traduit en prose par Duperron de Castera (1735), La Harpe (1777), J.-B. Millié (1825, 2 vol. in-8°); en vers par Ragon (1842, in-8°).

LUSIGNAN ou **Lezignem**, ch.-l. de cant., arr. et à 24 kil. S.-O. de Poitiers (Vienne); 2,200 hab. Ancienne seigneurie; fabriques de serges et d'étoffes de laine. Ruines d'une ancienne forteresse féodale, fondée par la fée Mélusine, suivant la tradition, et par Hugues II de Lusignan, suivant les documents historiques. Coligny prit ce château en 1569 et le rendit; les protestants s'y étant renfermés en 1574, le duc de Montpensier, qui s'en empara l'année suivante, fit sauter les fortifications, sur l'emplacement desquelles se trouve aujourd'hui une promenade.

LUSIGNAN, célèbre famille du Poitou, dont les principaux membres furent : I. (**Gui de**). mort en 1194, d'abord comte de Jaffa et d'Ascalon, épousa Sibylle, fille d'Amaury, roi de

Jérusalem, et succéda à son beau-père sur le trône (1186), qui lui fut enlevé deux ans après par Saladin. Il acheta, en 1192, du roi d'Angleterre, Richard, l'île de Chypre qu'il érigea en royaume, répara les places, augmenta les fortifications et y construisit plusieurs beaux édifices. — II. (Amaury de), mort en 1205, frère du précédent, lui succéda au trône. En 1197, il épousa Isabelle, veuve de Henri, roi de Jérusalem, et réunit sur sa tête les deux couronnes de Chypre et de Jérusalem (voy. AMAURY). — III. (Étienne de), né en 1537, mort en 1590. Il fut évêque de Nicosie, et a laissé *Histoire générale des royaumes de Jérusalem, de Chypre, d'Arménie*, etc., *jusqu'en* 1572 (Paris, 1579).

LUSIGNY, ch.-l. de cant., arr. et à 16 kil. S.-O. de Troyes (Aube); 1,100 hab.

LUSITANIE, *Lusitania*, une des grandes divisions de la péninsule ibérique sous les Romains; elle était située entre la Tarraconaise, la Bétique et l'océan Atlantique; elle correspondait à peu près au Portugal actuel (sauf les deux provinces septentrionales); elle s'étendait du Tage au Douro. Cap., *Olisipo* (Lisbonne). D'après Strabon, les Lusitanii formaient le plus grand peuple de la péninsule; ce furent eux qui résistèrent le plus longtemps aux Romains. Ils se révoltèrent en 153 av. J.-C., et conservèrent pendant quelque temps leur indépendance. Viriathe, qui devint leur chef en 147, fut assassiné en 140, et peu après, les Lusitaniens furent subjugués.

LUSITANIEN, IENNE s. et adj. Habitant de la Lusitanie; qui appartient à cette province ou à ses habitants.

LUSSAC, ch.-l. de cant., arr. et à 13 kil. N.-E. de Libourne (Gironde); 4,900 hab.

LUSSAC-LES-CHÂTEAUX, ch.-l. de cant., arr. et à 12 kil. S.-O. de Montmorillon (Vienne); 1,800 hab. Pierre de taille; culture du chanvre.

LUSSAN, ch.-l. de cant., arr. et à 16 kil. N.-O. d'Uzès (Gard); 1,050 hab.

LUSTRAGE s. m. Action de lustrer.

* **LUSTRAL, ALE** adj. Antiq. N'est guère usité que dans deux locutions. EAU LUSTRALE, eau dont les païens se servaient pour faire les lustrations ou les ablutions, et qui n'était autre chose que de l'eau commune dans laquelle on avait plongé un tison ardent pris au foyer des sacrifices. JOUR LUSTRAL, jour où, chez les païens, un enfant nouveau-né recevait son nom, et où se faisait la cérémonie de sa lustration.

* **LUSTRATION** s. f. (lat. *lustratio*; de *lustrare*, purifier). Antiq. Cérémonies, sacrifices par lesquels les païens purifiaient une ville, un champ, une armée, un État, ou les personnes souillées, soit par quelque crime, soit par quelque impureté. — Les lustrations étaient pratiquées chez les Grecs et chez les Romains. Une lustration générale de tout le peuple romain, à laquelle on appliquait particulièrement le nom de *lustrum*, avait lieu à la fin de chaque cinquième année devant les censeurs qui quittaient leur office, après le recensement terminé. Cette cérémonie passe pour avoir été instituée par Servius Tullius en 566 av. J.-C.; elle fut célébrée pour la dernière fois à Rome sous le règne de Vespasien. Toute armée romaine subissait la lustration avant d'entrer en campagne. — Se dit particul. de la cérémonie qui, chez les Romains, consistait à asperger d'eau lustrale un enfant nouveau-né.

* **LUSTRE** s. m. (*lustrum*, lustration). L'éclat que l'on donne à un objet, soit en le polissant, soit en faisant usage de quelque eau, de quelque composition : *l'ébène poli a un grand lustre*. — Composition même dont les

fourreurs, les chapeliers et autres fabricants se servent pour donner du lustre aux fourrures, aux chapeaux, etc. — Fig. Eclat que donne la parure, la beauté, le mérite, la dignité, etc.: *les pierreries donnent du lustre à la beauté des femmes*. — SERVIR DE LUSTRE, se dit de ce qui, par le contraste de son imperfection, rehausse ou fait valoir l'agrément, le mérite d'une personne ou d'une chose : *la laideur de cette femme sert de lustre à celles qui l'entourent*. Dans toutes les acceptions qui précèdent *Lustre* n'a point de pluriel. — Se dit aussi d'un chandelier de cristal ou de bronze, à plusieurs branches, qu'on suspend au plafond pour éclairer : *la salle était éclairée de douze lustres*. — Se dit particul. du grand lustre garni de lampes qu'on suspend au milieu d'une salle de spectacle : *le lustre de l'Opéra*. — CHEVALIER DU LUSTRE. (Voy. CHEVALIER.)

* **LUSTRE** s. m. Antiq. Epoque du cens qu'on revenait tous les cinq ans. — Se dit, chez les modernes d'un espace de cinq ans et n'est usité qu'en poésie. APRÈS TROIS LUSTRES, après quinze ans. IL EST DANS SON HUITIÈME LUSTRE, son âge est entre trente-cinq et quarante ans.

* **LUSTRER** v. a. Donner le lustre à une étoffe, à une fourrure, à un chapeau, etc. : *lustrer une étoffe*.

* **LUSTRINE** s. f. Etoffe, espèce de droguet de soie. — Etoffe de coton fortement apprêtée et lustrée : *lustrine verte*.

LUSTUCRU s. m. Pauvre diable, homme ridicule. — LE PÈRE LUSTUCRU, personnage grotesque qui figure dans la chanson populaire de la *Mère Michel qui a perdu son chat*.

* **LUT** s. m. [lutt] (lat. *lutum*, argile). Matière adhésive, molle, que l'on applique sur les bouchons des vases, pour mieux fermer ceux-ci, ou autour des cornues, des tubes de verre, de porcelaine, pour les préserver de l'action trop vive du feu : *lut de terre grasse*. — Le lut est une sorte de ciment que l'on emploie dans les opérations chimiques soit pour boucher exactement les joints des appareils, soit même pour entourer des cornues et des tubes, afin de les soustraire à l'action trop vive du feu. Les matières du mélange varient suivant les vapeurs renfermées dans les appareils et suivant la chaleur à laquelle on veut les exposer. Pour les chaleurs très élevées, on emploie le *lut réfractaire*, fait de poudre fine de brique réfractaire mise en pâte avec de l'eau. Pour les chaleurs moins intenses, on a recours au *lut gras*, obtenu en mélangeant de la terre glaise séchée et pulvérisée avec de l'huile de lin que l'on a fait cuire avec un tiers de son poids de litharge. On obtient aussi un beau lut appelé *lut de chaux*, en mêlant de la chaux vive délitée et pulvérisée avec du blanc d'œuf. Le *lut blanc* est un mélange de litharge et d'huile.

LUTATION s. f. Chim. Action de luter.

LUTÈCE, *Lutetia*, ou plus communément *Lutetia Parisiorum*, capitale des Parisii (Gallia Lugdunensis), située dans une île de la Sequana (Seine) et réunie par deux ponts de bois aux deux rives de ce fleuve. (Voy. PARIS).

* **LUTER** v. a. Fermer avec du lut, enduire de lut les vaisseaux qu'on met au feu : *il faut luter cette cornue*.

* **LUTH** s. m. [lutt] (ar. *al ud*). Instrument de musique à cordes, de l'espèce des guitares, ressemblant pour la forme à la section longitudinale d'une poire, et autrefois d'un usage général, mais abandonné depuis longtemps pour la harpe et la guitare. Son invention est attribuée aux Arabes. — S'emploie dans certaines phrases figurées, où il désigne l'inspiration, le talent poétique, mais dans des genres moins élevés : *prendre son luth; chanter sur son luth*.

LUTHER (Martin) [all. lou'-ter], chef de la réformation allemande, né à Eisleben (auj. ville de la Saxe prussienne) le 10 nov. 1483, mort le 18 fév. 1546. Pendant qu'il était à l'école de Mansfeld et plus tard à celles de Magdebourg et d'Eisenach, il dut mendier son pain avec ses compagnons en chantant de porte en porte. A Eisenach, une dame généreuse, Ursule Cotta, prit le pauvre enfant qui avait gagné sa sympathie par son talent musical et par sa ferveur à l'Eglise, et elle l'entretint jusqu'à son entrée à l'université d'Erfurt en 1504 ; il y étudia avec beaucoup de zèle et prit ses degrés en 1505 en qualité de maître en philosophie. La mort soudaine, dans un duel, d'un de ses amis intimes, frappa sa jeune imagination et lui-même ayant failli périr deux fois, la première par une maladie et la deuxième d'un coup de foudre, ses sentiments religieux en furent si fortement excités qu'il entra dans un couvent d'augustins à Erfurt, le 17 juillet 1505; il s'y soumit à la plus rude discipline monastique. Les luttes qui se livraient dans son esprit, ses pénitences et ses exercices ascétiques lui firent renaître sa propre faiblesse morale et lui firent considérer la croix du Christ comme la seule source de justification et de paix. Dans cette progression mystique, il fut assisté et soutenu par la lecture de la Bible, par l'étude des œuvres de saint Augustin, par les sermons de Tauler, par les commentaires de Nicolas de Lyre et par les conseils de son ami Johann Staupitz, supérieur des Augustins d'Allemagne. Il prit les ordres en 1507 et fut appelé à Wittenberg, en 1508, comme professeur de philosophie scolastique. Dans ses leçons, il s'éloigna de la méthode traditionnelle pour s'appuyer sur les Ecritures et surtout pour suivre la méthode de son auteur favori, saint Augustin. Pour mettre fin à la profanation des indulgences dont le moine dominicain Tetzel faisait en Saxe un véritable trafic, Luther souleva une violente protestation, qu'il résuma dans ses fameuses 95 propositions latines collées sur les portes de l'église de Schloss, à Wittenberg, le 31 oct. 1517. Ces propositions, qui soumettaient toute la controverse à l'autorité du pape, excitèrent avec la rapidité de l'éclair et allumèrent l'incendie dans toute l'Europe catholique. Une vive controverse s'en suivit ; la dispute de Leipzig (juin et juillet 1529) entre le Dr Eck, d'une part, et Carlstadt et Luther, d'autre part, raviva le feu et élargit la brèche. Luther lança plusieurs pamphlets violents contre Rome, particulièrement son *Adresse à la noblesse allemande* (1520). Léon X, qui, dans le début, n'avait vu dans cette affaire qu'une rivalité de moines, n'y apporta qu'assez peu d'attention ; mais il finit par se décider à agir et il lança, le 15 juin 1520, une bulle d'excommunication contre l'hérétique allemand, auquel il accordait cent jours pour revenir à résipiscence. Luther, pour réponse à cette excommunication, fit brûler la bulle papale (10 déc.) devant la porte Elster à Wittenberg, en s'écriant: « Toi qui soutiens qu'il faut brûler les hérétiques, puisse le feu te consumer ». Peu de mois après, Luther fut sommé par Charles-Quint de se présenter devant la diète de Worms; malgré les remontrances de ses amis, il résolut de s'y rendre, dût-il y trouver autant de diables qu'il y avait de tuiles sur les toits des maisons ». En face de l'empereur, des princes et des nobles de l'empire, des dignitaires de l'Eglise, et d'un immense concours de spectateurs, Luther fut mis en demeure d'avoir à se rétracter ; mais il défendit hardiment ses doctrines et fit, le 18 avril 1521, la fameuse déclaration suivante : « A moins d'être réfuté et convaincu par les témoignages des saintes Ecritures ou par des arguments et des raisonnements publics clairs et évidents, je ne puis et ne dois rien rétracter, parce que ni le pape, ni les conciles qui se sont souvent trompés et contredits, n'ont qualité pour me convaincre d'erreur et me faire agir contre ma conscience ; j'en reste là, je ne puis faire autrement ; Dieu me vienne en aide. Amen ! » Aussitôt la diète le mit au ban de l'empire et, à son retour à Wittenberg, il fut protégé par les agents de l'électeur Frédéric le Sage, qui le logea dans son château de Wartburg près d'Eisenach : il y vécut 10 mois sous le nom de *Maître Georges*, chassant, priant, composant des traités et traduisant le Nouveau Testament. Des troubles graves ayant éclaté parmi ses propres adeptes, Luther retourna à Wittenberg en mars 1522. Par une série de sermons en faveur de l'ordre public qui était menacé, il enraya le mouvement radical qui pouvait amener la défaite de la réformation. Il prit une attitude conservatrice semblable contre les anabaptistes et contre les paysans, dont le soulèvement se termina par une plus complète soumission du peuple allemand aux seigneurs temporels et spirituels. Au milieu de ces troubles, Luther se maria tout à coup dans sa 42e année (juin 1525) à une ex-religieuse, Catharina von Bora, dans le but, disait-il, « de plaire à son père, de taquiner le pape et de vexer le diable ». — Ses plus importants travaux, de 1521 à 1530, furent : sa *Traduction de la Bible*, ses *Sermons*, ses *Hymnes*, et ses *Chœurs* pour le service divin en langue vulgaire, son *grand* et son *petit Catéchisme*, et particulièrement ses efforts en faveur des écoles primaires et de l'éducation populaire. En 1529, il assista à la conférence théologique infructueuse de Marburg et essaya d'établir l'union entre les luthériens et les zwingliens, mais il se crut forcé de repousser les ouvertures de fraternité faites par le réformateur suisse, à cause de la différence de leurs vues au sujet de l'Eucharistie. Pendant la diète d'Augsbourg (1530), où la *Confession d'Augsbourg* fut présentée à l'empereur, Luther demeura au château de Cobourg. Il continua ensuite ses travaux comme professeur, prédicateur et écrivain. En 1534, il termina la traduction de la Bible. Trois ans plus tard, il mit au jour, dans un esprit absolument antipapal, *les articles de Smalcald*, destinés à être présentés au concile général si souvent annoncé et toujours retardé. En 1539, il commit l'erreur inexcusable de donner son adhésion à la honteuse bigamie de Philippe de Hesse. Ses derniers jours furent attristés par des maladies, par un affaiblissement intellectuel, par la mort de ses amis et de ses parents; son caractère s'aigrit au milieu des controverses qu'il eut à soutenir pour rétablir l'harmonie entre ses adeptes. En janv. 1546, il quitta Wittenberg pour mettre fin à une querelle entre les comtes de Mansfeld et quelques-uns de leurs sujets. Le 17 févr., il fut atteint, à Eisleben, d'une maladie subite qui l'enleva le lendemain matin. — Luther est le type le plus exact et le plus original du caractère national allemand, aussi bien par ses côtés forts et tenaces que par ses points faibles et vulnérables. Homme du peuple, il eut l'emphase populaire; mais il masqua ce défaut par une faculté extraordinaire d'exprimer les idées les plus profondes en paroles simples et brèves : c'est pourquoi la plupart de ses sentences sont passées en proverbe. Comme théologien et comme savant, il est inférieur à Melanchthon et ne saurait être comparé à Calvin. Il n'est pas davantage organisateur; et, sentant son impuissance, il se contenta de détruire la puissance papale, sans la remplacer par une autre puissance ecclésiastique, de telle sorte qu'il abandonna le gouvernement de l'Église aux mains des princes, qui exercèrent le pouvoir épiscopal. Luther n'essaya jamais de dominer la violence de son caractère ni l'emportement de ses passions. Ses fureurs, développées par la moindre contradiction, se manifestaient avec le fracas d'une tem-

pête; et ses controverses dégénéraient souvent en invectives brutales et grossières. Et pourtant on s'accorde à reconnaître qu'il avait le cœur bon, sincère et généreux; il fut époux et père affectueux ; il se rendit aimable comme poète et comme musicien. Dans ses œuvres et dans toutes ses actions, on retrouve la même piété, la même foi en Dieu, le même enthousiasme sans bornes pour l'Évangile. En ce qui concerne la doctrine de l'Église, les sacrements, le culte, la hiérarchie et les usages, il s'éloignait des traditions romaines beaucoup moins que Zwingle et que Calvin ; mais pour tout ce qui touche à l'essence même du protestantisme, il était aussi avancé qu'aucun réformateur de son époque. — Les œuvres de Luther ont été écrites les unes en latin, les autres en allemand ; elles comprennent des sermons, des traités de polémique et un grand nombre de lettres. Il a laissé, en outre, une certaine quantité d'hymnes et de morceaux de musique, qui l'ont fait considérer comme le fondateur de la poésie et de la musique religieuses en Allemagne. Son hymne la plus célèbre est intitulée *Ein' feste Burg ist unser Gott*; c'est le chant de guerre des luthériens; elle fut écrite en 1529, d'après le 46e psaume. Son œuvre la plus considérable est la traduction de la Bible, faite avec la collaboration de Melanchthon, de Bugenhagen (Pomeranus) et de Cruciger, et qui est restée en usage parmi les églises protestantes de langue allemande. Les éditions complètes des œuvres de Luther sont au nombre de six; nous citerons, comme étant la meilleure : celle de Walch (24 vol. in-4o, Halle, 1740-'53). Les *Œuvres choisies* de Luther ont été publiées par Otto von Gerlach (dernière éd., 24 vol., Berlin, 1859). Les *Lettres* de Luther ont été publiées séparément par de Wette (5 vol., Berlin, 1815-'28; vol. supplémentaire par Seidemann, 1856). (Voy. AURIFABER.) Les très nombreuses biographies de Luther comprennent celles de Melanchthon, *Historia de vita et actis Lutheri* (1546), de Mathesius (1565), de Selnecker (1575) et de Meurer (3e éd., 1870). De nos jours, deux ouvrages ont été publiés sur Luther : l'un, *Mémoires de Luther*, par Michelet (1835, 2 vol., in-8o) : l'autre, *Histoire de la vie et des écrits de Luther*, par Audin (1840, 2 vol. in-8o). Le meilleur traité sur la théologie de Luther est celui de Julius Kœstlin intitulé : *Luthers theologie in ihrer geschichtlichen Entwickelung und ihrem inneren Zusammenhang dargestellt* (Stuttgart, 1863).

LUTHÉRANISME s. m. Doctrine de Luther, religion des luthériens. — L'Église luthérienne a été connue sous différents noms. Elle s'appela d'abord Église évangélique (1525). De 1529 à 1648, les adeptes de Luther furent officiellement appelés protestants et c'est encore le terme sous lequel on les désigne exclusivement en Europe. Le mot luthérien fut employé pour la première fois par Eck, qui l'appliqua à tous ceux qui avaient pris parti contre le pape. Luther repoussa énergiquement ce nom ; mais la nouvelle Église le reçut malgré elle. — I. *Doctrine*. Dans les trois professions de foi générales et dans la confession non altérée d'Augsbourg (1530), la religion luthérienne eut la prétention d'embrasser l'univers entier ; comme développement ultérieur de ses doctrines, la plus grande partie de l'Église reconnaît l'*Apologie pour la confession* (1530), le *grand* et le *petit Catéchisme* de Luther (1529), les *Articles de Smalcald* et la *Concordiæ formula* (1577). La collection complète de ces ouvrages porte le titre de *Livre de Concorde*. La doctrine fondamentale de l'Église luthérienne est que nous sommes justifiés devant Dieu, non grâce à notre propre mérite, mais par sa tendre miséricorde et par la foi en son Fils. L'homme est tellement dépravé, que sa volonté est in-

suffisante pour opérer son salut; J.-C., dans son sacrifice propitiatoire, s'est substitué à l'homme; la foi au Christ présuppose une véritable pénitence; l'homme renouvelé coopère à son salut avec l'esprit de Dieu ; la sanctification est progressive et n'atteint jamais une perfection absolue en cette vie. Le Saint-Esprit opère par le Verbe et par les sacrements qui seuls, à proprement parler, sont des moyens de grâce. L'Église luthérienne évangélique considère le Verbe de Dieu et les Écritures canoniques comme la seule loi absolue de foi et de vie. Les symboles sont simplement le témoignage de l'Église aux vérités qu'elle admet. — Les seules professions de foi auxquelles l'Église luthérienne donne un assentiment universel sont les professions de foi œcuménique et la Confession d'Augsbourg. — I. *Baptême*. L'Église luthérienne tient qu'il est nécessaire au salut de renaître de l'eau et de l'esprit (saint Jean, III, 5, et Confession d'Augsbourg, art. 2 et 9), mais elle tient que cette nécessité est ordinaire, non absolue ni sans exception; que le mépris seul du sacrement et non le manque de l'avoir reçu est la seule cause de damnation; et que, quoique Dieu nous ait donné ce moyen de salut, il n'a pas entendu par là lier l'étendue de sa miséricorde. — II. *Consubstantiation*. On a répandu à satiété que l'Église luthérienne admettait cette doctrine de l'Église romaine, mais les théologiens luthériens, sans exception aucune et d'une commune voix, répudient à la fois le nom et la chose dans son entier et dans chacune de ses parties. Il est dit dans la Concorde de Wittenberg (1536), préparée et signée par Luther et les autres chefs de l'Église : « Nous nions la doctrine de consubstantiation, comme nous nions que le corps et le sang du Christ soient localement contenus dans le pain, c'est-à-dire comme nous nions la transsubstantiation ». (Voy. EUCHARISTIE.) — III. *Ubiquité*. L'Église luthérienne tient que les attributs essentiels des deux natures divine et humaine dans le Christ sont inséparables et que néanmoins les attributs de l'une ne peuvent jamais être les attributs de l'autre. Mais la formule de Concorde rejette et condamne l'opinion que la nature humaine du Christ est localement répandue dans tous les lieux du ciel et de la terre et qu'elle est devenue comme une essence infinie. — A diverses époques, particulièrement au début de l'Église luthérienne, il s'est élevé de violentes controverses dont les principales furent : 1o celle des philippistes due au désir excessif de Philippe Melanchthon d'opérer un rapprochement avec l'Église romaine; 2o celle des antinomiens (1537-'40, 1556), causée par la tentative d'Agricola d'introduire ce qui a été appelé le pélagianisme de l'Évangile; 3o la controverse osiandrienne (1550-'67), ainsi nommée d'Osiander, qui confondit la sanctification avec la justification; 4o celle des adiaphoristes (1548-'55). (Voy. MELANCHTHON); 5o celle des majoristes (1551-'52), ainsi nommée de Georges Major, de Wittenberg, relative à la nécessité des bonnes œuvres; 6o celle des synergistes (1555-'67), sur la coopération de la volonté humaine pour le salut, et au cours de laquelle Flacius parla sur le péché originel comme substantiel et non accidentel; 7o celle des cryptocalvinistes (1552-'74). (Voy. CRYPTOCALVINISTES.) Toutes ces questions ont été fixées dans la formule de Concorde (1577-'80). Les controverses qui suivirent ont été relatives au syncrétisme (1655), au piétisme (1686) et au rationalisme (1754). — II. *Culte*. L'Église luthérienne regarde la prédication comme une partie indispensable du service divin. Tout le culte doit être pratiqué dans une langue compréhensible au peuple, parce que le cœur et la raison y trouvent une égale satisfaction. L'Église conserve du passé tout ce qui lui paraît beau et convenable ;

par exemple, l'année ecclésiastique avec ses grandes fêtes. Dans leurs fonctions officielles, les prêtres portent ordinairement une robe noire avec le rabat; mais dans certaines portions de l'Eglise, comme en Danemark, en Suède et en Norvège, on a conservé le surplis, la chape, et l'archevêque de Suède porte la mitre et la crosse dans les occasions solennelles. — III. Constitution. Le ministère n'est pas un ordre mais un office divinement institué; il n'existe de droit divin aucune inégalité. Le gouvernement de l'Eglise a été dévolu à des supérieurs et à des consistoires mais aujourd'hui il y a une tendance à le mettre entre les mains des synodes. En Danemark, les évêques évangéliques ont remplacé les prélats catholiques romains dépossédés. En Suède, les évêques ayant été les premiers à embrasser le luthéranisme, ont conservé dans ce pays une *succession apostolique*, dans le sens de la haute Eglise. La source suprême du pouvoir repose dans les congrégations, c'est-à-dire dans l'assemblée du pasteur, des autres officiers et du peuple des communions particulières. Le droit de choisir un pasteur appartient au peuple; les synodes possèdent tel pouvoir que les congrégations leur délèguent et la représentation laïque est universelle. — IV. Théologie. La science théologique a toujours été en honneur dans l'Eglise luthérienne. Elle a eu pour principaux représentants : Spener, Francke, Lange, Baumgarten, Reinbeck, Carpzov, Ernesti, Michaelis, Semler, Griesbach, Koppe, Eichhorn, Rosenmüller, Bertholdt, de Wette et Niemeyer. — V. Education. Les premiers efforts de Luther en faveur de l'éducation furent continués par ses successeurs au moyen de l'instruction religieuse, des écoles publiques et des universités. Ces dernières, surveillées entièrement ou en partie par l'Eglise luthérienne, sont considérées comme les meilleures qu'il y ait en Europe. — VI. Missions. En 1559, Gustave Vasa de Suède fonda une mission chez les Lapons; Frédéric IV de Danemark établit, en 1706, la mission des Indes Orientales à Trinquebar. — Le nombre des membres de l'Eglise luthérienne dans le monde entier est évalué à 42 millions de fidèles. Des 25 millions de protestants que renferme l'empire d'Allemagne, 20 millions au moins sont luthériens. On en compte aussi 3 millions aux Etats-Unis et la majorité des Danois et des Suédois appartiennent à cette Eglise. Voyez Schneckenburger, *Vergleichende Darstellung des lutherischen und reformirten Lehrbegriffs* (1855); Stahl, *Die Lutherische Kirche und die Union* (2ᵉ éd., Berlin, 1860); Kaknis, *Principien des Protestantismus* (1865, et *Gang des deutschen Protestantismus* (3ᵉ éd., 1874,); Seiss, *Ecclesia Lutherana* (Philadelphie, 1868).

LUTHERIE s. f. Etat du luthier.

* **LUTHÉRIEN, IENNE** adj. Conforme à la doctrine de Luther : *opinion luthérienne*. — s. Sectateur de Luther : *plusieurs princes d'Allemagne protégèrent les luthériens*.

* **LUTHIER** s. m. Ouvrier qui fait des instruments de musique à cordes : *c'est un bon luthier*.

* **LUTIN** s. m. (rad. *lutter*). Suivant l'opinion populaire et superstitieuse, espèce de démon ou d'esprit follet qui vient la nuit tourmenter les vivants : *on prétend qu'il y a un lutin dans cette maison*. — C'est un lutin, c'est un vrai lutin, se dit d'une personne excessivement vive, pétulante, et particulièrement d'un enfant. Du lat. sans anal., Faire le lutin. — Il ne dort non plus qu'un lutin, se dit d'un homme fort agissant, qui donne très peu de temps au sommeil. — adj. Eveillé, agaçant, piquant; et alors il fait au féminin *Lutine* : *cet enfant a un air lutin; cette actrice a la figure lutine*.

* **LUTINER** v. a. Tourmenter quelqu'un comme le ferait un lutin : *il nous a lutinés toute la nuit*. — Fam. : *j'ai une affaire qui me lutine sans cesse*. — v. n. Faire le lutin : *il n'a fait que tempêter, que lutiner toute la nuit*.

LUTON, ville de Bedfordshire (Angleterre), sur la Lea, à 40 kil. N.-O de Londres; 18,000 hab. Chapeaux de paille.

* **LUTRIN** s. m. (bas lat. *lectrinum*; de *lectrum*, pupitre). Pupitre élevé dans le chœur d'une église, sur lequel on met les livres dont on se sert pour chanter l'office : *chanter au lutrin*.

Sur ce rang d'ais serrés qui forment sa clôture,
Fut jadis un lutrin d'inégale structure.
BOILEAU.

— Se dit aussi, collectivement, de ceux qui chantent au lutrin : *c'est lui qui dirige le lutrin, qui donne le ton au lutrin*. — Le Lutrin, titre d'un célèbre poème héroï-comique en six chants, que Boileau composa de 1672 à 1683; c'est la création la plus originale de l'auteur; c'est aussi son ouvrage le plus accompli

* **LUTTE** s. f. (lat. *lucta*, combat). Sorte d'exercice, de combat, où deux hommes se prennent corps à corps, et cherchent à se terrasser l'un l'autre : *l'exercice de la lutte*. — Fig. Guerre, dispute, controverse, conflit : *la paix mit fin à la lutte sanglante qui existait depuis vingt ans entre ces deux nations*. — Emporter quelque chose de haute lutte, venir à bout de quelque chose par autorité, par force. — Faire quelque chose de bonne lutte, sans employer de fraude.

* **LUTTER** v. n. (rad. *lutte*). Se prendre corps à corps avec quelqu'un, pour le terrasser : *lutter avec quelqu'un, contre quelqu'un*. — Se dit, fig., en parlant de toute espèce de combat : *les deux armées luttèrent avec un égal courage*. — Fig. Lutter contre la tempête, contre les vents, contre les flots, contre les obstacles, contre la mort, contre la destinée, etc., faire efforts pour surmonter la tempête, les vents, les flots, les obstacles, la mauvaise fortune; se défendre contre la mort, contre la destinée, etc.

* **LUTTEUR, EUSE** s. Celui, celle qui combat à la lutte.

LÜTZEN [lu-tsènn], ville de la Saxe prussienne, à 16 kil. S.-O. de Leipzig; 3,000 hab. C'est une simple bourgade qui doit toute sa célébrité aux deux grandes batailles dont elle fut témoin. Dans la première, Gustave-Adolphe fut tué au milieu du triomphe de ses troupes sur celles de Wallenstein, le 6 nov. (nouv. style, 16 nov.) 1632. Dans la seconde, livrée le 2 mai 1843, Napoléon battit l'armée russoprussienne commandée par Wittgenstein. Les alliés perdirent 10,000 hommes et les Français 12,000. Cette sanglante victoire, suivie de celles de Bautzen et de Wurschen (19-21 mai), arrêta la série des succès que les alliés avaient remportés et les força de repasser l'Oder. Un armistice fut conclu; et Napoléon eût été sauvé s'il avait su profiter de l'affaiblissement de ses adversaires pour accepter une paix honorable.

LÜTZOW (Ludwig-Adolf-Wilhem, BARON) [lu'-tso], général prussien (1782-1834), connu surtout comme créateur en 1843 du corps franc appelé *lützow'sches freicorps* ou *chasseurs noirs*, composé surtout de jeunes nobles allemands et dont faisait partie le célèbre poète Kœrner.

LUX (Adam) [all. loukss], conventionnel, né à Oberburg (Bavière) en 1766, guillotiné à Paris, le 4 nov. 1793. Après avoir été reçu médecin, il devint précepteur à Mayence, se maria et se fixa dans un village des environs de cette ville, pour se livrer à l'agriculture. L'enthousiasme avec lequel il adopta les principes de la Révolution, le fit élire à la con-

vention rhéno-allemande qui se réunit à Mayence après l'invasion par les républicains des provinces situées sur la rive gauche du Rhin. Peu après, il fut envoyé à Paris (mars 1793), avec Georges Forster, pour y représenter l'assemblée mayençaise près de la Convention française. La chute des Girondins, et particulièrement l'exécution de Charlotte Corday (voy. ce nom), bouleversèrent son esprit, au point qu'il sembla n'avoir plus d'autre objectif que de partager le sort de ses amis politiques. Dans des pamphlets d'une violence extraordinaire, il attaqua les terroristes et les défia de le mettre à mort. Arrêté, il fatigua de ses extravagantes demandes d'exécution les comités, qui finirent par exaucer ses vœux. L'une de ses filles, héritière de son exaltation mélancolique, se suicida parce que Jean-Paul Richter, qu'elle aimait, ne répondait pas à la passion dont elle lui donnait le témoignage dans des lettres enflammées.

* **LUXATION** s. f. [lu-ksa-si-on] (lat. *luxatio; de luxare, luxer*). Chir. Déboîtement des os, sortie de la tête d'un os de la cavité où elle doit être. — Encycl. Les symptômes de la luxation sont : 1ᵒ douleur vive au moment de l'accident; 2ᵒ déformation ou altération des contours naturels de la région articulaire; 3ᵒ changements dans la longueur du membre; 4ᵒ déviation de sa direction normale, et enfin 5ᵒ altération partielle de son volume. Les luxations se distinguent des fractures voisines des articulations, surtout par la persistance de la difformité, par l'absence de toute crépitation rugueuse et par la résistance que le membre oppose à sa réduction, résistance qui, lorsqu'elle est vaincue, est suivie de guérison: Les luxations peuvent être compliquées de contusions et de déchirures, puis consécutivement d'inflammation et d'ankylose; l'inflammation ne survient que quelques jours après l'accident. Le traitement de la luxation consiste à la *réduire*, puis à maintenir réduite. La réduction comprend l'*extension*, la *contre-extension* et la *coaptation* comme pour la fracture, mais avec une force beaucoup plus grande, surtout quand il s'agit d'une luxation de la cuisse. Plus la luxation est récente, plus la réduction est facile. Il ne faut jamais tenter cette réduction lorsqu'il y a gonflement inflammatoire, il faut auparavant combattre l'inflammation par des sangsues. Lorsque la luxation est réduite, il est indispensable d'appliquer un bandage qui maintienne les parties réduites dans un repos absolu, assez longtemps pour permettre aux ligaments et aux capsules articulaires de se consolider. Quant aux accidents qui peuvent se déclarer dans le cours du traitement et à ceux qui compliquent la luxation, on les traite par les moyens appropriés à chaque cas.

* **LUXE** s. m. [lu-kse] (lat. *luxus*). Somptuosité, excès de dépense dans le vêtement, la table, l'ameublement, etc. : *le luxe des habits, de la table*, etc. — Se dit, fig., au sens physique et au sens moral, pour grande abondance, profusion, superfluité : *la nature déploie ici un grand luxe de végétation*. — Parure, ornement, décoration : *la beauté du linge et du drap est aujourd'hui le luxe des gens de bonne compagnie*.

LUXEMBOURG [lu-ksan-bour] (all. *Luxemburg* [louks-èmm-bourg]), territoire aujourd'hui divisé en deux parties, dont l'une forme une province belge, et dont l'autre constitue dans le royaume des Pays-Bas, un grand-duché séparé et indépendant, entre la France et l'Allemagne; 4,005 kil. carr., 421,000 hab. Le Luxembourg est traversé par les Ardennes et arrosé par la Moselle et les affluents de la Meuse. Son nom primitif fut Lützelbourg. Il fut gouverné, pendant plusieurs

·générations, par des princes allemands et devint ensuite une possession des comtes de Limbourg, dont l'un prit le titre de comte de Luxembourg vers 1400. Cette maison donna quatre empereurs à l'Allemagne entre 1308 et 1437. Charles IV, l'un d'eux, éleva le Luxembourg au rang de duché. Ce territoire passa ensuite successivement à la Bourgogne (1448), à l'Autriche (1477), à l'Espagne (1556), de nouveau à l'Autriche (1713) et à la France (1794-'95). Pendant la domination française, il forma le département des Forêts, ch.-l. Luxembourg; divisé en 4 arrondissements: Luxembourg, Bitbourg, Diekirk et Neufchâteau. Le congrès de Vienne (1815) le fit membre de la confédération germanique comme grand-duché du royaume des Pays-Bas. En conséquence de la révolution de 1830, la partie wallonne du Luxembourg fut donnée à la Belgique et la partie allemande resta grand-duché. — I. Luxembourg belge, province du S.-E. du royaume de Belgique; 1,417 kil. carr.; 211,000 hab. Ch.-l., Arlon. Fonderies, carrières d'ardoise, poteries, tanneries; papeteries et manufactures de draps. — II. Grand-duché de Luxembourg, grand-duché, à l'E. du territoire belge, borné au S. par l'Alsace-Lorraine; 2,587 kil. carr.; 210,000 hab., presque tous Allemands et catholiques romains. Cap., Luxembourg. Manufactures de fer, de cuirs, de gants, de porcelaine et de poterie; 2,000 distilleries et nombreuses brasseries. Le grand-duché forme une monarchie représentative, dont le roi de Hollande est le grand-duc; le souverain y est représenté par un prince de sa famille, qui porte le titre de stadtholder (stathouder). En vertu de cette possession, le roi fut membre de la confédération germanique jusqu'à la dissolution de celle-ci en 1866. L'année suivante, l'empereur des Français prétendit avec raison que les Prussiens n'avaient plus aucun droit à occuper militairement le grand-duché; en même temps, il négocia secrètement l'acquisition du Luxembourg; mais la confédération de l'Allemagne du Nord fit notifier à la France que ce transfert serait un *casus belli*. L'armée française n'était pas en état d'entrer en campagne, à cause des événements du Mexique. Napoléon soumit la question aux grandes puissances : une conférence se réunit à Londres (7-11 mai 1867); et il fut convenu que le grand-duché serait neutralisé. Les troupes prussiennes se retirèrent (nov.) et la ville de Luxembourg fut démantelée (août 1870). Pendant la guerre franco-allemande, les Luxembourgeois, accusés d'avoir violé la neutralité, protestèrent en masse contre les menaces d'annexion dont les menaçaient les Prussiens. Le roi de Hollande dut signer un nouveau traité et payer une indemnité pour la prétendue violation de la neutralité. Quoique neutre, le Luxembourg est placé sous la surveillance de l'Allemagne; il fait partie de l'union douanière allemande (Zollverein). Sa constitution date du 17 oct. 1868; sa loi électorale du 28 mai 1879. Chambre des députés composée de 42 membres qui sont élus pour 6 ans par les cantons et que l'on renouvelle par moitié tous les trois ans. Évêché à Luxembourg. Recette, 6 millions de fr.; dépenses 5,900,000 fr.; dette 15 millions de fr., 360 kil. de chemin de fer; 310 kil. de lignes télégraphiques. — III. Luxembourg français, partie méridionale de l'ancien Luxembourg, cédée à la France par le traité des Pyrénées (1659). Il comprenait : Thionville, Marville, Montmédy et Damvilliers.

LUXEMBOURG (lat. *Liciburgum, Lucilburgum*; all. *Luxemburg*; anc. all. *Lützelburg*), capitale du grand-duché de Luxembourg, sur l'Elze ou Alzette, à 120 kil. S.-S.-E. de Liège, 85 kil. S.-E. de Bruxelles; par 49° 37' 38" lat. N. et 3° 49' 26" long. E.; 16,000 hab. La ville haute occupe un plateau sur lequel on n'arrive de plain-pied que par l'O. La

ville base, de l'autre côté de l'Elze, est entourée de précipices qui ont près de 75 m. de haut. Les rues sont très rapides et en zigzag. Les fortifications augmentées et perfectionnées successivement par les Espagnols, les Autrichiens, les Français et les Hollandais, furent rendues presque imprenables après 1830, par la diète germanique; mais il fallut les raser en 1867-'68, pour obéir à une stipulation du traité de Londres. Luxembourg constituait auparavant la plus formidable forteresse de la confédération germanique; les Prussiens y entretenaient une garnison de 6,000 hommes. Luxembourg renferme une belle cathédrale et diverses institutions publiques. Dans la ville basse se trouvent des moulins, des teintureries, etc. — Quoique considérée comme la ville la plus forte qu'il y eût au monde, cette forteresse fut prise par les Français en 984, en 1443, en 1479, en 1542, en 1543; par les Espagnols en 1544; par les Français en 1684; rendue à l'Espagne en 1697, elle fut reprise par les Français en 1701; elle soutint plusieurs attaques pendant le XVIIIᵉ siècle, et finit par se rendre aux Français, après un siège long et pénible qui dura de nov. 1794 à juillet 1795. Devenue ch.-l. du département des Forêts, pendant la République, elle fut perdue par le premier Empire et entra dans le royaume des Pays-Bas.

LUXEMBOURG (Le), palais bâti à Paris par Marie de Médicis, en 1615, sur le modèle du palais Pitti de Florence et sur les plans de Jacques Debrosses. Il a la forme d'un parallélogramme allongé, dont la face mesure 89 m. 30 de l'E. à l'O., et les côtés 149 m. 10 du N. au S. C'est le plus magnifique palais de Paris, après le Louvre, qu'il surpasse même par la régularité de ses proportions. Son nom lui vient d'un hôtel sur l'emplacement duquel il fut construit et qui appartenait au duc de Piney-Luxembourg. Son élévation se compose de huit gros pavillons carrés à toiture pyramidale reliés entre eux sur les parties latérales par deux petits corps en retraite et deux grandes galeries. Le palais a deux façades : l'une au N. vers la ville, sur l'axe de la rue de Tournon: l'autre au S., sur le jardin. — Lorsque Marie de Médicis fut obligée de quitter la France, elle céda le palais à Gaston duc d'Orléans. En 1674, la duchesse d'Orléans le donna à Louis XIV. Le régent en disposa au profit de sa fille, la duchesse de Berri. Après elle, il fit retour à Louis XV. En 1750, le marquis de Marigny y créa un musée ouvert au public et aux études des jeunes peintres, et renfermant une centaine de tableaux de maîtres italiens, flamands et français. Transformé en prison pendant la Révolution, le palais du Luxembourg servit d'hôtel au Directoire qui s'y installa en 1795. Ensuite il fut *palais du Consulat et du Sénat* sous le premier Empire; à la Restauration, il prit le nom de *palais de la Chambre des Pairs*, et il le conserva jusqu'en 1848. La commission du pouvoir exécutif s'y installa alors pendant deux mois, puis il resta désert après les événements de juin jusqu'en 1852, époque où le Sénat y fut rétabli. Après 1871, le conseil municipal et la préfecture de la Seine s'y installèrent jusqu'à l'époque de la rentrée des Chambres à Paris (1879). Il renferme une galerie de peinture des artistes vivants. — *Jardin du Luxembourg*, annexe du palais, dessiné par Le Nôtre; sa configuration générale a varié suivant les époques; c'est le rendez-vous de la jeunesse du quartier latin; mais il a été amoindri et mutilé sous le second Empire; il est terminé, à l'extrémité de l'avenue de l'Observatoire par une merveilleuse fontaine allégorique due à Klagman et à Carpeaux. — Le *Petit-Luxembourg*, hôtel situé à l'O. du palais du Luxembourg et presque contigu à ce palais; il fut construit vers 1630 et servit de résidence à Monsieur (plus tard Louis XVIII), à quatre directeurs, à

Bonaparte pendant 3 mois du Consulat, au président de la Chambre des pairs, puis à celui du Sénat. — Théâtre du Luxembourg. (Voy. BOBINO.)

LUXEMBOURG (Maison de), illustre famille qui a pour ancêtre Walram de Limbourg (XIIᵉ siècle), et qui a fourni 4 empereurs d'Allemagne (Henri VII, Charles IV, Wenceslas, Sigismond), plusieurs rois de Bohême, et un grand nombre de personnages célèbres. — Quatre branches de cette famille se sont établies en France : 1º les comtes DE LIGNY, dont la maison s'éteignit en 1415; 2º les comtes DE SAINT-POL, issus des comtes de Ligny, et dont les domaines furent réunis par un mariage en 1482 à ceux de Bourbon-Vendôme; 3º les comtes DE BRIENNE, issus des seigneurs de Saint-Pol, et éteints en 1608; 4º les ducs DE PINEY, dont la maison se fondit en 1661, dans celle de Montmorency, par le mariage de Madeleine de Luxembourg avec le maréchal de Luxembourg.

LUXEMBOURG-LIGNY (Valeran III de), comte DE SAINT-POL ou *Saint-Paul*, né en 1355, mort en 1417; il fut beau-frère de Richard II d'Angleterre et connétable sous Charles VI.

LUXEMBOURG (François-Henri DE MONTMORENCY-BOUTEVILLE, *duc de*), né à Paris le 8 janv. 1628, mort le 4 janv. 1695. Il était fils posthume du comte de Bouteville, si connu par ses duels et décapité sous Louis XIII, en place de Grève. (Voy. BOUTEVILLE.) Aide de camp de Condé, il le suivit dans les campagnes de Catalogne, assista à la prise de Lérida, et se distingua à la bataille de Sens (1648), après laquelle il reçut le titre de maréchal de camp, bien qu'il n'eût que 20 ans; il obtint la main de Madeleine-Charlotte, héritière des ducs et pairs de Luxembourg-Piney (1661), et porta dans la suite le nom sous lequel il est connu dans l'histoire. Principal lieutenant de Condé, il prit part à la première conquête de la Franche-Comté (1668), et à l'invasion des Provinces-Unies, comme général en chef (1672); il se montra d'une extrême habileté dans une retraite qu'il dut opérer avec 20,000 hommes en face de 70,000 adversaires. Il commanda sous les ordres de Condé, à Senef (1674), et fut nommé maréchal de France en 1675, et commandant en chef après la mort de Turenne. Il prit Valenciennes et Cambrai, remporta l'année suivante les victoires de Cassel (1677), et de Mons (1678), et força le prince d'Orange à lever le siège de Charleroi. La haine de Louvois l'impliqua dans un de ces procès de sortilèges si fréquents alors; ce fut en vain que le Parlement fit justice de ses calomniateurs (mai 1680), une lettre de cachet l'exila à 20 lieues de Paris, après 14 mois de prison à la Bastille. Replacé dix ans plus tard à la tête des armées de Flandre, Luxembourg gagna les batailles de Fleurus (1ᵉʳ juillet 1690), de Leutze, de Steinkerque (3 août 1692), et de Nervinde (29 juillet 1693); ces victoires mirent le comble à sa gloire, et le prince de Conti ne l'appelait plus le *Tapissier de Notre-Dame*, à cause des nombreux drapeaux qu'il prit à l'ennemi et qu'alors on appendait dans l'église Notre-Dame. Luxembourg fut un grand capitaine de l'école de Condé, dont il eut quelques-unes des brillantes qualités. Sa mort mit un terme aux victoires de Louis XIV.

LUXEMBOURG (Chrétien-Louis DE MONTMORENCY), prince de Tingry, connu sous le nom de maréchal de Montmorency, fils du précédent, né à Paris en 1675, mort en 1746. Il se distingua dans la guerre de la succession d'Espagne, et particulièrement à Oudenarde (1708), à Malplaquet (1709), et à Denain (1712); il fut fait maréchal en 1734.

LUXEMBOURG (Charles-François-Frédéric DE MONTMORENCY, *duc de*), maréchal de France, né en 1702, mort à Paris en 1764. Le château de Montmorency lui appartenait, quand J.-J. Rousseau vint y chercher un asile en 1758. Sa femme, petite-fille du maréchal de Villeroi, connue d'abord sous le nom de duchesse de Boufflers, fit de sa maison, pendant son veuvage, un centre de plaisirs et le rendez-vous des beaux esprits du temps. Elle dut sa réputation à l'amitié de Rousseau, de Walpole, de Mᵐᵉ du Deffand et mourut en 1787.

LUXEMBOURGEOIS, EOISE s. et adj. Habitant de la ville ou de la province de Luxembourg; qui concerne ce pays, cette ville ou leurs habitants.

* **LUXER** v. a. (lat. *luxare*). Chir. Faire sortir un os de la place où il doit être naturellement : *sa chute lui a luxé l'os de la cuisse.* — Se luxer v. pr.'; *il y a des os plus sujets à se luxer que d'autres.*

LUXEUIL, [lu-keul, *l* mll.], *Luxovium*, station minérale et ch.-l. de cant., arr. et à 18 kil. N.-O. de Lure (Haute-Saône), 4,100 hab., Collège communal; tanneries, papeteries; commerce de grains, vins, bestiaux. — Luxeuil possédait autrefois un monastère célèbre que saint Colomban y fonda en 590 et dont les écoles furent renommées. Ebroin et saint Léger y furent retenus captifs en 673. L'abbaye subsista jusqu'à la Révolution. Quinze sources chlorurées sodiques et ferrugineuses manganèses, de 27° à 63° C. Névroses, rhumatismes, anémie, chlorose. Deux divisions distinctes : l'une pour les eaux chlorurées sodiques, l'autre pour les eaux ferro-manganeuses. Etablissement thermal.

LUXOR. Voy. **LOUQSOR** et **THÈBES.**

LUXUEUSEMENT adj. Avec luxe.

* **LUXUEUX, EUSE** adj. Qui déploie du luxe : *ameublement luxueux.*

* **LUXURE** s. f. (lat. *luxuria*). Incontinence, lubricité : *le péché de luxure.* N'est guère usité que dans le style de la morale chrétienne.

LUXURIANCE s. f. Etat de ce qui est luxuriant; abondance, richesse : *luxuriance des couleurs.*

* **LUXURIANT, ANTE** adj. (lat. *luxuriari*, être trop fertile). Qui surabonde, qui est en excès : *une végétation luxuriante.*

* **LUXURIEUSEMENT** adv. Avec luxure(Vieux)

* **LUXURIEUX, EUSE** adj. Lascif, qui est adonné à la luxure; qui peut exciter à la luxure : *un homme luxurieux.*

LUYNES, comm. du dép. d'Indre-et-Loire, arr. et à 12 kil. O. de Tours; 900 hab. C'est l'ancienne ville de Maillé, érigée en comté par Charles IX en 1572, puis en duché-pairie en 1619, par Louis XIII, en faveur d'Albert de Luynes. Ancien château. Patrie de P.-L. Courier.

LUYNES. I. (Charles, MARQUIS D'ALBERT, *duc de*), connétable de France, né à Pont-Saint-Esprit, le 5 août 1578, mort le 15 déc. 1621. Filleul de Henri IV et page du roi, il fut attaché au dauphin, dont il conquit l'amitié par son habileté comme oiseleur (il dressait des pies-grièches à prendre des moineaux). Il devint en peu d'années capitaine du Louvre, conseiller d'Etat et grand fauconnier de France. Il ruina le crédit de Concini et de la reine-mère, obtint le gouvernement de la Normandie, et, le 2 avril 1621, l'épée de connétable. En cette qualité, il accompagna le roi au siège de Montauban. La mort le sauva d'une éclatante disgrâce. — II. **(Louis-Joseph** D'ALBERT DE), prince de Grinberghen, né en 1672, mort en 1750. Il suivit la carrière des armes, assista au siège de Philippsbourg, à la bataille de Fleurus où il fut blessé, à la prise de Namur, au combat de Steinkerque; il fit la campagne de Bavière avec le maréchal de Villars, et entra ensuite au service de l'électeur de Bavière. — III. **(Paul** D'ALBERT DE),

cardinal; il fut successivement évêque de Bayeux, aumônier de la dauphine, archevêque de Sens (1753), et cardinal. Membre de l'Académie française et de l'Académie des sciences, il rétablit l'Académie des belles-lettres de Caen, et fonda dans cette ville une bibliothèque publique. — IV. **(Charles-Philippe** D'ALBERT, *duc de*), général, né à Paris en 1695, mort en 1758. Il assista aux sièges de Landau et de Fribourg, devint maître de cavalerie en 1717 et fit la campagne d'Espagne. Le duc de Luynes, écrivit jour par jour, de 1735 à 1758, d'intéressants MÉMOIRES sur la cour de LouisXV. Ces mémoires (10 vol. 1860-'63), révèlent tout le côté intime du règne de Louis XV, et sont écrits avec sincérité. — V. **(Honoré-Théodore-Paul-Joseph** D'ALBERT, *duc de*), archéologue; né à Paris le 15 déc. 1802, mort à Rouen le 14 déc. 1867. Il appartenait à la fameuse famille qui porta alternativement les noms de Luynes et de Chevreuse. Sa mère, Mᵐᵉ de Chevreuse (1760-1813), fut bannie par Napoléon, pour l'opposition qu'elle fit à son gouvernement et fut de nouveau exilée pendant qu'elle était dame de service de Joséphine. Le duc de Luynes se montra d'abord partisan de Louis-Philippe, en 1830, mais ensuite il refusa de prendre son siège à la Chambre. En 1848, il devint membre de la Constituante, et en 1849, membre de la Législative. Egalement hostile aux républicains et aux bonapartistes, il fut emprisonné pendant quelque temps après le coup d'Etat du 2 déc. 1851. Comme archéologue, il se rendit célèbre par la découverte qu'il fit, dans l'une de ses propriétés, en Italie, des restes de la ville grecque de Métaponte. Assisté de Debacq, il donna, en 1836, la description de cette cité antique : *Métaponte* (Paris, 1833, in-fol. avec planches). Le récit de ses explorations en Orient a été publié par son petit-fils, sous la direction du comte de Vogüé : *Voyage d'exploration à la mer Morte, à Palmyre, à Petra, et sur la rive gauche du Jourdain* (1874, 3 vol. in-4°).

LUZ, ch.-l. de cant., arr. et à 20 kil. S.-E. d'Argelès (Hautes-Pyrénées); 1,450 hab. Eaux minérales.

LUZAC (Jean), philologue hollandais, né à Leyde, en 1746, tué par l'explosion d'un baril de poudre à canon, en 1807. On lui doit : *Observationes apologeticæ pro jureconsultis romanis* (Leyde, 1768, in-4°) ; *Diatribe de Aristobulo Judæo* (1806), *Lectiones atticæ* (1809), défense ou apologie de Socrate. Luzac appartenait à une famille française protestante; il devint, en 1775, rédacteur de la *Gazette de Leyde*, et fut professeur de grec à Leyde.

LUZARCHES, ch.-l. de cant., arr. et à 32 kil. N.-E. de Pontoise (Seine-et-Oise); 1,350 hab. Fabriques de blondes et de passementerie.

LUZECH, ch.-l. de cant., arr. et à 18 kil. O. de Cahors (Lot); 1,900 hab. Vins estimés.

* **LUZERNE** s. f. (languedoc. *lancerdo*). Bot. Genre de papilionacées, tribu des lotées, sous-tribu des trifoliées, comprenant une centaine d'espèces d'herbes ou de sous-arbrisseaux à feuilles alternes, trifoliées, dentées, à fleurs jaunes ou violettes, disposées en grappes ou en épis, à gousses arquées, recourbées en faucille ou contournées en spirale. La *luzerne cultivée* (*medicago sativa*), appelée en Espagne *alfalfa*, est regardée comme originaire de la Médie, d'où son nom scientifique *medicago*. Elle est vivace et ses racines s'enfoncent profondément dans le sol. Ses fleurs sont bleuâtres ou violettes. Il lui faut une terre profonde, saine, perméable; elle ne réussit pas dans les terrains compacts, humides, froids ou pierreux. Après avoir bien labouré et bien fumé le sol qui lui est destiné, on y sème en mars ou en avril, de 20 à 25 kilog. de graines par hectare. Sa

durée varie de 5 à 12 ans, suivant les climats; elle vit plus longtemps dans les pays chauds, il est bon de la fumer tous les ans au printemps. Quand elle commence a se gazonner, on la débarrasse, à la fin de l'hiver, des herbes qui l'étouffent, en lui appliquant des hersages énergiques. Dans toute sa force, la luzerne peut donner 3 ou 4 coupes par an, d'un fourrage abondant et assez bon. Les ennemis les plus redoutables de cette plante sont la *cuscute* et la larve de l'*eumolpe obscur*.

Luzerne cultivée (*Medicago sativa*)

La *luzerne lupuline* (*medicago lupulina*), appelée aussi *minette*, à fleurs jaunes, à gousses réniformes, a été importée chez nous vers 1808. Elle présente l'avantage de prospérer dans les terres maigres et de fournir, pendant deux ans, un fourrage précoce et un bon pâturage, on la sème ordinairement avec l'orge ou l'avoine (20 kilog. de graine par hectare). La faiblesse de sa tige grêle ne lui permet pas toujours de se tenir droite, et alors on ne peut la faucher. La *luzerne en arbre* (*medicago arborea*) est un sous-arbrisseau d'Italie.

* **LUZERNIÈRE** s. f. Terre semée en luzerne, champ de luzerne.

LUZON ou **Luçon** [lou-sonn'], île espagnole du Pacifique, la plus grande et la plus importante des Philippines, en 12° 30' et 18° 46' lat. N., et entre 117° 30' et 124° 50' long. E.; 106,503 kil. carr.; 4,600,000 hab. Elle se compose de deux parties inégales, réunies par un isthme, qui ne mesure pas plus de 16 kil. de large. La partie septentrionale est la plus grande; celle du sud se nomme Camarines. Deux chaînes de montagnes, les Caravallos et la Sierra Madre, d'une hauteur moyenne de 4,000 m., couvrent la division septentrionale, se réunissent au sud, et traversent l'isthme en une seule chaîne peu élevée. Parmi les principaux volcans en activité, on cite Mayon, au S.-O., Boulousan, à l'extrémité méridionale et Albay et Taal, au milieu du lac de Bonbon, qui émet perpétuellement des nuages d'une fumée très épaisse. Entre le volcan Taal et le mont Mainit (mont Chaud), existe une communication souterraine, longue de 25 kil.; les eaux de nombreuses sources thermales, jaillissant de la base du Mainit, se précipitent vers le lac de Bay, qui mesure 250 kil. de circonférence, et obscurcissent le ciel par des nuages de vapeur. Le cratère du volcan éteint de Socolme, qui jaillit comme une île au-dessus du lac de Bay, à une hauteur de 403 m., est aujourd'hui plein d'eau et forme un lac pittoresque au milieu de l'autre; et le cratère du mont Maijay, l'un des pics les plus élevés de l'île, contient, lui aussi, un lac d'eau insondable profondeur. Principaux cours d'eau : l'Apari ou Cagayan et le Pasig, l'un et l'autre navigables pour des navires d'un fort tonnage. Dans la saison humide (de juin à décembre), la pluie inonde les plaines, et pendant la saison sèche, il faut arroser les champs, au moyen d'un système d'irrigation. Le sol, très fertile, produit d'abondantes moissons, presque sans culture. Les montagnes sont revêtues d'une magnifique végétation et renferment de riches mines d'or, de cuivre, de fer et de charbon. Les principaux produits sont : le riz, les céréales, l'indigo, le tabac, la soie végétale, le café, le cacao, le coton, le sucre de canne et le poivre. La manufacture du tabac est monopolisée par le gouvernement. Les autres articles manufacturés sont des nattes d'une grande finesse et de couleurs brillantes, des chapeaux de paille, des boîtes à cigares, des batistes plus fines que celles de France, de grossières poteries et des voitures. Construction de navires. On travaille avec habileté l'or, l'argent et le cuivre. L'île est divisée en 24 provinces. Cap. Manille ; villes princip. : Cavite, Apari et Santa-Cruz. (Voy. PHILIPPINES.)

LUZULE s. f. (lat. *gramen lusulæ*, faux gramen ; d'où *luzula*). Bot. Genre de joncées comprenant plusieurs espèces, qui croissent surtout en Europe et en Asie. Les luzules se distinguent des joncs par des feuilles plus douces, plus grasses et par une capsule à une seule loge, contenant 3 graines, tandis que celle des joncs est à 3 loges. La *luzule printanière* (*luzula vernalis*), aussi appelée *jonc des*

Luzule champêtre (Luzula campestris).

bois, donne une panicule de fleurs solitaires ; la *luzule champêtre* (*luzula campestris*), porte, au contraire, des fleurs en épis. Ces plantes n'ont aucun usage particulier ; mais elles sont intéressantes par leur structure et par leur précoce floraison.

LUZY, ch.-l. de cant., arr. et à 37 kil. S. de Château-Chinon (Nièvre) ; 2,600 hab. Commerce de porcs et de gibier ; tanneries.

• **LYCANTHROPE** s. m. (gr. *lukos*, loup ; *anthrôpos*, homme). Homme atteint de lycanthropie.

• **LYCANTHROPIE** s. f. Maladie mentale de celui qui se croit métamorphosé en loup, et qui imite le cri de cet animal. — Par ext., manie de ceux qui se croient métamorphosés en quelque autre animal. — Cette espèce de lypémanie a été très commune au moyen âge et a donné naissance aux histoires de loups-garous.

LYCAON, fils de Pélagus et premier roi mythique d'Arcadie ; il donna de sages lois à son peuple, et institua des sacrifices humains en l'honneur de Jupiter. Il fut changé en loup par le maître des dieux parce qu'il avait servi dans un festin les membres d'un enfant. Lycaon avait eu 50 fils et petits-fils qui donnèrent chacun leur nom à une ville ou à une montagne d'Arcadie et qui furent changés, en même temps que lui, en loups. On considéra le déluge de Deucalion comme une consé-

quence du crime des Lycaonites. — Calisto, fille de Lycaon, devint la constellation de l'Ourse. (Voy. CALISTO.)

LYCAONIDES s. m. pl. Famille de Lycaon.

LYCAONIE, ancienne contrée de l'Asie Mineure, aujourd'hui comprise dans le vilayet turc de Koniéh. La Lycaonie a souvent changé de limites ; ses habitants étaient belliqueux et jouissaient, dans l'antiquité, d'une grande réputation comme archers. La ville princ. était Iconium (aujourd'hui Koniéh). Cette contrée appartint successivement à l'empire perse, à celui d'Alexandre, à la Syrie et à Pergame. Au temps d'Auguste, les Romains l'annexèrent à la Cappadoce.

LYCAONIEN, IENNE s. et adj. Habitant de la Lycaonie ; qui concerne cette province ou ses habitants.

• **LYCÉE** s. m. (d'Apollon *Lyceus*, auquel était dédié le principal gymnase d'Athènes). Gymnase, lieu public où les Grecs s'assemblaient pour les exercices du corps. — Fig. L'école d'Aristote, comme le Portique signifie l'école de Zénon, parce que ces deux philosophes enseignaient leurs doctrines, l'un dans le Lycée d'Athènes, et l'autre sous le Portique. — Se dit, par ext., de certains établissements où l'on s'occupe de littérature et de sciences. — Se dit, par ext., des établissements d'instruction publique placés sous la direction de l'État : le *lycée Fontanes*. — Législ. « Les *lycées* sont des établissements publics d'enseignement secondaire, fondés et entretenus par l'État, avec le concours des départements et des villes (L. 15 mars 1850, art. 72). Les premiers lycées ont été créés en exécution de la loi du 11 floréal an X. De 1814 à 1848, on leur donnait le nom de *collèges royaux*. On compte, en France, 84 lycées de garçons, divisés en trois catégories d'après leur importance (Décr. 22 septembre 1879). Chaque lycée est administré : par un *proviseur*, qui a sous ses ordres les autres fonctionnaires ; par un *censeur*, qui surveille l'enseignement et la discipline, et remplace le proviseur en cas d'empêchement ; et par un *économe*, qui est chargé de la comptabilité et de tout ce qui concerne le matériel. Les *professeurs* sont nommés par le ministre. Ceux qui sont titulaires doivent être âgés de 25 ans, avoir le titre d'agrégé et avoir passé cinq années dans l'enseignement public. Les autres professeurs sont des *chargés de cours* (Décr. 9 mars 1852). Les professeurs des classes élémentaires des lycées doivent être pourvus d'un certificat d'aptitude délivré au concours (Décr. 8 janv. 1881). Les *aspirants-répétiteurs* doivent être âgés de 18 ans et pourvus du diplôme de bachelier ès lettres ou ès sciences. Après un an d'exercice, ils peuvent être nommés *maîtres-répétiteurs* (Décr. 17 août 1853). Les lycées admettent des *élèves payants* et des *boursiers*. (Voy. BOURSE.) Les élèves payants sont pensionnaires, demi-pensionnaires ou externes. Le plan d'études et les programmes de l'enseignement des lycées ont été réorganisés par un arrêté ministériel du 2 août 1880. Les *lycées de filles* sont de création récente ; ils ont été institués en vertu de la loi du 21 décembre 1880, et sont fondés par l'État, avec le concours des départements et des communes. Leur régime est l'externat ; mais il peut y être annexé des internats, sur la demande des conseils municipaux. L'enseignement, dans les lycées de filles, comprend cinq années d'études, et il est donné par des professeurs, hommes ou femmes, munis de diplômes réguliers (Décr. 28 juil. 1881 ; Décr. 11 janv. 1882, etc.) (Voy. ENSEIGNEMENT.) » (CH. Y.)

• **LYCÉEN** s. m. Élève d'un lycée.

• **LYCHNIDE** s. f. [li-kni-de] (lat. *lychnis* ; du gr. *luchnis*). Bot. Genre de caryophyllées, tribu des dianthées ou silénées, comprenant

une trentaine d'espèces vivaces que l'on rencontre surtout dans la zone tempérée septentrionale. La *lychnide de Chalcédoine* (*lychnis Chalcedonica*), appelée quelquefois *croix de Malte*, à cause de la forme de ses fleurs d'un beau rouge vif, quelquefois jaunes ou même blanches, disposées en cimes fasciculées, est originaire de Sibérie ; elle orne souvent nos jardins d'agrément. La *lychnide, fleur de Jupiter* (*lychnis, flos Jovis*) est aussi une jolie

Lychnide de Chalcédoine (Lychnis Chalcedonica).

plante d'ornement, ainsi que la *lychnide rose céleste* (*lychnis cœli rosa*) et la *lychnide fleur de coucou* (*lychnis flos cuculi*), ainsi nommée parce qu'elle fleurit à l'époque où le coucou commence à chanter, et aussi appelée *véronique des jardins ;* c'est une plante grêle, velue, à fleurs rouges ou blanches en panicules. Une autre espèce d'agrément est la *lychnide à tubercules en couronne* (*lychnis coronaria*), dont la tige et les feuilles sont couvertes d'un duvet cotonneux blanc et dont les fleurs varient du cramoisi au blanc. La *lychnide matinale* (*lychnis matutina*) a des fleurs blanches ou rosées ; elle fleurit le matin. La *lychnide dioïque* (*lychnis dioica*), à fleurs blanches dioïques, est très abondante dans nos champs ; on l'appelle quelquefois *robinet ;* elle a des variétés à fleurs doubles, roses, rouges, etc. Enfin, la *nielle des blés* (*lychnis githags*) est une plante nuisible au premier chef ; on la rencontre dans les champs de blé ; elle est annuelle, poilue, et porte des fleurs d'un rouge pourpre éclatant. Ses grains noirs sont presque de la grosseur des grains de blé, ce qui rend difficile leur séparation ; et leur présence diminue la qualité de la farine.

LYCIE, ancienne contrée de la côte méridionale de l'Asie Mineure, située dans la Carie, la Phrygie, la Pisidie et la Pamphylie. Princ. cours d'eau : le Xanthus et le Glaucus. Hérodote nous apprend que ce territoire s'appelait anciennement Milyas ; et que les Lyciens, nommés dans le principe Termiles, étaient originaires de Crète. D'après les inscriptions égyptiennes, les Lyciens assistèrent les Khitas vers 400 av. J.-C. ; ils combattirent Crésus et furent vaincus par Cyrus ; après la conquête de la Perse par Alexandre, la Lycie appartint pendant plus d'un siècle à la monarchie syrienne. Les Romains la donnèrent aux Rhodiens lorsqu'ils eurent vaincu Antiochus le Grand. Un peu plus tard, elle redevint indépendante, et forma une florissante confédération de villes républicaines qui finit par être déchirée par les dissensions intérieures. L'empereur Claude la réunit à la Pamphylie. — Des inscriptions en langue lycienne ont été conservées sur beaucoup de monuments. L'alphabet de cette langue se rapproche beaucoup de celui des Grecs ; il contient 20 consonnes et 10 voyelles et diphthongues. Les Lyciens, dans leur langue, s'appelaient Trameles; ils donnaient le nom de Tramele Arra à leur ville de Xanthe, celui de Pttarazu à Patara et celui de Begssere à Pégase. Les ruines des villes de Xanthe, Phellus, Myre, Telmisse, Patara, Pinara et Tlos ont été décrites dans les ouvrages de sir Fellows.

LYCIEN, IENNE s. et adj. Qui est de la Lycie; qui concerne cette province ou ses habitants.

LYCON, philosophe grec, né à Laodicée en Phrygie, vers 300 av. J.-C., mort vers 226. Il fut le disciple de Strabon, auquel il succéda à la tête de l'école péripatéticienne à Athènes, en 270; il dirigea le lycée pendant 44 ans.

LYCIET s. m. (lat. *lycium*). Bot. Genre de solanées, renfermant une trentaine d'espèces d'arbrisseaux qui habitent, pour la plupart, l'Amérique méridionale et le cap de Bonne-Espérance. Plusieurs croissent en Europe et en Afrique; nous citerons le *lyciet d'Europe* (*lycium Europæum*) épineux, à fleurs roses et à baies rouges ressemblant à celles de l'épine-vinette et le *lyciet de Barbarie* (*lycium Barbarum*). L'un et l'autre servent à former des haies vives très épaisses.

LYCOPERDACÉ, ÉE adj. Bot. Qui ressemble au lycoperdon ou qui s'y rapporte. — s. f. pl. Famille de champignons ayant pour type le genre lycoperdon ou vesse-de-loup.

LYCOPERDON s. m. (gr. *lukos*, loup; *perdein*, rendre un gaz intestinal). Bot. Genre type de la famille des lycoperdacées, dont les espèces sont vulgairement appelées *vesses-de-loup*. Les lycoperdons sont des champignons ovoïdes ou globuleux, qui s'ouvrent au sommet à la maturité et émettent une poussière abondante, verte ou brunâtre, qui se compose des sporules ou organes reproducteurs. La rapidité avec laquelle croissent ces champignons est vraiment remarquable. Le *lycoperdon*

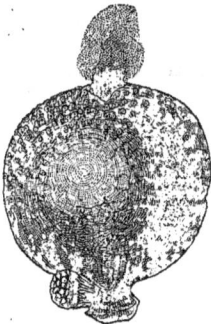

Lycoperdon géant (Lycoperdon giganteum).

géant (*lycoperdon giganteum*) atteint, quelques heures après sa naissance, un diamètre considérable qui est quelquefois de 25 à 30 centim. On prétend qu'il est comestible et que sa chair est supérieure comme délicatesse à celle de tous les autres champignons; mais il faut le recueillir lorsqu'il vient de naître et quand il est encore globuleux et charnu; on le coupe par tranches; on le trempe dans de l'œuf délayé, puis dans de la panure et on le fait frire comme l'aubergine; quand il a acquis une teinte jaune foncée, sec, il s'égoutte. La poussière du lycoperdon sec, quand on la fait brûler, possède des propriétés anesthésiques. Le *lycoperdon à forme d'outre* (*lycoperdon utriforme*) est cylindrique ovoïde, presque lisse, gros comme un œuf, d'abord jaunâtre, puis ferrugineux.

LYCOPHRON, poète et grammairien grec,

né à Chalcis au IIIe siècle av. J.-C. D'après Suidas, il est l'auteur d'un grand nombre de tragédies dont il ne nous reste à peu près rien. Il fut l'un des sept poètes qui constituèrent la Pléiade. Le roi Ptolémée Philadelphe l'occupa à classer les œuvres des poètes comiques que contenait la bibliothèque d'Alexandrie. Son seul poème qui nous reste, *Cassandre* ou *Alexandra*, est d'une obscurité proverbiale.

LYCOPODE s. m. (lat. *lycopodium*; du gr. *lukos*, loup; *pous*, *podos*, pied). Bot. Genre type des lycopodiacées, comprenant de nombreuses espèces d'herbes rameuses, rampantes, à feuilles petites, simples. Les lycopodes ont deux sortes d'organes reproducteurs: 1° *anthéridies*, à coques bivalves, contenant une poudre semblable au pollen; 2° *ovophoridies*, organes femelles, à spores libres et sphériques. Ces plantes sont vivaces; elles croissent dans toutes les parties du monde, comme les mousses, dont elles se rapprochent beaucoup. La seule espèce qui ait été

Lycopode en massue (Lycopodium clavatum).

utilisée est le *lycopode en massue* (*lycopodium clavatum*), herbe indigène appelée quelquefois *mousse terrestre*, commune sur nos coteaux couverts et répandue dans toute l'Europe et dans l'Asie septentrionale. On lui attribuait autrefois des propriétés diurétiques; mais on n'emploie plus aujourd'hui que la poudre contenue dans ses capsules: c'est le *lycopode des pharmaciens*, appelé aussi *soufre végétal* à cause de sa couleur jaune. Le lycopode, essentiellement mobile et doux au toucher, lent à se mouiller, employé comme dessiccatif, pour empêcher la peau des enfants gras de se gercer et pour saupoudrer les plaies ulcéreuses; on en recouvre les pilules, afin qu'elles ne puissent se coller les unes aux autres. Cette poudre, très inflammable, donne une belle lumière, et on l'emploie dans les théâtres et dans les feux d'artifice.

LYCOPODIACÉ, ÉE adj. Qui ressemble ou qui se rapporte au lycopode. — s. f. pl. Famille de plantes cryptogames, ayant pour type le genre lycopode, et comprenant, en outre, les genres psilote, sélaginelle, etc. Les lycopodiacées sont très voisines des lépidodendrées.

LYCOSE s. f. (gr. *lukos*, loup). Arachn. Genre d'aranéides, connu sous le nom vulgaire d'araignée-loup et caractérisé surtout par 8 yeux disposés en quadrilatère allongé. Les espèces de ce genre doivent leur nom d'araignées-loups à leur force et à leur naturel sauvage et vorace. Elles ne font pas de toile, mais elles se promènent sur le sol pendant la nuit, courent très vite et se cachent en terre dans des trous naturels ou artificiels qu'elles fortifient avec des fils. Elles emportent avec elles leurs œufs renfermés dans une espèce de cocon attaché sous le

ventre de la femelle; et les petits restent encore cramponnés au corps de leur mère jusqu'à ce qu'ils soient assez grands pour chercher leur nourriture. Le type du genre est la *tarentule*. (Voy. ce mot.) Nous avons, en France, la *lycose ruricole* (*lycosa ruricola*), commune dans les lieux humides. La femelle, longue de 3 à 5 cent., a le tronc d'un brun obscur, marqué d'une ligne jaunâtre sur le dos; l'abdomen d'un brun olive foncé, les palpes d'un brun livide, celles-ci armées de

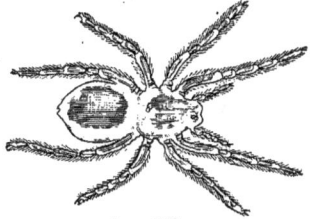

Lycose latifuse

piquants noirs. Le mâle, plus petit, a le tronc et l'abdomen marqués de lignes grises. La *lycose ouvrière* (*lycosa fabrilis*), qui se trouve également en France, est la tarentule des pays du Nord. La *lycose allodrome* (*lycosa allodroma*), se trouve aussi chez nous: corselet et abdomen rouges, avec du gris et du noir. La *lycose du Massachusetts* (*lycosa fatifera*, Hentz) est la plus grande espèce de l'Amérique du Nord.

LYCURGUE, législateur de Sparte, qui vivait vers 996 av. J.-C. Nous ne savons de lui que ce que Plutarque nous en a laissé, et, en dehors de ses lois, il ne resta que son souvenir. Plusieurs critiques modernes ont même douté de son existence. Thucydide, qui ne le mentionne pas, dit seulement que le système politique des Spartiates existait en 830 av. J.-C. Suivant Hérodote, Lycurgue aurait vécu vers 996 av. J.-C. Plutarque nous apprend que ce législateur était fils du roi de Sparte Eunomus et frère de Polydectes. Ce dernier, qui était son aîné, succéda à Eunomus et mourut, laissant une veuve enceinte. Cette reine ambitieuse proposa à Lycurgue de détruire sa progéniture s'il voulait partager le trône avec elle, moyennant l'air d'y consentir; mais dès qu'elle eut donné le jour à un fils (Charilaus), il le proclama roi et régna sous son nom comme tuteur. Pour mettre fin aux accusations d'ambition que ses ennemis portaient contre lui, il quitta Sparte, et commença cette longue suite de voyages auxquels la tradition a donné une étendue fabuleuse. En Crète, il étudia les lois de Minos; en Ionie, il connut Homère, dont il répandit plus tard les œuvres poétiques à Lacédémone; on prétend qu'il pénétra en Libye, en Ibérie et jusque dans l'Inde. Rappelé à Lacédémone par tous les partis, il trouva son pays en proie à l'anarchie et au désordre et conçut dès lors le projet de lui donner une constitution. Ce ne fut pas sans péril qu'il atteignit son but. Fortifié par l'autorité de l'oracle de Delphes, il se présenta tout à coup dans l'Agora, suivi de 30 des principaux citoyens de Sparte, qui s'étaient armés pour lui servir de gardes. Le roi Charilaus consentit à seconder ses desseins et la masse du peuple se soumit à une nouvelle partage des biens (vers 825 av. J.-C.). Ayant obtenu pour ses institutions, l'approbation de l'oracle de Delphes, Lycurgue fit jurer au roi, aux magistrats et au peuple d'observer scrupuleusement ses lois jusqu'à son retour et il s'éloigna pour ne plus revenir. On dit qu'il se laissa mourir de faim à Delphes. — Lois de Lycurgue. On donne ce nom à la constitution dont ce législateur dota sa patrie. Les personnes y

étaient divisées en 3 classes : 1° les 9,000 *Spartiates*, exclusivement guerriers, répartis en
3 tribus, subdivisées en 30 districts, dont
chacun comprenait 30 familles; les aînés
seuls héritaient des terres et jouissaient de
la plénitude des droits politiques; les puinés
formaient une classe inférieure, pauvre et
mécontente; 2° les *Laconiens* adonnés à l'agriculture, à l'industrie, mais
privés de droits politiques; 3° les *ilotes* ou
esclaves de la glèbe; ils servaient comme
matelots ou valets d'armes. L'état des terres
correspondait à celui des personnes; il y
avait 1° les *terres de la conquête* tirées au sort
entre les familles de la première classe;
2° 30,000 lots de *terres censitaires* données
aux Laconiens et qui payaient tribut; et 3°
les *terres des ilotes*. — Les lois de Lycurgue
subsistèrent pendant près de sept siècles, et
elles donnèrent au peuple spartiate une
physionomie toute particulière dans l'histoire
de l'antiquité. (Voy. SPARTE.)

LYCURGUE, orateur athénien, né vers 396
av. J.-C., mort en 323. Il fut garde des revenus
publics d'Athènes. Intègre et habile, il fut
l'un des dix orateurs dont Alexandre demanda
la tête après la destruction de Thèbes. Mais
le peuple refusa de le livrer au ressentiment
du conquérant. On n'a plus de lui qu'un
Discours contre Léocrate (Leipzig, 1753; Paris,
1826). 17 ans après sa mort, les Athéniens
lui élevèrent un monument.

LYDIE, ancienne contrée de l'Asie Mineure
occidentale, située entre la Mysie, la Phrygie,
la Carie et la mer Egée; elle avait pour cap.
Sardes. Ses autres villes étaient : Magnésie,
Thyatira, Apollonie et Philadelphie. L'histoire
de la Lydie nous a été laissée par Hérodote.
Les frontières de ce pays ont varié à diverses
époques. L'or y abondait dans les eaux du
Pactole et dans les rochers des monts Tmolus
et Sipylus. Les Lydiens étaient probablement
d'origine sémitique. Ils eurent pour premiers
chefs Agron, descendant d'Hercule (vers 1223
av. J.-C.), Atys (fils de Manès), Lydus (fils
d'Atys) qui donna son nom à son royaume,
Ardys Ier (797), Alyattes Ier (761), Myrsus (747),
Candaule (735). Avec Gygès vers 743 av.
J.-C.) commence la période historique de la
Lydie. Ce prince, fondateur de la dynastie
des Mermnades, étendit au loin ses conquêtes.
Sous le règne de son fils Ardys II (678), une
armée de Cimmériens mit le siège devant
Sardes (635), et le roi, s'il faut en croire les
récits assyriens, trouva le salut en appelant
les Assyriens à son secours et en se reconnaissant leur vassal. La guerre milésienne, commencée sous Gygès, fut continuée par
Sadyattes (628). Alyattes II (617) entreprit
une longue lutte avec Cyaxare, roi de Médie.
Pendant une grande bataille que se livrèrent
les deux adversaires sur les bords de l'Halys,
eut lieu tout à coup la fameuse éclipse de
soleil qui fit tomber les armes des mains des
combattants et qui avait été prédite plusieurs
années auparavant par Thalès de Milet(28 mai
585). Crésus, fils d'Alyattes (560), subjugua
rapidement l'Ionie et les cités éoliennes et
étendit son pouvoir sur la plus grande partie
de l'Asie Mineure(550). Il déclara la guerre à
Cyrus, roi de Perse, qui venait de détruire
l'empire mède, et traversa l'Halys avec
420,000 hommes et 60,000 chevaux (548).
Vaincu, il fut assiégé dans sa capitale et fait
prisonnier. (Voy. CRÉSUS.) Après sa chute, la
Lydie forma une satrapie de l'empire perse;
elle se révolta et fut facilement soumise.
Sardes fut brûlée par les Ioniens en 499 Le
pays passa successivement à Alexandre
le Grand (332), et aux Romains, qui l'enlevèrent à Antiochus le Grand pour le donner au
royaume de Pergame (283). Après la mort
d'Attale III (133), la Lydie entra dans la
province romaine d'Asie. Conquise par les
Turcs en 1326 ap. J.-C., elle est aujourd'hui

comprise dans le vilayet d'Aidin. — Les Grecs
considéraient les Lydiens comme les inventeurs de l'art de frapper les monnaies et de
celui de teindre les étoffes. Parmi les hommes
illustres qui naquirent en Lydie ou qui l'habitèrent, nous citerons : Esope, Thalès de Milet,
Anaximène, Xénophane, Anacréon de Téos,
Héraclite d'Ephèse, etc. Les Lydiens furent
parmi les plus anciens peuples commerçants
de la Méditerranée : leurs onguents, leurs
parfums, leurs riches tapis, leurs ouvriers et
leurs habiles esclaves furent célèbres dans
l'antiquité. Les Grecs leur durent la flûte et
la cithare à trois cordes et à vingt cordes.
Le culte des Lydiens paraît avoir été semblable à celui des Syriens, et souillé de pratiques immorales. Les anciens écrivains,
tout en reconnaissant le courage guerrier et
l'adresse des Lydiens, s'accordent à mentionner la dépravation de leurs mœurs.

* **LYDIEN, IENNE** s. et adj. Qui est propre
à la Lydie ou à ses habitants. — MODE LYDIEN,
un des modes de la musique des anciens
Grecs.

LYELL (SIR Charles) [laï'-èl], géologue, né
à Kinnordy (Ecosse), le 14 nov. 1797, mort à
Londres le 22 févr. 1875. Il abandonna la
pratique du droit pour se vouer entièrement
à la géologie. En 1830 parurent ses *Principles
of Geology*, qui furent augmentés dans des
éditions successives et finirent, en 1838, par
être divisés en deux traités distincts : *Elements of Geology* (plus tard *Manual of elementary Geology*, 1851, remplacé par *Student's
Manual of Geology*, 1870), description des
formations géologiques passées, et *The principles*, description des procédés géologiques
actuels, au moyen desquels on explique les
phénomènes des anciennes formations. Ces
ouvrages placèrent leur auteur au premier
rang des géologues et donnèrent un nouveau
caractère à la science géologique qui abandonna définitivement la voie purement spéculative. En 1841, Lyell visita les Etats-Unis,
et explora les états du N. et du centre jusqu'au Kentucky. Le résultat de cette tournée
scientifique est développé dans ses *Travels
in North America in the Years 1841-'42* (2 vol.
1845). En 1845-'46, il visita de nouveau les
Etats-Unis et donna en 1849 *A second visit to
the United States* (2 vol.). Lyell classa pour la
1re fois les formations tertiaires en groupes
caractérisés par la proportion relative des
espèces vivantes et disparues des coquilles
fossiles, et il donna à ces groupes les noms
d'éocène, de miocène et de pliocène. En 1863
parurent ses *Geological Evidences of the Anti-
quity of Man*, ouvrage dans lequel il adhère
aux théories de Darwin sur l'origine des
espèces. Lyell fut nommé chevalier en 1848
et créé baronnet en 1864.

LYGDAMIS, tyran de Naxos, né vers 580
av. J.-C. Il s'associa au renversement de
l'oligarchie et obtint le pouvoir suprême;
s'étant absenté pour assister Pisistrate lors
du troisième retour de celui-ci à Athènes, une
révolution éclata à Naxos; mais Pisistrate le
rétablit dans son pouvoir sur cette île, vers
540. Il fut renversé avec les autres tyrans
par les Lacédémoniens.

LYGÉE s. m. (gr. *lugaios*, noirâtre). Entom.
Genre de géocorises, à corps ovale, à tête
plus étroite que le corselet, comprenant
plusieurs espèces ressemblant à des punaises
et vivant sur les plantes où elles se nourrissent d'autres petits insectes. Les lygées se
rassemblent en grande quantité sous l'écorce
des arbres ou dans les crevasses des murs.
Le *lygée demi-ailé* (*lygæus apterus*), long de
9 millim., rouge avec des ailes noires, est
très commun dans nos jardins, surtout sur
les mauves. Le *lygée équestre* (*lygæus eques-
tris*), un peu plus long, a les antennes noires,
le corselet rouge, l'écusson noir, les élytres

rouges, les pattes noires; on le rencontre
surtout sur le dompte-venin.

LYGODIE s. f. (lat. *lygodium*, du gr. *lygôdes*,
flexible). Bot. Genre de fougères, type des
lygodiées renfermant des plantes grimpantes
et volubiles, et comprenant un grand nombre
d'espèces indigènes des pays chauds (Nouvelle-
Zélande, Japon et Amérique). La *lygodie*

Lygodium palmatum.

palmée (*lygodium palmatum*) se trouve aux
Etats-Unis; c'est la fougère que les Américains
recherchent le plus en raison de sa délicatesse et de sa grâce pour décorer l'intérieur
de leurs maisons; ils en font des festons, des
cadres de tableaux, etc.

LYGODIÉ, ÉE adj. Bot. Qui se rapporte à
la lygodie ou qui y ressemble. — s. f. pl.
Tribu de fougères ayant pour type le genre
lygodie.

LYME-REGIS [laï'-me-ri'-djiss]. Port maritime et station balnéaire du Dorsetshire
(Angleterre), à 35 kil. O. de Dorchester;
3,000 hab.

LYMPHANGITE s. f. [lin-fan-ji-te] (lat.
lympha, lymphe; gr. *angeion*, vaisseau).
(Voy. ANGIOLEUCITE.)

* **LYMPHATIQUE** adj. Méd. Qui a rapport à
la lymphe, ou domine la lymphe : *vaisseaux
lymphatiques*. — Qui a un tempérament lymphatique : *un enfant lymphatique*. — Système
lymphatique. Ce système comprend les vaisseaux et les ganglions lymphatiques. 1° VAIS-
SEAUX LYMPHATIQUES. Les *vaisseaux lymphatiques*, ainsi nommés parce qu'ils charrient la
lymphe, sont des vaisseaux très déliés répandus dans presque tous les tissus et dans les
organes de l'économie animale; ils naissent
soit par des radicules ténues, soit dans le
tissu des organes, soit à la surface des intestins, s'anastomosent et se réunissent pour
former plusieurs troncs importants qui se
jettent dans le système veineux. On distingue
les vaisseaux *lymphatiques* des vaisseaux
chylifères en ce que ces derniers charrient le
chyle. Les deux troncs forment par les vaisseaux lymphatiques se nomment le *grand* et
le *petit canal thoracique*. Le *grand canal thoracique* naît de la réunion des vaisseaux chylifères à leur sortie du mésentère, au niveau
de la deuxième vertèbre lombaire, et s'étend
le long du rachis jusqu'à la veine sous-clavière gauche dans laquelle il s'ouvre, après
avoir reçu la plupart des autres vaisseaux
lymphatiques. Le *petit canal lymphatique* ou
grande veine lymphatique n'a que quelques
centimètres de long et reçoit le reste des
vaisseaux lymphatiques (ceux du bras droit,
de la moitié droite du cou et de la tête). Il
s'ouvre dans la veine sous-clavière droite au
point de jonction de la jugulaire interne. —
2° GANGLIONS LYMPHATIQUES. (Voy. *Ganglions*.)—
Tempérament lymphatique, tempérament
d'une personne dont les chairs sont molles,

dont la peau est blanche, dont les cheveux sont blonds ou cendrés, dont la physionomie est peu animée, dont le regard est langoureux, dont les yeux sont ordinairement bleus et ternes, dont les lèvres sont épaisses et dont l'embonpoint est prononcé, sous l'influence d'une surabondance de lymphe. Les personnes lymphatiques passent pour être indolentes et peu sujettes aux passions violentes.

LYMPHATISME s. m. *Tempérament des personnes chez lesquelles domine la lymphe.*

* **LYMPHE** s. f. (lat. *lympha*). Méd. Humeur presque transparente, incolore qui circule dans les vaisseaux lymphatiques, et à laquelle on a longtemps attribué la cause de plusieurs maladies : *maladies de la lymphe.* — Se dit par anal., en botanique, de l'humeur aqueuse *qui circule dans les plantes.* — ENCYCL. Le fluide qui se trouve dans les vaisseaux lymphatiques de l'intestin pendant la digestion est appelé *chyle* : c'est une émulsion blanche et opaque contenant des globules microscopiques de graisse qui flottent dans un fluide albumineux. (Voy. DIGESTION.) — La lymphe, lorsqu'elle est abandonnée à elle-même se sépare bientôt, comme le sang, en deux parties : le *sérum*, opale, aqueux, contenant un peu d'albumine, des sels et de la graisse; et le *caillot*, composé de fibrine et de globules blancs et quelquefois rouges. La composition de la lymphe est la suivante : eau, 965,36; albumine, 12; fibrine, 1,20; gras, indices; sels, 5,83; autres, 3,60. La composition du chyle est la suivante : eau, 902,37; albumine, 35,15; fibrine, 3,70; graisse, 36,01; sels, 7,11, et autres, 15,63. La principale différence entre la lymphe et le chyle est dans la présence dans ce dernier d'une plus grande quantité d'albumine et de graisse. La quantité de lymphe déchargée chaque jour dans le système veineux est considérable.

LYNCH (Loi de) [linntch]. *Pratique de châtiment infligé sans jugement et en dehors des autorités légales par les individus qui prennent un coupable en flagrant délit ou qui se croient absolument sûrs de sa culpabilité.* D'après quelques autorités, ce terme vient d'un fermier virginien nommé Lynch qui, ayant pris un voleur, au lieu de le livrer aux magistrats, prétendit qu'il serait bien mieux puni par lui-même, le pendit à un arbre et le fouetta jusqu'à ce qu'il fût mort. La loi de Lynch a aussi été attribuée à James-Fitz-Stephens Lynch qui, étant maire de Galway (Irlande), en 1493, pendit son propre fils en dehors de sa fenêtre pour avoir volé et tué des étrangers, en disant qu'il n'y avait pas besoin de juges et qu'il fallait donner un bon exemple à la postérité. Cette loi est toujours appliquée aux Etats-Unis, bien qu'elle soit sévèrement prohibée.

* **LYNCHBURG** [linntch-beur]. Ville de Virginie, sur la rivière James, à 200 kil. S.-O. de Richmond; 21,000 hab.

LYNN [linn]. Ville du Massachusetts, sur la baie Nahant, à 16 kil. N.-E. de Boston; 35,000 hab. Manufactures de chaussures (200 établissements, 12,000 ouvriers); 20 manufactures de maroquin. Cette ville fut fondée en 1629.

LYNN-REGIS ou **King's-Lynn** [linn-ri-djiss; king's-linn]. Port maritime du comté de Norfolk (Angleterre), sur la grande Ouse, à 60 kil. O.-N.-O. de Norwich; 18,000 hab. Ruines importantes d'anciennes fortifications. La chapelle de Saint-Nicolas, érigée au XIVᵉ siècle et l'une des plus belles du royaume, est un joli monument gothique long de 65 m. et large de 20 m.

* **LYNX** s. m. [lainkss] (gr. *lugx*). Sous-genre du grand genre chat, comprenant une espèce à laquelle les anciens poètes attribuaient une vue perçante, capable de pénétrer les murs

les plus épais; et que les naturalistes croient être l'animal appelé LOUP-CERVIER. — Fam. AVOIR DES YEUX DE LYNX, avoir la vue très perçante; et, figurément, voir clair dans les affaires, dans les desseins, dans les pensées des autres.

Voilà ce que nous sommes :
*Lynx envers nos pareils et taupes envers nous ;
Nous nous pardonnons tout et rien aux autres hommes.*
LA FONTAINE. Fable VII, liv. I.

— Astron. LE LYNX, constellation de l'hémisphère septentrional. — ENCYCL. Les lynx se distinguent des chats par leurs dents et leur crâne. Ce sont en réalité de gros chats à queue courte, à pelage très fourni, et portant ordinairement un pinceau de poils allongés à la pointe de chaque oreille; ils n'ont pas de première paire de fausses molaires à la mâchoire supérieure. Leur taille atteint quelquefois celle du loup commun. L'espèce la moins rare en Europe est le *loup-cervier (felis lynx)*, long de 76 à 90 centim. avec une queue de 10 centim., à pelage roux clair, moucheté de brun noirâtre en dessus, blanchâtre en dessous avec trois lignes de taches noires sur chaque joue et une collerette de poils fournis et allongés, autour du cou. On le trouve dans les forêts du N. de l'Europe, en Asie, dans les Alpes, les Pyrénées et même quelquefois dans les montagnes du centre de la France;

Lynx du Canada.

fort, agile et excellent grimpeur, il chasse les oiseaux, les écureuils, les jeunes chevreuils, etc. Sa fourrure est très recherchée. Le *chat-pard (felis pardina)*, gros à peine comme le blaireau, à pelage moucheté d'un rouge vif, habite le S. de l'Europe. (Voy. CHAT-PARD.) Le *caracal (lynx caracal)* est le lynx dont la vue était censée percer les murailles. (Voy. CARACAL.) Le *chat-cervier (felis cervaria)*, gros comme un loup, habite tout le N. de l'Asie et est recherché pour sa fourrure. Le *manoul (felis manul)* se trouve dans les steppes de la Sibérie et de la Chine. Le *lynx du Canada (lynx Canadensis)*, ou loup-cervier des Canadiens, est gros comme un loup; sa couleur générale est grise en dessus avec des nuages sombres; elle est plus claire en dessous. En été, sa fourrure est plus rousse et moins longue; cet animal vit dans les forêts les plus profondes; sa chair est mangée par les Indiens et par les trappeurs affamés. Le *lynx bai* ou chat sauvage d'Amérique (*lynx rufus*) a été traité dans notre dictionnaire sous le titre de chat-cervier.

LYON, *Lugdunum*, seconde ville de France, ch.-l. du dép. du Rhône, à 512 kil. S.-E. de Paris et à 350 kil. N. de Marseille, par 45° 45'46" lat. N. et 2° 29' 16" long. E.; 367.620 hab. Magnifiquement situé au confluent du Rhône et de la Saône qui la traversent du N. au S., Lyon est la première cité manufacturière et l'un des plus puissants points de défense du territoire français. Lyon se compose d'un

assemblage de plusieurs villes dont on n'embrasse bien l'aspect que du haut de Fourvières. Sur la rive droite de la Saône s'étendent la ville industrieuse de *Vaise* et les grands quartiers de Saint-Just, de Saint-Georges et de Saint-Irénée, tandis que sur la rive gauche, en face de Vaise, se trouve le *faubourg* de *Serin*, dominé par les hauteurs des *Chartreux* et de la *Croix-Rousse*. Entre la Croix-Rousse et la jonction des deux fleuves, s'étend le quartier de *Perrache*, appelé jadis *commune de Lyon*. Sur la rive gauche du Rhône se trouve le plus beau quartier de Lyon, les *Brotteaux*; enfin, au delà des Brotteaux, s'étend la ville populeuse appelée *la Guillotière*. Lyon possède un grand nombre d'édifices remarquables; nous citerons parmi les monuments religieux : les églises Saint-Jean, Saint-Pierre, Saint-Irénée, Saint-Paul, Saint-Ainay, Saint-Nizier et Notre-Dame de Fourvières. Cette dernière mérite une mention spéciale, comme lieu de pèlerinage très fréquenté; du haut de sa tour, surmontée d'une statue colossale de la Vierge, en bronze doré, on découvre l'admirable panorama des divers quartiers de Lyon. Parmi les monuments civils, on cite comme particulièrement remarquables : le magnifique Hôtel de ville, le palais des Beaux-Arts, la Bourse, l'Hôtel-Dieu, immense établissement fondé au VIᵉ siècle, etc. Places Bellecour, Sathonay, Tholozan et Louis XIV. La place des Terreaux est célèbre comme lieu où furent exécutés Cinq-Mars et de Thou. Parc de la *Tête-d'Or* occupant une superficie de 114 hectares. Dix-sept ponts relient entre elles les différentes parties de la ville; et de magnifiques lignes de quais bordent les fleuves. Les plus remarquables sont ceux de Saint-Clair et de Saint-Antoine. — Nombreux musées de peinture, de sculpture, d'histoire naturelle, d'archéologie, etc.; vastes théâtres, académie, université catholique, école des arts et métiers dite de la Martinière, dont les cours ont augmenté l'habileté des dessinateurs et des tisserands; écoles centrales. L'industrie lyonnaise porte principalement sur la soie, dont elle importe pour environ 180 millions de francs et dont elle exporte pour plus de 220 millions en produits manufacturés; elle occupe environ 70,000 métiers (répartis dans le département) et 140,000 ouvriers. Fabriques de tulles de soie, de foulards, de passementerie; usines métallurgiques pour la fabrication du fer; fonderies de cuivre et de bronze. Teintureries, construction de métiers de tissage, chaudronneries, scieries mécaniques, tanneries, peausseries, corroieries, chapellerie fameuse, faïenceries, fabriques de papiers peints; chocolat, pâtes alimentaires, savons, produits chimiques; grand commerce de marrons et de saucissons dits *de Lyon*. Lyon est la patrie des empereurs Claude, Marc-Aurèle et Caracalla, de Sidoine Apollinaire, de saint Ambroise, de Philibert Delorme, de Perrache, d'Ampère, de J.-B. Say, du maréchal Suchet, de Claude Martin, etc. Au point de vue de la défense et des fortifications, Lyon est une place de guerre de première classe; huit forts la défendent du côté des Brotteaux et de la Guillotière : ils sont soutenus par une enceinte et protégés par des fossés qui peuvent être facilement et rapidement inondés. La rive droite de la Saône est défendue par une enceinte et cinq forts. La partie comprise entre les deux fleuves, au N. de Lyon, est formée par la colline de Saint-Sébastien et protégée par l'enceinte de la Croix-Rousse et trois forts. Le principal fort est le fort Montessey, qui peut être entièrement isolé, et qui domine le quartier de la Croix-Rousse. — On ne s'accorde pas sur l'époque de la fondation de Lyon (*Lugdunum*) : les uns la font remonter à 220 avant notre ère et l'attribuent à une colonie de Rhodiens, chassés de Marseille;

d'autres attribuent plus sûrement sa fondation à Munatius Plancus qui s'y établit environ 40 ans av. J.-C., avec des Viennois, chassés de leur cité par les Allobroges. Cette ville grandit rapidement et, sous Auguste, elle devint la capitale de la Gaule celtique ou lyonnaise. Claude, né à Lyon, prononça au sénat un discours où il réclamait pour sa ville natale le titre de colonie romaine. Les Lyonnais firent graver ce discours sur deux tables de bronze qui, longtemps égarées, furent retrouvées au XVIᵉ siècle et sont aujourd'hui au palais des Arts. Le christianisme y fut introduit par Pothinus (saint Pothin), disciple de saint Jean, qui y reçut, sous Marc-Aurèle, la consécration du martyre. A partir de cette époque, cette ville perdit la faveur impériale et eut même Sévère pour ennemi. Ruinée par cet empereur, en 197, après sa victoire sur Albin, elle se releva insensiblement sous Constantin. Peu après, les hordes de peuples barbares (Vandales, Huns, Burgondes, Visigoths, Francs) la ravagèrent. Les rois de Bourgogne y établirent le siège de leur royaume à la fin du Vᵉ siècle et les rois francs en acquirent la possession dans le VIᵉ. Des inondations, la famine, la peste, achevèrent à cette époque de ruiner la malheureuse ville et de décimer sa population; elle n'était guère en état d'opposer une digue aux Sarrasins lorsqu'ils l'envahirent à leur tour. Charles Martel la délivra des Infidèles, et Charlemagne la releva de ses ruines, grâce à l'administration de deux évêques, Leidrade et Agobard. Vers 965, Lothaire II céda la ville, pour la dot de sa sœur Mathilde, à Conrad le Pacifique, roi de la Bourgogne Transjurane. Après la mort de Rodolphe, fils de Conrad (1032), Lyon passa sous la domination temporelle de son archevêque Burchard, frère de Rodolphe. De cette époque datent les droits de souveraineté que les archevêques ont exercés si longtemps sur la cité. Au commencement du XIIIᵉ siècle, les citoyens se soulevèrent contre la juridiction ecclésiastique et un gouvernement municipal (1228); de là résultèrent entre eux et les chanoines des hostilités continuelles qui durèrent jusqu'en 1312, époque où Philippe le Bel soumit la ville au sceptre des rois de France par une transaction avec l'archevêque Pierre de Savoie. Sur la fin du XIIIᵉ siècle, des Italiens, victimes des querelles sanglantes entre les Guelfes et les Gibelins, vinrent chercher dans cette industrieuse cité une nouvelle patrie et y apportèrent l'usage des lettres de change et le commerce de la banque. C'est de 1536 que date l'industrie de la soie à Lyon. Déjà Louis XI avait fait venir de Gênes, de Venise, de Florence, de Gênes, des ouvriers en soie et avait fondé des fabriques à Tours. François Iᵉʳ introduisit cette industrie à Lyon et Henri IV la favorisa; il accorda même des lettres de noblesse à quatre fabricants lyonnais. Cette industrie prit alors une importance considérable qui fut amoindrie par la révocation de l'édit de Nantes. Sous François Iᵉʳ et les derniers Valois, la tranquillité avait été souvent troublée par les guerres de religion. La Réforme, dès le principe, avait fait de grands progrès à Lyon et, en 1562, les protestants persécutés se rendirent maîtres de la ville dont ils ouvrirent les portes au baron des Adrets; pendant 13 mois, ce vandale saccagea Lyon; églises et monastères furent ou ravagés ou détruits; aussi la réaction catholique s'y montra-t-elle également féroce. Au signal de la Saint-Barthélemy, plus de 800 protestants furent massacrés en une seule nuit. Lyon prit ensuite parti pour la Ligue contre Henri III. En 1628, la peste y fit de terribles ravages : on y compta plus de 35,000 victimes : les métiers furent abandonnés et le commerce interrompu, mais le XVIIIᵉ siècle le vit de nouveau fleurir. La Révolution, toutefois, lui porta un coup funeste. Lyon l'avait d'abord

accueillie avec faveur, mais les événements publics dépassant ses vœux et son attente, son zèle se refroidit. Les Lyonnais, prenant parti pour les Girondins, s'insurgèrent contre leur municipalité dans la nuit du 29 au 30 mai 1793 et la ville tout entière fut bientôt en révolte ouverte contre la Convention. Celle-ci envoya contre elle une armée commandée par Kellermann. Lyon opposa une héroïque résistance sous les ordres du commandant Précy. Mais, après 70 jours de siège et un terrible bombardement, la ville se rendit le 9 oct. et les vengeances commencèrent. Le 9 oct., Collot d'Herbois et Fouché entrèrent à Lyon qu'un décret de la Convention avait condamné à être démoli; les deux commissaires commencèrent leur œuvre et imposèrent à la ville le nom de *Commune affranchie*; les exécutions capitales et les démolitions allèrent de pair. La ville et ses environs furent inondés de sang. Enfin les jours néfastes passèrent. Le Consulat et l'Empire rendirent à Lyon toute sa prospérité. En 1802, un canut lyonnais, Jacquart, inventa le métier à tisser qui fit toute une révolution industrielle; l'essor que prit le commerce à cette époque fit de la période impériale une ère de prospérité. La crise qui suivit la Révolution de 1830 se fit vivement sentir à Lyon. Plus tard, quelques insurrections amenées par des questions de salaire furent vivement réprimées. Une grève, qui éclata en nov. 1831, fut suivie d'une formidable révolte. Les ouvriers s'emparèrent de l'hôtel de ville (21 nov.), mais ils l'évacuèrent lors de l'arrivée de Soult et du duc d'Orléans (31 déc.). Une insurrection politique plus terrible eut lieu en avril 1834 et ne fut écrasée qu'après plusieurs jours de bataille dans les rues (15 avril). A la suite de cette affaire, la ville fut fortifiée pour prévenir le retour de semblables événements. Les inondations de 1840 et de 1856 y causèrent de terribles ravages. Après la révolution de Février, saluée avec enthousiasme par les classes ouvrières, Lyon fut pendant quelque temps dominé par une société fameuse, les *Voraces*, qui firent éclater l'insurrection du 15 juin 1849. Des troubles violents et répétés y eurent lieu pendant la guerre de 1870-71; depuis cette époque, Lyon s'est transformé, de nouvelles artères se sont ouvertes, de nouveaux quartiers ont surgi comme par enchantement et de nombreux embellissements ont donné à cette ville l'aspect d'une capitale et l'ont placée au rang qu'elle occupe en France. — Législ. « La ville de Lyon était administrée comme toute autre commune, lorsque la loi du 19 juin 1851 et le décret-loi du 24 mars 1852 donnèrent à l'agglomération lyonnaise une organisation municipale à peu près semblable à celle de la ville de Paris. La loi du 5 mai 1855 attribua au chef de l'État la nomination des conseillers municipaux de la ville de Lyon. La loi du 14 avril 1871, en ne faisant d'exception à la règle générale que pour Paris, fit implicitement rentrer la cité lyonnaise dans le droit commun. La loi du 4 mai 1873 la replaça sous le régime spécial réservé à la capitale de la France; celle du 21 avril 1881 lui restitua ses droits municipaux, en laissant toutefois au préfet du Rhône les attributions de police qui lui avaient été confiées par la loi du 19 juin 1851; enfin, toutes ces lois ont été abrogées par la loi générale du 5 avril 1884 qui replace définitivement la ville de Lyon sous la règle commune, sauf les attributions de police réservées au préfet du Rhône sur la commune de Lyon et sur celles de la circonscription environnant cette ville, et sauf le maintien de la division en six arrondissements municipaux. Le maire délègue, pour chacun de ces six arrondissements, deux de ses adjoints qui sont chargés de la tenue des registres de l'état civil et des autres attributions déterminées par le règlement

d'administration publique du 11 juin 1884. Le nombre des adjoints au maire de Lyon est fixé à dix-sept. »   (CH. Y.)

LYON (George-Francis), explorateur anglais, né à Chichester en 1795, mort en 1832. Il entra dans la marine en 1809 et accompagna Joseph Ritchie en Afrique en 1818. Ritchie étant mort à Mourzouk, Lyon revint dans son pays et publia *Narrative of travels in Northern Africa* (1821). Commandant de l'*Hecla*, il accompagna le capitaine Parry dans son expédition arctique en 1824 et donna *Private journal of captain Lyon* (1824); il fit un autre voyage arctique en 1824.

LYONNAIS, ancienne province du S.-E. de la France, entourée par la Bourgogne, le Languedoc, l'Auvergne et le Bourbonnais. Sa capitale était Lyon. On y rattachait généralement le Forez et le Beaujolais. Son territoire a formé les départements du Rhône et de la Loire, et une partie de celui de l'Ain.

LYONNAIS, AISE s. et adj. Qui est de Lyon; qui concerne cette ville ou ses habitants.

LYONS [la!'-eunns], petite ville de l'état de New-York (Etats-Unis), sur le canal Érie, à 65 kil. O. de Syracuse; 4,000 hab.

LYONS (Edmund), lord Lyons de Christchurch, amiral anglais (1790-1858). Il commanda brillamment un brick dans les Indes orientales en 1808, devint capitaine en 1814, prit part au blocus de Navarin en 1828 et fut ensuite nommé ministre à Athènes, où il résida 14 ans, puis ministre à Berne en 1849 et à Stockholm en 1851. Deux ans plus tard, il prit le commandement de la flotte destinée à opérer dans la mer Noire. Il fut créé baron en 1856.

LYONS-LA-FORÊT, ch.-l. de cant., arr. et à 22 kil. N.-E. des Andelys (Eure), 1,320 hab. Fabriques d'indiennes, tanneries.

LYPÉMANIE s. f. (gr. *lupé*, chagrin; fr. *manie*). Mélancolie : la *lypémanie religieuse*.

*LYRE s. f. (gr. *lura*; lat. *lyra*). Instrument de musique à cordes, qui était en usage parmi les anciens : *jouer de la lyre*. — S'emploie aussi dans certaines phrases figurées, où il désigne le talent du poète, l'action de faire des vers. Ainsi on dit : LA LYRE D'ANACRÉON CHANTAIT LES PLAISIRS, CELLE DE PINDARE CÉLÉBRAIT LES VAINQUEURS, Anacréon, dans ses vers, chantait les plaisirs, etc. PRENDRE, ACCORDER SA LYRE, se disposer à faire des vers. QUITTER, DÉPOSER, SUSPENDRE SA LYRE, cesser d'en faire. CE POÈTE A LAISSÉ REPOSER SA LYRE, il a été quelque temps sans composer de vers. — LES MAÎTRES DE LA LYRE, les grands poètes. — Astron, LA LYRE. constellation de l'hémisphère septentrional. — ENCYCL. La lyre est un ancien et célèbre instrument à cordes dont l'origine se perd dans la nuit des temps. Elle était familière aux Égyptiens et aux nations de l'Asie occidentale qui l'introduisirent en Grèce. Il est probable qu'originairement elle n'eut que quatre cordes, mais dans la première partie du VIIᵉ siècle av. J.-C., Terpandre d'Antissa lui ajouta trois nouvelles cordes. Cet instrument, qui embrasse l'étendue d'une octave, était le plus répandu chez les Grecs et ensuite chez les Romains. Du temps de Pindare, les lyres étaient à huit cordes. Timothée de Milet porta ce nombre à onze et du temps de Sapho et d'Anacréon quelques-unes avaient une étendue de deux octaves et plus de 20 cordes. Quand on jouait, la lyre était placée dans une position verticale entre les genoux et les sons étaient produits par le *plectrum*, ou bâton en ivoire ou en bois poli, que tenait le musicien; quelquefois on pinçait l'instrument au moyen des doigts seuls. Les lyres égyptiennes avaient 5, 7, 10 et 18 cordes. (Voy. HEPTACORDE.) La lyre, bien que son invention soit attribuée à Mercure, devint l'attribut particulier d'Apollon, dieu tutélaire de la musique et de la poésie. Elle donna aussi son nom au genre de poésies appelées lyriques, parce qu'elle accompagna d'abord la voix des personnes qui les chantaient.

LYRE s. f. Ornith. Genre de passereaux dentirostres, comprenant deux espèces d'oiseaux singuliers, indigènes d'Australie. Les lyres, dont la structure est particulière et anomale, ne présentent d'affinité avec aucun autre genre. La *lyre commune* (*menura superba*, Davies; *menura lyra*, Vieill.) se rapproche des merles par son bec et ses pattes. La belle queue en forme de lyre, qui a valu à cet oiseau son nom populaire, n'existe que chez le mâle; elle se compose de trois sortes de plumes, très longues et au nombre de 16. Les deux plumes extérieures sont larges et recourbées en dehors à l'extrémité. Le mâle est gros comme un faisan doré; la femelle

Lyre commune. (Menura superba).

est un peu plus petite; la queue du mâle mesure 60 centim. de long. La couleur générale de ces oiseaux est brun foncé en dessus et brun gris en dessous. Ils sont timides et farouches; ils courent rapidement à travers les broussailles; ils grattent le sol et les couches de feuilles mortes, pour chercher les vers et les insectes qui composent leur nourriture. Ils volent peu. L'autre espèce, la *lyre du prince Albert* (*menura Alberti*), est, comme la précédente, composée d'oiseaux chanteurs; mais elle possède un merveilleux pouvoir d'imiter les chants des autres oiseaux, les cris des quadrupèdes, l'aboiement du chien, etc. Elle vit dans les montagnes coupées de ravins et couvertes de broussailles. Son nid est construit sur le côté d'un rocher escarpé, et la femelle n'y dépose qu'un œuf.

* **LYRIQUE** adj. Se dit de la poésie et des vers qui se chantaient autrefois sur la lyre, comme les odes, les hymnes : *poésie lyrique*. — Se dit, par analogie, des ouvrages en vers français qui sont faits pour être chantés ou propres à être mis en musique, tels que les cantates, les chansons, les opéras : *tragédie, drame, comédie lyrique*. — Se dit, par ext., des odes, quoiqu'on ne les chante pas : *les odes sont de petits poèmes lyriques*. — THÉÂTRE LYRIQUE, théâtre sur lequel on représente des ouvrages mis en musique. — POÈTE, AUTEUR LYRIQUE, celui qui compose des odes, ou des poésies propres à être mises en musique. — s. m. : *Malherbe et Rousseau sont nos premiers lyriques*. — Absol. Le genre, le

talent lyrique : *il réussit principalement dans le lyrique*.

* **LYRISME** s, m. Caractère d'un style élevé et poétique : *il a trop de lyrisme dans sa prose*. — Se dit aussi d'une exaltation d'esprit analogue à l'enthousiasme des poètes lyriques.

LYS (La), rivière de France et de Belgique; elle prend sa source dans le département du Pas-de-Calais, à 15 kil. S.-O. de Béthune, arrose le département du Nord, entre en Belgique près de Menin, traverse les Flandres et se jette dans l'Escaut à Gand, après un cours de 200 kil.

LYS (Saint-), ch.-l. de cant., arr. et à 16 kil. O.-N.-O. de Muret (Haute-Garonne); 750 hab.

LYSANDRE, général lacédémonien, mort en 395 av. J.-C. ; en l'an 407, il devint navarque ou commandant de la flotte spartiarte dans la mer Egée et battit celle d'Athènes devant Notium. Le temps de son service étant expiré, il fut remplacé par Callicratidas qui fut tué à la bataille des Arginuses. Comme la loi lacédémonienne ne permettait pas que l'office de navarque fût rempli deux fois par la même personne, Lysandre fut placé nominalement sous les ordres d'Aracus. Il s'empara à Ægos-Potamos, dans l'Hellespont, de toute la flotte d'Athènes, sauf huit ou neuf galères qui se sauvèrent à Chypre avec Conon, et, en 404, il termina la guerre du Péloponèse par la prise d'Athènes. Il ruina les fortifications de cette ville et lui imposa comme chefs les officiers que l'histoire a nommés *les trente tyrans*. Devenu l'homme le plus puissant de Grèce, Lysandre manifesta son orgueil et son arrogance d'une manière effrénée. En 395, il fut placé à la tête d'une armée destinée à coopérer avec celle de Pausanias; il entra en Béotie, mit le siège devant Haliarte, mais fut surpris et tué par les Thébains sous les murs de cette ville.

LYSIAS, orateur grec, né à Athènes en 458 av. J.-C., mort en 378. De ses 400 discours il en reste encore 35. Les meilleures éditions sont celles de Taylor (Londres, 1739), de Fœrtsch (Leipzig, 1829). Lysias a été traduit en français par Athanase Auger (Paris, 1783). En 443 Lysias émigra avec une colonie athénienne qui se fixa à Thurii en Italie, mais, en 413, il fut expulsé avec 300 autres par les partisans de Sparte. Il rentra à Athènes en 411 et y fut emprisonné comme ennemi des oligarques, mais il parvint à s'échapper. Il envoya de Mégare des secours à Thrasybule contre les trente tyrans et, lors de la chute de ceux-ci, il rentra à Athènes où il ne se voua plus qu'à composer des discours et ses plaidoyers.

LYSIMACHIE, aujourd'hui *Eksemil*. Ville importante peuplée par Lysimaque en 309 av. J.-C. au N.-E. du golfe de Melas, sur l'isthme qui réunit la Chersonèse thrace au continent; elle fut peuplée par la plus grande partie des habitants de la ville voisine de Cardie. Détruite par les Thraces, elle fut restaurée par Antiochus le Grand.

* **LYSIMACHIE** s. f. [li-zi-ma-chî] (de *Lysimaque*, nom d'un médecin grec). Bot. Genre de belles plantes de la famille des primulacées, comprenant plusieurs espèces herbacées vivaces des régions tempérées de l'hémisphère boréal. La *lysimachie commune* (*lysimachia vulgaris*), vulgairement *souci d'eau*, est répandue dans nos prairies humides; racines rougeâ-

tres, rampantes; tige droite, haute de plus de 80 centim.; fleurs en panicule, axillaires, jaunes dorées. Nuisible dans les pâturages, cette plante est recherchée pour l'ornement des jardins paysagers où on la place dans les terrains humides. La *lysimachie éphémère* (*lysimachia ephemerum*), haute d'un mètre, à fleurs blanches, est également une plante d'orne-

Lysimachie nummularia.

ment. La *lysimachie nummulaire* (*lysimachia nummularia*), à tiges étalées, rampantes; à feuilles opposées rondes; à fleurs jaunes solitaires et à sépales aigus; c'est une petite plante recherchée dans les jardins paysagers pour couvrir les murs et les rochers. On la cultive aussi dans des corbeilles ou dans les suspensions.

LYSIMAQUE, un des généraux d'Alexandre, né vers 360 av. J.-C., mort en 281. Après la mort du roi de Macédoine, il obtint en partage la Thrace et la région qui longe le Danube (323). En 315, il se ligua contre Antigone avec Ptolémée, Seleucus et Cassandre; en 306, il prit le titre de roi. En 302, il envahit l'Asie Mineure et remporta la victoire d'Ipsus (301). Il obtint la Bithynie parmi les dépouilles d'Antigone. Il agrandit la nouvelle Ilion et Alexandrie de Mysie, et fonda Lysimachie et Nicée, fit aux Gètes deux guerres malheureuses, capitula avec toute son armée (292), obtint aussitôt la liberté, et chassa Pyrrhus de Macédoine. Ayant consenti à la mort de son fils Agathocle, pour plaire à sa nouvelle épouse Arsinoé, fille de Ptolémée, il s'aliéna ses sujets asiatiques qui se soulevèrent; Lysandre, veuve d'Agathocle, se réfugia avec ses enfants à la cour de Seleucus et ce prince envahit les possessions de Lysimaque. Les deux monarques se rencontrèrent dans la plaine de Corus (Cyropédon) en Phrygie, et Lysimaque périt pendant la bataille.

LYSIPPE, statuaire grec, né à Sicyone vers l'an 350 av. J.-C. Il partagea avec Apelles l'honneur de représenter Alexandre le Grand; on admire encore à Venise un célèbre quadrige qu'il fit pour ce prince. Pline lui attribue plus de 1,500 ouvrages, entre autres un Jupiter qui se trouvait à Tarente et qui avait près de 20 m. de haut.

LYTHRARIÉ, ÉE adj. Bot. Qui ressemble au lythrum ou qui s'y rapporte. — s. f. pl. Famille d'œnothérinées ayant pour type le genre lythrum et comprenant en outre les genres henneh, lagerstrome, péplide, etc.

LYTHRUM s. m. [li-trom] (gr. *luthron*, sang coagulé). Bot. Nom scientifique du genre salicaire.

LYTTON (LORD). Voy. BULWER-LYTTON.

M

* **M** s. f. et m. Dixième consonne et treizième lettre de l'alphabet. Lorsqu'on l'appelle *Emme*, suivant la prononciation ancienne et usuelle, le nom de cette lettre est féminin : *une M [èmm]*. Lorsqu'on l'appelle *Me*, suivant la méthode moderne, ce nom est masculin : *un M [me] majuscule*. — Quand cette lettre est à la fin d'un mot, elle ne rend qu'un son nasal : *nom, parfum, faim [non, parfun, fain]*. Mais dans la plupart des mots étrangers, *Abraham, Jérusalem, Stockholm, Amsterdam*, etc., elle se prononce comme si elle était suivie d'un *e* muet. *Adam* est une des exceptions à cet usage. — Se prononce comme *n*, quand elle est au milieu d'un mot devant *b* ou *p* : *emblème, emploi, embarras, empire, impatience, comparaison [enblème, enpatience, conparaison]*. — Dans certains mots, où cette lettre est suivie de l'*n*, comme *amnistie, Memnon, somnifère*, etc., on la prononce pleinement, tandis qu'on ne la prononce point dans les mots *damner, automne*. — Lorsque cette lettre est redoublée dans les mots composés de la préposition *En*, la première *m* se prononce comme *n* : *emmener, emmaillotter*, etc. *[emmener, emmaillotter]*. Hors de là, elle retient sa prononciation ordinaire, comme dans *immédiatement, immense, comminatoire*, etc. — Par abrév. **M.** ou **M^r**, *monsieur* ; **MM.**, *messieurs* ; **Mme**, *madame* ; **Mlle**, *mademoiselle* ; dans les inscriptions et manuscrits latins, **M.** signifie *Marcus, Martius* et *Mutius, Magnus, Magistratus, Magnus, Memoria, Monumentum*, etc. En gramm., **M** veut dire masculin. Dans les nombres écrits en chiffres romains, **M** = 1,000, **MM** = 2,000, **M̄** = 1,000,000. En musique, **M** représente le terme *meno*, *moins*, *mano, main* ou *mezzo*, *moyen*. Sur les monnaies **M** est la marque de Toulouse ; **MM**, celle de Marseille ; **Mb** veut dire *moyen bronze*. — Dans les ordonnances de médecine, **M** signifie *misce* (mélez) ou *manipulus* (poignée). En astron. et en géogr., **M** marque *midi* ou signifie *méridional*. **M**, est la marque des animaux suspects pendant une épizootie. En arithm. **M** = mètre. En savoir-vivre, **Mgr** signifie *monseigneur*. Parmi les gens de loi, **M^e** veut dire *maître*. Sur la façade des maisons, **M. A.** signifie *maison assurée*.

* **MA** (lat. *mea*) adj. poss. fém. dont le masculin est *Mon* : *ma sœur*. Devant les mots féminins qui commencent par une voyelle ou par une *h* non aspirée, on dit, par euphonie, **MON**, et non pas **MA** : *mon âme, mon épée, mon haleine*. (Voy. **MON**.)

MAACHA, l'une des femmes de David, mère d'Absalon.

MAAD [mad], ville de Hongrie, dans le comitat de Kemplin, à 10 kil. N.-O. de Tokai, au milieu des collines de l'Hegyalla ; 7,000 hab. C'est un des plus célèbres crus des vins de Tokai. Vignoble royal de *Theresienberg*.

MAAS [mâss]. Voy. **MEUSE**.

MAB, fée célébrée par Shakspeare et par d'autres poètes anglais ; d'après Voss, c'est par erreur qu'on la nomme la reine Mab,

parce que le mot anglais *queen*, qui signifie aujourd'hui reine, voulait dire autrefois femme.

MABILLE, ancien bal parisien célèbre, qui était situé aux Champs-Élysées et dont la fondation remontait à 1840.

MABILLIEN, IENNE adj. Celui, celle qui fréquente le bal Mabille.

MABILLON (Jean) [*ll* mll], savant bénédictin, né à Saint-Pierre-Mont, le 23 nov. 1632, mort le 27 déc. 1707. En 1654, il entra dans la congrégation de Saint-Maur, et vers 1666 il fut choisi par ses supérieurs pour former un double recueil des *Actes des saints* et des *Annales de l'ordre de Saint-Benoît*. Le premier parut en 1668 (9 vol. in-fol.) et le second en 1709 (6 vol. in-fol.). Les travaux auxquels il se livra à cette occasion lui inspirèrent l'idée et le plan de son livre latin *De re diplomatica* (1684, in-fol.), où il trace les règles à suivre pour discerner l'âge et l'authenticité des chartes et des manuscrits. Colbert, informé de son mérite, l'envoya en Allemagne (1683) et en Italie (1685), pour y recueillir tous les documents utiles à l'histoire de France et à celle de l'Église ; il s'acquitta de cette mission avec succès et fut nommé en 1701, membre de l'Académie des inscriptions. Outre les ouvrages déjà cités, il a laissé une excellente édition des *Œuvres de saint Bernard* (1690) ; *Vetera Analecta* (1675-'85, 4 vol. in-8°) ; *De Liturgia Gallicana libri tres* (Paris, 1685). Après son retour d'Allemagne, il donna *Iter Germanicum* ; et, à la suite de son voyage en Italie, il mit au jour *Musæum Italicum* (Paris, 1687-'89, 2 vol. in-4°). En 1691, parut son célèbre *Traité des études monastiques*, composé pour réfuter Rancé, abbé de la Trappe, qui avait condamné l'éducation scolastique par les moines.

MABLY (*l'abbé* Gabriel **BONNOT DE**), historien et publiciste, né à Grenoble le 14 mars 1709, mort à Paris le 23 avril 1785. Frère de Condillac et neveu du cardinal de Tencin, il fit ses études théologiques à Paris et devint secrétaire de son oncle, le cardinal, avec lequel il se brouilla dans la suite ; il vécut dès lors dans la retraite et se voua à la culture des lettres. Il a laissé : *Droit public de l'Europe* (Genève, 1748, 2 vol.) ; *Parallèle des Romains et des Français* (1740, 2 vol. in-12) ; *Observations sur les Romains* (1751, 1 vol. in-12) ; *Principe des négociations* (la Haye, 1757, 1 vol. in-12) ; *Entretiens de Phocion* (1763, 1 vol. in-12), etc. ; *Observations sur l'histoire de France* (1765, 2 vol. in-12), ouvrage réimprimé par M. Guizot (1823, 3 vol. in-8°). L'abbé Arnout a donné les *Œuvres complètes* de Mably (15. vol. in-8°, 1794-'95). A la demande du gouvernement polonais, il visita la Pologne en 1771 et prépara pour ce pays un code publié en 1784, sous ce titre : *Du gouvernement de la Pologne*. Il fut aussi consulté par le congrès américain sur la préparation de la constitution des États-Unis et résuma ses opinions, souvent étranges, dans ses *Observa-

tions sur le gouvernement et les lois des États. Unis d'Amérique* (1784).

MABUSE (Jan) [ma-bu-ze]. Peintre flamand, dont le vrai nom était Gossaert, né vers 1499, mort vers 1562. Il mena une existence dissolue dans plusieurs villes des Pays-Bas et d'Angleterre. Sa célèbre *Descente de la Croix* a été brûlée dans la cathédrale de Middelbourg. La plus belle de ses toiles authentiques est l'*Adoration des Mages* qui se trouve dans la galerie du comte de Carlisle.

MAC s. m. Mot qui signifie *fils* et qui précède un grand nombre de noms écossais et irlandais. Par abréviation on l'écrit M'.

* **MACABRE** adj. f. (arabe *magbarah*, cimetière). Ne s'emploie que dans cette expression, **DANSE MACABRE**, suite d'images qui représentent la Mort entraînant avec elle, en dansant, des personnages de toutes les conditions : *les principales danses macabres sont du quinzième siècle*. — La danse macabre était une danse religieuse du moyen âge, une sorte de mascarade allégorique, exécutée d'abord dans les églises pour rappeler au peuple que tous sont sujets à mourir. Des personnages de tout rang, étaient entraînés dans une ronde fantastique par un squelette représentant la Mort, et tenant des discours dramatiques ; et chacun des acteurs de cette scène, plus lugubre encore que grotesque, disparaissait à son tour. La danse macabre resta pendant longtemps le sujet favori des peintres et des poètes ; on en trouve la preuve dans les œuvres poétiques de presque tous les peuples européens, et sur un grand nombre de murailles, dans les églises, dans les hôtels de ville, dans les marchés, dans les cimetières, dans les cloîtres, et même dans les palais. On mentionne 39 peintures de ce genre, dont les principales sont celles du Petit-Bâle (1312), de Dresde et de la Chaise-Dieu, en Auvergne. D'après beaucoup d'étymologistes, la danse macabre serait identique au *chorea Machabæorum*, danse des Machabées, dont parle du Cange et dont la représentation fut imprimée pour la première fois par un libraire de Paris, nommé Guyot Marchand (1485). Le dernier tableau de la danse macabre est celui de Staubingen (1763). Le plus célèbre de tous est celui de Holbein, dont les dessins originaux sont aujourd'hui en Russie. C'est une combinaison de 53 scènes distinctes ; la Mort y apparaît sous différents costumes allégoriques et ironiques, avec des personnes de tout rang.

* **MACADAM** s. m. [ma-ka-damm] (de *Macadam*, n. pr.). Sorte d'empierrement des routes ou du pavage des rues qui se fait avec des cailloux ou du granit concassé, posé directement sur le sol, puis soumis à une forte pression, ordinairement à l'aide du rouleau.

MACADAM (John **LOUDON**), ingénieur écossais, né en 1756, mort en 1836. En 1770, il se rendit à New-York où il fut, pendant la révolution, agent de la vente des prises. Rentré en Écosse (1783), il y devint administrateur des routes et député, lord lieutenant d'Ayrshire; de 1798 à 1815, il visita 50,000 kil. de routes en Grande-Bretagne et dépensa 125,000 fr. dans ses investigations. En 1811, il fit au comité de la chambre des communes une communication relative à son système de réparation des routes, système qu'il commença à appliquer l'année suivante. En peu d'années, les sept dixièmes des routes publiques anglaises furent macadamisées, et à sa mort, il ne restait plus que 400 kil. de voie publique à mettre en état. Le parlement lui accorda une récompense de 250,000 fr.

MACADAMISAGE s. m. Action de macadamiser.

MACADAMISER v. a. Faire une chaussée, un chemin avec du macadam.

MACAIRE (Saint). I. L'*Ancien*, né à Alexandrie vers l'an 300, mort en 390. Il se retira, jeune encore, dans le désert de la Thébaïde et y passa près de 60 années. L'éclat de ses vertus le rendit populaire et il fut forcé de recevoir le sacerdoce. Il se montra un zélé défenseur des décrets du concile de Nicée, ce qui lui fut cause de son exil, sous Valens. Il a laissé 50 *Homélies*, dont la meilleure édition est celle de Leipzig (1698). Fête le 15 janvier. — II. (Saint), *le Jeune*, né à Alexandrie, mort en 394. Il fut le contemporain du précédent; en 335, il se retira dans la solitude de Nitrie où se trouvaient alors plusieurs milliers d'anachorètes; il se distingua par son zèle contre l'arianisme. On le regarde généralement comme l'auteur de la *Règle de saint Macaire* (Rome, 1661). Fête le 2 janvier.

MACAIRE (Saint-), ch.-l. de cant., arr. et à 15 kil. O. de la Réole (Gironde), sur la rive droite de la Garonne; 1,210 hab. Commerce de vins, tonnellerie. Ancienne ville gallo-romaine saccagée par les calvinistes en 1562.

MACAIRE (Richard de). Voy. AUBRY DE MONTDIDIER.

MACAIRE (Robert). Voy. ROBERT.

MACAIRIEN, IENNE adj. Qui convient, qui est propre à un fripon comme Robert Macaire.

MACAIRISME s. m. Caractère de Robert Macaire. Friponnerie éhontée.

MACAÏSTE s. et adj. Qui est de Macao; qui concerne Macao ou ses habitants.

MACAO, ville et colonie portugaises, situées sur la côte de Chine, à l'embouchure de la rivière de Canton; 4 kil. carr.; 71,000 hab., dont 6,000 Portugais. La ville occupe une

acao.

péninsule au S.-E. de l'île de Hiang-Schang. Ses rues sont étroites et la population chinoise y vit dans des habitations misérables et malpropres. La plus belle partie de Macao se compose d'une longue suite de maisons bien bâties, sur la plage, en face de la promenade appelée Praya Grande. Les principaux édifices publics sont : le sénat, le palais

du gouverneur et la factorerie anglaise. Le port est trop peu profond pour recevoir de gros navires; et ceux-ci sont forcés de jeter l'ancre dans la rade, qui se trouve à 8 kil. Climat sain et tempéré; c'est un lieu où les Européens de l'Inde viennent rétablir leur santé. — Les Portugais eurent à Macao l'une de leurs premières factoreries et c'est là que Camoëns résida de 1553 à 1561 ; il y écrivit une partie de ses *Lusiades*, dans une grotte d'un jardin situé derrière la ville. Macao fut cédée aux Portugais en 1585; elle fut longtemps le centre d'un grand commerce, mais son importance a diminué; elle est port libre depuis 1845. Exportation de thé, de riz, de graines d'anis et de cannelle; importation d'opium, de coton et de soie. La traite des coolies y a été abolie en 1874.

MACAPA [mâ-ka-pâ']. Ville de la province d'Amazonas (Brésil), sur la rive gauche et à 200 kil. de l'embouchure de l'Amazone; 8,000 hab. Exportation de riz, de millet, de coton, de fruits et de beaux bois d'ébénisterie.

* **MACAQUE** s. m. (portug. *macaco*, nom générique donné aux singes sur la côte de Guinée). Hist. nat. Genre de singes à tête plate et à queue courte, intermédiaire entre les magots et les cynocéphales. Le *macaque*

Macaque à queue de cochon (Macacus nemestrinus).

commun (*macacus cynomolgus*, Lacép.) est d'un brun olivâtre en dessus, d'un blanc gris en dessous, avec les pieds noirs. On le trouve à Java et dans l'intérieur de l'Afrique. L'*ouanderou* ou *singe à crinière* (*macacus silenus*, Lacép.), de l'archipel Indien, est noir en dessus, avec une barbe grise et de longs poils grisâtres sur le derrière du cou. Il est gros comme un chien épagneul et d'un caractère inoffensif. Le *macaque à queue de cochon* (*macacus nemestrinus*, Geoffr.), de Java et de Sumatra, est d'un brun sombre en dessus, avec une raie dorsale noire, une queue grêle atteignant à peine le milieu de la cuisse, et les membres jaunâtres. — ᴡ s. f. Femelle de macaque : *une vieille macaque*.

MACAREUX s. m. Ornith. Genre de palmipèdes plongeurs, voisin des pingouins et caractérisé par un bec plus court que la tête, très comprimé, surmonté d'une arête plus haute que le crâne; par des ailes extrêmement courtes, presque impropres au vol. Le *macareux commun* ou *macareux moine* (*fratercula arctica*), gros comme un pigeon, à dos noir, avec le ventre blanc, se rencontre, en hiver, sur nos côtes de Bretagne et de Normandie. En été, il émigre vers le Nord, en voletant le long des côtes, à fleur d'eau.

* **MACARON** s. m. (ital. *maccherone*, sorte de pâte). Sorte de pâtisserie friande, dans laquelle il entre principalement des amandes et du sucre, et qu'on forme en petits pains ronds ou ovales : *un bon macaron*.

* **MACARONÉE** s. f. Pièce de vers en style macaronique.

* **MACARONI** s. m. (ital. *maccheroni*, sorte de pâte). Pâte faite de farine de froment très fine, qui est en forme de petits cylindres creux, et qu'on assaisonne de différentes manières, surtout avec du fromage ; *manger des macaronis, du macaroni*. — Le macaroni est d'invention italienne, et bien que sa fabrication soit des plus simples, on n'a jamais pu le produire ailleurs aussi parfaitement qu'en Italie, et même les Napolitains ne parlent qu'avec dédain des macaronis que l'on vend dans les autres parties de la péninsule. Les plus gros cylindres se nomment *maccheroni*, ceux qui sont plus petits sont le *vermicelli* et ceux qui sont plus petits encore s'appellent *fedelini*.— On fait cuire le macaroni pendant un quart d'heure dans du bouillon ou de l'eau en ébullition; on l'égoutte et on l'accommode par couches alternatives avec du beurre fondu, du fromage de Gruyère ou du Parmesan râpé; on ajoute un peu de poivre. On termine la cuisson avec feu dessus et dessous. On le sert quand il est *gratiné*. On peut aussi le préparer à l'italienne, à la milanaise, en timbale, etc.

* **MACARONIQUE** adj. Sorte de poésie burlesque, où l'on faisait entrer beaucoup de mots de la langue vulgaire, auxquels on donnait une terminaison latine : *vers macaroniques*. — ᴡ Se dit aujourd'hui de toute pièce de vers dans laquelle on emploie un mélange de plusieurs langues. Le mot *macaronique* paraît dater de loin en Italie, mais on s'accorde généralement à faire remonter son origine à un poème intitulé *Macaroni*, par Théophile Folengo, moine bénédictin de Mantoue (1509), dans lequel l'auteur avait mêlé les bouffonneries, les jeux de mots et les anagrammes comme le fromage se trouve mêlé à la pâte nommée *macaroni*. — Presque aussitôt on publia une *Macaronea ariminensis* qui commence par ces mots : « Est autor Typhis Leonicus atque parannis », et contenant six livres de poésie macaronique, contre Cabrin, roi de Gogue Magogue. Cet ouvrage est l'œuvre de Guarino Capella et parut en 1526. Théophile Folengo publia, sous son pseudonyme de Merlin Coccaie, un autre ouvrage macaronique, *Il chars del tri per uno*, qui n'obtint pas le même succès que le précédent. Le premier auteur français qui ait réussi dans ce genre de poésie burlesque se donnait le nom macaronique d'Antonio de arma Provençalis de bragardissima villa de Soleriis; il a laissé deux poèmes : 1° *De arte iansandi* ; 2° *De guerra Neapolitana, Romana et Genuensi*. Un avocat provençal donna, dans le même style : *Historia bravissima Caroli V imperat-a Provincialibus paysanis triumphanter fugati*. Quelque temps après, Remi Belleau publia, dans ses poésies françaises, *Dictamen metrificum de bello Hugonotico et rusticorum pigliamine, ad sodales*. Vers la même époque parut *Cacasanga reistro suisso lansquenotorum per M. J. B. Lichiardum recatholicostum spali-*

porcinum poetam; c'est à cette pièce que répondit le sieur des Accords. (Voy. Accoabs.) L'un des meilleurs ouvrages en ce genre fut publié par Jean-Edouard de Moniu sous le titre de *Recitus veritabilis super terribili esmeuta paysanorum de Ruellio;* c'est dans ce morceau que l'on trouve des vers dans le genre de celui-ci :

Enfilavi omnes scadrones et regimentos.

MACARTNEY (George, comte de), diplomate anglais, né en 1737, mort en 1806. En 1765, il fut nommé envoyé extraordinaire à la cour de Russie. En 1769, il devint secrétaire du gouvernement pour l'Irlande et se distingua au parlement irlandais. Elevé à la dignité de gouverneur de la Grenade (1775-'79), il défendit cette Ile contre le comte d'Estaing (1779), mais dut se constituer prisonnier de guerre; Louis XVI lui ayant rendu la liberté, Macartney fut nommé gouverneur de Madras (1780-'86). En 1792, il partit pour la Chine avec le titre d'ambassadeur extraordinaire et dans le but d'obtenir un traité de commerce avec la cour de Pékin; il ne réussit pas. Revenu en Angleterre, il fut nommé gouverneur du cap de Bonne-Espérance. En 1776, il avait été créé baron; en 1792, vicomte et en 1794, comte Macartney à la pairie irlandaise et en 1791 il reçut la baronnie anglaise. On a de lui : *Etat de la Russie en* 1767; *Etat de l'Irlande en* 1773; *Journal de l'ambassade envoyée par le roi de la Grande-Bretagne à l'empereur de la Chine en 1792-'93 et '94* (Londres, 1807, 2 vol. in-4°).

MACASSAR ou Mangkassar, appelé aussi par les Hollandais **Vlaardingen.** I. Gouvernement hollandais comprenant des portions du S.-E. de l'Ile de Célèbes, dans l'archipel de Malaisie; environ 14 kil. carr.; 346,000 hab. (Voy. Célèbes.) Le nom de Macassar ou Mangassa est celui d'un peuple qui habite la partie méridionale de l'île. Les Macassars furent subjugués par les Hollandais en 1669. — II. Ville située près de l'extrémité S.-O. de l'Ile de Célèbes; 12,000 hab. Rues larges, régulières et bien bâties, comprenant un grand nombre de maisons construites à l'européenne; climat sain; commerce considérable de riz, de clous de girofle, de muscade, de sagou, de coton, d'écailles de tortue et de cire. — III. Détroit de Macassar, canal qui réunit la mer de Java à la mer des Célèbes, et qui sépare l'île de Célèbes de l'Ile Bornéo. Il est long d'environ 600 kil. et large de 125 à 400 kil. La navigation y est rendue périlleuse par des roches sous-marines et des bas-fonds.

MACAULAY (Catharine), née **Sawbridge,** écrivain anglais, née en 1733, morte en 1791. En 1760, elle épousa le Dr George Macaulay, et après la mort de ce dernier, elle se maria, en 1778, à un M. Graham. C'était une ardente républicaine et une admiratrice de Washington, avec lequel elle entretint une correspondance et qu'elle alla voir en 1785. Son principal ouvrage est : *Histoire d'Angleterre depuis l'avènement de Jacques Ier jusqu'à l'élévation de la maison de Brunswick* (1763-'83, 8 vol. in-4°). On lui doit encore : *Traité sur l'immutabilité de la vérité morale* (1773, in-8°); *Lettres sur l'éducation* (1790, in-8°).

MACAULAY (Thomas Babington, baron) historien anglais, né en 1800, mort le 28 déc. 1859. Il prit ses degrés en 1825 et écrivit ensuite quelques ballades ainsi que des essais et des critiques. En 1830, il fut envoyé au parlement et y soutint les principes libéraux. Il fut nommé membre du conseil suprême de la compagnie des Indes orientales et partit vers 1834 pour l'Indoustan, afin d'y préparer un code de lois pour les colonies anglaises. Rentré en Angleterre en 1838, il fut nommé, l'année suivante, secrétaire de la guerre, avec un siège au cabinet. Il quitta le ministère (1841) et rentra dans l'oppasi-

tion. Lorsque les whigs revinrent au pouvoir en 1846, il fut nommé receveur général. En 1840, il publia sous le titre de *Mélanges,* ses articles parus dans la *Revue d'Edimbourg;* il donna deux ans plus tard ses remarquables *Chants de l'ancienne Rome,* et en 1848 parurent les 2 premiers volumes de son *Histoire d'Angleterre depuis l'avènement de Jacques II,* ouvrage qui fut reçu avec autant de faveur que le roman le plus populaire. Les 3e et 4e volumes de cette histoire virent le jour en 1855; ils vont jusqu'à la paix de Ryswick (automne 1697). En 1857, Macaulay fut nommé pair d'Angleterre; il mourut subitement dans sa résidence de Holly Lodge (Campden Hill, Kensington) et fut enterré à l'abbaye de Westminster. Un 5e volume de son histoire, s'étendant jusqu'à la fin de l'année 1701, fut publié par sa sœur lady Trevelyan (1861) qui édita aussi ses *Œuvres complètes* (8 vol., 1866). La *Biographie* et les *Lettres* de Macaulay ont été données par son neveu G.-O. Trevelyan, en 1876.

MACBETH, chef écossais du xie siècle, héros de l'une des plus célèbres tragédies de Shakspeare. Le roi Duncan ayant envahi le territoire de Thorfinn, au N. de l'Ecosse, Macbeth, auquel une sorcière avait promis le trône, assassina ce conquérant à Inverness, près d'Elgin, en 1039. Ayant aussi mis à mort Mac-Gill et Banquo (voy. ce dernier nom), les plus puissants thanes ou seigneurs d'Ecosse, il parvint à monter sur le trône. Macduff ne tarda pas à devenir l'objet de ses soupçons et dut s'enfuir en Angleterre; le tyran assouvit sa vengeance sur la femme et sur les enfants de ce prince et les fit massacrer. Macduff et le fils de Duncan, nommé Malcolm, ayant obtenu un secours de l'Angleterre, entrèrent en Ecosse. L'armée anglaise, commandée par Siward, comte de Northumberland, battit Macbeth près de Dunsinane (1054) et le força de se réfugier dans les Highlands, où il fut tué à Lumphanan par Macduff et Malcolm en 1056 ou 1057. Malcolm fut proclamé roi.

MACCHABÉE. Voy. **Machabée.**

MACCHIAVELLI. Voy. **Machiavel.**

MACCLESFIELD, ville du Cheshire (Angleterre), sur la Bollin, à 240 kil. N.-O. de Londres; 36,000 hab. Belle église fondée en 1278. Manufactures de soie et de coton.

MAC-CLURE (sir Robert-John Le Mesurier), navigateur anglais, né en Irlande en 1807, mort en 1873. En 1848, il accompagna comme lieutenant l'expédition de Ross pour rechercher Franklin. En 1850-'54, il conduisit l'équipage de l'*Investigator,* par bateau et par traîneau, à travers la grande mer encombrée de glaces du Pacifique à l'Atlantique, en passant par la terre de Banks et par l'Ile Melville, fut délivré par Mac-Clintock et Kellett de l'expédition Belcher; il avait traversé ainsi tout ce que l'on est convenu d'appeler le *passage Nord-Ouest.* Il fut retour, il fut fait capitaine et baronnet. Sa *Découverte du passage Nord-Ouest* a été publiée en 1856. (Voy. Arctique.)

MAC-CULLOCH (John Ramsay) [mak-kolloch], économiste écossais (1789-1864). Il fut professeur d'économie politique à l'université de Londres (1828-'32) et plus tard contrôleur de l'office de la librairie. Il a publié : *Principes d'économie politique* (5e éd., 1864); *Traité sur les principes sur l'influence pratique de l'impôt et des emprunts; Statistique de l'empire britannique,* et un fameux *Dictionnaire de commerce et de navigation commerciale* (1830, nouv. éd. 1877).

MACDONALD (Étienne-Jacques-Joseph-Alexandre) [-nal], **duc de Tarente,** maréchal de France, né à Sancerre, le 17 nov. 1765, d'une famille d'origine écossaise, mort à

Courcelles le 25 sept. 1840. Il prit du service dans le régiment irlandais de Dillon en 1784. Sa participation au passage de la Waal sur la glace, sous le feu terrible de l'ennemi, en 1795, lui valut le grade de général de division. En 1798, comme gouverneur des Etats du pape, il battit à Otricoli une grande armée napolitaine, commandée par le général Mack. L'évacuation de Naples étant devenue inévitable en 1799, il battit en retraite à travers l'Etat de Lucques, et ayant reçu des renforts, il reprit l'offensive et osa attaquer sur les bords de la Trebbia (17 juin) la puissante armée austro-russe, commandée par Suvaroff. Après une lutte gigantesque de 3 jours, dans laquelle chacune des deux forces ennemies perdit 12,000 hommes, Macdonald, apprenant que les alliés étaient sur le point de recevoir de grands renforts, se retira par une marche circulaire vers Gènes. Sa mauvaise santé l'ayant forcé de rentrer à Paris, il rendit de grands services à Bonaparte au 18 brumaire et fut placé à la tête de l'armée des Grisons. Dans l'hiver 1800-'01, il accomplit le célèbre passage du Splügen. De 1802 à 1804, il fut ministre plénipotentiaire à Copenhague, mais Napoléon ne lui pardonna pas d'avoir participé à la défense du général Moreau et ne l'employa plus dans l'armée jusqu'en 1809, époque où Macdonald rendit de grands services à Eugène Beauharnais en Italie. Plus tard, il prit part à la bataille de Wagram, et sa charge héroïque sur le centre autrichien, acte le plus important de sa carrière militaire, lui valut le bâton de maréchal et le titre de duc. Il se distingua encore dans la guerre d'Allemagne (1813), à Lutzen et à Bautzen; mais il fut complètement battu par Blücher, sur la Katzbach. A Leipzig, il accomplit des prodiges de valeur et ne parvint s'échapper que se précipitant, à cheval, dans les eaux de l'Elster. Il combattit jusqu'à la fin dans l'armée de Napoléon, mais ensuite il se joignit aux Bourbons et refusa de soutenir l'empereur pendant les Cent-Jours. La Restauration le nomma pair de France.

MACDONALD (Flora), héroïne écossaise (1720-'90). Elle était fille de Macdonald Milton, après la mort duquel sa mère épousa Macdonald d'Arnadale. Flora suivit sa mère dans l'île de Skye. En 1746, elle entreprit de donner asile au prétendant Charles-Edouard qui errait et cherchait un refuge après sa défaite de Culloden. Elle alla chercher le prince qui se trouvait à Milton, le fit habiller en servante et le ramena dans l'île de Skye. Dénoncée, elle fut arrêtée et tenue à Londres dans un étroit emprisonnement. On la relâcha en 1747, et elle épousa, en 1750, Macdonald de Kingsburgh, avec lequel elle se rendit aux Etats-Unis en 1775. Pendant la révolution américaine, elle prit parti pour le gouvernement anglais, s'embarqua pour l'Europe et se battit comme un homme dans un engagement qui eut lieu entre le navire sur lequel elle était montée et un vaisseau français.

MAC-DONOUGH (Thomas) [mak-donn'-o], marin américain (1783-1825); en 1814, il commanda l'escadre américaine du lac Champlain, et le 11 septembre remporta une victoire complète sur l'escadre anglaise du commodore George Downie.

• MACÉDOINE s. f. Mets composé d'un mélange de différents légumes ou de différents fruits. — Fig. et fam. Livre, ouvrage de littérature, où sont réunies ou mêlées des pièces de différents genres : *ce livre est une macédoine,* on y trouve de tout. — Jeu de cartes. Suite de parties dans laquelle chacun des joueurs, lorsqu'il tient les cartes, prescrit le jeu qu'on va jouer sous sa main : *faire une macédoine.* — ⌣ Jargon des chauffeurs. Combustible.

MACÉDOINE, ancienne contrée du S.-E. de

l'Europe, au N. de la Grèce, et dont les parties principales forment aujourd'hui le vilayet turc de Selanik (Salonique). Son nom primitif, chez les Grecs, paraît avoir été *Emathie* et plus tard *Macetie* ou *Macetia*, parce que le peuple qui l'habitait se nommait les Macetæ. Le nom de Macédoniens leur fut appliqué pour la première fois par Hérodote. Au temps de cet écrivain, la Macédoine ne se composait que du district compris entre la Thessalie et la rivière Lydias. Le royaume de Philippe, père d'Alexandre, était borné au N. par les monts Scardus, Scomius et Orbellus; à l'E., par le Rhodope et par la rivière Nestus (auj. Kara-Sou); au S.-E., par la mer Égée; au S., par les monts Olympe et les monts Cambuniens, et à l'O., par la prolongation septentrionale du Pinde et par la rivière Drilo (Drin). Il comprenait les districts de Pæonie, de Pélagonie, de Lyncestis, d'Orestis, de Pierie, d'Emathie et de Chalcidice, de Bisaltie, etc. Ses plus importants cours d'eau étaient : le Nestus, le Strymon (Struma) et l'Axius (Vardar). Villes principales : Ægæ ou Edesse, résidence des premiers rois; Pella, cap. de Philippe et d'Alexandre; Thessalonique (Salonique, auj. la plus grande ville), capitale de Cassandre; Olynthe, Potidée, Chalcis, Amphipolis, Philippes, Stagire, Pydna, Dium, Pélagonie, Berœa, Méthone, Stobi et Acanthe. Sous les Romains, la Macédoine comprit, en outre, de vastes portions des pays voisins à l'O. et au S. — Le royaume de Macédoine fut fondé par Caranus, vers 748 av. J.-C. Ce prince eut pour successeurs son fils Perdiccas Ier (729), Argée Ier (684), Philippe Ier (640 ou 609); Æropus, qui conquit l'Illyrie vers 602. Ce fut sous le règne d'Amyntas (540) que la Macédoine commença d'être connue des Grecs. Ce royaume fut successivement sous la protection d'Athènes, de Thèbes et de Sparte, jusqu'au règne de Philippe. Pendant cette période régnèrent : Alexandre Ier, dont les États furent envahis par les Perses (543) et délivrés par la victoire de Platée (479); Perdiccas (454), pendant le règne duquel Potidée se révolta (463) et fut reprise par les Athéniens (429); Archélaüs, fils naturel de Perdiccas, ayant assassiné les héritiers légitimes de son père, monta sur le trône (413) et périt victime d'un favori auquel il avait promis sa fille en mariage (399); Pausanias (394); Amynthas II (393, expulsé en 398) recouvra le trône et tua Pausanias en 397 ; il fut chassé par les Illyriens (392) et remplacé par Argée, frère de Pausanias; il finit par reprendre la couronne (390). Son successeur, Alexandre II (369), fut assassiné en 367; Perdiccas III périt dans une bataille (360); Philippe II (359), fils d'Amyntas II, délivra son pays de la domination grecque, battit les Athéniens et les Illyriens en 360, prit Amphipolis (358), conquit le Thrace, l'Illyrie et la Thessalie (356-'52), mit fin à la guerre sacrée (346), soumit la Thrace à un tribut (343), assiégea Byzantium (340) et remporta la victoire décisive de Chéronée (338), quelque temps avant d'être assassiné par Pausanias, à Egée, pendant la célébration de jeux en l'honneur du mariage de son fils; Alexandre III, dit *le Grand*, lui succéda (336); ce jeune prince, nommé général en chef des armées grecques contre les Perses (335), commença par mettre fin à la révolte des Thébains, rasa Thèbes jusqu'au sol, à l'exception de la maison de Pindare, passa en Asie, remporta la victoire du Granique (22 mai 334), entra à Sardes, à Halicarnasse, défit Darius à Issus, détruisit Tyr après un siège de 7 mois, prit Damas et Gaza, entra à Jérusalem, conquit l'Egypte, fonda Alexandrie, détruisit l'armée perse à Arbelles (1er oct. 331), se fit ouvrir les portes de Babylone (331), s'assit sur le trône de Darius à Suse (330), envahit le pays des Parthes, la Médie, etc. (329), reçut la visite de la reine des Amazones, Thalestris; mit à mort son ami

Parménion, faussement accusé de conspiration; entra dans l'Inde, vainquit Porus, pénétra jusqu'au Gange (327), mit à la torture Callisthène, qui avait refusé de lui rendre les honneurs divins (328), envoya son amiral Néarque en expédition depuis l'Indus jusqu'à l'Euphrate (328-'25) et rentra à Babylone (324) où il mourut l'année suivante. Le royaume de Macédoine passa ensuite à Philippe III Arrhidée (323), pendant le règne duquel les Grecs furent vaincus par Antipater à la tête de l'armée macédonienne près de Cranon (322); à Alexandre Aigus (317); au roi Cassandre (316), qui rebâtit Thèbes (315); tua Roxane et son fils Alexandre Aigus, le dernier membre de la famille d'Alexandre le Grand (311). Vinrent ensuite les fils de Cassandre, Alexandre V et Antipater (298); ils furent assassinés, en 294, par Démétrius Poliorcète, fils d'Antigone, qui s'empara de la couronne de Macédoine. C'est pendant le règne de ce prince que se forma la ligue *achéenne* (284-'43). Ensuite régnèrent Pyrrhus (287), Lysimaque (286) et Ptolémée Céraunus (284). Ce prince fut tué, en 279, après avoir eu à repousser une irruption des Gaulois. Sosthène gouverna un instant et céda le pouvoir à Antigone Gonatas, fils de Démétrius (277); renversé par Pyrrhus (274) et rétabli après la mort de ce dernier (272); il prit Athènes en 268, combattit une nouvelle invasion de Gaulois, eut à réprimer une révolte des Parthes (250) et laissa le trône à Démétrius II (239), qui fut remplacé par Philippe IV, son fils (232), et celui-ci fut renversé par Antigone Doson (229); son successeur, Philippe V (220), fit alliance avec Annibal (211), et s'aliéna les Romains qui envahirent ses États et brisèrent pour toujours la puissance macédonienne à la bataille de Cynocéphale (197); son fils et successeur, Persée (178) essaya vainement de reprendre les armes contre Rome; il fut vaincu à Pidna, et la Macédoine devint une province romaine (168). Le roi, chargé de chaînes, ainsi que ses fils, dut marcher devant le char de son vainqueur, Emile, qui avait obtenu, à son retour dans Rome, les honneurs du triomphe (167). La Macédoine se révolta un instant à la voix d'Andriscus, qui se faisait appeler Philippe et se disait fils de Persée (148). Elle fut pillée par Théodoric, roi des Ostrogoths (482 apr. J.-C.), conquise par les Bulgares (978), délivrée par l'empereur Basile (1001), annexée au royaume latin de Thessalonique par Boniface de Montferrat (1204), conquise par Amurat II et définitivement réunie à l'empire ottoman (1430).

MACÉDONIEN, IENNE s. et adj. Qui est de la Macédoine, qui concerne cette province ou ses habitants. — Substantiv. Membre d'une secte fondée au IVe siècle par Macédonius, évêque de Constantinople.

MACÉDONIUS I. Patriarche de Constantinople (342-360). Il embrassa la doctrine des ariens et fut nommé par eux évêque de Constantinople, pendant que les catholiques rappelaient le patriarche Paul, déposé en 336. Grâce à la tolérance de Constance, Macédonius resta maître du siège épiscopal jusqu'en 347, époque où Paul le recouvra. Mais celui-ci ayant été exilé de nouveau, Macédonius le remplaça en 350 et resta 10 ans seul évêque de Constantinople. Comme il favorisait plus les semi-ariens que les ariens purs, ceux-ci le déposèrent en 360. Après sa déposition, il se fit le chef d'une secte particulière qui niait la divinité du Saint-Esprit. — II. Patriarche de Constantinople, mort en 516. Il fut élevé à cette dignité par la protection de l'empereur Anastase, qui espérait le voir protéger les ariens; il en fut autrement, et Macédonius reconnut même ouvertement l'autorité du concile de Chalcédoine; il fut exilé en 511.

MACEIO ou **Maçayo** [ma-sé-io'; -sâ-io'], ville du Brésil, capitale de la province d'Alagôas, à 190 kil. S.-S.-O. de Pernambuco; 8,000 hab. Elle s'élève sur une colline entourée de cocotiers. Commerce de rhum; construction de navires; exportation de sucre et de coton.

* **MACER** v. a. Voy. MASSER.

MACERATA [mâ-tché-râ'-ta]. I. Province orientale d'Italie, sur l'Adriatique ; 2,736 kil. carr.; 239,713 hab. Elle est traversée par les Apennins et renferme les plus pittoresques paysages; elle est formée de deux districts comprenant les anciennes délégations papales de Macerata et de Camerino; cette dernière est tellement montagneuse que c'est à peine si le tiers de son sol peut être livré à la culture. — II. Cap. de cette province, à 33 kil. S. d'Ancône; 12,000 hab. Elle est entourée de murailles percées de 6 portes, dont l'une, la *porta Pia*, ressemble à un arc triomphal. Université ; plusieurs palais; commerce de grains, de bétail, de laines, de miel et de cire.

MACÉRATEUR s. m. Tech. Se dit des tonneaux dans lesquels on macère les betteraves pour la fabrication du sucre.

* **MACÉRATION** s. f. (rad. *macérer*). Opération chimique qui consiste à laisser séjourner dans un. liquide, à la température de l'atmosphère, quelque substance dont on veut extraire les principes solubles : *les vins et les teintures se préparent par macération*. — Fig. Ascét. Mortification par jeûnes, disciplines et autres austérités : *la macération de la chair*.

* **MACÉRER** v. a. (lat. *macerare*). Méd. et Chim. Faire infuser à froid, dans l'eau ou dans quelque autre liquide, une substance qui doit y déposer ses principes solubles : *il faut macérer cette plante dans du vin pendant tant de jours*. — Fig. Dans le langage ascétique, affliger son corps par diverses austérités pour se rendre agréable à Dieu : *ce saint macérait sa chair par les jeûnes, par les disciplines*. — Se macérer v. pr. : *se macérer par les jeûnes*.

MACERON s. m. Bot. Genre d'ombellifères, type de la tribu des smyrnées, comprenant un petit nombre d'espèces d'herbes vivaces, à fleurs blanches, groupées en ombelles composées. Le *maceron commun* (*smyrnium olus atrum*), appelé aussi *persil noir*, croît dans les lieux humides et atteint plus d'un mètre de haut. Toutes ses parties ont une odeur aromatique. Ses graines sont considérées comme antiscorbutiques.

MAC-FARLANE s. m. [mak-far-la-ne; angl. mak-far-lè-ne] (Nom d'un Ecossais, qui mit ce vêtement à la mode). Pardessus sans manches avec grand collet sur le devant.

MAC-GEOGHEGAN (James)[mak-ghi'-gann]. Historien irlandais, né vers 1698, mort probablement en 1760. Il fut prêtre à Paris et devint chapelain de la brigade irlandaise de France. Il a publié en français *Histoire de l'Irlande, ancienne et moderne* (1758), ouvrage important qui a été traduit en anglais et souvent réimprimé.

MACGREGOR (John), économiste anglais, (1797-1857). Ses œuvres comprennent: *Législation commerciale et financière d'Europe et d'Amérique* (1841); *Statistique commerciale de tous les peuples* (5 vol., 1844-'50); *Progrès de l'Amérique depuis sa découverte par Colomb jusqu'en 1846* (2 vol., 1847); et *Histoire de l'empire britannique depuis l'avènement de Jacques Ier* (2 vol., 1852).

MACHABÉE. Voy. ASMONÉENS et JUIFS. — * Livres des Machabées, titre collectif de 4 livres de l'Ancien Testament. Les deux premiers furent déclarés canoniques par les conciles de Florence et de Trente. Le 1er contient un récit de la persécution des Juifs sous Antiochus Epiphane et de leur révolte sous Mathatias et ses fils; les victoires et la mort de Judas Machabée; les guerres et l'assassinat de Jonathas et de Simon Machabée; il se termine à l'arrivée au pouvoir de Jean Hyrcan; il embrasse une période d'environ 40 ans (175-135 av. J.-C.): l'auteur en est inconnu. Le 2° livre paraît être un abrégé d'une œuvre historique ancienne; il a trait aux principaux événements de l'histoire juive sous les règnes de Séleucus IV, Antiochus Epiphane et Antiochus Eupator, embrassant ainsi une période de 15 ans. On ne sait à quelle époque il a été composé. Le 3° livre des Machabées (le 1° dans l'ordre chronologique) donne le récit d'une tentative sacrilège de Ptolémée Philopator (217 av. J.-C.), qui voulant entrer dans le Saint des saints en fut empêché par un miracle; l'auteur et la date sa composition sont inconnus. Le 4° livre (le 3° dans l'ordre chronologique) contient une amplification de l'histoire du martyre des Machabées dont il est aussi parlé dans le 2° livre. Outre ces 4 livres, il en existe un 5° qui ne se trouve plus qu'en arabe et en syriaque, et qui est dû à un auteur inconnu. Le 1° et le 5° livre des Machabées furent probablement écrits d'abord en hébreu et les autres en grec.

MACHABÉES (Les), nom de sept frères martyrisés avec leur mère, Salomé, sous Antiochus Epiphane (185 av. J.-C.), pour avoir refusé de manger des viandes consacrées aux idoles.

MACHAU (Guillaume de), poète français, né dans la Champagne en 1284, mort vers 1370. Il fut secrétaire de Jeanne de Navarre et de Philippe le Bel. On a de lui en manuscrit: *Poésies françaises et latines* (2 vol. in-fol.).

MACHAULT, ch.-l. de cant., arr. et à 17 kil. S.-O. de Vouziers (Ardennes); 650 hab. Commerce de moutons.

* MÂCHE s. f. (rad. *mâcher*). Bot. Espèce d'herbe potagère, du genre valérianelle, qui se mange en salade. La *mâche* ou *doucette* (*valerianella olitoria*) est indigène et annuelle. On l'estime comme salade d'hiver. On la sème depuis le milieu d'août jusqu'à la Toussaint; elle pousse avec rapidité lorsque le temps est doux. Sa graine se conserve 5 ou 6 ans. La *mâche ronde* ou d'Italie (*valerianella coronata*) est aussi répandue dans la culture maraîchère.

* MÂCHÉ, ÉE, part. passé de MÂCHER. — Trituré dans la bouche: *feuille mâchée*. — Coupé, dégradé, de façon que les fibres aient une apparence étoupeuse: *câble mâché par le frottement.* — Tout prêt: *il aime la besogne mâchée.* — BALLE MÂCHÉE, balle à surface irrégulière, qui passe pour faire des blessures plus dangereuses. — PAPIER MÂCHÉ, pâte inaltérable faite de papier broyé ou de carton, qui sert à fabriquer des pièces anatomiques. — FIGURE DE PAPIER MÂCHÉ, figure pâle et maladive.

MACHECOUL, ch.-l. de cant., arr. et à 38 kil. S.-O. de Nantes (Loire-Inférieure); 3,763, hab. Cette petite ville fut jadis la capitale du pays de Retz. C'est dans son château que Gilles de Laval commit la plupart de ses crimes. (Voy. LAVAL.) Albert de Gondi, ayant acheté la baronnie de Retz, parvint à la faire ériger en duché-pairie. Machecoul fut saccagé par les Vendéens, qui s'en emparèrent par surprise le 10 mars 1793, y commirent des atrocités et en firent leur quartier général, sous les ordres de Charette. Les troupes nationales, commandées par le général Beyssier, rentrèrent dans la ville sans coup férir quelques jours plus tard et y trouvèrent les cadavres de 500 prisonniers égorgés par les royalistes; ils sauvèrent 84 femmes qui devaient, le lendemain, subir le même sort. Charette, ayant recruté une bande nombreuse, rentra encore par surprise dans la

ville et égorgea la moitié de la garnison; mais le général Charpentier parvint à le déloger et repoussa ensuite toutes ses attaques (déc. 1793). Il reste à peine quelques vestiges du château de Machecoul.

* MÂCHECOULIS ou **Mâchicoulis** s. m. Fortific. Galerie établie à la partie supérieure des fortifications anciennes, et dans laquelle sont pratiquées des ouvertures pour voir et défendre immédiatement le pied des ouvrages. — Se dit aussi de ces ouvertures mêmes: *les mâchecoulis d'un château, d'une tour.*

* MÂCHEFER s. m. (de *mâcher*, qui s'est dit pour écraser; et de *fer*). Scorie qui sort du fer à la forge, au fourneau et lorsqu'on le bat rouge sur l'enclume: *le mâchefer pilé est très bon à faire du ciment.*

* MÂCHELIÈRE adj. f. (lat. *maxilla*, mâchoire). Se dit des grosses dents qui sont aux deux côtés de la bouche, et qui servent principalement à broyer les aliments: *dent mâchelière.* On les appelle aussi MOLAIRES. — s. f.: *les mâchelières d'en haut, d'en bas.*

* MÂCHER v. a. (lat. *mastirare*). Broyer avec les dents: *mâcher du pain, de la viande.* — MÂCHER DE HAUT, manger sans appétit. — MÂCHER A VIDE, se repaître de fausses espérances. — IL FAUT LUI MÂCHER TOUS SES MORCEAUX, IL FAUT TOUT LUI MÂCHER, il a besoin qu'on lui explique les choses les plus simples. — MÂCHER A QUELQU'UN SA BESOGNE, la préparer de façon qu'il puisse l'achever sans travail et sans peine. — JE NE LUI AI POINT MÂCHÉ, je lui ai dit avec une pleine franchise, sans aucun ménagement. — CE CHEVAL MÂCHE SON FREIN, se dit d'un cheval qui joue avec son mors et qui le ronge. — Fam. Manger avec sensualité, avec gourmandise: *il aime à mâcher.* Dans ce sens il est vieux.

* MÂCHEUR, EUSE s. Celui, celle qui mâche: *mâcheur de tabac.* — Pop. Celui, celle qui mange beaucoup: *c'est un grand mâcheur, une grande mâcheuse.*

MACHIAS, ville du Maine (Etats-Unis), près de l'embouchure de la rivière du même nom, à 190 kil. N.-E. d'Augusta; 3,000 hab.

MACHIASPORT, petit port, près de Machias, à l'embouchure de la rivière du même nom; 2,000 hab. Excellent port; construction de navires.

MACHIAVEL (Nicolas), (ital. NICOLO *Machiavelli* [mak-i-a-vèl'-li], homme d'État florentin, né à Florence le 5 mai 1469, mort dans la même ville le 22 juin 1527. Son père, Bernardo Machiavelli, était un homme de loi qui faisait remonter son origine à Hugo, marquis de Toscane. En 1498. Nicolo fut nommé secrétaire des dix magistrats de liberté et de paix, auxquels était confié le pouvoir exécutif. Il conserva pendant 14 ans cet office et prit même le titre de secrétaire de la République florentine. Il fut chargé de la correspondance politique étrangère et intérieure du gouvernement et fut employé dans 23 ambassades étrangères, dont 4 à la cour de France et 2 à celle de l'empereur Maximilien. En 1512, les Médicis rentrèrent après leur long exil; Machiavel fut destitué de ses emplois, et, forcé d'habiter le territoire florentin, il occupa ses loisirs à composer son *Art de la guerre*, qui ne fut imprimé qu'en 1521. En 1513, on l'accusa de s'être compromis dans une conspiration contre le cardinal de Médicis qui devint peu après Léon X, et on le jeta en prison. Il fut mis à la torture, mais les tourments ne lui arrachèrent aucun aveu. Peu après l'avènement de Léon X au trône pontifical, il fut compris dans une amnistie et le pape, ayant appris son mérite littéraire, finit par le rappeler aux affaires et par lui confier plusieurs missions importantes. Machiavel trouva également un ami et un protecteur dans le pape Clément VII.

— Le plus célèbre de ses ouvrages est le traité communément appelé *Il Principe* (le *Prince*), écrit vers 1514 et imprimé en 1532. Cette œuvre, condamnée jusqu'à ces derniers temps par l'opinion universelle comme ayant pour but d'enseigner l'art du despotisme, a été réhabilitée de nos jours par une nouvelle école qui, considérant d'une manière plus éclairée l'état politique de l'Italie au temps de Machiavel, a démontré que cet écrivain devançait son époque et a justifié ce mémoire de l'opprobre que l'on fait encore peser sur elle. Son livre est une exposition calme et énergique des moyens par lesquels les tyrans italiens établissaient et maintenaient leur pouvoir. C'est, il est vrai, un guide pour les princes qui aspirent au despotisme, mais c'est aussi une lumière qui éclaire les peuples sur les machinations les plus secrètes de ceux qui veulent les asservir. Machiavel a laissé en outre: *Discours sur la première Décade de Tite-Live*, ouvrage divisé en 3 livres; *Histoire de Florence* (Istorie Fiorentine); plusieurs poèmes de peu de valeur et trois ou quatre comédies dont la meilleure est la *Mandragola* (la Mandragore), qui fut jouée à Florence avec beaucoup de succès. L'édition la plus estimée des *Œuvres complètes* de Machiavel est celle de Florence (1813, 8 vol. in-8°). La plupart ont été traduites en français par Tétard (la Haye, 1743, 6 vol. in-12), par Giraudet et Hochet (Paris, 1779, 10 vol. in-8°), et par Périès (Paris, 1823-'26, 12 vol. in-8°). Son conte de *Belphégor* a été imité par La Fontaine; sa *Mandragore* fut traduite par J.-B. Rousseau (1723). Sa *Vie de Castruccio Castracani*, sorte de roman historique, a été donnée en français par Guillot et Dreux du Radier. Voy. *Machiavel, son génie et ses œuvres*, par Artaud de Montor (Paris, 1833, 2 vol. in-8°). En 1862, Florence lui a érigé une statue.

* MACHIAVÉLIQUE adj. Conforme ou analogue aux principes politiques de Machiavel: *doctrine, système, conduite machiavélique.* Se dit, par ext., des maximes et des actions étrangères à la politique, où il entre de la mauvaise foi, de la perfidie.

* MACHIAVÉLISME s. m. [On prononce ordinairement, en France, ma-chi-a-vè-li-sme]. Système politique de Machiavel: *le machiavélisme a toujours révolté les âmes honnêtes.* — Principes et actions conformes ou analogues au système politique de Machiavel: *il vous, il a employé beaucoup de machiavélisme dans cette négociation.* — S'emploie, par ext., en parlant des affaires privées: *sa conduite envers ses associés a été d'un machiavélisme révoltant.*

* MACHIAVÉLISTE s. Celui ou celle qui adopte, qui pratique les maximes de Machiavel: *cet homme est un profond machiavéliste, un machiavéliste raffiné.*

* MÂCHICATOIRE s. m. Substance, drogue qu'on mâche sans l'avaler: *prendre du tabac mâchicatoire.*

* MÂCHICOULIS s. m. Voy. MACHECOULIS.

MÂCHILLER v. a. [Il mll.]. Mâcher sans broyer: *il mâchille du papier.*

MACHIN s. m. Homme ou chose dont on ne se rappelle pas le nom: *dites-donc à monsieur machin de me venir voir; je vais prier ma femme de me faire un machin au fromage.*

* MACHINAL, ALE adj. Qui est semblable au jeu d'une machine, qui est produit par le seul jeu des organes, sans intention ni réflexion: *mouvement, effet machinal.* Le pluriel *machinaux* est peu usité.

* MACHINALEMENT adv. D'une manière machinale: *agir machinalement.*

* * MACHINATEUR s. m. Celui qui fait quelque machination: *il fut le principal machinateur de ce complot.* — Absol. C'EST UN GRAN.

ᴧᴄʜɪɴᴀᴛᴇᴜʀ, c'est un homme habile à former les intrigues, à trainer des complots. — ᴼᴼ ᴸ. f. Machinatrice.

* **MACHINATION** s. f. Intrigue, menée secrète pour faire réussir quelque mauvais dessein, quelque complot, pour nuire à quelqu'un, pour le perdre : *machination sourde, infernale.* — Législ. « Ceux qui, par des *machinations* ou artifices coupables, ont provoqué à commettre une action qualifiée crime ou délit sont considérés comme complices, et punis de la même peine que les auteurs de ce crime ou délit (C. pén. 59, 60). (Voy. Complice.) — Quiconque a pratiqué des machinations ou entretenu des intelligences avec les puissances étrangères ou leurs agents, pour parvenir à commettre des hostilités ou à entreprendre une guerre contre la France, ou pour leur en procurer les moyens, est puni de mort, alors même que lesdites machinations ou intelligences n'auraient pas été suivies d'hostilités (id. 76). » (ᴄʜ. ᴠ.)

* **MACHINE** s. f. (lat. *machina;* du gr. *méchané,* ruse). Engin, instrument propre à faire mouvoir, à tirer, lever, trainer, lancer quelque chose, ou à mettre en jeu quelque agent naturel, comme le feu, l'air, l'eau, etc. : *cette machine va bien, fonctionne bien; monter, démonter, remonter une machine.* — Machine simple, celle qui consiste en un seul moyen d'augmenter l'action des forces mouvantes : *le levier est une machine simple.* — Machine composée, celle qui est formée de plusieurs machines simples combinées ensemble. — Machine architectonique, assemblage de pièces de bois disposées tellement, qu'au moyen de poulies et de cordes, on peut élever de grands fardeaux et les mettre en place. — Machine de compression, machine destinée à comprimer l'air, à le condenser. On l'appelle aussi, Machine de condensation. — Machine électrique, machine destinée à produire et à démontrer les différents phénomènes de l'électricité. — Machines de guerre, instruments servant à lancer des traits, des pierres, etc., à battre les murs en ruine et à faire brèche, etc. : *l'invention de la poudre à canon a fait renoncer aux machines de guerre employées par les anciens.* — Machine hydraulique ou a eau, machine qui sert à conduire ou à élever l'eau; ou assemblage de diverses machines qui concourent à produire certains effets hydrauliques — Machine pneumatique, pompe destinée à raréfier l'air contenu dans un récipient. — Machine pyrique, assemblage de pièces d'artifice disposées pour diriger la communication des feux. — Machines soufflantes, soufflets métalliques dans lesquels l'air est comprimé fortement pour mieux entretenir la combustion, et rendre la réduction du minerai plus prompte et plus parfaite. — Machine à vapeur, machine dont la pompe est mue par la dilatation et la condensation alternative de l'eau bouillante. — Machine de vingt, de trente chevaux, machine dont la force équivaut à celle de vingt, de trente chevaux, etc. — Machine infernale, sorte d'appareil destiné à produire une explosion meurtrière. — Machine-outil, machine qui sert d'outil et remplace la main de l'ouvrier. — Machine arithmétique, instrument sur lequel sont tracées les divisions logarithmiques qui servent à exécuter des calculs d'arithmétique. — Assemblage de ressorts dont les mouvements et les effets se terminent à la machine même : *cette horloge est une belle machine.* — Par ext.: *l'homme est une machine admirable.* — La machine ronde, l'univers, ou seulement la terre. — Ce n'est qu'une machine, c'est une pure machine, une machine ambulante, c'est une personne sans esprit, sans énergie. — Théâtre, moyens mécaniques employés pour opérer des changements de décoration, exécuter des vols, faire mouvoir des simulacres d'animaux, etc. — Opéra, tragédie, comédie a machines, opéra,

tragédie, comédie dont la représentation exige des machines. — Fam., Le dénoûment de cette pièce arrive comme une machine, il est brusque, forcé, et ne sort pas du fond du sujet. — Cela sent la machine, se dit d'un effet dramatique qui est amené peu naturellement. — Fig. Invention, intrigue, ruse dont on se sert dans quelque affaire : *il a remué toute sorte de machines pour parvenir à ses fins.* — Se dit encore au figuré de tout grand ouvrage de génie : *la chaire de Saint-Pierre est en sculpture une des plus grandes machines que l'on connaisse; la tragédie d'Héraclius est une grande et belle machine.* — Machine infernale, machine destructive dirigée contre Bonaparte premier consul le 24 déc. 1800 et contre Louis-Philippe, par Fieschi, le 29 juillet 1835. — Machine à coudre, instrument qui exécute des travaux de couture. La machine à coudre se compose de deux parties essentielles: 1° *partie supérieure*, celle qui comprend le mécanisme destiné à imprimer à l'aiguille un mouvement rectiligne alternatif vertical ; le fil de cette aiguille est enroulé autour d'une bobine posée sur une broche; on lui donne la tension désirable par divers moyens suivant les systèmes; 2° *partie inférieure*, celle qui est composée du mécanisme donnant à la navette un mouvement alternatif rectiligne horizontal. Cette navette renferme une canette pleine de fil, et on donne à ce fil la tension voulue par différents moyens. L'aiguille, dont l'œil se trouve près de la pointe, ayant traversé l'ouvrage à piquer, descend en face de la navette; un petit mouvement d'ascension fait former au fil un œillet dans lequel s'engage la pointe de la navette; l'aiguille, en remontant après le passage de la navette, fait former à son fil et à celui de la canette, un point à chaque trajet qu'elle accomplit. Tout le système maintenu en dessus et en dessous d'une table est mis en mouvement au moyen de pédales. Une *griffe* fait avancer l'ouvrage à piquer et règle la longueur du point. — Les premières inventions de ce genre eurent pour but seulement d'imiter le travail de la main en faisant passer une aiguille alternativement en dessus et en dessous d'une étoffe. Plusieurs machines impraticables furent créées au siècle dernier. Le 24 juin 1755, un Anglais nommé Charles Weisenthal, prit un brevet pour un appareil au moyen duquel une aiguille, percée d'un œil en son milieu, traversait et retraversait une étoffe, sans qu'il fût nécessaire de la retourner; cette machine fut employée pendant longtemps pour le travail de la broderie. Le 22 mars 1770, l'Anglais Robert Alsop se fit patenter pour un métier à broder ayant une, deux ou plusieurs navettes. Une autre machine à broder, employant un grand nombre d'aiguilles, et inventée par John Duncan, fut brevetée le 30 mai 1804. On a découvert, récemment, dans les archives de l'office des brevets d'invention d'Angleterre, le brevet d'une machine à coudre, par Thomas Saint, daté du 17 juillet 1790, qui a excité un grand d'intérêt et de surprise, parce que cet appareil possédait presque tous les éléments qui font le succès des machines contemporaines. On aurait pu l'employer pour coudre le cuir, mais non pour les tissus. Le Français Thimonnier, trouva, vers 1830, le système dit *français* qui n'est pas inférieur à celui des Anglais ou des Américains; mais il ne put jamais faire valoir son invention. Pendant que sa machine était méprisée chez nous, l'Américain Elias Howe, plus heureux, parvint, après de nombreux déboires et des luttes de toute sorte, à acquérir une fortune considérable. — Les premières machines étaient forcément très incomplètes, et n'avaient pas de griffe, et celles qui en eurent d'abord ne donnèrent pas à l'étoffe le mouvement désirable. La griffe qui est employée aujourd'hui dans les machines est la *griffe à quatre mouvements*, de A.-B. Wilson; elle porte l'ou-

vrage en avant, horizontalement, sur une longueur déterminée (1ᵉʳ mouvement); elle descend au-dessous de la plaque (2ᵉ mouvement); recule (3ᵉ mouvement), et remonte de façon à faire mordre ses dents sous l'étoffe (4ᵉ mouvement). Des flèches représentent ces divers mouvements sur notre fig. 1. — Le point est de plusieurs sortes; il y avait autrefois le *point de chainette* à un seul fil, dont le grand défaut était de se défiler dès qu'on le tirait par l'extrémité, du côté par où finit la chainette. Aujourd'hui, on ne fait plus que des *points de*

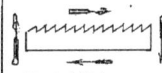
Fig. 1. Griffe à quatre mouvements.

Fig. 2. Point de navette régulier

navette avec fil en dessus et en dessous. L'une de nos fig. représente le point de navette régulier et une autre fait voir le point obtenu quand le fil inférieur est trop tendu, ou quand le fil supérieur ne l'est pas assez. Aujourd'hui, les machines à coudre ont remplacé,

Fig. 3. Point de navette, avec le fil inférieur trop tendu.

dans les petits ménages, allemands et américains, le rouet du temps passé; leur usage se répand rapidement chez nous. — Le travail de la machine n'est pas sans inconvénient pour la santé des femmes et l'on a remarqué que, dans les villes, la stérilité des ouvrières

Fig. 4. Point de chainette

est souvent due à la fatigue causée par la mise en mouvement des pédales. Mais le travail des machines est sans aucun danger quand il ne se prolonge pas plus d'une heure ou deux par jour. — Législ. « Nous avons déjà fait connaître à quelles mesures de surveillance administrative sont soumises les *machines à vapeur* servant à faire mouvoir les bateaux naviguant sur les fleuves et rivières, ou sur mer. (Voy. Bateau.) Les autres machines à vapeur ont été successivement l'objet du décret du 15 octobre 1810, de l'ordonnance du 22 mai 1843 et du décret du 25 mai 1865; mais ces règlements, qui renfermaient un certain nombre d'entraves reconnues aujourd'hui inutiles, sont remplacés par le décret du 30 avril 1880, relatif aux *générateurs à vapeur autres que ceux qui sont placés à bord des bateaux*, et aux *récipients* dans lesquels des matières sont chauffées par la vapeur empruntée à un générateur. Aux termes de ce décret, les chaudières placées à demeure ne peuvent être mises en service qu'après qu'elles ont subi l'épreuve réglementaire. Cette épreuve a lieu en présence et sous la direction d'un ingénieur des mines ou d'un garde mines; et elle consiste à soumettre la chaudière à une pression hydraulique supérieure à celle qui ne doit pas être dépassée dans le service. La chaudière reçoit ensuite un timbre poinçonné qui indique la pression effective que la vapeur ne doit pas dépasser. Cette épreuve doit être renouvelée au moins tous les dix ans. Diverses mesures de sûreté sont en outre prescrites pour le service des chaudières à vapeur. Toutes ces dispositions sont applicables aux *machines locomobiles* et aux *locomotives*, ainsi qu'aux *récipients* d'une capacité de plus de 100 litres. Les chaudières à demeure sont divisées en trois catégories; et cette division est en partie basée sur la capacité de la chaudière.

Celles de la première catégorie ne peuvent, en aucun cas, être placées à moins de trois mètres de distance d'une maison d'habitation; et si elles sont placées à moins de dix mètres d'une maison, elles doivent en être séparées par un mur de défense d'une épaisseur d'un mètre au moins. Les foyers des chaudières de la deuxième catégorie doivent être séparés des maisons d'habitation par un intervalle libre, d'un mètre au moins. Les chaudières de la troisième catégorie peuvent être installées dans une maison d'habitation; mais les foyers doivent être séparés des murs des maisons voisines par un espace libre de 50 centimètres. En cas d'explosion, les fragments de l'appareil rompu ne doivent pas être déplacés ou dénaturés avant la constatation de l'état des lieux par l'ingénieur des mines. Les contraventions aux règlements sont punies d'amendes pouvant s'élever de 25 fr. à 1,000 fr., et elles peuvent entraîner l'emprisonnement, dans certains cas prévus par la loi (L. 21 juillet 1856). »   (Ch. Y).

* **MACHINÉ, ÉE** part. passé de MACHINER. — UN THÉÂTRE BIEN MACHINÉ, un théâtre bien pourvu de machines. TABLE MACHINÉE, table disposée d'une manière convenable pour l'exécution des tours d'un escamoteur.

* **MACHINER** v. a. Former en secret quelque mauvais dessein contre quelqu'un, faire des menées sourdes pour lui nuire, pour le perdre : *il machinait je ne sais quoi contre eux.* — Établir les machines d'un théâtre. — ↳ **Se machiner** v. pr.

MACHINISME s. Art du machiniste; emploi des machines.

* **MACHINISTE** s. m. Celui qui invente, construit, ou conduit des machines : *c'est un habile machiniste.* — Théâtre. Celui qui combine ou fait mouvoir les machines.

* **MÂCHOIRE** s. f. Partie de la bouche dans laquelle les dents sont enchâssées : *la mâchoire inférieure, supérieure.* — JOUER DES MÂCHOIRES, se mettre à manger. — VIEILLE MÂCHOIRE, personne à idées arriérées. — AVOIR LA MÂCHOIRE PESANTE, LA MÂCHOIRE LOURDE, s'exprimer lourdement et sans grâce. — C'EST UNE MÂCHOIRE, c'est un homme d'un esprit lourd, un homme qui parle pesamment. — Se dit par anal., dans plusieurs arts, de deux pièces de fer qui s'éloignent et se rapprochent pour assujettir un objet, pour le serrer, le tenir ferme et fixe. — Signifie, également, la partie du chien du fusil qui porte la pierre.

* **MÂCHONNER** v. a. Mâcher avec difficulté ou avec négligence. Il est familier. — Fig. NE FAIRE QUE MÂCHONNER SES PAROLES, n'articuler qu'à moitié, ne pas parler distinctement.

MÂCHURAT s. m. Typogr. Nom que l'on donne aux mauvais imprimeurs.

* **MÂCHURE** s. f. Ce qui est écrasé : *les mâchures d'une plaie.*

* **MÂCHURER** v. a. Barbouiller de noir : *mâchurer le papier, des habits, le visage,* etc. (Fam.). — Imprim. Ne pas tirer sa feuille nette.

MACIEJOVICE, lieu des environs de Varsovie, dans le gouvernement de Siedlce (Pologne), où les Polonais furent écrasés par les Russes (10 oct. 1794). Le général polonais Kosciusko, grièvement blessé, resta entre les mains des vainqueurs, commandés par Souvaroff. Il avait dû livrer la bataille pour prévenir la jonction des deux armées russe et autrichienne. On a prétendu qu'il s'écria, à la fin de l'action : « Finis Poloniæ ! »; mais cette exclamation ne lui appartient pas.

* **MACIS** s. m. [ma-si]. Écorce intérieure de la noix muscade. Le macis a une odeur aromatique et piquante. Il renferme une huile grasse, fine, odorante, colorée en rouge; une

huile volatile et une matière gommeuse. Le macis est narcotique.

MACK (Karl, BARON**)** *Mack von Leiberich* [fonn-laï-be-rich], général autrichien (1752-1828). Nommé en 1798, généralissime des troupes napolitaines, il fut battu par Macdonald et Championnet, se rendit aux Français qui l'envoyèrent prisonnier à Paris; mais il s'échappa et accepta un commandement dans le Tyrol, en Dalmatie et en Italie (1804), puis dans le S.-O. de l'Allemagne (1805). Enveloppé par les armées de Napoléon, il rendit la forteresse d'Ulm et 25,000 hommes (20 oct. 1805), capitulation qui eut une influence décisive sur l'issue de la guerre. Il fut condamné à mort, mais vit commuer sa peine en 20 ans d'emprisonnement et fut relâché après deux ans de captivité.

MACKENZIE (SIR Alexander) [mak-kènn-sl], explorateur écossais, né en 1760, mort en 1820. Il émigra tout jeune au Canada. En 1789, il quitta le fort Chipewyan, sur le lac Athabasca, et descendant la rivière qui porte aujourd'hui son nom, il atteignit le grand Océan septentrional, par 69° lat. De retour au fort Chipewyan, il entreprit, en 1792, l'exploration de tout le pays qui s'étend de là au Pacifique; il atteignit cet Océan le 23 juillet 1793. Il a publié, en 1804, *Voyage de Montréal sur le fleuve Saint-Laurent à travers le continent de l'Amérique du Nord jusqu'aux océans Glacial et Pacifique.* Cet ouvrage a été traduit en français par Castéra (Paris, 1802, 3 vol. in-8°).

MACKENZIE (Le), fleuve de l'Amérique anglaise du N.; il naît dans le grand lac des Esclaves et se jette dans l'océan Arctique par différentes embouchures sous 69° lat. N. et 137° long. O. Les glaces se brisent en mai aux environs du fort Simpson, l'un des postes de la compagnie de la baie d'Hudson, sous 61° 51' lat. N., et le fleuve est ensuite ouvert jusqu'à son embouchure pendant un mois environ; les plus gros navires peuvent le remonter. Ses principaux tributaires sont : la rivière aux Liards à l'O. et la riv. Great Bear à l'E. — Le Mackenzie, découvert et visité pour la première fois par Alexandre Mackenzie en 1789, a un cours d'environ 4,000 kil. Dans sa partie supérieure au grand lac des Esclaves, il porte le nom de rivière Athabasca.

MACKINAW [-nâ] (aussi appelé MACKINAC et autrefois *Michilimackinac*), village du Michigan (États-Unis), sur une île du même nom qui se trouve dans le détroit de Mackinaw, lequel réunit les lacs Michigan et Huron, à 450 kil. N.-N.-O. de Détroit; 800 hab.

MACKINTOSH (SIR James) [mak-inn-toche], écrivain anglais (1765-1832). Il fit paraître, en 1791, *Vindiciæ Gallicæ,* où il réfutait les attaques de Burke contre la Révolution française. On a de lui, en outre : *Histoire de la Révolution de 1688; Mélanges philosophiques,* traduits en français par L. Simon; *Essai sur les progrès de la philosophie morale,* traduit par Poret (Paris, 1836); *Histoire d'Angleterre,* etc.

MACLAURIN (Colin) [mak-lô-rinn], célèbre mathématicien écossais (1698-1746). Il a laissé : *Geometria organica* (Londres, 1720, in-4°); *Mémoire sur le flux et le reflux de la mer* (in-4°), *Traité des fluxions* (Édimbourg, 1742), Paris, traduit d'anglais par le P. Pézenas (1740; 1749); *Traité d'algèbre,* traduit par Lecozic (Paris, 1753); *Exposition des découvertes philosophiques de Newton* (Londres, 1768, in-8°), ouvrage traduit par Lavérotte (1749, in-4°); *Traité sur la percussion des corps.*

* **MACLE** s. f. (bas. lat. *macula,* maille). Blas. Petite figure en losange faite comme une maille de cuirasse : *il porte de gueules à*

neuf macles d'or. — ↳ Filet à larges mailles. — Bot. Se dit quelquefois pour MACRE. — Minér. Silicate d'alumine naturelle dont les cristaux sont un prisme triangulaire et marqués à l'intérieur d'une sorte de croix. On dit aussi ANDALOUSITE. (Voy. ce mot.)

MACLISE (Daniel) [mak-li'-se], peintre anglais, né en Irlande en 1811, mort en 1870. Il étudia à l'Académie royale de Paris, et en 1833 exposa à l'Institution britannique une *Aventure d'amour de François Ier*; en 1841, il fut élu membre de l'Académie royale. Ses œuvres nombreuses ont pour sujet des incidents de l'histoire anglaise et irlandaise au temps de la chevalerie, ainsi que des scènes de Shakspeare et des poètes italiens. Quelques années avant sa mort, il prépara une série de cartons pour les fresques des chambres du parlement.

MACLOU ou **Malo (Saint),** évêque d'Aleth, né dans le pays de Galles vers la fin du v° siècle, mort à Saintes vers 565. Il se retira à Aleth (voy. ce mot), aujourd'hui faubourg de Saint-Servan et en fut élu évêque vers 520. A peu de distance d'Aleth, on construisit plus tard une autre ville que l'on nomma Saint-Malo en mémoire de l'évêque. Fête le 17 novembre.

MACLURE (William), géologue américain, né en Écosse en 1763, mort en 1840. Il visita les États-Unis et y revint plus de 50 fois. En 1817, il fut élu président de l'Académie des sciences naturelles de Philadelphie. En 1816-17, il explora géologiquement les Antilles. Il se fixa au Mexique en 1827 et y resta jusqu'à sa mort.

MACLURE s. m. (de *Maclure* n. pr.). Bot. Genre de morées, comprenant plusieurs espèces d'arbres à rameaux épineux et à fruits ressemblant beaucoup à ceux du mûrier. Les fleurs, chez les mâles, sont disposées en grappes et celles des femelles sont en capitules, serrées sur un réceptacle commun. Le

Maclure orangé (Maclura aurantiaca).

maclure orangé (*maclura aurantiaca*) est aussi nommé oranger des Osages, parce que les Français le trouvèrent dans le pays des Indiens de ce nom; on lui donne aussi le nom de *bois d'arc* à cause de l'usage qu'en faisaient les indigènes. Il peut atteindre 20 m. de haut; ses feuilles, d'un vert gai et luisant, sont ovales; ses capitules fructifères, de la forme et de la couleur d'une orange, renferment, quand ils sont mûrs, une pulpe âcre que l'on ne peut manger. Son bois fin, dur, élastique, d'une belle couleur jaune et d'un grain très fin, est presque incorruptible; il renferme une matière colorante jaune. Cette plante se trouve au Texas et dans l'Arkansas. Le *maclure tinctorial* (*maclura tinctoria*), originaire des régions tropicales de l'Amérique, est cultivé dans les Antilles, à cause de son bois appelé *fustet* dont on obtient une bonne matière colorante jaune.

MAC-MAHONAT s. m. Gouvernement du maréchal de Mac-Mahon, second président de la troisième République française.

MAC-MAHONIEN s. et adj. Partisan de Mac-Mahon et de son gouvernement.

MAC-NEVEN (William-James), patriote irlandais, né en 1763, mort en 1841. Il était médecin à Dublin lorsque s'organisa la société des *United Irischmen* à laquelle il s'affilia. Arrêté le 12 mars 1798, il resta en prison jusqu'en 1802; il s'engagea ensuite, en qualité de capitaine, dans la brigade irlandaise de l'armée française, mais il donna bientôt sa démission et, en 1804, il se retira à New-York où il fut professeur. Parmi ses ouvrages nous citerons : *Une promenade à travers la Suisse; Morceaux de l'histoire irlandaise* (1807), etc.

MACNISH (Robert), médecin écossais (1802-'37); il a publié : *Anatomie de l'ivresse; Philosophie du sommeil; Livre d'aphorismes; Introduction à la phrénologie*, etc.

MACON I. Ville de Géorgie (Etats-Unis), sur les deux rives de la rivière Ocmulgee, au point où elle devient navigable pour les ba-

Macon (Géorgie).

teaux à vapeur; à 160 kil. S.-O. d'Atlanta; 12,000 hab., dont 6,000 noirs. — II. Ville du Missouri (Etats-Unis), à 260 kil. N.-O. de Saint-Louis; 4,000 hab.

MÂCON s. m. Vin tiré du Mâconnais : *une bouteille de mâcon.*

MÂCON, *Matisco Æduorum*, ch.-l. du département de Saône-et-Loire, sur la rive droite de la Saône, à 401 kil. S.-E. de Paris, par 46° 18' 24" lat. N. et 2° 29' 55" long. E. ; 17,500 hab. Le palais épiscopal, l'hôtel de ville, l'hopital construit par Soufflot, la cathédrale, de construction récente, en sont les principaux édifices. Sociétés savantes. Grand commerce de vins dits de *Mâcon*, de bois et de grains. Fonderie de cuivre; fabriques d'horlogerie et de quincaillerie, faïence, couvertures de laines, etc. Conquise par César, cette ville fut saccagée par Attila en 451 et, après lui, les Sarrasins (720), les Hongrois (924), les Ecorcheurs (1361) la pillèrent et y portèrent le fer et le feu. Les réformés et les catholiques y commirent à leur tour beaucoup de cruautés et de dégâts. Comté de Mâcon, indépendant au IXᵉ siècle, fit définitivement retour à la couronne en 1478. La cathédrale fut dévastée en 1793 et son Concordat le siège épiscopal fut transféré à Autun. Le 9 mai 1814, Mâcon fut le théâtre d'un combat entre les Français et les alliés. Patrie de Lamartine.

MAÇON s. m. (bas lat. *macio*). Ouvrier qui travaille à tous les genres de constructions, d'ouvrages pour lesquels on emploie principalement de la pierre, de la brique, du mortier, du plâtre : *avoir les maçons chez soi, des maçons à la journée*. — MAÎTRE MAÇON, artisan qui dirige les maçons, surveille leurs travaux et répond de leur ouvrage : *le maître maçon a reçu l'ordre de l'architecte*. — AIDE MAÇON,

(Voy. *Aide*.) — C'EST UN MAÇON, UN VRAI MAÇON, se dit d'un ouvrier qui travaille grossièrement sur des ouvrages délicats. — Se dit quelquefois pour franc-maçon. (Voy. FRANC-MAÇON.)

MAÇONNAGE s. m. Travail du maçon : *le maçonnage de ce mur, de cette façade est bon.*

MÂCONNAIS, AISE s. et adj. Qui concerne cette ville, cette province ou leurs habitants.

MÂCONNAIS, pays de l'ancienne France, dans la province de Bourgogne, entre le Charolais, le Brionnais, le Lyonnais, la Bresse et le Chalonnais; compris aujourd'hui dans le dép. de Saône-et-Loire. Capitale, Mâcon; villes principales : Saint-Gengoux, Tournus, Cluny. Habité par les Eduens, il fut conquis par César, devint au Xᵉ siècle un comté héréditaire, fut acheté par Louis IX, au XIIIᵉ siècle, et possédé par le duc de Berry, en 1359. Il revint à la couronne et, après y avoir été attaché pendant 19 ans, il fut donné, par Charles VII, à Philippe le Bon, duc de Bourgogne, en 1435. Il fut réuni définitivement à la France en 1477.

MAÇONNER v. a. Travailler à un bâtiment, à une construction, en employant de la pierre, de la brique, du mortier, du plâtre, etc. : *il y a beaucoup à maçonner dans cette maison*. — Boucher une ouverture dans une muraille avec de la pierre, du mortier, du plâtre, etc. : *il faut maçonner cette porte, cette fenêtre*. — Fig. et fam. Travailler d'une façon grossière : *voyez comme il a maçonné cela.*

MAÇONNERIE s. f. Ouvrage du maçon : *une bonne maçonnerie*. — Se dit aussi, quelquefois, pour franc-maçonnerie. (Voy. FRANC-MAÇONNERIE.)

MAÇONNIQUE adj. Qui appartient à la franc-maçonnerie : *société maçonnique.*

MACOUBA s. m. Tabac qui croît dans le district de ce nom.

MACOUBA (La), ville de l'Amérique centrale, sur la côte septentrionale de la Martinique, à 20 kil. N. de Saint-Pierre; 3,000 hab. Tabac très renommé.

MACPHERSON (James) [mak-fèr'-s'n], écrivain écossais (1738-'96). A l'âge de 20 ans, il publia le *Highlander*, poème en 6 chants. Les *Fragments d'anciennes poésies réunies dans les Highlands d'Ecosse* (1760), petit volume qu'il donna comme une traduction d'un ancien poème celtique, furent reçus avec un enthousiasme universel; une souscription publique mit Macpherson à même de rechercher toutes les poésies du même genre que l'on supposait exister encore dans les Highlands. Il s'établit au milieu des paysans de race gaélique et publia en 1752 : *Fingal*, ancien poème épique en 6 *livres avec plusieurs autres poèmes d'Ossian, fils de Fingal, traduits du gaélique*; l'année suivante parut : *Temora*, en 8 *livres, avec d'autres poèmes d'Ossian*. L'accueil fait

par le public à ces ouvrages fut des plus flatteurs; mais il s'éleva un parti qui demanda si les ouvrages dont Macpherson prétendait la traduction étaient bien authentiques. En 1766, Macpherson se fixa à Londres après avoir passé deux ans en Amérique. Il publia en 1771 une *Introduction à l'histoire de Grande-Bretagne* (1773) ne trouva guère d'admirateurs. Ayant écrit dans l'intérêt du parti *tory*, une *Histoire de la Grande-Bretagne, depuis la Restauration jusqu'à l'avènement de la maison du Hanovre* (2 vol. in-4ᵒ, 1775) et plusieurs autres ouvrages, il reçut en récompense l'office d'agent anglais près du nabab d'Arcot; élu plus tard membre du parlement, il y conserva son siège pendant plus de 10 ans. — Pendant toute la controverse vive et prolongée qui s'éleva au sujet de l'authenticité des poèmes d'Ossian, Macpherson conserva un silence obstiné, refusa de donner la moindre preuve et parut seulement très indigné de voir que sa bonne foi pouvait être mise en question. (Voy. OSSIAN.)

MACQUAGE s. m. Action de macquer.

MACQUE s. f. Instrument en bois pour briser le chanvre.

MACQUER v. a. (lat. *mactare*, écraser). Briser avec la macque.

MACRAUCHÉNIE s. f. [-ké-] (gr. *macros*, grand; *auchên*, cou). Mamm. Genre de pachydermes fossiles, formant le trait d'union entre le palæotherium, les autres pachydermes éteints du bassin de Paris, et la famille des chameaux. Ce genre fut établi, en 1838, par Owen, sur des vertèbres et des os trouvés en Patagonie par Darwin. La *macrauchenia Patachonica* (Owen) était de la grandeur de l'hippopotame actuel et du rhinocéros. La soudure du radius au cubitus et l'union du péroné au tibia rapprochent cet animal des ruminants; mais son pied ressemble à celui des pachydermes: il a des métacarpes séparés et trois doigts presque égaux se terminant par trois petits sabots arrondis.

MACRE s. f. Bot. Genre de trapées, comprenant 5 ou 6 espèces aquatiques, à feuilles supérieures rhomboïdales disposées en rosettes et à fruits qui présentent la forme d'une noix ou d'une châtaigne. La *macre commune* ou *châtaigne d'eau* (*trapa natans*) se trouve au milieu des étangs, dans la plus grande partie de la France. Ses feuilles inférieures restées sous l'eau ressemblent à des racines rameuses et capillaires; mais les feuilles supérieures sont soutenues à la surface par une sorte de vessie natatoire que forme leur long pétiole renflé en une vésicule remplie d'air. Le fruit de cette macre est une noix pourvue de 4 épines et contenant une amande blanche, farineuse, agréable au goût, quoiqu'un peu fade. Cette sorte de châtaigne se mange crue ou cuite à la manière des châtaignes ordinaires. — On écrit aussi *macle*.

MACREUSE s. f. Sous-genre du grand genre canard, comprenant plusieurs espèces d'oiseaux aquatiques qui ont la chair noire: *l'Eglise permet de manger des macreuses en carême*. — IL A UN SANG DE MACREUSE, c'est un homme froid, qui ne s'émeut de rien. — ENCYCL. Les macreuses se distinguent par un bec large dans toute son étendue, renflé ou gibbeux sur la mandibule supérieure, d'où vient le nom scientifique *oidemia*, du gr. *oidéma*, renflement. La *macreuse commune* (*oidemia nigra* ou *anas nigra*) est un canard grisâtre dans sa jeunesse, noir à l'âge adulte, long de 50 à 55 centim. et très commun sur les côtes où on le prend en grande quantité. La *double macreuse* (*oidemia fusca*) se trouve en Amérique.

MACRIEN (**Marcus-Fulvius-Macrianus-Augustus**), un des 30 tyrans qui prirent la pourpre sous Gallien. Lorsque Valérien partit contre les Perses, il confia l'administration à Macrien qui, apprenant la captivité de Valérien, se fit proclamer empereur (260); il voulut alors passer en Italie, mais il se fit battre en Illyrie par Domitien(261); il se fit donner la mort sur le champ de bataille par ses soldats. La vie de Macrien a été écrite par Trébellius Pollion.

MACRIN (Marcus-Opelius-Macrinus), empereur romain, né à Césarée (Numidie) en 164, mort en 218. Il était d'une obscure origine, fut nommé préfet du prétoire par Caracalla, fit assassiner cet empereur (8 avril 217) et trois jours après se fit proclamer à sa place par l'armée. La paix honteuse qu'il conclut avec les Parthes indisposa contre lui ses sujets et on lui suscita dans Héliogabale un compétiteur au trône. Macrin fit marcher ses troupes contre ce dernier, mais au lieu de le combattre elles le proclamèrent empereur, et Macrin, abandonné, prit la fuite; il fut atteint et tué en Cappadoce, après une année de règne (juin 218).

MACROBE (Ambrosius-Aurelius-Theodosius Macrobius), grammairien latin du ve siècle après J.-C. Les circonstances de sa vie sont peu connues; il était d'origine grecque. Nous avons de lui : *Commentaires sur le songe de Scipion*, de Cicéron ; *Traité de l'analogie et des différences des langues grecque et latine*; et sept livres de mélanges critiques fort curieux intitulés *Saturnales* ; on y trouve, sous forme de dialogue, des aperçus nouveaux et intéressants sur certains personnages de Rome. Les meilleures éditions de Macrobe sont celles de Leyde (1670), *Cum notis variorum* (Leipzig, 1774, in-8°); de Janus (Quedlimbourg, 1848-'52, 2 vol. in-8°). Il a été traduit en français par de Rosoy (Paris, 1827, 2 vol. in-8°).

MACROBIEN, IENNE adj. (gr. *macros*, long; *bios*, vie). Qui a une très longue vie.

MACROCÉPHALE adj. (gr. *macros*, grand; *képhalé*, tête). Qui a une grande tête.

MACROCOSME s. m. (gr. *macros*, grand; *kosmos*, monde). Le grand monde, par opposition au MICROCOSME, le petit monde, c'est-à-dire l'homme. Ce sont des mots de l'ancienne philosophie scolastique que l'on emploie encore quelquefois.

MACRODACTYLE adj. (gr. *macros*, grand; *dactulos*, doigt). Zool. Qui a de longs doigts ou de longs appendices en forme de doigts. — s. m. pl. Cinquième famille de l'ordre des oiseaux échassiers de Cuvier, comprenant ceux dont les pieds sont pourvus de très longs doigts propres à marcher sur les herbes des marais ou même à nager, mais non palmés. Cette famille comprend les genres : jacana, kamichi, mégapode, râle, gallinule, foulque, etc.

MACRON (Nævius-Sertorius Macro), favori de Tibère. Il procéda, sur l'ordre de ce dernier, à l'arrestation de Séjan, après la mort duquel il fut nommé préfet du prétoire (31 apr. J.-C.). Au moment où Tibère allait expirer, il l'étouffa pour gagner la faveur de Caligula. En l'an 37, impliqué dans une conspiration contre la vie de l'empereur, il se donna la mort.

MACROPODE adj. (gr. *macros*, long; *pous*, *podos*, pied). Zool. Qui a de longues pattes ou de longues nageoires. — Bot. Qui a des longs pédoncules.

MACROURE adj. (gr. *macros*, long; *oura*, queue). Zool. Qui a une longue queue. — s. m. pl. Crust. Deuxième famille des crustacés décapodes dans la méthode de Cuvier, comprenant ceux dont l'abdomen ou queue

est au moins aussi long que le corps et étendu ou simplement recourbé à l'extrémité, ordinairement formé de sept anneaux distincts et terminé par une nageoire formée d'appendices spéciaux. Les macroures sont presque tous des crustacés marins; ils comprennent le seul genre écrevisse subdivisé en un grand nombre de sous-genres, savoir : pagures, hermites, langoustes, homards, salicoques, palémons, etc.

MACTA (La), rivière d'Algérie, formée par la réunion de l'Habra et du Sig (province d'Oran) ; elle se jette dans la Méditerranée entre Arzew et Mostaganem, après un cours de 90 kil.

MACTRE s. f. Moll. Genre de mollusques bivalves, de la famille des cardiacées comprenant plusieurs espèces de coquillages qui vivent enfoncés dans les sables, assez près des rivages.

MACULATION s. f. Action de maculer; état d'une chose maculée.

MACULATURE s. f. Impr. Feuille de papier gâtée ou tachée, dont on ne se sert guère que pour faire des enveloppes : *il faut envelopper ces choses avec des maculatures.* — Toute feuille imprimée qui ne sert que d'enveloppe : *ces ouvrages ont tellement vieilli, qu'il faut en faire des maculatures.* — Par ext. MACULATURE GRISE, feuille de gros papier gris qui sert d'enveloppe à une rame de papier.

MACULE s. f. (lat. *macula*, tache). Tache, souillure : *ce papier est plein de macules.* — AGNEAU SANS MACULE, agneau sans tache. Se dit dans le langage de la Théologie et de la Dévotion, pour désigner JÉSUS-CHRIST. — Astron. Tache obscure qu'on observe sur le disque du soleil.

MACULER v. a. Tacher, barbouiller. Ne se dit qu'en parlant des feuilles imprimées et des estampes : *il ne faut pas battre des feuilles fraîchement imprimées, de peur de les maculer.* — v. n. : *des feuilles nouvellement imprimées maculent.*

MADAGASCAR, la plus grande et la plus importante des îles d'Afrique, située dans l'océan Indien, entre 11° 57' et 25° 42' lat. S., et entre 40° 50' et 48° 54' long. E., séparée de l'Afrique par le canal de Mozambique qui mesure environ 400 kil. dans sa partie la moins large ; longueur de l'île depuis le cap d'Ambre N. jusqu'au cap Sainte-Marie au S., environ 1,600 kil.; largeur moyenne, 360 kil.; plus grande largeur (au centre), environ 500 kil. ; 591,984 kil. carr.; population de 2 millions et demi à 5 millions d'hab. — La côte orientale renferme plusieurs bons ports : au N., Diégo Suarez, ensuite port Luquez, port Leven, Vohemare, la fameuse baie d'Antongil, la plus grande de l'île, par 16° lat. S. Entre la baie d'Antongil et Foulpointe, se trouve l'île Sainte-Marie, longue de 50 kil. et large de 5 kil. et qui appartient à la France. Tamatave, sous 18° 10' lat. S., est le port le plus fréquenté de la côte orientale. Au S. de cette ville on ne trouve pas de port important, sauf Fort-Dauphin. La côte occidentale est indentée de caps et de baies; nous citerons, parmi ces dernières : Ambarou ou Chimpaiki, Passandava, Narinda, Mazamba, Bembatouka, baie des Meurtriers et baie de Saint-Augustin. — Principaux caps : Saint-Sébastien, Ambarata, Saint-André et Saint-Vincent. Sur la côte septentrionale de la baie de Bembatouka se trouve Majunga, grande ville et port principal de l'île. Un grand nombre d'îlots gisent le long de cette côte ; le plus grand, appelé Nossi-Bé, appartient à la France. — Au N.-E., l'île est assez montagneuse et couverte de chaînes qui vont dans une direction générale du N.-N.-E. au S.-S.-O., et dont la hauteur

moyenne est de 1,000 à 1,200 m. Le point culminant, Ankaratra, atteint de 2,000 à 4,000 m. de haut. — L'île entière est divisée en versant oriental et versant occidental ; le premier n'ayant guère que de 50 à 120 kil. de large, tandis que le second s'étend sous 3 ou 4 degrés et est traversé par d'importantes rivières; à l'E., aucune des rivières du premier versant n'est navigable : la principale est Mannanguru; sur la côte occidentale, les navires peuvent remonter plusieurs cours d'eau jusqu'à 60 kil. On dit même que la Betsibouka peut être remontée par de petits vaisseaux jusqu'à 250 kil. de son embouchure. La Mangouka, ou rivière Saint-Vincent, est également navigable. Les principaux lacs sont ceux d'Itasa et d'Alaoutre; ce dernier a 55 kil. de long. Le grand lac salé de Mananpetsoutsi a 30 kil. de long. — Climat extrêmement varié. Dans les terres basses et sur les côtes, la chaleur est intense; mais dans l'intérieur le mercure s'élève rarement

Carte de Madagascar.

au-dessus de 30° C. La saison pluvieuse règne de décembre à avril ; sauf de très rares exceptions, la région côtière est très malsaine pour les indigènes de l'intérieur aussi bien que pour les Européens. — On a peu de détails sur la géologie de cette grande île ; on sait seulement que l'intérieur abonde en excellent fer et que l'on y trouve aussi des mines de cuivre, d'argent et de charbon. Le sel gemme forme un article important de commerce intérieur. — La flore de Madagascar est extraordinairement riche, mais elle est encore à peu près inexplorée. Parmi les plantes qui lui sont particulières, on cite le *ravenala* ou *arbre du voyageur* (*urania speciosa*), dont le tronc produit en tout temps par incision un breuvage frais, sucré et agréable. Le zozoro est une sorte de papyrus particulier à l'île; dans les forêts se trouvent l'ébène et une espèce d'acajou. Les autres arbres les plus utiles sont : le filao, le baobab, l'ampaly, l'avoha, le tapia edulis, le tamarin, l'aviavy et autres espèces de figuier, le vakoa, l'arbre dragon et le bambou. L'azaina sert à fabriquer des canots; son suc jaunâtre est employé à faire de la colle. Le voahena, très abondant, fournit une gomme élastique. Madagascar produit du riz, du manioc, du coton, de l'indigo et des épices. Le caféier y prospère. — Dans les forêts, on trouve le cochon sauvage, le chien sauvage, le chat, l'once, des singes, le renard, l'écureuil et l'aye-aye; dans les rivières nagent d'énormes crocodiles, qui mesurent jusqu'à 6 m. de long. On redoute aussi des serpents de grande taille; mais peu d'espèces sont venimeuses. — Les géographes contemporains considèrent Madagascar comme un seul royaume, divisé en 22 provinces, avec Tananarive, au centre, comme capitale. Mais cette ville n'est guère que le ch.-l. de la province d'Imerina, royaume d'Ankova (ou territoire des Hovas, tribu dominante). Les Hovas n'exercent aucune autorité au S. de leur fort de Mañza; leur puissance n'est reconnue que nominalement par certaines tribus et complètement méprisée par d'autres. — Les Malgaches paraissent appartenir à deux familles ethnologiques, l'une noire et l'autre olivâtre. La première occupe le versant occidental de l'île, et la seconde le versant oriental. La race olivâtre se distingue par des cheveux droits ou ondulés et par des formes corporelles élancées; les nègres, plus massifs, plus robustes, ont les cheveux crépus. La population est aussi partagée en quatre sections politiques ou géographiques : 1° Hovas; 2° Sakalaves; 3° Betsileos; 4° Betsimasarakas. Les premiers, qui ont pris une si grande importance depuis leur alliance avec les Anglais, vers 1810, ont le teint olivâtre et la taille au-dessous de la moyenne. Les Sakalaves, plus nombreux que les Hovas et fixés sur la côte occidentale, sont de véritables nègres. Les Betsileos, quoique noirs aussi, ont quelquefois le teint légèrement cuivré. Les Betsimasarakas forment, après les Hovas, la plus belle race de l'île. Sur la côte orientale, une petite partie de la population descend des Arabes qui sont en relation avec Madagascar depuis des siècles. L'esclavage, introduit dans l'île à une époque très reculée, y existe encore, bien que sous l'influence des missionnaires anglais il ait été légalement aboli. Quelques nobles possèdent plusieurs centaines d'esclaves; entre ceux-ci et les hommes libres, existe une classe intermédiaire composée principalement des employés du gouvernement. — Les sauterelles forment un article important de la nourriture nationale; et, dans quelques provinces, l'on fait cuire et l'on mange la chrysalide du ver à soie; mais la base de la nourriture populaire est le riz. Les autres aliments consistent en maïs, en manioc, en arrow-root (recherché surtout chez les Sakalaves), et en ignames. Les indigènes tissent le coton et la soie et en fabriquent des étoffes assez grossières; ils font aussi de jolis tapis. Les Madécasses sont sobres dans le boire; et l'eau est la boisson presque universelle. Les maisons les plus riches sont tout au plus des cases de bois couvertes de roseaux; leur toiture s'élève à une très grande hauteur et est ornée au pignon de perches qui indiquent le rang de leur propriétaire. Les habitations des pauvres se composent de bambous, de joncs ou d'argile et sont peintes en jaune ou en rose. Le costume du peuple est uniforme et simple; il se compose de deux ou trois vêtements de chanvre ou de coton. Les pauvres et les esclaves y ajoutent une sorte de chemise fabriquée avec l'écorce de rofia, de bananier ou d'autres arbres, et les riches un large manteau de soie ou de cachemire. Ce qui caractérise surtout le costume malgache est la lamba ou mantille dont les dimensions et la qualité varient suivant le rang; elle est portée par les deux sexes de toute classe et de tout âge. La lamba royale est un manteau écarlate bordé et orné de dentelles d'or; elle est portée par le roi, les jours de fêtes sacrées et dans les circonstances solennelles. L'emploi d'un costume entièrement écarlate est le privilège exclusif du roi. — Le commerce extérieur se fait surtout par les navires

anglais; principaux articles d'importation : cotonnades, calicot imprimé, rhum, poteries, chaussures; principaux articles d'exportation : gomme élastique, bœufs, cochons, peaux, cire, arrow-root, copal, et une sorte de grossier paillasson appelé rabannes. L'importation annuelle de l'île Maurice est de 3,625,000 francs ; l'exportation annuelle de Madagascar à Maurice est de 4 millions de francs. Le commerce d'importation et d'exportation avec les colonies françaises ne s'élève pas à un million de francs. La seule monnaie légale est la pièce de 5 francs de France ou la pièce italienne de 5 lires; pour les sommes plus petites on coupe ces pièces en morceaux. — Le gouvernement des Hovas une monarchie despotique modifiée et tempérée par des us et coutumes qui ont force de loi; depuis un demi-siècle, la puissance du souverain a été graduellement limitée. Sous le nom du roi ou de la reine, gouverne un premier ministre qui est en réalité chef du pouvoir et auquel les autres ministres prêtent serment de fidélité absolument comme au chef de l'État. La succession au trône est héréditaire ment en ligne directe, le souverain régnant ayant le droit de désigner son successeur parmi ses parents; les femmes ne sont pas exclues du pouvoir. Les officiers de l'armée constituent une aristocratie puissante et bien organisée; parmi eux, le rang est conféré par un nombre depuis 1 jusqu'à 13 ; un colonel, par exemple, est un noble du 9e honneur. Un général appartient au 11e honneur et le maréchal au 13e. L'armée permanente est évaluée à 20,000 hommes dont les deux tiers ont des fusils rayés et le surplus des mousquets Snider. Au moment où les Français attaquèrent les Hovas à la fin de 1883, le nombre des hommes mobilisés s'éleva à près de 60,000 soldats disciplinés à la manière européenne. — Les Madécasses n'ont point d'histoire, mais on pense qu'une race éteinte, appelée Vazimba, précéda la population actuelle et fut exterminée par des envahisseurs, dont les descendants occupent aujourd'hui l'île de Madagascar. Le premier Européen qui mentionna cette île fut Marco Polo (fin du XIIIe siècle); elle ne fut réellement découverte qu'en 1506 par Lorenzo Almeïda, fils du vice-roi portugais de l'Inde, qui lui donna le nom de Saint-Laurent. Quelques Portugais s'y établirent en 1548. Vers la fin du mois de juillet 1529, deux navires dieppois, commandés par les frères Parmentier et se rendant à Sumatra, reconnurent l'île de Madagascar et s'en approchèrent. Les relations avec les indigènes furent des moins amicales et les Français s'éloignèrent de ces parages inhospitaliers après avoir vu massacrer trois de leurs compagnons. Les Anglais n'y furent pas mieux reçus vers la même époque. Une compagnie de marchands malouins ayant équipé deux navires pour les Indes orientales, en 1601, cette petite population, poussée par une tempête affreuse, trouva un refuge dans la baie de Saint-Augustin (4 févr. 1602). Sur les rapports favorables qui lui étaient faits relativement à cette grande et belle île, Richelieu entrevit la possibilité d'en faire une colonie française. Des lettres patentes du 24 juin 1642 organisèrent une compagnie chargée de nouer de relations commerciales avec les habitants de cette lointaine contrée. Des navires y transportèrent 200 personnes (1643-'44), qui prirent possession du la baie de Sainte-Lucie, sur la côte S.-E. L'insalubrité de cet établissement l'ayant fait déserter, les Français se fixèrent dans la presqu'île de Tolang-Hare, qui reçut plus tard le nom de Fort-Dauphin. La faible colonie française, décimée par les maladies, s'affaiblit peu à peu; elle était sur le point de périr, faute de recevoir du secours de la mère-patrie, lorsqu'un jeune Français,

nommé Levacher, et plus connu sous le nom de Lacaze, parvint à relever les courages, battit les chefs indigènes qui nous attaquaient sans cesse et finit par épouser la fille du souverain d'Amboule, avec laquelle il monta sur le trône vers 1665. Grâce à l'appui qu'il prêta à ses compatriotes, Madagascar, que l'on nommait alors l'île Dauphine, put être considérée comme une possession française. Les Français tentèrent de s'établir sur la baie d'Antongil, en 1774, mais le ministère n'ayant pas envoyé au comte Beniowsky (voy. ce nom) les secours désirables, celui-ci s'allia aux Anglais pour agir en leur nom et fut vaincu et tué par une armée française (23 mai 1786). Pendant près de deux siècles, les Français fondèrent à diverses reprises des établissements qu'ils évacuèrent et reprirent tour à tour, selon les vues et les convenances du gouvernement. Nous citerons le Fort-Dauphin, Sainte-Lucie, Tamatave, Foulpointe, Sainte-Marie, Tintingue et quelques comptoirs dans la baie d'Antongil. Vers l'époque de la Révolution, nous n'avions plus qu'un commerce d'escales à Madagascar et nous n'y conservions, sous la protection d'un petit nombre de soldats, que quelques postes de traite pour assurer l'approvisionnement des îles de France et de Bourbon. La ruine de nos colonies, pendant les guerre de l'Empire, amena peu à peu la cessation du commerce avec Madagascar; nos postes furent concentrés à Tamatave et à Foulpointe, qui tombèrent au pouvoir des Anglais en 1811, en même temps que l'île Bourbon et l'île Maurice. Le traité de Paris ayant rendu à la France son droit nominal sur l'île de Madagascar, une commission française reprit possession de Sainte-Marie, le 15 oct. 1818, et, quelques jours plus tard, de Tamatave, en présence d'une assemblée générale de chefs qui s'empressa de reconnaître la validité de cet acte. Fort-Dauphin et Sainte-Lucie rentrèrent sous notre domination et l'on établit quelques postes militaires sur la côte. Mais avant d'évacuer nos possessions, les Anglais avaient eu soin de les céder authentiquement à un petit roi de l'intérieur nommé Radama, chef de la tribu d'Imerina, subdivision de l'Ankova, territoire peuplé de Hovas. Ce prince, né en 1792, était monté sur le trône d'Imerina en 1808; moyennant une promesse faite par lui d'abolir la traite dans ses domaines et de protéger les missionnaires anglicans, il reçut, outre la possession nominale de nos anciens établissements, des armes, des munitions et des officiers qui le mirent à même de faire valoir ses prétendus droits (1817). Encouragé par ses alliés, Radama soumit la plupart des tribus voisines et déclara nulles toutes les cessions de territoire faites aux Français par les autres chefs; il revendiqua plusieurs de nos postes et prit ses dispositions pour repousser au besoin une armée française. En 1818, il accorda des territoires à des missionnaires et à des colons anglais. Sous son règne, la langue indigène devint une langue écrite ; il fit composer une grammaire et créa une imprimerie d'où sortit d'abord une traduction de la Bible. La mort de ce roi (1828) arrêta un instant les progrès de son peuple ; il fut remplacé par sa veuve, Ranavalona, qui ferma les écoles et chassa de l'île les Anglais. Le 9 juillet 1829, parut devant Tamatave une petite escadre française composée d'une frégate, d'une corvette et de plusieurs navires inférieurs. Le commandant Gourbeyre, n'ayant pas reçu de réponse satisfaisante à l'ultimatum posé au gouvernement hova, s'empara de Tintingue (2 août) et bombarda Tamatave, qui fut occupée (10 oct.). Mais ses troupes de débarquement ayant subi une défaite à Foulpointe, il abandonna la partie après avoir enlevé d'assaut la batterie de la pointe à Larrée et sans avoir pu obtenir même une promesse de traité de paix. A la suite de cette affaire, les Européens furent persécutés et les missionnaires chassés. L'application des lois indigènes aux colons occasionna une attaque malheureuse contre Tamatave par une expédition des Anglais de Maurice et des Français de Bourbon (juin 1845). Une nouvelle attaque des Français fut repoussée avec de grandes pertes le 19 oct. 1855, et les relations amicales avec les puissances européennes n'étaient point rétablies lorsque Ranavalona mourut le 23 août 1861. Elle fut remplacée par son fils Radama II, qui avait reçu le baptême des mains d'un missionnaire anglican. Ce prince s'empressa de proclamer la liberté de toutes les religions et de signer un traité avec l'Angleterre et la France (12 sept. 1862). Les missionnaires anglais rentrèrent alors et le christianisme fit de rapides progrès d'un bout à l'autre du pays; mais le vieux parti païen prépara une révolution et le roi fut assassiné avec tous ses ministres le 12 mai 1863. Sa femme, Rasohérina lui succéda (mai 1863); elle conserva la liberté des cultes et mourut le 1er avril 1868. Sa sœur prit la couronne sous le nom de Ranavalona II et professa publiquement le christianisme (20 fév. 1869). Elle fit ouvrir plus de 200 écoles suivies par environ 10,000 élèves. Elle mourut le 13 juillet 1883, laissant le trône à sa nièce Ranavalona III, dont le règne fut troublé par une guerre avec la France. Avant son arrivée au pouvoir, des navires de guerre français avaient déjà bombardé quelques ports sur la côte N.-E. de Madagascar (16 mai 1883) et l'amiral Pierre avait occupé Tamatave le 13 juin. — Le nombre des prétendus chrétiens de Madagascar s'élève à environ 400,000, dont 10,000 catholiques romains. — La langue madécasse ou malgache appartient à la famille malayo-polynésienne; il y a plusieurs dialectes parmi lesquels nous citerons l'ankova, que parlent les Hovas de l'intérieur, le betsimasaraka, parlé à l'E., et le sakalave à l'E. et au N.-O. de l'île. — BIBLIOGR. *Treaty concluded between France and Madagascar, august 8, 1868* (London, 1883). — Barbié du Bocage, *Madagascar, possession française depuis 1642* (Paris, 1869). — M. Grandidier, *Histoire physique, naturelle et politique de Madagascar* (Paris, 1876). — L. Leroy, *Les Français à Madagascar* (Paris, 1883).

* **MADAME** s. f. (franç. *ma* et *dame*). Titre d'honneur qu'on ne donnait autrefois qu'aux femmes de qualité, et que l'on donne aujourd'hui communément aux femmes mariées, soit en parlant d'elles, soit en leur écrivant : *madame la duchesse.* On dit au pluriel, MESDAMES. — En parlant des reines, on ne dit pas, *Madame la reine*, on dit seulement, *La reine*, et on ne se sert du titre de *Madame*, qu'en leur parlant ou en leur écrivant : *Madame, si Votre Majesté...* — Dans les tragédies, et quelquefois dans les comédies, on appelle les filles MADAME, en leur adressant la parole ; mais, dans la tragédie, on n'emploie pas le pluriel MESDAMES. — Titre qu'on donne à toutes les filles de maison souveraine, lors même qu'elles ne sont pas mariées : *madame Elisabeth.* — Se donne également aux chanoinesses, aux abbesses, etc. : *madame l'abbesse de Château-Chalons; mesdames les chanoinesses de Remiremont.* — Employé absol. désignait autrefois la fille aînée du roi ou du dauphin, ou la femme de Monsieur, frère du roi. — Quoique le mot de *Madame* ne doive point recevoir d'article, on dit fam. ELLE FAIT LA MADAME, elle se donne des airs. — Pop. C'EST UNE GROSSE MADAME, c'est une femme riche. — Prov. et fam. MADAME VAUT BIEN MONSIEUR, MONSIEUR VAUT BIEN MADAME, le mari et la femme sont dignes l'un de l'autre, sont aussi riches, aussi beaux, aussi spirituels l'un que l'autre. Cette phrase proverbiale s'emploie le plus souvent dans un sens ironique. — JOUER A LA MADAME, se dit des petites filles qui s'amusent ensemble à contrefaire les dames, en se faisant des visites, des compliments les unes aux autres.

MADAME (Île), petit îlot fortifié à l'embouchure de la Charente, arr. et à 9 kil. de Rochefort. Le fort Lupin, qui le domine, défend l'entrée de la Charente.

* **MADAPOLAM** s. m. [-lamm]. Espèce de calicot fort qu'on tire de la ville de ce nom dans les Indes.

MADAPOLAM, ville de l'Inde anglaise, dans la présidence de Madras, à 70 kil. S.-O. de Radjahmoundry, près de l'embouchure du Godavery.

MADDALENA, petite île de l'Italie, entre la Corse et la Sardaigne, à l'O. de Caprera.

MADDALONI, autrefois *Suessula*, ville de la terre de Labour (Italie), prov. et à 6 kil. S.-E. de Caserte, à 22 kil. N.-N.-E. de Naples ; 19,000 hab. Palais des ducs de Caraffa, commerce de grains et de vins. Grand aqueduc de Caserte, aux environs.

MADÉCASSE s. et adj. De Madagascar; qui appartient à cette île ou à ses habitants.

* **MADÉFACTION** s. m. Pharm. Action de rendre humide, d'humecter.

* **MADÉFIER** v. a. (lat. *madefacere*, de *madidus*, humide ; *facere*, faire). Pharm. Humecter une substance, la rendre humide.

MADEIRA ou **Madera**, rivière de l'Amérique du Sud, le plus grand affluent de l'Amazone, formé par l'union du Beni, du Mamoré, du Guaporé ou Itenez. Cours d'environ 3,000 kil. Cette rivière se jette dans l'Amazone entre Manaos et Serpa. A son embouchure, elle mesure 3 kil. de large et 25 m. de profondeur, et si elle ne formait pas des cataractes, à environ 800 kil. de l'Amazone, les plus gros navires pourraient la remonter jusqu'au cœur de la Bolivie.

* **MADELEINE** s. f. (n. pr.) S'emploie dans cette expression : PLEURER COMME UNE MADELEINE, pleurer abondamment, avec effusion.

MADELEINE (Sainte). (Voy. MARIE-MADELEINE).

* **MADELONNETTES** s. f. pl. (rad. *Madeleine*). Religieuses dont les maisons servaient de retraite à des pécheresses repentantes. Leur maison de Paris a été convertie plus tard en une maison de détention ordinaire : *elle fut enfermée aux Madelonnettes.*

* **MADEMOISELLE** s. f. Titre qu'on donne ordinairement aux filles, soit en parlant d'elles, soit en leur parlant ou en leur écrivant. On dit au pluriel, MESDEMOISELLES. — Titre qu'on donnait autrefois à toute femme mariée qui n'était pas noble. — Employé absol. désignait autrefois la fille aînée de Monsieur, frère du roi, ou la première princesse du sang, tant qu'elle était fille.

MADÈRE s. m. Nom donné au vin récolté dans l'île de ce nom : *un verre de madère.*

MADÈRE (portug. *madeira*, bois), île portugaise de l'Atlantique, entre 32° 37' et 32° 52' lat. N. et entre 18° 58' et 19° 36' long. O. Plus grande longueur, 55 kil.; plus grande largeur, 23 kil.; superficie, 815 kil. carr.; population, 133,000 hab. Funchal, la capitale et le principal port, est la seule ville remarquable de l'île. La ligne côtière, d'une grande régularité, forme quelques pointes basaltiques élevées. La surface s'élève d'une manière abrupte du N. et du S. vers l'intérieur, en formant une chaîne longitudinale dont l'élévation qui varie entre 1,200 et 1,500 m. Le Pico Ruivo, point culminant de l'île, mesure 2,000 m. de haut, et plusieurs pics voisins lui sont de peu inférieurs. Les flancs des montagnes s'entr'ouvrent en vallées profondes, couvertes de jardins et de vignobles; ces derniers se rencontrent jusqu'à une hau-

teur de 600 m. La plus pittoresque de ces gorges ou de ces vallées s'appelle Curral das Freiras; une route fait le tour de l'île. Les petites rivières, dirigées par des canaux artificiels (levadas), servent à l'irrigation des territoires cultivés. — Le climat est tellement égal que, pendant l'année, la température annuelle moyenne à Funchal est restée exactement à 20° C., les extrêmes étant 32° sur la côte pendant les mois les plus chauds (août et sept.) et 47° pendant les mois les plus froids (déc et janv.), Madère est le lieu que les médecins anglais ont choisi pour y envoyer les poitrinaires de leur île. Le sol est partout extrêmement fertile, mais les méthodes agricoles sont encore primitives. Depuis l'introduction de la vigne (1421) jusqu'au milieu du XIXe siècle, le vin fut la production la plus importante; le plus riche district vinicole était la vallée de la Cama de Lobos, sur la côte méridionale où se récoltait le fameux raisin qui donnait le vin de choix de Malvoisie. Ce vin était le plus répandu dans le commerce avec le nom de madère sec, le sercial et le tinto. (Voy. PORTUGAL, *vins de*). Les cépages en majorité blancs provenaient, dit-on, de Candie. Presque tous les viniculteurs sont Anglais et le principal commerce de vin se fait avec l'Angleterre. Les dévastations de l'oïdium, qui commencèrent en 1851, détruisirent presque toutes les vignes, et les cultivateurs, réduits à la misère, émigrèrent dans les Indes occidentales et la Guyane. La production annuelle, qui avait été de 47,000 pipes, tomba à 29 pipes en 1855. Depuis lors, on a replanté de nouveaux cépages; mais l'attention des propriétaires s'est portée sur la culture de la canne à sucre, qui est devenue une source de richesse pour l'île. On récolte aussi le maïs, le froment, l'orge, l'arrow-root, la pomme de terre, l'orange, l'ananas, la banane et presque tous les fruits de la zone tempérée. La flore indigène ressemble à celles des Canaries et du bassin de la Méditerranée. L'île ne renferme pas de mammifères indigènes; on y a transporté des bêtes à cornes, des chèvres, des chevaux, des ânes, des lapins, des rats et des souris. — La population se compose d'un mélange des sangs portugais, maure et nègre. Les hommes y sont forts, bien bâtis, bruns, avec les yeux et les cheveux noirs. Leurs mœurs sont des plus relâchées, et c'est l'un des pays où l'on compte le plus d'enfants illégitimes. Le peuple parle la langue portugaise, mais sans aucune pureté. L'industrie consiste dans la fabrication de paniers, de chapeaux de paille, de grossières étoffes de laine et de lin, de chaussures, de fleurs artificielles, de confitures et de broderies. Importation de coton, de lainages, d'étoffes, de quincaillerie, de poisson salé, de nouveautés, de charbon; exportation de vin. Madère est réunie par un câble au Portugal et au Brésil. Cette île, appartiennent 3 îlots rocheux et inhabités, appelés les Desertas et qui gisent à environ 18 kil. au S.-E. L'île de Porto-Santo, à 40 kil. N.-E. de Madère, lui est aussi politiquement rattachée. — D'après une tradition, l'île de Madère fut découverte en 1344, par le gentilhomme anglais Macham qui, ayant enlevé une riche héritière de se rendant en France, fut poussé vers ces rivages par une violente tempête. Sa maîtresse mourut dans l'île les quelques jours après son arrivée et l'on montre encore le lieu où elle fut enterrée. Pierre, roi d'Aragon, ayant entendu parler de cette aventure, fit explorer Madère vers 1345. Mais la découverte historique de cette île est due à Gonçalves Zarco, qui la visita en 1419. Une colonie portugaise y fut fondée en 1421. Les Anglais s'en emparèrent en juillet 1801 et le 24 déc. 1807. Ils la rendirent aux Portugais en 1814.

MADGYAR, ARE s. et adj. Synon. de Hongrois. (Voy. HONGRIE.) On écrit aussi Maggyar.

MADIAN, ancienne contrée de l'Arabie Pétrée le long de la mer Rouge, au S. du Sinaï; c'était là que résidait Jéthro, beau-père de Moïse.

MADIANITES, peuple de la Palestine méridionale, célèbre par les luttes qu'il eut à soutenir contre Moïse et Gédéon. Il descendait de Madian, fils d'Abraham.

MADISON [mad'-i-s'n] f. Cap. du Wisconsin (Etats-Unis), par 43° 4' lat. N. et 91° 43' long. O., à 150 kil. O. de Milwaukee; 15,000 hab. Elle occupe un isthme entre les lacs Mendota et Monona, au milieu d'un territoire fertile. Son

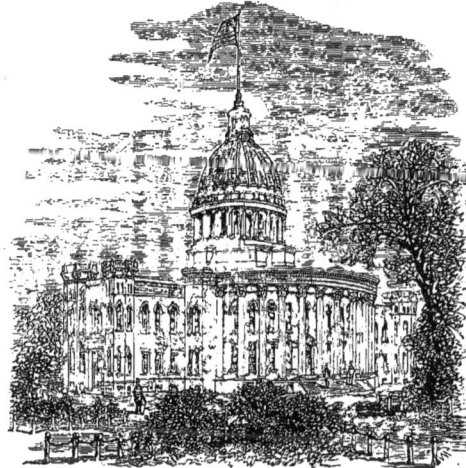
Madison. — Capitole de l'état de Wisconsin.

plus beau monument est le Capitole de l'état de Wisconsin. — II. Ville de l'Indiana (Etats-Unis), sur l'Ohio, à 150 kil. au-dessous de Cincinnati et à 140 kil. S.-S.-E. d'Indianapolis; 14,000 hab.

MADISON (James), quatrième président des Etats-Unis, né à King-George (Virginie), le 16 mars 1751, mort dans sa propriété de Montpellier (Virginie), le 28 juin 1836. Il était homme de loi, lorsque l'assemblée générale le nomma au conseil d'Etat en 1777. Il resta secrétaire d'Etat dans le cabinet Jefferson, de 1801 à 1809. Chef du parti républicain et adversaire de toute centralisation, il jouissait d'une grande popularité et fut élu président de la république (4 mars 1809-4 mars 1813). Son mandat ayant été renouvelé pour un second terme de an (4 mars 1813-4 mars 1817), il termina la guerre contre les Anglais, et se montra toujours partisan d'une politique pacifique. (Voy. ETATS-UNIS.) Il a laissé la réputation d'un homme intègre et désintéressé.

MADOC, prince légendaire gallois qui, suivant les chroniqueurs cambriens, découvrit l'Amérique plus de trois siècles avant Colomb (1170). Parti pour une seconde expédition, il ne donna plus de ses nouvelles.

MADOCKAWANDO, célèbre roi des Indiens Etechemins, sur la rivière Penobscot. Allié des Français, il prit une part importante à toutes nos guerres contre les Anglais et fut le fléau de la frontière de la Nouvelle-Angleterre (1690-'94). Le baron de Saint-Castin épousa sa fille.

MADONE s. f. (ital. *madonna*, madame). Représentation de la Vierge : *l'Italie est pleine de madones*.

MADOU (Jean-Baptiste), peintre belge

(1796-1877). Il fut professeur à l'école royale de Bruxelles. Parmi ses plus beaux tableaux de genre, on cite les *Trouble-fête* et *la Fête au château*, œuvres pleines d'originalité. Madou excella aussi comme lithographe.

MADOURA ou **Madura**, île de l'archipel Indien, dans le groupe des îles de la Sonde, au N.-E. de Java, dont elle est séparée par un étroit canal; 5,341 kil. carr.; environ 680,000 hab. Bien que les habitants présentent tous les caractères ethnologiques de ceux de Java, ils parlent deux dialectes très distincts et n'emploient le javanais que dans la langue écrite. Un souverain nominal réside à Bangkalan; mais l'île est soumise aux Hollandais et appartient à l'administration coloniale de Java.

MADOURA ou **Madura**, cap. du district du même nom, province de Madras, sur la Vygay, à 150 kil. S.-O. de Tanjore; 35,000 hab. Ses monuments publics, qui tombent en ruines, présentent les plus magnifiques spécimens de l'architecture indoue. On cite particulièrement le palais Pandiyan et le grand temple de Mahadeva. Madoura est probablement la Modura de Ptolémée. Les jésuites portugais y établirent au commencement du XVII° siècle, une mission qui compte aujourd'hui 75 prêtres.

MADOZ (Pascual), homme d'Etat et écrivain espagnol (1806-'70). Il fit ses études à Saragosse, fut exilé pour avoir professé les doctrines jansénites et se retira à Tours (France). A son retour en Espagne, il devint rédacteur en chef du *Diccionario geografico universal* (1829-'34) et publia une *Coleccion de causas célebres*. En 1835, il fut nommé juge à Barcelone. En 1842-'43, il prit une part importante au mouvement contre Espartero. Il devint gouverneur de Barcelone en août 1854 et ensuite chef du parti *progresista* aux cortès.

En janv. 1855, il reçut le portefeuille des finances; mais quitta le ministère en juin et reprit sa place à la tête de l'opposition, jusqu'en juillet 1856. Sa coopération à la révolution de 1868, lui valut le titre de gouverneur de la province de Madrid et un siège aux cortès constituantes. Il mourut en route pour l'Italie, où il se rendait avec la députation qui offrit la couronne à Amédée. Son

ouvrage principal est *Diccionario geografico estadistico y historico de España* (16 vol. in-4°, 1848-'50).

MADRAGUE s. f. (esp. *almadraba*; de l'ar. *almazraba*; rad. *zaraba*, enclore). Pêche. Enceinte faite de câbles et de filets pour prendre des thons et autres poissons : *pêcher à la madrague*.

MADRAGUEUR s. m. Pêcheur à la madrague.

MADRAS s. m. [ma-drass]. Etoffe dont la chaîne est de soie et la trame de coton, et qui est ainsi nommée parce qu'elle a été fabriquée d'abord à Madras, ville de l'Inde : *une robe de madras*.

MADRAS I. Province de l'Inde anglaise, considérée comme formant une présidence, comprenant la partie méridionale de la péninsule de l'Indoustan, bornée par les territoires de Bombay, les possessions du Nizam, les provinces centrales et le Bengale; 389,426 kil. carr.; 34,500,000 hab. Cette province est divisée en 21 districts, savoir : Ganjam, Vizagapatam, Godavery, Kistnah, Nellore, Kurnool, Bellary, Cuddapah, Arcot du Nord, Chingleput, Madras, Salem, Arcot du Sud, Trichinopoly, Tanjore, Madoura, Tinnevelli, Coimbatore, district de Neilgherry, Malabar et Canara méridional. Les colonies françaises de Pondichéry, de Karikal, d'Yanaon et de Mahé se trouvent dans cette présidence. La plus vaste baie est celle de Cochin; sur le golfe du Bengale se trouve la côte de Coromandel, partie de l'ancienne province du Carnatic et dont le principal port est Madras. Les cours d'eau appartiennent tous au versant de la baie du Bengale; parmi les plus importants, nous citerons : le Godavery, la Kistnah, le Pennar, le Cavery et le Vygay; le climat de cette province est regardé comme le plus chaud de l'Inde. Riz, coton, sucre, café, quinquina, fer, charbons de qualité inférieure, beaucoup de sel. — Autrefois, la province de Madras était appelée présidence du fort Saint-George, à cause du nom de la principale fortification de sa capitale. L'administration appartient à un gouverneur nommé par la couronne et assisté d'un conseil de 3 personnes et d'un conseil législatif. Les villes principales sont : Madras, Granjam, Bellary, Tanjore, Trichinopoly, Calicut et Cochin; 9,000 écoles et collèges. — II. Cap. de cette province sur la baie de Bengale par 13° 5'

Collège de la présidence, à Madras.

lat. N. et 78° long. E.; 399,000 hab., presque tous Indous. La ville s'étend le long de la baie sur une étendue de 13 kil. avec une largeur moyenne de 5 kil. Elle est défendue par la forteresse formidable de Saint-George qui fut construite en 1641 par les Anglais. La partie la plus peuplée se nomme *ville noire*; les résidences européennes se trouvent surtout dans les faubourgs. Parmi les édifices publics, on distingue 3 cathédrales (anglaise, écossaise et catholique romaine), 7 ou 8 églises anglicanes, 1 mosquée et un grand nombre de temples indous. La ville n'a pas de port, mais elle possède un ancrage peu sûr contre les moussons du S.-O. — Cette ville fut fondée en 1639, par Francis Day, directeur de la factorerie anglaise d'Armegon. La présidence y fut fondée en 1653. Madras fut pris par les Français (21 sept. 1746) sous le commandement de La Bourdonnaye. On le rendit aux Anglais en 1749 et les Français, sous les ordres de Lally, l'assiégèrent inutilement en déc. 1758.

MADRAZO (José MADRAZO Y AGUDA), peintre espagnol (1781-1859). Il vint étudier à Paris dans l'atelier de David, se rendit ensuite à Rome et rentra à Madrid (1818). Il devint directeur de l'Académie et plus tard du musée de cette ville. Ses toiles se rapportent surtout à l'Histoire sainte.

MADRE s. f. (anc. haut all. *masar*, nœud du bois). Bois précieux dont on faisait des coupes.

* **MADRÉ, ÉE** adj. Tacheté, marqué de diverses couleurs : *porcelaine madrée*. On appelle BOIS MADRÉ, celui qui a de petites taches brunes. On dit aussi *Léopard madré*. Il n'est guère d'usage au propre. — Fig. et fam. Rusé, matois, raffiné, qui sait plus d'un tour : *c'est un vieillard madré, bien madré*.

Le paysan rusé, madré, coquin,
T. DE M.

— s. : *c'est un madré, une madrée*.

MADRÉPORAIRE adj. Zooph. Qui ressemble à un madrépore. — s. m. pl. Famille de polypiers, ayant pour type le genre madrépore.

* **MADRÉPORE** s. m. (ital. *madrepora*, de *madre*, mer; gr. *poros*, pierre). Genre de polypiers pierreux, dont les cellules sont d'une forme rayonnée ou étoilée. (Voy. CORAIL.)

MADRÉPORIQUE adj. Qui contient des madrépores; qui est formé par des madrépores: *calcaire madréporique; île madréporique*.

MADRID, *Mantua Carpetanorum, Majorium, Madritum*. I. Province centrale d'Espagne dans la Nouvelle-Castille; 7,762 kil. carr.; 594,000 hab. Surface généralement montagneuse, surtout au N., où la Sierra de Guadarrama est couverte de neige pendant plusieurs mois. Cette province est arrosée par la Guadarrama, la Jarama, la Tajuna, le Henares et le Manzanares, affluents du Tage, lequel sert de limite à la province au S.-E. Climat assez rude parce que les transitions du chaud et du froid sont extrêmement rapides. Dans quelques rares districts fertiles, on récolte le froment, le seigle, l'orge, l'avoine et le chanvre, ainsi que du vin et de l'huile d'olives. Cap., Madrid; ville princ., Alcala de Henares. — II. Capitale de cette province et de l'Espagne, sur la rive gauche du Manzanares; par 40° 24' 30" lat. N. et 6° 0' 54" long. O.; 398,000 hab. Cette ville s'élève dans un vaste bassin faisant partie d'un plateau de collines sablonneuses, à environ 700 m. au-dessus du niveau de la mer, au milieu d'une plaine aride. Elle est environnée d'un mur de briques haut de 6 m. et percé de 15 portes dont la plus belle est la *Puerta de Alcala*, haute de 22 m. Madrid est traversée presqu'en ligne droite au N.-O. et au S.-O. par les calles (rues) d'Alcala, de Mayor, de Plateries et d'Almudena, qui la divisent en deux *cuarteles* ou quartiers. Les rues de l'ancienne ville au S.-O. sont tortueuses, étroites et mal tenues; mais dans les quartiers modernes du centre et de l'E., on trouve de hautes et belles maisons, spacieuses, régulières, propres, et de magnifiques édifices publics. La ville est abondamment pourvue d'eau qui s'y répand par des fontaines et des jets nombreux. La rue d'Alcala est l'une des

plus larges et des plus belles du monde; on cite ensuite les rues de Mayor, de Montera, de Carretas, de Geronimo, d'Ancha et de Toledo, qui rayonnent presque toutes autour de la Puerta del Sol. La plus vaste des plazas (places) est celle d'Oriente, devant le palais royal. La promenade extérieure est embellie le 44 statues colossales de rois ou de reines; la plus fréquentée des places est la Puerta del Sol, autrefois porte orientale de la vieille ville et aujourd'hui le centre de la ville moderne et le rendez-vous du commerce et du plaisir. Le palais du gouvernement et l'hôtel des postes s'élèvent sur son côté méridional, ainsi que de nombreux hôtels et de beaux cafés, près desquels sont groupés les clubs et les cabinets de lecture. Les riches promeneurs aiment à se rendre au Prado, qui ne mesure pas moins de 4 kil. de long et dont la partie la

Le palais de Madrid.

plus fashionnable, le *Salon*, entre les rues San-Geronimo et d'Alcala, est décorée de 3 superbes fontaines. Le parc le plus populaire est le *Buen Retiro*, à l'E. du Prado. Au N. de ce parc s'étendent les Campos Elyseos avec de beaux jardins; à l'O. de la ville, on admire la montaña del principe Pio et l'ancien jardin del Moro, aujourd'hui jardin du Palais. — Madrid forme un évêché suffragant de Tolède; son rang est conséquemment celui d'une ville (*villa*) et non celui d'une cité (*ciudad*). Au lieu d'une cathédrale, il y a l'antique église de Santa-Maria de la Almudena, autrefois mosquée. Parmi les autres églises dignes d'intérêt, nous citerons: Nuestra Señora de Atocha, la Colegiata, la chapelle royale et les églises de Carmen Calzado, de Descalzas Reales et d'Encarnacion. Le palais royal, érigé en 1737-50, est l'un des plus magnifiques de l'Europe; il est entièrement en granit et en marbre; il occupe l'emplacement de l'ancien alcazar mauresque; sa bibliothèque contient environ 100,000 volumes. Dans la salle du trône, se trouve une collection numismatique de plus de 150,000 spécimens. Le musée royal du Prado n'a pas de rival au monde pour sa collection de chefs-d'œuvre de peinture; les autres musées sont ceux des sciences naturelles, d'artillerie, le musée national, le musée naval, etc. Parmi les autres édifices dignes d'être mentionnés, nous citerons: le palais des conseils, celui de Buena Vista, la douane, l'hôtel des postes, l'hôtel de ville, la vieille casa de los ministerios, le sénat, la casa de los Lujanes, l'imprimerie nationale, la Bourse et trois admirables ponts jetés sur le Manzanares, qui est à sec pendant plus de 3 mois de l'année. La ville renferme 13 hôpitaux et plusieurs institutions charitables; les écoles et les collèges y sont nombreux et bien orga-

nisés. L'université, établie en 1836, compte plus de 5,000 étudiants. Écoles spéciales de droit, de pharmacie, de médecine et de sciences militaires. Outre la bibliothèque du palais royal, on en compte 17 autres dont la plus riche est la bibliothèque nationale avec 250,000 vol. Opéra italien, opéra espagnol, 5 grands théâtres et une multitude de petits théâtres, 2 grands cirques, 1 arène pour les combats de taureaux, pouvant contenir 12,400 personnes. — Climat extrêmement rude, d'une chaleur accablante en été et d'un froid intense en hiver. La température moyenne annuelle est d'environ 15° C. Le thermomètre descend souvent au-dessous de zéro et monte quelquefois au-dessus de 30° C. — Le nombre des habitants nés à Madrid ou Madrilènes est comparativement peu élevé; mais les étrangers abondent dans la capitale de l'Espagne, particulièrement les Français, les Anglais et les Allemands qui presque tous sont marchands. Les domestiques et les ouvriers sont ordinairement des Asturiens, des Gallegos, des Aragonais et des Navarrais. L'industrie locale consiste dans la fabrication des articles indispensables, tels que chocolat, bière, chaussures, chapeaux et gants d'une qualité supérieure. — *Majoritum*, appelée *Magerit* par les Maures, fut enlevée à ceux-ci vers la fin du XIe siècle par Alphonse VI de Castille. Les Maures saccagèrent cette ville (1190), mais Henri III la fortifia en 1400. Elle était alors sans grande importance. Charles-Quint y résida chaque fois qu'il visita l'Espagne. François Ier y fut prisonnier et y signa une paix humiliante (14 janv. 1526). Philippe II en fit la résidence de la cour espagnole en 1560. Les Français s'en emparèrent en mars 1808 et les habitants, ayant essayé de chasser les troupes de Napoléon le 2 mai de la même année, furent repoussés après un effroyable carnage. Joseph Bonaparte y entra comme roi d'Espagne le 20 juillet, il dut l'évacuer peu de jours après; mais les Français s'en emparèrent de nouveau le 2 déc. 1808 et y restèrent jusqu'à l'arrivée de Wellington, le 12 août 1812.

* **MADRIER** s. m. Espèce de planche de chêne fort épaisse : *on emploie des madriers pour faire la plate-forme d'une batterie de canons*.

* **MADRIGAL** s. m. (bas lat. *matriale*, sorte de chanson pastorale, sans accompagnement instrumental). Pièce de poésie qui renferme, dans un petit nombre de vers, une pensée ingénieuse et galante : *un madrigal bien tourné*.

Le madrigal, plus simple et plus noble en son tour,
Respire la douceur, la tendresse et l'amour.
BOILEAU. *Art. poét.*, ch. II.

— Se dit, par ext., des paroles de galanterie qu'on adresse aux femmes: *il va débitant des madrigaux à toutes les dames.* Le madrigal occupait jadis une place distinguée dans la poésie légère; Mellin de Saint-Gelais passe pour avoir introduit le mot dans notre langue poétique; après lui excellèrent dans ce genre Fontenelle, Voltaire, Boufflers et Dorat. On cite comme chef-d'œuvre des madrigaux celui de Pradon que nous avons déjà donné à notre mot ÉCRIRE. — Mus. Composition musicale sur un madrigal. Les principaux écrivains italiens de madrigaux furent: Marenzio, Gastoldi, Vacchi et Festa. Le madrigal s'écrivait depuis 3 jusqu'à 7 parties.

MADRIGALIQUE adj. Qui a rapport au madrigal : *style madrigalique.*

MADRILÈNE s. et adj. De Madrid, qui concerne cette ville ou ses habitants.

MADRURE s. f. (rad. *madre*). Veine dans le bois. — Tache sur la peau. — Moucheture du plumage de certains oiseaux.

MADURA. Voy. MADOURA.

MÆDLER (Johann-Heinrich), astronome allemand (1794-1874); il fut professeur à l'école normale et directeur de l'observatoire à Berlin, puis de l'observatoire de Dorpat (1840); il s'est rendu célèbre par ses nombreuses et importantes observations sur les aspects physiques de Mars et de Jupiter, sur les étoiles-doubles et des étoiles variables, et sur le centre de gravité du système solaire. Il a laissé plusieurs ouvrages en allemand.

MÆLAR, lac de Suède qui s'étend de Stockholm à l'E. jusqu'à Kœping à l'O.; long de 115 kil.; superficie 1,700 kil. carr. Il communique avec la Baltique par un petit canal et par le Sœdertelge. Sur ses rivages s'élèvent: Stockholm, Upsal, Enkœping, Westeras, plusieurs autres villes considérables, de nombreux villages, des palais, des châteaux et des villas. Il renferme plus de 1,200 îles.

MAËL CARHAIX, ch.-l. de cant., arr. et à 44 kil. S.-O. de Guingamp (Côtes-du-Nord); 2,230 hab. Minoteries.

MAELSTROM (norv. *Malestrom*, gouffre tournant). Gouffre dangereux de l'océan Glacial arctique, sur les côtes de Norvège, au S.-O. de l'île Moskö (l'une des Loffoden), par 67° 20′ lat. N. et 9° 20′ long. E.

MAES ou **Maas** (NICOLAAS) [màss], artiste hollandais (1632-'93). Il fut élève de Rembrandt. Ses œuvres se vendent aujourd'hui très cher. Il a laissé des portraits remarquables par leur vigueur de coloris.

MAESTOSO adj. (mot ital.) [Ma-é-sto-zo]. Mus. Lent et majestueux. On le prend quelquefois adverbialement.

MAESTRAL. Voy. MISTRAL.

MAESTRIA s. f. [ma-é-stri-a]. B.-Arts. Energie d'exécution.

MAESTRICHT ou **Maastricht** [màss'-trikt], ville des Pays-Bas, capitale de la prov. de Limbourg, sur la Meuse (Maas) à 24 kil. O.-N.-O. d'Aix-la-Chapelle; par 50° 50′ 55′ lat. N. et 3° 21′ 8″ long. E.; 29,000 hab., presque tous catholiques romains. La partie située sur la rive droite du fleuve est nommée faubourg de Wyk. La ville proprement dite, plus grande et bien bâtie, est située de l'autre côté de la Meuse; elle est reliée à son faubourg par un beau pont. Le centre de la ville est occupé par le Vrythof (Marché d'Armes), auquel aboutissent les principales rues. Maestricht, jadis la principale forteresse de Hollande, est aujourd'hui une place ouverte: les travaux de démantèlement de ses fortifications ont été commencés en 1868. Des carrières souterraines, communiquant

autrefois avec la ville, s'étendent sous la montagne de Saint-Pierre (Pietersberg); elles mesurent 20 kil. de long sur 9 kil. de large et offrent un grand intérêt pour l'étude de la paléontologie. C'est dans le terrain crétacé supérieur de la montagne de Saint-Pierre que fut trouvé, en 1770, le premier *mosasaure;* un second spécimen y a été découvert en 1884. A 4 kil. de la ville, s'étend le plateau de Kaberg, aux pieds duquel on vient de découvrir une *station lacustre.* C'est en ce même endroit qual Crahay trouva, en 1823, la fameuse *mâchoire* préhistorique qui a tant occupé les anthropologistes. M. *Kerckhoffs* a démontré dernièrement (*La mâchoire de Maestricht et les récentes découvertes,* Paris, 1884) que, contrairement à l'opinion de Charles Lyell, qui l'a fait remonter à l'époque du mammouth, elle doit être rapportée à la période néolithique. — Parmi les monuments de la ville, on remarque l'hôtel de ville, l'église Saint-Gervais, l'église Notre-Dame, et le clocher de l'église Saint-Jean. Brasseries, tanneries, fabriques de faïences, verreries, papeteries. — Maestricht (Mosæ Trajectum, Trajectum ad Mosam, Trajectum superius) était déjà une ville importante au IVᵉ siècle; vers 383, saint Gervais, évêque de Tongres, y transféra son siège épiscopal. Elle fit partie du royaume des Francs, et devint sous Charlemagne la capitale d'un comté *Mosagau,* qui fut compris plus tard dans le royaume de Lorraine. L'empereur d'Allemagne la donna en 1204, comme fief à Henri Iᵉʳ, duc de Brabant; mais à la suite d'un conflit, qui surgit entre celui-ci et l'évêque de Liège, il fut décidé que la suzeraineté serait exercée par les deux princes à titre égal. En 1576, Maestricht fut pillée par les Espagnols, ce qui détermina les habitants, déjà disposés à favoriser le parti de la réforme, à se révolter contre le roi d'Espagne; elle fut reprise et saccagée en 1579, par le duc de Parme. En 1632, le prince d'Orange parvint à s'en emparer, après un siège mémorable et, dès lors, les états généraux y partagèrent l'administration civile et juridique avec le prince-évêque de Liège. Louis XIV l'ayant prise, en 1673, Guillaume d'Orange l'assiégea en 1676, sans pouvoir y entrer; mais elle fut rendue aux Hollandais par le traité de Nimègue (1678). Les Français, commandés par le maréchal de Saxe, s'en emparèrent de nouveau en 1748, et la rendirent presque aussitôt. Ils l'assiégèrent sans succès, en février 1793, sous la conduite du général Miranda, mais ils s'en rendirent maîtres un an plus tard, sous les ordres de Kléber. Annexée à la République française, Maestricht devint le chef-lieu du dép. de la Meuse-Inférieure. Elle fut donnée au royaume des Pays-Bas en 1814, et lui resta assurée, en 1839, après de vives contestations avec le nouveau royaume de Belgique.

MAESTRO s. m. [ma-é-stro] (ital. *maitre*). Habile compositeur de musique. Pl. des MAESTRI.

MAFFEI (Francesco - Scipione, (MARQUIS) [maf-fé'-i], auteur italien (1675-1755). Au service de la Bavière pendant la guerre de la succession espagnole, il gagna le grade de feld-maréchal. En 1710, il fut l'un des fondateurs du *Giornale di Letterati* à Rome. Son *Trattato di teatri antichi et moderni* et sa tragédie de *Mérope* (1713) conduisirent à la réforme du théâtre italien. Ses autres œuvres comprennent : *Verona illustrata* (1731-'32; 3 vol., 1792-'93) et *Galliæ antiquitates* (1733).

MAFFIA, société secrète de terroristes siciliens comprenant des personnes de toutes classes et qui se rendit fameuse en 1860. Elle avait pour but de combattre les excès de la *Camorra.*

MAFFLÉ, ÉE adj. Qui a de grosses joues :

un visage *mafflé.* — s. *C'est une grosse mafflée.* On dit aussi, MAFFU, UE. (Fam. et peu us.)

MAGADOSO [mâ-ga-do'-cho], ou **Magadishu,** ville arabe, jadis considérée comme la capitale d'un royaume de la côte orientale d'Afrique, aujourd'hui soumise au seyid de Zanzibar, par environ 2° lat. N. et 43° 10′ long. E.; 5,000 hab. Elle est entourée d'une muraille et fait un commerce considérable en grains, ivoire, peaux, chevaux et esclaves; ces derniers sont conduits par des caravanes formées d'habitants du Galla. La ville est fréquentée par des navires indiens et arabes et par quelques vaisseaux européens. Vasco de Gama la bombarda en 1498 et elle fut pendant longtemps soumise au Portugal.

MAGALHAENS. Voy. MAGELLAN.

MAGASIN s. m. (ar. *makhzen;* au plur. *makhzin,* dépôt de marchandises). Lieu où l'on garde, où l'on serre un amas de marchandises : *on a construit de grands magasins.* — Etablissement de commerce plus ou moins considérable, où l'on vend certaines marchandises, soit en gros, soit en détail : *il tient un magasin de draperie.* — MARCHAND EN MAGASIN, celui qui ne tient pas de boutique, et qui vend ses marchandises en gros. On dit dans un sens analogue, VENDRE EN MAGASIN. — COMMIS DE MAGASIN, celui qui sert les chalands dans un magasin. On dit dans le même sens, DEMOISELLE DE MAGASIN. — GARÇON DE MAGASIN, celui qui sert les chalands dans un magasin. — Lieu où sont déposées les munitions de guerre et de bouche, soit dans les places fortes, soit dans les pays occupés par une armée : *magasins d'armes, de poudre,* etc. On l'emploie absolument dans le même sens, surtout au pluriel : *le général avait établi ses magasins, avait ses magasins à tel endroit.* — MAGASIN DES VIVRES, MAGASIN DES FOURRAGES, se dit proprement, dans chaque place de guerre, de l'établissement où l'on distribue aux troupes le pain, les fourrages : *il gère le magasin des vivres de cette place.* — Par ext., provisions de ménage un peu considérables, amas d'objets : *cette ménagère a fait un magasin de fruits pour l'hiver.* — S'emploie, fig. et fam., dans un sens analogue : *ce prétendu recueil de bons mots n'est qu'un magasin de sottises.* — Prov. IL EN VEUT FAIRE MAGASIN, ON DIRAIT QU'IL EN VEUT FAIRE MAGASIN, se dit d'un homme qui achète un grand nombre d'objets de même nature. — Nom qu'on donne à certains ouvrages périodiques, à certains recueils de morceaux concernant la littérature ou les sciences : *le Magasin encyclopédique; le Magasin pittoresque.* — ∿ Grand panier qui était derrière certaines diligences publiques, et où l'on mettait les porte-manteaux et les paquets. — Législ. « Les *magasins généraux,* que l'on nomme quelquefois improprement *docks,* et qui sont destinés à recevoir en dépôts des matières premières, des marchandises et des objets fabriqués, ont été créés en France par le décret du 21 mars 1848, lequel a été remplacé par la loi du 28 mai 1858. Ils ne sont aujourd'hui soumis, pour leur établissement, aux formalités préalables que prescrivaient cette dernière loi et le décret réglementaire du 12 mars 1859. Depuis la loi du 31 août 1870, ces formalités se réduisent à une autorisation préfectorale, donnée sur l'avis de la chambre de commerce. Un cautionnement de 20,000 à 100,000 francs doit être fourni en valeurs publiques françaises ou en première hypothèque. Enfin, il est permis aux magasins généraux de faire des prêts sur nantissement. La loi du 28 mai 1858 est encore en vigueur en ce qui concerne les récépissés délivrés aux déposants, et en ce qui concerne les *warrants* ou bulletins de gage transmissibles par endossement. (Voy. WARRANT.) (CH. Y.)

MAGASINAGE s. m. Commerce. Dépôt et

séjour d'une marchandise dans un magasin, dans un entrepôt : *droit de magasinage.*

MAGASINER v. a. Emmagasiner.

*MAGASINIER** s. m. Celui qui est chargé de la garde, du soin des objets renfermés dans un magasin.

MAGDALA, place forte d'Abyssinie (voy. ce mot), où le général anglais Robert Napier remporta une victoire complète sur l'empereur Théodore le 10 avril 1868. La ville fut brûlée par les vainqueurs le 17 avril.

MAGDALEN (Iles), groupe situé dans le golfe du Saint-Laurent (Canada); 3,000 hab.

MAGDALENA. I. Fleuve de Colombie qui naît dans les Andes, à peu de distance à l'E. de la source de la Cauca, par 2° lat. N., et se jette dans la mer Caraïbe à Sabanilla, après un cours d'environ 1,400 kil. Elle reçoit la Cauca. — II. Etat maritime de Colombie, borné au N. par la mer Caraïbe, à l'E. par le Venezuela et à l'O. par la rivière Magdalena; 67,000 kil. carr.; 86,000 hab. Riches mines d'or; grandes productions de riz, de tabac, de coton, de café, de sucre, de cacao et des différents fruits des tropiques. Cap. et port principal, Santa-Marta.

*MAGDALÉON** s. m. (gr. *magdalia,* pâte pétrie). Pharm. Masse d'emplâtre ou de toute autre composition pharmaceutique, à laquelle on a donné la forme cylindrique.

MAGDEBOURG, all. *Magdeburg* [mâg-debourg]. Ville forte de Prusse, cap. de la province de Saxe, sur l'Elbe, à 125 kil. S.-O. de Berlin, par 52° 8' 4" lat. N. et 9° 48' 30" long. E. : 138,000 hab. en y comprenant Neustadt et Bukau; 93,000 hab. seulement, sans les deux faubourgs. Telle est l'étendue de ses fortifications qu'il faudrait 100,000 hommes pour l'investir. On remarque parmi ses dix églises protestantes, sa cathédrale,

Cathédrale de Magdebourg.

qui est l'un des plus beaux monuments gothiques de l'Allemagne du Nord. Les deux tours de cet édifice, terminées en 1520, s'élèvent à environ 100 m. de haut. Manufactures de lainages, de cotonnades, de soieries, de cuirs, de gants, de savon, de sucre de betteraves, de chicorée, de bière, d'alcool, etc. — Magdebourg était déjà une ville au temps de Charlemagne. Un couvent de bénédictins fut fondé en 937 par Othon le Grand. L'ar-

chevêché remonte à 967 et fut élevé par le pape Jean XIII à la primatie d'Allemagne. Cette ville fut une des premières à embrasser la réforme. Elle fut assiégée par l'électeur Maurice de Saxe (16 sept. 1550) et se rendit à lui le 9 nov. 1551. Durant la guerre de Trente ans, elle résista aux Impériaux pendant 7 mois (1629); mais, en 1629, Tilly la prit d'assaut le 10 mai (nouveau style 20), massacra environ 25,000 personnes et brûla la ville, sauf la cathédrale et 140 maisons. La paix de Westphalie annexa l'archevêché de Magdebourg au Brandebourg. En 1806, après la bataille d'Iéna, la forteresse fut ouverte aux Français par le général Kleist après un siège de 14 jours (8 nov.). Napoléon l'ajouta au royaume de Westphalie le 9 juillet 1807. Les Français y soutinrent un siège obstiné en 1813-14.

*MAGE** s. m. (gr. *magos;* du sansc. *mahat,* grand). Membre d'une caste sacerdotale des anciens Perses. (Voy. MAGISME.) — LES TROIS MAGES, ou simplement LES MAGES, les trois personnages qui vinrent de l'Orient à Bethléem, pour adorer JÉSUS-CHRIST : *l'adoration des mages.*

*MAGE** ou *Maje* adj. m. (lat. *major,* plus grand). N'est usité que dans cette expression, JUGE MAGE, titre qu'on donnait dans plusieurs provinces, au lieutenant du sénéchal.

MAGELLAN (port. *Magalhães*), navigateur portugais, né vers 1470, mort le 27 avril 1521. Entré très jeune dans la marine, il servit 5 ans dans les Indes orientales, sous les ordres d'Albuquerque et assista au siège de Malacca (1511). Le 20 sept. 1519, il mit à la voile de San-Lucar à la tête d'une flottille espagnole de 5 vaisseaux destinée à se rendre aux Moluques; ayant atteint la côte du Brésil le 12 janv. 1520, il continua sa route vers le sud jusqu'à un port de Patagonie qu'il appela port San-Julian, par 49° lat. S. Il prit possession de ce territoire au nom du roi d'Espagne, courut vers le sud et entra le 21 oct. dans le détroit qui sépare l'île de la Terre de Feu du continent d'Amérique. Ce détroit a, depuis lors, porté le nom de celui qui l'a découvert. Le 28 nov., la flottille, réduite à 3 navires, arriva dans la mer à laquelle Magellan donna le nom de Pacifique. Dans cet océan, l'expédition atteignit, le 6 mars 1521, un groupe d'îles que l'on appela les Ladrones; le 16, on arriva en vue de Samar, l'une des Philippines, et tout cet archipel fut appelé San-Lazaro. Magellan débarqua avec 5 soldats espagnols dans la petite île de Mactan. Les insulaires, au nombre de 1,500, attaquèrent ces étrangers et Magellan fut tué avec ses compagnons. L'expédition, réduite à 1 navire et 18 hommes, atteignit l'Espagne le 6 sept. 1522 sous la conduite de Juan-Sebastian Cano. Le navire qui, le premier, avait eu la gloire de faire le tour du monde s'appelait la *Victoria,* et Magellan, qui avait précédemment fait une traversée d'Europe à Malacca par la route orientale est considéré comme le premier circumnavigateur.

MAGELLAN (Détroit de), canal qui sépare l'extrémité méridionale du continent américain d'un groupe d'îles appelé Terre de Feu, et qui réunit l'océan Atlantique au grand océan Austral; son entrée orientale entre le cap de la Vierge au N. et le cap Espiritu Santo au S. est d'environ 32 kil. de large; il s'élargit ensuite, forme de grandes baies, puis se rétrécit, n'a plus que 3 kil. de large et arrive à l'océan Austral au cap Pillars. Sa longueur totale est de 550 kil. Sa traversée est toujours dangereuse.

MAGENDIE (François), physiologiste français, né à Bordeaux en 1783, mort le 10 oct. 1855. Il fit à Paris des conférences sur la chirurgie opératoire, devint médecin de l'Hôtel-Dieu et fut nommé, en 1831, professeur de

médecine au collège de France. C'est dans ce poste qu'il développa son remarquable talent d'expérimentateur et qu'il exerça une puissante influence sur la physiologie et sur la médecine en général. Il faisait constamment des expériences sur des animaux vivants et ne chercha jamais à établir ou à enseigner un système à lui. En 1822, il démontra les deux propriétés et les deux fonctions différentes des racines antérieures et postérieures des nerfs spinaux. L'année précédente, il avait fondé le *Journal de physiologie expérimentale et pathologique,* qu'il publia jusqu'en 1831. Il a laissé d'importants ouvrages sur le système nerveux et de nombreux traités sur d'autres branches de la science médicale.

MAGENTA s. m. Couleur d'un cramoisi foncé que l'on tire du goudron de gaz (Voy. ANILINE.)

MAGENTA [ma-jain-ta], ville de Lombardie, à 8 kil. de la rive orientale du Tessin et à 22 kil. O. de Milan; environ 5,000 hab. Le 4 juin 1859, une armée franco-sarde, forte de 55,000 hommes, y rencontra inopinément 75,000 Autrichiens; à la tête des troupes alliées se trouvaient Napoléon III et Victor-Emmanuel; les Autrichiens étaient commandés par Gyulai. Le pont de Buffalora, à l'O. de Magenta, fut pris et repris plusieurs fois; mais la garde impériale française ayant été décimée par le feu de l'ennemi, l'empereur Napoléon était sur le point de tomber entre les mains des Autrichiens lorsque survint Mac-Mahon avec son corps d'armée, et la victoire resta aux troupes alliées. La vigueur et la décision dont Mac-Mahon avait fait preuve lui valurent sur le champ de bataille même le bâton de maréchal de France et le titre de duc de Magenta. Les vainqueurs reconnurent avoir perdu 4,000 hommes tant tués que blessés; les Autrichiens perdirent 10,000 hommes, outre 7,000 prisonniers. Parmi les officiers français tués, on citait les généraux Espinasse et Clerc. Regnault de Saint-Jean d'Angély fut aussi nommé maréchal de France. Sur le champ de bataille un monument commémoratif a été solennellement inauguré le 4 juin 1872.

MAGETOBRIA (*Moigte de Broie,* sur la Saône), ville de la frontière occidentale des Sequani, près de laquelle les Gaulois furent vaincus par les Germains peu avant l'arrivée de César en Gaule.

*MAGICIEN, ENNE** s. (rad. *magie*). Celui, celle qui fait profession de magie, ou qui passe pour en faire usage : *grand, fameux magicien.* — Se dit, par ext., de celui qui, dans un art, a le talent de produire beaucoup de surprise ou de plaisir : *ce faiseur de tours, ce décorateur, ce peintre, ce musicien, ce poète est un magicien, un vrai magicien.*

*MAGIE** s. f. (lat. *magia;* g.. *mageia;* de *magos,* mage). Art prétendu auquel on attribue le pouvoir d'opérer, par des moyens surnaturels, des effets surprenants et merveilleux: *opération de magie.* — MAGIE NATURELLE ou MAGIE BLANCHE, celle qui, par des moyens naturels, mais inconnus au vulgaire, produit des effets qui semblent surnaturels et merveilleux; par opposition à MAGIE NOIRE, celle qui est censée opérer des effets vraiment surnaturels, avec le secours des êtres infernaux, et qui est la MAGIE proprement dite. — Prov. et fig. C'EST LA MAGIE NOIRE, se dit d'une chose qu'il est malaisé de pénétrer, et où l'on ne comprend rien. On dit au contraire d'une chose très simple et très facile à faire ou à comprendre : *ce n'est pas la magie noire, il ne faut point de magie pour cela.* — Fig. Pouvoir qu'exercent les sens et sur l'âme les beaux-arts, la poésie, l'éloquence, les passions, les affections vives : *la magie du chant, de la musique, de la versification, de la parole, de la déclamation.* — ENCYCL. D'après ses adeptes, la *magie noire* ou *magie proprement dite*, est la science qui s'occupe de rechercher les secrets de la nature; elle embrasse toutes les connaissances et constitue la perfection de la philosophie; elle est aussi l'art de produire des effets surnaturels par l'intervention d'esprits occultes. Son nom ne désigna primitivement que le savoir des prêtres (mag ou magus), mais il fut employé à une époque très reculée pour marquer toute science occulte, naturelle ou surnaturelle, comprenant enchantement et n'importe quelle opération extraordinaire, comme l'alchimie, par exemple. Plus tard, le nom de magie fut appliqué par le vulgaire à la nécromancie et à la sorcellerie. Cornélius Agrippa connaissait plusieurs espèces de magies, mais leur nombre a été réduit à deux : la *magie blanche* ou *divine* et la *magie noire* ou *infernale*, à laquelle appartiennent la chiromancie, le mauvais œil, la transformation de l'homme en animal, la puissance sur les éléments, etc. Les objets ordinaires de l'art magique sont : la découverte des choses secrètes et futures, l'obéissance des esprits, la guérison des malades, la découverte de charmes et de talismans qui accomplissent nos désirs par une voie mystérieuse, l'invulnérabilité du magicien, la soumission du diable, l'évocation des morts, la possession de la pierre philosophale et de l'élixir de vie. — Cette prétendue science est encore en grand honneur en Orient; elle joua un rôle important dans la doctrine religieuse et dans le rituel des Perses; et les Juifs rapportèrent avec eux, de leur captivité, quelques-unes des idées persanes et pratiquèrent en secret les arts défendus par la loi. Les Grecs appliquèrent la magie à toute espèce de divination et à la thaumaturgie. L'influence de la magie se retrouve dans les légendes de Prométhée, de Sisyphe, d'Æetes, de Cyrcé et de Médée. Les Romains étaient profondément imbus des mêmes idées et la mythologie des Germains, des Slaves et des Celtes montre que ces peuples n'en étaient pas exempts. Le christianisme renouvela l'interdiction mosaïque des arts magiques, attribuant les merveilles surnaturelles aux esprits malins. Au XIVe siècle la magie s'éleva à une telle réputation que les souverains entretinrent des magiciens à leur cour. Elle a encore aujourd'hui en Europe quelques professeurs instruits et savants et de nombreux adeptes.

MAGINDANAO. Voy. PHILIPPINES (îles).

MAGINI (Giovanni-Paolo), luthier italien du XVIe et du XVIIe siècle, né à Brescia; il travailla dans sa ville natale de 1590 à 1640, au moment même où vivaient les Amatis, avec lesquels il contribua à fixer définitivement la forme du violon. Pour les proportions générales et pour le fini de ses instruments, il se rapproche de Gaspar di Salo, dont il paraît avoir été l'élève.

* MAGIQUE adj. (rad. *magi*). Appartenant à la magie : *art, vertu, pouvoir, illusion magique.* — BAGUETTE MAGIQUE, baguette, verge dont les prétendus magiciens se servent dans leurs opérations. CERCLE MAGIQUE, cercle qu'ils tracent sur la terre avec leur baguette. — LANTERNE MAGIQUE, instrument d'optique qui, au moyen de lentilles et de verres peints, fait voir différents objets sur une toile ou sur une muraille blanche. — TABLEAU MAGIQUE, tableau de verre, garni d'une feuille d'étain, dont on se sert pour donner la commotion électrique. — CARRÉ MAGIQUE, carré formé de plusieurs cases, dans lesquelles on place des nombres, dont la somme, prise en tous sens, est la même. — CARRÉ MAGIQUE, disposition des termes d'une progression arithmétique arrangés de façon à former un carré et à donner le même nombre pour total des termes de chaque ligne horizontale, de chaque ligne verticale et de chaque ligne diagonale; tel

est le carré suivant, qui donne 15 pour total dans les trois sens :

4	9	2
3	5	7
8	1	6

La découverte des carrés magiques est due à Manuel Moschopule, qui donna une règle générale pour les former. — Par ext. et fig., se dit de ce qui étonne, enchante, fait illusion : *décoration, pompe, palais, jardin magique.*

* MAGISME s. m. Religion des mages ou des anciens Perses. — D'après les anciens écrivains, le magisme était l'ancienne religion des Scythes; il se maintint en Perse après la conquête aryenne, et acquit une importance prépondérante quand Gomates, qui était mage, fut élevé au trône comme successeur de Cambyse. Gomates ayant été renversé et tué par Darius Hystaspis, la religion aryenne fut rétablie. La sagesse des mages fit que le peuple leur attribua une science profonde en religion et en philosophie.

* MAGISTER s. m. [ma-ji-stèr]. Mot emprunté du latin. Maître d'école de village : *un magister.*

MAGISTER DIXIT. Phrase latine qui signifie : *le maître l'a dit.* Pour les scolastiques du moyen âge, le *maître*, c'était Aristote. Ces paroles sacramentelles étaient l'antithèse de celles qu'avait prononcées Aristote lui-même lorsqu'il avait dit :

Amicus Plato, sed magis amica veritas.

(Voy. AMICUS.)

* MAGISTÈRE s. m. (lat. *magisterium*). Dignité du grand-maître de l'ordre de Malte : *il prétendait au magistère.* — Temps du gouvernement du grand-maître : *Rhodes fut prise par les Turcs pendant le magistère de l'Isle-Adam.*

* MAGISTÈRE s. m. Chim. et Pharm. Préparation médicale à laquelle on attribuait une grande vertu : *magistère d'étain, de plomb, de perles, de coraux,* etc. C'était un précipité, une poudre minérale très fine.

* MAGISTRAL, ALE, AUX adj. (lat. *magister*). Qui tient du maître; qui a un maître. Ne se dit guère que d'une personne qui parle comme ayant droit d'enseigner : *il s'exprime d'un air, d'un ton magistral, d'une voix magistrale.* — Qui est digne d'un maître; se dit des ouvrages d'esprit, des œuvres d'art : *ce livre a des pages magistrales.* — PRÉBENDE MAGISTRALE, s'est dit dans quelques églises cathédrales, d'une prébende qui, dans d'autres, s'appelait *préceptoriale.* — Dans l'ordre de Malte, COMMANDERIES MAGISTRALES, celles qui étaient annexées à la dignité de grand-maître : *il y avait, dans chaque grand prieuré, une commanderie magistrale.* — LIGNE MAGISTRALE, la ligne principale d'un plan. — Pharm. COMPOSITIONS MAGISTRALES, se dit des médicaments composés sur-le-champ d'après l'ordonnance du médecin, par opposition à ceux que l'on tient tout préparés et qu'on nomme COMPOSITIONS OFFICINALES.

* MAGISTRALEMENT adv. D'un ton, d'un air magistral : *parler magistralement.*

* MAGISTRAT s. m. (lat. *magistratus*). Officier civil revêtu d'une autorité administrative ou judiciaire. Ce mot s'emploie plus particulièrement pour désigner les membres des cours de justice : *c'est un digne magistrat.* — MAGISTRAT DE SURETÉ, nom donné au magistrat chargé de la poursuite des délits. — S'emploie, absol. et collectif, dans quelques villes, pour désigner le corps des officiers municipaux : *le magistrat fit une proclamation.*

* MAGISTRATURE s. f. La dignité, la charge de magistrat : *exercer la magistrature.* — Se dit aussi du corps entier des magis-

trats : *cet homme fait honneur à la magistrature.* — MAGISTRATURE ASSISE, les juges et les conseillers. — MAGISTRATURE DEBOUT, les membres du parquet. — Temps durant lequel un magistrat exerce ses fonctions : *cela est arrivé durant sa magistrature.* — Législ. « Bien que le nom de magistrat convienne à certains fonctionnaires de l'ordre administratif, aussi bien qu'à ceux de l'ordre judiciaire, c'est seulement à l'ensemble de ces derniers que l'on applique le nom de magistrature. La loi du 30 août 1883 règle ce qui concerne les cadres et les traitements du personnel de la magistrature de la France et de l'Algérie, et elle institue le *conseil supérieur de la magistrature.* Ce conseil, formé par la cour de cassation, toutes chambres réunies, exerce les pouvoirs disciplinaires à l'égard de la magistrature assise, c'est-à-dire de tous les magistrats, à l'exception de ceux du ministère public. Toute délibération politique est interdite aux corps judiciaires; et toute manifestation d'hostilité au principe ou à la forme du gouvernement de la République est interdite aux magistrats. Le garde des sceaux a un droit de surveillance sur les magistrats de toutes les juridictions civiles et commerciales, et il peut leur adresser des réprimandes. (Voy. JUGE, JURIDICTION, JUSTICE, etc. » (CH. Y.)

MAGLIABECCHI (Antonio) [ma-lia-bèk-ki], érudit italien, né à Florence en 1633, mort en 1714. Côme III le nomma son bibliothécaire. Il légua sa bibliothèque de 30,000 vol. à la ville de Florence.

MAGNAC-LAVAL, ch.-l. de cant., arr. et à 46 kil. N.-E. de Bellac (Haute-Vienne); 3,600 hab. Collège communal. Ancienne baronnie

MAGNAN s. m. [gn mll.] Nom vulgaire du ver à soie dans le Midi.

MAGNAN (Bernard-Pierre), maréchal de France, né à Paris en 1791, mort en 1865. Il s'engagea en 1809 et servit dans la garde impériale, puis dans la garde royale. Il se distingua en Algérie (1830), mais fut mis en disponibilité en 1831 pour avoir manqué d'énergie dans la répression de l'insurrection lyonnaise. Il entra alors dans l'armée belge et y resta jusqu'en 1839, avec le grade de général de brigade. Il rentra dans l'armée française avec le même titre et fut nommé commandant de la division du dép. du Nord. Accusé en 1840 de complicité avec Louis-Napoléon, il se disculpa lorsque le prétendant eut été arrêté à Boulogne. Il reçut le grade de général de division en 1845, après avoir énergiquement comprimé les émeutes des ouvriers à Lille et à Roubaix. Pendant l'insurrection de juin (1848), il s'empara d'un grand nombre de barricades et ne fut pas étranger à la victoire de Cavaignac. Il partit aussitôt pour Lyon et y réprima l'insurrection du 15 juin 1849, après une lutte acharnée. Élu député par le dép. de la Seine (juillet 1849), il reçut le commandement de l'armée de Paris le 15 juillet 1851, fut l'un des organisateurs du coup d'État, combattit sous les ordres de Saint-Arnaud les 2, 3 et 4 déc. et fut récompensé par le bâton de maréchal (2 déc.), la dignité de sénateur (1852) et le titre de grand veneur (1854).

* MAGNANERIE s. f. Bâtiment destiné à l'éducation des vers à soie. — Art d'élever les vers à soie.

MAGNANIER, IÈRE s. Celui, celle qui élève des vers à soie ou qui dirige une magnanerie.

* MAGNANIME adj. (lat. *magnus*, grand; *animus*, esprit) [gn mll.]. Qui a l'âme grande, qui a des sentiments élevés, généreux : *prince magnanime.*

> Ne cherches plus en lui ce prince magnanime,
> Ce prince qui montrait tant d'horreur pour le crime.
>
> RACINE. *Le Thébaïde*, acte II. sc. III.

Aussi bien d'cn est fait, sa disgrâce et ton crime
Ont placé dans mon cœur ce héros *magnanime*.

J. RACINE. *Alexandre*, acte III, sc. II.

— Substantiv. : *le magnanime a toujours le cœur au-dessus de sa fortune.*

* **MAGNANIMEMENT** adv. D'une manière magnanime.

* **MAGNANIMITÉ** s. f. Vertu de celui qui est magnanime, grandeur d'âme : *la magnanimité est la vertu des héros.*

* **MAGNAT** s. m. [ma-ghna] (lat. *magnus*, grand). Mot usité autrefois en Pologne, et encore aujourd'hui en Hongrie, pour désigner un grand du royaume. Il se dit principalement au pluriel : *les magnats de Pologne, de Hongrie.*

MAGNENCE (Flavius-Popilius), empereur romain d'Occident, né en Germanie vers 303, mort en 353. Sous Constantin, il s'éleva au rang de comte ; ayant été nommé par Constant au commandement des légions Joviennes et Herculéennes, il complota le renversement de l'empereur. Le 18 janv. 350, il se présenta revêtu de la pourpre impériale à un grand banquet à Autun et fut salué du titre d'Auguste. Constant ayant été assassiné, Magnence fut reconnu comme empereur par les provinces d'Occident. Mais Constance, en apprenant le meurtre de son frère, se hâta d'accourir des frontières de Perse et battit l'usurpateur à Mursa (Eszék), sur la Drave, en 351 et dans les passes des Alpes Cottiennes en 353. Magnence se suicida pour ne pas tomber entre les mains du vainqueur.

* **MAGNÉSIE** s. m. [gn mll.] (gr. *magnès*, aimant). Chim. Oxyde de magnésium, espèce de terre blanche, insipide, insoluble dans l'eau, mais soluble dans les acides et que l'on obtient en calcinant un carbonate appelé **CARBONATE DE MAGNÉSIE.** La magnésie est le seul oxyde connu de magnésium ; ses caractères chimiques ont été découverts par Davy. Elle se compose de 60 p. 100 de magnésium et de 40 p. 100 d'oxygène. De même que la chaux, elle se trouve dans la nature, combinée avec l'acide carbonique, qui peut être expulsé par la calcination à la chaleur rouge. Le produit est la *magnésie calcinée*, poudre fine, légère, blanche, sans odeur ni goût, presque insoluble dans l'eau bouillante, légèrement soluble dans l'eau froide, d'une gravité spécifique de 2, 3. On la considéra comme infusible jusqu'au moment où le Dr Hare la fit fondre dans son chalumeau composé. Ses propriétés sont alcalines, et elle neutralise tous les acides. On l'emploie, en médecine, comme absorbant et antiacide, contre le pyrosis, la dyspepsie, etc. : de 8 à 15 gr. Prise à haute dose (60 gr.), elle devient purgative. C'est un remède populaire, et même le seul remède, selon nous, contre les aigreurs des nourrissons : une petite pincée dans une cuiller à café de lait, avant de donner le sein ou le biberon. — La magnésie existe dans les pierres à chaux magnésiennes et forme la base de la magnésite. La plus grande source de production est le *sulfate de magnésie* des sources minérales. Ce sulfate, nommé aussi *sel d'Epsom* (voy EPSOM), est usité comme purgatif doux et pour préparer l'eau de Sedlitz artificielle : de 20 à 60 gr. A l'état pur, il est blanc, très amer, cristallisé en prismes rectangulaires. Les sources qui en contiennent le plus en solution sont celles d'Epsom, de Sedlitz, de Pullna, et le rencontre, en outre, dans l'eau de mer et on l'extrait surtout du chlorure de magnésium fourni par les eaux mères des salines. Le carbonate de magnésie ressemble à la magnésie calcinée par son aspect et par ses qualités ; il est moins soluble dans l'eau chaude que dans l'eau froide ; il faut 9,000 parties de la première et 2,493 parties de la seconde pour le dissoudre entièrement. Il contient un peu

d'eau ; mais les proportions de ses composants varient suivant les modes de sa préparation. On l'emploie comme absorbant laxatif, dans l'empoisonnement par les acides. Dose de 1 à 8 gr. On lui préfère la magnésie calcinée. — Le *citrate de magnésie* est un catharthique moins désagréable que le sulfate. (Voy. CITRATE.) — La magnésie, en combinaison avec la silice, entre largement dans la composition de plusieurs roches et des minéraux, tels que la serpentine, la stéatite, l'asbeste, l'angite, la hornblende, l'olivine, etc.

MAGNÉSIE. I. Division la plus orientale de l'ancienne Thessalie (Grèce), comprenant un territoire étroit et montagneux et contenant, entre autres montagnes, les monts Ossa et Pélion. — II. Nom de deux anciennes villes d'Asie Mineure ; l'une, en Lydie (auj. Manissa), sur l'Hermus, au pied du mont Sipyle, est célèbre par la victoire complète que les Romains, sous les ordres de Scipion, y remportèrent sur Antiochus le Grand, en 190 av. J.-C. ; l'autre, en Carie, sur le Léthé, dans la vallée du Méandre, possédait un célèbre temple de Diane, dont il reste encore des ruines.

MAGNÉSIEN, IENNE adj. Qui contient de la magnésie : *roche magnésienne.*

MAGNÉSIEN, IENNE s. et adj. De la Magnésie ; qui appartient à la Magnésie.

MAGNÉSIQUE adj. Chim. Qui a pour base la magnésie. — Phys. LUMIÈRE MAGNÉSIQUE, lumière très vive obtenue en brûlant des fils de magnésium. (Voy. ce mot.)

MAGNÉSITE s. f. Écume de mer ou terre avec laquelle on fait des pipes ; elle contient de la magnésie, de la silice, de l'acide carbonique et de l'eau. Elle se présente en masses amorphes ; elle est lisse, onctueuse au toucher ; on la trouve dans les serpentines et dans certaines formations calcaires ou argileuses.

* **MAGNÉSIUM.** [ma-niè-zi-omm]. Chim. Métal qui produit la magnésie en se combinant avec l'oxygène. Symbole, Mg ; équivalant chimique, 12 ; gravité spécifique, 1,74. L'existence de ce métal a été prouvée par Davy, en 1808 ; mais Bussy, en 1830, fut le premier qui l'obtint en quantité suffisante pour permettre de faire des expériences sur ses propriétés. Depuis, il a été produit surtout par Deville et par E. Sonstadt (1862-'64). Bussy se le procurait en décomposant le chlorure de magnésium ; pour cette décomposition, il jetait dans le chlorure chauffé des vapeurs de potassium. On trouve aujourd'hui le magnésium dans les mines de sel de Stassfurt, où il existe dans un double chlorure de potassium et de magnésium appelé carnallite ; il ressemble à l'argent, est malléable et ductile, fond à la chaleur rouge et peut se distiller comme le zinc. En contact avec l'air, à la chaleur rouge, il éclate en une brillante flamme blanche, et brûle jusqu'à ce qu'il soit réduit en oxyde. Telle est la vivacité de sa lumière et celle-ci est si riche en rayons chimiques, qu'on a pu l'employer dans la photographie. Des lampes pour brûler des fils de magnésium ont été employées par les ouvriers qui ont percé le tunnel du mont Cenis ; c'est au moyen de la lumière du magnésium que l'on a pu prendre des photographies de l'intérieur des Pyramides en 1865.

MAGNÉTIMÈTRE s. m. [gn mll.] (gr. *magnès*, aimant ; *metron*, mesure). Phys. Appareil qui sert à constater la présence et à mesurer l'intensité de la puissance magnétique des aimants et du globe terrestre.

* **MAGNÉTIQUE** adj. Phys. Qui appartient à l'aimant, qui dépend des propriétés de l'aimant, ou qui en est doué : *vertu, attraction magnétique.* — ÉQUATEUR MAGNÉTIQUE, le cercle terrestre où l'aiguille aimantée reste horizontale (Voy. ACLINIQUE.) — MÉRIDIEN MAGNÉTIQUE,

grand cercle qui passe par les pôles magnétiques de la terre. — PÔLE MAGNÉTIQUE, le point voisin du pôle arctique vers lequel se dirige l'aiguille de la boussole. — COMPENSATEUR MAGNÉTIQUE. (Voy. COMPENSATEUR.) — S'emploie aussi en parlant du magnétisme dit animal : *sommeil magnétique.*

MAGNÉTISABLE adj. Qui peut être magnétisé.

MAGNÉTISATION s. f. Action ou manière de magnétiser.

* **MAGNÉTISER** v. a. Employer sur une personne les procédés indiqués par les adeptes de la doctrine appelée MAGNÉTISME : *se faire magnétiser.*

* **MAGNÉTISEUR** s. m. Celui qui pratique les procédés du magnétisme. — ☞ Au fém., MAGNÉTISEUSE.

* **MAGNÉTISME** s. m. [gn mll.] (gr. *lithos*, pierre ; *magnétès*, magnésienne ; pierre d'aimant). Phys. Nom générique qui se dit des propriétés de l'aimant : *les effets du magnétisme.* — Fig. Influence mystérieuse ; attraction puissante ; sympathie occulte. — On a donné le nom de *magnétisme* aux phénomènes d'attraction et de répulsion présentés par les aimants. Si l'on tient verticalement une barre de fer légèrement trempé et si on la frappe plusieurs fois avec un maillet de bois, elle acquerra la propriété d'attirer la limaille de fer à ses deux extrémités. La même propriété peut être communiquée en frottant une barre aimantée sur d'autres barres semblables. (Voy. AIMANTATION.) Cette opération ne fait pas perdre de sa puissance à la barre magnétisante ; au contraire, elle en augmente la force quand l'expérience est soigneusement faite. Si une barre magnétisée est suspendue au moyen d'une fibre de soie sans torsion, de manière à posséder toute sa liberté de mouvement, on la verra prendre la direction N. et S. ; c'est ce que l'on appelle le phénomène de la polarité. Si l'on approche un morceau de fer doux d'une extrémité quelconque de la barre magnétisée ainsi suspendue, il se manifestera de suite une attraction entre ces deux pièces de métal. Quand une barre de ce genre est roulée dans de la limaille de fer, cette dernière adhère aux deux extrémités ou pôles, tandis qu'aucune particule de limaille ne s'attache au milieu. Si nous suspendons deux aimants l'un près de l'autre, nous voyons que les extrémités semblablement magnétisées se repoussent mutuellement, tandis que les extrémités magnétisées d'une manière opposée s'attirent réciproquement. Ces forces agissent à une grande distance à travers des corps interposés ; et, de même que la gravitation, elles diminuent d'intensité suivant le carré des distances de chaque pôle. Si un certain nombre de barres de fer doux sont placées les unes auprès des autres et si l'on approche près des extrémités de l'une des rangées une barre d'acier fortement magnétisée, chacun des morceaux de fer doux deviendra magnétique et possédera de la polarité. Près de l'extrémité de la première barre se trouvera le pôle S. de cette barre ; près de l'autre extrémité se trouvera le pôle N., et ainsi de suite dans toute la série des morceaux de fer. Aussitôt que l'on enlève l'acier magnétisé, la polarité du fer cesse et quand le pôle de la barre d'acier est changé, la polarité des autres barres est aussitôt renversée. Le développement du magnétisme par ce moyen est appelé induction. D'après ce principe, on peut affirmer que l'aimant n'attire pas le fer en son état naturel, mais qu'il le rend d'abord magnétique et que l'attraction a lieu ensuite entre les pôles dissemblables de deux aimants. Quand nous saupoudrons de la limaille sur une feuille de papier posée sur une barre magnétique, nous voyons tous les petits morceaux de limaille s'arranger d'eux-mêmes en

belles courbes qui rayonnent de chaque pôle et qui se réunissent près de l'équateur de la barre. Ces lignes résultent de ce fait que chaque particule du fer devient par induction un aimant séparé et attire la particule adjacente; leur arrangement, dans ce cas, est le même que celui d'une série de petites aiguilles que l'on place sous l'influence des deux pôles d'une barre aimantée. L'induction a lieu rapidement dans le fer doux et disparaît aussitôt que l'aimant est éloigné; mais les autres fers et l'acier, plus rebelles à l'influence magnétique, conservent ensuite leur polarité qui devient permanente. On emploie communément pour les expériences de magnétisme des aimants en fer à cheval, qui doivent leur puissance à l'induction électro-magnétique. (Voy. Electro-magnétisme.) — On prétend que le berger Magnès fut retenu sur le mont Ida, par les clous de ses bottes. La puissance attractive de la pierre d'aimant était connue d'Homère, d'Aristote et de Pline. Les Grecs tiraient, dit-on, leurs pierres d'aimant de Magnésia, en Asie (1000 av. J.-C.). L'une des applications les plus importantes du magnétisme fut l'aiguille aimantée de la boussole. Coulomb construisit, en 1786, sa balance de torsion pour déterminer les lois d'attraction et de répulsion, et c'est vers 1830 que Faraday commença ses recherches sur le magnétisme. Avant lui, on avait supposé que les phénomènes d'attraction et de répulsion ne pouvaient être produits que dans certains métaux, tels que le fer, le nickel et le cobalt; mais ce savant démontra que tous les corps subissent l'influence inductive d'aimants suffisamment puissants; il divisa les corps en 2 grandes classes : 1° *corps paramagnétiques*, ceux qui, de même que le fer, le nickel et le cobalt tournent sur leur axe quand on les suspend entre les pôles d'un électro-aimant; 2° *corps diamagnétiques*, ceux qui, étant repoussés par les deux pôles d'un électro-aimant, se mettent à angle droit. — **Magnétisme animal**, ou simplement Magnétisme, doctrine dont les partisans croient qu'on peut produire sur le corps humain, par des attouchements ou par certains mouvements, des impressions propres à guérir les maladies. On trouve encore des opérations par lesquelles on produit le sommeil artificiel appelé Sommeil magnétique : *endormir quelqu'un par le magnétisme*. — Le magnétisme animal est un fluide que l'on suppose résider dans le corps des animaux et être capable de se transmettre d'un corps à un autre. Il en fut d'abord question en Allemagne, où, vers 1775, Mesmer, natif de Souabe, prétendit que l'on pourrait l'employer au traitement des maladies. Étant venu à Paris, en 1778, il y fut regardé avec défiance; mais il parvint ensuite à trouver plusieurs malades et affirma avoir obtenu leur guérison au moyen du magnétisme. Sa méthode consistait à s'asseoir vis-à-vis du patient, à fixer pendant longtemps son regard sur le sien et à faire des manipulations, des « passes » vers l'épigastre et l'hypocondre, afin d'établir entre eux ce qu'il appelait la « relation magnétique ». Ensuite il opérait sur les parties malades avec la main droite, accomplissant certains mouvements circulaires et rapides avec les doigts. Dans les cas où le corps était affecté d'un désordre général, il magnétisait ses malades par des passes longues et larges, faites à distance, soit avec les mains, soit avec une baguette de verre. Il eut bientôt un nombre si considérable de malades qu'il fut obligé d'adopter des stratagèmes pour opérer sur plusieurs à la fois. — En 1784, le gouvernement français ordonna à la faculté de médecine de Paris, d'examiner sa théorie et de faire un rapport à ce sujet. Une commission fut nommée; elle se composait de Benjamin Franklin, de Lavoisier, Bory, Bailly, Majeault, Sallin, d'Arcet, Guillotin et Le Roy. Mesmer refusa

de se présenter devant eux; mais d'Eslon prit sa place, se fit l'avocat de la nouvelle doctrine et accomplit plusieurs expériences devant les membres de la commission. Néanmoins, ceux-ci firent, contre Mesmer, un mémoire arrivant « à la conclusion unanime qu'il n'existe aucune preuve de l'existence du fluide magnétique animal ». En 1785, Mesmer se retira en Suisse avec une grande fortune. Vers la même époque, le marquis de Puységur découvrit le sommeil magnétique ou magnétisme somnambulique. L'engouement pour les *clairvoyants* arriva à son comble. Un *clairvoyant magnétique* est la personne qui reçoit un pouvoir extraordinaire de perception lorsqu'elle est assujettie aux manipulations du magnétiseur. De Puységur prétendit que le clairvoyant peut voir distinctement, même au travers des objets opaques, et qu'il entend sans le secours du sens de l'ouïe. Les sens du goût, du tact et de l'odorat restent ordinairement inactifs chez lui. Les partisans du magnétisme animal, firent encore revenir deux fois ce sujet devant l'Académie. Le comité nommé en 1837, pour examiner la question, fit un rapport tout à fait défavorable à la réalité des phénomènes susindiqués. M. Burdin offrit 3,000 fr. pour la production d'un somnambule qui pourrait lire ayant les yeux bandés; plusieurs se présentèrent, mais pas un ne put se tirer d'une manière satisfaisante de l'expérience à laquelle il fut soumis. Les expériences faites à l'hôpital de la Pitié par les docteurs Dumontpalier et Magnien, et celles que fit publiquement le magnétiseur Donato, ont récemment réveillé l'attention et provoqué de vives discussions. Les personnes qui admettent comme sincères les expériences présentées, ont donné le nom d'*hypnotisme* au sommeil somnambulique que provoque le magnétiseur. (Voy. Hypnotisme.) Quant à l'explication de ces phénomènes, les savants ne sont pas d'accord. Les uns admettent encore l'existence d'un fluide magnétique animal; les autres croient à une force spéciale appelée *force neurique rayonnante*; d'après les docteurs Dumontpalier et Magnien, l'hypnotisme est un effet physiologique produit par des causes physiques; suivant d'autres, il serait un phénomène nerveux. — **Magnétisme terrestre**, action du globe sur les aimants, manifestée surtout par l'attraction qu'exerce sur l'aiguille aimantée le pôle magnétique de la terre. En 1600, Guillaume Gilbert émit l'hypothèse hardie que la terre est un grand aimant et que l'aiguille prend la direction N. et S., parce qu'elle est attirée et repoussée par les pôles dissemblables et semblables de la sphère terrestre. Il éclaira cette hypothèse en électrisant de petits globes d'acier; mais cette démonstration, quoique ouvrant la voie que l'on a suivie depuis pour les études des phénomènes magnétiques, était défectueuse sous beaucoup de rapports. D'abord le magnétisme de la terre n'est pas symétrique comme celui d'un aimant d'acier, et ensuite il n'est pas permanent; il est, au contraire, sujet, dans certaines limites, à des changements presque continuels de direction et d'intensité. (Pour les opinions de Gilbert, voy. *De Magnete*, Londres, 1600, in-4°.) En réalité, l'aiguille aimantée, est presque toujours absolument stationnaire dans sa direction vers le N., l'œil ne distingue pas les mouvements qu'elle fait d'un moment à l'autre, et pourtant elle accomplit constamment des variations imperceptibles. Si la terre était un aimant seulement à cause de la magnétisation permanente de ses molécules, et non à cause de forces externes agissant constamment, quoique d'une manière variable, son pouvoir serait uniforme et l'aiguille, libre, présenterait un même lieu, une direction fixe. On sait depuis longtemps que l'aiguille ne présente pas sa pointe exacte-

ment au N.; et il fut observé par Colomb, lors de son premier voyage de découvertes, que la direction de l'aiguille n'est pas la même pour les différentes parties du globe. On a aussi trouvé que l'aiguille, balancée dans une position horizontale à l'équateur, subit une inclinaison, si on l'approche d'un pôle ou de l'autre: ce fait a été constaté pour la première fois par Robert Normand en 1576. L'intensité magnétique varie suivant les points de la terre, mais elle n'augmente pas lorsqu'on approche du pôle magnétique autant que l'on pourrait le croire, autant surtout qu'elle le fait sur une boule de fer magnétisée. En raison de ces trois éléments : la variation, l'inclinaison et l'intensité, on représente la condition magnétique de la terre à un temps donné par trois systèmes de lignes que l'on trace d'une manière imaginaire sur la surface de la terre : 1° lignes tracées sur tous les points où l'aiguille se dirige vers le vrai S., ou le vrai S., par 70° O. et 3° E., 12° O., ou 8° E. On les appelle lignes *isogoniques* ou d'égale déclinaison; 2° lignes formant un angle droit avec les précédentes et réunissant tous les points du globe sur lesquels l'angle d'inclinaison de l'aiguille est le même; ce sont les lignes *isocliniques*, 3° système de lignes réunissant tous les lieux qui ont la même intensité magnétique, connues par conséquent sous le nom de lignes *isodynamiques*. Il serait extrêmement important, pour l'art de la navigation aussi bien que pour l'étude des phénomènes du magnétisme terrestre, de déterminer exactement la position de ces trois systèmes de lignes. Pour arriver à ce résultat, plusieurs expéditions ont été organisées par diverses nations européennes. Toutes les observations ont indiqué que ces lignes ne sont pas permanentes, mais qu'elles subissent constamment un changement, et l'on n'a pu établir aucune loi. La carte de déclinaison de Halley pour l'an 1700 est très différente de celle de Barlow pour 1833 et la carte d'inclinaison de Hansteen pour 1780 ne représente pas du tout les lignes isocliniques d'aujourd'hui. Le principal objet des recherches dans cette branche de la science est donc de découvrir la loi de ces changements, afin que la position et la forme de ces lignes étant déterminées pour une époque donnée, on puisse les calculer pour une époque future quelconque. — Les variations de magnétisme terrestre sont de trois sortes. La première consiste en un mouvement des pôles magnétiques autour des véritables pôles de la terre, de l'E. à l'O. dans chaque hémisphère. Ce mouvement est prouvé par les changements séculaires que l'on a observés dans la position des lignes magnétiques, aussi bien que par les changements séculaires dans la position de l'aiguille aimantée en un même lieu. Les lignes magnétiques, à une époque donnée, présentent une grande irrégularité de direction, parce que des différences de déclinaison magnétique, dues à des particularités locales, peuvent affecter la position de ces lignes; mais, quand on considère les changements de déclinaison dans une même station, on trouve qu'ils correspondent à une oscillation semblable à celle qui résulterait de la révolution des pôles magnétiques autour des véritables pôles de la terre en une période de 6 à 7 siècles; ainsi, en 1580, l'aiguille de déclinaison marquait 11° 30' E.; en 1663, elle était à 19° vrai N. et en 1767, elle était à 19° 16'. La déclinaison occidentale de l'aiguille atteignit son maximum en 1814 (22° 34'); depuis cette époque, l'aiguille revient lentement vers l'E. et décrit chaque année un arc de moins de 8'. Le second système de changement a rapport aux variations de position de la terre dans son orbite autour du soleil et à sa révolution sur son axe. Ces changements étaient d'abord attribués à l'influence de la chaleur solaire sur différentes parties de la terre, mais leur quantité est la même dans les deux hémisphères ainsi que sous le tropique et sous les zones tempérées; la force magnétique est plus grande en déc., janv. et fév., époques où le soleil est le plus rapproché de la terre qu'en mai, juin et juillet, époques où il est plus éloigné de nous; d'où on en a conclu que si ces effets étaient dus à la température, les deux hémisphères seraient affectés d'une manière opposée au lieu de l'être semblablement dans chacune de ces deux périodes. On en est donc arrivé à attribuer ces changements au magnétisme direct du soleil lui-même, et à croire que ce corps possède comme la terre des pôles d'attraction et de répulsion qui agissent sur notre planète. Les observations du D[r] autrichien Kriel ont démontré que la lune agit aussi d'une façon magnétique sur la terre et que son action ressemble à une marée qu'a deux maxima et deux minima en 24 heures, changeant régulièrement de temps suivant le mouvement de la lune dans son orbite autour de la terre. La troisième classe de variations, nommées d'abord variations irrégulières, est aujourd'hui considérée comme périodique jusqu'à un certain point; Humboldt les appelait tempêtes magnétiques et Arago découvrit qu'elles accompagnent l'apparition des aurores boréales. Bien que les lois qui les régissent soient imparfaitement connues, on sait qu'elles augmentent peu à peu d'intensité pendant une période d'à peu près 5 ans et demi et qu'elles diminuent ensuite graduellement pendant une période égale, si bien que leur cycle se termine en 11 ans et quelques mois. Le fait le plus remarquable concernant ces tempêtes magnétiques est qu'elles coïncident avec le retour périodique du maximum et du minimum de taches sur le soleil. On a aussi établi une relation entre les proéminences colorées du soleil et l'activité magnétique terrestre.

MAGNÉTITE s. f. Fer magnétique. (Voy. Fer.) La magnétite se trouve généralement en grandes masses avec une structure cristalline distincte. Elle se présente aussi sous forme de sables, amassés par l'action des eaux fluviales ou des eaux de la mer qui l'ont arrachée aux roches contenant ce minerai. On la reconnaît facilement à sa couleur noire et à ses rayures; elle est attirée par l'aimant. Elle doit son nom de magnésie à un pays de la Thessalie sur les frontières de la Macédoine, ou, suivant Pline, au berger Magnes qui la découvrit le premier. Il existe une variété magnésienne, dans laquelle une partie de l'oxyde ferreux est remplacée par la magnésie, et une variété titanifère, dans laquelle une partie du fer est remplacée par le titane.

MAGNÉTO-ÉLECTRICITÉ s. f. Voy. Electro-magnétisme.

MAGNÉTO-ÉLECTRIQUE adj. Qui a rapport à la magnéto-électricité.

MAGNÉTOLOGIE s. f. Traité sur les aimants.

MAGNÉTOMÈTRE s. m. (gr. magnès, aimant; metron, mesure). Appareil qui sert à déterminer la puissance des aimants.

MAGNÉTOTECHNIE s. f. (gr. magnès, aimant; techné, art). Art du magnétiseur.

· **MAGNIFICAT** s. m. (ma-ghni-fi-katt) (lat. il glorifie). Liturg. cathol. Premier mot latin du cantique que chanta Marie chez sa cousine Elisabeth, le jour de sa Visitation. — Par ext. Le cantique lui-même, qui se chante aux vêpres dans l'office catholique. On dit au plur. des magnificat.

· **MAGNIFICENCE** s. f. (gn mll.) (lat. magnificentia). Qualité de celui qui est magnifique : la magnificence des grands n'est souvent que de

l'ostentation. — Se dit souvent en parlant des choses et signifie, éclat, richesse extraordinaire : tout dans cette maison est d'une grande magnificence. — Fig., au sens moral : la magnificence du style, des idées, des expressions, des images. — Pl. S'emploie quelquefois pour désigner des objets magnifiques ou des dépenses éclatantes : voilà bien des magnificences.

· **MAGNIFIER** v. a. (gn mll.) (lat. magnificare). Exalter, élever la grandeur de. Il ne se dit guère qu'en parlant de Dieu : mon âme magnifie le Seigneur. (Il est vieux.)

· **MAGNIFIQUE** adj. Splendide, somptueux dans ses dons, qui se plaît à faire de grandes et éclatantes dépenses, principalement pour le public : les Romains étaient magnifiques dans leurs monuments, dans leurs spectacles. — Se dit aussi des choses dans lesquelles la magnificence éclate : temple, bâtiment magnifique. — Un temps magnifique, un très beau temps : il fait un temps magnifique. — S'emploie fig., au sens moral, comme dans ces expressions, Des titres magnifiques, des titres pompeux, éclatants, Des termes, des paroles magnifiques, des termes pompeux, des paroles magnifiques. Un style magnifique, un style pompeux, brillant, élevé. Des promesses magnifiques, des promesses qui font espérer de grandes choses. — Magnifiques seigneurs, titre donné au conseil souverain de quelques républiques suisses. — s. : ce que le libéral fait par générosité, le magnifique ne le fait souvent que par ostentation.

· **MAGNIFIQUEMENT** adv. Avec magnificence : il reçut magnifiquement cet ambassadeur. — Fig., au sens moral : cette vérité est magnifiquement exprimée dans Bossuet.

MAGNIN (Charles), érudit, né à Paris en 1793, mort en 1862. Il devint directeur de la bibliothèque royale. Parmi ses œuvres, pleines de recherches, on cite : Origine du théâtre moderne (1838); Causeries et méditations (1842); Théâtre de Hroswitha (1845, in-8°), avec texte, traduction, introduction et notes; et Histoire des marionnettes (1852).

MAGNITUDE s. f. (lat. magnitudo). Astron. Grandeur apparente : magnitude de Vénus; magnitude de la terre. (Voy. Etoile.)

MAGNOL (Pierre) [ma-niol; gn mll.], botaniste et médecin, né et mort à Montpellier (1638-1715). Il fut nommé professeur de botanique au jardin de sa ville natale en 1694. Il a laissé plusieurs ouvrages latins sur la flore des environs de Montpellier.

· **MAGNOLIA** s. m. Synon. de Magnolier.

MAGNOLIACÉ, ÉE adj. Bot. Qui ressemble à un magnolier. — s. f. pl. Famille de plantes dicotylédones dialipétales hypogynes, ayant pour type le genre magnolier, et comprenant des arbres ou des arbrisseaux, à fleurs ordinairement solitaires, terminales. Cette famille se divise en deux tribus : 1° Illiciées, à carpelles verticillés, rarement solitaires, à feuilles parsemées de points luisants et translucides : principaux genres : badiane, tusmannie, etc.; 2° Magnoliées, à carpelles en épi sur un réceptacle allongé; genres : magnolier, talaume, tulipier, etc.

· **MAGNOLIER** s. m. (gn mll.) (de Magnol, n. pr.). Bot. Genre type de la famille des magnoliacées, comprenant plus de 20 espèces d'arbres et d'arbrisseaux, recherchés dans nos jardins d'agrément autant pour la richesse de leur feuillage que pour la grandeur et l'élégance de leurs fleurs. On dit aussi magnolia. — Le magnolier glauque (magnolia glauca), des Etats-Unis, atteint jusqu'à 15 m. de haut dans les parties chaudes de la Floride, et il y reste toujours vert. Au N., ce n'est qu'un arbuste à feuilles caduques. L'écorce de ses jeunes pousses est verte; ses feuilles oblongues, d'un vert sombre en dessus, sont pâles ou glauques

en dessous; ses magnifiques fleurs globulaires, terminales, solitaires, d'une belle blancheur, larges de 5 à 6 centim., répandent une suave odeur; ses fruits ont 5 centim. de long. Cet arbre se cultive en pleine terre dans nos jardins publics; il demande à être protégé contre les grands froids. Le magnolier concombre (magnolia acuminata), également des Etats-Unis, s'élève jusqu'à 30 m. Il croît rapidement, prend une belle forme et se revêt d'un feuillage abondant. Ses feuilles n'ajou-

Magnolier glauque (Magnolia

tent rien à sa beauté; ses fruits, longs de 7 à 8 centim., ressemblent, quand ils sont jeunes, à de petits concombres. Le magnolier à grandes feuilles (magnolia macrophylla), qui vit au sud des Etats-Unis, ne s'élève guère à plus de 10 à 12 m.; son tronc et ses branches sont revêtus d'une écorce blanche; c'est l'espèce américaine la plus remarquable par la grandeur de ses feuilles et de ses fleurs. Le ma-

Magnolier à grandes fleurs (Magnolia grandiflora).

gnolier à grandes fleurs (magnolia grandiflora) appelé aussi laurier tulipier, est un bel arbre toujours vert, qui croît spontanément depuis la Caroline du Nord jusqu'à la Floride, où il atteint une hauteur de 30 à 35 m. Il forme une pyramide régulière. Ses fleurs, de 15 à 20 centim. de diamètre, présentent la blancheur la plus pure et exhalent le parfum le plus délicat. Après leur chute, les cosses rouges des fruits ressortent sur le feuillage d'un vert sombre. Ce magnolier est le plus répandu dans nos jardins publics; il craint le froid. Parmi les espèces asiatiques, nous citerons le magnolier yulan, arbre magnifique, indigène de la Chine.

MAGNUS (Heinrich-Gustav), chimiste et physicien allemand, né à Berlin le 2 mai 1802, mort le 3 avril 1870. A partir de 1831, il fut professeur de physique et de technologie à Berlin. Il a fait d'utiles découvertes chimiques et a publié : Recherches sur la capillarité et *Observations sur l'évaporation dans des tubes capillaires*. Ses expériences sur la transmission de la chaleur à travers des gaz firent naître une controverse prolongée avec Tyndall.

MAGNY, ch.-l. de cant., arr. et à 22 kil. N. de Mantes (Seine-et-Oise), sur l'Aubette; 2,600 hab. Fabriques de bonneterie; commerce de blé, cuirs, pierres dures. Belle église gothique.

MAGON. I. Amiral carthaginois (700 av. J.-C.); il s'empara des îles Baléares et fonda dans l'une d'elles un port qui reçut son nom *Portus Magonis* (Port-*Mahon*). — II. Frère d'Annibal; se distingua aux batailles du Tésin, de la Trébie et de Cannes, soutint en Espagne pendant 10 ans la lutte contre les Scipions, en fut chassé vers 225 av. J.-C. et fut battu dans l'Insubrie par Quintilius Varus (203 av. J.-C.). — III. Ecrivain carthaginois du IIe siècle av. J.-C. Il avait composé sur l'agriculture 28 livres qu'avait recueillis Scipion Æmilien, lors de l'incendie de Carthage, mais sont aujourd'hui perdus.

MAGON (Charles-René), marin, né à Paris en 1763, mort en 1805. En 1778, il assista à la bataille d'Ouessant, fut fait prisonnier en 1790 et amené en Angleterre; promu au grade de lieutenant de vaisseau à son retour en France, il participa aux Anglais (1788) l'île de Diégo-Garcia. Capitaine en 1795, il commandait le vaisseau le *Mont-Blanc*, en 1801, dans l'escadre de Villaret-Joyeuse et s'empara de Port-Dauphin; cet exploit lui valut le grade de contre-amiral. En 1805, monté sur l'*Algésiras* au combat de Trafalgar, il soutint une lutte héroïque sur le vaisseau anglais le *Tonnant* et fut tué dans l'action.

MAGOT s. m. (probabl. lat. *imago*, image). Gros singe sans queue, du genre des macaques : *un magot qui danse sur la corde*. — Fig. et fam. IL EST LAID COMME UN MAGOT; C'EST UN MAGOT, UN VRAI MAGOT, UN LAID MAGOT, UN VILAIN MAGOT, se dit d'un homme fort laid. C'EST UN MAGOT, UN VRAI MAGOT, se dit aussi d'un homme gauche et grossier dans ses manières. — Figure grotesque de porcelaine, de pierre, etc. : *magot de la Chine*. — Fam. Amas d'argent caché : *on a trouvé son magot*.

MAGYAR (Laszlo) [mod'-ior], explorateur hongrois, né en 1817, mort dans le Benguéla le 9 nov. 1864. Il entra dans la marine brésilienne en 1844 et devint, en 1847, commandant de la flotte du roi nègre de Calabar (côte occidentale d'Afrique). En 1849, il traversa le plateau de Nano, jusqu'à Bihé, épousa la fille d'un chef et explora l'intérieur de l'Afrique en 1850-'51. Il est ensuite un emploi chez les Portugais de Saint-Paul de Loanda. Ses *Voyages dans l'Afrique méridionale* ont été publiés en hongrois et en allemand (1 vol., 1859).

MAGYARS s. et adj. Voy. MADGYARS et HONGRIE.

MAHALEB s. m. Espèce de cerisier dont le bois est odorant et s'emploie principalement pour les ouvrages de tour. On l'appelle aussi *bois de Sainte-Lucie*. Il est très abondant autour de l'ancienne abbaye de Sainte-Lucie, en Lorraine.

MAHANOY CITY [mâ-ha-noï'], ville de Pennsylvanie (Etats-Unis), à 170 kil. N.-O. de Philadelphie; 10,000 hab. Riches mines d'anthracite.

MAHANUDDY [mâ-ha-nod'-di], fleuve de l'Inde, qui traverse le Bérar et l'Orissa et se jette dans la baie de Bengale par un grand nombre de bras; 700 kil. de long. Des diamants de la plus belle eau se trouvent dans ce fleuve et dans ses tributaires.

MAHÉ, comptoir de l'Inde française et port de la mer d'Oman, sur la côte S.-O. de Mala-

bar, par 11° 42' 8" lat. N. 73° 12' 23" long. E.; à 7 kil. S. de Tillichery, à 55 kil. N.-O. de Calicut et à 450 kil. O. de Pondichéry, sur la rive gauche et à l'embouchure de la rivière de Mahé; 8,000 hab. Territoire bien boisé; 60 kil. carr. Climat très sain. — Mahé fut conquis par la Bourdonnaye en 1727; pris par les Anglais en 1761, restitué à la France en 1783, repris de nouveau en 1793 et rendu définitivement à la France le 22 févr. 1817.

MAHERBAL, officier carthaginois; il se distingua à la bataille de Trasimène, commanda la cavalerie numide à la bataille de Cannes (316 av. J.-C.), et après cette victoire, poussa Annibal à marcher sur Rome. Son avis n'ayant pas prévalu, il s'écria : « Tu sais vaincre, Annibal, mais tu ne sais pas profiter de la victoire ».

MAHMOUD I. Sultan de Turquie, fils de Mustapha II, né en 1696, mort le 13 déc. 1754. Il fut élevé au trône ottoman en 1730 par les janissaires, après la déposition de son oncle Ahmed III. Il mit fin à une guerre désastreuse avec Nadir, schah de Perse, en 1736. Les Russes prirent Otchakov et Kinburn en 1737, mais leurs alliés les Autrichiens furent vaincus par les Turcs à Krotzka en 1739, et à la paix qui suivit, les Autrichiens abandonnèrent Belgrade et d'autres places, tandis que les Russes gardèrent leurs conquêtes. Une autre guerre, commencée avec la Perse, en 1743 fut défavorable à la Turquie. — II. Sultan de Turquie, le plus jeune fils d'Abdul-Hamed, né en 1785, mort le 1er juillet 1839. Il fut élevé avec soin dans le sérail. Son frère Mustapha IV, ordonna de l'égorger en 1807, mais il échappa à la mort. Bairaktar, pacha de Roustchouk, s'étant révolté, déposa Mustapha et plaça Mahmoud sur le trône le 28 juillet 1808. Mahmoud fit étrangler Mustapha et son jeune enfant et jeter dans le Bosphore quatre épouses de son frère, enfermées dans des sacs. Pendant ce temps, les janissaires révoltés avaient pillé le sérail et, pour apaiser leur insurrection, le sultan fut obligé de se soumettre à toutes leurs demandes. La guerre contre la Russie et la Serbie se termina par le traité de Bucharest (28 mai 1812), en vertu duquel le Pruth devint la frontière de la Turquie. A partir de ce moment, le caractère despotique de Mahmoud se manifesta ouvertement; la guerre des Wahabites d'Arabie fut terminée grâce aux talents militaires d'Ibrahim Pacha, fils de Méhémet-Ali, viceroi d'Egypte; Ali-Pacha de Janina, fut vaincu et mis à mort; les Grecs s'étant révoltés en 1821, leur pays fut envahi par une armée ottomane et la guerre se poursuivit avec leur territoire avec une extrême cruauté; mais la France, la Russie et la Grande-Bretagne intervinrent et détruisirent la flotte turque à Navarin (20 oct. 1827). La milice turbulente des janissaires fut violemment détruite après une lutte sanglante en 1826 et l'armée ottomane fut réorganisée à l'européenne. Battu dans une nouvelle guerre avec la Russie, Mahmoud conclut le traité d'Andrinople (14 sept. 1829). En 1832, il fut défait par Ibrahim Pacha, à Homs et à Koniéh; l'intervention des Russes lui conserva le trône. Il mourut après avoir repris les hostilités contre Méhémet-Ali.

MAHMOUD, sultan de Gazna. Voy. GAZNA.

MAHOMET ou Mohammed, fondateur de la religion musulmane, né à la Mecque en avril 570 ou 571, mort à Médine le 8 juin 632. Sa famille (les Haschem), de la tribu distinguée de Koréisch, était gardienne héréditaire de la Caaba, mais ses parents étaient pauvres. Son père était un marchand qui mourut deux mois après la naissance de Mahomet; et à l'âge de 6 ans, celui-ci perdit sa mère et fut élevé par son grand-père Abd-el-Mottaleb.

Deux ans plus tard, il perdit encore son grand-père, et fut adopté par son oncle Abou Taleb, gardien de la clef de la Caaba. Avec son père adoptif, le jeune Mahomet, âgé de 9 à 12 ans, fit plusieurs voyages en Syrie et dans les contrées voisines; il s'y lia avec un moine chrétien (probablement un nestorien) qui lui prédit sa grandeur future. A 25 ans, il était berger près de la Mecque lorsqu'il suivit un marchand de toile, nommé Saïb. Arrivé à Hajasha, marché qui se trouve à 6 jours de marche au S. de la Mecque, Mahomet entra au service d'une riche veuve, nommée Kadichah qu'il finit par épouser bien qu'elle eût 15 ans de plus que lui. Il en eut 2 fils qui moururent jeunes et 4 filles. Entre 35 et 40 ans, Mahomet se rendit fréquemment dans une grotte solitaire du mont Hara pour s'y livrer à la contemplation; c'est là qu'au milieu de ses convulsions spasmodiques, il eut sa première vision, pendant laquelle l'ange Gabriel lui commanda de répandre parmi les peuples les paroles qu'il allait lui dicter, et ses révélations continuèrent jusqu'à la fin de la vie de Mahomet; c'est ainsi que fut composé le Coran. Mais comme Mahomet ne savait pas écrire, il prit plusieurs secrétaires auxquels il fit transcrire les paroles de l'ange. (Voy. CORAN.) Son premier prosélyte fut sa femme. Pendant trois ans, il convertit seulement quelques-uns de ses parents et de ses amis qui le regardèrent comme prophète. La quatrième année, il voulut prendre ce titre publiquement, mais il fut reçu partout par des imprécations. Pour le mettre en sécurité, son oncle Abou Taleb le conduisit dans un château près de la Mecque et il y resta trois ans. Les Koréischites le mirent hors la loi ainsi que ses disciples. Quand cet édit de proscription fut levé, il reparut à la Mecque. Peu après, il perdit son oncle et trois jours plus tard, sa propre femme. Il prit presque aussitôt un grand nombre d'autres femmes dont 9 lui survécurent. Après une autre courte expulsion de la Mecque, il raconta le fameux voyage qu'il avait fait dans le ciel. Quelques pèlerins d'Yathreb furent convertis par lui en 621, et propagèrent ses doctrines. En 622, une députation d'habitants de ce pays arriva pour signer avec lui un traité offensif et défensif. En sept., apprenant que ses ennemis de la Mecque avaient résolu sa mort, il se sauva à Yathreb avec tous ses adeptes. Arrivé au milieu des Arabes, il établit sa nouvelle religion sur une base solide et l'ère des musulmans commence à cette fuite du prophète nommée *hégire*. (Voy. ce mot.) Le nom d'Yathreb fut changé en celui de Médinet en-Nebi, la *ville du prophète* (Médine). Pendant la première année de l'hégire, Mahomet bâtit une mosquée à Médine et déclara la guerre à tous ses ennemis. Dans un engagement à Bedr (623), entre 314 mahométans et 600 habitants de la Mecque, la victoire resta aux sectateurs de Mahomet qui s'appelaient déjà musulmans. Mais les Koréischites remportèrent une victoire au mont Ohod (625) et assiégèrent un moment Médine (627). N'ayant pu s'emparer de la Mecque en se déguisant, ainsi que ses adeptes, en pèlerin, Mahomet pilla quelques tribus juives des environs. Il envoya ensuite des demandes écrites à Chosroes II de Perse, au roi d'Abyssinie, à l'empereur de Byzance, Héraclius, au gouverneur d'Egypte, pour leur ordonner de se soumettre à la nouvelle religion. Il parvint à s'emparer de la Mecque le 12janv. 630 et s'y fit reconnaître comme souverain et comme prophète. En peu de temps, toute l'Arabie se soumit à son gouvernement et le triomphe de sa religion fut complet. En 631, il proclama une guerre sainte contre l'empire de Byzance, mais il fut vaincu. L'année suivante, il fit son dernier voyage à la Mecque à la tête de plus de 40,000 pèlerins, et 3 mois après son retour à Médine, il tomba sérieusement malade. Il annonça lui-même dans la mosquée l'approche de sa mort et expira dans les bras d'Aïcha, son épouse favorite. Il laissait une fille, Fatime, femme d'Ali, qui fut l'ancêtre de tous les chérifs ou nobles du monde musulman. Pendant toute sa vie, il avait été sujet à des attaques d'épilepsie. La *Vie de Mahomet* a été écrite par Gagnier (Amsterdam, 1732, 2 vol. in-8°), par Boulainvilliers (Londres, 1730) et par Turpin (1773, 3 vol. in-12).

MAHOMET, nom de 4 sultans ottomans. I. Mort en 1421 ; il succéda à son frère en 1418, après l'avoir fait étrangler ; il soumit et pacifia la Cappadoce, la Serbie, la Valachie et la Bulgarie et créa l'armée navale ottomane. — II. Surnommé *le Grand* et *le Victorieux*, né en 1430, mort en mai 1481. Il était fils aîné d'Amurat II, auquel il succéda en 1451, après avoir tué ses deux frères. Il investit Constantinople le 6 avril 1453, en fit d'assaut le 29 mai et en fit sa capitale. Il termina la conquête de la Serbie en 1454 ; mais il fut repoussé devant Belgrade par Huniade en 1456. La conquête de la Morée eut lieu en 1460, à l'exception de quelques villes maritimes fortifiées que tenaient les Vénitiens. En 1461, Mahomet conquit Trébizonde et mit à mort son empereur, David Comnène ; il s'empara aussi de la Valachie et de la plupart des îles de l'archipel. Scanderbeg lui fit échec en battant plusieurs armées turques. Après la mort de ce héros (1467), l'Albanie devint province ottomane. Le sultan fit ensuite la guerre aux Hongrois et aux Vénitiens ; il enleva à ces derniers Négrepont (1470). Les Vénitiens formèrent alors une alliance avec le pape Sixte IV, les rois de Naples et de Chypre, le grand-maître de Rhodes et le chah de Perse. Les flottes des alliés européens attaquèrent les côtes de l'empire ottoman pendant que les Persans envahissaient les districts orientaux de Turquie ; mais Mahomet fut partout victorieux et la paix se conclut en 1474. L'année suivante, le conquérant enleva aux Génois Kaffa et plusieurs autres ports de Crimée ; le khan des Tartares de Crimée devint son tributaire, mais, au siège de Rhodes (1480), il fut repoussé par les chevaliers de Saint-Jean ; vers la même époque, il s'empara des îles Ioniennes et de la ville d'Otrante. Au moment où il mourut, il avait conquis 2 empires, 12 royaumes et 200 villes. — III. Mort en 1603. Il succéda à son père Amurat III, en 1595 et commença par faire étrangler 19 de ses frères et 10 odalisques enceintes de son père et remit le pouvoir à la sultane Validé. Il mourut de la peste. — IV. Né en 1642, mort vers la fin de 1692. Il succéda, en 1648, à son père Ibrahim Ier, et nomma grand vizir l'Albanais Mohammed Kuprili ou Kuperli ; c'est le ministre et son fils Ahmed, qui lui succéda en 1661, que le règne de Mahomet IV doit, en grande partie, sa célébrité. Le sultan n'avait ni talent, ni énergie ; il passa presque toute sa vie à la chasse et dans son sérail. Il laissa Ahmed continuer la guerre contre Venise et s'emparer de Candie en 1669. Ahmed remporta de grands succès en Hongrie ; mais l'Allemagne, la France et l'Italie envoyèrent des secours aux chrétiens et Montécuculi remporta une victoire décisive sur les musulmans à Saint-Gothard, sur la Raab, le 1er août 1664, et la paix se signa à Témesvar. En 1672, le sultan envahit la Pologne ; mais Jean Sobieski battit les Turcs à Khotin en 1673 et obtint une paix honorable en 1676. En 1683, les Turcs, dirigés par Kara Mustapha, successeur d'Ahmed, investirent Vienne qui fut secouru par Sobieski et par Charles de Lorraine, et les Turcs furent complétement mis en déroute. A partir de ce moment, ils ne subirent plus que des désastres. L'armée turque finit par se mutiner à Belgrade, marcha sur Constantinople en 1687,

détrôna le sultan et mit à sa place son frère Soliman III.

MAHOMÉTAN, ANE s. Celui, celle qui professe la religion de Mahomet : *un dévot mahométan.* — adj. : *les peuples mahométans.*

MAHOMÉTISME s. m. Religion de Mahomet : *le mahométisme règne dans une partie de l'Asie.* — Le mot mahométisme n'est employé que par les chrétiens pour désigner la religion établie par Mahomet. Les Mahométans appellent leur religion *Islam*, ce qui veut dire *pleine soumission à Dieu* et se donnent à eux-mêmes le nom de *musulmans*, ou peuple de l'Islam. Le Coran est reconnu par toutes les sectes musulmanes comme règle de foi et de morale ; mais la grande majorité y ajoute la *Sunna* ou tradition qui résume les mots, les remarques, les actes de Mahomet et qui permet ainsi d'interpréter le Coran. Les Montasals rationalistes et les plus rigoristes parmi les Chiahs (Chiites) rejettent la Sunna ; les Chiahs modérés reconnaissent une tradition, mais non celle des Sunnites (voy. Chiites et Sunna). Parmi les Sunnites, il se forma 4 écoles orthodoxes entre 740 et 840 ; on les appela, d'après leur fondateurs, hanéfites, malékites, chaféites, et hanbalites. La 1re et la 4e n'eurent que peu d'influence ; la 2e prévalut dans l'Afrique septentrionale et en Espagne et la 3e demeura en Orient. Au VIIIe et au IXe siècle, l'école rationaliste des adversaires nommèrent école des Montasals ou des séparatistes, eut une puissante influence. Au Xe siècle, une école orthodoxe et scolastique reprit l'ascendant, et, depuis cette époque, les dogmes et la morale sont restés les mêmes. — La doctrine fondamentale de l'islamisme est la suivante : « Il n'y a qu'un Dieu et Mahomet est son prophète ». Les musulmans croient qu'un grand nombre de prophètes ont reçu, à différentes époques, une mission divine. Parmi eux, il y en a 6 qui furent envoyés pour donner de nouvelles lois, savoir : Adam, Noé, Abraham, Moïse, Jésus et Mahomet. A ces prophètes furent révélés certains livres inspirés par Dieu ; toutes ces écritures ont péri, excepté 4 : le Pentateuque, les Psaumes, l'Evangile et le Coran. Les musulmans tiennent que les 3 premiers ont été falsifiés et mutilés et que le Coran les surpasse tous. Mahomet est le dernier prophète et le Coran est la révélation finale. Les mahométans croient à l'existence des anges, dont 4 jouissent particulièrement des bonnes grâces de Dieu : Gabriel, par lequel le Coran fut révélé à Mahomet ; Michel, gardien spécial des Juifs ; Azraël, l'ange de la mort qui sépare l'âme du corps des hommes ; Israfil, qui sonnera la trompette lors de la résurrection. Il y a aussi une classe d'êtres inférieurs aux anges, tirés comme eux du feu, appelés djinns (que l'on traduit généralement par *genii*, *génies*), qui mangent et boivent et sont sujets à la mort ; quelques-uns sont de bons et d'autres de mauvais génies. Le principal des méchants djinns est Eblis ou le désespoir ; les génies ont différents noms tels que Péri (fée), Div, etc. Il y a différentes opinions relatives au jugement dernier, mais le point essentiel, sur lequel tout le monde est d'accord, est que les hommes recevront pour récompense cette condition de bonheur et de béatitude dont Dieu les jugera dignes suivant leur conduite sur la terre. Les mauvais hommes seront plongés dans la misère. L'heure de la résurrection n'est connue que de Dieu ; après le jugement, tous passeront sur le pont Al-Sirat qui est plus fin qu'un cheveu, plus coupant qu'une épée et qui, de tous côtés, est entouré de ronces. L'homme bon passera dessus aisément et rapidement, l'homme méchant tombera dans l'enfer. Les délices du ciel sont presque entièrement sensuelles, tandis que les tourments de l'enfer consistent surtout à subir les alternatives

d'un chaud extrême et d'un froid excessif. Tous ceux qui croient à l'unité de Dieu, finiront par obtenir leur pardon et par entrer au paradis ; mais les hypocrites, les idolâtres et tous ceux qui nient l'unité absolue de Dieu souffriront éternellement. Les musulmans croient à la prédestination de toutes choses par Dieu ; leur religion pratique appelée par eux *Din*, consiste principalement en quatre choses : 1° la purification et la prière ; 2° la charité ; 3° le jeûne ; 4° le pèlerinage à la Mecque. La prière doit être précédée de l'ablution. La propreté est considérée comme un devoir religieux. Les prières doivent être dites dans un endroit propre ; mais le vendredi, on doit les faire dans la mosquée aux heures indiquées, 5 fois par jour, par le *muezzin* du haut du minaret. A la fin de la fête de Ramadan, chaque musulman doit faire des aumônes s'il en est capable. Pendant tout le mois de Ramadan, depuis le lever du soleil jusqu'à son coucher, les musulmans ne doivent ni boire ni manger, ni se donner aucune satisfaction corporelle. Tous les Musulmans, hommes et femmes, doivent, une fois au moins pendant leur vie, faire le pèlerinage de la Mecque si les moyens le leur permettent. Mais ce devoir peut être accompli par substitution. Parmi les choses que défend le Coran, on cite : l'usage du sang et de la viande de porc, les jeux de hasard, l'emploi du vin et de toute liqueur enivrante, et le prêt d'argent à intérêt. Un véritable croyant ne doit pas avoir plus de 4 femmes, et si Mahomet en a eu davantage, c'était par permission spéciale de Dieu. L'orgueil, la calomnie, la vengeance, l'avarice et la débauche sont condamnés par le Coran ; tandis que la foi en Dieu, la soumission sa volonté, la patience, la modestie, l'indulgence, l'amour de la paix, la sincérité, la frugalité, la bienveillance, la libéralité y sont exaltées. — Dès qu'elles furent promulguées, les doctrines de Mahomet se répandirent avec une étonnante rapidité. En 12 ans, toute l'Arabie embrassa l'Islam. Abou-Bekr, le premier calife, déclara la guerre à tous les peuples. Omar, son successeur, prit Damas, Jérusalem et subjugua la Syrie. Amrou, général d'Omar, conquit l'Egypte et une partie de l'Afrique septentrionale. Peu après la mort d'Omar, la Perse fut subjuguée ; Ctésiphon et le Farsistan subirent le joug musulman. Lorsque Ali arriva au califat, on vit naître les deux sectes qui ont toujours divisé depuis le monde musulman. Moavia, son rival, prit possession de la plus grande partie des provinces persanes et établit l'Islam en Sicile. A partir de 696, toute l'Afrique du N. appartint au mahométisme ; au commencement du VIIIe siècle, le croissant se précipita sur l'Espagne, et pendant 800 ans les Sarrasins conservèrent le pied dans ce pays. Abdérame entra en Gaule avec 400,000 musulmans et l'univers entier semblait destiné à être subjugué lorsque Charles Martel (732) arrêta, par une victoire décisive, les progrès des sectateurs de Mahomet dans l'Europe occidentale. L'islam repoussé de ce côté, tourna ses efforts vers l'Orient, s'avança vers les frontières de Chine, entra dans l'Inde et fonda de vastes empires sur les bords de l'Indus et du Gange. Les croisades ne firent qu'exciter l'enthousiasme religieux des peuples orientaux ; une nouvelle impulsion fut communiquée à leur énergie lors du soulèvement des Turcs Seljoucides qui établirent l'un des sièges de leur gouvernement à Iconium ou Konieh. Ayant repoussé le monde chrétien des croisades, les Seljoucides tombèrent ensuite en décadence et furent soumis par d'autres tribus tartares qui fondèrent l'empire des Ottomans ou des Turcs proprement dits. Mahomet II prit Constantinople en 1453 et les Turcs devinrent la terreur de l'Italie, de la Hongrie et de l'Allemagne ; mais, au moment de leur apogée, commença la décadence musulmane. Les Maures furent définitivement chassés d'Espagne en 1492 et la défaite des Turcs sous les murs de Vienne (1683) marqua l'instant à partir duquel leur déclin ne s'est pas arrêté. — Le nombre total des musulmans est évalué à 180 millions. En Europe, ils sont presque confinés dans la Turquie où ils ne forment qu'un quart de la population et où leur nombre décroît constamment. Dans la Russie d'Europe, ils comptent environ 2,400,000 adeptes; dans la Russie d'Asie, ils sont au nombre de plus de 5 millions; ils dominent dans la Turquie d'Asie, en Perse, dans l'Afghanistan, dans le Béloutchistan, dans l'Arabie et la Tartarie. Les Anglais en comptent 41 millions dans leurs possessions de l'Inde. On pense alors en Afrique où l'islamisme s'est propagé avec une rapidité extraordinaire au XIXe siècle, il y a peut-être aujourd'hui plus de 100 millions de sectateurs de Mahomet.

MAHOMETTO, opéra représenté à Naples en 1820; musique du Rossini. Cette pièce, retouchée par le compositeur, devint le Siège de Corinthe (1826).

MAHON. Voy. PORT-MAHON.

MAHRATTES (Maha-rashtra, grand peuple), nation de l'Inde centrale, de race indoue, appartenant au brahmanisme et formant une race active, courageuse, bien proportionnée, mais de taille peu élevée et d'un teint presque noir. Les Mahrattes apparaissent dans l'histoire vers le milieu du XVIIe siècle, époque à laquelle ils possédaient un territoire étroit sur les bords de la mer d'Arabie. Sévaji (né en 1627, mort en 1680), fils d'un officier au service du roi de Bedjapour, fonda leur empire; il renversa son souverain et réunit peu à peu sous sa domination la multitude de petits États entre lesquels les Mahrattes étaient divisés. Son fils, Sambaji, étendit ses conquêtes, mais fut mis à mort par Aurungzebo, en 1689. Sous le règne de Saho, petit-fils de Sévaji, le peichoua ou premier ministre héréditaire, devint le véritable chef des Mahrattes. A l'apogée de sa puissance, vers le milieu du XVIIIe siècle, l'empire des peichouas, dont la capitale était Pounah, unit en une sorte de confédération les différents chefs des États mahrattes. Cet empire renversa ceux de Guzarate et de Maloua et s'annexa, vers 1760, le territoire de Delhi. La décadence des Mahrattes commença en 1761, lorsqu'ils furent défaits par Ahmed, Khan d'Afghanistan, dans la grande bataille de Paniput. Ils furent vaincus par les armées de Tippo-Sahib et plus tard par l'armée anglaise (1803). Holkar et Sindia, chefs des États indépendants mahrattes d'Indore et de Goualior, unirent leurs forces à celles du peichoua et du rajah de Bérar contre les Anglais; la lutte fut longue et sanglante, mais les Mahrattes finirent par être subjugués (1819).

* **MAI** s. m. (lat. maius de Maia, nom de la mère de Mercure). Cinquième mois de l'année, comprenant 31 jours. Chez les Romains, il était consacré à Apollon; les 9e, 11e et 13e jours, on célébrait la fête des Lémuries, en mémoire des morts. D'après quelques savants, ce mois aurait été ainsi nommé par Romulus, parce qu'il était consacré aux sénateurs et aux nobles (majores). Dans l'Eglise catholique, le mois de mai est consacré à la Vierge Marie. Second mois du printemps, il voit éclore les fleurs :

> Frais mai, chaud juin,
> Annoncent pain et vin.

> Bourgeon de mai
> Remplit le chai.

— CHAMP DE MAI, assemblée que les principaux de la nation française tenaient au mois de mai. — Arbre qu'on a coupé et qu'on plante, le premier jour de mai, devant la porte de quelqu'un, en signe d'honneur : planter le mai. — LE 16 MAI. (Voy. FRANCE.)

MAI (Angelo) [mâ-i; ou maï] érudit italien (1782-1854). Il entra au noviciat de la société de Jésus, fut employé à la bibliothèque ambrosienne de Milan, devint, en 1819, gardien chef de la bibliothèque vaticane à Rome, puis bibliothécaire, et, en 1825, protonotaire apostolique surnuméraire. En 1833, il fut nommé secrétaire de la Propagande en, en 1838, préfet de la congrégation de l'Index et cardinal. Sa réputation littéraire fut établie par la découverte de plusieurs palimpsestes dans la bibliothèque ambrosienne : divers discours de Cicéron, plusieurs discours de Cornélius Fronto, un discours de Themistius, plusieurs livres des antiquités romaines de Denys d'Harlicarnasse, des fragments d'Eusèbe et de Philon, etc. Il trouva aussi à Rome un palimpseste contenant une grande partie de de Republica de Cicéron (1822). Il prépara et publia les magnifiques ouvrages intitulés : Scriptorum veterum nova collectio e vaticanis codicibus edita (10 vol. in-4°, 1825-'38); Auctores classici e vaticanis codicibus editi (10 vol. in-8°, 1828-'38); Spicilegium Romanorum (10 vol., 1839-'44); et Nova Patrum bibliotheca (6 vol. 1845-'52). Il a aussi commencé une édition du célèbre Codex vaticanus (de la Bible), mais il mourut avant de l'avoir terminé.

MAIA. Mythol. Fille d'Atlas et de Pléione, l'aînée et la plus belle des sept Pléiades. Dans une grotte du mont Cyllène (Arcadie), Zeus la rendit mère d'Hermès (Mercure).

MAIA s. m. (du nom de la mère de Mercure). Crust. Genre de décapodes brachyures, section des crabes triangulaires, comprenant plusieurs espèces de gros crabes qui vivent dans les mers de l'Europe. Le maia squinade

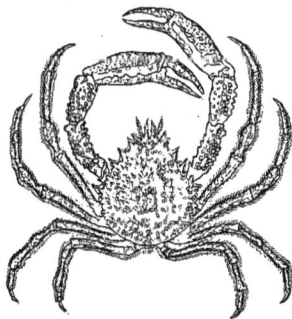

Maia squinade (Maia squinado).

(maia squinado) ou araignée de mer est un animal hideux, couvert de poils et de tubercules pointus. Il est long de 10 à 12 cent. On le trouve sur toutes nos côtes, dans les fonds vaseux où il peut se dissimuler entre les pierres; sa chair n'est pas estimée. Le maïa verruqueux (maia verrucosa) est commun sur la côte de la Méditerranée.

MAICHE, ch.-l. de cant., arr. à 40 kil. S. de Montbéliard (Doubs); 1,450 hab.

MAIDA, ville de la Calabre ultérieure 11e, district et à 10 kil. S. de Nicastro; 4,000 hab. Le général français Régnier y fut complètement battu par les Anglais le 4 juillet 1806.

* **MAIDAN** s. m. Nom qu'on donne, dans l'Orient, aux places où se tiennent les marchés.

MAIDSTONE, ville du Kent (Angleterre), sur la Medway, à 50 kil. S.-S.-E. de Londres; 27,000 hab. Importantes fabriques de papiers; vaste église paroissiale du XIVe siècle.

MAIE ou **mée** s. f. (lat. mactra). Caisse dans laquelle le boulanger prépare sa pâte. — Huche au pain.

* **MAIEUR** s. m. Titre qui, dans quelques villes, répondait à celui de MAIRE.

MAIGNELAY, ch.-l. de cant., arr. et à 25 kil. N.-E. de Clermont (Oise); 760 hab. Ruines d'un château fort.

* **MAIGRE** adj. (lat. macer, aminci). Qui n'a point de graisse, ou qui en a très peu, qui est sec et décharné: cet homme est fort maigre. — MAIGRE ÉCHINE, une personne très maigre. — ALLER DU PIED, COURIR, MARCHER COMME UN CHAT MAIGRE, marcher fort vite. — JOURS MAIGRES, jours auxquels l'Eglise défend de manger de la viande. (Voy. ABSTINENCE et CARÊME.) — REPAS MAIGRE, repas où l'on ne sert point de viande. SOUPE MAIGRE, soupe où il n'entre pas de jus de viande. — MAIGRE CHÈRE, mauvaise chère: il nous a fait faire maigre chère. On dit dans le même sens, UN TERROIR aride qui rapporte peu: ce pays, ce sol, ce terrain est bien maigre. — S'emploie aussi, fig., dans plusieurs acceptions. Ainsi on dit: — Fam. UN MAIGRE SUJET, une cause bien légère: il s'est fâché pour un maigre sujet; voilà un maigre sujet de rire. Un SUJET MAIGRE, un sujet stérile, qui fournit peu à l'écrivain: cet orateur a choisi un sujet bien maigre. — UN OUVRAGE MAIGRE, un ouvrage faible, où il y a peu d'idées. — UN STYLE MAIGRE, un style sans agrément, sans ornement. — UN MAIGRE DIVERTISSEMENT, un divertissement peu agréable. — UNE MAIGRE RÉCEPTION, une mauvaise, une froide réception. — Peint. PINCEAU, CRAYON, TRAIT MAIGRE; COULEUR, TOUCHE MAIGRE, etc. Dans ces locutions, MAIGRE est l'opposé de moelleux, de large, de nourri. — Archit. COLONNE MAIGRE, MOULURE MAIGRE, etc., colonne dont le fût est trop allongé, moulure trop menue, etc. — Ecrit. LETTRE, CARACTÈRE, ÉCRITURE MAIGRE, lettre, caractère, écriture grêle, dont les pleins ne sont pas assez prononcés. On dit aussi, en termes d'impr., LETTRE, CARACTÈRE MAIGRE. On dit encore, dans le même art, FILET MAIGRE, filet très étroit et sans ornement. — Se dit adverbialement, dans cette phrase de maréchalerie, ÉTAMPER MAIGRE, percer les trous ou étampures du fer d'un cheval, près du bord extérieur; par opposition à ÉTAMPER GRAS, pratiquer les étampures près du bord intérieur. On dit de même, ÉTAMPER PLUS MAIGRE EN DEHORS QU'EN DEDANS. — s. m. Partie de la chair où il n'y a aucune graisse: je ne veux point du gras de ce jambon, je veux du maigre. — Se dit aussi des aliments maigres, de ceux où il n'entre ni viande, ni graisse, ni jus de viande: le maigre me fait mal, m'échauffe. — FAIRE MAIGRE, MANGER MAIGRE, s'abstenir de manger de la chair. TRAITER EN MAIGRE, donner à manger sans faire servir aucune viande: vous a-t-il traité en maigre ou en gras? On dit dans le même sens, REPAS EN MAIGRE.

* **MAIGRE** s. m. Grand poisson de mer du genre sciène.

* **MAIGRELET, ETTE** adj. Diminutif de maigre. Se dit seulement des enfants et des jeunes personnes: cet enfant est maigrelet.

* **MAIGREMENT** adv. N'est guère usité au propre. Se dit fam., au figuré, pour petitement, chétivement: il nous a traités fort maigrement.

* **MAIGRET, ETTE** adj. Diminutif de maigre: il est un peu maigret.

* **MAIGREUR** s. f. Etat du corps des personnes et des animaux maigres: je ne vis jamais une si grande maigreur. — S'emploie, fig., dans les arts du dessin et en littérature: la maigreur d'une colonne; la maigreur de son sujet l'a forcé d'avoir recours à des épisodes, à des déclamations, à des morceaux de remplissage.

* **MAIGRIR** v. n. Devenir maigre: il maigrit à vue d'œil. — v. a. Faire paraître maigre ou mince : *ces vêtements noirs le maigrissent.*

* MAIL s. m. [maï; *l* mll.] (lat. *malleus*, marteau). Espèce de petite masse cylindrique de bois, garnie d'un cercle de fer à chaque bout, qui a un long manche un peu pliant, et dont on se sert pour jouer en poussant, en chassant avec force une boule de buis : *votre mail est trop pesant.* — Jeu où l'on fait usage du mail : *le mail, le jeu de mail est maintenant peu en usage.* — Lieu, allée où l'on joue au mail : *un beau mail.* C'est aussi, dans quelques villes, le nom de la promenade publique, où l'on jouait autrefois au mail : *voulez-vous faire deux tours de mail ?* — Boule de mail, la boule avec laquelle on joue au mail. — Gros marteau dont le carrier se sert pour enfoncer les coins entre les joints ou dans les entailles des pierres.

MAIL-COACH s. m. [mél-kòtch] (angl. *mail*, malle; *couch*, coche). Voiture attelée à quatre chevaux de poste, à grandes guides. — Les mail-coaches furent institués vers 1780 en Angleterre. C'étaient nos malles-postes françaises.

MAILLAGE s. m. [*ll* mll.]. Action de battre le chanvre ou le lin avec le mail.

MAILLARD (Jean), échevin de Paris, mort en 1358. Il tua le prévôt Etienne Marcel au moment où celui-ci allait livrer Paris à Charles le Mauvais.

MAILLARD (Stanislas-Marie), fameux révolutionnaire, né à Gournay en Bray (Seine-Inférieure), le 11 déc. 1763, mort à Paris, d'une phtisie pulmonaire, le 26 germinal an II (15 avril 1794). Son frère était huissier à cheval au Châtelet et le prit comme clerc. Transporté d'enthousiasme au moment de la Révolution, il assista à la prise de la Bastille. Aux journées d'octobre, il dirigea la manifestation qui se rendit à Versailles et demanda le retour du roi à Paris. On a fait peser sur sa mémoire le souvenir des massacres de Septembre, mais il n'existe aucun document prouvant sa participation.

* MAILLE s. f. [*ll* mll.] (lat. *macula*). Chaque nœud que forme le fil, la soie, la laine, etc., dans des tissus serrés et sans intervalles : *il y a une maille rompue à votre bas.* Se dit également des nœuds faits de corde, de fil, etc., dans des tissus lâches : *les mailles d'un filet.* — Ouverture que les nœuds laissent entre eux : *les mailles de cette raquette, sont trop grandes, trop larges.* — Se dit, en outre, de petits annelets de fer dont on formait des armures, et les entrelaçant les uns dans les autres : *une chemise, une jaque, une cotte de mailles.* (Voy. Cotte et Armure.) — Maille a maille se fait le haubergeon, en travaillant peu à peu, mais constamment, à une chose, on parvient à l'achever. — En termes de tisserand, signifie l'ouverture pratiquée dans les lisses du métier à tisser, et qui sert à recevoir les fils de la chaîne : *maille à nœuds, à crochets, à coulisses.* — Marques, taches qui paraissent sur les plumes du perdreau, lorsqu'il devient fort. — Se dit, en outre, d'une certaine tache ronde qui vient sur la prunelle de l'œil, et qui gêne la vue : *il lui est venu une maille à l'œil.* — Espèce de monnaie de billon, au-dessous du denier, qui a depuis longtemps cessé d'être en usage, mais dont le nom sert encore, dans plusieurs phrases familières, à exprimer une chose de très petite valeur : *il n'a ni denier ni maille, ni sou ni maille.* — Fig. Ils ont toujours maille a partir ensemble, ils ont toujours quelque différend sur peu de chose, comme s'ils avaient une maille à partager.

* MAILLÉ, ÉE part. passé de Mailler. — Fer maillé, treillis de fer qui se met à une fenêtre : *les jours de servitude doivent être à fer maillé et à verre dormant.*

MAILLÉ, bourg de Touraine, érigé en duché-pairie sous le nom de Luynes. (Voy. ce mot.)

MAILLEBOIS (Jean-Baptiste-François Desmarets, marquis de), maréchal de France, né à Paris en 1682, mort en 1762. Il était petit-neveu de Colbert. Lieutenant général, il s'empara de Tortone (1733), remporta la victoire de Guastalla (1734), pacifia la Corse (1739) et fut récompensé par le bâton de maréchal (1741). Il remporta sur Charles-Emmanuel la victoire de Bassignana (1745), mais fut vaincu à son tour sous les murs de Plaisance (1746). Voy. Pezay, *Campagnes du maréchal de Maillebois en Italie* (1775, 3 vol. in-4°).

MAILLÉ-BRÉZÉ, ancienne famille noble de la Touraine qui fait remonter son origine au xIe siècle. Ses membres les plus célèbres furent : Urbain de, beau-frère de Richelieu et de Condé, maréchal de France, ambassadeur en Suède (1631) et vice-roi de Catalogne (1642); Armand de, fils du précédent, duc de Fronsac et de Caumont, né en 1619, chef d'escadre au siège de Cadix (1640) et tué pendant la bataille navale d'Orbitello (1646).

* MAILLECHORT s. m. [*ll* mll.] (de Maillot et de Chorier, noms de deux ouvriers lyonnais qui imaginèrent cette composition). Alliage très dur de cuivre, de zinc et de nickel, et ayant de la ressemblance avec l'argent : *couverts de maillechort.* — ◠ On dit ordinairement aujourd'hui Melchior. (Voy. Nickel.)

* MAILLER v. n. Chasse. Se dit des perdreaux à qui les mailles viennent : *les perdreaux ne maillent pas encore.* — Se mailler v. pr. : *les perdreaux commencent à se mailler.*

* MAILLET s. m. Espèce de marteau à deux têtes, qui est ordinairement de bois : *un gros, un petit maillet.*

MAILLEUR s. m. Ouvrier qui fait les mailles des filets.

MAILLEZAIS, ch.-l. de cant., arr. à 15 kil. S.-E. de Fontenay-le-Comte (Vendée); 1,350 hab. Le bourg est situé dans une petite île formée par l'Autise et la Sèvre-Niortaise. Ancien évêché transféré à la Rochelle depuis 1649.

* MAILLOCHE s. f. Gros maillet de bois.

MAILLON s. m. Petite maille.

* MAILLOT s. m. Morceau de toile ou d'étoffe, dans lequel on laçait un petit enfant pour le coucher : *les conseils de Jean-Jacques ont fait abandonner l'usage du maillot.* — Se dit, par ext., des langes et les bandes dont on enveloppe un enfant au berceau : *un enfant en maillot.* — Sorte de caleçon ou de pantalon collant que les danseuses mettent pour paraître sur la scène.

MAILLOTIN s. m. [*ll* mll.] (rad. *mail*). Ancienne arme contondante en forme de maillet. — Nom donné à certains habitants de Paris qui, en mars 1382, se soulevèrent contre les collecteurs des nouvelles taxes imposées par le régent, duc d'Anjou. Le peuple, ayant envahi l'arsenal de Paris, y enleva les petits maillets de fer qui s'y trouvaient et tua les collecteurs. L'armée royale rentra dans Paris, le 11 janv. 1833, et les bourgeois, ayant déposé leurs armes, furent égorgés en masse.

* MAILLURE s. f. [*ll* mll.] Fauconn. Se dit des taches ou mouchetures qui forment des espèces de mailles sur les plumes d'un oiseau de proie.

MAIMBOURG (Louis), historien, né à Nancy en 1610, mort à Paris à l'abbaye de Saint-Victor, en 1686. Il fut chassé de l'ordre des Jésuites, en 1682, pour avoir soutenu les opinions du parti gallican; mais Louis XIV lui fit une pension. Il a publié un *Traité historique sur les prérogatives de l'Eglise de Rome;*

Histoire de l'arianisme (Amsterdam, 1628, 3 vol.); *Histoire du schisme des Grecs* (1677, in-4°); *Histoire du luthéranisme*, 1680); *Histoire du calvinisme* (1682), etc.

MAIMONIDE (Moses), *Moïse ben Maimon*, théologien et philosophe juif, né à Cordoue en 1135, mort le 13 déc. 1204. Son père qui a écrit, en arabe, des ouvrages théologiques et astronomiques, lui donna une éducation supérieure. En conséquence de la grande persécution religieuse des Almohades, il se retira à Fez, avec son père, et ensuite se fixa en Egypte (1165), où il servit médecin à la cour de Saladin, et il conserva cet office sous les deux règnes suivants. En même temps, il agit comme rabbin, et écrivit plusieurs ouvrages en arabe et en hébreu. Ses chefs-d'œuvre se répandirent rapidement dans tout le monde juif et inaugurèrent une période d'activité littéraire et philosophique qui est encore considérée comme l'âge d'or des Juifs en exil. Parmi ses œuvres très nombreuses, on distingue des traités de logique, de médecine, de mathématiques et d'astronomie, dont les plus importants sont : *Mishneh torah* (*Commentaire sur la Mishnah*), *Code général des Observances juives*, écrit d'abord en hébreu, et *Moreh nebukhim* (*Guide des Egarés*), philosophie du judaïsme. Le texte original arabe de la *Moreh*, en lettres hébraïques, a été publié avec une traduction française et des notes, d'après un manuscrit d'Oxford par S. Munk, sous le titre de : *Guide des Egarés* (3 vol. 1856-'66). Quelques-unes des opinions de Maimonide ayant été violemment attaquées par différents rabbins, son fils et son successeur comme médecin à la cour d'Egypte, Abraham ben Moses, les défendit et les justifia.

* MAIN s. f. (lat. *manus*). Partie du corps humain, qui est à l'extrémité du bras, qui s'étend depuis le poignet jusqu'au bout des doigts, qui sa conformation rend propre à toute sorte d'actions et d'ouvrages : *la main droite; la main gauche; présenter, donner la main à une femme pour la mener à table, à sa voiture*

Je te plains de tomber dans ses mains redoutables.
Ma fille!..... *Athalie,* acte I, sc. v.

Il les faut séparer, ou mourir par leurs mains.
J. Racine, *La Thébaïde,* acte I, sc. I.

— Lever la main sur quelqu'un, se préparer, être prêt à le frapper. — Toucher dans la main a quelqu'un, mettre sa main dans la sienne, en signe d'amitié, de réconciliation, d'accord, d'acquiescement : *ils se sont touché dans la main.* — Changer de main, se servir d'une main, se servir de l'autre : *vous êtes fatigué de porter ce paquet, changez de main.* — Battre des mains, applaudir; rapprocher et frapper l'une par l'autre les deux mains, en signe de satisfaction. — Imposition des mains, cérémonie que font les évêques dans la consécration des nouveaux évêques et dans l'ordination des prêtres : elle consiste à tenir les mains étendues sur la tête de celui qui reçoit la consécration, l'ordination : *imposer les mains.* — Par exag. Grand comme la main, se dit d'une chose fort petite en son genre : *il a chez lui un théâtre grand comme la main.* On dit dans le même sens, Il a un appartement qui tiendrait dans la main. — Par exag. J'en mettrais ma main au feu, j'assure que la chose est ainsi, j'en répondrais à mes risques et périls. — Une main lave l'autre, on doit se rendre des services réciproques. — Froides mains, chaudes amours, la froideur des mains est, dit-on, le signe d'une complexion amoureuse. — Main morte, main qu'on laisse aller au gré d'une personne qui vous couche, main si elle était sans cœur ni vie. On dit en ce sens aux petits enfants, Faites main morte. — N'y pas aller de main morte, frapper rudement, avec violence. Il n'y va pas de main morte, se dit de celui qui, dans une discussion, dans une argumentation verbale ou par écrit, emploie des expressions fortes, rudes, violentes. — MAIN CHAUDE, jeu où une personne, ayant les yeux bouchés, reçoit des coups dans une de ses mains qu'elle tend derrière elle, et doit deviner qui l'a touchée : *jouer à la main chaude.* — MAIN DE JUSTICE, espèce de sceptre que le roi portait le jour de son sacre, et au haut duquel était la figure d'une main, emblème de la puissance. — L'ARGENT NE LUI TIENT PAS DANS LES MAINS, LUI FOND DANS LES MAINS, il dépense sans nécessité, sans modération. — LES MAINS LUI DÉMANGENT, il a grande envie de jouer, de frapper, de se battre, d'écrire. — LES MAINS M'EN TOMBENT, M'EN SONT TOMBÉES, j'en éprouve, j'en ai éprouvé une grande surprise. — Prov. et fig. ÊTRE COMME LES DEUX DOIGTS DE LA MAIN, être très bien ensemble, s'entendre parfaitement. — DE TELLE PERSONNE A TELLE AUTRE, IL N'Y A QUE LA MAIN, se dit pour exprimer le rapport étroit qui existe entre les personnes dont on parle : *de larron à larron il n'y a que la main.* — S'emploie dans une foule d'autres locutions particulières, tant propres que figurées. Pour faciliter la recherche, on les a rangées selon l'ordre alphabétique. — Mus. AVOIR DE LA MAIN, avoir une exécution facile : *il compose bien sur le piano, mais il n'a pas de main.* — AVOIR LA MAIN ROMPUE A L'ÉCRITURE, A UN INSTRUMENT DE MUSIQUE, avoir la main faite, exercée à écrire, à jouer d'un instrument. — AVOIR LA MAIN BONNE, être adroit dans les ouvrages de la main : *cet ouvrier a la main bonne.* — Fig. AVOIR LA MAIN BONNE, LA MAIN HEUREUSE, réussir ordinairement dans les choses qu'on entreprend : *cela est difficile, mais il en viendra à bout, il a la main heureuse.* — AVOIR LA MAIN HEUREUSE, se dit aussi d'un joueur qui gagne souvent. On dit encore, dans un autre sens, à quelques jeux de cartes, CE JOUEUR A LA MAIN BONNE, LA MAIN HEUREUSE, il est avantageux d'être sous sa coupe, de lui donner à couper. — AVOIR LA MAIN MALHEUREUSE. (Voy. MALHEUREUX.) — AVOIR LA MAIN LÉGÈRE, se dit d'un cavalier qui se sert bien des aides de la main, d'un chirurgien qui opère avec habileté, d'un joueur d'instrument qui exécute avec aisance et prestesse, d'un homme qui met de la liberté et de la rapidité dans son écriture. — AVOIR LA MAIN LÉGÈRE, ÊTRE LÉGER DE LA MAIN, être prompt à frapper. — AVOIR LA MAIN LÉGÈRE, se dit encore d'un filou qui dérobe adroitement. On dit dans le même sens : IL A LA MAIN CROCHUE. — AVOIR LA MAIN SURE, avoir une main ferme, qui ne tremble point. — AVOIR LES MAINS NETTES, se conduire avec probité, administrer fidèlement, ne faire aucun profit illégitime : *c'est un bon comptable, il a les mains nettes.* On dit aussi, AVOIR LES MAINS NETTES DE QUELQUE CHOSE, n'avoir pas de reproche à se faire relativement à cette chose, n'y avoir pris aucune part : *Dieu merci, j'en ai les mains nettes.* — Fig. Mus. AVOIR UN PASSAGE, UN MORCEAU DANS LA MAIN, le savoir, être en état de le bien exécuter : *je n'ai pas encore ce passage, ce morceau dans la main.* — BAISER LES MAINS A QUELQU'UN, lui faire ses compliments : *adieu, mesdames, je vous baise les mains.* On dit en plaisantant, OH ! POUR CELA, JE VOUS BAISE LES MAINS, je ne suis pas de votre avis, je ne ferai pas ce que vous me demandez. — CHANGER DE MAIN, en parlant des choses, passer d'un propriétaire à un autre : *cette maison a souvent changé de main, avant d'être à moi.* — DONNER LA MAIN A QUELQU'UN, l'aider en quelque affaire, le favoriser : *je n'aurais pas réussi, s'il ne m'eût donné la main.* On dit dans le même sens, prêter la main à quelqu'un. — Fig. DONNER LES MAINS A QUELQUE CHOSE, y consentir, y condescendre : *après s'être longtemps opposé à ce mariage, il a fini par y donner les mains.* — ENSANGLANTER SES MAINS, se rendre coupable de meurtre. — Fig. ÊTRE HAUT A LA MAIN, être impérieux, vio-

lent, prompt à user de voies de fait. — Guerre. FAIRE MAIN BASSE, n'épargner personne, passer tout au fil de l'épée : *on fit main basse dans la ville prise d'assaut.* — FAIRE MAIN BASSE, signifie par extension, piller : *les voleurs ont fait main basse sur tous les effets qu'ils ont pu trouver.* — FAIRE SA MAIN, piller, dérober, faire des profits illicites : *il a bien fait sa main dans cette affaire.* — Fam., FAIRE CRÉDIT DE LA MAIN A LA BOURSE, ne point faire de crédit, ne vendre qu'argent comptant. — FAIRE VALOIR UNE TERRE, UN CHAMP, etc., PAR SES MAINS, tenir, faire valoir une terre, etc., soi-même, sans fermier. — FAIRE TOMBER LES ARMES DES MAINS DE QUELQU'UN, apaiser sa colère. — Fig. FORCER LA MAIN A QUELQU'UN, le contraindre à faire quelque chose. AVOIR LA MAIN FORCÉE, faire une chose malgré soi, par contrainte. — Fig. LIER LES MAINS A QUELQU'UN, le réduire à l'inaction dans une affaire. AVOIR LES MAINS LIÉES, être empêché d'agir dans une affaire. — MANGER DANS LA MAIN, avoir des manières trop familières : *c'est un homme qui mange dans la main, qui vous mange dans la main.* — METTRE LA MAIN SUR QUELQU'UN, le frapper : *suivant les anciens canons, quiconque mettait la main sur un prêtre était excommunié.* — METTRE LA MAIN SUR QUELQUE CHOSE, la saisir ou simplement, la trouver : *il a mis la main sur l'argent, sur les papiers de la succession.* — METTRE A QUELQU'UN LA MAIN SUR LE COLLET, l'arrêter pour le conduire en prison. — METTRE LA MAIN A QUELQUE CHOSE, s'en mêler, s'y prendre, s'en mêler : *cette affaire ne réussira pas, si vous n'y mettez la main.* — METTRE LA MAIN A LA PLUME, commencer à écrire une lettre, un ouvrage. — METTRE LA MAIN A L'ŒUVRE, A L'OUVRAGE, commencer à s'occuper de quelque chose, à y travailler. Cela se dit au propre et au figuré : *il est temps de mettre la main à l'œuvre.* — METTRE LA DERNIÈRE MAIN A UN OUVRAGE, le terminer, le corriger. On dit dans le même sens, DONNER LA DERNIÈRE MAIN. — METTRE LA MAIN A L'ENCENSOIR, s'ingérer dans des fonctions ecclésiastiques, quoiqu'on soit laïque : *plusieurs papes ont injustement accusé nos rois d'avoir mis la main à l'encensoir.* — METTRE LA MAIN A LA PATE, travailler soi-même à quelque chose. On dit aussi, AVOIR LA MAIN A LA PATE, être en train de faire quelque chose, avoir le maniement de quelque chose. On dit encore proverbialement et figurément, QUAND ON A LES MAINS A LA PATE, IL EN RESTE TOUJOURS QUELQUE CHOSE AUX DOIGTS, AU BOUT DES DOIGTS, les gens qui ont un grand maniement d'argent, en retiennent toujours quelque peu. — METTRE LA MAIN SUR LA CONSCIENCE, examiner de bonne foi si l'on a fait tort à quelqu'un, si l'on a commis quelque injustice. On dit, dans le même sens, à une personne qu'on presse d'avouer la vérité : *allons, mettez la main sur la conscience, et dites-nous au juste ce qui en est.* — PRÊTER LA MAIN A QUELQUE CHOSE, aider à le faire, y participer : *il a prêté la main à ce vol, à cet enlèvement.* — S'ARRACHER DES MAINS QUELQU'UN, QUELQUE CHOSE, rechercher, se disputer le plaisir d'avoir telle personne, telle chose : *c'est un homme aimable que l'on s'arrache des mains. Tout le monde s'arrache des mains cette nouvelle brochure.* — SE LAVER LES MAINS DE QUELQUE CHOSE, déclarer qu'on en est innocent, qu'on n'y a point participé : *on a fait cette démarche contre mon avis, cet homme a été condamné contre mon sentiment, je m'en lave les mains.* — SE PRÉSENTER LES MAINS VIDES, n'avoir pas d'argent à donner, de présent à faire, dans une occasion où l'argent, les présents seraient utiles pour obtenir ce qu'on sollicite. — SE TENIR PAR LA MAIN, être d'intelligence : *ils se tiennent tous par la main.* On dit aussi, dans un sens analogue, SE DONNER LA MAIN. — SORTIR DES MAINS DE QUELQU'UN, échapper à quelqu'un par qui l'on est retenu : *cet homme en a toujours pour une heure à vous entretenir, on ne sort pas de

ses mains. On dit dans le même sens : *on ne peut pas s'arracher de ses mains.* — TENDRE LA MAIN, demander l'aumône. On le dit, par extension, de celui qui mendie des places, des grâces. — TENDRE LA MAIN A QUELQU'UN, lui offrir du secours, le secourir. — TENIR LA MAIN A QUELQU'UN, veiller de près à ce qu'on l'exécute, à ce qu'on l'exécute bien. — En termes d'équitation, s'emploie dans plusieurs phrases ou locutions, dont quelques-unes passent du propre au figuré. — CE CHEVAL EST BIEN FAIT DE LA MAIN EN AVANT, il a la tête et l'encolure belles. IL EST MAL FAIT DE LA MAIN EN ARRIÈRE, il est mal fait de la croupe, du train de derrière. — CE CHEVAL EST ENTIER A UNE MAIN, il n'a de dispositions à tourner que d'un côté. IL TOURNE A TOUTES MAINS, il prend facilement toutes les allures, le trot, le galop. — CE CHEVAL EST SOUS LA MAIN, se dit d'un cheval de carrosse attelé ou accoutumé de l'être, sous la main droite du cocher. IL EST HORS DE LA MAIN, il est sous la main gauche du cocher. — CHEVAL DE MAIN, cheval mené par un valet monté sur un autre cheval. — MAIN DE LA BRIDE, la main droite du cavalier. MAIN DE LA BRIDE, la main gauche. — CHANGER DE MAIN, porter la tête du cheval d'une main à l'autre, pour le faire aller à droite ou à gauche. — TENIR LA MAIN A UN CHEVAL, hausser la main de la bride, pour le conduire à sa volonté. — TENIR LA MAIN HAUTE A QUELQU'UN, le traiter avec sévérité, sans lui rien passer. TENIR LA MAIN HAUTE DANS UNE AFFAIRE, se rendre difficile sur les conditions. — LACHER, RENDRE LA MAIN A UN CHEVAL, lui lâcher la bride. — LACHER LA MAIN A QUELQU'UN, lui donner plus de liberté qu'à l'ordinaire. LACHER LA MAIN DANS UNE AFFAIRE, céder de ses prétentions, rabattre du prix qu'on demandait. — MENER UN CHEVAL HAUT LA MAIN, tenir la main des rênes haute, pour le soutenir, pour l'empêcher de butter, de tomber, ou pour lui donner la facilité de lever le devant, de faire des courbettes. — HAUT LA MAIN, avec autorité, en surmontant tous les obstacles, avec promptitude : *j'en viendrai à bout haut la main.* — PARTIR DE LA MAIN, se dit d'un cheval qui part légèrement et prend bien le galop. UN BEAU PARTIR DE LA MAIN, l'action d'un cheval qui part de la main, et court en ligne droite avec légèreté et vitesse. — PARTIR DE LA MAIN, exécuter avec promptitude, avec empressement, ce qui peut être utile ou agréable à quelqu'un. — CE CHEVAL BAT A LA MAIN, il secoue la tête et lève le nez. IL TIRE A LA MAIN, il résiste aux efforts du cavalier. IL FORCE LA MAIN, il s'emporte malgré le cavalier, IL PÈSE A LA MAIN, il a la tête pesante, ou il s'appuie sur la main de manière à lasser la main du cavalier. On dit dans un sens analogue : *ce cheval est lourd, dur, pesant à la main;* et, dans un sens contraire, *ce cheval est léger, est sensible à la main.* — PESER A LA MAIN, être à charge, ennuyeux, incommode par sa stupidité, par la pesanteur de son esprit. — Jurisp. S'emploie dans un certain nombre de phrases et de locutions. LEVER LA MAIN, lever la main vers le ciel, pour jurer et affirmer par serment. — SAISIR ENTRE LES MAINS DE QUELQU'UN, s'opposer à la délivrance des deniers qui sont entre ses mains : *il a saisi entre les mains de tous ses débiteurs.* — Fig. DONNER D'UNE MAIN ET RETENIR DE L'AUTRE, faire donation de quelque chose, sans néanmoins s'en dessaisir. — SE PAYER PAR SES MAINS, s'indemniser sur ce qu'on a en sa possession, et qui appartient à un débiteur. — VIDER SES MAINS, se dessaisir d'une somme qu'on a entre les mains, et la payer à qui il est ordonné par la justice : *cet homme a été condamné à vider ses mains.* — PLAIDER LA MAIN GARNIE, LES MAINS GARNIES, plaider pour une chose dont on jouit pendant le procès. — SANS MAIN METTRE, sans travailler et sans faire de frais : *c'est un bon revenu que les bois, que les prés, cela vient sans main mettre.* — Jurisp.

féod. CE VASSAL NE DOIT QUE LA BOUCHE ET LES MAINS A SON SEIGNEUR, se disait d'un vassal qui ne devait à son seigneur que la foi et l'hommage, sans être tenu à aucune redevance. RÉCEPTION PAR MAIN SOUVERAINE, jouissance provisoire d'un fief, que le juge royal accordait au vassal, quand la suzeraineté était litigieuse. CE FIEF EST DANS LA MAIN DU ROI, DU SEIGNEUR, se disait lorsqu'un fief qui relevait du roi ou d'un seigneur suzerain, avait été saisi faute d'aveu. — Jeux de cartes. S'emploie, figurément, dans diverses acceptions. Ainsi on dit : — AVOIR LA MAIN, être le premier à jouer. — DONNER LA MAIN, céder à son adversaire l'avantage de cette primauté. — PERDRE LA MAIN, perdre cet avantage, pour avoir mal donné les cartes. — AVOIR LA MAIN, FAIRE LA MAIN, donner les cartes : *quand on fait une mauvaise main au vingt et un, on peut perdre beaucoup.* — IL A LA MAIN CHAUDE, se dit de celui qui gagne plusieurs mains de suite, à certains jeux, où le gagnant fait toujours. — FAIRE UNE MAIN, faire une levée, prendre une carte de son adversaire avec une carte supérieure : *j'ai fait deux mains, trois mains, quatre mains.* On dit, dans le même sens : *lever une main.* — Se dit, fig., pour écriture, caractère d'écriture d'une personne : *avoir une belle main, une bonne main.* — Se dit aussi en parlant de mariage, comme dans ces phrases, OFFRIR, PROPOSER, DONNER SA MAIN A QUELQU'UN, lui proposer de l'épouser, l'épouser : *accepter, refuser la main de quelqu'un.*

.... Et si le témoignage
Qu'il rendra d'Éliante est à son avantage,
Je reviens à l'instant, et demande sa main.
COLLIN D'HARLEVILLE. *L'Inconstant*, acte I, sc. x.

Je demande sa main, et sa main est à toi.
COLLIN D'HARLEVILLE. *L'Inconstant*, acte II, sc. x.

— MARIAGE DE LA MAIN GAUCHE, mariage qu'un prince contracte avec une femme d'un état inférieur, à qui il donne, dans la cérémonie nuptiale, la main gauche au lieu de la main droite. Les enfants qui naissent de ce mariage, n'héritent pas de la dignité et du pouvoir de leur père. On dit, dans le même sens : *épouser une femme de la main gauche.* — Se dit encore de cette distinction qui consiste à donner la droite à quelqu'un, soit en s'asseyant, soit en marchant à côté de lui : *donner, ne pas donner, céder la main à quelqu'un.* — S'emploie aussi dans plusieurs phrases figurées, où il marque action, puissance : *la main de Dieu se fait reconnaitre ici; ma fortune, ma vie est dans vos mains, est entre vos mains.* — AVOIR UNE MAIN DE FER, avoir une autorité dure et despotique. — AVOIR LA MAIN LÉGÈRE, user de son pouvoir, de son autorité avec modération : *pour bien gouverner, il faut avoir la main légère.* — AVOIR LA GRANDE MAIN, LA HAUTE MAIN, avoir, en quelque chose, l'autorité supérieure : *adressez-vous à lui pour être placé, c'est lui qui a la grande main, la haute main.* — AVOIR LES MAINS LONGUES, avoir de grands moyens de servir ou de nuire : *il est dangereux d'offenser cet homme, il a les mains longues.* — TENIR QUELQU'UN, QUELQUE CHOSE DANS SA MAIN, les tenir en sa puissance, en disposer souverainement : *Dieu tient le sort des hommes dans sa main.* — Se dit des extrémités des animaux, quand il y a un pouce distinct des quatre autres doigts : *les singes ont des mains au lieu de pieds de derrière.* — Se dit même des pieds de quelques oiseaux, comme les perroquets et les oiseaux de fauconnerie. — Se dit quelquefois par analogie, en botanique, des filaments en forme de vrille par lesquels les plantes sarmenteuses et grimpantes s'attachent aux corps voisins. — Pelle de tôle, à manche de bois très court, dont on se sert pour prendre et pour porter de la braise, de la cendre, etc. — Espèce d'anneau de fer à ressort, qui est au bout de la corde d'un puits,

et dans lequel on passe l'anse du sceau. — Certains anneaux de fer qui tiennent à la caisse d'un carrosse, et auxquels les soupentes sont attachées. — Sorte d'anneau qui est au devant d'un tiroir, et qui sert à le tirer. — Morceau de galon plat attaché au dedans d'un carrosse, et qu'on tient à la main pour se soutenir. — Assemblage de vingt-cinq feuilles de papier : *une main de papier.* — MAIN COURANTE, se dit, dans la tenue des livres, du registre appelé autrement BROUILLARD. — A la main, avec la main : *prendre des poissons à la main.* — ACHETER DE LA VIANDE A LA MAIN, l'acheter sans la faire peser, en jugeant de son poids par la vue, et avec la main. — UNE CHOSE FAITE A LA MAIN, une chose arrangée exprès, d'avance, de concert : *vous avez cru que leur rencontre était fortuite, c'était une chose faite à la main.* — Dans la main : *avoir son chapeau à la main.* — AVOIR UN LIVRE A LA MAIN, le tenir. — CONTRAT A LA MAIN, contrat dans lequel celui qui achète ne paie que le prix de son acquisition, les frais de la vente restant à la charge du vendeur. — AVOIR SANS CESSE L'ARGENT A LA MAIN, dépenser, payer continuellement. — METTRE L'ÉPÉE A LA MAIN, tirer l'épée pour s'en servir. — TERMINER UNE AFFAIRE LE VERRE A LA MAIN, en buvant ensemble. — CE MAITRE LUI A MIS LES ARMES, LE FLEURET, LE VIOLON A LA MAIN, il lui a donné les premières leçons d'escrime, de violon. — IL A LES ARMES BIEN A LA MAIN, BELLES A LA MAIN, il a bonne grâce à faire des armes. — CELA EST BIEN A LA MAIN, se dit d'une chose faite de manière qu'on peut s'en servir aisément, commodément : *cette raquette est bien à la main.* — METTRE A QUELQU'UN LE MARCHÉ A LA MAIN, lui donner le choix de le tenir ou de rompre un engagement, de le conclure ou d'y renoncer, et lui témoigner qu'on est indifférent à la part qu'il prendra : *je n'aime pas qu'on me mette le marché à la main.* — METTRE A QUELQU'UN LE PAIN A LA MAIN, être l'artisan, la première cause de sa fortune, de son bien-être : *c'est moi qui lui ai mis le pain à la main.* — Sous la main, proche, à portée : *vous avez là toutes choses à la main, vous n'avez qu'à prendre.* — AVOIR LA PAROLE A LA MAIN, parler avec facilité. — A deux mains, avec les deux mains : *prendre, tenir son verre à deux mains.* — ÉPÉE A DEUX MAINS, longue et large épée qu'on tenait des deux mains, et avec laquelle on faisait le moulinet, de manière à parer à la fois tous les coups. — CHEVAL A DEUX MAINS, A TOUTES MAINS, cheval qui sert à la selle et à la voiture. — Fig. et fam. CET HOMME EST A DEUX MAINS, il remplit deux places, il occupe deux emplois, il fait deux services à la fois. — Fig. et fam. CET HOMME EST A TOUTES MAINS, C'EST UN HOMME A TOUTES MAINS, il est prêt et apte à rendre toute sorte de services. — MORCEAU DE MUSIQUE A QUATRE MAINS, morceau que deux personnes jouent ensemble sur le même piano. — A pleines mains, abondamment, libéralement : *prendre, donner, répandre de l'argent à pleines mains.* — A belles mains, se dit à peu près dans le même sens. — DE LA PREMIÈRE MAIN, autant qu'il en a voulu. J'EN EUS A BELLES MAINS, j'eu autant que j'en voulus. — A main armée, les armes à la main : *entrer à main armée dans un pays.* — A main droite, à main gauche, du côté droit, du côté gauche de la personne qui parle, à qui l'on parle, de qui l'on parle : *je suis allé jusqu'au bout de la rue, et j'ai tourné à main droite.* On dit plus ordinairement, A DROITE, A GAUCHE. — Aux mains, se dit en parlant de l'action de combattre. EN VENIR AUX MAINS, commencer un combat. ÊTRE AUX MAINS, EN VENIR AUX MAINS, combattre actuellement. — METTRE AUX MAINS DEUX OU PLUSIEURS PERSONNES, les engager dans quelque dispute, dans quelque discussion : *je vous mettrai aux mains avec mon avocat.* — METTRE AUX MAINS, engager dans une guerre. — De main, se joint à plusieurs substantifs, pour spécifier la

nature ou l'emploi des personnes ou des choses qu'ils désignent. — COMBAT DE MAIN, COMBAT DE MAIN A MAIN, combat qui a lieu de près, entre deux ou plusieurs personnes. — COUP DE MAIN, en termes de guerre, expédition, attaque faite à l'improviste, sans le matériel et les précautions nécessaires pour attaquer en règle : *ce fort a été emporté par un coup de main.* — COUP DE MAIN, entreprise hardie, dont l'exécution est prompte : *faire un coup de main.* — HOMME DE MAIN, homme d'exécution, homme brave, hardi : *il avait des gens de main avec lui.* — JEU DE MAIN, jeu de société, où l'on se frappe légèrement les uns les autres : *la main chaude est un jeu de main.* On appelle aussi JEUX DE MAIN, l'action de lutter, de se porter des coups réciproques en plaisantant : *les jeux de main finissent souvent par des querelles.* — JEUX DE MAIN, JEUX DE VILAIN, ou, au singulier, JEU DE MAIN, JEU DE VILAIN, les jeux de main ne conviennent qu'à des gens mal élevés. — REVERS DE MAIN, coup donné avec le revers de la main : *d'un revers de main, il lui a jeté son chapeau dans la boue.* — EN UN TOUR DE MAIN, en aussi peu de temps qu'il en faut pour tourner la main : *il change d'avis dans un tour de main; j'aurai fait en un tour de main.* Quelques-uns disent et écrivent, EN UN TOURNEMAIN. — TOUR DE MAIN, tour de subtilité, d'adresse : *cet escamoteur, ce joueur de gobelets fait des tours de main surprenants.* — UNE CHOSE FAITE DE MAIN DE MAITRE, une chose bien faite, faite par un homme habile : *ce meuble, cet instrument, ce tableau est fait de main de maitre.* — On le dit aussi des ouvrages d'esprit : *cette tragédie est faite de main de maitre.* On dit dans le même sens : *ouvrage de bonne main, d'une bonne main.* — On dit figurément, dans un sens analogue : *une intrigue ourdie de main de courtisan.* — UNE CHOSE FAITE DE MAIN D'HOMME, se dit par opposition à ce qui est l'ouvrage de la nature : *cette caverne est faite de main d'homme.* — De main en main, de la main d'une personne à celle d'une autre, et de celle-ci à d'autres successivement, jusqu'à la dernière : *il est à l'autre bout de la salle, donnez-lui cela, faites-lui passer, faites-lui tenir cela de main en main.* — DE MAIN EN MAIN, s'emploie aussi figurément : *cette tradition, cette nouvelle est arrivée jusqu'à nous de main en main.* — De longue main, depuis longtemps : *je le connais, nous nous connaissons de longue main.* — De la main, avec la main : *parer un coup de la main.* — LETTRES DE LA MAIN, lettres censées écrites et signées par le roi, sans être contre-signées par un secrétaire d'État. — LES ARTS DE LA MAIN, par opposition aux arts de l'esprit, les arts où la main est le principal instrument. — Fig. et fam. GAGNER QUELQU'UN DE LA MAIN, le prévenir, le devancer dans quelque affaire. — Fig. De la part : *je reçois avec confiance tout ce qui vient de votre main, tout ce qui part de votre main.* — DE LA MAIN A LA MAIN, manuellement, sans formalité, sans écrit : *donner de l'argent de la main à la main.* — DE LA PREMIÈRE MAIN, de la main de celui qui a le premier recueilli, fabriqué ou mis en vente la chose dont il s'agit : *pour avoir bon marché, il faut acheter les choses de la première main.* On dit de même, DE LA SECONDE MAIN, DE LA TROISIÈME MAIN, etc. — TENIR UNE NOUVELLE DE LA PREMIÈRE MAIN, la savoir de source, la savoir de celui qui est censé en avoir été instruit le premier. On dit aussi, NE TENIR UNE NOUVELLE QUE DE LA SECONDE MAIN, ne l'avoir apprise que par un intermédiaire. LA TENIR DE BONNE MAIN, d'un bon garant. — De toutes mains, des mains de tout le monde, des mains de qui ce soit : *il reçoit, il prend de toutes mains.* Cela ne se dit qu'en mauvaise part. — Dans la main, dans les mains, se dit souvent, au figuré, en parlant d'une chose dont on confie la garde, le soin ou l'exécution à quelqu'un : *cette somme sera déposée dans la main, dans les mains d'un tiers.* On dit aussi, ENTRE LES MAINS. — **En main,** dans la main : *il avait son sceptre en main.* — **Manège.** BRIDE EN MAIN, se dit quant on tient le cheval ferme dans la main. — ALLER BRIDE EN MAIN DANS UNE AFFAIRE, s'y conduire avec retenue et circonspection. — AVOIR QUELQU'UN OU QUELQUE CHOSE EN MAIN, l'avoir à sa disposition : *j'avais alors en main un valet fort intelligent.* — PRENDRE EN MAIN LES INTÉRÊTS, LA CAUSE DE QUELQU'UN, soutenir ses intérêts, se charger de sa défense. — AVOIR PREUVE EN MAIN, avoir la preuve écrite, la preuve matérielle de ce qu'on avance, et pouvoir l'exhiber.—AVOIR LA PAROLE EN MAIN, s'exprimer avec facilité. — ÊTRE EN MAIN, être à portée de faire quelque chose commodément, aisément : *je vais placer ce meuble, laissez-moi faire, je suis en main.* — Au billard. ÊTRE EN MAIN, avoir sa bille dans la main et non sur le tapis : *je suis en main.* — EN BONNE MAIN, EN BONNES MAINS, dans les mains, à la disposition d'une personne honnête, sûre, intelligente, capable : *votre affaire, votre secret est en bonne main.* On dit, dans le même sens, ÊTRE EN MAIN SURE, EN MAINS SURES ; et dans le sens contraire, TOMBER, ÊTRE EN MAUVAISE MAIN, EN MAUVAISES MAINS : *il est tombé en mauvaises mains.* — EN MAIN TIERCE, dans la main d'un tiers : *mettre, déposer de l'argent en main tierce.* — EN MAIN PROPRE, dans la main même de la personne intéressée : *craignant que ce billet ne s'égardât, si je le lui envoyais, je le lui ai remis en main propre.* — **Par les mains,** dans les mains : *tous les livres de cette bibliothèque m'ont passé par les mains.* Se dit aussi, fig. : *toutes les affaires de cette succession lui ont passé par les mains.* On dit d'une personne qui a exercé longtemps une profession, qui a manié beaucoup d'affaires, IL LUI EN A BIEN PASSÉ PAR LES MAINS. — Par menace. CET HOMME PASSERA PAR MES MAINS, je me vengerai de lui, je le punirai, je le traiterai comme il le mérite. — **Sous la main,** proche, à portée : *avoir quelque chose sous la main.* Signifie aussi, fig., sous l'autorité, sous la dépendance : *j'ai cet homme sous la main, j'en dispose.* On dit par menace, QU'IL NE ME TOMBE JAMAIS SOUS LA MAIN. — ÊTRE SOUS LA MAIN DE L'AUTORITÉ, SOUS LA MAIN DE LA JUSTICE, se dit d'une personne qui est arrêtée, dont on va instruire ou dont on instruit le procès. On dit aussi d'un immeuble saisi, d'un meuble séquestré, ou d'une somme arrêtée judiciairement : *il est, elle est sous la main et autorité de justice.* — Fig. Sous main, secrètement, en tachette : *faites-lui savoir cela sous main.* — Sur la main, s'emploie dans plusieurs expressions figurées et familières : PAS PLUS QUE SUR LA MAIN, AUTANT QUE SUR LA MAIN, se dit pour exprimer qu'une chose n'existe pas, manque tout à fait : *il n'a pas plus de cheveux que sur ma main.* — AVOIR LE CŒUR SUR LA MAIN, être ouvert, franc, sans dissimulation.

MAÏNA, contrée de la Grèce, dans le pays de Morée. Les habitants, nommés Mainates, au nombre d'environ 60,000, prétendent descendre des Eleuthéro-Laconiens.

MAINATE s. m. Ornith. Genre de passe-

Mainate religieux (Gracula religiosa).

reaux, de la famille des sturnidées, compre-

nant trois ou quatre espèces qui présentent beaucoup d'analogie avec les merles. Le *mainate religieux* (*gracula religiosa*), long de 25 centim., est d'un noir velouté avec des reflets verts, bleus et pourpres. Il habite l'archipel des Indes Orientales. Apprivoisé, il devient très familier et apprend sans peine à siffler, à chanter et à parler. Il est très recherché comme oiseau de volière. Le *mainate de Java,* un peu plus petit, n'est pas l'objet du même empressement.

• **MAIN-D'ŒUVRE** s. f. (lat. *manus,* main ; *opus,* œuvre). Façon, travail de l'ouvrier : *la main-d'œuvre de cette rampe, de cette grille a coûté beaucoup; des mains-d'œuvre.*

MAINE, état le plus occidental de l'Union américaine, entre 42° 57' et 47° 32' lat. N., et entre 69° 12' et 73° 26' long. O., 85,570 kil. carr. ; 648,936 hab. Limites : le Canada, l'Atlantique et le New-Hampshire. Il forme 10 comtés. Cap., Augusta ; villes princ. : Auburn, Bangor, Bath, Belfast, Biddeford, Calais, Ellsworth, Gardiner, Lewiston, Portland, etc. La population n'était que de 97,000 hab. en 1790 ; elle compte relativement très peu de nègres (1,500 en 1881), 30,000 Canadiens, 16,000 Irlandais, 4,000 Anglais. — La côte est découpée de baies profondes et d'excellents ports et protégée par de nombreuses îles. Principaux fleuves : Sainte-Croix, Penobscot, Kennebec, Androscoggin. Territoire uni le long de la mer, ondulé ou légèrement montagneux à l'O. et au N. Les monts Blancs,

Sceau de l'état de Maine.

qui le traversent au S.-O. et N.-E., ont pour point culminant le mont Katahdin, haut d'environ 1,500 m. Marbre, ardoise, granit, pierre à chaux, fer, plomb, étain, cuivre, zinc et manganèse. — Climat extrêmement rigoureux. D'immenses forêts couvrent les parties centrales et septentrionales de l'État et renferment des pins, des sapinettes, des sapins du Canada, des érables, etc. On y trouve l'élan, le caribou, l'ours, le cerf, le loup, le couguar, l'écureuil, la marmotte, le glouton, la belette, la zibeline, la martre ; sur les bords des eaux, le raton, le castor, dans la mer, la morue, le hareng, le maquereau ; dans les eaux douces, le saumon, la truite et le brochet. Grande production de froment, de maïs, de seigle, d'avoine, d'orge, de pommes de terre, de foin, de laine, de beurre, de sucre d'érable et de miel. — La législature se compose d'un sénat de 31 membres et d'une chambre des représentants de 151 membres, tous élus annuellement par le peuple, ainsi que le gouverneur. Ce dernier est assisté d'un conseil de sept membres élus par les chambres. Les membres de la cour suprême sont nommés par le gouverneur et par son conseil, pour 7 ans ; tous les autres juges sont élus. Recettes, 7 millions de francs ; dépenses, 6 millions et demi ; dette, 25 millions. Les écoles sont très nombreuses et les illettrés sont très rares. 3,500 bibliothèques (1,100,000 vol.) ; 90 journaux, dont 8 quotidiens et 65 hebdomadaires.

— Principales dénominations religieuses : baptistes (480 organisations) ; méthodistes (327), congrégationalistes (231), universalistes (84), christians (44) et catholiques romaines (32). — Le pays qui constitue aujourd'hui l'état de Maine, fut visité, en 1602, par Bartholomew Gosnold ; en 1603, par Martin Pring ; en 1604, par le capitaine français de Monts, et en 1605 par George Weymouth. Il fut colonisé par les Anglais vers 1622, époque où fut fondé Monhegan. Les Français s'établirent à l'E. du Penobscot, région qui faisait alors partie de l'Acadie. Ce pays fut conquis par les Anglais, et les sauvages, alliés des Français, furent exterminés. Pendant la révolution, le territoire de l'état de Maine appartenait à l'état de Massachusetts ; la séparation eut lieu le 15 mars 1820.

MAINE (Le), *Cenomanensis pagus, ancienne province* de France, qui formait, avec le Perche, un grand gouvernement militaire et était bornée par la Normandie, la Bretagne, l'Anjou, l'Orléanais et la Touraine. Cette province était divisée en haut Maine ou Maine méridional, auquel était joint le comté de Laval, en bas Maine ou Maine septentrional ; sa cap. était le Mans ; elle a formé presque entièrement le dép. de la Sarthe et de la Mayenne. — Jadis habité par les Cénomans, le Maine fit partie de la IIIe Lyonnaise. Les Francs s'en emparèrent peu après leur arrivée dans la Gaule et y établirent des comtes. Au xe siècle, il forma un comté héréditaire, qui fut compris dans les domaines des comtes d'Anjou et passa ensuite à l'Angleterre par l'avènement de Henri Plantagenet au trône de ce pays (1154) ; mais Philippe-Auguste le reconquit sur Jean sans Terre (1203), et saint Louis le donna en partage, avec l'Anjou, à son frère Charles ; la famille de ce dernier resta en possession du comté du Maine jusqu'en 1481, époque où Louis XI le réunit par héritage à la couronne. Henri II le donna à son troisième fils (depuis Henri III), qui le céda à son frère François d'Alençon, à la mort duquel il rentra dans le domaine royal (1584). Le titre de *duc du Maine* fut encore porté par le fils de Louis XIV et de Mme de Montespan. — Au moment de la Révolution, le Maine formait avec le Perche, l'un des grands gouvernements militaires du royaume.

MAINE (La), rivière de France, qui se forme à 3 kil. au-dessus d'Angers, de la réunion de la Sarthe et de la Mayenne ; elle traverse Angers et afflue à la Loire à 6 kil. à l'O. des Ponts-de-Cé, après un cours total de 12 kil. ; elle est navigable. C'est à Angers que se rompit, le 16 avril 1850, le pont sur la Maine.

MAINE (Louis-Auguste DE BOURBON, *duc du*), fils de Louis XIV et de Mme de Montespan, né à Versailles le 30 mars 1670, mort le 14 mai 1736. Après avoir assisté à la campagne de Flandre (1692), il épousa Anne-Louise de Bourbon, petite-fille du grand Condé. Tendrement aimé de Louis XIV et pris aussi en affection par Mme de Maintenon, le duc du Maine, qu'un édit de 1714 avait légitimé ainsi que le comte de Toulouse, parut d'abord appelé à la plus haute fortune ; il fut successivement nommé comte-pair d'Eu, grand maître de l'artillerie, colonel des Suisses et déclaré habile à succéder à défaut des princes du sang ; il fut même, un instant, chargé de la tutelle du jeune Louis XV. Mais, après la mort de Louis XIV, le régent, Philippe d'Orléans, enleva au duc du Maine toutes ses prérogatives ; le parlement cassa même le testament de Louis XIV et réduisit le duc au simple rang de pair de France (1717). Louis de Bourbon, ainsi outragé par le Parlement et poussé par sa femme, essaya bien de se venger en entrant avec cette dernière dans la conspiration de Cellamare (août 1718) ; mais ils furent arrêtés tous les deux et jetés en prison, l'un à Doullens, l'autre à Dijon, et ils ne recouvrèrent leur liberté qu'en 1720, à la majorité de Louis XV.

MAINE DE BIRAN (François-Pierre GONTHIER), philosophe et métaphysicien, né à Grateloup, près de Bergerac, en 1766, mort à Paris en 1824. Il avait d'abord embrassé la carrière militaire, puis en 1797, le dép. de la Dordogne l'envoya au conseil des Cinq-Cents. En 1809, il fit partie du Corps législatif et, sous la Restauration, il fut sous-préfet de Bergerac, membre et questeur de la Chambre des députés, où il se montra toujours défenseur des droits et des prérogatives de la couronne. Mais c'est surtout comme philosophe que Maine de Biran s'est fait un nom et l'on peut dire qu'il a été le véritable fondateur de l'école philosophique française. Dans son premier ouvrage, *Influence de l'habitude sur la faculté de penser* (1803), il rompit avec les idées traditionnelles de l'école de Condillac. Dans son second mémoire sur la *Décomposition de la pensée* (1805), il abandonna l'idée de donner une origine physiologique à la pensée et se montra bien près d'admettre un principe d'intelligence distinct de l'organisme. Ses autres ouvrages comprennent : *Examen des œuvres de Laromiguière* (1817), dans lequel il passe complètement de la philosophie sensualiste à la philosophie spiritualiste. M. Cousin a réuni et publié sous le titre d'*Œuvres philosophiques de Maine de Biran* (Paris, 1841, 4 vol. in-8°) les divers écrits de cet auteur.

MAINE-ET-LOIRE, dép. de la région N.-O. de la France; situé entre les dép. de la Sarthe, de la Mayenne, d'Ille-et-Vilaine, de la Loire-Inférieure, de la Vendée, des Deux-Sèvres, de la Vienne et d'Indre-et-Loire; formé de la plus grande partie de l'ancien Anjou; 7,120 kil. carr.; 523,490 hab. Ce dép., peu élevé, est sillonné de vallées peu profondes que dominent des collines sans importance. Il est divisé en deux parties à peu près égales par la belle vallée de la Loire; d'un côté, au S.-E., c'est la *Plaine*; de l'autre, au S.-O., c'est le *Bocage*, où se trouve le point culminant du dép. : le côteau des Gardes au S. de Chemillé (210 m.). Le dép. de Maine-et-Loire est presque exclusivement agricole; le pays que traverse la Loire est annuellement inondé; céréales, vins blancs estimés, chanvre et lin, melons, etc.; horticulture très avancée, grâce à la douceur du climat; élève de moutons, de bœufs et de chevaux; des carrières d'ardoises, les plus importantes de France, occupent un nombre considérable d'ouvriers; marbres, granits, pierres de taille et pierres à chaux, toiles, cotonnades, lainages. Princ. cours d'eau : la Loire, le Thouet, l'Authion, la Maine, la Sarthe, la Mayenne, le Loir, le Layon, la Rome et l'Evre. Sources minérales de Joannette et de l'Epervier. — Ch.-l., Angers; 5 arr., 34 cant. et 380 communes. Evêché à Angers, suffragant de Tours; cour d'appel à Angers; l'instruction publique est du ressort de l'académie de Rennes. Ch.-l. d'arr. : Angers, Baugé, Cholet, Saumur et Segré.

* **MAIN-FORTE** s. f. Assistance qu'on donne à quelqu'un pour exécuter quelque chose. Se dit plus ordinairement du secours qu'on prête à la justice, afin que la force demeure à ses agents, et que ses ordres soient exécutés : *donner, prêter main-forte à l'exécution des lois, des jugements, des ordonnances.*

MAINFROI. Voy. **MANFRED.**

* **MAINLEVÉE** s. f. Jurispr. Acte judiciaire ou volontaire qui lève l'empêchement résultant d'une saisie, d'une opposition, d'une inscription : *demander, obtenir, accorder mainlevée d'une saisie-arrêt.* — Législ. « La mainlevée est un acte qui supprime une opposition ou interdiction. La mainlevée d'une opposition au mariage peut être obtenue par jugement (C. civ. 174, 177). Une personne interdite ne peut reprendre l'exercice de ses

droits qu'après le jugement de mainlevée de l'interdiction (id., 512 ; C. pr. 896). La mainlevée d'une saisie peut être consentie par le créancier ou prononcée par le tribunal du domicile de la partie saisie (C. pr., 567). La mainlevée d'un privilège ou d'une hypothèque peut être donnée par le créancier qui obtenue par jugement ; et, lorsque ce jugement a acquis force de chose jugée, le conservateur des hypothèques doit rayer l'inscription prise à son bureau (C. civ., 2157 et s.) Une mainlevée n'entraîne pas nécessairement la renonciation du créancier à son droit; l'obligation principale peut subsister malgré la mainlevée de la garantie prise. Les actes de mainlevée sont assujettis, comme tout consentement, à un droit fixe de 3 fr. 75, décimes compris ».　　　　　　　　　　　(CH. Y.)

* **MAINMISE** s. f. Jurispr. féod. Saisie : *il y avait mainmise par défaut de foi et hommage.* — USER DE MAINMISE, mettre la main sur quelqu'un, le frapper. (Vieux.)

* **MAINMORTABLE** adj. Jurisp. Qui est sujet au droit de mainmorte : *anciennement les paysans de quelques communes de France étaient mainmortables.* — Se disait aussi des corps et communautés dont les biens, étant inaliénables, ne donnent pas ouverture aux droits de mutation.

* **MAINMORTE** s. f. Jurispr. Etat des vassaux qui, en vertu d'anciens droits féodaux, étaient attachés à la glèbe, et privés de la faculté de disposer de leurs biens : *la mainmorte, soit personnelle, soit réelle ou mixte, est abolie dans presque toute l'Europe.* — GENS DE MAINMORTE, se disait des corps et des communautés qui, nonobstant les diverses manières dont les individus s'y succèdent, sont considérés comme perpétuels et formant toujours la même corporation : *les gens de mainmorte ne produisent aucun droit de mutation par mort.* — BIENS EN MAINMORTE, TOMBÉS EN MAINMORTE, biens qui sont en la possession de gens de mainmorte. — ENCYCL. En 1848, dans un rapport remarquable présenté à l'Assemblée nationale, M. J. Grévy s'exprimait ainsi au sujet des biens de mainmorte : « L'existence des biens de mainmorte porte les plus graves préjudices à la richesse nationale, au Trésor public, à la masse des contribuables. A la richesse nationale : car, d'une part, ces biens étant retirés du commerce, ne fournissent aucun aliment au mouvement fécondant des transactions, et, d'autre part, ne produisent pas le tiers de ce que produisent les biens possédés par les particuliers. Au Trésor public : car ces biens, immobiles dans les mains d'un propriétaire qui ne meurt jamais, ne fournissent pas lieu à l'impôt des mutations entre vifs ou par décès. A la masse des contribuables : car les biens de mainmorte, par suite même de l'infériorité de leur production, ne contribuent à l'impôt direct que dans la proportion du tiers de l'impôt subi par les autres biens, ce qui fait retomber la différence sur les propriétaires ordinaires ».

CONTENANCE TOTALE DE LA PROPRIÉTÉ
DE MAINMORTE

En 1849 :	4,983,127 hectares
En 1880 :	4,897,000 »

PART DES COMMUNES

En 1849 :	4,738,428 hectares
En 1880 :	4,548,744 »

PART DES CONGRÉGATIONS

En 1849 :	6,858 hectares
En 1880 :	40,520 »

VALEUR DE LA PART DES CONGRÉGATIONS

En 1849 :	43.026,914 francs
En 1880 :	712,536,980 »

— Législ. « On nomme aujourd'hui *biens de mainmorte* ceux qui ne changent pas de main par suite de décès, parce qu'ils sont la propriété d'établissements publics ou de

corporations. Lorsque ces biens ne sont pas affectés à un service public, ils sont soumis à l'impôt foncier comme ceux des particuliers ; et, en outre, la loi du 20 fév. 1849, dans le but de remplacer pour ces dits biens, le droit de mutation par décès, les a frappés d'une taxe annuelle représentative de ce droit. Cette taxe, fixée d'abord à 62 1/2 centimes du principal de la contribution foncière, a été élevée par la loi du 30 mars 1872 à 70 centimes, et en y comprenant les décimes, à 87 1/2 centimes. Elle est due pour tout immeuble passible de la contribution foncière et appartenant aux départements, communes, hospices, séminaires, fabriques, congrégations religieuses reconnues, consistoires, établissements de charité, bureaux de bienfaisance, sociétés anonymes et tous autres établissements publics légalement autorisés. Les chemins de fer, les canaux de navigation et leurs dépendances ne sont pas passibles de la taxe des biens de mainmorte. En sont dispensées les sociétés anonymes qui ont pour objet exclusif l'achat et la vente d'immeubles (L. 14 déc. 1875) ».　　(CH. Y.)

MAÏNOTE ou **Maïnate** s. et adj. De Maïna, qui concerne cette province ou ses habitants.

* **MAINT, AINTE** adj. [main] (all. *manch*). Collec. Plusieurs : *maint homme ; mainte femme.*

Ses tours de force et de souplesse
Faisaient venir *maint* spectateur.
FLORIAN.

— Dans quelques locutions, on l'emploie indifféremment au sing. ou au pl. : *mainte fois; maintes fois.* — Souvent il se répète : *par maints et maints travaux.* (Fam.)

MAINTENANCE s. f. Observation, défense, protection. — Jurispr. Confirmation, par autorité de justice, de la possession d'un héritage.

MAINTENANT adv. de temps. A présent, à cette heure, aujourd'hui, au temps où nous sommes : *j'ai achevé l'ouvrage que vous m'aviez demandé ; que voulez-vous maintenant que je fasse?* — *Maintenant que*, loc. conj. : *maintenant que nous sommes seuls, je vais vous parler librement.*

* **MAINTENIR** v. a. Tenir ferme et fixe : *cette barre de fer maintient la charpente.* — Se dit plus ordinairement au sens moral, et signifie, conserver dans le même état : *il vous a nommé à cette place, il vous y maintiendra.* — Affirmer, soutenir : *je vous maintiens que cela est vrai.* — **Se maintenir** v. pr. Demeurer dans le même état : *toutes ces pièces de charpente se maintiennent bien.* — Se dit aussi au sens moral : *toutes les lois se maintiennent en vigueur dans le royaume.* — Conserver un poste, une position : *ce régiment se maintint sur le plateau.*

MAINTENON, ch.-l. de cant., arr. et à 18 kil. N.-E. de Chartres (Eure-et-Loir), au confluent de l'Eure et de la Voise; 1,760 hab. Magnifique château qui remonte à Philippe-Auguste; il fut embelli par Louis XIV pour Mme de Maintenon; on y remarque encore son appartement luxueux et son portrait par Mignard; immense aqueduc inachevé et en ruines.

MAINTENON (Françoise D'AUBIGNÉ, marquise de) seconde épouse de Louis XIV, née le 27 septembre 1635 dans une prison de Niort où son père, Constant d'Aubigné, se trouvait détenu, morte au couvent de Saint-Cyr, le 15 avril 1749. Elle était petite-fille de l'historien huguenot Théodore-Agrippa d'Aubigné. Au moment où elle naquit, son père était accusé de haute trahison. Proscrite avec ses parents, élevée à la Martinique où ils s'étaient réfugiés, abandonnée et misérable dans ces pays lointains, encore plus pauvre à son retour, elle fut recueillie par Mme de

Vilette, sa tante, qui lui inculqua les sentiments protestants; mais sa mère l'enleva à
cette bienfaitrice et la plaça sous la direction
de sa marraine, la comtesse de Neuillant,
qui la mit dans un couvent où on lui fit garder les dindons jusqu'à sa conversion au
catholicisme. Elle lutta, dit-on, pour conserver sa religion, mais elle finit par céder, et,
en juin 1652, elle crut échapper à la misère
en épousant le poète comique Scarron, malgré
la laideur et la difformité de ce dernier.
Jeune, belle, gracieuse, pleine d'esprit, elle
fut courtisée par tout ce que Paris comptait
de brillant et d'intelligent et jeta la gaieté sur
les derniers jours du poète; mais celui-ci
étant mort, le 16 oct. 1660, sa veuve retomba
dans la misère. Détestant les hommes et re-
cherchant la société des femmes, elle fit la
connaissance de Mᵐᵉ de Montespan, et sur la
recommandation de celle-ci, le roi fit une
pension de 2,000 fr. à la jeune veuve et, en
1669, il lui offrit d'être la gouvernante des
enfants qu'il avait eus de Mᵐᵉ de Montespan.
« Si les enfants sont au roi, répondit Mᵐᵉ de
Maintenon, je le veux; je ne me chargerais
pas sans scrupule de ceux de Mᵐᵉ de Montespan; il faut que le roi me l'ordonne. » Le roi
ordonna et la veuve Scarron devenue gouvernante de ses enfants, se faisait saigner pour
s'empêcher de rougir. Sa dévotion fit que le
roi porta de 2,000 fr. à 2,000 écus la pension
qu'elle recevait (1673), et Mᵐᵉ de Montespan
la fit admettre dans le cercle particulier du
roi. Son habileté et sa prudence la tinrent en
garde contre toutes les séductions de Louis,
et celui-ci, sensible à cette extrême réserve,
en fit sa confidente et son conseiller et lui
donna le titre de marquise de Maintenon, du
nom d'un château qu'il avait acheté et embelli pour elle (Voy. plus haut). En 1680,
elle fut nommée seconde dame d'honneur de
la dauphine sur laquelle elle prit un grand
ascendant et qui se déclara contre Mᵐᵉ de
Montespan. Cette intrigue de cour se termina
par la séparation définitive du roi et de sa
maîtresse, qui avait été la constante bienfaitrice de Mᵐᵉ de Maintenon. La reine elle-
même subit l'attraction de l'habile gouvernante; elle reçut les consolations religieuses et
mourut dans ses bras. Quelque temps après le
décès de la reine (1683), le roi, qui avait longtemps et vainement sollicité les faveurs de
Mᵐᵉ de Maintenon, l'épousa secrètement sans
contrat ni stipulations, en présence de deux valets de chambre (déc. 1684). Depuis ce moment
jusqu'à sa mort, elle exerça sur le roi le plus
grand empire et mit son influence au service
des jésuites. En apparence, elle semblait
éviter toute participation à la politique, mais
en réalité, elle était omnipotente. C'est à
son instigation que le P. la Chaise obtint la
révocation de l'édit de Nantes et que commença une ère de nouvelles persécutions
contre les protestants. Après la mort du roi
(1715), elle se retira au couvent de Saint-Cyr
qu'elle avait fondé. Voy. Madame de Maintenon peinte par elle-même (1820) et Histoire
de Mᵐᵉ de Maintenon par le duc de Noailles
(1848). Elle a laissé : Lettres sur l'éducation
des filles, Conseils aux jeunes filles, Lettres édi-
fiantes, etc. Th. Lavallée a donné Œuvres de
Mᵐᵉ de Maintenon (Paris, 1854-'55, 10 vol. in-12).

*MAINTENUE s. f. Jurispr. Confirmation,
par jugement, dans la possession d'un bien
ou d'un droit litigieux : on voulait m'obliger
à déguerpir, mais j'ai eu arrêt de maintenue. —
MAINTENUE PROVISOIRE, ou RÉCRÉANCE, se dit par
opposition à PLEINE MAINTENUE, ou MAINTENUE
DÉFINITIVE.

*MAINTIEN s. m. [main-tiain]. Conserva-
tion : le maintien de l'ordre, de la discipline,
de l'autorité publique. — Contenance, air du
visage, habitude du corps : on voit à son
maintien qu'il a été bien élevé. — N'AVOIR POINT
DE MAINTIEN, avoir l'air gauche et embarrassé.

MAINVIELLE (Pierre), conventionnel, né à
Avignon en 1763, guillotiné à Paris en 1793.
Il embrassa avec ardeur les idées révolutionnaires, et fut élu, en 1792, suppléant à la Convention où il alla siéger en 1793. Accusé de
complicité avec les Girondins, il se vit décréter d'accusation, traduire devant le tribunal
révolutionnaire et condamner à mort. Il
monta à l'échafaud en chantant la Marseillaise.

MAÏOLIQUE. Voy. MAJOLIQUE.

MAIPU. Volcan des Andes, dans le Chili,
haut de 5,384 mètres.

MAIPURES ou Maypures [maï-pou'-rèss]
famille d'Indiens de l'Amérique méridionale
établie dans les districts du haut Orénoque :
elle comprend plusieurs tribus autrefois can-
nibales. Les Moxos ou Musus furent conqui-
par l'Inca Yupanqui et plus tard convertis au
christianisme; ils étaient au nombre de plus
de 30,000 lors de la destruction des missions
par les Portugais en 1742.

*MAIRAIN s. m. Voy. MERRAIN.

MAIRAN (Jean-Jacques Dortous de), physicien et mathématicien, né à Béziers en 1678,
mort en 1771. En 1740, il remplaça Fontenelle
en qualité de secrétaire perpétuel de l'Académie des sciences et fut élu membre de
l'Académie française en 1743. Il a laissé un
grand nombre d'ouvrages, parmi lesquels
nous citerons de lui : Dissertation sur les
variations du baromètre (1715); Traité physique et historique de l'aurore boréale (Paris,
1733, in-4°), Mémoires sur la cause du froid et
du chaud, sur la réflexion des corps (1741), etc.

MAIRAT s. m. Dignité et fonctions de
maire.

*MAIRE s. m. (lat. major, plus grand). Le
premier officier municipal d'une ville, d'une
commune : le maire de Bordeaux. — ADJOINT
DU MAIRE, officier municipal qui assiste le
maire dans ses fonctions, et qui peut le remplacer en cas d'absence ou de maladie. —
MAIRE DU PALAIS, le principal officier qui avait
l'administration des affaires de l'État, sous
les rois de la première race : maire du palais,
d'Austrasie, de Neustrie. — LORD-MAIRE, le
maire de la cité de Londres, élu annuellement
par les corps de métiers. Au plur. Des LORDS-
MAIRES. — BATEAU MAIRE, bateau qui lient la
tête d'un convoi. — Législ. « Nous avons
déjà parlé plus brièvement de l'origine des
municipalités en France. (Voy. COMMUNE.) Les
administrateurs des communes portaient,
sous l'ancien régime, des titres divers selon
les régions, tels que : échevins, maires,
consuls, viguiers, capitouls, syndics, et à
Paris, prévôt des marchands, etc. Le mode
de nomination des maires des communes
modernes a subi jusqu'à ce jour de fréquents
changements. Sous le régime de la loi du 28
pluviôse an VIII, laquelle a réinstitué la constitution de l'an III avait en partie absorbées
dans l'organisation cantonale, les maires
et les adjoints ont été nommés par le chef
de l'État ou par le préfet, selon que la population de la commune était ou non supérieure à 5,000 habitants. Depuis la loi du 21
mai 1831, les choix ne pouvaient être faits
que parmi les membres du conseil municipal;
mais la constitution décrétée le 14 janvier 1852 attribua au gouvernement le droit
de prendre les maires et les adjoints en
dehors du conseil, ce qui fut ensuite confirmé par la loi du 5 mai 1855. En 1874, la
loi du 14 avril décida que les maires et
adjoints seraient élus par les conseils municipaux, sauf dans les chefs-lieux de département et d'arrondissement et dans les communes ayant une population de plus de 20,000
âmes. La loi réactionnaire du 20 janvier 1874
attribua la nomination des maires des chefs-
lieux de canton au président de la République,

et celle des maires des autres communes au
préfet, avec faculté de faire les choix en
dehors du conseil municipal. Par la loi du
12 août 1876, les conseils municipaux ont recouvré le droit d'élire, dans leur sein, les
maires et adjoints, sauf dans les chefs-lieux de
canton où la nomination appartenait encore
au chef de l'État. Cette dernière réserve a été
supprimée par la loi du 28 mars 1882. Enfin
la loi du 5 avril 1884, qui régit aujourd'hui
l'organisation communale et qui a abrogé la
législation antérieure sur cette matière, confirme pour tous les conseils municipaux, sauf
à Paris, le droit d'élire le maire et les
adjoints. Aux termes de cette loi, il y a, dans
chaque commune, un maire et un ou plusieurs
adjoints élus au scrutin secret, parmi les
membres du conseil municipal et pour la
même durée que ce conseil. Il y a un seul
adjoint dans les communes de 2,500 hab.
et au-dessous; il y en a deux dans celles de
2,501 à 10,000 hab. Dans les communes d'une
population supérieure, il y a un adjoint de
plus pour chaque excédent de 25,000 hab.,
sans que le nombre puisse dépasser
douze, sauf en ce qui concerne la ville de
Lyon où il est de dix-sept. Les fonctions de
maires et d'adjoints sont gratuites. Cependant
le conseil municipal peut allouer au maire
des frais de représentation. Ne peuvent être
maires ou adjoints : les agents des administrations financières, y compris les gérants
des bureaux de tabac, les agents des forêts,
ceux des postes et télégraphes, ainsi que les
gardes des établissements publics et les
gardes particuliers. Les agents salariés du
maire ne peuvent être adjoints. Le maire
est seul chargé de l'administration; mais il
peut déléguer, par arrêté, une partie de ses
fonctions à un ou plusieurs de ses adjoints,
et, en cas d'empêchement des adjoints, à des
membres du conseil municipal. En cas d'absence ou de tout autre empêchement, le
maire est remplacé dans la plénitude de ses
fonctions, par un adjoint dans l'ordre des
nominations, et, à défaut d'adjoints, par un
conseiller municipal désigné par le conseil,
sinon pris dans l'ordre du tableau. Dans le
cas où les intérêts du maire se trouvent en
opposition avec ceux de la commune, le
conseil municipal désigne un autre de ses
membres pour représenter la commune, soit
en justice, soit dans les contrats. Si un maire
refuse ou néglige de faire un des actes qui lui
sont prescrits par la loi, le préfet peut, après
l'en avoir requis, y procéder d'office par lui-
même ou par un délégué spécial. Les maires et
les adjoints peuvent être suspendus par arrêté
du préfet, pour un temps n'excédant pas un
mois et qui peut être porté à trois mois par le
ministre de l'intérieur. Ils ne peuvent être
révoqués que par décret; et la révocation entraîne de plein droit l'inéligibilité aux fonctions
de maire ou d'adjoint pendant une année.
A moins qu'il ne soit procédé au renouvellement général des conseils municipaux.
Lorsque, à la suite de la dissolution d'un
conseil municipal ou de la démission de tous
ses membres, aucun conseil municipal n'a pu
être constitué, et qu'une délégation spéciale
a été nommée par décret pour en remplir le
fonctions, celles de maire sont remplies par
le président, et, à son défaut, par le vice-
président de ladite délégation, jusqu'au
moment de l'installation d'un nouveau conseil
(L. 5 avril 1884, art. 44, 73 à 87). (Voy. MUNI-
CIPAL.) — Les attributions du maire sont de
plusieurs sortes : 1° Le maire est officier de
l'état civil (L. 28 pluviôse an VIII, art. 13, 16)
et, à ce titre, il dresse, dans les formes
prescrites par la loi, les actes constatant
les naissances, les mariages et les décès
qui ont lieu dans la commune; et il fait
les publications relatives à ces actes; le
tout sous le contrôle du procureur de la
République de l'arrondissement (C. civ., 34

et s.). (Voy. État.) — 2° Le maire est *officier de police judiciaire*; et il exerce cette fonction lorsqu'il n'y a pas de commissaire de police dans la commune; c'est-à-dire qu'il recherche et constate, concurremment avec les gardes forestiers et les gardes champêtres, les contraventions de police; il reçoit les rapports, dénonciations et plaintes relatives auxdites contraventions (C. Inst. crim. 11.) La juridiction de police qui était attribuée aux maires, par le Code d'instruction criminelle, leur a été retirée par la loi du 27 janvier 1872. Le maire est tenu de visiter une fois par mois, les maisons d'arrêt et de justice de la commune, et de veiller à ce que la nourriture des prisonniers soit suffisante et saine (C. Inst. crim. 612, 613.) — 3° Le maire est *officier du ministère public*, lorsqu'il remplace le commissaire auprès du tribunal de simple police (id. 138.) — 4° Le maire, comme *agent du gouvernement*, est chargé, sous l'autorité de l'administration supérieure : 1° de la publication et de l'exécution des lois et règlements; 2° de l'exécution des mesures de sûreté générale; 3° des fonctions spéciales qui lui sont attribuées par les lois. Il prend des arrêtés à l'effet, soit d'ordonner des mesures locales concernant les objets confiés par les lois à sa vigilance et à son autorité, soit de publier à nouveau les lois ou les règlements de police et de rappeler les citoyens à leur observation. Les arrêtés ainsi pris par le maire sont immédiatement envoyés au sous-préfet, et ne sont exécutoires qu'un mois après la remise de l'ampliation constatée par un récépissé. Le préfet peut annuler ces arrêtés ou en suspendre l'exécution; il peut aussi, en cas d'urgence, en autoriser l'exécution immédiate. Les arrêtés du maire ne sont obligatoires qu'après avoir été publiés et affichés, toutes les fois qu'ils contiennent des dispositions générales; et dans les autres cas, qu'après avoir été notifiés. La publication est constatée par une déclaration certifiée par le maire, et la notification est constatée par le récépissé de la partie intéressée ou par l'original de la notification. Les arrêtés, actes de publication et de notification sont inscrits à leur date sur le registre de la mairie. Le maire est chargé, sous l'autorité de l'administration supérieure, de la police municipale, de la police rurale, et de la police des routes nationales, des routes départementales et des autres voies de communication, en ce qui touche la circulation sur lesdites voies dans l'intérieur des agglomérations. (Voy. Police.) Le maire nomme les gardes champêtres et les autres employés communaux, lorsque la loi ne prescrit pas un autre mode de nomination ; il suspend et révoque les titulaires de ces emplois; mais le préfet seul peut révoquer les gardes champêtres. (L. 5 avril 1884, art. 88 à 102). — 5° Comme représentant la commune, le maire est chargé, sous le contrôle du conseil municipal et la surveillance de l'administration supérieure, d'administrer et gérer les propriétés et revenus de la commune; de préparer le budget et d'ordonnancer les dépenses (voy. Budget); de diriger les travaux communaux, de passer les marchés, baux et adjudications dans les formes légales; de représenter la commune dans les contrats et dans les procès; de prendre les mesures nécessaires à la destruction des animaux nuisibles, enfin d'exécuter les décisions du conseil municipal (id. art. 90). Il peut toujours, en cas d'urgence, accepter les dons et legs faits à la commune, intenter toute action possessoire ou y défendre, et faire tous autres actes conservatoires (id. 113, 122). Le maire réunit le conseil municipal chaque fois qu'il le juge utile, et lorsque cette convocation est ordonnée par le préfet ou requise par la majorité du conseil. Au moment où il convoque le conseil municipal, il donne avis au préfet de la réunion et des motifs qui la

rendent nécessaire. Le maire ou celui qui le remplace préside le conseil municipal. Il a seul la police de l'assemblée, et il peut faire expulser de l'auditoire ou arrêter tout individu qui trouble l'ordre. Il convoque les commissions municipales et il en est le président de droit (id. 47, 52 et s.). Les maires sont encore investis par les lois de beaucoup d'autres attributions; ils visent et parafent les livres des commerçants (C. comm. II); ils reçoivent les citations et les exploits d'ajournement et en visent les originaux, lorsque l'huissier n'a trouvé personne au domicile (C. pr. 4, 68); ils requièrent, dans certains cas, l'apposition des scellés après décès (id. 911); ils assistent à l'ouverture des portes et des meubles fermant à clef, au moment où un huissier procède à une saisie-exécution (id. 587), etc., etc. »   (Ch. Y.)

MAIRESSE s. f. La femme d'un maire. (Fam.)

MAIRET (Jean), poète dramatique, né à Besançon en 1604, mort en 1684. A 16 ans, il donna sa première tragédie, *Chryséide et Arimand* (1620); l'année suivante, il donna *Sylvie* et, en 1634, son chef-d'œuvre, *Sophonisbe*. Il fut pensionné par Richelieu. Il critiqua vivement le *Cid* de Corneille, et, jaloux de la renommée toujours croissante de ce grand poète, il se retira dans sa ville natale.

MAIRIE s. f. Office de maire : *la mairie de Bordeaux*. — Temps durant lequel on exerce cette fonction : *pendant sa mairie*. — Bâtiment où se tient l'administration municipale : *aller à la mairie pour demander un passeport*. — Mairie du palais, dignité de maire du palais : *Pépin avait été élevé à la mairie du palais*.

MAIROBERT (Mathieu-François Pidansat de), littérateur français, né en 1707, mort en 1779. On a de lui : *La Querelle de MM. de Voltaire et de Maupertuis* (1753, in-8°); *Prophéties du grand prophète Monet* (1753, in-8°); *Anecdotes sur la comtesse de Barry* (Londres, 1776, in-12); *Lettres originales de Mme du Barry* (Londres, 1779, in-12), etc.

MAIS [mê] (lat. *magis*, davantage). Conjonct. adversative. Sert à marquer opposition, exception, différence : *il est fort honnête homme, mais il est un peu brutal*.

On met impudemment toute chose en usage
Pour ôter de chez moi ce dévot personnage,
Mais plus on fait d'efforts afin de l'en bannir,
Plus j'en vais employer à l'y mieux retenir.
         Molière. *Tartufe*, acte III, sc. vi.

— S'emploie aussi pour rendre raison de quelque chose dont on veut s'excuser : *il est vrai, je l'ai maltraité, mais j'en avais sujet*. — S'emploie aussi pour marquer l'augmentation de la diminution : *non seulement il a eu ce tort, mais bien plus, mais, qui plus est, il s'en vanté ; cette femme est bien faite, mais elle n'est pas grande*. — S'emploie aussi, dans la conversation, au commencement d'une phrase qui a quelque rapport à ce qui a précédé : *mais, ne cesserez-vous jamais de parler de ces choses-là ?* — Sert quelquefois de transition pour revenir à un sujet qu'on avait laissé, ou simplement pour quitter celui dont on parle : *mais c'est trop parler de cela*. — Adv., dans le langage familier, et alors se joint toujours au verbe *pouvoir* par une négation ou par une interrogation. Je n'en puis mais, ce n'est pas ma faute, je n'en suis pas la cause : *si le fils a fait une faute, le père n'en peut mais*. — Objection, difficulté : *il ne loue guère sans quelque mais*.

MAÏS s. m. [ma-iss] (de *mays*, mot haïtien). Bot. Genre de graminées phalaridées, ne comprenant guère qu'une seule espèce de plantes à tige solide qui ressemble à celle de la canne à sucre et qui forme des nœuds bien

marqués. Cette espèce, nommée *maïs cultivé* (*zea mays*), *blé de Turquie*, *garouil*, *blé d'Inde* et *blé d'Espagne*, atteint 2 m. de haut. Le maïs est, dit-on, originaire d'Amérique; cultivé chez nous depuis fort longtemps, il a produit une infinité de variétés à grains jaunes, blancs, roux, rouges, noirâtres ou panachés, gros ou petits. Toutes sont annuelles. Les fleurs mâles sont disposées au sommet de la tige en une sorte de grappe, et les fleurs femelles, situées plus bas, forment des épis serrés, enveloppés par des gaines. L'épi des fruits mûrs atteint jusqu'à 25 centim. de long. Les grains produisent une farine jaunâtre, lourde, que l'on emploie sous forme de *gaudes*

Maïs.

en France, de *polenta* et de *milias* en Italie, elle ne lève pas et ne donnerait un pain compact, désagréable et indigeste, mais on la mêle quelquefois à celle du froment. Dans le N. de la France, où le grain ne mûrit pas, le maïs n'est cultivé que comme plante fourragère, ses tiges et ses feuilles étant recherchées par tout le gros bétail et particulièrement par les vaches. Les grains de maïs sont très propres à engraisser la volaille et les porcs. Les larges enveloppes de l'épi servent à remplir des paillasses. Cette plante s'accommode de toutes les terres bien ameublies et bien fumées; on la sème au printemps, en lignes; on bine, on éclaircit au besoin et on butte; au mois d'août, quand les grains sont formés, on coupe l'épi des fleurs mâles qui forment le haut des tiges.

MAISON s. f. [mè-zon] (lat. *mansio*). Bâtiment servant de logis, d'habitation, de demeure : *maison commode, bien logeable*.

Quand on ne peut payer son terme
Il faut avoir une maison à soi.
       Georges Duval, *Monsieur Vautour*.

— A la maison, chez soi : *il reste à la maison*. — Fam. Garder la maison, rester chez soi, ne pas sortir. — Il est fait comme un brûleur de maisons, se dit d'un homme mal habillé et tout en désordre. — Charbonnier est maître dans sa maison, chacun vit chez soi comme il lui plaît. — Par-dessus les maisons, se dit en parlant de choses exorbitantes, excessives, exagérées : *il fait des demandes, il a des prétentions par-dessus les maisons*. — Maison royale, maison qui appartenait au roi, et où il pouvait habiter avec sa cour : *Fontainebleau, Compiègne, étaient des maisons royales*. — Maison de chasse, maison qui sert de rendez-vous de chasse. — Maison garnie, maison où on loue des chambres, des appartements meublés : *tenir maison garnie*. — Maison d'éducation, maison où l'on prend en pension des enfants, pour les instruire. — Maison de santé, maison où l'on prend en pension des malades ou des valétudinaires, pour les traiter. — Maison d'aliénés, établissement public ou privé où l'on soigne des aliénés. — Maison de jeu, maison ouverte au public, où l'on joue à des jeux du hasard. — Maison de prêt, maison où l'on prête de l'argent, sur des effets déposés en nantissement. — Maison de commerce, maison où l'on fait le trafic de marchandises : *il vient d'ouvrir une maison de commerce.* En ce sens, on dit quelquefois simplement Maison : *ce commerçant a une maison à Paris, et une à Bordeaux.* On dit Maison de banque, lorsqu'il s'agit du trafic de l'argent. — Maison de commission, maison d'un négociant qui fait la commission. — Maison de ville, maison commune, l'hôtel où s'assemblent les officiers municipaux : *il était allé à la maison de ville, à la maison commune.* — Maison d'arrêt, maison de détention, lieux légalement et publiquement désignés pour recevoir ceux qu'on vient d'arrêter, ou ceux qui ont été condamnés à la détention. (Voy. Prison.) — Maison centrale, maison de détention pour les condamnés dont la peine excède un an. (Voy. Prison.) — Maison de charité, maison où l'on donne des secours à la classe indigente. — La maison de Dieu, l'église : *il faut entrer avec respect dans la maison de Dieu.* — C'est une bonne maison, c'est une maison où règne l'ordre et l'aisance. — C'est la maison de Dieu, on n'y boit ni on n'y mange, se dit d'une maison où l'on ne donne à manger à personne. — Petites-Maisons, nom donné, autrefois, à un hôpital de Paris, où l'on renfermait les aliénés. — Il est à mettre aux Petites-Maisons, c'est un échappé des Petites-Maisons, c'est un homme sans raison, qui fait ou qui dit des choses folles. — Prov. Ce sont les Petites-Maisons ouvertes, se dit en parlant d'un trait de folie. — Petite maison, se disait autrefois d'une maison ordinairement située dans un quartier peu fréquenté, et destinée à des plaisirs secrets : *il leur a donné à dîner dans sa petite maison.* — Astrol. Les douze maisons du soleil, les douze signes du zodiaque. — Par ext. Ménage, tout ce qui a rapport aux affaires domestiques : *c'est elle qui tient la maison, qui a soin de la maison; sa maison est bien ordonnée, bien réglée.* — Avoir une bonne maison, donner souvent à manger. Avoir un grand état de maison, avoir un grand luxe de table, d'ameublement, beaucoup de domestiques, de chevaux, etc. — Faire bien les honneurs de sa maison, bien recevoir ceux qu'on invite. — Faire une bonne maison, amasser beaucoup de bien, se mettre en état de bien établir sa famille. — Se dit encore de ceux qui demeurent et vivent ensemble dans une maison qui y composent une même famille : *il est aimé de toute la maison.* — Se prend, quelquefois, pour les gens attachés au service d'une maison : *un valet et deux serviteurs composent toute sa maison.* — Faire sa maison, rassembler tout ce qui forme un état de maison, en domestiques, en chevaux, en équipages, etc. Ne se dit que des princes et des personnes élevées en dignité : *cet ambassadeur s'occupe à faire sa maison.* — Fam. Faire maison nette, renvoyer à la fois tous ses domestiques; et, Faire maison neuve, en prendre d'autres. — Les gens de la maison, les domestiques attachés au service d'une maison en particulier ; et, Les gens de maison, en général, les personnes dont l'état est de servir comme domestiques. — Maison du roi, les officiers de la chambre, de la garde-robe, de la bouche, et autres, attachés au service personnel du roi. — Maison militaire du roi, maison du roi, ou simplement, La maison, les troupes destinées à la garde de la personne du roi : *dans ce combat, la maison du roi décida la victoire.* — Fig. Race, famille. Ne se dit que des familles nobles et illustres : *la maison de France, d'Autriche, de Hanovre.* — La maison royale, les princes du rang : *un prince, une princesse de la maison royale.* — Cette maison est éteinte, finie, le dernier de la race est mort. — Relever sa maison, acquérir des biens et des

honneurs qui rendent, à la famille dont on sort, les avantages qu'elle avait perdus. — Un homme, une femme, un enfant, une fille de bonne maison, de noble et ancienne race. — Ce jeune homme sent son enfant de bonne maison, il a les manières nobles. — Traiter, accommoder quelqu'un en enfant, en fils de bonne maison, le châtier comme il le mérite. — Se dit aussi d'une compagnie, d'une communauté d'ecclésiastiques, de religieux : *il était docteur de la maison et société de Sorbonne.*

MAISON (Nicolas-Joseph, marquis de), maréchal de France, né à Epinay, près de Saint-Denis (Seine), le 12 déc. 1770, mort le 13 févr. 1840. En 1792, il s'engagea dans un régiment de volontaires. Il était déjà capitaine à Jemmapes, passa pour mort à Fleurus, fit partie de l'armée de Sambre-et-Meuse, fut blessé grièvement au passage du pont de Limbourg et devint, en 1799, premier aide de camp de Bernadotte. Après s'être couvert de gloire à Austerlitz, il fut fait général de brigade et fit à Iéna des prodiges de valeur. En 1808, il passa en Espagne; en 1809, il était avec Bernadotte devant Anvers et exerça ensuite plusieurs commandements en Hollande. Sa belle conduite en 1812 le fit nommer général de division. En 1813, il prit la ville de Halle et, le jour de la bataille de Lutzen, il prit Leipzig, s'illustra aux batailles de Bautzen, de Wachau et de Leipzig. Commandant de l'armée du Nord en 1814, il défendit les approches d'Anvers et se replia sur Bruxelles. Ayant appris l'abdication de l'empereur, il envoya sa soumission au nouveau gouvernement et Louis XVIII le nomma pair de France, gouverneur de Paris, et, le 31 août 1817, il lui donna le titre de marquis, Napoléon lui ayant accordé déjà celui de comte. Sous la Restauration, il garda une certaine indépendance et refusa de juger le maréchal Ney. En 1828, il fut placé à la tête de l'expédition de Morée et, comme récompense, à son retour, il reçut le bâton de maréchal (mai 1829). Partisan de la révolution de 1830, il devint, en novembre, ministre des affaires étrangères, accepta l'ambassade de Vienne (1832), puis celle de Saint-Pétersbourg (1833) et en 1835 devint ministre de la guerre jusqu'au 19 sept. 1836.

* **MAISONNÉE** s. f. [mé-zo-né]. Collect. Tous les gens d'une famille qui demeurent dans une même maison : *on a mené en prison toute la maisonnée.* (Pop.)

* **MAISONNETTE** s. f. [mè-zo-nè-te]. (Dimin. de maison). Maison basse et petite : *il a fait bâtir une maisonnette.*

MAISONNEUVE (Louis-Jean-Baptiste Simonnet de), littérateur, né à Saint-Cloud en 1750, mort en 1819. On lui doit une tragédie, *Roxelane et Mustapha,* qui eut un immense succès. Il a publié la *Nouvelle bibliothèque de campagne* (Paris, 1777, 24 vol. in-12).

MAISONNEUVE (Paul de Chomedey, sieur de), premier gouverneur de Montréal (Canada), mort en 1676. Il se rendit dans la Nouvelle-France en 1641, avec une troupe de colons. Son administration fut des plus habiles, mais le gouverneur général de Mesy le fit arrêter en 1664 et reconduire en France l'année suivante.

MAISONS-ALFORT, commune du cant. de Charenton-le-Pont (Seine), sur la rive gauche de la Marne, à 8 kil. S.-E. de Paris; 7,500 hab. Ecole nationale vétérinaire fondée en 1766. (Voy. Alfort.)

MAISONS-LAFFITTE, bourg du cant. de Saint-Germain-en-Laye (Seine-et-Oise), arr. et à 22 kil. N. de Versailles, à 16 kil. de Paris, sur la rive gauche de la Seine; 2,500 hab. Magnifique château bâti par Mansard pour le président de Maisons et

dont il ne reste que le corps principal. Avant la Révolution, il appartint au comte d'Artois (Charles X), sous l'Empire au maréchal Lannes et fut acheté par le banquier Laffitte.

MAISTRANCE s. f. Mar. Corps des maîtres ou sous-officiers de marine. — Il existe à Brest, à Rochefort et à Toulon des écoles établies en 1819 pour l'instruction d'un certain nombre d'ouvriers destinés à la maistrance.

MAISTRE (mè-stre ou mê-tre). I. (Joseph-Marie, comte de), homme d'État italien, né à Chambéry le 1er avril 1754, mort le 26 févr. 1821. Il fit ses études à Turin, entra dans la magistrature en 1775 et devint membre du sénat en 1788. Ayant suivi le roi dans l'île de Sardaigne en 1798, il fut nommé grand chancelier, ambassadeur à Saint-Pétersbourg (1803-'17), puis ministre d'État et régent de la grande chancellerie. Parmi ses œuvres, écrites contre le parti révolutionnaire français, nous citerons : *Considérations sur la France* (1796), ouvrage qui obtint un grand succès en Europe; *Du Pape* (1819), traité en faveur de l'infaillibilité du pape; *Soirées de Saint-Pétersbourg* ou *Entretiens sur le gouvernement temporel de la Providence* (1821, 2 vol.); *Essai sur le principe générateur des Constitutions politiques* (1810); il a laissé en outre un *Examen de la philosophie de Bacon,* publié en 1836. Son fils Rodolphe a publié 4 chapitres inédits sur la Russie par le comte J. de Maistre (1859) — II. (Xavier, comte de), frère du précédent et écrivain humoriste, né à Chambéry en 1764, mort en 1852. Lors de la conquête de la Sardaigne par les Français, il émigra en Russie, et en 1805 devint directeur de la bibliothèque et du musée de l'amirauté. Il entra peu après dans l'armée russe comme lieutenant-colonel et gagna le grade de major général pendant la guerre de Perse. S'étant établi à Saint-Pétersbourg, il consacra le reste de sa vie à des travaux littéraires et scientifiques. En 1794, il n'était connu que comme chimiste et comme peintre de paysages; mais il se révéla charmant et spirituel écrivain dans son *Voyage autour de ma chambre,* qui obtint un succès populaire. Parmi ses autres ouvrages, on distingue, le *Lépreux de la cité d'Aoste* (1812), les *Prisonniers du Caucase* (1815); *Prascovie ou la Jeune Sibérienne* (1815) et *Expédition nocturne autour de ma chambre* (1825).

* **MAÎTRE** s. m. (lat. *magister*). Celui qui a des domestiques : *bon maître; mauvais maître.* — Avoir bon maître, être au service ou dans la dépendance d'un homme puissant par qui l'on peut être protégé. — Chercher maître, ne pas savoir encore de quel parti se rangera, quelle opinion on adoptera, soit en politique, soit en religion, etc.: *ses sentiments ne sont pas encore arrêtés, il cherche maître.* — Prov., par une façon de parler empruntée de l'Écriture, Nul ne peut servir deux maîtres, il est difficile de vaquer à deux emplois à la fois, de mener de front deux affaires, etc. — Tel maître, tel valet, les valets prennent les habitudes de leurs maîtres. — Qui a compagnon, a maître, on est souvent obligé de céder aux volontés de ses associés, des personnes avec qui l'on vit. — Roi, empereur, prince souverain : *ils se disputaient pour le choix d'un maître.*

> Seigneur, si Darius avait su se connaître,
> Il régnerait encore où règne un autre maître.
>
>   J. Racine, Alexandre, acte I, sc. II.

> Pourquoi nous attaquer ? par quelle barbarie
> A-t-on de votre maître irrité la furie ?
>
>   J. Racine, Alexandre, acte II, sc. II.

— Mon maître, le roi mon maître, l'empereur mon maître, etc., expressions qu'emploient ordinairement les ambassadeurs ou autres agents d'un souverain, en pays étranger, lorsqu'ils parlent de lui. — Celui qui commande, qui domine, soit de droit, soit de

fait : *César se rendit maître de la république.*
— HEURTER, FRAPPER EN MAÎTRE, frapper à la porte d'une maison plusieurs coups de suite, ou seulement un coup très fort. On dit de même, SONNER EN MAÎTRE. — SE RENDRE MAÎTRE D'UNE PLACE, D'UNE PROVINCE, D'UN POSTE, s'en emparer par la force, par la conquête. — SE RENDRE MAÎTRE DES ESPRITS, DES CŒURS, prendre de l'empire sur les esprits, gagner les cœurs. — SE RENDRE MAÎTRE DE LA CONVERSATION, y jouer le principal rôle, la diriger sur le sujet qu'on préfère. — SE RENDRE MAÎTRE DU FEU, arrêter les progrès d'un incendie. ÊTRE MAÎTRE DU FEU, s'être assuré que le feu ne fera plus de progrès. — ÊTRE MAÎTRE DE SES PASSIONS, les dompter, les vaincre. ÊTRE MAÎTRE DE SOI, se posséder : *il a été bien maître de lui dans cette occasion.* — CET ÉCRIVAIN, CET ORATEUR, CE POÈTE EST MAÎTRE DE SON SUJET, EST MAÎTRE DE SA MATIÈRE, il la possède, est en état de la bien traiter. — CE CHANTEUR EST MAÎTRE DE SA VOIX, il la dirige avec facilité. — ÊTRE LE MAÎTRE, ÊTRE MAÎTRE DE FAIRE QUELQUE CHOSE, avoir la liberté, le pouvoir de faire quelque chose : *vous êtes maître de choisir.* On dit absolument, *Vous êtes bien le maître ;* et par civilité, *Nous irons où il vous plaira, où vous voudrez, vous êtes le maître.* — TROUVER SON MAÎTRE, avoir affaire à quelqu'un de plus fort, de plus habile que soi : *c'était un querelleur, mais il a trouvé son maître.* — VOUS ÊTES MON MAÎTRE, se dit à celui par qui l'on a été vaincu, à un jeu, dans quelque exercice. On dit, à peu près dans le même sens : en *musique, les Italiens sont nos maîtres.* — Propriétaire : *il est maître de cette terre, de ce château.* — L'ŒIL DU MAÎTRE, la surveillance, la sollicitude du propriétaire : *il n'y a rien de tel que l'œil du maître.* — IL TROUVERA MAÎTRE, se dit d'un cheval égaré, d'un bijou perdu, etc., et signifie, il y a quelqu'un qui le réclamera, ou qui se l'appropriera. — L'ARGENT N'A POINT DE MAÎTRE, rien ne fait connaître à qui appartient une pièce de monnaie perdue. — Celui qui enseigne quelque art ou quelque science : *maître de langue française; maître de danse, de musique, de harpe, de violon.* — MAÎTRE ÈS ARTS, celui qui avait reçu, dans une université, les degrés qui donnaient pouvoir d'enseigner les humanités et la philosophie. — MAÎTRE DE PENSION, celui qui prend des enfants en pension pour les instruire. — MAÎTRE D'ÉCOLE, celui dont l'école est destinée à donner aux enfants les connaissances les plus élémentaires. On dit aujourd'hui, INSTITUTEUR PRIMAIRE. — MAÎTRE D'ÉTUDE, celui qui, dans un collège, surveille les élèves pendant les heures de travail et de récréation. — LE TEMPS EST UN GRAND MAÎTRE, avec le temps on apprend beaucoup de choses qu'on ignore, qu'on ne peut prévoir. — JURER SUR LA PAROLE DU MAÎTRE, adopter aveuglément et soutenir les opinions d'un homme à qui l'on a pour ainsi dire soumis sa raison. — LE MAÎTRE L'A DIT, sentence empruntée des anciens Grecs et qui signifie qu'un chef d'école a décidé une question et que ses disciples ne se permettent pas d'examiner, de discuter après lui. (Voy. MAGISTER DIXIT.) — MON MAÎTRE, MON CHER MAÎTRE, terme de politesse. — Celui qui, après avoir été apprenti, était reçu avec les formes ordinaires dans quelque corps de métier : *maître cordonnier, tailleur, maçon, charron.* — Se dit encore aujourd'hui des artisans qui emploient ou dirigent plusieurs ouvriers, qui ont des ateliers, qui font des entreprises, etc. : *le devis du maître maçon.* — IL EST PASSÉ MAÎTRE EN FOURBERIE, c'est un grand fripon, un grand fourbe. — MAÎTRE CLERC, celui qui, dans une étude de notaire ou d'avoué, est le premier des clercs. — MAÎTRE VALET, MAÎTRE GARÇON, celui qui est le premier entre ses compagnons, dans une maison, dans une boutique. — Mar. MAÎTRE D'ÉQUIPAGE, ou simplement MAÎTRE, le premier sous-officier de manœuvre, qui a autorité sur

toutes les personnes de l'équipage. On dit aussi, dans des sens analogues : *maître canonnier, maître charpentier, maître calfat,* etc. — MAÎTRE DES HAUTES ŒUVRES, l'exécuteur de la haute justice, le bourreau. MAÎTRE DES BASSES ŒUVRES, cureur de retraits, vidangeur. — Se joint quelquefois, par exag. et fam., à certains termes d'injure : *maître fou; maître coquin.* — UN MAÎTRE HOMME, UN MAÎTRE SIRE, un homme entendu, habile, qui sait se faire obéir, se faire servir. — Savant, expert en quelque art : *je m'en rapporte aux maîtres de l'art.* — Se dit, particul., des grands peintres : *les maîtres de l'école française, de l'école vénitienne.* — LES PETITS MAÎTRES, certain nombre de graveurs qui sont ainsi désignés dans les catalogues d'estampes. — Palais et Prat. Titre qu'on donne aux avocats, aux avoués et aux notaires : *maître N., n'avez-vous rien de plus à dire pour la défense de l'accusé?* — COMPTER DE CLERC A MAÎTRE (on prononce le C final), rendre compte des recettes et des dépenses qu'on a faites, sans autre responsabilité que celle de l'exactitude. — Prov. et en mauvaise part, MAÎTRE GONIN, homme rusé, fin et adroit : *ce sont des tours de maître gonin.* — Titre donné par La Fontaine à divers animaux.

> *Maître Corbeau, sur un arbre perché,*
> Tenait en son bec un fromage.
> *Maître Renard, par l'odeur alléché,*
> Lui tint à peu près ce langage.
>   LA FONTAINE.

— MAÎTRE ALIBORON, homme ignorant, stupide, ridicule, qui ne se connaît en rien : *c'est un maître aliboron.* — MAÎTRE JACQUES, homme qui réunit plusieurs emplois dans une maison : *il est à la fois cuisinier, valet de chambre, cocher; c'est un maître Jacques.* — PETIT-MAÎTRE, jeune homme qui se fait remarquer par une élégance recherchée dans sa parure, par des manières libres et un ton avantageux avec les femmes : *c'est un petit-maître.* — Titre de personnes revêtues de certaines charges : *maître des requêtes au Conseil d'État* (voy. CONSEIL); *maître des comptes, maître des cérémonies.* On dit aussi : *grand maître des cérémonies; grand maître de la garde-robe.* — MAÎTRE DU SACRÉ PALAIS, titre d'un religieux dominicain, qui demeure dans le palais du pape, et qui a la principale autorité pour examiner les livres, et pour donner la permission d'imprimer : *le livre porte l'approbation du maître du sacré palais.* — MAÎTRE DE CHAPELLE, celui qui est chargé de diriger le chant dans une église, et de former les enfants de chœur. Se dit quelquefois pour maître de musique, mais seulement en parlant des orchestres d'Italie. — Titre qu'on donne aux chefs des ordres militaires, des ordres de chevalerie : *grand maître de l'ordre de Malte.* GRAND MAÎTRE DE L'UNIVERSITÉ DE FRANCE, titre donné, à diverses époques, au chef de l'université de France. — Se prend quelquef. pour premier ou principal, en parlant des choses inanimées qui sont de même nature : *le maître autel.*

MAÎTRE-AUTEL s. m. Principal autel d'une église; celui où, les jours solennels, on célèbre l'office.

* **MAÎTRESSE** s. f. Celle qui commande, dirige, instruit. Ce mot a presque toutes les acceptions de celui de MAÎTRE : *cette femme est fort bonne maîtresse, elle traite bien les domestiques.* — Fam. UNE MAÎTRESSE FEMME, une femme habile, intelligente, ferme, qui impose, qui sait prendre de l'ascendant. — PETITE-MAÎTRESSE, femme qui est d'une élégance recherchée dans son ton, dans ses manières, dans sa parure, dans son ameublement, etc. : *elle a un appartement de petite-maîtresse.*

Il n'a servi qu'abbés, que par les maîtresses.
     COLIN D'HARLEVILLE. *L'In constant,* acte II, sc. III.

— Se dit aussi d'une fille, d'une veuve recherchée ou promise en mariage, ou simple-

ment aimée de quelqu'un : *il est fort assidu auprès de sa maîtresse.*

Puis, je suis accouru pour revoir ta maîtresse.
    COLIN D'HARLEVILLE. *L'Inconstant,* acte 1er, sc. V.

— Femme ou fille qui vit avec un homme dans un commerce d'amour et de galanterie : *c'est sa maîtresse.* — Adj. Principale : *la maîtresse poutre.*

MAÎTRISABLE adj. Que l'on peut maîtriser.

* **MAÎTRISE** s. f. Qualité de maître. Se disait autrefois en parlant des métiers : *il avait acheté la maîtrise.* — GRANDE MAÎTRISE, se dit de certaines charges ou dignités : *la grande maîtrise de Malte, de Saint-Lazare, de l'ordre Teutonique.* — Se dit aussi, quelquefois, de l'emploi de maître de chapelle dans une église cathédrale. — ↝ Maison où l'on instruit les enfants de chœur : *la maîtrise de Saint-Roch.* Se dit également de la société elle-même des enfants de chœur : *l'office fut chanté par la maîtrise de la Madeleine.* — Les maîtrises des arts et métiers existaient autrefois en France, dans toutes les villes et les bourgs. Elles étaient composées, dans chaque métier ou commerce particulier, des maîtres en exercice. Etienne Boileau, prévôt de Paris en 1254, en a établi à cette époque la liste et les statuts. Sous Louis XIV, on comptait à Paris plus de quinze cents maîtrises ou corporations de métiers. Les statuts et règlements de ces communautés étaient obligatoires lorsqu'ils avaient été approuvés par ordonnances. Chaque maîtrise avait ses privilèges particuliers et des gardes, jurés ou syndics, étaient chargés de la police intérieure et du maintien des règlements. Les maîtrises ont été abolies par la loi du 17 mars 1791. (Voy CORPORATION et JURANDE.)

* **MAÎTRISER** v. a. Gouverner en maître, avec une autorité absolue : *c'est une injustice que de vouloir maîtriser ses égaux.* — MAÎTRISER SES PASSIONS, SES SENTIMENTS, SON CŒUR, les dompter, les vaincre, s'en rendre le maître. — MAÎTRISER LA FORTUNE, faire tourner les événements à son avantage, par la force de son caractère ou par l'habileté de sa conduite. — Se maîtriser v. pr. Se rendre maître de soi ou de ses passions : *cet homme a su se maîtriser.*

MAITTAIRE (Michel), bibliographe et philologue, né en France en 1668, de parents protestants, mort à Londres en 1747. On a de lui : *Opera et fragmenta veterum poetarum latinorum* (Londres, 1748); *Stephanorum historia* (1789); *Historia typographorum aliquot Parisiensium* (1717); *Annales typographici, ab artis inventæ origine ad annum 1557* (Amsterdam et Londres, 1719-41, 5 tomes en 9 vol. in-4°); *Collection de classiques latins* (Londres, 1713-22, 27 vol. in-12), etc.

MAIXENT (Saint-), ch.-l. de cant., arr. et à 23 kil. N.-E. de Niort (Deux-Sèvres); 4,200 hab. Collège communal; dépôt d'étalons. Commerce de grains, chevaux, mulets. Belle église. Sous la Convention, ce bourg s'appela Vauclerc-sur-Sèvre. École de sous-officiers, créée en 1881, pour remplacer celle du camp d'Avor, supprimée en 1878.

MAIZEROY (Paul-Gédéon JOLY DE), tacticien, né à Metz en 1719, mort en 1780. Il gagna le grade de lieutenant-colonel. On a de lui : *Essais militaires* (Amsterdam, 1762, in-8°); *Traité des stratagèmes permis à la guerre* (Metz, 1765, in-8°); *Cours de tactique théorique, pratique et historique* (Paris, 1766, 2 vol. in-8°); *Théorie de la guerre* (Lausanne, 1777, in-8°), etc.

* **MAJESTÉ** s. f. (lat. *majestas*, de *major*, plus grand). Grandeur suprême, caractère auguste qui imprime le respect : *la majesté divine; la majesté royale; la majesté des lois.*

Mais je croirais trahir la majesté des rois,
Si je laissais le peuple arbitre de mes droits.
    J. RACINE. *La Thébaïde,* acte II, sc. III.

— Se dit, par ext., en parlant des personnes et des choses qui ont un air de grandeur propre à inspirer de l'admiration, du respect : *elle a dans toute sa personne un air de majesté; il y a de la grandeur, de la majesté dans son style.* — LOI DE MAJESTÉ, loi qui punissait, chez les Romains, tout attentat contre le peuple et que certains empereurs appliquèrent à tout délit commis contre le prince. — Titre particulier qu'on donne aux empereurs, aux rois, et à leurs épouses. On dit en leur parlant, VOTRE MAJESTÉ, VOS MAJESTÉS; et en parlant d'eux, SA MAJESTÉ, LEURS MAJESTÉS : *Votre Majesté, sire, a ordonné.* Par abrév. on écrit, V. M., VV. MM., S. M. LL. MM. — SA MAJESTÉ IMPÉRIALE, l'empereur d'Autriche, que l'on qualifie aussi de SACRÉE MAJESTÉ, mais seulement quand on lui parle. SA MAJESTÉ TRÈS-CHRÉTIENNE, le roi de France. SA MAJESTÉ CATHOLIQUE, le roi d'Espagne. SA MAJESTÉ TRÈS-FIDÈLE, le roi de Portugal. SA MAJESTÉ BRITANNIQUE, SA MAJESTÉ SUÉDOISE, SA MAJESTÉ DANOISE, le roi d'Angleterre, le roi de Suède, le roi de Danemark; on dit aussi : *Sa Majesté le roi d'Angleterre, Sa Majesté le roi de Suède,* etc. — Le titre de Majesté fut d'abord employé par les Romains pour désigner la puissance suprême et la dignité du peuple (*majestas populi Romani*), aussi bien que les plus hauts personnages élus qui représentaient la souveraineté populaire, tels que les dictateurs, le consul et le sénat. Lors de la chute de la république, les empereurs s'attribuèrent le même titre (*majestas augusti*) qui fut adopté au moyen âge par les empereurs d'Allemagne, en 1461 par Louis XI, roi de France, et plus tard par les rois d'Espagne, en souvenir de Charles-Quint, qui avait été majesté comme empereur. François 1er ayant donné le même titre à Henri VIII d'Angleterre, lors de l'entrevue du camp du Drap d'or, les souverains anglais le conservèrent.

* MAJESTUEUSEMENT adv. Avec majesté, avec grandeur : *ces globes qui roulent majestueusement sur nos têtes.*

* MAJESTUEUX, EUSE adj. Qui a de la majesté, de l'éclat, de la grandeur : *un port, un air majestueux.*

* MAJEUR, EURE adj. compar. (lat. *major,* plus grand). Qui est plus grand, plus important, plus considérable : *la majeure partie.* — Matière ecclésiastique. ORDRES MAJEURS, la prêtrise, le diaconat, le sous-diaconat, par opposition aux quatre ordres mineurs. EXCOMMUNICATION MAJEURE, excommunication qui retranche entièrement de l'Eglise, et de toute communion avec les fidèles, par opposition à EXCOMMUNICATION MINEURE. — Mus. TIERCE MAJEURE, tierce composée de deux tons. Ut mi est une tierce majeure. SIXTE MAJEURE, intervalle tel que celui de *sol* à *mi* et SEPTIÈME MAJEURE, intervalle tel que celui de *ut* à *si.* On appelle aussi TON ou MODE MAJEUR, celui où la tierce et la sixte au-dessus de la tonique sont majeures : *ton d'ut,* mode *majeur.* On dit dans le même sens : *un air en majeur; passer du majeur au mineur, du mineur au majeur;* et alors *Majeur* est pris substantivement. — Jeu de piquet, TIERCE MAJEURE, l'as, le roi et la dame de la même couleur. QUARTE MAJEURE, ou QUATRIÈME MAJEURE, QUINTE MAJEURE, les quatre, les cinq cartes que l'on commencer par l'as. On disait autrefois, et l'on dit encore quelquefois, TIERCE MAJOR, QUINTE MAJOR. — Grand, important, considérable, absol. et sans comparaison : *une affaire majeure; cet événement tient à des causes majeures.* — FORCE MAJEURE, force à laquelle on ne peut résister, événement qu'on ne peut empêcher et dont on n'est pas responsable : *c'est un cas de force majeure; il y a force majeure.* Cette expression est principalement usitée en jurispr. — Jurispr. Qui atteint l'âge prescrit par les lois, pour user et jouir de ses

droits, et pour pouvoir contracter valablement : *il ne fallait avoir que vingt ans pour être majeur en Normandie.* (Voy. MAJORITÉ.) — s. m. pl. Les ancêtres ou les prédécesseurs : *nos majeurs nous ont donné ces exemples de vertu.* (Vieux.)

MAJEUR (Lac) (ital. *lago Maggiore*), lac du N. de l'Italie et de la Suisse, borné par la Lombardie et le Piémont ; 60 kil. de long ; largeur moyenne 4 kil. Ses affluents principaux sont : le Tessin, la Toce ou Toccia et la Tresa; son grand débouché est le Tessin qui sort à son extrémité S. Sur le côté O. se trouvent les îles Borromées, remarquables par leur beauté. La partie suisse du lac est appelée Locarno.

* MAJEURE s. f. Log. La proposition d'un syllogisme, qui contient le *grand terme* ou l'attribut de la conclusion : *je vous accorde la majeure, et vous niez la mineure.* — Acte que soutenaient les étudiants en théologie, la deuxième année de leur licence, et qui durait depuis huit heures du matin jusqu'à six heures du soir.

* MAJOLIQUE ou MAIOLIQUE s. f. (ital. *Majolica,* de Majorque). Commerce. Anciennes faïences italiennes ou espagnoles. (Voy. POTERIE et PORCELAINE.)

* MAJOR s. m. Officier supérieur qui dirige l'administration et la comptabilité d'un régiment, et qui est chargé en outre de tout ce qui concerne le recrutement et l'état civil du corps : *le major du régiment.* — MAJOR GÉNÉRAL, officier général chargé de remplir ces mêmes fonctions pour toute une armée, ainsi que d'expédier tous les ordres du généralissime et de rendre compte des opérations : il a immédiatement sous ses ordres des maréchaux de camp qui prennent la qualification d'*Aides-major généraux.* — Officier supérieur qui, dans une place de guerre, est spécialement chargé des détails du service, *sous l'autorité* du commandant: *le major de la place.* — ÉTAT-MAJOR. (Voy. État.) — ADJUDANT-MAJOR. (Voy. Adjudant.) — CHIRURGIEN-MAJOR, premier chirurgien de régiment. La création des chirurgiens de régiment paraît dater du commencement du XVIIe siècle ; en 1794, ils furent nommés *officiers de santé,* et en 1803, chirurgiens-majors. — AIDE-MAJOR, chirurgien adjoint au chirurgien-major. — TAMBOUR-MAJOR, SERGENT-MAJOR et RONDE-MAJOR. (Voy. *Tambour, Sergent* et *Ronde.*) — \\ MAJOR DE TABLE D'HÔTE, pseudo-militaire dont l'emploi consiste à découper la volaille dans une table d'hôte et à tricher au jeu. — MAJORS, premiers élèves reçus à l'Ecole polytechnique ; MAJOR DE QUEUE, dernier reçu.

* MAJORAT s. m. Immeuble inaliénable attaché à la possession d'un titre de noblesse, et qui passe avec ce titre à l'héritier naturel ou adoptif du titulaire : *constituer, fonder, établir un majorat.* — Législ. « Sous l'ancien régime, des apanages étaient attachés à certaines familles ; ils formaient une dotation immobilière inaliénable qui passait, au mâle, à l'aîné en ligne directe. Cette dotation, qui émanait des souverains, devait faire retour à la couronne, à défaut de descendant en état de la recevoir. Dans certaines provinces, les substitutions fidéicommissaires pouvaient être instituées à titre perpétuel sur des biens particuliers, et formaient ce que l'on appelait des *majorats,* c'est-à-dire des domaines inaliénables, destinés à l'aîné d'une famille. Cette mainmorte, agissant comme celle de l'Eglise, d'absorber le sol français, les rois se virent obligés à la restreindre successivement à quatre degrés, puis à trois, enfin à deux degrés de substitués, outre le dotataire (Ord. de 1560, de 1566 et de 1747). La loi du 14 novembre 1792 abolit les majorats, en prohibant toute substitution ; puis, en l'an XI, le Code civil renouvela cette

prohibition en permettant seulement quelques exceptions (art. 896, 1048 et s.). (Voy. SUBSTITUTION.) Mais en 1807, dans le but de créer des duchés héréditaires attachés à l'Empire, on ajouta à l'article 896 du Code civil un alinéa qui, en confirmant le décret du 30 mars 1806 et le sénatusconsulte du 14 août suivant, permettait à l'empereur de constituer des majorats comme dotations de titres héréditaires. Les gouvernements de la Restauration usèrent aussi de cette faculté qui fut de nouveau interdite par la loi du 12 mai 1835. Cette loi réduisait à deux degrés les majorats antérieurs fondés avec des biens particuliers, et elle maintenait dans toute leur étendue ceux dont la dotation était soumise au droit de retour en faveur de l'Etat. Enfin, la loi du 7 mai 1849 abolit définitivement les majorats, en déclarant que les biens qui les composaient étaient libres désormais entre les mains de leurs détenteurs. Cependant, elle fit une exception en faveur des appelés, nés ou conçus avant la promulgation de ladite loi, en déclarant qu'ils pourraient encore être substitués, s'ils n'étaient pas décédés avant l'ouverture de leur droit. » (CH. Y.)

MAJORDOMAT s. m. Dignité, fonctions de majordome.

* MAJORDOME s. m. (lat. *major,* plus grand; *domus,* maison). Mot tiré de l'italien, qui en signifie maître d'hôtel. On l'emploie, en parlant des officiers qui servent en cette qualité à la cour de Rome et en Espagne : *le majordome du pape.*

MAJORÉ, ÉE part. passé de MAJORER. — Fin. INTÉRÊTS MAJORÉS, intérêts accrus d'une prime ou d'une autre somme accessoire.

MAJORER v. a. Evaluer une chose ou un objet au-dessus de sa valeur réelle.

MAJORIEN (Julius-Valerius MAJORIANUS), empereur romain d'Occident, mort en 461. Il servit en Gaule sous Aétius et fut revêtu de la pourpre en 457. Pour mettre un terme aux incursions des Vandales, il résolut d'aller les attaquer en Afrique ; sa flotte était prête lorsque Genséric le surprit dans la baie d'Alicante, coula ou incendia ses navires (460). Majorien rentra en Italie, fut déposé à Tortone et tué à l'instigation de Ricimer, qui l'avait élevé au trône et qui ne trouvait pas en lui un serviteur assez docile.

* MAJORITÉ s. f. La pluralité des votants, des suffrages, dans une assemblée délibérante, dans un corps politique; des individus, dans un pays, dans une nation : *les questions se décident par la majorité des suffrages.* — MAJORITÉ ABSOLUE, celle qui se compose de la moitié des voix, plus une; MAJORITÉ RELATIVE, celle qui se forme simplement de la supériorité du nombre des voix obtenues par un des concurrents. — Signifie aussi, absol., le parti qui, dans une assemblée, réunit le plus grand nombre de suffrages : *le député est un membre de la majorité.* — Jurisprud. Etat de celui qui est majeur : *il a atteint l'âge de majorité, sa majorité.* — Place de major : *le roi lui donna la majorité de tel régiment; aide-majorité.* (Vieux.) — Législ. « La majorité, c'est-à-dire l'âge requis pour faire certains actes valablement, varie selon les actes. En ce qui concerne le mariage, cet âge est de dix-huit ans révolus pour l'homme et de quinze ans pour la femme (C. civ. 144). Mais, s'il s'agit de la faculté de contracter mariage sans le consentement de ses parents, l'âge de majorité est de vingt-cinq ans pour l'homme et de vingt et un ans pour la femme (id. 148). La majorité requise pour contracter un engagement volontaire dans l'armée, sans le consentement des père, mère ou tuteur, est fixée à vingt ans par la loi du 27 juillet 1872 (Art. 46, 6e). La majorité qui consiste à cesser d'être sous l'autorité paternelle ou

sous la tutelle, à pouvoir administrer seul ses biens personnels, à en disposer, et à faire tous les actes de la vie civile, est fixée, pour l'un et l'autre sexe, à l'âge de vingt et un ans acccomplis (id. 488). La majorité politique est également fixée à vingt et un ans (L. 5 avril 1884, art. 14). Cet âge a été adopté pour la majorité civile, par la Belgique, l'Italie, l'Allemagne et la Russie. La majorité est fixée à vingt-deux ans en Angleterre et aux Etats-Unis; à vingt-quatre ans en Autriche; à vingt-cinq ans en Espagne et en Portugal. La plupart des coutumes de France avaient fixé à vingt-cinq ans l'âge de majorité, et quelques-unes le fixaient à vingt ans. » (Ch. Y.)

MAJORQUE (esp. *Mallorca* [mâ-lior'-ka]). La plus grande des îles Baléares, dans la Méditerranée, entre 39° 15' et 40° lat. N. et entre 0° et 1° long. E.; 4,817 kil. carr.; 290,000 hab. Ses côtes forment plusieurs excellentes baies et des ports où les navires trouvent un sûr abri. Au N. s'élèvent des montagnes qui atteignent 1,800 m. de haut; au S. le territoire est comparativement uni; -le cours d'eau le plus important est la Riera. Climat tempéré; pendant l'été, le thermomètre varie de 29° à 31°, tandis qu'en hiver il descend rarement au-dessous de + 9°. L'île produit différentes variétés de marbre d'une grande beauté, de l'ardoise, du granit, de la syénite, du porphyre, un peu de charbon et de fer. Le sol est extrêmement fertile, mais l'industrie agricole des habitants est peu développée. Le blé, l'orge, l'avoine, le chanvre, le lin, le soie, tous les fruits méditerranéens s'y récoltent en grande abondance; l'olive produit chaque année 2,600 hectolitres d'huile; les moutons, qui y sont très nombreux, donnent une excellente laine. Parmi les manufactures les plus prospères citons celles des lainages, des chapeaux, des cordages, etc. Cette île, qui a probablement donné son nom à la Majolique, ne produit plus aujourd'hui que la poterie la plus commune. Ses vins, qui jouissent d'une grande réputation, s'exportent au loin aussi bien que son huile, ses eaux-de-vie, ses figues et ses oranges. Cap., Palma; villes princ. : Soller, Manacor, Alcudia, Porreras et Inca. Les indigènes ressemblent aux Catalans. Les hautes classes parlent la langue castillane, mais le peuple a conservé un dialecte particulier. — Il y eut des établissements carthaginois à Majorque dès l'an 500 av. J.-C. Les Maures conservèrent l'île de 798 à 1229. Jacques 1er d'Aragon la leur enleva et elle forma un royaume nominal avec les autres îles Baléares et quelques territoires espagnols jusqu'en 1343, époque où elle fut annexée à l'Aragon.

MAJORQUIN, INE s et adj. De Majorque; qui appartient à cette île ou à ses habitants.

·MAJUSCULE adj. (lat. *majusculus*, un peu plus grand). Écrit. et Impr. N'est usité que dans ces expressions; LETTRE MAJUSCULE, CARACTÈRE MAJUSCULE, grande lettre, lettre capitale. — s. f. *La première lettre d'un nom propre doit toujours être une majuscule.* — ENCYCL. En typographie ou dans l'écriture courante, on emploie les majuscules pour donner plus de clarté au discours, soit en avertissant de quelque changement dans la suite des phrases soit en établissant une distinction dans le sens d'un mot, soit enfin en attirant l'attention du lecteur sur un terme particulier. Nous n'avons pas la prétention d'établir ici les règles qui doivent servir de base à l'emploi des majuscules, encore moins de donner ces règles comme certaines et fixes, puisque l'Académie elle-même, dans des phrases textuellement semblables et présentant absolument le même sens, met à certains mots tantôt une majuscule, tantôt une lettre ordinaire; ex. : au mot *signe*, elle dit : Les Pharisiens demandaient à Jésus-Christ; et au mot *scribe* elle dit : Les scribes et les pharisiens. Con-

tentons-nous ici d'exposer les règles générales universellement adoptées. On emploie une lettre majuscule: 1° en commençant une lettre, un discours, un alinéa et toute proposition qui vient après un point; 2° en poésie, chaque vers commence par une majuscule; 3° les citations doivent toujours commencer par une lettre capitale; 4° les noms propres d'anges, de divinités, d'hommes, de femmes, d'animaux, de royaumes, de provinces, de rivières, de montagnes, de villes, de localités, de constellations, de vaisseaux prennent une grande lettre; 5° quand un nom propre est composé de deux ou plusieurs mots joints par un trait d'union, chaque mot prend la majuscule, par exemple : Saint-Cloud, les *Champs-Elysées*, la *Saint-Jean*, *Terre-Neuve*, *Etats-Unis*, *Basses-Pyrénées*, *Haute-Loire*, etc. Mais on écrit *saint Jean, basse Bretagne, mer Rouge, lac Majeur.* Pourtant l'Académie imprime *Asie Mineure*, bien qu'il n'y ait pas de trait d'union; et *prie-Dieu, hôtel-Dieu*, bien qu'il y en ait un; 6° le mot Dieu, lorsqu'il signifie l'Etre suprême prend une majuscule, mais non lorsqu'on l'applique aux divinités païennes ou lorsqu'il est pris dans un sens figuré, etc. : la *pensée de Dieu, la crainte de Dieu*, les *païens sacrifiaient aux dieux, le dieu d'Abraham*; 7° tout nom abstrait et personnifié doit commencer par une majuscule. *sur les ailes du Temps, la Tristesse s'envole*; 8° on donne également une majuscule comme initiale aux noms qui représentent un corps, une société, une compagnie, la *Société des sauveteurs de la Seine; l'Académie française*; mais on écrit les *académies et sociétés savantes de France;* 9° on donne aussi une majuscule aux titres d'ouvrages et de pièces : les *Commentaires de César*. Il est d'usage d'écrire *Sa Majesté, Votre Excellence, Sa Grandeur.* — NOTA. Les difficultés qui pourraient s'élever au sujet de la manière dont un mot doit s'écrire, suivant ses différentes significations, sont tranchées dans notre Dictionnaire à chacun des mots pour lesquels il pourrait y avoir quelque doute.

·MAKI s. m. Mamm. Famille de quadrumanes qui a pour caractère quatre pouces bien développés et opposables aux autres doigts, une tête ronde, un museau si allongé et si pointu qu'il se rapproche de celui du renard; des yeux larges; des oreilles petites, le poil doux et la queue généralement longue et touffue. Cette famille comprend, selon Cuvier, les genres : maki proprement dit, indri, loris, galago et tarsier. Elle se divise en 30 espèces qui habitent principalement Madagascar, l'Afrique et les régions chaudes de l'Asie, ainsi que l'archipel Malais. Le plus grand genre est c'est celui des *indris* (*lichanotus brevi cauda-*

Lémur à queue annelée (Lemur catta).

tus, Illig.), comprenant des espèces de la grosseur d'un chat. Les Madécasses ont domestiqué l'indri qui est un animal très agile, et l'ont instruit pour la chasse comme le chien. Le *lémur à queue annelée* (*lemur catta*, Linn.) est l'espèce la plus élégante; sa couleur est d'un gris délicat, rouge sur le dos et blanche en dessous et sur les joues. Cet animal

est long d'environ 50 centim., dont 18 centim. pour la queue; il est familier et doit son nom de *lémur chat* à ce qu'il fait quelquefois entendre un son semblable au *ronron* d'un chat.

Lémur spectre (*Tarsius spectrum*).

Le *lémur spectre* (*tarsius spectrum*, Jeoff.) est d'une couleur gris brun; il vit dans les forêts de l'archipel Indien; la longueur de ses tarses lui permet de bondir comme une grenouille; il est d'une très petite taille.

·MAKIS ou **Maquis** s. m. Nom que l'on donne, en Corse, à d'inextricables fourrés de genévriers, de myrtes, de lentisques et de bruyères arborescentes. Ces broussailles sauvages et impénétrables sont redoutées des voyageurs, parce qu'elles donnent habituellement asile aux bêtes fauves et aux bandits.

MAKO [mok'-o], ville de la Hongrie méridionale, capitale du comté de Csanad, sur la Maros, 175 kil. S.-E. de Pesth; 30,000 hab. Evêché.

·MAL, MAUX s. m. (lat. *malum*). Ce qui est contraire au bien, ce qui est mauvais, nuisible, désavantageux, préjudiciable, etc. : *il n'y a pas de bien sans quelque mélange de mal.*

L'ignorance du mal fait toute ma science.
FLORIAN.

Si vous lui souhaitez en effet tant de *mal*,
Elevez-le vous-même à ce trône fatal.
J. RACINE. *La Thébaïde*, acte IV, sc. III.

L'absence est le plus grand des *maux*.
LA FONTAINE.

— *On soulage ses maux en les racontant.* — Prov. MAL D'AUTRUI N'EST QUE SONGE, on est peu touché du malheur des autres. — Ce qui est contraire à la vertu, à la probité, à l'honneur : *il faut éviter le mal et faire le bien.* — INDUIRE QUELQU'UN A MAL, le porter à mal faire. — METTRE UNE FEMME A MAL, la séduire. — PENSER A MAL, avoir quelque intention maligne ou mauvaise : *j'ai dit cela sans penser à mal.* — Douleur physique, maladie : *avoir mal à la tête.*

La mort de nos *maux* le médecin suprême.
SOPHOCLE. Trag. de *Philoctète à Troie*.

Qui ne sent point son *mal* est d'autant plus malade.
CORNEILLE.

— MAL VÉNÉRIEN, mal contracté dans un commerce impur. On dit populairement, dans le même sens, *avoir, donner, gagner du mal.* — MAL D'ENFANT, les douleurs d'une femme qui accouche : *être en mal d'enfant.* — MAL CADUC, HAUT MAL, l'épilepsie : *il tombe du haut mal.* — MAL D'AVENTURE, mal qui vient ordinairement au bout des doigts, avec inflammation et abcès. — MAL DE MER, indisposition à laquelle beaucoup de personnes sont sujettes lorsqu'elles vont sur mer. — MAL DE CŒUR, envie de vomir, nausées. — MAL DU PAYS, mélancolie profonde et dangereuse causée par le regret d'être éloigné de son pays : *il mourra du mal du pays.* On dit aussi NOSTALGIE. — Prov. AUX GRANDS MAUX LES GRANDS REMÈDES. On le dit au propre et au figuré. — Prov. et fig. TOMBER DE FIÈVRE EN CHAUD MAL, voir empirer sa position; après un malheur en éprouver un plus grand. — Peine, travail : *il a eu bien du mal à l'armée.* — Au sens moral, AVOIR DU MAL, BIEN DU MAL A FAIRE UNE CHOSE, la faire avec répugnance, avec chagrin : *il a eu bien du mal à vous quitter.* — Dommage, perte, calamité : *la gelée a tout perdu, il y a encore plus de mal que l'on ne croit.* — Inconvénient : *c'est un mal que vous n'ayez pas écrit plus tôt cette lettre.* — Signifie, dans plusieurs locutions, discours désavantageux tenus sur quelqu'un, ou interprétation défavorable et fausse donnée à quelque chose : *dire du mal de son prochain.* — Mal, Male adj. Funeste, méchant. Ne s'emploie guère que dans ces expressions : *bon gré mal gré; la male peste; bon an, mal an.* — Il a servi à former les mots *malheur, malechance, malefaim, malemort,* etc. — Mal adv. De mauvaise manière, autrement qu'il ne faut, qu'il ne convient, qu'on ne désirerait : *cette affaire va mal.*

> Ce n'est pas seulement l'hymen en général
> Que je redoute ici : je crains de choisir mal.
>
> COLLIN D'HARLEVILLE. *L'Inconstant,* acte II, sc. x.

PRENDRE MAL UNE CHOSE, s'en offenser : *il a mal pris la réponse qu'on lui a faite.* — PRENDRE MAL UN PASSAGE, n'en pas saisir le véritable sens : *le traducteur a mal pris ce passage de Cicéron.* — SE TROUVER MAL, tomber en faiblesse, en défaillance. Il signifie aussi éprouver du malaise; comme on dit, dans un sens contraire, SE TROUVER BIEN. — SE TROUVER MAL D'UNE CHOSE, en éprouver du dommage, de l'inconvénient : *il se trouvera mal de n'avoir pas suivi mes conseils.* — SE METTRE MAL, s'habiller sans goût. — ETRE MAL AVEC QUELQU'UN, être brouillé avec lui. — ETRE MAL, être sérieusement malade. ETRE FORT MAL, être en grand danger de mourir. ETRE AU PLUS MAL, être dans un état désespéré. — Dans le langage familier, ETRE MAL, se dit en parlant du visage, de la physionomie, des manières : *cette jeune fille n'est pas mal.* — PAS MAL, se dit bien, pour marquer l'approbation : *pas mal, pas mal, continuez.* — PAS MAL, plus qu'il ne faudrait : *pour son âge elle n'en sait pas mal.* (Fam.)

MALABAR, district de l'Inde anglaise, province de Madras, sur la côte occidentale de l'Indoustan, entre 10° et 12° 20' lat. N.; 45,545 kil. carr.; 2,300,000 hab., dont 24,000 environ sont chrétiens. Tout le pays qui borde les Ghauts est couvert de forêts et de jungles. Princ. cours d'eau : le Beypoor, que les bateaux à vapeurs remontent jusqu'à 50 kil. de son embouchure, et le Ponany qui est moins profond. Climat généralement pluvieux; la saison chaude va de février à mai; la saison humide de mai à octobre et la saison froide d'octobre à février. Le thermomètre s'élève quelquefois au-dessus de 32° à l'ombre; il descend rarement au-dessous de 21°. Parmi les productions végétales, on cite le poivre, le coco, le gingombre, le café, le chanvre, le cardamome, les noix de bétel, l'arrow-root, le curcuma, le bois de sapan, le bois de sandal, les gommes et les résines. Outre le bois de teck, les forêts contiennent plus de 120 autres espèces de bois de construction; et, dans leur intérieur, on trouve de grands troupeaux d'éléphants et de buffles, ainsi que quelques tigres, beaucoup de léopards, différentes espèces de cerfs, des élans, des ours, des sangliers, des porcs-épics, des écureuils et des singes. Les indigènes musulmans, appelés Mapilas, forment environ le quart de la population; le surplus se compose d'Indous, de quelques chrétiens et de descendants des Portugais ainsi que de plusieurs milliers de Juifs. Villes principales : Calicut, Palghat, Tellichery, Cananore, Mahé (colonie française) et Ponany. Ce fut à Beypoor et non à Calicut, comme on le croit généralement, que Vasco de Gama débarqua en 1498. Les Portugais établirent des factoreries sur la côte de Mala-

bar en 1505, les Anglais en 1601. Tout ce pays fut subjugué en 1763 par Hyder-Ali; le fils de celui-ci, Tippoo-Sahib, voulut imposer le mahométisme à tout le peuple, mais les Anglais, profitant du soulèvement causé par cette prétention, s'introduisirent dans le Malabar et finirent par s'en rendre maîtres. — Côte de Malabar, expression géographique qui définie, qui désigne ordinairement la côte occidentale de la péninsule de l'Indoustan. Dans un sens plus restreint, elle désigne les côtes de Concan, de Canara, de Malabar proprement dit, de Cochin et de Travancore.

MALACCA. I. Territoire anglais, sur la côte occidentale de la péninsule malaise, entre 2° et 2° 30' lat. N.; environ 1,800 kil. carr.; 80,000 hab., dont 3,000 blancs. Le mont Ophir (appelé par les indigènes Ledang) est une montagne conique remarquable, à environ 80 kil. E. de la capitale, et haute de 1,800 m. au-dessus du niveau de la mer. Le Lingie est navigable pour les bateaux de 200 tonnes jusqu'à Simpang, à 12 kil. de son embouchure. Température égale; climat salubre. Les animaux sauvages abondent dans tout le territoire. Récolte de riz, de coco et de tapioca; exportation d'étain, d'ébène, d'ivoire, de rotang, de gomme laque, de bois d'aigle (*aquilaria*), de peaux, de porcs et de volailles. — II. Cap. de ce territoire, par 2° 14' lat. N. et 100° long. E.; 15,000 hab. Avant l'arrivée des Européens, cette ville était le centre de presque tout le commerce oriental; elle fut prise par Albuquerque en 1511 : les Portugais la conservèrent pendant 130 ans et soutinrent 19 sièges dont 8 contre les Malais et 11 contre les Hollandais; ces derniers finirent par s'en emparer en 1641 et la gardèrent pendant 154 ans et furent forcés de la rendre à une armée assiégeante anglaise (1795); elle leur fut rendue en 1818, mais en 1824, ils l'échangèrent contre Bencoolen. Aujourd'hui cette colonie fait partie des Straits Settlements. — Presqu'île de Malacca. Voy. MALAISE (Péninsule). — Détroit de Malacca, détroit qui sépare la péninsule malaise de l'île de Sumatra; long d'environ 900 kil., large de 50 à 300 kil. C'est la route la plus fréquentée par les navires européens qui vont dans l'extrême Orient.

MALACHIE ou Malachias, le 12° et le dernier des petits prophètes hébreux. On croit qu'il prophétisa de 442 à 408 av. J.-C. On a de lui trois chapitres contenant des prophéties, reprochant aux Juifs leur corruption et annonçant le Messie. Quelques commentateurs l'ont confondu avec Esdras.

MALACHIE (Saint), prélat irlandais, né à Armagh (Irlande), en 1094, mort en 1148. Il devint archevêque de la ville natale et, au retour d'un voyage qu'il fit à Rome, il mourut à Clairvaux, dans les bras de saint Bernard, son ami. On lui attribue faussement un livre de *Prophéties sur les Papes.* Fête le 3 nov.

* **MALACHITE** s. f. [ma-la-ki-te] (gr. *malachitès,* de *maluchi,* mauve, à cause de la couleur de cette pierre). Minér. Pierre opaque, mamelonnée et d'un beau vert, qui est susceptible de poli. La malachite est un carbonate natif de cuivre, quelquefois cristallisé, mais se trouvant très souvent en masses concrétionnées, présentant diverses teintes mauves ou vertes, ordinairement avec des bandes colorées ou des figures courbes. Les plus belles variétés, celles que l'on recherche le plus comme pierres ornementales, se trouvent dans les mines de Sibérie, on s'en sert pour plaquer des coffrets et d'autres petits meubles et même pour faire des bijoux.

* **MALACIE** s. f. (lat. *malacia,* défaut d'appétit). Méd. Dépravation du goût, désir plus ou moins grand de certains aliments inusités ou même dégoûtants : *la malacie est une maladie des femmes grosses.*

MALACODERME s. m. (gr. *malakos,* mou; *derma,* peau). Zool. Qui a la peau molle. — s. m. pl. Entom. Famille de coléoptères pentamères, dont le genre le plus connu est celui des lampyres.

MALACOLOGIE s. f. (gr. *malakos,* mou; *logos,* discours). Zool. Branche de l'histoire naturelle qui traite des animaux mous ou mollusques, parce que quelques-uns de ceux-ci furent appelés par Aristote, *malakia, animaux mous.* La malacologie traite à la fois de la coquille externe et de l'animal qui l'habite. Linné (1766) plaça les mollusques dans sa 6° et dernière classe de *vermes* avec les vers et les zoophytes. En 1812, Cuvier basa sa classification des animaux sur l'anatomie comparée : il fit des mollusques la seconde branche de sa classification. Lamarck (1815-'22) arrangea les mollusques en deux classes, *mollusques* et *conchifères* ou *bivalves.* Owen (1843-'58) divise les mollusques en deux sections, *acéphales* et *encéphales,* suivant l'absence ou la présence de têtes et des parties qui l'accompagnent. Milne-Edwards (1855) divise les mollusques en deux sous-embranchements; 1° *mollusques proprement dits,* avec les classes des céphalopodes, des ptéropodes, des gastéropodes et des acéphales; 2° *molluscoïdes,* avec les classes des tuniciens et des bryozoaires. Agassiz, dans son essai de classification (1857) divise les mollusques en *acéphales, gastéropodes, céphalopodes.* Huxley admet des *molluscoïdes* et des *mollusques;* la 1re division embrasse les polyzoaires, les tuniciens et les brachiopodes; la 2°, les lamellibranches, les gastéropodes, les ptéropodes et les céphalopodes. Morse place les brachiopodes parmi les articulés vermiculaires, et les tuniciens et les polyzoaires se rapprochent au même embranchement. (Voy. BRACHIOPODES.)

MALACOLOGIQUE adj. Zool. Qui a rapport à la malacologie.

MALACOPTÈRE adj. (gr. *malakos,* mou; *ptéron,* aile). Ornith. Dont le plumage est doux et soyeux.

MALACOPTÉRYGIEN, IENNE adj. (gr. *malakos,* mou; *ptérux,* nageoire). Icht. Qui a des nageoires molles. — s. m. pl. Grande division de la classe des poissons, renfermant tous ceux qui ont les rayons composés de pièces osseuses articulées, excepté parfois le premier rayon de la nageoire dorsale et celui des nageoires pectorales. Cuvier a divisé les malacoptérygiens en 3 ordres : 1° *malacoptérygiens abdominaux,* chez lesquels les ventrales sont suspendues sous l'abdomen, en arrière des pectorales, sans tenir aux os de l'épaule (carpes, barbeaux, goujons, tanches, ables, brochets, saumons, harengs, etc.); 2° *malacoptérygiens subbrachiens,* chez lesquels les ventrales sont attachées sous les pectorales et le bassin est suspendu aux os de l'épaule (morues, merlans, plies, turbots, soles, etc.); 3° *malacoptérygiens apodes,* manquant de ventrales et quelquefois même de pectorales (anguilles, murènes, équilles, etc.).

MALACOSARCOSE s. f. [ma-la-ko-sar-kô-ze] (gr. *malakos,* mou; *sarx, sarcos,* chair). Pathol. Mollesse des muscles.

MALACOSTRACÉ, ÉE adj. (gr. *malakos,* mou; *ostrakon,* coquille). Zool. Qui a le corps couvert d'un test mou.

MALACOZOAIRE adj. (gr. *malakos,* mou; *zôon,* animal). Zool. Se dit des animaux dont le corps, dépourvu de membres, est mou et contractile dans toutes ses parties. — s. m. pl. Voy. MOLLUSQUES.

* **MALACTIQUE** adj. (gr. *malakos,* mou). Méd. Se dit des médicaments émollients. — S'emploie aussi comme substantif au masculin.

* **MALADE** adj. (lat. *male aptus,* mal disposé). Qui éprouve, qui souffre quelque altération dans sa santé : *légèrement, grièvement, dangereusement malade.* — Avoir l'air malade, paraître malade. — Se dit également des animaux : *j'ai un cheval malade.* — Se dit aussi des parties du corps : *ne touchez pas son bras malade.* — Se dit, par ext., de plusieurs choses inanimées : *ces plantes, ces arbres sont malades.* — Se dit, fig., des corps politiques, des établissements publics ou autres, du cœur, de l'esprit, de l'imagination : *un État est bien malade, quand les citoyens ne s'intéressent plus à la chose publique.* — Ironiq. et fam. Vous voilà bien malade, vous vous plaignez injustement, vous n'avez pas sujet de vous plaindre. — Il n'en mourra que les plus malades, se dit pour se moquer d'un danger qui menace plusieurs personnes, et dont on croit pouvoir se tirer sans peine. On dit à peu près dans le même sens, Est bien malade qui en meurt. — Substantiv. : *je viens de voir un malade.* — Malade du pouce, fainéant dont la paresse constitue la seule infirmité. — Le Malade imaginaire, comédie en 5 actes et en prose, de Molière, représentée pour la première fois sur le théâtre du Palais-Royal, le 10 fév. 1673. C'est une satire piquante et vraie dirigée contre les médecins du xvii° siècle. A la 4° représentation (17 fév.), Molière qui remplissait dans sa pièce le rôle d'Argan, ne put achever de prononcer le mot *juro*, de la cérémonie, par suite de la rupture d'un des vaisseaux de la poitrine ; et on l'emporta mourant.

MALADETTA, montagne d'Espagne, la plus haute cime des Pyrénées (3,485 m. d'altitude), province et à 38 kil. N.-E. d'Huesca.

* MALADIE s. f. Altération dans la santé : *grande, fâcheuse, longue maladie.* (Voy. Nosologie.) — S'emploie absolument, quand on parle d'une épidémie : *il a la maladie.* — Maladie du pays. (Voy. Mal du pays.) — Se dit aussi en parlant des animaux : *les maladies des chevaux, des moutons, des oiseaux,* etc. — Se dit, par ext., en parlant des plantes et de plusieurs autres objets inanimés : *les arbres, les plantes, ont leurs maladies.* — Au sens moral : *les passions violentes sont les maladies de l'âme.* — Affection excessive pour quelque chose : *il aime excessivement les tableaux, c'est sa maladie.* — ∿ Maladie de neuf mois, grossesse : *ce ne sera rien, c'est une maladie de neuf mois.* —

* MALADIF, IVE adj. Valétudinaire, qui est sujet à être malade : *il est très maladif.* — Fig. et au sens moral : *une curiosité maladive.*

MALADIVEMENT adv D'une façon maladive.

* MALADRERIE s. f. (rad. *mal* et *ladre*). Hôpital anciennement affecté aux personnes malades de la lèpre, et qu'on appelait aussi Léproserie.

* MALADRESSE s. f. (rad. *mal* et *adresse*). Défaut d'adresse : *la maladresse de cet ouvrier.* — S'emploie aussi au sens moral : *il y a bien de la maladresse dans ce discours, dans cette apologie.*

* MALADROIT, OITE adj. Qui manque d'adresse : *c'est un ouvrier fort maladroit.* — S'emploie aussi, au sens moral : *il faut être bien maladroit pour avoir échoué dans une entreprise si facile.* — S'emploie substantiv., au propre et au figuré : *c'est un maladroit ; cette démarche n'est pas d'un maladroit.*

* MALADROITEMENT adv. D'une manière maladroite : *cette machine est exécutée maladroitement.*

MALAGA s. m. Vin qui se tire de la province de Malaga : *boire un verre de malaga.*

MALAGA. I. Province méridionale d'Espagne (Andalousie), sur la Méditerranée ; 7,316 kil. carr. ; 543,000 hab. Elle est traversée par les chaînes de la Sierra Nevada, qui y forme des plateaux et des vallées pittoresques et fertiles ; elle est arrosée par le Jenil, le Guadiaro, le Guadaljorce, la Guadalmedina et le Velez-Malaga. Plomb, fer, étain, zinc, mercure et manganèse ; climat très chaud, mais tempéré par les brises rafraîchissantes du S.-O. Cap. Malaga ; villes princ. : Velez-Malaga Alora, Antequera, Colmenar, Ronda, Marbella et Estepona. Grande production de vin. — II. Capitale de cette province, sur le golfe du même nom, dans la Méditerranée, à 300 kil. S.-O. de Madrid, par 36° 43' 30'' lat. N. et 6° 46' 1'' long.-O. ; 418,000 hab. ou 150,000 avec les faubourgs. Elle s'élève sur une large baie flanquée de hautes montagnes à la base desquelles elle s'étend en amphithéâtre. Ses rues sont presque toutes extrêmement étroites. La Guadalmedina, torrent en hiver et à sec en été, la divise en deux quartiers. Les maisons sont larges et hautes, bien blanches et presque toutes bâties autour d'une cour. L'Alameda, près du port, est

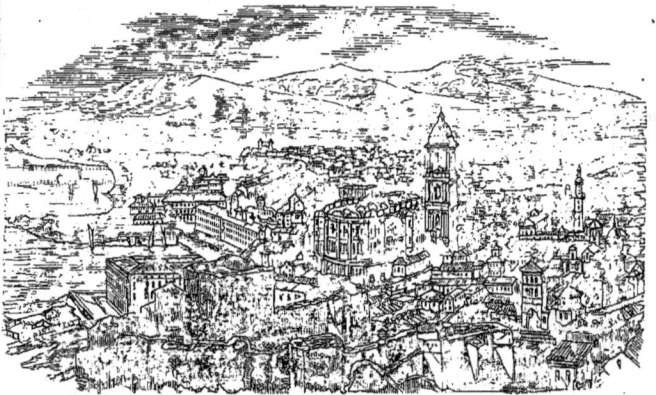

Malaga.

l'une des plus belles promenades d'Espagne. Parmi les édifices publics, on distingue : la cathédrale, commencée en 1438 et terminée en 1719 ; le palais épiscopal et les douanes ; le port, l'un des plus beaux et des plus commodes de la Méditerranée, est défendu par 4 forts. Parmi les autres fortifications, on cite le Gibralfaro, château maure, construit sur une colline qui commande la ville. Principaux articles d'exportation : vins, raisins secs, sucres, huile d'olive et plomb ; 1,000 bateaux à vapeur et 2,750 navires à voiles entrent annuellement dans le port. Manuf. de savon, de cigares, de chapeaux, de cuirs, de céruse et de porcelaine. — Malaga (anc. Malaca) fut fondée par les Phéniciens et tomba sous la domination de Carthage et de Rome. En 714, les Maures s'en emparèrent et la conservèrent jusqu'en 1487, époque où elle fut réduite par Ferdinand le Catholique. Les Français, commandés par le comte de Toulouse, remportèrent devant cette ville, le 13 août 1704, une victoire navale sur l'amiral anglais George Rooke ; ils prirent la ville en 1810 et 1823. Une insurrection contre le gouvernement provisoire y fut réprimée d'une manière sanglante le 31 déc. 1868.

* MALAGUETTE ou Maniguette s. f. Espèce de poivre qu'on nomme aussi Graine de paradis.

* MALAI, AIE s. et adj. Synon. de Malais, aise.

MALAIRE adj. (lat. *mala*, joue). Anat. Qui appartient à la joue. — Os malaire, petit os situé au milieu de la pommette dont il constitue la saillie.

* MALAIS, AISE s. et adj. De la Malaisie ; qui appartient à la Malaisie ou à ses habitants. Archipel malais. (Voy. *Archipel.*) — Péninsule malaise, nom donné à la langue de terre longue et étroite qui se projette au S. de l'Indo-Chine, et qui forme l'extrémité méridionale du continent asiatique ; elle s'étend de 13° 30' lat. N. jusqu'au cap Burus par 1° 15' lat. N. au S.-O. et au cap. Romania par 1° 17' lat. N., au S.-E. ; elle est séparée de Sumatra par le détroit de Malacca. On la regarde comme la Chersonèse d'Or des anciens. Longueur, environ 1,300 kil. ; largeur moyenne, 250 kil. ; environ 200,000 kil. carr. ; 500,000 hab. La partie la moins large de la presqu'île est peuplée surtout de Siamois et d'une race mélangée appelée Sansam et formée de Siamois et de Malais. La moitié de la partie occidentale, au N. de 10° lat., appartient au district de Tenasserim (Burmah anglais) ; la partie inférieure est la contrée des Malais. Elle embrasse environ 450,000 kil. carr. La plus importante division politique est la possession anglaise des Straits settlements. Tout ce qui, dans le N. de la péninsule, n'appartient pas à l'Angleterre, est sujet du roi de Siam. Au S. de 9° lat. se trouvent les États malais : Quedah, Perak et Salangore, sur le versant occidental ; Patani, Kalantan, Tringanu et Pahang, sur le côté oriental ; Rumbowe, Jehole et Jompol, dans l'intérieur ; et la principauté de Johore à l'extrémité méridionale de la péninsule. Quelques-uns de ces États dépendent de Siam, mais la plupart sont sous le protectorat anglais. Une chaîne de montagnes granitiques court dans toute la longueur de la presqu'île ; son point culminant se trouve à l'E. de Quedah et atteint près de 2,000 m. La faune est très variée. Le poisson constitue la principale nourriture animale de la masse du peuple. L'agriculture produit le riz, le coco, l'igname, le sucre de canne et des fruits succulents, ainsi que du tabac, du coton, du café, des épices. On exporte le caoutchouc, plusieurs autres gommes, des résines, de l'ivoire. Les mines d'étain seraient très productives si on les exploitait d'une manière moins imparfaite. Climat chaud et humide, mais généralement sain. — La population indigène appartient à la race malaise, sauf dans la partie septentrionale et dans l'intérieur où habitent les Semangs, noirs à cheveux laineux. La majorité des Malais sont païens et nomades ; les uns errent sur la terre ferme et les autres vivent sur des bateaux. Ceux qui sont civilisés et qui habitent des demeures permanentes appartiennent au mahométisme et subissent un gouvernement despotique. —

A la fin du XIII° siècle, les Malais qui avaient jusque-là appartenu au paganisme, adoptèrent le mahométisme et, à partir de 1276, des monarques musulmans régnèrent à Malacca.

MALAISANCE s. f. (rad. *mal* et *aisance*). Défaut d'aisance, gêne, privation.

* **MALAISE** s. m. (rad. *mal* et *aise*). Etat incommode du corps, dans lequel les fonctions, sans être assez dérangées pour qu'il y ait maladie, ne s'exécutent pas avec une pleine liberté : *avoir du malaise; sentir un grand malaise*. — Fig. ETRE DANS LE MALAISE, être à l'étroit, être mal dans ses affaires.

* **MALAISÉ, ÉE** adj. Difficile : *cela n'est pas si malaisé que vous croyez*. — Incommode, dont on ne peut se servir avec facilité : *je ne saurais me servir de cet instrument, il est trop malaisé*. Qui est à l'étroit dans sa fortune : *riche malaisé; il est malaisé par sa faute*.

* **MALAISÉMENT** adv. Difficilement, avec peine : *vous réussirez malaisément à ce que vous entreprenez*.

MALAISIE, l'une des trois grandes divisions géographiques de l'Océanie, au N. de l'Australie et au S.-E. de l'Asie. (Voy. ARCHIPEL INDIEN et OCÉANIE.)

MALAISIEN, IENNE s. et adj. De la Malaisie; qui concerne la Malaisie ou ses habitants.

MALAKOFF (Tour), bastion formidable placé sur un mamelon près de Sébastopol (Crimée), et au milieu duquel s'élevait une vieille tour réparée par les Russes pendant le siège de 1854-'55. Les alliés (franco-anglais) l'attaquèrent furieusement dans la nuit du 17 au 18 juin 1855 et, après une lutte sanglante de 48 heures, furent repoussés avec des pertes énormes. Le nombre des Français mis hors de combat ou disparus fut de 3,338; celui des Anglais de 1,300. Le 8 sept., les Français attaquèrent de nouveau la tour Malakoff. A huit heures, la première mine éclata et, à midi, le drapeau français flotta sur la redoute conquise. (Voy. SÉBASTOPOL.) Dans la tour Malakoff et dans le Redan on trouva 3,000 pièces de canon de tout calibre et 420,000 livres de poudre à canon. Cette action valut au général Pélissier le bâton de maréchal et le titre de duc de Malakoff.

MALAKOFF, commune du département de la Seine, à 2 kil. S. des fortifications de Paris. Le village de Malakoff, aujourd'hui peuplé de 6,000 hab., fut fondé par un nommé Chauvelot, qui y fit construire, après la guerre de Crimée, une grande tour en charpente à laquelle il donna le nom de *tour Malakoff*. Au pied de cette tour, qui fut détruite pendant le siège (1870-'71), Chauvelot avait installé un bal et un restaurant qui furent très populaires pendant toute la durée de l'Empire. Depuis cette époque, ce village, annexé de la commune de Vanves, s'est considérablement agrandi et fut constitué en commune en 1883.

* **MALANDRE** s. f. (lat. *malandria*, pustule). Méd. vétér. Espèce de crevasse, de fente qu'on aperçoit au pli du genou d'un cheval, et d'où découle une humeur séreuse et fétide : *les malandres n'intéressent que la peau du cheval*. — Charpent. Se dit des nœuds pourris dans les bois de construction : *cette pièce de bois est pleine de malandres*.

* **MALANDREUX, EUSE** adj. N'est usité que dans cette expression, BOIS MALANDREUX, bois de construction où il y a des nœuds pourris.

MALANDRIE s. f. (lat. *malandria*). Pathol. Espèce d'éléphantiasis.

* **MALANDRIN** s. m. Brigand, voleur de grand chemin : *on appelait malandrin, au quatorzième siècle, des bandes de pillards qui infestaient la France*.

* **MALAPPRIS, ISE** adj. Mal élevé : *un enfant malappris*. — s. *C'est un malappris*.

MALAPTÉRURE s. m. (gr. *malakos*, mou; *pteron*, nageoire; *oura*, queue). Icht. Genre de siluroïdes, à corps conique, à tête déprimée, à bouche au bout du museau, à dents en velours, disposées en croissant aux deux mâchoires, à nageoire dorsale unique, adipeuse et très rapprochée de la queue, à peau lisse et visqueuse. La seule espèce connue est

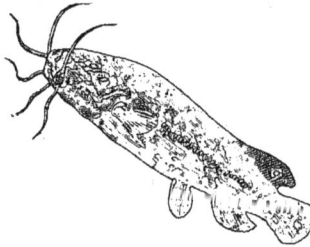

Malapterurus electricus.

le *malaptérure électrique* (*malapterurus electricus*, Lacép.), long de 40 à 45 centim. On le trouve dans le Nil, dans le Sénégal et dans les autres cours d'eau de l'Afrique centrale et septentrionale; il possède, comme la gymnote et la torpille, la propriété de donner des commotions électriques, mais seulement quand on lui touche la tête; d'ailleurs, la décharge qu'il produit est comparativement faible.

MALARIA ou **Mal'aria** s. f. (mot ital. formé de *mala*, mauvais; *aria*, air). Se dit, en Italie, des émanations pestilentielles des marais et de la fièvre paludéenne qu'elles produisent. Ces émanations proviennent de la décomposition des matières organiques et elles se composent ordinairement du *gaz des marais*. La présence de ce poison se reconnaît bien à l'odorat et n'est pas dénoncée par les procédés chimiques; on ne la reconnaît que par ses effets. Le concours de matières végétales susceptibles de décomposition, d'humidité, soit à la surface de la terre, soit à une petite distance au-dessous du sol, et d'une certaine élévation de température, est nécessaire pour l'évolution de la malaria. Comparativement inoffensives dans la partie septentrionale de la zone tempérée, ces émanations deviennent malignes et mortelles dans les pays chauds. Les marais d'eau douce ou d'eau salée et les prairies humides y sont particulièrement suspects, surtout dans la saison sèche et sous un soleil ardent. Les terrains alternativement inondés et drainés produisent la malaria plus que tous les autres terrains, et c'est ce qui fait que ces émanations sont si redoutables dans les pays où se trouvent des rizières. Les terres nouvellement défrichées ne sont pas moins sujettes à produire la malaria.

* **MALART** s. m. Le mâle des canes sauvages.

MALATESTA, famille d'Italie dont plusieurs membres gouvernèrent Rimini et quelques autres villes de la Romagne. Le fondateur de cette famille fut le comte Carpegna la Penna de' Billi, qui vivait au XI° siècle et qui, à cause de son caractère violent, fut surnommé la *Mauvaise tête*, *Malatesta*. Parmi ses descendants se distingua Malatesta, comte de Verrucchio, qui s'illustra en combattant les Gibelins, devint seigneur de Rimini en 1295 et mourut en 1312. Son fils et successeur, Malatestino, annexa Cesena à ses Etats. Giovanni, frère difforme de ce dernier, fut l'époux de la fameuse Francesca de Rimini et la tua en même temps que son propre frère Paolo. Les

neveux de Malatestino, Malatesta II (mort en 1364) et Galeotto (mort en 1385), régnèrent un moment ensemble et ajoutèrent à leurs domaines Fano, Pesaro et plusieurs autres villes. Carlo, mort en 1429, fils de Galeotto, fut le meilleur soldat et le souverain le plus renommé de toute sa famille. Le plus célèbre de ses descendants fut Sigismondo Pandolfo, mort en 1468, qui commanda successivement les armées florentine, napolitaine, aragonaise, vénitienne et siennoise; il conquit pour Venise une partie de la Morée; ayant attaqué le saint-siège en 1462, il fut excommunié. Magnifique protecteur des lettres et des arts, il bâtit des palais et fonda des bibliothèques à Rimini. Le dernier souverain de Rimini fut Pandolfo IV, auquel César Borgia déroba son patrimoine (1503). Après la mort de Borgia, Rimini rentra dans ses droits, mais il fut expulsé en 1526 par le pape Clément VII.

MALAUCÈNE, ch.-l. de cant., arr. et à 32 kil. N.-E. d'Orange (Vaucluse); 2,600 hab. Fabriques de soieries; lainages, toiles, papier, huile; élève d'abeilles.

* **MALAVISÉ, ÉE** adj. Imprudent, indiscret, qui parle ou agit mal à propos, et sans y prendre garde : *c'est un homme malavisé*. — s. *c'est un malavisé*, une malavisée.

MALAXAGE s. m. Opération par laquelle on malaxe.

* **MALAXER** v. a. [ma-la-ksé] (lat. *malaxare*; du gr. *mallassein*, amollir). Pharm. Pétrir des drogues pour les rendre plus molles, plus ductiles : *malaxer un emplâtre*.

MALAXEUR s. m. Techn. Appareil servant à malaxer certaines matières.

MALAYO-POLYNÉSIEN, IENNE adj. Qui appartient aux Malais et aux Polynésiens.—Races malayo-polynésiennes. On appelle Malayo-Polynésiens, les habitants des îles de l'océan Indien et de l'océan Pacifique depuis le groupe des îles Andaman dans la baie du Bengale à l'O. et depuis Formose et les îles Havaï au N. jusqu'à la Nouvelle-Zélande au S. Cette race occupe aussi la péninsule malaise et une partie de Madagascar; on la divise en *Malais proprement dits* et *Polynésiens*. Les Malais occupent surtout les îles occidentales et les Polynésiens se trouvent dans les groupes d'îles situées à l'E. des Philippines et dans l'île Bourou. Ces îles se subdivisent en Mélanésie, Micronésie et Polynésie, et leurs habitants aborigènes étaient les Papous. Les Malayo-Polynésiens sont originaires du S.-E. de l'Asie. A la race malaise appartiennent les Tagalas ou Birsayas habitant les Philippines, les Malais de Malacca, les Atchinais de Sumatra, les Sondanais, les Javanais, les habitants de Bali et de Madoura, les Bataks de l'intérieur de Sumatra, les habitants des îles Nias et Batou, les Hovas de Madagascar, les Dyaks de Bornéo, les Macassars, les Bughis des Célèbes et les Alfouras des Moluques et des îles adjacentes. A la division polynésienne appartiennent les Polynésiens proprement dits, les Mélanésiens et les Micronésiens. — Le caractère distinctif de ces deux races est un teint olivâtre et des cheveux plats, noirs et grossiers, les os malaires proéminents, un nez plat, les narines larges, les yeux noirs, la bouche grande, peu ou point de barbe; chez les Polynésiens, la taille est plus élevée, le corps est mieux proportionné et athlétique, la peau est plus sombre, les cheveux ont une teinte bouclée; sous le rapport du caractère, les Malayo-Polynésiens sont taciturnes et réservés, sanguinaires. Le cannibalisme a été chez eux, de tout temps, prescrit par la loi. L'infanticide y est fréquent; la prostitution est permise et la piraterie est considérée comme honorable. — Langages malayo-polynésiens. Les langues malayo-polynésiennes forment un groupe indépendant.

Elles dérivent d'une forme primitive, éteinte, qui a subi trois ou quatre variations dialectiques. Sous le rapport du développement, les langues polynésiennes proprement dites sont les moins élevées ; le micronésien et le mélanésien leur sont supérieurs d'un degré ; et le malais, particulièrement le tagala, occupe le premier rang. Le malais proprement dit est parlé dans la péninsule malaise, dans les îles adjacentes et sur la côte de Sumatra. Il forme deux dialectes, celui de Malacca et le padang ou menankabaou. Outre ces dialectes, il y a une langue littéraire ou choisie. La langue malaise possède une littérature étendue dont les commencements datent du XIIIᵉ siècle après J.-C. et qui est riche en œuvres poétiques, en récits légendaires et de voyages, en ouvrages sur la théologie musulmane et sur la jurisprudence, en chroniques, etc. Outre le malais proprement dit, il y a plusieurs langues inférieures parlées à Sumatra, telles que le batak, le regang et le lampong. Les autres langues les plus importantes de ce groupe sont : le javanais et le sonda parlé à l'O. de l'île de Java. Les Dyacks de Bornéo possèdent quatre dialectes.

* **MALBÂTI, IE** adj. (rad. *mal* et *bâti*). Mal fait, mal tourné : *c'est un homme malbâti.* — s. *C'est un grand malbâti.* (Fam.)

MALCHUS, serviteur de Caïphe; au moment où il s'apprêtait à arrêter Jésus, au jardin des Oliviers, il eut l'oreille droite coupée par saint Pierre.

MALCOLM [mal'-komm], nom de quatre rois d'Ecosse qui régnèrent entre le Xᵉ et le XIIᵉ siècle. — I. Roi en 943, assassiné en 958. — II. Roi en 1004, repoussa plusieurs invasions danoises, divisa le royaume en baronnies, et fut assassiné en 1034. Son petit-fils, Duncan Iᵉʳ, lui succéda. — III. Fils de Duncan Iᵉʳ; se réfugia en Angleterre après la mort de son père, assassiné par Macbeth (1040), recouvra la couronne (1057), fit la guerre à Guillaume le Roux d'Angleterre et périt dans une bataille (1093). — IV. Roi en 1153, s'allia à Henri II d'Angleterre contre la France, et mourut en 1165.

* **MALCONTENT, ENTE** adj. (rad. *mal* et *content*). Qui n'est pas aussi satisfait qu'il espérait ou qu'il avait droit de l'être : *il est malcontent de ses voisins; vous ne serez pas malcontent de moi.* (Vieux.) — LES MALCONTENTS, parti qui se forma à la cour de Charles IX, et à la tête duquel était le duc d'Alençon.

MALDEN [mâl-dènn], ville du Massachusetts (Etats-Unis), réunie à Charlestown par un pont de 2,420 pieds de long ; 11,000 hab.

* **MALDISANT, ANTE** adj. Qui aime à dire du mal des autres : *c'est un homme bien maldisant.* — s. *C'est un maldisant.* (Vieux.)

MALDIVES (Iles), longue chaîne de petites îles corallieuses de l'océan Indien, à environ 750 kil. O. de Ceylan, s'étendant en ligne droite de 7° 6' lat. N. à 0° 40' lat. S., entre 70° 28' et 71° 28' long. E. La longueur de cette chaîne est d'environ 825 kil. de long. et sa largeur d'environ 80 kil. Le nombre des îles est évalué, par les indigènes, à 12,000, mais on suppose qu'il y en a plus de 50,000 ; 6,773 kil. carr. ; de 150,000 à 200,000 hab. Les plus grandes îles sont seules habitées; le groupe est divisé en 17 attolls ou groupes circulaires; chaque attoll est entouré d'un récif circulaire qui a généralement 130 kil. de circonférence. L'île principale, Male, mesure 11 kil. de circonférence et contient 2,000 hab. Elle est la résidence du souverain, qui est en quelque sorte placé sous la dépendance du gouvernement britannique de Ceylan. Le point culminant de cette île ne s'élève pas à plus de 6 m. au-dessus du niveau de la mer. Chaque île est circulaire et ren-

ferme une lagune en son centre; celles qui sont habitées sont revêtues de palmiers, de figuiers, de citronniers et d'arbres à pain. Climat excessivement chaud pendant le jour, frais pendant la nuit et malsain pour les Européens qui ne se fixent jamais aux Maldives. Nombre prodigieux d'oiseaux de mer sauvages. Les Maldiviens sont de stricts mahométans. Ils sont beaux, bien faits, d'un teint olivâtre, ingénieux, industrieux et ont atteint un certain degré de civilisation. Ils lisent et écrivent en arabe aussi bien que dans leur propre langue et ont des écoles où l'on enseigne les mathématiques et la navigation. Chaque individu peut avoir jusqu'à 3 femmes. Le commerce intérieur est considérable, car chaque attoll a sa branche particulière d'industrie. Il s'y fait quelque commerce avec l'Inde au moyen de bateaux indigènes.

MALDONNE s. f. Jeu de cartes. Se dit quand les cartes sont mal réparties entre les joueurs : *il y a maldonne.*

* **MÂLE** s. m. (lat. *masculus*). Mot qui désigne le sexe de l'homme dans notre espèce, et le sexe masculin dans toutes les espèces d'animaux : il est corrélatif de femelle : *la loi salique ne donne qu'aux mâles le droit de succéder à la couronne; la femelle n'a pas le riche plumage du mâle.* — Adj. *Enfant mâle; perdrix mâle.* — Bot. *Fleurs mâles,* celles qui n'ont que des étamines, sans pistil. — ENCENS MÂLE. (Voy. OLIBAN.) — Fort, qui marque l'apparence de la force qui convient au sexe masculin : *une figure mâle.* — Se dit également, au sens moral : *courage, résolution, mâle.* — Se dit, dans le langage de l'art, de ce qui est très expressif, énergique, ou grave, imposant : *des contours mâles.*

MALÉATE s. m. (lat. *malum,* pomme). Chim. Sel produit par la combinaison de l'acide malique avec une base.

* **MALEBÊTE** s. f. Personne dangereuse et dont on doit se défier : *c'est une malebête qu'un chicaneur.* (Fam. et peu us.)

MALEBRANCHE (Nicolas de), philosophe et métaphysicien français, né à Paris le 6 août 1638, mort dans la même ville le 13 oct. 1715. Il entra dans la congrégation de l'Oratoire en 1660. Son penchant pour la philosophie le porta à lire le *Traité de l'homme,* de Descartes, et il le lut avec un tel enthousiasme et de tels transports que des battements de cœur le forcèrent plusieurs fois à s'interrompre. A partir de cette époque (1664), il se consacra tout entier à la philosophie et renonça à toute autre science, excepté aux mathématiques. En 1674, il fit paraître le plus étendu de ses ouvrages, celui qui a fondé sa réputation : *De la recherche de la vérité* (2 vol. et 1712, 4 vol.). En 1677, il publia *Conversations métaphysiques et chrétiennes,* sorte de dialogues où il établit les rapports qu'il y a entre la philosophie et la religion. Ses autres principales publications furent : *Traité de la nature et de la grâce* (1680) ; *Méditations métaphysiques et chrétiennes* (1683) ; *Traité de morale* (1684) ; *Entretiens sur la métaphysique et sur la religion* (1687) ; *Réponse de Malebranche à Arnauld* (4 vol., 1709), etc. Les principaux de ses écrits ont été réunis par de Genoude (1837) et par Jules Simon (1853). Malebranche a été, pour ainsi dire, qu'un continuateur de Descartes; en philosophie, il rejette l'autorité comme critérium de certitude et n'admet que l'évidence; il a aussi constamment cherché à mettre la raison en accord avec la foi. Sa morale, qui se ressent du mysticisme de l'époque, repose sur l'amour de Dieu. Quant à sa théodicée, elle n'est que le développement de celle de Platon et de saint Augustin; aussi l'a-t-on appelé *Platon chrétien.*

* **MALÉDICTION** s. f. (lat. *maledictio,* de *maledicere,* maudire). Imprécation, vœu pour

qu'il arrive du mal à quelqu'un : *ce père a donné sa malédiction à son fils.* — Fam. LA MALÉDICTION EST SUR CETTE MAISON, le malheur paraît attaché à cette maison. IL Y A DE LA MALÉDICTION SUR CETTE AFFAIRE, on ne saurait y réussir, elle présente des difficultés insurmontables.

MALÉE (Cap) (lat. *Malea promontorium*), auj. cap *Saint-Angelo* ou *Malio di Saint-Angelo.* Promontoire du S.-E de la Laconie, séparant les golfes Argolique et Laconique; il était redouté des navigateurs; on y avait élevé un temple à Apollon d'où venait le surnom de *Maleatès,* donné à ce dieu.

> Il faut, dans la plaine salée,
> Avoir lutté contre *Malée,*
> Et, près du naufrage dernier,
> S'être vu dessous les Pléiades
> Eloigné des ports et des rades,
> Pour être cru bon marinier.
> MALHERBE.

* **MALEFAIM** s. f. Faim cruelle : *mourir de malefaim.* (Vieux.)

* **MALÉFICE** s. m. (lat. *maleficium; de male et facere*). Action par laquelle on est censé causer du mal, soit aux hommes, soit aux animaux et aux fruits de la terre, en employant des moyens cachés ou surnaturels : *faire mourir des troupeaux par maléfice.*

* **MALÉFICIÉ, ÉE** adj. Maltraité par l'effet de quelque maléfice. On le dit aussi, et plus ordinairement, d'une personne maltraitée par la nature, ou par quelque maladie : *cet homme est bien maléficié, tout maléficié.*

* **MALÉFIQUE** adj. Astrol. jud. Se dit des planètes et des étoiles auxquelles l'ignorance et la superstition attribuent de malignes influences : *la tête de Méduse et le cœur du Scorpion ont été regardées comme des étoiles maléfiques.*

MALEFORTUNE s. f. (rad. *mal* et *fortune*). Mauvaise fortune, accident malheureux.

MALÉIQUE adj. (lat. *malum,* pomme). Chim. Se dit d'un acide obtenu par la distillation sèche de l'acide malique.

MALEK-BEN-ANAS, fondateur de la secte musulmane des *malékites,* né à Médine en 713, mort en 793. Il fut persécuté par les princes abbassides et rédigea le premier code de traditions mahométanes. Sa doctrine écrasa la raison humaine sous l'autorité de la tradition.

MALÉKITE s. m. (de *Malek-Ben-Anas*). Membre de l'une des quatre sectes orthodoxes musulmanes. (Voy MAHOMÉTISME.) Les sectes hanéfites et malékites diffèrent seulement sur quelques pratiques du culte et sur quelques interprétations de la jurisprudence; elles vivent en bonne intelligence l'une avec l'autre. Les Turcs appartiennent tous à la première; mais tous les musulmans d'Afrique (Maures, Arabes et Nègres) se rallient à la seconde et reconnaissent pour chef spirituel l'empereur du Maroc. (Voy. HANÉFITE.)

MALEMBOUCHÉ, ÉE adj. (rad. *mal* et *embouché*). Pop. Qui parle grossièrement, qui a mauvaise langue.

MALEMENT adv. (rad. *mal*). Malicieusement, malheureusement.

* **MALEMORT** s. f. Mort funeste : *ce coquin mourra de malemort.* (Vieux.)

* **MALENCONTRE** s. f. (rad. *mal* et *encontre*). Mauvaise rencontre, accident : *par malencontre, il y trouva son rival.* (Fam.)

* **MALENCONTREUSEMENT** adv. Par malencontre : *il arriva malencontreusement.* (Fam.)

* **MALENCONTREUX, EUSE** adj. Qui est sujet à éprouver des revers, des accidents : *il est malencontreux dans toutes ses entreprises.* — Se dit aussi des choses, et signifie, qui annonce ou qui cause le malheur : *présage, sort, jour, événement malencontreux.*

MALENDURANT, ANTE adj. (rad. *mal* et *endurant*). Qui endure mal, qui n'est pas patient.

* **MAL-EN-POINT** adv. En mauvais état de santé, de fortune, dans une situation critique ou périlleuse : *cet homme a un procès fâcheux, il est bien mal-en-point.*

>   ......Voilà mon loup par terre,
>   *Mal-en-point, saignant et gâté.*
>   La Fontaine.

* **MALENTENDU** s. m. Paroles ou actions prises dans un autre sens que celui où elles ont été dites ou faites : *ils ne s'expliquèrent pas bien clairement, et le malentendu causa une grande contestation.*

* **MALEPESTE.** Espèce d'interjection qui exprime la surprise : *malepeste, que vous êtes difficile.* (Fam.)

MALESHERBES, ch.-l. de cant., arr. et à 19 kil. N.-E. de Pithiviers (Loiret); 1,850 hab. Fabriques de bonneteries; tanneries. Château de la famille Lamoignon de Malesherbes.

MALESHERBES (Chrétien-Guillaume de Lamoignon de) [ma-le-zèr-be], homme d'État, né à Paris le 6 déc., 1721, guillotiné le 22 avril 1794. En 1744, il devint conseiller au Parlement de Paris et il succéda à son père comme président de la Cour des aides en 1750; il fut en même temps nommé directeur de la librairie. Il déploit avec éloquence et courage toutes les libertés, et lors de la querelle qui s'engagea entre les parlements et le roi, il rédigea les remontrances contre les édits de 1770 et 1771; elles ne furent pas écoutées. La Cour des aides en rédigea de nouvelles et protesta contre tout ce qui venait de se passer; la suppression de cette compagnie, l'exil de la plupart de ses membres et spécialement de Malesherbes furent la conséquence de cette ferme et loyale conduite. Louis XVI marqua son avènement au trône par le rappel de Malesherbes (1774), l'appela au ministère avec Turgot, lui confia le département de Paris et celui de la maison du roi, auquel était attachée la police du royaume. Malesherbes continua d'adresser des remontrances à la cour, mais ses conseils ne furent pas écoutés et lorsque Turgot donna sa démission (1776), il le suivit dans sa retraite. Il parcourut alors la France, la Hollande et la Suisse et s'adonna à la culture des lettres. En 1787, il rentra au ministère, mais sans aucune fonction active; on ne voulut pas du reste exécuter ses demandes de réforme et il rentra dans sa solitude. En 1792, il obtint de la Convention la permission et le dangereux honneur de défendre le roi; plus tard, sa famille et lui furent exécutés. Malesherbes était entré à l'Académie des sciences en 1750 et à l'Académie française en 1775. Un monument lui a été élevé en 1819, à Paris, au palais de Justice. On a de lui : *Mémoire sur le mariage des protestants* (1787, in-8°); *Mémoires sur les moyens d'accélérer les progrès de l'économie rurale en France* (1790, in-8°); *Mémoires pour Louis XVI* (1792); *Mémoires sur la librairie et la liberté de la presse* (1809). Voy. Gaillard, *Eloge historique de Malesherbes* (1805); Boissy d'Anglas, *Essai sur la vie, les opinions et les écrits de Malesherbes* (1818, 2 vol. in-8°). M. Dupin aîné a lu à l'Académie française l'éloge de Malesherbes (1841).

MALESTROIT, ch.-l. de cant., arr. et 18 kil. S. de Ploërmel (Morbihan); 1,600 hab. Commerce de cire et de miel; tanneries. En 1343, une trève y fut conclue entre la France et l'Angleterre.

MALET (Claude-François de) [ma-lè], conspirateur français, né à Dôle le 28 juin 1754, fusillé à Paris le 29 oct. 1812. Il avait embrassé la carrière des armes, se distingua en 1799, au passage du petit Saint-Bernard et fut

nommé brigadier général. La franchise de ses opinions républicaines l'ayant rendu suspect, il fut arrêté en 1807, sous l'inculpation de conspirer contre la vie de l'empereur; jeté en prison, il y continua ses menées sourdes. En juin 1812, Fouché, contrairement aux ordres de Napoléon, permit à Malet de se retirer dans une maison de santé. Ce fut là qu'il organisa, de concert avec l'abbé Lafon et M. de Polignac, une conspiration qui faillit aboutir au renversement du régime impérial. Grâce aux intelligences que sa femme lui ménageait à l'extérieur, il fabriqua des pièces fausses (proclamation, sénatus-consulte, ordres, dépêches), et dans la nuit du 23 au 24 oct. 1812, pendant que la France attendait des nouvelles de l'empereur qui se trouvait alors à Moscou et au moment où les principaux dignitaires de l'empire étaient secrètement avertis de la déroute de l'armée française, il s'échappa de la maison de santé, prit son uniforme de général, courut à la caserne de Popincourt où se trouvait le quartier de la 10e cohorte des gardes nationales, annonça la mort de l'empereur au colonel Soulier, lui dit que le sénat a nommé un gouvernement provisoire et que lui, Malet, a été investi du gouvernement de Paris. A l'appui de cette déclaration, il présente au colonel une nomination en règle. Les gardes nationaux, au nombre de 1,200, sont mis à sa disposition; il court à la Force, y délivre Guidal et Lahorie et leur ordonne de s'emparer de la préfecture de police et des ministères de la police et de la guerre. Pendant qu'ils obéissent à ses ordres, il se rend chez le général Hullin, commandant de la 1re division militaire; mais celui-ci, moins crédule, ou peut-être plus attaché à la dynastie napoléonienne, refusa d'accepter le nouvel ordre de choses. Malet lui brisa la mâchoire d'un coup de pistolet; deux adjudants de place accoururent et s'emparèrent de sa personne. Un conseil de guerre fut aussitôt convoqué et Malet fut condamné à mort avec trois généraux et dix autres personnes prétendues ses complices.

* **MAL-ÊTRE** s. m. État de langueur, indisposition vague et sourde : *avoir, sentir, éprouver du mal-être.*

* **MALÉVOLE** adj. (lat. *male*, mal; *volo*, je veux). Malveillant. (Fam. et peu us.)

MALÉZIEU (Nicolas de), auteur dramatique, né à Paris en 1650, mort en 1727. Grâce à l'amitié de Bossuet, il devint précepteur du duc de Maine, et entra à l'Académie française en 1701. Il a laissé des chansons, des contes, des sonnets, la *Tarentule* et les *Importuns*, comédies, etc.

* **MALFAÇON** s. f. Ce qu'il y a de mal fait dans un ouvrage : *il y a de la façon à cet habit-là, dans ce mur, dans cette charpente.* — Fig. Supercherie, mauvaise façon d'agir dans le commerce de la vie, dans la conduite : *il y a cette affaire quelque malfaçon que je n'entends pas bien.* Dans les deux acceptions, il est familier et peu usité.

* **MALFAIRE** v. n. Faire de méchantes actions. N'est usité qu'à l'infinitif : *être enclin à malfaire.*

* **MALFAISANCE** s. f. Disposition à faire du mal à autrui : *il a donné des preuves de malfaisance.* Il est peu usité.

* **MALFAISANT, ANTE** adj. Qui se plaît à nuire, à faire du mal aux autres : *homme, esprit malfaisant.* — Se dit aussi des choses nuisibles à la santé : *les vins frelatés, mixtionnés, sont malfaisants.*

* **MALFAITEUR** s. m. Qui commet des crimes, qui fait de méchantes actions : *il faut punir les malfaiteurs.* — Au fém. **Malfaitrice.**

* **MALFAMÉ, ÉE** adj. Qui a mauvaise réputation : *c'est un homme bien malfamé.* On

écrit aussi, **Mal famé,** en deux mots. (Voy. Famé.)

MALFEND adj. m. Agric. Qui se fend mal : *bois malfend.*

MALFILÂTRE (Jacques-Charles-Louis de Clinchamp de), poète français né à Caen en 1733, mort à Paris le 6 mars 1767. Venu jeune à Paris, après avoir été 4 fois lauréat de l'Académie de Rouen, il y fut accueilli avec distinction dans le monde littéraire; mais son amour du plaisir le conduisit vite au tombeau et enleva aux lettres un talent qui s'annonçait des plus heureux et des plus brillants. Ses poésies se réduisent à un poème en 4 chants, *Narcisse dans l'île de Vénus*, des *Odes*, un ouvrage intitulé *Génie de Virgile* (1810, 4 vol. in-8°) et un chef-d'œuvre lyrique, le *Soleil fixe au milieu des planètes*. Les *Œuvres complètes* de Malfilâtre ont été publiées par Auger (1825, 1 vol. in-8° et 1826, 1 vol. in-32).

MALFORMATION s. f. (rad. *mal* et *formation*). Vice de conformation.

MALGACHE s. et adj. De Madagascar; qui appartient à cette île ou à ses habitants. On dit aussi **Madécasse.**

MALGAIGNE (Joseph-François), chirurgien français, né à Charmes-sur-Moselle (Vosges) en 1806, mort à Paris en 1865. Il se fit connaître en 1829, par un *Mémoire sur les fonctions du larynx*; en 1834, il s'engagea dans les troupes polonaises révoltées en qualité de chirurgien; il fut ensuite chirurgien de l'hôpital Saint-Louis (1845), membre de l'Académie de médecine (1846), député (1846), professeur de médecine opératoire (1850) et chirurgien de la Charité. Il a laissé de nombreux ouvrages parmi lesquels nous citerons : *Théorie de la voix humaine* (1828), *Médecine opératoire* (Paris, 1834, 1 vol. in-12, 7e éd. 1852); *Anatomie chirurgicale* (1838, 2 vol. in-8°); *Fractures et luxations* (1847, 2 vol. in-8°), etc.

* **MALGRACIEUSEMENT** adv. De mauvaise grâce, d'une manière malgracieuse : *parler, répondre malgracieusement.* (Fam. et vieux.)

* **MALGRACIEUX, EUSE** adj. (rad. *mal* et *gracieux*) Rude, incivil. Se dit des personnes et des choses : *cet homme est malgracieux.* Il est vieux.

* **MALGRÉ** prép. (rad. *mal* et *gré*). Contre le gré de : *il a fait ce mariage malgré son père, malgré père et mère.*

>   Voulez-vous, *malgré* lui, prendre soin de sa vie?
>   J. Racine. *Andromaque,* acte IV, sc. III.

— Se dit aussi, par rapport aux choses, dans le sens de nonobstant : *il est parti malgré la rigueur du temps.* — **Malgré tout,** quoi qu'on fasse, quoi qu'il arrive : *malgré tout, vous ne réussirez pas.* — Adv. **Bon gré, mal gré,** de gré ou de force. Dans cette expression, on écrit toujours *Mal gré* en deux mots : *bon gré, mal gré, vous viendrez avec moi.* — **Malgré que,** loc. conj. Quoique. On ne l'emploie qu'avec le verbe *Avoir,* et dans ces phrases, **malgré que j'en aie, malgré qu'il en ait,** etc., en dépit de moi, en dépit de lui, etc.: *malgré qu'il en ait, nous savons son secret.*

MALGUE (La), comm. du cant. de Toulon (Var); 300 hab. Excellent vin. La Malgue est défendue par un fort qui sert de prison.

* **MALHABILE** adj. (rad. *mal* et *habile*). Qui n'est point intelligent, qui manque de capacité, d'adresse : *malhabile dans ses affaires, dans les négociations.*

* **MALHABILEMENT** adv. D'une manière malhabile : *il s'y est pris bien malhabilement.*

* **MALHABILETÉ** s. f. Manque d'habileté, de capacité, d'adresse : *sa malhabileté lui a fait perdre son emploi.*

MALHERBE (François de), poète lyrique français, né à Caen en 1555, mort à Paris le

16 oct. 1628. Il était fils d'un conseiller au bailliage de Caen et commença dans sa ville natale des études qu'il alla plus tard terminer aux universités de Bâle et de Heidelberg. A 22 ans, il entra au service du grand prieur Henri d'Angoulême, le suivit en Provence et y épousa Madeleine de Coriolis. En 1586, il revint à Caen et se révéla au monde littéraire par les harmonieuses et nobles stances qu'il adressa à du Perrier sur la mort de sa fille (1599). Henri IV l'attacha à sa cour; Marie de Médicis et Louis XIII l'eurent aussi en grande faveur; mais quoiqu'on en ait dit, il mourut pauvre, ayant eu plus de sollicitude pour soigner ses vers que pour augmenter sa fortune. Non seulement Malherbe a été remarquable comme poète, mais il l'a été surtout comme créateur de la langue poétique; il épura le goût, enseigna l'art d'écrire avec noblesse et donna l'exemple avec le précepte. Doué d'un esprit vigoureux et d'un jugement droit, il apporta peut-être un certain rigorisme dans la réformation du langage, ce qui explique le surnom de *tyran des mots et des syllabes*, qui lui fut généralement décerné; mais nul plus que lui ne contribua à donner ou à restituer à notre langue ses propriétés essentielles : clarté, noblesse, harmonie, expression; et ce n'était pas une vaine flatterie que lui adressait Boileau quand il disait dans son *Art poétique* :

Enfin Malherbe vint......

Ce fut lui, en effet, qui ouvrit la liste de nos auteurs classiques et on peut le considérer comme le précurseur de Corneille et le maître de Balzac. Outre l'*Ode à du Perrier* dont nous avons parlé, Malherbe a laissé : les *Larmes de saint Pierre* (1587), *Bouquet des fleurs de Sénèque* (1590), des *Odes*, des *Stances*, des *Sonnets*, des *Chansons*, des *Epigrammes*, etc. La seule édition complète de ses œuvres est celle de Blaise (Paris, 1822; nouv. éd. 1865, 4 vol.), à laquelle il faut joindre un recueil de *Lettres inédites*, par G. Mancel (Caen, 1852, in-8°). Voyez aussi Racan, *Vie de Malherbe et Malherbe, recherches sur sa vie et critique de ses œuvres*, par M. de Gournay (Caen, 1852, in-8°).

* **MALHEUR** s. m. (rad. *mal* et *heur*). Mauvaise fortune, mauvaise destinée : *le malheur lui en veut.*

En vérité, je suis d'un *malheur* achevé.
　　　COLLIN D'HARLEVILLE. *L'Inconstant*, acte 1er, sc. v.

— JOUER DE MALHEUR, jouer malheureusement; et, fig., éprouver une contrariété qui résulte du hasard : *je suis venu deux fois chez vous sans vous trouver; j'ai joué de malheur.* — ETRE EN MALHEUR, avoir une mauvaise veine, au jeu ou en toute autre chose. — PORTER MALHEUR, se dit d'une personne dont la présence cause ou est censée causer du malheur à une autre : *cet homme m'a porté malheur.* Se dit aussi des choses : *les joueurs prétendent que rien ne porte malheur comme de payer ses dettes.* — Désastre, infortune, accident fâcheux : *étrange malheur; malheur extraordinaire; affreux, inouï.*

Vous voyez les *malheurs* où le ciel m'a plongé!
　　　J. RACINE. *La Thébaïde*, acte III, sc. IV.

Ses *malheurs* n'avaient point abattu sa fierté.
　　　Athalie, acte I, sc. V.

— Prov. UN MALHEUR NE VIENT JAMAIS SEUL. — A QUELQUE CHOSE MALHEUR EST BON, quelquefois une infortune nous procure des avantages que nous n'aurions pas eus sans elle. — Ironiq. et fam. LE BEAU MALHEUR, LE GRAND MALHEUR, il n'y a pas grand mal. — S'emploie quelquefois avec la préposition *à*, par imprécation : *malheur aux impies! malheur à ceux qui prévariquent dans leur ministère!* On le met aussi avec la préposition *sur* : *malheur sur eux et sur leurs enfants!* — MALHEUR AUX VAINCUS! les vaincus doivent subir la loi du vainqueur. Signifie aussi, par ext., tant pis pour ceux

qui souffrent d'un accident auquel d'autres échappent.

La loi de l'univers, c'est *malheur au vaincu!*
　　　SAURIN. *Spartacus*, acte III, sc. III.

— Par malheur, loc. adv. Par l'effet d'un accident, d'un hasard malheureux : *il est arrivé, par malheur, que sa voiture a versé.*

* **MALHEUREUSEMENT** adv. D'une manière malheureuse : *il est mort malheureusement.* — Par malheur : *il est arrivé malheureusement que...*

* **MALHEUREUX, EUSE** adj. Qui n'est pas heureux : *il est malheureux, bien malheureux.*

Un jour, une actrice fameuse
Racontait les fureurs de son premier amant;
Moitié riant, moitié rêveuse,
Elle ajoutait ce mot charmant :
« Ch! c'était le bon temps, j'étais bien *malheureuse!* »

— ETRE MALHEUREUX COMME LES PIERRES, être habituellement malheureux, être extrêmement malheureux. — Se dit également des choses, et signifie, misérable, affligeant, digne de pitié : *il est dans un état malheureux, dans une situation malheureuse.* — PASSION MALHEUREUSE, passion dont l'objet ne répond pas au désir de celui qui l'éprouve. — En parlant des choses, signifie aussi, funeste, désastreux, calamiteux, fâcheux, préjudiciable : *c'est une malheureuse rencontre que celle qu'il a faite de cet homme-là.*

Au nom des tendres fruits d'un hymen *malheureux.*
　　　LONGEPIERRE. *Médée*, acte II, sc. V.

— FAIRE UNE FIN MALHEUREUSE, finir sa vie d'une manière cruelle ou déshonorante. — Qui porte malheur, qui annonce ou qui cause du malheur : *il est né sous une malheureuse étoile.* — CE JOUEUR A LA MAIN MALHEUREUSE, on perd presque toujours après qu'il a donné les cartes ou qu'il les a coupées. — AVOIR LA MAIN MALHEUREUSE, signifie aussi, ne pouvoir toucher à rien sans le casser. — AVOIR LA MAIN MALHEUREUSE, réussir mal dans ce qu'on entreprend, ou choisir mal entre les personnes ou entre les choses : *il a la main malheureuse, tous les marchés dont il s'est mêlé ont mal tourné.* — Par exag. Qui manque des qualités qu'il devrait avoir, qui est mauvais, méprisable dans son genre : *un malheureux écrivain, un malheureux auteur.* — MÉMOIRE MALHEUREUSE, mémoire qui retient difficilement, qui manque au besoin. FACILITÉ MALHEUREUSE, facilité dont on abuse, et qui ne produit que de mauvais ouvrages. — Exprime quelquefois la grande infériorité de la personne ou de la chose qu'il qualifie, à l'égard d'une autre personne ou d'une autre chose : *un procès qu'il a eu pour un malheureux arpent de terre l'a ruiné totalement.* — s. Un homme misérable : *c'est un pauvre malheureux, un malheureux sans ressource.* — Signifie aussi, un méchant homme, un homme vil et méprisable : *un malheureux fera une mauvaise fin.* — s. f. Ne se dit guère que d'une femme méprisable, d'une femme de mauvaise vie : *c'est une malheureuse; il ne hante que des malheureuses.* — Les deux vers suivants de Racine expriment la différence des mots *malheureux* et *misérable* :

Haï, craint, envié, souvent plus misérable
Que tous les *malheureux* que mon pouvoir accable.

* **MALHONNÊTE** adj. (rad. *mal* et *honnête*). Qui manque, qui est contraire à l'honneur, à la probité. Se dit des personnes et des choses : *cette action est d'un malhonnête homme; il a eu avec moi un procédé malhonnête.* — Incivil : *voilà un enfant bien malhonnête.*

Vous allez me trouver *malhonnête* sans doute.
　　　COLLIN D'HARLEVILLE. *Monsieur de Crac*, sc. XII.

Dans ce sens, il suit toujours les noms de personnes auxquels on le joint; dans le premier sens, au contraire, il les précède toujours.

* **MALHONNÊTEMENT** adv. D'une manière contraire à la probité, à l'honneur : *agir malhonnêtement.* — Avec incivilité : *il m'a répondu fort malhonnêtement.*

* **MALHONNÊTETÉ** s. f. Incivilité, manque de bienséance : *il y a de la malhonnêteté dans son procédé.* — Se dit aussi des paroles et des actions inciviles : *il m'a dit, il m'a fait une grande malhonnêteté.* — Indélicatesse, improbité : *la malhonnêteté de sa conduite l'a perdu.*

MALIBRAN (Maria-Felicia, GARCIA, *dame*), célèbre cantatrice, née à Paris le 24 mars 1808, morte à Manchester le 23 sept. 1836. Elle était fille aînée du chanteur Manuel Garcia qui lui servit de professeur. Elle débuta à Londres dans le *Barbiere di Seviglia* (7 juin 1825) et à l'automne suivant, elle accompagna son père aux Etats-Unis comme *prima donna* dans une compagnie d'opéra dont il était le directeur. Le 23 mars 1826, elle épousa Eugène Malibran, vieux marchand français de New-York, dont elle ne tarda pas à se séparer. A partir du 16 janv. 1828, époque où elle parut pour la première fois sur la scène française de l'Opéra, dans le rôle de *Sémiramis*, sa carrière ne fut plus qu'une suite de brillants succès. Elle entra dès 1828 au théâtre italien avec des appointements de 50,000 fr. par an. Son mariage ayant été déclaré nul en 1835 par les tribunaux français, elle épousa, le 29 mars 1836, le célèbre violoniste de Bériot, mais elle continua d'être appelée *La Malibran*. Mme Malibran a peut-être été la meilleure cantatrice du XIXe siècle; la puissance dramatique de son jeu n'était pas moins remarquable que l'éclat et la limpidité de son organe vocal. Sa voix de soprano aigu et de contralto, d'une grande étendue et d'une pureté sans égale, avait été portée à une perfection presque absolue par les sévères leçons de son père, et son intelligence n'était pas moins élevée que son caractère. Elle a composé plusieurs chants, des nocturnes, des romances, etc. Alfred de Musset l'a immortalisée dans sa pièce de vers adressée *A la Malibran*.

* **MALICE** s. f. (lat. *malitia*; de *malus*, méchant). Inclination à nuire, à mal faire, à causer de la peine : *grande malice; il a un fonds de malice.* — Peut s'appliquer aux choses : *la malice d'une action.* — NE PAS ENTENDRE MALICE A QUELQUE CHOSE, faire ou dire quelque chose sans mauvaise intention : *l'offre qu'il vous faisait était désavantageuse pour vous; le discours qu'il vous tenait était offensant; mais il n'y a pas entendu malice.* — UN INNOCENT FOURRÉ DE MALICE, celui qui est malicieux et qui feint d'être simple et bon. — Action faite avec malice : *il m'a fait la plus grande malice du monde.* — Se prend souvent dans un sens qui n'a rien d'odieux, et signifie alors, un simple disposition à la gaieté et à la plaisanterie : *son esprit est plein de malice.* — Action faite, parole dite dans la seule intention de badiner, ou de se divertir : *c'est une petite malice qu'on vous a faite.* — ENTENDRE MALICE A QUELQUE CHOSE, y donner un sens détourné, un sens malin : *il entend malice aux propos les plus simples.*

* **MALICIEUSEMENT** adv. Avec malice : *il l'a fait malicieusement.*

* **MALICIEUX, EUSE** adj. Qui a de la malice, où il y a de la malice : *il est malicieux comme un vieux singe.* — S'emploie aussi dans le sens de gai, de plaisant : *un enfant malicieux.* — CHEVAL MALICIEUX, cheval qui rue de côté, qui use d'adresse contre celui qui le monte ou qui l'approche.

MALICORE ou *Malicorium* s. m. (lat. *malum*, pomme; *corium*, cuir). Ecorce de la grenade.

MALICORNE, ch.-l. de cant.- arr. à

15 kil. N. de la Flèche (Sarthe); 1.500 hab. Fabriques de faïences et de poteries.

* **MALIGNEMENT** adv. [gn mll.]. Avec malignité : *interpréter malignement quelque chose.*

* **MALIGNITÉ** s. f. [gn mll.] (rad. *malin*). Inclination à faire, à penser, à dire du mal : *connaissez mieux la malignité de cet homme.* — Se dit, fig., de certaines choses : *la malignité du sort, de la fortune.* — S'emploie aussi au sens physique, et signifie, qualité nuisible, dangereuse : *la malignité de cette fièvre a résisté à tous les remèdes.*

* **MALIN, IGNE** adj. (lat. *malignus*; de *malus*, mauvais). Qui prend plaisir à nuire, à faire ou à dire du mal : *c'est un esprit malin.* — Se prend plus souvent dans un sens qui n'a rien d'odieux, et signifie alors, qui se plaît à faire ou à dire des choses malicieuses, seulement pour s'amuser, se divertir : *il a l'esprit aussi malin qu'il a le cœur bon.* — Se dit, dans les deux sens, en parlant des choses : *il a dit cela d'un ton, d'un air malin.* — MALIGNE JOIE, joie que l'on a du mal d'autrui, et qu'on voudrait cacher. — MALIN VOULOIR, intention maligne, intention de nuire : *il a un malin vouloir, il a du malin vouloir contre moi.* — L'ESPRIT MALIN, LE MALIN ESPRIT, ou absolument LE MALIN, le diable. — En parlant des personnes, signifie quelquefois, fin, rusé : *il est trop malin pour se laisser attraper, pour se laisser prendre à ce piège.* — s. *C'est un malin.* — Se dit aussi au sens physique, et signifie, qui a quelque qualité mauvaise, nuisible : *cette herbe a une vertu, une qualité maligne.* — ULCÈRE MALIN, PLAIE MALIGNE, ulcère, plaie qui ne guérissent point par les moyens curatifs ordinaires, et qui font souvent des progrès effrayants, malgré tous les remèdes qu'on leur oppose. — FIÈVRE MALIGNE, fièvre intermittente ou rémittente, accompagnée d'accidents graves, qui ne surviennent inopinément et qu'il est difficile de prévoir.

* **MALINE** s. f. Mar. Se dit des grandes marées qui ont lieu à la nouvelle et à la pleine lune, et dont les plus considérables arrivent aux équinoxes. On l'emploie surtout au pluriel : *à l'époque des grandes malines.*

* **MALINES** s. f. Dentelle très fine qui s'est fabriquée originairement dans la ville de Malines, en Flandre : *de belle malines brodée.*

MALINES [ma-li-ne] (lat. *Mechlinia*, ou *Malina*; flam. *Mechelen*; angl. *Mechlin*; all. *Mecheln*), ville de la province d'Anvers (Belgique), sur la Dyle; à 21 kil. N.-E. de Bruxelles et à 22 kil. S. d'Anvers; par 51°4'45" lat. N. et 2° 8' 35" long. E.; 44,000 hab. Archevêché dont le titulaire est primat de Belgique et qui fut érigé en 1559. Célèbres fabriques de dentelles dites *Malines*, de lainages, de bière. Rues larges et bordées de jolies maisons pleines. La belle cathédrale de Saint-Rombaud (XIVᵉ siècle) dominée par une énorme tour massive haute de 97 m. 50, qui renferme un joli carillon. On admire dans la cathédrale et dans plusieurs autres églises des chefs-d'œuvre de Rubens et de Van Dyck; vaste hospice dit *le Béguinage.* — Malines fut fondée au VIᵉ siècle, détruite par les Normands en 884, saccagée par les Espagnols en 1572, prise par le prince d'Orange en 1578 et par les Anglais en 1580. Napoléon en fit détruire les fortifications en 1804 et elle resta jusqu'en 1814, ch.-l. d'un arr. du dép. des Deux-Nèthes. Il s'y tint en sept. 1867 un congrès catholique romain.

* **MALINGRE** adj. (lat. *male*, mal; *œger*, malade). Qui a peine à recouvrer ses forces et sa santé après une maladie, ou qui est d'une complexion faible et sujette à se déranger : *il est malingre, il a revenir de sa maladie, il est encore bien malingre.* (Fam.)

MALINGRE (Claude), SIEUR DE SAINT-LAZARE, historien, né à Sens en 1580, mort vers 1653.

Parmi ses ouvrages médiocres, nous citerons : *Loi salique* (Paris, 1614, in-8°); *Histoire de Louis XIII* (Paris, 1616, in-4°); *Histoire de la rebellion des prétendus réformés* (Paris, 1622-'29, 6 vol. in-8°); *Histoire des guerres du règne de Louis XIII* (Rouen, 1647, 4 vol. in-8°), etc.

MALINGRERIE s. f. Etat maladif.

MALINGREUX, EUSE adj. Malingre. — Substantiv. Personne malingre. — Hist. Les malingreux se disaient hydropiques, ou bien se couvraient les bras et les jambes d'ulcères factices; ils se tenaient principalement sous les portes des églises (XVIIᵉ siècle).

* **MALINTENTIONNÉ, ÉE** adj. Qui a de mauvaises intentions : *ces personnes étaient très malintentionnées.* — s. : *des malintentionnés ont répandu ces nouvelles.*

* **MALIQUE** adj. (lat. *malum*, pommes). Chim. Se dit de l'acide qui existe dans plusieurs fruits, et particulièrement dans la pomme, dans la poire, etc. C⁴ H³ O⁵ (OH)².

* **MALITORNE** adj. (lat. *male* mal; fr. *tourné*). Grossier, maladroit et gauche. — s. Un valet n'est qu'un malitorne, un vrai malitorne. (Voy. MARITORNE.)

* **MAL-JUGÉ** s. m. Jugement défectueux, mais sans prévarication : *il faut prouver le mal-jugé, quand on appelle d'une sentence, d'un premier jugement.*

MALLARMÉ (François-René-Auguste), conventionnel montagnard, né en Lorraine en 1756, mort en 1835. Il vota la mort du roi et présida la Convention dans la fameuse séance du 31 mai 1793. Arrêté lors de la réaction thermidorienne, il ne fut rendu à la liberté qu'en l'an IV et fut exilé en 1816 comme régicide.

* **MALLE** s. f. (bas-lat. *mala*). Coffre de bois de la forme d'un carré long, couvert de peau, fermant à clef, et servant à renfermer les hardes, les effets qu'on porte en voyage : *grande, petite malle.* — FAIRE SA MALLE, mettre, ranger dans sa malle ce qu'on veut emporter pour son voyage. DÉFAIRE SA MALLE, en tirer les effets qu'elle contient : *il a fait ses malles; il n'avait pas encore défait ses malles, qu'il a été obligé de repartir.* — MALLE-POSTE, ou simpl. MALLE, voiture par laquelle l'administration des postes envoie les lettres aux bureaux de destination, et dans laquelle on reçoit des voyageurs : *la malle est arrivée.* — COURRIER DE LA MALLE, préposé de l'administration des postes chargé d'accompagner les lettres, et de les remettre aux différents bureaux de la route qu'il parcourt : *des malles-poste.* — Sorte de panier, dans lequel les petits merciers portent leurs marchandises. — TROUSSER EN MALLE, enlever par surprise et promptement : *il trouva de la vaisselle d'argent dans une chambre, et la troussa en malle.* Cette locution et celle qui suit vieillit. — IL A ÉTÉ TROUSSÉ EN MALLE, il est mort, en peu de temps, d'une maladie.

MALLÉABILISER v. a. [mal-lé-a-]. Rendre malléable.

* **MALLÉABILITÉ** s. f. [mal-lé-a-]. Propriété que possèdent les métaux de s'étendre sous le marteau en lames plus ou moins minces.

* **MALLÉABLE** adj. [mal-lé-a-]. Qui est dur et ductile, qu'on peut battre, forger et étendre à coups de marteau : *une des principales propriétés des métaux est d'être malléables.*

MALLÉER v. a. [mal-lé-é] (lat. *malleare*; de *malleus*, marteau). Techn. Etendre en battant au marteau.

MALLEFILLE (Jean-Pierre-Félicien), auteur dramatique, né à l'île de France le 3 mai 1813, mort au Contresse, près de Bougival, le 24 nov. 1868. En 1848, il fut chef de légation à Lisbonne; rentré à Paris en 1849, il pro-

testa contre le coup d'Etat. Son chef-d'œuvre est sa comédie des *Sceptiques*, qui obtint un succès populaire au théâtre de Cluny en 1867.

MALLÉOLAIRE adj. [mal-lé-]. Qui appartient aux malléoles.

* **MALLÉOLE** s. f. [mal-lé-o-le] (lat. *malleus*, marteau). Anat. Partie saillante du bas des os de la jambe, appelée autrement la cheville du pied : *la malléole interne.*

* **MALLE-POSTE** s. f. Voy. MALLE. On dit au plur. : *des malles-postes.*

MALLET (Paul-Henri), historien suisse, né à Genève en 1730, mort en 1807. Il fut professeur de belles-lettres à Copenhague (1752-'60) et plus tard professeur d'histoire à Genève jusqu'en 1764. Il a laissé : *Histoire du Danemark* (Copenhague 1758-'77, 3 vol. in-4°); *Mythologie et poésie des Celtes* (1756, in-4°); *Histoire des Suisses* (Genève, 1803, 4 vol. in-8°), *Histoire de la ligue hanséatique* (1805, in-8°), etc.

* **MALLETTE** s. f. Dimin. de Malle. Petite malle : *il avait sa mallette sur le dos.*

MALLEVILLE (Claude de), poète, né à Paris en 1597, mort en 1647. Il fut secrétaire du maréchal de Bassompierre, donna de nombreuses preuves d'attachement à cet homme politique, fut un ami de Conrart et l'un des premiers membres de l'Académie française (1634). Ses *Poésies* ont été publiées à Paris (1649, in-4° et 1659, in-12).

* **MALLIER** s. m. Cheval qu'on met dans le brancard d'une chaise de poste : *bon, fort mallier.*

MALLINCROT (Bernard de), prélat allemand, mort à Ottenstein en 1664; il est l'auteur de l'ouvrage *De ortu et progressu artis typographicæ* (Cologne, 1640, in-4°).

MALMAISON (La), hameau de la commune de Rueil, cant. de Marly, arr. de Versailles (Seine-et-Oise), à 13 kil. O. de Paris, célèbre par un château qu'habita Joséphine à diverses époques de son existence. La Malmaison devint pendant l'expédition d'Egypte, une cour aussi brillante que celle des membres du Directoire. Joséphine fit agrandir et embellir les environs de son palais d'après le modèle du Trianon de Marie-Antoinette, et la Malmaison conserva son prestige jusqu'à l'établissement de l'Empire, en 1804. Après son divorce (16 déc. 1809), Joséphine y tint de nouveau un semblant de cour et y resta continuellement, sauf de 1810 à 1812, période pendant laquelle elle habita son château de Navarre (Eure). Le palais de la Malmaison devint ensuite la propriété du prince Eugène; il fut acheté, en 1842, par Marie-Christine d'Espagne, qui le vendit en 1861 à Napoléon III au prix de 1,500,000 fr. L'Etat le revendit en 1877. Le 21 oct. 1870 et le 19 janv. 1871, les Parisiens attaquèrent à la Malmaison, les troupes allemandes qui s'étaient avancées jusque-là.

* **MALMENER** v. a. Réprimander, maltraiter de paroles ou d'actions : *il l'a bien malmené.* — Faire essuyer à quelqu'un un grand échec, une grande perte : *l'ennemi a bien malmené leur avant-garde.*

MALMESBURY [màmmz'-bé-ri], bourg du Wiltshire (Angleterre), sur l'Avon, à 130 kil. O. de Londres; 7,000 hab.

MALMESBURY (James HARRIS, *premier comte de*), diplomate anglais (1746-1820). Il fut, pendant quatre ans, ambassadeur à Berlin, puis à Saint-Pétersbourg (1777-'84) et ensuite à la Haye. Partisan de la politique de Pitt, il fut employé en 1796-'97 dans d'infructueuses négociations avec la République française.

MALMESBURY (William de), historien anglais (1095-1143); il fut bibliothécaire du monastère de Malmesbury. Son *Histoire des rois d'Angleterre* a été souvent imprimée.

MALMŒ (suéd. *Malmœhus*) [mâl'-me-houss].
1. Læn ou province de Suède, sur la Baltique et le Sund ; 6,783 kil. carr. ; 334,000 hab.
— II. Cap. de cette province, sur le Sund, à 25 kil. S.-E. de Copenhague ; 41,000 hab., y compris les deux faubourgs d'Œstr et de Wærn occidental. L'ancien château sert de caserne et de prison. Environ 5,000 navires entrent annuellement dans son port. Exportation de grains.

MALO (Saint). Voy. MACLOU.

MALO (Saint-), *Maclovium*, *Aletum Novum*, ch.-l. d'arr. et ville maritime fortifiée, à 70 kil. N.-N.-O. de Rennes (Ille-et-Vilaine), sur le rocher d'Aaron, près de l'embouchure de la Rance dans la baie de Saint-Malo, par 48°39'lat. N. et 4° 21' 47"long. O.; 42,500 hab. C'est une vieille ville qui devient deux fois île et deux fois presqu'île chaque jour, au flux et au reflux de la marée ; lorsque la mer est basse, elle communique avec la terre ferme au moyen d'une chaussée, défendue par des murs bastionnés et par la forteresse inexpugnable de la cité, construite, après 1758, sur les hauteurs de Saint-Servan ; la ville elle-même est entourée de remparts ; au nord, des rochers fétides et impurs, où des herbes pourrissent au soleil, lui forment une ceinture difficile à violer ; et à une distance considérable autour d'elle s'étend une côte de roches blanches, anguleuses, acérées comme des rasoirs. Quand le flux monte, la mer s'engouffre avec rapidité dans son port, qui est situé au fond d'une espèce de cul-de-sac ou de goulet entre la pointe de rochers nommée le *Nez* et la jetée appelée l'*Eperon*; quand la mer baisse, les navires restent à sec. Bien que ce port ait perdu de son importance, son commerce avec l'Angleterre y est toujours actif, et ses pêcheries de Terre-Neuve sont toujours fructueuses. Principaux édifices publics : cathédrale (du XIIIᵉ au XIVᵉ siècle), hôtel de ville, château reconstruit par François II de Bretagne et terminé par Anne de Bretagne, qui fit construire, au grand déplaisir des Malouins, la grosse tour *Qui qu'en grogne*; école de navigation, arsenal, etc. — Patrie de Jacques Cartier, de Duguay-Trouin, de Lefer, de Vincent Porée, de Magon, de Surcouf, de Labourdonnais et de cent autres navigateurs ou marins célèbres ; de Broussais, de Lamennais, de Châteaubriand. — Sur le rocher où s'élève aujourd'hui Saint-Malo, se trouvait jadis un monastère bâti par saint Aaron ; la ville se peupla d'habitants d'Aleth (voy. ce mot), chassés par les Normands et qui furent longtemps encore gouvernés par leurs évêques. Saint-Malo avait alors une garnison des plus originales, composée de 24 gros chiens, dont la vigilance donna lieu au proverbe : *Il a été à Saint-Malo*, par lequel on désigne une personne mal partagée sous le rapport des mollets. Les Malouins entrèrent dans la fameuse ligue hanséatique et s'enrichirent par le commerce. Ils eurent à souffrir de toutes leurs guerres avec l'Angleterre, et leur ville devint un nid de corsaires bretons, d'où s'élançaient des nuées de marins aussi redoutés que ceux de Dunkerque, de Dieppe ou de la Rochelle. Les Malouins furent parmi les premiers qui colorèrent les côtes africaines et américaines ; ils donnèrent leur nom aux îles Malouines. Dès 1425, Charles VII les remerciait d'avoir fait lever aux Anglais le siège du Mont-Saint-Michel, leur rendit le témoignage qu'ils s'étaient toujours montrés *« malveillants envers les Anglais qui les ont en haine mortelle »*. Vers le milieu d'octobre 1693, l'amiral anglais Benbow essaya vainement de bombarder la ville en l'approchant au moyen d'une ruse de guerre. Pour se venger de son insuccès, il lança contre elle, dans la nuit du 3 nov., le fameux *vaisseau infernal*,

énorme brûlot chargé de poudre, de grenades, de chaînes, de barres de fer, etc. Cette affreuse machine, poussée par la brise et la marée, s'échoua heureusement à 50 pieds du rempart et ne détruisit, en éclatant avec un fracas épouvantable, qu'une partie de la ville. Le 14 juillet 1695, Berkeley, chef de la flotte anglo-batave, se présenta devant la ville et y brûla une douzaine de maisons. En juin 1758, 10,000 Anglais, sous les ordres du duc de Marlborough, débarquèrent dans la baie de Cancale et furent repoussés avec de grandes pertes par les habitants de Saint-Malo, après avoir pillé la ville de Saint-Servan et y avoir brûlé quelques navires. Quelques jours plus tard, on les jeta dans la mer, à Saint-Cas.

MALO-DE-LA-LANDE (Saint-), ch.-l. de cant., arr. et à 6 kil. N.-O. de Coutances (Manche) ; 460 hab.

* **MALOTRU, UE** s. (lat. *male instructus*, mal élevé). Terme d'injure et de mépris, par lequel on désigne une personne maussade, mal faite, malbâtie, grossière : *c'est un malotru, un franc malotru.*

MALOUET (Pierre-Victor, BARON), écrivain et homme politique, né à Riom en février 1740, mort le 6 sept. 1814. Entré dans la marine à l'âge de 23 ans, il fut envoyé successivement en qualité de commissaire de la marine à Saint-Domingue, où il resta 5 ans, puis à Cayenne. Au commencement de la Révolution, il était intendant de Toulon. Député de Riom aux états généraux, il soutint les privilèges de la couronne. En mai 1789, au sujet de la discussion sur le vote par *ordre* ou par *tête*, il plaida sur le bureau de l'Assemblée une déclaration par laquelle il refusait au tiers état le droit d'attaquer les prérogatives de la noblesse et du clergé. L'année suivante, il fonda le *Club des Impartiaux*, où il groupa les hommes décidés à combattre la Révolution. Il soutint, par ses paroles et par ses actes, la politique de la reine. Emigré en Angleterre en 1792, il rentra en France en 1801. L'Empire le nomma préfet maritime à Anvers, puis maître des requêtes, conseiller d'Etat, baron et commandeur de la Légion d'honneur. En 1812, l'empereur, mécontent de quelques actes d'insubordination, l'exila à 40 lieues de Paris. La Restauration le nomma ministre de la marine, en 1814. Il mourut après avoir occupé son ministère pendant quelques jours à peine. Parmi ses nombreux ouvrages, nous citerons : *Défense de Louis XVI* (1792, in-8°) ; *Mémoires et correspondances sur les colonies* (1802, 5 vol. in-8°), ouvrage très instructif.

MALOUIN, INE s. et adj. De Saint-Malo ; qui appartient à cette ville ou à ses habitants. *« Savez-vous que tous les Malouins sont gentilshommes? Non. Eh! bien, voici l'histoire qui n'a rien de commun avec celle de Vérone, dont tous les habitants furent aussi déclarés nobles par Charles-Quint, qui voulait la paix avec les quémandeurs de parchemins. Les Malouins se targuent d'indépendance et n'ont jamais rien demandé aux rois de France; au contraire, ce fut Louis XIV qui, dans un jour de détresse, leur emprunta 14 millions. Lorsque l'échéance arriva, le roi ne put rembourser les 14 millions aux Malouins qui en étaient les prêteurs, de roi ; il les déclara tous nobles et leur octroya le droit de porter l'épée à la cour et leurs doléances aux oubliettes. »* (CADILLAC).

MALOUINES (Iles). Voy. FALKLAND (Iles).

* **MALPEIGNÉ** s. m. Homme malpropre et mal vêtu : *c'est un malpeigné.*

MALPIGHI (Marcello), anatomiste italien (1628-'94); en 1656, il fut nommé professeur de médecine à Pise; l'état de sa santé l'ayant forcé d'abandonner ce poste, il pratiqua la médecine à Bologne jusqu'en 1662, époque

où il fut appelé à occuper une chaire à Messine. En 1691, il fut nommé par Innocent XII médecin et chambellan du pape. Le premier, il employa le microscope simple pour étudier la structure anatomique des animaux et des plantes; et il découvrit par ce moyen la circulation capillaire du sang entre les artères et les veines. Son nom a été perpétué par celui de plusieurs tissus anatomiques qu'il avait découverts et décrits : le *rete malpighianum* de l'épiderme, les *corps malpighiens* de la rate, etc. Ses *Œuvres* ont été publiées à Londres en 1686.

MALPIGHIACÉ, ÉE adj. Bot. Qui ressemble ou se rapporte à la malpighie. — s. f. pl. Famille de plantes dicotylédones dialypétales hypogynes ayant pour type le genre malpighie.

MALPIGHIE s. f. Genre de malpighiacées comprenant quelques espèces d'arbres et d'arbrisseaux à feuilles opposées, persistantes; à fleurs en ombelles ou solitaires. La *malpighie brûlante* (*malpighia urens*) porte les fruits nommés cerises des Antilles. — On dit aussi **MALPIGHIER**.

* **MALPLAISANT, ANTE** adj. Désagréable, fâcheux. Se dit plus ordinairement des choses que des personnes : *aventure malplaisante*. (Vieux.)

MALPLAQUET, hameau de la commune de Taisnière-sur-Hon, arr. et à 24 kil. N.-O. d'Avesnes (Nord), à 16 kil. S.-O. de la ville belge de Mons; 300 hab. Ce village est célèbre par la victoire que Marlborough et le prince Eugène, à la tête de 80,000 soldats et 140 canons, y remportèrent sur le maréchal Villars qui ne possédait que 70,000 hommes et 80 canons (11ᵉ sept. 1709). Les alliés perdirent plus de 20,000 hommes tant tués que blessés, tandis que les pertes des Français ne s'élevèrent pas à plus de 10,000 hommes.

* **MALPROPRE** adj. Qui manque de propreté, qui est sale : *c'est l'homme du monde le plus malpropre.*

* **MALPROPREMENT** adv. Salement, avec malpropreté : *il mange malproprement.* — TRAVAILLER MALPROPREMENT, travailler mal et grossièrement.

* **MALPROPRETÉ** s. f. Défaut de propreté, saleté : *sa chambre est d'une grande malpropreté.*

* **MALSAIN, AINE** adj. Qui est habituellement malade, qui n'est pas sain, qui a en soi le principe de quelque maladie : *cet homme est malsain.* — Signifie aussi, en parlant des choses, qui est contraire à la santé : *cet air est malsain.* — Fig. UN ESPRIT MALSAIN, un esprit tourné vers les choses mauvaises, déraisonnables. — UNE LITTÉRATURE MALSAINE, une littérature qui se complait dans la peinture des mauvaises mœurs et qui tend à les répandre.

* **MALSÉANT, ANTE** adj. Messéant, contraire à la bienséance : *cela est malséant.*

* **MALSONNANT, ANTE** adj. Théol. Hasardé, téméraire, qui semble contraire à la véritable doctrine : *des propositions malsonnantes.* — CELA EST MALSONNANT, se dit, par ext., d'un discours, d'une expression qui semble contraire à la morale, à la bienséance.

* **MALT** s. m. [maltt] (anc. all. *malz*; angl. *malt*). Orge germée artificiellement, séchée, dépouillée de ses germes, et prête à être employée à la fabrication de la bière. (Voy. BRASSAGE.)

MALTAGE s. m. Action de malter; résultat de cette action. (Voy. BRASSAGE.)

MALTAIS, AISE s. et adj. De Malte; qui appartient à Malte ou à ses habitants.

MALTE (Croix de). Croix à huit pointes

MALTE, la *Melité* des anciens Grecs, la *Melita* des Romains, possession britannique dans la Méditerranée, composée des îles de Malte (anc. *Melita*), de Gozo, de Comino et des îlots inhabités de Cominotto et de Filfla; groupe qui gît entre 35° 43' et 36° 5' lat. N. et entre 11° 50' et 12° 15' long. E., à environ 95 kil. S.-O. du point le plus méridional de la Sicile, et à 305 kil. N. de Tripoli (Afrique); 369 kil. carr.; 150,000 hab. La superficie de l'île de Malte est d'environ 250 kil. carr. et sa population est de 130,000 hab. Cette île ne renferme ni lacs, ni rivières, ni forêts. Les méthodes agricoles y sont perfectionnées et l'île produit du coton, du froment, de l'orge, des fruits et surtout des oranges renommées. Le ciel y est presque toujours pur, mais, en été, la chaleur est excessive le jour et la nuit. Le sirocco y domine en automne; pendant l'hiver, le climat est délicieux et y attire de nombreux visiteurs. Toutes les villes et les villages se trouvent dans la partie orientale de l'île. Ch.-l., Valetta. Malte est le centre d'un grand commerce de céréales entre la Méditerranée et la mer Noire. On y fabrique beaucoup de bijouterie, de menuiserie et de cotonnades. Au N.-O. de Malte, se trouve Gozo, longue d'environ 13 kil., large de 8 kil.; son ch.-l. est Rabato, qui renferme environ 2,000 hab. Gozo contient une grande curiosité naturelle appelée la *Tour du géant*. Dans le détroit, large de 5 kil. qui sépare Gozo de l'île de Malte, gît l'île de Comino, longue d'environ 2 kil. et large de 2 kil. Ch.-l., Santa-Maria. — Les Maltais paraissent avoir une origine punique, mais le sang carthaginois y est fortement mélangé de sang arabe. Le peuple parle la *lingua franca* (*langue franque*) et les classes élevées n'emploient que la langue anglaise. Les Maltais ont un teint aussi foncé que celui des indigènes de Tripoli; ils ont conservé toutes leurs coutumes particulières et leur religion qui est le catholicisme; leur évêque réside à Malte. C'est tout au plus si les protestants sont au nombre de 5,000. Université à Valetta; plusieurs collèges; 50 écoles publiques et 100 écoles privées. — Les Maltais émigrent en grand nombre; ils se rendent surtout en Algérie où ils se disent Anglais. — Malte, quartier général de la flotte anglaise dans la Méditerranée, possède l'un des plus beaux ports qu'il y ait au monde, un vaste arsenal et un bassin de construction très important. 4,300 navires à vapeur jaugeant 4 millions de tonnes et 4,000 bateaux à voiles jaugeant 415,000 tonnes entrent annuellement dans son port, dont l'activité a été considérablement accrue par la création du canal de Suez. — Malte est une colonie de la couronne, administrée par un gouverneur, qui est en même temps président ou commandant en chef; il est assisté d'un conseil de 18 membres dont 10 nommés officiellement et 8 élus. Revenu public 4,500,000 fr.; dépenses 4 millions. L'ancienne capitale était Città-Vecchia; la capitale actuelle Valetta est considérée comme la place la mieux fortifiée de l'Europe. — L'ancienne Melita était un centre commercial et fut probablement une colonie phénicienne longtemps avant de devenir un établissement carthaginois. A une époque plus récente, elle paraît avoir été en partie hellénisée et le grec y devint la langue des classes supérieures. Elle se rendit aux Romains au commencement de la seconde guerre punique, fut annexée à la Sicile et était florissante au temps de Cicéron. L'apôtre saint Paul y fit naufrage lors de son voyage en Italie (62 après J.-C., Act. XXVII-XXVIII); mais, suivant quelques critiques, cet accident arriva à Melita (auj. Meleda) dans l'Adriatique. Malte fut prise par les Vandales en 534, reprise par Bélisaire peu de temps après; elle resta sous la domination de Byzance jusqu'à la fin du IXe siècle et tomba ensuite entre les mains des Arabes (870). Ceux-ci furent chassés en 1090 par le comte Roger, conquérant normand de la Sicile, et Malte fut réunie au domaine normand jusqu'en 1266, elle fut alors prise par la maison d'Anjou et passa à celle d'Aragon (1260). Charles-Quint, héritier de la maison d'Aragon, la donna en 1530 aux chevaliers hospitaliers que l'on a appelés depuis chevaliers de Malte. Ceux-ci la défendirent avec un courage héroïque contre les Turcs qui furent obligés d'abandonner leurs entreprises après une perte de 30,000 hommes (1551 et 1565). Le 12 juin 1798, Bonaparte, en route pour l'Egypte, l'enleva par surprise et sans aucune résistance. Il y trouva 1,200 pièces de canon, 200,000 livres de poudre, 2 vaisseaux de ligne, une frégate, 4 galères et 40,000 mousquets, outre un immense trésor; il délivra 4,500 prisonniers turcs. Mais presque aussitôt les habitants se révoltèrent; la petite garnison française fut bloquée dans la forteresse de Valetta, et pour ne pas tomber entre les mains des Maltais, elle se rendit à leurs alliés les Anglais (5 sept. 1800). Lors du traité d'Amiens, il fut stipulé que l'île serait rendue aux chevaliers, mais les Anglais y restèrent et ce fut la cause principale de la rupture de la paix. Les îles ne furent diplomatiquement annexées à l'Angleterre que par le traité de Paris (1814).

MALTE (Chevaliers de), ordre militaire et religieux, appelé aussi *Frères hospitaliers*, *Hospitaliers de Saint-Jean-de-Jérusalem*, *Chevaliers de Saint-Jean* et *Chevaliers de Rhodes*. Quelques marchands d'Amalfi établis en Orient, obtinrent du calife d'Egypte l'autorisation de construire, près du Saint-Sépulcre, une maison pour y recevoir les pèlerins latins (1048) et peu après, ils fondèrent un hospice placé sous le patronage de saint Jean l'Aumônier et contenant deux hôtelleries, l'un pour les hommes, l'autre pour les femmes. Le service des hôpitaux était fait par une confrérie de pèlerins des deux sexes, sous la direction de Gérard (appelé le bienheureux Pierre Gérard ou Gérard le Bienheureux). Après la prise de Jérusalem par les croisés (1099), les frères hospitaliers, comme on les appelait, se lièrent par serment et s'engagèrent à demeurer dans les hôpitaux, comme serviteurs du pauvre et du Christ; les membres des deux sexes adoptèrent pour vêtement distinctif la robe noire des Augustins, avec une croix en toile blanche et à huit pointes, placée sur le côté gauche de la poitrine. L'ordre fut approuvé par le pape Pascal II, le 15 février 1113, sous le nom de *Frères hospitaliers de Saint-Jean-de-Jérusalem*. Gérard prit le titre de gardien de l'ordre. Il mourut en 1118. Raymond du Puy, son successeur, divisa l'ordre en chevaliers, en prêtres et en frères servants, le plaça sous le patronage de saint Jean-Baptiste et prit le titre de *maître*; le titre de *grand maître* fut porté, pour la première fois par Hugues de Revel en 1267. L'affluence des membres fit que l'on divisa l'ordre d'après les nationalités ou *langues*; les chevaliers se rendirent célèbres par leurs succès militaires contre les Sarrasins. En 1187, ils furent presque entièrement détruits par Saladin à la bataille de Tibériade. Après la chute de Jérusalem, ils s'établirent au château de Margat (aujourd'hui Murkab); la branche féminine de l'ordre se retira en Europe. Quand Saint-Jean-d'Acre tomba entre les mains des Sarrasins (1291), les hospitaliers se retirèrent à Limisson (Chypre) où ils se distinguèrent dans les guerres navales comme ils l'avaient fait comme soldats de terre. Ils s'emparèrent de Rhodes en 1309 et l'occupèrent pendant plus de deux siècles; de là leur nom de *Chevaliers de Rhodes*; mais, en 1522, après une défense héroïque de six mois, ils furent vaincus et obligés d'évacuer l'île. En 1530, l'empereur Charles-Quint leur donna les îles de Gozo et de Malte, ainsi que la ville de Tripoli. A partir de ce moment, Malte, devenue le boulevard de la chrétienté, donna son nom à l'ordre chargé de la garder. Sa courageuse défense contre les Turcs en 1565, pendant un siège de quatre mois, porta à l'apogée la renommée des chevaliers. Lorsque Bonaparte se fut emparé de Malte, en 1798, l'empereur de Russie se fit céder, par Hompesch, le titre de grand maître des chevaliers de Malte (juin 1799). Mais, la cour de Rome reconnut comme grand maître l'Italien Tommasi di Contara. A la mort de celui-ci (1805), l'ordre fut gouverné à Rome par un lieutenant et par un collège. Les chevaliers, dont l'existence comme ordre n'est plus que nominale, établirent en Bohême, pendant la guerre de 1866, un hôpital où furent soignés, avec beaucoup de zèle, les blessés et les malades.

LISTE DES GRANDS MAÎTRES

1° EN PALESTINE

Pierre Gérard de Martigues	1099
Raymond du Puy	1118
Auger ou Otteger de Balben	1160
Gilbert de Saly ou Gerbert d'Assaly	1163
Gastus	1170
Joubert de Syrie	1173
Roger de Moulins	1177
Garnier de Syrie	1187
Ermangard Daps	1191
Godefroy de Duisson	1192
Alphonse de Portugal	1194
Geoffroy Le Rat	1204
Guérin de Montaigu	1208
Bertrand de Texis	1230
Guérin	1231
Bertrand de Comps	1236
Pierre de Villebride	1241
Guillaume de Châteauneuf	1244
Hugues de Revel	1259
Nicolas de Lorgues	1278

2° A CHYPRE

Jean de Villiers	1288
Odon de Pins	1294
Guillaume de Villaret	1300

3° A RHODES

Fouques de Villaret	1307
Hélion de Villeneuve	1319
Dieudonné de Gozon	1345
Pierre de Corneillan	1353
Roger de Pins	1355
Baymond Béranger	1365
Robert de Juillac	1374
Juan Fernandès d'Heredia	1376
Philibert de Naillac	1397
Antoine Flavian	1421
Jean Bonpar de Lastic	1437
Jacques de Milly	1456
Pierre Raymond Zacosta	1461
Jean-Baptiste des Ursins	1464
Pierre d'Aubusson	1476
Emeri d'Amboise	1503
Gui de Blanchefort	1503
Fabrice Caretto	1512
Villiers de l'Ile-Adam	1521

3° A MALTE

Pierre du Pont	1534
Didier de Saint-Jaille	1535
D'Omèdes	1536
Claude de la Sangle	1553
Jean de la Valette	1557
Guidalotti de Monte	1568
De la Cassière	1572
Loubeux de Verdale	1581
Garzez	1595
Adolphe de Vignacourt	1600
Mendez Vasconcellos	1622
Antoine de Paule	1623
Lascaris	1636
Redin	1637
Annet de Clermont	1660
Raphaël Cotoner	1663
Caraffa	1680
Vignacourt	1689
Raymond Perellos de Rocafull	1697
Zondodari	1720
Manoël Villena	1722
Raymond Despuig	1737
Pinto de Fonseca	1741
Ximénès	1773
Emmanuel de Rohan	1775
Hompesch	1797

— BIBLIOGR. Vertot : *Histoire de l'ordre de Malte* (4 vol. in-4°, 1726), ouvrage écrit avec beaucoup d'art et souvent réimprimé.

MALTE-BRUN (Conrad), géographe français, né à Trye (Jutland) en 1775, mort à Paris en 1826. Son véritable nom était Malthe-Conrad Bruun. Son enthousiasme révolutionnaire et ses principes républicains le firent exiler une première fois de son pays natal (1795), à la suite de la publication de poèmes et de traités en faveur de la liberté. Autorisé à rentrer quelque temps après, il n'eut que le temps de se sauver en 1800 et fut condamné à un bannissement perpétuel. Il se réfugia d'abord en Suède, mais il arriva à Paris dès 1801. Il se fit connaître de suite comme journaliste et voulut essayer de combattre l'établissement du Consulat; mais la presse était alors muselée et Malte-Brun, découragé, se fit tour à tour le champion de l'Empire et celui de la Royauté. Il fut chargé, depuis 1806 jusqu'à sa mort, de traiter la politique des Etats du Nord dans le *Journal des Débats*. En 1808, il fonda la publication périodique intitulée *Annales des Voyages*, et, à partir de ce moment, il donna un grand nombre d'ouvrages géographiques d'une haute importance, dont les principaux sont : *Géographie mathématique, physique et politique*; et surtout *Précis de géographie universelle* (8 vol. 1810-'29; les deux derniers volumes sont de Huot); dernière édition par Lavallée (6 vol., 1856-'57).

MALTER v. a. Faire du malt.

MALTERIE s. f. Usine où l'on prépare le malt.

MALTEUR s. m. Ouvrier qui prépare le malt dans une brasserie.

MALTHE s. f. (lat. *malta*; gr. *maltha*, cire molle, mélange de cire et de poix que l'on employait à la surface des tablettes à écrire; mélange de cire et de poix qui entrait dans la composition de certains ciments). Minér. Variété noire de pétrole ou de poix minérale. — Pline décrit sous ce nom une boue inflammable qui se trouvait dans une mare de Samosate près de l'Euphrate, et dont la nature était semblable à celle du naphte; ce mot fut ensuite appliqué au bitume visqueux. On appelle quelquefois malthe, le goudron minéral ou les bitumes ayant la consistance du goudron.

MALTHUS (Thomas-Robert), économiste politique anglais, né à Rockery (Surrey) le 14 fév. 1766, mort le 29 déc. 1834. Il fut recteur d'une petite paroisse de Surrey, et fut nommé en 1805, professeur d'histoire et d'économie politique au collège d'Haileybury. En 1798, il donna, sous le voile de l'anonyme, la première édition de son ouvrage sur le peuplement, qui fut ensuite augmenté et modifié après que l'auteur eut visité plusieurs pays. La 6ᵉ édition parut en 1826, sous le titre de *Essai sur le principe de population*, et la 7ᵉ édition fut donnée en 1872. Les théories de Malthus firent naître les plus vives discussions. D'après lui, le peuplement, quand il ne trouve pas d'obstacles, marche en proportion géométrique et la population double de 25 ans; tandis que les moyens de subsistance n'ont qu'une progression arithmétique. Mais le peuplement est heureusement arrêté par le vice, la misère, les épidémies, les guerres, le célibat et ce qu'il appelle le *restraint* moral ou prudent. Malthus a laissé en outre : *Principes d'économie politique*, etc.

MALTHUSIANISME s. m. Econ. polit. Système économique de Malthus.

MALTHUSIEN, IENNE adj. Econ. polit. Qui a rapport au système économique de Malthus. — Substantiv. Partisan des doctrines de Malthus.

* MALTÔTE s. f. (lat.. *male*, mal; *tollere*, enlever). Exaction, perception d'un droit qui n'est pas dû, qui n'est pas légal : *faire, exercer la maltôte.* — Par abus, on a appelé de ce nom toute espèce de perception d'impôts : *cet homme a fait toute fortune dans la maltôte.* — Fam. Le corps des maltôtiers : *être employé dans la maltôte.* Il a vieilli dans les deux sens.

* MALTÔTIER s. m. Celui qui exige des droits qui ne sont pas dus, ou qui ne sont pas imposés légalement; et, par abus, tout homme chargé de la perception des impôts : *c'est un maltôtier.* (Vieux.)

MALTÔTIÈRE s. f. Femme d'un maltôtier.

MALTRAITEMENT s. m. (rad. *mal*, et *traiter*). Action de maltraiter.

* MALTRAITER v. a. Traiter durement en actions ou en paroles : *il l'a maltraité de coups.* — Faire préjudice à quelqu'un, ne pas le traiter favorablement, soit à tort, soit avec raison : *cet homme a bien maltraité son fils dans son testament.*

MALTZAN (Heinrich-Karl ECKARDT-HELL-MUTH) [mâl'-tsàn], baron de Wartenburg et Penzin; explorateur allemand (1826-'74). Il a décrit dans de nombreux ouvrages ses explorations dans le N. de l'Afrique, en Arabie, en Phénicie, dans l'ancienne Egypte, etc.

MALIES (Etienne-Louis), ingénieur et physicien français, né à Paris en 1775, mort en 1812. Il entra dans l'armée comme capitaine en 1797, se distingua à la prise de Malte et à celle de Jaffa, et fut nommé chef de bataillon

en 1799. En 1804, il fut chargé par Napoléon de tracer le plan des fortifications d'Anvers et plus tard il surveilla la reconstruction du fort de Kehl, vis-à-vis de Strasbourg. Ses œuvres comprennent un *Traité d'optique* (1810), dans lequel il rendit publiques plusieurs découvertes importantes relatives à la réfraction de la lumière dans les milieux transparents. Sa fameuse *Théorie de double réfraction* décrivant ses découvertes dans le domaine de la polarisation de la lumière se trouve dans les *Mémoires présentés à l'Institut* (vol. 2).

* MALVACÉ, ÉE adj. (lat. *malva*, mauve). Bot. Qui ressemble à une mauve. — s. f. pl. Famille de plantes dicotylédones dialypétales hypogynes, ayant pour type le genre mauve et comprenant des plantes herbacées ou frutescentes, et même des arbres à feuilles alternes, à fleurs ordinairement brillantes; c'est dans cette famille que se trouvent les genres gossypium (qui produit le coton), mauve, guimauve, alcée, rose trémière, ketmie, etc.

* MALVEILLANCE s. f. [*ll* mll.] (lat. *male*, mal; *velle*, vouloir). Mauvaise volonté pour les hommes en général, ou pour quelqu'un en particulier : *cet homme a un caractère disposé, enclin à la malveillance.*

* MALVEILLANT, ANTE adj. [*ll* mll.] Qui a de la malveillance, où il y a de la malveillance : *caractère malveillant.* — s. m. Celui qui veut du mal à quelqu'un, qui est malintentionné pour quelque chose : *les malveillants ont fait courir de fausses nouvelles.*

MALVENU, UE adj. (rad. *mal* et *venu*). Qui manque de droit pour intervenir dans une réclamation quelconque ou pour faire quelque chose.

MALVERN (Grand-) [mâ'-vèrn], célèbre station balnéaire du Worcestershire (Angleterre), sur la pente orientale des monts Malvern, à 12 kil. S.-S.-O. de Worcester; 8,000 hab. Sources sulfureuses et tièdes.

MALVERN-HILL, colline qui domine la rivière James (Virginie); le 1ᵉʳ juillet 1862, le général américain Mac-Clellan s'y retrancha avec 90,000 soldats de l'Union américaine; le général confédéré Lee vint l'y attaquer et fut repoussé.

* MALVERSATION s. f. Faute grave commise par cupidité, dans l'exercice d'une charge d'un emploi, dans l'exécution d'un mandat : *commettre des malversations.*

* MALVERSER v. n. (lat. *male*, mal; *versari*, être tourné). Commettre une ou plusieurs malversations : *il est accusé d'avoir malversé dans son emploi, dans sa gestion.*

* MALVOISIE s. f. [mal-voi-zî]. Vin grec, qui est fort doux : *boire de la malvoisie.* (Voy. GRÈCE). — Se dit aussi du vin muscat, cuit, de quelque pays que ce soit : *malvoisie de Madère, de Provence.*

MALVOISIE ou Malvasia, petite île de la Laconie (Grèce); elle a donné son nom au vin de Malvoisie.

* MALVOULU, UE adj. (rad. *mal* et *voulu*). A qui l'on veut du mal, pour qui l'on est mal disposé : *c'est un homme d'esprit, mais il est généralement malvoulu.* On écrit aussi, *Mal voulu.* Il est peu usité.

MALWA ou Malouah, ancienne province de l'Inde centrale, entre 22° et 24° lat. N. et entre 72° et 76° long. E.; divisée en plusieurs Etats indigènes sous le protectorat anglais. Son principal cours d'eau est le Chumbul, affluent du Gange. Coton, tabac, opium, indigo, sucre et grains. On remarque parmi ses villes : Oogein, Indore, Bhopal et Bilsa.

MALZIEU (Le) ou Malzieu-Ville, ch.-l. de cant., arr. à 63 kil. N.-E. de Marvejols (Lo-

zère); 950 hab. Fabriques de couvertures de laine; parchemineries.

MAMAMOUCHI s. m. (mot arabe qui signifie : *propre à rien*). Nom d'un dignitaire burlesque imaginé par Molière. — Par ext. Fonctionnaire.

* MAMAN s. f. (lat. *mamma*, mamelle). Terme dont les enfants, et ceux qui leur parlent, se servent au lieu du mot MÈRE : *il commence à parler, il dit déjà papa et maman.* — GRAND'MAMAN, BONNE MAMAN, grand'mère. — Fam. UNE GROSSE MAMAN, une femme qui a de l'embonpoint.

MAMBRÉ, ancienne vallée de Palestine entre Hébron et Jérusalem. Abraham y résida longtemps.

MAMELIÈRE ou Mamellière s. f. Partie de l'armure qui se plaçait sur la cuirasse au-devant de la poitrine. On disait aussi PECTORAL.

MAMELLAIRE adj. [-mell-lè-]. Qui a rapport aux mamelles.

* MAMELLE s. f. (lat. *mamilla*, dimin. de *mamma*). Téton, la partie charnue et glanduleuse du sein des femmes, où se forme le lait. Les mamelles ou glandes mammaires sont les organes qui sécrètent le liquide nutritif servant de nourriture aux petits des mammifères. Leur nombre varie depuis celui de deux chez la femme jusqu'à celui de 10 ou 12 chez les animaux inférieurs. Les mamelles sont pectorales chez la femme et chez les femelles des animaux supérieurs, abdominales chez les autres. — Se prend quelquefois, fig., pour le premier âge, l'âge de l'allaitement : *l'éducation des enfants doit commencer à la mamelle.* — Partie charnue qui, dans les hommes, est placée au même endroit que la mamelle des femmes : *il a été blessé deux doigts au-dessous de la mamelle.* — Se dit également des organes qui, dans les animaux femelles, servent à l'allaitement : *les mamelles d'une vache, d'une jument, d'une laisse*, etc. — Les mamelles ou seins de la femme sont deux corps hémisphériques au centre de chacun desquels s'élève le mamelon; le cercle coloré qui entoure ce dernier se nomme *aréole* ; il devient plus sombre pendant et après la gestation. Au mamelon viennent aboutir les *vaisseaux lactifères*, au nombre de 10 ou 12.

* MAMELON s. m. Le bout de la mamelle. — Fig. Toute éminence arrondie : *mamelon d'une montagne.* — Le Mamelon, colline fortifiée près de Sébastopol; les Français s'en emparèrent le 7 juin 1855.

* MAMELONNÉ, ÉE adj. Hist. nat. Qui est couvert de mamelons ou petites tumeurs arrondies, qui a des proéminences approchant de la forme d'un mamelon : *dent mamelonnée.*

MAMELONNER v. a. Couvrir, accidenter en parlant d'éminences qui ont la forme de mamelons.

* MAMELU, UE adj. Qui a de grosses mamelles : *femme mamelue.* — s. *gros mamelu; c'est une grosse mamelue.* (Fam. et pop.)

* MAMELUK s. m. [ma-me-louk] (ar. *memalik*, esclave). Soldat d'une milice à cheval, recrutée au moyen d'enfants esclaves achetés en Circassie, et dont les chefs gouvernaient l'Egypte avant l'invasion française de 1798 : *les beys des mameluks.* — Cette milice fut introduite chez les Turcs par le sultan Malek-Adel II, au xiiiᵉ siècle; elle lui servait de garde du corps et se composait de jeunes captifs achetés aux Mongols. Vers 1250, les mameluks égorgèrent Touran-Schah, fils et successeur de Malek, et élevèrent au trône Eybek, leur commandant. On les appelait les Bahris (marins), d'où vint le nom de la dynastie turque des Baharites, dont tous les sultans furent choisis par les mameluks et dont plusieurs furent déposés ou égorgés par eux. Mais, sous le nom de Borgis, les souverains créèrent une nouvelle cohorte de mameluks circassiens et géorgiens et, en 1387, cette milice, devenue plus puissante que celle des Bahris, porta au sultanat son chef nommé Barkok. Elle conserva le pouvoir jusqu'en 1517, époque où elle fut subjuguée par les Turcs ottomans et où l'Egypte devint une dépendance de Constantinople. Le sultan turc, néanmoins, plaça les 24 provinces d'Egypte sous l'administration des gouverneurs ou beys des mameluks. Le nombre de ces soldats s'élevait alors à 12,000 et on les tirait presque tous de la région située entre la mer Noire et la mer Caspienne, d'où on les faisait venir dès leur tout jeune âge. Ils ne se mariaient jamais avec des Egyptiennes et n'épousaient que des filles de leur race, mais il était rare que, sous le climat égyptien, ces unions fussent fécondes et, quand elles l'étaient, les enfants étaient maladifs et vivaient peu de temps. Parmi les mameluks, la succession n'avait pas lieu ordinairement de père à fils, mais de maître à esclave. En 1798, Bonaparte rencontra les mameluks pendant sa marche d'Alexandrie au Caire ; l'armée française ne put s'empêcher d'admirer leur courage personnel, l'adresse merveilleuse avec laquelle ils maniaient leurs cimeterres et leurs magnifiques chevaux arabes. A la bataille des Pyramides (21 juillet 1798), toutes leurs forces (7,000 hommes) se trouvèrent concentrées sous les ordres de Mourad-Bey. Ils se précipitèrent sur les Français avec une incroyable furie ; il fallut à plusieurs reprises repousser leurs vigoureux assauts, après lesquels il ne resta plus que 2,500 mameluks, qui se retirèrent en Nubie. « Si je pouvais unir la cavalerie mameluke à l'infanterie française, s'écria Napoléon, je serais bientôt maître du monde. » Après l'expulsion des Français, les mameluks survivants, regagnèrent un peu de puissance ; mais les Turcs avaient résolu leur perte ; ils furent deux fois victimes de traîtreux massacres et furent complètement écrasés le 11 mars 1811, époque où Méhémet-Ali attira 470 officiers dans la citadelle du Caire, fit fermer les portes et les fit tous fusiller, sauf un bey qui parvint à s'échapper en faisant sauter son cheval par dessus les remparts. Aussitôt, les mameluks, répartis dans les provinces, furent massacrés sans miséricorde. Ceux qui parvinrent à s'enfuir se réfugièrent en Nubie, dans la province de Sennaar, où ils bâtirent la ville de Nouveau-Dhongola et où ils essayèrent vainement d'enseigner aux nègres la tactique militaire. Quelques années plus tard, ils n'étaient plus qu'une centaine et se dispersèrent définitivement. — S'est dit aussi de cavaliers amenés d'Egypte et qui firent partie de l'armée française sous le règne de Napoléon : *les mameluks de la garde.* — Fig. Partisan fanatique du pouvoir de Napoléon.

MAMERS [ma-mèr], *Mamerciæ*, ch.-l. d'arr. du dép. de la Sarthe, à 45 kil. N.-E. du Mans, sur la Dive, par 48° 21' 4" lat. N. et 1° 58' 1" long. O. ; 6,000 hab. Lainages, cotonnades et toiles de chanvre ; commerce de grains et de bestiaux.

MAMERS, nom osque du dieu Mars.

MAMERT (Saint-), ch.-l. de cant., arr. et à 17 kil. N.-O. de Nîmes (Gard) ; 500 hab.

MAMERT (Saint), archevêque de Vienne (Dauphiné), mort vers 477. C'est lui qui, à l'occasion d'un fléau qui sévissait alors, commença dans son église, les prières qui, plus tard furent obligatoires pour l'Eglise de France et qui sont connues sous le nom de *Rogations.* Fête le 11 mai.

MAMERTIN, INE s. et adj. De Mamertium ; qui appartient à cette ville ou à ses habitants.

MAMERTINE (Prison), prison bâtie sur la pente inférieure du mont Capitolin et ainsi appelée du roi Ancus Martius ou Mamercus, qui l'avait construite. C'est dans cette prison, qui existe encore, que furent détenus les apôtres saint Pierre et saint Paul avant leur martyre.

MAMERTINS, enfants de Mamers ou Mars. Ils saisirent Messine, en Sicile (281 av. J.-C.). (Voy. MESSINE.)

MAMERTIUM (Mamertini), ville du Brutium, fondée par une bande de Samnites qui avaient quitté leur mère patrie sous la protection de Mamers ou Mars.

MAMET-LA-SALVETAT (Saint-), ch.-l. de cant., arr. et à 20 kil. O.-S.-O. d'Aurillac (Cantal) ; 1,900 hab.

* **MAMILLAIRE** adj. [-mil-lè-] (lat. *mamilla*, dimin. de *mamma*, mamelle). Anat. Qui a la forme d'un mamelon : *éminence mamillaire.* — ~ s. f. Genre de cactées comprenant plusieurs espèces de plantes qui forment une masse arrondie ou oblongue, verte ou grisâtre, hérissée de mamelons en spirale, entre lesquels naissent les fleurs. La *mamillaire à longs mamelons* (*mammillaria longimamma*) a des mamelons terminés par un faisceau d'épines rayonnantes, longues et molles. Ses belles fleurs mesurent 5 cent. de diamètre. Il y a aussi la *mamillaire couronnée,* la *mamillaire à longues épines,* la *mamillaire à épines cuisantes,* etc.

* **MAMMAIRE** adj. [mamm-mè-re]. Anat. Qui a rapport aux mamelles. — GLANDES MAMMAIRES. (Voy. MAMELLE.)

MAMMAL, ALE, AUX adj. [mamm-mal]. Qui a des mamelles.

MAMMALOGIE s. f. [mamm-ma-] (lat. *mamma,* mamelle et gr. *logos,* discours). Histoire naturelle des mammifères. On dit aussi MAMMOLOGIE (Voy. MAMMIFÈRE).

MAMMALOGIQUE adj. Qui a rapport à la mammalogie.

MAMMALOGISTE s. Celui, celle qui s'occupe de mammalogie, qui a écrit sur la mammalogie.

MAMMÉE s. m. [mamm-mé]. Bot. Genre de clusiacées dont la seule espèce connue est l'*abricotier d'Amérique* (*mammea Americana*), bel arbre qui atteint 20 m. de haut et qui est indigène des îles Caraïbes. Ses feuilles sont opposées, grandes, ovales et luisantes.

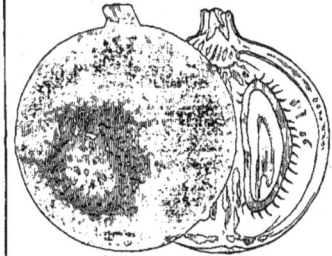

Mammea americana.

Ses fleurs sont blanches et odorantes. Ses fruits sont ronds et souvent gros comme la tête d'un enfant ; leur enveloppe extérieure est mince et rugueuse ; leur seconde peau est spongieuse, filandreuse, blanchâtre et adhérente à la pulpe ; celle-ci est ferme, jaune, agréable au goût et d'une odeur aromatique.

* **MAMMIFÈRE** adj. [mamm-mi-fè-re] (lat. *mamma,* mamelle ; *fero,* je porte). Hist. nat. Se dit des animaux qui ont des mamelles. — s. m. pl. Classe des animaux vertébrés su-

périeurs, dont les femelles sont pourvues de mamelles pour l'allaitement des petits. Les mammifères sont des animaux à sang chaud et rouge ; ils respirent au moyen de poumons séparés de la cavité abdominale par un diaphragme ; ils sont généralement couverts de poils et font leurs petits vivants. La plupart des mammifères sont appelés quadrupèdes, à cause de leurs quatre pieds disposés pour la locomotion sur une surface solide ; mais le nom de quadrupèdes leur est improprement donné, parce que beaucoup de reptiles, par exemple, ont quatre pattes. La forme des mammifères varie beaucoup ; ainsi nous voyons marcher l'homme debout, tandis que les chauves-souris volent comme des oiseaux ; les cétacés nagent comme des poissons, l'éléphant est massif, le glouton se traîne à peine et l'agile écureuil semble voltiger de branche en branche. Mais s'il y a une grande diversité et une grande variété dans la forme et la nature des différents mammifères, les trois régions de la tête, du dos et du tronc se reconnaissent toujours dans leur squelette et même souvent dans l'animal vivant. Tandis que la plupart des mammifères ressemblent à l'homme pour l'arrangement des muscles, il y en a qui se rapprochent sous ce rapport des oiseaux et même des poissons. Comme ils sont moins agiles que les oiseaux, leurs muscles sont moins fermes, et leurs tendons moins exposés à s'ossifier ; le cœur se compose de fibres musculeuses, chaque cavité ayant les siennes propres, arrangées en spirales depuis le sommet jusqu'à la base ; la circulation du sang va directement des oreillettes aux ventricules par la valvule mitrale à gauche, et par la valvule tricuspide, à droite. (Voy. CIRCULATION.) Les poumons des mammifères sont presque toujours au nombre de deux. — Quelques mammifères vivent entièrement dans l'eau de mer, comme les cétacés et les phoques ; d'autres dans l'eau douce, comme les pachydermes sirénoïdes (lamantin), d'autres encore fréquentent les rivières et les lacs : castors, ondatras, ornithorhynques, etc.; mais la plupart vivent sur terre, soit dans les montagnes comme le chamois et le bouquetin, soit dans les plaines comme l'antilope, le bison, soit sur les arbres, comme les singes, les écureuils et les paresseux ; il y en a qui planent dans les airs comme les chauves-souris et le galéopithèque, ou qui vivent sous terre comme la taupe. En raison de ces différentes manières de vivre, les membres sont adaptés au corps de diverses manières par des éléments osseux qui sont toujours les mêmes, mais qui ont subi des modifications. — La *mammalogie* comprend la classification des mammifères. Cette partie de l'histoire naturelle fut d'abord étudiée par Aristote, qui sépara les mammifères des autres animaux à 4 pattes et les appela *zoótoca* ou animaux vivipares ; il les divisa en 3 sections suivant leurs organes de locomotion : 1° *dipoda* ou *bipèdes* ; 2° *tétrapoda* ou *quadrupèdes* ; 3° *apoda, sans pieds* ou *baleines.* Cette classification ne reçut aucun perfectionnement jusqu'au moment où John Ray apporta quelque modification à l'ordre des mammifères à 4 pattes dans sa *Synopsis* (Londres, 1693). Linné basa ses divisions primaires sur les organes de locomotion et les ordres ou divisions secondaires sur les modifications des dents. Dans les 11 premières éditions du *Systema naturæ,* il donna à la classe des mammifères le nom de *quadrupedia* et il plaça les cétacés parmi les poissons. Dans sa 12e édition (1766), il remania cette classe et la divisa en 7 ordres ; Cuvier publia, en 1798, son *Tableau élémentaire des animaux,* et y jeta les fondements de sa classification, qui fut ensuite modifiée plusieurs fois jusqu'à la 2e édition de son *Règne animal* (1829). Dans cet ouvrage, il divise les mammifères en 9 ordres. Les systèmes de Blumenbach, d'Illiger et de Desmarets diffèrent peu de celui de Cuvier, sinon dans les noms des ordres et dans ceux de leurs subdivisions. Voici la dernière classification de Cuvier : 1° *bimanes ;* 2° *quadrumanes ;* 3° *carnassiers* comprenant les 3 familles des cheiroptères, des insectivores (hérissons, musaraignes, etc.) et des carnivores plantigrades, digitigrades et amphibies ; 4° *marsupiaux ;* 5° *rongeurs ;* 6° *édentés ;* 7° *pachidermes ;* 8° *ruminants ;* 9° *cétacés.*

MAMMON, dieu des richesses chez les anciens Syriens ; nom que l'évangile de saint Mathieu donne au démon des richesses.

* MAMMOUTH s. m. [mamm-moutt]. Animal du genre de l'éléphant, dont l'espèce a disparu, et dont on retrouve les ossements en terre, surtout près des grandes rivières de Sibérie. — Se dit souvent aussi d'un autre genre d'animal fossile, à dents mamelonnées, autrement nommé MASTODONTE. (Voy ce mot.) On donne le nom de *mammouth* à l'*éléphant*

Mammouth (Elephas primigenius).

fossile de Sibérie (*elephas primigenius*, Blumenbach), qui se trouve dans les couches diluviennes d'Europe et d'Asie. Il n'est guère de cours d'eau, en Sibérie, dans le lit ou sur les rives duquel on n'ait trouvé des restes de cet animal, en même temps que des os de plusieurs autres espèces d'animaux, aujourd'hui étrangers à ce pays. De même que l'on n'a jamais vu de mammouth vivant, de même on n'a jamais encore trouvé à l'état fossile un seul spécimen des éléphants actuels. Un mammouth entier avec sa chair et ses os fut trouvé en 1799. — **Caverne du Mammouth,** la plus vaste caverne connue, située près de la Green river (Kentucky), à environ 120 kil. S.-S.-O. de Louisville ; elle n'a pas moins de 14 kil. de long et renferme une succession d'avenues merveilleuses, de chambres, de dômes, de précipices, de grottes, de lacs, de rivières, de cataractes, etc., que rien n'égale sous le rapport de l'aspect majestueux. Partout abondent les gigantesques stalagmites et les plus pittoresques stalactites. Ici l'on admire une arche de 50 pieds de large, là une arcade naturelle ou un long tunnel, ailleurs un gouffre sans fond, plus loin on fait retentir un écho ; dans la rivière se trouvent des poissons sans yeux ; cette grotte a été découverte en 1809.

* M'AMOUR s. f. Terme de tendresse, vieille forme de langage pour MON AMOUR : *m'amour, venez ici.* (Fam.) — Plus fréquent : au pluriel : *faire des m'amours.*

MAN s. m. [man]. Entom. Ver blanc ou larve du hanneton. (Voy. ce mot.)

MAN (Île de), manx *Mannin* ou *Ellan Vannin ;* lat. *Monapia ;* île de la mer d'Irlande, à mi-chemin entre l'Angleterre, l'Ecosse et l'Irlande, longue de 50 kil. et large d'environ 18 kil. ; 588 kil. carr. ; 55,000 hab. Côtes irrégulières formant de nombreux et

bons mouillages. Climat doux et égal. Riches mines de plomb ; mines de zinc, de cuivre et de fer. Avoine, orge, froment, pommes de terre. Race de chats sans queue. Le gouvernement appartient à la reine d'Angleterre ; le gouverneur et la chambre des clefs (corps de 24 propriétaires terriens) ont en semble les lois des Manxmen ; car les actes du parlement anglais ne concernent pas l'île de Man. L'évêque de Sodor et Man siège à la chambre des lords, mais il n'y vote pas. L'île fut peuplée à une époque reculée par les Manx, tribu celtique, dont la langue, sous-dialecte du gaélique est voisine de l'irlandais, se parle encore au N.-O. et à l'O. de l'île. Les ducs d'Athol vendirent l'île de Man à la couronne en 1765. Cap., Castletown.

MANAGUA [mâ-nâ-goua], capitale de la république de Nicaragua, sur la rive méridionale du lac Managua, par 12° 7' lat. N. et 88° 32' long. O. ; environ 7,000 hab. Petite ville sans aucun monument, mais dont les environs sont des plus pittoresques. — Lac Managua, joli lac du Nicaragua, long d'environ 60 kil., large de 25 kil., à 50 m. au-dessus du niveau du Pacifique, dont il est séparé par une langue de terre large de 25 à 30 kil. Sa profondeur varie de 4 à 80 m. ; mais des bancs de sable mouvants y rendent la navigation difficile pour les gros navires. A son extrémité méridionale, le Rio Tipitapa ou Estero de Panaloya le fait communiquer avec le lac Nicaragua.

MANAKIN s. m. Ornith. Genre de passereaux dentirostres, comprenant une quarantaine d'espèces d'oiseaux ordinairement petits et remarquables par la variété et la vivacité de leurs couleurs. Ils habitent les bois de contrées chaudes et humides ; presque toutes les espèces se trouvent dans l'Amérique du

Manakin rouge (Phœnicercus carnifex).

Sud. Le *manakin rouge* (*phœnicercus carnifex,* Swains.), long d'environ 17 cent., a le dessus de la tête, le bas du dos, le croupion, le ventre et les cuisses d'un cramoisi brillant, le reste du plumage d'un rougesombre. Le *manakin à dos bleu* (*pipra parcola,* Linn.) mesure 11 cent. de long ; son plumage est noir, avec le dos et les couvertures des ailes bleus et une crête de plumes brillantes et cramoisies. Ces oiseaux, magnifiques et très vifs, se rencontrent par petites troupes sur les lisières des forêts marécageuses de l'Amérique ; ils se nourrissent d'insectes et de fruits. Le *manakin orangé* appartient au genre *rupicole.* (Voy. ce mot.)

* MANANT s. m. (lat. *manens,* demeurant). Anc. prat. Habitant d'un bourg ou d'un village : *les manants et habitants de telle paroisse.* — S'est dit aussi absol. dans le langage ordinaire, d'un paysan. — Se dit, par ext., d'un homme grossier, mal élevé : *il s'est conduit en vrai manant dans cette occasion.*

MANASSAS JUNCTION, importante position militaire au N.-E. de la Virginie (Etats-Unis), à environ 40 kil. de Washington, au point de jonction des chemins de fer Alexandria et Manassas Gap, près du cours d'eau

appelé BULL RUN. Deux grandes batailles y furent livrées pendant la guerre civile de sécession.— I. 21 juillet 1861. Les confédérés (20,000 hommes, général Beauregard) y furent attaqués par 34,000 fédéraux sous Mac Dowell. Ils commençaient à faiblir lorsque le général confédéré Johnston parut avec du renfort. Les fédéraux, pris d'une terreur panique, s'enfuirent en masse, abandonnant leurs armes, leurs bagages et leurs munitions, et vinrent jeter l'épouvante dans Washington, qui serait probablement tombé au pouvoir des révoltés victorieux si les généraux Johnston et Beauregard avaient eu l'audace de marcher sur la capitale des Etats-Unis. Les fédéraux perdirent 2,952 hommes et les confédérés 1,897.— II. 29-30 août 1862. Les fédéraux (35,000 hommes, général Pope) y furent encore complètement battus par les confédérés (46,000 hommes, général Jackson). Les vaincus, perdirent plus de 12,000 hommes ; les vainqueurs près de 9,000.

MANASSÉ, patriarche, fils aîné de Joseph, béni par son grand-père Jacob qui, au moment de bénir, le choisit pour être le chef de l'une des tribus d'Israël. Lors du partage de la Terre Sainte, une moitié de la tribu de Manassé se fixa à l'E. du Jourdain (au N. du pays des Gadites) et l'autre moitié reçut de Josué une région à l'O. du Jourdain, entre la Méditerranée à l'O., la tribu d'Issachar au N. et celle d'Ephraïm au S.

MANASSÉS, roi de Juda (696-41 av. J.-C.). (Voy. JUIFS.)

MANÇANARÈS ou **Manzanarez,** torrent d'Espagne, qui naît sur le versant méridional de la Sierra de Guadarama, traverse Madrid et se jette dans l'Hénarez après un cours de 100 kil. Il est souvent à sec en été.

MANCEAU, ELLE, EAUX s. et adj. Du Mans ou du Maine (Voy.). Qui concerne cette ville, cette province ou leurs habitants.

MANCENILLE s. f. [ll mll.] (esp. *mancenilla,* petite pomme ; de *manzano,* pommier). Bot. Fruit du mancenillier. La mancenille est de la grosseur d'une pomme reinette, dont elle exhale l'odeur ; elle a la couleur de la pêche et renferme un noyau.

* MANCENILLIER s. m. [ll mll.] (rad. *mancenille*). Bot. Genre d'euphorbiacées, renfermant plusieurs espèces d'arbres de la grandeur du noyer, qui croissent en Arabie, dans l'Amérique équatoriale et particulièrement aux Antilles : *le fruit et le suc du mancenillier sont des poisons subtils.* — L'espèce type de ce genre est le *mancenillier vénéneux* (hip-

Mancenillier.

pomane mancinella), arbre toujours vert et vénéneux que l'on trouve à l'état sauvage dans les Indes occidentales, le long des rivages de la mer Caraïbe et dans la Floride méridionale. Sa tige s'élève à une hauteur de 12 à 18 m. ;

elle est recouverte d'une écorce lisse et brune et porte des branches courtes et grosses; son fruit appelé mancenille et son jus laiteux sont des poisons extrêmement redoutables; ses feuilles, semblables à celles du laurier, contiennent abondamment cette substance vénéneuse. On reçoit le suc du mancenillier dans des coquilles rangées autour des incisions que l'on a faites au tronc de l'arbre. Lorsque cette liqueur est un peu épaissie, les sauvages y trempent les pointes de leurs flèches. On a prétendu que l'ombre seule du mancenillier pouvait occasionner des accidents fort graves et même causer la mort de ceux qui s'endormiraient sous son feuillage au moment de la floraison ; mais il est prouvé que la puissance délétère de cet arbre a été grandement exagérée.

* **MANCHE** s. m. (bas lat. *manicum*; de *manica*, manche s. f.). Partie d'un instrument, d'un outil, par laquelle on le tient pour en faire usage: *le manche d'une cognée, d'un couteau, d'une raquette, d'un battoir, d'une étrille, d'un écouvillon, d'un marteau*, etc. — Le MANCHE DE LA CHARRUE, la partie de la charrue que tient le laboureur. — LE MANCHE D'UN GIGOT, D'UNE ÉPAULE DE MOUTON, la partie par où on les prend pour les découper. — LE MANCHE D'UNE BASSE, D'UNE CONTRE-BASSE, D'UN VIOLON, D'UNE GUITARE, etc., la partie où l'on pose les doigts de la main gauche, pour former les tons différents. SAVOIR, CONNAÎTRE SON MANCHE, ÊTRE SUR DE SON MANCHE, savoir toucher les cordes avec justesse et précision. — BRANLER AU MANCHE, DANS LE MANCHE, n'être pas ferme dans le parti qu'on a embrassé, dans la résolution qu'on a prise. Signifie, plus ordinairement, être menacé de perdre sa fortune ou sa place: *son état est bien douteux, il branle au manche.* — JETER LE MANCHE APRÈS LA COGNÉE, abandonner une affaire, une entreprise par chagrin, par dégoût, par découragement: *il ne faut pas jeter le manche après la cognée.* — Hist. nat. MANCHE DE COUTEAU, espèce de coquillage bivalve. — PROV. SE METTRE DU CÔTÉ DU MANCHE (sous-entendu A BALAI), se mettre du côté du plus fort. Ce mot est du duc de Morny.

* **MANCHE** s. f. (lat. *manica*). Partie du vêtement dans laquelle on met le bras: *la manche d'une robe, d'une soutane, d'un habit, d'une chemise.* — MANCHES PENDANTES, bandes d'étoffe que l'on attache à certaines robes de cérémonie: *les conseillers d'État portaient autrefois des robes à manches pendantes.* — AVOIR UNE PERSONNE DANS SA MANCHE, en disposer à son gré. — IL A LA MANCHE LARGE, se dit d'un casuiste, d'un directeur relâché. — IL NE SE FERA PAS TIRER LA MANCHE, PAR LA MANCHE, il fera volontiers telle chose. — C'EST UNE AUTRE PAIRE DE MANCHES, c'est une autre affaire, ce n'est pas la même chose. VOICI BIEN UNE AUTRE PAIRE DE MANCHES, voici bien une autre affaire. — GENTILSHOMMES DE LA MANCHE, gentilshommes dont la fonction était d'accompagner continuellement les fils de France, depuis qu'ils étaient sortis des mains des femmes, jusqu'à la fin de leur éducation. — GARDES DE LA MANCHE, ceux des gardes du corps qui, en certaines occasions, étaient aux deux côtés du roi, vêtus de hoquetons, et armés de pertuisanes. — IL S'EST FAIT MON GARDE DE LA MANCHE, il ne me quitte pas, il m'obsède. — Mar. Tuyau de cuir, drap, toile ou autre étoffe rendue autant qu'il est possible imperméable, servant à conduire des liquides ou des gaz d'un lieu dans un autre: *il y a, à bord des bâtiments, des manches de cuir, ou de toile, goudronnée ou non goudronnée, destinées à remplir d'eau, de vin, etc., les futailles et barriques d'arrimage; à conduire hors du bord les eaux tirées de la cale par le moyen des pompes; à lancer l'eau à l'aide de pompes foulantes, soit pour éteindre un incendie, soit pour mouiller les voiles pendant le calme*, etc. — MANCHES A VENT, manches qui font l'office de

ventilateurs, et qui conduisent l'air extérieur dans les entreponts, à travers les sabords, les écoutilles, etc. — Géogr. Canal, espace étroit de mer renfermé entre deux terres: *la manche de Bristol; la manche de Tartarie,* etc. — Jeu. Se dit d'une des parties liées que les joueurs sont convenus de jouer: *j'ai perdu la première manche.*

MANCHE (La), angl. *English Channel*, bras de l'Océan, séparant l'Angleterre de la France. A son extrémité occidentale, la Manche mesure 200 kil. de largeur; elle a 255 kil. entre Saint-Malo et l'Angleterre, 125 à Cherbourg, 146 à Dieppe, 31 entre le cap Gris-Nez (France) et le cap Dungeness (Angleterre). A l'E., elle est réunie à la mer du Nord par le Pas-de-Calais. La Manche renferme les îles de Wight, de Guernesey, de Jersey, d'Aurigny, de Saint-Marcouf, de Chausey, etc. Cette mer est des plus tempêtueuses.

MANCHE (La), dép. maritime, appartenant à la région N.-O. de la France; tire son nom du bras de mer qui lui sert de limites au N. et à l'O.; situé entre les dép. d'Ille-et-Vilaine, de l'Orne, de la Mayenne, du Calvados et la mer de la Manche; formé du Cotentin et de l'Avranchin; 5,928 kil. carr.; 526,377 hab. Le sol du dép. est peu élevé; il est traversé par une chaîne de collines qui se rattachent, au S., à celles du Maine, de la Bretagne et de la Normandie, au N., au cap de la Hogue. Le point culminant du dép. se trouve à Saint-Martin-de-Chaulieu (368 m.), côtes longues de 330 kil. de largeur; des falaises très élevées tantôt de falaises très élevées que la mer couvre et découvre alternativement; rades de la Hogue, de Saint-Waast, de Cherbourg, de Granville; vaste baie de Saint-Michel, îles du Mont Saint-Michel, Tombelaine; vaste archipel de Chausey composé de plus de 50 petits îlots qui sont groupés sur une étendue de 12 kilom. et qui renferment de belles carrières de granit: île Pelée, île Tatihou, en face de Saint-Waast; les deux îles Saint-Marcouf

Principaux cours d'eau: le Couesnon, la Célune, la Sée, la Sienne, la Vire, la Taute et la Douve. Célèbre granit de Cherbourg et

des îles Chausey; stations balnéaires maritimes de Cherbourg et de Granville. Beaux chevaux normands, bœufs du Cotentin, vaches de Valognes et de Saint-Lô produisant le fameux beurre d'Isigny; moutons de *Mielle* (pâturages sur le bord de la mer entre Granville et Regnéville). Cidre renommé et exportation de sel. Principaux ports: Pontorson, Granville, Carteret, Regnéville, Portbail, Diélette, Omonville, Cherbourg, Harfleur, Saint-Waast, Carentan, etc. — Ch.-l. Saint-Lô; 6 arr., 48 cant., 643 comm. Évêché à Coutances, suffragant de Rouen. Cour d'appel et ch.-l. académique à Caen. Cherbourg est le chef-lieu du 1er arr. maritime. Places fortes: Granville, Cherbourg, fort d'Artois, fort de Querqueville, fort du Roule, fort Impérial, îles Saint-Marcouf, la Hogue, Tatihou. Ch.-l. d'arr.: Saint-Lô, Avranches, Cherbourg, Coutances, Mortain et Valognes.

MANCHE (La) (esp. *la Mancha*), ancienne province d'Espagne, formant aujourd'hui des parties des provinces de Ciudad Real, de Cuenca et d'Albacete; environ 200,000 hab. Territoire montagneux au N.-O. et au S.-E., formant, au centre, un plateau sablonneux désolé. Les mules de la Manche sont célèbres.

MANCHERON s. m. Bras de la charrue qu'on tient en labourant.

MANCHESTER [mann'-tchèss-t'r] (anc. *Mancunium*). La plus importante ville industrielle de la Grande-Bretagne, dans l'angle S.-E. du Lancashire, sur l'Irwell, à 260 kil. N.-N.-O.

Le Royal Exchange, à Manchester.

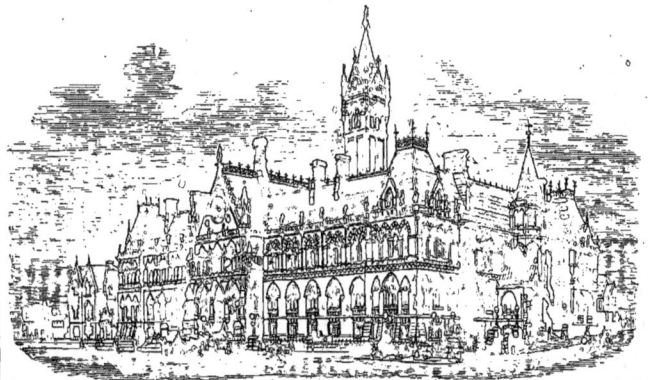

La cour d'assises, à Manchester.

de Londres et à 50 kil. N.-E. de Liverpool; 520,000 hab. dont 350,000 pour Manchester City et 170,000 pour Salford, son principal faubourg, situé sur la rive occidentale de l'Irwell. Les deux villes, séparées seulement par cette rivière ont chacune un gouvernement municipal distinct. Elles renferment plus de 200 églises dont quelques-unes sont remarquables. L'église paroissiale date de 1422; elle devint cathédrale en 1847; c'est un magnifique monument gothique. Le nouvel hôtel de ville a été commencé en 1868. La nouvelle bourse, dans le style italien, est surmontée de deux tours; la halle aux grains, vaste édifice ionique, peut contenir 2,400 personnes. Le nouveau Royal Exchange possède une belle façade ornée de colonnes corinthiennes. La cour d'assises, ouverte en 1864, est construite dans le nouveau style gothique. Bibliothèque publique de 120,000 vol. Nombreuses institutions d'éducation ; école de médecine et de chirurgie. — Manchester fut une ville industrielle dès la plus haute antiquité; elle doit sa grande importance contemporaine à ses immenses manufactures de coton qui sont les plus vastes du monde. Dès le commencement du XVIIe siècle, cette industrie faisait la fortune de cette ville et fit naître les industries accessoires du blanchissage, de l'impression, de la teinturerie et, plus tard, celle de la construction des machines à vapeur, des instruments et outils. Manchester est aujourd'hui le premier marché du monde pour les fils de coton. Les manufactures de soie et de soieries et celles d'étoffes de soie et coton y ont pris aussi une grande importance. Les ateliers sont au nombre de 2,900 employant 75,000 personnes. — Au temps des druides, Manchester était l'une des principales stations de ces prêtres celtiques et possédait un hôtel appelé meyn (pierre), d'où son nom. Au VIe siècle ap. J.-C., le territoire où s'élève aujourd'hui cette florissante cité était couvert d'une sombre forêt, au milieu de laquelle s'étaient retranchés les Brigantes. En 620, Edwin, roi de Northumbrie, s'en empara, et peu après le pays fut peuplé par une colonie d'Angles. Les Danois y dominèrent plus tard et en furent chassés, en 920, par le roi de Mercie. La première manufacture de coton à Manchester fut mentionnée en 1352.

MANCHESTER. I. Ville principale du New-Hampshire (États-Unis), sur le Merrimack, à 30 kil. S.-E. de Concord et à 90 kil. N.-O. de Boston ; 30,000 hab. Vastes manufactures de coton, de machines à vapeur, de papier, de chaussures, etc. Cette ville fut fondée en 1730. — II. Ville du Connecticut, à 14 kil. E. de Hartford ; 5,000 hab. Imprimerie d'où sortent les banknotes américaines.

* **MANCHETTE** s. f. Ornement fait de mousseline, de batiste, de dentelle, qui s'attache au poignet de la chemise : paire de manchettes. — Vous m'avez fait la de belles manchettes, vous avez fait une équipée, une étourderie qui me met dans l'embarras. — Fig. et fam. Donner des manchettes, serrer fortement le poignet de quelqu'un entre deux doigts. — Typogr. Notes et indications marginales. (Voy. Addition.) On attribue aux jésuites l'origine des manchettes.

* **MANCHON** s. m. Espèce de sac, ouvert par les deux bouts, ordinairement recouvert d'une fourrure, quelquefois d'une étoffe, et ouaté intérieurement, dans lequel on met les deux mains pour les garantir du froid : manchon de martre, d'hermine, de petit-gris, de peau d'ours, de satin, de velours. — Techn. Rondelle ou cylindre creux, en bois ou en métal que l'on emploie dans divers corps de métier.

* **MANCHOT, OTE** adj. (lat. mancus). Estropié ou privé de la main ou du bras : il est manchot de la main droite. — s. C'est un manchot fort adroit. — Cet homme n'est pas manchot, il a de la finesse, de la dextérité.

* **MANCHOT** s. m. Ornith. Genre de palmi-

pèdes plongeurs, comprenant plusieurs espèces d'oiseaux qui n'ont que des ailes rudimentaires, impropres au vol, et qui se distinguent des pingouins par la disposition des doigts, au nombre de 4, dont 3 antérieurs et un pouce très court. La patte du manchot porte sur le sol comme la plante du pied des quadrupèdes. Ces oiseaux de ce genre habitent les côtes rocheuses, les îles et les bancs de glace. Le manchot royal ou grand manchot (aptenodytes Pennantii ou aptenodytes Patagonica), long de 1 m. 30, dont 11 centim. pour le bec, d'une couleur générale ardoisée en dessus, blanche en dessous, avec la tête et la gorge noires, se trouve en nombre immense dans les terres australes, particulièrement aux environs du détroit de Magellan, des îles Falkland et des groupes d'îles du Pacifique du sud. Son cri ressemble au braiement de l'âne. Dans sa marche lente et pénible sur le sol, il s'appuie

Manchot royal (Aptenodytes Pennantii).

sur ses ailes, qui lui servent de pattes de devant, et il s'avance à la façon des quadrupèdes. Il se tient ordinairement debout, en longues files que l'on a comparées à des troupes d'enfants de chœur en surplis blanc et en camail. On l'approche facilement en l'abat à coups de bâton, en se tenant à distance de son bec, qui fait de profondes morsures. Sa chair, noire et huileuse, a souvent servi de nourriture aux navigateurs affamés. Les manchots passent dans l'eau la plus grande partie de leur existence, ils ne viennent guère à terre que pour pondre leurs œufs, au nombre d'un ou deux, qu'ils déposent au fond d'une profonde galerie creusée dans le sable. Le manchot à tête jaune (catarrhactes chrysocome, Gmel.), habite les îles Falkland et celles de la Tasmanie ; il est noir en dessus, blanc en dessous, avec une crête d'un blanc jaunâtre de chaque côté de la tête, le bec et les pieds rouges. Son cri est discordant, comme celui de l'âne. Dans l'eau, il est encore plus agile que le grand manchot et il vient rarement à terre, sauf pendant la période de la ponte. On le rencontre en mer à plus de 500 kil. des côtes.

MANCINI [ital. mănn-tchi'-ni], famille romaine, fondée au XIVe siècle par Pietro Omni-Santi, surnommé Mancini dei Luci. Parmi ses descendants se distingua Michele-Lorenzo Mancini, frère du cardinal Francesco-Maria Mancini et qui épousa, en 1634, une sœur du cardinal Mazarin. Ses cinq filles, élevées par les soins de leur oncle, occupèrent un rang distingué dans la société française. — Laure (1635-'57), l'aînée et la moins dissolue des 5 sœurs, captiva Louis XIV et plusieurs grands personnages de la cour ; elle épousa, en 1651, le duc de Mercœur, frère de Beaufort ; l'un des deux duc, le duc de Vendôme, devint général des galères. — Olympe (1639-1708), fut l'une des innombrables maîtresses de Louis XIV; son oncle,

Mazarin, finit par lui trouver un mari (1657) qui fut Eugène de Carignan, de la maison de Savoie. Elle devint surintendante de la maison de la reine, essaya, en 1663, de substituer à Mlle de la Vallière une favorite de son choix, ne réussit point et perdit sa charge de surintendante. En 1679, elle fut compromise par les révélations de la fameuse empoisonneuse Voisin; elle s'enfuit en Flandre, puis à Madrid, pour échapper aux persécutions de Louvois. On l'accusa d'avoir empoisonné, avec une tasse de lait, la jeune reine d'Espagne dont elle avait capté la confiance; mais rien ne put être prouvé contre elle et des témoignages subséquents sembleraient prouver son innocence. Son fils, ne pouvant obtenir sa rentrée en France et blessé des injustices qui le frappaient lui-même, jura haine à Louis XIV, se retira à la cour de Vienne et s'immortalisa sous le nom de prince Eugène (voy. Eugène); il avait 4 frères et 3 sœurs. — Marie, née à Rome en 1640, morte vers 1715 ; elle séduisit aussi le jeune Louis XIV par sa vivacité, son enjouement plus que par sa beauté, à un tel point que le roi voulut l'épouser; mais le cardinal Mazarin s'opposa lui-même à cette union disproportionnée et prépara le mariage de sa nièce (1671) avec le prince romain Colonna, connétable de Naples; de cette union naquit un enfant légitime; Marie, surveillée de près par son époux qui possédait des preuves de son infidélité, abandonna Colonna à Rome et revint à Paris où elle espérait renouer ses relations avec Louis XIV; mais le roi, qui venait de se marier, refusa de la recevoir et la fit enfermer dans un couvent. Elle trouva moyen d'en sortir, mena une vie aventureuse en Allemagne et en Espagne, prit le voile à Madrid, se fatigua de la vie religieuse et revint en France en 1674. — Hortense, née à Rome en 1646, morte en 1699; elle fut l'une des plus belles femmes de son siècle ; Charles II d'Angleterre, Turenne et Charles de Lorraine la courtisèrent; elle épousa, en 1661, Armand de la Porte, marquis de la Meilleraye, qui, un mois après son mariage, c'est-à-dire au moment de la mort du cardinal, prit le titre de duc de Mazarin. De tous les neveux par alliance du ministre italien, il fut le plus malheureux comme époux et poussa la jalousie jusqu'à la frénésie; sa femme le quitta en 1668 et se retira avec son frère, le duc de Nevers, et son son amant, le chevalier de Rohan, dans la maison de Charles de Lorraine à Nancy, puis à la cour de Charles de Savoie. Après 3 années de séjour à Chambéry, elle rendit visite à Charles II d'Angleterre, qui ajouta une pension de 4,000 livres à celle de 20,000 liv. qui lui avait été accordée par Louis XIV. Charles lui donna pour résidence une aile du palais de Saint-James, où le jeu et la dissipation eurent bientôt elle leur domicile. Guillaume III lui laissa sa pension et elle mourut à Chelsea. — Marie-Anne, née à Rome en 1649, morte en 1714; épousa, en 1662, Godefroy de La Tour d'Auvergne, duc de Bouillon, le quitta au bout de quelque temps, se retira à Château-Thierry où elle fut la première protectrice de La Fontaine. S'étant réconciliée avec son mari, elle fit de son hôtel, à Paris, un centre littéraire. Persécutée comme complice de la Brinvilliers (1680), elle fut obligée de quitter Paris, bien qu'elle eût prouvé son innocence, visita l'Angleterre et l'Italie, et ne rentra à la cour qu'en 1690.

MANCO-CAPAC. I. Ancêtre mythique des incas du Pérou. (Voy. Pérou et Quichuas.) — II. Inca du Pérou, mort en 1544. Il était le second fils de l'inca Huayna-Capac, qui mourut peu de temps avant l'arrivée de Pizarre. Ses frères Huascar, Atahualpa et Toparca le précédèrent sur le trône. Après la prise de Cuzco, Pizarre lui donna la couronne, mais ne lui permit pas d'exercer le pouvoir. Manco-

Capac s'échappa, mais il fut arrêté et jeté en prison. Fuyant de nouveau, l'inca appela le peuple aux armes et, en février 1536, il se présenta devant Cuzco qu'il assiégea pendant plus de 5 mois avec une armée d'Indiens. Forcé de licencier une partie de ses troupes à cause du manque de vivres, il se retira dans la forteresse de Tambo, dans la vallée de Yucay. Il fut vaincu par Almagro, et, après avoir été abandonné par la plupart de ses guerriers, il se sauva dans les Andes, où il resta, pendant plusieurs années, la terreur des Espagnols. Il finit par être assassiné par des réfugiés espagnols qu'il avait reçus dans son camp.

MANDANE, femme de Cambyse, roi de Perse, et mère de Cyrus.

MANDANS, tribu indienne de la famille Dakota, fixée sur le haut Missouri. Ils firent, pendant longtemps la guerre aux Sioux; en 1837, la petite vérole fit tomber leur nombre de 2,000 à 145. Ceux qui survécurent se civilisèrent et vivent aujourd'hui de l'agriculture.

• **MANDANT** s. m. (lat. *mandare*, ordonner). Celui qui, par un mandat, donne pouvoir à un autre d'agir en son nom.

• **MANDARIN** s. m. (port. *mandarini*). Titre que l'on donne à tous les gens en place de la Chine, mais qui est étranger à la langue chinoise : *il y a des mandarins lettrés, et des mandarins militaires.*

MANDARINAT s. m. Dignité, fonctions de mandarin.

• **MANDARINE** s. f. Espèce d'orange, fruit du mandarinier.

• **MANDARINIER** s. m. Nom que porte une variété de l'oranger, provenant de Manille, et aujourd'hui cultivée dans les pays méridionaux.

• **MANDAT** s. m. (lat. *mandatum*; de *mandare*, ordonner). Jurispr. Acte par lequel on commet le soin d'une affaire à quelqu'un qui s'en charge gratuitement : *il a bien rempli son mandat.* — Comm. Écrit portant l'ordre de payer une certaine somme à la personne qui y est dénommée : *il m'a donné un mandat sur son notaire, sur son correspondant.* — Justice et Police. MANDAT DE COMPARUTION, ordonnance par laquelle le juge d'instruction enjoint à une personne de comparaître devant lui pour être interrogée. MANDAT D'AMENER, ordre de faire comparaître quelqu'un devant un tribunal, un magistrat. MANDAT D'ARRÊT, ordre d'arrêter, d'emprisonner. MANDAT DE DÉPÔT, ordonnance en vertu de laquelle un prévenu, contre qui il a été décerné un mandat d'amener, est retenu dans la maison d'arrêt. — Instructions spéciales que, dans quelques gouvernements, les électeurs donnaient aux députés qu'ils envoyaient à l'Assemblée représentative : *l'Assemblée ne reconnut pas les mandats impératifs.* — Rescrit du pape, par lequel il mandait à un collateur ordinaire de pourvoir celui qu'il lui nommait, du premier bénéfice qui vaquerait à sa collation : *les mandats n'ont plus lieu en France.* — MANDAT DE POSTE et MANDAT TÉLÉGRAPHIQUE. (Voy. POSTES.) — Législ. « Le mot *mandat* a plusieurs acceptions dans la langue du droit. Il est synonyme du mot *procuration*, lequel est plus fréquemment employé lorsque l'on veut parler d'un acte par lequel une personne donne à une autre le pouvoir de faire quelque chose en son nom. Celui qui donne le mandat est dit le *mandant*; et celui qui le reçoit, le *mandataire* (C. civ. 1984 et s.). (Voy. PROCURATION.) — On nomme aussi *mandat* un effet de commerce qui ne diffère de la lettre de change qu'en ce qu'il peut être tiré sur place aussi bien que de place à place, et qu'il n'est pas soumis à l'acceptation. — En matière criminelle ou correctionnelle, un mandat est

une ordonnance, émanée d'un juge d'instruction ou d'un autre magistrat compétent, et en vertu de laquelle une personne est appelée à comparaître ou est mise en état d'arrestation. Chaque mandat doit être signé par celui qui le délivre et être marqué de son sceau. Il doit être signifié par un huissier ou par un agent de la force publique, lequel en fait l'exhibition à celui auquel il s'adresse et lui en laisse copie. Il y a quatre sortes de mandats : 1° le *mandat de comparution* est une simple assignation à comparaître devant le juge d'instruction. Ce magistrat doit interroger l'inculpé immédiatement, et, s'il le juge convenable, il peut ensuite convertir le mandat de comparution en un mandat de dépôt ou en un mandat d'arrêt; 2° le *mandat d'amener* est décerné, soit contre l'inculpé qui a fait défaut sur un mandat de comparution, soit contre tout inculpé d'un fait entraînant une peine afflictive et infamante, soit contre un témoin qui a refusé de se rendre à la citation qui lui a été signifiée. En vertu du mandat d'amener, le prévenu qui refuse d'obéir ou qui tente de s'évader doit être contraint, et le porteur du mandat peut employer, au besoin, la force publique du lieu le plus voisin, sur la réquisition contenue dans le mandat d'amener. L'interrogatoire doit avoir lieu au plus tard dans les vingt-quatre heures; 3° le *mandat de dépôt*, en vertu duquel l'inculpé est enfermé provisoirement dans une maison d'arrêt, est décerné par le juge d'instruction, soit à la suite de l'interrogatoire, soit en cas de fuite de l'inculpé, mais seulement lorsque le fait emporte la peine de l'emprisonnement correctionnel ou une peine plus grave; 4° le *mandat d'arrêt* n'est décerné par le juge d'instruction, qu'après que le procureur de la République a été entendu par lui. Il a pour effet d'ordonner ou de maintenir l'arrestation de l'inculpé, et de frapper ses biens, à compter du jour de sa date, d'un privilège au profit du Trésor, pour le paiement des frais, en cas de condamnation. Il doit contenir l'énonciation du fait pour lequel il est décerné, et citer la loi qui punit ce fait. Le juge peut ordonner le transfert de l'inculpé dans la maison d'arrêt du lieu où se fait l'instruction. Tous ces mandats sont exécutoires dans l'étendue du territoire français. La mainlevée d'un mandat de dépôt ou d'arrêt peut être donnée, au cours de l'instruction, par le juge qui procède à cette instruction, mais seulement sur les conclusions conformes du procureur de la République, et l'inculpé peut aussi être mis en liberté provisoirement. (Voy. LIBERTÉ.) (C. Inst. crim. 91 et s.; L. 14 juillet 1865.) — Les mandats d'arrêts délivrés par les chambres des mises en accusation prennent le nom d'*ordonnances de prise de corps* (C. Inst. crim. 232, 233). — En matière administrative, le *mandat de paiement* est délivré par l'ordonnateur des dépenses (ministre, préfet, maire ou administrateur), et il indique sur quel crédit du budget le paiement doit être imputé par le comptable. Tout mandat doit être accompagné des pièces justificatives de la dépense (Décr. 31 mai 1862; Inst. gén. fin., 20 juin 1859). »　　　(Ch. Y.)

• **MANDATAIRE** s. m. Celui qui est chargé d'un mandat, d'une procuration, d'une mission pour agir au nom d'un autre : *le mandataire ne doit agir que conformément à ses pouvoirs.* — Celui en faveur de qui le pape avait expédié un mandat.

MANDAT-CARTE s. m. Postes. Mandat employé pour les envois d'argent à la place des mandats ordinaires. Il diffère de ces derniers en ce que, au lieu d'être transmis dans une lettre de l'envoyeur, il est directement adressé sur le bureau de destination, qui invite le bénéficiaire à se présenter pour en toucher le montant. — Plur. des MANDATS-CARTES.

MANDATEMENT s. m. Action de mandater.

• **MANDATER** v. a. Délivrer un mandat de payement : *mandater une somme de cent francs.*

MANDCHOU, OUE, OUX s. et adj. De la Mandchourie; qui appartient à ce pays ou à ses habitants.

MANDCHOURIE ou **Mantchourie**, contrée de l'Asie orientale, dépendance de l'empire chinois, séparée du territoire russe, au N. et à l'E. par l'Amour et par l'Usuri; bornée au S. par la Corée et par la mer Jaune et à l'O. par la Mongolie; entre 40° et 53° 30' lat. N. et entre 116° et 133° long. E.; 982,472 kil. carr.; 12 millions d'hab. Presque tout le territoire est arrosé par l'Amour et par ses affluents; le plus vaste amas d'eau est le lac Khanka, long de 60 kil. et large de 40 kil. Ce pays est traversé par plusieurs chaînes de montagnes : Sih-hih-tih, Ilykhouri-Alin et Khingan; vastes forêts habitées par un grand nombre de bêtes sauvages. La partie méridionale produit du froment, de l'orge, du millet, du ginseng et de la soie et nourrit de grands troupeaux de chevaux, de bœufs et de moutons. Riches gisements de fer et de charbon. La température varie en été de + 21° à + 26°, tandis qu'en hiver le mercure descend souvent au-dessous de zéro. La Mandchourie se divise en 3 provinces : Liaotung ou Shingking, Girin et Saghalin-ulu; les 3 villes capitales sont : Mukden ou Shinyang, Girin et Tzitzikhar. Kingchow, sur le golfe de Liaotung, fait un commerce considérable de bétail. — Les Mandchoux appartiennent à la branche tongouse de la division mongolique de l'espèce humaine; ils se rendirent redoutables dans l'Asie orientale vers le commencement du XVII° siècle, époque où leurs tribus furent réunies en une seule nation par un chef nommé Tienming, qui déclara la guerre à la Chine en 1618 et dévasta les provinces chinoises du N.-E. Il mourut vers 1627, léguant ses projets de conquête à son fils Tientsung, qui s'empara de Pékin et se rendit maître du gouvernement. (Voy. CHINE.)

MANDÉ (Saint-), bourg du cant. de Vincennes (Seine), à 6 kil. S.-E. de Paris; 10,000 hab. Bougies, couleurs, produits chimiques, carton-pâte.

MANDELAY, Mandalay ou **PATTAOUAPOURA**, cap. de l'empire birman, près de l'ancienne capitale Amarapoura, à 5 kil. de l'Irraouaddy à 550 kil. N. de Rangoon; 100,000 hab. En 1856, l'emplacement occupé aujourd'hui par cette ville était cultivé; en moins d'un an on y éleva une grande cité où vint s'installer la cour. Mandelay forme trois parallélogrammes: l'un au centre, le second enveloppant le précédent et le troisième entourant le second. Chacun des deux parallélogrammes intérieurs sont entourés de murailles. C'est au centre du premier que se trouvent le palais et les ministères; le second renferme les maisons des officiers civils et militaires et les casernes. Un grand intervalle sépare ce quartier du troisième parallélogramme ou ville extérieure qui est occupée par les marchands, les ouvriers, etc. Partout brillent sur le palais, sur les pagodes, sur les cloîtres, des dorures et des couleurs éclatantes; mais cette ville, construite à la hâte, ressemble encore au campement d'une tribu de nomades.

• **MANDEMENT** s. m. (lat. *mandare*, ordonner). Ordre par écrit et rendu public, de la part d'une personne qui a autorité et juridiction; ordonnance d'un supérieur, d'un juge, etc. : *le recteur de l'Université de Paris donnait autrefois des mandements concernant les études et la discipline des collèges.* — SI DONNONS EN MANDEMENT, formule que contenaient les lettres patentes du roi. Les lois se terminent encore aujourd'hui par une injonction

analogue : *donnons en mandement à nos cours et tribunaux, préfets*, etc. — Se dit particul. d'un écrit qu'un évêque fait publier dans l'étendue de son diocèse, et par lequel il donne aux fidèles des instructions ou des ordres relatifs à la religion : *mandement de l'archevêque de Paris.* — Lettre, billet qu'on donne à quelqu'un, portant ordre à un receveur ou fermier de payer quelque somme : *il a donné un mandement de telle somme sur son fermier.* (Vieux.) — Législ. « Les mandements des évêques ne peuvent faire mention d'aucun acte du Saint-Siège dont la publication n'aurait pas été régulièrement autorisée en France (Circ. cultes, 30 juillet 1829). — On donne le nom de *mandement de collocation* au titre que le greffier du tribunal civil délivre à tout créancier lorsque, à la suite de saisie, l'état de distribution a été réglé et arrêté par le juge-commissaire (C. pr. 665, 671). (Voy. Contribution.) — Le *mandement d'exécution* est la formule qui est inscrite à la fin des grosses des jugements ou des actes notariés. Cette formule contient invitation aux huissiers et aux officiers de justice de faire exécuter ledit acte ou jugement (id., 146, 545). Nous avons déjà donné le texte de ce mandement. (Voy. Grosse.) Le mot mandement avait, dans l'ancien droit, plusieurs significations dont la plus usitée équivaut à l'exploit que l'on nomme aujourd'hui *commandement.* »
(Ch. Y.)

* **MANDER** v. a. Envoyer dire, faire savoir, par lettre, ou par message : *je lui ai mandé cette nouvelle.* — Mandons et ordonnons, premiers mots du mandement qui termine les actes publics et les rend exécutoires. — Prov. Je ne le lui ai point mandé, je le lui ai dit en face, je le lui ai dit sans crainte, hardiment. — Mander quelqu'un, lui donner avis ou ordre de venir : *on a mandé tous les parents.* — Il a mandé ses équipages, ses carrosses, ses chevaux, etc., il a donné ordre qu'on les lui envoyât.

MANDIBULAIRE adj. Qui a rapport à la mandibule. — Entom. Mâchoires mandibulaires, mâchoires qui ne sont pourvues d'aucune palpe.

* **MANDIBULE** s. f. lat. *mandibula*, de *mandere*, mâcher). Anat. Mâchoire. Se dit surtout de la mâchoire inférieure. — Hist. nat. Chacune des deux parties qui forment le bec des oiseaux : *la mandibule supérieure.* Se dit aussi des parties saillantes de la bouche des insectes, situées au-dessus des mâchoires.

MANDIBULÉ, ÉE adj. Pourvu de mandibules.

MANDIBULIFORME adj. Qui a la forme d'une mandibule.

* **MANDILLE** s. f. [*ll* mll.] Sorte de casaque que les laquais portaient autrefois : *je l'ai vu laquais, il portait la mandille.*

MANDINGUE s. et adj. Du pays des Mandingues ; qui appartient à ce pays ou à ses habitants.

MANDINGUES (Pays des), contrée de l'Afrique occidentale, bornée à l'O. par la Sénégambie entre 8° et 15° lat. N. et entre 10° et 14° long. O. Territoire formé en grande partie d'un plateau élevé où naissent le Sénégal et le Niger et divisé en un grand nombre de petits États dont les plus considérables sont ceux de Bambouk et de Kankan. Les Mandingues forment la plus populeuse des races de l'Afrique occidentale ; ils paraissent être originaires du centre de ce continent. Ce sont des hommes noirs, grands, bien bâtis, énergiques et industrieux. Presque tous appartiennent à la religion musulmane. Ils font surtout le commerce d'or, d'ivoire et d'esclaves. Leur langue, la plus riche des langues nègres, est très répandue et s'écrit en caractères arabes.

* **MANDOLINE** s. f. (ital. *mandola*, mandore). Instrument de musique à cordes et à manche, dont on joue avec une plume : *jouer de la mandoline.*

* **MANDORE** s. f. ital. *mandora* ou *pandora*). Instrument de musique à cordes et à manche, dont on joue avec les doigts.

* **MANDRAGORE** s. f. (lat. *mandragora*). Bot. Genre de solanées, comprenant un petit nombre d'espèces de plantes acaules à propriétés narcotiques et stupéfiantes, à feuilles lancéolées au milieu desquelles se cachent plusieurs fleurs d'un violet pâle. La mandragore offici-

Mandragora officinarum.

nale (*mandragora officinarum*). a une racine grosse, bifurquée, charnue, vivace. Elle croît spontanément dans l'Europe méridionale ; ses fruits sont des baies blanches ou rougeâtres, grosses à peu près comme un œuf ; les anciens regardaient cette plante comme une herbe magique qui avait la propriété de rendre heureux celui qui la possédait.

MANDRAGORITE s. m. Pharm. Potion narcotique énergique, obtenue en faisant infuser dans du vin de la racine de mandragore.

* **MANDRILL** s. m. [*ll* mll.]. Mamm. Genre de cynocéphales, tribu des singes de l'ancien continent, comprenant deux espèces également repoussantes par leur aspect féroce et leurs mœurs brutales, et propres à la côte occidentale d'Afrique. Ces quadrumanes se distinguent par un museau très proéminent. Le mandrill proprement dit (cynocephales mormon, Desm., ou cynocephalus memon, Linn.) a le pelage hérissé et d'un gris verdâtre en dessus ; une barbe et une collerette d'un jaune citron ; de grandes canines saillantes hors de la bouche ; les fesses nues et violettes ; un énorme museau aplati à l'extrémité et d'un rouge très vif ; des joues bombées et sillonnées de rides longitudinales bleues passant au violet. A cet aspect hideux, le mandrill joint des habitudes cyniques et un naturel féroce ; il est carnivore et d'une force à étouffer un nègre en le pressant dans ses bras puissants. Il n'est pas rare dans les ménageries. Le drill (cynocephalus leucophæus, F. Cuvier) est presque aussi féroce et aussi puissant que le précédent, dont il diffère surtout par les parties supérieures plus verdâtres, les inférieures plus blanches, la face entièrement noire et le menton d'un rouge brillant.

* **MANDRIN** s. m. Poinçon dont les serruriers se servent pour percer le fer à chaud. — Pièce sur laquelle les tourneurs et les tabletiers assujettissent les ouvrages qui ne peuvent être tournés entre les pointes. — Se dit également de divers cylindres de bois ou de fer en usage dans plusieurs industries.

MANDRIN (Louis), célèbre brigand, né près

de Romans (Dauphiné), vers 1725, mort en 1755. Il était fils d'un maréchal ferrant, s'engagea, déserta, se livra à la contrebande, puis, à la tête de quelques hommes déterminés, il attaqua à main armée les receveurs d'impôts, pénétra dans Beaune et dans Autun, ouvrit les prisons, pilla les riches, épargna les pauvres, dispersa plusieurs détachements de troupes royales envoyées contre lui et ne fut pris que par la trahison de sa maîtresse, au château de Rochefort en Savoie. Pendant qu'on l'amenait à Valence pour le juger, les paysans se soulevèrent dans le but de le délivrer ; mais cette tentative n'eut pas de suites. Il fut roué vif et subit son supplice avec le plus grand courage.

MANDUBIENS (lat. *Mandubii*), peuple de la Gallia Lugdunensis, dans la Bourgogne moderne, entre les Eduens et les Lingones. Leur ville principale était *Alesia.*

* **MANDUCATEUR, TRICE** adj. Qui sert à la mauducation.

* **MANDUCATION** s. f.(lat. *manducare*, manger). Action de manger. Se dit, particul., en parlant de l'eucharistie.

* **MANÉAGE** s. m. (lat. *manus*, main). Mar. Travail gratuit que les matelots sont obligés de faire pour charger sur un navire, ou pour en décharger les planches, le merrain, le poisson, etc.

* **MANÉGE** s. m. (ital. *maneggio* ; de *maneggiare*, manier, dérivé du lat. *manus*, main). Exercice qu'on fait faire à un cheval pour le dresser : *un cheval propre au manège, dressé au manège, bon pour le manège.* — Lieu où l'on exerce les chevaux pour les dresser, et où l'on donne des leçons d'équitation : *un beau manège.* — Appareil servant à appliquer la force des animaux pour faire mouvoir des machines : *faire monter de l'eau par un manège.* — Se dit, fig., de certaines manières d'agir adroites et artificieuses : *je connais le manège de ces gens-là.*

MANÉGER v. a. Dresser aux exercices du manège.

* **MÀNES** s. m. pl. [mâ-ne] (lat. *mânes*, esprits bons ou illustres ; de *manis*, bon). Mythol. rom. Nom que les anciens Romains donnaient aux âmes des morts. On emploie le pluriel pour désigner l'ombre ou l'âme même d'un seul individu. Les mânes étaient considérés comme des esprits bons et étaient l'objet d'un culte comme les divinités.

MANÈS. Voy. Manichéens.

MANET (Édouard), peintre et graveur, né à Paris en 1833, mort en 1883. Au sortir du collège Rollin (1850), il s'embarqua comme novice, abandonna bientôt la carrière maritime pour entrer dans l'atelier de Thomas Couture, où il étudia six ans. Son *Buveur d'absinthe* (1860) et son *Guitarero* (1861), annoncèrent un artiste sincère et convaincu. Ayant ensuite adopté le genre réaliste, il fut vivement discuté et ne put faire accepter ses toiles au Salon. Il exposa au salon des refusés le *Déjeuner sur l'herbe*, tableau excentrique qui fit parler la critique (1863). Le *Combat de taureaux*, le *Christ et les anges* (1864), *Jésus insulté par les soldats* (1865) trouvèrent également des détracteurs et des admirateurs. *Olympia* ayant été refusée à l'unanimité par le jury en 1866, Manet se décida à faire une exposition particulière de ses œuvres (1867). Le *Bon bock* (1873) fit ressortir ses brillantes qualités de coloriste et mérite d'être considéré comme son œuvre capitale. Il a laissé beaucoup d'autres toiles, parmi lesquelles le *Balcon* (1869), la *Leçon de musique* (1870), le *Combat du Kerseage et de l'Alabama* (1872) ; le *Portrait de Faure dans Hamlet* (1877), etc.

MANÉ, THECEL, PHARÈS. Voy. Balthazar.

MANÉTHON, historien égyptien, qui florissait au commencement du iii° siècle av. J.-C. Il était prêtre à Sébennyte, dans la basse Egypte, et écrivit, en grec, un ouvrage sur la religion et un autre sur l'histoire de l'Egypte. Ces deux ouvrages sont perdus, mais plusieurs fragments ont été conservés par Josèphe, par Eusèbe, par Jules l'Africain et par plusieurs autres. Le *Canon de Manéthon* (liste des dynasties d'Egypte) est la portion la plus précieuse de ce qui reste de son histoire. Les dates qu'il y donne paraissent provenir de documents authentiques, particulièrement des livres sacrés des prêtres égyptiens. De récentes découvertes ont confirmé l'exactitude de cet ouvrage. Voy. *Fragmenta historicorum græcorum*, de Didot, 1848.

MANETTE s. f. (dimin. de *main*). Constr. Poignée de fer fixée sur le haut de la barre de la bauche ou planche du moule du piseur. — Mar. Ancien nom de l'aimant. — Techn. Levier qui sert à faire mouvoir une vis de pression.

MANFRED ou **Mainfroi**, prince de Tarente, roi de Naples et de Sicile, fils naturel de l'empereur Frédéric II, né en Sicile en 1231, mort en 1266. D'abord régent des Deux-Siciles à la mort de son père (1250), il fut proclamé roi (1258) à la place de son frère Conrad IV, héritier légitime, et put à combattre le saint-siège qui voulait enlever l'Italie méridionale à la maison de Souabe; il lutta avec succès contre Innocent IV, Alexandre IV, Urbain IV et Clément IV. Ce dernier appela à son secours Charles d'Anjou, frère de saint Louis, et Manfred fut tué au combat de Bénévent (26 févr. 1266).

MANFREDONIA, port maritime de l'Italie méridionale, au pied du mont Gargano, à 35 kil. N.-E. de Foggia; 8,000 hab. Le port, qui ne peut recevoir que de petits navires, est protégé par un ancien château fort. La cathédrale, qui possède la plus grosse cloche d'Italie, se trouve dans la vieille ville (anc. *Sipontum*), à environ 2 kil. S.-O. de la nouvelle ville. Manfredonia fut fondée, au xiii° siècle, par le roi Manfred; les Turcs la saccagèrent en 1620.

MANGANATE s. m. Chim. Sel produit par la combinaison de l'acide manganique avec une base.

* **MANGANÈSE** s. m. (gr. *manganeuô*, je trompe). Métal cassant, très oxydable, qui ne se trouve pour ainsi dire, qu'à l'état d'oxyde dans la nature (quand dans la nature sa *teinte verdâtre, on y mêle de l'oxyde de manganèse*. — Symbole, Mn; densité 7,2; équivalent 27,5; poids atomique 55. On le connaît depuis très longtemps dans la pyrolusite et on l'employa pour neutraliser la couleur verte du verre. En 1774, Scheele et Bergmann décrivirent l'oxyde soit comme une terre particulière, et Gahn isola plus tard le métal de cet oxyde en mélangeant le minéral pulvérisé avec du charbon de bois et de l'huile, en formant des boulettes de cette masse et en introduisant ces boulettes dans un creuset qu'il exposa pendant une heure au feu d'un forge. Le métal obtenu par ce moyen est très cassant et, de même que la fonte de fer, contient de la silice et du carbone et possède une gravité spécifique variable. Brunner adopta pour se procurer le manganèse, une méthode analogue à celle que l'on emploie pour la préparation de l'aluminium; il fit fondre le chlorure de manganèse avec un poids égal de spath fluor et un cinquième son poids de sodium métallique. Le métal ainsi préparé est très dur et très cassant, susceptible d'un beau poli et inattaquable par la lime; il coupe aisément le verre, n'éprouve aucun changement dans l'air humide, reste insensible à l'action de l'aimant, n'est pas

magnétique et a pour gravité spécifique 7,16. Deville réduisit l'oxyde de manganèse en le mélangeant avec un dixième de son poids de sucre carbonisé et en exposant ce mélange pendant 3 heures à la chaleur blanche dans un creuset de chaux. Le produit était une masse crystalline dont la poudre décomposait rapidement l'eau; couleur semblable à celle du bismuth; gravité spécifique, 8,015. — Le manganèse ne se trouve pas à l'état natif; mais on le rencontre en assez grande quantité combiné à d'autres éléments. Les principaux minéraux dans lesquels il se trouve sont: la pyrolusite, la braunite, la manganite, la rhodonite, la hausmannite, la labandine, la diallagite, la psilomélane, la franklinite, la crednérite, la columbite, le wolfram, la triphiline, l'alun de manganèse et les minerais de plomb. Les principales mines françaises de manganèse sont celles de Périgueux, Saint-Jean-de-Gardonenque (Gard), la Romanèche, près Mâcon; les minerais français sont loin d'être purs; ils sont inférieurs, sous ce rapport, à ceux de Belgique et surtout d'Allemagne; les seuls qui peuvent rivaliser avec ces derniers sont ceux de Calveron (Aude). Près des neuf dixièmes du manganèse du commerce sont consommés dans la manufacture de chlore et de chlorure de chaux; l'autre dixième est employé dans les industries suivantes: coloration et décoloration du verre, manufacture de fer et de l'acier, peinture et vernis de la porcelaine et de la poterie, production d'oxygène, préparation des différents sels de manganèse employés en médecine et dans les arts. — Le manganèse entre comme base dans deux classes de composés: 1° composé *manganeux*; 2° composé *manganique*; il entre en outre sous forme d'acide dans deux classes de sels, les *manganates* et les *permanganates*. On connaît 5 oxydes de manganèse bien caractérisés: 1° *oxyde manganeux* ou *monoxyde de manganèse*, Mn O, corps basique fournissant une série de sels manganeux d'une couleur rosée, qui absorbent rapidement l'oxygène et passent à un état d'oxydation plus élevé; les principaux sels manganeux solubles sont: le sulfate, Mn SO⁴ + 5 H² O, et le chlorure Mn'Cl² + ½H² O; 2° *oxyde manganique* ou *sesquioxyde de manganèse*, Mn²O³; cet oxyde existe dans la nature sous le nom de braunite et peut être préparé artificiellement en exposant l'oxyde de manganèse à la chaleur rouge. Il forme une série de sels insolubles parmi lesquels l'alun de manganèse est l'un des plus intéressants; 3° *oxyde rouge* ou *oxyde mangano-manganique* Mn³ O⁴, corps neutre, correspondant à l'oxyde magnétique de fer et se trouvant dans la nature sous le nom d'hausmannite; 4° *oxyde noir* ou *dioxyde de manganèse*, Mn O², principal minerai du commerce; c'est la *magnesia nigra* des anciens et la *pyrolusite* des minéralogistes modernes; on peut le former artificiellement en ajoutant une solution de chlorure de chaux à un sel manganeux. Ce composé abandonne un tiers de son oxygène quand on le chauffe au rouge et la moitié de son oxygène quand on le fait chauffer avec de l'acide sulfurique; 5° *acide permanganique*, H² Mn² O⁸, liquide lourd, d'un vert sombre, obtenu par l'action d'un fort acide sulfurique froid sur le permanganate de potassium. Les sels des permanganates, particulièrement le permanganate de potassium, sont aujourd'hui très employés comme désinfectants, comme décolorants, et dans les laboratoires, en analyse volumétrique. Différentes couleurs et diverses teintures sont préparées au moyen des sels de manganèse. Le violet de Nuremberg est fait avec de la pyrolusite et de l'acide phosphorique. Le manganate de baryum fournit un beau mordant vert plus sain que les couleurs fournies par l'arsenic. Le permanganate de potassium teint le bois de manière à lui faire imiter l'acajou et le noyer.

MANGANÉSIEN, IENNE adj. Minér. Qui contient du manganèse.

MANGANÉSIFÈRE (fr. *manganèse*; lat. *fero*, je porte). Minér. Qui contient accidentellement du manganèse.

MANGANEUX adj. m. Chim. Se dit du premier oxyde de manganèse, et des combinaisons de manganèse qui ont des éléments correspondants à ceux de l'oxyde manganeux.

MANGANIQUE adj. Chim. Se dit d'un acide de manganèse qui ont des éléments correspondants à ceux de l'acide manganique. — Se dit des sels formés par la combinaison de l'acide manganique avec une base.

MANGANITE s. f. Minér. Sesquioxyde de manganèse hydraté naturel, qui a pour formule Mn² O³ HO.

MANGANIUM s. m. [-ni-omm]. Chim. Nom du manganèse et qui sert de radical dans les composés.

* **MANGEABLE** adj. (rad. *manger*). Qui peut se manger sans dégoût: *ce potage n'est pas bon, mais il est mangeable*.

* **MANGEAILLE** s. f. [ll mll.]. Ce qu'on donne à manger à quelques animaux domestiques, à des oiseaux: *faire de la mangeaille pour les poulets, leur donner de la mangeaille.* — Se dit aussi, fam., de ce que mangent les hommes: *cet homme est toujours occupé de mangeaille.*

* **MANGEANT, ANTE** adj. Qui mange: *il est bien buvant et bien mangeant.*

* **MANGEOIRE** s. f. L'auge où mangent les chevaux, les bêtes de somme: *mettre de l'avoine dans la mangeoire.* — Prov. et fig. TOURNER LE DOS A LA MANGEOIRE, faire tout le contraire de ce qu'il faudrait pour arriver au but qu'on se propose.

* **MANGER** v. a. (lat. *manducare*, fréquent, de *mandere*, manger). Mâcher et avaler quelque aliment: *manger du pain, de la viande, du fruit.* — S'emploie absolument sans régime: *il n'a mangé d'aujourd'hui; il a été trois jours sans manger.* — MANGER DE TOUT, n'être point difficile sur ses aliments. — Pop. MANGER COMME UN CHANCRE, manger excessivement. On dit, dans le même sens, MANGER COMME QUATRE. — Prendre ses repas: *il ne mange jamais chez lui.*

On dort, on boit, on mange; on mange, on boit, on dort.
De ce régime, moi, je m'accommode fort.
COLLIN D'HARLEVILLE. L'*Inconstant*, acte 1er, sc. vi

Mieux vaut me pas manger, que manger à demi.
COLLIN D'HARLEVILLE. *Monsieur de Crac*, sc. iv.

— ON MANGE BIEN CHEZ CETTE PERSONNE, CHEZ CE RESTAURATEUR, on y fait, on y prend de bons repas. — DONNER A MANGER, tenir une maison où les gens viennent prendre leur repas en payant: *il donne à manger à la carte à tant par tête.* On le dit aussi d'un particulier qui reçoit à sa table ses amis, ses connaissances: *c'est un avare qui ne donne jamais à manger, qui ne donne à manger à personne.* — Fig. Consumer, dissiper en débauches ou en folles dépenses: *s'il continue ses prodigalités, il mangera tout son bien.*

Paul vend sa maison de Saint-Clou,
A maints créanciers engagée.
Il dit partout qu'il en est soû.
Je le crois, car il l'a *mangée.*
SAINT-AMAND.

— SES VALETS LE MANGENT, SES CHEVAUX ET SES CHIENS LE MANGENT, LES FEMMES LE MANGENT, etc., le ruinent, l'entraînent à d'excessives dépenses. — Se dit, par ext., de plusieurs choses inanimées qui en consument, en absorbent, en rongent, en minent, en détruisent d'autres: *cette forge mange bien du charbon; les arbres mangent le suc de la terre.* — Gramm. CETTE VOYELLE FINALE SE MANGE, se dit d'une voyelle finale qui s'élide, qui ne se prononce pas, à cause de la rencontre d'une voyelle qui commence le mot suivant : en français, l'E muet se mange devant une voyelle. — Manger ses mots, la moitié de ses mots, se dit d'une personne qui ne prononce pas toutes les lettres ou toutes les syllabes des mots. — S'emploie dans un grand nombre de phrases figurées et proverbiales. — L'appétit vient en mangeant, le désir de s'enrichir ou de s'élever augmente à mesure qu'on acquiert de la fortune ou des honneurs. — A petit manger bien boire, quand on a peu à manger, on s'en dédommage en buvant beaucoup. — Qui se fait brebis, le loup le mange, qui a trop de bonté, trouve bientôt des gens qui en abusent. — Les gros poissons mangent les petits, les puissants oppriment les faibles. — Il a mangé son pain blanc le premier, il a été dans un état heureux, agréable, et il n'y est plus. — Les loups ne se mangent pas, les méchants s'épargnent entre eux. — Savoir bien son pain manger, entendre bien ses intérêts. — Manger dans la main, avoir des manières trop familières : cet homme mange dans la main, vous mange dans la main. — Il a mangé son blé en vert, son blé en herbe, se dit de celui qui a dépensé d'avance son revenu, qui a mangé d'avance une succession. — Manger de la vache enragée, éprouver beaucoup de privations et de fatigues : il sait ce que c'est que la peine, il a mangé de la vache enragée. — Ils se sont mangé le blanc des yeux, se sont fortement querellés. — Je n'ai garde de lui en parler, il me mangerait le blanc des yeux, il me mangerait, il se courroucerait, il me querellerait. — Manger quelqu'un, quelque chose des yeux, regarder avidement quelqu'un, quelque chose. — Manger quelqu'un de caresses, lui faire de grandes caresses. — Il y a a boire et a manger, se dit d'une affaire qui peut avoir à la fois de bons et de mauvais résultats, d'une question qui présente deux sens, d'un ouvrage où il y a du bon et du mauvais. — Par menace. Je le mangerais avec un grain de sel, a la croque au sel, se dit d'un homme à qui l'on se croit très supérieur en force. — Manger des crucifix, se dit en parlant des hypocrites, des dévots outrés qu'on voit sans cesse agenouillés dans les églises.

* MANGER s. m. Ce qu'on mange, ce dont on se nourrit : son hôtesse lui accommode son manger; c'est le meilleur manger du monde. — Fam. Il en perd le boire et le manger, se dit de celui qui est entièrement absorbé par une occupation, par une passion. — Blanc-manger, sorte de crème alimentaire. (Voy. Blanc-manger, à son ordre alphabétique.) Quelques personnes écrivent au pluriel, des blancs-mangers, d'autres des blanc-manger; l'Académie ne se prononce pas.

* MANGERIE s. f. Action de manger, de manger beaucoup. — Se dit, fig., des frais de chicane, des exactions : les mangeries des gens de justice sont effroyables. Dans l'une et l'autre acception, il est populaire.

* MANGE-TOUT s. m. Celui qui consume son bien en folles dépenses : c'est un mange-tout. (Fam.) — Pois mange-tout, variété de pois dont la cosse se mange aussi bien que les grains : des mange-tout. — Haricots mange-tout, variété de haricots dont on mange la cosse avec le grain, quoique celui-ci soit déjà bien développé.

* MANGEUR, EUSE s. Celui, celle qui est dans l'habitude de manger beaucoup. S'emploie ordinairement avec une épithète : c'est un grand mangeur, un beau mangeur, un petit mangeur. — Un mangeur de chrétiens, un dissipateur. — Un mangeur, un prodigue, un homme de chicane, un homme qui vexe, qui tourmente le peuple. — Un mangeur de chabrettes ferrées, un mangeur de petits enfants, un fanfaron. — Un mangeur de viandes appêtées, de soupe appêtée, un fainéant qui

aimerait à bien vivre, sans se donner la peine de gagner sa vie. — Un mangeur de crucifix, un mangeur d'images, un mangeur de saints, un bigot, un faux dévot.

* MANGEURE s. f. [man-jû-re]. Endroit mangé d'une étoffe, d'un pain, etc. : mangeure de vers.

* MANGLE s. f. Fruit du manglier. La mangle, représentée dans notre figure, est sucrée et comestible. Son jus fermenté produit une espèce de vin léger.

Mangle.

* MANGLIER s. m. Nom collectif d'arbres qui croissent au bord de la mer dans l'Amérique méridionale et dans l'Inde, et parmi lesquels on distingue le palétuvier ou manglier noir qui appartient au genre rhizophora et qui est commun dans les contrées tropicales, où il atteint jusqu'à 4 mètres de haut; mais ordinairement il est plus petit; feuilles coriaces, entières, opposées; fleurs en grappes brillantes. Le manglier croît dans les localités marécageuses ou inondées, directement au-dessus des eaux salées et il forme d'impénétrables fourrés. Sa manière de croître ressemble en miniature à celle de l'arbre des banians, parce que la tige et les branches

Manglier.

produisent de longues racines déliées qui finissent par descendre jusqu'au sol et par s'y fixer. Les forêts de mangliers empêchent les envahissements de la mer et empiètent elles-mêmes sur les rivages. Les graines de ces arbres, qui pourraient être emportées au loin par la mer si elles tombaient aussitôt leur maturité, ne se détachent de l'arbre que lorsqu'elles sont en pleine germination et lorsqu'elles sont déjà pourvues de longues radicules; en raison de la grande quantité de matières en décomposition que renferment les fourrés de mangliers, leur voisinage est toujours sujet à la malaria.

MANGONNEAU s. m. Au moyen âge, machine pour lancer des pierres, des dards.

* MANGOUSTAN s. m. (du malais mangostana). Bot. Genre de clusiacées, comprenant plusieurs espèces de végétaux arborescents d'où s'écoule, par incision, un suc jaunâtre qui se concrète et que l'on appelle gomme-gutte. La principale espèce est le mangoustan cultivé (garcinia mangostana), de la hauteur d'un pommier ordinaire et portant des baies comestibles que l'on considère comme le

fruit le plus délicieux qu'il y ait dans les Indes

Mangoustan (Garcinia mangostana).

orientales. On a décrit environ 30 autres espèces de ce genre.

* MANGOUSTE s. f. Fruit du mangoustan. La mangouste présente à peu près la grosseur et la forme d'une orange. Son écorce ressemble à celle de la grenade, mais elle est plus douce, plus épaisse et pleine de jus. L'intérieur est blanc ou rosé et divisé en plusieurs cellules dans lesquelles les graines se trouvent entourées d'une pulpe juteuse, douce, d'une saveur délicieuse qui participe de celle de la fraise et de celle du raisin.

* MANGOUSTE s. f. Mamm. Genre de carnassiers digitigrades, groupe des civettes, comprenant plusieurs espèces propres à l'Asie méridionale et à l'Afrique; leur corps est allongé, pourvu d'une longue queue; leurs pattes courtes portent 5 doigts à leur extrémité. L'espèce la mieux connue est la

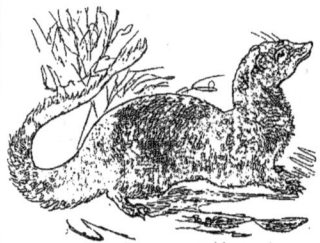

Mangouste d'Égypte (Herpetes ichneumon).

mangouste d'Égypte ou ichneumon (herpetes ichneumon, Linn.), appelée aussi rat de Pharaon. C'est un animal un peu plus gros qu'un chat, dont la longue queue se termine par une touffe divergente; il habite le N.-E. de l'Afrique et particulièrement l'Égypte. Les anciens Égyptiens l'adoraient à cause de son antipathie pour le crocodile dont il détruit les œufs en grand nombre. Sa nourriture se compose de rats, de reptiles, d'oiseaux et d'œufs. Il a lui-même pour ennemi les renards et le chacal. L'ichneumon se trouve fréquemment domestiqué dans les maisons des Égyptiens, où il fait la chasse aux rats, aux souris, etc. La mangouste de l'Inde (herpetes mungos, Linn.) est un peu plus petite que l'ichneumon et son poil est moins foncé. Elle possède une singulière antipathie pour les serpents.

* MANGUE s. f. Fruit du manguier : on prépare avec les mangues des gelées et des compotes.

* MANGUIER s. m. [man-ghié]. Bot. Genre d'anacardiacées, tribu des pistaciées, comprenant 3 ou 4 espèces d'arbres à fruits comestibles que l'on nomme mangue. Le manguier

des Indes (*mangifera Indica*) est un grand arbre haut de 12 à 15 m., à écorce noirâtre très rugueuse, à feuilles lancéolées, coriaces, entières, simples et persistantes; à fleurs jaunâtres en grandes panicules terminales; à fruits ordinairement rouges, longs d'environ 7 centim., ovales, changeant de forme et de teinte suivant les variétés. Ces fruits exhalent une légère odeur térébenthacée, et leur pulpe fibreuse leur a fait donner le nom de

Manguier des Indes (Mangifera Indica).

mangues à perruque; ils pèsent quelquefois 1 kilog., mais le plus ordinairement, ils sont de la grosseur d'un œuf d'oie. On les mange crus ou macérés dans le vin; leurs amandes sont amères et leur pulpe est exquise. Le *manguier fétide* (*mangifera fetida*) croît dans les îles Moluques; ses drupes sont d'un vert livide à pulpe acidulée et térébenthacée.

MANHEIM (all. *mannheim* [mànn'-halmm]), ville du grand-duché de Bade, au confluent du Neckar et du Rhin, à 70 kil. S.-S.-E. de Francfort; 55,000 hab. Elle est bâtie avec une grande régularité et divisée en deux parties par la grande rue qui va du palais au pont suspendu sur le Neckar. Derrière le palais, qui contient une collection de plâtres, un cabinet d'histoire naturelle, une galerie de tableaux et une riche bibliothèque, s'étendent de magnifiques jardins qui se terminent par une terrasse élevée sur le bord du Rhin. — Manheim fut fondée en 1606 et fut capitale du Palatinat de 1720 à 1777; cette ville souffrit beaucoup de la guerre de Trente ans; les Français la détruisirent presque entièrement en 1688 après 17 jours de siège; ils l'attaquèrent de nouveau en décembre 1794 et l'occupèrent le 20 sept. 1795. Pendant ce long siège, toutes les maisons furent renversées, sauf 14, et la moitié du palais fut brûlée. C'est aujourd'hui la plus belle ville du grand-duché, à laquelle elle fut concédée par le traité de Lunéville (1801).

° **MANIABLE** adj. Qui est aisé à manier, qui se prête à l'action de la main : *ce drap est doux et maniable*. — Qui est aisé à mettre en œuvre : *ce fer, ce cuir est doux et maniable.* — Fig. Traitable : *cet homme est maniable, n'est point du tout maniable.*

° **MANIAQUE** adj. Possédé de quelque manie : *il est maniaque.* — s. *C'est un maniaque, une maniaque.*

° **MANICHÉEN, ENNE** s. [-ché-ain]. Celui, celle qui adopte la doctrine de Manès, qui admet deux premiers principes, un bon et un mauvais. — La secte religieuse des manichéens fut fondée en Orient vers le milieu du III° siècle. Son origine est entourée d'obscurité parce que les écrivains orientaux et occidentaux ne sont pas d'accord à son sujet. D'après les occidentaux, le Persan Manès ou Mani, fondateur du manichéisme, n'avait pas été le premier qui eût soutenu ses doc-

trines; la biographie de Manès et le récit des débuts de son système nous ont été laissés par saint Epiphane. De Sacy, dans ses *Mémoires sur les diverses antiquités de la Perse*, parle de différents livres orientaux dans lesquels il est dit que Manès, après s'être caché dans une caverne pendant un an, prétendit descendre du ciel, où il avait reçu une ardoise peinte, connue depuis sous le nom d'*Erteng-t-Mâni*. La plupart des écrivains orientaux s'accordent à dire que Manès, conduit devant un tribunal de prêtres brahmes, fut accusé d'hérésie, condamné et brûlé vif, en 277. — Le système manichéen est un mélange de christianisme, de mythologie babylonienne, de bouddhisme et de doctrines de Zoroastre. D'après lui, il y a deux royaumes existant de toute éternité, celui du jour et celui de la nuit. Le premier est placé sous l'autorité de Dieu, le second sous celle du démon ou Hyle (matière).(Voy. GNOSTIQUES.) Chaque homme a deux âmes; l'une de lumière et l'autre de ténèbres, et sa mission est d'assujettir la seconde à la première. Le démon a longtemps mené l'homme hors du bon chemin par de fausses religions; mais à la fin, le Christ descendit du soleil, prit l'apparence d'un corps humain et enseigna le vrai culte. Il ne fut pas entièrement compris, même par ses apôtres, ce qui fait qu'il promit le Paraclet, qui apparut en Manès. C'est pourquoi les manichéens ont rejeté l'Ancien Testament et une partie du Nouveau; chez eux les écrits de Manès et quelques œuvres apocryphes font seuls autorité. Leur morale consistait dans une vie ascétique dont il existait 3 degrés: 1° ce que les écrivains latins appellent *signaculum oris*, c'est-à-dire abstinence de mots et même de pensées impurs, de viandes, de vins et de liqueurs fortes; 2° le *signaculum manuum*, abstinence de tout travail destiné à rendre ce monde un séjour agréable; 3° le *signaculum sinus*, abstinence des œuvres de chair. Le culte des manichéens était très simple. Ils célébraient le dimanche par un jeûne; ils administraient le baptême avec de l'huile, et n'admettaient que les baptisés à leur communion qu'ils célébraient en secret. A la mort de Manès, les manichéens se sauvèrent du territoire iranien et se réfugièrent dans les pays tartares. Ils revinrent en Occident après la chute de la dynastie sassanide et s'établirent particulièrement à Babylone et dans ses environs, et cette ville, devenue le siège de leur primat, fut considérée par eux comme une sorte de cité sainte. Le manichéisme se répandit dans toute l'Asie Mineure, en Afrique et pénétra en Europe. En Afrique on le regarda comme le rival du christianisme; il compta parmi ses adeptes plusieurs hommes éminents et lettrés, tels que Alexander Lycopolitanus, Faustus de Milevi et même saint Augustin, pendant au moins 9 ans. Le manichéisme, chassé d'Afrique par les rois vandales, se répandit en Sicile et en Italie, où le pape Léon Ier et l'empereur Valentinien III prirent de suite des mesures pour l'étouffer. La Cappadoce et l'Arménie avaient aussi de puissantes communautés manichéennes qui furent exilées en Bulgarie et renoncèrent peu à peu à leurs croyances. Mais ces doctrines repassèrent en Italie et arrivèrent jusque dans notre Occident. (Voy. ALBIGEOIS et CATHARISTES.) Dans les temps modernes, on ne trouve plus nulle part de disciples de Manès, sauf un petit nombre en Bulgarie et en Perse. — Les écrits de Manès et ceux de ses disciples immédiats n'existent plus. On en trouve quelques fragments dans les œuvres de leurs adversaires.

° **MANICHÉISME** s. m. Doctrine des manichéens.

° **MANICHORDION** s. m. [-hor-di-on] (lat.

manus, main; gr. *chordé*, corde). Sorte de clavecin, instrument de musique à clavier : *jouer du manichordion.*

° **MANICLE** s. f. Voy. MANIQUE.

° **MANIE** s. f. (lat. *mania*). Folie qui n'est pas complète comme la démence, et qui se manifeste par des accès intermittents : *il est atteint de manie*. — Se dit, quelquefois, d'une folie dans laquelle l'imagination est constamment frappée d'une idée particulière : *sa manie est de se croire de verre, de se croire le Grand Turc.* (Voy. MONOMANIE.) — Par ext. Habitude bizarre, contraire à la raison : *il a la manie de se faire toujours peindre en habit romain.* — Par ext. Goût porté jusqu'à l'excès : *sa manie pour les tulipes, pour les coquilles l'a ruiné.* — ENCYCL. La *manie*, qui est une des variétés de l'aliénation mentale (vésanie), consiste dans un état d'exaltation qui ressemble beaucoup au premier degré de l'ivresse; conceptions extravagantes, idées bizarres, opinions ridicules, propos décousus et incohérents, raisonnements sans aucune liaison, association d'idées complètement hétérogènes, tels sont les symptômes de cette affection. Dans quelques cas rares, les paroles du malade dénotent une lésion profonde des facultés intellectuelles, tandis que ses actes sont à peu près tous raisonnables; dans d'autres cas, les malades semblent agir d'une façon purement automatique; ils chantent, rient, dansent sans pouvoir s'empêcher de le faire. Quelquefois la manie se traduit par des actes de méchanceté et de fureur qui obligent d'attacher les malades ou de leur mettre la camisole de force; d'autres fois, c'est une folie sans délire dans laquelle les maniaques se montrent tranquilles et présentent même un mélange de raison. Il n'est pas rare encore de voir des aliénés de cette catégorie perdre la conscience de leur individualité, se figurer être morts et presque toujours alors ils ne parlent d'eux-mêmes qu'à la troisième personne; ils ont des hallucinations qui entretiennent leur délire et ils finissent le plus souvent par tomber en *démence*. Quant aux moyens curatifs employés contre la manie, ils sont de deux sortes : les *moyens hygiéniques* et les *moyens médicaux*. Les premiers consistent dans le travail manuel, la fatigue musculaire, la distraction; c'est ce que l'on peut appeler le traitement moral. Les moyens médicaux consistent dans les émissions sanguines, les bains tièdes prolongés, les affusions froides sur la tête employées avec discrétion et les dérivatifs intestinaux; quelquefois aussi la séquestration est nécessaire.

° **MANIEMENT** ou **Maniment** s. m. [ma-ni-man]. Action de manier : *on connaît la bonté d'un drap au maniement.* — Le MANIEMENT DES ARMES, l'exercice de pied ferme qu'on fait faire aux soldats, pour leur apprendre à bien manier l'arme. — Fig. Administration, gestion : *le maniement des deniers publics, des finances.* — ⌁ Bouch. Se dit de certaines places du corps des animaux comestibles qui permettent d'apprécier le degré d'aptitude de ces animaux à la production de la viande ou l'état de leur engraissement. Ce nom vient de ce que la qualité des places en question s'apprécie par le toucher avec la main.

° **MANIER** v. a. (rad. *main*). Prendre, tâter, toucher avec la main : *manier un drap pour voir s'il est doux, s'il est fin.* — JE NE L'AI VU NI MANIÉ, cela n'est m'est tombé ni sous les yeux, ni sous les mains, je ne sais où cela est. — Se servir de quelque outil, de quelque instrument, de quelque arme : *il manie bien, il sait bien manier le ciseau, le burin, la pointe, la plume, le crayon, le pinceau, l'épée, le sabre, les armes.* — ⌁ Bouch. Palper un animal aux parties nommées maniements. — ° Employer la matière propre à quelque ouvrage : *ce serrurier manie bien le fer, manie le* *fer comme si c'était du plomb.* — S'emploie, fig., dans les deux sens qui précèdent, en parlant des productions de l'esprit : *cet écrivain manie bien la plume, manie bien la langue.* — Manier un esprit, un caractère, une personne, les tourner, les gouverner à son gré : *il sait l'art de manier les esprits.* — Manége. Manier un cheval, le faire aller, le mener : *cet écuyer s'entend à bien manier un cheval.* — Ce cheval manie bien sous l'homme, manie bien a droite et a gauche, il exécute avec docilité tous les mouvements que veut le cavalier. En ce sens, Manier est inusité. — Particul. Avoir en sa disposition, administrer, gérer : *je n'ai pas encore manié un denier de cette recette.* — Manier une affaire, la diriger, la conduire : *il a tout ce qu'il faut pour manier les affaires publiques.* — Cela ne se manie pas ainsi, cela n'est pas si aisé a manier, se dit à une personne qui, dans une affaire, s'avise de mauvais expédients. — Au manier, loc. adv. En maniant : *vous reconnaîtrez cette étoffe au manier.*

* **MANIÈRE** s. f. (lat. *manus*, main). Façon, sorte : *de toute manière, de quelque manière que cela soit, de manière ou d'autre.*

Le pauvre carpillon lui dit en sa *manière.*
La Fontaine.

— Absol. Façon d'agir habituelle : *c'est sa manière.* — Manière de parler, expression, locution : *cette manière de parler est neuve, correcte, incorrecte, fort usitée.* — Manière de parler, chose dite sans conséquence, ou avec une exagération sensible : *il m'a offert sa bourse, mais c'était une manière de parler.* — De la bonne manière, de la belle manière, s'emploie ironiquement et dans un sens défavorable : Il a été étrillé de bonne manière, de la belle manière, il a été battu outrageusement. Je l'ai traité, je lui ai écrit, je lui ai parlé de la bonne manière, avec dureté, sans ménagement. — Faire quelque chose par manière d'acquit, négligemment et parce qu'on ne peut guère s'en dispenser : *je lui ai donné par manière d'acquit des conseils dont il ne profitera pas.* — Par manière de dire, par manière d'entretien, de conversation, sans avoir ni aucun dessein formé d'en parler ; sans y mettre d'importance : *il ne fut question de cette affaire que par manière de conversation.* — Espèce, apparence : *il vint une manière de demoiselle.* (Fam.) — Point. Se dit de la façon de composer et de peindre qui est propre à un artiste, à une école : *la manière de ce peintre est grande; Raphaël a eu plusieurs manières.* — Se dit, par ext., en parlant des ouvrages de littérature : *cet écrivain a changé sa manière.* — Affectation, recherche, exagération : *à force de soigner son style on peut tomber dans la manière.* — Pl. Se dit de la façon d'être ou d'agir dans le commerce de la vie : *il a des manières agréables.*

Mais je suis jeune encor : j'ai tout à coup changé
De manière, de ton, et presque de visage.
Collin d'Harleville. *L'Inconstant,* acte II, sc. v.

— Ironiq. Avoir les belles manières, affecter les manières d'un état au-dessus du sien. — De manière que, loc. conjonct. De sorte que : *il dit, il fit telle et telle chose, de manière que l'on vit clairement ses intentions.* — De manière à, loc. préposit. De façon à : *il parla de manière à convaincre les juges de son innocence.* — ⟶ A la manière de, selon la coutume de.

* **MANIÉRÉ, ÉE** adj. Qui est remarquable par quelque affectation dans son maintien, dans ses manières : *acteur, danseur maniéré.* On dit, dans un sens analogue : *air maniéré, contenance maniérée,* etc. — Littér., Peint., Sculpt., etc. Qui a de la manière, où il y a de la manière : *auteur maniéré; style maniéré; pose maniérée; cet édifice est d'un goût maniéré.*

MANIÉRER v. a. Donner un caractère d'af-

fectation, de recherche exagérée : *maniérer son style.*

* **MANIEUR** s. m. Celui qui manie beaucoup : C'est un manieur d'argent. (Fam.), c'est un homme de finance, un banquier. (Fam. et ironiq.)

MANIFESTANT s. m. Celui qui prend part à une manifestation.

MANIFESTATEUR, TRICE s. Celui, celle qui manifeste, qui dévoile.

MANIFESTATIF, IVE adj. Qui a le pouvoir, la vertu de manifester.

* **MANIFESTATION** s. f. (lat. *manifestatio*). Action par laquelle on manifeste quelque chose : *la parole sert à la manifestation de la pensée.* — Est plus particulièrement usité dans les matières de religion : *après une manifestation si évidente de la puissance de Dieu.* — Se dit aussi de certains rassemblements ou mouvements ayant pour objet de manifester les sentiments d'un parti : *cette manifestation pacifique se termina par une prise d'armes.*

* **MANIFESTE** adj. (lat. *manifestus*). Notoire, évident, connu de tout le monde : *c'est une erreur manifeste; c'est une chose publique et manifeste.*

* **MANIFESTE** s. m. Écrit public par lequel un prince, un État, un parti, une personne de grande considération, rend raison de sa conduite dans quelque affaire importante : *ce prince, avant de déclarer la guerre, fit publier un manifeste, donna un manifeste, donna son manifeste.*

MANIFESTEMENT adv. Clairement, évidemment : *je vous ferai voir manifestement que votre nouvelle est fausse.*

* **MANIFESTER** v. a. Faire connaître, découvrir, mettre au grand jour : *Dieu a manifesté son pouvoir.* — Se manifester v. pr. Jésus-Christ *se manifesta aux apôtres.*

* **MANIGANCE** s. f. (rad. *manus*, main). Manœuvre secrète, procédé artificieux, petite intrigue : *il y a de la manigance dans cette entreprise.* (Fam.)

* **MANIGANCER** v. a. Tramer secrètement quelque petite intrigue : *c'est lui qui a manigancé toute cette affaire.* — Se manigancer v. pr. : *je crois qu'il se manigance là quelque petite intrigue.*

MANIGANCERIE s. f. Petit complot domestique ; mauvaise ruse.

MANIGRAPHIE s. f. (gr. *mania*, folie; *graphô*, j'écris). Science médicale relative à l'aliénation mentale.

* **MANIGUETTE.** Voy. Malaguette.

MANILIUS (Marcus), poète latin, contemporain d'Auguste. Son poème en 5 livres sur l'astronomie a été traduit en français par Pingré (Paris, 1786, 2 vol. in-8°).

* **MANILLE** s. f. (*ll* mll). Jeu d'hombre, du quadrille et du tri. C'est, en noir, le deux et, en rouge, le sept de la couleur dans laquelle on joue : *la manille est la seconde triomphe, c'est un matador.*

MANILLE s. m. Cigare fabriqué à Manille : *fumer un manille.*

MANILLE (esp. *Manila* [mā-ni'-la]). Capitale

de l'île de Luzon et de tout l'archipel des Philippines, admirablement située près de l'embouchure du Pasig, dans la baie de Manille; de 140,000 à 150,000 hab., dont environ 15,000 Espagnols et créoles; le surplus se compose d'indigènes Tagalas, de Mestizos et de Chinois. La ville est divisée par le fleuve en Manille proprement dite ou ville militaire et Binondo; dans la première se trouvent les principales églises, les couvents, la citadelle, l'arsenal, etc. Binondo, sur la rive septentrionale du fleuve, est moins bien bâtie, mais plus grande et plus animée. On y trouve plusieurs canaux et les résidences des riches négociants. Les gros navires jettent l'ancre à Cavité, situé à environ 10 kil. de la capitale; les petits bâtiments remontent seuls jusqu'à Manille. Exportation de cigares, de chanvre, de sucre, de tabac, de café, d'indigo, de cuivre et de gomme; importation d'objets manufacturés. La manufacture de tabac du gouvernement emploie 20,000 personnes dont un grand nombre de femmes. — Manille fut fondée en 1571, sur l'emplacement d'une ville malaise, par Miguel Lopez de Legazpi, con-

Manille.

quérant des Philippines, qui y organisa le conseil municipal tel qu'il existe encore, et y bâtit la cathédrale aujourd'hui église métropolitaine de toute l'Océanie catholique. Les émigrants chinois y apportèrent leur industrie, mais ils se révoltèrent plusieurs fois au xvii° siècle; on en massacra 23,000 en 1603; 25,000 quelques années plus tard et il fallut finir par les bannir. Ils revinrent malgré tous les édits de proscription, et, en 1762, ils aidèrent les Anglais à prendre la ville d'assaut après un siège de 10 jours. La paix de Paris rendit Manille aux Espagnols (1763). La ville est sujette à de terribles tremblements de terre; celui de 1645 coûta la vie à environ 3,000 personnes et celui du 3 juillet 1863 à plus de 4,000 personnes.

MANIN (Daniele) [mā'-ninn], homme d'État italien, né à Venise le 10 mai 1804, mort à Paris le 22 sept. 1857. Il était avocat dans sa ville natale et se mit à la tête du parti national ; après l'avènement de Pie IX, il s'associa à Tommaseo pour diriger le mouvement de la réforme à Venise (1847). Bien que leurs prétentions fussent des plus modestes, ils furent arrêtés en janv. 1848. La révolution de mars leur rendit la liberté et les plaça à la tête de la république de Venise, proclamée le 23 mars. L'assemblée vénitienne ayant consenti à faire une fusion avec la Sardaigne et la Lombardie, Manin abdiqua le pouvoir. Après la défaite du roi à Custozza (25 juillet), Manin devint le premier des triumvirs de la république de Venise (13 août). Charles-Albert fut encore vaincu à Novare le 23 mars 1849, et Venise, abandonnée à ses propres forces, résista, sous les ordres du général

Pepe, à toute l'armée autrichienne; Manin ne capitula le 23 août que moyennant la promesse d'une amnistie générale dont devaient être exclus seulement les 40 chefs les plus remarquables du mouvement révolutionnaire; il était naturellement compris dans ce nombre; exilé, il se retira à Paris où il gagna sa vie à enseigner l'italien et à écrire des articles de journaux. Une collection partielle de ses œuvres traduites en français a été publiée en 1860, par M. Planat de La Faye sous ce titre, *Documents et pièces authentiques laissés par Daniel Manin*. Le 22 mars 1861, la ville de Turin lui a érigé une statue. En 1868, ses restes furent transportés à Venise. Voy. Henri Martin, *Daniel Manin* (1859, in-8°). L'histoire de ce grand patriote a été écrite en italien par Errera (1872).

* **MANIOC** s. m. [ma-ni-ok] (mot brésilien). Bot. Genre d'euphorbiacées, tribu des crotonées, comprenant plusieurs espèces qui croissent dans les Indes occidentales, dans l'Amérique méridionale et en Afrique. Les deux espèces les plus connues, 1° le *manioc très utile (manihot utilissima)* et 2° le *manioc doux (manihot aipi)*, sont cultivées en grand au Brésil ; la première porte le nom vulgaire de *manioc amer*. On appelle *cassave* la pulpe grillée de leurs racines grattées, dont on a exprimé le jus vénéneux. Si, au lieu de faire griller cette pulpe, on la fait cuire au four sur des plaques de fer, elle forme le *pain de cassave*, nourriture favorite des Brésiliens. La fécule, obtenue de cette pulpe et chauffée à une chaleur suffisante pour la convertir en dextrine, constitue le tapioca du commerce.

* **MANIPULAIRE** s. m. (rad. *manipule*). Antiq. rom. Chef d'une des compagnies dont la cohorte romaine était composée. — Adj. Qui appartient au manipule : *soldat, habit, enseigne manipulaire*.

* **MANIPULATEUR** s. m. Chim. et Pharm. Celui qui manipule : *habile manipulateur*.

* **MANIPULATION** s. f. Chim. et Pharm. Action de manipuler : *la manipulation du minerai*.

* **MANIPULE** s. m. (lat. *manus*, main ; *pleo*, je remplis). Antiq. rom. Chacune des compagnies dont était composée la cohorte, dans l'ancienne milice romaine. — Pharm. Se dit de l'ustensile qui sert à retirer un vase du feu sans se brûler. — Se dit aussi d'une poignée d'herbes, de fleurs, de graines, ou d'autres choses semblables : *prenez un manipule de fleurs d'oranger*. — Liturg. cathol. Ornement que le prêtre catholique porte au bras gauche lorsqu'il célèbre la messe, et que le diacre et le sous-diacre portent aussi quand ils servent à l'autel.

* **MANIPULER** v. a. Chim. et Pharm. Opérer avec la main sur les substances qu'on extrait, qu'on décompose, qu'on mêle, etc. : *la bonté des médicaments dépend beaucoup du soin avec lequel on les a manipulés*. — S'emploie aussi absol. : *ce chimiste, ce pharmacien manipule fort bien*.

* **MANIQUE** s. f. (lat. *manica*, manche). Espèce de gant ou demi-gant que certains ouvriers se mettent à la main, pour qu'elle puisse résister au travail. Le peuple dit d'un savetier : *il est de la manique, c'est un homme de la manique*. — Manche dont s'aident les ouvriers.

MANISSA ou **Manisa** (anc. *Magnesia ad Sipylum*), ville d'Asie Mineure, dans le villayet d'Aidin, rive méridionale de l'Hermus, et sur le flanc septentrional du mont Lipylus, à environ 30 kil. N.-E. de Smyrne ; environ 40,000 hab., presque tous Turcs. Le plus beau palais de la ville est occupé par la famille Karaosmanglou dont les membres étaient autrefois princes de Caramanie. Exportation de coton. (Voy. **Magnésie**.)

MANISTEE [-tl], ville du Machigan (Etats-Unis), à l'embouchure de la Manistee, dans le lac Michigan, à 200 kil. N.-O. de Lansing ; 6,000 hab.

MANITOBA, province de la puissance du Canada, entre 49° et 50° 30' lat. N. et entre 98° et 104° long. O., bornée au S. par les états de Minnesota et de Dakota (Etats-Unis). De nouvelles acquisitions ont porté son territoire à 388,484 kil. carr., et sa population à 66,000, dont 37,000 Indiens. Cap., Winnipeg (jadis Fort-Garry). Outre la population indienne, on trouve, dans ce territoire, un grand nombre de demi-sang, descendants de mères indigènes et de pères franco-canadiens, anglais ou écossais. Depuis 1870, le pays a été envahi par des nuées d'Européens. Le territoire de Manitoba, bien arrosé par des fleuves navigables et couvert de grands lacs, paraît appelé à un certain avenir. Le climat y est sain, mais excessivement froid en hiver et très chaud en été. Le mercure descend jusqu'à — 30° pendant le mois de janvier et monte à + 30° en juillet. Grâce à la sécheresse de l'atmosphère, le froid y est supportable. Les pluies d'été sont abondantes et la végétation arrive rapidement à maturité. L'hiver dure du commencement de novembre au milieu d'avril et la terre est alors couverte d'une épaisse couche de neige. On cultive le froment, l'orge, l'avoine, le seigle ; on élève de nombreux bétail dans les prairies ; mais les Indiens et les demi-sang se livrent surtout à la chasse, qui produit de riches fourrures. Le gouvernement appartient à un lieutenant-gouverneur, à un conseil et à une assemblée législative élue. La langue des tribunaux est le français, parlé concurremment avec l'anglais. La religion dominante est le catholicisme. — La province de Manitoba fut formée en 1870, après l'annexion du territoire de la baie d'Hudson à la puissance du Canada. Cette annexion ne s'était pas faite sans résistance et il avait fallu l'intervention des troupes pour étouffer le soulèvement des demi-sang qui, sous la conduite de Louis Riel, avaient proclamé leur indépendance (20 octobre 1869). Fort-Garry (Winnipeg) ne fut pris que le 24 août 1870. Depuis cette époque, les Anglais ont noyé la population franco-canadienne sous un véritable flux anglo-saxon. — Lac Manitoba, grand lac de la province de Manitoba, à 90 kil. S.-O. du lac Winnipeg, dans lequel il se décharge par la rivière Dauphine. Longueur, 185 kil. ; largeur, moyenne 35 kil. ; environ 5,000 kil. carr.

MANITOU, divinité tutélaire de certaines tribus sauvages de l'Amérique du Nord.

MANITOULIN (Îles) [-tou-linn], groupe du lac Huron, comprenant le grand Manitoulin, l'île Sacrée, le petit Manitoulin, l'île Drummon, etc. L'île Drummon appartient au Michigan (Etats-Unis), et les autres à la province d'Ontario (Canada). Population totale, 2,000 hab., presque tous Indiens.

MANITOWOC, ville du Wisconsin (Etats-Unis), à l'embouchure du Manitowoc, dans le lac Michigan, à 115 kil. N. de Milwaukee ; 7,000 hab.

* **MANIVEAU** s. m. Petit plateau d'osier sur lequel on range certains comestibles pour les vendre : *maniveau d'éperlans, de champignons*.

* **MANIVELLE** s. f. Pièce de fer ou de bois qui se replie deux fois à angle droit, et qui, placée à l'extrémité d'un arbre ou essieu, sert à faire tourner : *la manivelle d'un moulin à café*.

MANKATO, ville de l'état de Minnesota (Etats-Unis), à 430 kil. S.-O. de Sain-Paul ; 7,500 hab.

MANLIA, famille patricienne de l'ancienne Rome, dont les membres occupèrent de hautes charges pendant environ 5 siècles. Le premier qui arriva au consulat, fut *Cneius Manlius Cincinnatus* (480 av. J.-C.) Il fut tué dans une bataille contre les Etrusques. *Marcus Manlius Capitolinus*, consul en 392 ; dut son surnom d'après Tite-Live, à sa défense du Capitole contre les Gaulois vers 390. Accusé d'aspirer au pouvoir royal, il fut condamné à mort et précipité du haut de la roche Tarpéienne.

* **MANNE** s. f. (héb. *man*). Espèce de suc concret, qui découle naturellement, ou par incision, de certains végétaux : *manne de Calabre*. — Ecrit. sainte. Se dit de la nourriture que Dieu fit tomber du ciel pour nourrir les enfants d'Israël dans le désert. (Voy. **Juifs**.) — Fig. C'EST UNE BONNE MANNE, UNE VRAIE MANNE, se dit d'un aliment qui est très abondant, et très utile pour la nourriture du peuple. — Fig. et en style de dévotion, LA MANNE CÉLESTE, la parole de Dieu. — ENCYCL. La *manne* des pharmaciens est un suc concret sucré, purgatif qui découle de quelques espèces de frênes, surtout du *fraxinus ornus* et du *fraxinus rotundifolia*, originaires l'un et l'autre de l'Europe méridionale et de l'Asie Mineure. Ce jus exsude, en été, presque toujours spontanément à la suite de la piqûre d'une espèce de cigale appelée *cicada orni*; on augmente l'exsudation par des incisions transverses faites sur l'écorce. La manne nous vient de l'Italie méridionale. Le commerce en reconnaît de 3 sortes ; la plus belle, appelée *manne en larmes (manna in guttis)*, se présente en longs fragments blancs, légers, d'un goût sucré assez agréable ; on la tient dans des boîtes fermées parce que l'air la jaunit et la ramollit. Elle provient des parties supérieures de l'arbre. La seconde, ou *manne en sorte (manna communis)*, est en grains arrondis, jaunâtres, mous et gras au toucher ; c'est la plus employée comme purgatif. La troisième espèce, qui est la plus grossière, se recueille au pied de l'arbre sur un lit de feuilles disposé à cet effet. Elle est très humide, mêlée de sables et de débris végétaux. — La manne est un purgatif très doux, employé pour les femmes et pour les enfants, à la dose de 60 gr. pour les premières et de 20 à 30 gr. pour les seconds. On la fait dissoudre dans un liquide : eau, lait, etc. On peut la donner en une fois ou à doses fractionnées.

* **MANNE** s. f. (anglo-sax. *mand*, panier). Panier d'osier plus long que large, qui a une anse à chaque extrémité, et où l'on met du linge, de la vaisselle, et d'autres, objets : *mettre de la vaisselle dans une manne*.

* **MANNEQUIN** s. m. (flam. *maeneken*, petit homme). Panier long et étroit, dans lequel on apporte des fruits ou de la marée au marché : *mannequin de marée*. — Panier d'osier à claire-voie, dans lequel on élève des arbres destinés à regarnir un jardin. — Figure imitant le corps humain, dont tous les membres ont des jointures brisées, qui imitent le jeu des articulations, et sur laquelle les peintres et les sculpteurs ajustent des draperies, après lui avoir donné l'attitude de la figure qu'ils veulent représenter : *mannequin de grandeur naturelle*. — CETTE FIGURE SENT LE MANNEQUIN, elle manque de naturel. — Fig. et fam., C'EST UN VRAI MANNEQUIN, c'est un homme nul, sans caractère, que l'on fait mouvoir comme on veut. — Se dit également des figures imitant le corps humain, sur lesquelles les chirurgiens s'exercent à l'application des bandages et à la manœuvre des accouchements. — Demoiselle de magasin sur le dos de laquelle on essaie les confections devant les acheteurs.

* **MANNEQUINÉ, ÉE** adj. Peint. Qui sent le mannequin, qui est disposé avec affectation : *ces draperies, ces figures sont mannequinées*.

MANNEQUINER v. a. B.-arts. Disposer d'une manière peu naturelle et raide comme un mannequin.

MANNETTE s. f. Petite manne.

MANNIFÈRE adj. (lat. *manna*, manne; *fero*, je porte). Bot. Se dit des plantes qui fournissent de la manne.

MANNITE ou **Mannitose** s. f. Chim. Principe cristallisable extrait de la manne ; $C^6 H^{14} O^6$. On l'appelle aussi *sucre de manne* et *sucre de champignons* ; c'est une glucose découverte par Proust en 1806 et dont la composition a été déterminée par Liébig. Elle existe dans plusieurs végétaux et dans les jus saccharins qui ont subi la fermentation visqueuse ou lactique. (Voy. SUCRE.)

* **MANŒUVRE** s. f. (rad. *main* et *œuvre*). Action ou opération de la main. Signifie principalement, en termes de marine, l'action de gouverner, de conduire un vaisseau, de régler ses mouvements, de lui faire faire toutes les évolutions nécessaires, soit pour la route, soit pour le combat : *ce matelot, ce pilote, ce capitaine de vaisseau entend bien la manœuvre.* — pl. Tous les cordages destinés à manier les voiles et à faire les autres services du vaisseau. On appelle MANŒUVRES COURANTES les cordages mobiles qui servent, à tout moment, pour manœuvrer le vaisseau, et MANŒUVRES DORMANTES, les cordages fixes dont on ne fait usage que rarement. On dit, au singulier, AMARRER UNE MANŒUVRE, etc. — Mouvements qu'on fait exécuter à des troupes : *il fit une manœuvre qui déconcerta les ennemis.* — Fig. Moyens qu'on emploie pour arriver à ses fins, et alors il se prend le plus souvent en mauvaise part : *il est parvenu, à force de manœuvres, à supplanter ses concurrents.* MANŒUVRES FRAUDULEUSES. (Voy. DOL et ESCROQUERIE.)

* **MANŒUVRE** s. m. Celui qui travaille de ses mains. On ne l'emploie guère qu'en parlant de ceux qui servent sous les maçons, les couvreurs, etc : *il a tant de manœuvres à payer par jour.* — Se dit, fig. et par mépris, d'un homme qui exécute grossièrement et par routine un ouvrage d'art : *ce n'est qu'un manœuvre.* — Se dit aussi, fig. et en mauvaise part, d'un homme subtil, rusé, disposé à tromper : *défiez-vous de lui, c'est un fin manœuvre.* — Fig. TRAVAIL, OUVRAGE DE MANŒUVRE, se dit des ouvrages d'art ou de littérature, qui n'exigent que du temps et de la patience : *compiler est un ouvrage de manœuvre.*

* **MANŒUVRER** v. n. Mar. Faire la manœuvre : *l'équipage a bien manœuvré.* On dit, activement, *manœuvrer les voiles, manœuvrer un vaisseau.* — CE VAISSEAU MANŒUVRE BIEN, il exécute bien ses mouvements. — Se dit aussi en parlant des mouvements que des troupes exécutent : *ces troupes ont bien manœuvré.* — Se dit, dans un sens plus étendu, en parlant de l'art qu'un général déploie pour réussir dans ses projets, soit qu'il veuille attaquer l'ennemi, soit qu'il veuille l'éviter : *les ennemis avaient résolu de différer le combat ; mais, notre général manœuvra si habilement, qu'il les força d'en venir aux mains.* — Fig. Prendre des mesures pour faire réussir une affaire. S'emploie ordinairement en mauvaise part : *il a manœuvré habilement.*

* **MANŒUVRIER, IÈRE,** s. Celui qui entend bien la manœuvre des vaisseaux : *un bon, un fin, un excellent manœuvrier.* — Se dit aussi en parlant de la manœuvre des troupes de terre : *cet officier est un bon manœuvrier, cette armée est bien manœuvrière.*

* **MANOIR.** s. m. (lat. *manere*, demeurer). Demeure, maison : *on est venu me visiter dans mon manoir.* Il est surtout en usage au Palais : *le principal manoir, le manoir abbatial.* Il est aussi d'usage en poésie : *le manoir de Pluton ;*

---

les manoirs sombres. — Poét. LE MANOIR LIQUIDE, la mer :

> Peu s'en fallut que le soleil
> Ne rebroussât d'horreur vers le *manoir liquide*.
> LA FONTAINE.

* **MANOMÈTRE** s. m. (gr. *manos*, rare ; *metron*, mesure.) Phys. Instrument qui sert à mesurer, la tension des gaz ou des vapeurs : *le manomètre d'une machine à vapeur.* — La force des fluides contenus dans un espace fermé est ordinairement exprimée en unités de pression atmosphérique, appelées atmosphère, et qui sont égales à une hauteur d'une colonne de mercure de 76 centim. Les différentes formes de manomètres peuvent être classées en 3 catégories qui reposent sur des principes différents : 1° *manomètre à air libre*, 2° *manomètre à air comprimé*, 3° *manomètre métallique*. Notre fig. 1 montre un manomètre *à air libre*, composé d'un vase contenant du

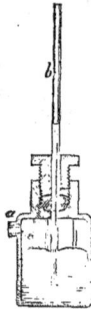

Fig. 1. — Manomètre à mercure.   Fig. 2. — Manomètre à air comprimé.

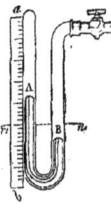

mercure dans lequel plonge un tube vertical *b*; le vase reçoit en outre un tube *a*, qui communique avec le gaz ou la vapeur comprimée. Cet appareil peut affecter plusieurs formes. Le *manomètre à air comprimé* (fig. 2) est construit d'après le principe de la loi de Boyle. Le *manomètre métallique* a pour pièce principale un tube de cuivre recourbé en spirale, fermé à une extrémité, tandis que l'autre est ouverte et peut être mise en communication avec le réservoir qui contient le fluide dont on mesure la tension.

MANOQUE s. f. Comm. Petite botte de feuilles de tabac séchées, triées et réunies par leurs pétioles.

MANOSQUE, ch.-l. de cant., arr. et à 17 kil. S. de Forcalquier (Basses-Pyrénées) ; 6,460 hab. Tribunal de commerce, collège ; huiles, eaux-de-vie, toiles ; commerce de vins, truffes, miel, etc.

MANOU ou **Menou**. Mythol. indoue. Père de l'espèce humaine qui fut appelé Mânavâ (progéniture de Manou). Il est nommé enfant de Svayambhou, *l'existant par lui-même* ; mais on l'appelle aussi quelquefois fils de Dyaus ou de Brahma. On lui attribue le célèbre système de lois civiles et religieuses, la *mânava-dharmâ-sâstra*, ou institutes de Manou, considérées par les Indous comme le texte le plus saint, après les Védâs. Quelques-uns pensent que Manou est identique avec le Minos des Grecs. Les Anglais font descendre le nom de Manou leur mot *Man*, homme.

* **MANOUVRIER** s. m. (rad. *main* et *ouvrier*). Ouvrier qui travaille de ses mains, et à la journée.

* **MANQUANT, ANTE** adj. Qui est en moins, qui n'est pas là où il devrait se trouver : *les sommes manquantes.* S'emploie quelquefois subst. : *les manquants à l'appel.*

* **MANQUE** s. m. Défaut, absence, priva-

---

tion : *un manque de foi; un manque de parole.* — TROUVER QUELQUE CHOSE DE MANQUE, le trouver de moins où il devrait être : *je trouvai dix écus de manque dans un sac de mille francs.* — S'emploie quelquefois en forme de préposition, et signifie, faute : *ce n'est pas manque de soin s'il ne réussit pas dans cette affaire.* — MANQUE A GAGNER, occasion qu'on laisse échapper de faire un profit. — Billard. UN MANQUE-A-TOUCHER, se dit lorsque le joueur n'atteint pas la bille sur laquelle il joue. *Manque*, dans cette expression, ne prend pas la marque du pluriel : *il a fait dix manque-à-toucher dans la partie.*

* **MANQUÉ, ÉE** part. passé de MANQUER. UN PLAT MANQUÉ, un plat que le cuisinier n'a pas réussi à faire bon. UN OUVRAGE MANQUÉ, défectueux. UN PROJET MANQUÉ, avorté. — Fam. UN POÈTE, UN PEINTRE, UN AVOCAT MANQUÉ, qui manque de talent, qui n'a pas réussi. UN GRAND HOMME MANQUÉ, un personnage avorté, qui ne tient pas ce que l'on attendait de lui.

* **MANQUEMENT** s. m. Faute d'omission : *ce fut un léger manquement.* — Défaut, manque : *manquement de parole.* En ce sens, il est moins usité que MANQUE.

* **MANQUER** v. n. (bas lat. *mancare*, estropier). Faillir, tomber en faute : *tous les hommes peuvent manquer, sont sujets à manquer.* — Se dit, à peu près dans le même sens, en parlant des armes à feu, lorsqu'on veut tirer et que le coup ne part pas : *ses deux pistolets manquèrent.* — Tomber, périr : *cet homme est bien malade ; s'il vient à manquer, sa famille est ruinée.* — Signifie également, en parlant des choses, s'affaisser : *la terre manqua sous leurs pieds.* — LE PIED LUI A MANQUÉ, le pied lui a glissé. — Fig. Faillir, faire banqueroute : *ce banquier, ce négociant, ce marchand a manqué.* — Défaillir : *il ne peut plus se soutenir, les jambes, les forces lui manquent.* — Faire faute : *il achèterait volontiers cette maison, mais l'argent lui manque.* — En parlant d'une personne ou d'une chose, signifie aussi qu'elle est de moins là où elle devrait se trouver : *il manque deux cents hommes dans ce régiment.* — Suivi de la préposition *de*, signifie avoir faute de : *manquer d'argent, de vivres, de munitions.* — MANQUER DE PAROLE, MANQUER DE FOI, ne pas tenir sa parole, n'avoir pas de bonne foi. — IL NE MANQUE PAS D'ESPRIT, D'AMBITION, DE BONNE VOLONTÉ, etc., il a de l'esprit, de l'ambition, de la bonne volonté. — Avec *de* et un verbe à l'infinitif, signifie, omettre, oublier de faire quelque chose : *je ne manquerai pas de faire ce que vous voulez.*

> Quand avons-nous *manqué* d'aboyer au larron ?
> J. RACINE.

— Courir quelque risque, être sur le point d'éprouver quelque accident : *nous avons manqué de verser.* Dans ce sens, il est familier. — Suivi de la préposition *à*, signifie, ne pas faire ce qu'on doit à l'égard de quelqu'un ou de quelque chose : *manquer à ses engagements, à l'honneur, à sa foi, à sa parole.* — MANQUER A QUELQU'UN, manquer aux égards, au respect qu'on lui doit : *il m'a manqué essentiellement.* — SE MANQUER A SOI-MÊME, compromettre son honneur : *par cette violence, il s'est manqué à lui-même encore plus qu'aux autres.* — Jeu de billard. MANQUER A TOUCHER, ne pas atteindre la bille sur laquelle on joue. — v. a. Ne pas réussir dans ce qu'on a entrepris, ne pas rencontrer ce qu'on cherchait, laisser échapper ce qu'on poursuivait, etc. En ce sens : *il est arrivé trop tard, j'ai manqué cet homme.* — MANQUER UNE PIÈCE DE GIBIER, la tirer et ne pas la tuer : *j'ai manqué un lièvre qui était au bout de mon fusil.* — Par menace. S'IL ME MANQUE, JE NE LE MANQUERAI PAS, il peut compter sur les effets de mon ressentiment. — LES CHASSEURS ONT MANQUÉ LE CERF, ils ne l'ont pas pris. LA GENDARMERIE A MANQUÉ LES VOLEURS, elle ne les a pas attrapés. — Fam. l'AVOIR MANQUÉ BELLE, avoir échappé à un grand danger: *la balle a percé votre chapeau, vous l'avez manqué belle*. — ~ **Se manquer** v. pr. *Cette occasion ne se manque jamais.* — Se manquer de, être dépourvu, avoir faute de: *vous ne m'avez pas entièrement payé, il s'en manque de dix francs.*

MANRESA [mann-rè'-sa], *ville d'Espagne*, sur le Llobregat, à 50 kil. N.-N.-O. de Barcelone; environ 15,000 hab. C'est l'une des villes les plus pittoresques de la Catalogne. Cotonnades, soieries, poudre à canon et eaux-de-vie. Les Français, commandés par Macdonald, s'en emparèrent le 30 mars 1811 et y brûlèrent plus de 800 maisons.

MANS (Le) [le-man], *Cenomani, Suindinum*, ch.-l. du dép. de la Sarthe, à 211 kil. S.-O. de Paris, sur le versant d'une colline au pied de laquelle coule la Sarthe; par 48° 0' 35" lat. N. et 2° 8' 19" long. O. ; 50,000 hab. Manufactures de lainages et filatures; dentelles, toiles de lin, fameux chapons du Mans. La cathédrale renferme un beau chœur dans le style gothique et de magnifiques vitraux. — La ville du Mans fut fondée au IIe siècle par les Romains, qui l'appelèrent *Suindinum* o. : *Cenomani*; elle fut souvent ravagée et Henri IV s'en empara pendant les guerres de la Ligue. Les Vendéens lui firent subir son 24e siège et entrèrent le 10 déc. 1793; mais, dès le lendemain, ils furent complètement battus par les troupes républicaines et y perdirent 10,000 hommes. Ils pillèrent de nouveau la ville en 1799. C'est devant le Mans que se livra, les 11 et 12 janv. 1871, une des dernières batailles de l'armée française contre les Allemands. L'armée de la Loire commandée par Chanzy, attaquée par les troupes du prince Frédéric-Charles, allait remporter une brillante victoire, lorsque les mobilisés de Bretagne, qui avaient la garde de l'importante position de la Tuilerie, furent pris d'une panique subite et se sauvèrent en désordre. Les Allemands occupèrent aussitôt la Tuilerie et coupèrent ainsi notre centre. La retraite se fit en désordre et les ennemis entrèrent au Mans le 12 janv.

MANSARD ou **Mansart** I. (François), architecte, né à Paris en 1598, mort en 1666. Richelieu le chargea, en 1624, de la construction de l'église des Feuillants, à Paris ; et il traça les plans de nombreux châteaux, de la façade de l'église des Minimes, qu'il considérait comme son chef-d'œuvre, et de l'église du Val-de-Grâce. On lui attribue l'invention de la toiture brisée qui porte son nom. — II. (Jules HARDOUIN-), neveu et élève du précédent, fils du peintre Jules Hardouin, né à Paris en 1645, mort à Marly en 1708. Il adopta le nom de son oncle; Louis XIV le chargea de bâtir le palais de Versailles. Parmi ses autres travaux, on cite les places Vendôme, Louis XIV et des Victoires, la galerie du Palais-Royal, le dôme de l'hôtel des Invalides et l'achèvement de cet hôtel commencé par Libéral Bruant. Il fut nommé surintendant général des bâtiments, arts et manufactures (1699), et acquit une immense fortune. On lui doit aussi les châteaux de Marly, du grand Trianon, de Vanves, de Clagny, etc.

* **MANSARDE** s. f. (de *Mansard*, n. pr.). Archit. Fenêtre pratiquée dans la partie presque verticale d'un comble brisé : *le voleur s'est introduit par la mansarde*. On dit aussi, FENÊTRE EN MANSARDE. — Chambre pratiquée sous un comble brisé : *il habite une mansarde*. — ÉTAGE EN MANSARDE, étage dont les chambres sont des mansardes. — COMBLE, TOIT EN MANSARDE, comble, toit brisé.

* **MANSARDÉ, ÉE** adj. Disposé en mansardes : *un étage mansardé.*

* **MANSE** s. f. (bas lat. *mansus, mansum* ou

mansa; de *manere*, demeurer). Féod. Mesure de terre jugée nécessaire pour faire vivre un homme et sa famille : *manses appartenant à des hommes libres.*

* **MANSE**. Voy. MENSE.

MANSFELD [mânns-fèlt], noble famille allemande qui tira son nom du château de Mansfeld, aujourd'hui compris dans la ville de Mansfeld (Saxe prussienne). *Peter-Ernst*, comte de Mansfeld (1517-1604) passa la plus grande partie de sa vie au service de Charles-Quint et de Philippe II. Il devint, en 1592, gouverneur général des Pays-Bas; en 1594, il se retira à Luxembourg avec le titre de prince de l'empire. — *Ernst* (1595-1626), fils naturel du précédent. En récompense des services militaires rendus à l'empereur Rodolphe II et à Philippe III d'Espagne, il fut légitimé; mais la dignité de comte et ses propriétés lui ayant été refusées, il embrassa le calvinisme pour se venger, et devint l'un des ennemis les plus actifs de la maison d'Autriche. Il combattit en Bohême, battit plusieurs fois les Hessois et les Bavarois, remporta la victoire de Fleurus sur les Espagnols et remit le commandement de ses troupes au duc de Saxe-Weimar.

MANSFIELD [mânns-fild] I. Ville du Connecticut (Etats-Unis), à 40 kil. N. de New-London ; 3,000 hab. — II. Ville de l'Ohio (Etats-Unis), à 110 kil. N.-E. de Columbus ; 10,000 hab. — III. Ville du Nottinghamshire, sur la Maun, à 22 kil. N. de Nottingham ; 12,000 hab. Cotonnades, bonneterie, ganterie ; belle église gothique.

MANSION s. f. (lat. *mansio*; de *manere*, demeurer). Habitation, demeure.

MANSION-HOUSE [mann-ch'n-haou-se], résidence du lord-maire de Londres, construite en 1739-'53.

MANSLE [man-le], ch.-l. de cant., arr. et à 17 kil. S. de Ruffec (Charente), sur la rive droite de la Charente ; 1,800 hab. Commerce de grains, vins, eaux-de-vie.

MANSOURAH ou **La Massoure**, ville d'Egypte, ch.-l. de la province de Dakaliêh, sur le bras oriental du Nil, à 110 kil. N. du Caire; environ 50,000 hab. Elle renferme de belles mosquées, des maisons à deux étages, un palais pour le mudir de la province, plusieurs bazars et des manufactures de coton. Saint-Louis atteignit cette ville en 1250 dans l'espoir d'en avoir en peu de temps toute l'Egypte qui devait lui ouvrir la route de la Terre Sainte. Les croisés y livrèrent d'abord une bataille indécise, mais le 5 avril 1250 ils furent complètement vaincus et le roi fut fait prisonnier. (Voy. LOUIS IX.) En 1798, une garnison française fut massacrée à Mansourah par les Arabes.

* **MANSUÉTUDE** s. f. (lat. *mansuetudo*; de *mansuetus* doux). Débonnaireté, douceur d'âme, bénignité, patience : *la mansuétude est une vertu chrétienne.* N'est guère usité que dans le langage de la dévotion.

MANTAILLES, château en ruines, situé près d'Anneyron (Drôme), et où se tint, en 879, le concile dans lequel on dépouilla les enfants de Louis le Bègue de la couronne de Bourgogne, pour la donner à Boson.

MANTAIS, AISE s. et adj. Qui est de Mantes, qui concerne cette ville ou ses habitants. — **Le Mantais**, anc. pays de France, dans le gouvernement général de l'Ile-de-France, borné par le Vexin français, l'Ile-de-France, le Hurepoix, l'Orléanais, le Perche et la Normandie. Cap. Mantes. Il est compris auj. dans les dép. de Seine-et-Oise et d'Eure-et-Loir.

MANTCHOURIE. Voy. MANDCHOURIE.

* **MANTE** s. f. (lat. *mantellum*). Espèce de vêtement de femme, ample et sans manches,

qui se porte par-dessus les autres vêtements, dans les temps froids : *mante de mérinos doublée de soie*. — Se dit aussi d'un vêtement semblable, dont les dames de la cour portaient dans les deuils : *durant le deuil du feu roi, toutes les dames étaient en mante*. — Se dit aussi d'un certain habit que portent quelques religieuses.

* **MANTE** s. f. (gr. *mantis*, augure). Entomol. Genre d'insectes orthoptères, famille des coureurs, qui ont quelque rapport avec les sauterelles et dont une espèce s'appelle la *mante religieuse*. — Les mantes présentent une forme bizarre et même hideuse ; leur corps est allongé, étroit ; leur tête triangulaire, verticale, porte 3 petits yeux lisses distincts et des antennes insérées entre les yeux. Ces orthoptères sont fortement constitués et

Mante religieuse.

armés de solides mandibules qui leur permettent d'attaquer et de déchirer un grand nombre d'autres espèces d'insectes. La *mante prie-Dieu* (*mantis religiosa*, Linn.) se trouve dans tous les pays vignobles du midi de la France; à l'état de repos, elle relève et rapproche ses deux bras à la manière d'une personne suppliante et c'est cette singulière attitude qui lui a valu son nom. Elle est d'un vert clair, quelquefois brune; longue de 5 centim.

* **MANTEAU** s. m. Vêtement ample et sans manches se met par-dessus l'habit, et qui prend ordinairement depuis les épaules jusqu'au-dessous des genoux : *grand manteau, manteau d'hiver, d'été*. — S'ENVELOPPER DE SON MANTEAU, se résigner, attendre son sort avec calme au milieu des dangers : *le sage est quelquefois réduit à s'envelopper de son manteau*. — VENDRE, DÉBITER SOUS LE MANTEAU, vendre clandestinement des livres défendus : *c'est un libelle qui ne se vend que sous le manteau*. Se dit aussi en parlant de toutes les choses défendues. — GARDER LES MANTEAUX, faire le guet, ou demeurer à ne rien faire, pendant que ceux avec qui l'on est venu se distraient, ou commettent quelque délit. — RÔLES A MANTEAU, rôles de certains personnages de comédie, pour lesquels, à raison de leur âge, de leur condition ou de leur caractère, le manteau était un vêtement d'usage : *il joue les rôles à manteau*. On dit dans le même sens, Jouer les manteaux. — MANTEAU LONG, espèce de manteau étroit, ordinairement fait de soie noire, que les ecclésiastiques portent avec la soutane : *il était en manteau long*. On appelle par opposition, MANTEAU COURT, une espèce de petit manteau de soie noire, qui ne passe pas le genou, et que les ecclésiastiques mettent avec l'habit court, lorsqu'ils vont dans le monde : *se mettre en manteau court*. — MANTEAU DE DEUIL, long manteau noir que portent aux enterrements les proches parents du défunt. — MANTEAU DE CÉRÉMONIE, long manteau fourré ou doublé, et traînant, que les rois, les princes et les grands dignitaires portent dans certaines cérémonies : *le manteau impérial, le manteau royal, le manteau ducal, le manteau de pair, sont des manteaux de cérémonie*. — MANTEAU DE COUR, espèce de robe sans corsage, ouverte par devant et à queue traînante, qui s'attache au bas de la taille, et que portent les dames de la cour, les jours de présentation et de cercle. — MANTEAU DE NUIT, ou, plus ordinairement, MANTEAU DE LIT, espèce de manteau fort court, ayant des manches, et dont on se sert dans la chambre et au lit. — Fig. Apparence, prétexte dont on

se couvre : *sous le manteau de la dévotion, de la religion, on cache souvent de mauvais desseins*.

Comme il sait, de traîtresse manière,
Se faire un beau manteau de tout ce qu'on révère.
                            Tartufe, acte IV, sc. vii.

— Blas. Fourrure herminée sur laquelle est posé l'écu. — Fauconn. Couleur des plumes d'un oiseau de proie : *cet oiseau à un beau manteau*. — MANTEAU DE CHEMINÉE, la partie de la cheminée qui fait saillie dans la chambre, au-dessus de l'âtre, au-dessus du foyer. — Fig. DIRE QUELQUE CHOSE SOUS LE MANTEAU DE LA CHEMINÉE, le dire en cachette.

MANTEGNA (Andrea) [männ-té'-nia], artiste italien (1431-1506); il peignit plusieurs fresques à Mantoue, à Padoue et à Rome. Le plus célèbre de ses travaux est la série de cartons en détrempe représentant le *Triomphe de César* après sa conquête de la Gaule, et peints pour Ludovico Gonzaga. Charles Ier, les acheta plus tard et ils se trouvent aujourd'hui à Hampton Court. Nous avons au Louvre quatre Mantegna; le plus beau est le *Parnasse*; on cite ensuite *Jésus-Christ entre les larrons*, la *Sagesse victorieuse des Vices* et la *Vierge de la Victoire*. D'après Lanzi, Mantegna grava plus de 50 de ses dessins.

MANTELÉ, ÉE adj. Blas. Se dit de l'écu divisé par deux diagonales dont l'une part de l'angle dextre et l'autre de l'angle sénestre et qui se réunissent à une petite distance du chef. — Zool. Se dit d'un animal dont le dos est d'une couleur qui tranche plus ou moins avec celles du reste du corps : *corneille mantelée*; l'Académie dit *emmantelée*.

* MANTELET s. m. Espèce de petit manteau : *les évêques portent en cérémonie un mantelet violet par-dessus leur rochet*. — Grande pièce de cuir qui s'abat sur le devant et sur les côtés des calèches : *lever, abattre les mantelets*. — Guerre. Sorte de machine composée de plusieurs madriers, que l'on poussait devant soi, dans l'attaque des places, pour se mettre à couvert des coups de fusil : *on remplace depuis longtemps les mantelets par des gabions très élevés, remplis de fascines et de menus bois*. — Mar. Volet qui sert à fermer l'ouverture d'un sabord de navire ou d'une embrasure faite pour laisser passer la volée d'un canon.

MANTELL (Gideon-Algernon), géologue anglais (1790-1852); on lui doit la découverte de 4 des 5 genres de reptiles dinosauriens éteints, savoir : l'iguanodon, l'hylæosaure, le pélorosaure et le régnosaure. Il a laissé : *Merveilles de la géologie* (2 vol. 1833) et plusieurs autres ouvrages.

. * MANTELURE s. f. Poil du dos d'un chien, lorsqu'il n'est pas de la même couleur que celui des autres parties du corps.

MANTES ou Mantes-la-Jolie (*Medunta*). ch.-l. d'arr. du dép. de Seine-et-Oise, sur la rive gauche de la Seine, à 42 kil. N.-O. de Versailles, à 57 kil. N.-O. de Paris, par 48° 59' 18'' lat. N. et 0° 37' 0'' long. O.; 6,000 hab. Plâtre, graines, vins, cuirs. Magnifique église gothique construite vers le xiiᵉ siècle. Tour Saint-Maclou (xivᵉ siècle). Mantes fut ravagée successivement par Guillaume le Conquérant (1087) et par Charles le Mauvais; Philippe-Auguste y mourut; du Guesclin s'en empara en 1346. Le 24 fév. 1354, le roi de France Jean, et le roi de Navarre, Charles le Mauvais, y signèrent un traité en vertu duquel la pairie de Mantes fut abandonnée au roi de Navarre; mais cette pairie fit retour à la couronne quelques années plus tard.

* MANTILLE s. f. [*ll* mll.] Longue et large écharpe de soie dont les femmes espagnoles se couvrent la tête et les épaules en la croisant sous le menton. — Se dit aussi de certaines imitations de cette pièce de toilette : *une mantille garnie de dentelles*.

MANTINÉE, l'une des plus vieilles et des plus puissantes villes de l'ancienne Arcadie, sur les confins de l'Argolide et sur la rivière Ophis. Elle fut d'abord alliée de Sparte, mais les Spartiates la détruisirent en 385 av. J.-C., parce qu'ils étaient jaloux de son rapide accroissement. Les Mantinéens rebâtirent leur ville aussitôt que la suprématie spartiate eut été renversée à Leuctres en 371. C'est devant Mantinée que se livra en 362 av. J.-C. la grande bataille dans laquelle fut tué Epaminondas, chef des Thébains. En 222, la ville fut pillée par Antigone Dozon et son nom fut remplacé par celui d'Antigonea qu'elle porta jusqu'au temps d'Adrien. Les ruines de Mantinée sont encore visibles au village moderne de Paleopoli, dans une plaine dénudée, à 12 kil. N. de Tripolitza.

MANTINÉEN, ÉENNE s. et adj. De Mantinée; qui appartient à cette ville ou à ses habitants.

MANTOUAN, ANE s. et adj. De la province du Mantouan ou de la ville de Mantoue; qui concerne cette province, cette ville ou leurs habitants.

MANTOUAN (Le), ancienne souveraineté de l'Italie septentrionale, comprenant la ville de Mantoue et les territoires environnants.

MANTOUAN (Giovanni-Battista BRIZIANO, *dit le*), sculpteur et graveur italien; il vivait dans le xvⁱᵉ siècle et fut élève de Jules Romain. On a de lui, entre autres gravures remarquables : *Romulus et Rémus allaités par une louve*, la *Fuite en Egypte*, l'*Incendie de Troie*, etc.

MANTOUE (ital. *Mantova*). I. Province de l'Italie septentrionale (Lombardie) ; 2,490 kil. carr.; 296,000 hab. Elle forme une vaste plaine marécageuse et insalubre en beaucoup d'endroits, mais que le drainage a rendue fertile. Elle est arrosée par le Pô et par ses affluents, le Mincio et l'Oglio; elle produit des grains, de la soie, du chanvre, du riz, des fruits et du vin. Elle embrasse l'ancien duché de Mantoue. — II. Cap. de cette province, à 45 kil. S.-S.-O. de Vérone, dans une île qui s'élève au milieu d'une lagune formée par le

daux avec leurs tours crénelées, s'étendent de la porta de San Giorgio à la piazza Delsurg et comprennent le palais Gonzaga qui sert aujourd'hui de prison. Près de celui-ci, cet édifice immense bâtiment commencé en 1302 et formé de plusieurs palais contenant environ 500 appartements dont les embellissements sont dus à Jules Romain, qui a laissé à Mantoue de nombreux chefs-d'œuvre. Les principales églises sont : la cathédrale de Saint-Pierre, Saint-André et Sainte-Barbe, toutes riches en peintures. Bibliothèque d'environ 80,000 vol. Le principal article de commerce est la soie. — On suppose que cette ville a été fondée par les Etrusques, 400 ans avant la création de Rome; elle tomba entre les mains des Romains en 197 av. J.-C. Son principal titre de gloire est d'avoir donné le jour à Virgile. Charlemagne y érigea les premières fortifications, qui ne furent terminées que par les Autrichiens. Au moyen âge, c'était l'une des villes les plus importantes d'Italie; elle fut embellie par les Gonzague qui y conservèrent le pouvoir de 1328 à 1708, époque où elle fut prise par l'empereur Joseph Ier. La domination autrichienne y fut accompagnée de grandes calamités. En 1796-'97, Bonaparte bloqua la ville pendant 5 mois et la réduisit par la famine (2 fév. 1797); les Austro-Russes la reprirent le 30 juillet 1799 après un siège de quelques jours. La victoire de Marengo (14 juin 1800) fut suivie d'une nouvelle capitulation de Mantoue qui fit partie du royaume d'Italie jusqu'en 1814. Les Autrichiens s'y fortifièrent en raison de son importance stratégique, dans le nord de l'Italie. Pendant le soulèvement de 1848, la possession de Mantoue assura la domination de l'empire d'Autriche. Cette ville fut bloquée pendant plusieurs mois par les troupes de Charles-Albert; sa résistance donna à l'empereur le temps de réunir son armée et Charles-Albert fut vaincu à Custozza (25 juillet). Son importance ne fut pas moins considérable pendant les guerres de 1859 et de 1866. Le traité de Villafranca (11 juillet 1859) la détacha de la Lombardie pour l'annexer à la Vénétie qui restait possession autrichienne; mais elle fut réunie à l'Italie, le 11 oct. 1866.

Mantoue.

Mincio; par 45° 9' 34'' lat. N. et 8° 27' 37'' long. E.; 29,000 hab. Avant le drainage et l'endiguement des marais, ceux-ci rendaient Mantoue inabordable, et les formidables travaux qui protégeaient cette ville de tous les côtés la faisaient tout à fait imprenable. Les communications avec la terre ferme ont lieu au moyen de plusieurs ponts dont le plus long est le *ponte di San Giorgio*. De grandes masses d'édifices composées de châteaux féo-

MANUCE, Manutius (ital. *Manuzio*) I. (Alde ou ALDUS), surnommé l'*Ancien*. Premier membre d'une illustre famille d'imprimeurs italiens, né dans les Etats romains vers 1449, mort à Venise en 1515. Il était profondément versé dans la littérature classique, et vers 1490, il établit à Venise une imprimerie qui devint rapidement célèbre à cause de la variété et de l'excellence des œuvres qu'elle publia. Peu après l'an 1500, il inventa la *caractère* nommé *italique* (Voy. ce mot). Ses travaux étaient partagés par une société de savants qui se réunissaient dans sa maison et qui formaient ce que l'on appelait l'*Académie Aldine*. — II. (Paul ou PAULUS), le plus jeune fils du précédent, né à Venise en 1514 ou en 1512, mort en 1574. Aussi instruit que son père, il se distingua par la correction de ses belles éditions de classiques latins, particulièrement de celle de Cicéron. Il a publié une traduction latine des *Philippiques* de Démosthène et des œuvres originales en latin et en italien. — III. (Alde ou ALDUS), dit le *Jeune*, fils du précédent né à Venise en 1547, mort à Rome en 1597. A l'âge de 11 ans, il publia une *Collection d'œuvres choisies des auteurs latins et italiens*, et trois ans plus tard, il produisit un *Traité sur l'orthographe latine*. Il abandonna, en 1584, son imprimerie à l'un de ses ouvriers, et, pendant le reste de sa vie, il fut professeur de belles-lettres, successivement à Bologne, à Pise et à Rome. — Voy. RAYNOUARD, *Annales de l'imprimerie des Alde* ou *Histoire des trois Manuce et de leurs éditions* (Paris, 1825-'26, 3 vol. in-8°).

* MANUEL, ELLE adj. (lat. *manus*, main). Qui se fait avec la main : *ouvrage, travail manuel*. — DISTRIBUTION MANUELLE, se dit particul. de ce que les chanoines reçoivent pour leur assistance à certains offices ou services particuliers. — s. m. Sert de titre à certains livres ou abrégés, pour annoncer qu'on doit en faire un fréquent usage, et les avoir, pour ainsi dire, toujours à la main : *manuel de dévotion; le manuel de saint Augustin.*

* MANUEL, nom de deux empereurs de Byzance. I. (Manuel I, COMNÈNE), né vers 1120, mort le 24 sept. 1180. Il succéda à son père Jean II (CALO-JOANNES) en 1143, et fut de suite entraîné dans différentes guerres en Orient et en Occident. La plus importante fut celle qu'il eut à soutenir contre Roger, roi normand de Sicile. Il eut les Vénitiens pour alliés, et la lutte, commencée en 1148, se termina en 1155, par une paix honorable. De même ses guerres avec le prince d'Antioche, avec les Serbes, avec les Hongrois et avec les Turcs Seljoucides eurent une heureuse issue; mais, en 1176, il fut complètement battu par Az ed-Din, sultan des Turcs, et fut obligé de signer un traité désavantageux. — II. (Manuel II, PALÉOLOGUE), né en 1348, mort le 21 juillet 1425. A la mort de son père, Jean V, en 1391, il s'enfuit de la cour du sultan Bajazet, où il était retenu en otage, et prit possession du trône de Constantinople. La conséquence de son avénement fut une guerre avec Bajazet. Les alliés de Manuel furent vaincus à la sanglante bataille de Nicopolis, en 1396, et Constantinople fut assiégé; mais les conquêtes de Tamerlan finirent par détourner l'attention du sultan. Pendant la lutte entre les Tartares et les Turcs, Manuel agit avec une grande habileté diplomatique et assura la paix à son empire.

MANUEL (Jacques-Antoine), orateur français, né à Barcelonnette en 1775, mort en 1827. Après avoir suivi pendant quelque temps la carrière des armes, il fit son droit, s'inscrivit au barreau d'Aix et s'y fit un nom. Le dép. des Basses-Alpes l'envoya à la Chambre des représentants pendant les Cent-Jours; il ne monta à la tribune qu'après Waterloo son début le rangea parmi nos gloires parlementaires. Il vint alors s'établir à Paris où l'ordre des avocats refusa de le recevoir parmi ses membres à cause de ses opinions avancées. En 1818, élu député de la Vendée, il prit une part active à toutes les discussions importantes. L'éclat et la vigueur de sa parole, sa logique serrée, sa fermeté de caractère déterminèrent la majorité parlementaire à se débarrasser de lui. Dans les ardents débuts au sujet de la guerre projetée contre

l'Espagne, on l'arrêta au milieu d'une période et on l'accusa de faire l'apologie du régicide; vainement il voulut s'expliquer, on lui refusa la parole, et le 3 mars 1823, la majorité prononça son expulsion. S'étant présenté le lendemain à sa place de député, il fut sommé d'avoir à quitter son banc et la salle des séances. Sur son refus, et comme il répondait qu'il ne céderait qu'à la violence, la garde nationale reçut l'ordre de l'expulser; le piquet chargé de l'exécution refusa d'obéir; la gendarmerie, appelée à la hâte, pénétra dans la salle et, sur l'ordre de l'officier, qui s'écria en montrant Manuel : « *Empoignez-moi cet homme-là* », arracha violemment de son banc et expulsa de la Chambre le député de la Vendée. Manuel vécut ensuite dans la retraite et mourut à Maisons. Plus de cent mille personnes accompagnèrent ses restes au Père-Lachaise. Par son testament, il léguait à Béranger, son ami et son hôte, une rente annuelle de 1,000 fr. (Voy. BÉRANGER.)

MANUEL (Louis-Pierre), conventionnel, né à Montargis en 1751, mort en 1793. Il entra d'abord dans la congrégation des frères de la Doctrine chrétienne, puis fut mettre à la Bastille à la suite de la publication d'un pamphlet irréligieux. Il embrassa avec ardeur les idées révolutionnaires, fut nommé membre de la municipalité provisoire de Paris (1789) et devint procureur de la Commune de Paris (1791). Membre de la Convention, il vota dans le procès du roi pour la détention et pour le bannissement à la paix, et donna sa démission à la suite de la sentence de mort portée contre *Louis XVI; il se retira* dans son pays natal, d'où un mandat du tribunal révolutionnaire l'arracha pour le conduire à l'échafaud. On a de lui : *Essais historiques, littéraires et philosophiques* (Genève, 1783, in-12); *Lettres sur la Révolution, recueillies par un ami de la Constitution* (1792, in-8°), etc. Il fut l'éditeur des *Lettres de Mirabeau à Sophie* (1792, 4 vol. in-8°).

* MANUELLEMENT adv. Avec la main, de la main à la main : *donner, recevoir manuellement.*

* MANUFACTURE s. f. (lat. *manus*, main; *facere*, faire). Fabrication de certains produits de l'industrie : *la manufacture des étoffes de laine et de soie est une source de richesses pour la France.* Il vieillit en ce sens : on dit plus ordinairement, FABRICATION. — *Bâtiment où l'on fabrique*, et souvent *tout ce qui est nécessaire pour garnir les ateliers : il a fait construire une fort belle manufacture; la manufacture de tapisseries des Gobelins.* — Ouvriers de la manufacture : *toute la manufacture vint au-devant de nous, et prit part à la fête.* — S'emploie quelquefois au figuré : *le bureau de ce journal est une manufacture de calomnies, de mensonges.* — Législ. « Un certain nombre de manufactures, étant considérées comme des établissements d'un voisinage ou dangereux ou insalubre ou incommode, ne peuvent être établies et exploitées sans une autorisation administrative préalable. (Voy. ÉTABLISSEMENT.) — Les enfants mineurs ne peuvent être employés dans les manufactures qu'à un certain âge et dans certaines conditions fixées par les lois et les règlements. (Voy. ENFANT.) — La journée de l'ouvrier adulte, dans les manufactures et usines ne doit pas excéder douze heures de travail effectif; et, en cas de contravention, le chef de manufacture est puni d'une amende de 5 fr. à 100 fr., par chaque ouvrier indûment employé, mais sans que le total de ces amendes puisse s'élever au-dessus de 1,000 fr. (Décr. 9 sept. 1848). Cette limitation à douze heures par jour ne s'applique pas au travail des ouvriers employés à conduire les fourneaux, étuves, etc., aux ouvriers travaillant à la mouture des grains, ni aux ouvriers des imprimeries. Dans certaines manufactures, la durée du

travail effectif peut être prolongée d'une heure ou de deux heures au delà de la limite légale (Décr. 17 mai 1851; L. 31 janv. 1866). — Les *manufactures nationales* sont des établissements industriels appartenant à l'État et non compris dans les arsenaux. Ce sont : 1° les manufactures d'armes de guerre, celles des poudres à feu et celles des tabacs, dont l'exploitation est un monopole fondé sur les besoins de la défense nationale ou sur l'intérêt fiscal; 2° la manufacture de porcelaine de Sèvres, acquise par Louis XV en 1759, et les manufactures de tapisseries des Gobelins et de Beauvais, fondées sous Louis XIV. L'entretien de ces derniers établissements industriels est très onéreux pour le Trésor public, et les avantages que l'on prétend en retirer sont à peu près illusoires. Nous ne pouvons que répéter à ce sujet ce que nous avons déjà dit en parlant de l'imprimerie nationale, et l'on ne saurait trop le redire : la fonction de l'État consiste à protéger l'industrie et non à lui faire concurrence. — Des *chambres consultatives des arts et manufactures* ont été établies dans un grand nombre de villes; mais elles tendent à disparaître peu à peu, et à se fondre dans les chambres de commerce. (Voy. CHAMBRE.)   (CH. V.)

* MANUFACTURER v. a. Fabriquer des ouvrages dans une manufacture : *on a fait venir beaucoup de laines d'Espagne pour les manufacturer; ces étoffes ont été manufacturées à Lyon.* On dit plus ordinairement, FABRIQUER.

* MANUFACTURIER s. m. Entrepreneur, propriétaire d'une manufacture : *manufacturier en laine, en soie, etc.*: *cet homme est un gros manufacturier.* — ss Ouvrier qui travaille dans une manufacture. — *** Adj. UNE VILLE MANUFACTURIÈRE, une ville où l'on trouve beaucoup de manufactures.

MANULUVE s. m. (lat. *manus*, main; *luere*, laver). Bain de mains; immersion plus ou moins prolongée des mains et de l'avant-bras dans l'eau chaude, à l'effet d'opérer une dérivation.

* MANUMISSION s. f. (lat. *manus*, main; *mittere*, renvoyer). Action d'affranchir les esclaves et autres personnes de condition serve : *la manumission, qui était en usage chez les anciens Romains, avait passé dans le droit féodal.*

* MANUS (IN) [inn-ma-nuss]. Expression latine qui s'emploie dans cette phrase, DIRE SON IN MANUS, recommander son âme à Dieu, au moment de mourir.

* MANUSCRIT, ITE adj. (lat. *manu scriptum*, écrit à la main). Qui est écrit à la main, par opposition à ce qui est imprimé : *il y a dans cette bibliothèque dix mille volumes, tant imprimés que manuscrits.* — s. m. Il a remis, il a vendu son *manuscrit à l'imprimeur.* Se dit, particul., de certains écrits précieux par leur ancienneté, ou par leur objet, ou par leur matière et leur rareté : *il a plusieurs beaux manuscrits; ce qu'on estime le plus de cette bibliothèque, ce sont les manuscrits.* — ENCYCL. On donne, dans le langage bibliographique, le nom de *manuscrit*, à un livre ou à un document écrit, pour le distinguer d'un ouvrage imprimé. Les anciens manuscrits étaient roulés autour de baguettes d'un bois léger et formaient ce qu'on a appelé *volume* (du lat. *volvere*, rouler). Quelquefois ils étaient écrits sur des pages quadrangulaires, semblables à celles de nos livres imprimés, et étaient appelés *tomi* ou *codices*. Les papyrus égyptiens sont ordinairement en rouleau (*volumina*) d'une longueur indéfinie; mais quelques-uns des plus petits sont en pages quadrangulaires. Les manuscrits sur parchemin et sur vélin furent d'abord en rouleaux; mais dès le III° siècle, on commença à les mettre en tomes. La transcription des ma-

nuscrits était confiée chez les Grecs et les Romains à des esclaves instruits. Vers le v° siècle se formèrent des associations de scribes. Au moyen âge, l'art de copier les manuscrits était presque exclusif aux ecclésiastiques appelés clèrs (clerici). Le manuscrit était corrigé par un savant, nommé à cet effet, et il passait ensuite entre les mains du miniator, qui ajoutait les capitales ornementales et autres enjolivements. La plus ancienne forme d'enluminure consistait dans l'emploi d'encres de différentes couleurs. Les papyrus égyptiens sont généralement écrits avec de l'encre rouge et de l'encre noire; mais quelques-uns sont ornés de diverses autres couleurs et de dorures; il y en a même qui ont des vignettes. Dans les manuscrits sur vélin, du iv° et du v° siècle, les lettres initiales, les premiers mots ou les trois ou quatre premières lignes des livres sont souvent à l'encre rouge, tandis que le corps de l'ouvrage est à l'encre noire. D'autres couleurs, telles que le pourpre, le bleu, le vert et le cinabre, étaient anciennement employées, et quelquefois tout le manuscrit était écrit en lettres d'or ou d'argent sur du parchemin pourpre, bleu ou rose. Dans les premiers manuscrits grecs et latins, les lettres initiales ne se distinguaient par aucune forme particulière, mais après le iv° siècle, les premières lettres des livres et des chapitres, quelquefois même les premières lettres de chaque page furent écrites plus grandes que celles du corps de l'ouvrage; fréquemment on les orna avec profusion. Au vi° et au vii° siècle, les lettres initiales eurent un ou deux pouces de haut, et du vii° au x° siècle, elles mesurèrent jusqu'à un pied de haut et couvrirent presque toute la page. Ce fut pendant le moyen âge que l'on adopta exclusivement la forme quadrangulaire pour les manuscrits. — Les plus anciens manuscrits connus sont les rouleaux de papyrus trouvés dans les tombes égyptiennes; ils sont de 3 classes : 1°, papyrus écrits en caractères hiéroglyphiques; 2°, ceux qui sont en caractères hiératiques; 3°, ceux qui sont en caractères démotiques ou enchoriaux. L'un des plus anciens manuscrits hiératiques est le papyrus Prisse, à la bibliothèque Nationale de Paris; c'est un traité de morale écrit par le prince Ptah-Hotep de la cinquième dynastie, qui commença de régner en Égypte, selon Mariette, en 3931 av. J.-C. Les manuscrits en caractères démotiques furent écrits depuis le commencement de l'ère chrétienne av. J.-C., jusque vers le ii° siècle de notre ère. Les manuscrits grecs sur papyrus forment deux classes : 1° les livres proprement dits, écrits en lettres onciales; et 2° les documents publics ou privés en caractères cursifs. Parmi les plus anciens spécimens des manuscrits de la première catégorie, on cite une partie du treizième livre de l'Iliade écrite au iii° siècle av. J.-C. et conservée à la bibliothèque Nationale de Paris. Parmi les plus anciens manuscrits en caractères cursifs, on distingue une pétition à Ptolémée Philométor, écrite au ii° siècle av. J.-C., et conservée dans la même bibliothèque. On a trouvé, dans les tombes égyptiennes, des manuscrits en rouleaux de cuir brun, du temps de la quatorzième dynastie. Il est probable que le plus ancien parchemin que nous possédions depuis le commencement de l'ère chrétienne est le palimpseste de l'ouvrage intitulé De republica, par Cicéron, conservé à la bibliothèque Vaticane, et écrit au ii° ou au iii° siècle. On admire dans la bibliothèque de Vérone un palimpseste de Virgile, du iii° ou du iv° siècle. La même bibliothèque possède un célèbre palimpseste du iv° siècle, contenant la plus grande partie des Instituts de Gaius. La bibliothèque Laurentienne de Florence possède le célèbre Virgile Médicéen, le plus parfait des manuscrits antiques encore existants; il appartient au iv° ou au v° siècle. — On ne connaît

aucun manuscrit authentique de la Bible datant des trois premiers siècles de notre ère. Le Codex Sinaiticus est généralement regardé comme ayant été écrit vers le milieu du iv° siècle. Le Codex Vaticanus paraît dater de la même époque. Le Codex Alexandrinus du British Muséum est du v° siècle (voy. ALEXANDRIN), ainsi que le palimpseste de saint Ephrem de la bibliothèque Nationale de Paris. Le Codex Bezæ ou Cantabrigiensis, à la bibliothèque de l'université de Cambridge, appartient au vi° siècle (Voy. BÈZE). Parmi les plus anciens et les plus importants des manuscrits grecs en cursive, contenant le Nouveau Testament, nous citerons le Codex Basilensis de la bibliothèque de Bâle, qui paraît être du x° siècle. Le plus remarquable des manuscrits de la Bible latine, est le Codex Amiatinus de la bibliothèque Laurentienne à Florence, écrit vers 541. — La science de déchiffrer les anciens manuscrits et de juger de leur valeur est appelée diplomatique et forme une branche de la paléographie. Les plus anciens manuscrits grecs et latins sont écrits en lettres capitales carrées, sans aucune division pour les mots et les phrases et sans ponctuation. Vers le vi° siècle, ce caractère fut remplacé par l'écriture onciale, qui était déjà employée depuis le iii° siècle. L'écriture en cursive différe de l'écriture en capitales par la courbe qui affecte certaines lettres, telles que A, D, E, M. La plupart des manuscrits grecs et latins encore existants, et écrits entre le iv° et le vi° siècle, sont en lettres onciales; mais à partir du vi° siècle jusqu'à la fin du viii°, l'écriture demi-onciale, mélange de petites capitales et de grandes capitales, devint peu à peu en usage, et conduisit tout naturellement à la petite cursive ou écriture minuscule du x° siècle. Dans les plus anciens manuscrits, les caractères sont séparément les uns des autres, et il n'existe aucune division en mots et en phrase, ni aucune distinction de lettres initiales. Plus tard, on employa des abréviations; au xii° et au xiii° siècle, elles devinrent tellement communes qu'elles rendirent les manuscrits presque inintelligibles. Les chiffres arabes paraissent pour la première fois dans les manuscrits du commencement du vi° siècle.

* **MANUTENTION.** s. f. [lat. manus, main; tenere, tenir] Administration, gestion : j'ai laissé à un homme sûr la manutention de mes affaires. — Signifie aussi, en parlant des choses morales, maintien, conservation : la manutention des lois, des arrêts. Il est peu usité en ce sens. — Établissement où se fabrique le pain pour la troupe.

MANUTENTIONNAIRE s. m. Chef d'une manutention militaire.

MANX adj. De l'île de Man ; qui appartient à cette île ou à ses habitants. — Substantiv. LE MANX, langue parlée dans l'île de Man.

MANXMAN s. m. Habitant de l'île de Man : Des Manxmen. — Au fém. MANXWOMAN : des Manxwomen.

MANZANAREZ. Voy. MANÇANARÈS.

MANZAT, ch.-l. de cant., arr. et à 20 kil. N.-O. de Riom (Puy-de-Dôme), 2,050 hab. Importantes mines de houille dans le voisinage.

MANZONI (Alessandro, COMTE) [mânn-dzo-ni], auteur italien, né à Milan en 1784, mort le 22 mai 1873. Il avait d'abord puisé des opinions sceptiques à Paris, où il demeura avec sa mère, fille de Beccaria, de 1805 à 1807, époque où il retourna à Milan ; mais, dans la suite, de calviniste qu'il était, il se fit fervent catholique. Cette conversion fut annoncée par la publication de ses Inni sacri (hymnes sacrés), ou collection de poésies religieuses (1810). Sa tragédie romantique, Il conte di Carmagnola (1820), fut vivement critiquée parce qu'elle violait les trois unités;

mais elle fut admirée par Gœthe à cause de la simplicité de l'intrigue et de la pureté du style. La mort de Napoléon, en 1821, lui inspira l'une des plus belles odes italiennes contemporaines, Il cinque Maggio, qui contient l'apologie de l'empereur. Son chef-d'œuvre est un roman intitulé : I promessi sposi (3 vol. 1827). En 1860, Manzoni devint sénateur. Il passa presque tout le reste de sa vie à écrire une Histoire de la Révolution française.

MAORI s. Indigène de la Nouvelle-Zélande : des Maoris. (Voy. NOUVELLE-ZÉLANDE.)

MAPES ou **Map** (WALTER), poète latin, né en Angleterre, mort vers 1210. Après avoir rempli plusieurs missions, il fut nommé archidiacre d'Oxford (1196). Ce fut un écrivain satirique, gai et original ; on lui attribua la plus grande partie des poésies latines léonines et des romans français de la fin du xii° siècle. Il a aussi beaucoup écrit en prose, soit dans la langue latine (De Nugis Curialium, etc.) soit dans la langue anglo-normande. Les poèmes latins communément attribués à Walter Mapes, ont été imprimés en 1841, et De Nugis Curialium en 1850.

MAPIMI, désert du Mexique septentrional, s'étendant de 30° lat. N. jusqu'à 25° 30'. Il consiste principalement en un vaste bassin appelé le Bolson (poche). Des Apaches nomades sont les seuls habitants. Le fer météorique et le charbon de terre y abondent; à l'entrée occidentale du Bolson, se trouve la ville minière de Mapimi, renfermant 5,000 hab.

MAPPE s. f. (lat. mappa, nappe, carte de géographie). Carte de géographie.

* **MAPPEMONDE.** s. f. (rad. mappe, et monde). Carte représentant toutes les parties du globe terrestre divisé en deux hémisphères par un grand cercle : grande mappemonde. — MAPPEMONDE CÉLESTE, carte céleste dans laquelle on voit la position des étoiles qui brillent dans l'un et dans l'autre hémisphère céleste.

* **MAQUEREAU** s. m. Icht. Sous-genre de scombéroïdes, appartenant au grand genre scombre et comprenant plusieurs espèces de poissons de mer qui portent cinq petites nageoires en arrière de la nageoire dorsale et cinq autres en arrière de la nageoire ventrale. — Se dit aussi de certaines taches qui marquent aux jambes, quand on s'est chauffé de trop près. — ENCYCL. Le maquereau commun (scomber scombrus, Cuv.) est un joli

Maquereau commun (Scomber scombrus).

poisson svelte, d'une longueur moyenne de 40 à 45 centim. Il pèse 4 kilog. et quelquefois davantage. Il est fascié de noir et de bleu sur les côtés, argenté sous le ventre; quand on le sort de l'eau, le bleu métallique de son dos se change en vert irisé et reflète les plus vivescouleurs; mais ces belles teintes se ternissent presque immédiatement. Les mâchoires de ce poisson sont garnies d'un rang de petites dents pointues ; son palais a deux rangs. Sa chair fine, délicate, savoureuse, se présente sur toutes les tables. On la mange fraîche, salée ou marinée. On sale et on marine de préférence les plus gros, qui atteignent 60 ou 70 centim., mais leur chair est moins délicate. Le maquereau commun est presque le seul du genre qui manque de vessie natatoire. On le pêche dans la Manche et sur toutes les côtes de l'Océan ; ceux que l'on prend vers le moisde mai sont petits et très recherchés sous le nom de sansonnets ; ils n'ont ni œufs ni laitance ; vers le mois de juin, les maquereaux sont pleins; à la fin de juillet, on les dit *chevillés;* ils ont déposé leurs œufs, et leur chair est devenue huileuse. On nomme *bréant* ou *jaspé* une variété charnue, à chair délicate et fine, de couleur jaspée. On pêche le maquereau à l'aide de grands filets que l'on tend verticalement; les poissons engagent leur tête dans les mailles et ne peuvent plus se retirer; on les pêche aussi à la ligne que l'on amorce avec des crevettes ou des lambeaux de chair de poisson. La pêche en grand, près des côtes, s'appelle le *petit métier;* la pêche en grand, à 120 ou 150 kil. des côtes est le *grand métier.* — Les maquereaux passent l'hiver dans les mers du Nord et se répandent ensuite sur toutes les côtes des pays tempérés par les voies qui sont toujours les mêmes. Le *maquereau espagnol* (*scomber colias*, Gmel.) se trouve dans la Méditerranée; il est aussi *gros* que le précédent et ne lui est pas inférieur comme article de consommation.

* **MAQUEREAU, ELLE** s. Celui, celle qui fait métier de débaucher et de prostituer des femmes ou des filles. Ce terme est grossier.

* **MAQUERELLAGE** s. m. Métier, action de débaucher et de prostituer des femmes ou des filles : *c'est un infâme métier que le maquerellage.* C'est un terme déshonnête. Les législations ancienne et moderne concernant ce honteux trafic seront résumés plus loin, au mot PROSTITUTION.

* **MAQUETTE** s. f. (ital. *macchietta*, ébauche). Sculpt. Modèle, informe et en petit, d'un ouvrage de ronde bosse : *maquette de cire, de terre.*

* **MAQUIGNON** s. m. [ma-ki-nion; *gn* mll.] (lat. *mango*). Marchand de chevaux : *bon, riche maquignon.* Ce mot étant devenu une sorte d'injure, on dit maintenant, MARCHAND DE CHEVAUX. — Se dit, par ext., d'un homme qui, sans faire par état le commerce de chevaux, se mêle d'en revendre, d'en troquer, en les raccommodant, en corrigeant ou en faisant disparaître leurs défauts. — Se dit, fig. et fam., de celui qui, dans l'espoir de quelque profit, s'intrigue pour ménager des marchés de charges, d'offices, etc., pour faire des mariages : *maquignon de charges.*

* **MAQUIGNONNAGE** s. m. Métier de maquignon; moyens que les maquignons emploient pour raccommoder leurs chevaux, pour les faire paraître meilleurs qu'ils ne sont : *il entend bien le maquignonnage.* — Se dit, fig. et fam., de certains commerces secrets, illicites, et de certains moyens frauduleux qui servent à intriguer dans les affaires : *je n'entends rien à tout ce maquignonnage.*

* **MAQUIGNONNER** v. a. Raccommoder un cheval, corriger ou cacher ses défauts, pour s'en mieux défaire : *il a maquignonné ce cheval.* — Fig. et fam. S'intriguer pour faciliter quelque marché, quelque mariage, etc., à dessein d'en tirer un profit : *c'est lui qui a maquignonné ce mariage, la vente de cette charge.*

MAQUILLAGE s. m. [ma-ki-la-je]. Art de peindre et d'orner le visage.

MAQUILLÉE s. f. Femme ridiculement fardée.

MAQUILLER v. a. [ma-ki-ié; *ll* mll.]. Farder, soumettre au maquillage. — Se *maquiller* v. pr. Se peindre le visage, se farder.

* **MAQUIS** s. m. Voy. MAKIS.

* **MARABOUT** s. m. Nom de religieux très vénérés chez les musulmans et qui se trouvent en assez grand nombre dans l'Afrique septentrionale. — Se dit aussi des petites mosquées et des chapelles sépulcrales desservies par un marabout. — Se dit, fig. et pop., d'un homme laid, malbâti. — Se dit aussi d'une sorte de cafetière de cuivre battu et étamé, qui a le ventre très large, et qu'on nomme autrement CAFETIÈRE DU LEVANT. —

Sorte de ruban : *marabout façonné.* — Ornith. Nom populaire de plusieurs gros oiseaux du genre cigogne, indigènes de l'Asie et de l'Afrique, dont les plumes délicates étaient autrefois très recherchées comme objet de parure. Le *marabout de l'Inde* (*leptoptilus argala*, Lath.), aussi appelé *adjudant*, est le plus gros des oiseaux, après le jabiru et l'autruche. Sa longueur, depuis le bout de son bec jusqu'à l'extrémité de ses pattes, est de 2 m. 45 cent.; son envergure est de près de 5 m.; debout, il mesure 1 m. 65 centim. Il est très répandu dans le Bengale, et les indigènes croient que chaque marabout possède l'âme d'un brahme. Les Anglais le nommèrent *adjudant*, parce que, de loin, il ressemble à l'officier de ce nom revêtu d'un gilet blanc et de culottes de la même couleur. Sa voracité est extrême; il avale tout ce qu'il rencontre : poissons, reptiles, oiseaux, petits quadrupèdes, matières en décomposition, etc. C'est un oiseau des plus utiles et qui est partout protégé; mais on ne l'a jamais domestiqué. Le *marabout du Sénégal* (*ciconia marabout*) n'a que quelques poils rares sur la tête; son ventre est blanc et son manteau noir bronzé.

MARACAYBO ou **Maracaïbo** I. Capitale de l'État de Zulia (Venezuela), sur la rive occidentale d'un canal qui réunit le lac et le golfe du même nom; à environ 40 kil. du golfe de Maracaybo et à 500 kil. O. de Caracas; 23,000 hab. Port commode et bien défendu par trois forts; mais où ne peuvent entrer que les navires qui ont moins de 3 m. de tirant d'eau. Climat excessivement chaud, mais relativement salubre. Les tremblements de terre sont fréquents, Exportation de cacao, de coton, de sucre, de café et de fustel. Construction de navires. — II. (Lac de), grande lagune, au S. de la ville du même nom, longue de 450 kil., large de 100 kil., réunie à la mer par un canal long de 70 kil., large de 6 à 20 kil., et assez profond pour permettre le passage des plus gros navires. Les rives du lac sont basses et souvent inondées; ses eaux sont généralement douces quand les vents du nord n'y dominent; autrement elles sont saumâtres. — III. (Golfe de). (Voy. VENEZUELA.)

MARAGNON s. m. [*gn* mll.] (de Marañon, n. pr.). Espèce de cacao.

MARAGNON ou **Marañon**. Voy. AMAZONE.

* **MARAÎCHER** s. m. (rad. *marais*). Jardinier qui cultive un de ces terrains qu'à Paris on appelle marais : *il faut s'adresser aux maraîchers pour avoir des primeurs.* — La culture maraîchère occupe actuellement, dans la banlieue de Paris, 859 hectares de terrain appartenant à 1,300 établissements, qui emploient plus de 5,000 personnes et qui produisent environ 20 millions de francs chaque année. — Se dit aussi de tous les jardiniers qui s'occupent spécialement de la culture des légumes. — *s.* f. Maraîchère: *c'est une bonne maraîchère.* — *adj.* : *jardin maraîcher.*

* **MARAIS** s. m. (all. *morast*). Espace de terrain couvert ou abreuvé par des eaux qui n'ont point d'écoulement : *cette place est au milieu d'un marais.* — FIÈVRE DE MARAIS, fièvre intermittente causée par les exhalaisons des marais. On dit aussi FIÈVRE PALUDÉENNE. — SE SAUVER PAR LES MARAIS, A TRAVERS LES MARAIS, se tirer d'embarras par de mauvaises raisons. — MARAIS SALANT, espace de terre, entouré d'une digue, situé sur le bord de la mer, qui le couvre dans les hautes marées, et y laisse, en se retirant, une eau qui s'évapore, et dépose le sel dont elle était chargée. — Signifie aussi, à Paris, un terrain bas où l'on fait venir des herbages, des légumes, etc.: *un arpent de marais.* — DES DES MARAIS. (Voy. GRISOU.) — Législ. « Le *dessèchement des marais* étant d'intérêt public, le gouvernement

peut, lorsqu'il juge cette opération utile ou nécessaire, l'exécuter par lui-même ou la faire exécuter par des concessionnaires (L. 16 sept. 1807). Ce dessèchement peut aussi être entrepris par une association syndicale, constituée en conformité de la loi du 21 juin 1865. Dans tous les cas, l'utilité publique est déclarée par décret; ebs'il y a lieu en matière d'expropriation, on y procède suivant les formes tracées par la loi du 3 mai 1841. Les propriétaires des marais asséchés peuvent être tenus à payer, sur estimations faites par experts avant les travaux et après leur achèvement, une indemnité représentant une part de la plus-value constatée. Les contestations relatives auxdites estimations et au paiement des indemnités sont de la compétence du conseil de préfecture. Tout propriétaire d'un terrain submergé peut obtenir, à la charge de payer une juste et préalable indemnité, le passage sur les fonds intermédiaires, afin de procurer leur écoulement aux eaux nuisibles; et les contestations relatives à l'exercice de ce droit sont jugées, comme en matière sommaire, par les tribunaux de première instance (L. 29 avril 1865). Aux termes de la loi du 28 juillet 1860, et du décret réglementaire du 6 février 1861, les marais appartenant à des communes ou à des sections de commune, doivent, lorsque cela est reconnu utile par le préfet, être desséchés, assainis et rendus propres à la culture. Le concours des ingénieurs de l'État est accordé, comme en matière de drainage. Dans le cas où une commune ne peut pourvoir à la dépense nécessitée par ces travaux, l'État fait des avances qui lui sont ultérieurement remboursées en capital et intérêts, au moyen de la vente publique d'une partie des terrains améliorés, à moins que ladite commune ne préfère s'exonérer de sa dette en faisant l'abandon à l'État de la moitié des terrains mis en valeur. — Les *marais salants* sont soumis à la surveillance du service des douanes et des employés des contributions indirectes. Les propriétaires ou fermiers de ces marais ne sont pas assujettis à l'impôt des patentes. »   (CH. Y.)

MARAJO ou **Joannes**, île de Grâo Para (Brésil), à l'embouchure de l'Amazone qu'elle divise en deux branches inégales; longueur, environ 300 kil.; largeur maximum, environ 225 kil.; 20,000 hab., presque tous Indiens. Elevage de bétail.

MARANHÃO ou **Maranham** [mâ-rann-iaon; marr-ann-hamm]. I. Province N.-E. du Brésil, sur l'Atlantique; 457,885 kil. carr.; 431,000 hab., dont 63,000 nègres esclaves. La côte renferme les vastes baies de São-Jozé et de São-Marcos, entre lesquelles gît l'île de Maranhão. Principaux cours d'eau : la Parnahyba, qui forme la frontière orientale de la province; l'Itapicuru, le Mearim et le Pindaré, formant le Maranhão; le Turiassu et le Gurupi, sur la frontière occidentale; le Tocantins et son affluent le Manoel Alves Grande qui forme la limite au S.-O. Une grande partie du territoire est revêtue d'épaisses forêts; mais, dans l'intérieur, se trouvent de grands *campos* et des plaines alluviales fréquemment inondées. Or, argent, riches minerais de cuivre, de fer, etc. Climat chaud et humide. Le thermomètre varie entre + 21° et + 36° C. Production de coton, de riz, de sucre et de café. — II. (San-Luis de Maranhão), ville maritime, capitale de la province de Maranhão, sur la côte occidentale de l'île du même nom, à l'embouchure de l'Itapicuru et du Maranhão, à 2,200 kil. N. de Rio-de-Janeiro; 32,000 hab. Elle est défendue par une ligne de grands rochers rouges escarpés qui bordent au N. les rivages de l'île, et elle occupe le centre de côté que par des passes étroites. Ses rues régulièrement tracées, spacieuses et bien pavées, sont éclairées au gaz;

chaque maison est entourée d'un jardin. Les plus beaux monuments publics sont : la cathédrale et le palais épiscopal, l'un et l'autre œuvres des jésuites. Maranhão sert d'entrepôt aux productions des provinces voisines. Son port, d'un facile accès, est bien défendu par une série de forts, et offre un bon ancrage aux navires de 6 m. de tirant d'eau. Exportation de coton, de sucre, de peaux brutes, de baume de copahu, et de colle de poisson.

MARANHÃO (Rivière). Voy. MEARIM.

MARAÑON [mâ-ra-nionn']. Voy. AMAZONE.

MARANS [ma-ran], ch.-l. de cant., arr. et à 23 kil. N.-E. de la Rochelle (Charente-Inférieure); 4,500 hab. Autrefois place forte, prise par Henri de Navarre en 1588. Port sur la Sèvre-Niortaise, près de son confluent avec la Vendée. Commerce de graines, farines, légumes, lait et chanvre.

MARANSIN (Le), petit pays de Gascogne entre l'Adour et l'Océan; ch.-l. Cap-Breton (Landes).

MARANTA (Barthélemy), botaniste italien du XVIᵉ siècle; il a laissé en latin plusieurs traités très estimés lors de leur apparition.

MARANTACÉ, ÉE adj. Bot. Qui ressemble à la marante. — s. f. pl. Famille de plantes monocotylédones, à fleurs irrégulières, comprenant plusieurs genres à rhizome souvent tubéreux et abondant en fécule. Cette fa-

Marantacées (Canna Indica).

mille a été établie aux dépens de celle des cannées de Jussieu. Elle comprend les genres maranthe, balisier, calathées, canna, dont l'espèce principale (canna Indica) est recherchée comme plante d'ornement à cause de la beauté de son feuillage.

MARANTE s. f. (de Maranta n. pr.) Bot.

Maranta arundinacea.

Genre de marantacées, comprenant plusieurs

espèces d'herbes qui habitent les régions tropicales de l'Amérique et de l'Asie. Les marantes ont un rhizome très développé et riche en fécule. L'espèce la plus intéressante est la *marante à feuilles de balisier* (maranta arundinacea), qui croît dans les Antilles, dans les Indes orientales, à l'Ile de France et dans les parties méridionales des Etats-Unis; sa racine produit l'arrow-root. (Voy. ce mot.) On écrit aussi MARANTA s. m.

*MARASME s. m. (gr. marainein, dessécher). Maigreur extrême, consomption : *tomber dans le marasme.* — Fig. : *ce pays est dans le marasme.*

MARASQUE s. f. (ital. marasca). Arboric. Espèce de cerisier qui croît à l'état sauvage d'où il s'est répandu en Italie, en Grèce et en Provence.

*MARASQUIN s. m. [ma-ras-kain]. Liqueur spiritueuse qui se fait avec une espèce de cerise appelée marasque : *le meilleur marasquin est celui de Zara.*

MARAT (Jean-Paul), révolutionnaire français, né à Boudry, canton de Neufchâtel (Suisse), le 24 mai 1744, assassiné à Paris le 13 juillet 1793. Son véritable nom de famille était Mara. Il reçut une forte éducation dans la maison paternelle, devint médecin, puis précepteur à Edimbourg, où il publia en anglais, vers 1774, un pamphlet révolutionnaire intitulé : *Chaînes de l'esclavage*, qui parut en français en 1792. Son ouvrage psychologique, *De l'homme* (Amsterdam, 3 vol. 1775) l'engagea dans une controverse avec Voltaire, dont il ne partageait point les vues. De 1779 à 1788, il publia à Paris une série d'écrits dans lesquels il essaya de révolutionner la philosophie naturelle et de réfuter la théorie newtonienne; mais ses efforts restèrent infructueux; il parvint à l'emploi de médecin des gardes du corps du comte d'Artois (plus tard Charles X). Il était petit, laid, d'une physionomie sinistre, d'une tournure peu agréable et même grotesque; mais son énergie, sa résolution jointe à sa terrible attitude, lui donnèrent, dès le commencement de la Révolution, une immense influence sur le peuple surexcité. Le 12 sept. 1789 parut le premier numéro du *Publiciste parisien* qui devint bientôt l'*Ami du peuple* et qui poussa aux mesures les plus extrêmes. Ce journal continua d'être publié sous différents titres jusqu'au 14 juillet 1793. Présenté par Danton au club des Cordeliers, Marat y fit naître, par ses discours, des troubles si violents que son arrestation sembla nécessaire; mais il se cacha dans les caves de l'ancien couvent des Cordeliers et y continua la rédaction de son journal. Après les émeutes du mois d'août 1792, il devint le bras droit de Danton, fut l'un des principaux instigateurs des massacres de Septembre et fut élu à la Convention. Sa violence augmenta de jour en jour, jusqu'au point de demander l'exécution des trois quarts des membres de la Convention, et il devint l'idole de la populace. En avril 1793, il fit passer la *loi des suspects*, en vertu de laquelle 400,000 personnes furent emprisonnées sur tous les points du territoire français. Comme président du club des Jacobins, il demanda l'arrestation des Girondins, mais il fut poursuivi et cité à la barre du tribunal révolutionnaire, qui l'acquitta à l'unanimité. Le peuple le porta en triomphe à la Convention et Danton prononça en sa faveur un éloquent discours qui fut une véritable apologie. Marat devint alors plus terrible que jamais et provoqua l'émeute du 31 mai 1793, à la suite de laquelle le parti girondin fut complètement détruit. Devenu l'un des hommes les plus populaires de la Révolution, il forma avec Robespierre et Danton un triumvirat qui tint pendant un moment entre ses mains

les destinées de la France. Retenu dans son galetas par une maladie inflammatoire, résultat d'un travail excessif, il garda presque constamment le lit, consumé par la fièvre mais conservant toute son activité d'esprit et aiguillonnant sans cesse la populace pour la pousser à commettre les plus horribles excès. Il était à l'article de la mort, lorsque Charlotte Corday se présenta chez lui le 13 juillet 1793, sous prétexte de lui faire des révélations sur les menées des insurgés girondins, et parvint à force d'instances à pénétrer jusqu'auprès de lui, pendant qu'il prenait son bain. Après quelques paroles, elle tira un couteau de son sein et le plongea dans la poitrine de l'*idole du peuple*; il ne poussa que ce cri : « A moi, ma chère amie » et expira dans les bras de sa compagne, Simonne Evrard. Cet assassinat fut le prétexte invoqué par Robespierre pour pousser à ses derniers excès le régime de la Terreur; et des centaines d'existences furent sacrifiées « aux mânes du martyr ». Les restes de Marat, d'abord inhumés dans le jardin des Cordeliers (16 juillet 1793), furent transportés, le 25 sept. 1794, au Panthéon, à la place de ceux de Mirabeau. Les thermidoriens les firent ensevelir au cimetière Sainte-Geneviève et la « jeunesse dorée » jeta le buste de Marat dans un égout. — Voy. *Vie de Marat*, par A. Bougeart (1865, 2 vol. in-8°); *Marat dit l'Ami du peuple*, par Ch. Brunet (1862). Marat a laissé, outre les ouvrages déjà cités : *Recherches physiques sur le feu* (1780, in-8°); *Découvertes sur la lumière* (1780, in-8°); *Les Charlatans modernes* (1791, in-8°). La seule collection complète de l'Ami du peuple se trouve à Berlin.

MARATHON, ville de l'ancienne Grèce, près de la côte orientale de l'Attique, à environ 30 kil. N.-E. d'Athènes, dans la plaine près de laquelle les Perses, commandés par Datis et par Artapherne, furent vaincus (490 av. J.-C.) par les Athéniens sous les ordres de Miltiade, d'Aristide et de Thémistocle. Les Perses étaient au nombre d'environ 110,000 hommes; l'armée grecque se composait de 11,000 hommes d'infanterie pesamment armée (dont 1,000 Platéens) et d'un petit corps de troupes légères. Les pertes des Perses furent de 6,400 hommes, celles des Grecs de 192 hommes seulement. Parmi les morts se trouvait Hippias, instigateur de cette guerre. Le lieu où furent ensevelis les Grecs est encore marqué par un tumulus. La bataille de Marathon est justement considérée comme une des plus importantes de l'histoire, parce que si les Athéniens avaient été vaincus, c'en était fait de la Grèce qui fût devenue une simple satrapie de la Perse.

*MARÂTRE s. f. (bas lat. matrasta, de mater, mère). Belle-mère. Ce mot ne s'emploie que dans un sens restreint, et se dit d'une femme qui maltraite les enfants que son mari a eus d'un autre lit : *cruelle marâtre.* — Se dit, par ext., d'une mère qui n'a point de tendresse pour ses enfants, qui les traite durement : *ce n'est pas une mère, c'est une marâtre.* On dit quelquefois aussi par analogie : *la nature a été marâtre envers cet homme; de deux journées, l'une est mère et l'autre marâtre*

MARATTI (Carlo) [mâ-râtt'-ti], peintre italien (1625-1713). A Rome, on l'appelait Carluccio delle Madonne, mais il prouva qu'il était capable de produire d'autres œuvres que des madones en exécutant un célèbre tableau qui représentait *Constantin détruisant les idoles*. Il restaura les fresques de Raphaël au Vatican et celles d'Annibal Carrache au palais Farnèse. Son chef-d'œuvre est le *Martyre de saint Blaise*, qui se trouve à Gênes.

*MARAUD, AUDE s. (hébr. maroud, voleur).

Terme d'injure et de mépris. Vil et impudent coquin : *c'est un franc maraud.*,

Quoi ! tu ne comprends pas, maraud, que je te chasse?
COLLIN-D'HARLEVILLE, *L'Inconstant*, acte I, sc. VIII.

MARAUDAGE s. f. Habitude d'aller à la maraude : *le général fermait les yeux sur le maraudage.* — Par ext. Enlèvement furtif des productions de la terre, vol des fruits pendants par branches ou par racines dans les champs ouverts.

MARAUDE s. f. Vol commis par des gens de guerre dans les environs du camp, ou en s'écartant de l'armée : *la maraude est défendue.* — Se dit, par ext., en parlant des écoliers qui vont à la picorée : *cet écolier a été pris en maraude.*

MARAUDÉ, ÉE part. passé de MARAUDER. — VILLAGE MARAUDÉ, village pillé par les maraudeurs.

MARAUDER v. n. Aller en maraude : *ils sont allés marauder.*

MARAUDEUR s. m. Celui qui va en maraude : *il tomba entre les mains des maraudeurs.*

MARAVÉDIS s. m. [-diss] (lat. *marabetin*). Petite monnaie de cuivre, qui sert de monnaie de compte en Espagne, et qui vaut environ un centime et demi de France.

MARBEAU (Jean-Baptiste-François), philanthrope, né à Brive (Corrèze), en 1798, mort à Saint-Cloud en 1875. Il fonda de nombreux établissements de bienfaisance nommés *crèches*. Après avoir fait son droit à Paris, il écrivit plusieurs ouvrages de législation et de socialisme, fut nommé adjoint au maire du 1ᵉʳ arr. de Paris (1844) et créa sa première crèche à Chaillot. Son livre *Des Crèches* (1845) lui valut un prix Montyon de 3,000 fr. dont il fit don aux crèches du 1ᵉʳ arr.

MARBEUF (Louis-Charles-René, MARQUIS DE), général, né près de Rennes en 1736, mort en 1788. Envoyé en Corse pour soumettre cette île à la France, en 1764, il subit plusieurs échecs; mais l'appui du comte de Vaux l'aida à repousser Paoli, et il fut nommé gouverneur de l'île avec le titre de commandant en chef. Il prit plusieurs jeunes Corses et les envoya en France faire leur éducation; parmi eux se trouvait Napoléon.

MARBLEHEAD, ville du Massachusetts (Etats-Unis), sur une péninsule de la baie du Massachusetts, à 20 kil. N.-E. de Boston ; 8,000 hab.

MARBOIS (Barbé-). Voy. BARBÉ-MARBOIS.

MARBOURG (all. *Marburg* [mar'-bourg]), ville de Hesse-Nassau (Prusse), sur la Lahn, à

Marbourg.

75 kil. S.-O. de Cassel ; 10,000 hab. L'ancien château, sur le Schlossberg, a été transformé en prison. Luther et Zwingle y eurent leur célèbre discussion sur la transsubstantiation

(1529). Marbourg possède une fameuse université fondée le 30 mai 1527 par Philippe le Magnanime, landgrave de Hesse.

MARBRE s. m. (lat. *marmor*). Sorte de pierre calcaire, dure et solide, qui reçoit le poli, et sert principalement aux ouvrages de sculpture et d'architecture : *marbre blanc*; *marbre noir.* — MARBRE STATUAIRE, marbre propre à faire des statues, qui est sans tache ni veine, à la différence de celui qu'on emploie aux ouvrages d'architecture. — Morceau de marbre taillé et poli : *on a gravé cette inscription sur un marbre.* — pl. Se dit des ouvrages de marbre et des échantillons de différents marbres : *il y a de beaux marbres dans ce cabinet.* — LES MARBRES D'ARUNDEL ou D'OXFORD. (Voy. *Arundel.*) — Imprim. Se dit de la pierre sur laquelle on pose les pages pour les imposer, et les formes pour les corriger. — Se dit également de la partie de la presse sur laquelle on place la forme : *un marbre de pierre.* — Se dit aussi de la pierre qui sert à broyer les drogues et les couleurs. — Au Palais, TABLE DE MARBRE, s'est dit de chacune des juridictions de la connétablie, de l'amirauté et des eaux et forêts: *le grand Connétable était dans sa jeunesse avocat du roi à la table de marbre de Rouen.* — Fig. et fam. ÊTRE FROID COMME UN MARBRE, ÊTRE COMME UN MARBRE, être extrêmement calme ou réservé, paraître ne s'émouvoir de rien. On dit dans le même sens, IL EST DE MARBRE, C'EST UN MARBRE. On dit aussi, par exag. : *pour entendre ces propos de sang-froid, il faudrait être de marbre.* — ENCYCL. Le marbre est un carbonate de chaux plus ou moins pur. Tous les calcaires compacts portent généralement le nom de marbre, mais on recherche surtout pour la beauté du poli qu'ils sont susceptibles de prendre, les calcaires compacts saccharoïdes. — 1° Calcaires compacts. Leur nombre varie à l'infini, suivant les dispositions de la texture et la distribution des couleurs; nous citerons parmi les principaux ces marbres: *a*, les MARBRES NOIRS, qui reçoivent le nom de *noir antique* quand la teinte est homogène, celui de *petit granit* quand la pâte noire est parsemée de débris organiques plus clairs, celui de *marbre Sainte-Anne* quand la pâte noire est veinée de blanc, celui de *petit antique* quand la texture est formée de taches blanches et noires; ces quatre espèces de marbres proviennent surtout de Mons (Belgique); le *marbre Portor*, noir veiné de jaune doré, s'exploite au pied de l'Apennin; *b*, les MARBRES ROUGES, parmi lesquels on distingue le *marbre griott*, à pâte rouge brun tachetée de blanc ou de rouge clair; le *marbre de Sarrancolin* (Pyrénées), à pâte rouge tachetée de gris et de jaune; le *marbre incarnat*, rouge brun veiné de blanc et de gris; c'est le marbre du Languedoc, exploité surtout dans les environs de Cannes et employé pour les colonnes de l'arc de triomphe du Carrousel, à Paris, et du Capitole à Toulouse; *c*, les BRÈCHES, formées de débris ou de galets calcaires empâtés dans un ciment de même nature; on distingue la *brèche d'Alet* (Couches - du - Rhône) celle du *Tholonet*, près d'Aix, celle de *Sainte-Victoire*, la *brèche violette de Serravezza* appelée aussi *fleur de pêcher.* Ces calcaires ont été très recherchés au XVIIᵉ et au XVIIIᵉ siècle pour orner les appartements et les meubles. — 2° **Calcaires saccharoïdes.** Ils sont ordi-

nairement blancs; quelquefois légèrement colorés en gris, en jaune ou en roux par du bitume ou par du fer oxydé ; tandis que la substance qui colore les calcaires compacts est ordinairement le charbon, dans les marbres noirs. Les plus beaux marbres de ce groupe sont : le *marbre statuaire* ou *marbre blanc*, provenant surtout de Carrare, de Paros; on les recherche pour la finesse de leur grain et on les emploie dans le monde entier depuis près de 20 siècles ; le *marbre du mont Hymète*, réservé aux constructions, est un peu plus gris que les deux précédents ; le *marbre bleu turquin*, coloré de gris bleuâtre assez foncé et veiné de blanc, se trouve surtout dans les carrières de Serravezza, près de Carrare; on l'exploite aussi en Toscane ; le *marbre de Sienne*, jaune, quelquefois veiné de violet, ne se trouve guère qu'en blocs trop petits pour servir à d'autres usages qu'à la marqueterie ou la confection des pendules; le *marbre Cipolin*, aujourd'hui exploité en Corse et dans les Pyrénées, ne peut être employé pour les constructions extérieures, à cause de l'altérabilité du schiste qui entre dans sa constitution.

MARBRÉ, ÉE part. passé de MARBRER. — ÉTOFFES MARBRÉES, étoffes de soie ou de laine de différentes couleurs mêlées ensemble. — TRUFFES MARBRÉES, truffes qui sont grises et blanches en dedans.

MARBRER v. a. Imiter par la peinture le mélange et la disposition des différentes couleurs qui se trouvent dans certains marbres: *marbrer le chambranle d'une cheminée.* — Se dit aussi en parlant, soit du papier sur lequel on imite le marbre, en y appliquant différentes couleurs, soit de la tranche et de la couverture des livres, que l'on tachète, en y appliquant de la couperose et d'autres substances colorantes: *marbrer un livre sur tranche.*

MARBRERIE s. f. Métier de scier et de polir le marbre; emploi du marbre à des ouvrages communs, tels que chambranles de cheminée, marches d'escalier, etc. : *ouvrages de marbrerie.*

MARBREUR s. m. Artisan qui marbre du papier, ou des tranches, des couvertures de livres.

MARBRIER s. m. Artisan qui travaille à scier, à polir le marbre, ou qui fait avec le marbre de ces ouvrages communs appelés *ouvrages de marbrerie.* — Se dit également de celui qui fait le commerce du marbre.

MARBRIÈRE s. f. Carrière d'où l'on tire le marbre.

MARBRURE s. f. Imitation du marbre sur du papier, ou sur la tranche, ou la couverture d'un livre : *une belle marbrure.* — Se dit aussi de la peinture que l'on met sur les boiseries, lorsqu'elle imite le marbre. — Se dit encore des marques semblables aux veines qui se voient sur le marbre: *le froid produit des marbrures.* — Disposition de différentes couleurs que l'on remarque sur le plumage de certains oiseaux: *une marbrure jaune et rouge.*

MARC s. m. [mar] (bas lat. *marka*; de l'anc. haut all. *mark*, marque). Demi-livre, poids qui contenait huit onces : *les ouvrages d'or et d'argent se vendent au marc.* — POIDS DE MARC, huit onces, ou la moitié de la livre de Paris, telle qu'elle existait avant le système décimal : *j'ai acheté trois livres de cette marchandise, poids de marc.* — AU MARC LA LIVRE, manière de répartir ce qui doit être reçu ou payé par chacun, en proportion de sa créance, ou de son intérêt dans une affaire : *les créanciers ont été payés au marc la livre.* Depuis l'établissement du système décimal, on dit, Au marc le franc. — MARC D'OR, certaine finance que le titulaire d'un office payait au roi avant d'en obtenir les provisions : *les chevaliers des ordres du roi avaient leurs pensions assignées sur le marc d'or.*

MARC s. m. [mar] (all. *mark*). Unité monétaire du système allemand. (Voy. ALLEMAGNE.)

* **MARC** s. m. [mar] (anc. all. *mark*, chair des fruits). Ce qui reste de plus grossier de quelque fruit, de quelque herbe, ou de quelque autre substance dont on a extrait le suc par expression, filtration, ébullition ou autrement : *marc de raisins, d'olives, de pommes.* — Se dit aussi de ce que l'on pressure à la fois de raisins, de pommes, d'olives, etc. : *un petit, un gros marc.*

MARC (Saint), l'un des quatre évangélistes ; suivant l'opinion d'un grand nombre de théologiens, il ne serait autre que Jean Marc mentionné dans les Actes (XII, 12,25). Vers l'époque où Jacques le Majeur fut exécuté, saint Marc quitta Jérusalem avec saint Paul et avec son parent Barnabé (42 apr. J.-C.), il se rendit à Antioche et de là à Chypre, puis en Asie Mineure ; mais il se sépara de ses compagnons à Perga, pour revenir à Jérusalem. Paul blâma cette conduite, et plus tard Marc et Barnabé entreprirent d'eux-mêmes un voyage apostolique. Nous retrouvons saint Marc et saint Paul réunis pendant la première captivité de ce dernier ; selon la tradition, saint Marc aurait été le secrétaire de saint Pierre. On dit qu'il fut le premier évêque d'Alexandrie et qu'il souffrit le martyre dans cette ville. Il est le patron de Venise qui prétend posséder son corps. Fête le 25 avril. — L'évangile de saint Marc se distingue des trois autres parce qu'il est plus exclusivement historique et moins didactique. Tous les faits qui y sont rapportés se trouventaux si dans les évangiles de saint Matthieu et de saint Luc.

. MARC (Saint), pape en 336. Il ne régna que 26 jours. Fête le 5 octobre.

MARC-ANTOINE. Voy. ANTOINE.

MARC'ANTONIO. Voy. RAIMONDI.

* **MARCASSIN** s. m. Petit sanglier au-dessous d'un an, qui suit encore sa mère : *les marcassins sont marqués de raies noires et blanches.*

* **MARCASSITE** s. f. (ar. *markazat*, pyrite). Minér. Pyrite d'un bel éclat qui se taille et qui est susceptible de poli.

* **MARCATION** s. f. Voy. LIGNE DE MARCATION.

MARC-AURÈLE (Marcus-Aurelius-Antoninus-Augustus), empereur romain, gendre et successeur d'Antonin le Pieux, né en 121 apr. J.-C., couronné en 161, mort le 17 mars 180. Pendant le règne d'Antonin le Pieux, dont il avait épousé la fille, Faustine, il se distingua par ses études philosophiques ; il avait adopté les doctrines stoïciennes dès l'âge de 12 ans. A son avènement, il s'associa Lucius Verus, mort en 169. Il était partisan de la paix ; mais son règne fut troublé par des guerres avec les Parthes et par des irruptions des Marcomans, des Quades, des Sarmates et autres tribus barbares. Il s'absenta de Rome pendant 8 ans, pour diriger en personne les opérations militaires contre ses ennemis. Le bruit de sa mort s'étant faussement répandu, Avidius Cassius qui commandait en Syrie, prit la pourpre et persista dans sa rébellion, jusqu'au moment où il fut assassiné par l'un de ses propres centurions. Marc-Aurèle pardonna à tous les révoltés. En 167, il revint à Rome, célébra ses victoires par un triomphe et repartit pour terminer la guerre avec les barbares du Nord ; mais il mourut à Vindobona (auj. Vienne) au milieu d'une suite non interrompue de succès. La seule tache de son règne est la persécution des chrétiens ; et pourtant ses *Méditations* respirent l'esprit chrétien. Il fut remplacé par son fils Commode.

MARCEAU (François-Séverin DES GRAVIERS), célèbre général de la première République française, né à Chartres le 1er mai 1769, mort le 23 sept. 1796. Son père, procureur au bailliage de Chartres, le destinait au barreau ; mais le jeune Marceau s'enrôla en 1785. Il était sergent lorsque la Révolution éclata. Se trouvant en congé à Paris le 14 juillet, il se joignit aux gardes françaises et fut l'un des premiers à monter à l'assaut de la Bastille. Lors de la levée en masse, les volontaires de Chartres l'élurent officier ; il passa chef de bataillon le 12 juillet 1792, établit une sévère discipline dans sa troupe, empêcha les volontaires d'Eure-et-Loir de suivre La Fayette sur le territoire étranger, tint garnison à Verdun, et porta au camp prussien la ratification du traité de capitulation qui livra cette ville aux Allemands, après la mort de Beaurepaire. Il obtint d'évacuer au canton en Vendée, il sauva la vie au conventionnel Bourbotte, son ennemi ; général de brigade à 24 ans, il prit, par intérim, le commandement en chef et, chargeant lui-même à la tête de ses troupes, il remporta la sanglante victoire du Mans et extermina l'armée ennemie à Savenay. Ayant sauvé la vie à une jeune Vendéenne, il fut accusé et dut son salut à Bourbotte. Envoyé l'année suivante à l'armée des Ardennes avec le grade de général de division, puis à celle de Sambre-et-Meuse, il fit des prodiges de valeur. A Fleurus où il commandait l'aile droite de l'armée française, il eut deux chevaux tués sous lui, réussit à enfoncer l'ennemi et décida la victoire (26 juin), qui mit la Belgique à la merci de la France. Il guida l'avant-garde aux batailles de Lourthe et de la Roër, attaqua Coblentz, centre d'opération des émigrés, et fit capituler cette ville (oct. 1794). Il débloqua Mayence, après s'être emparé de Kœnigstein, près de cette ville (juillet 1796), et vainquit l'archiduc Charles qui avait battu Jourdan ; mais, tandis qu'il occupait le défilé d'Altenkirchen, pour protéger la retraite de l'armée de Jourdan, il fut mortellement blessé, pendant une reconnaissance, par un chasseur tyrolien qui s'était embusqué derrière une haie pour le viser à loisir (21 sept. 1796) ; il tomba le lendemain entre les mains des Autrichiens qui lui prodiguèrent les soins les plus empressés. Il expira à l'âge de 27 ans. Les Autrichiens observèrent un armistice pour lui rendre les honneurs funèbres. Ses restes furent unis à ceux de Hoche en 1799 ; une pyramide fut érigée au lieu où il avait reçu le coup mortel, et la ville de Chartres lui érigea, en 1851, une statue de bronze, due à M. Aug. Préault.

MARCEL (Saint). I. Pape ; il fut élu en 308 et banni par l'empereur Maxence. Fête le 16 janvier. — II. Pape ; il était Romain et fut élu en 1555 ; il régna à peine un mois.

MARCEL (Saint), évêque de Paris, mort vers le milieu du ve siècle. Il fut célèbre par sa vertu et l'on donna son nom au village où il fut enterré ; c'est aujourd'hui le faubourg Saint-Marcel ou Marceau. Fête le 3 nov.

MARCEL (Étienne), prévôt des marchands de Paris, né dans cette ville, mort en 1358. Pendant les états généraux tenus en 1356, il brilla au premier rang comme chef du tiers, se signala par ses projets de réformes démocratiques, associa ses efforts à ceux de Robert Le Coq, arracha au régent la fameuse ordonnance de réformation de 1357, souleva la multitude contre la noblesse, prit la prison Charles le Mauvais, roi de Navarre, et fit massacrer sous les yeux du dauphin les maréchaux de Champagne et de Normandie (27 fév. 1358). Le dauphin se hâta de quitter Paris et Marcel mit cette ville en état de défense. Il se disposait à y faire pénétrer une

armée amenée par Charles le Mauvais quand il fut assassiné par Jean Maillard (31 juillet 1358). Sa mort fut suivie d'une sanglante réaction. — Voy. J. Naudet, *Conjuration d'Etienne Marcel contre l'autorité royale* (Paris, 1815, in-8°).

MARCEL (Jean-Joseph), célèbre orientaliste, né à Paris en 1776, mort en 1854. Il suivit Napoléon en Egypte (1798) et fut, de 1804 à 1815, directeur de l'imprimerie impériale, puis de 1817 à 1820, professeur au collège de France. Parmi ses nombreux ouvrages, nous citerons : *Vocabulaire français-arabe vulgaire* (le Caire, 1828) ; *Fables de Lokman*, texte arabe et traduction ; *Chrestomathies arabe et chaldaïque* ; *Histoire de l'Egypte depuis la conquête des Arabes jusqu'à la domination française* (1848, in-8°).

MARCELLIN (Saint), pape en 295 à 304 ; martyrisé sous Dioclétien. Fête le 26 avril.

MARCELLIN AMMIEN. Voy. AMMIEN.

MARCELLIN (Saint-), *Maclorii*, ch.-l. d'arr., à 52 kil. O.-S.-O. de Grenoble (Isère), près de la rive droite de l'Isère, par 45° 9' 48'' lat. N. et 2° 59' 9'' lat. E. ; 3,500 hab. Cette petite ville fut prise et pillée par les protestants (1562), reprise par les catholiques (1566) et rendue au roi par Lesdiguières. Elle a conservé quelques restes de ses anciennes fortifications. On admire le clocher roman de son église.

MARCELLO (Benedetto) [mar-tchèl'-lo], compositeur italien, né à Venise en 1686, mort en 1739. Il était avocat et fut nommé membre du conseil des Quarante et trésorier à Brescia. Son œuvre la plus estimée est la musique sur la version de cinquante des psaumes par Giustiniani. Il a laissé en outre des *Oratorios*, des *Messes*, des *Cantates* et des *Madrigaux*. Il imagina ce qu'il appelait le premier musique et écrivit *Calisto in Orsa*, drame pastoral, un poème sur la rédemption et une collection de sonnets, de vers, de poèmes et de drames.

MARCELLUS (Marcus-Claudius), général romain, né vers 268 av. J.-C., mort en 208. Il fut nommé édile curule vers 226. Étant consul en 222, il battit les Gaulois sur les bords du Pô, prit Milan et soumit la Gaule cisalpine. L'un des préteurs en 216, il repoussa Annibal à Nola et fit subir aux Carthaginois leur premier échec ; il les battit encore en 215 et en 214. Transportant la guerre en Sicile, il conquit presque toute cette île en trois ans. Le siège de Syracuse (214-212), pendant lequel il eut à lutter contre la science d'Archimède (voy. ce nom), est l'un des plus fameux de l'antiquité. Il fut une quatrième fois élu consul en 210 et fut mis à la tête de l'armée contre Annibal ; l'année suivante il exerça le commandement comme proconsul après avoir remporté la victoire de Canusium. Il fut réélu consul pour la cinquième fois et dirigea encore toute la guerre contre les Carthaginois, mais il fut tué dans une embuscade. Plutarque a écrit sa vie.

MARCELLUS (Nonius). Voy. NONIUS.

MARCENAT, ch.-l. de cant., arr. et à 33 kil. N. de Murat (Cantal) ; 2,270 hab. Commerce de bestiaux ; émigration annuelle de colporteurs, chaudronniers, rémouleurs, etc.

MARCESCENCE s. f. [mar-sèss-san-se] (lat. *marcescere*, se flétrir). État de ce qui se flétrit.

MARCESCENT, ENTE adj. (lat. *marcescere*, se flétrir). Qui commence à sécher sur sa tige.

MARCH ou **Morava**, rivière d'Autriche qui naît sur la frontière septentrionale de la Moravie, sépare la Hongrie de la Moravie et de l'archiduché d'Autriche et se jette dans le Danube à 11 kil. au-dessus de Presbourg.

sur un cours d'environ 300 kil. La vaste plaine, qui s'étend entre la basse March et le Danube, se nomme Marchfeld et a été le théâtre de plusieurs grandes batailles : Aspern, Essling, Wagram, etc.

MARCHAIS-SOUS-LIESSE, village de l'arr. et à 20 kil. E. de Laon; 606 hab. Château remarquable restauré par le cardinal de Lorraine; et servant actuellement de résidence d'été au prince régnant de Monaco, Charles III.

MARCHAL (Charles), connu sous le nom de *Charles* DE BUSSY, écrivain, né à Paris en 1822, mort dans la même ville en 1870. D'abord républicain exalté, il publia différents pamphlets contre la dynastie d'Orléans; son ouvrage intitulé *Famille d'Orléans depuis son origine jusqu'à nos jours* (1843, in-8°) lui attira une condamnation à cinq ans de prison et à 10,000 fr. d'amende. Rendu à la liberté par la Révolution de 1848, il lança, en 1851, une brochure intitulée *Fin de la République*, qui lui valut une nouvelle condamnation à cinq ans de prison et à 10,000 fr. d'amende. Pendant sa captivité, il se convertit au bonapartisme et se mit ensuite à attaquer les républicains avec la fureur qu'il avait montrée contre les monarchistes. Ses diffamations lui valurent plusieurs condamnations. Il s'attaqua à Rochefort, qu'il traita de *repris de justice*; au mois d'avril 1870, ses excès produisirent chez lui le *delirium tremens* et on le ramassa expirant dans le ruisseau.

* **MARCHAND, ANDE** s. (bas lat. *mercadere*, vendre). Celui, celle qui fait profession d'acheter et de vendre : *gros, riche, petit, bon marchand*. — MARCHAND FORAIN, celui qui parcourt avec ses marchandises les villes, les campagnes, les foires, les marchés. — DE MARCHAND A MARCHAND IL N'Y A QUE LA MAIN, entre marchands il n'est pas besoin d'écrire, il suffit de se toucher dans la main pour conclure un marché. — IL FAUT ÊTRE MARCHAND OU LARRON, un marchand doit être loyal. — N'EST PAS MARCHAND QUI TOUJOURS GAGNE, on doit s'attendre à des contrariétés, à des vicissitudes, dans les affaires de la vie. — MARCHAND QUI PERD NE PEUT RIRE, on n'est pas disposé à se réjouir quand on a éprouvé une perte, un revers. — ÊTRE MAUVAIS MARCHAND, SE TROUVER MAUVAIS MARCHAND, N'ÊTRE PAS BON MARCHAND D'UNE CHOSE, s'en trouver mal : *vous avez eu tort de vous brouiller avec lui, vous en serez, vous vous en trouverez mauvais marchand*. — Se dit aussi, quelquefois, de celui qui achète pour son usage, pour sa consommation : *attirer, faire venir, tromper les marchands*. — Aux ventes publiques, lorsque le crieur annonce telle marchandise *à tant*, on répond, IL Y A MARCHAND, je la prends à ce taux. — Adj. Qui est de bon débit, de bonne qualité, qui a les qualités requises pour être vendu : *il lui a fourni tant de vin loyal et marchand*. — PRIX MARCHAND, prix auquel les marchands vendent entre eux : *j'ai eu le drap de cet habit au prix marchand*. — LE SEL EST MARCHAND, il est permis à tout le monde d'en faire le commerce. LE SEL N'EST PAS MARCHAND, il se vend au compte de l'État. — PLACE MARCHANDE, place commode pour vendre de la marchandise : *si vous voulez vendre, mettez-vous en place marchande, choisissez une place marchande*. — QUARTIER MARCHAND, quartier habité par un grand nombre de marchands. — VILLE MARCHANDE, ville où il y a un grand mouvement commercial. — RIVIÈRE MARCHANDE, se dit d'une rivière navigable, lorsque ses eaux ne sont ni trop hautes ni trop basses pour le transport des marchandises : *la rivière n'est plus marchande depuis quinze jours*. — NAVIRE, BÂTIMENT MARCHAND, navire, bâtiment n'est destiné qu'à porter des marchandises. — MARINE MARCHANDE, les bâtiments et les équipages employés par le commerce; par opposition à MARINE MILITAIRE, qui signifie, la ma-

rine de l'État. On dit, dans le même sens : *navigation, flotte marchande, capitaine marchand*. — MARCHAND DE SOUPE, maître de pension.

MARCHAND (Étienne)|, circumnavigateur français, né à la Grenade (Antilles), le 13 juillet 1755. Parti de Marseille le 14 déc. 1790, sur le navire le *Solide*, frété par la maison Baux, de Marseille, pour aller faire du commerce dans l'Océanie, il reconnut plusieurs îles de l'archipel de Nouka-Hiva, en découvrit d'autres, qu'il appela îles de la Révolution, et donna son nom à l'une d'elles. Il rentra en France le 14 août 1792, après avoir fait complètement le tour du monde. Il mourut le 15 mai 1793 à l'île de France. Son *Voyage autour du monde* a été publié par les soins du savant Fleurieu (Paris, 1798, 4 vol. in-4°).

MARCHAND (Prosper), érudit et bibliographe, né à Guise (Picardie) vers 1675, mort à la Haye en 1756. Son zèle protestant le poussa à émigrer : il fut l'un des principaux rédacteurs du *Journal littéraire*. Il a laissé une *Histoire de l'imprimerie* (la Haye, 1740, in-4°); un *Dictionnaire historique* (la Haye, 1758-'59), etc.

* **MARCHANDAGE** s. m. Action de marchander. — Action d'un ouvrier qui prend du travail à forfait et qui le fait faire par d'autres ouvriers.

* **MARCHANDER** v. a. Demander le prix de quelque chose; plus souvent, contester sur ce prix : *il a marchandé ce drap, ce cheval*. — S'emploie aussi absolument : *il a marchandé sou à sou*. — Se dit quelquefois, au sens moral : *marchander la paix*. — NE PAS MARCHANDER SA VIE, ne pas hésiter à l'exposer, à en faire le sacrifice : *il faut savoir ne pas marchander sa vie, quand il s'agit de sauver celle d'un ami*. — NE PAS MARCHANDER QUELQU'UN, ne point l'épargner, l'attaquer brusquement, soit de fait, soit de paroles : *si je le rencontre, je ne le marchanderai pas*. — Fig. et fam. Hésiter, balancer : *il ne faut pas tant marchander, il n'y a pas à marchander, il faut se résoudre*. En ce sens, il est neutre.

* **MARCHANDEUR, EUSE** adj. Celui, celle qui marchande : *c'est un grand marchandeur*. — Ouvrier qui fait du marchandage.

* **MARCHANDISE** s. f. Ce qui se vend, se débite, soit en gros, soit en détail, dans les boutiques, magasins, foires, marchés, etc. : *belle, bonne marchandise*. — MARCHANDISES DE CONTREBANDE, celles qu'on fait entrer dans un pays ou qu'on en fait sortir en fraude : *on confisque les marchandises de contrebande*. — FAIRE VALOIR SA MARCHANDISE, la vanter, en faire remarquer les qualités : et, fig. et fam., louer ce qu'on dit, ce qu'on fait, ce qu'on possède; chercher à donner une haute idée de son mérite. — Prov. et fig. BIEN DÉBITER SA MARCHANDISE, faire valoir ce qu'on dit par la manière dont on le dit. — Fig. et fam. MARCHANDISE MÊLÉE, assemblage de bon et de mauvais : *sa société est composée de gens de toute espèce, c'est marchandise mêlée*. — Se dit quelquefois pour trafic : *faire marchandise*. — Fig. FAIRE MÉTIER ET MARCHANDISE D'UNE CHOSE, être accoutumé à la faire : *c'est un conteur de sornettes, il en fait métier et marchandise*. Signifie aussi, faire habituellement quelque chose dans des vues intéressées, en faire une espèce de trafic : *les hypocrites font métier et marchandise de dévotion*. — LE PAVILLON COUVRE LA MARCHANDISE, en temps de guerre, on ne doit pas visiter un vaisseau qui porte un pavillon neutre, sous prétexte qu'il s'y trouve des marchandises de l'ennemi. — VAISSEAU ÉQUIPÉ MOITIÉ GUERRE, MOITIÉ MARCHANDISE, vaisseau chargé de marchandises, mais armé et en état de se défendre. — Prov. et fig. MOITIÉ GUERRE, MOITIÉ MARCHANDISE, se dit d'un

procédé, d'une conduite équivoque et douteuse : *il a fait sa fortune moitié guerre, moitié marchandise*. Signifie aussi, moitié de gré, moitié de force : *il l'a obligé à lui vendre sa maison, moitié guerre, moitié marchandise*.

MARCHANGY (Louis-Antoine-François de), magistrat et littérateur, né à Clamecy (Nièvre) en 1782, mort à Paris en 1826. En 1808, il fut nommé juge suppléant au tribunal de première instance de la Seine, et débuta dans la carrière littéraire par un petit poème des plus médiocres : *Le bonheur à la campagne* (1804); il commença, en 1813, la publication de son grand ouvrage : *La Gaule poétique ou l'histoire de France considérée dans ses rapports avec la poésie, l'éloquence et les beaux-arts* (8 vol. in-8°). L'emphase et la déclamation sont les traits distinctifs de cette œuvre, qui obtint un vif succès à son apparition, mais que personne ne lit plus. Nommé, en 1810, substitut du procureur impérial près le tribunal de la Seine, il se montra passionné dans ses réquisitoires politiques. À la suite du procès des *Quatre sergents de la Rochelle*, il fut nommé avocat général à la cour de cassation.

MARCHAUX, ch.-l. de cant., arr. et à 14 kil. N.-E. de Besançon (Doubs); 450 hab.

* **MARCHE** s. f. (all. *mark*). Frontière militaire d'un État. N'est plus usité que dans le nom de certains pays, comme la *Marche Trévisane*, la *Marche d'Ancône*, la *Marche de Brandebourg*. — La *Marche* ou LA MARCHE LIMOUSINE (lat. *Marchia*), province et grand gouvernement de l'ancienne France, formant aujourd'hui le dép. de la Creuse, une grande partie de celui de la Haute-Vienne, et quelques parcelles de ceux de l'Indre, de la Vienne et de la Charente; elle était divisée en *Haute-Marche*, cap. Guéret, et *Basse-Marche*, cap. Bellac. — Le territoire de la Marche fut habité primitivement par les Lémovices, les Bituriges Cubiens et les Pictaves; pendant la domination romaine, il fit partie de l'Aquitaine Ire; fut détaché de l'Aquitaine au Xe siècle et érigé en comté en faveur de Boson, petit-fils de Roger, comte de Limoges; il passa à la maison de Lusignan en 1177, fut confisqué par Philippe le Bel (1309), fut érigé en comté-pairie (1316) en faveur de Charles le Bel qui, devenant ensuite roi, l'échangea avec Louis Ier de Bourbon contre le comté de Clermont, en Beauvaisis. Un mariage le fit passer dans la maison d'Armagnac en 1429. Louis XI le donna aux Bourbons-Montpensier; François Ier le confisqua au connétable de Bourbon (1525) et il fut définitivement réuni à la couronne en 1531. — Marche d'Espagne, nom sous lequel Charlemagne désigna ses conquêtes au S. des Pyrénées; il y avait la *Marche de Gascogne*, ch.-l. Pampelune, et la *Marche de Gothie* ou *Septimanie*, ch.-l. Barcelone. — Les Marches, division géographique du royaume d'Italie, embrassant les provinces d'Ancône, d'Ascoli Piceno, de Macerata et de Pesaro-ed-Urbino; environ 1 million d'hab.

* **MARCHE** s. f. (rad. *marcher*). Action, mouvement de celui qui marche : *marche lente, rapide, précipitée*. — Se dit souvent de l'action de marcher, sous le rapport de la distance ou de la durée : *ils ont fait une grande, une longue marche*. — Se dit, principalement, en parlant des troupes, des armées : *l'armée est en marche*. — MARCHE FORCÉE, par opposition à MARCHE ORDINAIRE, marche dans laquelle on fait faire à des troupes beaucoup plus de chemin qu'elles n'ont coutume d'en faire dans le même espace de temps. — FAUSSE MARCHE, mouvement que fait une armée qui feint de marcher sur un point, et qui se porte sur un autre : *il trompa les ennemis par une fausse marche*. — SONNER, BATTRE LA MARCHE, donner aux troupes, par le son des trompettes ou des tambours, le

signal pour se mettre en marche. — GAGNER UNE MARCHE SUR L'ENNEMI, le devancer de quelque temps; et, fig. et fam., obtenir sur son adversaire, par quelque manœuvre habile, un avantage de temps et de position. — RÉGIMENT, BATAILLON DE MARCHE, régiment, bataillon formé avec des hommes appartenant à différents corps et qui n'est organisé que pour des circonstances accidentelles. — Mar. ORDRE DE MARCHE, se dit de certains ordres ou arrangements dans lesquels les bâtiments de guerre se placent pour éviter les abordages en faisant route : *l'armée naviguait sur tel ordre de marche.* — Se dit encore des processions et des cérémonies solennelles : *l'ordre de la marche fut fort beau.* — LA MARCHE D'UN VAISSEAU, le degré de sa vitesse : *la marche d'un vaisseau s'évalue en lieues marines ou en degrés.* — LA MARCHE DES ASTRES, DES CORPS CÉLESTES, leur mouvement réel ou apparent : *calculer, mesurer la marche des corps célestes.* — MUS. MARCHE HARMONIQUE, MARCHE DE L'HARMONIE, la succession des différents accords, et la manière dont la modulation passe d'un ton à un autre. — Jeu des échecs. Se dit du mouvement particulier auquel chaque pièce est assujettie : *je ne sais pas le jeu des échecs, je n'en sais que la marche.* — Se dit aussi, dans un sens analogue, au jeu de dames à quelques autres jeux. — Fig. Conduite, manière d'agir, de procéder : *cet homme a une marche équivoque, incertaine, tortueuse, souterraine.* — LA MARCHE D'UN POÈME, D'UN OUVRAGE, etc., le progrès de l'action dans un poème, la progression des idées dans un ouvrage. — Air de musique composé pour régler et animer la marche des troupes. On le disait plus spécialement autrefois de certains airs affectés à certains corps de troupes : *la marche des Gardes-Françaises.* — Air de musique qui a le mouvement d'un air militaire.

• MARCHE s. f. Degré, partie d'un escalier sur laquelle on pose le pied pour monter ou pour descendre : *marche d'escalier.* — ÊTRE SUR LES MARCHES DU TRÔNE, ÊTRE ASSIS, ÊTRE PLACÉ SUR LES MARCHES DU TRÔNE, se dit d'un prince appelé par sa naissance à remplacer celui qui y règne. — Se dit aussi des pièces de bois sur lesquelles les tourneurs, les tisserands, etc., posent les pieds pour faire mouvoir leurs métiers.

MARCHE (Olivier de la), poète et chroniqueur, né en Bourgogne en 1426, mort à Bruxelles en 1501. Capitaine des gardes de Charles le Téméraire, il tomba au pouvoir des Suisses à la bataille de Nancy, paya sa rançon et rejoignit en Flandre Marie de Bourgogne. Il a laissé des *Mémoires* qui vont de 1435 à 1492 et qui ont été publiés pour la première fois à Lyon en 1562, in-fol. On les trouve dans les *Collections des Mémoires sur l'histoire de France.* Plusieurs autres ouvrages d'Olivier de la Marche ont été également imprimés.

• MARCHÉ s. m. (lat. *mercatus*). Lieu public où l'on vend les choses nécessaires pour la subsistance et pour les différents besoins de la vie : *cette ville a un beau marché.* — MARCHÉ FRANC, marché où l'on ne paye pas de droit pour vendre. — JE LUI VENDRAI CELA PLUS CHER QU'AU MARCHÉ, se dit pour annoncer l'intention qu'on a de se venger de quelqu'un. — Réunion de ceux qui vendent et qui achètent dans un marché : *il y a marché dans cette ville deux fois la semaine.* — Signifie encore, la vente de ce qui se débite dans le marché : *le marché a été bon, n'a rien valu aujourd'hui.* — Se dit quelquefois de ce qu'on a acheté, de ce qu'on rapporte du marché : *cette cuisinière gagne toujours sur son marché.* — Toute convention, verbale ou écrite, renfermant les conditions d'une vente : *j'en ai fait marché par écrit.* — ALLER, COURIR SUR LE MARCHÉ D'UN AUTRE, enchérir sur les offres

d'un acheteur; et, figurément, faire des démarches pour obtenir une place, un avantage qu'un autre sollicite. — BOIRE LE VIN DU MARCHÉ, boire ensemble après la conclusion d'un marché, en signe de ratification. — METTRE A QUELQU'UN LE MARCHÉ A LA MAIN, lui donner le choix de tenir ou de rompre un engagement, de le conclure ou d'y renoncer, et lui témoigner qu'on est indifférent sur le parti qu'il prendra : *j'aurais traité avec lui, s'il ne m'eût mis le marché à la main.* — C'EST UN MARCHÉ D'OR, c'est un marché très avantageux. — Bourse, MARCHÉ A PRIME. (Voy. PRIME.) — MARCHÉ AU COMPTANT, marché au taux du moment présent. MARCHÉ A TERME. (Voy. TERME.) Signifie également, le prix de chose qu'on achète ou qu'on vend; et alors il ne s'emploie guère qu'avec les mots *bon, grand, meilleur,* pour exprimer un prix peu élevé, ou un prix inférieur à un autre : *avoir une chose à bon marché; je l'ai eu à meilleur marché.* — Vivre A BON MARCHÉ, vivre sans qu'il en coûte beaucoup d'argent : *on vit à bon marché dans cette ville.* — C'EST UN MARCHÉ DONNÉ, se dit d'une chose qui a été vendue à très bas prix. — ON N'A JAMAIS BON MARCHÉ DE MAUVAISE MARCHANDISE, la mauvaise marchandise coûte toujours trop cher relativement à ce qu'elle vaut. — LES BONS MARCHÉS RUINENT, on dépense trop d'argent lorsque, tenté par le bon marché, on achète des choses dont on n'a pas besoin. — EN ÊTRE QUITTE, EN SORTIR A BON MARCHÉ, sortir d'un danger avec moins de perte, de dommage qu'on n'en avait à craindre. — A BON MARCHÉ, s'emploie, fig., dans plusieurs autres phrases, où il signifie, à peu de frais, sans beaucoup de peine : *ne donner que son superflu, c'est être généreux à bon marché.* — FAIRE BON MARCHÉ D'UNE CHOSE, la prodiguer, ne pas l'épargner : *il ne craint aucun danger, il fait bon marché de sa vie.* — AVOIR BON MARCHÉ DE QUELQU'UN, avoir facilement sur lui l'avantage : *s'il trouve les ennemis en rase campagne, il aura bon marché d'eux.* — A GRAND MARCHÉ FAIRE, à mettre les choses au plus bas : *à grand marché faire, il n'en sera pas quitte pour vingt mille francs.* — PAR-DESSUS LE MARCHÉ, en outre, de plus : *il m'a refusé ce que je lui demandais, et par-dessus le marché il m'a dit des injures.* — Législ. « Les *marchés d'ouvrage,* faits avec des entrepreneurs ou avec des ouvriers, sont classés par le Code civil parmi les contrats de louage. Les *devis,* qui ne sont que des engagements unilatéraux, deviennent des marchés par l'acceptation de ceux pour qui ils sont faits. On donne, comme autrefois, le nom de *prix-faits* aux marchés d'ouvrage à forfait. Lorsque des gens de travail engagent leurs services à marché, ce louage n'est pas un marché. Le marché d'ouvrage à forfait peut-être résilié par la seule volonté de celui pour lequel l'ouvrage est entrepris; mais, dans ce cas, l'entrepreneur doit être dédommagé des dépenses par lui faites et même des bénéfices qu'il aurait pu faire. Si l'entrepreneur ou l'architecte viennent à mourir avant l'achèvement de l'ouvrage, le marché n'est dissous de plein droit; et le propriétaire n'est tenu de payer les travaux faits et les matériaux préparés que s'ils peuvent lui être utiles. L'entrepreneur et l'architecte sont responsables pendant dix ans, de la solidité de l'édifice, s'il vient à périr par le vice de la construction et même par le vice du sol (C. civ. 1787 et s.; 2270). Les marchés d'ouvrages sont en outre soumis aux règles de droit communes à toutes les conventions. Les *marchés passés pour les services publics,* c'est-à-dire ceux qui concernent l'État, les départements, les communes ou les établissements publics, et relatifs soit à des travaux, soit à des fournitures, doivent en principe être faits par adjudication, avec publicité et concurrence (L. 31 janvier 1833, art. 12; Décr. 31 mai 1862; Décr. 19 novembre 1882).

Des exceptions à cette règle sont admises dans certains cas et dans certaines limites. Les biens immeubles des fournisseurs de l'État et ceux de leurs cautions sont grevés à titre de garantie de leurs obligations, d'une hypothèque légale du jour où les marchés ont été acceptés par l'administration (L. 4 mars 1793). Les marchés de travaux ou de fournitures sont soumis, de même que les ventes mobilières, à un droit proportionnel d'enregistrement, lequel est de deux pour cent en principal. Ce droit est d'un pour cent, lorsque le prix des travaux ou fournitures doit être payé par le Trésor public, par les administrations locales, ou par des établissements publics (L. 22 frimaire an VII; L. 28 avril 1816). — Les *marchés de Bourse,* lorsqu'ils consistent dans la vente d'effets publics que le vendeur ne possède pas au moment de la convention, sont considérés comme des paris; ils ne donnent lieu à aucune action, et, de plus, ils sont interdits et punis par la loi. (Voy. BOURSE.) — Les *marchés aux bestiaux* sont soumis, pour leur établissement, aux mêmes formalités que les foires (voy. ce mot); et ils doivent être placés sous la surveillance d'un vétérinaire. Le maintien du bon ordre dans les *foires et marchés* est placé dans les attributions de la police municipale (L. 5 avril 1884, art. 97). »

(CH. Y.)

MAR-CHEF. Maréchal des logis chef.

MARCHENOIR, ch.-l. de cant., arr. et à 28 kil. N. de Blois (Loir-et-Cher); 670 hab. Autrefois ville importante; la révocation de l'édit de Nantes la dépeupla.

• MARCHEPIED s. m. (rad. *marche,* et *pied*). Degrés plus ou moins nombreux qui conduisent à une estrade : *marchepied du trône; marchepied de l'autel.* — Se dit aussi d'un escabeau, d'un petit meuble à deux ou trois degrés, dont on se sert pour atteindre à quelque chose : *il vous faut un marchepied pour atteindre à ce rayon de bibliothèque.* — MARCHEPIED D'UNE VOITURE, espèce de degrés, ordinairement de fer, qui sont le plus souvent brisés, de manière à se replier l'un sur l'autre, et qui servent à monter dans une voiture. — Fig. Moyen de parvenir à un poste plus élevé : *cette place lui a servi de marchepied pour arriver au ministère.* — Se dit encore d'un petit chemin sur le bord d'une rivière pour le halage des bateaux.

• MARCHER v. n. Aller, s'avancer d'un lieu à un autre par le mouvement des pieds. — Se dit des hommes et des animaux : *cet homme marche beaucoup; cet enfant est si petit, qu'il ne marche pas encore.* — Fam. MARCHER COMME UN BASQUE, COMME UN CHAT MAIGRE, marcher fort vite. — Fam. MARCHER A QUATRE PATTES, marcher sur les mains et sur les pieds, à peu près à la manière des quadrupèdes. — MARCHER A PAS DE LOUP, marcher avec précaution et sans faire de bruit; MARCHER A PAS DE TORTUE, marcher avec une excessive lenteur; et, MARCHER A PAS DE GÉANT, marcher en faisant de grandes enjambées. MARCHER A PAS DE GÉANT, se dit encore, fig., pour exprimer un progrès rapide : *cet homme marche à pas de géant, à la gloire, à la fortune,* etc. — MARCHER A PAS COMPTÉS, marcher lentement, gravement. — MARCHER SUR QUELQUE CHOSE, mettre le pied dessus en marchant, ou simplement, poser le pied dessus : *marcher sur le pavé, sur l'herbe, sur des tapis.* — Fig. MARCHER SUR LES PAS, SUR LES TRACES DE QUELQU'UN, imiter ses actions, suivre ses exemples. — MARCHER SUR LES TALONS DE QUELQU'UN, le suivre de très près : *je vous annonce qu'il arrive; il marche sur mes talons.* — IL MARCHE, IL EST TOUJOURS SUR MES TALONS, il me suit partout, il m'importune et me ne quittant pas. — MARCHER SUR LES TALONS DE QUELQU'UN s'emploie quelquefois dans un sens plus figuré, et signifie alors, suivre quelqu'un de près pour l'âge, ou la fortune, ou les succès. — MARCHER SUR DES ÉPINES, être dans une conjoncture difficile. MARCHER SUR DES CHARBONS ARDENTS , passer vite sur un sujet délicat ou dangereux. — IL NE FAUT PAS LUI MARCHER SUR LE PIED, se dit d'un homme susceptible qu'il est dangereux de choquer. — ON MARCHE SUR LES MAUVAIS PLAISANTS, SUR LES SOTS, ils sont en très grand nombre. — IL A MARCHÉ SUR QUELQUE MAUVAISE HERBE, il lui est arrivé quelque chose qui le met de mauvaise humeur. On dit aussi d'un homme qui est de mauvaise humeur, sans qu'on sache pourquoi, SUR QUELLE HERBE A-T-IL MARCHÉ AUJOURD'HUI ? — MARCHER ENTRE DES PRÉCIPICES, rencontrer de tous côtés des dangers.— S'avancer de quelque manière que ce soit, à pied, à cheval, ou autrement : *nous étions les uns à cheval, les autres en voiture, nous avons marché toute la nuit, nous avons marché de compagnie.* — On dit particulièrement des troupes, des armées: *les troupes marchent de ce côté-là, marchent à l'ennemi.* — CE RÉGIMENT, CE CORPS MARCHE, il fait la campagne : *la maison du roi marcha dans cette campagne.* — Tenir un certain rang dans les cérémonies: *ce corps marche avant tous les autres.*— Se dit souvent des choses inanimées qui se meuvent ou que l'on met en mouvement: *Saturne est une des planètes qui marchent le plus lentement.*— Mar. MARCHER DANS LES EAUX D'UN VAISSEAU, faire la même route que lui. — Fig. MARCHER DANS LES EAUX DE QUELQU'UN, le seconder. — S'emploie, fig., en parlant des personnes, et il exprime en général une idée de progrès : *il marche hardiment à son but, vers son but.* — MARCHER DROIT, être irréprochable dans sa conduite , franc dans ses procédés. IL NE MARCHE PAS DROIT DANS CETTE AFFAIRE, il n'agit pas de bonne foi dans cette affaire. JE LE FERAI MARCHER DROIT, je l'empêcherai de s'écarter de son devoir. — MARCHER D'UN MÊME PAS DANS UNE AFFAIRE, agir de concert avec les mêmes sentiments. — MARCHER A TATONS DANS UNE AFFAIRE, agir dans une affaire sans avoir les lumières nécessaires pour s'y bien conduire. — Se dit aussi, fig., des choses: *le temps marche avec rapidité.* — CE DISCOURS, CE POÈME MARCHE BIEN, l'ordre en est bon, l'intérêt se soutient, il n'y a pas de longueurs. — L'ACTION DE CE DRAME NE MARCHE PAS, MARCHE LENTEMENT, elle n'avance pas, ou n'avance pas assez vite vers le dénoûment. — CES VERS MARCHENT BIEN, le mouvement en est facile. — Chapell. MARCHER L'ÉTOFFE D'UN CHAPEAU, la fouler, la comprimer, soit à froid, soit à chaud : *c'est le procédé de marcher l'étoffe qu'elle se feutre et se contracte.* Dans cette phrase, *Marcher* est actif.

MARCHER s. m. La manière dont on marche : *je le reconnais à son marcher.* — Signifie aussi l'endroit où l'on marche, relativement au plus ou au moins de facilité qu'on a d'y marcher : *un chemin pavé de cailloux est un marcher bien rude.* — FAUX-MARCHER. (Voy. FAUX.)

MARCHESI (Pompeo CAVALIERE)[mar-ké'-si], sculpteur italien (1790-1858). Il fut professeur à Milan. Son chef-d'œuvre est le groupe colossal en marbre *Mater dolorosa*, avec le Christ mort, connu sous le nom de la bonne Mère ou la Célébration du vendredi-saint, offert par l'empereur d'Autriche à la ville de Milan, en 1852, et placé dans l'église de San-Carlo.

MARCHETTE s. f. Chasse. Petit bâton qui maintient le dessus du trébuchet et qui, cédant sous le poids de l'oiseau, fait détendre le piège.

MARCHEUR, EUSE s. Celui, celle qui peut marcher beaucoup sans se fatiguer: *c'est un marcheur, une marcheuse.* On l'emploie le plus souvent avec une épithète : *un grand, un bon, un mauvais marcheur.* (Fam.) — Mar. : *un vaisseau bon marcheur.*

MARCHIENNE-AU-PONT, ville de Belgique, province de Hainaut, à 12 kil. S.-O. de Charleroi, près de la Sambre; 11,000 hab. Victoire des Français sur les Impériaux en 1794.

MARCHIENNES-VILLE, ch.-l. de cant., arr. et à 18 kil. N.-O. de Douai (Nord); 3,400 hab. Filatures de laine, bonneteries, tanneries; commerce d'arbres fruitiers; asperges, lin.

MARCHISIO (Carlotta) [mar-ki'-zi,-o], vocaliste italien (1835-'72). Sa magnifique voix de soprano lui assura un grand succès dès qu'il fit sa première apparition à Venise en 1858. Il se fit applaudir sur toutes les scènes de l'Europe.

MARCIAC, ch.-l. de cant., arr. et à 29 kil. O. de Mirande (Gers); 1,900 hab. Verreries.

MARCIANO, ville d'Italie, à 18 kil. S.-E. d'Arezzo; 2,500 hab. Victoire de Côme I⁰ᵉʳ de Médicis sur les Français, en 1554.

MARCIEN (Marcianus), empereur d'Orient, né en Thrace en 391, mort en 457. Ayant épousé Pulchérie, sœur de Théodose le Jeune, il monta sur le trône en même-temps que cette princesse et repoussa Attila. Il eut pour successeur Léon Iᵉʳ.

MARCIGNY , ch.-l. de cant., arr. et à 28 kil. S.-O. de Charolles (Saône-et-Loire); 2,700 hab. Commerce de blé ; fabriques de linge de table.

MARCILLAC, ch.-l. de cant., arr. et à 20 kil. S.-O. de Rodez (Aveyron); 2,000 hab. Commerce de vins, huile de noix, bestiaux; fabrique de toile.

MARCILLAT, ch.-l. de cant., arr. et à 25 kil. S. de Montluçon (Allier); 1,900 hab.

MARCILLY-LE-HAYER, ch.-l. de cant., arr. et à 21 kil. S.-E. de Nogent-sur-Seine (Aube); 950 hab.

MARCION, philosophe, né à Sinope, vers le commencement du IIᵉ siècle (Voy. GNOSTIQUES.)

MARCIONITE s. m. Disciple de Marcion.

MARCKOLSHEIM, ville d'Alsace-Lorraine, à 14 kil. S.-E. de Schlestadt; 2,500 hab. Bel hôtel de ville; *ruines du château de Limbourg*, berceau de la famille de Hapsbourg.

MARCOING, ch.-l. de cant., arr. et à 8 kil. S.-O. de Cambrai (Nord); 1,900 hab. Fabriques de sucre de betterave.

MARCOLS, station thermale du cant. de Saint-Pierreville, arr. et à 27 kil. de Privas (Ardèche); 2,000 hab. Eaux bicarbonatées, sodiques et ferrugineuses, froides, très gazeuses. Dyspepsie, chlorose, anémie, albuminurie, diabète, calculs biliaires, gravelle, goutte.

MARCOMANS (lat. *Marcomanni*; all. *Markomannen*, hommes des marches ou des frontières), ancien peuple germanique de race suève; établis d'abord au S.-O. de la Germanie, ils suivirent Arioviste lors de son invasion en Gaule, et, plus tard, à la suite de leur chef national, Maroboduus, ils se répandirent dans le territoire des Boïens, qui embrassait de grandes portions de la Bavière et de la Bohême modernes. Ayant subjugué les Boïens, ils fondèrent un puissant royaume au N. du Danube et soutinrent des guerres contre les Chérusques et les Romains. Ils eurent pour alliés contre Marc-Aurèle les Quades, les Hermundures et plusieurs autres peuplades. L'empereur Commode leurracheta la paix. Après quelques nouvelles incursions dans les provinces danubiennes de l'empire romain, ils disparurent.

MARCOMIR, nom de plusieurs princes mythiques francs, dont il est question dans le livre intitulé *De Origine Francorum.*

MARCO-POLO. Voy. POLO.

MARCOTTAGE s. m. Action de marcotter. Le marcottage diffère du bouturage, en ce que la bouture, au lieu d'être détachée du pied mère, y reste adhérente jusqu'à ce qu'elle ait assez de racines pour être sevrée. Dans le bouturage, la partie de la tige que l'on détache du pied mère a accumulé une provision de nourriture suffisante pour lui permettre de produire des racines, qui iront ensuite chercher dans le sol la nourriture de la plante; quand cette provision de nourriture fait défaut, l'opération du bouturage ne réussit pas. Dans le marcottage, on n'a pas à redouter cette cause d'insuccès, parce que la partie sur laquelle on expérimente tire sa nourriture de la tige mère jusqu'à la formation des racines adventives. Un grand nombre de plantes qu'il n'est pas possible de propager au moyen du bouturage se reproduisent très bien par marcottes. Il existe cinq procédés principaux de marcottage : 1º *marcottage par drageons* (fig. 1), le plus naturel,

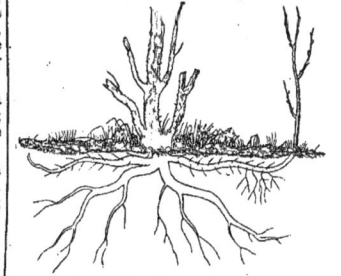

Fig. 1. Marcottage par drageons.

employé pour certains arbrisseaux : lilas, rosier, chèvrefeuille, spirée, etc. Les drageons sont des bourgeons souterrains qui se forment au collet de la racine, s'étendent horizontalement sous terre à une certaine distance du pied mère et donnent lieu à de nouvelles tiges; on les détache au printemps qui suit l'été de leur naissance; 2º *marcottage par racine*. Il se rapproche du précédent et a lieu sur quelques plantes dont les racines très longues s'enfoncent peu profondément dans le sol : robinier, vernis du Japon, etc. En blessant les racines, on fait émettre des bourgeons identiques aux drageons; 3º *couchage*, dans lequel on prend une branche de la plante à reproduire et on la couche au fond d'une

Fig. 2. Marcottage par incision en Y.

tranchée ouverte à cet effet; on recouvre cette branche avec de la terre et l'on redresse son extrémité hors du sol, au moyen d'un tuteur. C'est le procédé employé pour la vigne. Le couchage est simple ou compliqué : simple, quand la branche ne subit d'autre préparation que l'ablation des feuilles et des bourgeons dans la partie enterrée; compliqué lorsque, outre cette ablation, on tord ou on incise la branche. Notre figure 2 montre un marcottage par incision en Y. Ce procédé a pour but de faire former sur les bords de l'incision un bourrelet près duquel les racines se développent en abondance. On obtient le même résultat en remplaçant l'incision en Y par une incision annulaire; on fait aussi une double incision au même point de la branche. Le sevrage de la vigne ainsi marcottée ne doit se faire qu'au bout de deux ans; 4° *cépée* appelée aussi *marcottage en butte* (fig. 3). On

Fig. 3. Marcottage en cépée.

coupe, au printemps, la tige d'un jeune arbre à 15 centim. au-dessus du collet; il se forme, de nombreux bourgeons autour de la souche. Au printemps suivant, on recouvre la cépée d'une couche de bonne terre de 15 à 20 centim. de hauteur; on arrose pendant les chaleurs; à la fin de l'automne suivant, on détache les marcottes et on les plante individuellement. C'est le mode de multiplication employé pour les espèces à écorce tendre, qui se ramifient facilement à leur base : cognassiers, pommiers de doucin et de paradis, mûriers, etc.; 5° *marcottage en l'air*. C'est celui que l'on emploie lorsque les plantes dépourvues de rameaux au bas de leur tige; il est alors impossible de courber une branche de façon à la coucher dans le sol. C'est pourquoi on fait entrer la branche dans un pot plein de terre que l'on maintient humide; on soutient ce vase à l'aide d'un support à une hauteur convenable.

MARCOTTE s. f. (lat. *mergus*, provin). Agric. Branche que l'on couche en terre à une certaine profondeur, sans la détacher de la plante, pour qu'elle prenne racine, et qu'on sèvre ensuite, c'est-à-dire qu'on détache lorsqu'elle a des racines : *des marcottes de vigne, d'olivier, de figuier, d'œillets*.

MARCOTTER v. a. Agric. Coucher des branches ou des rejetons en terre pour leur faire prendre racine : *marcotter des chèvrefeuilles, des œillets*.

MARCOUF (Saint), abbé de Nanteuil, diocèse de Coutances, né à Bayeux, mort en 558. Il guérissait des écrouelles. Fête le 1er mai.

MARCOUF (Saint-) nom de deux îles, à l'E. de la commune du même nom, arr. de Valognes (Manche), point intermédiaire entre le Havre et Cherbourg, et offrant un bon mouillage aux croiseurs de l'État. Ces îles sont fortifiées et ont constamment une garnison.

MARDELLE. Voy. MARGELLE.

MARDI s. m. (lat. *Martis dies*, jour de Mars). Troisième jour de la semaine. — MARDI-GRAS, dernier jour du carnaval. MARDI-SAINT, mardi de la semaine sainte.

MARDICK, comm. de l'arr. et à 12 kil. de Dunkerque (Nord); port de mer dont Louis XIV voulut faire un nouveau Dunkerque; mais il en fut empêché par les Anglais, et il dut même la détruire les fortifications (1717).

MARDIN [mar-dinn], ville de la Turquie d'Asie, dans le vilayet de Diarbékir, à 540 kil. N.-E de Bagdad; 12,000 hab. Elle est bâtie sur une éminence rocheuse qui s'élève à plus de 600 m. au-dessus de la mer et est

le siège d'un évêché syrien et d'une florissante mission protestante.

MARDOCHÉE, juif emmené en captivité à Babylone; parvint à faire épouser sa nièce Esther au roi Assuérus. (Voy. ESTHER et AMAN.)

MARDONIUS, général persan, neveu de Darius Ier, mort en 479 av. J.-C. Il envahit la Grèce à la tête des Perses, combattit aux Thermopyles et à Salamine, et fut vaincu et tué à la bataille de Platée. (Voy. GRÈCE.)

* **MARE** s. f. (all. *morast*, lieu bourbeux). Petit amas d'eau dormante, qui se forme naturellement par l'abaissement du sol, ou qu'on se procure artificiellement dans les villages et dans les fermes pour des usages communs ou domestiques : *dans ce village, on abreuve les bestiaux à une mare, à la mare*. — UNE MARE DE SANG, beaucoup de sang répandu : *sur le lieu du meurtre, il y avait une mare de sang*.

MARÉ (Ile) ou Hengoné. Voy. LOYALTY.

* **MARÉCAGE** s. m. (rad. *marais*). Grande étendue de terrain humide et bourbeux, comme le sont les marais : *ce ne sont pas de bons prés, ce sont des marécages*.

* **MARÉCAGEUX, EUSE** adj. Qui est de la nature du marécage : *pré, terrain marécageux*. — AIR MARÉCAGEUX, air qui s'élève ordinairement des marécages, ou tout autre émanation de la même espèce. — GOÛT MARÉCAGEUX, le goût du gibier ou des poissons qui sentent le marécage : *ce canard, cette carpe, cette anguille a un goût marécageux*.

* **MARÉCHAL** s. m. (anc. all. *marah*, cheval; *scale* ou *schalk*, serviteur). Artisan dont le métier est de ferrer les chevaux, et de les traiter quand ils sont malades : *bon maréchal; maréchal expert*. On dit quelquefois, dans le même sens : MARÉCHAL FERRANT, MARÉCHAL VÉTÉRINAIRE. — Désigne aussi des grades, des titres, plus ou moins élevés, selon les compléments qu'on ajoute à ce mot. — MARÉCHAL DES LOGIS, sous-officier des troupes à cheval, chargé des détails du service, de la discipline intérieure d'une compagnie, et notamment de tout ce qui concerne le logement : *le grade de maréchal des logis répond* à celui de sergent dans l'infanterie. — On rapporte l'institution de ce grade à l'année 1444; celui de maréchal des logis chef ne date que de 1776. — MARÉCHAL DES LOGIS, était aussi le titre des officiers chargés de faire préparer les logements pour la cour en voyage : *maréchal des logis de quartier*. — MARÉCHAL DE CAMP, officier général dont le grade était immédiatement au-dessus de celui de colonel. Ce titre est remplacé aujourd'hui par celui de GÉNÉRAL DE BRIGADE : *un maréchal de camp commandait sous les ordres d'un lieutenant général*. Autrefois un maréchal de camp prenait le titre de MARÉCHAL DES CAMPS ET ARMÉES DU ROI. Le titre de maréchal de camp équivalait pendant la féodalité à celui de général de division des armées contemporaines; au XVIe siècle, le maréchal de camp ne commandait plus qu'à deux régiments. — MARÉCHAL DE BATAILLE, officier général dont la fonction était de mettre une armée en bataille, et d'en disposer la marche et les campements, sous les ordres du général. Ce grade fut créé en 1614 et supprimé en 1672. — MARÉCHAL DE FRANCE, titre d'une dignité militaire qui donne à celui qui en est investi le premier rang dans la hiérarchie et qui le désigne pour le commandement : *on lui a donné le bâton de maréchal*, ou simplement le *bâton*. La femme d'un maréchal de France s'appelle *madame la maréchale*. Sous le premier Empire, on disait *maréchal d'Empire* au lieu de *maréchal de France*. — On attribue la création des maréchaux de France à Philippe-Auguste (1185). — MARÉCHAL GÉNÉRAL, titre

supérieur à celui de maréchal de France et qui n'a été que très rarement décerné. Les titulaires de cette dignité furent : Lesdiguières (1621), Turenne (1660), Villars, le maréchal de Saxe, et Soult (1847). — PRÉVÔT DES MARÉCHAUX, officier qui commandait, sous l'autorité des maréchaux, une compagnie d'archers à cheval, pour la sûreté publique, dans les provinces. — Se dit aussi de certains grands officiers, en divers royaumes : *grand maréchal du palais; l'électeur de Saxe était grand maréchal de l'Empire*. — Feld-maréchal. (Voy. FELD.)

* **MARÉCHALAT** s. m. Dignité, charge de maréchal de France.

MARÉCHALE s. f. Femme d'un maréchal de France : *madame la maréchale*.

* **MARÉCHALERIE** s. f. L'art du maréchal ferrant.

* **MARÉCHAUSSÉE** s. f. On nommait ainsi la juridiction des maréchaux de France. (Voy. CONNÉTABLIE.) — Corps de gens à cheval, qui était établi dans la sûreté publique, et qu'on a remplacé par la gendarmerie : *la maréchaussée était à ses trousses*.

* **MARÉE** s. f. Le flux et le reflux; le mouvement périodique des eaux de la mer, par lequel ces eaux s'élèvent et s'abaissent, généralement deux fois le jour, en se portant des pôles à l'équateur, et de l'équateur aux pôles : *haute, basse, pleine marée*. — PRENDRE LA MARÉE, prendre le temps où la marée est favorable, pour entrer dans un port, ou pour en sortir. — AVOIR VENT ET MARÉE, avoir toutes choses favorables pour réussir dans ses desseins. — ALLER CONTRE VENT ET MARÉE, poursuivre obstinément ses projets, malgré toutes les difficultés qui s'y opposent. — Se dit aussi du poisson de mer qui n'est pas salé : *marchande de marée*. — ARRIVER COMME MARÉE EN CARÈME, arriver à propos. — ENCYCL. On appelle *marée* les oscillations périodiques qu'éprouve la mer et qui sont réglées surtout par le mouvement de la lune. Le mouvement ascensionnel de la mer vers les côtes se nomme *flux, flot* ou *marée montante*; son mouvement rétrograde est le *reflux, jusant* ou *marée descendante*; après le flux, la mer est dite *pleine* ou *haute*; elle reste dans cet état de repos pendant environ un demi-quart d'heure; pendant ce repos, on dit que la mer est *étale* et *but son plein*; quand la mer est arrivée à sa plus grande dépression, on la nomme *basse mer*. La durée de l'intervalle d'une haute mer à une haute mer suivante est ce qu'on nomme une *marée totale*; elle est d'un peu plus de 12 heures, de sorte qu'il y a presque chaque jour 2 hautes et 2 basses mers dont l'oscillation complète s'effectue en 24 h. 50 m. 30 s. L'intervalle moyen entre deux mers est donc d'environ 12 h. 25 m. La basse mer, intermédiaire entre deux pleines mers consécutives, ne tient pas exactement le milieu entre les deux pleines mers, parce que les eaux n'emploient pas le même temps à monter et à descendre. La marée est plus considérable aux syzygies qu'aux quadratures, et les marées des syzygies sont plus fortes à l'époque des équinoxes, surtout si la lune se trouve alors dans l'équateur; on en conclut que la lune et le soleil participent à la production des marées. 1° ACTION DE LA LUNE. L'attraction exercée par la masse de la lune sur chacune des molécules qui composent la terre est en raison inverse du carré de la distance; cette attraction diminue donc lorsque la lune est à son apogée et augmente lorsqu'elle est à son périgée; en même temps, les molécules les plus rapprochées du centre de la terre sont moins attirées que celles qui se trouvent à la surface. Si notre globe était en repos, l'Océan prendrait la forme d'un sphéroïde oblong dont le grand axe prolongé passerait par le centre du corps attirant; mais la terre tour-

nant sur elle-même, ce sphéroïde ne peut jamais se former complètement, parce que, avant que les eaux aient pu prendre leur niveau, le sommet du sphéroïde a changé de position sur la surface terrestre. Ce qui fait que nous avons deux marées par jour, c'est que, lorsque la lune se trouve de l'autre côté de la terre, la marée est formée chez nous par l'axe du sphéroïde qui lui est opposé. La configuration des côtes et les circonstances locales ont une influence sur ce phénomène ; quand les côtes, par exemple, opposent une résistance considérable à la propagation de l'onde, celle-ci s'élève bien davantage, comme on l'observe à Saint-Malo. Un autre effet des circonstances locales, c'est de faire varier d'une quantité *constante* pour chaque lieu l'instant de la haute mer, qui devrait se produire partout au moment où la lune passe au méridien. Le retard que l'instant de la haute mer éprouve, dans un port quelconque, sur le passage de la lune au méridien, le jour de la nouvelle ou de la pleine lune, est ce que l'on nomme *établissement du port*. Il est dû principalement à l'inertie des eaux, au frottement du fond, à la cohésion des molécules du liquide, etc. Le tableau suivant indique pour les principaux ports de France la hauteur *moyenne* de la marée *aux syzygies* et l'heure de l'établissement du port.

PORTS	HAUTEUR DE LA MARÉE		ÉTABLISSEMENT DU PORT	
Dunkerque	5 m.	36 c.	11 h.	45 m.
Calais	6	24	11	45
Boulogne	7	92	10	40
Dieppe	8	80	10	30
Le Havre (emb. de la Seine)	7	14	9	15
Cherbourg	5	64	7	45
Granville	12	30	6	30
Saint-Malo	11	36	6	00
Brest	6	42	3	45
Lorient	5	48	3	30
Saint-Nazaire (emb. de la Loire)	5	30	3	45
Royan (emb. de la Gironde)	4	70	4	01
Bayonne (emb. de l'Adour)	2	80	3	30

2° ACTION DU SOLEIL. Le soleil produit une marée analogue à celle de la lune, mais beaucoup plus faible à cause de la grande distance de cet astre ; les *deux* actions se combinent à l'époque des syzygies et la marée totale est alors maximum. Aux quartiers, au contraire, les marées sont à leur minimum ; c'est l'époque *de la morte eau.* — Les lacs, les petites mers n'ont pas de marée et, dans la Méditerranée, les marées sont presque insensibles. Homère est le plus ancien auteur profane qui ait parlé des marées. Pausidonius d'Apamée attribuait ce phénomène au mouvement de la lune (79 av. J.-C.) ; mais la théorie des marées ne fut pas établie d'une manière satisfaisante avant Képler (1598) ; l'honneur d'avoir donné l'explication complète des mouvements de la mer revient à Newton (1683).

* MARELLE s. f. Jeu d'enfants et d'écoliers, qui consiste en une sorte d'échelle tracée sur le pavé, dans laquelle on saute à cloche-pied, en poussant avec le bout du pied une espèce de palet : JOUER A LA MARELLE. On disait autrefois MÉRELLE.

* MAREMME s. f. (ital. *maremma*, marais salant). Nom donné en Italie à des terrains marécageux et insalubres situés sur le bord de la Méditerranée, particulièrement depuis l'embouchure de la Cecina jusqu'à Orbitello.

MARENGO (Carlo), dramaturge italien (1800-63) ; il se rendit fameux par son drame *Bondelmonte* (1838), et surtout par sa *Famiglia Foscari*.

MARENGO, village de Piémont (Italie), sur la Bormida, à 6 kil. S.-E. d'Alexandrie, au milieu de la plaine de Marengo, où Bonaparte battit le général autrichien Mélas, le 14 juin 1800. L'armée française, après avoir traversé les Alpes et avoir envahi le Piémont,

fut attaquée dans la matinée du 14 juin par toute l'armée autrichienne. Les divisions Victor et Lannes, écrasées par le nombre, étaient en pleine retraite, quand Bonaparte arriva à 11 heures et les rallia ; la victoire était encore indécise lorsque, à 4 heures de l'après-midi, parut le corps de Desaix ; une charge de la cavalerie, commandée par Kellermann le jeune, décida du sort de la journée. L'armée autrichienne engagée était de 34,000 hommes ; celle des Français ne comptait pas plus de 28,000 hommes. Chacune d'elles perdit 7,000 tués et blessés. Cette brillante victoire fut suivie de l'armistice du 15 juin, en vertu duquel l'armée autrichienne obtint de se retirer de l'autre côté du Mincio, en abandonnant toutes les places italiennes situées à l'O. de ce cours d'eau. Bonaparte se rendit ainsi maître de 12 puissantes places fortes et par suite de toute l'Italie.

MARENNES, *Mareniæ*, ch.-l. d'arr., à 44 kil. S. de la Rochelle (Charente-Inférieure), sur la Seudre, à 2 kil. de l'Océan, par 45° 49' 20" lat. N. et 3° 26' 40" long. O. ; 4,500 hab. Cette ville, qui fit partie jadis de la Saintonge, passa, au XIVe siècle, à Philippe de Valois et devint, au XVIIIe siècle, une seigneurie dont l'abbesse de Saintes et les comtes de Soissons se partageaient la propriété. Aux environs s'étendent de vastes marais salants et des vignobles. Climat insalubre. Petites huîtres vertes délicieuses dites *marennes*.

MARENZIO (Luca) [mâ-rènn-dsi-o], compositeur italien, né vers 1550, mort en 1599. Il fut successivement au service du roi de Pologne, du cardinal d'Este, du cardinal Aldobrandini, chapelain chantre de la chapelle pontificale (1599). On l'avait surnommé *il più dolce cigno*, le plus doux cygne, et *le divin compositeur*. Il excella surtout dans les madrigaux à 4, 5 ou 6 voix.

MARÉOGRAPHE (fr. *marée*; gr. *graphô*, j'écris). Phys. Instrument à l'aide duquel le flux et le reflux tracent les courbes servant à évaluer l'intensité du phénomène des marées. Le maréographe a été inventé en 1847 par Chazallon, ingénieur de la marine.

MAREOTIS, lac de la basse Egypte, au S.-E. d'Alexandrie, dont il baignait jadis les murailles, au S. Longueur environ 60 kil., largeur 25 kil., profondeur de 4 à 5 m. Il est séparé de la Méditerranée à l'O. par l'étroite langue de terre sur laquelle s'élève Alexandrie. L'ancien canal qui le réunissait à un bras du Nil a été rétabli par Méhémet-Ali ; son nom arabe est Birket el-mariout.

MARET (Henri-Louis-Charles), théologien français, né à Alais en 1804, mort en juin 1884. Il fut ordonné en 1830. Reçu docteur en théologie, il fut nommé, en 1840, professeur de dogme à la faculté de Paris, devint tout remarquer par ses idées libérales et gallicanes. Nommé évêque de Vannes en 1860, il ne put obtenir de Rome les bulles d'institution ; il donna alors sa démission et le pape Pie IX, le nomma évêque *in partibus* de Sura (1864). Il combattit éloquemment l'infaillibilité du pape dans son livre *Du Concile général et de la Paix religieuse* (Paris, 1869, 2 vol. in-8°), soumit la promulgation du dogme et s'y soumit néanmoins par une adhésion publique (sept. 1871). Il a laissé, en outre : *Essai sur le panthéisme dans les sociétés modernes* (1839, in-8°) ; *Théodicée chrétienne* (1844, in-8°), etc. M. Maret était depuis plusieurs années primicier de Saint-Denis.

MARET (Hugues-Bernard, DUC DE BASSANO), homme d'État français, né à Dijon le 1er mai 1763, mort à Paris le 13 mai 1839. Après avoir terminé son droit dans sa ville natale, il vint à Paris, où il se lia avec Buffon, Condorcet, Lacépède, etc. En 1789, il rédigea un

Bulletin des séances de l'Assemblée constituante, qui fut la base du *Moniteur universel.* En 1791, il fut un des fondateurs du club des Feuillants, et, après une mission en Angleterre, il fut nommé ambassadeur à Naples ; pris par les Autrichiens, pendant qu'il se rendait à son poste (1793), il subit une dure captivité à Mantoue, puis dans le Tyrol, jusqu'en 1795, époque où il fut échangé pour la fille de Louis XVI. Lié avec Bonaparte depuis 1790, il l'aida à préparer le 18 brumaire et fut nommé secrétaire général des consuls. Secrétaire d'État sous l'Empire, il devint, après la disgrâce de Bourrienne, le confident de Napoléon Ier, qui le nomma ministre des affaires étrangères en 1811, et le créa duc de Bassano, après la signature des traités avec la Prusse et l'Autriche, contre la Russie. A la Restauration, il se retira en Silésie. Rentré en France après 4 ans d'exil, il se rallia à la monarchie, fut créé pair en 1831, devint ministre de l'intérieur en 1834 ; il n'occupa ce poste que peu de jours. Maret avait été admis à l'Académie française en 1803, et à l'Académie des sciences morales et politiques en 1830.

MAREUIL, ch.-l. de cant., arr. et à 22 kil. de Nontron (Dordogne) ; 1,500 hab. ; vins rouges estimés.

MAREUIL-SUR-LE-LAY, ch.-l. de cant., arr. et à 23 kil. de la Roche-sur-Yon (Vendée), sur le Lay ; 1,700 hab.

MAREYEUR s. m. [ma-ré-ieur]. Marchand de marée.

MARFÉE (La), bois près de Sedan (Ardennes), où le comte de Soissons battit, le 6 juillet 1651, le maréchal de Châtillon.

MARGARATE s. m. Chim. Sel produit par la combinaison de l'acide margarique avec une base.

* MARGARINE s. f. (gr. *margaron*, blanc de perle). Chim. Corps d'une couleur nacrée que l'on trouve dans le suif de mouton, dans l'axonge et dans quelques autres graisses animales. On dit aussi, ACIDE MARGARIQUE. — Quand l'huile d'olive est refroidie à 0° et comprimée, on en obtient un résidu solide qui, lorsqu'on le dégage de la matière huileuse, quand on le fait fondre ensuite et quand on le fait encore refroidir jusqu'à — 48°, est la margarine d'abord marquée et décrite par Chevreul en 1820. On regarde aujourd'hui cette substance comme un composé de stéarine et de palmitine, parce que, quand on la saponifie, l'acide margarique que l'on obtient (C17 H34 O2), est, suivant Heintz, un composé d'acide stéarique et d'acide palmitique (Voy. OLÉO-MARGARINE).

* MARGARIQUE adj. Chim. Se dit d'un acide qu'on obtient en traitant la graisse par un alcali : *l'acide margarique*. (Voy. MARGARINE.)

MARGARONE s. f. (rad. *margarine*). Chim. Substance particulière obtenue par la distillation de l'acide margarique.

MARGARYLE s. m. Chim. Radical hypothétique de la margarone.

MARGATE [mâr-ghé-te], port maritime du Kent (Angleterre), dans l'île de Thanet, à 95 kil. S.-E. de Londres ; 12,000 hab. ; 100,000 visiteurs chaque été.

MARGAUX, comm. du cant. de Castelnau, arr. et à 22 kil. N.-O. de Bordeaux (Gironde), sur la rive gauche de la Gironde ; 1,200 hab. C'est du territoire de cette commune que sort le fameux vin connu sous le nom de *château-margaux.*

* MARGAY s. m. Hist. nat. Espèce de chat sauvage, qui est fort commun dans les diverses contrées de l'Amérique méridionale, et qu'on appelle aussi CHAT-TIGRE. (Voy. OCELOT.)

MARGE s. f. (lat. *margo*, bord, rebord). Blanc qui se trouve aux côtés, en tête et en pied d'une page imprimée ou écrite. — ~ Typogr. Feuille du papier de l'ouvrage à imprimer qui est collée à demeure sur le grand tympan de la presse et qui sert de repère pour poser chacune des feuilles à tirer. — Planche de la machine, sur laquelle le margeur dispose les feuilles à tirer. — FAIRE SA MARGE, placer la marge sur le tympan. — Fig. et fam. AVOIR DE LA MARGE, avoir plus de temps ou plus de moyens qu'il n'en faut pour exécuter quelque chose. On dit, dans le même sens : *donner, laisser de la marge à quelqu'un.*

MARGELLE s. f. Pierre percée ou assise de pierres qui forme le rebord d'un puits : *la margelle d'un puits.*

MARGER v. a. Impr. Compasser les marges d'une feuille à imprimer pour les mettre en rapport avec la forme.

MARGERIDE (Monts de la), chaîne qui relie les monts du Cantal à ceux de la Lozère depuis le plateau dit *Palais du Roi* jusqu'aux sources de l'Arcueil, et qui sépare le bassin de la Garonne de celui de la Loire. Point culminant, le mont Randon (1,553 m.)

MARGEUR s. m. Typogr. Ouvrier qui place les feuilles sur les cordons de la presse mécanique.

MARGINAL, ALE, AUX adj. Qui est à la marge. N'est guère usité que dans cette expression, NOTE MARGINALE : *les notes marginales des manuscrits ont souvent passé dans le texte.* — ~ Par ext. Qui est sur les côtés, sur les bords : *récifs marginaux; aréoles marginales; poils marginaux.*

MARGINÉ, ÉE part. passé de MARGINER. Annoté en marge : *livre marginé.*

MARGINER v. a. Ecrire sur la marge d'un manuscrit, d'un livre imprimé : *il a l'habitude de marginer tous ses livres.*

MARGOT s. f. Nom vulgaire de la pie. — Fig. Femme bavarde. — Femme de mauvaise vie.

MARGOTA ou **Margotas** s. m. Sorte de bateau carré par devant et pointu par derrière.

MARGOTIN s. m. Petit fagot de menues branches.

MARGOTON s. f. Femme de mœurs équivoques.

MARGOUILLIS s. m. [ll mll.]. Gâchis plein d'ordures : *mettre le pied dans le margouillis.* (Fam.) — METTRE OU LAISSER QUELQU'UN DANS LE MARGOUILLIS, le mettre ou le laisser dans l'embarras, dans une mauvaise affaire.

MARGOULETTE s. f. (rad. *goulette*). Jargon. Bouche, mâchoire : *je vais te mettre la margoulette en compote.* — Par ext. Visage : *il s'est flanqué la margoulette par terre.* — MARGOULETTE DE TRAVERS, mauvaise mine, mine fatiguée.

MARGRAVE s. m. (all. *markgraf*; de *mark*, frontière; *graf*, comte). Titre de quelques princes souverains, en Allemagne : *le margrave de Bade.* — Se dsait aussi de la femme d'un margrave : *madame la margrave.* (Voy. MARQUIS.)

MARGRAVIAL, ALE adj. Qui appartient à un margrave.

MARGRAVIAT s. m. Etat, dignité d'un margrave.

MARGUERIDE. Voy. MARGERIDE.

MARGUERITE s. f. (lat. *margarita*, perle). Bot. Nom donné à la pâquerette ou chrysanthème des prés (grande marguerite), au chrysanthème couronné (marguerite jaune) et à l'aster de Chine (reine-marguerite). —

Fleur de l'une de ces plantes : *un bouquet de marguerites.* — Se prend pour perle, dans cette phrase de l'Écriture sainte, IL NE FAUT PAS JETER LES MARGUERITES DEVANT LES POURCEAUX, il ne faut pas publier devant les profanes les mystères des choses sacrées. Ce proverbe signifie aussi, il ne faut pas dire des choses élevées devant ceux qui ne sont pas en état de les comprendre.

MARGUERITE (all. *Margarethe*; angl. *Margaret*), nom de plusieurs princesses et de plusieurs femmes célèbres.

MARGUERITE (Sainte) I. *Margarita*, vierge et martyre, naquit, croit-on, en Pisidie et souffrit le martyre à Antioche vers 275. Fête le 20 juillet. — II. Reine et patronne de l'Ecosse, née en Hongrie en 1046, morte en 1093 ou 1094. Elle était nièce d'Edouard le Confesseur et petite-fille d'Edmond *Côte de fer* et de l'empereur Henri III. En 1070, elle épousa Malcolm Canmore; elle répandit la civilisation parmi ses sujets et fonda un grand nombre d'églises. Elle fut canonisée en 1251, par Innocent IV, et déclarée patronne de l'Ecosse par Clément X, en 1673. Fête le 10 juin.

MARGUERITE D'ANGOULÊME ou **Marguerite de Navarre** ou **MARGUERITE DE VALOIS**, née à Angoulême le 11 avril 1492, morte à Odos (Bigorre), le 21 déc. 1549. Elle était fille de Charles d'Orléans, comte d'Angoulême, et de Louise de Savoie. Belle, spirituelle, instruite, connaissant le latin, le grec et l'hébreu, bonne, humaine, tolérante; honnête au milieu de la corruption générale, elle a mérité d'être considérée comme la princesse la plus accomplie de son siècle. En 1509, on lui fit épouser Charles, duc d'Alençon, prince du sang royal; son frère, François Ier, qui la nommait la *Marguerite des Marguerites* et auquel elle était supérieure sous tous les rapports, la consultait dans toutes les affaires importantes. De son côté, elle avait une grande amitié pour François et elle refusa de recevoir son mari, qui avait pris la fuite à Pavie; celui-ci en mourut de désespoir (1525). Elle alla consoler son frère captif à Madrid, échoua dans une mission diplomatique auprès de Charles-Quint, puis se remaria avec Henri d'Albret, comte de Béarn et roi titulaire de Navarre (1527). Sa cour de Nérac devint le refuge des calvinistes; elle protégea tout particulièrement Calvin contre ses persécuteurs. Déjà soupçonnée de sympathiser avec les nouvelles doctrines, elle donna, en 1533, le *Miroir de l'âme pécheresse* (Alençon, in-8°), poème ascétique, où ses ennemis crurent découvrir une véritable profession de foi calviniste. Dénoncé par le fameux syndic de Sorbonne, Noël Beda, le *Miroir de l'âme pécheresse* fut condamné par la faculté de théologie, parce qu'il ne s'y trouvait, dit Théodore de Bèze, « plusieurs traits accoutumez en l'Eglise romaine, n'y estant faict mention de saincte ou de saincles, ny de mérites, ny d'autre purgatoire que le sang de J.-C. » Mais Marguerite se plaignit à son frère, qui exila Beda ainsi que les docteurs. Ils ne furent rappelés que lorsque le recteur de l'Université eut fait bonne justice de leur censure, en déclarant que l'ouvrage incriminé ne contenait aucune proposition répréhensible. Marguerite laissa plusieurs autres ouvrages en vers et en prose, dont le principal fut son *Heptaméron* ou *Nouvelles de la reine de Navarre* (1559), recueil de contes dans le genre de ceux de Boccace. Ses poésies, publiées à Lyon (1547, in-8°) sous le titre de *Marguerite de la Marguerite des Princesses,* sont pleines de grâce et de facilité. Dans ses *Lettres* réimprimées à Paris (1841-1842, 2 vol. in-8°), Marguerite se montre pleine de cœur, de bon sens et d'esprit. De Henri d'Albret, elle eut une fille, la fameuse Jeanne d'Albret, mère de Henri IV.

MARGUERITE D'ANJOU, reine d'Angleterre, née en 1429, morte le 25 août 1482; elle était fille de René, duc de Lorraine, comte de Provence et roi titulaire de Sicile et de Jérusalem. Henri VI d'Angleterre, fasciné à la vue d'un portrait de Marguerite, conclut la paix avec la France et la Bourgogne, et épousa la jeune princesse par procuration (nov. 1444); elle arriva en Angleterre au mois d'avril suivant. Non seulement son époux ne demanda pour elle aucune dot, mais il ne crut pas payer trop cher le bonheur de la posséder en cédant l'Anjou et le Maine à René qui était l'héritier légitime de ces possessions. La noblesse anglaise, irritée de cette cession, manifesta son mécontentement et la reine devint très impopulaire. La famille d'York, prenant avantage de cette disposition des esprits, conspira sourdement la chute de Henri et prétendit à la couronne, qui lui appartenait par droit de succession. En 1455, le duc d'York affirma son droit par un appel aux armes, et les Yorkistes remportèrent la première victoire de Saint-Albans; le roi tomba entre leurs mains (1460) et Marguerite se sauva en Ecosse avec son fils Edouard. Elle ne tarda pas à rentrer en Angleterre à la tête d'une armée écossaise, battit le duc d'York à Wakefield, remporta la seconde victoire de Saint-Albans sur Warwick et délivra son mari. Les Londoniens ne voulurent point la recevoir dans leur ville; ils reconnurent pour roi le fils aîné du duc d'York, qui fut couronné sous le nom d'Edouard IV. Après la fatale bataille de Towton (29 mars 1461), Marguerite se sauva de nouveau en Ecosse avec son mari et son fils. Elle vint ensuite en France pour demander du secours à Louis XI, rentra en Ecosse, leva des troupes, envahit de nouveau l'Angleterre, fut complètement battue à Hexham (1464), erra pendant quelque temps dans le nord de son royaume et finit par se retirer en France dans les possessions de son père. Louis XI la réconcilia en 1470 avec le comte de Warwick qui, disgracié par Edouard IV, avait fui l'Angleterre. Warwick ayant reçu le commandement d'une armée, marcha sur Londres, chassa Edouard IV qui dut se réfugier sur le continent et replaça Henri VI sur le trône. Marguerite débarqua à Weymouth avec son fils le 14 avril 1471, le jour même où Warwick était vaincu et tué à Barnet. Les dernières forces des Lancastriens furent anéanties à Tewkesbury par Edouard IV (4 mai), et Marguerite, dont le fils avait été tué, tomba entre les mains du vainqueur. Son mari fut mis à mort quelques semaines plus tard. Elle fut emprisonnée jusqu'au 3 nov. 1475, époque où Louis XI paya 50,000 couronnes pour sa rançon, en échange de la Provence que René lui céda à cette occasion. Marguerite passa les dernières années de sa vie dans la retraite.

MARGUERITE D'AUTRICHE, fille de Maximilien Ier, empereur d'Allemagne et de Marie de Bourgogne, née le 10 janv. 1480, morte à Malines le 1er déc. 1530. Dès l'âge de 3 ans, elle fut fiancée au dauphin et élevée à la cour de France; mais Charles VIII brisa le contrat, la renvoya à son père et se maria à Anne de Bretagne, insulte qui ne fut jamais pardonnée par la maison d'Autriche. En 1497, Marguerite épousa le prince Jean, fils de Ferdinand le Catholique et d'Isabelle. Jean mourut la même année et, en 1499, Marguerite retourna dans les Pays-Bas. En 1501, elle épousa Philippe le Beau, duc de Savoie, qui mourut en 1504 sans héritiers. Son père la nomma, en 1506, gouvernante des Pays-Bas. En 1513, elle détermina le roi d'Angleterre à se déclarer contre la France et conclut, en 1529, avec Louise de Savoie, mère du roi de France, le traité de Cambrai, dit *paix des Dames.* Elle a laissé, en prose et en vers, des écrits qui sont à la Bibliothèque nationale de Paris.

MARGUERITE DE BOURGOGNE, reine de France et de Navarre, née vers 1290, morte en 1315. Elle était, par sa mère, petite-fille de saint Louis; fut fiancée, en 1299, à Louis le Hutin qu'elle épousa en 1305. Convaincue d'adultère, elle fut enfermée au Château-Gaillard, où elle fut étranglée par ordre du roi, son mari. Le nom de Marguerite de Bourgogne est lié dans l'imagination populaire aux sanglantes débauches de la tour de Nesle, à Paris, évoque le souvenir. Marguerite avait eu de son mari une fille, Jeanne, qui épousa Philippe, comte d'Evreux, et devint reine de Navarre après la mort de son oncle, Charles le Bel.

MARGUERITE DE DANEMARK, surnommée la *Sémiramis du Nord*, reine des royaumes-unis de Danemark, de Suède et de Norvège, née en 1353, morte le 28 oct. 1412. Elle était fille de Waldemar III, roi de Danemark, et fut mariée, à l'âge de 10 ans, au roi de Norwège, Haco. Lors de la mort de son fils Olaf, en 1387, elle obtint son héritage, composé des deux couronnes de Danemark et de Norvège. En 1388, les Suédois lui ayant offert le trône de Suède, elle battit leur roi Albert, et, à partir de ce moment, elle régna sur eux avec une autorité absolue. A force d'adresse et d'éloquence, elle parvint à faire l'*Union de Calmar* (1397), qui réunit les 3 royaumes en un seul.

MARGUERITE DE FRANCE, duchesse de Berry, née à Saint-Germain-en-Laye, en 1523, morte à Turin en 1574. Elle était fille de François Ier, et épousa, en 1559, Philibert-Emmanuel, duc de Savoie. Elle cultiva les lettres et fut la bienfaitrice des savants.

MARGUERITE DE FRANCE ou de Valois, fille de Henri II et de Catherine de Médicis, née à Saint-Germain-en-Laye, le 14 mai 1553, morte à Paris le 27 mars 1615. Elle était d'une beauté charmante et fut de bonne heure corrompue par les mœurs licencieuses de la cour où elle vivait, où elle donnait le ton et où, familièrement, on la connaissait sous le nom de *Margot*. En août 1572, elle épousa Henri de Béarn (depuis Henri IV). Il n'y eut jamais la moindre sympathie entre Marguerite et le Béarnais qu'elle détestait parce qu'il était protestant. De son côté, Henri IV se souvint toujours que, pendant les fêtes qui accompagnèrent ses noces, sa mère avait été empoisonnée et les huguenots égorgés. (Voy. SAINT-BARTHÉLEMY.) S'autorisant de la conduite licencieuse de Henri, qui la négligeait, Marguerite mena une vie remplie de débordements dont son frère Henri III lui-même fut scandalisé. Lorsqu'il la renvoya à son mari, mais celui-ci la reçut très froidement et elle se hâta de le quitter. Elle s'enferma dans Agen, où elle déclara la guerre à son mari, en prenant pour prétexte les intérêts de la religion. La ville d'Agen ayant été prise en 1585, Marguerite chercha vainement à trouver un autre asile, fut arrêtée et emprisonnée au château d'Usson (Auvergne), où elle resta 18 ans. Lorsque Henri de Béarn, devenu Henri IV, songea à faire prononcer la dissolution de son mariage avec Marguerite, celle-ci fit bien quelque opposition, mais Clément VIII ne prononça pas moins le divorce (1599). La reine resta encore prisonnière et ne recouvra sa liberté qu'en 1605; elle revint à Paris, où elle partagea sa vie entre la culture des lettres et les exercices de la dévotion. Elle a laissé des *Lettres* et des *Mémoires* publiés par Guessard (Paris, 1842, 1 vol. in-8°; nouv. édit., 1860).

MARGUERITE DE PARME, régente des Pays-Bas, sous Philippe II d'Espagne, née en 1522, morte en 1586. Elle était fille naturelle de Charles-Quint. En 1536, elle épousa Alexandre de Médicis, duc de Florence, qui fut assassiné dans l'année, et, en 1542, Octave Farnèse, qui n'avait alors que 13 ans: elle reçut en douaire les duchés de Parme et de Plaisance. Philippe II, quittant les Pays-Bas (1559), la nomma régente. Son administration ne fut pas heureuse. En obéissant aux ordres de Philippe, elle voulut introduire l'Inquisition dans ses Etats et ne put empêcher les Hollandais de se révolter. Elle eut pour fils le fameux Alexandre Farnèse.

MARGUERITE DE PROVENCE, reine de France, fille de Raymond Béranger, comte de Provence, née en 1219, morte en 1295. Elle épousa saint Louis en 1234, accompagna son époux dans sa première croisade, sortit de Damiette avant la reddition de cette place, trouva l'argent nécessaire pour la rançon du roi et revint avec saint Louis en France, après la mort de la reine Blanche (1254). Elle fonda le couvent des religieuses de sainte Claire, à Paris, et s'y retira après la mort de son époux. Elle avait eu onze enfants.

MARGUERITE (Ile Sainte-). Voy. NUEVA-ESPARTA.

MARGUERITE (Ile Sainte-). Voy. LÉRINS.

MARGUERITTES, ch.-l. de cant., arr. et à 10 kil. S.-E. de Nîmes (Gard), sur le Vistre; 1,900 hab. Fabriques de tapis.

* **MARGUILLERIE** s. f. [ll mll.]. Charge de marguillier : *briguer la marguillerie de sa paroisse.*

* **MARGUILLIER** s. m. [ll mll.] (lat. *matricularius*, garde-rôle). Celui qui a le soin de tout ce qui regarde la fabrique et l'œuvre d'une paroisse, les affaires d'une confrérie : *les marguilliers de la paroisse.* — Dans chaque paroisse catholique, le bureau des marguilliers est composé de trois membres du conseil de fabrique nommés par ce conseil. Les fonctions de ce bureau ont été indiquées au mot CONSEIL.

* **MARI** s. m. (lat. *maritus*; de *mas, maris*, mâle). Epoux, celui qui est à une femme par le lien conjugal : *le mari est le maître de la communauté.* — MARI COMMODE, mari qui, par intérêt ou par quelque autre cause, laisse vivre sa femme peu régulièrement.

* **MARIABLE** adj. Qui est en état d'être marié ou mariée : *elle n'est pas encore mariable.* (Fam.)

* **MARIAGE** s. m. Union d'un homme et d'une femme, par le lien conjugal : *le mariage est un contrat civil ordinairement béni par l'Eglise.*

> Il faut absolument faire ce *mariage*.
> COLLIN D'HARLEVILLE. *Monsieur de Crac*, sc. XIII.

— MARIAGE DE CONSCIENCE, mariage entre personnes qui ont eu ensemble un commerce illicite. — MARIAGE SOUS LA CHEMINÉE, union secrète contractée entre un homme et une femme, sans que les formalités légales aient été remplies. — MARIAGE IN EXTREMIS, union conjugale contractée dans un temps où l'une des parties est en danger de mort. — MARIAGE EN DÉTREMPE, commerce illicite sous quelque apparence de mariage. On dit prov., dans le même sens, *Mariage de Jean des Vignes, tant tenu, tant payé*, ou simpl., *Mariage de Jean des Vignes.* — MARIAGE DE LA MAIN GAUCHE, mariage qu'un prince ou seigneur contracte avec une femme d'un état inférieur, en lui donnant, dans la cérémonie nuptiale, la main gauche au lieu de la main droite. Les enfants qui naissent de ce mariage n'héritent pas de la dignité et du pouvoir de leur père. On dit aussi MARIAGE MORGANATIQUE. — Célébration des noces : *être invité, assister à un mariage.* — Bien que les parents donnent à leurs enfants en les mariant, se dit par appelle *Dot* pour les mariés : *elle a eu cent mille francs en mariage.* — Un BON MARIAGE PAYERA TOUT, se dit en parlant d'un homme qui a l'espoir de rétablir ses affaires par un mariage avantageux. — Le *Mariage forcé*, comédie-ballet de Molière, en un acte et en prose, représentée à Versailles le 29 janv. 1664. C'est une flagornerie adressée au roi, à son épouse et à la reine-mère. Louis XIV y dansa la troisième entrée du ballet. Cette pièce fut jouée à Paris le 15 fév. — **Le Mariage de Figaro** ou LA FOLLE JOURNÉE, comédie en cinq actes et en prose, le chef-d'œuvre de Beaumarchais. La noblesse, dont l'auteur personnifiait les vices dans le personnage d'Almaviva, les juges seigneuriaux qu'il ridiculisait sous les traits de Brid'oison, les dévots qu'il coiffait du chapeau de Basile, s'unirent pour empêcher la représentation de cette pièce audacieuse. Néanmoins, Beaumarchais parvint à tourner les obstacles, grâce à la protection de la reine, et la Comédie-Française donna, le 24 avril 1784, le *Mariage de Figaro*, qui reçut un accueil bruyant. Parmi les écrivains qui s'élevèrent contre la pièce nouvelle, on remarqua tout particulièrement Mirabeau, auquel Beaumarchais avait refusé de prêter 12,000 livres « dans la crainte de se brouiller avec lui au jour de l'échéance ». Le futur tribun accuse Beaumarchais (qui dédaigna de lui répondre autrement que par des bienfaits) de changer le Théâtre-Français en tréteaux, et la scène comique en école de mauvaises mœurs; d'outrager les lois, les règles, les bienséances, etc. — Le MARIAGE DE FIGARO, *le Noze di Figaro*, célèbre opéra en 4 actes, représenté à Vienne le 28 avril 1786; musique de Mozart, livret de Da Ponte, qui s'était inspiré de la comédie de Beaumarchais; arrangé pour la scène française, par Notaris qui le fit représenter à l'Opéra de Paris le 20 mars 1793; puis par Castil-Blaze (*les Noces de Figaro*), en un opéra-comique joué à l'Odéon le 22 juin 1826; et par Carré et J. Barbier, pour le Théâtre-Lyrique, le 8 mai 1858. — Législ. — Jusqu'à la Révolution, le mariage a été considéré en France comme le sacrement religieux, et les contestations concernant le mariage appartenaient à la juridiction des juges d'Eglise (Edit de déc. 1606, art. 12). Les empêchements *dirimants* au mariage, tirés du Lévitique et des canons de l'Eglise catholique, furent portés au nombre de quatorze par le concile de Trente. Ces empêchements rendaient les mariages nuls, à moins que, dans certains cas, des dispenses n'eussent été accordées par l'autorité spirituelle moyennant une somme d'argent, ainsi que cela se pratique encore aujourd'hui chez les catholiques romains, pour le mariage religieux. Ces empêchements étaient les suivants : 1° l'erreur sur la personne; 2°. l'erreur sur la condition servile; 3° les vœux religieux; 4° la parenté naturelle en ligne directe à l'infini, et en ligne collatérale jusqu'au quatrième degré; 5° le crime ou l'adultère; 6° la diversité de religion; 7° la violence, la crainte, le vol ou la surprise; 8° les ordres sacrés, sauf les ordres mineurs; 9° le lien d'un autre mariage; 10° jusqu'au premier degré seulement, l'affinité ou alliance résultant de fiançailles reconnues valides ou un mariage rompu par suite de la profession religieuse faite avant qu'il ait été consommé; car le mariage n'était indissoluble que lorsqu'il avait été consommé; 11° jusqu'au second degré seulement, l'affinité naturelle résultant *ex coitu licito aut illicito*; et l'affinité spirituelle contractée par le parrainage; 12° l'impuissance naturelle ou accidentelle; 13°. la clandestinité du mariage, c'est-à-dire l'absence de certaines formalités indispensables; et 14° le rapt par violence ou séduction, aussi longtemps que la personne enlevée restait en la puissance du ravisseur. Il y avait aussi d'autres empêchements, dits *prohibitifs*, qui s'opposaient au mariage, mais ne donnaient pas lieu à l'annulation postérieure. Toute cette législation canonique rendait-elle le sacrement du mariage plus respecté, que ne l'est aujourd'hui l'union civilement contractée? Voici ce que répond à ce sujet un savant dont l'impartialité ne peut être mise en doute, M. Léopold Delisle, au chapitre VII des *Études sur la classe agricole en Normandie au moyen âge* : « On reste confondu à la vue des désordres qui régnaient « dans la plupart des ménages. De tous côtés, « le concubinage et l'adultère appellent une « répression qui, presque toujours, reste impuissante. Le mariage ne conserve pas la « moindre dignité : nos malheureux paysans « n'y voient guère qu'un marché peu différent « de ceux qu'ils concluent journellement « entre eux. Rien de plus ordinaire que de « voir de futurs époux plaidant l'un contre « l'autre à la cour de l'official, qui tantôt « renvoie les parties libres de contracter ou « non le mariage, et tantôt, par une sentence « appuyée des anathèmes de l'Église, les « force à s'unir et, suivant son expression, « les adjuge l'un à l'autre comme mari et « femme... On se rendra le témoignage que, « pour la régularité et la douceur des mœurs, « nous sommes loin d'avoir quelque chose à « envier à nos pères. » — La loi ne considère plus aujourd'hui le mariage que comme un contrat civil (Constitution 3-14 sept. 1791, tit. II, art. 7); et tout ministre d'un culte qui a procédé aux cérémonies religieuses d'un mariage, sans qu'il ait été justifié de l'acte de mariage préalablement reçu par un officier de l'état civil, est puni, savoir : pour la première fois, d'une amende de 16 fr. à 100 fr. ; pour la première récidive, d'un emprisonnement de deux à cinq ans, et pour la seconde récidive, de la détention (C. pén., 199, 200). Trois conditions, dit le jurisconsulte allemand Zachariœ, sont, d'après le droit français, essentielles à l'existence du mariage, savoir : 1° la capacité des parties contractantes; 2° leur consentement respectif; 3° la célébration solennelle de l'union. L'une ou l'autre de ces conditions venant à défaillir, le mariage n'existe pas; si au contraire elles concourent, le mariage ne peut être détruit que par un jugement qui en prononce la nullité pour l'une des causes déterminées par la loi. Les empêchements dirimants au mariage ou causes d'annulation sont aujourd'hui les suivants : 1° l'âge, qui ne peut être au-dessous de dix-huit ans révolus pour l'homme, et de quinze ans révolus pour la femme, à moins de dispense préalablement accordée par le chef de l'État, dans les cas graves; 2° le défaut de liberté dans le consentement de l'un ou de l'autre époux; 3° l'erreur d'un époux dans la personne ou dans les qualités principales de son conjoint; 4° le défaut de consentement des personnes dont dépend un époux qui n'a pas atteint la majorité requise (voy. MAJORITÉ); 5° l'engagement de l'un des époux dans les liens d'un mariage non dissous (voy. BIGAMIE); 6° la parenté ou l'alliance existant entre les époux, nul ne pouvant contracter mariage avec ses ascendants ou descendants légitimes ou naturels, parents ou alliés, avec ses frères ou sœurs, soit légitimes soit naturels, et, (sauf dispense du chef de l'État), avec ses beaux-frères ou belles-sœurs, ses oncles ou tantes, ses neveux ou nièces (voy. DISPENSE) ; 7° le divorce prononcé par suite d'adultère, dans le cas où l'époux reconnu coupable voudrait épouser son complice (C. civ. 298; L. 28 juillet 1884); 8° le divorce antérieurement prononcé entre les époux, lorsque l'un d'eux a contracté un nouveau mariage suivi d'un second divorce (id. 295; même loi); 9° la célébration faite non publiquement et par tout autre que l'officier d'état civil compétent. Ces causes de nullité ne peuvent pas toutes être invoquées par tous ceux qui y ont intérêt, et quelques-unes sont couvertes par une ratification expresse ou tacite du mariage, ou par la possession d'état. Il existe encore un certain nombre d'autres

empêchements, mais ils sont seulement prohibitifs, et n'entraînent pas la nullité du mariage célébré. Tels sont : le défaut d'actes respectueux signifiés aux ascendants qui n'ont pas donné leur consentement, dans le cas où ce consentement n'est pas indispensable (voy. ACTE et CONSENTEMENT) ; le défaut de publications faites, avant la célébration, à deux dimanches consécutifs et dans tous les lieux prescrits ; la parenté légale existant entre l'adoptant et ses enfants d'une part, et l'adopté, son conjoint et ses enfants, d'autre part; pour la femme, la non expiration du délai de dix mois depuis la dissolution d'un mariage précédent ; le défaut de permission des autorités compétentes, lorsqu'il s'agit du mariage des officiers, sous-officiers et soldats des armées de terre et de mer; le consentement au mariage projeté, fait : soit par un ascendant, et dans certains cas par le frère ou la sœur, l'oncle ou la tante, le cousin ou la cousine germains, majeurs, soit par le tuteur ou le curateur autorisé par le conseil de famille, soit par le conjoint existant, soit par le ministère public (Voy. OPPOSITION). L'officier de l'état civil qui a célébré un mariage malgré un empêchement dont il connaissait l'existence, peut être destitué, et en outre condamné, selon les cas, à l'amende, à l'emprisonnement ou à la peine des travaux forcés (C. civ. 456, 457; C. pén. 193 à 195, 340), sans préjudice des dommages-intérêts qui peuvent être réclamés par les parties lésées. Les pièces nécessaires au mariage d'un indigent sont délivrées gratuitement, lorsque l'indigence est constatée; elles sont visées pour timbre et enregistrées gratis (L. 10 déc. 1850). Quelques-uns des ordres sacrés sont, depuis le XIe siècle, un empêchement au mariage; mais ceci ne peut s'appliquer qu'au mariage religieux chez les catholiques, et il n'existe aucun empêchement légal au mariage d'un prêtre devant l'officier de l'état civil. — Les mariages des militaires et ceux des employés à la suite des armées ne peuvent avoir lieu qu'après des formalités particulières (C. civ. 94; Décr. 16 juin et 3 août 1808). Ceci s'applique aux aux militaires dispensés du service, à ceux en état de disponibilité, ni à ceux qui font partie de la réserve (Circ. min. 1er déc. 1874). Lorsque les militaires se trouvent sur le territoire français, leur mariage est célébré par l'officier de l'état civil, suivant la règle commune; et lorsqu'ils se trouvent hors du territoire, la célébration est faite et les actes sont dressés, soit par le major, soit par le capitaine commandant, soit par l'intendant, selon les circonstances (C. civ. 88 et s.). Le Français peut contracter à l'étranger un mariage valable en France, sous les conditions ci-après : les publications doivent être faites en France, préalablement au mariage. Si les deux futurs sont tous deux Français, ils peuvent, à leur choix, se marier devant les agents diplomatiques français en suivant les formes françaises, ou devant l'officier public du pays en suivant les formes légales de ce pays. Enfin, dans les trois mois de son retour en France, le Français qui s'est marié à l'étranger doit faire transcrire l'acte de célébration de son mariage sur le registre public des mariages du lieu de son domicile (id. 170, 171). Les étrangers qui se marient en France doivent se conformer aux lois françaises. — L'acte de célébration, dressé régulièrement par l'officier de l'état civil, fait preuve du mariage. Si cet acte est irrégulier, il fait encore preuve, à la condition qu'il soit accompagné de la possession d'état. Lorsque l'acte n'a pas été dressé ou lorsqu'il a été détruit, la preuve par témoins est admise et, dans certains cas, la possession d'état peut suffire pour prouver la légitimité d'un enfant. (Voy. LÉGITIMITÉ.) (C. civ. 63 et s.; 144 à 202). Le contrat de mariage lorsqu'il en est fait un, doit, pour

être valable, avoir été reçu par un notaire, avant la célébration du mariage. (Voy. CONTRAT, COMMUNAUTÉ, DOTAL, etc.) — Le mariage a pour effets de rendre légitimes les enfants communs et de créer des droits et des devoirs respectifs entre les époux. Ceux-ci se doivent mutuellement fidélité, secours, assistance. Le mari doit protection à sa femme; la femme doit obéissance à son mari; elle est obligée d'habiter avec lui, et de le suivre partout où il juge à propos de résider. Le mari, de son côté, est tenu de recevoir sa femme dans son domicile et de l'entretenir selon ses facultés et son état. La femme ne peut ni acquérir ni aliéner sans le consentement de son mari, sauf lorsqu'elle est autorisée par lui à faire le commerce. (Voy. COMMERÇANT.) Elle ne peut ester en justice sans le consentement du mari, à moins qu'elle n'y soit autorisée judiciairement ou qu'elle ne soit poursuivie personnellement pour crime, délit ou contravention. La femme mineure, émancipée par le mariage, a pour curateur son mari. — Le mariage nul de plein droit est censé n'avoir jamais existé ; mais le mariage simplement annulé produit son annulation des effets civils, à l'égard des époux qui ont été de bonne foi et à l'égard des enfants : c'est ce que l'on nomme un *mariage putatif* (ou cru valable). Si la bonne foi n'a existé que de la part de l'un des époux, le mariage annulé ne produit les effets civils qu'en faveur de cet époux et des enfants issus du mariage (id. 204, 202). Le mariage ne peut être dissous que par la mort naturelle de l'un des époux ou par le divorce légalement prononcé (id. 227). La mort civile qui résultait de certaines condamnations, et dont l'un des effets était de dissoudre le mariage, a été abolie par la loi du 31 mai 1854. — Nous ignorons encore, lorsque nous avons écrit l'article DIVORCE, si ce moyen de dissolution du mariage, introduit en France en 1792, adopté par le Code civil, puis aboli en 1816, serait un non rétabli. La loi du 28 juillet 1884 ayant remis en vigueur les articles du Code concernant le divorce, en y apportant des modifications importantes, nous avons en conséquence à résumer ici cette nouvelle législation. Le divorce ne peut avoir lieu que pour cause déterminée et non par consentement mutuel. Il peut être demandé par l'un des époux : soit pour cause d'adultère de l'autre époux, soit pour excès, sévices ou injures graves, soit pour cause de condamnation de son conjoint à une peine à la fois afflictive et infamante (peine de mort, travaux forcés à perpétuité ou à temps, déportation, détention ou réclusion). La demande doit être formée devant le tribunal de l'arrondissement dans lequel les époux ont leur domicile; elle doit contenir le détail des faits et être remise avec les pièces à l'appui au président du tribunal par le demandeur en personne. Le président appelle les parties à comparaître devant lui, et, s'il ne réussit pas à opérer un rapprochement, il en est alors référé au tribunal, lequel, sur les conclusions du ministère public, accorde immédiatement la permission de citer ou la suspend pendant un délai qui ne peut excéder vingt jours. Après une première comparution à huis-clos, le tribunal renvoie les parties en audience publique et commet un rapporteur. Au jour indiqué, le tribunal statue sur les fins de non-recevoir proposées; s'il les admet, la demande en divorce est rejetée; s'il n'y en a pas, ou si celles présentées ne paraissent pas concluantes, la demande est admise. Dans ce dernier cas, le tribunal statue immédiatement au fond, ou bien il admet les parties à faire respectivement la preuve des faits. Les dépositions des témoins sont reçues par le tribunal séant à huis-clos, en présence du ministère public, des parties et de leurs conseils ou amis, jusqu'au nombre de trois de chaque côté. Après la clôture des enquêtes, le tribunal commet un nouveau rapporteur et renvoie les parties en audience publique. Au jour fixé, le rapport est lu, les parties présentent leurs observations, le ministère public donne ses conclusions et le jugement définitif est prononcé publiquement. Lorsque le divorce est admis, le demandeur doit, s'il ne veut pas perdre le bénéfice du jugement, se présenter, dans le délai de deux mois, à partir du jour où ledit jugement est devenu définitif, devant l'officier de l'état civil, l'autre partie dûment appelée, pour faire prononcer le divorce. Dans le cas où la demande est formée pour cause d'excès, de sévices ou d'injures graves, le tribunal ne peut admettre immédiatement le divorce; il autorise la femme à quitter le domicile de son mari, il oblige celui-ci, s'il est nécessaire, à lui payer une pension alimentaire; et c'est seulement après une année d'épreuve à partir de la signification du jugement avant faire droit, et, si les parties ne se sont pas réunies pendant ce délai, que l'époux demandeur peut faire citer l'autre époux à comparaître au tribunal pour y entendre prononcer le jugement définitif. Lorsque le divorce est demandé par la raison que l'un des époux est condamné à une peine afflictive et infamante, les seules formalités à observer consistent à présenter au tribunal une expédition en forme de la décision portant condamnation et un certificat du greffier constatant que cette décision n'est plus susceptible d'être réformée par les voies légales ordinaires. Toute séparation de corps qui a duré trois années peut être convertie en divorce sur la demande formée par l'un des époux (Voy. Séparation.) L'appel, soit du jugement d'admission de la demande en divorce, soit du jugement définitif, doit être interjeté dans le délai de deux mois de la signification du jugement contradictoire ou par défaut, et cet appel est jugé par la cour comme affaire urgente. Le délai de pourvoi en cassation contre la décision judiciaire rendue en dernier ressort est aussi de deux mois à compter de la signification. Le pourvoi est toujours suspensif. Pendant la durée de l'instance en divorce, l'administration des enfants reste provisoirement au mari, à moins que le tribunal n'en ordonne autrement; et après le jugement définitif, ils sont confiés à l'époux qui a obtenu le divorce, à moins que le tribunal n'ordonne que tous ou quelques-uns seront confiés à l'autre époux ou à une tierce personne. Quelle que soit la personne à laquelle les enfants soient confiés, les père et mère conservent respectivement le droit de surveiller leur éducation et leur entretien, et ils sont tenus d'y contribuer à proportion de leurs facultés. L'époux contre lequel le divorce a été admis perd tous les avantages que l'autre époux lui avait faits, soit par contrat de mariage, soit depuis le mariage; tandis que l'époux qui a obtenu le divorce conserve tous ses avantages, et le tribunal peut en outre lui accorder sur les biens de l'autre époux une pension alimentaire qui ne doit pas excéder le tiers des revenus de ce dernier. La reproduction des débats sur le divorce en divorce, est interdite sous peine d'une amende de 100 à 2,000 fr. Les époux divorcés ont la faculté de se réunir par la célébration d'un nouveau mariage; mais ils ne peuvent plus le faire si l'un ou l'autre a, postérieurement au divorce, contracté un nouveau mariage suivi d'un second divorce. Les époux qui se remarient entre eux après avoir divorcé, ne peuvent adopter un régime matrimonial autre que celui qui réglait originairement leur union, et il ne peut plus être reçu de leur part aucune demande en divorce, sauf dans le cas de condamnation à une peine afflictive et infamante prononcée contre l'un d'eux depuis leur réunion (C. civ. 229; L. 28 juillet 1884).

— Certains droits d'enregistrement sont particuliers au divorce. Ainsi il est dû, en principal; un droit de 7 fr. 50 pour tout jugement interlocutoire ou préparatoire rendu dans les instances en divorce; un droit de 75 fr. pour les jugements de première instance prononçant le divorce, un droit de 150 fr. pour les arrêts de cour d'appel statuant définitivement; et, s'il n'y a pas eu d'appel, ce droit de 450 fr. est perçu sur la première expédition de l'acte de divorce dressé par l'officier de l'état civil (L. 28 avril 1816, art. 45, nº 8, 48 nº 2, et 49 nº 2 ; L. 28 fév. 1872, art. 4). Ces droits doivent être majorés d'un quart pour les décimes additionnels. Il est fait mention de l'enregistrement sur la minute de l'acte de divorce et sur chacune des expéditions ultérieurement délivrées. »

(Ch. Y)

MARIAMNE, princesse juive, fille d'Alexandre et petite-fille d'Hyrcan ; elle épousa Hérode, et en eut deux fils, Alexandre et Aristobule. Injustement accusée d'infidélité, elle fut mise à mort (28 av. J.-C.). Sa fin a fourni des sujets de tragédie à Hardy, Tristan et Voltaire.

MARIANA (Juan), historien espagnol (1536-1623) ; il était jésuite, enseigna la théologie à Rome, en Sicile et à Paris, et vécut ensuite dans la solitude à Tolède. Son arrangement de l'Index expurgatorius, de 1584, déplut à ses supérieurs; et son ouvrage intitulé : De rege et regis institutione (Tolède, 1599, in-4º), dans lequel il soutient la doctrine du tyrannicide, fut brûlé à Paris après le crime de Ravaillac. Les jésuites n'ayant pas positivement répudié les théories de Mariana, subirent des persécutions en France et dans d'autres pays. En 1609, Mariana publia, à Cologne, les Sept traités théologiques et historiques, dont deux furent censurés par l'Inquisition; et l'auteur fut condamné à l'emprisonnement et à la pénitence. Son Histoire générale de l'Espagne, publiée en latin, à Tolède (1592-'95, 4 vol. in-fol.), puis en espagnol (1623), a été traduite en français par le P. Charenton (1725, 6 vol. in-4º).

MARIANA, ville de Minas Geraes (Brésil), entre les rivières Caruco et Seminario; à 260 kil. N.-O. de Rio-de-Janeiro; environ 8,000 hab. Elle s'élève à 1,000 m. au-dessus du niveau de la mer, entre deux montagnes dont une à l'E., nommée l'Itacolumi, atteint 2,000 m. de haut.

MARIANNE (La), surnom que les ennemis de la République donnent, en France, à cette forme de gouvernement. — La Marianne était le nom d'une société secrète républicaine des départements de l'O., formée vers 1853, et qui eut pour principaux membres, Ledru-Rollin, Delescluze, Marchais, etc.

MARIANNES (Les) ou Iles des Larrons (Ladrones), groupe d'environ 20 îles appartenant à l'Espagne, dans l'océan Pacifique du Nord; 1,078 kil. carr.; environ 10,000 hab. Elles sont de formation volcanique, montagneuses et très fertiles. Les îles principales sont : Guahan, Rota, Aguijan, Saypan ou Seypan et Tinian. Magellan les découvrit en 1521 et les nomma Ladrones, à cause des dispositions de leurs habitants. Elles furent nommées Mariannes en l'honneur de la reine d'Espagne, en 1667. Les habitants actuels, sont presque tous descendants de colons du Mexique et des Philippines.

MARIA-SICHÉ (Santa-), ch.-l. de cant., arr. et à 34 kil. d'Ajaccio (Corse); 690 hab.

MARIAZELL ou **Marienzell** [-tsèl], village de Styrie (Autriche), à 80 kil. S.-O. de Vienne; 4,000 hab. Lieu de pèlerinage le plus fréquenté de l'empire d'Autriche.

MARICOPAS. Voy. Coco-Maricopas.

MARIE (hébr. Miriam; gr. Maria ou Mariam;

lat. Maria; angl. Mary; all. Maria; ital. Maria). Nom de la mère du Christ et d'un grand nombre de femmes célèbres.

MARIE, mère de Jésus-Christ, surnommée la Vierge Marie ou la Sainte Vierge. Quelques autorités considèrent la généalogie de saint Luc comme étant celle de Marie et regardent Héli (saint Luc III, 23) comme le père de la Vierge ; mais, ordinairement, on s'accorde à donner ce titre à Joachim, époux de sainte Anne. Marie était fiancée à un charpentier de Nazareth nommé Joseph, lorsqu'un messager céleste, l'ange Gabriel, vint lui annoncer qu'elle concevrait un fils qui serait appelé le fils de Dieu et qui serait le Messie attendu par les Juifs. Presque aussitôt après avoir reçu ce message, Marie rendit visite à sa cousine Élisabeth dans la ville de Juda, où elle séjourna pendant trois mois. A son retour, Joseph, assuré de son innocence par un songe, la reçut comme sa femme. Pendant le recensement ordonné par Auguste, Joseph et Marie se rendirent à Bethléem, cité de David, où ils se firent inscrire; c'est là que Marie donna naissance à Jésus. Revenus à Nazareth, ils durent bientôt fuir cette ville et se réfugier en Egypte pour échapper à la persécution d'Hérode. Après la mort de celui-ci, ils revinrent à Nazareth. Marie assista aux noces de Cana; elle paraît avoir vécu ensuite alternativement à Nazareth et à Capharnaüm. L'Evangile reste ensuite silencieux à son sujet jusqu'au moment où elle se trouve au pied de la Croix et est confiée par Jésus aux soins de son disciple bien-aimé, saint Jean, chez qui elle resta ensuite, comme si elle eût été chez elle. La dernière mention que le Nouveau Testament fasse de Marie se trouve dans les Actes des apôtres (I. 14), où il est dit qu'après l'Ascension, elle resta en prières avec les disciples, les saintes femmes et les apôtres. — Marie est l'objet dans l'Eglise catholique romaine d'un culte de dulie tout spécial; elle est placée, dans la vénération publique, au-dessus de tous les êtres créés, à raison même de sa prérogative particulière de Mère de Dieu ; on la considère comme ayant été conçue sans péché. (Voy. Immaculée Conception.) Plusieurs fêtes sont célébrées en son honneur; voici les principales :

Immaculée Conception	8 décembre.
Nativité	8 septembre.
Annonciation	25 mars.
Visitation	2 juillet.
Purification	2 février.
Assomption	15 août.

Au xie siècle, dans quelques lieux, s'établit l'usage de l'honorer plus spécialement le samedi, et plus tard le mois de mai lui fut consacré sous le nom de Mois de Marie. Un Officium Beatæ Mariæ Virginis fut ajouté au Bréviaire et déclaré obligatoire par le pape Urbain II (1095). On attribue une telle importance à son intercession que l'Ave Maria est pour ainsi dire inséparable du Pater. Plusieurs autres exercices de dévotion en son honneur, particulièrement la récitation du chapelet, sont d'un commun usage. De nombreuses images de la Vierge attirent des nuées de pèlerins dans les pays catholiques, romains et grecs; et d'innombrables guérisons miraculeuses sont attribuées à l'intercession de la Mère de Dieu.

MARIE-MADELEINE (probablement ainsi nommée de Magdala, ville de Galilée), femme mentionnée par saint Luc (VIII, 2) comme étant Marie appelée Madeleine, de laquelle il était sorti sept démons ». On la considère généralement comme la pécheresse dont saint Luc a parlé (VII, 36, 37) en disant « qu'elle baisa les pieds de Jésus et qu'elle les oignit de parfums, et c'est d'elle que le Sauveur dit en s'adressant à Simon Pierre : « Il lui sera beaucoup pardonné parce qu'elle a beaucoup aimé » (Luc, VII, 47). Marie-Madeleine était présente au crucifiement et à la mise au tombeau de Jésus et c'est à elle, la première, que le Sauveur apparut après sa résurrection (Jean, XX). Fête le 22 juillet.

MARIE DE L'INCARNATION (Marie Guyard), religieuse ursuline, surnommée la *sainte Thérèse* de la Nouvelle-France, née en France en 1599, morte le 30 avril 1672. Elle resta veuve à 19 ans, dirigea une manufacture de soieries pendant quelques années, et entra dans un couvent d'ursulines en 1631. Elle se rendit au Canada en 1639, fonda le couvent d'ursulines de Québec, apprit les langues huronne et algonquine et fit l'éducation d'enfants français et indigènes. Ses *Lettres* ont été publiées (1681), et sa vie a été écrite par son fils, le bénédictin dom Claude Martin (677), par le P. Charlevoix (1724) et par l'abbé Casgrain (Québec, 1864).

I. Allemagne.

I. (Marie), fille de Louis le Grand, reine de Hongrie (1382), épouse (1385) de Sigismond qui devint empereur. Elle mourut en 1395.
— II. Marie de Bourgogne, fille unique de Charles le Téméraire et d'Isabelle de Bourbon, née à Bruxelles le 13 févr. 1457, morte à Bruges le 27 mars 1482. Elle épousa Maximilien en 1477, peu après la mort de son père; elle fut dépossédée de ses Etats par Louis XI, qui prétendit que les fiefs de France ne pouvaient revenir à une femme. Telle fut l'origine de la rivalité entre les maisons de France et d'Autriche. Marie de Bourgogne mourut des suites d'une chute de cheval. Elle avait eu 3 enfants dont l'un fut Philippe le Beau, père de Charles-Quint. Voy. Gaillard, *Histoire de Marie de Bourgogne* (1759).
— III. Marie-Thérèse, *Maria-Teresia*, impératrice d'Allemagne et reine de Hongrie et de Bohême, née à Vienne le 13 mai 1717, morte le 29 nov. 1780. Elle était fille de l'empereur Charles VI de Hapsbourg, qui la fit son héritière universelle par la *Pragmatique Sanction*. En 1736, elle épousa François-Etienne de Lorraine, plus tard grand-duc de Toscane et empereur d'Allemagne (1745), sous le nom de François Ier. Son époux lui abandonna la direction des affaires. Charles VI étant mort le 20 oct. 1740, une foule de prétendants voulurent arriver au trône impérial en dépit de la Pragmatique Sanction, et d'autres princes essayèrent de démembrer l'empire. Frédéric le Grand de Prusse occupa la Silésie; Charles-Albert de Bavière fut élu empereur sous le nom de Charles VII; l'Espagne, la Sardaigne, Auguste III de Pologne et de Saxe, et la cour de Versailles se déclarèrent contre Marie-Thérèse, qui n'eut d'autre alliée que l'Angleterre, ensuite la Saxe et plus tard la Russie. A la diète de Presbourg (1741), elle se plaça, avec son jeune fils Joseph I, sous la protection des Hongrois, qui la soutinrent avec enthousiasme. Cette guerre lui coûta la Silésie. Après la paix d'Aix-la-Chapelle (1748), Marie-Thérèse, sous l'influence de son ministre Kaunitz, introduisit plusieurs réformes dans l'administration intérieure de ses Etats. Kaunitz ayant réussi à tourner la France contre Frédéric, devenu l'allié des Anglais, la *guerre de Sept ans* commença (1756) et se termina en 1763 par la double paix de Paris et de Hubertsbourg, à l'avantage de la Prusse et de l'Angleterre; deux ans plus tard, l'empereur François Ier mourut, fut remplacé sur le trône par son fils Joseph II qui jouit dans les Etats héréditaires de sa mère du droit de corégent seulement, mais qui dirigea la politique étrangère. Marie-Thérèse s'associa aux puissances du Nord pour le premier partage de la Pologne (1772); elle eut la Galicie et la Lodomirie et, en 1777, elle acquit de la Turquie la Bukowine. La paix de Teschen (1779) termina la guerre de la succession bavaroise. Marie-Antoinette, fille de Marie-Thérèse, devint reine de France en 1775 et son jeune

frère, Léopold Ier, remplaça son frère aîné, Joseph II, sur le trône impérial en 1790.

II. Angleterre.

I. **Marie Tudor**, première reine ayant gouverné l'Angleterre, fille de Henri VIII et de Catherine d'Aragon, née le 18 févr. 1516, morte le 17 nov. 1558. En 1522, elle fut fiancée à l'empereur Charles-Quint et elle reçut une éducation espagnole, mais l'empereur brisa le contrat à cause du divorce de Henri VIII. Marie fut forcée de signer une renonciation au trône; elle reconnut que le mariage de sa mère ayant été incestueux et illégal, sa naissance était illégitime. Considérée comme chef du parti catholique, elle resta toujours un objet de suspicion pour son père et pour les protestants. Pendant le règne d'Edouard VI, elle ne prit aucune part à la politique et, à la mort de ce prince (6 juillet 1553), elle n'eut pas de peine à se faire proclamer reine, en renversant le parti de Jane Grey. Les lois religieuses d'Edouard VI furent rapportées. La résolution que prit Marie d'épouser Philippe II d'Espagne jeta le trouble parmi ses sujets. De formidables insurrections éclatèrent; et Elisabeth et le comte de Devonshire furent envoyés à la Tour. Le mariage de Marie et de Philippe s'accomplit le 25 juillet 1554. Le 30 nov., le cardinal Pole déclara que l'Angleterre était réconciliée avec Rome, et aussitôt les persécutions qui rendirent si odieux le règne de Marie commencèrent par la mort sur le bûcher de John Rogers (4 fév. 1555). Marie fut négligée par son époux pour lequel elle avait la plus tendre affection. Afin de venir en aide à Philippe, elle déclara la guerre à la France (7 juin 1557) et ses troupes prirent part aux batailles de Saint-Quentin et de Gravelines. En janv. 1558, les Français prirent Calais (voy. ce mot) et Marie mourut peu de mois après, désespérée de cette perte. N'ayant pas d'enfants, elle laissa Elisabeth pour lui succéder. — Marie Tudor, drame de Victor Hugo en trois journées et en prose, représenté à la Porte-Saint-Martin le 6 nov. 1833. — II. Marie II, première reine ayant gouverné en même temps la Grande-Bretagne et l'Irlande, fille de Jacques II et épouse de Guillaume III, née le 30 avril 1662, morte le 28 déc. 1694. Sa mère était Anne Hyde, fille du comte de Clarendon. Elle épousa son cousin Guillaume, prince d'Orange, le 4 nov. 1677. Elle approuva l'invasion de l'Angleterre par son mari en 1688; le parlement déclara Guillaume et Marie roi et reine d'Angleterre. Pendant l'absence de son époux, Marie fut placée à la tête du gouvernement et y montra beaucoup de tact et de fermeté.

III. Ecosse.

I. **Marie de Lorraine**, reine d'Ecosse, fille de Claude, duc de Guise, née en 1515, morte en 1560. Elle épousa, en 1535, Jacques V, roi d'Ecosse, devint veuve et régente (1542), persécuta les réformés, poussa le peuple à la révolte, fut forcée de s'enfuir en France et mourut à Edimbourg pendant que les Anglais assiégeaient cette ville. — II. Marie Stuart, reine d'Ecosse, née en déc. 1542, morte le 8 (vieux style) fév. 1587. Elle était fille de Jacques V, septième roi de la dynastie des Stuarts, et de Marie de Lorraine. (Voy. ci-dessus.) Son père mourut quelques jours après sa naissance, et elle fut couronnée le 9 sept. 1543, sous la tutelle du comte d'Arran, héritier présomptif de la couronne. Henri d'Angleterre demanda sa main pour son fils, le prince de Galles, plus tard Edouard VI; en vertu d'un traité signé le 1er juillet 1543, Marie devait être envoyée en Angleterre à l'âge de 10 ans et elle devait épouser Edouard aussitôt que cela serait possible. Au bout de 5 mois, ce traité fut déchiré par les Ecossais qui firent signer avec la France (15 déc.)

et Henri déclara la guerre à l'Ecosse, qu'il fit envahir par ses troupes. Marie de Lorraine et le régent Arran fiancèrent la jeune reine au dauphin de France, fils de Henri II, et elle s'embarqua à Dumbarton en 1548 et débarqua à Brest le 14 août. Le dauphin François et Marie, reine d'Ecosse, se marièrent le 24 avril 1558. Quand mourut Marie Tudor (1558), le dauphin de France fit ajouter aux armes celles d'Angleterre et celles d'Ecosse, parce qu'il affectait de croire que Marie Stuart était l'héritière légitime de la couronne anglaise, comme descendante de Marguerite Tudor, fille aînée de Henri VII. Cet acte causa en partie tous les malheurs qui accablèrent plus tard la reine d'Ecosse. Henri II de France mourut le 10 juillet 1559 et Marie régna à Paris depuis ce jour jusqu'à la mort de son époux (5 déc. 1560). Froidement traitée par Catherine de Médicis, sa belle-mère, elle résolut de retourner en Ecosse. A son arrivée dans ce pays, elle trouva le pouvoir entre les mains des protestants et elle parut s'y soumettre sans beaucoup de peine; mais la légèreté de sa conduite causa beaucoup de scandale parmi ses sujets. La bonne entente se rétablit avec Elisabeth qui désirait lui faire épouser le comte d'Arran, mais Marie ne voulut pas y consentir; elle aurait préféré don Carlos d'Espagne et n'abandonna qu'avec peine ce projet d'union qui avait soulevé partout la plus vive opposition; elle finit par donner sa main à lord Henri Darnley, fils du comte de Lennox. Les catholiques se montrèrent favorables à cette union, tandis que les protestants y furent opposés. Darnley, créé lord d'Ardmanach, comte de Ross et duc d'Albany, épousa la reine le 29 juillet 1565, et prit aussitôt le titre de roi. Le comte de Murray, frère naturel de Marie, se mit à la tête d'une révolte. Sa défaite fit entrevoir à Marie la possibilité de renverser le protestantisme. Entièrement abandonnée à l'influence de David Rizzio, aventurier italien établi en Ecosse, Marie se brouilla avec Darnley qui, l'accusant d'adultère, voulut faire valoir ses droits d'époux et de souverain. Dans la soirée du 9 mars 1566, le roi et plusieurs de ses complices, se précipitèrent dans la salle du palais de Holyrood, où Marie était en train de dîner avec Rizzio et diverses autres personnes; ils saisirent l'Italien, l'entraînèrent hors de la salle et le tuèrent. Marie jura de venger son époux. Le 19 juin, elle donna naissance à l'enfant qui devait être Jacques VI d'Ecosse et Jacques Ier d'Angleterre. Elle prit ensuite pour amant le comte Bothwell. La mort de Darnley fut résolue et le plan en fut arrêté par Lethington. (Voy. Darnley.) On fit sauter le roi pendant la nuit du 9 fév. 1567, au moment où la reine dirigeait une mascarade au palais de Holyrood. La participation de Marie à ce meurtre n'a jamais été prouvée; mais celle de Bothwell parut si évidente que Marie se vit forcée, pour donner à l'opinion publique, de le faire passer en jugement. Il fut acquitté et ne tarda pas à conspirer pour devenir époux de la reine. Le 24 avril, pendant que celle-ci retournait de Stirling à Edimbourg, elle fut saisie par Bothwell et conduite au château de Dunbar. Il ne lui permit de rentrer dans sa capitale, le 3 mai suivant, que lorsqu'il eut obtenu son divorce. (Voy. Botuwell.) Il se fit nommer duc d'Orkney et épousa la reine le 15 mai. Cette union souleva un dégoût universel. Les nobles s'insurgèrent et réunirent une armée qui rencontra les troupes royales à Carberry hill le 15 juin; Marie, abandonnée de la plupart de ses soldats, fut forcée de se rendre. On l'enferma au château de Lochleven, où, le 24 juillet, elle signa un acte d'abdication en faveur de son fils, dont Murray devait être régent. Apprenant que l'on se disposait à la faire passer en jugement comme ayant participé à l'assassinat de

Darnley, elle trouva moyen de s'échapper de Lochleven le 2 mai 1568 et de former une nouvelle et puissante armée de ses partisans. Mais elle fut vaincue à Langside, par Murray, le 13 mai; elle s'enfuit et passa la frontière anglaise le 16 mai. Elisabeth la reçut d'abord avec quelque considération et parla même de servir d'arbitre entre Marie et ses adversaires; mais la reine d'Ecosse fut ensuite accusée de conspirer contre sa bienfaitrice et de vouloir épouser le duc de Norfolk. On l'enferma successivement à Carlisle, à Bolton, à Tutbury, à Wingfield, à Coventry, à Chatsworth, à Sheffield, à Buxton, à Chartley et à Fotheringay. L'odieux traitement qu'elle reçut pendant sa captivité montra toute l'étendue de la haine d'Elisabeth et jusqu'où peut aller la vengeance d'une femme outragée. En 1586, Babington conspira avec un grand nombre de partisans la délivrance de la reine d'Ecosse; il fut trahi et mis à mort. (Voy. BABINGTON.) Marie fut gardée à vue dans sa prison de Fotheringay où on l'enferma le 25 sept. 1586. On la fit passer en jugement le 11 oct.; elle se défendit avec adresse le 14 du même mois; mais les juges s'étant réunis à Westminster, la déclarèrent coupable de conspiration le 25 oct.; elle ne connut cette décision que le 19 nov. et l'apprit avec beaucoup de calme. Le parlement anglais réclamait son exécution immédiate; mais Elisabeth semblait hésitante; elle refusa même, dit-on, de signer l'ordre de la mettre à mort et l'on prétend que les ennemis de Marie fabriquèrent une fausse pièce pour la faire exécuter. Le 7 févr. 1587, Marie fut informée qu'elle devait mourir le lendemain matin à 8 heures. Le bourreau avait un ordre daté du 3 févr. et portant la signature d'Elisabeth. Marie fut décapitée dans la salle des banquets du château de Fotheringay; elle mourut avec un courage héroïque. Quand Elisabeth fut informée de sa mort, elle entra dans une violente colère, défendit à Burleigh et à Walsingham de reparaître jamais en sa présence, comme étant les seuls auteurs de ce crime, et fit jeter à la Tour celui qui avait été leur instrument, le secrétaire Davison.

IV. Espagne.

I. **Marie** MOLINA, femme de Sanche IV (1282), fut régente de Castille, et mourut en 1322. — II. **Marie-Louise**, reine d'Espagne, fille de Philippe d'Orléans, épousa Charles II (1679) et mourut en 1689. — III. **Marie-Louise** DE PARME, reine d'Espagne, née le 9 déc. 1751, morte à Rome le 2 janv. 1819. Elle était fille du duc Philippe de Parme; mariée à 13 ans au prince des Asturies (plus tard Charles IV), elle prit un grand ascendant sur l'esprit de son époux. Devenue reine (1788), elle livra le gouvernement à son favori Godoy; elle accompagna la reine à Bayonne, se porta devant Napoléon l'accusatrice de son fils, Ferdinand, fut exilée à Compiègne et habita successivement Marseille, Nice et Rome, accompagnée de Charles et de son inséparable Godoy.

V. France.

I. **Marie** DE BRABANT, reine de France, née vers 1260, morte en 1321. Elle épousa Philippe le Hardi (1275); accusée d'avoir empoisonné l'aîné des fils que Philippe avait eus d'une première femme, elle se justifia et fit perdre Pierre de Labrosse. — II. **Marie** DE LUXEMBOURG, reine de France, morte en 1324. Elle épousa Charles le Bel (1322) et mourut à la suite de ses couches. — III. **Marie** D'ANJOU, reine de France, fille de Louis II, duc d'Anjou, née en 1404, morte en 1463. Elle épousa (1443) l'héritier présomptif de la couronne de France (depuis Charles VII). — IV. **Marie** D'ANGLETERRE, reine de France, née en 1497, morte en 1534. Elle était fille

de Henri VII, roi d'Angleterre, et d'Elisabeth d'York. Louis XII de France l'épousa en 1514 et la laissa veuve quelques mois après. Elle épousa son ancien amant le duc de Suffolk, dont elle eut deux filles. — V. **Marie** STUART, traitée plus haut parmi les reines d'Ecosse. — VI. **Marie** DE MÉDICIS, *Maria de Medici* (démé'-di-tchi), reine de France, née à Florence le 26 avril 1573, morte à Cologne le 3 juillet 1642. Elle était fille du grand-duc de Toscane François Ier, et épousa Henri IV de France en 1600; elle donna le jour, en 1601, au dauphin qui devint Louis XIII; mais elle ne fut sacrée, que le 13 mai 1610, veille de l'assassinat de Henri IV. Devenue régente, elle confia le gouvernement à d'indignes favoris. (Voy. CONCINI.) Elle sembla s'attacher à détruire l'œuvre politique de son époux et épuisa le trésor amassé par Sully. Condé se mit à la tête d'une révolte et lui imposa le traité de Sainte-Menehould (1614); Louis XIII fut reconnu majeur et conspira la mort de Concini. Après l'assassinat de ce favori, Marie fit la guerre à son fils et fut vaincue aux Ponts-de-Cé; elle était exilée à Blois, lorsque Richelieu la réconcilia avec le roi (1620). Mais après la *Journée des Dupes*, elle fut obligée de quitter la cour (1631), fut arrêtée, emprisonnée à Compiègne, s'évada, s'enfuit dans les Pays-Bas où elle resta jusqu'en 1638, passa en Angleterre auprès de sa fille Henriette-Marie, reçut l'ordre de quitter le royaume, et se fixa pendant un moment à Anvers, puis alla mourir à Cologne dans le plus profond dénûment. — Voy. les *Mémoires* de Fr.-Aun. d'Estrées (1666, nouv. éd. 1852). La *Vie de Catherine de Médicis* a été écrite par Mme Thiroux d'Arcouville (1774, 3 vol.). — VII. **Marie-Thérèse** D'AUTRICHE, *Maria-Theresia*, reine de France, née à Madrid le 10 sept. 1638, morte à Versailles le 30 juillet 1683. Elle était fille aînée de Philippe IV d'Espagne et de sa première femme Elisabeth de France, sœur de Louis XIII. Elle épousa Louis XIV en 1660, à la suite du traité des Pyrénées. Sa grâce et sa beauté ne purent vaincre l'indifférence d'un roi infidèle et volage; elle se fit remarquer sur le trône par sa piété, sa douceur et une modeste simplicité. Lorsque Louis XIV apprit sa mort, il s'écria : « Voilà le premier chagrin qu'elle m'ait causé ». — VIII. **Marie** LESZCZYNSKA, reine de France, née à Posen le 27 juillet 1703, morte à Versailles le 24 juin 1768. Elle était fille du roi Stanislas Leszczynski; elle épousa Louis XV. Le 5 sept. 1725 et à supporter, pendant une partie de sa vie, le caractère de son époux et les injures de ses maîtresses. Elle vécut dans la retraite, faisant d'abondantes aumônes. — IX. **Marie-Antoinette-Joséphe-Jeanne** DE LORRAINE, archiduchesse d'Autriche, reine de France, née à Vienne le 2 nov. 1774, décapitée à Paris le 16 oct. 1793. Elle était la plus jeune fille de l'empereur François Ier et de Marie-Thérèse, et épousa à Versailles, le dauphin, plus tard Louis XVI, le 16 mai 1770; elle avait alors 14 ans et demi et son époux n'avait pas encore 16 ans; mais leur mariage ne fut pas consommé pendant les sept premières années de leur union. La jeune dauphine était extrêmement belle, gracieuse, gaie, vive et d'une innocence enfantine; mais d'une légèreté et d'une mobilité de caractère qui devaient causer le malheur de sa vie. Sa mère, en la mariant au dauphin, avait eu pour but de fortifier l'Autriche contre la Prusse; le parti anti-autrichien, très opposé à cette union, se montra de suite hostile à la jeune princesse; elle fut constamment épiée et toutes ses démarches furent mal interprétées. Habituée à la liberté de la cour d'Autriche, elle se moqua ouvertement de l'étiquette minutieuse établie à Versailles depuis Louis XIV, surnomma sa dame d'honneur, Mme la comtesse de Noailles, *Madame*

l'Etiquette, s'aliéna bien des esprits par son humeur railleuse et fit naître mille soupçons par son imprudente conduite. Les princes du sang et les nobles ne l'appelaient que *l'Autrichienne* et les courtisanes étaient jalouses de sa beauté. Peu après l'avènement de son mari (10 mai 1774), elle fit prendre à sa favorite, la princesse de Lamballe, l'office de su rintendante de la maison de la reine; ce qui entraîna à de nouvelles dépenses et fit naître de nouvelles hostilités. Elle était alors dans les plus mauvais termes avec son beau-frère, le comte de Provence (plus tard Louis XVIII), avec le prince de Condé et avec le duc d'Orléans; et elle se fit des ennemis irréconciliables en bannissant honteusement de Versailles les femmes impudiques qui avaient souillé la cour à la fin du règne de Louis XV. Mais sa tolérance pour les fautes de quelques-unes de ses favorites donna des forces à l'estime publique. L'affaire du *collier*, à laquelle elle était étrangère, suivant toutes les apparences (1785), produisit un scandale qui fut fatal à sa réputation. (Voy. LAMOTTE-VALOIS.) Ses parties fines à Trianon étaient dépeintes comme des orgies; sa passion pour les spectacles privés et pour les bals publics où elle cherchait des amusements peu dignes d'une reine, servit de prétexte à d'atroces calomnies; on la dénonça de tous côtés comme hostile à la France et ne travaillant que dans l'intérêt de l'Autriche. A partir de la naissance du premier dauphin (1781), on l'accusa, non sans quelque raison, de s'occuper beaucoup trop de politique; et tous les désordres financiers lui furent attribués. On écrivit contre elle des pamphlets et on la surnomma *Madame Déficit*, à cause de l'opposition qu'elle fit à l'amélioration de la situation financière proposée par l'assemblée des notables. Lorsque Calonne, contrôleur général des finances, ne put plus subvenir aux folles dépenses de la cour, Marie-Antoinette le fit congédier et fit nommer à sa place le frivole archevêque Loménie de Brienne. Ce ne fut qu'effrayée par des démonstrations publiques qu'elle poussa le roi à convoquer les états généraux (8 août 1788). La *Révolution* commençait; les états se réunirent en mai 1789; et lorsque Loménie de Brienne fut remplacé par Necker, il était trop tard pour arrêter le mouvement des esprits. Imbue des préjugés qu'elle devait à son éducation, la reine crut pouvoir diriger les révolutionnaires en achetant leurs chefs, mais telle était l'horreur que lui inspirait Mirabeau, qu'elle repoussa l'idée de pactiser avec cet homme à vendre et ce ne fut que beaucoup plus tard qu'elle eut l'humiliation de voir repousser par cet orateur les avances qu'elle lui fit. La noblesse, effrayée autant qu'elle, se serra autour de celle qu'on n'appelait plus *l'Autrichienne*. Des manifestations intempestives ne firent qu'exciter le peuple, et quand le bruit se répandit que, lors d'un banquet donné à Versailles, les officiers de la garde royale avaient insulté les couleurs nationales, des milliers de Parisiens se rendirent au palais (5 oct. 1789), et ramenèrent à Paris le roi, la reine et l'Assemblée. A partir de ce moment, il lui fut plus difficile de conspirer avec les étrangers qui se disposaient à entrer en France. Elle voulut aller les rejoindre à Coblentz et entraîna le roi à sa suite. Ils furent arrêtés à Varennes (juin 1791). L'année suivante (20 juin 1792), de nouvelles fautes causèrent une grande insurrection et amenèrent l'attaque des Tuileries par le peuple; le 10 août, le palais fut saccagé et la reine échappa avec peine à la mort; le 13 août, elle fut enfermée au Temple et fut séparée de toutes ses amies, même de Mme de Lamballe, dont on promena, quelques jours plus tard, la tête sanglante sous les fenêtres de Marie-Antoinette (3 sept. 1792). Elle fut bientôt séparée également de son mari et ne le revit plus avant le 20 janv. 1793, veille de l'exécution du roi. Dans la nuit du 1er au 2 août, pendant laquelle elle fut transportée à la Conciergerie, la reine dut quitter Madame Elisabeth, sa belle-sœur, et sa fille, qui devait être plus tard la duchesse d'Angoulème. Conduite devant le tribunal révolutionnaire le 14 oct., elle montra, par ses réponses et par sa tenue, qu'elle considérait ce jugement comme un simple simulacre et sa sentence de mort comme rédigée d'avance. Déclarée coupable d'avoir conspiré contre la France à l'intérieur et à l'extérieur, elle fut condamnée à mort le 16 oct., à 4 heures de l'après-midi. Habillée de noir, et ayant coupé elle-même sa belle chevelure qui avait blanchi en peu de jours, elle fut conduite à l'échafaud sur une charrette, comme le commun des victimes, après avoir repoussé le ministère d'un curé constitutionnel; plus de 3,000 soldats étaient postés dans les rues. Marie-Antoinette ne montra ni hauteur, ni faiblesse, monta avec fermeté sur l'échafaud et sa tête tomba à midi et quart. Ses restes furent enterrés à côté de ceux de Louis XVI dans le cimetière de la Madeleine. En 1815, on les transporta dans les caveaux de Saint-Denis. — Voy. Mme de Campan, Mémoires sur la vie privée de la reine Marie-Antoinette (nouv. éd. 1849); E. et J. de Goncourt, Histoire de Marie-Antoinette (1858, in-8°; 4e éd., 1877); Lescure, Marie-Antoinette et sa famille (1863, in-8°; 3e éd., 1872); Arneth, Maria-Theresia und Marie-Antoinette (2e éd., 1866); Geoffroy, Marie-Antoinette (1873-74, 3 vol.); Compardon, Marie-Antoinette à la Conciergerie (1862, in-18); le même, Marie-Antoinette et le procès du collier (1863, in-8°). — X. Marie-Louise, impératrice des Français, née à Vienne le 12 mars 1791, morte à Vienne le 18 déc. 1847. Elle était la fille aînée de l'empereur François II d'Allemagne (François Ier d'Autriche), et fut la seconde femme de Napoléon. Le mariage civil eut lieu à Saint-Cloud le 1er avril 1810, et la cérémonie religieuse au Louvre, le 2 avril. La plupart des cardinaux ayant refusé d'assister à ce mariage, parce que le pape n'avait pas sanctionné le divorce avec Joséphine, Napoléon les bannit de Paris et leur défendit de porter la pourpre, d'où leur nom de Cardinaux noirs. Marie-Louise était une femme commune, d'un caractère flegmatique et incapable d'être à la tête d'une cour française. Pendant l'absence de l'empereur, elle fut nominalement régente. Lors de l'arrivée des alliés, Napoléon lui ordonna de quitter la capitale, mais elle se laissa persuader de ne point l'accompagner à l'île d'Elbe; elle ne s'occupa plus de son sort. Le congrès de Vienne la fit duchesse souveraine de Parme, Plaisance et Guastalla. Peu après la mort de Napoléon, elle contracta un mariage morganatique avec un général autrichien, le comte Neipperg (1775-1829), qui était son chambellan et son amant; elle le fit son premier ministre et lui donna plusieurs enfants. Elle quitta définitivement Parme en 1846. — XI. Marie-Amélie DE BOURBON, reine des Français, née à Caserte le 26 avril 1782, morte à Claremont le 24 mars 1866. Elle était fille de Ferdinand Ier, roi des Deux-Siciles, et de Caroline-Marie, archiduchesse d'Autriche. Elle épousa à Palerme, en 1809, Louis-Philippe, avec lequel elle monta sur le trône de France (1830). Fortement imbue des principes légitimistes et ultramontains de sa race, elle déplora la Révolution qui la fit reine, et s'abstint de s'occuper des affaires publiques. Le 24 février 1848, elle essaya vainement de dissuader le roi de signer son abdication. Elle partagea l'exil de Louis-Philippe, et, en Angleterre, comme en France, son caractère imposa le respect universel. — Voy. Trognon, Vie de Marie-Amélie, reine des Français (1871, in-8°).

VI. NAPLES.

Marie-Caroline. Voy. CAROLINE-MARIE.

VII. PORTUGAL.

I. Marie Ire, reine de Portugal, née à Londres en 1734, morte en 1816. En 1760, elle épousa son oncle qui devint roi sous le nom de Pierre III et, après la mort de son époux (1786), devenue maîtresse du pouvoir, elle fut atteinte en 1790, d'aliénation mentale et, à partir de cette époque, resta étrangère aux affaires. Lorsque les Français occupèrent le Portugal (1807), elle fut emmenée au Brésil par son fils, Jean VI, et mourut à Rio-de-Janeiro. — II. Marie II DA GLORIA, reine de Portugal, née à Rio-de-Janeiro le 4 avril 1819, morte le 15 nov. 1853. Son père devint roi de Portugal sous le nom de Pedro IV (1826); mais ayant été nommé empereur du Brésil (1822), il céda sa couronne portugaise à sa fille encore enfant (2 mai). Don Miguel, frère de Pedro, devint régent en février 1828 et usurpa la couronne en juin, avant l'arrivée de la jeune reine. Celle-ci fit un appel au peuple; la guerre civile éclata et Marie finit par se faire couronner (sept. 1834). Elle épousa en janvier 1835, le duc Auguste de Leuchtenberg, fils d'Eugène Beauharnais. Le duc mourut deux mois après leur union. L'année suivante elle contracta un second mariage avec le prince Ferdinand de Saxe-Cobourg dont elle eut trois fils (le roi Pedro V, le roi Louis Ier, et le prince Auguste) et deux filles. Les mesures réactionnaires et dictatoriales du ministre favori, Costa-Cabral, firent naître plusieurs insurrections jusqu'au moment où Saldanha parvint à le renverser et à le remplacer (1851).

IX. RUSSIE.

Marie-Alexandrowna, impératrice de Russie, fille du grand-duc de Hesse-Darmstadt, née le 8 août 1824, mariée en 1841 au grand-duc Alexandre de Russie, qui devint empereur à la mort de son père, Nicolas. Elle mourut le 3 juin 1880.

MARIE (Alexandre-Thomas), avocat et homme politique, né à Auxerre en 1795, mort à Paris en 1870. Il défendit les accusés de juin 1832, Pépin (affaire Fieschi), fut nommé député de Paris en 1842, vota toujours avec l'opposition, prit part à la campagne des banquets, proposa à la tribune la nomination d'un gouvernement provisoire (24 fév. 1848), s'installa avec ses collègues à l'Hôtel de ville, fut chargé du ministère des travaux publics et organisa les ateliers nationaux. Elu à l'Assemblée constituante par le département de la Seine, il fit partie de la commission exécutive, se montra impitoyable pour les insurgés de juin et vota ensuite avec la droite. Non réélu à la Législative, il reprit sa place au barreau, et rentra dans la vie politique en 1863, époque où les légitimistes de Marseille l'envoyèrent au Corps législatif; mais les électeurs ne lui renouvelèrent pas son mandat en 1869

MARIE (Sainte-) ou NOSSI-IBRAHIM, île située sur la côte N.-E. de Madagascar, en face de la pointe à Larrée et de notre ancien comptoir de Tintingue. Longueur, 48 kil.; largeur, 11 kil.; superficie, 690 kil.; population, 6,500 hab. Climat très malsain pour les Européens, qui s'y fixent rarement. — Commerce restreint, consistant en cabotage avec les îles voisines. Bonne rade de Port-Louis ou port Sainte-Marie, où les navires assaillis par les cyclones trouvent un refuge.

MARIE (Sainte-), ch.-l. de cant. de l'arr. du Vent (Réunion); 7,540 hab. Sucreries.

* MARIÉ, ÉE part. passé de MARIER. — s.: un nouveau marié. — S'emploie absolument pour désigner la personne, homme ou femme, qui se marie ou qui s'est mariée le jour même: où est le marié? Voilà la mariée.

— SE PLAINDRE QUE LA MARIÉE EST TROP BELLE, se plaindre d'une chose dont on devrait se louer.

MARIE-AUX-MINES (Sainte-) (all. Mariakirch), ville d'Alsace-Lorraine, à 35 kil. N.-O. de Colmar; 12,000 hab.; centre important de fabrications cotonnières et lainières. Mines épuisées d'argent, de plomb, de cuivre, etc.

MARIE-GALANTE, Antille française, au N. S.-E. de la Guadeloupe, dont elle est une dépendance politique; 450 kil. carr.; 16,500 hab. Ch.-l. et principal mouillage, Grand-Bourg. Territoire très fertile et bien boisé, produisant du sucre, du tabac et du cacao. Elle n'a pas de port et n'est accessible que du côté de l'ouest. Christophe Colomb lui donna le nom de son vaisseau.

MARIENBAD [ma-ri'-ènn-bâd], station balnéaire de Bohême, à 30 kil. S.-S.-O. de Carlsbad; 1,100 hab. Eau sulfatée ferrugineuse chlorurée sodique froide. Engorgements du foie, de la rate et de l'épiploon; calculs biliaires, gravelle, goutte, obésité.

MARIENBURG [ma'-ri-ènn-bourg], ville de la province de Prusse, sur le Nogat, à 45 kil. S.-E. de Dantzig; 9,000 hab. Son château fut jusqu'en 1457 lieu de résidence du grand maître de l'ordre teutonique. La ville passa à la Pologne (1457) et fut réunie à la Prusse en 1772.

MARIENDAL ou Marienthal, village du royaume de Saxe, où Turenne fut vaincu par les Impériaux, le 5 mai 1644.

MARIENWERDER [-vèr-der], ville de la province de Prusse, sur le petit Nogat; à 75 kil. S.-E. de Dantzig; 8,000 hab. Filatures de laine; tissages d'étoffes; brasseries et distilleries.

* MARIER v. a. Unir un homme et une femme par le lien conjugal, selon les lois de l'Etat, ou leur administrer le sacrement de mariage. Dans cette acception, il ne se dit que de l'officier de l'état civil ou du prêtre qui remplit l'une ou l'autre de ces fonctions: l'adjoint a marié à défaut du maire; c'est cet ecclésiastique qui les a mariés. — Se dit aussi de ceux qui font ou qui procurent un mariage, soit par autorité paternelle, soit par office d'amitié: son père l'a marié avantageusement, l'a marié avec la fille d'un de ses amis.

Marier une fille, est chose difficile.

COLLIN D'HARLEVILLE. Monsieur de Crac, sc. XIX.

— CETTE FILLE EST BONNE A MARIER, elle est en âge d'être mariée. — Fig. Allier deux choses ensemble, les joindre l'une avec l'autre: marier la vigne avec l'ormeau, à l'ormeau. — MARIER DES COULEURS, les assortir. — Se marier v. pr. Signifie, lorsqu'on parle d'un homme, prendre une femme, et lorsqu'on parle d'une femme, prendre un mari: il est d'âge à se marier; quand vous marierez-vous? — S'emploie aussi, dans le sens récipro-pre: quand nous marierons nous? — Fig. S'allier, se joindre:

Sa voix aux instruments saura se marier.

COLLIN D'HARLEVILLE. L'Inconstant, acte II, sc. III.

MARIES (Les Saintes-), ch.-l. de cant., arr. et à 42 kil. S.-O. d'Arles (Bouches-du-Rhône); 950 hab.

MARIE-SALOPE, bateau dragueur. — Femme sale. Au pluriel, des maries-salopes.

MARIETTA, ville de l'Ohio (Etats-Unis), à 430 kil. E.-S.-E. de Columbus; 6,000 hab.

MARIETTE (Auguste-Edouard), connu sous le nom de Mariette-Bey, célèbre égyptologue, né à Boulogne-sur-Mer le 11 février 1821, mort au Caire le 19 janvier 1881. Il fut nommé en 1848 employé au musée égyptien du Louvre, et en 1850, il fut chargé par le gouvernement d'une mission scientifique en Egypte. Les fouilles qu'il fit faire à Memphis amenèrent les plus importantes découvertes, parmi lesquelles nous c..erons celle du Séra-péum. Mariette découvrit aussi 2,000 sphinx, près de 5,000 statues, bas-reliefs et inscriptions, 8 statues colossales, des rues, des colonnades, des édifices publics et privés et toutes les preuves qu'une grande ville avait existé en cet endroit. Il fut nommé, en 1855, conservateur-adjoint au musée égyptien du Louvre. Étant retourné en Egypte (1858), il fut créé par le vice-roi inspecteur général et conservateur des monuments de l'Égypte; il eut le titre de *bey* et fonda le musée de Boulak. Il a publié : *Mémoire sur la mer d'A-pis* (1856, in-8°); *le Sérapéum de Memphis* (1857-'64 in-fol. avec planches), *Aperçus de l'histoire d'Egypte* (1864, in-8°); *Nouvelle table d'Abydos* (1863, in-8° avec planches), *Fouilles exécutées en Egypte, en Nubie et au Soudan, d'après les ordres du vice-roi d'Egypte* (1867, in-fol. avec cartes et planches); *Karnak, étude topographique et archéologique* (1875); *Les listes géographiques des pylones de Karnak* (1875). La *Nouvelle table d'Abydos*, traite de la découverte d'une seconde table plus parfaite que celle qui avait été découverte précédemment à Abydos, et qui fournit une liste des rois des 6 premières dynasties, presque aussi complètement que les canons de Manéthon.

* **MARIEUR, EUSE** s. Celui, celle qui aime à s'entremettre pour procurer des mariages : *c'est un grand marieur, une grande marieuse.* (Fam.)

MARIGNAN, Marignano ou **Melegnano,** ville d'Italie, sur le Lambro, à 15 kil. S.-E. de Milan; 4,500 hab. Deux batailles célèbres ont été livrées aux environs de cette ville ; 1° Victoire de François Ier de France sur le duc de Milan et les Suisses, les 13 et 14 sept. 1515; 20,000 hommes restèrent sur le champ de bataille; l'affaire de Marignan fut surnommée *Journée des Géants.* 2° Après la victoire de Magenta (4 juin 1859), les Autrichiens se retranchèrent à Marignan. L'empereur envoya le maréchal Baraguay-d'Hilliers avec 16,000 hommes pour les en déloger. Le maréchal se trouva en face de 18,000 ennemis et n'hésita pas à les attaquer (8 juin), leur défaite fut complète. Ils perdirent 1,400 tués et 900 prisonniers. Les pertes des Français furent de 850 hommes tués ou blessés.

MARIGNY, ch.-l. de cant., arr. et à 12 kil. O. de Saint-Lô (Manche); 4,500 hab.

MARIGNY (Enguerrand de), ministre de Philippe le Bel, né en Normandie en 1260, pendu en 1315, au gibet de Montfaucon. Favori du roi, il fut comblé d'honneurs et de richesses, devint grand maître de l'hôtel, surintendant des finances, etc. Lors de l'avènement de Louis X, il fut accusé d'avoir dilapidé les finances et surchargé le peuple d'impôts; on l'arrêta et on le condamna à mort, sans écouter sa défense. Il fut pendu au gibet qu'il avait lui-même fait construire. Plus tard sa mémoire fut réhabilitée.

MARILLAC. I. (Michel de), garde des sceaux, né à Paris en 1563, mort en 1632. Il fut partisan de Marie de Médicis, se compromit pendant la *Journée des Dupes,* fut emprisonné à Châteaudun, où il mourut. — II. (Louis de), maréchal de France, frère du précédent, né en Auvergne en 1572, décapité à Paris en 1632. Il servit sous Henri IV, obtint le bâton de maréchal en 1629, resta attaché au parti de la reine, conspira la chute de Richelieu, fut arrêté, après la *Journée des Dupes,* au milieu de l'armée qu'il commandait en Piémont, amené à Paris et condamné comme concussionnaire.

* **MARIN, INE** adj. (lat. *marinus*; de *mare,* mer). Qui est de mer : *monstre marin; veau, loup, cheval marin.* — Mythol. Les dieux marins, les dieux de la mer. — Qui est spécialement destiné à la marine : *carte, aiguille*

marine. — Lieue marine, lieue de vingt au degré. — Batiment, canot marin, bâtiment, canot qui ont les qualités nécessaires pour bien naviguer. — Trompette marine, instrument de musique qui n'avait qu'une seule corde, et dont on jouait avec un archet. — Aigue-marine, pierre précieuse du même genre que l'émeraude, mais d'une couleur bleuâtre presque semblable à celle de l'eau de mer. — Avoir le pied marin, savoir marcher sans difficulté à bord d'un vaisseau agité par le mouvement de la mer; et, fig. et fam., ne pas se déconcerter, conserver son sang-froid dans une circonstance difficile. — s. m. Homme de mer, celui dont la profession est de servir à bord des bâtiments de mer, pour les gréer et les manœuvrer : *la vie des marins est périlleuse.* — Fam. Marin d'eau douce, se dit, par mépris, d'un homme qui a navigué seulement sur les rivières, ou qui a peu navigué sur mer.

MARIN (Ouln), ermite né en Dalmatie. Le lieu où il se retira dans la solitude, fut fréquenté, après sa mort, par d'innombrables pèlerins qui y fondèrent la ville de Saint-Marin. Fête le 4 sept.

MARIN (Saint-), San Marino. I. République du N.-E. de l'Italie, le plus ancien et, après Monaco, le plus petit Etat de l'Europe; 85 kil. carr.; 7,950 hab. D'après une tradition, le territoire appelé aujourd'hui Saint-Marin, fut habité, au IVe siècle, par Marinus, ermite dalmate, qui est considéré comme le fondateur de cette république, restée indépendante depuis lors. Recettes, 112,000 fr.; dépenses, 110,000 fr. Pas de dette publique. Armée composée de 950 hommes, distribués en 8 compagnies d'infanterie. La législation se compose d'un conseil de 60 membres, en dehors duquel est élu un corps exécutif de 12 membres. L'indépendance de la république de Saint-Marin fut confirmée par le pape Pie VII en 1817 et par le roi d'Italie en 1872. — II. Capitale de cette république, à 12 kil. S.-O. de Rimini; 6,000 hab. Saint-Marin se trouve au sommet d'une montagne escarpée; on y visite une remarquable collection de médailles, un théâtre, cinq églises, deux couvents et un hôtel de ville.

MARINA, Malintzin ou **Malinche,** femme aztèque de sang noble, qui fut vendue comme esclave dans son enfance aux Indiens Mayx, et fut offerte à Cortez par un chef indigène de Tabasco; elle apprit rapidement l'espagnol et se rendit indispensable comme interprète. Très aimée des Mexicains et de Cortez, elle fit servir son influence à adoucir les rigueurs qu'exerçaient les Européens contre ses compatriotes. Elle eut de Cortez un fils nommé don Martin Cortez. Après le mariage du conquérant espagnol, elle épousa le comendador Juan de Jaramillo et mourut après 4550.

* **MARINADE** s. f. Viande marinée, enveloppée de pâte et frite à la poêle : *des poulets en marinade.* — Préparation de sel, d'épices et de vinaigre, dans laquelle on fait macérer certaines viandes avant de les faire cuire; on y ajoute souvent de l'huile, de l'oignon coupé en tranches, du citron, du romarin, du thym, du laurier, etc.

* **MARINE** s. f. Ce qui concerne la navigation sur mer ; la science de la navigation : *il entend bien la marine.* — Le service de mer : *le corps de la marine.* — La puissance navale d'une nation, le matériel et le personnel du service de mer: *la marine de France; cet Etat n'a point de marine.* — Marine marchande, les bâtiments et les équipages employés par le commerce, par opposition à Marine militaire, la marine de l'Etat. — Signifie aussi, le goût, l'odeur de la mer: *cela sent la marine, a un goût de marine.* — Garde-marine. (Voy. Garde.) — Encycl. La marine, chef-

d'œuvre de la hardiesse des hommes, est soumise à trop de calculs élevés pour avoir été perfectionnée par les peuples primitifs. C'est les côtes de la mer Rouge et celles de l'Afrique orientale. Les premiers navigateurs que l'on vit sur la Méditerranée furent, sans doute, les Egyptiens et les Phéniciens (15 siècles av. J.-C.). Longtemps plus tard, le navire *Argo* fit l'admiration des Grecs; c'était un *vaisseau long,* mû par de nombreuses rames. A partir de cette époque, la marine se scinde en deux branches: l'antique radeau, devenu navire à voiles ou *vaisseau rond,* est utilisé pour le transport des hommes et des marchandises, tandis que le rapide navire effilé ou galère devient le vaisseau de combat ; il existe aussi des bateaux mixtes, à voiles et à rames. L'expédition de Troie (environ 1300 ans av. J.-C.) nous montre avec quel difficulté les navigateurs grecs se dirigeaient sur les flots. Pour peu qu'ils fussent détournés de leur route par le moindre vent contraire ou la tempête la plus inoffensive, ils s'égaraient et restaient des années à faire une traversée pour laquelle deux ou trois jours suffisent largement aujourd'hui. Ulysse employa 10 ans à retrouver sa patrie. Au VIe siècle av. J.-C., l'industrie navale, développée en Ionie, inventa le *pont* continu qui recouvre tout le navire et sous lequel s'abritent les munitions et les hommes. Aminoclès de Corinthe imagina la *trirème* ou galère munie de trois rangs de rames à chaque côté, genre de navire bien supérieur aux autres et qui, avec des développements de plus en plus grands, a seul constitué la force navale militaire pendant plus de 1000 ans. La trirème portait à l'avant, au niveau de l'eau, un *éperon* ou rostre d'airain; à l'arrière, elle était munie de *chaque* côté d'un large aviron, en guise de gouvernail. — Les progrès étaient continus; Nécao, empereur d'Egypte, n'ayant pu réussir à terminer un canal navigable entre la Méditerranée et la mer Rouge, équipa une flotte de Phéniciens pour chercher un autre passage; mais l'expédition de trois ans, connue dans l'histoire sous le nom de *circumnavigation de Nécao,* ne servit qu'à prouver l'impossibilité d'adopter un itinéraire en faisant le tour de l'Afrique. A la même époque, les Phocéens visitaient toutes les côtes de la Méditerranée et fondaient de nombreuses colonies, dont la plus célèbre fut Marseille (600 av. J.-C.). — Faute de marine, les Athéniens ne purent profiter de leur victoire sur les Perses, à Marathon (29 sept. 490). Dès lors, une partie du trésor public fut consacrée à l'entretien d'une flotte de guerre, et la victoire étonnante et inattendue de 358 vaisseaux grecs sur 1300 navires perses à Salamine (23 sept. 480) établit la suprématie des vainqueurs dans la Méditerranée orientale. A l'ouest de cette mer, deux puissances, Carthage et Syracuse, se disputaient l'empire. Le fait le plus remarquable, au point de vue maritime, de l'expédition d'Alexandre le Grand est l'invention des *brûlots,* pendant le siège de Tyr. Les assiégés, voulant détruire une digue construite par Alexandre, emplirent de matières inflammables leurs plus gros navires et les poussèrent sur la digue qui s'embrasa. On doit à Ptolémée, successeur d'Alexandre en Egypte, la construction du premier *phare.* Ptolémée Philadelphe, plus heureux que Nécao, parvint à réunir par un canal navigable la mer Rouge à la Méditerranée (250 av. J.-C.). Vers la même époque se fonda la petite république maritime de Rhodes, qui, combattant pour la liberté des mers, nous donne l'exemple d'un peuple presque microscopique, capable, grâce à sa flotte, de tenir tête, pendant plusieurs siècles, aux tyrans successeurs d'Alexandre. Rhodes, alliée des Romains, transporta leurs aigles jusque dans l'Asie Mineure. Mais, avant de tenter la conquête de la Grèce et de l'Asie,

Rome eut à vaincre une puissance toute maritime, Carthage, dont nous devons dire quelques mots. Carthage (voy. CARTHAGE, DIDON, HANNON, etc.), maîtresse de tout le commerce de la Méditerranée occidentale, renfermait 700,000 habitants dont plus de 200,000 excellents marins; elle possédait 2,000 vaisseaux longs ou à rames et 3,000 bâtiments de charge pouvant transporter au loin 300,000 soldats et 5,000 chevaux; maîtresse d'une grande partie de la Sicile, elle avait épuisé la résistance de Syracuse et, suivant toutes les apparences, elle allait subjuguer toute l'île lorsque Rome apparut. Les Romains ignoraient l'art de construire une galère, lorsqu'une quinquérème carthaginoise vint à tomber entre leurs mains. En 60 jours, ils firent sur ce modèle 100 galères semblables et 20 trirèmes ou galères à trois rangs de rames. Pendant ce temps, ils avaient exercé sur le rivage les gens destinés au service de ces navires. Les rameurs, assis sur des bancs, faisaient le simulacre de la manœuvre, sous les ordres d'un officier qui leur montrait à manier la rame, à l'enfoncer dans l'eau et à l'en retirer. Quand les galères furent lancées, on s'aperçut que les ouvriers, encore inexpérimentés, les avaient construites lourdes et peu gouvernables. Afin de remédier à cet inconvénient, Duilius Népos imagina le corbeau, grosse pièce de bois terminée par un grappin de fer et destinée à accrocher les vaisseaux ennemis pour permettre l'abordage. Ce crampon, étant mobile à la proue de chaque galère, on le levait pour approcher de l'ennemi, et aussitôt après le choc des deux vaisseaux, on le laissait tomber lourdement. Par le seul poids de la chute, le croc de fer s'enfonçait profondément dans le bord opposé; cette machine servait en outre de pont pour passer d'un bord à l'autre, si bien que les Romains combattaient ensuite, comme s'ils eussent été à terre. Ce fut avec un sourire de mépris que les Carthaginois aperçurent pour la première fois ces étranges vaisseaux sur les côtes de Sicile. Leur général, Annibal, qui avait 130 vaisseaux, s'en approcha comme d'un butin assuré. Malgré son expérience et le courage de ses soldats, il se fit battre auprès de Mylæ, perdit 15,000 hommes et 8 navires, parmi lesquels sa galère capitane, à sept ordres de rames; lui-même fut réduit à se sauver dans une chaloupe. En reconnaissance de cette victoire, la première qu'ils remportaient sur la mer, les Romains accordèrent à l'amiral Duilius les honneurs du triomphe et lui érigèrent une colonne rostrale (260 av. J.-C.). Quatre ans plus tard, les consuls Regulus et Manlius remportèrent une victoire non moins décisive, sur le Carthaginois Hamilcar, devant Héraclée (Sicile), et une victoire du consul Luctatius sur Hannon, près du cap Lilybée, mit fin à la première guerre Punique. Lors de la reprise des hostilités (248), les Carthaginois ne se sentirent pas en état de lutter sur la mer, et ce fut par la voie de terre que le général Annibal se rendit en Italie. Les succès maritimes des Romains les forcèrent de revenir sous les murs de Carthage assiégée. En vertu du traité signé en janv. 201, les Carthaginois durent livrer aux Romains tous leurs vaisseaux, à l'exception de 10. Pour combler leur humiliation, Scipion fit brûler, sous leurs yeux, les 500 bâtiments de toute grandeur dont cet traité l'avait rendu maître. Lors de la troisième guerre Punique, les Carthaginois assiégés employèrent des brûlots qui incendièrent une partie de la flotte assaillante; ils creusèrent un autre port destiné à remplacer celui que les Romains avaient fermé par une digue et construisirent à la hâte 50 trirèmes, dont les cordages furent fabriqués avec les cheveux de leurs femmes, le chanvre faisant défaut. Après plusieurs combats, dans lesquels la flotte romaine ne brilla

guère, Scipion poussa le siège très vigoureusement du côté de la terre et parvint à s'emparer de la ville, qui vit, pour la première fois, l'ennemi dans ses murs, et le vit aussi pour la dernière fois, car elle fut détruite de fond en comble. Les Romains attaquèrent ensuite les Macédoniens. La flotte qui battit celle de Philippe (196 av. J.-C.) se composait de 53 vaisseaux de guerre et de 150 petits bâtiments, dont beaucoup de pristes, navires dont la proue représentait la tête d'une bête marine et dont la poupe recourbée avait la forme d'une queue. Déjà le consul Marcellus avait soumis Syracuse en 212. (Voy. ARCHIMÈDE.) En 168, la flotte romaine, sous les ordres de Cn. Octavius, s'empara du roi de Macédoine, réfugié dans l'île de Samandrachi (Archipel) et prit, en même temps, le vaisseau royal, d'une grandeur prodigieuse et à 16 ordres de rames. C'est pour récompenser cette brillante action, que les Romains créèrent en faveur d'Octavius le triomphe naval, qui n'avait pas encore été décerné. César fut forcé d'équiper une flotte sur la Loire pour vaincre les habitants de Vannes. La guerre entre Auguste et Sextus, le plus jeune des enfants de Pompée, se termina par une bataille navale, livrée l'an 36 av. J.-C. à Mylæ, près de Messine, entre deux flottes composées chacune de 300 navires surmontés de tours, et armés de catapultes et de toutes les machines de guerre alors connues des Romains. L'action commença par le choc des navires à rames, qui cherchèrent à se briser les uns les autres en se frappant avec leurs éperons; elle se continua par une grêle de pierres, de flèches, de dards et de javelots enflammés, jetés avec la main ou à l'aide de machines. Ce qui décida du sort de la journée, ce fut le harpon imaginé par Agrippa, chef de la flotte d'Auguste, pour faciliter l'abordage; Pompée lui vaincu. La bataille d'Actium, la plus grande action navale de l'antiquité donna l'empire à Auguste (2 sept. 31). La magnifique flotte d'Antoine, composée de 400 navires de guerre (dont 60 fournis par Cléopâtre), était ornée plutôt pour un triomphe que pour un combat; mais elle manquait de matelots. Celle d'Auguste, au contraire, moins nombreuse en bâtiments, était parfaitement équipée. Elle se composait entièrement de liburnes, navires légers, faciles à mouvoir, que l'on comparait à la foudre qui disparaît après qu'elle a frappé. Glissant d'un navire à l'autre, les liburnes (voy. LIBURNIE) portaient des coups obliques qui brisaient les rames ou fracassaient le gouvernail. Ils ne se hasardaient à attaquer que lorsque, réunis, ils avaient pu entourer un vaisseau ennemi, qui se trouvait pris avant de savoir de quel côté se défendre. Ces flottes ressemblaient donc à deux armées dont l'une se composerait d'infanterie de ligne et l'autre de cavalerie légère. La victoire allait peut-être se déclarer en faveur d'Antoine, lorsque Cléopâtre, qui n'était familiarisée qu'avec les combats de la galanterie, s'enfuit à la tête de ses 60 galères. Antoine, plus attaché à son amour qu'à l'empire, se mit à la poursuite de cette belle fugitive. A partir de ce moment, l'histoire maritime ne présente plus rien de particulier jusqu'au temps des Sarrasins, époque où la trirème fut remplacée par le dromon à deux rangs de rames et à 25 rames de chaque côté par étage. Les rameurs des bancs supérieurs étaient armés de pied en cap. Une tour se dressait à l'avant, une autre à l'arrière; ces tours étaient garnies d'hommes revêtus de cuirasses de cuir et armés de traits qu'ils lançaient de loin. Ce fut en 673 que l'on employa pour la première fois le feu grégeois (voy. GRÉGEOIS) contre les infidèles dont les navires menaçaient Constantinople. — Dans le nord de l'Europe, des nuées de Scandinaves sillonnaient les mers sur de légères

barques appelées drakkars (dragons), à rames et à voiles; c'est avec ces navires qu'ils affrontèrent les tempêtes de la Manche, remontèrent nos fleuves jusqu'à Paris et Orléans et entreprirent les plus audacieuses traversées pour découvrir des terres nouvelles: Islande, Groënland, etc. Les drakkars portaient jusqu'à 34 rames de chaque bord; aux extrémités s'élevaient des retranchements en bois nommés kastal (château). Toute la partie qui s'élevait au-dessus de l'eau était façonnée à l'image d'un monstre imaginaire dont l'éperon figurait l'effroyable tête et dont l'arrière représentait la croupe recourbée. Une seule voile, couverte de peintures guerrières, se hissait à un mât unique. Tels étaient les navires de guerre des Normands; tels furent, sauf de légères modifications, les vaisseaux qui transportèrent en Angleterre Guillaume le Conquérant. Leur figure nous a été fidèlement transmise par l'admirable tapisserie de Bayeux. — Au moment des croisades, Venise et Gênes s'étaient emparées du commerce maritime dans le Levant; elles avaient remplacé la trirème de l'antiquité par la galère (voy. ce mot); les vaisseaux ronds ou navires de transport augmentaient jusqu'à quatre le nombre de leurs mâts et recevaient les noms de nefs et de naves. La nef la Mont-Joie, qui transporta saint Louis en Palestine, mesurait 80 pieds de quille et portait des castels à l'avant et à l'arrière. Les principales batailles navales de cette période furent celle des Cinq-Iles (27 août 1217), dans laquelle presque tous les navires français commandés par Eustache Le Moine furent pris ou coulés; de l'Ecluse (26 juin 1340); de la Rochelle (1372), etc. L'emploi de la poudre à canon apporta une profonde modification non seulement à l'architecture navale, mais surtout à la tactique maritime. On mit d'abord des pièces d'artillerie sur les châteaux et sur les ponts; en 1410, un constructeur français imagina les sabords ou embrasures ouvertes dans le flanc même du navire. A partir de ce moment, les galères perdirent de leur importance; les vaisseaux ronds, plus capables de porter les couleuvrines, les bombardes, les sacres, etc., montrèrent leur supériorité dans les combats. Les caraques, armées tout à la fois pour le transport et pour la bataille, semblent être le commencement de la transformation des nefs; on les fortifia sur le flancs, parce que les navires, pour utiliser leur artillerie, ne présentaient plus le front à l'ennemi. Les caraques voguaient à l'aide de grandes voiles carrées; les caravelles, trois relevées aux extrémités, portaient 4 mâts: celui de l'avant, à deux voiles carrées, une basse voile et un hunier; les autres à voiles latines. Au xvie siècle on établit une différence bien marquée entre les bâtiments de guerre et ceux du commerce. L'ingénieur vénitien Francesco Bresiano imagina, vers 1550, la galéasse, galère dont la forme se rapprochait de celle des navires à voiles et qui avait un château armé de trois étages de batteries à l'avant et un château muni de deux étages à l'arrière. C'était un énorme bateau mixte, à un seul rang d'avirons et à 3 mâts portant des voiles latines. Aux galéasses, les chrétiens durent leur victoire décisive de Lépante sur les musulmans (7 oct. 1571); mais ces navires, excellents sur la Méditerranée, ne purent résister aux tempêtes de l'Océan et de la Manche, en juillet 1588. (Voy. ARMADA.) Pour leurs voyages au long cours, les Espagnols employaient de énormes galions, auxquels s'attaquaient les flibustiers.(Voy. ce mot.) La décadence de l'Espagne permit l'élévation de deux nations rivales. Les Hollandais, qui avaient commencé par être gueux de mer, finirent par devenir les premiers marins du monde au xviie siècle; mais ils se heurtèrent de suite à la jalousie des Anglais et entreprirent pour la suprématie navale, une lutte qui dura un demi-siècle. La victoire de l'amiral hollandais van Tromp sur l'Anglais Blake, à *Douvres*, le 28 nov. 1652, fut suivie de plusieurs actions indécises; mais Tromp tomba au milieu d'une bataille malheureuse, livrée sur les côtes de Hollande en 1653. Il fut remplacé par Ruyter, le plus illustre des marins hollandais. C'est pendant ces luttes que le vaisseau rond, armé de ses trois lignes de sabords superposés, devint le trois-ponts ou vaisseau de guerre proprement dit. Il y avait aussi le vaisseau à deux ponts; celui qui n'avait qu'une batterie couverte se nommait *frégate*. Les navires inférieurs étaient appelés *corvettes, bricks, goélettes, cutters, lougres*, etc. Avant cette époque, la plupart des commandants ne possédaient aucune expérience navale, ce qui fait que sur un navire de guerre, on distinguait deux administrations: celle des marins et celle des combattants. Les Hollandais et les Anglais furent les premiers à comprendre qu'il ne faut, à bord, qu'un seul commandement. La balance penchait en faveur de l'Angleterre, lorsque la France, dirigée par la main puissante de Richelieu, voulut, elle aussi, compter comme puissance maritime. La mort du grand ministre de Louis XIII n'arrêta que momentanément l'essor de notre marine. Les capitaines qu'il avait formés (le chevalier Paul, Duquesne, etc.) se retrouvèrent dès que Colbert arriva aux affaires. Malheureusement, le roi Louis XIV, aveuglé par sa haine contre la république, s'associa à l'Angleterre pour écraser la Hollande, et au moment où il croyait y avoir réussi, le stathouder de Hollande devint roi d'Angleterre et les deux pays firent cause commune. Sur l'ordre du roi, Tourville, qui avait précédemment remporté la grande victoire de *Béveziers* (30 juin 1690), alla se faire écraser à la Hogue (29 mai 1692). Les succès remportés à Saint-Vincent (16 juin 1693), à Carthagène par du Casse (19 août 1702), à Malaga par le comte de Toulouse (13 août 1704), ne purent nous relever, et, à la fin du règne de Louis XIV, l'Angleterre était maîtresse incontestée des mers, et la France n'avait plus de marine. (Voy. COURSE.) Louis XV fit construire quelques vaisseaux qui luttèrent sans désavantage à Toulon (11 févr. 1744). Mais le 3 mai 1747, l'amiral anglais Anson captura 38 navires français, près du cap Finisterre; de la Clue se laissa battre devant Lagos, par Boscawen, le 18 août 1759, et l'incapable amiral de Conflans fut écrasé par Hawke en se sauvant dans les *Cardinaux* (baie de Quiberon), le 20 nov. 1759; cette honteuse défaite et la mort du corsaire Thurot furent suivies de l'anéantissement de la marine française. Sous Louis XVI, la France et l'Angleterre se reprirent corps à corps. A Ouessant, d'Orvilliers tint vaillamment tête à Keppel (27 juillet 1778), au moment où Suffren allait commencer son admirable campagne de la mer des Indes. Mais à la *Dominique* (12 avril 1782), de Grasse rendit son épée de commandant en chef. A Gibraltar, nos *batteries flottantes* furent incendiées. L'émigration qui se manifesta au début de la Révolution, jeta la désorganisation dans notre armée de mer. Des traîtres livrèrent Toulon aux Anglais, qui y prirent une partie de notre flotte et incendièrent tout ce qu'ils ne purent emporter. Ce fut avec des troupes inexpérimentées que Villaret-Joyeuse livra, en face d'*Ouessant*, les deux batailles du 9 et du 13 prairial an II, pour protéger l'arrivée d'un convoi de vivres qu'on attendait des Etats-Unis; le convoi étant parvenu dans les ports français, on considéra ces combats comme des victoires, et Barère entoura la belle lutte du *Vengeur* d'une auréole destinée à enflammer les esprits (rapport à la Convention, 21 messidor an II). La victoire des Anglais à *Groix* (23 juin 1795) leur permit de débar-

quer les émigrés à *Quiberon*; celles de la baie de *Saldanha* (17 août 1786), du cap *Saint-Vincent* (14 févr. 1797) et de *Camperdown* (11 oct. 1797) mirent leurs côtes à l'abri de toute insulte; celle d'*Aboukir* (1er août 1798) plaça l'armée française d'Egypte dans l'impossibilité de revenir en Europe, si bien qu'après la fuite de Bonaparte et la mort de Kléber, cette armée tout entière dut capituler. Les batailles d'*Algésiras* (6 et 12 juillet 1801) ne relevèrent point notre prestige. La création de la *flottille de Boulogne* effraya l'Angleterre, qui en fut quitte pour la peur et qui empêcha toute tentative de débarquement sur ses côtes par les victoires de *Ferrol* (22 juill.1805) et de *Trafalgar* (21 oct. 1805). Napoléon fut tellement découragé par ces désastres, qu'il incorpora ses matelots dans les troupes de terre et n'essaya plus de lutter en mer. 20,000 marins français passèrent dans les horribles pontons anglais. — L'emploi de la vapeur comme force motrice produisit une révolution dont nous ne pouvons encore apprécier tous les résultats. Les premiers essais de propulsion portèrent sur l'emploi des aubes, qui seraient devenues le point de mire des canons; c'est pourquoi les navires à aubes ne furent pas considérés comme propres au combat. Mais la rapidité de leurs mouvements les rendant propres au transport des troupes, le prince de Joinville, dans une de ses publications, crut pouvoir affirmer qu'une invasion de l'Angleterre devenait chose possible. Néanmoins, rien ne fut changé dans l'architecture navale. Le gros vaisseau à trois ponts, qui avait eu son apogée de gloire et de beauté sous le règne de Louis XIV, était encore considéré comme le héros des combats de mer. L'invention de l'hélice vint tout à coup renverser son prestige. En 1849, l'ingénieur français Dupuy de Lôme construisit le premier vaisseau de ligne à vapeur, le *Napoléon*, navire mixte de 100 canons et d'une force de 600 chevaux-vapeur. On abandonna presque aussitôt ce genre de construction pour adopter celui des *cuirassés*. (Voy. ce mot.) — Avant cette révolution, qui a remis en question le vocabulaire naval, les navires de guerre étaient ordinairement classés de la manière suivante: 1° *vaisseaux de ligne*, destinés à former la ligne de bataille dans une action générale, et à décider de la lutte par le poids du métal qu'ils jetaient sur l'ennemi; ils étaient à deux ou trois ponts. Le trois-ponts portait jusqu'à 124 canons: les plus petits vaisseaux à deux ponts en avaient 72; 2° *frégates*, à une seule batterie couverte et à une batterie supérieure découverte, comprenant au plus un total de 64 canons; 3° *corvettes*, n'ayant qu'une rangée de canons placée sur un pont découvert; elles portaient trois mâts; on les appelait quelquefois sloops de guerre; 4° *bâtiments inférieurs*: bricks, schooners, etc., à deux mâts et portant de 6 à 20 petits canons. — L'Angleterre est restée la nation maritime prépondérante; la France ne vient qu'en second rang; les Etats-Unis tiennent la troisième place; ensuite viennent la Russie, l'Allemagne, l'Autriche, la Hollande, l'Italie, l'Espagne, le Brésil, etc.

EFFECTIF DE LA FLOTTE FRANÇAISE.

Cuirassés

De 1er rang..................... 20	
De 2e rang..................... 13	59
Garde-côtes..................... 16	
Batteries flottantes............. 11	

Vapeurs

Croiseurs....................... 57	
Avisos......................... 39	
Canonnières.................... 24	235
Transports..................... 61	
Chaloupes canonnières.......... 23	
Torpilleurs.................... 31	

A REPORTER............... 294

Navires à voiles

Frégate........................ 1	
Corvette....................... 1	
Goélettes...................... 15	
Transports..................... 10	62
Bricks......................... 2	
Cutters........................ 3	
Garde-pêches................... 23	
Bâtiments-école................ 5	

TOTAL........ 356

Il faut ajouter à ce total 48 navires en construction, dont 12 cuirassés, 11 torpilleurs, 3 garde-côtes, etc. — Le personnel de la flotte se compose de 1,500 officiers de marine et 41,000 hommes d'équipage. Le génie maritime (126 hommes), le commissariat (1,060 h.), le corps de santé (808 h.), les aumôniers (27 h.), les mécaniciens (68 h.), le personnel d'administration (1,851 h.), donnent en outre, un total de 3,940 personnes. De plus, les 4 régiments d'infanterie de marine donnent un effectif de 18,870 hommes (dont 846 officiers); le corps d'artillerie de marine compte 4,661 hommes (dont 13 officiers). La gendarmerie de marine forme 5 compagnies. Les navires de guerre portent 1,800 canons.

DIVISIONS NAVALES.

1. Antilles et Terre-Neuve.
2. Atlantique sud.
3. Océan Pacifique.
4. Mers de Chine et du Japon.
5. Cochinchine.
6. Nouvelle-Calédonie.
7. Station de la Manche et de la mer du Nord.
8. Station de Granville.

MARINE MARCHANDE FRANÇAISE EN 1882.

NAVIRES	Nombre.	Tonneaux.	ÉQUI-PAGES
Pêcheurs côtiers..............	9.700	86.769	46.071
Pêcheurs en haute mer.........	412	46.551	8.967
Caboteurs....................	2.375	111.422	9.193
Au long cours................	1.584	710.440	25.822
Bateaux pilotes, yachts, etc..	1.131	27.835	3.404
TOTAUX...	15.200	983.017	93.459

— **Ecoles de marine.** Une *école royale de marine* fut créée au Havre, par ordonnance du 29 août 1773, et fournissait, après trois ans d'apprentissage, les *aspirants-gardes de la marine*. Pendant la Révolution, cette école tomba dans l'oubli. Trois *écoles navales* furent établies à Brest, Rochefort et Toulon, par une loi du 30 vendémiaire an IV (22 octobre 1795), et subsistèrent pendant quinze ans. Le 27 septembre 1810, un décret impérial créa deux *écoles spéciales de marine*, l'une à Brest et l'autre à Toulon. — L'influence du duc d'Angoulême fit organiser une école de marine près d'Angoulême, au milieu d'une grande plaine, dans un vieux couvent restauré (aujourd'hui gare d'Angoulême). Cette école dura jusqu'en 1830; mais le roi Charles X plaça une *école navale d'application* à Brest, par ordonnance du 7 mai 1827. Le 7 décembre 1830, fut supprimée la fameuse *école de marine d'Angoulême*; celle de Brest fut remplacée par une *école navale*, organisée par les ordonnances des 1er novembre 1830, 24 avril 1832 et 4 mai 1833. Cette école fut placée sous les ordres d'un capitaine de vaisseau. Les élèves restèrent en rade, à bord d'un bâtiment de l'Etat. Ils furent admis jusqu'à l'âge de seize ans inclusivement, après examen. Aujourd'hui la marine française entretient de nombreuses écoles, savoir: 1° *école normale d'officiers de marine*, sur le *Borda*, en rade de Brest; 2° *frégate-école d'application* des aspirants, sur l'*Iphygénie*; 3° *école des novices*, sur la *Bretagne* (rade de Brest); 4° *école de canonnage*, à bord de l'*Alexandre* (rade de Toulon); 5° *école de matelotage et de timonerie*, à bord de deux corvettes I Isis et la *Cornélie* (océan Atlantique); 6° *école des défenses sous-marines*.

à Boyardville (Ile d'Oléron); 7° *école de pyrotechnie*, à Toulon; 8° *écoles des mécaniciens*, à Brest et à Toulon; 9° *école d'instruction des apprentis fusiliers*, à Lorient; 10° *cours normal des instituteurs*, à Rochefort; 11° *écoles du génie maritime* (Cherbourg), *de médecine navale* (Brest, Rochefort, Toulon), *des élèves commissaires* (Lorient), *d'artillerie* (Lorient); 12° *écoles régimentaires*, dans les divers corps d'infanterie de marine; 13° *école de maistrance*, dans chaque port; 14° *école normale de maistrance*, à Brest et à Toulon; 15° *écoles d'hydrographie*, dans tous les ports de guerre et de commerce; 16° *collège des stagiaires*, à Saïgon. — Bibliogr. De Boismélé, *Histoire générale de la marine* (1744-'58, 3 vol. in-4°); Duhamel du Monceau, *Éléments d'architecture navale*; Léon Guérin, *Histoire de la marine française* (1863, 6 vol. in-8°); A. Jal, *Archéologie navale* (1839, 2 vol.); O. Troude, *Batailles navales de la France* (1867, 4 vol. in-8°); Bouvet de Cressé, *Histoire de la marine de tous les peuples* (1824, 2 vol. in-8°); J. Troussel, *Histoire nationale de la marine et des marins français, depuis Jean Bart jusqu'à nos jours* (1877, 4 vol. in-4°), etc. — Adm. « Le littoral de la France est divisé administrativement en cinq arrondissements maritimes, dont les chefs-lieux sont : Cherbourg, Brest, Lorient, Rochefort et Toulon. Chaque arrondissement se subdivise en sous-arrondissements, quartiers, sous-quartiers et syndicats. A la tête de chacun des arrondissements, est un préfet maritime, ayant le titre de vice-amiral. En cas d'empêchement, le préfet maritime est remplacé par le major général de la flotte, lequel commande directement tout le personnel armé. Il y a aussi, au chef-lieu de chaque arrondissement : un commissaire général de la marine, un directeur des constructions navales, un directeur des mouvements du port, un directeur de l'artillerie, un directeur du service de santé, un directeur des travaux hydrauliques et bâtiments civils, et un inspecteur en chef des services administratifs. Ces fonctionnaires composent le conseil d'administration de l'arrondissement, lequel conseil est présidé par le préfet maritime. L'armée de mer se compose : 1° des officiers de marine comprenant 2 amiraux, 15 vice-amiraux, 30 contre-amiraux, 100 capitaines de vaisseau, 200 capitaines de frégate, 700 lieutenants de vaisseau, 420 enseignes et de 100 à 200 aspirants de 1re classe; 2° des équipages de la flotte, recrutés au moyen d'un prélèvement sur les classes de l'armée de terre, des enrôlements volontaires, et principalement au moyen de l'inscription maritime (voy. INSCRIPTION); lesdits équipages composés de gabiers, de matelots-canonniers, de matelots-timoniers, de marins-fusiliers, tous avec leurs sous-officiers (maîtres, seconds maîtres, quartiers-maîtres); 3° des mécaniciens et chauffeurs de la flotte, lesquels ont des officiers spéciaux; 4° des troupes de la marine, comprenant la gendarmerie maritime, l'artillerie de marine, l'infanterie de marine, les troupes indigènes des colonies, etc.; 5° des corps entretenus et agents divers de la marine, dont les principaux sont les officiers du génie maritime, le commissariat de la marine composé d'officiers et de commis (voy. COMMISSAIRE), les ingénieurs hydrographes (voy. HYDROGRAPHE), les maîtres et ouvriers civils des arsenaux, les officiers du corps de santé et les infirmiers, les aumôniers, les comptables, les commis aux vivres, etc. En dehors de l'armée de mer, se trouvent des agents de quartier, tels que les trésoriers de la caisse des invalides, les syndics des gens de mer, les gueuleurs des électro-sémaphores, etc. Diverses institutions font partie de la marine militaire; nous citerons notamment : l'école d'application du génie maritime à Paris, l'école navale, l'école des mousses et l'établissement des pupilles de la

marine, à Brest; la fonderie de Ruelle (Charente); celle de Nevers, avec les forges de la Chaussade (Nièvre); les ateliers de construction des machines à Indret (Loire-Inférieure), etc. Nous avons parlé plus haut des différents tribunaux maritimes. (Voy. JUSTICE.) Le service de la marine en Algérie forme une direction particulière. Il en est de même de l'administration des colonies. (Voy. COLONIE.) — On distingue, dans la marine marchande, *la navigation au long cours*, *le grand cabotage*, *le petit cabotage* (voy. CABOTAGE), et *la navigation au bornage*. (Voy. ce mot.) Les capitaines ou patrons des navires de commerce doivent être pourvus de brevet de capitaine au long cours ou de celui de maître au cabotage, selon le genre de navigation auquel ils veulent se livrer. (Voy. CAPITAINE.) Les bâtiments français ont leur nationalité constatée par un acte de francisation signé au nom du chef de l'État, par le ministre des finances; et les bâtiments étrangers peuvent être nationalisés français, moyennant le paiement d'un droit dont le taux varie selon le tonnage du navire (L. 30 janvier 1872, art. 5). Aux termes de la loi du 21 septembre 1793, dite *acte de navigation* (art. 2, modifié par l'article 11 de la loi du 9 juin 1845), aucun bâtiment ne peut être réputé français et avoir droit aux privilèges des bâtiments français, s'il n'appartient pas, pour la moitié au moins, à des Français, et si les officiers et les trois quarts de l'équipage ne sont pas Français. Dans aucun cas, le personnel de la machine ne peut comprendre plus d'un quart d'étrangers (Décr. 24 avril 1882). Nous avons déjà parlé des primes d'armement accordées par l'État à la grande pêche, et des primes de navigation que la loi du 29 janvier 1881 attribue pour les navires français armés au long cours. (Voy. ARMEMENT.) Cette loi alloue aussi, pour encourager en France la construction et la transformation des navires, des primes qui sont ainsi fixées par tonneau de jauge brute, savoir : navires en fer, 60 fr.; navires en bois de 200 tonneaux ou plus, 20 fr.; navires en bois de moins de 200 tonneaux, 40 fr.; navires mixtes, bordés en bois et dont la membrure et les barots sont entièrement en fer, 60 fr.; machines à vapeur motrices et appareils auxiliaires, par 100 kilog. 12 fr. Ces primes sont accordées aux constructeurs, en compensation des charges que le tarif des douanes leur impose. Les lois et règlements, concernant la marine, y compris l'ordonnance du mois d'août 1681, encore en vigueur, et le deuxième livre du Code de commerce, sont en si grand nombre que leur énumération seule occuperait ici un espace trop étendu. Nous parlerons seulement d'un règlement international, rendu exécutoire en France par décret du 4 novembre 1879, et qui a été adopté par la plupart des pays maritimes de l'Europe et de l'Amérique. Ce règlement a pour but d'éviter, autant que possible, les collisions accidentelles entre navires, si souvent constatées dans les parages très fréquentés. Il détermine : 1° les feux que doit porter tout navire marchant à la vapeur ou naviguant à la voile, les bateaux de pêche, les bateaux pilotes, etc; 2° les principaux signaux de jour et de nuit; 3° les signaux phoniques à faire en temps de brume, de brouillard ou de neige; 4° les règles relatives à la manière de gouverner en cas de rencontre imminente. Les sanctions pénales dudit règlement se trouvent notamment dans le décret-loi du 24 mars 1852. En ce qui concerne spécialement les bâtiments à vapeur, voy. BATEAU. »
                       (Ch. Y.)

MARINE s. f. Peint. Tableau représentant un port de mer, ou quelque vue de la mer : *voilà une belle marine; Joseph Vernet a excellé dans les marines.* — Dans le principe, les peintres de marine étaient classés par les critiques parmi les *paysagistes*; ce ne fut

qu'après les immenses progrès faits dans l'art de la navigation et après la découverte de la peinture à l'huile que ce genre fut spécialement cultivé. Les Hollandais, qui furent au XVIIe siècle, sans rivaux sur l'Océan, furent aussi les premiers à produire des peintres de *marine* tels que les Mathieu et Paul Brill et les Willaerts. Plus tard vinrent les maîtres du genre. Nous citerons, en Hollande : van den Velde, Backhuysen, van der Heyden, Wlieger, Cuyp, Ruysdaël, van Everdingen; en Italie, Salvator Rosa et Canaletto; en Angleterre, Wilson, Thomas Jones, Andries Both, Turner, Stanfield, Callow, Bonington, Harding, Calcott et Newton Fielding; en France, Claude Lorrain, Joseph Vernet, Gudin, Garneray, Isabey, Roqueplan, Morel-Fatio, Mozin, Aug. Delacroix, Lepoittevin, etc.

* **MARINÉ, ÉE** part. passé de MARINER. — MARCHANDISES MARINÉES, marchandises altérées, gâtées par l'eau ou par l'air de la mer : *ce café, ce cacao, ce thé est mariné.*

* **MARINER** v. a. (rad. *marin*). Faire cuire du poisson, et l'assaisonner de telle sorte, qu'il puisse se conserver très longtemps : *mariner du thon, des anguilles.* — Assaisonner certaines viandes d'une manière qui les rend mangeables plus promptement : *mariner des poulets, une poitrine de veau.* — Laisser tremper de la viande dans du vinaigre assaisonné d'oignons, d'ail, de thym, etc., afin de l'attendrir et de lui donner du goût : *mariner du chevreuil, du porc frais.* — v. Se **Mariner** v. pr. : *toutes les viandes ne peuvent se mariner.*

MARINES, ch.-l. de cant., arr. et à 14 kil. N.-E. de Pontoise (Seine-et-Oise); 1,570 hab. Commerce de bonneteries et de tuiles.

MARINETTE s. f. Mar. Ancien nom de la boussole. — Type de soubrette, sur le théâtre italien.

* **MARINGOUIN** s. m. Nom donné à diverses espèces de cousins qui se rencontrent aux Antilles et dans d'autres pays chauds : *dans cette colonie, on est fort incommodé des maringouins.*

MARINGUES, ch.-l. de cant., arr. et à 20 kil. N.-O. de Thiers (Puy-de-Dôme), sur la Morge; 3,800 hab. Tanneries, chamoiseries.

MARINI ou Marino (GIAMBATTISTA), poète italien, né en 1569, mort en 1625. Il fut pendant quelque temps secrétaire du grand amiral de Naples, le prince de Conca, et ensuite accompagna le cardinal Pietro Aldobrandini à Turin, à la cour du duc Charles-Emmanuel, dont il devint le secrétaire; mais une querelle qu'il eut avec un de ses collègues nommé Murtola provoqua sa disgrâce; ce dernier, en effet, découvrit un poème fait depuis longtemps par Martini et qui contenait quelques traits plaisants et quelques épigrammes blessantes à l'adresse du duc Charles; Martini fut jeté en prison. Rendu à la liberté, il s'empressa de se rendre en France, où il fut favorablement accueilli par Marguerite de Valois et ensuite par Marie de Médicis. En 1662, il retourna en Italie. Son poème d'*Adonis* fut regardé comme un chef-d'œuvre, quoique plein de défauts; mais il était si licencieux qu'il fut défendu de la mettre en circulation. Il a laissé aussi de charmants sonnets. Il fut nommé prince de l'Académie des *Humoristi* à Rome et, pendant longtemps, son style affecté eut un grand nombre d'imitateurs que l'on appela *Marinistes.*

* **MARINIER** s. m. Homme de mer pour la manœuvre d'un vaisseau. Dans ce sens, il est vieux et ne s'emploie guère que dans cette dénomination qui elle-même a vieilli : OFFICIERS MARINIERS, tous les bas officiers qui servent à la manœuvre d'un vaisseau On dit

maintenant, SOUS-OFFICIERS DE MARINE. — Batelier, celui dont la profession est de conduire les bâtiments sur les rivières et les canaux navigables : *c'est un bon marinier.*

MARINISME s. m. Littér. Affèterie de style, à la manière du poète Marini.

MARINISTE s. m. Littér. Partisan du marinisme.

MARINO FALIERO. Voy. FALIERO.

MARIO (Giuseppe), marquis de Candia, chanteur italien, né à Turin en 1810, mort le 13 déc. 1883. Il était officier dans l'armée sarde lorsque quelques fautes de jeunesse le forcèrent à prendre la fuite et à se retirer à Paris; il s'y livra à l'étude et, en déc. 1838, il fit ses débuts dans *Robert le Diable.* Depuis cette époque, il resta constamment au théâtre et fut considéré comme le premier ténor du monde. Il visita toute l'Europe (1845-'50), accompagna Grisi (1934-'55), avec laquelle il avait déjà vécu pendant plusieurs années et dont il avait eu de nombreux enfants; il finit par l'épouser pendant un voyage qu'ils firent aux États-Unis.

MARION-DELORME. Voy. DELORME.

MARION - DUFRESNE (Nicolas - Thomas), navigateur français, né à Saint-Malo en 1729, tué dans la Nouvelle-Zélande le 12 juin 1772. Il fut chargé en 1771 d'un voyage scientifique dans l'océan Austral; il découvrit quelques terres et se réfugia le 3 mai 1772 en Nouvelle-Zélande, dans la baie des Iles du capitaine Cook. Le 12 juin, étant descendu à terre, il y fut accueilli, comme d'ordinaire, par des marques d'amitié; mais le soir il ne reparut pas. On sut plus tard qu'il avait été massacré et dévoré avec ses compagnons.

* **MARIONNETTE** s. f. (rad. *Marion*, dimin. de *Marie*). On appelle ainsi de petites figures de bois ou de carton, qui représentent des hommes ou des femmes, et que l'on fait mouvoir, ordinairement par des fils, quelquefois par des ressorts, quelquefois simplement avec la main : *il fait jouer les marionnettes.* — Prov. et fig. IL A FAIT JOUER LES GRANDES MARIONNETTES, il a employé de grands moyens pour réussir. — Fig. et fam. C'EST UNE MARIONNETTE, UNE VRAIE MARIONNETTE, CE N'EST QU'UNE MARIONNETTE, c'est une personne légère, frivole, sans caractère, qui cède facilement aux impulsions étrangères.

MARIOTTE (L'ABBÉ Edme), physicien français, né en Bourgogne en 1620, mort à Paris le 12 mai 1684. Il était prieur de Saint-Martin-sur-Beaune (Dijon) et fut l'un des premiers membres de l'Académie des sciences. S'est rendu célèbre par ses expériences aussi nombreuses qu'ingénieuses. Voici quelles furent ses principales découvertes : 1° *loi de Mariotte*, relation entre le volume d'une masse de gaz et la force élastique de ce gaz; la température d'un gaz restant la même, le volume de ce gaz varie en raison inverse des pressions qu'il supporte; 2° l'air existe dans les liquides, particulièrement dans l'eau; 3° la partie de la rétine dans laquelle entre le nerf optique est insensible à la lumière. On a de lui : *Traité du mouvement des eaux*, ouvrage publié par Lahire (Paris, 1786, in-12); le recueil complet de ses ouvrages parut à la Haye (1740, 2 vol. in-4°).

MARISTE s. m. (de *Marie*, n. pr.) Membre d'une société religieuse vouée à l'enseignement; fondée à Bordeaux en 1818. Les maristes furent dispersés au nombre de vingt, en 1880.

* **MARITAL, ALE, AUX** adj. Jurispr. Qui appartient au mari : *pouvoir marital; puissance maritale; droits maritaux.*

* **MARITALEMENT** adv. En mari, comme doit faire un mari : *le juge lui ordonna de traiter maritalement sa femme, de vivre mari-*

talement *avec elle.* — Signifie aussi, dans le langage ordinaire, comme on vit en mariage, comme on doit vivre en mariage : *ils ne se sont pas mariés, mais ils vivent maritalement.*

* **MARITIME** adj. Qui est proche de la mer : *les provinces, les villes maritimes; arrondissement maritime.* — Qui est adonné à la navigation sur mer : *les peuples, les nations, les puissances maritimes.* — Qui est relatif à la mer, à la navigation sur mer : *le commerce maritime.* — Les FORCES MARITIMES, les forces navales ou de mer. — ARSENAL MARITIME, lieu où les navires de guerre sont construits, réparés ou conservés. — PRÉFECTURE MARITIME, division administrative et militaire qui se rapporte à la marine : *il y a en France cinq préfectures maritimes dont les chefs-lieux sont : Cherbourg, Brest, Lorient, Rochefort et Toulon.* — LÉGISLATION MARITIME, CODE MARITIME, le recueil des lois, ordonnances et règlements relatifs aux diverses branches du service de la marine.

MARITIMES (Alpes-). Voy. ALPES.

* **MARITORNE** s. f. (lat. *male*, mal; *tornata*, tournée). Fille hommasse, laide, malpropre; ainsi nommée par allusion à la Maritorne de Don Quichotte.

MARITZA (anc. *Hebrus*), grand fleuve de Roumélie, qui naît sur le versant N.-E. du Despoto Dagh (anc. Rhodope), passe à Philippopoli et à Andrinople et se jette dans l'Archipel par deux embouchures, après un cours de 500 kil.

MARIUS (Caius), général romain, né en 157, mort en 86 avant J.-C. Il était d'humble extraction. En 134, il servit comme officier dans l'armée qui assiégea Numance, sous le commandement du second Scipion l'Africain dont il conquit l'estime. Choisi comme tribun du peuple en 119, il proposa une loi qui tendait à assurer la liberté des élections, malgré la vive opposition de son protecteur, le consul Metellus. En 115, il fut nommé préteur, mais ne quitta pas l'Italie; comme propréteur, l'année suivante, il servit dans l'Espagne ultérieure. Peu après, il épousa Julia, qui appartenait à l'une des plus illustres *gentes* (familles) patriciennes et qui était sœur du père de Jules César. Quand Cœcilius Metellus prit le commandement de l'armée romaine envoyée contre Jugurtha (109), Marius devint l'un de ses légats et se distingua dans cette fonction. Il demanda à Metellus la permission de se rendre à Rome afin d'y poser sa candidature au consulat; ayant éprouvé un refus, il accusa le général en chef de prolonger inutilement la guerre. Pour se débarrasser d'un ennemi, Metellus finit par lui permettre d'aller à Rome, mais seulement 12 jours avant l'élection. Marius fut élu consul (107) à l'âge de 50 ans. La province de Numidie lui fut assignée, et il poussa avec une telle vigueur les hostilités contre Jugurtha, que ce prince fut forcé de se réfugier chez le roi de Mauritanie, Bocchus, qui le livra à Sylla, questeur de Marius (106). Marius resta encore deux ans en Numidie; et, pendant ce temps, il fut réélu consul. Son triomphe jugurthin eut lieu le 1er janvier 104, le premier jour de son second consulat. (Voy. JUGURTHA.) Il fut encore élu consul en 103 et en 102; dans le cours de ce dernier consulat, il extermina une armée de Teutons et d'Ambrons dans les plaines de Pourrières près d'Aquæ Sextiæ (Aix) et reçut à la fin de la bataille la nouvelle qu'il venait d'être élu consul pour la cinquième fois. Le 30 juillet 101, il écrasa les Cimbres dans une bataille rangée qu'il livra près de Verceil, dans les Campi Randii, et reçut le titre de troisième fondateur de l'État, et qui le plaça, dans la vénération publique, au même rang que Romulus et Camille. Son triomphe fut brillant et, pour la sixième fois, il fut nommé consul. Mais, dans sa longue existence au

milieu des camps, il avait oublié tous les usages de la vie civile et commit de grossières méprises; sa popularité déclina aussi rapidement qu'elle avait grandi. En 99, il visita l'Asie, où il essaya de pousser Mithridate à la guerre contre Rome, dans l'espoir de recouvrer sa popularité, en reprenant le commandement des troupes en en remportant de nouvelles victoires. A son retour à Rome, il s'aperçut que Sylla, qui s'attribuait le mérite d'avoir mis fin à la guerre contre Jugurtha, l'avait supplanté dans la faveur populaire. Lorsque éclata la guerre sociale (90), Marius et Sylla furent envoyés contre les Marses et finirent par les soumettre; dès que les hostilités furent terminées, leur rivalité recommença. Dans la guerre contre Mithridate, Marius ne put obtenir le commandement en chef, qui fut donné à Sylla (88). Marius fit alors passer une loi pour distribuer dans toutes les tribus les alliés italiens qui avaient reçu la franchise romaine; ce qui fit que les anciens citoyens se trouvèrent noyés du milieu d'une nouvelle population. Des élections subséquentes donnèrent à Marius le commandement de l'armée d'Orient; mais Sylla marcha sur Rome et chassa Marius et ses partisans. Le vainqueur des Cimbres essaya de lever une armée en offrant la liberté à tous les esclaves qui se joindraient à lui; mais il ne put y réussir et se sauva dans l'Italie méridionale, puis en Afrique. Il débarqua à Carthage, où un messager lui fut envoyé par le préteur romain pour lui ordonner de quitter la contrée; il se rendit alors avec son fils dans l'île de Cercina. En même temps, le consul Cinna, de la faction de Marius, chassé de Rome par son collègue Octavius, du parti de Sylla, était parvenu à lever une puissante armée. Marius, à cette nouvelle, se hâta de rentrer en Italie. Rome fut bientôt forcée de se rendre à Cinna et à Marius, et le massacre des partisans de Sylla dura pendant plusieurs jours. Cinna et Marius se déclarèrent eux-mêmes consuls pour l'année suivante (86). Mais Marius ne jouit pas de son consulat plus de 18 jours. Il mourut des suites de ses fatigues et de sa vie si tourmentée.

* **MARIVAUDAGE** s. m. Manière d'écrire, qui a été reprochée à Marivaux, et qui consiste dans des raffinements d'idées et d'expressions : *c'est un pur marivaudage.* (Voy. MARIVAUX.)

MARIVAUDER v. n. Imiter le style raffiné de Marivaux.

MARIVAUX (Pierre CARLET DE CHAMBLAIN DE), auteur français, né à Paris le 4 février 1688, mort à Paris le 16 février 1763. Il commença par traduire l'*Iliade* en vers burlesques, donna le *Télémaque travesti*, le *Don Quichotte moderne* et une tragédie d'*Annibal* (1720), ouvrages justement oubliés. Marivaux changea alors son genre grossier et indécent où il avait si peu réussi, et il travailla pour la Comédie-Française; il donna successivement : *Le Jeu de l'amour et du hasard* (1730); *Les Serments indiscrets* (1732); *La Méprise* (1734); *Le Legs* (1736); *Les Fausses Confidences* (1756); *L'Épreuve* (1740), etc. Les ouvrages les plus importants de Marivaux, sont la *Vie de Marianne* (1731-'36, 3 vol. in-12), roman plein de verve et d'esprit, et le *Paysan parvenu.* Ses *Œuvres complètes* ont été réunies en 1781 (12 vol. in-8°) et en 1825 (10 vol. in-8°). Le style affecté qu'il emploie dans le *Spectateur français* et dans le *Philosophe indigent*, a fait donner à ce genre le nom de *marivaudage*; c'est un mélange bizarre de métaphysique subtile et de sentiments alambiqués, de finesse, d'esprit et de grâce maniérée. Marivaux avait été admis à l'Académie française en 1743, de préférence à Voltaire.

* **MARJOLAINE** s. f. (altér. du mot arabe

márryamych). Bot. Espèce du genre origan, famille des labiées. La *marjolaine* (*origanum majorana*) est une herbe vivace, haute d'environ 40 centim., à tige un peu ligneuse à la base, à feuilles pétiolées, blanchâtres, tomenteuses des deux côtés, à fleurs blanches et rosées en épis.. Cette plante, originaire du Portugal et de l'Andalousie, est aromatique, stimulante et tonique. On l'emploie en médecine comme céphalique, stomachique, etc., et elle entre dans l'assaisonnement de différents mets; réduite en poudre, elle est sternutatoire.

MARJOLET s. Petit homme qui fait le galant, qui fait l'entendu : *c'est un plaisant marjolet.* (Vieux.)

MARKIRCH, nom all. de *Sainte-Marie-aux-Mines.*

MARLBOROUGH [mal'-brou]. I. Ville du Wiltshire (Angleterre), sur la Kennett, à 120 kil. S.-O. de Londres; 4,000 hab. — II. Ville du Massachusetts (Etats-Unis), à 50 kil. O. de Boston; 10,000 hab.

MARLBOROUGH (John Churchill, *duc de*) [mal'-brou], général anglais, né le 24 juin 4650, mort le 16 juin 1722. Il était fils de sir Winston Churchill, et, à l'âge de 16 ans, il fut reçu comme enseigne dans les gardes. Il servit dans l'armée qui fut envoyée pour secourir les Français en Hollande et il fut nommé colonel par Louis XIV; à son retour en Angleterre, après la paix de Nimègue (1678), le duc d'York lui donna un emploi dans sa maison. En 1678, il épousa Sarah Jennings, qui se rendit fameuse par son esprit intrigant et son impérieux caractère. Il fut peu après nommé lord Churchill et pair d'Ecosse, et lors du mariage de la princesse Anne (1683), lady Churchill devint sa première dame d'honneur. Le duc d'York, en montant sur le trône, sous le nom de Jacques II, chargea Churchill d'une ambassade en France. Pendant la révolte du duc de Monmouth, Churchill se distingua comme officier général et on lui dut la victoire de Sedgemoor. Lorsque Guillaume d'Orange débarqua en Angleterre, Churchill ne fut pas le dernier à l'acclamer et lady Churchill persuada à la princesse Anne de quitter Londres et de se joindre aux envahisseurs. Anne, subissant l'influence de sa dame d'honneur, abandonna toutes ses prétentions au trône en faveur de Guillaume. En récompense, Churchill fut créé comte de Marlborough; envoyé en 1689, dans les Pays-Bas pour y commander les forces anglaises, il repoussa les Français à Walcourt. L'année suivante, il conduisit une armée en Irlande et s'empara de Cork et de Kinsale. Il entretenait une correspondance avec le roi exilé dans le but, non de lui aider à recouvrer la couronne, mais de se servir de son influence pour renverser Guillaume III; il aurait ensuite remis Anne sur le trône et aurait gouverné cette princesse par l'influence de sa femme. Cette intrigue fut découverte et, en 1692, il fut arrêté et jeté à la Tour; mais il parvint à rentrer en grâces et, au commencement de la guerre de la succession d'Espagne, il fut nommé commandant de l'armée anglaise en Hollande et ambassadeur dans ce pays. Anne devint reine en 1702; il fut nommé capitaine général et fut le véritable chef du gouvernement. Etant ambassadeur en Hollande, il parvint à faire déclarer, par ce pays, la guerre à la France et il eut le titre de généralissime des armées alliées et entra dans la carrière des surprenantes victoires qui devaient immortaliser son nom. Après différents succès, la campagne de Blenheim, faite en coopération avec le prince Eugène, eut lieu pendant l'été de 1704; le 13 août, les alliés remportèrent la victoire de Blenheim. Marlborough conserva sa supériorité pendant les opérations de 1705 et reçut de l'empereur

d'Allemagne la seigneurie de Mindelheim avec le titre de prince. La victoire de Ramilies mit le comble à sa gloire (23 mai 1706). Le 11 juillet 1708, il remporta celle d'Oudenarde; le 11 sept. 1709, il gagna celle de Malplaquet avec l'aide du prince Eugène. Sa dernière campagne, qui fut aussi la plus brillante, et qui donna le plus de résultats, fut celle de 1711, pendant laquelle il captura la forteresse de Bouchain. Presqu'en même temps, Godolfin, son gendre, dut abandonner le ministère; la duchesse de Marlborough fut disgraciée et Harley, comte d'Oxford, forma un cabinet tory. Marlborough abandonna son commandement et toutes ses charges le 1er janv. 1712; il quitta l'Angleterre et n'y rentra que le jour de l'avènement de la maison de Hanovre; fut nommé conseiller privé de George I er et capitaine général de l'armée; il mit rapidement fin à la révolte de 1715, mais on pensa qu'il envoyait de l'argent au prétendant. La duchesse mourut en 1744, à l'âge de 85 ans. — Chanson de Malbrough, chanson populaire qui débute ainsi : « *Malbrough s'en va-t-en guerre* », etc.; c'est une bouffonnerie, due à quelque soldat plaisant qui chercha, après Malplaquet, à ridiculiser le général anglais dont on avait faussement annoncé la mort. Quelques-uns même n'y voient qu'une parodie d'une romance toute semblable et sur le même air que chantaient déjà les croisés du temps de saint Louis.

MARLE-ET-BEHAINE, cant. de l'arr. et à 23 kil. N.-E. de Laon (Aisne) : 2,357 hab. Ancien comté de Marle, qui appartint aux maisons de Coucy, de Bar, de Saint-Pol, de Luxembourg, de Bourbon et de Mazarin. Ruines du château, dont il ne reste plus que les remparts et les tours.

MARLI s. m. Espèce de gaze de fil à clairevoie, qui sert à des ouvrages de mode et à des ajustements : *marli simple.*

MARLIANI (Aurelio, comte), compositeur italien, né en Lombardie, en 1803, mort après s'être ruiné dans la conspiration des carbonari à Bologne en 1849. En 1830, il vint à Paris où il s'établit comme professeur de chant; il fut le maître de Giulia Grisi. On lui doit, entre autres opéras, le *Bravo* (1834), le *Marchand forain*, la *Xacarilla*, *Ildegonda* (1841), etc. Au premier signal des mouvements en faveur de l'indépendance italienne (1848), Marliani courut dans sa patrie et y trouva la mort sous les murs de Bologne.

MARLIOZ, station balnéaire, arr. et à 2 kil. d'Aix (Savoie). Eaux sulfurées sodiques froides. Etablissement spécial pour les affections des voies respiratoires, du larynx, des bronches, etc. Bains et douches d'eau sulfureuse. Système spécial de douches d'eau pulvérisée pour le pharynx, l'arrière-gorge, les fosses nasales, etc.

MARLY-LA-MACHINE, hameau de la commune de Bougival, arr. et à 8 kil. N. de Versailles (Seine-et-Oise), sur la rive gauche de la Seine. C'est en cet endroit que fut établie, en 1676, la célèbre machine hydraulique destinée à alimenter la ville et le parc de Versailles.

MARLY-LE-ROI, *Marliacum*, ch.-l. de cant., arr. et à 10 kil. N. de Versailles (Seine-et-Oise), sur la rive gauche de la Seine ; 1,300 hab. Le château de Marly, construit par Mansard pour servir de résidence royale, fut détruit pendant la Révolution.

MARMAILLE s. f. (*Il mll*.) (rad. *marmot*). Coll. Nombre de petits enfants, de marmots : *voilà bien de la marmaille.* Il est familier.

MARMANDAIS, AISE s. et adj. De Marmande; qui concerne cette ville ou ses habitants.

MARMANDE, *Marmanda*, ch.-l. d'arr., à

58 kil. N.-O. d'Agen (Lot-et-Garonne), sur la rive droite de la Garonne; par 44° 29' 55'' lat. N. et 2° 40' 23'' long. O.; 9,700 hab. Commerce de vins et eaux-de-vie; toiles et coutils; grains, chanvre, prunes; port commode ; grains, chanvre, prunes; port commode par les Sarrasins au VIIIe siècle, reconstruite en 1185 par les Anglais et prise en 1214 et 1249 sur les Albigeois. Elle fut vainement assiégée par Henri de Navarre (1577) et par Condé (1652).

MARMARA ou Marmora (Mer de), anc. *Propontide*, amas d'eau qui se trouve entre l'Europe et la Turquie d'Asie; long d'environ 220 kil., large d'environ 80 kil.; 12,059 kil. carr.; à son extrémité N.-E., il est réuni à la mer Noire par le Bosphore, et, au S.-O., il communique avec l'Archipel par les Dardanelles. — L'île de Marmara (anc. *Proconnesus*; turc, Marmar Adassy), qui donne son nom à cette mer, est longue d'environ 45 kil., large de 9 kil. et est généralement montagneuse et aride. Elle est célèbre depuis la plus haute antiquité à cause de son marbre (lat. *marmor*). Cap., Marmara, sur la côte S.-O.

MARMARIQUE (lat. *Marmarica*), région de l'Afrique septentrionale comprise entre la Méditerranée, la basse Egypte, le désert de Libye et la Cyrénaïque.

MARMAROS [mar'-mo-roch], comté du N.-E. de la Hongrie, séparé par les monts Carpathes de la Galicie, de la Bukovine et de la Transylvanie; 10,355 kil. carr., 221,000 hab. Cap., Sziget. Immenses mines de sel; célèbres diamants, fer, plomb, marbre, albâtre, charbon et cristal.

MARMELADE s. f. (portug. *mermelo*, coing). Confiture de fruits presque réduits en bouillie : *marmelade d'abricots, de pommes, de prunes, de pêches.* — Fam. Cela est en marmelade, se dit d'une chose trop cuite et presque en bouillie. — Fig. Ce qui est fracassé, broyé : *il a reçu un coup qui lui a mis la mâchoire en marmelade.*

MARMENTEAU adj. m. Se dit des bois de haute futaie mis en réserve, qu'on ne coupe point, et qui servent à la décoration d'une terre : *on ordonnait que les bois marmenteaux fussent abattus ou étêtés, quand le propriétaire était condamné pour crime de lèse-majesté.* — Substantiv. : *les marmenteaux.*

MARMITE s. f. Vase de terre ou de métal, à trois pieds, où l'on fait ordinairement cuire les viandes dont le bouillon sert à faire le potage : *marmite de cuivre, d'argent, de fonte, de terre.* — Se dit aussi de ce que la marmite contient : *on leur distribua une grande marmite de soupe, de pois, de fèves.* — Prov. La marmite bout, la marmite est bonne dans cette maison, on y fait bonne chère. — La marmite est renversée dans cette maison, le maître de cette maison n'invite plus à dîner. — Cela fait bouillir, fait aller, sert a, faire bouillir, aide a faire bouillir la marmite, se dit de ce qui contribue particulièrement à faire subsister une maison : *l'emploi qu'il a depuis quelques jours aide à faire bouillir la marmite.* — Avoir le nez en pied de marmite, avoir le nez large par en bas et retroussé. — Fig. et fam. Un écumeur de marmites, un parasite. — Marmite de Papin, vase de métal très épais, dont le couvercle ferme hermétiquement, et dans lequel on peut porter l'eau à la plus haute température. — Marmite autoclave, marmite où l'on fait cuire les aliments sans évaporation.

MARMITEUX, EUSE adj. Piteux, qui est mal sous le rapport de la fortune ou de la santé, et qui s'en plaint habituellement : *il est tout marmiteux.* — Il est familier et très peu usité. — s. : *il fait le marmiteux.*

MARMITON s. m. Celui qui est chargé du

plus bas emploi dans une cuisine : *c'est un marmiton.*

° **MARMONNER** v. a. Voy. Maronner.

MARMONT (Auguste-Frédéric-Louis Viesse de), *duc de Raguse*, maréchal de France, né à Châtillon-sur-Seine, en 1774, mort à Venise en 1852. En 1796, il fut premier aide de camp de Bonaparte, fit avec distinction les deux campagnes d'Italie, assista au siège de Malte et prit part à la campagne d'Égypte. En récompense de sa participation au 18 brumaire, il fut nommé commandant en chef de l'artillerie de réserve. Chargé par Bonaparte de diriger le passage de l'artillerie à travers le grand Saint-Bernard (1800), il sut vaincre tous les obstacles qu'il devait rencontrer dans une opération si pleine de périls. Il fut nommé général de division pour l'habileté qu'il déploya dans la direction de ses batteries à Marengo, puis duc de Raguse pour la magnifique défense de cette ville contre une immense armée de Russes et de Monténégrins (30 sept. 1806), et maréchal pour sa conduite à Wagram pendant l'action et pendant la poursuite de l'ennemi. En 1811, il reçut l'ordre de remplacer Masséna en Portugal, et termina une série de mouvements infructueux par la perte de la bataille de Salamanque, qui ruina la cause française dans la péninsule. Il releva un peu sa réputation par la valeur qu'il déploya en 1813 à Lützen, à Bautzen, à Dresde et à Leipzig. Pendant la campagne de 1814, Marmont soutint vigoureusement les opérations de Napoléon ; à la bataille de Paris (30 mars 1814), il lutta pendant plusieurs heures avec une poignée d'hommes contre une armée quatre fois supérieure en nombre. Un armistice ayant été conclu, Marmont dut battre en retraite sous les ordres de Joseph Bonaparte, lieutenant général de l'Empire ; il évacua la capitale. Il reconnut le gouvernement provisoire, à condition que la vie et la liberté personnelle de Napoléon seraient assurées, et que les troupes françaises pourraient se retirer en Normandie. Cette conduite indigna tellement Napoléon que, pendant les Cent-Jours, il excepta expressément Marmont de l'amnistie. C'était désigner ce maréchal à la bienveillance des Bourbons. Marmont prit sa retraite en 1825. Cinq ans plus tard, Charles X eut besoin de son épée pour combattre les Parisiens révoltés ; il accepta avec empressement, croyant venir à bout facilement de ce que l'on considérait en haut lieu comme une simple émeute. Ses troupes furent battues, et il dut prendre le chemin de l'exil en même temps que les Bourbons ; son nom fut rayé des cadres de l'armée et il n'osa jamais rentrer en France. Il a publié des ouvrages de voyages et l'*Esprit des institutions militaires.* Son autobiographie a été publiée sous ce titre : *Mémoires du duc de Raguse* (1856, 9. vol.).

MARMONTEL (Jean-François), littérateur français, né à Bort (Limousin) en 1723, mort en 1799. Il était professeur de philosophie à Toulouse, lorsque Voltaire l'engagea à se fixer à Paris (1745). En 1753, il fut nommé conservateur des bâtiments royaux et, en 1758, éditeur du *Mercure de France*, pour lequel il rédigea les *Contes moraux*, considérés comme son œuvre capitale. Il fut forcé, au bout de quelques mois, d'abandonner la direction de ce journal, pour avoir lancé quelques épigrammes contre le duc d'Aumont, et il passa même plusieurs jours à la Bastille. En 1783, il remplaça d'Alembert comme secrétaire perpétuel de l'Académie. Il quitta Paris pendant la Révolution, fut l'un des députés modérés au Conseil des Anciens (1797), et se retira en province après le 18 fructidor. Ses meilleures pièces théâtrales sont les tragédies des *Héraclides* (1752) et de *Numitor* ; les opéras de *Didon* (1783) et de *Pénélope* (1785) ; les

opéras comiques de *Sylvain* (1770) et *Zémire et Azor* (1771). On cite, parmi ses romans, *Bélisaire* (1767) et les *Incas* (1777, 2 vol. in-8°). La collection de ses articles pour l'*Encyclopédie* a été publiée sous le titre d'*Éléments de littérature* (6 vol., 1787). Ses *Mémoires* ont été imprimés après sa mort (1804, 4 vol. in-8°). — Son fils, Louis-Joseph, né à Paris en 1789, mort à New-York en 1830, mena une vie errante et misérable, écrivit plusieurs poèmes, visita le Mexique, puis les États-Unis, et finit ses jours dans un hôpital.

° **MARMORÉEN, ÉENNE** adj. (lat. *marmor*, marbre). Qui a la nature ou l'apparence du marbre : *calcaires marmoréens.*

° **MARMOT** s. m. Ancien mot du singe : *laid comme un marmot.* — Petite figure grotesque, de pierre, de bois, etc. : *il a bien des marmots dans son cabinet.* — Se dit, fig. et fam., d'un petit garçon : on en forme aussi le substantif féminin *Marmotte*, qui se dit d'une petite fille : *vous êtes un beau marmot ; que nous veut cette marmotte.* — Fig. et fam. Croquer le marmot, attendre longtemps : *que voulez-vous que je fasse là à croquer le marmot ?*

° **MARMOTTE** s. f. (lat. *mus montis*, rat de montagne). Mamm. Genre de rongeurs, voisin des rats, caractérisé par des incisives inférieures pointues, cinq mâchelières de chaque côté en haut, quatre en bas comme chez les écureuils ; quatre doigts et un tubercule au lieu de pouce aux pieds de devant ; cinq doigts aux pieds de derrière. Les marmottes sont des animaux lourds, à jambes courtes, à tête large et aplatie. La *marmotte des Alpes*

Marmotte des Alpes (Arctomys marmota).

(arctomys marmota), se trouve dans toutes les montagnes élevées de l'Europe et de l'Asie, près de la région des neiges éternelles. Elle s'apprivoise facilement, devient très familière, mange tout ce qu'on lui donne et sert

Marmotte de la Caroline du Sud (Arctomys monax).

vait autrefois de gagne-pain aux petits Savoyards. Elle est à peu près de la grosseur d'un lapin, d'un gris jaunâtre, avec des teintes cendrées vers la tête ; son corps est trapu ;

ses mouvements sont lents et son intelligence est bornée. Les marmottes vivent en famille dans des terriers ; elles passent l'hiver dans un état d'engourdissement complet qui dure six mois. La *marmotte de la Caroline du Sud* (arctomys monax, Gmel.) est longue de 37 à 40 centim., noirâtre en dessus, châtain en dessous. Ses mœurs ressemblent à la marmotte d'Europe ; elle se nourrit, comme celle-ci, de plantes, de fruits et de toute matière végétale.

° **MARMOTTER** v. a. Parler confusément et entre ses dents : *qu'est-ce que vous marmottez entre vos dents ?* (Fam.)

MARMOTTEUR, EUSE adj. Celui, celle qui parle entre les dents.

° **MARMOUSET** s. m. (-mou-zé) (lat. *marmoretum* ; de *marmor*, marbre). Petite figure grotesque : *c'est un faiseur, un vendeur de marmousets.* — Par dér. Marmousets, visage de 37 à marmouset, petit garçon, petit homme mal fait : *voilà un plaisant marmouset, un plaisant visage de marmouset.* — Se dit aussi d'une espèce de chenet de fonte, en forme de prisme triangulaire, dont une extrémité est ornée d'une figure quelconque. — Nom d'un singe appelé aussi *ouistiti.*

MARMOUTIER, *Mauri Monasterium*, ville de l'Alsace-Lorraine, à 6 kil. S.-E. de Saverne ; 2,500 hab.

MARMOUTIER, *Martini* ou *Majoris monasterium*, abbaye fondée, en 371, par saint Martin, à 2 kil. de Tours. Les bénédictins qui l'occupaient consacrèrent surtout leur temps à la transcription des manuscrits. Cette abbaye possédait d'immenses richesses qui entraînèrent les moines dans le relâchement et amenèrent plusieurs fois leur réformation.

° **MARNAGE** s. m. Agric. Opération qui consiste à mêler à la terre arable une certaine quantité de marne pour amender le sol. (Voy. Marne.)

MARNAY, ch.-l. de cant., arr. et à 23 kil. S. de Gray (Haute-Saône), sur la rive droite de l'Ognon ; 1,140 hab. Tanneries, teintureries.

MARNE s. f. (lat. *marga*). Espèce de terre calcaire, mêlée d'argile, dont on se sert pour amender certains terrains : *marne blanche, rousse.* — La marne est un argile comprenant une grande proportion de carbonate de chaux, quelquefois de 40 à 50 p. 100. Elle sert à amender les terres argileuses, argilo-siliceuses ou tourbeuses ; elle agit moins énergiquement que la chaux. Celle qui renferme beaucoup d'argile est propre aux terrains légers et sablonneux ; celle qui est plus riche en chaux (marne calcaire ou craie) convient surtout aux terrains froids et tourbeux ; celle qui contient du sable convient particulièrement aux terres fortes. On répand la marne sur les champs, avant l'hiver, afin qu'elle puisse se déliter à la gelée.

MARNE, anc. *Matrona*, grande rivière de France ; elle prend sa source dans la commune de Balesme, à 4 kil. de Langres ; elle baigne Chaumont, où elle devient flottable, Joinville, Saint-Dizier où elle est navigable, Vitry-le-François, Châlons, Épernay, Château-Thierry, la Ferté-sous-Jouarre, Meaux, Lagny, Alfort et afflue à la Seine, à Charenton (Seine), après un cours de 494 kil. et après avoir reçu comme principaux affluents : le Rognon, l'Ornain, l'Ourcq sur la rive droite, la Blaise, la Colle, la Somme-Soude, le petit et le grand Morin, sur la rive gauche. Un canal, passant par Reims, réunit la Marne à l'Aisne.

MARNE, dép. de la région N.-E. de la France ; doit son nom à la principale rivière qui le traverse ; situé entre les dép. des Ardennes, de l'Aisne, de Seine-et-Marne, de l'Aube, de la Haute-Marne et de la Meuse; formé du Rémois, du Perthuis et de la basse Brie, dans l'ancienne province de Champagne; 8,180 kil. carr.; 421,800 hab. Le territoire du dép. se compose de plaines et de plateaux peu élevés. Le centre du dép. appartient au plateau crayeux de la *Champagne pouilleuse;* à l'O., se dressent quelques collines plus fertiles et très boisées où se trouvent la colline de Verzy, point culminant du dép. (280 m.). A l'E., le pays n'est encore plus fertile: on y trouve le *Bocage,* le *Perthois,* le *Vallage* et l'*Argonne* et les forêts de *Trois-Fontaines,* de Belval et d'Argonne. La principale fortune du pays consiste dans la culture de la vigne, dont les produits sont universellement recherchés sous le nom de *vins de Champagne.* C'est dans les arrondissements de Reims et d'Epernay et dans le canton de Vertus que ces vins sont produits; les autres contrées ne fournissent que des vins communs. Commerce important de lainages, dits *articles de Reims,* eaux-de-vie, tuiles, blanc d'Espagne; moutons, volailles, abeilles, biscuits. Principaux cours d'eau: la Marne, l'Aube et l'Aisne. Sources minérales ferrugineuses à Vitry, Blaye, Boursault, Hermonville, Fléchambault, Rosnay, etc. — Ch.-l., Châlons-sur-Marne; 5 arr., 32 cant., 665 comm. Le département de la Marne forme l'archidiocèse de Reims et le diocèse de Châlons, suffragant de Reims. Les tribunaux ressortissent à la cour d'appel de Paris; Paris est également le ch.-l. académique. Ch.-l. d'arr. : Châlons-sur-Marne, Epernay, Reims, Sainte-Menehould et Vitry-le-François.

MARNE (Haute-), dép. de la région orientale de la France; doit son nom à sa position sur le cours supérieur de la Marne; situé entre les dép. de la Marne, de l'Aube, de la Côte-d'Or, de la Haute-Saône, des Vosges et de la Meuse; formé par le Perthois, le Vallage, le Bassigny et par quelques portions des duchés de Bourgogne, de Bar et de Franche-Comté; 6,219 kil. carr.; 284,876 hab. Le dép. de la Haute-Marne est situé sur la grande ligne de faîte occidentale, et, bien que l'altitude de ses plus hautes chaînes ne soit pas très considérable, il n'en forme pas moins une importante région de partage, parce que ses eaux coulent, les unes vers la mer du Nord, les autres vers la Manche et d'autres vers la Méditerranée. Territoire sillonné de plateaux qui, sous le nom de *plateau de Langres,* donnent naissance à de grands cours d'eau (Meuse, Marne, Aube) et à plusieurs tributaires de la Saône. Ce plateau, qui sert de trait d'union entre l'Argonne et la Côte-d'Or, est de formation jurassique, et contient quelques pics élevés, entre autres le Haut-du-Sec, point culminant du dép. (516 m.). Sol riche par ses mines de fer et ses forêts, assez fertile et bien cultivé, pierres de taille, marbre, plâtre, céréales, vignes, légumes; commerce de bestiaux, de moutons renommés, de volailles et d'abeilles; coutellerie, bonneterie, ganterie, tanneries, etc. Princ. cours d'eau : l'Aube, la Blaise, la Marne et la Meuse. Eaux thermales à Bourbonne et ferrugineuses à Aitancourt. — Cb.-l., Chaumont; 3 arr., 28 cant., 530 comm. Evêché Langres, suffragant de Lyon; ch.-l. judiciaire et académique à Dijon. Ch.-l. : d'arr. Chaumont, Langres et Vassy.

' MARNER v. a. Agric. Répandre de la marne sur un champ : *marner une terre.* — ** v. n. Se dit de la mer lorsqu'elle laisse à découvert une grande étendue de plage.

' MARNEUX, EUSE adj. Qui est de la nature de la marne : *terrain marneux.*

' MARNIÈRE s. f. Espèce de carrière d'où l'on tire de la marne : *on a trouvé dans cette ferme une marnière, une bonne marnière.*

MARNIX (Philip van). Voy. ALDEGONDE (Sainte).

MAROC (ar. *Maghreb el-Aksa,*' l'extrême occident, ou *El-Maghreb,* l'occident), sultanat du N.-O. de l'Afrique, entre la Méditerranée, l'Algérie, le Sahara et l'Atlantique. Sa superficie, y compris le Touat, ne peut être évaluée qu'approximativement à 812,300 kil. carr.; sa population a été évaluée à 6 millions d'hab.; mais ce nombre paraît exagéré. Sur la côte de la Méditerranée, qui mesure environ 400 kil. de long, l'Espagne possède différents points fortifiés où elle envoie ses déportés : Ceuta, Peñon de Velez, Alhucemas, Melilla et les îles Jafarin. Sur cette côte aucun port ne peut recevoir de gros vaisseaux. L'intérieur est divisé en deux grands versants par les montagnes de l'Atlas : celui de la Méditerranée, appelé Er-Rif, est d'une élévation moyenne de 600 à 800 m. Plusieurs autres chaînes courent parallèlement au rivage de l'Atlantique. Le mont Miltsin, à 50 kil. S.-E. de la ville de Maroc, mesure 3,475 m. d'altitude. Princ. cours d'eau sur le versant N.-O. : Lucos, Sebou, Bourekrag, Oumm er-Rebiah et Tensift, qui se jettent tous dans l'Atlantique; sur le versant S.-E.; la Mouloua qui se jette dans la Méditerranée, le Ghir, qui se perd dans le désert, le Draa, le Noun et le Sus, qui affluent dans l'Atlantique. Aucun de ces cours d'eau n'est navigable. On sait peu de choses de la géologie du Maroc, mais on suppose que l'Atlas est formé principalement de gneiss; on y trouve différents marbres, de l'or, des galènes riches en argent, etc. Sur le grand versant du N.-O. de l'Atlas, le climat est tempéré et délicieux; dans la plaine de la ville de Maroc, la température moyenne annuelle est d'environ + 17° C. Les montagnes de l'Atlas sont revêtues de luxuriantes forêts; on rencontre partout, sur les côtes, les fruits de l'Europe septentrionale et, dans d'autres régions, ceux des pays tropicaux. L'agriculture est encore à l'état primitif; c'est à peine si une petite partie des terres arables est cultivée; et pour peu que les récoltes viennent à manquer, le pays est plongé dans la famine. Le blé, l'orge, le maïs, le millet (*durra*) et autres céréales y croissent dans la perfection et l'on cultive le sésame, le safran, etc. — Dans les régions de l'Atlas, on redoute le lion et la panthère; dans la plaine on rencontre l'hyène, le chacal et le sanglier. Les animaux domestiques sont très nombreux et la fortune de plusieurs tribus se compose exclusivement de troupeaux. — Les habitants peuvent être divisés en cinq races : berbères, arabes, maures, juifs et nègres. Les Berbères, qui sont les aborigènes, occupent l'Atlas et les montagnes inférieures; ils forment un peuple bien constitué, guerrier et chasseur; ils s'occupent d'agriculture et possèdent peu de troupeaux; ils habitent généralement des maisons en pierres. Les Arabes, qui composent la plus grande partie de la population rurale dans les plaines et les vallées, près des côtes, descendent des envahisseurs mahométans. Ils vivent sous la tente et s'occupent surtout de l'élevage des troupeaux. Les Maures forment une race hybride, qui descend surtout des musulmans chassés d'Espagne; habitants des villes, ils sont civilisés et s'adonnent au plaisir et au désœuvrement; plusieurs d'entre eux occupent de hautes positions officielles et une grande partie du commerce est entre leurs mains. Les Juifs habitent surtout les villes; mais on en rencontre parmi les Berbères. Ils sont plus ignorants que leurs coréligionnaires des autres pays; mais ils sont très rusés, très entreprenants et ordinairement riches. Les Nègres sont les esclaves ou les descendants d'esclaves, importés de l'Afrique centrale. En général, le peuple du Maroc est barbare et farouche, mais non féroce ni sanguinaire,

comme on l'a souvent prétendu; il parle le berbère et l'arabe. Dans le S., une forme modifiée du berbère est appelée schellouh. La religion dominante est le mahométisme (voy. ce mot); le christianisme est aujourd'hui toléré. L'éducation est dans un état pitoyable et l'industrie est complètement dégénérée. Les produits les plus remarquables sont les tissus délicats de laine et soie fabriqués à Fez; le fameux cuir de Maroc, aujourd'hui remplacé en Europe par les produits des tanneries de Marseille; les tapis et les peluches de Rabat et de Salé; des armes et des ouvrages en or et en argent. Presque toutes les villes ont des tanneries où l'on produit des maroquins de différentes couleurs; le maroquin rouge et le maroquin jaune jouissent d'une réputation particulière. Fez fabrique et exporte la plus grande partie des bonnets rouges qui ont reçu son nom. Les meilleures armes sont celles de Maroc et de Tétouan. La bijouterie est presque entièrement entre les mains des Juifs. Le commerce maritime se fait surtout par les étrangers. — Exportation de laines, de peaux de chèvre, de maïs, de fèves, de chaussures, d'amandes, de bœufs, de gomme, de plumes d'autruche, de cire, d'argent monnayé, etc.; 21 millions de fr., dont 11 millions en Angleterre ou dans les colonies anglaises et 8 millions en France et en Algérie. Importation de coton et de cotonnades, de sucre, de vivres, de thé, de soie, d'alcool, de papier, de fer, d'acier, de bougies, etc.; 22 millions de fr., dont 14 millions provenant d'Angleterre et 7 millions de France et d'Algérie. — Ports : Tanger, Larache (El-Araish), Rabat, Casablanca (Dar el-Baïda), Mazagan, (Jedyda) Safy, Mogador (El-Tétouan; entrées, 4,100 navires (dont 489 anglais jaugeant 132,000 tonnes; 260 français jaugeant 162,000 tonnes; 215 espagnols, 6,000 tonnes, etc.). Il se fait un grand commerce par caravanes, avec l'Afrique centrale et l'Orient. Le commerce méridional a pour centre Tafilet, et les caravanes, qui comptent quelquefois de 15 à 20,000 chameaux, vont jusqu'à Tombouctou. Le commerce avec l'Orient a lieu chaque année par une seule grande caravane, qui se rassemble à Fez vers le septième mois qui précède la grande fête de la Mecque. — Le sultanat de Maroc se compose des anciens royaumes de Fez et de Maroc, du territoire de Sous, de l'oasis de Tafilet et de plusieurs tribus qui vivent au S.-E. de l'Atlas; mais une grande partie du versant méridional de l'Atlas est à peu près indépendante. Les principales villes de l'intérieur sont, par ordre d'importance : Fez, Maroc, Méquinez, Azimur, Taroudant, Thiza, Ouchda, Alcazar el-Kebir, Ouerzzan, Safran et Donnet. Les capitales sont : Fez et Maroc, dans chacune desquelles le sultan réside pendant deux ou trois ans alternativement. — L'armée se compose de 8,000 hommes, dont 2,500 d'infanterie de la garde et 2,500 de cavalerie de la garde. On peut y ajouter environ 30,000 hommes de cavalerie irrégulière. — Les monnaies d'or sont le doublon (52 fr. 50), la *bataque* (10 fr. 50) et la *demi-bataque* (5 fr. 26); la monnaie d'argent la plus répandue est le métikal (2 fr. 63). Le gouvernement bat monnaie à Fez, Maroc et Rabat. — Le sultan actuel du Maroc, connu de ses sujets sous le titre d'*Emir-ul-Mumenin* ou *chef absolu des vrais croyants,* est le quatorzième souverain de la dynastie des Alides, fondée par Muley-Ahmed, et le trente-cinquième descendant d'Ali, oncle et gendre du prophète. La couronne est héréditaire dans la famille des chériffs de Fileli ou Tafilet. Chaque sultan peut choisir son successeur parmi les membres de sa famille; quand il n'exerce pas ce privilège, la couronne appartient au membre le plus âgé de la famille royale. — Le pouvoir du sultan est absolu et presque illimité; il est à la fois chef spirituel et souverain temporel. Il n'a point de ministres; mais il reçoit les avis de quelques favoris, chargés d'exécuter ses ordres, et dont le principal porte le titre de Mula-el-tesseràd ou connétable de la maison impériale. — La Mauritanie des anciens comprenait le Maroc et la plus grande partie de l'Algérie. Après la conquête arabe, les habitants de l'Afrique septentrionale adoptèrent la religion musulmane (698-709). Vers 787, Edris ibn Abdallah, descendant de Mahomet, fonda le royaume de Fez. Au xi° siècle, la secte belliqueuse des Al-Murabathin ou Almoravides se souleva; et, vers 1058, son chef Abou-bekr ibn Omar fut proclamé émir de tout le Maroc. Les Almoravides étendirent leur domination sur l'Espagne, mais ils furent renversés par les Almoades (1121), qui eurent pour successeurs les Beni Merins (1270) et les El-Walusi. En 1564, les descendants du chériff Hossein fondèrent une nouvelle dynastie qui étendit son pouvoir sur tout le Maroc, au xvii° siècle, et régna même un instant jusqu'à Tombouctou. En 1578, Sébastien de Portugal envahit le Maroc, mais son armée fut exterminée à Alcazar et il périt dans l'action (4 août 1578). A la mort de Hamed Chériff al-Mansour, son empire fut divisé entre ses 5 fils, et, en 1648, Muley Chériff el-Fileli, roi de Tafilet, établit la dynastie encore régnante. Le sultan Abderrhaman (1823-'59), se laissa entraîner par Abd-el-Kader à attaquer les Français en Algérie (voy. Algérie), mais son armée fut vaincue à Isly (14 août 1844), et le prince de Joinville bombarda Tanger (6 août) et Mogador (16 août). La paix se signa le 10 sept. Sidi-Mohammed, fils et successeur (1859-'73) d'Abderrhaman, refusa d'accorder une indemnité réclamée par l'Espagne pour les actes de piraterie commis par ses sujets; la guerre lui fut déclarée le 22 oct. 1859. La bataille de Castillejos (1er janv. 1860) resta indécise, mais Tétouan dut se rendre le 4 fév., et les Marocains, battus à Guad-el-ras (23 mars), durent signer (26 mars) une paix en vertu de laquelle ils s'engagèrent à payer 400 millions de réaux. Sidi-Mohammed mourut le 20 sept. 1873 et eut pour successeur son fils Muley-Hassan. — En 1883, le sultan mit fin aux réclamations des Espagnols en leur abandonnant le petit territoire de Santa-Cruz-de-Mar-Pequeña, près de l'embouchure de l'Yfusi, au S. de Mogador. — BIBLIOGR. E. de Amicis, *Murocco* (Milano, 1876, in-8°); C. Renou, *Description géographique de l'empire du Maroc* (Paris, 1846, in-8°).

MAROC (ar. *Marakesh*), l'une des capitales du sultanat du Maroc, vers l'extrémité septentrionale d'une plaine qui s'élève à environ 350 m. au-dessus du niveau de la mer; à 6 kil, S. du cours d'eau nommé Tensift, à 20 heures de marche de l'Océan et à environ 400 kil. S.-O. de Fez; par 31° 38' lat. N. et 9° 56' long. O.; environ 50,000 hab. La ville est entourée de trois enceintes construites en béton et est flanquée d'énormes tours. La muraille extérieure mesure 10 kil. de circuit et environ 8 m. de haut; elle est percée de neuf portes, dont deux conduisent à la Kasbah ou citadelle. Les rues forment un réseau irrégulier; elles sont malproprement tenues et la pluie les rend impraticables. Au S. de la ville se dresse la Kasbah qui renferme le palais du sultan; les mosquées présentent un aspect misérable et pas une ne peut être regardée comme un œuvre architecturale. En dehors des murailles, on remarque plusieurs aqueducs presque ruinés, mais qui conduisent encore dans des réservoirs les eaux des montagnes et qui alimentent une vingtaine de bains publics. Les habitants sont un mélange de Maures, d'Algériens, de Tunisiens, d'Égyptiens, d'Arabes, de Nègres et de Juifs. Ces derniers occupent un quartier particulier appelé El-Melah. Maroc est un

centre agricole plutôt qu'industriel. La seule industrie dans laquelle excellent ses habitants est celle du cuir, particulièrement du maroquin rouge et jaune. — Cette ville fut fondée en 1073 par Abou-bekr ibn Omar, de la dynastie des Almoravides. Abdelmoumen, roi des Almohades, la rebâtit et la répara

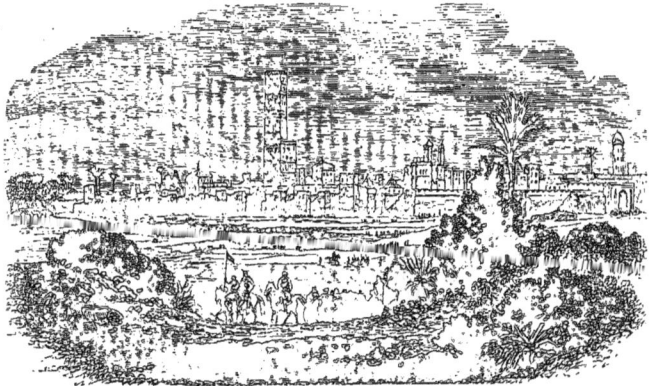

Maroc.

(1147-'48). Au xiii° siècle, les Maures d'Espagne, d'Algérie et de Tunis y envoyaient leurs enfants pour y terminer leur éducation dans ses universités. Elle comptait alors plus de 500,000 hab.

MAROCHETTI (Carlo, BARON) (ma-ro-kèt-ti), sculpteur italien, né à Turin en 1805, mort à Passy en 1867. Il vécut principalement à Paris jusqu'en 1848, époque où il se fixa à Londres. Le roi de Sardaigne l'anoblit (1838). Parmi ses ouvrages les plus connus, nous citerons : le tombeau de Napoléon aux Invalides, les statues de la reine Victoria et du duc de Wellington, un grand nombre de monuments élevés aux officiers anglais morts en Crimée, le buste du prince Albert, etc.

MAROILLES ou Marolles, comm. du cant. de Landrecies, arr. et à 12 kil. O. d'Avesnes (Nord); 980 hab. C'est là que se fabrique le fromage dit de *Maroilles* ou plus habituellement, *Marolles*.

MAROLLES s. m. Comm. Petit fromage fabriqué à Maroilles.

MAROLLES (Michel de), littérateur français, né en Touraine en 1600, mort à Paris en 1681. Il entra dans les ordres, refusa toute dignité ecclésiastique pour se consacrer aux lettres, n'acceptant que le bénéfice de l'abbaye de Villeloin. Il a traduit la plupart des auteurs classiques latins. On lui doit, en outre, 69 ouvrages complètement oubliés aujourd'hui, car le nombre n'a jamais pu remplacer la valeur qui leur manque.

MAROLLES-LES-BRAULTS, ch.-l. de cant., arr. et à 14 kil. S.-O. de Mamers (Sarthe); 2,100 hab. Grains, chanvre; cidre renommé.

MAROMME, ch.-l. de cant., arr. et à 7 kil. N.-O. de Rouen (Seine-Inférieure); 2,700 hab. Filatures de coton, teintureries, blanchisseries, fabriques d'indiennes, papier, produits chimiques. Patrie du maréchal Pélissier, duc de Malakoff.

MARON (Jean), patriarche syrien, qui vivait au vii° siècle. Il était du parti des monothélites et fonda le couvent de Saint-Maron, qui, suivant quelques-uns, aurait donné son nom aux maronites.

MARONITE s. et adj. Se dit des catholiques du rit syrien, dont la principale de-

meure est au mont Liban : *un prêtre maronite; un couvent de maronites.* — ENCYCL. Corps de chrétiens syriens qui reconnaît la suprématie spirituelle du pontife romain. Ils habitent surtout la chaîne du Liban, entre Tripoli, Tyr et le lac de Génésareth; leur centre principal se trouve dans le district de Kesraouan. Leur histoire primitive est pleine d'obscurité. A l'époque des croisades, ils rendirent de grands services aux armées chrétiennes; et, lors de leur union formelle avec l'Église romaine (1445), il leur fut permis de conserver leur forme liturgique et leur rit particulier. Les rois de France restèrent toujours en relation avec les maronites, et, après Richelieu, une sorte de protectorat français fut établi sur les chrétiens de Syrie par les soins des consuls résidant à Beyrouth. L'esprit d'antagonisme religieux entre les druses et les maronites, entretenu par les autorités turques, permit aux Ottomans de réduire ces montagnards à une incomplète sujétion. En 1841, les druses s'armèrent contre les maronites et il en résulta un effroyable massacre. En août 1859, une querelle personnelle entre un druse et un maronite fut l'occasion d'un nouveau massacre des chrétiens et d'une intervention française en 1860. (Voy. DRUSES.) Depuis 1861, en vertu d'un traité concernant l'administration du Liban, un gouverneur spécial nommé par la Porte réside à Deir-el-Kamr. — Les maronites sont aujourd'hui au nombre de 150,000 environ. Ils s'occupent d'agriculture, sont généralement pauvres, mais très honnêtes et très hospitaliers, et vivent avec la plus grande frugalité. Sous le rapport religieux, ils sont gouvernés par un patriarche qui réside à Kanobin. Les prêtres maronites peuvent se marier. Ils sont au nombre d'environ 1,200 et vivent ordinairement de travaux manuels. La religion maronite compte 400 églises et 400 couvents. Les moines, excessivement nombreux, suivent la règle de saint Antoine. La communion s'administre sous les deux espèces. On lit et l'on explique l'Evangile et les Saintes Ecritures en langue syriaque, qui est la langue du peuple.

MARONNE (La), petite rivière de France qui sort du Puy-Mary, près de Récusset (Cantal), passe à Salers et se jette dans la Dordogne au-dessous d'Argentat (Corrèze), après un cours d'environ 70 kil.

MAROQUIN s. m. [-kain] (rad. *Maroc*). Cuir de bouc ou de chèvre, apprêté avec de la noix de galle ou du sumac : *un livre relié en maroquin, couvert de maroquin.* — PAPIER MAROQUIN, papier de couleur, apprêté de manière à ressembler au maroquin.

MAROQUINAGE s. m. Action de maroquiner; résultat de cette action.

* **MAROQUINER** v. a. Apprêter des peaux de veau ou de mouton, comme on apprête des peaux de bouc ou de chèvre, pour en faire du maroquin : *maroquiner des peaux de veau, de mouton.* On dit aussi : *maroquiner du papier.*

* **MAROQUINERIE** s. f. Art de faire le maroquin.

* **MAROQUINIER** s. m. Ouvrier qui façonne des peaux en maroquin.

MAROS [mar'-och], rivière de Hongrie, qui naît près de la frontière orientale de Transylvanie, et se jette dans la Theiss, près de Szegedin, après un cours d'environ 600 kil.

MAROS-VASARHELY [- vă'-char-hé-li], ville de Transylvanie, sur la Maros, à 80 kil. N.-E. d'Hermannstadt; 13,000 hab. Château fortifié; bibliothèque de plus de 60,000 vol.; riche collection minéralogique.

MAROT. I. (Jean), poète français, né à Mathieu (Calvados) vers 1460, mort en 1523. Son vrai nom était Desmarets. Il suppléa à son défaut d'instruction première en étudiant l'histoire, la mythologie, et en lisant les vieux romans de chevalerie. Accueilli avec honneur par Anne de Bretagne, Jean Marot accompagna Louis XII en qualité d'historiographe dans ses expéditions de Gênes et de Venise, et prit tard valet de chambre de François Ier. Il a laissé : *Voyage de Gênes* et *Voyage de Venise*, ainsi que des rondeaux, des épîtres, etc. Ses œuvres complètes ont été publiées à Paris (1723, in-8°). — **II.** (Clément), célèbre poète, fils du précédent, né à Cahors en 1495, mort à Turin en 1544. Il succéda à son père en qualité de valet de chambre de Francois Ier, accompagna ce prince en Italie, fut blessé et fait prisonnier à la bataille de Pavie (1525). De retour en France, on l'accusa de luthéranisme et il fut jeté en prison au Châtelet; c'est là qu'il retoucha le *Roman de la Rose.* Sa traduction populaire en vers des Psaumes fut condamnée par la Sorbonne et il s'enfuit à Genève (1543), où il ajouta 20 psaumes aux 30 qu'il avait précédemment publiés. Il mena ensuite une très pauvre existence à Turin. Ses œuvres poétiques consistent en épîtres, rondeaux, ballades, épigrammes, etc. Marot avait l'esprit enjoué et pétillant de saillies; nul ne fut plus gracieux et ne saisit mieux le ton de l'épigramme. Son style a un charme particulier qui se joue dans les expressions naïves et les sentiments délicats. Les meilleures éditions des œuvres de Marot sont celles de Niort (1596, in-16), de la Haye (1731, 4 vol. in-6° et 6 vol. in-12) et de Paris (1824, 3 vol. in-8°), avec des notes et un glossaire. Campenon a publié les *Œuvres choisies* (1826). Clément Marot eut un fils, MICHEL, poète aussi, mais bien inférieur à son père. Les *Œuvres* des trois Marot ont été publiées en 1731 (4 vol. in-4°). Une nouvelle édition des œuvres complètes de Clément Marot a été donnée en 1876 (5 vol.) La biographie de ce grand poète a été écrite par Vitet (1868).

* **MAROTIQUE** adj. Qui est imité du vieux langage de Clément Marot : *style, langage, poésie marotique.*

* **MAROTTE** s. f. Espèce de sceptre qui est surmonté d'une tête coiffée d'un capuchon bigarré de différentes couleurs, et garni de grelots: *ceux qui faisaient autrefois le personnage de fou, chez les rois et chez les grands seigneurs, portaient une marotte.* — IL DEVRAIT PORTER LA MAROTTE, c'est un extravagant. — Fig. et fam. Objet de quelque affection folle et déréglée : *il a pour cette femme un amour effréné, c'est sa marotte.*

* **MAROUFLE** s. m. (rad. *maraud*). Se dit, par mépris, d'un malhonnête homme, d'un homme grossier : *c'est un maroufle.*

* **MAROUFLE** s. f. Peint. Espèce de colle très forte et très tenace, dont on se sert pour maroufler, et qui est faite avec le résidu de couleurs broyées à l'huile, que les pinceaux laissent dans le vase où on les nettoie.

* **MAROUFLER** v. a. Peint. Coller la toile d'un tableau sur une autre toile, pour la renforcer, ou sur un panneau de bois, sur une muraille, etc., pour l'y fixer.

MARQUAGE s. m. Techn. Action de marquer.

* **MARQUANT, ANTE** adj. Qui marque, qui se fait remarquer. On le dit des personnes et des choses : *une personne, une idée, une couleur marquante.* — CARTES MARQUANTES, se dit, à l'impériale et à quelques autres jeux, des cartes qui valent des points à celui qui les a.

* **MARQUE** s. f. (all. *mark*, limite). Empreinte, signe mis sur un objet pour le reconnaître, pour le distinguer d'un autre : *j'ai mis ma marque à la pièce de toile que j'ai achetée, afin de la reconnaître.* — Comm. Chiffre, caractère, figure quelconque appliquée par empreinte ou autrement sur différentes sortes de marchandises, soit pour désigner le lieu où elles ont été fabriquées, le fabricant qui les a faites, ou le marchand qui les vend; soit pour attester qu'elles ont été visitées par les préposés chargés de leur faire acquitter les droits : *la marque de la fabrique, la marque de la douane.* — DROIT DE MARQUE, droit qu'on perçoit sur certaines marchandises qui doivent être marquées: *droit de marque et de garantie; le droit de marque sur les cuirs,* ou simplement, *la marque des cuirs.* — Fig. LA MARQUE DE L'OUVRIER, certain caractère qui signale une œuvre et fait connaître son auteur. — Flétrissure imprimée, avec un fer chaud, sur l'épaule d'une personne condamnée à cette peine : *il a subi l'exposition et la marque; en France, la peine de la marque est abolie.* — L'instrument avec lequel on fait une empreinte sur de la vaisselle, sur du drap, etc. : *apportez la marque pour marquer cette vaisselle.* — Espèce de chiffre secret dont les marchands se servent pour indiquer sur leurs marchandises le prix qu'elles leur ont coûté : *ce libraire a consulté sa marque, avant de me dire ce qu'il voulait avoir de son volume.* — Croix, signe par lequel un homme qui ne sait point écrire supplée au défaut de signature : *il a déclaré ne savoir signer, et a fait sa marque.* — Trace que laisse sur le corps une contusion, une blessure, une brûlure, ou une éruption à la peau : *il a été frappé, blessé au front, la marque y est encore.* — Fam. FAIRE PORTER SES MARQUES A QUELQU'UN, le maltraiter de telle sorte, que les marques lui en restent. — Trace, impression qu'un corps laisse sur un autre à l'endroit où il l'a touché, où il a passé : *une voiture de passer ici, la marque des roues est toute fraîche.* — Tache ou autre signe qu'une personne ou un animal apporte en naissant : *cet enfant avait cette marque en venant au monde.* — Se dit quelquefois d'un signe de dignité: *les faisceaux et la hache étaient la marque des grands magistrats romains.* — MARQUES D'HONNEUR, certaines marques de distinction accordées par le souverain : *la décoration de la Légion d'honneur, la croix de Saint-Louis, le cordon de Saint-Michel, sont des marques d'honneur.* On dit dans ce sens: *porter les marques d'un ordre.* — Armoiries. MARQUES D'HONNEUR; les pièces qu'on met hors de l'écu, comme le bâton de maréchal de France, le collier d'un ordre, etc. — Se prend quelquef. dans le sens de distinction: *un homme de marque.* — Ce qu'on emploie pour se souvenir ou pour faire souvenir de quelque chose : *il a mis un papier dans sa tabatière pour lui servir de marque.* — Se dit, particul., à certains jeux, des jetons qui ser-

vent à marquer les points et les parties qu'on gagne. En ce sens, on dit ironiquement d'un homme qui est sujet à marquer plus qu'il ne faut : *il est heureux à la marque.* — Se dit également des jetons, fiches, et autres signes que l'on met au jeu, au lieu d'argent : *on convient, en se mettant au jeu, de la valeur des marques.* — Se prend, dans une acception générale, pour indice : *c'est une marque de bonheur, de malheur.* — Signifie, plus spécialement, présage : *le ciel rouge le soir est une marque de beau temps pour le lendemain.* — Témoignage, preuve : *donner à quelqu'un une marque, des marques d'estime, d'amitié, de son estime, de son amitié.* — Fam. UNE MARQUE QUE J'AI FAIT CELA, et absol., MARQUE QUE J'AI FAIT CELA, une preuve que j'ai fait cela. On dit aussi, MARQUE DE CELA, une preuve de cela. — LETTRE DE MARQUE, commission dont tout capitaine ou patron d'un navire armé en course doit être pourvu, sous peine d'être réputé pirate ou forban. — VOL A LA MARQUE, vol pratiqué dans les grandes villes et qui consiste à réclamer un objet marqué, par exemple, à la Villette : le filou connaissant la marque d'un marchand de bétail se présente et réclame comme siens les animaux portant cette marque; autre exemple : « une voiture de blanchisseur stationne, un compère s'en approche et tâche de reconnaître la marque des paquets déposés sur le devant de la voiture, puis son complice vient les demander de la part de son patron. » (Rabasse.) — Législ. « La marque imprimée sur la peau, au moyen d'un fer rougi au feu, était usitée autrefois, non seulement envers les voleurs que l'on marquait d'un V et les galériens que l'on marquait des lettres G A L, mais encore à l'égard des mendiants récidivistes que l'on marquait d'un M. L'Assemblée constituante abolit la marque par décret du 25 septembre 1791. Cette flétrissure fut rétablie par le Consulat, le 23 floréal an X. Elle a été conservée par le Code pénal de 1810, savoir: pour les individus condamnés aux travaux forcés à temps, quel l'on marquait, à l'épaule droite, de la lettre T; pour les condamnés aux travaux forcés à perpétuité, que l'on marquait des lettres T P; et pour les faussaires que l'on marquait de la lettre F. La loi du 28 avril 1832, qui a produit l'une des réformes les plus importantes dans notre législation pénale, a supprimé définitivement cet usage barbare. — Les lettres de marque délivrées à des corsaires, pour faire des prises en mer sur l'ennemi, ont été abolies en Europe par le congrès de Paris, en 1856. (Voy. COURSE et LETTRE.) — Les marques de fabrique et de commerce consistent : soit dans les noms du fabricant ou du commerçant, écrits d'une manière particulière et distinctive; soit dans les dénominations, emblèmes, empreintes, timbres, cachets, vignettes, reliefs, lettres, chiffres, enveloppes, ou tous autres signes servant à distinguer les produits d'une fabrique ou les objets d'une maison de commerce. Tout industriel ou commerçant doit, s'il veut pouvoir revendiquer la propriété exclusive d'une marque, déposer, au greffe du tribunal de commerce de son domicile, deux exemplaires d'un dessin, d'une gravure ou d'une empreinte de ladite marque. Ce dépôt n'a d'effet que pour quinze années, mais il peut être à toute époque et indéfiniment renouvelé pour une durée égale. Le papier servant à ce dépôt doit former un carré de dix-huit centimètres de côté, dont le modèle occupe le milieu. Il est dû au greffier un droit d'un franc, outre le timbre et l'enregistrement du procès-verbal de dépôt. Les étrangers jouissent de ladite faculté pour leur fabrication en France et ils peuvent même, lorsque les conventions diplomatiques établissent la réciprocité avec leur pays, déposer des marques étrangères au greffe du tribunal de commerce de la

Seine. Le propriétaire d'une marque déposée a le droit de poursuivre les contrefacteurs devant les tribunaux de police correctionnelle, sans préjudice du droit qui appartient à toute personne lésée par le fait d'autrui de réclamer des dommages-intérêts, en s'adressant aux tribunaux civils, lesquels procèdent dans ce cas comme en matière sommaire. L'article 142 du Code pénal punissait de la peine de la réclusion les contrefacteurs des marques de commerce ; mais la loi du 13 mai 1863 a restreint la portée de cet article à la contrefaçon des marques de l'Etat. L'article 425 du même Code punit de peines correctionnelles la contrefaçon de dessins imprimés ou gravés, ce qui pouvait s'appliquer à certaines marques. La législation actuelle inflige une amende de 50 fr. à 3,000 fr., et un emprisonnement de trois mois à trois ans, ou l'une de ces deux peines seulement, aux contrefacteurs d'une marque de fabrique, ainsi qu'à ceux qui ont fait usage d'une marque contrefaite. Sont punis moins rigoureusement ceux qui, sans contrefaire une marque, ont cherché à l'imiter pour tromper l'acheteur, et ceux qui n'ont pas apposé une marque déclarée obligatoire. Le tribunal correctionnel peut prononcer la confiscation des produits et leur remise au propriétaire de la marque contrefaite, indépendamment de plus amples dommages-intérêts s'il y a lieu (L. 23 juin 1857 ; Décr. 26 juill. 1858). — La loi du 26 novembre 1873, dont nous avons déjà parlé (voy. GARANTIE), permet au fabricant ou commerçant, qui possède une marque, d'en faire certifier l'authenticité par l'administration, en faisant apposer, dans certains bureaux, un poinçonnage sur cette marque ou sur les objets eux-mêmes ; et ce moyennant un droit qui varie de cinq centimes à cinq francs par objet. — La simple indication, sur un produit, du nom d'un fabricant autre que le véritable, ou d'un lieu de fabrication autre que celui où l'objet a été réellement fabriqué, est interdite par la loi du 28 juillet 1824. Cette interdiction a été confirmée par l'article 19 de la loi du 23 juin 1857, et la saisie des objets peut être faite, en quelque lieu que ce soit, à la diligence de l'administration des douanes pour ceux venant de l'étranger, et, en toutes circonstances, à la requête du ministère public ou de la partie lésée. La sanction de cette défense se trouve dans l'article 423 du Code pénal qui punit toute tromperie sur une marchandise vendue, d'un emprisonnement de trois mois à un an et d'une amende de 50 fr. au moins. En conséquence, un négociant français qui fait fabriquer des produits à l'étranger ne peut pas apposer sur cette fabrication la marque d'une provenance française : telle est l'interprétation donnée aux lois précitées par un arrêt rendu, le 22 mars 1884, par la chambre criminelle de la cour de cassation. La marque de fabrique est facultative en principe ; mais elle est obligatoire pour les objets d'or et d'argent, pour les cartes à jouer, pour les armes à feu ; elle l'est également pour tout objet lorsque l'obligation en a été imposée par un règlement d'administration publique. — Il existe à Paris (20, avenue de l'Opéra) une société civile, reconnue d'utilité publique, dite l'*Union des fabricants*, et qui a pour objet la protection internationale des marques de fabrique, la poursuite des infractions aux lois de garantie, et la réclamation des dommages-intérêts au profit des commerçants lésés par ces infractions. »   (CH. Y.)

* **MARQUÉ, ÉE** part. passé de MARQUER. — PAPIER MARQUÉ, PARCHEMIN MARQUÉ, papier, parchemin qui est marqué avec un timbre, pour servir aux actes qui font foi en justice. On dit aujourd'hui PAPIER TIMBRÉ. — ÊTRE MARQUÉ AU FRONT, À LA JOUE, etc., avoir quelque marque sur ces parties du corps. On dit aussi, ÊTRE MARQUÉ DE PETITE VÉROLE, avoir sur le corps, et principalement au visage, des marques de petite vérole. — ÊTRE NÉ MARQUÉ, avoir apporté en naissant quelque signe. — SON FRUIT EN SERA MARQUÉ, se dit en parlant d'une femme qui désire avec ardeur une chose qu'elle ne saurait avoir. — CHEVAL MARQUÉ EN TÊTE, cheval qui a l'étoile ou la pelote au front. — Fig. OUVRAGE BIEN MARQUÉ AU BON COIN, ouvrage bien fait. — Fig. et fam. IL EST MARQUÉ AU B, se dit d'un borgne, d'un boiteux, d'un bigle, d'un bossu. — FOUETTÉ-MARQUÉ, se dit d'un condamné qui a subi la peine du fouet et celle de la marque : ces deux peines ont été supprimées en France. — Fig. ÊTRE MARQUÉ SUR LE LIVRE ROUGE, être noté pour quelque faute. — AU Piquet, etc. ÊTRE MARQUÉ, avoir perdu l'avantage des points dans un des paris qui composent la partie. On dit substantivement, dans un sens analogue : *un marqué, deux marqués, trois marqués*. — AVOIR LES TRAITS MARQUÉS, avoir les traits du visage prononcés. — Au sens moral, signifie, évident, remarquable : *avoir pour quelqu'un des attentions marquées*.

MARQUENTERRE, partie du dép. de la Somme, entre la baie de l'Authie et la baie de la Somme ; environ 200 kil. carr. Ce terrain, conquis sur la Manche depuis plus de deux siècles, s'agrandit de jour en jour et acquiert un fonds d'une rare fertilité.

* **MARQUER** v. a. Mettre une marque à une chose pour la distinguer d'une autre : *marquer de la vaisselle*. — Signifie particul., imprimer, avec un fer chaud, un signe flétrissant sur l'épaule de l'homme qui est condamné à cette peine : *on vient de le marquer*. En France, cette peine est abolie.—Faire une marque, une impression sur quelque partie du corps, par contusion, blessure, brûlure, etc. : *il a reçu un coup de pierre qui lui a marqué le front, qui l'a marqué au front*. — Laisser des traces, des vestiges : *le torrent a marqué son passage par un grand dégât*. — Se dit au sens moral, dans cette dernière acception : *le commencement de son règne fut marqué par des proscriptions*. — Mettre une marque pour se souvenir ou faire souvenir : *marqué dans un livre l'endroit où l'on a cessé de lire*. — MARQUER QUELQU'UN AU PIQUET, AU TRICTRAC, etc., avoir sur lui l'avantage d'un nombre quelconque de points, d'après le calcul des points obtenus de part et d'autre dans les deux coups qui font le pari : *je vous marque de dix points*. On dit aussi absolument, MARQUER : *il a presque toujours marqué dans cette partie*. — Se dit quelquef., au sens moral, pour fixer, déterminer, assigner : *il a marqué sa place parmi les grands écrivains*. — Indiquer, donner lieu de connaître : *sa taille, sa bonne mine marquent bien ce qu'il est*.

> Votre projet du moins nous *marque* un grand courage.
>   J. RACINE. *Alexandre*, acte II, sc. II.

— Mander, indiquer, faire connaître, soit de bouche, soit par écrit : *marquer à quelqu'un ce qu'il doit faire ; ce que vous m'avez marqué dans votre lettre m'a fait grand plaisir*. — Témoigner, donner des marques : *marquer à quelqu'un sa reconnaissance, son amitié, sa tendresse*. — v. n. CETTE NOUVELLE ALLÉE COMMENCE A MARQUER, les arbres commencent à grandir. — CE CHEVAL MARQUE ENCORE, les creux de ses dents paraissent encore, et l'on connaître qu'il n'a pas plus de huit ans. IL NE MARQUE PLUS, les creux de ses dents ont cessé de paraître. — CE CADRAN SOLAIRE MARQUE ENCORE, NE MARQUE PLUS, le soleil y donne encore, n'y donne plus. — Fam. CELA MARQUERAIT TROP, cela serait trop remarqué ; et, dans un autre sens, cela décèlerait trop l'intention qu'il faut cacher. — CET HOMME NE MARQUE POINT, il ne se fait pas remarquer. — ON NE TROUVE RIEN QUI MARQUE DANS CET OUVRAGE, rien n'y attire particulièrement l'attention.

* **MARQUETÉ, ÉE** part. passé de MARQUETER.

— Est quelquefois pris adjectiv. : *ce marbre, ce jaspe sont bien marquetés*.

* **MARQUETER** v. a. [mar-ke-té]. Marquer de plusieurs taches : *marqueter une peau de manière de peau de tigre*.

* **MARQUETERIE** s. f. [mar-ke-te-rî]. Ouvrage de bois de diverses couleurs, appliqués par feuilles minces sur la menuiserie, de manière à former des compartiments : *une table de marqueterie*. — MARQUETERIE DE MARBRE, ouvrage de marbre de diverses couleurs, formé de lames minces appliquées sur une dalle de pierre : *marqueterie sur les lambris*. — Se dit, fig., des ouvrages d'esprit composés de morceaux qui n'ont pas entre eux de véritable liaison : *ce discours est une marqueterie, une vraie marqueterie*.

MARQUETEUR s. m. Tech. Ouvrier qui fait des ouvrages de marqueterie.

* **MARQUETTE** s. f. Pain de cire vierge.

* **MARQUETTE** s. f. Féod. Redevance que les serfs payaient à leur seigneur pour obtenir le droit de se marier.

MARQUETTE, ville du Michigan (Etats-Unis), sur le lac Supérieur, à 550 kil. N.-O. de Détroit ; 6,000 hab.

MARQUETTE (Jacques), explorateur français, né à Laon en 1637, mort au Canada en 1675. Il entra de bonne heure dans la compagnie de Jésus et, en 1666, il partit pour le Canada en qualité de missionnaire et, en avril 1668, il fonda la mission de Sault-Sainte-Marie. Après s'être rendu à Laponte, chez les Hurons, il suivit ceux-ci jusqu'à Mackinaw, où il bâtit, en 1671, la chapelle de la mission de Saint-Ignace. En 1673, il s'associa à Louis Joliet pour explorer le Mississipi. Il quitta Mackinaw le 17 mai, avec cinq autres Français montés dans deux canots, atteignit le Wisconsin, et ensuite le Mississipi le 17 juin, et arriva à un village appelé Akansa, probablement vers l'embouchure de l'Arkansas. Ayant découvert que le Mississipi se jette bien dans l'Océan, ils explorèrent les côtes voisines et reprirent le chemin du Canada en remontant d'abord le fleuve et ensuite l'Illinois au lieu du Wisconsin. En oct. 1674, Marquette partit avec deux blancs et un certain nombre de sauvages pour le village de Kaskaskia, où il arriva en avril 1673 et où il prêcha l'Evangile. Il mourut pendant son retour, sur les bords du lac Michigan, au lieu où s'élève aujourd'hui la ville qui porte son nom. — Voy. *Voyages et découvertes du P. Marquette et du sieur Joliet dans l'Amérique septentrionale*; le récit des voyages et de la dernière expédition de Marquette ainsi qu'une carte autographique se trouvent dans *Discovery and Exploration of the Mississipi Valley*, par Shea (1852).

* **MARQUEUR** s. m. Celui qui marque : *marqueur de cuirs, de draps, etc.* — Se dit, au jeu de paume, au billard, à la balle, au ballon, de celui qui compte et marque les points de chaque joueur : *il faut demander au marqueur si le coup est bon.* — Est quelquefois pris adjectiv. et fait, au féminin, MARQUEUSE.

MARQUION, ch.-l. de cant., arr. et à 24 kil. S.-E. d'Arras (Pas-de-Calais) ; 860 hab.

* **MARQUIS** s. m. [mar-ki] (bas lat. *marchensis* ; de l'anc. all. *mark*, marche). On appelait ainsi autrefois un seigneur préposé à la garde des marches, des frontières d'un Etat ; et c'est de là que vient le titre de *marquis de Brandebourg*. — Etait plus récemment un titre de dignité qu'on donnait à celui qui possédait une terre érigée en marquisat par lettres patentes. — C'est aujourd'hui un simple titre de noblesse confirmé ou conféré par le souverain.

> Tout marquis veut avoir des pages.
>   LA FONTAINE.

— Nom donné, par dérision aux jeunes gens qui prennent des airs avantageux : *il fait le marquis* :

> Que l'on sort est heureux ! allons, saute, marquis.
> RÉGNARD. *Le Joueur*, acte IV, sc. x.

— ENCYCL. Le titre de *marquis* est donné, en Angleterre, en France et en Italie, à des personnages dont le rang nobiliaire vient immédiatement après celui du duc. En Allemagne, d'où vient le marquisat, le titre correspondant est celui de *markgraf*, margrave ou seigneur des marches. En France, on ne trouve aucun exemple de marquis ayant joui pendant la féodalité de la considération et de la puissance dont plusieurs comtes ont été investis ; c'est pourquoi quelques écrivains voudraient placer le titre de marquis au-dessous de celui de comte.

* **MARQUISAT** s. m. Titre de dignité qui était attaché à une terre dont la seigneurie s'étendait sur un certain nombre de paroisses : *terre érigée en marquisat*. — Se disait aussi de la terre même qui avait ce titre : *seigneur du marquisat de...*

* **MARQUISE** s. f. Titre que l'on donne à la femme d'un marquis : *madame la marquise*.

* **MARQUISE** s. f. Tente de toile dressée au-dessus d'une tente d'officier, de manière à l'entourer et à la rendre moins accessible aux injures de l'air : *tendre une marquise*. — Se dit également des toiles tendues sur le pont d'arrière d'un vaisseau, ou dans un jardin, etc. — Se dit encore d'un abri placé au-dessus de la porte d'un édifice public, ou d'une maison particulière.

MARQUISE, ch.-l. de cant., arr. et à 13 kil. N.-E. de Boulogne (Pas-de-Calais), sur la Slack ; 6,300 hab. Exploitation de pierres et de marbre, fonderies.

MARQUISES (Îles), *Marquesas, archipel de Mendaña ou archipel de Nouka-Hiva*, nom de deux groupes de treize petites îles de l'océan Pacifique du Sud, entre 7° 45' et 11° lat. S., et entre 140° et 143° long. O. ; 1,239 kil. carr. ; 12,000 hab. Le plus méridional des deux groupes (Hivaoa, Tahouata, Motane et Fatou-hiva) fut découvert en 1595, par l'Espagnol Mendana de Leyra ; le groupe septentrional, découvert par les capitaines Marchand et Ingraham, en 1791, comprend, entre autres grandes îles, Nouka-Hiva, Ouahouga ou Washington, Ouapoa ou Adams, Chotomiti ou Franklin et Fatou-Ouhou. Chaque île est formée par une chaîne de montagnes d'une élévation moyenne de 600 à 800 m., accompagnée de chaînes moins élevées, entre lesquelles de fertiles vallées s'ouvrent sur l'Océan. Les côtes sont escarpées ; le climat et les productions sont les mêmes que dans les autres îles volcaniques de la Polynésie tropicale. Les habitants appartiennent à la race malaise, et sont divisés en plusieurs tribus qui se font souvent des guerres sanglantes. Parmi les institutions sociales particulières à ces peuples, on remarque la polyandrie ; le cannibalisme existe, mais seulement comme acte de vengeance. Les îles Marquises furent visitées par Cook en 1774 ; l'amiral Dupetit-Thouars en prit possession, au nom de la France, le 1er mai 1842, et le gouvernement français y exerce encore un protectorat.

MARQUOIR s. m. Instrument de tailleur ; modèle pour apprendre à marquer le linge.

MARRACCI (Ludovico) [mar-rât'-chi], orientaliste italien (1612-1700). Il fut professeur d'arabe successivement au collège de la Sapience et à celui de la Propagande à Rome ; il publia le Coran en texte original arabe avec traduction latine (1698).

* **MARRAINE** s. f. (bas lat. *matrina*; de *ma-*ter, mère). Celle qui tient un enfant sur les fonds du baptême : *le parrain et la marraine*. — LA MARRAINE D'UNE CLOCHE, celle qui, lors de l'inauguration d'une cloche, lui donne un nom.

MARRAST (Armand), homme politique, né à Saint-Gaudens (Haute-Garonne), le 5 juin 1801, mort en 1852. Il fut rédacteur de la *Tribune*, participa à la bataille des rues (1830), fut appelé à la rédaction en chef du *National* après la mort de Carrel, fut admis comme membre du gouvernement provisoire (1848), puis nommé maire de Paris ; il fut élu représentant de la Haute-Garonne à l'Assemblée constituante qu'il présida, après l'entrée de Senart au ministère. La part qu'il prit à la répression de l'insurrection de juin lui fit perdre sa popularité.

* **MARRI, IE** adj. [mâ-ri]. Fâché, repentant : *être marri d'avoir offensé Dieu*.

> La dame de ces biens, quittant d'un œil *marri*,
> Sa fortune ainsi répandue...
> LA FONTAINE.

* **MARRON** s. m. Fruit de l'espèce de châtaignier appelé marronnier : *marrons de Lyon*. — MARRON D'INDE, fruit du marronnier d'Inde. — MARRONS GLACÉS, marrons confits et couverts de caramel. — SE SERVIR DE LA PATTE DU CHAT POUR TIRER LES MARRONS DU FEU, se servir adroitement d'un autre pour faire une chose dangereuse, dont on espère de l'utilité, et qu'on n'ose faire soi-même. — On dit aussi, TIRER LES MARRONS DU FEU, servir aux desseins d'un autre, travailler pour un autre avec fatigue et danger pour soi-même et sans aucun profit. — COULEUR MARRON, couleur approchant de celle du marron : *un habit de couleur marron*. On dit aussi : *un habit marron, du drap marron*. Dans ces expressions, *Marron* est employé adjectivement. — Artific. Espèce de pétard, de forme cubique, fait d'un fort carton entouré d'une ficelle enduite de goudron. — Guerre. Pièce de cuivre ou petit anneau de fer que les rondes déposent, à chaque poste, dans une boîte destinée à cet usage : *les marrons servent à constater que le service des rondes s'est fait avec exactitude*.

* **MARRON, ONE** adj. Se dit, dans plusieurs colonies, d'un nègre qui s'est enfui dans les bois, pour y vivre en liberté : *nègre marron*. On le dit également des animaux qui, de domestiques, sont devenus sauvages : *cochon marron*. — Se dit aussi de celui qui exerce son titre, sans commission, l'état d'agent de change, de courtier : *c'est un courtier marron*. — Substantiv. : *c'est un marron*. — adj. Se dit de celui qui est pris en flagrant délit : *il a été paumé marron*. — En contravention : *cocher marron*. — ENCYCL. Le mot *marron*, d'origine incertaine, désigne les esclaves fugitifs des colonies européennes d'Amérique, qui se réunissaient dans les forêts et dans les montagnes par bandes plus ou moins nombreuses, et qui finirent par conserver leur liberté. Les nègres marrons furent particulièrement célèbres dans l'histoire des Antilles. Lorsque les Anglais s'emparèrent de la Jamaïque (1655), 1,500 nègres se sauvèrent dans les montagnes, où leur nombre s'accrut continuellement des nouveaux fugitifs. En 1738, les Anglais furent forcés de leur accorder la paix et de reconnaître leur indépendance. Lors de la Révolution française, les marrons attaquèrent de nouveau les Anglais et leur insurrection ne fut réprimée qu'en 1796, par une odieuse trahison. Environ 600 nègres s'étant rendus, sur la promesse qu'on leur donnerait des terres, les Anglais les embarquèrent pour Sierra-Leone. Ceux qui restèrent à la Jamaïque surent conserver leur indépendance ; mais, depuis l'abolition de l'esclavage, ils se sont mêlés au reste de la population. — Dans la colonie hollandaise de Surinam, les nègres marrons devinrent

formidables en 1726. Ils s'établirent sur la cours supérieur de la Saramaca, d'où vient leur nom de nègres saramacas. Ce fut en vain que l'on employa contre eux les mesures les plus barbares, il fallut traiter avec eux et même s'engager à leur payer un tribut pour mettre fin à leurs déprédations (1761). La guerre renaquit plusieurs fois ; mais les marrons sortirent victorieux de la lutte ; à la fin du siècle dernier, ils étaient au nombre de 15,000 ; en 1831, ils étaient plus de 70,000, et aujourd'hui on les évalue à 100,000. Ils forment une république absolument indépendante, avec ses lois particulières. Le christianisme est à peu près inconnu chez eux, et leur jargon est un mélange des langues africaines et européennes. Il y a aussi des marrons dans la Guyane française. (Voy. GUYANE.)

* **MARRONNAGE** s. m. État d'un esclave fugitif : *réprimer le marronnage*.

* **MARRONNER** v. a. Friser les cheveux en grosses boucles. (Vieux.) — ~ Bouder, murmurer tout bas.

* **MARRONNIER** s. m. Espèce de châtaignier greffé dont la culture est soignée ; le marronnier produit des fruits plus gros que ceux du châtaignier ; les marrons dits, *de Lyon*, proviennent des Cévennes et du dép. du Var. — Marronnier d'Inde ou HIPPOCASTANE. Bot. Genre d'hippocastanées, comprenant une douzaine d'espèces dont la plus con-

Marronnier d'Inde commun (Æsculus hippocastanum).

nue chez nous est le *marronnier d'Inde commun* (æsculus hippocastanum, Linn.), bel arbre qui peut atteindre jusqu'à 20 m. de haut ; à tronc droit ; à racines pyramidales ; à feuilles grandes, opposées, digitées, composées de 5 à 6 folioles ovoïdes, oblongues, dentées en scie ; à fleurs blanches ou un peu jaunâtres, panachées de rouge et disposées en thyrse pyramidal. Le marronnier d'Inde n'est cultivé que comme arbre d'ornement dans nos parcs et dans nos rues, parce que son bois est de peu de valeur. Il a été importé chez nous de Constantinople vers le commencement du XVIe siècle. Il s'est parfaitement acclimaté et on le cultive en pleine terre jusqu'en Suède. Ses fruits renferment un principe amer ap-

Marron d'Inde commun.

fringent que l'on est forcé d'éliminer pour obtenir l'amidon. Il y a des variétés à fleurs

Marronnier d'Inde nain (Æsculus parviflora).

roses. Le *marronnier d'Inde nain* (*æsculus parviflora*) est un arbrisseau d'ornement.

MARRUBE s. m. (lat. *marrubium*). Bot. Genre de labiées, comprenant une vingtaine d'espèces d'herbes vivaces, souvent couvertes d'un duvet cotonneux ou laineux, à feuilles rugueuses, à fleurs disposées en faux verticilles et accompagnées de bractées de grandeur à peu près égale à celle du calice. Le *marrube commun* ou *marrube blanc* (*marrubium vulgare*, Linn.) est très répandu chez nous dans les endroits stériles, incultes, sur le bord des chemins, dans les décombres; il fleurit en juillet et août. Il est haut d'environ 50 centim. Ses feuilles, quand on les froisse, exhalent une odeur légèrement musquée. Le marrube blanc est expectorant; on l'emploie dans les rhumes, dans le catarrhe, etc.; une ou deux pincées en infusion dans un demi-litre d'eau.

Marrube commun (Marrubium vulgare).

MARS [marss], dieu romain de la guerre, dont le nom était Mamers dans les langues sabine et osque, et que l'on identifia avec le dieu grec nommé Arès. Avant cette identification, Mars paraît avoir été une divinité agricole plutôt que guerrière; il était le premier après Jupiter; on l'appelait le père Mars (*Marspiter*), parce qu'on le regardait comme l'ancêtre des Romains et comme ayant engendré Romulus et Rémus par Rhéa Sylvia, prêtresse de Vesta. On le nommait Gradivus, Sylvanus ou Quirinus, suivant qu'on le considérait comme dieu de la guerre, de l'agriculture ou de l'État. Ares, fils de Zeus (Jupiter) et de Héra (Junon), était regardé par les Grecs non pas tant comme dieu de la guerre que comme celui du tumulte, de l'horreur et du carnage qui accompagnent les combats. On ne permettait pas aux femmes de participer à son culte. — Mars était l'un des amants de Vénus. Il était habituellement représenté nu, un bouclier d'une main et une lance de l'autre. — Champ de Mars. (Voy. Champ.)

MARS s. m. [marss] (lat. *Martius*, qui appartient à Mars). Le troisième mois de notre calendrier; il se compose de 31 jours. Mars fut le premier mois de l'année jusqu'au moment où Numa ajouta au calendrier les

mois de janvier et de février (713 av. J.-C.) Il devait son nom à Romulus, qui avait voulu ainsi honorer son père supposé.

> Mars sec et beau
> Remplit caves et tonneaux.

Dans les pays de culture, on dit :

> Lorsqu'il tonne en mars,
> Il faut dire : Hélas !

Au contraire, dans les pays vignobles :

> Quand en mars beaucoup il tonne,
> Apprête cercles et tonnes.

— Dans l'ancienne nomenclature chimique, signifiait, le fer; et l'on donnait le nom de Mars à tous les médicaments dans lesquels il entre du fer : *il prend de la teinture de Mars, du safran de Mars.* — Prov. Cela vient comme mars en carême, se dit d'une chose qui ne manque jamais d'arriver à une certaine époque. — Champ de mars (Voy. Champ). — Se dit par ext., au pl., des menus grains qu'on sème au mois de mars, tels que les orges, les avoines, les millets, etc. . *Le temps a été bon pour les mars de cette année; s'il ne pleut pas, tous les mars sont perdus.*

MARS, quatrième planète dans l'ordre de distance à partir du soleil, et celle des planètes supérieures qui est la plus rapprochée de la terre. Mars tourne autour du soleil en une période sidérale de 686 jours 9797, dans un orbite incliné de 1° 51′ sur le plan de l'écliptique, à une distance moyenne de 210 millions de kil. du soleil; mais cet orbite est extraordinairement excentrique, de sorte que sa plus grande distance est de 232 millions de kil., tandis que sa plus petite distance n'est que de 188 millions de kil., ce qui fait une différence de 44 millions de kil. Mars revient en opposition au soleil à des intervalles séparés par une période moyenne de 779 jours 936, qui est appelée sa période synodique. La distance moyenne de la terre au soleil étant de 140 millions de kil., la distance moyenne de Mars et de la terre au moment où ces deux planètes sont en conjonction est donc d'environ 75 millions de kil. Mais à l'une des conjonctions, quand Mars est près de son périhélie, la distance est réduite de beaucoup plus que 22 millions de kil., demi-différence entre la distance la plus petite et la distance la plus grande de Mars au soleil. Le périhélie de l'orbite de Mars gît par 333° 1/2, tandis que l'aphélie de l'orbite de la terre gît par 280° 1/2. Le diamètre de Mars a été diversement évalué par les observateurs; mais il est probable qu'il n'excède pas 7,000 kil. Le volume de cette planète est donc moindre que celui de la terre, dans la proportion de 168 à 1,000, c'est-à-dire que la terre est 6 fois aussi grosse que Mars. Mais la densité de Mars est évaluée aux 7 dixièmes de celle de la terre et sa masse est plus près d'un neuvième que d'un huitième de celle de la terre. Cette petite planète tourne sur un axe incliné d'environ 28° sur l'orbite, de sorte que les saisons y sont plus longues que celle de la terre dont l'inclinaison sur son orbite est d'environ 23° 1/2. Kaiser de Leyde, combinant ses propres observations avec celles de Maedler, de Herschell et de Huygens, trouva que la rotation de Mars s'effectue en 24 h. 37′ 22″ 23‴; Protor donne une période de 24 h. 37′ 22″ 73‴. C'est le seul cas dans lequel on a pu déterminer d'une manière probable, ou peut-être exacte, le temps de rotation d'une planète. — La surface de Mars a été soigneusement étudiée. Hooke, Cassini, Huygens et Fontana furent les premiers qui reconnurent les marques appartenant à la surface de cette planète; ils établirent que les parties polaires de Mars paraissent occupées par une matière blanche; mais on ne soutint pas longtemps que cette matière était de la neige; et, en 1720, Maraldi, observant que ces taches blanches diminuent, crut pouvoir prédire qu'elles allaient

disparaître. Les autres parties de la planète présentent deux couleurs principales : une teinte rouge pâle représentent probablement les continents, et une teinte d'un vert bleuâtre encore plus pâle, que l'on considère comme indiquant la présence de mers et d'océans. Les analyses spectroscopiques récentes de la lumière de Mars ont mis hors de doute que la vapeur d'eau existe dans l'atmosphère de cette planète, ce qui a confirmé les anciennes suppositions de l'existence de terres et de mers. Asaph-Hall de Washington (États-Unis) a découvert, le 11 août 1877, deux satellites de Mars.

MARS (Anne-Françoise-Hippolyte Boutet, dite mademoiselle), célèbre actrice, née le 9 fév. 1779, morte le 20 mars 1847. Elle était fille naturelle de l'acteur Jacques Monvel, et elle monta sur les planches dès son plus jeune âge. En 1803, elle se fit connaître dans l'*Abbé de l'Epée*, où elle remplissait le rôle du sourd-muet, et plus tard, elle devint sans rivale dans les rôles d'ingénues, de précieuses et de coquettes. Les pièces de Molière et de Marivaux n'eurent pas de plus spirituel interprète; elle laissa à son fils environ 800,000 fr. de fortune.

MARSAILLE (La), *Marsaglia*, village de la province de Coni, à 15 kil N.-E. de Mondovi (Italie). Célèbre victoire de Catinat sur le prince Eugène et le duc de Savoie (4 oct. 1693).

MARSALA (anc. *Lilybæum*), port maritime fortifié de l'extrémité S.-E. de la Sicile, adjacent au Cape Boeo, à 25 kil. S.-S.-O. de Trapani; 18,000 hab. Exportation de maïs, de bétail, de sel, d'huile, de soude et surtout de vin. L'ancienne Lilybée, dont Marsala n'occupe qu'une partie méridionale, fut fondée par les Cathaginois vers 397 av. J.-C. et devint le principal boulevard de la puissance de Carthage en Sicile. Les Romains essayèrent vainement de la prendre d'assaut; ils durent la bloquer pendant près de 10 ans lors de la première guerre Punique; les Carthaginois ne la rendirent qu'à la fin de cette guerre pour obtenir la paix. Cette ville fut ensuite la principale station de la flotte romaine et un point de relâche entre Rome et l'Afrique; elle conserva son importance jusqu'au moment où Charles-Quint fit obstruer son port pour la protéger contre les corsaires. Trapani s'est emparé de son importance en Sicile, Garibaldi débarqua à Marsala (11 mai 1860).

MARSAN (Le), ancien petit pays de Gascogne, dont le souvenir nous a été conservé par le nom de Mont-de-Marsan.

MARSANNE ch.-l. de cant., arr. et à 16 kil. N.-E. de Montélimar (Drôme), sur les collines de la rive droite du Roubion; 1,500 hab. Culture de mûriers et récolte de soie.

MARSCHNER (Heinrich) [march-ner], compositeur allemand (1795-1861); il s'instruisit lui-même, fut, conjointement avec Morlacchi et Weber, directeur musical de l'opéra de Dresde (1823-'26) et, à partir de 1830, maître de la chapelle royale à Hanovre. Il a composé des chants et des opéras dont le plus célèbre est *Der Vampyr*.

MARSDEN (William), orientaliste anglais (1754-1836). Ses œuvres les plus importantes sont : *History of Sumatra, Grammar and Dictionary of the Malay language, Numismata orientalia*, etc.

MARSEILLAIS, AISE s. et adj.[ll mll.]. Qui est de Marseille; qui appartient à cette ville ou à ses habitants.

MARSEILLAISE (La), chant national le plus populaire de France, dont les paroles et la musique sont attribuées à Rouget de l'Isle, qui les composa, en 1792, à la demande du maréchal Luckner, pour électriser les conscrits de Strasbourg. La *Marseillaise* reçut d'abord le nom de *Chant de guerre de l'armée du Rhin*; elle doit celui sous lequel elle est connue, aux Marseillais qui la chantèrent pour la première fois à Paris, lors de la fête de la Fédération (1792). Elle ne contenait que six couplets; le septième anpelé. la *strophe des enfants* et qui commence par ces mots: *Nous entrerons dans la carrière*, y fut ajouté en 1792, par M.-J. Chénier, suivant les uns, ou par Louis Dubois, selon d'autres autorités. On attribue à un prêtre, nommé Pessonneaux, professeur à Vienne (Isère), la magnifique strophe qui débute par ce vers : *Amour sacré de la patrie.* On croit généralement aujourd'hui que ce chant avait été composé plus de 10 ans avant la Révolution et que la mélodie de cet hymne patriotique est tout simplement une reproduction du *Credo* de la 4ᵉ messe de Holtzmann de Mursberg, composée en 1776. La *Marseillaise* a souvent conduit nos soldats à la victoire; elle a été déclarée chant national en 1879.

MARSEILLE [mar-sè-ieu; *ll* mll.] (anc. *Massilia*, de *Mas salia*, demeure salienne), principal port maritime de France, ch.-l. du dép. des Bouches-du-Rhône, pittoresquement situé sur la côte N.-E. du golfe du Lion, à 833 kil. S.-E. de Paris et à 408 kil. de Lyon; par 43° 18' 12'' lat. N. et à 3° 3' 29'' long. E.; 360,000 hab. Marseille comprend la *vieille* et la *nouvelle ville*; la première, située sur la hauteur, à gauche du port, est sombre, sale et tortueuse; elle n'a de remarquable que son hôtel de ville et des débris de constructions romaines; la seconde, au contraire, séparée de la vieille ville par la magnifique rue qui s'appelle le *Cours Belsunce*, renferme de beaux quartiers neufs, et la célèbre promenade dite *la Canebière*, la plus belle qu'il y ait au monde, disent les Marseillais. La Canebière est à la fois une rue, un bazar, une place et une promenade. Un immense quartier a commencé de s'élever, en 1854, sur les terrains du lazaret de la Joliette. Sur les quais, on trouve une foule de levantins et d'autres marchands étrangers. Nous citons, parmi les promenades les plus animées, le Prado, les allées Meilhan, le jardin zoologique, le parc Borelli, etc. — Marseille renferme très peu d'antiquités; mais de magnifiques édifices modernes en font la ville monumentale. Le Marseille moyen âge, où Méry ne trouvait à admirer que *deux monuments*, disait-il, le soleil et la mer, a presque entièrement disparu depuis 1860. On a créé la rue de Noailles, la rue de la République, des quais qui ont plus de 12 kil. de long, 150 nouvelles rues; on a agrandi et assaini l'ancien port; on a terminé le bassin de la Joliette (1845-'54); les bassins du Lazaret, d'Arenc, du Nord, des Docks, et l'on a porté à 480 hectares la contenance des ports qui n'était que de 28 hectares il y a un demi-siècle. — La rade, qui s'étend du cap Croisette au cap Couronne, est éclairée par les phares de Planier (feu tournant), de Porquerolles (feu varié), et de Faryman (feu fixe); elle est défendue par les îlots fortifiés d'If, de Pomègue et de Ratonneau, réunis au moyen d'une digue. Marseille est le premier port de France et de la Méditerranée; elle est en relations avec le monde entier, et principalement avec l'Algérie. Le vieux port peut recevoir 1,200 navires marchands; il est protégé par deux forts. Au N. se trouve le nouveau port de la Joliette, formé par une digue et comprenant un bassin intérieur qu'un canal et deux autres ports artificiels réunissent au vieux port. Marseille est mise en communication avec toutes les autres villes de la Méditerranée par de nombreuses lignes de bateaux à vapeur. Entrées, 2,200 bateaux à vapeur ; 3,600 navires à voiles, jaugeant 1,950,000 tonnes. Importation, 1 milliard et demi de francs; exportation,

1 milliard de francs. Savonneries renommées, raffineries de sucre et de soufre; huiles d'olives, eaux-de-vie, esprits, produits chimiques, soude factice, vinaigres, parfums, amidon, bougie, maroquins, cuirs, chapeaux de paille, porcelaines, liqueurs, etc. — La cathédrale, de style byzantin, qui occupe l'emplacement d'un ancien temple de Diane, est construite sur le quai de la Joliette; la première pierre en fut posée, en 1852, par le prince-président Louis-Napoléon. L'église de Saint-Victor, commencée en 1040, appartenait jadis à une célèbre abbaye; on y visite une crypte datant de toutes les époques depuis le 1ᵉʳ jusqu'au XIIᵉ siècle. Le palais de Longchamp (style Renaissance) contient les musées de peinture, de sculpture et d'histoire naturelle; il a été inauguré le 14 août 1869. Le palais de la Bourse, d'architecture grecque et orné de sculptures remarquables, a été inauguré en 1860 (rue de la Canebière). La préfecture (place Saint-Ferréol) est de style Renaissance et date de 1862. Nous citerons, en outre, le palais de Justice (1865) de style grec ancien; l'école des beaux-arts, l'église Saint-Michel (1850, style XIIIᵉ siècle). Notre-Dame-de-

Marseille. — La Bourse.

la-Garde (1864), bâtie à 165 m. au-dessus du niveau de la mer, dans le style roman byzantin, est ornée d'une vierge qui s'aperçoit de très loin en mer, et que les marins invoquent dans les moments de péril. Bibliothèque contenant 80,000 vol. et 4,200 manuscrits. Arsenal, monnaie ; bel observatoire; grand théâtre, qui ressemble à l'Odéon de Paris. — Marseille a vu naître Phytéas, Pétrone et Euthymène, Jean Cassien, Mascaron, Bertrand Rostang, Honoré d'Urfé, Barbaroux, Puget, Thiers, Capefigue, Méry, Léon Gozlan, Amédée Achard, Taxile Delord, Amédée Audran, Marc Michel, Reyer, Félicien David, E. Delacroix, Guérin, Daumier, Barrye, Ricard, Dumarsais, Barthélemy, Garcin de Tassy, Boyer, etc. — Massilia fut fondée vers, 600 av. J. C., dans les circonstances suivantes : Une petite troupe de Phocéens, explorant les côtes de la Méditerranée, était arrivée dans le pays des Ségobriges avec lesquels on avait dessein d'établir des relations commerciales. Protis ou Euxène, chef de l'expédition phocéenne, reçu avec la plus grande bienveillance par Nannus, roi d'une tribu de Ségobriges, voulut profiter des bonnes dispositions des habitants de cette côte pour y fonder un établissement. Il était en pourparlers à ce sujet, lorsque le hasard,

ce dieu du succès, vint aplanir toutes les difficultés. De grandes fêtes se préparaient pour les fiançailles de la belle Gyptis, fille de Nannus. Les prétendants étaient venus assister à un banquet, à la fin duquel la vierge gauloise devait présenter une coupe à celui qu'elle aurait choisi. Protis, jeune et séduisant, se mit sur les rangs pour disputer à la jeunesse du pays le cœur de la princesse. Après le festin, la fille de Nannus, usant d'une liberté que lui envieraient de nos jours bien des princesses, suivit l'impulsion de son cœur et offrit la coupe au Phocéen. Au comble de la joie, les Grecs se fixèrent sur cette côte, qui devint pour eux une nouvelle patrie et ils y fondèrent une ville à laquelle Protis, unissant la reconnaissance à l'habileté, donna le nom celte de *Mas salia*, demeure salienne, dont on fit *Massilia*, puis Marseille. Cette ville devint bientôt le refuge des malheureux Phocéens que les conquêtes des Assyriens chassaient de leurs foyers. Cependant Comanus, successeur de Nannus, ne vit pas sans dépit grandir cette étrangère et essaya de la prendre par surprise; mais une Gauloise qui aimait un Phocéen, dénonça le complot : une femme sauva la ville qu'une femme avait fondée, et Comanus fut tué avec ses guerriers, pendant qu'ils essayaient de pénétrer dans des chars censément destinés à entrer du bois dans la ville. Cette colonie phocéenne, rayonnant sur tout le littoral, étendit son commerce et multiplia ses comptoirs : Nicea (Nice), Antipolis (Antibes), Olbia (Eoube ou Eoux), Citharista (la Ciota); elle rivalisa avec Tyr et Carthage; ses hardis marins, sous la conduite de Pythéas, explorèrent le golfe de Gascogne, la Manche, la mer du Nord, jusqu'à l'île légendaire de Thulé, et la Baltique. Pendant que le fameux Euthymène explorait la côte occidentale d'Afrique jusqu'au Sénégal. Fidèle alliée de Rome, Massilia envoya à la république une partie de la rançon exigée par Brennus et lui fournit des secours contre Annibal. Plus tard, elle fut récompensée de sa générosité, lorsque, pour résister aux tribus voisines, elle appela les Romains à son secours (153-125). L'invasion de la Gaule par César ne diminua pas l'indépendance de la colonie phocéenne; mais, en 49, elle prit parti pour Pompée et se vit assiéger par César qui la fit capituler après un long siège, rasa ses murs, mit garnison dans sa citadelle et lui enleva toute importance militaire. Annexée à la république romaine, Massilia devint un centre littéraire et scientifique des plus célèbres. Cicéron la nommait l'*Athènes des Gaules*. Saint Victor, patron de la ville, y subit le martyre (288). Les Burgondes saccagèrent Marseille en 443, les Visigoths en 464, les Ostrogoths en 508, les Lombards en 576, les Sarrasins en 735 et en 839. Au IXᵉ siècle, Marseille fit partie de la Bourgogne Cisjurane et, au XIIIᵉ, elle forma une république (1214), qui fut soumise, en 1251, au comte de Provence. Son commerce et son activité se développèrent pendant les croisades; ses négociants eurent des comptoirs dans les grandes villes de la Terre Sainte. Au XVᵉ siècle, Marseille fut prise et pillée par Alphonse d'Aragon, qui y détruisit 400 maisons. La ville se releva sous l'administration du duc d'Anjou et fut réunie à la France en 1481. Elle repoussa le connétable de Bourbon

(24 sept. 1524) et Charles-Quint (1536). Ardente catholique, Marseille prit parti pour la ligue, traita avec le roi d'Espagne Philippe II et fut livrée à Henri de Navarre par Pierre Libertat (1596) : « C'est maintenant que je suis roi », s'écria Henri IV à cette heureuse nouvelle. A la suite des troubles de la Fronde, Mazarin fit commencer le fort Saint-Nicolas, pour étouffer l'esprit d'indépendance de la cité phocéenne ; plus tard, Colbert compléta ce système de fortifications à double fin par la construction du fort Saint-Jean. Le 25 mai 1720, le navire le *Grand-Saint-Antoine* introduisit à Marseille la terrible peste qui y fit mourir 40,000 habitants. Pendant la Révolution, les Marseillais voulurent détruire les bastilles construites sous Louis XIV ; il fallut prendre des mesures énergiques pour les en empêcher (28-30 avril 1790). En 1791, le bataillon des volontaires marseillais, qui prit part à la journée du 10 août, apporta à Paris le chant de guerre de Rouget de l'Isle. Le 31 mai 1793, Marseille se souleva contre la Convention et prit parti pour les Girondins ; prise presque sans résistance, elle fut rudement châtiée. Les guerres de l'Empire ruinèrent son commerce ; aussi accueillit-elle avec joie le retour des Bourbons. La conquête de l'Algérie releva son importance maritime. Pendant la guerre de 1870-'71, Marseille fut le théâtre de violentes commotions populaires. La Commune y fut proclamée, en mars 1871, et supprimée, le 4 avril, après une lutte sanglante. L'état de siège n'y fut levé qu'en avril 1876.

MARSEILLE, ch.-l. de cant., arr. et à 21 kil. N.-O. de Beauvais (Oise), au confluent du Thérinet et de l'Herboval ; 790 hab. Commerce de bonneteries.

MARSES, *Marsi*. I. Ancien peuple d'Italie, d'origine sabine, fixé dans l'Apennin central auteur du lac Fucinus (auj. Lago di Celano). V. princ., Marruvium ou Maruvium (San-Benedetto), sur le bord oriental du ce lac. Les Marses étaient considérés comme extrêmement belliqueux par les Romains, contre lesquels ils combattirent. Dans la deuxième partie du ive siècle av. J.-C., ils conclurent une paix (304) qu'ils respectèrent pendant deux siècles. Voulant obtenir les franchises romaines, ils firent naître la grande guerre sociale ou marsique (90 av. J.-C.) et se battirent avec tant de courage que les Romains, quoique victorieux, firent droit à leurs réclamations. — II. Ancien peuple de Germanie sur les bords de l'Ems, probablement tribu des Chérusques, avec lesquels ils combattirent les Romains, sous les ordres d'Arminius.

MARSH (James), [march], chimiste anglais né à Londres en 1789, mort à Woolwich en 1846. Il s'est rendu célèbre en 1836, par l'invention d'un appareil fort simple servant à manifester dans les substances organiques les quantités les plus minimes d'arsenic.

MARSIQUE adj. Qui concerne les Marses ou qui leur appartient : *guerre marsique*.

MARS-LA-JAILLE (Saint-), ch.-l. de cant., arr. et à 18 kil. N. d'Ancenis (Loire-Inférieure) ; 1,900 hab. Commerce de grains.

MARS-LA-TOUR [marss-], village du cant. de Conflans (Meurthe-et-Moselle), à 20 kil. O. de Metz. Le 16 août 1870, le prince Frédéric-Charles remporta, à Mars-la-Tour et à Vionville, une grande victoire stratégique, qui mit Bazaine dans l'impossibilité de quitter Metz. Les Allemands perdirent 15,170 hommes et 640 officiers ; les Français 879 officiers et 16,128 hommes.

MARSOLLIER (Jacques), né à Paris en 1647, mort en 1724. Il entra dans la congrégation de Sainte-Geneviève, s'adonna à la culture des lettres et a laissé une foule d'ouvrages, dont les plus importants sont : *Histoire de l'origine*

des dîmes et autres biens temporels de l'Eglise (Lyon, 1680, in-12) ; *Histoire du cardinal Ximénès* (Toulouse, 1693, 2 vol. in-12) ; *Histoire de Henri VII, roi d'Angleterre* (Paris, 1797, 2 vol. in-12) ; *Histoire de l'Inquisition et de son origine* (Cologne, 1798, in-12) ; *Entretiens sur les devoirs de la vie civile* (1715, in-12), etc.

MARSOLLIER DES VIVETIÈRES (Benoit-Joseph), poète comique, né à Paris en 1750, mort en 1817. Il a laissé environ 50 ouvrages dramatiques, dont les plus connus sont, parmi ses opéras-comiques : *Nina ou la Folle par amour* (1786) ; les *Deux petits Savoyards* (1789) ; *Camille ou le Souterrain* (1791) ; *La Maison isolée* (1797), etc. Ses Œuvres choisies ont été publiées à Paris (1825, 3 vol. in-8°).

MARSON, ch.-l. de cant., arr. et à 14 kil. E. de Châlons-sur-Marne (Marne) ; 310 hab.

*MARSOUIN s. m. (anc. haut all. *merisuin* ; all. *meerschwein*, pourceau de mer). Mamm. Genre de cétacés, voisin des dauphins dont il se distingue par un museau court, uniformément bombé et non pas en forme de bec. On appelle aussi le marsouin POURCEAU DE MER. — Pop. Gros marsouin, vilain marsouin, se dit d'un homme laid, malbâti et malpropre. — Encycl. Les marsouins sont très actifs et vivent en troupes que l'on voit fréquemment courir et jouer près des navires avec lesquels ils luttent de vitesse en faisant de grands bonds hors de l'eau. Leur nourri-

Marsouin commun (Phocæna communis).

ture se compose de poisson et de mollusques céphalopodes ; leur chair, noirâtre et pleine de sang, était jadis considérée comme délicate ; mais aujourd'hui les matelots même la repoussent. Leur graisse donne une belle huile et leur peau fait un excellent cuir. Le *marsouin commun* (*phocæna communis*, Cuv.) mesure de 4 à 6 pieds de long ; d'un noir bleuâtre avec des reflets violets ou verdâtres en dessus, et blanc en dessous. Il est commun sur toutes les côtes d'Europe ; il se tient ordinairement près des rivages où il fouille le fond de la mer avec son museau à la manière du cochon. Il poursuit le hareng, le maquereau, le saumon et autres poissons de mer avec lesquels il remonte quelquefois dans l'embouchure des fleuves.

MARSTON-MOOR [marst'n-mour], grande plaine du Yorkshire (Angleterre), à 12 kil. N.-O. d'York, où une victoire décisive fut remportée par les parlementaires et les Ecossais sur les royalistes le 2 juillet 1644.

MARSUPIAL, ALE, AUX adj. (lat. *marsupium*, poche). Zool. Qui a la forme d'une bourse, qui porte un organe en forme de bourse. — s. m. pl. Ordre de mammifères caractérisés par une poche que les femelles ont sous le ventre et qui contient les mamelles. A l'exception des opossums qu'on trouve en Amérique, tous les animaux de cet ordre sont particuliers à l'Australie ou aux terres avoisinantes. Les marsupiaux sont divisés en deux sections : 1° les *phytophages*

ou *frugivores*, comprenant le phascolome, le kangourou, le phalanger et le phascolarcte ; 2° les *rapaces* ou *carnivores* et les *insectivores*, comprenant : les pérameles, les opossums, les fourmiliers, les dasyures et les phascogales ou souris à poche.

MARSUPIALITÉ s. f. Mamm. Caractère, organisation des marsupiaux.

MARSUS (Domitius), poète romain du siècle d'Auguste. Martial fait l'éloge de ses épigrammes licencieuses. Il a laissé un poème épique, des élégies érotiques et des fables, dont il ne reste que quelques fragments.

MARSY (François-Marie de), littérateur, né à Paris en 1714, mort en 1768. Il rentra dans le monde après avoir été chez les jésuites et publia, entre autres ouvrages : *Histoire de Marie Stuart* (Paris, 1742, 3 vol. in-12) ; *Histoire moderne des Chinois et des Japonais* (Paris, 1754-'78, 30 vol. in-12) ; *Analyse des œuvres de Bayle* (Londres, 1755, 4 vol. in-12), et il donna une édition de Rabelais sous le titre, *le Rabelais moderne* (Paris, 1760, 6 vol in-12).

MARSYAS. Mythol. gr. Satyre ou paysan phrygien, qui retira d'une fontaine où Minerve l'avait jetée de dépit, une flûte qui, étant encore sous l'influence du souffle de la déesse, rendit les sons les plus mélodieux. Marsyas osa défier Apollon à une lutte musicale et ce ne fut pas sans peine que le dieu de la lyre et du chant fit prononcer les juges en sa faveur. Le prix de la victoire était la possession du vaincu. Apollon, devenu maître du paysan, l'attacha à un arbre et l'écorcha tout vif. Le sang de la victime forma la source de la rivière de Phrygie nommée Marsyas et affluent du Méandre.

*MARTAGON s. m. Espèce de lis, dont les pétales sont renversés et recourbés.

MARTAINVILLE (Alphonse-Louis-Dieudonné), littérateur, né à Cadix de parents français (1777), mort en 1830. Dès l'âge de 17 ans, il fut cité devant le tribunal révolutionnaire, devint, après le 9 thermidor, un des chefs de la *jeunesse dorée*, et se montra dans la suite ardent royaliste. Après avoir collaboré au *Journal de Paris*, à la *Gazette de France* et à la *Quotidienne*, il fonda le *Drapeau blanc* (1818) ; il a laissé quelques pièces de théâtre, entre autres, *Palugués* (1803) ; le *Pied de mouton* (1807), etc., et a donné en collaboration avec C. Etienne, une *Histoire du théâtre français, depuis le commencement de la Révolution jusqu'à la réunion générale* (Paris, 1803, 4 vol. in-12).

*MARTE s. f. Voy. MARTRE.

*MARTEAU s. m. (bas lat. *martus*). Outil de fer qui a un manche ordinairement de bois, et qui sert proprement à battre, à forger, à cogner : *gros*, *grand*, *petit marteau*. — Se dit particul., dans l'administration forestière, d'un marteau de fer dont le gros bout porte une marque en relief, que l'on imprime sur les arbres en les frappant : *les agents et gardes forestiers sont pourvus de marteaux particuliers*. — MARTEAU D'ARMES, sorte d'arme offensive qui était faite à peu près comme un marteau. — ETRE ENTRE L'ENCLUME ET LE MARTEAU, se trouver froissé entre deux partis, entre deux personnes, qui ont des intérêts contraires. — IL FAUT ETRE ENCLUME OU MARTEAU, se dit dans des circonstances où il est presque inévitable de souffrir du mal ou d'en faire. — MARTEAU D'HORLOGE, marteau qui, dans une horloge, frappe sur le timbre pour annoncer les heures. — MARTEAU DE PORTE, espèce d'anneau ou de battant de fer qui est attaché au milieu d'une porte à l'extérieur, et avec lequel on frappe pour se faire ouvrir. — GRAISSER LE MARTEAU, donner de l'argent au portier d'une maison, afin de s'en faciliter l'entrée. — N'ETRE PAS SUJET AU

COUP DE MARTEAU, n'être point assujetti à obéir sur-le-champ et au premier signal. — AVOIR UN COUP DE MARTEAU, UN PETIT COUP DE MARTEAU, avoir quelque manie, quelque bizarrerie.—Fam. PERRUQUE A TROIS MARTEAUX, perruque qui avait une longue boucle entre deux nœuds. — En termes de facteur d'instruments. Petite tringle de bois que l'on fait mouvoir en touchant le clavier d'un piano, et dont une extrémité, garnie de peau, sert à frapper les cordes de l'instrument. — Anat. Nom d'un des quatre osselets de l'oreille.

MARTÉGAL, ALE, AUX s. et adj. Habitant des Martigues; qui concerne cette ville ou ses habitants.

* MARTEL s. m. Marteau. Mot ancien, qui n'est plus en usage que dans cette locution figurée, MARTEL EN TÊTE, inquiétude, ombrage, souci: *cette affaire lui donne, lui met martel en tête.*

MARTEL, ch.-l. de cant., arr. et à 36 kil. N.-E. de Gourdon (Lot); 2,700 hab. Très belle église dont on attribue la fondation à Charles Martel.

MARTEL (Louis-Joseph), homme politique, né à Saint-Omer (Pas-de-Calais) en 1813. Il était juge dans sa ville natale, lorsque ses compatriotes l'élurent à la Législative (1849) où il siégea parmi les ennemis de la République. Sorti de la vie politique après le coup d'État de 1851, il fut élu député de l'opposition en 1863 et en 1869. Le 8 février 1871, il fut envoyé à l'Assemblée nationale par le département du Pas-de-Calais; élu (second) sénateur inamovible en 1875, il devint vice-président du Sénat dès la première réunion de la Chambre haute, fit partie du ministère Jules Simon en 1876, fut élu président du Sénat le 5 janv. 1879; présida, le 30 janv. 1879, le congrès d'où sortit l'élection de Grévy comme président de la République, et celui qui décida la rentrée des Chambres à Paris. Atteint d'une douloureuse maladie, il dut, à la fin de cette même année, donner sa démission de président du Sénat.

MARTEL (Charles). Voy. CHARLES.

* MARTELAGE s. m. Administration forestière. Marque que les agents des eaux et forêts font avec leur marteau aux arbres qu'on veut réserver dans les triages mis en vente: *les officiers présents au martelage.*

* MARTELÉ, ÉE part. passé de MARTELER. — VAISSELLE MARTELÉE, vaisselle faite au marteau. — MÉDAILLE MARTELÉE, celle dont on a effacé le revers, qui était commun, pour frapper à la place un revers rare. — Mus. TRILLE MARTELÉ, trille bien frappé, et lequel les deux sons se font entendre distinctement. — Littér. VERS MARTELÉS, vers péniblement travaillés, qui sentent l'effort qu'ils ont coûté.

* MARTELER v. a. Battre à coups de marteau: *marteler de la vaisselle d'étain.* — Fig. Faire une effort un travail d'esprit: *il martèle ses vers.*

Et de son lourd marteau *martelant* le bon sens
A fait de méchants vers douze fois douze cents.
BOILEAU.

— Donner de l'inquiétude, du souci: *cette affaire me martèle le cerveau,* ou simpl., *me martèle.*

* MARTELET s. m. Petit marteau. dont quelques ouvriers se servent pour des ouvrages délicats.

MARTELEUR s. m. Celui qui, dans une forge, est chargé de faire travailler le marteau.

MARTENS. I. (Georg-Friedrich von), publiciste, né à Hambourg le 22 févr. 1756, mort à Francfort-sur-le-Mein le 13 févr. 1821. Il fut professeur de jurisprudence à Gœttingen (1784) et ministre du Hanovre à la diète ger-

manique (1816). Il a laissé en français: *Précis du droit des gens moderne de l'Europe* (1821, in-8°); *Recueil des principaux traités d'alliances, de paix, de trèves,* etc., depuis 1761 (Gœttingen, 1791-1800, avec supplément, 19 vol. in-8°, continués jusqu'en 1854); *Cours diplomatique* (Berlin, 1801, 3 vol. in-8°.) — II. (Karl von), neveu du précédent, diplomate, né à Francfort en 1790, mort en 1863. Son principal ouvrage est intitulé, *Guide diplomatique* (Paris, 1822, in-8°, 5° éd., 2 vol., 1866).

MARTHE (Sainte), sœur de Marie de Béthanie; c'est à la demande des deux sœurs que Jésus ressuscita Lazare. Fête le 29 juillet.

MARTHE (Anne BIGET, dite *sœur*), née près de Besançon en 1748, morte en 1824. Chassée pendant la Révolution du couvent des visitandines où elle s'était retirée, elle se consacra, à Besançon, au soin des prisonniers de guerre. Elle marcha à la suite des armées dans la campagne de 1814, secourant les blessés, quelle que fût leur nationalité. Elle reçut la croix de la Légion d'honneur et des marques de distinction des cours de Russie, de Prusse, d'Autriche et d'Espagne. Son nom était populaire.

* MARTIAL, ALE, AUX, adj. [-sial] (lat. *martialis*; de *Mars,* n. pr.). Guerrier: *courage martial, humeur martiale.* — COUR MARTIALE, sorte de tribunal militaire. — LOI MARTIALE, loi qui autorise l'emploi de la force armée dans certains cas, et en observant certaines formalités: *on a proclamé la loi martiale.* — Se disait autrefois, en chimie et en pharmacie, des substances dans lesquelles il entre du fer. C'était un synonyme de *Ferrugineux.* On disait: LA PYRITE MARTIALE. Et substantiv., LES MARTIAUX.

MARTIAL (Marcus-Valerius MARTIALIS), poète latin, né à Bilbilis, dans la Celtibérie, auj. l'Aragon, le 1er mars de l'an 53 ap. J.-C., mort vers l'an 104. Venu à Rome en l'an 66, il reçut les bienfaits de Titus et de Domitien et fut l'ami de Pline le Jeune, de Quintilien, de Juvénal, de Silius Italicus. Il a laissé 12 livres d'*Épigrammes* contenant 4,500 petits poèmes d'un style fin et mordant, où il est difficile de pousser plus loin la précision et l'élégance et de frapper par un trait plus piquant et plus inattendu; mais ces pièces, la plupart légères, se ressentent de la dépravation des mœurs de l'époque. Les meilleures éditions de Martial sont celles de Schrevelius (Amsterdam, 1670, in-8°); *Ad usum Delphini* (Paris, 1680, in-4°); de Parisot (Paris, 1825, 3 vol. in-8°). Martial a été traduit en vers et en prose par l'abbé de Marolles (1655-'75), et en prose par Simon (Paris, 1819, 3 vol. in-8°).

MARTIAL (Saint), premier évêque de Limoges. Il vint dans les Gaules le 111e siècle de notre ère, prêcha l'Évangile dans diverses contrées méridionales et fixa son siège à Limoges. Fête le 30 juin.

MARTIGNAC (Jean-Baptiste-Silvère GAYE, *vicomte de*), homme politique, né à Bordeaux, en 1776, mort en 1832. Il fut secrétaire de Siéyès (1798) et se fit connaître par un agréable vaudeville *Esope chez Xanthus.* Il fut nommé avocat général à Bordeaux (1845), puis procureur général à Limoges, député de Marmande (1821), conseiller d'État (1822), ministre d'État et anobli (1824). A la Chambre il soutint la politique libérale, fut nommé ministre de l'intérieur (janv. 1828) et conserva le portefeuille jusqu'au 9 août 1829, moment où le roi Charles X, décidé à jeter un défi à l'opinion publique, composa le fameux ministère Polignac.

MARTIGNI-BRIANT, station minérale, arr. et à 25 kil. de Saumur (Maine-et-Loire). Sources ferrugineuses bicarbonatées froides.

MARTIGUES (Les), ch.-l. de cant., arr. et à 40 kil. S.-O. d'Aix (Bouches-du-Rhône), sur

le canal qui fait communiquer l'étang de Berre avec la mer; 8,000 hab. Construction de navires, exploitation de salines, commerce de poisson salé, de thons et d'excellente huile. Chapelle *Notre-Dame de la Mer,* lieu de pèlerinage.

MARTIN s. m. Se dit d'un homme armé d'un bâton; on emploie plus ordinairement le terme MARTIN-BATON:

Oh! oh! quelle caresse et quelle mélodie!
Dit le maître aussitôt; holà! *martin—bâton!*
LA FONTAINE.

MARTIN, nom de cinq papes. — I. (Saint), né vers l'an 600, mort le 16 sept. 655. Il fut élu le 5 juillet 649, ouvrit le premier concile de Latran (5 oct.), y fit rendre vingt décrets contre le monothélisme, et contre le *Type,* édit doctrinal de Constant II. L'empereur fit arrêter Martin, le tint prisonnier à Naxos et à Constantinople (653) et l'envoya en exil dans la Chersonèse taurique, où il le laissa sans moyens de subsistance. Fête le 12 nov. — II. Fut pape de 882 à 884. Il condamna Photius. — III. Succéda à Étienne VIII en 942 et mourut en 946. — IV. (Simon DE BRION), né en France vers 1220, mort le 28 mars 1285. Il est quelquefois appelé Martin II, mais comme plusieurs des écrivains considèrent le nom de Marinus de Marinus comme identique avec celui de Martinus, les deux papes portant le nom de Marinus (Marin Ier, mort en 884 et Marin II mort en 946) sont classés ci-dessus comme portant le nom de Martin. Simon fut élevé à la dignité de chancelier par saint Louis (1260), à celle de cardinal par Urbain IV (1262), et à celle de légat apostolique en France par Grégoire X. Il fut élu pape à l'unanimité le 22 févr. 1281, après un conclave long et orageux. Charles d'Anjou, roi de Naples et de Sicile, par l'influence duquel il avait été élevé au souverain pontificat, aspirait au trône de Constantinople; et pour soutenir ses prétentions, le pape excommunia l'empereur grec Michel Paléologue. Il excommunia aussi Pedro III d'Aragon et fit prêcher contre lui une croisade en France et en Italie. La persécution des Gibelins italiens causa un mécontentement général; le peuple se révolta et le pape fut obligé de se sauver, en 1285, à Pérouse, où il mourut. — V. (Ottone COLONNA), né à Rome vers 1365, mort le 20 fév. 1431. Il fut nommé cardinal et vicaire de Rome par Innocent VII et gouverneur des États du pape par Jean XXIII. Il fut élu pape pendant la quarante-unième session du concile de Constance (11 nov. 1417); le 22 fév. 1448, il publia une bulle condamnant les doctrines hussites et proclamant une croisade contre les Maures; il entra à Rome (1420) et se voua à la restauration de l'industrie et du commerce, à la protection des études et à la pacification de l'Italie.

MARTIN (Saint), évêque de Tours, né en Pannonie vers 316, mort vers l'an 400. Il abandonna le métier des armes (338), se fit moine et s'associa à saint Hilaire de Poitiers. En 371, il fut nommé évêque de Tours. Ses infatigables courses apostoliques et les travaux sans nombre auxquels il se livra l'ont fait appeler le second apôtre des Gaules. Fête le 11 novembre, connue sous le nom de la Saint-Martin. Sa vie a été écrite par son disciple, Sulpice Sévère. — La Saint-Martin, jour de la fête de saint Martin (11 nov.) — ÉTÉ DE LA SAINT-MARTIN. (Voy. ÉTÉ.)

MARTIN (Arthur), archéologue et jésuite, né à Auray (Morbihan) en 1801, mort en 1856. Il fonda avec le P. Cahier une revue périodique intitulée *Mélanges d'archéologie, d'histoire et de littérature* (1848-'56, 4 vol. in-4°) et publia *Vitraux peints de Saint-Étienne de Bourges* (1842-'44).

MARTIN (Bon-Louis-Henri), historien, né à Saint-Quentin (Aisne) le 20 février 1810, mort d'une congestion pulmonaire, à Passy-Paris, le vendredi 14 décembre 1883. Son père était juge au tribunal civil de Saint-Quentin. Venu jeune à Paris, Henri Martin se livra d'abord à la poésie ; il écrivit aussi quelques romans historiques et conçut le plan de sa magnifique *Histoire de France* (15 vol. 1833-'36) qui établit sa réputation. Une édition complètement refondue en 19 vol. s'arrêtait au seuil de la Révolution française ; la troisième édition (17 vol. 1855-'60) a été composée d'après les documents les plus récents. Son *Histoire de France populaire illustrée*, commencée en 1867 et interrompue en 1870, recommença de paraître en 1871. Après le 4 sept. 1870, H. Martin fut nommé maire du XVIᵉ arr. de Paris et, en fév. 1871, membre de l'Assemblée nationale. En 1876, il fut élu sénateur pour neuf ans. Il a laissé de nombreux ouvrages, parmi lesquels nous citerons : *De la France, de son génie et de ses destinées* (1847) ; *Daniel Manin* (1859) ; l'*Unité italienne et la France* (1861) ; *Etudes d'archéologie celtique* (1872, in-8º) ; il fut élu à l'Académie française en remplacement de Thiers le 13 juin 1878. Son *Histoire de France*, qui a obtenu un prix de 9,000 fr. en 1844 et le deuxième prix Gobert en 1851, a complètement fait oublier celle de Sismonde de Sismondi.

MARTIN (Claude), officier français, né à Lyon en 1732, mort à Lucknow en 1800. Fils d'un pauvre tonnelier, il apprit seul les mathématiques et, à l'âge de 20 ans, entra dans l'armée avec un de ses frères ; son régiment fut envoyé dans l'Inde, avec le général Lally et, pendant la guerre de 1756, il se conduisit courageusement ; mais l'excessive sévérité de Lally le poussa à déserter ; il passa du côté des Anglais. Son intelligence lui valut un prompt avancement. Ayant été employé à dresser la carte des Etats du nabab d'Oude, il obtint la protection de ce souverain qui lui prêta les fonds nécessaires à l'ouverture d'une banque. Martin fit une rapide fortune. S'étant établi à Lucknow, il construisit dans cette ville une magnifique maison d'un style bizarre qu'il avait créé lui-même. Il appela cette résidence *Constantia*, du nom d'une jeune fille qu'il avait beaucoup aimée à Lyon. Il érigea aussi, sur les rives du Gange, un établissement qu'il fit fortifier à l'européenne. Il forma un vaste musée d'histoire naturelle, traça un immense jardin où il réunit un nombre prodigieux de plantes variées et bâtit un observatoire pourvu des meilleurs instruments astronomiques. A sa mort, il laissa près de 12 millions de francs, sur lesquels il légua 700,000 livres à chacune des villes de Lucknow, de Calcutta et de Lyon, pour la fondation d'écoles gratuites professionnelles, et demanda que ces institutions fussent appelées *la Martinière*. La statue du général Martin a été érigée à Lyon en l'an XI.

MARTIN (David), pasteur protestant, né à Revel (Languedoc) en 1639, mort à Utrecht en 1721. Après la révocation de l'édit de Nantes, il se retira à Utrecht, où il publia une célèbre *Histoire du Vieux et du Nouveau Testament* (1700, 2 vol. in-fol. avec 424 gravures). Il donna aussi un *Traité de la religion naturelle* (1713, in-8º), un *Traité de la religion révélée* (Lieuwarden, 1719, 2 vol. in-8º) ; *La sainte Bible* avec notes (Amsterdam, 1707, 2 vol. in-fol.), etc.

MARTIN (François-Xavier), juriste américain, né en France en 1764, mort en 1846. On l'a surnommé le *Père de la jurisprudence de la Louisiane*. Il a laissé, en français et en anglais, un digeste, des lois de ce pays, et une histoire de la Louisiane depuis sa colonisation jusqu'au traité de Gand (2 vol. 1827).

MARTIN (Louis-Aimé), littérateur, né à Lyon en 1782, mort à Paris en 1847. Il se fit

connaître, en 1811 par ses *Lettres à Sophie sur la physique, la chimie et l'histoire naturelle* et par son *Education des mères de famille* (1834), ouvrage couronné par l'Institut. Après la mort de Bernardin de Saint-Pierre (1814), il épousa la jeune veuve du grand écrivain, adopta sa fille et publia ses *Œuvres complètes* avec un *Essai sur sa vie et ses ouvrages* (1817-'19, 12 vol. in-8º). Mᵐᵉ Aimé Martin, morte en 1847, était la fille du marquis de Belleport ; elle légua toute sa fortune à Lamartine.

MARTIN (Saint-), l'une des petites Antilles, partagée entre les Français et les Hollandais, à environ 200 kil. N. de la Guadeloupe et à 8 kil. S. d'Anguilla. La partie septentrionale, avec l'îlot Tintamarre (environ 50 kil. carr.), formant les deux tiers de l'île, est française et renferme 3,600 hab. ; la partie méridionale (42 kil. carr. ; 3,000 hab.) appartient à la Hollande. Sol montagneux et peu fertile. Climat chaud, mais sain. Le ch.-l. franç., le Marigot, offre un bon mouillage : le ch.-l. hol. est Philisburg. Production de sucre, de rhum, de sel et de tabac. Cette île fut colonisée en 1663 par les deux nations qui l'ont toujours possédée depuis.

MARTIN-D'AUXIGNY (Saint-), ch.-l. de cant., arr. et à 15 kil. N. de Bourges (Cher) ; 2,500 hab. Commerce de fruits.

MARTIN-DE-LANTOSQUE (Saint-), ch.-l. de cant., arr. et à 59 kil. N. de Nice (Alpes-Maritimes) ; 2,000 hab.

MARTIN-DE-LONDRES (Saint-), ch.-l. de cant., arr. et à 25 kil. N.-O. de Montpellier (Hérault) ; 1,100 hab. Fabriques de bas de soie.

MARTIN-DE-RÉ (Saint-), ch.-l. de cant., arr. et à 22 kil. N.-O. de la Rochelle (Charente-Inférieure), dans l'île de Ré ; 2,600 hab Port sur l'Océan et place forte de 3ᵉ classe. Commerce d'eaux-de-vie ; chanvre, sel ; chantiers de construction, corderies, corroieries. Assiégée vainement par les Anglais en 1628, cette petite ville fut fortifiée par Vauban en 1681.

MARTIN-DE-SEIGNAUX (Saint-), ch.-l. de cant., arr. et à 48 kil. S.-O. de Dax (Landes) ; 2,700 hab. Mines de houille.

MARTIN-DE-VALAMAS (Saint-), ch.-l. de cant., arr. et à 55 kil. S.-O. de Tournon (Ardèche), au confluent de l'Elysse et de l'Elyrieu ; 2,100 hab. Beaux pâturages ; mines de houille.

MARTIN-EN-BRESSE (Saint-), ch.-l. de cant., arr. et à 18 kil. E. de Châlon (Saône-et-Loire) ; 1,900 hab.

*MARTINET s. m. Espèce de petit chandelier plat qui a un manche.

*MARTINET s. m. Marteau qui est mû ordinairement par la force de l'eau, et qui sert dans les forges, dans les moulins à papier, à tan, à foulon, etc.

*MARTINET s. m. Espèce de fouet qui est formé de plusieurs brins de corde attachés au bout d'un manche, et dont les maîtres d'école se servaient pour corriger les enfants.

*MARTINET s. m. Ornith. Genre de passereaux fissirostres diurnes, caractérisés par des ailes extrêmement longues, une queue fourchue, des pieds très courts avec le pouce dirigé en avant. Les martinets ne se posent presque jamais à terre, parce que, la brièveté de leurs pieds, jointe à la longueur de leurs ailes, fait qu'ils ne peuvent prendre leur élan. Encore plus agiles, s'il est possible, que les hirondelles auxquelles ils ressemblent sous le rapport des habitats, ils fendent gracieusement les airs en poussant leurs cris aigus et désagréables et en poursuivant, par grandes troupes, les insectes dans les plus hautes ré-

gions. Ils font leurs nids dans les crevasses des murs élevés ou le long des falaises, sur les rivages de la mer ; ils émigrent comme les hirondelles. Nous avons, chez nous, le

Martinet commun. 1. Femelle. 2. Mâle.

martinet commun (*cypselus apus*, Illig.), noir avec la gorge blanche ; et le *martinet à ventre blanc* ou *martinet de montagne* (*cypselus melba*), gris brun en dessus, blanc en dessous, avec une tache brune sur la poitrine.

MARTINEZ DE LA ROSA (Francisco), homme d'Etat espagnol, né à Grenade en 1789, mort en 1862. Il fut nommé professeur de philosophie morale à Grenade, à l'âge de 19 ans, prit part aux soulèvements contre Napoléon, se rendit en Angleterre pour y demander du secours, publia à Londres son poème intitulé *Zaragoza* (1811, in-8º), fut emprisonné de 1814 à 1820 à cause de ses opinions libérales, recouvra la liberté au moment où éclata la révolution de Riégo, entra aux cortès et fut, pendant quelque temps, chef du cabinet. Ferdinand VII l'exila en 1823 ; Martinez se retira à Paris, où il vécut pendant plusieurs années. Nommé premier ministre par Marie-Christine (1834), il promulgua l'Estatuto real ou nouvelle constitution ; mais la révolte des provinces basques le fit tomber du pouvoir. Pendant la régence d'Espartero, il fut ambassadeur à Paris, et à Rome, puis membre du cabinet Narvaez et de nouveau ambassadeur à Paris (1847-'51). Il fut deux fois président du sénat, et, en 1858, président du conseil d'Etat. Le plus connu de ses drames est *La Conjuracion de Venecia* ; son roman le plus populaire est intitulé, *Isabel de Solis*. Il a laissé aussi une collection de *Poesias* et *Espiritu del Siglio*, espèce d'histoire de la Révolution française (10 vol. 1835-'51).

*MARTINGALE s. f. Manége. Courroie qui tient par un bout à la sangle sous le ventre du cheval, et par l'autre à la muserolle, pour empêcher qu'il ne porte au vent et ne donne de la tête. — Jeu. Manière de jouer qui consiste à ponter, à chaque coup, le double de ce qu'on a perdu sur le coup précédent : *jouer à la martingale*. — Se dit, par ext., de diverses manières de jouer son argent, que certains joueurs imaginent, et qu'ils suivent avec plus ou moins de persévérance : *il s'est ruiné par une martingale qu'il croyait excellente*.

MARTINI (Giambattista), compositeur italien (1706-'84). Il fut moine franciscain et maître de chapelle d'un couvent à Bologne. Il a composé beaucoup de musique religieuse et a publié l'*Istoire de la musique* (1757-'81, 3 vol. in-4º).

MARTINIQUE (La), esp. *Martinico*, l'une des petites Antilles, entre 14º23' et 14º53' lat. N. et entre 63º6'19" et 63º3' 34" long. O. Longueur, 75 kil.; plus grande largeur, 23 kil. ; 98,782 hectares, dont les deux tiers en bois et en savanes ; 166,400 hab., dont 20,000 blancs, 16,000 coulies et le surplus composé de noirs et de mulâtres. Ch.-l., Fort-de-France ou Fort-Royal; principaux ports, Saint-Pierre et le Marin; Saint-Pierre est le principal centre commercial et la ville la plus peuplée. — L'île présente une forme irrégulière; son sol est élevé, rocheux, volcanique, sujet aux tremblements de terre. Dans l'intérieur se dressent des montagnes coniques ou pitons, revêtues à leurs sommets d'impénétrables forêts, et autrefois couronnées de volcans. Le piton le plus élevé est la montagne Pelée (1,630 m.), dont l'immense cratère s'est violemment ranimé tout à coup en 1851. Les côtes de l'île sont découpées de baies d'un accès difficile. Le côté oriental est nommé Cabesterre, et celui de l'O. Basseterre. Ce n'est qu'à 200 m. environ au-dessus du niveau de la mer, que commencent les cultures. Celle de la canne à sucre occupe près des deux tiers du sol arable. L'île produit en quantité insuffisante les plantes alimentaires (manioc, banane, indigo, maïs, igname, patate, etc.). La culture du café et du cacao n'a qu'une importance secondaire. Climat humide. Pendant la saison pluvieuse, la fièvre jaune et d'autres maladies dangereuses règnent à la Martinique; température annuelle moyenne + 27° C. Pour suppléer au travail des esclaves, on a introduit à la Martinique, comme à la Guadeloupe et à la Réunion, des travailleurs africains, indous et chinois (coulies), engagés temporairement et qui forment le dixième de la population. Exportation de sucre brut, de café, de rhum, de tafia, de confitures, de mélasse, de cacao, de casse, de gousse du canéficier, de coton, de bois de campêche et de bois d'ébénisterie ; total, 31 millions. Importation (33 millions) de denrées alimentaires (farines, riz, viandes, poissons salés et beurre), de vins, de tabac, de tissus, de vêtements, de meubles, de houille, de machines et d'objets manufacturés. Le commerce se fait surtout avec la France. — La Martinique est administrée par un gouverneur, assisté d'un conseil privé et d'un conseil général qui se compose de 24 membres élus par le suffrage universel. Elle est divisée en 2 arr. : Fort-de-France et Saint-Pierre. — La Martinique (appelée par les Indiens Madiana) fut découverte par Christophe Colomb, en 1493, le jour de la fête de saint Martin. Les Français commencèrent à la coloniser en 1635. Les Anglais s'en emparèrent en fév. 1762, le 16 mars 1794 et le 23 fév. 1809; ils la rendirent définitivement en 1815. L'île a éprouvé de formidables tremblements de terre en 1767 et en 1839.

* **MARTINISME** s. m. Croyance particulière des martinistes.

* **MARTINISTE** s. Se dit de certains illuminés qui prétendent être en rapport avec les intelligences célestes et avec les âmes. Leur nom vient du métaphysicien Louis-Claude Saint-Martin.

MARTINO-DI-LOTA (San-), ch.-l. de cant., arr. et à 6 kil. N. de Bastia (Corse); 600 hab.

* **MARTIN-PÊCHEUR** s. m. Ornith. Genre de passereaux syndactyles, caractérisés par des pieds courts, une tête grosse et allongée, un bec plus long que la tête, droit et robuste. Ce genre peut être divisé en plusieurs sous-genres : les martins-pêcheurs proprement dits, qui fréquentent le bord des eaux, et les martins-chasseurs, que l'on trouve plus souvent dans les buissons ou près des bois. — Parmi les premiers se range le martin-pêcheur d'Europe (alcedo ispida, Linn.), l'un des plus brillants oiseaux de notre pays : il mesure environ 18 centim. de long. Ses ailes sont courtes, avec les couvertures vertes et des taches plus claires; son dos, les pennes de ses ailes

et le dessus de sa queue sont d'un beau bleu; le dessous de son corps est d'un roux ardent avec une tache blanche à la gorge; il vit de poissons et d'insectes aquatiques, sur lesquels

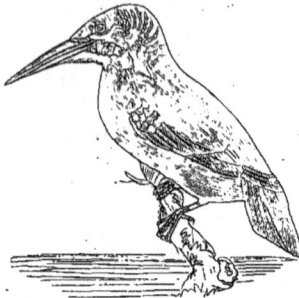

Martin-pêcheur d'Europe (Alcedo ispida).

il se précipite comme une flèche. Il fait son nid dans les trous sur le bord des eaux, à une profondeur de 60 à 65 centim.; la femelle y pond de 6 à 8 œufs d'un blanc d'ivoire, presque ronds. Les paysans attribuent à la peau du martin-pêcheur la propriété de préser-

Martin-pêcheur de l'Amérique du Nord (Ceryle alcyon).

ver les étoffes de l'atteinte des teignes. Cet oiseau est l'alcyon des anciens. Les martins-chasseurs sont tous étrangers. — Le martin-pêcheur de l'Amérique du Nord (Ceryle alcyon, Boie) est long de 35 centim.

MARTINSBURG, ville de la Virginie occidentale, à 110 kil. O.-N.-O. de Washington; 5,000 hab.

* **MARTIN-SEC** s. m. Sorte de petite poire d'hiver très estimée pour les compotes et le raisiné : les martins-secs ont la chair cassante.

MARTIN-SIRE s. m. Nom d'une poire qui mûrit en novembre, assez grosse, allongée et d'un vert jaunâtre piqué de gris : des martins-sires.

MARTIN-SUCRÉ s. m. Variété de poire cassante et sucrée : des martins-sucrés.

MARTIUS (Karl-Friedrich-Philipp von) [mar'-tsi'-ouss], explorateur allemand (1794-1868); il étudia la médecine, accompagna Spix au Brésil en qualité de botaniste (1817-'20), réunit plus de 7,000 espèces de plantes et publia Reise nach Brasilien (3 vol., 1824-'31); Nova genera et species plantarum (3 vol., 1824-'32), Icones plantarum cryptogamicarum (1828-'34), Genera et species palmarum (1823-'45, 3 vol.) et Flora Brasiliensis (1829 et suiv.), en collaboration d'autres botanistes.

MARTORY (Saint-), ch.-l. de cant., arr. et à 19 kil. N.-E. de Saint-Gaudens (Haute-Garonne), sur la Garonne ; 1,080 hab. Fabriques de draps; mines de houille et carrières de pierre aux environs.

MARTOS (Ivan), sculpteur russe (1755-1835); il fut directeur de l'académie des beaux-arts à Saint-Pétersbourg. Ses chefs-d'œuvre sont : le monument de l'empereur Alexandre à Taganrog et celui de Potemkin à Kherson.

* **MARTRE** ou **Marte** s. f. (lat. martes). Mamm. Genre de carnassiers digitigrades, caractérisés par trois fausses molaires à la mâchoire supérieure, quatre à l'inférieure; la dent carnassière de la mâchoire inférieure, pourvue en dedans d'un petit tubercule; une queue courte et des doigts non palmés; comprenant des petits mammifères bas sur jambes, à corps long, menu et flexible; à museau très effilé. — Se dit aussi de la peau de cet animal, quand elle est employée en fourrure : un manchon de martre. — Prov. et fig. PRENDRE MARTRE POUR RENARD, se méprendre, se tromper, prendre une chose pour une autre, d'après une sorte de ressemblance. — ENCYCL. Les martres font une guerre incessante aux petits quadrupèdes, aux oiseaux et aux reptiles dont elles aiment à sucer le sang.

Martre commune d'Europe (Mustela martes).

— La martre commune d'Europe (mustela martes, Linn.), longue de 70 centim. dont 12 pour la tête et 27 pour la queue, a 15 centim. de hauteur sur le dos. Sa fourrure est d'un brun brillant avec le fond jaunâtre, et, sous la gorge, une tache jaune bien marquée. En hiver, son pelage cache, sous un beau lustré, une laine fine, serrée et très abondante; sa fourrure est alors des plus recherchée. Cet animal vit dans nos bois de pins et de sapins, où il détruit les perdrix, les lièvres, les rats, les mulots, les écureuils, les oiseaux; la martre est très rare en France ; on la trouve beaucoup plus communément dans l'Amérique septentrionale où on la

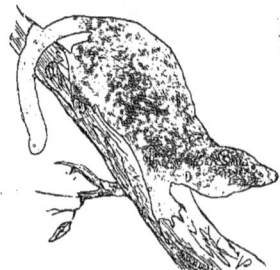

Martre de Pennant (Mustela Pennantii).

nomme martre de Pennant (mustela Pennantii). — La fouine (mustela foina), beaucoup plus répandue que la martre, est une sorte de chat, c'est-à-dire environ 52 centim. de long, dont 22 centim. pour la queue; sa gorge et sa poitrine sont blanches; son pelage est brun, bistré sur le dos, avec le museau pâle, les pattes et la queue brunes. Elle vit solitaire près des habitations et sort, la nuit, de sa retraite pour chasser les oiseaux, les rats, les taupes, et surtout, pour ravager les poulaillers et les basses-cours. Elle égorge les vola lles pour leur sucer le sang et porte à ses petits le produit de sa chasse; elle ne quitte le théâtre de son carnage que lorsque le jour commence à paraître. Elle exhale une forte odeur musquée. La femelle dépose, dans un trou ou dans une meule de bourrées, de foin ou de paille, de 3 à 7 petits qu'elle transporte ailleurs si elle est inquiétée. La fourrure de la fouine est recherchée en hiver.

MARTROI, Martroy ou **MARTRAY** s. m. Tourment, supplice; lieu où l'on exécutait les criminels. (Vieux.)

MARTYNIE s. f. (angl. *Martyn*, nom d'un professeur anglais). Bot. Genre de pédalinées, comprenant 6 ou 7 espèces d'herbes qui croissent dans les contrées chaudes et particulièrement dans l'Amérique tropicale. La mar-

Martynie unicorne (Martynia proboscidea).

tynie unicorne (martynia proboscidea) est remarquable par son fruit capsulaire, pointu, en forme de corne. Ses jeunes gousses sont succulentes et se conservent dans la saumure.

* **MARTYR, TYRE** s. (gr. *martur*, témoin). Celui, celle qui a souffert la mort pour attester la vérité de la religion chrétienne : *saint Etienne est le premier martyr.* — **ERE DES MARTYRS**, ère qui commence à l'avènement de Dioclétien. — Se dit, par ext., de celui qui a souffert des tourments ou la mort, soit pour une fausse religion, soit pour une doctrine quelconque : *toutes les religions ont leurs martyrs.* — **ETRE DU COMMUN DES MARTYRS,** ne se laisser distinguer par aucun talent, par aucune qualité. — Se dit aussi d'une personne qui souffre beaucoup : *cette opération le fera mourir martyr.* — **ETRE LE MARTYR DE QUELQU'UN,** souffrir beaucoup de ses mauvais traitements, de sa tyrannie, de ses caprices : *il me maltraite, il me tourmente sans cesse; je suis son martyr.* On dit dans un sens analogue, **FAIRE DE QUELQU'UN SON MARTYR.** — **ETRE LE MARTYR DE SON AMBITION, DE SES OPINIONS, DU BIEN PUBLIC,** etc., s'exposer à beaucoup d'inconvénients, de dangers, pour satisfaire son ambition, pour soutenir ses opinions, pour servir le bien public, etc. — Adj. : *un peuple martyr.* — **Martyrs (LES),** opéra en 4 actes, représenté à Paris (Académie de musique), le 10 avril 1840; musique de Donizetti, paroles de Scribe, d'après le *Polyeucte* de Corneille.

MARTYR (Peter), historien et géographe italien. (Voy. **ANGHIERA.**)

* **MARTYRE** s. m. La mort ou les tourments endurés pour la religion chrétienne : *souffrir, endurer le martyre; après de longs tourments, il consomma son martyre par une mort bienheureuse.* — Se dit, aussi, fig. et par exag. de toutes sortes de peines de corps et d'esprit : *il a souffert le martyre toute la nuit par une violente colique.* — S'est dit particulièrement, dans le langage poétique, des peines que l'amour fait souffrir aux amants : *la beauté qui cause mon martyre.* On dit encore en plaisantant : *il lui a conté son martyre, son amoureux martyre, son douloureux martyre*

* **MARTYRISER** v. a. Faire souffrir le martyre : *saint Etienne fut martyrisé peu après la mort de Jésus-Christ.* — Fig. et par exag. Faire souffrir de grandes douleurs, de grands tourments : *les voleurs le martyrisèrent pour avoir son argent.*

* **MARTYROLOGE** s. m. (gr. *martur*, martyr; *logos*, discours). Catalogue où furent inscrits d'abord les noms des martyrs, et dans lequel on a inséré depuis les noms des autres saints dont l'Eglise fait commémoration : *le martyrologe romain.*

MARTYROLOGIE s. f. Histoire des martyrs.

MARTYROLOGIQUE adj. Qui a rapport à l'histoire des martyrs.

MARTYROLOGISTE s. m. Auteur d'un martyrologe.

* **MARUM** s. m. [ma-romm]. Plante aromatique, dont l'odeur est très forte, et qui plaît extrêmement aux chats. On l'appelle aussi **GERMANDRÉE MARITIME,** et vulgairement, **HERBE AUX CHATS.**

MARVEJOLS, *Marologium, Maringium,* ch.-l. d'arr., à 20 kil. N.-O. de Mende (Lozère), sur la Cologne, par 44° 33' 17'' lat. N. et 0° 57' 5'' long. E.; 5,000 hab. Cette ville paraît dater du XIᵉ siècle. Sa vaillante résistance contre les Anglais lui valut l'admiration de Charles VII, qui lui accorda une monnaie royale (1443). Le duc de Joyeuse la pilla en 1586; Henri IV la releva de ses ruines. Mais la révocation de l'édit de Nantes et la peste de 1701 lui portèrent des coups dont elle ne se releva pas. Filatures de laine; machines à carder; fabriques de sucre de betteraves.

MARX (Adolph-Bernhard), compositeur allemand (1799-1866). Il a laissé des symphonies et l'Oratorio de *saint Jean-Baptiste.* Ses écrits comprennent une *Vie de Beethoven* et *Die Lehre von der musikalischen Composition.*

MARX (Karl), socialiste prussien, le principal fondateur de l'*Internationale,* né en 1818, mort le 16 mars 1884. Il fit ses études à Berlin; devint, en 1842, rédacteur en chef de la *Gazette Rhénane (Rheinische Zeitung)* à Cologne, publication qui fut supprimée en 1843. Il se rendit alors à Paris et y publia avec le Dᵉ Arnold Ruge les *Annales franco-allemandes* (1844); puis, avec Frédéric Engels, la *Sainte Famille* contre Bruno, Bauer et consorts (1845). Expulsé de France à la demande du gouvernement prussien (1846), il se fixa à Bruxelles, où il publia en français un *Discours sur le libre échange* (1846); *Misère de la philosophie* (1847), en allemand, avec Egels, *Manifeste du parti communiste* (1848). Son but était de fonder une école scientifique, selon lui, destinée à constituer une société nouvelle sur une base scientifique. En 1848, il rédigea la *Nouvelle Gazette rhénane (Neue Rheinische Zeitung)* à Cologne. Ce journal révolutionnaire ne tarda pas à être supprimé et Marx fut expulsé d'Allemagne; il se réfugia à Londres, où il vécut toujours depuis. Il y continua mensuellement la publication de son journal (1850-'51). En 1864, il lança le manifeste et les statuts de l'*Association internationale,* dont il fut le chef reconnu et l'esprit dirigeant, jusqu'en 1868, époque où Bakounine, chef des anti-autoritaires, lui fit une vive opposition. Marx a laissé plusieurs ouvrages écrits contre le gouvernement prussien et la bourgeoisie allemande; nous citerons : *Zur Kritik der politischen Œkonomie* (1859); *Das Kapital* (1859), etc.

MARYLAND [mé-ri-lénnd], l'un des états originaires de l'Union américaine, entre 37° 53' et 39° 44' lat. N. et entre 77° 24' et 84° 53' long. O.; 31,623 kil. carr. Il est borné par la Pennsylvanie, la Delaware, l'Atlantique,

la Virginie occidentale, la Virginie et le district de Colombie. Il est divisé en 23 comtés. Sa population, qui n'était que de 72,000 hab. en 1660 et de 341,000 en 1800, s'élève aujourd'hui à 934,950 hab., dont 200,000 noirs, 50,000 Allemands. 30,000 Irlandais, 10,000 Anglais et Ecossais. Territoire partagé en deux parties inégales par la grande baie de Chesapeake, et borné au S. par le cours du Potomac; il est généralement plat et uni à l'E. et couvert, à l'O., par différents embranchements des monts Alleghany. — Cap., Annapolis; v. princ. : Baltimore, Frederick, Cumberland, etc. La côte de l'Atlantique ne présente aucun port. Carrières de roches serpentines; mines de cuivre, d'hématite, pierre à chaux; marbre, charbon bitumineux. Climat tempéré, sauf dans les basses terres aux miasmes qui produisent des fièvres; pluie abondante. Le Maryland produit beaucoup de tabac, des céréales, des pommes de terre, de la laine, du lin, du miel, un peu de vin, etc. Le commerce est presque entièrement concentré à Baltimore; les pêcheries d'huîtres de la baie de Chesapeake alimentent presque tous les marchés des Etats-Unis. — D'après la constitution, le pouvoir exécutif appar-

Sceau de l'état de Maryland.

tient à un gouverneur élu par le peuple pour 4 ans. Le secrétaire d'Etat, l'attorney général, le contrôleur, etc., sont également élus par le peuple. Les sénateurs, au nombre de 26, sont élus pour 4 ans; les délégués, au nombre de 85, sont élus pour 2 ans. Les juges sont élus par le peuple pour 15 ans. Recettes et dépenses, chacune 10 millions de francs; dette publique, 50 millions. Nombreuses institutions de bienfaisance et hospitalières; 2,000 écoles publiques fréquentées par 150,000 élèves. — 125 journaux dont 10 quotidiens. Académie navale à Annapolis. 3,500 bibliothèques (1,800,000 vol.). Princ. dénominations religieuses : baptistes (97 organisations), épiscopaliens (153), luthériens (88), méthodistes (774), presbytériens (77), réformés (43), catholiques romains (103). — Le premier établissement des Anglais dans le Maryland est dû à William Clayborne (1634). Baltimore fut fondé vers cette époque. La colonie était appelée *Terra Mariæ* ou *Terre de Marie,* en l'honneur de la reine Henriette-Marie Léonard Calvert, ayant été nommé premier gouverneur du Maryland, expulsa Clayborne, qui revint quelques années plus tard à la tête des puritains, se rendit maître de la province et força le gouverneur à se sauver en Virginie (1645). Force ne resta à la loi que deux ans plus tard, grâce à l'intervention des troupes. La guerre recommença en 1654, entre les deux compétiteurs. La constitution actuelle date de 1867.

MARYSVILLE, ville de Californie (Etats-Unis), à 80 kil. N. de Sacramento; 6,000 hab. dont 2,000 Chinois.

MAS s. m. (bas lat. *mansus*, maison; de *manere*, demeurer). Maison de campagne. (Vieux.)

MASACCIO [mâ-zât'-cho], peintre florentin, dont le vrai nom était Tommaso Guidi, mort en 1443. On l'appela familièrement Maso, puis Masaccio. Ses fresques, représentant la vie de saint Pierre, dans la chapelle Brancacci de l'église des Carmélites à Florence, produisirent un grand progrès dans la peinture.

MAS-A-FUERA [mâss-â-foué'-ra]. Voy. JUAN-FERNANDEZ.

MASANIELLO [mâ-za-nièl'-lo] (contract. de TOMMASO ANIELLO), chef d'une insurrection napolitaine, né à Amalfi en 1623, assassiné le 16 juillet 1647. Il était pêcheur et souleva le peuple de Naples contre le duc d'Arcos, vice-roi de Philippe IV d'Espagne, le 7 juillet 1647. Le vice-roi, ayant établi un droit d'entrée sur les fruits et sur les légumes, le peuple, déjà accablé d'impôts par les Espagnols, se souleva aux cris de : « Pas de taxe». Le jeune pêcheur Masaniello se mit à la tête des révoltés, s'empara du palais du vice-roi et fut élu capitaine général du peuple napolitain. En cette qualité, il organisa la république et força le duc d'Arcos à abolir les impôts impopulaires. Masaniello voulut en vain donner ensuite sa démission; étranger à toutes les ambitions et aux manœuvres des partis, il ne cherchait pas à jouer un rôle; mais il n'entendait rien à la politique et ce fut la cause de sa mort. Le vice-roi entra en pourparlers avec lui et le flatta pour le perdre. Une amnistie générale fut consentie pour les insurgés et, le 13 juillet 1647, les prêtres bénirent l'union des deux partis. Masaniello, porté presqu'en triomphe et encensé par l'archevêque, qui lui avait ordonné sous peine d'excommunication de revêtir un costume de drap d'argent, se rendit à l'église et assista au serment que fit, sur les évangiles, le duc d'Arcos d'observer la capitulation. Après cette cérémonie, Masaniello déclara que sa mission était terminée et déchira publiquement les riches habits dont il était couvert. Mais le lendemain, elle duc l'invita à un banquet et lui versa un breuvage empoisonné qui donna au héros populaire un délire furieux pendant lequel il se crut le roi du monde. Ses ordres insensés tranformèrent le règne de la liberté en régime de terreur. Pendant quatre jours, le peuple lui obéit; mais, le 16 juillet, l'archevêque de Naples l'attira dans un cloître où il fut assassiné par une arquebusade de bandits. Les soldats du duc d'Arcos se portèrent à tous les outrages sur son cadavre, mais le lendemain, le peuple s'empara de son corps et le porta triomphalement dans les rues de Naples.

MAS-A-TIERRA [mâss-â-ti-èr'-ra]. (Voy. JUAN FERNANDEZ).

MASAYA [ma-sâ'-ia], ville intérieure du Nicaragua, à 25 kil. S.-E. de Managua, au milieu d'un sol extrêmement fertile; 18,000 hab., presque tous Indiens. Aux environs se trouvent le volcan du même nom et des ruines couvertes de peintures rouges et de grossiers hiéroglyphes.

MAS-CABARDÈS (Le), ch.-l. de cant., arr. et à 23 kil. N. de Carcassonne (Aude), sur l'Orbiel; 760 hab.

MASCAGNI (Paolo), anatomiste italien, (1752-1815). Il fut professeur à Sienne (1774) et à Florence (1801). Son chef-d'œuvre a pour titre : Vasorum lymphaticorum corporis humani historia et iconographia (Sienne, 1787, in-fol. avec 41 planches).

MASCARA ou Maskara, ville d'Algérie, province et à 96 kil. S.-E. d'Oran; 9,300 hab.; ch.-l. d'une subdivision militaire et d'une sous-préfecture; assise sur deux mamelons entre lesquels coule l'Oued-Toudman et divisée en 5 parties distinctes : Mascara, Argoub-Ismaïl, Baba-Ali, Aïn-Beïda et Sidi-

Ali-Mohammed. Ses remparts, percés de 5 portes, ont un pourtour de 3 kil. Importantes manufactures de tapis et de burnous noirs dits zerdani. Cette ville, jadis très florissante, ne renfermait plus qu'une misérable population lorsque Abd-el-Kader s'en empara en 1832 et y établit le siège de son empire. Les Français, commandés par le maréchal Clausel et le duc d'Orléans, y entrèrent le 7 déc. 1835 et l'évacuèrent quelques jours plus tard, après l'avoir livrée aux flammes. L'émir s'y étant installé de nouveau en 1838, les généraux Bugeaud et Lamoricière occupèrent définitivement cette ville en 1841.

* **MASCARADE** s. f. (rad. masque). Déguisement d'une personne qui se masque pour

Mascate.

quelque divertissement : étrange, singulière mascarade. — Troupe de gens déguisés et masqués : faire une mascarade. — Danse exécutée par une troupe de gens masqués : danser une mascarade. — Chanson composée pour les comédies-ballets où l'on dansait sous le masque : Marot a fait des mascarades. — S'emploie quelquefois au figuré : ce monde-ci n'est qu'une mascarade; cette cérémonie peut s'appeler une pieuse mascarade.

MASCAREIGNES (Iles), groupe de l'océan Indien, comprenant les îles anglaises de Maurice et de Rodriguez et la colonie française de la Réunion. Ces îles doivent leur nom à Mascarenhas, navigateur portugais, qui découvrit l'île de la Réunion en 1545.

* **MASCARET** s. m. Intumescence journalière, qui consiste en un mouvement impétueux imprimé aux eaux des fleuves, près de leur embouchure, par la violence de la marée montante. Le mascaret de la Seine reçoit le nom particulier de BARRE. Les mascarets les plus remarquables sont ceux de la Garonne, de l'Amazone, du Gange, etc.

MASCARILLE s. m. [ll mll.]. Type de valet de comédie, créé par Molière.

MASCARON s. m. (ital. mascherone, grand masque). Archit. Tête ou masque fait de caprice, qu'on met pour ornement à la clef des arcades, aux fontaines, etc. : mascaron supportant des guirlandes de fruits.

MASCARON (Jules de), célèbre prédicateur, né à Aix en 1634, mort à Agen en 1703. Il était fils d'un avocat, entra en 1650 dans la congrégation de l'Oratoire, débuta comme prédicateur à Angers en 1663 et se distingua de suite comme un orateur harmonieux et plein de vigueur. Il prêcha à la cour l'Avent de 1666 et le carême de 1669. Il osa censurer les scandales de la cour et du monarque, et sa franchise ne l'empêcha pas d'être nommé évêque de Tulle (1671). Il prononça, en 1675, son chef-d'œuvre, l'Oraison funèbre de Turenne, l'illustre capitaine qu'il avait converti au catholicisme. Il fut nommé évêque d'Agen (1679) et prêcha encore plusieurs fois à la

cour. Le recueil de ses Oraisons funèbres a été publié à Paris par le P. Bordes (1704, in-12; nouv. éd., 1740-'45, -'85, 1828).

MASCATE ou Muscat, ville principale de l'Oman (Arabie), par 23° 38' lat. N. et 56° 20' long. E., sur la mer d'Oman; environ 30,000 hab. (35,000 avec les faubourgs). La ville se trouve au pied d'escarpements abrupts, hauts de 100 à 200 m. et dont les flancs et les sommets sont couverts des fortifications et des tours en ruines que les Portugais y avaient construites à la fin du xv1e siècle. Mascate est une ville malpropre, percée de rues étroites; elle se dépeuple lentement. Climat extrêmement chaud; le thermomètre y descend rarement au-dessous de + 32° à l'ombre. La population se compose d'Arabes, de Persans, de Syriens, de Kurdes, d'Indous, d'Afghans, de Béloutchis et de nègres. La langue dominante est l'indoustani corrompu. Mascate fait un grand commerce avec l'Arabie, la Perse et l'Inde. Importation de grains et d'étoffes; exportation de dattes, de chevaux, d'ânes, de poisson salé, de peaux et de garance. — Le district de Mascate comprend la ville de ce nom, ses faubourgs et la ville de Muttra, qui lui est réunie par une belle route, longue de 6 kil. Construction et réparation de navires; plus de 20,000 de ses habitants sont pêcheurs, marins ou pilotes. — Au xve siècle, Mascate, ville d'une importance considérable, appartenait à Ormuz. Albuquerque s'en étant emparé en 1507, elle devint le centre du commerce portugais dans cette partie du monde. Les indigènes chassèrent les Portugais (1648) (Voy. OMAN.)

MASCOUTINS [mas-kou-tinns], tribu algonquine, qui était fixée près du lac Michigan et qui figura de bonne heure dans les récits des explorateurs français. Alliés aux Renards et aux Kickapous, les Mascoutins nous firent la guerre en 1712; ils ont disparu.

* **MASCULIN, INE** adj. (lat. masculinus; de musculus, mâle). Qui appartient, qui a rapport au mâle : le sexe masculin. — Jurispr. féodale. FIEF MASCULIN, fief que les mâles seuls étaient capables de posséder. — Gramm. NOMS MASCULINS, les noms substantifs qui adjectifs qui désignent ou qualifient les êtres masculins et ceux qu'on leur assimile, quant au genre, dans le langage. Homme, livre, sont des substantifs masculins. Grand, vertueux, sont des adjectifs masculins. On appelle GENRE MASCULIN le genre de ces noms. On dit dans le même sens : Le est l'article masculin; IL est le pronom masculin. — TERMINAISON MASCULINE, terminaison d'un mot dont l'e muet ne forme pas à lui seul la dernière syllabe, ou ne concourt pas à la former d'une manière à s'y faire sentir. Main et Maison ont la terminaison masculine. quoique ces mots soient du genre féminin. Homme a la terminaison féminine, quoiqu'il soit du genre

masculin. — Versif. RIMES MASCULINES, rimes qui ont une terminaison masculine, comme *Yeux, cieux* ; et, VERS MASCULINS, ceux dont les rimes sont masculines. — Gramm. Est quelquef. subst. LE MASCULIN ET LE FÉMININ, le genre masculin et le genre féminin : *ce mot est un masculin.*

MASCULINEMENT adv. D'une façon masculine.

MASCULINISER v. a. Donner des manières masculines. — Faire du genre masculin.

* **MASCULINITÉ** s. f. Caractère, qualité de mâle : *la masculinité est nécessaire pour avoir droit à la couronne de France.*

MAS-D'AGENAIS, ch.-l. de cant., arr. et à 14 kil. N.-O. de Marmande (Lot-et-Garonne), sur la rive gauche de la Garonne 1,000 hab.

MAS-D'AZIL (Le), ch.-l. de cant., arr. et à 25 kil. S.-O. de Pamiers (Ariège) ; 2,500 hab.

MASÈRES (Francis), communément appelé le *baron Masères*, mathématicien anglais (1731-1824). Il se rendit à Québec où il résida pendant quelques années comme attorney général du Canada ; il rentra en Angleterre en 1773. Il a laissé : *Eléments de trigonométrie plane* (1759, in-8°) ; *Life Annuities scriptores logarithmici* (6 vol., 1791-1807) ; et *Scriptores optici* (1823).

MASH s. m. [mach] (angl. *mash*, mélange). Econ. rur. Provende, mélange de grain et de son préparé à chaud, que l'on administre fréquemment aux chevaux de sang et de demi-sang.

MASINISSA ou **Massinissa**, roi de Numidie, né vers 240 av. J.-C., mort en 148. Il était fils de Gala, roi des Massyliens, peuple le plus puissant de la Numidie orientale. Subissant l'influence des Carthaginois, les Massyliens entrèrent en lutte avec une tribu numide rivale, celle des Massésyliens, dont le roi, Syphax, avait épousé la cause des Romains. Masinissa, ayant vaincu Syphax (213), passa en Espagne, où il contribua à la défaite de Cneius et de Publius Scipion. Rallié dans le parti des Romains par Scipion l'Africain, l'Ancien, il se vengea ainsi de l'injure qu'il avait reçue du général carthaginois Asdrubal, qui, après l'avoir fiancé avec sa fille Sophonisbe, avait donné cette princesse à Syphax, pour enlever ce dernier à l'alliance romaine. Masinissa, rentré en Afrique après la mort de son père, fut attaqué par les Carthaginois et par Syphax et ne dut son salut qu'à la fuite. Quand Scipion débarqua en Afrique (204), le roi des Massyliens rentra en possession de ses domaines ; et, assisté de Lælius, il s'empara de Cyrta, capitale de Syphax ; Sophonisbe, devenue sa captive, devint peu après son épouse. Scipion, effrayé de l'influence que cette femme exerçait sur son nouveau mari, et craignant de voir celui-ci rentrer dans l'alliance carthaginoise, prétendit qu'elle était prisonnière des Romains et voulut l'envoyer en Italie pour la vendre comme esclave ; mais Masinissa la sauva de cette ignominie en lui offrant un poison qu'elle accepta de boire. L'ambition de Masinissa fit qu'il persista dans sa fidélité aux Romains et son concours ne fut pas inutile lors de la bataille de Zama (202). Il fut récompensé par le titre de roi et par une partie des domaines de Syphax ; il régna paisiblement pendant 50 ans. Vers la fin de sa vie, il recommença les hostilités contre les Carthaginois. Après sa mort, ses possessions furent divisées par Scipion entre ses trois fils, Micipsa, Gulussa et Mastanabal, père de Jugurtha.

MASKELYNE (Nevil), astronome anglais (1732-1811). Il fut nommé en 1765 astronome royal à Greenwich ; en 1772, il se rendit en Ecosse pour déterminer la densité moyenne de la terre, en observant l'effet du mont

Schehallien sur la ligne à plomb. Il proposa à l'Angleterre d'adopter le plan d'*Almanach nautique de Lacaille* et dirigea cette publication, devenue anglaise, de 1767 jusqu'à sa mort. On lui doit le premier *Catalogue des étoiles.*

MASORA s. f. Voy. MASSORE.

MASOURKA ou **Masurka** s. f. Danse nationale polonaise. On écrit aussi MAZURKA et quelquefois MAZURQUE.

MASOVIE, duché ou principauté de l'ancien royaume de Pologne, habité par les Mazurs, et situé sur le cours moyen de la Vistule. La Masovie forma un royaume de Pologne tel qu'il fut établi en 1815 ; elle est aujourd'hui presque entièrement comprise dans le gouvernement de Varsovie.

* **MASQUE** s. m (ital. *maschera*; esp. *mascara*). Faux visage de carton ou d'autre matière, dont on se couvre la figure pour se déguiser : *masque à barbe; masque hideux, grotesque, difforme.* — MASQUE DE THÉÂTRE, chez les anciens, masques aux grands traits dont les acteurs se couvraient le visage et une partie de la tête pour paraître sur la scène : *masque comique.* — Fig. AVOIR UN BON MASQUE, se dit d'un acteur comique, dont la physionomie a beaucoup d'expression et de jeu. — Prov. et fig. FAIRE DE QUELQUE CHOSE UN MASQUE A QUELQU'UN, lui en couvrir le visage : *il prit de la boue, et lui en fit un masque.* — Méd. MASQUE DES FEMMES EN COUCHES, bouffissure et teinte particulières que prend le visage pendant les derniers temps de la grossesse et la durée des couches. — Faux visage de velours noir doublé, que les dames se mettaient autrefois sur la figure pour se garantir du hâle ou du froid : *porter, mettre un masque.* — Personne qui porte un masque pour se déguiser pendant le carnaval : *une compagnie, une troupe, une bande de masques.*

Deux coquettes qu'on nomme Amynte et Cidalise,
Voulaient entrer dans une église.
Voyant d'un rouge épais leur visage farci :
— Allez, que le ciel vous bénisse!
Retirez-vous, leur dit la suisse,
Les masques n'entrent point ici.
LE BRUN.

— Fig. Apparence trompeuse sous laquelle on se cache, ou l'on s'efforce de se cacher : *sous le masque de la dévotion, il cache une vie fort dissolue.*

Vous les voulez traiter d'un semblable langage,
Et rendre même honneur au masque qu'au visage.
Tartufe, acte Ier, sc. VI.

— S'emploie souvent, absolument, dans la même signification : *c'est un masque qu'il a pris; ce fourbe, cet hypocrite n'avait pas encore levé, posé, quitté le masque.* — ARRACHER, ÔTER LE MASQUE A QUELQU'UN, faire connaître sa fausseté, sa perfidie, etc. — Sorte de terre préparée et appliquée sur le visage de quelqu'un, pour en prendre le moule : *son buste a été fait d'après le masque qu'on avait moulé sur son visage.* — Visage d'homme ou de femme sculpté, qui sert d'ornement en architecture : *on a mis des masques à toutes les clefs de ces arcades.* — S'emploie aussi comme un terme d'injure, pour reprocher à une femme sa laideur ou sa malice ; alors il est féminin : *la masque! la laide, la vilaine masque! Dans ce sens, il est populaire et a vieilli.* — Le Masque de fer, prisonnier d'Etat français du règne de Louis XIV, mort à la Bastille le 17 nov. 1703. Il était emprisonné dans cette vieille forteresse depuis le 18 sept. 1698, et y avait été amené avec des précautions extraordinaires par Saint-Mars, qui, de gouverneur de l'île Sainte-Marguerite, venait d'être nommé gouverneur de la Bastille. Sa désignation de *masque de fer*, sous laquelle il est connu dans l'histoire, provient de ce que son visage était couvert d'un masque de velours noir fixé par des ressorts d'acier. Saint-Mars

l'accompagnait pendant ses repas et dans les moments qu'il consacrait à sa toilette; il avait ordre de ne rien lui refuser. Au moment de mourir, le mystérieux personnage arracha pour la première fois dans ses convulsions le masque qu'il portait. Tout ce qui lui avait appartenu fut aussitôt brûlé. On s'est perdu en conjectures sur l'identité de ce personnage mystérieux. Les uns pensent que c'était un frère jumeau de Louis XIV; d'autres disent qu'il était fils illégitime de Mlle de la Vallière et de Louis XIV; ou bien le duc de Monmouth, ou encore le duc de Beaufort. On a prétendu que le masque de fer n'était autre qu'Ercole Mattioli, agent secret, qui fut arrêté en 1679 pour avoir divulgué une intrigue politique du roi de France. Un livre récent de T. Jung, officier d'état-major de l'armée française (*la Vérité sur le Masque de fer*, 1873), cherche à prouver l'identité de ce personnage avec le chevalier de Kiffenbach ou d'Harmoise, qui fut arrêté avec plusieurs autres à Pignerol en mars 1673, sous l'accusation de complicité dans une conspiration contre la vie du roi. — Voy. *Le Masque de fer* par Marius Topin (1869).

* **MASQUÉ, ÉE** part. passé de MASQUER. — Fig. ETRE TOUJOURS MASQUÉ, avoir l'habitude de se contrefaire, de dissimuler. — BAL MASQUÉ, bal où l'on va en masque et sous un déguisement.

* **MASQUER** v. a. Mettre un masque sur le visage de quelqu'un pour le déguiser; et dans une acception plus étendue, déguiser quelqu'un, en lui mettant, outre le masque, des habits qui ne soient pas les siens : *je vous masquerai, et vous ne serez pas reconnu.* — Sans régime, signifie, aller en masque : *tout le monde se mêla de masquer cette année-là.* Dans ce sens, il est vieux. — Fig. Cacher quelque chose sous de fausses apparences : *masquer ses desseins.* — Par ext. Couvrir, cacher une chose de manière à en ôter la vue : *il a élevé un bâtiment, un mur qui masque ma maison.* — Guerre. MASQUER UNE BATTERIE, placer des troupes ou élever un ouvrage devant une batterie, pour que l'ennemi ne l'aperçoive pas. — Se masquer v. pr. : *nous nous masquâmes pour aller au bal; un hypocrite qui se masque sous les dehors de la dévotion.*

MASSA, ville d'Italie, ch.-l. de la province de Massa-e-Carrara, sur le Frigido, à 50 kil. N.-N.-O. de Livourne ; 5,000 hab. Importantes manufactures de soie.

MASSACHUSETTS [mass-sa-tchou'-sèts],l'un des 13 états originaires de l'Union américaine ; entre 41° 15' et 42° 53 lat. N. et entre 72° 46' et 75° 52' long. O. ; borné par le Vermont, le New-Hampshire, l'Atlantique, Rhode-Island et le Connecticut. Il forme 14 comtés, cap., Boston; v. princ : Cambridge, Chelsea, Fall-River, Lawrence, Lowell, Lynn, New-Bedford, Salem, Somerville, Springfield, Taunton et Worchester; 21,535 kil. carr. La population, qui était de 378,000 hab. en 1790, est aujourd'hui de 1,800,000 hab., dont 250,000 Irlandais, 95,000 Canadiens, 60,000 Anglais et 20,000 Ecossais. Iles du Vignoble, de Marthe, Nantucket, etc. La côte s'allonge au S.-E. en une presqu'île qui se termine au cap Cod et qui forme la vaste baie du cap Cod ; au N. de celle-ci se trouve la baie de Massachusetts, qui sert de rade à Boston. Princ. cours d'eau : le Merrimac au N.-E. et le Connecticut à l'O. Le territoire, généralement plat à l'E., s'élève graduellement jusqu'au montagnes Vertes qui terminent l'état à l'O. Le Massachusetts est surtout une région de roches métamorphiques; on y exploite des carrières de syénite, de granit, de fer et de quartz. Climat très variable. Sol producti? surtout dans les vallées. Maïs, pommes de terre, foin, tabac, viande de bœuf, de porc, beurre, lait Industrie très développée, 211 établissements employant 279,000 ouvriers ; chaussures, cordes, cotonnades, coutellerie, lainages, etc. Construction de navires, pêcheries très étendues. — Le pouvoir exécutif appartient à un gouverneur, à un lieutenant-gouverneur et à des ministres élus annuellement par le peuple. La législature se compose de 40 sénateurs et de 240 représentants élus annuellement. Les juges de la cour suprême et les autres juges sont nommés par le gouverneur. Dette, 160 millions de fr. ; recettes, 35 millions; dépenses, 34 millions. 5,800 écoles publiques ; 300,000 élèves; nombreuses institutions d'éducation supérieure et secondaire.

Sceau de l'état de Massachusetts.

1,900 bibliothèques (3,600,000 vol.); 350 journaux dont 30 quotidiens. Principales dénominations religieuses : baptistes (286 organisations), christians (31), congrégationalistes (500), épiscopaliens (110) méthodistes (300) catholiques romains (200), unitariens (190), universalistes (100). — La première colonie du Massachusetts fut fondée par les puritains anglais à Plymouth-Rock, en 1620. Les Européens soutinrent plusieurs guerres contre les Indiens Péquots et autres qui détruisirent plusieurs villes et tuèrent des centaines de colons. Boston donna le signal de la révolte contre les Anglais (1773). Pour mettre d'accord leurs principes et leurs actes, les habitants du Massachusetts abolirent l'esclavage en 1783.

MASSACRANTE adj. f. (rad. *massacrer*). N'est usité que dans cette locution familière, HUMEUR MASSACRANTE, humeur bourrue, grondeuse, menaçante : *il est aujourd'hui d'une humeur massacrante.*

MASSACRE s. m. (rad. *massacrer*). Tuerie, carnage; se dit plus ordinairement en parlant des hommes qu'on ne tue sans qu'ils se défendent : *le massacre de la Saint-Barthélemy.* — Grande tuerie de bêtes : *ils allèrent à la chasse, et firent un grand massacre de sangliers, de chevreuils.* — C'EST UN MASSACRE, se dit en parlant de quelque chose de rare, de précieux, qui a été gâté par mégarde ou autrement. On le dit aussi d'un homme qui travaille mal, qui exécute mal ce qu'il a à faire : *ne vous servez pas de cet ouvrier-là, c'est un massacre.* — Chasse. La tête du cerf, du daim, du chevreuil, mise debout sur la peau de la bête, ou sur une nappe étendue par terre, lorsqu'on fait faire curée aux chiens : *on a rapporté le massacre.*

MASSACRER v. a. (anc. haut all. *metzgern*, égorger). Tuer, égorger, des hommes qui ne se défendent point : *on massacra quatre mille personnes dans cette nuit-là.* — Par exag. IL A ÉTÉ MASSACRÉ, il a reçu un grand nombre de blessures. — Se dit quelquefois en parlant des animaux : *ce chasseur, dans une matinée, massacra tous les faisans du parc.* — Fig. et fam. Gâter, mettre en mauvais état, défigurer : *massacrer des hardes, des meubles, des tableaux, des statues.* — Se dit aussi d'un mauvais ouvrier, d'un homme qui fait très

mal ce qu'il a à faire : *il massacre tout ce qu'il fait.* — ↺v Se massacrer v. pr. Se tuer les uns les autres : *les hommes se sont toujours massacrés ainsi.*

MASSACREUR s. m. Celui qui massacre : *massacreur de gens; massacreur de gibier.* (Peu usité.)

MASSA-E-CARRARA [mâss'-sa-é-kar-râ'-ra], province de l'Italie centrale (Toscane), embrassant l'ancien duché de Massa-Carrara; 4780 kil. carr.; 162,000 hab. Elle est arrosée par le Serchio et la Magra ; elle est traversée par différents embranchements des Apennins et par les Alpes Apuennes. Cap., Massa. Le produit le plus important de cette province est le *marbre de Carrare.* — Le duché de Massa-Carrara fut réuni à la principauté de Modène en 1829 et annexé au royaume d'Italie en 1860.

MASSAGE s. m. (rad. *masser*). Action de masser les membres du corps pour les assouplir. — On appelle *massage* une série de manœuvres pratiquées ordinairement à la suite du bain et consistant dans des alternatives de pression, de dilatation, de friction sur la peau et sur les muscles. C'est un moyen hygiénique qui a pour effet d'imprimer une grande activité à la circulation, d'assouplir les muscles, de les rendre plus énergiques et de favoriser la résolution des embolies. Le massage est surtout pratiqué en Orient, en Russie et chez les peuples du nord.

MASSAGÈTES, ancien peuple nomade et guerrier de l'Asie, établi sur les steppes qui s'étendent du Jaxartes ou Sir-Darya à la mer d'Aral. Les Massagètes étaient considérés comme d'origine scythique. Le conquérant perse Cyrus les envahit et tué pendant une expédition qu'il dirigea contre ce peuple, alors gouverné par la reine Tomyris. Quelques auteurs pensent que les Massagètes sont les ancêtres des Goths; d'autres les identifient avec les Meschech des Ecritures.

MASSALIA, nom grec de la ville de Marseille.

MASSALIOTE s. et adj. De Massalia; qui appartient à cette ville ou à ses habitants.

MASSAOUA ou Massouah. Voy. MASSOUAH.

MASSARUNI [mass-sa-rou'-ni], rivière de la Guyane anglaise qui se jette dans l'estuaire de l'Esséquibo.

MASSAT, ch.-l. de cant., arr. à 27 kil. S.-E. de Saint-Girons (Ariège) ; 4,100 hab. Mines de fer.

MASSE s. f. [ma-se] (lat. *massa*, all. *mass*, quantité). Amas de plusieurs parties de même ou de différente nature, qui font corps ensemble : *la masse informe et confuse du chaos.* — Se dit aussi d'un seul corps compact : *une masse de plomb.* — Corps informe : *l'ours, en naissant, paraît n'être qu'une masse.* — Fam. C'EST UNE MASSE DE CHAIR, se dit d'une personne qui a le corps et l'esprit lourds, ou seulement dont le corps est très épais, très gros. — Phys. Quantité de matière d'un corps, par opposition à volume : *on juge de la masse des corps par leur poids.* — Totalité d'une chose dont les parties sont de même nature. Ainsi on dit : LA MASSE DE L'AIR, tout l'air qui pèse sur la terre. LA MASSE DU SANG, tout le sang qui est dans le corps. — Se dit au sens moral : *la masse des lumières.* — Réunion d'hommes qui forment un corps : *la masse des insurgés.* — LES MASSES, le peuple en général : *cet orateur s'adresse aux masses.* LA MASSE DES CRÉANCIERS, tous les créanciers d'un failli : *la masse des créanciers délibérera sur cette proposition.* — Ensemble d'un ouvrage d'architecture considéré sous le rapport des proportions : *cet édifice présente une belle masse.* — Peint. Réunion de plusieurs parties considérées comme ne faisant qu'un tout :

masse *d'ombre; masse de lumières.* — Fig. et au sens moral : *il faut moins considérer les détails que les masses.* — Lits de pierre d'une carrière : *cette pierre a été prise dans la masse.* — Comm. Certaine quantité de marchandises semblables, dont le nombre ou le poids est fixé par l'usage : *une masse de plumes.* — Fonds d'argent d'une succession, d'une société : *toute la masse est de cent mille écus.* — Administr. milit. Somme formée par les retenues faites sur la paye de chaque soldat, cavalier, etc., ou allouée par abonnement pour une dépense spéciale : *masse d'habillement.* — Gros marteau de fer qui est carré des deux côtés, et emmanché de bois : *rompre des rochers avec une masse.* — MASSE D'ARMES, ou simpl., MASSE, ancienne arme, faite de fer, fort pesante par un bout, qui ne pouvait ni percer ni trancher, mais avec laquelle on assommait : *il l'assomma d'un coup de masse.* — Espèce de bâton à tête d'or, d'argent, etc., qu'on porte en certaines cérémonies : *on portait des masses devant le chancelier de France.* — Instrument particulier dont on se sert quelquefois pour jouer au billard, et, par ext., le gros bout d'une queue ordinaire : *jouer de masse, de la masse, avec la masse.* — MASSE D'EAU. (Voy. MASSETTE.) — En masse loc. adv. Tous ensemble, en totalité : *aller, se porter, se lever en masse.*

MASSE s. f. Ce qu'on met au jeu lorsqu'on joue aux dés, et à quelques autres jeux de hasard : *la seconde masse était de vingt pistoles.* (Vieux.)

MASSÉ (Félix-Marie-Victor), compositeur, né à Lorient le 7 mars 1822, mort le 5 juillet 1884. Entré au Conservatoire en 1834, il obtint le premier grand prix au concours de 1844, voyagea pendant deux années en Italie et en Allemagne, se fit connaître par quelques mélodies et par une œuvre théâtrale d'un grand mérite, *la Chanteuse voilée* (opéra comique, 1852), qui révéla un musicien élégant. Les *Noces de Jeannette* (1853) le rendirent populaire; *Galatée* (1854) fit courir tout Paris ; la *Fiancée du Diable* (1855) ne fut pas aussi heureuse, mais Victor Massé se releva avec *Miss Fauvette* (1855), la *Favorite et l'Esclave* (1855), les *Saisons* (1856) et la *Reine Topaze* (1856), l'un des plus brillants succès de cette époque. Quelques autres pièces, beaucoup moins goûtées du public, ont été oubliées; mais *Paul et Virginie* (Théâtre-National-Lyrique, 15 nov. 1876) obtint un véritable triomphe. Victor Massé entra à l'Académie des beaux-arts en 1872.

MASSEGROS (Le), ch.-l. de cant., arr. et à 41 kil. de Florac (Lozère) ; 350 hab.

MASSÉNA (André), duc de Rivoli, prince d'Essling, maréchal de France, né près de Nice le 6 mai 1758, mort à Paris le 4 avril 1817. On dit qu'il était d'origine juive et que son véritable nom était Manassé. Il resta dans l'armée sarde pendant 14 ans, sans pouvoir dépasser le grade de sergent; mais dès que Nice eut été annexée à la République française (1792), il devint général de division et montra un véritable talent comme tacticien pendant les campagnes d'Italie (1794-'95). En 1796, Bonaparte lui confia le commandement de l'avant-garde de l'armée d'Italie, et, en raison de ses exploits, le surnomma l'*Enfant chéri de la Victoire.* En 1799, ses opérations contre les Austro-Russes en Suisse furent couronnées des plus brillants succès; et, en repoussant le général russe Korsakoff à Zürich le 25 sept., il sauva la France d'une invasion. Il soutint un siège mémorable à Gênes, pendant plus de trois mois, et ne se rendit, le 3 juin 1800, que lorsque les habitants affamés menacèrent de se soulever contre lui; mais sa résistance avait eu pour résultat de faire concentrer autour de Gênes une partie des forces autrichiennes, pendant que Bonaparte remportait sur le reste la grande victoire de Marengo. Masséna s'opposa vainement à l'établissement de l'Empire; mais il accepta ensuite le fait accompli et se laissa nommer maréchal (1804). L'année suivante, à la tête de 50,000 hommes, il occupa, en Italie, par des manœuvres pleines d'adresse, l'attention de l'archiduc Charles, jusqu'à ce que Napoléon eût gagné la victoire décisive d'Austerlitz. En 1806, il termina la conquête de Naples et établit Joseph Bonaparte sur le trône napolitain. A Aspern et à Essling (1809), sa vigueur sauva l'armée française en retraite d'une destruction totale; et Napoléon le récompensa par le titre de prince. A Wagram, il montra un grand courage personnel, bien qu'il souffrît d'une récente blessure. Nommé commandant en chef des troupes françaises en Portugal (1810), il traversa le Mondégo avec 70,000 hommes (sept.), et poursuivit Wellington jusqu'aux environs de Lisbonne, où sa marche fut arrêtée par les lignes de Torres-Vedras. Après avoir vainement attendu des renforts à Santarem, il commença, le 5 mars 1811, sa célèbre retraite vers l'Espagne. En avril, il entra à Salamanque, ayant perdu 30,000 soldats en six mois. Le 5 mai, il livra la bataille sanglante mais indécise de Fuentes de Onoro; et, peu après, l'état de sa santé l'obligea de rentrer en France. Masséna est au nombre des premiers généraux de l'Empire; mais sa rapacité était notoire, à ce point que Napoléon le traita de *voleur*, et lui offrit un million de francs s'il voulait mettre fin à ses spéculations.

* **MASSEPAIN** s. m. (rad. *masse* et *pain*). Sorte de pâtisserie faite avec des amandes pilées et du sucre : *massepain glacé.*

* **MASSER** v.-a. [ma-sé]. Art milit. Disposer en masses, en colonnes serrées : *masser l'infanterie.* — Peint. Disposer les masses d'un tableau : *il a bien massé les figures, les ombres, les lumières de son tableau.* — Absol. : *ce peintre masse bien, mais il néglige l'exécution des détails.* — **Se masser** v. pr. : *le régiment s'est massé en avant.*

* **MASSER** v. a. [ma-sé]. Pétrir avec les mains les différentes parties du corps d'une personne qui sort du bain, de manière à rendre les articulations plus souples et la circulation des humeurs plus facile : *l'usage de se faire masser est très commun en Orient.* — **Pop.** Travailler beaucoup : *il a massé toute la journée.*

* **MASSER** v. a. Jeu. Faire une masse : *il a massé six pistoles.* (Vieux.) — **Masse tout, masse a qui dit, masse la poste,** je masse tout, je masse à qui répondra, je masse autant qu'il y a déjà au jeu.

MASSÉTER s. m. [ma-sé-tèr] (gr. *masétér*; de *masaomai*, je mâche). Anat. L'un des muscles de la joue, qui sert au jeu de la mâchoire, pendant la mastication. — Adjectiv. : *muscle masséter.*

MASSÉTERIN, INE adj. Qui appartient au masséter ou qui le concerne.

* **MASSETTE** s. f. (dimin. de *masse*). Bot. Genre de typhacées, comprenant quelques espèces de plantes, qui croissent dans les rivières, les marais, les étangs, etc., et dont les fleurs sont réunies au haut de la tige en un chaton cylindrique et allongé. La *massette à feuilles larges* (*typha latifolia*) est aussi appelée *masse d'eau* ou *roseau des étangs.*

MASSEUR s. m. Celui qui masse. — Travailleur infatigable.

MASSEURE, ch.-l. de cant., arr. et à 20 kil. S.-E. de Mirande (Gers); sur la rive gauche du Gers; 1,700 hab. Commerce de mulets.

MASSEVAUX, ch.-l. de cant., arr. et à 21 kil. N.-N.-E. de Belfort; 2,400 hab. Filatures et tissus de coton; fonderie, haut fourneau.

MASSIAC, ch.-l. de cant., arr. et à 31 kil. N. de Saint-Flour (Cantal); 1,920 hab. Fabriques de toiles.

* **MASSICOT** s. m. Plomb uni à l'oxygène, protoxyde de plomb d'un jaune plus ou moins vif. (Voy. Litharge.)

* **MASSIER** s. m. [ma-cié] (rad. *masse*). Officier qui porte une masse dans certaines cérémonies : *les massiers de l'université.*

MASSIEU (Guillaume), littérateur, né à Caen en 1665, mort en 1722. Il devint professeur de langue grecque au collège de France (1710) et membre de l'Académie française (1714). Il a laissé une *Histoire de la poésie française* (Paris, 1734, in-12).

MASSIEU (Jean-Baptiste), conventionnel, né à Vernon en 1742, mort à Bruxelles en 1818. Il était curé dans le diocèse de Seine-et-Oise lorsqu'il fut envoyé aux états généraux par les électeurs de Senlis. Embrassant avec ardeur la cause de la Révolution, il prêta serment à la constitution civile du clergé, fut nommé évêque de Beauvais, puis député à la Convention, où il vota la mort du roi sans appel ni sursis. En 1793, Massieu se démit de ses fonctions épiscopales et occupa successivement diverses charges au ministère de la guerre et à l'école centrale de Versailles. Forcé de quitter la France au retour des Bourbons, il se retira à Bruxelles où il mourut dans le plus complet dénuement. Il a laissé une traduction des *Œuvres de Lucien* (Paris, 1781-'87, 6 vol. in-12).

* **MASSIF, IVE** adj. (rad. *masse*). Qui est ou paraît épais et pesant : *ce bâtiment est trop massif.* — Fig. Grossier, lourd : *cet homme a l'esprit bien massif, l'esprit aussi massif que le corps.* — Se dit aussi de certains ouvrages d'orfèvrerie qui ne sont ni creux en dedans, ni fourrés : *une figure, une croix d'argent massif.* — Se dit encore des bois précieux qui sont employés pleins, et non en placage : *une table d'acajou massif.* — s. m. Se dit d'un ouvrage de maçonnerie destiné à porter un piédestal, un perron, etc., ou à servir un revêtement : *faire un massif de maçonnerie pour un perron, un piédestal, une muraille.* — Jardin. Plein bois ou bosquet qui ne laisse point de passage à la vue : *cette allée est terminée par un massif.*

MASSILIA, ancien nom de Marseille.

MASSILIEN, IENNE s. et adj. De Massilia; qui concerne cette ville ou ses habitants.

MASSILLON (Jean-Baptiste) [ll mll.], prélat et prédicateur français, né à Hyères (Provence) le 24 juin 1663, mort le 18 sept. 1742. Il fit ses études chez les Oratoriens et entra dans leur congrégation en 1681. En 1696, il fut appelé à diriger le séminaire de Saint-Magloire, à Paris, et en 1697 il prêcha l'Avent à Versailles. Ce fut à la suite de cette brillante station que Louis XIV lui adressa ces paroles qui ont été depuis si souvent répétées : « Mon père, j'ai entendu plusieurs grands orateurs, j'ai été content; pour vous, toutes les fois que je vous entends, je suis très mécontent de moi-même ». Il prêcha encore une fois à la cour et n'y reparut pas; il faut croire que ses invectives et sa hardiesse de langage déplurent au roi, qui ne l'invita plus. Il prononça l'*Eloge funèbre* du prince de Conti (1709), celui du dauphin (1710) et celui de Louis XIV (1715), qu'il commença par ces mémorables paroles : « Dieu seul est grand », faisant ainsi allusion, en face du cercueil du roi, au titre de *grand* que ce prince s'était fait si pompeusement décerner. Ses sermons qu'il prononça, en 1717, devant le jeune roi Louis XV et qui sont connus sous le nom de *Petit Carême* sont à juste titre regardés comme son chef-d'œuvre; cette même année, il fut nommé à l'évêché de Clermont. Il fut reçu à l'Académie française en 1719. Massillon est re-

gardé comme l'un des meilleurs modèles de l'éloquence de la chaire; Voltaire l'avait constamment sous les yeux. Sa parole, pleine d'onction et de tendresse, plaît et charme alors même qu'elle annonce les plus terribles vérités ou qu'elle trace le saisissant tableau de nos vices. D'une logique moins serrée que celle de Bourdaloue, Massillon va plus directement au cœur. Ses œuvres complètes ont été publiées par son neveu (1745-'48); par Renouard (Paris, 1810, 13 vol. in-8º); par Beaucé (4 vol. in-8º, 1817), et par Méquignon (1848, 15 vol. in-12). Voy. *Eloge de Massillon*, par d'Alembert.

MASSINISSA. Voy. Masinissa.

* **MASSIVEMENT** adv. D'une manière massive : *cet édifice est trop massivement bâti.*

MASSON (Auguste-Michel-Benoist Gaudichot-Masson, connu sous le nom de *Michel*), romancier et auteur dramatique, né à Paris en 1800, mort en 1883. Fils d'ouvriers, il ne reçut qu'une instruction médiocre, fut successivement danseur au théâtre Montbabor, commis de librairie, ouvrier lapidaire et garçon de café. En 1824, après avoir fait son éducation littéraire par la lecture et l'étude, il porta un article au *Figaro* de H. de Latouche. Pendant cinq ou six ans, il fut l'un des plus brillants rédacteurs de la *Nouveauté*, du *Mercure* et de la *Lorgnette.* A partir de 1823, il quitta le journalisme pour ne plus écrire que des pièces de théâtre et des romans. Il eut pour principaux collaborateurs : Anicet Bourgeois, Dennery, Duveyrier, Etienne, Scribe, Villeneuve. Son premier roman, le *Maçon* (1829, 4 vol. in-12), écrit avec la collaboration de Raymond Brucker et signé du pseudonyme de Michel Raymond, obtint les éloges unanimes de la presse. Les *Contes de l'atelier* (1832, 4 vol. in-8º) n'obtinrent pas moins de succès. Masson donna, dans la suite, un grand nombre d'autres romans et plus de 200 pièces de théâtre. Quand il mourut, il était doyen de la Société des gens de lettres.

* **MASSORE** ou Masora s. f. Mot emprunté de l'hébreu. Examen critique du texte de l'Ecriture sainte, fait par des docteurs juifs qui ont fixé les différentes leçons, le nombre des versets, des mots, des lettres, etc. (Voy. Bible.)

* **MASSORÈTES** s. m. pl. Ceux qui ont travaillé à la Massore.

MASSORÉTIQUE adj. Qui a rapport à la Massore : *l'exemplaire massorétique est le texte dont on se sert aujourd'hui.*

MASSOUAH, ville qui appartient à l'Egypte, et qui est située dans une petite île de la mer Rouge (baie de Massouah), sur la côte d'Abyssinie; environ 6,000 hab. L'île est un rocher aride, long d'environ 4 kil. et large de 300 m. Elle renferme un port sûr et profond qui peut recevoir une cinquantaine de navires. Depuis le percement de l'isthme de Suez, Massouah a pris une grande importance commerciale.

* **MASSUE** s. f. Sorte de bâton noueux, beaucoup plus gros par un bout que par l'autre et dont on se sert comme d'arme offensive : *la massue d'Hercule.* — Fig. Il a eu un coup de massue sur la tête, c'est un coup de massue pour lui, se dit en parlant d'un événement fâcheux et imprévu qui est arrivé à quelqu'un.

* **MASTIC** s. m. [mass-tik] (lat. *mastix*; gr. *mastiké*; de *masasthai*, mâcher, à cause de l'usage où les Grecs étaient et sont encore de mâcher cette substance). Résine en larmes ou en grains jaunâtres qui découle, par exsudation de l'écorce du lentisque (*pistacia lentiscus*), arbrisseau de 4 m. de haut, qui croît sur les bords de la Méditerranée. On recueille le

mastic en juin ou juillet, époque où le suc, après avoir exsudé, se durcit en larmes sur l'écorce ou sur le linge disposé pour le recevoir; il exhale une odeur résineuse douce et son goût est aromatique. L'alcool le dissout en grande partie (90 %) et abandonne une résine tenace qui est soluble dans la térébenthine. Le mastic se réduit d'abord en poudre quand on le met dans la bouche; mais, après avoir été mâché, il devient mou et opaque. On l'emploie quelquefois pour emplir les cavités des dents gâtées. — Composition ou ciment formé de cire, de résine et de poudre de briques dont on se sert pour différents usages : *les lapidaires se servent de mastic pour assujettir les pierres qu'ils veulent tailler.* — Composition formée de blanc de céruse et d'huile, dont les vitriers se servent pour fixer les vitres aux croisées, et empêcher le passage de l'air : *le mastic de ces vitres s'est détaché.* — Typogr. Confusion, désordre difficile à rectifier : *ne touchez pas à ma copie, vous feriez un mastic; cette copie est un vrai mastic.* — Incoordination des mots, des phrases : *il nous a fait un discours hier, c'était un joli mastic.*

MASTICAGE s. m. Opération qui exige l'emploi du mastic ou du ciment.

MASTICATEUR adj. m. Qui sert à la mastication.

* **MASTICATION** s. f. (lat. *masticatio;* de *masticare*, mâcher). Méd. Action de mâcher : *une bonne mastication prépare une bonne digestion.*

* **MASTICATOIRE** s. m. Méd. Sorte de médicament, simple ou composé, que l'on mâche pour exciter l'excrétion de la salive : *le pyrèthre, le bétel, le tabac, sont des masticatoires.* — Adjectiv. : *préparation, remède masticatoire.*

MASTIFF s. m. (angl. *mastiff*, mâtin). Nom anglais du dogue. (Voy. CHIEN.)

* **MASTIGADOUR** s. m. (rad. *mastiquer*). Art vétér. Espèce de mors, garni d'anneaux et de palenôtres, qu'on met dans la bouche des chevaux pour exciter la salivation. (Peu usité.)

* **MASTIQUER** v. a. Joindre, coller avec du mastic : *mastiquer les dalles d'une terrasse, des conduites de grès, des carreaux de vitre.* — Se mastiquer v. pr. : *ces fentes doivent se mastiquer avec soin.*

MASTIQUEUR s. m. Celui qui mastique. — Savetier.

MASTITE s. f. (gr. *mastos*, mamelle). Pathol. Inflammation des mamelles.

MASTOC s. m. (all. *mastochs*, bœuf gras; de *mast*, nourriture, et *ochs*, bœuf). Se dit d'un homme lourd et épais : *c'est un gros mastoc.*

MASTODONSAURE s. m. (gr. *mastos*, mamelle; *odous*, *odontos*, dent; *sauros*, reptile). (Voy. LABYRINTHODON.)

* **MASTODONTE** s. m. (gr. *mastos*, mamelle;

Mastodon giganteus.

..fous. odontos, dent). Mamm. Grand quadru-

pède proboscidien appartenant à un genre éteint et qui, pour la taille et pour les formes, se rapprochait de l'éléphant. Les mastodontes se trouvent partout sur notre globe, excepté en Afrique, soit dans les dépôts tertiaires, soit dans les dépôts plus récents. L'espèce la mieux décrite, est le *mastodonte de l'Amérique du Nord* (*mastodon giganteus,* Cuv.; ou *mastodon Ohioticus,* Falconer), dont on a découvert des ossements en 1705, mais dont on n'eut pas le squelette complet avant 1801. D'après Owen, les mastodontes étaient des éléphants ayant des molaires destinées à broyer les végétaux très durs; ils vivaient sous les latitudes tropicales et tempérées.

MASTODONTOÏDE adj. (rad. *mastodonte,* et gr. *eidos,* aspect). Qui ressemble à un mastodonte.

* **MASTOÏDE** adj. f. (gr. *mastos,* mamelle; *eidós,* aspect). Anat. Se dit de l'apophyse ou éminence en forme de mamelon, qui est placée à la partie inférieure et postérieure de l'os temporal : *apophyse mastoïde.*

* **MASTOÏDIEN, ENNE** adj. Anat. Qui a rapport, qui appartient à l'apophyse mastoïde : *muscle mastoïdien.*

MASTRAMELA, ville de la côte méridionale de la Gaule Narbonnaise, à l'E. du Rhône, sur le lac de Mastramela.

MASTRE (La). Voy. LAMASTRE.

MASTROQUET s. m. Jargon paris. Marchand de vin.

* **MASTURBATION** s. f. (rad. *masturber*). Genre de pollution qui trompe le vœu de la nature, et qui a ordinairement les suites les plus funestes.

* **MASTURBER (Se)** v. pr. Faire l'acte contre nature appelé MASTURBATION.

MASUDI (Aboul-Hassan ALI BEN HUSSEIN BEN ALI) [mâ-sou'-di], savant arabe, né à Bagdad vers 890, mort en 956. Il appartenait à une illustre famille qui datait du temps de Mahomet, et l'universalité de son savoir n'a été égalée par aucun autre Arabe. Parmi ses ouvrages les plus importants, on cite : *Akhbar alzeman* (*Mémoires du temps*), immense histoire générale qui n'a jamais été imprimée et dont il n'existe aucun exemplaire en Europe ; *Kitab al-wasat* (*Livre du Milieu*), curieux traité relatif à des questions d'histoire, de géographie, de philosophie et de sciences ; et *Prairies d'or et mines de pierres précieuses,* publiées en français par Barbier de Meynard avec texte arabe (7 vol. 1861-'73).

MASULIPATAM [angl. mâ-sou-li-pa-tâmm], ville de l'Inde anglaise, ch.-l. d'un district du même nom, sur la baie de Bengale, à 350 kil. N.-E. de Madras; environ 30,000 hab. La ville indigène est réunie au fort de Masulipatam par une longue chaussée; la partie centrale appartient au gouvernement français.

* **MASULIPATAN** s. m. Toile de coton des Indes, qui s'emploie ordinairement en mouchoirs : *le masulipatan tire son nom de la ville où cette toile se fabrique.* On dit aussi MASULIPATAM.

* **MASURE** s. f. [ma-zu-re] (rad. *mas,* maison). Ce qui reste d'un bâtiment tombé en ruine : *les hiboux, les oiseaux de nuit se retirent dans les vieilles masures.* — Se dit, fig., d'une méchante habitation qui semble menacer ruine : *il habite une masure, une chétive masure.*

MASURÉ, ÉE adj. (rad. *masure*). Blas. Se dit d'une tour, d'un château ou de tout autre édifice, dont quelques parties semblent tomber en ruines.

MASURKA s. f. Danse nationale polonaise.

* **MAT, ATE** adj. [matt] (all. *matt,* abattu). Qui n'a point d'éclat. Ne se dit guère que

des métaux qu'on met en œuvre, sans y donner le poli : *or, argent mat.* — Peint. COLORIS MAT, COULEUR MATE, coloris, couleur qui n'a point d'éclat. — Lourd, compacte : *l'orge, employée seule donne un pain mat.* — BRODERIE MATE, broderie d'or ou d'argent qui est mate, *la broderie en est riche, mais elle est mate, trop mate.* — SON MAT, son sourd.

MAT s. m. [matt] (pers. *mat,* mort). Se dit, aux échecs, du coup qui fait gagner la partie, en réduisant le roi auquel l'échec est donné, à ne pouvoir sortir de sa place sans se mettre de nouveau en échec, en prise : *donner échec et mat.* — ETRE ÉCHEC ET MAT, ou simplement, ETRE MAT, se dit du joueur qui a perdu. On dit, dans la même acception, LE VOILA MAT : *je vais le faire mat en deux coups.* Dans tous ces exemples, *Mat* est pris adjectivement. — Fig. et fam. DONNER ÉCHEC ET MAT A QUELQU'UN, FAIRE QUELQU'UN ÉCHEC ET MAT, emporter sur lui un avantage complet.

* **MÂT** s. m. [mâ] (anc. haut all. *mast*). Pièce de bois longue, ronde et droite, dressée sur un bâtiment, presque toujours perpendiculairement à la quille, et destinée à porter les voiles : *les mâts des grands vaisseaux sont ordinairement de plusieurs pièces.* — GRAND MAT DE PERROQUET, le mât qui s'élève sur le mât de hune. — MAT DE BEAUPRÉ, espèce de mât qui est placé obliquement sur la proue du vaisseau, du navire. — ALLER A MATS ET A CORDES, cheminer par la seule impulsion du vent sur les mâts et le gréement, après que toutes les voiles ont été serrées. — CALER LES MATS, abaisser les mâts; et, GUINDER LES MATS, les remettre à leur hauteur. — MAT DE COCAGNE, espèce de mât rond et lisse, planté en terre, au haut duquel sont suspendus des prix qu'il faut aller détacher, en grimpant sans aucun secours.

* **MATADOR** s. m. (lat. *mactator*). Terme emprunté de l'espagnol. Celui qui, dans les combats de taureaux, doit mettre l'animal à mort.

* **MATADOR** s. m. Jeu de l'hombre. Se dit des cartes supérieures : *spadille, manille et baste sont les trois premiers matadors.* — Fig. et fam. Homme considérable dans son état, dans son corps : *c'est un matador.*

MATAGE s. m. Techn. Action de matir, de travailler avec le matoir.

MÂTAGE s. m. Mar. Action de mâter un navire.

MATAM, établissement de la colonie française du Sénégal, arr. de Bakel et à environ 400 kil. de Saint-Louis, sur la rive gauche du Sénégal; 600 hab. Petit fort, construit en 1857, pour dominer le pays de Damga.

* **MATAMORE** s. m. (esp. *matamoros,* tueur de Mores). Faux brave : *il fait le matamore, et n'est qu'un poltron.*

MATAMOROS [mâ-ta-mo'-ross], ville frontière de Tamaulipas (Mexique), sur la rive droite et à 60 kil. de l'embouchure du Rio Grande, vis-à-vis Brownsville (Texas), et à 700 kil. N. de Mexico; environ 12,000 hab., en majorité d'origine espagnole.

MATAMOROS (Mariano), patriote mexicain, mort le 13 fév. 1814. Il était curé lorsque, se voyant molester par les troupes royalistes en 1811, il rejoignit les insurgés dès qu'il put sortir de prison. Elu d'emblée colonel, il acquit rapidement une grande influence et une immense popularité et fit preuve de véritables talents militaires. Après d'importants succès, l'imprudence de Morelos eut pour résultat la défaite de Puruaran. Matamoros fut fait prisonnier et exécuté. Sa mémoire est en grande vénération chez les Mexicains.

MATANZAS [mâ-tânn-sass], ville maritime fortifiée de Cuba, sur le San-Juan, et sur la magnifique baie de Matanza., à 85 kil. E. de la Havane; environ 30,000 hab. Rues larges, régulières, propres et éclairées au gaz; maisons de pierre solidement bâties. Vaste

MATARO.

port, d'accès facile. Climat chaud, mais plus sain que celui de la Havane. Exportation de sucre et d'un peu de café.

MATAPAN (Cap), promontoire qui forme l'extrémité méridionale du Péloponèse (Grèce), par 36° 23' lat. N. et 20° 9' long. E. Le nom de *Tænarum* ou *Promontorium Tænarium* était donné par les anciens, non seulement au cap Matapan, mais encore à toute la petite péninsule qui se trouve au N. de celui-ci et qui est reliée par un isthme étroit à la grande péninsule Taygétique.

MATARO [mâ-ta-ro'], ville maritime de Catalogne (Espagne), à 25 kil. N.-N.-E. de Barcelone; 18,000 hab. La *vieille ville* est percée de rues étroites et tortueuses; la *ville neuve* est régulière et bien bâtie. Cotonnades, lainages, soieries, toiles à voiles, verres, savons, cuirs, vins, eau-de-vie, bois de construction et fruits.

MATASSINS s. m. pl. (esp. *matachin*). Nom d'une ancienne danse bouffonne : *danser les matassins.* — Se disait aussi des danseurs : *une entrée de matassins.*

MATATHIAS. Voy. MACHABÉE.

MATCH s. m. (angl. *match*, pari). Turf. Pari engagé sur deux chevaux pour une distance convenue. — Jeu de billard. Partie dans laquelle il y a un pari d'engagé et que gagne celui qui, le premier, atteint le nombre de points convenu. — Au plur. *Des matches.*

MATÉ s. m. (nom aborigène de la coupe employée pour la préparation de l'infusion). Arbuste de l'Amérique méridionale, du genre houx, dont les feuilles grillées légèrement,

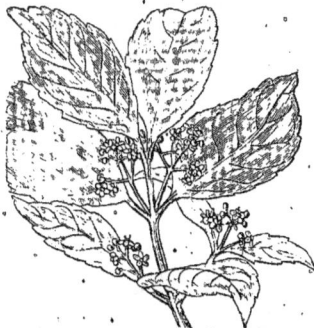

Maté (Ilex Paraguayensis).

puis concassées et réduites en poudre, donnent par leur infusion dans l'eau bouillante une boisson analogue au thé de la Chine : on l'appelle aussi HERBE DU PARAGUAY. — Se dit aussi de l'infusion du maté : *boire du maté.* — Le *maté* est la feuille de l'*yerba maté* (*ilex Paraguayensis*), espèce de houx qui croît sur le bord des rivières du Paraguay et dans les montagnes du Brésil; il atteint de 4 à 5 m. de haut.

MATELAS s. m. (bas lat. *materacium*). Une des principales pièces de la garniture d'un lit; espèce de grand coussin, piqué d'espace en espace, qui couvre toute l'étendue d'un lit, et qui est rempli de laine, ou de bourre, ou de crin, etc. : *coucher sur un matelas par terre.* — Se dit encore des petits coussins piqués qu'on met aux deux côtés d'un carrosse.

MATELASSER v. a. Garnir de coussins rembourrés et piqués, en façon de matelas : *matelasser le fond d'un carrosse.*

MATELASSIER, IÈRE s. Celui, celle qui fait et qui rebat des matelas.

MATELASSURE s. f. Ce qui sert à matelasser, à rembourrer.

MATELLES (Les), ch.-l. de cant., arr. et à 16 kil. N.-O. de Montpellier (Hérault); 460 hab.

MATELOT s. m. Se dit, en général, de tout homme qui fait partie de l'équipage manœuvrier d'un bâtiment de mer : *il avait cent matelots sur son vaisseau.* — S'applique particulièrement au marin qui, par ses services, son âge et son aptitude comme homme de mer, a obtenu une certaine solde déterminée par les règlements : *cet homme reçoit la paye de matelot.* — Se dit, par analogie, dans la tactique navale, de chacun des vaisseaux d'une ligne considéré par rapport à celui qu'il précède ou qu'il suit immédiatement : *chaque vaisseau doit serrer sur son matelot d'avant pour empêcher l'ennemi de couper la ligne.* — S'emploie aussi, adjectivement, dans l'acception qui précède : *vaisseau matelot.*

MATELOTAGE s. m. Art du matelot : *l'école de matelotage.* — Amitié qui unit deux matelots.

MATELOTE s. f. Mets composé de plusieurs sortes de poissons apprêtés à la manière dont on prétend que les matelots les accommodent : *on nous servit une matelote.* — A la matelote loc. adv. A la mode, à la façon des matelots : *un pantalon, un bonnet à la matelote.*

MATER v. a. [ma-té] (rad. *mat*). Jeu des échecs. Réduire le roi, par l'échec qu'on lui donne, à ne pouvoir sortir de sa place, ou à n'en pouvoir sortir sans se mettre de nouveau en échec : *je vous materai avec ce pion-là.* — Fig. Humilier, abattre : *mater son corps, sa chair par des jeûnes, par des austérités.* — Humilier, abattre : *il a été bien maté par le mauvais succès de cette affaire.*

MÂTER v. a. Garnir un navire de ses mâts : *mâter un vaisseau.*

MATERA [mâ-té-ra], ville de l'Italie méridionale, sur la Gravina, à 70 kil. E. de Potenza, 15,000 hab. Manufactures d'armes à feu. Aux environs se trouvent les fameuses grottes de Monte Scaglioso.

MATER DOLOROSA s. f. (lat. *mater* mère; *dolorosa*, affligée). Tableau représentant la Vierge au pied de la croix. — Fig. Femme d'une tristesse extrême.

MÂTEREAU s. m. Mar. Petit mât.

MATÉRIALISATION s. f. Action de matérialiser; résultat de cette action.

MATÉRIALISER v. a. Supposer matériel, considérer comme matériel : *les idolâtres matérialisaient la Divinité.* — Se matérialiser, devenir lourd, grossier, matériel.

MATÉRIALISME s. m. Système de ceux qui pensent que tout est matière. — Doctrine de ceux qui pensent que l'âme de l'homme n'est pas une substance spirituelle distincte de la matière, mais qu'elle est le résultat d'une organisation de matière spéciale dans le corps. Le terme *matérialisme* a été appliqué pour désigner le système d'Épicure (340 av. J.-C.), celui de Hobbes, vers 1642; celui de Priestly, vers 1772. Aujourd'hui ce mot est considéré comme synonyme d'athéisme.

MATÉRIALISTE s. Celui, celle qui n'admet que la matière. — Adj. : *opinions, doctrines matérialistes.*

MATÉRIALITÉ s. f. Qualité de ce qui est matière : *la matérialité de l'âme est une opinion qui ne peut avoir que de funestes effets.*

MATERIA MEDICA, matière médicale. Ensemble, total, système des corps naturels qui fournissent des médicaments.

MATÉRIAUX s. m. pl. (lat. *materia*, matière). Les différentes matières qui entrent dans la construction d'un bâtiment, comme la pierre, le bois, la tuile, etc. : *il va bâtir, il a ses matériaux tout prêts.* — Fig. Tout ce qu'une personne qui se dispose à écrire l'histoire ou à composer quelque autre ouvrage d'esprit, rassemble de faits, d'idées, de réflexions, etc. : *cet écrivain rassemble, prépare ses matériaux.*

MATÉRIEL, ELLE adj. Qui est formé de matière : *les substances, les choses matérielles.* — Qui a rapport à la matière, qui tient de la matière : *suivant quelques philosophes, les actions des animaux sont purement mécaniques et matérielles.* — Grossier, qui a ou qui paraît avoir beaucoup de matière : *cet ouvrage est trop matériel.* — IL EST MATÉRIEL, FORT MATÉRIEL, C'EST UN ESPRIT BIEN MATÉRIEL, se dit d'un homme qui a l'esprit lourd, pesant. — Philos. scol. Qui est opposé à formel : *la cause matérielle doit être distinguée de la cause formelle.* — Jurispr. FAUX MATÉRIEL, celui qui est commis innocemment, et sans intention coupable; par opposition à FAUX FORMEL, celui que l'on commet sciemment et à mauvaise intention. — s. Objets de toute nature qui sont employés à quelque service public; par opposition à *personnel*, qui s'entend de toutes les personnes attachées à ce même service : *le matériel de la guerre, de la marine, etc., a coûté cette année dix fois plus que le personnel.* — Le MATÉRIEL D'UNE ARMÉE, les bagages, les munitions, les pièces d'artillerie, etc., par opposition aux troupes qui composent l'armée : *le débarquement du matériel exigera beaucoup de temps.* On dit, dans un sens analogue : *le matériel d'une imprimerie, d'une fabrique, etc.* — Philos. : *distinguer le matériel du formel.*

MATÉRIELLEMENT adv. Philos. scol. Par rapport à la matière, est opposé à formellement : *l'homme est mortel matériellement, et immortel formellement.* — Signifie, dans le langage ordinaire, grossièrement : *cette table est faite bien matériellement.* — Signifie aussi quelquef. absolument et en fait : *la chose est matériellement impossible.*

* **MATERNEL, ELLE** adj. (lat. *maternus*; de *mater*, mère). Qui est propre à la mère, qui est naturel à une mère : *amour maternel.* — Côté maternel, ligne maternelle, la ligne de parenté du côté de la mère. — Parents maternels, biens maternels, les parents, les biens du côté de la mère. — Langue maternelle, la langue du pays où l'on est né : *il est honteux de mal parler sa langue maternelle.*

* **MATERNELLEMENT** adv. D'une manière maternelle : *cette femme a parlé à sa fille maternellement.*

* **MATERNITÉ** s. f. (lat. *maternitas*). L'état, la qualité de mère : *la maternité a ses plaisirs et ses peines.* — Législ. « A défaut d'acte de naissance, chacun peut établir sa filiation légitime par la possession d'état ou la prouver par témoins lorsqu'il existe déjà un commencement de preuve par écrit ou des présomptions reconnues suffisantes par le tribunal appelé à statuer. S'il s'agit de filiation naturelle, la paternité ne peut être constatée dans le seul cas où il y a eu enlèvement de la mère à une époque concordant avec la naissance de l'enfant. La *recherche de la maternité* est, au contraire, admise en principe; et l'enfant naturel non reconnu est reçu à faire la preuve par témoins de sa filiation maternelle; mais il doit d'abord, produire un commencement de preuve par écrit, et il est tenu ensuite de prouver qu'il est identiquement le même que l'enfant dont la mère est accouchée. La recherche de la maternité est interdite, lorsque cette recherche doit établir une filiation adultérine ou incestueuse (C. civ. 341, 342). » (Ch. Y.) — Adm. « On donne le nom de *maternité* à une école d'accouchement destinée à former des sages-femmes. Il en existe plusieurs en France. Seule, celle de Paris, forme des sages-femmes de première classe, qui ont le privilège d'exercer dans toute l'étendue du territoire. Les écoles des départements, annexées à des hôpitaux civils, forment des sages-femmes de deuxième classe pouvant exercer seulement dans le département pour lequel elles ont été diplômées. Les élèves sages-femmes ne sont admises à la Maternité de Paris que depuis l'âge de 18 ans révolus jusqu'à 35 ans. Les élèves ne peuvent résider moins d'un an dans cette école. Le prix de la pension est de 697 fr. 50 cent., y compris les accessoires. Les conseils généraux des départements accordent presque tous quelques bourses pour entretenir des élèves sages-femmes à la Maternité de Paris. — On donne aussi le nom de *maternité* à un hospice spécial ou à un quartier d'hospice dans lequel les indigentes sont admises à faire leurs couches. La première maternité fut fondée à Paris, par un décret de la Convention nationale du 7 ventôse an II, rendu sur un mémoire du sieur Hombron, à la fois receveur, économe et greffier de l'hospice des enfants trouvés. Cette utile institution eut pour résultat de diminuer le nombre des nouveau-nés exposés ou abandonnés; et elle se généralisa en France, à partir de 1864, époque où se fermèrent la plupart des tours. — Chaque département possède aujourd'hui une *maternité* par hospice dépositaire d'enfants abandonnés. Les filles-mères et les femmes indigentes y sont soignées jusqu'à leur complet rétablissement. Celles qui désirent emporter leurs enfants reçoivent, pour les élever, des secours mensuels en rapport avec leur état d'indigence; et la mère déclare ne pouvoir se charger de son enfant, celui-ci est inscrit au nombre des enfants abandonnés et immédiatement remis à une nourrice reçue à l'avance sur un registre tenu à cet effet par l'inspecteur des enfants assistés. »

MATHA, ch.-l. de cant., arr. et à 18 kil.

S.-E. de Saint-Jean-d'Angély (Charente-Inférieure); 2,200 hab. Commerce d'eaux-de-vie.

* **MATHÉMATICIEN** s. m. Celui qui fait son étude principale des mathématiques, qui s'occupe d'ouvrages ou de travaux relatifs à cette science : *il est grand mathématicien.* — ∾ Au fém. MATHÉMATICIENNE.

* **MATHÉMATIQUE** adj. Qui a rapport aux mathématiques, ou qui résulte des procédés de cette science : *les sciences mathématiques.* — Point mathématique, le point considéré abstractivement, comme n'ayant aucune étendue : *suivant les géomètres, le point mathématique est l'extrémité de la ligne.*

* **MATHÉMATIQUE** s. f. (gr. *mathema*, ou *mathésis*, savoir). Science qui a pour objet les propriétés de la grandeur, en tant qu'elle est calculable ou mesurable. Il est plus usité au pluriel. On ne l'emploie jamais au singulier, avec l'article : *étudier en mathématique; il sait les mathématiques.* — Étui de mathématique, étui dans lequel sont renfermés les instruments nécessaires aux mathématiciens. — Mathématiques pures, celles qui considèrent les propriétés de la grandeur d'une manière abstraite. Mathématiques mixtes, celles qui les considèrent dans certains corps ou sujets particuliers : *la géométrie, l'algèbre*, etc., appartiennent aux mathématiques pures; l'astronomie, la mécanique, font partie des mathématiques mixtes. — Dans les établissements d'instruction publique, on distingue deux classes de mathématiques : les mathématiques élémentaires, qui comprennent l'arithmétique et les éléments de la géométrie, et les mathématiques spéciales, qui comprennent les parties supérieures de cette science. — Encycl. On appelle mathématique la partie des sciences qui traite des mesures, des quantités, ou d'une manière plus précise, la science qui détermine les quantités connues par leur rapport avec des quantités inconnues de même nature. Les mathématiques se divisent en mathématiques pures et mathématiques appliquées. Les branches des mathématiques pures sont l'arithmétique, la géométrie, l'algèbre, la géométrie analytique, et les calculs différentiel et intégral. L'arithmétique, base de toutes les mathématiques, est l'ensemble des règles élémentaires des opérations que l'on peut faire sur les nombres; il n'est question, dans l'arithmétique, que des nombres abstraits. La géométrie mesure l'étendue, représentée par des lignes, des surfaces ou des volumes. L'algèbre (voy. ce mot) peut être considérée comme une généralisation de l'arithmétique dans laquelle, en employant des lettres de l'alphabet à la place de nombres, on donne aux règles de calcul une extension beaucoup plus considérable. La géométrie analytique, application de l'algèbre à la géométrie, permet de donner cette même extension à la géométrie, en transformant des problèmes géométriques très difficiles à résoudre sur les figures en des problèmes algébriques résolus par des équations. Le calcul différentiel est le calcul dans lequel on ne considère que les accroissements infiniment petits des quantités variables, en descendant toujours de la quantité finie. Le calcul intégral, au contraire, a pour objet de trouver une grandeur finie inconnue en remontant de l'infiniment petit correspondant. Les mathématiques pures sont, en réalité, les seules sciences exactes. — Les mathématiques mixtes sont l'application des lois mathématiques aux objets de la nature et de l'art; elles comprennent la mécanique, qui traite à la fois de la matière en repos et de la matière en mouvement. La mécanique se divise en statique (étude de l'équilibre des forces) et en dynamique (étude de l'action des forces); la cinématique est l'étude analytique des lois du mouvement. L'astronomie, l'hydrostatique, la pneumatique, l'optique et l'acoustique sont

considérées comme des divisions de la dynamique. L'arpentage, l'architecture, la fortification et la navigation sont les principales applications des mathématiques aux arts. — L'histoire des mathématiques peut se diviser en trois grandes périodes, caractérisées chacune par l'introduction de nouvelles méthodes importantes. Dans la première ère de la suprématie des Grecs et des Romains, la géométrie, presque exclusivement cultivée, atteignit un merveilleux degré d'élégance de méthode. Les plus grands savants de cette période furent Euclide et Archimède. Après le déclin de Rome, les sciences se réfugièrent chez les Arabes, qui traduisirent, et conservèrent les trésors littéraires de la Grèce, mais qui, plus érudits qu'inventifs, ajoutèrent peu de choses à ce précieux héritage. On leur doit l'introduction en Europe de l'arithmétique décimale et des calculs algébriques, qui semblent être d'origine indoue. Avec Descartes commence une grande révolution dans la science mathématique. Sa méthode de caractériser les courbes par une équation entre deux grandeurs variables, renverse les anciennes manières d'envisager les questions géométriques. Le langage symbolique, trouvé suffisant pour tous les besoins, devint bientôt le moyen général des recherches mathématiques, et fut le principal instrument à l'aide duquel la science renversa les obstacles qui s'opposaient à son progrès. Fermat peut être considéré comme l'inventeur du calcul des probabilités; les travaux de Roberval ne sont pas moins importants; la découverte du calcul différentiel, fut faite d'une manière indépendante, à la fois par Newton (sous forme de fluxions) et par Leibnitz. Déjà Napier avait inventé les logarithmes et Newton le binôme; Mercator avait accompli la quadrature des hyperboles, et Wallis la quadrature de plusieurs autres courbes, en cherchant celle du cercle. Le calcul intégral (méthode newtonienne des quadratures), l'inverse du calcul différentiel, fut perfectionné par Leibnitz et par les Bernoullis; Euler étendit la théorie de la trigonométrie analytique; Fontaine expliqua celles des équations différentielles; Taylor inventa le calcul des différences finies ou accroissements; Cavalieri publia sa méthode des invisibles; et d'autres progrès furent accomplis par Kepler, Huyghens et Wallis. Les noms de Lagrange et de Laplace n'eurent pas de rivaux à la fin du XVIIIe siècle et au commencement du XIXe siècle. Grâce à ces savants, l'application de toutes les méthodes de calcul à la mécanique de l'univers furent portées au plus haut degré de généralité et de symétrie. Comme application des mathématiques à l'astronomie, on ne cite rien au monde de comparable à la prédiction faite par Leverrier, en 1846, que l'on devait découvrir, sur un point du ciel qu'il désigna, une planète (Neptune), dont il fit connaître l'orbite. Cette merveilleuse découverte était basée seulement sur les calculs de Leverrier relativement aux mouvements d'Uranus, et il se trouva que ce grand savant avait annoncé, sans le secours du télescope, l'existence, la position et la magnitude d'un corps situé au delà des limites de notre système, uniquement comme conséquence des perturbations des planètes connues les plus éloignées du nous.

* **MATHÉMATIQUEMENT** adv. Selon les règles des mathématiques : *cela est vrai mathématiquement parlant.*

MATHÉSIOLOGIE s. f. (gr. *mathésis*, science; *logos*, discours). Science de l'enseignement en général.

MATHEW (Theobald), l'apôtre de la tempérance, né en Irlande en 1790, mort en 1856. Il entra dans un couvent de capucins à Kilkenny, où il resta jusqu'après son ordination en 1816; il fut ensuite curé à Cork. Vers

1838, il organisa une Société d'abstinence totale dont il fut nommé président. A Cork, il fit 150,000 adeptes en 5 mois, et, à Galway, 100,000 en deux jours ; et, après avoir visité toutes les grandes villes d'Irlande, il parcourut l'Angleterre où on le reçut partout avec enthousiasme ; il voyagea ensuite aux Etats-Unis.

MATHIAS. Voy. MATTHIAS.

MATHIAS ou **Matthias**, empereur d'Allemagne, fils de Maximilien II, né le 24 fév. 1557, mort le 20 mars 1649. Exclu par son frère, Rodolphe II, de toute participation aux affaires intérieures de l'Etat, il épousa la cause des Pays-Bas révoltés et fut leur chef nominal de 1577 à 1580. A la mort de son frère Ernest (1595), Rodolphe lui abandonna l'administration de l'archiduché d'Autriche. Il se rendit odieux en persécutant les protestants. En 1606, il rétablit la tranquillité chez les Hongrois et, en 1608, il força Rodolphe à lui céder la Hongrie, la Moravie et l'Autriche et à lui assurer la succession de la Bohême. Il se joignit ensuite aux Bohémiens contre son frère et se fit abandonner la succession de la Silésie et de la Lusace. Rodolphe n'ayant pas d'héritier, Mathias fut élu à l'unanimité (juin 1612) pour lui succéder comme empereur. Il ne put chasser les Turcs qui envahissaient la Hongrie et n'arrêta leur marche sur Vienne qu'en leur accordant la paix de 1615 ; il ne fut pas plus heureux quand il voulut mettre fin aux troubles religieux. La faiblesse de sa santé lui offrit le prétexte de donner à l'archiduc Ferdinand les royaumes de Bohême (1617) et de Hongrie (1618). Avant de mourir, il vit éclater la guerre de Trente ans, causée par la bigoterie de Ferdinand.

MATHIAS ou **Matthias I**ᵉʳ, *le Grand*, surnommé *Corvin* (*Corvinus*), roi de Hongrie, né en 1443, mort le 6 avril 1490. Il était fils de Jean Huniade et succéda par élection au roi Ladislas V (1458). Plusieurs nobles puissants lui firent de l'opposition et élurent, l'année suivante, comme roi, son rival l'empereur Frédéric III. Mais Mathias parvint à décider Frédéric à lui abandonner la couronne de Saint-Etienne. Peu après, il expulsa les Turcs, fit la guerre à son beau-père Georges Podiebrad, roi de Bohême, auquel il enleva la Moravie, la Silésie et la Lusace (1468-'70) ; battit les Polonais et, en 1485-'86, arracha Vienne et une grande partie de la basse Autriche à l'empereur Frédéric. Son gouvernement, quoique arbitraire, fut juste et populaire ; il protégea les lettres et les sciences.

MATHIEU (Saint), un des douze apôtres et des quatre évangélistes, né en Galilée. Il était fils d'Alphée et, avant de suivre Jésus-Christ, il fut collecteur d'impôts au lac de Tibériade. Il est surtout remarquable comme l'auteur du premier évangile. Selon toute probabilité, il l'écrivit d'abord en hébreu, à l'usage des Juifs christianisés et dans le but de leur montrer que Jésus était bien le Messie promis par Dieu à leurs pères. Cet évangile est un des livres canoniques. La fête de saint Mathieu se célèbre le 21 sept. chez les catholiques romains et le 16 nov. chez les Grecs. Quelques-uns écrivent MATTHIEU.

MATHIEU (Saint-) ch.-l. de cant., arr. et à 16 kil. S.-O. de Rochechouart (Haute-Vienne) ; 2,300 hab. Forges.

MATHIEU (Claude-Louis), astronome, né à Mâcon, le 25 nov. 1783, mort à Paris, le 6 mars 1875. Fils d'un pauvre menuisier, il devint, à force de travail, l'un des plus éminents mathématiciens de notre époque ; fut nommé ingénieur des ponts et chaussées (1807), professeur au collège de France et à l'Ecole polytechnique, membre de l'Institut (1817) et du Bureau des longitudes ; député

sous Louis-Philippe (1834), puis à l'Assemblée constituante de 1848. Il a laissé : *Histoire de l'astronomie au XVIII*ᵉ *siècle* (1827, in-4°).

MATHIEU (Jacques-Marie-Adrien-Césaire), prélat, né à Paris en 1796, archevêque de Besançon, mort en 1875. Il fut nommé cardinal en 1850. Il formait avec Dupanloup et plusieurs autres prélats français cette minorité qui repoussa la doctrine de l'infaillibilité du pape au concile du Vatican. Son ouvrage principal est *Le pouvoir temporel des papes justifié par l'histoire* (1863, in-8°).

MATHIEU DE DOMBASLE. Voy. DOMBASLE.

MATHIEU DE LA DRÔME (Philippe-Antoine), homme politique et météorologiste, né près de Romans (Drôme), en 1808, mort en 1865. Elu à la Constituante, il y défendit les doctrines socialistes ; le coup d'Etat l'exila en Belgique et en Suisse ; il ne rentra qu'après l'amnistie de 1859 et ne s'occupa plus que de météorologie. Son *Almanach de Mathieu de la Drôme* a obtenu un succès populaire.

MATHIEU PARIS ou **Mathieu de Paris** (ainsi appelé parce qu'il avait fait ses études à Paris), historien anglais né vers 1195, mort en 1259. A partir de 1217, il fut moine bénédictin à Saint-Albans et y continua les *Flores historiarum* de Roger de Wendover ; il y ajouta les événements de 1235 à 1259. Cette histoire est connue sous le nom de *Historia major* ; on l'imprima pour la première fois en 1571. Mathieu Paris fit aussi un abrégé des événements de 1066 à 1253, ayant pour titres : *Historia minor*, *Chronicon* et *Liber chronicon*, compilation qui a été publiée sous le titre général de *Historia Anglorum* (1866). L'*Historia major* a été traduite en français par Huillard-Bréholles sous le titre de *Grande Chronique de Mathieu Paris* (Paris, 1840-'41, 9 vol. in-8°). C'est un ouvrage écrit avec beaucoup d'exactitude et de sincérité.

MATHILDE (Sainte). I. Reine de Germanie, épouse de Henri l'Oiseleur ; fut persécutée par ses fils Othon et Henri, fonda de nombreux monastères et mourut en 968. Fête le 14 mars. — II. Reine d'Angleterre, fille de Malcolm d'Ecosse et de sainte Marguerite, épousa, en 1100, Henri Iᵉʳ d'Angleterre ; fonda plusieurs hôpitaux et mourut en 1108. Fête le 30 avril.

MATHILDE, fille de Baudoin V de Flandre et d'Adèle de France, épousa Guillaume le Bâtard en 1054, fonda l'Abbaye-aux-Dames à Caen et mourut en 1083. On lui attribue la *Tapisserie de Bayeux*. (Voy. BAYEUX.)

MATHILDE (La grande comtesse), fille de Boniface II le Pieux, née en 1046, morte en 1115. Dépossédée de ses vastes domaines dans l'Italie centrale, elle se retira près du pape Grégoire VII et fit une donation secrète de ses biens au saint-siège (1077). Telle est l'origine du patrimoine de saint Pierre.

MATHURIN s. m. Homme attaqué de folie ou qu'on veut faire passer pour fou. — Membre d'un ordre religieux fondé vers le XIIᵉ siècle : *les mathurins*.

MATHURIN (Saint), confesseur de la foi, mort vers 388. Il précha l'Evangile et fit un grand nombre de conversions. Une église avait été construite à Paris sous son vocable ; elle fut plus tard donnée aux religieux trinitaires, d'où vint leur nom de mathurins. Fête le 9 nov.

MATHUSALEM, patriarche hébreu que l'on dit avoir vécu 969 ans. Aucun homme, si l'on en croit l'Ecriture, n'atteignit cet âge. On dit souvent en parlant de quelqu'un qui semble dépasser les limites ordinaires de la vie : *il vivra autant que Mathusalem.*

* **MATIÈRE** s. f. (lat. *materia*). Ce dont une chose est faite : *le bois, la pierre, etc., sont la*

matière dont on fait les bâtiments. — MATIÈRE D'OR ET D'ARGENT, les espèces fondues, les lingots et les barres employés pour la fabrication des monnaies : *on doit porter ces matières à la Monnaie.* — MATIÈRES PREMIÈRES, les matières, avant qu'elles soient mises en œuvre. — Philos. La matière étendue, divisible, impénétrable. et susceptible de toute sorte de formes et de mouvements : *les propriétés de la matière ; la divisibilité de la matière.* — Phy. Nom donné à la cause inconnue de plusieurs espèces de phénomènes : *matière électrique; matière magnétique.* — MATIÈRE ANIMALE, VÉGÉTALE, MINÉRALE, substance appartenant au règne animal, végétal, minéral. — MATIÈRE BRUTE, celle qui n'offre pas les caractères de l'organisation. — MATIÈRE ORGANISÉE, toute matière vivante ou ayant vécu, soit qu'elle appartienne à un végétal ou à un animal. — Se dit aussi par opposition à esprit : *s'élever au-dessus de la matière.* — Fam. ETRE ENFONCÉ DANS LA MATIÈRE, AVOIR LA FORME ENFONCÉE DANS LA MATIÈRE, avoir l'esprit grossier. — Méd. Se dit des substances évacuées par haut ou par bas : *la matière des vomissements; matière fécale.* — LA MATIÈRE DE LA TRANSPIRATION, la sueur. — MATIÈRE PURULENTE, ou simplement MATIÈRE, le pus qui sort d'une plaie, d'un abcès : *il est sorti beaucoup de matière de cette plaie.* — MATIÈRE MÉDICALE, connaissance des substances employées en médecine, et de la manière de les préparer et de les administrer : *il possède à fond la matière médicale.* — Au sens moral, signifie le sujet sur lequel on écrit, on parle : *belle, ample, riche, matière à traiter.* — Cause, sujet, occasion. En ce sens, s'emploie sans article : *il n'y a pas là matière à se fâcher.* — Jurispr. MATIÈRE CIVILE, ce qui donne action au civil. MATIÈRE CRIMINELLE, ce qui donne action au criminel. LA MATIÈRE D'UN CRIME, D'UN DÉLIT, ce qui constitue un crime; un délit. — Se dit aussi, en parlant de quelques-unes des parties qui composent la science du droit : *matière féodale, bénéficiale, commerciale.* On l'emploie le plus souvent au pluriel : *les matières commerciales lui sont très familières.* — Typogr. Mélange de plomb et de régule dont est formé le caractère. On y ajoute quelquefois de l'étain, du cuivre, du fer : *caractère matière forte* ou *dure; caractère matière faible.* — On donne aussi le nom de matière aux caractères de rebut destinés à être fondus, ainsi qu'à la substance qui recouvre les rouleaux à imprimer.— En matière de, loc. prépositive. En fait de, quand il s'agit de : *en matière de finances.* — Législ. « Le Code de procédure distingue diverses matières dans les affaires civiles, afin de déterminer la compétence des tribunaux. Ainsi, en matière *personnelle* ou *mobilière*, le juge compétent est celui du domicile du défendeur ; en matière *réelle*, c'est le juge de la situation de l'immeuble ; en matière *mixte* c'est celui de la situation de l'immeuble ou celui du domicile du défendeur, au choix du demandeur, etc. (C. pr. 2, 59, 64). Les *matières sommaires* sont jugées à l'audience, sur un simple acte et sans qu'il y ait lieu à toute la procédure en usage dans les *matières ordinaires*. Sont réputées matières sommaires : les appels des jugements des juges de paix ; les demandes purement personnelles, à quelque somme qu'elles puissent monter, lorsqu'il y a titre non contesté ; les mêmes demandes formées sans titre, lorsqu'elles n'excèdent pas 1,500 fr. ; les actions immobilières, lorsque le revenu de l'immeuble n'excède pas 60 fr. ; les demandes provisoires ou qui requièrent célérité ; les demandes en paiement de loyers, fermages ou d'arrérages de rentes (id. 404 et s. ; L. 11 avril 1838, art. 1ᵉʳ). » Nous avons résumé ailleurs la législation concernant les *matières explosives* (Voy. DYNAMITE), et celle relative aux *matières d'or* et *d'argent* (Voy. GARANTIE). La *comptabilité-matières* des administrations publiques est régie notamment par les articles 861 à 880 du décret réglementaire du 31 mai 1862. »   (Ch. Y.)

MATIFOU (Cap), (ar. *ras-el-Emendfoust*), cap qui termine à l'E. la rade d'Alger, par 36° 65' lat. N. et 0° 52' long. E., au lieu où s'élevait jadis la ville romaine de Rusconium. On y a construit un fort.

MATIGNON, ch.-l. de cant., arr. et à 28 kil. N.-O. de Dinan (Côtes-du-Nord); 1,460 hab. Commerce de grains.

MATIGNON. I. (Jacques Goyon de), maréchal de France, né à Lonlay (Normandie) en 1525, mort en 1597 au château de Lesparre. Il fut fait prisonnier à Saint-Quentin (1557), maintint l'autorité royale pendant les guerres de religion, refusa de faire exécuter les massacres de la Saint-Barthélemy à Saint-Lô et à Alençon (1572), fut créé maréchal en 1579 et gouverneur de Guienne en 1584. Après avoir combattu Henri IV, il se rangea du côté de ce prince, au sacre duquel il remplit les fonctions de connétable. — II. (Charles-Auguste de Goyon, *comte de Gacé, puis de*), maréchal de France, descendant du précédent né en 1647, mort à Paris en 1729. Il était maréchal de camp en 1689, lorsqu'il accompagna le prétendant Jacques Stuart en Irlande; il reçut le bâton de maréchal en 1708.

* **MATIN** s. m. (lat. *matutinum*). La première partie, les premières heures du jour : *il se lève de bon matin, de grand matin.* — S'emploie aussi adverbialement : *il s'est levé matin, fort matin.* On dit, DEMAIN AU MATIN, et plus ordinairement, DEMAIN MATIN. — UN DE CES MATINS, UN BEAU MATIN, se dit d'un jour, d'un temps qui n'est pas déterminé : *j'irai vous voir un de ces matins.* — LES PORTES DU MATIN, l'aurore ou le levant. — Fig. et poétiq. LE MATIN DE LA VIE, .les premières années de la vie. On dit, dans le même sens, ETRE DANS SON MATIN, A SON MATIN : *elle était encore dans son matin.* — Prov. et fig. IL FAUDRAIT SE LEVER BIEN MATIN POUR LE SURPRENDRE, il est fin et précautionné. — Prov. QUI A BON VOISIN, A BON MATIN, lorsqu'on a un bon voisin, on jouit de plus de sécurité et d'agrément. —Prov., ROUGE AU SOIR, BLANC AU MATIN, C'EST LA JOURNÉE DU PÈLERIN, le ciel rouge le soir et blanc le matin, présage un beau temps. — Tout le temps qui s'écoule depuis le moment où on se lève, jusqu'à l'heure du dîner : *il travaille tout le matin, et l'après-dînée il se repose.* — Tout le temps qui s'écoule depuis minuit jusqu'à midi : *une heure, deux heures, trois heures du matin,* et ainsi de suite, jusqu'à *onze heures du matin.*

* **MÂTIN** s. m. (celt. *mastin*). Espèce de chien servant ordinairement à garder une cour, et à d'autres usages domestiques : *gros, petit mâtin.* (Voy. CHIEN.) — Pop. Personne peu commode, brusque, déterminée : *cet homme est un rude mâtin.* — ⁓ Au fém. : *c'est une mâtine.* — Adjectiv. : Ah! *mâtine de Turquie.* — Interj. Exclamation familière : *mâtin! que vous êtes de bonne humeur! sacré mâtin!*

* **MATINAL, ALE, ALS** ou **AUX** adj. Qui s'est levé matin : *vous êtes bien matinal aujourd'hui.* — Qui appartient au matin : *la brise matinale.* — FLEURS MATINALES, fleurs qui s'ouvrent le matin.

MATINALEMENT adv. Dès le matin.

* **MÂTINEAU** s. m. Petit mâtin.

* **MATINÉE** s. f. La partie du matin qui s'écoule depuis le point du jour jusqu'à midi : *une belle, une longue matinée.* — Fam. DORMIR LA GRASSE MATINÉE, dormir bien avant dans le jour. — ⁓ Séance littéraire ou représentation dramatique souvent accompagnée d'une conférence, qui a lieu le matin ou dans la journée, mais non la nuit. On dit *Matinée,* ou mieux *Matinée littéraire.* — M. Ballande,

qui inaugura, à Paris, en 1867, ce genre de représentations qualifiées de « *Vêpres laïques* » par Francisque Sarcey, fut chaudement encouragé par l'Académie française, dont il reçut un prix de 4,000 fr. en 1872. Son but était de populariser notre théâtre classique en faisant jouer les chefs-d'œuvre des maîtres et en les faisant expliquer dans une conférence. Le succès ne répondit pas à l'attente de M. Ballande qui, en 1873 ou en 1874, cessa de donner des matinées. Les tentatives de Mlle Marie Dumas et de Mlle Maria Deraisme obtinrent beaucoup plus de succès et firent apprécier en France les œuvres principales du théâtre étranger

* **MÂTINER** v. a. Se dit d'un mâtin, et, par ext., de tous les chiens qui couvrent une chienne d'une espèce plus belle que la leur : *ce vilain chien a mâtiné cette levrette.* — Fig. et Pop. Gourmander, maltraiter de paroles : *il le mâtina furieusement.*

* **MATINES** s. f. pl. Lit. cathol. Première partie de l'office divin, contenant un certain nombre de psaumes et de leçons qui se disent ordinairement la nuit : *le premier, le second, le troisième nocturne des matines.* — ETRE ÉTOURDI COMME LE PREMIER COUP DE MATINES, être fort étourdi. — LE RETOUR EST PIRE, EST PIS QUE LES MATINES, QUE MATINES, se dit pour exprimer que la suite d'une mauvaise affaire est pire encore que le commencement : *il croyait être hors de ce procès criminel, mais on le poursuit de nouveau; le retour est pis que matines.* — MATINES PARISIENNES, massacre de la Saint-Barthélemy (24 août 1572). — MATINES DE Moscou, massacre du prince Démétrius et des Polonais ses adhérents, dans la matinée du 27 mai 1606.

* **MATINEUX, EUSE** adj. Qui est dans l'habitude de se lever matin : *il faut être plus matineux que vous n'êtes.*

* **MATINIER, IÈRE** adj. Qui appartient au matin. N'est guère usité que dans cette expression, L'ÉTOILE MATINIÈRE, la planète de Vénus, qu'on appelle aussi L'ÉTOILE DU MATIN.

* **MATIR** v. a. Rendre mat de l'or ou de l'argent, sans le polir, ni le brunir.

MATISCO, ville des Éduens (auj. *Mâcon*).

MATITÉ s. f. Etat, qualité de ce qui est mat.

MATOIR s. m. Outil dont on se sert pour matir.

* **MATOIS, OISE** adj. (rad. *matou*). ·Rusé : *il est bien matois.*

Sur la branche d'un arbre était en sentinelle
Un vieux coq adroit et matois.
        LA FONTAINE.

— s. C'est un matois, un fin matois, un rusé matois.

MATOISEMENT adv. D'une façon matoise.

* **MATOISERIE** s. f. Qualité de matois : *vous ne connaissez pas sa matoiserie.* — Tromperie, fourberie : *voilà une fine matoiserie.* Il est familier dans les deux acceptions.

* **MATOU** s. m. Chat mâle et entier : *gros matou.* — Fig. et Pop. Homme désagréable par la figure et par le caractère : *c'est un matou, un vilain matou.*

MATOUR, ch.-l. de cant., arr. et à 37 kil. O. de Mâcon (Saône-et-Loire); 2,200 hab.

* **MATRAS** s. m. [ma-tra] (bas lat. *matara*). Vasse de verre à long cou, dont se servent les chimistes et les pharmaciens.

* **MATRICAIRE** s. f. (rad. *matrice*). Bot. Genre d'anthémidées, voisin des chrysanthèmes, et comprenant plusieurs espèces d'herbes annuelles, glabres, à feuilles composées d'un grand nombre de segments linéaires très étroits. La *matricaire camomille (matricaria camomilla),* ou *camomille ordinaire*

est très abondante dans nos champs. Elle donne, par la distillation, une huile essentielle colorée d'un beau bleu de saphir. La *matricaire inodore (matricaria inodora)* est également très commune chez nous, mais ses parties ne répandent pas l'odeur aromatique qui caractérise la précédente.

* **MATRICE** s. f. (lat. *matrix*). Anat. Viscère de la femme, dans lequel le fœtus se nourrit et s'accroît jusqu'au terme de la gestation : *le col, les ligaments, l'orifice de la matrice.* — Se dit aussi en parlant des animaux : *la matrice d'une jument, d'une chienne.* — Minér. Lieu, substance où se forment certains minéraux : *les marcassites sont les matrices des métaux.* — Impr. Pièce, ordinairement de cuivre, qui a reçu en creux l'empreinte de la lettre gravée sur un poinçon d'acier, et qui s'ajuste au fond du moule dans lequel on fond les caractères. — Carré d'une médaille ou d'une monnaie gravée avec le poinçon. — Se dit aussi des originaux ou étalons des poids et mesures. — Registre original d'après lequel sont établis les rôles de contributions : *matrice du rôle des contributions foncières.* — Adj. EGLISE MATRICE, celle qui est comme la mère de quelques autres églises. — LANGUE MATRICE, celle dont quelques autres sont dérivées : *on regarde l'arabe comme une langue matrice.* — COULEURS MATRICES, les couleurs simples qui servent à en composer d'autres.

MATRICIDE s. m. (lat. *mater*, mère; *cædo*, je tue). Crime de celui qui a tué sa mère. — Personne qui a tué sa mère. — Adjectiv. *Une main matricide.*

MATRICIEL, ELLE adj. qui concerne les matrices ou registres originaux.

MATRICULAIRE adj. (rad. *matricule*). Qui est porté sur la matricule. — Substantiv. Officier chargé de veiller sur les matricules.

* **MATRICULE** s. f. (rad. *matrice*). Registre, liste, rôle sur lequel on écrit le nom des personnes qui entrent dans certaines sociétés, dans certaines compagnies : *le nom de cet avocat n'est point dans la matricule.* (Vieux.) — Inscription sur la matricule : *du jour de sa matricule.* — Extrait de la matricule, qui est délivré à la personne inscrite, afin qu'elle puisse prouver son inscription : *il faut qu'il montre sa matricule.* — Adj. *Registre matricule.*

* **MATRIMONIAL, ALE, AUX** adj. (lat. *matrimonialis;* de *matrimonium,* mariage). Jurispr. Qui appartient au mariage. N'est guère usité que dans ces locutions : *questions matrimoniales, cause matrimoniale, conventions matrimoniales, droits matrimoniaux.*

MATRIMONIALEMENT adv. Au point de vue du mariage.

MATRIMONIUM s. m. [-ni-omm]. Mot latin qui signifie mariage : *cette personne est distraite, elle rêve au matrimonium.*

MATRONA, nom latin de la Marne.

* **MATRONE** s. f. (lat. *matrona*; de *mater,* mère). Nom donné par les tribunaux aux sages-femmes qu'ils nomment, dans certains procès, pour visiter des femmes : *on a jugé sur le rapport de la matrone.* — Dames romaines : *les vierges et les matrones.* — Se dit quelquef., par plaisant., d'une femme d'un certain âge, d'une certaine gravité : *c'est une respectable matrone.*

MATSUMAË [mât-sou-maï] ou **Matsmaï**, ville du Japon, dans l'île de Yézo, sur la côte méridionale, à environ 65 kil. S.-O. de Hakodaté; 50,000 hab. Matsumaë est le lieu où le capitaine russe Golovnin fut emprisonné en 1811-'13.

MATSYS, Metsys ou **Messys (Quintin)** [flam. mât-saïss], peintre flamand, né vers 1460, mort vers 1530. Il fut forgeron à Anvers jusqu'à l'âge de 20 ans; et l'on raconte qu'il étudia la peinture pour faire la cour à la fille d'un maître. Il se distingua par le fini minutieux de ses compositions et par la force de l'expression. Son chef-d'œuvre est le grand *Rétable* qui se trouve au musée d'Anvers représentant la *Descente de la Croix*, dont Reynolds disait : « Il y a cette toile des têtes dignes de Raphaël ». On admire aussi les *Avares*, qui sont au château de Windsor.

MATTE s. f. Métall. Substance métallique qui n'a subi qu'une première fonte, et qui n'est pas encore dans un état suffisant de pureté.

MATTER (Jacques) [ma-tèrr], philosophe et historien français, né en Alsace en 1791, mort en 1864. Après avoir été directeur du collége de Strasbourg et professeur d'histoire ecclésiastique à la faculté protestante de la même ville, il devint, en 1832, inspecteur général des études et, en 1845, inspecteur général des bibliothèques de France. Parmi ses nombreux ouvrages, nous citerons : *Histoire critique du gnosticisme* (1828, 2 vol.); *Histoire universelle de l'Eglise chrétienne* (1829-'32, 3 vol); de l'*Influence des mœurs sur les lois et des lois sur les mœurs* (1832-'43, in-8°), ouvrage auquel l'Académie décerna un prix de 10,000 fr.; *Histoire des doctrines morales et politiques des trois derniers siècles* (1836-'37, 3 vol.) *Philosophie de la religion* (1857, 2 vol.), et des écrits sur Schelling et sur Swedenborg.

MATTERHORN. Voy. CERVIN.

MATTEUCCI (Carlo) [mât-té-'out-chi], savant italien (1811-'66). Il fut professeur de physique à Ravenne en 1837 et à Pise en 1840. Il construisit le premier télégraphe de Toscane en 1846, devint surveillant du service télégraphique, sénateur (1848), et conserva cette position sous le gouvernement royal d'Italie. En 1862, il devint ministre de l'instruction publique. Ses principaux ouvrages sont relatifs aux phénomènes de l'électro-physiologie, à la physique, à l'électricité appliquée aux arts et aux phénomènes physico-chimiques des corps vivants.

MATTHIAS (Saint), disciple du Sauveur; il fut, après l'Ascension de Jésus-Christ, choisi comme apôtre à la place de Judas. On croit qu'il souffrit le martyre en Colchide. Fête le 24 février.

MATTHIAS (Jean). Voy. ANABAPTISTES.

MATTHIEU (Pierre), poète et historiographe, né à Pesmes (Haute-Saône) en 1563, mort en 1621. Il fut d'abord ardent ligueur, puis historiographe et favori de Henri IV. Il a laissé: *Esther*, tragédie en 5 actes (Lyon, 1585, in-12); la *Guisiade*, tragédie (1589, in-8°); *Quatrains de la vanité du monde*, souvent réimprimé; *Histoire des troubles de France* (Lyon, 1594, in-8°); *Histoire de France*; *Histoire de Louis XI* (1610, in-fol.); *Histoire de la mort de Henri le Grand* (1611, in-fol.).

MATTO-GROSSO (port. *broussaille épaisse*), province du Brésil, bornée par le Paraguay et la Bolivie; 1,379,654 kil. carr.; 72,000 hab., dont 7,000 nègres esclaves. Il est formé des portions occidentales des hautes terres du Brésil et couvert de chaînes montagneuses que séparent des vallées profondes et d'immenses plaines revêtues de forêts vierges qui ont donné leur nom à cette province. Princ. cours d'eau : le Tapajos, le Xinju, le Paraguay, le Guaporé ou Iténez, la Madeira, l'Araguay et le Parana. L'or se trouve presque partout dans ce territoire; les mines de diamants sont aujourd'hui abandonnées. Le cuivre, le fer et autres métaux abondent dans les montagnes. Exportation de peaux, d'ipécacuana, de baume, etc. Culture du millet, du riz, du manioc, de la canne à sucre, du tabac et du coton. Cap., Cuyaba.

°**MATURATIF, IVE** adj. (lat. *maturare*, faire mûrir). Méd. Qui hâte la formation de la matière purulente dans les tumeurs, dans les plaies : *remède, onguent maturatif*. — s. m. : *un bon maturatif*.

°**MATURATION** s. f. Progrès successif des fruits vers la maturité : *ce temps est contraire à la maturation des fruits*. — Se dit, dans un sens analogue, en parlant des tumeurs purulentes : *la maturation d'un abcès*.

°**MÂTURE** s. f. Tous les mâts d'un bâtiment: *la mâture de ce vaisseau est très bonne*. — Bois propre à faire des mâts : *on tire beaucoup de mâture de Norvège*. — Art de mâter les bâtiments : *ce constructeur entend bien la mâture*. — Machine destinée dans les ports à mâter les bâtiments. — Ateliers et magasins établis pour confectionner, réparer, conserver les mâts et les bois de mâture : *je vais à la mâture*.

°**MATURITÉ** s. f. (rad. *maturus*, mûr). L'état où sont les fruits, les grains, les légumes, quand ils sont mûrs : *parfaite maturité*. — Se dit, dans un sens analogue, en parlant des abcès et, de la matière qu'ils contiennent : *cet abcès est ou n'est pas à son point de maturité*. — Fig. CETTE AFFAIRE EST DANS SA MATURITÉ, A SA MATURITÉ, elle est en état d'être conclue, achevée. — LA MATURITÉ DE L'AGE, l'état de développement complet de force intellectuelle et physique, où l'homme est communément vers le milieu de la durée ordinaire de la vie. — MATURITÉ D'ESPRIT, l'état d'un esprit mûr, formé, solide, etc. On dit aussi, MATURITÉ DE JUGEMENT, DE RÉFLEXION. — Fig. AVEC MATURITÉ, avec circonspection et jugement : *après qu'on eut délibéré avec maturité*. — Se dit aussi quelquefois, en parlant du style, et signifie alors, justesse d'expression, solidité de raisonnement : *son style acquerra de la maturité*.

°**MATUTINAL, ALE** adj. (lat. *matutinum*, matin). Qui appartient au matin. (Peu usité.)

MAUBEUGE, *Malbodium*, ch.-l. de cant. et ville forte, arr. et à 16 kil. N. d'Avesnes (Nord), sur la Sambre ; 14,000 hab. Place de guerre; collège. Ferblanterie, quincaillerie; fabriques de coton, de toiles; commerce d'huiles, de savon, raffineries de sel: travail du marbre, etc. Maubeuge fut longtemps la capitale du Hainaut; elle fut cédée à la France par le traité de Nimègue (1678). Vauban la fortifia ; le prince de Cobourg vint l'assiéger en 1793; Jourdan la délivra.

MAUBOURGUET, ch.-l. de cant., arr. et à 27 kil. N. de Tarbes (Hautes-Pyrénées); 2,600 hab. Vieille et belle église, bâtie par les Templiers.

MAUCH-CHUNK [mâk-tchennnk], ville de Pennsylvanie (Etats-Unis), sur le Lehig, au point où elle traverse le mont Mahoning, à 160 kil. N.-N.-O. de Philadelphie ; 4,000 hab. Elle doit son importance à des mines d'anthracite. Elle est bâtie entre des montagnes rapides, en un lieu où la nature a fait couler une rivière et où les Américains ont construit un canal navigable parallèle à cette rivière, mais d'un niveau plus élevé. Deux chemins de fer longent le canal et la rivière. (Voy. notre fig.)

°**MAUCLERC** s. m. Mauvais élève, homme ignorant. (Vieux.)

MAUCLERC (Pierre, surnommé), duc de Bretagne et comte de Dreux, mort en 1250. Il était fils de Robert, comte de Dreux, et devint duc de Bretagne en 1213, comme époux d'Alice, fille de Guy de Thouars. Il se révolta plusieurs fois contre Blanche de Castille, fut vaincu et abandonna la Bretagne à son fils, Jean Ier (1237). Il se croisa en 1240 et 1247, fut fait prisonnier en même temps que saint Louis en Egypte et mourut pendant son retour en France. Les prêtres le surnommèrent *Mauclerc* parce qu'il mit beaucoup de violence dans son opposition à leurs empiètements.

MAUCROIX (François de), poète et littérateur, né à Noyon en 1609, mort en 1708. Il fut chanoine à Reims, et donna des odes, des élégies, des églogues, etc. Ses *Poésies* ont été publiées par Walckenaer avec les *Nouvelles Œuvres* de son ami La Fontaine (Paris, 1820, in-8°).

MAUDIRE v. a. (lat. *maledicere*). *Je maudis, tu maudis, il maudit; nous maudissons, vous maudissez, ils maudissent. Je maudirais. Qu'il maudisse. Maudissant.* Dans tout le reste, il se conjugue comme *Dire*. Faire des imprécations contre quelqu'un : *le christianisme défend de maudire ses persécuteurs*. — Quand il exprime une volonté de Dieu, signifie condamner, réprouver, abandonner : *Caïn a été maudit de Dieu*. — Détester une chose, exprimer l'horreur qu'on en a : *il maudit le jour et l'heure où il est né*.

MAUDISSABLE adj. Qui mérite d'être maudit.

°**MAUDISSON** s. m. Malédiction : *je me moque de tous vos maudissons*. (Fam. et vieux.)

°**MAUDIT, ITE** part. passé de MAUDIRE. Adjectiv. Très mauvais : *un maudit chemin*. — Se dit aussi quelquefois, en parlant des personnes et des choses, pour s'en plaindre avec impatience ou colère : *ce maudit homme est cause que j'ai perdu mon procès*. — Par imprécation : *maudit soit le butor, le maladroit! maudit soit le jour où je suis né! etc.* — *Allez, maudits, au feu éternel*. — Le *Maudit*, roman de mœurs religieuses, par l'abbé *** (1864, 3 vol. in-8°).

Mauch-Chunk.

°**MAUGRÉER** v. n. (rad. *mauvais* et *gré*). Pester, jurer : *il ne fait que maugréer*. (Vieux.)

MAUGRÉEUR, EUSE s. Celui, celle qui maugrée.

MAUGUIO, ch.-l. de cant., arr. et à 12 kil. E. de Montpellier (Hérault), sur une lagune qui sépare l'étang de ce nom de la Méditerranée; 2,200 hab.

MAUI ou **Mâoui**, île de l'archipel de Hawaï, la seconde de ces îles sous le rapport de la grandeur, par 21° lat. N. et 158° 50' long. O.; longueur 80 kil.; plus grande largeur, 50 kil.; 1,263 kil. carr.; 12,109 hab. Elle est de formation volcanique, et se compose de deux montagnes réunies par un isthme. Maui orientale est la plus grande; son principal sommet, Hali-a-Kélé (demeure du soleil) est à 3,000 m. de haut et contient un cratère de 45 kil. de circonférence et de 600 m. de profondeur. Il est éteint depuis longtemps. Maui occidentale ne renferme pas de montagnes volcaniques. L'isthme qui réunit ces deux parties est une plaine sablonneuse, à peine élevée de quelques pieds au-dessus de la mer. V. princ. Lahaina, dans Maui occidentale (3,000 hab.)

MAULE [maou'-lé], province méridionale du Chili; 7,591 kil. carr.; 120,000 hab. Au centre s'étendent de magnifiques campagnes admirablement cultivées et renfermant d'excellents pâturages où paissent de nombreux troupeaux. La Maule, qui forme la frontière septentrionale de cette province, est navigable pour de petits navires jusqu'à 50 kil. de son embouchure. Climat tempéré. La région accidentée est en grande partie couverte de forêts qui produisent d'excellent bois pour la construction des navires. Exportation de grains, de bon vin, de fromages et de sel. Mines d'or aujourd'hui abandonnées. Cap., Cauquenes; ports princ.: Constitucion, sur la Maule; Curanipe et Huecupureo.

MAULÉON (Auger de), académicien, né en Bresse, mort vers 1650. Il a laissé: *Mémoires de Villeroi* (1622, in-4°); *Lettres du cardinal d'Ossat* (1624); *Mémoires de la reine Marguerite* (1628, in-8°); mais il fut élu membre de l'Académie en 1635; mais Richelieu s'opposa à sa réception et le fit exclure de la compagnie comme dépositaire infidèle.

MAULÉON-BAROUSSE, ch.-l. de cant., arr. et à 55 kil. S.-E. de Bagnères (Hautes-Pyrénées); 750 hab.

MAULÉON-LICHARRE, ch.-l. d'arr. à 51 kil. S.-O. de Pau (Basses-Pyrénées), sur le gave de Mauléon, par 43° 13' 13" lat. N. et 3° 13' 29" long.; O., 2,000 hab. Château fort du moyen âge.

MAULMAIN ou **Moulmein** [maoul-; moulmainn], port de Tenasserim, sur la côte orientale de la baie de Bengale, vis-à-vis de Martaban; 50,000 hab. Les maisons sont bâties sur pilotis. La population se compose de Birmans, de Talains, de Chinois, de Bengalais et de Madrasais, avec quelques Arméniens, quelques Juifs et des Cingalais. Exportation de bois de construction, d'ivoire, de cire, de laque, de caoutchouc, de gomme résine, d'huile de cajeput, de bois de sandal, de bois de teinture, etc. Cette ville fut fondée par les Anglais en 1826.

MAUPEOU (René-Nicolas-Charles-Augustin de), né à Paris en 1714, mort en 1792; dut à la faveur de la du Barry les fonctions de chancelier de France (1768). Il exila le parlement de Paris et celui de Rouen (1771). Beaumarchais a immortalisé le *parlement Maupeou*. A l'avènement de Louis XVI, le chancelier fut exilé dans ses terres.

MAUPERTUIS (Pierre-Louis **Moreau de**), mathématicien, né à Saint-Malo le 17 juillet 1698, mort à Bâle le 27 juillet 1759. Il embrassa la carrière des armes, l'abandonna pour se connaître par quelques observations ingénieuses et entra à l'Académie des sciences à 25 ans (1723). L'habileté qu'il montra pour substituer la théorie physique de Newton à celle de Descartes lui valut l'admiration des Anglais

et le fit entrer dans la Société royale de Londres (1727). En 1736-'37, Maurepas le mit à la tête d'une commission d'académiciens qui mesura un arc du méridien en Laponie, et confirma la conjecture de Newton relative à l'aplatissement de la terre près des pôles. Son immense réputation séduisit Frédéric II, qui l'invita à se fixer à Berlin et le nomma président de l'Académie de cette ville (1740). Voltaire, prenant parti pour Kœnig, au sujet du *principe de la moindre action*, dont Maupertuis lui disputait la découverte, accabla ce dernier de cruelles plaisanteries et lui fit de terribles blessures · dans sa *Diatribe du Dr Akakia*. Les œuvres de Maupertuis ont été publiées à Lyon (1768, 4 vol. in-8°).

MAUPIN (N. **d'Aubigny**, connue sous le nom de Mme ou Mlle), cantatrice française (1673-1707). Ses aventures, très défigurées, font le sujet d'un célèbre roman de Th. Gautier (1835, in-8°).

* **MAUPITEUX**, **EUSE** adj. (rad. *mal*, et *piteux*). Vieux mot qui signifiait, cruel, impitoyable; et qui depuis a pris un autre sens dans cette ·phrase familière, peu usitée, **FAIRE LE MAUPITEUX**, faire le misérable, se plaindre, se lamenter, sans en avoir autant de sujet qu'on le veut faire croire.

MAUR (Saint), disciple de saint Benoît de Nurcie; fonda, en Gaule, des monastères de bénédictins. Fête le 15 janvier. — **Congrégation de Saint-Maur**, congrégation de bénédictins réformés en France, organisée en 1618 et confirmée en 1621 et en 1627. La littérature doit à la congrégation de Saint-Maur les meilleures éditions complètes des pères grecs et latins.

* **MAURE**. Voy. **More**.

MAURE, ch.-l. de cant., arr. et à 30 kil. N. de Redon (Ille-et-Vilaine); 3,500 hab.

MAURE (Sainte-), ch.-l. de cant., arr. et à 32 kil. S.-E. de Chinon (Indre-et-Loire); 2,300 hab. Fabriques de mouchoirs et de toiles peintes. Belle église du XIIe siècle.

MAURE (Sainte-). Voy. **Leucade**.

MAUREL ou **Morel** (**Abdias**), dit *Catinat*, chef camisard, né au Cayla, près d'Aigues-Mortes, brûlé vif à Nîmes en 1705. Il avait servi en Italie, dans l'armée de Catinat, d'où lui vint son surnom. Il lutta pendant plusieurs années avec 200 hommes seulement contre toutes les forces irlando-françaises du duc de Broglie; mais, après la trahison de Cavalier (voy. ce mot), il dut se réfugier en Suisse et commit l'imprudence de rentrer dans son pays.

MAUR-LES-FOSSÉS (Saint-), village, arr. et à 17 kil. N.-E. de Sceaux (Seine), à 8 kil. E. de Paris, dans une presqu'île formée par la rive droite de la Marne, à la sortie du canal Saint-Maur; 2,000 hab. On y tint, en 1465, des conférences qui complétèrent le traité de Conflans.

MAUREPAS (Jean-Frédéric **Phelypeaux**, *comte de*), homme d'État français, né à Versailles le 9 juillet 1701, mort le 21 novembre 1781. Dès l'âge de 14 ans, il succéda à son père comme secrétaire titulaire d'État, mais n'agit comme ministre qu'en 1725. Il embellit Paris et organisa plusieurs expéditions scientifiques; une chanson qu'il écrivit contre Mme de Pompadour, le fit exiler à Bourges (1749). Il ne rentra dans la vie politique que 25 ans plus ·tard, époque où Louis XVI lui donna la présidence du conseil d'État. Il rappela les parlements exilés et fit entrer successivement Turgot et Necker dans son ministère; mais il travailla à faire chuter dès qu'il vit en eux des rivaux. Son administration inconstante et frivole était le moment de la Révolution. Sallé, son secrétaire, a publié, sous son nom, des *Mémoires* en 6 vol. in-8° (1790-'92).

MAURER (Jacobina), prophétesse qui se donnait comme le Christ femelle, née en Allemagne et établie, avec une colonie allemande, à Porto Alègre (Brésil). A la tête d'un certain nombre de fanatiques, que les Brésiliens avaient surnommés *les Hypocrites*, elle entreprit de répandre ses doctrines par la force, et désola les propriétés de tous ceux qui refusaient de se convertir. Elle finit par être tuée par les soldats brésiliens, après plusieurs combats (21-26 juillet 1874).

* **MAURESQUE**. Voy. **Moresque**.

MAURÉTANIE. Voy. **Mauritanie**.

MAURIAC, ch.-l. d'arr., à 36 kil. N.-N.-O. d'Aurillac (Cantal), au pied d'une colline volcanique, sur l'Oze, par 45° 13' 7" lat. N. et 0° 0' 19" long. O.; 3,000 hab. Église Notre-Dame-des-Miracles (XIIIe siècle).

* **MAURICAUD**. Voy. **Moricaud**.

MAURICE (Île). Voy. **Mauritius**.

MAURICE (Saint), chef de la légion thébaine; il souffrit le martyre avec ses soldats, pour avoir refusé de sacrifier aux idoles (286). Sa lance fut le symbole de la puissance souveraine dans le royaume d'Arles. Fête le 22 sept. — **Ordre de Saint-Maurice**, ordre militaire institué en Savoie (1434) par le duc Amédée VIII et réuni à celui de Saint-Lazare en 1572.

MAURICE (Saint-), fleuve du Canada, qui se réunit au Saint-Laurent à Trois-Rivières, après un cours tortueux de plus de 600 kil. Le Saint-Maurice offre un grand nombre de cascades et forme plusieurs grands lacs.

MAURICE, comte de Nassau et prince d'Orange, stathouder des Provinces-Unies hollandaises, né au château de Dillenburg en 1567, mort le 23 avril 1625. Il était le second fils survivant de Guillaume le Taciturne et d'Anna, fille de Maurice de Saxe. Peu après l'assassinat de son père (1584), il fut proclamé gouverneur et capitaine général par les états de Hollande et de Zélande. En 1587, il fut élu, par les états, gouverneur et commandant en chef de la république; et, après le rappel de Leicester, il fut reconnu comme général et comme gouverneur dans toutes les provinces. Opposé au plus grand capitaine de son siècle, Alessandro Farnèse, Maurice surprit et captura Breda (1590) et s'empara de Zutphen, de Deventer, de Nimègue et de plusieurs autres places (1591). La conquête de Gertruidenberg (1593) et celle de Groningue (1594), après des sièges prolongés, augmentèrent sa réputation, et son camp devint bientôt, comme celui de Farnèse, une sorte de grande école militaire où la jeunesse guerrière accourait de tous les pays protestants. Maurice reçut du secours des Anglais, et c'est grâce à l'assistance de sir Francis Vere qu'il remporta contre les Espagnols sa première victoire en rase campagne, devant Turnhout, dont il força la forteresse à capituler (1597). En 1600, il battit l'archiduc Albert d'Autriche, gouverneur espagnol, à Nieuport près d'Ostende; mais Ostende se rendit à Albert après un siège de plus de trois ans. Maurice balança par d'autres conquêtes la perte de cette ville et ne voulut pas accepter la trêve de 12 ans conclue en 1609, par l'influence de Barneveldt. Déterminé à usurper le pouvoir suprême, Maurice excita les passions des gomaristes contre les arminiens, fit convoquer le synode de Dort (1618) et, après un simulacre de jugement, fit condamner Barneveldt à l'échafaud (1619); Grotius et plusieurs autres furent emprisonnés, et un fils de Barneveldt, qui avait entrepris de venger son père, fut exécuté. La reprise des hostilités, après l'expiration de la trêve (1621), fut un moyen employé par Maurice pour détourner les esprits de la politique intérieure. Il força Spinola à lever le siège de Berg-op-Zoom (1622), pour la conquête duquel les Espagnols avaient perdu 10,000 hommes de leurs meilleures troupes; mais il ne put sauver Breda, dont la chute (1625) lui causa un tel chagrin qu'il en mourut.

MAURICE, duc et électeur de Saxe, général allemand, né le 21 mars 1525, mort le 11 juillet 1553. Il se fit protestant en 1539, et épousa en 1541, une fille du landgrave Philippe de Hesse. Il succéda dans la même année, comme duc, à son père Henri le Pieux. En 1542, il combattit dans les troupes impériales contre les Turcs et, en 1543, contre les Français. Il aida Charles-Quint à vaincre les soldats de la ligue de Smalcald à Mühlberg (24 avril 1547), fut créé électeur le 1er juillet et reçut les domaines confisqués sur son cousin, l'électeur Jean-Frédéric. Mais la traîtreuse arrestation de son beau-père, et différentes autres mesures arbitraires, l'irritèrent contre l'empereur, et, pendant qu'il semblait prêt, en apparence, à renforcer le ban impérial contre la ville révoltée de Magdebourg (1550), il méditait, en réalité, le moyen de faire la guerre à l'empereur, et il conclut en 1551 un traité secret avec Henri II de France. Charles, ayant refusé de relâcher le landgrave, Maurice marcha sur Inspruck où l'empereur était retenu par la goutte, au moment même où les Français occupaient la Lorraine. Charles eut à peine le temps de fuir (mai 1552); il fut obligé de rendre la liberté à son cousin et au beau-père de Maurice et d'accorder par le traité de Passau (2 août 1552) pleine et entière-liberté religieuse aux protestants. Le 9 juillet 1553, Maurice battit d'une manière signalée à Sievershausen le margrave Albert de Brandebourg, qui n'avait pas reconnu le traité de Passau; mais il reçut une blessure dont il mourut. Sa seule fille survivante, Anna, épousa Guillaume Ier, prince d'Orange.

MAURICE DE SAXE. Voy. SAXE.

MAURICE (Flavius-Tiberius-Mauricius), empereur de Constantinople, né en Cappadoce vers 539, mort le 27 nov. 602. Il passa sa jeunesse au camp et à la cour de Justin II. En 580 et en 581, il remporta deux grandes victoires sur les Persans. Tibère II le choisit comme successeur (582). Les Persans recommencèrent immédiatement la guerre, mais l'intervention des Turcs fit cesser les hostilités. Le roi persan, Chosroès II, chassé de ses Etats, appela à son aide Maurice, qui envoya une puissante armée en Perse. Chosroès fut rétabli sur son trône (591), et à partir de ce moment jusqu'à la mort de Maurice, la paix ne fut plus troublée entre les deux empires voisins. Les hostilités commencèrent en 587 se continuèrent contre les Avars; Commentiolus, général byzantin, subit une défaite désastreuse dans laquelle 12,000 de ses soldats tombèrent entre les mains de l'ennemi; mais Priscus rétablit la fortune de la guerre par cinq victoires successives. En 602, Maurice lui ordonna de traverser le Danube; mais comme il avait préféré laisser égorger ses soldats prisonniers des Avars plutôt que de payer leur rançon, les troupes de Priscus se révoltèrent, mirent Phocas à leur tête et marchèrent sur Constantinople; une insurrection naquit en même temps dans cette ville. Maurice s'enfuit et se réfugia dans l'église de Saint-Antonomus, près de Chalcédoine. Les émissaires de Phocas, qui avait été proclamé empereur, l'arrachèrent du sanctuaire et le traînèrent à l'échafaud. Sa femme, ses six fils et ses trois filles furent également mis à mort. Maurice a laissé sur l'art militaire un traité qui existe encore.

MAURIENNE (Vallée de) (ital. *Moriana*; lat. *Garocellia vallis, Maurianæ comitatus*), ancienne province du royaume de Sardaigne, dans la Savoie. Son ch.-l. était Saint-

Jean-de-Maurienne. Elle forme aujourd'hui l'arr. de Saint-Jean-de-Maurienne (Savoie).

MAURIENNE (Saint-Jean-de-). Voy. JEAN.

MAURITANIE ou Maurétanie (lat. *Mauritania*), nom donné par les anciens géographes à la partie N.-O. de la côte d'Afrique qui embrasse le Maroc moderne et une partie de l'Algérie; la Mauritanie était séparée de la Numidie par l'Ampsaga. Ses autres cours d'eau étaient la Sala, le Subur, le Lix, la Mulucha et le Chinalaph. — Les Phéniciens y fondèrent des établissements à une époque très reculée, au milieu des Maurusis ou Mauri (Mores) que des recherches récentes ont rattachés aux Libyens d'Egypte. (Voy. LIBYENS.) Les Mores apparaissent dans l'histoire romaine pendant les guerres Puniques. Bocchus, roi de Mauritanie, joua un rôle prépondérant pendant la guerre contre Jugurtha; ses fils, Bogudes et Bocchus, furent confirmés comme rois associés de Mauritanie par Jules César (49 av. J.-C.). Auguste créa, en l'an 30 av. J. C., un royaume formé de la Mauritanie et d'une partie de la Gétulie, pour Juba II, descendant des anciens princes africains. En l'an 42 ap. J.-C., les Romains divisèrent ce royaume en deux provinces qui furent appelées, l'une à l'O., Mauritanie Tingitane et l'autre, à l'E., Mauritanie Césarienne. La Mauritanie fut conquise par les Vandales en 429; Bélisaire la rattacha à l'empire (534); elle tomba entre les mains des Arabes (567). (Voy. MORES et MAROC.)

MAURITIUS [mâ-rich'-euss] ou **Île de France**, appelée aussi ILE MAURICE, île anglaise de l'océan Indien, entre 19° 58' et 20° 34' lat. S. et entre 55° 1' et 55° 31' long. E.; à environ 800 kil. S. de Madagascar et à 141 kil. N.-E. de la Réunion; longueur, 60 kil. du N. au S.; plus grande largeur, 40 kil.; 1,911 kil. carr.; 378,000 hab. Cette île est divisée en 9 districts comme le montre la carte ci-contre. Cap. et port principal, Port-Louis. La population se compose d'Asiatiques, d'Africains et d'Européens. L'élément anglais ne se trouve guère que dans les bureaux de l'administration et dans quelques rares maisons de commerce. La langue anglaise n'est pour ainsi dire parlée dans l'île; les créoles ou propriétaires sont tous d'origine française et conservent les mœurs et les traditions de leur mère patrie. L'île est entourée de récifs coralliens qui s'ouvrent en 11 passes. Dans l'intérieur, on rencontre plusieurs lacs dont le plus grand est le Grand-Bassin (monts de la Savane). Mauritius est traversée par trois principales chaînes de montagnes, avec des contreforts qui rayonnent vers les côtes et qui varient de 600 m. à 800 m. d'élévation. Le point culminant est le piton de la Rivière-Noire (945 m.); le piton de la Baraque de pierre (850 m.) est une aiguille de roches nues portant à son sommet un immense rocher que le moindre effort fait remuer. L'île présente partout des preuves de son origine volcanique. Le fer y est abondant, mais d'une qualité inférieure. Climat salubre; la chaleur, qui y atteint son maximum de novembre à avril, y est tempérée par des brises de mer. Température moyenne annuelle à Port-Louis + 25°. Entre décembre et mai, l'île est sujette à de terribles ouragans qui y font de grands ravages. La production principale est le sucre; on y cultive aussi le café, et l'on y récolte un peu de riz. La végétation ressemble, en général, à celle du cap de Bonne-Espérance. Presque tous les arbres et les plantes du tropique y prospèrent. Parmi les oiseaux indigènes, on remarquait autrefois le dodo ou dronte, dont l'espèce est aujourd'hui éteinte. L'insecte indigène le plus redoutable est le kakelac ou cancrelat (*blatta Americana ferruginea*), qui est considéré comme le fléau de l'île. Les fourmis y abondent et creusent les arbres et tous les ouvrages en bois. Mauritius ne renferme aucun serpent

venimeux; les seuls animaux dont la morsure soit dangereuse sont des espèces de petits scorpions et de scolopendres. Les homards atteignent, sur les côtes, une grosseur prodigieuse. — Exportation, 80,000,000 de fr.; importation, 70,000,000. Le territoire est sillonné de bonnes routes et de plusieurs lignes de chemins de fer. 5,000 élèves fréquentent les écoles. La religion dominante est le catholicisme. Le gouvernement appartient à un gouverneur, assisté d'un conseil exécutif et d'un conseil législatif. Revenu, 15 millions de fr.; dépenses, 12 millions. — L'île granitique de Rodriguez, les îles Seychelles, au nombre de 35 ou de 36, les îles Carga dos Garayos ou Saint-Brandon, au nombre de 16, les Perhos Banhos, au nombre de 25, les Amirantes, au nombre de 17, les îles Diego Garcia et plusieurs autres plus petites, dépendent de Mauritius. Saint-Brandon produit le célèbre corail écarlate (*tubifora musica*). — Les Seychelles, qui dépendent du gouvernement de Mauritius, furent découvertes par les Portugais en 1505. En 1742, les Français les nommèrent *Îles de La Bourdonnais*; mais ce nom fut remplacé bientôt par celui de Seychelles, du nom du fameux comte Hérault de Seychelles. Les îles

Plan de l'île Maurice.

principales de ce groupe sont: Mahé, Praslin, Silhouette, la Digue et Curieuse. La plus importante, Mahé, longue de 30 kil. et large de 5 à 6 kil., est formée par une chaîne de montagnes granitiques, dont le point culminant, le Morne-Blanc, s'élève à 900 m. de haut. Le ch.-l., Mahé (auj. Port-Victoria), sur la côte N.-E., renferme environ 7,000 hab. Ces îles servent de rendez-vous aux bateaux frétés pour la pêche de la baleine. Les tempêtes y sont inconnues et le climat y est agréable Les Amirantes forment un groupe d'îles coralliennes basses, à environ 100 kil. S.-O. des Seychelles. Mauritius fut visitée en 1505, par Pedro Mascarenas, qui l'appela Cerné. Les Portugais la conservèrent jusqu'en 1598, époque où les Hollandais en prirent possession et lui donnèrent le nom de Mauritius, en l'honneur de Maurice de Nassau; ils l'abandonnèrent en 1712 et elle resta inhabitée pendant trois ans. Les Français l'occupèrent en 1715 et l'appelèrent l'île de France, du nom de la jolie province de notre pays. Les Anglais s'en emparèrent le 2 déc. 1810 et la leur firent céder par le traité de Paris (1814).

MAUROCORDATOS. Voy. MAVROCORDATOS.

MAURON, ch.-l. de canton, arr. et à 23 kil. N.-E. de Ploërmel (Morbihan), 4,200 hab.

MAURS, ch.-l. de cant., arr. et à 45 kil. S.-O. d'Aurillac (Cantal); 3,000 hab. Commerce de porcs, gras, jambons, cire jaune, chevaux, châtaignes.

MAURY (Jean-Siffren), célèbre cardinal, né à Valréas (Comtat-Venaissin) en 1746, mort à Rome en 1817. Il était fils d'un cordonnier, fit ses études à Avignon, vint à Paris à l'âge de 20 ans en qualité d'abbé précepteur, acquit une certaine célébrité comme orateur religieux, fut nommé prédicateur de la cour, prieur et académicien (1785). Ses *Panégyriques* de saint Louis (1772), de saint Augustin (1775), et de saint Vincent-de-Paul (1785) furent considérés comme des chefs-d'œuvre de l'art oratoire. Député du clergé aux états généraux, il y fut le plus redoutable antagoniste de Mirabeau, comme défenseur de l'Église et de la royauté. Sa présence d'esprit lui sauva plus d'une fois la vie. Un jour entre autres, au sortir de l'Assemblée, des groupes menaçants criaient sur son passage : « L'Abbé Maury, à la lanterne ! » — « Et quand j'y serai, répliqua-t-il d'un ton goguenard, y verrez-vous plus clair ? » Il émigra et vécut longtemps en Italie où il fut nommé évêque de Montefiascone et reçut la barette de cardinal ainsi que le titre d'ambassadeur du comte de Provence (plus tard Louis XVIII) auprès du saint-siège (1799). Rentré en France avec l'autorisation papale (1804), il accepta en 1810, malgré la défense du pape, l'archevêché de Paris, qu'il occupa jusqu'en 1844. Il fut alors arrêté et emprisonné à Rome au fort Saint-Ange, pendant quelques mois. Ses *Œuvres choisies* ont été publiées en 1827 (5 vol. in-8°). Son *Essai sur l'éloquence de la chaire* (1810, 2 vol. in-8°) est encore estimé. — Voy. Poujoulat, *le Cardinal Maury* (Paris, 1855, 4 vol. in-8°).

MAUSOLE. Voy. Artémise et Halicarnasse.

MAUSOLÉE s. m. (de *Mausole*, n. pr.). Grand et riche monument funéraire ; par allusion à celui que la reine Artémise fit élever à Mausole, son mari : *le mausolée de l'empereur Adrien.* — Se dit quelquefois, improprement, du simulacre de tombeau qu'on élève dans les églises pour les services funèbres : *le mausolée était entouré d'un grand nombre de cierges.* (Voy. Catafalque.)

MAUSSADE adj. (lat. *male*, mal ; *sapidus*, agréable). Désagréable, de mauvaise grâce : *cet homme est maussade.* — Le temps est maussade aujourd'hui, le temps est sombre, couvert ; il ne fait pas beau. — Se dit aussi de quelque ouvrage mal-fait, mal construit : *cet habit est fort maussade.* Se dit aussi des productions de l'esprit qui causent de l'ennui, du dégoût : *il a publié un livre assez maussade.*

MAUSSADEMENT adv. D'une manière maussade : *il fait tout maussadement.*

MAUSSADERIE s. f. Mauvaise grâce, manières désagréables : *elle est belle, mais elle est d'une maussaderie insupportable.*

MAUVAIS, AISE adj. (lat. *malus*). Le contraire de bon. Se dit des choses, tant physiques que morales, qui ont quelque vice ou quelque défaut essentiel : *mauvais pain, mauvais vin.* — Mauvais livre, livre dangereux. — Mauvais lieu, lieu de prostitution : *hanter les mauvais lieux.* — Femme de mauvaise vie, prostituée. — Les temps sont mauvais, se dit des temps de trouble, de disette, d'oppression. — Avoir mauvais visage, mauvaise mine, avoir le visage défait. *Je lui trouve bien mauvais visage.* On dit dans une exception différente, Faire mauvais visage, mauvaise mine a quelqu'un, le recevoir, le traiter froidement, sèchement, etc. — Trouver une chose mauvaise, au sens physique et au sens moral, la trouver désagréable, la désapprouver : *je trouve cette sauce fort mauvaise.* — Pop. Elle est mauvaise, je la trouve mauvaise, se dit d'une plaisanterie de mauvais

goût. — *Prendre, interpréter, expliquer une chose en mauvaise part,* la prendre en mal, lui donner un sens fâcheux, un sens malin, s'en fâcher. — Mauvais bruit, bruit, propos désavantageux, défavorable : *faire courir de mauvais bruits sur le compte de quelqu'un.* — Nuisible, incommode, qui cause du mal : *l'excès d'application est mauvais à la santé.* — Sinistre, malheureux, funeste, qui fait craindre quelque mal : *mauvaise physionomie, mauvais pronostic.* — Le mauvais œil, si dit, dans plusieurs pays, d'une faculté attribuée à certaines personnes de porter malheur à ceux qu'elles regardent. — En parlant des personnes, signifie dangereux, enclin à faire du mal : *c'est un mauvais homme, une mauvaise femme.* — Le mauvais ange, le diable, le démon. — Pop. Mauvaise bête, homme ou femme qui se plaît à dire ou à faire des méchancetés. — Fam. Faire le mauvais, Menacer de battre, de faire du désordre. Dans cette phrase, *Mauvais* est pris substantivement. — Qui n'a pas les qualités qu'il doit avoir : *mauvais parent ; mauvais prêtre.* — Mauvaise tête, personne sujette à beaucoup d'écarts et de travers, soit dans sa conduite, soit dans ses opinions : *c'est une mauvaise tête.* On dit dans le même sens, Avoir une mauvaise tête. — Mauvais garnement, mauvais sujet, homme d'une mauvaise conduite, déréglé dans ses mœurs. — Malicieux, malin : *vous êtes bien mauvais, tous vos propos sont des épigrammes.* On dit quelquefois substantivement, par forme de plainte légère et amicale, *Oh ! le mauvais ! Oh ! la mauvaise !* — Avec la négative, en parlant des personnes et des choses, signifie souvent, assez bon ou même fort bon, selon le ton qu'on y donne : *les vins ne sont pas mauvais cette année.* — s. m. Ce qu'il y a de mauvais dans la chose ou dans la personne dont il s'agit : *il faut prendre le bon et le mauvais d'une affaire.* — S'emploie aussi adverbialement. Ainsi l'on dit, sentir mauvais, rendre, exhaler une mauvaise odeur : *cette viande est corrompue, elle sent mauvais.* — Il fait mauvais, il est dangereux de : *il fait mauvais marcher dans un temps de glace.* — Il fait mauvais, il fait vilain temps. — Trouver mauvais, désapprouver : *ne trouvez pas mauvais que je prenne la liberté, si je prends la liberté de vous écrire.*

MAUVAISEMENT ad. Méchamment.

MAUVAISETÉ s. f. Méchanceté. (Vieux.)

MAUVE s. f. (lat. *malva* ; gr. *malakos*, mou). Bot. Genre type de la famille des malvacées, comprenant plus de 80 espèces de plantes herbacées, dispersées sur presque toute la surface du globe ; feuilles alternes, pétiolées,

Mauve sauvage (Malva sylvestris).

stipulées ; fleurs tantôt solitaires, tantôt en épis ou en grappes, remarquables par la diversité de leurs couleurs ; calicule formé de trois folioles et soudé au calice par la base ; calice à 5 lobes ; corolle à 5 pétales ; fruit en

capsules qui, à la maturité, se divisent en plusieurs coques à une seule graine. La *mauve sauvage* (malva sylvestris), nommée vulgairement *grande mauve*, est une belle plante bisannuelle, à tige droite ; à fleurs larges, pourpres ou rosées ; elle croît, en Europe, sur le bord des chemins ou dans les lieux incultes et est très commune chez nous, ainsi que la *mauve à feuilles rondes* (malva rotundifolia), appelée aussi *petite mauve* ou *fromageon*, l'*alcée* (malva alcea) et la *mauve musquée* (malva moschata). Toutes ces plantes renferment un mucilage abondant dont les propriétés sont émollientes. La mauve était, dans l'antiquité, une plante alimentaire ; aujourd'hui on n'emploie plus que ses fleurs, mucilagineuses, émollientes, béchiques et pectorales, très utiles dans les maladies inflammatoires de la poitrine, de la peau et des voies urinaires : en infusion ou en décoction légère. — **Couleur mauve**, matière tinctoriale obtenue par l'oxydation de l'aniline. Elle résulte de la réaction du bichromate de potasse sur le sulfate d'aniline. (Voy. Aniline.) La couleur mauve a été produite par Stenhouse en 1848. — Adjectiv. : *cette robe est de couleur mauve.*

MAUVEZIN, ch.-l. de cant., arr. et à 34 kil. S.-E. de Lectoure (Gers) ; 2,500 hab. Commerce de blé, maïs et bestiaux.

MAUVIETTE s. f. (dimin. de *mauvis*). Espèce d'alouette grasse : *une douzaine de mauviettes.* — C'est une mauviette, se dit d'une personne grêle, d'une chétive complexion, d'une faible apparence. — Manger comme une mauviette, manger fort peu. — Cuis. On donne le nom de *mauviettes* à toute espèce d'alouettes, et quelquefois à d'autres oiseaux de la même grosseur. Les mauviettes ne se vident pas. On leur fait seulement une légère incision sur le côté gauche des reins pour retirer le gésier avec la pointe d'un batelet ; on leur retrousse les pattes comme aux perdreaux. On peut les embrocher à une aiguille à tricoter, les barder de lard et les faire rôtir ; on peut aussi les faire cuire sur le gril dans de petites caisses de papier huilé. Enfin on les fait frire jusqu'à ce qu'elles aient atteint une couleur blonde. Ces oiseaux peuvent être très bien employés comme principale garniture d'un pâté chaud.

MAUVIS s. m. [mô-vi] (lat. *malum vitis*, mal de la vigne, à cause de la quantité de raisin que consomment ces oiseaux). Ornith. Nom d'une espèce de grive. (Voy. ce mot.)

MAUZÉ, ch.-l. de cant., arr. et à 22 kil. S.-O. de Niort (Deux-Sèvres), sur le Mignon ; 1,600 hab. Commerce de vins, eaux-de-vie, huile de lin, baudets.

MAVROCORDATOS (Alexander), homme d'État grec, né à Constantinople en 1791, mort en 1865. Neveu de Caradja, hospodar de Valachie, il organisa, en 1821, l'insurrection en Étolie et en Acarnanie, et devint président de l'assemblée nationale à Épidaure, où fut promulguée la déclaration de l'indépendance (janv. 1822). Peu après, Mavrocordatos fut nommé président du comité exécutif. Il se distingua comme général en chef à la défense de Missolonghi, à Navarin et à Sphactérie. Après la guerre, il s'opposa à la politique russe de Capo d'Istria, fut ministre du roi Othon (1833-34), ambassadeur à Munich, à Berlin et à Londres. Entre 1841 à 1856, il fut trois fois président du ministère et de 1850 à 1854, il fut ambassadeur à Paris.

MAXENCE (M. Aurelius-Valerius-Maxentius), fils de Maximien Hercule, fut proclamé auguste à Rome par les prétoriens (306), lutta contre Sévère, contre Galère et contre son beau-frère Constantin. (Voy. Constantin.)

MAXILLAIRE adj. [ma-ksil-lè-re] (lat. *maxillaris*; de *maxilla* mâchoire). Anat. Qui appartient aux mâchoires, qui a rapport aux mâchoires : os, nerfs, artères, glandes maxillaires.

* MAXIMA s. m. pl. S'emploie quelquef. comme pluriel de MAXIMUM. (Voy. ce mot.)

* MAXIME s. f. (lat. *maximus*, le plus grand). Proposition générale qui sert de principe, de fondement, de règle dans un art, dans une science, et particulièrement en matière de politique et de morale : *maxime générale, fondamentale*. — Mus. Note qui vaut elle seule quatre mesures. — CIRQUE MAXIME, cirque de Rome bâti l'an 138 de Rome, par Tarquin l'Ancien. — ENCYCL. « Une maxime (*maxima sententia*, la meilleure opinion) est une proposition de peu d'étendue, et qui renferme un sage avis, une règle de conduite ou l'énonciation d'une vérité morale. Mais il faut prendre garde de confondre la maxime avec le proverbe. Celui-ci n'est, le plus souvent, qu'une phrase banale, sans profondeur et sans portée, dont la forme triviale et tranchante séduit le vulgaire et qui, sous forme de locution usuelle, se perpétue dans le langage. Il est cependant des proverbes qui méritent le nom de maximes. Tels sont les suivants : « Qui trop embrasse mal étreint ». « Qui veut courir deux lièvres à la fois n'en prend point. » « Mauvais accommodement vaut mieux que bon procès. » — Les maximes, ainsi que les fables, sont originaires de l'Orient. La philosophie des Hindous, celle des Chinois et celle des Arabes sont renfermées dans un certain nombre de maximes que la tradition a conservées d'âge en âge jusqu'à nos jours. On en trouve beaucoup dans les Védas des Hindous. Le P. Duhalde en a recueilli un certain nombre chez les Chinois, et Confucius a laissé plusieurs livres de maximes. Dans la Grèce antique, la philosophie était moins pratique et plus discoureuse; c'est pourquoi les *maximes* y sont plus rares. On en cite cependant quelques-unes, attribuées à Socrate, à Pythagore, à Épicure, à Zénon, à Théophraste, etc. Le *Manuel d'Épictète*, œuvre d'Arrien, et les œuvres morales de Plutarque appartiennent plutôt à Rome qu'à la Grèce. Chez les Latins, on peut extraire de précieuses maximes des œuvres de Cicéron et de Sénèque, et l'on doit citer aussi les *Réflexions* de Marc-Aurèle et les *Distiques moraux* de Dyonisius Cato. Parmi les auteurs français qui ont écrit le plus de maximes remarquables, on doit nommer d'abord : Montaigne, Charron et Pibrac. Les maximes de Rabelais sont souvent des proverbes grossiers. Les *Pensées* de Pascal, ne sont, sauf le premier livre, que des fragments d'une œuvre inachevée; celles de Nicole sont des maximes stoïques. Les *Caractères* de la Bruyère sont remplis de maximes et des meilleures. Le livre des *Maximes morales* de la Rochefoucauld est vrai, relativement au monde des courtisans, mais non au point de vue général du genre humain. Les maximes de Vauvenargues ne sont, le plus souvent, que des définitions, et celles de Champfort, de mordantes épigrammes. Tous les grands écrivains ont laissé des maximes frappées à leur coin, et qui résument en quelques mots les résultats d'une longue expérience. Parmi les auteurs de maximes, on peut citer : chez les Espagnols, Cervantès, chez les Italiens, Guicciardini, Machiavel, Silvio-Pellico; chez les Anglais, Swift et lord Chesterfield; enfin chez les Américains, le premier de tous peut être, Franklin, l'auteur de *la Science du bonhomme Richard*. Les maximes sont toujours vraies, parce qu'elles ont pour objet les devoirs de l'homme qui ne varient pas; et l'on ne peut guère aujourd'hui que reproduire, confirmer et répéter les anciennes maximes. C'est que, selon La Bruyère : « Tout est dit, et l'on vient « trop tard. Depuis plus de six mille ans qu'il « y a des hommes et qui pensent, sur ce qui « concerne les mœurs, le plus beau et le meil- « leur est enlevé; l'on ne fait que glaner après

« les anciens et les meilleurs d'entre les mo- « dernes ». Corroborons cette vérité par d'autres citations. — « On ne fait pas de nou- « velles découvertes dans le cœur humain » (Voltaire. *Essai sur les mœurs*). L'homme « est toujours l'homme, il est le même par- « tout (Napoléon, *Mémorial*, 25 nov. 1815). En « matière d'instruction et de science, il faut « marcher toujours, pour être au niveau de « leurs progrès; mais, en fait de morale, il « faut rester immobile et fixe (Guizot, *Conseils sur l'éducation*. IV). Les axiomes sont, « ainsi que les abrégés, l'ouvrage des gens « d'esprit qui ont travaillé à l'usage des es- « prits médiocres et paresseux (Champfort). « Les maximes sont comme des lois dans la « morale (La Bruyère). Il faut agir selon les « lois; il faut penser selon les sages (Aristote). « Les maximes sont d'un grand usage en mo- « rale et en politique (Condillac). Elles cons- « tituent la sagesse des nations (Beauhau « chais). Elles sont le fruit de l'expérience de « tous les peuples et comme le bon sens ré- « duit en formules (Rivarol). Toutes les bonnes « maximes sont dans le monde; on ne man- « que qu'à les appliquer (Pascal). Un trésor « de belles maximes vaut mieux qu'un amas « de richesses (Isocrate). » Il faudrait pouvoir reproduire ici plusieurs passages des *Lettres de Sénèque à Lucilius* (lett. 33, 34, 94 et 95), où se trouve admirablement démontrée l'utilité des maximes; mais nous ne ferons plus qu'une citation, laquelle servira à confirmer ce que nous avons dit plus haut. « Il faut distinguer « soigneusement ce qui est devenu proverbe « d'avec ce qui mérite de devenir maxime. « Les maximes sont nobles, sages et utiles : « elles sont faites pour les hommes d'esprit « et de goût, pour la bonne compagnie; les « proverbes ne sont que pour le vulgaire, et « l'on sait que le vulgaire est de tous les « états (Voltaire. *Siècle de Louis XIV*; *Écrivains*, Boileau). »   (CH. Y.)

MAXIME-PUPIEN (Claudius Pupienus Maximus), empereur romain, mort en 238. Il était fils d'un forgeron, s'engagea comme soldat, devint préfet de Rome et fut proclamé avec Balbin par les sénateurs ses collègues, après la mort des deux Gordiens (237). Il se disposait à marcher contre les Perses, après la mort de Maximin, quand il fut égorgé par les prétoriens romains.

MAXIME PETRONE- (Flavius-Anicius-Petronius), empereur d'Occident en 455. Préfet de Rome et d'Italie, il vengea une insulte faite à sa femme en assassinant Valentinien III et se fit proclamer à sa place. Il fut lapidé par le peuple.

MAXIME DE TYR, philosophe platonicien du IIe siècle. Les meilleures éditions de ses 44 *Dissertations* sont celles d'Estienne (Paris, 1557, in-8°); de Reiske (Leipzig, 1774, 2 vol. in-8°); et celle qui se trouve dans le tome X de la *Bibliothèque grecque-latine*, de Didot (1840). Traduct. fr. par Combe-Dounous (Paris, 1802, 2 vol. in-8°).

MAXIME (Saint). I. Évêque de Turin, mort vers le milieu du Ve siècle. Ses *Œuvres* ont été publiées à Rome (1784, in-fol.). Fête le 25 juin. — II. Évêque de Riez, mort vers 460. Ses restes sont conservés dans la cathédrale de Riez. Fête le 27 nov.

MAXIMIEN (Marcus-Aurelius-Valerianus MAXIMIANUS), surnommé *Hercule*, empereur romain, né d'une famille obscure de Pannonie vers l'an 250, mort en 310. D'abord simple soldat, il passa par tous les grades, fut associé à l'empire par Dioclétien (286), repoussa les Germains au delà du Rhin, triompha des Bagaudes, renversa Julien qui avait usurpé la pourpre, abdiqua le 1er mai 305, devint collègue de Maxence (306) et se suicida à Marseille pour ne pas tomber entre les mains de Constantin.

MAXIMILIEN (Saint), martyr, né en Numidie vers 275, mort en 295. Ayant refusé de servir, sous un chef idolâtre, dans les armées romaines, il fut mis à mort. Fête le 12 mars.

MAXIMILIEN Ier, empereur d'Allemagne, né le 22 mars 1459, mort le 12 janv. 1519. Il était fils de l'empereur Frédéric III et épousa (1477) Marie, fille et héritière de Charles le Téméraire de Bourgogne, qui venait de mourir; mais il ne put jamais entrer en possession des immenses domaines laissés par son beau-père; il fit une guerre inutile à Louis XI, roi de France, qui avait pris possession de la Bourgogne et de la Picardie. La victoire de Guinegate (1479) ne produisit aucun effet, parce que les états généraux des Pays-Bas l'obligèrent de conclure, en 1482, le traité d'Arras, en vertu duquel Louis conserva les deux provinces qu'il avait envahies, et Marguerite, fille de Maximilien, âgée seulement du dauphin Charles, à qui elle devait apporter en dot l'Artois et la Franche-Comté. Marie étant morte en 1482, Maximilien réclama la régence des Pays-Bas comme tuteur de son fils Philippe, mais son autorité fut méconnue; les Brugeois allèrent même jusqu'à le détenir dans leur ville pendant plusieurs mois. Il fut élu et couronné roi des Romains en 1486 et épousa, par procuration, Anne de Bretagne (1489); mais Anne de Beaujeu, qui gouvernait la France pendant la minorité de Charles VIII, fit rompre ce mariage et réunit la Bretagne à la France en faisant épouser Anne à son jeune frère. Maximilien, déçu dans ses espérances, prit pour femme Bianca Sforza, fille du duc de Milan, Galeazzo Sforza, qui venait de périr assassiné. La paix avec la France fut signée à Senlis (1493), et Maximilien recouvra quelques-unes des provinces composant la dot de Marguerite. En 1493, il succéda à son père comme empereur et reprit les hostilités contre la France dans le Milanais. François Ier le força, en 1515, par le traité de Bruxelles, d'abandonner cette province à la France et de céder Vérone aux Vénitiens. Les Suisses obtinrent leur indépendance par le traité de Bâle (1499), et les dernières années de l'empereur furent troublées par les premières discussions religieuses de la réformation en Allemagne. Il eut pour successeur à l'empire son petit-fils, Charles-Quint. — II. Empereur d'Allemagne, fils de Ferdinand Ier, né à Vienne en 1527, mort en 1576. Il fut élu roi des Romains en 1558, roi de Bohême en 1562, roi de Hongrie en 1563, et empereur en 1564. Il accorda aux protestants le libre exercice de leur culte et eut pour successeur son fils aîné, Rodolphe II.

MAXIMILIEN (Ferdinand-Maximilien-Joseph), archiduc d'Autriche et empereur du Mexique, né à Vienne le 6 juillet 1832, fusillé à Querétaro le 19 juin 1867. Il était second fils de l'archiduc François-Charles et de l'archiduchesse Sophie, et frère de l'empereur d'Autriche François-Joseph. En 1854, il fut nommé contre-amiral et, en 1857, gouverneur du royaume lombard-vénitien. La même année, (27 juillet), il épousa la princesse Charlotte, fille de Léopold Ier, roi des Belges. Au moment où éclata la guerre de 1859, il se retira à Venise ainsi que dans son magnifique château de Miramar, près de Trieste. Dès 1862, l'empereur Napoléon III caressait le projet de rétablir en sa faveur le trône du Mexique; mais l'opposition de l'Angleterre et de l'Espagne fit retarder l'exécution de ce dessein. Ce fut le 10 juillet 1863 qu'une assemblée de notables, réunie à Mexico, décida l'établissement d'une monarchie héréditaire constitutionnelle, avec un prince catholique romain comme empereur, et offrit la couronne à l'archiduc Maximilien d'Autriche, qui n'accepta qu'à la condition que le peuple ratifierait ce choix (3 oct.). Sur les instances de Napoléon et des porteurs des bons Jecker, il accepta définitivement la couronne du Mexique qui lui était offerte par une députation venue à Miramar (10 avril 1864); et il prit le titre de Maximilien Ier, dès qu'il eut obtenu le consentement de l'empereur d'Autriche et l'adhésion de la partie du peuple mexicain placée sous l'influence française. Débarqué à la Vera-Cruz avec l'impératrice, le 29 mai 1864, il entra à Mexico le 12 juin suivant. L'une de ses premières mesures fut d'adopter, pour héritier présomptif, un fils de l'empereur Iturbide; puis il visita l'intérieur de l'empire, accorda la liberté de la presse (août 1864); mais perdit le soutien du clergé, parce qu'il se trouva dans l'impossibilité de lui restituer les biens qui lui avaient été ravis sous le gouvernement de Juarez. Ce fut en vain que, pour se créer des partisans, il institua l'ordre de l'*Aigle Mexicain* (janv. 1865), et promulgua une constitution (10 avril); ce fut en vain que, dans son inexpérience des choses américaines, il crut terminer la guerre en décrétant qu'à l'avenir tout homme pris les armes à la main serait passé par les armes (2 oct.). En perdant l'appui du parti clérical qui l'avait appelé au pouvoir, la monarchie n'avait même plus de raison d'être au Mexique. Juarez reprit courage, il posa en martyrs les officiers fusillés en vertu de la loi martiale et intéressa à sa cause tous les peuples de l'Amérique. Le gouvernement de Washington, qui n'avait cessé de protester contre l'intervention française, prit une attitude hostile et mit des troupes à la disposition de l'ex-président Juarez. D'un autre côté, de graves événements s'étaient passés en Europe. L'Autriche été avait écrasée à Sadowa, et la Prusse victorieuse prenait ses mesures pour une guerre contre la France. L'empereur Napoléon, menacé en Europe, prit la résolution d'évacuer le Mexique en avril 1867 Pour parer aux éventualités, Maximilien fit venir de Belgique un certain nombre de soldats et crut pouvoir maintenir, par la force des baïonnettes, un gouvernement qui ne s'étayait plus ni sur la volonté du peuple, ni même sur les aspirations d'un parti. En même temps, Maximilien chargea l'impératrice Charlotte d'une mission auprès de l'empereur Napoléon, que cette princesse supplia de soutenir jusqu'au bout le monarque qu'il avait poussé à accepter la couronne mexicaine (juill. 1866). Cette démarche ne pouvait aboutir. L'infortunée Charlotte se rendit auprès du pape, à Rome, pour le conjurer d'intervenir auprès de ses sujets catholiques, et c'est sous l'impression de l'anxiété que ses facultés mentales se sont troublées. Au moment où les Français commençaient à évacuer le Mexique (nov. 1866), l'empereur Maximilien quitta Mexico pour se retirer à Orizaba; il remit l'autorité entre les mains de Bazaine. Pour son malheur, les courtisans, réunis à Orizaba et constituant un prétendu conseil, le déterminèrent à maintenir ses prétentions et à refuser d'abdiquer (24 nov. 1866); peu de jours après, mourut Augustin Iturbide, son fils adoptif (11 déc.). Décidé à résister, sans autre appui que la légion belge, Maximilien s'enferma dans Querétaro, le 19 fév. 1867. Presque aussitôt arriva devant son camp le général mexicain Escobedo, qui s'empara de toute l'armée impériale, après plusieurs combats (15 mai). L'empereur, devenu prisonnier, passa devant un conseil de guerre, constitué d'après les principes mêmes qu'il avait établis pour le jugement des patriotes. Il fut condamné à mort et fusillé avec Miramon et Mejia. Ses restes furent transportés à Vienne et inhumés dans le caveau impérial. Ses *Œuvres mêlées* ont été publiées en 1867 (7 vol., Leipzig), sous le titre de *Tableau de ma vie*; traduct. fr. de J. Gaillard (1868).

MAXIMIN (Saint). I. Evêque de Trèves, né à Poitiers, mort en 397. Il était frère de saint Maxence; il combattit les ariens. Fête le 29 mai. — II. Fondateur de l'église d'Aix. Fête le 8 juin.

MAXIMIN (Saint-), ch.-l. de canton, arr. et à 20 kil. N. - O. de Brignoles (Var); 3,350 hab. Ancienne et belle église dépendant autrefois d'un couvent de dominicains.

MAXIMIN (Caius-Julius-Verus MAXIMINUS), empereur romain, né dans la 2e partie du IIe siècle, mort en 238. Il était fils d'un Goth et passa sa jeunesse à garder les troupeaux. Sa taille gigantesque, sa force et son agilité attirèrent l'attention de l'empereur Septime-Sévère, qui l'admit dans ses troupes. Il était haut de huit pieds, broyait des pierres entre ses mains, mangeait 40 livres de viande et buvait 60 pintes de vin en un jour, dit la tradition. Son courage égalait sa force. Après l'assassinat d'Alexandre Sévère en Gaule, il se fit proclamer empereur (235) et nomma *César* son fils Maxime. Il repoussa les Germains et se signala par une férocité inouïe. Les peuples d'Afrique secouèrent son joug devenu odieux et nommèrent empereurs les deux Gordiens. Ceux-ci ne tardèrent pas à périr; mais le sénat proclama à leur place Maxime et Balbin. En apprenant ces nouvelles, Maximin, qui se trouvait sur le bas Danube, se hâta d'accourir en Italie et de mettre le siège devant Aquilée, mais il fut assassiné, ainsi que son fils, par ses propres soldats.

MAXIMIN-DAÏA (Galerius-Valerius MAXIMINUS), empereur romain, né dans la Galère, mort en 314. Il était berger en Thrace, quand son oncle le nomma César en 305. Il partagea l'empire avec Constantin et Licinius en 311. La guerre ayant éclaté entre les trois collègues, Maximin fut vaincu par Licinius et se donna la mort.

* MAXIMIS (De) loc. lat. [mak-si-miss] (ablat. pl. du mot *maximum*). Qui a rapport à la détermination des maxima : *méthode de maximis et minimis*.

* MAXIMUM s. m. [ma-ksi-momm] (neut. de l'adj. lat. *maximus*, le plus grand). Mathém. Etat le plus grand auquel une quantité variable puisse parvenir. Au pluriel, les mathématiciens disent des *maxima*. — Signifie aussi, dans le langage ordinaire, la somme la plus forte dans l'ordre de celles dont il est question : *il a obtenu le maximum des pensions de son grade*. — Se dit, par ext., de la plus forte des peines prononcées par la loi contre un crime ou un délit : *on lui a appliqué le maximum de la peine*. — Se dit également du taux au-dessus duquel, à certaines époques, il a été défendu de vendre une denrée, une marchandise : *les effets du maximum ne pouvaient être que désastreux*. — S'emploie quelquefois au sens moral, et signifie, le plus haut point où une chose puisse être portée : *ce dévouement est le maximum de la vertu*.

MAY (Cap). I. Extrémité méridionale de New-Jersey (Etats-Unis), à l'entrée de la baie de Delaware. — II. Ville de l'état de New-Jersey, sur le cap ci-dessus, à 110 kil. S.-S.-E. de Philadelphie.

MAYAS, race d'Indiens habitant le Yucatan, et considérés comme formant une race distincte. Les Mayas avaient un alphabet et une littérature; ils étaient civilisés et se livraient à l'agriculture, à l'industrie et au commerce. Leurs monuments sont les plus beaux de l'hémisphère occidental; on admire surtout les édifices de Palenque, d'Uxmal, de Chichen Itzá, etc. Leur langue, qui n'offre aucun rapport avec aucun autre langage indien, a résisté à l'influence des Espagnols. La première grammaire maya a été composée par Villalpando et Landa. L'*Arte del Idioma maya*, de Gabriel de San-Buenaventura, a été imprimé à Mexico en 1560. Pedro Beltran de

Santa Rosa Maria a donné le dictionnaire maya (Mexico, 1746). De nos jours, l'abbé Brasseur de Bourbourg a composé une grammaire maya (1862) et un dictionnaire (1872). — Les Mayas aplatissaient le crâne de leurs enfants, se peignaient la figure et le corps, se tatouaient et enfonçaient des morceaux d'ambre dans le cartilage du nez de leurs femmes; les deux sexes portaient des bracelets. Leurs prêtres, nommés *cheles*, professaient une religion sanguinaire qui demandait des victimes massacrées à coups de flèches ou dépecées toutes vives, ou encore écorchées toutes pantelantes pendant qu'on leur arrachait le cœur. Quelquefois les victimes étaient précipitées du haut de la pyramide de Chichen Itzá.

MAYENÇAIS, AISE s. et adj. De Mayence : qui appartient à cette ville ou à ses habitants.

MAYENCE (all. *Mainz*; angl. *Mentz*; anc. *Mogontiacum*), ville fortifiée du grand-duché de Hesse (Allemagne), cap. de la province de Hesse Rhénane, sur la rive gauche du Rhin, presque en face de l'embouchure du Mein; à 32 kil. O.-S.-O de Darmstadt, à 815 kil. N.-E, de Paris; 62,000 hab. Un pont de bateaux, long de 600 m., réunit Mayence à son faubourg de Cassel, situé sur l'autre rive du Rhin. Le système des fortifications est très étendu et très perfectionné, pour commander les deux rives du Rhin. La place Gutenberg est ornée d'une magnifique statue de ce grand inventeur, due à Thorwaldsen. La cathédrale est

Cathédrale de Mayence.

remarquable par ses vitraux peints et par sa chaire; elle a beaucoup souffert du siège de 1793. L'industrie de la ville n'est pas très importante. — Mayence forma un camp romain sous les ordres de Drusus. Devenue ville importante, elle fut détruite par les barbares en 406, rebâtie par les rois francs, embellie par ses archevêques, dont le premier fut Boniface (745) et agrandie par Charlemagne. Sous l'empire germanique, les archevêques de Mayence furent rangés parmi les premiers électeurs ecclésiastiques. Au XIIIe siècle, cette ville se mit à la tête du ligue des villes rhénanes. Gutenberg y inventa l'imprimerie et Furst en fit le centre de la librairie allemande. En 1486, Mayence fut annexée à l'électorat. Pendant la guerre de Trente ans, elle fut assiégée et prise successivement par les Suédois, puis par les Impériaux et les Français. La paix de Westphalie la rendit à l'électeur Jean Philippe; elle fut reprise par les Français en 1688 et par les Saxons et les Bavarois en 1689. Livrée au général français Custine en 1792, Mayence fut réduite à capituler par le général prussien Kaalckreuth (1793). La paix de Lunéville (1801), par laquelle l'électorat fut dissous, donna Mayence à la France. Cette ville resta ch.-l. du dép. du Mont-Tonnerre jusqu'en 1814. Le congrès de Vienne la réunit à la Hesse-Darmstadt, comme forteresse de la confédération germanique. Les Autrichiens, les Prussiens et les Hessois y tinrent garnison jusqu'au moment de la guerre de 1866; à partir de ce moment, les Prussiens eurent seuls la garde de ses forteresses et l'annexèrent à leur empire en 1871.

MAYENNE, *Maduana*, rivière de France, qui prend sa source près de Saint-Martin-des Landes (Orne), traverse le dép. de la Mayenne auquel elle donne son nom, arrose Mayenne, Laval, Château-Gontier et après un cours de 180 kil., afflue à la Sarthe, un peu au-dessus d'Angers pour former la Maine. (Voy. l'article suivant.)

MAYENNE, dép. de la région N.-O. de la France; il doit son nom à la principale rivière qui la traverse; situé entre les dép. de l'Orne, de la Manche, d'Ille-et-Vilaine, de la Loire-Inférieure, de Maine-et-Loire et de la Sarthe; formé du bas Maine et d'une partie de l'Anjou; 5,170 kil. carr.; 344,881 hab. Le dép. est sillonné en sens par les *collines du Maine*. Vers le S., ces collines forment des plateaux de 80 à 100 m. d'altitude; au N., elles sont plus élevées. La chaîne des *Alpes Mancelles* ou *Coëvrons* ont des sommets de 350 m. A l'angle N.-E. du dép., se dresse un beau massif surmonté par le mont des Avaloirs (417 m.), point culminant du dép. et du N.-O. de la France. Sol boisé, fertile en céréales; fruits à cidre, chanvre, lin et quelques vignes; commerce de chevaux, de porcs, de moutons et d'abeilles; fabriques de coton et de tissus; papeteries, ardoiseries, etc. Princ. cours d'eau : la Mayenne qui a pour affluents la Varenne, le Colmont, l'Aron, l'Ernée, le Vicoin, la Jouanne, le Béron dans le dép., le Sarthon, le Merdereau, la Vandelle, l'Orthe et la Vaige. Sources minérales à Château-Gontier, Bourgneuf-la-Forêt, Niort, Chantriqué et Grazay. — Ch.-l., Laval; 3 arr., 27 cant. et 274 comm. Evêché à Laval, suffragant de Tours. Cour d'appel à Angers. Les établissements d'instruction publique sont du ressort de l'académie de Rennes. Ch.-l. d'arr. : Laval, Château-Gontier et Mayenne.

MAYENNE, *Meduana Juhelli*, ch.-l. d'arr., à 30 kil. N.-E. de Laval (Mayenne), sur la rive droite de la Mayenne; par 48°18′17″ lat. N. et 2°57′18″ long. O.; 8,200 hab. Cette ville s'appelait autrefois Mayenne de Juhel, du nom de son premier seigneur. Elle fut prise par les Anglais en 1424 et fut rendue à Charles VII en 1448. Elle fut ravagée en 1793, par les Vendéens et par les Chouans. Patrie du cardinal de Cheverus, à qui on y a élevé une statue en 1844.

MAYENNE (Ducs de), nom donné en 1573, à une branche de la famille de Lorraine, représentée par CHARLES DE LORRAINE, en faveur de qui la ville de Mayenne fut érigée en duché-pairie. Ce prince était deuxième fils de François de Lorraine, duc de Guise, et d'Anne d'Este-Ferrare. Il se rendit célèbre comme chef de la Ligue. Il était né en 1544 et mourut en 1611. Il fit ses premières armes contre les Turcs et contre les huguenots de France. En 1588, à la nouvelle du meurtre de ses frères, Henri le Balafré et le cardinal de Guise, il marcha sur Paris, où il prit le titre de lieutenant général du royaume (1589). Assiégé dans la capitale, il allait être forcé de se

rendre, quand il fut sauvé par le poignard de Jacques Clément. Pour lutter contre Henri IV, il fit proclamer roi, sous le nom de Charles X, le vieux cardinal de Bourbon. Sa nonchalance, augmentée par son obésité, causa sa défaite d'Arques (1589) et d'Ivry (1590). Il se soumit au roi légitime en 1596, conserva ses biens et ses dignités et reçut le gouvernement de l'Ile-de-France. — Son fils, Henri, grand chambellan de France et gouverneur de l'Ile-de-France, né en 1578, mort en 1621, entra dans les factions qui agitèrent la minorité de Louis XIII, échangea avec de Luques le gouvernement de l'Ile-de-France contre celui de la Guienne, et périt au siège de Montauban sans laisser de postérité.

MAYER. I. (Johann-Tobias), savant allemand (1723-'62). Il fut nommé directeur de l'observatoire de Goettingen en 1750. Son *Catalogus zodiacal*, comprenant 998 étoiles, et ses *Tables de la lune* (1755) sont encore justement estimés. Sa découverte la plus importante est la méthode connue sous le nom de *Répétition des Angles*. — II. (Julius-Robert), physicien allemand, né à Heilbronn le 8 mai 1814, mort le 25 mars 1878. En 1840, il fit un voyage à Java; il fut nommé médecin de la ville de Heilbronn en 1842 et collabora aux *Annalen de Liebig*, et leur donna un mémoire intitulé *Bemerkungen über die Kräfte der unbelebten Natur*. Il s'occupa surtout de la chaleur animale, de l'application des principes physiques à la nature organique et aux corps célestes, de la théorie mécanique de la chaleur, de la corrélation des forces, etc. Une édition de ses *Œuvres complètes* a été donnée sous ce titre : *Die Mechanik der Wärme* (1867).

MAYET, ch.-l. de cant., arr. et à 31 kil. N.-E. de la Flèche (Sarthe); 3,500 hab. Fabriques d'étoffes de laine.

MAYET-DE-MONTAGNE (Le), ch.-l. de cant., arr. et à 24 kil. S. de la Palisse (Allier); 2,000 hab.

MAYEUX s. m. Pop. Bossu. Le type de *mayeux* a été créé vers 1830.

MAYNOOTH (mè-nouth), ch.-l. du comté de Kildare (Irlande), à 25 kil. O.-N.-O. de Dublin; 3,000 hab. Château en ruines construit en 1426; fameux collège royal de Saint-

Collège de Saint-Patrick, à Maynooth.

Patrick, fondé en 1795, par le parlement irlandais, pour l'éducation des catholiques romains qui se destinent à l'état ecclésiastique.

MAYO [mè-ho], comté occidental d'Irlande, dans le Connaught, borné par l'Atlantique; 5,534 kil. carr.; 250,000 hab., presque tous catholiques. Côtes indentées de nombreuses baies. Territoire uni et fertile à l'E., montagneux et aride à l'O. La seule rivière importante est la Moy; nombreux lacs. Fer, marbre, ardoises; avoine. Cap., Castlebar.

MAYO (Richard-Southwell BOURKE, *comte de*), homme d'Etat anglais, né à Dublin en 1822, mort le 8 fév. 1872. Il doit sa célébrité d'un convict musulman nommé Chere-Ali, pendant qu'il visitait, en qualité de gouverneur général de l'Inde, l'établissement pénitentiaire de Port-Blair dans les îles Andaman.

*MAYONNAISE s. f. (de Mahon, ville prise de) Cuis. Sauce froide que l'on fait avec du vinaigre à l'estragon, du jaune d'œuf cru et bien frais, un peu de sel et de poivre blanc; on bat le tout avec une cuillère de bois, en tournant toujours du même côté. Quand le mélange se lie, on y ajoute, d'abord goutte à goutte, ensuite par filets continus, de bonne huile d'olive, pendant que l'on bat la sauce contre les parois du vase pour la travailler. La mayonnaise doit avoir la consistance de pommade un peu claire; elle convient principalement pour salade de homards, salade de volailles, filets de soles et entrées froides. — Mets qu'on mange avec cette sauce : *une mayonnaise de homards*.

MAYOTTE, île de l'archipel des Comores, à 200 kil. N.-O. de Madagascar, à 30 kil. S.-O. d'Anjouan, par 12°50′ lat. S. et 43° long. E.; 356 kil. carr.; 12,000 hab., dont une centaine d'Européens, qui ont beaucoup de peine à s'acclimater. Le reste de la population est en partie sakalave et en partie arabe. Mayotte est une île volcanique dont les sommets atteignent 600 m. Elle est bien boisée et fertile; une ceinture de récifs coralliens l'enveloppe presque entièrement et forme quatre îlots: Pamanzi, Dzaoudzi (bonne rade; siège du gouvernement), Bouzi et Zambourou. Mayotte et ses îlots forment d'excellents mouillages. Les terres, dont la moitié environ a été concédée à des colons, produit le cocotier et le bananier à l'état sauvage. On y cultive surtout la canne à sucre, un peu de café, la vanille et le riz. Mayotte, cédée à la France, en 1844, par Adrian-Souli, moyennant une rente annuelle de 5,000 fr., fut occupée le 13 juin 1843.

MAYSVILLE, ville du Kentucky (Etats-Unis), sur l'Ohio, à 100 kil. N.-E. de Lexington; 6,000 hab.

MAZACA. Voy. CÉSARÉE

MAZAGAN, ville maritime de l'empire du Maroc, sur l'Atlantique, à 225 kil. N.-O. de Maroc; 8,000 hab. Elle fut construite, en 1500, sous le nom de Castro-Reale, par les Portugais qui la perdirent en 1762.

MAZAGRAN s. m. Café froid, servi dans un verre et auquel on peut ajouter de l'eau.

MAZAGRAN, village fortifié d'Algérie, province d'Oran, à 8 kil. S. de Mostaganem, sur la route de cette ville à Mascara; 1,000 hab.; célèbre par le siège qu'y soutinrent, du 2 au

6 fév. 1840, 123 zéphyrs, commandés par le cap. Lelièvre, contre 12,000 arabes.

MAZAMET, ch.-l. de cant., arr. et à 19 kil. S.-E. de Castres (Tarn), près du confluent de l'Arnette et du Tarn; 11,000 hab. Importante fabrication de draps, tartans, molletons, flanelles.

MAZARIN, INE adj. De Mazarin; qui concerne le cardinal. — BIBLIOTHÈQUE MAZARINE, bibliothèque publique, fondée vers la fin de 1643 par le cardinal Mazarin, et qui renferme aujourd'hui environ 160,000 vol. et 4,000 manuscrits. Elle est installée au collège Mazarin, près du palais de l'Institut. — BIBLE MAZARINE, Bible latine, qui date des premiers temps de l'imprimerie, et qui est dite mazarine parce qu'un exemplaire se trouve à la bibliothèque de ce nom.

MAZARIN (Jules), (ital. MAZARINI ou MAZZARINO, *Giulio*), cardinal et homme d'État français, né à Piscina le 14 juillet 1602, mort à Vincennes le 9 mars 1661. Elevé à Rome chez les jésuites, il suivit en Espagne le fils du connétable Colonna, étudia le droit à Alcala et à Salamanque, prit, en 1622, le grade de docteur en théologie, s'engagea, l'année suivante, dans l'armée papale, combattit en qualité de capitaine dans la Valteline, fut employé comme négociateur auprès du duc de Feria et du maréchal d'Estrées, entra en relations avec le cardinal de Richelieu (1628), lors des négociations qui se poursuivaient à Lyon, reçut la charge d'internonce à Turin (1629), et fut le véritable auteur de la paix avec la Savoie (1631). Le pape nomma l'abbé Mazarin vice-légat à Avignon (1632). Richelieu se l'attacha complètement en 1639 et lui donna des lettres de naturalisation. Mazarin, entré dans le conseil du roi, dirigea, à partir de ce moment, toutes les négociations, dans lesquelles il déploya de véritables talents diplomatiques. Comme récompense des services qu'il lui avait rendus, Richelieu lui fit obtenir le chapeau de cardinal (1641), bien qu'il ne fût pas engagé dans les ordres majeurs. En mourant, le grand ministre le désigna au roi comme secrétaire d'État (1642). A la mort du roi, l'année suivante, Anne d'Autriche le choisit comme premier ministre (mai 1643). Le commencement de son administration fut assez paisible à l'intérieur, grâce à la circonspection du premier ministre, dont le seul acte de violence fut l'arrestation du duc de Beaufort. Un puissant parti s'organisa contre lui, et le parlement de Paris refusa de créer de nouvelles taxes, en raison des souffrances du peuple. Mazarin, abandonnant les voies de douceur, fit arrêter le président Blancmesnil et Broussel, membre le plus populaire du parlement. Le peuple de Paris, soulevé par de Retz et par d'autres chefs de l'opposition, commença la guerre de la Fronde (août 1648), presque au moment où les victoires de Condé et de Turenne étaient couronnées par la paix de Westphalie (24 oct. 1648). La cour fut forcée de quitter Paris pour chercher un refuge dans le château de Saint-Germain (6 janv. 1649), et le premier ministre, contre lequel le parlement avait rendu une ordonnance de bannissement, signa la paix de Ruel (11 mars), due surtout à l'influence du grand Condé, qui se montra ensuite tellement exigeant et tellement arrogant que Mazarin se rapprocha de ses anciens ennemis et fit arrêter Condé, le prince de Conti et le duc de Longueville (18 janv. 1650). La guerre continuait de sévir en province; il fallut envoyer des troupes en Normandie, en Bourgogne, en Champagne et en Guienne; Mazarin contribua de sa personne à la défaite des Espagnols près de Rethel. L'arrestation des princes avait soulevé la colère du parlement; le cardinal dut encore quitter Paris dans la soirée du 6 fév. 1651. Le parle-

ment arracha à la reine un ordre d'exil et Mazarin s'enfuit d'abord au Havre où il rendit lui-même la liberté aux princes captifs, et ensuite au château de Brühl, près de Cologne. Mais, au fond de son exil, il conserva une telle influence sur la reine, avec laquelle on suppose qu'il était marié secrètement, qu'il ne cessa de diriger les affaires par le secrétaire d'État Le Tellier, par Servien et par de Lionne, qui étaient dévoués à sa fortune. La reine, ayant quitté Paris pour se réfugier à Poitiers (1652), on apprit tout à coup que Mazarin marchait à son secours avec une armée de 6,000 hommes. A son arrivée à Poitiers (30 janv. 1652), le jeune roi Louis XIV et son frère allèrent au devant de lui. Le parlement le déclara rebelle, ordonna la vente de sa magnifique bibliothèque et de ses autres biens, et offrit une récompense de 150,000 livres à qui pourrait se saisir de sa personne. Mazarin, après avoir combattu à main armée les parlementaires sur les rives de la Loire, à Angers, à Orléans, à Bléneau et au faubourg Saint-Antoine, offrit de s'éloigner de nouveau pour mettre fin à la guerre civile (19 août). Il se retira à Bouillon et Louis XIV rentra dans Paris. Le parlement se soumit, ainsi que les principaux chefs de la Fronde, sauf Condé. Le roi fit arrêter de Retz; Mazarin, qui avait pris le commandement de l'armée, sur la frontière, et qui avait remporté de grands succès sur les Espagnols, à Bar-le-Duc et à Vervins, fut reçu par des acclamations par le même peuple parisien qui l'avait si ignominieusement traité quelques années auparavant (3 fév. 1653). A partir de ce moment, son pouvoir fut absolu. Son œuvre principale comme diplomate fut le traité des Pyrénées (7 nov. 1659), suivi du mariage de Louis XIV avec l'infante d'Espagne (1660). Au moment de mourir, il eut des remords sur la manière dont il s'était enrichi au milieu de la misère publique, et il légua au roi sa fortune évaluée à 40 millions de livres; mais Louis XIV restitua cette somme à la famille du ministre, qui avait un frère, Michel Mazarin, cardinal en 1647, et deux sœurs, Martinozzi et Mancini. (Voy. MANCINI.) — BIBLIOGR. *Négociations secrètes des Pyrénées* (Amsterdam, 1693, 2 vol. in-12); *Histoire de Mazarin*, par Aubery (1688-'95, 2 vol. in-12; 1751, 4 vol. in-12); *Histoire de France sous le ministère du cardinal Mazarin*, par Bazin (Paris, 1842, 2 vol. in-8°).

* **MAZARINADE** s. f. Nom donné aux pamphlets et aux chansons publiés contre le cardinal Mazarin pendant la Fronde. — Les meilleures mazarinades sont celles de Scarron. On compte environ 4,000 mazarinades. Voy. Moreau, *Bibliographie des mazarinades* (Paris, 1850-'55, 3 vol. in-8°); et *Choix de mazarinades* (2 vol. grand in-8°).

MAZARINISME s. m. Politique du cardinal Mazarin; système politique semblable à celui de Mazarin.

MAZAS, célèbre prison cellulaire située à Paris, sur le boulevard Mazas, du nom de Jacques-François - Marc Mazas, colonel, tué à Austerlitz en 1806. La prison de Mazas fut inaugurée en 1850. Elle contient 1,200 cellules.

MAZATLAN [mâ-sat-lânn'], ville du Mexique, état de Sinaloa, sur une baie qui se trouve à l'entrée du golfe de Californie, à 900 kil. N.-O. de Mexico; environ 12,000 hab., dont

4,000 de population flottante. Climat humide et excessivement chaud en été. Abondantes mines d'argent, dont les plus riches sont exploitées par les Américains. Exportation de bois de teinture, de belles perles, d'or et d'argent.

MAZEPPA (Jan ou IVAN) hetman des Cosaques, né vers 1645, mort le 22 sept. 1709. Il fut page à la cour de Jean-Casimir, roi de Pologne. A son retour dans sa province natale, il noua des relations coupables avec une dame dont le mari, d'après la légende adoptée, le fit attacher sur un cheval sauvage qui l'emporta dans le pays des Cosaques zaporogues. Il y acquit bientôt une grande influence par ses talents, et en 1687, à la mort de l'hetman Samoïlovitch, dont il avait été le secrétaire et le lieutenant, il fut choisi pour exercer le commandement en chef. Il atteignit à un haut degré de faveur auprès du Pierre le Grand; mais lorsque les Russes commencèrent à empiéter sur les libertés de sa patrie adoptive, il s'unit à Charles XII, de Suède, et, après la défaite de Pultava (8 juillet 1709), se réfugia avec lui en Turquie. Les aventures de Mazeppa ont fait l'objet d'un poème de Byron et de l'une des plus belles *Orientales* de Victor Hugo.

MAZÈRES, village de l'arr. et à 16 kil. N. de Pamiers (Ariège); 2,600 hab. Fut assiégé et soumis par les catholiques en 1570.

* **MAZETTE** s. f. (bas lat. *mesgetus*, mauvais cheval). Mauvais petit cheval : *il étail monté sur une mazette.* — Se dit, fig. et fam., de celui qui manque de force ou d'ardeur, soit en marchant, soit en portant des fardeaux : *vous n'allez pas, vous êtes une mazette.* — Se dit aussi d'une personne inhabile à quelque jeu qui demande de la combinaison ou de l'adresse : *il ne sait pas jouer, c'est une mazette.*

MAZIÈRES-EN-GÂTINE, ch.-l. de cant., arr. et à 15 kil. S.-O. de Parthenay (Deux-Sèvres); 1,100 hab. Commerce de chevaux, mulets et bestiaux.

MAZURKA ou **Mazurque** s. f. (Mazurke). Danse d'origine polonaise, qui tient de la valse et de la polka. On dit aussi POLKA-MAZURQUE.

MAZZINI (Giuseppe) [mât-s. -ni], révolutionnaire italien, né à Gênes le 12 juin 1805, mort à Pise le 10 mars 1872. Son père était un riche professeur de médecine de Gênes, qui le fit élever pour le barreau. En 1830, il s'affilia aux carbonari, fut emprisonné pendant six mois, puis organisa à Marseille la ligue de « la Jeune Italie » et fonda le journal *La giovine Italia.* Dès lors, il fut engagé dans

Mazatlan.

des conspirations et des agitations continuelles ayant pour but de délivrer l'Italie de la domination étrangère. En 1833, il reçut l'ordre de quitter le territoire français et alla en Suisse, où il prépara contre la Savoie une attaque qui, au commencement de 1834, aboutit à un échec et à sa condamnation à mort en Sardaigne. Mais il ne fut pas inquiété en Suisse, et il s'y efforça de réunir les éléments révolutionnaires de toutes les nationalités dans la ligue de « la Jeune Europe ». En 1837, on le pria de sortir de Suisse, et il s'établit à Londres. Pendant les onze années suivantes, il n'y eut guère de complot où il ne fût impliqué. La révolution de 1848 lui permit de revenir en Italie; mais la capitulation de Milan devant les Autrichiens (5 août) détruisit les espérances des patriotes et chassa de nouveau Mazzini en Suisse. Il y était depuis peu lorsqu'on annonça le soulèvement de la Toscane, en même temps que la continuation de la résistance de Venise, qui, depuis le commencement, agissait sous la direction de Manin. Il se rendit alors à Florence, devint, en février 1849, membre du gouvernement provisoire, et fut envoyé comme député à la chambre de la république romaine, proclamée le même mois. Les Romains l'élurent triumvir, et il devint l'âme de la république. Celle-ci ayant été supprimée par l'intervention française, en juillet, Mazzini alla à Lausanne, et plus tard revint à Londres où il continua sa propagande. Contre l'avis de Manin et des autres chefs, Mazzini fomenta une nouvelle insurrection en Sardaigne (1857), et alla à Gênes pour la surveiller. Ses partisans s'emparèrent du fort Diamante dans la nuit du 29 juin; mais, comme le peuple ne se joignit pas au mouvement, il fut obligé d'abandonner son entreprise. Ses amis, qui tentèrent de semblables révoltes à Livourne et à Naples, furent mis à mort ou emprisonnés; mais Mazzini échappa. Pendant la guerre de 1859 en Lombardie, il ne voulut jamais admettre que l'Italie pût accepter l'intervention de Napoléon; mais il s'intéressait ardemment à ses résultats, quoiqu'il voulût l'Italie républicaine aussi bien qu'unifiée. En 1865, il fut élu au parlement italien, mais son élection fut annulée. A partir de 1870, il résida principalement à Gênes et à Pise. Voy. Scritti editi e inediti (1861-'76, 9 vol.). La Biographie de Mazzini a été écrite par Nardi (1872).

MAZZINIEN, IENNE s. et adj. Partisan de Mazzini; qui concerne Mazzini ou ses opinions.

MAZZOLINI (Lodovico) [mât-so-li'-ni], peintre italien, de Ferrare, né vers 1481, mort vers 1530. Il excellait surtout à peindre des miniatures pour tableaux d'autel.

MAZZUCHELLI (Giovanni-Maria, COMTE) [mât-sou-kèl'-li], auteur italien, né en 1707, mort en 1765. Il était conservateur de la bibliothèque Quirinienne à Brescia. Il réunit une vaste collection de matrices et de médailles; il écrivit plusieurs ouvrages, dont un sur les auteurs italiens (2 vol. in-fol., 1753-'63, inachevé).

MAZZUOLA (Francesco) [mât'-sou-o-la]. (Voy. LE PARMESAN.)

M'BAMBARA, race de la famille mandingue, répandue sur la côte de la Sénégambie, et dont plusieurs tribus sont soumises au gouvernement français de Gorée.

* **ME** (lat. me) pr. pers. qui signifie la même chose que Je et Moi, mais qui s'emploie seulement comme régime du verbe. Tantôt il est régime direct : vous me soupçonnez mal à propos; tantôt il est régime indirect, et signifie, à moi : vous me donnez un sage conseil. — S'élide quand le verbe suivant commence par une voyelle : vous m'aimez, vous m'avez secouru. — S'élide aussi devant les particules y et en : passons devant la porte d'un tel, vous m'y laisseres; ne m'en parlez plus.

— Le pronom Me se place devant le verbe. Cette règle n'a d'exception que lorsqu'il se trouve tout à la fois, 1° que le verbe est à l'impératif, 2° que la phrase est affirmative, 3° que la particule en suit immédiatement le pronom : j'ai besoin de sages conseils, donnez-m'en; vous m'avez jeté dans l'embarras, faites-m'en sortir. — La particule y, unie au pronom Me, ne se met jamais après le verbe : vous m'y attendrez, je vous prie de m'y mener. On ne dit pas, Attendez-m'y, menez-m'y. Grammaticalement, il ne serait par incorrect de dire, Attendez-y-moi, menez-y-moi; mais on évite ces façons de parler.

MÉ préfixe négatif ou péjoratif, comme dans mécontent, mépriser. — On dit Mès devant une voyelle : mésallier.

* **MEA CULPA** s. m. Expression latine tirée du Confiteor et qui signifie : par ma faute. — DIRE ou FAIRE SON MEA CULPA, se repentir, avouer sa faute aux autres ou à soi-même.

MEAD (Richard), médecin anglais, né en 1673, mort en 1754. Il devint, en 1703, médecin de l'hôpital Saint-Thomas, à Londres; en 1711, professeur d'anatomie à l'école de médecine (Surgens'Hall), et, en 1727, médecin de George II. Son principal ouvrage est intitulé Medicina sacra (1748); ses Œuvres médicales ont été publiées en 1762.

MEADVILLE [mid-vi-le], ville de Pennsylvanie (États-Unis), sur la French Creek, à 125 kil. N. de Pittsburgh et à 54 kil. S. d'Erie; 7,103 hab.

* **MÉANDRE** s. m. Se dit, en poésie, par allusion au fleuve de ce nom, des sinuosités d'un fleuve, d'une rivière; et, métaphoriquement, de ce qui a du rapport avec ces sinuosités.

MÉANDRE. Ancien nom d'un fleuve de l'Asie Mineure occidentale, appelé aujourd'hui Menderès ou Meinder. Il coule vers l'O.-S.-O. et se jette dans l'Archipel, près de l'emplacement de l'ancienne Milet. Ses affluents principaux sont : l'Arras Tchaï (l'ancien Harpasus) et le Tchine (Marsyas). Le Méandre séparait la Lydie de la Carie et arrosait Apamée, Antioche, Milet, etc. Son cours tortueux était très célèbre. Une poétique description du Méandre, donnée par Ovide (I. VIII, v. 163 et suiv.), a été traduite par Thomas Corneille, dans les vers suivants :

Ainsi, comme incertain du chemin qu'il faut prendre,
Serpente avec ses eaux le sinueux Méandre.
On dirait, à le voir descendre et retourner,
Qu'à son devant de lui-même il cherche à se mener.
A peine a-t-il coulé vers la mer qu'il appelle,
Qu'amoureux de sa source, il remonte vers elle;
Et rompt en tant de lieux son cours mal assuré,
Qu'il semble en tournoyant qu'il se soit égaré.

MÉANDRINE s. f. Genre de polypiers couverts de sillons tortueux. L'espèce de corail

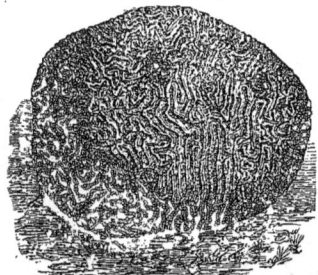

Meandrina (Diploria) cerebriformis.

appelée méandrine, à cause des sinuosités de ses cellules, renferme un grand nombre de polypes dont la bouche est garnie de 18 à 20 lentacules simples et assez longs. Ces coraux se trouvent dans les mers des pays chauds.

MÉANDRIQUE adj. Qui a la forme d'un méandre.

MEARIM, rivière navigable du Brésil. Elle sort de la partie centrale du Maranhão, et coule vers le nord, jusqu'à 3° 20' lat. S., où elle s'unit au Pindaré pour former le Maranhão. Les Brésiliens donnent à tout ce cours d'eau, depuis sa source jusqu'à la mer, le nom de Mearim.

* **MÉAT** s. m. [mé-a] (lat. meatus; de meare, passer). Anat. Conduit : le méat auditif.

MEATH [mîth], comté oriental d'Irlande, dans le Leinster, sur la mer d'Irlande; 2,3.6 kil. carr.; 94,480 hab. Il n'a guère que 12 kil. de côtes, et pas un seul port important. Le terrain est généralement plat, le sol fertile, et le climat sain. Le tiers des terres environ est mis en culture; le reste est en pâturages. Les cours d'eau les plus considérables sont la Boyne et le Blackwater. Cap., Kells; villes princ. ; Navan et Trim.

MEAUX [mô], Meldi, civitas Meldorum, ch.-l. d'arr., à 48 kil. N.-E. de Melun (Seine-et-Marne), sur la Marne et sur le canal de l'Ourcq ; par 48° 57' 39'' lat. N. et 0° 32' 31'' long. E.; 9,400 hab. Commerce de grains, de farines, de laine, de bestiaux, de volailles, de bois et de charbon; fromages de Brie. Belle cathédrale (XIIe siècle), où l'on admire le mausolée de Bossuet; palais épiscopal remarquable. Cap. des Meldi, Meaux fit partie du royaume d'Austrasie jusqu'au règne de Clotaire II. En 862, elle fut prise et brûlée par les Normands; Philippe le Bel la réunit à la couronne. Prise par les Anglais en 1421, elle leur fut enlevée en 1438. Elle adhéra à la Ligue et n'ouvrit ses portes à Henri IV qu'en 1594. — TRAITÉ DE MEAUX, traité qui mit fin à la guerre des Albigeois et qui fut signé le 12 août 1229.

MEC s. m. Argot. Maître, chef, patron. — LE MEC DES MECS, Dieu; personne redoutée.

* **MÉCANICIEN** s. m. (rad. mécanique). Celui qui possède la science appelée mécanique : il faut qu'un mécanicien soit bon géomètre. — Celui qui invente ou qui construit des machines : cet automate est l'ouvrage d'un très habile mécanicien.

* **MÉCANIQUE** s. f. (gr. mekanikos; de mekané, machine). Partie des mathématiques qui a pour objet la connaissance et l'application des lois du mouvement, de celles de l'équilibre, des forces mouvantes, etc. : mécanique spéculative, pratique, analytique. — Structure naturelle ou artificielle d'un corps, d'une chose : la mécanique du corps humain. — MÉCANIQUE CÉLESTE, science du mouvement des astres. — MÉCANIQUE RATIONNELLE, science du mouvement et de ses causes ou forces : la mécanique rationnelle se décompose en dynamique et en statique. — Machine : voilà une belle mécanique, une mécanique bien compliquée. — MÉCANIQUE INDUSTRIELLE, théorie des machines motrices ou réceptrices et étude des moyens économiques de produire des forces. — Bibliogr. Ouvrage traitant de la mécanique : la mécanique de Laplace. — ENCYCL. La mécanique est la branche des mathématiques qui traite de l'action des forces sur les corps. Elle se divise en statique, qui traite de l'action des forces en équilibre, et en dynamique, qui traite de l'action des corps en mouvement. Newton la divisait en mécanique pratique et en mécanique rationnelle, la première se rapportant aux forces mécaniques et la seconde à la théorie du mouvement. Dans un sens restreint le mot mécanique signifie construction des machines (gr. μηχανᾶσθαι, inventer ou contruire), ou tout au plus le calcul de l'action des forces sur les machines, et c'est le sens dans lequel le prenaient les anciens. Mais la science a, depuis longtemps, dépassé ces limites, et la mé-

canique comprend maintenant les lois qui président aux mouvements des corps célestes et celles qui affectent leurs formes, comme aussi l'action de la gravitation sur les corps terrestres. L'hydrostatique, l'hydrodynamique, et même quelquefois la pneumatique, sont considérées comme des branches de la science mécanique. On considérera brièvement dans cet article : 1° les lois du mouvement; 2° la composition et la résolution des forces; 3° la force centrifuge; 4° le pendule; 5° les agents mécaniques ou machines simples. Encore renverra-t-on aux articles spéciaux sur quelques-unes de ces questions.

1. Lois du mouvement. Ces lois étaient assez bien reconnues, sinon établies, avant que Newton eût écrit ses *Principia*. Galilée, Kepler, Descartes, Wren, Halley, Hooke et Huygens, étaient, par des progrès successifs, arrivés bien près de la compréhension de ces lois. Les deux ouvrages de ce dernier savant sur l'impact des corps et sur la force centrifuge contiennent du moins, s'ils ne l'établissent pas directement, l'hypothèse de ce qui est connu sous le nom des trois lois du mouvement. La mission de Newton fut surtout de généraliser ces lois et de les appliquer à l'explication du mouvement des corps célestes. Ses *Principia* commencent par un exposé des lois du mouvement, et c'est sous la forme qui leur est donnée dans cet ouvrage qu'elles sont généralement connues. Les voici : *Première loi* : Tout corps se maintient à l'état de repos ou de mouvement rectiligne et uniforme, tant qu'aucune force extérieure n'agit pas sur lui. Cette loi résulte de la propriété d'inertie en vertu de laquelle la matière ne peut ni se donner, ni s'ôter le mouvement. *Deuxième loi* : Les variations du mouvement sont proportionnelles à la force appliquée, et se produisent dans la direction de la ligne d'action de cette force. *Troisième loi* : A toute action s'oppose toujours une réaction égale ou l'action est égale à la réaction. La force peut se définir : Toute cause qui met en mouvement un corps, ou le maintient dans sa position, ou en modifie le mouvement. Lorsque la force donne le mouvement à un corps, on l'appelle *force motrice* ou *moteur*. Le corps entraîné s'appelle *mobile*. — Toute force qui produit ou favorise le mouvement est nommée *puissance*; celle qui, au contraire, tend à empêcher ou à retarder le mouvement est la *résistance*. Pour qu'il y ait mouvement, il faut que la puissance soit plus forte que la résistance. Le corps à mettre en mouvement oppose au moteur une résistance *directe* à laquelle se joignent des résistances *indirectes*, telles que les chocs, les frottements, la résistance de l'air, etc. (Voy. Force.) L'inertie est la propriété de la matière qui offre une résistance à toute force tendant à modifier son état de repos ou de mouvement. On dit qu'un corps est en repos dans l'espace quand il est stationnaire par rapport aux corps qui l'entourent. Un corps est un mouvement absolu quand il se meut d'un point de l'espace à un autre, et en mouvement relatif quand il est considéré comme se mouvant par rapport à quelque autre corps. Quand un corps est en mouvement, ce mouvement peut être uniforme ou varié; s'il est uniforme, c'est-à-dire, si les espaces parcourus dans des temps égaux sont égaux, on appelle *vitesse* l'espace parcouru dans l'unité de temps (nombre de mètres en une seconde). Le mouvement peut être varié régulièrement ou irrégulièrement, et il peut être accéléré ou retardé. Quand il est accéléré dans une proportion constante, il est dit régulièrement accéléré; et quand il est retardé de la même manière, il est dit régulièrement retardé. Nous donnons ci-dessous comme exemple de mouvement uniforme celui de la chute des corps. — *Mouvement rectiligne uniformément accéléré: loi de la chute des corps.* Comme

conséquence de la propriété d'inertie, lorsqu'un corps a été mis en mouvement et que toute force en est écartée, il tend à se maintenir en mouvement avec une vitesse uniforme et en ligne droite. Mais si la force qui a déterminé le mouvement est uniforme et constante, le corps recevra des accroissements égaux de force durant des espaces égaux de temps, et par conséquent, son mouvement deviendra uniformément accéléré. La force la plus uniformément constante que l'on connaisse à la surface de la terre est la gravitation, et c'est par son moyen que l'on étudie les lois du mouvement uniformément accéléré. Un corps en tombant dans l'air n'a pas réellement un mouvement uniformément accéléré, à cause de la résistance de l'air; mais on peut prouver, par l'expérience et par le raisonnement, qu'il aurait un mouvement tel dans le vide. La pesanteur étant force uniforme et constante, la vitesse d'un corps qui tombe sera, par conséquent, proportionnelle à la durée de sa chute, et sa vitesse moyenne, durant un espace de temps donné quelconque, sera la moitié de cet espace; donc la vitesse qu'un corps en tombant, acquise à la fin d'une période de temps quelconque sera double de sa vitesse moyenne à partir du commencement de la chute. Supposons que les chiffres 1, 2, 3, 4, 5, 6, à gauche de la colonne dans la figure ci-contre, représentent le nombre de secondes qu'un corps met à tomber; ils représentent aussi les vitesses acquises à la fin de chaque seconde. Or, comme la vitesse moyenne durant les deux premières secondes est acquise à la fin de la première seconde, et comme la vitesse moyenne des deux secondes suivantes est acquise à la fin de la troisième, si nous représentons l'espace parcouru pendant les deux premières secondes par S, l'espace parcouru pendant la troisième et la quatrième seconde sera représenté par 3 S, et pour la même raison, l'espace parcouru pendant le cinquième et la sixième seconde sera représenté par 5 S. Par conséquent pendant des périodes égales et successives, un corps, en tombant, parcourt des espaces successifs représentés par les nombres impairs 1, 3, 5, 7, etc.; de sorte que si l'espace qu'il parcourt en tombant pendant une seconde est pris pour unité, celui qu'il parcourra pendant les deux premières secondes sera 1+3=4, et celui qu'il parcourra en trois secondes sera 1+3+5=9 unités depuis encore les espaces parcourus par un corps qui tombe pendant 1, 2, 3, 4, etc. secondes, seront proportionnels aux carrés de ces nombres. Nous arrivons ainsi, par un procédé de raisonnement et sans le secours d'aucune démonstration expérimentale, aux lois suivantes de la chute des corps : 1° la vitesse acquise par un corps en tombant est proportionnelle au temps de sa chute; 2° les espaces parcourus par un corps qui tombe dans des périodes égales et successives, varient comme les nombres impairs 1, 3, 5, etc.; 3° l'espace entier parcouru par un corps en tombant est proportionnel au carré du temps; 4° la vitesse acquise par un corps qui tombe pendant une période quelconque, si elle se continue uniformément, lui fera parcourir deux fois le même espace dans le même temps. Cette loi découle de la seconde, par laquelle les espaces parcourus pendant des périodes égales et successives s'accroissent suivant une quantité constante, laquelle est le double de l'espace parcouru par un corps qui tombe pendant une seconde. Cette quantité constante qui, sous notre latitude, est de 9 m. 809 millim., s'exprime ordinairement par la lettre g.

TEMPS en secondes	VITESSES ACQUISES en valeurs de g.	ESPACES PARCOURUS en valeurs de $\frac{1}{2} g$.	LONGUEUR TOTALE des espaces parcourus en valeurs de $\frac{1}{2} g$.
1	$g = 9^m$ 809 mill.	$1 = 4^m, 9045$	$1 = 4^m, 9045$
2	$2g = 19\ 618$	$3 = 14\ 7135$	$4 = 19\ 6180$
3	$3g = 29\ 427$	$5 = 24\ 5225$	$9 = 44\ 1405$
4	$4g = 39\ 236$	$7 = 34\ 3315$	$16 = 78\ 4720$
5	$5g = 49\ 045$	$9 = 44\ 1405$	$25 = 122\ 5125$
6	$6g = 58\ 854$	$11 = 53\ 9405$	$36 = 176\ 5620$

Ces lois peuvent se vérifier expérimentalement avec une grande exactitude; mais, pour ce faire, il est nécessaire de réduire la vitesse du corps qui tombe, parce qu'un corps assez dense pour n'être que peu affecté par la résistance de l'air, acquiert bientôt une si grande vitesse qu'on ne peut l'estimer exactement; et si le corps est léger, il éprouve promptement une résistance telle que le mouvement devient uniforme. La plus ancienne méthode pour diminuer la vitesse est le plan incliné de Galilée. Mais les résultats ne sont pas aussi exacts que ceux qu'on obtient avec la machine d'Atwood ou l'appareil du général Morin. La machine la plus ingénieuse et la plus employée, a été imaginée en 1782, par Atwood, professeur à l'université de Cambridge et porte son nom : Machine d'Atwood. Elle a pour objet, comme le plan incliné de Galilée, de ralentir suffisamment la chute d'un corps pour observer son mouvement avec plus de facilité et d'exactitude, et sans que ce ralentissement s'étable altère les lois de la chute. La machine d'Atwood se compose d'une colonne en bois, au sommet de laquelle, se trouve une poulie très mobile, en faisant reposer son axe horizontal sur les jantes croisées d'une paire de poulies, en sorte que le frottement de l'axe, qui est ainsi un frottement de roulement, est rendu négligeable. Sur la gorge de la poulie principale passe un fil de soie très fin, et qui, à ses extrémités, soutient deux poids identiques, se faisant équilibre dans toutes les positions possibles, quand on fait glisser le fil sur la poulie. Mais si l'on ajoute à l'un des poids un poids additionnel, le système ne sera plus en équilibre, et prendra un mouvement qui sera d'autant plus lent, que la masse additionnelle sera plus légère par rapport à la masse totale entraînée. — La chute peut donc être ralentie autant qu'on le désire, et la mécanique démontre aisément que les lois que nous allons vérifier ici, sont les mêmes que si le poids additionnel s'était mû en chute libre. — Pour vérifier ces lois, l'appareil porte une règle verticale, divisée en centimètres (le 0 étant en haut) et placée en regard et très près des deux fils. — La machine porte en outre une pendule à secondes. Pour vérifier la loi des espaces, on soulève le poids chargé de la masse additionelle, jusqu'au 0 de l'échelle, et on le place sur une palette de cuivre disposée en ce point, de telle sorte qu'elle s'abaisse d'elle-même, au commencement de la première seconde, par une communication avec le mouvement d'horlogerie. A la division 10 de la règle graduée, on a placé un curseur à palette, de telle sorte que, faisant osciller le pendule, et le système se mettant en mouvement au commencement d'une seconde, l'ensemble des deux poids vienne frapper la palette, à l'instant précis où l'on entend le battement de la seconde suivante. — La distance 0^m 10 a donc été parcourue pendant cette première seconde. En recommençant l'expérience et mettant le curseur à la division 40, on constate qu'il faut à l'ensemble des deux poids pour franchir ces 0^m 40, deux secondes; on trouverait de même qu'il faut trois secondes pour atteindre le curseur à palette placée à la 90e division, et ainsi de suite. Les espaces parcourus dans les temps 1°, 2°, 3°... sont donc entre eux comme les nombres 1, 4, 9. On vérifie ainsi la première loi : Les espaces parcourus par un corps qui tombe sont proportionnels aux carrés des temps employés à les parcourir. On peut vérifier aussi aisément, avec la machine, la deuxième loi de la chute des corps. — La vitesse d'un corps qui tombe, croît proportionellement au temps écoulé depuis le commencement de la chute. Pour cela, il suffit de supprimer, à un certain moment, la masse additionnelle à l'aide d'un curseur annulaire, et de vérifier l'espace parcouru par le poids seul, pendant une seconde, ce qui donnera la vitesse à l'instant où l'on a supprimé la petite masse. — Le général Morin, directeur du Conservatoire des arts et métiers, a imaginé pour la vérification des mêmes lois une machine fondée sur une propriété de la courbe appelée parabole. Elle se compose d'un cylindre vertical en bois, mobile autour de son axe, au moyen d'une vis sans fin, qui termine l'axe à la partie supérieure, et qui engrène avec une roue dentée, mise en mouvement par un poids. Pour que le mouvement du cylindre soit uniforme, la roue dentée engrène de l'autre côté avec une deuxième vis, qui communique le mouvement du cylindre à un petit moulinet à ailettes verticales, qui, battant l'air en sens inverse du mouvement du cylindre, qui va en s'accélérant à mesure que le poids tombe, finit par rendre uniforme le mouvement du cylindre. Le cylindre est recouvert par une feuille sur laquelle un crayon doit tracer une ligne. Ce crayon est fixé à une masse de fonte qui tombe verticalement aussitôt que le mouvement du cylindre est devenu uniforme ; elle entraîne en même temps le crayon qui trace une ligne sur le cylindre tournant. — Les formules suivantes sont d'un emploi fréquent dans les calculs de mécanique. Si le nombre de secondes pendant lequel un corps tombe est représenté par *t* et l'espace parcouru en une seconde par $1/2\,g$, l'espace entier parcouru sera exprimé par l'équation : $S = \frac{1}{2}\,gt^2$ (1). Or, comme la vitesse acquise en tombant pendant une seconde et *g* et la vitesse est proportionnelle au temps de la chute, nous en déduisons l'équation $v = gt$, et $v^2 = g^2\,t^2$ (2). Divisant ceci par (1), nous avons $\frac{v^2}{S} = 2\,g$, d'où $v = \sqrt{2gS}$ (3). — II. Composition et décomposition des Forces. L'union de deux ou plusieurs forces pour produire un effet mécanique s'appelle une composition de forces ; et lorsqu'une force seule est décomposée en ses éléments dans un but d'analyse, cette opération s'appelle une décomposition de forces. Lorsque deux forces agissent ensemble pour en produire une troisième, elles peuvent être représentées par les deux côtés d'un triangle, et la résultante par le troisième côté. Si les côtés adjacents d'un parallélogramme représentent deux forces en quantité et en direction, les forces résultantes seront toujours représentées par la diagonale tirée de l'un à l'autre. — III. Force centrifuge. (Voy. Centrifuge.) — IV. Pendule (Voy. Pendule.) — V. Agents mécaniques. *Théorie des machines*. Une machine est un instrument par lequel la force peut se transmettre d'un point à un autre. Les machines se divisent en machines simples et machines composées. La définition d'une machine simple n'est pas si commode qu'on le pense. On la définit quelquefois comme une machine ne se divisant pas en parties ; mais comme la poulie, la roue et le treuil sont classés parmi les machines simples, cette définition n'est pas exacte, puisque chacun des trois se compose de plusieurs parties. Les machines simples ou, comme on les appelle si fréquem-

ment, les puissances mécaniques simples, se distribuent généralement en six classes : 1° le levier; 2° la roue et le treuil; 3° la poulie et les moufles; 4° le plan incliné; 5° le coin; 6° la vis (Voy. ces mots.) — Hist. La découverte des agents mécaniques simples fut attribuée aux dieux; Dédale passa, dans l'antiquité, pour être le premier mortel qui sut employer le coin, le treuil, le villebrequin, etc. Aristote résuma dans son *Traité de mécanique* les connaissances acquises au ive siècle av. J.-C. Les propriétés du levier et des autres agents mécaniques furent démontrées par Archimède, dont les admirables découvertes ont conduit à presque toutes les applications dont les siècles suivants se glorifièrent. Les anciens Romains connaissaient le moulin à bras, le moulin à cheval (*molæ jumentariæ*) et le moulin hydraulique, dont ils trouvèrent le modèle dans l'empire de Mithridate, vers l'an 70 av. J.-C. Pappus fit faire quelque progrès à la mécanique au ive siècle après J.-C. On vit des moulins flottants sur le Tibre vers l'an 536. Les roues mises en mouvement par le flux et le reflux de la mer furent employées au xie siècle; les moulins à vent devinrent d'un usage général au xive siècle; les scieries mécaniques furent inventées en Allemagne vers 1352. Cardan étudia la théorie des plans inclinés et inventa la *suspension* qui porte son nom, vers 1540. La mécanique s'enrichit ensuite des travaux de Stevinus sur la statique et l'hydrostatique (1586) et de ceux de Galilée, qui donna sa *Scienza mecanica* en 1634 et s'occupa de la théorie de la chute des corps en 1638. Les lois de la percussion ou impact furent étudiées par Huygens, Wallis, Wren, etc., vers 1660 ; la théorie de l'oscillation fut établie par Huygens en 1670. Rœmer eut l'idée de tracer en épicycloïde le profil des dents d'engrenage (1675). Borelli s'occupa de la percussion et de la mécanique animale (1650) ; Newton, Hooke, etc., s'appliquèrent à la mécanique céleste et à son étude du mouvement (fin du xviie siècle). Les recherches de d'Alembert sur la dynamique datent de 1743 ; la *Mécanique analytique* de Lagrange parut en 1788 ; la *Mécanique céleste* de Laplace en 1799-1805 (5 vol. in-4°) ; le *Dictionnaire de mécanique appliquée aux arts*, par Borgnis, en 1818-'23 (10 vol.). Voy. aussi : Ampère, *Recherches sur l'application des formules générales du calcul des variations aux problèmes de la mécanique* (1805, in-4°) ; Poisson, *Traité de mécanique*, (1850, 2 vol. in-8°) ; Coulomb, *Théorie des machines simples* (1841, in-4°) ; A. Morin, *Mécanique pratique* (1847, in-8°) ; Laurent, *Mécanique rationnelle* (1871) ; Philipps, *Mécanique appliquée* (1871).

* **MÉCANIQUE** adj. Se dit des arts qui ont principalement besoin du travail de la main ou des machines : *on divise les arts en arts libéraux et en arts mécaniques*. — Qui a rapport à la mécanique, qui est conforme aux lois de la mécanique : *puissances, propriétés, causes, lois, principes mécaniques*. — Fig. Actions mécaniques, celles que l'habitude a rendues très familières et auxquelles l'intelligence n'a, pour ainsi dire, point de part. — Se dit, fig., de la partie la moins relevée et purement pratique d'un art libéral : *ce peintre a trop négligé la partie mécanique de son art*. — Chim. Qui n'agit pas chimiquement, mais par les lois du mouvement : *action mécanique d'un agent*.

* **MÉCANIQUEMENT** adv. D'une façon mécanique.

MÉCANISER v. a. Rendre purement mécanique. — Tourmenter, obséder : *vous me mécanisez*. (Fam.)

* **MÉCANISME** s. m. (lat. *mechanisma*; du gr. *mechanê*, machine). Structure d'un corps et action combinée de ses parties : *le mécanisme de l'univers, du corps humain, d'une*

montre. — Le mécanisme du langage, la structure matérielle des éléments de la parole, l'arrangement des mots et des phrases : *on a écrit savamment sur le mécanisme du langage.* — Le mécanisme des vers ou de la prose, la composition des parties du vers ou de la phrase, suivant le rhythme qui est propre à l'un ou à l'autre : *ce poète a bien étudié, bien connu le mécanisme du vers.* — Le mécanisme de la peinture, de la sculpture, etc., la partie mécanique et pratique de ces arts.

* **MÉCÈNE** s. m. (de *Mécène*, n. pr.). Nom propre devenu appellatif, et servant à désigner un homme qui encourage les sciences, les lettres et les arts, en donnant des récompenses et des marques d'estime à ceux qui les cultivent : *ce prince est le Mécène des gens de lettres, des artistes.*

MÉCÈNE (Caius-Cilnius Mæcenas), homme politique romain, né entre 73 et 63 av. J.-C. Il fut le principal conseiller d'Octave, qu'il représenta à la conférence de Brindes (40 av. J.-C.), où la paix avec Antoine fut conclue. Lorsque Octave fut revenu de l'Orient, c'est Mécène qui, dit-on, lui conseilla d'établir l'empire. Son influence sur Auguste dura encore plusieurs années. Quand de la froideur s'éleva entre eux, il se retira dans un palais, sur le mont Esquilin. Il doit sa gloire au généreux patronage qu'il exerça vis-à-vis des hommes de lettres, d'Horace et de Virgile en particulier. Mécène avait écrit des poèmes, des drames, et des mémoires, dont il ne reste que des fragments.

MÉCHAGE s. m. Action ou manière de mécher, de soufrer les vins.

MÉCHAIN (Pierre-François-André), astronome français, né à Laon le 16 août 1744, mort en 1805. Lalande lui fit avoir une place d'hydrographe, et il fut un de ceux qui relevèrent la côte française entre Nieuport et Saint-Malo. Il découvrit 11 comètes et calcula les orbites de 24 autres. Plus tard, associé à Delambre, il mesura l'arc du méridien compris entre Dunkerque et Barcelone. Après avoir été nommé directeur de l'observatoire de Paris, il alla en Espagne. Il voulait prolonger la mensuration de l'arc de Barcelone aux îles Baléares, afin de corriger une erreur de ses calculs précédents ; mais il mourut de la fièvre jaune au milieu de ses opérations.

* **MÉCHAMMENT** adv. Avec méchanceté : *ce fait est très méchamment inventé.*

* **MÉCHANCETÉ** s. f. (rad. *méchant*). Penchant à faire du mal : *la méchanceté de son caractère.* — Se dit, fam., de l'opiniâtreté des enfants : *voyez la méchanceté de cet enfant.* — Action méchante : *il a fait, il a commis une horrible méchanceté.* — Parole médisante, parole dite dans l'intention de nuire, d'offenser : *ce propos n'est pas une plaisanterie, c'est une méchanceté.*

* **MÉCHANT, ANTE** adj. (v. fr. *meschéant*, part. prés. de *meschéoir*, venir à mal). En parlant des choses tant physiques que morales, signifie mauvais, qui ne vaut rien dans son genre : *méchante terre; méchant pays.* On l'applique aussi aux animaux : *un méchant cheval.* Il vieillit dans ce premier sens. — Une méchante affaire, une affaire qui peut causer des embarras, des dangers. — Contraire à la probité, à la justice : *une méchante action.* — Chétif, insuffisant : *nous n'avions à souper qu'un méchant poulet.* — En parlant des personnes, signifie qui manque de bonté, qui est porté à faire du mal : *méchant homme, méchante femme.* — Avoir une méchante physionomie, méchante mine, ou bien, une physionomie, une mine méchante, avoir la physionomie, la mine d'un méchant homme. — Avoir méchante mine, signifie quelquefois seulement, avoir l'air ignoble et bas. — Être de méchante humeur, être d'humeur chagrine. — Méchante

LANGUE, homme ou femme qui se plaît à médire. — TROUVER PLUS MÉCHANT QUE SOI, trouver plus fort, plus fier, plus puissant que soi. — Qui manque de mérite, de capacité, qui n'a pas les qualités qu'exige son état : *un méchant poète.* — Se dit, par forme de plainte légère et obligeante, de celui qui a fait quelque petite malice, ou qui est coupable de quelque petite négligence : *vous êtes bien méchant de m'avoir laissé si longtemps en peine, de m'avoir fait attendre si longtemps.* — Le sens de MÉchant varie quelquef., selon qu'il précède ou qu'il suit le substantif. Ainsi, UNE MÉCHANTE ÉPIGRAMME, DE MÉCHANTS VERS, signifient une épigramme mal tournée, des vers mal faits, et UNE ÉPIGRAMME MÉCHANTE, DES VERS MÉCHANTS, une épigramme, des vers où il y a beaucoup de malignité. MÉCHANT HOMME, se dit plus particul. d'un homme qui fait de mauvaises actions, et HOMME MÉCHANT, d'un homme qui tient de mauvais discours. — ⌁ Pop. PAS MÉCHANT, inepte, sans valeur, en parlant des personnes et des choses. — *. Se dit alors d'un homme de mauvais caractère, d'un homme vicieux : *c'est un méchant; il faut fuir les méchants.* — Fam. FAIRE LE MÉCHANT, s'emporter en menaces.

* MÈCHE s. f. (bas lat. *myxa*). Assemblage de fils de coton, de chanvre, etc., qu'on met dans les lampes avec de l'huile, ou dont on fait des chandelles, des bougies, en les couvrant de suif ou de cire : *la mèche d'une lampe, d'un cierge,* etc. — Se dit aussi d'une matière préparée pour prendre facilement feu, comme linge demi-brûlé, éponge, amadou, etc. : *il faut faire de la mèche pour votre briquet, celle-là ne vaut plus rien.* — Se dit également de la corde faite d'étoupe broyée et sèche, dont les canonniers se servent pour mettre le feu au canon, et les mineurs à une mine : *un rouleau de mèche.* — En termes de génie militaire et d'artillerie, DÉCOUVRIR, ÉVENTER LA MÈCHE, découvrir, au moyen d'une contre-mine, l'endroit où une mine a été pratiquée, et l'endroit par où devait la faire jouer. — Fig. et fam., DÉCOUVRIR, ÉVENTER LA MÈCHE, découvrir le secret d'un complot. — IL N'Y A PAS MÈCHE, la chose est impossible, il ne faut pas la tenter. — Se dit encore du bout de ficelle attaché à l'extrémité d'un fouet : *la mèche de votre fouet, de votre cravache est usée.* — MÈCHE DE CHEVEUX, bouquet de cheveux séparé, en forme de mèche, du reste de la chevelure : *couper une mèche de cheveux.* — Se dit aussi de la spirale de fer ou d'acier d'un tire-bouchon ; et de la partie d'un vilebrequin, d'une vrille, et d'autres outils semblables, qui sert à percer : *la mèche d'un tire-bouchon, d'un vilebrequin.*

* MÉCHEF s. m. Malheur, fâcheuse aventure : *s'il n'y prend garde, il lui arrivera méchef.* (Vieux.)

MECHELN [mè'-kèln], ou Meckenen [mèkè-uènn] (Israel von), graveur et peintre allemand de la seconde moitié du XVᵉ siècle. Il est presque certain qu'il y eut deux artistes de ce nom. Leurs estampes comptent parmi les plus anciens spécimens de l'art de la gravure.

* MÉCHER v. a. Faire entrer dans un tonneau la vapeur du soufre brûlant, au moyen d'une mèche.

MÉCHERINO [mè-kè-ri'-no]. Voy BECCAFUMI.

MÉCHITAR. Voy. MEKHITAR.

MÉCHOACAN. Voy. MICHOACAN.

MÉCHOIR n. m. Broche mécanique propre à filer.

MÉCHOIR v. n. Mésarriver.

MECKLEMBOURG, territoire septentrional de l'empire d'Allemagne, en partie sur la Baltique. La maison de Mecklembourg est la plus vieille de l'Allemagne. Les Germains, qui s'établirent les premiers sur le territoire du Mecklembourg, furent assujettis par des tribus slaves. Après de longues guerres contre les monarques allemands sous la conduite de ses princes nationaux, le pays fut conquis vers 1160 par Henri le Lion, de Saxe, qui le partagea entre ses nobles, et en donna une partie à Pribislas, descendant d'une dynastie nationale, sous le titre de principauté de Mecklembourg. La ligne aînée des deux branches qui en sortirent fut fondée par Jean le Théologien, dont le petit-fils, Henri II (ou IV, 1302-'29), annexa Stargard à ses États. Les fils de celui-ci, Albert et Jean, furent créés ducs en 1349, et un des petits-fils d'Albert devint duc du Mecklembourg entier. Il y eut encore deux lignes jusqu'en 1628, époque où, sous prétexte d'une prétendue alliance avec le Danemark, le duché fut donné à Wallenstein. Les ducs furent restaurés par Gustave-Adolphe, et peu après la division du Mecklembourg en deux parties devint définitive. — Le Mecklembourg-Schwérin [chvé-], *Grossherzogthum Mecklenburg-Schwerin,* forme un grand-duché héréditaire, étroitement uni par la convention de 1755 avec le Mecklembourg-Strélitz; 13,303 kil. carr.; 578,000 hab., en majorité luthériens. Cap., Schwérin. Le pays, généralement plat, abonde en forêts et en lacs, et est surtout arrosé par la Warnow. Il se divise en province de Mecklembourg, province de Wenden, principauté de Schwérin, ville de Rostock et seigneurie de Wismar. Rostock est la ville principale et le port le plus important. Le pays produit surtout du blé. Les chevaux du Mecklembourg sont célèbres. En 1874, 1,024 vaisseaux entrèrent dans les ports, donnant un total de 145,875 tonneaux. Le mouvement de sortie fut de 416 vaisseaux jaugeant 107,657 tonneaux. La législature se compose de 622 propriétaires fonciers et de 40 représentants des villes. Tous les deux ans la diète se réunit à celle du Mecklembourg-Strélitz pour former une seule assemblée. La dette, publique en 1873 était d'environ 25 millions. — Le grand-duché de Mecklembourg-Strélitz [strè-litzs], *Grossherzogthum Mecklenburg-Strelitz,* comprend le territoire de Stargard ou duché de Strélitz (4,547 kil. carr., 84,670 hab.), à l'E., et la principauté de Ratzebourg (381 kil. carr.; 16,700 hab.) à l'O. du Mecklembourg-Strélitz. Stargard contient 53 lacs. Sa principale rivière est le Havel; Ratzebourg à la Trave. La ligne aînée est même que celui du Mecklembourg-Schwérin, excepté dans la principauté de Ratzebourg, qui n'est pas représentée à la législature. La dette publique est d'environ 7,250,000 fr. Capitale, Neu-Strélitz. — En 1867, les deux gouvernements entrèrent dans la confédération de l'Allemagne du Nord, en 1868 dans le Zollverein, et en 1870-'74 dans l'empire allemand. En 1872, les armées furent incorporées à celles de la Prusse. Depuis, le reichstag allemand a décidé que les gouvernements grand-ducaux remplaceraient les institutions féodaies par les institutions constitutionnelles que l'empire garantit aux les États.

MECKLEMBOURGEOIS, OISE s. et adj. Do Mecklembourg; qui appartient à ce pays ou à ses habitants.

* MÉCOMPTE s. m. [mé-con-te]. Erreur dans un compte, dans une supputation : *il y a du mécompte dans votre calcul.* — Par ext. Espérance trompée, idée fausse ou exagérée qu'on s'est faite d'une chose : *cet auteur se flattait de réussir, mais il a trouvé du mécompte, bien du mécompte.* .

* MÉCOMPTER (Se) v. pr. Se tromper dans un calcul, dans un compte : *vous vous êtes mécompté dans votre calcul.* — Par ext. Se tromper en quelque chose qu'on croit ou qu'on espère : *si vous croyez, si vous espérez telle chose vous vous mécomptez.*

MÉCONINE s. f. (gr. *mékôn,* pavot). Chim. Substance cristalline qu'on extrait de l'opium.

MÉCONIQUE adj. (gr. *mékôn,* pavot). Chim. Se dit d'un acide découvert dans l'opium.

* MÉCONIUM s. m. [mé-ko-ni-omm] (gr. *mékônion;* de *mékôn,* pavot). Méd. Matières visqueuses que rend l'enfant peu de temps après la naissance, et qui s'étaient accumulées dans les gros intestins durant la grossesse. — Chim. Suc exprimé des têtes et des feuilles du pavot.

* MÉCONNAISSABLE adj. Qu'on ne peut reconnaître qu'avec peine : *sa maladie l'a rendu méconnaissable.*

* MÉCONNAISSANCE s. f. Manque de reconnaissance, de gratitude : *il y a de la méconnaissance dans son procédé.* — Action de méconnaître : *la méconnaissance du Christ par les Juifs.*

* MÉCONNAISSANT, ANTE adj. Qui manque de reconnaissance, qui oublie les bienfaits : *il est fort méconnaissant.*

* MÉCONNAÎTRE v. a. Ne pas reconnaître : *il avait changé d'habit, je le méconnaissais.* — Par ext. Désavouer quelqu'un, affecter de ne pas le connaître : *il est devenu si glorieux, qu'il méconnaît ses parents, ses amis.* — S'emploie au sens moral, et signifie, ne pas rendre justice à une personne; ne pas apprécier une qualité, une chose, comme elle le mérite : *cet homme de génie est méconnu de ses contemporains.* — ⌁ Se méconnaître v. pr. Oublier ce qu'on est ou ce qu'on est, ce qu'on doit aux autres : *les parvenus se méconnaissent aisément.*

* MÉCONTENT, ENTE adj. Qui n'est pas satisfait de quelqu'un qui croit avoir sujet de s'en plaindre : *il est mécontent de vous.* — Se dit quelquefois des choses : *il est mécontent de sa santé, de la conduite de son fils.* — s. : *souvent pour obliger une seule personne, on fait plusieurs mécontents.* — Se dit, particul., de ceux qui ne sont pas satisfaits du gouvernement, de l'administration des affaires publiques : *il y a beaucoup de mécontents dans cet État.*

* MÉCONTENTEMENT s. m. Déplaisir, manque de satisfaction : *il a donné du mécontentement, de grands mécontentements, de grands sujets de mécontentement à ses parents.*

* MÉCONTENTER v. a. Rendre mécontent, donner sujet d'être mécontent : *cet enfant mécontente ses maîtres, ses parents.* — Se mécontenter, éprouver du mécontentement : *il se mécontente aisément.*